INCLUS DANS VOTRE ACHAT
VOTRE OUVRAGE ACCESSIBLE EN LIGNE

sur **www.rfedition.com**

> **Accédez à la dernière version****
> à jour de la réglementation

> **Consultez votre ouvrage** où que vous soyez

> **Recherchez rapidement** par mots clés

> Retrouvez **l'ensemble de vos éditions**

① SCANNEZ ce QR Code

OU

① ENTREZ CE CODE UNIQUE sur le site

IDENTIFIANT UNIQUE
00F6-B6AC-465D-86D7-1BE8

② REMPLISSEZ LE FORMULAIRE et recevez vos identifiants* par e-mail

* Vos identifiants sont uniques et personnels. Tout partage et reproduction sont strictement interdits et soumis au droit d'auteur. ** Jusqu'à la sortie d'une nouvelle édition.

Revue Fiduciaire

320194519

Groupe Revue Fiduciaire

DICTIONNAIRES
PRATIQUES RF

Jurisprudence sociale

Droit du travail

Réalisé sous la direction de Yves de La Villeguérin,
par les rédactions du Groupe Revue Fiduciaire

Benjamin Marcelis, Lysiane Tholy, Mathilde Vivas

22e ÉDITION

Groupe Revue Fiduciaire - 100, rue La Fayette - 75485 Paris Cedex 10 - grouperf.com

Attention

la photocopie tue le livre

Nous alertons nos lecteurs sur la menace que représente pour l'avenir de l'écrit, tout particulièrement dans les domaines du droit et de la gestion, le développement massif du « photocopillage ».

Le code de la propriété intellectuelle interdit en effet, expressément, la photocopie à usage collectif sans autorisation des ayants droit. Or, cette pratique s'est développée dans de nombreux cabinets, entreprises, administrations, organisations professionnelles et établissements d'enseignement, provoquant une baisse notable des achats de livres et de revues au point que la possibilité même de créer des œuvres nouvelles et de les faire éditer est aujourd'hui menacée.

100, rue La Fayette - 75485 Paris Cedex 10
Dépôt légal août 2019 - ISBN 978-2-7579-0726-9

PEFC
10-31-1291

Achevé d'imprimer sur les presses de l'imprimerie Jouve -
1 rue du Docteur Sauvé - 53100 Mayenne - juillet 2019

Dictionnaire de Jurisprudence sociale

Avant-propos

Le Dictionnaire de Jurisprudence sociale – Droit du travail – se propose de rassembler sous des mots-clés, classés par ordre alphabétique, plus de 10 000 décisions rendues principalement par la Cour de cassation, chambres sociale et criminelle, le Conseil d'État, la Cour de justice de l'Union européenne et aussi par certaines juridictions du fond.

Plutôt que de tenter de rapporter intégralement une jurisprudence difficilement exploitable en raison de son abondance et de sa diversité, nous avons choisi de sélectionner les arrêts, notamment en fonction de leur actualité, de leur importance, de leur clarté et de leur capacité à illustrer les règles légales et jurisprudentielles.

Chaque mot est structuré selon un plan qui met en relief les principes dégagés par les juges dans la matière concernée.

Un système de lecture à double niveau, matérialisé par un résumé introductif en italique, permet d'accéder facilement à la décision recherchée en la situant dans son cadre juridique.

Des sommaires d'arrêts concis et dotés de références complètes (date, numéro de pourvoi, référence au Bulletin de la Cour de cassation ou au Recueil Lebon) illustrent les positions adoptées par les différentes juridictions.

Une liste des mots du dictionnaire, une table thématique et une table chronologique des décisions constituent des outils supplémentaires pour accéder à la solution recherchée.

La forme adoptée – le sommaire d'arrêt – ne situant pas systématiquement le contexte de l'affaire (circonstances de l'espèce et/ou arguments des parties), les lecteurs peuvent approfondir leur recherche en consultant le site www.rfedition.com où figurent* **in extenso** *tous les arrêts mis en sommaire ou cités dans le dictionnaire. Ces arrêts, pour un grand nombre non publiés dans des recueils officiels, sont ainsi accessibles dans leur intégralité.*

De plus, vous pouvez retrouver une version en ligne du dictionnaire sur www.rfedition.com qui intègre régulièrement les arrêts les plus importants rendus entre deux éditions. L'application gratuite GRF+ vous indique les mises à jour disponibles sur la version en ligne. Ces mises à jour sont indispensables aux praticiens en raison de l'évolution permanente de la jurisprudence et du nombre croissant des arrêts rendus.

Notre visée est d'offrir à tous, avec cet outil complet qu'est le Dictionnaire de Jurisprudence sociale, un accès rapide, facile et efficace à la jurisprudence en droit du travail.

** Pour tout renseignement, contactez notre service relation client au 01 48 00 59 66 ou src@grouperf.com*

LISTE DES MOTS DU DICTIONNAIRE

Les mots suivis d'un astérisque renvoient à des définitions synonymes

Une table thématique figure aux pages 13 à 20
et une table chronologique des décisions aux pages 2037 à 2256.

Table thématique

Vous trouverez ci-dessous la liste des thèmes développés dans le dictionnaire avec les renvois aux pages correspondantes.

ACCIDENTS DU TRAVAIL ET MALADIES PROFESSIONNELLES

CHÔMAGE

CONGÉS/JOURS FÉRIÉS

CONSEILS DE PRUD'HOMMES

CONTRAT DE TRAVAIL

CONVENTION COLLECTIVE

DROIT DISCIPLINAIRE

DURÉE DU TRAVAIL

ÉGALITÉ DE TRAITEMENT

ÉLECTIONS PROFESSIONNELLES

Bulletin de vote
Bureau de vote
Candidatures aux élections professionnelles
Collèges électoraux
Contentieux électoral
Délégation unique
Électorat/Qualité d'électeur
Éligibilité
Établissement distinct
Listes électorales
Procès-verbal de carence
Procès-verbal des élections
Propagande électorale
Protocole d'accord préélectoral
Remplacement des représentants du personnel
Représentativité syndicale
Réservation d'un siège
Scrutin
Sièges des représentants du personnel
Urnes/Isoloirs
Vote par correspondance
Vote par procuration

EMBAUCHE

Discrimination à l'embauche
Offres d'emploi (Annonces d')
Priorité d'embauche/Priorité d'emploi
Promesse d'embauche
Questionnaire d'embauche
Registre unique du personnel
Visites médicales d'embauche et périodique

EMPLOYEUR

Cumul d'un mandat social et d'un contrat de travail
Délégation de pouvoirs
Prêt de main-d'œuvre
Registre unique du personnel
Responsabilité civile de l'employeur
Responsabilité pénale des personnes morales
Responsabilité pénale des personnes physiques
Travail dissimulé

EXPRESSION DES SALARIÉS

Droit d'expression
Liberté d'expression

FEMMES

Congé parental d'éducation
Égalité de rémunération
Égalité de traitement entre hommes et femmes
Femmes enceintes (Licenciement)
Maternité

FORMATION PROFESSIONNELLE

Clause de dédit-formation
Congé de formation
Contrat d'apprentissage
Formation professionnelle continue (Obligations de l'employeur et des organismes de formation)
Formation professionnelle continue (Participation financière de l'employeur)

GRÈVE

Grève (Abus du droit)
Grève (Définition)
Grève (Effets)
Grève (Faute lourde)
Grève (Responsabilité)
Grève (Services publics)

HYGIÈNE, SÉCURITÉ ET CONDITIONS DE TRAVAIL

Comité d'hygiène, de sécurité et des conditions de travail (Fonctions)
Comité d'hygiène, de sécurité et des conditions de travail (Mise en place)
Délégation de pouvoirs
Dignité des salariés
Droit d'alerte et de retrait en cas de danger
Formation à la sécurité
Hygiène et sécurité
Non-respect des règles d'hygiène et de sécurité
Responsabilité civile de l'employeur
Responsabilité pénale des personnes morales
Responsabilité pénale des personnes physiques

INSPECTION DU TRAVAIL

Inspecteur du travail
Procès-verbaux de l'inspecteur (ou du contrôleur) du travail

LICENCIEMENT

Abandon de poste
Absences non autorisées
Absences répétées
Adaptation (Obligation d')
Attestation d'assurance chômage
Cause réelle et sérieuse
Certificat de travail
Concurrence déloyale
Contrat de sécurisation professionnelle
Contrat de travail (Exécution défectueuse/Erreurs/Négligences/Imprudences/Omissions)
Convocation à l'entretien préalable (au licenciement)
Délinquance
Dénigrement/Diffamation
Entretien préalable au licenciement
Éthylisme/Ivresse/Intempérance
Faute grave
Faute lourde
Harcèlement moral/Harcèlement sexuel
Inaptitude physique d'origine non professionnelle
Indélicatesses/Malhonnêteté/Malversations
Indemnité de licenciement
Indiscrétions
Injures/Insultes
Insubordination
Insuffisance professionnelle
Insuffisance de résultats
Licenciement (Nullité)
Licenciement économique (Information et consultation du CE)
Licenciement économique (Notion)
Licenciement économique (Reclassement)
Licenciement économique (Réintégration)
Licenciement pour fin de chantier
Licenciement irrégulier (Sanctions)
Licenciement sans cause réelle et sérieuse (Sanctions)
Mésentente
Non-respect des horaires
Non-respect des règles d'hygiène et de sécurité
Notification du licenciement
Ordre des licenciements
Perte de confiance
Plan de sauvegarde de l'emploi
Préavis
Préavis (Dispense de)
Préavis (Indemnité compensatrice de)
Preuve de la faute
Priorité de réembauche (Licenciement économique)
Procédure conventionnelle de licenciement
Procédure disciplinaire (Entretien préalable)
Procédure de licenciement dans les entreprises en redressement ou liquidation judiciaires
Reçu pour solde de tout compte
Rétractation du licenciement par l'employeur
Surveillance des salariés
Tenue vestimentaire
Vie privée
Violences et rixes
Vol/Détournement

MALADIE

Absences répétées
Certificat médical
Contre-visite médicale patronale
Cure thermale
Inaptitude physique d'origine non professionnelle
Maladie (Indemnisation complémentaire)
Maladies professionnelles (Notion)
Visite médicale de reprise
Visites médicales d'embauche et périodique

MODIFICATION DANS LA SITUATION JURIDIQUE DE L'EMPLOYEUR

Modification dans la situation juridique de l'employeur (Cas d'application)
Modification dans la situation juridique de l'employeur (Conditions d'application)
Modification dans la situation juridique de l'employeur (Effets)
Modification dans la situation juridique de l'employeur (Salariés protégés)
Modification dans la situation juridique de l'employeur (Sort du statut collectif)

REDRESSEMENT OU LIQUIDATION JUDICIAIRES

AGS (Employeurs assujettis/Bénéficiaires)
AGS (Garantie des créances)
AGS (Modalités d'intervention)
AGS (Montant de la garantie)
Procédure de licenciement dans les entreprises en redressement ou liquidation judiciaires

RÈGLEMENT INTÉRIEUR

Notes de service
Règlement intérieur

REPRÉSENTATION DU PERSONNEL/DROIT SYNDICAL

Action en justice du comité d'entreprise
Action en justice des syndicats
Activités sociales et culturelles
Affichage
Comité central d'entreprise
Comité d'entreprise (Information et consultation)
Comité d'entreprise européen
Comité de groupe
Comité d'hygiène, de sécurité et des conditions de travail (Fonctions)
Comité d'hygiène, de sécurité et des conditions de travail (Mise en place)
Comité interentreprises
Comité social et économique
Commissions (Comité d'entreprise)
Contentieux électoral
Contribution patronale aux activités sociales et culturelles
Délégation unique
Délégué du personnel (Mission)
Délégué syndical (Désignation)
Délégué syndical (Mission)
Délégué syndical central
Délégué syndical supplémentaire
Délibérations/Votes (Comité d'entreprise)
Délit d'entrave
Discrétion (Obligation, Comité d'entreprise)
Droit d'alerte (Comité d'entreprise)
Droit syndical (Exercice du)
Effectifs (Représentation du personnel)
Établissement distinct
Expert comptable du comité d'entreprise
Experts du comité d'entreprise
Frais de déplacement/Temps de trajet/Frais divers (Représentants du personnel)
Heures de délégation (Contrôle et contestation)
Heures de délégation (Rémunération)
Heures de délégation (Utilisation)
Liberté de déplacement
Licenciement économique (Information et consultation du CE)

Local (Représentants du personnel)
Modification dans la situation juridique de l'employeur (Salariés protégés)
Procès-verbal de carence
Procès-verbal des élections
Procès-verbaux (Réunions du comité d'entreprise)
Propagande électorale
Registre des délégués du personnel
Règlement intérieur du comité d'entreprise
Remplacement des représentants du personnel
Représentant de la section syndicale
Représentant syndical au comité d'entreprise
Représentants du personnel (Autorisation administrative de licenciement)
Représentants du personnel (Licenciement/Indemnisation)
Représentants du personnel (Licenciement/Recours contre la décision administrative)
Représentants du personnel (Mise à pied conservatoire)
Représentants du personnel (Procédure de licenciement)
Représentants du personnel (Protection/Bénéficiaires)
Représentants du personnel (Protection/Cas d'application)
Représentants du personnel (Réintégration)
Représentativité syndicale
Réunions du comité d'entreprise
Réunions des délégués du personnel
Réunions syndicales
Secrétaire du comité d'entreprise
Section syndicale
Subvention de fonctionnement
Syndicats (Objet)
Syndicats (Statuts)
Tracts
Unité économique et sociale

RUPTURES DU CONTRAT DE TRAVAIL (AUTRES QUE LICENCIEMENT)

Certificat de travail
Démission
Force majeure/Fait du prince
Imputabilité de la rupture
Préavis
Préavis (Dispense de)
Préavis (Indemnité compensatrice de)
Préretraite
Reçu pour solde de tout compte
Résiliation judiciaire du contrat de travail
Retraite (Départ à la)
Retraite (Mise à la)
Rupture amiable/Départ négocié/Rupture d'un commun accord/Résiliation conventionnelle
Rupture conventionnelle du CDI
Transaction

SALAIRES

Astreintes
Augmentation de salaire
Bulletin de salaire
Compensation
Égalité de rémunération
Frais de transport (Prise en charge des)
Indexation des salaires/Échelle mobile des salaires
Intéressement des salariés
Mensualisation
Minimum conventionnel
Modification de la rémunération
Paiement du salaire
Participation
Plan d'épargne d'entreprise
Pourboires
Prescription (Action en paiement du salaire)
Prêts
Prime d'ancienneté
Prime de fin d'année/Treizième mois
Primes et gratifications
Recommandation patronale
Rémunération mensuelle minimale
Retenues sur salaire
Saisie des rémunérations
SMIC
Titres-restaurants

SANTÉ AU TRAVAIL

Médecin du travail
Services de santé au travail
Visite médicale de reprise
Visites médicales d'embauche et périodique

STATUTS PARTICULIERS

TRAVAIL TEMPORAIRE

A

Abandon de poste

Constitue un abandon de poste le fait pour un salarié de quitter son poste de travail en l'absence d'autorisation ou de justification valable. Il en va de même lorsque le salarié cesse de se présenter à son travail. Concernant ce cas de figure, voir aussi le mot « Absences non autorisées ».

Faute grave

L'abandon de poste peut être constitutif d'une faute grave au regard de la nature des fonctions exercées par le salarié…

Après avoir retenu qu'un agent de surveillance avait quitté son poste avant la fin de son service, sans autorisation et dans un contexte de forte activité, une cour d'appel a pu décider que ces faits rendaient impossible le maintien du salarié dans l'entreprise et constituaient une faute grave.

Cass. soc. 9 mars 2011, n° 09-43.520. Voir aussi cass. soc. 26 octobre 1994, n° 93-40.749, 1er moyen.

Ayant relevé que la lettre de licenciement reprochait pour l'essentiel à un chef cuisinier d'avoir quitté brutalement son service à 11 h 30 à la suite d'une discussion avec l'employeur à propos de manquement à l'hygiène dans la cuisine ayant donné lieu à des contrôles des autorités sanitaires en août 2010 et janvier 2011 ainsi qu'à propos de la préparation trop importante de nourriture source de gaspillage et de risque d'avarie et que l'employeur fournissait de nombreuses attestations établissant que le salarié, mécontent des remarques du gérant, avait quitté avec éclat son poste le 9 mars 2011 à 11 h 30 ce qui avait contraint le reste du personnel, le gérant et son épouse à faire face au service du midi, une cour d'appel a pu en déduire que l'abandon de poste ainsi caractérisé était constitutif d'un manquement du salarié à ses obligations contractuelles suffisamment grave pour rendre impossible son maintien dans l'entreprise.

Cass. soc. 2 novembre 2016, n° 15-15.164, 4e moyen.

… ou au regard de la longueur de l'absence.

Ayant relevé qu'un salarié s'était absenté pendant près de deux mois sans motif valable, une cour d'appel a pu décider que le comportement de l'intéressé, qui avait déjà été sanctionné par un avertissement pour absence injustifiée, était de nature à rendre impossible son maintien dans l'entreprise pendant la durée du préavis.

Cass. soc. 12 mars 1997, n° 95-45.596.

La faute grave peut être retenue en présence d'une mise en garde de l'employeur.

Ayant relevé qu'un salarié avait abandonné volontairement son poste, sans motif sérieux et malgré les injonctions de son employeur, une cour d'appel a pu décider que le comportement de l'intéressé était de nature à rendre impossible son maintien dans l'entreprise pendant la durée du préavis.

Cass. soc. 11 février 1998, n° 94-42.842. Voir aussi cass. soc. 1er mars 2000, n° 98-41.690 ; cass. soc. 16 janvier 2008, n° 06-41.540, s'agissant d'un abandon de poste en dépit d'une mise en demeure de l'employeur.

Lorsqu'un salarié qui refuse de reprendre le travail en raison de faits qu'il reproche à l'employeur est licencié pour faute grave, il appartient au juge d'apprécier la réalité et la gravité de la faute qui lui est reprochée.

Après avoir constaté, d'une part, qu'un salarié, licencié pour faute grave en raison d'un abandon de poste, avait refusé de reprendre son travail à la suite d'un litige avec son employeur au sujet du paiement d'une prime de productivité et, d'autre part, que cette prime ne lui était pas due, une cour d'appel a pu décider que le comportement de l'intéressé rendait impossible son maintien dans l'entreprise pendant la durée du préavis et constituait une faute grave.

Cass. soc. 22 juin 2004, n° 02-42.392, BC V n° 176.

Une cour d'appel a retenu que si un salarié avait, sous couvert d'une prise d'acte de la rupture de son contrat de travail, quitté son poste et refusé de le réintégrer, aucun manquement antérieur à ses obligations n'était allégué. Ayant ensuite relevé qu'il n'était pas justifié des répercussions prévisibles de ce fait unique sur la marche de l'entreprise, la cour d'appel a pu en déduire que le comportement de l'intéressé ne rendait pas impossible son maintien dans l'entreprise pendant la durée du préavis et ne constituait pas une faute grave.

Cass. soc. 8 novembre 2005, n° 03-46.354.

Absence de faute grave

L'abandon de poste ne peut pas constituer une faute grave si l'absence ne perturbe pas le fonctionnement de l'entreprise.

Après avoir constaté qu'une salariée avait quitté une entreprise après que l'employeur lui eut demandé d'effectuer un travail supplémentaire qu'elle estimait n'avoir pas le temps d'accomplir et qu'elle avait repris son service le lendemain, une cour d'appel a pu décider que ce comportement ne constituait pas une faute grave.

Cass. soc. 16 juin 2009, n° 08-41.721. Voir aussi cass. soc. 1er mars 1995, n° 91-43.718, 1er moyen ; cass. soc. 12 mai 1993, n° 89-40.924, 2e moyen.

En l'absence de faute grave, l'abandon de poste constitue le plus souvent une cause réelle et sérieuse de licenciement.

Ayant constaté qu'un salarié ne contestait pas avoir reçu une lettre de mise en garde de son employeur à la suite d'une altercation et ayant relevé que ce salarié avait eu une nouvelle altercation avec un autre salarié de l'entreprise et qu'à la suite de celle-ci, il avait abandonné son poste de travail, une cour d'appel a pu, dans l'exercice de son pouvoir souverain d'appréciation, décider que le licenciement de l'intéressé procédait d'une cause réelle et sérieuse.

Cass. soc. 6 mai 1998, n° 96-41.269. Voir aussi cass. soc. 23 février 2005, n° 02-47.147.

L'abandon de poste justifié par des contraintes familiales sérieuses, qui s'accompagne en outre d'un manquement de l'employeur à la bonne foi contractuelle, ne constitue pas une faute grave.

Une salariée, en poste à Valenciennes, a sollicité, durant son congé parental d'éducation, sa mutation dans la région d'Avignon où son concubin avait été muté. Son employeur lui ayant fait savoir qu'aucun poste correspondant à sa qualification n'était disponible, l'intéressée, au terme de son congé, s'est néanmoins présentée dans une agence d'Avignon pour y reprendre ses fonctions. N'ayant pu obtenir satisfaction, la salariée a refusé de rejoindre son poste à Valenciennes malgré l'injonction de son employeur. Elle a été licenciée pour faute grave, en raison de son abandon de poste, et a saisi la juridiction prud'homale pour demander paiement de ses indemnités de rupture et des dommages-intérêts.

Pour la débouter de ses demandes, une cour d'appel a énoncé que l'obligation de bonne foi du contrat de travail n'impliquait pas, nonobstant les contraintes familiales de l'intéressée, l'obligation pour la société de proposer à l'intéressée les postes disponibles sur la région d'Avignon, et que la décision de licenciement pour faute grave qui se référait à un abandon de poste caractérisé ne pouvait être considérée comme illégitime au motif que l'employeur ne justifiait d'aucun élément objectif propre à l'empêcher de proposer ces postes disponibles à la salariée.

En statuant ainsi, sans expliquer les raisons objectives qui s'opposaient à ce que l'un des postes disponibles dans la région d'Avignon soit proposé à la salariée, contrainte de changer son domicile pour des raisons familiales sérieuses, alors, de surcroît, que la décision de l'employeur informé depuis plusieurs mois de cette situation, de maintenir son affectation à Valenciennes, portait atteinte de façon disproportionnée à la liberté de choix du domicile de la salariée et était exclusive de la bonne foi contractuelle, la cour d'appel n'a pas donné de base légale à sa décision au regard de l'article 8 de la Convention européenne de sauvegarde des droits de l'homme et des libertés fondamentales et de l'article L. 120-4 CT.

Cass. soc. 24 janvier 2007, n° 05-40.639.

Absence de faute

Des raisons d'ordre médical peuvent autoriser le salarié à quitter brusquement son travail.

Il résulte de l'article L. 122-45 CT qu'aucune personne ne peut être sanctionnée en raison de son état de santé.

C'est à tort que, pour retenir le caractère fautif du comportement d'une salariée justifiant son licenciement, une cour d'appel a considéré que, si la salariée avait produit un certificat médical lui prescrivant un arrêt de travail à compter du jour où elle avait quitté son poste pour se rendre chez le médecin, elle avait néanmoins quitté son poste sans l'autorisation de l'employeur, alors que le fait de quitter son poste en raison de son état de santé afin de consulter un médecin ne constitue pas, en soi, une faute de nature à justifier le licenciement.

Cass. soc. 3 juillet 2001, n° 99-41.738, 2e moyen, BC V n° 244.

Une cour d'appel ne peut décider que les circonstances dans lesquelles une salariée a quitté son travail justifiaient à elles seules son licenciement pour faute grave sans rechercher, comme elle y était invitée, si cet abandon de poste n'était pas la conséquence des problèmes de santé dont souffrait la salariée, laquelle justifiait avoir consulté le jour même un médecin qui l'avait placée en arrêt de travail.

Cass. soc. 2 décembre 2009, n° 08-40.156, 1er moyen.

Ne constitue pas une faute le fait pour un salarié de ne pas se présenter sur le lieu de travail après la constatation de son inaptitude à tout poste dans l'entreprise.

Cass. soc. 13 juillet 2005, n° 03-44.980, BC V n° 248.

Le comportement antérieur du salarié peut être une circonstance atténuante.

Le fait pour une aide-soignante, ayant dix ans d'ancienneté, de dévouement et de compétence, d'avoir interrompu son activité pendant une quarantaine de minutes avant d'achever sa tournée et d'avoir, par puérilité, dissimulé cette interruption ne constitue ni une faute grave ni une cause réelle et sérieuse de licenciement.

Cass. soc. 7 mars 2000, n° 98-41.140. Voir aussi cass. soc. 10 février 1993, n° 91-40.746, 2e moyen.

Le comportement déloyal de l'employeur dans l'exécution du contrat de travail peut aussi constituer une circonstance atténuante.

Une salariée travaillant à Paris a sollicité sa mutation sur un poste dans la région bordelaise en raison de la mutation professionnelle de son conjoint ; faute de proposition de poste répondant à ses souhaits, elle n'a pas repris son poste à son retour de congés et a été licenciée pour faute grave pour « absence volontaire et injustifiée » ; contestant les circonstances de son licenciement et réclamant le paiement de diverses sommes, l'intéressée a saisi la juridiction prud'homale.

Après avoir relevé que l'employeur avait fait preuve de déloyauté dans l'exécution du contrat de travail et que l'absence reprochée à la salariée ne présentait pas, au regard de cette déloyauté, de caractère fautif, une cour d'appel a pu dire que son licenciement était sans cause réelle et sérieuse.

Cass. soc. 2 mars 2011, n° 09-43.509.

Le fait pour un salarié de ne pas reprendre son travail à l'issue d'un congé maladie n'est pas constitutif d'un abandon de poste dès lors qu'il a adressé à son employeur un avis de prolongation d'arrêt de travail.

Un salarié avait été licencié pour faute grave pour ne pas avoir repris son travail à l'issue de son arrêt de travail pour maladie.

Ayant constaté que, par lettre du 21 juin 1990, l'employeur avait licencié pour abandon de poste l'intéressé, alors qu'entre-temps ce dernier lui avait adressé un avis de prolongation d'arrêt de travail, une cour d'appel, qui a relevé que l'employeur ne démontrait pas être revenu sur sa décision, en a déduit que le salarié était fondé à se considérer comme licencié et que son licenciement était dépourvu de cause réelle et sérieuse.

Cass. soc. 5 mai 1999, n° 97-40.712.

En outre, la carence de l'employeur à organiser la visite médicale de reprise interdit au salarié de reprendre ses fonctions, de sorte que le fait pour ce dernier de quitter l'entreprise aussitôt après s'y être présenté ne peut pas constituer un abandon de poste.

Seul l'examen pratiqué par le médecin du travail, lors de la reprise du travail en application des alinéas 1 à 3 de l'article R. 241-51 CT met fin à la suspension du contrat de travail. Il incombe à l'employeur de mettre le salarié en demeure de s'y soumettre. Dès lors qu'un salarié n'a pas été invité par son employeur à passer la visite de reprise, c'est en vain que l'employeur lui reproche un abandon de poste.

Cass. soc. 19 juin 2001, n° 99-40.868. Voir aussi cass. soc. 28 avril 2011, n° 09-40.487, BC V n° 99.

La prise de ses congés par un salarié, alors que l'employeur en connaissait les dates et n'avait formulé aucun refus, ne constitue pas non plus un abandon de poste.

Cass. soc. 11 octobre 2000, n° 98-42.540.

Abandon de poste et démission

Exceptionnellement, l'abandon de poste peut caractériser une démission.

Caractérise une volonté claire et non équivoque de démissionner l'abandon de leur poste de travail par deux salariés, respectivement deux et trois jours après leur embauche, sans aucune tentative d'explication.

Cass. soc. 27 juin 1996, n° 94-45.400.

Abandon de poste et licenciement

En l'absence de volonté claire et non équivoque du salarié de démissionner, il appartient à l'employeur qui lui reproche un abandon de poste de le licencier.

C'est à tort que, pour débouter un salarié de ses demandes d'indemnités de rupture, une cour d'appel a retenu que chacune des parties imputait la responsabilité de la rupture à l'autre, que les éléments produits aux débats ne permettaient pas d'imputer la rupture à l'employeur, de sorte que celle-ci ne pouvait produire les effets d'un licenciement, alors que l'employeur reprochait au salarié un abandon de poste dont il lui appartenait de tirer les conséquences.

Cass. soc. 10 juillet 2002, n° 00-45.566, BC V n° 240.

L'abandon de poste présentant un caractère instantané, il ne peut pas donner lieu à des poursuites au-delà du délai de deux mois.

Si un fait fautif, dont l'employeur a eu connaissance plus de deux mois avant l'engagement de la procédure de licenciement, peut être pris en considération lorsque le comportement du salarié s'est poursuivi dans ce délai, l'abandon de poste, qui présente un caractère instantané, ne peut donner lieu à des poursuites disciplinaires au-delà du délai de deux mois prévu par l'article L. 122-44 CT.

Ayant relevé que la lettre de licenciement reprochait à une salariée d'avoir cessé toutes relations de travail le 31 janvier 1997 et qu'aucun autre fait fautif n'était intervenu depuis lors, une cour d'appel a exactement décidé que l'abandon de poste invoqué était prescrit lors de l'engagement de la procédure disciplinaire au mois de juin 1999.

Cass. soc. 29 janvier 2003, n° 01-40.036.

☛ *Prescription des fautes disciplinaires.*

Abandon de poste et modification du contrat de travail

L'abandon de poste par un salarié à la suite d'une modification de ses conditions de travail peut constituer une faute grave.

Ayant constaté qu'aucun lieu d'exécution n'était prévu par le contrat de travail et que la nature même de l'emploi, consistant en un transport d'élèves par car, impliquait une certaine disponibilité géographique, une cour d'appel a pu décider que le contrat de travail n'avait subi aucune modification et que l'abandon prolongé de son poste par l'intéressée rendait impossible son maintien dans l'entreprise pendant la durée du préavis et constituait une faute grave.

Cass. soc. 4 janvier 2000, n° 97-41.154, BC V n° 4.

En revanche, l'abandon de poste par un salarié à la suite d'une modification de son contrat de travail n'est pas fautif.

En conséquence de la modification du lieu d'exécution de son contrat de travail, une salariée avait fait savoir à son employeur qu'elle ne rejoindrait pas sa nouvelle affectation et continuerait de se présenter sur son lieu habituel de travail. Elle a été licenciée pour faute grave, constituée par l'abandon de son poste.

Le seul refus du salarié d'accepter une modification de son contrat de travail ne pouvant légalement constituer une cause de licenciement, c'est à bon droit qu'une cour d'appel a condamné l'employeur au paiement des indemnités afférentes au licenciement sans cause réelle et sérieuse.

Cass. soc. 18 avril 2000, n° 98-42.370. Voir aussi cass. soc. 8 janvier 2002 n° 99-44.467, BC V n° 3, écartant le grief d'abandon de poste mentionné dans la lettre de licenciement d'un VRP qui avait cessé le travail à la suite de la réduction unilatérale de sa rémunération.

Un salarié a pris acte de la rupture de son contrat de travail du fait de l'employeur au motif qu'un nouveau salarié avait été recruté avec des responsabilités qui réduisaient les siennes. Ayant de surcroît fait constater que son bureau était occupé par des services techniques, il a quitté son emploi.

Son employeur, après lui avoir indiqué par divers courriers qu'il estimait que le contrat de travail était toujours en cours, lui a demandé de reprendre son poste et l'a licencié pour faute grave en raison de son abandon de poste.

Ayant fait ressortir qu'à la date de l'abandon de poste reproché par l'employeur la modification du contrat de travail justifiait que le salarié ait refusé de poursuivre l'exécution de celui-ci, une cour d'appel en a exactement déduit que le licenciement était sans cause réelle et sérieuse.

Cass. soc. 7 décembre 2004, n° 01-46.254.

☛ *Démission ; Droit d'alerte et de retrait en cas de danger ; Modification du contrat et des conditions de travail.*

Absences non autorisées

Constitue une absence non autorisée le fait pour un salarié de ne pas se rendre à son travail, sans autorisation ou en dépit d'une interdiction de l'employeur.

Absence injustifiée

Le licenciement prononcé en raison de l'absence injustifiée d'un salarié présente un caractère disciplinaire ; s'agissant d'un comportement fautif présentant un caractère continu, le délai de deux mois pour engager les poursuites ne commence à courir que lorsque ce comportement s'est interrompu.

L'employeur, qui prend l'initiative de rompre le contrat de travail ou qui le considère comme rompu du fait du salarié, doit mettre en œuvre la procédure de licenciement.

Doit être cassé l'arrêt qui, pour dire que la rupture du contrat de travail d'un salarié s'analysait en un licenciement sans cause réelle et sérieuse, a retenu que le licenciement prononcé plus de deux mois après le départ de ce dernier apparaissait sans effet, l'attentisme de l'employeur étant totalement injustifié et contraire aux motifs mêmes de la lettre de licenciement qui évoquait une faute grave, alors que, en cas d'absence injustifiée du salarié se perpétuant malgré une mise en demeure, la circonstance que l'employeur ait attendu plus de deux mois pour mettre en œuvre cette procédure n'a pas pour effet de rendre le licenciement sans cause réelle et sérieuse, et que, dès lors, la cour d'appel devait rechercher si l'abandon de poste et l'absentéisme du salarié étaient fautifs.

Cass. soc. 13 janvier 2004, n° 01-46.592, BC V n° 6.

• Faute grave

Une absence prolongée de trois ans sans aucune justification constitue une faute grave.

Par lettre du 6 janvier 1992, un employeur avait constaté que depuis le 20 septembre 1989, un de ses salariés n'était plus revenu travailler dans l'entreprise, sans fournir aucune explication, et avait signifié à ce salarié qu'il ne faisait plus partie du personnel.

C'est à bon droit qu'une cour d'appel a qualifié la lettre du 6 janvier 1992 de licenciement et a décidé que l'absence prolongée du salarié, sans aucune justification, constituait une faute grave.

Cass. soc. 24 octobre 2000, n° 98-42.847.

Les absences injustifiées d'un salarié pendant une période de forte activité justifient un licenciement pour faute grave.

Un salarié avait été licencié pour faute grave en raison de deux absences injustifiées.

Ayant relevé que ces absences n'avaient aucune justification et avaient eu lieu au cours de la période d'ensilage du maïs pendant laquelle la présence du salarié était indispensable, une cour d'appel a pu décider que ces faits étaient de nature à rendre impossible le maintien de ce dernier dans l'entreprise pendant la durée du préavis et constituaient une faute grave.

Cass. soc. 2 février 1999, n° 97-40.822. Voir aussi cass. soc. 19 avril 2000, n° 98-42.186, s'agissant d'un salarié absent trois jours sans motif, à la veille de la fermeture annuelle de l'établissement, et sans avoir terminé un travail urgent.

L'absence injustifiée d'un salarié occupant un poste à responsabilités malgré les mises en demeure de l'employeur caractérise une faute grave.

Après avoir constaté qu'un salarié, exerçant les fonctions de responsable d'équipe, avait été absent depuis le 30 mars 2004 sans avoir adressé de justificatif ni informé son employeur des motifs de son absence, malgré deux lettres de mise en demeure reçues les 15 et 20 avril 2004, laissant ainsi son employeur dans l'ignorance totale de sa situation personnelle, une cour d'appel a pu décider que les faits reprochés au salarié constituaient une faute grave rendant impossible son maintien dans l'entreprise.

Cass. soc. 9 juillet 2008, n° 07-41.483.

• Absence de faute grave

Ne repose pas sur une faute grave le licenciement d'une salariée pour absence injustifiée, alors que l'employeur n'avait pas invité l'intéressée à reprendre son poste et qu'il avait attendu plusieurs semaines avant d'engager la procédure de licenciement.

Une salariée a été absente à compter du 28 mars 1997 et en cure thermale, prise en charge par la sécurité sociale, du 7 au 27 avril 1997. Elle a été convoquée le 29 avril 1997 à un entretien préalable et licenciée le 14 mai 1997, l'employeur invoquant une absence injustifiée depuis le 28 mars 1997.

L'employeur n'ayant à aucun moment invité la salariée à reprendre son poste et ayant attendu plusieurs semaines avant d'engager la procédure de licenciement, le licenciement de la salariée ne reposait pas sur une faute grave.

Cass. soc. 15 janvier 2003, n° 01-40.939, 2e moyen.

Le fait pour un salarié cadre, bénéficiant d'une relative liberté dans l'organisation de son horaire de travail, de s'absenter une journée sans autorisation ne constitue pas nécessairement une faute grave.

C'est à tort que pour dire que le licenciement d'un salarié reposait sur une faute grave, une cour d'appel a retenu que l'absence du salarié sans motif légitime pendant une journée n'avait pas été autorisée par l'employeur, alors qu'elle avait relevé que le salarié bénéficiait d'un statut de cadre lui permettant de revendiquer une relative liberté dans l'organisation de son horaire de travail et alors qu'il n'avait, au cours des 20 années de service dans l'entreprise, fait l'objet d'aucun reproche.

Cass. soc. 8 juin 1999, n° 97-41.101.

La circonstance que le salarié n'a pas lui-même adressé de justificatif de son absence à l'employeur mais a demandé à un collègue d'informer ce dernier ne suffit pas à conférer un caractère injustifié à l'absence.

Doit être cassé l'arrêt qui, pour retenir l'existence d'une faute grave à l'encontre d'un salarié, a relevé que l'intéressé, absent pour maladie, n'avait pas repris son travail à la date prévue, qu'il importait peu que, ce jour-là, un collègue de travail ait ou non avisé l'employeur du départ du salarié pour l'étranger en raison d'un problème familial, que postérieurement à cette date et jusqu'à réception de la lettre de licenciement, l'intéressé ne s'était à aucun moment manifesté auprès de son employeur et ne lui avait adressé aucun document justificatif de son absence, alors que la circonstance que le salarié n'avait pas lui-même adressé de justificatif à son employeur ne suffisait pas à conférer un caractère injustifié à son absence. La cour d'appel n'a donc pas caractérisé que le comportement du salarié était de nature à rendre impossible le maintien de ce dernier dans l'entreprise pendant la durée du préavis.

Cass. soc. 24 septembre 2003, n° 01-44.380.

L'absence du salarié motivée par un manquement de l'employeur à ses obligations contractuelles ne constitue pas une faute grave.

Le refus par un salarié de reprendre le travail peut être légitimé par un manquement de l'employeur à ses obligations.

Un salarié a fait l'objet d'une mise à pied conservatoire suivie, après convocation à un entretien préalable, d'une mise à pied disciplinaire de même durée. Ayant refusé de reprendre le travail tant qu'il ne serait pas payé des salaires correspondant à cette mise à pied qu'il contestait, le salarié a été licencié pour faute grave.

Une cour d'appel, après avoir décidé que la mise à pied disciplinaire était injustifiée, en a justement déduit que le refus du salarié de reprendre le travail tant qu'il ne serait pas payé des salaires dont il avait été privé pendant cette période n'était pas fautif.

Cass. soc. 23 juin 2009, n° 07-44.844, BC V n° 158.

À la suite d'une infraction au code de la route, un chauffeur a été avisé par son employeur que le montant de l'amende serait défalqué de son salaire. L'intéressé a contesté cette mesure et a cessé de travailler en attendant que sa situation soit régularisée. Il a été licencié pour faute grave.

L'absence du salarié étant motivée par la retenue injustifiée du montant de l'amende sur son salaire, il en résultait que, du fait du manquement de l'employeur à ses obligations contractuelles, la rupture du contrat de travail était imputable à ce dernier et s'analysait en un licenciement sans cause réelle et sérieuse.

Cass. soc. 27 mai 2003, n° 01-40.532.

Prise de congés sans autorisation

La prise de congés par un salarié sans autorisation justifie le licenciement pour faute grave.

Ayant constaté qu'un salarié était parti en congés malgré l'absence d'autorisation de l'employeur, une cour d'appel a pu décider que le comportement de l'intéressé rendait impossible son maintien dans l'entreprise pendant la durée du préavis et constituait une faute grave.

Cass. soc. 18 février 1998, n° 95-41.744, 1er moyen. Voir aussi cass. soc. 22 mars 2000, n° 98-41.086 ; cass. soc. 23 mai 2001, n° 99-43.057.

Il en est de même de la prise de congés par un salarié en dépit du refus de l'employeur…

Une cour d'appel, ayant constaté qu'un salarié qui venait de reprendre son activité à temps plein depuis moins d'un mois après une absence pour accident de plusieurs mois, s'était absenté malgré le refus de l'employeur d'accorder des congés et qu'il ne pouvait justifier son attitude par les manquements de ce dernier, a pu décider que le comportement du salarié constituait une faute grave.

Cass. soc. 19 juin 2008, n° 07-41.352, 1er moyen. Voir aussi cass. soc. 1er juillet 1998, n° 96-42.824.

… de la prolongation des congés malgré le refus de l'employeur…

Constitue un refus volontaire de travail justifiant un licenciement pour faute grave le fait pour un salarié de prolonger ses congés payés de deux semaines en passant outre le refus de l'employeur.

Cass. soc. 3 février 1993 n° 91-41.432. Voir aussi cass. soc. 10 mai 1994, n° 92-44.087, s'agissant d'une salariée qui s'était absentée au-delà de la durée prévue par la convention collective.

… ou de l'abstention délibérée de reprendre le travail après un congé.

Une salariée en fin de congé formation s'était délibérément abstenue de reprendre son travail à la date prévue. Cette attitude désinvolte rendait impossible son maintien dans l'entreprise pendant la durée du préavis.

Cass. soc. 30 novembre 1994, n° 93-41.229. Voir aussi cass. soc. 27 mars 2013, n° 11-28.502.

Mais le départ anticipé d'une journée en congés ne constitue pas une faute grave.

Une salariée avait été licenciée pour faute grave pour être partie en congé le vendredi au lieu du lundi, malgré le refus de l'employeur. Ce comportement n'étant pas de nature à rendre impossible le maintien de la salariée dans l'entreprise pendant la période de préavis, une cour d'appel a pu décider que la faute grave n'était pas constituée.

Cass. soc. 7 novembre 1995, n° 94-41.002.

Il en est de même du retour tardif de congés justifié par le décès d'un proche.

Un salarié, engagé en qualité de chauffeur poids lourd, avait été licencié pour faute grave pour ne pas avoir repris le travail à la suite du congé annuel. Ayant retenu que l'absence du salarié ne procédait pas d'une volonté délibérée de refuser de reprendre le travail ou de se soumettre aux directives de l'employeur, mais de la maladie et du décès de sa mère et ayant relevé que ce retard n'avait pas affecté à l'excès le fonctionnement de l'entreprise, une cour d'appel a pu décider que le comportement du salarié, s'il justifiait son licenciement, ne rendait pas impossible son maintien en fonction pendant la durée du préavis et ne constituait pas une faute grave.

Cass. soc. 11 mai 1999, n° 97-41.505. Voir aussi cass. soc. 22 novembre 2000, n° 98-43.283.

Est injustifié le licenciement d'un salarié ayant repris son travail avec un jour de retard après avoir averti l'employeur qu'il était en panne de voiture.

Ayant relevé qu'un salarié avait repris son travail avec un jour de retard, tout en avertissant l'employeur que son retard était consécutif à une panne de voiture, les juges du fond ont pu, dans l'exercice de leur pouvoir souverain d'appréciation, décider que le salarié n'avait pas commis de faute grave et que le licenciement de l'intéressé ne procédait pas d'une cause réelle et sérieuse.

Cass. soc. 22 novembre 1995, n° 91-44.032, 1re branche, 2e moyen. Voir aussi cass. soc. 26 octobre 1994, n° 93-40.043, où les juges ont relevé le caractère isolé du comportement de la salariée.

Compte tenu de la défaillance de l'employeur dans l'organisation des congés payés, le fait pour un salarié de partir en congés après avoir informé son employeur des dates de départ qu'il souhaitait sans avoir reçu de réponse de la part de ce dernier ne constitue pas une faute grave mais justifie son licenciement.

Il résulte des articles L. 223-7 et D. 223-4 CT que la période de congés payés est, à défaut de convention ou accord collectif de travail, fixée par l'employeur et portée à la connaissance du personnel deux mois avant son ouverture, et que l'ordre des départs est communiqué au salarié quinze jours avant son départ et fait l'objet d'un affichage au sein de l'entreprise.

Un salarié avait été licencié pour faute grave pour une absence non déclarée et non justifiée à compter du 2 juillet 2001 ; s'estimant injustement licencié alors qu'il était parti en congés payés après avoir informé son employeur des dates de départ qu'il souhaitait sans avoir cependant reçu aucune réponse de la part de ce dernier, il a saisi la juridiction prud'homale de diverses demandes relatives à l'exécution et à la rupture de son contrat de travail.

Ayant constaté que le salarié n'avait pas averti l'employeur de son intention de prendre ses congés le 2 juillet 2001 et que de son côté, l'employeur n'avait pas répondu aux courriers de l'intéressé, une cour d'appel a pu en déduire que l'absence non déclarée du salarié ne caractérisait pas une faute grave, compte tenu de la propre défaillance de l'employeur dans l'organisation des congés payés conformément aux articles L. 223-7 et D. 223-4 CT, et, usant du pouvoir qu'elle tient de l'article L. 122-14-3 du même code, a pu décider que cette absence était constitutive d'une cause réelle et sérieuse de licenciement.

Cass. soc. 11 juillet 2007, n° 06-41.706, 1er moyen, BC V n° 121.

En cas de modification des dates de départ en congés payés par l'employeur moins d'un mois avant la date prévue, et à défaut d'établissement d'un planning des congés, le licenciement d'un salarié, qui prend ses congés à la date initialement prévue, peut être injustifié.

Il résulte des articles L. 223-7 et D. 223-4 CT que la période de congés payés est, à défaut de convention ou d'accord collectif de travail, fixée par l'employeur et portée à la connaissance du personnel deux mois avant son ouverture, que l'ordre des départs est communiqué au salarié et fait l'objet d'un affichage au sein de l'entreprise et que l'employeur ne peut, sauf circonstances exceptionnelles, modifier l'ordre et les dates de départ dans le délai d'un mois avant la date prévue du départ.

Ayant constaté qu'une société n'avait pas dressé de planning des congés et avait modifié la date des départs moins d'un mois avant la date qui avait été prévue, sans justifier de circonstances exceptionnelles, une cour d'appel a exactement décidé que le départ en congés d'une salariée à la date initialement fixée, sans autorisation écrite de l'employeur, ne constituait pas une faute et que son licenciement était dépourvu de cause réelle et sérieuse.

Cass. soc. 3 juin 1998, n° 96-41.700, BC V n° 294.

Le refus tardif de l'employeur d'accepter la date de congés proposée par un salarié peut rendre le licenciement pour absence non autorisée dépourvu de cause réelle et sérieuse.

Ayant constaté qu'un salarié qui avait manifesté le désir de prendre des congés pour suivre une cure thermale n'avait eu connaissance du refus de l'employeur que la veille de son départ, à une date ne lui permettant plus de renoncer à la cure prescrite, une cour d'appel a pu décider qu'en raison de la légèreté blâmable dont avait fait preuve l'employeur en lui notifiant un refus tardif, l'absence qui lui était reprochée n'était pas fautive et que le licenciement ne procédait pas d'une cause réelle et sérieuse.

Cass. soc. 23 janvier 2002, n° 99-46.143. Voir aussi cass. soc. 20 octobre 2011, n° 10-16.749.

Non-respect des dates d'arrêt de travail pour maladie

Le seul fait de ne pas reprendre le travail à l'issue d'un arrêt maladie ne caractérise pas, en soi, une cause réelle et sérieuse de licenciement.

Le seul fait pour un salarié dont l'employeur a connaissance de l'état de santé, d'omettre de justifier d'une nouvelle prolongation de son absence à la date d'expiration d'un arrêt de travail pour maladie, ne suffit pas à caractériser l'existence d'une cause réelle et sérieuse de licenciement.

Cass. soc. 13 juillet 2004, n° 02-42.541. Voir aussi cass. soc. 6 juillet 1995, n° 91-44.721, s'agissant d'une absence injustifiée de plus de un mois.

Ne constitue pas une faute grave la seule absence de justification par le salarié de la prolongation de son arrêt de travail, dès lors que l'employeur a été informé par la remise du certificat médical initial de l'arrêt de travail du salarié.

Cass. soc. 11 janvier 2006, n° 04-41.231, 2e moyen, BC V n° 6. Voir aussi cass. soc. 17 mars 2010, n° 08-43.414.

Mais l'absence du salarié après un arrêt maladie, malgré les mises en demeure de l'employeur de reprendre le travail, est constitutive d'une faute grave.

En ne reprenant pas son travail à l'issue d'un arrêt maladie, sans répondre aux mises en demeure de l'employeur l'invitant à prendre contact avec lui, un salarié a un comportement de nature à rendre impossible son maintien dans l'entreprise durant le préavis.

Cass. soc. 25 janvier 1995, n° 93-42.120. Voir aussi cass. soc. 23 février 2000, n° 98-41.007 ; cass. soc. 12 février 2016, n° 14-15.016.

Il en est de même lorsque le salarié, sans justifier de la raison de son absence après un arrêt de travail, attend un mois pour répondre à la demande d'explication de l'employeur…

Cass. soc. 6 avril 2011, n° 10-10.479.

… ou encore en cas de justification tardive d'un arrêt de travail.

A commis une faute grave la salariée, en arrêt de travail d'octobre 1993 à avril 1996, qui n'a adressé les justificatifs que fin mars 1996.

Cass. soc. 22 novembre 2000, n° 97-43.272.

Absences non autorisées, démission et licenciement

L'absence du salarié ne caractérise pas, à elle seule, une volonté claire et non équivoque de démissionner.

La rupture du contrat de travail ne peut être imputée au salarié que s'il a manifesté une volonté claire et non équivoque de démissionner.

Le seul fait pour un salarié de ne pas reprendre son travail, après une demande de l'employeur de justification de son absence, ne caractérise pas une démission.

Cass. soc. 7 mai 2002, n° 00-40.724. Voir aussi cass. soc. 1er juillet 1998, n° 96-43.657 ; cass. soc. 1er février 1995, n° 90-43.686.

L'employeur qui prend l'initiative de rompre le contrat de travail ou qui le considère comme rompu du fait du salarié doit mettre en œuvre la procédure de licenciement ; à défaut, la rupture s'analyse en un licenciement sans cause réelle et sérieuse.

Doit être cassé l'arrêt qui, pour décider que la rupture du contrat de travail d'un salarié qui avait quitté le travail et fourni tardivement une justification médicale s'analysait en une démission, a retenu que l'intéressé ne démontrait pas qu'il avait quitté son travail sous la pression de l'employeur et qu'il n'avait pas réagi au courrier prenant acte de sa démission, après avoir relevé que l'employeur avait pris acte de la rupture du contrat de travail et n'avait pas mis en œuvre la procédure de licenciement.

Cass. soc. 11 février 2004, n° 01-45.220, BC V n° 49. Voir aussi cass. soc. 13 janvier 2004, n° 01-44.853, BC V n° 5 ; cass. soc. 23 mars 2011, n° 09-42.122.

☛ *Absences répétées ; Démission.*

Absences répétées

Si des absences répétées non autorisées peuvent constituer une faute grave, des absences répétées pour cause de maladie ne peuvent justifier un licenciement que si elles entraînent des perturbations qui rendent nécessaire le remplacement définitif du salarié.

Absences répétées non autorisées

Le fait pour un salarié de s'absenter à plusieurs reprises sans autorisation peut constituer une faute grave…

Ayant relevé, d'une part, qu'à l'appui du licenciement pour faute grave d'un salarié, un employeur avait invoqué douze absences sans justification au cours des six derniers mois et, d'autre part, que le salarié n'apportait aucun élément de nature à établir, comme il le soutenait, que certaines absences avaient été autorisées par son chef, une cour d'appel a pu décider que l'ensemble de ces absences constituait, de la part de l'intéressé, des manquements graves aux obligations résultant de son contrat de travail et ne permettait pas son maintien dans l'entreprise pendant la durée du préavis, même si l'employeur ne lui avait pas, au préalable, infligé d'avertissement.

Cass. soc. 5 octobre 1993, n° 89-42.986, 1er moyen.

… notamment si le salarié a déjà été sanctionné pour des faits identiques.

Ayant relevé qu'un salarié était rentré de congés avec un jour de retard et avait refusé de travailler un samedi, alors qu'il avait été prévenu que sa présence était nécessaire et que ces faits faisaient suite à des absences répétées qui désorganisaient l'entreprise, l'ensemble de ces griefs étant invoqué dans la lettre de licenciement, une cour d'appel a pu décider que le comportement du salarié était de nature à rendre impossible son maintien dans l'entreprise pendant la durée du préavis et constituait une faute grave.

Cass. soc 11 juin 1998, n° 96-43.101. Voir aussi cass. soc. 18 mai 1995, n° 93-46.532.

Ce fait peut, a fortiori, être constitutif d'une cause réelle et sérieuse de licenciement.

Ayant relevé qu'un salarié s'était absenté à de nombreuses reprises sans autorisation de l'employeur et sans même l'avoir prévenu, une cour d'appel a décidé, dans l'exercice de son pouvoir souverain d'appréciation, que le licenciement de l'intéressé procédait d'une cause réelle et sérieuse.

Cass. soc. 20 mai 1998, n° 96-41.126.

Absences répétées ou prolongées pour maladie

Un salarié ne peut être licencié que lorsque ses absences prolongées ou répétées pour maladie entraînent la nécessité pour l'employeur de procéder à son remplacement définitif,…

Si l'article L. 1132-1 CT fait interdiction de licencier un salarié, notamment en raison de son état de santé ou de son handicap, ce texte ne s'oppose pas au licenciement motivé, non par l'état de santé du salarié, mais par la situation objective de l'entreprise dont le fonctionnement est perturbé par l'absence prolongée ou les absences répétées du salarié ; celui-ci ne peut toutefois être licencié que si ces perturbations entraînent la nécessité pour l'employeur de procéder à son remplacement définitif par l'engagement d'un autre salarié.

Une salariée employée par un syndicat de copropriétaires en qualité de gardienne à temps complet s'est trouvée en arrêt de travail pour maladie du 8 au 23 mars 2003 puis du 25 avril au 30 novembre 2003 ; licenciée le 19 novembre 2003, avec un préavis expirant le 22 février 2004, pour le motif suivant : « maladie prolongée rendant nécessaire votre remplacement définitif pour assurer un fonctionnement normal du service gardiennage », elle a saisi la juridiction prud'homale.

C'est à tort que, pour juger le licenciement fondé sur une cause réelle et sérieuse et débouter la salariée des demandes présentées de ce chef, une cour d'appel a retenu que les tâches confiées à la salariée avaient été intégralement reprises par un salarié d'une entreprise de services dans le cadre de dispositions s'inscrivant dans la durée, ce qui caractérisait son remplacement effectif et définitif dans des conditions établissant la bonne foi du syndicat des copropriétaires, au demeurant présumée, ce système d'emploi indirect ayant l'avantage de mieux le garantir d'une absence prolongée du gardien, situation dont il avait durablement pâti et contre laquelle il était en droit de se prémunir.

Cass. ass. plén. 22 avril 2011, n° 09-43.334, BC n° 3. Voir aussi cass. soc. 14 juin 2016, n° 15-12.522, 1er moyen.

... lequel doit s'opérer dans l'entreprise qui l'emploie.

Si l'article L. 1132-1 CT, faisant interdiction de licencier un salarié notamment en raison de son état de santé ou de son handicap, ne s'oppose pas au licenciement motivé, non par l'état de santé du salarié, mais par la situation objective de l'entreprise dont le fonctionnement est perturbé par l'absence prolongée ou les absences répétées du salarié, celui-ci ne peut toutefois être licencié que si ces perturbations entraînent la nécessité pour l'employeur de procéder à son remplacement définitif par l'engagement d'un autre salarié, lequel doit s'opérer dans l'entreprise qui l'emploie.

Cass. soc. 25 janvier 2012, n° 10-26.502, BC V n° 21.

Le licenciement est également valable en cas de nécessité pour l'employeur de procéder au remplacement définitif du salarié muté en interne pour remplacer le salarié absent.

Une salariée a été engagée par une société, selon contrat à durée indéterminée à compter du 12 janvier 1994, en qualité de directrice de magasin ; à compter du 27 octobre 2006, elle a été placée en arrêt de travail pour maladie puis licenciée le 6 avril 2007 ; contestant le bien-fondé de la rupture, elle a saisi la juridiction prud'homale.

Pour la débouter de sa demande, une cour d'appel a retenu que son absence depuis presque six mois et l'ignorance de la date à laquelle elle devait reprendre son activité avaient désorganisé l'exploitation du fonds de commerce, même si des solutions palliatives nécessairement temporaires avaient été trouvées, que le poste de la demanderesse avait été pourvu en interne par la nomination d'une autre directrice de magasin le 1er mars 2007, elle-même étant remplacée par une vendeuse, tandis qu'une salariée embauchée comme vendeuse en contrat à durée déterminée dès le 6 novembre 2006, en remplacement de la remplaçante de la demanderesse, avait été définitivement engagée le 22 mai 2007, à temps partiel.

En statuant ainsi, sans vérifier si le recrutement de la salariée à temps partiel pour occuper le poste laissé vacant était de nature à caractériser un remplacement total et définitif de la salariée mutée en interne, la cour d'appel a privé sa décision de base légale.

Cass. soc. 26 janvier 2011, n° 09-67.073, BC V n° 33. Voir aussi cass. soc. 15 janvier 2014, n° 12-21.179, 1er moyen du pourvoi principal, BC V n° 17.

Peu importe que le contrat du remplaçant ait été rompu ultérieurement pendant la période d'essai.

Cass. soc. 15 février 2011, n° 09-42.580.

Le remplacement définitif n'est pas caractérisé lorsque l'employeur a recours à un prestataire de services.

Cass. ass. plén. 22 avril 2011, n° 09-43.334, précité. Voir aussi cass. soc. 18 octobre 2007, n° 06-44.251, BC V n° 163, rendu dans la même affaire.

Il en est de même lorsque l'employeur engage un salarié sous contrat à durée déterminée...

Doit être cassé l'arrêt qui, pour débouter une salariée, licenciée pour absences répétées et prolongées, de ses demandes au titre de son licenciement, a relevé que le poste de responsable de poissonnerie qu'elle occupait était important et devait être confié à une personne formée, faisant preuve de motivation, ce qui ne pouvait résulter que d'un recrutement en contrat de travail à durée indéterminée compte tenu de la nature de l'emploi, alors que l'emploi de responsable de poissonnerie était occupé par une salariée engagée sous contrat à durée déterminée précisément pour assurer le remplacement de l'intéressée durant sa maladie, de sorte que la nécessité du remplacement définitif n'était pas établie.

Cass. soc. 2 mars 2005, n° 03-42.800.

... ou encore lorsque le salarié embauché l'a été selon un horaire sensiblement inférieur à celui du salarié absent.

Une salariée à temps partiel à raison de 121 heures par mois a été licenciée en raison de ses absences répétées pour maladie rendant nécessaire son remplacement afin d'assurer un fonctionnement normal de l'entreprise.

C'est à tort que, pour dire le licenciement fondé sur une cause réelle et sérieuse, une cour d'appel a retenu que les absences fréquentes étaient établies et non contestées pour une durée cumulée de quatre mois, que les absences répétées sur plusieurs mois dans une toute petite entreprise familiale désorganisaient le fonctionnement normal de celle-ci, que l'employeur avait procédé au remplacement de la salariée par l'embauche d'une nouvelle salariée suivant contrat à durée indéterminée immédiatement à l'expiration du préavis et pour occuper le même poste que cette dernière, que les distinctions de détail relatives à l'amplitude horaire et à la rémunération ne sauraient être opposées comme de nature à rendre imparfait ce remplacement, alors qu'elle avait constaté qu'une seule salariée avait été engagée selon un horaire de 61 heures par mois, soit la moitié du temps de travail de l'intéressée, de sorte qu'il n'avait pas été procédé à son remplacement définitif dans son emploi.

Cass. soc. 6 février 2008, n° 06-44.389, BC V n° 32.

Lorsque l'absence prolongée du salarié pour cause de maladie résulte d'un manquement de l'employeur à l'obligation de sécurité de résultat, ses conséquences sur le fonctionnement de l'entreprise ne peuvent pas être invoquées pour justifier un licenciement.

Cass. soc. 13 mars 2013, n° 11-22.082, BC V n° 71.

Ainsi, lorsque l'absence prolongée du salarié est la conséquence du harcèlement moral dont il a été l'objet, l'employeur ne peut pas, pour licencier l'intéressé, se prévaloir de la perturbation que son absence prolongée cause au fonctionnement de l'entreprise.

Cass. soc. 11 octobre 2006, n° 04-48.314, BC V n° 301. Voir aussi cass. soc. 30 janvier 2019, n° 17-31.473, à paraître.

En effet, l'employeur doit justifier le licenciement du salarié par des éléments objectifs étrangers à tout harcèlement.

Une salariée licenciée pour absences répétées désorganisant le fonctionnement de l'entreprise a saisi la juridiction prud'homale d'une demande d'annulation de son licenciement, estimant que ses absences étaient la conséquence d'un harcèlement moral dont elle était l'objet.

Pour la débouter de sa demande, une cour d'appel a retenu que si les pièces produites par la salariée tendaient à établir des faits laissant présumer des agissements répétés de harcèlement moral de la part de son employeur, l'intéressée en revanche ne produisait aucun élément, tel qu'un certificat médical ou même des attestations, susceptible de prouver que le harcèlement moral dont elle avait été l'objet était la cause de ses absences répétées ou participait au processus qui les avait générées.

En statuant ainsi, alors qu'elle avait constaté l'existence d'agissements susceptibles d'altérer la santé physique ou mentale de la salariée et permettant de présumer l'existence d'un harcèlement, en sorte qu'il revenait à l'employeur d'établir que le licenciement était justifié par des éléments objectifs étrangers à tout harcèlement, la cour d'appel a violé les articles L. 1152-1, L. 1152-2, L. 1152-3 et L. 1154-1 CT.

Cass. soc. 15 janvier 2014, n° 12-20.688, BC V n° 16.

Le remplacement du salarié doit intervenir dans un délai raisonnable après le licenciement.

Une salariée en arrêt de travail pour maladie a été licenciée au motif que son absence prolongée désorganisait le service comptable de l'entreprise et qu'il était nécessaire de pourvoir à son remplacement définitif. Contestant le bien-fondé de son licenciement, l'intéressée a saisi la juridiction prud'homale de diverses demandes.

Le remplacement définitif d'un salarié absent en raison d'une maladie ou d'un accident non professionnel doit intervenir dans un délai raisonnable après le licenciement, délai que les juges du fond apprécient souverainement en tenant compte des spécificités de l'entreprise et de l'emploi concerné, ainsi que des démarches faites par l'employeur en vue d'un recrutement.

N'a pas donné de base légale à sa décision la cour d'appel qui n'a pas procédé à cette recherche et qui, tout en constatant que la salariée n'avait été effectivement remplacée que plusieurs mois après son licenciement, a décidé que celui-ci était justifié dès lors qu'il avait été pourvu au remplacement de la salariée.

Cass. soc. 10 novembre 2004, n° 02-45.156, BC V n° 283.

Il appartient à l'employeur de rapporter la preuve qu'il a procédé au remplacement définitif du salarié, licencié en raison de son absence prolongée pour maladie, dans un délai raisonnable après son licenciement.

Cass. soc. 15 novembre 2006, n° 04-48.192, 1er moyen, BC V n° 343.

Un salarié a été en arrêt de travail à partir du 22 janvier 1998, date à laquelle il a été victime d'un accident de la route ; licencié le 28 juillet 1999, le salarié, invoquant notamment la nullité de son licenciement intervenu en raison de son état de santé, a demandé la condamnation de l'employeur à lui payer diverses sommes.

Pour écarter les demandes du salarié, une cour d'appel a retenu, d'une part que le licenciement n'était pas nul puisqu'il était expressément motivé par les absences répétées du salarié créant des perturbations dans le fonctionnement normal de l'entreprise et rendant nécessaire son remplacement définitif, d'autre part que ces absences, ayant apporté de telles perturbations, avaient impliqué le remplacement définitif du salarié, intervenu dès le 9 mars 1998.

En statuant ainsi, sans constater la conclusion, à une époque proche du licenciement, d'un contrat de travail à durée indéterminée, la cour d'appel a violé l'article L. 122-45 CT en sa rédaction applicable en la cause et l'article L. 122-14-3, al. 1er, devenu L. 1235-1 CT.

Cass. soc. 16 septembre 2009, n° 08-41.879, 2e moyen du pourvoi principal, BC V n° 186. Voir aussi cass. soc. 31 mars 2016, n° 14-21.682.

Le caractère raisonnable du délai de remplacement doit s'apprécier au regard de la date du licenciement.

La cause réelle et sérieuse de licenciement s'apprécie à la date du licenciement ; il en résulte que le caractère raisonnable du délai de remplacement du salarié licencié en raison de son absence pour maladie et de la nécessité de son remplacement définitif doit s'apprécier au regard de la date du licenciement.

Un salarié en arrêt de travail pour raison de santé a été licencié pour absence prolongée désorganisant l'entreprise et nécessitant son remplacement définitif ; il a saisi la juridiction prud'homale pour contester notamment le bien-fondé du licenciement et demander le paiement de diverses sommes.

C'est à tort que, pour débouter le salarié de sa demande, une cour d'appel a énoncé que, selon ce dernier, le remplacement était intervenu tardivement, alors que cinq mois seulement séparaient la fin de son préavis de l'entrée en fonction de son successeur.

Cass. soc. 28 octobre 2009, n° 08-44.241, 2e moyen, BC V n° 234.

La lettre de licenciement doit énoncer expressément la perturbation dans le fonctionnement de l'entreprise résultant de l'absence prolongée ou des absences répétées du salarié et la nécessité de pourvoir au remplacement du salarié absent, dont le caractère définitif doit être vérifié par les juges du fond.

Pour débouter un salarié de sa demande en paiement de dommages-intérêts relatifs à la rupture du contrat, une cour d'appel a retenu que « la lettre de licenciement vise l'absence prolongée de près de douze mois du salarié préjudiciable au fonctionnement de son secteur d'activité ayant rendu nécessaire son remplacement définitif afin d'assurer la pérennité de l'activité qui lui était dévolue » et que les absences du salarié avaient généré une perturbation dans la marche de l'entreprise du fait de la nécessité de son remplacement sur un secteur spécifique par des salariés eux-mêmes expérimentés, au détriment cependant de la propre activité.

En statuant ainsi, alors que la lettre de licenciement visait une perturbation du secteur d'activité du salarié et non de l'entreprise, ce dont il résultait que le licenciement était sans cause réelle et sérieuse, la cour d'appel a violé les articles L. 1232-6 et L. 1132-1 CT.

Cass. soc. 13 mai 2015, n° 13-21.026, 1er moyen.

Un salarié victime le 3 mai 2004 d'un accident cardiaque ayant entraîné un arrêt de travail a été licencié le 11 mai 2005.

Doit être rejeté le moyen du pourvoi formé par l'employeur qui, pour reprocher à une cour d'appel d'avoir déclaré le licenciement sans cause réelle et sérieuse, soutient que la lettre de licenciement faisait état des difficultés à trouver du personnel en contrat précaire pour un poste de nuit en dépit de multiples recherches.

En effet, après avoir relevé que l'employeur ne s'était pas prévalu, dans la lettre de licenciement, de la nécessité de procéder au remplacement du salarié, la cour d'appel a fait une exacte application des dispositions de l'article L. 122-14-2, al. 1er, devenu L. 1232-6 CT.

Cass. soc. 8 avril 2009, n° 07-43.909, BC V n° 105.

Ayant constaté que dans la lettre de licenciement, qui fixe les termes du litige, un employeur s'était borné à invoquer la nécessité du remplacement d'une salariée sans se prévaloir de l'existence de perturbations dans le fonctionnement de l'entreprise, une cour d'appel a pu accueillir la demande de l'intéressée en paiement d'une indemnité pour licenciement sans cause réelle et sérieuse.

Cass. soc. 19 octobre 2005, n° 03-46.847, BC V n° 294.

Le non-respect par l'employeur d'une procédure conventionnelle instituée pour les licenciements motivés par la nécessité de pourvoir au remplacement définitif du salarié malade prive la rupture de cause réelle et sérieuse.

Constitue pour le salarié une garantie de fond la formalité instituée par l'article 48 de la convention collective nationale de commerces de gros, qui prévoit que le licenciement du salarié, dont l'absence pour maladie impose le remplacement définitif, doit être précédé de la mise en demeure de l'intéressé de reprendre son travail à une date déterminée par lettre recommandée avec accusé de réception et que seule l'impossibilité pour le salarié de reprendre son travail à cette date autorise la rupture du contrat.

Une salariée qui s'était trouvée en arrêt maladie à compter du 19 mars 2001 avait été licenciée le 28 juin suivant pour absences prolongées perturbant gravement le fonctionnement de l'entreprise et nécessitant son remplacement définitif.

Après avoir constaté que la société avait mis en œuvre la procédure de licenciement en convoquant la salariée par lettre du 15 juin 2001 à un entretien préalable devant se tenir le 25 juin et qu'à ces dates, l'arrêt de travail pour maladie courait du 13 au 27 juin, une cour d'appel a exactement décidé que le licenciement prononcé sans que la salariée ait été préalablement mise en demeure de reprendre le travail à une date déterminée, en méconnaissance de la procédure conventionnelle, ne pouvait avoir de cause réelle et sérieuse.

Cass. soc. 3 mars 2006, n° 04-43.668, BC V n° 95.

L'employeur ne peut pas demander la résiliation judiciaire du contrat de travail du salarié ayant cessé son activité pour cause de maladie.

L'employeur, qui dispose d'un droit de résilier unilatéralement le contrat de travail à durée indéterminée par la voie du licenciement, en respectant les garanties légales, n'est pas recevable, hors les cas où la loi en dispose autrement, à demander la résiliation judiciaire du contrat.

C'est à tort qu'après avoir relevé qu'un VRP, en arrêt maladie depuis le 5 mai 1993, avait cessé toute prospection, une cour d'appel a prononcé la résiliation du contrat de travail aux torts du salarié, à la date du 1er juillet 1996 où il avait été placé en invalidité.

Cass. soc 13 mars 2001, n° 98-46.411, 3e moyen, BC V n° 89.

Si l'employeur ne procède pas au remplacement définitif du salarié, le licenciement est dépourvu de cause réelle et sérieuse, et n'est pas entaché de nullité, en l'absence d'élément de nature à laisser présumer l'existence d'une discrimination.

Une salariée, engagée par une société en qualité de responsable administrative et affectée à une station-service autoroutière a été promue adjointe au responsable de cette station ; à la suite de plusieurs arrêts de travail, elle a été licenciée au motif que son absence provoquait un dysfonctionnement majeur au sein de l'entreprise, contrainte de recruter un salarié sous contrat de travail à durée indéterminée pour pourvoir à son remplacement définitif.

Ayant constaté que la société n'avait pas procédé au remplacement définitif de la salariée, une cour d'appel en a exactement déduit que le licenciement était dépourvu de cause réelle et sérieuse ; en revanche, ayant relevé l'absence d'élément de nature à laisser présumer l'existence d'une discrimination, la cour a pu refuser de constater la nullité du licenciement.

Cass. soc. 27 janvier 2016, n° 14-10.084, BC V n° 16.

Absences non autorisées ; Clause de garantie d'emploi.

Accidentés du travail (Protection)

La notion d'accident du travail est définie par le code de la sécurité sociale comme étant l'accident survenu, par le fait ou à l'occasion du travail, à toute personne salariée ou travaillant, à quelque titre ou en quelque lieu que ce soit, pour un ou plusieurs employeurs (art. L. 411-1 c. séc. soc.).

Le code du travail, qui ne donne pas de définition de la notion, prévoit en revanche des dispositions spéciales en faveur des accidentés du travail ou des salariés victimes de maladie professionnelle, afin de protéger leur emploi et de permettre leur réintégration dans l'entreprise à l'issue de l'arrêt de travail (art. L. 1226-6 à 22 CT).

Conditions d'application

• L'inaptitude du salarié doit avoir au moins partiellement une origine professionnelle

Les règles protectrices concernant les victimes d'un accident du travail ou d'une maladie professionnelle s'appliquent dès lors que l'inaptitude du salarié, quel que soit le moment où elle est constatée ou invoquée, a, au moins partiellement, pour origine cet accident ou cette maladie, et que l'employeur avait connaissance de cette origine professionnelle au moment du licenciement.

Cass. soc. 10 juillet 2002, n° 00-40.436, BC V n° 237. Voir aussi cass. soc. 21 mars 2012, n° 10-26.297 ; cass. soc. 11 janvier 2017, n° 15-20.492.

Après avoir relevé qu'un salarié avait bénéficié d'un arrêt de travail pour rechute d'accident du travail initial et qu'il n'avait pas repris le travail ensuite jusqu'à l'engagement de la procédure de licenciement pour inaptitude, une cour d'appel, qui a constaté que l'inaptitude avait au moins partiellement pour origine l'accident du travail et que l'employeur en avait connaissance au moment du licenciement, a pu dire que le licenciement de l'intéressé était nul et condamner l'employeur à lui payer des sommes à titre d'indemnité spéciale de licenciement, d'indemnité de préavis et de dommages et intérêts pour licenciement nul.

Cass. soc. 9 juin 2010, n° 09-41.040, BC V n° 131.

L'application des règles protectrices n'est pas subordonnée à la reconnaissance par la caisse primaire d'assurance maladie du lien de causalité entre l'accident du travail et l'inaptitude.

Cass. soc. 9 juin 2010, n° 09-41.040, précité. Voir aussi cass. soc. 24 juin 2015, n° 13-28.460, 1er moyen.

Peu importe également la décision ultérieure de la caisse primaire d'assurance maladie de ne prendre en charge le salarié qu'au titre de la maladie.

Après avoir exactement énoncé que la protection particulière instituée en faveur des salariés victimes d'un accident du travail doit s'appliquer dès lors que l'inaptitude du salarié a, au moins partiellement, pour origine cet accident et que l'employeur en a eu connaissance au moment du licenciement, une cour d'appel a, d'une part, constaté que l'indisponibilité invoquée par l'employeur comme motif de rupture du contrat de travail avait pour origine l'accident du travail dont avait été victime le salarié, nonobstant la décision de la caisse primaire d'assurance maladie de refuser de prendre en charge une rechute au titre d'un accident du travail et, d'autre part, fait ressortir que l'employeur avait connaissance, au moment du licenciement, de l'origine professionnelle de l'inaptitude du salarié. Elle a pu décider que le salarié pouvait bénéficier de la protection spéciale des victimes d'un accident du travail.

Cass. soc. 22 mars 2000, n° 98-41.565.

La circonstance que le salarié, victime d'un accident du travail, ait été, au moment du licenciement, déclaré consolidé par la caisse primaire d'assurance maladie et pris en charge par les organismes sociaux au titre de la maladie, n'est pas de nature à faire perdre au salarié le bénéfice de la législation protectrice des accidentés du travail, et il appartient au juge de rechercher si l'inaptitude du salarié n'a pas au moins partiellement pour origine l'accident du travail dont il a été victime.

Cass. soc. 30 janvier 2002, n° 99-46.025.

Les dispositions édictées en faveur des accidentés du travail sont applicables durant la période d'essai.

Une salariée a été victime, durant la période d'essai, d'un accident du travail ayant entraîné un arrêt de travail prolongé. Son employeur a mis fin au contrat de travail, estimant la période d'essai non concluante. La salariée a saisi la juridiction prud'homale de demandes afférentes à la rupture.

Doit être cassé l'arrêt qui a débouté la salariée de ses demandes alors que, d'une part, la résiliation du contrat de travail pendant la période de suspension provoquée par un accident du travail est nulle, même si elle intervient pendant la période d'essai, et, d'autre part, que l'impossibilité de maintenir le contrat pendant cette même période ne peut résulter que de circonstances indépendantes du comportement du salarié.

Cass. soc. 12 mai 2004, n° 02-44.325, BC V n° 132.

C'est à tort que, pour débouter une salariée de ses demandes d'indemnités au titre du caractère irrégulier de la rupture de son contrat de travail pour inaptitude physique à la suite d'un accident du travail et pour licenciement sans cause réelle et sérieuse, une cour d'appel a énoncé que la rupture étant intervenue après la période de suspension du contrat due à l'accident du travail mais avant l'expiration de la période d'essai, chacune des parties disposait d'un droit de résiliation discrétionnaire sans avoir à alléguer de motifs, la visite médicale au cours de la période d'essai ayant confirmé l'inaptitude de l'intéressée, alors que les dispositions des articles L. 122-32-5, 6 et 7 CT sont applicables au cas du salarié victime d'un accident du travail pendant la période d'essai et alors qu'il appartenait à la cour d'appel de préciser quelles étaient les conclusions écrites du médecin du travail et de vérifier si l'employeur s'était trouvé dans l'impossibilité de reclasser la salariée, ce qui aurait justifié la rupture du contrat de travail.

Cass. soc. 25 février 1997, n° 93-40.185, BC V n° 80.

Lorsqu'un salarié ayant donné sa démission est victime d'un accident du travail durant le préavis, l'employeur n'a pas, à l'issue de l'arrêt de travail et à défaut de reclassement, l'obligation de licencier le salarié.

Un salarié a été victime d'un accident du travail, en cours d'exécution de son préavis de démission. Le médecin du travail, après une première visite de reprise, l'a déclaré inapte définitif à son poste et apte à un emploi de bureau. Le salarié a demandé la condamnation de l'employeur à lui payer notamment des sommes à titre de dommages-intérêts pour licenciement abusif et non-respect de la procédure de licenciement, d'indemnité spéciale de licenciement et d'indemnité de préavis.

C'est à bon droit qu'une cour d'appel l'a débouté de ses demandes. D'une part, si le préavis s'était trouvé suspendu pendant la durée de l'arrêt de travail provoqué par l'accident du travail, l'employeur n'avait pas l'obligation, à défaut de reclassement, de licencier le salarié qui avait, antérieurement à cet accident, donné sa démission de manière non équivoque. D'autre part, les dispositions de l'article L. 122-32-7 CT ne visant que le cas d'un licenciement prononcé en méconnaissance des dispositions de l'article L. 122-32-4 ou des premier et quatrième alinéas de l'article L. 122-32-5 CT, la cour d'appel, qui n'a pas requalifié la démission en licenciement, a exactement décidé de ne pas faire application de la sanction prévue par le premier de ces textes.

Cass. soc. 15 février 2006, n° 04-42.822, BC V n° 68.

Le licenciement prononcé avant l'accident du travail n'est pas nul, peu important que la lettre ait été reçue pendant la période de suspension du contrat de travail ; dans ce cas, seuls les effets de ce licenciement sont reportés à l'expiration de cette période.

Il résulte de la combinaison des articles L. 122-14-1 et L. 122-32-2 CT que lorsque la lettre de licenciement a été envoyée au salarié avant qu'il ne soit victime d'un accident du travail, la circonstance que cette lettre ne lui soit parvenue qu'au cours de la période de suspension de son contrat de travail consécutive à l'accident n'a pas pour conséquence de rendre nul le licenciement précédemment prononcé dont l'effet est reporté à l'expiration de la période de suspension.

Cass. ass. plén. 28 janvier 2005, n° 01-45.924, BC n° 1.

Les dispositions protectrices de salariés victimes d'accident du travail ou d'une maladie professionnelle ne sont pas applicables aux rapports entre un employeur et son salarié victime d'un accident du travail survenu au service d'un autre employeur.

Cass. soc. 5 janvier 2000, n° 97-44.568.

Toutefois, le salarié peut prétendre au bénéfice de la protection lorsque le même contrat de travail s'est poursuivi avec le nouvel employeur.

Si l'article L. 122-32-10 CT exclut l'application de la législation protectrice des victimes d'un accident du travail ou d'une maladie professionnelle aux rapports entre un employeur et un salarié victime d'un accident du travail ou d'une maladie professionnelle survenu ou contractée au service d'un autre employeur, même en cas de rechute, le salarié peut cependant prétendre au bénéfice de la protection légale lorsque le même contrat de travail s'est poursuivi avec le nouvel employeur, en application de l'article L. 122-12 CT.

Cass. soc. 3 mars 2004, n° 02-40.542.

Mais lorsque le transfert du contrat de travail au service d'un nouvel employeur résulte d'un accord collectif, le salarié ne pouvant pas prétendre à la protection des victimes d'un accident du travail,...

Il résulte de l'article L. 122-32-10 CT que les règles particulières aux salariés victimes d'un accident du travail ne sont pas applicables aux rapports entre un employeur et un salarié victime d'un accident du travail survenu au service d'un autre employeur.

L'accord qui, pour le cas de perte d'un marché de services, prévoit et organise la reprise de tout ou partie des contrats de travail ne constitue pas une application volontaire de l'article L. 122-12, al. 2 CT et ne peut, à lui seul, et sauf clause contraire le prévoyant, faire échec aux dispositions de l'article L. 122-32-10 du même code.

Un salarié avait été victime d'un accident du travail et placé en arrêt de travail ; son employeur ayant perdu le marché de nettoyage à l'exécution duquel il était affecté, son contrat de travail a été transféré au nouvel attributaire du marché, par application d'un accord étendu annexé à la convention collective nationale du personnel des entreprises de propreté ; le nouvel attributaire du marché a licencié l'intéressé pour inaptitude physique à tout poste dans l'entreprise constatée par le médecin du travail.

Doit être cassé l'arrêt qui, pour décider que le licenciement du salarié avait été prononcé en méconnaissance de la protection prévue pour les salariés victimes d'accident du travail, a retenu que l'accord en cause équivalait à une application volontaire de l'article L. 122-12, al. 2 CT.

Cass. soc. 14 mars 2007, n° 05-43.184, BC V n° 47.

... l'employeur doit le faire bénéficier des dispositions relatives à l'inaptitude d'origine non professionnelle.

Un salarié, engagé par une société le 28 avril 1998 en qualité d'agent de propreté, a été victime d'un accident du travail le 5 mai 2000 ; l'employeur ayant perdu le marché de nettoyage auquel le salarié était affecté, le contrat de travail a été transféré le 31 mai 2000 à une autre société nouvel attributaire du marché, par application de l'accord étendu du 29 mars 1990 annexé à la convention collective nationale du personnel des entreprises de propreté ; ayant été déclaré inapte à tout poste dans l'entreprise à l'issue de deux examens médicaux, le salarié a été licencié le 4 juillet 2002 en raison de son inaptitude.

C'est à bon droit qu'une cour d'appel a condamné le nouvel employeur à payer diverses sommes pour licenciement sans cause réelle et sérieuse.

En effet, s'il résulte de l'article L. 1226-6 CT que les dispositions spécifiques relatives à la législation professionnelle ne sont pas applicables aux rapports entre un employeur et son salarié victime d'un accident du travail ou d'une maladie professionnelle survenu ou contractée au service d'un autre employeur, le nouvel employeur est néanmoins tenu, conformément aux articles L. 1226-2 et L. 1226-4 CT relatifs à l'inaptitude d'origine non professionnelle, de chercher à reclasser, avant toute rupture du contrat de travail, le salarié dont l'inaptitude est médicalement constatée alors qu'il est à son service.

Cass. soc. 29 novembre 2011, n° 10-30.728, BC V n° 274.

Le salarié, victime d'un accident du travail chez un précédent employeur, qui fait une rechute chez son employeur actuel, peut bénéficier de la législation édictée en faveur des accidentés du travail s'il existe un lien de causalité entre la rechute de l'accident du travail initial et les conditions de travail ou tout autre événement inhérent aux fonctions du salarié chez son nouvel employeur.

Cass. soc. 9 juin 2010, n° 09-40.253, BC V n° 130. Voir aussi cass. soc. 6 mai 2015, n° 13-24.035.

Si l'article L. 122-32-10 CT exclut l'application de la législation protectrice des victimes d'un accident du travail ou d'une maladie professionnelle aux rapports entre un employeur et un salarié victime d'un accident du travail ou d'une maladie professionnelle survenu ou contractée au service d'un autre employeur, le salarié peut prétendre au bénéfice de la protection légale dès lors qu'il existe un lien de causalité entre la rechute de l'accident du travail initial et ses conditions de travail ou tout autre événement inhérent à ses fonctions au service du nouvel employeur.

En constatant que l'arrêt de travail du salarié, bien que fragilisé par un accident du travail antérieur, était consécutif à l'exécution de son travail au service du nouvel employeur, une cour d'appel a fait ressortir que les lésions constatées lors de la rechute étaient partiellement imputables aux conditions de travail et en a exactement déduit que le salarié, qui avait été licencié par son nouvel employeur au motif de son absence prolongée perturbant le fonctionnement de l'entreprise et nécessitant son remplacement, pouvait prétendre au bénéfice de la protection prévue par l'article L. 122-32-2 CT.

Cass. soc. 16 février 1999, n° 97-42.903, BC V n° 71.

En constatant qu'une salariée avait été victime d'un accident du travail alors qu'elle était au service d'un précédent employeur et que ses fonctions actuelles d'aide-soignante impliquaient des efforts physiques, notamment pour soulever les malades, qui avaient entraîné une rechute ayant nécessité une intervention chirurgicale, une cour d'appel a fait ressortir que les lésions constatées lors de la rechute étaient imputables aux conditions de travail ; la cour d'appel en a exactement déduit que la salariée pouvait prétendre au bénéfice de la protection prévue par l'article L. 122-32-2 CT.

Cass. soc. 28 mars 2007, n° 06-41.375, BC V n° 60.

La protection légale édictée en faveur des accidentés du travail n'est pas applicable en cas d'accident de trajet.

Cass. soc. 11 janvier 1994, n° 90-40.411. Voir aussi cass. soc. 22 septembre 2016, n° 14-28.869.

Le salarié, bénéficiaire à la fois de la protection accordée aux représentants du personnel et de celle accordée aux victimes d'accident du travail ou d'une maladie professionnelle, a droit à la réparation du préjudice subi résultant de l'inobservation par l'employeur des règles protectrices qui lui sont applicables à ce double titre.

Un salarié, victime d'un accident de travail, a été convoqué à un entretien préalable au licenciement alors qu'il n'avait repris son travail que quatre jours plus tôt en mi-temps thérapeutique ; l'intéressé, qui avait par ailleurs été désigné en qualité de délégué syndical, a été licencié pour faute grave sans autorisation administrative.

Alors qu'il avait saisi la juridiction prud'homale d'une demande en nullité de son licenciement, le salarié a formé en appel une demande additionnelle en indemnité pour licenciement prononcé en méconnaissance de l'article L. 122-32-2 CT.

C'est à tort que, pour le débouter de cette demande, une cour d'appel a retenu que l'application de ce texte, relatif à la nullité du licenciement d'un salarié pendant la période de suspension de son contrat en raison d'un accident de travail, n'est pas cumulative avec celle de l'article L. 412-18 CT relative à la nullité du licenciement d'un salarié protégé sans autorisation de l'inspection du travail, alors qu'elle devait se prononcer sur la demande du salarié en réparation du préjudice provenant de la rupture du contrat de travail au mépris des règles applicables aux victimes d'un accident du travail.

Cass. soc. 19 septembre 2007, n° 06-41.227, pourvoi du salarié, BC V n° 130.

• L'employeur doit avoir connaissance de l'origine professionnelle de l'affection au moment du licenciement

Les règles protectrices s'appliquent dès lors que l'employeur a connaissance de l'origine professionnelle de la maladie ou de l'accident et cela même si, lors du licenciement, l'employeur a été informé d'un refus de prise en charge au titre du régime des accidents du travail ou des maladies professionnelles.

Les règles protectrices applicables aux victimes d'un accident du travail ou d'une maladie professionnelle s'appliquent dès lors que l'employeur a connaissance de l'origine professionnelle de la maladie ou de l'accident ; au cours de la période de suspension du contrat de travail, l'employeur ne peut rompre le contrat que s'il justifie soit d'une faute grave du salarié, soit de son impossibilité de maintenir le contrat pour un motif étranger à l'accident ou à la maladie ; il en est ainsi, alors même qu'au jour du licenciement, l'employeur a été informé d'un refus de prise en charge au titre du régime des accidents du travail ou des maladies professionnelles.

Cass. soc. 29 juin 2011, n° 10-11.699, BC V n° 169. Voir aussi cass. soc. 18 septembre 2013, n° 11-27.721, 1er moyen.

Cette information peut résulter de la connaissance qu'a eue l'employeur de la procédure engagée par le salarié en vue de faire reconnaître le caractère professionnel de son accident.

Ayant relevé que l'employeur avait eu connaissance, au moment du licenciement, de la procédure engagée par le salarié en vue de faire reconnaître le caractère professionnel de sa maladie, ce dont il découlait que le salarié pouvait prétendre à l'application de la législation protectrice des salariés victimes d'un accident du travail ou d'une maladie professionnelle, c'est à tort qu'une cour d'appel a débouté l'intéressé de ses demandes d'indemnités en application des articles L. 122-32-6 et 7 CT.

Cass. soc. 17 décembre 1997, n° 95-44.406. Voir aussi cass. soc. 10 juillet 2002, n° 00-44.796.

Cette information peut aussi résulter de la transmission à l'employeur d'un arrêt de travail accompagné d'un certificat médical valant demande d'établissement de maladie professionnelle.

Au cours des périodes de suspension du contrat de travail consécutives à un accident du travail ou une maladie professionnelle l'employeur ne peut résilier le contrat de travail à durée indéterminée que s'il justifie soit d'une faute grave de l'intéressé, soit de l'impossibilité où il se trouve de maintenir le contrat pour un motif non lié à l'accident ou à la maladie.

Ayant relevé qu'un salarié avait été licencié, au cours de la période de suspension de son contrat de travail, alors qu'il avait transmis un arrêt de travail accompagné d'un certificat médical valant demande d'établissement de maladie professionnelle, une cour d'appel, qui a retenu que l'employeur connaissait la volonté du salarié de faire reconnaître le caractère professionnel de sa maladie et n'invoquait pas une faute grave ou l'impossibilité de maintenir, pour un motif non lié à la maladie, le contrat de travail, en a exactement déduit que le licenciement était nul.

Cass. soc. 17 janvier 2006, n° 04-41.754, BC V n° 14.

L'application des articles L. 122-32-5 et 7 anciens CT n'est pas subordonnée à l'accomplissement des formalités de déclaration de l'accident du travail à la caisse primaire d'assurance maladie.

L'employeur ayant su, au moment du licenciement, qu'une procédure avait été engagée par la salariée pour faire reconnaître le caractère professionnel de son accident, l'intéressée pouvait prétendre à l'application de la législation protectrice des salariés victimes d'un accident du travail ou d'une maladie professionnelle.

Cass. soc. 6 mai 1998, n° 95-41.570. Voir aussi cass. soc. 21 novembre 1995, n° 92-41.944, 1er et 2e moyens réunis.

Les règles protectrices n'interdisent pas au salarié inapte de prendre acte de la rupture de son contrat de travail

Les dispositions législatives protectrices des victimes d'accident du travail ne font pas obstacle à ce qu'un salarié déclaré inapte prenne acte de la rupture du contrat de travail en raison de faits qu'il reproche à son employeur ; cette rupture produit, soit les effets d'un licenciement prononcé en violation de l'article L. 122-32-5, al. 1er et 4, devenu L. 1226-10, L. 1226-11 et L. 1226-12 CT lorsque les faits invoqués par le salarié la justifiaient, soit, dans le cas contraire, les effets d'une démission.

Cass. soc. 21 janvier 2009, n° 07-41.822, BC V n° 18.

Conséquences du non-respect des règles protectrices

Accidentés du travail (Reclassement) ; Accidentés du travail (Suspension du contrat de travail) ; Maladies professionnelles (Notion).

Accidentés du travail (Reclassement)

Si le salarié, victime d'un accident du travail ou d'une maladie professionnelle, est déclaré inapte à reprendre son emploi par le médecin du travail, l'employeur doit lui proposer un autre emploi approprié à ses capacités (art. L. 1226-10 CT).

La loi 2016-1088 du 8 août 2016 et les ordonnances 2017-1387 du 22 septembre 2017 et 2017-1718 du 20 décembre 2017 ont modifié les règles relatives à la constatation de l'inaptitude et au reclassement du salarié inapte.

La jurisprudence rapportée ci-dessous, rendue dans le cadre législatif antérieur, conserve cependant son intérêt, notamment au regard des litiges en cours.

Point de départ de l'obligation de reclassement

L'obligation de reclassement ne peut être mise en œuvre que si le salarié a été déclaré par le médecin du travail, lors de la visite de reprise, inapte à reprendre l'emploi qu'il occupait précédemment ou inapte à tout emploi dans l'entreprise.

Cass. soc. 18 juillet 2000, n° 98-41.361.

☛ Visite médicale de reprise.

Nécessité de deux examens médicaux…

Le médecin du travail a seul compétence pour se prononcer sur l'inaptitude du salarié, à l'exclusion de tout autre praticien, y compris le médecin traitant.

CA Paris, 21e ch. B, 25 juin 2009, n° 07/05612.

L'article R. 4624-31 ancien CT n'imposant pas que la constatation de l'inaptitude soit faite lors d'un examen médical de reprise consécutif à une suspension du contrat de travail, le médecin du travail peut la constater après tout examen médical qu'il pratique au cours de l'exécution du contrat de travail.

Cass. soc. 8 avril 2010, n° 09-40.975, BC V n° 95, cité dans « Inaptitude physique d'origine non professionnelle ». Voir aussi cass. soc. 21 septembre 2017, n° 16-16.549, BC V n° 162.

Les deux examens médicaux au terme desquels peut être constatée l'inaptitude du salarié doivent impérativement être espacés d'au moins deux semaines.

Un charpentier, victime d'un accident du travail le 19 avril 1999, a été déclaré apte par le médecin du travail le 23 novembre 1999, alors que sa reprise de travail devait intervenir le 30 novembre suivant. À cette date, le médecin a établi une fiche de « reprise du travail » en indiquant que l'aptitude du salarié pourra être précisée après avis d'un spécialiste en aptitude professionnelle. Le 4 janvier 2000, le médecin a, après cet avis spécialisé, déclaré ce salarié « apte à son poste de travail habituel. Ne peut effectuer que des travaux au sol, sans responsabilité ni efforts violents. Revoir impérativement dans 15 jours si pas de possibilité de réemploi dans l'entreprise » et a, le 14 janvier suivant, émis le même avis. Le salarié a été licencié pour inaptitude le 28 janvier 2000.

Pour déclarer le licenciement fondé sur une cause réelle et sérieuse, une cour d'appel a retenu que le salarié ayant été examiné par le médecin du travail quatre fois entre le 23 novembre 1999 et le 14 janvier 2000 au titre de la reprise du travail et aussi par un médecin spécialiste en aptitude professionnelle, la validité de la déclaration d'inaptitude et d'impossibilité de reclassement ne pouvait, alors que la responsabilité de l'employeur n'était à aucun moment engagée dans le déroulement de cette procédure de constatation d'inaptitude, être remise en cause au seul motif que les deux derniers examens médicaux n'avaient pas été espacés de deux semaines.

En statuant ainsi, alors que les visites de reprise du 4 et du 14 janvier 2000 n'étaient pas espacées du délai minimum de deux semaines, la cour d'appel a violé l'article R. 241-51-1 CT.

Cass. soc. 3 mai 2006, n° 04-47.613, BC V n° 161.

Si tel n'est pas le cas, le licenciement qui fait suite à la déclaration d'inaptitude est nul.

Le licenciement prononcé en raison de l'état de santé d'un salarié dont l'inaptitude n'a pas été constatée conformément aux exigences de l'article R. 241-51-1 CT à l'issue de deux examens médicaux espacés d'un délai minimum de deux semaines est nul en application de l'article L. 122-45 CT.

Doit donc être cassé l'arrêt qui a débouté un salarié de sa demande tendant à voir constater la nullité de son licenciement sur le fondement de l'article L. 122-45 CT, après avoir constaté que la seconde visite du médecin du travail était intervenue treize jours après la visite de reprise.

Cass. soc. 20 septembre 2006, n° 05-40.241, BC V n° 275.

… sauf si le maintien du salarié à son poste de travail entraîne une situation de danger constatée par le médecin du travail

Dans ce cas, l'inaptitude peut être déclarée après un seul examen médical, à condition que l'avis du médecin du travail soit rédigé dans des termes suffisamment explicites et précis.

Selon l'article R. 241-51-1 CT, sauf dans le cas où le maintien du salarié à son poste de travail entraîne un danger immédiat pour la santé ou la sécurité de l'intéressé ou celles des tiers, le médecin du travail ne peut constater l'inaptitude d'un salarié à son poste de travail qu'après deux examens médicaux espacés de deux semaines ; il s'ensuit que cette inaptitude ne peut être déclarée après un seul examen médical que si la situation de danger résulte de l'avis du médecin du travail ou si cet avis indique, outre la référence à l'article R. 241-51-1 CT, qu'une seule visite est effectuée.

Une salariée a été en arrêt de travail pour maladie professionnelle à compter du 24 janvier 2002 ; à l'issue de l'examen médical de reprise du 25 avril 2005, le médecin du travail a émis un avis dans les termes suivants : « inapte à la reprise du poste de travail anciennement occupé. Apte à un poste sans charges lourdes à porter, tirer ou pousser et sollicitations répétitives des épaules. Il ne sera fait qu'une seule visite (cf. lettre) » ; la salariée a été licenciée le 12 mai 2005 pour inaptitude physique et impossibilité de reclassement.

Après avoir relevé que l'avis d'inaptitude émis par le médecin du travail le 25 avril 2005, s'il indiquait bien qu'une seule visite était effectuée, ne faisait état d'aucun danger immédiat, peu important la référence à une lettre, une cour d'appel a pu décider que le licenciement était nul et condamner l'employeur au paiement de dommages et intérêts.

Cass. soc. 21 mai 2008, n° 07-41.380, BC V n° 109.

☛ *Inaptitude physique d'origine non professionnelle.*

Étendue de l'obligation de reclassement

L'obligation de reclassement s'impose à l'employeur même si le salarié est déclaré inapte à tout emploi existant dans l'entreprise.

L'avis du médecin du travail déclarant un salarié inapte à tout emploi dans l'entreprise ne dispense pas l'employeur de rechercher une possibilité de reclassement au sein de l'entreprise et, le cas échéant, du groupe auquel elle appartient, au besoin par la mise en œuvre de mesures telles que mutations, transformations de poste ou aménagement du temps de travail.

Cass. soc. 12 avril 2012, n° 11-14.973, 2e moyen. Voir aussi cass. soc. 20 mars 2013, n° 12-12.899.

La mention, par l'avis du médecin du travail visant un danger immédiat, d'une inaptitude du salarié à tout poste dans l'entreprise, ne dispense pas l'employeur de procéder lui-même à la recherche de reclassement.

Cass. soc. 30 avril 2014, n° 12-28.906.

L'avis des délégués du personnel admettant l'impossibilité de reclassement du salarié ne dispense pas l'employeur de rechercher l'existence d'une possibilité de reclassement dans l'entreprise.

Cass. soc. 20 juillet 1994, n° 91-41.420, 2e et 3e moyens réunis. Voir aussi cass. soc. 6 mai 2015, n° 13-25.727, énonçant que le sens de l'avis des délégués du personnel est sans conséquence sur le respect par l'employeur de son obligation de reclassement.

L'existence d'un motif économique de licenciement ne dispense pas l'employeur de son obligation de respecter les règles relatives au licenciement des salariés victimes d'un accident du travail ou d'une maladie professionnelle.

La cessation d'activité ou tout autre motif économique ne libère pas l'employeur de son obligation de respecter les règles particulières aux salariés victimes d'un accident du travail ou d'une maladie professionnelle.

Une salariée atteinte d'une maladie professionnelle avait été déclarée inapte à son ancien poste. Elle a été licenciée pour motif économique par le liquidateur de la société.

Doit être cassé l'arrêt qui, pour déclarer le licenciement fondé sur un motif économique et débouter la salariée de ses demandes en dommages-intérêts, a retenu que s'agissant d'un licenciement économique du fait de la cessation d'activité de l'entreprise, l'obligation de reclassement et celle de notifier par écrit les raisons de l'impossibilité de ce reclassement, incombant à l'employeur en cas de licenciement pour inaptitude consécutive à une maladie professionnelle, ne s'appliquaient pas.

Cass. soc. 7 mars 2007, n° 05-43.872, BC V n° 45.

L'employeur doit proposer un emploi approprié aux capacités du salarié…

Lorsque le salarié à la suite d'un accident du travail est déclaré inapte par le médecin du travail à reprendre l'emploi qu'il occupait précédemment, l'employeur doit lui proposer un autre emploi approprié à ses capacités et aussi comparable que possible à l'emploi précédent, au besoin par la mise en œuvre de mesures telles que mutations, transformations de postes ou aménagement du temps de travail.

Après avoir relevé que l'emploi de reclassement proposé à un salarié n'était pas accessible à celui-ci malgré une formation professionnelle, que celle délivrée en binôme sur le poste pendant quarante-cinq jours s'était avérée inefficace dans la mesure où une formation initiale faisait défaut à l'intéressé lequel avait des aptitudes manuelles mais aucune compétence en informatique et comptabilité, une cour d'appel a pu en déduire que le poste proposé pour le reclassement n'était pas approprié aux capacités du salarié et accueillir la demande en annulation de son licenciement.

Cass. soc. 7 mars 2012, n° 11-11.311, BC V n° 87.

... au vu des conclusions du médecin du travail émises au cours de la dernière visite de reprise.

Il résulte de l'article L. 122-32-5 CT que l'aptitude d'un salarié à reprendre ou non l'emploi précédemment occupé ou la possibilité d'exercer l'une des tâches existantes dans une entreprise sont appréciées par le médecin du travail à l'issue des périodes de suspension, lors de la visite de reprise. C'est au vu des conclusions du médecin du travail que l'employeur est tenu de proposer un autre emploi approprié aux capacités du salarié. S'agissant d'un salarié dont l'accident du travail avait provoqué divers arrêts de travail entrecoupés de reprises, seules les recherches de reclassement compatibles avec les conclusions du médecin du travail émises au cours de la dernière visite de reprise pouvaient être prises en considération pour apprécier le respect par l'employeur de ses obligations.

Cass. soc. 22 février 2000, n° 97-41.827, BC V n° 68.

Une salariée engagée en qualité d'ouvrière de blanchisserie a été victime d'un accident de travail. Son poste de travail a alors été aménagé par l'employeur. L'état de santé de la salariée s'étant aggravé, celle-ci a été déclarée inapte à reprendre le travail sur son poste de tri du linge lors de deux visites médicales de reprise et a été licenciée. Estimant que l'employeur n'avait pas satisfait à son obligation de reclassement, l'intéressée a saisi la juridiction prud'homale.

Ayant constaté que l'employeur n'avait aménagé le poste de travail de la salariée qu'avant l'aggravation de son état de santé et l'intervention d'un nouvel arrêt de travail, une cour d'appel, qui aurait dû rechercher si l'employeur avait pris en considération les conclusions écrites du médecin du travail émises lors d'une visite de reprise de la salariée, postérieurement à cet avis d'inaptitude, en proposant la mise en œuvre de mesures telles que mutations, transformations de postes ou aménagement du temps de travail, a privé sa décision de base légale en déboutant la salariée de ses demandes.

Cass. soc. 14 décembre 2005, n° 04-40.447.

La mise en œuvre de l'obligation de reclassement peut entraîner des mutations, des transformations de poste ou un aménagement du temps de travail.

N'a pas satisfait à son obligation de reclassement l'employeur ayant procédé au licenciement d'un salarié victime d'un accident du travail, alors que si le médecin du travail préconisait un poste mi-assis, mi-debout, il résultait de l'expertise que les emplois de l'atelier de conditionnement étaient compatibles avec l'état de santé du salarié, que l'employeur avait procédé à des recrutements à la date du licenciement et qu'il avait la possibilité d'aménager un poste pour l'intéressé de façon qu'il comportât des positions debout et assise.

Cass. soc. 13 novembre 1991, n° 88-45.586.

Un emploi disponible pour une durée limitée doit être proposé.

Cass. soc. 10 février 2016, n° 14-16.156.

Ne constituent pas un poste disponible pour le reclassement d'un salarié déclaré inapte l'ensemble des tâches confiées à des stagiaires qui ne sont pas salariés de l'entreprise, mais suivent une formation au sein de celle-ci.

Cass. soc. 11 mai 2017, n° 16-12.191, BC V n° 72.

Les propositions de reclassement n'ont pas à être faites par écrit.

Cass. soc. 8 juin 2017, n° 15-29.419.

L'obligation de reclassement est appréciée dans le cadre du groupe

La recherche des possibilités de reclassement du salarié victime d'un accident du travail, déclaré inapte à reprendre l'emploi qu'il occupait précédemment, doit s'apprécier à l'intérieur du groupe auquel appartient l'employeur concerné, parmi les entreprises dont les activités, l'organisation ou le lieu d'exploitation lui permettent d'effectuer la permutation de tout ou partie du personnel.

Ayant relevé que les salariés travaillaient régulièrement pour trois autres sociétés, que le personnel était permutable et que l'employeur n'avait pas établi l'impossibilité de reclassement dans le cadre des sociétés, une cour d'appel a pu condamner l'employeur à payer au salarié des dommages-intérêts pour licenciement sans cause réelle et sérieuse.

Cass. soc. 24 octobre 1995, n° 94-40.188, BC V n° 283. Voir aussi cass. soc. 15 février 2011, n° 09-67.354 ; cass. soc. 10 mai 2012, n° 11-11.526, 3e moyen.

Consultation des délégués du personnel

L'employeur doit consulter les délégués du personnel sur le reclassement d'un salarié inapte.

L'avis des délégués du personnel doit être recueilli avant que la procédure de licenciement soit engagée. À défaut, le salarié peut prétendre à une indemnité qui ne peut être inférieure à douze mois de salaire.

Cass. soc. 13 décembre 1995, n° 92-44.490. Voir aussi cass. soc. 15 octobre 2014, n° 13-16.958.

Lorsque l'entreprise comporte des établissements distincts, il doit consulter les délégués de l'établissement dans lequel le salarié exerçait.

Doit être rejeté le moyen du pourvoi formé par un salarié déclaré inapte suite à une maladie professionnelle qui, pour reprocher à la cour d'appel de l'avoir débouté de sa demande en paiement de dommages-intérêts pour licenciement sans cause réelle et sérieuse, soutient qu'il résulte des articles L. 122-32-5, al. 1er et L. 423-4 CT que l'employeur était tenu de prendre l'avis de tous les délégués du personnel élus dans l'entreprise, et ne pouvait se contenter de consulter les seuls élus de l'établissement dont dépendait le salarié.

En effet, il résulte des dispositions combinées des articles L. 122-32-5, al. 1er, phrase 1, et L. 421-1, al. 1er, devenus respectivement L. 1226-10 et L. 2312-1 CT, que les délégués du personnel devant être consultés sur les possibilités de reclassement du salarié déclaré inapte suite à un accident du travail ou une maladie professionnelle sont, dans le cas où l'entreprise comporte des établissements distincts, les délégués de l'établissement dans lequel le salarié exerçait.

Cass. soc. 13 novembre 2008, n° 07-41.512, BC V n° 222. Voir aussi cass. soc. 23 janvier 2013, n° 11-28.267.

Lorsque le salarié travaille dans un établissement dont l'effectif - moins de 11 salariés - ne permet pas la mise en place de délégués du personnel, il doit être rattaché à un établissement qui en est doté pour bénéficier du droit à leur consultation

L'établissement distinct permettant l'élection de délégués du personnel se caractérise par le regroupement d'au moins 11 salariés constituant une communauté de travail ayant des intérêts propres susceptibles de générer des réclamations communes ou spécifiques et travaillant sous la direction d'un représentant du chef d'entreprise, peu important que celui-ci n'ait pas le pouvoir de se prononcer lui-même sur ces réclamations ; il en résulte que l'existence d'un établissement distinct ne peut être reconnue que si l'effectif de l'établissement permet la mise en place de délégués du personnel.

Une salariée, employée par une société en qualité de vendeuse, a bénéficié, à compter du 22 mai 2010, de plusieurs arrêts de travail successifs à la suite d'un accident du travail ; à l'issue des examens des 16 juin et 1er juillet 2011, le médecin du travail l'a déclarée inapte ; elle a été licenciée pour inaptitude et impossibilité de reclassement le 27 octobre 2011.

Pour débouter la salariée de ses demandes au titre d'un licenciement sans cause réelle et sérieuse, une cour d'appel a retenu que s'agissant d'une inaptitude consécutive à un accident du travail, l'employeur avait l'obligation de consulter les délégués du personnel sur les possibilités de reclassement de la salariée, dès lors que la mise en place de tels délégués était obligatoire en application de l'article L. 2312-2 CT, qu'il résulte de l'article L. 2312-1 que l'élection des délégués du personnel se fait dans le cadre de l'établissement et qu'aux termes de l'article L. 2312-2, celle-ci n'est obligatoire que si l'effectif de 11 salariés et plus est atteint, que le protocole d'accord pour les élections des délégués du personnel et des membres du comité d'entreprise signé le 26 avril 2011 entre la direction de la société et les organisations syndicales faisait apparaître que « l'établissement » de Clermont-Ferrand n'avait au 1er mars 2011 qu'un effectif de 7,97 et que seuls les effectifs des établissements de Rillieux et Villeurbanne permettaient la mise en place de délégués du personnel, que dans ces conditions la salariée ne pouvait reprocher à la société de ne pas avoir procédé à la consultation des délégués du personnel sur son reclassement.

En statuant ainsi, alors que le site de Clermont-Ferrand ne pouvait constituer un établissement distinct pour la mise en place de délégués du personnel et que les salariés exerçant sur ce site devaient nécessairement être rattachés à un établissement au sens des délégués du personnel, ce dont il résultait qu'ils ne pouvaient être privés du droit qu'ils tirent de l'article L. 1226-10 CT à la consultation des délégués du personnel en cas d'inaptitude, la cour d'appel a violé les articles L. 1226-10, L. 1226-15 et L. 2312-2 CT.

Cass. soc. 7 décembre 2016, n° 14-27.232, BC V n° 234.

La consultation ne peut avoir lieu qu'après le second examen médical...

L'avis des délégués du personnel sur le reclassement du salarié prévu par l'article L. 122-32-5 CT doit être recueilli après que l'inaptitude du salarié a été constatée dans les conditions prévues à l'article R. 241-51-1 CT.

La cour d'appel, qui a relevé que l'avis des délégués du personnel avait été recueilli alors que le salarié n'avait fait l'objet que du premier des deux examens médicaux exigés par l'article R. 241-51-1 CT, a légalement justifié sa décision en retenant que les délégués du personnel n'avaient pas été consultés, conformément aux prévisions de l'article L. 122-32-5 CT.

Cass. soc. 15 octobre 2002, n° 99-44.623, BC V n° 310. Voir aussi cass. soc. 16 février 2005, n° 03-40.721, BC V n° 56.

Il résulte de l'article L. 122-32-5, al. 1er, devenu L. 1226-10 CT, que l'avis des délégués du personnel doit être recueilli avant que la procédure de licenciement d'un salarié déclaré par le médecin du travail inapte à son emploi en conséquence d'un accident du travail ou d'une maladie professionnelle ne soit engagée.

Un salarié travaillant dans un abattoir a été victime d'un accident du travail le 7 mai 2001 ; par deux avis du médecin du travail, en date des 11 et 25 février 2002, il a été déclaré inapte au poste sur la chaîne d'abattage, avec possibilité de reclassement sur un poste adapté à son état de santé, sans utilisation d'outils à main, sans effort physique, sans manutention, sans station debout prolongée, sans exposition au froid ; le 6 mars 2002, l'employeur lui a notifié son licenciement pour inaptitude médicale et impossibilité de trouver un poste de reclassement ; le salarié, contestant notamment le bien-fondé de cette mesure, a saisi la juridiction prud'homale de diverses demandes.

Pour débouter le salarié de sa demande de dommages-intérêts au titre de l'article L. 122-32-5 CT, une cour d'appel, après avoir relevé que son inaptitude était en relation, au moins partielle, avec l'accident du travail du 7 mai 2001 et constaté qu'il résultait de l'attestation du délégué du personnel, que la consultation des délégués du personnel était intervenue le 15 février 2002, a considéré que la procédure de licenciement était régulière, les délégués du personnel ayant été consultés avant le licenciement, au vu de l'avis du médecin du travail précisant les contraintes du reclassement.

En statuant ainsi, alors qu'il résultait de ses constatations, que la consultation des délégués du personnel était intervenue le 15 février 2002, soit entre les deux examens médicaux de la visite de reprise de sorte que la procédure était irrégulière et, s'agissant d'une formalité substantielle, ouvrait droit pour le salarié à l'indemnité prévue par l'article L. 122-32-7, devenu l'article L. 1226-15 CT, la cour d'appel a violé les articles L. 122-32-5, al. 1er et L. 122-32-7, devenus respectivement L. 1226-10 et L. 1226-15 CT.

Cass. soc. 8 avril 2009, n° 07-44.307, BC V n° 109.

... et avant la proposition au salarié d'un poste de reclassement.

L'avis des délégués du personnel sur le reclassement du salarié prévu par l'article L. 1226-10 CT doit être recueilli après que l'inaptitude de l'intéressé a été constatée dans les conditions prévues par l'article R. 4624-31 CT et avant la proposition à l'intéressé d'un poste de reclassement approprié à ses capacités.

À l'issue d'arrêts de travail prolongés et de deux visites de reprise les 23 décembre 2005 et 12 janvier 2006, un médecin du travail a déclaré un salarié inapte à tout poste dans l'entreprise ; ce dernier, licencié le 10 février 2006 pour inaptitude et impossibilité de reclassement, a saisi la juridiction prud'homale.

Après avoir relevé que la première offre de reclassement intervenue dès le 4 janvier 2006, antérieurement à la seconde visite de reprise, était prématurée et que la seconde offre de reclassement était intervenue le 31 janvier 2006, soit la veille de l'avis des délégués du personnel donné postérieurement à l'engagement de la procédure de licenciement, c'est à bon droit qu'une cour d'appel a déclaré sans cause réelle et sérieuse le licenciement de l'intéressé et condamné l'employeur à lui payer une somme à titre de dommages-intérêts en application de l'article L. 122-32-7 CT.

Cass. soc. 28 octobre 2009, n° 08-42.804, BC V n° 235. Voir aussi cass. soc. 25 mars 2015, n° 13-28.229, BC V n° 61.

Les délégués du personnel peuvent être consultés entre deux propositions de reclassement.

L'avis des délégués du personnel sur le reclassement du salarié prévu par l'article L. 1226-10 CT doit être recueilli après que l'inaptitude du salarié a été constatée dans les conditions prévues aux articles R. 4624-31 et 32 de ce code, et antérieurement à une proposition effective au salarié d'un poste de reclassement.

Un salarié a, le 5 juin 2008, été victime d'un accident du travail au titre duquel il a été en arrêt de travail ; le 2 novembre 2009, le médecin du travail l'a déclaré inapte à son poste avec mention d'un danger immédiat ; après convocation du salarié à un entretien préalable pour le 19 juillet 2010, les sociétés ont, le 23 du même mois, notifié à ce salarié son licenciement.

Pour condamner l'employeur à payer une indemnité au salarié, une cour d'appel a retenu qu'il ressort des lettres de l'employeur que ce dernier avait adressé au salarié une première offre de reclassement le 9 novembre 2009, qu'à cette date le délégué du personnel n'avait pas été consulté, qu'il résulte des dispositions de l'article L. 1226-10 CT que la proposition de reclassement doit être faite après l'avis d'inaptitude définitif du médecin du travail et après avis des délégués du personnel, que la consultation postérieure à la première proposition de reclassement ne pouvait se substituer à une consultation qui devait avoir lieu impérativement avant la première proposition de reclassement, que l'employeur avait méconnu les dispositions de l'article L. 1226-10 CT qui édictent une formalité substantielle et que cette méconnaissance ouvrait droit pour le salarié à l'indemnité de douze mois de salaires ainsi que le prévoit l'article L. 1226-15 CT.

En statuant ainsi, alors que l'employeur avait le 11 mai 2010 de nouveau proposé au salarié un reclassement, soit postérieurement à la constatation régulière de l'inaptitude et antérieurement à la convocation du salarié à l'entretien préalable, la cour d'appel a violé les articles L. 1226-10 et 15 CT.

Cass. soc. 16 mars 2016, n° 14-13.986.

L'employeur doit leur fournir toutes les informations nécessaires quant au reclassement du salarié.

Un salarié, victime d'un accident du travail, a été déclaré inapte à son poste de travail. Après avoir refusé un poste de reclassement dans une autre société du groupe, il a été licencié et a saisi la juridiction prud'homale.

A légalement justifié sa décision la cour d'appel qui a condamné l'employeur au paiement d'une indemnité sur e fondement de l'article L. 122-32-7 CT après avoir constaté qu'il avait consulté les délégués du personnel sans leur fournir toutes les informations nécessaires quant au reclassement du salarié.

Cass. soc. 13 juillet 2004, n° 02-41.046, BC V n° 209. Voir aussi cass. soc. 26 janvier 2011, n° 09-72.284.

Lorsqu'il existe une délégation unique du personnel dans l'entreprise, ses membres doivent être convoqués en leur qualité de délégués du personnel.

Lorsqu'une délégation unique des représentants du personnel est constituée dans l'entreprise, les délégués du personnel et le comité d'entreprise conservent l'ensemble de leurs attributions.

En relevant que l'employeur avait convoqué les membres titulaires et les membres suppléants de la délégation unique du personnel pour examiner, en leur qualité de délégués du personnel, la situation d'un salarié suite à son accident du travail avant de mettre en œuvre la procédure de licenciement, une cour d'appel a pu décider que l'employeur avait satisfait à son obligation de consulter pour avis les délégués du personnel.

Cass. soc. 18 novembre 2003, n° 01-44.235, 1er moyen, BC V n° 288. Voir aussi cass. soc. 24 juin 2015, n° 13-25.812, pourvoi incident.

L'avis des délégués du personnel n'a pas à être recueilli collectivement au cours d'une réunion.

Si, aux termes de l'article L. 424-4 CT, les délégués du personnel sont reçus collectivement par le chef d'établissement ou son représentant au moins une fois par mois, l'article L. 122-32-5 CT, qui prévoit que l'avis des délégués du personnel doit être recueilli avant l'engagement de la procédure de licenciement pour inaptitude et impossibilité de reclassement, n'impose pas à l'employeur de recueillir cet avis collectivement au cours d'une réunion.

Après avoir relevé que l'établissement où travaillait un salarié, licencié pour inaptitude et impossibilité de reclassement en raison d'une maladie professionnelle, était pourvu de quatre délégués du personnel titulaires et de quatre délégués du personnel suppléants, une cour d'appel, qui a constaté que l'employeur avait consulté individuellement trois délégués titulaires et un délégué suppléant, a décidé, à bon droit, que l'employeur avait satisfait à son obligation de consulter pour avis les délégués du personnel.

Cass. soc. 29 avril 2003, n° 00-46.477, BC V n° 144.

L'employeur ne peut pas se soustraire à cette obligation de consultation en raison de l'absence de délégués du personnel dans l'entreprise, dès lors que leur mise en place était obligatoire et qu'aucun procès-verbal de carence n'a été établi...

Il résulte de l'article L. 122-32-5, al. 1er, devenu L. 1226-10 CT, que l'avis des délégués du personnel doit être recueilli avant que la procédure de licenciement d'un salarié inapte à son emploi en conséquence d'un accident du travail ou d'une maladie professionnelle ne soit engagée et que l'employeur ne saurait se soustraire à cette obligation dès lors que la mise en place de tels délégués est obligatoire en application de l'article L. 421-1, al. 2, devenu L. 2312-2 CT et qu'aucun procès-verbal de carence n'a été établi.

Un salarié, qui avait été victime d'un accident du travail le 11 décembre 1970, a été, jusqu'au 28 février 2005, en arrêt de travail pour maladie professionnelle, puis en arrêt maladie ; à la suite d'examens de reprise en date des 29 août et 12 septembre 2005, il a été déclaré inapte à son poste de tourneur rectifieur ; licencié le 11 octobre 2005 pour inaptitude et impossibilité de reclassement, le salarié a saisi la juridiction prud'homale.

Après avoir constaté que la consultation des délégués du personnel n'avait pu avoir lieu à défaut de délégué et retenu que l'employeur, qui ne contestait pas devoir organiser les élections, ne justifiait ni d'un procès-verbal de carence ni de l'impossibilité d'organiser celles-ci avant d'avoir engagé la procédure de licenciement du salarié déclaré inapte, une cour d'appel a pu condamner l'employeur au paiement de dommages-intérêts en application de l'article L. 122-32-7 CT.

Cass. soc. 23 septembre 2009, n° 08-41.685, 2e moyen, BC V n° 192. Voir aussi cass. soc. 19 février 2014, n° 12-23.577, pourvoi principal.

Une cour d'appel, qui a relevé que, compte tenu de l'effectif de l'établissement, compris entre 100 et 199 salariés, l'employeur ne pouvait sérieusement soutenir qu'il n'y aurait pas eu de délégués du personnel dans l'entreprise, a légalement justifié sa décision énonçant qu'en procédant au licenciement du salarié, il avait violé les dispositions des articles L. 122-32-1 et s. CT et que le salarié était en droit de prétendre à l'indemnité prévue par l'article L. 122-32-7 CT.

Cass. soc. 22 mars 2000, n° 98-41.166, BC V n° 119.

A légalement justifié sa décision d'allouer à un salarié, victime d'un accident du travail déclaré définitivement inapte à son emploi par le médecin du travail, une somme sur le fondement de l'article L. 122-32-5 CT la cour d'appel qui a relevé que l'employeur ne justifiait pas de l'impossibilité dans laquelle il se serait trouvé d'organiser des élections de délégués du personnel alors qu'il n'était pas contesté par ce dernier que l'effectif de l'entreprise était de 39 salariés.

Cass. soc. 7 décembre 1999, n° 97-43.106, BC V n° 470.

... ou que le procès-verbal de carence établi n'était pas valable.

D'abord, les dispositions de l'article 96 de la loi 2005-882 du 2 août 2005 ayant porté la durée des mandats des délégués du personnel de deux ans à quatre ans ne s'appliquent qu'à compter des élections des délégués du personnel et des représentants du personnel aux comités d'entreprise, comités d'établissement, comités centraux d'entreprise et comités de groupe intervenant après la publication de la loi ; il en résulte que, faute d'élections professionnelles dans l'entreprise postérieurement à la publication de la loi, le mandat des délégués du personnel demeurait de deux ans et qu'à l'expiration de la période de deux années après l'établissement du procès-verbal de carence le 31 octobre 2002, l'employeur devait procéder à l'organisation de nouvelles élections.

Ensuite, il résulte de l'article L. 1226-10 CT que l'avis des délégués du personnel doit être recueilli avant que la procédure de licenciement d'un salarié inapte à son emploi en conséquence d'un accident du travail ou d'une maladie professionnelle ne soit engagée et que l'employeur ne saurait se soustraire à cette obligation dès lors que la mise en place de tels délégués est obligatoire en application de l'article L. 2312-2 CT et qu'aucun procès-verbal de carence n'a été établi ; le non-respect par l'employeur de l'obligation, prévue par l'article L. 1226-10 CT, de consultation pour avis des délégués du personnel implique, par application de l'article L. 1226-15 du même code, l'octroi au salarié d'une indemnité qui ne peut être inférieure à douze mois de salaire.

A violé les articles L. 1226-10 et L. 1226-15 CT et l'article 96 VII de la loi 2005-882 du 2 août 2005 la cour d'appel qui, pour rejeter la demande d'un salarié licencié le 18 septembre 2006 pour inaptitude et impossibilité de reclassement, à titre de dommages et intérêts pour licenciement sans cause réelle et sérieuse, a retenu que, compte tenu du procès-verbal de carence du 31 octobre 2002, de nouvelles élections des délégués du personnel n'auraient dû être organisées que le 31 octobre 2006 et qu'à la date de la procédure de licenciement pour inaptitude en mars 2006, cette consultation ne pouvait avoir lieu.

Cass. soc. 11 mai 2016, n° 14-12.169, 1er moyen, BC V n° 92.

En cas de transfert d'entreprise, le nouvel employeur peut, pour se soustraire à cette obligation, se prévaloir du procès-verbal de carence établi par l'ancien employeur pour une durée correspondant à celle de la durée légale des mandats dès lors que l'entité transférée a conservé son autonomie et qu'aucune demande d'organisation d'élections professionnelles n'a été formée par un salarié ou une organisation syndicale.

Un salarié a été engagé le 22 avril 2003 en qualité de menuisier poseur par une société A, laquelle a ensuite été cédée, le 20 mai 2013, à une société B qui a repris l'ensemble des contrats de travail. Le salarié, placé en arrêt maladie à compter du 4 juin 2013 et déclaré inapte à son poste à l'issue de la seconde visite médicale de reprise du 24 septembre 2014, a été licencié, le 23 octobre 2014, pour inaptitude d'origine professionnelle et impossibilité de reclassement.

Ayant relevé, d'une part que le fonds de la société A avait été cédé en sa totalité et était devenu la société B en raison de contraintes de financement puis avait pris une nouvelle dénomination, faisant ainsi ressortir que l'entité transférée en application de l'article L. 1224-1 CT avait conservé son autonomie, et d'autre part que la consultation pour avis prévue par l'article L. 1226-10 CT n'avait pu être diligentée par l'employeur, en l'absence de délégués du personnel au sein de la société B, dûment constatée selon procès-verbal de carence en date du 21 décembre 2012 établi par la société A à l'issue du second tour de scrutin et valable jusqu'au 21 décembre 2016 en l'absence de demande d'organisation d'élections professionnelles formée par un salarié ou une organisation syndicale, une cour d'appel a pu décider que la société B avait parfaitement et honnêtement respecté la loi, tant sur la consultation des élus que sur la recherche de reclassement et, en conséquence, débouter le salarié de ses demandes.

Cass. soc. 6 mars 2019, n° 17-28.478, à paraître.

L'administrateur judiciaire doit recueillir l'avis des délégués du personnel, même si le licenciement du salarié a déjà été soumis à la consultation du comité d'entreprise, en application d'un plan de cession judiciairement prononcé.

Il résulte de l'article L. 122-32-5, al. 1er CT que l'avis des délégués du personnel doit être recueilli avant que la procédure de licenciement d'un salarié déclaré par le médecin du travail inapte à son emploi ou tout emploi dans l'entreprise en conséquence d'un accident du travail ou d'une maladie professionnelle soit engagée. Il s'ensuit que l'administrateur judiciaire ne saurait se soustraire à cette obligation dont l'inobservation est sanctionnée par l'indemnité prévue à l'article L. 122-32-7 CT au motif de la consultation du comité d'entreprise en application d'un plan de cession judiciairement prononcé.

Cass. soc. 2 octobre 2001, n° 99-45.346, 1er moyen du pourvoi de l'employeur, BC V n° 295.

L'avis des délégués du personnel est requis, même si le représentant d'une organisation syndicale a admis qu'il y avait peu de possibilités de reclassement.

Doit être cassé l'arrêt qui, pour débouter un salarié de ses demandes d'indemnités prévues à l'article L. 122-32-7 CT, a énoncé que l'employeur avait recherché un poste approprié aux capacités du salarié mais que les seuls à lui convenir étaient incompatibles avec la diminution de ses aptitudes physiques et que le représentant de la CFDT avait lui-même admis qu'il y avait peu de possibilités de le reclasser, alors qu'il appartenait à l'employeur de prendre l'avis des délégués du personnel.

Cass. soc. 21 février 1990, n° 88-42.125, BC V n° 72.

La procédure de consultation est régulière, peu important que certains des délégués consultés aient estimé ne pas devoir s'exprimer.

Cass. soc. 10 décembre 2014, n° 13-20.725.

Les délégués du personnel peuvent être convoqués par voie électronique.

Cass. soc. 23 mai 2017, n° 15-24.713, BC V n° 88.

L'absence de consultation des délégués du personnel constitue une entrave à leurs fonctions.

Doit être cassé l'arrêt qui, pour considérer l'infraction d'entrave aux fonctions des délégués du personnel non établie, a relevé que, si l'employeur n'avait pas respecté les formalités légales, il avait rétracté son licenciement, alors que la rétractation par l'employeur de sa décision n'était pas de nature à faire disparaître l'infraction déjà commise.

Cass. crim. 26 janvier 1993, n° 89-85.389, 1er moyen, B. crim. n° 43.

L'omission de la formalité substantielle de consultation des délégués du personnel et la méconnaissance par l'employeur des dispositions relatives à la motivation de la lettre de licenciement du salarié déclaré inapte ne peuvent être sanctionnées que par une seule et même indemnité, au moins égale à la somme prévue par l'article L. 1226-15 CT.

Cass. soc. 23 mai 2017, n° 16-10.580, 3e moyen, BC V n° 89.

L'employeur n'a pas à consulter les membres du CHSCT.

Dans le cadre de la mise en œuvre de l'obligation de reclassement prévue par l'article L. 1226-10 CT, l'employeur n'est pas tenu de consulter le comité d'hygiène, de sécurité et des conditions de travail.

Cass. soc. 9 octobre 2013, n° 12-20.690.

Refus par le salarié des propositions de reclassement formulées par l'employeur

Le salarié est en droit de refuser le poste de reclassement, notamment lorsqu'il implique une modification du contrat de travail.

Un salarié a été engagé par une société selon divers contrats de chantiers à durée indéterminée, en qualité de mécanicien, de monteur ou de tireur de câbles ; après avoir été en arrêt de travail pour accident de travail sur un chantier du 15 mai 2001 au 24 octobre 2004, le salarié a été déclaré par le médecin du travail lors de la visite de reprise le 4 novembre 2004 « apte, sans travail en hauteur, station debout pénible, poste administratif ou de livreur serait à envisager » ; à la demande de l'employeur, le médecin du travail a visité un chantier afin d'émettre un avis définitif ; ce médecin n'ayant émis aucun avis d'inaptitude, l'employeur a proposé au salarié un poste de tireur de câbles sur un autre chantier ; suite à son refus, l'employeur l'a licencié pour faute grave.

Après avoir constaté que l'emploi de tireur de câbles sur un autre chantier proposé par l'employeur, d'une part, nécessitait la signature d'un nouveau contrat de chantier et, donc, une modification du contrat de travail et, d'autre part, n'était pas conforme aux prescriptions du médecin du travail, une cour d'appel a pu retenir que le refus du salarié de ce nouvel emploi n'était pas constitutif d'une faute grave.

Cass. soc. 8 avril 2009, n° 07-45.234, BC V n° 106.

Le refus par le salarié d'un poste proposé par l'employeur dans le cadre de son obligation de reclassement n'implique pas à lui seul le respect par celui-ci de cette obligation et il lui appartient d'établir qu'il ne dispose d'aucun autre poste compatible avec l'inaptitude du salarié ainsi que de faire connaître par écrit les motifs qui s'opposent au reclassement avant de procéder au licenciement.

Un salarié victime d'un accident du travail a été déclaré inapte à son poste par le médecin du travail à l'issue de deux examens de reprise ; son employeur lui a proposé un autre poste qu'il a refusé en raison de la modification de son contrat de travail qui passait d'un temps complet à un temps partiel ; l'employeur a notifié au salarié son licenciement au motif qu'il avait refusé le poste proposé au titre du reclassement ; estimant le licenciement dépourvu de cause réelle et sérieuse, l'intéressé a saisi la juridiction prud'homale.

Après avoir constaté que l'employeur n'établissait pas qu'il ne disposait d'aucun autre poste disponible compatible avec l'état de santé du salarié et que le poste de reclassement offert par l'employeur emportait modification du contrat de travail du salarié dès lors qu'il s'agissait d'un emploi à temps partiel, alors qu'il avait toujours occupé un emploi à temps plein, une cour d'appel a pu en déduire que le salarié avait droit, d'une part, à l'indemnité prévue à l'article L. 1226-15 CT et, d'autre part, au versement de l'indemnité spéciale de licenciement, son refus ne pouvant être abusif.

Cass. soc. 30 novembre 2010, n° 09-66.687, BC V n° 271.

Ne peut être abusif le refus par un salarié du poste de reclassement proposé par l'employeur en application de l'article L. 122-32-5 CT, dès lors que la proposition de reclassement entraîne une modification du contrat de travail.

À l'issue d'une période de suspension du contrat de travail consécutive à un accident du travail, un salarié avait été déclaré inapte à son poste d'attaché commercial, mais apte à celui d'employé de bureau proposé par l'employeur à titre de reclassement. N'ayant pas intégré ce poste après mises en demeure, il avait été licencié sans indemnité.

C'est à tort que, pour débouter le salarié de ses demandes d'indemnité compensatrice de préavis et d'indemnité spéciale de licenciement (art. L. 122-32-6 CT), une cour d'appel, après avoir constaté que l'employeur avait satisfait à son obligation de reclassement en proposant au salarié un poste compatible avec les propositions du médecin du travail, a retenu, pour dire injustifié le refus du salarié du poste proposé, qu'il n'était pas fondé à invoquer une baisse de sa rémunération, le maintien intégral du salaire antérieur n'étant pas exigé par l'article L. 122-32-5 CT et la seule perte de primes liées aux fonctions d'attaché commercial n'étant qu'un corollaire de son inaptitude à occuper désormais cet emploi, alors qu'elle avait relevé que le refus du salarié était notamment fondé sur une baisse de sa rémunération, ce dont il résultait que ce refus d'une modification de son contrat de travail ne pouvait pas être abusif.

Cass. soc. 15 juillet 1998, n° 95-45.362, BC V n° 380.

En principe, le reclassement du salarié accidenté du travail doit s'opérer dans un emploi adapté à ses capacités et aussi comparable que possible au précédent, sans modification du contrat de travail. Si l'employeur ne peut offrir qu'un poste de reclassement comportant une modification du contrat, et en particulier une diminution de salaire, il doit en faire la proposition au salarié, qui est en droit de refuser.

Une salariée, déclarée inapte à son emploi par le médecin du travail à la suite d'un accident du travail, avait été reclassée par l'employeur. Après avoir attiré l'attention de ce dernier sur le fait que la rémunération afférente à son nouvel emploi ne comportait plus qu'une partie fixe, la salariée lui a fait connaître qu'elle prenait acte de la rupture des relations contractuelles.

C'est à bon droit qu'une cour d'appel a jugé que la décision unilatérale de l'employeur d'imposer à l'intéressée une modification de sa rémunération s'analysait en un licenciement prononcé en violation de l'article L. 122-32-5 CT.

Cass. soc. 4 décembre 2001, n° 99-44.677, 1er moyen, BC V n° 370.

Le refus par un salarié d'un poste proposé par l'employeur dans le cadre de son obligation de reclassement n'implique pas, à lui seul, le respect par celui-ci de cette obligation.

Cass. soc. 29 novembre 2006, n° 05-43.470, BC V n° 364. Voir aussi cass. soc. 30 novembre 2010, n° 09-66.687, précité ; cass. soc. 10 mai 2012, n° 11-10.915, 2e moyen.

En revanche, l'employeur peut tenir compte du refus du salarié pour limiter le périmètre de ses recherches de reclassement.

Il appartient à l'employeur, qui peut tenir compte de la position prise par le salarié déclaré inapte, de justifier qu'il n'a pu, au besoin par la mise en œuvre de mesures telles que mutations, transformations de poste de travail ou aménagement du temps de travail, le reclasser dans un emploi approprié à ses capacités au terme d'une recherche sérieuse, effectuée au sein de l'entreprise et des entreprises dont l'organisation, les activités ou le lieu d'exploitation permettent, en raison des relations qui existent entre elles, d'y effectuer la permutation de tout ou partie du personnel ; l'appréciation du caractère sérieux de la recherche de reclassement relève du pouvoir souverain des juges du fond.

Un salarié employé par une société en qualité de préparateur de commandes a été victime d'un accident du travail le 16 août 2010 et a, le 10 janvier 2011, été déclaré inapte à son poste de travail avec mention d'un danger immédiat ; il a été licencié pour inaptitude et impossibilité de reclassement le 25 mars 2011.

C'est à bon droit qu'une cour d'appel a déclaré le licenciement fondé et a débouté le salarié de ses demandes relatives à la rupture.

En effet, ayant constaté que le salarié avait refusé des postes proposés en France en raison de leur éloignement de son domicile et n'avait pas eu la volonté d'être reclassé à l'étranger, la cour d'appel, qui a souverainement retenu que l'employeur avait procédé à une recherche sérieuse de reclassement, a, par ces seuls motifs, légalement justifié sa décision.

Cass. soc. 23 novembre 2016, n° 14-26.398, BC V n° 222 (arrêt n° 1). Voir aussi cass. soc. 23 novembre 2016, n° 15-18.092, 1er moyen, BC V n° 222 (arrêt n° 2).

Le refus du salarié d'un poste de reclassement ne doit pas être abusif.

Doit être cassé l'arrêt qui, pour condamner une société à payer une indemnité de préavis et une indemnité spéciale de licenciement à un salarié, a énoncé que ce dernier, ayant 34 ans d'ancienneté en qualité d'aide-poseur, pouvait valablement douter de ses capacités à exercer un autre emploi et qu'il n'était pas démontré que son refus était abusif, alors que le fait pour le salarié d'avoir refusé, sans motif légitime, un poste de magasinier approprié à ses capacités et comparable à l'emploi précédemment occupé constituait un refus abusif ne lui permettant pas d'obtenir les indemnités prévues à l'article L. 122-32-6 CT.

Cass. soc. 7 mai 1996, n° 92-42.572, BC V n° 178. Voir aussi cass. soc. 7 décembre 1994, n° 90-40.840, moyen unique pris en ses deux premières branches, BC V n° 330 ; cass. soc. 7 avril 1998, n° 95-43.852.

En cas de refus abusif ou injustifié d'un poste de reclassement, le salarié n'est pas responsable de la rupture de son contrat, mais il perd le bénéfice de l'indemnité spéciale de l'article L. 1226-14 CT.

Après avoir relevé qu'un salarié, victime d'un accident du travail, invoquait uniquement son état de santé pour justifier son refus du poste de reclassement proposé, et que c'était avec l'accord du médecin du travail que ce poste avait été offert au salarié, ce que celui-ci n'ignorait pas, un conseil de prud'hommes a pu en déduire que le refus du salarié, sans motif légitime, de reprendre le travail, fût-ce à l'essai, dans des conditions estimées par le médecin du travail compatibles avec son état de santé, était abusif et le privait, en conséquence, des indemnités prévues à l'article L. 122-32-6 CT.

Mais c'est à tort que le conseil de prud'hommes a débouté l'intéressé de sa demande d'indemnité légale de licenciement en se fondant sur le caractère abusif du refus du poste proposé, alors qu'à défaut de l'indemnité spéciale de licenciement prévue à l'article L. 122-32-6 CT, l'intéressé pouvait bénéficier de l'indemnité de licenciement prévue par l'article L. 122-9 du même code.

Cass. soc. 19 juillet 1994, n° 90-41.362, BC V n° 242. Voir aussi cass. soc. 25 mai 2011, n° 09-71.543 ; cass. soc. 17 mai 2016, n° 14-19.861.

Le refus sans motif légitime par un salarié, fût-il protégé, d'un poste approprié à ses capacités et comparable à l'emploi précédemment occupé peut revêtir un caractère abusif et entraîner la privation du bénéfice des indemnités spécifiques de rupture de l'article L. 1226-14 CT.

Pour allouer à un salarié une « indemnité de préavis », une cour d'appel a retenu que son refus, à la suite de l'expiration de la période de suspension consécutive à un accident du travail, d'une proposition d'un nouvel emploi, ne pouvait être qualifié d'abusif et ne le privait pas des indemnités de rupture.

En statuant ainsi, sans expliquer en quoi le refus de reclassement opposé par le salarié n'était pas abusif, la cour d'appel a privé sa décision de base légale.

Cass. soc. 20 février 2008, n° 06-44.867, pourvoi de l'employeur, BC V n° 40.

Le salarié déclaré apte avec réserves ayant refusé un poste nécessitant une modification de son contrat de travail ne peut pas prétendre à l'indemnité spéciale de licenciement.

Un salarié a été engagé par une société selon divers contrats de chantiers à durée indéterminée, en qualité de mécanicien, de monteur ou de tireur de câbles ; après avoir été en arrêt de travail pour accident de travail sur un chantier du 15 mai 2001 au 24 octobre 2004, le salarié a été déclaré par le médecin du travail lors de la visite de reprise le 4 novembre 2004 « apte, sans travail en hauteur, station debout pénible, poste administratif ou de livreur serait à envisager » ; à la demande de l'employeur, le médecin du travail a visité un chantier afin d'émettre un avis définitif ; ce médecin n'ayant émis aucun avis d'inaptitude, l'employeur a proposé au salarié un poste de tireur de câbles sur un autre chantier ; suite à son refus, l'employeur l'a licencié pour faute grave.

C'est à tort que la cour d'appel a alloué au salarié l'indemnité spéciale de licenciement.

En effet, il résulte de la combinaison des articles L. 1226-14, L. 1226-12, L. 1226-15 et L. 1226-8 CT, que l'indemnité spéciale de licenciement égale au double de l'indemnité prévue par l'article L. 1234-9 CT et versée sans condition d'ancienneté dans l'entreprise n'est due que dans le cas du licenciement prononcé en raison de l'impossibilité de reclassement du salarié déclaré inapte par le médecin du travail ou du refus non abusif par le salarié inapte de l'emploi proposé.

Cass. soc. 8 avril 2009, n° 07-45.234, précité. Voir aussi cass. soc. 9 juillet 2014, n° 13-18.696, 1re branche du 2e moyen, BC V n° 185.

Le refus d'un salarié de reprendre son travail sur un poste incompatible avec les préconisations du médecin du travail ne constitue pas une faute.

Cass. soc. 23 septembre 2009, n° 08-42.629, BC V n° 189, cité dans « Inaptitude physique d'origine non professionnelle ».

En cas de litige, lorsque le salarié fait valoir que l'employeur n'a pas adapté son poste de travail conformément aux recommandations du médecin du travail, il appartient à l'employeur de justifier qu'il a procédé à une telle adaptation ou que celle-ci était impossible.

L'employeur, tenu d'une obligation de sécurité de résultat, doit en assurer l'effectivité ; il doit prendre en compte les recommandations du médecin du travail et, en cas de refus, faire connaître les motifs qui s'opposent à ce qu'il y soit donné suite ; il en résulte que, lorsque le salarié fait valoir que l'employeur n'a pas adapté son poste de travail conformément aux recommandations du médecin du travail, il appartient à l'employeur de justifier qu'il a procédé à une telle adaptation.

Pour requalifier en démission la prise d'acte de la rupture du contrat de travail d'un salarié, une cour d'appel a retenu qu'il n'était pas démontré que son employeur n'avait pas respecté les prescriptions temporaires du médecin du travail mentionnées dans la fiche d'aptitude, de sorte que la prise d'acte de rupture n'était pas fondée et produisait de ce fait les effets d'une démission.

En statuant ainsi, alors que le salarié avait été déclaré partiellement inapte à son emploi à l'issue du premier examen médical de reprise par le médecin du travail, et qu'il appartenait à l'employeur qui avait réaffecté le salarié à son emploi habituel de justifier de l'adaptation du poste de travail ou des raisons pour lesquelles une telle adaptation était impossible, la cour d'appel, qui a inversé la charge de la preuve, a violé l'article L. 4624-1 CT.

Cass. soc. 14 octobre 2009, n° 08-42.878, 3e branche du moyen, BC V n° 221.

Dans l'hypothèse où le salarié conteste la compatibilité du poste auquel il est affecté avec les recommandations du médecin du travail, il appartient à l'employeur de solliciter à nouveau l'avis de ce dernier.

☛ *Visite médicale de reprise.*

Impossibilité pour l'employeur de reclasser le salarié

L'employeur doit appliquer les dispositions de l'article L. 1226-12 CT.

En application de l'article L. 122-32-5 CT, l'employeur ne peut prononcer le licenciement d'un salarié déclaré inapte à son emploi par le médecin du travail à la suite d'un accident du travail que s'il justifie soit de l'impossibilité où il se trouve de proposer un emploi dans les conditions prévues par le même article, soit du refus par le salarié de l'emploi proposé.

Une salariée ayant été déclarée inapte à son emploi par le médecin du travail à la suite d'un accident du travail, ce qui lui ouvrait le droit au bénéfice des dispositions de l'article L. 122-32-5 CT, l'employeur ne pouvait la licencier pour motif économique sans méconnaître ces dispositions.

Est donc légalement justifié l'arrêt condamnant l'employeur qui avait procédé à un tel licenciement à payer à l'intéressée des dommages-intérêts sur le fondement de l'article L. 122-32-7 CT et une indemnité de licenciement en application de l'article L. 122-32-6 du même code.

Cass. soc. 14 mars 2000, n° 98-41.556, BC V n° 103.

L'inobservation de ces règles ne peut être sanctionnée que par l'article L 1226-15 CT.

C'est à tort que, tout en constatant qu'un salarié avait été licencié pour motif économique par une lettre insuffisamment motivée et que le véritable motif de la rupture du contrat de travail était inhérent à la personne du salarié en raison de l'accident du travail dont il avait été victime, une cour d'appel a évalué le préjudice subi en application de l'article L. 122-14-4 CT, alors que le licenciement d'un salarié inapte au travail à la suite d'un accident du travail obéit aux dispositions de l'article L. 122-32-5 CT dont l'inobservation est sanctionnée par les dispositions de l'article L. 122-32-7 CT.

Cass. soc. 19 mai 2004, n° 02-44.671, BC V n° 134.

Il appartient à l'employeur de démontrer qu'il a vainement cherché à reclasser le salarié.

À la suite d'une rechute, un salarié victime d'un accident du travail a été déclaré par le médecin du travail définitivement inapte à son emploi de mécanicien-auto et a été licencié pour inaptitude et impossibilité de reclassement.

Ayant relevé, d'une part, que l'employeur avait repris le salarié à la suite de son accident du travail sur un poste de « mécanicien-diagnostiqueur de pannes » dans le cadre d'un contrat de rééducation professionnelle et qu'il n'avait pu l'y maintenir et, d'autre part, que les différents échanges de courriers intervenus entre l'employeur, l'inspection du travail, le médecin du travail et le salarié démontraient que l'employeur avait vainement mis en œuvre les procédures nécessaires au reclassement de ce dernier, une cour d'appel a pu décider que l'employeur n'avait pas manqué à son obligation de reclassement et débouter le salarié de ses demandes de dommages-intérêts.

Cass. soc. 7 juillet 2004, n° 02-42.891, BC V n° 195. Voir aussi cass. soc. 10 mai 2012, n° 11-11.070 ; cass. soc. 17 mai 2016, n° 14-25.738.

Les réponses apportées, postérieurement au constat d'inaptitude, par le médecin du travail sur les possibilités éventuelles de reclassement concourent à la justification par l'employeur de l'impossibilité de reclassement.

Si l'avis du médecin du travail déclarant un salarié inapte à tout poste dans l'entreprise ne dispense pas l'employeur, quelle que soit la position prise par le salarié, de son obligation légale de recherche de reclassement au sein de cette entreprise et, le cas échéant, du groupe auquel celle-ci appartient, les réponses apportées, postérieurement au constat régulier de l'inaptitude, par ce médecin sur les possibilités éventuelles de reclassement concourent à la justification par l'employeur de l'impossibilité de remplir cette obligation.

Cass. soc. 15 décembre 2015, n° 14-11.858, BC V n° 259.

Les motifs s'opposant au reclassement du salarié doivent lui être notifiés par écrit, sous peine de dommages-intérêts.

C'est à tort que pour débouter un salarié de sa demande de dommages et intérêts pour licenciement sans cause réelle et sérieuse, une cour d'appel a retenu que la lettre de licenciement qui énonçait comme motif de licenciement l'inaptitude du salarié à tout poste de travail dans l'entreprise était suffisamment motivée au regard des exigences de l'article L. 122-14-2 CT et qu'aucune disposition légale n'imposait en outre à l'employeur d'indiquer les motifs qui s'opposaient au reclassement.

Cass. soc. 9 avril 2008, n° 07-40.356, 1er moyen, BC V n° 83. Voir aussi cass. soc. 20 mars 2013, n° 12-15.633, 4e branche du moyen ; cass. soc. 11 janvier 2017, n° 15-19.959, 3e moyen.

L'absence de notification des motifs n'est pas assortie des sanctions spécifiques prévues à l'article L. 1226-15 CT...

La notification des motifs s'opposant au reclassement du salarié victime d'un accident du travail ne figure pas dans l'énumération des obligations assorties de sanctions spécifiques prévues à l'article L. 122-32-7 CT, cet article ne visant que les alinéas 1er et 4 de l'article L. 122-32-5 CT.

C'est donc à tort qu'un salarié a demandé l'octroi d'une indemnité ne pouvant être inférieure à douze mois de salaire.

Cass. soc. 11 décembre 1986, n° 84-42.348, BC V n° 595. Voir aussi cass. soc. 6 mai 1998, n° 95-40.579, s'agissant d'une inaptitude consécutive à une maladie professionnelle.

... mais elle rend l'employeur redevable d'une indemnité en réparation du préjudice subi par le salarié.

Cass. soc. 18 novembre 2003, n° 01-43.710, 2e moyen, BC V n° 286. Voir aussi cass. soc. 28 mai 2014, n° 13-11.868.

En revanche, la demande d'indemnisation du salarié sur le fondement de l'article L. 1226-15 CT inclut nécessairement la demande de dommages-intérêts pour violation de l'obligation de notifier par écrit au salarié les motifs s'opposant à son reclassement.

Cass. soc. 8 juillet 2003, n° 01-43.394, BC V n° 219. Voir aussi cass. soc. 28 mai 2014, n° 13-10.512, 1re branche du moyen ; cass. soc. 22 juin 2016, n° 15-14.258, 1er moyen.

L'omission de la formalité substantielle de consultation des délégués du personnel et la méconnaissance par l'employeur des dispositions relatives à la motivation de la lettre de licenciement du salarié déclaré inapte ne peuvent être sanctionnées que par une seule et même indemnité, au moins égale à la somme prévue par l'article L. 1226-15 CT.

Cass. soc. 23 mai 2017, n° 16-10.580, précité.

Selon l'article L. 1226-11 CT, si le salarié n'est pas reclassé ou licencié à l'issue du délai d'un mois à compter de la date de l'examen de reprise du travail, l'employeur est tenu de lui verser, dès l'expiration de ce délai, le salaire correspondant à l'emploi occupé avant la suspension du contrat de travail.

Il résulte de ce texte que le salarié peut soit se prévaloir de la poursuite du contrat de travail et solliciter la condamnation de l'employeur au paiement des salaires, soit faire constater la rupture du contrat de travail pour manquement de l'employeur à cette obligation, cette rupture devant s'analyser en un licenciement sans cause réelle et sérieuse.

Cass. soc. 18 novembre 2003, n° 01-43.710, 1er moyen, BC V n° 286.

En cas de substitution à l'avis d'aptitude délivré par le médecin du travail d'une décision d'inaptitude de l'inspecteur du travail, l'obligation de reprendre le paiement du salaire ne s'impose à l'employeur qu'à l'issue du délai d'un mois suivant la date de la décision de l'inspecteur du travail.

Une salariée placée en arrêt de travail du 18 septembre 2008 au 20 septembre 2009 à la suite d'un accident du travail a été déclarée apte à son poste avec restrictions par le médecin du travail à l'issue d'une visite de reprise du 29 septembre 2009. Saisi par la salariée d'un recours formé contre cet avis, l'inspecteur du travail l'a déclarée, le 6 décembre 2010, inapte à son poste.

Pour condamner l'employeur au paiement d'une provision à titre de rappel de salaire pour la période du 29 octobre 2009 au 23 septembre 2015, une cour d'appel a retenu qu'en cas de difficultés ou de désaccord sur l'avis émis par le médecin du travail, il appartient à l'inspecteur du travail de se prononcer définitivement sur l'aptitude du salarié, conformément à l'article L. 4624-1 CT, que l'appréciation de ce dernier, qui se substitue entièrement à celle du médecin du travail, doit être regardée comme portée dès la date à laquelle l'avis du médecin du travail a été émis, qu'elle la confirme ou qu'elle l'infirme, nonobstant la circonstance que l'inspecteur du travail doive se prononcer en fonction des circonstances de fait et de droit à la date à laquelle il prend sa décision, qu'en l'espèce, l'avis de l'inspecteur du travail du 6 décembre 2010 ayant déclaré la salariée inapte au poste de gardienne d'immeuble, mais apte à un poste administratif à mi-temps, s'était substitué, à compter du 29 septembre 2009, à l'avis d'aptitude avec restrictions du médecin du travail rendu à cette date, que la salariée devait donc soit être reclassée, soit être licenciée, et que conformément à l'article L. 1226-11 CT, l'employeur devait commencer à verser les salaires à compter du 29 octobre 2009.

En statuant ainsi, alors que la substitution à l'avis d'aptitude délivré par le médecin du travail d'une décision d'inaptitude de l'inspecteur du travail ne fait pas naître rétroactivement l'obligation pour l'employeur de reprendre le paiement du salaire et que cette obligation ne s'impose à celui-ci qu'à l'issue du délai d'un mois suivant la date à laquelle l'inspecteur du travail prend sa décision, la cour d'appel a violé les articles L. 1226-11, L. 4624-1 en sa rédaction applicable en la cause et R. 1455-7 CT.

Cass. soc. 20 décembre 2017, n° 15-28.367, à paraître.

L'exécution d'un congé individuel de formation par un salarié déclaré inapte à son poste de travail suspend le contrat de travail et les obligations prévues par l'article L. 1226-11 CT.

Dès lors, c'est à bon droit qu'une cour d'appel, qui a relevé qu'un salarié déclaré inapte à son poste de travail était parti en congé individuel de formation du 1er septembre 2003 au 31 mars 2005, a décidé qu'il ne pouvait prétendre au versement de son salaire par l'employeur pendant cette période.

Cass. soc. 16 mars 2011, n° 09-69.945, pourvoi principal, BC V n° 75.

Le délai d'un mois court à partir de la date du second examen médical prévu à l'article R. 4624-31 ancien CT.

Il résulte notamment des dispositions combinées des articles R. 241-51 et 51-1 CT que le médecin du travail ne peut constater l'inaptitude du salarié, lors de la reprise du travail, après une absence pour accident du travail, qu'après une étude de poste et des conditions de travail dans l'entreprise et deux examens médicaux de l'intéressé espacés de deux semaines. Il en résulte que le délai d'un mois, visé à l'article L. 122-32-5, al. 1er CT à l'issue duquel l'employeur est tenu de verser au salarié, déclaré par le médecin du travail inapte à reprendre son emploi ou tout emploi dans l'entreprise en conséquence d'une maladie professionnelle ou d'un accident du travail et qui n'est ni reclassé ni licencié, le salaire correspondant à l'emploi occupé avant la suspension de son contrat de travail, ne court qu'à partir de la date du second de ces examens médicaux.

Une cour d'appel, qui a constaté qu'un salarié avait été soumis, en raison de la nécessité de constater son inaptitude à son poste de travail, les 2 et 22 novembre 1994, aux deux examens médicaux prévus à l'article R. 241-51-1 CT et qu'il avait été licencié le 16 décembre 1994, a exactement décidé que le licenciement avait été prononcé dans le délai légal d'un mois fixé à l'article L. 122-32-5, al. 1er CT commençant à courir à compter de la date du second examen.

Cass. soc. 4 juin 1998, n° 95-45.311, 2e moyen, BC V n° 297.

À la suite du second examen prévu à l'article R. 241-51-1 CT, une salariée accidentée du travail a été déclarée définitivement inapte à son emploi par le médecin du travail le 27 juin 2001. Par lettre reçue de son employeur le 9 juillet 2001, elle a refusé le poste de reclassement qui lui était proposé.

C'est à tort que, pour limiter le rappel de salaire dû à la salariée à la période comprise entre le 9 juillet 2001 et le jour de la notification du licenciement, une cour d'appel a retenu que le délai d'un mois fixé par l'article L. 122-32-5 CT a commencé à courir le 9 juillet 2001, alors que la visite de reprise du travail avait eu lieu le 27 juin 2001.

Cass. soc. 11 juin 2003, n° 02-44.894.

Dès lors que la première visite a été qualifiée de visite de reprise par le médecin du travail et que l'inaptitude du salarié a été confirmée au terme d'une seconde visite, celle-ci produit les effets d'une visite de reprise.

Selon les articles L. 122-32-5 et R. 241-51 CT, si le salarié n'est pas reclassé dans l'entreprise à l'issue du délai d'un mois à compter de la date de la seconde visite médicale de reprise du travail ou s'il n'est pas licencié, l'employeur est tenu de lui verser, dès l'expiration de ce délai, le salaire correspondant à l'emploi qu'il occupait avant la suspension de son contrat de travail.

Un salarié employé en qualité de chauffeur de poids lourds a été victime d'un accident du travail en 1994, au terme duquel il a été reclassé au poste de mécanicien, puis de nouveau autorisé par le médecin du travail à conduire un camion ; ayant été victime le 19 juillet 2001 d'un nouvel accident de travail, le salarié a, le 5 septembre 2001, passé une visite médicale qualifiée de visite de reprise par le médecin du travail, qui l'a déclaré inapte au poste de chauffeur poids lourds. Le 12 septembre 2001, ce médecin a adressé à l'employeur un courrier l'informant de cette première visite et de cette inaptitude et du fait qu'il convenait d'envisager un reclassement ; cet avis a été confirmé par le médecin du travail.

Le salarié, invoquant le non-respect par l'employeur des dispositions de l'article L. 122-32-5 CT et prenant acte de la rupture de son contrat de travail à l'initiative de celui-ci, a saisi la juridiction prud'homale de diverses demandes.

Pour le débouter de ses demandes tant en paiement des salaires qu'en paiement des indemnités résultant de la rupture du contrat de travail aux torts de l'employeur, une cour d'appel, après avoir constaté que le salarié avait contesté dès le 27 septembre 2001 la décision d'inaptitude définitive au poste de chauffeur auprès du service départemental de l'inspection du travail, que le médecin du travail avait indiqué sur l'avis relatif à la première visite du 5 septembre 2001 qu'il s'agissait d'une visite de reprise et l'avait déclaré inapte au poste de chauffeur poids lourds, que le 12 septembre 2001, le médecin du travail avait adressé à l'employeur un courrier l'informant que le salarié avait passé une première visite de reprise et qu'il avait été déclaré inapte, qu'il entendait contester cette décision, qu'il devait être revu dans quinze jours et qu'il convenait d'envisager pour lui un reclassement dans l'entreprise, a retenu que l'employeur contestait avoir reçu l'avis du médecin du travail du 5 septembre 2001 et le courrier du 12 septembre 2001, que la lettre ayant été envoyée par courrier simple, il n'était pas démontré que l'employeur l'avait reçue, que ce dernier reconnaissait avoir été destinataire de l'avis de la seconde visite de reprise qui comportait la mention « deuxième visite à quinze jours » et indiquait « Inapte au poste de chauffeur poids lourds. Il serait souhaitable de le reclasser à un poste ne comprenant pas de travail en hauteur », que la simple mention « Reprise deuxième visite à quinze jours » était ambiguë dans la mesure où elle semblait aussi bien suggérer qu'il s'agissait de la deuxième visite de reprise ou qu'une deuxième visite devait être effectuée quinze jours après, qu'il n'avait en conséquence pas été valablement porté à la connaissance de l'employeur l'existence des deux visites de reprise et qu'en outre l'employeur avait pu être d'autant plus induit en erreur que l'avis d'inaptitude n'était pas définitif puisqu'il était toujours contesté devant la juridiction administrative et qu'il avait payé l'intégralité de son salaire à l'intéressé du 20 juillet au 17 octobre 2001, les prestations en espèces de l'assurance accident du travail lui étant adressées, que du 18 octobre 2001 au 1er septembre 2002 les prestations avaient été directement versées au salarié par la MSA, et que lorsque les deux visites qualifiées par le médecin du travail de visite de « reprise » étaient intervenues, le contrat de travail du salarié était toujours suspendu et qu'il ne pouvait donc s'agir que de visites de préreprise et qu'en conséquence, le délai d'un mois imparti à l'employeur à compter de la seconde visite de reprise pour procéder soit au reclassement du salarié, soit à son licenciement, n'avait pas couru.

En statuant ainsi, par des motifs inopérants tirés de l'ignorance dans laquelle se trouvait l'employeur du premier avis médical d'inaptitude et du recours administratif en cours, alors qu'elle avait constaté que le médecin du travail avait lui même qualifié l'avis du 5 septembre 2001 de visite de reprise et que le second avis du 26 septembre 2001 confirmait l'inaptitude du salarié, la cour d'appel a violé les articles L. 122-32-5, R. 241-51 et L. 122-14-3 CT.

Cass. soc. 19 mars 2008, n° 06-44.734, BC V n° 68.

Le point de départ du délai n'est pas reporté lorsque le salarié sollicite un délai de réflexion pour répondre aux propositions de reclassement.

Un salarié a été déclaré inapte à son poste de travail le 21 décembre 1999 ; n'ayant été reclassé que le 17 avril 2000, il a saisi la juridiction prud'homale en vue d'obtenir la reprise du paiement de ses salaires à compter du 21 janvier 2000.

C'est à tort que, pour débouter l'intéressé de sa demande, une cour d'appel a énoncé que l'employeur, en adressant dès le 9 février 2000 au médecin du travail un avenant au contrat auquel un avis définitivement favorable était donné le 15 février et en adressant cet avenant le 18 février au salarié, avait respecté la condition de délai édictée par l'article L. 122-32-5 CT en faveur du salarié qui, en sollicitant lui-même un délai de convenance personnelle pour répondre, y avait expressément renoncé, alors qu'elle avait relevé, d'une part, que la déclaration d'inaptitude faisait suite à un premier avis du médecin du travail, émis le 6 décembre 1999, d'autre part, que l'employeur n'avait adressé sa proposition de reclassement au salarié qu'à la date du 9 février 2000 et que celui-ci s'était borné, en réponse, à solliciter un délai de réflexion, de sorte que le point de départ du délai d'un mois à l'issue duquel le salarié pouvait prétendre au paiement de ses salaires jusqu'à la date de son reclassement avait commencé à courir à la date du 21 décembre 1999 et que le délai était expiré.

Cass. soc. 1er juin 2004, n° 02-46.501.

Ce délai d'un mois n'est pas suspendu par le recours exercé par le salarié devant l'inspecteur du travail…

Aux termes de l'article L. 122-32-5 CT, si le salarié n'est pas reclassé dans le délai d'un mois à compter de la date de l'examen de reprise du travail ou s'il n'est pas licencié, l'employeur est tenu de lui verser, dès l'expiration de ce délai, le salaire correspondant à l'emploi qu'il occupait avant la suspension de son contrat de travail.

Ayant constaté qu'un salarié avait été examiné par le médecin du travail, à l'issue de la suspension de son contrat de travail, dans les conditions prévues à l'article R. 241-51-1 CT, un conseil de prud'hommes a pu décider que l'obligation pour l'employeur de reprendre le paiement du salaire à compter du délai d'un mois suivant le second examen du médecin du travail n'était pas sérieusement contestable, ce délai n'étant pas suspendu par le recours exercé par le salarié devant l'inspecteur du travail.

Cass. soc. 4 mai 1999, n° 98-40.959, 3e moyen, BC V n° 184.

… ni par le recours exercé par l'employeur.

Aux termes de l'article L. 122-32-4 CT, à l'issue des périodes de suspension définies à l'article L. 122-32-2 CT, le salarié, s'il y est déclaré apte par le médecin du travail, retrouve son emploi ou un emploi similaire assorti d'une rémunération équivalente ; selon l'article L. 241-10-1 CT, le chef d'entreprise est tenu de prendre en considération les propositions du médecin du travail et, en cas de refus, de faire connaître les motifs qui s'opposent à ce qu'il y soit donné suite ; en cas de difficulté ou de désaccord, la décision est prise par l'inspecteur du travail après avis du médecin-inspecteur du travail ; le recours formé contre la décision du médecin du travail devant l'inspecteur du travail n'est pas suspensif.

En présence d'un avis d'aptitude du salarié à son poste de travail émis par le médecin du travail, l'employeur est tenu de reprendre le paiement des rémunérations au salarié qui se tient à sa disposition, peu important le recours exercé devant l'inspecteur du travail contre la décision du médecin du travail en raison des difficultés ou désaccords qu'elle suscite.

Cass. soc. 9 avril 2008, n° 07-41.141, BC V n° 81.

Lorsque l'inspecteur du travail, saisi en application de l'article L. 4624-1 ancien CT, décide d'annuler les avis sur l'aptitude du salarié délivrés par le médecin du travail dans le cadre de la visite médicale de reprise du travail, le contrat de travail est de nouveau suspendu, de sorte que le salarié ne peut pas prétendre au paiement des salaires.

Cass. soc. 10 novembre 2004, n° 02-44.926, BC V n° 281.

En revanche, l'annulation de l'avis d'inaptitude du médecin du travail ne fait pas disparaître rétroactivement l'obligation pour l'employeur de reprendre le paiement des salaires à l'issue du délai d'un mois.

L'annulation de l'avis du médecin du travail ne fait pas disparaître rétroactivement l'obligation pour l'employeur de reprendre le paiement des salaires à l'issue du délai d'un mois après l'avis d'inaptitude mais provoque, à la date du prononcé de l'annulation, une nouvelle suspension du contrat de travail ; par conséquent, tant que le recours administratif n'a pas abouti, les salaires restent dus jusqu'à la nouvelle suspension du contrat de travail résultant de cette annulation.

Cass. soc. 28 avril 2011, n° 10-13.775.

Ni la décision prise par la caisse d'assurance maladie, ni la délivrance d'un nouvel arrêt de travail ne peut avoir pour conséquence de dispenser l'employeur de son obligation de reprendre le paiement du salaire.

Cass. soc. 8 avril 2015, n° 13-22.461.

L'employeur ne doit pas procéder de façon prématurée au licenciement sans prendre en considération les possibilités émises par l'inspecteur du travail.

Un médecin du travail a déclaré un salarié, victime d'un accident du travail, inapte à son poste et a formulé des réserves quant aux postes de reclassement à lui proposer. L'inspecteur du travail, saisi par le salarié, a confirmé l'inaptitude et a préconisé un reclassement sur un poste aménagé pouvant bénéficier de l'aide de l'AGEFIPH, à condition que le salarié demande la reconnaissance de travailleur handicapé auprès de la COTOREP et que l'entreprise sollicite cette aide. Le salarié a été licencié pour inaptitude physique et impossibilité de reclassement et a été reconnu travailleur handicapé quinze jours plus tard. Il a saisi la juridiction prud'homale.

Doit être cassé l'arrêt qui a décidé que le licenciement du salarié reposait sur une cause réelle et sérieuse. En effet, si l'exercice par le salarié du recours à l'inspecteur du travail prévu à l'article L. 241-10-1 CT ne subordonne pas le licenciement de l'intéressé à une autorisation préalable de l'inspecteur du travail et ne suspend pas le délai d'un mois imparti à l'employeur pour procéder au licenciement du salarié déclaré par le médecin du travail inapte à son emploi, il résultait des constatations de la cour d'appel que l'employeur avait procédé de façon prématurée au licenciement sans prendre en considération la possibilité retenue par l'inspecteur du travail, saisi en raison de la contestation élevée par le salarié, de reclasser ce dernier sur un poste aménagé moyennant une aide financière qu'il lui appartenait de solliciter.

Cass. soc. 28 janvier 2004, n° 01-46.913, BC V n° 31.

La demande d'autorisation de licenciement d'un salarié protégé effectuée auprès de l'inspection du travail ne suspend pas ce délai.

Doit être cassé le jugement qui, pour débouter de sa demande en paiement de salaires une salariée accidentée du travail, déclarée inapte puis licenciée, a énoncé que, si la salariée n'avait été ni reclassée ni licenciée à l'issue du délai d'un mois suivant le deuxième avis médical d'inaptitude, il demeurait que l'employeur avait accompli toute diligence dans les délais requis pour procéder au licenciement de la salariée, que l'employeur ne pouvait juridiquement pas licencier tant qu'il n'avait pas l'autorisation de l'inspecteur du travail, que le délai qui s'était écoulé entre le dernier avis d'aptitude et la notification finale du licenciement était imputable, d'une part, à la salariée qui avait d'abord accepté d'être licenciée, puis refusé son licenciement et enfin accepté de nouveau, d'autre part, à l'inspection du travail qui a un pouvoir absolu d'autorisation en matière de licenciement des salariés protégés, alors que le délai d'un mois imparti à l'employeur pour reclasser ou licencier le salarié n'est pas suspendu par la demande d'autorisation de licencier effectuée auprès de l'inspection du travail.

Cass. soc. 18 janvier 2000, n° 97-44.939, BC V n° 26.

En cas de manquement par l'employeur à son obligation de reprendre le paiement du salaire, le salarié peut à la fois demander la résiliation de son contrat de travail et réclamer un tel paiement jusqu'à la date de la rupture.

Il résulte de l'article L. 1226-11 CT que lorsque, à l'issue d'un délai d'un mois à compter de la date de l'examen médical de reprise du travail, le salarié déclaré inapte n'est pas reclassé dans l'entreprise ou s'il n'est pas licencié, l'employeur lui verse, dès l'expiration de ce délai, le salaire correspondant à l'emploi que celui-ci occupait avant la suspension du contrat de travail.

Ces dispositions n'interdisent pas au salarié de demander à la fois la résiliation de son contrat de travail pour manquement de l'employeur à ses obligations et la condamnation de celui-ci au paiement, jusqu'à la date de la rupture, des sommes dues au titre de la reprise du paiement des salaires.

Cass. soc. 12 décembre 2012, n° 12-12.173.

L'employeur n'est tenu de payer le salaire que pour la période postérieure à l'expiration du délai d'un mois.

Un accidenté du travail a été reconnu par le médecin du travail, le 11 février 1993, apte à la reprise d'un travail, sans port de charges supérieures à 25 kg. Le 12 mars, l'employeur a procédé à la mise à la retraite du salarié en le dispensant de son préavis de trois mois. Le salarié a saisi la juridiction prud'homale de demandes en paiement du salaire pour la période du 13 février au 13 mars 1993. En cause d'appel, le salarié a demandé la condamnation de l'employeur au paiement de l'indemnité spéciale de licenciement (art. L. 122-32-6 CT).

Doit être cassé l'arrêt qui, pour condamner l'employeur au paiement de rappel de salaire pour la période du 13 février au 13 mars 1993, a énoncé qu'il ne résultait pas de l'article L. 122-32-5 CT que, pendant la période de réflexion d'un mois à dater de l'examen de reprise d'un salarié déclaré inapte en conséquence d'un accident du travail et à l'issue de laquelle l'employeur doit reprendre le paiement des salaires du salarié, ni reclassé ni licencié, l'employeur soit dispensé de rémunérer le salarié dont le contrat de travail n'est plus suspendu et que la consolidation de son état de santé le prive du maintien des indemnités journalières, alors que l'article L. 122-32-5 CT ne prévoit la reprise du paiement des salaires qu'à l'expiration du délai d'un mois commençant à courir à la date de l'examen médical de reprise du travail. La cour d'appel ne pouvait donc pas imposer à l'employeur une obligation de rémunération que la loi ne prévoit pas en l'absence de fourniture de travail.

Cass. soc. 4 juin 1998, n° 95-41.832, BC V n° 299. Voir aussi cass. soc. 18 avril 2000, n° 97-44.630.

Les prestations de sécurité sociale et de prévoyance ne peuvent pas être déduites des salaires dus par l'employeur, aucun texte ne prévoyant une telle réduction.

Cass. soc. 22 octobre 1996, n° 94-43.691, 2e moyen, BC V n° 336. Voir aussi cass. soc. 18 décembre 2013, n° 12-16.460, pourvoi incident.

S'agissant des contrats à durée déterminée, si à l'issue du délai d'un mois à compter de la date de l'examen de reprise du travail, l'employeur n'a ni reclassé le salarié ni saisi le juge d'une demande de résiliation judiciaire du contrat de travail, il doit reprendre le paiement du salaire correspondant à l'emploi occupé avant la suspension du contrat de travail.

Il résulte de la combinaison des articles L. 1226-11, 20 et 21 CT que, lorsqu'à l'issue d'un délai d'un mois à compter de la date de l'examen médical de reprise, le salarié sous contrat à durée déterminée, victime d'un accident du travail ou d'une maladie professionnelle, n'est pas reclassé dans l'entreprise, l'employeur doit reprendre le paiement du salaire correspondant à l'emploi qu'il occupait avant la suspension du contrat de travail.

Pour débouter un salarié de sa demande en paiement de rappels de salaire et de congés payés afférents pour la période postérieure à l'avis d'inaptitude du médecin du travail, une cour d'appel a retenu que les dispositions de l'article L. 1226-4 CT instituant l'obligation pour l'employeur de reprendre le paiement de la rémunération du salarié déclaré inapte consécutivement à une maladie ou un accident ne sont pas applicables au contrat à durée déterminée, lequel ne peut être rompu par l'employeur.

En statuant ainsi, alors qu'en cas d'impossibilité de reclassement ou de refus, par le salarié, de l'emploi de reclassement, l'employeur est en droit de saisir le juge d'une demande de résiliation judiciaire du contrat de travail, la cour d'appel a violé les articles L. 1226-11, 20 et 21 CT.

Cass. soc. 25 mai 2011, n° 10-10.515, 2e branche du moyen, BC V n° 127.

Si l'employeur reste tenu de rechercher un reclassement au salarié à son poste de travail après l'expiration du délai d'un mois suivant la constatation de l'inaptitude, il n'a pas à verser le salaire correspondant à l'emploi occupé par le salarié pendant la période non travaillée et non rémunérée d'un contrat de travail à temps partiel annualisé.

Cass. soc. 12 décembre 2012, n° 11-23.998, BC V n° 332.

Licenciement du salarié non reclassé

L'employeur qui procède au licenciement d'un salarié déclaré inapte doit respecter la procédure de licenciement.

C'est à tort qu'après avoir relevé qu'un salarié déclaré inapte à toute fonction existant dans l'entreprise avait été licencié sans que l'employeur ait respecté les règles édictées par l'article L. 122-14 CT, une cour d'appel a décidé de ne pas accorder à l'intéressé d'indemnité pour non-respect de la procédure, aux motifs que l'article L. 122-14-4 CT était inapplicable en l'espèce, l'effectif de l'entreprise étant inférieur à onze salariés, et que le salarié ne pouvait justifier d'un préjudice quelconque.

D'une part, l'article L. 122-32-7 CT prévoit qu'en cas de méconnaissance des dispositions du 5e alinéa de l'article L. 122-32-5 CT, il est fait application des dispositions prévues par l'article L. 122-14-4 CT et cela, quel que soit l'effectif de l'entreprise ou l'ancienneté du salarié, pour le cas de non-observation de la procédure requise et, d'autre part, le non-respect de la procédure entraîne nécessairement pour le salarié un préjudice dont il appartient aux juges du fond d'assurer la réparation par l'allocation de dommages-intérêts souverainement appréciés dans la limite du montant légal d'un mois de salaire.

Cass. soc. 21 mai 1996, n° 92-43.824, 1er moyen, BC V n° 192.

Le licenciement pour inaptitude est dépourvu de cause réelle et sérieuse lorsque l'inaptitude du salarié est consécutive à un manquement de l'employeur à son obligation de sécurité.

Cass. soc. 3 mai 2018, n° 16-26.850, à paraître. Voir aussi cass. soc. 3 mai 2018, n° 17-10.306, à paraître.

Le salarié peut prétendre à une indemnité compensatrice d'un montant égal à celui de l'indemnité légale de préavis.

Il résulte des articles L. 1226-10, L. 1226-14, L. 1234-1 et L. 1234-5 CT que l'employeur est tenu de verser au salarié, déclaré par le médecin du travail inapte à reprendre, à l'issue des périodes de suspension provoquées par un accident du travail ou une maladie professionnelle, l'emploi occupé précédemment, et dont le contrat de travail a été rompu, une indemnité compensatrice d'un montant égal à celui de l'indemnité prévue à l'article L. 1234-[5] CT et non à celui prévu par la convention collective.

Cass. soc. 26 janvier 2011, n° 09-68.544, 4e branche du moyen, BC V n° 31. Voir aussi cass. soc. 2 juillet 2014, n° 12-29.677 ; cass. soc. 24 octobre 2018, n° 17-18.149.

Doit être cassé l'arrêt qui, pour rejeter la demande du salarié en paiement de l'indemnité compensatrice de préavis, a constaté que l'intéressé s'était absenté au cours de la période de préavis bien qu'il n'était pas dispensé de l'accomplir et qu'il n'était pas dans l'incapacité physique de l'effectuer, alors que la rupture du contrat de travail d'un salarié déclaré inapte en conséquence d'un accident du travail ou d'une maladie professionnelle ouvre droit, pour le salarié, à une indemnité compensatrice d'un montant égal à celui de l'indemnité prévue à l'article L. 122-8 CT.

Cass. soc. 28 janvier 1998, n° 94-45.537, BC V n° 36. Voir aussi cass. soc. 21 mai 1996, n° 92-43.824, précité.

Il résulte notamment de l'article L. 122-32-6 CT que l'employeur est tenu de verser au salarié, déclaré par le médecin du travail inapte à reprendre, à l'issue des périodes de suspension provoquées par un accident du travail ou une maladie professionnelle, l'emploi occupé précédemment, et dont le contrat de travail a été rompu en raison de l'impossibilité de son reclassement, une indemnité compensatrice d'un montant égal à celui de l'indemnité prévue à l'article L. 122-8 CT.

C'est donc à tort que, pour condamner une association à payer à une salariée une somme au titre de l'indemnité conventionnelle de préavis, une cour d'appel a énoncé notamment que l'article L. 122-6 CT dispose que le salarié dont l'ancienneté est supérieure à deux mois ne bénéficie d'un délai-congé de deux mois qu'à défaut de dispositions conventionnelles ou contractuelles plus favorables et que l'intéressée pouvait en conséquence solliciter l'octroi d'une somme représentant six mois de salaire prévue par la convention collective applicable.

Cass. soc. 12 juillet 1999, n° 97-43.641, 2e moyen, BC V n° 347.

Cette indemnité n'a pas la nature d'une indemnité de préavis et son paiement par l'employeur n'a pas pour effet de reculer la date de la cessation du contrat de travail.

L'indemnité prévue à l'article L. 122-32-6 CT, au paiement de laquelle l'employeur est tenu en cas de rupture du contrat de travail d'un salarié déclaré par le médecin du travail inapte à son emploi en conséquence d'un accident du travail ou d'une maladie professionnelle, et dont le montant est égal à celui de l'indemnité prévue à l'article L. 122-8 CT, n'a pas la nature d'une indemnité de préavis et le paiement de cette indemnité par l'employeur n'a pas pour effet de reculer la date de la cessation du contrat de travail.

Une cour d'appel a donc exactement décidé que la date de la cessation des effets du contrat de travail devait être celle de la notification du licenciement et non celle de l'achèvement d'un préavis que la salariée, licenciée au motif de son inaptitude consécutive à un accident du travail, ne pouvait exécuter.

Cass. soc. 15 juin 1999, n° 97-15.328, BC V n° 283. Voir aussi cass. soc. 23 mars 2011, n° 09-68.139, 1er moyen du pourvoi principal ; cass. soc. 15 janvier 2014, n° 12-24.883.

L'employeur ne peut pas déduire de cette indemnité le montant des indemnités journalières de sécurité sociale perçues par le salarié.

Doit être cassé le jugement qui, pour décider que l'employeur avait déduit à bon droit du montant de l'indemnité compensatrice prévue par l'article L. 122-32-6 CT les indemnités journalières de sécurité sociale, a retenu que cette indemnité est assimilée à l'indemnité compensatrice de préavis de droit commun et est incluse, en conséquence, dans l'assiette des cotisations sociales, qu'une telle indemnité a un caractère salarial et compense pour le salarié les salaires dont il a été privé du fait de son inaptitude physique, de sorte qu'il ne peut prétendre au cumul pour la même période des indemnités journalières et de l'indemnité concernée, ce qui lui permettrait de percevoir une somme supérieure à la rémunération à laquelle il aurait droit s'il avait effectivement travaillé, alors qu'il n'appartient pas à l'employeur d'opérer une réduction sur le montant de la somme qu'il doit verser au salarié et qui est fixée par l'article L. 122-32-6 CT au montant de l'indemnité légale de préavis.

Cass. soc. 18 mai 1999, n° 97-40.699, BC V n° 217.

Le salarié a droit à une indemnité spéciale de licenciement égale au double de l'indemnité prévue par l'article L. 1234-9 CT.

Un salarié victime d'un accident du travail le 11 juin 2002 a été déclaré inapte à son poste par le médecin du travail à l'issue de visites de reprise des 24 février et 12 mars 2003 et a été licencié pour inaptitude et impossibilité de reclassement le 10 avril suivant.

Pour condamner l'employeur à payer au salarié une somme à titre de solde d'indemnité de licenciement, une cour d'appel a retenu que l'indemnité conventionnelle, plus favorable que l'indemnité légale, devait s'appliquer et être doublée [dès lors] qu'il s'agissait d'un licenciement pour inaptitude à la suite d'un accident du travail.

En statuant ainsi, alors que l'indemnité spéciale de licenciement prévue par l'article L. 1226-14 CT est, sauf dispositions conventionnelles plus favorables, égale au double de l'indemnité légale prévue par l'article L. 1234-9 de ce code, la cour d'appel, qui n'a pas relevé l'existence de telles dispositions conventionnelles, a violé l'article L. 122-32-6 devenu L. 1226-14 CT.

Cass. soc. 25 mars 2009, n° 07-41.708, 2e moyen, BC V n° 83. Voir aussi cass. soc. 13 mars 2013, n° 11-23.385, 1er moyen du pourvoi incident.

Toutefois, le salarié doit percevoir l'indemnité conventionnelle de licenciement, lorsque son montant est plus élevé que celui de l'indemnité spéciale.

Une ouvrière spécialisée, victime d'un accident du travail, licenciée le 26 juillet 1995 pour inaptitude physique et impossibilité de reclassement, a saisi la juridiction prud'homale de diverses demandes. La société a été mise en redressement judiciaire en mars 1997 et un plan de cession a été arrêté en septembre 1998.

C'est à tort qu'une cour d'appel a rejeté la demande de la salariée tendant à voir fixer sa créance au titre d'un complément de l'indemnité spéciale de licenciement prévue à l'article L. 122-32-6 CT sans rechercher si l'indemnité conventionnelle versée à la salariée était d'un montant supérieur et donc plus favorable à celui de l'indemnité légale doublée.

En effet, aux termes de l'article L. 122-32-6 CT, la rupture du contrat de travail dans les cas prévus au quatrième alinéa de l'article L. 122-32-5 CT ouvre droit, pour le salarié, à une indemnité spéciale de licenciement qui, sauf dispositions conventionnelles plus favorables, est égale au double de l'indemnité prévue par l'article L. 122-9 CT.

Cass. soc. 10 mai 2005, n° 03-44.313, BC V n° 153.

Le salarié déclaré inapte à la suite d'un accident du travail a également droit à l'indemnité spéciale lorsque le juge prononce la résiliation judiciaire du contrat de travail aux torts de l'employeur, laquelle produit les effets d'un licenciement sans cause réelle et sérieuse.

Se plaignant de manquements de l'employeur à ses obligations, une salariée a saisi la juridiction prud'homale d'une demande de résiliation de son contrat de travail le 23 mars 2012. Après avoir été déclarée inapte à son poste par le médecin du travail à l'issue de deux examens des 7 et 21 décembre 2012, elle a été licenciée pour inaptitude et impossibilité de reclassement le 23 janvier 2013.

Ayant constaté que l'inaptitude de la salariée était consécutive à un accident du travail, c'est à bon droit qu'une cour d'appel, qui a prononcé la résiliation judiciaire du contrat de travail et dit que celle-ci produisait les effets d'un licenciement sans cause réelle et sérieuse, a décidé que l'employeur était redevable de l'indemnité spéciale de licenciement prévue par l'article L. 1226-14 CT.

Cass. soc. 20 février 2019, n° 17-17.744, 2e moyen, à paraître.

Le salarié licencié en raison d'une inaptitude professionnelle imputable à une faute inexcusable de l'employeur ne peut pas obtenir du juge prud'homal la réparation des préjudices liés à la perte d'emploi et des droits à la retraite.

Doit être rejeté le moyen du pourvoi formé par un salarié licencié pour inaptitude et impossibilité de reclassement qui, pour reprocher à une cour d'appel d'avoir rejeté ses demandes de réparation des préjudices liés à la perte de l'emploi, ainsi qu'à la perte de droits à la retraite, soutient que lorsqu'un salarié a été licencié en raison d'une inaptitude consécutive à un accident du travail ou une maladie professionnelle qui a été jugée imputable à une faute inexcusable de l'employeur, il a droit à une indemnité réparant la perte de son emploi due à cette faute de l'employeur, préjudice distinct de celui ayant donné lieu à la réparation spécifique afférente à l'accident du travail et dont l'indemnisation peut être demandée devant la juridiction prud'homale de façon autonome, indépendamment d'une contestation du licenciement.

En effet, la demande d'indemnisation de la perte, même consécutive à un licenciement du salarié pour inaptitude, tant de l'emploi que des droits à la retraite correspondent en réalité à une demande de réparation des conséquences de l'accident du travail.

Cass. soc. 6 octobre 2015, n° 13-26.052, 3e moyen, BC V n° 187.

Mise à la retraite d'un salarié n'ayant pas été reclassé

Il résulte de l'article L. 122-32-6 CT que la rupture du contrat de travail d'un salarié déclaré par le médecin du travail inapte à son emploi en conséquence d'un accident du travail ou d'une maladie professionnelle ouvre droit, pour le salarié non reclassé dans l'entreprise, à une indemnité spéciale de licenciement qui, sauf dispositions conventionnelles plus favorables, est égale au double de l'indemnité prévue à l'article L. 122-9 CT, que cette rupture prenne la forme d'un licenciement, prononcé en raison de l'impossibilité démontrée du reclassement du salarié ou en raison de son refus du poste de reclassement proposé, ou d'une mise à la retraite prononcée en conformité avec les dispositions légales et conventionnelles.

C'est donc à tort qu'une cour d'appel a rejeté la demande d'indemnité spéciale de licenciement d'un salarié, déclaré inapte à son emploi à la suite d'un accident du travail, qui n'avait pas fait l'objet d'un reclassement, alors que son contrat de travail avait été rompu par une mise à la retraite.

Cass. soc. 29 janvier 2002, n° 99-41.028, 1er moyen, BC V n° 37.

Méconnaissance par l'employeur de son obligation de reclassement

Seules les recherches de reclassement compatibles avec les conclusions du médecin du travail émises au cours de la visite de reprise accompagnée, le cas échéant, d'un examen supplémentaire peuvent être prises en considération pour apprécier le respect par l'employeur de son obligation de reclassement.

Il résulte de la combinaison des articles L. 122-32-5 et R. 241-51-1 CT que seules les recherches de reclassement compatibles avec les conclusions du médecin du travail émises au cours de la visite de reprise accompagnée, le cas échéant, d'un examen supplémentaire peuvent être prises en considération pour apprécier le respect par l'employeur des obligations mises à sa charge par l'article L. 122-32-5 CT.

N'a pas légalement justifié sa décision la cour d'appel qui, pour débouter un salarié de sa demande d'indemnité en application de l'article L. 122-32-7 CT, s'est fondée sur la concordance des avis émis après les premier et second examens médicaux, alors qu'en engageant la procédure de licenciement avant que le médecin du travail ne se soit prononcé définitivement sur l'aptitude du salarié, l'employeur n'a pas satisfait à son obligation de reclassement.

Cass. soc. 28 janvier 2004, n° 01-46.442, BC V n° 29. Voir aussi cass. soc. 6 mai 2015, n° 13-24.496.

La méconnaissance par l'employeur de son obligation de reclassement peut résulter du déclenchement de la procédure de licenciement avant la fin de la période de suspension du contrat.

La procédure de licenciement ayant été engagée avant la fin de la période de suspension du contrat de travail, il en résultait que l'employeur n'avait pas satisfait à son obligation de reclassement.

Cass. soc. 28 janvier 1998, n° 94-45.537, BC V n° 36.

Elle peut également résulter du fait que l'employeur n'a proposé au salarié que des postes non adaptés à ses capacités.

À la suite d'une rechute d'accident du travail, un salarié a été déclaré inapte à son poste par le médecin du travail. Licencié pour impossibilité de reclassement, il a saisi la juridiction prud'homale.

C'est à tort que, pour décider que l'employeur avait respecté son obligation de reclassement et débouter le salarié de ses demandes au titre de la rupture de son contrat de travail, une cour d'appel, après avoir retenu que le salarié, âgé de 58 ans et demi, avait occupé le même poste depuis 28 ans sans avoir jamais exercé d'autres tâches, a relevé qu'il avait été déclaré par le médecin du travail inapte physiquement aux deux emplois allégés proposés par l'employeur dans le cadre de son obligation de reclassement, que, ne sachant ni lire ni écrire le français, il ne pouvait prétendre au poste de gardien de parking également proposé, qu'il n'était pas établi que les autres postes auxquels prétendait le salarié étaient disponibles dans l'entreprise ni qu'il était médicalement apte à les occuper.

En effet, d'une part, il résultait de ses constatations que les postes proposés n'étaient pas adaptés aux capacités du salarié et, d'autre part, la preuve de l'impossibilité du reclassement incombait à l'employeur.

Cass. soc. 7 juillet 2004, n° 02-47.686, BC V n° 194.

L'omission de la formalité substantielle de consultation des délégués du personnel et la méconnaissance par l'employeur des dispositions relatives au reclassement du salarié déclaré inapte ne peuvent être sanctionnées que par une seule et même indemnité au titre de l'article L 1226-15 CT.

Cass. soc. 16 décembre 2010, n° 09-67.446, BC V n° 299. Voir aussi cass. soc. 15 octobre 2014, n° 13-16.773 ; cass. soc. 7 mars 2018, n° 16-25.498.

La méconnaissance par l'employeur de son obligation de reclassement ouvre droit, au bénéfice du salarié, à une indemnité au moins égale à douze mois de salaire.

Cass. soc. 1er février 2012, n° 10-23.434. Voir aussi cass. soc 24 octobre 2018, n° 17-18.951.

Après avoir été victime d'un accident du travail le 14 janvier 1991, une salariée avait été déclarée apte à reprendre le travail avec certains aménagements par le médecin du travail le 2 mai 1991. L'employeur ayant, le 6 mai 1991, informé la salariée de sa décision de mettre fin au contrat de travail, l'intéressée avait saisi la juridiction prud'homale de demandes en paiement d'indemnités au titre de la rupture du contrat de travail, prononcée en violation des dispositions protectrices des accidentés du travail.

C'est à tort que la cour d'appel a fixé à 8 000 F les indemnités dues à la salariée au titre de la rupture abusive de son contrat de travail et du non-respect de la procédure de licenciement, alors qu'elle avait constaté que le licenciement de la salariée, déclarée par le médecin du travail apte pour une reprise avec mi-temps thérapeutique pendant un mois sur un poste sédentaire, avait été prononcé sans que l'employeur ne mette en œuvre une procédure de reclassement, ce dont il résultait que l'intéressée était en droit de prétendre à une indemnité qui ne pouvait être inférieure à douze mois de salaire.

Cass. soc. 26 octobre 1999, n° 97-41.314, BC V n° 410. Voir aussi cass. soc. 12 février 1997, n° 94-44.694 ; cass. soc. 30 octobre 1996, n° 93-44.649, 1er moyen.

Cette indemnité ne se cumule pas avec l'indemnité due en cas d'irrégularité de la procédure de licenciement.

La demande en paiement de l'indemnité prévue à l'article L. 122-32-7, al. 1er CT englobe nécessairement la demande en paiement de l'indemnité pour inobservation de la procédure de licenciement, de sorte que les deux indemnités ne peuvent se cumuler.

Cass. soc. 15 décembre 2006, n° 05-42.532, BC V n° 386. Voir aussi cass. soc. 22 juin 2011, n° 10-14.486, 2e moyen ; cass. soc. 25 mars 2015, n° 13-18.929.

L'indemnité doit être calculée en fonction de la rémunération brute dont le salarié aurait bénéficié.

Cass. soc. 8 juillet 2003, n° 00-21.862, BC V n° 218.

En cas de rechute donnant lieu à un nouvel arrêt de travail lié à l'accident ou à la maladie, le salaire à prendre en compte pour le calcul des indemnités prévues par les articles L. 1226-14 et 15 CT est le salaire moyen des trois derniers mois avant ce nouvel arrêt de travail.

Les indemnités accordées, en application des articles L. 1226-14 et 15 CT, au salarié victime d'un accident du travail ou d'une maladie professionnelle, sont calculées sur la base du salaire moyen qui aurait été perçu par l'intéressé au cours des trois derniers mois s'il avait continué à travailler au poste qu'il occupait avant la suspension du contrat de travail provoquée par l'accident du travail ou la maladie professionnelle ; en cas de rechute donnant lieu à une nouvelle suspension liée à cet accident ou à cette maladie, le salaire de référence doit être calculé, sauf dispositions conventionnelles plus favorables, sur la base du salaire moyen des trois derniers mois avant la nouvelle période de suspension du contrat de travail due à cette rechute.

Cass. soc. 28 septembre 2011, n° 10-17.845, BC V n° 197.

☛ *Accidentés du travail (Protection) ; Accidentés du travail (Réintégration en cas d'aptitude) ; Accidentés du travail (Suspension du contrat de travail) ; Visite médicale de reprise.*

Accidentés du travail (Réintégration en cas d'aptitude)

À l'issue des périodes de suspension du contrat de travail liées à un accident du travail ou à une maladie professionnelle, l'employeur doit réintégrer le salarié dans son emploi ou un emploi similaire si ce dernier est déclaré apte au travail par le médecin du travail (art. L. 1226-8 CT).

Contenu de l'obligation

Si, à la fin de la période de suspension du contrat, le salarié est déclaré apte par le médecin du travail, l'employeur doit le réintégrer.

À l'issue de la période de suspension consécutive à un accident du travail, le salarié, s'il est déclaré apte, retrouve son emploi ou un emploi similaire.

Un employeur ayant procédé au licenciement d'une salariée à la fin de son arrêt de travail, c'est à bon droit qu'une cour d'appel l'a condamné à verser à l'intéressée l'indemnité spéciale de l'article L. 122-32-7 CT qui ne peut être inférieure à douze mois de salaire.

Cass. soc. 12 janvier 1989, n° 86-43.101, BC V n° 17.

L'employeur doit proposer au salarié son poste, si nécessaire aménagé, ou un emploi similaire, en tenant compte des préconisations du médecin du travail.

Victime d'un accident du travail et placé en arrêt de travail jusqu'au 27 septembre 2009, un salarié travaillant dans une imprimerie en qualité de conducteur offset a repris son poste le 28 septembre 2009, puis a de nouveau été arrêté le 5 octobre, en raison d'une rechute ; à l'issue de deux visites médicales des 1er et 16 février 2010, il a été déclaré inapte à son poste par le médecin du travail, mais apte à un poste sans manutention ; lors d'un examen médical, le 15 mars 2010, il a été déclaré par le médecin du travail « apte au poste de conducteur offset avec l'aménagement proposé, sans manutention ni position prolongée en flexion antérieure du tronc » ; le salarié a refusé de reprendre ce poste.

Pour prononcer la résiliation judiciaire du contrat de travail, une cour d'appel a retenu que le salarié, qui avait fait l'objet d'un avis d'inaptitude le 16 février 2010, était en droit de refuser le reclassement proposé par l'employeur et validé par le médecin du travail et que postérieurement à ce refus, il appartenait à celui-ci de faire une nouvelle proposition de reclassement ou de procéder au licenciement de l'intéressé et non de le maintenir dans les effectifs de l'entreprise pendant plus de quatre ans, sans reprendre le paiement des salaires. En statuant ainsi, alors que le salarié avait fait l'objet d'un avis d'aptitude à son poste le 15 mars 2010, lequel s'imposait à défaut de recours devant l'inspecteur du travail, de sorte que l'employeur qui proposait la réintégration du salarié sur son poste réaménagé, conformément aux préconisations du médecin du travail, n'avait pas commis de manquement en ne procédant pas à un licenciement pour inaptitude, ni à une recherche de reclassement supposant, comme la reprise du paiement des salaires, une telle inaptitude, la cour d'appel a violé les articles L. 1226-8 et L. 4624-1 CT.

Cass. soc. 13 avril 2016, n° 15-10.400, 1er moyen, BC V n° 75.

Selon l'article L. 1226-8 CT, si le salarié est déclaré apte par le médecin du travail, il retrouve son emploi ou un emploi similaire assorti d'une rémunération au moins équivalente ; selon l'article L. 4624-1 CT, le médecin du travail est habilité à proposer des mesures individuelles, telles que mutations ou transformations de poste, justifiées par des considérations relatives notamment à l'âge, la résistance physique ou à l'état de santé des travailleurs ; le chef d'entreprise est tenu de prendre en considération ces propositions.

Victime d'un accident du travail le 30 octobre 2006, un plombier chauffagiste a été déclaré le 6 novembre 2007 apte à son poste par le médecin du travail, sans port de charges lourdes ; par lettre du 9 novembre 2007, le médecin du travail a formulé une réserve supplémentaire, contre-indiquant le travail bras en l'air, excluant les travaux de ramonage et précisant que l'affectation à des travaux d'entretien était compatible avec l'état de santé de l'intéressé ; par courrier du 29 novembre 2007, l'employeur a notifié au salarié qu'il n'était pas possible de dissocier la prestation ramonage de la prestation entretien complet et a proposé une évolution d'activité vers des postes d'administratif ou de commercial avec financement d'un bilan de compétences et éventuellement de formation ; le salarié, qui a refusé les offres de l'employeur par lettre du 19 décembre 2007, a été licencié le 14 janvier 2008 au motif que « l'aptitude du médecin du travail comporte de telles réserves que nous ne pouvons plus vous affecter sur votre activité entretien-chauffage et compte tenu que vous ne souhaitez pas occuper un autre poste compatible avec les restrictions médicales et vacant dans notre société, nous sommes contraints de vous notifier la rupture de votre contrat de travail » ; le salarié a saisi la juridiction prud'homale.

Pour débouter le salarié de ses demandes au titre du licenciement, une cour d'appel a retenu qu'il ne saurait être reproché à l'employeur, tenu d'une obligation de sécurité de résultat, d'avoir proposé des postes de type administratif et commercial technique compatibles avec l'état de santé de l'intéressé.

En statuant ainsi, sans caractériser l'impossibilité pour l'employeur de proposer au salarié son poste, si nécessaire aménagé, ou un emploi similaire, en tenant compte des préconisations du médecin du travail, la cour d'appel a violé les articles L. 1226-8 et L. 4624-1 CT.

Cass. soc. 6 février 2013, n° 11-28.038, BC V n° 28.

La déclaration d'aptitude du salarié au poste de travail occupé avant la suspension de son contrat de travail pour accident du travail ou maladie professionnelle par le médecin du travail emporte, pour le salarié concerné, le droit à réintégration dans son emploi. Ce n'est que dans le cas où cet emploi n'existe plus ou n'est plus vacant que la réintégration peut avoir lieu dans un emploi équivalent comportant le même niveau de remunération, la même qualification et les mêmes perspectives de carrière que l'emploi initial.

Une cour d'appel, qui a relevé que l'emploi occupé par le salarié avant la suspension de son contrat de travail était disponible, en a exactement déduit que l'employeur avait refusé, sans motif légitime, sa réintégration.

Cass. soc. 22 octobre 1997, n° 94-44.706, BC V n° 324. Voir aussi cass. soc. 4 décembre 1990, n° 87-45.697, 1er et 2e moyens réunis, BC V n° 603 ; cass. soc. 28 mai 2013, n° 12-12.105, 2e moyen.

Le salarié, déclaré apte par le médecin du travail à la reprise, doit retrouver son emploi ou un emploi similaire. Ayant relevé qu'un employeur avait proposé à une salariée un changement de poste en alléguant son insuffisance professionnelle, une cour d'appel a pu décider que ce motif, non justifié par des éléments objectifs, n'était qu'un prétexte et que l'employeur avait, en réalité, refusé de la réintégrer.

Cass. soc. 14 février 1996, n° 93-40.052, BC V n° 56.

En cas de litige, le juge doit apprécier cette obligation de réintégration au regard du dernier avis d'aptitude au poste.

Victime d'une série d'accidents du travail, un salarié a été en arrêts de travail successifs ; à l'issue d'une visite médicale de reprise du 5 novembre 2008, le médecin du travail l'a déclaré apte avec restriction ; victime d'un nouvel accident du travail, il a été placé en arrêt de travail du 2 mars jusqu'au 1er décembre 2009 ; à l'issue d'une nouvelle visite de reprise du 8 décembre 2009, le médecin du travail l'a déclaré apte avec la mention « rythme de travail adapté au handicap, à revoir dans trois mois » ; le 22 décembre 2009, le salarié a signé un formulaire de rupture conventionnelle du contrat de travail, laquelle a été homologuée ; il a saisi la juridiction prud'homale pour obtenir la nullité de la convention de rupture et diverses indemnités.

D'abord, il résulte de la combinaison des articles L. 1226-8 et L. 1226-15, al. 1 et 3 CT que le salarié déclaré, à l'issue des périodes de suspension du contrat de travail, apte à son poste par le médecin du travail, retrouve son emploi ou un emploi similaire ; lorsqu'un licenciement est prononcé en méconnaissance des dispositions relatives à la réintégration d'un tel salarié, le tribunal saisi peut proposer la réintégration de l'intéressé dans l'entreprise, avec maintien des avantages acquis ; en cas de refus de réintégration par l'une ou l'autre des parties, le tribunal octroie au salarié une indemnité qui ne peut être inférieure à douze mois de salaires et qui se cumule avec l'indemnité compensatrice.

Ensuite, la méconnaissance par l'employeur de son obligation de réintégrer le salarié à son poste de travail s'apprécie au regard du dernier avis d'aptitude au poste délivré par le médecin du travail.

Pour condamner l'employeur à payer au salarié des sommes à titre de dommages-intérêts et d'indemnité compensatrice, une cour d'appel, après avoir constaté que l'intéressé avait été déclaré apte à son poste lors d'un examen médical le 8 décembre 2009, a retenu que cet employeur n'avait justifié d'aucune adaptation de son rythme de travail au regard des préconisations de la visite de reprise du 5 novembre 2008.

En statuant ainsi, sans avoir constaté que l'employeur s'était opposé à la réintégration du salarié dans son emploi, aux conditions prescrites par le médecin du travail après la dernière déclaration d'aptitude, la cour d'appel a violé les textes susvisés.

Cass. soc. 9 juillet 2014, n° 13-18.696, 2e branche du 2e moyen, BC V n° 185.

Est un emploi similaire au sens de l'article L. 1226-8 CT l'emploi comportant le même niveau de rémunération, la même qualification et les mêmes perspectives de carrière que l'emploi initial.

Cass. soc. 24 mars 2010, n° 09-40.339, 5e branche du 1er moyen, BC V n° 72.

Le salarié déclaré apte à reprendre son poste peut refuser les autres postes proposés par l'employeur et le licenciement consécutif à ce refus est sans cause réelle et sérieuse.

Il résulte de l'article L. 1226-8 CT que si le salarié est déclaré apte par le médecin du travail, il retrouve son emploi ou un emploi similaire assorti d'une rémunération au moins équivalente ; selon les dispositions de l'article L. 4624-1 CT, le médecin du travail est habilité à proposer des mesures individuelles, telles que mutations ou transformations de poste, justifiées par des considérations relatives notamment à l'âge, la résistance physique ou à l'état de santé des travailleurs ; le chef d'entreprise est tenu de prendre en considération ces propositions.

À la suite d'un accident du travail, une salariée occupant les fonctions de responsable de rayon dans un magasin a été déclarée, lors d'une visite médicale de reprise, apte à reprendre son poste, le médecin du travail précisant « durant trois mois, pas de port de manutention répétée, pas de port de charges lourdes, siège assis-debout impératif » ; à plusieurs reprises, la salariée a été revue par le médecin du travail à l'occasion de rechutes ou de nouvel accident en relation avec l'accident initial, le praticien concluant à chaque fois à l'aptitude de la salariée à son poste de travail mais avec des restrictions toujours plus importantes ; après avoir refusé un poste d'employée administrative, un poste en comptabilité fournisseur et des postes d'hôtesse, la salariée a été licenciée ; elle a saisi la juridiction prud'homale notamment d'une demande de dommages-intérêts pour licenciement sans cause réelle et sérieuse.

Après avoir constaté que, si pour chacun des avis relatifs à l'aptitude de la salariée à occuper son emploi, lesquels n'ayant pas été contestés, le médecin du travail avait émis d'importantes réserves, il n'avait cependant jamais rendu un avis d'inaptitude de l'intéressée aux fonctions de responsable de rayon, une cour d'appel a pu dire que le licenciement de cette dernière avait été prononcé en méconnaissance de l'article L. 1226-8 CT.

Cass. soc. 28 janvier 2010, n° 08-42.616, 1er moyen, BC V n° 27.

L'emploi proposé est un emploi similaire malgré le changement du lieu de travail lorsque le contrat de travail contient une clause de mobilité.

S'agissant d'un accidenté du travail déclaré apte à son emploi lors de la visite de reprise par le médecin du travail, une cour d'appel, après avoir relevé que le contrat de travail du salarié prévoyait une clause de mobilité, a exactement énoncé que le seul changement de lieu de travail était conforme aux stipulations contractuelles.

Elle a pu décider que l'employeur avait proposé au salarié un emploi similaire et ainsi satisfait à son obligation de le réintégrer dans son emploi, dès lors qu'il n'était pas contesté que l'emploi antérieur du salarié, s'il n'avait pas été supprimé, était occupé par un autre salarié et que les fonctions, la qualification et la rémunération du salarié demeuraient inchangées.

Cass. soc. 31 octobre 1996, n° 93-43.779, BC V n° 369.

Mais un salarié n'est pas tenu d'accepter un poste de jour alors qu'il occupait un poste de nuit.

La déclaration d'aptitude par le médecin du travail au poste occupé avant la suspension du contrat de travail emporte pour le salarié, victime d'un accident du travail, le droit à réintégration dans cet emploi. Ce n'est que dans le cas où cet emploi n'existe plus ou est vacant que la réintégration peut avoir lieu dans un emploi équivalent comportant, notamment, le même niveau de rémunération et la même qualification que l'emploi initial.

Un salarié qui occupait le poste de régleur de nuit avait été victime d'un accident du travail. Alors qu'il avait repris un poste de contrôleur de jour, qui impliquait une qualification moindre, le salarié a été déclaré apte à reprendre son poste initial par le médecin de travail. L'intéressé, refusant d'être réintégré dans un emploi de jour, a alors demandé sa réintégration au poste de régleur de nuit mais sa demande étant demeurée vaine, il a pris acte de la rupture du contrat de travail à la charge de l'employeur. Ce dernier l'a alors avisé qu'il pouvait reprendre son poste à « ses risques et périls ». S'estimant abusivement licencié, le salarié a saisi la juridiction prud'homale de demandes d'indemnités de rupture.

C'est à tort qu'une cour d'appel a débouté le salarié de ses demandes sans constater que l'emploi qu'il occupait avant son arrêt de travail avait disparu ou avait cessé d'être vacant, de sorte que le refus d'un autre poste par le salarié, qui avait droit à être réintégré dans cet emploi et qui n'était tenu d'accepter ni les propositions de l'employeur en vue de sa réintégration dans un emploi similaire ni l'offre de réintégration postérieure à la rupture du contrat de travail, s'analysait en un licenciement.

Cass. soc. 13 mars 2001, n° 98-46.088, BC V n° 83.

La réintégration du salarié ne doit pas être fictive.

C'est à bon droit qu'une cour d'appel a condamné un employeur à payer une indemnité sur le fondement de l'article L. 122-32-7 CT, le salarié ayant été convoqué à un entretien préalable à son licenciement six jours après la reprise du travail. La réintégration de l'intéressé ayant été fictive, le salarié pouvait prétendre à la protection qui est applicable au cours de l'arrêt de travail lié à un accident du travail.

Cass. soc. 27 novembre 1996, n° 95-42.342, 1er moyen.

Étendue de l'obligation

Lorsqu'un salarié a été licencié en raison de l'impossibilité de reclassement, l'amélioration ultérieure de son état n'entraîne pas l'obligation pour l'employeur de le réintégrer.

Un salarié, victime d'un accident du travail, avait fait l'objet d'un licenciement consécutif à l'avis d'inaptitude émis par le médecin du travail. L'employeur n'avait pas à satisfaire la demande de réintégration formulée par l'intéressé à la suite de l'amélioration de son état de santé.

Cass. soc. 31 mai 1989, n° 87-40.208, BC V n° 407.

L'employeur qui méconnaît son obligation de réintégration doit verser les indemnités prévues à l'article L. 1226-15 CT.

Un salarié, en arrêt de travail pendant dix mois et demi à la suite d'un accident du travail ayant été déclaré apte à la reprise du travail, s'était présenté pour reprendre son travail. L'employeur s'était abstenu de le réintégrer et l'avait licencié quelques semaines plus tard pour motif économique lié à la réduction du personnel. C'est à bon droit qu'une cour d'appel a condamné l'employeur au paiement de l'indemnité prévue à l'article L. 122-32-7 CT après avoir relevé qu'au jour de la reprise du travail fixée par le médecin du travail, l'employeur avait refusé de réintégrer l'intéressé dans son emploi, ce dont il résultait qu'il avait rompu le contrat de travail à cette date, en méconnaissance de l'article L. 122-32-4 CT.

Cass. soc. 12 novembre 1996, n° 93-44.863, 1er moyen, BC V n° 371.

☛ Accidentés du travail (Protection) ; Accidentés du travail (Reclassement) ; Accidentés du travail (Suspension du contrat de travail) ; Visite médicale de reprise.

Accidentés du travail (Suspension du contrat de travail)

Le contrat de travail d'un salarié victime d'un accident du travail est suspendu pendant la durée de l'arrêt de travail.

La suspension du contrat s'étend de l'arrêt de travail à la visite médicale de reprise…

La période de suspension prend fin par la visite médicale de reprise du travail…

Cass. soc. 21 mars 2012, n° 10-28.623. Voir aussi cass. soc. 25 mars 2015, n° 13-24.107, 2e moyen du pourvoi incident.

Après avoir été victime d'un accident du travail le 14 janvier 1991, une salariée avait été déclarée apte à reprendre le travail avec certains aménagements par le médecin du travail le 2 mai suivant.

L'employeur ayant, le 6 mai, informé la salariée de sa décision de mettre fin au contrat de travail, l'intéressée avait saisi la juridiction prud'homale de demandes en paiement d'indemnités au titre de la rupture du contrat de travail prononcée en violation des dispositions protectrices des accidentés du travail.

Ayant constaté que la salariée avait été soumise, le 2 mai, à la visite de reprise prévue à l'article R. 241-51, al. 1 à 3 CT, à l'issue de laquelle elle avait été déclarée, par le médecin du travail, apte à reprendre le travail selon certains aménagements, la cour d'appel a exactement décidé que la période de suspension du contrat de travail avait pris fin à cette date.

Cass. soc. 26 octobre 1999, n° 97-41.314, BC V n° 410.

Une salariée, victime d'un accident du travail le 21 juin 1997, s'était trouvée en arrêt de travail jusqu'au 19 décembre suivant. Après avoir été déclarée définitivement inapte par le médecin du travail le 5 janvier 1998, elle avait été licenciée pour inaptitude et impossibilité de reclassement par lettre du 2 février 1998. L'intéressée avait alors saisi la juridiction prud'homale pour que soit prononcée la nullité de son licenciement.

Doit être rejeté le pourvoi de la salariée reprochant à une cour d'appel de l'avoir déboutée de sa demande, aux motifs, selon le pourvoi, d'une part, que la rupture était intervenue au cours de la période de suspension du contrat de travail pendant laquelle elle ne pouvait faire l'objet d'un licenciement et, d'autre part, que la rechute survenue le 22 janvier 1998 s'opposait à son licenciement, alors que la cour d'appel, qui avait constaté que celui-ci n'avait été prononcé qu'après la déclaration définitive d'inaptitude, de sorte que la suspension du contrat de travail avait pris fin, a pu décider que le licenciement ne constituait pas un trouble manifestement illicite.

Cass. soc. 13 mars 2001, n° 99-42.911, BC V n° 93.

… et non à la date de consolidation et de déclaration d'aptitude à reprendre le travail faite par la CPAM…

La suspension du contrat de travail prend fin par la déclaration, sur l'aptitude du salarié à reprendre son travail, établie par le médecin du travail à l'issue de l'examen médical de reprise, et non pas à la date à laquelle il a été déclaré consolidé et apte à reprendre son travail par la caisse primaire d'assurance maladie.

Cass. soc. 7 juin 1995, n° 92-41.810, 1er moyen. Voir aussi cass. soc. 16 mai 2000, n° 98-42.942, 1er moyen, BC V n° 180.

… ou à celle du classement en invalidité…

Le classement en invalidité par la sécurité sociale ne met pas fin à la période de suspension du contrat de travail. Seul l'examen médical pratiqué par le médecin du travail, dont doit bénéficier le salarié à l'issue des périodes de suspension lors de la reprise du travail en application de l'article R. 241-51, al. 1 à 3 CT, met fin à la période de suspension du contrat de travail.

Cass. soc. 11 juillet 2000, n° 98-40.901, 1er moyen. Voir aussi cass. soc. 6 octobre 2015, n° 13-26.052, 7e branche du 1er moyen, à paraître, énonçant qu'en l'absence de visite de reprise, le contrat de travail reste suspendu, nonobstant la reconnaissance de son invalidité par la caisse primaire d'assurance maladie.

… ni lors de la consultation du médecin du travail préalablement à la reprise du travail dans le but de rechercher les mesures nécessaires à la modification prévisible de l'aptitude du salarié.

Un maçon avait été victime d'un accident du travail le 23 octobre 1992. Le 26 janvier 1993, le médecin du travail avait émis un avis d'inaptitude au poste de travail. Le salarié, qui ne s'était pas présenté le 6 février 1993 à l'entretien préalable à son licenciement, avait continué à envoyer à l'employeur, jusqu'au 4 novembre 1993, des avis de prolongation d'arrêt de travail du médecin traitant. Estimant avoir été licencié (15 février 1993) en période de suspension du contrat de travail provoquée par l'accident du travail, il avait saisi la juridiction prud'homale de diverses demandes d'indemnisation.

Doit être rejeté le pourvoi de l'employeur reprochant à la cour d'appel de l'avoir condamné à payer des dommages-intérêts au salarié.

Seul l'examen pratiqué par le médecin du travail dont doit bénéficier le salarié à l'issue des périodes de suspension, lors de la reprise du travail, en application des alinéas 1 à 3 de l'article R. 241-51 CT, met fin à la période de suspension du contrat de travail provoquée par un accident du travail.

La cour d'appel, qui a constaté que l'avis du médecin du travail invoqué par l'employeur avait été délivré en cours de suspension du contrat de travail conformément à l'article R. 241-51, al. 4 CT et que le salarié avait, sans discontinuer, adressé des avis de prolongation d'arrêt de travail de son médecin traitant sans jamais demander à reprendre le travail, a exactement décidé que tant que la reprise effective du travail n'avait pas eu lieu et que la visite de reprise n'avait pas été effectuée, le contrat de travail demeurait suspendu.

Elle en a exactement déduit que le licenciement, prononcé en violation de l'article L. 122-32-2 CT, était nul et causait nécessairement au salarié, qui ne demandait pas sa réintégration, un préjudice dont elle a souverainement apprécié le montant.

Cass. soc. 6 mai 1998, n° 96-40.506, BC V n° 226. Voir aussi cass. soc. 12 novembre 1997, n° 95-40.632, BC V n° 366 ; cass. soc. 4 juin 1998, n° 95-45.311, 1er moyen, BC V n° 297.

… ou à la date de l'avis rendu par la COTOREP concernant un stage de réadaptation, de rééducation ou de formation professionnelle

La loi du 11 février 2005 relative à l'égalité des droits et des chances des personnes handicapées a supprimé la COTOREP et a attribué une grande partie de ses compétences à la Commission des droits et de l'autonomie des personnes handicapées. Les décisions rapportées ci-après, bien que mentionnant la COTOREP, conservent donc tout leur intérêt.

Le contrat de travail est également suspendu pendant le délai d'attente et la durée du stage de réadaptation, de rééducation ou de formation professionnelle.

Est nul le licenciement d'un salarié victime d'un accident du travail prononcé avant que la commission technique d'orientation et de reclassement professionnel ait statué sur la demande de reclassement mise en œuvre par la caisse primaire d'assurance maladie.

Cass. soc. 10 octobre 1990, n° 87-41.027, 2e moyen, BC V n° 435.

La saisine de la COTOREP postérieure à la visite de reprise n'a pas pour effet d'entraîner une nouvelle suspension du contrat de travail.

Un salarié, victime d'un accident du travail, avait été déclaré par le médecin du travail, le 23 janvier 1995, apte à reprendre le travail dans le cadre d'un mi-temps thérapeutique à l'issue de la visite médicale de reprise. La saisine de la COTOREP avait été effectuée le 13 mars suivant. Le 28 avril, le salarié avait été licencié pour faute grave.

Pour dire que le licenciement du salarié était nul, une cour d'appel avait énoncé que la saisine de la COTOREP avant la visite médicale de reprise ou avant la date de reprise, lorsqu'elle est postérieure à celle de la visite, entraîne la poursuite de la suspension du contrat de travail pendant le délai d'attente entre la date d'expiration de l'arrêt de travail et la date de décision de la commission puis, le cas échéant, pendant le stage, et que le salarié n'avait pas commis de faute grave.

Cependant, d'abord, la visite médicale de reprise prévue aux al. 1 à 3 de l'article R. 241-51 CT, à l'issue de laquelle le salarié a été déclaré apte par le médecin du travail à reprendre le travail dans le cadre d'un mi-temps thérapeutique, met fin à la période de suspension du contrat provoquée par la maladie ou l'accident. Ensuite, la saisine de la COTOREP, après la visite de reprise, n'a pas pour effet d'entraîner une nouvelle suspension du contrat de travail, celle-ci ne pouvant résulter, aux termes de l'article L. 122-32-1 CT, que de l'avis de la commission de soumettre le salarié à un stage de réadaptation, de rééducation ou de formation professionnelle.

En statuant comme elle l'a fait, alors que la saisine de la COTOREP avait été effectuée à une date postérieure à la reprise du travail, ce dont il résultait qu'au moment du licenciement le salarié ne se trouvait plus en période de suspension du contrat de travail et qu'il lui appartenait de rechercher si ce licenciement reposait sur une cause réelle et sérieuse, la cour d'appel a violé les textes précités.

Cass. soc. 12 décembre 2000, n° 98-46.036, BC V n° 415.

L'employeur ne peut pas rompre le contrat de travail pendant la période de suspension, sauf dans deux hypothèses

- **Faute grave**

La faute grave constitue la première exception à l'interdiction de licencier durant la période de suspension.

Constitue une faute grave, justifiant le licenciement d'un salarié au cours d'une période de suspension du contrat de travail provoquée par un accident du travail, le fait pour l'intéressé d'exécuter lui-même, pendant sa période d'arrêt de travail, d'importants travaux de remise en état dans son immeuble, trompant ainsi son employeur sur son état de santé et privant indûment de ses services l'entreprise qui l'employait, provoquant, en raison de l'effectif réduit, une grave perturbation dans l'organisation du travail.

Cass. soc. 21 mai 1996, n° 95-40.032.

Seuls des manquements du salarié à l'obligation de loyauté peuvent justifier une rupture du contrat de travail pour faute grave pendant la période de suspension.

Pendant la période de suspension du contrat de travail consécutive à un accident du travail ou une maladie professionnelle, l'employeur peut seulement, dans le cas d'une rupture pour faute grave, reprocher au salarié des manquements à l'obligation de loyauté.

Un salarié a été engagé en qualité de basketteur professionnel par une société suivant contrat à durée déterminée du 15 août 2013 pour les saisons de 2013 à 2016. « Licencié » pour faute grave le 30 juin 2015, alors qu'il était en arrêt de travail consécutif à un accident du travail, il a saisi la juridiction prud'homale afin d'obtenir le paiement de dommages-intérêts.

Ayant exactement retenu que la spécificité du métier de sportif professionnel obligeait le salarié, en cas de blessure, à se prêter aux soins nécessaires à la restauration de son potentiel physique, une cour d'appel, qui a constaté que pendant la période d'arrêt de travail consécutive à son accident du travail, le salarié n'avait pas honoré le rendez-vous destiné à organiser les séances de kinésithérapie prescrites par le médecin traitant de l'équipe et qu'il n'était pas demeuré à la disposition du kinésithérapeute pour suivre le protocole de soins, a fait ressortir l'existence d'un manquement du salarié à son obligation de loyauté rendant impossible la poursuite du contrat de travail. C'est donc à bon droit qu'elle a débouté le salarié de sa demande.

Cass. soc. 20 février 2019, n° 17-18.912, à paraître.

Peu importe que le licenciement soit prononcé à l'issue de la période de suspension.

Un fait commis par un salarié atteint d'une maladie professionnelle au cours de la période de suspension du contrat de travail, qui ne prend fin qu'avec la visite de reprise du médecin du travail, ne peut justifier un licenciement disciplinaire que si ce fait constitue une faute grave, même si le licenciement est prononcé à l'issue de la période de suspension.

Une salariée a été en arrêt de travail pour maladie professionnelle du 21 juillet au 21 septembre 1998. À la suite d'une visite médicale effectuée le 2 octobre suivant, le médecin du travail l'a déclarée inapte à un poste et apte à un autre poste de travail. La salariée a été licenciée le 5 novembre pour faute grave au motif que, depuis le 22 septembre, elle ne s'était plus présentée au travail malgré une lettre de relance.

Doit être déclaré nul le licenciement de cette salariée, dès lors qu'elle se trouvait en période de suspension de son contrat au moment des faits et que ces faits, qui consistaient à ne pas avoir repris son travail à une date à laquelle elle n'y était pas tenue, n'étaient pas constitutifs d'une faute grave.

Cass. soc. 8 janvier 2003, n° 01-40.388, BC V n° 1. Voir aussi cass. soc. 26 janvier 2011, n° 09-42.117.

Une salariée, en arrêt de travail pour accident du travail le 26 juin 1996, a repris son activité le 16 septembre suivant avant d'avoir été soumise à la visite de reprise du travail. Le médecin du travail a conclu, le 2 octobre, à l'aptitude provisoire de la salariée à reprendre son activité. Elle a été licenciée pour faute grave le 24 octobre.

Doit être cassé l'arrêt qui, pour débouter la salariée de sa demande de dommages-intérêts au titre de la nullité de son licenciement, a retenu que, si aux termes de l'article L. 122-32-2 CT, l'employeur ne peut résilier le contrat au cours de la période de suspension, il peut toutefois engager la procédure avant la fin de cette période et que si en l'espèce, les faits retenus à l'encontre de la salariée ne constituaient pas cependant une faute grave, le licenciement avait une cause réelle et sérieuse.

Cass. soc. 12 mars 2002, n° 99-42.934, BC V n° 88.

Le délai de prescription de deux mois pour engager une procédure disciplinaire n'est ni suspendu ni interrompu pendant la période de suspension du contrat de travail.

Il résulte de l'article L. 122-32-2 CT que le salarié peut être licencié au cours des périodes de suspension de son contrat de travail dès lors que l'employeur justifie de l'existence d'une faute grave ; il s'ensuit que le délai de prescription de deux mois prévu à l'article L. 122-44 CT pour engager une procédure disciplinaire n'est pas suspendu ni interrompu pendant la période de suspension du contrat de travail.

Un salarié a été victime, le 16 mars 1992, d'un accident du travail à la suite duquel il s'est trouvé en arrêt de travail. L'employeur, estimant que cet accident avait été causé par le salarié, a engagé une procédure de licenciement disciplinaire qu'il a ensuite suspendue jusqu'à la reprise du travail par l'intéressé. Le salarié a été licencié, le 16 mars 1994, pour faute lourde, au motif qu'il avait intentionnellement dérogé aux mesures de sécurité et mis ainsi en cause la vie d'autrui et détérioré le matériel.

C'est à tort que, pour débouter le salarié de ses demandes d'indemnités du fait de son licenciement, une cour d'appel a énoncé que les faits à l'origine de l'accident du 16 mars 1992 constituaient un manquement grave à ses obligations contractuelles et justifiaient son licenciement pour faute grave, alors qu'elle avait constaté que l'employeur avait suspendu la procédure de licenciement jusqu'à la déclaration d'aptitude du salarié par le médecin du travail, le 3 mars 1994, ce dont il résultait que le délai de prescription de deux mois était expiré.

Cass. soc. 7 mai 2002, n° 00-42.377.

Le délai d'un mois prévu pour le prononcé d'une sanction disciplinaire n'est ni suspendu ni interrompu pendant la période de suspension du contrat de travail provoquée par un accident du travail.

Le licenciement disciplinaire doit intervenir dans le délai d'un mois à compter de la date de l'entretien préalable et, s'il est prononcé pendant la période de suspension du contrat de travail pour accident du travail ou maladie professionnelle, il ne peut l'être que pour une faute grave du salarié.

Il en résulte que le délai d'un mois prévu par l'article L. 122-41 CT pour le prononcé d'une sanction disciplinaire n'est ni suspendu ni interrompu pendant la période de suspension du contrat de travail provoquée par un accident du travail ou une maladie professionnelle.

Cass. soc. 19 janvier 2005, n° 02-40.085, 1er moyen, BC V n° 13.

Le licenciement notifié après le délai d'un mois prévu par l'article L. 1332-2 CT et prononcé pendant la période de suspension du contrat de travail pour accident du travail est nul.

Aux termes de l'article L. 122-32-2 CT, est nulle la résiliation d'un contrat de travail à durée indéterminée prononcée au cours d'une suspension résultant d'un arrêt de travail provoqué par un accident du travail ou une maladie professionnelle, sauf dans les cas où l'employeur justifie soit d'une faute grave de l'intéressé, soit de l'impossibilité pour un motif non lié à l'accident ou à la maladie de maintenir le contrat.

Le salarié, dont le licenciement est nul et qui ne demande pas sa réintégration, a droit, d'une part, aux indemnités de rupture, d'autre part, à une indemnité réparant intégralement le préjudice résultant du caractère illicite du licenciement, dont le montant est souverainement apprécié par les juges du fond dès lors qu'il est au moins égal à celui prévu par l'article L. 122-14-4 CT.

Le lendemain du jour fixé pour l'entretien préalable à son licenciement pour faute grave, un salarié a adressé à son employeur des certificats médicaux successifs se référant à un accident du travail survenu le 18 décembre 2002 et prescrivant des arrêts de travail jusqu'au 20 avril 2003.

Invoquant la nullité de son licenciement intervenu le 14 avril 2003 pour faute grave tenant à son comportement agressif et violent envers ses collègues de travail, l'intéressé a saisi la juridiction prud'homale pour obtenir le paiement de dommages et intérêts.

C'est à tort que, pour décider que le licenciement était seulement sans cause réelle et sérieuse et limiter la condamnation de l'employeur au paiement d'une certaine somme à titre de dommages et intérêts en application de l'article L. 122-14-5 CT, une cour d'appel, après avoir exactement énoncé qu'aux termes de l'article L. 122-41 CT, la sanction ne peut intervenir moins d'un jour franc ni plus d'un mois après le jour fixé pour l'entretien, et que ce délai n'est ni suspendu ni interrompu pendant la période de suspension du contrat de travail provoquée par un accident du travail ou une maladie professionnelle, a retenu que le non-respect de ce délai avait pour effet de rendre le licenciement, non pas nul, mais sans cause réelle et sérieuse, de sorte que les dispositions de l'article L. 122-14-5 CT étaient applicables au salarié qui avait moins de deux ans d'ancienneté dans l'entreprise au moment de son licenciement, alors qu'elle avait constaté que le licenciement avait été notifié après le délai d'un mois prévu par l'article L. 122-41 CT et prononcé pendant la période de suspension du contrat de travail pour accident du travail, de sorte qu'il était nul.

Cass. soc. 21 novembre 2007, n° 06-44.993, BC V n° 196.

• Impossibilité de maintenir le contrat pour un motif non lié à la maladie ou à l'accident

L'impossibilité de maintenir le contrat pour un motif non lié à la maladie ou à l'accident constitue la seconde exception à l'interdiction de licencier.

Si l'existence d'une cause économique de licenciement ne constitue pas nécessairement une impossibilité de maintenir le contrat de travail du salarié victime d'un accident du travail, une cour d'appel, qui a retenu que l'activité de l'employeur avait été entièrement interrompue, a ainsi caractérisé l'impossibilité de maintenir le contrat au sens de l'article L. 122-32-2 CT.

Cass. soc. 24 octobre 1995, n° 94-40.613, 1er moyen. Voir auss cass. soc. 23 novembre 1994, n° 90-43.492, BC V n° 306, s'agissant d'un licenciement pour fin de chantier sur lequel le salarié était affecté.

Un salarié a été licencié alors qu'il était en arrêt de travail consécutif à une rechute d'un accident du travail pour le motif suivant : « perturbation et désorganisation de l'entreprise engendrées par vos très nombreuses absences avec impossibilité de pourvoir à votre remplacement ». Il a saisi la juridiction prud'homale d'une demande tendant à l'annulation de son licenciement, par application de l'article L. 122-32-2 CT, et au paiement de dommages-intérêts.

C'est à bon droit qu'une cour d'appel, devant laquelle l'employeur invoquait une impossibilité de maintenir le contrat de travail pour un motif lié à l'accident du travail, a décidé que ce motif ne pouvait fonder le licenciement et a condamné l'employeur à payer au salarié des dommages-intérêts en réparation du préjudice subi.

Cass. soc. 23 mars 2004, n° 01-46.007, BC V n° 95. Voir aussi cass. soc. 13 mars 2019, n° 17-31.805.

L'existence d'un motif économique ne caractérise pas à elle seule cette impossibilité.

Il résulte de l'article L. 122-32-2 CT que lorsque l'employeur se trouve, pour un motif non lié à l'accident ou à la maladie professionnelle, dans l'impossibilité de maintenir le contrat de travail suspendu à la suite d'un arrêt de travail du salarié, la lettre de licenciement doit préciser les motifs qui rendent impossible le maintien du contrat de travail, l'existence d'un motif économique ne caractérisant pas, à elle seule, cette impossibilité.

Doit être cassé l'arrêt qui, pour débouter un salarié licencié pour motif économique de sa demande de dommages-intérêts pour licenciement sans cause réelle et sérieuse, a décidé, après avoir relevé que la lettre de licenciement mentionnait la suppression du poste, que ce motif constituait un motif économique réel et sérieux de licenciement.

Cass. soc. 7 décembre 1999, n° 97-44.472, BC V n° 474. Voir aussi cass. soc. 25 mai 2011, n° 09-69.641, 1er moyen ; cass. soc. 3 octobre 2018, n° 17-16.474.

Doit être cassé l'arrêt qui, pour débouter un salarié de sa demande en réparation au titre de son licenciement prononcé alors qu'il se trouvait en arrêt de travail à la suite d'un accident du travail, a retenu que, si l'existence d'un motif économique ne constituait pas nécessairement une impossibilité de maintien du contrat, l'obligation pour l'employeur de supprimer l'emploi du salarié pouvait constituer un motif légitime de licenciement et qu'en l'espèce, la présentation financière de la société, les propositions d'emploi à temps partiel, les licenciements intervenus sans nouvelle embauche attestaient de l'impossibilité pour l'employeur de maintenir le contrat de travail du salarié pour des raisons non liées à l'accident du travail.

Cass. soc. 24 mars 2004, n° 01-41.127, 2e moyen.

Il en est de même de l'application des critères de l'ordre des licenciements.

Aux termes de l'article L. 122-32-2 CT, l'employeur ne peut résilier le contrat de travail d'un salarié victime d'un accident du travail au cours des périodes de suspension que s'il justifie soit d'une faute grave de l'intéressé, soit de l'impossibilité de maintenir le contrat pour un motif non lié à l'accident ou à la maladie. Ni l'existence d'une cause économique de licenciement ni l'application des critères de l'ordre des licenciements ne suffisent à caractériser l'impossibilité de maintenir le contrat.

Cass. soc. 21 novembre 2000, n° 98-42.509, BC V n° 381. Voir aussi cass. soc. 25 mai 2011, n° 09-69.641, précité ; cass. soc. 3 octobre 2018, n° 17-16.474, précité.

L'impossibilité de maintenir le contrat pour un motif non lié à l'accident du travail ou à la maladie professionnelle, dont la preuve incombe à l'employeur, n'est caractérisée en cas de suppression de l'emploi pour motif économique que si le reclassement du salarié n'est pas possible ; le refus par un salarié d'un poste de reclassement n'implique pas, à lui seul, une telle impossibilité.

Cass. soc. 21 janvier 2009, n° 07-41.347.

L'adhésion au contrat de sécurisation professionnelle, qui constitue une modalité du licenciement pour motif économique, ne caractérise pas l'impossibilité pour l'employeur de maintenir le contrat de travail pour un motif étranger à la maladie ou à l'accident.

Bénéficie de la protection prévue par les articles L. 1226-9 et L. 1226-13 CT le salarié qui est en arrêt de travail d'origine professionnelle à la date d'expiration du délai dont il dispose pour prendre parti sur la proposition d'un contrat de sécurisation professionnelle et l'adhésion à ce contrat, qui constitue une modalité du licenciement pour motif économique, ne caractérise pas l'impossibilité pour l'employeur de maintenir le contrat de travail pour un motif étranger à la maladie ou à l'accident.

Cass. soc. 14 décembre 2016, n° 15-25.981, BC V n° 249.

La cessation d'activité de l'employeur constitue l'impossibilité de maintenir le contrat de travail.

Un salarié s'est trouvé en arrêt de travail, à la suite d'un accident du travail survenu le 30 octobre. Son employeur l'a licencié le 28 novembre suivant pour motif économique en invoquant la fermeture du magasin et la cessation d'activité. Le salarié a saisi la juridiction prud'homale en vue d'obtenir la condamnation de l'employeur au paiement de diverses sommes au titre de son licenciement nul.

Ayant constaté que la cessation d'activité était réelle et qu'elle rendait impossible la poursuite du contrat de travail, une cour d'appel a pu décider que la résiliation de ce contrat n'était pas contraire aux dispositions de l'article L. 122-32-2 CT et débouter le salarié de ses demandes.

Cass. soc. 15 mars 2005, n° 03-43.038, BC V n° 87.

De même, l'achèvement des tâches pour la réalisation desquelles le salarié a été engagé caractérise cette impossibilité.

Un salarié engagé selon un contrat de chantier à durée indéterminée prévoyant qu'il travaillerait sur trois chantiers distincts a été licencié pour fin de chantier alors qu'il se trouvait en arrêt de travail consécutif à un accident du travail.

Ayant relevé que le licenciement avait pour cause l'achèvement des tâches pour la réalisation desquelles l'intéressé avait été engagé, une cour d'appel a pu décider que la rupture du contrat était justifiée, en application de l'article L. 122-32-2, al. 1er, devenu L. 1226-9 CT, par l'impossibilité dans laquelle s'était trouvé l'employeur de maintenir le contrat de travail pour un motif non lié à l'accident du travail.

Cass. soc. 8 avril 2009, n° 07-42.942, BC V n° 103.

En l'absence de faute grave ou d'impossibilité de maintenir le contrat, la rupture du contrat de travail prononcée pendant la période de suspension est nulle

• Interdiction de licencier

La procédure de licenciement peut être engagée pendant la période de suspension du contrat de travail.

L'article L. 122-32-2 CT ne prévoit pas la nullité du licenciement quand l'employeur engage la procédure de licenciement avant la fin de la période de suspension du contrat de travail.

C'est à bon droit qu'une cour d'appel a rejeté la demande d'un salarié tendant à voir déclarer la nullité de son licenciement après avoir constaté que l'employeur s'était borné à procéder à la convocation de l'intéressé à l'entretien préalable durant la période de suspension.

Cass. soc. 13 février 1996, n° 92-42.717, 1er moyen.
Voir aussi cass. soc. 14 juin 2000, n° 98-43.197.

• Interdiction de mettre à la retraite le salarié

Selon l'article L. 122-32-2 CT, au cours des périodes de suspension consécutives à un accident du travail ou à une maladie professionnelle, l'employeur ne peut résilier le contrat de travail à durée indéterminée que s'il justifie soit d'une faute grave de l'intéressé, soit de l'impossibilité où il se trouve, pour un motif non lié à l'accident ou à la maladie, de maintenir ledit contrat, toute résiliation du contrat de travail prononcée en méconnaissance de ces dispositions étant nulle ; il en résulte qu'au cours des périodes de suspension consécutives à un accident du travail ou à une maladie professionnelle, une mise à la retraite décidée par l'employeur est nulle.

Un salarié avait été victime d'un accident du travail à la suite duquel lui avait été prescrit un arrêt de travail ; il avait repris le travail sans avoir été soumis à une visite médicale de reprise effectuée par le médecin du travail ; pendant cette période de suspension, l'employeur l'avait mis à la retraite ; le salarié a saisi la juridiction prud'homale d'une demande d'indemnisation au titre de la nullité de la rupture de son contrat de travail.

C'est à tort que, pour débouter le salarié de sa demande, une cour d'appel a énoncé que la résiliation interdite par l'article L. 122-32-2 CT est celle qui résulte d'un acte unilatéral de l'employeur, mais qu'en l'espèce, la mise à la retraite du salarié était intervenue à la suite de la demande de celui-ci et résultait donc d'un accord de volontés, alors qu'il résultait de ses constatations que la résiliation du contrat de travail procédait d'une mise à la retraite décidée par l'employeur.

Cass. soc. 7 mars 2007, n° 05-42.279, BC V n° 42.
Voir aussi cass. soc. 27 janvier 2009, n° 07-45.290.

• Sanctions

Le licenciement prononcé pendant la période de suspension est nul.

Un salarié avait été licencié pour motif économique par l'administrateur de sa société en redressement judiciaire, alors qu'il se trouvait en arrêt de travail en raison d'une rechute consécutive à un accident du travail.

La lettre de licenciement se bornant à mentionner que le licenciement pour motif économique était prononcé dans le cadre d'une restructuration de l'entreprise, en application de l'article 45 de la loi du 25 janvier 1985, une cour d'appel a exactement décidé que cette lettre ne comportait pas l'énoncé d'un des motifs visés à l'article L. 122-32-2 CT et susceptibles de justifier le licenciement d'un salarié accidenté du travail pendant la période de suspension de son contrat de travail, l'employeur n'ayant pas justifié de l'impossibilité de maintenir le contrat de travail pour un motif non lié à l'accident et qu'en conséquence, le licenciement du salarié devait être déclaré nul.

Cass. soc. 12 mars 1997, n° 95-40.514, BC V n° 102. Voir aussi cass. soc. 4 mars 2003, n° 01-41.682.

En conséquence, est nul le licenciement prononcé par un employeur alors que le salarié n'a subi qu'une seule des deux visites prévues à l'article R. 4624-31 ancien CT.

S'il est exact que la visite de reprise met fin à la suspension, l'employeur ne peut néanmoins envisager de rompre le contrat de travail du salarié déclaré inapte à son poste de travail en raison de l'impossibilité de le reclasser que si l'inaptitude a été constatée conformément aux dispositions de l'article R. 241-51-1 CT qui prévoit que, sauf dans les cas où le maintien du salarié à son poste de travail présente un danger immédiat pour sa santé ou sa sécurité, le médecin du travail ne peut constater l'inaptitude du salarié au poste de travail qu'après une étude de ce poste et des conditions de travail dans l'entreprise et de deux examens médicaux de l'intéressé espacés de deux semaines. Le licenciement prononcé en méconnaissance de ces dispositions est nul en application de l'article L. 122-45 CT.

Ayant constaté qu'au moment du licenciement, seul le premier des deux examens médicaux avait été passé, une cour d'appel en a exactement déduit que le licenciement était nul.

Cass. soc. 16 février 1999, n° 96-45.394, BC V n° 76.

Il en est de même du licenciement d'un salarié ayant repris son activité sans avoir été soumis à la visite médicale de reprise…

Il résulte de l'article L. 230-2, I, devenu L. 4121-1 CT, interprété à la lumière de la directive 89/391/CEE du 12 juin 1989, concernant la mise en œuvre de mesures visant à promouvoir l'amélioration de la sécurité et de la santé des travailleurs au travail ainsi que de l'article R. 241-51, al. 1, devenu R. 4624-2[2] CT, que l'employeur, tenu d'une obligation de sécurité de résultat en matière de protection de la santé et de la sécurité des travailleurs dans l'entreprise, doit en assurer l'effectivité ; il ne peut dès lors laisser un salarié reprendre son travail après une période d'absence d'au moins huit jours pour cause d'accident du travail sans le faire bénéficier lors de la reprise du travail, ou au plus tard dans les huit jours de celle-ci, d'un examen par le médecin du travail destiné à apprécier son aptitude à reprendre son ancien emploi, la nécessité d'une adaptation des conditions de travail ou d'une réadaptation ou éventuellement de l'une et de l'autre de ces mesures ; à défaut, l'employeur ne peut résilier le contrat de travail à durée indéterminée du salarié, dont le droit à la sécurité dans le travail a ainsi été méconnu, que s'il justifie soit d'une faute grave de l'intéressé, soit de l'impossibilité où il se trouve, pour un motif non lié à l'accident, de maintenir ledit contrat.

Un salarié victime d'un accident du travail le 1er avril a repris son activité sans être soumis à la visite médicale de reprise et a été licencié le 19 octobre suivant pour faute grave tenant à son absence sans autorisation ; le salarié a saisi la juridiction prud'homale pour contester son licenciement.

Après avoir constaté que le salarié n'avait pas, à l'issue de son arrêt de travail du 1er au 11 avril, été soumis à la visite de reprise et que les faits qui lui étaient reprochés consistaient à ne pas avoir repris le travail à une date à laquelle il n'y était pas tenu, une cour d'appel a pu décider qu'ils n'étaient pas constitutifs d'une faute grave et que son licenciement était nul.

Cass. soc. 25 mars 2009, n° 07-44.408, BC V n° 82. Voir aussi cass. soc. 26 septembre 2012, n° 10-27.851.

… et de la transaction signée pour régler les conséquences financières de ce licenciement.

D'abord, si la juridiction appelée à statuer sur la validité d'une transaction réglant les conséquences d'un licenciement n'a pas à se prononcer sur la réalité et le sérieux du ou des motifs énoncés dans la lettre de licenciement, elle doit, pour apprécier si des concessions réciproques ont été faites et si celle de l'employeur n'est pas dérisoire, vérifier que la lettre de licenciement est motivée conformément aux exigences légales ; ensuite, faute pour l'employeur d'avoir fait passer au salarié arrêté pendant au moins huit jours en raison d'un accident du travail ou d'une maladie professionnelle une visite de reprise, le contrat demeure suspendu, de sorte qu'il ne peut procéder à son licenciement que pour faute grave ou s'il se trouve dans l'impossibilité de maintenir le contrat pour un motif non lié à l'accident ou à la maladie professionnelle.

Une salariée victime d'un accident du travail avait été licenciée pour « disputes avec son supérieur hiérarchique » alors qu'elle n'avait pas encore passé la visite de reprise obligatoire après son arrêt de travail ; après avoir signé une transaction pour régler les conséquences financières de son licenciement, elle a saisi la juridiction prud'homale pour contester ce licenciement ainsi que la validité de la transaction.

C'est à tort que, pour rejeter sa contestation, une cour d'appel a retenu que le juge ne pouvait trancher le différend que la transaction avait pour objet de clore et ne pouvait donc examiner le bien-fondé du motif du licenciement sur lequel les parties avaient transigé, alors que le motif invoqué dans la lettre de licenciement, trop vague pour être matériellement vérifiable, était exclusif d'une faute grave, de sorte que le licenciement et la transaction étaient nuls.

Cass. soc. 13 juillet 2010, n° 09-40.984, BC V n° 175.

La mise à la retraite décidée par l'employeur durant la période de suspension est nulle.

Cass. soc. 7 mars 2007, n° 05-42.279, précité. Voir aussi cass. soc. 27 janvier 2009, n° 07-45.290, précité.

Si, en vertu de l'article L. 1226-19 CT, la période de suspension du contrat de travail consécutive à un accident du travail ne fait pas obstacle à l'échéance du contrat à durée déterminée, la rupture par la seule survenance du terme d'un contrat qui est requalifié postérieurement en contrat à durée indéterminée constitue, en application des articles L. 1226-9 et L. 1226-13 CT, un licenciement nul.

Cass. soc. 14 novembre 2018, n° 17-18.891, 1er moyen, à paraître.

En cas de rupture illicite, l'employeur est tenu de faire droit à la demande de réintégration du salarié.

Aux termes de l'article L. 122-32-2 CT, toute résiliation du contrat de travail à durée indéterminée prononcée au cours d'une suspension résultant d'un arrêt de travail provoqué par un accident du travail ou une maladie professionnelle, sauf les cas où l'employeur justifie soit d'une faute grave du salarié, soit de l'impossibilité où il se trouve, pour un motif non lié à l'accident ou à la maladie, de maintenir le contrat, est nulle. Il en résulte pour le salarié le droit de réclamer sa réintégration dans son emploi.

Après avoir été convoquée à un entretien préalable à son licenciement, une salariée avait été victime d'un accident du travail ayant entraîné un arrêt de travail jusqu'au 13 janvier 1989. Après avoir été licenciée le 17 octobre 1988 en raison d'une mauvaise exécution de son travail, l'intéressée avait saisi la juridiction prud'homale pour obtenir sa réintégration et, à titre subsidiaire, la réparation de son préjudice.

C'est à tort que, pour débouter la salariée de sa demande en réintégration, une cour d'appel a énoncé que l'intéressée, qui ne pouvait plus être réintégrée, était fondée à obtenir des dommages-intérêts en réparation du préjudice résultant de la perte de son emploi par l'effet du licenciement entaché de nullité, après avoir constaté la nullité du licenciement dont se prévalait la salariée, ce dont il résultait que l'employeur était tenu de faire droit à sa demande de réintégration, et sans constater aucune impossibilité pour l'employeur de procéder à cette réintégration.

Cass. soc. 25 février 1998, n° 95-44.019, BC V n° 102. Voir aussi cass. soc. 11 juillet 2001, n° 99-42.902, BC V n° 263.

Il ne peut être reproché à un salarié, dont la résiliation du contrat de travail, prononcée pendant la période de suspension consécutive à un accident du travail, est nulle, de ne pas avoir exercé son droit à réintégration.

Cass. soc. 27 mai 1987, n° 84-45.063, 1er moyen.

Le salarié qui a demandé sa réintégration a droit au versement des salaires perdus entre son licenciement et sa réintégration.

Le salarié dont la rupture du contrat de travail est nulle et qui demande sa réintégration a droit au paiement d'une somme correspondant à la réparation de la totalité du préjudice subi au cours de la période qui s'est écoulée entre la rupture et sa réintégration, dans la limite du montant des salaires dont il a été privé.

Une salariée a été engagée le 4 septembre selon un contrat à durée indéterminée prévoyant une période d'essai d'un mois renouvelable ; elle a été victime le 5 septembre d'un accident du travail, à la suite duquel elle s'est trouvée en arrêt de travail jusqu'au 9 octobre ; le 10 octobre, alors que la salariée n'avait pas subi de visite de reprise, l'employeur a mis fin à la période d'essai. La salariée a saisi la juridiction prud'homale.

C'est à tort que, après avoir énoncé que la rupture était nulle comme prononcée en cours de suspension du contrat de travail, en violation de l'article L. 122-32-2 CT, et ordonné la réintégration sous astreinte de la salariée, une cour d'appel a débouté celle-ci de sa demande en paiement d'une somme au titre des salaires dont elle avait été privée depuis le jour de la rupture jusqu'à la date de sa réintégration effective, au motif qu'une telle solution aurait pour résultat de conférer à l'intéressée une situation plus favorable que celle qui était la sienne antérieurement, le contrat ne devenant définitif qu'à l'issue de la période d'essai, alors qu'il lui appartenait d'apprécier l'étendue du préjudice nécessairement subi.

Cass. soc. 25 janvier 2006, n° 03-47.517, BC V n° 27. Voir aussi cass. soc. 25 mars 2015, n° 14-10.956.

Le salarié qui ne réclame pas sa réintégration a droit, en toute hypothèse et quelle que soit son ancienneté, outre les indemnités de rupture, à une indemnité réparant l'intégralité du préjudice résultant du caractère illicite du licenciement et au moins égale à six mois de salaire…

Si l'article L. 1226-15 CT n'est pas applicable lorsque la rupture du contrat de travail est prononcée par l'employeur, au cours des périodes de suspension du contrat de travail, en méconnaissance des dispositions de l'article L. 1226-9 du même code, le salarié dont le licenciement est nul, et qui ne demande pas sa réintégration, a droit, en toute hypothèse, outre les indemnités de rupture, à une indemnité réparant l'intégralité du préjudice résultant du caractère illicite du licenciement et au moins égale à six mois de salaire.

Un salarié a été engagé du 2 novembre au 31 décembre 2007, en vertu d'un contrat à durée déterminée ayant pour motif un surcroît temporaire d'activité ; il a été victime d'un accident du travail le 31 décembre 2007 ; le salarié a saisi la juridiction prud'homale pour demander la requalification du contrat en contrat à durée indéterminée et le paiement de diverses sommes.

Pour allouer au salarié la somme de 4 000 € à titre de dommages-intérêts pour licenciement nul, une cour d'appel a retenu que la requalification du contrat en contrat à durée indéterminée conduisait à appliquer à la rupture, intervenue en l'occurrence le 31 décembre 2007, les règles régissant le licenciement, qu'à cette date le contrat de travail du salarié se trouvait suspendu du fait de l'accident du travail dont il avait été victime, reconnu comme tel par la caisse primaire d'assurance maladie par décision notifiée le 7 janvier 2008, qu'il s'ensuit que le licenciement était nul en application des articles L. 1226-13 et L. 1226-18 CT, ce qui ouvrait droit, non à l'indemnité de l'article L. 1226-15 CT, mais à l'octroi de dommages-intérêts en réparation du préjudice subi, que lors de la rupture le salarié était âgé de 54 ans, comptait moins de deux mois d'ancienneté et percevait un salaire brut mensuel de 1 873,04 €, qu'il n'était fourni aucun autre élément permettant d'apprécier l'évolution de sa situation professionnelle après son licenciement, qu'en l'état de ces éléments il convenait de lui allouer la somme de 4 000 € à titre de dommages-intérêts.

En limitant à une somme inférieure à six mois de salaire l'indemnité allouée au salarié en réparation de son préjudice résultant du caractère illicite du licenciement, la cour d'appel a violé les articles L. 1226-9, L. 1226-13 et L. 1235-3 CT.

Cass. soc. 6 octobre 2010, n° 09-42.283, BC V n° 216. Voir aussi cass. soc. 27 juin 2000, n° 98-43.439, BC V n° 250 ; cass. soc. 11 juillet 2012, n° 11-17.240, pourvoi principal.

C'est à tort que, pour limiter le montant des dommages-intérêts alloués à une salariée en réparation du préjudice résultant de la nullité de son licenciement à une somme inférieure à six mois de salaire, une cour d'appel a retenu que son licenciement étant nul, l'intéressée devait se voir allouer, comme en application de l'article L. 122-14-4 CT, des dommages-intérêts ne pouvant être inférieurs aux salaires perçus depuis son embauche, soit une somme correspondant aux salaires perçus de décembre 1997 à février 1998, alors que le salarié dont le licenciement est nul et qui ne demande pas sa réintégration a droit, en toute hypothèse, outre les indemnités de rupture, à une indemnité réparant l'intégralité du préjudice résultant du caractère illicite du licenciement et au moins égale à six mois de salaire.

Cass. soc. 2 juin 2004, n° 02-41.045, 1er moyen, BC V n° 153.

… mais pas à l'indemnité d'au moins douze mois de salaire prévue par l'article L. 1226-15 ancien CT…

L'article L. 122-32-7, devenu L. 1226-15 CT, n'est pas applicable lorsque, en méconnaissance des dispositions de l'article L. 122-32-2, al. 1er et 3, devenus L. 1226-9 et L. 1226-13 CT, l'employeur, au cours de la suspension du contrat de travail provoquée par un accident de travail ou une maladie professionnelle, prononce la résiliation de ce contrat ; le salarié qui ne demande pas sa réintégration a droit à une indemnité réparant l'intégralité du préjudice résultant du caractère illicite du licenciement qui est au moins égale à celle prévue par l'article L. 122-14-4, al. 1er, phrases 2 et 3, devenu L. 1235-3 CT.

Un salarié a été victime d'un accident du travail le 4 février 2002 et a repris le travail sans visite de reprise le 21 février suivant ; il a été licencié le 11 avril 2002 pour insuffisance professionnelle.

Après avoir exactement retenu que le licenciement était nul en application de l'article L. 122-32-2, al. 3, devenu L. 1226-13 CT, c'est à tort qu'une cour d'appel a condamné l'employeur à payer au salarié des dommages-intérêts sur le fondement de l'article L. 122-32-7, devenu L. 1226-15 CT.

Cass. soc. 26 novembre 2008, n° 07-42.403, 1er moyen, BC V n° 234. Voir aussi cass. soc. 6 octobre 2010, n° 09-42.283, précité.

... ni à l'indemnité spéciale de licenciement prévue par l'article L. 1226-14 CT.

Les dispositions des articles L. 1226-14 et L. 1226-15 CT ne sont pas applicables lorsqu'en méconnaissance des dispositions des articles L. 1226-9 et L. 1226-13 dudit code, l'employeur, au cours de la suspension du contrat de travail provoquée par un accident du travail ou une maladie professionnelle, prononce la résiliation de ce contrat.

Après avoir exactement rappelé que lorsque le salarié dont le licenciement est nul ne demande pas sa réintégration dans son poste, il a droit d'une part aux indemnités de rupture et d'autre part à une indemnité réparant l'intégralité du préjudice résultant du caractère illicite du licenciement et au moins égale à celle prévue par l'article L. 1235-3 CT quelles que soient son ancienneté et la taille de l'entreprise, une cour d'appel a pu débouter un salarié licencié durant la période de suspension du contrat de travail de sa demande en paiement de l'indemnité spéciale prévue par l'article L. 1226-14 CT.

Cass. soc. 30 novembre 2010, n° 09-66.210, BC V n° 272.

De plus, le salarié peut prétendre à l'indemnité légale de licenciement s'il remplit la condition d'ancienneté requise.

Si les indemnités prévues par les articles L. 122-32-6 et 7 CT pour sanctionner la violation par l'employeur de son obligation de réintégration et de son obligation de reclassement ne sont pas dues en cas de licenciement prononcé, durant la période de suspension du contrat, en violation de l'article L. 122-32-2 du même code, le salarié dont la rupture a été déclarée nulle et qui n'a pas demandé sa réintégration peut prétendre à l'indemnité légale de licenciement dès lors qu'il remplit la condition d'ancienneté prévue à l'article L. 122-9 CT.

Cass. soc. 16 février 2005, n° 02-43.182, BC V n° 53.

Le salarié dont le licenciement est annulé a droit à l'indemnité compensatrice de préavis, peu importent les motifs de la rupture.

Cass. soc. 2 juin 2004, n° 02-41.045, précité. Voir aussi cass. soc. 30 mars 2005, n° 03-41.518, BC V n° 112 ; cass. soc. 25 mai 2011, n° 09-69.641, 2e moyen.

Le licenciement étant nul, il n'y a pas lieu d'ordonner à l'employeur le remboursement des indemnités de chômage.

Doit être cassé l'arrêt qui, après avoir constaté la nullité du licenciement en raison de la méconnaissance par l'employeur des dispositions de l'article L. 122-32-2 CT, a retenu qu'en application de l'article L. 122-14-4, al. 2 du même code, il convenait d'ordonner le remboursement à l'Assédic des indemnités de chômage versées au salarié dans la limite de six mois d'indemnités, alors que le remboursement des indemnités de chômage ne pouvait être ordonné en cas de nullité du licenciement.

Cass. soc. 23 mars 2005, n° 03-42.687, 3e moyen.

Prise d'acte de la rupture du contrat de travail pendant la période de suspension

La prise d'acte justifiée par les manquements de l'employeur produit les effets d'un licenciement nul, peu important que le salarié ait ensuite travaillé pour le compte d'un autre employeur.

Après avoir estimé que l'employeur avait commis des manquements suffisamment graves, une cour d'appel en a exactement déduit que la prise d'acte par une salariée de la rupture de son contrat de travail, intervenue pendant la période de suspension du contrat de travail consécutive à un accident du travail, devait produire les effets d'un licenciement nul, peu important qu'elle ait ensuite travaillé pour le compte d'un autre employeur.

Cass. soc. 12 décembre 2012, n° 10-26.324, BC V n° 334.

La suspension du contrat de travail est assimilée à une période de travail effectif pour la détermination de la durée du congé sous certaines conditions

Les périodes de suspension du contrat de travail pour cause d'accident du travail ou de maladie professionnelle sont considérées comme périodes de travail effectif pour la détermination de la durée du congé, dans la limite d'un an.

Cass. soc. 4 décembre 2001, n° 99-45.911, BC V n° 374. Voir aussi cass. soc. 6 octobre 2015, n° 13-26.052, 2e moyen, à paraître.

En revanche, ces périodes n'entrent pas en compte pour l'ouverture du droit à congé payé.

Cass. soc. 31 janvier 2006, n° 03-47.599, BC V n° 49.

☛ *Accidentés du travail (Protection) ; Accidentés du travail (Reclassement) ; Accidentés du travail (Réintégration en cas d'aptitude) ; Visite médicale de reprise.*

Accord atypique

Certains accords sont conclus par l'employeur selon d'autres modalités que celles prévues par la loi.

Ces accords, dits atypiques, qui n'ont pas la valeur d'un accord collectif, constituent un engagement unilatéral de l'employeur qu'il est tenu de respecter.

L'accord atypique n'est pas signé avec les organisations syndicales

Il peut s'agir d'un procès-verbal signé au cours d'une réunion du comité d'entreprise.

Constitue un accord atypique le procès-verbal signé à l'issue d'une réunion du comité d'établissement. Ce dernier mentionnant que le samedi 1er mai serait un jour récupérable, l'employeur s'est engagé, en vertu de ce procès-verbal, à accorder aux salariés un jour de congé supplémentaire en compensation du 1er mai, dans la mesure où le samedi est un jour chômé dans l'entreprise.

Cass. soc. 15 novembre 1995, n° 94-41.702.

Le procès-verbal adopté en accord avec le comité d'entreprise et signé par un délégué syndical n'est pas un accord collectif.

La prime de treizième mois adoptée en accord avec le comité d'entreprise ne doit pas être dénoncée en fonction des règles applicables aux conventions et accords collectifs, même si le procès-verbal d'accord a été signé avec un délégué syndical. Dès lors, un salarié ne peut invoquer le non-respect des règles relatives à la dénonciation des conventions collectives pour réclamer un rappel de cette prime sur trois années.

Cass. soc. 25 janvier 1995, n° 91-43.358.

Régime juridique de l'accord atypique

Un accord atypique est dépourvu de toute valeur en tant qu'accord collectif.

Une salariée avait été engagée en qualité d'ingénieur-consultant en vertu d'un contrat de travail comportant une clause de non-concurrence. Après avoir été licenciée, elle avait saisi la juridiction prud'homale d'une demande tendant au versement de l'indemnité mensuelle de non-concurrence pendant neuf mois prévue par son contrat de travail.

Doit être cassé l'arrêt qui, pour débouter l'intéressée de sa demande, a énoncé qu'aux termes d'un compte rendu de réunion des délégués du personnel, la clause de non-concurrence figurant dans les contrats de travail avait été supprimée, cette décision étant intervenue à la demande des salariés qui avaient mandaté un délégué du personnel pour négocier cette suppression et qu'il en résultait que la demande d'indemnité fondée sur une interdiction de concurrence inexistante était dénuée de tout fondement.

D'une part, l'accord intervenu entre l'employeur et les délégués du personnel était dépourvu de toute valeur en tant qu'accord collectif et d'autre part, en toute hypothèse, un accord collectif ne pouvait modifier le contrat de travail, en sorte que la salariée était en droit de demander l'application des dispositions de son contrat prévoyant le versement d'une contrepartie à la clause de non-concurrence.

Cass. soc. 25 février 1998, n° 95-45.171, BC V n° 104.

Un salarié était employé par un centre de gestion de comptabilité fiscale agricole, aux termes d'un contrat de travail soumis, d'une part, à une « convention d'établissement » du 1er juillet 1976, qui ne prévoyait aucune clause de non-concurrence, d'autre part, à la convention collective nationale du personnel des cabinets d'experts comptables et de comptables agréés du 9 décembre 1974 prévoyant notamment que « la clause de non-concurrence introduite dans un contrat de travail doit être triplement limitée : dans le temps pour une durée maximale de trois ans, dans l'espace pour un périmètre maximal de 100 kilomètres autour du lieu de travail et quant à l'activité professionnelle... ». Le 2 avril 1990, un « accord contractuel d'entreprise » était signé entre le centre de gestion, d'une part, et les membres du comité d'entreprise et les délégués du personnel, d'autre part, prévoyant une obligation de non-concurrence sans contrepartie financière durant deux ans couvrant l'ensemble des adhérents et clients du centre dans dix départements. Sur l'invitation écrite de son employeur, le salarié signait le 15 mai 1990 un document aux termes duquel il déclarait « adhérer personnellement à l'accord contractuel d'entreprise » du 2 avril précédent. À la suite de son licenciement, il saisissait la juridiction prud'homale pour obtenir l'annulation de la clause de non-concurrence contenue dans l'« accord contractuel d'entreprise » tandis que le centre de gestion demandait des dommages-intérêts pour violation de la clause de non-concurrence.

Doit être rejeté le pourvoi du centre de gestion reprochant à une cour d'appel de l'avoir débouté de cette demande :

– tout d'abord, l'accord conclu au sein d'une entreprise entre l'employeur et des salariés n'ayant pas la qualité de délégués syndicaux n'a ni la valeur

ni les effets d'un accord collectif et son contenu n'est pas opposable aux salariés qui peuvent cependant se prévaloir d'un avantage contenu dans cet accord, lequel ne vaut alors que comme engagement unilatéral de l'employeur ;
– ensuite, un salarié ne peut valablement renoncer, tant que son contrat de travail est en cours, aux stipulations d'une convention collective.

Par suite, la clause de non-concurrence, contenue dans l'accord du 2 avril 1990, ne pouvait recevoir application ni en vertu de cet accord, puisqu'il était inopposable au salarié, ni en vertu de sa signature, donnée le 15 mai 1990, puisqu'elle emportait renonciation aux clauses de l'accord collectif du 1er juillet 1976.

Cass. soc. 15 juillet 1998, n° 96-41.118, BC V n° 378.

Si un accord conclu avec des représentants du personnel n'est pas nécessairement constitutif d'un délit d'entrave à l'exercice du droit syndical et comme tel nul, il n'a ni la valeur ni les effets d'un accord collectif de sorte qu'il n'est pas opposable aux salariés.

Un salarié, délégué du personnel d'un établissement, a saisi la juridiction prud'homale d'une demande de rappel d'indemnités de déplacement en application de l'accord national de la métallurgie du 26 février 1976 en alléguant que l'employeur avait unilatéralement maintenu, après son terme et sans rechercher un nouvel accord, l'application d'un accord d'établissement conclu avec les délégués du personnel le 6 octobre 2003 qui adaptait l'indemnisation des déplacements.

Une cour d'appel, qui a fait application de l'accord national dont se prévalait le salarié, après avoir constaté qu'il remplissait les conditions fixées par cet accord pour prétendre aux indemnités de grand déplacement, a pu accueillir sa demande.

Cass. soc. 5 mai 2009, n° 07-45.358.

Mais l'employeur est tenu de respecter son engagement.

L'employeur qui déclare au comité d'entreprise vouloir considérer les licenciements pour fin de chantier comme des licenciements économiques doit respecter son engagement.

Doit être cassé l'arrêt qui, pour débouter des salariés de leur demande tendant à l'application de cet accord, a énoncé que l'engagement pris par la société devant le comité d'entreprise n'entrait pas dans le cadre légal de l'accord collectif et n'avait pas, par conséquent, de caractère obligatoire.

En effet, même en l'absence d'accord collectif d'entreprise, les salariés peuvent se prévaloir des dispositions plus avantageuses que les dispositions légales prises par le chef d'entreprise en faveur de son personnel. En l'espèce, l'employeur s'était engagé, par cet accord, à appliquer les dispositions applicables en matière de licenciement économique ; il devait donc proposer aux salariés des conventions de conversion.

Cass. soc. 20 mai 1992, n° 89-42.902, 1er moyen.

En cas de concours entre un accord atypique et une convention collective, la disposition la plus favorable doit être appliquée.

Un employeur ayant accepté, après une discussion informelle avec les délégués du personnel, de diminuer la durée de l'ancienneté dans l'échelon prévue par la convention collective, un conseil des prud'hommes a pu faire application de la disposition la plus favorable prévoyant la réduction d'ancienneté.

Cass. soc. 27 mars 1996, n° 92-41.584, BC V n° 121.

Les règles de dénonciation d'un accord atypique sont celles de la dénonciation des usages.

Après avoir rappelé qu'une prime instituée par une note de service au profit de certains salariés découlait ainsi d'un accord atypique et qu'elle n'était donc pas contractuelle et pouvait être dénoncée auprès de chaque salarié bénéficiaire et des institutions représentatives dans un délai permettant des négociations collectives, une cour d'appel, qui a relevé que l'employeur avait procédé de la sorte pour un motif qui n'était pas illicite et dans un délai qui permettait une négociation avant l'application des mesures nouvelles, et qui a rappelé que l'échec de cette négociation n'avait aucune incidence sur la nature juridique de l'accord dénoncé, a ainsi justifié sa décision, au regard des règles régissant la dénonciation des usages et des engagements unilatéraux ou atypiques, de débouter les salariés de leurs demandes relatives à l'application de cet accord.

Cass. soc. 26 mai 2004 n° 02-41.649.

En cas d'irrégularité de la dénonciation, celle-ci est inopposable aux salariés.

Des salariés sont fondés à demander le respect d'un accord conclu avec le comité d'entreprise ayant pour objet le triplement de l'indemnité de préavis prévue par la loi ou le contrat. Si cet accord ne constituait pas un accord collectif, il n'en contenait pas moins un engagement de l'employeur. L'employeur n'ayant pas informé les salariés de son intention de dénoncer cet accord, les salariés conservaient le bénéfice de ce préavis d'usage.

Cass. soc. 23 octobre 1991, n° 88-41.661, BC V n° 433.

En cas de transfert d'entreprise, le nouvel employeur est tenu de continuer à appliquer l'accord atypique, sauf en cas de dénonciation.

Dans le cadre d'un transfert d'entreprise, le nouvel employeur est tenu de respecter le statut collectif du personnel. Il peut, toutefois, mettre fin à un engagement de portée collective à durée indéterminée s'il prévient individuellement les salariés et les institutions représentatives du personnel, dans un délai permettant d'éventuelles négociations.

Cass. soc. 23 février 1994, n° 91-42.947.

Convention collective (Conclusion) ; Engagement unilatéral de l'employeur ; Usage.

Accord collectif sur l'emploi

Certains accords collectifs ont pour objet le maintien de l'emploi en contrepartie d'une modification de la rémunération ou de la durée du travail. Ces accords obéissent au régime juridique des conventions et accords collectifs et les parties signataires sont tenues de les respecter.

Un accord d'entreprise sur l'emploi demeure en vigueur tant qu'il n'a pas été régulièrement dénoncé ou mis en cause.

C'est à tort qu'une cour d'appel a décidé que le licenciement économique de salariés reposait sur une cause réelle et sérieuse sans rechercher si un accord d'entreprise, qui comportait un engagement sur le maintien des emplois, était toujours en vigueur au moment des licenciements.

Cass. soc. 25 avril 2001, n° 98-45.195, BC V n° 134.

En cas de non-respect par l'employeur d'un tel accord, les salariés sont fondés à demander réparation du préjudice qui en est résulté.

Un accord collectif était conclu le 14 février 1990 entre une société et deux syndicats pour une période de quatre ans à compter du 1er mars 1990 afin de favoriser le maintien de l'activité d'une usine, moyennant une réduction des salaires mensuels du personnel. Le 15 février 1990, un accord salarial était conclu entre les mêmes parties pour un an afin de favoriser le maintien d'une activité industrielle sur le site. Le 30 mai 1991, cependant, la direction de l'usine annonçait la fermeture de ce site et le transfert du personnel sur un autre site. Le 9 janvier 1992, un protocole d'accord était signé entre la société et trois syndicats, pour fixer les conditions du transfert du personnel et prévoyait une garantie de rémunération. Après avoir été invités à signer un avenant à leur contrat de travail pour entériner cette mutation et avoir été informés des conséquences de leur refus, certains salariés, ainsi qu'un syndicat non signataire, saisissaient la juridiction prud'homale pour voir constater la violation de l'accord du 14 février 1990 et condamner la société à réparer le préjudice subi.

C'est à tort qu'une cour d'appel a rejeté ces demandes :

– tout d'abord, les accords des 14 et 15 février 1990 avaient pour objet, en contrepartie de l'acceptation par les salariés d'une réduction de leur rémunération, le maintien d'une activité sur le site de l'établissement de l'usine ;

– en outre, la fermeture du site résultait, non d'un accord conclu entre les partenaires sociaux mais d'une décision unilatérale de l'employeur précédant l'accord du 9 janvier 1992, lequel se bornait à fixer, à la suite de cette décision, les conditions du transfert du personnel sur le nouveau site ;

– enfin, si les salariés ne pouvaient prétendre avant leur transfert et, pour la période où l'accord avait été appliqué, au paiement d'une indemnité, ils étaient fondés, à partir du moment où l'employeur avait méconnu son engagement, à demander réparation du préjudice qui en était résulté.

Cass. soc. 22 janvier 1998, n° 95-45.400, BC V n° 29.

Par accord collectif de travail en date du 30 avril 1997, une société, qui connaissait des difficultés économiques, avait pris l'engagement, en contrepartie de la réduction de la durée du travail de l'ensemble des salariés assortie d'une réduction de leur rémunération, de maintenir jusqu'au 30 juin 2000 l'effectif inscrit au 30 juin 1997. Des salariés, licenciés après le prononcé de la liquidation judiciaire de l'entreprise en novembre 1998, avaient saisi la juridiction prud'homale en paiement de diverses sommes, en réparation du préjudice qu'ils avaient subi du fait de la réduction de leur salaire.

C'est à bon droit qu'une cour d'appel a décidé que l'inexécution par la société de son obligation de maintenir l'effectif jusqu'au 30 juin 2000 justifiait l'action des salariés en réparation de leur préjudice.

Cass. soc. 10 octobre 2002, n° 00-42.906, BC V n° 304.

La clause d'un accord prévoyant l'indemnisation des salariés en cas de manquement de l'entreprise à ses engagements s'analyse en une clause pénale.

Courant 2007, une société a mis en place, dans le but de permettre la création d'un nouvel appareil électroménager, un projet de réorganisation comportant notamment comme objectifs, l'amélioration de la performance industrielle, la réduction des effectifs sur la base du volontariat et la négociation d'un dispositif social passant par la redéfinition des usages et accords internes ; un accord d'établissement a été signé le 12 juin 2008 aux termes duquel les salariés acceptaient des modalités d'aménagement de la durée du travail, en renonçant au bénéfice de 14 jours par an de réduction du temps de travail ; l'employeur s'engageait au maintien des productions actuelles sur le site d'Amiens et ensuite à la production du nouveau sèche-linge sur le même site pendant une durée minimum de 5 ans avec un volume de production annuel minimum de 550 000 produits à compter de la signature de l'accord ; en cas de non-respect de l'accord, l'entreprise s'engageait à indemniser chaque salarié du montant total des efforts concédés entre la date de mise en application et la date de rupture de cet engagement.

Ayant constaté que l'accord d'entreprise prévoyait qu'en cas de non-respect par la société de son engagement, celle-ci s'obligeait à indemniser chaque salarié du montant total des efforts concédés entre la date de mise en application et la date de rupture de l'engagement, une cour d'appel a décidé à bon droit que cette clause s'analysait en une clause pénale par laquelle la société, pour assurer l'exécution de l'accord collectif, s'engageait à indemniser les salariés en cas d'inexécution.

En outre, la cour a débouté les salariés de leur demande de condamnation de la société à leur payer des sommes à titre de salaire et des dommages-intérêts à titre de préjudice moral.

Cass. soc. 8 mars 2017, n° 15-26.975, BC V n° 45.

L'ouverture d'une procédure de redressement judiciaire à l'égard de l'employeur et les autorisations de licenciement données dans ce cadre ne privent pas d'effet un engagement de garantie d'emploi pris antérieurement par l'employeur en faveur de son personnel, pour une durée déterminée.

C'est à bon droit qu'une cour d'appel a condamné un commissaire à l'exécution du plan au paiement d'indemnités, en réparation d'un préjudice lié au non-respect d'une clause de garantie d'emploi figurant dans un accord collectif conclu pour une durée déterminée antérieurement à l'ouverture de la procédure collective.

Cass. soc. 2 février 2006, n° 04-41.275.

Mais le fait pour l'employeur de s'être engagé à éviter des licenciements par accord d'entreprise intervenu dans le cadre d'un licenciement collectif ne fait pas obstacle à des licenciements ultérieurs lorsque la situation a évolué.

Une société avait décidé, en 1992, de supprimer plusieurs emplois. Un projet de plan social avait alors été soumis aux institutions représentatives du personnel et avait débouché sur la conclusion d'un accord le 10 février 1993 entre la direction et les syndicats représentatifs. Lors du dernier trimestre 1993, la société, faisant état de difficultés affectant le secteur « grue » et concernant spécialement un site consacré à la fabrication et l'entretien des engins, avait envisagé le licenciement d'une partie du personnel de ce site. Le comité central d'entreprise, se prévalant de l'accord du 10 février 1993, avait estimé qu'aucun licenciement n'était possible. La Fédération générale FGMM-CFDT et le syndicat CGT des travailleurs métallurgistes avaient alors envisagé une instance pour qu'il soit fait défense à la société de poursuivre la procédure de licenciement engagée.

Si l'accord du 10 février 1993 valant accord d'entreprise sur les obligations relevant de la négociation annuelle obligatoire, intervenu dans le cadre d'un licenciement collectif concernant 274 salariés, comportait un engagement de l'employeur « d'éviter » le recours à des licenciements, cet engagement ne paralysait pas jusqu'à la fin de l'année 1994 son droit de procéder à des licenciements lorsqu'ils étaient inévitables.

Ayant fait ressortir qu'en exécution de l'accord, 274 licenciements avaient été empêchés et relevé que les circonstances économiques s'étaient, depuis lors, modifiées, une cour d'appel a pu décider que les licenciements envisagés sur le site n'étaient pas subordonnés à la renégociation de l'accord.

Cass. soc. 13 décembre 1995, n° 94-13.867, BC V n° 345.

Un accord collectif conclu en application de la loi de Robien, prévoyant une réduction du temps de travail dans l'entreprise en contrepartie d'embauches, devient caduc en cas de cession de l'entreprise dans le cadre d'un redressement judiciaire.

Dans le cadre des dispositions de la loi 96-502 du 11 juin 1996 tendant à favoriser l'emploi par l'aménagement et la réduction conventionnelle du temps de travail, dite loi de Robien, un accord d'entreprise a été conclu, le 1er juin 1997, pour une durée de trois ans entre un syncicat et une société E qui prévoyait notamment la réduction du temps de travail à 35 heures au sein de la société, des modalités de maintien de la rémunération antérieure, et l'embauche de neuf personnes par contrat à durée indéterminée entre le 1er juin 1997 et le 31 mai 1998. La société E ayant été placée en redressement judiciaire, le tribunal de commerce, par jugement du 30 janvier 1998, a arrêté un plan de cession de l'entreprise à la société G qui a constitué une société L afin d'opérer la reprise. La société L a considéré que l'accord d'entreprise du 1er juin 1997 ne lui était pas opposable.

Doit être rejeté le moyen du pourvoi du syndicat reprochant à une cour d'appel de l'avoir débouté de sa demande tendant à l'application de l'accord collectif du 1er juin 1997 conclu pour une durée déterminée de trois ans jusqu'à l'expiration de son terme et au paiement aux salariés des heures effectuées au-delà de 35 heures par semaine non réglées ainsi que de sa demande en paiement de dommages-intérêts.

Ayant relevé que la réduction d'horaire convenue dans le cadre de l'accord collectif conclu en application de la loi du 11 juin 1996 avec le précédent employeur tendait à favoriser la création d'emplois et que cet accord n'avait plus d'objet dès lors que le plan de cession arrêté par le tribunal de commerce prévoyait des licenciements et entraînait en conséquence la disparition des aides publiques, la cour d'appel en a exactement déduit que cet accord collectif était devenu caduc.

Cass. soc. 17 juin 2003, n° 01-15.710, BC V n° 198.

Action en justice du comité d'entreprise

La personnalité juridique étant reconnue au comité d'entreprise par l'article L. 2325-1 ancien CT, celui-ci est habilité à défendre en justice ses droits propres et il doit assurer l'expression collective des salariés pour que leurs intérêts soient pris en compte dans les décisions relatives à la gestion et à l'évolution économique et financière de l'entreprise.

Le comité d'entreprise doit avoir un intérêt à agir

Le comité d'entreprise peut agir en reconnaissance d'une unité économique et sociale.

L'action du comité d'entreprise tendant à voir reconnaître l'existence d'une unité économique et sociale est recevable, le comité ayant pour objet d'assurer une expression collective des salariés permettant la prise en compte permanente de leurs intérêts dans les décisions relatives à la gestion et à l'évolution économique et financière de l'entreprise.

Cass. soc. 27 juin 1990, n° 89-60.003, BC V n° 324.
Voir aussi cass. soc. 29 janvier 2003, n° 01-60.848, 1er moyen, BC V n° 33.

Le comité d'entreprise est recevable dans son action en contestation de la dénonciation irrégulière d'un usage par le chef d'entreprise dès lors qu'il a un intérêt à agir.

Une société avait pris en charge, en vertu d'un usage, la moitié des cotisations des salariés en prélevant la part des cotisations due par les salariés et en la reversant au comité d'entreprise. Puis, le comité s'étant substitué à l'employeur dans la gestion des activités sociales et culturelles, il avait acquitté lui-même la moitié des cotisations.

C'est à bon droit que le juge des référés a décidé que le comité d'entreprise était recevable à contester la dénonciation irrégulière de cet usage par l'employeur dans la mesure où il était gestionnaire de ces cotisations, ce dont il résultait qu'il avait un intérêt à agir.

Cass. soc. 17 juillet 1996, n° 95-11.576.

Le comité d'entreprise a qualité pour contester en justice la régularité d'un plan de sauvegarde de l'emploi qui ne satisferait pas aux exigences légales.

Cass. soc. 23 mars 2011, n° 09-72.712, 1er moyen.

Le comité d'entreprise ne peut pas exercer une action en justice au nom des salariés ou se joindre à leur action si ses propres intérêts ne sont pas également en cause.

Une société avait décidé d'externaliser un service dont relevaient des salariés pour le transférer à une autre société ; des accords ont été conclus à cette fin entre les sociétés et chacun des salariés concernés ; le comité d'entreprise, des syndicats et des salariés passés au service du cessionnaire ont saisi le juge prud'homal de demandes tendant à l'annulation des cessions et des accords conclus à cette occasion, à la réintégration des intéressés au sein de la première société et au paiement de dommages-intérêts.

Une cour d'appel a pu déclarer irrecevable la demande du comité d'entreprise en paiement de dommages-intérêts. En effet, le comité d'entreprise ne tient d'aucune disposition légale le pouvoir d'exercer une action en justice au nom des salariés ou de se joindre à l'action de ces derniers, lorsque ses intérêts propres ne sont pas en cause.

Cass. soc. 14 mars 2007, n° 06-41.647, BC V n° 51. Voir aussi cass. soc. 18 janvier 2011, n° 08-19.398 ; cass. soc. 13 juillet 2016, n° 15-14.801, 1er moyen.

Le défaut de consultation du comité d'entreprise lors d'un licenciement collectif pour motif économique porte atteinte aux droits et attributions de cet organisme.

Le défaut de réunion et de consultation du comité d'entreprise prévu par les articles L. 321-9 et 11 CT, de nature à porter atteinte aux seuls droits et attributions de cet organisme, n'est pas susceptible d'entraîner un préjudice personnel et direct pour les salariés de l'entreprise.

Cass. crim. 3 décembre 1996, n° 95-84.647, 2e branche, 2e moyen, B. crim. n° 441.

Un comité ne peut pas contester la validité d'un accord collectif s'il n'est pas partie à cet accord…

Un comité d'établissement n'a pas qualité à critiquer la validité d'un accord collectif conclu dans le cadre de la négociation annuelle obligatoire, le comité n'étant ni partie à l'accord ni de droit partie à sa négociation.

Cass. soc. 1er juin 1994, n° 92-18.896, BC V n° 186.

… ni demander l'annulation d'un arrêté qui ne porte pas atteinte à ses intérêts ou à ceux des salariés.

N'est pas recevable à demander l'annulation d'un arrêté autorisant la construction d'un parking le comité d'entreprise soutenant que la réalisation de cette construction entraînerait la suppression d'emplacements de stationnement utilisés par le personnel, alors que l'arrêté ne portait atteinte ni aux intérêts des salariés ni aux intérêts du comité, non invoqués en l'espèce.

CE 1er décembre 1993, n° 111730.

Un comité d'entreprise ne peut pas en son nom propre demander l'exécution des engagements contractés dans une convention collective.

S'il résulte de l'article L. 135-5 CT que les organisations ou groupements ayant la capacité d'ester en justice, liés par une convention ou un accord collectif de travail, peuvent en leur nom propre intenter contre toute personne liée par la convention ou l'accord toute action visant à obtenir l'exécution des engagements contractés et, le cas échéant, des dommages-intérêts, cette disposition ne concerne pas le comité d'entreprise mais seulement les organisations ou groupements définis à l'article L. 132-2 CT qui ont le pouvoir de conclure une convention ou un accord collectif de travail.

Doit être cassé l'arrêt qui, pour déclarer recevable l'action d'un comité d'entreprise tendant à faire condamner un employeur pour défaut d'exécution d'un accord collectif, a énoncé que le comité justifiait de son intérêt à agir dès lors que la question soumise avait une incidence sur la masse salariale sur laquelle était calculée a subvention de fonctionnement annuelle fixée à 0,2 % de ladite masse et sur le montant de la contribution patronale aux activités sociales et culturelles.

Cass. soc. 20 septembre 2006, n° 04-10.765, BC V n° 278. Voir aussi cass. soc. 2 mars 2011, n° 10-13.547 ; cass. soc. 17 novembre 2015, n° 14-13.072, 3e moyen.

Par jugement du 11 juin 2010, un tribunal de grande instance a fait injonction à une société d'appliquer la convention collective des bureaux d'études techniques, des cabinets d'ingénieurs-conseils et des sociétés de conseils du 15 décembre 1987 (syntec) ; le 31 décembre 2010, le comité d'entreprise de la société et plusieurs organisations syndicales ont saisi à nouveau le tribunal de grande instance pour qu'il soit fait injonction à la société de verser à l'ensemble de ses salariés des primes et compléments de salaires prévus par la convention collective.

C'est à bon droit qu'une cour d'appel a déclaré irrecevable l'action du comité d'entreprise.

En effet, la cour a exactement décidé que le comité n'avait pas qualité pour intenter une action visant à obtenir l'exécution des engagements résultant de la convention collective applicable, cette action étant réservée aux organisations ou groupements définis à l'article L. 2231-1 CT qui ont le pouvoir de conclure une convention ou un accord collectif de travail.

Cass. soc. 19 novembre 2014, n° 13-23.899, 1er moyen, BC V n° 271.

En revanche, s'il est signataire d'un accord de fin de conflit, il a qualité pour demander, conjointement avec les organisations syndicales signataires, son application ou l'indemnisation du préjudice résultant de son inexécution par l'employeur.

La direction d'une société, le syndicat général du personnel et le secrétaire du comité d'entreprise de cette société avaient signé un accord de fin de conflit prévoyant notamment l'aménagement et la réduction du temps de travail au sein de l'entreprise à compter du 1er septembre 1997 et le recrutement d'un personnel supplémentaire. La mise en œuvre de l'accord a donné lieu à des difficultés et, en février 2000, des salariés ont saisi la juridiction prud'homale de diverses demandes relatives à l'exécution de l'accord de fin de conflit. Le syndicat et le comité d'entreprise ont formé des demandes de dommages-intérêts pour inexécution de dispositions de l'accord. Le jugement rendu par le conseil de prud'hommes ayant été déféré aux juges du second degré, la société a, au cours de l'instance d'appel, signé le 7 février 2003 avec d'autres syndicats un accord destiné à mettre un terme aux difficultés d'application auxquelles avait donné lieu l'accord de fin de conflit. Le comité d'entreprise et le syndicat général du personnel ont alors saisi la cour d'appel d'une demande tendant à la condamnation de la société à leur payer des dommages-intérêts pour avoir porté atteinte à leur crédit en retardant l'application de l'accord de fin de conflit et en cherchant à le remettre en cause.

C'est à bon droit que la cour d'appel a déclaré le comité d'entreprise recevable en son action et en ses demandes et condamné l'employeur à lui payer des dommages-intérêts.

En effet, le comité d'entreprise, dès lors qu'il était signataire de l'accord de fin de conflit, avait par là même qualité pour demander, conjointement avec les organisations syndicales signataires, son application ou l'indemnisation du préjudice résultant de son inexécution par l'employeur. Ensuite, la cour d'appel qui a constaté que la société avait tardé à mettre en œuvre l'accord, une décision du juge des référés ayant été nécessaire pour l'y contraindre, a, par ce seul motif, caractérisé la faute de l'employeur.

Cass. soc. 5 juillet 2006, n° 04-43.213, BC V n° 238.

Pour se constituer partie civile dans une instance pénale, le comité d'entreprise doit justifier d'un préjudice personnel découlant directement des infractions poursuivies.

Alors même que le comité a des attributions générales en matière d'hygiène et de sécurité, l'action civile du comité d'entreprise, pour violation des règles de sécurité, n'est pas recevable. Le comité d'entreprise n'a pas, en effet, pour mission de représenter les différentes catégories de personnel ni les intérêts généraux de la profession et ne tient d'aucune disposition légale le droit d'exercer les pouvoirs de la partie civile sans avoir justifié d'un préjudice personnel découlant directement des infractions poursuivies.

Cass. crim. 28 mai 1991, n° 90-83.957, B. crim. n° 226.

A justifié sa décision la chambre de l'instruction d'une cour d'appel qui a confirmé l'ordonnance du juge d'instruction déclarant irrecevable la constitution de partie civile d'un comité d'entreprise du chef de délits d'abus de biens sociaux, recel d'abus de biens sociaux, faux et usage de faux, recel de faux et usage de faux et reformé l'ordonnance de ce magistrat déclarant recevable celle d'un syndicat, dès lors, d'une part, que les délits poursuivis n'ont pu causer un préjudice direct qu'à la société elle-même et, d'autre part, que le préjudice indirect, qu'ils pourraient porter à l'intérêt collectif de la profession, ne se distingue pas du préjudice, lui-même indirect, qu'auraient pu subir individuellement les salariés de l'entreprise.

Cass. crim. 19 juin 2002, n° 01-88.306.

L'action en justice des membres d'un comité d'établissement et de divers syndicats, dirigée contre le président du comité d'établissement et non contre l'employeur, en contestation de la régularité de réunions dudit comité, est irrecevable.

Le président d'un comité d'établissement et directeur des études recherches d'une société de construction automobile avait été remplacé lors de deux réunions du comité par le directeur du personnel et de l'administration. La délégation salariale dudit comité et trois syndicats, ayant estimé que les réunions n'avaient pas été tenues régulièrement en l'absence de délégation écrite donnée au directeur du personnel, ont assigné le président du comité d'établissement, ès qualités, aux fins d'annulation des réunions.

Doit être rejeté le moyen du pourvoi reprochant à une cour d'appel d'avoir dit cette action irrecevable : s'il est exact que le comité d'établissement est présidé par le chef d'établissement, l'action des membres d'un comité d'établissement et de divers syndicats en contestation de la régularité de la tenue de réunions du comité d'établissement doit être dirigée contre l'employeur, personne physique ou morale.

C'est donc à bon droit que la cour d'appel a décidé que l'action introduite contre le président du comité d'établissement, ès qualités, était irrecevable.

Cass. soc. 7 octobre 1998, n° 96-22.248, BC V n° 413.

Un comité d'entreprise ne peut demander en justice l'annulation de décisions prises par l'assemblée générale d'une mutuelle d'entreprise.

Selon les articles L. 211-1 du code de la mutualité, dans sa rédaction applicable au litige, et

R. 432-6 CT, le comité d'entreprise n'exerce sur la mutuelle d'entreprise qu'un pouvoir de contrôle ne l'autorisant pas à s'opposer à ses décisions. En l'absence de tout pouvoir de gestion ou de participation à la gestion de l'institution et sous réserve du respect des droits qui lui sont reconnus de donner son avis préalablement à toute modification des statuts et de le faire connaître à l'assemblée générale, le comité d'entreprise n'a pas qualité pour poursuivre judiciairement l'annulation des délibérations de l'assemblée générale et des décisions adoptées par cette assemblée.

Cass. soc. 15 octobre 2002, n° 00-20.910, 1er moyen, BC V n° 313.

L'action en justice engagée par un comité d'établissement antérieurement à la perte de la qualité d'établissement distinct est recevable.

Après la reconnaissance d'une unité économique et sociale entre plusieurs filiales d'une société, le directeur départemental du travail, saisi sur la division de cette unité en établissements, a retenu l'existence d'un établissement à Nanterre en juillet 2000. Une décision ministérielle en date du 24 janvier 2001 a annulé cette décision. Dans l'intervalle, le 28 décembre 2000, le comité d'établissement de Nanterre avait assigné en référé la société aux fins d'annulation d'une réunion d'information concernant des projets de réorganisation.

Si la perte de la qualité d'établissement distinct emporte suppression du comité d'établissement considéré, le comité d'établissement de Nanterre pouvait agir en justice le 28 décembre 2000, l'établissement de Nanterre n'ayant disparu qu'à la suite de la décision du ministre du Travail du 24 janvier 2001.

Cass. soc. 25 juin 2003, n° 01-12.990, 1er moyen, BC V n° 210.

La citation directe devant la juridiction pénale présentée par un comité d'entreprise s'estimant victime d'entrave doit être annulée lorsque la délibération relative à l'exercice de poursuites correctionnelles a été prise alors qu'elle ne figurait pas à l'ordre du jour et ne présentait aucun lien avec les questions devant être débattues.

Une réunion du comité d'entreprise d'une société en liquidation judiciaire, initialement fixée au 5 juillet 2002, avec un ordre du jour portant notamment sur des projets de restructuration et des propositions alternatives, a été reportée au 9 juillet suivant. Au cours de cette séance, au titre des questions diverses, à l'unanimité des membres titulaires présents, le comité d'entreprise a donné mandat à son secrétaire de le représenter en justice à l'effet de citer devant le tribunal correctionnel, du chef d'entraves à son fonctionnement, les administrateurs judiciaires de la société et le maire de la ville où était située l'entreprise.

Pour déclarer irrégulière cette délibération et, par voie de conséquence, nulles les citations délivrées par la partie civile, une cour d'appel a retenu, notamment, que la délibération relative à l'exercice de poursuites correctionnelles avait été prise alors qu'elle ne figurait pas à l'ordre du jour et ne présentait aucun lien avec les questions devant être débattues, de telle sorte que les membres titulaires absents avaient été privés de toute possibilité de s'exprimer sur le sujet.

En l'état de ces énonciations, qui établissent l'absence de lien nécessaire entre la décision d'engagement de poursuites pénales et les questions inscrites à l'ordre du jour, la cour d'appel a fait une exacte application de l'article L. 434-3 CT.

Cass. crim. 5 septembre 2006, n° 05-85.895, B. crim. n° 206.

Le comité d'entreprise doit mandater une personne pour agir en son nom

Sauf en cas de delégation expresse, l'employeur ne peut pas, même s'il est président du comité d'entreprise, agir en justice en son nom.

À la suite d'altercations répétées entre le secrétaire d'un comité d'entreprise et son président lors de réunions, ce dernier avait, tant en son nom personnel qu'en sa qualité de représentant du comité d'entreprise, fait citer le secrétaire du comité devant le tribunal correctionnel des chefs d'injures non publiques, violences volontaires et entrave au fonctionnement du comité d'entreprise.

Il résulte de l'article L. 483-1 CT que seul le comité, représenté par l'un de ses membres mandaté à cet effet, a qualité pour exercer l'action civile en cas d'entrave apportée à son fonctionnement.

C'est donc à bon droit qu'une cour d'appel a condamné le prévenu à des réparations civiles pour les violences volontaires et déclaré irrecevable l'action du président du comité du chef d'entrave au fonctionnement du comité d'entreprise.

Cass. crim. 26 mai 1998, n° 97-80.079. Voir aussi cass. crim. 23 novembre 1992, n° 92-81.499, B. crim. n° 383.

La personne agissant au nom du comité d'entreprise doit avoir reçu, pour ce faire, une délégation expresse.

Pour déclarer irrecevable l'action civile que prétendait exercer devant elle, au nom du comité d'entreprise d'une société, le secrétaire de cet organisme, une cour d'appel a retenu qu'il ne résultait pas des deux procès-verbaux des réunions du comité d'entreprise antérieurs à la citation introduite par la partie civile que ledit secrétaire eût été mandaté à cet effet et que le procès-verbal de la réunion du comité d'entreprise relative à la représentation du comité d'entreprise était intervenu tardivement, alors que l'action civile avait déjà été introduite par le secrétaire au nom du comité.

En l'état de ces énonciations, dont il résulte que le secrétaire du comité d'entreprise a cité les prévenus devant le tribunal répressif, sans avoir été régulièrement désigné à cet effet pour le représenter, et dès lors que les dispositions du nouveau code de procédure civile relatives aux exceptions de nullités ne sont pas applicables à l'action de la partie civile lorsqu'elle est introduite devant la juridiction pénale, la cour d'appel a justifié sa décision.

Cass. crim. 30 juin 1998, n° 97-80.398. Voir aussi CE 31 mars 1995, n° 101461.

Le mandat donné par le comité d'entreprise à l'un de ses membres pour agir en justice à l'occasion d'une affaire déterminée habilite celui-ci à intenter les voies de recours contre le jugement rendu sur cette action.

Cass. soc. 12 janvier 1999, n° 96-22.279, BC V n° 18. Voir aussi cass. soc. 17 mai 2000, n° 98-41.605.

Lorsque le pouvoir d'interjeter appel n'est conféré au secrétaire du comité d'entreprise que par une délibération intervenue après l'expiration du délai imparti, cette régularisation ne peut pas couvrir l'irrégularité de fond affectant la validité de la déclaration d'appel.

Après avoir constaté qu'un appel avait été interjeté par un comité d'entreprise agissant par son représentant légal sans autre indication sur la personne habilitée à le représenter ni sur le mandat accordé à celle-ci, que son secrétaire n'avait pas le pouvoir général d'exercer cette voie de recours et qu'un pouvoir spécial ne lui avait été conféré à cette fin que par une délibération intervenue après l'expiration du délai imparti, c'est à bon droit qu'une cour d'appel a retenu que cette régularisation ne pouvait couvrir l'irrégularité de fond affectant la validité de la déclaration d'appel et a décidé que celui-ci était irrecevable.

Cass. soc. 8 décembre 2009, n° 08-17.041.

☛ *Secrétaire du comité d'entreprise.*

Action en justice des syndicats

Outre les recours ouverts à toute personne morale pour la défense de ses droits propres, les syndicats ont la possibilité de défendre en justice les intérêts de leurs adhérents et, plus largement, ceux de l'ensemble des salariés.

Trois catégories d'actions en justice doivent être distinguées.

Les syndicats peuvent, sur le fondement de l'article L. 2132-3 CT, défendre l'intérêt collectif de la profession qu'ils représentent.

Ils peuvent, par ailleurs, se substituer à certains salariés pour la défense de leurs droits individuels sur le fondement de textes spécifiques (art. L. 1134-2, L. 1235-8, L. 1247-1, L. 1251-59, L. 7423-2 CT…).

Enfin, les articles L. 2262-9, L. 2262-10 et L. 2262-11 CT leur ouvrent trois voies d'action en matière de conventions collectives.

Le syndicat peut agir dans l'intérêt collectif de la profession

Les syndicats peuvent agir en justice pour défendre les intérêts de la profession visée par leurs statuts…

Conformément à l'article L. 411-11 CT, les syndicats professionnels peuvent, devant toutes les juridictions, exercer tous les droits réservés à la partie civile, relativement aux faits portant un préjudice direct ou indirect à l'intérêt collectif de la profession qu'ils représentent.

Sont irrecevables les actions menées par six syndicats contre deux sociétés ayant violé la réglementation en matière de repos dominical, ces syndicats ne relevant pas de la profession exercée par les entreprises contrevenantes. Seuls les syndicats représentant la profession exercée par les sociétés en cause sont recevables à agir à leur encontre.

Cass. soc. 2 février 1994, n° 90-14.771, BC V n° 40.

… dès lors qu'ils ont satisfait à l'obligation de dépôt de leurs statuts en mairie.

Les syndicats ou associations professionnels qui regroupent des personnes exerçant la même profession, des métiers similaires ou connexes, qui ont pour objet exclusif l'étude et la défense des droits ainsi que des intérêts matériels et moraux tant collectifs qu'individuels des personnes mentionnées dans leurs statuts, ont la capacité d'ester en justice, dès lors qu'ils ont satisfait à l'obligation de dépôt de leurs statuts en mairie.

Cass. soc. 13 octobre 2010, n° 09-14.418, 1er moyen, BC V n° 223.

Il en est de même des unions syndicales.

Sauf stipulation contraire de ses statuts, une union syndicale à laquelle la loi a reconnu la même capacité civile qu'aux syndicats eux-mêmes peut exercer les droits conférés à ceux-ci.

Une cour d'appel, qui a relevé que deux fédérations syndicales régulièrement constituées regroupaient des syndicats dont l'objet était la défense des intérêts des salariés de la caisse d'épargne, a exactement décidé que ces fédérations pouvaient se prévaloir d'une atteinte aux intérêts collectifs de l'un des groupes professionnels qu'elles représentent.

Cass. soc. 18 décembre 2000, n° 98-17.739, 1er moyen, BC V n° 434.

L'intérêt à agir d'une union de syndicats ne se confond pas avec l'intérêt à agir des syndicats qui y sont affiliés.

Cass. soc. 26 mars 2014, n° 13-20.513, 4e et 5e branches du moyen.

Pour pouvoir agir, un intérêt collectif doit exister, celui-ci ne se confondant ni avec l'intérêt individuel du salarié ni avec l'intérêt général.

Des syndicats sont recevables dans une action ouverte contre les auteurs de violences volontaires infligées à des salariés dès lors que les infractions constatées ont porté préjudice à l'intérêt collectif des professions qu'ils représentent.

Une cour d'appel a pu recevoir l'action de ces syndicats après avoir constaté qu'il existait, indépendamment des préjudices subis individuellement par chacune des victimes de violences et du trouble porté à l'ordre public, dont le procureur de la République a pour mission d'assurer la défense, un préjudice collectif commun à l'ensemble du personnel de l'entreprise, résultant des désordres graves créés par les prévenus. Les agissements, commis sur les lieux et pendant le temps de travail, au détriment de la collectivité des salariés, ont eu, en effet, pour conséquence de paralyser l'activité de l'établissement et de porter atteinte à la liberté de travail de son personnel, en provoquant une panique générale.

Cass. crim. 15 février 1994, n° 92-85.568. Voir aussi cass. soc. 28 avril 2011, n° 09-42.749, 2e moyen.

L'intérêt collectif ne suppose pas que l'ensemble des salariés soit concerné par l'objet du litige.

Un syndicat de la profession est recevable à agir en nullité d'une cession d'une partie d'une entreprise publique à une entreprise privée en raison de l'absence de l'autorisation législative prévue par les dispositions de la loi de démocratisation du 2 juillet 1986, dès lors que cette question de principe touchait à l'intérêt collectif des salariés de la profession, peu important que seule une partie du personnel de l'entreprise cédée ait été ainsi écartée du champ d'application de la loi sur la démocratisation du secteur public.

Cass. soc. 5 octobre 1994, n° 92-16.632, BC V n° 260. Voir aussi cass. soc. 9 juillet 2015, n° 14-11.752, 2e moyen, énonçant que l'action introduite par un syndicat sur le fondement de l'article L. 2132-3 CT est recevable du seul fait que ladite action repose sur la violation d'une règle d'ordre public social destinée à protéger les salariés, la circonstance que seuls quelques salariés d'une entreprise ou d'un établissement seraient concernés par cette violation étant sans incidence sur le droit d'agir du syndicat.

Dès lors que l'objet de la demande d'un syndicat tend à la défense de l'emploi des salariés de l'entreprise, son action est recevable sur le fondement de l'article L. 2132-3 CT.

Cass. soc. 10 janvier 2012, n° 09-16.691, BC V n° 5.

Les syndicats représentant les salariés d'un seul établissement sont recevables à agir pour la défense des intérêts de la profession lorsque cet établissement est visé par un projet de transfert d'activités concernant, plus largement, d'autres établissements de la société.

Deux syndicats d'un établissement ont intenté une action en justice afin que soit élaboré un plan social dans le cadre de la mise en œuvre d'un projet de transfert d'activités et de personnel entre les différents établissements situés en région parisienne d'une société.

C'est à bon droit qu'une cour d'appel a déclaré leur action recevable, après avoir relevé que le projet de transfert d'activités et de personnel de cet établissement concernait l'intérêt collectif des salariés du site et que, dès lors, quelle que soit son amplitude géographique, les syndicats représentant les salariés de ce seul site étaient recevables à agir pour la défense des intérêts de la profession.

Cass. soc. 21 janvier 2004, n° 02-12.712, 1er moyen, BC V n° 26.

Si un intérêt collectif indirect suffit pour que l'action soit recevable, cet intérêt doit cependant se distinguer d'un intérêt individuel indirect.

Une cour d'appel a pu déclarer irrecevable la constitution de partie civile d'un syndicat dans une action pour abus de biens sociaux. En effet, le préjudice indirect qui serait porté, par un délit d'abus de biens sociaux, à l'intérêt collectif de la profession, ne se distingue pas du préjudice, lui-même indirect, qu'auraient pu subir individuellement les salariés de l'entreprise.

Cass. crim. 27 novembre 1991, n° 89-86.983, B. crim. n° 439. Voir aussi cass. crim. 11 mai 1999, n° 97-82.169, B. crim. n° 89 ; cass. crim. 8 octobre 2003, n° 02-86.428.

Une salariée avait porté plainte avec constitution de partie civile pour viol et harcèlement sexuel suite aux agissements de son supérieur hiérarchique dans le cadre de son travail dans un restaurant d'entreprise. Le syndicat de l'Énergie chimie de l'Île-de-France CFDT s'était constitué partie civile en faisant valoir que ces faits portaient atteinte à l'intérêt collectif de la profession dès lors qu'ils constituaient une violation des dispositions destinées à assurer la sécurité et la dignité des salariés dans leur emploi.

Cependant, les circonstances dans lesquelles les faits dénoncés avaient été commis ne suffisant pas à caractériser une atteinte à l'intérêt collectif des salariés du secteur représenté par le syndicat, une cour d'appel a pu déclarer irrecevable la constitution de partie civile du syndicat.

Cass. crim. 23 janvier 2002, n° 01-83.559, B. crim. n° 12.

L'action d'un syndicat, qui ne tend pas au paiement de sommes déterminées à des personnes nommément désignées, mais à l'application du principe d'égalité de traitement, relève de la défense de l'intérêt collectif de la profession.

Cass. soc. 12 février 2013, n° 11-27.689, pourvoi principal, BC V n° 36.

Un syndicat peut demander en référé les mesures de remise en état destinées à mettre fin à un trouble manifestement illicite affectant l'intérêt collectif de la profession qu'il représente.

Aux termes de l'article L. 411-11, devenu L. 2132-3 CT, les syndicats professionnels peuvent, devant toutes les juridictions, exercer tous les droits réservés à la partie civile concernant les faits portant un préjudice direct ou indirect à l'intérêt collectif de la profession qu'ils représentent ; il en résulte qu'ils peuvent demander en référé les mesures de remise en état destinées à mettre fin à un trouble manifestement illicite affectant cet intérêt collectif.

C'est à bon droit qu'une cour d'appel a retenu que le défaut de réunion, d'information et de consultation des institutions représentatives du personnel lorsqu'elles sont légalement obligatoires portait atteinte à l'intérêt collectif d'une profession et déclaré recevable l'action de fédérations syndicales.

Cass. soc. 24 juin 2008, n° 07-11.411, pourvoi incident, BC V n° 140.

Un syndicat est recevable à contester la qualité de syndicat professionnel d'un groupement dont l'objet ne satisfait pas aux exigences légales.

Toute personne justifiant d'un intérêt à agir est recevable à contester la qualité de syndicat professionnel d'un groupement dont l'objet ne satisfait pas aux exigences des articles L. 411-1 et L. 411-2 CT et à en demander la nullité, indépendamment du droit pour le procureur de la République d'en requérir la dissolution dans les conditions prévues par l'article L. 481-1 du même code en cas d'infractions commises par ses dirigeants ou administrateurs.

Une cour d'appel a donc pu déclarer un syndicat de médecins ostéopathes recevable en son action tendant à la dissolution du syndicat d'organisation de la profession d'ostéopathes diplômés d'État en kinésithérapie et prononcer la dissolution de ce syndicat après avoir retenu que son objet était illicite en ce qu'il regroupait des masseurs-kinésithérapeutes qui entendaient pratiquer l'ostéopathie de manière indépendante, sans diagnostic médical préalable.

Cass. ch. mixte 10 avril 1998, n° 97-13.137, BC n° 1. Voir aussi cass. ch. mixte 10 avril 1998, n° 97-17.870, BC n° 2 ; cass. ch. mixte 10 avril 1998, n° 97-16.970, BC n° 1.

Une organisation syndicale qui a vocation à participer au processus électoral a nécessairement intérêt à agir en contestation de la régularité des élections.

C'est donc à tort que, pour dire irrecevable la demande d'annulation des élections des délégués du personnel et des membres d'un comité d'établissement formée par un syndicat, un tribunal d'instance a énoncé que, la régularité des élections professionnelles mettant en jeu l'intérêt collectif de la profession, tout syndicat, même non représentatif dans l'entreprise où il a des adhérents, pouvait en demander la nullité ; que, lorsqu'il n'était pas représentatif, un syndicat devait donc démontrer qu'il avait au moins deux adhérents dans l'entreprise pour justifier de son intérêt à agir et que, faute d'établir avoir au moins deux adhérents, le syndicat requérant ne justifiait pas d'un tel intérêt.

Cass. soc. 20 septembre 2018, n° 17-26.226, à paraître.

Il en est de même des conditions de négociation du protocole préélectoral dont tout syndicat peut contester le déroulement.

Les conditions de négociation du protocole préélectoral mettant en jeu l'intérêt collectif de la profession, tout syndicat non signataire du protocole, invité ou non à participer à cette négociation, a intérêt à agir pour en contester le déroulement.

Cass. soc. 23 septembre 2009, n° 08-60.535, 1re branche du moyen, BC V n° 195.

La régularité de la désignation d'un représentant syndical mettant en jeu l'intérêt collectif de la profession, tout syndicat ou union de syndicats peut agir en annulation de cette désignation.

Cass. soc. 26 mars 2014, n° 13-20.513, précité.

Il en est de même de la régularité de l'élection des représentants du personnel au CHSCT.

Cass. soc. 29 novembre 2017, n° 16-60.301.

En raison des fonctions et prérogatives attribuées au représentant des salariés, la méconnaissance des règles régissant leur désignation ou leur remplacement porte atteinte à l'intérêt collectif de la profession.

A violé les articles L. 2132-3 CT et R. 621-14 c. com. le tribunal qui, pour dire irrecevable l'intervention volontaire d'un syndicat au soutien de l'action du salarié, a retenu que le représentant des salariés élu dans le cadre d'une procédure de redressement judiciaire ouverte à l'égard de son employeur ne pouvait être considéré comme une institution représentative du personnel au sens du code du travail.

Cass. soc. 15 juin 2011, n° 10-60.392, 1er moyen du pourvoi du syndicat, BC V n° 156.

En cas de manquement aux obligations de réunion, d'information ou de consultation des institutions représentatives du personnel, un syndicat peut exercer les droits réservés à la partie civile, mais il ne peut pas demander la communication des documents qui, selon lui, auraient dû être transmis au comité d'entreprise.

Si les syndicats professionnels peuvent devant toutes les juridictions, en application de l'article L. 2132-3 CT, exercer tous les droits réservés à la partie civile concernant les faits portant un préjudice direct ou indirect à l'intérêt de la profession qu'ils représentent, notamment en cas de défaut de réunion, d'information ou de consultation des institutions représentatives du personnel lorsqu'elles sont légalement obligatoires, ils ne sont pas recevables à agir pour demander communication à leur profit de documents qui, selon eux, auraient dû être transmis au comité d'entreprise.

Cass. soc. 11 septembre 2012, n° 11-22.014, BC V n° 226. Voir aussi cass. soc. 14 décembre 2015, n° 14-17.152, 1er moyen, énonçant qu'un syndicat n'a pas qualité à agir aux lieu et place des institutions représentatives de personnel pour tirer argument d'un défaut de consultation qu'elles n'invoquent pas.

De même, un syndicat n'est pas recevable à demander la condamnation de l'employeur à communiquer des documents au comité d'entreprise en l'absence de demande de ce dernier.

Un accord sur la gestion prévisionnelle des emplois et des compétences avait été signé au sein d'une banque prévoyant que celle-ci fournirait, chaque année, aux représentants du personnel des données sociales faisant apparaître les rémunérations hommes/femmes pour chaque métier-repère ; soutenant que la banque avait manqué à son obligation de délivrer des informations loyales et pertinentes, un syndicat a saisi le tribunal de grande instance pour qu'il soit ordonné à la banque, sous astreinte, de communiquer au comité d'entreprise la grille des rémunérations ventilées par métier-repère.

Pour dire l'action du syndicat recevable, une cour d'appel a retenu que le syndicat avait qualité et intérêt à ce que le comité d'entreprise bénéficie des informations qui lui sont destinées en application de l'article L. 2323-57 CT et d'un accord d'entreprise.

En statuant ainsi, alors que les documents exigés de l'employeur étaient destinés au comité d'entreprise, lequel n'en sollicitait pas la communication et ne s'était pas associé à la demande du syndicat, la cour d'appel a violé l'article L. 2132-3 CT.

Cass. soc. 16 décembre 2014, n° 13-22.308, BC V n° 293.

Le fait de licencier un salarié en raison de son activité syndicale est générateur d'un préjudice à la profession de l'intéressé justifiant l'action en justice des syndicats qui la représentent.

C'est à bon droit qu'une cour d'appel a accueilli les constitutions de partie civile de deux syndicats, dans la mesure où le fait de licencier un salarié en raison de son appartenance à un syndicat ou de l'exercice d'une activité syndicale est générateur d'un préjudice subi par la profession à laquelle appartient l'intéressé et dont les syndicats qui représentent cette profession peuvent demander réparation.

Cass. crim. 29 octobre 1996, n° 94-85.028, 2e moyen, B. crim. n° 379. Voir aussi cass. crim. 3 décembre 1996, n° 95-84.647, 1re branche du 2e moyen, B. crim. n° 441, portant sur l'intérêt collectif à agir en l'absence de consultation du comité d'entreprise en cas de licenciements collectifs pour motif économique.

Il en est de même des mesures de discrimination syndicale prises par l'employeur…

Tout syndicat victime d'une mesure prise contrairement aux dispositions des alinéas 1er à 3 de l'article L. 412-2 CT peut en demander l'annulation.

Le détachement d'un salarié comme permanent dans un syndicat doit être un avantage proposé, aux mêmes conditions, à tous les syndicats, faute de quoi, les syndicats lésés peuvent, sur le fondement de l'article L. 412-2 CT, obtenir l'annulation du contrat de détachement.

Cass. soc. 10 juillet 2001, n° 99-21.884, BC V n° 261. Voir aussi cass. soc. 19 octobre 1999, n° 97-43.088.

… du délit de violation du secret médical commis à l'occasion de l'exercice par l'employeur du contrôle des arrêts maladie de ses agents hospitaliers…

Le délit de violation du secret médical, lorsqu'il est commis à l'occasion de l'exercice par l'employeur du contrôle des arrêts de maladie de ses agents hospitaliers, peut être de nature à préjudicier à l'intérêt collectif de la profession à laquelle appartient ce personnel.

Cass. crim. 27 mai 1999, n° 98-82.978, B. crim. n° 109.

… du délit de prise illégale d'intérêts…

Les faits de prise illégale d'intérêts dénoncés par des syndicats, à les supposer établis, rendent possible l'existence d'un préjudice, fût-il indirect, aux intérêts moraux de la profession qu'ils représentent, et distinct de celui qu'ont pu subir individuellement les salariés.

Cass. crim. 27 juin 2012, n° 11-86.920, B. crim. n° 160.

… du délit de travail dissimulé…

L'exercice d'un travail dissimulé est de nature à causer à la profession représentée par le syndicat demandeur un préjudice distinct de celui subi personnellement par les salariés concernés.

Cass. crim. 6 décembre 2011, n° 10-86.829, B. crim. n° 244. Voir aussi cass. crim. 27 novembre 2001, n° 01-83.767.

… de la violation de la réglementation sur le repos dominical…

Une cour d'appel a pu dire recevable l'action menée par un syndicat patronal pour violation des règles sur le repos dominical et condamner la société contrevenante à payer à ce syndicat des dommages et intérêts en réparation du préjudice causé aux professionnels concurrents. En effet, la société, en employant irrégulièrement des salariés le dimanche, en infraction avec l'article L. 221-5 CT, créait une situation d'inégalité par rapport aux commerçants qui, exerçant la même activité, respectaient cette règle.

Cass. soc. 17 février 1994, n° 90-11.037, 2e moyen. Voir aussi cass. soc. 22 janvier 2014, n° 12-27.478, 2e moyen, BC V n° 31, précisant qu'il importe peu que les salariés soient consentants pour travailler le dimanche.

… de la violation des règles relatives au repos quotidien…

Le défaut de respect des règles relatives au repos quotidien de onze heures caractérise une atteinte aux intérêts collectifs de la profession.

Cass. soc. 23 mai 2013, n° 12-13.015, 3e moyen.

… de la mise à pied disciplinaire irrégulière d'un délégué syndical…

La mise à pied disciplinaire d'un délégué syndical, au mépris des dispositions de l'article L. 1332-2 CT, est de nature à porter préjudice à l'intérêt collectif de la profession représentée par le syndicat à l'origine de la désignation.

Cass. soc. 17 novembre 2011, n° 10-23.640, 2e moyen du pourvoi incident.

… de la requête en suspicion légitime à l'encontre d'un membre de la formation de jugement d'un conseil de prud'hommes qui met en doute son impartialité en raison de son appartenance à la même organisation syndicale que celle du demandeur…

Cass. soc. 3 octobre 2007, n° 05-44.652.

… de l'application d'un règlement intérieur illicite…

Cass. soc. 4 mai 2017, n° 15-24.400, 2e branche du 1er moyen.

... ou de la mise en œuvre irrégulière d'un système de vidéosurveillance dans l'entreprise.

Cass. crim. 9 février 2016, n° 14-87.753, 2e moyen, B. crim. n° 29.

Un syndicat peut agir dans l'intérêt collectif de la profession en cas de violation par un employeur des règles relatives à la sécurité des travailleurs...

Suite à l'effondrement d'un terminal de l'aérogare de Roissy, l'Union fédérale des aériens CFDT (UFA CFDT), le Syndicat des pilotes de l'aviation civile (SPAC Air France) et le Syndicat des pilotes de ligne (SNPL) se sont constitués parties civiles. Le juge d'instruction a déclaré ces constitutions de partie civile irrecevables et les parties civiles ont formé appel de cette décision.

Pour infirmer l'ordonnance du juge d'instruction et déclarer recevables les constitutions de partie civile de l'UFA CFDT, du SPAC Air France et du SNPL, une chambre de l'instruction a énoncé que les syndicats appelants représentaient des salariés dont un certain nombre circulait, dans le cadre de leur activité, dans le terminal où était survenu l'accident, que l'effondrement du bâtiment démontrait que la sécurité des salariés était compromise et qu'ils étaient soumis à un risque grave et anormal ; les juges ont ajouté que les syndicats pouvaient, devant toutes les juridictions, exercer tous les droits réservés à la partie civile relativement aux faits portant un préjudice direct ou indirect à l'intérêt collectif de la profession qu'ils représentaient et ont retenu encore que tel était le cas lorsque la sécurité des travailleurs était compromise.

En se déterminant ainsi, dès lors que les manquements, constitutifs des infractions poursuivies, avaient pu compromettre la sécurité des travailleurs et causer ainsi un préjudice aux intérêts collectifs des professions représentées par les syndicats susvisés sans qu'il soit nécessaire qu'un des salariés représentés par ces syndicats ait subi un préjudice direct et personnel, la chambre de l'instruction a justifié sa décision.

Cass. crim. 11 octobre 2005, n° 05-82.414, moyen présenté par le procureur général, B. crim. n° 254.

... ou de la réglementation relative à la durée du travail.

Doit être cassé l'arrêt qui, pour débouter un syndicat de sa demande en dommages-intérêts pour le préjudice porté à l'intérêt collectif de la profession du fait de la méconnaissance des dispositions légales et conventionnelles fixant au 1er janvier 2000 la date de la réduction du temps de travail, a retenu qu'aucun préjudice à l'intérêt collectif de l'ensemble de la profession n'est caractérisé.

En effet, l'inobservation par l'employeur tant des dispositions de l'article L. 212-1 bis CT, alors en vigueur, qui fixaient la durée légale de travail effectif des salariés à trente-cinq heures de travail par semaine à compter du 1er janvier 2002 pour les entreprises dont l'effectif est de plus de vingt salariés, que celles, identiques, de l'accord cadre étendu du 10 mars 1999 relatif à l'aménagement et à la réduction du temps de travail dans les établissements ou services pour personnes inadaptées ou handicapées, causait nécessairement un préjudice à l'intérêt collectif de la profession.

Cass. soc. 16 novembre 2004, n° 02-46.815.

Aux termes de l'article L. 3123-21 CT dans sa rédaction applicable en la cause, toute modification de la répartition de la durée du travail entre les jours de la semaine ou les semaines du mois est notifiée au salarié [travaillant à temps partiel] sept jours avant la date à laquelle elle doit avoir lieu.

C'est à bon droit qu'une cour d'appel a retenu, pour condamner l'employeur à payer une certaine somme à titre de dommages-intérêts à un syndicat intervenu à l'instance engagée par un salarié, que le non-respect de ces dispositions était de nature à porter atteinte à l'intérêt collectif de la profession.

Cass. soc. 21 septembre 2017, n° 16-14.282, BC V n° 158.

Si des syndicats sont recevables à demander en justice la réparation du préjudice porté à l'intérêt collectif par l'irrégularité de la mise en œuvre d'un accord de branche en l'absence de formalisation d'une convention individuelle de forfait, ils sont en revanche irrecevables à demander que la convention de forfait irrégulière soit déclarée inopposable aux salariés et à réclamer la régularisation de la situation de ces salariés.

Deux syndicats ont assigné devant le tribunal de grande instance les sociétés employeurs d'une UES notamment pour contester la mise en œuvre d'un accord collectif instaurant pour les salariés relevant du régime « réalisation de missions » une convention de forfait et pour décider que ce forfait était inopposable aux salariés.

D'une part, doit être approuvé l'arrêt ayant déclaré recevable la demande des syndicats relative au constat de l'irrégularité de la mise en œuvre de la convention de forfait en heures.

En effet, la cour d'appel, qui a constaté que l'action des syndicats tendait à l'application de dispositions d'un accord de branche relatives à la rémunération d'une catégorie de salariés et à la reconnaissance de l'irrégularité de la mise en œuvre de ces dispositions en l'absence de formalisation d'une convention individuelle de forfait, en a exactement déduit la recevabilité de cette action en réparation d'un préjudice porté à l'intérêt collectif de la profession.

D'autre part, c'est à tort que la cour d'appel a déclaré recevables les demandes des syndicats tendant d'abord à voir déclarer inopposable aux salariés la convention irrégulière de forfait en heures, ensuite à dire que le décompte de leur temps de travail et le paiement des heures supplémentaires devaient être effectués selon le droit commun et que les sociétés de l'UES devaient régulariser la situation de ces salariés en procédant, selon ce droit commun, au calcul des heures de travail effectivement réalisées par semaine par chacun d'eux, et, le cas échéant, en payant la rémunération majorée des heures supplémentaires accomplies au-delà de 35 heures par semaine non compensées par des jours de repos, dans la limite de la prescription quinquennale, enfin à condamner ces sociétés au paiement de dommages-intérêts.

En effet, les demandes autres que celle relative au constat de l'irrégularité de la mise en œuvre des dispositions conventionnelles relatives à la convention de forfait n'avaient pas pour objet la défense de l'intérêt collectif de la profession.

Cass. soc. 14 décembre 2016, n° 15-20.812, 2e moyen, BC V n° 255.

Des syndicats peuvent agir dans l'intérêt collectif de la profession pour contester l'affectation d'une partie d'une augmentation de salaires intervenue en violation du code de la sécurité sociale.

Aux termes de l'article L. 411-1 CT, les syndicats professionnels peuvent, devant toutes les juridictions, exercer tous les droits réservés à la partie civile relativement aux faits portant un préjudice direct ou indirect à la profession qu'ils représentent.

Une cour d'appel qui a relevé qu'après avoir annoncé une augmentation des salaires, un employeur en avait affecté une fraction au financement de la caisse de retraite, cette retenue figurant sur les bulletins de paie, en a exactement déduit que la demande des syndicats, qui portait, non sur le montant de l'augmentation, mais sur l'affectation d'une partie de cette augmentation, décidée unilatéralement par l'employeur en violation de l'article R. 731-8 c. séc. soc., touchait à l'intérêt collectif de la profession et que cette demande était donc recevable. La cour a décidé à bon droit qu'en affectant unilatéralement aux cotisations du personnel une fraction de l'augmentation salariale qu'il avait consentie, l'employeur avait, d'une part, privé les salariés d'une partie de l'augmentation décidée par lui en violation de l'effet obligatoire de son engagement unilatéral et, d'autre part, modifié la contribution des salariés au régime de retraite complémentaire, en violation des dispositions de l'article R. 731-8 c. séc. soc.

Cass. soc. 21 janvier 1997, n° 94-19.019, 1er moyen, BC V n° 30.

Indépendamment de l'action réservée par l'article L. 2262-11 CT aux syndicats liés par une convention ou un accord collectif de travail, les syndicats professionnels sont recevables à demander, sur le fondement de l'article L. 2132-3 de ce code, l'exécution d'une convention ou d'un accord collectif de travail, même non étendu, son inapplication causant nécessairement un préjudice à l'intérêt collectif de la profession.

Cass. soc. 3 mai 2007, n° 05-12.340, BC V n° 68. Voir aussi cass. soc. 30 novembre 2010, n° 09-42.990, pourvoi du syndicat, BC V n° 276 ; cass. soc. 11 juin 2013, n° 12-12.818, BC V n° 151 ; cass. soc. 12 juin 2001, n° 00-14.435, BC V n° 221, subordonnant la recevabilité de l'action des syndicats au fait que la convention collective soit étendue ; cass. soc. 26 mai 2004, n° 02-18.756, 1er moyen, BC V n° 143, décidant qu'un syndicat d'entreprise peut, dans l'intérêt de la profession qu'il représente, joindre son action à celle de la fédération à laquelle il a adhéré pour demander la nullité d'un accord collectif d'entreprise.

Par jugement du 11 juin 2010, un tribunal de grande instance a fait injonction à une société d'appliquer la convention collective des bureaux d'études techniques, des cabinets d'ingénieurs-conseils et des sociétés de conseils du 15 décembre 1987 (syntec) ; le 31 décembre 2010, le comité d'entreprise de la société et plusieurs organisations syndicales ont saisi à nouveau le tribunal de grande instance pour qu'il soit fait injonction à la société de verser à l'ensemble de ses salariés des primes et compléments de salaires prévus par la convention collective.

C'est à tort que, pour déclarer irrecevable l'action des organisations syndicales, une cour d'appel a retenu qu'il ressort des dispositions de l'article L. 2262-11 CT que l'action reconnue aux organisations syndicales leur permet d'obtenir l'exécution des engagements conventionnels et le cas échéant le paiement de dommages-intérêts, mais non la condamnation de l'employeur au paiement de sommes qui seraient dues à leurs adhérents en application de cette convention, alors que l'action des syndicats ne tendait pas au paiement de sommes déterminées à des personnes nommément désignées mais à l'application des clauses de la convention collective syntec à tous les salariés compris dans son champ d'application et poursuivait en conséquence la réparation du préjudice porté à l'intérêt collectif de la profession.

Cass. soc. 19 novembre 2014, n° 13-23.899, 2e moyen, BC V n° 271.

Est recevable l'action d'un syndicat non signataire d'un accord d'entreprise tendant à la suspension d'une mesure prise par un employeur en violation, selon lui, de cet accord.

Cass. soc. 16 janvier 2008, n° 07-10.095, 1er moyen, BC V n° 10.

Il en est de même s'agissant du respect d'un engagement unilatéral concernant une catégorie de salariés.

Le non-respect d'un engagement unilatéral concernant une catégorie de salariés porte atteinte à l'intérêt collectif de la profession.

Cass. soc. 28 octobre 2015, n° 14-11.244, 2e moyen.

Un syndicat représentatif sur le plan national a intérêt à agir en reconnaissance d'une unité économique et sociale, même s'il n'a pas d'adhérent dans l'ensemble des entreprises.

Après avoir exactement énoncé qu'en sa seule qualité d'organisation syndicale représentative sur le plan national, un syndicat avait intérêt à agir en reconnaissance d'une unité économique et sociale, un tribunal d'instance a justement déclaré recevable sa demande qui avait pour objet la mise en place d'un comité d'entreprise commun, peu important que ce syndicat n'ait pas eu d'adhérent dans les entreprises de l'unité économique et sociale.

Cass. soc. 26 novembre 2003, n° 02-60.732.

Mais l'action d'un syndicat tendant à faire reconnaître la qualité de coemployeur d'une société appartenant à une UES est irrecevable, la reconnaissance d'un contrat de travail étant un droit exclusivement attaché à la personne de celui qui se prétend salarié.

Un syndicat, agissant seul, a fait assigner devant le tribunal de grande instance deux sociétés entre lesquelles une unité économique et sociale a été reconnue, afin de faire juger que l'une est coemployeur des salariés de l'autre.

C'est à tort que, pour déclarer recevable l'action du syndicat en application de l'article L. 411-11 CT, une cour d'appel a retenu que cette action tendait à faire juger qu'il avait été porté atteinte à l'emploi des salariés et à leur statut puisque la reconnaissance de la qualité de coemployeur de l'une des deux sociétés leur permettrait de faire valoir leurs droits à l'encontre de celle-ci et que la juridiction devrait trancher une question de principe susceptible d'entraîner des conséquences pour l'ensemble de la profession dont le syndicat assurait la défense et non pas de statuer sur un conflit individuel du travail.

Cass. soc. 23 janvier 2008, n° 05-16.492, BC V n° 22.

Il en est de même de l'action d'un syndicat tendant à obtenir une réparation au titre de son préjudice subi en raison du manquement d'un employeur à son obligation de reclassement d'un salarié licencié pour motif économique.

Si l'article L. 1235-8 CT autorise les organisations syndicales représentatives à exercer en justice, aux lieu et place du salarié, les actions qui naissent des dispositions régissant le licenciement pour motif économique, l'action du syndicat, qui, en complément des demandes formées par le salarié au titre de son préjudice individuel, vise à faire sanctionner par une indemnisation séparée l'attitude de l'employeur, nécessite, en application de l'article L. 2132-3 CT, que le litige porte atteinte aux intérêts collectifs de la profession.

Un syndicat est intervenu à l'instance introduite par une salariée licenciée pour motif économique en vue d'obtenir notamment la condamnation de son employeur pour licenciement sans cause réelle et sérieuse, en raison de la violation de l'obligation individuelle de reclassement.

Pour condamner l'employeur à verser au syndicat la somme de 1 € au titre du préjudice subi par ce dernier en raison de la violation par l'employeur de son obligation de reclassement en faveur de la salariée, une cour d'appel a énoncé que, dans la mesure où l'article L. 1235-8 CT ouvre aux organisations syndicales de salariés une action en substitution en cas de violation des dispositions légales régissant le licenciement économique, le syndicat était recevable à intervenir volontairement et principalement au côté de la salariée.

En statuant ainsi, alors que le litige relatif au manquement de l'employeur à son obligation de reclassement individuel ne portait pas atteinte aux intérêts collectifs de la profession, la cour d'appel a violé les articles L. 1235-8 et L. 2132-3 CT.

Cass. soc. 18 novembre 2009, n° 08-44.175, BC V n° 261.

La violation des dispositions légales relatives au contrat à durée déterminée est de nature à porter atteinte à l'intérêt collectif de la profession.

Une salariée a été engagée par une entreprise à compter du 11 mars 2000 en vertu d'un contrat à durée déterminée à temps partiel ; le 1er décembre 2002, les parties ont signé un contrat à durée indéterminée à temps partiel suivi d'un contrat à durée indéterminée à temps complet en date du 20 mars 2006 pour un emploi de facteur, puis le 20 juillet 2007 pour un emploi d'agent rouleur distribution ; sollicitant la requalification de ses contrats en un contrat à durée déterminée, la salariée a saisi la juridiction prud'homale de diverses demandes. Un syndicat est intervenu volontairement à l'instance.

Pour débouter le syndicat intervenant de sa demande de dommages-intérêts, la cour d'appel a énoncé qu'eu égard à l'issue du litige, il n'était pas démontré l'existence d'une atteinte à l'intérêt collectif de la profession que ce syndicat représentait, dès lors que l'employeur n'avait pas méconnu les dispositions de la convention collective applicable.

En statuant ainsi, alors que la violation des dispositions légales relatives au contrat à durée déterminée est de nature à porter atteinte à l'intérêt collectif de la profession, la cour d'appel a violé l'article L. 2132-3 CT.

Cass. soc. 23 mars 2016, n° 14-22.250, 3e moyen, BC V n° 54. Voir aussi cass. soc. 23 janvier 2019, n° 17-14.327, 6e moyen.

Si seul le salarié a qualité pour demander la requalification d'un contrat de travail à durée déterminée en contrat à durée indéterminée, le défaut de respect des dispositions conventionnelles encadrant le recours au contrat à durée déterminée constitue une atteinte à l'intérêt collectif de la profession.

Ayant constaté qu'un employeur n'avait pas respecté les dispositions de la convention collective des hôtels, cafés et restaurants limitant à soixante jours sur un même trimestre civil la durée des contrats à durée déterminée, un conseil de prud'hommes a pu le condamner à payer à un syndicat des sommes à titre de dommages-intérêts en réparation de l'atteinte portée à l'intérêt collectif de la profession.

Cass. soc. 10 février 2016, n° 14-26.304, BC V n° 29.

Si les salariés engagés à durée déterminée peuvent seuls agir devant le juge prud'homal en vue d'obtenir la requalification de leurs contrats en contrats à durée indéterminée, les syndicats ont qualité pour demander au juge d'instance, juge de l'élection, que les contrats de travail soient considérés comme tels s'agissant des intérêts que cette qualification peut avoir en matière d'institutions représentatives du personnel et des syndicats, notamment pour la détermination des effectifs de l'entreprise.

Cass. soc. 17 décembre 2014, n° 14-13.712, 1er moyen du pourvoi de l'employeur, BC V n° 296.

La violation des dispositions relatives au travail temporaire, en diminuant la possibilité d'embauche de travailleurs permanents, est de nature à porter préjudice à l'intérêt collectif de la profession.

Cass. soc. 23 mars 2016, n° 14-23.276, 5e moyen, BC V n° 55.

Si un syndicat peut intervenir aux côtés du salarié à l'occasion d'un litige portant sur l'applicabilité des dispositions relatives au transfert des contrats de travail,…

Les dispositions de l'article L. 1224-1 CT ayant pour objet le maintien des droits des travailleurs en cas de transfert de leur contrat de travail, leur violation porte atteinte à l'intérêt collectif de la profession représentée par le syndicat, de sorte que l'intervention de ce dernier au côté des salariés à l'occasion d'un litige portant sur l'applicabilité de ce texte est recevable.

Cass. soc. 23 septembre 2009, n° 08-42.109, BC V n° 198.

… il ne peut agir ni en contestation du transfert d'un contrat de travail à la place du salarié,…

Si la violation des dispositions de l'article L. 1224-1 CT ayant pour objet le maintien des droits des travailleurs en cas de transfert de leur contrat de travail porte atteinte à l'intérêt collectif de la profession représentée par le syndicat, de sorte que l'intervention de ce dernier au côté du salarié à l'occasion d'un litige portant sur l'applicabilité de ce texte est recevable, l'action en contestation du transfert d'un contrat de travail est un droit exclusivement attaché à la personne du salarié.

Cass. soc. 11 septembre 2012, n° 11-22.014, précité. Voir aussi cass. soc. 9 mars 2016, n° 14-11.837, BC V n° 46.

… ni en revendication du transfert d'un contrat de travail à la place du salarié.

Si la violation des dispositions de l'article L. 1224-1 CT ayant pour objet le maintien des droits des travailleurs en cas de transfert de leur contrat de travail porte atteinte à l'intérêt collectif de la profession représentée par le syndicat, de sorte que l'intervention de ce dernier au côté du salarié à l'occasion d'un litige portant sur l'applicabilité de ce texte est recevable, l'action en revendication du transfert d'un contrat de travail est un droit exclusivement attaché à la personne du salarié.

Cass. soc. 12 juillet 2017, n° 16-10.460, BC V n° 121.

Il ne peut pas agir lorsque le litige porte sur la rupture conventionnelle du contrat de travail d'un salarié ne portant pas en lui-même atteinte à l'intérêt collectif de la profession.

Le litige relatif à la rupture conventionnelle du contrat de travail d'un salarié ne porte pas en lui-même atteinte à l'intérêt collectif de la profession.

Cass. soc. 15 janvier 2014, n° 12-23.942, BC V n° 19.

L'action des syndicats est recevable dès lors qu'une question de principe est posée.

Doit être cassé l'arrêt déclarant irrecevable la constitution de partie civile du Syndicat national des journalistes dans une action ouverte par deux journalistes en contrefaçon de leur œuvre sur le fondement de la loi du 29 juillet 1982 sur la communication audiovisuelle. Dès lors que le syndicat faisait valoir que l'utilisation frauduleuse de la création intellectuelle de ces deux journalistes, ayant travaillé en tant qu'auteurs, posait des problèmes de principe importants au sein de la profession de journalistes, la cour d'appel aurait dû rechercher si l'espèce entrait dans les prévisions de la loi précitée, dont la transgression est de nature à porter atteinte aux intérêts collectifs de la profession représentée par le syndicat demandeur.

Cass. crim. 7 février 1995, n° 94-80.045, B. crim. n° 49. Voir aussi cass. soc. 3 février 1998, n° 95-44.144, précisant que le litige relatif à l'interprétation d'accords collectifs soulève une question de principe.

Pour exercer les droits réservés à la partie civile relativement aux faits portant un préjudice direct ou indirect à l'intérêt collectif de la profession qu'ils représentent, les syndicats professionnels doivent avoir une existence légale au moment où ces faits ont été commis.

Cass. crim. 22 mai 2007, n° 06-84.748, B. crim. n° 132.

Le syndicat peut agir à la place du salarié

L'action que peut exercer une organisation syndicale en vertu de l'article L. 1247-1 CT est une action de substitution qui lui est personnelle et non une action par représentation des salariés.

Dès lors, le syndicat n'est pas tenu d'indiquer dans la déclaration de pourvoi les nom, prénoms, profession et domicile des salariés en faveur desquels il agit.

Cass. soc. 1er février 2000 n° 98-46.201, BC V n° 53.

Le salarié doit être informé par lettre recommandée avec accusé de réception de la nature et de l'objet de l'action exercée par le syndicat.

En application des articles L. 122-3-16 et R. 122-1 CT, le salarié doit notamment être informé, par lettre recommandée avec demande d'avis de réception, de la nature et de l'objet de l'action exercée par le syndicat. Cette formalité substantielle est protectrice de la liberté du salarié en sorte que le syndicat ne peut présenter de demandes autres que celles mentionnées dans cette lettre.

Ayant constaté que la lettre d'intention envoyée par le syndicat aux salariés n'indiquait comme demandes que la requalification du contrat de travail, l'indemnité de requalification, l'indemnité au titre de l'article 700 NCPC et la fourniture sous astreinte du registre d'entrées et de sorties du personnel, une cour d'appel a pu décider que les autres demandes du syndicat qui n'avaient pas fait l'objet d'une nouvelle lettre adressée aux salariés dans les conditions des articles précités n'étaient pas recevables.

Cass. soc. 1er février 2000, n° 98-46.201, précité.

Après avoir relevé qu'aux termes de sa délibération, la commission exécutive nationale d'un syndicat avait décidé d'ester en justice contre une compagnie aérienne sur le fait d'avoir accordé lors d'une escale des heures de compensation à des salariés non grévistes et que les lettres adressées aux salariés grévistes en application de l'article L. 122-45-1, devenu L. 1134-2 CT, mentionnaient expressément que le syndicat entendait exercer une action en justice en leur nom au motif que la mesure consistant à octroyer ces heures instaurait une discrimination entre salariés grévistes et non grévistes, c'est à bon droit qu'une cour d'appel a déclaré recevable la demande de dommages-intérêts formée par le syndicat sur le fondement de l'article L. 122-45-1, al. 1, devenu L. 1134-2 CT.

Cass. soc. 3 mars 2009, r° 07-44.676, 1er moyen.

Le salarié peut toujours intervenir à l'instance et y mettre un terme.

Il résulte des dispositions de l'article L. 122-3-16 CT que, pour exercer l'action prévue par ce texte, le syndicat doit avoir averti chaque salarié par lettre recommandée avec demande d'avis de réception contenant les indications énumérées par l'article R. 122-1 CT, le salarié pouvant s'opposer à l'action du syndicat pendant un délai de quinze jours et pouvant toujours intervenir à l'instance pour y mettre un terme.

Ayant constaté que les salariés pour lesquels un syndicat maintenait son action de substitution avaient été avisés, le jour de l'introduction de l'instance, dans les formes prévues aux articles précités, que l'employeur avait pu consulter toutes les lettres adressées aux salariés et qu'un délai de plus de quinze jours s'était écoulé depuis la notification aux salariés lorsque le conseil de prud'hommes s'est prononcé, que la situation ayant donné lieu à fin de non-recevoir avait ainsi été régularisée avant que le juge ne statue, une cour d'appel a déclaré, à bon droit, recevable l'action de ce syndicat.

Cass. soc. 1er février 2000, n° 98-41.624, BC V n° 52.

Si le syndicat doit informer le salarié qu'il entend se substituer dans ses droits, cette information n'a pas à être réitérée au moment du pourvoi.

L'article L. 123-6 CT exige, pour toute organisation syndicale représentative dans l'entreprise qui exerce en faveur du salarié les actions découlant de cet article, que le salarié concerné soit averti par écrit et ne manifeste pas d'opposition dans un délai de quinze jours à compter de la date à laquelle l'organisation syndicale lui a notifié son intention de se substituer à lui. En l'espèce, les juges ont pu déclarer le pourvoi recevable dans la mesure où, d'une part, l'information donnée au salarié n'avait fait l'objet d'aucune contestation devant les juges du fond et, d'autre part, où cette information n'avait pas à être renouvelée par le syndicat au moment du pourvoi.

Cass. crim. 23 octobre 1990, n° 88-82.005, sur la recevabilité du pourvoi, B. crim. n° 353.

L'opposition d'un salarié à ce qu'une organisation syndicale exerce, en vertu de l'article L. 1247-1 CT, une action de substitution ne saurait valoir renonciation de ce salarié au droit d'intenter l'action personnelle dont il est titulaire pour obtenir la requalification de ses contrats à durée déterminée en un contrat à durée indéterminée, la règle de l'unicité de l'instance ne pouvant être opposée à l'intéressé alors qu'il n'a pas été partie à la première instance.

Cass. soc. 12 février 2008, n° 06-45.397, pourvoi de l'employeur, BC V n° 36.

Le désistement par le syndicat de l'action de substitution exercée en vertu de l'article L. 1247-1 CT ne fait pas obstacle à ce que, dans le cadre de l'instance engagée postérieurement par le salarié, ce syndicat, exerçant les droits réservés à la partie civile sur le fondement de l'article L. 2132-3 CT, demande réparation du préjudice causé à l'intérêt collectif de la profession.

Cass. soc. 12 février 2008, n° 06-45.397, précité.

Le syndicat peut agir en vue du respect de conventions collectives

Lorsqu'une action contestant l'application d'un accord collectif est engagée, les syndicats signataires peuvent intervenir à l'instance en raison de l'intérêt que la solution du litige peut présenter pour leurs membres.

Aux termes de l'article 30 NCPC, l'action est le droit, pour l'auteur d'une prétention, d'être entendu sur le fond de celle-ci afin que le juge la dise bien ou mal fondée.

Aux termes de l'article L. 135-4, al. 2 CT, lorsqu'une action née de la convention ou de l'accord collectif est intentée soit par une personne, soit par une organisation ou un groupement, toute organisation ou tout groupement ayant la capacité d'ester en justice, dont les membres sont liés par la convention ou l'accord, peut toujours intervenir à l'instance engagée, à raison de l'intérêt que la solution du litige peut présenter pour ses membres.

C'est à tort qu'une cour d'appel, pour déclarer irrecevable l'intervention d'un syndicat à l'action d'une salariée tendant notamment à faire requalifier son contrat de VRP à temps partiel en contrat de VRP à temps complet, a énoncé que le contrat de VRP exclusif à temps partiel souscrit par la salariée n'ayant pas violé les règles légales, l'intérêt collectif de la profession de VRP n'avait pas été lésé, alors que l'intérêt à agir n'est pas subordonné à la démonstration préalable du bien-fondé de l'action, laquelle était née d'une contestation sur l'application d'un accord collectif de travail.

Cass. soc. 11 juillet 2000, n° 97-43.645, BC V n° 275.

C'est à tort que, pour rejeter la demande de dommages-intérêts présentée par un syndicat intervenu à l'action d'un salarié, une cour d'appel a retenu que le litige opposant le salarié à son employeur, il s'agissait d'un conflit individuel sans lien établi avec la création d'une section syndicale dans l'entreprise, en sorte qu'aucun intérêt syndical n'était en jeu, alors que la demande du salarié relative à des heures supplémentaires était présentée sur le fondement de dispositions de la convention collective applicable.

Cass. soc. 26 octobre 2004, n° 02-43.017.

Cette action est également ouverte aux syndicats non signataires d'une convention ou d'un accord collectif qui lie leurs adhérents.

Les syndicats signataires ou non d'une convention ou d'un accord collectif qui lie leurs membres adhérents, disposent soit du droit d'agir en exécution des droits que les salariés tirent de la convention ou de l'accord collectif, à la condition d'avertir les salariés intéressés et que ceux-ci ne se soient opposés à l'action, soit du droit d'intervenir à une instance engagée, à raison de l'intérêt collectif que la solution peut présenter pour leurs membres.

Cass. soc. 14 février 2001, n° 98-46.149, 1er moyen, BC V n° 56. Voir aussi cass. soc. 9 avril 2002, n° 99-45.963, 2e moyen, BC V n° 124.

La recevabilité de l'action fondée n'est pas conditionnée par la preuve d'une atteinte à l'intérêt collectif de la profession.

Cass. soc. 30 octobre 2001, n° 99-45.556.

À noter toutefois que l'action du syndicat agissant en faveur de ses membres n'est pas recevable lorsque l'accord concerné ne répond pas à la définition d'accord collectif au sens des articles L. 2221-2 et s. CT.

Cass. soc. 24 janvier 2007, n° 05-42.499.

Seuls les syndicats signataires d'une convention collective sont recevables à agir sur le fondement de l'article L. 2262-11 CT.

Si, selon l'article L. 411-11 CT, les syndicats professionnels peuvent exercer d'une manière générale les droits réservés à la partie civile relativement aux faits portant préjudice directement ou indirectement à la profession qu'ils représentent, l'action visant exclusivement à obtenir l'exécution d'une convention collective ou d'un accord collectif, ou la réparation du préjudice résultant de son inexécution relève de l'article L. 135-5 CT qui en réserve l'usage aux seules organisations syndicales liées par ladite convention.

L'action menée par un syndicat ne tendant qu'à faire appliquer une convention collective prétendument méconnue par l'employeur, une cour d'appel a pu dire son action irrecevable, ce syndicat ne justifiant pas avoir été signataire de la convention.

Cass. soc. 6 décembre 1995, n° 93-20.567, 1er moyen.

L'action d'un syndicat tendant à faire déterminer la qualification de la rupture du contrat de travail de certains salariés au regard des dispositions du protocole d'accord collectif auquel il était lié relève de l'article L. 2262-11 CT (action visant à obtenir l'exécution des engagements contractés), peu important que la rupture soit intervenue dans le cadre de la mise en œuvre d'un plan social.

Une société avait engagé une procédure de licenciement collectif pour motif économique et établi un plan social prévoyant, notamment, la possibilité pour les salariés remplissant certaines conditions d'adhérer à une offre de départ en retraite anticipée. Un syndicat avait fait citer la société pour voir juger que la rupture des contrats de travail des personnes ayant adhéré à l'offre de départ en retraite anticipée constituait un licenciement économique ouvrant droit à l'indemnité conventionnelle de licenciement.

Après avoir rappelé qu'en vertu de l'article L. 135-5 CT, les groupements ayant la capacité d'ester en justice, liés par une convention ou un accord collectif de travail, peuvent en leur nom propre intenter contre toute personne liée par la convention ou l'accord toute action visant à obtenir l'exécution des engagements contractés, une cour d'appel, qui a constaté que l'action du syndicat avait pour objet de faire déterminer la qualification de la rupture du contrat de travail de certains salariés et d'en fixer les conséquences au regard, notamment, des dispositions du protocole d'accord collectif auquel il était lié, peu important que la rupture soit intervenue dans le cadre de la mise en œuvre d'un plan social, a pu déclarer recevable l'action de ce syndicat.

Cass. soc. 25 juin 2002, n° 00-18.907, BC V n° 214.

Les syndicats non signataires peuvent cependant agir en nullité, à condition qu'ils invoquent la nullité absolue.

Les syndicats qui ont participé à une négociation sont recevables à agir en nullité contre un accord collectif, même s'ils ne l'ont pas signé, dès l'instant qu'ils invoquent une nullité absolue.

Doit être cassé l'arrêt ayant déclaré un syndicat irrecevable à invoquer la nullité d'un accord d'entreprise alors que les nullités invoquées, résultant des articles 1129 et 1174 CC, quelle que soit leur valeur, relevaient du régime des nullités absolues.

Cass. soc. 9 juillet 1996, n° 95-13.010, 2e moyen, BC V n° 269.

Les syndicats professionnels sont recevables à demander l'exécution d'une convention collective étendue sur le fondement de l'article L. 2132-3 CT.

Cass. soc. 12 juin 2001, n° 00-14.435, précité.

Un syndicat est recevable, sur le fondement de l'article L. 2132-3 CT, à demander en justice que soit déterminée l'étendue des droits acquis par les salariés à la suite de la dénonciation d'un accord collectif.

Cass. soc. 2 décembre 2008, n° 07-44.132, 1er moyen, BC V n° 243.

Le syndicat doit mandater une personne pour agir en son nom

Le secrétaire général d'un syndicat doit être spécialement habilité à représenter celui-ci pour l'exercice de l'action en justice…

Selon l'article 999 NCPC, dans les matières où les parties sont dispensées du ministère d'un avocat au Conseil d'État et à la Cour de cassation, le pourvoi est formé par déclaration écrite ou orale par la partie ou son mandataire muni d'un pouvoir spécial.

Un pourvoi a été formé par un mandataire muni d'un pouvoir spécial établi au nom d'un syndicat par son secrétaire général.

Si la capacité du syndicat à défendre devant le tribunal d'instance ne pouvait être déniée dès lors qu'il comparaissait représenté par un avocat au barreau, il n'était pas établi que le secrétaire soit habilité par les statuts à représenter le syndicat pour former pourvoi en son nom ou donner pouvoir spécial aux fins de le faire. Dès lors, la déclaration ne satisfaisait pas aux exigences du texte précité.

Cass. soc. 29 mars 2005, n° 04-60.159, BC V n° 101.

Selon l'article 1006 CPC, en matière d'élections professionnelles, le pourvoi est formé par déclaration écrite que la partie, ou tout mandataire muni d'un pouvoir spécial, fait, remet ou adresse par pli recommandé au secrétariat de la juridiction qui a rendu la décision attaquée.

Dès lors, est irrecevable le pourvoi dont la déclaration émanant d'un syndicat avait été signée par le président d'une union départementale, sans qu'aucun pouvoir spécial donné à l'intéressé n'ait été joint et alors qu'il n'avait pas été justifié de dispositions statutaires l'habilitant à représenter le syndicat en justice.

Cass. soc. 4 novembre 2009, n° 09-60.066, BC V n° 240.

… mais s'il résulte des statuts d'un syndicat que son secrétaire général est habilité à le représenter en justice, la production d'un pouvoir spécial n'est pas nécessaire.

Cass. soc. 16 avril 2008, n° 07-60.157, irrecevabilités soulevées par la défense, BC V n° 89.

Lorsque les statuts d'un syndicat n'habilitent pas le secrétaire général à donner mandat de représenter le syndicat en justice, cette faculté n'appartient qu'au bureau exécutif et le mandat donné par le secrétaire général n'est pas valable.

Selon l'article 999 c. proc. civ., dans les matières où les parties sont dispensées du ministère d'un avocat au Conseil d'État et à la Cour de cassation, le pourvoi est formé par déclaration écrite ou orale par la partie ou son mandataire muni d'un pouvoir spécial, donné par écrit dans le délai fixé par la loi pour former pourvoi, dont il peut être justifié jusqu'au jour où le juge statue.

Lorsqu'aucune des dispositions statutaires d'un syndicat n'habilite son secrétaire général à représenter le syndicat en justice ou à donner pouvoir spécial à cette fin, cette prérogative n'appartient qu'au bureau exécutif et le pourvoi formé par un mandataire muni d'un tel pouvoir n'est pas recevable.

Cass. soc. 24 octobre 2012, n° 11-60.223, BC V n° 274.

Le défaut de pouvoir du représentant du syndicat qui agit en contestation des élections professionnelles constitue une irrégularité de fond et la nullité qui en résulte ne peut plus être couverte après l'expiration du délai de forclusion.

Le représentant d'un syndicat en justice doit, s'il n'est pas avocat, justifier d'un pouvoir spécial ou d'une disposition des statuts l'habilitant à agir en justice et le défaut de pouvoir d'une personne figurant au procès comme représentant du syndicat est une irrégularité de fond affectant la validité de l'acte qui ne peut plus être couverte après l'expiration du délai ouvert par l'article R. 423-3 CT pour contester la régularité des élections.

Cass. soc. 20 décembre 2006, n° 06-60.017, BC V n° 400. Voir aussi cass. soc. 14 mars 2018, n° 17-16.265.

☛ *Syndicats (Objet) ; Syndicats (Statuts).*

Activités sociales et culturelles

Si l'article R. 2323-20 ancien CT établit une liste des activités sociales et culturelles, cette liste n'est pas exhaustive et cette notion a été précisée par la jurisprudence.

Le comité d'entreprise peut assurer ou contrôler la gestion des activités qualifiées de sociales et culturelles.

L'activité sociale et culturelle vise à améliorer les conditions d'emploi et de vie du personnel dans l'entreprise

Constitue une activité sociale et culturelle toute activité, non obligatoire légalement, quels que soient sa dénomination, la date de sa création et son mode de financement, exercée principalement au bénéfice du personnel de l'entreprise, sans discrimination, en vue d'améliorer les conditions collectives d'emploi, de travail et de vie du personnel au sein de l'entreprise.

Cass. soc. 13 novembre 1975, n° 73-14.848, 1er moyen, BC V n° 533.

L'activité doit bénéficier principalement aux salariés de l'entreprise.

Ayant relevé que le comité interentreprises de la Bourse ne participait en moyenne que pour 8 % au financement de l'association, lequel était assuré pour l'essentiel par les cotisations de membres étrangers à la profession et que, par ailleurs, les boursiers n'avaient jamais constitué qu'une très faible minorité, une cour d'appel a pu décider que l'association sportive « Bourse-Marche » ne constituait pas une activité sociale et culturelle.

Cass. soc. 14 janvier 1988, n° 86-10.282.

L'activité ne doit pas trouver sa source dans une obligation légale ou conventionnelle.

Constitue une activité sociale dont le comité d'entreprise peut, à tout moment, revendiquer la gestion la prise en charge volontaire par l'employeur, en dehors de toute obligation, légale ou conventionnelle, pour chacun des salariés qui décide d'adhérer à une mutuelle, d'une partie de leur cotisation d'adhésion, peu important que cet avantage soit susceptible de donner lieu au versement de cotisations de sécurité sociale.

Cass. soc. 22 juin 1993, n° 91-17.686, BC V n° 178.

Il appartient au comité d'entreprise de définir ses actions en matière d'activités sociales et culturelles…

Cass. soc. 8 janvier 2002 n° 00-10.818.

… sous réserve de ne pratiquer aucune discrimination entre les salariés.

Après avoir relevé que le bénéfice des prestations servies à des salariés au titre des activités sociales et culturelles pour compenser les frais exposés par eux dans l'exercice d'un droit individuel à congé qu'ils tiennent du code du travail dépendait de leur appartenance ou de leurs choix de nature syndicale, certains étant privés du remboursement de leurs frais lorsque le plafond de remboursement prévu pour le syndicat dont ils avaient suivi les formations était atteint, alors qu'il ne l'était pas pour les autres organisations, c'est à bon droit qu'une cour d'appel en a déduit que la délibération du comité interentreprises et les décisions subséquentes s'y rattachant devaient être annulées.

Cass. soc. 16 avril 2008, n° 06-44.839, BC V n° 93.

Une société avait pris en charge une partie des cotisations dues par ses salariés à une mutuelle. À partir du 1er janvier 1972, cet avantage ayant été réservé aux seuls salariés dont l'adhésion à la mutuelle était antérieure à cette date, l'employeur et le comité d'entreprise avaient signé un accord précisant que la société continuerait à prendre en charge les cotisations pour ces salariés et que les œuvres sociales gérées par le comité ne comprendraient pas cette participation auxdites cotisations. Cependant, l'employeur n'ayant cessé d'imputer les sommes versées à la mutuelle sur sa contribution aux œuvres sociales, le comité d'entreprise avait demandé en 1974 que la contribution soit déterminée sans tenir compte des versements faits à la mutuelle, de façon rétroactive depuis 1972.

Une cour d'appel a pu faire droit à sa demande : la prise en charge par l'employeur d'une partie des cotisations de ses salariés affiliés à la mutuelle ne constituait pas une œuvre sociale dès lors que cet avantage n'avait plus été offert, à partir de 1972, à l'ensemble du personnel, peu important que les prestations versées par ladite mutuelle fussent restées identiques. Le comité d'entreprise n'avait donc pas pu, par le protocole d'accord de 1972, considérer que les versements opérés par l'employeur constituaient des dépenses sociales et renoncer à percevoir une partie de la contribution patronale aux œuvres sociales dont le montant est fixé par des règles d'ordre public. Le comité n'était donc pas tenu de maintenir l'œuvre sociale antérieurement existante et n'avait pas à dénoncer le protocole d'accord entaché de nullité.

Cass. soc. 24 février 1983, n° 81-14.118, BC V n° 113.

Un comité d'entreprise peut décider que seuls les adhérents à la mutuelle qu'il a choisie unilatéralement bénéficieraient des avantages financiers accordés jusque-là à tous les salariés, et ce, quelle que soit leur mutuelle. Le comité d'entreprise a la faculté de décider, hors de toute discrimination, de l'affectation des fonds consacrés aux activités sociales et culturelles.

Cass. soc. 9 mai 1989, n° 87-15.160, BC V n° 340.

Le personnel intérimaire doit pouvoir bénéficier, dans les mêmes conditions que les salariés de l'entreprise, des installations collectives.

Le personnel intérimaire a, en vertu de l'article L. 124-4-7 CT, droit d'accéder aux installations collectives. En l'espèce, les nouvelles modalités d'accès au restaurant ne permettant plus au personnel extérieur de bénéficier des cartes de valeur permettant de se restaurer à moindre prix, cette discrimination constitue un trouble manifestement illicite.

Cass. soc. 21 novembre 1990, n° 89-13.056, BC V n° 580.

Relève des activités sociales et culturelles du comité d'entreprise l'aide accordée à d'anciens salariés, licenciés pour motif économique, à l'effet d'agir en justice pour obtenir le respect des engagements pris par l'employeur dans le plan social.

L'aide exceptionnelle accordée à d'anciens salariés, licenciés dans le cadre d'un licenciement collectif pour motif économique, à l'effet d'agir en justice pour obtenir le respect des engagements pris par l'employeur dans le plan social, dont le comité d'entreprise avait examiné les dispositions, relève des activités sociales et culturelles au sens des articles L. 432-8 et R. 432-2 CT.

Cass. soc. 26 janvier 1999, n° 97-10.522, BC V n° 41.

En revanche, la « défense de l'emploi » dans l'entreprise n'est pas une activité sociale et culturelle mais relève des attributions économiques du comité.

C'est à tort que, pour déclarer qu'un budget relatif à la « défense de l'emploi », voté par un comité d'établissement, se rapportait à une activité sociale et culturelle et pour refuser d'annuler la délibération affectant ce budget au titre des activités sociales et culturelles, une cour d'appel a énoncé que dès lors que la défense de l'emploi est relative aux salariés d'une même entreprise sans considération d'appartenance syndicale ou autre discrimination, elle constitue par sa nature même une activité sociale au sens des articles L. 432-8 et R. 432-2 CT, alors que la défense de l'emploi dans l'entreprise relève des attributions du comité d'entreprise dans l'ordre économique.

Cass. soc. 12 février 2003, n° 00-19.341, BC V n° 53.

L'avantage accordé par l'employeur aux salariés en contrepartie d'un travail particulier et de l'obtention de résultats déterminés ne peut pas constituer une activité sociale et culturelle.

Il résulte de l'article R. 432-2 CT alors en vigueur, que les activités sociales et culturelles, qui ont notamment pour objet l'amélioration des conditions de bien-être des salariés, anciens salariés et de leur famille, ainsi que l'utilisation par eux des loisirs, ne peuvent comprendre un avantage accordé par l'employeur à ses salariés en rémunération d'un travail particulier ou de l'obtention de résultats déterminés, peu important que cet avantage résulte d'une initiative à laquelle l'employeur n'est pas tenu.

Une société a organisé pour l'ensemble des salariés de son service commercial un « challenge » récompensé par des voyages en Martinique pour deux personnes qui se sont déroulés en 2002 ; le comité d'établissement a saisi la juridiction prud'homale d'une demande tendant à ce qu'il soit constaté que ces voyages constituaient une activité sociale et culturelle dont il avait le monopole, à ce que la société soit condamnée à lui verser une somme à titre de solde de la subvention des activités sociales et culturelles pour les années 2003 et 2004 et à ce que soit ordonnée la majoration de cette subvention pour les années à venir.

Après avoir relevé que le travail des commerciaux au cours du premier semestre 2001 leur avait permis d'atteindre les objectifs qui leur avaient été assignés pour l'année, que le « challenge » qui leur avait ensuite été proposé reposait sur des données concrètes relatives à la situation des commandes et à la facturation, qu'il avait pour but de maintenir leur motivation et d'améliorer encore leur performance et que tous avaient rempli les nouveaux objectifs, c'est à bon droit qu'une cour d'appel a jugé que les voyages qui le récompensaient, étant la contrepartie d'un travail particulier et de l'obtention de résultats déterminés, ne constituaient pas une activité sociale et culturelle et a débouté en conséquence le comité d'établissement de ses demandes.

Cass. soc. 2 décembre 2008, n° 07-16.818, BC V n° 239.

Une « soirée festive » organisée par l'employeur afin de présenter le bilan annuel et les perspectives de la société et d'assurer une cohésion au sein de l'entreprise constitue un élément de gestion et non une activité sociale et culturelle.

Suite à la suppression d'une « soirée festive » organisée par un employeur, les élus d'un comité d'entreprise d'une société ont demandé l'intégration dans le budget des activités sociales et culturelles des sommes consacrées par la société à cette manifestation ; l'employeur ayant refusé ce transfert, le comité d'entreprise a saisi le tribunal de grande instance de demandes tendant à ce qu'il soit jugé que cette manifestation constituait une activité sociale et culturelle et à obtenir en conséquence un complément de contribution.

Doit être approuvé l'arrêt ayant débouté le comité d'entreprise de ces demandes.

En effet, la cour d'appel a relevé que, si la soirée annuelle offerte par l'employeur à ses collaborateurs se déroulait dans un cadre festif, elle avait pour objet de présenter le bilan annuel et les perspectives de la société et d'assurer une cohésion au sein de l'entreprise ; elle en a exactement déduit que cette manifestation constituait un élément de gestion, par l'employeur, de son personnel et ne relevait dès lors pas d'une activité sociale et culturelle.

Cass. soc. 9 juillet 2014, n° 13-18.577, BC V n° 188.

Les avantages versés par le comité d'entreprise peuvent être soumis à cotisations sociales s'ils ont la nature d'une rémunération

Les sommes attribuées selon des normes constantes aux salariés de l'entreprise à l'occasion du travail effectué sont assujetties à cotisations sociales.

Doit être cassé l'arrêt annulant le redressement prononcé par l'URSSAF, concernant des bons d'achat « rentrée scolaire », « étudiants » et « Noël enfants » distribués par le comité d'entreprise. Ces bons, distribués à tous les salariés en fonction de leurs charges familiales, et dont l'utilisation pour un achat déterminé ne pouvait être contrôlée, ne présentaient pas le caractère de secours liés à des situations individuelles particulièrement dignes d'intérêt. Ils étaient, en effet, attribués selon des normes constantes aux salariés de l'entreprise en raison de cette qualité et à l'occasion du travail effectué. Ils ne pouvaient, dès lors, être considérés comme étant la concrétisation de l'une des activités sociales et culturelles du comité d'entreprise énumérées à l'article R. 432-2 CT.

Cass. soc. 27 juin 1996, n° 94-15.292, 2e moyen.

Si les sommes versées par le comité présentent un caractère de secours, elles ne sont pas soumises à cotisations.

Une cour d'appel a pu décider que les allocations versées aux enfants handicapés par le comité d'entreprise constituaient des secours et devaient donc être exclues de l'assiette des cotisations. Ces sommes étaient en effet attribuées en fonction de situations individuelles exceptionnelles particulièrement dignes d'intérêt.

Cass. soc. 17 avril 1996, n° 94-17.315, 2e moyen.

Il en est de même des sommes ayant la nature de dommages-intérêts.

Une cour d'appel, caractérisant la nature de dommages-intérêts d'indemnités de départ versées par le comité d'entreprise aux salariés quittant l'entreprise dans le cadre d'une convention passée en application d'un plan social, a pu décider que ces sommes n'étaient pas soumises à cotisations.

Cass. soc. 9 juin 1992, n° 89-13.410.

C'est à l'employeur de verser les cotisations sociales.

Le comité d'établissement d'une société ayant versé des primes de mariage, de naissance, de scolarité et de départ au service national à des salariés de l'entreprise, l'URSSAF avait notifié à ladite société un redressement résultant de la réintégration de ces avantages dans la base de calcul des cotisations.

C'est à tort que, tout en admettant le bien-fondé de cette réintégration, une cour d'appel a estimé que les cotisations correspondantes devaient être recouvrées auprès du comité d'établissement et a renvoyé l'union de recouvrement à mieux se pourvoir, alors qu'en vertu, notamment, de l'article 1er du décret 72-230 du 24 mars 1972, le versement des cotisations incombe à l'employeur, sauf son recours éventuel contre le comité d'établissement, non exercé en l'espèce.

Cass. soc. 11 mai 1988, n° 86-17.284, BC V n° 287.

L'employeur dispose d'une action en remboursement contre le comité d'entreprise.

L'employeur peut réclamer au comité d'établissement le remboursement des cotisations afférentes à des bourses d'études attribuées, en dehors de toute intervention de l'employeur, à l'initiative de ce comité, organisme autonome doté de la personnalité morale. Cette initiative ne peut avoir pour conséquence d'augmenter la contribution patronale au financement des activités sociales et culturelles.

Cass. soc. 13 mai 1993, n° 91-14.362, BC V n° 141.

Entreprises de moins de cinquante salariés ayant créé un comité d'entreprise par voie d'accord collectif

Dans le cas où une convention collective impose aux entreprises de moins de 50 salariés de cotiser à un Fonds national d'action sociale concernant l'ensemble des personnels de la branche, la création volontaire d'un comité d'entreprise au sein de l'une d'elles ne dispense pas l'employeur de continuer à cotiser à ce fonds.

Il résulte de l'article 10 de la convention collective pour les entreprises artistiques et culturelles que, dans les entreprises qui ne comptent pas 50 salariés, un Fonds d'action sociale est constitué et qu'il est géré selon les modalités prévues par la loi pour la gestion des activités sociales et culturelles par le comité d'entreprise. Un Fonds national d'action sociale (FNAS), alimenté par les cotisations de ces entreprises, fournit des prestations sociales plus importantes.

Une société dont l'effectif était inférieur à 50 salariés avait cotisé au Fonds national d'action sociale jusqu'à l'institution, par voie d'accord collectif, d'un comité d'entreprise doté du monopole de la gestion des activités sociales et culturelles.

Il résulte des dispositions conventionnelles que l'obligation de constituer un Fonds d'action sociale et de cotiser au FNAS concerne toutes les entreprises dont l'effectif est inférieur à 50 salariés. Ces dispositions ne font pas échec à la constitution d'un comité d'entreprise par voie d'accord collectif et ne privent pas celui-ci du monopole de la gestion des activités sociales et culturelles établies dans l'entreprise.

Ayant constaté que la vocation du FNAS dépassait le cadre des activités sociales et culturelles de l'entreprise et concernait l'ensemble des personnels de la branche, dont les travailleurs intermittents, une cour d'appel a pu décider que la société était redevable des cotisations et la condamner à verser cette contribution au FNAS pour la période postérieure à la constitution du comité d'entreprise.

Cass. soc. 17 mars 1998, n° 96-12.051, BC V n° 147.

Le comité d'entreprise peut engager sa responsabilité dans le cadre de la gestion des activités sociales et culturelles

La responsabilité du comité d'entreprise ne peut être engagée que s'il a commis une faute dans le cadre de sa mission.

Une cour d'appel a pu refuser de retenir la responsabilité d'un comité d'entreprise dès lors que les salariés demandeurs n'apportaient pas la preuve que le comité n'avait pas accompli toutes les diligences qu'ils étaient en droit d'attendre de lui. En l'espèce, le comité avait subventionné un voyage organisé par une agence. Le comité avait reversé l'intégralité des sommes qu'il avait perçues des salariés à cette agence. Cette agence ayant été mise en liquidation judiciaire, les salariés avaient demandé au comité le remboursement des sommes qu'ils avaient engagées.

Cass. civ., 1re ch., 16 mars 1994, n° 92-17.050, BC I n° 101.

Le comité d'entreprise peut engager sa responsabilité s'il se rend coupable de discriminations.

Une cour d'appel a pu condamner un comité d'établissement à payer à son ancien président des dommages-intérêts pour discrimination fautive, après avoir relevé que le comité avait fait preuve de malveillance à son égard, témoignant d'une intention manifeste de régler des comptes. Les brimades, vexations et humiliations subies par ce dernier avaient été pour lui la cause d'un préjudice certain.

Cass. soc. 23 septembre 1992, n° 90-11.752, 2e moyen.

☞ *Contribution patronale aux activités sociales et culturelles ; Délibérations/Votes (Comité d'entreprise).*

Adaptation (Obligation d')

En cas d'évolution technologique, de nouvelle organisation du travail ou de suppression d'emploi, l'employeur doit permettre au salarié de s'adapter pour qu'il puisse conserver un emploi dans l'entreprise.

L'employeur est tenu d'assurer l'adaptation des salariés à leur emploi

L'employeur, tenu d'exécuter de bonne foi le contrat de travail, a le devoir d'assurer l'adaptation des salariés à l'évolution de leur emploi.

Selon l'article L. 6321-1 CT, l'employeur assure l'adaptation des salariés à leur poste de travail et veille au maintien de leur capacité à occuper un emploi, au regard notamment de l'évolution des emplois, des technologies et des organisations.

Pour rejeter la demande d'un salarié en paiement d'une somme à titre de dommages et intérêts pour violation de l'obligation de formation, une cour d'appel a retenu qu'il avait été recruté sans compétence ni expérience dans le poste occupé, auquel il avait été formé par l'employeur, que son expérience lui permettait désormais de prétendre à des postes similaires, que son poste de travail n'avait connu, depuis son embauche, aucune évolution particulière nécessitant une formation d'adaptation, qu'il lui appartenait par ailleurs de demander à bénéficier d'un congé individuel de formation ou du droit individuel de formation, de sorte qu'aucun manquement n'avait été commis par l'employeur.

En statuant ainsi, par des motifs inopérants tirés de l'adaptation au poste de travail ou de l'utilisation des congé ou droit individuels de formation, alors qu'en seize ans d'exécution du contrat de travail l'employeur n'avait fait bénéficier le salarié, dans le cadre du plan de formation de l'entreprise, d'aucune formation permettant de maintenir sa capacité à occuper un emploi au regard de l'évolution des emplois, des technologies et des organisations, la cour d'appel a violé l'article L. 6321-1 CT.

Cass. soc. 5 juin 2013, n° 11-21.255, 1er moyen, BC V n° 146. Voir aussi cass. soc. 24 juin 2015, n° 13-28.460, 3e moyen ; cass. soc. 21 avril 2017, n° 15-28.640.

S'il appartient à l'employeur, tenu d'assurer l'adaptation du salarié à son poste de travail, de faire dispenser la formation initiale qu'il juge nécessaire à l'exercice des fonctions pour lesquelles il l'a recruté en toute connaissance de cause et qu'il ne possédait pas, il peut en être convenu différemment lors de la formation du contrat.

Cass. soc., 10 juillet 2013, n° 11-27.636, 1er moyen.

En vertu de son obligation d'adaptation, l'employeur doit former son personnel aux nouvelles exigences de postes

L'employeur viole son obligation s'il ne propose pas une formation suffisante…

Une salariée, secrétaire de bureau au service d'une société depuis 1977, avait été licenciée en 1992 pour inadaptation aux nouvelles méthodes de gestion informatique.

Après avoir estimé qu'un stage d'initiation à l'informatique de trois jours était manifestement insuffisant pour exiger de la salariée un bon usage de cette technique, une cour d'appel n'a fait qu'user du pouvoir qu'elle tient de l'article L. 122-14-3 CT en décidant que le licenciement de la salariée était dénué de cause réelle et sérieuse.

Cass. soc. 5 décembre 1996, n° 94-44.034. Voir aussi cass. soc. 7 avril 1998, n° 95-44.830, s'agissant d'un contrat à durée déterminée.

… même en l'absence de demande de formation de la part des salariés.

Plusieurs salariés, engagés par une société en qualité de préparateurs véhicules neufs et d'occasion, ont saisi la juridiction prud'homale de demandes notamment de dommages-intérêts au titre du manquement de l'employeur à son obligation de formation.

Pour rejeter les demandes des salariés au titre de l'obligation de l'employeur de veiller au maintien de leur capacité à occuper un emploi, une cour d'appel a retenu que les salariés n'avaient émis aucune demande de formation au cours de l'exécution de leur contrat de travail.

En statuant ainsi, alors que l'obligation de veiller au maintien de la capacité des salariés à occuper un emploi relève de l'initiative de l'employeur, la cour d'appel a violé l'article L. 6321-1 CT dans sa rédaction alors applicable.

Cass. soc. 18 juin 2014, n° 13-14.916, BC V n° 148.

En revanche, l'employeur n'est pas tenu de proposer une formation qualifiante au salarié si ce dernier n'a pas les compétences requises pour occuper un des postes disponibles dans l'entreprise.

Après avoir relevé que l'employeur connaissait des difficultés financières ayant nécessité la transformation du poste du salarié et avoir estimé que ce dernier, responsable des relations extérieures, n'était pas en mesure, même avec une formation adéquate, d'occuper rapidement des fonctions comptables pour lesquelles il n'avait aucune compétence et que son reclassement était impossible, une cour d'appel a pu décider que le licenciement avait une cause économique.

Cass. soc. 7 juillet 1999, n° 97-42.194.

Si l'employeur a l'obligation d'assurer l'adaptation des salariés à l'évolution de leur emploi, au besoin en leur assurant une formation complémentaire, il ne peut pas lui être imposé d'assurer la formation initiale qui leur fait défaut.

Cass. soc. 3 avril 2001, n° 99-42.188, BC V n° 114. Voir aussi cass. soc. 2 juillet 2014, n° 13-13.876, BC V n° 165, cité dans « Licenciement économique (Reclassement) ».

L'employeur a le devoir tant d'assurer l'adaptation du salarié à l'évolution de son emploi que de favoriser son reclassement.

Ayant relevé que l'emploi d'une salariée n'avait pas été supprimé mais transformé et que l'employeur n'avait tenté ni de favoriser l'adaptation de la salariée à l'évolution de son emploi ni de la reclasser, alors que la société possédait plusieurs établissements, une cour d'appel a pu condamner cette société à payer à l'intéressée, licenciée pour motif économique, des dommages-intérêts pour licenciement sans cause réelle et sérieuse.

Cass. soc. 17 mars 1998, n° 95-45.470. Voir aussi cass. soc. 7 juillet 1999, n° 97-43.190.

Si l'employeur ne satisfait pas à son obligation, le licenciement prononcé est sans cause réelle et sérieuse

Ayant relevé qu'une personne extérieure à l'entreprise avait occupé un emploi d'attaché logistique deux jours avant l'engagement de la procédure de licenciement d'une salariée, alors que celle-ci accomplissait déjà des tâches logistiques avec une compétence indiscutable, une cour d'appel a exactement énoncé que l'employeur aurait dû s'efforcer d'adapter la salariée à ces nouvelles attributions et a pu déduire du manquement de l'employeur à cette obligation que le licenciement prononcé n'avait pas de cause économique.

Cass. soc. 17 février 1998, n° 95-45.261, BC V n° 86. Voir aussi cass. soc. 18 novembre 1998, n° 96-42.991, 1er moyen, BC V n° 499.

Après avoir relevé qu'une salariée n'était pas préparée à occuper immédiatement le nouveau poste qui lui était proposé dans le cadre d'une réforme structurelle de la société et que son employeur lui avait refusé la courte formation qu'impliquait ce reclassement, une cour d'appel a pu décider que le licenciement de l'intéressée ne reposait pas sur un motif économique.

Cass. soc. 19 octobre 1994, n° 92-41.583, 1er moyen, BC V n° 279.

Le manquement de l'employeur à ses obligations d'assurer l'adaptation des salariés à leur poste de travail et de veiller au maintien de leur capacité à occuper un emploi entraîne pour les salariés un préjudice distinct de celui résultant de la rupture du contrat de travail.

Ayant constaté que des salariées licenciées pour motif économique, présentes dans une entreprise depuis respectivement 24 et 12 ans, n'avaient bénéficié que d'un stage de formation continue de trois jours, une cour d'appel en a exactement déduit qu'au regard de l'obligation pour l'employeur d'assurer l'adaptation des salariés à leur poste de travail et de veiller au maintien de leur capacité à occuper un emploi, ces constatations établissaient un manquement de l'employeur dans l'exécution du contrat de travail entraînant un préjudice distinct de celui résultant de sa rupture.

Cass. soc. 23 octobre 2007, n° 06-40.950, BC V n° 171. Voir aussi cass. soc. 12 septembre 2018, n° 17-14.257, 1er moyen.

Refus du salarié de suivre une formation

Le fait, pour un salarié, de refuser, sans motif légitime, de suivre la formation organisée par l'employeur pour l'adaptation à son poste de travail, constitue une faute grave…

Une salariée a été licenciée pour faute grave, au motif notamment de son refus de suivre une formation destinée à assurer son adaptation au poste de travail informatique ; elle a saisi la juridiction prud'homale.

C'est à tort que, pour décider que le refus de la salariée de suivre une formation ne constituait pas une faute et condamner l'employeur au paiement de diverses indemnités, une cour d'appel a retenu que la salariée, qui s'était trouvée antérieurement en arrêt de travail suite à un état anxieux, avait entendu refuser une formation qu'elle estimait trop rapide et sommaire eu égard aux difficultés qu'elle rencontrait en matière informatique et en comparaison de la formation proposée à une autre salariée de l'entreprise, sans rechercher si cette formation avait été organisée par l'employeur dans l'intérêt de l'entreprise et si la salariée avait un motif légitime pour refuser d'y participer.

Cass. soc. 7 avril 2004, n° 02-40.493. Voir aussi cass. soc. 13 février 2008, n° 06-43.785, s'agissant de l'interruption par un salarié d'une formation d'adaptation mise en place par l'employeur.

… ou une cause réelle et sérieuse de licenciement.

Après avoir relevé qu'une salariée avait refusé une formation destinée à l'adapter aux évolutions technologiques de son emploi, laquelle constituait une modalité d'exécution du contrat de travail et répondait à l'intérêt de l'entreprise, une cour d'appel a pu décider que ce refus justifiait son licenciement.

Cass. soc. 3 décembre 2008, n° 07-42.196.

Licenciement économique (Notion) ; Licenciement économique (Reclassement).

Affichage

L'article L. 2142-3, al. 1er CT prévoit que les sections syndicales disposent de panneaux d'affichage distincts de ceux des institutions représentatives du personnel, sur lesquels elles peuvent librement afficher leurs communications.

Le contenu de ces affichages est libre, sous réserve de l'application des dispositions relatives à la presse.

L'article L. 2315-7 ancien CT ouvre aux délégués du personnel la possibilité d'afficher leurs communications sur les panneaux réservés aux organisations syndicales et aux portes d'entrée des lieux de travail.

Modalités de mise en œuvre

Le refus de l'employeur de mettre à la disposition des délégués syndicaux des panneaux d'affichage constitue une entrave à l'exercice du droit syndical.

L'employeur qui refuse de mettre à la disposition d'une section syndicale nouvellement créée un panneau d'affichage, conformément aux dispositions de l'article L. 412-8 CT, commet un délit d'entrave. En l'espèce, l'employeur n'avait exécuté son obligation légale que huit mois après la demande formulée par le syndicat, une fois que l'inspection du travail avait dressé un procès-verbal à son encontre.

Cass. crim. 7 juin 1988, n° 86-94.055.

Cependant, l'employeur peut s'opposer à l'affichage des informations d'un syndicat par un délégué syndical dès qu'intervient une décision d'annulation de cette désignation, même si cette décision est frappée de voies de recours.

Cass. crim. 27 février 1990, n° 88-83.594.

Les délégués du personnel peuvent afficher leur communication sur les portes d'entrée des lieux de travail.

Constitue une porte d'entrée et de sortie, au sens de l'article L. 424-2 CT, la porte d'un bureau où le personnel de la production filmée d'une chaîne de télévision passe nécessairement avant de partir en reportage et où ce personnel est appelé à se rendre pour consulter le tableau de service hebdomadaire et mensuel.

C'est à tort que l'employeur soutenait que la porte d'un bureau situé au premier étage d'un immeuble parmi une trentaine d'autres bureaux et donnant sur un couloir ne saurait être considérée comme une porte d'entrée de lieux de travail, même si une partie du personnel est amenée à s'y rendre. La cour d'appel, après avoir relevé que ce bureau était « la seule cellule vivante rassemblant diverses personnes de façon constante et le seul point fixe des opérateurs de prises de vues » qui, par définition, exercent leur activité à l'extérieur, a pu admettre que cette porte devait être considérée comme la porte d'entrée des lieux de travail. En enlevant l'affichage d'une communication syndicale effectuée par un délégué du personnel sur cette porte, l'employeur a donc commis un délit d'entrave.

Cass. crim. 3 décembre 1985, n° 84-95.455.

Un accord collectif visant à faciliter la communication des syndicats doit bénéficier à tous ceux qui ont constitué une section syndicale.

En vertu des articles L. 2142-3 à L. 2142-7 CT, l'affichage et la diffusion des communications syndicales à l'intérieur de l'entreprise sont liés à la constitution par les organisations syndicales d'une section syndicale, laquelle n'est pas subordonnée à une condition de représentativité ; dès lors, les dispositions d'une convention ou d'un accord collectif visant à faciliter la communication des organisations syndicales ne peuvent, sans porter atteinte au principe d'égalité, être limitées aux seuls syndicats représentatifs et doivent bénéficier à tous les syndicats qui ont constitué une section syndicale.

Après avoir constaté qu'un accord fixait les moyens techniques de diffusion de l'information syndicale, notamment par l'intermédiaire d'un réseau intranet, aux salariés de l'entreprise, une cour d'appel a pu décider que ces dispositions, réservées par l'accord aux seuls syndicats représentatifs, devaient bénéficier aux syndicats ayant constitué dans l'entreprise une section syndicale.

Cass. soc. 21 septembre 2011, n° 10-19.017, BC V n° 193.

Après avoir constaté qu'un premier accord d'entreprise accordait des droits plus importants que la loi en matière d'affichage au sein de l'entreprise et qu'un second accord d'entreprise fixait les moyens techniques de diffusion de l'information syndicale, notamment par l'intermédiaire d'un réseau intranet, aux salariés de l'entreprise, un tribunal a, à bon droit, décidé que ces dispositions, réservées par les deux accords aux seuls syndicats représentatifs, devaient bénéficier à un syndicat qui avait constitué dans l'entreprise une section syndicale.

Cass. soc. 11 janvier 2012, n° 11-14.292, 2e moyen, BC V n° 16.

Contenu

Les publications syndicales étant soumises aux dispositions de la loi sur la presse, elles ne doivent contenir ni injure, ni diffamation, ni aucune fausse nouvelle ou provocation.

Cass. crim. 23 novembre 1993, n° 90-86.396, B. crim. n° 351, cité dans « Tracts ».

Afficher un tract qualifiant de sournoises et hasardeuses des restructurations en cours ne constitue pas un abus de la liberté d'expression.

À l'appui de sa décision déclarant un licenciement fondé sur une cause réelle et sérieuse, une cour d'appel a retenu qu'un tract mentionnait : « l'angoisse, le stress, la méfiance et les incertitudes des uns et des autres et ce, face aux rumeurs et autres restructurations tant sournoises qu'hasardeuses, nous ont conduit à la création d'un syndicat autonome d'entreprise », que les adjectifs utilisés pour qualifier la restructuration « hasardeux » et surtout « sournois » étaient clairement péjoratifs et injurieux envers la direction qui l'avait décidée, la circonstance que ces critiques émanent d'un cadre qui était jusque-là impliqué dans la conception et la mise en œuvre de ce projet et qui en connaissait donc les tenants et les aboutissants, ce qui renforçait le poids de ses critiques, étant de nature à créer ou à nourrir la défiance des salariés envers la direction de l'entreprise, et que le salarié avait donné à son action le maximum de publicité en affichant ou faisant afficher ce tract dans les deux établissements de la société et en s'en entretenant avec certains salariés pendant les heures de travail et sur les lieux de travail.

En statuant ainsi, alors que l'affichage de ce tract syndical, qui ne contenait aucun propos injurieux, diffamatoire ou excessif, ne caractérisait pas un abus de la liberté d'expression du salarié, la cour d'appel a violé l'article L. 1121-1 CT.

En effet, sauf abus, le salarié jouit, dans l'entreprise et en dehors de celle-ci, de sa liberté d'expression, à laquelle seules des restrictions justifiées par la nature de la tâche à accomplir et proportionnées au but recherché peuvent être apportées.

Cass. soc. 3 juillet 2012, n° 11-10.793, 2e branche du moyen, BC V n° 202.

Le salarié rédigeant une affiche contenant des propos diffamatoires peut être sanctionné.

Est justifié le licenciement pour faute d'un membre du comité d'établissement ayant rédigé une affiche contenant des termes démontrant de la part de son auteur une intention malveillante à caractère nettement diffamatoire. Peu importe que le syndicat ait pu engager également sa responsabilité en donnant l'ordre de procéder à l'affichage, le salarié ayant commis personnellement une faute.

Cass. soc. 16 octobre 1985, n° 82-42.984, BC V n° 461.

L'employeur ne peut pas, sans commettre d'entrave, se faire juge de la licéité d'un affichage.

L'employeur, procédant au retrait d'un affichage syndical au motif que celui-ci contient des propos injurieux sur une personne de l'encadrement, commet un délit d'entrave.

Si les communications syndicales doivent répondre aux objectifs des organisations professionnelles, tels qu'ils sont définis par l'article L. 411-1 CT, il appartient au chef d'entreprise qui conteste la finalité de ces communications de saisir la justice pour obtenir la suppression de l'affichage prétendument irrégulier, l'employeur ne disposant pas d'un droit de contrôle sur la teneur des communications affichées par les organismes syndicaux sur les panneaux réservés à cet effet.

Cass. crim. 19 février 1979, n° 78-91.400, B. crim. n° 73.

☛ *Tracts.*

AGS (Employeurs assujettis/ Bénéficiaires)

Est assujetti à l'obligation d'assurer les créances des salariés tout employeur ayant la qualité de commerçant, d'artisan, d'agriculteur ou de personne morale de droit privé, occupant un ou plusieurs salariés, y compris les salariés expatriés visés par l'article L. 5422-13 CT.

Pour bénéficier de la garantie des salaires, il faut être titulaire d'un contrat de travail.

Employeurs assujettis

Toutes les personnes morales de droit privé susceptibles de faire l'objet d'une procédure de sauvegarde ou d'être déclarées en redressement ou en liquidation judiciaire sont tenues de garantir les créances de leur personnel.

Une société civile professionnelle (SCP) d'huissiers ne peut, pour se soustraire au régime institué par les articles L. 143-11-1 et s. CT, invoquer le fait qu'il existe déjà dans leur profession une garantie de paiement des créances salariales. Cette garantie ne concernant que les conséquences à l'égard du personnel des sanctions susceptibles d'être prononcées contre des huissiers, elle ne saurait dispenser une SCP d'huissiers, laquelle, en sa qualité de personne morale de droit privé, est susceptible d'être déclarée en redressement judiciaire, de se soumettre aux dispositions d'ordre public des articles précités.

Cass. soc. 7 novembre 1990, n° 89-14.474, BC V n° 521.

Les dispositions de l'article L. 326-2 c. assurances résultant de l'ordonnance 2001-350 du 19 avril 2001, prévoient, après un retrait d'agrément et à la demande de la commission de contrôle des assurances, l'ouverture d'une procédure de liquidation judiciaire régie par les dispositions du code de commerce. Les articles L. 3253-1, L. 3253-6 et L. 3253-8 CT ne font dépendre la garantie de paiement qu'ils instituent que de la seule ouverture d'une procédure de sauvegarde, de redressement judiciaire ou de liquidation judiciaire à l'égard de l'employeur, sans établir de distinction entre les diverses causes d'ouverture de cette procédure. Il en résulte que la liquidation judiciaire de l'employeur après le retrait de l'agrément accordé à une entreprise d'assurance ne prive pas les salariés du bénéfice de la garantie contre le risque de non-paiement des sommes dues en exécution du contrat de travail.

Cass. soc. 15 juin 2010, n° 08-70.391, 2e moyen des pourvois du liquidateur judiciaire et moyen unique des pourvois incidents des salariés, BC V n° 135.

Peu importe qu'elles soient investies d'une mission de service public.

L'URSSAF étant une personne de droit privé, le fait que cet organisme soit en charge d'une mission de service public, avec les sujétions qui lui sont liées, n'est pas en soi de nature à l'exclure du champ d'application de l'article L. 143-11-1 CT. Les juges du fond ont donc pu la condamner au paiement des cotisations dues à l'AGS.

Cass. soc. 21 avril 1988, n° 85-14.659, BC V n° 245.

Selon l'article L. 3253-6 CT, tout employeur de droit privé assure ses salariés, y compris ceux détachés à l'étranger ou expatriés mentionnés à l'article L. 5422-13, contre le risque de non-paiement des sommes qui leur sont dues en exécution du contrat de travail, en cas de procédure de sauvegarde, de redressement ou de liquidation judiciaire ; l'alinéa premier de l'article L. 3253-18 prévoit que l'assurance est financée par des cotisations des employeurs assises sur les rémunérations servant de base au calcul des contributions au régime d'assurance chômage.

Pôle emploi venant aux lieu et place du groupement des Assédic de la région parisienne (GARP), des Assédic respectivement de la Guyane, de la région Guadeloupe, de la région Martinique et de la région Réunion, a assigné notamment les sociétés France Télévisions, France 2 et Réseau France Outre-Mer (RFO) devant le tribunal de grande instance de Paris, d'une part, pour faire juger que, du fait de leur forme commerciale, France 2 et RFO étaient tenues en application de l'article L. 3253-6 CT d'assurer leurs salariés contre le risque de non-paiement de leurs salaires en cas de procédure de sauvegarde, redressement judiciaire ou liquidation judiciaire et, d'autre part, pour obtenir la condamnation de la société France Télévisions venant aux droits des sociétés précitées à lui fournir sous astreinte les déclarations des salaires versés depuis le 1er janvier 2006 aux salariés sous contrat de droit privé et à payer diverses sommes à titre provisionnel pour chaque société.

Après avoir retenu que l'assujettissement de l'employeur à l'obligation d'assurance des salariés résulte de sa seule qualité de personne morale de droit privé, sans qu'il y ait lieu de tenir compte de son statut particulier, et notamment de l'origine de son capital, de la nature de ses ressources, du contrôle économique et financier de l'État auquel il est soumis, du mode de désignation de ses administrateurs et de la mission de service public dont il est investi, et constaté que les sociétés France 2 et RFO, qui en vertu de l'article 47 de la loi 86-1067 du 30 septembre 1986 relative à la liberté de communication modifiée par la loi du 1er février 1994, étaient soumises à la législation sur les sociétés anonymes, avaient la qualité de personne morale de droit privé, ce dont il résulte que la condition d'assujettissement au versement des cotisations dues au titre de l'assurance de garantie des salaires était remplie, une cour d'appel a pu condamner la société France Télévisions, d'une part, en tant que venant aux droits de la société France 2, à fournir sous astreinte à Pôle emploi, pour la période du 1er janvier 2006 au 14 mai 2008, les déclarations des salaires versés à ses salariés de droit privé et à payer à cet organisme une somme provisionnelle à valoir sur les cotisations dues pour cette période et, d'autre part, en tant que venant aux droits de RFO, à fournir sous astreinte à Pôle emploi les déclarations des salaires versés à ses salariés de droit privé pour les mois de janvier et février 2008, et à lui verser une somme à titre de provision à valoir sur les cotisations dues pour ces deux mois.

Cass. soc. 2 juillet 2014, n° 13-15.605, BC V n° 161. Voir aussi cass. soc. 2 juillet 2014, n° 13-15.771, BC V n° 162 ; cass. soc. 29 février 2000, n° 98-13.264, BC V n° 78.

Des exceptions ont été admises par la jurisprudence, s'agissant des entreprises dotées d'un statut particulier.

En application de la loi du 13 juillet 1984, la SEITA est soumise à la législation sur les sociétés anonymes, sous réserve des dispositions de ladite loi et de la loi du 26 juillet 1983 relative à la démocratisation du secteur public. C'est donc à bon droit qu'après avoir retenu que la loi du 25 janvier 1985 relative au redressement et à la liquidation judiciaires des entreprises était inconciliable avec les textes régissant le fonctionnement de la SEITA, une cour d'appel a décidé que cette loi ne lui était pas applicable.

Cass. soc. 6 novembre 1991, n° 88-17.869, BC V n° 476.

Bénéficiaires

Pour pouvoir bénéficier du régime de garantie des créances, il faut avoir la qualité de salarié.

À la suite de la mise en redressement et liquidation judiciaires de la société qui l'employait, un salarié, directeur technique, avait saisi la juridiction prud'homale à la suite du refus de l'Assédic de garantir au titre de l'AGS ses créances salariales au motif qu'il n'avait pas la qualité de salarié.

Ayant constaté que l'intéressé était titulaire de la signature sur le compte bancaire de la société, qu'il s'était porté caution solidaire d'un prêt consenti à cette société, que sa rémunération était supérieure à celle du gérant de droit et qu'il effectuait des actes de gestion sociale et s'immisçait ainsi dans les affaires de la société, une cour d'appel a estimé qu'il était le gérant de fait de la société, ce qui excluait toute possibilité d'un contrat de travail. Elle a dès lors pu débouter l'intéressé de ses demandes.

Cass. soc. 28 janvier 1998, n° 94-42.176. Voir aussi cass. soc. 1er avril 1992, n° 88-45.063.

Bénéficient de l'AGS les salariés dont l'employeur est domicilié dans les départements du Haut-Rhin, du Bas-Rhin et de la Moselle et qui n'est ni commerçant, ni artisan, ni agriculteur.

Selon l'article 234 de la loi du 25 janvier 1985, devenu l'article L. 628-1 c. com., les dispositions de la loi précitée relative au redressement et à la liquidation judiciaires des entreprises, devenue le titre II du livre VI c. com., s'appliquent aux personnes physiques, domiciliées dans les départements du Haut-Rhin, du Bas-Rhin et de la Moselle, et à leur succession, qui ne sont ni des commerçants, ni des artisans, ni des agriculteurs, lorsqu'elles sont en état d'insolvabilité notoire. Il en résulte que les salariés de ces personnes bénéficient du régime d'assurance contre le risque de non-paiement, en cas de procédure de redressement ou de liquidation judiciaires, des sommes qui leur sont dues en exécution du contrat de travail, prévu à l'article L. 143-11-1 CT et mis en œuvre par les institutions mentionnées à l'article L. 143-11-4 CT.

Une cour d'appel, qui a constaté que l'employeur avait son domicile dans le département du Bas-Rhin et qu'il avait été mis en liquidation judiciaire, a pu décider que l'AGS garantissait le paiement des sommes dues à une salariée au titre de l'exécution et de la rupture de son contrat de travail avant l'ouverture de la procédure collective.

Cass. soc. 14 novembre 2001, n° 99-44.538.

Peut être exclu du bénéfice de la garantie de paiement des créances impayées le salarié ayant détenu, seul ou conjointement avec des parents proches, une part essentielle de l'entreprise concernée et exercé une influence considérable sur les activités de celle-ci dans les six mois précédant la demande de mise en liquidation de cette entreprise.

CJUE 10 février 2011, aff. C-30/10, Recueil I-513.

La possibilité, pour les salariés dont l'employeur se trouve en situation d'insolvabilité, de faire valoir intégralement leur droit au paiement des créances salariales impayées ne peut pas être subordonnée à l'obligation de se faire enregistrer en tant que demandeur d'emploi.

Les articles 3 et 4 de la directive 80/987/CEE du Conseil, du 20 octobre 1980, relative à la protection des travailleurs salariés en cas d'insolvabilité de l'employeur, telle que modifiée par la directive 2002/74/CE du Parlement européen et du Conseil, du 23 septembre 2002, s'opposent à une réglementation nationale qui subordonne la possibilité, pour les travailleurs dont l'employeur se trouve en situation d'insolvabilité, de faire valoir intégralement leur droit au paiement des créances salariales impayées, à l'obligation de se faire enregistrer en tant que demandeur d'emploi.

CJUE 17 novembre 2011, aff. C-435/10, Recueil I-11705.

Situations transfrontalières

• États membres de l'Union européenne

Toute décision ouvrant une procédure d'insolvabilité prise par une juridiction d'un État membre est reconnue dans tous les autres États membres dès qu'elle produit ses effets dans l'État d'ouverture et produit, sans aucune autre formalité, dans tout autre État membre, les effets que lui attribue la loi de l'État d'ouverture.

En application des articles 16 et 17 du règlement communautaire 1346/2000 du 29 mai 2000 relatif aux procédures d'insolvabilité, toute décision ouvrant une procédure d'insolvabilité prise par une juridiction d'un État membre, compétente en vertu de l'article 3 de ce règlement, est reconnue dans tous les autres États membres dès qu'elle produit ses effets dans l'État d'ouverture et produit, sans aucune autre formalité, dans tout autre État membre, les effets que lui attribue la loi de l'État d'ouverture.

Plusieurs salariés d'une société de droit allemand qui exerçaient leur activité au sein de son établissement français ont pris acte en mai 2003 de la rupture de leur contrat de travail en raison du non-paiement des salaires depuis le 31 mars 2003 ; soutenant que leur prise d'acte s'analysait en licenciement sans cause réelle et sérieuse, les salariés ont saisi la juridiction prud'homale d'une demande en fixation de créances salariales et indemnitaires.

Après avoir constaté que l'ouverture en Allemagne, le 7 avril 2003, d'une procédure collective à l'égard de l'employeur, en application du règlement communautaire 1346/2000 du 29 mai 2000 relatif aux procédures d'insolvabilité, était à l'origine du non-paiement des salaires depuis cette date, une cour d'appel a ainsi fait ressortir que la carence de l'employeur dans le paiement des salaires ne pouvait être fautive qu'entre le 30 mars et le 7 avril 2003, et a souverainement décidé que ce manquement ne suffisait pas à justifier la décision des salariés de prendre acte de la rupture de leur contrat de travail dès lors qu'était mise en œuvre la garantie des créances salariales liées à l'insolvabilité de l'employeur.

Cass. soc. 14 octobre 2009, n° 08-40.723, BC V n° 218.

Lorsque le salarié exerçait son activité dans un État membre pour le compte de la succursale d'une société constituée selon le droit d'un autre État membre, dans lequel cette société a son siège social, l'institution compétente pour garantir le paiement de sa créance salariale est celle de l'État sur le territoire duquel il exerçait son activité.

Lorsque les travailleurs victimes de l'insolvabilité de leur employeur exerçaient leur activité salariée dans un État membre pour le compte de la succursale d'une société constituée selon le droit d'un autre État membre, dans lequel cette société a son siège social et est mise en liquidation, l'institution compétente, au regard de l'article 3 de la directive 80/987/CEE du Conseil, du 20 octobre 1980, concernant le rapprochement des législations des États membres relatives à la protection des travailleurs salariés en cas d'insolvabilité de l'employeur, pour le paiement des créances de ces travailleurs, est celle de l'État sur le territoire duquel ils exerçaient leur activité salariée.

CJCE 16 décembre 1999, aff. C-198/98, Recueil I-8903.

Une société de droit italien qui possédait un établissement secondaire en France, a été déclarée en faillite par le tribunal civil de Rome, qui a nommé un curateur de la faillite. Onze salariés de l'établissement de France, après avoir fait l'objet d'un licenciement pour motif économique, ont saisi la juridiction prud'homale de diverses demandes en réclamant le bénéfice de la garantie de l'AGS.

Doit être rejeté le pourvo de l'AGS reprochant à une cour d'appel de lui avoir déclaré opposable sa décision condamnant le curateur à la faillite à payer différentes sommes aux salariés. En effet, en constatant, d'abord, que la société était immatriculée, comme l'exige l'article 55 du décret 84-406 du 30 mai 1984 relatif au registre du commerce et des sociétés, au greffe du tribunal de commerce dans le ressort duquel était situé son établissement en France, la cour d'appel n'a pas reconnu à cet établissement la personnalité morale ; ensuite, l'AGS, qui s'était bornée à solliciter devant la cour d'appel sa mise hors de cause, n'était pas recevable à critiquer l'arrêt attaqué en ce qu'il avait condamné le curateur à la faillite à payer des sommes aux salariés ; enfin, la cour d'appel qui a constaté que les salariés exerçaient leur activité dans un établissement situé sur le territoire français a décidé, à bon droit, conformément à l'article 3 de la directive 80/987/CEE, tel qu'interprété par la CJCE (arrêt du 16 décembre 1999, aff. C-198/98, Eversen c/ Bell), que l'AGS était compétente pour garantir les créances des intéressés.

Cass. soc. 2 juillet 2002, n° 99-46.140, BC V n° 228. Voir aussi cass. soc. 3 juin 2003, n° 01-41.697, 1re branche du moyen unique, BC V n° 183.

Lorsqu'une entreprise est mise en liquidation dans un État membre et dispose d'un établissement dans un autre État membre, les créances des salariés qui y exercent leur activité sont garanties, en cas d'insolvabilité de leur employeur, par les institutions du lieu de cette activité.

Le contrat de travail de la directrice du service client de la société J. France a été transféré à la société anglaise J. Europe, dont la liquidation judiciaire a été prononcée selon la loi anglaise le 10 février 1998. La salariée a été licenciée pour motif économique le 5 janvier 1998 et a saisi la juridiction prud'homale afin d'obtenir l'inscription au passif de la société J. Europe de sa créance au titre de la rupture de son contrat de travail et d'un rappel de salaire, ainsi que la garantie de l'AGS.

Ayant constaté que la société de droit anglais avait été mise en liquidation en Grande-Bretagne et que l'intéressée exerçait son activité salariée en France où son employeur était établi, quelle que soit la nature juridique de cet établissement, une cour d'appel a décidé à bon droit que l'AGS devait garantir les créances résultant du contrat de travail, par application de l'article L. 143-11-1 CT qui a valeur de transposition en droit français de la directive 80/987/CEE du conseil du 20 octobre 1980.

Cass. soc. 26 avril 2006, n° 03-47.334, BC V n° 144.

Après avoir constaté qu'un salarié exerçait habituellement son travail dans un établissement du Luxembourg et qu'il ne démontrait pas avoir poursuivi ses activités en France après la fermeture de cet établissement, une cour d'appel a exactement décidé que l'AGS n'était pas l'institution compétente pour garantir ses créances, peu important qu'après avoir rejoint son domicile en France, il soit resté à la disposition de son employeur jusqu'à son licenciement.

Cass. soc. 7 juillet 2009, n° 08-40.546.

Pour qu'une entreprise établie dans un État membre soit considérée comme ayant des activités sur le territoire d'un autre État membre, il n'est pas nécessaire qu'elle dispose d'une succursale ou d'un établissement stable dans cet autre État. Il faut toutefois que cette entreprise dispose dans ce dernier État d'une présence économique stable, caractérisée par l'existence de moyens humains lui permettant d'y accomplir des activités.

Dans le cas d'une entreprise de transport établie dans un État membre, la simple circonstance qu'un travailleur engagé par celle-ci dans cet État effectue des livraisons de marchandises entre ce dernier État et un autre État membre ne saurait permettre de conclure que cette entreprise dispose d'une présence économique stable dans un autre État membre.

CJCE 16 octobre 2008, aff. C-310/07, Recueil I-07871.

Lorsque l'employeur insolvable n'est pas établi dans l'État membre où le salarié exerce son activité et remplit son obligation de contribution au financement de l'institution de garantie dans l'État membre où se trouve son siège, c'est cette institution qui garantit le paiement de sa créance salariale.

L'article 3 de la directive 80/987/CEE du Conseil, du 20 octobre 1980, concernant le rapprochement des législations des États membres relatives à la protection des travailleurs salariés en cas d'insolvabilité de l'employeur, dans la version de celle-ci antérieure à celle découlant de sa modification par la directive 2002/74/CE, doit être interprété en ce sens que, pour le paiement des créances impayées d'un travailleur, qui a habituellement exercé son activité salariée dans un État membre autre que celui où se trouve le siège de son employeur, déclaré insolvable avant le 8 octobre 2005, lorsque cet employeur n'est pas établi dans cet autre État membre et remplit son obligation de contribution au financement de l'institution de garantie dans l'État membre de son siège, c'est cette institution qui est responsable des obligations définies par cet article.

CJUE 10 mars 2011, aff. C-477/09, Recueil I-1421.

Un salarié a travaillé sur un chantier en Belgique au service d'une société française dont le siège était en France ; ayant saisi le conseil de prud'hommes de diverses demandes à la suite de son licenciement et la société ayant été placée en liquidation judiciaire par un jugement du tribunal de commerce, l'intéressé a demandé, à titre principal, la garantie de l'AGS et, à titre subsidiaire, celle du Fonds de fermeture des entreprises de l'Office national de l'emploi en Belgique.

Pour rejeter la demande de garantie formée contre le CGEA de Lille et retenir la garantie de l'institution belge, une cour d'appel a retenu que lorsque les travailleurs victimes de l'insolvabilité de leur employeur exercent leur activité salariée dans un État membre, pour le compte de la succursale d'une société constituée selon le droit d'un autre État membre dans lequel cette société a son siège social et que cette dernière est mise en liquidation, l'institution compétente, au sens de l'article 3 de la directive 80/987 du 20 octobre 1980, pour le paiement des créances de ces travailleurs, est celle de l'État sur le territoire duquel ils exercent leur activité salariée.

En statuant ainsi, alors qu'elle avait constaté que si le salarié avait exercé habituellement son activité en Belgique, la société française n'y était pas établie et cotisait auprès de l'AGS, de sorte que c'est cette dernière qui devait garantir les créances du salarié fixées au passif de son employeur, la cour d'appel a violé les articles L. 3253-6 CT et 3 de la directive 80/987/CEE du Conseil du 20 octobre 1980.

Cass. soc. 21 septembre 2011, n° 08-41.512, BC V n° 194.

La garantie assurée par l'institution du pays dans lequel est établi l'employeur peut être complétée par celle du pays dans lequel s'accomplissait le travail, dans la limite du plafond de garantie qui s'y applique.

Un salarié employé par une société de droit belge en qualité de VRP, chargé de commercialiser les produits de la société sur le territoire français, a pris acte de la rupture de son contrat de travail le 27 février 2001 ; la société a fait l'objet d'une procédure de liquidation de biens par décision prononcée le 26 mars 2001 et le salarié a déclaré sa créance entre les mains du curateur de la société, puis saisi le Fonds de fermeture des entreprises de l'Office national de l'emploi en Belgique d'une demande en paiement des sommes dues en exécution de son contrat de travail ; le salarié a saisi la juridiction prud'homale pour obtenir la condamnation de son employeur au paiement du solde de ses créances impayées par le Fonds et la garantie de l'AGS.

Pour débouter le salarié de sa demande, une cour d'appel a retenu que, en déclarant sa créance auprès du curateur à la liquidation des biens de la société de droit belge qui l'employait et surtout en saisissant le fonds de faillissement belge, il avait choisi de faire valoir ses droits sur la garantie de ses revenus issus de son travail auprès de la juridiction et de cet organisme belges, qu'il avait renoncé aux droits qu'il tenait de bénéficier de la garantie de l'AGS et que le caractère cumulatif des garanties dues par les deux organismes de garantie n'est aucunement démontré.

En statuant ainsi, alors, d'une part, que le salarié n'avait pas renoncé à solliciter à titre complémentaire la garantie de l'AGS, du seul fait qu'il avait obtenu du Fonds de fermeture des entreprises de l'Office national de l'emploi en Belgique, la garantie partielle des créances fixées au passif de son employeur, et alors d'autre part, que la garantie assurée par l'institution du pays dans lequel est établi l'employeur peut être complétée par celle du pays dans lequel s'accomplissait le travail, dans la limite du plafond de garantie qui s'y applique, la cour d'appel a violé les articles L. 3253-6 CT et 3 de la directive 80/987/CEE susvisée.

Cass. soc. 11 avril 2012, n° 09-68.553, BC V n° 123.

Le salarié peut se prévaloir de la garantie offerte par l'institution de l'État membre où se trouve le siège de la société qui l'emploie, à titre complémentaire ou substitutif, par rapport à celle offerte par l'institution de l'État membre où il exerce son activité à condition que cette garantie donne lieu à un niveau de protection supérieur.

La directive 80/987/CEE du Conseil, du 20 octobre 1980, concernant le rapprochement des législations des États membres relatives à la protection des travailleurs salariés en cas d'insolvabilité de l'employeur, ne s'oppose pas à ce qu'une législation nationale prévoie qu'un travailleur puisse se prévaloir de la garantie salariale de l'institution nationale, conformément au droit de cet État membre, à titre complémentaire ou substitutif, par rapport à celle offerte par l'institution désignée comme étant compétente en application de cette directive, pour autant, toutefois, que ladite garantie donne lieu à un niveau supérieur de protection du travailleur.

CJUE 10 mars 2011, aff. C-477/09, précité.

Ainsi, un salarié exerçant son activité en Allemagne pour le compte d'une société ayant son siège en France peut bénéficier de la garantie salariale de l'AGS plus favorable que celle résultant du droit allemand.

Si l'article 8 bis de la directive 2002/74/CE du Parlement européen et du Conseil du 23 septembre 2002, devenu l'article 9 de la directive 2008/94/CE du Parlement européen et du Conseil du 22 octobre 2008, dispose que lorsqu'une entreprise ayant des activités sur le territoire d'au moins deux États membres se trouve en état d'insolvabilité, l'institution compétente pour le paiement des créances impayées des travailleurs est celle de l'État membre sur le territoire duquel ils exercent ou exerçaient habituellement leur travail, il ne s'oppose pas à ce qu'une législation nationale prévoie qu'un travailleur puisse se prévaloir de la garantie salariale, plus favorable, de l'institution nationale, conformément au droit de cet État membre.

Un salarié, engagé par une société dont le siège social est situé en France pour exercer son activité sur des chantiers situés en Allemagne, a été licencié pour motif économique le 21 novembre 2003 ; son employeur a été mis en liquidation judiciaire par un jugement du 15 février 2010.

L'article L. 3253-6 CT imposant à tout employeur de droit privé d'assurer ses salariés, y compris ceux détachés à l'étranger ou expatriés, contre le risque de non-paiement des sommes qui leur sont dues en cas de liquidation judiciaire, c'est à bon droit qu'une cour d'appel a retenu que la garantie de l'AGS, plus favorable que celle résultant du droit allemand, devait bénéficier au salarié qui, travaillant sur des chantiers à l'étranger, avait choisi de maintenir son domicile sur le territoire français.

Cass. soc. 4 décembre 2012, n° 11-22.166, pourvoi principal, BC V n° 317.

En revanche, un salarié domicilié en Allemagne, qui y a été recruté et y a toujours exercé son activité ne peut pas se prévaloir de la garantie salariale plus favorable de l'AGS dès lors qu'il n'est ni détaché ni expatrié.

Selon l'article 8 bis de la directive 2002/74/CE du 23 septembre 2002, devenu l'article 9 de la directive 2008/94/CE du 22 octobre 2008, lorsqu'une entreprise ayant des activités sur le territoire d'au moins deux États membres se trouve en état d'insolvabilité, l'institution compétente pour le paiement des créances impayées des travailleurs est celle de l'État membre sur le territoire duquel ils exercent ou exerçaient habituellement leur travail ; si cette disposition ne s'oppose pas, eu égard à l'article 11 de la directive 2008/94/CE, à ce qu'une législation nationale prévoie qu'un travailleur puisse se prévaloir de la garantie salariale, plus favorable, de l'institution nationale, conformément au droit de cet État membre, l'article L. 3253-6 CT se borne à imposer à tout employeur de droit privé d'assurer ses salariés, y compris ceux détachés à l'étranger ou expatriés, contre le risque de non-paiement des sommes qui leur sont dues en cas de liquidation judiciaire.

Un salarié, engagé en 2007 en qualité de commercial pour la partie nord de l'Allemagne par une société dont la liquidation judiciaire a été prononcée le 15 novembre 2010, a saisi la juridiction prud'homale aux fins de fixation de sa créance et de garantie par l'AGS.

C'est à bon droit qu'une cour d'appel, qui a constaté que le salarié domicilié en Allemagne y avait été recruté et y avait toujours exercé son activité, en a déduit, en application de l'article L. 3253-6 précité, qu'il ne pouvait se prévaloir de la garantie plus favorable de l'institution nationale française et qu'il n'était ni expatrié ni en position de détachement.

Cass. soc. 28 mars 2018, n° 16-19.086, à paraître.

• États non membres de l'Union européenne

Bénéficient de l'AGS les salariés qui exercent ou exerçaient habituellement leur travail en France lorsqu'une procédure collective d'apurement du passif de l'employeur est ouverte en France ou, lorsqu'elle est ouverte dans un pays extérieur à l'Union européenne, qu'elle a fait l'objet d'une décision d'exequatur.

Une salariée, engagée par contrat à durée déterminée en qualité de réceptionniste dans un hôtel exploité en France par une société canadienne, avait saisi la juridiction prud'homale, ses salaires ne lui étant plus versés régulièrement, afin de voir constater, notamment, que son contrat de travail avait été rompu du fait de l'employeur. Avant la date d'expiration du contrat de la salariée, une juridiction canadienne avait prononcé la faillite de l'établissement hôtelier.

C'est à tort que, pour décider que l'AGS ne devait pas garantir les créances résultant de l'exécution et de la rupture du contrat de travail de la salariée, une cour d'appel a retenu, notamment, qu'il importait peu que la loi française ait été la loi applicable au contrat de travail, après avoir constaté que l'intéressée avait exercé son emploi en France et qu'une juridiction française avait autorisé l'exequatur de la décision de la juridiction canadienne prononçant la faillite de l'employeur.

En effet, en cas de procédure collective, la garantie de l'AGS est due dès lors, d'une part, que les salariés exercent ou exerçaient habituellement leur travail en France et, d'autre part, qu'une procédure collective d'apurement du passif de l'employeur est ouverte en France ou, lorsqu'elle est ouverte dans un pays extérieur à l'Union européenne, qu'elle a fait l'objet d'une décision d'exequatur.

Cass. soc. 3 juin 2003, n° 00-45.948, BC V n° 184.
Voir aussi cass. soc. 8 février 2005, n° 02-47.537.

Bénéficient de l'AGS les salariés de nationalité étrangère travaillant à l'étranger mais ayant conclu leur contrat de travail en France.

Ayant constaté la réalité du contrat de travail conclu en France entre une société française et deux salariés américains travaillant en Hongrie mais résidant en France et titulaires d'une carte de travail, les juges du fond ont pu décider que ces deux salariés, engagés en France afin d'accomplir des prestations requérant leur déplacement à l'étranger, étaient en droit de demander le bénéfice de l'AGS.

Cass. soc. 6 décembre 1995, n° 92-42.985.

Les institutions compétentes pour garantir les créances des salariés sont celles de l'État où la procédure d'insolvabilité a été ouverte.

Les institutions compétentes pour garantir aux salariés, en cas de procédure collective d'apurement du passif de l'employeur, le paiement des sommes qui leur sont dues en exécution du contrat de travail, sont celles de l'État sur le territoire duquel la procédure d'insolvabilité a été ouverte. Les institutions de l'État sur le territoire duquel le travail s'exécute ne sont compétentes qu'à défaut de protection des droits des salariés par la loi de l'État d'ouverture.

C'est donc à bon droit qu'après avoir fait ressortir que la société avait adhéré à la Caisse monégasque de garantie des salaires en tant qu'employeur des salariés de l'établissement d'Aubagne, une cour d'appel qui, d'une part, a constaté que la liquidation judiciaire prononcée par la juridiction de Monaco s'était, aux termes mêmes de l'article 3 de la Convention franco-monégasque du 13 septembre 1950, étendue à l'établissement exploité en France par l'employeur et, d'autre part, a relevé que les créances des salariés étaient arrêtées par le syndic désigné par la juridiction de Monaco et présentées par lui à l'institution monégasque de garantie, a décidé que la Caisse de garantie des créances de Monaco devait garantir le paiement des sommes dues aux salariés au titre de l'exécution et de la rupture de leur contrat de travail, fixées au passif de la procédure collective ouverte à Monaco à l'encontre de l'employeur.

Cass. soc. 2 octobre 2001, n° 99-44.808, BC V n° 294.

AGS (Garantie des créances)

Selon l'article L. 3253-6 CT, l'AGS garantit les créances dues en exécution du contrat de travail. La date de naissance de ces créances est importante, la loi distinguant les créances nées avant le jugement d'ouverture de la procédure collective et celles nées après cette date.

Les articles L. 3253-10 à L. 3253-13 CT prévoient des aménagements pour certaines sommes, dont celles dues au titre de la participation et de l'intéressement.

Enfin, l'article L. 3253-9 CT prévoit des dispositions particulières pour les salariés bénéficiant d'une procédure protectrice en matière de licenciement.

Le bénéfice de ces garanties est subordonné à l'ouverture d'une procédure collective.

Les créances garanties par les articles L. 3253-6 et 8 CT

• La créance doit être due en exécution du contrat de travail

Obligations naissant de l'exécution du contrat de travail

Résultent d'une obligation de l'employeur née en exécution du contrat de travail :

➠ les sommes dues aux salariés en vertu d'un accord d'entreprise.

Cass. soc. 5 avril 1995, n° 93-45.577.

➠ le paiement des cotisations sociales obligatoires afférentes à la rémunération des salariés.

Cass. soc. 24 octobre 2006, n° 04-46.622, BC V n° 317. Voir aussi cass. soc. 17 juin 2009, n° 08-41.866.

➠ les dommages-intérêts dus aux salariés en réparation du préjudice subi du fait du non-respect par l'employeur du repos dominical.

Cass. soc. 8 juin 1999, n° 97-40.648, BC V n° 265.

➠ les dommages-intérêts dus en raison du non-paiement des salaires par l'employeur.

Cass. soc. 9 avril 2014, n° 12-35.152.

➠ les dommages-intérêts dus en raison du retard de l'employeur dans le paiement des salaires.

Cass. soc. 26 janvier 2000, n° 96-42.376, BC V n° 39, exigeant un préjudice indépendant du retard apporté au paiement des salaires par l'employeur et causé par sa mauvaise foi ; cass. soc. 28 septembre 2010, n° 09-41.224.

➠ les dommages-intérêts dus par l'employeur en raison de la non-délivrance de bulletins de paie, de certificats de travail et d'attestations Assédic.

Cass. soc. 4 décembre 2002, n° 00-44.303, BC V n° 368. Voir aussi cass. soc. 12 février 2014, n° 12-29.168.

➠ les dommages-intérêts dus au salarié à raison de la violation par l'employeur d'une clause de garantie d'emploi.

Cass. soc. 30 octobre 2002, n° 00-46.779.

➠ les dommages-intérêts dus au salarié au titre du prêt illicite de main-d'œuvre.

Cass. soc. 9 novembre 2004, n° 02-45.048, BC V n° 280.

➠ les dommages-intérêts dus en raison de l'inexécution par l'employeur des obligations vis-à-vis des organismes sociaux.

Cass. soc. 17 octobre 2000, n° 98-45.139. Voir aussi cass. soc. 30 novembre 1999, n° 97-42.729.

➡ l'indemnité due en réparation du préjudice subi par le salarié du fait du non-paiement par l'employeur des cotisations à une caisse de retraite complémentaire prévue par la convention collective.

L'indemnité due en réparation du préjudice subi par le salarié du fait du non-paiement par l'employeur des cotisations à une caisse de retraite complémentaire prévue par la convention collective est une créance née en exécution du contrat de travail, peu important le taux de cotisation choisi par l'employeur, qui n'est qu'une modalité de l'exécution de son obligation conventionnelle.

Cass. soc. 25 janvier 2005, n° 03-40.195, BC V n° 18.

➡ l'indemnité due pour défaut d'affiliation à une caisse de retraite complémentaire des cadres.

Cass. soc. 8 janvier 2002, n° 99-44.220, 2e moyen, BC V n° 1.

➡ l'indemnité due à un salarié en raison de sa non-affiliation par l'employeur à un régime de prévoyance obligatoire en application des articles L. 911-1 et s. c. séc. soc.

Cass. soc. 8 janvier 2002, n° 99-44.220, 1er moyen, BC V n° 1.

➡ la fraction du salaire indûment retenue par l'employeur en vue du règlement d'une cotisation d'assurance.

Cass. soc. 12 janvier 1999, n° 96-43.514.

➡ l'indemnité allouée à un salarié par un précédent jugement et destinée à réparer le préjudice résultant d'une réduction unilatérale du salaire, appliquée par l'employeur antérieurement au jugement de redressement judiciaire.

Cass. soc. 6 octobre 2004, n° 02-42.300.

➡ les sommes dues à une femme enceinte, dont le licenciement a été annulé, au titre de la période de protection.

Une salariée, dont le licenciement prononcé durant la période de suspension de son contrat de travail consécutive à son état de grossesse a été annulé, était créancière, dès le prononcé du licenciement, de la totalité des salaires qu'elle aurait perçus pendant la période de protection. C'est à bon droit qu'après avoir jugé que le licenciement de l'intéressée, prononcé avant l'ouverture de la liquidation judiciaire de l'employeur, était nul, une cour d'appel a décidé que l'AGS était tenue de garantir le paiement des salaires et indemnités de congés payés alloués au titre de la période de protection.

Cass. soc. 29 janvier 2003, n° 00-46.048, BC V n° 25.

➡ les dommages-intérêts réparant le préjudice d'anxiété qui résulte du non-respect par l'employeur de son obligation de sécurité de résultat.

Cass. soc. 25 septembre 2013, n° 12-20.912, 4e moyen, BC V n° 202. Voir aussi cass. soc. 25 septembre 2013, n° 11-20.948, 2e moyen du pourvoi de l'AGS, BC V n° 212 ; cass. soc. 25 septembre 2013, n° 12-12.883, 3e moyen du pourvoi de l'AGS, BC V n° 208.

En revanche, ne résultent pas d'une obligation de l'employeur née de l'exécution du contrat de travail :

➡ les sommes nées d'une action en responsabilité dirigée contre l'employeur.

Cass. soc. 15 juin 1995, n° 94-40.094.

➡ les dommages-intérêts alloués à des salariés pour résistance abusive à leur demande.

Cass. soc. 26 janvier 2000, n° 98-44.177, 3e moyen, BC V n° 37.

➡ les sommes dues en application de l'article 700 NCPC.

Cass. soc. 2 mars 1999, n° 97-40.044, BC V n° 87.

➡ les sommes dues au titre des frais d'huissier de justice.

Cass. soc. 12 janvier 1999, n° 96-42.585, 2e moyen, BC V n° 9.

➡ les sommes correspondant à des fonds versés par le salarié en vue d'acquérir des parts sociales de l'entreprise dans laquelle il travaille.

Cass. soc. 7 juillet 1998, n° 96-40.249, BC V n° 366. Voir aussi cass. soc. 8 mars 2005, n° 03-42.884.

➡ les créances trouvant leur source dans une convention passée entre l'employeur et un tiers.

Cass. soc. 24 février 1993, n° 89-42.863, BC V n° 65.

➡ une prime qu'un dirigeant s'est engagé à payer en réparation d'un préjudice né de la perte de l'emploi chez un autre employeur.

Cass. soc. 15 janvier 2003, n° 00-44.461.

➡ les cotisations à un régime de retraite complémentaire prévu par une convention collective ou un accord d'entreprise.

Cass. soc. 31 mars 1998, n° 95-44.333, BC V n° 183. Voir aussi cass. soc. 28 mars 2000, n° 98-42.494.

➡ les sommes ayant perdu leur caractère salarial.

Une cour d'appel a pu déduire, d'une part, du fait que le salarié a accepté de laisser le montant de ses créances sur un compte dénommé « compte courant » et, d'autre part, de l'importance des sommes dues et de l'étroite imbrication des intérêts du salarié et de la société, que la volonté des parties de modifier la nature de la créance était établie et que les éléments constitutifs d'une novation de la créance étaient réunis.

Cass. soc. 22 juin 1993, n° 90-46.005, BC V n° 174.

➡ la créance résultant de la liquidation d'une astreinte.

Cass. soc. 8 octobre 2003, n° 01-43.263.

Obligations naissant de la rupture du contrat de travail

Résultent d'une obligation de l'employeur naissant de la rupture du contrat de travail :

➡ l'indemnité correspondant au préjudice subi du fait de la nullité du licenciement d'un salarié protégé.

Cass. soc. 16 novembre 1999, n° 97-42.069, 2e moyen, BC V n° 440. Voir aussi cass. soc. 10 octobre 2007, n° 06-42.371, 1er moyen.

➡ l'indemnité résultant de la rupture illicite du contrat de travail d'un salarié protégé, peu important le fait qu'aucune lettre de licenciement ne lui ait été notifiée.

Cass. soc. 6 juin 2007, n° 05-40.892, BC V n° 92. Voir aussi cass. soc. 19 octobre 2010, n° 09-65.560.

➡ les salaires et indemnités de congés payés alloués à une salariée protégée en raison de sa maternité, dont le licenciement a été annulé, au titre de la période de protection.

Cass. soc. 29 janvier 2003, n° 00-46.048, BC V n° 25.

➡ les dommages-intérêts en réparation du préjudice moral lié aux conditions de la rupture du contrat de travail.

Cass. soc. 29 janvier 2003, n° 00-42.630, BC V n° 26.

➡ l'indemnité allouée à un salarié en réparation de son préjudice consécutif à la méconnaissance par l'employeur des règles relatives à l'ordre des licenciements.

Cass. soc. 10 mai 2000, n° 98-42.493.

➡ les dommages-intérêts pour licenciement sans cause réelle et sérieuse sur le fondement de l'article L. 122-14-5 CT.

Après avoir relevé que des dommages-intérêts avaient été alloués à une salariée sur le fondement de l'article L. 122-14-5 CT, en réparation du préjudice subi du fait de son licenciement sans cause réelle et sérieuse et après avoir fait ressortir que la rupture du contrat de travail de l'intéressée avait été prononcée avant le jugement d'ouverture de la procédure collective de l'employeur, une cour d'appel a exactement décidé que l'AGS devait en garantir le paiement, conformément à l'article L. 143-11-1 CT.

Cass. soc. 8 juin 1999, n° 97-40.659, BC V n° 266.

➡ les dommages-intérêts alloués au salarié en réparation du préjudice causé par le défaut de remise par son employeur d'une attestation pour l'Assédic.

Cass. soc. 3 mars 2004, n° 01-47.355.

➡ les indemnités mises à la charge du cédant dans le cadre d'une cession d'actif autorisée par le juge-commissaire.

Cass. soc. 27 novembre 2001, n° 99-43.380, BC V n° 358.

➡ l'indemnité compensatrice de congés payés.

L'indemnité pour travail dissimulé prévue par l'article L. 324-11-1 CT et l'indemnité compensatrice de congés payés résultent de la rupture de la relation de travail ; l'AGS n'en garantit le paiement, en application de l'article L. 143-11-1, al. 2, 2° CT que si cette rupture intervient pendant la période d'observation, dans le mois suivant le jugement qui arrête le plan de redressement, dans les quinze jours suivant le jugement de liquidation et pendant le maintien provisoire de l'activité autorisé par le jugement de liquidation judiciaire.

Pour décider que l'AGS devait garantir les dommages-intérêts alloués à un salarié au titre du travail dissimulé et l'indemnité compensatrice de congés payés, une cour d'appel a retenu que ces créances étaient nées avant l'ouverture de la procédure collective de son employeur et avaient pour cause l'inexécution par ce dernier de ses obligations contractuelles.
En statuant ainsi, alors que le contrat de travail n'avait pas été rompu par le mandataire-liquidateur et que la date de la résiliation du contrat de travail ne pouvait être fixée qu'au jour de la décision judiciaire la prononçant dès lors que le salarié était resté au service de son employeur malgré les manquements de celui-ci, la cour d'appel a violé l'article L. 143-11-1, al. 2, 2° CT.

Cass. soc. 20 juin 2007, n° 05-43.453.

➡ l'indemnité pour travail dissimulé.

Cass. soc. 20 juin 2007, n° 05-43.453, précité.

➡ les intérêts moratoires, accessoires d'une créance principale garantie par l'AGS.

Cass. soc. 29 janvier 2002, n° 99-45.390.

➟ les dommages-intérêts dus pour rupture anticipée d'un contrat à durée déterminée.

Cass. soc. 13 juin 2001, n° 99-42.977.

➟ le paiement de la capitalisation du congé de conversion due au salarié à la date de son licenciement.

Cass. soc. 10 juillet 2001, n° 98-40.617.

➟ la majoration de l'indemnité conventionnelle de licenciement allouée à des salariés inclus dans un licenciement pour motif économique.

Cass. soc. 12 juin 2001, n° 00-41.944.

➟ les sommes prévues par un plan de sauvegarde de l'emploi pour favoriser le reclassement des salariés, y compris à l'extérieur de l'entreprise ou du groupe auquel elle appartient, et les dommages-intérêts réparant l'inexécution d'un engagement tendant à ces reclassements.

La garantie de l'AGS s'étend aux sommes prévues par les plans de sauvegarde de l'emploi pour favoriser le reclassement des salariés, y compris à l'extérieur de l'entreprise ou du groupe auquel elle appartient, ainsi qu'aux dommages-intérêts réparant l'inexécution d'un engagement tendant à ces reclassements.

Un tribunal de commerce a arrêté un plan de redressement d'une société et a autorisé le licenciement de salariés pour motif économique. Des salariés ont saisi le conseil de prud'hommes de diverses demandes.

Après avoir constaté que l'engagement de l'employeur de présenter un nombre minimal d'offres valables d'emploi en vue de faciliter le reclassement externe des salariés avait été pris à une date antérieure au jugement arrêtant le plan de cession, une cour d'appel en a déduit à bon droit, peu important qu'un tel engagement ne soit exécutable qu'après le licenciement des intéressés, que l'AGS devait garantir les sommes allouées à titre de dommages-intérêts pour réparer le préjudice résultant de son inexécution.

Cass. soc. 8 février 2012, n° 10-12.906, 2e moyen du pourvoi incident, BC V n° 62.

D'une part, la garantie prévue par l'article L. 143-11-1, al. 2° CT s'applique aux créances résultant de la rupture des contrats de travail intervenant pendant la période d'observation. D'autre part, le plan social devant contenir des mesures propres à faciliter le reclassement du personnel dont le licenciement ne peut être évité, les primes qu'il prévoit pour favoriser le reclassement professionnel des salariés licenciés concourent à l'indemnisation du préjudice causé par la rupture du contrat de travail.

Une cour d'appel qui a constaté que la prime de création d'entreprise prévue au plan social était destinée à aider les salariés licenciés à se reclasser en a exactement déduit que cette prime relevait de la garantie de l'AGS.

Cass. soc. 30 avril 2003, n° 00-46.820, BC V n° 150.

➟ les primes d'objectifs et l'indemnité de rupture prévues par une transaction.

Un salarié, engagé en qualité de directeur général par une société, avait été licencié par son employeur le 28 février. Une transaction avait été signée entre les parties le 4 mars, prévoyant le paiement d'une prime d'objectifs et d'une indemnité de rupture. Le salarié, n'ayant pu obtenir le paiement de ces sommes, avait saisi la juridiction prud'homale. Deux ans après le licenciement, la société a été mise en liquidation judiciaire.

C'est à tort que, pour décider que l'AGS ne devait pas garantir le paiement des sommes dues au salarié, une cour d'appel a retenu que la transaction était un nouveau contrat, distinct du contrat de travail et ne pouvait produire d'effets à l'égard de personnes qui y sont étrangères, alors que les sommes prévues par la transaction ne constituaient pas un nouvel engagement de l'employeur se substituant à ses obligations anciennes mais résultaient, tant dans leur principe que dans leur montant, des stipulations du contrat de travail, en sorte que les créances en cause avaient gardé leur nature de créances dues en exécution du contrat de travail.

Cass. soc. 3 avril 2001, n° 99-42.183, BC V n° 116.

➟ la contrepartie financière de la clause de non-concurrence, dès lors que la rupture du contrat est intervenue pendant une période couverte par la garantie, peu important que toutes les échéances ne soient pas encore exigibles.

Ayant constaté que des contrats de travail avaient été rompus pendant le maintien provisoire de l'activité autorisé par le jugement de liquidation judiciaire de l'employeur et ayant retenu à bon droit que la créance au titre de la contrepartie financière à la clause de non-concurrence résultait de la rupture des contrats de travail, une cour d'appel a exactement décidé que l'AGS devait en garantir le paiement, peu important que toutes les échéances ne soient pas encore exigibles.

Cass. soc. 20 juin 2006, n° 04-48.493, BC V n° 218.

Ayant constaté que le contrat de travail d'un salarié avait été rompu antérieurement à la mise en redressement judiciaire de l'employeur, une cour d'appel a exactement décidé que l'AGS devait garantir le paiement des mensualités de la contrepartie financière à la clause de non-concurrence, y compris celles échues après le jugement d'ouverture de la procédure collective.

Cass. soc. 21 février 2007, n° 04-46.875.

En revanche, ne sont pas garanties par l'AGS :

➡ l'indemnité résultant du seul départ à la retraite d'un salarié intervenu après le jugement d'ouverture de la procédure de redressement judiciaire et au cours de la période d'observation.

Un salarié est parti volontairement à la retraite après le jugement d'ouverture de la procédure de redressement judiciaire de son entreprise.

D'une part, ayant retenu que l'intéressé ne justifiait pas avoir informé son employeur de son intention de partir à la retraite avant le jugement d'ouverture de la procédure de redressement judiciaire, un conseil de prud'hommes en a exactement déduit que l'indemnité de départ à la retraite ne relevait pas de la garantie de l'AGS, au titre de l'article L. 143-11-1, al. 2, 1° CT.

D'autre part, la garantie de l'AGS ne peut être mise en œuvre sur le fondement de l'article L. 143-11-1, al. 2, 2° CT, qu'à la condition que le contrat ait été rompu par l'administrateur, l'employeur ou le liquidateur judiciaire, selon le cas, au cours de l'une des périodes visées par ce texte ; il en résulte que la créance indemnitaire d'un salarié, résultant du seul départ à la retraite de celui-ci après le jugement d'ouverture de la procédure de redressement judiciaire et au cours de la période d'observation, ne bénéficiait pas de cette garantie.

Cass. soc. 20 avril 2005, n° 02-47.063, BC V n° 147.

➡ l'indemnité pour travail dissimulé allouée au salarié ayant pris acte de la rupture de son contrat de travail aux torts de l'employeur pendant la période d'observation.

Les créances résultant de la rupture du contrat de travail visées par l'article L. 3253-8, 2° CT s'entendent d'une rupture à l'initiative de l'administrateur judiciaire ou du mandataire liquidateur.

Il en résulte que la garantie de l'AGS n'est pas due pour l'indemnité pour travail dissimulé allouée au salarié ayant pris acte de la rupture de son contrat de travail aux torts de l'employeur pendant la période d'observation.

Cass. soc. 20 décembre 2017, n° 16-19.517, à paraître.

➡ les sommes dues en exécution d'un [plan social] et ne constituant pas une indemnisation des conséquences du licenciement.

La somme versée aux salariés licenciés, âgés de plus de 50 ans et n'ayant pas atteint l'âge de la préretraite, n'est pas garantie par l'AGS : cet avantage conféré au titre du [plan social] ne constitue pas une indemnisation effective des dommages consécutifs au licenciement économique mais un revenu de remplacement du salarié en fin de droit et donc une prestation sociale ne relevant pas du régime d'assurance des créances des salariés.

Cass. soc. 25 mai 1993, n° 89-44.419, 1er moyen.

• Appréciation de la date de naissance de la créance

Sont prises en charge par l'AGS les sommes dues à la date du jugement d'ouverture de la procédure de liquidation ou de redressement judiciaires…

La résolution du plan de cession a pour effet d'ouvrir une nouvelle procédure de redressement judiciaire. Ayant relevé que le plan de cession d'une société avait été résolu et que les échéances mensuelles de la contrepartie de la clause de non-concurrence dues à une salariée, licenciée pour motif économique, étaient nées avant cette date, d'où il résultait qu'elles étaient dues à la date du jugement d'ouverture de la seconde procédure collective, une cour d'appel a pu décider que l'AGS devait en garantir le paiement.

Cass. soc. 14 décembre 1999, n° 97-43.346, BC V n° 485.

Doit être cassé l'arrêt qui, pour déclarer que la garantie de l'AGS, concernant la contrepartie pécuniaire de la clause de non-concurrence, couvrait les sommes dues jusqu'à la fin de la durée de la clause, a retenu que l'employeur ne s'était pas acquitté de l'indemnité mensuelle prévue en contrepartie de la clause de non-concurrence et que cette créance était née au jour du licenciement (22 février 1992) et avant la décision d'ouverture de la procédure de redressement judciaire (16 mars 1992), alors, d'une part, que la contrepartie pécuniaire de la clause de non-concurrence est une créance due mois par mois pendant la durée de l'interdiction de concurrence à compter du jour du licenciement et, d'autre part, que l'AGS ne couvre que les créances dues au jour du jugement d'ouverture de la procédure de redressement judiciaire.

Cass. soc. 6 mai 1997, n° 94-42.699, BC V n° 162.
Voir aussi cass. soc. 27 octobre 1999, n° 96-43.941, BC V n° 416.

C'est à tort que, pour rejeter la demande d'un salarié tendant à voir garantir sa créance, une cour d'appel a énoncé que cette créance était née postérieurement au redressement judiciaire, alors que le droit du salarié à l'indemnisation des congés non pris naît le jour de la résiliation du contrat de travail et que le licenciement était intervenu avant l'ouverture de la procédure collective.

Cass. soc. 26 janvier 2005, n° 02-44.341.

Un salarié engagé selon contrat à durée déterminée du 6 septembre 2007 a été informé, après mise à pied conservatoire, de la rupture avant terme de son contrat par lettre du 11 septembre 2007 pour faute grave ; le 21 avril 2008, le salarié a saisi la juridiction prud'homale en contestation de cette rupture ; au cours de la procédure prud'homale, une procédure de sauvegarde a été ouverte le 26 juillet 2011 devant le tribunal de commerce convertie en redressement judiciaire le 11 avril 2012, la date de cessation des paiements étant fixée à ce jour ; le 28 juin suivant, la société a bénéficié d'un plan de redressement sur dix ans.

Doit être rejeté le moyen du pourvoi formé par l'AGS qui, pour reprocher à une cour d'appel d'avoir retenu sa garantie dans la limite des articles L. 3253-6 et s. et D. 3253-5 CT, soutient qu'il résulte de l'article L. 3253-8 CT qu'en cas d'ouverture d'une procédure de sauvegarde, seules sont garanties les créances résultant de ruptures intervenues pendant la période d'observation et dans le mois suivant le jugement qui a arrêté le plan de sauvegarde et qu'en l'espèce, les créances du salarié étaient nées antérieurement au jugement d'ouverture, le licenciement étant du 11 décembre 2007 tandis que la procédure de sauvegarde avait été ouverte par jugement du 26 juillet 2011.

En effet, si c'est à tort que la cour d'appel a retenu la garantie de l'AGS au titre d'une créance antérieure à l'ouverture de la procédure de sauvegarde de l'employeur, alors que cette procédure était toujours en cours, le redressement judiciaire de l'entreprise, prononcé le 11 avril 2012, rend le moyen sans objet, dès lors que la créance du salarié était née avant le jugement de redressement judiciaire et que la garantie prévue par le 1° de l'article L. 3253-8 CT ne dépend que de la seule ouverture d'une procédure de redressement ou de liquidation judiciaire, sans qu'il y ait lieu d'établir de distinction entre les diverses causes d'ouverture de cette procédure.

Cass. soc. 21 janvier 2014, n° 12-18.421, BC V n° 25.

… peu important que le principe et le montant de la créance n'aient été fixés qu'après le jugement d'ouverture.

Une cour d'appel, qui a constaté que la somme allouée au salarié en réparation du préjudice causé par le non-paiement de son salaire était relative à l'exécution du contrat de travail au cours d'une période antérieure à l'ouverture de la liquidation judiciaire de l'employeur, a décidé, à bon droit, bien que le principe et le montant de la créance n'aient été fixés qu'après le jugement d'ouverture, que l'AGS était tenue d'en garantir le paiement.

Cass. soc. 30 octobre 2001, n° 99-43.164.

La garantie prévue par le 1° de l'article L. 3253-8 CT ne dépend que de la seule ouverture d'une procédure de redressement ou de liquidation judiciaire sans qu'il y ait lieu d'établir une distinction entre les diverses causes d'ouverture de cette procédure.

Cass. soc. 22 septembre 2015, n° 14-17.837, BC V n° 169.

Les indemnités mensuelles dues à un salarié au titre d'un accord de rupture amiable conclu avant le jugement d'ouverture de la procédure collective, y compris pour les mensualités postérieures au jugement, sont prises en charge par l'AGS.

Selon l'article L. 143-11-1, al. 2, 1° CT, l'assurance contre le risque de non-paiement, en cas de redressement ou de liquidation judiciaires de l'employeur, couvre les sommes dues aux salariés en exécution du contrat de travail à la date du jugement d'ouverture de la procédure collective.

Un salarié a conclu avec son employeur une convention de rupture amiable de son contrat de travail lui attribuant une indemnité payable mensuellement. Suite à l'ouverture d'une procédure de redressement judiciaire à l'égard de l'employeur, le salarié a saisi le juge prud'homal pour faire fixer sa créance et obtenir de l'AGS la garantie des sommes dues après le jugement.

C'est à tort que, pour le débouter de sa demande, une cour d'appel a retenu que l'indemnité de rupture prévue constituait des dommages-intérêts dont le paiement avait fait l'objet de délais, que cette convention ne contenait aucune clause prévoyant que la déchéance du terme était acquise de plein droit en cas de non-respect d'une échéance ou de redressement judiciaire, que le salarié ne justifiait pas que la déchéance du terme avait été demandée et constatée en justice avant l'ouverture de la procédure de redressement judiciaire, que l'Unédic, qui avait garanti le paiement de la mensualité échue antérieurement au jugement d'ouverture de la procédure de redressement judiciaire, était fondée à refuser de garantir les mensualités impayées échues postérieurement à ce jugement, alors que la créance du salarié résultait d'un accord conclu avant le jugement d'ouverture et que la somme convenue était due à la date de ce jugement.

Cass. soc. 23 novembre 2004, n° 02-41.836, BC V n° 293.

Les sommes liées à la rupture du contrat sont également garanties si la rupture est intervenue dans les délais prévus à l'article L. 3253-8, 2° CT.

Un salarié travaillait au sein d'une entreprise ayant fait l'objet d'une procédure de liquidation judiciaire par jugement du 27 février 1995, lequel avait autorisé le maintien provisoire de l'activité de l'entreprise. Le salarié a saisi la juridiction prud'homale d'une demande tendant à la fixation de ses créances de salaires et d'indemnités de rupture au passif de la procédure collective de l'employeur et à la garantie par l'AGS du paiement desdites créances.

Doit être cassé l'arrêt qui, après avoir fixé les créances du salarié résultant de la rupture du contrat de travail, a décidé qu'en l'absence de licenciement prononcé dans les conditions prévues à cet article, l'AGS devait garantir celles-ci pour la période de quinze jours suivant l'ouverture de la liquidation judiciaire, alors que le contrat de travail n'ayant pas été rompu par le liquidateur pendant le maintien provisoire de l'activité autorisé par le jugement de liquidation judiciaire, la garantie de l'AGS n'était pas due pour les indemnités de rupture allouées à l'intéressé.

Cass. soc. 3 avril 2002, n° 99-43.163, BC V n° 115. Voir aussi cass. soc. 3 avril 2002, n° 99-44.288, BC V n° 117 ; cass. soc. 3 avril 2002, n° 99-43.492, BC V n° 116.

Selon l'article L. 143-11-1, al. 2, 2° CT, l'assurance contre le risque de non-paiement des sommes dues aux salariés, en cas de procédure de redressement judiciaire de l'employeur, ne couvre que les créances résultant de la rupture des contrats de travail intervenant pendant la période d'observation ou dans le mois qui suit le jugement arrêtant le plan de redressement.

C'est à tort que, après avoir fixé le montant des créances indemnitaires d'un salarié, résultant de son licenciement par le commissaire à l'exécution du plan, une cour d'appel a retenu que ces créances relevaient de la garantie de l'AGS, alors qu'il résultait de ses constatations que le contrat de travail avait été rompu par ce mandataire de justice plus de trois années après le jugement arrêtant le plan de redressement.

Cass. soc. 9 novembre 2005, n° 03-47.963, moyen unique du pourvoi principal de l'AGS, BC V n° 314.

À la suite de l'ouverture d'une procédure de redressement judiciaire, et après qu'un jugement a arrêté le plan de cession de l'entreprise le 26 juillet 1993, l'administrateur judiciaire a licencié un salarié le 13 août 1993 pour motif économique. À la demande de ce dernier, un jugement prud'homal devenu définitif l'a reconnu créancier d'indemnités de rupture, réglées en partie grâce à l'avance effectuée par le Fonds national de garantie des salaires. Le salarié a alors demandé aux mandataires judiciaires de lui payer le solde des indemnités de licenciement, de préavis et de congés payés, sur le fondement de l'article 40 de la loi du 25 janvier 1985 et a formé un recours contre deux ordonnances du juge-commissaire admettant ces créances au passif de la société en redressement.

C'est à bon droit qu'une cour d'appel, qui a relevé que le licenciement du salarié avait été prononcé conformément au plan de cession de l'entreprise, en sorte que les créances indemnitaires résultant de la rupture du contrat de travail étaient nées régulièrement après le jugement d'ouverture, a décidé que ces créances (indemnité de licenciement et de solde de congés payés et préavis au-delà du plafond de garantie des salaires) relevaient de l'article 40 de la loi du 25 janvier 1985 (c'est-à-dire des créances nées après le jugement d'ouverture qui bénéficient d'un paiement par priorité), devenu l'article L. 631-32 c. com., peu important la date de la conclusion du contrat de travail.

Cass. soc. 2 octobre 2001, n° 97-21.827, 1re et 2e branches, BC V n° 290.

Doit être cassé l'arrêt excluant de la garantie de l'AGS les sommes correspondant au paiement de rappel de salaires et de dommages et intérêts pour rupture abusive du contrat de travail au motif que le club sportif employeur était redevenu in bonis, alors que les rappels de salaires sont dus à la date de l'ouverture de la procédure collective et les indemnités résultent de la rupture du contrat de travail intervenue pendant la période d'observation.

Cass. soc. 20 mai 1992, n° 90-43.286, BC V n° 321.

Il résulte de l'article L. 143-11-1, al. 2 CT, en sa rédaction issue de la loi du 26 juillet 2005, devenu L. 3253-8 CT, qu'en cas d'ouverture d'une procédure de sauvegarde de l'entreprise, laquelle n'est pas en état de cessation des paiements, seules sont garanties les créances résultant de ruptures intervenues pendant la période d'observation et dans le mois suivant le jugement qui a arrêté le plan de sauvegarde.

Un salarié, licencié pour inaptitude le 25 août 2005, a demandé la condamnation de son employeur à lui payer des sommes à titre notamment de dommages-intérêts pour licenciement sans cause réelle et sérieuse ; pendant l'instance d'appel, la société a fait l'objet d'une procédure de sauvegarde ouverte par jugement du 2 juillet 2007 ; l'AGS, appelée en la cause, a contesté devoir sa garantie.

C'est à tort que, pour dire que les condamnations prononcées au bénéfice du salarié seraient, sous réserve de la justification de l'insuffisance des fonds disponibles, garanties dans les limites légales, une cour d'appel a retenu qu'il résulte des dispositions combinées des articles L. 625-7 c. com. et L. 143-11-7 CT que la garantie de l'AGS joue lors d'une procédure de sauvegarde des entreprises, sous réserve que le mandataire judiciaire justifie de l'insuffisance des fonds disponibles.

Cass. soc. 10 mars 2009, n° 07-45.326, BC V n° 65. Voir aussi cass. soc. 28 septembre 2010, n° 09-65.438.

Selon l'article L. 3253-8, 2° CT, dans sa rédaction alors en vigueur, l'assurance des salariés contre le risque de non-paiement, en cas de procédure de redressement ou de liquidation judiciaire, des sommes qui leur sont dues en exécution du contrat de travail couvre les créances résultant de la rupture des contrats de travail intervenant pendant la période d'observation, dans le mois suivant le jugement qui arrête le plan de redressement, dans les quinze jours suivant le jugement de liquidation et pendant le maintien provisoire de l'activité autorisé par le jugement de liquidation judiciaire ; en application des articles L. 622-9 c. com. et 14 du décret du 27 décembre 1985, le jugement de liquidation judiciaire prend effet à compter de sa date.

Un salarié a saisi la juridiction prud'homale, le 29 novembre 2006, d'une demande en paiement de rappels de salaires et en résiliation judiciaire de son contrat de travail ; le 1er décembre suivant, la société a été placée en liquidation judiciaire ; la résiliation judiciaire a été prononcée le 18 janvier 2007.

Après avoir fixé de manière erronée la date de résiliation du contrat de travail à la date correspondant au jour du jugement qui prononçait la liquidation judiciaire de l'employeur, une cour d'appel a retenu que les sommes allouées à titre d'indemnités de préavis, d'indemnités de congés payés s'y rapportant et de dommages-intérêts pour licenciement sans cause réelle et sérieuse, relevaient de la garantie de l'AGS.

En statuant ainsi, alors, d'une part, qu'il résultait de ses constatations que le contrat de travail n'avait pas été rompu par le liquidateur judiciaire dans les quinze jours suivant le jugement de liquidation judiciaire, et alors, d'autre part, que ces sommes n'étaient pas dues à la date du jugement d'ouverture de la procédure de liquidation judiciaire, qui prenait effet dès la première heure du jour de son prononcé, la cour d'appel a violé les articles L. 3253-8, 2° CT, dans sa rédaction alors en vigueur, L. 622-9 c. com. et 14 du décret du 27 décembre 1985, alors applicables.

Cass. soc. 14 octobre 2009, n° 07-45.257, 2e branche du moyen, BC V n° 222.

La rupture du contrat de travail ne peut pas résulter de la seule ouverture de la procédure de liquidation judiciaire.

Doit être cassé l'arrêt ayant décidé que devaient être garanties par l'AGS les créances résultant de la rupture du contrat de travail, alors que la liquidation judiciaire avait été prononcée le 29 juillet et que les salariés n'avaient été licenciés que le 25 août.

En effet, l'article L. 143-11-1, 2° CT dispose que ces créances ne sont garanties que si la rupture est intervenue dans les quinze jours suivant la liquidation judiciaire. La cour d'appel ne pouvait pas considérer que la liquidation avait consacré la fermeture de l'entreprise, mettant de fait un terme aux contrats de travail, la liquidation judiciaire n'entraînant pas, en soi, la rupture du contrat de travail.

Cass. soc. 18 novembre 1992, n° 91-43.960, BC V n° 558. Voir aussi cass. soc. 3 mai 2001, n° 99-41.387.

L'ouverture ou le prononcé de la procédure de liquidation judiciaire de l'employeur n'entraîne pas en soi la rupture du contrat de travail au sens de l'article L. 143-11-1, al. 2, 2° CT.

Doit donc être cassé l'arrêt qui a dit que l'AGS était tenue de garantir les indemnités de rupture accordées à un salarié, alors que le contrat de travail n'avait pas été rompu par le liquidateur judiciaire dans le délai de quinze jours du jugement de liquidation.

Cass. soc. 16 décembre 2003, n° 02-40.109.

En cas de liquidation judiciaire, l'AGS couvre notamment les sommes dues au cours de la période d'observation…

Après la mise en redressement judiciaire d'une société, des salariés avaient saisi la juridiction prud'homale pour voir garantir le paiement du dernier tiers de leur prime dite de treizième mois pour l'année 1993 et la totalité de ladite prime pour l'année 1994.

Doit être cassé le jugement qui, pour déclarer opposable à l'AGS la décision constatant les créances, a retenu que l'usage du versement par l'employeur d'une prime de treizième mois en fin d'année n'était pas contestable, alors que, selon l'article L. 143-11-1, al. 3 CT, l'AGS garantit le paiement des sommes dues aux salariés en exécution de leur contrat de travail au cours de la période d'observation, lorsque la liquidation judiciaire est prononcée et que, en l'espèce, le conseil de prud'hommes n'a pas constaté que la liquidation judiciaire avait été prononcée et n'a pas statué sur la date d'exigibilité desdites créances.

Cass. soc. 17 mars 1998, n° 95-45.489. Voir aussi cass. soc. 2 novembre 1994, n° 93-42.787.

... et les sommes dues au cours des quinze jours suivant le jugement de liquidation.

Un salarié a saisi la juridiction prud'homale d'une demande en paiement de diverses sommes après la mise en liquidation judiciaire de son employeur.

C'est à tort que, pour mettre hors de cause l'AGS, une cour d'appel a retenu que, pour que la garantie soit acquise, il est indispensable que le licenciement intervienne dans les quinze jours du jugement ordonnant la liquidation judiciaire et qu'en l'espèce, le liquidateur n'ayant pas procédé au licenciement dans ce délai, l'AGS n'avait pas à garantir les créances du salarié, alors qu'elle reconnaissait le salarié créancier de salaires au titre du mois de novembre, au cours duquel l'employeur avait été placé en liquidation judiciaire.

En effet, la garantie de l'AGS s'applique, notamment, en cas de liquidation judiciaire de l'employeur et dans la limite d'un montant maximal correspondant à un mois et demi de travail, aux sommes dues au cours des quinze jours suivant le jugement de liquidation.

Cass. soc. 8 octobre 2003, n° 01-43.951, moyen unique du pourvoi incident du salarié, BC V n° 255.

Ayant constaté que les créances litigieuses ne résultaient pas de la rupture des contrats de travail, mais concernaient des salaires dus pour une période postérieure à l'expiration du délai de quinze jours suivant le jugement de liquidation judiciaire, une cour d'appel a exactement décidé qu'elles n'entraient pas dans le champ d'application de la garantie.

Cass. soc. 19 janvier 2010, n° 08-41.522.

Lorsque l'avance faite par l'AGS au titre des salaires dus au cours de la période d'observation correspond à un mois et demi de travail, cet organisme n'a pas à garantir les salaires dus après le jugement de liquidation judiciaire.

Pour juger que l'AGS devait garantir des salaires dus après un jugement de liquidation judiciaire, à hauteur d'un mois et demi de salaires, une cour d'appel a retenu que l'avance faite par cet organisme au titre des salaires dus pendant la période d'observation, à concurrence d'un mois et demi, ne privait pas le salarié de la garantie due au titre des créances salariales nées après la liquidation judiciaire.

En statuant ainsi, alors que l'avance déjà faite par l'AGS à la suite du redressement judiciaire correspondait à un mois et demi de travail, la cour d'appel a violé l'article L. 3253-8 4° CT.

Cass. soc. 28 septembre 2011, n° 10-21.350.

Les créances indemnitaires résultant d'un licenciement postérieur à un jugement d'ouverture de la liquidation judiciaire doivent être payées à leur échéance, peu important que l'activité ait cessé immédiatement.

Relèvent notamment du privilège institué par l'article L. 641-13-I c. com., dans sa rédaction en vigueur au jour du licenciement, les créances nées régulièrement après le jugement qui ouvre ou prononce la liquidation judiciaire, pour les besoins du déroulement de la procédure.

Un salarié a été licencié pour motif économique par un liquidateur judiciaire. Les sommes représentant ses droits au jour de la rupture de son contrat de travail n'ayant été garanties par l'AGS qu'en partie, il a saisi le juge de l'exécution qui a autorisé par ordonnances deux saisies conservatoires entre les mains de deux sociétés clientes de la société liquidée. Le liquidateur a assigné le salarié et les deux sociétés devant le juge de l'exécution aux fins d'obtenir la rétractation des ordonnances et la mainlevée des saisies conservatoires.

C'est à bon droit qu'une cour d'appel l'a débouté de ses demandes.

En effet, la cour, qui a retenu que le licenciement du salarié avait été prononcé par le liquidateur conformément à ses obligations dans le cadre de la procédure collective en cours, en a exactement déduit que les créances indemnitaires résultant de la rupture du contrat de travail étaient nées régulièrement après le jugement prononçant la liquidation judiciaire pour les besoins du déroulement de cette procédure, de sorte qu'elles relevaient de l'article L. 641-13-I c. com., peu important que l'activité ait cessé immédiatement.

Cass. soc. 16 juin 2010, n° 08-19.351, BC V n° 140.

En l'absence de prononcé de liquidation judiciaire, l'AGS n'a pas à garantir le paiement des créances nées postérieurement au redressement judiciaire et résultant de la poursuite du contrat de travail.

Cass. soc. 1er février 2012, n° 10-17.394, pourvoi de l'AGS, BC V n° 49.

L'AGS n'a pas à garantir les sommes dues lorsque la liquidation de la société, toujours in bonis, est consécutive à sa dissolution pour mésentente entre associés.

Cass. soc. 16 mai 2018, n° 16-25.898, à paraître.

La garantie des créances des salariés bénéficiant d'une protection spéciale en matière de licenciement

Les créances des salariés protégés sont garanties par l'AGS si l'employeur ou le liquidateur a manifesté son intention de rompre le contrat de travail dans un certain délai.

Le contrat de travail d'une salariée, déléguée du personnel et membre du comité d'entreprise, a été transféré à une société dans le cadre d'un plan de cession. Le 25 octobre 2012, une procédure de redressement judiciaire de cette société a été ouverte puis, le 7 décembre, une procédure de liquidation judiciaire. L'administrateur a, le 21 décembre 2012, fait connaître à la salariée que la suppression de son poste était envisagée et un entretien préalable à un éventuel licenciement est intervenu le 3 janvier 2013. L'autorisation de la licencier a été sollicitée de l'inspection du travail qui l'a refusée le 4 février 2013. Le 19 août 2013, la salariée a ensuite sollicité du conseil de prud'hommes la résiliation judiciaire de son contrat de travail, demande à laquelle il a été fait droit le 1er septembre 2015.

Pour mettre l'AGS hors de cause, une cour d'appel a retenu que si le licenciement de la salariée, qui avait été convoquée à un entretien préalable, avait été envisagé dans le cadre du plan de cession, cette mesure n'était pas intervenue en raison du refus d'autorisation de l'inspection du travail qui n'avait fait l'objet d'aucun recours ; que le contrat de travail n'avait pris fin que par sa résiliation judiciaire, laquelle avait pris effet au jour de son prononcé, soit postérieurement au délai prévu à l'article L. 3253-8 CT ; que l'article L. 3253-9 CT, qui ne vise que les créances résultant du licenciement, ne pouvait davantage s'appliquer dans la mesure où ce texte s'applique dans l'hypothèse où le licenciement est finalement mis en œuvre par l'administrateur, l'employeur ou le liquidateur et que tel n'était pas le cas en l'espèce, le défaut de mise en œuvre du licenciement étant au contraire au nombre des manquements qui pouvaient être reprochés au liquidateur judiciaire.

En statuant ainsi, alors qu'elle avait constaté que l'administrateur judiciaire avait, dans les quinze jours de la liquidation judiciaire, manifesté son intention de rompre le contrat de travail de la salariée protégée, ce dont il résultait que l'AGS devait sa garantie peu important le refus de l'inspecteur du travail d'autoriser son licenciement, la cour d'appel a violé les articles L. 3253-8, 2°, dans sa rédaction antérieure à la loi 2013-504 du 14 juin 2013, et L. 3253-9 CT.

Cass. soc. 13 décembre 2017, n° 16-21.773, à paraître.

Selon les articles L. 3253-8 et L. 3253-9 CT, sont couvertes par l'assurance contre le risque de non-paiement les créances résultant du licenciement de salariés bénéficiaires d'une protection particulière relative au licenciement dès lors que l'administrateur, l'employeur ou le liquidateur, selon le cas, a manifesté son intention de rompre le contrat de travail dans le mois suivant le jugement qui arrête le plan de sauvegarde, de redressement ou de cession.

C'est dès lors à bon droit qu'une cour d'appel a retenu que des salariés ayant été convoqués à un entretien préalable au licenciement dans le mois suivant le jugement arrêtant le plan de cession, l'AGS devait garantie, peu important, s'agissant d'un salarié, qu'à la suite d'un refus de l'inspecteur du travail, la demande d'autorisation de licenciement dont il n'est pas allégué qu'elle portait sur des motifs différents ait été réitérée.

Cass. soc. 8 février 2012, n° 10-12.906, 1er moyen du pourvoi incident, BC V n° 62.

Un salarié a été engagé, en 1991, en qualité de chauffeur. La société qui l'employait a été mise en redressement judiciaire le 11 octobre 1994 et un plan de redressement par cession prévoyant des licenciements pour motif économique a été arrêté le 14 mars 1995. Le salarié, dont le contrat de travail avait été suspendu du 5 novembre 1994 au 25 juin 1995 en raison d'une rechute d'accident du travail et qui avait été déclaré par le médecin du travail, à la suite de la visite de reprise, « apte poste de conduite, inapte travaux de chargements et déchargements et tous travaux de chantiers », a été licencié le 25 juin 1995.

C'est à tort que, pour décider que l'AGS n'était pas tenue de garantir l'indemnité allouée à un salarié pour licenciement sans cause réelle et sérieuse et violation des dispositions de l'article L. 122-32-5 CT, une cour d'appel a retenu qu'un délai de plus d'un mois s'était écoulé entre la date du jugement arrêtant le plan de cession de l'entreprise et la rupture effective, le 25 juin 1995, du contrat de travail de l'intéressé, alors qu'elle avait relevé que l'administrateur avait indiqué au salarié par écrit, le 27 mars 1995, qu'une procédure de licenciement allait être engagée à son égard, d'où il résultait qu'il avait ainsi manifesté son intention de rompre le contrat de travail de l'intéressé dans le mois suivant le jugement arrêtant le plan de redressement, conformément à l'article L. 143-11-1, al. 2, 2° CT.

En effet, d'une part, aux termes de l'article L. 143-11-2 CT, les créances résultant du licenciement des salariés bénéficiaires d'une protection particulière relative au licenciement sont couvertes par l'assurance des sommes dues en exécution du contrat de travail en cas de procédure de redressement ou de liquidation judiciaires de l'employeur, dès lors que l'administrateur, l'employeur ou le liquidateur, selon le cas, a manifesté, au cours des périodes mentionnées au 2° de l'article L. 143-11-1 CT, son intention de rompre le contrat de travail ; d'autre part, le salarié victime d'un accident du travail ou d'une maladie professionnelle, dont le contrat de travail est suspendu en application de l'article L. 122-32-1 CT, bénéficie, en vertu des articles L. 122-32-2 et L. 122-32-5 du même code, d'une protection particulière en matière de licenciement pendant la durée de la suspension du contrat de travail.

Cass. soc. 2 octobre 2001, n° 99-45.346, moyen unique du pourvoi du salarié et 1re branche du 2e moyen du pourvoi de l'employeur, BC V n° 295.

Les créances garanties par les articles L. 3253-10 à 13 CT

Les créances résultant d'un dispositif d'épargne salariale sont garanties par l'AGS.

D'abord, en premier lieu, selon l'article L. 143-11-3, al. 1 CT, lorsqu'elles revêtent la forme d'un droit de créance sur l'entreprise, les sommes dues au titre de l'intéressement, au titre de la participation des salariés aux fruits de l'expansion, ou en application d'un accord créant un fonds salarial dans les conditions prévues par les articles L. 471-1 et s. CT, sont couvertes par l'assurance prévue à l'article L. 143-11-1 CT ; en second lieu, en vertu du troisième alinéa du même texte, ces créances sont garanties lorsque intervient un jugement de liquidation judiciaire ou un jugement arrêtant le plan de cession totale de l'entreprise.

Ensuite, il résulte des articles L. 442-1 et s. CT que les droits constitués au profit des salariés au titre de la participation aux résultats de l'entreprise en exécution du contrat de travail et du statut collectif qu'il implique revêtent la forme d'un droit de créance sur l'entreprise, quel que soit leur emploi pendant le temps de leur indisponibilité.

Enfin, une cour d'appel, qui a constaté que la liquidation judiciaire d'un employeur avait été prononcée, ce dont il résultait que les droits des salariés étaient devenus exigibles, a pu décider que la valeur de ces droits, dont elle a fixé le montant au passif de l'entreprise, devait être garantie par l'AGS.

Cass. soc. 30 septembre 2004, n° 02-16.439, BC V n° 242.

Mais les sommes qui, en application d'un accord de participation, ont été employées à l'acquisition de parts d'un fonds commun de placement dont les salariés sont devenus copropriétaires ne revêtent pas la forme d'un droit de créance sur l'entreprise et ne sont donc pas garanties par l'AGS.

Une société mère ainsi que ses filiales ont institué un plan d'épargne ayant vocation à recueillir notamment des versements volontaires des salariés, en particulier des sommes qui leur seraient attribuées, les sommes collectées étant affectées à l'acquisition de parts de deux fonds communs de placement.

Par la suite, la société mère ainsi que certaines de ses filiales ont instauré un régime de participation judiciaire qui prévoyait l'affectation des sommes attribuées aux salariés en parts de l'un ou de l'autre des fonds.

Toutes les sociétés du groupe ayant été placées en liquidation judiciaire, des salariés qui avaient été employés dans les filiales ont saisi la juridiction prud'homale d'une demande tendant à ce qu'il soit dit que les sommes qu'ils avaient investies dans l'un des deux fonds soient fixées au passif des sociétés et garanties par l'AGS en vertu de l'article L. 143-11-3 CT.

C'est à bon droit qu'une cour d'appel les a déboutés de ces demandes.

En effet, l'article L. 143-11-3 CT, d'une part, ne prévoit pas que la garantie de l'AGS s'applique aux versements de sommes effectués par les salariés sur un plan d'épargne d'entreprise du seul fait de l'affectation de ces sommes à ce plan, d'autre part, ne fait bénéficier de cette garantie les sommes dues au titre de la participation des salariés aux fruits de l'expansion que si elles revêtent la forme d'un droit de créance sur l'entreprise, ce qui n'est pas le cas de celles qui, en application d'un accord de participation, ont été employées à l'acquisition de parts d'un fonds commun de placement dont les salariés sont devenus copropriétaires.

Cass. soc. 28 novembre 2007, n° 05-45.354, BC V n° 198.

Les créances résultant de la création d'un fonds salarial ne sont garanties que si ce fonds a été institué conformément aux règles légales.

Une cour d'appel a pu refuser le bénéfice de l'AGS à des créances dues en application d'un accord créant un fonds salarial, après avoir relevé que l'agrément ministériel exigé par les articles L. 471-1 et s. CT pour la mise en place d'un tel fonds n'avait jamais été donné.

Cass. soc. 1er décembre 1993, n° 91-40.862.

De même, les arrérages de préretraite ne sont garantis par l'AGS que si cette allocation résulte d'un accord collectif.

Une cour d'appel, ayant constaté que l'allocation complémentaire de préretraite résultait d'un engagement unilatéral de l'employeur, a pu décider que les arrérages n'étaient pas garantis par l'AGS. Un tel accord ne constitue pas, en effet, un accord d'entreprise au sens de l'article L. 143-11-3, al. 2 CT.

Cass. soc. 2 novembre 1993, n° 90-42.661.

La créance résultant d'un accord d'entreprise conclu postérieurement au jugement arrêtant un plan de cession est garantie par l'AGS.

Il résulte des dispositions de l'article L. 143-11-3, al. 7 CT, dans leur rédaction issue de la loi du 4 mai 2004, que seules les créances salariales résultant d'une décision prise unilatéralement par l'employeur ou d'un accord d'entreprise conclu moins de dix-huit mois avant le jugement d'ouverture de la procédure de redressement ou de liquidation judiciaires sont exclues de la garantie de l'AGS.

Un salarié avait été engagé par une société qui a été placée en redressement judiciaire, puis a fait l'objet d'un plan de cession ; le jugement qui a arrêté ce plan ayant autorisé le licenciement de 298 salariés, l'employeur a élaboré un plan de sauvegarde de l'emploi qui prévoyait le versement d'une indemnité de reclassement aux salariés licenciés n'ayant pas refusé leur reclassement et ne bénéficiant pas d'une indemnité contractuelle de rupture ; licencié pour motif économique, le salarié a saisi la juridiction prud'homale aux fins d'inscription, au passif de la société, de l'indemnité de reclassement.

Après avoir constaté que la créance du salarié résultait d'un accord d'entreprise conclu postérieurement au jugement arrêtant le plan de cession, une cour d'appel en a justement déduit que l'AGS devait sa garantie.

Cass. soc. 30 septembre 2009, n° 08-42.076, BC V n° 213.

En revanche, n'est pas garantie par l'AGS la créance résultant d'un accord antérieur à l'ouverture d'une procédure de redressement judiciaire, conclu en fraude des droits de l'organisme.

Après avoir retenu qu'à la date de la conclusion d'un accord d'entreprise prévoyant notamment une majoration de la durée de préavis et du montant de l'indemnité de licenciement, une société ne disposait d'aucune trésorerie, ni d'aucun appareil pouvant lui procurer des recettes et que cette situation l'avait placée dans l'impossibilité de payer les salaires de plusieurs mois, une cour d'appel, estimant que les signataires de l'accord avaient alors connaissance du préjudice qu'il pouvait causer à l'AGS en raison de l'incapacité de la société d'honorer ses engagements, a ainsi caractérisé une fraude commise au détriment de cet organisme et en a déduit à bon droit que l'accord ne pouvait lui être opposé pour la mise en œuvre de sa garantie.

Cass. soc. 29 septembre 2009, n° 08-41.723.

Demande d'inscription d'une créance sur le relevé

Lorsqu'une créance ne figure pas sur le relevé, le salarié doit saisir le juge prud'homal, à peine de forclusion, dans les deux mois suivant l'avis de dépôt des relevés de créances salariales ; ce délai ne court qu'à la condition que le salarié ait été informé individuellement de son existence et de son point de départ.

Selon l'article L. 621-125 c. com., le salarié dont la créance ne figure pas en tout ou en partie sur un relevé des créances résultant d'un contrat de travail établi par le représentant des créanciers peut saisir, à peine de forclusion, le conseil de prud'hommes dans un délai de deux mois à compter de l'accomplissement de la mesure de publicité dudit relevé. Aux termes de l'article 78 du décret du 27 décembre 1985, le représentant des créanciers informe par tout moyen chaque salarié de la nature et du montant des créances admises ou rejetées, lui indique la date du dépôt au greffe du relevé des créances et lui rappelle que le délai de forclusion court à compter de la publication du relevé. Il s'ensuit que le délai de forclusion ne court pas lorsque le représentant des créanciers n'a pas informé le salarié de son existence et de son point de départ.

Pour juger que l'action d'un salarié tendant à contester le refus du représentant des créanciers de son ancien employeur de faire figurer ses créances sur un relevé des créances résultant d'un contrat de travail était forclose, une cour d'appel a retenu que la publicité des relevés des créances avait été accomplie le 26 octobre 1996, que le salarié aurait dû saisir le conseil de prud'hommes au plus tard le 26 décembre 1996 et qu'il ne l'a fait que le 12 juin 1997, après l'expiration du délai de deux mois prévu par les textes.

En statuant ainsi, sans constater que le salarié avait été informé par le représentant des créanciers de la date du dépôt au greffe du relevé des créances salariales ni que le point de départ du délai de forclusion lui avait été rappelé, la cour d'appel n'a pas légalement justifié sa décision.

Cass. soc. 25 juin 2002, n° 00-44.704, BC V n° 210.

Une fois la juridiction prud'homale saisie dans ce délai, des demandes nouvelles peuvent être présentées en tout état de la procédure engagée, peu important que le délai de forclusion soit alors expiré.

Doit être cassé l'arrêt qui, pour déclarer un salarié forclos en sa demande tendant à faire fixer une créance indemnitaire, en réparation d'un préjudice lié à la résiliation du contrat d'assurance de groupe souscrit par son employeur, a retenu que si celui-ci avait saisi la juridiction prud'homale dans le délai de deux mois suivant la publication d'un avis de dépôt des relevés de créances résultant du contrat de travail, cette saisine se limitait toutefois au seul paiement de participation et de dommages et intérêts pour rupture abusive du contrat de travail, et que les autres chefs de demandes ayant été formés pour la première fois après l'expiration du délai, sans qu'ils soient virtuellement compris dans la demande initiale, ces nouvelles prétentions, exprimées au-delà des délais imposés par les articles L. 621-125 et L. 621-46 c. com., étaient atteintes de forclusion, alors d'une part, que l'article L. 621-125 c. com. n'impose au salarié, à peine de forclusion, que de saisir la juridiction prud'homale dans le délai qu'il prévoit et alors, d'autre part, que des demandes nouvelles peuvent être présentées en tout état de la procédure ainsi engagée, peu important que le délai de forclusion soit alors expiré.

Cass. soc. 9 novembre 2005, n° 03-47.963, moyen unique du pourvoi incident du salarié, BC V n° 314.

La saisine du conseil de prud'hommes après l'expiration de ce délai vaut demande de relevé de forclusion.

Il résulte de l'article L. 621-125 c. com. que le salarié, dont la créance ne figure pas en tout ou en partie sur un relevé des créances résultant d'un contrat de travail, peut saisir à peine de forclusion le conseil de prud'hommes dans un délai de deux mois à compter de l'accomplissement des mesures de publicité des relevés des créances salariales ; aux termes de l'article 78, al. 2, du décret du 27 décembre 1985, le salarié dont la créance a été omise peut être relevé de la forclusion par le conseil de prud'hommes dans le délai prévu par l'article L. 621-46 c. com. ; en vertu de ce texte, l'action en relevé de forclusion ne peut être exercée que dans le délai d'un an à compter de la décision d'ouverture de la procédure collective ; il s'ensuit que la saisine du conseil de prud'hommes par le salarié qui conteste la décision du représentant des créanciers, emporte nécessairement demande de relevé de forclusion lorsqu'il introduit la procédure après l'expiration du délai de deux mois précité.

Cass. soc. 26 mars 2003, n° 01-41.747, BC V n° 118.

Action en paiement

Lorsqu'elle est portée sur l'état des créances déposé au greffe du tribunal de commerce, une créance salariale est admise irrévocablement au passif de la liquidation judiciaire et l'action en paiement de cette créance est soumise à la prescription de droit commun.

À la suite du jugement du 14 septembre 1989 ouvrant la procédure de redressement judiciaire d'un club de football, les contrats de travail de deux joueurs professionnels ont été rompus par anticipation les 31 août et 15 septembre 1989 et leur créance a été prise en charge par l'AGS à hauteur du plafond 4 de garantie.

Pour déclarer prescrites les demandes des salariés tendant à voir juger que l'AGS devait garantir leur créance salariale à hauteur du plafond 13 et à voir condamner cette dernière à leur payer, respectivement, les sommes de 38 111,80 € et 48 658,22 €, une cour d'appel a retenu que, en matière salariale, le visa du juge commissaire sur le relevé des créances salariales établi par le mandataire judiciaire dans les conditions alors prévues à l'article L. 143-11-5, devenu L. 3253-19 CT, ne confère pas à ce relevé le caractère d'un titre exécutoire et qu'il ne pouvait, dès lors, pas être prétendu par les salariés que le régime de la prescription qui était applicable à leur demande en paiement n'était pas celui de la créance salariale, à savoir la prescription quinquennale, mais celui d'une décision de justice, à savoir la prescription trentenaire.

En statuant ainsi, alors que le relevé des créances salariales, qui n'avait fait l'objet d'aucune contestation en ce qui concerne ces salariés, est porté sur l'état des créances déposé au greffe du tribunal de commerce et que cette admission au passif de la liquidation judiciaire revêt un caractère irrévocable, ce dont il résultait qu'elle entraînait la substitution de la prescription trentenaire à la prescription quinquennale, la cour d'appel a violé les articles 2262 c. civ. et L. 143-14 devenu L. 3245-1 CT.

Cass. soc. 21 novembre 2012, n° 11-18.923, BC V n° 300. Voir aussi cass. soc. 5 février 2014, n° 12-29.189.

AGS (Modalités d'intervention)

Après l'établissement du relevé des créances salariales, l'AGS avance le montant des sommes figurant sur ce relevé si elles n'ont pu être réglées sur les fonds de l'entreprise dans les délais prévus.

L'AGS doit également avancer les sommes correspondant à des créances définitivement établies par décision de justice, même lorsque les délais de garantie sont expirés.

Compétence du conseil de prud'hommes

Le conseil de prud'hommes est seul compétent pour connaître des litiges relatifs au paiement des créances inscrites dans le cadre d'un redressement ou d'une liquidation judiciaires.

Doit être cassé l'arrêt déclarant recevable l'action du liquidateur devant le tribunal de commerce tendant à la condamnation de l'Assédic au paiement des sommes figurant sur le relevé de créances, alors que, s'agissant d'un litige relatif au refus de l'Assédic de régler des créances nées de la rupture des contrats de travail, les salariés concernés avaient seuls qualité pour engager l'action et le conseil de prud'hommes était seul compétent pour en connaître.

Cass. soc. 21 mars 1989, n° 87-19.377, BC V n° 233.

Les créances relatives à l'exécution d'un contrat de travail, qu'elles soient exigibles à la date du jugement d'ouverture de la procédure collective de l'employeur ou qu'elles soient nées après l'ouverture de cette procédure, doivent être inscrites, conformément à l'article L. 143-11-7, al. 1er CT, sur le relevé des créances ; ce relevé doit être établi, en application de l'article L. 621-125 c. com., après vérification dans les délais prévus à l'article L. 143-11-7 CT, par le représentant des créanciers.

Il s'ensuit que le bureau de jugement du conseil de prud'hommes est seul compétent pour connaître des litiges opposant un salarié au représentant des créanciers, dès lors qu'ils sont relatifs à des créances qui doivent figurer sur le relevé et que le salarié entend obtenir la mise en cause de l'AGS, peu important qu'il ait appelé en garantie une partie étrangère à la procédure collective de l'employeur.

Cass. soc. 21 juin 2005, n° 02-42.499, 1er moyen, BC V n° 209.

Ce litige doit être porté directement devant le bureau de jugement du conseil de prud'hommes.

Il résulte des articles L. 621-127 et L. 621-128 c. com. que les salariés auxquels l'AGS refuse, pour quelque cause que ce soit, de régler tout ou partie d'une créance résultant d'un contrat de travail peuvent saisir du litige le conseil de prud'hommes et que ce litige est porté directement devant le bureau de jugement.

La règle de l'unicité de l'instance, édictée par l'article R. 516-1 CT pour la procédure de règlement par voie de conciliation des différends qui peuvent s'élever à l'occasion de tout contrat de travail, n'est pas applicable au litige qui trouve son fondement dans le refus de l'AGS de garantir tout ou partie d'une créance salariale qui n'est pas soumise à la procédure de conciliation.

Cass. soc. 4 juin 2003, n° 01-42.338, BC V n° 188. Voir aussi cass. soc. 4 juin 2003, n° 01-41.791, BC V n° 189 ; cass. soc. 23 octobre 2012, n° 11-15.530, 1er moyen, BC V n° 272 ; cass. soc. 26 mai 2015, n° 14-10.579.

Il ne peut pas être saisi en référé pour obtenir une provision.

Les litiges soumis au conseil de prud'hommes concernant les créances salariales et opposant les salariés, d'une part, au représentant des créanciers et, d'autre part, à l'AGS, sont portés directement devant le bureau de jugement, conformément aux dispositions de la loi du 25 janvier 1985.

Un conseil de prud'hommes statuant en référé n'est pas compétent pour trancher un tel litige et accorder les sommes demandées par les salariés. La saisine directe du bureau de jugement exclut, en effet, toute possibilité de s'adresser au juge des référés pour obtenir une provision.

Cass. soc. 23 septembre 1992, n° 89-41.211.

La seule absence de mise en cause de l'administrateur judiciaire ou du commissaire à l'exécution du plan n'a pas pour effet de rendre l'action du salarié irrecevable.

L'action prévue par l'article L. 621-127 c. com. étant principalement dirigée contre l'AGS, la seule absence de mise en cause de l'administrateur judiciaire ou, après la fin de ses fonctions, du commissaire à l'exécution du plan, ne peut affecter la recevabilité de cette action, lorsque le représentant des créanciers encore en fonction est appelé à la procédure, avec un mandataire ad hoc désigné pour représenter le débiteur.

Un jugement avait arrêté un plan de cession totale d'une entreprise, en autorisant le licenciement d'un salarié devenu mandataire social et en désignant un mandataire ad hoc, chargé de représenter la société à la suite de sa dissolution ; le mandataire social avait été licencié par l'administrateur judiciaire. Ayant été informé par le représentant des créanciers du refus de l'AGS de faire l'avance des fonds nécessaires au règlement de créances portées sur un état des créances résultant du contrat de travail, le mandataire social a saisi le conseil de prud'hommes, en faisant appeler à la procédure l'AGS, le représentant des créanciers et le mandataire ad hoc de la société.

Pour déclarer cette action irrecevable, faute de mise en cause du commissaire à l'exécution du plan, une cour d'appel a relevé que, si l'article L. 621-127 c. com. ne précisait pas contre qui devait être dirigée l'action lorsqu'un plan de redressement par voie de cession totale de l'entreprise a été arrêté, les dispositions de l'alinéa 2 de l'article L. 621-68 du même code conduisaient à estimer qu'en ce cas et quand bien même le représentant des créanciers aurait été maintenu en fonction, cette action devait être dirigée contre le commissaire à l'exécution du plan, lequel avait qualité pour défendre l'intérêt collectif des créanciers et pour veiller à l'exécution du plan ; la cour en a déduit que le mandat du commissaire à l'exécution du plan ayant en l'espèce été prorogé, sans qu'il soit appelé à la procédure, l'action du salarié était irrecevable.

En statuant ainsi, la cour d'appel a violé les articles L. 621-127 c. com. et l'article 90 du décret du 27 décembre 1985.

Cass. soc. 21 décembre 2006, n° 04-45.720, BC V n° 410.

Conditions d'intervention

Les créances doivent être définitivement établies.

Aux termes de l'article L. 143-11-7, al. 7 CT, les institutions mentionnées à l'article L. 143-11-4 du même code doivent avancer les sommes correspondant à des créances définitivement établies par décision de justice, même si les délais de garantie sont expirés.

Cass. soc. 30 octobre 2001, n° 99-45.043.

Selon le dernier alinéa de l'article L. 143-11-7 CT, dans sa rédaction résultant de la loi du 17 juillet 2001, applicable en la cause, les institutions désignées par ce texte doivent faire l'avance des sommes correspondant à des créances établies par décision de justice exécutoire.

Un salarié a obtenu d'un conseil de prud'hommes un jugement condamnant son employeur au paiement d'indemnités de rupture et de dommages-intérêts pour licenciement sans cause réelle et sérieuse. La société ayant ensuite été placée en liquidation judiciaire, l'AGS a refusé de faire l'avance des sommes nécessaires au règlement de cette créance.

Ayant constaté qu'en se refusant à faire l'avance des fonds correspondant au montant d'une condamnation exécutoire par provision, l'AGS avait causé un trouble manifestement illicite, au regard de ses obligations légales, auquel il devait être mis fin, une cour d'appel a pu confirmer l'ordonnance de référé ayant dit que l'AGS devait faire l'avance au représentant des créanciers des fonds nécessaires au paiement de la partie de cette condamnation exécutoire par provision.

Cass. soc. 31 mai 2005, n° 03-43.767.

Le pourvoi en cassation formé contre un arrêt fixant une créance ne remet pas en cause le caractère définitif de cette créance.

Une cour d'appel a pu condamner l'AGS à faire les avances nécessaires pour le paiement des créances salariales après avoir relevé que ces créances avaient été établies par un arrêt de cour d'appel, peu important qu'un pourvoi en cassation ait été formé contre cette décision. L'arrêt d'appel ayant force de chose jugée, les salariés justifiaient d'une créance définitivement établie au sens de l'article L. 143-11-7 CT.

Cass. soc. 1er juin 1994, n° 91-43.477, BC V n° 183.

L'AGS ne peut être condamnée à avancer directement au salarié les créances qui lui sont dues. Elle n'intervient qu'en cas d'insuffisance des fonds disponibles.

Il résulte des articles L. 143-11-7 CT et 125 de la loi du 25 janvier 1985, devenu l'article L. 621-127 c. com., que les juridictions prud'homales ne peuvent condamner l'AGS à verser directement au salarié les créances salariales qui lui sont dues par l'employeur en redressement ou en liquidation judiciaires. En effet, ces créances doivent être payées par le représentant des créanciers et l'avance n'en est faite par l'institution de garantie qu'en cas d'insuffisance des fonds disponibles, sur demande du mandataire de justice.

Cass. soc. 20 novembre 2002, n° 00-45.373.

Imputant à son employeur la rupture de son contrat de travail, un salarié a saisi au mois de mars 2001 le juge prud'homal de demandes en paiement de salaires, d'indemnités de rupture et de dommages-intérêts. Après l'ouverture d'une procédure de liquidation judiciaire à l'égard de l'employeur, le 18 juillet 2001, le liquidateur judiciaire et l'AGS ont été appelés à la procédure.

Doit être cassé le jugement qui, après avoir constaté que la rupture du contrat de travail s'était produite, par la faute de l'employeur, le 9 avril 2001, a prononcé contre la société, le liquidateur judiciaire et l'AGS une condamnation solidaire au paiement de salaires, de primes, d'indemnités de rupture et de dommages-intérêts pour licenciement sans cause réelle et sérieuse, alors que la procédure ne pouvait tendre qu'à la fixation du montant de ces créances, dont l'origine était antérieure au jugement de liquidation judiciaire.

Cass. soc. 5 janvier 2005, n° 02-43.726.

Contestation de garantie par l'AGS

L'AGS peut se prévaloir de l'inobservation des dispositions des articles L. 1221-1 et 3 CT et de la nullité d'une clause de non-concurrence.

Cass. soc. 13 juin 2001, n° 99-42.614.

Mais l'AGS ne peut pas contester le jugement ouvrant la procédure de redressement ou de liquidation judiciaires pour mettre en cause le principe de sa garantie.

Les jugements ouvrant la procédure de redressement ou de liquidation judiciaires ont l'autorité absolue de la chose jugée et sont opposables à tous.

L'assurance instituée par l'article L. 143-11-1 CT garantit les salariés contre le risque de non-paiement, en cas de procédure de redressement ou de liquidation judiciaires, des sommes qui leur sont dues en exécution du contrat de travail.

Une cour d'appel, qui a constaté qu'une procédure de liquidation judiciaire avait été ouverte à l'encontre d'un employeur et que les créances d'un salarié étaient nées avant le jugement d'ouverture, a exactement décidé que l'AGS devait garantir le paiement desdites créances.

Cass. soc. 6 juin 2000, n° 98-42.083, BC V n° 215.

En l'absence de fraude du salarié, l'AGS ne dispose d'aucun droit propre en reconnaissance d'un transfert des contrats de travail ; elle est donc irrecevable à contester sa garantie devant la juridiction prud'homale en invoquant l'existence d'une cession d'entité économique autonome, y compris dans le cas où les salariés, eux-mêmes, ne s'en prévaudraient pas.

Cass. soc. 8 décembre 2016, n° 14-28.401, 1er moyen des pourvois principaux, BC V n° 238.

L'AGS ne peut pas demander, en l'absence de fraude, la requalification du contrat en contrat à durée indéterminée.

Les dispositions prévues par les articles L. 122-1 et s. CT relatives au contrat à durée déterminée ont été édictées dans un souci de protection du salarié, qui peut seul se prévaloir de leur inobservation.

Il en résulte que l'AGS n'est pas recevable, sauf fraude qu'il lui appartient de démontrer, à demander la requalification d'un contrat de travail à durée déterminée en contrat à durée indéterminée.

Cass. soc. 4 décembre 2002, n° 00-43.750, BC V n° 367.

L'AGS n'est recevable à contester un accord transactionnel conclu au cours d'une procédure de médiation et homologué par le juge prud'homal qu'à la condition d'établir que cet accord procède d'une fraude.

Cass. soc. 25 janvier 2006, n° 03-45.444, BC V n° 22.

L'AGS n'est pas tenue de formuler son refus de payer certaines créances dans les délais légaux.

Si l'AGS est tenue de verser au représentant des salariés ou au mandataire-liquidateur les sommes figurant sur le relevé des créances salariales dans les délais fixés par l'article L. 143-11-7 CT, aucune disposition ne prévoit que son refus de payer soit formulé dans ces délais.

Cass. soc. 20 mai 1992, n° 90-44.061, 1er moyen, BC V n° 323.

☛ *Contrat à durée déterminée (Cas de recours).*

AGS *(Montant de la garantie)*

L'assurance garantie des salaires est limitée, toutes sommes et créances avancées confondues, à un ou des montants fixés par décret, par référence au plafond mensuel retenu pour le calcul des contributions du régime d'assurance chômage, et inclut les cotisations et contributions sociales et salariales d'origine légale, ou d'origine conventionnelle imposée par la loi.

Le montant maximal de la garantie est fixé à six fois le plafond mensuel retenu pour le calcul des cotisations d'assurance chômage. Ce montant est fixé à cinq fois ce plafond lorsque le contrat de travail dont résulte la créance a été conclu moins de deux ans et six mois au moins

avant la date du jugement d'ouverture de la procédure collective et à quatre fois ce plafond si le contrat dont résulte la créance a été conclu moins de six mois avant la date du jugement d'ouverture.

Il résulte des dispositions non modifiées de l'article D. 3253-5 CT que le montant maximal de la garantie de l'AGS s'apprécie à la date à laquelle est due la créance du salarié et au plus tard à la date du jugement arrêtant le plan ou prononçant la liquidation judiciaire.

Ayant constaté que des salariés avaient été licenciés avant l'ouverture de la procédure collective, une cour d'appel a pu décider que leur créance, ayant pris naissance à la date de leur licenciement, devait être garantie dans la limite du montant fixé par les dispositions des alinéas 1 et 3 de l'article D. 143-2 CT dans leur rédaction applicable à cette date.

Cass. soc. 7 juin 2006, n° 04-46.675, BC V n° 207. Voir aussi cass. soc. 31 mars 2015, n° 13-21.184, BC V n° 64 ; cass. soc. 7 mars 2018, n° 16-20.650.

Lorsque les créances salariales, en raison des dates différentes auxquelles elles sont nées, relèvent, les unes du plafond 13, fixé par l'article D. 143-2 de l'ancien code du travail, les autres du plafond 6, fixé par l'article D. 3253-5 CT, ces plafonds leur sont respectivement applicables, dans la limite globale du plafond 13 alors applicable.

Cass. soc. 31 mars 2015, n° 13-21.184, précité. Voir aussi cass. soc. 7 mars 2018, n° 16-20.650, précité.

Le montant maximum de la garantie de l'AGS s'entend du montant des avances versées pour le compte du salarié, peu important les remboursements perçus par cet organisme subrogé dans les droits du salarié.

Un salarié a été employé par une société à compter du 1er juillet 1968 en qualité de chef de projet informaticien, statut cadre ; postérieurement à l'entrée en vigueur dans l'entreprise de la réduction légale de la durée du travail, l'horaire collectif de travail de certains des cadres, dont l'intéressé, a été maintenu à 39 heures hebdomadaires ; celui-ci a continué à percevoir son salaire antérieur, sans bonification ou majoration pour les heures effectuées au-delà de 35 heures.

Ayant été licencié le 21 novembre 2001 pour motif économique dans le cadre de la procédure de redressement judiciaire de la société, il a saisi la juridiction prud'homale en janvier 2003 notamment de demandes en fixation de sa créance au titre des heures supplémentaires effectuées, d'une part, au-delà de 39 heures hebdomadaires pour la période non atteinte par la prescription et, d'autre part, de la 36e à la 39e heure hebdomadaire à compter du 1er février 2000.

Une cour d'appel a pu décider qu'il résultait des dispositions combinées des articles L. 143-11-1, L. 143-11-7, L. 143-11-8, L. 143-11-9 et D. 143-2 CT, que le montant maximum de la garantie de l'AGS s'entendait du montant des avances versées pour le compte du salarié, peu important les remboursements perçus par cet organisme subrogé dans les droits du salarié.

Cass. soc. 9 avril 2008, n° 07-41.418, BC V n° 82.

Apprentissage

☛ *Contrat d'apprentissage.*

Artistes

Tout engagement d'un artiste en vue de sa production est présumé être un contrat de travail et sa rémunération n'a le caractère de salaire que si elle correspond à une prestation fournie au cours d'un spectacle (art. L. 7121-3 et s. CT).

Présomption de contrat de travail

Tout contrat par lequel une personne s'assure, moyennant rémunération, le concours d'un artiste en vue de sa production, est présumé être un contrat de travail.

Deux personnes, engagées en qualité d'artistes de variétés par une association pour animer deux soirées, avaient saisi la juridiction prud'homale en paiement d'une indemnité pour non-remise d'un bulletin de salaire et d'un certificat de travail et non-paiement des charges sociales.

Doit être cassé le jugement qui, pour débouter les salariés de leurs demandes, a retenu que le contrat qu'ils avaient signé n'était pas un contrat de travail mais un contrat de prestation de services, en raison de l'absence de lien de subordination, de l'utilisation par les salariés de leur propre matériel et des irrégularités que présentait le contrat, alors que tout contrat par lequel une personne physique ou morale s'assure, moyennant rémunération, le concours d'un artiste du spectacle en vue de sa production, est présumé être un contrat de travail, quels que soient le mode et le montant de la rémunération, ainsi que la qualification donnée au contrat par les parties, la liberté d'expression conservée par l'artiste ou le fait qu'il soit propriétaire de tout ou partie du matériel utilisé.

Cass. soc. 19 mai 1998, n° 96-41.138, BC V n° 270. Voir aussi cass. soc. 14 mai 2014, n° 13-11.741.

Toute personne physique ou morale qui s'assure le concours d'un artiste du spectacle en vue de sa production, moyennant rémunération, est présumée être l'employeur de l'artiste.

L'article L. 762-1 CT dispense d'établir la subordination de l'artiste et n'exige pas que le contrat conclu en vue de sa production soit passé directement avec lui, ni que sa rémunération lui soit versée directement par l'entrepreneur de spectacles.

Ayant relevé qu'une société diffusait la programmation des concerts ou spectacles donnés dans une salle, assurait à l'avance la location des places à ses guichets et fournissait la salle en ordre de marche ainsi que le personnel de séance, une cour d'appel a pu estimer, au vu de ces présomptions de fait, que le contrat qualifié de location, par lequel ladite salle était mise à la disposition des artistes par l'entremise des agents mandataires de ceux-ci, dissimulait l'activité réelle de la société qui était celle d'un entrepreneur de spectacles. Elle a dès lors pu décider que les artistes qui s'y produisaient, et dont l'activité était présumée, en vertu de la loi, s'exercer dans le cadre d'un contrat de travail, avaient pour employeur la société qui était débitrice de cotisations envers les organismes chargés du régime de retraite complémentaire et des congés payés.

Cass. soc. 25 janvier 1990, n° 86-10.188, BC V n° 36.

La présomption de contrat de travail ne vaut qu'entre les organisateurs de spectacles et les artistes y participant.

Une artiste chorégraphique a travaillé à diverses reprises dans le cadre du numéro d'un illusionniste ; ayant dû interrompre son activité à la suite d'un accident survenu au cours du spectacle, elle l'a avisé par lettre qu'elle se tenait à nouveau à sa disposition pour assurer ses fonctions de danseuse et de chorégraphe ; en l'absence de réponse, elle a, un mois plus tard, pris acte de la rupture de son contrat de travail aux torts de l'illusionniste.

L'intéressée a saisi la juridiction prud'homale pour faire reconnaître la qualité d'employeur de ce dernier et obtenir la requalification des contrats à durée déterminée en contrats à durée indéterminée, sa condamnation au paiement de diverses sommes ainsi que la remise de documents sociaux conformes.

C'est à tort que, pour accueillir ces demandes, une cour d'appel a relevé qu'en dépit d'une sommation de communiquer, l'illusionniste n'avait produit que trois des contrats qu'il avait conclus avec les organisateurs, que l'intéressée était payée le plus souvent par lui, soit par chèque émis par les organisateurs avec lesquels il négociait les contrats, soit par chèque personnel, soit en espèces, qu'elle n'avait pas signé le contrat qu'il avait conclu avec elle pour le compte d'un cirque, de sorte que celle-ci était, par application de l'article L. 762-1 CT, réputée avoir été engagée en vertu d'un contrat de travail à la fois par le cirque, qui avait établi des bulletins de paie, et par l'illusionniste, alors qu'elle avait elle-même constaté que l'illusionniste n'était pas l'organisateur des spectacles auxquels avait participé la danseuse, et qu'il lui appartenait de rechercher si cette dernière travaillait sous son autorité et suivant ses directives dans des conditions caractérisant un lien de subordination.

Cass. soc. 3 octobre 2007, n° 06-40.449, BC V n° 151. Voir aussi cass. soc. 14 mai 2014, n° 13-11.741, précité.

La présomption de contrat de travail n'interdit pas à l'artiste de démontrer l'existence d'une relation de travail dans un lien de subordination avec une autre personne.

Un artiste ayant mis fin à sa collaboration avec quatre musiciens qui avaient joué dans son orchestre et participé à ses tournées de concerts à l'étranger, ces derniers ont saisi la juridiction prud'homale de demandes en paiement d'indemnité de rupture.

Après avoir constaté que l'artiste décidait du recrutement des musiciens, leur donnait des instructions précises et exerçait sur eux un pouvoir de direction et de surveillance, et qu'il avait pris seul la décision de faire cesser leur participation aux activités de l'orchestre, une cour d'appel a pu en déduire l'existence du lien de subordination caractérisant le contrat de travail de chacun des musiciens à l'égard de celui-ci.

Cass. soc. 19 décembre 2007, n° 06-42.773, BC V n° 221.

La liste des professions artistiques énumérées à l'article L. 7121-2 CT, auxquelles s'applique la présomption de contrat de travail, n'est pas limitative.

Après avoir énoncé à bon droit que la liste des professions énumérées à l'article L. 762-1 CT n'était pas limitative, une cour d'appel, qui a relevé que l'intéressé était chargé de fournir la sonorisation et l'éclairage en liaison avec le metteur en scène du spectacle, que son rôle était d'autant plus important qu'il travaillait pour une association de bénévoles et qu'il n'était pas un simple exécutant, en a déduit exactement qu'il était un artiste du spectacle.

Cass. soc. 8 juillet 1999, n° 97-14.487, BC V n° 339.

Le fait que le contrat de travail commun à plusieurs artistes ne mentionne pas le nom de chacun des artistes n'est pas de nature à exclure l'application de la présomption légale.

Le fait que le contrat passé par un organisateur de spectacles avec un ensemble artistique soit commun aux artistes composant cet ensemble et, contrairement aux prescriptions de la loi, ne porte pas mention du nom de chacun d'eux, n'est pas de nature à exclure l'application de la présomption légale de contrat de travail entre l'organisateur de spectacles et les artistes qui y participent.

Dès lors que c'est au cours de spectacles musicaux organisés en France par une association que se sont produits des artistes étrangers, la présomption de salariat instituée par l'article L. 762-1 CT est applicable.

Cass. soc. 1er octobre 1992, n° 90-14.825, BC V n° 496. Voir aussi cass. soc. 1er avril 1993, n° 91-11.649, BC V n° 109 ; cass. soc. 16 juillet 1996, n° 94-42.698.

Aux termes de l'article L. 762-1 CT, tout contrat par lequel une personne physique ou morale s'assure, moyennant rémunération, le concours d'un artiste du spectacle en vue de sa production, est présumé être un contrat de travail dès lors que cet artiste n'exerce pas l'activité, objet de ce contrat, dans des conditions impliquant son inscription au registre du commerce. Cette présomption subsiste quels que soient le mode et le montant de la rémunération, ainsi que la qualification donnée au contrat par les parties ; elle n'est pas détruite par la preuve que l'artiste emploie lui-même une ou plusieurs personnes pour le seconder, dès lors qu'il participe personnellement au spectacle. Le contrat de travail peut être commun à plusieurs artistes.

Pour déclarer la juridiction prud'homale incompétente au profit du tribunal de commerce, une cour d'appel a retenu qu'un artiste, représentant une troupe de trois personnes, et une société avaient conclu une convention intitulée « contrat d'animation de camping », que l'artiste avait présenté des factures en contrepartie de la prestation fournie, ce qui était incompatible avec le statut de salarié et que les parties avaient entendu soumettre le prix de la prestation des artistes au régime fiscal de la TVA, le contrat ayant été préparé par l'artiste, que le contrat s'abstenait non seulement de citer nominativement chacun des deux artistes se produisant avec l'intéressé, ce qui aurait été insuffisant à combattre la présomption de l'article L. 762-1 CT, mais qu'il s'abstenait aussi de préciser le montant attribué à chacun des artistes, que l'artiste s'était désigné responsable de la troupe mais n'avait justifié d'aucun mandat écrit des deux autres artistes et qu'enfin, il réclamait non pas la part du « salaire » lui revenant après déduction de la part revenant aux deux autres artistes, mais la totalité du solde restant dû par la société.

Elle a ensuite retenu que l'artiste s'était présenté comme l'employeur des deux autres artistes et qu'à tout le moins, profitant de cette apparence et des relations contractuelles antérieures, avait trompé la bonne foi de son cocontractant et qu'il devait donc être considéré comme étant intervenu en qualité de coorganisateur de spectacles avec la société et qu'à ce titre il aurait dû être inscrit au registre du commerce.
En statuant ainsi, la cour d'appel a violé l'article L. 762-1 CT.

Cass. soc. 20 septembre 2006, n° 05-40.225, BC V n° 272.

Le fait que le contrat soit signé par l'un des artistes agissant en qualité de mandataire n'implique pas de rapport de subordination entre cet artiste et les autres participants au spectacle.

Il résulte de l'article L. 762-1 CT que l'organisateur de spectacles qui s'assure, moyennant rémunération, le concours d'artistes du spectacle en vue de leur production est présumé les employer en vertu d'un contrat de travail qui peut être commun à plusieurs artistes lorsque ceux-ci se produisent dans un même numéro ou font partie du même orchestre. Ce contrat est alors signé par l'un d'entre eux qui agit en qualité de mandataire.

Ne donne pas de base légale à sa décision la cour d'appel qui accueille les demandes d'indemnités afférentes à la rupture de leurs contrats de travail formées par des musiciens contre une artiste, aux prétendus motifs que celle-ci était le véritable employeur, alors que ni le fait que, dans le cadre des contrats communs qu'elle signait avec les organisateurs, cette artiste ait fourni à ceux-ci les indications leur permettant d'établir les bulletins de paye des musiciens et les vignettes destinées à la sécurité sociale, ni le fait qu'elle ait précisé le montant des sommes devant revenir à chacun dans le cadre de ces contrats, ni, enfin, le fait que les contrats des deux musiciens aient été rompus à sa demande, ne détruisent, à défaut de preuve d'un lien de subordination entre les deux musiciens et l'artiste, la présomption de contrat de travail entre les organisateurs de spectacles et les artistes participant à ces spectacles.

Cass. soc. 9 avril 1996, n° 94-42.609.

Il en est autrement lorsqu'un mandataire exerce sur un artiste des prérogatives en matière de recrutement, de rémunération et d'autorité excédant celles liées à son mandat et caractérisant l'existence d'un lien de subordination entre lui-même et l'artiste.

En décembre 1993, un chanteur a intégré un orchestre de variétés fondé par deux chefs d'orchestre. Durant 15 ans, il a participé à une cinquantaine de représentations annuelles, percevant une partie des cachets versés par les organisateurs aux chefs d'orchestre en leur qualité de mandataires des musiciens de l'orchestre ; à la suite d'une altercation survenue en 2009 lors d'une représentation, l'intéressé a appris qu'il ne faisait plus partie de l'orchestre ; il a pris acte de la rupture de son contrat de travail et saisi la juridiction prud'homale en invoquant l'existence d'un contrat de travail avec les chefs d'orchestre.

C'est à bon droit qu'une cour d'appel a fait droit à sa demande.

En effet, la cour a souverainement relevé que les deux chefs d'orchestre recrutaient les artistes, négociaient avec les organisateurs des spectacles le montant de la rémunération globale de l'orchestre, donnaient des instructions précises à l'intéressé, comme aux autres artistes, caractérisant une réelle autorité sur eux, non seulement sur le programme musical, mais également sur les dates des répétitions qui avaient lieu à leur domicile et des spectacles, sur les déplacements et les costumes à porter pendant les représentations qu'ils effectuaient eux-mêmes la répartition des cachets entre les artistes et avaient pris seuls la décision de faire cesser la participation du chanteur aux activités de l'orchestre ; la cour a également fait ressortir que les membres de l'orchestre travaillaient ensemble de façon régulière.

En l'état de ces constatations portant sur des éléments qui excédaient ceux inhérents à l'exécution du mandat donné par l'intéressé aux deux chefs d'orchestre en application de l'article L. 7121-7 CT, la cour d'appel a pu en déduire l'existence d'un lien de subordination entre les parties caractérisant le contrat de travail.

Cass. soc. 4 décembre 2013, n° 12-26.553, BC V n° 301

La présomption de salariat établie au profit des artistes par le code du travail est une présomption simple qu'il appartient à celui qui conteste l'existence d'un contrat de travail de renverser.

Ayant constaté qu'en sa qualité de réalisateur, un travailleur avait perçu des rémunérations pour son activité artistique, une cour d'appel en a exactement déduit, sans avoir à caractériser l'existence d'un lien de subordination, que le contrat était présumé être un contrat de travail par application de l'article L. 762-1 CT, dès lors que la société l'employant n'avait pas détruit cette présomption.

Cass. soc. 5 mars 2003, n° 01-15.707.

La présomption de salariat est détruite lorsque l'artiste partage les bénéfices et les pertes des spectacles auxquels il participe…

La constitution entre un artiste et un organisateur de spectacles d'une société ou d'une association en participation dans laquelle est prévu le partage des bénéfices et des pertes, manifeste, de la part de l'artiste, la volonté de se comporter en coentrepreneur de spectacles. Si, en outre, les comptes des spectacles donnés par les artistes concernés font état des déficits auxquels ils ont participé et que l'un d'eux, ayant au surplus perçu l'intégralité de la recette nette de huit représentations sur treize et supporté le déficit de l'une d'elles, est titulaire d'une licence d'entrepreneur de spectacles et immatriculé, à ce titre, au registre du commerce, la présomption légale de salariat, édictée par l'article L. 762-1 CT, est inapplicable à ces artistes.

Cass. soc. 31 octobre 1991, n° 89-11.763, BC V n° 470.

… ou lorsqu'il exerce son activité dans des conditions impliquant son inscription au registre du commerce.

Le contrat liant un metteur en scène de cinéma à son producteur prévoyait le commun accord des deux intéressés, notamment pour la date du début du tournage, sa durée, les lieux où il serait opéré, le choix du studio, sans lui imposer un plan de travail et un devis et ne laissait aucune place, en définitive, à un droit pour le producteur de donner au metteur en scène des ordres ou des instructions auxquels il aurait dû se soumettre.

En l'état de ces constatations, une cour d'appel a pu décider que le metteur en scène avait en réalité la qualité de « coproducteur » impliquant son inscription au registre du commerce et ne remplissait pas les conditions pour pouvoir bénéficier de la présomption de contrat de travail édictée par l'article L. 762-1 CT.

Cass. soc. 13 mai 1980, n° 78-15.859, BC V n° 420.

Selon l'article L. 7121-3 CT, tout contrat par lequel une personne s'assure, moyennant rémunération, le concours d'un artiste du spectacle en vue de sa production, est présumé être un contrat de travail dès lors que cet artiste n'exerce pas l'activité qui fait l'objet de ce contrat dans des conditions impliquant son inscription au registre du commerce.

Pour débouter un disc-jockey ayant travaillé dans une boîte de nuit de ses demandes tendant à ce que diverses créances soient fixées au passif de la procédure collective de la société qui l'employait, une cour d'appel a retenu que la présomption de salarié dont il bénéficiait était contredite par le fait qu'il ne produisait aucun contrat de travail, aucun bulletin de paie, ni preuve du versement d'une rémunération régulière, sous quelque forme que ce soit, impliquant un travail régulier, effectué dans un lien de subordination avec la société, que l'intéressé figurait sur l'une des cartes relatives à cette boîte de nuit comme simple disc-jockey, sans mention de « résident » contrairement à un autre disc-jockey, que cette mention de « résident » induisant un travail par définition régulier, son absence était de nature à démontrer que le travail du demandeur avait un caractère ponctuel, et qu'en l'absence de tout document portant une telle mention, alors que celle-ci apparaissait être un usage au sein de sa profession, et de tout autre élément de preuve la corroborant, l'unique attestation d'un agent de sécurité de la boîte de nuit était insuffisante à établir le caractère salarial de la relation de travail existant entre la société et le disc-jockey.

En statuant ainsi, sans constater que le salarié, dont la qualité d'artiste du spectacle n'était pas discutée, exerçait son activité dans des conditions impliquant son inscription au registre du commerce, la cour d'appel a violé l'article L. 7121-3 CT.

Cass. soc. 14 octobre 2009, n° 08-42.908, BC V n° 223.

En ce qui concerne les artistes établis dans un État membre de l'Union européenne et qui viennent exercer leur activité en France, c'est à l'organisateur de spectacle qui se prévaut de l'article L. 7121-5 CT pour écarter l'application de la présomption de salariat qu'il appartient de démontrer que les artistes qu'il emploie exercent leur activité dans leur État membre d'origine à titre de prestataires de services indépendants.

D'abord, saisie, le 14 juin 2004, par la Commission des Communautés européennes d'un recours en manquement au titre de l'article 226 CE, la CJCE a décidé par arrêt du 15 juin 2006 (aff. C-255/04) qu'« en imposant une présomption de salariat aux artistes qui sont reconnus comme prestataires de services dans leur État membre d'origine où ils fournissent habituellement des services analogues, la République française a manqué aux obligations qui lui incombent en vertu de l'article 49 CE » ; ensuite, il incombe à la partie soutenant que les artistes sont reconnus comme prestataires de service dans leur État d'origine, d'en rapporter la preuve.

Une cour d'appel, qui a constaté, sans inverser la charge de la preuve, qu'un organisateur de spectacle ne justifiait pas que les artistes qu'il employait exerçaient leur activité dans leur État membre d'origine à titre de prestataires de services indépendants, en a exactement déduit qu'ils se trouvaient dès lors soumis à la présomption de salariat posée par l'article L. 762-1 devenu l'article L. 7121-3 CT.

Cass. soc. 14 mai 2014, n° 13-13.742, BC V n° 119.

Distinction des artistes et des mannequins

L'artiste se distingue du mannequin en ce qu'il se livre, par la voix ou le geste, à un jeu de scène impliquant une interprétation personnelle et relevant de l'activité du spectacle, sans se limiter à prêter son image pour la présentation d'un produit au public.

Il résulte des articles L. 762-1, L. 762-2 et L. 763-1, al. 3 CT que l'artiste de spectacle participant à un film publicitaire se distingue du mannequin en ce qu'il ne se limite pas à prêter son image pour la présentation d'un produit au public, mais qu'il se livre par la voix ou le geste à un jeu de scène impliquant une interprétation personnelle et relevant de l'activité du spectacle.

Ayant constaté que les films pour le tournage desquels une artiste avait été engagée avaient été réalisés sur la base d'un scénario mettant en jeu trois personnages, dont celui de la « vendeuse » interprété par l'intéressée, et que la prestation fournie relevait du registre du théâtre ou du cinéma avec jeux de physionomie et interaction entre les partenaires, une cour d'appel a pu en déduire que cette personne ne s'était pas bornée à présenter un produit, mais qu'elle avait interprété un rôle et que le contrat conclu entre les parties devait être qualifié de contrat d'artiste.

Cass. soc. 10 février 1998, n° 95-43.510, 1er moyen du pourvoi principal de la société, BC V n° 82.

Lorsqu'un artiste se livre, dans le cadre du tournage d'un film publicitaire, à une prestation qui ne se réduit pas à la seule utilisation de son image, il ne se produit pas en qualité de mannequin au sens des dispositions de l'article L. 763-1 CT.

Est annulée en conséquence la circulaire du ministre du Travail, de l'Emploi et de la Formation professionnelle en date du 18 janvier 1995 en tant qu'elle énonce que l'artiste-comédien qui tourne un film publicitaire doit être considéré comme un mannequin.

CE 23 février 1998, n° 172735.

Rémunération

Les sommes perçues par un artiste n'ont le caractère de salaire que si elles sont directement liées à la présence physique de l'artiste.

Une cour d'appel est fondée à exclure de l'assiette des cotisations de sécurité sociale dues pour les comédiens ayant participé à la réalisation de films publicitaires les « royalties » qui leur ont été versées à l'occasion des diffusions ultérieures de ces films après avoir relevé que si cette redevance, correspondant généralement à dix passages du film, est parfois payée dès le premier passage, il s'agit d'un procédé de simplification comptable tenant compte du fait que le nombre de passages est le plus souvent supérieur à dix et qu'en revanche, si le film n'est pas diffusé, la redevance fait l'objet d'un reversement, de tels éléments établissant que cette redevance dépend de l'exploitation de l'enregistrement et rentre, dès lors, dans les prévisions de l'article L. 762-2 CT excluant de l'assiette des cotisations les pourcentages versés aux artistes sur la vente ou la diffusion des enregistrements.

Cass. soc. 8 juin 1983, n° 82-13.109, BC V n° 311.

En conséquence, les sommes perçues à l'occasion de la vente ou de l'exploitation de l'enregistrement de l'interprétation de l'artiste, dès lors que sa présence physique n'est plus requise, ne doivent pas être considérées comme des salaires.

Un producteur a fait appel à des musiciens interprètes pour exécuter et enregistrer la partie musicale d'un de ses spectacles, la bande ainsi enregistrée devant être utilisée au cours des séances publiques. Il a ensuite conclu un accord avec une société aux termes duquel, en contrepartie de l'autorisation qui lui était consentie de diffuser les enregistrements, il s'engageait à verser à cette société une rémunération qu'elle reversait aux intéressés, distincte du cachet versé par le producteur aux artistes en rémunération des services afférents à l'enregistrement en leur présence physique.

N'a pas donné de base légale à sa décision la cour d'appel qui a déclaré que la créance que la société détenait à l'encontre du producteur avait la nature de salaire, étant générée par la prestation réalisée dans le cadre du contrat de travail, sans rechercher, ainsi qu'elle y était tenue, si la rémunération due aux artistes-interprètes était fonction du salaire reçu par eux pour la production de leur interprétation, exécution ou présentation ou au contraire fonction du seul produit de l'exploitation de l'enregistrement.

Cass. soc. 21 juin 2004, n° 02-15.296, BC V n° 173.

Ne peuvent pas être prises en compte pour le calcul des dommages-intérêts dus en cas de rupture abusive de son contrat à durée déterminée les redevances versées à l'artiste-interprète, qui sont fonction du seul produit de l'exploitation de l'enregistrement et ne sont pas considérés comme des salaires, rémunèrent les droits voisins qu'il a cédés au producteur et continuent à lui être versées après la rupture du contrat d'enregistrement.

Les redevances versées à l'artiste-interprète, qui sont fonction du seul produit de l'exploitation de l'enregistrement et ne sont pas considérées comme des salaires, rémunèrent les droits voisins qu'il a cédés au producteur et continuent à lui être versées après la rupture du contrat d'enregistrement.

Pour condamner une société au paiement de dommages-intérêts pour rupture abusive du contrat de travail à durée déterminée d'un artiste-interprète en application de l'article L. 122-3-8 CT, une cour d'appel a retenu que, étant donné d'une part le montant dérisoire des cachets et, d'autre part, la formulation même de l'article L. 122-3-8, 3° CT qui fait référence non pas au « salaire » mais au terme plus large de « rémunération », il convenait pour le calcul des dommages-intérêts à allouer à l'artiste-interprète de prendre en considération à la fois les cachets et les redevances qu'il aurait pu escompter toucher jusqu'à la fin de ce contrat, ces redevances même si leur montant est mécaniquement lié au nombre d'exemplaires de disques vendus, n'en constituant pas moins la forme essentielle de rémunération de l'artiste, c'est-à-dire la contrepartie du travail accompli pour la production de l'œuvre, peu important que, du point de vue notamment des cotisations sociales, elles ne soient pas assimilées à des salaires.

En statuant ainsi, alors que les redevances et les avances sur redevances ne pouvaient être prises en considération dans l'évaluation du montant des rémunérations qu'aurait perçues l'artiste-interprète jusqu'au terme du contrat de travail à durée déterminée, montant représentant le minimum des dommages-intérêts dus en application de l'article L. 122-3-8, al. 3, devenu L. 1243-4 CT, la cour d'appel a violé les articles L. 212-3 du code de la propriété intellectuelle et L. 1243-1, L. 1243-4, L. 7121-3 et L. 7121-8 CT.

Cass. soc. 1er juillet 2009, n° 07-45.681, BC V n° 170.

Il en est autrement des avances dont le versement, d'une part, était conditionné par la présence physique de l'artiste nécessairement présent lors de son entrée au studio et lors de l'achèvement de l'enregistrement d'un album, d'autre part, n'était fonction ni du produit de la vente, ni du produit de l'exploitation de cet enregistrement.

Selon l'article L. 7121-8 CT, la rémunération due à l'artiste à l'occasion de la vente ou de l'exploitation de l'enregistrement de son interprétation, exécution ou présentation par l'employeur ou tout autre utilisateur n'est pas considérée comme salaire dès que la présence physique de l'artiste n'est plus requise pour exploiter cet enregistrement et que cette rémunération n'est pas fonction du salaire reçu pour la production de son interprétation, exécution ou présentation, mais est fonction du produit de la vente ou de l'exploitation de cet enregistrement.

Ayant relevé qu'un contrat d'exclusivité stipulait des avances dont le versement, d'une part, était conditionné par la présence physique de l'artiste nécessairement présent lors de son entrée au studio et lors de l'achèvement de l'enregistrement d'un album, d'autre part, n'était fonction ni du produit de la vente, ni du produit de l'exploitation de cet enregistrement, la cour d'appel en a exactement déduit que les avances devaient être prises en compte pour le calcul des dommages-intérêts dus en application de l'article L. 1243-4 CT.

Cass. soc. 8 juillet 2015, n° 13-25.681, pourvoi principal, BC V n° 146.

La rémunération de l'artiste-interprète au titre de la cession de ses droits sur l'œuvre doit être distincte de la rémunération de sa prestation artistique.

Aux termes de l'article L. 212-4 du code de la propriété intellectuelle, le contrat conclu entre un artiste-interprète et un producteur vaut présomption de cession des droits de l'artiste-interprète pour la fixation, la reproduction et la communication de sa prestation et il doit fixer une rémunération distincte pour chaque mode d'exploitation de l'œuvre. Il en résulte que la rémunération de l'artiste-interprète au titre de la cession de ses droits sur l'œuvre doit être distincte de la rémunération de sa prestation artistique.

Doit être cassé l'arrêt qui, pour débouter une artiste de sa demande d'annulation des clauses du contrat prévoyant une seule rémunération au titre du tournage proprement dit et au titre de la cession des droits d'exploitation pendant la première année, a énoncé que si une rémunération unique ne permettait pas de distinguer ce qui était soumis à cotisations sociales du fait du tournage et ce qui n'y était pas soumis au titre des droits d'exploitation, cette difficulté éventuelle concernait les rapports du débiteur des cotisations sociales avec l'organisme de recouvrement et ne faisait pas l'objet du litige, que cette violation de l'article L. 762-2 CT n'avait pas d'incidence au regard de l'article L. 212-4 du code de la propriété intellectuelle puisque les droits au titre de la première année étaient expressément stipulés dans le second contrat portant sur les droits d'exploitation audiovisuelle.

Cass. soc. 10 février 1998, n° 95-43.510, moyen unique du pourvoi incident, BC V n° 82.

La rémunération avant amortissement du film, due à un artiste, constitue une rémunération de sa prestation artistique dont le montant doit être garanti par l'AGS.

Un comédien a été engagé selon contrat d'artiste prévoyant qu'il percevrait, en plus du salaire, une rémunération avant amortissement de 4 % de tout financement servant à monter le film. N'ayant perçu que le seul salaire fixe, l'artiste a fait convoquer la société de production devant la juridiction prud'homale pour obtenir paiement d'une somme correspondant au pourcentage de 4 % des sommes encaissées par le producteur à titre d'avances sur recettes. La société de production a ensuite été mise en liquidation judiciaire et l'AGS et l'Unédic ont été appelées en la cause.

C'est à bon droit qu'une cour d'appel a décidé que la rémunération avant amortissement du film qui était due à l'intéressé entrait dans le champ de la garantie de l'AGS. En effet, d'une part, selon l'article L. 143-11-1 CT, en cas de procédure de redressement ou de liquidation judiciaires, l'AGS garantit le paiement des sommes dues en exécution du contrat de travail. D'autre part, il résulte de l'article L. 762-1 du même code que le contrat par lequel un producteur s'assure le concours d'un artiste en vue de sa production est présumé être un contrat de travail quels que soient le mode ou le montant de la rémunération.

Cass. soc. 17 mai 2005, n° 02-47.541, BC V n° 166.

Placement des artistes

Selon l'article L. 7121-10 ancien CT, les personnes qui, sous l'appellation d'impresario, manager ou toute autre dénomination, reçoivent, au cours d'une même année civile, mandat de plus de deux artistes de leur procurer des engagements, doivent être titulaires d'une licence d'agent artistique.

Le placement d'un orchestre équivaut au placement d'un seul artiste lorsqu'il n'est pas accompli d'actes de courtage distincts pour le chef d'orchestre et les musiciens.

Cass. crim. 14 avril 1992, n° 91-82.911, B. crim. n° 164.

Assistants maternels

L'ordonnance 2007-329 du 12 mars 2007 relative au code du travail a transféré les articles concernant les assistants maternels dans le code de l'action sociale et des familles (art. L. 423-1 et s.).

S'agissant des arrêts rendus sur le fondement des dispositions qui figuraient dans le code du travail, on se reportera à l'édition 2007 du Dictionnaire de jurisprudence sociale.

Astreintes

Selon l'article L. 3121-9 CT dans sa rédaction issue de la loi 2016-1088 du 8 août 2016, une période d'astreinte s'entend d'une période pendant laquelle le salarié, sans être sur son lieu de travail et sans être à la disposition immédiate et permanente de l'employeur, doit être en mesure d'intervenir pour effectuer un travail au service de l'entreprise, la durée de cette intervention étant considérée comme un temps de travail effectif.

Définition

Constitue une astreinte l'obligation pour un salarié, en contrepartie de laquelle il doit percevoir une rémunération, de demeurer à son domicile ou à proximité en vue de répondre à un appel de son employeur pour effectuer un travail au service de l'entreprise.

Les périodes d'astreinte, qui sont des périodes pendant lesquelles le salarié, tenu de rester à son domicile ou à proximité, doit se tenir prêt à répondre à un éventuel appel de son employeur, ne constituent ni un travail effectif ni une période de repos ; le salarié tenu de demeurer dans l'entreprise pour répondre à un appel de l'employeur et qui ne peut, de ce fait, vaquer librement à ses occupations personnelles, n'est pas d'astreinte, mais en période de travail, celle-ci pouvant éventuellement être décomptée selon un horaire d'équivalence, à la condition d'être prévue par un décret ou par un accord collectif.

Le contrat de travail d'une salariée, chauffeur ambulancier, prévoyait un horaire habituel de 39 heures par semaine, réparties en fonction du planning hebdomadaire de travail et des impératifs de garde, cet horaire faisant l'objet d'un affichage régulier, tenant compte des nécessités de service, avec une rémunération mensuelle de base de 5 408 F pour 169 heures, ajustée en fonction des incidences diverses liées à l'exécution du contrat. Contestant le montant de sa rémunération au motif que les heures d'astreinte devaient être rémunérées en plus de l'horaire mensuel de 169 heures, l'intéressée avait saisi la juridiction prud'homale en paiement d'un rappel de salaire au titre des astreintes, d'heures de travail non rémunérées et de congés payés y afférents.

Doit être cassé l'arrêt qui a rejeté les demandes de la salariée, alors, d'une part, que les heures d'astreinte à domicile devaient être décomptées et indemnisées indépendamment des heures de travail effectif et, d'autre part, que les heures de permanence à l'entreprise constituaient une période de travail effectif.

Cass. soc. 4 mai 1999, n° 96-43.037, BC V n° 187.

En constatant qu'un salarié chargé de l'entretien d'une propriété, du jardinage, des soins à apporter aux animaux et de la surveillance et du contrôle des entrées, ne pouvait s'absenter en fin de semaine qu'à la condition de prévenir son employeur, qu'aucun jour de congé n'était prévu et que les animaux nécessitaient des soins réguliers, une cour d'appel a mis en évidence que, lorsqu'il restait sur place, le salarié était en période d'astreinte pour répondre à toute sollicitation et à tout appel.

Cass. soc. 4 octobre 2000, n° 98-44.079.

Une salariée embauchée en même temps que son mari, en qualité de surveillante hôtesse de copropriété a, après avoir démissionné, signé un reçu pour solde de tout compte qu'elle a dénoncé dans le délai de deux mois. Faisant valoir que la permanence tenue dans le logement de fonction devait être rémunérée comme temps de travail effectif, elle a saisi la juridiction prud'homale d'une demande de rappel de salaires.

Doit être cassé l'arrêt ayant condamné l'employeur au paiement d'un rappel de salaires alors que le fait de se tenir en permanence dans son logement de fonction pour répondre à des appels téléphoniques éventuels ne privait pas la salariée de la possibilité de vaquer à ses occupations personnelles et constituait non pas un travail effectif, mais une astreinte.

Cass. soc. 24 septembre 2003, n° 01-44.203.

Après avoir constaté que durant ses temps d'astreinte, les interventions de l'employée d'un hôtel, dont elle a relevé le caractère exceptionnel, étaient limitées soit à un problème de sécurité, soit à des dysfonctionnements de la borne automatique d'accès à l'hôtel la nuit, une cour d'appel a pu en déduire que l'obligation à laquelle était soumise la salariée, qui disposait d'un logement de fonction au sein de l'établissement, d'assurer une présence afin de pouvoir répondre à des demandes éventuelles et d'intervenir en cas d'urgence touchant à la sécurité des personnes et des biens, sans être soumise à des sujétions particulières, devaient recevoir la qualification d'astreinte.

Cass. soc. 24 mars 2010, n° 08-44.453.

Ayant constaté qu'un salarié, qui devait rester joignable à tout moment pour résoudre les problèmes de l'entreprise, assurait une permanence téléphonique en dehors des locaux de celle-ci et de ses temps de travail effectifs et qu'il lui arrivait de se déplacer, une cour d'appel a pu décider que les périodes litigieuses constituaient des périodes d'astreintes.

Cass. soc. 16 mars 2016, n° 14-27.971.

Les astreintes ne peuvent être mises en place à l'initiative des salariés.

Une infirmière a été engagée par une association afin de coordonner le service de soins infirmiers à domicile mis en place par cette association ; après avoir pris acte de la rupture de son contrat de travail, la salariée a saisi la juridiction prud'homale de diverses demandes relatives notamment au paiement d'astreintes.

Doit être approuvé l'arrêt l'ayant déboutée de sa demande en paiement d'astreintes.

En effet, après avoir souverainement constaté que les salariées avaient mis en place de leur propre initiative un service d'appel téléphonique en dehors de leurs heures de travail, la cour d'appel a pu décider que les périodes litigieuses ne constituaient pas des périodes d'astreinte, la seule connaissance par l'employeur d'une situation de fait créée par ces salariées ne pouvant transformer cette situation en astreinte.

Cass. soc. 8 septembre 2016, n° 14-26.825, BC V n° 158.

Les astreintes ne peuvent pas seulement être mises en place par le contrat de travail.

Selon l'article L. 3121-7 CT, dans sa rédaction antérieure à celle issue de la loi 2016-1088 du 8 août 2016, les astreintes sont mises en place par convention ou accord collectif de travail étendu ou par accord d'entreprise ou d'établissement qui en fixe le mode d'organisation ainsi que la compensation financière ou sous forme de repos à laquelle elles donnent lieu ; à défaut de conclusion d'une convention ou d'un accord, les conditions dans lesquelles les astreintes sont organisées et les compensations financières ou en repos auxquelles elles donnent lieu sont fixées par l'employeur après information et consultation du comité d'entreprise ou, en l'absence de comité d'entreprise, des délégués du personnel s'il en existe, et après information de l'inspecteur du travail.

Pour débouter un salarié licencié pour faute grave, pour avoir refusé d'effectuer des astreintes, de ses demandes relatives à la rupture du contrat de travail, une cour d'appel a retenu que des astreintes peuvent également être prévues dans le contrat de travail et ont dès lors un caractère obligatoire pour le salarié, que tel avait été le cas en l'espèce, que le salarié ne pouvait refuser d'accomplir des astreintes au prétexte qu'elles n'avaient été prévues ni par un accord collectif ni par une décision unilatérale de l'employeur après consultation des organes représentatifs du personnel, qu'elles étaient obligatoires pour lui en vertu d'un engagement contractuel qu'il ne pouvait remettre en cause unilatéralement.

En statuant ainsi, après avoir relevé que les astreintes n'avaient été ni prévues par accord collectif, ni fixées après consultation des institutions représentatives du personnel, la cour d'appel a violé les articles L. 3121-7, dans sa rédaction antérieure à celle issue de la loi 2016-1088 du 8 août 2016, L. 1221-1 et L. 1232-1 CT.

Cass. soc. 23 mai 2017, n° 15-24.507, 4e moyen, BC V n° 93.

Distinction entre astreinte et temps de travail effectif

☛ *Temps de travail effectif.*

Régime

Le contrat de travail, qui ne comporte aucune clause relative aux astreintes, n'est pas modifié par la mise en œuvre d'astreintes dès lors que la convention collective applicable au contrat de travail en prévoit la possibilité.

Cass. soc 13 février 2002, n° 00-40.387.

En revanche, la mise en place d'un régime d'astreintes non prévu par l'accord collectif ou le contrat de travail constitue une modification du contrat de travail.

Cass. soc. 22 octobre 2008, n° 07-43.435.

Il n'existe pas de droit acquis à l'exécution d'astreintes, sauf engagement de l'employeur vis-à-vis du salarié à en assurer l'exécution d'un certain nombre ; à défaut d'un tel engagement, seul un abus de l'employeur dans l'exercice de son pouvoir de direction peut ouvrir droit à indemnisation.

Cass. soc. 10 octobre 2012, n° 11-10.454, 4e moyen, BC V n° 258 (arrêt n° 1).

Lorsqu'une astreinte est une sujétion liée à une fonction et que le titulaire de cette fonction n'y est pas systématiquement soumis, sa suppression par l'employeur ne constitue pas une modification du contrat de travail.

À la suite de la décision de son employeur de ne plus lui confier d'astreintes en raison de l'éloignement de son domicile du nouveau lieu d'activité de la clinique qui l'employait, une infirmière, invoquant la modification unilatérale de son contrat de travail, a saisi la juridiction prud'homale de diverses demandes.

Après avoir relevé que l'astreinte était une sujétion liée à la fonction d'infirmière et que celle-ci n'y était pas systématiquement soumise en application des dispositions conventionnelles applicables, une cour d'appel a pu en déduire que l'employeur pouvait procéder à la suppression des astreintes dans l'exercice de son pouvoir de direction.

Cass. soc. 13 juillet 2010, n° 08-44.092, BC V n° 173.

Après diverses promotions, une salariée a accédé au grade de chef de district. Elle a saisi la juridiction prud'homale de diverses demandes liées à l'exécution de son contrat de travail.

Ayant relevé que l'astreinte était une sujétion liée à la fonction de chef district, lequel n'y était pas systématiquement soumis, une cour d'appel a pu décider que l'employeur pouvait procéder à sa suppression sans modification du contrat de travail.

Cass. soc. 15 décembre 2004, n° 02-43.233, BC V n° 334.

Lorsque les astreintes ont été mises en place par un accord collectif, l'employeur doit suivre les modalités prévues par l'accord pour en modifier l'organisation.

Une société a signé un accord d'entreprise afin d'organiser les astreintes à domicile et les gardes ; envisageant de modifier cette organisation, la société a réuni les syndicats en vue d'établir un avenant auquel s'est opposé un syndicat ; reprochant à l'employeur une modification unilatérale de l'organisation des astreintes et des gardes, ce syndicat a saisi la juridiction civile afin d'obtenir en particulier le paiement de dommages-intérêts en réparation du préjudice subi du fait de l'inexécution de l'accord d'entreprise.

Pour débouter le syndicat de sa demande et dire que la société n'avait pas modifié l'accord d'entreprise en décidant seule de la modification de l'organisation des astreintes à domicile et des gardes au sein des services fusion et formage, une cour d'appel a retenu que cet accord prévoyait, d'une part que l'organisation des astreintes et des gardes dépendait de l'activité en elle-même et que si l'activité devait changer, la direction et les organisations syndicales convenaient de se rencontrer pour définir les nouvelles modalités et pour établir « si possible » un avenant à l'accord tout en prévoyant que la direction se réservait le droit d'intégrer de nouveaux services si l'activité devait l'exiger, d'autre part que l'organisation des astreintes et des gardes relevait des « prérogatives de l'employeur » et pouvait « varier selon le service et la période ».

En statuant ainsi, alors que l'accord d'entreprise, qui, conformément à l'article L. 3121-7 CT en sa rédaction alors applicable, fixe les compensations financières ou sous forme de repos, prévoit expressément qu'il pourra être révisé conformément aux dispositions légales et dispose que l'organisation d'astreintes et de gardes dépend de l'activité en elle-même et que si l'activité devait changer et modifiait le système en vigueur, la direction et les organisations syndicales conviennent de se rencontrer pour définir les nouvelles modalités et établir, si possible, un avenant au présent accord, la cour d'appel a violé les articles L. 2262-1, L. 2262-4 et L. 2261-7 CT, et l'accord d'entreprise sur les astreintes à domicile et les gardes.

Cass. soc. 1er mars 2017, n° 14-22.269, BC V n° 31.

Rémunération de l'astreinte

Les heures d'astreinte doivent donner lieu à rémunération, quel que soit le niveau de responsabilité du salarié dans l'entreprise.

C'est à tort que, pour débouter un cadre de sa demande en paiement d'un rappel de prime d'astreinte, une cour d'appel a retenu que l'accord d'entreprise instituant une rémunération des astreintes des agents d'intervention ne s'appliquait pas aux cadres, alors qu'il n'était pas contesté que, de par ses fonctions d'encadrement, le salarié se trouvait soumis à une telle obligation.

Cass. soc. 9 décembre 1998, n° 96-44.789, BC V n° 541.

Doit être cassé l'arrêt qui, pour débouter une salariée de sa demande en rappel de salaires pour heures supplémentaires et astreintes, s'est borné à énoncer, après avoir relevé que le contrat de travail prévoyait que l'intéressée devait participer aux différents services de gardes et astreintes des nuits, des dimanches et jours fériés et qu'une rémunération forfaitaire calculée sur la base de 78 heures de travail pour deux semaines consécutives était convenue, qu'une lettre de la Fédération des établissements hospitaliers d'assistance privée à but non lucratif précisait que les cadres de direction ne pouvaient bénéficier de la rémunération des astreintes puisqu'ils ont une rémunération forfaitaire, alors que la cour d'appel devait distinguer entre les heures de travail effectif et les heures d'astreinte, et que, pour les premières, elle devait vérifier que le forfait prévu au contrat restait plus avantageux pour la salariée que l'application du régime des heures supplémentaires et que les secondes doivent donner lieu à rémunération, quel que soit le niveau de responsabilité du salarié dans l'entreprise.

Cass. soc. 4 mai 1999, n° 96-45.453, BC V n° 189.

Un salarié a saisi la juridiction prud'homale en paiement d'une certaine somme au titre d'une astreinte de douze jours.

N'a pas donné de base légale à sa décision la cour d'appel qui, pour débouter le salarié, a retenu que le contrat de travail n'avait pas prévu le paiement d'astreinte et que le salaire rémunérait convenablement les inconvénients de sa fonction, alors qu'il n'était pas contesté que la société avait mis en place une astreinte de responsabilité afin que la direction de l'usine soit représentée en cas d'événement grave survenant le week-end, et que l'intéressé, en sa qualité de cadre de l'entreprise, s'y trouvait soumis.

Cass. soc. 30 novembre 2005, n° 03-47.591.

Les cadres dirigeants n'étant pas soumis aux dispositions légales relatives aux astreintes, ils ne peuvent pas prétendre à la rémunération de l'astreinte, sauf dispositions contractuelles ou conventionnelles plus favorables.

Selon l'article L. 212-15-1, devenu L. 3111-2 CT, les cadres dirigeants ne sont pas soumis aux dispositions du titre Ier du livre II du même code, et notamment à l'article L. 212-4 bis, devenu L. 3121-5 à L. 3121-8 CT relatif aux astreintes ; il en résulte qu'un cadre dirigeant ne saurait prétendre à la rémunération de l'astreinte, sauf dispositions contractuelles ou conventionnelles plus favorables.

Cass. soc. 28 octobre 2008, n° 07-42.487, BC V n° 203.

Si l'attribution d'un logement à titre gratuit peut constituer une modalité de rémunération de l'astreinte, cette modalité doit être prévue par une disposition claire et précise.

Un chef de service éducatif en internat a accompli des périodes d'astreinte à son domicile personnel et, au terme d'un accord entre les parties, a bénéficié d'une indemnité de logement à la place de la fourniture d'un logement à titre gratuit. Il a saisi la juridiction prud'homale afin de se voir allouer diverses sommes, notamment au titre des astreintes accomplies sur une période de trois années.

Pour le débouter de ses demandes, une cour d'appel a énoncé que si la convention collective applicable des établissements et services pour personnes inadaptées et handicapées du 15 mars 1966 ne prévoyait aucune indemnisation de l'astreinte au sens strict, elle offrait en son article 43 un avantage accessoire de logement gratuit au profit des cadres chargés d'une astreinte dans les établissements assurant un hébergement, et qu'en l'espèce, pour des raisons de convenance personnelle, le salarié avait refusé l'attribution d'un logement de fonction et accepté en échange une indemnisation pécuniaire. La cour en a déduit que les astreintes effectuées par l'intéressé faisaient bien l'objet d'une indemnisation en sus des temps d'intervention.

En statuant ainsi, la cour d'appel a violé les articles 43, alinéa premier, de la convention collective des établissements et services pour personnes inadaptées et handicapées du 15 mars 1966 et 9 de son annexe n° 3, alors applicables.

En effet, selon le premier article alors applicable, à l'exception des salariés pour lesquels la nécessité de logement était liée à la fonction et reconnue comme telle aux annexes particulières à la convention, les établissements n'étaient pas tenus d'assurer le logement du personnel ; l'annexe n° 3 à la convention, contenant des dispositions particulières au personnel éducatif, pédagogique et social disposait, en son article 9, que, conformément au premier alinéa de l'article 43 de la convention nationale, sont considérés comme devant être logés par l'employeur et bénéficier à ce titre de la seule gratuité du logement, notamment les chefs de service éducatif en internat. Il ne résultait pas de ces dispositions combinées que l'attribution d'un logement à titre gratuit avait pour objet de constituer une compensation à l'accomplissement d'astreintes.

Cass. soc. 12 juillet 2006, n° 04-47.622, BC V n° 261. Voir aussi cass. soc. 28 septembre 2011, n° 10-18.375 ; cass. soc. 13 avril 2016, n° 14-23.306.

Lorsque ni la convention collective ni l'employeur n'ont prévu la rémunération de l'astreinte, les juges peuvent fixer le montant de la rémunération due.

Une cour d'appel, qui constate l'absence de dispositions conventionnelles ou contractuelles quant à la rémunération des heures d'astreinte, apprécie souverainement le montant de la rémunération revenant au salarié au titre de ces heures.

Cass. soc. 10 mars 2004, n° 01-46.369, 2e moyen, BC V n° 77.

Les temps d'intervention proprement dite constituent du temps de travail effectif devant être rémunéré comme tel.

Ayant relevé qu'en dehors de rares et courtes interventions pour lesquelles ils étaient rémunérés, les salariés ne travaillaient à aucun moment dans l'entreprise et étaient libres de disposer de leur temps à des activités de loisirs ou professionnelles, une cour d'appel a pu décider que les périodes entre les interventions n'étaient pas assimilables à un travail effectif.

Cass. soc. 24 novembre 1993, n° 88-42.722, BC V n° 285. Voir aussi cass. soc. 18 juillet 2000, n° 97-45.010, BC V n° 289.

Les rémunérations versées au salarié à l'occasion des astreintes constituent une partie du salaire normalement perçu par celui-ci.

Doit être cassé l'arrêt d'une cour d'appel qui, pour débouter le salarié de sa demande de rappel de salaires, a retenu qu'en application du contrat de travail sa rémunération mensuelle était constituée d'un traitement brut calculé par multiplication d'un coefficient à un taux horaire avant déduction des cotisations sociales, que les modalités de rémunération des astreintes ne figuraient pas au contrat mais dans la convention collective des établissements et services pour personnes inadaptées et handicapées conclue le 15 mars 1966 prévoyant que le cadre en arrêt maladie perçoit pendant les six premiers mois le salaire net et les six mois suivants le demi salaire perçu normalement, que si l'avenant applicable aux cadres précisait que certaines primes et indemnités suivraient le sort du salaire, il n'existait rien de tel concernant les indemnités d'astreinte, qu'en outre la convention collective prévoyait l'ajout au salaire brut d'un certain nombre d'indemnités mais pas celles relatives au paiement des astreintes, qu'il en résultait que les signataires de la convention collective n'avaient pas entendu inclure les indemnités pour astreinte dans la base de calcul du complément versé par l'employeur au salarié en arrêt maladie et qu'au vu des pièces produites et notamment des bulletins de salaire le salarié avait été entièrement rempli de ses droits.

En effet, en statuant ainsi, alors que les rémunérations versées au salarié à l'occasion des astreintes constituent une partie du salaire normalement perçu par celui-ci, la cour d'appel a violé l'article 6 de l'annexe 6, intitulée « Dispositions spéciales aux cadres », à la convention collective du 15 mars 1966 précitée et l'article 1134 c. civ., dans sa rédaction antérieure à l'ordonnance 2016-131 du 10 février 2016.

Cass. soc. 6 octobre 2017, n° 16-12.743, 1er moyen, BC V n° 176.

La rupture résultant d'un manquement de l'employeur à son obligation de payer au salarié la rémunération qui lui est due s'analyse en un licenciement.

C'est à tort que, pour rejeter la demande d'un salarié en paiement d'indemnités d'astreinte et pour licenciement sans cause réelle et sérieuse, une cour d'appel a énoncé qu'outre le fait que le salarié ne fournissait aucune indication quant aux prestations qu'il devait effectuer, son contrat de travail ne visait aucunement une astreinte au sens des dispositions conventionnelles mais simplement son accord pour assurer, s'il y avait lieu, des dépannages le soir et les fins de semaine, et a ajouté que l'attitude du salarié consistant à refuser de façon délibérée la poursuite des relations contractuelles caractérisait une faute grave, sans rechercher si, quelles que soient les stipulations contractuelles, le salarié avait, en application de la convention collective, l'obligation de demeurer présent, en dehors des heures normales de travail, à son domicile ou en un lieu indiqué par lui où il pouvait être joint directement à toute heure pour effectuer des dépannages et alors que, dans l'affirmative, le défaut de paiement au salarié des indemnités d'astreinte auxquelles il aurait pu prétendre constituait pour l'employeur un manquement à ses obligations lui rendant imputable la rupture du contrat de travail.

Cass. soc. 12 octobre 1999, n° 97-42.143, BC V n° 378.

Attestation d'assurance chômage

Au moment de l'expiration ou de la rupture du contrat de travail, l'employeur doit fournir au salarié une attestation d'assurance chômage.

Délivrance de l'attestation

L'obligation de délivrance d'une attestation d'assurance chômage s'applique dans tous les cas d'expiration ou de rupture du contrat de travail.

Attestation d'assurance chômage

Selon l'article R. 1234-9 CT, l'employeur délivre au salarié, au moment de l'expiration ou de la rupture du contrat de travail, les attestations et justifications qui lui permettent d'exercer ses droits aux prestations mentionnées à l'article L. 5421-2 CT et transmet sans délai ces mêmes attestations à Pôle emploi ; cette obligation s'applique dans tous les cas d'expiration ou de rupture du contrat de travail.

C'est à tort que, pour débouter une salariée de ses demandes portant sur l'attestation pôle emploi, une cour d'appel a retenu que la délivrance d'une attestation pôle emploi ne s'imposait pas, la salariée ne pouvant prétendre au paiement d'allocations de chômage du fait de la démission.

Cass. soc. 15 mars 2017, n° 15-21.232, BC V n° 50.

L'obligation pesant sur l'employeur de remettre une attestation d'assurance chômage est quérable.

Après avoir relevé que l'obligation de remettre un certificat de travail et une attestation Assédic pesant sur l'employeur était quérable, une cour d'appel, qui a constaté que l'employeur avait déclaré dans la lettre de licenciement tenir ces documents à la disposition du salarié, en l'invitant à venir les retirer, a débouté, à bon droit, ce salarié de sa demande en réparation du préjudice causé par la remise tardive de ces documents.

Cass. soc. 5 octobre 2004, n° 02-44.487. Voir aussi cass. soc. 26 mars 2014, n° 12-27.028, 3e moyen du pourvoi incident.

En revanche, l'employeur condamné sous astreinte à remettre l'attestation doit la faire parvenir au salarié.

Quand l'employeur est condamné, sous astreinte, à remettre au salarié un certificat de travail et une attestation permettant à ce dernier de faire valoir ses droits auprès de l'Assédic, il doit, en l'absence de précisions quant aux modalités d'exécution de cette décision, faire parvenir les documents à l'intéressé. L'employeur ne peut plus, dans ce cas, invoquer le caractère quérable et non portable de ces documents.

Cass. soc. 10 mai 1995, n° 92-42.569.

En cas de non-remise ou de remise tardive de l'attestation, le salarié doit, pour être indemnisé, démontrer l'existence d'un préjudice.

Doit être rejeté le moyen du pourvoi formé par un salarié qui, pour reprocher à une cour d'appel de l'avoir débouté de sa demande de dommages-intérêts pour remise tardive de l'attestation Assédic, soutient que le défaut de remise ou la remise tardive au salarié des documents nécessaires à la détermination exacte de ses droits entraîne nécessairement un préjudice, qui doit être réparé par les juges du fond.

En effet, l'existence d'un préjudice et l'évaluation de celui-ci relèvent du pouvoir souverain d'appréciation des juges du fond qui ont constaté que, dans la mesure où le salarié ne pouvait percevoir d'allocations chômage, il ne pouvait arguer d'aucun préjudice.

Cass. soc. 16 juin 2016, n° 15-15.982.

Le salarié peut demander en référé la réparation de son préjudice.

Ayant constaté qu'une société s'était acquittée de son obligation de délivrer une attestation Assédic plus de deux mois après la rupture du contrat de travail et qu'en raison de ce retard fautif, le salarié avait subi un préjudice, un conseil de prud'hommes, statuant en référé, a pu décider que le salarié justifiait, au titre de la réparation de ce préjudice, d'une créance non sérieusement contestable et condamner la société à payer à l'intéressé des dommages-intérêts.

Cass. soc. 4 juin 1998, n° 97-44.159.

Il a été jugé que la remise, même par erreur, de l'attestation d'assurance chômage, avant que le licenciement ait été notifié au salarié, privait la rupture de cause réelle et sérieuse.

Pour débouter un salarié de sa demande en paiement de dommages-intérêts pour licenciement sans cause réelle et sérieuse, une cour d'appel a retenu que l'envoi d'une attestation Assédic avant la notification du licenciement résultait d'une erreur matérielle non créatrice de droit et que la notification du licenciement était ensuite intervenue régulièrement.

En statuant ainsi, alors qu'en l'absence d'énonciation des motifs, le licenciement était nécessairement sans cause réelle et sérieuse, la cour d'appel qui a constaté que le salarié avait été informé de la rupture lors de la réception d'une attestation Assédic, a, peu important l'envoi postérieur d'une lettre motivée, violé les articles L. 122-14-2 et 3 CT.

Cass. soc. 23 janvier 2007, n° 05-43.428. Voir cependant, en sens contraire, cass. soc. 28 mars 2007, n° 05-44.119, approuvant une cour d'appel d'avoir débouté un salarié protégé de sa demande tendant à voir déclarer son licenciement nul, après avoir relevé que la délivrance de l'attestation, avant la notification du licenciement, procédait d'une erreur matérielle.

Lorsque l'entreprise est en liquidation judiciaire, l'attestation d'assurance chômage doit être délivrée par le liquidateur judiciaire.

Le liquidateur judiciaire exerçant pendant toute la durée de la liquidation judiciaire les droits et actions du débiteur concernant son patrimoine par suite du dessaisissement de ce dernier de l'administration et de la disposition de ses biens, lui seul est tenu à ce titre de délivrer une attestation destinée à l'assurance chômage à un salarié de l'entreprise en liquidation judiciaire.

Cass. soc. 23 septembre 2009, n° 08-41.929, 1er moyen, BC V n° 196.

Contenu de l'attestation

Lorsque le contrat a été rompu par la prise d'acte du salarié de la rupture de son contrat, c'est celle-ci qui doit figurer sur l'attestation.

L'employeur doit faire figurer sur l'attestation qu'il doit remplir pour l'Assédic en application de l'article R. 351-5 CT le motif exact de la rupture du contrat de travail, tel qu'il ressort de la prise d'acte du salarié.

Ayant constaté que la cause de la rupture n'était pas la démission mais la prise d'acte par le salarié de la rupture du contrat de travail en raison du non-paiement d'heures supplémentaires, c'est à bon droit qu'une cour d'appel a condamné un employeur à payer au salarié des dommages-intérêts pour avoir mentionné une démission comme motif de rupture sur l'attestation pour l'Assédic.

Cass. soc. 27 septembre 2006, n° 05-40.414, BC V n° 290. Voir aussi cass. soc. 7 mars 2012, n° 10-20.174, pourvoi incident.

Il ne peut pas être fait mention dans l'attestation des motifs de la rupture du contrat.

L'attestation destinée à l'Assédic ne doit pas contenir le ou les motifs personnels qui sont à l'origine de la rupture du contrat de travail. C'est donc à tort qu'une cour d'appel a débouté un salarié de sa demande en réparation du préjudice causé par la mention d'un motif de licenciement sur l'attestation destinée à l'Assédic.

Cass. soc. 19 mai 1999, n° 97-41.246. Voir aussi cass. soc. 14 novembre 2001, n° 99-41.457.

La remise d'un document contenant des indications erronées qui ne permet pas la détermination exacte des droits du salarié, entraîne nécessairement un préjudice qui doit être réparé par les juges du fond.

Cass. soc. 30 septembre 2014, n° 13-13.390, 3e moyen du pourvoi principal.

Les seules mentions portées sur l'attestation ne peuvent pas caractériser l'ancienneté à prendre en compte au titre de l'indemnité de licenciement.

En l'absence de contrat de travail stipulant une reprise d'ancienneté, les seules mentions portées sur le certificat de travail et sur l'attestation Assédic ne peuvent caractériser l'ancienneté à prendre en compte au titre de l'indemnité de licenciement.

Cass. soc. 17 décembre 2003, n° 01-45.108.

Augmentation de salaire

L'employeur dispose en principe, en matière d'augmentations de salaire, d'un pouvoir discrétionnaire. Il doit cependant éviter toute discrimination. En outre, il doit respecter les règles fixées par la convention collective ou l'usage.

Enfin, les révisions du salaire minimum interprofessionnel de croissance s'imposent à lui.

Augmentation unilatérale décidée par l'employeur

L'employeur peut fixer unilatéralement l'assiette et le taux d'une augmentation de salaire…

L'employeur peut librement fixer le taux et l'assiette d'une augmentation de salaire dès lors que cette augmentation ne résulte pas d'un accord ou d'un usage obligatoire, ou d'une recommandation patronale impérative.

Cass. soc. 5 décembre 1990, n° 87-43.928.

… sauf discrimination injustifiée.

Les augmentations individuelles ne peuvent être accordées de manière purement discrétionnaire et doivent correspondre à des critères objectifs et vérifiables.

Cass. soc. 2 octobre 2001, n° 99-17.577.

Le fait pour l'employeur d'accorder une augmentation unilatérale à certains salariés ne constitue pas une sanction pour les autres.

Le seul fait d'accorder une augmentation de salaire à certains salariés, en fonction de leurs qualités professionnelles, ne constitue pas une sanction à l'égard des autres salariés.

Cass. soc. 29 mai 1990, n° 87-40.512, BC V n° 243.

Augmentation de salaire

Augmentation contractuelle ou conventionnelle

L'employeur ne peut pas se soustraire à une augmentation résultant d'un accord ou d'un usage.

L'employeur, association sous tutelle administrative, ayant, à la suite de discussions avec les délégués du personnel, décidé de réduire la durée de l'ancienneté dans un échelon prévue par la convention collective applicable, ne peut se prévaloir du refus de son autorité de tutelle d'assumer les augmentations de salaire découlant de cet engagement pour se soustraire à ses obligations.

Cass. soc. 27 mars 1996, n° 92-41.584, BC V n° 121.

Aux termes de l'article 2 de l'accord national sur les salaires dans les industries charcutières du 9 avril 1998, les partenaires sociaux ont décidé une augmentation de 0,8 % au 1er avril 1998 et de 0,4 % au 1er octobre 1998. Il a été décidé que ces dispositions s'appliqueraient à l'ensemble des entreprises de la profession, à l'exception de celles qui avaient déjà engagé ou engageraient, avant le 1er octobre, la négociation d'un accord relatif à la réduction du temps de travail comportant une clause de modération salariale. Les salariés d'une entreprise relevant du champ d'application de l'accord ont saisi la juridiction prud'homale d'une demande en rappel de salaire.

C'est à bon droit qu'un conseil de prud'hommes a accueilli leur demande, après avoir retenu, d'une part, que les dispositions de l'accord du 9 avril 1998 étaient applicables à l'ensemble des salariés des entreprises relevant de l'accord et que, d'autre part, l'accord d'entreprise du 14 octobre 1998, dont se prévalait l'employeur pour dire qu'il y avait eu augmentation de salaire, avait pour objet la rémunération des temps de pause et ne comportait aucune clause de modération salariale.

Cass. soc. 5 février 2003, n° 01-43.728.

L'employeur ne peut pas ajouter unilatéralement une condition à l'augmentation prévue par un accord.

Un employeur, s'engageant, après négociation avec les organisations syndicales, à verser aux salariés une augmentation exceptionnelle de 1 %, sans autre précision, ne peut par la suite demander aux chefs d'établissement de minorer cette augmentation en prenant en compte dans son calcul les absences non rémunérées. L'offre faite dans ces conditions par une société, correspondant plus à une libéralité qu'à un complément de salaire, ne pouvait être rétractée ou réduite par les termes d'une note interne postérieure n'ayant aucune valeur contraignante à l'égard des salariés.

Cass. soc. 16 février 1987, n° 84-42.882, 2e moyen, BC V n° 86.

Lorsqu'une augmentation de salaire est prévue à la fois par avenant au contrat de travail et par la convention collective, le salarié ne doit bénéficier que de la disposition la plus favorable.

C'est à tort que, pour allouer à deux salariés des sommes à titre de rappels de salaires, une cour d'appel a retenu que les augmentations de leurs salaires prévues par des avenants à leurs contrats de travail à la suite de libres négociations ne pouvaient les priver des augmentations annuelles prévues par des protocoles d'accord collectif, sans rechercher si les augmentations individuellement accordées aux deux salariés n'étaient pas plus favorables que celles prévues par les protocoles d'accord collectif.

Cass. soc. 16 mars 2004, n° 01-46.781.

L'augmentation du salaire minimum conventionnel n'emporte pas automatiquement augmentation du salaire contractuel.

L'employeur ne peut être tenu de verser des salaires supérieurs aux salaires prévus contractuellement que si ces salaires sont inférieurs au salaire minimum conventionnel.

C'est à tort qu'une cour d'appel a accueilli la demande de rappel de salaires fondée sur l'augmentation des coefficients hiérarchiques, sans rechercher pour chaque salarié si la rémunération perçue était inférieure au minimum correspondant aux nouveaux coefficients conventionnels.

Cass. soc. 9 avril 1996, n° 93-41.376.

L'augmentation des minima conventionnels ne s'applique qu'aux salariés bénéficiant effectivement du minimum conventionnel correspondant à leur catégorie et non à ceux dont le salaire est déjà supérieur à ces minima.

Un salarié a saisi la juridiction prud'homale en paiement d'une somme à titre de rappel d'ancienneté et de qualification par application d'un accord du 5 mai 1992 relatif aux classifications applicables aux signataires de la convention collective des commerces de gros.

Pour condamner l'employeur à payer au salarié une somme au titre de rappel de salaires sur qualification, une cour d'appel a énoncé que l'objectif principal de l'accord du 5 mai 1992 était de garantir une progression des salaires suivant des critères définis à l'avance, que cette progression était basée sur le salaire de départ quel qu'il soit, sans qu'il y ait de précision sur le montant de celui-ci ni de limitation aux seuls salariés percevant une rémunération égale au salaire minimum conventionnel, que l'interprétation suivant laquelle la progression s'appliquait ainsi à tous, y compris aux salariés bénéficiant déjà d'un salaire supérieur au minimum conventionnel, était donc légitime et devait être retenue pour le mode de calcul du rappel de salaire de l'intéressé.

En statuant ainsi, la cour d'appel a violé l'accord susvisé. En effet, cet accord prévoit dans son titre I, intitulé « Principes généraux », que la classification garantit une rémunération minimale par une grille de salaires conventionnels mensuels progressive, significative par rapport aux réalités économiques et au titre III, intitulé « grille de salaires mensuels », que le salaire conventionnel de base (1er échelon) de chaque niveau se négocie niveau par niveau. Il en résulte que le passage d'un échelon à l'échelon supérieur emporte progression dans la grille des salaires et augmentation du seul salaire de base conventionnel négocié dans la proportion qui y est prévue.

Cass. soc. 2 juin 2004, n° 02-42.586, BC V n° 158.

Lorsqu'une clause contractuelle prévoit la réactualisation annuelle du salaire, l'employeur doit prendre l'initiative de la négociation.

Doit être cassé l'arrêt ayant débouté un salarié de sa demande en rappel de salaires fondée sur une clause contractuelle stipulant que « le salaire sera réactualisé une fois par an en fonction de l'évolution du coût de la vie et des résultats de l'entreprise », alors qu'il appartenait à l'employeur d'appliquer cette clause en prenant l'initiative d'une négociation sur la réactualisation du salaire. L'employeur n'ayant pas pris cette initiative, la cour d'appel aurait dû rechercher si le salarié avait subi un préjudice à raison de cette carence.

Cass. soc. 20 mai 1992, n° 89-43.955, 1er moyen.

La rédaction de la clause contractuelle prévoyant l'augmentation peut influer sur la portée des obligations de l'employeur.

Le contrat de travail d'un salarié prévoyait que « le salaire de base sera revalorisé au 1er janvier et au 1er juillet de chaque année en fonction des variations économiques connues portant sur les 6 derniers mois ». C'est à bon droit qu'une cour d'appel a débouté le salarié de ses demandes de rappel de salaires fondées sur le non-respect de cette clause, les juges l'ayant interprétée comme n'obligeant pas l'employeur à accorder automatiquement une augmentation semestrielle, laquelle dépendait des variations économiques favorables.

Cass. soc. 29 juin 1994, n° 91-41.299, 2e moyen.

Augmentation de salaire et exécution du contrat de travail

Le fait que le salarié soit en préavis à la date prévue pour une augmentation ne saurait le priver de cette augmentation.

Doit être cassé l'arrêt déboutant de sa demande de rappel de salaires un salarié dont le contrat de travail prévoyait une augmentation au 1er septembre au motif qu'à cette date il se trouvait en préavis et que cette augmentation ne se concevait que dans l'hypothèse d'une continuation du contrat de travail, alors que la clause prévoyant cette augmentation étant sans réserve, le contrat de travail devait être exécuté pendant la période de délai-congé, aux conditions contractuellement prévues.

Cass. soc. 6 février 1992, n° 89-43.655, 1er moyen.

Commet une faute grave le salarié qui cesse son travail pour marquer sa déception quant à l'augmentation de son salaire.

Est justifié le licenciement pour faute grave d'un salarié ayant délibérément refusé d'exécuter son contrat de travail à la suite d'un différend salarial.

Un salarié, déçu par la faiblesse de son augmentation annuelle de salaire, avait quitté l'entreprise sur un mouvement d'humeur et n'avait repris son travail que quelques jours plus tard à l'issue d'une période prévue de congés payés ; un tel comportement rendait impossible son maintien dans l'entreprise pendant la durée du préavis.

Cass. soc. 28 juin 1995, n° 94-40.139.

☛ *Indexation des salaires/Échelle mobile des salaires ; Minimum conventionnel ; Modification de la rémunération ; Recommandation patronale ; SMIC.*

Autorisation administrative de licenciement

(Représentants du personnel)

☛ *Représentants du personnel (Autorisation administrative de licenciement).*

Avantages acquis

Le mécanisme des avantages acquis permettait aux salariés de conserver le bénéfice de certaines clauses d'un accord collectif lorsque celui-ci avait été dénoncé ou mis en cause, sans faire l'objet d'un accord de substitution. Ce dispositif a cessé de s'appliquer le 10 août 2016, en application de la loi Travail, qui lui a substitué un mécanisme de garantie des rémunérations.

La jurisprudence rapportée ci-dessous conserve néanmoins un intérêt, notamment au regard des litiges en cours.

Dénonciation d'une convention collective

En cas de dénonciation d'une convention collective, les salariés ont droit au maintien des avantages individuels acquis si la convention collective dénoncée n'a pas été remplacée dans les délais mentionnés à l'article L. 2261-13 ancien CT.

Les dispositions de l'article L. 132-8 CT imposent à l'employeur, en cas de dénonciation d'un accord collectif visé par ce texte, et à défaut de conclusion d'un nouvel accord, le maintien des avantages individuels acquis par les salariés ; il appartient, dès lors, à l'employeur qui entend modifier ou supprimer ces avantages ainsi intégrés au contrat de travail de procéder, en cas de refus des salariés, au licenciement.

Cass. soc. 6 novembre 1991, n° 87-44.507, BC V n° 479.

Lorsque, conformément aux dispositions de l'article L. 132-8, al. 6 CT, un accord collectif a été dénoncé, les salariés des entreprises concernées ne conservent, à l'expiration des délais de préavis, les avantages individuels qu'ils ont acquis que si les négociations engagées à la suite de la dénonciation n'ont pas abouti à la conclusion d'un nouvel accord. Dès lors que les accords dénoncés portent sur les salaires et accessoires des salaires, l'accord ultérieur, qui a le même objet, même si les parties sont convenues de poursuivre les négociations, est un accord de substitution et, par suite, à défaut de clause contraire plus avantageuse pour les salariés, après la conclusion de ce nouvel accord, ceux-ci ne peuvent se prévaloir de droits acquis sous l'empire des dispositions antérieures.

Cass. soc. 30 novembre 1994, n° 91-43.509, BC V n° 319.

Lorsque la convention de substitution a un champ d'application plus restreint que la convention dénoncée, les salariés exclus du champ d'application de la nouvelle convention conservent les avantages acquis en vertu de l'ancienne.

L'Union départementale des mutuelles du Puy-de-Dôme (l'Union) appliquait la convention collective de la mutualité du 2 février 1954, dénoncée en 1998 et remplacée par la convention de la mutualité conclue, après prorogation du délai de négociation, le 31 janvier 2000, qui a exclu de son champ d'application les activités des organismes soumis à d'autres conventions collectives telles les fédérations et unions d'aide à domicile. Au sein de l'Union, il a été décidé d'appliquer la convention collective des organismes d'aide à domicile et de maintien à domicile du 11 mai 1983 par un accord d'entreprise du 14 mars 2000, prévoyant qu'il pourrait être renoncé, par avenant au contrat de travail, aux avantages individuels acquis nés de la convention antérieurement appliquée. Des salariées, employées en qualité d'aides ménagères, ont refusé de signer cet avenant et ont saisi le conseil de prud'hommes de diverses demandes en rappel de salaire et en requalification de leur contrat de travail, qui ne mentionnait pas la durée garantie du travail convenu, en contrat à temps plein.

Lorsque la convention de substitution exclut de son champ d'application les activités des services auxquels appartiennent certains salariés, ces derniers conservent le bénéfice de leurs avantages individuels acquis en vertu de la convention dénoncée, en l'absence de signature d'un accord propre à ces activités dans le délai prévu par l'article L. 132-8 CT.

Ayant constaté que la convention de substitution du 31 janvier 2000 excluait de son champ d'application les activités de services à domicile, une cour d'appel a exactement décidé que les avantages prévus par la convention dénoncée, et qui profitaient individuellement à chacune des aides ménagères de ces services, s'étaient incorporés à leur contrat de travail.

Cass. soc. 7 juin 2005 n° 04-43.652, BC V n° 192.

L'annulation d'un accord conclu en vue de remplacer un accord dénoncé équivaut à une absence d'accord de substitution ; lorsque la convention ou l'accord dénoncé n'a pas été remplacé par une nouvelle convention ou un nouvel accord dans les délais prévus à l'article L. 2261-10 CT, les salariés des entreprises concernés conservent les avantages individuels qu'ils ont acquis, en application de la convention ou de l'accord.

Cass. soc. 9 novembre 2005, n° 03-43.290, BC V n° 320 (arrêt n° 1). Voir aussi cass. soc. 9 novembre 2005, n° 03-45.774, BC V n° 320 (arrêt n° 2), cités dans « Convention collective (Dénonciation) ».

Définition

Un avantage individuel acquis au sens de l'article L. 2261-13 ancien CT est celui qui, au jour de la dénonciation de la convention ou de l'accord collectif, procure au salarié une rémunération ou un droit dont il bénéficie à titre personnel et qui correspond à un droit déjà ouvert et non simplement éventuel.

Cass. soc. 13 mars 2001, n° 99-45.651, BC V n° 90.

Une société A et la société B, qui font partie de l'unité économique et sociale AB, appliquent la convention collective nationale des industries de la transformation des volailles du 10 juillet 1996 ; par application de ce texte, et jusqu'au 31 décembre 1999, les salariés soumis au travail continu effectuaient journellement 7 heures 30 de travail effectif et bénéficiaient d'une pause intégralement rémunérée de 30 minutes par jour ; le 23 décembre 1999, a été conclu au sein de l'unité économique et sociale, dans le cadre de l'application de la loi dite Aubry I du 13 juin 1998, un accord d'aménagement et de réduction du temps de travail ; en application de cet accord, les salariés étaient rémunérés sur une base de 35 heures pour 32 heures et 30 minutes de travail effectif et 2 heures et 30 minutes de pause ; cet accord a été dénoncé le 2 avril 2003, et aucun accord de substitution n'ayant été conclu à l'expiration du délai prévu par l'article L. 2261-10 CT, à compter du 5 juillet 2004, les salariés ont continué à être rémunérés sur une base de 35 heures, mais pour 35 heures de travail effectif ; faisant valoir qu'en l'absence de conclusion de tout accord de substitution, l'employeur ne pouvait unilatéralement mettre un terme à la rémunération du temps de pause journalier, qu'ils analysaient en un avantage individuel acquis incorporé au contrat de travail, 24 salariés de la société A et 16 salariés de la société B ont saisi la juridiction prud'homale pour obtenir la condamnation de leur employeur au paiement d'un rappel de salaire et au rétablissement de la rémunération des temps de pause.

Pour débouter ces salariés de leurs demandes en paiement des temps de pause, une cour d'appel a retenu que le maintien de la rémunération de ces temps au profit des seuls salariés qui faisaient partie des effectifs au jour de la dénonciation de l'accord du 23 décembre 1999 serait incompatible avec la nouvelle organisation du temps de travail dans les deux entreprises concernées, puisqu'il impliquerait que ces salariés, pour conserver dans leur globalité leurs avantages antérieurs à la dénonciation, comme l'exigerait le caractère indivisible de l'accord dénoncé, travaillent trente minutes de moins par jour que le temps de travail fixé par les employeurs.

En statuant ainsi, alors que le maintien de la rémunération du temps de pause constituait pour chacun des salariés faisant partie des effectifs au jour de la dénonciation de l'accord du 23 décembre 1999, non suivie d'un accord de substitution, un avantage individuel acquis, la cour d'appel a violé les articles L. 2261-10 et L. 2261-13 CT.

Cass. soc. 5 novembre 2014, n° 13-14.077, BC V n° 258.

Il s'ensuit que les salariés engagés après la dénonciation, s'ils peuvent prétendre au bénéfice des avantages prévus par la convention ou l'accord dénoncé tant que la convention ou l'accord dénoncé continue à produire effet quand ils remplissent les conditions pour y prétendre, ne les conservent pas au titre d'avantages individuels acquis après que la convention ou l'accord dénoncé a cessé de produire effet.

Cass. soc. 15 mai 2001, n° 99-41.669, BC V n° 170.

Les salariés déjà soumis à la convention collective dénoncée en vertu de contrats antérieurs et qui sont embauchés au titre de nouveaux contrats, après que la convention a cessé de produire effet, ne peuvent prétendre au maintien des avantages individuels acquis.

Les dispositions de l'article L. 132-8 CT ne sont pas applicables aux contrats de travail conclus après qu'une convention collective ou un accord collectif de travail dénoncés ont cessé de produire effet, conformément aux troisième et sixième alinéas de ce texte.

C'est à bon droit qu'une cour d'appel a décidé que des réalisateurs, titulaires de nouveaux contrats de travail conclus après que la convention collective des réalisateurs de télévision eut cessé de produire effet, ne pouvaient prétendre, au titre du maintien des avantages individuels acquis, au bénéfice de certaines dispositions de la convention dénoncée, peu important qu'en vertu de contrats antérieurs qui n'étaient plus en cours à l'expiration du délai de survie de ladite convention, ils aient pu en bénéficier.

Cass. soc. 12 mars 2003, n° 01-15.640.

L'avantage conservé doit être individuel et non collectif.

En cas de dénonciation d'un accord collectif, les salariés ont droit au maintien du niveau de leur rémunération au jour où l'accord a été dénoncé, mais ils ne peuvent prétendre à la réévaluation de celle-ci en fonction des règles de variation contenues dans l'accord dénoncé qui ne constituent pas un avantage individuel qu'ils auraient acquis.

Cass. soc. 26 janvier 2005, n° 02-44.712, BC V n° 32. Voir aussi cass. soc. 22 avril 1992, n° 88-40.921, BC V n° 296 ; cass. soc. 13 février 2013, n° 10-26.250.

Le système de répartition des pourboires et la progression annuelle de la rémunération institués par accords collectifs ne constituent pas un avantage individuel auquel les salariés peuvent prétendre en application de l'article L. 132-8, al. 6 CT.

Cass. soc. 12 février 1991, n° 89-45.314, 2e moyen, BC V n° 62.

Ayant relevé que chacun des salariés d'une entreprise avait individuellement accepté une réduction de la prime dite « de 5 X 8 » en contrepartie de l'obtention d'un jour et demi de congé supplémentaire, une cour d'appel a pu décider que cet avantage, résultant d'un accord contractuel avec chaque salarié, s'était incorporé au contrat de travail. Ce droit au congé supplémentaire subsistait pour les salariés dans la mesure où il leur avait été individuellement accordé et ceci, malgré l'entrée en vigueur postérieure d'un accord collectif unifiant le régime des congés de l'ensemble des salariés.

Cass. soc. 22 mars 1995, n° 93-40.793, BC V n° 105.

Selon l'article L. 2261-14 CT, lorsque la convention ou l'accord mis en cause n'a pas été remplacé par une nouvelle convention ou un nouvel accord dans les délais précisés au premier alinéa, les salariés des entreprises concernées conservent les avantages individuels qu'ils ont acquis, en application de la convention ou de l'accord, à l'expiration de ces délais.

Constitue, notamment, un avantage collectif, et non un avantage individuel acquis, celui dont le maintien est incompatible avec le respect par l'ensemble des salariés concernés de l'organisation collective du temps de travail qui leur est désormais applicable.

Six salariés d'une société ayant repris l'exploitation d'un restaurant d'entreprise ont fait l'objet d'avertissements pour ne pas avoir travaillé chaque jour 45 minutes de plus que « l'horaire légal ». Ils ont saisi la juridiction prud'homale pour qu'elle dise qu'en l'absence de conclusion d'un accord de substitution, ils devaient continuer à se voir appliquer l'avantage, issu d'un accord collectif conclu dans l'entreprise cédante, constitué par le bénéfice d'une pause journalière de 45 minutes considérée comme un temps de travail effectif.

Pour accueillir leur demande, une cour d'appel a énoncé que l'accord litigieux, qui n'avait pas été suivi de la conclusion d'un accord de substitution, ménageait à chaque salarié un avantage individuel acquis qui était incorporé à son contrat de travail, en ce qu'il définissait la structure de sa rémunération ne pouvant être modifiée sans l'accord de ces salariés.

En statuant ainsi, alors qu'il résultait de ses propres constatations que le maintien de cet avantage était incompatible avec le respect par les salariés concernés de l'organisation collective du travail qui leur était applicable, puisque cela les conduisait à travailler 45 minutes de moins que le temps de travail fixé, ce dont elle aurait dû déduire que cet avantage ne constituait pas un avantage individuel acquis par les salariés, la cour d'appel a violé l'article L. 2261-14 CT.

Cass. soc. 8 juin 2011, n° 09-42.807, BC V n° 146.

Un accord prévoyant au bénéfice des agents de sécurité d'une entreprise une heure quotidienne d'entraînement physique rémunérée dans les locaux de la société a été dénoncé par l'employeur, sans que les négociations entreprises aboutissent à la conclusion d'un nouvel accord. L'employeur a établi une instruction supprimant l'heure d'entraînement physique et instituant pour tous les agents concernés treize journées de formation. Contestant l'application de cette instruction, un syndicat a saisi le tribunal de grande instance de Paris.

Pour dire que l'heure quotidienne d'entraînement accordée aux agents de sécurité par l'accord d'entreprise dénoncé constituait un avantage acquis ne pouvant être remis en question, une cour d'appel a retenu que le bénéfice de cet entraînement entrait bien dans la définition de l'avantage acquis dès lors qu'il concernait chaque salarié pris individuellement et pouvait se réaliser indépendamment de la collectivité des salariés, qu'il ne pouvait être assimilé au droit à la formation dont bénéficie chaque salarié aux termes des articles L. 900-1 et s. CT dans la mesure où ces dispositions instituent pour les salariés un droit à la formation qui a pour but de permettre l'adaptation de ceux-ci au changement des techniques et des conditions de travail et de favoriser leur promotion sociale, alors que la disposition en cause avait pour objet de maintenir les agents dans des conditions physiques leur permettant d'exercer leurs fonctions dans des conditions satisfaisantes.

En statuant ainsi, après avoir constaté que la disposition en cause se rapportait aux conditions de travail de l'ensemble des agents du service de sécurité, ce dont il résultait qu'elle avait une nature collective, la cour d'appel a violé l'article L. 132-8 CT.

Cass. soc. 1er juin 2005, n° 04-16.994, BC V n° 187.

L'avantage doit correspondre à un droit déjà ouvert.

Le maintien des avantages acquis à titre individuel ou collectif prévu par l'article 2 de la convention collective nationale du personnel de siège des sociétés anonymes et fondations de HLM doit s'entendre des avantages ayant effectivement bénéficié dans le passé au salarié. Tel n'est pas le cas des dispositions instituant une procédure disciplinaire et dont le salarié ne s'était jamais prévalu avant leur remplacement par la nouvelle convention collective.

Cass. soc. 31 mars 1998, n° 95-43.670, BC V n° 190.

Le droit à l'indemnité de licenciement, qui naît au moment de la rupture du contrat, ne peut constituer un avantage individuel acquis.

Cass. soc. 19 mai 2010, n° 09-41.052, 2e moyen. Voir aussi cass. soc. 19 juin 1987, n° 84-44.688, BC V n° 402 ; cass. soc. 23 juin 1999, n° 97-43.162, BC V n° 297.

Ne constitue pas un droit individuel définitivement acquis le droit non encore ouvert à un avancement.

Cass. soc. 27 février 1991, n° 87-44.729, BC V n° 103.

Doit être cassé l'arrêt ayant accordé un rappel de sursalaire familial à des salariés qui n'avaient pas de droit ouvert au bénéfice de ce sursalaire lors de l'entrée en vigueur des dispositions de la nouvelle convention collective qui en avait modifié le mode de calcul.

Cass. soc. 25 mars 2009, n° 07-42.318, BC V n° 91.

La définition du temps complet ouvrant droit à un salaire garanti par l'accord dénoncé constitue un avantage individuel acquis.

Plusieurs salariés d'une société ont fait convoquer l'employeur devant la juridiction prud'homale, pour avoir paiement notamment d'un rappel de salaire et ont, à cette fin, revendiqué l'application des dispositions de l'article 21 de la convention collective nationale des organismes de formation, à laquelle est soumise l'entreprise, contestant les modifications de leur rémunération unilatéralement effectuées par l'employeur après qu'il eut dénoncé deux accords d'entreprise sans qu'un nouvel accord ne leur soit substitué.

Doit être rejeté le moyen du pourvoi faisant grief à l'arrêt attaqué d'avoir fait droit sur le principe à la demande de rappel des salariés au titre du salaire minimum conventionnel.

En effet, un avantage individuel acquis au sens de l'article L. 132-8 CT est celui qui, au jour de la dénonciation de la convention ou de l'accord collectif, procurait au salarié une rémunération ou un droit dont il bénéficiait à titre personnel et qui correspondait à un droit déjà ouvert et non simplement éventuel.

La cour d'appel a constaté que les accords d'entreprise prévoyaient pour les professeurs un salaire de base garanti dont le calcul résultait de la multiplication du nombre des unités accomplies par un taux correspondant à l'ancienneté. Elle a exactement décidé que cet avantage salarial, qui profitait individuellement à chacun des intéressés, s'était incorporé à leur contrat de travail au jour où les dispositions des accords avaient cessé de produire effet et devait être maintenu pour l'avenir.

Cass. soc. 28 avril 2006, n° 04-41.863, 1er moyen, BC V n° 155.

La structure de la rémunération constitue un avantage individuel acquis.

La structure de la rémunération résultant d'un accord collectif dénoncé constitue à l'expiration des délais prévus par le 3e alinéa de l'article L. 132-8 CT alors en vigueur un avantage individuel acquis qui est incorporé au contrat de travail des salariés employés par l'entreprise à la date de la dénonciation ; il s'en déduit que l'employeur ne peut la modifier sans l'accord de chacun de ces salariés, quand bien même estimerait-il les nouvelles modalités de rémunération plus favorables aux intéressés.

Cass. soc. 1er juillet 2008, n° 07-40.799, BC V n° 147 (arrêt n° 2). Voir aussi cass. soc. 1er juillet 2008, n° 06-44.437, BC V n° 147 (arrêt n° 1).

L'avantage individuel acquis ne peut pas être modifié par un engagement unilatéral de l'employeur.

La structure de la rémunération résultant d'un accord collectif dénoncé constitue à l'expiration des délais prévus à l'article L. 2261-13 CT un avantage individuel acquis qui est incorporé au contrat de travail des salariés employés par l'entreprise à la date de la dénonciation, l'employeur ne pouvant la modifier sans l'accord de chacun de ces salariés, quand bien même estimerait-il les nouvelles modalités de rémunération plus favorables aux intéressés ; un engagement unilatéral de l'employeur contraire à ce principe ne peut avoir force obligatoire.

Cass. soc. 2 mars 2016, n° 14-16.414, BC V n° 42. Voir aussi cass. soc. 30 mai 2018, n° 16-18.453.

La demande tendant, outre le paiement de diverses sommes, à ce qu'il soit jugé que les avantages prévus par une convention collective soient conservés par des salariés à titre d'avantage individuel acquis malgré la dénonciation est susceptible d'appel.

Des organisations d'employeurs, signataires de la convention collective des personnels des organismes de travailleuses familiales, avaient dénoncé l'article 16 de cette convention. Aucun accord de substitution n'étant intervenu après un an, la disposition dénoncée avait cessé de produire effet. Trente-cinq salariées, employées par une association départementale d'aide familiale à domicile, avaient saisi la juridiction prud'homale d'une demande tendant à obtenir le maintien des avantages prévus par l'article 16 de la convention et le paiement des salaires correspondants.

Doit être cassé l'arrêt qui, pour déclarer irrecevable l'appel interjeté par l'association des jugements rendus par un conseil de prud'hommes, a retenu que si, aux termes de l'article 40 NCPC, le jugement qui statue sur une demande indéterminée est, sauf dispositions contraires, susceptible d'appel, ce texte ne trouvait pas application en l'espèce, dès lors que la demande portée par les salariées devant le conseil de prud'hommes avait exclusivement pour objet le paiement de sommes d'argent dont le montant était chiffré, peu important que, pour statuer sur cette demande, ladite juridiction ait été amenée à se prononcer sur l'existence d'un avantage individuel acquis, alors que la demande des salariées tendait, outre le paiement de diverses sommes, à ce qu'il soit jugé que les avantages prévus par l'article 16 de la convention collective soient conservés par eux à titre d'avantages individuels acquis malgré la dénonciation et qu'une telle demande étant indéterminée, les jugements rendus par les conseils de prud'hommes étaient susceptibles d'appel.

Cass. soc. 13 mars 2001, n° 00-40.944, BC V n° 92.

Les avantages de sources différentes ayant le même objet ne peuvent pas se cumuler.

En cas de concours de conventions collectives, les avantages ayant le même objet ou la même cause ne peuvent, sauf stipulations contraires, se cumuler. Seul le plus favorable d'entre eux doit être accordé aux salariés.

Cass. ass. plén. 18 mars 1988, n° 84-40.083, BC n° 3.

Un accord d'entreprise avait instauré deux avantages distincts, un treizième mois et une prime de vacances. Le treizième mois se distinguait, par son objet, de la prime de vacances. Les salariés pouvaient, par conséquent, demander le cumul de l'allocation complémentaire de vacances prévue par la convention collective, plus avantageuse que la prime de vacances en vigueur dans l'entreprise, avec la prime de treizième mois.

Cass. soc. 24 juin 1992, n° 90-42.432. Voir aussi cass. soc. 16 mars 1989, n° 87-44.419, BC V n° 225.

La comparaison se fait avantage par avantage pour l'ensemble des salariés.

En cas de concours de conventions collectives, la comparaison entre les deux accords doit être appréciée globalement eu égard à l'ensemble des intéressés et non à celui de l'un d'entre eux, en particulier.

Cass. soc. 25 janvier 1984, n° 81-41.609, BC V n° 33.

Après avoir justement énoncé qu'il s'agissait, en l'espèce, de comparer les avantages accordés, au titre de la maladie et de l'accident, aux salariés ayant plus de trois mois d'ancienneté, une cour d'appel a pu, pour débouter des syndicats de leur demande tendant à faire dire que l'appréciation du caractère plus favorable d'un accord interprofessionnel annexé à la loi du 19 janvier 1978 devait être faite pour chaque salarié individuellement et non pour l'ensemble des salariés intéressés, considérer que le régime instauré sur ce point par l'accord d'entreprise était plus favorable que celui de l'accord interprofessionnel en cause, la détermination du régime le plus favorable devant résulter d'une appréciation globale avantage par avantage.

Cass. soc. 17 janvier 1996, n° 93-20.066, BC V n° 15.

Clause conventionnelle de maintien des avantages acquis

La convention collective peut imposer le maintien des avantages collectifs et/ou individuels.

Lors de l'application de la convention collective nationale des établissements privés sanitaires et sociaux du 22 janvier 1992, une clinique a intégré la prime mensuelle que percevaient des sages-femmes dans le salaire minimum conventionnel. Les salariées, prétendant au maintien de la prime au titre des avantages acquis, ont saisi la juridiction prud'homale.

Doit être rejeté le pourvoi de la clinique reprochant à une cour d'appel de l'avoir condamnée au paiement de sommes à titre de rappel de primes. En effet, la convention collective prévoit le maintien des avantages particuliers, de quelque nature qu'ils soient, acquis antérieurement à sa date de signature au niveau des établissements, soit individuellement au titre du contrat de travail ou collectivement par accord d'entreprise. La cour d'appel, qui a fait ressortir que la prime litigieuse était versée aux salariées en vertu d'un engagement unilatéral de l'employeur pour compenser les sujétions de la profession, a décidé à bon droit que cette prime constituait un avantage acquis, maintenu par la convention collective.

Cass. soc. 28 juin 2000, n° 98-42.147, BC V n° 258.

Convention collective (Dénonciation) ; Convention collective (Mise en cause).

B

Bons de délégation

☛ *Heures de délégation (Contrôle et contestation) ; Heures de délégation (Rémunération) ; Heures de délégation (Utilisation).*

Brevet d'invention

☛ *Inventions des salariés.*

Bulletin de salaire

L'employeur doit remettre au salarié un bulletin de salaire comportant certaines mentions obligatoires (art. L. 3243-2 et R. 3243-1 CT).

Le bulletin de paie n'est soumis à aucune condition de forme

C'est à bon droit qu'une cour d'appel a énoncé que le bulletin de salaire n'était soumis à aucune condition de forme et que l'employeur avait valablement remis au salarié un relevé de ses fiches de paye comportant les mentions exigées par le code du travail.

Cass. soc. 24 novembre 1993, n° 89-41.331.

L'employeur a l'obligation de délivrer un bulletin de paie

À défaut d'avoir remis cette pièce au salarié, l'employeur doit la lui faire parvenir par tout moyen.

Selon l'article L. 143-3, al. 2 CT, lors du paiement de leur rémunération, l'employeur doit remettre un bulletin de paye aux salariés. Il en résulte qu'à défaut d'avoir remis cette pièce justificative à un salarié, l'employeur doit la lui faire parvenir par tout moyen.

A violé ce texte l'ordonnance de référé qui, pour ordonner à une société de tenir à disposition d'un employé l'original d'un bulletin de paye, a énoncé que celui-ci était à sa disposition à la société et qu'il appartenait au salarié de se le faire délivrer.

Cass. soc. 19 mai 1998, n° 97-41.814, 1er moyen, BC V n° 266. Voir aussi cass. soc. 19 mars 2014, n° 13-10.496, 4e moyen.

L'employeur condamné à remettre au salarié des bulletins de salaire et divers documents doit, en l'absence de précision quant aux modalités d'exécution de cette décision, faire parvenir ces documents à l'intéressé.

Cass. soc. 17 janvier 1995, n° 91-43.908, BC V n° 26.

L'employeur peut envoyer le bulletin de salaire par courrier.

La voie postale n'est qu'une modalité de remise des bulletins de paye au salarié et le recours à cette modalité n'est pas interdit par l'article L. 143-3 CT.

Cass. soc. 7 juin 1995, n° 91-44.919, 1er moyen, BC V n° 184.

La remise du bulletin de paie doit être faite quelle que soit la nature de la rémunération.

Doit être cassé l'arrêt refusant d'ordonner la remise de bulletins de paye à une salariée engagée pour effectuer un stage non rémunéré en qualité d'aide monitrice au pair, alors que cette salariée était liée à l'employeur par un contrat de travail au pair et que le bulletin de paye doit être remis, quelle que soit la nature de la rémunération, en application de l'article L. 143-3 CT.

Cass. soc. 14 février 1996, n° 92-43.110, 18e moyen.

La demande tendant à la mise en conformité de bulletins de salaire n'étant pas assimilée à une simple demande de remise de bulletins de paie visée à l'article R. 1462-1 CT, l'appel interjeté contre le jugement prud'homal ayant statué sur cette demande est recevable.

Cass. soc. 1er juin 1999, n° 98-41.852, BC V n° 255.

Le rappel de primes dues sur plusieurs mois peut figurer sur un seul bulletin de paie établi lors de leur paiement.

Doit être rejeté le moyen du pourvoi formé par un salarié qui, pour reprocher à une cour d'appel d'avoir rejeté sa demande de remise d'autant de bulletins de salaire que de mois concernés par un rappel de primes d'ancienneté, soutient que si, aux termes de l'article L. 3243-2 CT, l'employeur n'est tenu de remettre au salarié un bulletin de paye qu'au moment du paiement du salaire, cela ne s'oppose pas à ce qu'il soit condamné, lorsqu'il est fait droit à la demande du salarié tendant à obtenir des rappels de primes portant sur plusieurs mois, à lui remettre autant de bulletins de salaires rectifiés que de mois concernés par les primes payées tardivement.

En effet, après avoir relevé qu'un bulletin de paie était remis au salarié lors du paiement du salaire ou de toutes autres rémunérations, la cour d'appel a pu en déduire que le rappel de primes dues sur plusieurs mois pouvait figurer sur un seul bulletin de paie établi lors de leur paiement.

Cass. soc. 30 novembre 2010, n° 09-41.065, BC V n° 277. Voir aussi cass. soc. 27 novembre 2014, n° 13-13.788 ; cass. soc. 27 janvier 2016, n° 14-19.210.

Certaines mentions doivent obligatoirement figurer sur le bulletin de paie

La mention de la convention collective applicable dans l'entreprise doit figurer sur le bulletin de paie (art. R. 3243-1 CT) ; en l'absence de cette information, le salarié doit, pour être indemnisé, démontrer l'existence d'un préjudice.

L'existence d'un préjudice et l'évaluation de celui-ci relèvent du pouvoir souverain d'appréciation des juges du fond.

Doit être rejeté le moyen du pourvoi formé par une salariée qui, pour reprocher à une cour d'appel de rejeter sa demande de dommages-intérêts pour défaut d'information sur la convention collective applicable, soutient que le bulletin de paie doit comporter l'intitulé de la convention collective applicable et que l'absence de cette information cause nécessairement un préjudice au salarié.

En effet, après avoir relevé que la salariée, qui occupait un poste de cadre administratif et détenait la moitié du capital social de la société employeur, était en mesure de connaître la convention collective applicable et d'en vérifier l'application et qu'elle ne démontrait pas l'existence d'un préjudice, la cour d'appel a pu rejeter la demande de la salariée.

Cass. soc. 17 mai 2016, n° 14-21.872.

Doit figurer sur le bulletin de paie la mention de l'emploi et de la classification.

En énonçant que la mention de l'emploi et celle de la classification conventionnelle sont cumulatives et non alternatives, une cour d'appel a fait une exacte application des dispositions de l'article R. 143-2, 4° CT selon lequel le bulletin de paye comporte obligatoirement l'emploi du salarié et sa position dans la classification conventionnelle.

Cass. crim. 23 novembre 1993, n° 93-80.845, B. crim. n° 352.

La mention de l'emploi sur le bulletin de salaire ne peut être remplacée par la seule mention du grade.

Cass. soc. 21 janvier 1988, n° 86-43.569, BC V n° 67.

Le salarié doit bénéficier de la qualification que l'employeur lui a volontairement reconnue.

A violé l'article 1134 c. civ. la cour d'appel qui a décidé qu'un salarié ne remplissait pas les conditions prévues par la convention collective pour bénéficier de la qualification de professeur, alors que l'employeur avait fait mention de cette qualification dans tous ses bulletins de paye et dans différentes correspondances, ce dont il résultait qu'il avait manifesté sa volonté de reconnaître au salarié la qualification de professeur.

Cass. soc. 12 juillet 2000, n° 98-41.702. Voir aussi cass. soc. 24 janvier 2001, n° 98-45.410.

C'est à l'employeur qui conteste la mention relative à l'emploi portée sur le bulletin de paie de rapporter la preuve de son inexactitude au regard des fonctions exercées par le salarié.

Cass. soc. 19 mars 2003, n° 01-40.128, 2e moyen.

Le bulletin de paie doit refléter la totalité du salaire.

La délivrance d'un bulletin de paye ne mentionnant qu'une partie de la rémunération et des heures de travail ne répond pas aux prescriptions légales et caractérise l'omission de la formalité prévue par l'article L. 143-3 CT.

Cass. crim. 27 septembre 1994, n° 93-84.665, B. crim. n° 306.

La fourniture, par l'employeur, d'un logement et d'un véhicule constitue un avantage en nature qu'il y a lieu d'inclure dans le montant de la rémunération du salarié et qui doit être indiqué sur le bulletin de paie qui lui est remis.

Cass. soc. 31 janvier 2012, n° 10-24.388, 2e branche du 1er moyen, BC V n° 47. Voir aussi cass. soc. 2 juillet 2014, n° 13-15.884, 1re et 2e branches du 2e moyen.

Les heures supplémentaires ne doivent pas apparaître sur le bulletin de salaire sous forme de prime globale.

Les heures supplémentaires doivent apparaître de façon distincte sur le bulletin de salaire conformément à l'article R. 143-2 CT et ce, afin que puissent être contrôlés la durée effective de travail et les temps de repos compensateur.

L'employeur rémunérant ces heures sous forme de prime globale encourt la prévention d'obstacle à l'accomplissement des devoirs de l'inspecteur du travail dès lors qu'il refuse de donner à celui-ci les renseignements lui permettant d'exercer son contrôle sur la durée effective du travail des salariés.

Cass. crim. 7 juin 1994, n° 93-82.026.

La rémunération d'un jour férié compris dans une période de congés n'a pas à figurer séparément sur le bulletin de paie.

Après avoir relevé qu'un employeur n'avait pas compté le jour férié compris dans une période de congés comme un jour de congé ni déduit ce jour de l'indemnité de congés payés, un conseil de prud'hommes a pu décider que l'employeur n'avait pas l'obligation de faire figurer séparément sur la fiche de paye la rémunération correspondant aux jours fériés compris dans une période de congés.

Cass. soc. 4 décembre 1990, n° 85-41.289, BC V n° 616.

Le bulletin de paie doit informer le salarié de son droit à repos compensateur.

C'est à bon droit qu'un conseil de prud'hommes a accordé à des salariés une indemnité pour repos compensateur non pris dès lors que ces salariés n'avaient pas été informés par une mention sur leur bulletin de paye de leurs droits acquis en matière de repos compensateur et qu'ils n'avaient pu, de ce fait, demander à en bénéficier dans le délai légal.

Cass. soc. 23 juin 1994, n° 91-41.464.

Repos compensateur.

En cas de versement d'une indemnité transactionnelle comprenant des éléments de rémunération autres que la réparation du préjudice pour perte d'emploi, l'employeur est tenu de délivrer un bulletin de salaire détaillant les différents éléments de cette indemnité.

Aux termes d'un protocole d'accord conclu à la suite de la résiliation d'un contrat de travail, une société s'était engagée à verser au salarié à titre transactionnel et forfaitaire la somme de 156 000 F. À la suite de cet accord, l'employeur avait délivré au salarié un bulletin de paye détaillant les différents éléments de cette indemnité. Le salarié, se plaignant de ce que la rédaction de ce bulletin de paye avait entraîné une augmentation de son imposition et un retard dans le versement des indemnités de chômage, avait réclamé le paiement de dommages-intérêts à l'employeur pour exécution fautive de la transaction.

Pour faire droit à sa demande, une cour d'appel, après avoir relevé que le protocole d'accord constituait une transaction, a énoncé que la somme réglée au salarié était, de ce fait, indemnitaire et ne pouvait être considérée comme le montant de rémunérations, peu important que la plus grande partie de la somme versée corresponde à des créances pour préavis, treizième mois, congés payés et allocation voiture et en a conclu qu'en établissant une fiche de paye, l'employeur avait commis une faute dans l'exécution de la transaction conduisant à un supplément d'impôts et, en raison de l'indication du versement d'une indemnité de préavis, à un retard dans le versement des indemnités de chômage.

Cependant, la somme versée à titre global et forfaitaire lors d'une transaction peut comprendre des éléments de rémunération qui doivent donner lieu à l'établissement d'un bulletin de paye détaillant ces différents éléments.

En statuant comme elle l'a fait, après avoir constaté que l'indemnité transactionnelle comprenait divers éléments de rémunération autres que la réparation du préjudice né de la perte de l'emploi, et alors que la délivrance d'un bulletin de paye détaillant les sommes versées non seulement n'était pas fautive mais obligatoire pour l'employeur, la cour d'appel a violé la loi.

Cass. soc. 16 juin 1998, n° 96-41.768, BC V n° 324.

L'altération frauduleuse de la vérité dans un bulletin de salaire constitue un faux au sens de l'article 441-1 du code pénal, dès lors qu'un tel document peut avoir pour effet d'établir la preuve de faits ayant des conséquences juridiques.

Ayant constaté qu'un employeur avait établi le bulletin de salaire d'une de ses employées en mentionnant que celle-ci se trouvait en congés payés alors qu'elle était en arrêt de travail pour cause de maladie, que le directeur adjoint du travail lui avait demandé de rectifier le bulletin, ce qu'il n'avait pas fait et que cette altération de la vérité était de nature à causer un préjudice à la salariée dans la mesure où celle-ci perdait des droits à congé puisqu'elle était en maladie, une cour d'appel a déclaré l'employeur coupable de faux et usage.

Un bulletin de salaire étant un document pouvant établir la preuve de faits qui ont des conséquences juridiques, la cour d'appel a légalement justifié sa décision.

Cass. crim. 7 septembre 2005, n° 04-87.080, B. crim. n° 220.

La mention sur le bulletin de salaire de la nature et du montant des sommes versées n'a pas pour effet de contractualiser les avantages qui y sont décrits.

Des salariés ne sont donc pas fondés à réclamer le paiement de primes instituées par voie d'usage, usage régulièrement dénoncé, au motif que ces sommes avaient figuré sur leur bulletin de salaire.

Cass. soc. 7 mars 2006, n° 04-13.962. Voir aussi cass. soc. 5 octobre 2010, n° 08-45.467.

Certaines mentions sont interdites

L'employeur ne doit pas faire mention des heures de délégation…

Aucune mention du bulletin ne devant permettre d'établir une distinction entre les heures travaillées et les heures de délégation dont bénéficient les salariés protégés, une cour d'appel a exactement décidé que les mentions permettant d'identifier des heures de délégation étaient illicites.

Cass. soc. 18 février 2004, n° 01-46.565, BC V n° 55.

… ni des heures de grève.

L'indication de la nature et du montant des retenues opérées sur la rémunération n'autorise pas à faire mention des heures de grève sur le bulletin de paye.

Cass. soc. 19 mai 1993, n° 90-44.609.

Les mentions qui ne permettent pas d'éclairer le salarié sur les modalités de sa rémunération n'ont pas à figurer sur le bulletin de paie.

Ayant retenu que l'énumération des mentions devant figurer sur le bulletin de salaire, énoncée par l'article R. 143-2 CT, ne saurait permettre l'introduction de mentions qui ne sont pas propres à éclairer le salarié sur les modalités de sa rémunération, une cour d'appel a pu décider que la mention « prix payé par le client pour votre travail » portée par un employeur sur les bulletins de salaire devait être supprimée.

Cass. soc. 11 juin 2003, n° 01-15.358.

Bulletin de paie et preuve du paiement du salaire

Le salarié a droit à la rémunération correspondant à la qualification qui figure sur son bulletin de paie.

Une cour d'appel, qui a constaté que, dès l'embauche, le bulletin de paye d'un salarié indiquait la qualification de « principal clerc », a pu en déduire que l'employeur lui avait reconnu une telle qualification et qu'il devait lui verser la rémunération correspondante.

Cass. soc. 8 juin 1994, n° 90-43.214.

Si le contrat de travail prévoit un taux horaire supérieur à celui figurant sur le bulletin de salaire, c'est le taux contractuel qu'il convient de prendre en considération pour fixer le montant de la rémunération.

A violé l'article 1134 c. civ. la cour d'appel qui, pour déterminer le rappel de salaire dû à un salarié qui n'avait été payé que pour certaines heures seulement alors qu'il avait été engagé, selon son contrat qui n'avait pas été modifié, pour un horaire à temps plein, a retenu le taux horaire mentionné sur les bulletins de paye de l'intéressé alors que son contrat de travail mentionnait une rémunération brute de 15 000 F mensuels pour 169 heures, ce dont il résultait un taux horaire supérieur à celui mentionné par l'employeur sur les bulletins de paye.

Cass. soc. 11 mai 2004 n° 02-41.755, 2e moyen du pourvoi principal, BC V n° 129.

Nonobstant la délivrance de la fiche de paie, l'employeur doit prouver le paiement du salaire conformément au droit commun.

Cass. soc. 11 janvier 2006, n° 04-41.231, 1er moyen, BC V n° 6. Voir aussi cass. soc. 10 avril 2013, n° 12-15.259 ; cass. soc. 31 mars 2016, n° 14-15.378, 1er moyen.

Si un élément de salaire n'est pas mentionné, l'employeur peut rapporter la preuve de son paiement.

Les dispositions de l'article R. 143-2 CT n'interdisent pas à l'employeur de rapporter la preuve du paiement d'une prime dont la mention ne figure pas sur le bulletin de paye.

Doit être cassé l'arrêt condamnant une société à payer cette prime au salarié en se fondant uniquement sur l'absence de mention de ce paiement sur les bulletins de salaire.

Cass. soc. 5 juin 1991, n° 87-45.090, BC V n° 281. Voir aussi cass. soc. 3 mars 1994, n° 90-40.074.

La preuve du paiement d'une prime ne peut résulter, en l'absence de la mention sur le bulletin de paye prévue par l'article R. 143-2 CT, ni du fait que le salaire excède le salaire minimum, ni d'une absence de réclamation de la part des salariés, ni d'une prétendue pratique interne à l'entreprise consistant à inclure la prime dans le salaire.

Cass. soc. 8 mars 2000, n° 98-43.489.

Le défaut de mention sur les bulletins de paye du versement de la prime d'ancienneté valant présomption de non-paiement de cet élément de rémunération, une cour d'appel, devant laquelle l'employeur devait faire la preuve d'un tel paiement, a estimé à bon droit que cette preuve ne résultait pas du seul fait que le salaire effectif de la salariée avait été supérieur au salaire minimum conventionnel augmenté de la prime.

Cass. soc. 29 octobre 2003, n° 01-43.286.

L'employeur qui ne justifie pas du paiement du salaire est responsable de la rupture du contrat de travail.

Doit être cassé l'arrêt qui, pour débouter un salarié de ses demandes d'indemnités de rupture, a retenu que l'intéressé, ayant accepté sans protestation ni réserves la remise des bulletins de paye des mois de janvier à juin, a institué une présomption simple de paiement qu'il lui appartient de renverser, que le salarié ne produit aucun élément pour combattre cette présomption et qu'il doit être considéré qu'il a été réglé de l'intégralité de ses salaires et qu'il ne peut en conséquence rendre la rupture imputable à l'employeur, alors que celui-ci ne justifiait pas, notamment par la production de pièces comptables, du paiement du salaire.

Cass. soc. 13 juillet 1999, n° 97-41.381.

☛ *Heures de délégation (Rémunération) ; Heures supplémentaires ; Inspecteur du travail ; Paiement du salaire ; Travail dissimulé*

Bulletin de vote

L'élection des représentants du personnel a lieu au scrutin secret sous enveloppe ou par vote électronique et il est procédé à des votes séparés pour les membres titulaires et les membres suppléants dans chacune des catégories professionnelles formant des collèges distincts (art. L. 2314-21 et L. 2324-19 anciens CT).

Établissement des bulletins

Les bulletins doivent être établis par liste de candidats et non par candidat.

C'est à bon droit qu'un tribunal d'instance a annulé des élections professionnelles, l'employeur ayant établi des bulletins au nom de chacun des candidats alors que ces salariés, non présentés par un syndicat, avaient formé une liste au second tour et que les électeurs voulant voter pour cette liste avaient placé plusieurs bulletins dans la même enveloppe, ce dont il résultait qu'un grand nombre de votes avaient été déclarés nuls et que cette irrégularité avait faussé les résultats du scrutin.

Cass. soc. 13 juin 1995, n° 94-60.394.

Les candidatures individuelles constituent une liste.

Le scrutin pour les élections des délégués du personnel est un scrutin de liste ; toute candidature individuelle constitue une liste et le panachage des listes n'est pas admis.

Cass. soc. 10 janvier 1989, n° 87-60.309, BC V n° 6.
Voir aussi cass. soc. 7 mai 2003, n° 01-60.917.

Il doit être fait mention sur les bulletins du sigle de l'organisation syndicale présentant les candidats.

Un juge d'instance a pu, à défaut d'accord sur ce point entre les partenaires sociaux, décider, sans méconnaître les principes généraux du droit électoral, que l'employeur devait procéder à l'impression du sigle syndical complet sur les bulletins de vote et sur le matériel de propagande électorale.

Cass. soc. 25 juin 1987, n° 86-60.317, moyen commun, BC V n° 431.

Mais l'indication du seul nom de la confédération est suffisante.

Doit être cassé le jugement énonçant que l'indication sur les bulletins de vote du seul nom de la confédération constituait une irrégularité de nature à influer sur le résultat du scrutin. L'absence du sigle syndical complet (UGICT-CGT) sur les bulletins de vote des candidats présentés par la CGT, dans le second collège, ne constituait pas une irrégularité.

Cass. soc. 14 novembre 1984, n° 84-60.380, BC V n° 430.

Les bulletins de vote doivent être établis sur papier blanc, sauf si l'emploi de bulletins de couleur est justifié par des circonstances particulières.

En vertu des principes généraux du droit électoral, l'égalité des candidats doit être assurée dans les élections professionnelles. Cette égalité se traduit par l'utilisation de bulletins blancs pour tous les candidats, comme le prévoit l'article L. 66 du code électoral en matière d'élections politiques. Il ne peut être fait exception à ce principe dans l'intérêt des électeurs que lorsque des circonstances particulières, constatées soit dans le protocole préélectoral, soit par le juge le justifient.

Ayant fait ressortir que l'utilisation des bulletins de couleur était destinée à pallier l'analphabétisme dans l'entreprise, un juge d'instance a ainsi constaté l'existence de circonstances particulières.

Cass. soc. 24 février 1993, n° 91-60.313.

L'utilisation de bulletins de couleur n'emporte la nullité des élections que si elle a faussé le résultat du scrutin.

Doit être cassé le jugement qui, pour annuler des élections, a énoncé qu'une organisation syndicale avait fourni elle-même ses bulletins, au surplus de couleur, sans que cette faculté lui soit reconnue par le protocole préélectoral et sans que cette couleur soit justifiée par une nécessité particulière, alors que le tribunal d'instance aurait dû rechercher si les irrégularités constatées avaient eu pour effet de fausser le résultat du scrutin.

Cass. soc. 25 février 1992, n° 91-60.213.

La mise à disposition par l'employeur de bulletins blancs n'est pas illicite.

Doit être cassé le jugement qui, pour interdire à une société de mettre des bulletins blancs à la disposition des électeurs au premier tour des élections des représentants du personnel, a retenu que cette mise à disposition pouvait être assimilée à une volonté de l'employeur d'intervenir dans le scrutin contraire à l'esprit des élections professionnelles, tel qu'il est défini dans le code du travail, et qu'en outre, la liberté de vote et d'expression était préservée par la faculté des électeurs de s'abstenir ou d'exprimer leur refus pour tel candidat, alors qu'aucun texte n'interdit aux électeurs de voter blanc et qu'aucune disposition légale ne prohibe la mise à la disposition de ces derniers par l'employeur de bulletins blancs leur permettant d'user de la faculté qui leur est ainsi offerte.

Cass. soc. 8 juillet 1998, n° 97-60.376. Voir aussi cass. soc. 29 mars 1994, n° 93-60.323.

Utilisation des bulletins

L'employeur n'est pas tenu d'informer les salariés que le fait de placer deux bulletins différents dans une même enveloppe entraîne la nullité de ce vote.

Doit être cassé le jugement annulant le second tour des élections des délégués du personnel d'un établissement au motif que l'employeur n'avait pas avisé expressément les électeurs que la présence de deux bulletins différents par enveloppe rendait leur vote nul.

En se prononçant ainsi, le juge a mis à la charge de l'employeur une obligation qui ne lui incombait pas.

Cass. soc. 12 février 1991, n° 90-60.378, BC V n° 63.

N'est pas contraire à la loi l'usage d'entreprise permettant à chaque électeur d'insérer dans la même enveloppe autant de bulletins de vote qu'il y a de sièges à pourvoir lorsque ces bulletins sont établis au nom de chacun des candidats se présentant individuellement.

Après avoir constaté que chaque électeur avait effectivement disposé du droit d'insérer dans une enveloppe les bulletins de deux des quatre candidats correspondant aux deux sièges à pourvoir et que le nombre des votants n'avait pas été supérieur au nombre des électeurs inscrits, c'est à bon droit qu'un tribunal d'instance a rejeté une demande en annulation des élections.

Cass. soc. 24 septembre 2008, n° 08-60.004, BC V n° 179.

Vote électronique

En vertu de l'article R. 2314-8 ancien CT, la possibilité de recourir à un vote électronique doit être ouverte par un accord d'entreprise ou par un accord de groupe.

C'est donc à bon droit qu'un tribunal d'instance, qui a constaté qu'il n'avait été décidé du recours au vote électronique que dans le cadre d'un accord d'établissement, a déclaré nul le protocole d'accord électoral signé pour l'élection des délégués du personnel de cet établissement.

Cass. soc. 10 mars 2010, n° 09-60.096, BC V n° 56.

Dans une entreprise divisée en établissements, un accord d'entreprise peut fixer le cadre général du recours au vote électronique et renvoyer les modalités de sa mise en œuvre à un accord d'établissement.

Cass. soc. 3 novembre 2016, n° 15-21.574, BC V n° 201.

L'accord d'entreprise doit être entré en vigueur au moment de la conclusion du protocole préélectoral.

Aux termes des articles L. 2314-21 et L. 2324-19 CT, la mise en œuvre du vote par voie électronique est subordonnée à la conclusion d'un accord d'entreprise ; aux termes de l'article L. 2261-1 CT, l'accord d'entreprise est applicable, sauf stipulations contraires, à partir du jour qui suit son dépôt auprès du service compétent ; il en résulte que la validité du protocole préélectoral prévoyant la mise en œuvre du vote par voie électronique est subordonnée à l'entrée en vigueur d'un accord d'entreprise conclu à cet effet.

Le premier tour des élections des membres des comités d'entreprise et des délégués du personnel a eu lieu au sein d'une société du 18 au 22 octobre 2010, suivant un protocole préélectoral et un accord d'entreprise prévoyant le recours au vote électronique signés tous les deux le 16 septembre 2010 ; une fédération syndicale, qui n'a pas adhéré au protocole préélectoral, a saisi le tribunal d'instance d'une demande d'annulation des élections.

Pour refuser d'annuler les élections, un tribunal a retenu que l'accord sur le vote électronique, également déposé les 22 et 23 septembre 2010 auprès des administrations concernées, était entré en vigueur avant l'élection litigieuse.

En statuant ainsi, alors que l'accord d'entreprise conclu au sein de la société pour le recours au vote électronique prévoyait qu'il n'entrait en vigueur qu'au moment de son dépôt auprès des administrations concernées, ce dont il résultait que l'accord d'entreprise n'était pas applicable lors de la signature du protocole préélectoral, le tribunal a violé les articles L. 2314-21, L. 2324-19 et L. 2261-1 CT.

Cass. soc. 28 septembre 2011, n° 11-60.028, BC V n° 203.

Dès lors qu'un accord d'entreprise prévoit le recours au vote électronique, les modalités de mise en œuvre de ce procédé peuvent, en l'absence de protocole préélectoral valide, être fixées par l'employeur ou, à défaut, par le tribunal d'instance, dans les conditions prévues par l'accord d'entreprise.

A violé les articles L. 2314-21 et R. 2324-4 CT le tribunal d'instance qui, pour décider de l'organisation d'un double mode de scrutin, électronique et sous enveloppe avec bulletins secrets, a retenu que la décision de recours au vote électronique devait être confirmée dans le protocole préélectoral et qu'il n'appartient pas au tribunal, en l'absence d'accord majoritaire sur ce point, de décider de la mise en place d'un vote exclusivement électronique.

Cass. soc. 4 juin 2014, n° 13-18.914, 2e branche du 1er moyen, BC V n° 134. Voir aussi cass. soc. 12 octobre 2016, n° 15-28.332.

La conclusion d'un accord d'entreprise autorisant le recours au vote électronique n'est pas soumise aux mêmes conditions de validité que le protocole.

Si le protocole d'accord préélectoral fixant les modalités de mise en œuvre du vote électronique doit, pour être valable, satisfaire aux conditions de majorité prévues aux articles L. 2314-3-1 et L. 2324-3-1 CT, l'accord d'entreprise autorisant le recours au vote électronique est soumis aux seules conditions de validité prévues à l'article L. 2232-12 CT.

Après avoir constaté qu'un accord d'entreprise sur l'organisation matérielle des élections selon le mode électronique avait été signé par une organisation syndicale représentative ayant obtenu au moins 30 % des suffrages exprimés au premier tour des dernières élections des membres titulaires du comité d'entreprise d'une société, c'est à bon droit qu'un tribunal a déclaré que cet accord était valable et a débouté, en conséquence, une organisation syndicale de sa demande d'annulation.

Cass. soc. 28 septembre 2011, n° 10-27.370, 2e moyen, BC V n° 202.

La disposition du protocole préélectoral prévoyant la possibilité de procéder au vote électronique à partir de tout ordinateur vingt-quatre heures sur vingt-quatre n'a pas à être soumise à la règle de l'unanimité.

L'article L. 2314-22 CT, qui prévoit que l'élection a lieu uniquement pendant le temps de travail, ne s'appliquant pas au vote électronique, c'est à bon droit qu'un tribunal d'instance a décidé que la possibilité de procéder au vote électronique à partir de tout ordinateur vingt-quatre heures sur vingt-quatre ne constituait pas une disposition du protocole préélectoral soumise à la règle de l'unanimité.

Cass. soc. 5 avril 2011, n° 10-19.951, BC V n° 87.

Le système de vote électronique retenu doit assurer la confidentialité des données transmises, notamment de celles des fichiers constitués pour établir les listes électorales des collèges électoraux, ainsi que la sécurité de l'adressage des moyens d'authentification, de l'émargement, de l'enregistrement et du dépouillement des votes.

Les élections des représentants au comité d'entreprise et des délégués du personnel ont été organisées au sein d'une société du 12 au 17 mai 2011, suivant un protocole préélectoral et un accord d'entreprise prévoyant le recours au vote électronique.

Pour rejeter la demande d'annulation de ces élections présentée par un syndicat, un tribunal d'instance a énoncé que le protocole préélectoral indiquait que chaque électeur recevait du prestataire un code PIN secret et un mot de passe, à son domicile par courrier simple et sur sa boîte mail, et pouvait voter ainsi en toute confidentialité sur le site web sécurisé créé pour l'occasion, que le protocole précisait encore que le flux de vote et celui de l'identification de l'électeur seraient séparés en sorte que l'opinion émise par l'électeur serait cryptée et stockée dans une urne électronique dédiée, sans lien aucun avec le fichier d'authentification des électeurs, et qu'à supposer, donc, que la direction soit parvenue à s'emparer des données confidentielles du salarié en s'introduisant subrepticement dans sa boîte mail, le syndicat n'expliquait pas comment elle avait pu les utiliser pour prendre connaissance de son vote crypté et immédiatement stocké dans l'urne après avoir été émis, en sorte que le défaut de confidentialité allégué n'était pas établi.

En statuant ainsi, alors que l'envoi de leurs codes personnels d'authentification sur la messagerie professionnelle des salariés, sans autre précaution destinée notamment à éviter qu'une personne non autorisée puisse se substituer frauduleusement à l'électeur, n'était pas de nature à garantir la confidentialité des données ainsi transmises, ce dont il résultait que la conformité des modalités d'organisation du scrutin aux principes généraux du droit électoral n'était pas assurée, le tribunal a violé les articles R. 2314-9 et R. 2324-5 CT et les principes généraux du droit électoral.

Cass. soc. 27 février 2013, n° 12-14.415, BC V n° 60. Voir aussi cass. soc. 14 décembre 2015, n° 15-16.491.

Après la conclusion, le 22 décembre 2010, d'un accord d'entreprise sur l'organisation du vote électronique dans les sites tertiaires et de développement d'une société PCA, un protocole préélectoral a été conclu, le 6 septembre 2011, lors du renouvellement des membres du comité d'entreprise et des délégués du personnel d'un de ses établissements ; les élections se sont déroulées du 29 septembre au 12 octobre 2011 ; par une requête du 25 octobre 2011, un salarié a saisi le tribunal d'instance afin d'obtenir l'annulation des élections.

C'est à bon droit que ce dernier a été débouté de sa demande.

En effet, d'abord, ayant constaté que les codes et les identifiants étaient personnels, obtenus de manière aléatoire et à usage unique, que la société E, éditrice et exploitante du logiciel de vote électronique utilisé pour le scrutin, avait mis en place une phase postérieure de validation du vote par l'électeur lui-même, que les documents internes à la société mettaient en évidence une restriction et une sécurisation non seulement de la messagerie avec des adresses électroniques uniques et des mots de passe strictement personnels à chaque salarié, mais aussi des accès à la messagerie professionnelle par des administrateurs réseau eux-mêmes avec la traçabilité des interventions et des engagements de confidentialité, que les codes avaient été envoyés par la société E, que le vote se faisait exclusivement sur les serveurs de cette société dédiés à cette élection et sécurisés contre les intrusions, que le système informatique de la société PCA n'était pas impliqué dans le processus de vote, que le vote en lui-même faisait l'objet de trois chiffrements successifs sécurisant ainsi l'échange entre le terminal de l'utilisateur et la plateforme E, de sorte que la direction ne pouvait avoir connaissance du vote crypté immédiatement stocké dans l'urne dédiée, qu'il y avait deux flux, l'un pour le vote et l'autre pour l'émargement, de sorte que pendant les opérations électorales les administrateurs (assesseurs et organisateurs) avaient accès au second et non au premier, le décryptage des votes ne pouvant se faire qu'à la clôture du scrutin avec l'introduction de deux clés d'accès simultanément, le tribunal a pu en déduire que des précautions suffisantes avaient été prises pour garantir la confidentialité des votes et des données transmises.

Ensuite, ayant constaté qu'il résultait de l'expertise indépendante conduite entre juillet et octobre 2012 que le système de vote électronique utilisé pour le scrutin ne présentait aucune modification substantielle depuis celle qui avait été diligentée en 2005 lors de sa mise en place, le tribunal a exactement décidé qu'il avait été satisfait aux prescriptions des articles R. 2314-12 et R. 2324-8 CT.

Enfin, le tribunal d'instance a retenu que le syndicat dont le demandeur était membre avait signé l'accord d'entreprise sur l'organisation du vote électronique et que le demandeur lui-même avait signé le protocole préélectoral stipulant que ledit accord tenait lieu de cahier des charges, validant ainsi l'accord et ses dispositions.

Cass. soc. 21 septembre 2016, n° 15-60.216, BC V n° 171.

Le seul fait qu'un technicien informatique soumis à une obligation de confidentialité se soit connecté aux postes de ses collègues à leur demande expresse pendant les opérations de vote ne porte pas atteinte à la sincérité du scrutin.

Des élections des délégués du personnel et des représentants au comité d'entreprise ont été organisées au sein d'une société, suivant un accord d'entreprise et un protocole préélectoral prévoyant le recours au vote électronique ; un salarié du service informatique étant parvenu à prendre connaissance du vote de deux de ses collègues en se connectant à distance à leur poste informatique au moment où les intéressés votaient, un syndicat a saisi un tribunal d'instance afin d'obtenir l'annulation de ce scrutin.

Après avoir constaté que les dispositions prises par l'employeur assuraient, conformément aux articles R. 2314-9 et R. 2324-5 CT la confidentialité du vote électronique et que le technicien informatique de l'entreprise, soumis aux termes des articles R. 2314-12 et R. 2324-8 CT, à une obligation de confidentialité, s'était connecté aux postes des salariés à leur demande expresse pendant les opérations de vote, le tribunal d'instance a pu en déduire que n'était caractérisée aucune atteinte à la sincérité du scrutin.

Cass. soc. 14 novembre 2013, n° 13-10.519, BC V n° 262.

Mais le recours au vote électronique pour les élections professionnelles ne permet pas de déroger aux principes généraux du droit électoral, notamment l'exercice personnel du droit de vote.

Le recours au vote électronique pour les élections professionnelles, subordonné à la conclusion d'un accord collectif garantissant le secret du vote, ne permet pas de déroger aux principes généraux du droit électoral ; l'exercice personnel du droit de vote constitue un principe général du droit électoral auquel seul le législateur peut déroger.

En application d'un protocole préélectoral signé au sein de l'un des établissements d'une société, les élections de la délégation du personnel et des membres du comité d'entreprise ont été organisées le 3 octobre 2017, avec recours au vote électronique ; invoquant le fait qu'une salariée, candidate aux élections professionnelles, ait voté en lieu et place de deux autres salariées qui lui avaient confié leur code confidentiel, l'employeur a sollicité l'annulation des élections.

C'est à tort que, pour dire n'y avoir lieu à annulation des élections, un tribunal d'instance a retenu que, bien que dûment informées du caractère personnel et confidentiel du vote, ne pouvant être confié à un tiers, deux salariées avaient en toute connaissance de cause confié leur clé de vote à une troisième pour qu'elle vote pour elles, que la fraude n'était donc pas établie, et qu'en toute hypothèse, l'irrégularité relevée n'était pas de nature à fausser les résultats.

Cass. soc. 3 octobre 2018, n° 17-29.022, à paraître.

La circonstance que l'organisation du vote électronique soit confiée à un sous-traitant ne décharge pas l'employeur de la responsabilité qui lui incombe de préserver la sécurité des données.

CE 11 mars 2015, n° 368748.

L'utilisation d'un système de vote électronique pour l'élection des délégués du personnel est subordonnée à la réalisation d'une expertise indépendante lors de la conception initiale du système utilisé, à chaque fois qu'il est procédé à une modification de la conception de ce système ainsi que préalablement à chaque scrutin recourant au vote électronique.

CE 11 mars 2015, n° 368748, précité.

Le chiffrement des bulletins de vote doit être ininterrompu.

CE 11 mars 2015, n° 368748, précité.

Contentieux électoral ; Protocole d'accord préélectoral ; Scrutin.

Bureau de vote

Un bureau de vote doit être constitué pour chaque collège électoral, ce bureau ayant pour missions essentielles de contrôler la régularité du vote et de procéder au dépouillement. Il est constitué d'un président et d'assesseurs.

Mise en place

Les stipulations d'un protocole préélectoral prévoyant un bureau de vote unique pour l'élection par deux collèges de salariés, des représentants du personnel, ne sont pas en soi contraires à l'ordre public.

Cass. soc. 25 octobre 2017, n° 16-21.780, 7e branche du moyen.

Composition

Le bureau de vote ne peut être composé que d'électeurs du collège considéré.

C'est à tort que, pour rejeter la demande d'annulation du premier tour des élections de la délégation unique du personnel et de l'élection du conseil de discipline d'une société, un tribunal d'instance, après avoir relevé que le directeur de l'entreprise, représentant de l'employeur, avait siégé au bureau de vote en qualité de président, a énoncé que le dépouillement n'avait pas été vicié de ce seul fait et que le syndicat ne rapportait pas la preuve que cette irrégularité ait faussé les résultats du scrutin, alors que la présence constatée d'un représentant de l'employeur n'ayant pas la qualité d'électeur comme président du bureau de vote était une irrégularité de nature à compromettre la loyauté du scrutin et entraînait la nullité de celui-ci.

Cass. soc. 23 février 2005, n° 04-60.242, BC V n° 67. Voir aussi cass. soc. 16 janvier 2008, n° 06-60.286, 3e branche du moyen, BC V n° 5.

L'employeur, ou son représentant, ne peut pas siéger au bureau de vote, les membres de ce bureau devant être électeurs.

L'employeur (ou son représentant) ne peut siéger au sein du bureau de vote. Les membres de ce bureau doivent être électeurs et choisis par le protocole préélectoral. À défaut d'accord, l'employeur peut simplement avoir un observateur sur les lieux du vote.

Cass. soc. 25 février 1992, n° 89-61.135, 2e moyen, BC V n° 123.

Les membres du bureau doivent être choisis conformément aux dispositions du protocole préélectoral.

Doit être cassé le jugement refusant d'annuler des élections, alors que le bureau de vote avait été présidé par l'employeur, lequel avait choisi un assesseur qui ne répondait pas aux conditions fixées par le protocole d'accord préélectoral, de telles irrégularités portant atteinte au déroulement normal du scrutin.

Cass. soc. 30 mai 1996, n° 95-60.791.

L'intervention d'un tiers, chargé d'opérations purement matérielles, n'affecte ni la sincérité ni la loyauté des élections.

Après avoir relevé que les votes, et spécialement les opérations d'émargement et de dépouillement, avaient eu lieu sous le contrôle effectif de deux bureaux de vote composés d'électeurs et d'une commission électorale comprenant les représentants de chaque liste en présence, que toutes les garanties prévues par le protocole préélectoral avaient été respectées, un tribunal d'instance a pu décider que l'intervention d'un tiers, chargé d'opérations purement matérielles, n'avait affecté ni la sincérité ni la loyauté des élections.

Cass. soc. 6 février 2002, n° 00-60.488, BC V n° 58.

À défaut de dispositions spécifiques prévues par un protocole préélectoral signé à la double condition de majorité, et en l'absence de désignation des membres du bureau de vote par accord entre l'employeur et les organisations syndicales ayant présenté des listes aux élections, le bureau de vote est composé, conformément aux principes généraux du droit électoral, des deux salariés électeurs les plus âgés et du salarié électeur le plus jeune.

Cass. soc. 16 octobre 2013, n° 12-21.448, BC V n° 239.

Le tribunal d'instance peut fixer la composition des bureaux de vote.

Un tribunal d'instance a pu décider que les assesseurs des bureaux de vote seraient désignés par les organisations syndicales présentant des candidats et, à défaut, parmi les plus jeunes salariés. En statuant ainsi, le tribunal d'instance s'est borné à trancher une difficulté dont il était saisi, relative à la composition du bureau de vote.

Cass. soc. 7 avril 1993, n° 92-60.365.

Le juge d'instance saisi en référé peut définir les modalités de désignation des membres du bureau de vote.

Si, en l'absence d'accord, c'est au juge d'instance saisi par la voie du référé qu'il incombe de définir les modalités de désignation des membres du bureau de vote, la demande d'annulation fondée sur une prétendue irrégularité dans cette désignation formulée après le scrutin n'est de nature à entraîner l'annulation des élections que s'il est démontré qu'elle pouvait en fausser les résultats.

Cass. soc. 17 octobre 2001, n° 00-60.261.

Le bureau de vote ne peut pas être constitué du seul président.

Doit être cassé le jugement refusant d'annuler des élections, alors que la preuve était rapportée que les bureaux de vote n'avaient pas été composés d'un président et de deux assesseurs mais seulement d'un président. La composition de bureaux de vote par le seul président constitue une irrégularité de nature à porter atteinte au déroulement normal des opérations électorales.

Cass. soc. 19 octobre 1994, n° 93-60.049, 3e moyen, BC V n° 282.

L'absence de président désigné dans les bureaux de vote, en violation des principes généraux du droit électoral, constitue, en raison de l'importance de ses attributions, une irrégularité qui porte atteinte au déroulement normal des opérations électorales et compromet dans son ensemble la loyauté du scrutin.

Cass. soc. 13 février 2008, n° 07-60.097, BC V n° 37.

Mission

Le bureau de vote surveille le dépouillement.

C'est à bon droit qu'un tribunal d'instance a refusé d'annuler les élections, la présence du chef du personnel dans la salle de vote ainsi que sa participation aux opérations de dépouillement n'étant pas, à elles seules, de nature à entacher le scrutin d'irrégularités, le représentant de l'employeur ayant conservé son obligation de neutralité.

Cass. soc. 2 novembre 1993, n° 92-60.400.

Le bureau de vote ayant seul le pouvoir d'apprécier la régularité des votes, l'intégralité des enveloppes de vote par correspondance doit lui être remise.

Pour débouter un syndicat de sa demande d'annulation d'élections fondée sur la présence d'irrégularités dans le déroulement du scrutin, tenant notamment au vote par correspondance, un tribunal d'instance a retenu que les stipulations du protocole préélectoral relatif à sa mise en œuvre avaient bien été respectées par l'huissier de justice désigné par celui-ci pour remettre à l'ouverture du scrutin le 24 janvier 2008 les votes parvenus à son étude jusqu'au 23 janvier et qu'aucune irrégularité ne pouvait être dénoncée en ce qui concerne les votes ultérieurs qui n'avaient pu être pris en compte aux termes des dispositions du protocole préélectoral.

En statuant ainsi, alors qu'il résultait du constat dressé par l'huissier lors de la remise des enveloppes de vote par correspondance que, hors tout contrôle du bureau de vote, il détruirait les enveloppes parvenues à son étude postérieurement au 23 janvier ainsi que les enveloppes sans vote et sans signature, le tribunal a violé l'article L. 66 du code électoral.

Cass. soc. 31 mars 2009, n° 08-60.494, 3e moyen, BC V n° 96.

Il n'appartient pas au bureau de vote d'écarter les suffrages exprimés en faveur d'une liste, fût-elle irrégulière.

Lors d'élections des membres d'un comité d'entreprise, le bureau de vote a écarté les votes exprimés au profit de la liste présentée par un syndicat qui comportait une candidature surnuméraire ; le syndicat a saisi le tribunal d'instance aux fins d'annulation des élections.

Pour débouter le syndicat de sa demande, un tribunal a retenu que la décision prise par le bureau de vote lors des élections aux comités d'entreprise se justifiait puisque le syndicat avait présenté plus de candidats que de sièges à pourvoir et que le regroupement sur une même liste d'un nombre de candidats supérieur à celui des sièges à pourvoi contrevenait aux dispositions de l'accord préélectoral.

En statuant ainsi, alors qu'il n'appartient pas au bureau de vote d'écarter les suffrages exprimés en faveur d'une liste, fût-elle irrégulière, le tribunal a violé l'article R. 52 du code électoral.

Cass. soc. 8 décembre 2010, n° 10-60.211, moyen unique pris en ses trois dernières branches, BC V n° 285.

Le juge d'instance peut décider, afin d'assurer la mission de surveillance du bureau de vote, qu'il y a lieu d'installer des bureaux de vote fixes sur chaque chantier regroupant quinze salariés.

Selon les articles L. 423-13 et L. 433-9 CT, les modalités d'organisation et de déroulement des opérations électorales font l'objet d'un accord entre le chef d'entreprise et les organisations syndicales intéressées et, à défaut, d'une décision du juge d'instance, les principes généraux du droit électoral devant être respectés dans l'un et l'autre cas.

Ainsi, un juge d'instance a pu décider, sans méconnaître les principes généraux du droit électoral, qu'il y avait lieu d'installer des bureaux de vote fixes sur chaque chantier regroupant quinze salariés et que la mission de surveillance du bon déroulement des opérations électorales par les bureaux de vote, notamment, et l'absence d'étalement des élections sur plusieurs journées étaient de nature à garantir la loyauté du scrutin.

Il a dès lors pu débouter un syndicat de sa demande tendant à voir réduire le nombre de bureaux de vote permanents au profit des bureaux de vote itinérants pour les élections des représentants du personnel, à voir organiser ces élections sur plusieurs journées et a pu dire qu'elles devaient se dérouler selon les modalités prévues au protocole d'accord préélectoral.

Cass. soc. 18 février 1998, n° 96-60.416.

Contentieux électoral ; Protocole d'accord préélectoral ; Scrutin.

C

Cadres

☞ Durée du travail ; Qualification professionnelle du salarié.

Caisses de congés payés

Dans certaines branches d'activité, déterminées par décrets (bâtiment et travaux publics notamment), les employeurs sont tenus d'adhérer et de cotiser à des caisses de congés payés qui se substituent à eux pour le paiement des indemnités de congés payés.

Le décret 2009-493 du 29 avril 2009 a modifié les modalités d'affiliation aux caisses de congés payés du BTP : lorsqu'une entreprise exerce plusieurs activités, dont certaines dans le BTP, et qu'elle applique, au titre de son activité principale, une convention collective autre que celle du BTP, elle peut assurer elle-même le service des congés de ses salariés sous réserve d'un accord conclu entre la caisse de surcompensation et les organisations d'employeurs représentatives de la branche professionnelle concernée.

Affiliation de l'employeur

• L'obligation d'affiliation dépend de l'activité de l'entreprise

Dès lors qu'une personne exerce une activité d'entreprise générale de bâtiment et de maçonnerie, elle est tenue de s'affilier à la caisse des congés payés du bâtiment, peu important que les travaux soient effectués pour son propre compte.

Une caisse de congés payés, qui soutenait qu'une personne était tenue par une obligation d'affiliation, dès lors qu'elle exerçait une activité d'entreprise générale de bâtiment et de maçonnerie, l'a assignée devant un tribunal de grande instance en paiement de cotisations.

Ayant constaté que cette personne avait acquis un ensemble immobilier sur lequel elle avait procédé à une opération de rénovation-construction en salariant à cet effet des chefs de chantier, maçons, peintres, menuisiers, électriciens et manœuvres, une cour d'appel a pu en déduire, nonobstant la circonstance que les locaux ainsi rénovés ou édifiés étaient destinés à la location pour son propre compte, que cette personne avait exercé une activité d'entrepreneur général de bâtiment impliquant son affiliation à la caisse de congés payés du bâtiment.

Cass. soc. 8 décembre 2004, n° 03-16.160, BC V n° 329.

Une société de location d'engins avec chauffeurs sur les chantiers de travaux publics auxquels elle participe exerce une activité de travaux publics et doit s'affilier à une caisse de congés payés.

Cass. soc. 11 juillet 2001, n° 99-15.987.

Le recours à des sous-traitants ne retire pas à l'adhésion son caractère obligatoire.

Doit être cassé l'arrêt qui, pour décider qu'une société ayant pour activité la recherche, la conclusion et l'exécution de contrats de construction de maisons individuelles sur plan, n'était pas tenue de s'affilier à une caisse de congés payés du bâtiment, a énoncé que, dans la mesure où elle ne construisait pas elle-même avec son propre personnel et avait toujours recours à des sous-traitants, cette société n'avait pas une activité réelle de bâtiment, alors que la société chargée, sous sa responsabilité et en exécution de contrats de construction régis par l'article L. 231-1 du code de la construction et de l'habitation, de réaliser, pour le compte du maître de l'ouvrage, la construction convenue, fût-ce par l'intermédiaire de sous-traitants, exerçait une activité effective d'entrepreneur général du bâtiment rendant obligatoire l'adhésion à la caisse de congés payés.

Cass. soc. 1er juin 1995, n° 92-18.371, BC V n° 177.

En revanche, un GIE, constitué par plusieurs entreprises du bâtiment et dont l'activité est de faciliter la conclusion de contrats par ses membres sans les conclure lui-même, n'exerce pas une activité d'entrepreneur général du bâtiment.

Un groupement d'intérêt économique dont les membres sont des entrepreneurs de bâtiment n'est tenu de s'affilier à la caisse des congés payés du bâtiment que s'il exerce lui-même une activité effective d'entrepreneur ou d'entrepreneur général de bâtiment.

Tel n'est pas le cas du groupement d'intérêt économique constitué par plusieurs entreprises de bâtiment qui ne procède pas à la réalisation matérielle des travaux de construction, mais se borne à faciliter la conclusion de contrats par ses membres sans les conclure lui-même, dès lors que cette activité, même si elle se rattache à celle de ses membres, en est cependant distincte et n'entre pas dans les prévisions des articles D. 732-1 et R. 731-1 CT.

Cass. crim. 11 octobre 1994, n° 92-81.526, B. crim. n° 324.

Il en est de même d'une entreprise louant des camions-grues mobiles avec chauffeur à des entreprises diverses dont l'activité ne figure pas dans la nomenclature des entreprises du bâtiment.

N'est pas tenue de s'affilier à une caisse de congés payés du bâtiment l'entreprise dont l'activité consiste à louer des camions-grues mobiles avec chauffeur à des entreprises diverses dont certaines seulement sont des entreprises du bâtiment, dès lors qu'il ressort des constatations des juges que cette entreprise, qui relève de la convention collective des transports, est un prestataire de services dont l'activité ne figure pas aux classes 33 et 34 de la nomenclature des activités économiques et n'entre pas dans le champ d'application de l'article D. 732-1 CT.

Cass. soc. 28 janvier 1999, n° 96-13.044.

Pour les entreprises du bâtiment, l'obligation d'affiliation en fonction des codes d'activité visés par la nomenclature de 1947 n'est pas modifiée par l'intervention des nomenclatures ultérieures.

Les dispositions des articles D. 732-1 à D. 732-10 CT résultent de la codification du décret 49-629 du 30 avril 1949 relatif au régime des congés payés du bâtiment et des travaux publics qui s'était référé, pour déterminer son champ d'application, à la définition des groupes 33 et 34 de la nomenclature des entreprises annexée au décret du 16 janvier 1947.

Cette définition s'étant incorporée au décret du 30 avril 1949, les modifications apportées par la suite au décret du 16 janvier 1947 ont été sans effet sur les dispositions du décret du 30 avril 1949 et donc de l'article D. 732-1 CT.

Cass. soc. 17 février 1993, n° 90-14.963, BC V n° 62. Voir aussi CE 12 juin 1998, n° 187845.

L'obligation d'affiliation concerne toutes les entreprises ou établissements situés sur le territoire français, peu important que le siège social de la société se trouve à l'étranger.

C'est à bon droit qu'une cour d'appel a condamné une société de droit anglais, ayant son siège en Grande-Bretagne et son principal établissement en France, à payer des cotisations et majorations de congés payés à une caisse, après avoir relevé que l'activité de la société était exercée sur le territoire français, ce qui impliquait, selon le dernier alinéa de l'article D. 732-1 CT, que cette société était soumise à l'obligation de poursuivre le paiement des cotisations de congés payés.

Cass. soc. 22 février 2006, n° 03-18.771, BC V n° 85.

• L'activité prise en compte est l'activité réellement exercée

Peu importe l'objet social de l'entreprise.

C'est à tort que, pour décider qu'une société devait s'affilier à une caisse des congés payés du bâtiment, une cour d'appel a énoncé que l'objet social de la société tel que mentionné au registre du commerce est : téléphonie, alarme, électricité, que cette activité correspond aux normes « 33 63 et 33 674 » de la nomenclature INSEE de 1947, que l'objet social de la société et l'obstruction à la vérification de son activité établissent, en l'absence d'éléments contraires probants, que l'activité de celle-ci relève du bâtiment, alors que l'obligation pour une entreprise de s'affilier à une caisse de congés payés dépend de l'activité qu'elle exerce réellement et qu'en s'abstenant de rechercher l'activité réellement exercée par la société, la cour d'appel n'a pas donné de base légale à sa décision.

Cass. soc. 17 janvier 1990, n° 88-15.852. Voir aussi cass. soc. 15 juin 1999, n° 97-16.713.

Peu importe également la convention collective appliquée par l'employeur…

L'obligation de s'affilier à une caisse des congés payés du bâtiment dépend de la nature des activités de l'entreprise et non de la convention collective appliquée par l'employeur.

Cass. soc. 5 octobre 1994, n° 93-40.493, 2e moyen.

… ainsi que le matériau utilisé.

Selon l'article D. 732-1 CT, doivent être affiliées à une caisse de congés payés du bâtiment les entreprises des secteurs du bâtiment et des travaux publics appartenant aux groupes 33 et 34 de la nomenclature INSEE de 1947. Dans le groupe 33, figurent les sous-groupes 33-20 à 33-26 qui correspondent notamment aux activités de « menuiserie à façon de bâtiment », « fabrication à façon et pose de menuiserie en bois ».

Ayant relevé que la société concernée assurait la fabrication à façon, sur commandes appropriées aux chantiers, de menuiseries de bâtiment, peu important que le matériau utilisé soit le PVC, lequel, ignoré lors de l'établissement de la nomenclature de référence, n'est qu'un substitut technique du bois, une cour d'appel a pu décider que celle-ci exerçait une activité du bâtiment relevant du groupe 33-22 de la nomenclature annexée au décret du 16 janvier 1947.

Cass. soc. 4 juillet 2001, n° 99-14.981.

En présence d'un objet social faisant état de prestations de nature à entraîner son adhésion obligatoire à la caisse des congés payés du bâtiment, il incombe à l'entreprise de démontrer que son activité réelle n'entre pas, en tout ou partie, dans le champ d'application de cette obligation.

Cass. soc. 15 novembre 2006, n° 05-19.124, BC V n° 347.

• L'activité accessoire de l'entreprise doit être prise en compte

L'exercice, même à titre accessoire, d'une activité visée par un décret d'institution d'une caisse de congés payés entraîne l'obligation pour l'employeur de s'y affilier pour l'activité concernée.

Une caisse des congés payés du bâtiment, faisant valoir qu'une société spécialisée dans la fabrication et la commercialisation d'équipements aérauliques et frigorifiques industriels exerçait une activité professionnelle de bâtiment, l'a assignée devant le tribunal de commerce aux fins d'affiliation et paiement d'un rappel de cotisations ; soutenant que l'obligation d'adhérer et de payer des cotisations pour la gestion des congés payés de leurs salariés à la caisse de congés payés du bâtiment constituait un abus de position dominante prohibé par l'article 82 CE, la société a demandé à titre principal à la juridiction de poser une question préjudicielle à la CJCE.

Après avoir relevé que la société avait été bénéficiaire d'un chantier de climatisation à la suite d'un appel d'offres, la cour d'appel en a déduit qu'au moins pour partie, son activité relevait de la profession du bâtiment et qu'elle devait s'affilier à une caisse de congés payés du bâtiment.

Cass. soc. 21 janvier 2009, n° 07-12.411, BC V n° 14. Voir aussi cass. soc. 27 mars 1996, n° 94-11.343.

Peu importe que l'activité accessoire ne constitue pas une entreprise distincte.

Les articles L. 223-16 et D. 732-1 CT ne subordonnent pas l'obligation d'affiliation à une caisse de congés payés du bâtiment pour une activité accessoire du bâtiment à la condition que cette activité soit exercée dans le cadre d'une entreprise distincte et n'exigent pas que cette activité soit accomplie par un personnel affecté de manière permanente à cette tâche.

Cass. soc. 29 mai 1990, n° 88-15.649, 1er moyen, BC V n° 251.

Lorsque les salariés sont affectés indistinctement à une activité principale non soumise à assujettissement et à une activité accessoire, les cotisations ne doivent être assises que sur la quote-part des salaires versés au personnel à l'occasion de l'exercice de cette activité accessoire, seule soumise aux dispositions des articles D. 3141-12 et s. CT, et cette quote-part doit être calculée à proportion des chiffres d'affaires respectifs des deux branches d'activité.

Une caisse de congés payés, invoquant sa compétence pour l'activité accessoire d'une entreprise, avait assigné cette dernière devant le tribunal de commerce pour la contraindre à s'affilier et à produire ses déclarations de salaire.

C'est à tort que, pour décider que la société devait s'affilier à la caisse de congés payés, lui ordonner de produire les déclarations de salaires de ses employés et la condamner au versement d'une provision, une cour d'appel a énoncé que les cotisations doivent être assises sur l'ensemble des salaires versés au personnel dans la mesure où celui-ci est affecté indistinctement à l'activité accessoire de l'entreprise et à l'activité principale, l'employeur n'ayant jamais ni établi ni même soutenu que seule une partie de son personnel bien déterminée était affectée à l'activité accessoire, alors que les cotisations réclamées à l'employeur, lorsque le personnel est affecté indistinctement à une activité principale non soumise à assujettissement et à une activité accessoire, ne doivent être assises que sur la quote-part des salaires versés au personnel à l'occasion de l'exercice de cette activité accessoire, seule soumise aux dispositions des articles D. 732-1 et s. CT, et que cette quote-part doit être calculée à proportion des chiffres d'affaires respectifs des deux branches d'activité.

Cass. soc. 20 novembre 2001, n° 99-17.713, BC V n° 353.

• L'obligation d'affiliation s'impose dès le 1er avril de la première année de référence

D'une part, selon l'article L. 223-16 CT, dans les professions énumérées par ce texte, les employeurs sont tenus de s'affilier à une caisse de congés au cours de la période reconnue pour l'appréciation du droit à congés des salariés ; d'autre part, selon l'article R. 223-1 du même code, le point de départ de l'année de référence pour l'application du droit à congés est fixé au 1er avril. Il en résulte que l'obligation d'affiliation s'impose aux employeurs dès le 1er avril de la première année de référence.

Dès lors, doit être cassé l'arrêt qui, pour fixer la date d'effet de l'affiliation d'une société à une caisse de congés payés dans les quinze jours de sa signification, a énoncé que la société actuellement non affiliée à la caisse ne pouvait être condamnée à déclarer les salariés concernés par l'activité de bâtiment, une telle obligation ne pouvant préexister à l'affiliation.

Cass. soc. 1er décembre 2005, n° 04-11.378, BC V n° 353.

Paiement des cotisations

Les personnes affiliées à la caisse de congés payés sont valablement informées des taux de cotisation appliqués par les mentions figurant sur les imprimés de déclaration qui leur sont adressés…

Les textes légaux, réglementaires et statutaires ne subordonnant pas l'opposabilité et la mise en œuvre des décisions du conseil d'administration des caisses de congés payés, organismes de droit privé, à des modalités particulières de publicité, les personnes affiliées à la caisse de congés payés sont valablement informées des taux de cotisation appliqués par les mentions figurant sur les imprimés de déclaration qui leur sont adressés.

Doit donc être rejeté le moyen du pourvoi formé par une personne placée en redressement judiciaire qui soutient que, la décision du conseil d'administration de la caisse de congés payés à laquelle elle était affiliée fixant le taux de cotisation applicable n'ayant pas été publiée, la cour d'appel ne pouvait fixer la créance au titre des cotisations dues au passif de l'intéressée.

Cass. soc. 7 avril 2010, n° 08-16.262, BC V n° 87 (arrêt n° 1).

… ou par leur publication dans un journal d'annonces légales.

Après avoir constaté que le nom d'une caisse de congés payés du bâtiment ainsi que les taux de cotisation « congés payés » et les coefficients des charges salariales, fixés par le conseil d'administration de la caisse, avaient été publiés par le journal « Le Moniteur », hebdomadaire d'annonces légales et des marchés publics spécialisé dans les travaux publics et le bâtiment, une cour d'appel a pu en déduire que les décisions du conseil d'administration de la caisse de congés payés avaient fait l'objet d'une publicité appropriée.

Cass. soc. 7 avril 2010, n° 08-14.843, BC V n° 87 (arrêt n° 2).

Lorsque l'employeur est condamné à verser les cotisations à la caisse, le juge peut reporter ou échelonner le paiement des sommes dues.

Un entrepreneur du bâtiment avait embauché du personnel et adhéré à la caisse de congés payés du BTP. Ayant cessé de payer ses cotisations, le tribunal de commerce l'a condamné, par jugement de mai 2001, à verser les cotisations des trois premiers trimestres de l'année 2000. La caisse, en l'absence de paiement, a engagé une procédure d'exécution forcée. Le tribunal de grande instance, confirmé par la cour d'appel, a autorisé cet entrepreneur à se libérer de sa dette en douze versements et a ordonné la suspension des poursuites.

N'est pas fondé le moyen du pourvoi de la caisse de congés payés reprochant à l'arrêt attaqué d'avoir accordé des délais de paiement à l'entrepreneur pour se libérer de sa dette, en soutenant que le caractère impératif des dispositions relatives aux cotisations dues aux caisses de congés payés du BTP n'autorise pas le juge à accorder des délais pour le paiement des cotisations et majorations de retard que doit verser chaque entreprise affiliée et qu'en accordant de tels délais, la cour d'appel a violé l'article D. 732-1 CT. En effet, les dispositions légales relatives au recouvrement des cotisations à la caisse de congés payés du BTP ne sauraient faire échec au pouvoir de reporter ou d'échelonner le paiement des sommes dues, que le juge tient de l'article 1244-1 CC.

Cass. soc. 4 avril 2006, n° 04-15.284, BC V n° 136.

Paiement des indemnités de congés payés

Seule la caisse des congés payés est tenue au paiement des indemnités de congés payés…

C'est à tort qu'un adhérent à une caisse des congés payés du bâtiment reproche à une cour d'appel de l'avoir condamné à payer à cette caisse ses cotisations en invoquant le fait qu'il s'était déjà acquitté directement des indemnités de congés payés dues à ses ouvriers, alors que l'adhérent, qui n'est pas apte à se substituer à la caisse pour le règlement des indemnités de congés payés aux ayants droit, ne peut, en invoquant le paiement direct et irrégulier, s'opposer utilement à la demande de celle-ci à qui seule incombent le paiement des indemnités légales de congé et la perception des cotisations.

Cass. civ., 1re ch., 6 mai 1997, n° 95-12.001, BC I n° 151. Voir aussi cass. soc. 15 juin 1999, n° 97-18.070.

... sauf si l'employeur ne remet pas au salarié les feuillets de congés payés.

C'est à bon droit qu'un conseil de prud'hommes a condamné un employeur à verser à son salarié un solde de congés payés, dès lors qu'il n'avait pas remis au salarié les feuillets bleus de congés payés.

Cass. soc. 7 mai 1997, n° 95-42.498, 2e moyen.

L'employeur affilié à une caisse de congés payés n'étant pas personnellement redevable du paiement des congés payés, il n'a pas à en justifier le paiement.

Cass. soc. 23 septembre 2003, n° 01-43.808.

En cas de défaillance de l'employeur dans le paiement des cotisations à la caisse de congés payés du bâtiment, le salarié perçoit une indemnité dont le montant est calculé au prorata des périodes pour lesquelles les cotisations ont été payées.

Selon l'article D. 732-6 CT, la Caisse de congés payés du bâtiment assure le service des droits à congés payés des travailleurs déclarés par l'employeur ; toutefois, en cas de défaillance de l'employeur dans le paiement des cotisations, elle verse l'indemnité de congés payés au prorata des périodes pour lesquelles les cotisations ont été payées, par rapport à l'ensemble de la période d'emploi accomplie pendant l'année de référence, sans que cela dégage l'employeur défaillant de l'obligation de payer à la caisse l'ensemble des cotisations, majorations de retard et pénalités qui restent dues. Après régularisation de la situation de l'employeur, la Caisse verse au salarié le complément d'indemnité de congés payés dû, calculé suivant les mêmes principes.

Cass. soc. 14 septembre 2005, n° 03-40.132.

En cas de manquement de l'employeur à ses obligations, le salarié ne peut prétendre, vis-à-vis de l'entreprise, qu'à des dommages-intérêts.

Le service des congés payés du bâtiment et des travaux publics étant assuré par des caisses constituées à cet effet, c'est à tort qu'une cour d'appel a mis à la charge de l'employeur un complément d'indemnité compensatrice de congés payés au motif que ce dernier ne justifiait pas de la remise de l'attestation destinée à la caisse de congés payés, alors que, d'une part, l'employeur n'était pas personnellement redevable du paiement du complément d'indemnité et alors que, d'autre part, le salarié ne pouvait prétendre, en cas de manquement par l'employeur aux obligations légales lui incombant, qu'à des dommages-intérêts en raison du préjudice subi.

Cass. soc. 24 novembre 1993, n° 89-43.437. Voir aussi cass. soc. 28 mars 2018, n° 16-25.429, 3e et 4e moyens.

Indemnité de congés payés.

Candidatures aux élections professionnelles

Depuis la loi 2008-789 du 20 août 2008, les syndicats mentionnés aux articles L. 2314-3 et L. 2324-4 anciens CT peuvent présenter des candidats au premier tour des élections des délégués du personnel et des membres du comité d'entreprise. Au second tour, les candidatures sont libres.

S'agissant du comité social et économique, voir ce mot.

Présentation des candidats

• Premier tour de scrutin

Les dispositions de la loi du 20 août 2008 régissent les élections professionnelles organisées sur la base d'un protocole préélectoral dont la première réunion de négociation est postérieure au 21 août 2008.

Lorsque les élections d'un comité d'entreprise se sont déroulées après la publication de la loi du 20 août 2008, mais en application d'un protocole négocié et signé par les organisations syndicales représentatives antérieurement à cette loi, un syndicat non représentatif au moment de la négociation du protocole ne peut pas présenter des candidats au premier tour.

Si les dispositions de l'article 3 de la loi 2008-789 du 20 août 2008 modifiant les règles des élections professionnelles sont applicables à compter de la publication de la loi, il résulte de l'article 11 IV de ce texte qu'elles régissent les élections professionnelles organisées sur la base d'un protocole préélectoral dont la première réunion de négociation est postérieure à la date de la publication de la loi.

Le premier tour des élections d'un comité d'entreprise s'est déroulé le 9 octobre 2008 en application d'un protocole négocié et signé par les organisations syndicales représentatives de l'entreprise le 3 juillet 2008 ; l'employeur ayant refusé de recevoir la liste de candidatures déposée par un syndicat, ce dernier a saisi un tribunal d'instance d'une demande en annulation du résultat de ce premier tour dans le collège concerné en alléguant que la loi du 20 août 2008 était applicable et que l'employeur ne pouvait pas refuser de recevoir sa liste de candidats.

Après avoir constaté que le protocole préélectoral avait été négocié et signé avant la publication de la loi et que le syndicat n'était pas représentatif à cette date, c'est à bon droit que le tribunal l'a débouté de sa demande.

Cass. soc. 21 octobre 2009, n° 09-60.090, BC V n° 229.

La participation d'une personne morale qui n'a pas la qualité de syndicat au premier tour est une cause de nullité de l'élection, peu important son influence sur les résultats.

Selon les articles L. 2314-24 et L. 2324-22 CT, qui sont d'ordre public, seules des organisations syndicales peuvent présenter des candidats au premier tour des élections professionnelles dans l'entreprise, de sorte que la participation d'une personne morale qui n'a pas la qualité de syndicat au premier tour est une cause de nullité de l'élection, peu important son influence sur les résultats.

Cass. soc. 27 janvier 2010, n° 09-60.103, 1re branche du moyen unique du pourvoi principal, BC V n° 21.

Une organisation syndicale peut présenter comme candidats soit ses propres adhérents, soit des salariés non syndiqués ou adhérents à une autre organisation.

Cass. soc. 28 mars 2012, n° 11-61.180, BC V n° 112.

Un syndicat ne peut pas présenter de candidat au premier tour des élections dans un établissement situé en dehors du champ géographique défini dans ses statuts, et cela qu'il soit ou non affilié à une union qui a une personnalité morale distincte ou que celle-ci soit reconnue représentative.

Selon les articles L. 2314-24 et L. 2324-22 CT, peuvent présenter des candidats au premier tour des élections des membres du comité d'entreprise ou des délégués du personnel les syndicats qui satisfont aux conditions prévues par les articles L. 2314-3 et L. 2324-4 CT d'indépendance, de respect des valeurs républicaines et d'ancienneté de deux ans dans le champ géographique et professionnel couvrant l'entreprise, qu'ils soient ou non affiliés à une union qui a une personnalité morale distincte ou que celle-ci soit reconnue représentative.

Un syndicat a présenté le 30 octobre 2009 des listes de candidats au premier tour des élections du comité d'entreprise et des délégués du personnel d'un établissement d'une association situé à Vienne dans l'Isère ; l'employeur a saisi le tribunal d'instance d'une demande en annulation de ces élections qui se sont déroulées le 29 novembre 2009, en alléguant que ce syndicat ne pouvait pas légalement présenter des candidats au premier tour des élections en raison de sa compétence géographique.

Pour valider les élections, un tribunal a retenu d'abord que la loi du 20 août 2008 ne saurait prescrire, au nom de l'égalité des organisations syndicales, une quelconque discrimination qui tendrait à réduire la démocratie sociale au sein des entreprises et la liberté syndicale de ses personnels et a relevé, ensuite, qu'il était établi que le syndicat était l'émanation d'un syndicat doté d'une ancienneté de deux ans et d'une représentation nationale au sens de la loi 2008-789 du 20 août 2008 lui permettant comme toute organisation syndicale de présenter de telles candidatures au premier tour des élections.

En statuant ainsi, sans qu'il résulte de ses constatations que le syndicat avait une compétence statutaire dans le département de l'Isère, le tribunal a violé les articles L. 2314-3, L. 2324-4, L. 2314-24 et L. 2324-22 CT.

Cass. soc. 22 septembre 2010, n° 09-60.480, BC V n° 185. Voir aussi cass. soc. 27 mars 2013, n° 12-21.028.

Sauf stipulation contraire de ses statuts, une union syndicale peut présenter des candidats aux élections professionnelles d'un établissement couvert par son champ géographique et professionnel.

Une union syndicale a déposé en décembre 2009 une liste de candidatures pour les élections des délégués du personnel d'un établissement d'une société ; contestant le droit pour cette union syndicale de déposer une telle liste notamment au regard de son champ géographique et professionnel, la société a saisi le tribunal d'instance.

Après avoir relevé que la déclaration de candidature émanait bien de l'union syndicale et que ses statuts ne lui interdisaient pas d'intervenir directement dans une entreprise en l'absence d'organisation adhérente compétente dans le champ géographique et professionnel couvrant cette dernière, ce qui était le cas s'agissant de l'établissement au jour du dépôt de la liste de candidatures litigieuse, un tribunal d'instance, devant lequel il n'était pas contesté que les statuts de l'union syndicale couvraient le champ géographique et professionnel de l'établissement, a pu en déduire que le dépôt de la liste de candidatures aux élections professionnelles de l'établissement par l'union syndicale était régulier.

En effet, une union syndicale peut, sauf stipulation contraire de ses statuts, exercer les droits conférés aux syndicats dans le cadre du champ géographique et professionnel qui est le sien.

Cass. soc. 16 février 2011, n° 10-60.195, 1er moyen.

Les syndicats affiliés à une même confédération nationale, qu'elle soit ou non représentative, ne peuvent présenter qu'une seule liste de candidats par collège, lors des élections professionnelles dans l'entreprise.

C'est à tort que, pour valider des élections, un tribunal a énoncé qu'aucune disposition du code du travail n'interdisait à une confédération représentative au plan national de rassembler des organisations syndicales représentant la même catégorie de personnel et que ces organisations pouvaient présenter des listes distinctes de candidats aux élections, que deux syndicats, tous deux affiliés à la même confédération, pouvaient dès lors présenter simultanément des listes de candidats pour le collège cadre.

Cass. soc. 22 septembre 2010, n° 10-60.135, BC V n° 184.

En cas de dépôt de listes concurrentes par des syndicats affiliés à une même confédération nationale, il appartient alors aux syndicats de justifier des dispositions statutaires déterminant le syndicat ayant qualité pour procéder au dépôt d'une liste de candidats, ou de la décision prise par l'organisation syndicale d'affiliation pour régler le conflit conformément aux dispositions statutaires prévues à cet effet. À défaut, par application de la règle chronologique, seule la liste de candidats déposée en premier lieu doit être retenue.

Cass. soc. 24 janvier 2018, n° 16-22.168, à paraître.

Un syndicat affilié à une confédération catégorielle interprofessionnelle nationale ayant élargi son champ statutaire de façon à représenter également les employés peut présenter des candidats dans le collège des employés.

D'abord, un syndicat peut présenter des candidats dans les collèges que ses statuts lui donnent vocation à représenter ; ensuite, selon l'article L. 2122-2 CT, dans l'entreprise ou l'établissement sont représentatives à l'égard des personnels relevant des collèges électoraux dans lesquels leurs règles statutaires leur donnent vocation à présenter des candidats, les organisations syndicales catégorielles affiliées à une confédération syndicale catégorielle interprofessionnelle nationale qui satisfont aux critères de l'article L. 2121-1 et qui ont recueilli au moins 10 % des suffrages exprimés au premier tour des dernières élections des titulaires au comité d'entreprise ou de la délégation unique du personnel ou, à défaut, des délégués du personnel dans ces collèges, quel que soit le nombre de votants ; il en résulte que, lorsqu'un syndicat affilié à une confédération catégorielle interprofessionnelle nationale présente, en conformité avec son champ statutaire, des candidats dans plusieurs collèges, sa représentativité est établie en fonction des suffrages recueillis dans l'ensemble de ces collèges.

Une société d'édition a saisi le tribunal d'instance d'une contestation portant sur la possibilité pour un syndicat affilié à la CFE-CGC de présenter des listes de candidats, au sein du collège « employés », au premier tour d'élections du comité d'entreprise et des délégués du personnel devant se dérouler du 28 octobre au 9 novembre 2010.

Pour dire que le syndicat ne pouvait présenter de listes de candidats dans le collège « employés » et annuler le premier tour du scrutin, un tribunal a retenu que la modification des statuts du syndicat était intervenue dix-huit jours seulement avant la signature du protocole préélectoral et que, pendant une si courte période, il n'avait pu par la seule modification de ses statuts acquérir une représentativité à l'égard du collège « employés ».

En statuant ainsi, alors que les statuts du syndicat, tels que modifiés au 1er septembre 2010, soit antérieurement à la signature du protocole préélectoral et à la présentation de ses listes de candidats, précisaient qu'il a vocation « à rassembler tous les professionnels exerçant ou non des responsabilités d'encadrement, de même que ceux qui aspirent à en faire partie, en cours de formation, en attente d'un premier emploi ou d'une promotion, et les retraités des entreprises, associations, établissements privés ou publics dont l'activité principale est l'édition, la librairie, la distribution, les palais d'expositions, congrès et musées », ce dont il résultait que le syndicat était habilité selon ses statuts à présenter des candidats aux élections professionnelles dans le collège « employés », le tribunal a violé les articles L. 2314-3, L. 2324-4, L. 2314-24 et L. 2324-22 CT.

Cass. soc. 28 septembre 2011, n° 10-26.693, BC V n° 215.

La liste commune, formée entre un syndicat catégoriel et un syndicat intercatégoriel est valable dès lors que cette liste ne comprend de candidats que dans les collèges dans lesquels les statuts des deux organisations syndicales leur donnent vocation à en présenter.

Cass. soc. 5 novembre 2014, n° 14-11.634, BC V n° 259.

La répartition des suffrages, lorsque les syndicats formant une liste commune ont choisi qu'elle ne soit pas à parts égales, doit être portée tant à la connaissance de l'employeur qu'à celle des électeurs de l'entreprise ou de l'établissement concerné avant le déroulement des élections et, à défaut, la répartition s'opère à parts égales…

Selon l'article L. 2122-3 CT, lorsqu'une liste commune a été établie par des organisations syndicales, la répartition entre elles des suffrages exprimés se fait sur la base indiquée par les organisations syndicales concernées lors du dépôt de leur liste, et à défaut, à parts égales entre les organisations concernées ; il en résulte que la répartition des suffrages, lorsque les syndicats formant une liste commune ont choisi qu'elle ne soit pas à parts égales, doit être portée tant à la connaissance de l'employeur qu'à celle des électeurs de l'entreprise ou de l'établissement concerné avant le déroulement des élections et à défaut, la répartition s'opère à parts égales.

Des syndicats A et B ont présenté une liste commune lors des élections professionnelles qui se sont déroulées au sein d'un établissement le 27 novembre 2008 : les syndicats ont informé l'employeur d'une répartition des suffrages à hauteur de 55 % pour le syndicat A et de 45 % pour le syndicat B ; la liste commune a obtenu au sein de l'établissement 19,65 % des suffrages exprimés ; le 19 janvier 2009, le syndicat A a procédé à la désignation d'un délégué syndical au sein de l'établissement et d'un délégué syndical au sein de l'unité économique et sociale existante ; contestant la représentativité du syndicat A au regard des suffrages obtenus par la liste commune, un syndicat C a saisi le tribunal d'instance en annulation de ces désignations.

C'est à tort que, pour valider la désignation du délégué syndical au sein de l'établissement, un tribunal d'instance a énoncé que les syndicats de la liste commune avaient, lors du dépôt de la liste, informé l'employeur d'une répartition des suffrages à hauteur de 55 % au profit du syndicat A, qui pouvait ainsi se prévaloir de 10,81 % des suffrages exprimés au sein de l'établissement, sans qu'il puisse être reproché à la direction de la société de n'avoir pas fait procéder à l'affichage ou à la diffusion de la modalité de répartition des suffrages entre le syndicat A et le syndicat B alors qu'elle n'y était pas tenue.

Cass. soc. 13 janvier 2010, n° 09-60.208, BC V n° 6. Voir aussi cass. soc. 2 mars 2011, n° 10-17.603, BC V n° 59 ; cass. soc. 24 octobre 2012, n° 11-61.166, BC V n° 275.

… peu importent que cette répartition aboutisse à faire bénéficier l'une des organisations syndicales de l'intégralité des suffrages exprimés.

Lorsqu'une liste commune est établie, la répartition des suffrages exprimés est librement déterminée par les organisations syndicales pourvu qu'elle soit portée à la connaissance de l'employeur et des électeurs de l'entreprise ou de l'établissement concerné avant le déroulement des élections, peu important que cette répartition aboutisse à faire bénéficier l'une des organisations syndicales de l'intégralité des suffrages exprimés.

Cass. soc. 5 novembre 2014, n° 14-11.634, précité.

En cas de formation d'une liste commune, la base choisie par les syndicats sur laquelle se fait la répartition des suffrages, permettant de déterminer l'audience électorale et la représentativité, ne peut être modifiée a posteriori en fonction des résultats de l'élection.

Il résulte de l'article L. 2122-3 CT que lorsqu'une liste commune a été établie par des organisations syndicales, la répartition des suffrages exprimés se fait sur la base indiquée par elles lors du dépôt de leur liste, portée à la connaissance de l'employeur et des électeurs et à défaut, à parts égales entre les organisations concernées ; la base choisie, permettant de déterminer l'audience électorale et la représentativité, ne peut être modifiée a posteriori en fonction des résultats de l'élection.

Cass. soc. 10 mars 2016, n° 15-16.807.

Les dispositions subordonnant à une ancienneté minimale de deux ans la présentation par un syndicat de candidats au premier tour des élections professionnelles sont conformes au droit international.

L'exigence d'une ancienneté minimale de deux ans pour la présentation par une organisation syndicale de candidats au premier tour des élections professionnelles [et sa participation à la négociation du protocole d'accord préélectoral] constitue une condition justifiée et proportionnée pour garantir la mise en œuvre du droit de participation des travailleurs par l'intermédiaire de leurs représentants et l'exercice par le syndicat de prérogatives au sein de l'entreprise, sans priver tout salarié de la liberté de créer un syndicat ou d'adhérer au syndicat de son choix.

Cass. soc. 29 février 2012, n° 11-60.203, 1er moyen, BC V n° 82.

• Second tour de scrutin : les candidatures sont libres

Un syndicat ne peut pas toutefois présenter un candidat sans son accord.

Doit être cassé le jugement énonçant que le désistement d'un candidat ne peut être opposé au syndicat qui l'a présenté ni porter atteinte à la validité du scrutin. Un syndicat ne pouvant présenter un candidat sans son accord, le tribunal d'instance aurait dû rechercher les conditions dans lesquelles le retrait de candidature était intervenu.

Cass. soc. 20 octobre 1993, n° 92-60.304, BC V n° 241.

Les salariés peuvent se présenter en candidats libres soit individuellement, soit en se regroupant sur une même liste, l'employeur devant respecter ce choix.

L'employeur ayant établi des bulletins au nom de chacun des candidats d'une liste alors que ces candidats, non présentés par un syndicat, avaient entendu constituer une liste au second tour, un tribunal d'instance a pu annuler les élections professionnelles. En effet, les électeurs voulant voter pour cette liste avaient mis plusieurs bulletins dans la même enveloppe et un grand nombre de votes avaient été, de ce fait, déclarés nuls. L'irrégularité commise par l'employeur ayant faussé le résultat du scrutin, la décision du tribunal d'instance est justifiée.

Cass. soc. 13 juin 1995, n° 94-60.394.

Les candidatures présentées au premier tour par les syndicats représentatifs doivent être considérées comme maintenues pour le second tour.

Après avoir relevé qu'un employeur ne s'étant pas vu remettre de liste pour le second tour par un syndicat CGT, seule liste présente au premier tour, a néanmoins organisé le second tour sans cette liste, en ne retenant que des candidats libres, un tribunal d'instance a décidé à bon droit que les élections devaient être annulées comme s'étant tenues dans des conditions irrégulières.

Cass. soc. 23 janvier 2002, n° 00-60.387.

N'est pas maintenue pour le second tour la liste déposée par un syndicat pour le premier tour qui n'a pas été retenue en raison de sa tardiveté.

À la suite d'un protocole d'accord préélectoral signé le 1er décembre 2014 par un syndicat et une société, les élections des délégués du personnel se sont tenues les 16 décembre 2014 pour le premier tour et 30 décembre suivant pour le second tour ; l'employeur n'a pas retenu la liste des candidats au premier tour déposée par le syndicat au-delà du délai fixé par le protocole et, faute de candidats, un procès-verbal de carence a été dressé le 16 décembre 2014 ; l'employeur n'ayant pas pris en compte cette liste pour le second tour, le syndicat a saisi le tribunal d'instance d'une demande d'annulation des élections.

Pour reprocher au tribunal d'instance d'avoir rejeté sa demande, le syndicat soutient qu'une liste déposée pour le premier tour des élections par un syndicat habilité doit être reconduite au second tour, peu important que cette liste n'ait pas été retenue pour le premier tour en raison de sa tardiveté.

Cependant, après avoir relevé que la liste des candidats déposée par le syndicat demandeur pour le premier tour des élections ne respectait pas les formes et délais prévus par le protocole préélectoral dont la régularité n'était pas contestée, le tribunal en a exactement déduit que cette liste ne pouvait être réputée maintenue pour le second tour.

Cass. soc. 31 mai 2016, n° 15-60.157, BC V n° 119.

Si un syndicat ne peut présenter aux élections professionnelles un candidat sans son accord, il ne lui incombe pas de s'assurer de la persistance de cet accord entre les deux tours ; il doit, en revanche, être informé du retrait d'un candidat de la liste présumée reconduite pour le second tour.

Cass. soc. 13 octobre 2010, n° 09-60.233, BC V n° 224.

Établissement des listes de candidats

Un salarié ne peut être candidat que dans le collège où il est électeur.

Un tribunal d'instance a pu décider que les candidats à l'élection du conseil d'administration d'une banque ne peuvent se présenter que dans le collège auquel ils appartiennent. En effet, dès lors que les textes applicables prévoient que les salariés sont séparés en deux collèges votant séparément, ces salariés ne sont éligibles que dans le collège où ils sont électeurs.

Cass. soc. 7 février 1989, n° 88-60.131, BC V n° 96.

Un salarié peut se présenter simultanément comme titulaire et comme suppléant…

Cass. soc. 9 novembre 2016, n° 16-11.622.

… sa candidature en qualité de suppléant étant alors subsidiaire.

Un salarié peut se porter candidat à une même fonction en qualité de titulaire et en qualité de suppléant ; toutefois, ne pouvant être élu en cette double qualité, sa candidature en qualité de suppléant présente un caractère subsidiaire ; il s'ensuit qu'ayant été élu comme suppléant au premier tour des élections, il peut se présenter au second tour et être élu comme titulaire, perdant alors la qualité subsidiaire de suppléant.

Après s'être portés candidats aux sièges de titulaires et de suppléants dans le deuxième collège sur la liste d'un syndicat pour l'élection des représentants du personnel au comité d'établissement d'une société, deux salariés ont été élus suppléants au premier tour ; le quorum n'ayant pas été atteint pour l'élection des titulaires, il a été procédé à un second tour.

A violé l'article L. 2324-19, al. 3 CT le tribunal d'instance qui, pour déclarer irrecevables la candidature des deux salariés au second tour des élections des membres titulaires du 2e collège du comité d'établissement, a retenu que les candidatures simultanées d'un même salarié aux fonctions de membre titulaire et de membre suppléant du comité d'entreprise ne peuvent être admises que pour un même tour de scrutin, le candidat élu titulaire étant supposé abandonner sa candidature comme suppléant, cette dernière étant subsidiaire, et que cette règle implique nécessairement que le scrutin concernant les titulaires soit dépouillé en premier alors que les intéressés avaient été préalablement élus comme membres suppléants.

Cass. soc. 10 mai 2012, n° 11-18.912, BC V n° 138.

Une liste peut comprendre un nombre de candidats inférieur au nombre de sièges à pourvoir.

Cass. soc. 9 novembre 2016, n° 16-11.622, précité.

En revanche, le regroupement sur une même liste d'un nombre de candidats supérieur à celui des sièges à pourvoir contrevient aux dispositions d'ordre public de la loi.

Les élections des représentants du personnel devant se faire au scrutin de liste avec représentation proportionnelle à la plus forte moyenne, le regroupement sur une même liste d'un nombre de candidats supérieur à celui des sièges à pourvoir contrevient aux dispositions d'ordre public de la loi.

Ayant relevé qu'un syndicat avait présenté une liste de candidats en surnombre par rapport au nombre de sièges à pourvoir au total, un tribunal d'instance a justement décidé d'annuler les élections.

Cass. soc. 20 juin 2000, n° 99-60.153, BC V n° 239.
Voir aussi cass. soc. 5 mai 2004, n° 03-60.141.

Les dispositions légales relatives à la représentation équilibrée des femmes et des hommes sur les listes comportant plusieurs candidats aux élections des représentants du personnel sont d'ordre public absolu.

Aux termes du premier alinéa de l'article L. 2324-22-1 CT, pour chaque collège électoral, les listes mentionnées à l'article L. 2324-22 qui comportent plusieurs candidats sont composées d'un nombre de femmes et d'hommes correspondant à la part de femmes et d'hommes inscrits sur la liste électorale. Les listes sont composées alternativement d'un candidat de chaque sexe jusqu'à épuisement des candidats d'un des sexes.

Ces dispositions étant d'ordre public absolu, c'est à bon droit qu'un tribunal en a déduit qu'un syndicat était recevable à contester l'élection des candidats figurant sur les listes ne respectant pas ces dispositions, peu important à cet égard les dispositions du protocole préélectoral.

En l'espèce, l'élection de la délégation unique du personnel avait été organisée, le 20 février 2017, au sein d'une association, selon les modalités déterminées par un protocole d'accord préélectoral signé le 30 janvier 2017 aux termes duquel, notamment, « les organisations syndicales s'engagent à rechercher les voies et les moyens qui permettraient de parvenir le plus possible à une représentation équilibrée entre les femmes et les hommes sur les listes de candidats ». Par une requête du 6 mars 2017, un syndicat avait saisi le tribunal d'instance afin d'obtenir l'annulation de l'élection, au sein du collège unique, de deux salariés élus de la liste d'un autre syndicat en qualité de membres titulaires de la délégation unique du personnel, ainsi que celle d'une autre salariée, membre suppléante.

L'association faisait grief au jugement du tribunal d'instance d'avoir déclaré recevable la contestation du syndicat alors que le protocole d'accord préélectoral avait été signé à l'unanimité des organisations syndicales invitées à sa négociation ; ce moyen doit être rejeté.

Cass. soc. 9 mai 2018, n° 17-60.133, 2e moyen du pourvoi incident, à paraître.

Elles sont conformes au principe de la liberté syndicale reconnu par les textes européens et internationaux.

D'abord, il résulte tant de l'article 21 de la Charte des droits fondamentaux de l'Union européenne, d'effet direct (CJUE, 17 avril 2018, Egenberger, C-414/16), que de l'article 23 de cette charte, que, dans le champ d'application du droit de l'Union européenne, est interdite toute discrimination fondée sur le sexe ; les dispositions du code du travail relatives aux modalités d'élection des représentants du personnel mettent en œuvre, au sens de l'article 51 de la charte, les dispositions de la directive 2002/14/CE du 11 mars 2002 établissant un cadre général relatif à l'information et la consultation des travailleurs dans la Communauté européenne.

Ensuite, il résulte de la combinaison des articles 8 et 14 de la Convention de sauvegarde des droits de l'homme et des libertés fondamentales que toute discrimination entre les sexes en matière de conditions de travail est prohibée.

Enfin, aux termes de l'article 1er de la convention 111 de l'Organisation internationale du travail (OIT) concernant la discrimination, ratifiée par la France le 28 mai 1981, toute distinction, exclusion ou préférence fondée notamment sur le sexe, qui a pour effet de détruire ou d'altérer l'égalité de chances ou de traitement en matière d'emploi ou de profession, est interdite.

Il en résulte que l'obligation faite aux organisations syndicales de présenter aux élections professionnelles des listes comportant alternativement des candidats des deux sexes à proportion de la part de femmes et d'hommes dans le collège électoral concerné répond à l'objectif légitime d'assurer une représentation des salariés qui reflète la réalité du corps électoral et de promouvoir l'égalité effective des sexes. En ce que le législateur a prévu, d'une part, non une parité abstraite, mais une proportionnalité des candidatures au nombre de salariés masculins et féminins présents dans le collège électoral considéré au sein de l'entreprise, d'autre part, une sanction limitée à l'annulation des élus surnuméraires de l'un ou l'autre sexe, et dès lors que, par application de la décision du Conseil constitutionnel du 13 juillet 2018, l'organisation d'élections partielles est possible dans le cas où ces annulations conduiraient à une sous-représentation trop importante au sein d'un collège, les dispositions en cause ne constituent pas une atteinte disproportionnée au principe de la liberté syndicale reconnu par les textes européens et internationaux visés au moyen et procèdent à une nécessaire et équilibrée conciliation avec le droit fondamental à l'égalité entre les sexes instauré par les dispositions de droit européen et international précitées.

Les élections au comité d'établissement « direction technique et système d'information » d'une unité économique et sociale se sont tenues entre les 7 et 9 novembre 2017, selon les modalités prévues par un protocole préélectoral, signé le 22 septembre 2017, aux termes duquel le troisième collège, ingénieurs et cadres, était composé de 77 % d'hommes et 23 % de femmes. Estimant que la liste des titulaires et celle des suppléants d'un syndicat n'avait pas respecté les dispositions relatives à la représentation équilibrée des hommes et des femmes issues de la loi du 17 août 2015, en ce qu'elles comportaient cinq candidatures de femmes au lieu de quatre, un autre syndicat a saisi un tribunal d'instance d'une demande d'annulation de l'élection de deux salariées, l'une élue en qualité de titulaire et l'autre de suppléante.

Doit être rejeté le pourvoi du syndicat qui, pour reprocher au jugement d'accueillir cette demande, soutenait que les dispositions de l'article L. 2324-22-1 CT étaient contraires aux articles 3 et 8 de la convention 87 de l'OIT, 4 de la convention 98 de l'OIT et 5 de la convention 135 de l'OIT ainsi qu'aux articles 11, § 2 de la Convention européenne des droits de l'homme et des libertés fondamentales, 5 et 6 de la Charte sociale européenne et 28 de la Charte des droits fondamentaux de l'Union européenne qui, pris dans leur ensemble, garantissent la liberté syndicale, laquelle implique la liberté des organisations syndicales de choisir leurs représentants.

En effet, c'est à bon droit que le tribunal d'instance, constatant que la liste déposée par le syndicat ne respectait pas l'article L. 2324-22-1 CT, a fait droit à la demande d'annulation dans les conditions prévues par l'article L. 2324-23 CT.

Cass. soc. 13 février 2019, n° 18-17.042, 1er moyen, à paraître.

La constatation par le juge, après l'élection, du non-respect de ces dispositions par une ou plusieurs listes de candidats ne peut entraîner que les sanctions prévues à l'article L. 2324-23 ancien CT ; il est ainsi impossible de solliciter l'annulation des listes irrégulières.

Cass. soc. 17 avril 2019, n° 17-26.724, 1er moyen, à paraître.

Dès lors qu'il y a plusieurs sièges à pourvoir, les listes présentées doivent comporter un nombre de candidats suffisant pour assurer une représentation équilibrée des femmes et des hommes, sous peine d'annulation des élections.

L'élection de la délégation unique du personnel au sein d'une caisse primaire d'assurance maladie a été organisée, le 16 janvier 2017, selon les modalités prévues par un protocole préélectoral aux termes duquel, notamment, le collège « cadres » était composé de 77 % de femmes et de 23 % d'hommes, deux postes étant à pourvoir. Par une requête du 25 janvier 2017, la CPAM a saisi le tribunal d'instance afin d'obtenir l'annulation de l'élection d'un salarié, seul candidat de la liste d'un syndicat pour le collège « cadres ».

Pour rejeter cette demande, un tribunal d'instance a énoncé qu'il résultait expressément des dispositions de l'article L. 2314-24-1 CT que celles-ci n'ont vocation à s'appliquer qu'aux listes comportant plusieurs candidats, et qu'il s'ensuit, a contrario, qu'elles ne s'appliquent pas aux listes comportant un seul candidat ; qu'ainsi, en l'espèce, dans la mesure où il n'était pas contesté que la liste présentée par le syndicat au titre des membres titulaires de la délégation unique dans le collège « cadres » ne comportait qu'un seul candidat, cette liste n'était pas soumise aux exigences posées par l'article L. 2314-24-1 ; le tribunal d'instance en a déduit que l'élection du salarié, en qualité de membre titulaire de la délégation unique parmi le collège « cadres », ne pouvait être contestée au titre d'une méconnaissance des dispositions de l'article L. 2314-24-1 et devait être déclarée valide.

En statuant ainsi, alors que, deux postes étant à pourvoir, l'organisation syndicale était tenue de présenter une liste conforme à l'article L. 2324-22-1 CT, alors applicable, interprété conformément à la décision 2017-686 QPC du 19 janvier 2018 du Conseil constitutionnel [qui garantit à un sexe sous-représenté d'avoir au moins un candidat], c'est-à-dire comportant nécessairement une femme et un homme, ce dernier au titre du sexe sous-représenté dans le collège considéré, le tribunal a violé les articles L. 2324-22-1 ainsi interprété et L. 2324-23 CT.

Cass. soc. 9 mai 2018, n° 17-14.088, à paraître.

Lorsque deux sièges sont à pourvoir, une organisation syndicale est tenue de présenter une liste conforme à l'article L. 2324-22-1 CT, alors applicable, interprété conformément à la décision 2017-686 QPC du 19 janvier 2018 du Conseil constitutionnel, c'est-à-dire comportant nécessairement deux candidats de sexe différent dont l'un au titre du sexe sous-représenté dans le collège considéré ; lorsque plus de deux sièges sont à pourvoir, une organisation syndicale est en droit de présenter une liste comportant moins de candidats que de sièges à pourvoir, dès lors que la liste respecte les prescriptions de l'article L. 2324-22-1 CT à proportion de la part des hommes et des femmes dans le collège électoral considéré.

Cass. soc. 17 avril 2019, n° 17-26.724, 2e branche du 2e moyen, à paraître.

Le non-respect, par une liste, du nombre de femmes et d'hommes correspondant à leur part respective au sein du collège électoral entraîne l'annulation de l'élection d'un nombre d'élus du sexe surreprésenté égal au nombre de candidats du sexe surreprésenté en surnombre sur la liste au regard de la part de femmes et d'hommes que celle-ci devait respecter.

Il résulte des articles L. 2324-22-1 et L. 2324-23 CT, alors applicables, que la constatation par le juge, après l'élection, du non-respect par une liste de candidats du nombre de femmes et d'hommes correspondant à leur part respective au sein du collège électoral entraîne l'annulation de l'élection d'un nombre d'élus du sexe surreprésenté égal au nombre de candidats du sexe surreprésenté en surnombre sur la liste de candidats au regard de la part de femmes et d'hommes que celle-ci devait respecter et que le juge annule l'élection des derniers élus du sexe surreprésenté en suivant l'ordre inverse de la liste des candidats.

Pour dire que l'irrégularité de la liste présentée par un syndicat n'affectait pas la validité de la candidature d'une salariée, un tribunal d'instance a retenu qu'il ressortait de cette liste que la proportion homme/femme n'était pas respectée et que les candidates étaient surreprésentées, que le principe de parité jusqu'à épuisement des candidats devait conduire à ce que ce syndicat ne désigne pas une femme en cinquième position, et que l'irrégularité de la liste n'affectait pas la validité de la candidature de la salariée qui figurait en première position sur la liste.

En statuant ainsi, alors qu'il avait constaté qu'une femme était en surnombre sur la liste déposée par le syndicat, ce qui aurait dû le conduire à annuler l'élection de la salariée, seule élue du sexe surreprésenté, le tribunal d'instance a violé les articles L. 2324-22-1 et L. 2324-23 CT.

Cass. soc. 17 avril 2019, n° 17-26.724, 1re branche du 2e moyen, à paraître.

Mais le non-respect, par une liste, de la règle de l'alternance de candidats de chaque sexe n'entraîne pas l'annulation de l'élection des salariés dont le positionnement est irrégulier si la proportion de femmes et d'hommes au sein du collège concerné est respectée et si tous les candidats de la liste ont été élus.

La constatation par le juge, après l'élection, du non-respect par une liste de candidats de la règle de l'alternance prévue par la deuxième phrase du premier alinéa de l'article L. 2324-22-1 CT entraîne l'annulation de l'élection de tout élu dont le positionnement sur la liste de candidats ne respecte pas ces prescriptions, à moins que la liste corresponde à la proportion de femmes et d'hommes au sein du collège concerné et que tous les candidats de la liste aient été élus.

En l'espèce, un syndicat avait saisi le tribunal d'instance d'une demande d'annulation de l'élection d'une salariée en qualité de membre suppléante de la délégation unique du personnel, au motif que cette dernière figurait en deuxième position sur la liste formée par un autre syndicat, alors qu'en application de la règle de l'alternance le candidat de sexe masculin aurait dû figurer en deuxième position.

Ayant constaté que tous les candidats de la liste concernée avaient été élus et que cette liste représentait la proportion de femmes et d'hommes au sein du collège unique, c'est à bon droit que le tribunal a rejeté cette demande.

Cass. soc. 9 mai 2018, n° 17-60.133, pourvoi principal, à paraître. Voir aussi cass. soc. 6 juin 2018, n° 17-60.263, à paraître, s'agissant des élections des délégués du personnel et des membres du comité d'entreprise.

Dépôt des candidatures

• Forme

Le dépôt des candidatures n'est soumis légalement à aucune règle de forme.

En l'absence de modalités prévues dans le protocole préélectoral, la loi n'impose aucune forme pour le dépôt des candidatures.

Doit être cassé le jugement annulant les élections au motif, notamment, que la rigueur commandait que les candidatures soient adressées à l'employeur par écrit et non oralement.

Cass. soc. 30 mai 1996, n° 95-60.799.

Un délégué syndical ne peut présenter de liste de candidats au nom de son syndicat que lorsqu'il a expressément reçu mandat à cette fin.

A violé l'article L. 2324-22 CT le tribunal qui a retenu que, en sa qualité de délégué syndical, un salarié avait un mandat général lui permettant de déposer une liste sans avoir reçu un mandat exprès du syndicat ni obtenu son accord.

Cass. soc. 15 juin 2011, n° 10-25.282, BC V n° 157.

Si un délégué syndical ne peut présenter de liste de candidats au nom de son syndicat que lorsqu'il a expressément reçu mandat à cette fin, ce mandat peut être verbal.

Cass. soc. 10 décembre 2014, n° 14-60.447, BC V n° 287.

Lorsque le syndicat au visa duquel un salarié s'est porté candidat déclare à l'employeur qu'il n'avait pas donné mandat à ce salarié pour agir en son nom et qu'il ne dépose aucune candidature aux élections, l'employeur est fondé à ne retenir aucune candidature pour ce syndicat sans saisine préalable du tribunal d'instance.

Après avoir constaté que, par la voix de son président, une fédération syndicale, seul interlocuteur de l'employeur, avait déclaré à ce dernier que le salarié qui avait déposé sa candidature au visa de cette fédération ne disposait aucun mandat pour agir en son nom et que son organisation ne déposait aucune candidature, un tribunal d'instance a exactement décidé que l'employeur était fondé à ne retenir aucune candidature pour cette organisation sans avoir à le saisir préalablement.

Cass. soc. 30 octobre 2013, n° 12-29.952, BC V n° 258.

Il en va de même lorsqu'un employeur a été informé par une fédération de sa volonté de déposer une liste de candidats aux lieux et place des syndicats qui lui sont affiliés.

Le 25 septembre 2012, a été signé un protocole préélectoral en vue du renouvellement des institutions représentatives du personnel au sein d'un établissement de Pôle emploi ; le 18 décembre 2012, des syndicats départementaux ont déposé une liste de candidatures en vue de ce scrutin ; le même jour, la fédération à laquelle ces syndicats étaient affiliés a, à son tour, déposé une liste de candidatures ; par une requête du 26 décembre 2012, un syndicat départemental a saisi le tribunal d'instance de Marseille afin d'obtenir que soit prise en compte la liste déposée par lui-même et les autres syndicats départementaux ; le scrutin s'est déroulé le 12 mars 2013 et par quatre requêtes en date du 27 mars 2013, les syndicats départementaux ont saisi le tribunal d'instance de Marseille afin qu'il prononce l'annulation de ce scrutin.

Pour annuler les élections, le tribunal d'instance a énoncé que Pôle emploi avait refusé d'afficher et de diffuser les listes déposées par les syndicats départementaux et de diffuser les professions de foi aux électeurs de ces syndicats en invoquant les instructions très claires de la fédération s'agissant de déterminer qui était qualifié pour déposer les listes de candidats, mais que l'employeur ne peut se départir d'une attitude de neutralité au cours du processus électoral et ne doit tenir compte d'aucune instruction émanant des parties et ne peut en aucun cas se faire juge de la validité des candidatures présentées, mais doit les contester devant le juge d'instance, ce qu'il n'avait pas fait, que ce comportement avait nécessairement eu une influence sur les résultats du scrutin et constituait une irrégularité de nature à entraîner la nullité des élections.

En statuant ainsi, alors qu'ayant constaté que l'employeur avait été informé par la fédération de sa volonté de déposer une liste de candidats aux lieu et place des organisations syndicales qui lui étaient affiliées, ce dont il résultait que l'employeur pouvait, sans saisir un tribunal, tirer les conséquences de cette décision et ne pas retenir les candidatures déposées par les syndicats départementaux, le tribunal d'instance, qui n'a pas tiré les conséquences légales de ses constatations, a violé les articles L. 2314-24 et L. 2324-22 CT.

Cass. soc. 4 juin 2014, n° 13-60.238, BC V n° 133.

L'employeur qui n'a pas réclamé le mandat donné par le syndicat ni contesté le dépôt de la liste ne peut contester la validité de cette liste sur ce motif après le déroulement du scrutin.

Si un délégué syndical ne peut présenter de liste de candidats au nom de son syndicat que lorsqu'il a expressément reçu mandat à cette fin, l'employeur qui, chargé de l'organisation des élections, n'a pas réclamé ce mandat lors du dépôt de la liste de candidatures, ni contesté le dépôt de cette liste, ne peut remettre en cause sur ce motif la validité de la liste après le déroulement du scrutin.

Cass. soc. 26 septembre 2012, n° 11-25.544, BC V n° 237.

La lettre établie par une union locale peut être adressée à l'employeur par le candidat lui-même.

Cass. soc. 19 décembre 2007, n° 07-60.087.

Une déclaration d'imminence de candidatures n'équivaut pas à un dépôt de liste.

Un tribunal d'instance a pu se déclarer incompétent pour statuer sur la validité d'une candidature après avoir relevé que le syndicat CGT, peu de temps après avoir demandé l'organisation d'élections dans l'entreprise, avait fait savoir à l'employeur qu'il présenterait deux candidats. Cette simple déclaration d'imminence de candidatures n'équivalant pas à un dépôt de liste, le tribunal d'instance n'était pas compétent pour statuer sur une difficulté se situant antérieurement à l'élection.

Cass. soc. 18 novembre 1992, n° 91-60.289, BC V n° 557. Voir aussi cass. soc. 5 janvier 2005, n° 03-60.376.

L'annulation des élections entraîne l'annulation des actes de candidature.

L'annulation des élections entraîne de plein droit l'annulation de tous les actes préparatoires, dont les actes de candidature.

Cass. soc. 10 juillet 1991, n° 90-60.466, 1er moyen.

• Date du dépôt

Les candidatures doivent être présentées après la répartition du personnel dans les collèges et celle des sièges entre les différentes catégories.

La liste des candidats aux élections des délégués du personnel ne peut, sauf opposition injustifiée de l'employeur, être valablement déposée avant toute décision sur la répartition du personnel dans les collèges électoraux et la répartition des sièges entre les différentes catégories. Doit être cassé le jugement qui a débouté une société de sa demande tendant à voir annulée la liste de candidats déposée par un syndicat avant la signature de l'accord préélectoral sans constater l'existence d'une décision de l'administration sur la répartition du personnel et des sièges, ni une carence de l'employeur dans la saisine de l'inspecteur du travail.

Cass. soc. 2 mai 1989, n° 88-60.629, BC V n° 321.

En conséquence, les listes de candidats ne peuvent pas être valablement déposées avant la signature du protocole d'accord préélectoral.

Un salarié qui avait fait connaître à son employeur qu'il était candidat à des élections de membres des institutions représentatives du personnel a demandé l'annulation du second tour pour défaut de prise en compte de sa candidature.

Après avoir relevé, d'une part, que la candidature d'un salarié n'avait pas été valablement présentée puisque sa formulation auprès de l'employeur avait été antérieure au protocole préélectoral et, d'autre part, qu'aucune disposition légale n'imposait à l'employeur d'adresser à chaque salarié une copie de ce protocole, qui avait été affiché dans l'entreprise, avec mention des dates des deux tours des élections, un tribunal d'instance a pu en déduire que le salarié avait eu connaissance de ces dates et ne pouvait, dès lors, se prévaloir d'une impossibilité de présenter valablement sa candidature au second tour.

Cass. soc. 27 octobre 2004, n° 02-60.631.

Les candidatures doivent être présentées dans un délai compatible avec l'organisation du scrutin.

Doit être déboutée de sa demande d'annulation des élections, dont le second tour s'est déroulé le lundi 23 novembre, la salariée ayant présenté sa candidature le samedi 21 novembre dans l'après-midi. Ce dépôt tardif de candidature, présentée dans un délai incompatible avec l'organisation du scrutin, ne permettait pas aux électeurs appelés à voter par correspondance de se prononcer en toute connaissance de cause.

Cass. soc. 8 février 1994, n° 93-60.068.

Un protocole préélectoral peut fixer une date limite de dépôt des candidatures si l'organisation des élections le rend nécessaire.

Aucune disposition légale ou réglementaire ne fixe de délai entre le dépôt des candidatures et le scrutin. L'accord préélectoral ne peut en prévoir un qu'en fonction des nécessités particulières d'organisation du vote. L'employeur n'ayant pas invoqué de circonstances spéciales ou de nécessités particulières d'organisation du scrutin, un tribunal d'instance a pu décider qu'était recevable la candidature déposée après la date prévue par le protocole préélectoral.

Cass. soc. 29 mars 1994, n° 93-60.360.

Le délai fixé par le protocole préélectoral s'imposant aux parties, l'employeur est en droit de refuser une candidature déposée hors délai.

Les modalités d'organisation du scrutin, fixées par un protocole préélectoral dont la régularité n'est pas contestée, s'imposent à l'employeur et aux organisations syndicales.

Un protocole préélectoral a été signé le 2 septembre 2010, complété par un avenant du 29 septembre suivant, pour l'organisation des élections professionnelles au sein d'une société ; le second tour devait se dérouler le 4 novembre 2010 ; reprochant à l'employeur d'avoir écarté les listes qu'elle avait déposées pour ce second tour en raison de la tardiveté de leur dépôt, un syndicat a saisi le tribunal d'instance d'une demande d'annulation du second tour.

Pour faire droit à cette demande, un tribunal a énoncé qu'un envoi certes tardif d'une liste de candidatures pouvait néanmoins être pris en compte par l'employeur dès lors que l'organisation du scrutin n'avait pas été perturbée, le retard étant en l'espèce de courte durée.

En statuant ainsi, alors que le protocole préélectoral prévoyait que les listes de candidatures devaient être déposées au plus tard le 25 octobre à 17 heures, et que le syndicat avait envoyé sa liste vers 22 heures, ce dont il se déduisait que l'employeur n'avait commis aucune irrégularité en refusant d'en tenir compte, le tribunal a violé les articles L. 2314-3-1, L. 2324-3-1 et L. 2314-23 CT.

Cass. soc. 9 novembre 2011, n° 10-28.838, BC V n° 256.

En l'absence de protocole préélectoral, l'employeur ne peut écarter une liste déposée en méconnaissance des délais ou modalités qu'il a lui même fixés, qu'en cas d'atteinte au bon déroulement du scrutin.

Si les modalités d'organisation du scrutin, fixées par un protocole préélectoral dont la régularité n'est pas contestée, s'imposent à l'employeur et aux organisations syndicales, celles fixées unilatéralement par l'employeur en l'absence d'accord valide ne peuvent conduire à écarter une liste de candidature que si les modalités de dépôt de cette liste portent atteinte au bon déroulement des opérations électorales.

Un syndicat a fait parvenir le 7 juin 2011, par télécopie, à l'accueil d'une société M, une liste de candidats pour les élections des délégués du personnel devant se dérouler au sein de l'union économique et sociale (UES) M le 14 juin 2011 ; estimant que cette liste n'était pas parvenue au service du personnel dans les conditions fixées par le protocole préélectoral, l'employeur a constaté la carence de candidature au premier tour des élections et organisé un second tour ; le syndicat a demandé l'annulation du scrutin.

Après avoir constaté que si les modalités de dépôt des listes prévues par l'employeur en l'absence de protocole préélectoral valide mentionnaient que les listes devaient, au plus tard le 7 juin 2011, soit être déposées auprès de la direction du personnel contre récépissé, soit être adressées par lettre recommandée avec accusé de réception au responsable des ressources humaines, le fait que le syndicat ait fait parvenir sa liste de candidats, à la date prévue, mais par télécopie à l'accueil de la société M, ce qui avait occasionné un décalage d'un jour dans l'enregistrement de cette liste par le service du personnel du fait du retard de transmission entre services, n'avait pas été susceptible de gêner l'organisation du vote dès lors que le scrutin n'avait lieu que le 14 juin 2011, un tribunal d'instance a pu annuler les élections.

Cass. soc. 26 septembre 2012, n° 11-26.399, BC V n° 240. Voir aussi cass. soc. 15 octobre 2015, n° 14-60.710.

Retrait des candidatures

Nul ne pouvant être candidat sur une liste sans son accord, la décision d'un salarié de ne pas figurer sur une liste donnée s'impose au syndicat ayant présenté cette liste, lequel doit retirer le salarié de sa liste de candidats dès qu'il en est informé.

Cass. soc. 25 juin 2014, n° 13-20.541.

L'employeur n'est pas tenu de saisir le tribunal d'instance en cas de retrait de candidatures, cette saisine incombant à la partie qui conteste ces désistements.

A légalement justifié sa décision le tribunal d'instance qui a débouté une union départementale CFDT de sa demande en annulation du premier tour des élections après le retrait de candidatures présentées par le syndicat CFDT. L'employeur n'est pas tenu de saisir le tribunal d'instance en cas de retrait de candidatures, cette saisine incombant à la partie qui conteste ces désistements. En l'espèce, le tribunal d'instance avait constaté que les candidats présentés par la CFDT avaient retiré leur candidature de leur plein gré, sans qu'aucune pression de la part de l'employeur ne soit établie.

Cass. soc. 5 mars 1997, n° 96-60.034, BC V n° 97.

Contestation des candidatures

La demande en annulation d'une liste de candidats relève de la contestation de la régularité de l'élection.

Cass. soc. 28 mars 2012, n° 11-16.141, 1re branche du moyen, BC V n° 113. Voir aussi cass. soc. 18 mars 2015, n° 14-60.460.

Un syndicat peut contester la validité d'une candidature dans les délais prévus par la loi, peu important qu'aucune réserve n'ait été portée sur le procès-verbal des élections.

Cass. soc. 1er décembre 2010, n° 10-60.163, BC V n° 278.

Le seul fait que la candidature d'un salarié soit postérieure à sa convocation à l'entretien préalable au licenciement ne suffit pas à la rendre frauduleuse.

C'est à tort que, pour annuler la candidature d'une salariée au second tour d'élections professionnelles, un tribunal d'instance a retenu que, l'intéressée ayant été convoquée à un entretien préalable à son licenciement, sa candidature, intervenue postérieurement, était de ce seul fait frauduleuse.

Cass. soc. 13 mai 2009, n° 08-60.506.

L'employeur ne peut pas se faire juge de la validité d'une candidature.

Saisi entre les deux tours de scrutin d'une contestation portant sur une liste de candidats régulièrement notifiée à l'employeur en vue du second tour, un juge du fond qui, après avoir exactement rappelé que l'employeur ne peut refuser une candidature sans décision préalable du juge, constate que l'employeur a écarté cette liste du second tour de scrutin, en a, à bon droit, déduit que ce scrutin devait être annulé, peu important l'éventuelle irrégularité des candidatures litigieuses.

Cass. soc. 8 octobre 1998, n° 97-60.788. Voir aussi cass. soc. 13 janvier 1999, n° 97-60.609 ; cass. soc. 6 juillet 2005, n° 04-60.531.

Mais lorsque l'employeur a décidé d'exclure les candidatures d'un syndicat dont la représentativité n'était pas établie, le juge d'instance saisi de cette irrégularité doit d'abord apprécier cette représentativité avant d'annuler, le cas échéant, les élections.

Saisi d'une demande d'annulation des élections par un syndicat qui ne bénéficie pas de la présomption légale de représentativité et qui fait valoir que ses candidats ont été écartés du premier tour des élections, il appartient au juge de la régularité de l'élection d'apprécier la représentativité de ce syndicat qui est seule de nature à avoir une influence sur la régularité des élections.

Doit être cassé le jugement qui, pour annuler des élections de délégués du personnel et membres du comité d'établissement, après avoir relevé que l'employeur avait retiré les listes présentées par un syndicat, en invoquant l'absence de représentativité reconnue par jugements du tribunal d'instance ayant annulé sur ce fondement la désignation de délégués syndicaux par ce même syndicat, a énoncé que l'employeur n'était pas investi d'un pouvoir d'appréciation de la légitimité des candidatures relatives à l'exercice d'une prérogative syndicale différente.

Cass. soc. 13 septembre 2005, n° 04-60.449, BC V n° 257.

Reprochant à une société d'avoir écarté la liste des candidats qu'il avait présentée dans le cadre des élections de délégués du personnel et du comité d'entreprise, un syndicat a saisi le tribunal d'instance d'une demande en annulation des élections après le déroulement du scrutin.

C'est à tort que, pour le débouter de cette demande, le tribunal a énoncé qu'à la date du dépôt des candidatures le syndicat n'avait pas encore été déclaré judiciairement représentatif et qu'il ne pouvait donc présenter de listes de candidats, ni solliciter sur ce moyen l'annulation des élections, alors qu'il avait reconnu dans sa décision la représentativité du syndicat au jour du dépôt des listes de candidats pour valider la désignation par ce syndicat le même jour d'un délégué syndical.

Cass. soc. 12 mars 2008, n° 07-60.282, BC V n° 60.

L'employeur qui n'a pas actualisé la liste électorale après sa publication ne peut pas contester la candidature, au second tour des élections, de salariés qui n'y figuraient pas.

Si les salariés non inscrits sur les listes électorales en tant qu'électeurs ne peuvent pas être éligibles et si la liste électorale est établie pour les deux tours, il appartient à l'employeur d'actualiser la liste lorsque l'effectif se modifie après sa publication. La publication de la liste modifiée doit alors intervenir au plus tard le 4e jour avant la date du scrutin. C'est donc à bon droit qu'un tribunal d'instance, qui a constaté qu'un employeur n'avait pas procédé à la modification d'une liste électorale, a décidé que celui-ci n'était pas fondé à contester la candidature, au second tour des élections, de salariés qui ne figuraient pas sur la liste publiée.

Cass. soc. 20 mars 2002, n° 01-60.482, BC V n° 96.

Protection des candidats

Représentants du personnel (Protection/Bénéficiaires).

Comité social et économique ; Contentieux électoral ; Éligibilité ; Scrutin ; Sièges des représentants du personnel.

Carte d'identité professionnelle

Journalistes (Bénéfice du statut).

Cause économique

Licenciement économique (Notion).

Cause réelle et sérieuse

Tout licenciement, pour motif économique ou personnel, doit être fondé sur une cause réelle et sérieuse. Cette notion n'a fait l'objet d'aucune définition légale. Avant tout, cette cause doit être licite. Elle est réelle si elle est établie, objective et exacte. Le motif est sérieux s'il rend impossible la continuation du contrat de travail, mais il n'est pas nécessaire que le fait reproché au salarié soit fautif. Le motif de licenciement doit être à la fois réel et sérieux.

Le licenciement doit avoir une cause licite

La Cour de cassation veille au respect des textes interdisant le licenciement de certains salariés tel que celui des grévistes en l'absence de faute lourde.

Doit être cassé l'arrêt qui, pour rejeter la demande de réintégration formée par un salarié et lui allouer des dommages-intérêts pour licenciement sans cause réelle et sérieuse, a énoncé, après avoir reconnu que le fait qui lui était reproché ne constituait pas une faute grave ni même une cause réelle et sérieuse de licenciement, que le licenciement n'avait pas été prononcé pour fait de grève, mais pour des faits survenus pendant celle-ci et que le salarié ne pouvait se prévaloir des articles L. 122-45 et L. 521-1 CT pour obtenir sa réintégration, alors que, d'une part, le licenciement d'un salarié gréviste ne peut intervenir que pour faute lourde et, d'autre part, que la nullité du licenciement n'est pas limitée au cas où le licenciement est prononcé en raison de la participation à une grève, mais s'étend à tout licenciement prononcé à raison d'un fait commis à l'occasion de la grève qui ne peut être qualifié de faute lourde et qu'en l'espèce, la cour d'appel avait reconnu que le fait reproché au salarié gréviste ne présentait aucun caractère fautif.

Cass. soc. 22 janvier 1992, n° 90-44.249, BC V n° 19.

Chacun ayant droit au respect de sa vie privée (c. civ. art. 9), il ne peut être procédé à un licenciement pour une cause tirée de la vie privée du salarié que si le comportement de celui-ci, compte tenu de la nature de ses fonctions et de la finalité propre de l'entreprise, a créé un trouble caractérisé au sein de cette dernière.

Doit être cassé l'arrêt qui, pour débouter une salariée de ses demandes d'indemnités pour licenciement sans cause réelle et sérieuse, énonce que le fait pour l'intéressée d'acquérir une voiture en concurrence directe avec celles vendues par son employeur s'analyse nécessairement en une marque de défiance dans la qualité des produits vendus par lui, et que la liberté du salarié d'acheter une voiture d'une autre marque a pour corollaire la liberté pour l'employeur de se séparer de ce salarié, alors que le salarié dispose, dans sa vie privée, de la liberté d'acheter les biens, produits ou marchandises de son choix et que les juges n'avaient pas, en l'espèce, relevé le moindre trouble objectif apporté à l'entreprise en raison du comportement de la salariée.

Cass. soc. 22 janvier 1992, n° 90-42.517, BC V n° 30.

Les articles L. 1132-1 et L. 1321-3 CT interdisent le congédiement d'un salarié pour un motif tiré de ses mœurs ou de ses convictions religieuses. Il ne peut être procédé à un tel licenciement que si le comportement du salarié, compte tenu de la nature de ses fonctions et de la finalité de l'entreprise, crée un trouble caractérisé au sein de cette dernière.

S'agissant d'un sacristain, travaillant dans une paroisse au service d'une association catholique, qui avait été licencié en raison de son homosexualité, c'est à tort que pour rejeter la demande de l'intéressé en paiement de dommages-intérêts pour rupture abusive de son contrat de travail, une cour d'appel s'est bornée à mettre en cause les mœurs du salarié, sans constater d'agissements de ce dernier ayant créé un trouble caractérisé au sein de l'association.

Cass. soc. 17 avril 1991, n° 90-42.636, BC V n° 201.

Par ailleurs, les convictions religieuses du salarié n'entrent pas, sauf clause expresse, dans le cadre du contrat de travail et l'employeur peut demander au salarié d'exécuter la tâche pour laquelle il a été embauché dès l'instant que celle-ci n'est pas contraire à une disposition d'ordre public.

Cass. soc. 24 mars 1998, n° 95-44.738, BC V n° 171.

Vie privée.

Un salarié ne peut pas être licencié en raison de son sexe…

Une vendeuse avait été licenciée pour motif économique et avait adhéré à la convention de conversion proposée par l'employeur. Ayant constaté que l'employeur avait supprimé sans aucun motif objectif un emploi spécifiquement féminin et que c'était donc uniquement à raison de son sexe que la salariée avait été licenciée et alors qu'aux termes de l'article L. 122-45 CT aucun salarié ne peut être licencié en raison de son sexe, une cour d'appel a pu condamner la société à payer à l'intéressée une indemnité pour licenciement sans cause réelle et sérieuse.

Cass. soc. 9 juin 1998, n° 96-40.390, BC V n° 311.

… ou de son âge.

L'âge d'un salarié ne constitue pas, en principe, une cause de licenciement.

La loi 86-845 du 17 juillet 1986 relative aux principes généraux du droit du travail en Polynésie française ne déroge pas à cette règle et, en l'absence d'une habilitation législative, les partenaires sociaux ne peuvent l'instituer.

Cass. soc. 22 ma. 2001, n° 99-42.569.

Selon l'article L. 313-24 c. act. soc. et fam., l'employeur ne peut pas, pour décider d'un licenciement, prendre en considération le fait pour un salarié de témoigner de mauvais traitements ou privation infligés à une personne accueillie dans un établissement médico-social.

Selon l'article L. 313-24 c. act. soc. et fam., l'employeur ne peut, pour décider d'un licenciement, prendre en considération le fait pour un salarié de témoigner de mauvais traitements ou privation infligés à une personne accueillie dans un établissement médico-social ; le pouvoir reconnu par ce texte au juge de prononcer la réintégration du salarié licencié implique nécessairement que le licenciement est nul.

Un salarié, employé dans une association accueillant des travailleurs handicapés, a été licencié pour faute grave ; il a saisi la juridiction prud'homale, laquelle a dit son licenciement illicite et ordonné sa réintégration.

Ayant relevé que, dans la lettre de licenciement, l'employeur reprochait au salarié d'avoir dénoncé des actes de maltraitance, c'est à bon droit qu'une cour d'appel en a déduit que le licenciement était nul.

En l'absence d'exécution de la décision ordonnant la réintégration du salarié, la cour d'appel a justement décidé que celui-ci avait droit, en plus des indemnités de rupture et pour licenciement illicite, à une indemnité égale à la rémunération qu'il aurait perçue jusqu'à la date de sa renonciation à la réintégration.

Cass. soc. 26 septembre 2007, n° 06-40.039, BC V n° 136.

Une salariée, engagée par une maison de retraite en qualité d'agent de service, a été licenciée pour avoir porté des accusations de maltraitance sur les résidents à l'encontre d'une aide-soignante et pour avoir exprimé des critiques régulières à l'égard de l'infirmière, responsable de son service ; l'intéressée a saisi la juridiction prud'homale d'une demande en paiement de dommages et intérêts pour licenciement sans cause réelle et sérieuse.

Il résulte de l'article L. 313-24 c. act. soc. et fam. que, dans un établissement accueillant des personnes âgées, le fait qu'un salarié a témoigné de mauvais traitements infligés à une personne accueillie ou relaté de tels agissements ne peut être pris en considération pour décider de la résiliation du contrat de travail ou d'une sanction disciplinaire ; dès lors, par ce seul motif, une cour d'appel a pu accueillir la demande de la salariée.

Cass. soc. 30 octobre 2007, n° 06-44.757, BC V n° 178.

Une clause d'un contrat de travail ne peut pas valablement prévoir qu'une circonstance quelconque constituera une cause réelle et sérieuse de licenciement.

Aucune clause du contrat de travail ne peut valablement décider qu'une circonstance quelconque constituera une cause de licenciement. Il appartient au juge d'apprécier, dans le cadre des pouvoirs qu'il tient de l'article L. 122-14-3 CT, si les faits invoqués par l'employeur dans la lettre de licenciement peuvent caractériser une cause réelle et sérieuse de licenciement.

Un avenant au contrat de travail d'une salariée prévoyait que la non-réalisation d'un ou de plusieurs objectifs, à concurrence de 20 % de l'objectif annuel sur chaque trimestre et pendant deux trimestres consécutifs, pourrait être considérée par l'employeur comme un motif de rupture du contrat de travail. Ayant été licenciée au motif, notamment, de la non-atteinte des objectifs pendant deux trimestres consécutifs, la salariée avait saisi la juridiction prud'homale pour obtenir une indemnité pour licenciement sans cause réelle et sérieuse.

C'est à tort que, pour rejeter sa demande, une cour d'appel a énoncé que les objectifs sur le chiffre d'affaires local facturé n'ayant pas été atteints et les conditions de la rupture étant remplies, le licenciement reposait sur une cause réelle et sérieuse, alors qu'il lui appartenait d'apprécier, d'une part, si les objectifs, fussent-ils définis au contrat, étaient réalistes, d'autre part, si la salariée était en faute de ne pas les avoir atteints.

Cass. soc. 14 novembre 2000, n° 98-42.371, BC V n° 367.

À la suite de la suspension de son permis de conduire pour excès de vitesse commis au volant de son véhicule de fonction durant un déplacement privé, un salarié travaillant pour le compte d'une société en qualité d'employé commercial, prospecteur, vendeur a été licencié au visa de l'article 10 de son contrat de travail prévoyant la rupture du contrat en cas de retrait de permis de conduire.

Doit être cassé l'arrêt ayant déclaré son licenciement fondé sur une cause réelle et sérieuse.

En effet, d'une part, la lettre de licenciement fixe les termes et les limites du litige, et, d'autre part, aucune clause du contrat ne peut valablement décider qu'une circonstance quelconque constituera en elle-même une cause de licenciement.

Or, en l'espèce, la cour d'appel a relevé qu'aux termes de la lettre de licenciement, le licenciement était motivé exclusivement par l'application de l'article 10 du contrat, ce dont il résultait qu'il était dépourvu de cause réelle et sérieuse.

Cass. soc. 12 février 2014, n° 12-11.554, BC V n° 49.

Une clause contractuelle qui limite le droit de l'employeur de rompre le contrat à durée indéterminée est licite dès lors qu'elle ne rend pas impossible la rupture du contrat.

L'obligation faite à l'employeur, avant tout licenciement pour faute grave, d'avoir au préalable déjà sanctionné à trois reprises par des avertissements les comportements fautifs du salarié ne caractérise pas une telle impossibilité. C'est donc à tort qu'une cour d'appel a déclaré nulle une clause imposant à l'employeur une telle obligation.

Cass. soc. 10 juillet 2002, n° 00-41.496, BC V n° 236.

En présence d'une clause d'indivisibilité, le juge doit apprécier si cette clause était justifiée par la nature du travail à accomplir et proportionnée au but poursuivi, et si la poursuite du second contrat de travail était rendue impossible par la rupture du premier.

Une salariée a été engagée en qualité de directrice adjointe d'un hôtel-restaurant aux termes d'un contrat de travail distinct de celui de son époux, lequel était engagé en qualité de directeur. Le contrat de travail de la salariée stipulait qu'elle s'engageait à cesser ses fonctions en cas de départ de son mari pour quelque motif que ce soit, quelle que soit la partie dont la décision émanait. Licenciée en raison de la démission de son mari, l'intéressée a saisi la juridiction prud'homale d'une demande en paiement d'indemnité pour licenciement sans cause réelle et sérieuse.

Pour la débouter de cette demande, une cour d'appel a retenu que l'existence d'une clause d'indivisibilité des contrats de travail ne heurtait aucune disposition d'ordre public et que le choix de l'employeur de faire assumer la direction de l'établissement par un couple ne pouvait faire l'objet d'une appréciation du juge hors le cas d'abus de droit.

Cependant, d'abord, un salarié ne peut, par avance, renoncer à se prévaloir des règles du licenciement ; si les contrats de travail de deux salariés contiennent une clause d'indivisibilité, il appartient au juge d'apprécier si cette clause était justifiée par la nature du travail à accomplir et proportionnée au but poursuivi et si la poursuite du second contrat de travail était rendue impossible par la rupture du premier. Ensuite, une clause de résiliation d'un contrat de travail ne dispense pas le juge de rechercher si la rupture a une cause réelle et sérieuse.

Dès lors, en statuant comme elle l'a fait, la cour d'appel a violé les articles L. 120-2, L. 122-14-7 et L. 122-14-3 CT.

Cass. soc. 12 juillet 2005, n° 03-45.394, 4e moyen, BC V n° 244.

Le refus par le salarié d'une modification de son contrat de travail ne peut légalement pas constituer une cause de licenciement.

Cass. soc. 7 juillet 1998, n° 96-40.256, BC V n° 367, cité dans « Modification du contrat et des conditions de travail ». Voir aussi cass. soc. 15 juillet 1998, n° 97-43.985, BC V n° 381, cité dans « Modification du contrat et des conditions de travail » ; cass. soc. 13 octobre 1999, n° 97-42.072.

Il résulte de l'alinéa premier du préambule de la Constitution du 27 octobre 1946 et de l'article 16 de la Déclaration des droits de l'homme et du citoyen du 26 août 1789 qu'est nul comme portant atteinte à une liberté fondamentale constitutionnellement garantie, le licenciement intervenu en raison d'une action en justice introduite ou susceptible d'être introduite par le salarié à l'encontre de son employeur.

Cass. soc. 21 novembre 2018, n° 17-11.122, 3e moyen du pourvoi incident, à paraître.

Un salarié, employé par une société selon plusieurs contrats à durée déterminée dont le dernier avait pour terme le 31 décembre 2012, a saisi au fond la juridiction prud'homale aux fins notamment d'obtenir la requalification de la relation de travail en contrat à durée indéterminée ; par ordonnance de référé du 20 décembre 2012, le conseil de prud'hommes a ordonné à l'employeur de maintenir le contrat de travail jusqu'à la décision à intervenir au fond ; le 22 mars 2013, l'employeur a remis au salarié une lettre l'informant de ce qu'il accédait à sa demande de requalification de la relation de travail et le convoquant à un entretien préalable à un éventuel licenciement ; il a licencié le salarié pour insuffisance professionnelle le 19 avril 2013.

Pour débouter le salarié de ses demandes tendant à la nullité du licenciement, à sa réintégration et au paiement de salaires et de dommages-intérêts pour absence d'exécution de bonne foi du contrat de travail, une cour d'appel a retenu, d'abord, que si l'ordonnance de référé du 20 décembre 2012 avait prévu, à titre de mesure conservatoire, que la société devait sous astreinte, maintenir le contrat de travail du salarié jusqu'à décision au fond à intervenir du bureau de jugement concernant la demande en requalification des relations contractuelles en contrat à durée indéterminée, les conditions de cette ordonnance avaient été respectées durant l'instance de sorte que les dispositions de celle-ci avaient épuisé leurs effets et que les droits fondamentaux de ce salarié avaient été respectés, ensuite, que la réintégration après le licenciement d'un salarié ne bénéficiant pas d'une protection légale ne peut être ordonnée en l'état de la législation et que les droits fondamentaux du salarié n'avaient pas été compromis par la volonté unilatérale de l'employeur de mettre fin au contrat à durée indéterminée dans les conditions de forme prévues par la loi avec l'énonciation d'un motif précis par une lettre, tout contrat à durée indéterminée pouvant être rompu à l'initiative de l'un ou l'autre des cocontractants sauf à répondre d'un abus par la sanction de dommages-intérêts.

En statuant ainsi, alors qu'il résultait de ses énonciations que l'employeur n'avait pas, en licenciant le salarié le 19 avril 2013, respecté les dispositions de l'ordonnance de référé qui prescrivaient la poursuite du contrat de travail jusqu'à intervention de la décision au fond du conseil de prud'hommes, prononcée le 23 juillet 2013, la cour d'appel, qui s'est abstenue de rechercher si l'employeur avait utilisé son pouvoir de licencier en rétorsion à l'action en justice du salarié, a violé les articles L. 1221-1 CT et 6, § 1 de la Convention de sauvegarde des droits de l'homme et des libertés fondamentales.

Cass. soc. 16 mars 2016, n° 14-23.589, BC V n° 50. Voir aussi cass. soc. 13 février 2019, n° 17-23.720, 1er moyen.

Ainsi, est nul le licenciement d'un salarié en raison de sa demande en résiliation judiciaire de son contrat de travail.

Cass. soc. 3 février 2016, n° 14-18.600, BC V n° 18, cité dans « Résiliation judiciaire du contrat de travail »

Le fait pour un salarié de proposer une négociation financière de son éventuel licenciement moyennant le paiement d'indemnités déterminées, hors l'utilisation de termes polémiques ou injurieux, ne constitue pas en soi un comportement fautif pouvant justifier un licenciement.

La proposition émanant d'un salarié d'une négociation financière de son éventuel licenciement moyennant le paiement d'indemnités déterminées, hors l'utilisation de termes polémiques ou injurieux, ne constitue pas en soi un comportement fautif.

Une salariée a adressé à son supérieur hiérarchique, après sa convocation à un entretien annuel d'appréciation le 4 mars 2002, un courriel lui faisant connaître ses réclamations financières en cas de licenciement ; elle a été convoquée à un entretien préalable en vue de son licenciement avec mise à pied conservatoire et a été licenciée pour faute grave par lettre du 20 mars 2002.

Contestant la légitimité de son licenciement, elle a saisi la juridiction prud'homale.

Après avoir constaté que le courriel du 4 mars 2002 envoyé par la salariée à son supérieur hiérarchique après l'entretien d'appréciation traduisait en termes modérés ses doléances et ses inquiétudes face à son départ annoncé et que ses réactions avaient été celles normales d'une salariée évincée de ses fonctions et s'inquiétant de la pérennité de son emploi, une cour d'appel a pu décider que la seule proposition d'une négociation financière de son éventuel licenciement n'était pas fautive et que, dès lors, son licenciement ne reposait pas sur une cause réelle et sérieuse.

Cass. soc. 19 juin 2008, n° 07-40.939, BC V n° 137.

Un employeur ne peut valablement pas s'engager par avance à licencier un salarié à la demande de celui-ci.

Cass. soc. 8 janvier 2002, n° 99-44.761.

L'exercice de la liberté d'expression ne constitue pas, sauf abus, une cause réelle et sérieuse de licenciement.

Liberté d'expression

Éléments constitutifs de la cause réelle et sérieuse

Pour que le licenciement d'un salarié soit justifié, sa cause doit être à la fois réelle et sérieuse.

• Cause réelle

L'objectivité de la cause

Le licenciement pour une cause inhérente à la personne du salarié doit être fondé sur des éléments objectifs imputables à ce salarié…

Cass. soc. 6 juillet 2011, n° 10-10.820.

… et le seul risque d'un conflit d'intérêt ne remplit pas cette condition.

Le licenciement pour une cause inhérente à la personne du salarié doit être fondé sur des éléments objectifs imputables à ce salarié.

Pour décider que la rupture du contrat de travail d'un salarié chargé de l'intégration de centres de contrôles techniques au réseau de sa société était justifiée par sa faute constitutive d'une cause réelle et sérieuse de licenciement, une cour d'appel a retenu que même si l'intéressé n'était aucunement impliqué dans la société de contrôle technique de son épouse et qu'il ne l'avait pas favorisée au détriment d'autres partenaires, il savait que sa femme détenait la moitié du capital d'une société affiliée au réseau de son employeur qui devait ouvrir un centre de contrôle technique automobile dans le secteur géographique dont il avait la charge et dont il devait réaliser l'audit d'ouverture et que, compte tenu du risque évident de conflit d'intérêts que cette situation engendrait, il lui appartenait d'en aviser spontanément sa hiérarchie et de solliciter des instructions sur la conduite à tenir, de sorte qu'en s'abstenant de le faire, il avait failli à son obligation de loyauté.

En statuant ainsi alors, d'une part, que le seul risque d'un conflit d'intérêts ne peut constituer une cause réelle et sérieuse de licenciement et, d'autre part, qu'il résultait de ses constatations et énonciations qu'aucun manquement du salarié à l'obligation contractuelle de bonne foi n'était caractérisé, la cour d'appel a violé l'article L. 122-14-3 CT.

Cass. soc. 21 septembre 2006, n° 05-41.155, BC V n° 285.

Pour être objective, la cause doit être fondée sur des faits précis. De simples soupçons de l'employeur ne suffisent pas.

Les juges du fond ont pu décider, en vertu de leur pouvoir d'appréciation, que constituait une cause réelle et sérieuse de licenciement le fait pour un salarié d'avoir refusé de collaborer et d'avoir dénigré la direction. Ces faits constituaient des éléments objectifs justifiant un licenciement pour perte de confiance.

Cass. soc. 4 octobre 1995, n° 94-42.124. Voir aussi cass. soc. 25 mars 1998, n° 96-40.667, s'agissant d'un licenciement pour perte de confiance ne reposant sur aucun élément objectif.

S'agissant d'une secrétaire qui avait entretenu des relations avec le responsable d'une agence concurrente, c'est à tort que, pour déclarer fondé le licenciement de l'intéressée, une cour d'appel a énoncé que l'employeur avait un intérêt certain à ne pas attendre que ses craintes soient confirmées par des manifestations concrètes, ou par la survenance de troubles commerciaux, sans constater aucun fait objectif de nature à justifier la perte de confiance invoquée par l'employeur.

Cass. soc. 30 novembre 1994, n° 93-42.580.

En l'absence d'éléments objectifs imputables au salarié, le licenciement n'a pas de cause.

Le licenciement pour motif personnel doit être fondé sur des éléments objectifs imputables au salarié.

S'agissant d'une salariée, licenciée parce qu'elle entretenait, au moment de son licenciement, une liaison avec une personne - son futur mari - qui avait été longuement formée par la société à la maintenance de ses fabrications et avait, six mois avant le licenciement de la salariée, démissionné, avec un autre technicien, pour passer au service d'une entreprise directement concurrente dans les activités de maintenance, une cour d'appel a constaté qu'aucun manquement n'était reproché à la salariée personnellement et a exactement décidé que le licenciement ne pouvait avoir une cause au sens de l'article L. 122-14-3 CT.

Cass. soc. 27 mai 1998, n° 96-41.276, BC V n° 283. Voir aussi cass. soc. 4 février 1998, n° 95-44.861.

Un licenciement pour une cause inhérente à la personne du salarié doit être fondé sur des éléments objectifs et imputables au salarié.

Pour débouter un salarié de sa demande d'indemnité pour licenciement sans cause réelle et sérieuse, une cour d'appel a retenu que les allégations contenues dans un courrier du 22 août 2011 rédigé par le conseil du salarié accusant l'employeur d'une part, d'appliquer à son égard une politique de contingentement discriminatoire dont la cour n'a pas constaté la réalité, d'autre part, de vouloir lui retirer son statut de VRP alors que tel n'était plus le cas, et prétendant sans fondement, que les produits de substitution n'étaient pas commercialisables tout en menaçant l'employeur de saisir le conseil de prud'hommes aux fins de la résiliation judiciaire du contrat de travail, caractérisaient une hostilité marquée à la stratégie de l'entreprise de nature à entraîner une perte de confiance dans un contexte de crise majeure et démontraient l'intention du salarié d'aller jusqu'à la rupture du contrat de travail sans, toutefois, prendre l'initiative d'une prise d'acte.

En statuant ainsi, en se fondant sur le seul contenu d'une lettre rédigée et signée par le conseil du salarié, la cour d'appel a violé l'article L. 1232-1 CT.

Cass. soc. 20 octobre 2015, n° 14-17.624, 2e moyen, BC V n° 199.

La cause établie

Les juges vérifient si le motif du licenciement invoqué par l'employeur est établi. Ce motif doit exister réellement.

Une cour d'appel a pu décider, en vertu de son pouvoir souverain d'appréciation, que le licenciement d'un salarié pour avoir sollicité le remboursement indu de deux repas sur sa note de frais était injustifié. En effet, si l'employeur invoquait des manœuvres frauduleuses de la part du salarié, celles-ci n'étant pas établies, seule une simple négligence pouvait être retenue contre l'intéressé qui ne justifiait pas son congédiement.

Cass. soc. 5 janvier 1995, n° 93-44.574. Voir aussi cass. soc. 29 avril 1998, n° 96-41.374.

Lorsque le salarié a bénéficié d'une décision de relaxe pour les faits invoqués dans la lettre de licenciement, ces faits ne peuvent pas être considérés comme établis et le licenciement est dépourvu de cause réelle et sérieuse.

Délinquance

En revanche, une ordonnance de non-lieu rendue par un juge d'instruction ne prive pas l'employeur de la possibilité d'invoquer les mêmes faits à l'appui d'un licenciement.

La procédure pénale diligentée contre un salarié qui avait été licencié pour faute grave a été clôturée par une ordonnance de non-lieu.

Pour décider que le licenciement était dépourvu de cause réelle et sérieuse, une cour d'appel a énoncé que l'ordonnance de non-lieu du juge d'instruction privait l'employeur de la possibilité d'invoquer les mêmes faits pour caractériser la déloyauté de son salarié et que le motif du licenciement s'avérait, dès lors, inexistant.

En statuant ainsi, alors que l'autorité de la chose jugée au pénal ne s'attache qu'aux décisions définitives des juridictions de jugement qui statuent sur le fond de l'action publique et qu'il appartient au juge de vérifier le comportement fautif reproché au salarié ainsi que d'apprécier le caractère réel et sérieux des motifs de licenciement invoqués par l'employeur, le conseil de prud'hommes a violé le principe de l'autorité, au civil, de la chose jugée au pénal et n'a pas donné de base légale à sa décision.

Cass. soc. 30 juin 2004, n° 02-42.016.

Le rappel à la loi n'emportant pas par lui-même preuve du fait imputé à un auteur et de sa culpabilité, le licenciement d'un salarié qui en a fait l'objet est dépourvu de cause réelle et sérieuse.

Un salarié, engagé en qualité de vendeur par une société, en est devenu le directeur ; une des salariés de la société a déposé le 28 mai 2002 une plainte pénale à son encontre pour menaces sous condition auprès du procureur de la République ; le 22 septembre 2003, ce directeur s'est vu notifier par le délégué du procureur un rappel à la loi suite à ces faits.

Licencié pour faute grave, l'intéressé a saisi la juridiction prud'homale de diverses demandes.

Le rappel à la loi auquel procède le procureur de la République en application de l'article 41-1 CPP étant dépourvu de l'autorité de la chose jugée et n'emportant pas par lui-même preuve du fait imputé à un auteur et de sa culpabilité, c'est à bon droit qu'après avoir estimé insuffisamment probants les éléments de preuve qui lui avaient été soumis, une cour d'appel a dit le licenciement du directeur dépourvu de cause réelle et sérieuse.

Cass. soc. 21 mai 2008, n° 06-44.948, BC V n° 107.

Le retrait de l'habilitation préfectorale à accéder en zone réservée aéroportuaire, qui rend impossible l'exécution du contrat de travail par le salarié, constitue une cause réelle et sérieuse de licenciement ; sauf disposition conventionnelle contraire, aucune obligation de reclassement ne pèse sur l'employeur.

Un salarié, engagé en qualité de tourneur par une entreprise de transport aérien le 24 avril 1989 et occupant en dernier lieu les fonctions de technicien révision moteurs en zone réservée de l'aéroport Roissy-Charles-de-Gaulle, s'est vu notifier la rupture de son contrat de travail le 4 avril 2012 au motif que l'autorité préfectorale lui avait refusé l'habilitation à accéder en zone réservée aéroportuaire. Contestant le bien-fondé de la résiliation de son contrat de travail, le salarié a saisi la juridiction prud'homale.

Pour dire que la rupture du contrat de travail s'analysait en un licenciement sans cause réelle et sérieuse, une cour d'appel a retenu que si le retrait d'une habilitation constitue une difficulté étrangère à la volonté de l'employeur qui ne l'a pas provoqué et à laquelle il doit se soumettre, il lui appartenait d'en tirer toutes conséquences en cherchant de manière sérieuse et loyale un autre poste compatible avec les capacités de l'intéressé et, à défaut de proposition possible, ou en cas de refus du salarié, de le licencier.

En statuant ainsi, alors qu'elle avait constaté que le retrait du titre d'accès à une zone sécurisée rendait impossible l'exécution du contrat de travail par le salarié et que, dans de telles circonstances, aucune obligation légale ou conventionnelle de reclassement ne pèse sur l'employeur, la cour d'appel a violé les articles L. 1231-1 et L. 1235-1 CT, dans sa rédaction applicable au litige.

Cass. soc. 28 novembre 2018, n° 17-13.199, 1re branche du moyen, à paraître.

En revanche, est sans cause réelle et sérieuse le licenciement d'un salarié consécutif à une décision préfectorale de retrait d'agrément annulée quelques mois plus tard.

Un salarié a été licencié par lettre du 3 mars 2006 au motif que la préfecture du Val-de-Marne avait informé l'employeur qu'il ne remplissait plus les conditions de la loi du 12 juillet 1983 pour exercer la profession d'agent de sécurité ; le salarié a saisi le conseil de prud'hommes d'une demande d'indemnité pour licenciement abusif et la juridiction administrative d'une contestation de la décision de retrait d'agrément ; par acte du 3 octobre suivant, le préfet a décidé de revenir sur sa décision de retrait d'agrément et d'autoriser le salarié à exercer sa profession dans le domaine de la sécurité privée.

Eu égard à l'effet rétroactif que comporte une décision de l'autorité administrative rapportant un acte antérieur, la décision du préfet a conféré au salarié un droit définitivement acquis à être réputé n'avoir jamais perdu l'agrément nécessaire à l'exercice des fonctions d'agent de sécurité, de sorte qu'après avoir constaté que, sur recours exercé par le salarié, la décision de retrait avait été annulée, une cour d'appel, se plaçant au jour du licenciement, a pu en déduire que celui-ci ne reposait sur aucune cause réelle et sérieuse.

Cass. soc. 25 mars 2009, n° 07-45.686, BC V n° 86. Voir aussi cass. soc. 2 mars 2011, n° 09-67.990, s'agissant de l'annulation d'une décision préfectorale de refus d'agrément.

Le licenciement d'un salarié prononcé à l'expiration de la période légale de protection ne peut être motivé par des faits invoqués devant l'autorité administrative et qui ont donné lieu à une décision de refus d'autorisation du licenciement.

Cass. soc. 23 septembre 2015, n° 14-10.648, BC V n° 181. Voir aussi cass. soc. 3 juillet 2003, n° 00-44.625, BC V n° 213.

L'exactitude de la cause

L'employeur ne doit pas invoquer un motif de licenciement pour dissimuler un autre motif.

C'est à tort qu'une cour d'appel a énoncé qu'il ne lui appartenait pas de rechercher le motif prétendument véritable du licenciement, alors que le salarié ayant soutenu que le motif véritable de son licenciement était de nature économique et résultait d'un plan de désengagement d'une activité de la société ayant eu pour effet de réduire les effectifs de l'entreprise, les juges devaient rechercher le véritable motif du licenciement.

Cass. soc. 23 octobre 1991, n° 88-44.099, BC V n° 427. Voir aussi cass. soc. 13 mars 2002, n° 00-40.631, où le juge a recherché la cause déterminante de la rupture du contrat et a requalifié un licenciement pour motif économique en licenciement pour motif inhérent à la personne du salarié.

Pour débouter un salarié licencié pour faute grave de ses demandes consécutives à la rupture du contrat de travail, une cour d'appel, après avoir relevé que les griefs invoqués par l'employeur dans la lettre de rupture étaient établis, a énoncé que le comportement du salarié à l'égard de son employeur constituait une faute grave justifiant son licenciement immédiat.

En statuant ainsi, alors qu'il résultait de ses constatations que le salarié soutenait que le véritable motif du licenciement était la fermeture de l'agence de Paris de la société et était donc exclusivement de nature économique, la cour d'appel, qui s'est abstenue de vérifier la cause exacte du licenciement, a méconnu l'étendue de ses pouvoirs et a violé l'article L. 122-14-3 CT.

Cass. soc. 26 mai 1998, n° 96-41.062, BC V n° 276.

Après avoir retenu qu'une salariée n'avait pas été licenciée à cause de son comportement mais en raison de la seule volonté de la société de la remplacer par un salarié en contrat d'insertion pour réduire les coûts, une cour d'appel, exerçant les pouvoirs qu'elle tient de l'article L. 1235-1 CT, a estimé que le licenciement était dépourvu de cause réelle et sérieuse.

Cass. soc. 28 mars 2012, n° 11-10.109, 2e moyen.

Le licenciement pour inaptitude est dépourvu de cause réelle et sérieuse lorsque l'inaptitude du salarié est consécutive à un manquement de l'employeur à son obligation de sécurité.

Cass. soc. 3 mai 2018, n° 16-26.850, à paraître. Voir aussi cass. soc. 3 mai 2018, n° 17-10.306, à paraître.

• Cause sérieuse

Il résulte de l'article L. 1235-1 CT qu'il appartient au juge d'apprécier non seulement le caractère réel du motif du licenciement disciplinaire mais également son caractère sérieux.

Cass. soc. 25 octobre 2017, n° 16-11.173, à paraître, cité dans « Indélicatesses/Malhonnêteté/Malversations ».

La cause sérieuse rend impossible la continuation du travail, sans dommages pour l'entreprise.

Ayant relevé que les désaccords permanents entre un salarié et le comité directeur de l'association qui l'employait étaient de nature à nuire à la bonne marche de l'entreprise, une cour d'appel a pu décider, en vertu de son pouvoir souverain d'appréciation, que le licenciement de l'intéressé procédait d'une cause réelle et sérieuse.

Cass. soc. 7 mars 1991, n° 89-40.722, 2e moyen.

Employeur invoquant plusieurs causes de licenciement inhérentes à la personne du salarié

L'employeur, à condition de respecter les règles de procédure applicables à chaque cause de licenciement, peut invoquer, dans la lettre de licenciement, des motifs différents de rupture inhérents à la personne du salarié, dès lors qu'ils procèdent de faits distincts.

Une salariée, licenciée, d'une part, pour diverses fautes graves et, d'autre part, pour inaptitude à son poste de travail, a saisi la juridiction prud'homale aux fins de voir déclarer son licenciement sans cause réelle et sérieuse.

C'est à bon droit qu'une cour d'appel, après avoir écarté le motif de la lettre de licenciement fondé sur les fautes graves de la salariée, s'est prononcée sur celui tiré de l'inaptitude physique de cette dernière.

Cass. soc. 23 septembre 2003, n° 01-41.478, BC V n° 242. Voir aussi cass. soc. 22 juin 2011, n° 10-10.945, 1er moyen du pourvoi incident ; cass. soc. 31 mai 2017, n° 15-19.425.

Dès l'instant où l'employeur a qualifié le licenciement, cette qualification s'impose et le juge ne peut pas ensuite modifier la nature du licenciement ainsi prononcé.

La qualification que l'employeur a donnée au licenciement s'impose à lui.

Un salarié qui avait bénéficié d'un congé sabbatique de six mois devait reprendre son emploi le 1er septembre 2003 ; il a été licencié pour motif économique par lettre du 22 septembre 2003 précisant : « Durant votre absence, l'organisation de l'atelier personnalisation a été adaptée à la baisse d'activité de ce secteur. Pendant votre absence, votre poste est resté vacant et compte tenu de cette baisse d'activité, celui-ci ne sera pas restauré donc supprimé », notant qu'il avait refusé les différents postes qui lui avaient été proposés lors d'un entretien en date du 1er août 2003, et ajoutant : « N'ayant pas d'autre reclassement au niveau des sociétés du groupe, nous sommes ainsi dans l'obligation de procéder à votre licenciement ».

C'est à tort que, pour débouter le salarié de sa demande d'indemnité pour licenciement sans cause réelle et sérieuse, une cour d'appel a retenu que si l'employeur avait utilisé par erreur l'expression « licenciement pour motif économique », il appartenait au juge de restituer la véritable nature du licenciement, que c'était bien le refus du salarié de reprendre un emploi similaire au sein de l'entreprise qui avait déterminé son licenciement et que le licenciement sanctionnant son refus des postes similaires à ses anciennes fonctions n'était pas dépourvu de cause réelle et sérieuse.

En effet, il résultait de ses constatations que le licenciement avait été prononcé pour motif économique.

Cass. soc. 21 mars 2007, n° 05-45.060.

Période d'appréciation du caractère réel et sérieux de la cause du licenciement

L'appréciation du caractère réel et sérieux du licenciement s'effectue à la date de rupture du contrat de travail.

Un employeur avait adressé à une salariée une lettre lui faisant connaître que son travail ne lui donnait pas satisfaction et qu'elle était licenciée mais que, toutefois, si, à l'expiration du préavis, elle avait fait les progrès nécessaires, il reviendrait sur sa décision. Une cour d'appel, qui a retenu que l'employeur avait considéré au jour du licenciement que la poursuite des relations de travail était envisageable, a pu décider, dans l'exercice du pouvoir d'appréciation qu'elle tient de l'article L. 122-14-3 CT, que le licenciement ne procédait pas d'une cause réelle et sérieuse.

Cass. soc. 23 mai 2000, n° 98-40.634, BC V n° 195.

Doit être cassé l'arrêt qui, pour débouter une salariée de sa demande de dommages-intérêts pour licenciement sans cause réelle et sérieuse, a retenu que la répétition des arrêts de travail pour maladie avait provoqué une grave perturbation du fonctionnement du service et que la nécessité du remplacement définitif de l'intéressée s'imposait dans l'intérêt de l'entreprise, alors que l'employeur avait prononcé le licenciement au moment où la salariée avait repris son travail et qu'en conséquence son remplacement n'était plus nécessaire.

Cass. soc. 23 septembre 2003, n° 01-43.583.

Contrôle du caractère réel et sérieux de la cause de licenciement

Les juges du fond disposent d'un pouvoir souverain pour apprécier le caractère réel et sérieux de la cause de licenciement, la Cour de cassation exerçant un contrôle de motivation.

S'en tenant à bon droit aux énonciations de la lettre de licenciement qui invoquait l'incapacité d'un salarié à l'exercice des fonctions de régleur, une cour d'appel a constaté que l'intéressé n'avait jamais exercé cette fonction ni reçu la rémunération correspondante et que, par contre, il avait donné satisfaction dans son travail. En l'état de ces constatations, la cour d'appel a pu, par une décision motivée dans l'exercice du pouvoir qu'elle tient de l'article L. 122-14-3 CT, décider que le licenciement du salarié était sans cause réelle et sérieuse.

Cass. soc. 13 juillet 1993, n° 92-41.088.

Le juge n'est pas lié par la qualification pénale que l'employeur a donnée aux faits énoncés dans la lettre de licenciement.

Le juge saisi de la contestation d'un licenciement doit apprécier les éléments de fait et de preuve qui lui sont soumis conformément aux règles applicables audit licenciement sans être lié par la qualification pénale que l'employeur a donnée aux faits énoncés dans la lettre de licenciement.

Une médecin salariée, membre d'un comité de direction ayant notamment pour mission d'assurer le respect de l'éthique dans le cadre de la coordination médicale, a remis en main propre au président directeur général de la société une lettre portant la mention « confidentiel » dans laquelle elle attirait l'attention du destinataire sur des propos racistes tenus par la responsable du personnel à l'encontre de candidats à l'embauche, rappelait avoir déjà informé ce même destinataire d'agissements similaires antérieurs et lui demandait de prendre toutes les mesures pour que de tels propos nuisibles à l'image éthique de la société ne soient plus tenus.

La salariée a été licenciée pour faute grave, l'employeur lui reprochant une diffamation à l'encontre de la responsable du personnel résultant de ce qu'elle ne rapportait pas la preuve des faits relatés dans son courrier et d'avoir menti en faisant état de ce qu'elle avait déjà signalé dans le passé des agissements similaires.

Une cour d'appel a pu retenir que, compte tenu de la mission dont elle était chargée, la salariée n'avait pas commis de faute en signalant de bonne foi à sa hiérarchie des faits en rapport avec ses attributions.

Cass. soc. 8 novembre 2006, n° 05-41.504, BC V n° 331.

Des dispositions contractuelles, conventionnelles ou statutaires ne peuvent pas priver le juge de l'appréciation de la cause réelle et sérieuse du licenciement.

Des dispositions contractuelles, conventionnelles ou statutaires ne peuvent ni dispenser l'employeur d'énoncer les motifs du licenciement dans la lettre de licenciement ni priver le juge de l'appréciation de la cause réelle et sérieuse du licenciement.

La directrice d'un établissement catholique s'est vu retirer par une direction interdiocésaine l'agrément nécessaire pour le diriger ; elle a été licenciée par une lettre ainsi libellée « le motif de votre licenciement est lié au retrait d'agrément de votre poste de direction du collège prononcé par le conseil de tutelle du diocèse de Reims » ; elle a saisi la juridiction prud'homale de diverses demandes.

Pour dire que le licenciement reposait sur une cause réelle et sérieuse, une cour d'appel a retenu, d'une part, qu'il existe, en application du statut du chef d'établissement du second degré de l'enseignement catholique, une obligation pour l'employeur de licencier en cas de retrait d'agrément du poste de directeur de collège et que la contestation du retrait d'agrément ne relève que de l'autorité de tutelle et est étrangère au débat sur l'appréciation du caractère abusif ou non du licenciement devant le conseil de prud'hommes, d'autre part, que le retrait d'agrément constitue un motif de licenciement suffisamment précis, vérifiable par le juge.

En statuant ainsi, alors que la lettre qui se borne à évoquer le « retrait d'agrément » sans préciser les faits à l'origine de ce retrait n'est pas motivée, la cour d'appel a violé les articles L. 1232-1, L. 1232-6 et L. 1235-1 CT.

Cass. soc. 12 janvier 2011, n° 09-41.904, BC V n° 16.

L'existence de dispositions conventionnelles prévoyant des causes de licenciement ne prive pas les juges du fond du pouvoir de contrôler le caractère réel et sérieux de la cause invoquée.

Une cour d'appel, qui a constaté que le licenciement d'un salarié était motivé par l'application de dispositions conventionnelles, a pu décider, dans l'exercice du pouvoir qu'elle tient de l'article L. 122-14-3 CT, que le licenciement de l'intéressé ne procédait pas d'une cause réelle et sérieuse.

Cass. soc. 13 octobre 2004, n° 02-45.285, BC V n° 256.

Lorsque les juges décident que le licenciement n'est pas justifié par une faute grave, il leur appartient de rechercher si les faits reprochés au salarié constituent néanmoins une faute présentant un caractère réel et sérieux.

Un chef de chantier avait été licencié pour faute grave pour avoir falsifié deux feuilles de pointage au préjudice de son employeur. Après avoir signé un reçu pour solde de tout compte, il avait saisi le conseil de prud'hommes afin d'obtenir des dommages-intérêts pour licenciement abusif et des indemnités de rupture.

Doit être rejeté le pourvoi du salarié reprochant à une cour d'appel d'avoir décidé que son licenciement, bien que non justifié par une faute grave, reposait néanmoins sur une cause réelle et sérieuse. En effet, le juge doit rechercher si les faits reprochés au salarié, à défaut de caractériser une faute grave, ne constituent pas néanmoins une cause réelle et sérieuse de licenciement. En l'espèce, la cour d'appel a pu décider que la falsification de feuilles de pointage, même commise par le salarié sur incitation de son supérieur hiérarchique, constituait une faute.

Cass. soc. 21 octobre 1998, n° 96-43.277, BC V n° 443.

C'est à tort qu'un conseil de prud'hommes a dit que le licenciement d'une salariée reposait sur une cause réelle et sérieuse tenant aux perturbations engendrées par ses absences répétées pour cause de maladie, après avoir constaté que l'intéressée avait toujours justifié ses arrêts de travail par des certificats médicaux et qu'il n'était pas établi qu'elle ne prévenait pas l'employeur de ses absences, ce dont il résultait qu'elle n'avait commis aucune faute.

Cass. soc. 4 mars 2003, n° 00-46.562.

Le juge, pour apprécier le caractère réel et sérieux d'un licenciement, peut, dans l'exercice du pouvoir qu'il tient de l'article L. 1235-1 CT, prendre en considération le comportement antérieur de l'employeur.

Cass. soc. 16 novembre 2005, n° 03-43.316, BC V n° 325.

Incidence des dispositions conventionnelles

Les dispositions d'une convention collective ne peuvent pas déroger aux dispositions d'ordre public relatives à la cause du licenciement dans un sens défavorable aux salariés.

Un employeur avait rompu le contrat de travail d'une salariée absente pour maladie depuis plus de six mois en se fondant sur les dispositions de la convention collective applicable prévoyant, en cas d'incapacité supérieure à six mois, une rupture automatique du contrat pour force majeure dont l'employeur prendrait acte par lettre recommandée avec avis de réception.

C'est à bon droit qu'une cour d'appel a décidé que cette rupture s'analysait en un licenciement sans cause réelle et sérieuse :
– d'une part, les dispositions d'une convention collective ne peuvent déroger aux dispositions d'ordre public relatives à la cause du licenciement dans un sens défavorable aux salariés ;
– d'autre part, la seule expiration de la période de protection prévue en cas de maladie par la convention collective ne constitue pas une cause réelle et sérieuse de licenciement.

La cour d'appel, ayant relevé que l'employeur, pour justifier la rupture, n'avait invoqué que la force majeure, a exactement décidé que le licenciement ne procédait pas d'une cause réelle et sérieuse.

Cass. soc. 20 mai 1998, n° 96-40.599, BC V n° 273. Voir aussi cass. soc. 23 janvier 2013, n° 11-13.904, 1er moyen.

De même, les dispositions d'une convention collective ne peuvent pas lier, dans un sens défavorable, le juge dans l'appréciation de la cause réelle et sérieuse de licenciement.

Une salariée licenciée, notamment pour absence injustifiée, avait saisi la juridiction prud'homale d'une demande en dommages-intérêts pour licenciement sans cause réelle et sérieuse.

Ayant relevé que l'employeur reprochait notamment à la salariée une absence injustifiée alors qu'il était établi que si elle n'avait pas envoyé immédiatement à l'employeur son certificat médical d'arrêt de travail, elle l'avait avisé téléphoniquement de son motif d'absence dès le premier jour de celle-ci, une cour d'appel a pu dire que le licenciement de l'intéressée ne procédait pas d'une cause réelle et sérieuse.

Cass. soc. 6 mai 1998, n° 96-40.951, BC V n° 229. Voir aussi cass. soc. 13 mars 2002, n° 00-40.871.

Le non-respect par l'employeur de ses engagements contractuels prive le licenciement de cause réelle et sérieuse.

Le licenciement pour motif économique d'un salarié au mépris de l'engagement contractuel de reclassement pris par l'employeur est dépourvu de cause réelle et sérieuse. Une salariée, vendeuse et responsable d'un magasin, avait demandé, lors de sa mutation dans un autre magasin, que soit assurée sa réintégration dans son ancien poste en cas de fermeture ou de vente du magasin où elle était affectée. Ce magasin ayant cessé son activité, l'employeur avait engagé une procédure de licenciement pour motif économique et l'intéressée, après avoir refusé deux propositions de reclassement à temps partiel, avait adhéré à une convention de conversion et avait saisi la juridiction prud'homale pour obtenir, notamment, une indemnité pour licenciement sans cause réelle et sérieuse.

Doit être approuvé l'arrêt ayant fait droit à sa demande : tout d'abord, ayant relevé que la salariée avait subordonné l'acceptation de sa mutation à la condition de pouvoir réintégrer son ancien poste en cas de fermeture du magasin, la cour d'appel a pu décider que l'employeur, en maintenant sa mutation, avait nécessairement accepté de la reclasser. Ayant constaté ensuite que l'employeur n'avait pas respecté son engagement de reclasser la salariée dans son ancien poste, la cour d'appel a pu décider que le licenciement n'avait pas de cause économique.

Cass. soc. 26 octobre 1999, n° 97-43.625, BC V n° 412.

Le non-respect par l'employeur d'une disposition conventionnelle imposant la saisine d'une commission d'interprétation et de conciliation avant le prononcé d'un licenciement pour faute grave ôte au licenciement son caractère réel et sérieux.

Aux termes de l'article L. 132-4 CT, la convention et l'accord collectif peuvent comporter des dispositions plus favorables aux salariés que celles des lois et règlements en vigueur. Par ailleurs, il résulte des dispositions de la convention collective des personnels de l'aide à domicile en milieu rural, prévoyant que le licenciement pour faute grave ne peut intervenir sans que la commission d'interprétation et de conciliation se soit prononcée, que l'intervention de cette commission constitue une garantie de fond pour le salarié. C'est donc à tort que, pour débouter une salariée licenciée pour faute grave de sa demande de dommages-intérêts pour licenciement sans cause réelle et sérieuse, une cour d'appel a retenu que les griefs reprochés à l'intéressée étant établis, le fait de ne pas avoir saisi, avant le prononcé de la sanction, la commission d'interprétation et de conciliation avait entraîné un préjudice à l'intéressée justifiant seulement que lui soient alloués des dommages-intérêts pour non-respect de la procédure conventionnelle de licenciement, alors que le licenciement décidé sans que la commission ait statué au préalable ne pouvait avoir de cause réelle et sérieuse.

Cass. soc. 23 mars 1999, n° 97-40.412, BC V n° 134.

Il résulte de l'article 66 de la convention collective nationale de l'inspection d'assurances qu'en cas de licenciement pour faute ou insuffisance professionnelle d'un inspecteur confirmé dans ses fonctions qui a demandé la réunion du conseil, un représentant de l'employeur doit établir un procès-verbal qui relate notamment les faits reprochés à l'inspecteur et consigne l'avis de chacun des membres ayant participé à la réunion du conseil, ledit procès-verbal devant être transmis au salarié.

Un salarié, occupant les fonctions d'inspecteur commercial au sein d'une compagnie d'assurances, a été licencié pour insuffisance de résultats et insuffisance de recrutement. Pour débouter l'intéressé de sa demande d'indemnité pour licenciement sans cause réelle et sérieuse, une cour d'appel, après avoir constaté qu'il n'avait pas reçu le procès-verbal de la réunion du conseil conformément au texte précité, a néanmoins estimé que les droits de la défense n'avaient pas été méconnus et que le salarié ne pouvait faire état d'aucun préjudice lié à cette irrégularité.

Cependant, la consultation de l'organisme chargé, en vertu d'une convention collective, de donner son avis sur un licenciement envisagé par l'employeur constitue une garantie de fond et le licenciement prononcé sans que le conseil ait été consulté et ait rendu son avis selon une procédure conforme à cette convention n'a pas de cause réelle et sérieuse.

En statuant comme elle l'a fait, alors qu'il résultait de ses constatations que l'avis de chacun des membres du conseil n'avait pas été porté à la connaissance du salarié, la cour d'appel a violé les articles L. 122-14-3 et L. 122-41 CT, ainsi que l'article 66 de la convention collective nationale de l'inspection d'assurances.

Cass. soc. 29 juin 2005, n° 03-44.376, BC V n° 221.

En cas de non-respect des limitations conventionnelles tenant à la cause du licenciement, celui-ci est sans cause réelle et sérieuse…

C'est à tort que, pour décider que le licenciement d'un salarié reposait sur une cause réelle et sérieuse, une cour d'appel a relevé que, compte tenu de la relative technicité du poste occupé par le salarié et des conditions de travail dans l'entreprise, le remplacement temporaire de l'intéressé n'était pas possible, d'autant que la durée de ses absences n'aurait pas permis de procurer une formation suffisante au remplaçant, et a retenu que les absences du salarié désorganisaient l'entreprise. En statuant ainsi, alors que la convention collective prévoyait qu'un salarié absent pour cause de maladie ne pouvait être licencié que si son remplacement était devenu nécessaire, la cour d'appel, qui n'a pas constaté que cette condition était remplie, a violé la disposition conventionnelle susvisée.

Cass. soc. 28 janvier 1998, n° 95-43.669, BC V n° 47. Voir aussi cass. soc. 16 décembre 1997, n° 94-43.112, BC V n° 444.

En l'état de dispositions conventionnelles prévoyant que, sauf en cas de faute grave, il ne pourra y avoir de mesure de licenciement à l'égard d'un salarié si ce dernier n'a pas fait l'objet précédemment d'au moins deux sanctions disciplinaires telles qu'une observation, un avertissement ou une mise à pied, l'annulation judiciaire, postérieurement au licenciement, des avertissements qui avaient été infligés au salarié rend son licenciement sans cause réelle et sérieuse.

Cass. soc. 30 juin 2004, n° 02-41.993, BC V n° 184.

Pour rejeter la demande en dommages-intérêts pour licenciement sans cause réelle et sérieuse présentée par un salarié, une cour d'appel a retenu que les motifs énoncés dans la lettre de licenciement, tirés de sa contestation de la politique et des objectifs de son employeur et de son absence de collaboration avec d'autres cadres de l'entreprise, recouvraient des griefs à caractère personnel, si bien que la procédure prévue par la convention collective qui visait l'insuffisance professionnelle n'était pas applicable, ni celle de cette même convention relative à la discipline et aux sanctions, le licenciement ne figurant pas au titre desdites sanctions.

En statuant ainsi, alors que les dispositions de la convention collective limitaient les possibilités de licenciement pour motif personnel de l'employeur aux causes qu'elles énuméraient après respect des procédures prévues, ce dont il résultait qu'un licenciement pour d'autres causes en dehors des prévisions de ces textes était sans cause réelle et sérieuse, la cour d'appel a violé le texte conventionnel.

Cass. soc. 25 octobre 2005, n° 02-45.158, 6e et 7e branches du moyen du salarié, BC V n° 301.

Un salarié employé par une société de transport maritime en qualité de marin a été incarcéré de juin 1996 à décembre 2002, en exécution d'une peine criminelle ; licencié le 8 avril 2004 au motif qu'il ne remplissait plus les conditions d'exercice de la profession de marin et ne pouvait en conséquence plus être inscrit sur un rôle d'équipage, il a saisi le tribunal d'instance pour voir juger son licenciement sans cause réelle et sérieuse en invoquant les dispositions de la convention particulière du personnel navigant d'exécution de la société.

Pour accueillir sa demande, une cour d'appel a retenu qu'à la date où son contrat de travail avait été rompu, le salarié ne remplissait plus, depuis sa condamnation pénale prononcée en 2000, les conditions d'exercice de la profession de marin, qu'il importait peu qu'il ait réclamé ou non avant mars 2004 sa réintégration dans le personnel navigant puisque celle-ci était impossible et que la disposition légale prévoyant les conditions d'accès à la profession de marin embarqué s'imposait nécessairement face à la disposition conventionnelle limitant les motifs de rupture du contrat d'engagement maritime.

En statuant ainsi, alors qu'elle constatait que le licenciement avait été prononcé pour une cause non disciplinaire non prévue par l'accord collectif, la cour d'appel a violé cet accord et l'article L. 2251-1 CT.

Cass. soc. 29 septembre 2009, n° 07-43.431, BC V n° 208.

… mais le salarié ne peut pas demander sa réintégration en référé.

Le directeur d'une association familiale de gestion d'un lycée, licencié pour absence manifeste de rigueur et de suivi dans la comptabilité des dettes de famille, avait saisi la juridiction prud'homale en référé d'une demande de réintégration.

C'est à bon droit qu'une cour d'appel, pour débouter le salarié de sa demande, a énoncé que si les conventions et accords collectifs de travail peuvent limiter les possibilités de licenciement à des causes qu'ils déterminent, le licenciement prononcé pour un motif autre que ceux conventionnellement prévus n'est pas nul mais seulement dépourvu de cause réelle et sérieuse. La convention collective du travail du personnel enseignant laïc ne prévoyant pas une telle disposition, la cour d'appel a pu en déduire que la réintégration ne pouvait être ordonnée par le juge et décider qu'il n'existait pas de trouble manifestement illicite.

Cass. soc. 14 octobre 1997, n° 97-40.033, BC V n° 310.

Contrôle du caractère réel et sérieux de la cause économique de licenciement

La Cour de cassation contrôle la qualification de licenciement économique donnée par les juges du fond en vérifiant si la cause alléguée par l'employeur est bien une cause économique au sens de l'article L. 1233-3 CT. Elle exerce également son contrôle sur la réalité et le sérieux de la cause économique.

Doit être rejeté le pourvoi d'une salariée licenciée pour motif économique reprochant à une cour d'appel d'avoir rejeté sa demande de dommages-intérêts pour licenciement sans cause réelle et sérieuse.

D'abord, après avoir relevé que la salariée avait été licenciée en raison de la suppression de son emploi consécutive à une réduction très importante du chiffre d'affaires et du nombre des polices de la branche dommages, la cour d'appel a pu décider que la lettre de licenciement était motivée et, ensuite, appréciant le bien-fondé de ce motif, la cour d'appel, qui a constaté que les difficultés économiques étaient réelles et affectaient l'ensemble de la branche dommages, a pu décider que le licenciement reposait sur un motif économique.

Cass. soc. 18 juillet 2000, n° 98-40.639, 1er moyen, BC V n° 291.

Licenciement économique (Notion).

Preuve du caractère réel et sérieux du licenciement

La charge de la preuve du caractère réel et sérieux du motif de licenciement n'incombe particulièrement ni à l'une ni à l'autre partie.

Une société avait licencié un boulanger pour faute grave. Doit être cassé l'arrêt qui, pour décider que le licenciement de l'intéressé reposait sur une cause réelle et sérieuse, s'est borné à énoncer que le salarié, tout en contestant en bloc l'insuffisance professionnelle qui lui était reprochée, ne répondait aucunement aux différents griefs que l'employeur avait pourtant pris soin de détailler avec précision, alors que la charge de la preuve de la cause réelle et sérieuse du licenciement n'incombe pas particulièrement à l'une ou à l'autre partie.

Cass. soc. 11 décembre 1997, n° 96-42.045, BC V n° 436. Voir aussi cass. soc. 3 novembre 2016, n° 15-20.100, 1er moyen.

L'employeur ne doit communiquer au juge les éléments visés aux articles L. 1233-10, 31 et 32 CT qu'en cas de recours portant sur un licenciement collectif pour motif économique.

Les éléments dont la communication incombe à l'employeur en vertu de l'article L. 122-14-3 CT, auxquels il est fait référence dans les articles L. 321-2, L. 321-4 et L. 321-7 CT, ne concernent que le licenciement collectif pour motif économique.

C'est à bon droit qu'une cour d'appel a décidé que les dispositions de l'article R. 516-45 CT, imposant le dépôt au greffe du conseil de prud'hommes de ces éléments par l'employeur, n'étaient pas applicables en cas de recours du salarié portant sur un licenciement individuel pour motif économique.

Cass. soc. 10 octobre 2000, n° 99-40.040, BC V n° 318.

Absence de motif réel et sérieux

Licenciement sans cause réelle et sérieuse (Sanctions) ; Notification du licenciement ; Preuve de la faute.

Certificat médical

Le salarié absent pour cause de maladie doit justifier son absence par la remise d'un certificat médical d'arrêt de travail. Celui-ci doit être transmis à l'employeur dans les quarante-huit heures, sauf si la convention collective ou le contrat de travail prévoit un délai plus long.

Formalité du certificat médical

Le certificat médical peut valablement être délivré par un médecin établi dans un secteur géographique différent de celui où réside le salarié.

Un salarié, employé sous contrat à durée déterminée dans une pharmacie à Cluses (Haute-Savoie), s'est vu prescrire, alors qu'il se trouvait en congé, un arrêt de travail par un médecin à Ally-sur-Noye (Oise) pour la période des 30 et 31 mars 2001. L'employeur a rompu le contrat de travail pour faute grave le 22 mai suivant aux motifs que l'absence pendant cette période du salarié, qui n'avait fourni aucune explication et ne l'avait pas prévenu, était injustifiée et non autorisée et que l'arrêt de travail avait été établi par un médecin situé à plus de 700 km de Cluses. Contestant le bien-fondé de cette rupture, le salarié a saisi la juridiction prud'homale.

C'est à tort que, pour le débouter de ses demandes, un conseil de prud'hommes a énoncé qu'il était manifeste que le salarié voulait, pour des raisons qui lui étaient propres, avoir ses deux jours de disponibilité, que la production du certificat médical par l'intéressé n'était pas un élément probant du fait qu'il avait été établi par un médecin situé à 700 km de Cluses le jour où il devait reprendre son activité et qu'en conséquence, le salarié s'était octroyé unilatéralement deux jours de disponibilité malgré l'opposition formelle de l'employeur, alors que le fait pour un salarié de s'en tenir aux prescriptions du médecin qu'il a consulté n'a pas un caractère fautif, en l'absence d'un certificat de complaisance de ce praticien.

Cass. soc. 13 juillet 2004, n° 02-45.438, BC V n° 204.

Le certificat médical peut être remplacé par tout document de nature à informer l'employeur de l'arrêt de travail.

Doit être cassé l'arrêt qui, pour débouter un salarié de sa demande de dommages-intérêts pour rupture abusive, a énoncé qu'il appartenait au salarié de faire parvenir à son employeur tout document d'ordre médical faisant preuve de la maladie et que tel n'était pas le cas de l'autorisation administrative donnée par la caisse primaire d'assurance maladie permettant de conserver le bénéfice des prestations en Espagne, alors que la cour d'appel devait rechercher si la lettre délivrée par la caisse d'assurance maladie permettant au salarié de poursuivre sa convalescence en Espagne ne suffisait pas à informer l'employeur de la prolongation de la maladie.

Cass. soc. 4 octobre 1990, n° 88-43.957.

Falsification du justificatif

La fraude du salarié est constitutive d'une faute grave.

Constitue une faute grave le fait pour un salarié de falsifier un certificat médical pour tromper l'employeur et les organismes sociaux et bénéficier ainsi des indemnités journalières de sécurité sociale un jour plus tôt.

Cass. soc. 12 février 1985, n° 82-42.983, BC V n° 94.

Commet une faute grave la salariée qui organise son absence de l'entreprise au moyen de certificats médicaux non régulièrement établis, après le refus de l'employeur de lui accorder le congé qu'elle avait sollicité.

Cass. soc. 18 juillet 2001, n° 99-43.352.

Retard dans la justification

Le retard dans la justification d'une absence peut constituer une faute…

Ayant constaté qu'un salarié n'avait pas justifié de son arrêt de travail dans les délais requis, en violation des dispositions du règlement intérieur de l'entreprise, et que ce retard était dû à sa propre faute, l'intéressé n'ayant pas affranchi le courrier contenant son avis d'arrêt de travail, une cour d'appel a décidé, dans l'exercice de son pouvoir souverain d'appréciation, que le licenciement de l'intéressé procédait d'une cause réelle et sérieuse.

Cass. soc. 25 janvier 1990, n° 89-43.651. Voir aussi cass. soc. 14 novembre 1991, n° 88-40.747.

… mais pas une faute grave…

Doit être cassé l'arrêt qui, pour débouter un salarié de sa demande d'indemnités de licenciement et pour rupture abusive, a énoncé que le salarié n'était pas revenu sur les lieux de travail suite à son état d'ivresse et qu'il avait justifié de son congé maladie cinq jours après cet incident, alors que le seul retard dans l'envoi d'un certificat médical ne caractérise pas une faute grave.

Cass. soc. 22 novembre 1990, n° 88-45.574. Voir aussi cass. soc. 5 mai 1999, n° 97-40.755 ; cass. soc. 1er décembre 1999, n° 97-43.721.

... sauf s'il en résulte un préjudice important pour l'employeur.

Le fait pour une salariée d'avoir attendu douze jours pour avertir son employeur d'un arrêt de travail constituait une faute grave, dès lors, d'une part, que la convention collective prévoyait un délai de deux jours ouvrables et, d'autre part, qu'il en était résulté un préjudice important pour l'employeur, la salariée étant seule pour tenir son magasin.

Cass. soc. 19 mars 1981, n° 79-41.223, BC V n° 238.

Absences non autorisées ; Démission.

Absence de justification

L'employeur qui a connaissance de la maladie du salarié ne peut pas se prévaloir du non-respect par ce dernier du formalisme requis pour justifier l'absence pour rompre le contrat de travail.

Une salariée licenciée, notamment pour absence injustifiée, avait saisi la juridiction prud'homale d'une demande en dommages-intérêts pour licenciement sans cause réelle et sérieuse.

Les dispositions d'une convention collective ne peuvent lier, dans un sens défavorable, le juge dans l'appréciation de la cause réelle et sérieuse de licenciement. Ayant relevé que l'employeur reprochait notamment à la salariée une absence injustifiée alors qu'il était établi que, si elle n'avait pas envoyé immédiatement à l'employeur son certificat médical d'arrêt de travail, elle l'avait avisé téléphoniquement de son motif d'absence dès le premier jour de celle-ci, une cour d'appel a pu dire que le licenciement de l'intéressée ne procédait pas d'une cause réelle et sérieuse.

Cass. soc. 6 mai 1998, n° 96-40.951, BC V n° 229.

L'absence de remise d'un certificat médical d'arrêt de travail ne suffit pas à établir une volonté claire et non équivoque de démissionner.

Le fait pour le salarié de ne pas justifier sa prolongation d'absence ne constitue pas une manifestation non équivoque de démissionner.

Cass. soc. 16 avril 1992, n° 89-42.615, 1er moyen.

Avis médical d'inaptitude

Inaptitude physique d'origine non professionnelle.

Certificat de travail

À l'expiration du contrat de travail, l'employeur doit délivrer un certificat de travail au salarié. Ce document a pour objet de permettre au salarié de justifier de son emploi et de la durée de ses fonctions dans une entreprise. Il doit comporter certaines mentions.

L'employeur doit délivrer un certificat de travail au salarié

En cas de prise d'acte de la rupture par un salarié aux torts de l'employeur, ce dernier est tenu de lui remettre un certificat de travail.

La prise d'acte de la rupture par le salarié en raison de faits qu'il reproche à son employeur entraîne la cessation immédiate du contrat de travail.

Après avoir constaté qu'un employeur refusait de délivrer un certificat de travail et une attestation Assédic à une salariée ayant pris acte de la rupture de son contrat de travail, un juge des référés a pu le condamner à les lui remettre.

Cass. soc. 4 juin 2008, n° 06-45.757, BC V n° 122.

En cas de succession d'employeurs à la tête d'une entreprise, seul le dernier est tenu de délivrer un certificat de travail.

Un salarié n'était pas fondé à demander un certificat de travail à son ancien employeur, ce dernier n'étant plus à la tête de l'entreprise. Plusieurs employeurs s'étant succédé, seul le dernier devait certifier des services du salarié depuis son entrée dans la société jusqu'à l'expiration du contrat de travail.

Cass. soc. 24 novembre 1993, n° 89-42.648, 2e moyen, BC V n° 286.

En cas de modification dans la situation juridique de l'employeur, le certificat de travail est délivré par le dernier employeur et il doit indiquer la totalité de l'ancienneté du salarié et la date d'entrée en fonction chez le premier employeur.

Cass. soc. 2 février 2006, n° 04-40.902, 4e moyen.

En cas de redressement ou de liquidation judiciaires, la remise d'un certificat de travail incombe au liquidateur de la société.

Le liquidateur étant le représentant du débiteur dessaisi de tous les actes concernant l'administration et la disposition de ses biens, il doit répondre des obligations auxquelles l'employeur était tenu.

Un conseil des prud'hommes a donc pu condamner le liquidateur d'une société à remettre à une salariée un certificat de travail.

Cass. soc. 21 octobre 1992, n° 89-45.763. Voir aussi cass. soc. 2 octobre 1991, n° 89-43.818, 1er moyen.

En cas de décès du salarié, l'obligation de délivrance du certificat subsiste au profit de ses héritiers.

Les obligations relatives à la délivrance d'un certificat de travail et de bulletins de salaire ayant pour objet de permettre au salarié de justifier à tout moment de la durée du travail accomplie dans l'entreprise et des rémunérations perçues subsistent, en cas de décès du salarié, au profit de ses ayants droit.

Cass. crim. 5 décembre 1989, n° 85-95.503, 1er moyen, B. crim. n° 462.

Modalités de remise du certificat de travail

Le certificat de travail est quérable et non portable.

Le certificat de travail étant quérable et non portable, la seule obligation de l'employeur est d'établir ce certificat et de le tenir à la disposition du salarié.

Cass. soc. 3 juin 1982, n° 80-40.543, 1er moyen du pourvoi incident. Voir aussi cass. soc. 26 mars 2014, n° 12-27.028, 3e moyen du pourvoi incident.

Si l'employeur est condamné sous astreinte à remettre un certificat de travail, celui-ci devient portable.

Doit être cassé l'arrêt qui, pour rejeter la demande d'un salarié tendant à la liquidation de l'astreinte relative à la remise par l'employeur de divers documents dont le certificat de travail, énonce que les pièces réclamées étant quérables et non portables, le salarié ne justifiait pas avoir accompli les démarches nécessaires pour les obtenir au siège de la société, alors que l'employeur, condamné à remettre des documents au salarié, doit, en l'absence de précision quant aux modalités d'exécution de cette décision, faire parvenir ces documents à l'intéressé.

Cass. soc. 17 janvier 1995, n° 91-43.908, BC V n° 26. Voir aussi cass. soc. 10 mai 1995, n° 92-42.569.

La demande de remise d'un certificat de travail n'a pas à être motivée.

Doit être cassé le jugement qui, pour débouter un salarié de sa demande de remise de certificat de travail, énonce, après avoir constaté que cette demande figurait dans le dispositif des conclusions du salarié mais n'avait pas été développée dans les motifs de ces conclusions, qu'il ne disposait pas d'éléments suffisants d'appréciation, alors que la remise d'un certificat de travail constitue une obligation légale.

Cass. soc. 29 janvier 1997, n° 94-41.666.

En cas de délivrance tardive du certificat de travail, le salarié doit, pour être indemnisé, démontrer l'existence d'un préjudice.

Un salarié a saisi le conseil de prud'hommes aux fins de remise, sous astreinte, de divers documents, notamment des bulletins de salaire et du certificat de travail, lesquels ont été remis lors de l'audience de conciliation ; il a alors demandé la condamnation de l'employeur au paiement de dommages-intérêts en réparation de cette remise tardive.

Doit être approuvé le jugement l'ayant débouté de sa demande.

En effet, l'existence d'un préjudice et l'évaluation de celui-ci relèvent du pouvoir souverain d'appréciation des juges du fond ; or, en l'espèce, le conseil de prud'hommes a constaté que le salarié n'apportait aucun élément pour justifier le préjudice allégué.

Cass. soc. 13 avril 2016, n° 14-28.293, BC V n° 72.

Le certificat de travail doit comporter certaines mentions

Il doit mentionner la date d'entrée dans l'entreprise…

Une salariée ayant eu la qualité de stagiaire avant son recrutement définitif dans l'entreprise, c'est la date de début de stage qu'il convenait d'indiquer sur le certificat de travail comme date effective d'entrée, peu important que la loi du 3 juillet 1985, prévoyant l'intégration de la durée du stage dans le calcul de l'ancienneté, n'ait pas encore été applicable.

Cass. soc. 26 mars 1996, n° 93-42.703, 2e moyen.

Doit être cassé l'arrêt qui, s'agissant d'un travailleur étranger, fait coïncider la date de prise d'effet du contrat avec la date du visa du contrat par la direction départementale du travail et de l'emploi, alors que la date devant figurer sur le certificat est celle de prise des fonctions par le salarié.

Cass. soc. 18 octobre 1990, n° 88-43.652, 2e moyen, BC V n° 488.

… ainsi que la date de sortie.

L'employeur doit, à l'expiration du contrat de travail, délivrer au salarié un certificat contenant notamment sa date de sortie, celle-ci devant s'entendre de la date à laquelle le contrat prend fin, peu important que le préavis soit ou non exécuté.

Cass. soc. 14 janvier 1998, n° 95-41.262, 2e moyen.

La remise par l'employeur, qui ne soutenait pas qu'une salariée avait démissionné, d'un certificat de travail fixant la date de rupture de leur relation contractuelle s'analyse en un licenciement.

Cass. soc. 16 mai 2000, n° 97-43.826. Voir aussi cass. soc. 14 juin 2000, n° 98-41.510.

Les emplois successivement occupés par le salarié doivent également figurer sur le certificat de travail.

Un salarié avait successivement occupé les postes de directeur de succursale, de directeur adjoint et enfin celui de chef de dépôt. Le certificat de travail qui lui avait été remis, mentionnant les seules fonctions de directeur et de responsable administratif, ne répondait pas aux exigences légales selon lesquelles doivent figurer les emplois successivement occupés et les périodes pendant lesquelles ils ont été tenus.

Cass. soc. 9 avril 1987, n° 84-42.676, 2e moyen.

Le salarié peut exiger que seules les mentions citées à l'article D. 1234-6 CT figurent sur son certificat de travail.

Les mentions devant figurer sur le certificat de travail sont limitativement énumérées par la loi et n'y figure pas la précision du secteur d'activité de l'employeur.

Cass. soc. 3 février 1999, n° 96-44.960.

Doit être cassé l'arrêt qui, pour dire qu'un salarié ne pouvait se prévaloir d'aucun préjudice du fait de la mention d'une clause de non-concurrence dans son certificat de travail, énonce que l'intéressé était tenu de faire part de l'existence d'une telle clause à son éventuel employeur, alors que l'employeur ne peut imposer au salarié des mentions autres que celles prévues à l'article L. 122-16 CT.

Cass. soc. 4 mars 1992, n° 88-41.014, 2e moyen, BC V n° 152.

La mention « libre de tout engagement » apposée sur le certificat de travail ne signifie pas que l'employeur ait entendu libérer le salarié de la clause de non-concurrence.

La renonciation à un droit supposant une manifestation non équivoque de l'intention de renoncer, la mention « libre de tout engagement » signifiait seulement que les obligations imposées au salarié au cours du contrat avaient pris fin et non que l'employeur déliait le salarié de la clause de non-concurrence. Le chef d'entreprise était, dès lors, recevable à demander des dommages-intérêts pour violation de la clause.

Cass. soc. 13 décembre 1995, n° 92-41.490.

De même, la mention « libre de tout engagement » ne prive pas d'effet la clause de dédit-formation.

Cass. soc. 4 juillet 2001, n° 99-43.520.

En l'absence de contrat de travail stipulant une reprise d'ancienneté, les seules mentions portées sur le certificat de travail et sur l'attestation Assédic ne peuvent pas caractériser l'ancienneté à prendre en compte au titre de l'indemnité de licenciement.

Cass. soc. 17 décembre 2003, n° 01-45.108.

☛ *Attestation d'assurance chômage.*

Cessation du contrat de travail

☛ *Contrat à durée déterminée (Rupture anticipée) ; Démission ; Force majeure/Fait du prince ; Plan de sauvegarde de l'emploi ; Résiliation judiciaire du contrat de travail ; Retraite (Départ à la) ; Retraite (Mise à la) ; Rupture amiable/Départ négocié/Rupture d'un commun accord/Résiliation conventionnelle.*

Cession d'entreprise

☛ *Modification dans la situation juridique de l'employeur (Cas d'application).*

Changement de poste

☛ *Modification du contrat et des conditions de travail ; Modification des fonctions ; Mutation disciplinaire.*

Chantier

☛ *Licenciement pour fin de chantier.*

Chèque-restaurant

☞ *Titres-restaurants.*

Chômage-intempéries

Les travailleurs du bâtiment et des travaux publics bénéficient d'un régime particulier d'indemnisation en cas d'arrêts de travail liés aux conditions atmosphériques (art. L. 5424-6 et s. CT). Les employeurs relevant de ce secteur, défini à l'article D. 5424-7 CT, versent des cotisations à une caisse de congés payés et sont partiellement remboursés des indemnités versées aux salariés en cas d'intempéries.

Financement du chômage-intempéries

Pour déterminer si une entreprise doit s'affilier à une caisse de congés payés du bâtiment, il convient de rechercher l'activité professionnelle effective.

Pour la détermination de l'assujettissement à la caisse de congés payés du bâtiment, l'activité professionnelle effectivement exercée doit être seule prise en compte, quand bien même la société sous-traiterait tout ou partie des travaux matériels de construction. Une société exerçant une activité effective d'entrepreneur général du bâtiment doit s'affilier à une caisse de congés payés, tant pour les congés payés que pour les indemnités de chômage-intempéries.

Cass. soc. 28 octobre 1992, n° 89-12.642, BC V n° 525.

Un groupement d'intérêt économique, dont les membres sont des entrepreneurs de bâtiment, n'est tenu de s'affilier à une caisse des congés payés du bâtiment que s'il exerce lui-même une activité effective d'entrepreneur ou d'entrepreneur général de bâtiment. C'est donc à tort qu'une cour d'appel a décidé qu'un GIE devait payer à une caisse de congés payés du bâtiment des cotisations au titre des congés payés et des intempéries pour les salariés qu'il employait, alors que ce groupement ne procédait pas à la réalisation matérielle des travaux de construction mais se bornait à faciliter la conclusion de contrats par ses membres sans les conclure lui-même.

Cass. crim. 11 octobre 1994, n° 92-81.526, B. crim. n° 324.

☞ *Caisses de congés payés.*

Notion d'intempéries

La notion d'intempérie au sens de l'article L. 731-2 CT ne se réduit pas à la durée des conditions atmosphériques anormales telles que gel ou pluie, non plus qu'à la seule impossibilité de l'exécution physique par le salarié de son travail, mais s'entend, plus largement, des circonstances extérieures qui rendent effectivement l'accomplissement du travail impossible, eu égard, notamment, à la nature ou à la technique du travail à accomplir, ce qui peut éventuellement couvrir une période de temps plus longue que celle des conditions atmosphériques anormales proprement dites.

Cass. soc. 8 juillet 1997, n° 95-12.870, BC V n° 258.

L'arrêt de travail pour intempéries doit être décidé par le chef d'entreprise.

Il n'appartient qu'au chef d'entreprise lui-même ou à la personne munie d'une délégation de pouvoirs de décider de l'arrêt de travail pour cause d'intempéries. De fausses déclarations d'intempéries ayant été faites, une cour d'appel ne pouvait, sans se contredire, relaxer le président d'une société en se fondant sur le pouvoir donné à un préposé, alors que celui-ci n'était pas muni d'une délégation de pouvoirs et que le caractère mensonger des déclarations était établi.

Cass. crim. 18 mai 1992, n° 91-83.508, B. crim. n° 193.

Indemnisation

La preuve du versement des indemnités de chômage-intempéries appartient à l'employeur.

Une cour d'appel, ayant relevé que les indemnités d'intempéries qu'une société prétendait avoir versées à ses salariés ne figuraient ni sur les bulletins de salaire, ni sur le livre de paie, ni sur les certificats de congés prévus par l'article D. 732-8 CT, a pu considérer que le versement de ces indemnités n'était pas établi.

Cass. soc. 11 décembre 1990, n° 89-10.981, BC V n° 644.

En cas de fraude de l'employeur, la caisse des congés payés peut obtenir le remboursement des sommes indûment versées.

Si un employeur occupe un ouvrier pendant la période d'intempéries, les heures ainsi rémunérées par l'employeur au salarié doivent être défalquées des heures chômées donnant lieu à indemnisation. Se rend coupable de fausses déclarations d'arrêts de travail pour intempéries l'employeur qui prétend avoir versé des indemnités au salarié pour intempéries, alors que ce dernier a perçu l'intégralité de ses salaires, que ces indemnités n'ont pas été mentionnées sur les bulletins de paie et qu'aucune pièce justificative n'a pu être rapportée. La caisse de congés payés a donc pu demander le remboursement des sommes indûment versées à l'employeur.

Cass. crim. 3 mars 1992, n° 91-80.826.

Chômage partiel

Le chômage partiel est une cause de suspension du contrat de travail.

Les salariés subissent une perte de rémunération en raison soit de la fermeture de tout ou partie de l'établissement, soit de la réduction de l'horaire habituellement pratiqué dans l'établissement en deçà de la durée légale du travail. Cette perte de salaire est partiellement compensée par une allocation spécifique versée par l'État, éventuellement complétée par une allocation conventionnelle à la charge de l'employeur.

La loi 2013-504 du 14 juin 2013 a substitué l'expression « activité partielle » à celle de « chômage partiel » et en a simplifié le régime d'indemnisation.

Champ d'application

Le chômage partiel doit concerner plusieurs salariés.

Un employeur ne peut mettre un seul salarié au chômage partiel.

Cass. soc. 19 juillet 1995, n° 91-45.676, BC V n° 253.

Les dispositions légales et conventionnelles relatives à l'indemnisation du chômage partiel sont applicables aux travailleurs à temps partiel.

Un travailleur à domicile peut bénéficier de l'indemnisation du chômage partiel, même si son contrat de travail ne comporte pas un horaire au moins égal à la durée légale hebdomadaire du travail.

Cass. soc. 22 juin 1994, n° 89-42.461, 2e moyen, BC V n° 211.

Dès lors qu'ils sont liés à l'employeur par un contrat de travail, les fonctionnaires détachés et les ouvriers dits « sous décret » peuvent bénéficier du régime du chômage partiel.

Les fonctionnaires détachés et les anciens ouvriers d'État employés par une société étant liés à elle par un contrat de travail remplissent la condition nécessaire pour bénéficier du régime du chômage partiel prévu à l'article L. 351-25 CT. La circonstance qu'ils n'entreraient pas dans le champ d'application de tout ou partie des dispositions du code du travail relatives au licenciement pour motif économique est sans incidence.

Par suite, le ministre de l'Emploi et de la Solidarité a méconnu le sens et la portée des dispositions précitées en prescrivant à des préfets, dans une circulaire, de veiller à ce que les fonctionnaires détachés et les anciens ouvriers d'État soient exclus du bénéfice du régime de chômage partiel.

CE 9 octobre 2002, n° 233596.

Le chômage partiel doit résulter d'une réduction ou d'une suspension temporaire d'activité imputable à certains événements (art. R. 5122-1 CT)

• L'événement doit présenter un caractère exceptionnel

Tel n'est pas le cas d'une interruption temporaire des commandes liée à un motif structurel…

Présente un caractère structurel et non conjoncturel la réduction temporaire d'activité liée à une interruption temporaire des commandes des collectivités publiques. Celle-ci ne peut donner lieu à l'octroi des allocations de chômage partiel, dès lors qu'une telle réduction s'est déjà produite les années précédentes à des périodes similaires.

CE 13 novembre 1995, n° 156339, Rec. Lebon p. 410.

… ni d'une fermeture définitive d'un service qui ne répond pas à ce critère d'exception.

La réduction du temps de travail imputable à la fermeture définitive d'un service, qui n'entre pas dans le champ d'application de la loi, ne permet pas de demander le versement des allocations de chômage partiel.

CE 17 janvier 1990, n° 81790.

• La fermeture d'un établissement pour mise en congé annuel du personnel peut être une cause de chômage partiel pour certains salariés

Selon l'article R. 351-52 CT, en cas de fermeture d'un établissement pour mise en congé annuel du personnel, les travailleurs qui ne remplissent pas les conditions requises pour bénéficier de la totalité de ce congé peuvent prétendre individuellement aux allocations pour privation partielle d'emploi, compte tenu des journées ou des indemnités compensatrices de congés payés dont ils auraient pu bénéficier pendant la période de référence. Il appartient à l'employeur, saisi de la demande d'un salarié tendant à bénéficier d'une allocation pour privation partielle d'emploi à raison de ce que la fermeture de l'établissement pour congés excède la durée de son droit à congé, de la transmettre au service de la direction départementale du travail et de l'emploi.

Cass. soc. 2 avril 1997, n° 95-42.723, BC V n° 137.

• Dans certaines hypothèses, les dispositions relatives au chômage partiel sont exclues (art. R. 5122-8 CT)

La disposition selon laquelle les personnes, dont le chômage est provoqué par un différend collectif de travail intéressant l'établissement qui les emploie, ne peuvent pas bénéficier des allocations spécifiques de chômage partiel est d'interprétation stricte.

L'interdiction édictée par l'article R. 351-51 CT ne concerne que le chômage provoqué par des conflits du travail internes à l'entreprise et non ceux qui affectent une entreprise distincte. Le ministre des Affaires sociales et de l'Emploi ne peut arguer de l'existence d'une unité économique et sociale entre deux sociétés pour refuser à l'une d'entre elles le bénéfice des allocations de chômage, le chômage de cette dernière étant provoqué par un différend collectif affectant l'autre société. Le directeur départemental du travail et de l'emploi n'est pas fondé à refuser à la société le bénéfice de l'allocation spécifique de chômage partiel.

CE 9 octobre 1992, n° 86977.

Mise en œuvre de la procédure de chômage partiel

Il convient de se placer à la date à laquelle l'employeur décide de réduire l'horaire pour déterminer s'il y a lieu de mettre en œuvre la procédure de chômage partiel.

Dès lors qu'à la date où la réduction d'horaire avait été décidée elle se présentait, non comme une modification définitive du contrat de travail, mais comme une mesure provisoire liée à la conjoncture et susceptible de révision, l'employeur devait réparer le préjudice résultant de sa carence dans la mise en action d'une telle procédure.

Cass. soc. 10 octobre 1995, n° 91-45.433, BC V n° 268. Voir aussi cass. soc. 18 juin 1996, n° 94-44.654, BC V n° 252.

L'employeur ne peut pas mettre en chômage partiel une partie seulement du personnel visé dans la décision administrative autorisant le recours à cette mesure.

Les dispositions des articles L. 351-25 et R. 351-50 CT n'autorisent pas un employeur à mettre au chômage partiel une partie seulement du personnel visé dans la décision administrative autorisant le recours à cette mesure.

C'est à tort qu'une cour d'appel a débouté un salarié de sa demande en paiement de rappel de salaire sur le mois de décembre 1996, alors qu'elle avait constaté, d'une part, que l'autorisation administrative de recours au chômage partiel avait été donnée pour un contingent de 1 326 heures portant sur 34 salariés et, d'autre part, que l'employeur n'avait effectivement mis au chômage partiel que trois d'entre eux, dont le demandeur, lequel pouvait, dès lors, prétendre au paiement de l'intégralité de son salaire pour la période considérée, compte tenu de l'application illégale qui lui était faite de cette mesure.

Cass. soc. 30 janvier 2002, n° 00-40.805, 1er moyen.

Le remboursement par l'État des allocations de chômage partiel versées par une entreprise à ses salariés n'est pas subordonné à la condition que l'employeur ait mis en œuvre ou tenté de mettre en œuvre des solutions de gestion alternatives au chômage partiel avant de recourir à ce dispositif.

A inexactement appliqué les dispositions relatives au régime d'indemnisation du chômage partiel le directeur du travail qui a refusé à une société le remboursement d'une partie des allocations qu'elle avait versées à ses salariés placés en chômage partiel au seul motif qu'elle n'avait pas préalablement cherché à réorganiser le travail ou incité ses salariés à faire valoir leurs droits à congés ou repos.

CE 23 juillet 2003, n° 241874.

Effets de la mise au chômage partiel

• Les incidences directes sur le contrat de travail

La mise au chômage partiel est une cause de suspension du contrat de travail.

La mise au chômage partiel, qui suspend l'exécution du contrat de travail, ouvre droit, non au paiement d'un salaire, mais à l'allocation spécifique de l'article L. 351-25 CT.

Cass. soc. 12 juillet 1989, n° 87-45.462, BC V n° 518.

La mise au chômage partiel ne s'analyse pas en une modification du contrat de travail pour les salariés ordinaires.

La mise au chômage partiel du personnel ne constitue pas une modification des contrats de travail. Dès lors, les salariés ne sont pas fondés à demander des indemnités de licenciement sans cause réelle et sérieuse en invoquant la modification de leur contrat de travail liée au chômage partiel.

Cass. soc. 18 juin 1996, n° 94-44.654, précité.

La mise au chômage partiel, dont la légitimité n'est pas discutée par le demandeur, pour une période durant laquelle il est indemnisé, ne constitue pas une modification du contrat de travail.

Cass. soc. 9 mars 1999, n° 96-43.718, 1er moyen, BC V n° 103.

Un salarié avait été licencié pour faute grave le 6 août 1993 alors qu'il avait été placé en position de chômage partiel indemnisé du 10 juin au 30 octobre 1993 par son employeur en raison des difficultés économiques de l'entreprise et qu'il se trouvait en arrêt de travail pour maladie. Contestant cette mesure, il avait saisi la juridiction prud'homale pour obtenir paiement de diverses indemnités pour rupture abusive de son contrat de travail. Ayant constaté que la direction départementale du travail avait accordé à l'employeur, en raison de la réduction d'activité de son entreprise, une allocation spécifique pour privation partielle d'emploi du 10 juin au 30 octobre 1993, une cour d'appel a exactement décidé que la mise au chômage partiel pendant la période d'indemnisation prévue par l'article L. 351-25 CT ne constituait pas une modification du contrat de travail. Enfin, la fixation des nouveaux horaires de travail réduit relevait du pouvoir de direction du chef d'entreprise. Ayant constaté que le salarié avait refusé de se soumettre à ces nouveaux horaires, la cour d'appel a pu décider que ce comportement était de nature à rendre impossible le maintien de ce dernier dans l'entreprise pendant la durée du préavis et constituait une faute grave.

Cass. soc. 2 février 1999, n° 96-42.831, BC V n° 47.

• Les incidences sur la rémunération

1° Période de chômage partiel

Pour la période prise en charge au titre du chômage partiel, les salariés ne peuvent prétendre qu'aux seules indemnités de chômage partiel, éventuellement augmentées d'allocations conventionnelles.

Cass. soc. 11 octobre 2005, n° 03-41.617, 1re branche du 2e moyen.

Les heures supérieures à la durée légale du travail ne donnent pas lieu à indemnisation au titre du chômage partiel.

Selon l'article R. 351-53-I, devenu R. 5122-11 CT, le nombre d'heures perdues pouvant justifier des allocations attribuées en application de l'article L. 351-25, devenu L. 5122-1 CT, correspond à la différence entre la durée légale du travail applicable dans l'entreprise ou, lorsqu'elle est inférieure, la durée collective du travail ou la durée stipulée au contrat, et le nombre d'heures réellement travaillées sur la période considérée ; l'article 2 de l'accord national interprofessionnel du 21 février 1968 sur l'indemnisation du chômage partiel, applicable, dispose que seules les heures prises en charge au titre de l'indemnisation légale ouvriront droit aux allocations horaires conventionnelles ; il résulte de ces dispositions combinées que les heures supplémentaires, soit les heures supérieures à la durée légale, ne donnent pas lieu à indemnisation au titre du chômage partiel.

Un salarié a saisi la juridiction prud'homale notamment d'une demande en paiement d'un rappel de salaires, exposant avoir subi une mesure de chômage technique entre le 1er octobre 2001 et le 31 décembre 2002, période durant laquelle il avait été indemnisé par la société sur la base de l'horaire légal de travail soit 35 heures, et non sur celle de l'horaire collectif de travail, soit 39 heures depuis le 1er janvier 2000, date d'entrée en vigueur de la réduction de la durée légale de travail dans l'entreprise.

Pour accueillir sa demande, une cour d'appel a retenu que la durée hebdomadaire de travail dans l'entreprise, fixée à 39 heures, avait été contractualisée puisqu'elle figurait dans le compte rendu de la réunion des délégués du personnel et sur les bulletins de paie du salarié et que dès lors, c'est sur la base de 39 heures hebdomadaires que le salarié aurait dû être indemnisé au titre du chômage partiel.

En statuant ainsi, alors qu'elle avait constaté que la durée légale du travail applicable dans cette entreprise était de 35 heures durant la période considérée, la cour d'appel a violé les articles L. 351-25 et R. 351-53-I, devenus L. 5122-1 et R. 5122-11 CT, et l'accord du 21 février 1968.

Cass. soc. 28 octobre 2008, n° 07-40.865, BC V n° 202.

2° Période postérieure au chômage partiel

Si l'employeur n'obtient pas l'autorisation de placer les salariés en chômage partiel, il doit leur payer un complément de rémunération en cas de perte de salaire.

Le salarié qui subit une perte de salaire liée à une réduction ou à une suspension temporaire d'activité de son entreprise, sans pouvoir bénéficier de l'allocation spéciale de chômage partiel, ne doit pas être privé des garanties de ressources prévues par la loi. Faute d'avoir obtenu l'autorisation administrative de chômage partiel, l'employeur doit régler le complément de salaire aux intéressés.

Cass. soc. 9 mars 1989, n° 85-46.005, BC V n° 206.

Après avoir exactement énoncé que l'employeur a l'obligation de fournir du travail à ses salariés, un conseil de prud'hommes qui a constaté qu'une société avait décidé de fermer l'entreprise pour raisons économiques du 24 décembre 2005 au 1er janvier 2006 et que les salariés, qui n'avaient pas de droits à congé pour cette période, n'avaient pu, du fait de l'employeur, percevoir l'indemnisation de ce chômage partiel, a pu en déduire que celui-ci était tenu de les indemniser de leur perte de rémunération dont il a fixé le montant au vu des pièces qui lui étaient produites.

Cass. soc. 25 mars 2010, n° 08-43.044.

Les indemnités de chômage partiel doivent être prises en compte pour le calcul des primes et gratifications.

S'agissant de salariés qui bénéficiaient chaque année d'un treizième mois d'un montant égal à la moyenne des rémunérations versées entre le 1er janvier et le 30 novembre et qui avaient été mis au chômage partiel au cours de l'année 1992, c'est à bon droit qu'un conseil de prud'hommes a décidé d'inclure dans l'assiette des rémunérations servant au calcul de la prime de treizième mois de l'année 1992 l'indemnité de chômage partiel à la charge de l'État, cette indemnité se substituant aux salaires.

Cass. soc. 26 novembre 1996, n° 94-40.266, BC V n° 403.

Une convention collective prévoyant que la prime d'ancienneté est calculée sur les appointements réels, il convient d'y inclure l'ensemble des rémunérations nettes perçues par le salarié, à savoir les salaires et les indemnités de chômage partiel, ces dernières se substituant aux salaires.

Cass. soc. 16 janvier 1992, n° 88-43.631, BC V n° 13.

Pour calculer l'indemnité de licenciement, il convient de prendre en considération le salaire moyen habituel, sans tenir compte de la période de chômage partiel.

Les indemnités de chômage partiel se substituant aux salaires, la rémunération servant de base au calcul de l'indemnité de licenciement est celle que les salariés auraient perçue s'ils n'avaient pas été au chômage partiel.

Cass. soc. 27 février 1991, n° 88-42.705, 2e moyen, BC V n° 102.

La mise au chômage partiel n'a pas pour effet de modifier le contrat de travail et, en conséquence, la rémunération servant de base au calcul de l'indemnité conventionnelle de licenciement doit être celle que le salarié aurait perçue s'il n'avait pas été au chômage partiel.

Cass. soc. 9 mars 1999, n° 96-44.439, BC V n° 110.

En cas de chômage partiel au cours du préavis, le salaire à prendre en compte pour le calcul de l'indemnité de préavis est celui que le salarié aurait perçu sur la base de la durée légale ou conventionnelle de travail.

Un conseil de prud'hommes a fait une exacte application de l'article L. 122-8 CT en décidant qu'en cas de chômage partiel au cours de la période de préavis, le salaire à prendre en considération pour calculer l'indemnité revenant au salarié est celui qu'il aurait perçu sur la base de la durée légale ou conventionnelle.

Cass. soc. 26 novembre 1997, n° 95-40.993.

Pour déterminer la rémunération servant de base au calcul de l'indemnité de congés payés, il convient d'exclure les allocations de chômage partiel.

Une société, qui avait dû recourir à la mise au chômage partiel de son personnel sous forme de réduction de l'horaire hebdomadaire ou par semaines entières, avait écarté de l'assiette de calcul de l'indemnité de congés payés les allocations de chômage partiel versées aux salariés au titre de ces périodes.

C'est à tort qu'un conseil de prud'hommes a accueilli en partie la demande des salariés en rappel d'indemnités de congés payés, alors que, sauf dispositions conventionnelles contraires, les périodes de chômage partiel, quelle qu'en soit la durée, n'étant pas assimilées par l'article L. 223-4 CT à un temps de travail effectif, celles-ci ne sont pas considérées comme ayant donné lieu à rémunération en fonction de l'horaire de travail de l'établissement.

Cass. soc. 19 novembre 1997, n° 95-44.093, BC V n° 389.

Mise au chômage partiel d'un représentant du personnel

Si le représentant du personnel refuse d'être mis au chômage partiel et si l'employeur ne procède pas à son licenciement, il doit lui verser la partie du salaire perdue du fait de la mesure de chômage partiel.

Aucun changement de ses conditions de travail ne peut être imposé à un représentant du personnel sans son accord. Dès lors, c'est à bon droit qu'une cour d'appel a décidé qu'un employeur, qui n'avait pas rompu le contrat de travail, devait verser à l'intéressé la partie du salaire qu'il avait perdue du fait de la mesure de chômage partiel qui avait été appliquée.

Cass. soc. 18 juin 1996, n° 94-44.653, BC V n° 248.
Voir aussi cass. soc. 29 janvier 1992, n° 88-44.603, BC V n° 55; cass. soc. 19 janvier 2011, n° 09-43.194, 1er moyen.

Chômage partiel total ; Modification du contrat de travail d'un salarié protégé.

Chômage total

Les travailleurs involontairement privés d'emploi ont droit à un revenu de remplacement sous certaines conditions.

À noter que la loi 2018-771 du 5 septembre 2018 a ouvert le droit à indemnisation chômage aux salariés démissionnaires ayant un projet de reconversion professionnelle ou de création ou reprise d'entreprise et modifié les règles de financement du régime afin de pénaliser le recours aux contrats courts.

Financement du régime d'assurance chômage

Le régime d'assurance chômage est notamment financé par des cotisations versées par l'employeur et le salarié.

Une association peut être condamnée à payer des cotisations d'assurance chômage à l'Assédic dès lors qu'elle a employé deux animateurs, ces derniers se trouvant dans un état de subordination à son égard.

Cass. soc. 27 mai 1992, n° 89-16.931, BC V n° 345.

À défaut d'affiliation d'un salarié à l'assurance chômage, l'intéressé a droit à des dommages-intérêts…

Ayant constaté qu'un employeur avait manqué à son obligation d'assurer un directeur général contre le risque de privation d'emploi, une cour d'appel a souverainement évalué le montant du préjudice subi par le salarié du fait de cette carence et condamné l'employeur à lui payer une somme à titre de dommages-intérêts en réparation du préjudice résultant de son défaut d'affiliation à l'Assédic.

Cass. soc. 5 mai 1998, n° 96-43.229, 2e moyen.

En vertu de l'article 13, § 2 a) du règlement CEE 1408/71 du 14 juin 1971, applicable aux prestations de chômage, la personne qui exerce une activité salariée sur le territoire d'un État membre est soumise à la législation de cet État, même si elle réside sur le territoire d'un autre État membre ou si l'entreprise ou l'employeur qui l'occupe a son siège ou son domicile sur le territoire d'un autre État membre.

Pour rejeter la demande en paiement de dommages-intérêts pour privation des prestations d'assurance chômage formée par un salarié employé par une société française comme directeur de sa filiale anglaise à Londres, une cour d'appel a énoncé que le salarié qui ne remplissait pas l'une des conditions nécessaires pour bénéficier des allocations Assédic, à savoir justifier avoir exercé sa dernière activité salariée en France, n'établissait pas que le défaut de paiement par l'employeur des cotisations de chômage ait été la cause du refus de paiement d'indemnités de chômage par le GARP, cause qu'il invoquait à l'appui de sa demande en paiement de dommages-intérêts.

En statuant ainsi, alors que l'inexécution par l'employeur de son obligation d'assurer un salarié contre le risque de privation d'emploi, même si l'assurance doit être souscrite auprès d'un organisme étranger, est fautive et ouvre droit pour le salarié à la réparation du préjudice qui en résulte, la cour d'appel, qui n'a pas recherché si l'employeur était tenu de l'assurer contre le risque de privation d'emploi et avait satisfait, le cas échéant, à cette obligation, n'a pas donné de base légale à sa décision.

Cass. soc. 5 juin 2001, n° 98-46.422, BC V n° 208.

… et ce, même si le bénéfice des allocations de chômage pour le salarié est incertain.

Pour débouter un salarié de sa demande de dommages-intérêts pour défaut d'immatriculation au régime d'assurance chômage, une cour d'appel a énoncé que la possibilité pour les ministres du culte de bénéficier des allocations de chômage est fortement controversée et qu'en raison du peu de chance d'une telle demande d'immatriculation auprès du régime d'assurance chômage, le salarié ne peut se prévaloir d'un préjudice certain.

En statuant ainsi, sans exclure toute possibilité pour l'intéressé de bénéficier des allocations de chômage et, partant, une perte de chance caractérisant un préjudice, la cour d'appel n'a pas donné de base légale à sa décision.

Cass. soc. 26 novembre 2002, n° 00-46.740.

Modalités d'inscription des demandeurs d'emploi au régime d'assurance chômage

Si, dans les localités dépourvues d'agence locale pour l'emploi, le maire est chargé de recevoir les déclarations d'offres et de demandes d'emploi, il agit pour le compte de l'État et non en tant qu'autorité communale ou pour le compte de l'ANPE. Le refus d'un maire d'inscrire un demandeur d'emploi ne peut donc pas engager la responsabilité de l'ANPE.

Il résulte des articles L. 311-1, L. 311-2 et L. 311-3 CT que l'Agence nationale pour l'emploi et, dans les localités où il n'existe aucun organe de l'agence, les maires sont chargés, pour le compte de l'État, de recevoir les déclarations d'offres et de demandes d'emploi. Ainsi, en refusant d'enregistrer une demande d'emploi, le maire d'une commune dans laquelle il n'existe aucun organe de l'Agence nationale pour l'emploi agit au nom de l'État et non en tant qu'autorité communale ou pour le compte de l'Agence nationale pour l'emploi. Dès lors, une cour administrative d'appel a commis une erreur de droit en estimant que le refus d'un maire d'inscrire un demandeur d'emploi était constitutif d'une faute de nature à engager la responsabilité de l'Agence nationale pour l'emploi et en la condamnant à réparer le préjudice résultant de ce refus.

CE 6 février 1998, n° 176922.

Indemnisation du chômage

• Allocation de chômage

L'allocation d'aide au retour à l'emploi (ARE) constitue le revenu de remplacement des salariés involontairement privés d'emploi. Elle est attribuée aux salariés involontairement privés d'emploi justifiant d'une durée minimale d'affiliation au régime d'assurance chômage, dans des conditions fixées par une convention triennale conclue entre l'État et l'Unédic.

L'allocation d'assurance chômage est versée aux personnes ayant été antérieurement titulaires d'un contrat de travail.

Aux termes de l'article L. 351-3 CT, l'allocation d'assurance chômage est attribuée aux travailleurs satisfaisant à des conditions d'âge et d'activité antérieure. Ne répond pas à la condition d'activité antérieure ainsi exigée le salarié dont le contrat de travail a été suspendu, en raison d'un changement volontaire d'activité, pendant la période servant de base à la détermination de l'ouverture des droits. En cessant de percevoir des rémunérations fondées sur l'exécution d'un travail salarié, l'intéressé cesse, par là même, de remplir les conditions d'affiliation au régime d'assurance chômage. L'erreur ne pouvant être créatrice de droits, la seule circonstance que l'Assédic ait, sur la foi d'indications erronées, continué de percevoir des contributions au titre de cette affiliation n'est pas de nature à modifier les droits résultant pour l'intéressé des dispositions légales et conventionnelles applicables.

Cass. soc. 5 octobre 1994, n° 92-14.430, 2e moyen, BC V n° 261.

Les périodes travaillées en tant que salarié pour une association de portage salarial doivent être prises en compte pour l'ouverture des droits à l'indemnisation du chômage.

Ayant rappelé les dispositions du règlement du 1er janvier 2004 annexé à la convention du 1er janvier 2004 relative à l'aide au retour à l'emploi et à l'indemnisation du chômage, une cour d'appel, qui a retenu qu'un demandeur d'emploi avait été lié par un contrat de travail à une association de portage salarial et que celle-ci, qui avait versé à l'Assédic des cotisations d'assurance-chômage à ce titre, entrait dans le champ d'application du régime d'assurance-chômage, a pu dire que les heures de travail effectuées par l'intéressé correspondaient à une période d'affiliation au sens de l'article 3 du règlement du 1er janvier 2004 annexé à la convention du 1er janvier 2004 relative au retour à l'emploi et décider que Pôle Emploi devait le faire bénéficier du régime de l'allocation d'aide au retour à l'emploi en prenant en compte les périodes cotisées au titre du portage salarial avec l'association.

Cass. soc. 30 mai 2012, n° 11-12.274.

L'allocataire doit être physiquement apte au travail pour pouvoir prétendre au revenu de remplacement.

L'attribution d'une pension d'invalidité de la deuxième catégorie par un organisme de sécurité sociale n'implique pas que son bénéficiaire soit inapte au travail au sens de l'article L. 351-1 CT qui accorde un revenu de remplacement aux travailleurs involontairement privés d'emploi, aptes au travail et recherchant un emploi.

Cass. soc. 22 février 2005, n° 03-11.467, BC V n° 60.

Pour ouvrir droit au versement des allocations de chômage, la rupture du contrat de travail doit en principe se situer dans les douze mois précédant l'inscription de l'intéressé comme demandeur d'emploi.

En application de la loi 72-554 du 3 juillet 1972 portant réforme de l'assurance vieillesse des travailleurs non salariés des professions artisanales, industrielles et commerciales, le contrat de travail d'une salariée d'une caisse ORGANIC avait été rompu en août 1985. Dans l'attente de son reclassement, l'intéressée avait perçu, en application d'un décret du 6 mars 1973, une allocation égale à la rémunération qu'elle percevait lors de son licenciement et ce, jusqu'en février 1990, date à laquelle elle s'était adressée à l'Assédic qui avait refusé de la prendre en charge.

C'est à tort que, pour débouter l'intéressée de ses demandes en paiement d'allocations de chômage, une cour d'appel a retenu que, faute de se situer dans les douze mois précédant l'inscription comme demandeur d'emploi, la rupture du contrat de travail ne pouvait ouvrir droit au versement des allocations de chômage, alors qu'elle avait constaté que l'intéressée avait, en attente de son reclassement, continué à percevoir une allocation du même montant que sa rémunération antérieure, supportant l'ensemble des retenues au titre des régimes de prévoyance, ce dont il résultait qu'elle n'était pas en droit de s'inscrire à l'ANPE avant la cessation du versement de l'allocation d'attente.

Cass. soc. 19 mai 1998, n° 94-20.263, BC V n° 272.

Lorsque le salarié dispensé de préavis renonce au revenu qu'il aurait dû percevoir de l'employeur pendant cette période, il ne peut pas prétendre aux allocations chômage entre la date de la fin de son contrat de travail et la date de la fin théorique de son préavis.

Un salarié a été licencié le 28 décembre 2004 pour insuffisance professionnelle ; à sa demande, son employeur l'a dispensé d'effectuer son préavis conventionnel de trois mois prenant effet au 30 décembre 2004 et en contrepartie, l'intéressé a renoncé à réclamer toute indemnité compensatrice correspondante ; l'Assédic a admis le salarié au titre de l'allocation d'aide au retour à l'emploi avec prise d'effet de son indemnisation à compter du 4 juin 2005 en lui opposant un délai de carence de quatre-vingt-dix jours.

Contestant cette décision, le salarié a saisi la juridiction civile d'une demande tendant à la condamnation de l'Assédic à lui verser des sommes au titre des allocations chômage impayées et en paiement de dommages et intérêts.

Après avoir constaté que le salarié avait volontairement renoncé au revenu qu'il aurait dû percevoir de son employeur pendant le préavis, c'est à bon droit qu'une cour d'appel a retenu qu'il ne pouvait prétendre au revenu de remplacement dont le versement incombe à l'Assédic entre la date de la fin de son contrat de travail et la date de la fin théorique de son préavis.

Cass. soc. 26 juin 2008, n° 07-15.478, BC V n° 142.

Seuls les travailleurs involontairement privés d'emploi ont droit à un revenu de remplacement.

Ne peut être considéré comme involontairement privé d'emploi le militaire qui, à l'expiration de son contrat à durée déterminée, refuse expressément de souscrire le nouvel engagement qui lui est proposé. Si cette condition relative à la privation involontaire d'emploi n'est pas remplie, l'intéressé ne peut demander à bénéficier de l'assurance chômage.

CE 2 juin 1995, n° 102491.

Est involontairement privé d'emploi l'agent public qui a fait l'objet d'une révocation, même si cette mesure disciplinaire est liée à son comportement.

CE 9 octobre 1992, n° 95359.

C'est à tort que, pour débouter un salarié de sa demande en paiement au titre de l'allocation d'aide à l'emploi, une cour d'appel a retenu qu'il ne pouvait être regardé comme figurant au nombre des bénéficiaires dès lors qu'il avait été mis à la retraite d'office en application du statut collectif de son entreprise et que cette mise à la retraite ne constituait pas un licenciement, alors qu'ayant été mis à la retraite d'office à l'âge de 55 ans et ne justifiant que de 130 trimestres validés au titre de l'assurance vieillesse, l'intéressé avait été involontairement privé d'emploi, au sens de la convention UNEDIC du 1er janvier 2004, de sorte qu'il avait vocation à bénéficier de l'allocation d'aide au retour à l'emploi.

Cass. soc. 25 janvier 2012, n° 10-19.135, 2e moyen, BC V n° 36.

Les dispositions de l'article 4e du règlement annexé à la convention du 18 janvier 2006 relative à l'aide au retour à l'emploi et à l'indemnisation du chômage prévoyant les conditions d'attribution de l'allocation d'aide au retour à l'emploi ne s'appliquent pas dans le cas où le salarié exerce cumulativement plusieurs emplois et démissionne de l'un, avant que l'autre soit rompu par un licenciement.

Cass. soc. 22 septembre 2010, n° 08-21.936, BC V n° 186.

Les salariés arrivés en fin de contrat à durée déterminée sont considérés comme des travailleurs involontairement privés d'emploi et doivent donc bénéficier de l'assurance chômage...

Cass. scc. 2 octobre 2001, n° 99-14.369, BC V n° 297.

... même s'ils ont refusé le renouvellement de leur contrat proposé par l'employeur.

Une salariée, engagée le 13 juillet 2009 par un centre hospitalier universitaire en qualité d'agent de convivialité dans le cadre d'un contrat d'accompagnement dans l'emploi puis d'un contrat unique d'insertion d'une durée de six mois prenant effet le 20 juillet 2009, renouvelé deux fois, s'est vue proposer à nouveau, le 22 décembre 2010, le renouvellement de son contrat pour une période de trois mois, ce qu'elle a refusé par courrier du 30 décembre 2010. Le centre hospitalier a rejeté sa demande d'allocations chômage au motif qu'elle avait refusé le renouvellement de son contrat et qu'elle ne fournissait aucun justificatif de recherche active d'emploi.

Pour dire que la perte d'emploi présentait un caractère volontaire et que la salariée ne pouvait prétendre au paiement des allocations chômage à compter du 21 janvier 2011, une cour d'appel a retenu que celle-ci s'était trouvée privée d'emploi à la suite de son refus de la proposition de renouvellement de son contrat à durée déterminée et qu'il n'était pas établi que le motif du refus invoqué par l'intéressée présentait un caractère légitime permettant de considérer qu'elle avait été involontairement privée d'emploi.

En statuant ainsi, alors que le règlement général annexé à la convention du 19 février 2009 relative à l'indemnisation du chômage dispose que sont involontairement privés d'emploi ou assimilés les salariés dont la cessation du contrat de travail résulte de la fin de leur contrat de travail à durée déterminée, dont notamment les contrats à objet défini, et qu'elle avait constaté que le contrat unique d'insertion de la salariée avait pris fin le 19 janvier 2011, la cour d'appel a violé l'article L. 5421-3 CT et l'article 2 du règlement général annexé à la convention du 19 février 2009 relative à l'indemnisation du chômage.

Cass. soc. 16 janvier 2019, n° 17-11.975, à paraître.

Le départ volontaire d'un salarié agent non titulaire d'une collectivité territoriale pour occuper un emploi dans le secteur privé lui fait perdre le bénéfice des allocations incombant à la collectivité et c'est à l'Assédic de prendre en charge le revenu de remplacement de l'intéressé suite à son licenciement.

Un salarié, employé par un syndicat intercommunal (SICTOM), avait démissionné pour travailler dans une entreprise privée. Ayant été licencié par celle-ci, il s'était inscrit auprès de l'Assédic qui lui avait refusé l'indemnisation de la perte de son emploi au motif que cette charge incombait au SICTOM.

Doit être rejeté le pourvoi de l'Assédic reprochant à une cour d'appel d'avoir jugé qu'il lui appartenait de prendre en charge le calcul et la liquidation des droits du salarié. En effet, il résulte des articles L. 351-1 et L. 351-3 CT, applicables aux agents non titulaires des collectivités territoriales, et de l'article 28 du règlement annexé à la convention d'assurance chômage du 1er janvier 1993, applicable à l'espèce, que les allocations d'assurance chômage ne sont attribuées qu'aux travailleurs involontairement privés d'emploi. Le salarié ayant volontairement quitté son emploi au SICTOM, ce dont il résultait nécessairement la perte du bénéfice des allocations incombant à cet employeur, pour reprendre un emploi auprès d'un employeur de droit privé, la cour d'appel a décidé, à bon droit, qu'il convenait de ne prendre en compte, pour la détermination des droits de l'intéressé, que ledit emploi et en a exactement déduit que la charge du revenu de remplacement incombait à l'Assédic.

Cass. soc. 11 mars 2003, n° 00-21.249, BC V n° 90.

Les travailleurs privés d'emploi ont droit à un revenu de remplacement s'ils sont inscrits comme demandeurs d'emploi et s'ils accomplissent des actes positifs de recherche d'emploi.

Les actes positifs de recherche d'emploi s'entendent tant des démarches positives sur proposition des services de l'Agence nationale pour l'emploi que des démarches personnelles. Si un demandeur d'emploi avait donné suite à quelques propositions d'emploi transmises par les services de l'ANPE, il ne justifiait pas avoir accompli des démarches de recherche d'emploi de sa propre initiative. L'autorité administrative a donc pu exclure l'intéressé du bénéfice du revenu de remplacement.

CE 12 juin 1995, n° 158466.

Dès lors qu'un travailleur involontairement privé d'emploi n'avait, pendant la période s'étendant du mois de mai 1990 au mois d'avril 1992, effectué que trois actes de recherche d'emploi, ces actes devaient être regardés comme notoirement insuffisants au sens des dispositions de l'article R. 351-27 CT, nonobstant la double circonstance que l'intéressé était alors occupé à mi-temps au sein d'une association qu'il avait créée et que des actes de recherche d'emploi plus nombreux avaient été effectués postérieurement à la date à compter de laquelle le bénéfice du revenu de remplacement lui avait été retiré ; un préfet a pu légalement se fonder sur l'insuffisance d'actes positifs de recherche d'emploi accomplis par l'intéressé pour confirmer sa décision d'exclusion du bénéfice du revenu de remplacement.

CE 5 octobre 1998, n° 169558.

Un travailleur privé d'emploi avait présenté une demande d'aide à la création d'entreprise et avait été inscrit au registre du commerce et des sociétés en qualité de marchand ambulant, la date de commencement d'exploitation étant prévue pour le 1er juillet 1991. L'intéressé ayant continué de percevoir des allocations de chômage jusqu'au 31 décembre 1991, l'Assédic l'avait assigné en remboursement des allocations perçues depuis le 1er juillet 1991.

Doit être approuvé l'arrêt ayant débouté l'Assédic de sa demande dès lors, d'une part, que constituent des actes positifs de recherche d'emploi les démarches accomplies en vue de la création d'une entreprise et, d'autre part, que la cour d'appel avait constaté que l'intéressé n'avait pas repris effectivement une activité professionnelle avant le 31 décembre 1991, peu important la date de son inscription au registre du commerce et des sociétés et celle prévue pour le commencement d'exploitation.

Cass. soc. 18 mars 1997, n° 95-11.127, BC V n° 114.

« Sont exclus du bénéfice du revenu de remplacement les travailleurs qui refusent, sans motif légitime, un emploi ressortissant à leur spécialité ou compatible avec leur formation antérieure et rétribué à un taux de salaire normalement pratiqué dans la profession ou la région. » Détient un motif légitime de refus la personne qui refuse un emploi, à temps partiel, situé à environ 200 km de son lieu de résidence. En présence d'un tel motif, le bénéfice des allocations de chômage ne peut être suspendu.

CE 7 octobre 1991, n° 102454, Rec. Lebon p. 324.

Le demandeur d'emploi doit requérir son inscription auprès de l'ANPE et renouveler périodiquement cette inscription.

Selon l'article L. 311-2 CT, tout travailleur recherchant un emploi doit requérir son inscription auprès de l'Agence nationale pour l'emploi ; selon le troisième alinéa de l'article L. 311-5 du même code, les demandeurs d'emploi sont tenus de renouveler périodiquement leur inscription ; enfin, selon l'article R. 311-3-10 CT, les demandeurs d'emploi qui ne satisfont pas à l'obligation de renouvellement périodique de leur demande d'emploi […] cessent d'être inscrits sur la liste des demandeurs d'emploi […].

Si l'arrêté du 5 février 1992 portant application de l'article L. 311-5 CT et relatif au renouvellement de la demande d'emploi prévoit, dans son article 3, qu'un document d'actualisation est envoyé chaque mois au demandeur d'emploi afin de leur permettre d'effectuer le renouvellement de sa demande, ces dispositions, qui visent à faciliter cette démarche, n'ont pas pour objet et ne pourraient avoir légalement pour effet d'entraîner, dès lors que l'intéressé n'aurait pas reçu le document d'actualisation, un renouvellement automatique de sa demande en l'absence de toute démarche de sa part.

A commis une erreur de droit la cour administrative d'appel qui, dans un litige où un demandeur d'emploi soutenait ne pas avoir reçu le document d'actualisation, a estimé, pour annuler la radiation de ce demandeur d'emploi, que l'ANPE ne pouvait se fonder sur le défaut de renouvellement de l'inscription pour cesser de maintenir l'intéressé sur la liste des demandeurs d'emploi.

En outre, la circonstance, à la supposer établie, que l'intéressé se soit rendu à l'Assédic pour faire savoir qu'il n'avait pas reçu le document d'actualisation n'est pas de nature à établir qu'il était dans l'impossibilité de procéder, par toute voie appropriée, au renouvellement de son inscription.

CE 15 octobre 2001, n° 226713, Rec. Lebon p. 469.

Si le demandeur d'emploi a l'obligation de déclarer les changements affectant sa situation, et notamment son changement de domicile, il ne peut pas être radié de la liste des demandeurs d'emploi au seul motif qu'il ne s'est manifesté auprès de l'agence locale de son nouveau domicile qu'un mois après avoir déclaré ce changement à l'agence locale de son ancien domicile.

Un demandeur d'emploi qui signale son changement de domicile à l'agence locale auprès de laquelle il était inscrit, satisfait ainsi aux prescriptions des articles L. 311-5, R. 311-3-2 et R. 311-3-10 CT. Il ne peut, dès lors, être légalement radié de cette liste en raison de son changement de domicile, alors même qu'à la suite de ce changement, il ne s'est manifesté auprès des services de l'agence locale de son nouveau domicile qu'un mois après. En refusant de maintenir l'intéressé pour la période comprise entre les deux déclarations, l'ANPE a fait une fausse application des articles L. 311-5 et R. 311-3-2 CT. Cette dernière n'est donc pas fondée à soutenir que c'est à tort qu'un tribunal administratif a annulé la décision de radiation prise par un délégué régional.

CE 23 février 1998, n° 163579.

Un salarié ayant travaillé dans un autre État membre qui, involontairement privé d'emploi, se met à la disposition des services de l'emploi sur le territoire de l'État membre où il réside ou qui retourne sur ce territoire, bénéficie des prestations selon les dispositions de la législation de cet État, comme s'il y avait exercé son dernier emploi.

Un salarié a été engagé le 12 janvier 2007 par contrat de travail soumis à la loi belge par une compagnie aérienne de droit belge en qualité d'officier navigant ; en juin 2009, celle-ci a cessé l'exploitation de certains de ses avions et a proposé au salarié soit un licenciement pour motif économique, soit une rupture d'un commun accord ; les parties ont signé le 11 mai 2009 une rupture conventionnelle ; le salarié, qui réside en France, a sollicité de Pôle emploi l'indemnisation de son chômage ; sa demande ayant été rejetée, il a saisi le tribunal de grande instance.

Pour rejeter la demande d'allocations de chômage de l'intéressé, une cour d'appel a retenu que c'est à juste titre que Pôle emploi et l'UNÉDIC relèvent que l'article L. 1237-14 CT énonce que la validité de la convention est subordonnée à son homologation et en déduisent que cette exigence s'analyse en une formalité substantielle, que c'est également de façon pertinente qu'ils indiquent que les dispositions de l'article 71, § 1, b) ii) du règlement CE 1408/71 du 14 juin 1971 disposent expressément que le salarié concerné bénéficie des prestations selon les dispositions de la législation de cet État, comme s'il y avait exercé son dernier emploi, que ce texte renvoie en conséquence à l'application de la législation française en la matière et que dès lors le salarié ne peut légitimement prétendre au bénéfice d'un régime dérogatoire.

Cependant, d'une part, selon l'article 71, § 1, b) ii) du règlement CE 1408/71, un travailleur autre qu'un travailleur frontalier qui est en chômage complet et qui se met à la disposition des services de l'emploi sur le territoire de l'État membre où il réside ou qui retourne sur ce territoire bénéficie des prestations selon les dispositions de la législation de cet État, comme s'il y avait exercé son dernier emploi ; d'autre part, en vertu de l'article 2 du règlement annexé à la convention du 19 février 2009 relative à l'indemnisation du chômage, sont assimilés à des salariés involontairement privés d'emploi ceux dont la rupture du contrat de travail résulte d'une cause économique.

En statuant comme elle l'a fait, alors que la rupture conventionnelle du contrat de travail étant soumise en l'espèce à la loi belge, la procédure d'homologation prévue en droit français n'était pas applicable à cette rupture conventionnelle, et ayant constaté que le caractère involontaire de la privation d'emploi était établi, la cour d'appel, qui n'a pas tiré les conséquences légales de ses constatations, a violé l'article 71, § 1, b) ii) du règlement CE 1408/71 du 14 juin 1971, relatif aux régimes de sécurité sociale des travailleurs salariés et de leur famille qui se déplacent à l'intérieur de la Communauté, la convention d'assurance chômage du 19 février 2009 et l'article 2 du règlement annexé, agréés par arrêté du 30 mars 2009.

Cass. soc. 29 octobre 2013, n° 12-22.303, BC V n° 255.

Les conditions d'attribution des prestations de chômage doivent être mises en œuvre en tenant compte des particularités du régime de la rupture du contrat de travail résultant de la loi étrangère applicable au contrat ; il ne peut être imposé au travailleur de justifier d'une condition incompatible avec cette loi.

D'une part, selon l'article 71, § 1, a), ii) du règlement CEE 1408/71 du 14 juin 1971 relatif aux régimes de sécurité sociale des travailleurs salariés et de leur famille qui se déplacent à l'intérieur de la Communauté, le travailleur frontalier qui est en chômage complet bénéficie des prestations selon les dispositions de la législation de l'État membre sur le territoire duquel il réside, comme s'il avait été soumis à cette législation au cours de son dernier emploi ; ce texte ajoute que ces prestations sont servies par l'institution du lieu de résidence et à sa charge ; d'autre part, les conditions d'attribution des prestations de chômage doivent être mises en œuvre en tenant compte des particularités du régime de la rupture du contrat de travail résultant de la loi étrangère applicable au contrat ; il ne peut ainsi être imposé au travailleur de justifier d'une condition incompatible avec la loi étrangère dont relève le contrat.

Un salarié, de nationalité allemande, résidant en France et ayant travaillé en Allemagne, a assigné Pôle emploi pour obtenir sa prise en charge au titre de l'allocation chômage que cet organisme lui refusait au motif que sa perte d'emploi résultait d'une démission volontaire, qualification contestée par le demandeur à l'allocation.

Pour débouter le salarié de ses demandes, une cour d'appel a retenu qu'aux termes de la délibération 10 bis du 21 juin 2001 prise pour l'application des articles L. 351-1, devenu L. 5421-1 CT et 2 de la convention du 1er janvier 2001, est considérée comme légitime la démission intervenue pour non-paiement des salaires pour des périodes de travail effectuées, à condition que l'intéressé justifie d'une ordonnance de référé lui allouant provision de sommes correspondant à des arriérés de salaires, cette condition ayant été posée pour être certain du non-paiement des salaires comme cause de démission, étant rappelé qu'il s'agit d'une dérogation au principe de la privation involontaire de travail et que, dans le cadre de l'assurance chômage, le salarié est soumis au droit français, le règlement européen précisant seulement que les périodes de travail dans un autre État membre sont à prendre en compte.

En statuant ainsi, sans rechercher si la condition posée par la convention d'assurance chômage du 19 février 2009 et l'article 2 du règlement annexé, agréés par arrêté du 30 mars 2009, dont elle a fait application, étaient compatibles avec la loi régissant la rupture du contrat de travail, la cour d'appel n'a pas donné de base légale à sa décision.

Cass. soc. 21 janvier 2014, n° 12-28.833, BC V n° 30.

La période de fermeture de l'entreprise excédant la durée légale des congés et durant laquelle le salarié n'a été ni rémunéré ni indemnisé ne doit pas être prise en compte dans la période de référence servant à déterminer le montant de l'allocation journalière de chômage.

D'une part, il résulte des articles 23-3 et 24-4 du règlement annexé à la convention du 1er janvier 1990 relative à l'assurance-chômage que dans le cas où, pendant la période de fermeture de l'établissement excédant la durée légale des congés, le salarié n'a perçu aucun revenu, cette période non rémunérée ne doit pas être prise en compte dans la période de référence servant à déterminer le montant de l'allocation journalière de chômage.

D'autre part, lorsque le maintien en activité d'un établissement n'est pas assuré pendant un nombre de jours dépassant la durée fixée pour la durée des congés légaux annuels, le salarié perçoit, pour chacun des jours ouvrables excédant cette durée, une indemnité qui ne peut être inférieure à l'indemnité journalière de congés payés, en application de l'article L. 223-15 CT.

Il en résulte que c'est seulement dans le cas où le salarié a perçu de telles indemnités, qui constituent sa rémunération normale au sens des articles du règlement précités, que les jours au titre desquels ces indemnités ont été versées doivent être compris dans la période de référence servant au calcul des allocations de chômage. En revanche, dans le cas où le salarié n'a pas perçu ces indemnités, la période non rémunérée ne doit pas être prise en compte.

Un salarié, engagé en qualité de chef de cuisine dans un établissement fermant pendant deux mois tous les ans, a travaillé chaque année pendant dix mois sans percevoir de rémunération pendant la période d'inactivité hors congés payés. Après avoir été licencié, il a demandé à bénéficier du régime d'assurance chômage. Faisant valoir que l'allocation journalière de chômage avait été déterminée sur la base d'une période de référence de 12 mois, alors que les deux mois pendant lesquels il n'avait pas été payé n'auraient pas dû être pris en compte, le salarié a saisi le tribunal de grande instance pour obtenir un rappel d'indemnités de chômage et des dommages-intérêts.

Doit être cassé l'arrêt qui, pour débouter l'intéressé de ses demandes, a décidé que l'absence de travail et de rémunération durant les deux mois de fermeture correspondait à un aménagement du contrat de travail accepté par chacune des parties, alors qu'il résultait des constatations de la cour d'appel que le salarié n'avait pas été rémunéré normalement pendant la période de fermeture de l'établissement excédant la durée des congés légaux annuels.

Cass. soc. 8 juillet 2003, n° 01-10.672, BC V n° 222.

L'indemnité compensatrice conventionnelle de jours de congé liés à la réduction du temps de travail non pris par le salarié à la date de la rupture de son contrat de travail, présentant le caractère d'une rémunération habituelle et normale du salarié et n'ayant pas pour seule origine la rupture du contrat de travail, doit être prise en compte dans le salaire de référence pour la fixation de l'allocation de chômage.

Suivant un contrat à durée déterminée du 7 juillet 1999 au 2 janvier 2001 et moyennant une rémunération s'élevant en dernier lieu à 27 154 F pour 169 heures mensuelles, un salarié avait été engagé dans une entreprise au sein de laquelle a été conclu, le 8 décembre 1999, un accord collectif ayant pour objet la mise en place des 35 heures sans perte de salaires ; à son départ de l'entreprise, au terme de son contrat, il lui a été payé la somme de 70 417,24 F au titre de l'indemnité conventionnelle pour jours de repos RTT non pris.

Inscrit auprès de l'Assédic en qualité de demandeur d'emploi, le salarié a contesté le montant de l'allocation unique dégressive versée par cet organisme et l'application d'un délai de carence de 26 jours, estimant que l'organisme social aurait dû prendre en compte l'indemnité conventionnelle pour jours de RTT non pris dans le salaire de référence et réduire le délai de carence en excluant de celui-ci les jours de RTT.

Il résulte de l'article 45 du règlement annexé à la convention du 1er janvier 1997 relative à l'assurance chômage que le revenu de remplacement est calculé sur la base de la rémunération habituelle et normale du salarié, et que sont exclues du salaire de référence les indemnités compensatrices de congés payés, les indemnités de préavis ou de non-concurrence, toutes sommes dont l'attribution trouve sa seule origine dans la rupture du contrat de travail ou l'arrivée du terme de celui-ci et, d'une manière générale, toutes sommes qui ne trouvent pas leur contrepartie dans l'exécution normale du contrat de travail ; aux termes de l'article 8 de l'accord d'entreprise du 8 décembre 1999, lorsqu'un salarié quitte l'entreprise au cours de la période de référence sans avoir pris tout ou partie des jours de repos RTT, il recouvre une indemnité correspondant aux droits acquis.

Pour décider que l'indemnité pour jours de RTT non pris ne pouvait être prise en compte dans le salaire de référence, une cour d'appel a retenu que, selon l'accord d'entreprise, les heures effectuées entre 35 et 39 heures ne donnaient pas droit à rémunération mais à repos compensateur, seules les heures supplémentaires effectuées au-delà de 39 heures étant payées, que l'intéressé n'avait pas démontré avoir travaillé au-delà de cet horaire et que ce n'était que parce que le contrat de travail était arrivé à son terme avant que le salarié ne prenne ses jours de repos compensateur que l'employeur lui avait payé l'indemnité pour jours de RTT non pris.

En statuant ainsi, alors que l'indemnité compensatrice conventionnelle de jours de congé liés à la réduction du temps de travail non pris par le salarié à la date de la rupture de son contrat de travail, correspondait à l'acquisition d'heures de travail accomplies entre la 35e et la 39e heure de chaque semaine et ouvrait droit à une bonification de 10 %, en sorte qu'elle présentait le caractère d'une rémunération habituelle et normale du salarié et n'avait pas pour seule origine la rupture du contrat de travail, la cour d'appel a violé les textes susvisés.

Cass. soc. 31 octobre 2007, n° 04-17.096, BC V n° 179.

Les dommages-intérêts prévus en cas de rupture anticipée d'un contrat de travail à durée déterminée qui doivent être d'un montant au moins égal aux rémunérations que le salarié aurait perçues jusqu'au terme du contrat, ne peuvent pas se cumuler avec les indemnités de chômage servies au titre de cette période.

Un salarié avait été engagé par contrat de qualification du 3 décembre 1988 au 2 décembre 1990. L'employeur ayant rompu le contrat le 18 août 1989 pour motif économique, le salarié avait perçu de l'Assédic des allocations de chômage puis avait obtenu de la juridiction prud'homale les dommages-intérêts prévus à l'article L. 122-3-8 CT pour rupture anticipée de son contrat de travail à durée déterminée. Doit être rejeté le pourvoi du salarié reprochant à une cour d'appel de l'avoir condamné à rembourser à l'Assédic les allocations de chômage qui lui avaient été versées : conformément à l'article 1235 c. civ., tout paiement suppose une dette et ce qui a été payé sans être dû est sujet à répétition. Les dommages-intérêts prévus en cas de rupture anticipée d'un contrat de travail à durée déterminée et qui doivent être d'un montant au moins égal aux rémunérations que le salarié aurait perçues jusqu'au terme du contrat ne peuvent se cumuler avec les indemnités de chômage servies par les Assédic au titre de cette période.

Cass. soc. 14 janvier 1997, n° 95-13.044, BC V n° 15. Voir aussi cass. soc. 10 mars 1999, n° 97-17.280 ; cass. soc. 15 octobre 2002, n° 01-00.235.

Il en est de même des dommages-intérêts alloués en cas de violation par l'employeur d'une clause de garantie d'emploi.

Les dommages-intérêts alloués à un salarié en cas de violation par l'employeur d'une clause de garantie d'emploi, qui sont équivalents aux rémunérations qu'il aurait perçues jusqu'au terme de cette période de garantie, ne peuvent se cumuler avec le revenu de remplacement servi par l'Assédic.

Cass. ass. plén. 13 décembre 2002, n° 00-17.143, BC n° 3.

Les allocations de chômage ne sont pas cumulables avec l'aide de l'État à la création d'entreprise.

A violé les articles L. 351-1, L. 351-16 et L. 351-24 CT, dans leur rédaction applicable, une cour d'appel qui a débouté l'Assédic d'une demande en remboursement des allocations de chômage, après avoir constaté que l'allocataire concerné avait continuellement travaillé comme salarié de la société qu'il avait créée, ce dont il résultait qu'il n'était plus demandeur d'emploi et ne pouvait plus recevoir les allocations de chômage, non cumulables avec l'aide de l'État à la création d'entreprise.

Cass. soc. 10 février 2004, n° 01-03.271.

Les allocations de chômage peuvent se cumuler avec des avantages vieillesse.

Selon l'article L. 351-3 CT alors en vigueur, les allocations d'assurance sont attribuées aux travailleurs involontairement privés d'emploi, aptes au travail et recherchant un emploi qui satisfont à des conditions d'âge et d'activité antérieure. D'après l'article L. 351-19 CT alors en vigueur, le revenu de remplacement cesse d'être versé aux allocataires âgés de plus de 60 ans et justifiant de plus de 150 trimestres validés au titre de l'assurance vieillesse au sens de l'article L. 351-1 CSS et, en tout état de cause, aux allocataires atteignant l'âge de 65 ans. Il en résulte que le cumul, sans aucune restriction, des allocations d'assurance chômage avec un avantage vieillesse est possible jusqu'à l'âge de 60 ans.

Un salarié licencié avait été admis au bénéfice des allocations de chômage par l'Assédic. Cette dernière, invoquant une délibération de la commission paritaire nationale relative au cumul des allocations de chômage avec un avantage vieillesse, lui avait demandé le remboursement d'un trop-perçu et avait réduit son allocation journalière au motif qu'il percevait une pension militaire. Le salarié avait alors saisi le tribunal de grande instance pour obtenir le remboursement de sommes retenues sur le montant de ses allocations et le rétablissement de son allocation journalière au montant qui lui était initialement servi.

Doit être cassé l'arrêt qui, pour rejeter les demandes du salarié, a énoncé qu'il entrait dans les pouvoirs de la commission nationale paritaire d'interpréter l'article de la convention aux termes duquel « le montant des allocations servies aux allocataires d'un avantage vieillesse est réduit dans les conditions fixées par délibération de la commission paritaire nationale », a ajouté que le salarié, ancien militaire, percevait des avantages liés à l'exercice de son activité antérieure, que sa situation justifiait que le montant de son allocation soit réduit par les mesures d'application concernant les cumuls et que la pension militaire acquise en vertu d'un droit propre constitue, quels que soient l'âge du bénéficiaire et la date à laquelle elle a été attribuée, un avantage vieillesse. Les accords conclus en vertu des articles L. 352-1 et s. CT pour l'application des dispositions relatives à l'assurance chômage ne peuvent restreindre les droits que les travailleurs privés d'emploi tiennent de la loi, laquelle ne prévoit aucune réduction des allocations de chômage pour les allocataires âgés de moins de 60 ans bénéficiaires d'un avantage vieillesse ou d'une pension militaire.

Cass. soc. 2 février 1999, n° 96-20.696, BC V n° 53.

Les deux législations relatives à l'allocation aux adultes handicapés et à l'indemnisation du chômage total s'appliquent indépendamment l'une de l'autre.

Un préfet n'était pas tenu d'exclure une personne du bénéfice de l'allocation de remplacement au seul motif qu'elle était titulaire de l'allocation aux adultes handicapés.

CE 11 juin 2003, n° 238562.

• Le service des allocations est interrompu dans certains cas

Le fait que le travailleur privé d'emploi ait exercé une activité de brève durée sans la déclarer ne justifie pas une mesure d'exclusion définitive du bénéfice du revenu de remplacement.

Si le fait pour un bénéficiaire du revenu de remplacement de travailler durant trois jours sur un chantier, sans déclarer cette activité ni les revenus qu'il en a tirés, est constitutif d'une faute de nature à justifier une mesure d'exclusion du bénéfice du revenu de remplacement, le manquement ainsi commis ayant eu un caractère isolé et n'ayant concerné qu'une brève durée, le directeur départemental du travail et de l'emploi a commis une erreur manifeste d'appréciation en prononçant, de ce chef, à l'encontre de l'intéressé une mesure d'exclusion définitive du bénéfice du revenu de remplacement. Ce bénéficiaire est donc fondé à soutenir que c'est à tort que le tribunal administratif a rejeté sa demande d'annulation de cette décision.

CE 23 février 1998, n° 161143. Voir aussi CE 8 avril 1998, n° 171755.

En revanche, l'allocation n'est plus attribuée quand le bénéficiaire a exercé plusieurs missions d'intérim sans les déclarer.

Un bénéficiaire du revenu de remplacement ayant exercé plusieurs missions d'intérim en qualité de manutentionnaire d'avril à juillet 1994, et s'étant abstenu de déclarer ces missions aux services compétents, avait ainsi cumulé une activité professionnelle avec des allocations de chômage. Dès lors, un tribunal administratif a pu débouter l'intéressé de sa demande tendant à l'annulation de la décision d'exclusion du bénéfice du revenu de remplacement prononcée par le préfet compétent.

CE 14 novembre 1997, n° 171568.

En cas de fraude ou de fausses déclarations, l'allocation de chômage n'est plus versée.

Le droit au revenu de remplacement institué au profit des travailleurs involontairement privés d'emploi s'éteint en cas de fraude ou de fausses déclarations. Un demandeur, tout en percevant les allocations de chômage, avait exercé des fonctions de responsable administratif au sein d'une société. L'absence de déclaration de l'exercice de cette activité auprès de l'ANPE entraînait l'extinction de son droit à bénéficier du revenu de remplacement.

CE 26 mai 1995, n° 154222.

Est coupable de fraude au préjudice des Assédic la personne qui exerce une activité de gérant, qu'elle ait ou non perçu des revenus pendant cette période. En effet, l'infraction est constituée par l'exercice dans un but intéressé et à plein temps d'une activité professionnelle, même non salariée, quand celle-ci met le bénéficiaire dans l'impossibilité de rechercher un autre emploi.

Cass. crim. 7 avril 1994, n° 93-81.361, B. crim. n° 145. Voir aussi cass. crim. 15 janvier 2002, n° 01-83.551, ayant condamné le prévenu, responsable de fraude au préjudice des Assédic, à restituer à ces dernières les sommes indûment perçues ; CE 18 mai 1998, n° 164128, confirmant l'exclusion définitive du bénéfice du revenu de remplacement d'une personne ayant travaillé six mois dans le restaurant de son mari sans déclarer cette activité professionnelle, peu important qu'elle n'ait pas été rémunérée.

Lors d'un contrôle effectué par l'inspection du travail dans les locaux mis à disposition d'une société de droit allemand, une personne a reconnu avoir procédé à l'embauche d'une salariée et s'être occupée des démarches à accomplir en vue de l'immatriculation de l'établissement français de la société, alors qu'elle était chômeur indemnisé. Cette personne a été citée à comparaître devant le tribunal correctionnel, notamment du chef de fraude aux prestations de chômage sur le fondement de l'article L. 365-1 CT. Le tribunal a déclaré la prévention établie.

Pour dire la prévention non établie et débouter les parties civiles, une cour d'appel a retenu que l'intéressé avait œuvré comme simple exécutant, ne pouvait être considéré comme gérant de fait de l'établissement français de la société et qu'il n'était pas établi qu'il ait exercé une activité rémunérée occulte et frauduleuse pendant qu'il bénéficiait du revenu de remplacement versé par l'Assédic.

En statuant ainsi, sans rechercher si l'activité exercée par le prévenu, alors qu'il percevait ledit revenu, lui permettait d'accomplir des actes positifs de recherche d'emploi, conformément aux dispositions de l'article L. 351-1 CT, la cour d'appel n'a pas justifié sa décision.

Cass. crim. 20 mars 2007, n° 06-86.269, B. crim. n° 87.

Selon l'article L. 365-1 CT, le délit de fraude ou de fausse déclaration pour obtenir des allocations n'est caractérisé que si celles-ci ne sont pas dues.

Pour dire que les éléments constitutifs du délit de fausse déclaration pour obtenir des allocations d'aide aux travailleurs privés d'emploi étaient établis à la charge d'un prévenu, une cour d'appel, après avoir rappelé que ce dernier avait déclaré sur l'honneur ne pas être inscrit au registre du commerce et ne pas être mandataire de société alors qu'il exerçait la gérance de plusieurs sociétés commerciales et civiles, s'est bornée à énoncer que sa fausse déclaration suffisait à rendre indues les sommes versées dans l'ignorance de sa situation, peu important qu'il ait ou non pu prétendre à ces allocations.

En se prononçant ainsi, alors que le caractère indu des allocations ne pouvait se déduire de la seule fausseté de la déclaration effectuée par le prévenu, la cour d'appel a méconnu le texte précité et le principe ci-dessus énoncé.

Cass. crim. 16 juin 2004, n° 03-83.255, B. crim. n° 161.

L'absence de déclaration constitue une fraude.

Il résulte de l'article L. 365-1 CT, dans sa rédaction issue de la loi du 23 mars 2006 comme dans celle antérieure, que le fait pour un bénéficiaire d'allocations d'aide aux travailleurs privés d'emploi de ne pas déclarer à l'Assédic l'exercice d'une activité professionnelle caractérise la fraude en vue d'obtenir lesdites allocations.

Une personne inscrite sur la liste des demandeurs d'emploi durant plusieurs mois n'avait pas informé l'Assédic de ce que, pendant cette même période, elle occupait un emploi rémunéré et percevait des indemnités de chômage. Cette personne a été citée par l'Assédic devant le tribunal correctionnel des chefs d'escroquerie et du délit prévu par l'article L. 365-1 CT. Un jugement a donné acte à la partie civile de ce qu'elle n'entendait plus poursuivre du chef d'escroquerie et a relaxé le prévenu au motif que le fait de ne pas avoir informé l'Assédic d'une activité professionnelle constituait « une abstention et non un acte positif nécessaire à la fausse déclaration et caractéristique de la fraude ».

Statuant sur le seul appel de la partie civile, une cour d'appel a approuvé la motivation des premiers juges et ajouté que l'article L. 365-1 CT, dans sa rédaction issue de la loi du 23 mars 2006, excluait « qu'une absence de déclaration antérieure à la promulgation de cette loi puisse être considérée comme un acte constitutif de l'infraction » prévue par ledit article dans sa rédaction antérieure.

En se prononçant ainsi, la cour d'appel a méconnu le sens et la portée du texte susvisé.

Cass. crim. 27 mars 2007, n° 06-87.415, B. crim. n° 95.

Ne peut être exclu du bénéfice du revenu de remplacement prévu à l'article L. 5421-1 CT le demandeur d'emploi qui a omis de déclarer une activité professionnelle, même occasionnelle ou réduite, que dans le cas où cette omission avait pour but la perception de ce revenu, alors que celle-ci était indue.

Une personne a été désignée gérante d'une SARL, immatriculée au registre du commerce et des sociétés le 9 octobre 1998, alors qu'elle était inscrite comme demandeur d'emploi auprès de l'ANPE ; elle a été indemnisée par l'Association pour l'emploi dans l'industrie et le commerce du 7 octobre 1998 au 30 juin 1999 et n'a pas déclaré aux services de l'ANPE son mandat de gérante. Toutefois, elle n'a accompli dans cette fonction qu'un nombre très réduit de tâches administratives ponctuelles, tout en continuant activement à effectuer des démarches de recherche d'un emploi, pour l'occupation duquel elle restait immédiatement disponible, et l'activité de gérant de la SARL était en réalité exercée par son mari. Par suite, la seule circonstance que l'intéressée a manqué à ses obligations déclaratives, alors que l'activité non déclarée qu'elle a exercée ne pouvait être regardée comme un emploi de nature à la priver du bénéfice du revenu de remplacement, ne pouvait légalement fonder la décision d'exclusion litigieuse. Par conséquent, la décision par laquelle le préfet l'a exclue à titre définitif du revenu de remplacement à compter du 7 octobre 1998 est entachée d'illégalité.

CE 21 mars 2007, n° 284655. Voir aussi CE 9 avril 2015, n° 382366.

L'exercice d'une activité bénévole, à temps réduit et compatible avec l'obligation de recherche d'emploi, n'interrompt pas le service des allocations de chômage.

Doit être cassé l'arrêt qui, pour rejeter la demande d'une personne tendant à obtenir le paiement des allocations de chômage auxquelles elle estimait pouvoir prétendre depuis la date de son licenciement, a énoncé que la gérance de trois sociétés, fût-elle bénévole et amicale, et même à temps partiel, est une activité professionnelle qui ne permet pas la recherche effective et permanente d'un emploi et qui empêche la perception des allocations de chômage, alors que le fait d'être gérant bénévole de sociétés civiles n'implique pas nécessairement et en soi l'exercice d'une activité professionnelle interdisant la recherche effective et permanente d'un emploi et qu'il appartenait à la cour d'appel de vérifier si, malgré sa qualité de gérant, l'intéressé justifiait avoir procédé à une telle recherche.

Cass. soc. 10 novembre 1998, n° 96-22.103, BC V n° 488. Voir aussi cass. soc. 17 décembre 2003, n° 01-16.729.

Est coupable d'avoir commis une fraude ou fait de fausses déclarations pour obtenir une allocation d'aide aux travailleurs sans emploi indue la personne qui exerce au sein d'une association une activité de président, même à titre bénévole, dès lors que, par son caractère permanent résultant de l'accomplissement d'une mission à temps plein, cette personne se place dans l'impossibilité d'accomplir des actes positifs de recherche d'emploi.

Cass. crim. 27 février 1996, n° 93-85.619, 1er et 2e moyens, B. crim. n° 95.

Un salarié qui a travaillé auprès d'une fédération d'associations et qui a ensuite continué la même activité à titre bénévole auprès du même employeur ne peut pas bénéficier des allocations de chômage, le service de ces allocations devant être interrompu le jour où l'intéressé retrouve une activité professionnelle, salariée ou non, lui conférant ou non la qualité de participant au régime d'assurance chômage.

L'article 37 du règlement de l'assurance chômage, dans sa rédaction alors en vigueur, disposait que le service des allocations doit être interrompu le jour où l'intéressé retrouve une activité professionnelle salariée ou non lui conférant ou non la qualité de participant au présent régime. Ayant exactement retenu que l'article 37 excluait du bénéfice de l'assurance chômage les salariés ayant repris une activité rémunérée ou non, une cour d'appel a pu décider qu'un salarié qui, après une période d'embauche rémunérée auprès d'une fédération d'associations, avait continué la même activité à titre bénévole auprès du même employeur ne pouvait prétendre au bénéfice d'allocations de chômage.

Cass. soc. 29 juin 1999, n° 97-14.581, BC V n° 312.

Le travailleur privé d'emploi peut être exclu du bénéfice du revenu de remplacement en raison de son refus réitéré de participer à une action de formation.

L'administration a pu infliger à une personne la sanction de l'exclusion définitive du bénéfice du revenu de remplacement, eu égard au fait que l'intéressée avait refusé, pour la deuxième fois, sans motif légitime, de participer à une action de formation visée à l'article R. 351-28 CT.

CE 28 juillet 2004, n° 253858.

Par ailleurs, même en l'absence de fraude ou de fausse déclaration de la part de l'allocataire, les allocations versées sans cause doivent être restituées.

C'est à bon droit qu'une cour d'appel a condamné une allocataire à restituer à l'Assédic les allocations d'assurance chômage indûment versées.

D'abord, les articles 79 et 80 du règlement annexé à la convention d'assurance chômage du 1er janvier 1994, alors en vigueur, conclue en vertu de l'article L. 351-8 CT qui donne compétence aux employeurs et aux travailleurs pour fixer les mesures d'application des dispositions légales relatives au régime d'assurance chômage, confèrent aux institutions gestionnaires de ce régime, qui sont des personnes morales de droit privé, un pouvoir propre d'interrompre le service de l'allocation d'assurance en cas d'extinction du droit à l'allocation et d'agir en répétition des sommes indûment versées. Il en résulte que la cour d'appel n'a pas excédé ses pouvoirs en statuant sur la demande de l'Assédic.

Ensuite, les allocations d'assurance versées sans cause donnent lieu à répétition, même en l'absence de fraude ou de fausse déclaration, de sorte que la cour d'appel, qui a constaté que l'intéressée avait perçu des allocations de chômage pendant une période où elle exerçait une activité professionnelle, a, par ce seul motif, légalement justifié sa décision.

Cass. soc. 22 février 2005, n° 03-13.942, BC V n° 61.

• Accomplissement d'un stage

Lorsqu'il suit un stage agréé dans les conditions prévues à l'article L. 6341-7 CT, le travailleur involontairement privé d'emploi reste inscrit comme demandeur d'emploi.

Il résulte de la combinaison des articles L. 351-1 et L. 961-5 CT que le fait, pour un travailleur involontairement privé d'emploi, de suivre un stage de formation professionnelle rémunéré ne le prive pas du droit d'être inscrit comme demandeur d'emploi. Commet donc une erreur de droit le directeur départemental du travail et de l'emploi qui, pour exclure du bénéfice du revenu de remplacement un demandeur d'emploi qui entre dans une école régionale d'avocats en vue d'y suivre un stage de formation à la profession d'avocat, stage rémunéré en vertu d'une convention de formation professionnelle, retient que l'intéressé, à la suite de son entrée à l'école, ne pouvait plus être considéré comme demandeur d'emploi.

CE 24 février 1999, n° 165111.

Si le stage de formation est rémunéré, le versement des allocations de chômage est suspendu.

Le versement des allocations de chômage est interrompu en cas d'accomplissement d'un stage de formation professionnelle rémunéré. Une Assédic peut donc prélever sur les allocations de chômage versées à un demandeur d'emploi le montant des allocations qu'il a continué à percevoir durant le stage rémunéré.

Cass. soc. 10 octobre 1995, n° 93-21.228.

Si le stage est non rémunéré, le versement des allocations de chômage est maintenu.

Les dispositions des articles L. 351-17 et R. 351-28 CT ne prévoient pas la privation des droits au revenu de remplacement en cas d'accomplissement par le bénéficiaire d'une formation non rémunérée. L'accord conclu entre les partenaires sociaux, même ayant fait l'objet d'un agrément par arrêté ministériel, ne saurait prévaloir sur ces dispositions.

Cass. soc. 18 mars 1997, n° 95-11.627, BC V n° 115.

• Régime de solidarité

L'allocation de solidarité spécifique est attribuée notamment aux chômeurs de longue durée.

L'intéressée, remplissant les conditions d'activité antérieure exigées par l'article R. 351-13 CT, pouvait bénéficier de l'allocation spécifique de solidarité. Dès lors, la décision par laquelle le directeur départemental du travail et de l'emploi avait rejeté sa demande aux motifs qu'elle ne remplissait pas les conditions d'attribution de cette allocation devait être annulée.

CE 29 juillet 1994, n° 106012.

Il est nécessaire de justifier de cinq ans d'activité salariée dans les dix ans précédant la fin du contrat de travail à partir de laquelle ont été ouverts les droits à ladite allocation.

L'intéressé n'ayant pas justifié, indépendamment du temps durant lequel il avait été réputé bénéficiaire d'un contrat de travail à salaire différé, de cinq ans d'activité salariée, le ministre du Travail, de l'Emploi et de la Formation professionnelle était fondé à soutenir que c'était à tort que le tribunal administratif avait annulé la décision du directeur départemental du travail et de l'emploi refusant d'accorder à l'intéressé le bénéfice de l'allocation de solidarité spécifique.

CE 3 novembre 1997, n° 143525.

Pôle emploi ne peut légalement récupérer des sommes indûment versées à un allocataire au titre de l'allocation de solidarité spécifique en procédant par retenues sur des échéances à venir lorsque le débiteur conteste le caractère indu des sommes ainsi recouvrées, seule la mise en œuvre des dispositions de l'article L. 5426-8-2 CT [relatives à la procédure de contrainte] étant alors possible.

CE 26 avril 2018, n° 408049.

Contentieux

Les décisions de la commission paritaire d'une Assédic privant un salarié du versement de l'assurance chômage peuvent faire l'objet d'un recours juridictionnel.

Si la commission paritaire de l'Assédic dispose d'un pouvoir discrétionnaire pour accorder gracieusement, dans certains cas et par dérogation aux prescriptions légales ou réglementaires, des prestations aux salariés privés d'emploi, dans les autres cas où il s'agit d'apprécier si les intéressés remplissent ou non les conditions pour bénéficier d'une prestation ou doivent ou non en être privés, les décisions de la commission peuvent faire l'objet d'un recours juridictionnel.

Doit être cassé l'arrêt ayant déclaré irrecevable la demande d'un salarié tendant notamment à obtenir la poursuite du versement de ses allocations de chômage au motif que le salarié ne soutenait pas qu'un droit au sens de l'article L. 351-1 CT avait été méconnu, alors que l'intéressé avait fait valoir qu'il n'avait pas fait de fausses déclarations et qu'il ne pouvait pas être privé de son droit aux allocations de conversion et de chômage à raison de la poursuite d'une activité bénévole et limitée dans l'entreprise de son épouse, relevant de l'entraide familiale et non d'une activité professionnelle, de sorte que la décision de la commission paritaire le privant du droit qu'il revendiquait ne relevait pas du pouvoir discrétionnaire de cette commission.

Cass. soc. 30 mai 2000, n° 95-13.943, BC V n° 211. Voir aussi cass. soc. 23 mai 2001, n° 98-18.104.

Mais la décision de cette commission d'accorder gracieusement, dans certains cas et par dérogation aux prescriptions légales ou réglementaires, des prestations aux salariés privés d'emploi revêt un caractère discrétionnaire et ne peut pas être contrôlée par le juge judiciaire.

Si les décisions des commissions paritaires de l'Assédic peuvent être censurées par le juge lorsqu'elles se prononcent sur le droit des salariés privés d'emploi à des prestations résultant des prescriptions légales, réglementaires ou conventionnelles, tel n'est pas le cas lorsque la commission locale dispose d'un pouvoir discrétionnaire d'appréciation pour accorder gracieusement, dans certains cas, par dérogation à ces prescriptions, des prestations, selon les critères définis, le cas échéant, par délibération de la commission paritaire nationale de l'Assédic. Il résulte des articles L. 351-1 et 3 CT que les allocations d'assurance chômage ne sont attribuées qu'aux travailleurs involontairement privés d'emploi, aptes au travail et recherchant un emploi ; si, selon le règlement annexé à la convention d'assurance chômage, alors en vigueur, les partenaires sociaux ont prévu d'assimiler aux salariés involontairement privés d'emploi certains salariés démissionnaires, c'est à la condition qu'ils aient volontairement quitté leur emploi pour un motif reconnu légitime par la commission paritaire de l'Assédic. Un salarié n'ayant pas invoqué l'un de ces motifs, une cour d'appel en a déduit, à bon droit, qu'elle ne pouvait substituer son appréciation de la légitimité du motif à celle de la commission à laquelle le règlement confère ce pouvoir.

Cass. soc. 27 juin 2000, n° 98-19.090, BC V n° 253.

Le paiement d'allocations de chômage pour la période correspondant au préavis d'un salarié peut être sujet à répétition si un jugement ultérieur reconnaît au salarié le droit à une indemnité de préavis.

Ce qui a été payé sans être dû est sujet à répétition. La même règle s'applique lorsque le paiement est devenu ultérieurement indu.

Après avoir relevé qu'en application de l'article 35, alors en vigueur, du règlement annexé à la convention du 1er janvier 1990 relative à l'assurance chômage, le salarié ne peut prétendre à des allocations de chômage qu'à l'expiration du nombre de jours correspondant aux indemnités compensatrices de préavis et de congés payés, une cour d'appel a exactement décidé que, par l'effet déclaratif d'un jugement prud'homal, confirmé par une cour d'appel reconnaissant à un salarié le droit à un préavis, le paiement des allocations de chômage par une Assédic pour la période correspondant à ce préavis s'est révélé indu.

Cass. soc. 16 mai 2000, n° 98-12.571, BC V n° 185.

L'action en répétition de l'allocation de chômage indûment versée est soumise à une prescription triennale ; lorsque cette action fait suite à la nullité du licenciement, c'est la date du prononcé de cette nullité qui fait courir le délai.

Une salariée a été licenciée le 21 décembre 1994 et a perçu des indemnités de chômage du 17 janvier 1995 au 24 janvier 1998. Par arrêt du 24 septembre 2001, le licenciement de l'intéressée a été annulé et sa réintégration ordonnée, l'employeur étant condamné à lui payer les salaires pour la période comprise entre le licenciement et la réintégration, sous déduction des sommes perçues à d'autres titres pendant cette période. L'Assédic a formé tierce opposition à cet arrêt.

Pour déclarer prescrite la demande de l'Assédic, la cour d'appel a énoncé que cette dernière n'avait engagé aucune action en justice avant le 25 avril

2002, date du dépôt de la tierce opposition, et n'établissait pas l'existence d'une interruption de la courte prescription de l'article L. 351-6-2 CT.

En statuant ainsi, alors que l'Assédic était dans l'impossibilité d'agir en restitution des allocations de chômage en raison de la nullité du licenciement, tant que cette nullité n'avait pas été prononcée, la cour d'appel a violé les articles 2251 et 2257 CC.

Cass. soc. 21 septembre 2005, n° 03-45.024, BC V n° 266.

La répétition de sommes versées par erreur n'exclut pas que le bénéficiaire de cette remise soit fondé à réclamer la réparation du préjudice qui a pu lui être causé par la faute de celui qui les a versées.

En constatant, d'une part, qu'un salarié licencié pour motif économique avait immédiatement informé l'Assédic de la reprise d'une activité réduite non salariée et des revenus qu'il percevait de son activité à caractère libéral et, d'autre part, que l'Assédic avait continué à lui verser des allocations sans l'aviser que le maintien du bénéfice de ces allocations était subordonné à une décision de la commission paritaire, une cour d'appel a caractérisé la négligence fautive de l'Assédic et a pu apprécier souverainement l'existence et le montant du préjudice causé par cette faute en lui allouant, à titre de réparation, une somme correspondant au montant des allocations litigieuses.

Cass. soc. 30 mai 2000, n° 98-15.153, BC V n° 209.

L'obligation faite au travailleur, exclu par le préfet du bénéfice des allocations de chômage, de former un recours préalable devant le préfet avant de saisir le juge administratif n'est pas contraire à la CEDH.

Selon l'article R. 351-34 CT, le travailleur exclu par le préfet du bénéfice des allocations de chômage doit, s'il entend contester une telle décision, former un recours gracieux devant le préfet avant de saisir le juge de l'excès de pouvoir, à peine d'irrecevabilité de sa demande contentieuse.

La circonstance que l'obligation du recours administratif prévu à l'article R. 351-34 CT n'a pas été mentionnée dans la notification de la décision du préfet excluant un travailleur, sur le fondement de l'article R. 351-33 CT, du bénéfice du revenu de remplacement, si elle empêchait que cette notification fît courir le délai du recours contentieux, est sans incidence sur l'irrecevabilité de la demande présentée directement devant le juge de l'excès de pouvoir, qui résulte des dispositions précitées du code du travail.

Ce régime du recours préalable ne constitue pas une atteinte au droit d'exercer un recours effectif devant une juridiction, garanti tant par les stipulations du paragraphe 1 de l'article 6 de la Convention européenne de sauvegarde des droits de l'homme et des libertés fondamentales que, en ce qui concerne plus particulièrement le droit au respect des biens, par les stipulations combinées de l'article 13 de cette convention et de l'article 1er du premier protocole additionnel à ladite convention.

CE 26 février 2003, n° 237297.

Un litige relatif aux prestations servies au titre du régime de solidarité relève de la compétence de la juridiction administrative, qu'il porte sur le droit aux prestations ou sur les modalités de leur versement ou, dès lors que n'est pas en cause la régularité d'un acte de poursuite, sur leur récupération en cas d'indu.

CE 26 avril 2018, n° 408049, précité.

☛ *Licenciement sans cause réelle et sérieuse (Sanctions).*

Clause de conscience

☛ *Journalistes (Clause de conscience).*

Clause couperet

☛ *Retraite (Départ à la) ; Retraite (Mise à la).*

Clause de dédit-formation

La clause de dédit-formation permet à l'employeur d'assurer une formation à ses salariés, ces derniers s'engageant, en contrepartie, à ne pas quitter l'entreprise avant un certain délai fixé par la clause. Elle est licite sous certaines conditions.

Conditions de validité

Les clauses de dédit-formation sont licites si elles constituent la contrepartie d'un engagement pris par l'employeur d'assurer une formation entraînant des frais réels au-delà des dépenses imposées par la loi ou la convention collective, si le montant de l'indemnité de dédit est proportionné aux frais de formation engagés et si elles n'ont pas pour effet de priver le salarié de la faculté de démissionner.

Le contrat de travail d'un commandant de bord prévoyait qu'il pourrait être appelé à suivre des stages de qualification et que, dans ce cas, il s'engageait à servir la société pendant une durée dépendant de la qualification obtenue ou à lui rembourser prorata temporis les frais de stage. Le jour de l'embauche, les parties ont signé un contrat de formation aux termes duquel l'employeur s'engageait à financer l'obtention par le salarié de la qualification sur un certain type d'appareil ; le contrat stipulait qu'en contrepartie de la formation reçue, le salarié s'engageait à rester au service de l'employeur pendant une durée minimale de 48 mois et qu'en cas d'inobservation de cette obligation, il serait redevable d'une indemnité de dédit-formation. Par lettre du 15 juillet 1997, le salarié a démissionné avec effet au 17 octobre suivant. L'employeur a saisi la juridiction prud'homale pour obtenir le paiement d'une indemnité au titre de la clause de dédit-formation, ainsi que d'une indemnité compensatrice pour le défaut d'exécution du préavis de démission.

Doit être cassé l'arrêt qui a débouté l'employeur de sa demande, alors que la circonstance que le contrat de formation ait été signé le jour même de l'embauche et l'interdiction faite au salarié d'exploiter la qualification payée par l'employeur auprès d'une autre compagnie française pendant la période d'amortissement du coût de cette qualification ne rendaient pas illicite la clause de dédit-formation contenue dans ce contrat, laquelle était conforme tant aux stipulations du contrat de travail qu'à l'accord d'entreprise.

Cass. soc. 21 mai 2002, n° 00-42.909, BC V n° 169.

L'article 45 TFUE ne s'oppose pas à un système qui, afin de réaliser l'objectif consistant à encourager le recrutement et la formation des jeunes joueurs, garantit l'indemnisation du club formateur dans le cas où un jeune joueur signe, à l'issue de sa période de formation, un contrat de joueur professionnel avec un club d'un autre État membre, à condition que ce système soit apte à garantir la réalisation dudit objectif et qu'il n'aille pas au-delà de ce qui est nécessaire pour atteindre cet objectif.

N'est pas nécessaire pour garantir la réalisation dudit objectif un régime selon lequel un joueur « espoir » qui signe, à l'issue de sa période de formation, un contrat de joueur professionnel avec un club d'un autre État membre s'expose à une condamnation à des dommages-intérêts dont le montant est sans rapport avec les coûts réels de formation.

CJUE 16 mars 2010, aff. C-325/08, Recueil I-2177.

Pour être valable, l'engagement doit faire l'objet d'une convention particulière conclue avant le début de la formation et précisant la date, la nature, la durée de la formation, son coût réel pour l'employeur, ainsi que le montant et les modalités du remboursement à la charge du salarié.

Cass. soc. 4 février 2004, n° 01-43.651, BC V n° 40. Voir aussi cass. soc. 6 novembre 2013, n° 11-12.869, 2e moyen.

Ayant relevé que la clause de dédit-formation avait été signée après la formation suivie par un salarié démissionnaire, un conseil de prud'hommes a pu débouter l'employeur de sa demande de mise en œuvre de cette clause.

Cass. soc. 16 mars 2005, n° 02-47.007.

Avant d'être engagé définitivement le 2 août 1999 en qualité de commandant de bord, un salarié a bénéficié d'un stage de formation dont les frais ont été évalués selon le coût moyen facturé dans la profession ; les parties ont signé une clause de dédit-formation par laquelle le salarié s'engageait à servir la société pendant une durée de trois ans ou à rembourser prorata temporis les frais de stage dont il avait bénéficié en cas de démission ou de licenciement pour faute grave ou lourde avant la fin de ce délai ; l'intéressé a donné sa démission le 11 octobre 2000.

Une cour d'appel, qui a constaté que la clause de dédit-formation ne contenait aucune information sur le coût réel de la formation pour l'employeur, en a exactement déduit que les conditions de validité de cette clause n'étaient pas réunies. En conséquence, la cour d'appel a pu dire que cette clause était nulle.

Cass. soc. 16 mai 2007, n° 05-16.647. Voir aussi cass. soc. 31 octobre 2007, n° 06-15.696.

Les frais de formation doivent être exposés par l'employeur sur ses fonds propres et non couverts par des crédits de fonctionnement attribués par l'État.

En relevant que les frais de formation invoqués par l'employeur avaient été exposés par la collectivité à travers les subventions de fonctionnement couvrant l'intégralité des dépenses de formation au titre d'un budget annexe et que la société ne prouvait, ni n'offrait de prouver, que la somme fixée à titre de dédit trouvait sa cause dans des frais qu'elle avait effectivement exposés sur ses fonds propres et non sur des crédits de fonctionnement attribués par le ministère de la Santé, une cour d'appel a justifié sa décision de condamner l'employeur à restituer à la salariée l'indemnité de dédit retenue à la suite de sa démission.

Cass. soc. 19 novembre 1997, n° 94-43.195.

Portée de la clause

La clause de dédit-formation n'implique pas une garantie d'emploi pour le salarié.

Une cour d'appel a exactement décidé que la clause prévoyant l'engagement, de la part du salarié, de rester pendant deux ans au service de l'employeur en contrepartie des frais exposés par ce dernier pour lui permettre d'obtenir une qualification ne s'imposait qu'au salarié et ne liait pas l'employeur, qui pouvait la réduire sans que le salarié puisse se prévaloir d'une garantie d'emploi.

Cass. soc. 5 janvier 1999, n° 96-42.931.

Manquement de l'employeur à ses obligations

La fraude de l'employeur dans la conclusion de la clause lui interdit de demander au salarié le remboursement des frais de formation en cas de départ de l'entreprise avant le terme fixé par la clause.

L'employeur qui embauche volontairement des chauffeurs non qualifiés en leur faisant signer une clause de dédit-formation dans le seul but de stabiliser un mouvement de personnel dû aux conditions de travail difficiles ne peut demander au salarié le remboursement des frais de formation en cas de cessation anticipée du contrat.

Cass. soc. 4 juin 1987, n° 84-43.639, 1er moyen.

Il en est de même en cas de manquement de l'employeur à ses obligations contractuelles…

Un employeur ne peut réclamer au salarié le remboursement des frais de formation en application de la clause de dédit-formation, suite à la démission prématurée de ce dernier, dans la mesure où il n'avait pas réglé les salaires. Un tel manquement permettait au salarié de démissionner librement.

Cass. soc. 4 juillet 1990, n° 87-43.787.

… ou d'inexécution de l'obligation de formation.

Ayant relevé que si le contrat de travail du salarié, VRP, prévoyait au profit de l'employeur le remboursement des frais de formation, en cas de rupture du fait du salarié, l'employeur ne rapportait pas la preuve de la réalité des actions de formation qu'il avait dispensées et qui ne pouvaient consister dans la seule participation aux réunions commerciales des réseaux de distribution, une cour d'appel a pu débouter l'employeur de sa demande en remboursement des frais de formation.

Cass. soc. 1er juin 1999, n° 96-40.070. Voir aussi cass. soc. 28 mars 1995, n° 91-45.088.

Une clause de dédit-formation ne peut pas être mise en œuvre lorsque la rupture du contrat de travail est imputable à l'employeur.

C'est à tort qu'une cour d'appel a condamné une salariée au paiement d'une somme au titre de la clause de dédit-formation figurant à son contrat de travail, après avoir jugé que la prise d'acte de la rupture de la salariée produisait les effets d'un licenciement sans cause réelle et sérieuse, ce dont il résultait que la salariée n'avait pas manqué de son fait à son engagement de rester pendant une certaine durée au service de son employeur en contrepartie de la formation qui lui était dispensée.

Cass. soc. 11 janvier 2012, n° 10-15.481, BC V n° 14.

Renonciation de l'employeur à la clause

La renonciation de l'employeur au bénéfice de la clause de dédit-formation ne peut pas résulter de la simple mention « libre de tout engagement » apposée sur le certificat de travail délivré au salarié.

Cass. soc. 4 juillet 2001, n° 99-43.520.

Départ anticipé du salarié

En cas de départ anticipé, le salarié doit rembourser à l'employeur la somme contractuellement prévue.

Une salariée qui ne respecte pas son engagement de rester au service de l'employeur pendant la durée prévue au contrat de travail doit lui payer des dommages-intérêts fixés forfaitairement. Ces derniers ne peuvent être réduits que s'ils sont manifestement excessifs, ce qui n'était pas le cas en l'espèce. Dès lors, doit être cassé l'arrêt énonçant que la pénalité contractuellement prévue pouvait être modérée dans la mesure où la société avait tiré profit des cycles de formation professionnelle effectués par la salariée.

Cass. soc. 23 janvier 1985, n° 82-42.992, BC V n° 58. Voir aussi cass. soc. 18 juin 1981, n° 78-40.939, BC V n° 587.

La circonstance que la démission soit intervenue en cours de période d'essai ne prive pas l'employeur de son droit au dédit-formation contractuellement prévu.

Cass. soc. 5 juin 2002, n° 00-44.327, BC V n° 196.

La clause de dédit-formation, qui prévoit qu'en cas de départ prématuré, le salarié devra rembourser les rémunérations qu'il a perçues durant sa formation, est nulle.

En effet, selon l'article L. 6321-2 CT, toute action de formation suivie par un salarié pour assurer son adaptation au poste de travail constitue un temps de travail effectif et donne lieu pendant sa réalisation au maintien par l'entreprise de la rémunération.

Cass. soc. 23 octobre 2013, n° 11-16.032, moyen d'office, BC V n° 247.

Clause pénale.

Clause d'échelle mobile

Indexation des salaires/échelle mobile des salaires ; SMIC.

Clause de garantie d'emploi

Les parties au contrat de travail peuvent prévoir une clause de garantie d'emploi. Celle-ci a pour objet de prémunir le salarié contre une éventuelle rupture de son contrat de travail pendant une période déterminée. Certaines conventions collectives sont parfois à l'origine de telles garanties.

Distinction entre les clauses de garantie d'emploi et d'autres clauses

Pour condamner un employeur à payer à un salarié, dont le contrat comportait une clause prévoyant une indemnité de rupture, outre le montant de cette somme, une somme à titre de rappel de salaires et des congés payés y afférents, une cour d'appel a retenu qu'il s'agissait d'une clause de garantie d'emploi et que l'employeur qui ne respectait pas une telle clause était tenu d'une indemnisation forfaitaire minimale correspondant aux salaires que le salarié aurait dû percevoir jusqu'à la fin de la garantie d'emploi.

En statuant ainsi, alors que la clause prévoyait une indemnité dont elle fixait forfaitairement le montant quelle que soit la date de la rupture en cas de survenance de celle-ci avant une date déterminée, ce dont il résultait qu'il s'agissait d'une clause indemnisant la rupture survenue avant la date considérée et non d'une clause de garantie d'emploi, la cour d'appel en a dénaturé les termes clairs et précis.

Cass. soc. 18 juin 2003, n° 01-42.298.

C'est à bon droit qu'une cour d'appel a débouté un salarié de sa demande tendant à voir juger qu'il avait droit à une garantie d'emploi pendant quatre ans. En effet, le contrat de travail de l'intéressé, à durée indéterminée, assorti d'une clause de mobilité internationale et prévoyant son affectation initiale en Italie, comportait la clause suivante : « Cette mission (en Italie) vous est confiée pour une durée de quatre ans, prorogeable d'un commun accord. » En raison de son caractère imprécis et, partant, ambigu, qui rendait nécessaire son interprétation, la cour d'appel a estimé, sur le fondement de l'article 1159 c. civ., que, conformément à l'usage concernant les contrats de travail des cadres expatriés, la clause précitée ne constituait pas une garantie d'emploi, mais prévoyait seulement une durée prévisible de l'affectation en Italie, sans exclure la possibilité d'une rupture du contrat de travail pendant la période de quatre ans.

Cass. soc. 29 octobre 2003, n° 01-43.970.

Les sources instituant de telles clauses sont très variées

La clause de garantie d'emploi peut résulter du contrat de travail,...

Un salarié, engagé verbalement le 1er février 1984 par une société en qualité de directeur de marketing, avait conclu le 24 avril 1985 avec cette société un contrat écrit aux termes duquel il était précisé que ses fonctions lui étaient confiées pour une période de trois années à compter du 24 avril 1985 et se poursuivraient ensuite par tacite reconduction, sauf dénonciation. L'employeur ayant mis fin au contrat par lettre du 4 février 1987 pour fautes lourdes, une cour d'appel, qui a constaté que la société ne rapportait pas la preuve des faits qu'elle alléguait, a pu condamner l'employeur au paiement d'une somme pour rupture anticipée du contrat. En effet, l'employeur qui rompt un contrat de travail à durée indéterminée comportant une période de garantie d'emploi avant l'expiration de cette période méconnaît ses obligations contractuelles et est tenu, à défaut de faute lourde ou grave du salarié rendant impossible le maintien des relations contractuelles, au paiement de dommages-intérêts pour rupture anticipée du contrat de travail.

Cass. soc. 13 février 1996, n° 92-42.024, 2e, 3e, 4e et 5e branches du moyen unique. Voir aussi cass. soc. 28 avril 1994, n° 90-45.755, BC V n° 151.

... de dispositions conventionnelles...

C'est à bon droit, d'abord, qu'une cour d'appel a décidé que l'article 32 de la convention collective des échelons intermédiaires des services extérieurs de production des sociétés d'assurances, qui prévoit que la prolongation de l'arrêt de travail au-delà d'une année peut permettre à l'employeur de constater, à tout moment, que le contrat de travail a pris fin pour cause de force majeure, sous réserve d'en aviser le salarié malade, instituait au profit de ce salarié une garantie de maintien d'emploi pendant une période d'un an et qu'au-delà de cette durée, le licenciement pouvait être prononcé au motif des perturbations apportées à l'entreprise par l'absence prolongée du salarié ayant nécessité son remplacement définitif et, ensuite, après avoir constaté, d'une part, que le délai conventionnel de garantie d'emploi était expiré au moment du licenciement d'un salarié en arrêt de travail pour maladie, et d'autre part, que l'employeur apportait la preuve que l'absence continue du salarié entraînait une gêne pour l'entreprise nécessitant son remplacement définitif, que la cour d'appel a débouté le salarié de ses demandes.

Cass. soc. 17 juillet 2001, n° 98-42.310, BC V n° 273.

Il résulte de l'annexe 7 de la convention collective nationale des entreprises de nettoyage de locaux du 29 mars 1990 qu'en cas de changement de prestataire pour des travaux effectués dans les mêmes locaux, les salariés qui appartiennent aux filières d'emplois visées à l'article 2, paragraphe 1A, et dont les contrats de travail répondent aux conditions figurant à l'article 2, paragraphe 1B, bénéficient du maintien d'emploi et passent au service du nouveau prestataire.

Après avoir énoncé à bon droit que cette disposition ne soumettait pas la garantie d'emploi du personnel d'une première entreprise affecté au marché à des conditions de forme, de durée du contrat conclu par le nouveau prestataire et d'étendue des prestations et avoir constaté que celles-ci, désormais fournies par une seconde entreprise, concernaient les mêmes locaux, une cour d'appel a pu dire que cette dernière avait licencié sans cause réelle et sérieuse les salariés qui étaient passés à son service et dont elle avait refusé de reprendre les contrats de travail.

Cass. soc. 12 juillet 1999, n° 97-42.338, BC V n° 348.

... ou d'une lettre.

Constitue une clause de garantie d'emploi la lettre précisant à un salarié qu'un poste lui est proposé pour une période minimale de deux ans et que dans le cas où l'employeur déciderait, à l'issue de cette période, de ne pas renouveler la période d'emploi, le salarié serait en mesure de prétendre à des dommages-intérêts correspondant à un an de salaire, primes incluses.

Cass. soc. 13 novembre 2008, n° 07-42.640, 1er moyen, BC V n° 215.

Les parties sont tenues de la respecter

La clause de garantie d'emploi contractuellement prévue doit recevoir application.

Une cour d'appel a décidé à bon droit que le licenciement pour motif économique motivé par une suppression de poste ne reposait pas sur une cause réelle et sérieuse. En effet, la cour d'appel a estimé que l'employeur initial s'était obligé à ne pas licencier le salarié en cas de cessation prématurée du détachement, sauf si cette cessation prématurée résultait d'une faute grave du salarié ou de la volonté de ce dernier. Ayant constaté que l'entreprise de détachement avait mis fin à l'affectation de l'intéressé pour un motif autre que celui contractuellement prévu, la cour d'appel en a déduit à bon droit qu'en ne réintégrant pas le salarié et en le licenciant en raison de la suppression de son emploi, l'employeur initial avait failli à l'obligation, volontairement souscrite par lui en faveur du salarié, de limiter sa faculté de licenciement.

Cass. soc. 8 juillet 1998, n° 96-42.118, BC V n° 375. Voir aussi cass. soc. 3 octobre 1991, n° 87-43.037, s'agissant de l'engagement d'un employeur de garantir à un salarié la stabilité de son emploi jusqu'à l'âge de 65 ans.

Le contrat comportant une clause de garantie d'emploi ne peut être rompu pendant la période couverte par la garantie qu'en cas d'accord des parties, de faute grave du salarié ou de force majeure ; dès lors, après avoir constaté que l'inaptitude d'un salarié trouvait son origine dans la situation de harcèlement moral dont il avait été la victime, ce dont il résultait que la rupture ne procédait d'aucune de ces causes, une cour d'appel a pu condamner l'employeur à payer une somme au salarié en exécution de la clause de garantie d'emploi.

Cass. soc. 15 avril 2015, n° 13-21.306, 2e moyen du pourvoi de l'employeur, BC V n° 78.

Viole la clause interdisant d'engager une procédure de licenciement durant les six premiers mois d'absence d'un salarié pour maladie l'employeur qui envoie une lettre de convocation à un entretien préalable au licenciement quelques jours avant l'expiration de ce délai.

Clause de garantie d'emploi

Selon l'article 7-2, al. 3, de la convention collective nationale des cabinets d'experts comptables et de commissaires aux comptes du 9 décembre 1974, si l'incapacité du salarié absent pour cause de maladie ou d'accident est telle qu'elle suspend l'exécution du contrat de travail pendant plus de six mois, l'employeur pourra mettre en œuvre la procédure de licenciement ; il résulte de ce texte qu'il institue une protection du salarié malade en interdisant à l'employeur d'engager la procédure de licenciement pendant les six premiers mois d'absence du salarié pour cause de maladie ; le licenciement prononcé en méconnaissance de ces dispositions conventionnelles est privé de cause réelle et sérieuse.

Après avoir constaté qu'un salarié, absent pour maladie depuis le 14 mars 2003, avait été convoqué à un entretien préalable au licenciement par lettre du 10 septembre 2003, soit avant l'expiration du délai de six mois, et que dans la lettre de licenciement l'employeur invoquait les absences répétées et prolongées du salarié désorganisant l'entreprise, une cour d'appel a exactement décidé que le licenciement prononcé en méconnaissance des dispositions conventionnelles était sans cause réelle et sérieuse.

Cass. soc. 29 juin 2011, n° 10-11.052, BC V n° 171.

L'ouverture d'une procédure de redressement judiciaire à l'égard de l'employeur et les autorisations de licenciement données dans ce cadre ne privent pas d'effet un engagement de garantie d'emploi pris antérieurement par l'employeur en faveur de son personnel, pour une durée déterminée.

C'est à bon droit qu'une cour d'appel a condamné un commissaire à l'exécution du plan au paiement d'indemnités, en réparation d'un préjudice lié au non-respect d'une clause de garantie d'emploi figurant dans un accord collectif conclu antérieurement à l'ouverture de la procédure collective.

Cass. soc. 2 février 2006, n° 04-41.275.

La clause ne s'applique qu'en cas de rupture à l'initiative de l'employeur.

Stipulée pour garantir au salarié la stabilité de son emploi, une clause de garantie d'emploi n'a vocation à s'appliquer que dans le cas d'une rupture imputable à l'employeur.

A violé l'article 1134 c. civ. la cour d'appel qui, ayant constaté qu'un salarié s'était borné à présenter sa démission, sans en imputer la responsabilité à son employeur, l'a fait bénéficier du maintien de ses salaires jusqu'à l'expiration de la période de garantie d'emploi.

Cass. soc. 30 novembre 2005, n° 04-41.709.

Lorsqu'une clause de garantie d'emploi n'est acquise au salarié que sous condition de réalisation d'un certain objectif, il appartient au juge de vérifier, en toute hypothèse et quel que soit le motif du licenciement, que les conditions de mise en œuvre de cette clause contractuelle se trouvent bien réunies.

Cass. soc. 20 mai 2009, n° 08-41.606, 1re et 2e branches du moyen unique.

Violation de la clause

La violation par l'employeur de la clause contractuelle de garantie d'emploi ne dispense pas le juge d'examiner la cause du licenciement et il lui appartient d'apprécier le caractère réel et sérieux des motifs invoqués par l'employeur dans la lettre de licenciement.

C'est à tort que, pour condamner un employeur à payer à un salarié licencié en violation d'une clause de garantie d'emploi une somme à titre d'indemnité de licenciement sans cause réelle et sérieuse, une cour d'appel a énoncé que le non-respect par l'employeur d'un engagement de garantie d'emploi entraîne, d'une part, le paiement au salarié des salaires qu'il aurait dû percevoir jusqu'à la fin de la garantie d'emploi et, d'autre part, le droit pour le salarié d'obtenir le paiement d'une indemnité pour licenciement sans cause réelle et sérieuse sur le fondement de l'article L. 122-14-4 CT alors applicable.

Cass. soc. 13 novembre 2008, n° 07-42.640, 3e moyen, BC V n° 215.

Le licenciement prononcé en violation d'une clause conventionnelle de garantie d'emploi est sans cause réelle et sérieuse.

Le licenciement prononcé en violation des dispositions d'une convention collective instituant, en cas d'absence pour cause de maladie, une période de garantie d'emploi, est dépourvu de cause réelle et sérieuse, et non entaché d'une nullité.

Cass. soc. 20 mai 1998, n° 96-41.045. Voir aussi cass. soc. 21 novembre 1995, n° 92-41.748, 1er moyen.

Le salarié licencié en violation d'une clause de garantie d'emploi a droit à des dommages-intérêts et à une indemnité de préavis.

Une salariée, dont le contrat de travail comportait depuis septembre 1999 une clause de garantie d'emploi interdisant de le rompre pour une durée de cinq ans, sauf faute lourde, a été licenciée sur ce fondement en 2001 et a saisi la juridiction prud'homale de demandes d'indemnités au titre de la rupture de son contrat de travail.

Pour accueillir sa demande, une cour d'appel a d'abord pu retenir que la clause du contrat lui garantissant la stabilité de son emploi pendant une période de cinq années était licite et devait recevoir application dès lors qu'aucune faute n'avait été commise par l'intéressée ; ensuite, ayant, par une interprétation de la volonté commune des parties, jugé que la clause litigieuse avait pour but de préserver la salariée de la perte de son emploi, dans un contexte économique rendant difficile son reclassement professionnel, la cour d'appel a pu décider qu'elle ne constituait pas une clause pénale ; en outre, si les dommages-intérêts dus en cas de violation de la clause de garantie d'emploi ne se cumulent pas avec les indemnités de chômage servies par l'Assédic au titre de cette période, la cour d'appel a exactement retenu que ce principe n'avait vocation à s'appliquer que dans les rapports entre la salariée et l'organisme d'assurance chômage ; enfin, la rupture du contrat ne pouvant intervenir au cours de la période de garantie d'emploi, c'est à bon droit que la cour d'appel a décidé que l'indemnité de préavis était due à la salariée.

Cass. soc. 23 octobre 2007, n° 06-42.994, BC V n° 172.

La stipulation prévoyant, en cas de méconnaissance d'une clause de garantie d'emploi, le paiement de dommages-intérêts équivalent aux salaires et avantages en nature que le salarié aurait perçus pendant la durée de la garantie, qui ne fait que rappeler les conséquences indemnitaires attachées de plein droit à la méconnaissance par l'employeur de son engagement, ne constitue pas une clause pénale.

Cass. soc. 24 octobre 2012, n° 11-18.919.

L'indemnité accordée au titre de la violation de la garantie d'emploi ne prive pas le salarié du bénéfice de l'indemnité de préavis lorsqu'il peut y prétendre.

Cass. soc. 13 novembre 2008, n° 07-42.640, 2e moyen. Voir aussi cass. soc. 23 octobre 2007, n° 06-42.994, BC V n° 172.

La violation de la clause de garantie d'emploi oblige l'employeur à indemniser le salarié du solde des salaires dû jusqu'au terme de la période garantie.

Cass. soc. 2 février 1999, n° 96-40.773, BC V n° 49. Voir aussi cass. soc. 10 juillet 2001, n° 99-44.762.

L'expiration d'une période de garantie d'emploi ne constitue pas en soi une cause de licenciement.

Une absence prolongée ne peut être prise en compte comme motif de licenciement que si elle rend nécessaire le remplacement définitif du salarié.

Cass. soc. 7 mai 2002, n° 99-42.657.

Les dommages-intérêts alloués en cas de violation de la clause ne se cumulent pas avec les indemnités de chômage.

Les dommages-intérêts alloués à un salarié en cas de violation par l'employeur d'une clause de garantie d'emploi, qui sont équivalents aux rémunérations qu'il aurait perçues jusqu'au terme de cette période de garantie, ne peuvent se cumuler avec le revenu de remplacement servi par l'Assédic.

Cass. ass. plén. 13 décembre 2002, n° 00-17.143, BC n° 3. Voir aussi cass. soc. 28 février 2006, n° 04-41.380, BC V n° 86 ; cass. soc. 26 septembre 2012, n° 11-20.194, 3e moyen du pourvoi de la société.

L'indemnité due en cas de violation de l'engagement contractuel de garantie d'emploi répare un préjudice distinct de celui couvert par l'indemnité légale de licenciement et se cumule avec elle.

Cass. soc. 4 mars 2008, n° 06-45.221, 3e moyen, BC V n° 44.

L'indemnité due en cas de violation de l'engagement contractuel de garantie d'emploi indemnise un préjudice distinct de celui réparé par l'indemnité pour licenciement sans cause réelle et sérieuse et se cumule avec elle.

Cass. soc. 30 juin 2010, n° 08-41.937, 1er moyen du pourvoi de la salariée. Voir aussi cass. soc. 23 septembre 2015, n° 13-28.192, pourvoi incident.

Clause illicite

Indexation des salaires/Échelle mobile des salaires ; Retraite (Départ à la) ; Retraite (Mise à la).

Clause d'indexation

Indexation des salaires/Échelle mobile des salaires ; SMIC.

Clause de mobilité

Lorsqu'une clause de mobilité est insérée au contrat de travail, le salarié s'engage à accepter certaines mutations, sans que cela constitue une modification de son contrat de travail.

Champ d'application

Les déplacements s'inscrivant dans le cadre habituel de l'activité du salarié ne sont pas soumis au régime des clauses de mobilité.

Un salarié a été engagé par une société suivant un contrat prévoyant, à son article 4, « lieu d'exécution des fonctions », au § 4.2, que « dans le cadre de ses activités, le salarié pourra être amené à assurer des missions à l'extérieur de l'entreprise, que ce soit en France ou hors de France pour une durée plus ou moins longue, ce qu'il accepte expressément », et au § 4.5, que « de façon générale, l'employeur et le salarié reconnaissent expressément que la mobilité du salarié dans l'exercice de ses fonctions constitue une condition substantielle du présent contrat sans laquelle ils n'auraient pas contracté ». Ayant refusé de se rendre à une réunion à l'étranger, le salarié a été licencié pour faute grave. Il a saisi la juridiction prud'homale aux fins de condamnation de la société à lui payer des indemnités de rupture.

Pour juger le licenciement du salarié sans cause réelle et sérieuse, une cour d'appel a retenu que la clause de mobilité doit par principe précisément définir sa zone géographique d'application et ne peut pas conférer à l'employeur le pouvoir d'en étendre unilatéralement la portée, que cette exigence d'un périmètre de mutation, défini géographiquement dans le contrat de travail conclu entre les parties, est une condition de validité même de la clause de mobilité, que la clause contractuelle dont se prévalait la société était trop imprécise en l'absence d'indication sur la limite géographique dans laquelle la mobilité professionnelle du salarié pouvait intervenir, temporairement ou définitivement, et en l'absence ainsi de données prédéfinies entre les parties, qu'il en résultait une indétermination de la zone géographique d'évolution du salarié emportant la nullité ab initio de ladite clause en application de l'article 1129 c. civ., que cette clause était donc inopposable au salarié.

En statuant ainsi, par des motifs inopérants tirés des conditions de validité d'une clause de mobilité, alors que le déplacement refusé par le salarié s'inscrivait dans le cadre habituel de son activité de consultant international, la cour d'appel a violé les articles 1129 et 1134 c. civ. et L. 1221-1 CT.

Cass. soc. 11 juillet 2012, n° 10-30.219, BC V n° 217.

Insertion d'une clause de mobilité dans le contrat de travail

L'insertion d'une clause de mobilité dans le contrat de travail constitue une modification de ce contrat que le salarié doit accepter.

Ayant constaté que la mutation d'un salarié s'accompagnait de l'insertion d'une clause de mobilité, une cour d'appel a exactement décidé, par ce seul motif, que le contrat de travail avait été modifié et que, dès lors, le licenciement motivé uniquement par le refus d'accepter cette modification ne procédait pas d'une cause réelle et sérieuse.

Cass. soc. 24 novembre 1999, n° 97-45.202, BC V n° 456.

Lorsque l'insertion de la clause a un motif économique, l'employeur doit la proposer au salarié par lettre recommandée avec accusé de réception.

L'ajout d'une clause de mobilité au contrat de travail pour un motif économique constitue une modification du contrat de travail et impose l'observation de la formalité prévue par l'article L. 321-1-2 CT, dont la méconnaissance rend le licenciement sans cause réelle et sérieuse.

Cass. soc. 25 janvier 2006, n° 03-46.794.

Conditions de validité

Le libellé de la clause doit être clairement énoncé.

C'est à bon droit qu'une cour d'appel a estimé que si le contrat de travail de salariés prévoyait que l'exécution de la prestation de travail pourrait se dérouler en fonction des besoins de l'entreprise ailleurs qu'au lieu d'affectation, il ne comportait pas de clause de mobilité et que les salariés étaient fondés à refuser la modification de leur contrat de travail que constituait leur mutation de Louviers à Évreux.

Cass. soc. 14 juin 2000, n° 98-43.714.

La convention conclue entre un employeur et un salarié, prévoyant qu'à l'issue du congé individuel de formation que ce dernier prenait et à défaut de trouver un emploi extérieur, il acceptait d'ores et déjà toute fonction disponible qui pourrait lui être confiée dans le groupe, s'analyse en une clause de mobilité.

L'acceptation d'une telle clause ne peut déroger aux dispositions de la convention collective exigeant l'accord du salarié en cas de changement de domicile.

Cass. soc. 3 mars 2004, n° 02-41.750.

La clause de mobilité doit être limitée géographiquement.

Une clause de mobilité doit définir de façon précise sa zone géographique d'application.

Le contrat de travail d'une salariée prévoyait qu'elle exercerait son activité à l'agence de Folelli (Corse) et serait rattachée à l'établissement d'Ajaccio, mais que « les évolutions dans l'organisation de l'entreprise pourront amener cette dernière à modifier tant l'établissement que le bureau de rattachement ». La salariée a bénéficié d'un congé sabbatique et, ayant refusé, à l'issue de ce congé, d'être mutée à l'agence de Corte (Corse), elle a été licenciée pour faute grave, motif pris de son « refus de mobilité géographique prévue par le contrat de travail ». La salariée a saisi la juridiction prud'homale.

C'est à tort que, pour juger que son licenciement reposait sur une faute grave, une cour d'appel a retenu que l'emploi précédemment occupé par la salariée n'était plus disponible à l'issue de son congé sabbatique, qu'il lui avait été proposé, de manière régulière, un emploi similaire conformément à la clause de mobilité stipulée au contrat de travail et que le refus de l'intéressée était injustifié.

Cass. soc. 12 juillet 2006, n° 04-45.396, BC V n° 241.

Un salarié, licencié pour faute grave pour avoir refusé sa mutation alors que son contrat de travail contenait une clause de mobilité, a saisi la juridiction prud'homale de diverses demandes.

C'est à bon droit qu'une cour d'appel a accueilli ses demandes après avoir relevé, d'une part, l'absence de limite dans laquelle la mutation du salarié pouvait intervenir et, d'autre part, la clause prévoyant que tout refus du salarié emporterait la rupture du contrat de travail, ce dont il résultait qu'une telle clause était nulle.

Cass. soc. 19 mai 2004, n° 02-43.252.

La mention du « territoire français » suffit à rendre précise la zone géographique d'application de la clause.

Un salarié et trois autres collègues ont été engagés par une société pour travailler en France ; leur contrat de travail prévoyait une clause de mobilité ainsi libellée : « Compte-tenu de la nature de ses fonctions, M. prend l'engagement d'accepter tout changement de lieu de travail nécessité par l'intérêt ou le fonctionnement de l'entreprise dans la limite géographique du territoire français sans que ce changement constitue une modification du contrat de travail ». Licenciés pour avoir refusé leur mutation dans une autre ville, ils ont saisi la juridiction prud'homale pour obtenir le paiement de diverses sommes à titre de dommages-intérêts pour licenciement sans cause réelle et sérieuse.

Pour dire le licenciement dépourvu de cause réelle et sérieuse, une cour d'appel a retenu que la seule mention du « territoire français » ne peut suffire à rendre précise la clause de mobilité puisque n'excluant pas les « DOM-TOM », que cette clause ne comporte aucune précision sur sa zone géographique d'application et ne permet pas au salarié, au moment de la signature du contrat, de savoir si elle concerne les établissements existants ou également ceux à venir.

En statuant ainsi, alors que la clause de mobilité définissait de façon précise sa zone géographique d'application et ne conférait pas à l'employeur le pouvoir d'en étendre unilatéralement la portée, la cour d'appel a violé les articles L. 1232-1 CT et 1134 c. civ.

Cass. soc. 9 juillet 2014, n° 13-11.906, BC V n° 183.

L'employeur ne peut pas étendre unilatéralement la portée géographique de la clause.

Une clause de mobilité doit définir de façon précise sa zone géographique d'application et ne peut conférer à l'employeur le pouvoir d'en étendre unilatéralement la portée.

Doit être cassé l'arrêt qui, pour débouter un salarié licencié après avoir refusé sa mutation dans une autre région de sa demande de dommages-intérêts pour licenciement sans cause réelle et sérieuse, a retenu que la clause contenue dans son contrat de travail lui imposait une mobilité sur toute la zone d'activité de son employeur qui, depuis 1991, avait été étendue à l'ensemble du territoire national.

Cass. soc. 7 juin 2006, n° 04-45.846, BC V n° 209.
Voir aussi cass. soc. 28 avril 2011, n° 09-42.321 ; cass. soc 10 février 2016, n° 14-14.325, 2e moyen.

Après avoir constaté que la clause de mobilité figurant dans un contrat de travail stipulait que : « la salariée accepte par avance, une fois sa formation terminée, d'être affectée dans une communauté, en tant que responsable, en fonction des nécessités de l'employeur (...). La non-acceptation de la clause de mobilité entraînerait ipso facto le licenciement » et que, par ailleurs, l'employeur avait précisé à l'intéressée que la disponibilité demandée portait sur l'ensemble du territoire, chaque fois qu'une association était implantée, une cour d'appel en a déduit que cette clause était claire, qu'elle ne conférait pas à l'employeur le pouvoir d'en étendre unilatéralement la portée, et que l'intéressée était tenue d'en respecter les termes.

En statuant ainsi, alors qu'il résultait de ses constatations que l'employeur s'était réservé unilatéralement la possibilité d'étendre des lieux d'affection de la salariée, la cour d'appel a violé l'article 1134 c. civ.

Cass. soc. 14 octobre 2008, n° 06-46.400, pourvoi de la salariée, BC V n° 191.

La clause de mobilité ne doit pas porter atteinte au libre choix du domicile…

Selon l'article 8 de la Convention européenne de sauvegarde des droits de l'homme et des libertés fondamentales, toute personne a droit au respect de son domicile. Le libre choix du domicile personnel et familial est l'un des attributs de ce droit et une restriction à cette liberté par l'employeur n'est valable qu'à la condition d'être indispensable à la protection des intérêts légitimes de l'entreprise et proportionnée, compte tenu de l'emploi occupé et du travail demandé, au but recherché.

Un attaché commercial était domicilié avec sa famille dans la région parisienne, son secteur d'activité étant la région parisienne, le nord et l'est de la France. Son contrat comportait une clause précisant que l'employeur se réservait le droit de modifier la région d'activité en demandant au salarié d'être domicilié sur cette région dans les 6 mois suivant ce changement d'affectation ; il était également précisé que le refus du salarié entraînerait la rupture du contrat de travail ne donnant lieu à aucune indemnité particulière de licenciement autre que les indemnités légales ou conventionnelles. L'employeur ayant notifié au salarié la modification d'affectation et lui ayant demandé d'être domicilié dans la région de Montpellier, le salarié a refusé de transférer son domicile familial à Montpellier et a été licencié.

Pour décider que le licenciement fondé sur le non-respect de la clause litigieuse reposait sur une cause réelle et sérieuse, une cour d'appel a considéré que la clause était licite, dès lors qu'elle était justifiée par la nature et le lieu des fonctions commerciales exercées par l'intéressé et par le bon fonctionnement de l'entreprise. En statuant par ces seuls motifs, qui ne justifiaient ni le caractère indispensable pour l'entreprise d'un transfert de domicile alors que le salarié proposait d'avoir une résidence à Montpellier ni le caractère proportionné au but recherché de cette atteinte à la liberté de choix du domicile du salarié, et alors que, faute d'expliquer en quoi les attributions de l'intéressé exigeaient une présence permanente à Montpellier, la cour d'appel n'a pas donné de base légale à sa décision.

Cass. soc. 12 janvier 1999, n° 96-40.755, BC V n° 7.

… ni au droit à une vie personnelle et familiale…

Une salariée a été engagée par une société en qualité de consultante, à temps complet, puis à temps partiel dans le cadre d'un congé parental. Le contrat de travail prévoyait que le poste était fixé à Marseille avec possibilité de déplacements en France et à l'étranger et qu'il pourrait lui être demandé d'effectuer des missions justifiant l'établissement temporaire de sa résidence sur place. Suite à son refus d'accepter une mission en région parisienne pour une durée de trois mois, la salariée a été licenciée et a saisi la juridiction prud'homale.

Pour la débouter de sa demande de dommages-intérêts pour licenciement sans cause réelle et sérieuse, une cour d'appel a retenu que la société avait conservé une activité à Marseille, qu'à supposer que la suppression du poste de la salariée ait été envisagée, celle-ci ne pouvait refuser la mission au prétexte que l'employeur ne l'avait pas renseignée sur l'avenir prévisible du bureau de Marseille, que le déplacement prévu était limité à trois mois à Paris dans une ville située à quelques heures de train ou d'avion de Marseille et que la mauvaise foi de l'employeur n'était pas établie.

En se déterminant ainsi, sans rechercher si la mise en œuvre de la clause contractuelle ne portait pas une atteinte au droit de la salariée à une vie personnelle et familiale et si une telle atteinte pouvait être justifiée par la tâche à accomplir et était proportionnée au but recherché, la cour d'appel n'a pas donné de base légale à sa décision au regard des articles L. 120-2 devenu L. 1121-1 CT et 1134 c. civ.

Cass. soc. 14 octobre 2008, n° 07-40.523, BC V n° 192.

Une salariée, engagée par une société en qualité d'agent de propreté, était affectée à un site pour 4 h par jour du lundi au vendredi de 15 h à 19 h ; l'employeur lui a annoncé un changement d'affectation sur un autre site, de 17 h à 21 h, porté ensuite de 17 h à 19 h, du lundi au vendredi ; suite à son refus de cette nouvelle affectation, l'intéressée a été licenciée pour faute grave ; contestant ce licenciement, elle a saisi la juridiction prud'homale de diverses demandes.

Après avoir constaté que son contrat de travail n'indiquait aucun horaire particulier, précisait que « les caractères spécifiques de l'activité ne permettant pas de garantir la permanence d'horaires déterminés, ceux assurés par le salarié lors de son engagement pourront être modifiés en fonction du service… sans que cette modification constitue une modification essentielle du présent contrat » et prévoyait la clause de mobilité suivante : « compte tenu de la nature de ces fonctions et des usages de la profession, l'agence se réserve la possibilité de muter le salarié dans une zone géographique de l'agence, sans que cette modification constitue une modification essentielle du présent contrat », et retenu, d'une part, qu'en l'absence d'horaires expressément mentionnés dans le contrat de travail, le changement d'horaire au sein de la journée constituait un simple changement des conditions de travail relevant du pouvoir de direction de l'employeur, d'autre part, qu'il n'était pas établi qu'en l'affectant à un autre site, la société avait abusé de son pouvoir de mettre en œuvre la clause de mobilité, et, par ailleurs, que la salariée ne faisait pas état de difficultés particulièrement lourdes au regard de cette nouvelle affectation, une cour d'appel en a déduit que l'intéressée ne pouvait considérer cette dernière comme une modification de contrat de travail susceptible d'être refusée et l'a déboutée de ces demandes.

En statuant ainsi, sans rechercher concrètement, d'une part, si la mise en œuvre de la clause de mobilité ne portait pas une atteinte au droit de la salariée, laquelle faisait valoir qu'elle était veuve et élevait seule deux jeunes enfants, à une vie personnelle et familiale et si une telle atteinte pouvait être justifiée par la tâche à accomplir et était proportionnée au but recherché et, d'autre part, si la modification des horaires journaliers de travail était compatible avec des obligations familiales impérieuses, la cour d'appel n'a pas donné de base légale à sa décision.

Cass. soc. 13 janvier 2009, n° 06-45.562, BC V n° 4.

… à moins que cette atteinte ne soit justifiée par les fonctions du salarié et l'intérêt de l'entreprise.

Un salarié engagé en qualité de gardien, dont le contrat de travail comportait une clause de mobilité selon laquelle il pouvait être muté dans un autre ensemble immobilier appartenant à la société ou dont elle assumait la gestion, et situé dans le même département que celui où il exerçait ses fonctions ou dans un département limitrophe, a refusé une telle mutation et a été licencié en raison de ce refus ; il a saisi la juridiction prud'homale pour contester son licenciement.

C'est à bon droit qu'une cour d'appel l'a débouté de sa demande d'indemnité pour licenciement sans cause réelle et sérieuse, après avoir relevé que la mise en œuvre de la clause de mobilité entraînant un changement de domicile du salarié, appelé, en raison de ses fonctions de gardien, à être domicilié sur le nouveau site, était justifiée par l'intérêt de l'entreprise et ne présentait aucun caractère abusif.

Cass. soc. 13 juillet 2004, n° 02-44.958.

Est nulle la clause de mobilité par laquelle le salarié lié par un contrat de travail à une société s'engage à accepter toute mutation dans une autre société, même si cette dernière appartient au même groupe ou à la même unité économique et sociale.

Un salarié a été engagé par une société pour exercer les fonctions de responsable marketing auprès de l'une de ses filiales ; il a signé avec cette dernière un avenant à son contrat de travail par lequel il acceptait une promotion et l'adjonction d'une clause de mobilité stipulant qu'il pourrait être amené à exercer ses fonctions dans toute autre filiale et que la mise en œuvre de cette clause donnerait lieu à rédaction d'un nouveau contrat de travail auprès de la société d'accueil ; ayant refusé une mutation dans une autre société du groupe, le salarié a été licencié pour non-respect de la clause de mobilité.

Pour dire le licenciement fondé sur une cause réelle et sérieuse, une cour d'appel a retenu que l'avenant au contrat de travail de l'intéressé contenait une clause de mobilité dans l'ensemble des filiales du groupe, de sorte que la mutation du salarié dans une autre filiale constituait un simple changement des conditions de travail entrant dans le pouvoir de direction de l'employeur que le salarié ne pouvait refuser sans méconnaître ses engagements contractuels.

En statuant ainsi, alors qu'un salarié ne peut accepter par avance un changement d'employeur et que la clause de mobilité par laquelle le salarié lié par contrat de travail à une société s'est engagé à accepter toute mutation dans une autre société, alors même que cette société appartiendrait au même groupe ou à la même unité économique et sociale, est nulle, la cour d'appel a violé l'article L. 1222-1 CT.

Cass. soc. 23 septembre 2009, n° 07-44.200, moyen soulevé d'office, BC V n° 191. Voir aussi cass. soc. 19 mai 2016, n° 14-26.556, 1er moyen, BC V n° 108.

Conditions de mise en œuvre

La clause de mobilité n'est opposable au salarié que s'il l'a acceptée.

Une salariée avait été licenciée pour faute grave pour avoir refusé une mutation en violation du contrat de travail prévoyant une clause de mobilité.

Procédant à la vérification de la signature du contrat de travail déniée par la salariée, par comparaison avec d'autres documents, une cour d'appel a estimé que le contrat produit au débat n'étant pas signé par l'intéressée, la clause de mobilité qui y était inscrite ne lui était pas opposable. Ayant exactement décidé qu'à défaut de clause de mobilité, la salariée n'avait pas commis de faute en refusant une mutation qui constituait une modification du contrat de travail, la cour d'appel, après avoir relevé que l'employeur ne démontrait pas que celle-ci avait une quelconque justification, a pu décider que le licenciement était sans cause réelle et sérieuse.

Cass. soc. 2 avril 1998, n° 95-43.541, BC V n° 196.

Doit être cassé l'arrêt qui, pour dire fautif le refus de mutation émanant d'un salarié et son licenciement fondé sur une cause réelle et sérieuse, a retenu que l'intéressé avait paraphé, lors de son engagement, un exemplaire du règlement intérieur contenant une clause de mobilité, et qu'ainsi cette clause s'était intégrée, dès l'embauche, dans son contrat de travail, dont il avait méconnu les dispositions en refusant sa mutation, alors que le fait d'apposer sa signature sur le règlement intérieur lors de l'embauche ne manifestait pas, de la part du salarié, la volonté claire et non équivoque d'accepter l'intégration à son contrat de travail de la disposition relative au changement de lieu de travail, étranger à l'objet limitativement déterminé par les articles L. 122-34 et L. 122-35 CT.

Cass. soc. 19 novembre 1997, n° 95-41.260, BC V n° 383.

La mise en œuvre de la clause de mobilité ne saurait avoir pour effet d'imposer au salarié un partage de son temps de travail entre plusieurs établissements.

Le contrat de travail d'une salariée précisait que le lieu de travail était Soissons, avec possibilité pour l'employeur de la muter dans un autre établissement de l'entreprise ; après avoir refusé de partager son temps de travail entre les magasins de Soissons et de Ham, la salariée a été licenciée pour refus répetés d'exécuter une partie de son activité au magasin de Ham.

C'est à tort que, pour débouter la salariée de sa demande de dommages-intérêts pour licenciement sans cause réelle et sérieuse, une cour d'appel a retenu que si l'employeur avait proposé de partager le poste de travail entre le magasin de Soissons et celui de Ham, cette modification n'aurait pas eu pour effet de transformer le contrat de travail en cours à temps plein en deux contrats de travail à temps partiel puisqu'elle ne concernait que le lieu de travail qui n'était pas une condition essentielle du contrat de travail et ne tendait qu'à l'application d'une clause contractuelle. En effet, la clause de mobilité ne permettait pas à l'employeur d'imposer à la salariée un partage de son temps de travail entre plusieurs établissements.

Cass. soc. 20 décembre 2006, n° 05-42.224, BC V n° 393.

En l'absence de clause de mobilité insérée au contrat de travail, l'employeur peut se prévaloir d'une obligation de mobilité conventionnelle si le salarié a été informé de l'existence de la convention collective au moment de son engagement.

Si, même en l'absence de clause de mobilité géographique insérée au contrat de travail du salarié, l'employeur peut se prévaloir de l'existence d'une telle mobilité instituée de façon obligatoire par la convention collective, lorsque la disposition de la convention collective se suffit à elle-même, c'est à la condition que le salarié ait été informé de l'existence de cette convention collective au moment de son engagement et mis en mesure d'en prendre connaissance. Après avoir fait ressortir que l'engagement d'un salarié était antérieur à la convention collective invoquée par l'employeur, en sorte que ladite convention n'avait pu, sans modifier le contrat de travail du salarié, imposer à celui-ci une clause de mobilité qui n'y figurait pas, une cour d'appel a pu décider que les refus réitérés de l'intéressé d'accepter sa mutation n'étaient pas fautifs.

Cass. soc. 27 juin 2002, n° 00-42.646, BC V n° 222.

N'a pas donné de base légale à sa décision la cour d'appel qui a dit que le licenciement d'un salarié, prononcé suite à son refus d'accepter une mutation proposée sur le fondement d'une clause conventionnelle de mobilité, avait une cause réelle et sérieuse, sans rechercher si la convention collective contenait une clause de mobilité au jour de l'engagement du salarié et si elle avait été portée à sa connaissance.

Cass. soc. 30 novembre 2005, n° 03-46.530.

Encore faut-il que la clause de mobilité conventionnelle définisse précisément sa zone géographique d'application.

Une clause de mobilité doit définir de façon précise sa zone géographique d'application ; l'article 61 de la convention collective nationale du personnel des bureaux d'études techniques, des cabinets d'ingénieurs-conseils et des sociétés de conseils, dite SYNTEC, du 1er janvier 1988, qui se borne à énoncer que toute modification du lieu de travail comprenant un changement de résidence fixe, qui n'est pas acceptée par le salarié, est considérée, à défaut de solution de compromis, comme un licenciement et réglée comme tel, ne saurait constituer une clause de mobilité licite directement applicable au salarié en l'absence de clause contractuelle de mobilité.

À la suite de la fermeture de l'agence dans laquelle il travaillait à Toulouse, un salarié a été informé de sa mutation à Bordeaux ; ayant refusé ce transfert, ce dernier a été convoqué à un entretien préalable puis licencié ; contestant la légitimité de son licenciement, il a saisi la juridiction prud'homale.

Après avoir constaté que le contrat de travail ne contenait pas de clause de mobilité, c'est à bon droit qu'une cour d'appel a décidé que ce licenciement était sans cause réelle et sérieuse.

Cass. soc. 24 janvier 2008, n° 06-45.088, BC V n° 23. Voir aussi cass. soc. 16 juin 2009, n° 08-40.020.

L'employeur peut mettre en œuvre la clause de mobilité à tout moment, sous réserve de respecter un délai de prévenance…

En imposant à une salariée de rejoindre sa nouvelle affectation dans les vingt-quatre heures et en la prévenant par télégramme, l'employeur avait marqué son désir de voir la salariée refuser un tel bouleversement des conditions de travail. Malgré la clause de mobilité insérée dans le contrat de travail de la salariée, une cour d'appel a pu décider que le comportement de l'employeur rendait la rupture imputable à ce dernier.

Cass. soc. 16 février 1987, n° 84-43.047, BC V n° 83. Voir aussi cass. soc. 3 mai 2012, n° 10-25.937.

Un salarié a été engagé par une société en qualité de machiniste le 21 janvier 2002 pour être affecté sur le site de Feytiat en Haute-Vienne. Licencié pour faute grave le 10 mars 2006, pour avoir refusé de rejoindre sa nouvelle affectation située à Villefranche d'Allier, en dépit de la clause de mobilité insérée au contrat de travail, il a saisi la juridiction prud'homale.

C'est à bon droit qu'une cour d'appel a retenu qu'en imposant au salarié, par une décision notifiée le 13 février 2006, son affectation sur le site de Villefranche d'Allier à compter du 20 février 2006, soit seulement sept jours plus tard, l'employeur n'avait pas respecté un délai de prévenance suffisant, compte tenu des perturbations que la mise en œuvre de la clause de mobilité entraînait pour le salarié et sa famille, alors que durant cette semaine, il continuait de travailler à Feytiat. La cour a pu en déduire que l'employeur avait mis en œuvre abusivement la clause de mobilité, ce qui rendait le licenciement sans cause réelle et sérieuse

Cass. soc. 25 janvier 2011, n° 09-42.307.

… et les dispositions conventionnelles.

Une convention collective prévoyait que « la mutation ne pouvait entraîner une réduction de la situation pécuniaire de l'intéressé, exception faite des primes liées à la situation particulière de l'établissement ». Ayant constaté qu'un employeur avait proposé à son salarié une mutation de Brest à Paris, et relevé que le coût de la vie à Paris, en cas d'installation définitive du salarié avec sa famille, aurait été plus élevé qu'à Brest et que les voyages périodiques d'une ville à l'autre n'étaient pas pris en charge par l'employeur pour rendre visite à sa famille dans l'hypothèse où celle-ci serait restée à Brest, une cour d'appel a pu décider que la mutation entraînait une réduction de la situation pécuniaire de l'intéressé et condamner la société à verser au salarié licencié, suite au refus de sa mutation, une indemnité conventionnelle de licenciement et des dommages-intérêts pour licenciement abusif.

Cass. soc. 27 mai 1992, n° 89-44.508, BC V n° 351. Voir aussi cass. soc. 5 mai 1998, n° 95-42.545, BC V n° 218, s'agissant d'une disposition conventionnelle imposant l'accord du salarié pour toute mutation impliquant un changement de domicile.

N'a pas justifié sa décision la cour d'appel qui a décidé que la mutation d'un salarié, en application d'une clause de mobilité, était dictée par les intérêts de l'entreprise et a en conséquence dit que le licenciement de l'intéressé consécutif à son refus était justifié, sans rechercher si la mutation était fondée sur de sérieuses nécessités de service comme le prévoyait la convention collective applicable à l'entreprise.

Cass. soc. 22 janvier 2003, n° 01-40.141.

Un salarié, dont le contrat contenait une clause de mobilité géographique, a donné sa démission ; il a saisi la juridiction prud'homale d'une demande tendant au paiement d'indemnités de rupture, soutenant que celle-ci était imputable à l'employeur en raison de la violation de la convention collective et de son contrat de travail.

La convention collective applicable exigeait une concertation entre l'employeur et le salarié préalablement à la décision relative à la mise en œuvre de la clause de mobilité. Dès lors, ayant constaté que la décision de l'employeur avait été prise avant que la concertation ait été engagée, une cour d'appel a exactement décidé que celui-ci avait violé ces dispositions et que la rupture du contrat de travail lui était imputable.

Cass. soc. 13 octobre 2004, n° 02-42.271, BC V n° 260.

L'employeur est présumé être de bonne foi lorsqu'il met en œuvre la clause de mobilité.

La bonne foi contractuelle étant présumée, les juges n'ont pas à rechercher si la décision de l'employeur de faire jouer une clause de mobilité stipulée dans le contrat de travail est conforme à l'intérêt de l'entreprise et il incombe au salarié de démontrer que cette décision a, en réalité, été prise pour des raisons étrangères à cet intérêt, ou bien qu'elle a été mise en œuvre dans des conditions exclusives de la bonne foi contractuelle.

En l'espèce, les conditions dans lesquelles une décision relative à la mutation d'une salariée avait été prise procédaient d'une précipitation suspecte vis-à-vis de l'intéressée eu égard à son ancienneté, la salariée ayant par ailleurs, peu de temps avant, fait l'objet de deux avertissements fondés sur des griefs non établis. Dès lors, une cour d'appel a pu décider que le licenciement de la salariée était sans cause réelle et sérieuse.

Cass. soc. 23 février 2005, n° 04-45.463, BC V n° 64. Voir aussi cass. soc. 14 octobre 2008, n° 07-43.071, 1er moyen ; cass. soc. 18 janvier 2012, n° 10-11.978.

Le changement d'affectation ne doit pas être abusif.

Une cour d'appel, qui n'a pas méconnu l'obligation de se conformer à la clause de mobilité, a relevé que l'employeur, tenu d'exécuter de bonne foi le contrat de travail, avait fait un usage abusif de cette clause en imposant au salarié, qui se trouvait dans une situation familiale critique, un déplacement immédiat dans un poste qui pouvait être pourvu par d'autres salariés.

Cass. soc. 18 mai 1999, n° 96-44.315, BC V n° 219.

Le contrat de travail d'une salariée prévoyant le droit pour l'employeur de modifier, en fonction de son organisation, l'horaire et le lieu de travail, ce dernier a muté l'intéressée et modifié ses horaires de travail. La salariée a fait valoir que, du fait de la situation géographique de son domicile, elle ne pouvait disposer de moyens de locomotion et ne pouvait se rendre à 5 h 15 sur le nouveau chantier.

Ayant constaté que la salariée s'était trouvée dans l'impossibilité, en l'absence de transport en commun, de se rendre à l'heure prévue sur le nouveau lieu de travail qui lui était imposé, un conseil de prud'hommes a pu décider, bien que le contrat ait comporté une clause de mobilité, que l'employeur, à défaut d'assurer à la salariée des moyens de se rendre sur son lieu de travail, avait abusé du droit qu'il tenait de l'exercice de son pouvoir de direction.

Cass. soc. 10 janvier 2001, n° 98-46.226, BC V n° 3. Voir aussi cass. soc. 25 mars 2009, n° 07-45.281.

Une salariée, affectée sur un chantier, s'était trouvée en arrêt de travail à la suite d'un accident du travail durant trois mois. Postérieurement à son retour, l'employeur, se fondant sur une clause de mobilité de son contrat de travail prévoyant qu'elle pouvait être mutée dans une zone géographique répondant aux mêmes critères d'accessibilité, lui avait proposé deux mutations qu'elle avait successivement refusées. Licenciée pour faute grave, la salariée avait saisi la juridiction prud'homale afin d'obtenir le paiement de diverses indemnités.

Après avoir relevé qu'en mettant en œuvre une clause de mobilité alors, d'une part, que l'employeur savait que la salariée était la mère d'un enfant handicapé moteur dont elle devait s'occuper à l'heure du déjeuner et, d'autre part, que le poste qu'elle occupait antérieurement était libre, l'employeur avait agi avec une légèreté blâmable, une cour d'appel a pu décider que le licenciement était nul et faire droit aux demandes de la salariée.

Cass. soc. 6 février 2001, n° 98-44.190, BC V n° 41.

Après avoir retenu, d'abord, qu'un employeur, qui avait notifié sa mutation à une salariée, sans la faire bénéficier ni du délai contractuel de réflexion de 8 jours ni d'un délai de prévenance suffisant pour rejoindre son nouveau lieu de travail, avait agi avec précipitation et constaté, en outre, que la société cherchait à se séparer de la salariée, la nécessité de sa mutation dans l'intérêt de l'entreprise n'étant pas établie, une cour d'appel a décidé, à bon droit, que le licenciement consécutif au refus de sa mutation par la salariée était dépourvu de cause réelle et sérieuse.

Cass. soc. 18 septembre 2002, n° 99-46.136, 1er moyen, BC V n° 273. Voir aussi cass. soc. 1er décembre 2004, n° 03-40.306.

Après avoir relevé qu'un employeur avait muté une salariée, mère de quatre jeunes enfants, à son retour de congé parental en ne lui proposant le poste litigieux que trois semaines avant son retour dans l'entreprise alors que ce poste était libre depuis plusieurs mois, ce qui l'avait mise dans l'impossibilité de tenir le délai ainsi fixé, une cour d'appel a pu en déduire que l'employeur avait mis en œuvre abusivement la clause de mobilité.

Cass. soc. 14 octobre 2008, n° 07-43.071, précité.

Effets de la clause

En présence d'une clause de mobilité, la mutation ne peut pas être considérée comme une modification du contrat de travail…

Un salarié avait été engagé par une société en qualité d'assistant technique pupitreur le 1er mars

1979. En exécution de ce contrat contenant une clause de mobilité géographique à Paris, en région parisienne ou en province, il a été détaché auprès de la société « B » et d'autres entreprises comme les sociétés « R » et « I ».

Ayant refusé tous autres détachements, deux en province et un à La Défense le 8 octobre 1989, il a été licencié le 6 novembre 1989.

Doit être cassé l'arrêt qui, pour décider que le licenciement de l'intéressé était sans cause réelle et sérieuse, a relevé que l'employeur ne fournissait aucune explication sur les raisons l'ayant conduit à mettre fin, en 1988, au détachement du salarié auprès de la société « B », qu'il était impossible d'apprécier si l'employeur avait agi sans abus ni détournement de son pouvoir d'organisation et que, dès lors, le licenciement devait être réputé dépourvu de cause réelle et sérieuse.

En procédant à un changement des conditions de travail en exécution d'une clause de mobilité, l'employeur ne fait qu'exercer son pouvoir de direction, et il appartient à celui qui invoque un détournement de pouvoir en apporter la preuve.

En statuant comme elle l'a fait, la cour, qui a inversé la charge de la preuve, a violé les articles L. 122-14-3 CT et 1315 c. civ.

Cass. soc. 10 juin 1997, n° 94-43.889, BC V n° 210.

C'est à bon droit qu'une cour d'appel a décidé que la mutation d'un salarié en application d'une clause de mobilité ne concernait que les conditions de travail et relevait du pouvoir de direction de l'employeur, dès lors que ni la rémunération ni aucun autre élément du contrat de travail n'étaient affectés. Cette mutation correspondait à la mise en œuvre de la clause de mobilité stipulée au contrat et non à une modification de celui-ci. Dès lors, elle a pu décider que le licenciement résultant du refus du salarié de cette mutation était fondé sur une cause réelle et sérieuse.

Cass. soc. 14 juin 2000, n° 98-42.118. Voir aussi cass. soc. 27 mai 2003, n° 01-41.807.

… peu important que le déplacement du salarié ait le caractère d'une mesure disciplinaire,…

La mise en œuvre d'une clause de mobilité n'entraîne pas de modification du contrat de travail ; même si le déplacement du salarié a le caractère d'une mesure disciplinaire, il ne constitue pas un abus, dès lors que l'employeur peut invoquer une faute du salarié.

Un salarié responsable de l'unité d'une société située à Marseille avait été licencié pour avoir refusé sa mutation à l'unité de Bordeaux.

C'est à tort que, pour dire le licenciement du salarié dépourvu de cause réelle et sérieuse, une cour d'appel a relevé que sa mutation à Bordeaux, intervenue en raison des mauvais résultats obtenus par lui à Marseille, constituait une mesure disciplinaire qui, portant nécessairement atteinte au contrat de travail en modifiant ses responsabilités, pouvait être refusée par lui, et que l'employeur avait abusé de ses pouvoirs en utilisant à cette fin la clause de mobilité stipulée au contrat de travail, alors qu'il appartenait à la cour de vérifier si le comportement incriminé du salarié était fautif et s'il justifiait son déplacement.

Cass. soc. 11 juillet 2001, n° 99-41.574, BC V n° 265.

… que le déplacement présente un caractère désavantageux…

Un salarié, qui exerçait les fonctions de responsable commercial régional de la direction régionale centre d'un GIE, avait été licencié pour avoir refusé sa mutation au poste de responsable du département commercial d'une agence, alors que son contrat de travail prévoyait une clause de mobilité. Il avait saisi la juridiction prud'homale d'une demande d'indemnité pour licenciement sans cause réelle et sérieuse.

C'est à tort que, pour accueillir la demande du salarié, une cour d'appel a relevé que sa mutation dans une agence de faible importance était intervenue en réponse à sa demande d'avancement, sans explication sur le fait qu'elle pouvait constituer une étape pour sa promotion future et sur les avantages qui y étaient attachés, et bien que l'intéressé ait déjà été chargé de fonctions opérationnelles. En effet, en application de la clause de mobilité, l'employeur était en droit, sans modifier son contrat de travail, d'affecter le salarié dans une agence de province, de sorte que la cour qui n'a pas caractérisé un usage abusif de cette clause, n'a pas légalement justifié sa décision.

Cass. soc. 29 janvier 2002, n° 99-44.604, BC V n° 39.

… ou que le nouveau lieu de travail soit éloigné du précédent.

La mutation d'un salarié en application d'une clause de mobilité ne constitue pas une modification du contrat de travail, peu important que le nouveau lieu de travail soit éloigné du précédent, mais un simple changement des conditions de travail du salarié décidé par l'employeur dans l'exercice de son pouvoir de direction.

Cass. soc. 10 décembre 2014, n° 13-23.790, 2e moyen.

Cependant, lorsque la mise en œuvre de la clause de mobilité s'accompagne d'une charge de travail supplémentaire et de nouvelles contraintes pour l'intéressé, elle peut constituer une modification du contrat de travail que le salarié est en droit de refuser.

Un salarié dont le contrat de travail comportait une clause de mobilité internationale avait été affecté en Indonésie. N'ayant pas obtenu les avantages qu'il sollicitait, il avait quitté son poste de travail et avait été licencié pour faute grave. Ayant relevé, d'une part, que la mutation de l'intéressé était accompagnée d'une modification du contrat de travail en ce qui concernait la charge du travail et les contraintes imposées au salarié que celui-ci était en droit de refuser et, d'autre part, que l'employeur avait agi avec une légèreté blâmable en refusant au salarié les moyens indispensables à sa mission, une cour d'appel a pu condamner l'employeur au paiement d'indemnités de rupture et pour licenciement sans cause réelle et sérieuse.

Cass. soc. 18 mai 1999, n° 96-44.097.

Ainsi, lorsqu'elle s'accompagne d'un passage d'un horaire de nuit à un horaire de jour ou d'un horaire de jour à un horaire de nuit, la mise en œuvre de la clause de mobilité suppose, nonobstant toute clause contractuelle ou conventionnelle contraire, que le salarié accepte cette mise en œuvre.

Un salarié, engagé en qualité d'agent de sécurité, est devenu agent conducteur chien, avec une clause de mobilité stipulant qu'il pouvait être affecté sur l'un quelconque des chantiers de la région parisienne et acceptait par avance ses changements d'affectation ainsi que les modifications d'horaires, de prime de poste et de durée de trajet pouvant résulter d'une nouvelle affectation. Après avoir contesté son affectation qui modifiait, pour le mois de juillet 2002, son horaire de nuit en horaire de jour, il a, le 13 septembre suivant, refusé de se présenter sur le site correspondant au planning qui lui avait été notifié, en indiquant être en attente d'une nouvelle affectation de nuit. Licencié le 15 novembre 2002, il a saisi la juridiction prud'homale de diverses demandes à titre de rappel de salaire, de dommages-intérêts et d'indemnité de préavis.

Pour le débouter de ses demandes, une cour d'appel a retenu que la clause de mobilité devait recevoir application et que le contrat de travail ne prévoyant pas que le salarié avait été engagé pour un travail de nuit, il ne pouvait soutenir qu'étant affecté sur un service de jour, la suppression du versement des primes de nuit, qui ont pour but d'indemniser le salarié de la sujétion particulière que représente le travail de nuit, constituait une modification de son contrat de travail.

En statuant ainsi, alors que lorsqu'elle s'accompagne d'un passage d'un horaire de nuit à un horaire de jour ou d'un horaire de jour à un horaire de nuit, la mise en œuvre de la clause de mobilité suppose, nonobstant toute clause contractuelle ou conventionnelle contraire, que le salarié accepte cette mise en œuvre, la cour d'appel a violé les articles L. 121-1 CT et 1134 c. civ.

Cass. soc. 14 octobre 2008, n° 07-40.092, 1er moyen, BC V n° 190.

De même, la mise en œuvre d'une clause de mobilité ne peut pas être imposée à un salarié lorsqu'elle entraîne une modification de sa rémunération…

Cass. soc. 15 décembre 2004, n° 02-44.714, BC V n° 336. Voir aussi cass. soc. 14 octobre 2008, n° 07-41.454.

Un salarié, employé par une compagnie d'assurances en qualité de chargé d'agence, a été licencié pour faute grave le 24 décembre 2001, l'employeur lui reprochant son refus de mutation à l'agence de Reims en méconnaissance de la clause de mobilité insérée à son contrat de travail.

Après avoir constaté que la proposition de mutation faite au salarié avait pour effet de conférer à une partie de la rémunération qu'il percevait un caractère provisoire dont le maintien était laissé à la discrétion de l'employeur, une cour d'appel a pu en déduire, nonobstant la clause de mobilité figurant dans son contrat de travail, que le refus opposé par l'intéressé à sa mutation n'était pas fautif et décider que son licenciement était dépourvu de cause réelle et sérieuse.

Cass. soc. 3 mai 2006, n° 04-46.141, BC V n° 162.

Un salarié, dont le contrat contenait une clause de mobilité, a été muté par son employeur. Ayant refusé cette mutation, il a été licencié et a saisi la juridiction prud'homale de diverses demandes.

Pour débouter l'intéressé de ses demandes de dommages-intérêts pour licenciement sans cause réelle et sérieuse et pour préjudice moral, une cour d'appel a retenu que contrairement à ce qu'affirmait le salarié, il ne démontrait pas que la mutation proposée constituait une modification de son contrat de travail puisqu'elle était expressément prévue par son contrat et la convention collective applicable et qu'en outre, elle s'accompagnait de mesures financières importantes permettant une installation sans perte de rémunération.

En statuant ainsi, sans répondre aux conclusions du salarié faisant valoir que l'importance de la division où il travaillait était sans commune mesure avec celle dans laquelle il était muté, tant du point de vue du chiffre d'affaires que du nombre de contrats et des effectifs, de sorte que sa mutation impliquait nécessairement la modification de sa rémunération, la cour d'appel n'a pas satisfait aux exigences de l'article 455 NCPC.

Cass. soc. 18 mai 2005, n° 03-42.585.

… ou une rétrogradation.

Est justifiée la décision d'une cour d'appel qui a déclaré le licenciement d'une salariée dépourvu de cause réelle et sérieuse après avoir relevé que, sous le couvert de la mise en œuvre d'une clause de mobilité prévue au contrat de travail, la décision de l'employeur de la muter, qui alléguait l'échec de l'intéressée dans les fonctions auxquelles elle avait été promue quelques mois auparavant, devait s'analyser comme une rétrogradation.

Cass. soc. 16 décembre 2005, n° 03-44.843.

La mise en œuvre d'une clause de mobilité ne peut pas être imposée à un salarié lorsqu'elle entraîne une obligation de fixer sa résidence dans un département déterminé.

Le lieu de travail d'un salarié était fixé à Montpellier et son contrat de travail contenait une clause de mobilité sur l'ensemble de la France. L'intéressé a d'abord rejoint le site de Rueil-Malmaison, puis l'employeur lui a proposé de le nommer responsable de comptes régional, le salarié devant exercer ses fonctions dans l'ensemble de la région Provence-Alpes-Côte d'Azur avec une domiciliation dans le département des Bouches-du-Rhône ; il a été licencié à la suite de son refus et a saisi la juridiction prud'homale.

Une cour d'appel qui a retenu que l'employeur n'avait pas mis en œuvre la clause de mobilité, mais qu'il entendait imposer au salarié l'obligation de fixer sa résidence dans le département des Bouches-du-Rhône, en a exactement déduit que le salarié était fondé à refuser une telle modification de son contrat de travail.

Cass. soc. 15 mai 2007, n° 06-41.277, BC V n° 74.

Si une convention collective prévoit l'application du régime de la modification du contrat aux changements du cadre géographique de travail, le salarié peut se prévaloir de cette disposition, plus favorable qu'une clause de mobilité prévue dans le contrat de travail.

En l'état d'une disposition conventionnelle prévoyant que toute modification apportée à un des éléments du contrat de travail, notamment au cadre géographique de travail, doit faire l'objet d'une notification écrite préalable explicitant la nature de la modification et que la rupture du contrat consécutive au refus d'un salarié d'accepter une telle modification sera considérée comme étant du fait de l'employeur et réglée comme telle, une cour d'appel a décidé, à bon droit, que cette disposition conventionnelle, plus favorable au salarié que la clause de mobilité prévue dans son contrat individuel de travail, devait s'appliquer, conformément à l'article L. 135-2 CT.

Cass. soc. 4 février 2003, n° 01-40.384, BC V n° 40.

Refus de se soumettre à la clause

Le refus, par le salarié dont le contrat de travail contient une clause de mobilité, de la modification de son lieu de travail constitue en principe un manquement à ses obligations contractuelles mais ne caractérise pas à lui seul une faute grave.

Pour décider qu'un licenciement était fondé sur une faute grave, une cour d'appel a relevé que le refus exprimé par une salariée d'accepter, au retour de son congé sabbatique et malgré les délais de réflexion qui lui avaient été accordés par l'employeur, son affectation sur un autre site de travail en dépit de la clause de mobilité stipulée dans son contrat de travail, cause de son licenciement, rendait impossible la poursuite de la relation de travail même pendant la période de préavis en ce que, son précédent poste ayant été pourvu lors de la suspension de son contrat de travail et aucun emploi plus proche de son domicile n'étant disponible, l'employeur n'avait plus la possibilité de la faire travailler, cette situation étant exclusivement imputable à la salariée.

En statuant ainsi, sans caractériser la faute grave commise par la salariée, la cour d'appel a violé l'article L. 122-9 CT.

Cass. soc. 23 janvier 2008, n° 07-40.522, BC V n° 19.
Voir aussi cass. soc. 5 mai 2010, n° 08-44.593.

Ainsi, la seule circonstance qu'un employeur n'a pas commis d'abus dans la mise en œuvre d'une clause de mobilité ne caractérise pas la faute grave du salarié qui a refusé de s'y soumettre.

Un consultant s'est vu confier une mission d'assistance technique d'une durée de six mois qui nécessitait sa présence à Dunkerque tous les mercredis et jeudis en application de la clause de mobilité contenue à l'article 7 de la convention collective des ingénieurs et cadres de la métallurgie. Le salarié a refusé la mission en faisant valoir qu'aucune clause de mobilité ne figurait dans son contrat de travail et il a été licencié pour faute grave. Il a saisi la juridiction prud'homale pour contester la cause réelle et sérieuse de son licenciement.

Pour débouter l'intéressé, une cour d'appel a énoncé qu'il se contentait d'exciper de son âge, 57 ans, sans justifier de l'impossibilité pour lui, de ce fait, de se rendre ponctuellement à Dunkerque et, de surcroît, que la société qui l'employait également en qualité de directeur technique avait fait savoir qu'il était dispensé de sa présence les jours concernés par cette mission, en sorte que son refus injustifié d'accomplir une tâche était constitutif d'une faute grave rendant impossible son maintien dans l'entreprise même pendant la durée du préavis.

Toutefois, la seule circonstance que l'employeur n'ait pas commis d'abus dans la mise en œuvre de la clause de mobilité et le refus d'un salarié d'accepter un changement de ses conditions de travail ne caractérisent pas nécessairement une faute grave.

Dès lors, en statuant ainsi, alors qu'elle avait constaté que l'intéressé avait plus de 50 ans, ce qui obligeait l'employeur à apporter aux termes de l'article 7 de la convention collective une attention particulière à l'application à son égard de la clause de mobilité, qu'il avait été pendant trente-cinq ans le gérant de la société et que la mission d'assistance technique qui lui était confiée l'obligeait pendant une période de six mois à se rendre chaque semaine les mercredi et jeudi à Dunkerque, ville distante de plus de 1 000 kilomètres de son domicile, la cour d'appel a violé les articles L. 122-6 CT et 7 de la convention collective des ingénieurs et cadres de la métallurgie.

Cass. soc. 7 février 2007, n° 05-45.988. Voir aussi cass. soc. 4 février 2003, n° 01-40.476, BC V n° 37.

Mais la faute grave peut résulter du comportement du salarié.

Un chef de rayon, ayant refusé sa mutation, avait été licencié pour faute grave.

C'est à bon droit qu'après avoir constaté que l'employeur ne s'était pas contenté d'observer le délai de prévenance prévu par la clause de mobilité, mais avait avisé à l'avance le salarié de son déplacement pour lui permettre de s'organiser, une cour d'appel a décidé que le refus délibéré et injustifié d'obéir à l'ordre qui lui était donné rendait impossible le maintien de l'intéressé dans l'entreprise et constituait une faute grave.

Cass. soc. 28 février 2001, n° 97-45.545, BC V n° 64. Voir aussi cass. soc. 5 décembre 2012, n° 11-21.365.

Le contrat de travail d'un salarié, employé en qualité d'agent de sécurité contenait une clause de mobilité rédigée en ces termes : « le salarié est engagé pour assurer son travail dans un premier temps, sur le site de (…) Belle Épine, étant ici précisé, que, compte tenu du caractère spécifique de l'activité qui implique une mobilité géographique, le salarié s'engage à travailler sur les différents sites actuels et futurs de l'établissement, situés dans le ressort territorial d'Île-de-France au fur et à mesure des affectations qui lui seront données, la mutation ou l'affectation d'un site à un autre ne s'analysant pas en une modification de son contrat de travail. Le refus du salarié d'accepter une mutation ou une affectation sur un site quelconque serait susceptible d'entraîner son licenciement, éventuellement pour faute grave. Le salarié reconnaît que le lieu de travail ne constitue pas un des éléments essentiels de son contrat de travail » ; licencié pour faute grave le 21 janvier 2011 en raison de ses absences injustifiées procédant de son refus d'accepter ses nouvelles affectations, le salarié a saisi la juridiction prud'homale en contestant son licenciement.

Doit être approuvé l'arrêt l'ayant débouté de ses demandes.

En effet, après avoir constaté que le salarié avait depuis le 4 octobre 2010, en violation de la clause de mobilité prévue à son contrat et malgré plusieurs lettres de mise en demeure, refusé de rejoindre successivement deux nouvelles affectations et n'avait repris son travail que le 24 décembre 2010 après avoir été convoqué à l'entretien préalable au licenciement, la cour d'appel a pu décider qu'un tel refus, sans aucune justification légitime, caractérisait une faute grave rendant impossible la poursuite du contrat de travail.

Cass. soc. 12 janvier 2016, n° 14-23.290, BC V n° 5.

Après avoir constaté qu'un employeur avait notifié à une salariée, en application de la clause de mobilité figurant à son contrat de travail, son affectation provisoire sur un autre site également situé à Paris, et estimé que sa mauvaise foi n'était pas démontrée, une cour d'appel a pu décider que le comportement de la salariée, qui avait refusé un changement de ses conditions de travail et manifesté sa volonté de n'accepter pour l'avenir aucun autre poste, rendait impossible son maintien dans l'entreprise et constituait une faute grave.

Cass. soc. 24 octobre 2018, n° 17-22.600.

La clause de mobilité face au statut protecteur des représentants du personnel

Si un salarié protégé refuse une mutation, l'employeur doit demander l'autorisation pour le licencier auprès de l'autorité administrative compétente, même si le contrat de travail contient une clause de mobilité.

Les clauses du contrat de travail d'un salarié protégé ne pouvant prévaloir sur son statut protecteur, le changement de lieu de travail doit résulter de l'accord du salarié, même si le contrat de travail contient une clause de mobilité. En cas de refus du salarié, l'employeur doit solliciter l'autorisation de licenciement auprès de l'inspecteur du travail. À défaut d'une telle demande, le juge des référés doit se déclarer compétent pour faire cesser ce trouble manifestement illicite.

Cass. soc. 23 septembre 1992, n° 90-45.106, 2e moyen, BC V n° 477. Voir aussi cass. soc. 4 octobre 1995, n° 94-40.387.

☛ *Modification du contrat et des conditions de travail ; Modification du lieu de travail.*

Clause de non-concurrence

La clause de non-concurrence a pour objet d'interdire au salarié d'exercer, à l'expiration de son contrat de travail, certaines activités qui seraient de nature à nuire à son ancien employeur. Elle doit être expressément stipulée dans le contrat de travail du salarié et être assortie d'une contrepartie pécuniaire.

Modalités de conclusion de la clause

Le consentement des parties à la conclusion de la clause doit être libre et éclairé.

Ayant relevé que la clause de non-concurrence avait été signée par un jeune stagiaire en présence du représentant d'une grande banque, en prévision de sa titularisation, sans qu'il ait eu au préalable connaissance de la convention collective, une cour d'appel a pu estimer que la clause, qui n'avait pas été signée d'une volonté libre et éclairée, devait être frappée de nullité.

Cass. soc. 15 mars 1995, n° 91-43.432.

L'obligation de non-concurrence ne peut pas résulter de la seule obligation de loyauté qui s'impose à tout salarié.

Cass. soc. 15 novembre 2000, n° 98-44.154.

De même, un accord de confidentialité ne peut pas produire les effets d'une clause de non-concurrence.

Un salarié de la société A, engagé en qualité d'ingénieur, avait conclu avec les sociétés B et C un accord de confidentialité lui interdisant de divulguer certaines informations confidentielles communiquées par ces deux sociétés. À la suite de son licenciement pour faute grave, le salarié a saisi la juridiction prud'homale d'une demande en paiement d'indemnités pour licenciement sans cause réelle et sérieuse, ainsi que d'une somme à titre de contrepartie de sa clause de non-concurrence conventionnelle.

Pour condamner la société A à payer l'indemnité prévue par la clause de non-concurrence conventionnelle, une cour d'appel a énoncé que l'interdiction de divulguer des informations confidentielles revenait à interdire au salarié de s'engager en sa qualité d'ingénieur-géomètre chez un concurrent et que l'accord de confidentialité devait donc produire les effets de cette clause de non-concurrence. En statuant ainsi, alors que l'accord de confidentialité conclu entre le salarié et les sociétés B et C lui interdisait seulement de divulguer des informations portées à sa connaissance par ces deux sociétés, expressément identifiées comme confidentielles et de nature à permettre le développement d'un programme spécifique et que, contrairement à la clause de non-concurrence prévue par la convention collective applicable, l'accord n'interdisait pas au salarié de s'engager au service d'une entreprise concurrente après avoir quitté la société, la cour d'appel, qui a donné à l'accord de confidentialité, dont les termes étaient clairs et précis, une portée qu'il n'avait pas, a dénaturé cet accord et ainsi violé l'article 1134 c. civ.

Cass. soc. 2 octobre 2001, n° 99-42.942, BC V n° 291.

L'engagement du salarié à ne déposer, après la rupture du contrat de travail, aucun brevet pour des créations inventées pendant l'exécution de son contrat, à ne publier aucun article scientifique et à ne diffuser aucune information commerciale ni aucun renseignement technique relatifs à la société n'est pas assimilable à une clause de non-concurrence.

Contestant le bien-fondé de son licenciement pour faute grave, un salarié engagé en qualité d'ingénieur « recherche et développement télécom » a saisi la juridiction prud'homale afin d'obtenir le paiement de diverses sommes.

Pour condamner l'employeur au paiement d'une somme au titre de la clause de non-concurrence outre une somme « en lien avec le préjudice résultant de l'interdiction contractuelle de déposer des brevets pendant cinq ans, d'utiliser les connaissances acquises pour écrire et publier des articles », une cour d'appel a retenu que l'article 6.3 du contrat de travail intitulé « droit de propriété intellectuelle » interdisait au salarié pendant la durée du contrat et pendant les cinq ans suivant la rupture de celui-ci de procéder en son nom ou au nom d'un tiers, sauf accord de la société, à tout dépôt ou formalités auprès des registres de marques, dessins et modèles, brevets pour des créations inventées pendant l'exécution de son contrat, qu'interdiction lui était également faite pendant un délai de trois ans à compter de la résiliation du contrat de publier des articles scientifiques, de diffuser des informations commerciales, des renseignements techniques relatifs à la société, qu'il était avéré que ces clauses avaient pour objet et pour conséquence de limiter la liberté d'utilisation du savoir acquis par le salarié auprès de la société, et qu'elles étaient en conséquence assimilables à une clause de non-concurrence et supposaient une contrepartie financière particulière, à défaut de laquelle ces clauses contractuelles étaient, au moins, abusives, et le salarié était fondé à obtenir une indemnisation pour une perte de chance d'obtention d'une contrepartie financière. En statuant ainsi, alors que l'engagement du salarié, après la rupture du contrat de travail, à ne déposer aucun brevet pour des créations inventées pendant l'exécution de son contrat ainsi que son engagement à ne publier aucun article scientifique et à ne diffuser aucune information commerciale ni aucun renseignement technique relatifs à la société qui l'employait n'étaient pas assimilables à une clause de non-concurrence et n'ouvraient pas droit au paiement d'une contrepartie financière, la cour d'appel a violé les articles 1134 c. civ., dans sa rédaction applicable au litige, et L. 1221-1 CT.

Cass. soc. 3 mai 2018, n° 16-25.067, 3e moyen, à paraître.

La clause réservant à l'employeur la faculté d'imposer une obligation de non-concurrence après la rupture du contrat est nulle.

La clause incluse dans un contrat de travail aux termes de laquelle l'employeur se réserve la faculté, après la rupture du contrat de travail qui fixe les droits des parties, d'imposer au salarié une obligation de non-concurrence est nulle.

Cass. soc. 12 février 2002, n° 00-41.765, BC V n° 62. Voir aussi cass. soc. 22 janvier 2003, n° 01-40.031.

Le salarié est en droit de refuser l'insertion d'une clause de non-concurrence dans un contrat de travail n'en comportant pas.

C'est à bon droit qu'une cour d'appel a énoncé que l'insertion d'une clause de non-concurrence dans un contrat de travail n'en comportant pas constituait une modification de ce contrat et que le refus du salarié ne pouvait légalement constituer une cause de licenciement.

Cass. soc. 1er février 2000, n° 98-40.738.

Un contrat de travail dépourvu de clause de non-concurrence ne peut pas être modifié par un accord collectif postérieur instituant une interdiction de concurrence.

Un salarié avait été engagé en janvier 1978 en qualité de comptable par contrat verbal. À la suite de son licenciement pour faute grave en mai 1992, son ancien employeur a saisi le conseil de prud'hommes pour réclamer des dommages-intérêts pour violation de la clause de non-concurrence prévue par un accord d'établissement datant de juin 1985.

A violé l'article 1134 c. civ. la cour d'appel qui, pour faire droit à la demande de l'employeur, a notamment énoncé que l'absence de contrat écrit ne pouvait faire échec à l'application de l'accord collectif et que le salarié n'établissant pas l'existence d'une disposition plus favorable le libérant de l'obligation de non-concurrence, la clause lui était opposable, alors que le contrat de travail du salarié, qui était dépourvu de clause de non-concurrence, ne pouvait être modifié par un accord d'établissement instituant une interdiction de concurrence.

Cass. soc. 17 octobre 2000, n° 98-42.018, BC V n° 334.

Lorsqu'une convention collective ne prévoit d'obligation de non-concurrence que pour une seule catégorie du personnel, le contrat de travail d'un salarié n'appartenant pas à cette catégorie ne peut pas comporter de clause de non-concurrence.

C'est à tort qu'une cour d'appel a condamné un salarié à payer à son ancien employeur des dommages-intérêts pour violation d'une clause de non-concurrence, alors que la convention collective applicable ne prévoyant d'obligation de non-concurrence que pour une seule catégorie de personnel, cette obligation ne pouvait être imposée qu'à cette seule catégorie et que le salarié n'en faisant pas partie, son contrat de travail, en lui imposant une clause de non-concurrence, dérogeait aux dispositions conventionnelles dans un sens moins favorable.

Cass. soc. 27 novembre 2002, n° 00-46.408.

Est nulle la clause de non-concurrence prévue par le contrat de travail contenant des dispositions plus contraignantes pour le salarié que celles prévues par la convention collective.

Cass. soc. 12 février 2002, n° 99-43.858, 2e moyen, BC V n° 63, cité dans « VRP (Clause de non-concurrence) ». Voir aussi cass. soc. 17 décembre 2003, n° 01-45.096, 3e moyen ; cass. soc. 9 octobre 2002, n° 00-45.540, s'agissant d'une clause de non-concurrence ne comportant aucune restriction dans l'espace et dans la définition de l'activité professionnelle, mais qui devait néanmoins recevoir application, dès lors que le salarié avait concurrencé son ancien employeur dans les limites fixées par la convention collective en se faisant réembaucher aussitôt par un client de son employeur exerçant dans la même agglomération urbaine et dont les dossiers lui avaient déjà été confiés.

La validité de la clause de non-concurrence s'appréciant à la date de sa conclusion, la convention collective intervenue postérieurement ne peut avoir pour effet de couvrir la nullité qui l'affecte.

Cass. soc. 28 septembre 2011, n° 09-68.537, BC V n° 196.

Doit être écartée la clause contractuelle de non-concurrence lorsqu'elle fixe un champ d'application plus étendu que la clause conventionnelle.

Selon l'article 11 de la convention collective nationale de l'immobilier, « le contrat de travail du négociateur immobilier peut contenir une clause de non-concurrence après la cessation d'activité du négociateur. Cette période maximale est de dix-huit mois dans le cas où c'est le salarié qui prend l'initiative de la rupture ou en cas de rupture du contrat à l'initiative de l'employeur pour faute grave ou lourde (notamment en cas de détournement de clientèle) et de trois mois en cas de rupture du contrat à l'initiative de l'employeur sauf faute grave ou lourde. Cette clause n'est valable que pour le secteur géographique d'activité du dernier établissement employeur concerné où était employé le négociateur immobilier. La date de cessation d'activité constitue le point de départ du délai de validité de la clause de non-concurrence et permet d'apprécier le secteur géographique d'activité de l'établissement concerné ».

Ayant retenu que la clause d'un contrat de travail, qui imposait une obligation de non-concurrence dans un rayon de vingt kilomètres autour du siège d'une société ainsi que de toutes succursales et filiales implantées dans la même région, avait un champ d'application plus étendu et imposait une obligation plus contraignante pour le salarié que l'obligation définie par la convention collective, une cour d'appel a pu décider que la clause de non-concurrence n'était valable que pour le secteur géographique du dernier établissement où le salarié avait été employé par la société, peu important que cette agence ait ou non une autonomie de gestion.

Cass. soc. 22 octobre 2008, n° 07-42.035, BC V n° 201.

Conditions de validité de la clause

• Protection de l'intérêt légitime de l'entreprise

La clause n'est valable que si elle a été conclue pour protéger l'intérêt légitime de l'entreprise.

Dès lors qu'elle a pour effet d'apporter une restriction au principe de la liberté du commerce et de l'industrie, posé par l'article 7 de la loi des 2-17 mars 1791, et à la liberté du travail garantie par la Constitution, la clause de non-concurrence insérée dans un contrat de travail n'est licite que dans la mesure où la restriction de liberté qu'elle entraîne est indispensable à la protection des intérêts légitimes de l'entreprise.

Ayant constaté, d'une part, que les fonctions d'un salarié, magasinier, ne correspondaient pas à une qualification spécialisée et n'exigeaient pas qu'il soit en contact avec la clientèle et, d'autre part, que l'activité de son ancien employeur était la vente, la réparation et l'entretien de véhicules, ce qui n'impliquait qu'indirectement et de manière accessoire la vente de pièces détachées, une cour d'appel ne pouvait déclarer valable la clause de non-concurrence insérée dans le contrat de travail du salarié, lui interdisant d'entrer, sans l'accord de l'entreprise, au service d'une entreprise concurrente ou de s'intéresser directement ou indirectement à tout commerce pouvant concurrencer les produits vendus par elle pendant deux ans dans le Languedoc-Roussillon, sans préciser en quoi, compte tenu des fonctions exercées par son ancien salarié, la société justifiait l'existence d'un intérêt légitime dont la protection rendait nécessaire l'insertion de cette clause au contrat de travail.

Cass. soc. 19 novembre 1996, n° 94-19.404, BC V n° 392. Voir aussi cass. soc. 22 mars 2000, n° 97-45.872.

Un représentant avait demandé, après sa démission, à être relevé de la clause de non-concurrence figurant dans son contrat de travail et lui interdisant toute activité similaire dans une autre entreprise dans un rayon de cent kilomètres et pendant deux ans. L'employeur avait refusé de l'en libérer puis avait saisi la juridiction prud'homale au motif que l'intéressé avait repris, à proximité, une activité de VRP.

Pour déclarer la clause valable et condamner le salarié à des dommages-intérêts pour violation de cette clause et à une somme à titre de remboursement de sa contrepartie financière, une cour d'appel a retenu notamment qu'eu égard à sa profession de représentant et à l'objet de la société qui consistait en la vente de certains produits d'imprimerie, le salarié ne pouvait subir d'empêchement sérieux, en raison de cette clause, à l'occupation d'un nouvel emploi dans l'un des très nombreux secteurs de l'industrie ou du commerce de la région concernée et que la stipulation, selon laquelle le salarié pouvait racheter l'interdiction moyennant le paiement de douze mois de salaires, ne modifiait pas la nature de la clause qui restait une clause de non-concurrence assortie d'une clause pénale.

En statuant ainsi, sans, d'une part, constater que la clause de non-concurrence était indispensable à la protection des intérêts légitimes de l'employeur et sans, d'autre part, répondre aux conclusions du salarié soutenant que, du fait qu'elle était accompagnée d'une clause de rachat, la clause de non-concurrence n'était pas indispensable à la protection des intérêts légitimes de l'employeur, la cour d'appel a violé l'article 7 de la loi des 2-17 mars 1791 et le principe constitutionnel de la liberté du travail.

Cass. soc. 7 avril 1998, n° 95-42.495, BC V n° 202.

Il a été jugé qu'était nécessaire à la protection des intérêts légitimes de l'entreprise :

➡ la clause de non-concurrence insérée dans un contrat de formation, la salariée présentant pour l'employeur un risque sérieux pour avoir bénéficié, durant la période de formation, des conditions propres à l'aider à développer une activité concurrentielle à son détriment après la cessation du contrat.

Cass. soc. 25 mars 1998, n° 94-20.780, 2e moyen, BC V n° 176.

➡ la clause de non-concurrence insérée dans le contrat de travail d'un salarié travaillant dans une entreprise dont le secteur d'activité est sensible (industrie nucléaire) et compte tenu de la position hiérarchique du salarié, cadre de niveau élevé.

Cass. soc. 4 juin 1996, n° 93-41.475, 2e moyen. Voir aussi cass. soc. 6 décembre 1995, n° 92-42.425, 2e moyen.

➡ la clause de non-concurrence insérée dans le contrat de travail d'un salarié occupant une fonction importante dans un secteur où la concurrence est très développée.

Cass. soc. 28 juin 2000, n° 97-44.620.

➡ la clause de non-concurrence insérée dans le contrat de travail d'un salarié susceptible d'acquérir un savoir-faire dans une société dont le domaine d'activité est spécialisé.

Cass. soc. 18 janvier 2012, n° 10-18.574.

En revanche, n'est pas nécessaire à la protection des intérêts légitimes de l'entreprise :

➡ la clause de non-concurrence insérée dans le contrat de travail d'un salarié ayant de faibles qualifications.

Cass. soc. 30 octobre 2000, n° 98-43.756, 2e moyen.

• Possibilité pour le salarié d'exercer une activité professionnelle

Pour ne pas priver le salarié de la possibilité d'exercer une activité professionnelle, la clause de non-concurrence doit être limitée dans le temps et dans l'espace.

Les juges du fond ont relevé que l'application d'une clause de non-concurrence, étendue à l'ensemble du territoire métropolitain, aurait pour résultat de faire perdre aux salariés concernés, âgés de quarante ans environ et ayant toujours travaillé depuis leur entrée dans la vie active dans le secteur de la radiologie, le bénéfice de quinze ans ou plus d'expérience professionnelle ou de les obliger à s'expatrier hors d'Europe pour retrouver un emploi conforme à leur formation et aux connaissances qu'ils avaient acquises. Ils ont, dès lors, pu décider que cette clause, qui portait atteinte à la liberté du travail des intéressés, était nulle.

Cass. soc. 28 octobre 1997, n° 94-43.792, BC V n° 342.

Ayant constaté que l'absence de limitation dans l'espace d'une clause de non-concurrence privait le salarié de toute possibilité de travail pendant un an dans sa branche d'activité spécialisée, une cour d'appel a pu décider qu'une telle clause, géographiquement illimitée, était nulle et de nul effet.

Cass. soc. 11 mai 1994, n° 90-40.312, 2e moyen. Voir aussi cass. soc. 28 avril 1994, n° 91-42.180, BC V n° 150 ; cass. soc. 29 octobre 2003, n° 01-44.755.

Une cour d'appel a pu déclarer valable la clause de non-concurrence insérée dans le contrat de travail d'un directeur commercial lui interdisant pendant trois ans, sur toute l'étendue du territoire français, d'entrer au service d'une entreprise concurrente, de s'intéresser directement ou indirectement, sous quelque forme que ce soit, à une entreprise du même ordre, dès lors que le salarié ne justifiait pas de son impossibilité de retrouver le même emploi dans un autre secteur d'activité que celui visé par la clause en France ou à l'étranger.

Cass. soc. 18 février 1997, n° 94-44.202.

Après avoir relevé qu'une « clause de clientèle » contenait une interdiction de contracter, directement ou indirectement, avec une ancienne salariée, y compris dans le cas où des clients de l'employeur l'envisageraient spontanément en dehors de toute sollicitation ou démarchage, une cour d'appel en a exactement déduit que cette clause s'analysait en une clause de non-concurrence illicite, car dépourvue de contrepartie financière et non limitée dans le temps et dans l'espace.

Cass. soc. 27 octobre 2009, n° 08-41.501, BC V n° 232.

Ayant rappelé la nature de l'activité professionnelle, objet de la clause de non-concurrence, et constaté que cette clause était limitée à la zone d'activité des six derniers mois, faisant ainsi ressortir que l'employeur ne s'était pas laissé la faculté de modifier à son gré son étendue dans l'espace, une cour d'appel a exactement décidé qu'elle était licite.

Cass. soc. 23 octobre 2013, n° 12-16.050.

La clause de non-concurrence doit également être limitée quant à l'activité prohibée.

Une clause de non-concurrence n'est licite que si elle est indispensable à la protection des intérêts légitimes de l'entreprise, limitée dans le temps et dans l'espace, tient compte des spécificités de l'emploi du salarié et comporte l'obligation pour l'employeur de verser au salarié une contrepartie financière, ces conditions étant cumulatives.

Après avoir relevé qu'une clause de non-concurrence interdisait à un chef de département dans un magasin d'entrer au service, en France et pendant un an, d'une entreprise ayant pour activité principale ou secondaire la vente au détail de produits identiques à ceux vendus par la société, c'est-à-dire le vêtement et matériel de sport grand public, une cour d'appel a décidé, à bon droit, que cette clause, qui ne permettait pas à la salariée de retrouver un emploi conforme à son expérience professionnelle, était illicite et devait être annulée.

Cass. soc. 18 septembre 2002, n° 99-46.136, 2e moyen, BC V n° 273.

Porte atteinte à la liberté du travail la clause de non-concurrence interdisant à un salarié d'effectuer des opérations d'assurance de même catégorie que celles de son portefeuille avec toute la clientèle entrant dans le champ de prospection du cabinet (clientèle effective comme potentielle), alors qu'il s'était spécialisé dans ces opérations.

Cass. soc. 23 janvier 2001, n° 98-45.578.

La portée d'une clause de non-concurrence s'apprécie par rapport à l'activité réelle de l'entreprise…

La portée d'une clause de non-concurrence, qui conditionne sa validité, devant s'apprécier par rapport à l'activité réelle de l'entreprise, et non par rapport à la définition statutaire de son objet, c'est à tort qu'une cour d'appel, pour apprécier la validité d'une clause de non-concurrence et l'annuler, s'est, en se référant aux statuts de la société, attachée à son objet social.

Cass. soc. 18 décembre 1997, n° 94-45.548, 1er moyen, 1re branche, BC V n° 458. Voir aussi cass. soc. 5 décembre 2001, n° 99-44.407.

… et à celle du salarié.

C'est à bon droit qu'une cour d'appel, en se fondant sur les fonctions réellement exercées par un salarié et non sur celles stipulées dans le contrat et la transaction, a décidé qu'une clause de non-concurrence devait être appliquée.

Cass. soc. 15 juin 2000, n° 98-40.695.

• Contrepartie financière

Est nulle toute clause de non-concurrence qui ne prévoit pas l'existence d'une contrepartie financière.

Une clause de non-concurrence n'est licite que si elle est indispensable à la protection des intérêts légitimes de l'entreprise, limitée dans le temps et dans l'espace, qu'elle tient compte des spécificités de l'emploi du salarié et comporte l'obligation pour l'employeur de verser au salarié une contrepartie financière, ces conditions étant cumulatives.

Pour déclarer licite une clause de non-concurrence, une cour d'appel a énoncé que, sauf si la convention collective le prévoit, l'existence d'une contrepartie pécuniaire n'est pas une condition de validité de la clause. En statuant ainsi, alors que la clause litigieuse ne comportait pas de contrepartie financière, la cour d'appel a violé le principe fondamental de libre exercice d'une activité professionnelle et l'article L. 120-2 CT.

Cass. soc. 10 juillet 2002, n° 00-45.387, BC V n° 239 (arrêt n° 3). Voir aussi cass. soc. 10 juillet 2002, n° 00-45.135, BC V n° 239 (arrêt n° 2) ; cass. soc. 10 juillet 2002, n° 99-43.334, BC V n° 239 (arrêt n° 1) ; cass. soc. 29 janvier 2003, n° 00-44.882, moyen relevé d'office, BC V n° 27 ; cass. soc. 27 octobre 2009, n° 08-41.501, précité.

De même, est nulle la clause de non-concurrence qui ne prévoit le versement d'une contrepartie pécuniaire qu'en cas de rupture du contrat à l'initiative de l'employeur…

Méconnaît la liberté fondamentale du salarié d'exercer une activité professionnelle et, comme telle, est nulle la clause de non-concurrence qui ne prévoit le versement d'une contrepartie pécuniaire qu'en cas de rupture du contrat de travail à l'initiative de l'employeur.

Cass. soc. 31 mai 2006, n° 04-44.598, BC V n° 198.

… ou à celle du salarié.

Méconnaît la liberté fondamentale du salarié d'exercer une activité professionnelle et, comme telle, est nulle la clause de non-concurrence qui ne prévoit le versement d'une contrepartie pécuniaire qu'en cas de rupture du contrat de travail à l'initiative du salarié.

Cass. soc. 27 février 2007, n° 05-44.984, BC V n° 32.

L'article 6.1 du Pacte international relatif aux droits économiques, sociaux et culturels du 16 décembre 1966, directement applicable en droit interne, qui garantit le droit qu'a toute personne d'obtenir la possibilité de gagner sa vie par un travail librement choisi ou accepté, s'oppose à ce qu'un salarié tenu au respect d'une obligation de non-concurrence soit privé de toute contrepartie financière au motif qu'il a été licencié pour faute grave.

C'est à tort que, pour débouter un salarié de sa demande relative à la contrepartie financière de la clause de non-concurrence prévue par l'article 74 du code du commerce local applicable dans les départements du Haut-Rhin, du Bas-Rhin et de la Moselle, une cour d'appel a énoncé qu'en vertu de l'article 75, al. 3 de ce code, en cas de faute grave, le salarié ne pouvait prétendre à une indemnité de ce chef.

Cass. soc. 16 décembre 2008, n° 05-40.876, moyen relevé d'office, BC V n° 251.

Dès lors, une convention collective ne peut pas interdire au salarié licencié pour faute grave de bénéficier de la contrepartie financière.

Pour débouter un salarié licencié pour faute grave de sa demande en paiement d'une somme à titre d'indemnité pécuniaire conventionnelle de non-concurrence, une cour d'appel a retenu qu'en vertu de la convention collective, la rupture pour faute grave privait le salarié du bénéfice d'une compensation à la clause de non-concurrence.

En statuant ainsi, alors que la convention collective ne pouvait déroger à la loi pour interdire, en cas de faute grave, au salarié soumis à une clause de non-concurrence de bénéficier d'une contrepartie financière, la cour d'appel a violé le principe fondamental de libre exercice d'une activité professionnelle et les articles L. 120-2 et L. 132-4 devenus L. 1121-1 et L. 2251-1 CT.

Cass. soc. 4 juin 2008, n° 04-40.609, BC V n° 123.

De même, est nulle la clause contractuelle qui exclut le bénéfice de la contrepartie pécuniaire en cas de licenciement pour faute grave.

C'est à tort que, pour débouter un salarié, lié par une clause contractuelle de non-concurrence, de sa demande relative à la contrepartie financière, une cour d'appel a retenu que le contrat de travail de l'intéressé excluait le bénéfice de l'indemnité qu'il instituait au cas où le salarié serait licencié pour faute grave, alors que le salarié lié par une clause de non-concurrence devant bénéficier d'une contrepartie financière, les parties ne pouvaient dissocier les conditions d'ouverture de l'obligation de non-concurrence de celles de son indemnisation.

Cass. soc. 28 juin 2006, n° 05-40.990, 2e moyen, BC V n° 231. Voir aussi cass. soc. 23 septembre 2014, n° 13-16.839.

En revanche, doit être réputée non écrite la minoration par les parties, dans le cas d'un mode déterminé de rupture du contrat de travail.

Un salarié a été engagé par une société suivant un contrat de travail stipulant une clause de non-concurrence dont la contrepartie était fixée à 25 % en cas de licenciement et à 10 % en cas de démission, de la rémunération mensuelle perçue en moyenne sur les 24 derniers mois ; les parties ayant signé une rupture conventionnelle, le salarié a saisi la juridiction prud'homale en réclamant notamment le paiement de la contrepartie financière de la clause de non-concurrence.

Pour fixer cette contrepartie au montant prévu en cas de démission, une cour d'appel a énoncé que le salarié qui démissionne et celui qui signe une rupture conventionnelle manifestent l'un et l'autre une même intention de quitter l'entreprise.

En statuant ainsi, alors que doit être réputée non écrite la minoration par les parties, dans le cas d'un mode déterminé de rupture du contrat de travail, de la contrepartie pécuniaire d'une clause de non-concurrence, la cour d'appel, qui a refusé de faire application de la contrepartie de 25 %, laquelle n'est pas susceptible de réduction par le juge et ouvre droit à congés payés, a violé le principe fondamental de libre exercice d'une activité professionnelle et l'article L. 1121-1 CT.

Cass. soc. 9 avril 2015, n° 13-25.847, BC V n° 71. Voir aussi cass. soc. 27 septembre 2017, n° 16-17.516.

Le contrat de travail d'un salarié contenait une clause de non-concurrence prévoyant une contrepartie financière ; un avenant du 3 mars 2003 a minoré l'indemnité de non-concurrence en cas de licenciement pour faute ; le salarié a démissionné par lettre du 12 octobre 2005 et a perçu la contrepartie financière jusqu'en avril 2006 ; il s'est mis au service d'une entreprise concurrente le 1er février 2006 ; invoquant la violation de la clause de non-concurrence, l'employeur a saisi la juridiction prud'homale d'une demande en remboursement de l'indemnité de non-concurrence.

Pour l'en débouter, une cour d'appel a retenu que la clause de non-concurrence était nulle compte tenu de la minoration de la contrepartie financière en cas de licenciement pour faute et que l'indemnité de non-concurrence perçue par le salarié, qui avait nécessairement subi un préjudice en respectant cette clause, lui restait acquise à titre de dommages-intérêts.

En statuant ainsi, alors que la clause de non-concurrence n'était pas nulle mais devait être réputée non écrite en ses seules dispositions minorant la contrepartie en cas de faute, la cour d'appel a violé le principe fondamental de libre exercice d'une activité professionnelle et l'article 1134 c. civ.

Cass. soc. 8 avril 2010, n° 08-43.056, BC V n° 92.

Le salarié lié par une clause de non-concurrence devant bénéficier d'une contrepartie financière, les parties ne peuvent dissocier les conditions d'ouverture de l'obligation de non-concurrence de celles de son indemnisation.

Viole le principe fondamental de libre exercice d'une activité professionnelle et l'article L. 1121-1 CT la cour d'appel qui, pour diminuer la contrepartie financière de la clause de non-concurrence accordée à une salariée, énonce que la clause relative à l'indemnité de non-concurrence figurant dans son contrat de travail prévoit qu'en cas de démission, l'indemnité serait réduite de moitié, alors qu'une telle stipulation doit être réputée non écrite.

Cass. soc. 25 janvier 2012, n° 10-11.590, 3e moyen, BC V n° 20. Voir aussi cass. soc. 20 février 2013, n° 11-17.941.

Il en est de même lorsque la minoration est prévue par une disposition conventionnelle.

Est contraire au principe de libre exercice d'une activité professionnelle et à l'article L. 1121-1 CT et doit être réputée non écrite la disposition conventionnelle prévoyant une minoration de la contrepartie financière de l'obligation de non-concurrence en cas de rupture du contrat de travail par le salarié.

Cass. soc. 14 avril 2016, n° 14-29.679, BC V n° 76.

En conséquence, la référence aux seuls cas de licenciement et de démission dans une convention collective ne fait pas obstacle au versement de la contrepartie financière à la suite d'une rupture conventionnelle.

Pour dire que la clause de respect de la clientèle prévue au contrat d'une salariée s'assimilait à une clause de non-concurrence illicite et condamner l'employeur à payer à la salariée une certaine somme à titre de dommages-intérêts pour le préjudice subi, une cour d'appel a retenu que si l'article 8-5-1 de la convention collective des experts-comptables applicable aux parties prévoyait des modalités relativement à la contrepartie financière des clauses de non-concurrence, il n'envisageait que les hypothèses de licenciement et de la démission et non de rupture conventionnelle en sorte que la salariée ne pouvait se prévaloir de ses dispositions.

En statuant ainsi alors que, le montant de la contrepartie financière à une clause de non-concurrence ne pouvant être minoré en fonction des circonstances de la rupture, il en résulte que la contrepartie prévue par la convention collective en cas de licenciement était applicable en l'espèce, la cour d'appel a violé l'article 8-5-1 de la convention collective applicable, le principe fondamental de libre exercice d'une activité professionnelle et l'article L. 1121-1 CT.

Cass. soc. 18 janvier 2018, n° 15-24.002, 2e moyen du pourvoi principal, à paraître.

Le montant de la contrepartie financière ne peut pas dépendre uniquement de la durée d'exécution du contrat et son paiement ne peut pas être intégré mensuellement à la rémunération, en l'absence de rupture du contrat.

La contrepartie financière de la clause de non-concurrence a pour objet d'indemniser le salarié qui, après rupture du contrat de travail, est tenu d'une obligation qui limite ses possibilités d'exercer un autre emploi ; son montant ne peut pas dépendre uniquement de la durée d'exécution du contrat et son paiement ne peut pas intervenir avant la rupture.

Par conséquent, est nulle la clause de non-concurrence d'une durée de deux ans pour une ancienneté supérieure à cinq ans et qui stipule : « cette clause correspond à 7 % de votre salaire et se trouve incluse dans votre fixe et dans les taux de commissions exprimés ci-dessus ».

Cass. soc. 7 mars 2007, n° 05-45.511, BC V n° 44. Voir aussi cass. soc. 18 mai 2011, n° 09-72.959, 1er moyen.

D'une part, le montant de la contrepartie financière de la clause de non-concurrence qui a pour objet d'indemniser le salarié tenu, après rupture du contrat de travail, d'une obligation limitant ses possibilités d'exercer un autre emploi, ne peut dépendre uniquement de la durée d'exécution du contrat ni son paiement intervenir avant la rupture ; d'autre part, le paiement pendant la période d'exécution du contrat de travail de la contrepartie financière prévue par une clause de non-concurrence nulle, qui s'analyse en un complément de salaire, n'est pas dénué de cause.

Pour condamner un salarié à rembourser une certaine somme au titre de la clause de non-concurrence, une cour d'appel a retenu qu'aucune cause de nullité n'affectait cette clause assortie d'une contrepartie financière sous la forme du versement d'une indemnité mensuelle et que l'employeur ayant renoncé à l'application de cette clause, il en résultait que le salarié n'avait jamais été soumis à une obligation de non-concurrence.

En statuant ainsi, alors que la clause de non-concurrence qui prévoyait le versement d'une indemnité avant la rupture du contrat de travail était nulle et que l'employeur ne pouvait obtenir la restitution des sommes versées au titre d'une clause nulle, lesquelles constituaient un complément de salaire, la cour d'appel a violé les articles L. 1221-1 CT et 1134 c. civ.

Cass. soc. 15 janvier 2014, n° 12-19.472, 2e moyen du pourvoi principal, BC V n° 15.

L'employeur qui a versé, avant la fin du contrat, la contrepartie financière à un salarié ayant respecté une clause de non-concurrence nulle ne peut pas obtenir la restitution des sommes ainsi versées.

D'une part, le paiement pendant la période d'exécution du contrat de travail de la contrepartie financière prévue par une clause de non-concurrence nulle, qui s'analyse en un complément de salaire, n'est pas dénué de cause, d'autre part, le salarié qui respecte une clause de non-concurrence nulle a droit à une indemnisation.

Le contrat de travail d'un salarié licencié prévoyait une obligation de non-concurrence au cours de la collaboration et un an après la rupture, moyennant le versement d'une prime mensuelle pendant la durée du contrat ; l'intéressé a saisi la juridiction prud'homale d'une demande d'indemnité pour licenciement sans cause réelle et sérieuse ; l'employeur a formé une demande reconventionnelle de remboursement des sommes versées au titre de la clause de non-concurrence.

Pour condamner le salarié à restituer à l'employeur les sommes versées au titre de la contrepartie financière de la clause de non-concurrence et le débouter de sa demande d'indemnisation au titre de cette clause, une cour d'appel a retenu que celle-ci était nulle dès lors qu'elle prévoyait le versement d'une indemnité avant la rupture du contrat de travail, de sorte que ce versement se trouvait dénué de cause.

En statuant ainsi, alors que l'employeur ne pouvait obtenir la restitution des sommes versées au titre d'une clause nulle et que le salarié avait respecté la clause pendant plusieurs mois après la rupture du contrat de travail, la cour d'appel a violé les articles L. 1221-1 CT et 1134 c. civ.

Cass. soc. 17 novembre 2010, n° 09-42.389, BC V n° 263. Voir aussi cass. soc. 15 janvier 2014, n° 12-19.472, précité.

Si une contrepartie financière dérisoire équivaut à une absence de contrepartie,…

Une contrepartie financière dérisoire à la clause de non-concurrence contenue dans un contrat de travail équivaut à une absence de contrepartie.

Cass. soc. 15 novembre 2006, n° 04-46.721, BC V n° 341.

Une salariée avait été engagée en qualité de chef d'agence par une entreprise de travail temporaire avec une clause de non-concurrence lui interdisant, pendant une durée de un an à compter de l'expiration du contrat, dans huit départements de la région parisienne, de concurrencer la société dans les domaines du travail temporaire, du recrutement, de la mise en place de structures du personnel et d'« out placement ».

Cette clause prévoyait également, à titre d'indemnité compensatrice de l'interdiction, que la salariée percevrait une somme mensuelle de 200 F bruts pendant toute la durée de son contrat. Licenciée pour motif économique, la salariée était entrée au service d'une société concurrente, laquelle avait mis fin à sa période d'essai en apprenant de l'ancien employeur qu'elle était liée par une clause de non-concurrence. Ce dernier avait en outre saisi la juridiction prud'homale d'une demande de dommages-intérêts pour violation de la clause de non-concurrence par l'intéressée.

Ayant relevé que l'accord national relatif aux salariés permanents des entreprises de travail temporaire du 23 janvier 1986 octroyait au salarié, en cas de rupture à l'initiative de l'employeur sauf en cas de faute grave ou lourde, une contrepartie financière ne pouvant être inférieure à un montant mensuel égal à 20 % de la moyenne mensuelle de la rémunération du salarié au cours de ses trois derniers mois de présence dans l'entreprise, une cour d'appel a pu valablement débouter la société de sa demande, la clause du contrat de la salariée réduisant ce versement à une indemnité mensuelle dérisoire par rapport au minimum prévu par l'accord. Elle a décidé en conséquence que la clause était nulle et la salariée libérée de l'interdiction de concurrence.

La cour d'appel a également pu condamner l'ancien employeur à payer à la salariée des dommages-intérêts pour intervention fautive auprès du nouvel employeur, dans la mesure où, faute d'avoir versé la contrepartie financière prévue par l'accord collectif applicable, la société ne pouvait se prévaloir de la clause litigieuse sans que son comportement soit constitutif d'une faute.

Cass. soc. 13 janvier 1998, n° 95-41.480, BC V n° 6.

… le juge ne peut pas, sous couvert de l'appréciation du caractère dérisoire de la contrepartie pécuniaire invoquée par le salarié, substituer son appréciation du montant de cette contrepartie à celle fixée par les parties et, après avoir annulé la clause, accorder au salarié la contrepartie qu'il estime justifiée.

Si une contrepartie financière dérisoire à la clause de non-concurrence équivaut à une absence de contrepartie rendant la clause nulle, le juge ne peut, sous couvert de l'appréciation du caractère dérisoire de la contrepartie pécuniaire invoquée par le salarié, substituer son appréciation du montant de cette contrepartie à celle fixée par les parties et, après avoir décidé de l'annulation de la clause, accorder au salarié la contrepartie qu'il estime justifiée.

C'est à tort que, pour condamner un employeur à payer à un salarié une certaine somme à titre de dommages-intérêts, une cour d'appel a retenu que la contrepartie financière prévue contractuellement et correspondant, pour six mois d'application de l'interdiction, à 1,14 mois sur la base du dernier mois travaillé était disproportionnée et dérisoire ; qu'ajoutant que les contreparties financières de non-concurrence correspondent en général au minimum à 33 % de la rémunération moyenne mensuelle brute sur les douze derniers mois, la cour a fixé le montant de la contrepartie financière sur cette base puis, prenant en compte la somme déjà perçue à ce titre par le salarié, a alloué le solde à titre de dommages-intérêts en réparation du préjudice subi du fait de la clause illicite.

Cass. soc. 16 mai 2012, n° 11-10.760, BC V n° 153.

Pour apprécier le caractère dérisoire ou non de la contrepartie, seul le montant qu'il était prévu de verser après la rupture doit être pris en considération.

Une salariée a été engagée le 16 février 2004 par une société en qualité d'attachée commerciale ; son contrat de travail comportait une clause de non-concurrence prévoyant le versement pendant toute la durée du contrat de travail d'une majoration de 10 % du salaire de base mensuel brut, à l'exclusion des primes, versée mensuellement et après la rupture, d'une somme de 15 % du dernier salaire de base mensuel brut, à l'exclusion des primes, versée mensuellement pendant la durée d'effectivité de la clause ; la salariée a démissionné le 1er octobre 2006 à effet au 2 novembre 2006 et est entrée à cette date au service d'une société concurrente.

Pour déclarer la clause de non-concurrence licite et condamner la salariée à verser à l'employeur une somme à titre d'indemnité contractuelle pour violation de cette clause, une cour d'appel a retenu que la contrepartie financière versée pendant l'exécution du contrat de travail et après sa rupture n'était pas dérisoire.

En statuant ainsi, alors que, le paiement de la contrepartie financière d'une clause de non-concurrence ne pouvant intervenir avant la rupture du contrat de travail, seul devait être pris en considération le montant qu'il était prévu de verser après la rupture, la cour d'appel a violé le principe fondamental de libre exercice d'une activité professionnelle et l'article L. 1121-1 CT.

Cass. soc. 22 juin 2011, n° 09-71.567, BC V n° 159.

L'exigence d'une contrepartie financière à la clause de non-concurrence est d'application immédiate, peu important que, à l'époque où la clause a été rédigée, la jurisprudence de la Cour de cassation ne retint pas encore la nullité d'une telle clause en raison de l'absence de contrepartie.

L'exigence d'une contrepartie financière à la clause de non-concurrence répond à l'impérieuse nécessité d'assurer la sauvegarde et l'effectivité de la liberté fondamentale d'exercer une activité professionnelle.

Dès lors, loin de violer les articles 1, 2 et 1134 c. civ. et l'article 6 de la Convention européenne des droits de l'homme et des libertés fondamentales, une cour d'appel en a, au contraire, fait une exacte application en décidant que cette exigence était d'application immédiate.

Doit donc être rejeté le moyen d'un pourvoi reprochant à une cour d'appel d'avoir annulé, en raison de l'absence de contrepartie financière, une clause de non-concurrence convenue en 1996 entre un salarié et un employeur, peu important qu'à cette époque, la jurisprudence de la Cour de cassation ne retînt pas la nullité d'une telle clause en raison de l'absence de contrepartie.

Cass. soc. 17 décembre 2004, n° 03-40.008, BC V n° 346.

C'est à tort qu'un employeur a fait valoir que le moyen relevé d'office tendant à l'application à une instance de la nouvelle jurisprudence de la chambre sociale de la Cour de cassation du 10 juillet 2002 relative à la nullité des clauses de non-concurrence, qui ne comportent pas de contrepartie financière, porte atteinte au principe de sécurité juridique prescrit par la Convention européenne de sauvegarde des droits de l'homme, alors que ce principe ne saurait consacrer un droit acquis à une jurisprudence immuable, l'évolution de la jurisprudence relevant de l'office du juge dans l'application du droit.

Cass. soc. 7 janvier 2003, n° 00-46.476.

L'exécution d'une clause de non-concurrence qui n'est assortie d'aucune contrepartie financière caractérise un trouble manifestement illicite que le juge des référés peut faire cesser en déclarant cette clause inopposable au salarié.

Ayant constaté que la clause de non-concurrence insérée dans le contrat de travail d'un salarié n'était assortie d'aucune contrepartie financière, une cour d'appel en a exactement déduit que son exécution était de nature à caractériser un trouble manifestement illicite.

Le chef du dispositif de l'arrêt qui, sans annuler la clause de non-concurrence, la déclare inopposable au salarié constitue, au sens de l'article R. 516-31 CT, une mesure destinée à faire cesser ce trouble manifestement illicite.

Cass. soc. 25 mai 2005, n° 04-45.794, BC V n° 180.

Le salarié ayant respecté une clause de non-concurrence ne comportant pas de contrepartie financière a droit au paiement de dommages-intérêts dont le montant est évalué selon le préjudice subi.

Doit être cassé l'arrêt qui, pour rejeter une demande en paiement d'une somme à titre de contrepartie financière de la clause de non-concurrence contenue dans le contrat de travail d'un salarié, a énoncé que le versement d'une telle contrepartie n'était pas prévu dans le contrat, alors que le salarié, qui a respecté une clause de non-concurrence illicite en l'absence de contrepartie financière, peut prétendre à des dommages-intérêts.

Cass. soc. 18 mars 2003, n° 00-46.358, BC V n° 98.

Le montant des dommages-intérêts est souverainement évalué par les juges du fond.

En l'absence de contrepartie financière, la clause de non-concurrence insérée dans le contrat de travail d'une salariée était nulle et une cour d'appel a pu allouer à cette dernière des dommages-intérêts, qu'elle a souverainement évalués au montant de la somme prévue au profit de l'employeur si le salarié avait violé la clause, en réparation du préjudice qu'elle a subi du fait que l'employeur lui a imposé une clause nulle portant atteinte à sa liberté d'exercer une activité professionnelle.

Cass. soc. 29 avril 2003, n° 01-42.026, BC V n° 143.

Le salarié protégé, dont le licenciement a été annulé, et qui demande sa réintégration, ne peut pas prétendre à l'indemnisation du préjudice lié au respect, après la rupture de son contrat de travail, d'une clause de non-concurrence dépourvue de contrepartie financière.

Cass. soc. 26 mars 2013, n° 11-27.964, 3e moyen du pourvoi du salarié, BC V n° 83.

Le salarié dispensé d'effectuer son préavis a droit au versement de la contrepartie pécuniaire dès son départ effectif de l'entreprise.

Le salarié dispensé d'effectuer son préavis est en droit de prétendre, dès son départ effectif de l'entreprise, au versement de l'indemnité compensatrice de la clause de non-concurrence et n'a pas, s'il a respecté l'interdiction de non-concurrence prévue à son contrat, à justifier de l'existence d'un préjudice pour avoir droit à la contrepartie pécuniaire de cette obligation.

Cass. soc. 15 juillet 1998, n° 96-40.866, BC V n° 382. Voir aussi cass. soc. 11 mars 2015, n° 13-23.866.

La contrepartie pécuniaire est due, même si le salarié est dans l'impossibilité de reprendre une activité.

Doit être rejeté le pourvoi d'un employeur faisant grief à une cour d'appel de l'avoir condamné à payer au salarié une indemnité compensatrice de non-concurrence : en l'absence de dispositions conventionnelles contraires, la cour d'appel, ayant exactement énoncé que l'indemnité compensatrice de non-concurrence a pour cause l'obligation de non-concurrence imposée au salarié, a décidé à bon droit que son paiement, lié à la cessation d'activité du salarié, au respect de cette obligation et à l'absence de renonciation de l'employeur à la clause, ne peut être affecté par les circonstances de la rupture du contrat de travail et la possibilité ou non pour le salarié de reprendre une activité concurrentielle. Même si le salarié était dans l'impossibilité de reprendre son activité, en raison de son départ à la retraite, il pouvait valablement prétendre à l'indemnité compensatrice de non-concurrence.

Cass. soc. 8 octobre 1996, n° 95-40.405, BC V n° 312. Voir aussi cass. soc. 10 octobre 2001, n° 99-42.404.

La contrepartie pécuniaire est due, même si le salarié a immédiatement retrouvé un emploi.

L'obligation de paiement de l'indemnité compensatrice de non-concurrence est liée à la cessation d'activité du salarié, au respect de la clause de non-concurrence et à l'absence de renonciation de l'employeur.

Pour débouter un salarié de sa demande en paiement de la contrepartie pécuniaire de la clause de non-concurrence, une cour d'appel a énoncé qu'ayant pour objet de compenser la perte de revenu subie par le salarié contraint de demeurer inactif pendant la période d'interdiction, la contrepartie financière à la clause de non-concurrence ne saurait être exigée lorsque le salarié a retrouvé immédiatement un nouvel emploi lui procurant des ressources.

En statuant ainsi, alors que le salarié, dès lors qu'il avait respecté l'interdiction de non-concurrence, était en droit de prétendre au paiement de l'indemnité compensatrice, la cour d'appel a violé l'article 1134 c. civ.

Cass. soc. 10 mars 2004, n° 01-47.350.

En revanche, la contrepartie financière n'est pas due en cas de rupture du contrat de travail par suite du décès du salarié.

C'est à tort que, pour accueillir la demande de paiement de la contrepartie financière d'une clause de non-concurrence par la veuve d'un salarié dont le contrat de travail a été rompu à la suite de son décès, une cour d'appel a retenu que l'obligation au paiement de la contrepartie financière qui est liée à la cessation d'activité du salarié, au respect de la clause de non-concurrence et à l'absence de renonciation de l'employeur, ne pouvait être affectée par les circonstances de la rupture du contrat de travail, le droit conditionnel à la contrepartie financière étant entré dans le patrimoine du salarié dès la conclusion du contrat de travail contenant son engagement de non-concurrence, permettant à sa veuve d'en demander le paiement.

Cass. soc. 29 octobre 2008, n° 07-43.093, BC V n° 207.

L'indemnité compensatrice se cumule avec l'allocation spéciale servie par le Fonds national de l'emploi.

Un salarié a été licencié pour motif économique et a adhéré à une convention d'allocation spéciale du Fonds national de l'emploi. Le salarié n'ayant pas à justifier de l'existence d'un préjudice pour prétendre à la contrepartie pécuniaire de la clause de non-concurrence et la convention spéciale n'ayant pour effet que d'interrompre à titre temporaire le versement des prestations au salarié en cas de reprise d'une activité professionnelle, une cour d'appel, qui a constaté qu'un employeur n'avait pas prévenu un salarié dans les quinze jours de la rupture du contrat de travail, a retenu à bon droit que l'intéressé pouvait prétendre au cumul de l'allocation spéciale Fonds national de l'emploi et de l'indemnité compensatrice de la clause de non-concurrence à laquelle l'employeur était tenu.

Cass. soc. 19 octobre 2005, n° 03-46.592, BC V n° 295.

L'indemnité compensatrice est due sans qu'il y ait lieu de rechercher l'existence d'un préjudice.

Doit être rejeté le pourvoi formé par une société reprochant à une cour d'appel d'avoir décidé que, faute d'avoir dispensé son ancien salarié de l'obligation de non-concurrence, elle devait en payer la contrepartie financière, sans rechercher si le nouvel emploi que l'intéressé avait immédiatement retrouvé lui avait apporté une restriction à son activité antérieure, alors que l'indemnité compensatrice de non-concurrence est due dès lors qu'il est constaté que l'employeur n'a pas libéré le salarié de l'obligation qui résulte de la clause, sans qu'il y ait lieu de rechercher l'existence du préjudice.

Cass. soc. 31 mars 1998, n° 96-43.016, BC V n° 189.

Le refus de l'employeur de payer la contrepartie financière libère le salarié de son obligation de non-concurrence…

Doit être cassé l'arrêt qui, pour condamner un salarié licencié pour motif économique à payer des dommages-intérêts à une société pour violation de la clause de non-concurrence insérée dans son contrat de travail, a énoncé que la rupture du contrat de travail n'était effective qu'à compter du 30 novembre 1992, bien qu'il ait été licencié le 30 juillet, dans la mesure où, bien que dispensé d'effectuer son préavis, il demeurait tenu à une obligation de fidélité pendant cette période à l'égard de l'employeur et qu'ayant violé le premier la clause de non-concurrence, du fait de son embauche chez un concurrent, il ne pouvait s'en exonérer en invoquant le non-paiement par l'employeur de l'indemnité compensatrice de non-concurrence, alors que, du fait du manquement de l'employeur à son obligation contractuelle de paiement de cette contrepartie financière, le salarié était fondé à se considérer comme libéré de l'interdiction de concurrence.

Cass. soc. 12 mars 1997, n° 94-43.326. Voir aussi cass. soc. 5 octobre 1999, n° 97-42.999.

… et constitue un trouble manifestement illicite qui relève de la compétence du juge des référés.

Le refus de l'employeur de payer la contrepartie financière de la clause de non-concurrence, alors qu'il ne pouvait reprocher au salarié aucun acte de concurrence postérieur au licenciement, constitue une inexécution flagrante de la clause contractuelle et caractérise un trouble manifestement illicite. Dès lors, le juge des référés est compétent pour libérer le salarié de la clause de non-concurrence et mettre fin au trouble ainsi constaté.

Cass. soc. 22 février 2000, n° 98-43.005.

Mais, un retard de quelques jours dans le paiement de la contrepartie financière ne libère pas le salarié de son obligation de non-concurrence.

Un salarié a été engagé par une société selon un contrat du 14 avril 2003 comportant une clause de non-concurrence lui faisant interdiction de travailler pour une entreprise concurrente pendant un an ; le 7 septembre 2009, il a démissionné ; le 17 septembre 2009, l'employeur a rappelé au salarié son obligation de non-concurrence ; l'intéressé, dispensé de son préavis à compter du 23 octobre 2009, a été engagé le 2 novembre 2009 par une société concurrente ; après avoir informé le salarié le 5 novembre 2009 de la « suspension » du paiement de l'indemnité contractuelle en raison de l'inexécution de ses obligations, la société a saisi la juridiction prud'homale pour obtenir, notamment, le paiement d'une indemnité pour violation de la clause de non-concurrence.

Une cour d'appel a pu condamner le salarié à payer à l'employeur une somme à titre de dommages-intérêts pour violation de la clause de non-concurrence.

En effet, après avoir, d'une part, relevé que les nouvelles fonctions exercées par le salarié, sans s'arrêter à leur dénomination ni étendre le champ d'application de la clause au-delà de ses prévisions, étaient de même nature et correspondaient à celles exercées auparavant et, d'autre part, retenu que le salarié disposant d'une expérience professionnelle et d'une formation ne le limitant pas à un seul secteur, la cour a pu en déduire que la clause n'avait pas pour effet d'empêcher le salarié d'exercer une activité conforme à sa formation et à son expérience.

Ensuite, après avoir constaté qu'il ne s'était écoulé que quelques jours entre le départ du salarié de l'entreprise, à la suite de la dispense d'exécution du préavis, et la décision de l'employeur de ne pas verser la contrepartie financière, la cour a pu en déduire que ce délai ne suffisait pas à libérer le salarié de son obligation qu'il avait aussitôt méconnue en passant au service d'une entreprise concurrente.

Cass. soc. 20 novembre 2013, n° 12-20.074, 1er moyen, BC V n° 275.

La contrepartie pécuniaire est calculée sur la base de la rémunération brute.

La contrepartie pécuniaire de la clause de non-concurrence étant assujettie au paiement des cotisations sociales, c'est à bon droit qu'une cour d'appel l'a calculée en tenant compte de la rémunération brute.

Cass. soc. 13 janvier 1998, n° 95-41.467, 2e moyen, BC V n° 6.

La contrepartie pécuniaire ouvre droit à congés payés.

La contrepartie financière de l'obligation de non-concurrence ayant la nature d'une indemnité compensatrice de salaires, elle ouvre droit à congés payés.

Cass. soc. 17 mai 2006, n° 04-47.597, BC V n° 177. Voir aussi cass. soc. 11 janvier 2012, n° 10-30.308, 2e moyen.

A violé les articles L. 3141-1, 22 et 26 CT la cour d'appel qui a débouté un salarié de sa demande tendant au paiement d'une indemnité de congés payés calculée sur la contrepartie financière de l'obligation de non-concurrence au motif que seul le travail effectif ouvre droit à congés payés, de sorte que la contrepartie financière de la clause de non-concurrence versée par l'ancien employeur pour une période non travaillée ne pouvait donner lieu à une indemnité de congés payés, alors que la contrepartie financière de l'obligation de non-concurrence ayant la nature d'une indemnité compensatrice de salaires, elle ouvre droit à congés payés.

Cass. soc. 23 juin 2010, n° 08-70.233, BC V n° 145.

Conditions d'application de la clause de non-concurrence

La clause de non-concurrence doit être interprétée strictement et ne peut pas être étendue au-delà de ses prévisions.

C'est à tort qu'une cour d'appel a énoncé que l'interdiction de non-concurrence insérée dans le contrat de travail d'un salarié ne saurait se limiter à la seule société dans laquelle le salarié était intervenu, alors qu'il résultait de la clause visant l'entreprise cliente de l'employeur que son champ d'application était limité à la seule entreprise cliente de l'employeur lors de la conclusion du contrat.

Cass. soc. 13 décembre 2000, n° 98-45.043.

Le salarié n'est pas lié par une clause de non-concurrence applicable pendant deux ans après la date de cessation des fonctions de chef d'agence, dès lors qu'il avait signé un avenant à son contrat de travail pour accéder au poste de directeur régional.

Cass. soc. 27 mars 2001, n° 98-44.081.

La clause de non-concurrence ne peut pas porter atteinte à la liberté du travail d'un tiers, même lié au salarié par la parenté ou l'alliance.

La clause de non-concurrence insérée dans un contrat de travail engage les seules parties à ce contrat. Elle ne peut donc porter atteinte à la liberté du travail d'un tiers, fût-il le conjoint du salarié ou uni à lui par un lien de parenté ou d'alliance.

Après avoir énoncé à juste titre que la clause de non-concurrence imposée à un salarié pendant deux ans n'était valable, aux termes de l'article 17 de l'accord national interprofessionnel des VRP, que dans le secteur géographique qui lui était attribué, à l'exclusion des départements limitrophes, une cour d'appel a constaté que, dans la limite géographique ainsi définie, le salarié ne s'était personnellement rendu coupable d'aucune infraction à la clause de non-concurrence. La cour a, d'autre part, constaté que cette clause concernait uniquement le salarié, et non pas son épouse, peu important que certains clients de cette dernière aient pu considérer qu'elle prenait la suite de son mari. Enfin, la cour a relevé l'absence de tout élément objectif de nature à établir que le salarié ait pu aider son épouse dans son travail de prospection sur le secteur qui lui était interdit par la clause et n'a donc pas retenu l'hypothèse d'une violation de la clause de non-concurrence. En l'état de ces constatations, la cour d'appel a pu débouter l'employeur de sa demande de dommages-intérêts pour violation de la clause de non-concurrence et le condamner à payer au salarié une somme au titre de la contrepartie pécuniaire.

Cass. soc. 4 juin 1998, n° 95-43.133, BC V n° 305.

La clause de non-concurrence est applicable dès la période d'essai.

Après avoir exactement énoncé que l'employeur n'était pas recevable à invoquer l'illicéité de la clause de non-concurrence au motif qu'elle n'était pas indispensable à la protection des intérêts de son entreprise, les juges du fond ont, par une interprétation nécessaire, exclusive de dénaturation, des dispositions du contrat de travail, estimé que les parties étaient convenues de rendre la clause de non-concurrence applicable dès la période d'essai.

Cass. soc. 17 juillet 1997, n° 95-40.869, BC V n° 280. Voir aussi cass. soc. 24 mars 2010, n° 09-40.748 ; cass. soc. 10 juillet 2013, n° 12-17.921, pourvoi principal.

En cas de dispense d'exécution du préavis, c'est la date de départ effectif du salarié de l'entreprise qui doit être prise en compte pour les obligations liées à la clause de non-concurrence.

En cas de licenciement du salarié avec dispense d'exécution de son préavis, la date de départ de l'obligation de non-concurrence, la date d'exigibilité de la contrepartie financière de la clause de non-concurrence et la date à compter de laquelle doit être examinée la période de référence pour le calcul de cette indemnité, sont celle du départ effectif du salarié de l'entreprise.

Cass. soc. 22 juin 2011, n° 09-68.762, 1er moyen du pourvoi incident, BC V n° 160.

Lorsqu'un salarié est lié par une clause de non-concurrence avec une société appartenant à un groupe, les autres sociétés du groupe ne peuvent se prévaloir de cette clause.

Doit être cassé l'arrêt qui, pour retenir la violation d'une clause de non-concurrence, énonce que cette clause jouait à l'égard de toutes les sociétés du groupe. Le salarié n'ayant contracté qu'avec une seule société du groupe, la clause de non-concurrence ne pouvait concerner que cette société.

Cass. soc. 22 mai 1995, n° 93-41.719, BC V n° 162.

Lorsqu'un salarié quitte une entreprise pour une autre exerçant une activité similaire et appartenant au même groupe, la clause de non-concurrence ne s'applique pas ; elle reprend ses effets à compter de la rupture du contrat de travail avec le second employeur, sans que le délai fixé puisse s'en trouver reporté ou allongé.

Si la clause interdisant, avant l'expiration d'un certain délai, au salarié quittant une entreprise d'entrer dans une autre entreprise exerçant une activité similaire ne s'applique pas dès lors que les deux entreprises ne sont pas en situation réelle de concurrence mais appartiennent au même groupe économique, et que le passage du salarié de l'une à l'autre est le résultat d'une entente entre lui et ses deux employeurs successifs, elle reprend ses effets normaux à partir du jour où le contrat de travail avec le second employeur a été rompu, sans que ce délai puisse s'en trouver reporté ou allongé.

Ayant constaté qu'à la date de la rupture du contrat de travail avec la deuxième société, plus de deux ans s'étaient écoulés depuis la rupture du contrat initial et que la clause de non-concurrence figurant dans ce contrat avait été contractuellement fixée à deux années, une cour d'appel a exactement retenu que le salarié ne pouvait prétendre au paiement par la première société de la contrepartie financière de la clause de non-concurrence.

Cass. soc. 12 septembre 2018, n° 17-10.853, à paraître.

En cas de modification dans la situation juridique de l'employeur, la clause de non-concurrence souscrite par un salarié antérieurement au transfert de l'entité économique est transmise au nouvel employeur.

Cass. soc. 15 septembre 2015, n° 14-10.422.

L'obligation de non-concurrence souscrite par un salarié dont le contrat de travail avait été transféré en application de l'article L. 122-12, al. 2 CT ayant été transmise au nouvel employeur, c'est à bon droit qu'une cour d'appel a décidé que l'ancien employeur ne pouvait plus en demander l'exécution à ce salarié.

Cass. soc. 15 octobre 1997, n° 95-42.454, 1er moyen, BC V n° 318.

La cessation volontaire d'activité de l'entreprise n'a pas pour effet de décharger le salarié de son obligation de non-concurrence.

Un salarié, dont le contrat de travail comportait une clause lui interdisant d'exercer une activité concurrente de celle de son employeur pendant une durée de deux ans, a été licencié pour motif économique.

Pour le débouter de sa demande en paiement de l'indemnité compensatrice de l'obligation de non-concurrence, une cour d'appel a relevé qu'à partir du moment où l'activité de l'entreprise qui avait cessé n'avait pu faire l'objet d'une reprise et où la société qui l'employait avait cessé d'avoir une existence légale du fait de sa dissolution, l'interdiction de faire concurrence s'était trouvée dépourvue d'objet et était tombée d'elle-même.

En statuant ainsi, alors que la cessation volontaire d'activité de l'entreprise n'a pas pour effet de décharger de plein droit le salarié de son obligation de non-concurrence et que l'intéressé n'avait pas été délié de son obligation par l'employeur, la cour d'appel a violé l'article 1134 c. civ. et la convention collective applicable en l'espèce.

Cass. soc. 5 avril 2005, n° 02-45.540, BC V n° 118. Voir aussi cass. soc. 21 janvier 2015, n° 13-26.374, BC V n° 2, énonçant que la clause de non-concurrence prenant effet à compter de la rupture du contrat de travail, la cessation d'activité ultérieure de l'employeur n'a pas pour effet de décharger le salarié de son obligation de non-concurrence.

Renonciation de l'employeur à la clause

La clause de non-concurrence est considérée comme prévue dans l'intérêt du salarié et de l'employeur, et ce dernier ne peut pas y renoncer unilatéralement…

Ayant relevé, d'une part, que le contrat de travail ne prévoyait aucune possibilité de renonciation à la clause de non-concurrence, et d'autre part, que cette clause était stipulée aussi bien en faveur de l'employeur que du salarié en raison de sa contrepartie financière, une cour d'appel a décidé à bon droit que l'employeur ne pouvait renoncer unilatéralement à l'exécution de la clause.

Cass. soc. 4 juin 1998, n° 95-41.832, BC V n° 299.

… sauf dispositions conventionnelles ou contractuelles contraires.

La disposition d'une convention collective stipulant que, lorsqu'un salarié, dont le contrat de travail comporte une clause de non-concurrence, envisage de quitter son employeur, il peut demander par écrit s'il a l'intention de faire jouer la clause, doit être interprétée comme donnant à l'employeur la faculté de renoncer au bénéfice d'une clause de non-concurrence prévue par le contrat de travail.

C'est donc à bon droit qu'une cour d'appel a débouté un salarié de sa demande en paiement d'une indemnité compensatrice de non-concurrence après avoir constaté que l'employeur avait délié le salarié de son obligation contractuelle de non-concurrence dans la lettre de licenciement.

Cass. soc. 7 mars 2000, n° 98-40.659, 3e moyen, BC V n° 88.

Un salarié reprochait à une cour d'appel de l'avoir débouté de sa demande en paiement de la contrepartie financière d'une clause de non-concurrence en soutenant que la convention collective prévoyait la possibilité pour l'employeur de renoncer à l'exécution de la clause de non-concurrence par lettre recommandée dans les 15 jours et qu'en l'absence de toute renonciation de l'employeur dans les conditions fixées par la convention collective, la contrepartie financière lui était due. Cependant, après avoir exactement énoncé que le contrat de travail prévoyant que l'obligation de non-concurrence ne s'imposait au salarié que s'il recevait de l'employeur, dans les 15 jours suivant la rupture, notification de s'en prévaloir effectivement était plus favorable à la liberté du travail que la convention collective et que l'employeur n'avait pas manifesté, dans le délai prévu au contrat, son intention de bénéficier de la clause de non-concurrence, la cour d'appel a pu en déduire que le salarié n'était soumis à aucun engagement et ne pouvait en exiger la contrepartie pécuniaire.

Cass. soc. 31 octobre 2000, n° 98-43.697.

Le salarié ne pouvant être laissé dans l'incertitude quant à l'étendue de sa liberté de travailler, la clause par laquelle l'employeur se réserve la faculté, après la rupture, de renoncer à la clause de non-concurrence à tout moment au cours de l'exécution de celle-ci doit être réputée non écrite.

Cass. soc. 13 juillet 2010, n° 09-41.626, BC V n° 174.

Lorsque la clause de non-concurrence fixe un délai de renonciation à compter de la rupture du contrat de travail, l'employeur ne peut pas valablement renoncer à cette clause avant la fin du contrat.

La clause de non-concurrence, dont la validité est subordonnée à l'existence d'une contrepartie financière, est stipulée dans l'intérêt de chacune des parties au contrat de travail, de sorte que l'employeur ne peut, sauf stipulation contraire, renoncer unilatéralement à cette clause, au cours de l'exécution de cette convention.

Un salarié a été engagé par une société en qualité de responsable technico-commercial, à compter du 2 novembre 2000 ; l'employeur a libéré le salarié de son obligation de non-concurrence par lettre du 7 avril 2010 ; licencié le 28 juin suivant, l'intéressé a saisi la juridiction prud'homale.

Pour condamner l'employeur au paiement d'une somme à titre d'indemnité de non-concurrence, une cour d'appel, après avoir constaté que les parties étaient convenues d'une clause de non-concurrence pendant un délai d'un an à compter de la rupture du contrat de travail, renouvelable une fois, aux termes de laquelle l'entreprise pouvait lever ou réduire l'interdiction de concurrence, par lettre recommandée avec demande d'avis de réception et au plus tard dans les huit jours suivant la notification de rupture du contrat de travail, a retenu qu'il résultait des termes clairs de cette stipulation contractuelle que l'employeur pouvait renoncer au bénéfice de la clause de non-concurrence, à la seule condition que cette renonciation soit notifiée au salarié avant l'expiration d'un délai de huit jours à compter de la notification de la rupture et que le salarié est mal fondé à soutenir que l'employeur ne pouvait y renoncer avant cette notification.

En statuant ainsi, alors que la clause de non-concurrence fixait un délai de renonciation à compter de la rupture du contrat de travail et qu'elle constatait que la renonciation par l'employeur au bénéfice de cette clause était intervenue au cours de l'exécution dudit contrat, la cour d'appel a violé les articles L. 1221-1 CT et 1134 c. civ.

Cass. soc. 11 mars 2015, n° 13-22.257, BC V n° 44.

Lorsqu'une clause de non-concurrence réserve à l'employeur la faculté d'y renoncer à tout moment, avant ou pendant la période d'interdiction, elle doit être annulée dans son ensemble.

Ayant relevé qu'une clause de non-concurrence réservait à l'employeur la faculté de renoncer à tout moment, avant ou pendant la période d'interdiction, aux obligations qu'elle faisait peser sur le salarié, une cour d'appel, qui a retenu que ce dernier avait été laissé dans l'incertitude quant à l'étendue de sa liberté de travailler, en a exactement déduit que cette clause devait être annulée en son ensemble.

Cass. soc. 2 décembre 2015, n° 14-19.029, BC V n° 242.

L'employeur doit faire parvenir sa renonciation dans le délai contractuellement ou conventionnellement prévu, faute de quoi elle sera inopérante.

Au sens de l'article 28 de la convention collective nationale des ingénieurs et cadres de la métallurgie, le délai de huit jours dont dispose l'employeur pour prévenir le salarié qu'il le dispense, en cas de cessation d'un contrat de travail qui prévoit une clause de non-concurrence, de l'exécution d'une telle clause, a pour point de départ la date d'envoi de la lettre mettant fin au contrat, et son respect s'apprécie à la date d'envoi de la lettre dispensant le salarié d'exécuter la clause de non-concurrence, ledit délai s'imputant de date à date, sans qu'il y ait lieu d'en déduire les samedis, dimanches et jours fériés.

Dès lors, après avoir relevé qu'un employeur avait, le 21 avril 2000, adressé à un salarié la lettre recommandée avec accusé de réception l'informant de la rupture de son contrat de travail, et que le courrier le libérant de l'obligation de non-concurrence daté du 2 mai 2000 ne lui avait été présenté que le 4 mai suivant, ce dont il résulte qu'il n'avait pu être envoyé au salarié que le 2 mai 2000 au plus tôt, une cour d'appel a pu dire que la renonciation de l'employeur à l'exécution de la clause de non-concurrence était tardive et le condamner à payer au salarié une indemnité au titre de la clause.

Cass. soc. 30 mars 2011, n° 09-41.583, 1re et 2e branches du 2e moyen, BC V n° 85.

Selon l'article L. 122-14-1 CT, la date de présentation de la lettre de licenciement fixe le point de départ du délai-congé ; selon l'article 17, al. 7 de l'accord national interprofessionnel des VRP du 3 octobre 1975, l'employeur peut dispenser le représentant de l'exécution de la clause de non-concurrence à condition de prévenir celui-ci dans les quinze jours suivant la notification de la rupture. Ce délai a pour point de départ la date de réception de la lettre de licenciement ou de démission et expire à la date de réception de la lettre dispensant le représentant d'exécuter la clause de non-concurrence.

C'est à tort que, pour débouter un VRP de sa demande en paiement d'une indemnité en contrepartie de la clause de non-concurrence figurant à son contrat, une cour d'appel, après avoir constaté que la lettre de licenciement avait été reçue le 2 juin et que la lettre dispensant le salarié de son obligation de non-concurrence avait été expédiée le 17 juin, a décidé que l'employeur avait dispensé le salarié de son obligation de non-concurrence dans le délai de 15 jours figurant au contrat de travail, alors que la lettre de licenciement avait été reçue le 2 juin et que celle dispensant le salarié de son obligation de non-concurrence avait été reçue le 18 juin, soit postérieurement au délai conventionnellement prévu.

Cass. soc. 16 juillet 1997, n° 95-45.265, BC V n° 276.

Le contrat de travail d'une salariée stipulait une clause de non-concurrence énonçant que « la société se réserve le droit de libérer le salarié de l'interdiction de concurrence ou d'en réduire la durée en informant par écrit le salarié dans le délai maximal de 30 jours qui suivra la fin effective du travail (fin du préavis effectué ou début du préavis non effectué) ».

Ayant constaté que la salariée avait démissionné le 13 janvier 2011 et qu'elle avait cessé d'exécuter son préavis le 28 février 2011 mais que l'employeur ne l'avait pas dispensée de l'exécution de son préavis de trois mois, une cour d'appel en a exactement déduit que la notification de la levée de la clause de non-concurrence faite le 6 avril 2011, en cours de préavis, était valable et a pu débouter la salariée de ses demandes au titre de l'indemnité de non-concurrence.

Cass. soc. 21 mars 2018, n° 16-21.021, 4e moyen du pourvoi principal, à paraître.

En cas de rupture conventionnelle, le délai dont dispose contractuellement l'employeur pour renoncer à faire jouer la clause de non-concurrence court à compter de la date de la rupture fixée par la convention de rupture.

Aux termes de l'article L. 1237-13 CT, la convention de rupture conclue entre un employeur et un salarié fixe la date de rupture du contrat de travail, qui ne peut intervenir avant le lendemain du jour de l'homologation par l'autorité administrative ; il en résulte que le délai de quinze jours au plus tard suivant la première présentation de la notification de la rupture du contrat de travail dont dispose contractuellement l'employeur pour dispenser le salarié de l'exécution de l'obligation de non-concurrence a pour point de départ la date de la rupture fixée par la convention de rupture.

Cass. soc. 29 janvier 2014, n° 12-22.116, 1re branche du 2e moyen, BC V n° 35. Voir aussi cass. soc. 3 mars 2015, n° 13-20.549, BC V n° 35.

C'est la date d'envoi de la lettre recommandée qui doit être prise en compte pour apprécier le respect par l'employeur du délai de renonciation.

Pour accueillir la demande d'un salarié relative à la contrepartie financière d'une clause de non-concurrence, une cour d'appel a relevé que la lettre recommandée avec accusé de réception de l'employeur n'avait jamais été reçue par le salarié, ayant été perdue par la poste et qu'il appartenait à l'employeur de s'assurer de la réception du courrier, de sorte que le salarié n'ayant pas été informé de la levée de la clause de non-concurrence, la contrepartie financière était due en son principe.

En statuant ainsi, alors, d'une part, que le contrat de travail prévoyait que l'employeur pouvait renoncer à la clause de non-concurrence par envoi au salarié d'une lettre recommandée avec accusé de réception dans les 15 jours suivant la notification de la rupture du contrat de travail et, d'autre part, que l'employeur produisait la preuve de l'envoi d'une lettre recommandée le 14 novembre 2008, soit dans le délai prévu, la rupture étant intervenue le 9 novembre 2008, la cour d'appel a violé l'article 1134 c. civ.

Cass. soc. 10 juillet 2013, n° 12-14.080, 3e moyen, BC V n° 183.

L'employeur qui dispense le salarié de l'exécution de son préavis doit, s'il entend renoncer à l'exécution de la clause de non-concurrence, le faire au plus tard à la date du départ effectif de l'intéressé de l'entreprise, nonobstant stipulations ou dispositions contraires.

En effet, en cas de rupture du contrat de travail avec dispense d'exécution du préavis par le salarié, la date à partir de laquelle celui-ci est tenu de respecter l'obligation de non-concurrence, la date d'exigibilité de la contrepartie financière de la clause de non-concurrence et la date à compter de laquelle doit être déterminée la période de référence pour le calcul de cette indemnité sont celle du départ effectif de l'entreprise.

Cass. soc. 13 mars 2013, n° 11-21.150, 1er moyen, BC V n° 72. Voir aussi cass. soc. 21 janvier 2015, n° 13-24.471, BC V n° 3 ; cass. soc. 24 mai 2018, n° 16-24.616.

Il en va de même en cas de rupture du contrat de travail résultant de l'adhésion du salarié au contrat de sécurisation professionnelle.

Cass. soc. 2 mars 2017, n° 15-15.405.

L'employeur peut renoncer à la clause de non-concurrence dans la lettre de licenciement.

Après avoir retenu qu'un contrat de travail n'obligeait pas l'employeur à renoncer à la clause de non-concurrence par une lettre distincte de la lettre de licenciement, une cour d'appel a pu en déduire que la société avait valablement délié le salarié de l'obligation de non-concurrence dans la lettre de licenciement envoyée en recommandé.

Cass. soc. 7 mars 2012, n° 10-17.712, 1er moyen.

Pour condamner une société à payer à une salariée une somme au titre de la contrepartie financière de la clause de non-concurrence, une cour d'appel a retenu que la salariée aurait dû être déliée de la clause par un courrier recommandé adressé dans les 15 jours suivant l'envoi de la lettre de licenciement et non pas dans la lettre de licenciement.

En statuant ainsi, alors que la renonciation de l'employeur à la clause de non-concurrence dans la lettre de rupture permettait à la salariée de connaître immédiatement l'étendue de sa liberté de travailler et répondait ainsi à la finalité de la clause autorisant l'employeur à libérer le salarié de son obligation, la cour d'appel a violé les articles L. 1221-1 CT et 1134 c. civ.

Cass. soc. 24 avril 2013, n° 11-26.007, BC V n° 111.

En l'absence de disposition conventionnelle ou contractuelle fixant valablement le délai de renonciation par l'employeur à la clause de non-concurrence, celui-ci ne peut être dispensé de verser la contrepartie financière de cette clause que s'il libère le salarié de son obligation de non-concurrence au moment du licenciement.

Cass. soc. 13 juillet 2010, n° 09-41.626, précité.

En cas de changement d'adresse du salarié, l'employeur qui n'en a pas été informé peut notifier sa renonciation à la dernière adresse connue du salarié.

Une salariée ayant démissionné et dont le contrat de travail comportait une clause de non-concurrence de six mois, assortie d'une contrepartie financière, a saisi la juridiction prud'homale pour en demander le paiement, l'employeur n'ayant pas dénoncé la clause dans le mois suivant la rupture du contrat de travail par lettre recommandée avec accusé de réception, comme le prévoyait le contrat.

Doit être rejeté le moyen du pourvoi formé par l'employeur qui, pour reprocher à une cour d'appel d'avoir accueilli la demande de la salariée, soutient que rien n'impose à un employeur au courant d'un changement d'adresse du salarié, sans toutefois avoir été avisé par ce dernier de sa nouvelle adresse, de notifier à l'intéressé une dispense de son obligation de respecter la clause de non-concurrence à une adresse où il sait que le salarié n'habite plus.

En effet, après avoir relevé que rien n'empêchait l'employeur de notifier la dispense à la dernière adresse connue de la salariée, c'est à bon droit que la cour a condamné l'employeur à lui verser une somme au titre de la clause de non-concurrence.

Cass. soc. 25 mars 2009, n° 07-41.894, 1er moyen, BC V n° 85.

La renonciation à la clause de non-concurrence par l'employeur doit être explicite et non équivoque.

La mention « libre de tout engagement » apposée sur le certificat de travail ne signifie pas que l'employeur ait entendu libérer le salarié de la clause de non-concurrence. La renonciation à un droit supposant une manifestation non équivoque de l'intention de renoncer, la mention précitée signifiait seulement que les obligations imposées au salarié au cours du contrat avaient pris fin et non que l'employeur déliait le salarié de la clause de non-concurrence. Le chef d'entreprise était, dès lors, recevable à demander des dommages-intérêts pour violation de la clause.

Cass. soc. 13 décembre 1995, n° 92-41.490. Voir aussi cass. soc. 13 février 2019, n° 17-27.188, énonçant que la renonciation par l'employeur à l'obligation de non-concurrence ne se présume pas et ne peut résulter que d'actes manifestant sans équivoque la volonté de renoncer.

Faute de l'avoir notifié individuellement aux salariés intéressés, l'employeur ne peut pas se prévaloir à l'encontre de ces derniers de son engagement pris dans le cadre d'un plan de sauvegarde de l'emploi de renoncer à faire application des clauses de non-concurrence insérées dans les contrats de travail des salariés licenciés.

Cass. soc. 21 octobre 2009, n° 08-40.828, BC V n° 228.

Il en est de même lorsque l'employeur prend un tel engagement dans le cadre d'une réunion avec les institutions représentatives du personnel.

Cass. soc. 26 mars 2014, n° 12-27.028, 2e moyen du pourvoi incident.

La renonciation de l'employeur ne peut pas être partielle.

C'est à bon droit qu'une cour d'appel a décidé que la convention collective, qui prévoyait que l'employeur pouvait renoncer au bénéfice d'une clause de non-concurrence dans les 15 jours d'un licenciement, n'autorisait aucune renonciation partielle.

Cass. soc. 11 juillet 2000, n° 97-45.063.

L'accord national interprofessionnel des VRP prévoit des dispositions spécifiques en matière de renonciation à la clause de non-concurrence.

VRP (Clause de non-concurrence).

Réduction de la clause par les juges

Les juges ont la possibilité de réduire la portée de la clause de non-concurrence s'ils estiment qu'elle est excessive.

En présence d'une clause de non-concurrence insérée dans un contrat de travail, même indispensable à la protection des intérêts légitimes de l'entreprise, le juge peut, lorsque cette clause ne permet pas au salarié d'exercer une activité conforme à sa formation et à son expérience professionnelle, en restreindre l'application en en limitant l'effet dans le temps, l'espace ou ses autres modalités.

Ayant relevé que la clause de non-concurrence liant un salarié constituait, en raison de la spécificité de l'activité professionnelle de ce dernier, une entrave à sa liberté de travailler, une cour d'appel a pu décider qu'il y avait lieu d'en réduire le champ d'application à l'interdiction faite au salarié de démarcher les clients de son ancien employeur.

Cass. soc. 18 septembre 2002, n° 00-42.904, BC V n° 272.

Ayant relevé, d'une part, que la clause de non-concurrence figurant dans le contrat de travail d'un ingénieur technico-commercial s'étendait à la totalité du territoire national et qu'elle avait une portée très large puisqu'elle visait toute activité similaire ou concurrente, directement ou indirectement, et qu'elle prétendait même interdire au salarié de prendre contact et de traiter avec tout concurrent et, d'autre part, que le maintien de cette clause, avec application pour la durée prévue (deux ans) sur toute l'étendue du territoire national, constituait une entrave à la liberté du travail pour un salarié dont la formation et les diplômes étaient peu importants et qui, au cours des trois années passées au service de la société, avait perdu le bénéfice de l'expérience acquise précédemment par lui dans d'autres activités, une cour d'appel a pu décider qu'il y avait lieu de réduire le champ d'application géographique de la clause aux seuls départements dans lesquels le salarié avait exercé effectivement ses fonctions.

Cass. soc. 25 mars 1998, n° 95-41.543, BC V n° 174. Voir aussi cass. soc. 7 mai 1991, n° 87-43.470.

Violation de la clause de non-concurrence

Il appartient à l'employeur de rapporter la preuve d'une éventuelle violation de la clause de non-concurrence.

Est donc inopérante la clause contractuelle dont se prévaut un employeur qui imposait au salarié de justifier par tout moyen de l'absence de violation de son obligation de non-concurrence, tel qu'une attestation Assédic ou un bulletin de salaire permettant d'apprécier ses nouvelles fonctions.

Cass. soc. 25 mars 2009, n° 07-41.894, 1er moyen, BC V n° 85.

Il incombe à l'employeur qui se prétend délivré de l'obligation de payer la contrepartie financière de la clause de non-concurrence de rapporter la preuve de la violation de cette clause par le salarié.

Cass. soc. 9 mars 2011, n° 09-43.136, 2e moyen. Voir aussi cass. soc. 6 mai 2015, n° 13-23.035 ; cass. soc. 28 juin 2018, n° 17-13.965.

La violation de la clause de non-concurrence peut être établie, même en l'absence d'actes concrets de concurrence de la part du salarié.

Le contrat de travail d'un salarié engagé en qualité de chef de vente régional comportait une clause de non-concurrence lui interdisant toute activité portant, sous une forme quelconque, sur la promotion et la commercialisation de produits susceptibles de concurrencer les produits sur lesquels portait son activité de chef de vente régional.

Cette clause empêchant dès lors toute embauche du salarié, sous quelque qualification que ce soit, dans les activités de promotion et de commercialisation d'une entreprise concurrente, le manquement du salarié résultait de sa seule embauche au service d'une société concurrente implantée dans le secteur visé par la clause, sans qu'il soit nécessaire que des actes de concurrence concrets soient consommés. Ainsi, n'a pas donné de base légale à sa décision la cour d'appel qui, pour débouter la société de sa demande de dommages-intérêts formée à l'encontre du salarié pour violation de la clause et écarter la responsabilité de l'intéressé, s'est bornée à constater qu'il n'était pas établi que le salarié ait participé à une vente d'aliments pour ruminants, sans rechercher quelle était la nature de l'activité de l'intéressé dans l'entreprise concurrente.

Cass. soc. 18 décembre 1997, n° 95-42.201, BC V n° 460.

Seuls les faits postérieurs à la rupture du contrat de travail doivent être pris en considération pour déterminer si le salarié a enfreint les obligations résultant de la clause de non-concurrence.

Le contrat de travail d'un salarié comportait, outre le rappel d'une obligation de loyauté et de discrétion pendant la durée du contrat, une clause de non-concurrence valable pendant les douze mois qui suivraient son départ de l'entreprise, quelle qu'en soit la cause. Par avenant au contrat, la durée de cet engagement avait été portée à vingt-quatre mois, l'employeur s'engageant de son côté à verser au salarié pendant la même période une indemnité mensuelle égale aux 2/3 de ses appointements mensuels. Ultérieurement, le salarié avait été licencié pour faute lourde, l'employeur lui reprochant d'avoir pris, par l'intermédiaire de membres de sa famille, des brevets pour des produits qui, ayant été créés par lui dans le cadre de son contrat de travail, étaient la propriété de l'employeur, ces faits étant analysés comme un manquement à l'obligation de loyauté. Le salarié avait alors saisi le juge prud'homal en référé d'une demande de provision au titre de la contrepartie financière de la clause de non-concurrence.

C'est à bon droit qu'une cour d'appel a fait droit à sa demande. Tout d'abord, la clause de non-concurrence étant distincte de l'obligation de loyauté à laquelle le salarié se trouve soumis pendant l'exécution du contrat et n'ayant pu entrer en application qu'à compter de la rupture du contrat de travail, la cour d'appel a exactement énoncé que les seuls manquements du salarié pouvant, dans le cadre de cette clause, permettre à l'employeur de s'exonérer de son obligation financière étaient ceux fondés sur des faits postérieurs à la rupture. Ayant constaté que la preuve de tels faits n'était pas rapportée, la cour a pu décider que si les dépôts de brevets effectués avant le licenciement, à les supposer imputables au salarié, pouvaient constituer un acte de déloyauté, que l'employeur avait sanctionné en le qualifiant de faute lourde, ils ne constituaient pas, par eux-mêmes, des infractions à la clause de non-concurrence susceptibles de priver l'intéressé du bénéfice de l'indemnité compensatrice. Ensuite, après avoir énoncé que si l'utilisation qui avait pu être faite des brevets litigieux, au cours de la période d'application de la clause de non-concurrence, aurait pu être considérée comme une contravention à cette clause, la cour d'appel a constaté qu'aucun acte de cette nature n'était établi et a pu en déduire que l'obligation de l'employeur au versement de la contrepartie financière n'était pas sérieusement contestable.

Cass. soc. 10 novembre 1998, n° 96-41.308, BC V n° 484.

Ne constitue pas une violation de la clause de non-concurrence le fait pour un salarié d'être embauché chez un concurrent, mais pour une activité non concurrente, la clause lui interdisant seulement l'exercice d'une activité le plaçant en concurrence avec son ancien employeur.

Une clause de non-concurrence qui apporte une restriction au principe de la liberté du travail est d'interprétation stricte et ne peut être étendue au-delà de ses prévisions. En l'état d'une clause de non-concurrence interdisant au salarié d'exercer directement ou indirectement pour son propre compte ou pour le compte de son employeur une activité le plaçant en concurrence avec celui-ci, une cour d'appel, qui a constaté que l'activité du salarié chez son nouvel employeur concurrent du précédent ne portait pas sur cette activité concurrente, a pu décider que le salarié n'avait pas violé la clause de non-concurrence.

Cass. soc. 29 juin 1999, n° 97-40.082, BC V n° 309.

Le seul fait pour un salarié de se porter candidat à un emploi similaire au sein d'une société concurrente ne constitue pas une violation de la clause de non-concurrence.

Doit être cassé l'arrêt qui, pour débouter une salariée, VRP exclusive, de sa demande de contrepartie financière à la clause de non-concurrence prévue par son contrat de travail, a énoncé qu'en sollicitant des emplois de représentation dans des sociétés concurrentes exerçant leur activité dans le secteur géographique visé par la clause de non-concurrence, la salariée avait violé son obligation de non-concurrence, alors que le fait pour un salarié de solliciter un emploi similaire dans une société concurrente ne caractérise pas, à lui seul, une violation de la clause de non-concurrence figurant dans son contrat de travail.

Cass. soc. 12 mai 2004, n° 02-40.490, BC V n° 133. Voir aussi cass. soc. 13 janvier 1998, n° 95-41.467, 1er moyen, BC V n° 6 ; cass. soc. 10 avril 2013, n° 11-25.619.

Le salarié qui n'a effectué qu'un stage d'un mois pour le compte d'une société concurrente n'a pas violé son obligation de non-concurrence.

Cass. soc. 11 juillet 2000, n° 97-45.063, précité.

Le salarié qui a accompli des actes préparatoires à l'acquisition d'une société concurrente à son ancien employeur, actes ne devant prendre effet qu'à l'expiration de la clause, ne viole pas son obligation de non-concurrence.

Estimant qu'un ancien salarié avait violé la clause de non-concurrence lui interdisant d'entrer au service d'une entreprise vendant des produits pouvant concurrencer directement ou indirectement les siens et de s'intéresser, directement ou indirectement, sous quelque forme que ce soit, à une entreprise de cet ordre, une société a saisi la juridiction prud'homale d'une demande de dommages-intérêts dirigée contre l'intéressé.

Ayant constaté que le contrat d'acquisition d'une société, signé par la femme du salarié, ne devait prendre effet que postérieurement à l'expiration de la clause de non-concurrence concernant son époux, lequel s'était borné à solliciter l'envoi et la réception de catalogues, des précisions sur des produits distincts de ceux commercialisés par l'employeur et l'organisation d'un stage de formation, une cour d'appel a pu en déduire que ces actes préparatoires, sans engagement définitif, à l'acquisition envisagée ne pouvaient être analysés en actes de concurrence et rejeter, en conséquence, la demande de l'ancien employeur.

Cass. soc. 17 janvier 2006, n° 04-41.038, BC V n° 15. Voir aussi cass. soc. 15 février 2011, n° 09-73.005, 2e moyen, s'agissant de démarches précédant la création d'une société concurrente.

En revanche, le fait pour un salarié d'exercer une activité concurrente sous le couvert d'une société de façade dont il est le gérant de fait constitue une violation de la clause de non-concurrence.

C'est à bon droit qu'après avoir relevé qu'un salarié continuait d'exercer la même profession sous le couvert d'une société de façade dont il était le gérant de fait et qu'il avait commencé son activité bien avant son inscription au registre du commerce, soit pendant la période couverte par la clause de non-concurrence le liant à son ancien employeur, une cour d'appel a décidé que le salarié avait violé la clause de non-concurrence.

Cass. soc. 31 mai 2000, n° 98-43.772.

De même, viole son obligation de non-concurrence le salarié qui crée une société dont l'activité est similaire à celle de son précédent employeur et pour laquelle il fixe le siège à son ancienne adresse professionnelle.

Après avoir constaté qu'un salarié avait créé une société dont il était le gérant et qui avait une activité similaire à celle de son précédent employeur, et qu'il avait fixé le siège de celle-ci à son ancienne adresse professionnelle pour créer une confusion auprès des tiers, une cour d'appel a pu décider que l'intéressé avait violé la clause de non-concurrence dont l'employeur n'avait, dès lors, pas à payer la contrepartie financière et a pu le condamner à payer des dommages-intérêts pour violation de ladite clause.

Cass. soc. 5 mai 2004, n° 01-46.261, BC V n° 124.

Lorsqu'un salarié a été embauché par une entreprise intégrée dans le même réseau de distribution que son précédent employeur, le juge doit vérifier concrètement l'existence d'une situation de concurrence entre les deux entreprises concernées.

Un salarié a été engagé en 2001 par une société exploitant un magasin à l'enseigne L à Bailleul (Nord), en qualité de directeur de ce magasin ; son contrat de travail comportait une clause de non-concurrence lui interdisant pendant une période limitée à la durée égale à son ancienneté, plafonnée à deux ans, « de travailler dans toute entreprise, d'une surface de vente comprise entre 1 000 m² et 10 000 m², ayant pour objet la vente au public de produits ou marchandises concurrençant directement ou indirectement les nôtres, et ce dans un rayon de 100 kilomètres à vol d'oiseau autour de notre magasin » ; il était prévu qu'en contrepartie de cette obligation de non-concurrence, le salarié percevrait le jour de la cessation effective de son contrat de travail une indemnité égale à 400 % de son dernier salaire mensuel de base ; le salarié a démissionné le 27 septembre 2006, à effet du 2 octobre 2006, et a été engagé le lendemain par une autre société en qualité de directeur d'un autre magasin L exploité à une trentaine de kilomètres de Bailleul ; le salarié a saisi la juridiction prud'homale d'une demande en paiement d'indemnité de non-concurrence.

Pour accueillir cette demande, une cour d'appel a retenu que si chacune des sociétés exploitant un magasin à l'enseigne L constituait une entité juridiquement et économiquement autonome et que s'il n'existait pas à proprement parler un groupe L au sens capitalistique de ce terme, toutefois, tous les magasins à l'enseigne L avaient une centrale d'achat nationale commune et des centrales d'achat régionales, que c'était l'association des centres distributeurs L qui définissait les orientations générales de l'enseigne, sa stratégie commerciale et veillait au respect par les adhérents des politiques définies par elle, que si le « mouvement [L] » devait être regardé comme une entité originale différente d'un groupe de sociétés classiques, il n'en constituait pas moins un ensemble structuré destiné à faire en sorte que tous les magasins de la même enseigne L disposent d'un certain nombre de moyens importants communs, ce afin de leur permettre d'exercer efficacement, selon une politique commerciale commune et des orientations communes, leur activité en concurrence avec les autres enseignes de la grande distribution en France, et qu'il ne pouvait être en tout cas sérieusement soutenu que les magasins à l'enseigne L étaient des entités concurrentes entre elles, que le salarié n'avait donc nullement violé l'obligation de non-concurrence résultant de la clause figurant à son contrat de travail.

En statuant ainsi, alors que l'intégration dans un même réseau de distribution ne suffit pas en elle-même à exclure l'existence d'un état de concurrence entre les entreprises qui en font partie, la cour d'appel, à laquelle il appartenait de vérifier concrètement l'existence d'une situation de concurrence entre les deux magasins concernés, a privé sa décision de base légale.

Cass. soc. 16 mai 2012, n° 11-10.712, BC V n° 152.

Lorsque le salarié ne respecte pas l'obligation de non-concurrence, il peut être condamné à rembourser la contrepartie pécuniaire.

Après avoir retenu qu'un salarié avait violé une clause de non-concurrence deux mois après la rupture de son contrat de travail, une cour d'appel a pu en déduire qu'il devait restituer les sommes versées par l'employeur au titre de la contrepartie financière de la clause de non-concurrence depuis cette date.

Cass. soc. 9 avril 2008, n° 06-46.523, 2e moyen.

La violation momentanée de la clause de non-concurrence ne permet plus au salarié de prétendre au bénéfice de l'indemnité contractuellement prévue…

S'agissant d'un salarié qui, aussitôt après avoir quitté l'entreprise, avait travaillé durant un mois au service d'une entreprise concurrente, c'est à bon droit qu'une cour d'appel a considéré que la violation momentanée de la clause de non-concurrence ne permettait plus à l'intéressé de prétendre au bénéfice de l'indemnité contractuellement prévue.

Cass. soc. 31 mars 1993, n° 88-43.820, 3e moyen, BC V n° 107. Voir aussi cass. soc. 30 mars 2011, n° 09-68.986.

… à moins que le salarié n'ait respecté son obligation que dans un premier temps et que la violation de la clause de non-concurrence n'ait eu lieu que par la suite, lui permettant ainsi de percevoir une partie de l'indemnité compensatrice.

Le contrat de travail d'un VRP comportait une clause de non-concurrence assortie d'une contrepartie financière prévue par l'accord national interprofessionnel des VRP, à savoir le versement mensuel d'un pourcentage du salaire pendant toute la durée de l'interdiction. L'employeur ayant licencié l'intéressé sans lui payer aucune contrepartie financière mensuelle, il a été condamné au versement de la contrepartie financière correspondant à la durée totale de l'interdiction de concurrence.

C'est à bon droit qu'une cour d'appel a limité le paiement de cette contrepartie à la période allant de la notification du licenciement à la date à laquelle le salarié avait cessé de respecter l'obligation de non-concurrence pesant sur lui. En effet, le salarié ne peut prétendre au paiement de l'indemnité de non-concurrence que pour la période pendant laquelle il a respecté son obligation et, le cas échéant, au versement de dommages-intérêts en réparation du préjudice que lui a causé l'inexécution par l'employeur de son obligation de verser la contrepartie financière à laquelle il était tenu.

Cass. soc. 25 février 2003, n° 00-46.263, BC V n° 65.

Si la dispense tardive de l'obligation de non-concurrence ne décharge pas l'employeur de son obligation d'en verser au salarié la contrepartie pécuniaire, celle-ci ne lui est due que pour la période pendant laquelle il a respecté ladite clause.

A violé l'article 1134 c. civ. la cour d'appel qui, pour condamner un employeur au paiement de l'intégralité de l'indemnité compensatrice de la clause de non-concurrence prévue dans un contrat de travail, a retenu que la renonciation de l'employeur à son bénéfice, notifiée au salarié concerné après l'expiration du délai prévu par la convention collective, était inopérante, mais ne pouvait faire revivre ladite clause, si bien qu'on ne pouvait reprocher au salarié d'avoir accepté un emploi chez un concurrent.

Cass. soc. 13 septembre 2005, n° 02-46.795, BC V n° 251.

Ayant relevé qu'un cadre, engagé avec une clause de non-concurrence par la société « E », avait, après sa démission, travaillé successivement pour le compte de la société « G » du 1er janvier au 30 novembre 1990 et pour la société « V » à compter du 1er décembre, et que seule cette dernière avait une activité concurrente de la société « E », une cour d'appel a pu décider que le salarié était fondé à prétendre à l'indemnité compensatrice de la clause de non-concurrence pour la période du 1er janvier au 30 novembre 1990.

Cass. soc. 27 mars 1996, n° 92-41.992, BC V n° 119.

En cas de violation de la clause de non-concurrence, le salarié doit payer la somme éventuellement prévue par la clause pénale.

Le contrat de travail d'un salarié comportant une clause de non-concurrence assortie d'une clause pénale au profit de l'employeur, une cour d'appel a pu, estimant que l'indemnité contractuelle était manifestement excessive, limiter le montant de la réparation à 5 000 F, l'activité concurrentielle exercée par le salarié ne s'étant poursuivie que pendant six mois, sans qu'il soit démontré l'existence d'un préjudice pour l'employeur.

Cass. soc. 23 octobre 1996, n° 93-45.915, 2e moyen. Voir aussi cass. soc. 3 mai 1989, n° 86-41.634, 2e moyen, BC V n° 325.

Le salarié peut être condamné à payer des dommages-intérêts pour la réparation du préjudice commercial subi par l'employeur lié à la violation de la clause de non-concurrence.

Un salarié avait été engagé par un contrat de travail comportant une clause de non-concurrence applicable pendant deux ans dans deux régions. Plus d'un mois après sa démission, un journal professionnel annonçait son embauche au sein d'une agence de publicité de la même région.

Son ancien employeur saisissait alors la juridiction prud'homale afin d'obtenir des indemnités pour la violation de la clause de non-concurrence et des dommages-intérêts pour préjudice commercial.

Les parties ayant prévu dans le contrat de travail qu'à la pénalité mise à la charge du salarié du seul fait de l'inobservation de la clause de non-concurrence pourrait éventuellement s'ajouter la réparation du préjudice effectivement subi par l'employeur, une cour d'appel, après avoir constaté que le préjudice subi excédait le montant de la pénalité, a pu condamner le salarié à payer une somme de 100 000 F au titre de la violation de la clause de non-concurrence et de 45 000 F à titre de dommages-intérêts pour préjudice commercial à son ancien employeur.

Cass. soc. 10 février 1998, n° 95-44.747, BC V n° 76.

Le salarié peut également être condamné, sous astreinte, à rompre les relations professionnelles avec son nouvel employeur.

Une clause de non-concurrence, pour être valable, doit permettre au salarié d'exercer une activité conforme à sa formation et à son expérience professionnelle.

Ayant constaté que l'engagement souscrit par un salarié, limité à un an, ne le privait pas, de façon anormale, du droit de retrouver un emploi de commercial dans des branches d'activité autres que le laser dentaire, une cour d'appel, devant laquelle l'intéressé n'avait pas invoqué l'impossibilité de retrouver un emploi conforme à son expérience, a pu décider que l'activité exercée par le salarié, après sa démission, au sein d'une société concurrente, était manifestement illicite et lui ordonner sous astreinte de rompre toutes relations professionnelles avec la société pour laquelle il travaillait.

Cass. soc. 13 janvier 1998, n° 95-40.732, BC V n° 7.

La responsabilité du nouvel employeur peut être recherchée.

Toute personne qui, sciemment, emploie un salarié en violation d'une clause de non-concurrence souscrite par ce dernier, commet une faute délictuelle à l'égard de la victime de l'infraction.

Cass. com. 5 février 1991, n° 88-18.400, BC IV n° 51.

La connaissance par le nouvel employeur de l'existence de la clause de non-concurrence suffit à établir sa complicité dans la violation de la clause sans que l'ancien employeur ait à prouver l'existence de manœuvres dolosives et la similitude des clientèles.

Cass. com. 22 février 2000, n° 97-18.728.

L'action en concurrence déloyale intentée contre le nouvel employeur, de nature délictuelle, et l'action contractuelle dirigée contre le salarié peuvent se cumuler.

Une salariée, licenciée pour faute grave, a saisi la juridiction prud'homale en paiement de diverses sommes ; à titre reconventionnel, l'employeur a réclamé le paiement de dommages-intérêts pour violation de la clause de non-concurrence et détournement de clientèle.

C'est à bon droit qu'une cour d'appel a fait droit à la demande de l'employeur. En effet, l'action contractuelle de l'ancien employeur d'un salarié lié par une clause de non-concurrence est recevable nonobstant l'action en concurrence déloyale dirigée contre le nouvel employeur qui a embauché ce salarié et qui a abouti à une décision définitive, ces deux actions, l'une délictuelle et l'autre contractuelle, qui tendent à la réparation d'un préjudice différent, pouvant se cumuler.

Cass. soc. 7 juillet 2004, n° 99-45.771.

Le salarié et le nouvel employeur peuvent être condamnés in solidum à réparer le préjudice causé à l'ancien employeur, du fait de la violation de la clause de non-concurrence.

Cass. soc. 19 janvier 1994, n° 89-40.756.

Toutefois, l'action en concurrence déloyale à l'encontre du nouvel employeur ne relève pas de la compétence du conseil de prud'hommes.

Si le conseil de prud'hommes est seul compétent pour connaître du litige opposant une société à son ancien salarié, sa compétence ne saurait être étendue au différend opposant deux employeurs pour concurrence déloyale, au motif que l'un d'eux a débauché le salarié de l'autre au mépris d'une clause de non-concurrence.

Cass. soc. 22 février 2000, n° 97-42.070.

Si, en cas de violation de la clause de non-concurrence, le juge des référés n'a pas le pouvoir d'ordonner la résiliation du contrat de travail conclu entre le salarié et son nouvel employeur,…

Cass. soc. 13 mai 2003, n° 01-17.452, BC V n° 161.

… il peut en revanche interdire la poursuite par le salarié de l'activité exercée en violation de la clause de non-concurrence.

Cass. soc. 28 mars 2012, n° 10-22.847, 2e moyen.

Nullité de la clause

La demande d'un salarié tendant à la constatation de la nullité d'une clause de non-concurrence est une action strictement personnelle qui échappe au dessaisissement.

Il résulte des dispositions combinées des articles 1166 c. civ., L. 511-1 CT et L. 622-9 c. com. que l'instance introduite par le salarié devant la juridiction prud'homale à l'encontre de son employeur ou de ses représentants à l'occasion de son contrat de travail est exclusivement attachée à la personne de l'intéressé, même s'il est en liquidation judiciaire et ne peut être exercée ni par ses créanciers ni par ses représentants légaux.

Après la liquidation judiciaire de son entreprise, un salarié avait été engagé en qualité d'ouvrier mécanicien automobile. Cinq ans plus tard, il avait démissionné et demandé à la juridiction prud'homale de prononcer la nullité de la clause de non-concurrence figurant à son contrat de travail. Cette clause ayant été jugée licite, il a été ordonné sous astreinte à l'intéressé de cesser son activité concurrente.

C'est à tort que, pour mettre le paiement de l'astreinte à la charge de la liquidation judiciaire du salarié, une cour d'appel a retenu que l'intéressé était toujours sous le coup de la procédure collective par application des articles 40 et 152 de la loi du 25 juillet 1985, alors que la demande du salarié tendant à la constatation de la nullité de la clause de non-concurrence insérée à son contrat de travail est une action strictement personnelle qui échappe au dessaisissement, en sorte que la condamnation à l'astreinte ne pouvait être mise à la charge de la liquidation judiciaire.

Cass. soc. 31 janvier 2001, n° 98-44.877, BC V n° 29.

Seul le salarié, et non le nouvel employeur, peut se prévaloir de la nullité de la clause de non-concurrence ne comportant pas de contrepartie financière.

Cass. soc. 25 janvier 2006, n° 04-43.646, BC V n° 25. Voir aussi cass. soc. 30 juin 2004, n° 02-16.722.

En cas d'illicéité et d'annulation de la clause de non-concurrence, le salarié doit, pour être indemnisé, démontrer l'existence d'un préjudice.

Doit être rejeté le moyen du pourvoi formé par un salarié qui, pour reprocher à une cour d'appel de le débouter de sa demande d'indemnisation du préjudice résultant de l'illicéité et de l'annulation de la clause de non-concurrence, soutient que la stipulation dans le contrat d'une clause de non-concurrence nulle cause nécessairement un préjudice au salarié.

En effet, l'existence d'un préjudice et l'évaluation de celui-ci relevant du pouvoir souverain d'appréciation des juges du fond, la cour d'appel, ayant constaté que le salarié n'avait subi aucun préjudice résultant de l'illicéité de la clause de non-concurrence, a pu débouter le salarié de sa demande.

Cass. soc. 25 mai 2016, n° 14-20.578, BC V n° 114.

L'indemnité destinée à réparer le préjudice né d'une clause de non-concurrence nulle n'a pas la nature d'une indemnité compensatrice de salaire ouvrant droit à congés payés.

Cass. soc. 19 février 2014, n° 11-22.005, 3e moyen. Voir aussi cass. soc. 26 janvier 2017, n° 15-15.900, pourvoi incident.

La nullité de la clause de non-concurrence ne fait pas obstacle à l'action en responsabilité engagée par l'employeur contre son ancien salarié, dès lors qu'il démontre que ce dernier s'est livré à des actes de concurrence déloyale illicite.

Cass. soc. 14 décembre 2005, n° 04-40.561, BC V n° 363. Voir aussi cass. soc. 31 octobre 2012, n° 11-16.945.

L'AGS, qui a un droit propre pour contester le principe et l'étendue de sa garantie, dans tous les cas où les conditions de celle-ci ne paraissent pas remplies, peut se prévaloir de la nullité d'une clause de non-concurrence.

Cass. soc. 13 juin 2001, n° 99-42.614.

Concurrence déloyale ; VRP (Bénéfice du statut) ; VRP (Clause de non-concurrence) ; VRP (Indemnité de clientèle) ; VRP (Rémunération).

Clause pénale

Insérée dans le contrat de travail d'un salarié, la clause pénale a pour objet de fixer forfaitairement et préalablement le montant des dommages-intérêts dus par l'une des parties en cas d'inexécution de ses obligations.

Les parties peuvent prévoir une clause pénale destinée à réparer le préjudice résultant d'une inexécution des obligations contractuelles

Une clause de dédit-formation s'analyse en une clause pénale.

La stipulation contractuelle en vertu de laquelle un salarié s'engage à rembourser à l'employeur des frais de formation n'est pas illicite, dans la mesure où elle est destinée à ne pas permettre au salarié de conserver sans contrepartie le bénéfice de la formation assurée par l'employeur dans le cadre de la clause de dédit-formation.

Cass. soc. 23 novembre 1983, n° 81-41.607, BC V n° 576.

La clause prévoyant une indemnisation en cas de violation d'une clause de non-concurrence s'analyse en une clause pénale.

Le contrat de travail d'un salarié comportant une clause de non-concurrence assortie d'une indemnité contractuelle au profit de l'employeur en cas de non-respect, une cour d'appel a pu, estimant que cette indemnité était manifestement excessive, limiter le montant de la réparation à 5 000 F, l'activité concurrentielle exercée par le salarié ne s'étant poursuivie que pendant six mois sans que soit démontrée l'existence d'un préjudice pour l'employeur.

Cass. soc. 23 octobre 1996, n° 93-45.915, 2e moyen. Voir aussi cass. soc. 3 mai 1989, n° 86-41.634, 2e moyen, BC V n° 325.

L'indemnité de licenciement contractuellement prévue s'analyse en une clause pénale.

Lorsqu'elle est prévue par le contrat de travail, l'indemnité de licenciement a le caractère d'une clause pénale et peut être réduite par le juge si elle présente un caractère manifestement excessif.

Cass. soc. 17 mars 1998, n° 95-43.411, BC V n° 142. Voir aussi cass. soc. 18 novembre 2009, n° 08-42.830 ; cass. soc. 4 février 2014, n° 12-14.782, 1er moyen.

Une cour d'appel a d'abord relevé qu'une indemnité de licenciement résultait d'une clause contractuelle prévoyant uniquement son mode de calcul par référence à la convention collective applicable à la relation de travail et que cette convention était par ailleurs expressément écartée par ce contrat, ce qui excluait tout engagement unilatéral de l'employeur ; elle a ensuite retenu que cette clause ne profitait qu'au salarié et limitait la liberté de licenciement.

En l'état de ces constatations, la cour d'appel a pu décider qu'il s'agissait d'une clause pénale, limiter à une certaine somme le montant de l'indemnité contractuelle de licenciement et débouter le salarié de sa demande tendant à ce que lui soit alloué un solde d'indemnité de préavis et d'indemnité conventionnelle de licenciement.

Cass. soc. 12 janvier 2005, n° 02-42.722.

La clause pénale fait l'objet d'un contrôle judiciaire

L'article 1152, devenu 1231-5 c. civ., permet au juge, même d'office, de modérer ou d'augmenter la peine convenue, si elle est manifestement excessive ou dérisoire, toute stipulation contraire étant réputée non écrite.

Une salariée qui ne respecte pas son engagement de rester au service de son employeur pendant la durée déterminée au contrat de travail doit payer à l'employeur les dommages-intérêts contractuellement fixés. Ces derniers ne peuvent être réduits que s'ils sont manifestement excessifs. Doit donc être cassé l'arrêt qui, après avoir constaté que tel n'était pas le cas, a néanmoins énoncé que la pénalité contractuellement prévue pouvait être modérée dans la mesure où la société avait tiré profit des cycles de formation professionnelle effectués par la salariée.

Cass. soc. 23 janvier 1985, n° 82-42.992, BC V n° 58. Voir aussi cass. soc. 18 juin 1981, n° 78-40.939, BC V n° 587.

Le contrat de travail d'un salarié comportait une clause selon laquelle la rupture du contrat par l'employeur avant un délai de trois ans donnerait lieu, sauf faute lourde, au paiement d'une somme de 250 000 F. Licencié pour motif économique avant l'expiration du délai de trois ans prévu par la clause, le salarié avait saisi la juridiction prud'homale afin d'obtenir le paiement de cette indemnité.

C'est tout d'abord à bon droit qu'une cour d'appel a décidé que la clause litigieuse, par laquelle l'employeur s'engageait à maintenir l'emploi du salarié pendant au moins trois ans et, en cas d'inexécution de cette obligation, à lui verser une indemnité, constituait une clause pénale.

En relevant ensuite que l'intéressé, qui percevait un salaire de 18 000 F, ne pouvait bénéficier, en raison de son ancienneté, d'aucune indemnité légale de licenciement, qu'il ne justifiait pas d'une indemnité conventionnelle de licenciement qui, en toute hypothèse, aurait été très largement inférieure à l'indemnité contractuelle, la cour d'appel a précisé en quoi le montant de cette clause était manifestement excessif et a estimé qu'il devait être réduit.

Cass. soc. 27 janvier 1998, n° 95-43.711. Voir aussi cass. soc. 3 février 1999, n° 96-45.307.

Les juges du fond ont un pouvoir souverain d'appréciation.

L'indemnité prévue en cas de violation d'une clause de non-concurrence étant une clause pénale, une cour d'appel peut user de la faculté reconnue au juge par l'article 1152, al. 2 c. civ. d'en augmenter le montant si elle l'estime dérisoire. Une cour d'appel, ayant estimé que l'indemnité convenue entre les parties était manifestement dérisoire, a pu l'augmenter dans les proportions qu'elle a souverainement évaluées.

Cass. soc. 5 juin 1996, n° 92-42.298, 1er moyen, BC V n° 226. Voir aussi cass. soc. 19 juin 1991, n° 87-42.262.

Les parties ne peuvent imposer au juge de modérer la clause.

Les juges du fond, pour qui la réduction des obligations résultant d'une clause pénale manifestement excessive n'est qu'une simple faculté, n'ont pas à motiver spécialement leur décision lorsque, faisant application pure et simple de la convention, ils refusent de modérer la peine qui y est forfaitairement prévue.

Cass. soc. 4 avril 2012, n° 10-17.181, 2e branche du 2e moyen. Voir aussi cass. soc. 25 novembre 2015, n° 14-17.433, 2e moyen.

Clientèle

VRP (Indemnité de clientèle).

Code APE

Caisses de congés payés ; Convention collective (Applicabilité).

Collèges électoraux

Les articles L. 2314-8 et L. 2324-11 anciens CT prévoient deux collèges électoraux pour les élections des délégués du personnel et des membres du comité d'entreprise. Ce nombre peut être modifié par accord collectif signé par toutes les organisations syndicales représentatives dans l'entreprise. Une fois les collèges établis, le personnel et les sièges sont répartis entre les collèges.

Nombre des collèges

Il n'est possible de déroger au nombre de collèges fixé légalement que par voie d'accord unanime.

Comité d'entreprise et délégués du personnel. Aux termes des articles L. 423-3 et L. 433-2, al. 5 CT, le nombre et la composition des collèges électoraux ne peuvent être modifiés par une convention ou un accord collectif, étendus ou non, ou un accord préélectoral que lorsque la convention ou l'accord est signé par toutes les organisations syndicales représentatives existant dans l'entreprise.

Ayant constaté qu'une organisation syndicale représentative dans l'établissement n'était pas signataire de la convention collective, un tribunal d'instance a exactement décidé que la disposition de la convention collective fixant le nombre et la composition des collèges électoraux pour les élections des délégués du personnel et des membres du comité d'entreprise ou des comités d'établissement était sans effet et que le nombre et la composition des collèges électoraux devaient être fixés selon les règles légales.

Cass. soc. 26 janvier 1999, n° 98-60.256, BC V n° 40. Voir aussi cass. soc. 14 juin 2005, n° 04-60.431 ; cass. soc. 24 mai 2016, n° 15-19.859.

Un tribunal d'instance a pu décider que les élections des membres du comité d'entreprise devaient se dérouler sur la base de trois collèges et non sur celle des quatre collèges prévus par la convention nationale applicable.

En effet, la répartition entre quatre collèges résultait d'une convention collective et d'un avenant non signés par l'ensemble des syndicats représentatifs existant dans l'entreprise.

Cass. soc. 16 novembre 1993, n° 90-60.553, BC V n° 276. Voir aussi cass. soc. 25 juin 1996, n° 95-60.862, 1er moyen, BC V n° 256.

Il résulte des articles L. 2232-16 et L. 2314-10 CT que les organisations syndicales représentatives au sein d'un établissement distinct doté d'un comité d'établissement peuvent décider à l'unanimité de la mise en place d'un collège unique pour les élections des délégués du personnel au sein de cet établissement.

Cass. soc. 22 novembre 2017, n° 16-24.801, à paraître.

➠ Comité de groupe.

Aux termes des alinéas 3 et 4 de l'article L. 439-3 CT, d'une part, les représentants du personnel au comité de groupe sont désignés par les organisations syndicales parmi leurs élus aux comités d'entreprise ou d'établissement de l'ensemble des entreprises du groupe et sur la base des résultats des dernières élections et, d'autre part, le nombre total des sièges au comité de groupe est réparti entre les élus des différents collèges électoraux proportionnellement à l'importance numérique de chaque collège et les sièges affectés à chaque collège sont répartis entre les organisations syndicales proportionnellement au nombre d'élus qu'elles ont obtenus dans ces collèges. Il en résulte que les collèges électoraux servant de base de répartition sont nécessairement ceux qui ont présidé à l'élection des membres des comités d'entreprise ou d'établissement, tels qu'ils ont été arrêtés à l'occasion des élections, et que seul un accord unanime peut, à l'occasion de la désignation des représentants du personnel au comité de groupe, modifier le nombre et la composition de ces collèges électoraux, selon des règles autres que les règles fixées par l'article L. 433-2 CT.

Cass. soc. 19 novembre 2002, n° 01-60.563, BC V n° 345.

En l'absence d'un tel accord, le juge ne peut pas autoriser une dérogation au nombre de collèges.

En vertu des articles L. 2314-10 et L. 2324-12 CT, seul un accord signé entre l'employeur et l'ensemble des organisations syndicales représentatives dans l'entreprise peut déroger au nombre légal de collèges.

Dès lors, en l'absence d'un tel accord, un tribunal d'instance ne peut pas autoriser une dérogation au nombre de collèges.

Cass. soc. 26 juin 2013, n° 12-27.480, BC V n° 168.

Mais, lorsqu'aucun des salariés devant composer le premier collège n'est éligible au comité d'entreprise, le juge peut répartir le personnel en deux collèges composés respectivement des cadres et des non-cadres.

La division des travailleurs d'une entreprise en collèges électoraux ayant pour finalité d'assurer une représentation spécifique de catégories particulières de personnels, la constitution d'un collège électoral ne peut priver une catégorie de salariés de toute représentation en violation des droits électoraux qui leur sont reconnus pour assurer l'effectivité du principe de participation prévu par l'alinéa 8 du préambule de la Constitution du 27 octobre 1946.

En vue du renouvellement des mandats des membres du comité d'entreprise d'une société, un protocole préélectoral a prévu la constitution de trois collèges électoraux, dont un premier, auquel était attribué un siège, composé des ouvriers et des employés, ceci malgré l'opposition de certains syndicats faisant valoir que les salariés de ce premier collège étant tous des salariés mis à disposition de l'entreprise, aucun n'était éligible à un tel mandat.

Après avoir constaté qu'aucun des salariés devant composer le premier collège n'était éligible au comité d'entreprise, privant ainsi le personnel le composant de toute représentation de sorte que les conditions légales de constitution de ce collège n'étaient pas remplies, c'est à bon droit qu'un tribunal d'instance a décidé que le personnel devait être réparti en deux collèges composés respectivement des cadres et des non-cadres.

Cass. soc. 16 octobre 2013, n° 13-11.324, BC V n° 237.

Un syndicat catégoriel qui n'a pas fait la preuve de sa représentativité pour les autres catégories de personnel ne peut pas conclure seul un accord préélectoral prévoyant un collège unique.

Le nombre et la composition des collèges électoraux ne peuvent être modifiés par une convention ou un accord collectif de travail, étendus ou non, ou un accord préélectoral que lorsque la convention ou l'accord est signé par toutes les organisations syndicales représentatives existant dans l'entreprise.

Une société comptant 66 salariés a invité les organisations syndicales représentatives au plan national à négocier un protocole d'accord préélectoral pour l'organisation des élections de la délégation du personnel ; le protocole signé par le seul syndicat CFE-CGC du BTP ayant prévu que l'élection se ferait au sein d'un collège unique, le syndicat des commerces et services du Val-de-Marne (SCSVM) UNSA, notamment, a saisi un tribunal d'instance d'une demande d'annulation de ce protocole.

Pour débouter le syndicat de cette demande, le tribunal d'instance a énoncé que, si les dispositions de l'article L. 423-3 CT prévoient que le nombre et la composition des collèges électoraux ne peuvent être modifiés par une convention, un accord collectif de travail ou un accord préélectoral que lorsque la convention ou l'accord est signé par toutes les organisations syndicales existant dans l'entreprise, il n'est pas établi en l'espèce qu'il existe au sein de la société d'autres syndicats que le syndicat CFE/CGC BTP affiliés à une confédération bénéficiant de la présomption irréfragable de représentativité, qu'il est constant que le syndicat SCSVM UNSA n'a pas été reconnu comme représentatif au sein de la société, qu'il en résulte que le protocole préélectoral a été conclu avec la seule organisation représentative présente dans l'entreprise, et qu'il est de jurisprudence constante que, s'agissant d'une élection se déroulant dans un collège unique réunissant toutes les catégories professionnelles, le syndicat CFE/CGC, représentatif au plan national auprès des salariés cadres, n'a pas à faire la preuve de sa représentativité et peut valablement présenter des candidats au premier tour des élections.

En statuant ainsi, alors qu'il constatait que le syndicat CFE/CGC BTP ne bénéficiait d'une présomption de représentativité que dans le collège des cadres et n'avait pas démontré qu'il était représentatif au sein de l'entreprise, laquelle comptait plus de 25 salariés pour les autres catégories de personnel, le tribunal a violé les articles L. 423-3 et L. 431-1-1 CT.

Cass. soc. 19 septembre 2007, n° 06-60.134, BC V n° 131.

Un syndicat ne peut donc pas valablement demander que les élections des délégués du personnel soient organisées sur la base d'un seul collège en raison du faible effectif des cadres et agents de maîtrise, dès lors que l'effectif global est supérieur à 25 salariés et que deux cadres y sont employés, constituant ainsi une catégorie de personnel.

Un tribunal d'instance a pu débouter un syndicat de sa demande tendant à ce que les élections des délégués du personnel soient organisées dans le cadre d'un seul collège en raison du faible effectif des cadres et agents de maîtrise. Ayant constaté, d'une part, que l'effectif global de l'établissement était supérieur à vingt-cinq salariés et, d'autre part, que deux cadres y étaient employés, constituant ainsi une catégorie de personnel, le tribunal d'instance a décidé à bon droit que les élections de délégués du personnel à venir devaient être organisées sur la base de deux collèges, en application des dispositions combinées des articles L. 423-2 et L. 423-6 CT, et que la circonstance qu'il n'y avait qu'un seul éligible ne faisait pas obstacle à l'élection.

Cass. soc. 17 avril 1991, n° 90-60.537, BC V n° 202.

De même, aucune dérogation aux dispositions légales, instaurant un collège spécial cadres pour l'élection du comité d'entreprise si leur nombre est supérieur à 25, n'est possible.

En vue du renouvellement des membres d'un comité d'établissement, un protocole préélectoral a été signé entre la direction et les organisations syndicales, prévoyant la répartition du personnel en deux collèges, l'un regroupant les employés, l'autre regroupant les agents de maîtrise et les cadres. Un syndicat a saisi un tribunal d'instance d'une demande d'annulation de ce protocole, ainsi que du premier tour des élections.

Doit être rejeté le pourvoi faisant grief au tribunal d'instance d'avoir annulé le protocole préélectoral et les opérations électorales qui avaient suivi.

En effet, après avoir exactement retenu qu'il ne pouvait être dérogé par voie d'accord, fût-il unanime, aux dispositions de l'article L. 433-2, al. 4 CT imposant la création d'un collège spécial pour les cadres lorsque leur nombre est au moins égal à 25, le tribunal d'instance, qui a constaté que le nombre des cadres de l'établissement s'élevait à 43, en a, à juste titre, déduit qu'un collège spécial à cette catégorie aurait dû être constitué.

Cass. soc. 13 octobre 2004, n° 03-60.275, BC V n° 258. Voir aussi cass. soc. 17 octobre 1990, n° 89-61.354, 2e moyen, BC V n° 480.

Les élections d'un comité d'établissement d'Air France avaient été organisées sur la base de trois collèges, le troisième collège regroupant, en vertu de l'article L. 342-2, al. 2 du code de l'aviation civile, les personnels navigants professionnels. Le syndicat CFE-CGC avait saisi le tribunal d'instance aux fins de création d'un quatrième collège spécial cadres, conformément aux dispositions de l'article L. 433-2 CT.

Pour rejeter cette requête, le jugement a énoncé qu'au sein d'Air France et en application d'un statut dérogatoire au droit commun de l'article L. 433-2 CT, le troisième collège ou collège spécial est composé par le personnel navigant et commercial, de sorte que le nombre de collèges électoraux à la compagnie Air France n'est pas de deux, mais de trois, sans adjonction possible d'un quatrième collège pour les cadres et assimilés. Cependant, la constitution d'un collège spécial du personnel navigant ne peut faire échec au droit du personnel d'encadrement non navigant de revendiquer la mise en place du collège spécial des cadres lorsque les conditions légales sont remplies. En statuant comme il l'a fait sans vérifier la composition des personnels entrant dans le collège spécial pour les personnels navigants professionnels, prévu par l'article L. 342-2, al. 2 du code de l'aviation civile par dérogation aux dispositions des articles L. 433-2 et L. 435-4 CT, et sans rechercher si l'établissement employait plus de 25 cadres n'entrant pas dans la catégorie des personnels navigants, le tribunal d'instance n'a pas légalement justifié sa décision.

Cass. soc. 3 mai 2002, n° 01-60.072, BC V n° 141.

Tous les cadres doivent être pris en compte pour déterminer si le seuil de création du collège spécial cadre est atteint, peu important que certains soient exclus de l'électorat.

Il résulte de l'article L. 433-2, al. 4 CT que la création du collège spécial est obligatoire dès l'instant qu'au moins 25 cadres sont dénombrés dans l'entreprise à la date des élections, peu important que certains d'entre eux soient exclus de l'électorat en raison des pouvoirs qu'ils exercent et qui permettent de les assimiler au chef d'entreprise.

A violé ce texte le tribunal d'instance qui, pour décider qu'il n'y avait pas lieu à création du collège spécial en vue des élections au comité d'entreprise d'une société, a, après avoir relevé que la liste des cadres dans l'entreprise comprenait 27 personnes, énoncé que trois d'entre elles, de par leur fonction de représentation du chef d'entreprise auprès du personnel, ne pouvaient être retenues dans l'effectif particulier des cadres pour l'appréciation du seuil entraînant la création d'un troisième collège.

Cass. soc. 30 mai 2001, n° 99-60.564, BC V n° 189.

En cas de litige, seul le tribunal d'instance est compétent.

En vue des élections de la délégation unique des représentants du personnel d'une société, l'inspecteur du travail a décidé de répartir les salariés en deux collèges ; le premier regroupant les salariés relevant de la classification ouvriers et employés et le second regroupant les agents de maîtrise et cadres. Les élections ont été contestées par un syndicat qui se prévalait de l'irrégularité du vote au sein du second collège de six salariés qui ne relevaient pas de la catégorie des agents de maîtrise.

C'est à tort que, pour annuler les élections et renvoyer à la partie la plus diligente la charge de saisir à nouveau l'inspecteur du travail aux fins de déterminer nominativement l'appartenance à l'un des deux collèges de chaque salarié dont le cas était litigieux, un tribunal d'instance a énoncé qu'à défaut d'accord, la répartition du personnel dans les collèges électoraux est de la compétence exclusive de l'inspecteur du travail, alors que le litige né de l'appartenance individuelle d'un ou plusieurs salariés à l'un ou l'autre des collèges électoraux et non de la répartition de l'ensemble du personnel entre les collèges électoraux relève de la compétence du tribunal d'instance.

Cass. soc. 27 novembre 2001, n° 00-60.415, BC V n° 363. Voir aussi cass. soc. 2 octobre 1991, n° 90-60.426

• Création d'un collège électoral spécifique pour les journalistes professionnels

L'accord instaurant ce collège, soumis à la double condition de majorité prévue pour la validité du protocole préélectoral, n'a pas à être un accord unanime de tous les syndicats représentatifs dans l'entreprise.

Selon l'article L. 7111-7 CT, un collège électoral spécifique pour les journalistes professionnels et assimilés peut être créé dans les entreprises mentionnées aux articles L. 7111-3 et 5 CT ; il s'ensuit que ne sont pas applicables à ce collège spécifique les dispositions de l'article L. 2324-12 conditionnant la création d'un collège électoral modifiant les prévisions légales à la signature d'un accord par toutes les organisations syndicales représentatives existant dans l'entreprise, de sorte que l'instauration de ce collège, prévu par la loi, n'est pas soumise à la conclusion d'un accord unanime.

Des élections des membres du comité d'établissement et des délégués du personnel ont été organisées au sein d'une société le 26 février 2009 ; reprochant à l'employeur de n'avoir pas prévu la création d'un collège de journalistes distinct de celui des ingénieurs, chefs de service, techniciens, agents de maître et assimilés dans lequel les journalistes ont dû voter, un syndicat a saisi le tribunal d'instance d'une demande en annulation du scrutin.

Pour débouter le syndicat de ses demandes, un tribunal d'instance a énoncé que pour la modification du nombre et de la composition des collèges électoraux, ou encore pour l'institution d'un nouveau collège, aucune des dispositions du code du travail, générales ou spécifiques aux entreprises de presse, invoquées par le syndicat ne déroge ou n'ajoute de condition à la seule exigence d'un accord unanime des organisations syndicales représentatives existant dans l'entreprise ainsi que cela s'évince du principe posé par l'article L. 2314-10 CT et dont l'application est d'ordre public impératif.

En statuant ainsi, alors que la création d'un collège spécifique aux journalistes professionnels dans les entreprises mentionnées aux articles L. 7111-3 et L. 7111-5 CT est soumise, en l'absence de dispositions légales particulières, aux conditions de droit commun de validité du protocole préélectoral telles que définies par les articles L. 2314-3-1 et L. 2324-4-1 CT, le tribunal d'instance a violé les articles L. 2314-3-1, L. 2324-4-1 et L. 7111-7 CT.

Cass. soc. 2 mars 2011, n° 09-60.419, BC V n° 60.

Le collège peut aussi comprendre d'autres salariés, dès lors qu'il réunit tous les journalistes.

Aux termes de l'article L. 7111-7 CT, dans les entreprises mentionnées aux articles L. 7111-3 et 5, lorsqu'un collège électoral spécifique est créé pour les journalistes professionnels et assimilés, est représentative à l'égard des personnels relevant de ce collège l'organisation syndicale qui satisfait aux critères de l'article L. 2121-1 et qui a recueilli au moins 10 % des suffrages exprimés au premier tour des dernières élections des titulaires au comité d'entreprise ou de la délégation unique du personnel ou, à défaut, des délégués du personnel dans ce collège ; la condition tenant à la création d'un collège électoral spécifique prévue par ce texte est satisfaite dès lors qu'un accord préélectoral impose l'inscription de tous les journalistes dans un seul et même collège et interdit, par là-même, à un syndicat de journalistes de présenter des candidats dans d'autres collèges, peu important que ce collège au sein duquel sont inscrits les journalistes puisse aussi comprendre d'autres salariés.

Cass. soc. 2 mars 2011, n° 10-60.157, BC V n° 66.

Répartition du personnel dans les collèges

Cette répartition doit être réalisée en prenant en compte la nature des fonctions réellement exercées par les salariés.

Un salarié, « employé principal » officiellement chargé de superviser, de coordonner les activités des employés du service expéditions et d'assurer en cas d'absence leur remplacement, ainsi que la gestion des expéditions et des réceptions, s'il n'exerce pas effectivement ces fonctions et ne dispose pas notamment de pouvoirs sur des subordonnés, doit être classé dans le premier collège, peu important l'indice de son salaire et le régime de retraite dont il relève. Le ministre du Travail est fondé à annuler la décision de l'inspecteur du travail de classer ce salarié dans le collège des cadres.

CE 1er février 1993, n° 98959, Rec. Lebon p. 24.

La classification d'un salarié dans un collège au sein duquel il a été élu exclut, sauf accord unanime postérieur aux élections, qu'il puisse être désigné représentant au comité de groupe pour un autre collège.

D'une part, l'article L. 439-3 CT prévoit que les sièges affectés à chaque collège sont répartis entre les organisations syndicales proportionnellement au nombre d'élus qu'elles ont obtenus dans ces collèges. D'autre part, les collèges servant de base de répartition sont ceux qui ont présidé à l'élection tels qu'ils ont été arrêtés à l'occasion des élections en application de l'article L. 433-2 CT ou de protocoles préélectoraux particuliers. Il en résulte que la classification d'un salarié dans un collège au sein duquel il a été élu exclut, sauf accord unanime postérieur aux élections, qu'il puisse être désigné représentant au comité de groupe pour un autre collège.

Cass. soc. 15 février 2006, n° 05-60.055, BC V n° 76.

Le protocole d'accord préélectoral prévoyant deux collèges mais n'attribuant aucun siège à l'un des collèges est contestable dans la mesure où il méconnaît les principes généraux du droit électoral.

D'abord, le respect des dispositions des articles L. 2314-8 et L. 2324-11 CT relatives aux collèges électoraux imposent que soit attribué à chaque collège au moins un siège afin qu'une catégorie de personnel ne soit pas exclue de toute participation aux élections des représentants du personnel et de toute représentation dans les instances élues ; ensuite, la circonstance que le protocole préélectoral réponde aux conditions de validité prévues par les articles L. 2314-3-1 et L. 2324-4-1 CT ne fait pas obstacle à ce que puissent être contestées devant le juge judiciaire les stipulations de ce protocole contraires à l'ordre public, notamment en ce qu'elles méconnaîtraient les principes généraux du droit électoral.

Un protocole préélectoral a été signé au sein d'une société le 8 février 2010 par quatre organisations syndicales représentant 85 % des suffrages exprimés lors des dernières élections ; contestant le protocole en ce qu'il n'avait prévu l'attribution d'aucun siège au premier collège, un syndicat a saisi le tribunal d'instance d'une demande d'annulation ; parallèlement, il a saisi la direction du travail d'une demande de répartition des sièges différente de celle prévue au protocole préélectoral ; le tribunal d'instance, après avoir sursis à statuer par décision du 17 mars 2010, puis enjoint aux parties, par décision du 17 décembre 2010, de se conformer à une répartition différente des sièges prescrite par une décision de l'inspecteur du travail du 29 octobre 2010, a, par jugement du 10 juin 2011, constaté que le ministre du Travail avait annulé la décision du 29 octobre 2010 au motif que l'autorité administrative n'avait pas compétence pour modifier une répartition des sièges décidée par un accord signé dans les conditions prévues par les articles L. 2314-3-1 et L. 2324-4-1 CT, dit le protocole valide, et enjoint aux parties de le mettre en œuvre.

Pour débouter le syndicat de ses demandes, le tribunal a retenu que le protocole préélectoral, qui avait été signé à la double majorité prévue par les articles L. 2314-3-1 et L. 2324-4-1 CT, était valide, et a relevé que cette validité avait été reconnue aussi bien par le juge judiciaire que par l'autorité administrative.

En statuant ainsi, au motif que l'autorité administrative avait estimé remplie la condition de double majorité fixée par les articles L. 2314-3-1 et L. 2324-4-1 CT, alors qu'il constatait que le protocole préélectoral n'affectait aucun siège au premier collège, le tribunal a violé les articles L. 2314-3-1, L. 2324-4-1, L. 2314-8 et L. 2324-11 CT.

Cass. soc. 4 juillet 2012, n° 11-60.229, BC V n° 214.

L'accord préélectoral qui détermine la répartition du personnel entre les différents collèges ne modifie pas la composition des collèges et n'est pas soumis à la condition d'unanimité.

Une société a organisé les élections à la délégation unique du personnel sur la base d'un protocole préélectoral signé avec les syndicats CFDT et CFTC le 29 juin 2011 ; le syndicat CGT a contesté le protocole préélectoral par requête en date du 13 septembre 2011 ; le tribunal d'instance, estimant que le protocole préélectoral, en ce qu'il modifiait la composition des collèges, devait être adopté à l'unanimité, a annulé les élections professionnelles qui s'étaient déroulées entre-temps.

Pour annuler le protocole préélectoral, un tribunal d'instance a énoncé que le protocole modifie la composition des collèges en distinguant les ETAM en fonction de leurs coefficients, alors même que la loi limite la composition du premier collège aux seuls ouvriers et employés, et que dès lors, il devait être adopté à l'unanimité, ce qui n'avait pas été le cas en l'espèce.

En statuant ainsi, alors que l'appellation « ETAM » regroupant des salariés appartenant à la catégorie des employés, techniciens et agents de maîtrise, les clauses d'un protocole préélectoral répartissant ces salariés entre les deux premiers collèges n'ont pas pour objet d'en modifier la composition et ne sont dès lors par soumises à la condition d'unanimité mais à celles de majorité telles que fixées par l'article L. 2314-3 CT, le tribunal a violé les articles L. 2314-3-1 et 11 CT.

Cass. soc. 13 février 2013, n° 11-25.468, BC V n° 39.

Si la répartition du personnel dans les collèges résulte en principe d'un accord entre l'employeur et les organisations syndicales, en l'absence d'accord, le Direccte est compétent pour procéder à cette répartition sans pouvoir modifier le nombre des collèges.

Pour retenir sa compétence et fixer la composition de trois collèges électoraux, un tribunal d'instance a énoncé que le litige portait bien sur la composition des collèges par catégories.

En statuant ainsi, alors qu'il était saisi, non pas d'une demande de modification de la composition des collèges par catégorie au sens de l'article L. 2324-12 CT, mais d'une demande de répartition des personnels entre les collèges en fonction de leur niveau professionnel, et que cette demande est de la compétence exclusive et d'ordre public de l'autorité administrative, le tribunal a violé les articles L. 2324-12 et 13 CT, et 13 de la loi des 16-24 août 1790.

Cass. soc. 9 novembre 2011, n° 10-28.253.

Doit être rejetée la requête d'une société tendant à l'annulation pour excès de pouvoir de la décision du ministre du travail ayant annulé la décision par laquelle l'inspecteur du travail [Direccte] avait fixé la répartition du personnel de la société entre les collèges électoraux dans le cadre du renouvellement des institutions représentatives du personnel et procédé à une nouvelle répartition du personnel et des sièges entre les collèges. En effet, le ministre n'a pas modifié la composition des collèges électoraux mais s'est borné à procéder à la répartition des personnels et des sièges entre les collèges prévus par la loi.

CE 29 octobre 2008, n° 303999.

Peu importe que le désaccord porte sur des salariés individuellement désignés.

En l'absence d'accord entre la société et les organisations syndicales sur la répartition du personnel dans les collèges électoraux, l'inspecteur du travail puis le ministre, saisi d'un recours hiérarchique, étaient compétents pour décider du rattachement d'un salarié à l'un des deux collèges électoraux de l'établissement, nonobstant la circonstance que le désaccord ne portait que sur le classement de ce seul salarié.

CE 1er février 1993, n° 98959, précité.

Lorsqu'aucun accord n'a été conclu mais qu'une organisation syndicale a manifesté son intention de participer à la négociation préélectorale, l'employeur a l'obligation de saisir l'autorité administrative pour faire procéder à la répartition des électeurs et des sièges au sein des collèges électoraux.

Selon l'article L. 2314-3 CT, dans sa rédaction alors applicable, les organisations syndicales qui répondent à certaines conditions de qualification ou de représentativité sont informées par tout moyen de l'organisation des élections et invitées à négocier le protocole préélectoral ; selon l'article L. 2314-11 CT alors applicable, lorsqu'au moins une organisation syndicale a répondu à l'invitation à négocier de l'employeur et que l'accord [sur la répartition du personnel dans les collèges électoraux et la répartition des sièges entre les différentes catégories de personnel] ne peut être obtenu, l'autorité administrative procède à cette répartition entre les collèges électoraux. Il en résulte que, dès lors qu'une organisation syndicale a manifesté son intention de participer à la négociation préélectorale, l'employeur, à défaut d'accord préélectoral valide, a l'obligation de saisir l'autorité administrative pour faire procéder à la répartition des sièges et des électeurs au sein des collèges électoraux.

Une société a invité les organisations syndicales à participer à la négociation préélectorale pour la mise en place de délégués du personnel en son sein en juin 2017. Une organisation syndicale a répondu à l'invitation à négocier et s'est présentée à la réunion du 23 juin 2017, au cours de laquelle un report de la négociation a été décidé pour permettre à l'employeur de fournir au syndicat des éléments sur les effectifs de l'entreprise, et une nouvelle date a été fixée au 17 juillet 2017. Le syndicat ayant ensuite demandé un report de cette date en raison de l'indisponibilité de ses représentants, l'employeur a fixé seul la répartition des électeurs et des sièges dans les collèges pour les élections dont le premier tour a eu lieu le 4 août 2017, et le second tour le 18 août 2017. Le syndicat a alors demandé l'annulation du scrutin.

Pour débouter le syndicat de cette demande, un tribunal d'instance a retenu qu'il n'était pas contesté que, lors de la réunion du 23 juin 2017, aucune négociation et accord n'avaient été établis et qu'aucun procès-verbal n'avait été dressé, que les demandes d'informations du syndicat lors des échanges entre les parties montraient que l'absence de ces éléments essentiels ne permettait pas, le 23 juin 2017, de négocier un protocole préélectoral et que le syndicat n'ayant pas signalé ses indisponibilités après les jours fériés du 14 juillet 2017, il n'y avait pas eu de négociation possible et la société n'était donc pas obligée de saisir la DIRECCTE et pouvait établir unilatéralement un protocole préélectoral.

En statuant ainsi, alors qu'il avait constaté que l'organisation syndicale avait manifesté son intention de participer à la négociation préélectorale, et qu'elle n'était pas responsable de l'absence de négociation, le tribunal d'instance a violé les textes susvisés.

Cass. soc. 9 mai 2018, n° 17-26.522, à paraître.

Les élections organisées sur la base d'une répartition décidée par l'employeur sont irrégulières.

Après avoir constaté qu'aucun accord n'avait été conclu, faute pour l'employeur d'avoir fait droit aux demandes d'un syndicat d'organiser une réunion en vue de la négociation d'un protocole d'accord préélectoral, un tribunal d'instance a pu en déduire qu'en l'absence de saisine de l'autorité administrative compétente afin qu'il soit procédé à la répartition des sièges entre les collèges, les élections d'une délégation unique du personnel n'avaient pas été valablement organisées.

Cass. soc. 9 novembre 2011, n° 11-60.029, BC V n° 255.

Contestations

Un syndicat est recevable à contester un protocole préélectoral dont il soutient qu'il modifie la composition des collèges électoraux même lorsque l'autorité administrative a estimé que, le protocole préélectoral étant valide au sens de l'article L. 2314-3-1 CT, elle n'avait pas compétence pour procéder, sur le fondement de l'article L. 2314-11, à la répartition des sièges et du personnel entre les collèges.

Cass. soc. 13 février 2013, n° 11-25.468, précité.

☛ *Comité central d'entreprise ; Contentieux électoral ; Délégation unique ; Protocole d'accord préélectoral ; Réservation d'un siège ; Sièges des représentants du personnel.*

Comité central d'entreprise

L'article L. 2327-1 ancien CT dispose que, dans les entreprises comportant des établissements distincts, des comités d'établissement et un comité central d'entreprise doivent être créés.

Le comité central d'entreprise est composé de délégués élus par les membres des comités d'établissement en leur sein. Chaque organisation syndicale représentative dans l'entreprise peut désigner un représentant au comité central (art. L. 2327-6 ancien CT).

Le comité central exerce les attributions économiques concernant la marche générale de l'entreprise et qui excèdent les pouvoirs des chefs d'établissement. En matière d'activités sociales et culturelles, les comités d'établissement peuvent lui confier la gestion d'activités communes.

Mise en place

Ne commet pas de délit d'entrave l'employeur qui ne prend pas l'initiative de mettre en place un comité central d'entreprise.

Si l'article L. 435-1 CT prévoit la création d'un comité central d'entreprise dans les entreprises comprenant des établissements distincts, aucun texte ne fait expressément obligation au chef d'entreprise de prendre l'initiative de la constitution de cet organisme lorsque nulle démarche n'a été effectuée, à cet effet, auprès de lui. L'employeur qui ne prend pas l'initiative de mettre en place un comité central d'entreprise, alors que les conditions requises par la loi sont réunies, ne se rend pas coupable de délit d'entrave, le délit d'entrave n'étant constitué que si l'employeur fait obstacle, par son inertie ou des manœuvres dilatoires, aux démarches des salariés ou des organisations syndicales tendant à la constitution de cet organe de représentation.

Cass. crim. 14 janvier 1986, n° 85-91.285, B. crim. n° 24.

L'existence d'un comité de groupe n'exclut pas la mise en place d'un comité central d'entreprise entre certaines entreprises du groupe formant une unité économique et sociale.

Un tribunal d'instance a décidé à bon droit que l'existence d'un comité de groupe, couvrant l'ensemble des sociétés du groupe dont faisaient partie les sociétés Hôtel Concorde et SNC des restaurants du Palais des Congrès, n'excluait pas la mise en place d'un comité central d'entreprise commun à ces deux dernières sociétés.

Doit être rejeté le moyen du pourvoi reprochant au tribunal d'instance d'avoir constaté l'existence d'une unité économique et sociale entre la société des Hôtels Concorde et celle des restaurants du Palais des Congrès et d'avoir ordonné la mise en place d'un comité d'entreprise commun entre ces deux sociétés, l'unité économique et sociale ayant été reconnue entre deux personnes morales distinctes, la Société des Hôtels Concorde d'une part, la Société des restaurants du Palais des Congrès d'autre part, et le tribunal d'instance ayant relevé que ces deux sociétés qui exerçaient des activités complémentaires dans le domaine de l'hôtellerie et de la restauration étaient soumises à un pouvoir de direction unique et que leurs salariés formaient une même communauté caractérisée par une similitude de statut social et une permutabilité entre les postes de travail.

Cass. soc. 30 mai 2001, n° 00-60.111, BC V n° 191.

Il résulte de l'article L. 2327-11 ancien CT que, en cas de fusion-absorption, lorsque l'entreprise absorbée devient un établissement distinct de la société absorbante, son comité d'entreprise demeure en fonction comme comité d'établissement de cette société.

Cass. crim. 25 février 2003, n° 02-83.040, B. crim. n° 52.

Répartition des sièges entre les différents établissements distincts

Le nombre des représentants des comités d'établissement au comité central d'entreprise peut être augmenté par voie conventionnelle.

Le caractère d'ordre public des dispositions législatives ou réglementaires relatives à la mise en place du comité central d'entreprise ne fait pas obstacle à ce que les avantages minimaux qu'elles instaurent soient accrus ou que des avantages non prévus soient institués par voie conventionnelle. Il en résulte que le nombre des représentants des comités d'établissement au comité central d'entreprise fixé, sauf accord, par les articles D. 435-1 et D. 435-2 CT peut être augmenté et déterminé proportionnellement à l'importance numérique de l'effectif de chacun des établissements, conformément à la référence choisie par les parties.

Cass. soc. 20 décembre 2006, n° 06-60.119, 1er moyen, BC V n° 398.

Un accord préélectoral peut prévoir que la répartition des sièges entre les différentes organisations syndicales pour la constitution du comité central d'entreprise sera faite sur la base de la représentation proportionnelle à la plus forte moyenne.

Une cour d'appel, analysant le contenu de l'annexe III B-2 de la convention collective nationale de travail du personnel des banques, en fait une exacte application en retenant que ce texte, qui prévoit une répartition des sièges au comité central d'entreprise entre les organisations syndicales et les non-syndiqués, proportionnelle au nombre de sièges obtenus au sein des comités d'établissement, énonce, tout en prévoyant le cas particulier des résultats identiques, un principe général d'attribution des sièges restants. Dès lors, elle a pu décider que les sièges restants seraient attribués à l'organisation syndicale ou aux non-syndiqués ayant obtenu le plus grand nombre de voix aux élections de l'ensemble des comités d'établissement dans le collège considéré.

Cass. soc. 1er avril 1997, n° 95-14.230, BC V n° 132.

À défaut d'accord entre l'employeur et les organisations syndicales représentatives, la répartition des sièges est faite par le directeur départemental du travail et de l'emploi, en fonction de l'effectif, de la structure des établissements et des différents collèges qui les composent.

En l'absence d'accord entre le chef d'entreprise et les organisations syndicales représentatives dans l'entreprise, le directeur départemental du travail et de la main-d'œuvre dans le ressort duquel se trouve le siège de l'entreprise décide du nombre d'établissements distincts dans chaque entreprise et de la répartition des sièges entre les différents établissements et les différentes catégories.

Saisi d'un recours hiérarchique contre les décisions du directeur départemental du travail, de l'emploi et de la formation professionnelle divisant l'entreprise en établissements distincts et fixant la répartition des sièges du comité central d'entreprise entre les établissements, le ministre du Travail, de l'Emploi et de la Formation professionnelle avait procédé à une nouvelle répartition des sièges entre les établissements puis, saisi d'un recours gracieux, il avait modifié cette répartition. Un syndicat avait contesté la légalité de cette dernière décision au motif que sa représentation au sein du comité central d'entreprise ne reflétait pas les résultats obtenus par lui lors de l'élection des membres des comités d'établissement. Aucune disposition ne faisant obligation au directeur départemental du travail et de la main-d'œuvre de tenir compte, pour la répartition des sièges du comité central d'entreprise entre les différents établissements, des résultats obtenus par les différentes organisations syndicales lors de l'élection des membres des comités d'établissement de l'entreprise, ce moyen est sans influence sur la légalité de la décision attaquée.

Par ailleurs, le ministre ayant tenu compte, pour procéder à la répartition des sièges du comité central d'entreprise entre les différents établissements, de l'importance des effectifs de ces établissements, le syndicat n'est pas fondé à soutenir que le ministre aurait fait une appréciation erronée des faits de l'espèce.

Il résulte de ce qui précède que le syndicat n'est pas fondé à demander l'annulation de la décision du ministre ayant modifié la répartition des sièges.

CE 1er décembre 1997, n° 165073. Voir aussi CE 27 juin 2001, n° 215970.

Après décision administrative fixant la composition d'un comité central d'entreprise, une négociation peut être rouverte avec un objet limité à l'attribution de sièges supplémentaires, l'accord conclu dans ces conditions emportant alors contractualisation des sièges déjà attribués et rendant caduque la décision administrative.

Cass. soc. 28 janvier 2015, n° 14-15.817, BC V n° 12.

Les sièges au comité central, réservés à un délégué titulaire et à un délégué suppléant appartenant à la catégorie des cadres, n'ont pas à être attribués exclusivement aux établissements qui comprennent trois collèges électoraux.

Il résulte des dispositions de l'article L. 435-4, al. 2 CT, applicable au cas où un ou plusieurs établissements constituent trois collèges électoraux, notamment par suite d'un accord mentionné à l'article L. 433-2, al. 5 CT, que les sièges au comité central réservés à un délégué titulaire et à un délégué suppléant appartenant à la catégorie « cadre » n'ont pas à être attribués exclusivement aux établissements comprenant trois collèges électoraux. Par suite, le ministre du Travail, en annulant la décision d'un directeur départemental du travail qui attribuait notamment un siège de délégué suppléant appartenant à la catégorie « cadre » à l'établissement V et en transférant ce siège à l'établissement C, au seul motif que cet établissement comportait, à la différence de l'établissement V, un troisième collège électoral, a entaché sa décision d'erreur de droit.

CE 14 juin 1999, n° 196601.

Les parties à la négociation, dont les organisations syndicales répondant à la condition de double majorité, apprécient seules les conditions dans lesquelles doivent être satisfaites les dispositions de l'article L. 2327-4 ancien CT relatives à la représentation au comité central d'entreprise des ingénieurs, chefs de service et cadres administratifs, commerciaux ou techniques assimilés sur le plan de la classification en vue d'assurer l'expression collective de l'ensemble des salariés de l'entreprise et non celle d'un établissement déterminé.

Cass. soc. 28 janvier 2015, n° 14-15.817, précité.

La décision de l'administration s'impose au juge judiciaire.

Le juge judiciaire ne peut modifier la répartition des sièges entre les établissements prévue par l'autorité administrative. Doit être cassé le jugement d'un tribunal d'instance ayant remis en cause la répartition des sièges entre les différents établissements, alors que cette répartition avait été déterminée par le protocole préélectoral pris en application des décisions du directeur départemental du travail.

Cass. soc. 28 novembre 1995, n° 94-60.568.

Modalités des élections

L'employeur n'est pas électeur.

Seuls les représentants du personnel, membres des comités d'établissement, peuvent participer à l'élection des délégués du comité central. L'employeur, président du comité d'établissement et du comité central, ne peut y participer. L'élection à laquelle l'employeur a pris part doit être annulée, sa participation ayant eu pour effet de fausser les résultats du scrutin.

Cass. soc. 21 juillet 1976, n° 76-60.072, BC V n° 460.

Le comité d'établissement procède à l'élection des délégués au comité central d'entreprise parmi ses membres.

Le salarié qui a été élu membre du comité d'établissement dans le premier collège peut être délégué au comité central, même s'il a changé de catégorie professionnelle.

Cass. soc. 3 avril 2002, n° 00-60.431, BC V n° 118.

Le mandat des membres du comité central d'entreprise est subordonné à celui qu'ils ont au comité d'établissement. Il n'est donc pas possible, pour remplacer un siège devenu vacant, de faire appel à un candidat non élu lors des élections au comité d'établissement.

Un syndicat (FO) a obtenu deux élus, un titulaire et un suppléant aux élections d'un comité d'établissement qui se sont déroulées les 30 novembre et 14 décembre 1999. Après démission le 16 décembre 1999 du titulaire, le siège de suppléant est resté vacant. Une salariée figurant comme candidate en seconde place sur la liste des titulaires et en quatrième place sur la liste des suppléants, qui n'avait pas été élue lors de ces élections, a été déclarée le 28 janvier 2000 élue au comité central d'entreprise de la banque « H ». Pour débouter le syndicat CFDT de sa demande d'annulation des élections des membres du comité central d'entreprise de la banque « H », un tribunal d'instance a énoncé qu'un accord du 22 décembre 1999 annexé au protocole préélectoral du 22 octobre 1999 pour les élections des membres du comité central d'entreprise, signé entre le représentant du groupe « H » et l'ensemble des organisations syndicales, convient de la répartition des sièges au comité central d'entreprise en fonction des résultats obtenus aux élections des comités d'établissement, que si un syndicat ne peut procéder au remplacement d'un élu défaillant en cours de mandat, la décision du syndicat FO de pourvoir le poste de membre suppléant du comité d'établissement devenu vacant, par le premier candidat non élu de la liste à laquelle appartenait le titulaire démissionnaire, n'est pas contraire aux dispositions légales et est conforme à l'accord du 22 décembre 1999.

Cependant, le mandat des membres du comité central d'entreprise est subordonné à celui qu'ils ont au comité d'établissement et la loi n'ayant pas prévu le remplacement des membres du comité d'établissement suppléants devenus titulaires en cours de mandat, seule une disposition spécifique d'une convention collective ou une disposition du protocole préélectoral peut prévoir un remplacement par appel aux candidats non élus. En statuant comme il l'a fait, alors qu'aucune disposition ne prévoyait le remplacement d'un membre suppléant devenu titulaire et que la remplaçante n'avait pas été élue membre du comité d'établissement, le tribunal d'instance a violé l'article L. 435-4 CT.

Cass. soc. 30 mai 2001, n° 00-60.192, BC V n° 190.

Le fait qu'un seul membre d'un comité d'établissement soit éligible au comité central d'entreprise ne fait pas obstacle à l'élection.

Cass. soc. 28 janvier 2015, n° 14-15.817, précité.

Seuls les membres titulaires des comités d'établissement sont électeurs et éligibles, les membres suppléants des comités d'établissement n'étant pas éligibles pour les postes de titulaires.

Doit être cassé le jugement ayant déclaré un membre suppléant du comité d'établissement éligible au poste de délégué titulaire du comité central d'entreprise. Les membres titulaires des comités d'établissement, seuls membres votant lors de cette élection, ne peuvent choisir que parmi eux leurs délégués titulaires au comité central. Le mandat des membres du comité central d'entreprise est, en effet, subordonné à celui qu'ils ont au comité d'établissement et ils n'y ont pas plus de droit.

Cass. soc. 3 juin 1977, n° 77-60.024, BC V n° 374.

Un tribunal d'instance, après avoir constaté que la convention collective nationale des banques allait au-delà des prescriptions de l'article L. 435-4 CT en prévoyant que les membres suppléants du comité central d'entreprise avaient voix délibérative avec les mêmes prérogatives que les titulaires, n'a pas méconnu les dispositions de ce texte en décidant que seuls les membres titulaires du comité d'entreprise peuvent faire partie de la délégation au comité central d'entreprise, conformément au protocole préélectoral unanime qui se borne à faire application de la loi.

Cass. soc. 7 mai 2002, n° 01-60.629, BC V n° 153.

Le règlement intérieur d'un comité d'établissement ne peut valablement pas déroger aux dispositions légales relatives à l'élection des membres du comité central d'entreprise.

Un salarié, représentant syndical au comité d'établissement, a été élu par ce comité en qualité de membre titulaire du comité central d'entreprise. C'est à bon droit qu'un tribunal d'instance a annulé ces élections.

D'abord, le comité central d'entreprise étant composé, en application de l'article L. 435-4 CT, de délégués titulaires et suppléants élus, pour chaque établissement, par le comité d'établissement parmi ses membres, le tribunal a exactement énoncé que le mandat des membres du comité central était subordonné à celui qu'ils ont au comité d'établissement et qu'il en résultait qu'un délégué titulaire au comité central ne pouvait être élu que parmi les membres élus du comité d'établissement. Ensuite, le règlement intérieur d'un comité d'établissement ne peut valablement déroger aux dispositions légales relatives à l'élection des membres du comité central d'entreprise.

Cass. soc. 4 juin 2003, n° 01-60.909.

L'accord d'entreprise qui exclut les élus des comités d'établissement du collège électoral prévu pour les élections au comité central d'entreprise a une nature électorale et met en cause la régularité des opérations électorales.

Un protocole d'accord énonçant les règles de désignation des représentants du personnel signé entre l'employeur et les organisations syndicales représentatives dans l'entreprise, confirmé par accord d'entreprise, fixait le nombre des membres du comité central à 30 au lieu de 20 et convenait qu'ils seraient « désignés par les organisations syndicales au prorata du nombre de mandats de membres titulaires des comités d'établissement élus sous leur sigle dans chaque collège éventuellement à la plus forte décimale ». Un syndicat, invoquant que deux des 105 établissements de l'entreprise avaient été exclus des opérations électorales, avait saisi le tribunal d'instance afin que soient organisées les élections du comité central d'entreprise au sein de ces deux comités d'établissement où il était représentatif.

Doit être cassé le jugement qui a rejeté la demande de ce syndicat. Tout d'abord, les dispositions d'un accord entre le chef d'entreprise et les organisations syndicales représentatives, qui fixe les règles relatives à l'électorat pour les élections des membres du comité central d'entreprise, ont une nature électorale. Ensuite, un tel accord, même unanime, ne peut priver les élus des comités d'établissement du droit d'élire, pour chaque établissement parmi ses membres, les délégués titulaires et suppléants du comité central d'entreprise. Enfin, une organisation syndicale représentative au niveau d'un établissement, qui dispose d'au moins un élu, et donc d'un électeur aux élections du comité central d'entreprise, a intérêt à contester la régularité des opérations électorales de ce comité devant le tribunal d'instance. En statuant comme il l'a fait, alors que les dispositions de l'accord litigieux, excluant les élus des comités d'établissement du collège électoral prévu pour les élections au comité central d'entreprise qui avaient une nature électorale, mettaient en cause la régularité des opérations électorales, le tribunal d'instance, qui aurait dû rechercher si le syndicat avait au moins un élu au comité d'établissement de l'un des établissements où il était reconnu représentatif, a violé les articles L. 435-4 et L. 435-6, al. 1er CT.

Cass. soc. 16 décembre 1998, n° 97-60.371, BC V n° 566.

Comité central d'entreprise

L'ensemble des électeurs vote pour l'ensemble des postes à pourvoir au sein d'un collège unique, sauf disposition contraire du protocole préélectoral.

Doit être rejetée la demande en annulation de l'élection des délégués au comité central d'entreprise au motif que celle-ci n'a pas été organisée par collèges distincts. L'article L. 435-2 CT ne laisse, en effet, nullement entendre que les délégués doivent être élus chacun par les seuls membres de la catégorie à laquelle ils appartiennent. En l'absence de disposition contraire dans le protocole préélectoral, l'ensemble des électeurs doit voter pour chacun des sièges à pourvoir au sein d'un collège unique.

Cass. soc. 21 juillet 1976, n° 76-60.030, BC V n° 461.

À défaut d'accord entre les partenaires sociaux sur le mode de scrutin à adopter, l'élection se déroule au scrutin majoritaire.

Un tribunal d'instance a exactement décidé que l'élection des délégués au comité central d'entreprise devait avoir lieu au scrutin majoritaire, après avoir relevé qu'aucun accord n'était intervenu sur le mode de scrutin à adopter.

Cass. soc. 26 juin 1996, n° 95-60.856.

Les délégués du comité central d'entreprise doivent être élus selon le scrutin majoritaire uninominal à un tour, chaque électeur devant voter en une seule fois pour autant de candidats qu'il y a de sièges à pouvoir.

Les délégués du comité central d'entreprise sont des représentants du personnel qui doivent être élus selon le scrutin majoritaire uninominal à un tour, chaque électeur devant voter en une seule fois pour autant de candidats qu'il y a de sièges à pourvoir.

C'est à tort que, pour valider les élections de quatre représentants au comité central d'entreprise, un tribunal d'instance a relevé qu'en procédant à des élections poste à pourvoir par poste à pourvoir, dans le cadre d'un scrutin où les électeurs ne votaient à chaque fois que pour un candidat et où n'était élu que le candidat arrivé en tête, un employeur a bien appliqué les règles du scrutin majoritaire à un tour.

Cass. soc. 5 mars 2008, n° 06-60.274, BC V n° 48. Voir aussi cass. soc. 8 décembre 2010, n° 10-60.176, BC V n° 283.

Le vote du collège ne peut pas avoir lieu à main levée, candidat par candidat, un tel procédé portant atteinte au secret et à la sincérité du scrutin.

Doit être cassé le jugement qui, pour débouter un syndicat de sa demande d'annulation des élections au comité central d'entreprise ayant eu lieu au sein d'un établissement, a retenu qu'en l'absence d'un accord préélectoral, le scrutin majoritaire de droit commun - à savoir un scrutin majoritaire uninominal à un seul tour où sont élus les candidats réunissant le plus grand nombre de voix émises par l'ensemble des représentants élus au comité d'établissement - avait été respecté et que chacun des élus l'avait été après le vote des huit membres du comité d'établissement, alors que les délégués du comité central d'entreprise sont des représentants du personnel qui doivent être élus au scrutin secret sous enveloppe et qu'en l'espèce, il ressortait du procès-verbal de dépouillement que le collège électoral avait voté à main levée, candidat par candidat, ce dont il résultait que n'avaient pas été respectés le secret et la sincérité du scrutin, lequel est, en l'absence d'accord unanime du collège électoral, uninominal majoritaire à un tour.

Cass. soc. 9 juin 1998, n° 96-60.455, BC V n° 312 (arrêt n° 1).

Le règlement intérieur du comité d'établissement qui prévoit, en cas d'égalité des voix, une règle de départage en faveur du candidat ayant obtenu le plus grand nombre de suffrages porte atteinte au principe du secret du scrutin.

À la suite des élections au comité central d'une banque qui avaient eu lieu au sein d'un comité d'établissement, certains candidats ayant obtenu le même nombre de voix, les plus âgés avaient été proclamés élus. Plusieurs syndicats avaient contesté les résultats et demandé la proclamation d'autres candidats au lieu et place de ceux qui avaient été retenus. Ils soutenaient en effet que la proclamation des résultats devait se faire en application du règlement intérieur du comité d'établissement prévoyant, en cas d'égalité de voix, que le départage se ferait en faveur du candidat pour lequel avai(en)t voté le (ou les) élu(s) des listes ayant obtenu le plus grand nombre de suffrages aux élections du comité d'établissement. C'est à tort que, pour faire droit à cette demande, un tribunal a retenu que l'élection des délégués au comité central d'entreprise par les membres du comité d'établissement devait être considérée comme une élection interne et que le règlement intérieur du comité d'établissement était applicable, alors que les délégués du comité central d'entreprise sont des représentants du personnel qui doivent être élus au scrutin secret sous enveloppe, que la règle de départage énoncée par le règlement intérieur du comité d'établissement était nulle comme ne respectant pas le secret du scrutin et qu'en l'absence d'un accord unanime du collège électoral respectant les principes du droit électoral, en cas de partage des voix, le plus âgé des candidats devait être proclamé élu.

Cass. soc. 9 juin 1998, n° 97-60.304, BC V n° 312 (arrêt n° 2).

Les comités d'établissement ont un intérêt et une qualité à agir pour contester les conditions d'organisation et de déroulement de l'élection des membres du comité central d'entreprise.

Selon l'article L. 2327-3 CT, le comité central d'entreprise est composé de délégués élus, pour chaque établissement, par le comité d'établissement parmi ses membres, ce qui confère aux comités d'établissement un intérêt et une qualité à agir pour contester les conditions d'organisation et de déroulement de cette élection.

Cass. soc. 30 octobre 2013, n° 13-12.234, BC V n° 257.

Le délai de 15 jours pour contester les résultats des élections des représentants du personnel au comité central d'entreprise court à compter de leur proclamation.

En retenant que l'établissement d'un procès-verbal n'est pas obligatoire à l'issue de l'élection par un établissement de ses représentants au comité central d'entreprise et qu'un courrier électronique avait été envoyé à tous les salariés et à l'inspecteur du travail le 4 juin 2008, soit le jour même de l'élection, les informant du nom des élus, du nombre de voix obtenues par chaque candidat, un tribunal d'instance a fait ressortir que la proclamation nominative des résultats avait eu lieu, en sorte que le délai de quinzaine ouvert pour contester les élections avait couru à compter de cette proclamation, et en a exactement déduit que les contestations formées le 23 décembre 2008 par l'employeur et le comité central d'entreprise étaient tardives.

Cass. soc. 16 février 2011, n° 10-21.039.

Désignation de représentants syndicaux

Une centrale syndicale et les organisations syndicales qui lui sont affiliées, notamment celles qui sont catégorielles, ces dernières justifieraient-elles de leur propre représentativité, ne peuvent pas désigner ensemble, sauf accord collectif contraire, qu'un seul délégué syndical central d'entreprise.

Cass. soc. 20 octobre 1988, n° 88-60.014, BC V n° 551.

Selon le dernier alinéa de l'article L. 435-4 CT, une centrale syndicale et les organisations syndicales qui lui sont affiliées ne peuvent désigner ensemble, sauf accord collectif, qu'un seul représentant syndical au comité central d'entreprise.

Un salarié a été désigné délégué syndical central et représentant syndical au comité central d'entreprise d'une société, le 1er juillet 2003, par un premier syndicat. Le 16 mars 2004, un second syndicat, affilié à la même confédération que le premier, a désigné un autre salarié en qualité de représentant syndical au comité central d'entreprise en remplacement du salarié précédemment désigné.

Ayant constaté que lors de la seconde désignation, le premier syndicat avait déjà désigné un représentant au comité qui ne pouvait, sauf dispositions statutaires contraires, être révoqué que par lui, le tribunal d'instance a légalement justifié sa décision d'annuler cette désignation.

Cass. soc. 6 avril 2005, n° 04-60.323, BC V n° 127.

Pour la désignation d'un représentant syndical au comité central, la représentativité s'apprécie au niveau de l'entreprise.

Un tribunal d'instance, qui a constaté qu'un syndicat n'était représentatif que dans un établissement de l'entreprise en Martinique et qu'il n'établissait pas être représentatif dans l'entreprise toute entière, a pu annuler la désignation par ce syndicat d'un salarié comme représentant syndical au comité central d'entreprise.

Cass. soc. 27 octobre 2004, n° 02-60.321.

Une même organisation syndicale représentative dans l'entreprise ne peut désigner qu'un seul représentant syndical, choisi soit parmi les représentants de cette organisation aux comités d'établissement, soit parmi les membres élus de ces comités.

La Fédéchimie FO ne saurait désigner son propre représentant au comité central d'entreprise alors que le syndicat FO a déjà désigné un représentant. L'article L. 435-4 CT précise, en effet, que « chaque organisation syndicale représentative dans l'entreprise désigne un représentant au comité central d'entreprise ».

Cass. soc. 23 juin 1993, n° 92-60.275. Voir aussi cass. soc. 10 mars 2010, n° 09-60.255.

La perte des conditions de validité du mandat de représentant syndical auprès du comité central d'entreprise n'emporte pas cessation de plein droit de ce mandat.

Aucune disposition légale ne limitant la durée du mandat des représentants syndicaux au comité d'entreprise, la perte des conditions de validité d'un mandat de représentant syndical auprès du comité central d'entreprise n'emporte pas cessation de plein droit de ce mandat, mais constitue un élément nouveau de nature à entraîner sa remise en cause dont tout intéressé peut se prévaloir en saisissant le juge avant l'expiration du délai de quinze jours suivant la date à laquelle il a eu connaissance de ce fait nouveau.

Cass. soc. 17 juin 2009, n° 08-60.582.

Le mandat du représentant syndical au comité central d'entreprise prenant fin lors du renouvellement des institutions représentatives dans l'entreprise, la désignation, à l'issue de ces nouvelles élections, d'un représentant syndical au comité central d'entreprise fait courir, à compter de la date de cette désignation, le délai prévu par l'article R. 2327-6 ancien CT, même si le salarié désigné exerçait déjà cette mission avant le nouveau scrutin.

Cass. soc. 29 octobre 2010, n° 10-10.988.

Répartition des compétences entre le comité central et les comités d'établissement

Une décision concernant l'ensemble de l'entreprise relève de la compétence du comité central, celle-ci n'excluant pas la consultation du comité d'établissement si l'application de cette décision au sein de l'établissement rend nécessaire l'élaboration de dispositions particulières.

Dans les matières où la décision appartient à la direction générale de l'entreprise, les comités d'établissement ne sont obligatoirement consultés que dans la mesure où la mise en œuvre de la décision et son application au cas particulier de l'établissement rendent nécessaire l'élaboration de dispositions particulières relevant normalement du chef d'établissement.

Cass. crim. 11 février 1992, n° 90-87.500, B. crim. n° 68.

À la suite du regroupement des activités de deux groupes, une réorganisation des services partagés communs à plusieurs sociétés du groupe nouvellement constitué (société « H »), et exercés jusqu'alors par certaines d'entre elles pour le compte des autres, avait été envisagée. La mise en œuvre de ce projet devait notamment entraîner le transfert de 37 salariés affectés à l'établissement « A » auprès d'une société « B ». Le comité d'établissement de l'établissement « A » avait été informé de ce projet, tandis que le comité central d'entreprise de la société « H » était réuni pour information et consultation. Un désaccord étant ensuite apparu entre le chef d'entreprise et le secrétaire du comité central d'entreprise sur la tenue d'une troisième réunion, la procédure de consultation avait pris fin après la seconde réunion.

Doit être rejeté le pourvoi formé par la société « H » reprochant à une cour d'appel d'avoir décidé que la procédure de consultation/information du comité d'établissement relative au projet de transfert de salariés à la société « B » était irrégulière, à défaut de consultation et d'information du comité d'établissement de l'établissement « A », et d'avoir, en conséquence, ordonné la reprise de cette procédure et la suspension à titre conservatoire de ce projet, ainsi que la réintégration des 37 salariés intéressés au sein de la société « H ». En effet, après avoir relevé, d'une part, que le transfert d'une partie des attributions du service jusqu'alors exercé dans l'établissement « A » rendait nécessaire des mesures d'adaptation locale relevant du chef d'établissement et, d'autre part, que la société « H » n'établissait pas que l'intervention du chef d'établissement était exclue pour la mise en œuvre de ces dispositions particulières et nécessaires, la cour d'appel en a exactement déduit que le chef d'entreprise était tenu de consulter et d'informer le comité d'établissement concerné.

Cass. soc. 25 juin 2002, n° 00-20.939, BC V n° 217.

Si la mise en œuvre d'une décision prise par un directeur d'établissement et les dispositions spécifiques à l'établissement nécessitées par l'application d'une décision de la direction générale doivent faire l'objet d'une information-consultation du comité d'établissement, ce dernier n'a pas à être informé et consulté sur la décision de principe emportant création de pôles dans le cadre d'une réorganisation de l'entreprise ou du groupe qui relève de la décision de la direction générale et de la compétence du comité central d'entreprise.

Cass. soc. 5 juillet 2006, n° 04-18.814, BC V n° 239.

Lorsqu'un projet a un effet direct sur les conditions de travail des salariés d'un établissement, le comité de cet établissement doit être consulté préalablement à sa mise en œuvre dans celui-ci, peu important que la décision sur ce projet soit de la seule compétence de la direction générale de l'entreprise.

Fin 2013, la direction d'une société a décidé de regrouper les « centres de services partagés », qui mutualisent les activités support des cinq branches opérationnelles de la société et dans ce cadre, de créer une direction des services partagés au sein de l'établissement « siège », ainsi que la mutation du personnel de quatre centres de services partagés sur les cinq que compte l'établissement « unité de services partagés infrastructures », vers l'établissement « siège » ; par acte du 11 juin 2014, le comité de l'établissement « siège » a saisi le président du tribunal de grande instance en la forme des référés, afin d'obtenir la suspension de la mise en œuvre du projet « Évolution des centres de services partagés » dans l'attente de sa consultation et de celle de tous les comités d'établissements concernés par la réforme.

Doit être rejeté le pourvoi formé par la société reprochant à une cour d'appel d'avoir fait droit à cette demande.

En effet, d'abord, ayant constaté que le projet « Évolution des centres de services partagés » avait un effet direct local sur les conditions de travail des salariés de l'établissement « siège », la cour d'appel en a exactement déduit, au regard des dispositions de l'article L. 2327-2 CT dans leur rédaction applicable en la cause, que le comité de cet établissement devait être consulté préalablement à la mise en œuvre du projet dans l'établissement, peu important que la décision émane de la seule direction générale de la société.

Ensuite, ayant fait ressortir que l'employeur n'avait transmis aux membres du comité de l'établissement aucune information précise et écrite en vue de sa consultation sur la mise en œuvre dans l'établissement du projet « Évolution des centres de services partagés », la cour d'appel a décidé à bon droit que la demande du comité d'établissement était recevable.

Cass. soc. 21 septembre 2016, n° 15-13.364, BC V n° 178.

Dès lors qu'elle a vocation à s'étendre à l'ensemble de l'entreprise, la mesure concernant l'organisation de certains établissements relève de la compétence du comité central d'entreprise

Selon les textes applicables à la société EDF, les comités mixtes paritaires (CMP) sont obligatoirement informés et consultés sur les questions intéressant l'organisation, la gestion et la marche générale de l'établissement et, en particulier, sur les mesures de nature à affecter le volume ou la structure des effectifs, les conditions d'emploi, de travail et de formation professionnelle du personnel ainsi que préalablement à toute réforme de structure ou modification d'organisation, et la répartition des compétences entre les CMP et le conseil supérieur consultatif des CMP repose sur les domaines de compétence relevant des différents niveaux hiérarchiques.

Pour débouter des fédérations syndicales de leur demande tendant à faire suspendre la mise en place de prestations globales d'assistance chantier (PGAC) tant que le conseil supérieur consultatif des CMP de la société EDF et les différents CMP concernés n'auraient pas été régulièrement informés et consultés, une cour d'appel a retenu que la mise en œuvre des PGAC nécessitait l'information et la consultation des seuls CMP intéressés par des dispositions spécifiques à l'établissement et qu'elle n'affectait pas notablement les conditions de travail et d'emploi des agents ou salariés d'EDF.

En statuant ainsi, après avoir constaté que cette nouvelle organisation avait vocation à s'étendre sur tout le territoire national et relevé que le projet avait justifié la création d'un comité professionnel des prestataires de services en matière d'assainissement radioactif et d'une cellule de gestion des emplois avec pour objectif, notamment, de minimiser au mieux de l'intérêt des parties prenantes, y compris d'EDF, l'impact qu'il pouvait avoir en termes d'emplois, la cour d'appel n'a pas tiré les conséquences légales de ses propres constatations, dont il résultait que les mesures envisagées par l'employeur pouvaient affecter la structure des emplois ainsi que les conditions d'emploi et de travail dans l'ensemble de l'entreprise, en violation de l'article L. 432-1, al. 1er, devenu L. 2323-6 CT, et de la circulaire PERS 873 du 23 mars 1987 relative au conseil supérieur consultatif des comités mixtes à la production d'EDF.

Cass. soc. 24 juin 2008, n° 07-11.411, 1er moyen du pourvoi principal, BC V n° 140.

Une même mesure peut exiger, sur des fondements juridiques différents, la consultation concomitante du comité central et d'un comité d'établissement.

Il ressort du rapprochement des dispositions du code du travail relatives aux attributions respectives du comité central d'entreprise et du comité d'établissement que, dans les entreprises comportant des établissements distincts, c'est normalement le comité d'établissement qui doit être consulté pour le projet de licenciement d'un salarié protégé. En l'espèce, il n'était pas contesté que le service informatique dans lequel travaillait le représentant du personnel relevait de l'établissement de Changé, alors même qu'il assurait des prestations à l'ensemble de l'entreprise. Ainsi, alors même que la restructuration du service informatique aurait pu appeler, au titre de l'article L. 435-3 CT, la consultation du comité central d'entreprise, le comité d'établissement de Changé a été, à bon droit, consulté sur le projet de licenciement de l'intéressé, représentant du personnel au comité d'hygiène, de sécurité et des conditions de travail. La circonstance que, postérieurement à la décision attaquée de l'inspecteur du travail, le licenciement a été décidé par le directeur des relations humaines de l'entreprise est sans influence sur la légalité de la décision de l'inspecteur du travail. L'intéressé n'est pas fondé à soutenir que l'inspecteur du travail était tenu de refuser l'autorisation de licenciement le concernant, dans la mesure où c'est le comité central d'entreprise, et non le comité d'établissement, qui aurait dû être consulté préalablement à la restructuration du service informatique de l'entreprise et à la demande d'autorisation de licenciement pour motif économique.

CE 26 février 1996, n° 146005. Voir aussi cass. soc. 6 juillet 1999, n° 97-21.742, BC V n° 335, relatif à la consultation du comité central d'entreprise et d'un comité d'établissement à l'occasion d'une mise en location-gérance de certains dépôts de la société.

Le projet d'accord fixant le taux moyen pondéré de la contribution patronale aux œuvres sociales pour l'ensemble de l'entreprise et les règles de répartition entre les comités d'établissement requiert à la fois la consultation du comité central d'entreprise et celle des comités d'établissement.

A légalement justifié sa décision la cour d'appel qui, pour déclarer des prévenus coupables du délit d'entrave pour n'avoir pas consulté préalablement le comité d'établissement de l'usine, a relevé que seul le comité central d'entreprise avait été consulté lorsqu'avait été signé, avec des syndicats, un accord collectif modifiant les dispositions relatives à la contribution patronale aux œuvres sociales et culturelles versées aux établissements, alors que le projet d'accord, consécutif à l'opération de fusion-absorption, qui fixait le taux moyen pondéré de la contribution patronale aux œuvres sociales pour l'ensemble de l'entreprise et déterminait des règles de répartition prenant en compte les besoins propres à chaque comité d'établissement requérait, par son objet, simultanément, la consultation du comité central d'entreprise, par application de l'article L. 432-1, al. 8 CT, et des comités d'établissement, par application de l'article L. 435-5, al. 2 du même code.

Cass. crim. 11 février 2003, n° 01-88.650, 4ᵉ moyen, B. crim. n° 31.

Un accord collectif ne peut confier au comité central ni une mission générale de gestion des activités sociales, ni le droit de percevoir directement la contribution patronale.

Il résulte de la combinaison des articles L. 435-3, al. 3 et L. 435-2 CT que si un accord collectif peut accorder au comité central d'entreprise, dans les conditions définies par l'accord, la gestion, en totalité ou en partie, d'activités sociales et culturelles communes à l'ensemble de l'entreprise, il ne peut ni enlever aux comités d'établissement la gestion des activités sociales et culturelles propres à chaque établissement ni les priver du droit de percevoir directement de l'employeur la subvention calculée sur la masse salariale de l'établissement. Un accord collectif unanime ne peut donc confier au comité central d'entreprise ni une mission générale de gestion des œuvres sociales ni le droit de percevoir directement de l'entreprise la contribution patronale.

Cass. soc. 30 juin 1993, n° 90-14.895, BC V n° 191.

Un comité d'établissement ne peut pas mettre en œuvre la procédure d'alerte, cette faculté relevant du seul comité central d'entreprise.

Un comité d'établissement a décidé de mettre en œuvre la procédure d'alerte prévue par l'article L. 432-5 CT.

C'est à tort que, pour confirmer l'ordonnance d'un juge des référés ayant débouté une société de sa demande d'annulation des délibérations du comité d'établissement, une cour d'appel a énoncé que si les dispositions de l'article L. 435-3 CT prévoyaient que le comité central d'entreprise exerçait les attributions économiques concernant la marche générale de l'entreprise et excédant les limites des pouvoirs des chefs d'établissement, ces dispositions n'avaient pas pour effet de priver les comités d'établissement des attributions économiques énumérées par les articles L. 432-1 et s. CT et relatives à la marche de l'établissement ; le droit de déclencher la procédure d'alerte attribué au comité d'entreprise ne pouvait donc être dénié au comité d'établissement sur des faits de nature à affecter de manière préoccupante la situation de l'établissement, ce qui était le cas en l'espèce, alors que si les comités d'établissement ont les mêmes attributions que le comité d'entreprise, l'exercice du droit d'alerte étant subordonné à l'existence de faits de nature à affecter de manière préoccupante la situation économique de l'entreprise, les comités d'établissement ne sont pas investis de cette prérogative.

Cass. soc. 6 avril 2005, n° 02-31.130, BC V n° 126. Voir aussi cass. soc. 26 septembre 2012, n° 11-12.548.

L'employeur n'a aucune obligation quant au financement des activités du comité central.

Aucun des textes applicables au comité central d'entreprise ne fait obligation au chef d'entreprise de verser une subvention de fonctionnement au comité central ni ne précise dans quelles conditions une partie des subventions allouées aux comités d'établissement en vertu des articles L. 434-8 et L. 435-2 CT pourrait être reversée au comité central. Ne saurait donc être condamné pour délit d'entrave l'employeur ayant calculé le budget de fonctionnement sur la masse salariale des seuls établissements dotés d'un comité d'établissement.

Cass. crim. 31 mars 1992, n° 90-83.938, 3e moyen, B. crim. n° 134.

À défaut d'accord entre le comité central d'entreprise et les comités d'établissement sur la rétrocession d'une partie de la subvention de fonctionnement de ces derniers au comité central, il appartient au juge judiciaire d'arbitrer le différend en en fixant lui-même le montant.

La société Rhône-Poulenc, aux droits de laquelle se trouve la société Rhodia, versait une subvention de fonctionnement au comité central d'entreprise qui, après avoir opéré un prélèvement pour assurer ses besoins, la répartissait ensuite entre les différents comités d'établissement. Le comité d'établissement de Pont-de-Claix, soutenant qu'il n'avait pas été rempli de ses droits, a réclamé le versement direct de la subvention lui revenant depuis 1982.

Doit être rejeté le pourvoi reprochant à une cour d'appel d'avoir confirmé le jugement entrepris ayant condamné la société à payer la somme de 1 303 502 F au comité d'établissement de Pont-de-Claix et donné acte au comité d'établissement de Saint-Fons de ce qu'il se réservait la possibilité de lui demander le versement d'un complément de subvention. D'abord, le comité d'établissement est doté de la personnalité juridique comme le comité d'entreprise et, en application de l'article L. 435-2 CT, sa composition et son fonctionnement sont calqués sur ceux du comité d'entreprise. Il en résulte qu'il doit bénéficier d'une subvention de fonctionnement. Ensuite, il ne résulte d'aucun texte que le comité central d'entreprise a qualité pour répartir la subvention de fonctionnement entre les comités d'établissement et, dès lors, la société Rhône-Poulenc, qui doit verser le montant de la subvention à chaque comité d'établissement, ne peut se prévaloir d'un mandat du comité central. Par ailleurs, le comité central d'entreprise, ayant lui-même des frais de fonctionnement, et la loi ne lui accordant pas un droit propre, il est légitime que les comités d'établissement lui rétrocèdent une partie de leur subvention de fonctionnement. Enfin, les comités d'établissement n'ayant pu trouver un accord avec le comité central d'entreprise sur le montant de cette rétrocession, il appartient au juge judiciaire d'arbitrer le différend en fixant lui-même le montant de la rétrocession. La cour d'appel a, d'autre part, exactement décidé que les frais de déplacement des membres du comité d'établissement ne s'imputaient pas sur la subvention de fonctionnement.

Cass. soc. 15 mai 2001, n° 99-10.127, BC V n° 172.

☛ *Délibérations/Votes (Comité d'entreprise) ; Établissement distinct ; Expert comptable du comité d'entreprise ; Représentant syndical au comité d'entreprise ; Secrétaire du comité d'entreprise.*

Comité d'entreprise (Information et consultation)

Le comité d'entreprise doit être consulté par le chef d'entreprise chaque fois que la loi lui en fait obligation, sous peine d'entrave au fonctionnement de cet organisme.

L'information du comité d'entreprise

Le comité d'entreprise doit être périodiquement informé de la situation de l'emploi dans l'entreprise.

Aux termes de l'article L. 432-4-1 CT, chaque trimestre dans les entreprises d'au moins 300 salariés et chaque semestre dans les autres, le chef d'entreprise informe le comité d'entreprise de la situation de l'emploi qui est analysée en retraçant, mois par mois, l'évolution des effectifs et la qualification des salariés par sexe, en faisant apparaître, notamment, le nombre de salariés appartenant à une entreprise extérieure.

Tout d'abord, c'est à tort que, pour déclarer non établi le délit d'entrave au fonctionnement du comité d'entreprise reproché à un chef d'établissement pour ne pas avoir donné au comité d'établissement les informations relatives au recours à la sous-traitance, une cour d'appel, après avoir exposé que lors d'une réunion du comité d'établissement, une question à l'ordre du jour avait porté sur le nom des entreprises extérieures auxquelles il avait été fait appel, le nombre de salariés, le motif de l'emploi de ces salariés et le nombre de journées effectuées, a relevé que le prévenu avait répondu « que l'entreprise passait des commandes globales et forfaitaires, n'avait pas le contrôle des salariés, ignorait le nombre de personnes affectées à une tâche » et pouvait donner seulement le montant global des prestations sous-traitées ; la cour d'appel en a déduit qu'il n'était pas établi « que ces éléments de réponse soient inexacts ni que l'entreprise utilise des salariés détachés d'une autre entreprise qui seraient sous son contrôle et pour lesquels il y aurait eu un refus d'information ». En effet, l'information exigée englobe tous les salariés appartenant à une entreprise extérieure.

Ensuite, pour déclarer non établi le délit d'entrave pour refus de donner connaissance au comité d'établissement des contrats de travail temporaire et défaut d'information relatif à la formation à la sécurité des travailleurs temporaires, la cour d'appel a retenu, d'une part, que si le prévenu devait communiquer les contrats aux membres du comité d'établissement qui en avaient régulièrement fait la demande, l'inobservation de cette règle n'était pas constitutive du délit reproché, certains membres du comité, délégués du personnel, ayant pu consulter le même jour lesdits contrats et, d'autre part, qu'il existait une commission de concertation composée de représentants du comité d'entreprise et chargée d'étudier le plan de formation. En statuant par ces motifs inopérants, alors qu'il résultait de ses propres constatations que l'information ne répondait pas aux exigences des articles L. 432-4-1 et R. 231-45 CT, la cour d'appel n'a pas légalement justifié sa décision.

Cass. crim. 19 juin 2001, n° 00-80.489, B. crim. n° 150.

Le non-respect de la périodicité est constitutif du délit d'entrave.

Pour dire le président et le directeur général adjoint d'une société coupables du délit d'entrave en raison du défaut de communication au comité d'entreprise du rapport annuel prévu par l'article L. 432-4 CT et écarter l'argumentation des prévenus qui faisaient valoir qu'ils n'avaient pu remettre ce document du fait que le tribunal de commerce avait prorogé jusqu'au 31 mars 2003 le délai de réunion de l'assemblée générale ordinaire appelée à statuer sur les comptes de l'exercice clos le 31 mars 2002, une cour d'appel a énoncé qu'entre le 27 juillet 2001 et la fin de l'année 2002, soit pendant seize mois, aucun rapport portant notamment sur l'activité de l'entreprise, le chiffre d'affaires, les bénéfices ou pertes constatés et les perspectives économiques de l'entreprise pour l'année à venir n'avait été préparé ni présenté au comité d'entreprise et que les prévenus ne justifiaient ni d'un cas de force majeure ni de circonstances exceptionnelles ayant rendu impossible la production d'un tel rapport.

En se prononçant ainsi, la cour d'appel a exactement retenu le délit poursuivi à l'encontre des prévenus, qui assuraient la direction et la gestion de l'entreprise.

Cass. crim. 30 octobre 2006, n° 05-82.447, B. crim. n° 259.

Cette obligation d'information englobe les salariés appartenant à une entreprise extérieure.

Les présidents successifs du comité d'établissement d'une société avaient refusé, lors de réunions de ces organismes, de communiquer des informations relatives aux entreprises sous-traitantes auxquelles la société avait eu recours. Poursuivis par le comité d'établissement de la société devant le tribunal correctionnel du chef d'entrave au fonctionnement du comité d'entreprise, ils ont fait valoir que la citation qui leur avait été délivrée visait l'article L. 432-4-1 CT et que seul l'article L. 432-4 CT imposait la communication d'informations relatives à la sous-traitance.

Est justifiée la décision d'une cour d'appel qui déclare des prévenus coupables d'entrave au fonctionnement régulier du comité d'établissement, dès lors que l'information exigée par l'article L. 432-4-1 CT englobe tous les salariés appartenant à une entreprise extérieure.

Cass. crim. 8 novembre 2005, n° 04-86.653.

Toutefois, l'employeur n'a pas à communiquer au comité d'entreprise les contrats de sous-traitance qu'il a conclus.

Une société qui décide de sous-traiter une de ses activités n'a pas à remettre le projet de contrat de sous-traitance au comité d'entreprise. En effet, si l'article L. 431-5 CT impose à l'employeur de fournir des informations claires et précises au comité, il ne lui fait pas obligation de lui communiquer le projet lui-même, sauf dispositions légales particulières.

Cass. crim. 6 avril 1993, n° 92-80.864, B. crim. n° 148.

Si le comité d'entreprise doit disposer d'informations précises et écrites, l'employeur n'a pas à lui communiquer des informations relevant de la vie privée des salariés.

Selon l'article 8 de la Convention européenne de sauvegarde des droits de l'homme et des libertés fondamentales et l'article 9 c. civ., toute personne a droit au respect de sa vie privée et il ne peut y avoir ingérence dans l'exercice de ce droit que de la part d'une autorité publique poursuivant certains objectifs limitativement énumérés.

A violé ces textes la cour d'appel qui a ordonné à un employeur de communiquer à un comité d'établissement l'intégralité de la déclaration annuelle relative aux emplois occupés par les travailleurs handicapés que ce dernier devait adresser à l'administration en vertu de l'article L. 323-8-5 CT, alors que les informations divulguées, relatives à l'état de santé des intéressés, relevaient de la vie privée et que le comité d'établissement, chargé d'assister les dirigeants de l'entreprise dans leur décision relative à l'emploi de ces travailleurs, n'était pas une autorité publique au sens de l'article 8 de la Convention européenne.

Cass. civ., 2e ch., 10 juin 2004, n° 02-12.926, BC II n° 292.

En matière de durée du travail, l'information du comité d'entreprise est nécessairement écrite et individualisée.

Un dirigeant de société a été cité devant la juridiction correctionnelle sur le fondement des articles L. 212-6, L. 212-7, L. 212-8, L. 432-1, L. 432-3, L. 435-1 et L. 483-1 CT à la requête, notamment, du comité d'entreprise de la société qui lui reprochait d'avoir, entre le 28 novembre 2001 et le 30 avril 2002, entravé son fonctionnement en refusant de lui communiquer des informations précises et écrites relatives aux heures supplémentaires, au repos compensateur ainsi qu'au compteur d'heures d'annualisation, pour chaque salarié concerné, dans le cadre de l'annualisation du temps de travail mise en place dans l'entreprise par accord de modulation.

Pour confirmer le jugement ayant relaxé le prévenu et débouté le comité d'entreprise de ses demandes, une cour d'appel, statuant sur les seuls intérêts civils, a énoncé que l'obligation d'informer et de consulter le comité d'entreprise prévue par les articles L. 431-5 et L. 432-2 CT s'entendait des mesures touchant la vie économique ou sociale de l'entreprise et affectant ainsi les conditions d'emploi du personnel pris dans son ensemble, à l'exclusion des informations revêtant, comme en l'espèce, un caractère individuel, que les articles L. 212-6 et L. 212-7 CT ne prévoyaient pas l'avis motivé du comité d'entreprise ni n'imposaient la remise à celui-ci, par la direction, d'informations écrites et que l'article L. 212-8 CT, qui exige l'avis du comité d'entreprise avant la mise en œuvre du programme de modulation du temps de travail et une information annuelle sous forme de bilan de l'application de la modulation, n'édictait pas davantage la remise d'informations individualisées par salarié. La cour d'appel en a déduit qu'en l'absence de texte faisant obligation à l'employeur de communiquer des informations individuelles, le dirigeant n'avait commis, sur le fondement des faits ayant donné lieu à poursuite, aucune faute ouvrant droit à réparation au profit de la partie civile.

En se prononçant ainsi, alors qu'en matière de durée du travail, l'information du comité d'entreprise est nécessairement écrite, ainsi que l'exige l'article L. 431-5, al. 2 CT, et individualisée, la cour d'appel n'a pas justifié sa décision.

Cass. crim. 15 février 2005, n° 04-84.301, B. crim. n° 61.

Lorsque le projet soumis pour avis au comité d'entreprise aboutit à une transformation importante des postes de travail découlant d'une réorganisation conséquente de certaines tâches, le comité est fondé à demander que lui soient transmis préalablement les avis des CHSCT existant dans les entités affectées par la réorganisation.

La société gestionnaire du réseau public de transport d'électricité français a, pour répondre aux évolutions technologiques, souhaité réorganiser son réseau de télécommunications de sécurité comprenant un niveau national et un niveau régional et, dans cette perspective, a soumis au comité central d'entreprise (CCE) un projet portant création de centres d'administration, de supervision et de télémaintenance régionaux ; ayant estimé que la phase d'information et de consultation des institutions représentatives du personnel était achevée, la société a pris, le 4 juillet 2011, la décision de mettre en place le cadre national d'organisation du domaine « contrôle commande » des réseaux.

Ayant relevé que le projet soumis pour avis au CCE aboutissait à une transformation importante des postes de travail découlant d'une réorganisation conséquente de certaines tâches, la cour, qui a fait ressortir que, par sa décision du 4 juillet 2011, le président du directoire de la société avait non seulement adopté le principe même de cette réorganisation mais également décidé, à cette même date, de sa mise en œuvre immédiate, a exactement retenu que le CCE était dès lors fondé, pour pouvoir émettre un avis sur ce projet, à demander que lui soient transmis préalablement les avis des CHSCT existant dans les entités affectées par la réorganisation et a pu en déduire, la procédure d'information ne pouvant alors être tenue pour achevée, que le trouble invoqué était manifestement illicite.

Cass. soc. 10 juillet 2013, n° 12-17.196, BC V n° 187.

La communication incomplète ou tardive de documents nécessaires à l'information du comité est constitutive d'entrave.

A justifié sa décision la cour d'appel qui a condamné pour entrave au fonctionnement régulier du comité d'entreprise le président d'une société qui s'est délibérément abstenu de communiquer en temps utile au comité d'entreprise la révision du compte de résultat prévisionnel.

En effet, l'article 224-1 du décret du 23 mars 1967, selon lequel le compte de résultat prévisionnel doit être établi à l'expiration du quatrième mois qui suit l'ouverture de l'exercice en cours, puis révisé dans les quatre mois qui suivent l'ouverture du second semestre de l'exercice, n'entraîne la création d'aucun document comptable qui ne serait pas prévu par la loi, mais se borne à préciser, conformément à l'article 340-1, al. 2 de la loi du 24 juillet 1966, « la périodicité, les délais et les modalités d'établissement » du compte de résultat prévisionnel institué par cet article. Par ailleurs, le délai de huit jours prévu par l'article 244-4 du décret du 23 mars 1967 pour la communication au comité d'entreprise, conformément à l'article L. 432-4, al. 14 CT, des documents mentionnés par l'article 340-1 de la loi du 24 juillet 1966 court à compter de l'établissement de ces documents dans les conditions de délai prévues, en application de ce dernier texte, par l'article 244-1 du décret précité. Il s'ensuit que, lorsque la révision du compte de résultat prévisionnel a été établie tardivement, sa communication au comité d'entreprise ne peut être tenue pour régulière que si elle est intervenue, au plus tard, dans le délai de huit jours suivant l'expiration du délai prévu par l'article 244-1 et que tel n'a pas été le cas en l'espèce.

Cass. crim. 18 novembre 1997, n° 96-80.002, 2e moyen, B. crim. n° 390.

Le président et le directeur général d'une banque avaient été poursuivis sous la prévention d'entrave au fonctionnement régulier du comité central d'entreprise pour avoir, d'une part, transmis tardivement les documents nécessaires à l'information dudit comité relative à la formation professionnelle et, d'autre part, refusé d'organiser la seconde réunion spécifique de consultation prévue par l'article L. 933-3 CT.

A justifié sa décision la cour d'appel qui, pour déclarer les prévenus coupables de ces chefs d'infraction, a relevé que, lors de la réunion du 16 novembre 1993, le président de la commission de la formation professionnelle a précisé que l'ensemble des documents prévus par l'article D. 932-1 CT n'avait pas été adressé aux membres de cette commission préparant la consultation du comité central d'entreprise et que le projet de plan de formation pour l'année 1994 n'avait été envoyé que cinq jours avant la tenue de la réunion, que certains documents importants n'avaient été communiqués qu'après les réunions des 9 et 16 novembre, a ajouté qu'en dépit de la demande formée par les membres du comité central d'entreprise lors de la réunion du 30 novembre 1993, le président s'était opposé à la tenue d'une seconde réunion tout en reconnaissant que les documents avaient été transmis avec retard.

Cass. crim. 13 janvier 1998, n° 96-81.477, B. crim. n° 17.

Le comité d'entreprise d'une société a fait citer directement cette dernière ainsi que sa directrice des ressources humaines, présidente par délégation, devant le tribunal correctionnel pour avoir, entre le mois d'août 2007 et le mois de juillet 2008, apporté une entrave à son fonctionnement régulier en remplaçant un logiciel, jusqu'alors utilisé par ses vendeurs, par d'autres logiciels, modifiant leurs conditions de travail, sans l'avoir préalablement informé et consulté et sans l'avoir mis en mesure de formuler l'avis motivé prévu par l'article L. 2323-4 CT sur cette question intéressant les conditions de travail du personnel ; le tribunal a relaxé les prévenues et débouté la partie civile de ses demandes, laquelle a relevé appel de cette décision.

Pour confirmer le jugement, une cour d'appel a retenu que, compris dans un projet de réorganisation de l'entreprise sur lequel le comité d'entreprise avait été régulièrement consulté à cinq reprises entre le 24 août et le 21 novembre 2007, le projet de remplacement du logiciel avait été présenté de manière détaillée au comité d'entreprise lors de la séance du 10 janvier 2008, à l'issue duquel les élus avaient constaté, selon le procès-verbal qui en avait été dressé, que « les améliorations proposées » allaient « vers plus de simplification et d'allégement d'une partie de la charge de travail administrative des salariés concernés », tout en observant que la période d'environ six mois précédant « le déploiement complet des outils et des systèmes » serait « difficile à gérer », que l'analyse des procès-verbaux des quatre réunions suivantes du comité d'entreprise, tenues entre le 20 février et le 17 avril 2008, permettait de s'assurer qu'à partir du 10 janvier 2008, la procédure d'information consultation ayant été respectée et le comité d'entreprise ayant implicitement accepté la décision relative à l'introduction des nouveaux outils informatiques et à son calendrier, la direction pouvait organiser la mise en place de ces outils et la formation du personnel à leur utilisation sans risquer de se voir reprocher, comme lors de la réunion du comité d'entreprise du 10 juin 2008, « qu'aucune procédure d'information et de consultation préalable du comité d'entreprise (n'avait) eu lieu sur la mise en place de ce nouvel outil ».

En statuant ainsi, sans répondre aux conclusions de la partie civile, selon lesquelles l'examen de la question de l'introduction du nouvel outil informatique, fixée à l'ordre du jour du comité d'entreprise du

10 janvier 2008, à l'initiative de la direction, n'avait pas été précédé d'informations précises et écrites transmises par l'employeur et avait fait l'objet d'une simple communication à l'issue de laquelle avaient été formulées une appréciation et une objection qui ne pouvaient s'analyser comme un avis motivé au sens de l'article L. 2323-4 CT, la cour d'appel n'a pas justifié sa décision.

Cass. crim. 27 mars 2012, n° 11-80.565, B. crim. n° 83.

Pour lui permettre de formuler un avis motivé, l'employeur doit laisser au comité un délai suffisant pour l'examen des documents remis.

Lorsque le projet soumis à l'avis du comité s'analyse en une opération de restructuration et de réorganisation du groupe pouvant avoir des incidences sur les effectifs de la société, le comité d'entreprise, pour pouvoir formuler un avis motivé, doit disposer d'informations précises et écrites transmises par le chef d'entreprise, d'un délai suffisant et de la réponse motivée du chef d'entreprise à ses propres observations. Le respect de cette formalité n'a pas pour effet de différer une opération patrimoniale. En l'espèce, des informations précises sur la transmission négociée d'une partie du capital social n'avaient été fournies que le 10 juillet au comité, lequel devait exprimer son avis le 17 juillet ; une cour d'appel a donc pu décider de reporter la réunion de consultation pour avis du comité, celui-ci n'ayant pas été informé dans un délai suffisant lui permettant d'émettre un avis en toute connaissance de cause.

Cass. soc. 16 avril 1996, n° 93-15.417, BC V n° 163.

L'irrégularité de la convocation du comité d'établissement à une réunion et l'insuffisance du délai laissé au comité avant cette réunion pour l'examen des informations transmises par l'employeur constituent un trouble manifestement illicite.

Un comité d'établissement, arguant de l'irrégularité de sa convocation à une réunion, faute pour l'employeur d'avoir fait signer l'ordre du jour par le secrétaire du comité, ainsi que de l'insuffisance du délai lui ayant été laissé pour l'examen des éléments d'information sur les projets concernés fournis par l'employeur, a assigné ce dernier en référé aux fins d'annulation de la réunion d'information et d'interdiction de mise en œuvre de projets de réorganisation l'ayant motivée.

Doit être approuvé l'arrêt ayant accueilli ces demandes. D'une part, l'ordre du jour doit être signé conjointement par l'employeur et par le secrétaire du comité pour chaque réunion ; d'autre part, la cour d'appel, qui a apprécié la suffisance des délais laissés au comité d'établissement au regard de la nature et des implications des différents projets en cause et de la saisine du CHSCT, a pu estimer que les exigences légales n'avaient pas été respectées sur ces points et a pu en déduire l'illicéité manifeste du trouble lié à la mise en œuvre des projets.

Cass. soc. 25 juin 2003, n° 01-12.990, 2e et 3e moyens, BC V n° 210.

Le délai imparti aux membres du comité d'entreprise pour examiner un projet est considéré comme suffisant lorsqu'ils n'ont pas sollicité de report de consultation.

Statuant sur les demandes d'un comité central d'entreprise et d'un comité d'établissement tendant à faire constater le caractère irrégulier des consultations dont ils avaient fait l'objet à l'occasion d'une mise en location-gérance de certains dépôts de la société, une cour d'appel, ayant relevé d'abord que leurs membres n'avaient pas sollicité de report de la consultation, a estimé que le délai de 10 jours qui leur avait été imparti était suffisant. La cour avait en outre retenu que les membres des comités avaient reçu au préalable du chef d'entreprise un document complet et précis et qu'au cours de leur réunion, ils avaient exprimé un avis favorable sur le principe du projet sans le subordonner à l'expertise comptable diligentée par le comité central d'entreprise. Ayant constaté, enfin, que le contrat de location-gérance n'avait été conclu que plus d'un mois après les réunions des comités et qu'aucune mesure d'application du projet n'avait été prise avant la consultation, la cour a pu débouter les comités de leurs demandes.

Cass. soc. 6 juillet 1999, n° 97-21.742, BC V n° 335.

Si le comité a disposé d'un délai suffisant, l'employeur n'a pas à le prolonger à la demande de l'expert.

Dès lors que le chef d'entreprise laisse au comité un délai suffisant pour émettre un avis, il n'est pas tenu de prolonger ce délai pour satisfaire aux convenances personnelles de l'expert, désigné par le comité conformément à l'alinéa 7 de l'article L. 434-6 CT.

Cass. crim. 6 avril 1993, n° 92-80.864, précité.

La consultation du comité d'entreprise

• Champ d'application de la consultation

Les dispositions du code du travail sur les institutions représentatives du personnel sont d'ordre public et ne peuvent être méconnues à raison de pratiques économiques transnationales.

Une société mère étrangère avait décidé d'appliquer une mesure de restructuration à une entreprise française faisant partie d'un groupe de dimension communautaire. Le comité central d'entreprise de la société française avait été prévenu, de manière informelle, par sa direction du projet ferme et définitif du groupe de cesser toute activité en France.

L'entreprise française concernée par la mesure de restructuration étant dotée de la pleine capacité juridique et soumise aux dispositions du CT, elle ne pouvait se dispenser de l'application des règles de droit français au motif qu'elle n'aurait pas la pleine maîtrise de son avenir. En effet, les dispositions du code du travail en cause sont d'ordre public et ne peuvent être méconnues à raison de pratiques économiques transnationales.

TGI Paris, référé, 9 avril 2001, n° 01-54.016.

En l'absence d'obligation légale, le comité d'entreprise n'a pas à être consulté.

Ne commet pas de délit d'entrave l'employeur qui s'abstient d'informer et de consulter le comité d'entreprise sur le licenciement pour faute de trente-trois salariés, l'article L. 432-1 CT posant l'obligation de consulter le comité sur les seules mesures d'ordre économique et ne lui donnant pas un droit de contrôle des licenciements pour faute, qui relèvent du pouvoir disciplinaire de l'employeur.

Cass. crim. 4 avril 1995, n° 93-80.312, 6e moyen, B. crim. n° 146.

L'employeur est tenu de consulter le comité d'entreprise même lors de la mise en œuvre des mesures imposées par un accord collectif étendu.

En vertu de l'article L. 2323-6 CT, le comité d'entreprise est informé et consulté sur les questions intéressant l'organisation et la marche générale de l'entreprise et, notamment, sur les mesures de nature à affecter le volume ou la structure des effectifs, la durée du travail, les conditions d'emploi, de travail et de formation professionnelle, sans qu'il y ait lieu de distinguer selon que la mise en œuvre de ces mesures résulte d'une décision unilatérale de l'employeur ou lui soit imposée par un accord collectif étendu.

Par un accord du 16 février 2000, une unité économique et sociale (UES) a été reconnue entre les sociétés d'un groupe de distribution, avec mise en place d'un comité central d'entreprise ; par un arrêté du 16 décembre 2008, le ministre du Travail a étendu à l'ensemble des employeurs et salariés compris dans le champ d'application de la convention collective nationale des grands magasins et magasins populaires du 30 juin 2000, l'annexe du 31 mars 2008 relative à la classification des différents emplois de la profession ; à la suite de la mise en œuvre dans l'UES de la nouvelle classification, le comité central d'entreprise a saisi la juridiction des référés afin qu'il soit ordonné aux sociétés composant l'UES de procéder à sa consultation.

Après avoir constaté que l'accord étendu du 31 mars 2008 avait pour objet l'évaluation et le positionnement des différents emplois de la profession selon des règles communes, la nouvelle classification devenant le support des appointements minimaux, qu'au sein du groupe, le nombre des intitulés d'emplois avait été réduit des deux tiers tant pour le siège que pour les magasins et que le regroupement de certains emplois sous un même intitulé tel celui d'électricien hautement qualifié devenant agent de maintenance, était susceptible d'avoir une incidence sur les tâches exercées par les salariés, ce dont il se déduisait que les mesures en cause intéressaient la marche générale de l'entreprise et notamment étaient susceptibles d'affecter la structure des effectifs, la cour d'appel a pu décider que le défaut de consultation du comité central d'entreprise constituait un trouble manifestement illicite.

Cass. soc. 21 novembre 2012, n° 11-10.625, BC V n° 302.

• Moment de la consultation

La consultation du comité d'entreprise doit précéder la décision du chef d'entreprise, sans qu'il y ait lieu de distinguer selon que la décision en cause est une décision unilatérale ou prend la forme de la négociation d'un accord collectif d'entreprise.

Il résulte de la combinaison des articles L. 431-5 et L. 432-1 CT que la décision du chef d'entreprise doit être précédée de la consultation du comité d'entreprise quand elle porte sur l'une des questions ou mesures visées par le second de ces textes, sans qu'il y ait lieu de distinguer selon que la décision en cause est une décision unilatérale ou si elle prend la forme de la négociation d'un accord collectif d'entreprise portant sur l'un des objets soumis légalement à l'avis du comité d'entreprise. Cette consultation doit avoir lieu concomitamment à l'ouverture de la négociation et au plus tard avant la signature de l'accord. Cependant, le défaut de consultation du comité d'entreprise, qui peut être sanctionné par ailleurs selon les règles régissant le fonctionnement des comités d'entreprise (délit d'entrave), n'a pas pour effet d'entraîner la nullité ou l'inopposabilité d'un accord collectif d'entreprise conclu au mépris de ces dispositions et dont la validité et la force obligatoire demeurent soumises aux règles qui lui sont propres.

Cass. soc. 5 mai 1998, n° 96-13.498, BC V n° 219. Voir aussi CA Paris 22 septembre 1998, n° 351.

Si la consultation du comité d'entreprise doit être préalable à la décision définitive…

L'employeur, qui signe le 27 mars un accord introduisant de nouvelles technologies dans l'entreprise et ne consulte le comité d'entreprise sur cette introduction que le 1er avril, commet un délit d'entrave. Peu importe que le comité ait été informé et consulté avant la mise en œuvre effective des mesures prévues par l'accord, dès lors que celui-ci était définitif à la date de la consultation.

Cass. crim. 13 décembre 1994, n° 93-85.092, B. crim. n° 405. Voir aussi cass. soc. 6 juillet 1999, n° 97-21.742, précité.

C'est à bon droit que, pour déclarer un employeur coupable d'entrave au fonctionnement du comité d'entreprise, une cour d'appel a retenu qu'une consultation portait sur une décision qui, en l'état de la procédure judiciaire en cours, ne lui appartenait pas, de sorte qu'elle n'avait d'autre objet que d'exercer des pressions sur le comité d'établissement pour l'amener à se désister de son action et que, à l'occasion de cette consultation, l'employeur a présenté comme définitivement acquises les modifications de l'organisation du travail et la diminution de rémunération qu'impliquerait une pause en cours de poste, alors que ces questions n'avaient fait l'objet d'aucune consultation préalable du comité d'établissement en application de l'article L. 432-3 CT.

Cass. crim. 11 janvier 2000, n° 99-80.229, B. crim. n° 13.

Pour débouter à bon droit des comités d'entreprise et des syndicats de leurs demandes en réparation du préjudice que leur aurait causé le défaut d'information et de consultation préalables aux décisions préparant la cession d'un établissement et d'une marque, une cour d'appel a retenu que le directeur général d'une société « V » avait réuni, le 24 juillet 1992, le comité central d'entreprise pour l'informer d'un projet de cession d'actifs extérieurs au site de cette société et que, selon le compte rendu de cette réunion, cette information avait porté sur l'accord donné par la Commission des Communautés européennes à l'acquisition d'une société « P » par une société « N », actionnaire majoritaire de la société « V », sous réserve de conditions acceptées par cette dernière, à savoir notamment l'obligation de vendre l'établissement et la marque « Z ».

Cass. crim. 30 novembre 1999, n° 98-82.729, B. crim. n° 283.

… elle peut être postérieure à l'annonce du projet.

Doit être cassé l'arrêt retenant le délit d'entrave à l'encontre d'un employeur ayant annoncé un projet de cession au personnel et à la presse avant d'avoir procédé à la consultation du comité d'entreprise. L'annonce à la presse et au personnel de ce qui n'est qu'un projet de cession n'a pas pour effet de transformer ce projet en décision définitive. Par ailleurs, le fait que ce projet soit accompagné d'un plan de licenciement et d'un plan social élaborés avant l'information et la consultation du comité d'entreprise n'implique pas que celui-ci n'ait pas été valablement consulté, une telle consultation devant seulement précéder la décision effective.

Cass. crim. 29 mai 1990, n° 89-84.747, B. crim. n° 218.

Pour la chambre sociale, un projet, même formulé en termes généraux, doit être soumis à consultation du comité d'entreprise lorsque son objet est assez déterminé pour que son adoption ait une incidence sur l'organisation, la gestion et la marche générale de l'entreprise.

Si une décision s'entend d'une manifestation de volonté d'un organe dirigeant qui oblige l'entreprise, il ne s'en déduit pas qu'elle implique nécessairement des mesures précises et concrètes et un projet, même formulé en termes généraux, doit être soumis à consultation du comité d'entreprise lorsque son objet est assez déterminé pour que son adoption ait une incidence sur l'organisation, la gestion et la marche générale de l'entreprise, peu important qu'il ne soit pas accompagné de mesures précises et concrètes d'application, dès lors que la discussion ultérieure de ces mesures n'est pas de nature à remettre en cause, dans son principe, le projet adopté.

La direction d'une caisse d'allocations familiales avait soumis à son conseil d'administration deux projets d'organisation de ses services, que le conseil d'administration avait adoptés. Le comité d'entreprise, qui n'avait pas été préalablement réuni pour information et consultation sur ces projets, conformément aux articles L. 432-1 et L. 431-5 CT, avait fait assigner en référé la caisse pour que soit constaté un trouble manifestement illicite et qu'il soit, pour le faire cesser, interdit à cette dernière de mettre en œuvre les projets litigieux jusqu'à ce que soit organisée une procédure régulière.

C'est à tort que, pour débouter le comité d'entreprise de sa demande, une cour d'appel a retenu que le conseil d'administration de la caisse avait entériné des projets formulés en termes généraux après en avoir débattu, mais n'avait nullement décidé de mesures précises dont la régularité aurait pu souffrir d'un défaut d'information et de consultation préalables du comité d'entreprise, alors qu'elle avait relevé, d'une part, que les projets litigieux concernaient l'organisation de l'entreprise et étaient susceptibles d'avoir un impact sur les effectifs et les conditions de travail et, d'autre part, que le conseil d'administration de la CAF est un organe dirigeant, en vertu de l'article L. 212-2 c. séc. soc., ayant le pouvoir de prendre une décision au sens de l'article L. 431-5 CT.

Cass. soc. 12 novembre 1997, n° 96-12.314, BC V n° 375.

L'urgence ne dispense pas l'employeur de procéder à la consultation du comité.

L'employeur, demandant au tribunal de commerce le bénéfice du régime de la suspension provisoire des poursuites en application des dispositions, alors en vigueur, de l'ordonnance du 23 septembre 1967 et la conversion de cette suspension en règlement judiciaire et ce, sans en informer et consulter le comité d'entreprise, commet un délit d'entrave. C'est donc à tort qu'une cour d'appel a retenu l'urgence comme cause exonératoire.

Cass. crim. 25 octobre 1988, n° 86-94.961.

• Multiplicité des consultations

Lorsque la mesure s'inscrit dans une procédure complexe comportant des décisions échelonnées, le comité doit être consulté à chaque étape de cette procédure…

Dans l'ordre économique, le comité d'entreprise est obligatoirement informé et consulté sur les questions concernant l'organisation, la gestion et la marche générale de l'entreprise, et notamment sur les mesures de nature à affecter le volume et la structure des effectifs, la durée du travail, les conditions d'emploi, de travail et de formation professionnelle. Lorsque la mesure s'inscrit dans une procédure complexe comportant des décisions échelonnées, le comité doit être consulté à l'occasion de chacune d'entre elles.

Cass. soc. 7 février 1996, n° 93-18.756, BC V n° 47.

… et l'information fournie dès l'origine doit être suffisamment détaillée pour que les représentants du personnel puissent se prononcer en ayant une vision satisfaisante des objectifs poursuivis, des moyens pour y parvenir et des conséquences en termes d'emploi.

CA Paris, Pôle 1, Ch. 1, 31 juillet 2009, n° 09/14577.

Lorsque des décisions relèvent de procédures de consultation différentes, chaque procédure doit être respectée.

Après avoir constaté que le comité avait été consulté concomitamment, selon deux procédures distinctes, sur le projet de licenciement collectif pour motif économique des salariés d'un établissement et sur le projet de fermeture de cet établissement, mesure entrant dans les prévisions de l'article L. 432-1 CT, une cour d'appel a exactement énoncé que le comité devait disposer, conformément aux dispositions de l'article L. 431-5 CT, d'un délai d'examen suffisant. Le chef d'entreprise n'était pas fondé à opposer au comité, à l'occasion de cette dernière consultation, le délai mentionné au troisième alinéa de l'article L. 321-7-1 CT, applicable à la seule procédure de licenciement pour motif économique. La cour d'appel a donc pu décider de fixer la consultation sur la fermeture de l'établissement à une date ultérieure, le délai donné par l'employeur au comité d'entreprise n'étant pas suffisant.

Cass. soc. 16 avril 1996, n° 93-20.228, BC V n° 165.

Il résulte de la combinaison des articles L. 321-3 et L. 432-1 CT que la consultation du comité d'entreprise sur des mesures de nature à affecter le volume ou la structure des effectifs, prévue par le premier article, et la consultation du même comité sur un projet de licenciement collectif pour motif économique, prévue par le second, constituent deux procédures distinctes qui doivent être respectées l'une et l'autre. Toutefois, ces deux procédures peuvent être conduites de manière concomitante, sous réserve du respect des délais les plus favorables.

Ayant constaté, d'une part, que la convocation d'un comité d'entreprise mentionnait que la réunion avait pour objet l'information et la consultation du comité, d'abord sur le projet de redéploiement de la société, ensuite sur le projet d'accompagnement social du projet de redéploiement, et qu'y étaient joints deux documents distincts se rapportant à chacun des objets de l'ordre du jour, et ayant relevé, d'autre part, que le comité avait été consulté sur de simples projets et non sur une décision déjà prise, une cour d'appel a pu décider que les procédures de consultation avaient été respectées l'une et l'autre.

Cass. soc. 9 février 2000, n° 98-12.143, BC V n° 62.

☞ *Licenciement économique (Information et consultation du CE).*

La mise en œuvre d'un accord-cadre renvoyant à une mise au point sur le plan régional pour son application est subordonnée à la consultation préalable des comités d'établissement.

Une société avait conclu avec plusieurs organisations syndicales de salariés un accord collectif de travail sur la réduction, l'aménagement et l'organisation du temps de travail et sur l'emploi dans certaines entreprises de la société. Quelques mois plus tard, un syndicat avait fait assigner un centre régional de la société afin de faire constater l'existence d'une entrave et d'un trouble manifestement illicite au fonctionnement régulier du comité d'établissement résultant de la mise en application de l'accord sans consultation régulière du comité et d'obtenir, en conséquence, la suspension de cette mise en application jusqu'à ce que le comité d'établissement ait été régulièrement consulté.

D'une part, dès lors qu'un accord national disposait expressément qu'il constituait un accord-cadre définissant les dispositions essentielles concernant l'ensemble du personnel mais renvoyant, pour l'application pratique de plusieurs d'entre elles, à une mise au point sur le plan régional après concertation avec le personnel, consultation des instances représentatives du personnel et éventuellement expérimentation, la mise en œuvre de cet accord au plan local était expressément subordonnée à la consultation préalable des comités d'établissement. C'est à bon droit qu'après avoir constaté que le directeur d'un centre régional avait mis en application dans son établissement la réduction du temps de travail prévue par l'accord national sans consulter préalablement le comité d'établissement, une cour d'appel a décidé qu'il avait méconnu les dispositions de l'accord national.

D'autre part, après avoir exactement rappelé que l'accord renvoyait pour son application pratique à une mise au point sur le plan régional après consultation des instances représentatives du personnel, une cour d'appel a pu décider que le défaut de consultation du comité d'établissement sur la décision unilatérale d'un chef d'établissement de mise en œuvre de l'accord au sein d'un centre régional constituait un trouble manifestement illicite auquel il ne pouvait être mis fin que par la suspension de la mise en application de l'accord.

Cass. soc. 13 novembre 2001, n° 99-10.891, BC V n° 343.

Il n'existe aucune disposition légale subordonnant l'information et la consultation des instances représentatives des salariés de droit français à l'information et à la consultation d'une instance européenne.

TGI Paris, référé, 9 avril 2001, n° 01-54.016, précité.

Il convient cependant de rechercher si l'information soumise à la consultation des institutions représentatives de la société française donne un effet utile à une consultation antérieure de l'instance européenne, compte tenu des décisions de l'instance investie du pouvoir de décision.

S'agissant d'implantations industrielles en zone transfrontalière, où trois sites sont concernés, l'intérêt chronologique d'une concertation première à l'échelle du comité d'entreprise européen s'impose logiquement dans la recherche d'une solution globale et elle est de nature à influer sur le projet présenté à la consultation nationale.

TGI Nanterre, référé, 1er août 2003.

Les procédures de consultation du comité d'entreprise et du comité d'entreprise européen n'ayant pas le même objet, ni le même champ d'application, les renseignements fournis lors de la réunion du comité d'entreprise n'assurent pas nécessairement une complète information du comité d'entreprise européen.

Cass. soc. 16 janvier 2008, n° 07-10.597, 2e moyen, BC V n° 6.

En l'absence de comité d'entreprise européen instauré par un accord précisant les modalités d'articulation des consultations de ce comité avec celles des instances nationales de représentation du personnel, le comité d'entreprise (ou, le cas échéant, le comité central d'entreprise) d'une société de droit français contrôlée par une société mère ayant son siège dans un autre État membre de l'Union européenne doit être consulté sur tout projet concernant l'organisation, la gestion et la marche générale de l'entreprise, notamment sur les mesures de nature à affecter le volume ou la structure des effectifs résultant des modifications de l'organisation économique ou juridique de l'entreprise, y compris lorsqu'une offre publique d'acquisition porte sur les titres de la société mère.

Il résulte des dispositions des articles L. 2323-1 et L. 2323-33 CT, alors applicables, interprétés à la lumière de l'article 4 de la directive 2002/14/CE du 11 mars 2002 établissant un cadre général relatif à l'information et la consultation des travailleurs dans la Communauté européenne et de l'article L. 2341-9 du même code, qu'en l'absence de comité d'entreprise européen instauré par un accord précisant les modalités de l'articulation des consultations en application de l'article L. 2342-9, 4° CT, l'institution représentative du personnel d'une société contrôlée par une société mère ayant son siège dans un autre État membre de l'Union européenne doit être consultée sur tout projet concernant l'organisation, la gestion et la marche générale de l'entreprise, notamment sur les mesures de nature à affecter le volume ou la structure des effectifs résultant des modifications de l'organisation économique ou juridique de l'entreprise, y compris lorsqu'une offre publique d'acquisition porte sur les titres de la société mère.

Le 11 décembre 2017, une société A a déposé une offre publique d'acquisition auprès d'une société B, société holding de droit néerlandais comme ayant son siège social aux Pays-Bas. À l'occasion d'une consultation liée à la mise en œuvre d'un projet de réorganisation accompagné d'un plan de sauvegarde de l'emploi au sein d'une société C, de droit français, filiale à 99,99 % de la société B, le comité central d'entreprise de la société C a demandé des informations sur l'offre publique d'acquisition présentée par la société A. Estimant que la société C n'avait pas régulièrement donné suite à cette demande, le comité central d'entreprise a saisi, le 18 février 2018, le président d'un tribunal de grande instance afin qu'il soit ordonné à la société C de lui fournir une information complète sur cette offre publique d'acquisition. Par ordonnance du 22 mars 2018, le président du tribunal de grande instance a mis hors de cause la société A et a ordonné la communication au comité central d'entreprise de la société C, sous astreinte, d'un certain nombre de documents concernant l'offre publique d'acquisition.

Ayant constaté que l'offre publique d'acquisition déposée par la société A en décembre 2017 sur la société B affectait indirectement la société C, filiale à 99,99 % de la société B, au regard des incidences sur l'emploi des salariés de la société C, c'est à bon droit que le président du tribunal de grande instance a décidé que le comité central d'entreprise de la société C était fondé à demander des informations sur l'offre publique d'acquisition et, en cas de refus, à en saisir la juridiction compétente en application de l'article L. 2323-4 CT, alors applicable.

Cass. soc. 19 décembre 2018, n° 18-14.520, à paraître.

• Délai de consultation

Le délai à l'expiration duquel le comité d'entreprise est réputé avoir été consulté et avoir donné son avis court à compter de la date à laquelle il a reçu une information le mettant en mesure d'apprécier l'importance de l'opération envisagée et de saisir le président du TGI s'il estime que l'information communiquée est insuffisante ; si, en cas de difficulté d'accès aux informations nécessaires à la formulation de l'avis du comité, le juge peut décider la prolongation de ce délai, il ne peut accorder un nouveau délai après l'expiration du délai initial.

Un projet concernant le rachat par une Caisse d'épargne et de prévoyance (CEPAC) des titres de la Banque des Antilles Françaises (BDAF), de la Banque de Saint-Pierre-et-Miquelon (BDSPM) et de la Banque de la Réunion (BR), détenus actuellement par la BPCE international Outre-Mer, et la fusion juridique des entités BDAF, BDSPM et BR au sein de la CEPAC, a été soumis au comité central d'entreprise de la BDAF ; ce comité a été réuni le 1er octobre 2014 pour évoquer ce projet et un document d'information lui a été remis ; le comité a souhaité se faire assister d'un expert-comptable, lequel a été désigné au cours de cette même réunion ; soutenant que les informations remises seraient insuffisantes pour pouvoir rendre un avis éclairé et motivé sur le projet, le comité central d'entreprise de la BDAF a saisi les 15 et 18 décembre 2014 le président du tribunal de grande instance statuant en la forme des référés aux fins qu'il ordonne à la BDAF de lui communiquer des informations et documents individualisés et précis quant au projet, en détaillant les documents dont la communication était sollicitée ainsi que la prolongation de la procédure de consultation du comité central d'entreprise et l'interdiction sous astreinte de toute mise en œuvre du projet de rachat de titres et de fusion litigieux ; deux syndicats sont intervenus à l'instance.

Doit être approuvé l'arrêt ayant débouté le comité et les syndicats de ces demandes.

En effet, d'abord, ayant relevé que le comité central d'entreprise avait été réuni pour la première fois sur le projet le 1er octobre 2014, qu'au cours de cette réunion extraordinaire, un document intitulé « Information/consultation du comité d'entreprise portant sur le projet de rachat par CEPAC des titres BDAF, BR et BDSPM détenus par BPCE IOM et de fusion juridique des entités BDAF, BR et BDSPM au sein de la CEPAC » rappelant notamment en introduction les finalités et les deux phases envisagées de l'opération, avec un nouveau processus de consultation à mettre en œuvre au terme de la fusion juridique, lui avait été remis par l'employeur, que cette remise avait été précédée d'une présentation globale de l'opération de fusion-absorption et que, conformément au souhait du comité central d'entreprise, un cabinet d'expert-comptable avait été désigné lors de cette même réunion, la cour d'appel en a exactement déduit que, le comité étant, dès cette date, en mesure d'apprécier l'importance de l'opération envisagée et de saisir le président du tribunal de grande instance s'il estimait que l'information communiquée était insuffisante, le délai de deux mois résultant des articles L. 2323-3 CT, dans sa rédaction applicable en la cause, et R. 2323-1-1 du même code, à l'expiration duquel le comité d'entreprise est réputé avoir été consulté et avoir donné son avis, expirait le 1er décembre 2014 de sorte que l'action engagée le 15 décembre 2014 était tardive.

Ensuite, la cour d'appel a exactement décidé que si, en cas de difficultés particulières d'accès aux informations nécessaires à la formulation de l'avis motivé du comité d'entreprise, le juge peut décider la prolongation du délai prévu à l'article L. 2323-3 CT, aucune disposition légale ne l'autorise à accorder un nouveau délai après l'expiration du délai initial.

Enfin, il résulte des articles L. 2323-3 et R. 2323-1 CT qu'un accord conclu entre l'employeur et le comité d'entreprise ou, le cas échéant, le comité central d'entreprise, adopté à la majorité des membres titulaires élus du comité, peut allonger le délai à l'expiration duquel le comité d'entreprise est réputé avoir rendu son avis ; en l'espèce, en l'absence de vote dans les conditions de ces articles, la cour d'appel en a exactement déduit que le comité central d'entreprise ne pouvait se prévaloir de la tenue d'une réunion le 16 décembre 2014 pour établir que le délai de deux mois aurait été prolongé jusqu'à cette date.

Cass. soc. 21 septembre 2016, n° 15-19.003, BC V n° 175.

Courant 2014, deux sociétés d'un groupe ont formé le projet de créer une entité managériale commune à deux établissements jusqu'alors distincts et employant respectivement 988 et 12 000 salariés ; le comité central d'entreprise a été informé de ce projet au cours d'une réunion organisée le 25 mars 2014, les informations écrites relatives à ce projet ayant été transmises aux membres de ce comité lors de l'envoi de la convocation, le 17 mars 2014 ; au cours de la réunion extraordinaire du 23 avril 2014 prévue pour permettre au comité central de donner son avis, ses membres ont demandé la consultation préalable du comité d'un des établissements concernés par le projet ainsi que du comité d'hygiène, de sécurité et des conditions de travail de cet établissement ; par acte d'huissier du 21 mai 2014, le comité central d'entreprise a saisi en la forme des référés le président du tribunal de grande instance afin d'obtenir la suspension de la mise en œuvre du projet d'entité managériale commune dans l'attente de la mise en œuvre d'une procédure d'information-consultation de tous les CHSCT concernés avant que le comité central rende son propre avis ; par une ordonnance du 9 juillet 2014, le président du tribunal de grande instance a fait droit à cette demande.

La cour d'appel, estimant que les demandes soumises au premier juge étaient recevables et justifiées, a confirmé cette ordonnance.

En déclarant recevables les demandes du comité central, sans rechercher si le délai de trois mois dont disposait le comité central d'entreprise pour donner son avis sur le projet de création d'une entité managériale commune à deux filiales du groupe, sur lequel il avait reçu communication par l'employeur des informations précises et écrites le 17 mars 2014 et, s'agissant d'un projet relatif à l'organisation du travail, souhaitait disposer de l'avis des CHSCT concernés, n'était pas expiré au moment où le premier juge avait statué, le 9 juillet 2014, en sorte que ce dernier ne pouvait plus statuer sur les demandes, la cour d'appel a privé sa décision de base légale au regard des articles L. 2327-2, L. 2323-3, L. 2323-4, R. 2323-1 et R. 2323-1-1 CT, dans leur rédaction applicable en la cause.

Cass. soc. 21 septembre 2016 n° 15-13.363, BC V n° 177.

Il résulte de la combinaison des articles R. 2323-1 et R. 2323-1-1 CT, alors applicables, que pour l'ensemble des consultations mentionnées au troisième alinéa de l'article L. 2323-3 CT pour lesquelles la loi n'a pas fixé de délai spécifique, le délai de consultation du comité d'entreprise est de trois mois en cas de saisine d'un ou de plusieurs CHSCT et que l'avis du ou des CHSCT est transmis au comité d'entreprise au plus tard sept jours avant l'expiration du délai.

La société mère de droit finlandais d'un groupe, envisageant de céder la filiale française (la société M.) à une société de droit allemand, a engagé les 29 et 30 juin 2015, une procédure d'information consultation du comité d'entreprise et du comité d'hygiène, de sécurité et des conditions de travail (CHSCT) de la société M. ; sur assignation d'heure à heure, le comité d'entreprise, le CHSCT et la société S., désignée par le CHSCT pour l'assister comme expert, ont saisi le juge des référés aux fins, notamment, de prolongation des délais impartis pour rendre leur avis sur la cession envisagée.

Ayant constaté que le CHSCT avait saisi le juge des référés d'une demande de communication par l'employeur d'un certain nombre de pièces et d'informations après l'expiration du délai de trois mois imparti au comité d'entreprise pour donner son avis, une cour d'appel en a exactement déduit que la demande du CHSCT était irrecevable.

Cass. soc. 15 novembre 2017, n° 15-26.338, 3e moyen du pourvoi principal, à paraître.

Lorsque la loi ou l'accord collectif fixant le délai dont dispose le comité pour rendre son avis prévoit la communication ou la mise à disposition de certains documents par l'employeur, ce délai ne court qu'à compter de cette communication ; ainsi, le délai de consultation du comité sur les orientations stratégiques de l'entreprise ne court qu'à compter de la mise à sa disposition par l'employeur de la base de données économiques et sociales, qui constitue le support de préparation de cette consultation.

Dans l'exercice de ses attributions consultatives, le comité d'entreprise émet des avis et vœux, et dispose pour ce faire d'un délai d'examen suffisant fixé par accord ou, à défaut, par la loi ; lorsque les éléments d'information fournis par l'employeur ne sont pas suffisants, les membres élus du comité peuvent saisir le président du tribunal de grande instance statuant en la forme des référés pour qu'il ordonne la communication par l'employeur des éléments manquants ; cependant, lorsque la loi ou l'accord collectif prévoit la communication ou la mise à disposition de certains documents, le délai de consultation ne court qu'à compter de cette communication ; tel est le cas, dans le cadre de la consultation sur les orientations stratégiques de l'entreprise, de la base de données prévue à l'article L. 2323-7-2 CT, alors applicable, qui est, aux termes de l'article L. 2323-7-1 du même code alors applicable, le support de préparation de cette consultation.

Une UES a réuni à trois reprises le comité d'entreprise commun entre octobre 2014 et mars 2015 pour l'informer et le consulter sur les orientations stratégiques de l'entreprise ; par ailleurs, souhaitant mettre en place une nouvelle organisation de la comptabilité sur certaines zones, l'employeur a convoqué le comité d'entreprise à plusieurs réunions pour le consulter sur le projet de réorganisation entre mars et juin 2015 ; le 16 juin 2015, le comité d'entreprise a saisi le président du tribunal de grande instance statuant en la forme des référés pour lui demander, d'une part, de constater que le délai de consultation sur les orientations stratégiques n'avait pas couru faute pour l'employeur d'avoir mis à disposition les documents d'information nécessaires, d'autre part, d'ordonner la production de documents complémentaires dans le cadre de la consultation sur la réorganisation et de proroger d'un mois le délai de cette consultation.

Pour déclarer irrecevables les demandes du comité d'entreprise visant à écarter l'application du délai préfix au titre de la consultation sur les orientations stratégiques de l'entreprise et à ordonner aux trois sociétés du groupe d'avoir à mettre à sa disposition les éléments d'information nécessaires, une cour d'appel a retenu qu'en saisissant le président du tribunal de grande instance plus de quatre mois après la communication par les sociétés du groupe d'informations qu'il jugeait insuffisantes sur les orientations stratégiques du groupe, le comité d'entreprise avait agi au-delà du délai préfix prescrit par les dispositions légales.

En statuant ainsi, alors que le comité d'entreprise soutenait que l'employeur n'avait pas mis à sa disposition la base de données économiques et sociales rendue obligatoire par l'article L. 2323-7-2 CT dans sa rédaction alors applicable, ce dont il résultait que le délai de consultation n'avait pu courir, la cour d'appel a violé les articles L. 2323-3, L. 2323-4, L. 2323-7-1 et L. 2323-7-2 CT, dans leur rédaction alors applicable, et l'article R. 2323-1 CT.

Cass. soc. 28 mars 2018 n° 17-13.081, à paraître.

Lorsque le délai de consultation du comité d'entreprise sur un projet de réorganisation a fait l'objet d'un accord conclu entre l'employeur et la majorité des membres titulaires du comité, ce dernier est irrecevable à solliciter, après l'expiration du délai, tant la caducité de l'accord, que la consultation du CHSCT.

Au mois d'octobre 2013, une société a présenté aux représentants du personnel son projet de division de ses activités pharmaceutiques entre, d'une part, la médecine générale et, d'autre part, la médecine spécialisée ; lors des réunions des 1er et 2 octobre 2013, les membres du comité central et ceux d'un comité d'établissement ont conclu avec l'employeur un accord organisant le calendrier de leur consultation, au terme duquel ils disposaient d'un délai allant respectivement jusqu'au 7 et au 8 novembre 2013, pour rendre leurs avis ; la société a mis en œuvre son projet de réorganisation de ses activités à compter du 12 novembre 2013 ; estimant que la consultation ne pouvait être considérée comme achevée, le comité central et le comité d'établissement ont, par acte du 16 décembre 2013, saisi le président du tribunal de grande instance en référé afin d'obtenir la suspension de la réorganisation tant que le comité d'hygiène, de sécurité et des conditions de travail n'aura pas émis son avis ; par une ordonnance du 28 février 2014, le président du tribunal de grande instance a dit n'y avoir lieu à référé.

Doit être approuvé l'arrêt ayant confirmé cette ordonnance.

Ayant constaté qu'aux termes de l'accord conclu entre l'employeur et la majorité de leurs membres titulaires, le comité central et le comité d'établissement disposaient d'un délai jusqu'au 7 novembre 2013 pour le premier et jusqu'au 8 novembre 2013 pour le second, afin de donner leurs avis sur le projet de réorganisation envisagé par l'employeur, la cour d'appel en a exactement déduit que le comité central et le comité d'établissement étaient irrecevables à solliciter, après l'expiration de ces délais, tant la caducité de l'accord, que la consultation du CHSCT.

Cass. soc. 3 novembre 2016, n° 15-16.082, BC V n° 203.

• Avis du comité d'entreprise

L'avis du comité doit être exprimé par ses membres, et non par les organisations syndicales auxquelles ils appartiennent.

En vertu de l'article L. 431-4 CT, le comité d'entreprise assure l'expression collective des salariés lorsqu'il est consulté sur les décisions du chef d'entreprise qui doit recueillir l'avis dudit comité ; il en résulte que cet avis ne peut être exprimé que par les membres du comité d'entreprise et non par les organisations syndicales auxquelles ils appartiennent.

Ayant constaté qu'il était d'usage au sein d'un comité central d'entreprise que l'avis du comité soit recueilli sous forme d'une prise de position de chaque organisation syndicale, une cour d'appel a pu faire interdiction sous astreinte aux sociétés concernées de mettre en œuvre toute mesure en rapport avec un déménagement et l'implantation sur un nouveau site, tant que l'avis du comité central d'entreprise n'aura pas été régulièrement recueilli.

Cass. soc. 5 décembre 2006, n° 05-21.641, BC V n° 371.

• Le comité d'entreprise doit être consulté chaque fois que la loi le prévoit, sous peine de délit d'entrave. Il l'est notamment :

En cas de décision affectant l'organisation économique et juridique de l'entreprise

Peu importe que cette décision soit la conséquence de dispositions légales.

Aux termes de l'article L. 2323-19 CT, le comité d'entreprise est informé et consulté sur les modifications de l'organisation économique ou juridique de l'entreprise, notamment en cas de fusion ou de cession ; l'employeur doit indiquer les motifs des modifications projetées et consulter le comité d'entreprise sur les mesures qui sont envisagées à l'égard des salariés lorsque ces modifications comportent des conséquences pour ceux-ci.

Après avoir relevé que l'adoption d'une loi emportait des conséquences pour les salariés d'une société et était de nature à influer sur l'appréciation par le comité d'entreprise d'un projet de modernisation mis en place au sein de cette dernière, une cour d'appel a pu en déduire que le comité d'entreprise aurait dû être informé et consulté sur ces différentes modifications économiques et juridiques, peu important que celles-ci soient la conséquence de dispositions légales.

Cass. soc. 26 octobre 2010, n° 09-67.760, BC V n° 247.

L'obligation de consultation est subordonnée à l'existence d'un projet ayant des conséquences effectives sur l'organisation, la gestion et la marche générale de l'entreprise.

Une cour d'appel a pu considérer que la modification des horaires d'une agence de Caisse d'épargne ne rendait pas nécessaire la consultation du comité d'entreprise, dès lors que ces modifications, faites à titre expérimental, étaient limitées dans le temps, ne concernaient que 2 salariés sur 400 et n'avaient qu'une incidence limitée sur les conditions de travail. Ces mesures n'étaient pas d'une importance suffisante pour intéresser l'organisation, la gestion et la marche générale de l'entreprise et justifier la consultation du comité d'entreprise. Dès lors, l'employeur, en s'abstenant de consulter le comité, n'encourait pas la prévention d'entrave.

Cass. crim. 9 février 1993, n° 92-80.602.

Même si le comité d'entreprise a été valablement consulté sur un projet de restructuration de l'entreprise, la mise en œuvre anticipée de mesures envisagées dans ce projet requiert une nouvelle consultation.

Dans le cadre de la mise en œuvre d'un plan de restructuration, échelonné dans le temps, l'avancement du calendrier et la mise en place anticipée de mesures de réorganisation contenues dans le projet requièrent l'information et la consultation préalables du comité d'établissement, une telle modification du plan de restructuration ayant nécessairement une répercussion sur la marche générale de l'entreprise au sens de l'article L. 432-1 CT. Dès lors, commettent un délit d'entrave le président, le président du comité d'établissement, le directeur commercial et le directeur national des ventes qui omettent de consulter le comité d'établissement à cette occasion.

Cass. crim. 19 septembre 2006, n° 05-86.668, B. crim. n° 229.

Une opération patrimoniale d'ordre privé doit faire l'objet d'une consultation du comité si elle constitue une cession de l'entreprise.

Le président du conseil d'administration d'une société « S » et d'un holding doit informer le comité d'entreprise de la société « S » lorsque, par l'acquisition des actions de deux actionnaires, le holding devient propriétaire de plus de la moitié du capital de la société « S ». Si la vente entre particuliers d'actions ou de parts d'une société constitue en principe une opération patrimoniale d'ordre privé à laquelle les dispositions du code du travail ne sont pas applicables, il en est autrement lorsque la transmission du capital social est utilisée comme un moyen de placer la société qui exploite une entreprise sous la dépendance d'une autre société. Cette opération équivalant, dans l'ordre économique, à une véritable cession de l'entreprise, nécessitant donc une information et une consultation du comité, une cour d'appel a pu retenir à l'encontre de l'employeur, qui n'avait qu'informé tardivement le comité d'entreprise, la prévention d'entrave.

Cass. crim. 29 octobre 1991, n° 90-84.302.

Le comité d'entreprise doit être consulté en cas de création d'une nouvelle direction au sein de l'entreprise entraînant le rattachement de certains salariés.

Ayant relevé que la direction « Production et Services informatiques » (DPSI), née en 1991, avait été réorganisée en 1993 en raison de la création d'une nouvelle direction « Épargne et Crédit », que cette modification, concernant une trentaine de personnes, devait, selon le président du comité d'établissement, entraîner le rattachement du personnel d'une partie de la direction juridique et la direction du crédit à la DPSI, une cour d'appel a pu en déduire que le changement intervenu n'était pas le prolongement des aménagements précédemment opérés, qu'il avait trait à l'organisation générale de l'entreprise et à sa structure et qu'il ne s'analysait pas en une simple modification de l'organigramme. La cour d'appel a pu, en conséquence, déclarer les prévenus coupables du défaut d'information et de consultation concernant la réorganisation des services de la direction en cause et allouer des dommages-intérêts au comité d'entreprise.

Cass. crim. 13 janvier 1998, n° 96-81.478, B. crim. n° 17.

De même, il doit l'être en cas de création d'un nouveau département affectant l'organisation générale de l'entreprise, et s'accompagnant de la création d'un poste de directeur et de la modification des profils de poste des salariés travaillant dans ce nouveau département…

CA Paris, ch. 6-2, 10 septembre 2009, n° 08/14508.

… ou encore, en cas de création d'une nouvelle agence bancaire qui constitue une modification de la structure de l'entreprise.

Une cour d'appel a pu retenir, pour dire établi le délit d'entrave au fonctionnement régulier du comité d'établissement fondé sur le défaut d'information et de consultation de cet organisme lors de la création d'une nouvelle agence, que s'agissant d'un établissement bancaire, la création d'une agence constituait une modification de la structure de l'entreprise, même si, dans l'immédiat, elle concernait un faible nombre de salariés.

Cass. crim. 13 janvier 1998, n° 96-81.478, précité.

Le comité d'entreprise doit être consulté en cas de prise de participation dans une société déjà constituée ou à constituer, sans que cette obligation soit limitée aux seuls projets économiques et financiers importants.

Commet le délit d'entrave au fonctionnement du comité d'entreprise le président d'une association qui a constitué, avec une autre association, une société civile immobilière dans le capital de laquelle la première association a pris une participation majoritaire, sans avoir consulté le comité d'entreprise. D'une part, l'article L. 432-1 CT, auquel renvoie l'article L. 435-3 du même code, n'établit aucune distinction selon que l'entreprise prend une participation dans une société déjà constituée ou à constituer. D'autre part, lorsque l'entreprise prend une participation dans une société, le chef d'entreprise est tenu, selon les mêmes textes, de consulter le comité, sans que cette obligation soit limitée aux seuls projets économiques et financiers importants.

Cass. crim. 3 février 2004, n° 03-80.784, B. crim. n° 30.

La consultation et l'information doivent porter sur l'ensemble des salariés de l'entreprise.

Lorsque le comité d'entreprise est informé et consulté, par application de l'article L. 432-1 CT, notamment sur une mesure de nature à affecter le volume ou la structure des effectifs, la consultation et l'information doivent porter sur l'ensemble des salariés de l'entreprise ; les mêmes règles s'appliquent lorsque le comité d'établissement est consulté. C'est à tort qu'une cour d'appel a débouté le comité d'établissement de sa demande tendant à ce qu'il soit informé et consulté sur les conséquences, pour l'ensemble du personnel de l'établissement, de la mesure de suppression des modules produits par un atelier, alors que la mesure de suppression d'emplois des modules concernait non seulement les salariés de ce service, mais également les autres salariés de l'établissement, et que le comité d'établissement devait, dès lors, être informé et consulté, conformément aux dispositions légales, sur les conséquences, pour l'ensemble du personnel de l'établissement, de cette réorganisation.

Cass. soc. 3 décembre 1996, n° 94-22.163, 2e branche du moyen unique, BC V n° 410.

En cas de conclusion par une société mère d'un protocole de cession concernant certaines sociétés du groupe, le comité d'entreprise d'une société du groupe non concernée par ce projet n'a pas à être consulté.

Une société D, filiale à 100 % d'une société UD, appartenant à la branche volaille du groupe U, était spécialisée dans la découpe, le conditionnement et la production de dindes ; en 2007, elle a sous-traité l'abattage et la découpe primaire des dindes ; le 11 mars 2008, le groupe U a signé avec le groupe T un protocole de cession de sa branche « volailles frais », concernant notamment la société S (abattoir), la société V (fabricant de produits élaborés), les sociétés P et G (société de négoce), à l'exception de la société D ; par jugement du 30 juin 2008, la société D a été placée en redressement judiciaire converti en liquidation judiciaire le 30 juillet 2008 ; le comité d'entreprise de la société D et un syndicat ont saisi le tribunal de grande instance pour qu'il soit notamment jugé que les contrats de travail avaient été transférés à la société T en application de l'article L. 1224-1 CT.

Doit être approuvé l'arrêt ayant débouté le syndicat de sa demande principale d'annulation et de sa demande subsidiaire de suspension du protocole du 11 mars 2008 sur le fondement des dispositions de l'article L. 2323-2 CT imposant la consultation du comité d'entreprise avant toute décision relative à la gestion et à l'évolution économique et financière de l'entreprise.

En effet, ayant constaté que seules les sociétés U et T étaient parties au protocole de cession, et que la seule décision de mise en œuvre de ce protocole au sein de la société D était relative à la cession de ses droits sur un crédit-bail concernant un ensemble immobilier, une cour d'appel a exactement retenu que le comité d'entreprise de la société D n'avait pas à être consulté préalablement à la conclusion de ce protocole.

Cass. soc. 15 avril 2015, n° 13-27.520, 2e moyen, BC V n° 85.

En cas de mesure de nature à affecter le volume ou la structure des effectifs

Après avoir constaté qu'un accord étendu avait pour objet l'évaluation et le positionnement des différents emplois de la profession selon des règles communes, la nouvelle classification devenant le support des appointements minimaux, qu'au sein d'un groupe, le nombre des intitulés d'emplois avait été réduit des deux tiers tant pour le siège que pour les magasins et que le regroupement de certains emplois sous un même intitulé tel celui d'électricien hautement qualifié devenant agent de maintenance, était susceptible d'avoir une incidence sur les tâches exercées par les salariés, ce dont il se déduisait que les mesures en cause intéressaient la marche générale de l'entreprise et notamment étaient susceptibles d'affecter la structure des effectifs, une cour d'appel a pu décider que le défaut de consultation du comité central d'entreprise constituait un trouble manifestement illicite.

Cass. soc. 21 novembre 2012, n° 11-10.625, précité.

Le président d'une société et le directeur du personnel chargé de la présidence du comité d'entreprise avaient été poursuivis pour avoir, en 1994, entravé le fonctionnement de celui-ci en ne lui soumettant pas les plans de rémunération applicables aux cadres commerciaux.

A justifié sa décision la cour d'appel qui, pour les déclarer coupables, a exposé que la plus grande partie de la rémunération des trois cents cadres commerciaux de la société était fixée en fonction de la réalisation d'objectifs définis chaque semestre par la direction dans des plans de rémunération et que, depuis 1990, « le taux de renouvellement » des cadres concernés, « essentiellement lié au non-respect » de ces plans, « avait été considérable », en a déduit qu'en raison de l'incidence des plans successifs sur le volume et la structure des effectifs de la société au sens de l'article L. 432-1 CT, le comité d'entreprise aurait dû être consulté sur ceux élaborés en 1994 et qui, pour retenir la responsabilité du président - qui soutenait avoir délégué ses pouvoirs au directeur du personnel pour les questions se rapportant au fonctionnement du comité d'entreprise - a retenu que la définition de la politique de l'entreprise en matière de rémunération relevait de sa compétence et non de celle du prétendu délégataire.

Les juges pouvaient, en effet, sans excéder leur saisine, apprécier la nécessité de soumettre au comité d'entreprise les plans de rémunération pour l'année 1994, en considérant les conséquences du dispositif global au sein duquel ces plans s'inscrivaient.

Par ailleurs, même lorsqu'il confie à un représentant le soin de présider le comité d'entreprise, le chef d'entreprise doit, lorsqu'il prend une mesure entrant dans les prévisions de l'article L. 432-1 CT, s'assurer de la consultation dudit comité, sans pouvoir opposer l'argument pris d'une délégation de pouvoirs.

Cass. crim. 3 mars 1998, n° 96-85.098, B. crim. n° 81.

Un syndicat de banque avait fait citer devant le tribunal correctionnel son directeur général pour entrave au fonctionnement du comité d'entreprise sur le fondement des dispositions des articles L. 321-1 et s., L. 432-1 et L. 483-1 CT, lui reprochant de ne pas avoir consulté le comité sur un projet de réduction des effectifs.

Pour déclarer le prévenu coupable de ce chef, une cour d'appel, statuant par motifs propres et adoptés, a constaté que, entre juin 1992 et juin 1995, les effectifs de l'entreprise avaient connu une baisse sensible, passant de 749 à 718 salariés ; analysant cette évolution, amorcée en 1987, époque à laquelle l'entreprise comptait 832 salariés, les juges ont estimé qu'elle n'était pas le fait de la conjonction inopinée de divers départs « naturels » mais qu'elle résultait d'une stratégie délibérée de compression des effectifs menée dans un souci, admis par le prévenu à l'audience, « d'adaptation de la conjoncture économique » ; les juges ont souligné, notamment, que les départs de salariés, prévisibles et d'un rythme régulier, auraient pu aisément, si telle avait été la volonté de l'entreprise, être compensés par des embauches équivalentes, et ils en ont déduit que, bien qu'elle n'ait pas pris la forme de licenciements pour motif économique entrant dans les prévisions de l'article L. 321-1 CT, cette politique de réduction des effectifs « aurait dû, en application de l'article L. 432-1, al. 1er et 2 du même code, être soumise à la consultation du comité d'entreprise, soit lors de sa mise en place initiale, soit à l'occasion de ses phases successives ». En statuant ainsi, la cour d'appel a caractérisé en tous ses éléments constitutifs le délit dont elle a déclaré le prévenu coupable et a ainsi justifié sa décision.

Cass. crim. 4 novembre 1997, n° 96-84.594, B. crim. n° 370.

Le président du conseil d'administration d'un groupe britannique de grande distribution a été poursuivi sur le fondement des dispositions de l'article L. 483-1, devenu L. 2328-1 CT, pour avoir, le 29 mars 2001, en méconnaissance des prescriptions des articles L. 432-1 et s., devenus L. 2323-6 et s. du même code, omis d'informer et de consulter le comité central d'entreprise de la filiale française du groupe avant la fermeture des 18 magasins implantés en France, mesure de nature à affecter le volume et la structure des effectifs et la marche générale de l'entreprise dans l'ordre économique.

C'est à bon droit que, pour déclarer la prévention établie, une cour d'appel a retenu notamment que l'annonce de cessation d'activité et de fermeture des magasins, communiquée le 29 mars 2001 aux membres du comité central d'entreprise, réunis de manière informelle et sans qu'aient été respectées les prescriptions légales en matière de délais de convocation et de fixation de l'ordre du jour, n'était pas apparue comme une simple déclaration d'intention mais avait bien constitué une décision ferme et définitive, ce qu'a confirmé le courriel adressé le lendemain par le prévenu aux salariés français ; les juges ont ajouté qu'il importait peu que des réunions d'information et de consultation du comité central d'entreprise se soient tenues ultérieurement, dès lors qu'il ne s'agissait là que de simples modalités de mise en œuvre de la décision annoncée le 29 mars 2001 et prise avant toute consultation et information du comité central d'entreprise ; ils ont pu en conclure que, en agissant ainsi, les dirigeants de la filiale française n'avaient pas satisfait à leur obligation de consulter préalablement le comité central d'entreprise sur les questions intéressant l'organisation, la gestion et la marche générale de l'entreprise dans l'ordre économique et, notamment, sur les mesures de nature à affecter le volume et la structure des effectifs, et que le président du groupe, avait, en tant qu'auteur de la décision, personnellement participé à la commission de l'infraction.

Cass. crim. 28 octobre 2008, n° 04-87.365.

En cas de licenciement pour motif économique

☛ *Licenciement économique (Information et consultation du CE).*

En cas d'introduction de nouvelles technologies

L'installation d'un nouveau logiciel dans une entreprise informatisée ne constitue pas une nouvelle technologie.

L'obligation pour le chef d'entreprise, prescrite par l'article L. 432-2 CT, d'informer et de consulter le comité d'entreprise préalablement à tout projet important d'introduction de nouvelles technologies n'est ni incertaine ni indéterminée, même si la loi ne définit pas la notion d'importance. Celle-ci s'apprécie nécessairement en fonction des modifications que le projet apporte dans l'organisation et la marche de l'entreprise et des conséquences qu'il peut avoir sur l'emploi, la qualification, la rémunération, la formation ou les conditions de travail. Doit être cassé l'arrêt d'appel qui, pour retenir la prévention d'entrave, qualifie d'introduction d'une nouvelle technologie l'installation d'un nouveau logiciel au sein du service des ventes, dans une entreprise informatisée depuis plus de huit ans. Par ailleurs, la cour, ayant constaté que ce projet n'entraînait la suppression que d'un seul poste de travail, ne pouvait considérer qu'il s'agissait d'un projet important ayant des conséquences sur l'emploi du personnel.

Cass. crim. 3 mai 1994, n° 93-80.911, B. crim. n° 164. Voir aussi cass. crim. 29 mars 1994, n° 93-80.962, 2e moyen.

En cas de mise en place d'horaires individualisés

Constitue le délit prévu par l'article L. 483-1 CT le refus, sans motif légitime et en violation des dispositions des articles L. 432-1, al. 1er et L. 432-3, al. 4 CT, de consulter le comité d'établissement sur l'instauration, pour les salariés de cet établissement, d'horaires de travail individualisés.

Après avoir retenu qu'un directeur des ressources humaines, auquel était confiée, par délégation du chef d'entreprise, la présidence du comité d'établissement, avait refusé de consulter ledit comité sur la question de l'abandon de l'horaire collectif prévu par le règlement intérieur, au profit de l'instauration d'un horaire individualisé, une cour d'appel, qui a ainsi caractérisé la participation personnelle du prévenu à l'infraction, a pu déclarer l'intéressé coupable du délit d'entrave.

Cass. crim. 16 septembre 2003, n° 02-86.661, 3e et 4e moyens, B. crim. n° 164.

Si le comité d'entreprise peut s'opposer à la mise en place d'horaires individualisés, il ne peut substituer son propre projet à celui de l'employeur par un vote majoritaire.

Au cours d'une réunion du comité d'établissement, une société avait présenté un projet d'organisation permettant d'individualiser les horaires de travail et, au cours de la discussion, le comité d'établissement avait formulé des propositions et fait accepter certains aménagements par la direction, dont le projet avait été voté.

Cependant, la majorité des membres du comité avait insisté pour que les contre-propositions soient soumises à un vote et le président du comité s'y était opposé en faisant valoir que la loi ne prévoyait pas la possibilité pour le comité de faire voter son propre texte. Les délégués étant passés outre, il avait quitté momentanément la salle et, à son retour, avait décidé que le procès-verbal ne ferait pas mention du vote ainsi intervenu.

Une cour d'appel a pu écarter la prévention d'entrave au fonctionnement régulier du comité dirigée contre l'employeur en énonçant, notamment, que le projet du comité allait au-delà du but envisagé puisqu'il portait non seulement sur l'aménagement du temps de travail, mais sur sa réduction, et qu'il n'avait nullement été présenté comme un vœu sur un objectif à atteindre, mais comme une alternative au projet patronal, et que les membres du comité avaient insisté pour que les deux textes soient votés en laissant entendre que seul celui qui aurait obtenu le plus de suffrages serait appliqué.

Le but ainsi poursuivi par la majorité ne relevait pas du fonctionnement régulier du comité d'établissement, seul l'employeur ayant la qualité pour organiser des horaires de travail individualisés, le comité n'ayant que le pouvoir de s'y opposer. La cour d'appel a donc pu refuser au comité d'établissement le droit d'imposer par un vote un plan d'organisation des horaires de travail individualisés et de substituer ce plan à celui qui était soumis par l'employeur.

Cass. crim. 4 novembre 1983, n° 82-94.265, 1er moyen, B. crim. n° 285.

Mais lorsque l'employeur apporte aux horaires en vigueur, pour les besoins de l'entreprise, une modification ponctuelle ou individuelle n'affectant pas les conditions générales de travail, cette modification ne nécessite pas l'accord préalable du comité d'entreprise.

En accord avec le comité d'entreprise (1975), une caisse primaire d'assurance maladie a mis en place un horaire variable individualisé étalé sur cinq jours, du lundi au vendredi. En juin 1992, elle a informé le comité d'entreprise de sa décision d'engager un agent d'entretien dont l'horaire de travail serait étalé du mardi au samedi et l'a effectivement embauché à ces conditions, en dépit de l'opposition du comité. Celui-ci a alors saisi le tribunal de grande instance pour faire juger que la caisse ne pouvait passer outre à son opposition et que l'ouvrier embauché ne pourrait travailler que selon l'horaire adopté avec son accord, soit à l'exclusion du samedi.

Lorsque l'employeur apporte aux horaires en vigueur, pour les besoins de l'entreprise, une modification ponctuelle ou individuelle n'affectant pas les conditions générales de travail, cette modification ne nécessite pas l'accord préalable du comité d'entreprise et ne porte pas atteinte à l'engagement unilatéral qu'il a pris à l'égard de l'ensemble des salariés en ce qui concerne les horaires. Ayant constaté que, sans remettre en cause le principe et les modalités d'aménagement des horaires, l'employeur s'était borné, pour un seul salarié auquel il attribuait des tâches d'entretien et de réparation dont certaines ne pouvaient s'accomplir que le samedi, à adapter, dans l'intérêt de l'entreprise, l'horaire de travail à la spécificité de l'emploi, une cour d'appel a pu rejeter la demande.

Cass. soc. 1er juillet 1997, n° 95-12.000, BC V n° 241.

Un comité d'établissement a fait citer, devant un tribunal correctionnel, le directeur d'une société et le directeur des ressources humaines du chef d'entrave au fonctionnement du comité d'établissement d'une usine, pour ne pas avoir consulté celui-ci sur la programmation d'arrêts de production et sur l'affectation des jours correspondants en jours de réduction du temps de travail. Pour confirmer le jugement de relaxe, une cour d'appel a relevé, d'une part, que l'affectation des arrêts de poste en « jours de RTT » ne constituait pas une modification de l'horaire collectif de travail, dès lors que le cycle de travail des équipes concernées restait identique, et, d'autre part, qu'il s'agissait d'une recommandation pour laquelle tous les salariés n'avaient pas opté, sans qu'aucune sanction ne se soit ensuivie. En l'état de tels motifs, d'où il résultait que les salariés disposaient du libre choix d'effectuer ou non les jours d'arrêts de travail en « jours de RTT », la cour d'appel a exactement décidé qu'il n'y avait pas lieu à consultation du comité d'établissement.

Cass. crim. 21 juin 2005, n° 05-80.036.

En cas de mise en place d'une nouvelle organisation du travail en alternance

Un directeur des ressources humaines a été poursuivi, devant la juridiction répressive, pour s'être abstenu d'informer et de consulter le comité d'établissement et les comités d'hygiène, de sécurité et des conditions de travail à l'occasion de la conclusion, avec des salariés précédemment sous contrats d'adaptation, de contrats de travail à durée indéterminée prévoyant une alternance entre des périodes de travail posté et à la journée.

Ayant relevé que les contrats litigieux, signés pour six salariés au mois de février 1997, avaient été proposés à une cinquantaine de personnes au cours de l'été suivant, et qu'il ressortait des explications du prévenu, ainsi que des mentions du procès-verbal du comité d'établissement, en date du 24 janvier 1997, qu'il s'agissait d'une mesure appelée à être développée en fonction de ses résultats, une cour d'appel a énoncé que le fait de proposer à des salariés une organisation du temps de travail en alternance constituait une modification influant sur les conditions de travail puisqu'elle en affectait le rythme, et qu'il s'agissait d'une mesure relative à l'organisation du travail rendant nécessaire l'information et la consultation des institutions représentatives du personnel.

En statuant ainsi, la cour d'appel a justifié sa décision déclarant le défaut de consultation constitutif du délit d'entrave au fonctionnement du comité d'entreprise, dès lors que la mesure en cause, mise en œuvre pour un nombre croissant de salariés, était dénuée de caractère ponctuel, et qu'elle constituait, au sens des articles L. 432-1 et L. 432-3 CT, une modification importante de l'organisation du temps de travail des salariés au sein de l'établissement.

Cass. crim. 12 avril 2005, n° 04-83.101, B. crim. n° 129.

Sur les moyens ou les techniques permettant un contrôle de l'activité des salariés

Si, aux termes de l'article L. 432-2-1 CT, le comité d'entreprise est informé et consulté préalablement à la décision de mise en œuvre dans l'entreprise sur les moyens ou les techniques permettant un contrôle de l'activité des salariés, ce qui interdit à l'employeur de se servir des moyens de preuve obtenus à l'aide des procédés de surveillance qui n'auraient pas été portés préalablement à la connaissance des salariés, l'employeur est libre de mettre en place des procédés de surveillance des entrepôts ou autres locaux de rangement dans lesquels les salariés ne travaillent pas.

Cass. soc. 31 janvier 2001, n° 98-44.290, BC V n° 28. Voir cussi cass. soc. 10 avril 2008, n° 06-45.741, 2e moyen ; cass. soc. 2 novembre 2016, n° 15-20.540, 1er moyen.

La mise en œuvre d'un audit pour apprécier, à un moment donné, l'organisation d'un service ne nécessite pas une consultation préalable du comité d'entreprise.

Si un système de contrôle et d'évaluation individuels des salariés ne peut être instauré qu'après information et consultation du comité d'entreprise, tel n'est pas le cas d'un audit mis en œuvre pour apprécier, à un moment donné, l'organisation d'un service.

Dès lors que la finalité de l'audit auquel un employeur avait eu recours de manière occasionnelle n'était pas de mettre en place un moyen de contrôle des salariés, notamment du responsable du centre d'appels, mais visait à analyser l'organisation du travail en vue de faire des propositions d'amélioration du service sous forme de recommandations, pour optimiser sa nouvelle organisation, la consultation et l'information préalables du comité d'entreprise n'étaient pas nécessaires.

Cass. soc. 12 juillet 2010, n° 09-66.339, BC V n° 168.

Sur les orientations de la formation professionnelle

Une cour d'appel a pu retenir la prévention d'entrave à l'encontre d'un employeur, notamment pour avoir omis de consulter le comité d'entreprise sur les orientations de la formation professionnelle en méconnaissance des dispositions de l'article L. 933-1 CT. Par ailleurs, l'employeur avait, à plusieurs reprises au cours de la même année, désigné, pour le représenter aux réunions du comité d'entreprise, des salariés qui n'avaient ni qualité ni pouvoir pour informer et consulter le comité d'entreprise, et engagé, à l'encontre des membres de ce comité, des procédures de licenciement.

Cass. crim. 20 février 1996, n° 94-85.863, 1er moyen, B. crim. n° 81. Voir aussi cass. crim. 13 janvier 1998, n° 96-81.477, précité, s'agissant du président d'une banque qui avait refusé d'organiser la seconde réunion spécifique de consultation prévue par l'article L. 933-3 CT.

Pour la fixation de la période des congés, à défaut de convention ou d'accord collectif de travail

L'absence de consultation du comité, en la matière, ne peut être sanctionnée que par une seule peine.

Doit être cassé l'arrêt ayant à la fois condamné un employeur qui n'avait pas consulté le comité d'entreprise pour la fixation de la période de congés payés, pour entrave au fonctionnement régulier du comité d'établissement, et ayant déclaré, pour les mêmes faits, établie la contravention réprimée par les articles R. 260-2 et R. 262-6 CT. Les agissements incriminés ne pouvaient, en toute hypothèse, faire l'objet de deux peines. Ils devaient être sanctionnés sous la seule qualification contraventionnelle.

Cass. crim. 6 février 1990, n° 87-82.316, B. crim. n° 65.

En cas de dénonciation d'un usage

Usage.

• Défaut de consultation

Le défaut de consultation d'un comité d'entreprise est de nature à porter atteinte aux seuls droits de cet organisme.

Les organisations syndicales tiennent de l'article L. 411-11 CT le droit d'ester en justice afin d'obtenir réparation du préjudice, direct ou indirect, causé à l'intérêt collectif de la profession qu'elles représentent. Le défaut de réunion et de consultation du comité d'entreprise, prévu par les articles L. 321-9 et L. 321-11 CT, de nature à porter atteinte aux seuls droits et attributions de cet organisme, n'est pas susceptible d'entraîner un préjudice personnel et direct pour les salariés de l'entreprise.

Doit être cassé l'arrêt qui, pour déclarer ainsi recevables les constitutions de partie civile de 45 salariés, compris dans le licenciement collectif pour motif économique autorisé par le tribunal de commerce, dans la procédure de redressement judiciaire de l'entreprise, a retenu que le défaut de consultation préalable du comité d'entreprise sur deux offres de reprise partielle de celle-ci a porté atteinte au droit de chacun de ces salariés de pouvoir s'exprimer par l'intermédiaire des organes de représentation du personnel.

Cass. crim. 3 décembre 1996, n° 95-84.647, B. crim. n° 441.

L'absence ou l'insuffisance de consultation du comité peut entraîner la suspension de la décision de l'employeur…

La juridiction des référés peut ordonner la suspension des effets d'une mesure prise par l'employeur sans consultation préalable du comité d'entreprise, lorsque celle-ci est obligatoire.

Cass. soc. 6 mars 2012, n° 10-30.815, 1re branche du moyen.

C'est à bon droit qu'une cour d'appel a suspendu l'application de la décision relative à la commercialisation d'un contrat collectif d'assurance en ses dispositions emportant pour les salariés qui en étaient chargés réduction du taux de commissionnement précédemment alloué jusqu'à ce qu'il ait été procédé à l'information et à la consultation du comité d'entreprise conformément à l'article L. 432-3, al. 1er CT. En effet, la cour, qui a constaté que les modalités de commercialisation du contrat collectif affectaient globalement le mode de rémunération et que les conditions de travail de ce personnel étaient concernées, a légalement justifié sa décision, peu important que la rémunération effective soit ou non plus avantageuse. La cour d'appel, saisie de demandes tendant à faire défense aux sociétés d'assurances de mettre en œuvre le mode de rémunération résultant du nouveau contrat collectif, a pu décider qu'il y avait lieu, pour permettre le respect de l'obligation de consultation du comité d'entreprise, de suspendre la mise à exécution de la décision de l'employeur.

Cass. soc. 28 novembre 2000, n° 98-19.594, BC V n° 398.

Les articles L. 431-5 et L. 432-1 CT exigeant que les institutions représentatives soient consultées alors que le projet de restructuration n'est pas encore définitivement arrêté, le non-respect par la société de son obligation d'informer et de consulter le comité central d'entreprise et les comités d'établissement constitue un trouble manifestement illicite qu'il appartient au juge des référés de faire cesser, en suspendant toute mise en œuvre de la décision de cessation d'activité et de fermeture des magasins situés sur le territoire français et ce, jusqu'à ce que la société ait procédé à l'information et à la consultation de l'ensemble des instances représentatives du personnel.

TGI Paris, référé, 9 avril 2001, n° 01-54.016, précité.

… ou la nullité de la procédure (licenciement collectif économique).

Il résulte des dispositions de l'article L. 321-4-1 CT que l'employeur est tenu de présenter un plan social comportant les mesures concrètes et précises afin que les représentants du personnel puissent formuler leurs avis, suggestions et propositions en toute connaissance de cause.

Une cour d'appel, ayant relevé que le plan social, lequel précisait que des possibilités de reclassement existaient dans les différents établissements de l'entreprise et du groupe, ne comportait cependant aucune indication sur le nombre, la nature et la localisation des emplois qui pouvaient être proposés aux salariés dont le poste devait être supprimé, et que ce n'était que postérieurement aux réunions du comité central d'entreprise que la société avait recensé les postes disponibles dans les différents établissements concernés, a pu en déduire que la consultation des représentants du personnel était irrégulière et que le plan social ne répondait pas aux exigences de l'article L. 321-4-1 CT.

C'est donc à bon droit que la cour d'appel a prononcé la nullité de la procédure suivie.

Cass. soc. 10 juin 1997, n° 95-19.818, BC V n° 216.

Lorsque le CHSCT doit être consulté au préalable, le comité d'entreprise peut invoquer l'irrégularité de cette consultation pour contester la régularité de la procédure menée devant lui.

Il résulte de l'article L. 2323-27 CT que lorsqu'il est consulté sur les problèmes généraux intéressant les conditions de travail, le comité d'entreprise doit disposer de l'avis du comité d'hygiène, de sécurité et des conditions de travail ; il s'ensuit que le comité d'entreprise est recevable à invoquer dans le cadre de sa propre consultation l'irrégularité de la procédure de consultation préalable du CHSCT.

Après avoir été soumis au CHSCT d'un établissement, un projet a été soumis au comité d'établissement ; estimant qu'il n'avait pas été en mesure de donner régulièrement son avis en raison de l'absence de transmission d'un avis régulier du CHSCT, le comité d'établissement a saisi le tribunal de grande instance statuant en référé d'une demande de suspension de la mise en place du projet jusqu'à ce qu'il soit en mesure de recevoir une information complète et de donner valablement son avis.

Pour dire irrecevables les demandes du comité d'établissement, la cour d'appel a retenu, d'une part, que le comité d'entreprise ne peut mener une action au nom du CHSCT, lequel n'a pas cru devoir en engager, d'autre part, que l'avis du comité d'entreprise n'est pas conditionné par un avis préalable du CHSCT, et enfin qu'il apparaissait que le CHSCT avait été régulièrement consulté et avait émis un avis, fut-il considéré comme négatif, la majorité de ses membres ayant refusé de se prononcer au motif qu'il n'était pas répondu à leurs questions jugées non nécessaires par le représentant de la direction, mais l'un d'eux ayant émis un avis favorable.

En statuant ainsi, alors que le comité d'entreprise est recevable à contester devant le juge des référés la régularité de la procédure d'information-consultation menée devant lui lorsqu'il ne dispose pas d'un avis régulier émis préalablement par le CHSCT, et qu'il appartenait au juge de vérifier en conséquence si ce dernier avait été mis en mesure de donner son avis, la cour d'appel n'a pas donné de base légale à sa décision.

Cass. soc. 4 juillet 2012, n° 11-19.678, BC V n° 215.

Sur le plan pénal, le défaut de consultation du comité d'entreprise est constitutif du délit d'entrave.

Caractérise le délit d'entrave au fonctionnement du comité d'entreprise le fait pour un président de société d'avoir instauré une prime de productivité sans avoir informé et consulté préalablement cet organisme.

Cass. crim. 7 mars 2000, n° 99-83.398. Voir aussi notamment cass. crim. 20 février 1996, n° 94-85.863, précité (non-consultation du comité d'entreprise sur les orientations de la formation professionnelle).

Le défaut de consultation, qui peut être sanctionné par le délit d'entrave, n'a pas pour effet d'entraîner la nullité ou l'inopposabilité d'un accord collectif d'entreprise conclu au mépris des règles régissant le fonctionnement des comités d'entreprise et dont la validité et la force obligatoire demeurent soumises aux règles qui lui sont propres.

Cass. soc. 5 mai 1998, n° 96-13.498, précité.

• Régularisation de la procédure de consultation

Ce n'est qu'à partir du moment où la procédure est reprise avec une information complète que le comité d'entreprise est régulièrement consulté.

Le rapport déposé par l'expert comptable dans le cadre d'une précédente procédure d'information-consultation déclarée nulle par une cour d'appel, faute pour l'employeur d'avoir fourni les informations nécessaires à la consultation, ne constitue pas un document susceptible d'éclairer le comité. Ce n'est qu'à partir du moment où la procédure est reprise avec une information complète que le comité d'entreprise est régulièrement consulté et qu'il a alors le droit de désigner un expert comptable pour être éclairé sur la pertinence du projet qui lui est soumis.

Cass. soc. 8 juillet 1997, n° 95-13.177, BC V n° 256.

Action en justice du comité d'entreprise ; Comité d'entreprise européen ; Délit d'entrave ; Expert comptable du comité d'entreprise ; Formation professionnelle continue (Obligations de l'employeur et des organismes de formation) ; Formation professionnelle continue (Participation financière de l'employeur) ; Licenciement collectif ; Plan de sauvegarde de l'emploi ; Réunions du comité d'entreprise.

Comité d'entreprise européen

Un comité d'entreprise européen doit être créé dans les entreprises ou groupes d'entreprises de dimension communautaire.

Sont concernés les entreprises et les groupes de dimension communautaire qui emploient au moins 1 000 salariés dans les États membres de l'Union européenne et qui comportent au moins un établissement ou une entreprise employant 150 salariés et plus dans au moins deux de ces États (art. L. 2341-1 CT).

Un groupe spécial de négociation doit être mis en place par le chef d'entreprise en vue de la conclusion d'un accord sur la mise en place et le fonctionnement de l'institution (art. L. 2342-1 CT). À défaut d'accord, le comité est soumis aux dispositions des art. L. 2343-1 et s. CT.

Composition du groupe spécial de négociation et du comité d'entreprise européen

Les dispositions de l'article L. 2344-2 CT ne permettent pas de modifier la composition du groupe spécial de négociation en fonction des résultats des scrutins intervenus postérieurement à sa mise en place.

Cass. avis 21 octobre 2005, n° 05-00.024, BC n° 8.

De même, la composition du comité d'entreprise européen institué à défaut d'accord ne peut pas être modifiée en fonction d'élections postérieures à sa mise en place.

Il résulte de l'application combinée des articles 1 f de l'annexe de la directive 94/45/CE du 22 septembre 1994, L. 2344-2 et L. 2343-18 CT que les membres du comité d'entreprise européen sont désignés pour quatre ans par les organisations syndicales représentatives parmi leurs élus ou représentants syndicaux, en fonction des résultats aux dernières élections ; la composition du comité d'entreprise européen ne peut pas, dès lors, être modifiée en fonction d'élections postérieures à sa mise en place.

Cass. soc. 21 janvier 2009, n° 08-60.426, BC V n° 21.

Le changement d'affiliation syndicale du représentant du personnel élu qu'elle a désigné pour siéger au comité d'entreprise européen n'autorise pas nécessairement une organisation syndicale à mettre fin au mandat de l'intéressé au sein de ce comité en cours d'exercice.

Un groupe d'entreprises de dimension communautaire s'est doté d'un comité européen de groupe (CEG), mis en place par un accord d'anticipation conclu le 26 juin 1996, dans le cadre de la directive 94/45/CE du 22 septembre 1994, refondue et remplacée depuis par la directive 2009/38/CE du 6 mai 2009. Cet accord a été reconduit pour une durée indéterminée par un nouvel accord en date du 29 juin 2009, signé par les sociétés membres du groupe au niveau européen, les organisations syndicales françaises et l'Union Network International.

Dans ce cadre, a été conclu, le 8 novembre 2013, l'accord relatif aux « règles de désignation de la délégation française du comité européen de groupe », entre les sociétés du groupe implantées en France et les organisations syndicales représentatives, pour la période allant du 1er décembre 2013 au 30 novembre 2017. Le 9 janvier 2014, un syndicat a désigné, au sein de la délégation française au CEG, deux salariés en qualité de membres titulaires et deux salariés en tant que membres suppléants. Les deux titulaires désignés ayant changé d'affiliation syndicale à l'occasion des élections professionnelles organisées au sein de leur société d'emploi les 12 et 19 novembre 2015, le syndicat a procédé, en remplacement, à la désignation de deux nouveaux titulaires au sein du CEG, par lettre recommandée avec accusé de réception du 20 novembre 2015. Les sociétés membres du groupe en France ont saisi le tribunal d'instance, par requête du 27 novembre 2015, afin d'obtenir l'annulation de ces désignations.

Ayant relevé que si, selon l'article 3 de l'accord du 8 novembre 2013, chaque organisation syndicale représentative au niveau du groupe au sens de l'article L. 2122-4 CT désignait son ou ses membres au comité européen parmi ses élus aux comités d'entreprise, comités d'établissement, délégation unique du personnel des entreprises comprises dans le périmètre dudit comité et comptant au moins cent cinquante salariés, les accords du 29 juin 2009 et du 8 novembre 2013 ne prévoyaient pas de fin anticipée du mandat de membre au comité européen de groupe par la révocation de l'organisation syndicale à l'origine de la désignation, ce dont il résultait que seule la perte du mandat de représentation au sein de l'entreprise entraînait automatiquement la fin du mandat au comité européen de groupe, c'est à bon droit qu'une cour d'appel a décidé que le mandat de membre du comité européen de groupe n'était pas, en l'espèce, un mandat de représentant syndical, en sorte que le changement d'affiliation syndicale du représentant du personnel élu qu'elle avait désigné n'autorisait pas une organisation syndicale à mettre fin à son mandat.

Cass. soc. 17 avril 2019, n° 17-17.986, à paraître.

Consultation

Il n'existe aucune disposition légale subordonnant l'information et la consultation des instances représentatives des salariés de droit français à l'information et à la consultation d'une instance européenne.

TGI Paris, référé, 9 avril 2001, n° 01-54.016.

Il convient cependant de rechercher si l'information soumise à la consultation des institutions représentatives de la société française donne un effet utile à une consultation antérieure de l'instance européenne, compte tenu des décisions de l'instance investie du pouvoir de décision.

S'agissant d'implantations industrielles en zone transfrontalière, où trois sites sont concernés, l'intérêt chronologique d'une concertation première à l'échelle du comité d'entreprise européen s'impose logiquement dans la recherche d'une solution globale et elle est de nature à influer sur le projet présenté à la consultation nationale.

TGI Nanterre, référé, 1er août 2003.

Les procédures de consultation du comité d'entreprise et du comité d'entreprise européen n'ayant pas le même objet, ni le même champ d'application, les renseignements fournis lors de la réunion du comité d'entreprise n'assurent pas nécessairement une complète information du comité d'entreprise européen.

Cass. soc. 16 janvier 2008, n° 07-10.597, 2e moyen, BC V n° 6.

Contestation de la désignation des représentants au comité d'entreprise européen

Le tribunal d'instance, saisi d'une action en contestation de la désignation des membres du groupe spécial de négociation et des représentants au comité d'entreprise européen, statue en premier ressort.

Cass. soc. 18 juin 2003, n° 02-60.071. Voir aussi cass. soc. 15 février 2006, n° 05-60.055, BC V n° 76 ; cass. soc. 13 février 2008, n° 07-60.321 ; cass. soc. 13 février 2008, n° 07-60.379 ; cass. soc. 24 septembre 2008, n° 07-60.350, BC V n° 182.

Les dispositions légales relatives à la compétence du tribunal d'instance ne sont pas applicables aux entreprises et groupes d'entreprises dans lesquels existait, à la date du 22 septembre 1996, un accord prévoyant, pour l'ensemble des salariés, des instances d'information, d'échange de vues et de dialogue à l'échelon communautaire ou dans lesquels les parties ont décidé de reconduire ces mêmes accords venus à expiration.

Selon les articles L. 2344-7 et R. 2344-3 CT, les contestations relatives à la désignation des membres du groupe spécial de négociation et des représentants au comité d'entreprise européen des salariés des établissements ou des entreprises implantés en France sont portées devant le tribunal d'instance du siège de l'entreprise ou de la filiale française dominante du groupe, et, selon l'article 5 de la loi 96-985 du 12 novembre 1996 interprété à la lumière de la directive communautaire 94/45/CE du 22 septembre 1994, ces textes ne sont pas applicables dans les entreprises et groupes d'entreprises dans lesquels existait, à la date du 22 septembre 1996, un accord prévoyant, pour l'ensemble des salariés, des instances d'information, d'échange de vues et de dialogue à l'échelon communautaire ou dans lesquels les parties ont décidé de reconduire ces mêmes accords venus à expiration.

Par accord du 13 juin 1996 entré en application le 1er septembre suivant, un comité d'entreprise européen a été institué au sein de filiales d'une société ; le 5 mai 2004, cet accord a été modifié par un nouvel accord prévoyant notamment les modalités de désignation ou d'élection des membres du comité ; au mois d'avril 2007, les huit sociétés françaises du groupe ont élaboré un protocole relatif à « l'élection » des représentants des salariés employés pour la France au sein de ce comité, laquelle a eu lieu le 23 mai 2007 ; un syndicat a saisi un tribunal d'instance d'une demande d'annulation de cette « élection » aux motifs, d'une part, de la violation par le protocole des termes de l'accord du 5 mai 2004 et, d'autre part, de la nullité de certaines dispositions de ce même accord.

Pour dire le tribunal d'instance incompétent et renvoyer les parties à mieux se pourvoir, une cour d'appel, statuant sur contredit, a retenu que la désignation du juge compétent dépendait de l'interprétation de l'accord du 5 mai 2004 qui comportait une clause selon laquelle les litiges pouvant survenir entre les parties quant à l'interprétation, la validité ou l'exécution de l'accord feraient l'objet d'une décision entre le comité des représentants des salariés et les représentants de la direction et qu'à défaut, ce seraient les tribunaux compétents d'Allemagne qui décideraient.

En statuant ainsi, alors que la désignation des représentants des filiales françaises du groupe ayant été opérée en application de l'accord conclu le 5 mai 2004, modifiant l'accord initial du 13 juin 1996, et d'un protocole d'avril 2007, les dispositions des articles L. 2344-7 et R. 2344-3 CT étaient applicables et fondaient directement la compétence du juge français auquel il appartenait de surseoir à statuer dans le cas où l'issue du litige aurait été subordonnée, au fond, à une question préjudicielle relative à l'interprétation, à l'exécution ou à la validité de cet accord, la cour d'appel a violé les articles L. 2344-7, R. 2344-3 CT et 5 de la loi 96-985 du 12 novembre 1996 interprété à la lumière de la directive communautaire 94/45/CE du 22 septembre 1994.

Cass. soc. 4 novembre 2009, n° 08-17.469, BC V n° 241.

☛ *Comité d'entreprise (Information et consultation) ; Représentants du personnel (Protection/Bénéficiaires).*

Comité de groupe

Un comité de groupe est constitué au sein du groupe formé par une entreprise, appelée entreprise dominante, et les entreprises qu'elle contrôle, dans les conditions définies par la loi sur les sociétés commerciales, dont le siège social est situé sur le territoire français. Son objet est de permettre aux représentants du personnel d'accéder à une information plus complète, dans les domaines notamment économique, financier et relatif à l'emploi, sur l'ensemble des sociétés constituant le groupe (art. L. 2331-1 et s. CT).

Le comité de groupe est doté de la personnalité morale

Il peut ainsi agir en justice.

Les comités de groupe sont dotés d'une possibilité d'expression collective pour la défense des intérêts dont ils ont la charge et possèdent donc la personnalité civile qui leur permet d'ester en justice. Le comité de groupe ayant, dans le cadre de la mission dont il est investi, qualité pour contester en justice une mesure ayant pour effet de modifier la composition du groupe, l'action d'un comité de groupe devant le tribunal de commerce tendant à contester la cession par le groupe d'une de ses entreprises est recevable.

Cass. soc. 23 janvier 1990, n° 86-14.947, 1er moyen, BC V n° 20.

Un comité doit être constitué dès lors que l'existence d'un groupe n'est pas contestée

Une société dont le capital social est possédé par deux sociétés qui la gèrent de façon strictement égalitaire n'appartient à aucun groupe.

Une société n'appartient à un groupe au sens de l'article L. 439-1 CT que si elle dépend d'une société dominante qui soit possède directement ou indirectement plus de la moitié de son capital social, soit la contrôle effectivement et forme avec elle un même ensemble économique. Dès lors, le comité d'entreprise de la société « N », société possédée à 50 % par la société « A » et à 50 % par la société « BP », ne peut demander son rattachement au comité de groupe de la société Elf-Aquitaine, possédant à 100 % la société « A ». En effet, lorsqu'une société est possédée et gérée de façon strictement égalitaire par deux sociétés, elle n'appartient à aucun groupe.

Cass. soc. 9 février 1994, n° 91-11.429, BC V n° 52.

L'existence d'une unité économique et sociale ne peut pas être reconnue à un niveau où existe déjà un comité de groupe.

Pour reconnaître l'existence d'une unité économique et sociale constituée par plusieurs sociétés et valider les désignations d'un délégué syndical central dans le cadre de l'unité économique et sociale, de délégués syndicaux nationaux et d'un représentant syndical au comité d'entreprise d'une des sociétés, un tribunal d'instance a relevé que l'ensemble de ces sociétés constituait un groupe doté d'un comité de groupe et qu'il existait une unité économique et sociale entre ces sociétés, caractérisée par la centralisation des pouvoirs de direction autour du directoire, l'imbrication capitalistique des filiales autour de la société mère, ainsi que la complémentarité des activités de distribution de la chaussure et du vêtement, et par l'existence d'une communauté de travailleurs présentant des intérêts professionnels communs.

En reconnaissant ainsi l'existence d'une unité économique et sociale à un niveau où existait déjà un comité de groupe, le tribunal d'instance a violé les articles L. 431-1 et L. 439-1 CT.

Cass. soc. 20 octobre 1999, n° 98-60.398, BC V n° 391. Voir aussi cass. soc. 17 octobre 2018, n° 17-22.602.

Le juge doit donc comparer leurs périmètres respectifs à la date de la requête tendant à la reconnaissance de l'unité économique et sociale.

Il résulte de l'incompatibilité entre les notions d'unité économique et sociale et de groupe doté d'un comité que leurs périmètres respectifs servant à la mise en place d'institutions représentatives du personnel différentes doivent être comparés à la date de la requête tendant à la reconnaissance de l'unité économique et sociale, compte tenu de leur évolution depuis leur mise en place.

Pour dire qu'il existait une unité économique et sociale entre quatre sociétés et valider en conséquence la désignation d'une salariée en qualité de déléguée syndicale centrale au sein de cette unité économique et sociale, un tribunal d'instance a retenu qu'il s'avérait que le comité de groupe mis en place antérieurement réunissait ces sociétés plus trois autres, alors qu'il était allégué l'existence d'une unité économique et sociale entre ces seules quatre sociétés et que le périmètre de chacune de ces deux entités ne regroupait pas exactement les mêmes sociétés, et qu'aucune incompatibilité ne pouvait s'opposer à la reconnaissance d'une unité économique et sociale.

En statuant ainsi, sans rechercher si, lors de sa saisine, les évolutions de la composition du groupe n'avaient pas eu pour effet de faire coïncider les périmètres de ce groupe et de l'unité économique et sociale revendiquée, le tribunal d'instance a privé sa décision de base légale.

Cass. soc. 25 janvier 2006, n° 04-60.234, BC V n° 34.

Une unité économique et sociale ne saurait être reconnue au sein d'un groupe comportant un comité de groupe si le périmètre revendiqué pour ladite unité a uniquement pour but de faire échec à l'incompatibilité entre comité de groupe et unité économique et sociale.

Cass. soc. 16 avril 2008, n° 07-60.348.

Le comité de groupe et l'unité économique et sociale peuvent coexister à des niveaux différents.

Un tribunal d'instance a décidé à bon droit que l'existence d'un comité de groupe couvrant l'ensemble des sociétés du groupe, dont faisaient partie les sociétés Hôtel Concorde et SNC des restaurants du Palais des Congrès, n'excluait pas la mise en place d'un comité central d'entreprise commun à ces deux dernières sociétés.

Doit être rejeté le moyen du pourvoi reprochant au tribunal d'instance d'avoir constaté l'existence d'une unité économique et sociale entre la société des Hôtels Concorde et celle des restaurants du Palais des Congrès et d'avoir ordonné la mise en place d'un comité d'entreprise commun entre ces deux sociétés, l'unité économique et sociale ayant été reconnue entre deux personnes morales distinctes, la Société des Hôtels Concorde, d'une part, la société des restaurants du Palais des Congrès, d'autre part, et le tribunal d'instance ayant relevé que ces deux sociétés, qui exerçaient des activités complémentaires dans le domaine de l'hôtellerie et de la restauration, étaient soumises à un pouvoir de direction unique et que leurs salariés formaient une même communauté caractérisée par une similitude de statut social et une permutabilité entre les postes de travail.

Cass. soc. 30 mai 2001, n° 00-60.111, BC V n° 191.

Dès lors, l'existence d'un comité de groupe n'est pas incompatible avec la désignation d'un délégué syndical au sein d'une unité économique et sociale.

L'existence d'un comité de groupe n'est pas incompatible avec la désignation d'un délégué syndical au sein d'une unité économique et sociale, la finalité de ces institutions étant différente.

Cass. soc. 9 mai 1989, n° 88-60.632, BC V n° 346.

L'engagement pris par le chef de l'entreprise dominante de réunir le comité de groupe dans un certain délai ne peut pas tenir lieu d'accord de configuration du groupe.

Le président de la société dominante d'un groupe avait été poursuivi pour avoir omis de constituer et de réunir le comité de groupe.

A justifié sa décision la cour d'appel qui a relaxé le prévenu, aucun accord de configuration du groupe n'ayant été formalisé et les organisations syndicales représentatives n'ayant pas saisi le tribunal de grande instance de la contestation faisant obstacle à la constitution du comité de groupe. En effet, d'une part, le délai de six mois accordé au chef de l'entreprise dominante pour constituer et réunir pour la première fois le comité de groupe ne peut courir qu'à compter du jour où la configuration du groupe a été définie soit par un accord, soit par une décision judiciaire. D'autre part, cet accord de configuration devant nécessairement être conclu avec les parties intéressées de toutes les sociétés du groupe, l'engagement pris, en l'espèce, par le chef de l'entreprise dominante de réunir le comité de groupe dans un certain délai ne pouvait en tenir lieu.

Cass. crim. 11 juin 2002, n° 01-81.365, 2e moyen, B. crim. n° 133.

Désignation des représentants du personnel au comité de groupe

La représentativité des syndicats désignant des représentants ne s'apprécie pas au niveau du groupe.

Un tribunal d'instance, après avoir exactement énoncé qu'un syndicat non affilié à une organisation représentative sur le plan national doit faire la preuve de sa représentativité dans l'entreprise ou dans l'établissement au sein duquel il entend désigner un délégué ou un représentant auprès des organes de représentation collective des salariés, a vérifié, au niveau des entreprises ou établissements concernés par les désignations litigieuses, que le syndicat autonome réunissait les critères de représentativité ; le tribunal d'instance n'avait pas à procéder à la même vérification au niveau du groupe, dès lors qu'une organisation syndicale, appelée, en vertu de l'article L. 439-3 CT, à désigner parmi ses élus aux comités d'entreprise ou d'établissement les représentants du personnel au comité de groupe, n'est pas tenue de justifier de sa représentativité à ce même niveau.

Cass. soc. 4 avril 1990, n° 87-60.131, 2e moyen, BC V n° 167. Voir aussi cass. soc. 13 mai 2003, n° 00-19.035, BC V n° 165.

Après avoir relevé qu'aucune disposition légale relative au comité de groupe n'exige une représentativité syndicale dans l'ensemble du groupe et qu'au contraire, le droit de désigner des représentants à ce comité est reconnu, en son principe, à toute organisation syndicale ayant obtenu des élus dans l'un au moins des comités d'entreprise ou d'établissement dépendant du groupe, une cour d'appel a pu décider que ces syndicats devaient participer à la négociation de tout accord concernant le fonctionnement du comité de groupe.

Cass. soc. 4 mai 1994, n° 91-15.064, BC V n° 164.

Aucune disposition légale relative au comité de groupe n'exigeant une représentativité syndicale dans l'ensemble du groupe, il ne peut être déduit de la seule participation à un accord donnant naissance à un comité de groupe la représentativité d'un syndicat dans une des sociétés de ce groupe.

Cass. soc. 30 mai 2001, n° 99-60.462.

Un syndicat ne peut désigner au comité de groupe qu'un représentant du personnel ayant été élu sur sa propre liste.

Selon l'article L. 2333-2 CT, les représentants du personnel au comité de groupe sont désignés par les organisations syndicales représentatives parmi leurs élus aux comités d'entreprise ou d'établissement de l'ensemble des sociétés du groupe ; il en résulte qu'un syndicat ne peut désigner au comité de groupe qu'un représentant du personnel ayant été élu sur sa propre liste.

Cass. soc. 31 mars 2009, n° 08-60.482, BC V n° 97.

Sauf accord collectif plus favorable, une confédération syndicale et les organisations syndicales qui lui sont affiliées ne peuvent désigner ensemble un nombre de représentants du personnel au comité de groupe supérieur à celui prévu par la loi.

Il en résulte, d'une part, que lorsqu'une organisation syndicale désigne un représentant du personnel surnuméraire, cette désignation ouvre, à compter de la dernière désignation litigieuse ou de la décision prise par l'organisation syndicale pour mettre fin à cette situation, un nouveau délai de contestation de l'ensemble des désignations en cause et, d'autre part, qu'il appartient alors aux syndicats de justifier des dispositions statutaires déterminant le syndicat ayant qualité pour procéder aux désignations des représentants du personnel ou à leur remplacement, ou de la décision prise par l'organisation syndicale d'affiliation pour régler le conflit conformément aux dispositions statutaires prévues à cet effet ; à défaut, par application de la règle chronologique, seule la désignation notifiée en premier lieu doit être validée ; le tribunal d'instance, saisi du litige, doit convoquer l'ensemble des syndicats et des représentants du personnel concernés par les désignations contestées.

Cass. soc. 10 décembre 2014, n° 14-14.055.

Le changement d'affiliation d'un élu au comité d'entreprise, désigné par son syndicat d'appartenance d'origine pour siéger au comité de groupe, n'autorise pas ce syndicat à mettre fin au mandat de l'intéressé au sein du comité de groupe en cours d'exercice.

Cass. soc. 9 juillet 2014, n° 13-20.614, BC V n° 187.

Répartition des sièges entre les élus par l'administration

Il résulte des dispositions du code du travail applicables à la composition du comité de groupe que le droit de désigner des représentants au comité est reconnu, en son principe, à toute organisation syndicale ayant obtenu des élus dans l'un au moins des comités d'entreprise ou d'établissement du groupe et que, lorsque la moitié au moins des élus d'un ou de plusieurs collèges ont été présentés par des listes autres que syndicales, le directeur départemental du travail, de l'emploi et de la formation professionnelle est appelé à procéder à la répartition des sièges entre les élus présentés sur une liste établie par une organisation syndicale représentative au sens de l'article L. 433-2 CT et les élus présentés sur des listes autres que syndicales. L'autorité administrative qui, pour procéder à la répartition des sièges au sein d'un comité de groupe, donne une partie des sièges aux élus des listes présentées par les organisations syndicales représentatives au plan national et une autre partie aux élus des listes non syndicales, excluant par là même de la représentation au sein du comité de groupe une organisation syndicale à caractère local, alors même qu'elle compte des élus dans certains comités d'entreprise ou d'établissement, commet une erreur de droit.

CE 26 février 2001, n° 206461.

La composition du comité de groupe, légalement prévue, peut faire l'objet d'un aménagement conventionnel

Le nombre de représentants au comité de groupe est fixé par accord collectif ou, à défaut, par l'employeur dans le respect des maxima fixés légalement.

Selon l'article D. 439-1 CT, le nombre maximal de représentants au comité de groupe est de dix, lorsque le groupe est composé de cinq sociétés dotées d'un comité d'entreprise. En l'absence d'accord collectif, une société a pu fixer à six le nombre des membres du comité de groupe. Le tribunal d'instance a pu rejeter la demande d'un syndicat tendant à ce que ce nombre soit fixé à dix, après avoir constaté que les maxima fixés par l'article D. 439-1 CT n'avaient pas été dépassés.

Cass. soc. 21 novembre 1989, n° 88-60.757, BC V n° 671.

Seul un accord unanime peut, à l'occasion de la désignation des représentants du personnel au comité de groupe, modifier le nombre et la composition des collèges électoraux selon des règles autres que les règles légales.

Aux termes des alinéas 3 et 4 de l'article L. 439-3 CT, d'une part, les représentants du personnel au comité de groupe sont désignés par les organisations syndicales parmi leurs élus aux comités d'entreprise ou d'établissement de l'ensemble des entreprises du groupe et sur la base des résultats des dernières élections et, d'autre part, le nombre total des sièges au comité de groupe est réparti entre les élus des différents collèges électoraux proportionnellement à l'importance numérique de chaque collège et les sièges affectés à chaque collège répartis entre les organisations syndicales proportionnellement au nombre d'élus qu'elles ont obtenus dans ces collèges. Il en résulte que les collèges électoraux servant de base de répartition sont nécessairement ceux qui ont présidé à l'élection des membres des comités d'entreprise ou d'établissement, tels qu'ils ont été arrêtés à l'occasion des élections, et que seul un accord unanime peut, à l'occasion de la désignation des représentants du personnel au comité de groupe, modifier le nombre et la composition de ces collèges électoraux, selon des règles autres que les règles légales fixées par l'article L. 433-2 CT.

Cass. soc. 19 novembre 2002, n° 01-60.563, BC V n° 345.

Un accord collectif prévoyait que la délégation patronale au comité de groupe serait constituée du chef de l'entreprise dominante assisté de trois personnes et du nombre de collaborateurs de son choix, la répartition des sièges entre les organisations syndicales devant se faire proportionnellement. Un tribunal d'instance a pu faire droit à la demande d'un syndicat tendant à écarter cet accord et décider que le comité de groupe serait composé en application des règles légales, dans la mesure où l'accord collectif, modifiant la composition du comité de groupe et répartissant les sièges à pourvoir entre organisations syndicales, selon des règles autres que les règles légales, ne s'impose pas aux syndicats non signataires.

Cass. soc. 16 avril 1986, n° 85-60.537, BC V n° 134.

En l'absence d'un tel accord, le salarié élu dans un collège lors des élections du comité d'entreprise ne peut pas être désigné représentant au comité de groupe dans un autre collège.

D'une part, l'article L. 439-3 CT prévoit que les sièges affectés à chaque collège sont répartis entre les organisations syndicales proportionnellement au nombre d'élus qu'elles ont obtenus dans ces collèges. D'autre part, les collèges servant de base de répartition sont ceux qui ont présidé à l'élection tels qu'ils ont été arrêtés à l'occasion des élections en application de l'article L. 433-2 CT ou de protocoles préélectoraux particuliers. Il en résulte que la classification d'un salarié dans un collège au sein duquel il a été élu exclut, sauf accord unanime postérieur aux élections, qu'il puisse être désigné représentant au comité de groupe pour un autre collège.

Cass. soc. 15 février 2006, n° 05-60.055, BC V n° 76.

Lorsqu'un accord collectif fixe des conditions permettant la désignation d'un représentant syndical au comité de groupe, il ne peut pas y être dérogé par voie d'usage.

Un protocole d'accord sur la constitution et le fonctionnement du comité de groupe d'une société a été signé, permettant, en son article 3-4, aux organisations syndicales de désigner des représentants syndicaux au comité de groupe, à la condition d'y avoir un siège.

Un syndicat a désigné un salarié en qualité de représentant syndical au comité de groupe pour deux réunions, en remplacement d'un autre salarié ; la société a contesté cette désignation.

C'est à tort que, pour la débouter de sa demande, un tribunal d'instance a essentiellement retenu l'existence d'un usage permettant aux organisations syndicales représentatives au niveau national de désigner un représentant syndical au comité de groupe, qu'elles aient ou non des sièges attribués en vertu de l'article L. 439-3 CT, alors qu'il résultait de ses constatations que le syndicat ne remplissait pas, lors de la désignation du salarié, la condition prévue à l'article 3-4 de l'accord d'avoir au moins un siège au comité de groupe renouvelé.

Cass. soc. 8 décembre 2004, n° 03-60.484, BC V n° 326.

Fonctionnement du comité de groupe

Tout syndicat ayant obtenu des élus dans l'un au moins des comités d'entreprise ou d'établissement dépendant du groupe doit être invité à participer à la négociation de tout accord concernant le fonctionnement du comité de groupe.

C'est à tort que, pour débouter un syndicat de sa demande d'annulation d'un accord relatif au renouvellement et au fonctionnement d'un comité de groupe conclu le 15 septembre 2004 au motif que, malgré sa demande, il n'avait pas été invité à sa négociation, une cour d'appel a retenu que, par application des dispositions de l'article L. 132-19-1 CT relatif aux accords de groupe et résultant de la loi 2004-391 du 4 mai 2004, l'accord litigieux ne pouvait être conclu que par des organisations syndicales de salariés représentatives dans le groupe ou dans l'ensemble des entreprises concernées et que le syndicat ne démontrant pas être représentatif dans ces périmètres, il n'avait pas à être invité à la négociation de l'accord.

En effet, les dispositions de la loi 2004-391 du 4 mai 2004 relatives aux accords conclus au sein d'un groupe, qui ont pour objet de définir les garanties sociales des salariés de ce groupe, n'ont pas modifié celles concernant les accords relatifs au comité de groupe, lesquelles n'exigent pas une représentativité dans l'ensemble du groupe ou dans l'ensemble des entreprises concernées ; au contraire, le droit de désigner des représentants à ce comité étant reconnu, en son principe, à toute organisation syndicale ayant obtenu des élus dans l'un au moins des comités d'entreprise ou d'établissement dépendant du groupe, il en résulte que ces organisations doivent être invitées à participer à la négociation de tout accord concernant le fonctionnement du comité de groupe.

Cass. soc. 30 mars 2010, n° 08-21.199, BC V n° 82.

Le comité de groupe a la possibilité de se faire assister par un expert comptable

La mission de l'expert comptable porte sur tous les documents d'ordre économique, financier ou social nécessaires à l'intelligence des comptes et à l'appréciation de la situation de l'entreprise.

S'agissant de la communication, à l'expert désigné par le comité d'entreprise de la société BG, d'informations relatives aux entreprises du groupe situées à l'étranger, c'est à bon droit qu'après avoir relevé, d'une part, que la société était une société captive du groupe et que l'expert comptable avait, comme le commissaire aux comptes, accès aux comptes et documents des sociétés mères ou filiales et, d'autre part, qu'aucun élément ne permettait d'établir que la société BG, société de droit français, n'était pas en mesure de recueillir les informations relatives aux entreprises du groupe situées sur le territoire d'un autre pays, une cour d'appel a décidé que ces informations devaient être communiquées à l'expert pour assister le comité d'entreprise dans l'examen des comptes annuels et des documents prévisionnels.

Cass. soc. 27 novembre 2001, n° 99-21.903, BC V n° 367.

L'expert comptable du comité de groupe a accès aux comptes de toutes les entreprises du groupe entrant dans la consolidation.

L'article L. 439-2 CT disposant que l'expert comptable du comité de groupe a accès aux mêmes documents que les commissaires aux comptes des entreprises constitutives du groupe et la compétence des commissaires aux comptes s'étendant à toutes les entreprises comprises dans la consolidation, une cour d'appel a pu décider que l'expert comptable du comité de groupe devait avoir accès aux éléments concernant l'ensemble des entreprises françaises et étrangères comprises dans l'établissement des comptes consolidés.

Cass. soc. 6 décembre 1994, n° 92-21.437, BC V n° 327.

L'expert comptable ayant pour mission de rendre les comptes intelligibles peut, pour ce faire, réaliser des travaux sur la structure du groupe.

Les travaux d'analyse de l'ensemble du groupe, des sous-groupes et filiales, ainsi que l'historique du groupe depuis l'origine de la société mère, entrent dans la mission d'assistance de l'expert comptable désigné par le comité de groupe. La mission de l'expert est, en effet, d'éclairer les membres du comité en leur facilitant la compréhension des comptes. Une cour d'appel a donc pu souverainement estimer que la juste rémunération de cette mission devait être évaluée comme elle l'avait fait, en prenant en compte la réalisation des travaux précités.

Cass. soc. 13 décembre 1994, n° 92-12.671, 2e et 3e moyens.

Le juge, saisi d'une contestation sur le montant des honoraires de l'expert comptable, doit apprécier son travail et en évaluer le coût.

Après avoir justement relevé que la mission de l'expert comptable était d'éclairer les membres du comité de groupe en leur facilitant la compréhension des comptes de l'entreprise, une cour d'appel a pu, dans l'exercice du pouvoir qu'elle tient de l'article L. 434-6 CT, par une décision motivée, estimer que la juste rémunération du travail accompli devait être évaluée comme elle l'a fait.

Cass. soc. 10 février 2000, n° 98-15.623.

La contestation, par l'employeur, de la rémunération de l'expert comptable mandaté par le comité de groupe relève de la compétence du juge des référés.

Il résulte des articles L. 2325-40, alors applicable, et L. 2334-4 CT, interprétés conformément à l'article 6, § 1 de la Convention de sauvegarde des droits de l'homme et des libertés fondamentales, que l'employeur peut contester la rémunération de l'expert-comptable mandaté par le comité de groupe et qu'eu égard aux exigences du droit à un recours juridictionnel effectif, un tel litige relève de la compétence du président du tribunal de grande instance statuant en la forme des référés en application de l'article R. 2325-7 CT.

Cass. soc. 6 juin 2018, n° 16-27.291, 2e moyen, à paraître.

Contentieux

Le recours contre la décision de l'autorité administrative statuant sur la répartition des sièges au sein du comité de groupe doit être présenté devant le tribunal administratif dans le ressort duquel l'entreprise dominante a son siège social.

Lorsque, en application des dispositions de l'article L. 439-3 CT, le directeur départemental du travail dans le ressort duquel se trouve le siège de l'entreprise dominante décide de la répartition des sièges entre les collèges du comité de groupe, cette décision ne produit d'effet direct qu'au siège de l'entreprise dominante du groupe, quelle que soit l'étendue de la compétence géographique du comité. Par suite, les recours dirigés contre de telles décisions ne sont pas au nombre de ceux dont il appartient au Conseil d'État de connaître en premier ressort et relèvent de la compétence du tribunal administratif dans le ressort duquel l'entreprise dominante a son siège social.

CE 16 janvier 2004, n° 248316.

La juridiction saisie de la contestation d'une désignation d'un représentant syndical au comité de groupe statue en premier ressort en l'absence de texte contraire.

Une société s'est pourvue en cassation contre un jugement de tribunal d'instance, qualifié en dernier ressort, qui a déclaré irrecevable comme tardive la contestation de la désignation d'un salarié en qualité de représentant syndical au comité de groupe.

Aucune disposition du code du travail ne prévoit la désignation de représentants syndicaux au comité de groupe, dont la composition est fixée par l'article L. 439-3 CT. Dès lors, la juridiction saisie ne peut statuer qu'en premier ressort en l'absence de texte contraire et sa décision étant susceptible d'appel, le pourvoi est irrecevable.

Cass. soc. 18 février 2004, n° 02-60.606, BC V n° 59.

Le tribunal d'instance est incompétent pour ordonner le renouvellement du comité de groupe.

Viole l'article R. 439-2 CT le tribunal d'instance qui, sur la demande d'un syndicat, ordonne le renouvellement du comité de groupe, alors que cette action n'entre pas dans les dispositions limitatives de cet article et qu'il est donc incompétent pour en connaître.

Cass. soc. 13 novembre 2001, n° 99-60.556, BC V n° 345.

Expert comptable du comité d'entreprise.

Comité d'hygiène, de sécurité et des conditions de travail (Fonctions)

Le CHSCT a pour mission de contribuer à la prévention et à la protection de la santé et de la sécurité des salariés, à l'amélioration des conditions de travail, ainsi qu'à l'adaptation et à l'aménagement des postes de travail afin de faciliter l'accès des personnes handicapées à tous les emplois et leur maintien dans l'emploi au cours de leur vie professionnelle. Il veille à l'observation des prescriptions légales prises en ces matières (art. L. 4612-1 ancien CT).

Il reçoit du chef d'établissement les informations nécessaires à l'exercice de ses missions et les moyens nécessaires à l'organisation des réunions et aux déplacements imposés par les enquêtes et inspections (art. L. 4614-9 ancien CT).

Mission

Les missions du CHSCT s'exercent à l'égard des salariés de l'établissement ainsi qu'à l'égard de ceux mis à la disposition de l'établissement par une entreprise extérieure.

Il résulte de l'article L. 236-2 CT, qui définit les missions du CHSCT, que celles-ci s'exercent, au sein de l'établissement, à l'égard des seuls salariés de celui-ci, ainsi que de ceux mis à la disposition de l'établissement par une entreprise extérieure, y compris les travailleurs temporaires. N'entre pas dans le cadre de cette mission le déplacement d'un membre du comité au sein d'une entreprise sous-traitante, à l'égard de laquelle seules ses instances propres de représentation du personnel sont compétentes.

Cass. soc. 1er avril 1992, n° 88-44.530, 1er moyen.

En énonçant que « les CHSCT des entreprises extérieures ont également une compétence générale pour les salariés présents sur le site et pour ce qui relève des mesures de coordination, dans la mesure où leur entreprise est concernée », la circulaire 93-14 du 18 mars 1993 méconnaît la portée des dispositions de l'article L. 236-2 CT.

CE 12 juin 1995, n° 150584, Rec. Lebon p. 240.

Il résulte des articles L. 4111-5, L. 4612-1, R. 4511-1 et R. 4511-5 CT, interprétés à la lumière de la directive 89/391/CEE du Conseil, du 12 juin 1989, concernant la mise en œuvre de mesures visant à promouvoir l'amélioration de la sécurité et de la santé des travailleurs au travail, que le CHSCT est compétent, pour exercer ses prérogatives, à l'égard de toute personne placée à quelque titre que ce soit sous l'autorité de l'employeur.

Ayant constaté que les objectifs à atteindre au sein d'un centre d'appels avaient été définis par la société donneuse d'ordre et que les salariés de la société sous-traitante exerçaient largement sous le contrôle du personnel d'encadrement de la société donneuse d'ordre présent sur le site, une cour d'appel en a exactement déduit que, les salariés de la société sous-traitante étant placés sous l'autorité tant de la société donneuse d'ordre que de la société sous-traitante, le CHSCT de l'établissement Ouest de la société donneuse d'ordre était recevable à agir à l'encontre de ces deux sociétés afin d'obtenir, au sein du site de Cherbourg relevant de son périmètre d'implantation, le respect de leurs obligations légales en matière de prévention des risques professionnels.

Cass. soc. 7 décembre 2016, n° 15-16.769, 1er moyen, BC V n° 235.

Hors les cas de danger grave et imminent conférant à un représentant du personnel au CHSCT un droit d'alerte, l'initiative des missions d'inspection n'est confiée, aux termes des articles L. 4612-1 et L. 4612-4 anciens CT, qu'au comité lui-même.

Après avoir constaté qu'un salarié, s'il était membre du CHSCT de l'entreprise, n'avait pas été missionné par ce comité et qu'il avait contrevenu, par ses agissements, à une note de sécurité interdisant l'accès à la toiture, sans qu'un danger grave et imminent justifie ce comportement, c'est à bon droit qu'une cour d'appel a débouté l'intéressé de sa demande d'annulation de la sanction disciplinaire dont il avait fait l'objet.

Cass. soc. 19 janvier 2010, n° 08-45.092, 2e moyen.

Cas de consultation

Le CHSCT est notamment consulté avant toute décision d'aménagement important modifiant les conditions d'hygiène et de sécurité ou les conditions de travail et, notamment, avant toute transformation importante des postes de travail découlant de la modification de l'outillage, d'un changement de produit ou de l'organisation du travail, ou avant toute modification des cadences et des normes de productivité liées ou non à la rémunération du travail.

Même lorsqu'il confie à un représentant le soin de présider le CHSCT, il appartient au chef d'entreprise, avant de prendre une décision d'aménagement important modifiant les conditions d'hygiène et de sécurité ou les conditions de travail, de s'assurer, sous peine d'entrave, de la consultation dudit comité. Peu importe que le prévenu ait délégué ou non ses pouvoirs en matière d'hygiène et de sécurité à l'un de ses préposés, chargé de le représenter au CHSCT.

Cass. crim. 15 mars 1994, n° 93-82.109, 1er moyen, B. crim. n° 100.

Les décisions qui se bornent à définir les principes de la nouvelle organisation d'une direction d'EDF n'affectant pas, en l'espèce, directement les conditions de travail des agents de cette direction, le CHSCT n'a pas à être consulté.

CE 17 mars 1997, n° 125349, Rec. Lebon p. 92.

La consultation du CHSCT n'ayant pas été effectuée sur les questions relatives à la sécurité et aux conditions de travail liées à la mise en œuvre du nouveau régime de sujétions de service défini par des notes pour l'ensemble d'une direction, ces notes ont été édictées à l'issue d'une procédure irrégulière et sont, dès lors, entachées d'illégalité.

CE 17 mars 1997, n° 149547, Rec. Lebon p. 93.

Ayant fait ressortir qu'un projet de transfert avait pour conséquence le reclassement de 200 salariés au sein de la société, ceux-ci étant contraints de suivre des formations pour s'adapter à leurs nouveaux emplois et voyant leurs conditions de travail modifiées, notamment quant à la mobilité géographique, une cour d'appel a exactement décidé que la société n'avait pas respecté ses obligations légales en ne consultant pas le CHSCT avant de prendre une décision importante modifiant les conditions de travail du personnel.

Cass. soc. 12 juillet 2005, n° 03-10.633.

Le projet d'un employeur d'évaluer le personnel au moyen d'entretiens annuels dont les modalités et les enjeux pouvaient générer une pression psychologique entraînant des répercussions sur les conditions de travail doit être soumis à la consultation du CHSCT.

Un comité d'entreprise, un CHSCT et des organisations syndicales ont saisi le juge des référés pour qu'il soit fait défense à un employeur de mettre en œuvre un projet d'évaluation du personnel au moyen d'entretiens annuels tant que le CHSCT n'aurait pas été consulté.

Ayant relevé que les évaluations annuelles devaient permettre une meilleure cohérence entre les décisions salariales et l'accomplissement des objectifs, qu'elles pouvaient avoir une incidence sur le comportement des salariés, leur évolution de carrière et leur rémunération, et que les modalités et les enjeux de l'entretien étaient manifestement de nature à générer une pression psychologique entraînant des répercussions sur les conditions de travail, une cour d'appel a pu décider que le projet de l'employeur devait être soumis à la consultation du CHSCT chargé de contribuer à la protection de la santé des salariés.

Cass. soc. 28 novembre 2007, n° 06-21.964, 2e moyen, BC V n° 201.

Le projet de regroupement sur un même site d'un service commun réparti sur plusieurs sites impose la consultation de tous les CHSCT territorialement compétents pour ces sites.

En vertu de l'article L. 4612-8 CT, le CHSCT est consulté avant toute décision d'aménagement important modifiant les conditions de santé et de sécurité ou les conditions de travail et, notamment, avant toute transformation importante des postes de travail découlant de la modification de l'outillage, d'un changement de produit ou de l'organisation du travail, avant toute modification des cadences et des normes de productivité liées ou non à la rémunération du travail.

Constitue une décision d'aménagement important modifiant les conditions de travail au sens de l'article L. 4612-8 CT un projet de regroupement sur un même site d'un service commun réparti sur plusieurs sites intéressant 80 salariés, dont la mise en œuvre doit entraîner le transfert hors de leur secteur géographique d'origine ou le changement des attributions de ces salariés ; en l'absence d'un CHSCT unique compétent pour l'ensemble des sites concernés, le projet qui excède nécessairement les prérogatives de chacun des CHSCT impose la consultation de tous les CHSCT territorialement compétents pour ces sites.

Cass. soc. 30 juin 2010, n° 09-13.640, BC V n° 156.

La circulaire destinée à des chefs d'établissement, précisant la méthode de recueil des données nécessaires à l'établissement des documents qui doivent être présentés chaque année au CHSCT, n'a pas à être soumise à l'avis de ce dernier.

En vertu de l'article L. 236-4 CT, dans sa rédaction alors applicable, le chef d'établissement présente au moins une fois par an au CHSCT un rapport écrit faisant le bilan de la situation générale de l'hygiène, de la sécurité et des conditions de travail dans son établissement, ainsi qu'un programme annuel de prévention des risques professionnels et d'amélioration des conditions de travail ; l'article R. 230-1 du même code, dans sa rédaction alors applicable, prévoit que l'employeur transcrit et met à jour dans un document unique les résultats de l'évaluation des risques pour la sécurité et la santé des travailleurs à laquelle il doit procéder en application du paragraphe III (a) de l'article L. 230-2 CT.

Il résulte de la combinaison des articles L. 122-34, L. 122-26 et L. 122-39 CT, dans leur rédaction alors applicable, que les notes de services portant prescriptions générales et permanentes en matière d'hygiène et de sécurité sont considérées comme des adjonctions au règlement intérieur et doivent, par suite, être soumises à l'avis du CHSCT ; toutefois, une circulaire relative à la procédure d'élaboration par des chefs d'établissement des trois documents cités précédemment, précisant la méthode de recueil des données nécessaires à l'établissement des documents et fixant le calendrier à respecter, ne constitue qu'une simple instruction aux services et non une prescription générale et permanente en matière d'hygiène et de sécurité ; dès lors, elle n'a pas à être soumise pour avis au CHSCT.

CE 5 août 2009, n° 299539.

Lorsqu'une expertise, confirmée par le médecin du travail et le spécialiste en prévention de l'entreprise, a mis en évidence l'existence de retentissements d'un projet de licenciements économiques sur la santé physique et psychique des salariés concernés, l'employeur doit consulter le CHSCT sur ce projet.

TGI Toulouse 3 février 2011, n° 11/00114.

En revanche, le CHSCT n'a pas à être informé et consulté sur une décision de fermeture provisoire d'un établissement.

TGI Chartres 19 février 2010, n° 10/00059.

Modalités de la consultation

Les informations données par l'employeur au CHSCT avant sa consultation doivent comporter des indications précises et complètes quant aux conséquences du projet sur les conditions de travail des salariés.

Selon l'article L. 4612-8 CT, le CHSCT est consulté avant toute décision d'aménagement important modifiant les conditions de santé et de sécurité ou les conditions de travail et, notamment, avant toute transformation importante des postes de travail découlant de la modification de l'outillage, d'un changement de produit ou de l'organisation du travail, avant toute modification des cadences et des normes de productivité liées ou non à la rémunération du travail.

Lors d'une réunion de son CHSCT, un centre hospitalier universitaire a présenté un projet de réorganisation du service de réanimation des grands brûlés ; invoquant l'existence d'un trouble manifestement illicite, le CHSCT a assigné le CHU en référé, pour obtenir la suspension de la mise en œuvre du projet, dans l'attente des résultats de l'expertise.

Pour débouter le CHSCT de sa demande, une cour d'appel a retenu que les informations communiquées par l'employeur sous forme d'un « power-point » de huit pages contenaient une description sommaire du projet dans ses grandes lignes, présenté sous le seul angle de l'amélioration de la qualité des soins et des conditions de travail, les inconvénients prévisibles comme la fatigue du personnel n'étant nullement examinés, que pour autant, cette insuffisance ne permettait pas de conclure que le CHU avait méconnu l'obligation de consulter le CHSCT.

En statuant ainsi, alors que les informations données par l'employeur au CHSCT étaient sommaires et ne comportaient pas d'indications relatives aux conséquences de la réorganisation du service sur les conditions de travail des salariés, de sorte que le comité ne pouvait donner un avis utile, la cour d'appel, qui n'a pas tiré les conséquences légales de ses constatations qui caractérisaient l'existence d'un trouble manifestement illicite, a violé les articles L. 4612-8 CT et 809 c. proc. civ.

Cass. soc. 25 septembre 2013, n° 12-21.747, BC V n° 211.

Exercice des fonctions

• Réunions

Le CHSCT se réunit au moins tous les trimestres à l'initiative du chef d'établissement.

Pour déclarer établie l'entrave au fonctionnement régulier du CHSCT et pour écarter l'argumentation du dirigeant qui sollicitait sa relaxe en soutenant que, d'une façon générale, les questions relatives à la sécurité étaient traitées lors des séances du comité d'entreprise ou faisaient l'objet d'informations données aux délégués du personnel, une cour d'appel a relevé qu'il était établi que le CHSCT avait été réuni seulement les 26 janvier 1984 et 2 octobre 1985 ainsi que le 15 février 1985 à l'initiative de l'inspecteur du travail, et que ce fonctionnaire n'avait pu, malgré sa demande, obtenir la convocation de l'organisme en cause au cours du second semestre de l'année 1985.

En l'état de ces motifs, les juges d'appel ont justifié leur décision. En effet, dès lors que l'omission fautive constatée à la charge du prévenu a été volontaire, l'élément intentionnel du délit d'entrave réprimé par l'article L. 263-2-2 CT se trouve suffisamment caractérisé.

Cass. crim. 27 septembre 1989, n° 88-85.727, B. crim. n° 333.

Après avoir saisi le tribunal d'instance d'une contestation de la désignation des membres du CHSCT, le directeur général d'une caisse régionale d'assurance maladie a reporté la date de sa réunion dans l'attente de la décision à intervenir puis, devant recueillir l'avis obligatoire du CHSCT sur le plan de retrait d'amiante d'un bâtiment, a convoqué les délégués du personnel aux lieu et place des membres élus du CHSCT. À la suite de ces faits constatés par l'inspecteur du travail, le directeur a été cité devant le tribunal correctionnel pour entrave à la constitution et au fonctionnement du CHSCT.

Ne peut être admis le moyen du pourvoi qui revient à mettre en discussion l'appréciation souveraine, par les juges du fond, des faits de la cause dont ils ont déduit qu'en empêchant délibérément le fonctionnement du CHSCT pendant plus de trois mois, dans l'attente de la décision à intervenir sur sa contestation de l'élection des membres du CHSCT, le prévenu avait commis le délit reproché.

Cass. crim. 25 février 2003, n° 02-82.293, B. crim. n° 53.

Il est également réuni à la demande motivée de deux de ses membres, représentants du personnel.

Lorsqu'il est saisi d'une demande motivée présentée par deux membres au moins du CHSCT, représentants du personnel, le chef d'établissement doit, sous peine d'entrave, réunir cet organisme sans pouvoir se faire juge du bien-fondé de cette demande.

Cass. crim. 4 janvier 1990, n° 88-83.311, 1er moyen, B. crim. n° 11.

En cas de défaillance de l'employeur dans la convocation des membres du CHSCT en vue de la réunion extraordinaire demandée dans les conditions de l'article L. 4614-10 ancien CT, l'auteur de cette demande est recevable à agir en justice pour que soit ordonnée une nouvelle réunion.

Cass. soc. 25 novembre 2015, n° 14-16.067, 1er moyen, BC V n° 240. Voir aussi cass. soc. 15 janvier 2013, n° 11-27.651, BC V n° 12.

Le juge n'a pas à vérifier le bien-fondé de la demande de réunion motivée de deux de ses membres et, en l'absence d'abus, ces membres ne peuvent pas être condamnés aux dépens.

Selon l'article L. 4614-10 CT, le CHSCT est réuni à la demande motivée de deux de ses membres représentants du personnel ; il en résulte que dès lors que la demande remplit ces conditions, l'employeur est tenu d'organiser la réunion.

Par lettres du 18 novembre 2009 et du 29 mars 2010, deux membres de deux CHSCT différents ont demandé à une société la convocation des CHSCT sur la mise en place d'un projet ; contestant cette demande au motif qu'il ne s'agissait pas d'un projet important modifiant les conditions de santé, de sécurité, ou les conditions de travail, la société a saisi le tribunal de grande instance.

Pour faire droit à cette contestation et annuler les demandes de réunion extraordinaire, une cour d'appel a retenu que la demande formée le 29 mars 2010 était tardive, puisque postérieure à la mise en œuvre du projet sur lequel devait porter la réunion, et que la demande du 18 novembre 2009 était mal fondée, la preuve n'étant pas rapportée que le projet en cause était un projet important ayant entraîné des modifications dans les conditions de travail.

En statuant ainsi, alors que les demandes de réunion avaient été formées chacune par deux membres des CHSCT et qu'elles étaient motivées, une cour d'appel, qui n'avait pas à vérifier leur bien-fondé au regard des dispositions de l'article L. 4612-8 CT, a violé l'article L. 4614-10 CT.

En outre, c'est à tort que la cour a condamné in solidum les salariés à l'origine des demandes de réunion du CHSCT aux dépens, alors que ces derniers avaient agi ès qualités de membres du CHSCT et qu'aucun abus n'était caractérisé.

Cass. soc. 26 juin 2013, n° 12-13.599, 1er moyen, BC V n° 175.

Les questions posées par les élus ayant demandé la réunion doivent être inscrites à l'ordre du jour sans modification.

Cass. soc. 9 novembre 2016 n° 15-17.551, 1er moyen.

Le manquement de l'employeur à l'obligation de convoquer individuellement les membres du CHSCT en vue de la réunion organisée à la demande motivée de deux de ses membres, n'engendre pas, en soi, pour les auteurs de cette demande, un préjudice personnel et direct.

Cass. soc. 25 novembre 2015, n° 14-16.067, 3e moyen, BC V n° 240.

Les prérogatives légales de l'employeur quant à la fixation des dates et heures de réunion du CHSCT ne peuvent pas être limitées par une clause de son règlement intérieur.

Cass. soc. 22 octobre 2014, n° 13-19.427, 2e moyen.

Le président du CHSCT doit transmettre à tous les membres du comité, au moins quinze jours avant la date prévue pour la réunion de ce comité, l'ordre du jour et, le cas échéant, les documents s'y rapportant, sans que lui soit imposée une forme particulière ; satisfait à cette obligation, l'envoi de ces documents par voie électronique au moyen d'une liste de distribution.

Cass. soc. 25 novembre 2015, n° 14-16.067, 2e moyen, BC V n° 240.

L'ordre du jour de chaque réunion est établi par le président du comité et le secrétaire.

La disposition de l'article L. 236-5 CT prévoyant que l'ordre du jour des réunions est établi par le président et le secrétaire dudit comité est impérative et, dès lors, son inobservation (président du comité ayant modifié unilatéralement l'ordre du jour) est constitutive d'entrave au fonctionnement régulier de ce comité.

Cass. crim. 4 janvier 1990, n° 88-83.311, 2e moyen, B. crim. n° 11.

L'ordre du jour résultant du seul accord commun entre l'employeur et le secrétaire du comité, porte atteinte aux prérogatives légales de l'un et de l'autre l'obligation d'indiquer l'origine des questions inscrites à cet ordre du jour, peu important la faculté pour tout membre du CHSCT d'indiquer au cours d'une réunion de cette instance qui a eu l'initiative d'une question.

Cass. soc. 22 octobre 2014, n° 13-19.427, 1er moyen.

Le CHSCT ne peut valablement délibérer que sur un sujet en lien avec une question inscrite à l'ordre du jour.

C'est à tort que, pour valider les délibérations d'un CHSCT ayant désigné un expert extérieur pour déterminer les conséquences d'un projet de restructuration d'un foyer sur les conditions de travail des salariés qui y travaillaient, une cour d'appel a retenu qu'il importait peu que le CHSCT n'ait pas encore été saisi du projet lorsqu'il avait décidé du recours à l'expert, dès lors que ce projet était déjà en possession du comité d'entreprise et, à tout le moins, en celle du secrétaire du CHSCT, que plusieurs membres du CHSCT avaient fait savoir au directeur de l'association qu'ils souhaitaient que le projet soit mis à l'ordre du jour de la prochaine réunion, et que lors des séances aux termes desquelles l'expert avait été désigné, la question du projet de restructuration du foyer avait été évoquée.

Cass. soc. 22 janvier 2008, n° 06-18.979, BC V n° 15.

L'avis ne peut résulter que d'une décision prise à l'issue d'une délibération collective.

Après avoir relevé que l'avis des membres d'un CHSCT avait été pris lors d'un tour de table à la fin d'une réunion, une cour d'appel, qui a retenu que l'avis du CHSCT ne peut résulter que d'une décision prise à l'issue d'une délibération collective, et non de l'expression d'opinions individuelles de ses membres, en a justement déduit que le CHSCT n'avait pas exprimé d'avis.

Cass. soc. 10 janvier 2012, n° 10-23.206, BC V n° 7. Voir aussi cass. soc. 21 novembre 2012, n° 10-27.452, 1er moyen, s'agissant du mandat de représentation en justice donné au secrétaire du comité.

L'employeur doit prendre en charge les frais de déplacement des membres du comité pour se rendre aux réunions organisées au siège social de l'entreprise à son initiative.

Le président d'une société, spécialisée notamment dans l'assistance en matériel des sites de centrales nucléaires, a omis de convoquer le CHSCT et refusé de prendre en charge les frais de déplacement, pour se rendre aux réunions légales, des représentants de la délégation unique du personnel, des membres du comité d'entreprise et du CHSCT ; sur ce dernier point, il a été constaté qu'en raison du coût des frais de déplacement demeurant à leur charge, les représentants du personnel travaillant sur des sites éloignés éprouvaient des difficultés pour assister aux réunions habituelles des institutions représentatives du personnel organisées au siège de la société.

Poursuivi, en raison de ces faits, des chefs d'entraves, le dirigeant a fait valoir qu'à la suite de la suppression des agences de l'entreprise implantées sur le territoire national, le siège social de la société avait été fixé dans le Calvados, et que les frais de déplacement des salariés étaient pris en charge, en application d'un accord collectif, pour les seules missions en dehors du siège social, mais non pour se rendre audit siège qui était le « lieu d'attachement des salariés », au sens dudit accord. Un tribunal correctionnel n'a déclaré le prévenu coupable que du premier chef d'entrave (représentants de la délégation unique du personnel).

Pour retenir la culpabilité de l'intéressé pour l'ensemble des faits visés dans l'acte de poursuite, une cour d'appel a énoncé que, du fait de l'éloignement existant entre le siège social de la société et le lieu de travail des salariés concernés, le refus réitéré, malgré les mises en garde de l'inspection du travail, de régler les frais restant à la charge de l'employeur lorsque la réunion des institutions représentatives du personnel était organisée à son initiative avait eu pour effet de restreindre les déplacements de ces salariés et leur participation aux réunions des institutions susvisées ; la cour a pu en déduire que se trouvaient ainsi caractérisés en tous leurs éléments constitutifs, matériels et intentionnels, les délits d'entrave imputés au prévenu.

Cass. crim. 22 novembre 2005, n° 04-87.451, B. crim. n° 307.

Le CHSCT recevant de l'employeur les moyens nécessaires à la préparation et à l'organisation des réunions, il n'est pas fondé à décider unilatéralement de l'octroi de moyens supplémentaires.

Cass. soc. 22 février 2017, n° 15-22.392, 1er moyen, BC V n° 25.

L'employeur n'a pas l'obligation de prendre à sa charge les honoraires du cabinet d'avocat auquel le CHSCT souhaiterait recourir pour l'assister dans la rédaction de son règlement intérieur.

Cass. soc. 25 mai 2018, n° 16-27.536.

• Heures de délégation

Les membres du CHSCT bénéficient, pour l'exercice de leurs fonctions, d'un crédit d'heures rémunéré, variable selon l'effectif de l'établissement.

Il résulte de l'article L. 236-7 CT, qui fixe, en fonction de l'effectif de l'établissement, le contingent d'heures alloué mensuellement à titre individuel aux membres du CHSCT, que la variation de l'effectif au-delà ou en deçà d'un des seuils ainsi fixés doit être prise en compte dès le mois suivant pour la fixation du nombre d'heures de délégation.

Cass. soc. 7 octobre 1992, n° 89-40.821.

Le temps passé par un membre du CHSCT à l'exercice de sa mission doit s'imputer sur les heures de délégation.

Si, aux termes de l'article L. 236-7, al. 5 CT, le temps passé aux réunions, aux enquêtes menées après un accident du travail grave ou des incidents répétés ayant révélé un risque grave ou une maladie professionnelle ou à caractère professionnel grave, ou à la recherche de mesures préventives dans toute situation d'urgence et de gravité, notamment lors de la mise en œuvre de la procédure prévue à l'article L. 231-9 CT, est payé comme temps de travail effectif et n'est pas déduit du crédit d'heures alloué aux représentants du personnel au CHSCT prévu au premier alinéa du même texte, les inspections effectuées à intervalles réguliers, conformément à l'article L. 236-2, al. 3 CT, n'entrent pas dans les prévisions de l'article L. 236-7, al. 5 de ce code, de sorte que le temps passé à une visite partielle d'atelier s'impute sur le crédit d'heures.

Cass. crim. 17 février 1998, n° 96-82.118, B. crim. n° 63.

Ainsi, s'il a été décidé, lors d'une réunion, que le comité participerait à des contrôles réguliers de l'environnement de travail avec les entreprises compétentes, le temps consacré à ces contrôles s'impute sur le crédit d'heures.

C'est à tort que, pour condamner un employeur à payer à un salarié, membre du CHSCT, une certaine somme à titre de rappel de salaires, un conseil de prud'hommes, après avoir rappelé que le temps passé en réunions ne s'imputait pas sur le contingent d'heures mensuelles de délégation, a retenu qu'il avait été décidé lors d'une réunion du CHSCT que dorénavant le comité participerait à tous les contrôles effectués dans l'établissement avec les sociétés chargées des réparations ou de l'entretien sur l'ensemble des bâtiments et que ces heures devaient être comptabilisées en heures de réunion et non en délégation, alors que le temps consacré par les membres du CHSCT à ces contrôles, qui ne constituaient pas des réunions au sens des textes susvisés, devait s'imputer sur le temps de délégation.

Cass. soc. 20 décembre 2006, n° 05-42.507, BC V n° 406.

Le code du travail prévoit que certains temps consacrés à l'exercice de la mission ne s'imputent pas sur le crédit d'heures et doivent être rémunérés comme du temps de travail effectif.

Réunions, enquêtes ou inspections.

Il résulte de l'article L. 236-3 CT que le CHSCT reçoit du chef d'établissement les informations qui lui sont nécessaires pour l'exercice de ses missions, ainsi que les moyens nécessaires à la préparation et à l'organisation des réunions et aux déplacements imposés par les enquêtes ou inspections.

Ayant constaté qu'en raison de l'heure de la réunion du CHSCT et du temps de trajet, le départ la veille s'imposait, un conseil de prud'hommes a pu condamner l'employeur à rembourser au salarié, membre du comité, les frais de déplacement engagés par l'intéressé pour assister à cette réunion.

Cass. soc. 5 octobre 1999, n° 97-41.590, BC V n° 363.

En énonçant que le temps de transport devait être regardé comme un moyen nécessaire aux déplacements et pris en charge comme tel, alors que l'article L. 236-7 CT précise le temps nécessaire que le chef d'établissement est tenu de laisser à chacun des représentants du personnel au CHSCT et les cas dans lesquels le temps passé à l'accomplissement des missions du comité est également payé comme temps de travail effectif sans être déduit du crédit d'heures prévu, les auteurs de la circulaire 93-14 du 18 mars 1993 ont posé une règle qui n'est pas prévue dans la loi ; ils ont, par suite, édicté une disposition réglementaire qui est entachée d'incompétence.

CE 12 juin 1995, n° 150584, précité.

Enquêtes menées après un accident grave.

L'article L. 236-7 CT prévoyant que le temps passé par les membres du CHSCT aux enquêtes menées après un accident du travail grave ayant révélé un risque grave est payé comme temps de travail, un conseil de prud'hommes, après avoir constaté que la société ne discutait pas le principe de la rémunération du temps consacré à l'enquête, a pu décider qu'avant toute contestation sur la durée de l'enquête, l'employeur devait rémunérer le temps normalement consacré par le salarié membre du CHSCT à cette enquête.

Cass. soc. 25 novembre 1997, n° 95-42.139, BC V n° 403.

Visite sur un lieu où existerait une cause de danger imminent.

Un membre d'un CHSCT, ne prétendant pas avoir agi dans le cadre des dispositions de l'article L. 231-9 CT relatif aux visites d'un membre du comité sur les lieux où existerait une cause de danger imminent, et ne produisant aucun justificatif de l'existence d'une mission individuelle qui lui aurait été confiée par le comité, ne saurait reprocher à un conseil de prud'hommes de l'avoir débouté de sa demande tendant à obtenir la prise en charge par son employeur de ses frais de déplacement pour l'exercice de sa mission.

Cass. soc. 21 juillet 1993, n° 91-42.384.

Le crédit d'heures peut être dépassé en cas de circonstances exceptionnelles.

L'obligation pesant sur l'employeur de payer à l'échéance normale comme temps de travail le temps nécessaire au représentant du personnel au CHSCT pour l'exercice de ses fonctions, sauf à contester ensuite devant la juridiction compétente l'usage fait du temps alloué, est limitée aux heures dont le nombre est fixé par la loi ou par un accord collectif plus favorable et ne s'étend pas à celles qui sont prises en fonction de circonstances exceptionnelles dont il appartient au salarié, en cas de contestation de l'employeur, d'établir l'existence ainsi que la conformité de leur utilisation avec l'objet du mandat représentatif, préalablement à tout paiement par l'employeur.

Cass. soc. 10 juin 1997, n° 94-42.546, BC V n° 217.

Ayant mis en œuvre une procédure de licenciement collectif, une société a décidé de doubler les heures de délégation des membres du personnel investis d'un mandat électif ou syndical pour deux mois, afin de leur permettre de se prononcer dans les meilleures conditions sur le projet de plan social. Quatre membres du CHSCT, après avoir protesté contre l'absence du doublement de leur crédit d'heures, ont dépassé leur contingent en invoquant des circonstances exceptionnelles. Ayant subi une retenue sur salaire à ce titre, ils ont saisi la juridiction prud'homale.

C'est à tort que, pour accorder aux salariés les sommes ainsi retenues, un conseil de prud'hommes, tout en visant les dispositions de l'article L. 236-7 CT autorisant un dépassement du contingent d'heures légales de délégation en cas de circonstances exceptionnelles, a énoncé que la société devait avoir préalablement demandé aux salariés, fût-ce par voie judiciaire, l'indication de l'utilisation des heures de délégation, alors que, lorsque le contingent d'heures légales est dépassé, c'est au salarié d'établir l'existence de circonstances exceptionnelles justifiant, eu égard aux fonctions conférées par la loi, un dépassement de ses heures de délégation, ainsi que la conformité de l'utilisation desdites heures excédentaires avec sa mission.

Cass. soc. 25 novembre 1997, n° 95-43.412, BC V n° 404.

Deux salariés membres du CHSCT ont subi une retenue sur salaire après avoir exercé leur droit d'alerte. C'est par une appréciation souveraine des éléments de fait et de preuve soumis à son examen qu'un conseil de prud'hommes a décidé que les conditions d'exercice du droit d'alerte prévu par l'article L. 231-9, al. 1er CT avaient été respectées par chacun des deux salariés. Il en résultait nécessairement que le temps litigieux correspondait à des circonstances exceptionnelles au sens de l'article L. 236-7 CT et devait être payé comme temps de travail effectif, dès lors que les membres concernés des CHSCT avaient déjà utilisé leur crédit d'heures légal.

Cass. soc. 25 juin 2003, n° 01-41.783.

Le temps passé à des activités sans rapport avec le mandat ne s'impute pas sur le crédit d'heures.

Un membre du CHSCT avait, en utilisant son crédit d'heures, organisé, dans le cadre d'une journée d'action nationale de la CGT, une réunion d'information pour exposer les thèses de ce syndicat sur les projets du CNPF en matière de flexibilité du droit du travail et s'était vu infliger une sanction disciplinaire.

Une cour d'appel a décidé à bon droit qu'il n'entrait pas dans le mandat d'un membre du CHSCT d'organiser une réunion ayant pour objet de contester des projets ne concernant pas directement l'entreprise et relatifs à des modifications éventuelles du droit du travail ; elle a pu, en conséquence, juger que la sanction était justifiée.

Cass. soc. 26 février 1992, n° 88-45.284, BC V n° 137.

Le temps passé par un membre du CHSCT à son information personnelle ne peut être inclus dans les heures de délégation que si l'information se rattache directement à une difficulté particulière à son entreprise.

C'est à tort que, après avoir constaté que l'objet de la réunion (réunion d'un syndicat consacrée au bilan des CHSCT et à la mise en place des élus de ce syndicat dans ces comités) ne concernait pas l'entreprise, un conseil de prud'hommes a débouté la société de sa demande en remboursement du temps passé à cette réunion.

Cass. soc. 1er avril 1998, n° 95-45.387.

L'employeur doit payer à l'échéance normale le temps de délégation et peut en contester ensuite l'utilisation.

L'article L. 236-7 CT, qui impose à l'employeur de payer à l'échéance normale le temps alloué aux membres du CHSCT pour l'exercice de leurs fonctions, ne dispense pas les bénéficiaires de ce versement d'indiquer l'utilisation faite du temps pour lequel ils ont été payés.

Doit être cassé l'arrêt qui, pour décider que la juridiction des référés était incompétente pour statuer sur la demande d'un employeur tendant à obtenir des justifications sur l'utilisation par un salarié de ses heures de délégation déjà rémunérées, a estimé qu'il existait une contestation sérieuse sur l'utilisation des heures de délégation, alors que l'obligation d'un salarié d'indiquer l'utilisation de ces heures ne se heurte à aucune contestation sérieuse.

Cass. soc. 4 février 2004, n° 01-46.478, BC V n° 36.

• Recours à un expert

Les dispositions de l'article L. 4614-12 ancien CT autorisent le CHSCT à recourir à un expert en cas de projet important modifiant les conditions de santé et de sécurité des salariés ou leurs conditions de travail,...

Les dispositions de l'article L. 4614-12 CT autorisent le CHSCT à recourir à un expert pour l'éclairer sur la nouvelle organisation du travail et lui permettre d'avancer des propositions de prévention.

Le rattachement d'une société « A » au réseau de transport collectif d'une société « B » impliquant une harmonisation des horaires de travail des salariés postés avec ceux de la société « B », la société « A » avait consulté le comité d'établissement et le CHSCT, à qui le médecin du travail avait fourni les informations utiles sur les conséquences de ce changement. Après avoir relevé que le changement d'horaires affectait directement 255 salariés postés sur un effectif de 400 et que le médecin du travail avait rappelé que le travail posté était en soi perturbateur des rythmes biologiques et conclu qu'il était préférable de se rapprocher de ces rythmes biologiques, une cour d'appel en a exactement déduit que les conditions posées par l'article L. 236-9 CT, qui permet au CHSCT de recourir à une expertise, étaient réunies.

Cass. soc. 24 octobre 2000, n° 98-18.240, BC V n° 345.

Après avoir constaté que le projet de réorganisation mis en place à l'initiative de la direction d'un groupe entraînait la disparition d'une société appelée à devenir un simple établissement d'une nouvelle entité, une nouvelle organisation de ses établissements et le transfert d'une partie de son personnel au service d'une société relevant d'un autre groupe, une cour d'appel a pu en déduire que ce projet était de nature à modifier les conditions de travail du personnel de la société et justifiait le recours à un expert par le CHSCT de cette dernière, alors même que d'autres entreprises étaient concernées par ces modifications.

Cass. soc. 29 septembre 2009, n° 08-17.023, BC V n° 211.

Un CHSCT d'une entreprise de transport s'est réuni pour donner son avis sur l'introduction, dans le règlement intérieur, de dispositions pour le dépistage de produits stupéfiants au moyen de tests salivaires. Le CHSCT a décidé de procéder à une expertise et l'employeur a saisi un tribunal d'une demande d'annulation de cette mesure.

Après avoir retenu que le dispositif soumis au CHSCT avait pour objet de contrôler l'activité des chauffeurs en les exposant à des sanctions disciplinaires dépendant du résultat de tests de dépistage de stupéfiants effectués sans intervention médicale, une cour d'appel en a exactement déduit qu'il s'agissait d'un projet important de nature à affecter les conditions de travail des salariés concernés et a justement débouté l'employeur de sa demande.

Cass. soc. 8 février 2012, n° 11-10.382, BC V n° 70.

… quand bien même ce projet a commencé à être mis en œuvre,…

Les dispositions de l'article L. 4614-12, 2° CT permettent au CHSCT de recourir à un expert pour l'éclairer sur la nouvelle organisation du travail et lui permettre d'avancer des propositions de prévention, quand bien même cette nouvelle organisation a commencé à être mise en œuvre.

Cass. soc. 14 mars 2018, n° 16-27.683.

… et sans qu'il y ait lieu de distinguer selon que ce projet procède d'une décision unilatérale de l'employeur ou d'un accord d'entreprise.

Une société a conclu, le 7 février 2017, avec plusieurs organisations syndicales représentatives dans l'entreprise, un accord d'entreprise relatif à l'amélioration des conditions de travail et à l'évolution des métiers destiné à une branche d'activité de l'entreprise, lequel est entré en vigueur le 22 février 2017. Le CHSCT d'un établissement a, par délibération du 14 avril 2017, décidé le recours à un expert agréé en raison de l'existence d'un projet important au sens de l'article L. 4612-8-1 CT.

Ayant constaté que l'accord du 7 février 2017, entré en application, prévoyait la création de nouvelles fonctions, telles que celles de facteur polyvalent et facteur de services expert, la création d'une filière de remplaçants, l'organisation de tournées en fonction de la charge de travail permettant une mise en adéquation des moyens de locomotion aux tournées, l'instauration d'une durée de travail hebdomadaire évolutive en fonction de l'activité, une offre de formation par une école métiers des facteurs et une nouvelle définition du rôle et des missions des managers de proximité par la création des fonctions de responsable opérationnel et de responsable d'équipe, et que trois cent cinquante salariés étaient concernés au sein de l'établissement, le président d'un tribunal de grande instance a pu en déduire qu'il s'agissait d'un projet important au sens de l'article L. 4612-8-1 CT et débouter la société de sa demande d'annulation de la délibération du CHSCT ordonnant l'expertise.

Cass. soc. 19 décembre 2018, n° 17-23.150, à paraître.

Le nombre de salariés concernés ne détermine pas, à lui seul, l'importance du projet.

Cass. soc. 10 février 2010, n° 08-15.086, BC V n° 40.

En l'absence d'une instance temporaire de coordination des différents CHSCT implantés dans les établissements concernés par la mise en œuvre d'un projet important modifiant les conditions de travail au sens de l'article L. 4612-8-1 CT, chacun des CHSCT territorialement compétents pour ces établissements est fondé à recourir à l'expertise.

Cass. soc. 19 décembre 2018, n° 17-23.150, précité. Voir aussi cass. soc. 19 décembre 2018, n° 17-27.016, à paraître.

Le CHSCT peut aussi faire appel à un expert agréé lorsqu'un risque grave, révélé ou non par un accident du travail, ou une maladie professionnelle ou à caractère professionnel est constaté dans l'établissement.

Il résulte de l'article L. 236-9 CT que ce n'est qu'au cas où un risque grave est constaté dans l'établissement qu'une expertise peut être ordonnée.

Doit donc être annulée la délibération du CHSCT d'un établissement ayant demandé une expertise en application de ce texte, en raison du suicide d'un salarié et d'accidents de la circulation ayant touché, la même année, des membres du personnel lors de déplacements liés à l'implantation de leurs sites d'activité, aucun risque grave n'ayant été constaté au sein même de l'établissement.

Cass. soc. 3 avril 2001, n° 99-14.002, BC V n° 121. Voir aussi cass. soc. 19 mai 2015, n° 13-24.887, moyen unique du pourvoi, BC V n° 99.

La loi du 9 novembre 2010 ajoutant aux missions du CHSCT l'analyse de l'exposition des salariés à des facteurs de pénibilité n'a pas pour objet de conférer au CHSCT un droit général à l'expertise, laquelle ne peut être décidée que lorsque les conditions visées à l'article L. 4614-12 ancien CT sont réunies.

Cass. soc. 25 novembre 2015, n° 14-11.865, 1er moyen, BC V n° 239.

La pénibilité au travail ne peut caractériser à elle seule le risque grave permettant au CHSCT de recourir à un expert.

Selon les dispositions de l'article L. 4614-12, 1° CT, le CHSCT ne peut faire appel à un expert agréé que lorsqu'un risque grave, révélé ou non par un accident du travail, une maladie professionnelle ou à caractère professionnel est constaté dans l'établissement ; le risque grave s'entend d'un risque identifié et actuel.

Une société fabriquant de la pâte à papier et employant plus de 330 salariés a, en application des articles L. 138-29 et s. c. séc. soc. issus de la loi 2010-1330 du 9 novembre 2010, engagé des discussions au sein de l'entreprise en vue de l'élaboration d'un plan d'action de prévention de la pénibilité soumis à l'avis du CHSCT ; par délibération du 6 septembre 2012, le CHSCT a désigné un expert avec mission d'établir un diagnostic sur les expositions aux facteurs de pénibilité ainsi que sur les enjeux en termes de prévision de la pénibilité et d'aider le CHSCT à participer à l'élaboration d'un plan d'action de prévention de la pénibilité ; la société a saisi le président du tribunal de grande instance statuant en la forme des référés afin d'obtenir l'annulation de cette décision.

C'est à bon droit qu'une cour d'appel a annulé la décision du CHSCT.

En effet, ayant retenu que le risque grave doit être préalable à l'expertise, c'est-à-dire objectivement constaté, la pénibilité au travail ne pouvant à elle seule le caractériser, que, si les intimés produisent des mises en demeure de l'administration et rappel de la réglementation faisant suite à une inspection ou encore une injonction de la caisse primaire d'assurance maladie, ils n'expliquent pas en quoi ces initiatives caractérisent l'existence d'un risque grave, et que l'expert rappelle en outre que le bilan hygiène et sécurité 2011 ne retient aucune situation de danger grave, la cour a légalement justifié sa décision.

Cass. soc. 25 novembre 2015, n° 14-11.865, 2e moyen, BC V n° 239.

Dans les installations classées, la possibilité de recourir à un expert ne peut résulter de la seule activité soumise à la législation sur ces installations.

La possibilité reconnue au CHSCT d'avoir recours à un expert en risques technologiques ne pouvant résulter de la seule activité soumise à la législation sur les installations classées, c'est à bon droit qu'une cour d'appel a accueilli la contestation par l'employeur de la décision du CHSCT de recourir à un expert, faute pour le comité d'avoir démontré l'existence d'un danger grave en rapport avec l'installation classée.

Cass. soc. 15 janvier 2013, n° 11-27.679, 1er moyen, BC V n° 10.

Lorsqu'il a les mêmes missions et prérogatives qu'un CHSCT légalement institué, le CHSCT d'un établissement public peut recourir à la désignation d'un expert.

Par délibération du 6 juillet 2009, le CHSCT central de l'assistance publique - hôpitaux de Paris (APHP) a décidé de recourir à une expertise sur les incidences de la mise en place d'un nouveau référentiel de formation infirmier au sein de l'APHP et notamment celles relatives à la santé physique et psychique, l'organisation du travail et les conditions de travail des personnels des instituts de formation en soins infirmiers ; par délibération du 23 juillet 2009, le CHSCT central a désigné un cabinet d'expertise ; l'APHP a contesté ces décisions devant le juge des référés du tribunal de grande instance.

C'est à bon droit qu'une cour d'appel a validé ces délibérations.

En effet, d'une part, la décision de recourir à un expert, prise par le CHSCT d'un établissement public en application de l'article L. 4614-12 CT, n'étant pas au nombre des marchés de service énumérés limitativement par l'article 8 du décret 2005-

1742 du 30 décembre 2005 portant application de l'ordonnance 2005-649 du 6 juin 2005 relative aux marchés passés par certaines personnes publiques ou privées non soumises au code des marchés publics, la cour d'appel n'avait pas à rechercher si les modalités de désignation de l'expert par le CHSCT répondaient à des règles particulières de la commande publique.

D'autre part, ayant relevé que l'arrêté du 2 décembre 2005 créant un CHSCT central confiait à ce dernier les mêmes missions et prérogatives qu'aux CHSCT légalement institués, la cour d'appel en a exactement déduit que lorsque les conditions posées par l'article L. 4614-12 étaient réunies, le CHSCT central pouvait recourir à la désignation d'un expert.

Cass. soc. 14 décembre 2011, n° 10-20.378, BC V n° 303.

L'expertise ne peut conférer à l'expert de pouvoir d'investigation qu'au sein de l'établissement dans le cadre duquel s'effectue sa désignation.

Cass. soc. 25 juin 2013, n° 11-28.946, 1er moyen.

La décision de recourir à un expert prise par le CHSCT dans le cadre d'une consultation sur un projet important modifiant les conditions de santé et de sécurité constitue une délibération sur laquelle les membres élus du CHSCT doivent seuls se prononcer en tant que délégation du personnel, à l'exclusion du chef d'entreprise, président du comité.

Cass. soc. 26 juin 2013, n° 12-14.788, BC V n° 171.

Le recours à l'expertise et la désignation de l'expert peuvent faire l'objet de deux délibérations distinctes du CHSCT.

Cass. soc. 5 juillet 2018, n° 17-11.829.

Ne manque pas à ses obligations l'expert qui accomplit sa mission avant que la cour d'appel se soit prononcée sur le recours formé contre une décision rejetant une demande d'annulation du recours à un expert.

Pour débouter l'expert sollicité par un CHSCT de sa demande en paiement de ses honoraires, une cour d'appel a retenu qu'il avait réalisé sa mission en dépit de l'absence d'exécution provisoire de l'ordonnance ayant débouté l'employeur de sa contestation de la nécessité du recours à expertise et de l'effet suspensif de l'appel interjeté par l'employeur contre cette décision et que, si l'article R. 4614-18 CT prévoit que la mission de l'expert doit être exécutée dans les 45 jours, ce délai n'est assorti d'aucune sanction.

En statuant ainsi, alors d'une part, que, tenu de respecter un délai qui court de sa désignation, pour exécuter la mesure d'expertise, l'expert ne manque pas à ses obligations en accomplissant sa mission avant que la cour d'appel se soit prononcée sur le recours formé contre une décision rejetant une demande d'annulation du recours à un expert, et alors, d'autre part, que l'expert ne dispose d'aucune possibilité effective de recouvrement de ses honoraires contre le comité qui l'a désigné, faute de budget pouvant permettre cette prise en charge, la cour d'appel a violé l'article L. 4614-13 CT.

Cass. soc. 15 mai 2013, n° 11-24.218, BC V n° 125.

Sauf abus manifeste, le juge n'a pas à contrôler le choix de l'expert auquel le CHSCT a décidé de faire appel dans le cadre du pouvoir qui lui est donné par l'article L. 4614-12 ancien CT.

Cass. soc. 26 juin 2001, n° 99-11.563, BC V n° 231 (arrêt n° 2). Voir aussi cass. soc. 18 décembre 2012, n° 11-17.634, 1er moyen ; cass. soc. 26 mai 2015, n° 13-26.762.

Dans le cadre d'un projet de restructuration intéressant trois établissements d'une société, le CHSCT de cette dernière a décidé de recourir à une mesure d'expertise ; la société a contesté le choix de l'expert, soutenant que celui-ci ne disposait d'aucune compétence technique dans le domaine d'intervention.

Pour annuler le choix de l'expert par le CHSCT, une cour d'appel a énoncé que la mission relevait d'une expertise technique en bâtiment et n'entrait pas dans son domaine de compétence, que l'expert choisi ne présentait donc aucune garantie pour mener à bien la tâche confiée, un tel choix étant constitutif d'un abus manifeste justifiant son annulation.

En statuant ainsi, alors que l'expert choisi disposait d'un agrément ministériel dans les domaines de la santé, de la sécurité au travail, de l'organisation du travail et de la production, ce qui excluait tout abus, la cour d'appel a violé les articles L. 4614-12 et R. 4614-6 CT.

Cass. soc. 8 juillet 2009, n° 08-16.676, BC V n° 183.

L'éventuelle acceptation par les parties intéressées, avant expertise, du tarif proposé, qui ne fait pas l'objet de l'agrément prévu par les articles R. 4614-6 et s. anciens CT, ne peut faire échec au pouvoir que le juge tient de l'article L. 4614-13 ancien CT de procéder, après expertise, à une réduction du montant des honoraires de l'expert au vu du travail effectivement réalisé par ce dernier.

Cass. soc. 15 janvier 2013, n° 11-19.640, 1er moyen, BC V n° 11.

Lorsque le CHSCT décide de faire appel à un expert, l'employeur doit prendre en charge le coût de l'expertise et les frais de procédure de contestation éventuelle de cette expertise dès lors qu'aucun abus du CHSCT n'est établi.

L'article L. 236-9 CT prévoit que le CHSCT peut faire appel à un expert agréé dans un certain nombre de situations et précise non seulement que les frais d'expertise sont à la charge de l'employeur, mais que, si l'employeur entend contester la nécessité de l'expertise, la désignation de l'expert, le coût, l'étendue ou le délai de l'expertise, cette contestation est portée devant le président du tribunal de grande instance statuant en urgence. Il résulte de ce texte que l'employeur doit supporter le coût de l'expertise et les frais de la procédure de contestation éventuelle de cette expertise, dès lors qu'aucun abus du CHSCT n'est établi.

Ainsi, c'est à bon droit qu'une cour d'appel a condamné EDF-GDF à supporter les frais de la procédure litigieuse (expertise décidée par le CHSCT national en vue d'examiner les conséquences de la réorganisation des structures territoriales d'exploitation du gaz sur les conditions de travail, contestée par EDF-GDF et pour laquelle le CHSCT réclamait à EDF-GDF la prise en charge des frais d'avocat occasionnés par le contentieux).

Cass. soc. 12 janvier 1999, n° 97-12.794, BC V n° 19. Voir aussi cass. soc. 14 février 2001, n° 98-21.438, BC V n° 54 ; cass. soc. 8 décembre 2004, n° 03-15.535, BC V n° 328.

Pour limiter à 6 000 F le montant de la somme allouée au CHSCT pour les frais exposés en première instance et à une somme identique pour les frais exposés en appel, une cour d'appel a retenu que rien n'autorisait le premier juge à accorder au CHSCT une somme correspondant arithmétiquement à ses frais d'avocat sur un fondement autre que celui de l'article 700 NCPC, texte précisément relatif aux frais hors dépens, alors que ce texte, parfaitement applicable à l'espèce, implique une appréciation en équité.

En statuant ainsi alors qu'aucun abus du CHSCT n'était invoqué, la cour d'appel a violé l'article L. 236-9 CT. En conséquence, il y a lieu de faire droit à sa demande sur le fondement de l'article L. 236-9 CT tendant à ce que les honoraires de sa défense devant la Cour de cassation soient mis à la charge de l'employeur.

Cass. soc. 26 juin 2001, n° 99-16.096, précité. Voir aussi cass. soc. 26 juin 2001, n° 99-18.249, BC V n° 231 (arrêt n° 3).

Pour débouter un CHSCT de sa demande tendant à ce que les honoraires d'avocat exposés par l'employeur à l'occasion de la procédure de contestation d'une expertise soient mis à la charge de ce dernier, une cour d'appel a retenu que cette demande n'étant pas chiffrée, elle ne pouvait qu'être écartée.

En statuant ainsi, alors que le CHSCT n'ayant commis aucun abus, les honoraires d'avocat exposés à l'occasion de la procédure devaient être supportés par l'employeur et qu'il lui appartenait d'inviter le CHSCT à en préciser le montant, la cour d'appel a violé l'article L. 4614-13 CT.

Cass. soc. 15 janvier 2013, n° 11-27.679, 2e moyen, BC V n° 10.

Les dispositions conduisant à faire supporter les frais d'expertise par l'employeur sont applicables jusqu'au 1er janvier 2017.

Aux termes de l'article 62 de la Constitution, les décisions du Conseil constitutionnel s'imposent aux pouvoirs publics et à toutes les autorités administratives et juridictionnelles.

Par décision 2015-500 QPC du 27 novembre 2015, le Conseil constitutionnel a rappelé qu'il résulte de la jurisprudence constante de la Cour de cassation que, lorsque le comité d'hygiène, de sécurité et des conditions de travail décide de faire appel à un expert agréé en application de l'article L. 4614-12 CT, les frais de l'expertise demeurent à la charge de l'employeur, même lorsque ce dernier obtient l'annulation en justice de la délibération ayant décidé de recourir à l'expertise après que l'expert désigné a accompli sa mission ; s'il a énoncé que la combinaison de l'absence d'effet suspensif du recours de l'employeur et de l'absence de délai d'examen de ce recours conduit, dans ces conditions, à ce que l'employeur soit privé de toute protection de son droit de propriété en dépit de l'exercice d'une voie de recours, et qu'il en découle que la procédure applicable méconnaît les exigences découlant de l'article 16 de la Déclaration de 1789 et prive de garanties légales la protection constitutionnelle du droit de propriété, en sorte que le 1er alinéa et la première phrase du 2e alinéa de l'article L. 4614-13 CT doivent être déclarés contraires à la Constitution, le Conseil constitutionnel a décidé que l'abrogation immédiate de ces dispositions aurait pour effet de faire disparaître toute voie de droit permettant de contester une décision de recourir à un expert ainsi que toute règle relative à la prise en charge des frais d'expertise et que, par suite, afin de permettre au législateur de remédier à l'inconstitutionnalité constatée, il y avait lieu de reporter au 1er janvier 2017 la date de cette abrogation. Il résulte de cette décision que les dispositions de l'article L. 4614-13 CT telles qu'interprétées de façon constante par la Cour de cassation demeurent applicables jusqu'à cette date.

Par délibération du 18 décembre 2008, le comité d'hygiène, de sécurité et des conditions de travail de l'établissement d'une société a décidé d'avoir recours à la mesure d'expertise prévue par l'article L. 4614-12 CT, qu'il a confiée à une société ; le président du tribunal de grande instance, statuant en la forme des référés, a débouté, le 17 février 2009, l'employeur de sa contestation de la nécessité du recours à expertise mais le 1er juillet 2009, la cour d'appel a annulé la délibération du CHSCT et condamné l'employeur au paiement des frais irrépétibles et des dépens, en l'absence d'abus du CHSCT ; la société d'expertise a saisi le président du tribunal de grande instance statuant en la forme des référés d'une demande de recouvrement de ses honoraires formée à l'encontre de l'employeur.

Pour rejeter cette demande, une cour d'appel a retenu qu'il appartenait à l'expert d'attendre l'issue de la procédure de contestation de la délibération du CHSCT avant d'effectuer son expertise car il n'était tenu à aucun délai, ce qui était corroboré par le fait qu'il n'avait pas réalisé son expertise, ni dans le délai d'un mois ni dans celui de 45 jours, que son attention avait été attirée à plusieurs reprises par l'employeur sur le fait qu'en cas d'annulation de cette délibération, il ne serait pas réglé de ses prestations et que dès lors rien ne justifiait la condamnation de l'employeur sur le fondement de l'article L. 4614-13 CT à s'acquitter des frais de l'expertise.

En statuant ainsi, la cour d'appel a méconnu la portée des articles 62 de la Constitution et L. 4614-13 CT.

Cass. soc. 15 mars 2016, n° 14-16.242, BC V n° 47. Voir aussi cass. soc. 31 mai 2017, n° 16-16.949, BC V n° 96.

L'employeur, légalement obligé au paiement du coût de l'expertise ordonnée par le CHSCT, peut, à ce titre, opposer au créancier toutes les exceptions que pourrait faire valoir le comité, outre celles qui lui sont personnelles.

Cass. soc. 17 décembre 2013, n° 12-14.484.

L'employeur, tenu sauf abus de supporter les frais de l'expertise, peut en contester le coût prévisionnel devant le président du tribunal de grande instance statuant en la forme des référés.

Cass. soc. 18 novembre 2015, n° 14-17.512.

Le délai de quinze jours dont dispose l'employeur pour contester le coût prévisionnel de l'expertise ne court qu'à compter du jour où il en a été informé.

Aux termes de l'article L. 4614-13 CT, dans sa rédaction issue de la loi 2016-1088 du 8 août 2016, l'employeur qui entend contester le coût prévisionnel de l'expertise tel qu'il ressort, le cas échéant, du devis, saisit le juge judiciaire dans un délai de quinze jours à compter de la délibération du comité d'hygiène, de sécurité et des conditions de travail ; aux termes de l'article L. 4614-13-1 CT, dans sa rédaction issue de la loi 2016-1088 du 8 août 2016, l'employeur peut contester le coût final de l'expertise devant le juge judiciaire, dans un délai de quinze jours à compter de la date à laquelle l'employeur a été informé de ce coût ; il résulte de ces textes que le délai de quinze jours pour contester le coût prévisionnel de l'expertise ne court qu'à compter du jour où l'employeur en a été informé.

Une société a présenté pour consultation aux comités d'entreprise et aux comités d'hygiène, de sécurité et des conditions de travail (CHSCT) de l'entreprise, entre mai et juin 2016, un projet de « schéma directeur des implantations des entités de la direction des services partagés » ; les délais de consultation ont été prorogés à la suite d'un litige sur les documents présentés aux institutions représentatives du personnel ; lors de réunions du 31 août et 6 septembre 2016, les CHSCT ont désigné un cabinet en qualité d'expert. Le 17 octobre 2016, l'employeur a saisi le président du tribunal de grande instance d'une contestation du coût prévisionnel et des modalités de l'expertise ; la requête a été déclarée irrecevable comme forclose.

Pour déclarer forclose l'action de la société, le président du tribunal de grande instance statuant en la forme des référés a retenu que le législateur avait fait de la délibération du CHSCT l'unique point de départ du délai pour agir de l'employeur, quel que soit le motif fondant sa contestation ; qu'en l'espèce, les délibérations des CHSCT ayant été prises entre le 31 août et le 6 septembre 2016, le délai pour agir de l'employeur expirait le 21 septembre 2016, peu important que le coût prévisionnel de l'expertise n'ait été connu que le 4 octobre 2016.

En statuant ainsi, alors que l'employeur contestait le coût prévisionnel de l'expertise et les modalités de mise en œuvre de celle-ci qui ne figuraient pas dans les délibérations des CHSCT décidant du recours à l'expertise, le président du tribunal de grande instance a méconnu les exigences des articles L. 4614-13 et L. 4614-13-1 CT dans leur rédaction issue de la loi 2016-1088 du 8 août 2016 interprétés à la lumière de l'article 6, § 1, de la Convention de sauvegarde des droits de l'homme et des libertés fondamentales.

Cass. soc. 28 mars 2018, n° 16-28.561, à paraître.

La contestation par l'employeur du périmètre de l'expertise dans le délai imparti par l'article L. 4614-13 ancien CT induit nécessairement le droit de contester le coût prévisionnel de celle-ci.

C'est à tort que, pour déclarer une société irrecevable en sa demande tendant à voir réduire le coût prévisionnel d'une expertise décidée par le CHSCT, le président d'un tribunal de grande instance a retenu qu'il résultait de l'article L. 4614-13 CT que l'employeur qui entend contester le coût prévisionnel de l'expertise doit saisir le juge judiciaire dans un délai de quinze jours à compter de la délibération du CHSCT, qu'en l'espèce, la société avait contesté le coût prévisionnel de l'expertise pour la première fois dans les conclusions qu'elle a soutenues à l'audience du 21 mars 2017 alors que l'expert avait été désigné par le CHSCT le 18 octobre 2016 et avait établi sa lettre de mission le 20 octobre 2016, que le fait qu'elle ait sollicité l'annulation de la délibération du CHSCT du 18 octobre 2016 dans le délai de l'article L. 4614-13 CT ne rendait pas recevable sa demande de réduction du coût prévisionnel de l'expertise formée hors délai dès lors qu'il s'agissait de demandes ayant un objet différent, et qu'en conséquence, faute d'avoir régulièrement contesté le coût prévisionnel de l'expertise dans le délai de l'article L. 4614-13 CT, la société devait être déclarée irrecevable en sa demande tendant à voir réduire ce coût.

Cass. soc. 20 mars 2019, n° 17-23.027, 2e branche du 3e moyen, à paraître.

En cas de contestation de l'expertise, il incombe au juge de fixer le montant des frais et honoraires d'avocat, exposés par le CHSCT, qui seront mis à la charge de l'employeur en application de l'article L. 4614-13 ancien CT, au regard des diligences accomplies.

Cass. soc. 22 février 2017, n° 15-10.548, 2e moyen, BC V n° 24. Voir aussi cass. soc. 30 janvier 2019, n° 17-21.153, 2e moyen.

Lorsque l'employeur conteste les honoraires de l'expert et qu'il obtient gain de cause, les frais de la procédure sont à la charge de l'expert.

L'article L. 4614-13 CT, aux termes duquel les frais de procédure résultant de la contestation par l'employeur de la désignation par le CHSCT d'un expert, de son coût, de l'étendue ou du délai de l'expertise sont à la charge de l'employeur dès lors qu'aucun abus du CHSCT n'est établi, ne s'appliquant qu'aux litiges opposant l'employeur au CHSCT, une cour d'appel peut mettre à la charge d'un cabinet d'expertise, au motif que ce dernier a succombé dans toutes ses prétentions, les frais de la procédure de contestation d'honoraires diligentée par l'employeur.

Cass. soc. 15 janvier 2013, n° 11-19.640, 2e moyen, BC V n° 11.

Lorsque l'employeur conteste le bien-fondé du recours à une expertise, la nécessité de cette expertise relève de l'appréciation souveraine des juges du fond.

En vertu d'un accord-cadre sur la réduction et l'aménagement du temps de travail signé pour une société, un accord a été signé le 24 décembre 1999 au sein d'un établissement de cette société et est entré en vigueur le 1er janvier 2000. Le CHSCT de l'établissement a été consulté sur cet accord le jour même de sa signature et a confié une mesure d'expertise à un cabinet le 20 mars 2000. La société a alors saisi le président du tribunal de grande instance aux fins d'en contester le bien-fondé. La cour d'appel a accueilli cette demande et a décidé qu'il n'y avait pas lieu de recourir à une expertise.

Doit être rejeté le pourvoi formé par le CHSCT reprochant à la cour d'appel d'avoir décidé que l'expertise n'était plus nécessaire du fait de la mise en œuvre de l'accord depuis plus de trois mois. En effet, la saisine du CHSCT par l'employeur pour consultation ne fait pas obstacle à la contestation par ce dernier de la décision du CHSCT de recourir à une mesure d'expertise et l'appréciation de la nécessité de cette expertise relève du pouvoir souverain des juges du fond.

Cass. soc. 25 juin 2003, n° 01-13.826, BC V n° 211.

Lorsque le recours à l'expertise et la fixation de son périmètre ainsi que la désignation de l'expert ont fait l'objet de délibérations distinctes du CHSCT, le délai de quinze jours imparti à l'employeur pour contester les modalités de l'expertise ou son étendue ne court qu'à compter du jour de la délibération les ayant fixées.

Aux termes de l'article L. 4614-13 CT, dans sa rédaction issue de la loi 2016-1088 du 8 août 2016, l'employeur qui entend contester la nécessité ou l'étendue de l'expertise saisit le juge judiciaire dans un délai de quinze jours à compter de la délibération du CHSCT ; si ce texte ne s'oppose pas à ce que le recours à l'expertise et la fixation de son périmètre ainsi que la désignation de l'expert fassent l'objet de délibérations distinctes du CHSCT, le délai de quinze jours pour contester les modalités de l'expertise ou son étendue ne court qu'à compter du jour de la délibération les ayant fixées.

Après une première délibération du 14 septembre 2016, le CHSCT d'une société a, le 18 octobre 2016, désigné un cabinet en qualité d'expert. Le 31 octobre 2016, la société a fait assigner la représentante du CHSCT devant le président d'un tribunal de grande instance, en annulation de la délibération du 18 octobre 2016.

Pour débouter la société de sa demande, l'ordonnance a retenu qu'il ressortait clairement des procès-verbaux des réunions des 13 et 14 septembre et 18 octobre 2016 que, le 14 septembre, il avait été procédé à un vote sur le recours à une expertise en raison d'un risque grave et que tous les membres élus du CHSCT s'étaient prononcés en faveur de cette décision, que c'était lors de cette réunion qu'avaient été évoqués les faits conduisant le CHSCT à recourir à l'expertise et que, le 18 octobre 2016, les élus n'avaient voté que sur le périmètre de l'expertise, le choix de l'expert et la désignation d'un élu pour représenter le CHSCT, que, dès lors, les contestations portant sur la nécessité de l'expertise ne pouvaient être utilement invoquées que pour obtenir l'annulation de la délibération du 14 septembre 2016, annulation non sollicitée par la société et qu'elle ne pouvait, en tout état de cause, plus solliciter faute pour elle d'avoir agi dans le délai de quinze jours de l'article L. 4614-13 CT, le fait que le procès-verbal de la réunion des 13 et 14 septembre 2016 n'ait été signé par la secrétaire du CHSCT que le 19 octobre 2016 n'empêchant nullement la société de respecter ce délai.

En statuant ainsi, alors que l'employeur contestait l'expertise au regard de ses modalités de mise en œuvre qui ne figuraient pas dans la première délibération du CHSCT, le président du tribunal de grande instance a méconnu les exigences de l'article L. 4614-13 CT précité.

Cass. soc. 20 mars 2019, n° 17-23.027, 1re branche du 2e moyen, à paraître.

Le respect, par l'employeur, du délai de prescription de l'action en contestation de la décision du CHSCT de recourir à une expertise s'apprécie à la date de la délivrance de l'assignation en justice.

La demande en justice devant le président du tribunal de grande instance, statuant en la forme des référés, étant formée par assignation, la date de saisine du juge s'entend de celle de l'assignation.

Le CHSCT d'une unité économique et sociale (UES) formée par deux sociétés a adopté une résolution aux termes de laquelle il a décidé de recourir à une expertise pour établir un diagnostic des risques psychosociaux ; le 20 octobre 2016, les sociétés composant l'UES et la présidente du CHSCT de l'UES ont fait assigner ce dernier en annulation de la délibération précitée, devant le président du tribunal de grande instance.

Pour déclarer irrecevables ces demandes, le président du tribunal de grande instance a retenu qu'en première instance, la saisine de la juridiction résulte de la remise au secrétariat greffe d'une copie de l'acte d'huissier par lequel le défendeur est assigné à comparaître à la date fixée dans cet acte, que dans les cas où ce mode d'introduction d'instance est prévu par la loi, la juridiction est saisie par la remise d'une requête ou l'enregistrement d'une déclaration au greffe ou l'inscription d'un recours au greffe de la juridiction, qu'il en résulte que la seule délivrance d'une assignation ne saisit pas la juridiction, celle-ci n'ayant connaissance de sa saisine que par la remise au greffe d'une copie de l'acte d'huissier et, qu'en l'espèce, la copie de l'assignation délivrée au CHSCT le 15 octobre 2016 avait été remise au greffe le 10 novembre 2016, soit au-delà du délai de contestation de quinze jours fixé par l'article L. 4614-13 CT.

En statuant ainsi, alors qu'il avait constaté que l'assignation avait été délivrée dans le délai de quinze jours de la délibération du CHSCT, le président du tribunal de grande instance a violé les articles 485 c. proc. civ. et L. 4614-13 CT, alors applicable.

Cass. soc. 6 juin 2018, n° 16-28.026, 2e branche du moyen, à paraître. Voir aussi cass. soc. 6 juin 2018, n° 17-17.594, 1er moyen, à paraître.

L'obligation faite au juge par l'article L. 4614-13 ancien CT, dans rédaction issue de la loi 2016-1088 du 8 août 2016, de statuer dans le délai de dix jours suivant sa saisine n'est pas prescrite à peine de nullité de l'ordonnance.

Cass. soc. 6 juin 2018, n° 16-28.026, 1re branche du moyen, à paraître.

• Formation des membres du CHSCT

La formation des membres du CHSCT doit être prise en charge financièrement par l'employeur, sans que ce dernier puisse se prévaloir du dépassement du budget consacré à cette formation.

Selon l'article L. 236-10, al. 4 CT, la charge financière de la formation des représentants du personnel au CHSCT incombe à l'employeur dans les conditions et limites fixées par voie réglementaire. Un salarié, membre du CHSCT, avait demandé à l'employeur de participer à un stage de formation des membres du CHSCT et l'employeur lui en avait donné l'autorisation en l'informant que, le budget réservé à cet effet étant épuisé, il subirait une perte de salaire correspondant à la durée du congé de formation.

Doit être cassé le jugement prud'homal qui, pour rejeter la demande du salarié en paiement de la retenue sur salaire opérée à ce titre par l'employeur, a retenu qu'il résultait des articles L. 236-10, L. 434-10 et L. 451-1 et 3 CT que le congé doit donner lieu à une rémunération à hauteur de 0,08 ‰ de la masse salariale et qu'il n'était pas contesté que ce montant avait été dépassé, alors que les dispositions des articles R. 236-15 à 22 CT imposent l'application de l'article L. 236-10 et ne limitent pas la prise en charge financière par l'employeur de la formation des représentants du personnel au CHSCT.

Cass. soc. 8 juin 1999, n° 96-45.833, BC V n° 271.

Action en justice du CHSCT

Le CHSCT, qui dans le cadre d'une procédure d'information-consultation doit rendre son avis au comité d'établissement, a qualité pour agir devant le président du tribunal de grande instance statuant en la forme des référés aux fins de communication par l'employeur d'éléments d'information supplémentaires.

Cass. soc. 3 octobre 2018, n° 17-20.301, à paraître.

Le mandat donné par le CHSCT à l'un de ses membres pour agir en justice à l'occasion d'une affaire déterminée habilite celui-ci à intenter les voies de recours contre la décision rendue sur cette action.

Cass. soc. 19 mai 2015, n° 13-24.887, recevabilité du pourvoi, BC V n° 99.

Le CHSCT qui a pour mission de contribuer à la protection de la santé et de la sécurité des salariés de l'entreprise ainsi qu'à l'amélioration de leurs conditions de travail, et qui est doté dans ce but de la personnalité morale, est en droit de poursuivre contre l'employeur la réparation d'un dommage que lui cause l'atteinte portée par ce dernier à ses prérogatives.

Cass. soc. 3 mars 2015, n° 13-26.258, BC V n° 39.

Un CHSCT ne peut se constituer partie civile, dans le cadre d'infractions survenues à l'occasion d'un accident dans l'entreprise, qu'à la condition de justifier d'un préjudice direct et personnel.

Si les CHSCT ont pour mission de contribuer à la protection de la santé et de la sécurité des salariés de l'entreprise, ainsi qu'à l'amélioration de leurs conditions de travail, et s'ils sont dotés, dans ce but, d'une faculté d'expression collective pour la défense des intérêts dont ils ont la charge, il n'en demeure pas moins que, pour se constituer partie civile en cours d'instruction, ils doivent justifier de la possibilité d'un préjudice direct et personnel découlant des infractions poursuivies, comme l'exige l'article 2 du code de procédure pénale. Tel n'est pas le cas s'agissant de délits d'homicides et de blessures involontaires subis par des tiers à cet organisme, suite à un accident dans l'entreprise.

Cass. crim. 11 octobre 2005, n° 05-82.414, moyen présenté par le CHSCT, B. crim. n° 254.

Lorsque l'action en justice d'un CHSCT devant les juridictions pénales n'est pas étrangère à sa mission, les frais de procédure exposés par ce dernier, qui n'a aucune ressource propre, doivent en principe être pris en charge par l'employeur.

Le CHSCT, qui a la personnalité morale, a le droit d'ester en justice ; il entre dans sa mission, aux termes de l'article L. 4612-1 CT, de contribuer à la protection de la santé et de la sécurité des travailleurs de l'établissement, et de ceux mis à sa disposition par une entreprise extérieure.

Par suite, dès lors que l'action en justice d'un CHSCT devant les juridictions pénales n'est pas étrangère à sa mission, les frais de procédure exposés par ce dernier, qui n'a aucune ressource propre, doivent être pris en charge par l'employeur en l'absence d'abus, peu important que cette action ait été déclarée irrecevable en application de l'article 2 CPP, faute de préjudice direct et personnel né des infractions poursuivies.

Cass. soc. 2 décembre 2009, n° 08-18.409, BC V n° 275.

Entraves à l'exercice de la mission

Si la dénonciation d'un usage n'a pas à être motivée, elle est néanmoins nulle s'il est établi que le motif ayant entraîné la décision de l'employeur est illicite. Le tribunal d'instance, qui a relevé que la dénonciation de l'usage fixant à dix le nombre des représentants du personnel au CHSCT constituait une mesure de rétorsion destinée à entraver l'exercice de la mission des membres du CHSCT, a légalement justifié sa décision, considérant abusive ladite dénonciation et déboutant la société de sa demande d'annulation des élections au CHSCT.

Cass. soc. 26 novembre 1996, n° 95-60.987.

Toute mutation de poste ou de fonctions imposée contre son gré à un membre du CHSCT est de nature à caractériser l'élément matériel d'une atteinte portée à ses prérogatives statutaires, à moins que l'employeur n'apporte la preuve de sa pleine justification.

Cass. crim. 4 janvier 1990, n° 88-83.311, 3e moyen, B. crim. n° 11.

Un accident grave dont avait été victime un salarié n'avait pas été évoqué lors de la réunion du CHSCT tenue après sa survenance et le CHSCT n'avait été informé qu'après l'intervention de l'inspecteur du travail lors d'une réunion qui avait eu lieu 2 mois et demi après la précédente. L'inobservation de l'obligation d'information du CHSCT en connaissance de cause constitue une entrave au fonctionnement du CHSCT.

Cass. crim. 10 octobre 2000, n° 99-87.611. Voir aussi cass. crim. 21 novembre 2000, n° 00-81.488.

En cas d'entrave au fonctionnement du CHSCT, aucune disposition n'oblige son représentant à justifier d'une délibération du comité visant de manière précise les faits d'entrave pour lesquels il a été autorisé à agir en justice.

Cass. crim. 28 octobre 2014, n° 14-81.853, B. crim. n° 220.

☛ *Remplacement des représentants du personnel.*

Comité d'hygiène, de sécurité et des conditions de travail (Mise en place)

Les entreprises d'au moins 50 salariés mettent en place un CHSCT dans leurs établissements d'au moins 50 salariés et, lorsqu'elles sont constituées uniquement d'établissements de moins de 50 salariés, dans au moins l'un d'entre eux.

La mise en place d'un comité n'est obligatoire que si l'effectif d'au moins 50 salariés a été atteint pendant 12 mois consécutifs ou non au cours des 3 années précédentes (art. L. 4611-1 ancien CT).

Personnalité civile

Les CHSCT ont la personnalité civile.

Les CHSCT institués par les articles L. 236-1 et s. CT, qui ont pour mission de contribuer à la protection de la santé et de la sécurité des salariés de l'établissement, ainsi qu'à l'amélioration de leurs conditions de travail, et sont dotés, dans ce but, d'une possibilité d'expression collective pour la défense des intérêts dont ils ont la charge, ont la personnalité civile.

Cass. soc. 17 avril 1991, n° 89-17.993, BC V n° 206.

Cadre de mise en place

Le CHSCT est institué dans le cadre de l'établissement et, le cas échéant, par secteurs d'activité au sein de l'établissement.

Une société a été divisée en six établissements distincts pour l'élection des comités d'établissements ; sur un site de la société, des salariés sont rattachés à deux établissements, A et B ; la société a saisi le tribunal d'instance d'une demande d'annulation de la désignation d'un salarié de l'établissement B au CHSCT de l'établissement A.

Pour débouter la société de sa demande, un tribunal d'instance a énoncé que la distinction opérée pour la détermination des établissements distincts au sens des comités d'établissement entre les salariés travaillant pour l'établissement A et ceux rattachés à l'établissement B ne pouvait être retenue pour la détermination des établissements distincts au sens du CHSCT, dès lors que cette distinction aurait pour effet d'isoler les trente-sept salariés de l'établissement B travaillant sur le site, et que par ailleurs, si les salariés des deux établissements ne travaillaient pas quotidiennement sur les mêmes chantiers, ce qui a pu toutefois arriver, ils travaillaient sur le même site de production disposant d'un siège commun avec vestiaire, réfectoire et local sanitaire communs, ce qui leur permettait d'avoir des contacts réguliers et une bonne connaissance des conditions de travail de tous les ouvriers, et de permettre des déplacements faciles dans l'établissement et les différents chantiers du fait de leur implantation géographique, de sorte que le site devait être qualifié d'établissement distinct au sens du CHSCT.

En statuant ainsi, alors que, sauf accord collectif, un même CHSCT ne peut regrouper des salariés dépendant de plusieurs établissements dotés chacun d'un comité d'établissement, de sorte que seuls les salariés de l'établissement concerné peuvent être désignés au sein du CHSCT de cet établissement, et que le collège désignatif ne peut être constitué que des membres élus de ce même établissement, le tribunal a violé les articles L. 4611-1 et L. 4613-1 CT.

Cass. soc. 17 juin 2009, n° 08-60.438, BC V n° 157.

Lorsqu'une entreprise comporte plusieurs établissements, l'effectif de 50 salariés s'apprécie au niveau de l'entreprise.

Tout salarié employé par une entreprise dont l'effectif est au moins égal à cinquante salariés doit relever d'un CHSCT.

Après avoir constaté qu'une société employait environ mille salariés répartis sur une quarantaine de sites et disposait d'un comité d'entreprise unique, un tribunal d'instance a pu en déduire que la décision de l'employeur de ne mettre en place de CHSCT que sur l'un de ces sites, le seul employant plus de cinquante salariés, alors que le CHSCT aurait dû couvrir toute l'entreprise, était irrégulière.

Cass. soc. 19 février 2014, n° 13-12.207, BC V n° 63. Voir aussi cass. soc. 17 décembre 2014, n° 14-60.165, BC V n° 309.

Dès lors, la mise en place de plusieurs CHSCT implique soit l'existence de plusieurs établissements, chacun doté d'un comité d'établissement, soit celle de secteurs d'activité différents.

Un comité d'entreprise avait sollicité l'annulation d'élections des membres de neuf CHSCT, dont une société avait décidé la mise en place dans ses restaurants occupant plus de cinquante salariés, alors qu'auparavant, il n'existait qu'un seul CHSCT pour l'ensemble des restaurants.

Doit être rejeté le pourvoi de l'employeur reprochant à un tribunal d'instance d'avoir annulé ces élections, alors que le CHSCT étant institué dans le cadre de l'établissement et, le cas échéant, par secteur d'activité, l'institution de plusieurs CHSCT implique, sauf le cas prévu à l'article L. 236-6 CT (établissement de 500 salariés et plus), soit l'existence de plusieurs établissements chacun doté d'un comité d'établissement, soit celle de secteurs d'activité différents et qu'en l'espèce, le tribunal d'instance avait constaté qu'aucune de ces conditions n'était remplie.

Cass. soc. 29 janvier 2003, n° 01-60.802, BC V n° 35.

Le nombre de CHSCT à constituer doit impérativement être déterminé par accord entre le comité d'entreprise et l'employeur ou par décision de l'inspecteur du travail.

Selon l'article L. 4613-4 CT, dans les établissements de cinq cents salariés et plus, le comité d'entreprise détermine, en accord avec l'employeur, le nombre des CHSCT devant être constitués, eu égard à la nature, la fréquence et la gravité des risques, aux dimensions et à la répartition des locaux ou groupes de locaux, au nombre des travailleurs occupés dans ces locaux ou groupes de locaux ainsi qu'aux modes d'organisation du travail ; en cas de désaccord de l'employeur, le nombre des comités distincts ainsi que les mesures de coordination sont fixés par l'inspecteur du travail ; il en résulte qu'en l'absence d'accord du comité d'entreprise avec l'employeur déterminant le nombre des CHSCT et de décision de l'inspecteur du travail statuant dans les conditions ainsi définies, il ne peut être procédé à la désignation de la délégation du personnel au sein d'un CHSCT, peu important l'existence d'un accord collectif ayant fixé le nombre de CHSCT dans l'établissement.

Pour débouter un syndicat de sa demande d'annulation de la désignation, par un collège désignatif, d'une délégation du personnel au sein d'un CHSCT, un tribunal a énoncé que l'absence de consultation du comité d'établissement n'était pas de nature à entraîner l'invalidation de la désignation des membres du CHSCT.

En statuant ainsi, alors que le comité d'établissement n'avait pas été mis à même, faute d'avoir été saisi, de déterminer avec l'employeur le nombre de CHSCT devant être constitués, le tribunal a violé l'article L. 4613-4 CT.

Cass. soc. 28 septembre 2011, n° 10-60.219, BC V n° 207.

De même, en l'absence d'accord du comité d'entreprise avec l'employeur, il ne peut être procédé à la modification du périmètre d'implantation des CHSCT déterminés.

Selon l'article L. 4613-4 CT, dans les établissements de cinq cents salariés et plus, le comité d'entreprise détermine, en accord avec l'employeur, le nombre des CHSCT devant être constitués, eu égard à la nature, la fréquence et la gravité des risques, aux dimensions et à la répartition des locaux ou groupes de locaux, au nombre des travailleurs occupés dans ces locaux ou groupes de locaux ainsi qu'aux modes d'organisation du travail ; en cas de désaccord de l'employeur, le nombre des comités distincts ainsi que les mesures de coordination sont fixés par l'inspecteur du travail ; il en résulte qu'en l'absence d'accord du comité d'entreprise avec l'employeur il ne peut être procédé à la modification du périmètre d'implantation des CHSCT déterminés.

Cass. soc. 22 février 2017, n° 16-10.770, BC V n° 30.

L'existence d'une unité économique et sociale n'a pas de conséquence sur le cadre de désignation du CHSCT.

Des élections des membres du CHSCT ont été organisées dans une société faisant partie d'une unité économique et sociale reconnue conventionnellement ; estimant le processus électoral irrégulier, plusieurs syndicats ont saisi le tribunal d'instance d'une demande d'annulation du scrutin.

Dans la mesure où il résulte de l'article L. 236-5 CT que le CHSCT est institué dans le cadre de l'établissement et le cas échéant par secteur d'activité, un tribunal d'instance a pu, pour débouter l'un des syndicats de sa demande, décider que l'existence d'une unité économique et sociale n'avait de conséquence ni sur le cadre de désignation du CHSCT ni sur la composition du collège désignatif.

Cass. soc. 16 janvier 2008, n° 06-60.286, 1re et 2e branches du moyen, BC V n° 5.

La nullité d'un accord collectif relatif à la mise en place d'institutions représentatives du personnel n'a pas d'effet rétroactif.

Le 18 octobre 2015, un syndicat et deux salariés d'une société faisant partie d'une unité économique et sociale comprenant trois établissements distincts ont saisi le juge d'instance d'une demande d'annulation de la désignation des membres du CHSCT Paris Sud, constitué au sein de l'un de ces établissements, intervenue le 5 octobre 2015, au motif qu'une désignation avait déjà eu lieu le 11 février 2015 et que la nouvelle désignation avait été organisée au prétexte erroné qu'un accord d'établissement du 18 août 2015 avait modifié les périmètres des CHSCT Paris Nord et Paris Sud en réintégrant dans le périmètre du premier un site alors qu'il avait été irrégulièrement rattaché au périmètre du second en 2011 par un accord des CHSCT concernés. Cette demande a été rejetée par un tribunal d'instance, par jugement du 8 janvier 2016, lequel a été cassé au visa de l'article L. 4613-4 CT aux motifs que la modification des périmètres d'implantation des CHSCT Paris Nord et Paris Sud avait été décidée par ces CHSCT sans saisine des comités d'établissement concernés et de l'employeur. Un second tribunal d'instance, statuant sur renvoi après cassation, ayant également rejeté leur demande d'annulation de la désignation du 5 octobre 2015, le syndicat et les deux salariés ont formé un nouveau pourvoi en cassation.

Ayant relevé que l'accord conclu en mai 2011 entre les CHSCT Paris Nord et Paris Sud n'avait été déclaré invalide que par l'arrêt de la Cour de cassation du 22 février 2017 et qu'il avait, bien qu'illicite, reçu exécution, le tribunal d'instance en a déduit à bon droit que l'accord entre l'employeur et le comité d'entreprise du 18 août 2015 avait procédé à une modification des périmètres des CHSCT pour mettre fin à une situation de fait illicite et que la demande d'annulation des élections organisées en exécution de cet accord, laquelle tendait ainsi au maintien des effets d'une illégalité à laquelle l'accord du 18 août 2015 avait remédié, devait être rejetée.

Cass. soc. 6 juin 2018, n° 17-21.068, à paraître.

Désignation des membres du CHSCT

• Conditions de désignation

Sauf accord collectif, un même CHSCT ne peut pas regrouper des salariés dépendant de plusieurs établissements, dotés chacun d'un comité d'établissement, de sorte que seuls les salariés de l'établissement concerné peuvent être désignés au sein du CHSCT de cet établissement…

Cass. soc. 17 juin 2009, n° 08-60.438, précité. Voir aussi cass. soc. 10 mai 2012, n° 11-21.386.

Les conditions de la désignation au CHSCT doivent être remplies à la date du scrutin prévu pour cette désignation et une personne qui n'est plus salariée de l'entreprise à cette date ne peut plus y être désignée.

Cass. soc. 15 novembre 1995, n° 95-60.805, BC V n° 298.

… peu important qu'ils exercent leurs fonctions à l'extérieur de celui-ci.

Peut être désigné en qualité de représentant du personnel au CHSCT tout salarié travaillant dans le cadre duquel le comité est mis en place, peu important qu'il exerce ses fonctions à l'extérieur de l'établissement.

Après avoir relevé qu'un seul comité avait été constitué au sein d'une société et que sa compétence s'étendait à l'ensemble des salariés de l'entreprise, une cour d'appel a exactement retenu qu'un salarié, ingénieur commercial, pouvait être candidat même s'il exerçait des fonctions commerciales itinérantes.

Cass. soc. 4 mars 2009, n° 08-60.468, BC V n° 60.

Les salariés mis à disposition de l'entreprise peuvent également en être membres.

Aux termes de l'article L. 236-2 CT, le CHSCT a pour mission de contribuer à la protection de la santé et de la sécurité des salariés de l'établissement et de ceux mis à sa disposition par une entreprise extérieure, y compris les travailleurs temporaires, ainsi qu'à l'amélioration des conditions de travail. En raison de la nature de cette mission, tout salarié peut être désigné en tant que membre de la délégation du personnel prévue par l'article L. 236-5 CT, dès lors qu'il travaille dans l'établissement où le CHSCT est constitué.

Ayant constaté qu'une démonstratrice travaillait de façon permanente et exclusive depuis vingt-cinq ans dans un grand magasin où elle partageait la même activité et les mêmes conditions de travail que les salariés des grands magasins, un tribunal d'instance en a déduit à bon droit qu'elle était éligible à la délégation du personnel au CHSCT de cette entreprise.

Cass. soc. 14 décembre 1999, n° 98-60.629, BC V n° 486. Voir aussi cass. soc. 4 avril 2007, n° 06-60.183.

Un salarié mis à la disposition d'une société où il travaille de manière permanente et exclusive ne peut être désigné comme membre du CHSCT de son entreprise d'origine où il a cessé de travailler.

Cass. soc. 4 juillet 1989, n° 88-60.542, BC V n° 502.

Les travailleurs temporaires sont éligibles au CHSCT de l'entreprise de travail temporaire…

Selon l'article L. 4612-1 CT, le CHSCT a pour mission de contribuer à la protection de la santé physique et mentale et de la sécurité des travailleurs de l'établissement et de ceux mis à sa disposition par une entreprise extérieure, de contribuer à l'amélioration des conditions de travail de ces salariés et de veiller à l'observation des prescriptions légales prises en ces matières.

Les conditions de travail des travailleurs temporaires, même lorsqu'ils sont exclusivement mis à disposition d'entreprises utilisatrices, dépendent cependant aussi de l'entreprise de travail temporaire ; il en résulte que ces salariés, qui font partie des effectifs de l'entreprise de travail temporaire et y sont électeurs, sont, comme les autres salariés, éligibles au CHSCT de l'entreprise qui les emploie.

Cass. soc. 22 septembre 2010, n° 09-60.454, BC V n° 196.

… à condition d'avoir été liés à cette entreprise par des contrats de mission pendant une durée totale d'au moins trois mois au cours de la dernière année civile, peu important que les salariés ne soient pas titulaires d'un contrat de mission lors de la réunion du collège désignatif, dès lors qu'ils n'ont pas fait connaître à l'entrepreneur de travail temporaire qu'ils n'entendent plus bénéficier d'un nouveau contrat et que ce dernier ne leur a pas notifié sa décision de ne plus faire appel à eux pour de nouveaux contrats.

Cass. soc. 30 septembre 2015, n° 14-25.704, BC V n° 186.

Le salarié mis à la disposition d'un GIE par l'une des sociétés membres de ce groupement peut être désigné en qualité de membre du CHSCT d'un établissement de cette société.

Un groupement d'intérêt économique, qui n'est constitué qu'en vue de mettre en œuvre les moyens propres à faciliter ou à développer l'activité économique de ses membres, à améliorer ou à accroître les résultats de cette activité, ne se substitue pas aux sociétés participantes dans la prise en compte des intérêts de leurs salariés, lesquels demeurent liés à ceux de leur entreprise d'origine. Dès lors, c'est à bon droit qu'un tribunal d'instance a décidé qu'un salarié mis à la disposition du GIE par l'une des sociétés membres de ce groupement pouvait être désigné en qualité de membre du CHSCT d'un établissement de cette société.

Cass. soc. 31 mai 1994, n° 93-60.338.

Un salarié d'un établissement d'une entreprise peut être désigné membre d'un CHSCT correspondant, au sein de cet établissement, à un secteur d'activité dans lequel il ne travaille pas.

Cass. soc. 17 avril 1991, n° 90-60.387, BC V n° 205. Voir aussi cass. soc. 30 octobre 2013, n° 13-13.801.

Cependant, un accord collectif peut prévoir un découpage par appartenance au secteur d'activité du CHSCT correspondant.

Relèvent du domaine des aménagements conventionnels prévus par l'article L. 236-13 CT les conditions de désignation des membres des CHSCT, dans la mesure où celles-ci concernent directement la composition desdits comités.

L'administration du travail avait décidé la mise en place de six CHSCT au sein de l'établissement d'une société. Un accord collectif signé avec l'ensemble des organisations syndicales représentatives avait alors prévu que les membres de chaque CHSCT seraient issus exclusivement du secteur d'activité correspondant. Néanmoins, le collège désignatif d'un CHSCT avait procédé à la nomination d'un salarié ne travaillant plus dans le secteur correspondant à ce CHSCT.

Après avoir rappelé qu'aux termes de l'accord collectif, le découpage proposé comportait six CHSCT de secteurs avec des acteurs toujours plus impliqués, ayant une formation plus adaptée dans le domaine de la sécurité et issus exclusivement de leur secteur d'activité, c'est à bon droit qu'un tribunal d'instance a décidé qu'au regard de la mission des CHSCT, la règle d'appartenance au secteur d'activité du CHSCT de secteur était plus favorable à l'ensemble des salariés dans la mesure où elle leur assure des représentants au fait des éventuelles difficultés du secteur concerné et a, en conséquence, annulé la désignation.

Cass. soc. 7 mai 2002, n° 00-60.342, BC V n° 146.

Dans les entreprises de cinq cents salariés et plus, lorsque le critère géographique est retenu pour décider de l'implantation des CHSCT, sauf accord en disposant autrement, seuls les salariés travaillant effectivement dans les périmètres ainsi déterminés sont éligibles au CHSCT géographiquement correspondant.

Aux termes de l'article L. 4613-4 CT, dans les établissements de cinq cents salariés et plus, le comité d'entreprise détermine, en accord avec l'employeur, le nombre des CHSCT devant être constitués, eu égard à la nature, la fréquence et la gravité des risques, aux dimensions et à la répartition des locaux ou groupes de locaux, au nombre des travailleurs occupés dans ces locaux ou groupes de locaux ainsi qu'aux modes d'organisation du travail ; il en résulte, d'une part, que le critère géographique peut être pris en compte pour décider de l'implantation de ces comités et, d'autre part, que lorsqu'un tel critère est retenu, et sauf accord en disposant autrement, seuls les salariés travaillant effectivement dans les périmètres ainsi déterminés sont éligibles au CHSCT géographiquement correspondant.

Après avoir relevé que, lors de la réunion extraordinaire du comité d'entreprise d'une UES, il avait été convenu que l'établissement de Guyane serait doté d'un CHSCT propre, un tribunal a pu décider que les salariés métropolitains n'étaient pas éligibles à ce CHSCT.

Cass. soc. 12 avril 2012, n° 11-12.916, 2e moyen, BC V n° 128. Voir aussi cass. soc. 12 avril 2016, n° 15-20.767.

Tout salarié d'un établissement au sens de l'article L. 2327-1 ancien CT peut être désigné membre d'un CHSCT correspondant au sein de cet établissement à un secteur d'activité, peu important qu'il n'y travaille pas, dès lors qu'il relève du secteur géographique d'implantation de ce CHSCT.

Cass. soc. 25 novembre 2015, n° 14-29.850, BC V n° 238.

Lorsqu'un seul CHSCT à compétence nationale est institué au sein d'un établissement, les salariés de cet établissement sont éligibles à la délégation du personnel au CHSCT, quel que soit le site géographique sur lequel ils travaillent ; n'entre pas dans les prévisions de l'article L. 4611-7 ancien CT un accord collectif qui, en procédant à une répartition des sièges par site, restreint cette capacité que les salariés tiennent de la loi, peu important que l'accord augmente par ailleurs le nombre des sièges offerts.

Cass. soc. 28 septembre 2016, n° 15-60.201, BC V n° 180.

L'annulation des élections des membres du comité d'entreprise et des délégués du personnel n'a pas d'incidence sur la régularité de l'élection des membres du CHSCT organisée la veille de cette annulation.

L'annulation des élections des membres du comité d'entreprise et des délégués du personnel ne fait perdre aux salariés élus leur qualité de membre de ces institutions représentatives du personnel qu'à compter du jour où elle est prononcée ; ainsi, l'annulation des élections des délégués du personnel et des membres du comité d'entreprise un 1er avril est sans incidence sur la régularité de l'élection des membres du CHSCT organisée la veille.

Cass. soc 15 avril 2015, n° 14-19.139, BC V n° 80.

Désignation d'un représentant syndical au CHSCT

Les organisations syndicales ne peuvent procéder à la désignation d'un représentant au CHSCT, conventionnellement prévue, que si elles sont représentatives dans l'entreprise ou l'établissement dans lesquels cette désignation doit prendre effet.

Cass. soc 22 février 2017, n° 15-25.591, BC V n° 27.

Désignation du secrétaire du CHSCT

Le secrétaire du CHSCT étant choisi parmi ses membres, dont la désignation ne peut résulter que d'un vote du collège désignatif, le salarié qui ne l'a pas été ne peut dès lors être désigné comme secrétaire du CHSCT.

D'une part, la désignation des membres du CHSCT ne peut résulter que d'un vote du collège qui en est chargé ; un accord collectif ne peut déroger à cette règle ; d'autre part, il est procédé par le comité à la désignation d'un secrétaire pris parmi les représentants du personnel.

En application de l'article 24 de la convention collective de la chimie prévoyant qu'un ingénieur ou cadre, désigné par les ingénieurs et cadres de l'établissement, siégera au CHSCT en supplément de l'effectif réglementaire, un salarié, élu par les ingénieurs et cadres d'une entreprise, a été désigné secrétaire d'un CHSCT ; un syndicat a saisi le tribunal de grande instance d'une demande en annulation de cette désignation.

C'est à tort que, pour rejeter cette demande, une cour d'appel a retenu que les dispositions légales et réglementaires ne faisaient pas obstacle à ce que le représentant supplémentaire élu par les ingénieurs et cadres en application de la convention précitée qui, selon ce texte, « siège » au comité et se distingue des membres qui « assistent » aux séances avec voix consultative, est ainsi membre à part entière du comité, représentant du personnel puisqu'il est élu directement par les ingénieurs et cadres, soit désigné comme secrétaire.

En effet, le salarié, qui n'avait pas été élu par un vote du collège désignatif, ne pouvait dès lors être désigné comme secrétaire du comité.

Cass. soc. 16 janvier 2008, n° 06-15.679, BC V n° 7.

Lorsque les délégués du personnel exercent les missions attribuées au CHSCT, seul un délégué du personnel titulaire peut exercer les missions dévolues au secrétaire de l'institution.

Selon l'article L. 2313-16 CT, dans les établissements d'au moins cinquante salariés, s'il n'existe pas de CHSCT, les délégués du personnel exercent les missions attribuées à ce comité avec les mêmes moyens et les mêmes obligations que celui-ci ; aux termes de l'article L. 2314-30 CT, les délégués du personnel suppléants ont pour mission de remplacer les délégués du personnel titulaires ; enfin, l'article R. 4614-1 CT prévoit que le secrétaire du CHSCT est choisi parmi les représentants du personnel au sein de ce comité ; il en résulte qu'en cas d'absence du CHSCT, seul un délégué du personnel titulaire peut exercer les missions dévolues au secrétaire de l'institution.

Cass. soc. 22 février 2017, n° 15-23.571, BC V n° 26.

Collège désignatif

• Convocation

L'employeur doit convoquer les titulaires et les suppléants du collège chargé de la désignation.

Un tribunal d'instance a pu annuler la désignation de la délégation du personnel au CHSCT, l'employeur n'ayant pas convoqué les membres suppléants du collège chargé de la désignation des représentants du personnel au CHSCT.

En effet, les suppléants ayant pour mission de remplacer les titulaires en cas d'empêchement, leur convocation constitue une formalité substantielle à défaut de laquelle la désignation est nulle.

Cass. soc. 17 mars 1998, n° 96-60.363, BC V n° 155.

• Composition

Le collège désignatif des membres du CHSCT ne peut être constitué que des membres élus de l'établissement concerné…

En l'absence d'accord collectif en disposant autrement, le collège désignatif des CHSCT est constitué de tous les membres élus du comité d'établissement et de tous les délégués du personnel élus dans le périmètre de ce comité.

Cass. soc. 17 avril 2013, n° 12-19.825, 2e moyen, BC V n° 103. Voir aussi cass. soc. 17 juin 2009 n° 08-60.438, précité ; cass. soc. 19 octobre 1994, n° 93-60.339, 1re branche, 2e moyen, BC V n° 283.

Le collège chargé de désigner les membres du CHSCT, dont la composition doit être appréciée à sa date de réunion, ne peut comprendre d'anciens élus dont le mandat ne pouvait être prorogé par le règlement intérieur du comité d'entreprise.

Cass. soc. 13 juin 1990, n° 89-60.974.

Lorsqu'il n'existe qu'un comité d'entreprise commun à tous les établissements d'une entreprise, le collège désignatif du CHSCT d'un de ces établissements doit comprendre chacun des membres du comité d'entreprise, ainsi que les délégués du personnel de l'établissement correspondant au CHSCT.

Cass. soc. 31 janvier 2001, n° 99-60.526, BC V n° 32.

Si, aux termes de l'article L. 236-5 CT, le collège désignatif des membres du CHSCT est composé des membres élus au comité d'entreprise ou d'établissement et des délégués du personnel, lorsque l'entreprise où un tel collège doit être constitué est dotée d'une délégation unique du personnel dans les termes de l'article L. 431-1-1 CT, seuls les représentants titulaires composant cette délégation peuvent prendre part à la désignation des membres du CHSCT. Dès lors, c'est à bon droit qu'après avoir constaté que les membres suppléants d'une délégation unique avaient pris part à la désignation des membres du CHSCT, un tribunal d'instance a décidé d'annuler cette désignation.

Cass. soc. 7 mai 2002 n° 01-60.505, BC V n° 147.

… à l'exclusion de l'employeur.

Cass. soc. 12 mars 2008, n° 07-60.387.

En l'absence d'accord collectif, le collège désignatif est constitué de tous les membres titulaires du comité d'établissement et de tous les délégués du personnel élus dans le périmètre de ce comité, peu important que le CHSCT du siège ait été institué sur la base d'un critère géographique coïncidant avec celui retenu pour l'élection des délégués du personnel et non pas sur celle d'un secteur d'activité.

Dans une entreprise de plus de cinq cents salariés comprenant un seul établissement pour les élections au comité d'entreprise, les délégués du personnel étant élus dans vingt-trois établissements distincts dont un correspondant au siège de la société, un inspecteur du travail, saisi à la suite d'un désaccord entre l'employeur et le comité d'entreprise sur le nombre de CHSCT, a décidé la mise en place de huit CHSCT, regroupant chacun deux à quatre agences locales et d'un CHSCT pour le siège ; un salarié, agissant en son nom personnel et pour le compte d'un syndicat, a saisi le tribunal d'instance en annulation de la désignation des membres du CHSCT du siège social.

Pour accueillir cette demande, un tribunal, après avoir constaté que l'entreprise constituait un seul établissement pour l'élection du comité d'entreprise, mais que le périmètre du CHSCT litigieux correspondait à un établissement distinct pour la désignation des délégués du personnel, a retenu qu'eu égard au caractère relatif et fonctionnel de la notion d'établissement, il y avait lieu de se référer, pour la composition du collège désignatif, au cadre dans lequel les élus qui le composaient exerçaient effectivement leur mandat, et que ce collège devait en conséquence être composé des membres du comité d'entreprise et des délégués du personnel du seul siège social.

En statuant ainsi, alors qu'en l'absence d'accord collectif, le collège désignatif est constitué de tous les membres titulaires du comité d'établissement et de tous les délégués du personnel élus dans le périmètre de ce comité, peu important que le CHSCT du siège ait été institué sur la base d'un critère géographique coïncidant avec celui retenu pour l'élection des délégués du personnel et non pas sur celle d'un secteur d'activité, le tribunal a violé les articles L. 4611-1, L. 4613-1 et L. 4613-4 CT.

Cass. soc. 8 décembre 2010, n° 10-60.087, BC V n° 286.

La présence de représentants de l'employeur au sein du collège désignatif n'a pas pour effet de rendre le scrutin irrégulier.

La présence de représentants de l'employeur lors de la réunion du collège en vue de la désignation d'un salarié au CHSCT n'est pas en soi de nature à entacher d'irrégularité le scrutin, en l'absence de violation par les intéressés de leur obligation de neutralité.

Cass. soc. 17 mars 1998, n° 96-60.362, BC V n° 154. Voir aussi cass. soc. 29 octobre 2010, n° 10-12.205.

L'existence d'une unité économique et sociale n'a pas de conséquence sur la composition du collège désignatif du CHSCT.

Cass. soc. 16 janvier 2008, n° 06-60.286, précité.

Le tribunal d'instance, compétent en application de l'article R. 4613-11 ancien CT pour statuer sur les contestations relatives à la désignation des membres des CHSCT, est compétent pour statuer sur un litige relatif à la composition du collège désignatif des membres du personnel de ces comités.

Cass. soc. 17 avril 2013, n° 12-19.825, 1er moyen, BC V n° 103.

• Secteurs d'activité différents

La Cour de cassation s'est notamment prononcée sur la situation d'un établissement composé de plusieurs secteurs d'activité dotés en propre d'un CHSCT et de délégués du personnel, mais où est institué un comité d'établissement unique.

C'est à bon droit qu'un tribunal d'instance a décidé que les membres de la délégation du personnel de chaque CHSCT seront désignés par un collège comprenant tous les représentants, mais les seuls représentants du personnel en fonction dans le secteur d'activité sur lequel le comité étend sa compétence.

Cass. soc. 7 février 1989, n° 87-60.156, BC V n° 101.

Même si le CHSCT ne couvre qu'un secteur d'activité au sein de l'établissement, le collège désignatif comprend les membres élus du comité d'établissement et les délégués du personnel élus dans le périmètre d'implantation de ce comité.

Pour annuler la désignation des membres des CHSCT d'agences au sein d'une société, un tribunal d'instance a considéré qu'il avait à tort été procédé à l'élection des membres des CHSCT d'agences par tous les élus, délégués du personnel et membres de chaque comité d'établissement, qui avaient vocation à élire les membres des CHSCT de chaque branche alors qu'il aurait dû être mis en place autant de collèges électoraux que de CHSCT d'agences, chaque collège comprenant la totalité des membres du comité d'établissement, mais seulement les délégués du personnel des CHSCT concernés. En statuant ainsi, le tribunal d'instance, qui a limité le nombre des délégués du personnel composant le collège désignatif de chaque CHSCT d'agence, a violé l'article L. 236-5 CT.

Cass. soc. 30 mai 2001, n° 99-60.474, BC V n° 192.

• Collège unique

Les membres élus du comité d'entreprise et les délégués du personnel, constituant le collège désignatif, ne peuvent valablement décider de le scinder en deux collèges, dont le premier désigne les représentants des cadres et agents de maîtrise, et le second les représentants des autres salariés, car l'article L. 236-5 CT a institué un collège unique.

Cass. soc. 10 décembre 1987, n° 86-60.488, BC V n° 727.

• Scrutins séparés

Aucune disposition légale ne s'oppose à ce que le collège spécial unique procède à la désignation des membres du CHSCT par deux scrutins séparés dont l'un est destiné à l'élection du ou des salariés appartenant au personnel de maîtrise ou d'encadrement conformément à l'article L. 4613-1 CT.

Dès lors, doit être rejeté le moyen du pourvoi formé par des salariés qui, pour reprocher à un tribunal d'instance de les avoir déboutés de leur demande d'annulation des élections s'étant déroulées dans un CHSCT, soutient qu'en l'absence d'accord unanime, l'élection des membres du CHSCT selon deux scrutins séparés doit être annulée, sans que la preuve de l'existence d'une influence exercée par cette irrégularité sur les résultats du scrutin soit exigée.

Cass. soc. 29 février 2012, n° 11-11.410, BC V n° 81. Voir aussi cass. soc. 21 mars 2018, n° 17-60.050, énonçant qu'aucune disposition légale n'impose que le collège spécial unique procède à la désignation des membres du CHSCT par deux scrutins séparés dont l'un est destiné à l'élection du ou des salariés appartenant au personnel de maîtrise ou d'encadrement, par une décision prise à l'unanimité.

Lorsque le collège spécial unique procède à la désignation des membres du CHSCT par deux scrutins séparés dont l'un est destiné à l'élection du ou des salariés appartenant au personnel de maîtrise ou d'encadrement, il doit être procédé à un vote concomitant pour chacun des scrutins et le dépouillement ne peut intervenir qu'après la fin de tous les votes, la connaissance par les membres du collège désignatif des résultats du scrutin précédent étant de nature à influer sur le choix fait lors du second scrutin et donc à fausser la sincérité de l'élection.

Cass. soc. 18 janvier 2017, n° 15-27.730, 2e moyen, BC V n° 12.

• Modalités de désignation

Les membres du collège désignatif prévu par l'article L. 236-5 CT doivent se réunir en un même lieu et à la même date pour procéder par voie d'élection à la désignation des membres du CHSCT. Seul un accord unanime peut déroger à cette règle de nature électorale, qui ne peut faire l'objet d'un des aménagements conventionnels visés à l'article L. 236-13 CT.

Cass. soc. 14 janvier 2004, n° 02-60.927, BC V n° 14.

Il appartient au collège désignatif, et non à l'employeur, d'arrêter les modalités d'élection des membres de la délégation du personnel aux CHSCT ; le collège est seul habilité, en fonction des circonstances, à fixer une date limite de dépôt des candidatures, ainsi que les modalités de celles-ci.

Cass. soc. 26 septembre 2002, n° 01-60.676, BC V n° 289. Voir aussi cass. soc. 21 novembre 1990, n° 89-61.351, BC V n° 581.

Il appartient au collège constitué par les membres du comité d'entreprise et les délégués du personnel de fixer lui-même le mode de scrutin à adopter pour la désignation des membres de la délégation du personnel au CHSCT. C'est à tort qu'un tribunal d'instance a débouté une salariée de sa demande d'annulation de la désignation des représentants du personnel au CHSCT, alors que le choix d'un vote par correspondance résultait d'une décision unilatérale de l'employeur.

Cass. soc. 12 mars 2003, n° 01-60.793, BC V n° 97. Voir aussi cass. soc. 17 avril 2013, n° 12-25.249.

Les modalités de désignation des représentants du personnel au CHSCT n'entrent pas dans les aménagements conventionnels prévus par l'article L. 4611-7 CT et il n'appartient qu'aux membres du collège désignatif, et non aux organisations syndicales, d'arrêter, conformément aux dispositions de l'article L. 4613-1 CT, les modalités de désignation, parmi lesquelles les modalités du scrutin, des membres de la délégation du personnel au CHSCT.

C'est donc à tort qu'un tribunal d'instance a validé un protocole d'accord préélectoral conclu dans une entreprise entre l'employeur et des organisations syndicales arrêtant les modalités de désignation des membres du CHSCT.

Cass. soc. 16 décembre 2009, n° 09-60.156, BC V n° 289. Voir aussi cass. soc. 23 septembre 2015, n° 14-20.776.

Il résulte de l'article L. 4613-1 ancien CT que les membres de la délégation du personnel au CHSCT doivent être désignés par un vote du collège mentionné à cet article, qui est attesté par le procès-verbal de la réunion de ce collège ou, à défaut, peut ressortir de tout autre élément de nature à en établir la réalité.

CE 22 mai 2015, n° 382585.

Il n'appartient pas au juge, saisi après le déroulement des élections, de décider de modalités particulières de désignation des représentants du personnel au CHSCT, notamment d'un appel à candidatures.

Cass. soc. 14 décembre 2010, n° 10-16.089, BC V n° 294.

• Vote des suppléants : conditions

Les suppléants ont pour mission de remplacer les membres titulaires du comité d'entreprise et les délégués du personnel titulaires et ne peuvent donc participer à la désignation des membres de la délégation du personnel au CHSCT que lorsqu'ils y remplacent un titulaire.

Cass. soc. 19 novembre 1986, n° 85-60.684, BC V n° 548. Voir aussi cass. crim. 1er décembre 1987, n° 85-96.612, B. crim. n° 442 ; cass. soc. 16 janvier 2019, n° 17-60.096.

Bureau de vote

La présence de personnes n'ayant pas la qualité d'électeurs dans la composition du bureau de vote constitue une irrégularité entraînant nécessairement la nullité du scrutin.

Des élections des membres du CHSCT ont été organisées dans une société faisant partie d'une unité économique et sociale reconnue conventionnellement ; estimant le processus électoral irrégulier, plusieurs syndicats ont saisi le tribunal d'instance d'une demande d'annulation du scrutin.

C'est à tort que, pour rejeter cette demande, le tribunal a retenu que la présence de deux personnes extérieures non membres du collège désignatif en tant que président du bureau et de scrutateur ne saurait à la fois, faute de texte l'interdisant et faute de grief, entraîner la nullité du vote alors qu'elles n'y ont pas pris part et ont joué un rôle seulement technique dans le scrutin.

En effet, la présence de personnes n'ayant pas la qualité d'électeurs dans la composition du bureau de vote constitue une irrégularité entraînant nécessairement la nullité du scrutin.

Cass. soc. 16 janvier 2008, n° 06-60.286, 3e branche du moyen, BC V n° 5.

Si la constitution d'un bureau de vote ne s'impose pas pour les élections de la délégation du personnel au CHSCT, la présence, parmi les personnes en exerçant les attributions, de l'employeur ou de ses représentants constitue une irrégularité entraînant nécessairement la nullité du scrutin.

Après avoir constaté qu'un représentant de l'employeur avait signé le procès-verbal des résultats en qualité de « Président », et qu'un autre représentant de l'employeur avait participé aux opérations de dépouillement, un tribunal d'instance a pu accueillir une demande d'annulation des opérations de désignation des membres d'un CHSCT.

Cass. soc. 17 avril 2013, n° 12-21.876, BC V n° 102.

Mode de scrutin

• Un vote…

Aucune disposition légale n'autorise à ce qu'il soit dérogé au mode de désignation des membres de la délégation du personnel au CHSCT, tel que fixé par l'article L. 236-5 CT.

Cass. soc. 10 mai 1994, n° 93-60.346. Voir aussi cass. soc. 10 janvier 1989, n° 88-60.331, BC V n° 8.

La désignation des membres de la délégation du personnel au CHSCT ne pouvant résulter que d'un vote du collège désignatif, est nulle la désignation par cooptation du remplaçant d'un membre démissionnaire opérée en vertu d'un usage.

Cass. soc. 4 juillet 1990, n° 89-60.158, BC V n° 353.

La désignation des membres du CHSCT ne peut résulter que d'un vote du collège qui en est chargé ; un accord collectif ne peut déroger à cette règle.

Une salariée, démonstratrice dans un grand magasin, avait été désignée par un syndicat en qualité de membre du CHSCT du magasin, sur le fondement d'un accord d'entreprise prévoyant que les membres du CHSCT sont désignés par chaque organisation syndicale et répartis entre ces organisations en fonction de leur représentativité dans l'entreprise, telle qu'elle est exprimée par le total des voix obtenues aux dernières élections des délégués du personnel et des membres du comité d'entreprise.

Doit être cassé le jugement ayant débouté le magasin de sa demande d'annulation de cette désignation, alors que la désignation avait été effectuée sur le fondement d'un accord illicite.

Cass. soc. 24 juin 1998, n° 97-60.631, BC V n° 343.

• ... à bulletin secret...

Si un accord unanime peut définir les modalités de désignation des membres de la délégation du personnel au CHSCT, il ne peut être dérogé à l'obligation de procéder à un vote par scrutin secret.

C'est à tort que, pour déclarer régulières les élections des membres d'un CHSCT, après avoir relevé que l'élection avait eu lieu à main levée, une cour d'appel a énoncé qu'un accord unanime avait été donné quant au choix du mode de scrutin.

Cass. soc. 25 octobre 2006, n° 06-60.012, BC V n° 318. Voir aussi cass. soc. 31 mai 2011, n° 10-60.226 ; cass. soc. 28 janvier 2015, n° 14-13.989.

En revanche, il n'est pas nécessaire que la désignation ait lieu par vote sous enveloppe.

Si les dispositions de l'article L. 59 du code électoral aux termes duquel le scrutin est secret doivent être respectées, les modalités du vote prévues par les articles L. 60 et L. 65 de ce même code ne sont pas applicables à la désignation des membres du CHSCT.

Après avoir constaté que la désignation des membres d'un CHSCT n'avait pas eu lieu par vote secret sous enveloppe mais que, conformément à l'accord unanime des membres du collège désignatif, les bulletins de vote avaient été collectés après avoir été pliés par les électeurs et que le secret du vote avait été ainsi assuré, un tribunal d'instance a pu dire que le scrutin était régulier.

Cass. soc. 22 septembre 2010, n° 10-60.046, BC V n° 189. Voir aussi cass. soc. 20 septembre 2018, n° 17-60.317, 2e moyen.

En l'absence de vote par scrutin secret, la désignation doit être annulée, même si la modalité de vote retenue n'a pas eu pour effet de modifier l'attribution des sièges sur la base de la plus forte moyenne.

Doit être cassé le jugement du tribunal d'instance qui, pour déclarer régulières les élections du personnel au CHSCT ayant eu lieu au sein d'une entreprise, a retenu que la désignation de la délégation du personnel au CHSCT n'entrait pas dans la catégorie des procédures pour lesquelles le code du travail prévoit un vote à bulletin secret, qu'en outre, les candidatures individuelles, cas d'espèce, constituaient autant de listes et qu'il n'était pas démontré que le vote à main levée, simple mode d'expression des suffrages, ait eu pour conséquence de modifier l'attribution des sièges sur la base de la plus forte moyenne, alors que les membres de la délégation du personnel du CHSCT sont des représentants du personnel dont la désignation ne peut résulter que d'un vote du collège mentionné à l'article L. 236-5 CT, qui doit avoir lieu au scrutin secret sous enveloppe.

Cass. soc. 24 juin 1998, n° 97-60.334.

• ... au scrutin de liste avec représentation proportionnelle à la plus forte moyenne...

À défaut d'accord unanime entre les membres du collège désignatif, la délégation du personnel au CHSCT est élue au scrutin de liste avec représentation proportionnelle à la plus forte moyenne et à un seul tour.

Un tribunal d'instance, qui a relevé que l'élection d'une délégation du personnel au CHSCT organisée au sein d'un établissement selon les règles du scrutin majoritaire ne résultait pas d'un accord unanime des membres du collège désignatif, a, par ce seul motif, légalement justifié sa décision, déclarant nulle et de nul effet la désignation de la délégation.

Cass. soc. 13 février 2003, n° 01-60.751, BC V n° 55. Voir aussi cass. soc. 24 juin 1998, n° 97-60.305 ; cass. soc. 16 mai 1990, n° 89-61.368, BC V n° 232.

Dans un scrutin de liste avec représentation proportionnelle, l'attribution des sièges aux listes en présence précède nécessairement la désignation des élus de chaque liste. L'annulation de la désignation d'un candidat en raison de son inéligibilité ne porte pas atteinte au nombre de sièges obtenus par la liste sur laquelle il figurait. Il n'y a pas lieu de procéder à une nouvelle élection des membres du collège lorsque la liste comporte un nombre suffisant de candidats.

C'est à tort qu'un tribunal d'instance a annulé l'élection des membres du collège encadrement du CHSCT d'un établissement en raison de l'inéligibilité du premier, celui dont le nom suivait immédiatement devant être déclaré élu.

Cass. soc. 6 février 2002, n° 00-60.490, BC V n° 59.

Le droit de rayer les noms de candidats est inhérent au scrutin de liste dans les élections des représentants du personnel de sorte que, sauf accord unanime des membres du collège désignatif, chaque électeur peut en faire usage lors de la désignation des membres du CHSCT conformément aux dispositions des articles L. 2314-24 et L. 2324-22 CT.

Cass. soc. 30 novembre 2011, n° 11-11.560, BC V n° 280. Voir aussi cass. soc. 21 juin 2017, n° 16-18.833.

Doivent être annulées les élections des membres du CHSCT organisées en vertu d'un protocole d'accord préélectoral signé entre une direction régionale et la totalité des organisations syndicales représentées au sein de l'entreprise, et ayant prévu qu'il serait fait application du scrutin majoritaire pour la désignation des membres des CHSCT. En effet, il n'appartient qu'aux membres du collège désignatif, par une décision unanime, d'adopter un mode de scrutin différent du scrutin de liste avec représentation proportionnelle à la plus forte moyenne.

Cass. soc. 17 mars 2004, n° 03-60.122, BC V n° 94. Voir aussi cass. soc. 12 mars 2008, n° 07-60.387, précité.

Si, pour la désignation des membres du CHSCT, il est possible de déroger par accord unanime aux règles de droit commun en matière d'élections professionnelles, cet accord doit être exprès et non équivoque.

Cass. soc. 31 janvier 2001, n° 99-60.526, BC V n° 32.

À défaut d'accord unanime entre les membres du collège mentionné à l'article L. 4613-1 CT alors applicable, la délégation du personnel au CHSCT est élue au scrutin de liste avec représentation proportionnelle à la plus forte moyenne et à un seul tour ; toute candidature individuelle constitue une liste et le panachage des listes n'est pas admis.

Pour débouter un syndicat et quatre salariés de leur demande d'annulation des élections des membres du CHSCT au sein d'une entreprise, un tribunal d'instance a constaté que treize votants avaient participé à la désignation et que vingt-et-un votes avaient été comptabilisés, mais a retenu que le recours au panachage avait été autorisé par un accord unanime implicite et que le choix des modalités de scrutin pouvait résulter d'un accord unanime quand bien même ledit accord n'aurait pas été exprès.

En statuant ainsi, alors que le recours au panachage des listes n'est pas admis, le tribunal d'instance a violé l'article L. 4613-1 CT.

Cass. soc. 3 octobre 2018, n° 17-14.570, à paraître.

L'accord unanime par lequel les membres du collège électoral appelés à procéder à la désignation des membres du CHSCT adoptent expressément un mode de scrutin autre que le scrutin proportionnel n'est pas nécessairement passé par écrit.

Cass. soc. 22 septembre 2010, n° 10-60.046, précité.

Ne manque pas à son obligation de neutralité l'employeur qui rappelle au collège désignatif la faculté dont il dispose de choisir par accord unanime de ses membres un mode d'élection différent du scrutin de liste avec représentation proportionnelle à la plus forte moyenne, notamment un scrutin uninominal majoritaire.

Cass. soc. 22 octobre 2014, n° 13-27.079.

• … et à un seul tour

Si le scrutin de liste avec représentation proportionnelle à la plus forte moyenne constitue le droit commun en matière d'élections professionnelles, l'instauration d'un second tour dans le cadre de ce scrutin n'est justifiée, pour l'élection des délégués du personnel et des représentants du personnel au comité d'entreprise ou d'établissement, que par le monopole dont bénéficient les organisations syndicales de présenter des candidats au premier tour ; aucune disposition légale n'ayant étendu ce monopole pour la désignation des membres de la délégation du personnel au CHSCT, cette désignation ne peut avoir lieu, à défaut d'accord entre les membres du collège désignatif, qu'au scrutin de liste avec représentation proportionnelle à la plus forte moyenne et à un seul tour.

Cass. soc. 28 février 1989, n° 88-60.098, BC V n° 152.

• Attribution des sièges

S'agissant de la désignation des membres de la délégation du personnel au CHSCT, un collège désignatif a décidé de procéder à cette désignation au scrutin de liste avec représentation proportionnelle à la plus forte moyenne et à un seul tour. Six sièges étant à pourvoir, deux listes ont été présentées, l'une CGT comportant quatre candidats, l'autre CFE-CGC et CFDT comportant six candidats. Sur les quinze suffrages valablement exprimés, la liste CGT a obtenu huit voix et la liste CFE-CGC/CFDT sept voix.

C'est à tort que, pour rejeter la contestation d'un syndicat affilié à la CFE-CGC et, en conséquence, valider l'attribution de quatre sièges à la liste CGT et deux sièges à la liste CFE-CGC, un tribunal d'instance a retenu que le quotient électoral étant en l'espèce de 2,5, aucun siège ne pouvait être attribué par application de la règle du quotient électoral, les sièges devant être attribués sur la base de la plus forte moyenne, alors que, dans le cadre de la répartition au quotient, le nombre de voix recueillies par chacune des listes permettait une attribution de trois sièges à la liste CGT et de deux sièges à la liste CFE-CGC/CFDT et que la plus forte moyenne doit être calculée en divisant la moyenne des voix de chacune des listes en présence par le nombre, augmenté d'une unité, de sièges attribués au quotient à cette liste.

Cass. soc. 7 mai 2003, n° 02-60.052, BC V n° 157.

- **Siège réservé aux cadres**

Lorsque la délégation du personnel au CHSCT comprend des sièges réservés au personnel de maîtrise ou cadre et que la convention collective se borne à distinguer entre cadres et techniciens, le juge doit rechercher parmi les techniciens ceux qui ont un degré d'autonomie permettant de les ranger dans la catégorie du personnel de maîtrise.

Lorsque l'effectif de l'entreprise ou de l'établissement est de 1 500 salariés au moins, la délégation du personnel au CHSCT comprend neuf membres, dont trois appartiennent au personnel de maîtrise ou aux cadres. Lorsque la convention collective se borne à distinguer entre cadres et techniciens, il appartient au juge de rechercher, parmi ces derniers, ceux qui, par les fonctions et les pouvoirs qu'ils exercent, ont un degré d'autonomie permettant de les ranger dans la catégorie du personnel de maîtrise.

En annulant les élections des membres de la délégation du personnel au CHSCT d'une société bancaire, au motif que « sur les neuf salariés déclarés élus, trois salariés appartiennent au collège E et un au collège G1 et que si l'on se réfère à la grille de la convention collective applicable qui divise le personnel en techniciens des métiers de la banque du niveau A au niveau G et en cadres du niveau H à K, il n'existe pas de personnel dit de maîtrise et aucun des membres élus n'appartient à la catégorie des cadres », le tribunal d'instance, qui n'a pas recherché si les techniciens de niveau C à G de la convention collective correspondant selon les conclusions à l'ancienne catégorie des gradés ne pouvaient être rangés dans la catégorie du personnel de maîtrise, n'a pas donné de base légale à sa décision.

Cass. soc. 25 septembre 2002, n° 01-60.705, BC V n° 279.

Un tribunal d'instance a pu décider qu'un salarié, qui exerçait ses attributions de manière autonome et avait une marge d'initiative certaine dans la mise en œuvre des techniques et une réelle responsabilité, faisait partie de la catégorie des cadres et agents de maîtrise au sens de l'article R. 236-1 CT.

Cass. soc. 12 janvier 2005, n° 04-60.186.

Ayant constaté qu'un salarié pouvait prendre certaines décisions engageant financièrement l'employeur sans en référer à un supérieur hiérarchique, assurait le suivi des chantiers de sous-traitance, était le référent en matière de sécurité pour les problèmes relevant de sa compétence et contribuait à la formation des salariés, disposait dans sa spécialité d'un important pouvoir d'initiative et exerçait une réelle responsabilité, un tribunal d'instance a pu dire que l'intéressé pouvait être élu au siège réservé aux cadres et agents de maîtrise.

Cass. soc. 26 novembre 2003, n° 02-60.842.

Un ingénieur est un cadre au sens des dispositions relatives aux élections des membres du CHSCT.

Cass. soc. 26 septembre 2012, n° 11-22.167, BC V n° 245.

Un siège non pourvu par un candidat de la catégorie à laquelle il est réservé, ne peut être attribué à un salarié d'une autre catégorie.

Lors de l'élection de la délégation du personnel au CHSCT d'un établissement d'une société, huit salariés dont un seul appartenant à la catégorie cadres et agents de maîtrise ont été élus.

Doit être rejeté le pourvoi qui, pour reprocher à un tribunal d'instance d'avoir annulé la désignation des membres du CHSCT, soutient qu'en retenant que l'attribution des sièges avait été faite en violation de l'article R. 4613-1 CT, le tribunal aurait fait une application trop stricte des règles fixées par ce texte, simple règlement dépourvu de caractère d'ordre public et qu'il lui appartenait d'examiner si les résultats du scrutin changeaient sérieusement et réellement les buts et fonctionnements de l'institution susvisée.

En effet, ayant constaté qu'un seul candidat appartenant au personnel d'encadrement s'était présenté et avait été élu, alors qu'aux termes de l'article R. 4613-1 CT deux sièges étaient réservés à cette catégorie de personnel, c'est à bon droit que le tribunal a décidé que le second devait être déclaré vacant sans que le collège désignatif puisse modifier l'équilibre de la représentation du personnel au sein du CHSCT en attribuant ce siège à une catégorie autre que celle à laquelle il est légalement réservé.

Cass. soc. 10 mai 2012, n° 11-60.171, BC V n° 141. Voir aussi cass. soc. 20 mars 2013, n° 12-20.787.

En revanche, il est possible d'élire un cadre pour pourvoir l'un des sièges non réservés à cette catégorie de salariés.

L'article R. 4613-1 CT, qui impose de réserver un certain nombre de sièges à la catégorie agents de maîtrise et cadres, n'interdit pas que des salariés appartenant à cette catégorie puissent être par ailleurs élus pour pourvoir les sièges auxquels le code du travail n'attribue aucune affectation catégorielle particulière.

Lors de la désignation des membres d'un CHSCT, ont été élus un salarié appartenant à la catégorie technicien et deux salariés appartenant à la catégorie cadres ; contestant que deux cadres puissent être élus alors qu'un seul siège est réservé à cette catégorie, l'employeur a saisi le tribunal d'instance d'une requête en annulation.

Pour annuler l'élection en qualité de membres du CHSCT des deux salariés appartenant à la catégorie cadres, un tribunal d'instance a retenu que les dispositions de l'article R. 4613-1 CT fixant le nombre de sièges réservés doivent être entendues de manière restrictive et s'interpréter comme prévoyant la désignation d'un seul cadre et non d'au moins un cadre.

En statuant ainsi, alors qu'un salarié cadre avait été élu au titre du siège réservé, et que deux salariés, l'un cadre, l'autre non cadre, avaient été élus pour pourvoir les deux autres sièges, le tribunal d'instance a violé l'article R. 4613-1 CT.

Cass. soc. 14 janvier 2014, n° 13-13.607, BC V n° 8. Voir aussi cass. soc. 28 septembre 2016, n° 15-60.232.

La répartition des sièges entre les catégories de personnel n'emporte aucune modification des règles de l'élection ni du nombre des sièges revenant à chaque liste et il convient de répartir les sièges entre les listes avant de les attribuer aux candidats selon la catégorie à laquelle ils appartiennent.

Il résulte de la combinaison des articles L. 236-5 et R. 433-3 CT, et de la circulaire 95-28 du 9 mars 1995 de la Banque de France, que l'élection au CHSCT a lieu, à défaut d'accord, au scrutin de liste avec représentation proportionnelle et attribution des sièges, d'abord, au quotient électoral, ensuite, sur la base de la plus forte moyenne, s'il reste des sièges à pourvoir.

Lors de l'élection de la délégation au CHSCT de Picardie de la Banque de France, quatre sièges étaient à pourvoir, dont l'un réservé aux cadres. Les listes CFTC-FO et SNA ont obtenu chacune une moyenne de sept voix et la liste CGC une moyenne de quatre voix ; le quotient électoral était de 4,5. Le tribunal d'instance a attribué les deux premiers sièges, au quotient, à la CFTC-FO et au SNA, en précisant que le siège réservé aux cadres était ainsi pourvu par un candidat CFTC-FO ; il a attribué les deux autres sièges à la CFTC-FO et au SNA et exclu de la répartition la CGC qui avait une moyenne de quatre, tandis que la moyenne des deux autres listes était de 3,5.

A fait une fausse application des textes précités le tribunal d'instance qui a rejeté la contestation de la CGC selon laquelle le siège réservé aux cadres devait lui être attribué. En effet, la répartition des sièges entre les catégories de personnel n'emportait aucune modification des règles de l'élection ni du nombre des sièges revenant à chaque liste. Il convenait de répartir les sièges entre les listes avant de les attribuer aux candidats selon la catégorie du personnel à laquelle ils appartenaient.

Les deux premiers sièges revenaient, au quotient électoral, à la liste CFTC-FO et à la liste SNA, le troisième devait être attribué à la liste CGC dont la moyenne était la plus forte et le quatrième devait revenir au plus âgé des deux candidats des listes CFTC-FO et SNA, dont la moyenne était identique.

Cass. soc. 8 janvier 1997, n° 95-60.864, BC V n° 12. Voir aussi cass. soc. 16 avril 2008, n° 07-60.408, BC V n° 88.

L'inspecteur du travail ne peut accorder une dérogation aux règles de répartition entre les différentes catégories de personnel que lorsqu'il existe une disproportion manifeste entre les effectifs de chaque catégorie et leur représentation au CHSCT.

D'une part, il résulte de l'article L. 236-1 CT que les CHSCT sont constitués dans les établissements occupant au moins cinquante salariés, compte tenu des salariés titulaires d'un contrat à durée déterminée, des salariés titulaires d'un contrat de travail intermittent et des travailleurs mis à la disposition de l'entreprise par une entreprise extérieure, y compris les travailleurs temporaires, sauf lorsqu'ils remplacent un salarié absent ou dont le contrat de travail est suspendu.

D'autre part, aux termes de l'article R. 236-1 de ce code : « Dans les établissements occupant de 500 à 1 499 salariés, la délégation comprend 6 salariés dont 2 appartiennent au personnel de maîtrise ou des cadres (...). L'inspecteur du travail peut autoriser des dérogations aux règles déterminant la répartition des sièges entre les représentants du personnel de maîtrise ou des cadres et ceux des autres catégories de personnel. »

Les dérogations aux règles déterminant la répartition des sièges entre les représentants du personnel de maîtrise ou des cadres et ceux des autres catégories de personnel au sein d'un CHSCT ne peuvent être fondées que sur une disproportion manifeste entre, d'une part, l'effectif de la première catégorie et celui des autres catégories, y compris les travailleurs mis à disposition par des entreprises extérieures et les travailleurs intérimaires, et, d'autre part, leur représentation respective au sein de ce comité telle qu'elle résulte des dispositions de l'article R. 236-1 CT.

Pour décider qu'un inspecteur du travail avait pu fixer respectivement à un et cinq, au lieu de deux et quatre, le nombre de sièges occupés, d'une part, par des personnels de maîtrise et cadres et, d'autre part, par des personnels relevant d'autres catégories au CHSCT d'un établissement qui comptait alors un effectif permanent de 780 salariés, dont 651 agents, 106 collaborateurs (employés, techniciens, agents de maîtrise) et 23 cadres et assimilés, une cour administrative d'appel s'est fondée sur la circonstance que l'organisation du travail en équipes dans cet établissement et la proportion importante des salariés mis à disposition par une entreprise extérieure constituaient des spécificités propres de l'établissement de nature à justifier légalement l'octroi d'une dérogation aux règles fixées à l'article R. 236-1 CT.

Ce faisant, la cour administrative d'appel a commis une erreur de droit.

En effet, en premier lieu, des considérations autres que celles tirées d'une éventuelle disproportion manifeste entre les effectifs de chaque catégorie et leur représentation au CHSCT ne sont pas de nature à justifier légalement l'octroi de la dérogation prévue au dernier alinéa de l'article R. 236-1 CT. En second lieu, il ressortait des pièces du dossier que la proportion, dans le total des effectifs, des personnels de la catégorie des employés, techniciens et agents de maîtrise, dont il n'est pas sérieusement contesté qu'ils étaient, dans leur totalité, représentés au titre du personnel de maîtrise et des cadres au sein du CHSCT, auxquels s'ajoutent les cadres et assimilés, s'élevait à environ 16,5 % des effectifs permanents de l'établissement à la date de la décision litigieuse. Cette proportion se ramenait à près de 14 % en tenant compte des salariés mis à disposition par des entreprises extérieures, des travailleurs intérimaires et des agents en contrat à durée déterminée. Ainsi, à supposer même que l'inspecteur du travail ait entendu fonder sa décision sur la proportion des sièges de chaque catégorie au regard des effectifs de l'établissement et qu'il ait tenu compte, comme il aurait dû le faire, des salariés mis à disposition par des entreprises extérieures, des travailleurs intérimaires et des agents en contrat à durée déterminée dans le calcul des effectifs de chaque catégorie, il ne ressortait pas des pièces du dossier qu'il existait, entre les effectifs de chaque catégorie et leur représentation au sein du CHSCT, une disproportion manifeste de nature à justifier légalement l'octroi de la dérogation sollicitée.

Le moyen tiré de ce que la proportion des sièges dans chaque catégorie prévue à l'article R. 236-1 CT ne correspondrait « absolument plus » à la situation réelle de l'établissement ne pouvait donc qu'être écarté.

CE 2 juillet 2007, n° 281404.

Il y a lieu, après détermination des sièges revenant à chaque liste, de modifier les règles de détermination des élus en fonction de l'ordre dans lequel les candidats sont présentés lorsque cette modification est nécessaire pour pourvoir les sièges que l'article R. 4613-1 ancien réserve au personnel de maîtrise et d'encadrement ; lorsque plusieurs listes ont vocation à être modifiées pour assurer tout ou partie de cette représentation catégorielle, il y a lieu de désigner élu celui des candidats des listes concernées le plus âgé.

Cass. soc. 14 décembre 2015, n° 14-26.992, BC V n° 257.

• Liste constituée par toute candidature individuelle

Le scrutin pour les élections des membres du CHSCT est un scrutin de liste. Toute candidature individuelle constitue une liste et le panachage des listes n'est pas admis.

Cass. soc. 13 juillet 1993, n° 92-60.344, BC V n° 208. Voir aussi cass. soc. 7 mai 2003, n° 02-60.607 ; cass. soc. 12 mars 2008, n° 07-60.262.

• Partage des voix

En cas de partage de voix entre les candidats en présence, il convient, en l'absence d'accord sur ce point, d'appliquer les principes généraux du droit électoral selon lesquels l'élection est acquise au plus âgé d'entre eux.

Cass. soc. 10 juillet 1990, n° 89-61.121, BC V n° 360.

L'accord unanime par lequel les membres du collège électoral appelés à procéder à la désignation des membres du CHSCT adoptent expressément une règle particulière de départage des candidats à égalité peut intervenir à l'issue du premier tour et prendre la forme de l'organisation, acceptée par tous les membres du collège désignatif, d'un second tour de scrutin.

Cass. soc. 20 mars 2013, n° 12-20.307, BC V n° 80.

Renouvellement

Si le renouvellement des membres du CHSCT ne peut avoir pour effet de mettre fin aux mandats en cours avant leur date d'expiration, l'employeur, afin d'assurer la permanence de l'institution, peut réunir le collège désignatif avant le terme ultime de ces mandats, les désignations ainsi effectuées ne prenant effet qu'à ce terme.

Cass. soc. 8 octobre 2014, n° 13-60.262, BC V n° 235.

La violation des dispositions relatives au renouvellement du CHSCT peut caractériser le délit d'entrave au fonctionnement du CHSCT.

La violation en connaissance de cause des dispositions de l'article R. 236-5 CT relatif au renouvellement du CHSCT suffit à caractériser, en tous ses éléments, tant matériels qu'intentionnels, le délit d'entrave au fonctionnement du CHSCT prévu par l'article L. 263-2-2 de ce code.

Par ailleurs, le directeur du personnel d'une société ne saurait contester la réalité du préjudice subi par le comité d'entreprise en faisant valoir que, pendant la période couverte par la prévention d'entrave au fonctionnement du CHSCT, le comité n'avait confié aucune étude au CHSCT en application de l'article L. 432-3, al. 3 CT, dès lors que, comme le relève justement l'arrêt attaqué, en l'absence de CHSCT régulièrement constitué, le comité d'entreprise avait été mis dans l'impossibilité de solliciter de telles études.

Cass. crim. 3 mars 1998, n° 96-85.098, B. crim. n° 81.

Compatibilité du mandat de membre du CHSCT avec d'autres mandats

Le mandat de représentant du personnel au CHSCT est compatible avec celui de délégué syndical.

Cass. soc. 13 janvier 1999, n° 97-60.483, BC V n° 22, cité dans « Délégué syndical (Désignation) ».

Révocation des mandats

Aucune disposition du code du travail ne donne pouvoir au comité d'entreprise de prononcer la révocation du mandat d'un membre du CHSCT.

Cass. soc. 14 janvier 2004, n° 01-60.783, BC V n° 15.

Contestations

• Tribunal compétent

Les contestations relatives à la délégation des représentants du personnel au CHSCT sont de la compétence du tribunal d'instance qui statue en dernier ressort.

L'employeur ne peut, en cette matière d'ordre public que constituent des élections professionnelles, et même avec l'accord des organisations syndicales, se faire juge de leur validité lorsqu'il y a été procédé.

Cass. soc. 12 mars 1991, n° 90-60.493.

Tout salarié de l'entreprise ayant vocation à être membre du CHSCT a qualité pour contester la régularité des opérations électorales.

Cass. soc. 10 octobre 1989, n° 88-60.710, précité.

Lorsque le tribunal est saisi par une partie d'une demande de convocation de parties intéressées au litige, il doit soit régulariser l'instance en procédant à l'avertissement des parties intéressées, soit rejeter la demande s'il estime qu'elle concerne des parties non intéressées.

Lors de l'élection, le 30 juin 2011, de neuf salariés dont trois appartenant à la maîtrise ou à l'encadrement chargés de représenter le personnel au CHSCT d'une société, la liste CGT présentant neuf candidats a obtenu seize voix et la liste CFE-CGC présentant deux candidats trois voix ; tous les postes réservés aux cadres ou personnel de maîtrise ayant été attribués à la CGT par répartition au quotient électoral, ce syndicat, qui présentait seul des candidats dans le collège ouvrier et auquel revenait le dernier siège par répartition à la plus forte moyenne, s'est vu attribuer les deux sièges restants ; des salariés ayant contesté cette répartition, le tribunal d'instance a rejeté la fin de non-recevoir tirée du défaut de convocation de l'ensemble des membres du collège désignatif et déclaré le candidat de la liste CFE-CGC élu aux lieu et place du candidat de la liste CGT.

Pour rejeter la fin de non-recevoir tirée du défaut de convocation à l'instance d'un candidat élu, le tribunal a énoncé que le défaut de convocation de toutes les parties intéressées à une instance de contentieux des élections professionnelles n'est pas une cause d'irrecevabilité de la contestation mais une cause de nullité du jugement, et que seules peuvent se prévaloir de cette omission éventuelle les parties non convoquées.

En statuant ainsi, alors que, saisi par une partie d'une demande de convocation de parties intéressées au litige, le tribunal d'instance doit soit régulariser l'instance en procédant à l'avertissement des parties intéressées, soit rejeter la demande s'il estime qu'elle concerne des parties non intéressées, le tribunal a violé l'article R. 4613-12 CT.

Cass. soc. 13 février 2013, n° 11-26.053, 1er moyen, BC V n° 40.

La contestation relative à la désignation d'un représentant syndical au CHSCT relève du tribunal de grande instance.

La compétence du tribunal d'instance est limitée aux matières dont un texte lui a expressément attribué connaissance et l'article L. 236-5 CT ne lui a dévolu, en ce qui concerne le CHSCT, que les contestations relatives à la délégation du personnel dans lesquelles ne peut être comprise celle de désignation d'un représentant syndical audit comité, qui n'est pas assimilable au délégué syndical institué par les articles L. 412-11 et L. 412-21 CT.

Cass. soc. 15 octobre 1987, n° 86-60.552. Voir aussi cass. soc. 29 mars 2000, n° 99-60.158.

• Délai de contestation

Les contestations relatives à la désignation de la délégation des représentants du personnel au CHSCT doivent être faites dans les 15 jours suivant cette désignation.

Aux termes de l'article R. 236-5 CT, le procès-verbal des travaux du collège chargé de désigner les membres de la délégation du personnel au CHSCT est remis au chef d'établissement ; aux termes de l'article R. 236-5-1 CT, la déclaration de contestation relative à cette délégation n'est recevable que si elle est faite dans les quinze jours suivant la désignation.

C'est à tort que, pour déclarer irrecevable la contestation par une société de la désignation le 7 avril 1995 des membres de la délégation du personnel au CHSCT, un tribunal d'instance a relevé que le procès-verbal de réunion du collège a été adressé par courrier intérieur à la direction le 7 avril 1995 et que, s'agissant d'un courrier interne à l'entreprise et diffusé au sein d'un même établissement, il y a lieu de retenir la présomption de fait que ce document est parvenu à la direction au plus tard le lundi 10 avril, point de départ du délai de recours prévu par l'article R. 236-5-1 CT, alors qu'il ne résultait pas de ses constatations que le procès-verbal des travaux du collège avait été porté à la connaissance du chef d'entreprise le 10 avril 1995.

Cass. soc. 11 juin 1996, n° 95-60.808, BC V n° 235.

Le délai commence à courir le jour où la personne qui entend contester a connaissance de la désignation.

N'a pas donné de base légale à sa décision le tribunal d'instance qui, pour déclarer irrecevable la contestation d'un salarié, a retenu que le délai de quinze jours pendant lequel il pouvait être saisi avait commencé à courir à partir de la date de désignation des membres de la délégation du personnel au CHSCT et non, comme le demandeur le soutenait, à la date où il en avait eu connaissance, alors qu'il ne résultait pas de ses constatations que les travaux du collège désignatif aient été portés à la connaissance du salarié à la date de la désignation.

Cass. soc. 26 novembre 2003, n° 02-60.712, BC V n° 300.

Une salariée a été désignée en qualité de représentant du personnel au CHSCT de l'établissement d'une société le 29 avril 2009 ; un salarié a saisi le tribunal d'instance d'une demande d'annulation de cette désignation le 9 juin suivant.

Après avoir retenu que le procès-verbal de l'élection n'avait pas été porté à la connaissance des salariés, ni de l'inspecteur du travail, et que la convocation adressée le 20 mai 2009 au salarié demandeur pour la réunion du CHSCT mentionnant le nom de la salariée désignée n'établissait pas que les travaux du collège désignatif avaient été portés à sa connaissance, un tribunal a pu décider que la demande du salarié était recevable.

Cass. soc. 26 mai 2010, n° 09-60.413, 2e moyen, BC V n° 118.

Lors d'une réunion extraordinaire du comité d'entreprise d'une unité économique et sociale, il a été convenu de mettre en place cinq CHSCT dont deux dans des départements d'outre-mer ; lors des élections du CHSCT de Guyane qui ont eu lieu le 16 novembre 2010, deux listes ont été présentées, l'une comportant des salariés travaillant sur ce département, l'autre comportant des salariés travaillant en métropole ; trois salariés travaillant en métropole ont été élus ; par requête du 9 décembre 2010, les sociétés composant l'UES ont contesté cette élection.

Après avoir constaté que la direction de l'UES n'avait eu connaissance des résultats de l'élection que le 25 novembre, date de la signature de l'accusé réception de la lettre recommandée l'en informant, c'est à bon droit qu'un tribunal a jugé que la requête des sociétés était recevable.

Cass. soc. 12 avril 2012, n° 11-12.916, 1er moyen, BC V n° 128.

Lorsqu'il est formé par déclaration écrite adressée au greffe du tribunal d'instance, le recours prévu par l'article R. 4613-11 ancien CT a pour date celle de l'envoi de la déclaration.

Cass. soc. 17 avril 2013, n° 12-22.212. Voir aussi cass. soc. 11 octobre 2017, n° 16-60.300.

L'annulation ultérieure des élections des membres du comité d'entreprise et des délégués du personnel n'a pas pour effet d'ouvrir un nouveau délai de contestation.

Il résulte de l'article R. 4613-11 CT que la contestation relative à la désignation des membres du CHSCT est effectuée dans le délai de quinze jours suivant cette désignation ; l'annulation ultérieure des élections des membres du comité d'entreprise et des délégués du personnel n'a pas pour effet d'ouvrir un nouveau délai de forclusion.

C'est à tort que, pour faire droit à la demande d'un syndicat, enregistrée au greffe du tribunal le 19 novembre 2010, tendant à l'annulation de la désignation d'une délégation du personnel au CHSCT intervenue dans l'établissement d'une société le 29 mars 2010, un tribunal d'instance a retenu, d'une part, que cette demande était recevable dès lors qu'elle avait été présentée dans les quinze jours suivant la survenance du fait nouveau constitué par le jugement du 5 novembre 2010 annulant les élections professionnelles organisées dans l'établissement et, d'autre part, que le collège désignatif, constitué par les membres élus du comité d'entreprise et les délégués du personnel, n'était pas régulièrement constitué, l'élection des personnes composant ce collège ayant été annulée.

Cass. soc. 16 novembre 2011, n° 11-11.486, BC V n° 267.

La contestation de la candidature d'un salarié à la délégation du personnel au CHSCT, qui n'est soumise à aucun délai, peut être présentée dans les 15 jours qui suivent la désignation du candidat.

C'est à tort que, pour déclarer irrecevable la requête déposée par une société aux fins de voir annuler la candidature d'une salariée, un tribunal d'instance a retenu que cette candidature avait été présentée le 4 décembre, que la désignation avait eu lieu le 12 décembre et a décidé que la requête déposée le 24 décembre était tardive.

Cass. soc. 18 février 2004, n° 03-60.110, BC V n° 57. Voir aussi cass. soc. 9 février 2016, n° 15-13.847.

En tout état de cause, la contestation d'une candidature, quels qu'en soient les motifs, se rattache à la régularité des opérations électorales et peut donc être introduite jusqu'à l'expiration d'un délai de quinze jours suivant la proclamation des résultats, peu important que le candidat ait été ou non élu.

Cass. soc. 16 octobre 2013, n° 13-11.217, BC V n° 240.

La contestation de la désignation d'un représentant syndical mis en place par un accord collectif au sein du CHSCT n'est soumise à aucun délai de forclusion.

Cass. soc. 13 février 2013, n° 09-66.821.

• **Frais de procédure et honoraires d'avocat**

Le CHSCT ne disposant pas de fonds propres et étant une instance distincte du comité d'entreprise, l'employeur doit supporter les frais de procédure et les honoraires d'avocat, lorsque la contestation porte sur la désignation du président du CHSCT, dès lors qu'aucun abus de la part de celui-ci n'est établi.

Cass. soc. 25 juin 2002, n° 00-13.375, BC V n° 215.

Effectifs (Représentation du personnel).

Comité interentreprises

Les articles R. 2323-28 à 33 anciens CT permettent aux comités d'entreprise juridiquement distincts de se regrouper au sein d'un comité interentreprises pour créer ou gérer ensemble certaines de leurs activités sociales et culturelles.

Constitution

La volonté de créer un comité interentreprises doit être caractérisée.

Le fait que plusieurs comités d'entreprise adhèrent à une même association de formation et de conseil juridique n'entraîne pas nécessairement l'application des dispositions relatives au comité interentreprises. La volonté de ces comités d'entreprise de créer, avec le comité d'établissement concerné, des activités sociales communes n'étant pas alléguée, ces dispositions ne sont pas applicables à l'espèce.

Cass. soc. 21 juillet 1986, n° 85-13.424, BC V n° 386.

Fonctionnement

En l'absence de dispositions spécifiques, les règles légales concernant le comité d'entreprise sont applicables aux comités interentreprises.

Doit être cassé le jugement qui, pour déclarer le tribunal d'instance incompétent pour statuer sur l'annulation des élections des membres du comité interentreprises, a énoncé qu'aucun texte particulier ne lui donnant compétence, l'action relevait du tribunal de grande instance. Le comité interentreprises, étant investi des mêmes attributions et fonctionnant dans les mêmes conditions qu'un comité d'entreprise, est légalement assimilé à un comité d'entreprise. Dès lors, les contestations relatives à la régularité des élections doivent être tranchées au regard des textes applicables aux comités d'entreprise.

Cass. soc. 7 janvier 1982, n° 81-60.879, BC V n° 7.

Les membres du comité interentreprises ne peuvent pas revendiquer de crédits d'heures spécifiques.

Doit être cassé le jugement ayant ordonné le paiement à un membre du comité d'entreprise et du comité interentreprises des heures passées à ce comité interentreprises. Un conseil de prud'hommes n'a pu valablement considérer qu'au crédit d'heures affecté au fonctionnement du comité d'entreprise pouvait être ajouté un autre crédit de 20 heures affecté au fonctionnement du comité interentreprises. Le conseil aurait dû répondre à l'argumentation de l'employeur soutenant que le comité interentreprises s'occupait d'une œuvre sociale entrant dans le cadre de celles gérées ordinairement par le comité d'entreprise et que cette situation s'apparentait à celle permettant à un comité central d'entreprise de gérer une œuvre nettement déterminée, cas où le représentant désigné pour y participer ne peut prétendre à un nouveau crédit de vingt heures pour l'exercice de sa mission.

Cass. soc. 7 décembre 1977, n° 76-41.015, BC V n° 675.

Il peut être attribué une subvention au comité interentreprises par voie d'accord.

Un comité d'entreprise adhérant à un comité interentreprises est tenu d'exécuter le protocole d'accord signé au moment de la création du comité interentreprises et ce, tant qu'il n'a pas quitté ce comité. Un comité, s'étant engagé dans le protocole à reverser une partie de la subvention reçue de son entreprise pour assurer les charges de fonctionnement et d'investissement du comité interentreprises, doit exécuter cette clause jusqu'à la date de son retrait.

Cass. soc. 7 décembre 1995, n° 94-14.736.

Retrait d'un comité interentreprises

La décision d'un comité d'entreprise de se retirer d'un comité interentreprises créé par voie d'accord collectif est soumise aux règles de dénonciation de tout accord collectif.

À la suite du retrait de son comité d'entreprise d'un comité interentreprises, constitué par accord entre plusieurs sociétés et leurs organisations syndicales, une société demandait que lui soit restituée la jouissance d'un bien immobilier qu'elle avait affecté au centre de vacances géré par ce comité interentreprises. Doit être cassé l'arrêt ayant fait droit à cette demande, dans la mesure où le comité d'entreprise n'avait pas porté à la connaissance des différentes parties à l'accord créant le comité interentreprises sa décision de se retirer du comité interentreprises et que, par ailleurs, la dénonciation de cet accord n'avait pas été notifiée aux signataires.

Cass. soc. 25 janvier 1995, n° 92-16.778, 2e moyen, BC V n° 38.

Comité social et économique

Le comité social et économique, créé par l'ordonnance 2017-1386 du 22 septembre 2017 (art. L. 2311-1 et suivants CT), remplace en les fusionnant les trois institutions représentatives du personnel existant jusque-là dans les entreprises : délégués du personnel, comité d'entreprise et comité d'hygiène, de sécurité et des conditions de travail. Il doit être mis en place, le 31 décembre 2019 au plus tard, dans les entreprises d'au moins onze salariés et reprend, pour l'essentiel, les fonctions antérieurement exercées par ces institutions, dans les conditions d'effectifs qui déterminaient leur mise en place.

Des comités sociaux et économiques d'établissement et un comité social et économique central d'entreprise doivent par ailleurs être constitués dans les entreprises d'au moins cinquante salariés comportant au moins deux établissements distincts (art. L. 2313-1 CT).

Reconnaissance d'établissements distincts

En l'absence d'accord conclu dans les conditions prévues aux articles L. 2313-2 et L. 2313-3 CT (accord d'entreprise ou, à défaut, accord entre l'employeur et le CSE), l'employeur fixe le nombre et le périmètre des établissements distincts compte tenu de l'autonomie de gestion du responsable de l'établissement, notamment en matière de gestion du personnel (art. L. 2313-4 CT). En cas de litige portant sur la décision de l'employeur, le nombre et le périmètre des établissements distincts sont fixés par l'autorité administrative (DIRECCTE) du siège de l'entreprise, dont la décision peut faire l'objet d'un recours devant le juge judiciaire (art. L. 2313-5 CT).

Caractérise un établissement distinct, au sens de l'article L. 2313-4 CT, l'établissement qui présente, notamment en raison de l'étendue des délégations de compétence dont dispose son responsable, une autonomie suffisante en ce qui concerne la gestion du personnel et l'exécution du service.

Selon l'article L. 2313-4 CT, en l'absence d'accord conclu dans les conditions mentionnées aux articles L. 2313-2 et L. 2313-3 du même code, le nombre et le périmètre des établissements distincts pour la mise en place des comités sociaux et économiques sont fixés compte tenu de l'autonomie de gestion du responsable de l'établissement, notamment en matière de gestion du personnel ; il en résulte que caractérise au sens de ce texte un établissement distinct l'établissement qui présente, notamment en raison de l'étendue des délégations de compétence dont dispose son responsable, une autonomie suffisante en ce qui concerne la gestion du personnel et l'exécution du service.

Ayant, par une appréciation souveraine des éléments de fait et de preuve fournis par les parties, constaté qu'il existait, pour l'un des trois établissements publics industriels et commerciaux (EPIC) composant un groupe public, une concentration des pouvoirs au sein de la direction générale de cet EPIC, tant en matière de conduite de l'activité que pour les actes de gestion, justifiant un comité social et économique unique, pour un autre EPIC du groupe, une organisation autour de six activités, elles-mêmes réparties sur des directions régionales ayant à leur tête des responsables disposant d'une autonomie de gestion suffisante, justifiant la mise en place de vingt-six comités économiques et sociaux, et pour le dernier EPIC, une nouvelle organisation par activités avec une direction régionale, trois directions zone de production, une direction technique et une direction fonctions transverses, chacun des responsables de ces directions disposant d'une délégation de pouvoirs lui assurant une autonomie de gestion suffisante, et relevé que les documents fournis par les organisations syndicales à l'appui de leur contestation, soit ne correspondaient plus à l'organisation actuelle des directions au sein des EPIC compte tenu de la réorganisation des services autour des pôles d'activité, soit ne démontraient pas l'existence de pouvoirs effectifs des responsables en matière de gestion du personnel ou d'exécution du service, c'est à bon droit qu'un tribunal d'instance en a déduit l'existence de trente-trois établissements distincts au sein du groupe.

Cass. soc. 19 décembre 2018, n° 18-23.655, 2ᵉ moyen, à paraître.

Ce n'est que lorsque, à l'issue d'une tentative loyale de négociation, aucun accord collectif n'a pu être conclu que l'employeur peut fixer par décision unilatérale le nombre et le périmètre des établissements distincts.

L'article L. 2313-2 CT prévoit qu'un accord d'entreprise détermine le nombre et le périmètre des établissements distincts pour la mise en place des CSE. Selon l'article L. 2313-4 CT, en l'absence d'accord, le nombre et le périmètre de ces établissements sont fixés par décision de l'employeur. Il résulte de ces dispositions que ce n'est que lorsque, à l'issue d'une tentative loyale de négociation, un accord collectif n'a pu être conclu que l'employeur peut fixer par décision unilatérale le nombre et le périmètre des établissements distincts.

Une société a invité les organisations syndicales, le 2 janvier 2018, à la négociation du protocole d'accord préélectoral pour l'élection de la délégation du personnel au comité social et économique (CSE). Trois organisations syndicales ont réclamé, par courrier du 22 janvier suivant, l'engagement préalable d'une négociation sur le périmètre de mise en place des CSE. En l'absence d'accord préélectoral, l'employeur a saisi le Direccte afin qu'il décide de la répartition des électeurs et des sièges au sein des collèges électoraux dans le cadre d'un CSE unique. Le Direccte a rendu sa décision de répartition le 30 mars 2018, et les élections ont été organisées sur cette base les 27 avril 2018 et 18 mai 2018. Entre temps les organisations syndicales avaient saisi l'autorité administrative, le 7 avril 2018, d'une contestation de la décision unilatérale de l'employeur de mettre en place un CSE unique, demandant à ce que soit reconnue l'existence de six établissements distincts au sein de l'entreprise ; par décision du 29 mai 2018, le Direccte a considéré qu'en l'absence de négociations sur le nombre et le périmètre des établissements distincts composant la société, cette demande devait être rejetée mais que l'employeur devait ouvrir des négociations conformément aux dispositions de l'article L. 2313-2 CT. L'employeur a contesté cette décision devant le tribunal d'instance.

Ayant constaté l'absence de toute tentative de négociation par l'employeur, qui avait décidé seul de l'existence d'un établissement unique au sein de l'entreprise, c'est à bon droit qu'un tribunal d'instance a retenu que la décision unilatérale de l'employeur devait être annulée, sans que le Direccte n'ait à se prononcer sur le nombre et le périmètre des établissements distincts tant que des négociations n'auraient pas été préalablement engagées, et qu'il a fait injonction à l'employeur d'ouvrir ces négociations.

Cass. soc. 17 avril 2019, n° 18-22.948, à paraître.

La notification de la décision prise par l'employeur en matière de fixation du nombre et du périmètre des établissements distincts consiste en une information, spécifique et préalable à l'organisation des élections professionnelles au sein des établissements distincts ainsi définis, qui fait courir le délai de recours devant le Direccte conformément à l'article R. 2313-1 CT ; à défaut d'information préalable régulière, ce délai de contestation ne court pas.

Ayant relevé qu'aucune négociation n'avait été engagée par l'employeur, qui avait décidé seul de l'existence d'un établissement unique au sein de l'entreprise, et que cette décision de l'employeur n'avait pas été notifiée en tant que telle aux organisations syndicales, celles-ci ayant seulement été destinataires d'une information sur les conditions de déroulement des opérations électorales, c'est à bon droit qu'un tribunal d'instance a dit que la saisine du Direccte par les organisations syndicales était recevable.

Cass. soc. 17 avril 2019, n° 18-22.948, précité.

Les syndicats ayant saisi le Direccte d'une demande de détermination des établissements distincts peuvent contester les élections organisées par l'employeur en dépit de la suspension légale du processus électoral et de la prorogation légale des mandats des élus en cours, dans le délai de quinze jours prévu à l'article R. 2314-24 CT courant à compter de la décision du Direccte procédant à la détermination du nombre et du périmètre des établissements distincts.

Cass. soc. 17 avril 2019, n° 18-22.948, précité.

Il appartient au tribunal d'instance saisi d'une décision de la DIRECCTE portant sur le découpage d'une entreprise en établissements distincts d'examiner l'ensemble des contestations, qu'elles portent sur la légalité externe ou sur la légalité interne de cette décision et, soit de confirmer cette décision s'il les juge mal fondées, soit de statuer à nouveau, par une décision se substituant à celle de l'autorité administrative, sur les questions demeurant en litige.

En application de l'article L. 2313-5 CT, relèvent de la compétence du tribunal d'instance, en dernier ressort, à l'exclusion de tout autre recours, les contestations élevées contre la décision de l'autorité administrative fixant le nombre et le périmètre des établissements distincts ; il appartient en conséquence au tribunal d'instance d'examiner l'ensemble des contestations, qu'elles portent sur la légalité externe ou sur la légalité interne de la décision de la DIRECCTE, et, s'il les dit mal fondées, de confirmer la décision, s'il les accueille partiellement ou totalement, de statuer à nouveau, par une décision se substituant à celle de l'autorité administrative, sur les questions demeurant en litige.

À la suite de l'échec des négociations menées entre la direction d'un groupe et les organisations syndicales pour la détermination du nombre et du périmètre des établissements distincts des trois établissements publics industriels et commerciaux (EPIC) composant le groupe, la direction a fixé unilatéralement, par deux décisions des 19 février et 23 mars 2018, le périmètre des trente-trois établissements distincts retenus pour la mise en place des comités sociaux et économiques. Deux organisations syndicales ont saisi la direction régionale des entreprises, de la concurrence, de la consommation, du travail et de l'emploi (DIRECCTE) pour contester ces décisions. La DIRECCTE a, par décision du 30 mai 2018, fixé le nombre et le périmètre des établissements distincts selon les mêmes modalités que celles figurant dans la décision de l'employeur ; les deux organisations syndicales ont formé un recours contre la décision de la DIRECCTE devant un tribunal d'instance.

En conséquence, si c'est à tort que le tribunal d'instance a décliné sa compétence pour statuer sur les griefs relatifs à la régularité formelle de la décision administrative, le moyen qui reproche au jugement de ne pas s'être prononcé sur des griefs visant à l'annulation de la décision administrative est inopérant dès lors qu'il a statué sur le fond, en fixant le nombre et le périmètre des établissements distincts au sein des trois EPIC.

Cass. soc. 19 décembre 2018, n° 18-23.655, 1er moyen, à paraître.

Électorat/Éligibilité

Le droit d'option exercé par un salarié mis à disposition, en application d'un texte légal désormais abrogé qui l'autorisait à être électeur et éligible dans son entreprise d'accueil, ne peut lui être opposé pour refuser son éligibilité au comité social et économique mis en place au sein de son entreprise d'origine, dès lors que l'entrée en vigueur de l'ordonnance 2017-1386 du 22 septembre 2017 ne lui permet plus d'être éligible dans son entreprise d'accueil.

Un salarié, engagé en 2003 par une association puis mis à disposition d'une société, a été élu, le 3 décembre 2014, en qualité de membre de la délégation unique du personnel de l'association. En 2016, il a choisi d'exercer son droit de vote pour les élections de délégué du personnel au sein de la société auprès de laquelle il était mis à disposition. En 2018, l'association a refusé de l'inscrire sur la liste des électeurs appelés à élire les représentants du personnel au comité social et économique. Par requête en date du 20 mars 2018, un syndicat a saisi un tribunal d'instance d'un recours contre ce refus d'inscription.

Pour rejeter la demande d'inscription sur la liste électorale, le tribunal d'instance a retenu qu'à compter de mars 2016, le salarié avait renoncé à exercer ses droits électoraux au sein de l'association au profit de l'entreprise utilisatrice et qu'il avait choisi de voter au titre des délégués du personnel auprès de celle-ci mais qu'il ne s'était pas lui-même porté candidat à cette fonction, qu'eu égard à la nature du vote, il avait pris cet engagement pour une durée de quatre ans, c'est-à-dire jusqu'en 2020, qu'il résultait d'une des pièces du dossier signée par le salarié portant mention d'une possibilité pour les salariés extérieurs de choisir l'entreprise où ils voulaient exercer leur droit de vote pour les élections des délégués du personnel que l'intéressé avait compris les incidences de son choix, outre le constat de son expérience dans le domaine des instances représentatives du personnel qui lui avait permis de réfléchir, que par ailleurs, l'association étant dotée d'une délégation unique du personnel, le salarié avait cessé de disposer de la qualité d'électeur à sa désignation au moment même où il avait opté pour le droit de vote au sein de l'entreprise d'accueil, que cette option l'avait conduit à ne plus être électeur et éligible auprès de l'association jusqu'en 2020 et qu'elle résultait de son choix personnel, qu'au surplus il ne s'était pas présenté aux élections dans l'entreprise d'accueil, mais avait seulement choisi de voter au sein de celle-ci et, enfin, que la création du comité social et économique conduisant à une instance unique des représentants du personnel, il s'en déduisait que sa mise en place au sein de l'association en 2018 ne conduisait pas le salarié à supporter une différence de situation ou une réduction de ses droits par rapport à l'hypothèse où la délégation unique du personnel aurait été maintenue.

En statuant ainsi, alors que le choix effectué par le salarié en 2016 d'être électeur dans son entreprise d'accueil aux élections des délégués du personnel ne pouvait le priver de son droit d'être électeur et éligible lors des élections du comité social et économique de son entreprise d'origine, le tribunal d'instance a violé l'alinéa 8 du Préambule de la Constitution du 27 octobre 1946 et l'article L. 2314-23 CT.

Cass. soc. 13 février 2019, n° 18-60.149, à paraître.

Candidatures aux élections

— La constatation par le juge, après l'élection, du non-respect des règles relatives à la représentation équilibrée des hommes et des femmes par une liste de candidats entraîne l'annulation de l'élection des derniers élus du sexe surreprésenté en tenant compte de l'ordre des élus tel qu'il résulte, le cas échéant, de l'application des règles relatives à la prise en compte des ratures.

La constatation par le juge, après l'élection, du non-respect par une liste de candidats des prescriptions prévues à la première phrase du premier alinéa de l'article L. 2314-30 CT entraîne l'annulation de l'élection des derniers élus du sexe surreprésenté en suivant l'ordre inverse de la liste des candidats ; pour l'application de cette règle, le juge tient compte de l'ordre des élus tel qu'il résulte, le cas échéant, de l'application des règles relatives à la prise en compte des ratures dont le nombre est égal ou supérieur à 10 % des suffrages exprimés.

Dans le cadre des élections des membres du comité social et économique d'une société, l'employeur a indiqué que le collège n° 1 comportait 92 % de salariés hommes, et 8 % de salariées femmes. Un syndicat a déposé une liste composée de sept candidats hommes, laquelle a obtenu deux élus hommes, le salarié qui figurait en première position sur la liste de candidatures ayant été élu en seconde position après prise en compte des ratures. L'employeur a alors demandé l'annulation de l'élection du salarié élu en seconde position au titre du non-respect des règles sur la représentation des hommes et des femmes.

Le pourvoi du syndicat, qui faisait grief au tribunal d'instance d'avoir fait droit à la demande de l'employeur alors que le salarié concerné figurait en première position sur la liste de candidatures, doit être rejeté.

En effet, c'est à bon droit que le tribunal, ayant constaté que ce salarié était second et dernier élu sur la liste du syndicat dans l'ordre d'élection après dépouillement du scrutin, a décidé que l'élection de ce dernier devait être annulée en raison du non-respect des règles sur la représentation des hommes et des femmes.

Cass. soc. 17 avril 2019, n° 18-60.173, à paraître.

Commissions

☛ VRP (Bénéfice du statut) ; VRP (Clause de non-concurrence) ; VRP (Indemnité de clientèle) ; VRP (Rémunération).

Commissions (Comité d'entreprise)

Le comité d'entreprise peut créer des commissions pour l'aider à remplir ses missions. Certaines commissions sont obligatoires à partir d'un certain seuil d'effectif, comme la commission économique prévue par les articles L. 2325-23 à 25 anciens CT, la commission de la formation (art. L. 2325-26 ancien CT) ou encore la commission d'information et d'aide au logement (art. L. 2325-27 et s. anciens CT). D'autres, facultatives, peuvent être constituées par le comité pour l'examen de problèmes particuliers d'ordre social, professionnel ou éducatif (art. L. 2325-22 ancien CT).

Si la composition de certaines commissions obligatoires est légalement prévue, celle des commissions facultatives relève de l'appréciation du comité d'entreprise.

Commissions obligatoires

Les membres des commissions obligatoires ont toute liberté pour s'informer dans le cadre de leur mission…

Un employeur ayant refusé l'accès de l'entreprise à deux spécialistes que la commission « emploi formation » souhaitait recevoir afin d'être informée de ses droits et prérogatives en matière de formation permanente, une cour d'appel a pu le condamner pour délit d'entrave au bon fonctionnement du comité d'établissement. La commission « emploi formation » régulièrement créée par le comité d'établissement dans les conditions prévues par le code du travail possède toute liberté de s'informer dans le cadre de sa mission et peut disposer, à cet effet, des moyens mis à la disposition du comité.

Cass. crim. 12 avril 1983, n° 82-93.485.

… et, notamment, la liberté de se déplacer auprès des salariés.

Doit être cassé l'arrêt qui, pour relaxer un chef d'entreprise de la prévention de délit d'entrave au fonctionnement du comité, a énoncé que le comité d'entreprise n'est pas en droit d'imposer à l'employeur des actions menées sur les lieux de travail. En l'espèce, les membres de la commission avaient entrepris d'effectuer une enquête auprès du personnel afin d'établir les besoins des salariés en formation. Les investigations menées par le comité ou la commission ne sauraient être subordonnées à l'accord de l'employeur, le rôle consultatif de ces organismes de représentation ne pouvant être utilement rempli qu'à la condition que l'employeur ne fasse pas obstacle à la liberté de leur information dans les limites des prérogatives qui leur sont reconnues.

Cass. crim. 7 janvier 1981, n° 79-94.315, B. crim. n° 4.

Commissions facultatives

Si les commissions facultatives peuvent être librement composées, les règles de composition doivent respecter les principes généraux régissant la matière.

La liberté de choix dont dispose le comité central d'entreprise pour désigner les membres de ses commissions ne peut s'exercer que dans le respect des principes généraux régissant l'exercice du droit syndical dans l'entreprise. Dès lors, une modification des règles de désignation des membres de ces commissions doit être annulée si elle vise à l'élimination d'une organisation syndicale, pour des raisons polémiques et sans lien avec le souci d'un bon fonctionnement du comité central d'entreprise. En l'espèce, la disposition du règlement intérieur, qui prévoyait notamment que chaque commission comprenait au moins un représentant de chaque organisation syndicale, avait été limitée aux cinq grandes centrales syndicales afin d'écarter une organisation syndicale. La cour d'appel a pu faire droit à la demande du syndicat libre tendant à l'annulation de cette nouvelle disposition du règlement intérieur.

Cass. soc. 19 novembre 1986, n° 85-11.418, BC V n° 526.

Si une disposition conventionnelle prévoit le maintien de la rémunération pour les membres de la commission, ce maintien ne saurait être étendu en cas d'exécution d'une mission pour le compte du comité à l'extérieur de l'entreprise.

Un salarié, membre d'une commission « Loisirs » désigné pour effectuer pendant les heures de travail une étude à l'extérieur de l'entreprise, revendiquait le paiement des heures passées à cette mission. Une cour d'appel a pu débouter l'intéressé de ses demandes, après avoir relevé que si les dispositions conventionnelles stipulaient que l'assistance aux réunions des commissions du comité d'entreprise ne pouvait entraîner pour ses membres une perte du salaire, il n'en allait pas de même lorsqu'ils exécutaient une mission à l'extérieur de l'entreprise pour le compte du comité.

Cass. soc. 1er juillet 1985, n° 82-41.688, BC V n° 375.

Sauf accord ou usage plus favorables auxquels l'employeur peut renoncer par une dénonciation régulière, le temps passé aux réunions des commissions facultatives n'est pas payé comme temps de travail, en dehors des crédits d'heures prévus pour les membres représentants du personnel, et que la commission litigieuse était une commission facultative.

Cass. soc. 8 octobre 2014, n° 13-17.133, 4e branche du moyen du pourvoi principal.

Communications syndicales

Affichage ; Propagande électorale ; Tracts.

Compensation

Lorsque deux personnes sont réciproquement débitrices et créancières l'une de l'autre, le code civil autorise la compensation de leurs dettes à hauteur de la plus faible. Cependant, les articles L. 3251-1 à 3 CT limitent cette possibilité dans les rapports entre employeurs et salariés.

Interdictions et limitations prévues par le code du travail pour les créances de fournitures et les avances

• Les créances pour fournitures d'objets ou de prestations

Interdiction de principe

Aux termes de l'article L. 3251-1 CT, il n'y a pas de compensation possible au profit de l'employeur entre le montant des salaires et les dettes contractées par les salariés envers leur employeur pour « fournitures diverses, quelle qu'en soit la nature ».

Le loyer dû par le salarié à l'employeur ne peut pas être compensé avec le salaire, dès lors qu'il n'est pas un accessoire du contrat de travail.

Dès lors que le loyer dû par le salarié à l'employeur l'est en vertu d'un contrat de location, l'employeur ne peut opérer de retenue sur le salaire au titre de frais de logement.

Cass. soc. 7 décembre 1994, n° 91-43.037, 2e moyen. Voir aussi cass. soc. 17 octobre 1990, n° 88-45.367 ; cass. soc. 13 octobre 1998, n° 96-42.373, excluant la compensation avec le salaire d'une somme due au titre d'une location, le logement dont le salarié avait la jouissance n'étant pas l'accessoire du contrat de travail.

Alors même que le loyer est un accessoire du contrat de travail, la législation d'ordre public applicable aux travailleurs étrangers interdit toute compensation entre le loyer dû par le salarié à l'employeur et le salaire.

Selon les dispositions d'ordre public de l'article L. 341-7-1 CT, il est interdit à tout employeur d'opérer, sur le salaire d'un étranger venu travailler en France, des retenues, sous quelque dénomination que ce soit, à l'occasion de son engagement.

C'est à tort que, pour débouter un salarié de sa demande en paiement d'un arriéré de salaires, une cour d'appel, après avoir rappelé que l'intéressé s'était prévalu de la législation d'ordre public applicable au contrat de travail conclu avec un étranger, a retenu que s'il avait été mentionné un salaire mensuel de 41 700 F dans le contrat écrit soumis à l'approbation de l'administration du travail, les parties avaient aussitôt, d'un commun accord, convenu qu'il ne serait versé au salarié qu'un salaire mensuel de 30 770 F afin de tenir compte du montant du loyer représenté par la mise à sa disposition par l'employeur d'un appartement, dont la valeur locative correspondait à la différence entre le salaire stipulé et celui réellement payé et que le salarié n'avait jamais contesté jusqu'à ce jour cette compensation, alors qu'en sa qualité de travailleur étranger, le salarié ne pouvait faire l'objet d'aucune retenue sur son salaire.

Cass. soc. 17 juillet 2001, n° 98-43.981, 2e moyen, BC V n° 275.

L'employeur ne peut pas effectuer de compensation entre le salaire et l'indemnité pour préavis non effectué due par le salarié.

L'article L. 144-1 CT interdit la compensation par l'employeur entre le salaire dont il est redevable et l'indemnité pour préavis non exécuté due par une salariée. Dès lors, l'obligation de l'employeur de payer les salaires n'est pas contestable. Doit donc être cassée l'ordonnance de référé rejetant la demande en rappel de salaire au motif que l'obligation de l'employeur serait sérieusement contestable.

Cass. soc. 28 avril 1994, n° 90-46.044, BC V n° 155.

Un conseil de prud'hommes a décidé, à bon droit, qu'en application de l'article L. 144-1 CT, est interdite la compensation, par l'employeur, de l'indemnité compensatrice de congés payés avec l'indemnité de préavis due par le salarié, et qu'il ne pouvait être dérogé à cette interdiction par une convention conclue entre l'employeur et le salarié.

Cass. soc. 29 novembre 2000, n° 98-45.256.

En outre, dans les entreprises visées par l'article L. 3251-4 CT dont font partie les entreprises de transport, il est interdit aux employeurs d'opérer des retenues sur salaires à l'occasion de l'exercice normal du travail.

Un chauffeur routier international, auquel son employeur avait donné en location un logement à titre d'accessoire du contrat de travail, contestant les retenues sur salaires opérées par ce dernier en compensation de loyers impayés, a saisi la juridiction prud'homale d'une demande de rappel de salaires.

C'est à tort que, pour rejeter cette demande, une cour d'appel a énoncé que, dès lors qu'il était établi et non contesté que l'intéressé ne payait plus ses loyers, l'employeur était en droit de procéder à la compensation avec les salaires versés, alors que, si l'employeur disposait de la faculté de recouvrer sa créance par les voies de droit commun, il ne pouvait, en revanche, procéder à une retenue illégale sur la rémunération.

Cass. soc. 9 juillet 2003, n° 01-43.103.

L'interdiction de compensation ne concerne que les sommes versées à titre de salaire.

Une cour d'appel ne peut refuser la compensation entre l'indemnité de licenciement et les sommes dues à l'entreprise pour fournitures, alors que l'indemnité de licenciement n'est pas la contrepartie d'un travail fourni et ne constitue pas un salaire.

Cass. soc. 23 juin 1988, n° 85-44.158, BC V n° 383.

L'interdiction de compensation prévue par l'article L. 3251-1 CT s'applique à l'indemnité de congés payés, qui a la nature d'un salaire.

Cass. soc. 18 septembre 2013, n° 12-17.171.

Exceptions

Les salaires peuvent être compensés avec les dettes contractées par les salariés envers leur employeur pour des outils et instruments nécessaires au travail, des matières ou matériaux dont le salarié a la charge ou l'usage et avec des sommes avancées pour l'acquisition de ces mêmes objets.

La perte par le salarié du matériel qu'il utilise pour son travail peut donner lieu à compensation.

Doit être cassé le jugement qui a condamné un employeur ayant opéré une retenue sur salaire, alors que le salarié reconnaissait avoir perdu le groupe électrogène qui lui avait été confié pour l'exécution de son travail.

Cass. soc. 12 février 1992 n° 89-42.263.

La compensation ne peut s'effectuer qu'avec les matériaux dont le salarié a la charge et l'usage.

Doit être cassé l'arrêt qui, pour débouter une salariée de sa demande en remboursement d'une somme retenue sur ses salaires, a énoncé que cette somme représente le déficit financier apparaissant aux inventaires mensuels et dont la retenue avait été prévue au contrat de travail dont les termes avaient été acceptés par la salariée, alors que la somme ainsi retenue par l'employeur correspondait à des marchandises fournies par lui et dont le salarié n'avait pas l'usage, ce dont il résultait qu'elle ne pouvait se compenser avec le montant des salaires.

Cass. soc. 4 juin 1996, n° 94-43.248. Voir aussi cass. soc. 24 mars 1993, n° 90-44.491, 1er moyen, BC V n° 96.

Le salarié ne peut renoncer par avance aux dispositions d'ordre public de l'article L. 3251-2 CT limitant les cas de compensation entre le montant du salaire et les sommes qui seraient dues à l'employeur.

Cass. soc. 8 juillet 2015, n° 13-25.681, pourvoi incident, BC V n° 146.

Sanctions

La compensation effectuée à tort par l'employeur ne constitue pas une sanction pécuniaire prohibée.

La compensation opérée par l'employeur n'entre pas dans les prévisions de l'article L. 122-42 CT et la prohibition de la compensation prévue par l'article L. 144-1 CT ne comporte aucune sanction pénale.

Cass. crim. 8 décembre 1993, n° 91-85.461, B. crim. n° 410.

• Les avances

Contrairement aux acomptes, les avances ne peuvent être compensées qu'à hauteur d'un dixième du salaire. Les prêts consentis par l'employeur s'analysent, par ailleurs, comme des avances sur salaire.

Lorsque l'employeur conclut avec ses salariés une convention d'ouverture de prêt en compte courant ayant pour objet le versement d'avances moyennant un intérêt, le bénéficiaire étant qualifié d'emprunteur, il ne peut, par la suite, retenir la totalité de la rémunération des bénéficiaires pour compenser une partie de leur dette.

En effet, les sommes ainsi perçues ne constituant pas des acomptes sur un travail en cours au sens de l'article L. 144-2 CT, l'employeur ne peut pas retenir la totalité de la rémunération des bénéficiaires de ces conventions de prêt sans violer les dispositions d'ordre public de ce texte.

Cass. soc. 5 mai 1993, n° 90-40.801, BC V n° 125.

La compensation avec le salaire des sommes restant dues par le salarié au titre du prêt consenti par son employeur ne peut s'appliquer que sur la fraction saisissable du salaire en application de l'article L. 3252-2 CT.

Ayant relevé que la retenue effectuée par un employeur avait absorbé la totalité du salaire de novembre d'un salarié, une cour d'appel a pu décider que cette compensation était abusive et que le juge des référés avait le pouvoir d'ordonner le paiement d'une provision à titre de salaire.

Cass. soc. 4 avril 2006, n° 04-47.559.

Les sommes versées par l'employeur en exécution d'une ordonnance infirmée, qui ont un caractère indu, ne constituent pas des avances en espèces obligeant l'employeur à opérer des retenues successives ne dépassant pas un dixième du montant des salaires exigibles ; la compensation peut s'opérer dans la limite de la fraction saisissable du salaire.

En application d'une ordonnance de référé rendue dans le cadre d'un litige qui l'opposait à un syndicat, une société a versé à l'un de ses salariés la somme de 11 532,54 euros au titre d'indemnités de repas et de frais. Suite à l'infirmation de cette décision par une cour d'appel, la société a opéré des retenues sur le salaire de ce salarié pour un montant total de 5 893,30 euros.

Pour enjoindre à l'employeur de cesser toute retenue mensuelle excédant le 1/10e du salaire exigible, une cour d'appel, après avoir constaté que les conditions de la compensation étaient réunies, a retenu que l'employeur avait versé au salarié, en exécution de l'ordonnance de référé, la somme brute de 11 532,54 euros à titre de rappels des indemnités de repas et de menus frais mentionnées à l'article 8.6 de la convention d'entreprise du personnel navigant commercial, qu'au sens des articles L. 3251-1 et suivants CT cette somme correspondait à des avances en espèces, et qu'en conséquence, l'employeur ne pouvait effectuer des retenues excédant le 1/10e du salaire exigible mensuellement.

En statuant ainsi, alors que le versement effectué en exécution d'une ordonnance infirmée lui confère un caractère indu, de sorte que les sommes versées ne constituent pas des avances en espèces obligeant l'employeur à opérer des retenues successives ne dépassant pas un dixième du montant des salaires exigibles et que la compensation peut s'opérer dans la limite de la fraction saisissable du salaire en application de l'article L. 3252-2 CT, la cour d'appel a violé les articles L. 3251-3 et L. 3252-2 CT.

Cass. soc. 19 octobre 2017, n° 16-11.617, BC V n° 187.

Application de la compensation légale aux autres créances

La compensation peut s'opérer entre les sommes dues au titre des salaires et celles dues au titre des cotisations sociales.

Une cour d'appel a pu admettre la compensation entre des créances salariales et les sommes dues au titre de la part salariale des cotisations sociales payées à l'URSSAF par l'employeur, l'article L. 144-1 CT interdisant seulement la compensation entre le montant des salaires et les sommes dues à l'employeur « pour fournitures diverses ».

Cass. soc. 25 février 1997, n° 94-44.788, deux premières branches du 2e moyen, BC V n° 82.

La retenue sur salaire pour absence n'entre pas dans le cadre de l'interdiction de compensation.

L'article L. 144-1 CT, s'il interdit la compensation entre le salaire dû par l'employeur et les sommes qui lui sont dues pour fournitures, ne s'oppose pas à une retenue sur salaire pour absence.

Cass. soc. 27 mai 1992, n° 89-44.166, BC V n° 343.

Conformément au droit commun des obligations, la compensation n'est possible que lorsque les dettes sont certaines, liquides et exigibles.

La compensation n'ayant lieu qu'entre deux dettes qui sont liquides et exigibles, c'est à bon droit qu'une cour d'appel a débouté une société de ses demandes de compensation entre les sommes dues au salarié et celles dues par ce dernier, dans la mesure où, la chambre sociale n'ayant pas encore statué sur les comptes liés au contrat de sous-gérance, la société ne disposait d'aucune créance liquide et exigible à l'encontre de l'intéressé.

Cass. soc. 8 octobre 1996, n° 93-42.350, 2e moyen. Voir aussi cass. soc. 27 juin 1990, n° 89-45.735.

La compensation judiciaire pour dettes connexes

Le juge doit ordonner la compensation, alors même que les conditions d'exigibilité ou de liquidité ne sont pas remplies, dès lors que les dettes réciproques sont connexes.

Une cour d'appel ne pouvait refuser la compensation demandée par l'employeur au titre de la condamnation du salarié à son égard, alors que la compensation judiciaire était possible dans les limites définies par la loi, dès lors que les créances réciproques résultant du même contrat étaient connexes, peu important que le jugement n'ait pas été définitif puisqu'il était assorti de l'exécution provisoire.

Cass. soc. 9 mars 1994, n° 91-45.690, 2e moyen, BC V n° 82. Voir aussi cass. soc. 24 mars 1988, n° 85-45.087, 2e moyen, BC V n° 218.

La connexité peut résulter d'un même rapport de droit des créances et des dettes.

En énonçant que les créances et les dettes dont la compensation était demandée n'étaient pas issues d'un même contrat, la créance de l'employeur sur le salarié trouvant sa source dans les prêts qu'il lui avait consentis et les dettes auxquelles il était tenu envers lui ayant leur origine dans l'exécution et la rupture du contrat de travail, une cour d'appel a, par là même, reconnu que les créances et dettes invoquées n'étaient pas connexes et a ainsi pu écarter la demande de compensation présentée par le salarié.

Cass. soc. 19 octobre 1999, n° 97-41.589. Voir aussi cass. soc. 7 avril 1998, n° 96-40.145, BC V n° 204.

Quotité saisissable

La compensation ne peut s'appliquer que sur la fraction saisissable du salaire.

Un employeur avait procédé à la compensation de la quasi-totalité du dernier mois de salaire d'un salarié démissionnaire et des frais de formation.

Un conseil de prud'hommes a pu décider que cette compensation constituait un trouble manifestement illicite et ordonner le paiement au salarié de la somme indûment retenue.

Cass. soc. 21 mars 2000, n° 99-40.003, BC V n° 118.

Un salarié avait été indemnisé au titre de la maladie avant d'obtenir ultérieurement la prise en charge de cet arrêt au titre de la rechute d'un accident du travail. L'employeur avait alors pratiqué une retenue sur les salaires de l'intéressé de décembre 1996 et janvier 1997 pour récupérer la différence entre le complément de salaire versé au titre de la maladie et celui, plus réduit, lui incombant désormais, selon les règles applicables en matière d'accident du travail.

Une cour d'appel, qui a relevé que les retenues effectuées avaient absorbé l'intégralité du salaire de décembre et 60 % de celui de janvier, a pu décider que cette compensation abusive constituait un trouble manifestement illicite.

Cass. soc. 7 mars 2000, n° 97-44.101.

Responsabilité pécuniaire du salarié.

Compression d'effectifs

Licenciement collectif ; Plan de sauvegarde de l'emploi.

Compte épargne-temps

Le compte épargne-temps permet au salarié d'accumuler des droits à congé rémunéré ou de bénéficier d'une rémunération, immédiate ou différée, en contrepartie des périodes de congé ou de repos non prises ou des sommes qu'il y a affectées (art. L. 3151-1 et s. CT).

Alimentation

S'il résulte des dispositions des articles L. 3121-24 et D. 3121-10 anciens CT que l'employeur peut, en l'absence de demande du salarié de prise de la contrepartie obligatoire en repos, imposer à ce salarié, dans le délai maximum d'un an, le ou les jours de prise effective de repos, ces dispositions ne sont pas applicables aux jours de repos compensateur de remplacement affectés à un compte épargne-temps.

Cass. soc. 18 mars 2015, n° 13-19.206, 4e moyen, BC V n° 54.

En cas de litige relatif à l'existence et à l'alimentation d'un compte épargne-temps, il appartient au salarié d'étayer sa demande par la production d'éléments suffisamment précis quant aux horaires effectivement réalisés pour permettre à l'employeur de répondre en fournissant ses propres éléments.

Cass. soc. 22 mars 2012, n° 11-11.529.

Liquidation

En cas de liquidation judiciaire de l'entreprise et à défaut de dispositions conventionnelles, les salariés bénéficient d'une indemnité correspondant à la conversion monétaire de l'ensemble des droits acquis.

Plusieurs salariés d'une société « A » placée en liquidation judiciaire sont devenus salariés d'une société « B » à la suite de l'adoption d'un plan de cession comportant la reprise des « congés payés légaux acquis et non encore consommés dans la limite des congés annuels légaux soit vingt-cinq jours ouvrés par salarié » ; dans le silence de ce plan sur le sort des comptes épargne-temps, les salariés ont saisi la juridiction prud'homale pour voir fixer au passif de la société « A » le montant de la liquidation de leur compte épargne-temps.

Après avoir constaté, d'une part, que la modification juridique de l'employeur était intervenue dans le cadre de la procédure de liquidation judiciaire de la société « A » et, d'autre part, que le plan de cession était muet sur le sort des jours épargnés sur un compte épargne-temps, un conseil de prud'hommes a pu décider qu'à défaut de clauses conventionnelles, le régime de la rupture du contrat, emportant le versement d'une indemnité correspondant à la conversion monétaire de l'ensemble des droits acquis, devait être appliqué, et accueillir la demande des salariés.

Cass. soc. 7 avril 2010, n° 09-40.015, BC V n° 85.

Congés payés.

Concierges

Toute personne qui travaille pour un propriétaire ou pour un locataire principal et qui loge dans l'immeuble à titre d'accessoire du contrat de travail est considérée comme concierge, employé d'immeuble ou femme de ménage d'immeuble à usage d'habitation si elle est chargée d'assurer sa garde, sa surveillance et son entretien ou une de ces fonctions (art. L. 7211-1 à L. 7215-1 CT).

Bénéfice du statut

Est considérée comme concierge, employé d'immeuble toute personne salariée par le propriétaire ou par le principal locataire et qui, logeant dans l'immeuble au titre d'accessoire du contrat de travail, est chargée d'assurer sa garde, sa surveillance et son entretien ou une partie de ces fonctions.

Selon l'article 1er de la convention collective nationale du travail des gardiens, concierges et employés d'immeubles du 11 décembre 1979, ladite convention a pour objet de définir les conditions de travail et de rémunération du personnel disposant ou non d'un logement de fonction et chargé d'assurer la garde, la surveillance et l'entretien, ou une partie seulement de ces fonctions, des immeubles ou ensembles immobiliers et de leurs abords et dépendances, qu'ils soient affectés à l'habitation ou à l'usage commercial, placés sous le régime de la copropriété ou donnés en location, quel que soit le régime juridique de l'employeur.

Un salarié, engagé en qualité de « gardien au pair », avec pour charges la surveillance de la propriété, l'ouverture et la fermeture du portail, matin et soir, et l'entretien des parties communes, une journée par semaine, avec, pour contrepartie, le bénéfice d'un logement de fonction, a été licencié. Faisant notamment valoir que son logement était insalubre et qu'il n'était pas rémunéré, il a saisi la juridiction prud'homale de diverses demandes.

C'est à tort que, pour rejeter ses demandes de rappels de salaires, une cour d'appel a retenu que le gardien était exclusivement rémunéré par l'avantage en nature constitué par le logement gratuit et la jouissance du jardin potager, que ses tâches étaient évaluées à 34 jours annuels de travail ou une journée par semaine, que le confort de son logement de fonction était acceptable puisqu'il n'avait jamais formulé de protestations et que son statut était donc celui d'un « travailleur au pair », alors qu'il résultait de ses constatations que l'intéressé était chargé de la garde, la surveillance et, pour partie, de l'entretien d'un ensemble immobilier en copropriété et que bénéficiant d'un logement de fonction au titre d'accessoire du contrat de travail, il devait percevoir une rémunération au moins égale au minimum conventionnel.

Cass. soc. 20 septembre 2006, n° 05-43.097.

La personne au service d'un commerçant loueur de studios meublés qui est astreinte à une série de tâches liées à cette qualité en plus des tâches normalement dévolues aux concierges d'immeubles d'habitation est employé d'hôtel et non concierge.

Ayant constaté que la préposée d'un loueur de studios meublés s'acquittait non seulement des charges normales habituelles des concierges d'immeubles d'habitation, tels le service des ordures, l'entretien des escaliers, la réception du courrier et l'encaissement des quittances de loyer, mais qu'en outre, elle tenait un livre de police pour y mentionner le passage des locataires, assurait le service du téléphone, remettait périodiquement des draps et des serviettes aux locataires, tenait le linge en bon état par des travaux de couture et était en relation avec le matelassier pour faire réparer la literie, une cour d'appel a pu décider que l'activité de l'intéressée était différente de celle de concierge d'immeuble d'habitation et relevait des fonctions d'employé d'hôtel.

Cass. soc. 21 juin 1966, n° 65-40.126, BC V n° 634.

Une personne exerçant les fonctions de femme de ménage dans un immeuble à usage d'habitation doit bénéficier du statut, peu important que cet immeuble offre des prestations annexes à ses résidents.

C'est à tort qu'une cour d'appel a décidé qu'une salariée travaillant dans une résidence de services ne relevait pas de la convention collective nationale du travail des gardiens, concierges et employés d'immeubles, alors que la salariée exerçait les fonctions de femme de ménage dans un immeuble à usage d'habitation, peu important les prestations annexes telles que la restauration et la surveillance médicale proposées par la résidence.

Cass. soc. 2 mai 2000, n° 97-43.663, BC V n° 160.

Seuls les concierges et employés d'immeubles sont astreints à une obligation de garde, de surveillance et d'entretien des locaux.

Interprétant la dénomination des fonctions donnée par les parties de « préposée à l'entretien » de l'immeuble, une cour d'appel a pu décider que les fonctions réellement exercées par la salariée étaient celles de femme de ménage d'immeuble, dès lors qu'elle n'assurait pas la surveillance permanente des locaux, la disposition des lieux ne le lui permettant pas, et débouter l'intéressée de ses demandes tendant à obtenir la restitution de ses loyers du fait d'un logement de fonction afférent à son emploi de concierge.

Cass. soc. 26 février 1969, n° 67-40.672, BC V n° 132.

La qualification donnée par les parties ne s'impose pas au juge.

Une cour d'appel avait relevé qu'un salarié était chargé du gardiennage de nuit de l'immeuble cinq jours par semaine, de la fermeture des portes et de leur ouverture le matin, de la surveillance de toutes les parties communes du rez-de-chaussée, des premier et deuxième sous-sols, qu'il était logé dans un appartement du premier étage et faisait valoir qu'il était astreint à une obligation de renseignements et de présence, que, sur la porte de son logement, la plaque « concierge » était apposée et qu'il était chargé par le syndic de remettre les clés des caves aux nouveaux occupants. En l'état de ces constatations, la cour d'appel a pu décider que les fonctions effectives de l'intéressé étaient celles d'un concierge, peu important qu'il ait été successivement qualifié de gardien, puis de gardien de nuit.

Cass. soc. 25 mai 1976, n° 74-40.620, BC V n° 311.

Statut légal

Les concierges et employés d'immeubles à usage d'habitation, soumis au statut spécial fixé par les articles L. 7211-1 à L. 7215-1 et R. 7212-1 à R. 7214-21 CT, relèvent, sur les points non réglés par ce statut, des dispositions de droit commun du code du travail à l'exception de celles qui prévoient expressément qu'elles ne leur sont pas applicables.

Cass. soc. 20 janvier 2010, n° 08-45.018, BC V n° 18.

Ainsi, les dispositions du code du travail relatives aux salariés victimes d'accident du travail s'appliquent aux concierges.

Doit être cassé l'arrêt qui, pour débouter une salariée engagée en qualité de concierge et de femme de ménage, licenciée après avoir été victime d'un accident du travail, de ses demandes en dommages-intérêts fondées sur la violation de l'article L. 122-32-5 CT, a énoncé que l'article L. 771-2 CT énumérait les dispositions du code du travail qui étaient applicables aux concierges et qu'il en résultait que les dispositions relatives à l'embauchage et au licenciement figurant au sein du livre Ier du code, notamment les règles particulières relatives aux salariés victimes d'un accident du travail, ne s'appliquaient pas à eux, alors qu'il résulte des articles L. 120-1, L. 771-1 et L. 771-6 CT que les dispositions du titre II du livre Ier dudit code s'appliquent aux concierges et employés d'immeubles à usage d'habitation.

Cass. soc. 30 juin 1994, n° 89-41.654, BC V n° 224.

Logement

Le salarié engagé au titre du régime légal des concierges devant bénéficier d'un logement de fonction, l'employeur ne peut pas conclure avec lui un bail d'habitation de droit commun.

Il résulte de l'article L. 771-1 devenu L. 7211-2 CT, auquel se réfère l'article 18 de la convention collective nationale des gardiens, concierges et employés d'immeubles du 11 décembre 1979 que le salarié engagé au titre du régime légal des concierges et rattaché au régime dérogatoire de la catégorie B excluant toute référence à un horaire précis doit être logé au titre d'accessoire à son contrat de travail dans l'immeuble où il exerce ses fonctions, ce qui implique l'attribution d'un logement de fonction.

Un salarié a été engagé le 2 juin 2003 par un syndicat de copropriétaires, en qualité de gardien-concierge à service permanent, catégorie B ; dans le même temps les parties ont conclu un contrat de bail portant sur un appartement de type F4 au sein de la résidence, pour un loyer mensuel de 609,80 €, pour une durée de 6 ans à compter du 2 juin 2003 ; l'intéressé a été mis à la retraite le 31 mai 2007 ; soutenant qu'il aurait dû bénéficier, en vertu de l'article L. 7211-1 CT et de la convention collective applicable, d'un logement de fonction dont le loyer ne pouvait excéder 180 €, il a saisi la juridiction prud'homale d'une demande tendant au paiement de rappels de salaires conventionnels, au remboursement de loyers et de la taxe d'habitation comme de la taxe d'enlèvement des ordures ménagères 2005 et 2006 ainsi qu'au paiement de dommages-intérêts.

C'est à tort que, pour le débouter de ses demandes, une cour d'appel a retenu que l'article L. 771-1 devenu L. 7211-2 CT ne formule aucune obligation quant à la fourniture par l'employeur d'un logement de fonction pour les salariés de catégorie B, que dans sa rédaction applicable en l'espèce eu égard à la date du contrat de travail, l'article 20 de la convention collective dispose uniquement que le contrat de travail peut prévoir l'attribution d'un logement de fonction, que l'attribution d'un logement de fonction ne constituait donc nullement une obligation conventionnelle, qu'en rayant les dispositions du contrat de travail type relatives au logement de fonction et en concluant avec son salarié un bail d'habitation de droit commun, l'employeur n'avait donc pas méconnu ses obligations, l'attribution d'un logement de fonction ayant été contractuellement exclue.

Cass. soc. 12 décembre 2012, n° 11-20.653, BC V n° 336.

Constitue un logement à destination partiellement professionnelle celui qui n'est composé que d'une seule pièce, dont les rideaux doivent rester ouverts dans la journée et dans lequel une gardienne a l'obligation d'y recevoir et de conserver les colis et paquets destinés aux occupants de l'immeuble.

Ayant constaté que le logement de fonction d'une gardienne d'immeuble ne comportait qu'une seule pièce, que les rideaux de ce logement devaient être placés dans la journée de telle sorte que l'on puisse voir à l'intérieur et qu'il lui était fait obligation d'y recevoir et de conserver les colis et paquets destinés aux occupants de l'immeuble, une cour d'appel a pu en déduire que le logement avait une destination partiellement professionnelle et condamner l'employeur à lui payer un rappel de salaire au titre de l'avantage logement et les congés payés y afférents.

Cass. soc. 28 janvier 1998, n° 95-42.141.

Si aucune loge de concierge n'est prévue par le règlement de copropriété, l'employeur n'est pas tenu de mettre un logement de fonction à la disposition de la personne chargée du nettoyage et de l'entretien des locaux.

Un salarié employé par un syndic de plusieurs propriétés à l'entretien de divers immeubles avait demandé à son employeur le remboursement de ses loyers en invoquant sa qualité de concierge. Une cour d'appel a pu débouter l'intéressé de ses demandes : le règlement de copropriété ne prévoyant pas de loge de concierge, l'employeur n'avait pas à lui rembourser le loyer d'un logement qu'il occupait, non en vertu de son contrat de travail, mais en exécution d'un contrat antérieur et distinct de bail à loyer.

Cass. soc. 3 novembre 1976, n° 75-40.111, BC V n° 547.

Rémunération

Les dispositions relatives au SMIC sont applicables aux concierges.

Les dispositions relatives au SMIC sont applicables aux concierges des immeubles à usage d'habitation et l'exclusion visée à l'article D. 141-5 CT concerne seulement les dispositions de la section dans laquelle cet article est inséré, et qui sont relatives au mode de calcul forfaitaire, en l'absence de convention collective, des prestations en nature de logement et de nourriture.

Cass. soc. 23 juin 1982, n° 80-40.936, BC V n° 411.

Si deux époux sont engagés ensemble comme gardiens, ils doivent percevoir la même rémunération.

Une salariée avait été engagée en même temps que son mari par lettre adressée aux deux époux qui, précisant leur salaire respectif, énumérait l'ensemble des travaux incombant au ménage de gardiens. Un protocole d'accord, signé postérieurement, avait intégré les gardiens d'immeubles au statut du personnel de la Caisse d'épargne en spécifiant qu'ils percevraient le salaire de la catégorie, celui de leur conjoint étant fixé à la moitié. Estimant que sa rémunération aurait dû être, pour un travail équivalent, égale à celle de son mari, la salariée avait saisi la juridiction prud'homale.

Ayant relevé que le principe de l'embauche d'un ménage de gardiens se trouvait inclus tant dans la lettre d'engagement que dans le règlement des gardiens d'immeubles et qu'aucun de ces documents ne comportait la spécification des tâches de chaque conjoint et ayant retenu que les époux accomplissaient, en la même qualité, le même travail, la cour d'appel a décidé, par une exacte application des dispositions des articles L. 140-2 et s. CT, que l'épouse devait recevoir une rémunération identique à celle de son mari.

Cass. soc. 19 février 1992, n° 88-45.217, BC V n° 98.

La taxe d'habitation est normalement à la charge du concierge, sauf usage contraire.

Une cour d'appel a pu faire droit à la demande de soixante et onze gardiens d'immeubles en remboursement de la taxe d'habitation afférente à leur logement : si la convention collective nationale de travail des gardiens, concierges et employés d'immeubles ne contient aucune disposition quant au remboursement par le propriétaire de la taxe d'habitation, cela ne remet pas en cause l'existence d'un usage local plus favorable comme c'était le cas en l'espèce. Les juges ont également pu décider que la taxe d'habitation ayant le caractère d'un avantage salarial, elle devait se prescrire par cinq ans.

Cass. soc. 10 décembre 1996, n° 94-18.340, BC V n° 433.

Le contrat de travail d'un gardien d'immeuble ne peut donc pas faire obstacle à l'application d'un usage local prévoyant le paiement de la taxe d'habitation par l'employeur.

Pour rejeter la demande d'une gardienne d'immeuble en remboursement de la taxe d'habitation afférente à son logement de fonction, une cour d'appel a énoncé qu'il existait dans le Rhône un usage selon lequel la taxe d'habitation était payée intégralement par l'employeur, qu'il s'agissait d'un usage local, professionnel et non d'entreprise, que cet usage, qui avait un caractère simplement supplétif et non impératif, ne s'appliquait qu'à défaut d'une manifestation contraire de volonté, qu'en l'espèce, le contrat de travail de l'intéressée excluait expressément le paiement par l'employeur de la taxe.

En statuant ainsi, alors que le contrat de travail ne pouvait faire obstacle à l'application d'un usage plus favorable, la cour d'appel a violé le principe de l'application de la norme la plus favorable en cas de conflits de normes.

Cass. soc. 27 mars 2001, n° 98-44.292, 1er moyen, BC V n° 106.

Intéressement et participation

Les dispositions relatives à l'intéressement et à la participation aux résultats de l'entreprise sont applicables aux concierges.

Les concierges et employés d'immeubles à usage d'habitation, soumis au statut spécial fixé par les articles L. 7211-1 à L. 7215-1 et R. 7212-1 à R. 7216-9 CT, relèvent, sur les points non réglés par ce statut, des dispositions de droit commun du code du travail, à l'exception de celles qui prévoient expressément qu'elles ne leur sont pas applicables.

Ils peuvent ainsi prétendre à l'intéressement ou à la participation aux résultats mis en place par un employeur au profit de ses salariés dans les conditions prévues par les articles L. 3311-1 à L. 3325-4 CT, qui ne comportent aucune exclusion à l'égard des concierges et employés d'immeubles à usage d'habitation.

Cass. soc. 20 janvier 2010, n° 08-45.018, précité.

Congés payés

Une indemnité de congés payés est due au concierge dont le remplacement pendant les congés implique nécessairement l'occupation partielle ou totale de son logement par son remplaçant.

Doit être cassé l'arrêt ayant alloué une indemnité de congés payés à une concierge qui avait assuré son propre remplacement, sans rechercher si le remplacement de la salariée eût impliqué nécessairement l'occupation totale ou partielle de son logement.

Cass. soc. 1er février 1995, n° 90-44.514, 1er moyen, BC V n° 50.

Repos hebdomadaire

Des conjoints salariés travaillant pour le même employeur ont le droit de prendre leur repos simultanément à condition d'informer l'employeur de leur volonté de faire usage de ce droit.

Si l'article 19 § 2 de la convention collective des gardiens concierges et employés d'immeubles prévoit que les conjoints salariés travaillant pour le même employeur ont le droit de prendre leur repos simultanément, il appartient aux intéressés de faire savoir à l'employeur leur volonté de faire usage de ce droit.

Après avoir constaté qu'aucun des deux gardiens d'un immeuble n'avait sollicité le bénéfice de période de repos en commun, une cour d'appel a pu les débouter de leur demande de dommages-intérêts pour avoir été privés de tout repos en couple pendant 26 ans.

Cass. soc. 16 février 2012, n° 10-24.421, BC V n° 73.

Rupture du contrat de travail

Le licenciement du salarié doit être justifié.

Un surveillant d'immeuble avait été licencié pour faute lourde pour avoir eu un comportement agressif à l'égard d'une locataire de l'immeuble, qui s'était traduit par deux incidents dont l'un avait déjà fait l'objet d'un avertissement. Après avoir relevé que le salarié se trouvait en congé maladie lors du dernier incident et que lui-même, en tant que locataire, s'était querellé avec une autre locataire pour un problème de voisinage, une cour d'appel a pu décider que les agissements du salarié dans sa vie personnelle n'étaient pas constitutifs d'une cause de licenciement et que les faits relatifs au premier incident avaient déjà été sanctionnés.

Cass. soc. 14 mai 1997, n° 94-45.473, BC V n° 175.

Est justifié le licenciement d'un gardien qui, en violation de ses obligations de surveillance découlant tant du contrat de travail que de la convention collective, ne s'est pas immédiatement déplacé et n'a pas prévenu le service des secours après avoir été informé du fait qu'un enfant était resté bloqué dans l'ascenseur.

Ayant relevé qu'un gardien d'immeuble, en violation de ses obligations de surveillance découlant tant du contrat de travail que de la convention collective, ne s'était pas immédiatement déplacé et n'avait pas prévenu le service des secours lorsqu'il avait été informé de ce qu'un enfant était bloqué dans l'ascenseur de l'immeuble, et que, d'une manière générale, de nombreux locataires n'étaient pas satisfaits de ses services, une cour d'appel a décidé, dans l'exercice des pouvoirs qu'elle tient de l'article L. 122-14-3 CT, que le licenciement de l'intéressé procédait d'une cause réelle et sérieuse.

Cass. soc. 26 mai 1998, n° 95-44.422

Lorsqu'un gardien d'immeuble bénéficie d'un logement de fonction, son absence prolongée pour maladie justifie son licenciement, la nécessité de procéder à son remplacement définitif étant, de ce fait, établie.

Si l'article L. 122-45 CT, qui fait interdiction de licencier un salarié notamment en raison de son état de santé ou de son handicap, sauf inaptitude constatée par le médecin du travail dans le cadre du titre IV du livre II de ce même code, ne s'oppose pas à son licenciement motivé, non par l'état de santé du salarié, mais par la situation objective de l'entreprise dont le fonctionnement est perturbé par l'absence prolongée ou les absences répétées de l'intéressé, celui-ci ne peut toutefois être licencié que si ces perturbations entraînent la nécessité pour l'employeur de procéder à son remplacement définitif.

Une cour d'appel, qui a constaté que l'absence prolongée d'une gardienne d'immeuble qui bénéficiait du logement de fonction avait rendu nécessaire son remplacement définitif, a ainsi légalement justifié sa décision de débouter l'intéressée de sa demande de dommages-intérêts pour licenciement abusif.

Cass. soc. 27 mars 2001, n° 98-44.292, 4e moyen, BC V n° 106.

Le remplacement définitif, dont la nécessité justifie le licenciement du salarié malade, suppose l'embauche d'un nouveau salarié et non pas seulement le recours à un prestataire de services.

Si l'article L. 1132-1 CT fait interdiction de licencier un salarié, notamment en raison de son état de santé ou de son handicap, ce texte ne s'oppose pas au licenciement motivé, non par l'état de santé du salarié, mais par la situation objective de l'entreprise dont le fonctionnement est perturbé par l'absence prolongée ou les absences répétées du salarié ; celui-ci ne peut toutefois être licencié que si ces perturbations entraînent la nécessité pour l'employeur de procéder à son remplacement définitif par l'engagement d'un autre salarié.

Une salariée employée par un syndicat de copropriétaires en qualité de gardienne à temps complet s'est trouvée en arrêt de travail pour maladie du 8 au 23 mars 2003 puis du 25 avril au 30 novembre 2003 ; ayant été licenciée le 19 novembre 2003, avec un préavis expirant le 22 février 2004, pour le motif suivant : « maladie prolongée rendant nécessaire votre remplacement définitif pour assurer un fonctionnement normal du service gardiennage », elle a saisi la juridiction prud'homale.

C'est à tort que, pour juger le licenciement fondé sur une cause réelle et sérieuse et débouter la salariée des demandes présentées de ce chef, une cour d'appel a retenu que les tâches confiées à la salariée avaient été intégralement reprises par un salarié d'une entreprise de services dans le cadre de dispositions s'inscrivant dans la durée, ce qui caractérisait son remplacement effectif et définitif dans des conditions établissant la bonne foi du syndicat des copropriétaires, au demeurant présumée, ce système d'emploi indirect ayant l'avantage de mieux le garantir d'une absence prolongée du gardien, situation dont il avait durablement pâti et contre laquelle il était en droit de se prémunir.

Cass. ass. plén. 22 avril 2011, n° 09-43.334, BC n° 3. Voir aussi cass. soc. 18 octobre 2007, n° 06-44.251, BC V n° 163, rendu dans la même affaire.

Si des époux sont liés par le même contrat de travail à leur employeur, ce dernier ne peut pas les licencier en raison de l'inaptitude de l'un d'entre eux, si l'autre peut pourvoir à ses tâches.

Doit être cassé l'arrêt qui, pour décider que le licenciement de deux époux, engagés en qualité de gardiens concierges en vertu d'un même contrat de travail, avait une cause réelle et sérieuse, a énoncé que l'épouse, victime d'un accident du travail, n'avait produit qu'un certificat médical qui ne donnait aucun terme à son inaptitude partielle, que le syndic avait justifié de l'impossibilité de lui proposer un nouvel emploi et que le contrat de travail étant commun aux deux époux, le licenciement du mari était justifié, alors que l'épouse faisait valoir que son mari accomplirait momentanément les tâches qu'elle ne pouvait effectuer, et que la cour d'appel n'avait pas tenu compte de l'indivisibilité des engagements souscrits par les deux époux et n'avait pas caractérisé l'impossibilité dans laquelle se trouvait l'employeur de maintenir le contrat.

Cass. soc. 14 octobre 1993, n° 91-45.409, BC V n° 234.

Le fait que les contrats de travail des deux époux comportent une clause de résiliation automatique en cas de rupture de l'un d'eux n'implique pas que le licenciement du mari suffise à justifier le licenciement de la femme et ne dispense pas le juge d'en rechercher la cause réelle et sérieuse.

Deux époux, engagés en 1980 par le syndic d'une copropriété en qualité de gardiens d'immeubles, avaient été respectivement licenciés les 24 juillet et 12 septembre 1990. C'est à tort que, pour décider que le licenciement de la femme avait une cause réelle et sérieuse, une cour d'appel, après avoir relevé que son mari avait été licencié, sans que la contestation de son licenciement par l'intéressé soit recevable, a énoncé que les contrats de travail des époux étaient indivisibles et comportaient une clause de résiliation automatique en cas de rupture de l'un d'eux, alors qu'une clause de résiliation du contrat de travail ne dispense pas le juge de rechercher si la rupture a une cause réelle et sérieuse.

Cass. soc. 18 novembre 1998, n° 97-42.854, BC V n° 496.

L'employeur qui envisage de rompre le contrat de travail de deux personnes engagées conjointement en qualité de « couple gardien d'immeuble » doit engager deux procédures distinctes.

Le licenciement étant une mesure individuelle, il appartient à l'employeur qui envisage de rompre le contrat de travail de deux personnes engagées conjointement en qualité de « couple gardien d'immeuble » d'engager deux procédures distinctes conformes aux articles L. 122-14 et s. CT, même si le contrat de travail comporte une clause selon laquelle la rupture du contrat de travail de l'un entraîne la rupture du contrat de l'autre.

A commis une irrégularité de procédure à l'égard de l'épouse l'employeur qui a adressé au couple une lettre de licenciement commune n'ayant été réceptionnée que par l'époux. Dès lors que les deux époux n'ont pas été privés de la possibilité d'avoir un entretien préalable avec leur employeur et qu'ils ont été informés des causes de leur licenciement par la lettre de licenciement commune, cette irrégularité de procédure n'a pas privé de cause réelle et sérieuse le licenciement de l'épouse.

Cass. soc. 10 mai 2001, n° 99-42.555.

Un syndicat de copropriétaires n'étant pas une entreprise au sens des dispositions de l'article L. 1233-1 CT, le licenciement du salarié, même s'il repose sur un motif non inhérent à sa personne, n'est pas soumis aux dispositions concernant les licenciements pour motif économique.

Cass. soc. 1er février 2017, n° 15-26.853, BC V n° 21. Voir aussi cass. soc. 10 octobre 1990, n° 87-45.366, BC V n° 442.

En cas de licenciement, le salarié peut être expulsé de son logement après le délai de trois mois prévu à l'article R. 7212-1 CT.

Une cour d'appel a pu décider qu'une gardienne d'immeuble était devenue occupante sans droit ni titre du logement accessoire à son contrat de travail, dès lors qu'elle avait été licenciée et que l'employeur avait respecté le délai de trois mois prévu par l'article L. 771-3 CT.

Cass. soc. 5 mai 1983, n° 81-16.467, BC V n° 241.

Lorsque la durée du préavis est de trois mois et que le salarié est dispensé de l'effectuer, le point de départ de l'indemnité d'occupation est fixé à la fin du délai de préavis.

L'article L. 771-3 CT disposant que le salarié congédié ne peut être obligé de quitter son logement avant un délai de trois mois, c'est à bon droit qu'une cour d'appel a décidé que le point de départ de l'indemnité d'occupation devait être fixé à la fin du délai de préavis de trois mois pendant lequel le salarié avait été dispensé de travailler.

Cass. soc. 26 mai 1998, n° 95-44.422, précité.

Si deux époux bénéficient conjointement d'un logement de fonction, en cas de licenciement de l'un d'eux, l'autre ne peut se maintenir dans les lieux.

Des époux avaient été engagés par un syndicat de copropriétaires en qualité de concierges. Le mari ayant été licencié, il lui avait été enjoint de quitter le logement qui lui avait été attribué conjointement avec son épouse dans un délai de trois mois. Comme ils s'étaient maintenus dans les lieux, le syndicat de copropriétaires les avait assignés en référé pour voir ordonner leur expulsion.

Après avoir constaté l'urgence pour le syndicat de reprendre possession des lieux et relevé que les époux étaient contractants solidaires, une cour d'appel a pu faire droit à la demande du syndicat : la convention, précisant que les avantages en nature comprenant un logement F3 leur étaient conjointement attribués et disposant que l'emploi des deux époux était une condition essentielle et déterminante du contrat, il en résultait qu'en cas d'empêchement de l'un des époux, l'autre ne pouvait se maintenir dans les lieux.

Cass. soc. 14 avril 1988, n° 86-18.555, BC V n° 235.

☛ *Logement des salariés.*

Concurrence déloyale

En vertu de l'obligation de loyauté pesant sur le salarié lors de l'exécution de son contrat de travail, ce dernier ne peut porter atteinte à l'intérêt de l'entreprise en se livrant à des actes déloyaux dans son propre intérêt ou dans l'intérêt d'une société concurrente.

À l'expiration de son contrat de travail, le salarié retrouve en principe sa liberté, mais ne doit pas commettre d'actes constitutifs d'une concurrence déloyale.

Concurrence déloyale pendant l'exécution du contrat de travail

La concurrence peut résulter d'un cumul d'emplois.

Une cour d'appel, qui a retenu qu'un salarié travaillait habituellement, pendant un congé de maladie, sur le chantier d'une maison en construction avec trois ouvriers sous ses ordres, a pu décider que ce comportement déloyal rendait impossible le maintien du salarié dans l'entreprise pendant la durée du préavis et constituait une faute grave.

Cass. soc. 21 juillet 1994, n° 93-40.554, BC V n° 250.

La création d'une entreprise concurrente constitue un acte de concurrence déloyale…

Ayant relevé qu'une salariée avait été licenciée pour avoir créé pendant la durée du contrat de travail une entreprise concurrente sur la même commune que l'agence immobilière qui l'employait, une cour d'appel, qui a constaté que la salariée avait créé une société ayant pour objet l'activité de location et de gérance immobilière dont elle était la gérante et qu'elle avait diffusé des publicités annonçant l'ouverture de cette agence et faisant apparaître qu'elle était située dans la même rue que l'agence dont elle était la salariée en qualité de négociatrice, a pu juger que son licenciement était fondé sur une faute grave.

Cass. soc. 12 février 2014, n° 12-24.133.

Après avoir retenu qu'un salarié avait créé une société concurrente en décembre 2002 et l'avait développée à partir de février 2003 alors qu'il était au service de son employeur, une cour d'appel a pu débouter le salarié de ses demandes d'indemnités au titre de son licenciement pour faute lourde et le condamner à payer des dommages-intérêts à son employeur.

Cass. soc. 5 mai 2010, n° 08-41.682, pourvoi principal.

… sauf si le salarié prévient son employeur qu'il crée une entreprise indépendante et ne commet aucun acte de concurrence…

Une cour d'appel a pu, en vertu de son pouvoir souverain d'appréciation, considérer que ne constituait pas une cause réelle et sérieuse de licenciement le fait pour une salariée d'avoir préparé la création d'une société indépendante, dès lors qu'il était établi que l'intéressée avait agi en toute clarté vis-à-vis de son employeur et n'avait pas manqué à ses obligations contractuelles ni commis d'actes de concurrence.

Cass. soc. 3 mai 1994, n° 92-42.660.

… ou si son exploitation ne commence qu'après la rupture du contrat de travail du salarié.

Après avoir constaté qu'un salarié s'était borné à préparer, sans recourir à aucun procédé déloyal, la création d'une entreprise concurrente de celle de son employeur dont l'exploitation ne devait commencer qu'après la rupture de son contrat de travail, une cour d'appel a pu décider que ce comportement n'était pas fautif.

Cass. soc. 5 mai 2009, n° 07-45.331.

Le salarié peut accomplir les formalités de constitution d'une société non concurrente.

Ne commet pas de faute grave le gérant salarié participant à la création d'une nouvelle société en qualité d'associé apporteur et de gérant, dès lors qu'il se borne à accomplir les formalités nécessaires à la constitution de cette société, dont l'activité n'est pas directement concurrente de celle de son employeur.

Cass. soc. 7 février 1995, n° 93-42.158.

La prise de participation dans une autre société peut caractériser une concurrence déloyale…

Commet une faute grave la secrétaire de direction qui devient cogérante d'une société ayant le même objet social et des intérêts susceptibles d'entrer en concurrence avec ceux de la société qui l'emploie sans en prévenir celle-ci alors que, de par ses fonctions, elle a accès à des informations confidentielles.

Cass. soc. 26 janvier 1994, n° 92-42.043. Voir aussi cass. soc. 17 octobre 2000, n° 98-41.732.

… sauf si le salarié n'y a pas exercé la moindre activité personnelle.

Après avoir relevé qu'un salarié, qui avait seulement acquis des parts sociales dans une société concurrente, n'y avait pas exercé la moindre activité personnelle, une cour d'appel en a exactement déduit l'absence de manquement de ce salarié à son obligation de loyauté.

Cass. soc. 16 septembre 2009, n° 08-41.735.

Le seul fait d'avoir été administrateur d'une société sous-traitante de la société employeur ne constitue pas un acte de concurrence déloyale.

Cass. soc. 12 janvier 2000, n° 97-45.253.

Le détournement de clientèle est un acte de concurrence déloyale.

Ayant relevé qu'une salariée avait détourné la clientèle de son employeur au profit d'une ancienne salariée de ce dernier, une cour d'appel a pu décider que son comportement était de nature à rendre impossible son maintien dans l'entreprise pendant la durée du préavis et était constitutif d'une faute grave.

Cass. soc. 22 janvier 1998, n° 95-41.742, 1er moyen.

Il en est de même du débauchage de salariés au profit d'une société concurrente.

Une cour d'appel, qui a relevé qu'un salarié, engagé en qualité de directeur technico-commercial, avait dénigré son employeur tant auprès d'un important fournisseur qu'auprès d'un administrateur de la société et des salariés de celle-ci, qu'il avait tenté de débaucher des salariés au profit d'une société concurrente qu'il se proposait de créer, ce dont il résultait qu'il n'avait pas exécuté loyalement son contrat de travail, a pu décider que son comportement était de nature à rendre impossible son maintien dans l'entreprise pendant la durée du préavis et constituait une faute grave.

Cass. soc. 1er mars 2000, n° 97-45.858. Voir aussi cass. soc. 15 mars 2012, n° 10-25.627.

Après avoir retenu qu'un salarié, alors qu'il était encore au service de son employeur, avait débauché quatorze des salariés de celui-ci, qui ont été aussitôt engagés par une société concurrente dans laquelle il avait des intérêts, une cour d'appel a pu condamner le salarié au paiement de dommages-intérêts pour concurrence déloyale.

Cass. soc. 25 septembre 2007, n° 06-42.071, 1er moyen.

L'utilisation du nom de l'employeur constitue un acte de concurrence déloyale.

Le fait pour une salariée d'avoir organisé un spectacle en dehors d'un célèbre cabaret en utilisant sa qualité de danseuse de ce cabaret et de s'être produite sans avertir son employeur alors que l'accord de celui-ci était expressément prévu au contrat constitue une faute grave, peu important que ces agissements n'aient pas figuré dans la liste purement énonciative du contrat de travail des faits pouvant constituer une faute.

Cass. soc. 30 octobre 2000, n° 98-45.004.

L'utilisation des fonctions en vue de commettre un acte de concurrence déloyale permet de retenir une faute grave.

Ayant relevé qu'un salarié, VRP multicartes, ne contestait pas avoir soumis à certains de ses clients, auxquels il vendait les produits de son employeur, le catalogue des produits d'une autre marque comportant les mêmes composants et destinés à satisfaire les mêmes besoins, une cour d'appel a pu décider que le comportement du salarié, qui s'analysait en un acte déloyal, était de nature à rendre impossible le maintien de ce dernier dans l'entreprise pendant la durée du préavis et constituait une faute grave.

Cass. soc. 20 janvier 1999, n° 97-40.173.

L'utilisation du matériel de l'entreprise pour une entreprise concurrente constitue un comportement déloyal.

Deux salariés avaient, de concert, copié les images de la banque de données appartenant à leur employeur de façon à les exploiter dans une entreprise concurrente avec laquelle ils avaient conclu un contrat d'embauche. De plus, ils avaient introduit des virus dans le logiciel de base et volontairement saturé les fichiers afin de rendre le système inutilisable. L'intention de nuire à leur employeur étant caractérisée, leur licenciement reposait sur une faute lourde.

Cass. soc. 28 juin 2000, n° 98-42.210. Voir aussi cass. soc. 24 octobre 2012, n° 11-22.735.

L'utilisation du savoir-faire de l'entreprise pour une entreprise concurrente constitue un comportement déloyal.

Ayant relevé qu'un VRP avait utilisé le savoir-faire d'une salariée de son propre employeur au profit d'une société dont il était le gérant, et que ce fait, lui-même fautif comme contraire à l'obligation de loyauté, révélait de surcroît l'intention du salarié de créer une activité concurrente à celle de son employeur, les dessins versés aux débats présentant une grande similitude avec les modèles commercialisés par l'entreprise, une cour d'appel a pu décider que les agissements du salarié étaient de nature à rendre impossible son maintien dans l'entreprise pendant la durée du préavis et constituaient une faute grave, peu important que le projet de ce dernier n'ait pas encore reçu de concrétisation au moment du licenciement.

Cass. soc. 1er décembre 2004, n° 02-41.859.

Mais le fait pour un salarié de se porter candidat à un emploi dans une entreprise concurrente, en avertissant son employeur, ne caractérise pas une violation de l'obligation de loyauté.

Le fait pour des salariés de poser leur candidature à un emploi auprès d'une entreprise concurrente de celle de l'employeur, et d'en avoir averti ce dernier, n'est pas contraire à l'obligation de loyauté qui leur incombe. Un tel comportement ne saurait donc constituer une cause de licenciement.

Cass. soc. 7 avril 1999, n° 96-45.135.

Une activité concurrentielle ne peut pas être exercée pendant l'exécution du préavis.

Ayant constaté qu'au cours de l'exécution de son contrat de travail, un VRP s'était, avec deux autres salariés de l'entreprise, procuré par des moyens frauduleux le fichier des fournisseurs, qu'ils avaient ensuite tous trois brusquement quitté l'entreprise pour créer une société concurrente qui avait utilisé le fichier, ainsi qu'une collection irrégulièrement conservée par l'un d'entre eux, afin de capter la clientèle de la société, une cour d'appel a pu décider que les manquements du salarié au devoir de fidélité qui pesait sur lui jusqu'à la rupture du contrat de travail, ainsi que les actes de concurrence déloyale qu'il avait commis postérieurement, constituaient une faute lourde.

Cass. soc. 22 mai 1995, n° 91-45.675.

Le maintien du salarié dans l'entreprise pendant le temps de l'accomplissement de l'enquête diligentée par l'employeur pour établir les faits de concurrence déloyale n'interdit pas à ce dernier d'invoquer la faute grave.

Cass. soc. 22 novembre 2000, n° 98-44.279.

Concurrence déloyale après la rupture du contrat de travail

En l'absence de clause de non-concurrence, le salarié peut créer une société concurrente s'il ne se rend pas coupable de concurrence déloyale en démarchant les clients de son ancien employeur et en proposant des prix inférieurs.

Si, en l'absence de toute clause contractuelle de non-concurrence, le salarié peut exercer une activité concurrente de celle de son ancien employeur, cette activité doit être exercée de façon loyale.

Est coupable de concurrence déloyale l'ancien salarié d'une société ayant créé sa propre société et ayant, pour ce faire, emporté le répertoire des artistes et des prestations de services, ainsi que les agendas des rendez-vous des clients, pour les démarcher, et pratiquer « en connaissance de cause » des prix inférieurs à ceux de son ancienne entreprise.

Cass. com. 21 février 1995, n° 93-10.754. Voir aussi cass. soc. 6 octobre 2017, n° 16-14.385.

Action en concurrence déloyale

D'une part, la nullité de la clause de non-concurrence ne fait pas obstacle à l'action en responsabilité engagée par l'employeur contre son ancien salarié dès lors qu'il démontre que ce dernier s'est livré à des actes de concurrence déloyale à son égard ; d'autre part, l'action en concurrence déloyale engagée contre le nouvel employeur du salarié devant la juridiction commerciale, qui n'a ni le même objet ni la même cause et qui n'oppose pas les mêmes parties, ne fait pas obstacle à ce que l'ancien employeur agisse contre son ancien salarié en réparation du préjudice qu'il lui a causé par sa faute.

Cass. soc. 28 janvier 2005, n° 02-47.527, BC V n° 36. Voir aussi cass. soc. 14 décembre 2005, n° 04-40.561, BC V n° 363 ; cass. soc. 31 octobre 2012, n° 11-16.945.

☛ *Clause de non-concurrence ; Loyauté (Obligation de).*

Conditions de travail

☛ *Comité d'hygiène, de sécurité et des conditions de travail (Fonctions) ; Modification du contrat et des conditions de travail.*

Congé pour la création d'entreprise

Le salarié qui crée ou reprend une entreprise a droit, sous réserve d'une condition d'ancienneté dans l'entreprise, soit à un congé, soit à une période de travail à temps partiel (art. L. 3142-105 et s. CT dans leur rédaction issue de la loi 2016-1088 du 8 août 2016).

L'employeur peut refuser un congé pour la création d'entreprise sous certaines conditions

Dans les entreprises de moins de 200 salariés, l'employeur peut refuser un congé pour la création d'entreprise s'il estime, après avis du comité d'entreprise ou, à défaut, des délégués du personnel, que ce congé aura des conséquences préjudiciables à la production et à la marche de l'entreprise.

Il ne peut être tenu compte de l'ensemble des effectifs de deux sociétés pour la détermination du régime légal de congé pour création d'entreprise que si les sociétés ont été conjointement employeurs du salarié.

Après avoir relevé que l'existence d'instances représentatives communes à différentes sociétés, parmi lesquelles figurent les sociétés « S' » et « S », était la conséquence d'un accord collectif limité à cet objet, une cour d'appel a constaté que ces deux firmes n'avaient pas les mêmes dirigeants, que la société « S' » exerçait une activité autonome d'expertise technique distincte de l'activité d'assurance de la société « S » et qu'elle exerçait seule le pouvoir hiérarchique de l'employeur à l'égard du salarié et de tous les experts qui n'étaient liés qu'à elle ; ayant ainsi fait ressortir que la société « S » n'avait pas la qualité d'employeur conjoint, la cour d'appel a pu décider qu'il convenait de ne tenir compte que de l'effectif de la société « S' », inférieur à 200 salariés, pour apprécier le régime du congé pour création d'entreprise.

Cass. soc. 17 avril 1996, n° 93-41.168, 1er moyen, BC V n° 173.

L'employeur doit alors, à peine de nullité, préciser le motif de son refus, et, sous la même sanction, le notifier dans les 30 jours au salarié, qui peut le contester directement devant le bureau de jugement du conseil de prud'hommes.

Selon l'article L. 122-32-12 CT, le salarié qui crée une entreprise a droit soit à un congé pendant lequel son contrat de travail est suspendu, soit à une période de travail à temps partiel ; il résulte des articles L. 122-32-23 et L. 122-32-24 CT que, dans les entreprises de moins de deux cents salariés, si l'employeur peut refuser un congé pour création d'entreprise lorsqu'il estime que celui-ci aura des conséquences préjudiciables à la production et à la marche de l'entreprise, il doit, à peine de nullité, préciser le motif de son refus, et, sous la même sanction, le notifier dans les 30 jours au salarié, qui peut le contester directement devant le bureau de jugement du conseil de prud'hommes.

La décision de l'employeur d'accorder un congé à temps plein pour création d'entreprise au lieu d'une période à temps partiel demandée par le salarié s'analyse en un refus de cette demande qui, selon les dispositions précitées, doit être motivé.

Cass. soc. 24 septembre 2008, n° 06-44.939, BC V n° 188.

Le fait pour le salarié de ne pas informer l'employeur sur l'activité de l'entreprise qu'il prévoit de créer ou de reprendre justifie le refus de l'employeur d'accorder le congé.

L'employeur s'étant borné à donner un accord de principe en demandant au salarié de lui indiquer, conformément aux dispositions de l'article L. 122-32-14 CT, l'activité qu'il prévoyait de créer et l'intéressé n'ayant pas répondu, une cour d'appel en a exactement déduit qu'un accord ne s'étant pas formé, l'employeur avait pu exercer la faculté donnée par l'article L. 122-32-23 CT de refuser le congé et qu'en conséquence, le contrat n'était pas suspendu et le licenciement pour faute grave de l'intéressé, qui n'avait pas repris le travail, était justifié.

Cass. soc. 13 février 1991, n° 88-43.837.

Le salarié dispose d'un délai impératif pour contester le refus de l'employeur.

Une cour d'appel, ayant constaté que la contestation par le salarié de la décision de la société « S' » (moins de 200 salariés) de lui refuser le congé avait été formulée hors délai et était irrecevable, a pu décider que l'intéressé avait commis une faute grave en cessant unilatéralement toute activité.

Cass. soc. 17 avril 1996, n° 93-41.168, 2e moyen, BC V n° 173.

Le salarié doit bénéficier d'une indemnité compensatrice pour les congés payés dont il n'a pas pu bénéficier

L'indemnité compensatrice perçue par le salarié au départ de congé pour création d'entreprise ou en congé sabbatique en application de l'article L. 122-32-25, al. 2 CT concerne l'ensemble des congés dont le salarié n'a pas bénéficié, hormis ceux prévus à l'alinéa 1er de ce texte, c'est-à-dire les congés payés que le salarié a pu reporter durant six années en vue de son départ.

Cass. soc. 9 juin 2004, n° 01-44.818.

À l'issue du congé, le salarié bénéficie d'un droit à réintégration

Si le salarié doit manifester son intention de reprendre ou non le travail au moins trois mois avant la fin de son congé, son retard n'entraîne pas une rupture automatique du contrat qui lui serait imputable.

Si l'article L. 122-32-16 CT dispose que le salarié qui entend reprendre son travail ou quitter l'entreprise doit en informer l'employeur trois mois avant la fin de son congé, ce texte ne sanctionne pas l'inobservation du délai par une rupture automatique du contrat imputable au salarié. Il incombe à l'employeur, qui soutient que le retard du salarié à manifester son intention de retrouver son emploi constitue un empêchement à sa réintégration, de prononcer un licenciement dont le juge devra apprécier si la cause est réelle et sérieuse.

Cass. soc. 13 décembre 1995, n° 92-42.687. Voir aussi cass. soc. 7 décembre 1993, n° 89-45.434.

L'article L. 3142-84 ancien CT ne subordonne à aucune condition la réintégration du salarié dans l'entreprise à l'issue d'un congé pour création d'entreprise.

Ayant constaté qu'un employeur avait subordonné la réintégration d'un salarié dans l'entreprise à la condition de « justifier du respect de la finalité du congé » et que le seul grief énoncé dans la lettre de rupture était le refus du salarié de se soumettre à une telle condition, c'est à bon droit qu'une cour d'appel a condamné l'employeur à verser au salarié une indemnité de rupture, une indemnité pour licenciement sans cause réelle et sérieuse, ainsi que des dommages et intérêts.

Cass. soc. 1er décembre 2005, n° 04-41.394, BC V n° 351. Voir aussi cass. soc. 16 décembre 2015, n° 14-22.772.

L'employeur ne peut refuser de réintégrer le salarié au motif que l'intéressé n'a pas cessé, à la date d'expiration de son congé, son activité dans l'entreprise créée par lui.

Cass. soc. 21 novembre 1995, n° 92-42.414. Voir aussi cass. soc. 13 février 2013, n° 11-27.261, s'agissant d'un employeur ayant subordonné la réintégration du salarié à l'abandon de son projet personnel.

Le salarié retrouve son précédent emploi ou un emploi similaire assorti d'une rémunération au moins équivalente.

C'est à bon droit qu'une cour d'appel a accueilli la demande d'un salarié, formée à l'issue de son congé pour création d'entreprise, tendant à l'obtention de dommages-intérêts pour manquement de l'employeur à son obligation de réintégration dans l'emploi précédent ou dans un emploi similaire.

En effet, la cour avait constaté que le poste du salarié avait été supprimé, que l'employeur ne démontrait pas avoir proposé ni même recherché des emplois similaires, et que ce défaut de proposition et même de recherche d'emploi similaire démontrait la volonté caractérisée de la société de se séparer du salarié, alors que sa taille et la diffusion, au cours de l'année devant correspondre au retour du salarié dans l'entreprise, de propositions de postes de directeurs à pourvoir par voie interne permettaient une réintégration.

Cass. soc. 4 avril 2007, n° 05-45.117.

Le salarié doit prendre le congé en vue de créer ou reprendre une entreprise. À défaut du respect de cette finalité, il s'expose à un licenciement

La cour d'appel, qui a constaté que le salarié avait sollicité et obtenu de son employeur un congé d'un an pour la création d'entreprise et le renouvellement de ce congé en se prévalant de la création d'une entreprise qui n'a pas eu d'activité réelle alors que, dès le premier jour de congé, l'intéressé s'était consacré à temps plein à une activité d'enseignant comme salarié de l'Éducation nationale, a pu décider que le licenciement de l'intéressé avait une cause réelle et sérieuse.

Cass. soc. 19 février 1997, n° 95-45.040, 1er moyen.

Congé pour événements familiaux

Sur justification et à l'occasion de certains événements familiaux, les salariés bénéficient d'une autorisation exceptionnelle d'absence n'entraînant pas de réduction de rémunération (art. L. 3142-1 à 5 CT dans leur rédaction issue de la loi 2016-1088 du 8 août 2016).

Aucune rémunération ne peut être réduite en raison de la prise d'un congé pour événement familial

Aucune rémunération, qu'elle soit légale, contractuelle ou conventionnelle, ne peut être réduite en raison de la prise des congés visés à l'article L. 226-1 CT. Ainsi, une convention collective, si elle pouvait librement fixer les conditions d'attribution d'une prime trimestrielle de présence, ne pouvait disposer que la prise des jours d'absence autorisée prévus par la loi entraînerait privation de cette prime.

Cass. soc. 10 décembre 1997, n° 94-44.887.

Les congés accordés doivent être pris dans une période raisonnable par rapport à l'événement

Le jour d'autorisation d'absence accordé n'a pas à être nécessairement pris le jour de l'événement le justifiant.

En raison du mariage de sa fille, le samedi 8 juillet, un salarié avait pris la journée du 7 juillet, les dispositions de l'article 7 de l'avenant « Ouvriers » à la convention collective nationale du caoutchouc prévoyant notamment le bénéfice d'une autorisation exceptionnelle d'une journée d'absence pour le mariage d'un enfant. L'employeur lui ayant retenu une somme correspondant à la journée du 7 juillet et ayant imputé cette journée sur le congé annuel, le salarié a saisi la juridiction prud'homale aux fins d'obtenir une somme à titre d'indemnisation du 7 juillet 1995, la restitution du congé annuel imposé ce jour-là et le paiement de dommages-intérêts.

Doit être approuvé le jugement ayant fait droit à ses demandes : selon l'article L. 226-1 CT, que les dispositions conventionnelles précitées ne font que reprendre, tout salarié bénéficie, sur justification et à l'occasion de certains événements familiaux, d'une autorisation exceptionnelle d'absence, notamment d'un jour pour le mariage d'un enfant, ce jour d'absence n'entraînant pas de réduction de la rémunération. Il en résulte que le jour d'autorisation d'absence ainsi accordé n'a pas à être nécessairement pris le jour de l'événement le justifiant. Ayant constaté que le salarié avait justifié du mariage de sa fille et qu'il avait pris ce congé la veille de cet événement, le conseil de prud'hommes a exactement décidé que l'avenant, en indiquant « événements », ne fixe pas dans le temps une date précise, mais fixe une période qui doit être raisonnable, durant laquelle le jour chômé et rémunéré est accordé.

Cass. soc. 16 décembre 1998, n° 96-43.323, BC V n° 569.

Un mariage ou une naissance intervenant pendant une période de congé n'ouvre droit à aucune indemnité.

Si l'article L. 226-1 CT permet au salarié qui se marie de s'absenter pendant quatre jours sans diminution de son salaire, il ne prévoit aucune indemnité dans le cas où le salarié se marie pendant une période de congé.

Cass. soc. 20 juin 1984, n° 81-40.286, BC V n° 256.

La fille d'un salarié était née au cours de ses congés annuels. N'ayant pu obtenir de son employeur la possibilité de prolonger de trois jours, pour cause de naissance, cette période de congés, il avait saisi le conseil de prud'hommes pour en obtenir le paiement.

Doit être cassé l'arrêt ayant accueilli sa demande, alors que, selon l'article L. 226-1 CT, l'autorisation exceptionnelle d'absence est accordée « à l'occasion de certains événements familiaux » et que la convention collective applicable précise que les congés accordés pour événements familiaux « doivent être pris dans les jours mêmes où ils sont justifiés par les événements de famille ».

Cass. soc. 11 octobre 1994, n° 93-42.310.

Le remariage d'un enfant ouvre droit, comme son mariage, à une journée de congé

Est justifiée la demande en paiement d'une journée de congé à un salarié à l'occasion du second mariage de son fils, dans la mesure où les dispositions légales et celles de la convention collective qui prévoient l'attribution d'un jour de congé en cas de mariage d'un enfant du salarié ne distinguent pas selon qu'il s'agit d'un premier mariage ou d'un remariage.

Cass. soc. 28 novembre 1985, n° 84-43.439.

Le congé conventionnel accordé à l'occasion du décès du beau-père du salarié n'est pas dû pour le décès du second mari de sa mère

Un salarié reprochait à un conseil de prud'hommes de l'avoir débouté de sa demande en paiement de deux jours de congé exceptionnel pour événement de famille pris lors du décès du second mari de sa mère, au motif que celui-ci n'était ni son père ni le père de sa femme, alors que la convention collective de la métallurgie instituant cette prime ne faisait aucune distinction entre le père de la femme du salarié et le second mari de la mère du salarié, lesquels sont désignés l'un et l'autre, selon le dictionnaire de l'Académie française, du terme de « beau-père ».

Le texte conventionnel ne visant pas ce cas et le second mari de la mère du salarié n'ayant envers ce dernier aucun lien de parenté, le moyen de son pourvoi doit être rejeté.

Cass. soc. 14 mars 1985, n° 83-43.443, 1er moyen.

Le refus de l'employeur d'accorder un congé pour événement familial peut être directement contesté devant le conseil de prud'hommes statuant en la forme des référés

Selon l'article L. 3142-3 CT, en cas de différend dans la prise de congés pour événements familiaux, le refus de l'employeur peut être directement contesté par le salarié devant le conseil de prud'hommes statuant en la forme des référés, dans des conditions fixées par décret en Conseil d'État ; selon l'article R. 1455-12, 2° CT, à moins qu'il en soit disposé autrement, lorsqu'il est prévu que le conseil de prud'hommes statue en la forme des référés, la demande est portée à une audience tenue à cet effet aux jours et heures habituels des référés, dans les conditions prévues à l'article R. 1455-9 du même code, le conseil de prud'hommes exerçant alors les pouvoirs dont dispose la juridiction au fond et statuant par ordonnance ayant l'autorité de la chose jugée relativement aux contestations qu'elle tranche.

Par ailleurs, il résulte de l'article R. 3142-1 CT qu'en cas de contestation sur des congés pour événements familiaux, le conseil de prud'hommes, saisi en application de l'article L. 3142-3 CT, statue en dernier ressort.

Un salarié et un syndicat ont saisi un conseil de prud'hommes le 7 juillet 2017, en la forme des référés et, sur le fondement de l'article L. 3142-3 CT, d'un différend né du refus de l'employeur de faire bénéficier le salarié d'un congé pour événement familial.

Pour dire que la formation des référés n'avait pas le pouvoir d'apprécier le délai dans lequel pouvait être pris le congé exceptionnel et dire qu'il n'y avait pas lieu à référé sur l'ensemble des demandes, l'ordonnance a retenu que, si les dispositions nouvelles de la loi du 8 août 2016 prévoyant des durées de congés exceptionnels supérieures à celles prévues par la convention collective applicable en l'espèce étaient applicables, il était demandé au conseil d'apprécier le délai dans lequel pouvait être pris le congé exceptionnel, laquelle appréciation excédait les pouvoirs de la formation des référés.

En statuant ainsi, le conseil des prud'hommes, qui était saisi en la forme des référés et devait trancher le différend relatif à la prise d'un congé pour événement familial qui lui était soumis, a méconnu l'étendue de ses pouvoirs et violé les articles L. 3142-3 et R. 1455-12, 2° CT.

Cass. soc. 23 janvier 2019, n° 17-28.330, à paraître.

Congé de formation

Le salarié pouvait bénéficier d'un congé individuel de formation s'il avait au moins vingt-quatre mois d'ancienneté, consécutifs ou non, quelle qu'ait été la nature des contrats de travail successifs, dont douze mois dans l'entreprise. Ce congé était rémunéré si l'organisme paritaire de formation acceptait de prendre en charge la formation suivie par l'intéressé (art. L. 6322-1 et s. anciens CT).

La loi 2018-771 du 5 septembre 2018 a remplacé le congé individuel de formation par le projet de transition professionnelle (mobilisé

dans le cadre du compte personnel de formation) à compter du 1er janvier 2019 (art. L. 6323-17-1 et s. CT).

La jurisprudence rapportée ci-dessous, rendue dans le cadre législatif antérieur, conserve cependant son intérêt, notamment au regard des litiges en cours.

Le salarié a un droit au congé de formation

• Le salarié doit formuler sa demande et l'employeur dispose d'un délai de trente jours pour répondre

À défaut de réponse de l'employeur dans le délai requis, l'autorisation d'absence est acquise.

Doit être cassé l'arrêt qui, pour débouter le salarié de sa demande tendant à l'obtention de son droit à congé, a énoncé que le fait pour l'employeur de ne pas respecter le délai de réponse de dix jours n'est assorti d'aucune sanction spécifique, mise à part la condamnation à des dommages-intérêts pour violation d'une obligation de faire, alors qu'en l'absence de réponse de l'employeur dans le délai imparti, l'autorisation est acquise de plein droit.

Cass. soc. 22 janvier 1992, n° 88-41.294, 2e moyen.

• L'employeur peut reporter le congé en raison des nécessités de service après consultation des représentants du personnel

L'employeur ne peut refuser un congé de formation.

Le congé de formation ne peut être refusé par l'employeur, mais seulement reporté si le salarié bénéficie des conditions pour y avoir droit et si sa demande ne peut être satisfaite en raison des nécessités liées à la marche de l'entreprise. En refusant d'accorder un tel congé sans avoir consulté au préalable le comité d'entreprise, l'employeur se rend coupable d'entrave au bon fonctionnement du comité d'entreprise.

Cass. crim. 4 janvier 1983, n° 82-91.800, B. crim. n° 6.

L'employeur peut simplement reporter le congé si l'absence du salarié est susceptible d'entraîner des conséquences préjudiciables à la production ou à la marche de l'entreprise.

Un salarié, ayant fait l'objet d'un licenciement pour avoir pris un congé de formation alors que l'employeur le lui avait refusé, a été débouté de ses demandes tendant à obtenir des dommages-intérêts pour rupture abusive de son contrat par une cour d'appel au motif qu'il ne pouvait se fonder sur la lettre de l'inspecteur du travail, laquelle précisait que le congé devait être accordé par l'employeur, cette lettre ne s'imposant pas aux parties. Seules les conséquences préjudiciables à la production et à la marche de l'entreprise découlant de l'absence du salarié étant de nature à justifier le refus de l'employeur d'octroyer un congé de formation au salarié, les juges auraient dû rechercher si l'absence du salarié était susceptible d'entraîner de telles conséquences et de justifier ainsi son licenciement.

Cass. soc. 7 novembre 1989, n° 87-41.219, BC V n° 649.

• En cas de différend, les parties peuvent saisir l'inspecteur du travail pour arbitrer le litige qui les oppose

Le législateur a conféré à l'inspecteur du travail saisi d'un différend un rôle de conciliation et non le pouvoir de statuer sur ce différend par une décision administrative. Dès lors, en accordant, dans une lettre adressée à la salariée, le bénéfice d'un congé de formation, l'inspecteur du travail a commis un excès de pouvoir.

CE 20 décembre 1985, n° 43198.

Il résulte de l'article L. 931-6 CT que le congé de formation demandé est de droit, sauf dans le cas où l'employeur estime que cette absence pourrait avoir des conséquences préjudiciables à la production et à la marche de l'entreprise. En cas de différend, l'inspecteur du travail contrôlant l'entreprise peut être saisi par l'une des parties et peut être pris pour arbitre.

Une cour d'appel qui a constaté, après le refus de l'employeur d'accorder le congé demandé, qu'une salariée n'avait pas soumis le différend à l'inspecteur du travail ou au juge et s'était absentée de l'entreprise a pu décider que son comportement constituait une faute grave.

Cass. soc. 11 octobre 2000, n° 98-45.611.

• Si l'employeur accepte le congé, il ne peut revenir sur sa décision

Si le salarié a obtenu l'autorisation de l'employeur, ce dernier ne peut pas le sanctionner à raison de son absence.

Une salariée ne commet pas de faute en poursuivant son stage alors que l'organisme de formation décide de ne pas le prendre en charge financièrement, l'employeur ayant autorisé l'intéressée à suivre ce stage de formation professionnelle.

Cass. soc. 19 juillet 1994, n° 91-42.667.

Pendant le congé de formation, le contrat de travail est suspendu

Le salarié reste éligible aux élections professionnelles.

C'est à tort qu'un tribunal d'instance a déclaré un salarié en congé formation comme étant inéligible aux élections du comité d'entreprise au motif qu'il ne travaillait plus dans l'entreprise, alors que le salarié dont le contrat de travail est suspendu reste éligible aux élections professionnelles.

Cass. soc. 17 mai 1995, n° 94-60.395.

Ce congé est assimilé à une période de travail pour la détermination des droits en matière de congés payés annuels.

Doit être cassé l'arrêt qui, pour débouter le salarié de sa demande d'indemnités de congés payés, énonce que l'employeur n'est pas tenu de verser une telle indemnité dans l'hypothèse où le salarié quitte définitivement la société, alors que le congé de formation étant assimilé à une période de travail pour la détermination des droits des bénéficiaires en matière de congés payés annuels, l'indemnité devait être versée jusqu'à la rupture du contrat de travail résultant de la non-réintégration du salarié dans l'entreprise à l'issue de son stage.

Cass. soc. 10 avril 1986, n° 84-40.324, BC V n° 131. Voir aussi cass. soc. 7 mars 2007, n° 05-43.165.

L'employeur n'est pas tenu de prendre en charge les frais afférents au stage de formation.

Il résulte de la combinaison des articles L. 931-1, L. 931-6, L. 931-8-1, L. 931-8-2, L. 931-9, L. 951-1 et L. 951-3 CT que, sauf dispositions conventionnelles plus favorables, l'employeur n'est pas tenu de prendre en charge les frais de transport et d'hébergement afférents au stage du salarié bénéficiaire d'un congé individuel de formation.

Cass. soc. 14 janvier 2003, n° 00-43.879, 3e moyen, BC V n° 7.

Reprise d'activité entre deux périodes de formation

Le licenciement d'un salarié intervenu au cours d'une reprise d'activité entre deux périodes de formation en raison d'absences de plusieurs jours est injustifié lorsque ces absences ont fait l'objet d'une information préalable de l'employeur et qu'elles sont justifiées par des motifs liés au bon déroulement de ladite formation.

Une salariée engagée en qualité d'employée libre-service avait bénéficié, à partir de 1993, d'un congé individuel de formation d'une durée de trois ans pour suivre une formation d'éducateur sportif. Ayant repris son travail en 1994 à la fin des cours annuels pour la durée des congés entre les deux périodes de formation, elle avait été licenciée pour des absences de plusieurs jours.

Ayant constaté que les absences de la salariée pendant la reprise d'activité entre deux périodes de formation au titre d'un congé de trois ans accepté par la société avaient fait l'objet d'une information préalable de l'employeur et qu'elles étaient justifiées par des motifs liés au bon déroulement de ladite formation, ce dont il résultait que l'employeur ne pouvait s'y opposer, une cour d'appel a exactement décidé que le licenciement était dépourvu de cause réelle et sérieuse.

Ayant ensuite constaté que le licenciement avait mis un terme à la prise en charge financière du congé par le fonds de gestion du congé individuel de formation, elle a souverainement évalué le préjudice qui en résultait.

Cass. soc. 9 avril 1998, n° 96-40.259.

Congé de maternité

Femmes enceintes (Licenciement) ; Maternité.

Congé parental d'éducation

Après un congé de maternité ou un congé d'adoption, le salarié peut bénéficier, sous certaines conditions, d'un congé parental d'éducation pour élever son enfant (art. L. 1225-47 et s. CT).

Le salarié a droit à un congé parental d'éducation sous certaines conditions

Le congé parental d'éducation peut être donné au père ou à la mère.

Si le droit au congé parental d'éducation peut être ouvert au père lorsque la mère y renonce ou ne peut en bénéficier, il n'est pas soumis à l'exercice d'une activité salariée par la mère.

Cass. soc. 5 mai 1988, n° 86-40.164, BC V n° 277.

La salariée qui souhaite prendre un congé parental à la suite de son congé de maternité doit en informer l'employeur dans un délai d'un mois avant la fin dudit congé.

Si l'article L. 122-28-1 CT dispose que la salariée, qui demande à bénéficier d'un congé parental d'éducation pour la période qui suit immédiatement le congé de maternité, doit en informer l'employeur au moins un mois avant la fin de son congé, ce texte ne sanctionne pas l'inobservation de ce délai par une irrecevabilité de la demande.

Cass. soc. 18 juin 2002, n° 00-41.361.

L'obligation faite au salarié d'informer son employeur, par lettre recommandée avec avis de réception, du point de départ et de la durée du congé parental d'éducation n'est pas une condition pour bénéficier de ce congé.

L'obligation, prévue au 5e alinéa de l'article L. 122-28-1 CT, faite au salarié d'informer son employeur, par lettre recommandée avec demande d'avis de réception, du point de départ et de la durée de la période pendant laquelle il entend bénéficier du congé parental d'éducation prévu à l'alinéa 1er de ce texte, n'est pas une condition du droit du salarié au bénéfice de ce congé, mais n'est qu'un moyen de preuve de l'information de l'employeur.

Cass. soc. 12 mars 2002, n° 99-43.501, BC V n° 91.
Voir aussi cass. soc. 25 janvier 2012, n° 10-16.369.

En cas de demande d'un congé parental d'éducation à temps partiel, la fixation de l'horaire de travail relève du pouvoir de direction de l'employeur.

Si tout salarié dispose du droit, sous certaines conditions, soit de bénéficier d'un congé parental d'éducation durant lequel le contrat de travail est suspendu, soit de réduire sa durée de travail d'au moins un cinquième de celle qui est applicable dans l'établissement, sans que cette activité à temps partiel puisse être inférieure à seize heures hebdomadaires, la fixation de l'horaire de travail, à défaut d'accord des parties, relève, elle, du pouvoir de direction de l'employeur.

Cass. soc. 4 juin 2002, n° 00-42.262, BC V n° 189.

Les parties peuvent convenir de la prolongation de la durée du congé parental d'éducation au-delà de la troisième année de l'enfant.

Cass. soc. 11 février 2004, n° 01-43.574, 1er moyen, BC V n° 47.

La naissance de jumeaux n'ouvre droit qu'à un seul congé parental.

La clause 2, point 1, de l'accord-cadre sur le congé parental, conclu le 14 décembre 1995, figurant à l'annexe de la directive 96/34/CE du Conseil, du 3 juin 1996, concernant l'accord-cadre conclu par l'UNICE, le CEEP et la CES, telle que modifiée par la directive 97/75/CE du Conseil, du 15 décembre 1997, ne doit pas être interprétée en ce sens que la naissance de jumeaux ouvre droit à un nombre de congés parentaux égal à celui des enfants nés. Toutefois, lue à la lumière du principe d'égalité de traitement, cette clause impose au législateur national de mettre en place un régime de congé parental qui, en fonction de la situation existante dans l'État membre concerné, assure aux parents de jumeaux un traitement qui tienne dûment compte de leurs besoins particuliers. Il appartient au juge national de vérifier si la réglementation nationale répond à cette exigence et, le cas échéant, de donner à ladite réglementation nationale, dans toute la mesure du possible, une interprétation conforme au droit de l'Union.

CJUE 16 septembre 2010, aff. C-149/10, Recueil I-8489.

Le contrat de travail est suspendu durant le congé parental d'éducation

Le salarié reste électeur dans l'entreprise.

Le salarié dont le contrat de travail est suspendu du fait de son congé parental d'éducation reste électeur.

Cass. soc. 8 avril 1992, n° 90-60.531, 4e branche du moyen, BC V n° 264.

Il conserve ses droits à congés annuels payés acquis durant l'année précédant son congé.

CJUE 22 avril 2010, aff. C-486/08, Recueil I-3527, cité dans « Congés payés ».

Prolongation du congé parental d'éducation

Lorsque le salarié n'informe pas l'employeur de la prolongation de son congé, la situation d'absence injustifiée dans laquelle il se trouve à l'issue du congé constitue une faute grave justifiant son licenciement.

Il résulte des articles L. 1225-51 et R. 1225-13 CT que lorsque le salarié entend prolonger son congé parental d'éducation, il en avertit l'employeur au moins un mois avant le terme initialement prévu par lettre recommandée avec avis de réception ou remise contre récépissé ; si ces formalités ne sont pas une condition du droit du salarié au bénéfice de cette prolongation, celui-ci se trouve, à défaut de justifier d'une demande de prolongation ou d'autres causes de son absence à l'issue du congé parental d'éducation, en situation d'absence injustifiée.

Une salariée a été engagée par un hôtel en qualité d'employée polyvalente à temps partiel ; le 10 juillet 2008, elle a fait une demande de congé parental d'éducation pour une durée d'un an dont elle a bénéficié et à l'issue duquel elle n'a pas repris le travail ; ayant été licenciée le 4 septembre 2009, elle a contesté le bien-fondé de cette rupture.

Après avoir rappelé que l'employeur, lors de son acceptation en 2008 d'un congé parental d'une année, avait précisé à la salariée qu'elle devait réintégrer la société le 11 juillet 2009, la cour d'appel a souverainement retenu que la preuve d'une information de l'employeur relative à une prolongation de ce congé n'était pas rapportée et que cette salariée, qui avait attendu février 2011 pour indiquer être alors prête à reprendre son travail, n'avait pas répondu aux mises en demeure de justifier son absence ; la cour a, sans constater une prolongation du congé parental, pu en déduire l'existence, à la date du licenciement, d'une faute grave.

Cass. soc. 3 mai 2016, n° 14-29.190, BC V n° 82.

Transformation du congé parental en activité à temps partiel

Le fait pour un salarié en congé parental de demander la transformation de ce congé en activité à temps partiel sans respecter les exigences formelles légalement prévues ne rend pas pour autant sa demande irrecevable.

Une salariée en congé parental d'éducation a, par lettre simple, demandé à son employeur de reprendre ses fonctions à temps partiel ; celui-ci l'a licenciée pour avoir maintenu cette demande qu'il estimait incompatible avec le fonctionnement de l'entreprise et pour avoir refusé de reprendre son emploi à temps complet. Contestant le bien-fondé de son licenciement, la salariée a saisi la juridiction prud'homale de diverses demandes.

C'est à bon droit qu'une cour d'appel a dit recevable la demande de la salariée tendant à la transformation de son contrat de travail à temps complet en contrat de travail à temps partiel. En effet, si l'article L. 122-28-1, al. 7 CT dispose que le salarié qui entend prolonger son congé parental d'éducation ou sa période d'activité à temps partiel doit en avertir l'employeur par lettre recommandée avec demande d'avis de réception au moins un mois avant le terme initialement prévu et l'informer, le cas échéant, de son intention de transformer le congé parental en activité à temps partiel, ce texte ne sanctionne pas l'inobservation de ces dispositions par une irrecevabilité de la demande.

Ayant relevé que la salariée n'avait fait qu'exercer l'option que lui réservait l'article L. 122-28-1 CT et qu'elle n'avait pas entendu imposer à l'employeur les horaires qu'elle suggérait, la cour a pu décider que la salariée ne pouvait être licenciée pour avoir exercé une faculté qui résulte de la loi.

Cass. soc. 1er juin 2004, n° 02-43.151, BC V n° 145.

Lorsque l'emploi occupé par le salarié avant son congé est compatible avec une activité à temps partiel, le refus par le salarié de la reprise de son activité dans un autre emploi n'est pas fautif et son licenciement est dépourvu de cause réelle et sérieuse.

Après avoir relevé qu'une salariée avait exercé l'option que lui réservait l'article L. 1225-51 CT lui permettant de transformer son congé parental en activité à temps partiel et constaté que l'employeur ne démontrait pas que l'emploi occupé avant le congé de maternité, qui était disponible lorsqu'elle avait fait sa demande de reprise de son activité à temps partiel, n'était pas compatible avec une telle activité, une cour d'appel en a exactement déduit que le refus de la salariée de se voir imposer la reprise de son activité à temps partiel dans un autre emploi n'était pas fautif de sorte que son licenciement, pour ce seul motif, était dépourvu de cause réelle et sérieuse.

Cass. soc. 10 décembre 2014, n° 13-22.135, BC V n° 285.

Rupture du contrat d'un salarié en congé parental

L'employeur peut prononcer la rupture du contrat pour un motif indépendant du congé parental.

Une salariée, employée par une entreprise de nettoyage et affectée sur un chantier, avait été licenciée pour motif économique durant son congé parental d'éducation à la suite du refus par le nouveau prestataire de services de poursuivre son contrat de travail.

C'est à tort que, pour décider que son licenciement était illégitime, une cour d'appel a retenu que l'intéressée devait bénéficier des mêmes règles protectrices légales et conventionnelles que celles applicables au congé de maternité.

En effet, il résulte des dispositions des articles L. 122-28-1 à 7 CT que l'employeur peut prononcer la résiliation du contrat de travail d'un salarié en congé parental d'éducation pendant la suspension de son contrat de travail, à condition que ce soit pour un motif indépendant du congé parental. D'autre part, les dispositions de la convention collective nationale des entreprises de nettoyage de locaux, qui assurent, en cas de reprise de marchés par des employeurs successifs, une garantie d'emploi à 100 % au personnel titulaire d'un contrat à durée indéterminée justifiant d'une affectation sur le marché repris d'au moins six mois à la date d'expiration du contrat, à la condition de ne pas être absent depuis quatre mois ou plus à la date d'expiration du contrat, ne prévoient une exception que pour les salariées en congé de maternité, qui seront reprises sans limitation de durée de leur temps d'absence.

Cass. soc. 12 février 1997, n° 93-42.510, BC V n° 59. Voir aussi cass. soc. 16 juin 1999, n° 97-42.489.

Le bénéfice d'un congé parental d'éducation ne fait pas obstacle à l'application des règles protectrices de la maternité.

Selon l'article L. 122-25-2 CT, l'employeur ne peut résilier le contrat de travail d'une salariée lorsqu'elle est en état de grossesse médicalement constatée que s'il justifie d'une faute grave de l'intéressée, non liée à l'état de grossesse, ou de l'impossibilité où il se trouve, pour un motif étranger à la grossesse, de maintenir ledit contrat. Le bénéfice d'un congé parental d'éducation ne fait pas obstacle aux règles protectrices de la maternité.

Doit être cassé l'arrêt qui, pour débouter une salariée de sa demande tendant à voir déclarer nul son licenciement survenu pendant la période de suspension de son contrat, à laquelle elle pouvait prétendre au titre du congé de maternité, conformément à l'article L. 122-26 CT, a retenu qu'à la date de la notification du licenciement, le contrat de travail était suspendu dans le cadre d'un congé parental d'éducation, qu'il y avait donc chevauchement de deux causes de suspension du contrat de travail et que, dans un tel cas, c'est la cause apparue la première qui déterminait les effets attachés à la suspension du contrat pendant toute la durée de la suspension imputable à la première cause.

Cass. soc. 11 février 2004, n° 01-43.574, 2e moyen, BC V n° 47.

L'article 2 de la directive 76/207/CEE du Conseil, du 9 février 1976, relative à la mise en œuvre du principe de l'égalité de traitement entre hommes et femmes en ce qui concerne l'accès à l'emploi, à la formation et à la promotion professionnelles, et les conditions de travail, telle que modifiée par la directive 2002/73/CE du Parlement et du Conseil, du 23 septembre 2002, qui prohibe toute discrimination directe ou indirecte fondée sur le sexe en ce qui concerne les conditions de travail, ainsi que les articles 8 et 11 de la directive 92/85/CEE du Conseil, du 19 octobre 1992, concernant la mise en œuvre de mesures visant à promouvoir l'amélioration de la sécurité et de la santé des travailleuses enceintes, accouchées ou allaitantes au travail (dixième directive particulière au sens de l'article 16 § 1 de la directive 89/391/CEE), qui régissent le congé de maternité, s'opposent à des dispositions nationales relatives au congé d'éducation qui, pour autant qu'elles ne tiennent pas compte des changements qu'emporte l'état de grossesse pour la travailleuse concernée dans la période limitée d'au moins quatorze semaines qui précède et suit l'accouchement, ne permettent pas à l'intéressée d'obtenir sur sa demande une modification de la période de son congé d'éducation au moment où elle fait valoir ses droits à un congé de maternité et la privent ainsi de droits attachés à ce congé de maternité.

CJCE 20 septembre 2007, aff. C-116/06, Recueil I-07643.

L'indemnité de licenciement et l'allocation de congé de reclassement à verser à un salarié engagé à durée indéterminée et à temps plein, licencié au moment où il bénéficie d'un congé parental à temps partiel, doivent être calculées sur la base de sa rémunération à temps plein et non, même partiellement, sur celle de la rémunération réduite qu'il perçoit quand le licenciement intervient.

La clause 2, point 6, de l'accord-cadre sur le congé parental du 14 décembre 1995, annexé à la directive 96/34/CE du 3 juin 1996, s'oppose à ce que, lorsqu'un travailleur engagé à durée indéterminée et à temps plein est licencié au moment où il bénéficie d'un congé parental à temps partiel, l'indemnité de licenciement et l'allocation de congé de reclassement à verser à ce travailleur soient déterminées au moins en partie sur la base de la rémunération réduite qu'il perçoit quand le licenciement intervient.

L'article 157 TFUE s'oppose également à une telle réglementation, dans la situation où un nombre considérablement plus élevé de femmes que d'hommes choisissent de bénéficier d'un congé parental à temps partiel et lorsque la différence de traitement qui en résulte ne peut pas s'expliquer par des facteurs objectivement justifiés et étrangers à toute discrimination fondée sur le sexe.

CJUE 8 mai 2019, aff. C-486/18.

Réintégration anticipée

L'obligation faite au salarié d'adresser à son employeur sa demande de réintégration anticipée par lettre recommandée avec avis de réception n'est pas une condition du droit du salarié.

Le salarié bénéficiaire du congé parental d'éducation qui entend user du droit prévu à l'article L. 122-28-2 CT de reprendre, en cas de diminution importante des ressources du ménage, son activité initiale doit adresser une demande motivée à l'employeur par lettre recommandée avec demande d'avis de réception un mois au moins avant la date à laquelle il entend bénéficier de ces dispositions ; toutefois, la formalité prévue par ce texte n'est pas une condition du droit du salarié.

Une salariée avait pris un congé parental de deux ans à compter du 1er octobre 1993. Par courrier du 1er avril 1994, elle avait sollicité sa réintégration anticipée à compter du 1er juillet 1994, en raison de la diminution importante de ses ressources. Alors qu'elle avait repris son travail depuis juillet 1994, elle avait été avisée, par courrier du 9 septembre 1994 émanant du président de l'association qui l'employait, qu'il considérait sa présence illégale, faute d'autorisation de reprise anticipée du travail.

N'a pas tiré les conséquences légales de ses constatations la cour d'appel qui, pour débouter l'intéressée de ses demandes au titre de la rupture de son contrat de travail, a retenu qu'en raison de la règle du parallélisme des formes, la demande de réintégration aurait dû être adressée non seulement au directeur de l'association, mais également à son président, que la salariée ne justifiait pas de l'envoi par lettre recommandée avec accusé de réception un mois avant la reprise de son poste de sa demande de réintégration, conformément aux dispositions de l'article L. 122-28-2 CT. En effet, la cour a constaté, d'une part, que l'association avait été informée de la demande de la salariée en la personne de son directeur, que celle-ci avait effectivement repris son travail le 1er juillet 1994 et perçu son salaire pour ce mois et, d'autre part, qu'elle avait dû saisir la juridiction prud'homale pour obtenir le paiement de son salaire les mois suivants, ce dont il résultait que sa demande de reprise anticipée du travail avait été acceptée et que la rupture du contrat procédant du manquement de l'employeur à ses obligations s'analysait en un licenciement sans cause réelle et sérieuse.

Cass. soc. 26 mars 2002, n° 99-42.396, BC V n° 104.

À l'issue du congé parental, le salarié doit être réintégré

La réintégration doit se faire en priorité dans le précédent emploi.

Selon les dispositions de l'article L. 1225-55 CT, à l'issue du congé parental d'éducation, la salariée retrouve son précédent emploi ou un emploi similaire assorti d'une rémunération au moins équivalente ; il en résulte que la réintégration doit se faire en priorité dans le précédent emploi.

Ayant relevé que l'emploi précédemment occupé par une salariée était disponible au retour de son congé parental d'éducation, une cour d'appel en a exactement déduit que la salariée devait retrouver ce poste, peu important la stipulation d'une clause de mobilité dans le contrat de travail.

Ensuite, la cour a estimé que le manquement de l'employeur à son obligation légale de réintégrer la salariée dans le poste qu'elle occupait avant son départ en congé, justifiait la prise d'acte de la rupture de son contrat de travail par l'intéressée, laquelle produisait les effets d'un licenciement sans cause réelle et sérieuse.

Cass. soc. 19 juin 2013, n° 12-12.758, BC V n° 157.

Lorsque le poste précédemment occupé est disponible au retour du congé, le salarié doit retrouver ce poste, peu important la stipulation d'une clause de mobilité dans le contrat.

Cass. soc. 19 juin 2013, n° 12-12.758, précité.

Le manquement de l'employeur à son obligation de réintégrer le salarié dans le poste occupé avant son départ en congé justifie la prise d'acte de la rupture de son contrat de travail par l'intéressé.

Cass. soc. 19 juin 2013, n° 12-12.758, précité.

Un emploi similaire ne peut être proposé au salarié que dans la seule hypothèse où le poste précédemment occupé par l'intéressé n'est pas disponible.

Manque de base légale l'arrêt de cour d'appel qui, pour débouter une salariée de ses demandes de dommages-intérêts pour licenciement sans cause réelle et sérieuse, énonce que la loi n'oblige pas l'employeur à reprendre le salarié uniquement dans son précédent emploi, mais lui permet aussi de proposer un emploi similaire, alors que l'intéressée soutenait que son emploi précédent, occupé par un stagiaire intérimaire, était disponible.

Cass. soc. 27 octobre 1993, n° 90-40.226, BC V n° 253.

L'emploi similaire doit être assorti d'une rémunération au moins équivalente.

La société n'ayant pas assorti le poste similaire offert à la salariée d'une rémunération équivalente, c'est à bon droit qu'une cour d'appel a condamné la société à payer à l'intéressée des dommages-intérêts. La renonciation d'un salarié à se prévaloir de la violation de prescriptions légales par l'employeur ne pouvant résulter que d'actes positifs et dénués d'équivoque, l'employeur devait réparer le préjudice causé à la salariée du fait de la violation d'une obligation impérative.

Cass. soc. 1er juillet 1985, n° 83-40.755, BC V n° 386.

L'emploi n'est pas similaire en cas de modification du contrat de travail.

Une éducatrice spécialisée travaillant en externat avait demandé sa réintégration à la suite de son congé parental d'éducation. L'employeur lui avait proposé un poste d'éducatrice spécialisée en internat avec des horaires différents. Après son refus, la salariée a saisi la juridiction prud'homale en paiement d'indemnités de rupture et de dommages-intérêts.

C'est à tort qu'une cour d'appel, pour débouter la salariée de ses demandes, a énoncé que l'employeur justifiait de la nécessité de la nouvelle affectation de la salariée, alors que l'emploi proposé à la salariée n'était pas un emploi similaire, la nouvelle affectation comportant une modification du contrat de travail, et que la cour d'appel n'avait pas relevé l'existence d'un motif économique susceptible d'empêcher la salariée de retrouver son emploi ou un emploi similaire.

Cass. soc. 1er avril 1992, n° 90-42.529, BC V n° 236.

Selon l'article L. 122-28-3 CT, à l'issue du congé parental d'éducation, le salarié retrouve son emploi précédent ou un emploi similaire assorti d'une rémunération au moins équivalente. Une salariée, visiteuse médicale, s'est vu proposer, à l'issue d'un congé parental, de reprendre ses fonctions sur un secteur différent de celui sur lequel elle avait exercé durant quinze années. Ayant refusé, elle a été licenciée pour faute grave. C'est à bon droit qu'une cour d'appel a condamné l'employeur au paiement d'indemnités de rupture et d'une indemnité pour licenciement sans cause réelle et sérieuse, après avoir constaté que la rémunération de la salariée aurait été réduite du fait de la mise en œuvre du changement de secteur qui lui était proposé.

Cass. soc. 18 janvier 2006 n° 03-47.544.

Le principe selon lequel le salarié retrouve son précédent emploi ou un emploi similaire assorti d'une rémunération au moins équivalente s'applique au salarié qui demande à reprendre son activité à temps partiel.

Cass. soc. 13 novembre 2002, n° 00-46.503.

Le salarié doit bénéficier d'une formation adaptée à l'emploi dans lequel il est réintégré.

Selon l'article L. 122-28-3, devenu L. 1225-55 CT, à l'issue d'un congé parental d'éducation, le salarié retrouve son précédent emploi ou un emploi similaire, assorti d'une rémunération au moins équivalente ; selon l'article L. 122-28-7, al. 1 et 2, devenu L. 1225-59, al. 1 CT, le salarié reprenant son activité bénéficie d'un droit à une action de formation professionnelle, notamment en cas de changement de technique ou de méthodes de travail ; cette formation doit être adaptée à l'emploi dans lequel le salarié est réintégré.

À compter de fin 1992 et alors qu'elle occupait le poste de conseiller financier chargé d'agence, une salariée s'est absentée notamment pour cause de congé parental ; au terme de ce congé, l'employeur l'a informée, par courrier du 3 mai 2004, de sa réintégration au poste d'agent commercial, puis par courrier du 12 mai 2004, de sa réintégration en qualité de conseiller financier, mais dans le cadre d'un parcours de remise à niveau ; par lettre du 17 juin 2004, l'employeur a précisé qu'en raison de sa longue absence, une remise à niveau progressive dans le cadre d'un parcours comprenant à la fois des formations et un accompagnement au sein de l'agence s'avérait nécessaire et que cette remise à niveau passait par l'appropriation des divers fondamentaux du métier et notamment les activités de guichet et d'accueil ; affectée à un poste de guichetière, l'intéressée, qui a refusé d'effectuer cette formation, a été licenciée pour faute grave par lettre du 30 septembre 2004 ; contestant cette mesure, la salariée a saisi la juridiction prud'homale d'une demande en paiement de diverses sommes.

Pour la débouter de l'ensemble de ses demandes, la cour d'appel a énoncé qu'après onze ans d'absence la remise à niveau de la salariée était justifiée, que cette remise à niveau concernait tous les aspects de la fonction de conseiller financier, que la salariée n'apportait aucun élément de nature à corroborer son affirmation selon laquelle la Caisse d'épargne l'avait affectée à un autre poste que celui de conseiller financier et avait voulu lui imposer une rétrogradation et qu'en refusant de prendre son poste malgré plusieurs demandes de l'employeur, elle avait commis une faute d'une gravité telle que son maintien dans l'entreprise était impossible.

En statuant ainsi, alors, d'une part, que la salariée n'avait pas été réintégrée dans son précédent emploi de conseiller financier chargé d'agence ou dans un emploi similaire assorti d'une rémunération au moins équivalente et, d'autre part, que la formation imposée à la salariée sous la forme d'un parcours de remise à niveau, dont la durée n'était pas précisée, comportant l'exercice de diverses tâches d'une agence, ne répondait pas aux demandes de la salariée et, ne portant pas sur l'acquisition de nouvelles techniques ou méthodes de travail en rapport avec l'exercice de la fonction de conseiller financier chargé d'agence, n'était pas adaptée à l'emploi qu'elle devait reprendre à l'issue de son congé parental, la cour d'appel a violé les articles L. 122-28-3 et L. 122-28-7, al. 1 et 2, devenus respectivement L. 1225-55 et L. 1225-59, al. 1 CT.

Cass. soc. 11 mars 2009, n° 07-41.821, BC V n° 72.

La méconnaissance par l'employeur du droit du salarié à une action de formation professionnelle à son retour de congé parental ne caractérise ni une discrimination illicite…

Pour condamner un employeur à payer à une salariée des dommages-intérêts pour discrimination, une cour d'appel, après avoir relevé qu'il était nécessaire de vérifier les capacités physiques et esthétiques de la salariée après une interruption professionnelle discontinue de plus d'une année, a retenu qu'il apparaissait que l'employeur subordonnait la poursuite du contrat de travail à un état physique et esthétique, sans justifier d'un quelconque programme d'aide et de soutien pour permettre à la salariée de retrouver des capacités optimales à cet égard et qu'une attitude discriminatoire pouvait être relevée.

En statuant ainsi, alors que le manquement de l'employeur à l'obligation de formation prévue par l'article L. 1225-59 CT ne constitue pas à lui seul une discrimination illicite, la cour d'appel a violé les articles L. 1132-1 et L. 1133-1 CT.

Cass. soc. 5 mars 2014, n° 12-27.701, BC V n° 67.

… ni une violation d'une liberté fondamentale.

Pour condamner un employeur au paiement de sommes au titre d'un licenciement illicite, une cour d'appel a retenu que l'insuffisance professionnelle reprochée à une salariée, après douze jours de travail effectif et une interruption professionnelle quasi continue de plus de onze années, s'expliquait par l'indigence de la formation professionnelle qui lui avait été dispensée pendant ces douze jours pour lui permettre de faire face aux changements de techniques et des méthodes de travail de la société intervenus pendant ces onze années et que le licenciement, intervenu en violation de l'article L. 1225-59 CT et du droit fondamental à la formation de tout salarié, était illicite et donc nul.

En statuant ainsi, alors que le juge ne peut, en l'absence de disposition le prévoyant et, à défaut de violation d'une liberté fondamentale, annuler un licenciement et que la méconnaissance par l'employeur du droit du salarié à une action de formation professionnelle prévu par l'article L. 1225-59 CT ne caractérise pas la violation d'une liberté fondamentale, la cour d'appel a violé les articles L. 1235-1, L. 1235-3, L. 1225-55, L. 1225-59 et L. 1225-71 CT.

Cass. soc. 5 mars 2014, n° 11-14.426, BC V n° 69.

Le salarié ayant bénéficié d'un congé parental d'éducation ne doit pas perdre le bénéfice d'un avancement.

Après avoir constaté que seules deux salariées ayant bénéficié d'un congé parental d'éducation n'avaient pas eu d'évolution dans la position de leur rémunération et que rien ne justifiait cette différence, un conseil de prud'hommes a pu décider que les salariées avaient fait l'objet d'une discrimination.

Cass. soc. 26 janvier 2000, n° 97-45.244.

La clause 5, points 1 et 2, de l'accord-cadre révisé sur le congé parental, qui figure à l'annexe de la directive 2010/18/UE du 8 mars 2010, s'oppose à une réglementation nationale qui soumet la promotion définitive à un poste de direction de la fonction publique à la condition que le candidat sélectionné effectue avec succès un stage préalable de deux années sur ce poste et en vertu de laquelle, lorsque le candidat s'est trouvé, durant la majeure partie de ce stage, en congé parental, et s'y trouve toujours, le stage prend légalement fin à l'issue de cette période de deux années, sans qu'une prorogation de celle-ci soit possible, l'intéressé étant, par conséquent, réintégré, lors de son retour de congé parental, dans la fonction, de niveau inférieur tant sur le plan statutaire qu'en matière de rémunération, qu'il occupait antérieurement à son admission au stage.

Les atteintes ainsi portées à cette clause ne sauraient être justifiées par l'objectif poursuivi par ce stage, qui consiste à permettre l'évaluation de l'aptitude à occuper le poste de direction à pourvoir.

CJUE 7 septembre 2017, aff. C-174/16.

Le remplacement définitif d'une salariée en congé parental ne justifie pas son licenciement pour motif économique à son retour de congé.

Une salariée ayant bénéficié d'un congé parental d'éducation avait été licenciée pour motif économique lors de la reprise de son travail.

Ayant constaté que l'emploi de l'intéressée n'avait pas été supprimé, mais qu'elle avait été seulement remplacée de façon définitive dans ce poste pendant ce congé, une cour d'appel a pu condamner l'employeur à payer à la salariée une indemnité pour licenciement sans cause réelle et sérieuse.

Cass. soc. 6 mai 1998, n° 95-45.607.

Le fait de ne pas reprendre son travail à l'issue du congé parental ne constitue pas nécessairement une faute grave…

Doit être cassé l'arrêt de cour d'appel qui, pour débouter la salariée de ses demandes d'indemnités de préavis, de licenciement et de dommages-intérêts pour licenciement abusif, a énoncé que l'intéressée n'avait pas respecté les délais prévus par l'article L. 122-28-1 CT et n'avait pas justifié son absence, ce qui permettait à l'employeur de la licencier pour faute grave, alors, d'une part, que l'intéressée, n'ayant pas fait part de son intention de prolonger son congé, ni de le transformer en activité à mi-temps, n'avait pas à respecter le délai d'un mois prévu en cas de prolongation d'absence ou d'une demande de mi-temps et, d'autre part, que le fait pour cette salariée d'avoir oublié de se présenter à son travail à l'issue de son congé parental d'éducation ne pouvait, à lui seul, caractériser une faute grave.

Cass. soc. 2 juin 1992, n° 88-42.816.

… ni une manifestation de volonté claire et non équivoque de démissionner.

Ne constitue pas une manifestation de volonté claire et non équivoque de résilier son contrat de travail le fait, pour un salarié, de ne pas reprendre son travail dès la fin de son congé parental d'éducation.

Cass. soc. 17 décembre 2003, n° 01-46.309.

La reprise du travail par le salarié à l'issue de son congé justifie le licenciement de son remplaçant.

Est justifié le licenciement de la personne qui avait été engagée en vue de remplacer la salariée en congé parental d'éducation, une cour d'appel ayant pu décider, en vertu de son pouvoir souverain d'appréciation, que le motif invoqué par l'employeur pour mettre un terme à la relation de travail, à savoir la reprise du travail par la salariée à l'issue de son congé, constituait une cause réelle et sérieuse de licenciement.

Cass. soc. 19 décembre 1990, n° 88-40.494.

Congé de paternité

Après la naissance de l'enfant et dans un délai de quatre mois, le père et/ou le conjoint de la mère salariés bénéficient d'un congé de paternité de onze jours consécutifs ou de dix-huit jours consécutifs en cas de naissances multiples (art. L. 1225-35 et 36 CT).

Droit au congé

Lorsque le salarié a régulièrement informé son employeur de la date à laquelle il prendrait son congé de paternité, ce dernier ne peut pas s'opposer à son départ ou en exiger le report.

À la suite de la naissance de son enfant le 25 juillet 2007, un salarié a, par lettre du 3 août suivant, notifié à l'employeur son souhait de prendre un congé de paternité du 6 au 16 septembre ; l'employeur lui a opposé un refus en raison de la charge de travail et proposé un report du congé pour la période du 8 au 18 novembre ; le salarié ayant passé outre ce refus, il a été licencié pour faute grave en raison de son absence non autorisée à compter du 6 septembre 2007 ; il a saisi la juridiction prud'homale en contestant le bien-fondé de son licenciement.

Doit être approuvé l'arrêt ayant déclaré le licenciement sans cause réelle et sérieuse et condamné l'employeur à payer au salarié des indemnités de rupture et des dommages-intérêts à ce titre.

En effet, il résulte des termes de l'article L. 1225-35, al. 3 CT que l'employeur, informé conformément à ce texte des dates choisies par le salarié pour prendre son congé de paternité, ne peut ni s'opposer à son départ, ni en exiger le report ; ayant constaté que le salarié avait, le 6 août 2007, régulièrement fait part à la société de la naissance de son enfant et informé l'employeur de son absence pour congé de paternité de 11 jours à compter du 6 septembre 2007, la cour d'appel en a exactement déduit qu'en prenant effectivement son congé à la date choisie malgré l'opposition de son employeur, le salarié n'avait commis aucune faute.

Cass. soc. 31 mai 2012, n° 11-10.282, BC V n° 163.

Congé sabbatique

Les salariés justifiant d'une ancienneté minimale dans l'entreprise et de six années d'activité professionnelle ont droit à une absence non rémunérée pour se consacrer à des activités de leur choix (art. L. 3142-28 et s. CT dans leur rédaction issue de la loi 2016-1088 du 8 août 2016).

Information de l'employeur

Le salarié doit informer l'employeur de la date de son départ et de la durée de son congé au moins trois mois à l'avance.

Selon l'article L. 122-32-19 CT, le salarié qui désire exercer son droit au congé sabbatique doit informer son employeur, par lettre recommandée avec demande d'avis de réception, au moins trois mois à l'avance de la date de départ qu'il a choisie.

A violé ce texte le jugement qui, tout en constatant qu'une salariée n'avait pas présenté sa demande dans le délai légal, a fait droit à celle-ci alors que l'employeur s'était prévalu de l'irrégularité de la demande formulée par la salariée.

Cass. soc. 19 avril 1989, n° 86-41.744, BC V n° 297.

Dans les entreprises de plus de 200 salariés, l'employeur ne peut que différer la date de départ en congé sabbatique retenue par le salarié ; ainsi, lorsque l'information de la date et de la durée de son départ est faite par le salarié hors du délai légal de trois mois, cette irrégularité, si elle peut conduire l'employeur à différer la date de départ du salarié, ne saurait le dispenser de lui répondre dans les conditions prévues par les articles L. 3142-98 et D. 3142-53 anciens CT.

Un salarié travaillant dans une entreprise de plus de 200 salariés a informé, le 30 juillet, son employeur de son intention de prendre, à compter du 1er septembre suivant, un congé sabbatique de dix mois.

Se prévalant d'un accord tacite de l'employeur, le salarié a effectivement pris ce congé, puis a été licencié pour faute grave le 2 octobre, en raison d'une « absence illégale et délibérée ».

Après avoir constaté que l'employeur n'avait pas répondu au salarié dans le délai d'un mois à compter de la date de présentation de sa lettre, ce dont il résultait que son accord tacite sur la date de départ du salarié était acquis, une cour d'appel a pu juger le licenciement sans cause réelle et sérieuse.

Cass. soc. 12 mars 2008, n° 06-43.866, 1er moyen, BC V n° 61. Voir aussi cass. soc. 14 décembre 2017, n° 16-24.027.

Le respect du délai de trente jours imparti à l'employeur pour répondre à la demande de congé s'apprécie à la date de la réception de la réponse et non à celle de l'envoi de la lettre par l'employeur.

CA Nancy, ch. soc., 11 septembre 2009, n° 08-1730.

Refus de l'employeur d'accorder le congé sollicité par le salarié

En cas de refus injustifié de l'employeur d'accorder le congé sollicité par le salarié, le juge peut en prononcer la nullité.

Un salarié, engagé en qualité d'éducateur spécialisé, exerçant des mandats de délégué syndical, délégué du personnel et conseiller prud'homal, avait sollicité auprès de son employeur un congé sabbatique d'une durée de six mois. À la suite du refus de l'employeur de lui accorder un tel congé, le salarié avait saisi la juridiction prud'homale en application de l'article L. 122-32-23 CT pour contester ce refus et demander l'attribution du congé sabbatique sollicité. Ayant constaté que l'absence du salarié pendant le congé n'aurait pas d'effet préjudiciable pour l'entreprise, le conseil de prud'hommes a considéré que le refus de l'employeur était injustifié et en a légalement prononcé la nullité.

Cass. soc. 2 février 1999, n° 96-41.812, BC V n° 54.

Renonciation du salarié

L'employeur peut s'opposer à la renonciation du salarié au congé lorsqu'un accord est intervenu entre les parties sur une suspension du contrat pour congé sabbatique.

Lorsque l'accord des parties s'est réalisé sur une suspension du contrat de travail pour congé sabbatique, l'employeur conserve, sauf abus de sa part, le droit de s'opposer à la dénonciation unilatérale de cet accord par le salarié.

En l'espèce, il n'était pas établi que le refus de l'employeur de prendre en considération la renonciation du salarié à ce congé, qu'il motivait par l'embauche d'une autre directrice d'établissement en remplacement de la salariée, était abusif.

Cass. soc. 7 mai 1996, n° 92-43.545, BC V n° 180.

Congé sabbatique

Obligations du salarié au cours de la durée du congé

Le salarié est tenu à une obligation de loyauté et de non-concurrence. Sous cette réserve, l'exercice d'une activité pendant le congé est possible.

Au cours de la durée du congé sabbatique, aucune interdiction d'avoir une activité salariée ou non ne s'impose au bénéficiaire du congé, lequel demeure seulement tenu de respecter les obligations de loyauté et de non-concurrence à l'égard de son employeur. Ayant retenu que les actes de détournement de clientèle reprochés par l'employeur à une salariée comme étant de nature à caractériser son manquement à l'obligation de loyauté n'étaient pas établis, une cour d'appel a légalement justifié sa décision déboutant la société de sa demande de dommages-intérêts pour violation par la salariée de l'obligation de fidélité inhérente à son contrat de travail.

Cass. soc. 5 juin 1996, n° 93-42.588, BC V n° 231. Voir aussi cass. soc. 27 novembre 1991, n° 88-43.161, BC V n° 537.

Un salarié, employé en qualité de chef d'agence par une société négociante en matériaux de construction, a pris un congé sabbatique de onze mois durant lequel il a exercé les fonctions de gérant d'une société qui, en sa qualité d'entreprise de construction, avait comme fournisseur son employeur. Après avoir démissionné au terme de son congé, il a saisi la juridiction prud'homale pour obtenir le paiement de la contrepartie financière à la clause de non-concurrence. Faisant valoir que, pendant son congé sabbatique, le salarié avait violé son obligation de loyauté en rompant, en sa qualité de gérant, les relations commerciales entretenues entre les deux sociétés, l'employeur a demandé, à titre reconventionnel, des dommages-intérêts en réparation de son préjudice.

Ayant constaté que les deux sociétés n'étaient pas en situation de concurrence et que la rupture de leurs relations commerciales ne présentait pas de caractère abusif, une cour d'appel a pu décider que le salarié n'avait pas commis de manquement à son obligation de loyauté pendant la suspension de son contrat et débouter l'employeur de sa demande de dommages-intérêts.

Cass. soc. 1er avril 2003, n° 00-44.902.

Réintégration du salarié

Le droit à réintégration s'applique au seul congé sabbatique et non à un congé d'un an pour convenances personnelles.

Une cour d'appel, qui constate qu'un salarié n'a pas sollicité le congé sabbatique prévu à l'article L. 122-32-17 CT, mais un congé non rémunéré d'un an pour convenances personnelles, peut décider que le salarié ne pouvait se prévaloir du droit à réintégration prévu par le texte précité.

Cass. soc. 2 mai 1990, n° 87-44.856.

Le salarié doit retrouver son emploi ou un emploi similaire.

Après avoir constaté qu'une salariée de retour de congé sabbatique avait protesté de façon détaillée à propos du nouveau poste proposé dont les contours et la qualification étaient mal définis et que la société n'avait apporté sur ce point aucune réponse convaincante, ce dont il résultait que le caractère similaire du poste proposé n'était pas établi, c'est à bon droit qu'une cour d'appel a dit sans cause réelle et sérieuse le licenciement de la salariée consécutif au refus du poste litigieux.

Cass. soc. 9 avril 2008, n° 06-45.898. Voir aussi cass. soc. 31 mai 2011, n° 09-42.378, 1er moyen.

Le refus du salarié, dont le précédent emploi n'est plus disponible, d'être réintégré dans un emploi similaire justifie son licenciement.

Il résulte de l'article L. 3142-95 CT qu'à l'issue du congé sabbatique, le salarié doit retrouver son précédent emploi ou, à défaut, un emploi similaire.

Ayant constaté que le précédent emploi occupé par une salariée n'était plus disponible et que celle-ci avait refusé plusieurs propositions de postes présentant des caractéristiques équivalentes à celles de responsable client qu'elle occupait avant son départ en congé, une cour d'appel a pu la débouter de ses demandes au titre d'un licenciement sans cause réelle et sérieuse.

Cass. soc. 3 juin 2015, n° 14-12.245, 1er moyen, BC V n° 112.

En cas de non-respect par l'employeur de son obligation de réintégration, le salarié peut prétendre à des dommages-intérêts.

Ayant relevé que le salarié, auparavant chef de section et responsable d'un service, chargé de la répartition du travail entre les quatre personnes placées sous son autorité, s'était retrouvé isolé à son retour de congé sabbatique et exclu des structures de la société, ayant pour seule tâche la rédaction d'un « rapport historique », laquelle différait sensiblement de celles qui lui étaient confiées antérieurement, une cour d'appel a pu décider, dès lors, que la société avait manqué à l'obligation de le réintégrer, sinon dans son emploi antérieur, du moins dans un emploi similaire, conformément à l'article L. 122-32-21 CT, et la condamner au paiement de dommages-intérêts sur le fondement de l'article L. 122-32-26 CT.

Cass. soc. 11 mai 1994, n° 91-40.848. Voir aussi cass. soc. 2 mars 1993, n° 89-43.209.

Non-reprise du travail par le salarié à l'issue du congé

La seule absence du salarié ne permet pas de retenir la démission.

Il ne peut être déduit de la seule absence du salarié à l'issue de son congé sabbatique une volonté claire et non équivoque de démissionner.

Cass. soc. 1er décembre 2005, n° 04-40.911.

Une salariée s'était absentée une année après avoir formé une demande de congé sabbatique à laquelle l'employeur n'avait pas répondu. Ce dernier ayant refusé de la réintégrer dans son emploi à son retour, la salariée avait saisi la juridiction prud'homale pour obtenir le paiement de rappel de salaires et de congés payés, ainsi qu'une indemnité pour licenciement sans cause réelle et sérieuse. C'est à tort qu'une cour d'appel a débouté la salariée de ses demandes, alors que l'absence de la salariée fondée sur la croyance erronée qu'elle bénéficiait d'un congé sabbatique ne pouvait caractériser une volonté réelle et sérieuse de démissionner et que le refus de l'employeur de la réintégrer s'analysait en un licenciement dont il lui appartenait de vérifier s'il reposait sur une cause réelle et sérieuse.

Cass. soc. 4 octobre 2000, n° 97-43.820.

Mais la non-reprise du travail, malgré la requête formulée par l'employeur, s'analyse en une volonté claire et non équivoque de démissionner.

Une cour d'appel, qui a relevé qu'à l'issue d'un congé sabbatique d'un an au cours duquel elle avait acquis un fonds de débit de boissons, une salariée n'avait pas repris son travail et avait laissé sans réponse pendant près d'un mois la lettre de l'employeur lui demandant la cause de son absence, a pu en déduire une volonté claire et non équivoque de la part de cette dernière de démissionner.

Cass. soc. 14 décembre 1995, n° 94-41.782.

Congés payés

Les salariés ont droit à un congé annuel payé de deux jours et demi ouvrables par mois de travail effectif accompli chez le même employeur au cours de l'année de référence.

Ouverture du droit

Avant la loi du 22 mars 2012, la CJUE avait énoncé que le droit au congé payé ne devait plus être subordonné à aucune période de travail effectif minimale pendant la période de référence.

L'article 7, § 1, de la directive 2003/88/CE du Parlement européen et du Conseil, du 4 novembre 2003, concernant certains aspects de l'aménagement du temps de travail, s'oppose à des dispositions ou à des pratiques nationales qui prévoient que le droit au congé annuel payé est subordonné à une période de travail effectif minimale de dix jours ou d'un mois pendant la période de référence.

CJUE 24 janvier 2012, aff. C-282/10.

Le travail doit avoir été accompli chez le même employeur.

À moins que la modification dans la situation juridique de l'entreprise n'intervienne dans le cadre d'une procédure de règlement judiciaire ou de la liquidation des biens, ou d'une substitution d'employeur intervenue sans qu'il y ait eu de convention entre ceux-ci, le nouvel employeur est tenu, à l'égard des salariés dont les contrats de travail subsistent, des obligations qui incombaient à l'ancien employeur à la date de cette modification, et notamment des sommes dont était redevable l'ancien employeur au titre des congés payés.

Cass. soc. 6 février 1996, n° 92-45.013. Voir aussi cass. soc. 14 mai 1997, n° 94-45.109, 2e moyen, BC V n° 171, s'agissant des obligations du nouvel employeur lorsque la modification de la situation juridique de l'employeur intervient dans le cadre d'une procédure de redressement judiciaire.

Dès lors que des enseignants, indépendamment de leur statut de fonctionnaires, sont titulaires d'un contrat de travail, ils ont droit à des congés payés, en application des dispositions d'ordre public de l'article L. 3141-1 CT.

Cass. soc. 13 mars 2001, n° 99-40.139, BC V n° 91 (arrêt n° 1).

Les personnes handicapées travaillant dans un ESAT (ex-CAT) peuvent se prévaloir d'un droit à congés depuis le 1er janvier 2007.

Cass. soc. 16 décembre 2015, n° 11-22.376, BC V n° 263.

Durée du congé payé

• Périodes assimilées à un temps de travail effectif

La loi (et notamment l'article L. 3141-5 CT) assimile certaines périodes d'absence à du travail effectif.

C'est le cas des périodes de suspension du contrat pour cause d'accident du travail ou de maladie professionnelle dans la limite d'un an,…

Selon l'article L. 223-4 CT, les périodes durant lesquelles l'exécution du contrat de travail est suspendue pour cause d'accident du travail ou de maladie professionnelle sont considérées comme des périodes de travail effectif pour la détermination de la durée du congé dans la limite d'un an.

Un salarié avait été victime, le 4 novembre 1994, d'un accident du travail nécessitant des soins, mais sans arrêt de travail. Du 10 février 1997 au 30 septembre 1998, le salarié a bénéficié d'un arrêt de travail pris en charge au titre de la rechute de l'accident du travail initial. La caisse des congés payés ayant refusé de lui régler ses congés pour la période du 10 février 1997 au 9 février 1998, le salarié a saisi la juridiction prud'homale.

Doit être rejeté le pourvoi de la caisse des congés payés faisant grief à un conseil de prud'hommes de l'avoir condamnée à verser au salarié diverses sommes à titre d'indemnités de congés payés ; en effet, le conseil de prud'hommes a constaté que le salarié n'avait pas bénéficié d'un arrêt de travail supérieur à un an du fait de l'accident du travail.

Cass. soc. 4 décembre 2001, n° 99-45.911, BC V n° 374. Voir aussi cass. soc. 6 octobre 2015, n° 13-26.052, 2e moyen, BC V n° 187.

… et des périodes de suspension du contrat pour cause d'accident de trajet…

Les périodes limitées à une durée ininterrompue d'un an pendant lesquelles l'exécution du contrat de travail est suspendue pour cause d'accident du travail ou de maladie professionnelle entrent en ligne de compte pour l'ouverture du droit à congé régi par l'article L. 3141-3 CT ; pour l'ouverture du droit au congé annuel payé, l'absence du travailleur pour cause d'accident de trajet doit être assimilée à l'absence pour cause d'accident du travail.

Cass. soc. 3 juillet 2012, n° 08-44.834, 3e moyen, BC V n° 204.

… mais pas des périodes de suspension du contrat pour cause de maladie non professionnelle.

Doit être rejeté le moyen du pourvoi formé par un salarié qui, pour reprocher à une cour d'appel de l'avoir débouté de sa demande de rappel de congés payés pour une période durant laquelle il était en arrêt de travail pour maladie non professionnelle, soutient qu'en application de l'article 7, § 1 de la directive 2003/88/CE du Parlement européen et du Conseil du 4 novembre 2003 concernant certains aspects de l'aménagement du temps de travail, il est institué, en matière de droit au congé annuel, un principe du droit social communautaire revêtant une importance particulière, auquel il ne saurait être dérogé et dont la mise en œuvre par les autorités nationales compétentes ne peut être effectuée que dans les limites expressément énoncées par la directive elle-même, et que les États membres, qui peuvent définir dans leur réglementation interne les conditions d'exercice et de mise en œuvre du droit aux congés annuels payés, ne peuvent toutefois subordonner à quelque condition que ce soit la constitution même de ce droit qui résulte directement de la directive.

En effet, la directive 2003/88/CE ne pouvant permettre, dans un litige entre des particuliers, d'écarter les effets d'une disposition de droit national contraire, la cour d'appel a retenu à bon droit, au regard de l'article L. 3141-3 CT, que le salarié ne pouvait prétendre au paiement d'une indemnité compensatrice de congés payés au titre d'une période de suspension du contrat de travail ne relevant pas de l'article L. 3141-5 CT.

Cass. soc. 13 mars 2013, n° 11-22.285, 5e moyen, BC V n° 73.

Lorsque, en l'absence de reclassement ou de licenciement, l'employeur a dû reprendre le versement des salaires, cette période n'est pas assimilée à du travail effectif.

Si, en vertu de l'article L. 122-32-5 CT, le salarié qui n'est ni reclassé ni licencié dans le délai d'un mois à compter de la date de l'examen de reprise a droit au paiement du salaire correspondant à l'emploi qu'il occupait avant la suspension de son contrat, l'article L. 223-4 CT n'assimile pas, pour l'ouverture du droit à congés payés, cette période à une période de travail effectif.

Cass. soc. 12 juillet 2004, n° 02-40.763.

Le préavis non exécuté à la suite d'une dispense de l'employeur est considéré comme du travail effectif.

La période du préavis doit être prise en considération comme correspondant à un travail effectif, même lorsque le salarié est dispensé de l'effectuer.

Cass. soc. 24 novembre 1992, n° 90-42.764, BC V n° 572.

Prise des congés payés

• La période de congés payés est fixée par l'employeur

À défaut de convention ou d'accord collectif de travail, la période de congés payés est fixée par l'employeur en se référant aux usages et après consultation des représentants du personnel.

Non-respect d'un usage par l'employeur.

Si les modalités de fractionnement de la cinquième semaine de congés payés n'entrent pas dans les prévisions de l'article L. 223-8 CT, les salariés peuvent néanmoins se prévaloir d'un usage de l'entreprise fixant la période à laquelle est prise la cinquième semaine.

Ayant constaté que, depuis 1982, la cinquième semaine de congés payés était prise pendant la dernière semaine de l'année, une cour d'appel a pu décider qu'un usage s'était instauré dans l'entreprise concernant les conditions dans lesquelles la cinquième semaine était prise et que le non-respect par l'employeur de cet usage avait causé un préjudice aux salariés, dont elle a souverainement apprécié le montant.

Cass. soc. 16 mai 2000, n° 98-40.499, BC V n° 187.

Prise anticipée des congés payés.

L'employeur ne peut imposer à ses salariés la prise anticipée de congés payés. Ayant estimé que la preuve d'une acceptation des salariés pour une prise anticipée de leurs congés (afin de réduire le recours au chômage partiel) n'était pas rapportée, un conseil de prud'hommes a condamné à bon droit l'employeur à réparer le préjudice subi par chacun d'eux.

Cass. soc. 19 juin 1996, n° 93-46.549. Voir aussi cass. soc. 10 février 1998, n° 95-40.905.

L'employeur ne peut pas imposer au salarié la prise par anticipation des congés payés acquis au titre de la période de référence précédant sa mise à la retraite.

Cass. soc. 30 avril 2003, n° 01-40.853.

• Ordre et date de départ

La période ordinaire des vacances doit, dans tous les cas, être portée par l'employeur à la connaissance du personnel au moins deux mois avant l'ouverture de cette période.

Une cour d'appel qui a constaté que, faute d'avoir fixé la période d'ouverture des congés, un employeur avait mis un salarié dans l'obligation de renoncer au séjour de vacances qu'il avait prévu a évalué souverainement le préjudice qui en était résulté.

Cass. soc. 30 janvier 1996, n° 92-45.168.

Sauf circonstances exceptionnelles, l'ordre et les dates de départ fixés par l'employeur ne peuvent être modifiés dans le délai d'un mois avant la date prévue du départ.

Un salarié a été licencié pour avoir refusé de reporter la date de son départ en congés payés, l'employeur invoquant des circonstances exceptionnelles tenant à la nécessité de remplacer au Gabon de façon anticipée un salarié décédé ; estimant ce licenciement sans cause réelle et sérieuse, le salarié, qui travaillait jusque-là en Guinée Orientale et devait, à l'issue de ses vacances, prendre le poste du Gabon, a saisi la juridiction prud'homale de diverses demandes.

Estimant que le refus du salarié, compte tenu des circonstances exceptionnelles non contestées par lui, constituait une cause réelle et sérieuse de licenciement, peu important que l'employeur ait pris cette initiative avant ou après la délivrance d'un premier billet d'avion destiné à permettre au salarié de retourner chez lui pour ses congés payés, une cour d'appel a pu décider que son licenciement était justifié.

Cass. soc. 15 mai 2008, n° 06-44.354, pourvoi principal.

Les circonstances exceptionnelles visées à l'article L. 223-7, al. 3 CT ne concernent que la modification des dates de départ en congé déjà fixées.

À la suite d'incidents techniques affectant le fonctionnement d'un haut-fourneau, un employeur avait décidé la mise d'office en congés payés de plusieurs salariés de l'entreprise, pour une durée variant de un à trois jours, sans respecter le délai de prévenance prévu au troisième alinéa de l'article L. 223-7 CT.

Une cour d'appel a pu déclarer l'employeur coupable de non-respect du délai légal de prévenance d'un mois et l'a condamné à plusieurs amendes de 100 F chacune, après avoir retenu que le litige portait sur la fixation des congés et non sur la modification de congés déjà déterminés et que les circonstances exceptionnelles ne concernaient que la modification des dates de départ en congés déjà fixées, de telle sorte que l'employeur ne pouvait s'en prévaloir pour justifier la brusque mise en congé des salariés.

Cass. crim. 21 novembre 1995, n° 94-81.791, B. crim. n° 355.

Une convention collective, prévoyant que l'employeur doit tenir compte du congé du conjoint pour arrêter ses décisions, n'impose pas à l'employeur de suivre les congés du conjoint si cela n'est pas possible pour l'entreprise.

Les dispositions d'une convention collective selon lesquelles « l'employeur doit tenir compte du congé du conjoint pour arrêter ses décisions » n'imposent pas à l'employeur de chacun des époux de calquer la date des congés sur ceux du conjoint si l'activité de l'entreprise ne peut s'en accommoder.

Les juges du fond, ayant souverainement constaté que l'employeur n'avait pas donné son accord à la prise de congés par la salariée durant les vacances scolaires, ont pu retenir une faute grave à son encontre.

Cass. soc. 19 juin 1997, n° 94-44.997, 1er moyen.

L'article L. 3141-15 ancien CT disposant que les partenaires liés par un pacte civil de solidarité travaillant dans une même entreprise ont droit à un congé simultané, un employeur ne peut pas invoquer les nécessités de l'entreprise pour justifier son refus d'accorder à un salarié un congé simultané avec celui de sa partenaire.

Cass. soc. 26 février 2013, n° 11-26.934, 3e branche du 6e moyen.

L'inobservation par le salarié de la date des congés fixée par l'employeur peut constituer une faute grave, quelle qu'en soit l'incidence sur le fonctionnement de l'entreprise.

Ayant estimé établi le refus délibéré d'un salarié de tenir compte de la décision prise par son employeur sur les dates de ses congés payés, une cour d'appel, sans avoir à rechercher l'existence, indifférente, d'une perturbation de l'entreprise en raison de cet acte d'insubordination, a pu en déduire à la charge du salarié un manquement aux obligations nées de son contrat de travail ou de ses conditions de travail, rendant impossible son maintien dans l'entreprise pendant la période du préavis et constituant ainsi une faute grave.

Cass. soc. 23 mars 2004, n° 01-45.225.

• Privation de congés du fait de l'employeur

Il appartient à l'employeur de prendre les mesures propres à assurer au salarié la possibilité d'exercer effectivement son droit à congé annuel, et, en cas de contestation, de justifier qu'il a accompli à cette fin les diligences qui lui incombent légalement.

Cass. soc. 13 juin 2012, n° 11-10.929, 5e moyen, BC V n° 187. Voir aussi cass. soc. 27 novembre 2013, n° 12-26.155, 5e branche du moyen unique du pourvoi du salarié, BC V n° 289 ; cass. soc. 16 décembre 2015, n° 14-11.294, 2e moyen, BC V n° 270.

Sauf dispositions contraires, la même règle de preuve s'applique aux congés d'origine légale ou conventionnelle, s'ajoutant aux quatre semaines garanties par le droit de l'Union.

Eu égard à la finalité qu'assigne aux congés payés annuels la directive 2003/88/CE du 4 novembre 2003, concernant certains aspects de l'aménagement du temps de travail, il appartient à l'employeur de prendre les mesures propres à assurer au salarié la possibilité d'exercer effectivement son droit à congé, et, en cas de contestation, de justifier qu'il a accompli à cette fin les diligences qui lui incombent légalement ; sauf dispositions contraires, la même règle de preuve s'applique aux congés d'origine légale ou conventionnelle, s'ajoutant aux quatre semaines garanties par le droit de l'Union.

Cass. soc. 21 septembre 2017, n° 16-18.898, BC V n° 159.

Le salarié privé d'une partie de ses congés du fait de l'employeur a droit à des dommages-intérêts, même s'il a reçu l'indemnité de congé à laquelle il avait droit.

C'est à tort que, pour condamner un employeur à payer à un salarié une certaine somme à titre d'indemnité de congés payés et des dommages-intérêts, un conseil de prud'hommes a énoncé que, bien que rempli de ses droits en ce qui concerne la rémunération des congés payés sur la base du dixième, le salarié n'avait été indemnisé que de 13 jours et demi de congés payés, sans que l'indemnité versée précise le décompte exact de ces congés, et qu'il n'avait pas bénéficié du nombre de jours de congés payés auxquels il pouvait prétendre.

En effet, le conseil de prud'hommes aurait dû procéder au calcul du nombre de jours de congés pris par le salarié sans se borner à retenir comme seuls jours ceux où il devait effectivement travailler. À cet égard, si le point de départ des congés était le premier jour où le salarié aurait dû travailler s'il n'était pas parti, les jours ouvrables jusqu'à la reprise auraient dû être décomptés dans le nombre de jours de congés. En outre, si le conseil de prud'hommes ne pouvait allouer une indemnité supérieure au dixième de la rémunération totale perçue au cours de la période de référence ou, si elle est plus favorable, au montant de la rémunération qu'il aurait perçue s'il avait continué à travailler, le salarié pouvait prétendre à des dommages-intérêts s'il avait été privé, du fait de l'employeur, de tout ou partie de la durée du congé à laquelle il pouvait prétendre et cela, même s'il avait perçu l'indemnité de congé à laquelle il avait droit.

Cass. soc. 22 février 2000, n° 97-43.515, précité. Voir aussi cass. soc. 17 octobre 2012, n° 10-20.327, 3e moyen.

Le salarié qui n'a pas exercé son droit à congés payés au titre de plusieurs périodes de référence consécutives en raison du refus de l'employeur de rémunérer ces congés est en droit de reporter ou de cumuler ses droits jusqu'au moment où la relation de travail prend fin.

Dans l'hypothèse d'un litige entre un travailleur et son employeur quant au point de savoir si le travailleur a droit à un congé annuel payé conformément à l'article 7 de la directive 2003/88/CE du 4 novembre 2003 concernant certains aspects de l'aménagement du temps de travail, cet article ainsi que le droit à un recours effectif, consacré à l'article 47 de la charte des droits fondamentaux de l'Union européenne, s'opposent à ce que le travailleur doive d'abord prendre son congé avant de savoir s'il a droit à être rémunéré au titre de ce congé.

L'article 7 de la directive 2003/88 s'oppose également à des dispositions ou à des pratiques nationales empêchant un travailleur de reporter et, le cas échéant, de cumuler, jusqu'au moment où la relation de travail prend fin, des droits au congé annuel payé non exercés au titre de plusieurs périodes de référence consécutives, en raison du refus de l'employeur de rémunérer ces congés.

CJUE 29 novembre 2017, aff. C-214/16.

Le droit européen s'oppose à une réglementation nationale impliquant que, à défaut pour le travailleur d'avoir demandé à pouvoir exercer son droit au congé annuel payé avant la date de la cessation de la relation de travail, l'intéressé perd, automatiquement et sans vérification préalable du point de savoir si celui-ci a été effectivement mis en mesure par l'employeur, notamment par une information adéquate de la part de ce dernier, d'exercer son droit au congé avant ladite cessation, les jours de congé annuel payé auxquels il avait droit en vertu du droit de l'Union lors de cette cessation, ainsi que, corrélativement, son droit à une indemnité financière au titre de ces congés annuels payés non pris.

CJUE 6 novembre 2018, aff. C-619/16. Voir aussi CJUE 6 novembre 2018, aff. C-684/16.

• Incidence d'une mise à pied conservatoire sur les congés payés

Lorsqu'un salarié fait l'objet d'une mise à pied conservatoire, laquelle a pour effet de suspendre le contrat de travail, il ne peut, pendant cette période, valablement prendre ses congés payés, peu important que leur date ait été décidée antérieurement à la mesure de mise à pied.

Cass. soc. 15 mai 2014, n° 11-22.800, 2e branche du 4e moyen.

• Incidence de la maladie sur les congés payés

Lorsqu'un salarié ne peut pas prendre ses congés au cours de l'année prévue par le code du travail ou une convention collective, en raison d'absences liées à un accident du travail ou à une maladie professionnelle, les congés acquis sont reportés après la date de la reprise du travail.

Eu égard à la finalité qu'assigne aux congés payés annuels la directive européenne 93/104/CE du Conseil du 23 novembre 1993, concernant certains aspects de l'aménagement du temps de travail, lorsque le salarié s'est trouvé dans l'impossibilité de prendre ses congés payés annuels au cours de l'année prévue par le code du travail ou une convention collective, en raison d'absences liées à un accident du travail ou à une maladie professionnelle, les congés payés acquis doivent être reportés après la date de la reprise du travail.

Un conseil de prud'hommes a pu allouer à un salarié des dommages et intérêts en réparation du préjudice causé par le refus de l'employeur de lui faire bénéficier du report des congés payés non pris en raison de l'accident du travail dont il avait été victime.

Cass. soc. 27 septembre 2007, n° 05-42.293, BC V n° 147.

Il en est de même en cas d'absences liées à une maladie non professionnelle.

L'article 7, § 1, de la directive 2003/88/CE du Parlement européen et du Conseil, du 4 novembre 2003, concernant certains aspects de l'aménagement du temps de travail, s'oppose à des dispositions ou à des pratiques nationales qui prévoient que le droit au congé annuel payé s'éteint à l'expiration de la période de référence et/ou d'une période de report fixée par le droit national même lorsque le travailleur a été en congé de maladie durant tout ou partie de la période de référence et que son incapacité de travail a perduré jusqu'à la fin de sa relation de travail, raison pour laquelle il n'a pas pu exercer son droit au congé annuel payé.

CJCE 20 janvier 2009, aff. C-350/06, Recueil I-179.

Eu égard à la finalité qu'assigne aux congés annuels la directive 2003/88/CE du Parlement européen et du Conseil du 4 novembre 2003, concernant certains aspects de l'aménagement du temps de travail, lorsque le salarié s'est trouvé dans l'impossibilité de prendre ses congés payés annuels au cours de l'année prévue par le code du travail ou une convention collective en raison d'absences liées à une maladie, un accident du travail ou une maladie professionnelle, les congés payés acquis doivent être reportés après la date de reprise du travail.

Une salariée a saisi le juge des référés prud'homal d'une demande de report de congés payés non pris à la suite d'un arrêt de travail pour maladie du 17 novembre 2005 au 1er mars 2007.

Après avoir constaté que la salariée n'avait pu prendre son congé en raison de son arrêt prolongé pour maladie, c'est à bon droit que le conseil de prud'hommes a condamné l'employeur à reporter sur les congés de l'année 2007 les jours de congés payés qu'elle avait acquis avant son arrêt de travail.

Cass. soc. 24 février 2009, n° 07-44.488, 2e moyen, BC V n° 49. Voir aussi cass. soc. 25 mars 2009, n° 07-43.767, 1re, 2e et 4e branches du moyen, BC V n° 90 ; cass. soc. 28 mai 2014, n° 12-28.082, 1er moyen, BC V n° 129.

Les congés payés doivent être à nouveau reportés quand le salarié s'est trouvé dans l'impossibilité de prendre l'intégralité des congés acquis en raison d'une rechute d'accident du travail.

Eu égard à la finalité qu'assigne aux congés payés annuels la directive 2003/88/CE du Parlement européen, concernant certains aspects de l'aménagement du temps de travail, lorsque le salarié s'est trouvé dans l'impossibilité de prendre ses congés payés annuels au cours de l'année prévue par le code du travail ou une convention collective en raison d'absences liées à une maladie, un accident du travail ou une maladie professionnelle, les congés payés acquis doivent être reportés après la date de reprise du travail ; ceux-ci doivent être à nouveau reportés quand le salarié s'est trouvé dans l'impossibilité de prendre l'intégralité des congés payés acquis en raison d'une rechute d'accident du travail.

Cass. soc. 16 février 2012, n° 10-21.300, BC V n° 75.

La période de report des congés peut être limitée dans le temps.

L'article 7, § 1, de la directive 2003/88/CE du Parlement européen et du Conseil, du 4 novembre 2003, concernant certains aspects de l'aménagement du temps de travail, doit être interprété en ce sens qu'il ne s'oppose pas à des dispositions ou à des pratiques nationales, telles que des conventions collectives, limitant, par une période de report de quinze mois à l'expiration de laquelle le droit au congé annuel payé s'éteint, le cumul des droits à un tel congé d'un travailleur en incapacité de travail pendant plusieurs périodes de référence consécutives.

CJUE 22 novembre 2011, aff. C-214/10, Recueil I-11757.

Si des dispositions ou pratiques nationales peuvent limiter le cumul des droits au congé annuel payé d'un travailleur en incapacité de travail pendant plusieurs périodes de référence consécutives au moyen d'une période de report à l'expiration de laquelle le droit au congé annuel payé s'éteint, dès lors que cette période de report dépasse substantiellement la durée de la période de référence, la directive 2003/88/CE ne fait pas obligation aux États membres de prévoir une telle limitation.

Cass. soc. 21 septembre 2017, n° 16-24.022, 3e moyen, BC V n° 144.

Le salarié en congé maladie pendant une période de congé annuel fixée au préalable peut prendre celui-ci à un autre moment, le cas échéant en dehors de la période de référence correspondante.

L'article 7, § 1, de la directive 2003/88/CE du Parlement européen et du Conseil, du 4 novembre 2003, concernant certains aspects de l'aménagement du temps de travail, s'oppose à des dispositions nationales ou à des conventions collectives prévoyant qu'un travailleur qui est en congé de maladie durant la période de congé annuel fixée dans le calendrier des congés de l'entreprise où il est employé n'a pas le droit, après son rétablissement, de bénéficier de son congé annuel à une autre période que celle initialement fixée, le cas échéant en dehors de la période de référence correspondante.

CJCE 10 septembre 2009, aff. C-277/08, Recueil I-8405.

Le salarié tombant malade alors qu'il est déjà en congés payés peut reporter les jours de congés dont il n'a pas pu bénéficier du fait de sa maladie.

L'article 7, § 1, de la directive 2003/88/CE du Parlement européen et du Conseil, du 4 novembre 2003, concernant certains aspects de l'aménagement du temps de travail, doit être interprété en ce sens qu'il s'oppose à des dispositions nationales prévoyant qu'un travailleur, en incapacité de travail survenue durant la période de congé annuel payé, n'a pas le droit de bénéficier ultérieurement dudit congé annuel coïncidant avec la période d'incapacité de travail.

CJUE 21 juin 2012, aff. C-78/11.

L'employeur ne peut pas contraindre un salarié en arrêt de travail à prendre ses congés.

L'employeur ne peut contraindre une salariée atteinte d'une incapacité de travail médicalement constatée à prendre ses congés payés, avant son départ à la retraite, à une période où le contrat de travail est suspendu et les indemnités journalières sollicitées sont dues.

Cass. soc. 31 octobre 2000, n° 98-23.131.

Le salarié ne peut pas cumuler une indemnité égale à son salaire, perçue pendant la période de maladie, et une indemnité compensatrice de congés payés.

Une salariée ayant perçu pendant sa période de maladie une indemnité égale à son salaire ne pouvait cumuler cette indemnité avec une indemnité compensatrice de congés payés et recevoir de la sorte une rémunération totale supérieure à celle qu'elle aurait perçue si elle avait travaillé.

Cass. soc. 9 octobre 1996, n° 93-43.377.

• Incidence de la maternité sur les congés payés

Une salariée doit pouvoir bénéficier de son congé annuel lors d'une période distincte de celle de son congé de maternité ; il en est ainsi également en cas de coïncidence entre la période de congé de maternité et celle fixée à titre général, par un accord collectif, pour les congés annuels de l'ensemble du personnel.

CJCE 18 mars 2004, aff. C-342/01, Recueil I-2605.

Une salariée, dont le contrat de travail stipulait qu'elle pouvait prendre ses congés deux semaines en mai-juin, deux semaines en juillet-août, une semaine en février-mars, s'est trouvée en congé maladie du 1er au 29 février 2000 et du 3 au 16 avril 2000 puis en congé de maternité du 17 avril au 6 août 2000. Après avoir demandé en vain à prendre ses congés payés à la suite de son congé de maternité, soit 12 jours ouvrables à partir du 7 août 2000, pour se trouver ensuite en congé parental d'éducation, la salariée a saisi la juridiction prud'homale en vue d'obtenir le bénéfice de l'indemnité de congés payés sur les trois semaines litigieuses et le paiement de dommages-intérêts.

C'est à bon droit qu'un conseil de prud'hommes a accueilli cette demande. D'abord, les congés annuels doivent être pris au cours d'une période distincte du congé de maternité ; ensuite, le conseil de prud'hommes a constaté que l'employeur avait mis la salariée dans l'impossibilité de prendre le solde de ses congés payés après son congé de maternité et avant son départ en congé parental.

Cass. soc. 2 juin 2004, n° 02-42.405, BC V n° 161.

• Incidence d'un congé parental d'éducation sur les congés payés

Le salarié conserve ses droits à congés annuels payés acquis durant l'année précédant son congé.

La clause 2, point 6, de l'accord-cadre sur le congé parental du 14 décembre 1995, annexé à la directive 96/34/CE du Conseil du 3 juin 1996, s'oppose à une disposition nationale selon laquelle les travailleurs, faisant usage de leur droit au congé parental, perdent, à l'issue de ce congé, des droits à congés annuels payés acquis durant l'année précédant la naissance de leur enfant.

CJUE 22 avril 2010, aff. C-486/08, précité.

☞ *Absences non autorisées ; Fractionnement des congés payés ; Indemnité compensatrice de congés payés ; Indemnité de congés payés ; Préavis.*

Conseillers prud'hommes (Protection)

Selon l'article L. 2411-22 CT, les salariés exerçant les fonctions de conseiller prud'homme bénéficient d'une protection en cas de licenciement, celui-ci ne pouvant intervenir qu'après autorisation de l'inspecteur du travail. Cette protection concerne également les conseillers prud'hommes ayant cessé leurs fonctions depuis moins de six mois et les candidats aux fonctions de conseiller prud'homme.

L'ordonnance 2016-388 du 31 mars 2016 a modifié les modalités de désignation des conseillers prud'hommes qui, pour les mandats débutant à compter du 1er janvier 2018, ne sont plus élus tous les 5 ans par les salariés et les employeurs mais nommés, tous les 4 ans, par arrêté ministériel sur proposition des organisations syndicales et professionnelles représentatives (art. L. 1441-1 et s. CT).

Conseillers prud'hommes (Protection)

La jurisprudence rapportée ci-dessous faisant référence à l'élection des conseillers prud'hommes, rendue dans le cadre législatif antérieur, conserve cependant son intérêt, notamment au regard des litiges en cours.

Caractère d'ordre public des règles protectrices

La protection exceptionnelle et exorbitante du droit commun instituée par le législateur au profit des salariés exerçant les fonctions de conseiller prud'homme interdit à l'employeur de poursuivre par d'autres moyens la rupture du contrat de travail.

Il en est ainsi lorsque le salarié est mis à la retraite, même si les conditions posées par l'article L. 122-14-13 CT sont remplies.

Cass. soc. 2 décembre 1998, n° 96-44.668, BC V n° 534. Voir aussi cass. soc. 10 décembre 2003, n° 01-43.876, BC V n° 314.

Cette protection est applicable lorsque l'employeur est placé en redressement ou en liquidation judiciaires.

Selon les dispositions combinées des articles L. 412-18 et L. 514-2 CT, le licenciement d'un conseiller prud'homme ne peut intervenir qu'après autorisation de l'inspecteur du travail, y compris en cas de redressement ou de liquidation judiciaires.

Le liquidateur judiciaire d'une société a été renvoyé devant la juridiction pénale sur le fondement des articles L. 412-18, L. 514-2 et L. 481-2 CT pour avoir licencié un salarié, conseiller prud'homme, sans avoir sollicité l'autorisation de l'inspecteur du travail.

C'est à tort que, pour écarter la culpabilité du prévenu, une cour d'appel a notamment retenu qu'aucune disposition légale ne prévoyait la mise en œuvre de la protection de conseillers prud'hommes en cas de procédure collective, alors que le licenciement du salarié, conseiller prud'homme, ne pouvait intervenir qu'après autorisation de l'inspecteur du travail et que l'abstention volontaire par le prévenu de solliciter une telle autorisation caractérisait le délit d'atteinte à l'exercice régulier des fonctions de conseiller prud'homme.

Cass. crim. 25 mai 2004, n° 02-86.937, B. crim. n° 137.

Conditions d'application des règles protectrices

La protection légale concerne tous les conseillers prud'hommes titulaires d'un contrat de travail, sans qu'il y ait à rechercher s'ils sont élus dans le collège « salariés » ou dans le collège « employeurs ».

Aux termes de l'article L. 514-2 CT, le licenciement d'un salarié exerçant les fonctions de conseiller prud'homme est, en application de l'article L. 412-18 du même code, soumis à l'autorisation préalable de l'inspecteur du travail. La loi n'instaure, à cet égard, aucune différence entre les salariés élus conseillers prud'hommes dans le collège « employeurs », en raison des fonctions de direction qu'ils exercent dans l'entreprise, et ceux qui sont élus dans le collège « salariés ».

Cass. crim. 22 avril 1986, n° 85-93.671, B. crim. n° 133.

La protection du conseiller prud'homme court à compter de la proclamation des résultats des élections le lendemain du jour du scrutin prévue par l'article D. 1441-162 ancien CT, indépendamment de la publication au recueil des actes administratifs de la préfecture du département prévue par l'article D. 1441-164 ancien du même code.

Cass. soc. 22 septembre 2010, n° 09-40.968, moyen unique pris en ses trois premières branches, BC V n° 191.

Les règles protectrices sont applicables aux candidats aux élections prud'homales à compter de la date de publication des listes de candidatures dans les conditions prévues par l'article R. 1441-70 ancien CT.

La période de protection spéciale des candidats aux élections de conseillers prud'hommes, prévue par l'article L. 514-2 CT, dans sa rédaction issue de la loi du 17 janvier 2002, court à compter de la publication de la liste des candidatures dans les conditions prévues par l'article R. 513-37 CT ; son point de départ peut cependant être fixé antérieurement, soit à la date à laquelle l'employeur a eu connaissance de l'imminence de la candidature du salarié, si le salarié en rapporte la preuve, soit à la date de notification, par le mandataire de la liste, de la proposition de sa candidature, dans le cas où cette formalité, prévue par l'article L. 513-4, al. 3 CT, a été effectivement accomplie.

Ayant constaté que l'employeur n'avait pas reçu notification préalable de la proposition de candidature du salarié par le mandataire de la liste, et qu'il n'avait pas eu non plus connaissance de l'imminence de cette candidature, une cour d'appel a pu décider que le salarié bénéficiait de la protection spéciale à compter de la date de publication des listes de candidatures.

Cass. soc. 12 septembre 2007, n° 06-43.041, BC V n° 126.

Le conseiller prud'homme démissionnaire de ses fonctions est également protégé durant les six mois suivant le jour où sa démission est devenue définitive, soit un mois après l'expédition de la lettre en informant le président du conseil de prud'hommes.

Le gérant d'une société de transport par ambulances a été poursuivi devant le tribunal correctionnel sur le fondement des articles L. 514-2, al. 2, et L. 531-1, devenus L. 2411-22 et L. 1443-3 CT, pour avoir, après convocation à un entretien préalable au licenciement et notification d'une mise à pied conservatoire, en date du 13 novembre 2001, procédé le 7 décembre suivant, sans autorisation de l'inspecteur du travail, au licenciement d'un conseiller prud'homme démissionnaire de ses fonctions depuis le 6 juin 2001 ; les premiers juges ont déclaré la prévention établie.

Pour confirmer le jugement entrepris, après avoir relevé que, selon l'article L. 514-2 CT, le licenciement d'un salarié ayant cessé ses fonctions de conseiller prud'homme depuis moins de six mois est soumis à l'autorisation de l'inspecteur du travail et que, selon l'article R. 512-15 CT, la démission du conseiller prud'homme est définitive un mois après l'expédition de la lettre du salarié informant de sa décision le président du conseil de prud'hommes, une cour d'appel a retenu qu'il ressort de la combinaison de ces dispositions que le conseiller prud'homme bénéficiait de la protection statutaire jusqu'au 6 janvier 2002 et que son licenciement est intervenu sans autorisation pendant cette période.

En se déterminant ainsi, la cour d'appel, loin d'avoir méconnu les textes visés au moyen, en a au contraire fait l'exacte application.

En effet, les dispositions d'ordre public relatives aux fonctions de conseiller prud'homme ont été instaurées en vue d'assurer la permanence de l'institution, et le délai de protection prévu par l'article L. 514-2, al. 2, devenu L. 2411-2 [2] CT, commence à courir du jour où la démission des fonctions du conseiller prud'homme a acquis un caractère définitif, au sens de l'article R. 512-15, devenu D. 1442-17 CT.

Cass. crim. 6 mai 2008, n° 07-80.530, B. crim. n° 106.

L'article L. 2421-8 CT selon lequel l'arrivée du terme du contrat à durée déterminée n'entraîne sa rupture qu'après constatation, par l'inspecteur du travail saisi par l'employeur, que le salarié ne fait pas l'objet d'une mesure discriminatoire, bénéficie aux conseillers prud'hommes pendant la période de six mois suivant la cessation de leur mandat.

D'une part, la recodification du code du travail est, sauf dispositions expresses contraires, intervenue à droit constant ; d'autre part, selon l'ancien article L. 514-2 CT, les conseillers prud'hommes salariés titulaires d'un contrat à durée déterminée bénéficient des mêmes garanties et protections que celles accordées aux délégués syndicaux titulaires de tels contrats, lesquelles, en application des dispositions combinées des anciens articles L. 412-18 al. 8, L. 425-2 et L. 436-2 s'étendent aux conseillers prud'hommes pendant la période de six mois suivant la cessation de leur mandat ; il en résulte que l'article L. 2421-8 CT selon lequel l'arrivée du terme du contrat à durée déterminée n'entraîne sa rupture qu'après constatation, par l'inspecteur du travail saisi par l'employeur, que le salarié ne fait pas l'objet d'une mesure discriminatoire, bénéficie aux conseillers prud'hommes pendant la période de six mois suivant la cessation de leur mandat.

Un salarié, engagé le 11 février 2008 par une société, sous contrat de professionnalisation dont le terme était fixé au 10 février 2009, a été élu conseiller prud'homme le 25 juin 2008 ; ses fonctions ont pris fin le 15 janvier 2009 ; son contrat de travail à durée déterminée est arrivé à son terme, sans que l'employeur ait saisi l'inspecteur du travail en application de l'article L. 2421-8 CT ; le salarié a saisi la juridiction prud'homale.

C'est à tort que, pour débouter le salarié de ses demandes au titre de la rupture du contrat de travail et de la violation du statut protecteur, une cour d'appel a retenu que, depuis l'entrée en vigueur du nouveau code du travail au 1er mai 2008, le régime protecteur prévu à l'article L. 2421-8 CT ne s'étendrait qu'au seul conseiller prud'homme en activité en cas de rupture du contrat à son terme, l'article L. 2412-1, 13° ne mentionnant que cette catégorie de salariés, sans évoquer ceux dont le mandat a expiré avant le terme du contrat.

Cass. soc. 13 mars 2012, n° 10-21.785, BC V n° 99.

Le conseiller prud'homme dont l'élection a été définitivement annulée par un arrêt de la Cour de cassation bénéficie du statut protecteur jusqu'à l'expiration du délai de six mois courant à compter de la notification de l'arrêt.

Selon l'article L. 2411-22 CT, le conseiller prud'homme est protégé pendant une durée de six mois à compter de la cessation de ses fonctions ; ensuite, en application des articles R. 1441-174 et R. 1441-176 CT, le conseiller prud'homme dont l'élection est contestée peut valablement siéger tant qu'il n'a pas été définitivement statué sur le recours, le pourvoi en cassation étant suspensif.

Une salariée a été élue conseiller prud'homme le 10 décembre 1997, élection qui a été annulée par un jugement du 14 juin 1999 frappé de pourvoi rejeté par arrêt du 28 mars 2002 ; par lettres des 6, 20 et 28 novembre 2001, elle a refusé une mutation tout en alléguant divers griefs contre l'employeur et en l'invitant à saisir l'inspecteur du travail compte tenu de son statut de salarié protégé ; l'intéressée a pris acte de la rupture de son contrat de travail par lettre du 1er décembre suivant et a saisi la juridiction prud'homale de demandes en paiement de diverses indemnités.

Après avoir décidé que la prise d'acte produisait les effets d'un licenciement nul en l'absence d'autorisation administrative, une cour d'appel, pour fixer les indemnités dues à ce titre, a énoncé que la période de protection du mandat s'achevait avec l'arrêt de la Cour de cassation sans période de protection supplémentaire et que la demande devait être ramenée au montant des salaires que la salariée aurait perçus du 1er décembre 2001 au 28 mars 2002, déduction faite des sommes perçues au titre de l'indemnité de préavis.

En statuant ainsi, alors que si c'est à la date de la notification de l'arrêt de la Cour de cassation du 28 mars 200[2] qui a définitivement statué sur le recours que la salariée a cessé ses fonctions, elle avait droit, sans déduction, à une indemnité forfaitaire pour violation du statut protecteur depuis le jour de son éviction jusqu'à l'expiration du délai de six mois après la date de cette cessation, dans la limite de la protection accordée aux représentants du personnel, la cour d'appel a violé l'article L. 2411-22 CT.

Cass. soc. 16 mars 2010, n° 08-44.094, 1er moyen, BC V n° 66.

Le conseiller prud'homme n'est pas déchu de son mandat du seul fait qu'il a perdu la qualité requise pour être élu dans un collège tant que l'une des procédures prévues par l'article D. 1442-18 ancien CT n'a pas été mise en œuvre.

C'est à tort que, pour débouter un salarié de sa demande de dommages-intérêts pour licenciement sans autorisation de l'inspecteur du travail, une cour d'appel a retenu que ses fonctions de conseiller prud'hommes avaient pris fin avec la cessation de ses fonctions de gérant et qu'il n'était donc plus protégé au jour de son licenciement.

Cass. soc. 3 mars 2009, n° 07-43.173, 1er moyen, BC V n° 55.

Un employeur a fait grief à une cour d'appel de l'avoir condamné à payer à une salariée l'indemnité due pour le non-respect des articles L. 412-8 et L. 514-2 CT, pour des motifs pris en violation des articles R. 512-16 et L. 514-2, al. 2 CT.

Ayant énoncé à juste titre que le conseiller prud'homme n'est pas déchu de son mandat du seul fait qu'il a perdu la qualité requise pour être élu dans un collège tant que l'une des procédures prévues par l'article R. 512-16 CT n'a pas été mise en œuvre et ayant relevé qu'il n'avait pas été soutenu que la salariée avait été déclarée démissionnaire avant le prononcé de son licenciement, une cour d'appel a exactement décidé que les dispositions de l'alinéa 2 de l'article L. 514-2 CT étaient applicables à la cause.

Cass. soc. 26 octobre 2005, n° 03-46.766, BC V n° 305.

L'application des règles protectrices est subordonnée à l'exercice effectif des fonctions de conseiller prud'homme.

Comme tout autre magistrat, un conseiller prud'homme ne peut être considéré comme étant en fonction qu'après avoir prêté serment et avoir été installé dans ses fonctions. Dès lors que ces deux dernières conditions ne sont pas remplies à la date du licenciement, un conseiller prud'homme ne peut bénéficier de la protection légale.

Cass. soc. 16 juin 1988, n° 85-41.743, BC V n° 369.

Toutefois, un conseiller prud'homme licencié quelques jours après son élection, alors qu'il n'avait pas encore prêté serment ni été installé, bénéficie de la protection prévue en faveur du candidat aux élections prud'homales lorsque son élection est intervenue dans le délai de trois mois suivant la publication des candidatures.

Un salarié élu aux élections prud'homales le 8 décembre dans le collège employeur avait été licencié pour motif économique le 16 décembre sans autorisation administrative préalable. Doit être cassé l'arrêt qui, pour décider que le salarié, qui n'avait pas demandé sa réintégration, ne pouvait prétendre au bénéfice des dispositions de l'article L. 514-2 CT, a relevé que l'intéressé, licencié avant d'avoir prêté serment et d'avoir été installé, ne pouvait être considéré comme étant en fonction au sens de ce texte et qu'il ne pouvait non plus être considéré comme candidat, alors que le salarié élu bénéficie de la protection prévue en faveur du candidat aux élections prud'homales et que cette protection s'étend après la prise de fonction, lorsque celle-ci intervient dans le délai de protection de trois mois institué en faveur des candidats.

Cass. soc. 24 octobre 1995, n° 92-41.112.

Pour bénéficier du statut protecteur, le conseiller prud'homme doit avoir informé l'employeur de l'existence de son mandat ou rapporter la preuve que l'employeur en avait connaissance.

La protection assurée au salarié par les articles L. 2411-1, 17° et L. 2411-22 CT découle d'un mandat extérieur à l'entreprise, dont l'employeur n'a pas nécessairement connaissance ; par sa décision du 14 mai 2012, le Conseil constitutionnel a dit que les dispositions découlant de l'exercice d'un mandat extérieur à l'entreprise assurant une protection au salarié ne sauraient, sans porter une atteinte disproportionnée à la liberté d'entreprendre et à la liberté contractuelle, permettre au salarié de se prévaloir d'une telle protection, dès lors qu'il est établi qu'il n'en a pas informé son employeur au plus tard lors de l'entretien préalable au licenciement ; il s'en déduit que le salarié, titulaire d'un mandat de conseiller prud'homal mentionné par l'article L. 2411-1, 17° CT ne peut se prévaloir de cette protection que si, au plus tard lors de l'entretien préalable au licenciement, ou, s'il s'agit d'une rupture ne nécessitant pas un entretien préalable, au plus tard avant la notification de l'acte de rupture, il a informé l'employeur de l'existence de ce mandat ou s'il rapporte la preuve que l'employeur en avait alors connaissance.

Invoquant la violation du statut protecteur lié aux fonctions de conseiller prud'homal, un salarié a saisi le conseil de prud'hommes afin d'obtenir la requalification de sa mise à la retraite en un licenciement nul.

Pour accueillir la demande du salarié, mais réduire l'indemnisation liée à la violation du statut protecteur du salarié à un certain montant, une cour d'appel, après avoir énoncé que si en l'absence d'actes positifs de sa part, le comportement passif adopté par le salarié en s'abstenant d'invoquer avant sa mise à la retraite la particularité de sa situation ne pouvait être considéré comme frauduleux et par là même de nature à le priver de la protection attachée à son mandat, il constituait un manquement à son obligation de loyauté à l'égard de l'employeur ayant une incidence sur le montant de l'indemnisation due au titre de la violation de son statut protecteur.

En statuant ainsi, alors que l'existence du mandat de conseiller prud'homal n'avait pas été portée à la connaissance de l'employeur, bien que ce dernier ait fait part à l'intéressé de son intention de le mettre à la retraite lors d'un entretien préalable, ce dont il résultait que le salarié ne pouvait se prévaloir du statut protecteur attaché à ce mandat, la cour d'appel a violé les articles L. 2411-1, 17° et L. 2411-22 CT.

Cass. soc. 14 septembre 2012, n° 11-21.307, BC V n° 230.

Lorsque l'employeur est en liquidation judiciaire, il en est de même à l'égard du liquidateur.

Cass. soc. 1er juin 2017, n° 16-12.221, 1er moyen, BC V n° 102, cité dans « Représentants du personnel (Protection/Bénéficiaires) »

En cas de modification de la situation juridique de l'employeur, il en est de même à l'égard du nouvel employeur.

Cass. soc. 15 avril 2015, n° 13-25.283, BC V n° 88, cité dans « Représentants du personnel (Protection/Bénéficiaires) ». Voir aussi cass. soc. 30 janvier 2019, n° 17-24.821.

Ne peut se prévaloir de la protection attachée à son mandat de conseiller prud'homme le salarié n'ayant pas informé l'employeur de sa réélection ni établi qu'il en avait eu connaissance par d'autres voies au plus tard lors de la rupture conventionnelle.

Ayant constaté que le mandat de conseiller prud'homal d'une salariée avait été renouvelé lors des élections du 3 décembre 2008 et qu'elle n'avait pas au plus tard au moment de la rupture conventionnelle, signée le 4 août 2010 à effet au 30 septembre 2010, informé l'employeur de cette réélection, ni établi qu'il en avait été avisé par d'autres voies, une cour d'appel en a exactement déduit que la salariée ne pouvait se prévaloir de la protection attachée à son mandat et a pu la débouter de ses demandes tendant à la nullité de la rupture conventionnelle pour défaut d'autorisation de l'inspecteur du travail et en paiement de rappel de salaire, d'indemnité de préavis, de congés payés et de dommages-intérêts pour licenciement illicite.

Cass. soc. 30 septembre 2015, n° 14-17.748, 2e moyen, BC V n° 185.

Égalité de traitement

Aux termes de l'article L. 1442-6, al. 2 CT, les absences de l'entreprise des conseillers prud'hommes du collège salarié, justifiées par l'exercice de leurs fonctions, n'entraînent aucune diminution de leurs rémunérations et avantages y afférents.

Une salariée, exerçant un mandat de conseiller prud'homme, n'a été rémunérée que sur la base de 35 heures par semaine à la suite de la réduction du temps de travail, alors que l'horaire collectif de l'entreprise était de 39 heures, les salariés étant rémunérés sur la base de 35 heures, augmentées de 4 heures rémunérées au taux majoré de 10 %. L'intéressée a saisi la juridiction prud'homale d'une demande tendant à la prise en compte de son mandat de conseiller prud'homme comme du temps de travail effectif.

C'est à tort que, pour débouter la salariée de sa demande, une cour d'appel a relevé qu'elle avait été rémunérée sur la base de 35 heures par semaine, alors que l'exercice du mandat ne pouvait entraîner aucune diminution de sa rémunération.

Cass. soc. 25 mai 2005, n° 03-43.373, BC V n° 183.

Selon l'article L. 514-1 CT, le temps passé hors de l'entreprise pendant les heures de travail par les conseillers prud'hommes du collège salarié pour l'exercice de leurs fonctions est assimilé à une durée de travail effectif au regard de tous les droits que le salarié tient du fait de son ancienneté dans l'entreprise et les absences justifiées par l'exercice de leurs fonctions n'entraînent aucune diminution de leurs rémunérations et des avantages y afférents. Par ailleurs, il résulte de l'article L. 132-4 CT qu'une disposition conventionnelle ne peut déroger à une disposition légale que si elle est plus favorable aux salariés concernés.

La salariée d'une caisse primaire d'assurance maladie s'était vu attribuer en octobre 1996 « le degré 1 par rapport au référentiel de compétences du technicien de législation sociale affecté au contrôle », en application de l'accord national du 14 mai 1992 relatif à la classification des emplois des organismes de sécurité sociale. S'estimant victime d'une discrimination résultant de ce que son activité en qualité de conseiller prud'homme n'avait pas été prise en compte pour la période de validation de ses compétences, elle a demandé l'attribution du degré 1 à une date antérieure.

Pour rejeter la demande de la salariée, une cour d'appel, après avoir constaté qu'il avait été nécessaire de prolonger la phase de validation des compétences pour la salariée, a retenu que si le temps d'activité prud'homale devait être considéré comme un temps de travail effectif, cette équivalence ne pouvait avoir pour effet de transformer une absence légalement justifiée en temps de présence effective, définie dans l'accord national du 14 mai 1992. En statuant ainsi, alors, d'une part, que cet accord ne pouvait valablement comporter une disposition moins favorable que celle résultant de la loi et, d'autre part, que l'article L. 514-1 CT commandait de prendre en compte le temps passé par la salariée dans ses fonctions de conseiller prud'homme, la cour d'appel a violé les textes précités.

Cass. soc. 8 janvier 2002, n° 99-45.953, BC V n° 7.

De même, les absences des conseillers salariés appartenant au collège employeur ne doivent entraîner aucune baisse de leur rémunération et des avantages y afférents.

Leur participation au service de la justice en qualité de magistrat confère aux salariés membres d'un conseil de prud'hommes les mêmes droits en matière de rémunération et d'avantages y afférents, qu'ils appartiennent au collège salariés ou au collège employeurs.

Cass. soc. 12 octobre 2005, n° 03-47.749, 3e moyen, BC V n° 286.

La formation du conseiller prud'homme ne doit pas entraîner une baisse de la rémunération.

Un salarié avait attrait son employeur devant la juridiction prud'homale pour obtenir le paiement par provision d'une créance salariale et de dommages-intérêts pour entrave à l'exercice de son mandat de conseiller prud'homme.

Est justifiée la décision d'une cour d'appel qui a condamné l'employeur au paiement d'une provision sur rappel de salaires et sur dommages-intérêts, après avoir retenu que la suppression des plannings des prestations du salarié prévues les trois jours où la présence de ce dernier était requise au conseil de prud'hommes et pendant les cinq jours de formation avait diminué d'autant le nombre des heures comptabilisées en fin d'année et avait privé le salarié du maintien de la rémunération prévue par l'alinéa 3 de l'article L. 514-1 et l'article L. 451-2 CT, auquel renvoie l'article L. 514-3 CT.

Cass. soc. 10 janvier 2006, n° 04-45.750.

Le conseiller prud'homme totalement absent de son poste de travail en raison de son mandat a droit au paiement d'une prime conventionnelle d'habillage.

Un salarié a cessé d'exercer effectivement ses fonctions dans son entreprise en raison de ses mandats de représentant du personnel et de conseiller prud'homme. Il a saisi la formation de référé du conseil de prud'hommes en sollicitant qu'il soit ordonné à son employeur de lui verser une prime mensuelle conventionnelle destinée à indemniser le temps consacré à l'habillage et au déshabillage pour le personnel ouvrier des ateliers.

Les absences de l'entreprise des conseillers prud'hommes qui sont justifiées par leur fonction ne peuvent entraîner aucune diminution de leur rémunération ou des avantages y afférents, en application de l'article L. 514-1 CT. Dès lors, le conseil de prud'hommes, qui a caractérisé le trouble manifestement illicite en constatant que le salarié avait été privé de l'indemnité d'habillage, a pu ordonner le paiement de cette prime au salarié absent à temps plein de son poste de travail en raison de ses fonctions de conseiller prud'homme et de ses mandats électifs.

Cass. soc. 13 octobre 2004, n° 02-47.725, BC V n° 259.

Impossibilité d'imposer une modification du contrat de travail

Dès lors qu'un salarié n'a ni démissionné ni été déclaré démissionnaire de son mandat de conseiller prud'homme dans les conditions prévues par l'article L. 514-11 CT, celui-ci bénéficie de la protection attachée à son statut, même après avoir été muté dans des conditions ne lui permettant plus d'exercer normalement son mandat. Par ailleurs, les clauses d'un contrat de travail ne sauraient prévaloir sur les dispositions protectrices prévues par la loi en faveur des salariés protégés. Un salarié, conseiller prud'homme, expatrié à Bombay, ne peut en conséquence se voir imposer son rapatriement en France et il appartient à l'employeur d'engager la procédure de licenciement en cas de refus par le salarié de cette modification de son lieu de travail.

Cass. soc. 4 octobre 1995, n° 94-40.387.

Frais de déplacement

Il résulte de l'ensemble des dispositions des articles L. 513-2, L. 513-3 et L. 51-10-2 CT que le législateur a prévu de composer les conseils de prud'hommes de conseillers résidant ou travaillant à proximité de la juridiction où ils remplissent leur office ; il n'a, par suite, entendu qu'il soit procédé au remboursement des frais de déplacement inhérents à l'exercice par les intéressés de leurs fonctions que dans les limites du ressort du conseil des prud'hommes où ils siègent et des conseils de prud'hommes limitrophes.

Dès lors, si le montant des frais de déplacement liés à l'exercice du mandat excède ce cadre du fait du choix par le membre du conseil des prud'hommes d'une résidence ou d'un lieu de travail en dehors du ressort de la juridiction dont il est membre et des conseils de prud'hommes limitrophes, le conseiller prud'homme n'a droit au remboursement de ses frais de déplacement que dans les limites du ressort du conseil de prud'hommes et des conseils de prud'hommes limitrophes.

CE 2 novembre 2005, n° 259649, Rec. Lebon p. 474.

Indemnisation en cas d'inobservation des règles protectrices

Le fait par l'employeur de ne pas rétablir dans ses fonctions un conseiller prud'homme mis à pied à titre conservatoire et dont le licenciement a été refusé constitue une violation du statut protecteur entraînant nécessairement un préjudice pour l'intéressé.

Après avoir constaté qu'un salarié avait fait l'objet d'une mise à pied spéciale en mai 1993 et qu'il était toujours mis à pied lorsqu'il avait été licencié en 1995, une cour d'appel a débouté le salarié de sa demande en réparation du préjudice résultant des effets de la prolongation de sa mise à pied conservatoire sur l'exercice de ses mandats représentatifs, en retenant que le mandat de délégué du personnel du salarié n'avait pas été renouvelé aux élections d'avril 1993 et que la mise à pied conservatoire n'avait pas fait obstacle à son mandat de conseiller prud'homme.

Cependant, constitue une violation du statut protecteur entraînant nécessairement un préjudice pour l'intéressé le fait par l'employeur de ne pas rétablir dans ses fonctions le salarié mis à pied à titre conservatoire et dont le licenciement a été refusé.

Doit être cassé l'arrêt qui a ainsi statué, tout en constatant que la mise à pied conservatoire avait été maintenue depuis mai 1993 et qu'à cette date, le salarié bénéficiait de la protection des conseillers prud'hommes.

Cass. soc. 18 juillet 2000, n° 98-42.542, 1er moyen, BC V n° 301.

Si le salarié demande sa réintégration pendant la période de protection, il a droit au versement d'une indemnité égale au montant de la rémunération qu'il aurait perçue entre son licenciement et sa réintégration.

Le licenciement d'un salarié protégé auquel sont assimilés les conseillers prud'hommes, prononcé en violation du statut protecteur, est atteint de nullité et ouvre droit, pour le salarié qui demande sa réintégration pendant la période de protection, au versement d'une indemnité égale au montant de la rémunération qu'il aurait perçue entre son licenciement et sa réintégration.

C'est à tort qu'une cour d'appel a limité la durée de l'indemnisation d'un salarié candidat aux élections prud'homales, licencié sans autorisation administrative, à la durée de la période de protection attachée à sa candidature, alors qu'il était établi que le salarié avait demandé sa réintégration pendant la période de protection.

Cass. soc. 10 décembre 1997, n° 94-45.254, BC V n° 431.

Le salarié doit être réintégré dans son emploi, ou dans un emploi équivalent lorsqu'il le demande, dans le délai de deux mois à compter de la notification de l'annulation de l'autorisation administrative de licenciement ; s'il n'est pas réintégré lorsque l'annulation est devenue définitive, il a droit à une indemnité correspondant au préjudice subi entre son licenciement et sa réintégration effective.

Un salarié, conseiller prud'homme, a été licencié le 23 juin 1994 en vertu d'une autorisation administrative de licenciement, qui a été annulée par jugement du tribunal administratif le 27 décembre 1994 ; le salarié a demandé par lettre du 18 janvier 1995 sa réintégration dans son emploi ; cette réintégration, ordonnée en référé le 21 mars 1995, n'a pas été exécutée par l'employeur, qui s'y est refusé.

A violé les articles L. 412-18, L. 412-19 et L. 514-2 CT la cour d'appel qui, tout en constatant que le salarié avait demandé paiement des salaires pour la période comprise entre le 25 août 1994 et le 13 janvier 1999, a, après avoir retenu une première période expirant à la date de la demande de réintégration, limité à deux années et demie à compter du licenciement la période de référence postérieure, en retenant que l'indemnisation due au salarié protégé, auquel est assimilé le conseiller prud'homme, doit être limitée à la durée de la protection accordée aux représentants du personnel.

Cass. soc. 30 novembre 2004, n° 01-44.739, BC V n° 309.

Si l'emploi proposé par l'employeur n'est pas équivalent à l'emploi occupé antérieurement, le salarié doit être indemnisé.

Doit être rejeté le moyen du pourvoi de l'employeur reprochant à une cour d'appel d'avoir dit que l'offre de réintégration n'était pas satisfactoire et de l'avoir, en conséquence, condamné à indemniser le salarié de la perte de revenu subie à la suite de son licenciement jusqu'à la fin de son mandat. Après avoir relevé que l'assiette de calcul de la prime d'intéressement non garantie était modifiée par le changement de mission du salarié, que son mode de calcul n'était pas mentionné et qu'il n'était pas justifié que la réorganisation des services impliquait le déplacement du lieu de travail de Lyon à Paris, la cour d'appel, qui en a déduit que l'emploi proposé par l'employeur n'était pas équivalent à l'emploi occupé antérieurement par le salarié, a légalement justifié sa décision.

Cass. soc. 12 mai 1998, n° 95-44.214, BC V n° 247.

S'il ne demande pas sa réintégration, le conseiller prud'homme, dont le contrat de travail a été rompu sans autorisation administrative, peut prétendre à une indemnité pour violation du statut protecteur égale à la rémunération qu'il aurait perçue depuis le jour de son éviction jusqu'à l'expiration du délai de six mois suivant la date de cessation de ses fonctions, dans la limite de deux ans, durée minimale légale du mandat des représentants élus du personnel, augmentée de six mois.

Cass. soc. 23 mars 2011, n° 09-69.467.

En cas de résiliation judiciaire prononcée aux torts de l'employeur, le conseiller prud'homme a droit, au titre de la violation du statut protecteur, au paiement d'une indemnité égale à la rémunération qu'il aurait dû percevoir depuis la date de prise d'effet de la résiliation jusqu'à l'expiration de la période de protection résultant du mandat en cours à la date de la demande, dans la limite de 30 mois.

D'abord, la date de la résiliation du contrat de travail ne peut être fixée qu'au jour de la décision qui la prononce dès lors que le contrat n'a pas été rompu avant cette date ; si, en cas de confirmation en appel du jugement prononçant la résiliation, la date de la rupture est celle fixée par le jugement, il en va autrement lorsque l'exécution du contrat de travail s'est poursuivie après cette décision ; ensuite, le conseiller prud'homme dont la demande de résiliation judiciaire est accueillie a droit, au titre de la violation de son statut protecteur, au paiement d'une indemnité égale à la rémunération qu'il aurait dû percevoir depuis la date de prise d'effet de la résiliation jusqu'à l'expiration de la période de protection résultant du mandat en cours à la date de la demande, dans la limite de deux ans, durée minimale légale du mandat des représentants élus du personnel, augmentée de six mois.

Un salarié, conseiller prud'homme, a été absent pour maladie du 29 août 2009 au 8 novembre 2010 ; victime d'un malaise sur son lieu de travail le 10 décembre 2010, il a de nouveau été en arrêt maladie ; le 17 janvier 2011, il a saisi la juridiction prud'homale afin d'obtenir la résiliation judiciaire de son contrat de travail en raison des manquements de son employeur à ses obligations et le paiement de diverses sommes ; par un jugement du 22 mai 2012, le conseil de prud'hommes a fait droit aux demandes du salarié, prononçant la résiliation judiciaire du contrat de travail avec effet à la date du jugement et condamnant l'employeur au paiement notamment, des indemnités de rupture, de dommages-intérêts pour licenciement nul et d'une indemnité pour violation du statut protecteur correspondant à quarante-neuf mois de salaire.

Pour confirmer ce jugement, une cour d'appel a énoncé que les manquements graves de l'employeur tenu à une obligation de sécurité de résultat et qui a largement contribué à la dégradation des conditions de travail à la reprise d'activité par le salarié le 8 novembre 2010 à l'origine de l'accident de travail du 10 décembre 2010 et en imposant au salarié protégé une modification substantielle de son contrat de travail alors qu'au surplus ce dernier se trouvait en congé de maladie à la suite d'un accident de travail justifiaient la demande de résiliation judiciaire du contrat de travail présentée par le salarié dès le 17 janvier 2011 par la saisine du conseil de prud'hommes et ce aux torts de l'employeur avec effet au jour du prononcé du jugement du 22 mai 2012, que le salarié était en droit de prétendre et ce indépendamment du préjudice résultant de la rupture du contrat de travail, en raison de la violation de son statut protecteur de conseiller prud'homme, au paiement des salaires qu'il aurait perçus depuis la date de la rupture du contrat de travail fixée à la date du prononcé du jugement du conseil de prud'hommes jusqu'à la fin de la période de protection dont le montant est égal à la rémunération brute, ce qui représentait les salaires jusqu'à la fin de la période de protection correspondant à la durée du mandat de conseiller prud'homme jusqu'au 31 décembre 2015 expirant six mois après celui-ci soit le 30 juin 2016.

En statuant ainsi, sans rechercher si l'exécution du contrat de travail ne s'était pas poursuivie postérieurement au jugement ayant prononcé la résiliation judiciaire, et alors que le salarié, dont le mandat prud'homal en cours à la date de la demande était prorogé jusqu'au 31 décembre 2015, ne pouvait prétendre à une indemnité forfaitaire au titre de la violation de son statut protecteur supérieure à trente mois de rémunération, la cour d'appel a violé les articles 1184 c. civ., L. 2411-1 et L. 2411-22 CT.

Cass. soc. 3 février 2016, n° 14-17.000, BC V n° 20.

Il en va de même en cas de prise d'acte produisant les effets d'un licenciement nul lorsque les faits invoqués la justifiaient.

Cass. soc. 1er février 2017, n° 15-28.244.

Pour la détermination de la rémunération servant de base au calcul de l'indemnité forfaitaire due au conseiller prud'homme licencié en violation du statut protecteur, il y a lieu de retenir le montant de la rémunération avant précompte des contributions sociales et des impositions de toute nature que la loi met à la charge du salarié.

Cass. soc. 7 juin 2005, n° 03-44.969, BC V n° 191.

L'indemnisation de l'atteinte au statut protecteur présentant un caractère forfaitaire, il n'y a pas lieu de déduire le montant des sommes perçues au titre de la retraite de l'employeur.

Cass. soc. 10 décembre 2003, n° 01-43.876, précité.

Lorsque le salarié bénéficiait d'un contrat à durée déterminée, l'indemnité forfaitaire est due, peu important la durée légale maximale prévue au contrat de travail.

Le conseiller prud'homme a le droit d'obtenir, au titre de la méconnaissance du statut protecteur, une indemnité forfaitaire égale au montant de sa rémunération pendant la période comprise entre son éviction et l'expiration de la période de protection dans la limite de la durée de protection accordée aux représentants du personnel, peu important la durée légale maximale prévue pour son contrat de travail.

Cass. soc. 12 juin 2013, n° 12-17.273, 1re et 2e branches du 1er moyen, BC V n° 153.

Le départ à la retraite postérieur au licenciement est sans incidence sur le montant de l'indemnisation qui est due au conseiller prud'homme dont le contrat de travail a été illégalement rompu.

Le conseiller prud'homme qui ne demande pas la poursuite de son contrat de travail illégalement rompu a le droit d'obtenir, au titre de la méconnaissance du statut protecteur, une indemnité forfaitaire égale au montant de sa rémunération pendant la période comprise entre son éviction et l'expiration de la période de protection, dans la limite de la durée de protection accordée aux représentants du personnel, peu important qu'il soit parti à la retraite après le licenciement.

Cass. soc. 26 mars 2002, n° 01-42.397, 2e moyen, BC V n° 101.

Le fait que le salarié ait commis une faute grave n'est pas de nature à entraîner la suppression ou la diminution des salaires dus en réparation du dommage causé à l'intéressé.

S'agissant d'un conseiller prud'homme licencié pour faute grave sans observation des formalités protectrices, c'est à tort que, pour allouer une certaine somme à l'intéressé à titre d'indemnité pour inobservation de ces formalités, une cour d'appel a énoncé que, compte tenu des éléments de la cause, une réparation suffisante serait ainsi assurée à l'intéressé, alors que la sanction de la méconnaissance par l'employeur du statut protecteur des représentants du personnel, auxquels sont assimilés les conseillers prud'hommes, est la rémunération que le salarié aurait perçue jusqu'à l'expiration de la période de protection en cours et alors que cette indemnisation est due, nonobstant la gravité de la faute commise par ledit salarié.

Cass. soc. 10 juillet 1990, n° 86-43.699, BC V n° 362.

De même, l'obtention d'une autorisation administrative de licenciement d'un salarié protégé est sans effet sur un licenciement d'ores et déjà prononcé et sur les droits de l'intéressé à l'indemnisation de son préjudice.

C'est à tort qu'après avoir constaté que la rupture du contrat de travail d'un salarié protégé était intervenue le 2 janvier 1985, alors que l'autorisation administrative de licenciement n'avait été obtenue que le 7 janvier 1985, une cour d'appel a énoncé que cette autorisation, qui levait le seul obstacle légal au congédiement, marquait le terme de la période de protection du salarié et a limité, en conséquence, l'indemnité due au salarié pour inobservation des formalités protectrices des conseillers prud'hommes.

Cass. soc. 1er juin 1994, n° 92-45.175.

Le conseiller prud'homme qui ne demande pas sa réintégration a également droit aux indemnités de rupture et à une indemnité réparant l'intégralité du préjudice résultant du caractère illicite du licenciement au moins égale à celle prévue par l'article L. 122-14-4 ancien CT.

Il résulte des articles L. 514-2 et L. 122-14-4 CT que le salarié protégé auquel est assimilé le conseiller prud'homme, qui ne demande pas la poursuite de son contrat de travail illégalement rompu, a le droit d'obtenir, d'une part, au titre de la méconnaissance du statut protecteur, le montant de la rémunération qu'il aurait dû percevoir entre son éviction et l'expiration de la période de protection, dans la limite de la durée de protection accordée aux représentants du personnel, et, d'autre part, non seulement les indemnités de rupture, mais une indemnité réparant l'intégralité du préjudice résultant du caractère illicite du licenciement et au moins égale à celle prévue par l'article L. 122-14-4 CT.

Une VRP, conseillère prud'homme, a saisi en février 1993 le conseil de prud'hommes afin d'obtenir un rappel de salaires et de commissions, et a signé le jour de l'audience un document organisant la rupture de son contrat de travail contre paiement d'une somme de 40 000 F. Elle a reçu de son employeur une lettre de licenciement le 25 mars 1993. Licenciée sans autorisation de l'inspecteur du travail, elle n'a pas demandé sa réintégration, mais a saisi le conseil de prud'hommes en demandant que l'acte signé le 17 mars 1993, qualifié de transaction, soit déclaré nul ainsi que le paiement de salaires, de commissions et d'indemnités diverses.

A violé les articles susvisés la cour d'appel qui, pour rejeter les demandes d'indemnité de préavis et d'indemnité pour licenciement sans cause réelle et sérieuse et limiter le montant de l'indemnité revenant à l'intéressée au titre de la méconnaissance du statut protecteur, a retenu, d'une part, que les deux parties étaient désireuses de se séparer et qu'elles ont cru toutes deux trouver un intérêt à une rupture amiable qui, en même temps, mettait fin au litige en cours et, d'autre part, que l'octroi d'une indemnité correspondant au montant des salaires perçus jusqu'à l'expiration de la période de protection en cours serait disproportionné par rapport au dommage réellement subi.

Cass. soc. 12 juin 2001, n° 99-41.695, BC V n° 219.
Voir aussi cass. soc. 7 juil.et 2004, n° 01-43.384.

Représentants du personnel (Autorisation administrative de licenciement) ; Représentants du personnel (Licenciement/Indemnisation) ; Représentants du personnel (Licenciement/Recours contre la décision administrative) ; Représentants du personnel (Mise à pied conservatoire) ; Représentants du personnel (Procédure de licenciement) ; Représentants du personnel (Protection/Bénéficiaires) ; Représentants du personnel (Protection/Cas d'application) ; Représentants du personnel (Réintégration).

Conseils de prud'hommes (Compétence d'attribution)

L'article L. 1411-1 CT donne compétence aux conseils de prud'hommes pour trancher tous les litiges individuels nés à l'occasion du contrat de travail.

Compétence prud'homale et procédure conventionnelle de conciliation préalable

Le fait qu'un contrat de travail institue une procédure de conciliation préalable n'empêche pas les parties de saisir directement le juge prud'homal.

Une salariée a été engagée par une société en qualité de médecin coordonnateur à temps partiel au sein d'un établissement pour personnes dépendantes, suivant contrat comportant une clause de conciliation préalable en ces termes « en cas de désaccord sur l'interprétation, l'exécution ou la résiliation du présent contrat, les parties s'engagent préalablement à l'action contentieuse à soumettre leur différend à deux conciliateurs, l'un désigné par la salariée parmi les membres du conseil de l'ordre l'autre par le directeur d'établissement » ; après avoir pris acte de la rupture de son contrat de travail, la salariée a saisi la juridiction prud'homale pour voir juger que la rupture s'analysait en un licenciement sans cause réelle et sérieuse.

A violé l'article L. 1411-1 CT la cour d'appel qui a déclaré cette demande irrecevable, faute pour la salariée d'avoir mis en œuvre, avant de saisir le juge, la conciliation préalable prévue par son contrat de travail.

En effet, en raison de l'existence en matière prud'homale d'une procédure de conciliation préliminaire et obligatoire, une clause du contrat de travail qui institue une procédure de conciliation préalable en cas de litige survenant à l'occasion de ce contrat n'empêche pas les parties de saisir directement le juge prud'homal de leur différend.

Cass. soc. 5 décembre 2012, n° 11-20.004, BC V n° 326.

Litiges individuels

Le litige est individuel lorsque, malgré l'existence de plusieurs demandeurs, chaque salarié agit en son nom personnel pour réclamer un avantage individuel.

S'agissant d'un litige opposant une société à l'ensemble de ses salariés, c'est à bon droit qu'un conseil de prud'hommes, saisi par les salariés, s'est déclaré compétent pour statuer sur leur demande. En effet, le fait que la juridiction prud'homale ait été saisie de plusieurs demandes individuelles relatives au décompte des congés payés dont avait bénéficié chacun des salariés demandeurs n'était pas de nature à donner à l'ensemble des litiges un caractère collectif. Ayant relevé que chaque demandeur sollicitait une somme à titre de dommages-intérêts, aux motifs qu'il n'avait pas bénéficié de la totalité des jours de congés auxquels il prétendait avoir droit, le conseil de prud'hommes a donc, à juste titre, rejeté l'exception d'incompétence opposée par l'employeur.

Cass. soc 27 février 1991, n° 87-40.675, 1er moyen.

Peu importe que les avantages individuels réclamés par les salariés résultent d'un usage…

La jonction de demandes séparées de chacun des salariés réclamant un élément de rémunération résultant d'un usage ne fait pas perdre au litige son caractère individuel relevant de la compétence du conseil de prud'hommes.

Cass. soc. 13 février 1996, n° 93-42.309, 1er moyen, BC V n° 53.

… ou d'un accord collectif.

À la suite d'un conflit collectif, un accord, comportant notamment une clause reconnaissant aux agents le bénéfice d'une prime, avait été signé par le chef d'un centre EDF-GDF et deux syndicats. Le chef de centre avait ensuite fait connaître aux syndicats signataires que sa direction avait estimé qu'il avait excédé ses pouvoirs en ce qui concernait ladite prime et que les dispositions de l'accord s'y rapportant étaient « sans valeur et annulées ». Plusieurs agents avaient alors saisi le conseil de prud'hommes en paiement de la prime et de dommages-intérêts.

C'est à bon droit qu'une cour d'appel a décidé que la juridiction prud'homale était compétente pour connaître de l'action des agents d'EDF, chacun d'entre eux présentant une demande individuelle relative à un différend né de l'exécution du contrat de travail, peu important que cette demande soit fondée sur un accord de fin de grève, lequel s'analyse soit en un accord collectif d'entreprise lorsqu'il est signé après négociation avec les délégués syndicaux par l'un d'entre eux, soit en un engagement unilatéral de l'employeur.

Cass. soc. 15 janvier 1997, n° 94-44.914, BC V n° 20.

Il résulte de l'article L. 135-6 CT que chaque salarié est recevable à agir individuellement afin d'obtenir l'exécution des engagements énoncés dans le cadre d'une convention ou d'un accord ou des dommages et intérêts contre les personnes liées par cet accord qui violeraient à leur égard ces engagements.

C'est à tort que, pour rejeter le contredit formé contre le jugement d'un conseil de prud'hommes qui s'était déclaré incompétent pour statuer sur les demandes d'un salarié, une cour d'appel a énoncé que la demande de l'intéressé tendant à la réparation du préjudice résultant du non-respect d'un avenant à une convention collective, qui supposait l'interprétation de cet avenant et l'appréciation de l'accord d'entreprise au regard des obligations qu'il contenait, ne s'inscrivait pas dans le cadre d'un litige individuel entre employeur et salarié à l'occasion d'un contrat de travail tel qu'il est défini par l'article L. 511-1 CT, dès lors que le salarié qui présentait une demande de dommages et intérêts purement formelle ne justifiait pas de l'incidence que la question de la compatibilité de l'accord d'entreprise avec l'avenant qu'il demandait de voir trancher aurait sur son propre contrat de travail et ne justifiait pas davantage d'un quelconque intérêt à agir, et que pour fonder son action, il se référait lui-même aux dispositions de l'article L. 135-6 CT, cette action relevant de la compétence du tribunal de grande instance.

En effet, il ressortait des énonciations de l'arrêt que le salarié demandait la réparation du préjudice résultant pour lui de la non-application au sein de l'entreprise des dispositions d'un avenant prévoyant l'obligation pour les entreprises de recruter 7 % de leurs effectifs tandis que les salariés se voyaient imposer un retard dans le passage à l'échelon supérieur, ce dont il résultait qu'il s'agissait d'une action individuelle relevant de la compétence du conseil de prud'hommes.

Cass. soc. 12 juillet 2006, n° 04-47.550, BC V n° 263.

Peu importe également la nécessité d'interpréter la convention collective.

Cass. soc. 20 octobre 1988, n° 85-45.164, BC V n° 548.

Toutefois, le litige a un caractère collectif lorsqu'il porte exclusivement sur l'application de la convention collective et que les salariés ne présentent aucune demande personnelle.

Après avoir relevé que des salariés, qui ne présentaient aucune demande personnelle, entendaient faire juger, par la formation de référé du conseil de prud'hommes, que l'article 17 de la convention collective nationale des employés de jeux s'opposait à l'application du tableau de service établi par l'employeur, une cour d'appel a exactement décidé que cette demande ne portait pas sur un litige individuel et n'était pas de la compétence du juge prud'homal.

Cass. soc. 30 avril 1997, n° 95-43.227, BC V n° 153.

Un salarié d'une société au sein de laquelle est appliquée la convention collective de taille, bouchage et décoration de verreries avait saisi la juridiction prud'homale aux fins d'obtenir l'application des dispositions de la convention collective nationale de l'industrie de la sérigraphie.

Doit être cassé l'arrêt qui, pour déclarer la juridiction prud'homale compétente pour connaître du litige, a énoncé que, dès lors qu'un litige ne porte pas sur l'établissement, la révision ou le renouvellement d'une convention collective, mais sur l'application de celle-ci à un contrat de travail existant, le conseil de prud'hommes reste compétent, même lorsque la solution à intervenir est susceptible d'avoir une répercussion pratique étendue et qu'en l'espèce, le conseil de prud'hommes avait été saisi individuellement par le salarié de l'application à son contrat de travail des dispositions de la convention collective de la sérigraphie et que ce litige, de nature individuelle, répondait aux critères de compétence énoncés par l'article L. 511-1 CT, alors qu'une convention collective applicable dans une entreprise régit en principe la situation de l'ensemble des salariés de celle-ci, de sorte que, lorsqu'un salarié se borne à demander l'application générale d'une convention collective à son contrat de travail sans formuler de prétentions particulières, il demande son application non seulement pour lui-même, mais aussi pour l'ensemble des autres salariés, et que le litige est collectif et alors qu'en l'espèce, le salarié s'était borné à solliciter l'application de la convention collective de la sérigraphie sans formuler aucune prétention personnelle.

Cass. soc. 6 mai 1998, n° 96-41.712, BC V n° 234. Voir aussi cass. soc. 21 novembre 2012, n° 11-15.057, BC V n° 297, cité dans « Convention collective (Application) ».

Existence d'un contrat de travail…

La compétence prud'homale est subordonnée à l'existence d'un contrat de travail.

Ayant relevé qu'un joueur de football recevait une rémunération fixe et mensuelle, devait participer aux entraînements et aux matchs - tout retard ou absence étant sanctionné -, devait respecter les contrats publicitaires et participer à l'encadrement de l'école de football et était tenu de répondre à toute convocation et de se plier à la discipline du club, une cour d'appel a pu décider que ce joueur se trouvait, à l'égard de ce dernier, dans un état de subordination caractéristique du contrat de travail et que la juridiction prud'homale était donc compétente pour trancher le litige qui l'opposait au club.

Cass. soc. 23 mai 1995, n° 92-40.968.

Peu importe, à cet égard, la dénomination que les parties ont donnée à leur convention.

L'existence d'une relation de travail ne dépend ni de la volonté exprimée par les parties ni de la dénomination qu'elles ont donnée à leur convention, mais des conditions de fait dans lesquelles est exercée l'activité des travailleurs.

Une société de taxis avait établi avec un particulier un « contrat de location d'un véhicule équipé taxi » pour une durée d'un mois, renouvelable par tacite reconduction, moyennant le paiement d'une somme qualifiée de redevance. Après la rupture du contrat par la société, le cocontractant avait saisi le conseil de prud'hommes aux fins de se voir reconnaître la qualité de salarié et d'obtenir le paiement des indemnités liées à la rupture du contrat de travail invoqué.

C'est à tort qu'une cour d'appel a décidé que le locataire du véhicule n'était pas lié à la société par un contrat de travail et qu'en conséquence, la juridiction prud'homale n'était pas compétente pour statuer sur sa demande, alors que l'accomplissement effectif du travail dans les conditions mentionnées au contrat plaçait le locataire dans un état de subordination à l'égard du loueur, de sorte que, sous l'apparence d'un contrat de location, était dissimulée l'existence d'un contrat de travail. En effet, le contrat litigieux prévoyait que sa durée et celle des renouvellements seraient limitées à un mois, qu'il pourrait être résilié mensuellement avec un délai de préavis très court, que la redevance due au loueur incluait les cotisations sociales que ce dernier s'engageait à reverser à l'URSSAF et qu'elle était révisable en fonction, notamment, du tarif du taxi ; enfin, les conditions générales annexées au contrat fixaient une périodicité très brève pour le règlement des redevances, sanctionnée par la résiliation de plein droit du contrat, et imposaient au locataire des obligations nombreuses et strictes concernant l'utilisation et l'entretien du véhicule.

Cass. soc. 19 décembre 2000, n° 98-40.572, BC V n° 437.

Une salariée engagée en qualité de démonstratrice par une société avait été affectée dans un stand situé à l'intérieur d'un grand magasin. Après avoir été élue déléguée suppléante du personnel dans ce magasin, sa société l'avait licenciée après autorisation du ministre du Travail. La salariée avait alors saisi la juridiction prud'homale pour que le magasin soit déclaré coemployeur et que son reclassement y soit ordonné par application de la convention collective des grands magasins et du protocole d'accord relatif aux représentants des démonstrateurs et démonstratrices. Le grand magasin avait alors soulevé l'incompétence de la juridiction prud'homale au motif de l'absence de contrat de travail le liant à l'intéressée. Ayant relevé que la salariée, prise en compte dans l'effectif du magasin en application de l'article L. 421-2 CT, y avait été élue déléguée suppléante du personnel et s'était prévalue, en cette qualité, des dispositions d'un accord collectif prévoyant qu'en cas de licenciement, non motivé par une faute grave, l'entreprise utilisatrice devait la reclasser, la cour d'appel a ainsi fait ressortir que le magasin était coemployeur de l'intéressée, ce qui justifiait la compétence prud'homale.

Cass. soc. 19 janvier 1999, n° 97-45.404, BC V n° 35.

En l'absence de véritable relation de travail, le juge prud'homal est incompétent.

Le bénéficiaire de stages pris en charge au titre de la formation professionnelle par le Centre national pour l'aménagement des structures des exploitations agricoles (CNASEA) avait saisi la juridiction prud'homale pour obtenir le paiement de ses frais de transport par cet organisme. En faisant droit à cette demande, alors que l'intéressé, stagiaire de la formation professionnelle, n'était pas lié au CNASEA par un contrat de travail, ce dont il résultait que le litige relevait du tribunal de grande instance, le conseil de prud'hommes a violé les articles L. 511-1 et L. 961-11 CT.

Cass. soc. 29 juin 1999, n° 96-45.703, BC V n° 313.
Voir aussi cass. soc. 24 avril 2001, n° 99-45.843.

Les travailleurs handicapés ne sont pas liés aux centres d'aide par le travail par un contrat de travail. Dès lors, la juridiction prud'homale n'est pas compétente pour trancher les litiges opposant les intéressés aux centres.

Cass. soc. 18 mars 1997, n° 94-41.716, BC V n° 112.

Ayant constaté que le directeur général unique d'une caisse d'épargne n'était pas lié par un contrat de travail, les juges du fond ont légalement justifié leur décision déclarant la juridiction prud'homale incompétente pour trancher le litige consécutif à la révocation de ce directeur.

Cass. soc. 23 janvier 1996, n° 92-43.093, BC V n° 24.

Le conseil de prud'hommes est compétent pour statuer tant sur l'existence d'un contrat de travail que sur la détermination de la qualité d'employeur.

Cass. soc. 7 décembre 2005, n° 04-46.625, BC V n° 359.

Il est nécessaire que le contrat de travail ait été réellement exécuté.

Ayant relevé que le contrat de VRP conclu entre un agent commercial indépendant et une société n'avait jamais été exécuté et que l'intéressé n'avait pas exercé en fait la profession de représentant pour le compte de la société, une cour d'appel a pu en déduire qu'il n'était pas salarié de la société et a exactement décidé que le litige l'opposant à la société ne relevait pas de la compétence du conseil de prud'hommes.

Cass. soc. 3 mars 1999, n° 96-41.964.

Le conseil de prud'hommes n'est pas compétent pour connaître d'une action en responsabilité extra-contractuelle intentée par des salariés

licenciés pour motif économique à l'encontre d'une société contrôlant la société mère du groupe, dont les fautes auraient conduit à la déconfiture de la filiale qui les employait, dès lors qu'il n'existait pas de contrat de travail entre eux et la société poursuivie et que l'existence d'une situation de co-emploi n'était pas soutenue.

Cass. soc. 13 juin 2018, n° 16-25.873, 1er moyen, à paraître.

La compétence prud'homale doit être retenue lorsque la qualité de salarié résulte d'une disposition légale.

L'article 17 de la loi 78-763 du 19 juillet 1978, portant statut des sociétés coopératives ouvrières de production, prévoit que les gérants, lorsqu'ils perçoivent une rémunération de la société au titre de leurs fonctions, sont, au regard de la législation du travail et de la sécurité sociale, considérés comme employés de l'entreprise au sens de l'article 5, alinéa 3 de ladite loi, s'ils ne le sont pas déjà à un autre titre. Ayant constaté que l'intéressé percevait une rémunération pour ses fonctions de gérant et que le litige l'opposant à la société qui l'employait portait sur la législation du travail, une cour d'appel a décidé à bon droit que ce litige relevait de la compétence du conseil de prud'hommes.

Cass. soc. 13 janvier 1998, n° 95-40.958, BC V n° 5.

… de droit privé

Il appartient au juge, saisi d'un litige opposant un établissement public à l'un de ses agents contractuels, de rechercher s'il s'agit d'un établissement public administratif ou d'un établissement public à caractère industriel et commercial, ce caractère s'appréciant au regard de son objet, de l'origine de ses ressources et de ses modalités de fonctionnement.

Un salarié a été engagé, le 19 octobre 2009, par une chambre de commerce et d'industrie, suivant un contrat à durée déterminée de 3 ans, dans le cadre d'une convention industrielle de formation par la recherche (CIFRE), en qualité de chef de projet chargé du site internet d'un service au sein de la direction de l'appui aux entreprises ; le 10 mai 2010, la chambre de commerce et d'industrie l'ayant informé de la fin de son contrat au 31 mai suivant, il a saisi la juridiction prud'homale pour obtenir le paiement de diverses sommes au titre de la rupture abusive de son contrat ; la chambre de commerce et d'industrie a soulevé l'incompétence de la juridiction judiciaire.

Pour rejeter cette exception d'incompétence, une cour d'appel a énoncé que la mission du service dans lequel avait travaillé le salarié consistait à encourager les entreprises du département à développer un projet de commerce international, que la plaquette de ce service mentionnait les tarifs demandés aux entreprises y ayant recours, de sorte que ce service avait un caractère commercial, même s'il était financé pour partie par des subventions, que le dispositif CIFRE est encadré par le code du travail et que les parties étaient liées par un contrat de droit privé, soumis en tant que tel au droit du travail.

En se déterminant ainsi, sans rechercher si la plus grande part des ressources du service dont relevait l'agent n'était pas constituée par des concours publics, la cour d'appel a privé sa décision de base légale au regard de la loi des 16-24 août 1790, du décret du 16 fructidor an III, et des articles L. 1411-2 et L. 1111-1 CT.

Cass. soc. 24 juin 2014, n° 13-11.142, BC V n° 157. Voir aussi cass. soc. 2 février 2005, n° 02-43.364, BC V n° 45.

La juridiction prud'homale est incompétente pour connaître des litiges concernant les personnels des administrations, services et établissements publics à caractère administratif.

Sauf dispositions législatives contraires, les personnels non statutaires travaillant pour le compte d'un service public à caractère administratif géré par une personne publique sont des agents contractuels de droit public, quel que soit leur emploi.

S'agissant d'un salarié engagé par un syndicat interprofessionnel pour tenir un rôle dans six représentations d'un opéra et qui, à la suite du report des représentations, avait saisi la juridiction prud'homale d'une demande en paiement de dommages-intérêts, c'est à tort que, pour déclarer la juridiction prud'homale compétente pour statuer sur cette demande, une cour d'appel a retenu que le caractère épisodique de la participation de l'intéressé ne permettait pas de considérer qu'il était associé au fonctionnement du service public et que son contrat ne comportait pas de clauses exorbitantes du droit commun, alors qu'elle avait constaté que le syndicat intercommunal Opéra du Nord gérait un service public à caractère administratif, ce dont il résultait que le litige opposant le salarié à cet organisme relevait de la compétence de la juridiction administrative.

Cass. soc. 28 octobre 1996, n° 90-44.957, BC V n° 355. Voir aussi cass. soc. 10 janvier 2001, n° 98-44.031, s'agissant du litige opposant un salarié à la communauté urbaine qui l'employait ; cass. soc. 16 novembre 2010, n° 09-42.519.

Il résulte de la loi du 21 juin 1865 que les associations syndicales forcées, constituées d'office par l'autorité administrative, sont des établissements publics à caractère administratif et que les personnels non statutaires de ces établissements sont des agents contractuels de droit public.

Relève de la compétence de la juridiction administrative la demande d'une salariée, employée comme gardienne à temps partiel par une association syndicale forcée.

Cass. soc. 16 mai 2000, n° 98-42.266, BC V n° 186.

Pour retenir la compétence de la juridiction de l'ordre judiciaire dans un litige opposant une salariée à son employeur, centre communal d'action sociale, une cour d'appel a notamment retenu que l'article L. 511-1, dernier alinéa CT prévoit que les personnels de services publics, lorsqu'ils sont employés dans les conditions du droit privé, relèvent de la compétence du conseil de prud'hommes.

En statuant ainsi, alors qu'un centre communal d'action sociale ayant, aux termes de l'article 138 c. fam. et aide soc., devenu l'article L. 123-6 c. act. soc. et fam., la qualité d'établissement public administratif communal, le litige relevait de la compétence de la juridiction administrative, la cour d'appel a violé la loi des 16-24 août 1790.

Cass. soc. 16 juin 2004, n° 01-43.804, BC V n° 168.

La « mission locale régionale » est un groupement d'intérêt public doté de la personnalité morale constitué, conformément à l'article 21 de la loi 82-610 du 15 juillet 1982 et au décret 88-41 du 14 janvier 1988, entre l'État et le conseil régional dans le but de mettre en œuvre une politique locale d'insertion professionnelle et sociale des jeunes âgés de 16 à 25 ans et dont la convention constitutive a été agréée par arrêté du ministre de l'Emploi et de la Solidarité.

Une cour d'appel, qui relève qu'un groupement d'intérêt public, par son objet, ses modalités d'organisation et de fonctionnement, assure un service public à caractère administratif, a décidé exactement que le personnel non statutaire de ce groupement était soumis, quel que soit son emploi, à un régime de droit public et que le litige relève de la compétence du juge administratif.

Cass. soc. 20 décembre 2006, n° 04-46.673, BC V n° 403.

Dès lors, le litige mettant en cause la validité du contrat de droit public appliqué au salarié d'une association repris par une personne publique gérant un service public administratif, à la suite du transfert d'une entité économique autonome, relève de la compétence des juridictions de l'ordre administratif.

Cass. soc. 24 juin 2009, n° 07-45.305, moyen relevé d'office.

L'action engagée par le salarié d'un organisme de droit privé à l'encontre d'une personne publique gérant un service public à caractère administratif afin de voir reconnaître sa qualité de co-employeur relève de la compétence des juridictions administratives.

Les personnels non statutaires travaillant pour le compte d'un service public à caractère administratif géré par une personne publique sont des agents de droit public, quel que soit leur emploi ; il en résulte que l'action engagée par la salariée d'un organisme de droit privé à l'encontre d'une telle personne publique fondée sur l'immixtion de cette dernière dans la gestion de la personne privée et sur la reconnaissance par voie de conséquence de sa qualité de co-employeur relève de la compétence des juridictions administratives.

À l'occasion de la réalisation des travaux d'un tramway, une communauté urbaine a décidé la création d'une association destinée à « maximiser » l'impact du chantier sur l'emploi local et à suivre les retombées du projet ; une salariée a été engagée par cette association en qualité de coordinatrice destinée à mettre en place ce dispositif ; l'association ayant décidé de sa dissolution, la salariée a été licenciée pour motif économique.

Pour dire le licenciement de la salariée dépourvu de cause réelle et sérieuse et condamner la communauté urbaine in solidum avec l'association à lui verser des dommages-intérêts, une cour d'appel a retenu qu'il existait une unité de direction de l'association sous la conduite de la communauté urbaine, que les décisions prises par celle-ci à son seul profit privaient l'association de tout pouvoir effectif, que les choix stratégiques et de gestion étaient décidés par la collectivité territoriale, laquelle assumait également la gestion des ressources humaines, qu'elle avait elle-même imposé la cessation d'activité en votant la modification des statuts de l'association, qu'il existait ainsi entre l'association et la communauté urbaine une confusion d'activités, d'intérêts et de direction ayant conduit cette dernière à s'immiscer directement dans la gestion de l'association et dans la direction de son personnel et que le juge judiciaire était seul compétent pour statuer sur le litige né de la rupture du contrat de travail de la salariée, dès lors que celle-ci n'avait jamais été liée à ses employeurs par un rapport de droit public.

En statuant ainsi, la cour d'appel a violé les articles L. 1233-1 et L. 1411-2 CT, la loi des 16-24 août 1790 et le décret du 16 fructidor an III.

Cass. soc. 6 avril 2016, n° 14-26.019, pourvoi principal, BC V n° 68.

Pour les litiges concernant les agents non titulaires de la fonction publique recrutés par des offices publics d'HLM avant la transformation de ces organismes en offices publics d'aménagement et de construction (OPAC), le passage de ces agents d'un statut public à un statut privé étant subordonné à leur demande expresse, la juridiction prud'homale est incompétente en l'absence d'une telle demande.

Aux termes des alinéas 3 et 4 de l'article 29 du décret 73-986 du 22 octobre 1973, modifié par les décrets 86-518 du 14 mars 1986 et 93-852 du 17 juin 1993, les agents non titulaires des offices publics d'habitation à loyers modérés (OPHLM) en fonction lors de la transformation de ces derniers en offices publics d'aménagement et de construction (OPAC) peuvent, dans un certain délai, demander aux directeurs généraux des OPAC, qui ne peuvent refuser, d'être soumis au règlement prévu au décret 93-852 du 17 juin 1993 et son annexe. Il résulte de l'article 28 du décret 73-986 que ceux de ces agents qui n'ont pas fait cette demande restent régis par les dispositions qui leur étaient antérieurement applicables et peuvent à tout moment demander à être soumis au règlement prévu au décret 93-852 du 17 juin 1993 et à son annexe.

C'est donc à tort qu'une cour d'appel a déclaré la juridiction prud'homale compétente pour connaître du licenciement d'un agent non titulaire de la fonction publique territoriale, recruté par un OPHLM avant sa transformation en OPAC et relevant à ce titre de la juridiction administrative, alors qu'il n'avait pas demandé à être soumis à une situation de droit privé, prévue par le règlement statutaire des personnels du décret 93-852 du 17 juin 1993.

Cass. soc. 21 janvier 2003, n° 00-43.674, BC V n° 12.

Mais les salariés des établissements publics industriels et commerciaux sont justiciables des conseils de prud'hommes pour les litiges les opposant à leur employeur.

La Direction des monnaies et médailles instituée au ministère des Finances par la loi du 31 juillet 1879 et organisée par les décrets des 20 novembre 1879 et 6 mai 1913 constitue un service public à caractère industriel et commercial, non doté de la personnalité juridique. Il en résulte que les litiges relatifs à la situation individuelle des agents de ce service relèvent de la compétence des juridictions de l'ordre judiciaire, à l'exception de ceux qui intéressent les agents ayant la qualité de fonctionnaire, l'agent qui est chargé de la direction de l'ensemble du service, ainsi que le chef de la comptabilité s'il a la qualité de comptable public.

Un conseil de prud'hommes ayant constaté que l'objet du litige portait sur la régularité de la dénonciation d'un usage relatif à une indemnité dite de « pécule », accessoire de la rémunération, il en résultait que la décision litigieuse relevait de l'exécution du service public et non de son organisation. Il a dès lors exactement retenu la compétence des juridictions judiciaires.

Cass. soc. 28 avril 2006, n° 05-41.865, BC V n° 154.

Il en est de même des salariés des personnes morales de droit privé, peu importent qu'elles soient investies d'une mission de service public.

Le litige portant sur la rupture d'un contrat de travail passé entre un salarié et une personne morale de droit privé relève de la compétence du juge judiciaire, quand bien même l'employeur serait investi d'une mission de service public. Tel est le cas du litige portant sur la rupture du contrat de travail d'un salarié, qui avait été embauché dans le cadre d'une « formation par la recherche » par une personne morale de droit privé qui avait conclu une convention CIFRE avec un organisme délégué par le ministère de la Recherche et qui était alors investie d'une mission de service public.

Cass. soc. 15 juin 1999, n° 96-42.791, BC V n° 276.

Même chargée d'une mission de service public et bénéficiant pour son exécution de financements publics, une association régie par la loi de 1901 est une personne morale de droit privé. Par suite, le contrat de travail conclu entre cette association et un salarié est un contrat de droit privé et il appartient à la juridiction judiciaire de connaître du litige né de l'exécution et de la rupture de ce contrat.

Trib. confl. 24 mars 2003, n° 3337.

Selon l'article L. 511-4 du code rural, les établissements ou services créés par les chambres d'agriculture départementales sont gérés conformément aux lois et usages du commerce. Il en résulte que les personnes recrutées par les chambres d'agriculture pour travailler dans ces établissements ou services se trouvent dans une situation de droit privé, quelles que soient les clauses des contrats qui les lient à la chambre et nonobstant la circonstance qu'elles soient appelées à accomplir, en dehors de leurs fonctions principales, des tâches incombant normalement aux services généraux de la chambre.

Cass. soc. 4 juin 2003, n° 00-46.443.

Les fonctionnaires détachés auprès d'un employeur de droit privé sont justiciables des conseils de prud'hommes pour les litiges les opposant à cet employeur.

Le fonctionnaire détaché auprès d'un organisme de droit privé pour accomplir un travail est, indépendamment de son statut de fonctionnaire, lié à cet organisme par un contrat de travail de droit privé.

Cass. soc. 27 mai 2003, n° 01-42.291. Voir aussi cass. soc. 1er juillet 1998, n° 96-41.396.

Mais relève de la compétence des juridictions de l'ordre administratif le litige entre un fonctionnaire titulaire en position d'activité et l'établissement privé d'enseignement sous contrat d'association avec l'État auquel il a été affecté par arrêté rectoral

Un professeur agrégé de mathématiques a été affecté par arrêté rectoral à compter du 1er septembre 1996 dans un établissement privé d'enseignement sous contrat d'association avec l'État pour un enseignement de 10 heures par semaine en classes préparatoires aux grandes écoles ; à partir de septembre 1997, il ne s'est plus vu confier de service d'enseignement en classes préparatoires à temps complet ; le 17 juillet 2009, il a saisi la juridiction prud'homale d'une demande en paiement de dommages-intérêts pour rupture abusive de son contrat de travail et pour préjudice moral ; en septembre 2009, il a été nommé professeur dans l'enseignement secondaire dans un établissement public d'enseignement.

Doit être rejeté le pourvoi formé par l'intéressé reprochant à une cour d'appel d'avoir déclaré les juridictions de l'ordre judiciaire incompétentes pour connaître de ses demandes.

En effet, après avoir constaté que l'intéressé ne se trouvait ni en position de détachement ni mis à disposition, qu'il ne soutenait pas avoir fait l'objet d'une mise en disponibilité, mais que, fonctionnaire titulaire en position d'activité, c'est-à-dire exerçant effectivement les fonctions d'un emploi correspondant à son grade, il avait été affecté dans l'établissement privé d'enseignement sous contrat d'association avec l'État à compter du 1er septembre 1996 par arrêté rectoral, la cour d'appel a exactement décidé que l'action en réparation du dommage qu'il invoquait relevait de la compétence des juridictions de l'ordre administratif.

Cass. soc. 8 décembre 2016, n° 14-29.015, BC V n° 246.

La décision du Tribunal des conflits statuant sur la compétence juridictionnelle s'impose à toutes les juridictions de l'ordre judiciaire et de l'ordre administratif.

Le Tribunal des conflits ayant décidé que la juridiction de l'ordre administratif était compétente pour connaître du litige opposant Monsieur T au Crédit municipal de Dijon et tendant à la requalification de son contrat de travail à durée déterminée en contrat de travail à durée indéterminée, cette décision s'impose à toutes les juridictions de l'ordre judiciaire et de l'ordre administratif par application de l'article 39 du décret du 26 octobre 1849 modifié.

Il s'ensuit qu'il ne peut être reproché à la cour d'appel d'avoir déclaré incompétente la juridiction judiciaire pour connaître des demandes de l'intéressé et que le pourvoi de ce dernier est devenu sans objet.

Cass. soc. 7 avril 2004, n° 00-42.805, BC V n° 115.

Litiges nés à l'occasion du contrat de travail

Il doit s'agir de litiges présentant un lien direct avec le contrat de travail.

Il résulte de l'article L. 511-1 CT que les conseils de prud'hommes sont seuls compétents pour connaître des différends individuels qui peuvent s'élever à l'occasion de tout contrat de travail entre employeur et salarié.

Une salariée, employée en qualité de lectrice puis de conseiller littéraire par une société d'édition, a demandé la condamnation de son ancien employeur à lui verser des droits en raison de la création littéraire dont elle prétendait avoir été l'auteur.

C'est à tort que, pour rejeter l'exception d'incompétence soulevée par la société et écarter la compétence de la juridiction prud'homale, une cour d'appel, statuant sur contredit, a retenu que la demande de la salariée ne tendait ni à l'application d'un avantage lié au contrat de travail ni au bénéfice d'un statut relevant du droit du travail, mais à la reconnaissance de la qualité de coauteur d'une œuvre littéraire, alors qu'elle constatait que c'était en raison de sa qualité de conseiller littéraire salariée de la société que l'intéressée prétendait avoir fait œuvre de création intellectuelle dans l'élaboration d'ouvrages édités par son employeur, de sorte que le différend était né à l'occasion du contrat de travail.

Cass. soc. 2 juin 2004, n° 02-17.516, BC V n° 155.

Doit être cassé l'arrêt qui, pour renvoyer un salarié à saisir le tribunal de grande instance, a énoncé que l'action en responsabilité engagée contre l'employeur qui n'avait pas déclaré un accident survenu aux temps et lieu du travail ne relevait pas de la compétence de la juridiction prud'homale, alors que l'ensemble de la demande du salarié procédait du différend qui s'était élevé à l'occasion du contrat de travail.

Cass. soc. 16 janvier 1992, n° 87-42.292, BC V n° 14.

Un salarié, agent d'EDF-GDF, a fait citer son employeur devant la juridiction prud'homale en réclamant l'anticipation de son départ en retraite, conformément au statut national des industries électriques et gazières.

Ce litige, relatif à la date de cessation du contrat de travail liant le salarié à son employeur, relève de la compétence de la juridiction prud'homale.

Cass. soc. 21 janvier 2004, n° 01-44.410, BC V n° 23.

Après avoir constaté que la contestation portant sur les droits de propriété intellectuelle opposant un photographe à son employeur était née à l'occasion du contrat de travail, c'est à bon droit qu'une cour d'appel a décidé que le conseil de prud'hommes était compétent pour en connaître, fût-elle fondée sur le code de la propriété intellectuelle.

Cass. soc. 21 mai 2008, n° 07-15.462, BC V n° 112.

Il peut également s'agir de litiges constituant la suite directe de la cessation du contrat de travail.

Le litige opposant les salariés à leur ancien employeur, relatif aux engagements qu'il aurait pris dans le cadre du plan social, relève de la compétence de la juridiction prud'homale.

Cass. soc. 23 février 1994, n° 92-43.927, BC V n° 69.

Les salariés licenciés pour motif économique ont un droit propre à faire valoir que leur licenciement est nul au regard des dispositions de l'article L. 321-4-1 CT et l'action individuelle tendant à faire reconnaître la nullité du plan social, dès lors qu'elle est exercée dans le délai de la prescription quinquennale, relève de la compétence prud'homale, sans qu'il y ait lieu de disjoindre le contentieux de la nullité du plan social et celui de la nullité du licenciement.

Cass. soc. 20 mars 2001, n° 99-41.041, BC V n° 99.

Il résulte de l'article L. 511-1 CT que les conseils de prud'hommes règlent les différends qui peuvent s'élever à l'occasion de tout contrat de travail entre les employeurs et les salariés qu'ils emploient.

Une salariée a signé un procès-verbal de conciliation totale devant le bureau de conciliation de la juridiction prud'homale. Elle a saisi le conseil de prud'hommes pour voir prononcer la nullité de ce procès-verbal.

C'est à tort que, pour dire que le conseil de prud'hommes était incompétent pour connaître de cette action en nullité, une cour d'appel a énoncé que le procès-verbal de conciliation, qui constitue un contrat judiciaire dressé en la forme authentique, relevait, en conséquence, de la compétence du tribunal de grande instance pour les litiges relatifs à sa validité, sauf l'hypothèse où les conseillers prud'hommes n'ont pas vérifié que les parties ont été informées de leurs droits respectifs.

En effet, dès lors que l'action tendait à faire prononcer la nullité d'une transaction conclue à l'occasion de la rupture d'un contrat à durée déterminée de la salariée et, par voie de conséquence, à faire déclarer recevable sa demande en requalification de ses contrats à durée déterminée en contrat à durée indéterminée, le différend était la suite directe de la cessation du contrat de travail. Le conseil de prud'hommes était donc compétent pour en connaître.

Cass. soc. 28 février 2007, n° 06-42.005, BC V n° 35.

Lorsqu'il existe une contestation sérieuse sur le montant du salaire figurant dans l'attestation délivrée par l'employeur et cestinée à l'Assédic, il appartient au tribunal d'instance ou de grande instance de surseoir à statuer en renvoyant le salarié à attraire l'employeur devant le conseil de prud'hommes.

Cass. soc. 22 février 2000, n° 98-16.492, BC V n° 73.

Le litige concernant les modalités d'évaluation d'une pension de retraite statutaire relève de la compétence de la juridiction prud'homale.

Cass. soc. 4 janvier 2000, n° 97-43.574.

Pour déclarer un conseil de prud'hommes incompétent pour connaître de la demande d'un salarié en maintien d'un taux et d'une durée de prêt préférentiels, une cour d'appel a retenu que le différend opposant les parties au sujet des modalités de remboursement, après la rupture du contrat de travail, de ce prêt accordé par son employeur pendant la relation de travail, ne s'était pas élevé à l'occasion du contrat de travail.

En statuant ainsi, alors qu'il ressortait des conclusions de l'employeur que la rupture du contrat de travail pour quelque cause que ce soit entraînerait l'exigibilité du prêt dans les mêmes conditions que celles précisées aux conditions générales, ce dont il résultait que le différend s'était élevé à l'occasion du contrat de travail, la cour d'appel a violé l'article L. 511-1, al. 1, phrases 1 et 2, al. 4 et 5, et al. 6, phrases 1 et 2, devenu L. 1411-1, L. 1411-3 et L. 1421-1 CT.

Cass. soc. 10 décembre 2008, n° 07-40.190, 2e moyen.

Doit être rejeté le moyen du pourvoi formé par un employeur qui, pour reprocher à une cour d'appel de l'avoir condamné à payer à un salarié des dommages-intérêts pour préjudice moral distinct de celui causé par la perte de son emploi, soutient que ne relève pas de la compétence des juridictions prud'homales le litige relatif au fait, pour une entreprise, d'avoir divulgué, plus d'un an après un licenciement, aux membres de son personnel les motifs et les circonstances de ce licenciement.

En effet, les juridictions prud'homales sont compétentes pour tous les différends qui s'élèvent à l'occasion du contrat de travail, peu important la durée écoulée depuis la rupture de ce contrat.

Cass. soc. 10 mai 2012, n° 11-11.916, 2e moyen du pourvoi incident.

Les litiges individuels opposant un ou plusieurs salariés à leur employeur en matière de participation ou d'intéressement relèvent de la compétence des conseils de prud'hommes.

Cass. soc. 28 février 2018, n° 16-13.682, à paraître, cité dans « Participation ».

Si les litiges relatifs à l'octroi par l'employeur à un salarié d'une option donnant droit à une souscription d'actions relèvent de la compétence prud'homale,…

L'octroi par l'employeur à un salarié d'une option donnant droit à une souscription d'actions constitue un accessoire du contrat de travail dont la connaissance relève de la compétence du conseil de prud'hommes.

Cass. soc. 21 juin 2005, n° 02-45.479, BC V n° 207.

La demande en paiement de dommages-intérêts d'un salarié en réparation du préjudice causé par l'inégalité de traitement alléguée dans l'octroi d'actions de la société à certains de ses salariés constitue un différend né à l'occasion du contrat de travail.

Cass. soc. 11 septembre 2012, n° 11-26.045, BC V n° 225.

… en revanche, les différends s'élevant dans les relations entre la société et le salarié devenu actionnaire, indépendamment des conditions d'acquisition de ses actions, sont de la compétence de la juridiction commerciale.

Si l'attribution par l'employeur à un salarié d'une option donnant droit à une souscription d'actions constitue un accessoire du contrat de travail dont la connaissance relève du conseil de prud'hommes, les différends pouvant ensuite s'élever dans les relations entre la société et le salarié devenu actionnaire, indépendamment des conditions d'acquisition de ses actions, sont de la compétence de la juridiction commerciale.

Cass. soc. 16 septembre 2008, n° 07-20.444, BC V n° 161. Voir aussi cass. soc. 27 février 2013, n° 11-27.319.

Le conseil de prud'hommes est également compétent pour connaître des litiges relatifs à des conventions accessoires au contrat de travail.

Selon l'article L. 511-1 CT, les conseils de prud'hommes sont compétents pour régler les différends qui peuvent s'élever entre les employeurs et leurs salariés à l'occasion de tout contrat de travail soumis aux dispositions du code du travail. Il en résulte que toute action fondée sur la violation, invoquée par un salarié ou un ancien salarié, d'une obligation pesant sur l'employeur doit être portée devant la juridiction prud'homale. Ayant relevé que le différend, qui opposait le salarié à son ancien employeur aux droits et obligations duquel il n'était pas contesté que se trouvait une autre société, était né de l'exécution du contrat d'assurance souscrit par ce dernier au profit de l'ensemble de son personnel, lequel constituait un avantage social complémentaire et accessoire au contrat de travail, une cour d'appel a exactement retenu la compétence de la juridiction prud'homale.

Cass. soc. 19 janvier 1999, n° 96-44.688, BC V n° 34.

Le conseil de prud'hommes n'est pas compétent pour statuer sur les conditions de mise en œuvre d'un pacte d'actionnaire qui ne constitue pas un accessoire au contrat de travail.

Alors qu'il en était devenu actionnaire et membre du directoire, un salarié, responsable administratif et comptable d'une société, s'est vu confier la direction générale des opérations comptables et fiscales, la direction trésorerie et contrôle de gestion étant confiée à une autre personne ; le salarié n'a pas accepté cette nouvelle organisation et a été licencié.

L'intéressé a saisi la juridiction prud'homale aux fins de paiement de l'indemnisation du préjudice résultant de sa qualité d'actionnaire.

C'est à tort qu'une cour d'appel a décidé que le conseil de prud'hommes était compétent pour statuer sur la demande du salarié relative à sa qualité d'actionnaire, alors que les demandes tendaient à obtenir l'évaluation d'un préjudice résultant de la mise en œuvre de la levée d'options par les investisseurs, le prix de vente des actions variant selon que la cessation du contrat de travail procède d'un licenciement ou d'une démission.

Cass. soc. 18 octobre 2007, n° 06-45.331, BC V n° 165.

Les litiges opposant les salariés d'un même employeur relèvent de la compétence prud'homale.

N'ayant pas reçu l'intégralité des sommes qu'il estimait lui être dues, un musicien faisant partie d'un orchestre qui se produisait à la demande de diverses associations ou collectivités organisatrices de spectacles a saisi le conseil de prud'hommes de diverses demandes à l'encontre d'un autre musicien chargé de signer les engagements et de percevoir les cachets de l'ensemble des artistes ; ce dernier a soulevé l'exception d'incompétence de la juridiction prud'homale.

Pour décliner la compétence prud'homale, une cour d'appel, statuant sur contredit, a retenu que chaque musicien avait un contrat de travail individuel avec les différents organisateurs de spectacles, que le défendeur était chargé d'assurer le reversement des cachets et qu'il n'était pas démontré qu'il avait sur le demandeur des pouvoirs de contrôle et de direction.

En statuant ainsi, alors qu'il résultait de ses constatations que le différend entre les deux musiciens portait sur la redistribution des cachets versés à l'occasion du travail qu'ils exécutaient en commun pour les mêmes employeurs, dans le cadre des contrats de travail individuels conclus avec les organisateurs de spectacles, de sorte que la juridiction prud'homale était compétente pour connaître du litige, peu important l'absence de lien de subordination entre les intéressés, la cour d'appel a violé l'article L. 511-1, al. 4 CT.

Cass. soc. 18 mars 2008, n° 07-40.835, BC V n° 67.

Fait une exacte application de l'article L. 511-1 CT la juridiction prud'homale qui, pour se déclarer compétente pour connaître de l'action engagée par des salariés à l'encontre d'autres salariés de la même entreprise, en réparation du préjudice causé par ces derniers au cours d'une grève, estime que constitue bien un différend né à l'occasion du travail le litige opposant les salariés qui avaient entendu poursuivre librement leur travail en exécution du contrat les liant à leur employeur et les autres salariés qui, selon eux, y avaient fait obstacle, peu important que l'exécution du contrat de travail eût été suspendue.

Cass. soc. 3 mars 1983, n° 81-15.453, BC V n° 129.

L'action personnelle du fils d'un salarié défunt à l'encontre de l'employeur de son père ne peut pas être engagée à l'occasion d'une procédure prud'homale.

La demande formulée par le fils d'un salarié défunt en son nom personnel en indemnisation du préjudice matériel et moral subi du fait du licenciement de son père et des procédures que ce dernier avait été contraint d'engager avant son décès ne relève pas de la compétence du conseil de prud'hommes et une telle action ne peut pas être engagée dans le cadre de la procédure prud'homale opposant l'intéressé, en sa qualité d'ayant droit, à l'employeur.

Cass. soc. 8 octobre 2003, n° 01-41.297, 2e moyen, BC V n° 254.

La contestation qui a pour objet la détermination du montant de la participation de l'employeur au développement de la formation professionnelle continue relève de la compétence de la juridiction administrative.

Cass. soc. 28 avril 2006, n° 04-12.484, BC V n° 156.

Lorsque, sous couvert d'une action en responsabilité à l'encontre de l'employeur pour mauvaise exécution du contrat de travail, un salarié demande en réalité la réparation du préjudice résultant d'un accident du travail, le conseil de prud'hommes n'est pas compétent pour en connaître.

Selon l'article L. 451-1 c. séc. soc., aucune action en réparation des accidents du travail et maladies professionnelles ne peut être exercée conformément au droit commun, par la victime ou ses ayants droit.

Une salariée travaillant dans une CPAM a été victime, le 14 novembre 2005, d'insultes au travail de la part d'un assuré social et placée en arrêt de travail jusqu'au 25 avril 2006 ; pendant qu'elle était en arrêt de travail, elle a demandé à faire valoir ses droits à la retraite à compter du 1er juin 2006, alors qu'elle était âgée de 58 ans ; soutenant que l'employeur n'avait pas pris toutes les mesures pour la protéger des agressions dont elle a été victime au travail, elle a saisi la juridiction prud'homale pour demander, outre des rappels de salaire, le paiement d'une somme en réparation de son préjudice résultant de son départ anticipé à la retraite.

Pour déclarer la juridiction prud'homale compétente pour connaître du litige et, évoquant le fond, condamner la CPAM à verser à la salariée une somme à titre de dommages-intérêts en réparation de la diminution du montant de sa retraite, une cour d'appel a retenu que l'article L. 1411-1 CT confère compétence exclusive au conseil de prud'hommes pour trancher les différends qui peuvent s'élever, à l'occasion de tout contrat de travail, entre les employeurs et leurs salariés, que le conseil de prud'hommes reste compétent pour connaître d'un litige survenu après la rupture du contrat de travail dès lors qu'il découle de ce contrat, qu'en l'espèce, la salariée n'avait nullement agi en reconnaissance d'une faute inexcusable de l'employeur et en indemnisation complémentaire des conséquences d'un accident du travail, qu'elle ne demandait pas la réparation des préjudices définis à l'article L. 452-3 c. séc. soc., qu'elle faisait valoir que la CPAM n'avait pas respecté ses obligations d'employeur en n'assurant pas sa sécurité pour prévenir les nombreuses agressions dont elle prétendait avoir été victime et que cette défaillance l'avait conduite à prendre une retraite anticipée, qu'ainsi, elle avait agi en responsabilité de l'employeur pour manquement à son obligation de sécurité, que l'obligation de sécurité pesant sur l'employeur était issue du contrat de travail, que dès lors, le litige trouvait son fondement dans la mauvaise exécution du contrat de travail reprochée par la salariée à son employeur.

En statuant ainsi, alors que sous couvert d'une action en responsabilité à l'encontre de l'employeur pour mauvaise exécution du contrat de travail, la salariée demandait en réalité la réparation du préjudice résultant de l'accident du travail dont elle avait été victime, ce dont il découlait qu'une telle action ne pouvait être portée que devant le tribunal des affaires de sécurité sociale et que la juridiction prud'homale était incompétente pour en connaître, la cour d'appel a violé les articles L. 451-1, L. 142-1 c. séc. soc. et L. 1411-1 CT.

Cass. soc. 30 septembre 2010, n° 09-41.451, BC V n° 209. Voir aussi cass. soc. 29 mai 2013, n° 11-20.074, 1er moyen, BC V n° 139 ; cass. soc. 9 juillet 2014, n° 13-18.696, 3e moyen, BC V n° 185 ; cass. soc. 10 octobre 2018, n° 17-11.019, à paraître.

Mais la juridiction prud'homale est seule compétente pour statuer sur le bien-fondé de la rupture du contrat de travail et pour allouer, le cas échéant, une indemnisation au titre d'un licenciement sans cause réelle et sérieuse, même lorsque le salarié concerné a été victime d'un accident du travail.

Si l'indemnisation des dommages résultant d'un accident du travail, qu'il soit ou non la conséquence d'un manquement de l'employeur à son obligation de sécurité, relève de la compétence exclusive du tribunal des affaires de sécurité sociale, la juridiction prud'homale est seule compétente pour statuer sur le bien-fondé de la rupture du contrat de travail et pour allouer, le cas échéant, une indemnisation au titre d'un licenciement sans cause réelle et sérieuse.

Un salarié a été victime, le 8 avril 2005, d'un accident du travail dont la juridiction de sécurité sociale a dit qu'il était dû à la faute inexcusable de l'employeur et a fixé les préjudices subis par le salarié. Ayant été licencié, le 23 octobre 2013, pour inaptitude et impossibilité de reclassement, il a saisi la juridiction prud'homale.

Pour rejeter la demande en paiement d'une indemnité réparant le préjudice subi du fait de la rupture du contrat de travail, une cour d'appel a retenu que le salarié demandait à la juridiction du travail de dire que son licenciement avait pour cause la violation de l'obligation de sécurité de résultat incombant à son employeur et qu'en conséquence, il était sans cause réelle et sérieuse, et, à titre subsidiaire, qu'il avait pour cause la faute inexcusable de son employeur, de sorte que cette nouvelle demande relevait de la compétence exclusive du tribunal des affaires de sécurité sociale comme étant une demande de réparation d'un préjudice né de l'accident du travail ; qu'il lui appartenait donc de présenter cette demande devant la juridiction de sécurité sociale, seule compétente, puisqu'elle constituait une demande d'indemnisation de la perte de son emploi consécutive à l'accident du travail et à la reconnaissance de la faute inexcusable de l'employeur commise à son égard.

En statuant ainsi, alors qu'elle avait constaté que le salarié demandait la réparation du préjudice consécutif à la rupture du contrat de travail et faisait valoir que son licenciement pour inaptitude était dépourvu de cause réelle et sérieuse en raison de la violation par l'employeur de son obligation de sécurité, la cour d'appel a violé les articles L. 1411-1 CT, L. 451-1 et L. 142-1 c. séc. soc.

Cass. soc. 3 mai 2018, n° 16-26.850, à paraître. Voir aussi cass. soc. 3 mai 2018, n° 17-10.306, à paraître ; cass. soc. 3 mai 2018, n° 16-18.116, s'agissant d'une demande de résiliation judiciaire formée au titre du harcèlement moral et du manquement de l'employeur à son obligation de sécurité.

Le conseil de prud'hommes est compétent pour connaître des demandes indemnitaires au titre du préjudice d'anxiété résultant du manquement de l'employeur à son obligation de sécurité de résultat.

Après avoir constaté que des salariés n'avaient pas déclaré souffrir d'une maladie professionnelle causée par l'amiante et que n'étaient contestés ni leur droit à bénéficier de l'ACAATA, ni son montant, une cour d'appel en a exactement déduit que les demandes indemnitaires au titre de leur préjudice d'anxiété résultant du manquement de l'employeur à son obligation de sécurité de résultat relevaient de la compétence de la juridiction prud'homale.

Cass. soc. 25 septembre 2013, n° 12-12.883, 2 premières branches du 1er moyen du pourvoi de l'employeur, BC V n° 208. Voir aussi cass. soc. 25 septembre 2013, n° 12-20.157, 2e moyen, BC V n° 209 ; cass. soc. 28 mai 2014, n° 12-12.949, BC V n° 127.

Compétence prud'homale et immunité de juridiction

L'immunité de juridiction dont peuvent se prévaloir les États étrangers et les organismes qui en constituent l'émanation ne fait pas échec à la compétence du conseil de prud'hommes pour statuer sur les conséquences du licenciement d'un salarié n'ayant pas de responsabilité particulière dans l'exercice d'un service consulaire.

Les États étrangers et les organismes qui en constituent l'émanation ne bénéficient de l'immunité de juridiction qu'autant que l'acte qui donne lieu au litige participe, par sa nature ou sa finalité, à l'exercice de la souveraineté de l'État et n'est donc pas un acte de gestion.

Une salariée travaillant au consulat général des États-Unis de la Martinique a été licenciée le 2 juin 1993 par une lettre l'informant qu'à la suite de sévères restrictions budgétaires, le gouvernement américain avait envisagé de fermer certains de ses bureaux et consulats à l'étranger, et qu'il avait « été décidé officiellement de fermer le Consulat général en Martinique le 1er août 1993 » ce qui l'amenait à mettre fin à son emploi pour raisons économiques ; l'intéressée a saisi le conseil de prud'hommes de diverses demandes.

Pour faire droit à la fin de non-recevoir soulevée par les États-Unis tirée du principe de l'immunité de juridiction, une cour d'appel a retenu qu'il résultait des documents communiqués que le département d'État avait décidé de fermer dix-neuf délégations à l'étranger, dont le consulat général de la Martinique, que cette décision avait été présentée comme nécessaire, dans le plan du département, de faire face à des restrictions budgétaires, que les conditions dans lesquelles un État souverain organise sa représentation à l'étranger en fonction de choix géopolitiques et stratégiques constituent manifestement un acte de souveraineté ne pouvant s'analyser comme un simple acte de gestion, que compte tenu du caractère collectif de la décision prise qui entraînait les mêmes conséquences pour tous les « employés locaux » de toutes les délégations concernées par la décision de fermeture, l'analyse des conditions dans lesquelles la salariée avait exercé ou non des fonctions en rapport avec la mission de service public consulaire était sans intérêt pour le litige.

En statuant ainsi, alors que, si un État est en droit de revendiquer l'immunité de juridiction quant à l'appréciation des motifs de la décision de fermeture d'une délégation consulaire, le juge français garde le pouvoir de vérifier la réalité de la fermeture invoquée et de statuer sur les conséquences du licenciement d'un salarié motivé par cette décision, dès lors que celui-ci n'occupe pas des fonctions lui conférant une responsabilité particulière dans l'exercice du service consulaire, la cour d'appel a violé le principe de droit international relatif à l'immunité de juridiction des États étrangers.

Cass. soc. 31 mars 2009, n° 07-45.618, BC V n° 92. Voir aussi cass. soc. 23 mars 2017, n° 15-22.890, 2e moyen, BC V n° 57, jugeant compétent le conseil de prud'hommes pour statuer sur la demande de paiement d'heures supplémentaires et de congés payés d'un assistant administratif travaillant dans un service consulaire.

Le conseil de prud'hommes est compétent pour connaître d'un litige relatif à la déclaration par un État étranger d'un salarié à un régime français de protection sociale en vue de son affiliation.

Les États étrangers et les organismes qui en constituent l'émanation ne bénéficient de l'immunité de juridiction qu'autant que l'acte qui donne lieu au litige participe, par sa nature ou sa finalité, à l'exercice de la souveraineté de ces États ; ne constitue pas un acte de souveraineté l'acte de gestion administrative consistant pour un État étranger à déclarer ou à ne pas déclarer un salarié à un régime français de protection sociale en vue de son affiliation.

Cass. soc. 28 février 2012, n° 11-18.952, 1er moyen, BC V n° 77.

Les organisations internationales ne bénéficient de l'immunité de juridiction qu'à condition d'avoir institué une procédure alternative pour régler les différends.

Un salarié qui travaillait au sein de l'UNESCO en qualité de directeur de l'économat a saisi la juridiction prud'homale à la suite de son licenciement.

C'est à bon droit que, pour décider que cette organisation internationale était fondée à revendiquer le bénéfice de son immunité de juridiction, une cour d'appel a déduit de ses constatations que la procédure mise en place par le règlement s'appliquant au salarié n'était pas contraire à la conception française de l'ordre public international.

En effet, si la lettre engageant le salarié mentionnait que ses conditions d'emploi et de travail étaient régies par le « règlement du personnel de l'Économat complété par la législation française », cette référence à la législation française ne valait pas renonciation à l'immunité de juridiction dont l'UNESCO bénéficie en vertu de l'article 12 de l'Accord de siège du 2 juillet 1954.

En outre, l'UNESCO a mis en place en son sein des procédures de règlement des litiges pouvant survenir entre elle et son personnel et notamment une procédure d'arbitrage dont les modalités sont détaillées à l'article 21 du Règlement définissant les conditions d'emploi du personnel de l'Économat qui s'applique à la situation de l'intéressé ; l'arbitre unique, qui est le président du conseil d'appel ou son suppléant, est une personnalité compétente et indépendante nommée pour un mandat de six ans par le conseil exécutif, organe composé des représentants des États membres de l'UNESCO, qui doit respecter le principe de la contradiction et celui d'impartialité et n'est en aucune manière soumis à l'autorité de l'employeur ; la procédure est contradictoire, l'employé pouvant se faire assister par un délégué ou un membre du personnel, sans que soit exclue l'assistance de l'intéressé par un conseil de son choix et, enfin, la sentence est rendue par écrit.

Enfin, les salariés de l'UNESCO, laquelle n'a pas adhéré à la Convention européenne de sauvegarde des droits de l'homme et des libertés fondamentales, disposaient, pour le règlement de leurs conflits du travail, d'un recours de nature juridictionnelle comportant des garanties d'impartialité et d'équité.

Cass. soc. 11 février 2009, n° 07-44.240, BC V n° 45. Voir aussi cass. soc. 29 septembre 2010, n° 09-41.030, s'agissant de l'OCDE.

☛ *AGS (Modalités d'intervention) ; Contrat de travail (Critères).*

Conseils de prud'hommes
(Compétence territoriale)

Selon l'article R. 1412-1 CT, le conseil de prud'hommes territorialement compétent pour connaître d'un litige est soit celui dans le ressort duquel est situé l'établissement où est accompli le travail, soit, lorsque le travail est accompli à domicile ou en dehors de toute entreprise ou établissement, celui dans le ressort duquel est situé le domicile du salarié.

Le salarié peut également saisir les conseils de prud'hommes du lieu où l'engagement a été contracté ou celui du lieu où l'employeur est établi.

Travail dans un établissement

Le salarié peut saisir le conseil de prud'hommes du lieu de l'établissement. Constitue un établissement toute usine, tout atelier, tout chantier où sont réunis des salariés travaillant sous la direction du chef d'entreprise ou de ses représentants.

La compétence territoriale de la juridiction prud'homale étant déterminée selon les modalités réelles d'exécution du travail, une cour d'appel a pu estimer qu'il résultait des éléments soumis à son appréciation que l'ensemble des trois chantiers (Pierrelatte, Bollène et Marcoule) d'une entreprise constituait un établissement dans lequel travaillaient les demandeurs avec un bureau, des ateliers, des installations et une représentation permanente de la société donnant compétence au conseil de prud'hommes de Montélimar.

Cass. soc. 18 mars 1986, n° 85-41.431.

Travail en dehors d'un établissement

Le conseil de prud'hommes du domicile du salarié est compétent.

Ayant estimé, en raison des modalités réelles d'exécution du contrat de travail, qu'un salarié accomplissait sa tâche en dehors de tout établissement de l'entreprise, une cour d'appel en a exactement déduit que le conseil de prud'hommes territorialement compétent était celui du domicile de l'intéressé.

Cass. soc. 24 janvier 2001, n° 98-45.910, 1er moyen.

Dès lors qu'une clause figurant dans un contrat de travail international attribue compétence à une juridiction française, c'est le conseil de prud'hommes du domicile français du salarié qui est compétent.

Un salarié, de nationalité française, engagé en France par une société française pour exercer ses fonctions à l'étranger, a attrait son employeur devant le conseil de prud'hommes de son domicile, situé à Grenoble, alors qu'une clause du contrat de travail attribuait compétence au conseil de prud'hommes du siège de la société, situé à Paris.

Doit être approuvé l'arrêt, rendu sur contredit, ayant retenu la compétence du conseil de prud'hommes de Grenoble. En effet, la cour d'appel, qui a constaté que la clause attribuait compétence à une juridiction française et que le travail s'effectuait en dehors de tout établissement, en a exactement déduit que les dispositions de l'article R. 517-1 CT devaient recevoir application.

Cass. soc. 16 mars 2004, n° 02-40.388, BC V n° 88.

Conseils de prud'hommes (Compétence territoriale)

Notion de domicile.

Le domicile, au sens de l'article R. 517-1, al. 2 CT, est celui du salarié lors de la saisine du conseil de prud'hommes et non pas au jour du licenciement.

Cass. soc. 10 avril 1991, n° 87-45.701, BC V n° 182.

Lieu d'établissement de l'employeur

Le salarié peut toujours porter sa demande devant le conseil de prud'hommes du lieu où est établi l'employeur…

Le conseil de prud'hommes de Toulouse est territorialement compétent pour statuer sur les demandes d'une salariée engagée par le centre EDF-GDF de La Rochelle et affectée dans des subdivisions dépendantes de ce centre, dès lors que Toulouse est le siège d'un centre EDF-GDF dont le responsable a un pouvoir de représentation de l'autorité centrale.

Cass. soc. 9 décembre 1992, n° 88-42.595, BC V n° 588.

Une agence du Crédit Lyonnais dont le directeur a un « pouvoir de représentation de l'autorité centrale » se trouvant dans le ressort du conseil de prud'hommes d'Aurillac, ce conseil de prud'hommes était compétent pour connaître de la demande en dommages-intérêts contre l'établissement bancaire formée par une salariée employée dans une agence parisienne.

Cass. soc. 12 juin 2001, n° 99-43.329, 1er moyen, BC V n° 218.

… soit qu'il dispose dans le ressort de cette juridiction d'un service dont le responsable a un pouvoir de représentation de l'autorité centrale, soit qu'il y ait son siège social.

Aux termes de l'article R. 517-1, al. 3 CT, le salarié peut toujours saisir, à son choix, le conseil de prud'hommes du lieu où est établi l'employeur, soit qu'il dispose dans le ressort de cette juridiction d'un service dont le responsable a un pouvoir de représentation de l'autorité centrale, soit qu'il y ait son siège social.

Ayant relevé que le siège social d'une entreprise était situé dans le ressort du conseil de prud'hommes de Clermont-Ferrand, une cour d'appel a exactement décidé que cette juridiction était territorialement compétente pour statuer sur le litige, peu important que le salarié soit sous l'autorité du directeur d'un établissement situé dans un autre ressort.

Cass. soc. 16 mai 2007, n° 06-42.717.

La demande opposant des salariés intérimaires à la société utilisatrice peut être portée devant le conseil de prud'hommes dans le ressort duquel se trouve cette société.

Des salariés exerçant des missions de travail temporaire pour une société ont saisi le conseil de prud'hommes de Paris d'une demande de requalification de leurs contrats de mission en contrats de travail à durée indéterminée, fondée sur la prolongation de cette mission après expiration. Cette juridiction s'étant déclarée incompétente au profit de celle de Rambouillet, lieu d'exercice des contrats de travail, une cour d'appel, statuant sur le contredit formé par l'entreprise utilisatrice, a déclaré le conseil de prud'hommes de Paris compétent pour connaître du litige.

En statuant ainsi, la cour d'appel, qui était saisie d'une demande tendant à la requalification de contrats de travail temporaires en contrats de travail à durée indéterminée dans les rapports entre des salariés et une société dont le siège est à Paris, a légalement justifié sa décision.

Cass. soc. 14 décembre 2004, n° 03-40.401, BC V n° 333.

Le salarié qui, contestant la régularité du transfert de son contrat de travail et du licenciement dont il a fait l'objet dans le cadre d'une cession d'activité, demande la condamnation in solidum du cédant et du cessionnaire peut saisir, à son choix, le conseil de prud'hommes du lieu du siège social de l'un d'eux.

Il résulte de l'article R. 1451-1 CT et de l'article 749 CPC que, sous réserve des dispositions du code du travail, la procédure devant les juridictions prud'homales est régie par les dispositions du livre premier du code de procédure civile ; aux termes de l'article 42 de ce code, lorsqu'il y a plusieurs défendeurs, le demandeur saisit, à son choix, la juridiction du lieu où demeure l'un d'eux.

Après avoir constaté qu'une société A avait cédé son activité à une société B et relevé qu'un salarié avait contesté la régularité du transfert de son contrat de travail effectué « de manière fictive et en fraude de ses droits » et du licenciement dont il avait fait l'objet, et formé une demande de condamnation in solidum des deux employeurs, de sorte que le salarié pouvait se prévaloir de la prorogation de compétence de l'article 42, al. 2 c. proc. civ., c'est à bon droit qu'une cour d'appel en a déduit que le conseil de prud'hommes dans le ressort duquel la société A avait son siège social était territorialement compétent pour connaître des demandes du salarié et qu'il y avait lieu de renvoyer l'affaire devant cette juridiction.

Cass. soc. 16 février 2011, n° 10-16.423, BC V n° 48.

Lieu de l'engagement

Si le contrat a été conclu par correspondance, le lieu de l'engagement est celui où l'intéressé a reçu le projet de contrat et d'où il l'a renvoyé après signature.

À la suite de la fermeture de l'établissement de Colmar où ils travaillaient, des salariés avaient été reclassés dans l'établissement de Chalampé d'une autre société du même groupe. Estimant être en droit d'obtenir leur maintien au régime de retraite et de prévoyance de la caisse interprofessionnelle des cadres, ils avaient saisi le conseil de prud'hommes de Colmar et l'employeur avait alors soulevé une exception d'incompétence territoriale de cette juridiction au profit du conseil de prud'hommes de Mulhouse dans le ressort duquel est situé l'établissement de Chalampé.

Ayant relevé, d'une part, que les salariés avaient fait l'objet d'une mutation dans une autre société du groupe et, d'autre part, que l'accord de chacun des salariés en cause à la proposition de passer au service de cette société avait été donné à son domicile, situé dans le ressort du conseil de prud'hommes de Colmar, une cour d'appel a fait une exacte application de l'article R. 517-1, al. 3 CT en décidant que le conseil de prud'hommes de Colmar était compétent.

Cass. soc. 15 juin 1993, n° 89-43.666.

Dès lors que c'est au domicile du salarié, à Cherbourg, que celui-ci a accepté par téléphone l'offre d'emploi qui lui a été faite, le conseil de prud'hommes de Cherbourg, lieu où l'engagement a été contracté, est compétent pour trancher le litige concernant le licenciement du salarié.

Cass. soc. 11 juillet 2002, n° 00-44.197, BC V n° 254.

Saisine d'une juridiction limitrophe

Lorsqu'un conseiller prud'homme est partie à un litige relevant de la compétence d'une juridiction dans le ressort de laquelle il exerce ses fonctions, l'affaire doit, si l'autre partie le demande, être renvoyée devant une juridiction située dans un ressort limitrophe.

Un salarié, conseiller prud'homme à Saint-Denis de La Réunion, qui a fait citer son employeur devant le conseil de prud'hommes de Saint-Denis de La Réunion, ne peut reprocher à une cour d'appel d'avoir, en application de l'article 47 NCPC, décidé que ce conseil était incompétent et désigné le conseil de prud'hommes de Saint-Pierre, en faisant valoir que ce texte ne serait pas applicable aux conseillers prud'hommes, alors que les conseillers prud'hommes étant des magistrats, l'article précité devait recevoir application.

Cass. soc. 12 janvier 1993, n° 88-44.488.

Mais si le fait qu'un membre du conseil de prud'hommes territorialement compétent exerce, en sa qualité de directeur financier, une fonction de responsabilité au sein de la société employeur n'autorise pas le salarié à saisir une juridiction limitrophe sur le fondement de l'article 47 NCPC,…

C'est à tort que, pour rejeter l'exception d'incompétence soulevée par une société, une cour d'appel a retenu que les dispositions de l'article 47 NCPC devaient être interprétées de manière extensive et devaient s'appliquer lorsque le magistrat, membre employeur du conseil de prud'hommes, exerce une fonction de responsabilité au sein d'une société partie à l'instance qu'il a le pouvoir de représenter, alors que les dispositions de l'article précité ne sont applicables que lorsque le magistrat est partie au litige soit en son nom personnel, soit en sa qualité de représentant légal d'une partie et que le directeur financier n'est pas le représentant légal d'une société anonyme.

Cass. soc. 19 juillet 1994, n° 90-46.074, BC V n° 246. Voir aussi cass. soc. 20 mars 1997, n° 95-42.755, BC V n° 121, s'agissant d'un directeur de ressources humaines ; cass. soc. 10 mai 2000, n° 98-40.088, pour un directeur d'agence.

… le fait que la responsable des ressources humaines de la société, signataire de la lettre de licenciement, soit conseiller prud'homme au sein du conseil territorialement compétent peut justifier, alors même qu'elle n'est pas partie à la procédure au sens de l'article 47 c. proc. civ., le renvoi de l'affaire devant une juridiction limitrophe sur le fondement de l'exigence d'impartialité prévue à l'article 6, § 1 de la Convention de sauvegarde des droits de l'homme et des libertés fondamentales.

L'exigence d'impartialité s'impose aux juridictions à l'encontre desquelles le grief peut être invoqué indépendamment des cas visés par l'article 47 c. proc. civ.

Contestant son licenciement, un salarié a saisi le conseil de prud'hommes de Metz. L'employeur ayant conclu à l'incompétence territoriale de ce conseil au profit du conseil de prud'hommes de Thionville, par application des dispositions de l'article R. 1412-1 CT, le salarié a, sur le fondement des dispositions de l'article 6, § 1 de la Convention de sauvegarde des droits de l'homme et des libertés fondamentales et de son droit à ce que sa cause soit entendue par un tribunal impartial, revendiqué la compétence du conseil de prud'hommes de Metz au motif que la responsable des ressources humaines de la société, signataire de la lettre de licenciement, était conseiller prud'homme au conseil de Thionville. Une cour d'appel a infirmé le jugement du conseil de prud'hommes de Metz aux termes duquel il s'était déclaré territorialement incompétent, jugé ledit conseil compétent pour connaître du litige et renvoyé l'affaire devant cette juridiction.

C'est à bon droit, sans excéder ses pouvoirs, que la cour d'appel, après avoir écarté les dispositions de l'article 47 c. proc. civ. au motif que la responsable des ressources humaines de la société n'était pas partie à la procédure au sens de ce texte, a décidé, sur le fondement de l'article 6, § 1 de la Convention de sauvegarde des droits de l'homme et des libertés fondamentales, qu'il convenait cependant de renvoyer l'affaire devant une juridiction limitrophe de celle territorialement compétente.

Cass. soc. 19 décembre 2018, n° 17-26.376, à paraître.

Un salarié exerçant les fonctions de conseiller prud'homme peut saisir une juridiction limitrophe sans être tenu d'exercer préalablement une autre option de compétence.

S'agissant d'un salarié travaillant dans un établissement situé à Toulouse et conseiller prud'homme dans cette ville, doit être rejeté le pourvoi formé par l'employeur qui reprochait à une cour d'appel d'avoir jugé que l'article 47 NCPC donnait à l'intéressé la possibilité de saisir le conseil de prud'hommes de Foix, dont le ressort est limitrophe du conseil de prud'hommes de Toulouse, en soutenant que les dispositions de cet article ayant un caractère subsidiaire par rapport à celles, d'ordre public, de l'article R. 517-1 CT, un salarié magistrat ne peut exercer la faculté de saisir une juridiction limitrophe que si les différentes options que lui offre ce texte ne permettent pas de voir le litige auquel il est partie relever de la compétence d'une juridiction en dehors du ressort de laquelle il exerce ses fonctions et qu'en l'espèce, le salarié tenait de l'article R. 517-1 CT la possibilité de saisir le conseil de prud'hommes de Nanterre dans le ressort duquel se trouve le siège de l'employeur. En effet, après avoir fait ressortir que l'établissement où l'intéressé effectuait son travail se situait dans le ressort du conseil de prud'hommes de Toulouse dont il est membre, la cour d'appel a exactement décidé que cette juridiction étant l'une de celles qui, en application de l'article R. 517-1 CT, sont territorialement compétentes pour connaître du litige l'opposant à son employeur, sa qualité de magistrat lui permettait de saisir une juridiction limitrophe, sans qu'il soit tenu d'exercer préalablement une autre option de compétence.

Cass. soc. 27 mai 1998, n° 96-41.311, BC V n° 285.

Contrat de travail international.

Contentieux électoral

Le juge judiciaire est compétent pour trancher les contestations relatives à l'électorat et à la régularité des opérations électorales (art. L. 2314-25 et L. 2324-23 anciens CT) ; depuis le 1er janvier 2017, le juge judiciaire est également compétent pour trancher les contestations relatives à la composition des listes de candidats.

La procédure et les délais de saisine du tribunal d'instance sont précisés aux articles R. 2314-28 à 30 anciens et R. 2324-23 à 25 anciens CT.

S'agissant des contestations relatives à la répartition du personnel dans les collèges électoraux et à la répartition des sièges entre les différentes catégories, ainsi que celles relatives à la détermination des établissements distincts (comité d'entreprise et délégués du personnel), elles sont également de la compétence du juge judiciaire.

Compétence d'attribution

Le litige relatif à l'appartenance individuelle de salariés à l'un ou l'autre des collèges électoraux relève de la compétence du tribunal d'instance.

En vue des élections de la délégation unique des représentants du personnel d'une société, l'inspecteur du travail a décidé de répartir les salariés en deux collèges : le premier regroupant les salariés relevant de la classification ouvriers et employés et le second regroupant les agents de maîtrise et cadres. Les élections ont été contestées par un syndicat qui se prévalait de l'irrégularité du vote au sein du second collège de six salariés qui ne relevaient pas de la catégorie des agents de maîtrise.

C'est à tort que, pour annuler les élections et renvoyer à la partie la plus diligente la charge de saisir à nouveau l'inspecteur du travail aux fins de déterminer nominativement l'appartenance à l'un des deux collèges de chaque salarié dont le cas était litigieux, un tribunal d'instance a énoncé qu'à défaut d'accord, la répartition du personnel dans les collèges électoraux est de la compétence exclusive de l'inspecteur du travail, alors que le litige, né de l'appartenance individuelle d'un ou de plusieurs salariés à l'un ou l'autre des collèges électoraux et non de la répartition de l'ensemble du personnel entre les collèges électoraux, relève de la compétence du tribunal d'instance.

Cass. soc. 27 novembre 2001, n° 00-60.415, BC V n° 363.

À l'issue de négociations et aux termes de deux protocoles électoraux, ont été organisées les élections des membres du comité d'entreprise d'une unité économique et sociale constituée conventionnellement entre les sociétés G et E, ainsi que les élections des délégués du personnel au sein de la seule société G. Des salariés ont demandé au tribunal d'instance d'annuler lesdites élections aux motifs que la répartition des sièges entre les collèges cadres et non-cadres avait été modifiée sans accord unanime ni décision de l'inspecteur du travail, que le nombre d'inscrits dans le collège des non-cadres était supérieur à celui des cadres et que diverses irrégularités affectant les élections avaient eu lieu.

C'est à bon droit que le tribunal a débouté les salariés de leurs requêtes après avoir relevé que le litige ne concernait pas le nombre et la composition des collèges électoraux mais la répartition des sièges entre les différentes catégories et constaté qu'un accord, conclu en application des articles L. 423-3, al. 2 et L. 433-2, al. 6 CT, avait réglé cette question.

Cass. soc. 12 juin 2002, n° 01-60.617, BC V n° 203.

L'action en reconnaissance d'une unité économique et sociale en vue de la mise en place d'une institution représentative du personnel ressort du contentieux des élections professionnelles et relève de la compétence du tribunal d'instance.

Cass. soc. 29 octobre 2003, n° 02-60.820, BC V n° 267.

La compétence du tribunal d'instance peut être étendue par voie d'exception.

Doit être cassé le jugement du tribunal d'instance décidant de surseoir à statuer dans l'attente d'une décision du conseil de prud'hommes sur la qualification de contrat de travail de droit privé revendiquée par le salarié, alors que les contestations relatives à l'électorat relèvent de la compétence du tribunal d'instance, juge de l'action, et que ce dernier est compétent, en dernier ressort, pour apprécier si le demandeur remplit les conditions nécessaires pour être électeur et pour déterminer, par voie d'exception, la nature du contrat de travail de l'intéressé en vue de se prononcer sur son électorat.

Cass. soc. 8 avril 1992, n° 91-60.250, BC V n° 262.

Une société a saisi un tribunal d'instance d'une contestation portant sur une candidature lors de l'élection des délégués du personnel. Parallèlement, ce candidat, radié des cadres de la société, a saisi en référé un conseil de prud'hommes afin d'obtenir sa réintégration.

C'est à tort que, pour surseoir à statuer, le tribunal d'instance a retenu qu'il existait un litige sur la qualité de salarié du candidat dans l'entreprise à la date du dépôt des candidatures et que l'examen de cette qualité appartenait au juge prud'homal et non pas au juge d'instance.

En effet, le tribunal d'instance, juge de l'action, étant compétent en dernier ressort pour apprécier si le demandeur remplit les conditions nécessaires pour être électeur, l'est également pour déterminer, par voie d'exception, l'existence à cette date du contrat de travail de l'intéressé en vue de se prononcer sur son électorat.

Cass. soc. 8 février 2012, n° 11-14.802, pourvoi principal, BC V n° 60.

Compétence territoriale

Est compétent le tribunal d'instance du lieu où se déroulent les opérations électorales.

Le tribunal d'instance du Havre a pu se dire incompétent territorialement et renvoyer le dossier au tribunal d'instance de Rouen après avoir relevé qu'il n'était pas contesté que les élections avaient eu lieu au siège social de la société établi dans le ressort de celui-ci. Les syndicats tentaient de faire valoir que les élections s'étaient en fait déroulées sur le site du centre de travaux du Havre, le siège social de Rouen n'ayant servi qu'au regroupement de certains votes.

Cass. soc. 7 octobre 1992, n° 91-60.354.

Pouvoirs du juge d'instance

Le tribunal d'instance, juge de l'élection, a le pouvoir de prendre toutes les mesures nécessaires au bon déroulement des opérations électorales.

Un protocole d'accord préélectoral a été signé par toutes les parties le 24 janvier 2017, prévoyant notamment que le premier tour des élections des représentants du personnel d'une société aurait lieu le 24 février 2017 et le second tour éventuel le 23 mars 2017 ; les élections ont été reportées à la suite d'une difficulté concernant le vote par correspondance. Le 12 juin 2017, un syndicat a saisi un tribunal d'instance d'une demande d'annulation de ce protocole et du vote alors à venir et demandé la convocation des organisations syndicales représentatives à une négociation pour l'établissement d'un nouveau protocole d'accord préélectoral et qu'il soit procédé à l'organisation de nouvelles élections.

C'est à bon droit que le tribunal, après avoir constaté que le protocole d'accord préélectoral du 24 janvier 2017 était valide, a ordonné à la société de mettre en place le processus électoral dans un délai de trente jours à compter de la notification du jugement et réorganiser le vote, premier tour et deuxième tour éventuel inclus, qui devait être effectif au 31 janvier 2018 au plus tard, et débouté le syndicat de ses demandes tendant à voir déclarer le protocole du 24 janvier 2017 caduc, voir ordonner à l'employeur de communiquer les effectifs de l'entreprise et la liste électorale et convoquer les organisations syndicales habilitées à négocier le protocole.

En effet, après avoir constaté que les élections en vue desquelles le protocole préélectoral du 24 janvier 2017 avait été conclu n'avaient pas pu se dérouler en raison d'une anomalie affectant le matériel de vote le 24 février 2017 et que, lors de la négociation engagée par l'employeur d'un avenant au protocole préélectoral aux fins de fixer un nouveau calendrier électoral, les parties n'étaient pas parvenues à un accord sur ce point, le tribunal s'est borné à déterminer les modalités d'organisation et de déroulement des opérations électorales en application des dispositions des articles L. 2314-23 et L. 2324-21 CT, alors applicables.

Cass. soc. 19 décembre 2018, n° 17-27.442, à paraître.

Le juge d'instance peut mettre en place un dispositif de contrôle des élections.

La mise en place d'un dispositif de contrôle de la régularité, de la liberté et de la sincérité du scrutin n'est qu'une faculté pour le juge, à qui il appartient d'apprécier le caractère indispensable ou non d'un tel dispositif.

Cass. soc. 8 juin 1999, n° 97-60.831, BC V n° 270.

Le juge d'instance, saisi préalablement aux élections, en vertu de l'article L. 423-3 CT, a le pouvoir de mettre en place un dispositif de contrôle de la régularité, de la liberté et de la sincérité du scrutin, même s'il existe un accord préélectoral comportant des mesures en ce sens. Les juges du fond ont donc pu désigner un huissier de justice afin de surveiller et de vérifier la régularité des opérations électorales, dès lors qu'ils ont constaté la nécessité d'un tel dispositif, en raison d'un climat particulièrement tendu entre l'employeur et le syndicat qui l'avait saisi.

Cass. soc. 1er avril 1992, n° 90-60.543, BC V n° 232.

Le juge d'instance ne peut ordonner à l'employeur d'organiser les élections qu'en cas de manquement de celui-ci à cette obligation.

Le juge ne peut ordonner au chef d'entreprise l'organisation d'élections qu'en cas de manquement de celui-ci à l'obligation d'organiser les élections en vue de la désignation des délégués du personnel.

Pour condamner une société à organiser des nouvelles élections des délégués du personnel à la requête d'une salariée de l'entreprise, un tribunal d'instance, après avoir retenu que les élections avaient donné lieu à l'établissement d'un procès-verbal de carence, a énoncé que la demande de l'intéressée tendait à obtenir l'organisation de nouvelles élections.

En statuant ainsi, sans constater que la salariée avait demandé à l'employeur l'organisation des élections et s'était vu opposer un refus, le tribunal d'instance a méconnu l'étendue de ses pouvoirs et a violé l'article L. 423-18 CT.

Cass. soc. 9 novembre 2005, n° 05-60.063, BC V n° 317.

Le tribunal d'instance ne peut annuler les élections que si l'irrégularité soulevée a eu pour conséquence de fausser le résultat.

Les irrégularités commises dans l'organisation du scrutin ne peuvent constituer une cause d'annulation que si elles ont exercé une influence sur le résultat des élections.

Doit être cassé le jugement ayant annulé le second tour des élections au motif que le procès-verbal du scrutin faisait état de trente-six électeurs inscrits et de trente votants et que sept votes par correspondance n'avaient pas été affectés, sans rechercher si l'irrégularité constatée avait eu pour effet d'en fausser le résultat.

Cass. soc. 21 février 1995, n° 94-60.202, 1er moyen. Voir aussi cass. soc. 27 mai 1998, n° 97-60.034 ; cass. soc. 8 octobre 1998, n° 97-60.394.

S'il peut retarder les élections, le juge d'instance ne peut, en l'absence de conclusion d'un accord collectif unanime, déroger à la durée des mandats fixée par la loi.

Cass. soc. 21 mai 2003, n° 01-60.742, 2e moyen, BC V n° 170. Voir aussi cass. soc. 12 mars 2003, n° 01-60.771, BC V n° 96.

L'annulation d'élections par le tribunal d'instance pour atteinte à la liberté de vote n'est pas subordonnée à l'engagement d'une action devant la juridiction pénale.

Doit être cassé le jugement qui, pour débouter un syndicat de sa demande en annulation des élections pour atteinte à la liberté de vote, énonce que ce syndicat, estimant que les pressions exercées par la société constituaient un délit d'entrave, aurait dû préalablement saisir la juridiction pénale, alors que l'annulation des élections pour atteinte à la liberté de vote n'est pas subordonnée à l'engagement d'une action devant la juridiction pénale du chef de délit d'entrave.

Cass. soc. 19 octobre 1994, n° 93-60.049, 1er moyen, BC V n° 282.

Qualité pour agir

Une organisation syndicale qui a vocation à participer au processus électoral a nécessairement intérêt à agir en contestation de la régularité des élections.

Cass. soc. 20 septembre 2018, n° 17-26.226, à paraître, cité dans « Action en justice des syndicats ».

Un syndicat qui a présenté des candidats aux élections professionnelles, tout en émettant des réserves sur le protocole d'accord préélectoral, est recevable à contester la régularité des élections.

Le syndicat qui a présenté des candidats aux élections professionnelles n'est réputé adhérer au protocole d'accord préélectoral qu'il n'a pas signé que dans la mesure où il n'a pas exprimé de réserves.

Un tribunal d'instance, après avoir constaté que des syndicats avaient, dès la présentation des candidatures, émis des réserves et saisi le tribunal d'une contestation sur le nombre d'établissements résultant du protocole, a pu décider qu'ils étaient recevables à contester la régularité des élections.

Cass. soc. 8 janvier 2002, n° 00-60.270, 1er moyen, BC V n° 6.

Sans être tenu de saisir le juge avant les élections, le syndicat qui n'a pas signé l'accord préélectoral n'est pas réputé y avoir adhéré et peut donc le contester ; il ne peut le faire que si, lors du dépôt de sa liste de candidats, il exprime des réserves.

Un accord électoral a été négocié en vue d'élections professionnelles dans une société ; n'ayant pas adhéré à cet accord en ses dispositions relatives à la répartition des sièges et des personnels, un syndicat a saisi l'inspecteur du travail sur ce point puis a contesté les résultats des élections en faisant valoir que l'accord préélectoral était irrégulier quant à la répartition des sièges et des personnels.

Ayant retenu, d'une part, que la difficulté soulevée par le syndicat relative à la répartition des sièges avait fait l'objet d'une décision de l'inspecteur du travail et, d'autre part, que ce syndicat n'avait pas exprimé de réserves en présentant ses candidats, c'est à bon droit qu'un tribunal d'instance a décidé qu'il ne pouvait plus contester les modalités d'application de l'accord préélectoral et que les élections étaient régulières.

Cass. soc. 19 septembre 2007, n° 06-60.222, BC V n° 132. Voir aussi cass. soc. 28 septembre 2011, n° 10-60.245.

N'a pas d'intérêt à agir le syndicat qui conteste la représentativité d'un autre syndicat alors qu'il a obtenu, lors des élections, le seul siège à pourvoir.

Après avoir relevé que le syndicat contestant la représentativité d'un autre syndicat à l'occasion des élections des membres du comité d'entreprise avait obtenu le seul siège à pourvoir du collège ouvrier, un tribunal d'instance a décidé à bon droit que ce syndicat n'avait aucun intérêt à agir.

Cass. soc. 17 juin 1992, n° 91-60.380.

Le défaut de pouvoir du représentant du syndicat constitue une irrégularité de fond et la nullité qui en résulte ne peut plus être couverte après l'expiration du délai de forclusion.

Le représentant d'un syndicat en justice doit, s'il n'est pas avocat, justifier d'un pouvoir spécial ou d'une disposition des statuts l'habilitant à agir en justice et le défaut de pouvoir d'une personne figurant au procès comme représentant du syndicat est une irrégularité de fond affectant la validité de l'acte qui ne peut plus être couverte après l'expiration du délai ouvert par l'article R. 423-3 CT pour contester la régularité des élections.

Cass. soc. 20 décembre 2006, n° 06-60.017, BC V n° 400.

L'employeur est recevable à contester la candidature d'un salarié aux élections des délégués du personnel d'une autre entreprise, dès lors qu'il fonde sa contestation sur l'existence d'une fraude.

C'est à tort qu'un tribunal d'instance a dit qu'une société n'avait, en tant qu'employeur, ni qualité ni intérêt à agir en annulation de la candidature d'une de ses démonstratrices aux élections des délégués du personnel de la société exploitant le grand magasin dans lequel elle était détachée, alors qu'il avait constaté que la société demanderesse était l'employeur et qu'elle invoquait la fraude.

Cass. soc. 2 mars 1999, n° 98-60.312, BC V n° 93. Voir aussi cass. soc. 2 mars 1999, n° 97-60.736, BC V n° 93, s'agissant d'une contestation de la désignation d'un membre du CHSCT.

Le chef d'un établissement distinct, lorsqu'il est responsable de l'organisation des élections professionnelles dans l'établissement, a qualité pour saisir le tribunal d'instance de tout litige relatif à l'organisation et à la régularité des élections.

Une directrice d'établissement a saisi le tribunal d'instance d'une demande d'annulation du premier tour des élections des représentants du personnel d'un établissement et du protocole d'accord pour le renouvellement des délégués du personnel. En déclarant la requérante irrecevable en ses demandes, le tribunal d'instance a violé les articles L. 423-15 et R. 423-3 CT, 32 et 117 NCPC. En effet, il n'était pas contesté que, selon le contrat de travail de la directrice de l'établissement, celle-ci était investie, en vertu de la convention collective applicable, du pouvoir d'organiser les élections professionnelles.

Cass. soc. 4 avril 2007, n° 06-60.112, BC V n° 62.

Un salarié ne peut demander l'annulation d'élections pour un motif dont seules les organisations syndicales peuvent se prévaloir.

Une salariée ne peut invoquer, pour demander l'annulation des élections des délégués du personnel, le non-respect de la forme de l'invitation des organisations syndicales à la négociation du protocole préélectoral. Elle est en effet irrecevable à invoquer un moyen dont seules les organisations syndicales représentatives peuvent se prévaloir.

Cass. soc. 7 avril 1993, n° 91-60.247, BC V n° 115.

Un candidat n'est recevable à contester que les résultats de l'élection concernant le collège auquel il appartient.

N'est pas légalement justifié le jugement qui, après avoir énoncé que des salariés étaient recevables à agir en annulation des élections du comité d'établissement et des délégués du personnel en leur qualité respective de candidat, ne précise pas le collège dans lequel chacun d'eux était électeur.

Cass. soc. 10 juillet 2002, n° 01-60.654, BC V n° 244.

Délais

La contestation des résultats du premier tour des élections n'est recevable que si elle est faite dans les quinze jours suivant ce premier tour.

En application de l'article L. 2122-1 CT dans sa rédaction issue de la loi du 20 août 2008, sont représentatives dans l'entreprise ou l'établissement les organisations syndicales qui satisfont aux critères de l'article L. 2121-1 et qui ont recueilli au moins 10 % des suffrages exprimés au premier tour des dernières élections des titulaires au comité d'entreprise ; il en résulte que la contestation des résultats du premier tour des élections n'est recevable que si elle est faite dans les quinze jours suivant ce premier tour.

Dès lors, doit être rejeté le moyen du pourvoi d'un syndicat qui, pour reprocher à un tribunal d'instance d'avoir déclaré sa demande d'annulation du premier tour irrecevable comme formée en dehors du délai de quinze jours suivant celui-ci, soutient que le délai de contestation n'expirait qu'après la déclaration nominative des résultats à l'issue du second tour.

Cass. soc. 26 mai 2010, n° 09-60.453, BC V n° 113.

Le délai court à compter de la proclamation des résultats ou de la publication du procès-verbal de carence.

La contestation des résultats du premier tour des élections, lorsqu'elle porte sur la détermination des suffrages recueillis par les organisations syndicales, n'est recevable que si elle est faite dans les quinze jours suivant ce premier tour. Le délai court à compter de la proclamation des résultats ou de la publication du procès-verbal de carence.

Par requête en date du 23 juillet 2010, un syndicat a demandé l'annulation des élections pour la mise en place de la délégation unique du personnel qui s'étaient déroulées au sein d'une société le 24 juin 2010 pour le premier tour et le 8 juillet 2010 pour le second tour. Un tribunal d'instance a déclaré l'action en contestation du premier tour forclose.

Après avoir constaté qu'il n'était pas contesté que le premier tour des élections avait donné lieu à établissement d'un procès-verbal de carence porté à la connaissance des électeurs, le tribunal d'instance a exactement décidé que l'action, mettant en cause l'absence de dépouillement des résultats de ce premier tour, était forclose.

Cass. soc. 31 janvier 2012, n° 11-60.139, BC V n° 38. Voir aussi cass. soc. 15 octobre 2015, n° 14-25.375, 2e moyen.

Lorsque les actions d'un candidat aux élections et d'un syndicat tendent à l'annulation des élections, la saisine du tribunal par le salarié interrompt le délai de forclusion au bénéfice du syndicat qui est recevable à agir.

Une société a organisé l'élection de la délégation unique du personnel les 18 et 28 février 2011 ; par déclaration reçue au greffe le 7 mars 2011, un salarié, candidat aux élections, a saisi le tribunal d'instance d'une demande tendant à l'annulation de ces élections en raison de l'absence d'invitation des organisations syndicales à négocier le protocole préélectoral, du défaut d'information et de concertation avec un délégué syndical quant aux modalités d'actualisation du protocole, ainsi que du défaut d'affichage d'informations sur l'ensemble des chantiers ; à l'audience qui s'est tenue le 20 avril 2011, un syndicat a sollicité l'annulation des élections pour les mêmes motifs.

Après avoir retenu que le salarié avait, en sa qualité de candidat aux élections, qualité et intérêt à en demander l'annulation, c'est à bon droit qu'un tribunal a décidé que, son action et celle du syndicat tendant aux mêmes fins, la saisine du tribunal par le salarié avait interrompu le délai de forclusion au bénéfice du syndicat, et que celui-ci était recevable à demander l'annulation des élections dans le collège auquel appartenait le candidat, faute pour l'employeur d'avoir invité les organisations syndicales à négocier un protocole préélectoral.

Cass. soc. 27 février 2013, n° 11-60.195, BC V n° 59.

Lorsqu'il est formé par déclaration écrite adressée au greffe du tribunal d'instance, le recours prévu par l'article R. 2314-28 CT a pour date celle de l'envoi de la déclaration.

Cass. soc. 6 janvier 2011, n° 09-60.398, BC V n° 7.

Pour les contestations portant sur l'électorat, le délai est de trois jours à compter de la publication des listes électorales.

Cass. soc. 25 juin 2014, n° 13-22.200.

Pour les contestations portant sur la régularité des élections, le délai est de quinze jours à compter de la proclamation des résultats.

Cass. soc. 26 mars 2014, n° 13-20.674, 1er moyen.

C'est à tort qu'un tribunal d'instance a retenu, pour déclarer recevable la demande d'une union locale de la CGT tendant à ce qu'un salarié soit élu en qualité de délégué du personnel suppléant, que la réclamation de la CGT était relative à la proclamation des résultats et non à la régularité des élections, ce dont il résultait que le délai de forclusion de quinze jours n'était pas applicable, alors que la proclamation des résultats constitue le terme des opérations électorales à partir duquel court le délai de quinze jours pour contester la régularité des élections.

Cass. soc. 10 décembre 1996, n° 95-60.956, 1er moyen. Voir aussi cass. soc. 16 juillet 1987, n° 86-60.441, BC V n° 511.

En l'absence de tout élu au premier tour, ce délai ne commence à courir qu'à compter de la proclamation des élus du second tour.

Le délai de quinze jours pour contester la régularité des élections, prévu à l'article R. 423-3 CT, ne court qu'à compter de la proclamation nominative des élus ; par suite, en l'absence de tout élu au premier tour, ce délai ne commence à courir qu'à compter de la proclamation des élus du second tour.

Cass. soc. 7 mai 2002, n° 00-60.229, BC V n° 145.

Une contestation de l'éligibilité fondée sur le caractère injustifié de l'inscription sur la liste électorale porte sur la régularité de l'élection.

La contestation de la non-inscription sur la liste électorale, qui porte sur l'électorat, n'est recevable que si elle est faite dans les trois jours suivant la publication de la liste électorale. Une contestation de l'éligibilité fondée sur le caractère injustifié de l'inscription sur la liste électorale, qui porte sur la régularité de l'élection, est recevable si elle est faite dans les quinze jours suivant cette dernière.

Doit être cassé le jugement qui, pour déclarer irrecevable comme tardive la requête d'une société en annulation de la candidature d'une salariée aux élections des délégués du personnel et des membres du comité d'établissement, a retenu que l'employeur fondait exclusivement sa requête sur le défaut de qualité d'électeur de l'intéressée consécutif à son licenciement et qu'il se plaçait ainsi sans ambiguïté dans le cadre du contentieux de l'électorat. En statuant ainsi, après avoir constaté que l'intéressée, inscrite sur la liste électorale, n'était plus sous contrat à la date du scrutin, ce dont il résultait qu'elle n'était pas éligible et que la contestation de sa candidature, qui portait, non sur l'électorat, mais sur la régularité de l'élection, était recevable pour avoir été introduite dans les quinze jours de cette dernière, le tribunal d'instance a violé la loi.

Cass. soc. 20 janvier 1998, n° 96-60.446, BC V n° 24. Voir aussi cass. soc. 21 mai 2003, n° 02-60.396, 2e moyen, BC V n° 167 ; cass. soc. 10 octobre 2012, n° 11-60.196.

La contestation, fondée sur l'inéligibilité prévue par l'article L. 423-8, al. 3 CT, porte sur la régularité de l'élection.

Cass. soc. 26 janvier 2000, n° 98-60.534.

L'absence de demande d'annulation des élections dans le délai imparti de quinze jours purge de tout vice les élections intervenues postérieurement à la clôture des débats devant le tribunal d'instance portant sur une demande en annulation du protocole préélectoral.

Un syndicat a saisi le tribunal d'instance, le 5 mai 2017, d'une demande en annulation du protocole préélectoral signé le 31 mars 2017, au motif qu'il n'avait pas été convoqué à la négociation préélectorale ; les élections des délégués du personnel et des membres du comité d'entreprise ont eu lieu les 30 mai et 13 juin 2017. Par jugement du 28 juin 2017, le tribunal d'instance a fait droit à la demande du syndicat et ordonné sous astreinte la négociation d'un nouveau protocole préélectoral.

Mais aucune demande d'annulation des élections n'ayant été formée dans le délai de quinze jours prévu par les articles R. 2314-28 et R. 2324-24 CT, de sorte que les élections intervenues postérieurement à la clôture des débats devant le tribunal d'instance sont purgées de tout vice, le jugement, qui se trouve ainsi privé de fondement juridique, doit être annulé.

Cass. soc. 4 juillet 2018, n° 17-21.100, à paraître.

La contestation des listes déposées par un syndicat, dont la représentativité est contestée, porte sur la régularité des élections.

Les syndicats FO et CFTC avaient contesté les listes déposées au premier tour par le syndicat CFE-CGC, au motif que ce syndicat n'était pas représentatif dans le collège ouvriers/employés.

C'est à tort que, pour déclarer la demande irrecevable, le jugement attaqué a retenu que la saisine du tribunal était postérieure au délai de trois jours suivant la publication de la liste électorale, alors que le recours concernait la régularité des élections et pouvait être formé jusqu'à l'expiration du délai de quinze jours suivant celles-ci, ou dès que l'irrégularité était apparue, même antérieurement aux élections.

Cass. soc. 18 février 1998, n° 96-60.406.

Un même litige peut porter tant sur l'électorat que sur la régularité des élections.

Un tribunal d'instance a pu dire recevable une action en annulation d'un protocole préélectoral ne reconnaissant pas la qualité d'électeurs aux salariés dispensés d'activité, alors que le délai de trois jours était dépassé. En effet, l'omission d'une catégorie entière de salariés ne porte pas seulement sur l'électorat et affecte la régularité des élections.

Cass. soc. 2 décembre 1992, n° 91-60.275, 1er moyen.

Une contestation portant sur la durée des mandats issus d'élections qui se sont déroulées en application d'un protocole préélectoral réduisant cette durée à deux ans n'est recevable que si elle est introduite dans un délai de quinze jours suivant ces élections.

Un protocole préélectoral signé en 2007 au sein d'une fondation a prévu que les mandats des membres de la délégation unique du personnel seraient d'une durée de deux ans ; un nouveau processus électoral a été engagé en 2009, aboutissant à la signature, le 10 février 2009, d'un protocole préélectoral ; contestant la fixation des mandats à deux ans, un syndicat a saisi le tribunal d'instance aux fins qu'il soit constaté que les mandats des représentants élus en 2007 n'expiraient qu'en 2011 et que soient annulées les opérations électorales engagées en 2009.

Doit être rejeté le moyen du pourvoi formé par le syndicat qui, pour reprocher au tribunal de l'avoir débouté de ses demandes, soutient que la contestation ne portait pas sur la validité du protocole électoral de 2007 mais sur ses effets et qu'aucune forclusion ne pouvait donc lui être opposée.

En effet, après avoir constaté que le protocole électoral qui avait réduit les mandats avait été conclu en 2007, une cour d'appel en a exactement déduit que l'action du syndicat, introduite en 2009, n'était pas recevable.

Cass. soc. 16 décembre 2009, n° 09-60.149, BC V n° 287.

Ces délais de contestation sont des délais de forclusion.

Le défaut de pouvoir de celui qui figure au procès comme représentant une personne morale constitue une nullité de fond qui ne peut être couverte après l'expiration du délai de quinze jours prévu par les articles R. 423-3 et R. 433-4 CT pour la contestation de la régularité des élections.

Cass. soc. 17 mars 1998, n° 96-60.292, BC V n° 150.

Un syndicat a saisi un tribunal d'instance le 20 novembre 2006 d'une contestation des listes électorales établies en vue des élections des représentants du personnel dont le premier tour était fixé au 28 novembre 2006 ; par conclusions ultérieures déposées à l'audience le 15 décembre 2006, il a demandé l'annulation des élections.

Ayant constaté qu'il n'avait pas été saisi de cette demande d'annulation des élections dans le délai légal de quinze jours, le tribunal d'instance a pu la déclarer irrecevable.

Cass. soc. 19 décembre 2007, n° 07-60.016, BC V n° 220.

Aucune exception n'est admise.

Les délais en matière électorale sont des délais judiciaires dont l'expiration entraîne forclusion sans qu'aucune exception puisse être admise.

Cass. soc. 26 janvier 2000, n° 98-60.534.

Mais dès lors que la demande a été présentée dans les délais légaux, les moyens présentés à l'appui de cette demande au-delà des délais sont recevables.

C'est à tort que, pour déclarer un syndicat et un salarié forclos et dépourvus d'intérêt à agir et en conséquence irrecevables en leur demande d'annulation du premier tour des élections des délégués du personnel et des membres du comité d'établissement issus du premier collège et des délégués du personnel issus du troisième collège, un tribunal d'instance a retenu, d'une part, que la demande d'annulation d'un avenant signé à la clôture du scrutin qui avait permis la prise en compte des votes par correspondance parvenus dans des enveloppes dépourvues d'émargement n'avait été présentée qu'à l'audience de renvoi, soit au-delà du délai de quinze jours visé à l'article R. 423-3 CT et, d'autre part, que le syndicat non représentatif sur le plan national et au niveau de l'établissement ne pouvait pas présenter de candidats au premier tour des deux scrutins en cause et n'avait aucun intérêt à contester les résultats du premier tour des deux scrutins pour le premier collège dans la mesure où il avait pu présenter des candidats au second tour et obtenir des élus, qu'il en était de même pour l'élection au second tour des délégués du personnel issus du troisième collège.

En effet, d'une part, seule la recevabilité de la demande d'annulation de l'élection est soumise au délai de forclusion de quinze jours et non pas les moyens avancés à l'appui de cette prétention et, d'autre part, la régularité des élections professionnelles mettant en jeu l'intérêt collectif de la profession, tout syndicat, même non représentatif dans l'entreprise qui y a des adhérents peut en demander la nullité.

Cass. soc. 12 juillet 2006, n° 05-60.353, BC V n° 252.

Procédure contentieuse

Le tribunal d'instance est saisi des contestations par voie de simple déclaration au secrétariat-greffe.

En vertu de l'article R. 423-3 CT, le tribunal d'instance est saisi des contestations en matière d'élection des délégués du personnel par voie de simple déclaration au secrétariat-greffe.

Dès lors, c'est à bon droit qu'un tribunal d'instance a décidé que la lettre adressée au président du tribunal d'instance valait déclaration au greffe.

Cass. soc. 29 mai 2002, n° 01-60.625, 1er moyen.

Par requêtes adressées par voie postale ou fax au greffe d'un tribunal d'instance, un employeur et un syndicat avaient contesté la désignation d'un délégué syndical ainsi que des candidatures aux élections des représentants du personnel.

Pour déclarer irrecevables ces contestations, un tribunal d'instance a notamment retenu qu'en matière de contestation de la désignation d'un délégué syndical ou relative aux élections des délégués du personnel, le tribunal d'instance est saisi par voie de simple déclaration, c'est-à-dire par une déclaration formulée verbalement devant le greffier qui dresse un procès-verbal saisissant la juridiction, qu'il s'agit de règles de fond, d'ordre public, que le tribunal d'instance a compétence exclusive pour statuer sur de telles contestations, de sorte que seule cette juridiction - et non son greffe - a compétence pour connaître de la régularité de la saisine, et que l'envoi des convocations par le greffe ne peut valoir admission tacite de la régularité de la procédure. Le tribunal en a déduit que, faute pour les requérants de s'être présentés au greffe avant l'expiration des délais légaux pour formuler verbalement leurs contestations et faire dresser un procès-verbal de saisine, le tribunal n'était pas régulièrement saisi.

En statuant ainsi, alors que les représentants des demandeurs étaient présents à l'audience pour soutenir les termes des lettres valant requête introductive d'instance, dont il n'était pas contesté qu'elles avaient été remises au greffe dans les délais légaux, le tribunal d'instance a violé les articles R. 412-4, R. 423-3 et R. 433-4 CT.

Cass. soc. 10 octobre 2002, n° 01-60.722, BC V n° 302.

Une contestation des élections des délégués du personnel et suppléants d'une société formée par télécopie et n'ayant pas fait l'objet d'une déclaration régularisée au greffe dans le délai de forclusion est irrecevable.

Cass. soc. 16 janvier 2008, n° 06-60.289, BC V n° 4.

La validité des élections professionnelles étant une matière intéressant l'ordre public, l'acte de saisine du juge d'instance n'a pas à mentionner les diligences accomplies en vue de parvenir à une résolution amiable du litige, laquelle est exclue.

Aux termes de l'article 58 c. proc. civ., sauf justification d'un motif légitime tenant à l'urgence ou à la matière considérée, en particulier lorsqu'elle intéresse l'ordre public, la requête ou la déclaration qui saisit la juridiction de première instance précise les diligences entreprises en vue de parvenir à une résolution amiable du litige.

C'est donc à tort que, pour déclarer irrecevable la requête d'un syndicat en annulation du protocole d'accord préélectoral et des élections des membres du comité d'établissement, délégués du personnel et membres du conseil de discipline d'une société, un tribunal d'instance a retenu que ce syndicat ne mentionnait pas les diligences accomplies en vue de parvenir à une résolution amiable du litige et ne justifiait pas davantage d'un motif légitime la dispensant de l'accomplissement de ces diligences.

En effet, l'employeur et les organisations syndicales ne peuvent conclure un accord pour se faire juge de la validité des élections professionnelles, matière intéressant l'ordre public.

Cass. soc. 19 décembre 2018, n° 18-60.067, à paraître.

Le tribunal d'instance doit convoquer à l'audience toutes les parties intéressées…

Doit être cassé le jugement ayant annulé les élections sans avoir convoqué à l'audience, conformément aux dispositions des articles R. 423-3 et R. 433-4 CT, les candidats proclamés élus, défendeurs nécessaires et donc parties intéressées à l'instance.

Cass. soc. 26 février 1992, n° 90-60.018, BC V n° 134. Voir aussi cass. soc. 8 janvier 2002, n° 00-60.266 ; cass. soc. 29 avril 2009, n° 08-60.485.

… à défaut, la procédure est nulle.

Doit être cassé le jugement d'un tribunal d'instance déclarant nulle l'élection des délégués du personnel sans que les représentants légaux de la société aient été convoqués à l'instance alors qu'il appartient au tribunal d'instance, saisi d'une contestation des élections professionnelles dans l'entreprise, de convoquer les parties intéressées à l'audience.

Cass. soc. 13 octobre 2004, n° 03-60.403.

Les salariés élus, dont l'élection est contestée, doivent être convoqués à leur domicile personnel.

Selon l'article R. 423-3 CT, le tribunal d'instance, saisi d'une contestation sur la régularité des élections des délégués du personnel, statue dans les 10 jours sur simple avertissement donné 3 jours à l'avance à toutes les parties intéressées.

Un syndicat avait saisi le tribunal d'instance d'une demande d'annulation des élections de la délégation unique ayant eu lieu au sein d'une société. Les élus ont été convoqués à l'adresse de cette société et n'ont pas comparu. Le tribunal d'instance a annulé les élections et a enjoint l'employeur d'organiser de nouvelles élections. En statuant ainsi, sans convoquer les salariés élus, dont l'élection était contestée, à leur domicile personnel, conformément à l'article 43 NCPC, alors qu'il lui appartenait d'avertir, par l'intermédiaire du greffier, toutes les parties intéressées au litige, en ordonnant au besoin la régularisation de la procédure à cette fin et le renvoi à une audience ultérieure, le tribunal d'instance a violé l'article susvisé.

Cass. soc. 3 mars 1999, n° 97-60.807, BC V n° 94.

Le tribunal n'a pas à convoquer les salariés au jugement statuant sur la contestation relative au découpage de l'entreprise en établissements distincts.

À l'occasion de l'établissement des listes électorales en vue de la désignation des délégués du personnel au sein d'une mutuelle, dont le siège est à Boulogne-Billancourt, une salariée avait sollicité l'inscription sur les listes électorales des sept salariés de la mutuelle exerçant leur activité professionnelle au Mans.

Doit être rejeté le pourvoi des sept salariés concernés reprochant au tribunal d'instance de Boulogne-Billancourt d'avoir fait droit à cette demande, sans les convoquer à l'audience, alors que les salariés n'ont pas à être convoqués au jugement statuant sur la contestation relative au découpage de l'entreprise en établissements distincts.

Cass. soc. 6 février 2002, n° 00-60.420, BC V n° 57.

Les parties intéressées doivent être averties trois jours avant l'audience.

Le tribunal d'instance, saisi d'une contestation relative aux élections du comité d'entreprise, statue sur simple avertissement donné trois jours à l'avance à toutes les parties intéressées. Doit donc être cassé le jugement qui a déclaré un syndicat non représentatif, alors que celui-ci n'avait été averti de la contestation de sa représentativité que le 15 mai 1995 pour l'audience du 18 mai 1995, et qu'il n'avait ainsi pas disposé du délai de trois jours imparti pour qu'il soit en mesure de faire valoir ses moyens de défense.

Cass. soc. 25 juin 1996, n° 95-60.855, 1er moyen. Voir aussi cass. soc. 5 avril 1994, n° 93-60.338.

Les candidats aux élections professionnelles qui n'ont pas été élus ne sont pas parties intéressées, au sens de l'article R. 2324-25 ancien CT, dans un litige tendant à l'annulation des élections.

Il en résulte que l'obligation, pour le tribunal d'instance saisi d'une telle demande, d'avertir les parties intéressées de la date d'audience, ne s'étend pas à ces personnes et qu'est irrecevable le pourvoi en cassation formé par ces candidats, qui n'ont pas été parties au litige, contre le jugement ayant statué sur la demande d'annulation du scrutin.

Cass. soc. 28 janvier 2015, n° 14-60.423, BC V n° 13.

Le tribunal peut renvoyer, au besoin, l'examen de l'affaire à une audience ultérieure pour permettre la régularisation de la procédure.

Cass. soc. 7 juillet 1999, n° 98-60.418. Voir aussi cass. soc. 29 avril 2009, n° 08-60.485, précité.

Seule la partie lésée peut faire valoir son droit.

C'est à tort que des personnes ont contesté le jugement rendu par un tribunal d'instance ayant annulé le premier tour des élections des délégués du personnel, en invoquant le fait que toutes les parties intéressées à l'élection devaient être convoquées à l'audience et que tel n'avait pas été le cas du syndicat CGT, alors que les parties qui n'ont pas été convoquées à l'audience peuvent seules se prévaloir de cette omission pour faire annuler la décision.

Cass. soc. 30 octobre 1996, n° 95-40.882, 1er moyen.

Le tribunal d'instance statue sans frais.

En matière d'élections professionnelles, le tribunal d'instance statue sans frais ni dépens.

Cass. soc. 1er avril 2015, n° 14-17.506.

C'est à tort qu'un tribunal d'instance laisse les dépens à la charge d'un syndicat qui l'a saisi en vue de faire inscrire des salariés sur une liste électorale.

Cass. soc. 12 juin 2002, n° 01-60.058, 2e moyen, BC V n° 204.

Voies de recours

Les décisions du tribunal d'instance, en matière de contestation des élections professionnelles, ne peuvent faire l'objet d'une tierce opposition.

Cass. soc. 20 octobre 1999, n° 98-60.513.

La décision du tribunal d'instance statuant en matière de contestation préélectorale, rendue en dernier ressort, est désormais susceptible de pourvoi immédiat.

Cass. soc. 23 septembre 2009, n° 08-60.535, BC V n° 195. Voir aussi cass. soc. 19 décembre 2018, n° 17-27.442, précité.

Dans le cadre d'un pourvoi contre un jugement statuant sur la validité des élections, il est possible de critiquer les dispositions d'un jugement préélectoral qui n'avait pas été frappé de pourvoi en application de la jurisprudence antérieure à l'arrêt du 23 septembre 2009.

L'application immédiate de la règle résultant d'un revirement de jurisprudence selon laquelle le pourvoi contre un jugement préélectoral est immédiatement recevable ne saurait, sans méconnaître les exigences de l'article 6 § 1 de la Convention européenne de sauvegarde des droits de l'homme et des libertés fondamentales, priver le demandeur au pourvoi contre un jugement ayant statué sur la validité des élections du droit de critiquer les dispositions du jugement préélectoral non frappé de pourvoi en raison de la jurisprudence antérieure au revirement.

Cass. soc. 26 mai 2010, n° 09-60.400, BC V n° 114.

Le tribunal d'instance ne statue en dernier ressort que sur les contestations relatives à l'élection des membres du comité d'entreprise et non sur la contestation de la régularité de la consultation portant sur l'approbation de leur révocation en cours de mandat.

Est donc irrecevable le pourvoi formé contre un jugement rendu sur une demande d'annulation d'une consultation en vue de révoquer un salarié de ses fonctions de membre du comité d'entreprise, ce jugement étant rendu en premier ressort.

Cass. soc. 12 juillet 2006, n° 05-60.404, BC V n° 253.

☛ *Candidatures aux élections professionnelles ; Collèges électoraux ; Établissement distinct ; Listes électorales.*

Contrat d'apprentissage

Le contrat d'apprentissage a pour spécificité d'alterner des enseignements théoriques dispensés par un centre de formation et une formation pratique reçue dans le cadre d'une entreprise (art. L. 6221-1 et s. CT).

La loi 2014-288 du 5 mars 2014 a créé un contrat d'apprentissage à durée indéterminée.

Le régime de l'apprentissage a été réformé par la loi 2018-771 du 5 septembre 2018 (limite d'âge, formalités afférentes à la conclusion du contrat, règles de rupture, etc.).

La jurisprudence rapportée ci-dessous, rendue dans le cadre législatif antérieur, conserve cependant son intérêt, notamment au regard des litiges en cours.

Le contrat d'apprentissage doit avoir pour objet la formation de l'apprenti

Lorsque l'employeur a détourné le contrat d'apprentissage de son objet, il doit être requalifié en contrat de travail à durée indéterminée.

Après avoir constaté qu'un apprenti, régulièrement intégré dans les équipes au même titre qu'un salarié de l'entreprise dont il devait réaliser le travail, n'était pas en situation d'apprentissage mais exerçait les fonctions d'un salarié à part entière et qu'il était dans l'impossibilité matérielle de recevoir une formation professionnelle sérieuse, une cour d'appel, retenant ainsi que l'employeur n'avait pas satisfait à son obligation de formation et avait détourné le contrat d'apprentissage de son objet, a qualifié à bon droit la convention de contrat de travail à durée indéterminée.

Cass. soc. 12 février 2013, n° 11-27.525.

Le régime du contrat d'apprentissage est d'ordre public

Doit être cassé le jugement qui, pour rejeter la demande d'un salarié en indemnisation de son licenciement sans cause réelle et sérieuse, après avoir relevé que les prétentions du salarié, engagé par contrat d'apprentissage, n'auraient pu être accueillies que sur le fondement des articles L. 117-1 et s. CT, a énoncé que l'intéressé se refusait à invoquer ces dispositions et que le juge ne pouvait changer le fondement juridique de la demande lorsque les parties l'ont lié en vertu d'un accord exprès, alors que le débat n'avait été limité par aucun accord exprès des parties, qu'un tel accord n'aurait pu méconnaître le régime d'ordre public du contrat d'apprentissage et qu'il appartenait au juge de trancher le litige conformément aux règles de droit régissant la matière, même si leur application n'était pas requise par le demandeur.

Cass. soc. 7 janvier 1998, n° 95-44.450, BC V n° 2.

La validité du contrat d'apprentissage est soumise à certaines conditions

Le contrat d'apprentissage doit être écrit, sous peine de nullité.

S'agissant d'un jeune travailleur, entré au service d'un employeur le 1er juillet 1991 avec la promesse d'un contrat d'apprentissage, qui n'avait été signé que le 8 août 1991, soit la veille de sa résiliation par l'employeur, le 9 août 1991, c'est à tort que pour considérer valable ce contrat et débouter l'intéressé de ses demandes tendant à se voir reconnaître la qualité d'ouvrier, à obtenir la rémunération d'un ouvrier au SMIC et à réparer le préjudice découlant du retard dans l'établissement du contrat d'apprentissage, un conseil de prud'hommes a retenu que le contrat étant intervenu moins de trois mois avant le début du cycle de formation que devait suivre l'apprenti à compter du 2 septembre 1991, il répondait aux exigences de l'article L. 117-13 CT, alors qu'il résulte de l'article L. 117-12 CT que, faute d'être constaté par écrit, le contrat d'apprentissage est nul et que cette nullité conduit à considérer l'apprenti comme un jeune travailleur qui doit percevoir une rémunération calculée sur le salaire minimum interprofessionnel de croissance.

Cass. soc. 28 mars 1996, n° 93-41.139.

Le contrat d'apprentissage doit faire l'objet d'un enregistrement auprès de l'administration.

Il appartient à l'employeur de faire enregistrer le contrat d'apprentissage ; à défaut, il doit payer au salarié des indemnités de rupture et diverses sommes à titre de rappel de salaires.

Cass. soc. 12 juillet 1994, n° 90-44.044, BC V n° 231. Voir aussi cass. soc. 27 mars 2019, n° 17-20.172.

L'administration peut refuser d'enregistrer le contrat si l'employeur ne présente pas de garanties suffisantes.

Selon l'article L. 117-14 CT, l'enregistrement du contrat d'apprentissage peut être refusé si le contrat ne satisfait pas à toutes les conditions prévues par les articles L. 117-1 à L. 117-13 CT et les textes pris pour leur application. L'article L. 117-5 CT prévoit notamment que, pour engager des apprentis, l'employeur doit garantir que l'équipement de l'entreprise, les techniques utilisées, les conditions de travail, l'hygiène et la sécurité, les compétences professionnelles et pédagogiques, ainsi que la moralité des personnes qui sont responsables de la formation, sont de nature à permettre une formation satisfaisante. Ayant relevé, au sujet d'autres apprentis, des faits récents tels que l'absence de rémunération, le non-respect des congés et le refus de prendre en compte les heures de cours au centre de formation d'apprentis comme temps d'exécution du contrat, ce dont il résultait que l'employeur ne présentait pas les garanties suffisantes pour assurer la formation satisfaisante d'un nouvel apprenti, un conseil de prud'hommes a pu débouter l'employeur de sa demande tendant à la validation des contrats d'apprentissage.

Cass. soc. 1er juin 1999, n° 97-40.914, BC V n° 247.

Le délai de 15 jours dans lequel l'organisme consulaire doit enregistrer le contrat d'apprentissage s'il est conforme aux dispositions le concernant ne court qu'à compter de la réception du dossier complet.

Cass. soc. 15 décembre 2010, n° 09-41.575.

Statut des apprentis

Les apprentis bénéficient en principe des conventions ou accords collectifs applicables aux salariés dans la branche ou l'entreprise.

Il résulte des dispositions des articles L. 117-2 et L. 117 bis-1 CT que les apprentis bénéficient en principe des conventions ou accords collectifs applicables aux salariés dans la branche ou l'entreprise considérée. Dès lors, ils ne peuvent être exclus par une disposition générale en tant qu'apprentis du champ d'application d'une convention d'entreprise, d'un accord collectif, d'un usage ou d'un engagement unilatéral d'un employeur et ne peuvent réclamer le bénéfice des dispositions qui sont incompatibles avec leur situation de jeune en première formation et de celles qui réservent un avantage déterminé à une catégorie particulière de salariés pour lequel les apprentis ne remplissent pas les conditions objectives d'attribution.

Ayant constaté qu'une prime de vacances, selon les dispositions de la convention collective, profitait à l'ensemble des salariés, un conseil de prud'hommes a décidé, à bon droit, que cette prime était due à l'apprenti qui en réclamait le rappel.

Pour accorder à l'apprenti une prime dite « globalisée », le conseil de prud'hommes, qui a énoncé que la demande en paiement de cette prime devait être retenue en application des articles L. 117 bis-1 et L. 117-2 CT, sans répondre aux conclusions de la société qui soutenait que cette prime, résultant d'un engagement unilatéral de l'employeur, était attribuée spécifiquement à une catégorie particulière de salariés, n'a pas satisfait aux exigences de l'article 455 NCPC.

Cass. soc. 12 juillet 1999, n° 97-43.400, BC V n° 342. Voir aussi cass. soc. 28 juin 2000, n° 98-43.873, s'agissant d'indemnités de petits déplacements.

Les apprentis ne sont pas pris en compte dans le calcul de l'effectif du personnel des entreprises dont ils relèvent pour l'application des dispositions législatives ou réglementaires qui se réfèrent à une condition d'effectif minimal de salariés, exception faite de celles qui concernent la tarification des risques d'accidents du travail et de maladies professionnelles.

Selon l'article L. 117-11-1 CT, les apprentis ne sont pas pris en compte dans le calcul de l'effectif du personnel des entreprises dont ils relèvent pour l'application à ces entreprises des dispositions législatives ou réglementaires qui se réfèrent à une condition d'effectif minimal de salariés.

C'est à tort que, pour faire application de l'article L. 122-14-1 CT, une cour d'appel a retenu que l'entreprise comptait plus de 10 salariés, compte tenu des apprentis.

Cass. soc. 19 mai 1999, n° 96-40.051.

Sauf dérogation autorisée dans certains secteurs fixés par voie réglementaire (art. L. 3164-8 CT), les apprentis ne peuvent pas travailler les jours de fête légale.

Devant un tribunal de police saisi de la poursuite exercée à son encontre sur le fondement des articles L. 222-4 et R. 262-4 CT portant interdiction absolue de faire travailler un apprenti les jours fériés, une exploitante de boulangerie a conclu à sa relaxe en se référant à des circulaires administratives autorisant, nonobstant ces articles, l'emploi des apprentis dans les établissements artisanaux un jour de fête légale en cas de besoin impérieux lié au fonctionnement normal de l'entreprise ou de nécessité imposée par la formation professionnelle dispensée.

A légalement justifié sa décision le tribunal de police qui a écarté l'argumentation de la prévenue et l'a condamnée, dès lors que ne pouvaient être utilement invoquées des circulaires à caractère interprétatif qui ne sont pas de nature à empêcher l'application d'une disposition pénale.

Cass. crim. 18 janvier 2005, n° 04-81.404, B. crim. n° 22.

Rémunération des apprentis

L'apprenti perçoit une rémunération qui varie en fonction de son âge.

Les heures effectuées au-delà de la durée hebdomadaire donnant lieu à une majoration, c'est à bon droit qu'une cour d'appel a calculé cette majoration pour heures supplémentaires sur la base du salaire de l'apprenti calculé en pourcentage du SMIC, en tenant compte de son âge et du taux fixé réglementairement pour chaque semestre d'apprentissage.

Cass. soc. 30 mars 1993, n° 89-41.621.

Le bénéfice des dispositions applicables à l'ensemble des salariés en matière de rémunération n'est pas contraire à la situation de l'apprenti.

Selon l'article L. 117 bis-1 CT, l'apprenti est un jeune travailleur en première formation alternée, titulaire d'un contrat de travail de type particulier, qui bénéficie des dispositions applicables à l'ensemble des salariés dans la mesure où elles ne sont pas contraires à celles qui sont liées à sa situation de jeune en première formation ; le bénéfice des dispositions applicables à l'ensemble des salariés en matière de rémunération n'est pas contraire à la situation de l'apprenti.

Ayant constaté qu'une apprentie occupait un emploi de classe A tel que défini par le règlement applicable au personnel contractuel d'un établissement public, une cour d'appel a pu en déduire que l'intéressée ne pouvait être exclue du champ d'application des dispositions applicables aux personnes de cette catégorie et a pu condamner l'établissement à verser à l'intéressée diverses primes et accessoires de salaire.

Cass. soc. 6 octobre 2004, n° 02-42.638.

Selon l'article L. 6222-24 CT, le temps consacré par l'apprenti à la formation dispensée dans les centres de formation d'apprentis est compris dans l'horaire de travail.

Doit être cassé le jugement ayant débouté un apprenti de ses demandes de rappel de primes et de salaire, ces primes ayant été versées sur la base d'un mi-temps, alors que le temps de travail effectif de l'apprenti comprend le temps travaillé en entreprise et le temps passé en formation.

Cass. soc. 6 avril 2004, n° 02-40.912.

Suspension du contrat d'apprentissage

Lorsqu'un apprenti a échoué à son examen à la suite de son hospitalisation, son contrat d'apprentissage peut être prolongé au-delà de la date initialement prévue.

Un apprenti, qui avait été victime d'un accident de trajet ayant entraîné son hospitalisation et dont l'employeur avait refusé de prolonger le contrat à son échéance, avait saisi la juridiction prud'homale d'une demande de dommages-intérêts pour non-prolongation du contrat d'apprentissage.

Il résulte de l'article L. 117-3 CT que si la suspension du contrat d'apprentissage causée par l'accident ou la maladie compromet la formation de l'apprenti, le contrat est prolongé à la demande de l'apprenti jusqu'au terme du cycle suivant de formation.

Viole ce texte la cour d'appel qui, pour rejeter cette demande, énonce que l'accident de trajet ne suspend pas le contrat d'apprentissage et que c'est à juste titre que l'employeur se fonde sur l'article L. 117-9 CT et soutient qu'en raison de l'échec à l'examen de l'apprenti, il avait la possibilité de ne pas prolonger le contrat d'apprentissage au-delà de la date initialement prévue.

Cass. soc. 1er juillet 1998, n° 96-41.014, BC V n° 353.

La rupture du contrat d'apprentissage est soumise à un régime particulier

La loi 2015-994 du 17 août 2015 a modifié ce régime en prévoyant que le contrat peut être rompu par l'une ou l'autre des parties durant les 45 premiers jours, consécutifs ou non, de la formation pratique en entreprise ; les solutions jurisprudentielles rapportées ci-dessous sont transposables dans le régime issu de cette loi.

On notera en revanche que les solutions rapportées ont été rendues dans le cadre législatif antérieur à la loi 2018-771 du 5 septembre 2018 qui a assoupli le régime de rupture du contrat d'apprentissage à l'initiative de l'employeur après les 45 premiers jours du contrat, pour les contrats conclus à compter du 1er janvier 2019, en élargissant les cas de rupture et en « déjudiciarisant » la procédure.

La rupture du contrat d'apprentissage se situe à la date où l'employeur a manifesté sa volonté d'y mettre fin, par l'envoi de la lettre notifiant la rupture.

Un apprenti qui avait été embauché le 1er septembre 2003 a vu le liquidateur judiciaire de son employeur, par une lettre du 28 octobre suivant, mettre fin à son contrat d'apprentissage avec effet au 30 novembre 2003.

L'intéressé a saisi la juridiction prud'homale pour obtenir le paiement d'une indemnité en raison d'une rupture tardive du contrat d'apprentissage.

Pour le débouter de sa demande, une cour d'appel, qui a constaté que la lettre de rupture du liquidateur judiciaire avait été adressée à l'apprenti dans les deux premiers mois de l'apprentissage, a pu en déduire que ce dernier ne pouvait prétendre au paiement d'une indemnité, peu important que le liquidateur ait accordé à l'apprenti un délai de préavis.

Cass. soc. 29 janvier 2008, n° 06-43.906, BC V n° 25.

• En début de contrat, chacune des parties peut rompre le contrat d'apprentissage

Pendant cette période, le contrat d'apprentissage peut être résilié unilatéralement sans indemnités, sauf en cas de rupture abusive,…

Si, en principe, la résiliation unilatérale du contrat d'apprentissage pendant les deux premiers mois [délai alors applicable] ne peut donner lieu à indemnité, à moins d'une stipulation contraire du contrat, il n'en résulte pas que la rupture ne peut être fautive ; ayant relevé que le maître d'apprentissage avait exercé des violences sur l'apprenti, un conseil de prud'hommes a exactement décidé que l'employeur avait commis une faute ayant entraîné la rupture à ses torts et l'a condamné au paiement de dommages-intérêts pour rupture abusive.

Cass. soc. 28 avril 1994, n° 90-45.472, BC V n° 148.

… que le contrat soit ou non déjà enregistré à cette date.

L'article L. 117-17, al. 1er, devenu L. 6222-18 CT, autorise [dans sa rédaction alors en vigueur] la résiliation unilatérale du contrat d'apprentissage par l'une ou l'autre des parties durant les deux premiers mois de l'apprentissage, que le contrat soit ou non déjà enregistré à cette date.

Cass. soc. 30 septembre 2009, n° 08-40.362, BC V n° 216.

L'employeur doit porter par écrit à la connaissance de l'apprenti sa décision de rompre unilatéralement le contrat, dans le délai durant lequel chacune des parties peut résilier unilatéralement le contrat.

C'est à bon droit qu'une cour d'appel a prononcé la résiliation judiciaire du contrat d'apprentissage aux torts d'un employeur, après avoir constaté que ce dernier ne justifiait pas avoir porté par écrit à la connaissance d'un apprenti sa décision de rompre unilatéralement le contrat, dans le délai des deux premiers mois du contrat d'apprentissage [alors applicable].

Cass. soc. 29 septembre 2014, n° 11-26.453, BC V n° 212.

Le délai prévu par l'article L. 6222-18 CT, durant lequel chacune des parties peut résilier unilatéralement le contrat d'apprentissage, est suspendu pendant les périodes d'absence pour maladie de l'apprenti.

Cass. soc. 16 mars 2004, n° 01-44.456, BC V n° 86. Voir aussi cass. soc. 6 mai 2014, n° 12-22.881, s'agissant d'un apprenti se trouvant en arrêt maladie à la suite d'un accident du travail.

Ce délai n'est pas applicable quand, après la rupture d'un contrat d'apprentissage, un nouveau contrat est conclu entre l'apprenti et un nouvel employeur pour achever la formation.

Il résulte des dispositions de l'article L. 6222-18 CT, dans sa rédaction alors en vigueur, que son alinéa 1er prévoyant la rupture du contrat d'apprentissage par l'une ou l'autre des parties au cours des deux premiers mois n'est pas applicable quand, après la rupture d'un contrat d'apprentissage, un nouveau contrat est conclu entre l'apprenti et un nouvel employeur pour achever la formation, seule pouvant être prévue dans cette hypothèse une période d'essai dans les conditions prévues à l'article L. 1242-10 CT auquel renvoie le dernier alinéa de l'article L. 6222-18.

Cass. soc. 25 octobre 2017, n° 16-19.608, BC V n° 189.

• Ensuite, la rupture doit soit intervenir par accord bilatéral des parties, soit être prononcée judiciairement en cas de manquements graves par l'une des parties à ses obligations ou en cas de faute grave ou d'inaptitude de l'apprenti

L'accord des parties doit être exprès et bilatéral.

Doit être cassé l'arrêt qui, pour dire que la rupture du contrat résultait de l'accord exprès et bilatéral des parties, a retenu que la salariée avait manifesté son intention de rompre devant l'employeur et le directeur par intérim du centre de formation des apprentis au moment même où l'employeur avait apposé sa signature sur l'imprimé destiné à constater la rupture du contrat d'apprentissage, alors que l'imprimé destiné à constater l'accord des parties sur la rupture n'avait été signé que par l'employeur seul.

Cass. soc. 5 février 1992, n° 88-44.370, BC V n° 63.

Lorsque la résiliation du contrat d'apprentissage intervient sur accord exprès des parties, elle doit être constatée par écrit signé par l'employeur, par l'apprenti, ainsi que, s'il est mineur, par son représentant légal.

Pour débouter un apprenti de sa demande de dommages-intérêts pour rupture anticipée du contrat d'apprentissage, une cour d'appel a énoncé que, conformément à l'article L. 117-17 CT, il était établi que l'apprenti qui avait démissionné, comme l'employeur qui avait accepté de façon expresse cette démission, avaient exprimé leur accord exprès, chacun pour leur part, de considérer que le contrat d'apprentissage était rompu et qu'il n'y avait pas lieu de saisir le conseil de prud'hommes pour en prononcer la résiliation.

En statuant ainsi, sans constater l'existence d'un écrit signé par l'employeur, par l'apprenti, ainsi que, s'il était mineur, par son représentant légal, la cour d'appel a violé les articles L. 117-17, R. 117-10 et R. 117-16 CT.

Cass. soc. 1er février 2005, n° 03-40.605, BC V n° 40. Voir aussi cass. soc. 2 juillet 2014, n° 13-13.527.

Le salarié qui ne prouve pas que son consentement a été vicié ne peut revenir sur l'accord écrit de rupture du contrat d'apprentissage qu'il a signé.

Cass. soc. 15 décembre 2010, n° 09-42.783.

Lorsque l'acte de résiliation a été signé par les deux parties, la rupture du contrat ne peut pas être prononcée aux torts de l'employeur, peu important le motif invoqué.

Un apprenti dont le contrat de deux ans avait été signé le 1er septembre 2005 a écrit le 4 mai 2006 à son employeur qu'il désirait rompre son contrat ; les deux parties ont signé le 5 mai un bordereau de résiliation ; l'apprenti a ensuite saisi la juridiction prud'homale d'une demande de paiement de dommages et intérêts pour rupture abusive du contrat.

Pour condamner l'employeur à payer des dommages-intérêts d'un montant équivalent aux salaires restant à courir jusqu'au terme du contrat d'apprentissage, une cour d'appel a retenu que le formulaire de résiliation signé des deux parties faisait état comme motif de la démission de l'apprenti et qu'il ne pouvait donc en être déduit une rupture d'un commun accord.

En statuant ainsi, alors qu'elle avait relevé que les deux parties avaient signé un acte de résiliation du contrat d'apprentissage, peu important le motif invoqué, la cour d'appel a violé l'article L. 6222-18 CT.

Cass. soc. 5 juillet 2011, n° 10-11.659.

Le juge qui prononce la résiliation du contrat d'apprentissage peut en fixer la date au jour où l'une des parties a manqué à ses obligations ou au jour où la demande de résiliation a été formée.

Une apprentie avait saisi la juridiction prud'homale d'une demande tendant, notamment, à faire prononcer la résiliation du contrat d'apprentissage aux torts de l'employeur, pour non-paiement des salaires dus. Ce dernier ayant été placé ultérieurement en liquidation judiciaire, l'apprentie avait poursuivi cette instance contre le liquidateur judiciaire, en présence de l'AGS.

Ayant constaté qu'avant sa liquidation judiciaire, l'employeur avait interrompu le paiement des salaires, manquant ainsi gravement à ses obligations, une cour d'appel a pu prononcer la résiliation du contrat d'apprentissage à ses torts et fixer la date de rupture au jour où l'apprentie avait saisi la juridiction prud'homale, peu important que le liquidateur judiciaire ait réglé par la suite le montant des salaires dus au moment de l'ouverture de la procédure. Cette date de résiliation étant antérieure à la liquidation judiciaire, la cour en a exactement déduit que la créance indemnitaire de la salariée relevait de la garantie de l'AGS, en vertu de l'article L. 143-11-1, al. 2, 1° CT.

Cass. soc. 1er octobre 2003, n° 01-40.125, BC V n° 249.

La rupture ne peut être prononcée unilatéralement par l'une des parties, même en cas de manquements graves.

L'employeur ne peut, de lui-même, rompre le contrat de travail, quel que soit le bien-fondé des motifs invoqués et alors qu'il a la possibilité, si la gravité des fautes commises par l'apprenti le justifie, de prononcer sa mise à pied dans l'attente de la décision judiciaire à intervenir.

Cass. soc. 30 mars 1994, n° 90-43.809, BC V n° 112. Voir aussi cass. soc. 17 février 1999, n° 96-44.627.

La rupture du contrat par l'employeur avant une demande de résiliation judiciaire ne peut remplacer la mise à pied exigée par la loi.

Selon l'article L. 117-17 CT, la résiliation du contrat d'apprentissage exécuté depuis plus de deux mois ne peut intervenir que sur accord exprès et bilatéral des cosignataires ou, à défaut, peut être prononcée par le conseil de prud'hommes en cas de faute grave ou de manquements répétés de l'une des parties à ses obligations, ou en raison de l'inaptitude de l'apprenti à exercer le métier auquel il voulait se préparer. L'employeur a seulement la possibilité, si la gravité des fautes commises le justifie, de prononcer la mise à pied de l'apprenti dans l'attente de la décision judiciaire à intervenir.

Un apprenti avait été engagé du 1er avril 1995 au 30 juin 1997. Le 3 avril 1996, son employeur lui avait indiqué que son contrat était interrompu et qu'il ne faisait plus partie des effectifs à compter du 1er avril. Le 22 avril 1996, l'employeur avait saisi la juridiction prud'homale d'une demande en résiliation du contrat.

A violé le texte précité la cour d'appel qui, pour fixer la date de la rupture du contrat d'apprentissage au 4 avril 1996, date de la réception par l'apprenti de sa lettre de rupture, et dire que le contrat n'avait pas été rompu unilatéralement par l'employeur, a énoncé que si l'employeur avait anticipé la résiliation du contrat, cette anticipation avait eu les mêmes conséquences que la mise à pied autorisée par la loi dont il avait fait en sorte de respecter les termes puisqu'il avait tenté de mettre en place la résiliation amiable du contrat d'apprentissage, alors que la rupture par l'employeur d'un contrat d'apprentissage, hors des cas prévus par la loi, est sans effet.

Cass. soc. 6 février 2001, n° 98-44.133, BC V n° 38.

Le fait pour un apprenti de prendre trente jours de congés payés, alors que l'employeur ne lui avait accordé que trois semaines, ne constitue pas une faute grave dès lors que l'intéressé a effectivement droit à un congé de trente jours.

Engagé par contrat d'apprentissage, un apprenti s'était absenté 30 jours au cours de l'été 1993 alors que l'employeur ne lui avait accordé que trois semaines de congés. Après avoir reçu une lettre de l'employeur constatant la rupture volontaire du contrat de travail du fait du salarié, l'intéressé avait saisi la juridiction prud'homale d'une demande en résiliation du contrat d'apprentissage aux torts de l'employeur. De son côté, la société avait demandé que la rupture soit prononcée aux torts de l'apprenti. Doit être rejeté le pourvoi de la société faisant grief à la cour d'appel de l'avoir déboutée de sa demande en résiliation du contrat aux torts de l'apprenti. Ayant relevé que l'apprenti avait droit à un congé de 30 jours, la cour d'appel a pu décider que l'intéressé n'avait pas commis de faute grave en ne se présentant au travail qu'après trente jours de congés. Par ailleurs, le contrat d'apprentissage ayant pris fin à l'initiative de l'employeur, l'apprenti n'avait plus à se tenir à la disposition de celui-ci.

Cass. soc. 28 janvier 1998, n° 95-42.188.

En revanche, l'insubordination de l'apprenti peut justifier la rupture anticipée du contrat.

A légalement justifié sa décision le conseil de prud'hommes qui a prononcé la rupture du contrat d'apprentissage aux torts d'une apprentie, celle-ci ayant refusé à plusieurs reprises de se conformer aux instructions de l'employeur et ayant cessé son travail sans prévenir et abandonné ses cours.

Cass. soc. 7 mai 1996, n° 93-40.926, 2e moyen, BC V n° 176.

Il en est de même d'absences non justifiées.

Un conseil de prud'hommes, qui a constaté qu'un apprenti n'avait pas repris son activité sans justifier de son absence, a pu prononcer la résiliation judiciaire du contrat d'apprentissage aux torts de l'apprenti.

Cass. soc. 2 mai 2000, n° 97-45.488.

Après avoir constaté qu'un apprenti avait, de son fait, cessé le travail dans l'entreprise sans motif, faisant ainsi ressortir que cette faute rendait impossible la poursuite du contrat d'apprentissage, une cour d'appel a pu prononcer la résiliation judiciaire du contrat d'apprentissage aux torts exclusifs de l'apprenti.

Cass. soc. 27 juin 2007, n° 06-40.992.

Caractérise une situation d'inaptitude à poursuivre l'exécution du contrat d'apprentissage le fait, pour un apprenti, d'avoir échoué à son examen de première année avec une interdiction de redoubler.

Un employeur peut valablement saisir le conseil de prud'hommes d'une demande en résiliation judiciaire du contrat d'apprentissage pour inaptitude professionnelle, l'apprenti n'ayant pas réussi son examen de première année et n'étant pas autorisé à redoubler. En effet, l'impossibilité dans laquelle se trouve le jeune travailleur de continuer sa formation théorique caractérise une situation d'inaptitude à poursuivre l'exécution du contrat de la part de l'employeur.

Cass. soc. 5 mai 1999, n° 97-41.970.

Sauf mauvaise foi, la dénonciation d'un harcèlement moral ou sexuel ne pouvant être sanctionnée, ce motif ne peut être pris en considération dans l'appréciation des éventuelles fautes de l'apprentie de nature à justifier la résiliation judiciaire du contrat à ses torts.

Pour prononcer la résiliation d'un contrat d'apprentissage aux torts de l'apprentie, une cour d'appel a retenu que les accusations très graves et totalement infondées de harcèlement moral voire sexuel portées à l'encontre de son employeur par l'apprentie dans une lettre, notamment en invoquant des faits anodins survenus en dehors du lieu et du temps de travail, constituaient une faute grave faisant obstacle à la poursuite de l'exécution du contrat d'apprentissage justifiant sa résiliation aux torts de l'apprentie.

En statuant ainsi, sans caractériser la mauvaise foi de l'apprentie, laquelle ne peut résulter que de la connaissance de la fausseté des faits dénoncés, la cour d'appel a violé les articles L. 1152-2, L. 1153-3 et L. 6222-18 CT.

Cass. soc. 10 juin 2015, n° 14-13.318, BC V n° 116.

La cession du fonds de commerce où l'apprenti travaille ne permet pas de rompre le contrat d'apprentissage.

Le contrat d'apprentissage étant transmis de plein droit au cessionnaire par l'effet de l'article L. 122-12, al. 2 CT, c'est à bon droit qu'une cour d'appel a décidé que la convention établie entre le cédant et l'apprenti postérieurement à la cession, et qui tendait à faire échec aux dispositions d'ordre public de ce texte, était inopposable au cessionnaire.

Cass. soc. 28 mars 1996, n° 93-40.716, BC V n° 125.

La cessation d'activité décidée par l'employeur ne constitue pas un cas de force majeure permettant la rupture d'un contrat d'apprentissage…

Cass. soc. 10 mai 2000, n° 97-45.717.

… et l'apprenti peut demander réparation du préjudice qu'il subit nécessairement par suite de l'inexécution du contrat jusqu'à son terme du fait de l'employeur.

Une cour d'appel a pu retenir que tel était le cas par suite de la cessation d'activité de l'employeur et a pu condamner ce dernier à verser une somme à l'apprenti en réparation du préjudice subi.

Cass. soc. 6 avril 2004, n° 02-40.727.

La liquidation judiciaire de l'entreprise qui entraîne l'inexécution du contrat du fait de l'employeur cause nécessairement un préjudice pour l'apprenti.

La liquidation judiciaire d'une boulangerie ayant été prononcée, le mandataire liquidateur avait demandé la résiliation judiciaire du contrat d'apprentissage de vingt-quatre mois et l'apprenti avait formé une demande reconventionnelle.

Doit être cassé l'arrêt qui, pour débouter l'apprenti de sa demande, a considéré notamment que le seul préjudice indemnisable était celui qui résultait de l'impossibilité d'obtenir le diplôme professionnel, que la partie théorique de sa formation ayant été assurée par un CFA, même après la liquidation judiciaire de son employeur, le préjudice était purement hypothétique et ne pouvait être réparé, alors, d'une part, que la responsabilité délictuelle de l'employeur n'était pas engagée et, d'autre part, que l'inexécution du contrat du fait de l'employeur entraînait nécessairement un préjudice pour l'apprenti.

Cass. soc. 6 mai 1998, n° 95-40.913, BC V n° 223.

Le décès de l'employeur n'emporte pas par lui-même la rupture du contrat d'apprentissage.

Une salariée a conclu un contrat d'apprentissage du 1er septembre 2015 au 31 octobre 2016 avec un employeur qui exerçait à titre individuel une activité de coiffure ; après le décès de ce dernier, le 16 mars 2016, le fonds de commerce de coiffure qu'il exploitait a été repris par une société ; le 17 août 2016, la salariée a saisi la juridiction prud'homale statuant en la forme des référés d'une demande de résiliation du contrat d'apprentissage.

Après avoir retenu que le décès de l'employeur n'emportait pas par lui-même la rupture du contrat d'apprentissage et que la société, créée par le gendre de l'employeur décédé, ayant repris, dans les mêmes locaux, l'exploitation du fonds de commerce de coiffure exploité par celui-ci, le contrat de la salariée avait été transféré à compter de cette date en application de l'article L. 1224-1 CT, une cour d'appel a pu condamner les ayants droit de l'employeur décédé et la société à payer solidairement à la salariée diverses sommes au titre d'un rappel de salaires pour la période du 1er mars au 31 octobre 2016, d'une indemnité de congés payés et de dommages-intérêts.

Cass. soc. 14 novembre 2018, n° 17-24.464, à paraître.

Constitue un manquement grave justifiant la résiliation judiciaire du contrat le fait pour l'employeur de ne pas payer le salarié.

C'est à bon droit qu'une cour d'appel a décidé que l'employeur était responsable de la rupture du contrat d'apprentissage, même si la salariée avait cessé son travail et saisi la juridiction prud'homale afin de voir prononcer la rupture du contrat aux torts de l'employeur, ce dernier s'étant abstenu de régler les sommes dues à la salariée.

Cass. soc. 6 décembre 1995, n° 92-42.427.

La rupture est imputable à l'employeur lorsque le manquement a été commis par une personne à laquelle il a délégué son autorité.

Doit être cassé l'arrêt qui, pour dire que la rupture n'était pas imputable à l'employeur, a énoncé qu'aucune faute n'était établie à son encontre dans la mesure où il n'était pas présent au moment où le cuisinier avait exercé des voies de fait sur l'apprenti, que ce dernier avait quitté son travail après l'incident sans en informer l'employeur et qu'il n'avait pas repris son travail après son arrêt maladie, alors que les voies de fait avaient été exercées sur l'apprenti par une personne à laquelle le maître d'apprentissage avait délégué son autorité.

Cass. soc. 5 février 1992, n° 88-40.597, BC V n° 64.

La rupture est imputable à l'employeur lorsque ses manquements sont tels qu'ils compromettent la formation de l'apprenti.

Une salariée engagée en qualité d'apprentie pour une durée de vingt mois a donné sa démission ; l'employeur a saisi la juridiction prud'homale aux fins de voir prononcer la résolution du contrat d'apprentissage et d'obtenir des dommages-intérêts.

Ayant constaté que les manquements de l'employeur étaient tels qu'ils compromettaient la formation de l'intéressée, une cour d'appel a pu décider que la rupture était imputable à l'employeur et débouter ce dernier de ses demandes.

Cass. soc. 2 février 2005, n° 02-45.259, BC V n° 41.

Lorsque la résiliation du contrat est prononcée aux torts de l'employeur, l'apprenti a droit au paiement des salaires correspondant à la période de sa mise à pied conservatoire.

L'apprenti, mis à pied à titre conservatoire dans l'attente de l'issue de la procédure intentée par l'employeur en vue de la résiliation du contrat d'apprentissage, a droit au paiement de ses salaires durant cette période si la résiliation n'est pas prononcée à ses torts.

Cass. soc. 26 mars 2002, n° 00-41.218, BC V n° 100.

Compte tenu de la finalité de l'apprentissage, l'employeur n'est pas tenu de procéder au reclassement de l'apprenti présentant une inaptitude de nature médicale ; il en résulte que les dispositions des articles L. 1226-4 et L. 1226-11 CT ne sont pas applicables au contrat d'apprentissage.

Un salarié, titulaire d'un contrat d'apprentissage d'une durée de douze mois conclu le 3 septembre 2012, a été placé en arrêt de travail puis déclaré inapte à son poste d'apprenti par le médecin du travail à l'issue de deux examens des 14 et 28 février 2013. Il a saisi la juridiction prud'homale de demandes en paiement des salaires jusqu'au terme du contrat et de dommages-intérêts pour absence de paiement de la rémunération.

Ayant constaté que le salarié n'avait pas exécuté sa prestation de travail, c'est à bon droit qu'une cour d'appel en a déduit que l'employeur n'était pas tenu au paiement des salaires.

Cass. soc. 9 mai 2019, n° 18-10.618, à paraître.

• L'employeur qui ne respecte pas la procédure édictée par l'article L. 6222-18 CT encourt des sanctions

La rupture du contrat prononcée en violation des dispositions de l'article L. 6222-18 CT est irrégulière en la forme et abusive…

Doit être cassé l'arrêt qui, pour condamner un employeur à payer des dommages-intérêts à un salarié pour non-respect de la procédure de rupture du contrat d'apprentissage prévue à l'article L. 117-17 CT, énonce que l'employeur a commis une faute dans la mesure où il ne pouvait prendre l'initiative de la rupture du contrat, quel que fût le bien-fondé de ses motifs, alors que l'employeur ayant pris l'initiative de rompre unilatéralement le contrat d'apprentissage après plus de deux mois d'exécution, la rupture du contrat était non seulement irrégulière en la forme, mais aussi abusive.

Cass. soc. 16 juillet 1996, n° 93-41.735.

… et l'employeur est tenu, sauf en cas de mise à pied, de payer les salaires jusqu'au jour où le juge, saisi par l'une des parties, statue sur la résiliation ou, s'il est parvenu à expiration, jusqu'au terme du contrat.

Un salarié avait été engagé en qualité d'apprenti pour une durée de 18 mois. L'employeur ayant rompu le contrat avant terme, l'intéressé avait saisi la juridiction prud'homale pour obtenir paiement des salaires jusqu'au terme du contrat, ainsi que des dommages-intérêts.

Doit être cassé l'arrêt qui, pour fixer à 10 000 F le préjudice subi par le salarié du fait de la rupture unilatérale de son contrat d'apprentissage, a relevé qu'il ne pouvait prétendre qu'à la réparation du préjudice découlant effectivement de la rupture de son contrat d'apprentissage, alors, d'une part, que la rupture par l'employeur d'un contrat d'apprentissage hors des cas prévus par la loi est sans effet et que, dès lors, l'employeur est tenu, sauf en cas de mise à pied, de payer les salaires jusqu'au jour où le conseil de prud'hommes, saisi par l'une des parties, statue sur la résiliation et, d'autre part, que le juge qui prononce la résiliation du contrat aux torts de l'employeur doit le condamner à payer une indemnité réparant le préjudice subi par l'apprenti du fait de la rupture anticipée du contrat.

Cass. soc. 4 mai 1999, n° 97-40.049, BC V n° 183. Voir aussi cass. soc. 8 novembre 2011, n° 10-22.828 ; cass. soc. 30 septembre 2015, n° 14-18.011.

En cas de liquidation judiciaire de l'employeur, le liquidateur, qui met fin au contrat d'apprentissage dans les quinze jours du jugement de liquidation ou pendant la période de maintien provisoire de l'activité de l'entreprise, agit en exécution du jugement de liquidation et n'a pas à demander au conseil de prud'hommes la résiliation du contrat ; dans ce cas, l'apprenti a droit à une indemnité égale aux rémunérations qu'il aurait perçues jusqu'au terme de son contrat.

Cass. soc. 19 février 2002, n° 00-40.230, BC V n° 69. Voir aussi cass. soc. 15 janvier 2002 n° 99-41.608, BC V n° 11 ; cass. soc. 23 mai 2000, n° 97-45.187, BC V n° 192 (arrêt n° 2) ; cass. soc. 23 mai 2000, n° 97-40.631, BC V n° 192 (arrêt n° 1) ; cass. soc. 8 juillet 2008, n° 07-41.403 ; cass. soc. 23 novembre 2011, n° 10-26.918.

Nullité du contrat

Lorsque le contrat d'apprentissage est nul, il ne peut recevoir exécution et ne peut être requalifié ; le jeune travailleur peut prétendre au paiement des salaires sur la base du SMIC ou du salaire minimum conventionnel avec application des abattements d'âge pour la période où le contrat a cependant été exécuté ainsi qu'à l'indemnisation du préjudice résultant de la rupture des relations de travail.

Cass. soc. 22 mars 2016, n° 15-10.530, pourvoi incident. Voir aussi cass. soc. 28 mai 2008, n° 06-44.327, BC V n° 118.

Succession de contrats

Une disposition conventionnelle ne peut faire obstacle à la règle fixée par l'article L. 6222-16 selon laquelle lorsqu'un contrat d'apprentissage est suivi d'un contrat de travail à durée indéterminée dans la même entreprise la durée du contrat d'apprentissage est prise en compte pour le calcul de la rémunération et l'ancienneté du salarié.

Cass. soc. 27 mars 2013, n° 11-23.967, BC V n° 90.

Contrat à durée déterminée (Cas de recours)

Un contrat de travail à durée déterminée ne peut être conclu que dans les cas limitativement énumérés par la loi, pour l'exécution d'une tâche précise et temporaire, et non pour pourvoir un emploi lié à l'activité normale de l'entreprise (art. L. 1242-1 à 3 CT).

Les cas de recours autorisés sont énumérés par la loi

La cause du recours à un contrat à durée déterminée s'apprécie à la date de conclusion de celui-ci.

Cass. soc. 3 octobre 2000, n° 98-44.431. Voir aussi cass. soc. 22 septembre 2016, n° 15-17.654.

Une salariée, engagée en qualité de professeur selon un contrat à durée déterminée en vue de pallier à un surcroît d'activité dû à une augmentation temporaire des effectifs, a saisi la juridiction prud'homale d'une demande de requalification de son contrat en un contrat à durée indéterminée.

C'est à tort que, pour faire droit à sa demande, une cour d'appel a relevé que l'accroissement d'effectifs n'était nullement temporaire puisqu'il s'était poursuivi, ce qui avait nécessité l'embauche de nouveaux professeurs, alors qu'elle avait constaté que la salariée avait été recrutée par un contrat à durée déterminée en raison d'un surcroît d'activité qui était réel à la date de conclusion du contrat de travail.

Cass. soc. 16 novembre 2004, n° 02-47.459.

L'exploitant d'une entreprise mise en redressement judiciaire peut, dans le cadre de la gestion courante de l'entreprise et sans solliciter d'autorisation, conclure un contrat à durée déterminée pour une période courte.

Lorsque aucun administrateur n'a été désigné par le jugement de redressement judiciaire selon la formule simplifiée, l'activité est poursuivie par le seul débiteur, lequel doit, en application de l'article L. 621-24 c. com., obtenir l'autorisation du juge-commissaire pour l'exercice des actes de disposition étrangers à la gestion courante de l'entreprise.

Un entrepreneur, qui exploitait en son nom personnel une entreprise de transports routiers, a été mis en redressement judiciaire selon la formule simplifiée le 29 janvier 2002. Il a engagé une salariée le 27 mars 2002 en vertu d'un contrat à durée déterminée et sa liquidation judiciaire a été prononcée le 23 juillet 2002. La salariée, dont l'exécution du contrat de travail a cessé le 2 août de la même année, a demandé à la juridiction prud'homale de fixer ses créances de salaire et de dommages-intérêts au passif de la procédure collective de l'employeur et de les déclarer opposables à l'AGS.

Ayant relevé que l'intéressée avait été engagée en qualité de chauffeur-livreur en vertu d'un contrat conclu pour une période courte afin de faire face à un surcroît de l'activité habituelle de transport de marchandises de l'entreprise, une cour d'appel a décidé à bon droit que le contrat de travail conclu par le débiteur constituait un acte de gestion courante pour l'exercice duquel l'autorisation du juge-commissaire n'était pas requise et a pu, en conséquence, déclarer les créances de la salariée opposables à l'AGS.

Cass. soc. 21 septembre 2005, n° 03-41.598, BC V n° 261.

Le salarié ne peut pas renoncer aux dispositions d'ordre public fixant les conditions de recours au contrat de travail à durée déterminée.

Cass. soc. 12 février 2016, n° 14-16.909.

L'utilisation du CESU ne permet pas à l'employeur de déroger aux dispositions d'ordre public du code du travail régissant les cas de recours au contrat à durée déterminée et ses conditions de renouvellement.

Cass. soc. 27 mars 2019, n° 18-10.903, à paraître, cité dans « Employés de maison ».

• Le salarié peut être embauché sous contrat à durée déterminée pour remplacer un salarié absent

L'autorisation de recourir à un contrat à durée déterminée de remplacement en cas d'absence temporaire d'un salarié s'entend de son absence aussi bien de l'entreprise que de son poste habituel de travail.

Cass. soc. 13 juillet 2010, n° 09-40.600, BC V n° 171. Voir aussi cass. soc. 4 avril 2012, n° 10-20.007.

Un salarié peut valablement être recruté en vertu de plusieurs contrats successifs pour remplacer des salariés absents nommément désignés.

Ayant relevé qu'une salariée avait été liée à son employeur par sept contrats de travail distincts à durée déterminée, conclus successivement pour le remplacement de divers salariés absents nommément désignés, et constaté que ces contrats avaient été exécutés conformément à leur objet, une cour d'appel a décidé, à bon droit, que ces contrats étaient autonomes les uns par rapport aux autres et que leur succession n'avait pas eu pour effet de créer entre les parties une relation de travail à durée indéterminée.

Cass. soc. 13 décembre 1995, n° 92-41.743.

En revanche, il n'est pas possible de conclure un seul contrat pour remplacer plusieurs salariés absents simultanément ou successivement.

Il résulte de l'article L. 122-1-1, 1° CT que le contrat de travail à durée déterminée ne peut être conclu que pour le remplacement d'un seul salarié en cas d'absence.

Un salarié, engagé pour une durée de dix-neuf jours en remplacement de trois salariés absents pour cause de congés payés, a saisi la juridiction prud'homale pour solliciter la requalification de son contrat à durée déterminée en un contrat à durée indéterminée et obtenir le paiement de diverses sommes.

Doit être cassé l'arrêt qui, pour débouter l'intéressé de ses demandes, a retenu qu'un seul contrat pouvait être conclu pour remplacer trois salariés absents, cette façon de faire ne tournant pas la loi, s'il était constant, comme en l'espèce, que les trois salariés, dont le nom et la qualification étaient indiqués dans le contrat, avaient été remplacés successivement, pour le motif précisé dans ce contrat, par le salarié embauché par contrat à durée déterminée.

Cass. soc. 28 juin 2006, n° 04-40.455, BC V n° 228 (arrêt n° 1). Voir aussi cass. soc. 28 juin 2006, n° 04-43.053, BC V n° 228 (arrêt n° 2) ; cass. soc. 18 janvier 2012, n° 10-16.926, 1er moyen, BC V n° 17 ; cass. soc. 9 juin 2017, n° 15-28.599, 3e moyen.

Une salariée, engagée par une société suivant contrat à durée déterminée du 18 janvier 2006 au 2 juillet 2007 pour assurer le remplacement d'un salarié, a saisi la juridiction prud'homale pour obtenir la requalification de son contrat en un contrat de travail à durée indéterminée et d'analyser la rupture en un licenciement sans cause réelle et sérieuse.

Pour débouter la salariée de ses demandes, une cour d'appel a retenu qu'elle n'avait pas occupé dans l'entreprise un emploi permanent différent du poste du salarié qu'elle remplaçait temporairement. En statuant ainsi, tout en constatant que la salariée avait remplacé durant le mois de novembre 2006 un autre salarié en congés payés, alors qu'un contrat à durée déterminée ne peut être conclu pour le remplacement de plusieurs salariés, la cour d'appel n'a pas tiré les conséquences légales de ses constatations.

Cass. soc. 11 juillet 2012, n° 11-12.243, BC V n° 216.

Il n'est pas obligatoire que le salarié recruté sous contrat à durée déterminée occupe le poste du salarié absent…

La possibilité donnée à l'employeur de conclure un contrat à durée déterminée dans les cas prévus à l'article L. 122-1-1, 1° CT ne comporte pas pour lui l'obligation d'affecter le salarié recruté en remplacement au poste même occupé par la personne absente.

Dès lors, après avoir constaté que l'embauche d'un salarié sous contrat à durée déterminée résultait de l'absence de plusieurs salariés dont le nom figurait sur les contrats de travail signés par lui, c'est à bon droit qu'une cour d'appel a débouté l'intéressé de sa demande en requalification de son contrat en contrat à durée indéterminée, l'employeur ayant pu signer des contrats à durée déterminée successifs pour remplacer d'autres salariés de l'entreprise appelés à occuper provisoirement les postes vacants.

Cass. soc. 25 mars 1997, n° 94-40.515. Voir aussi cass. soc. 22 novembre 1995, n° 91-44.480, BC V n° 308.

Contrat à durée déterminée (Cas de recours)

Un employeur a fait connaître, le 22 septembre 1997, à une assistante commerciale, embauchée à compter du 1er octobre 1993, dans le cadre d'un contrat à durée déterminée conclu pour le remplacement d'un salarié malade, qu'il était mis fin à son contrat de travail en raison du licenciement de la salariée remplacée consécutif à sa mise en invalidité définitive. L'intéressée a saisi la juridiction prud'homale afin, notamment, de voir requalifier la relation de travail en une relation à durée indéterminée, et juger qu'elle a été licenciée sans cause réelle et sérieuse.

Doit être rejeté le pourvoi de la salariée faisant grief à l'arrêt attaqué de l'avoir déboutée de sa demande d'indemnités.

D'abord, en cas de conclusion d'un contrat à durée déterminée en vue du remplacement d'un salarié absent, l'employeur n'est pas tenu, aux termes de l'article L. 122-1-1 CT, d'affecter le salarié recruté en remplacement au poste même occupé par la personne absente ; en énonçant que l'employeur ne faisait qu'user de son pouvoir de direction en affectant le remplaçant à d'autres tâches suivant l'évolution de l'organisation de l'entreprise pendant ce remplacement, la cour d'appel a légalement justifié sa décision.

Ensuite, s'il résulte de la combinaison des articles L. 122-3-13, al. 1er et L. 122-3-1, al. 1erCT qu'est réputé à durée indéterminée le contrat de travail à durée déterminée qui ne comporte pas la définition précise de son motif, et que cette exigence de précision quant à la définition du motif implique nécessairement que le nom et la qualification du salarié remplacé figurent dans le contrat lorsqu'il s'agit de l'un des cas visés par l'article L. 122-1-1 du même code, en l'espèce, le moyen manque en fait, la cour d'appel ayant relevé que les termes du contrat étaient « conformes aux dispositions de l'article L. 122-3-1 CT qui impose la mention du nom et de la qualification de la personne remplacée ».

Cass. soc. 30 avril 2003, n° 01-40.937, BC V n° 149.

... et cela, même s'il s'agit d'un remplacement partiel.

C'est à tort qu'un salarié, engagé par contrats à durée déterminée successifs aux fins d'effectuer le remplacement partiel ou total de salariés absents, reproche à une cour d'appel d'avoir refusé de requalifier les contrats en contrats à durée indéterminée. D'une part, l'article L. 122-1-1, 1° CT, qui autorise le recours au contrat à durée déterminée pour le remplacement d'un salarié absent, n'exclut pas la possibilité d'un remplacement partiel. D'autre part, la faculté ainsi offerte à l'employeur de recruter un salarié sous contrat à durée déterminée ne comporte pas pour lui l'obligation d'affecter celui-ci au poste occupé par le salarié absent. En l'espèce, après avoir constaté que les deux derniers contrats avaient pour objet le remplacement partiel d'un chef de service et qu'une partie seulement des tâches incombant à ce dernier avait été confiée au demandeur, la cour d'appel a décidé à bon droit qu'il n'occupait pas durablement un emploi lié à l'activité normale et permanente de l'entreprise et que le contrat conclu aux fins de remplacement du chef de service était licite.

Cass. soc. 15 octobre 2002, n° 00-40.623, BC V n° 305.

Le salarié ne doit pas être recruté pour remplacer l'ensemble du personnel se trouvant en congé annuel ou maladie...

Ayant constaté qu'un salarié sous contrat à durée déterminée n'avait pas été embauché pour remplacer un salarié déterminé, mais dans le cadre général du remplacement du personnel absent, qu'il était appelé à remplacer l'ensemble du personnel titulaire se trouvant en congé annuel ou maladie et qu'il pouvait être mis un terme à son contrat à tout moment, une cour d'appel a exactement décidé que son contrat de travail devait être requalifié en contrat à durée indéterminée.

Cass. soc. 24 février 1998, n° 95-41.420, BC V n° 98.

Selon l'article L. 122-1 CT, le contrat de travail à durée déterminée ne peut avoir pour objet ni pour effet de pourvoir durablement un emploi lié à l'activité normale et permanente de l'entreprise.

Une salariée a travaillé, en qualité de receveur, au service d'une société d'autoroutes selon vingt-deux contrats à durée déterminée conclus sur une période d'un an pour effectuer des remplacements au sein des groupes de gares d'un district. La salariée a saisi la juridiction prud'homale afin d'obtenir la requalification des contrats de travail à durée déterminée en un contrat de travail à durée indéterminée, ainsi que la condamnation de l'employeur au paiement d'un rappel de salaires et d'une indemnité de requalification.

Ayant constaté que l'intéressée effectuait toujours des tâches identiques avec la même qualification pour remplacer les salariés absents dans six postes de péage et que la régularité des absences dans cette zone géographique étendue entraînait un renouvellement systématique des engagements conclus avec celle-ci, une cour d'appel a pu décider qu'elle avait été engagée pour occuper durablement un emploi lié à l'activité normale et permanente de l'entreprise et qu'il y avait lieu de requalifier ces contrats à durée déterminée en un contrat à durée indéterminée.

Cass. soc. 29 septembre 2004, n° 02-43.249, BC V n° 232.

☛ *Contrat à durée déterminée (Contrats successifs).*

… il ne doit pas non plus être recruté pour exécuter le complément de travail de plusieurs salariés employés de façon permanente à temps partiel…

Pour rejeter les demandes d'un salarié en requalification de sa relation contractuelle en contrat à durée indéterminée et en paiement d'indemnités et de dommages-intérêts pour licenciement injustifié, une cour d'appel a énoncé notamment que l'intéressé avait été engagé en compensation des temps partiels de plusieurs salariés et qu'il s'agissait, dans l'esprit de l'employeur, de le conserver à son poste tant que les salariés n'auraient pas demandé à travailler à temps plein. En statuant ainsi, alors qu'elle avait constaté que le salarié avait été embauché pour exécuter le complément de travail de plusieurs salariés employés de façon permanente à temps partiel, et non en remplacement d'un salarié absent, ce dont il résultait qu'il ne pouvait relever du cas prévu à l'article L. 122-1-1, 1° CT, la cour d'appel a violé ledit article.

Cass. soc. 12 juillet 1999, n° 96-45.473, BC V n° 343.

… ou pour occuper le temps libéré par des salariés à la suite de la réduction du temps de travail dans l'entreprise.

Cass. soc. 8 février 2005, n° 02-44.454.

Il ne doit pas occuper un poste permanent dans l'entreprise.

Si la possibilité donnée à l'employeur de conclure des contrats à durée déterminée dans les cas prévus par la loi pour remplacer des salariés absents ne comporte pas pour lui l'obligation d'affecter le salarié recruté en remplacement au poste même occupé par la personne absente, cette possibilité ne peut avoir pour effet de faire occuper par l'intéressé un emploi permanent dans l'entreprise.

S'agissant d'un salarié recruté dans le cadre de cinq contrats à durée déterminée successifs ayant pour objet le remplacement de salariés absents, c'est à bon droit qu'après avoir constaté que l'emploi occupé par l'intéressé, qui était maintenu dans les mêmes tâches, était lié à l'activité normale et permanente de l'entreprise, une cour d'appel a décidé que les relations de travail entre les parties étaient à durée indéterminée.

Cass. soc. 16 juillet 1997, n° 94-42.398, BC V n° 270.

Un salarié a été employé du 17 mai 1997 au 30 novembre 1999 selon dix-huit contrats à durée déterminée par la SNCM pour remplacer des salariés absents, ou dans le cadre de l'activité saisonnière ; il a saisi le tribunal d'instance d'une demande de requalification des contrats à durée déterminée en contrat à durée indéterminée.

Pour rejeter la demande du salarié, une cour d'appel a retenu que le remplacement de salariés absents n'est pas discutable, pas plus que ne l'est l'activité saisonnière de la SNCM.

En statuant ainsi, sans rechercher, comme il lui était demandé, si, étant engagé par divers contrats à durée déterminée successifs et discontinus sur une période de plus de trente mois, pour le compte du même armateur, le salarié, qui avait occupé les mêmes fonctions d'officier radio à chaque embarquement, qu'il s'agisse des remplacements ou des emplois saisonniers, n'avait pas en réalité occupé un emploi permanent au sein de la SNCM, la cour d'appel n'a pas donné de base légale à sa décision.

Cass. soc. 13 novembre 2008, n° 06-40.060, BC V n° 212.

• Un contrat à durée déterminée peut être conclu pour le remplacement d'un chef d'entreprise artisanale, industrielle ou commerciale

L'article L. 1242-2, 4° CT qui autorise le recours au contrat à durée déterminée pour le remplacement d'un chef d'entreprise artisanale, industrielle ou commerciale, n'exclut pas la possibilité d'un remplacement partiel.

Un salarié a été engagé par une société en qualité de chef d'exploitation et affecté à un dépôt de poids lourds selon un contrat à durée déterminée conclu pour assurer le remplacement du gérant pendant son absence du site ; le salarié a saisi la juridiction prud'homale pour obtenir la requalification de son contrat en contrat à durée indéterminée et le paiement d'une indemnité de requalification, d'une indemnité compensatrice de préavis et de dommages-intérêts pour licenciement sans cause réelle et sérieuse et non-respect de la procédure.

Pour accueillir ses demandes, une cour d'appel a retenu que le gérant de la société assumait ses fonctions à partir du siège sans jamais réellement exercer en qualité de chef d'exploitation sur le site, de sorte que le contrat à durée déterminée du salarié devait être requalifié en contrat à durée indéterminée.

En statuant ainsi, sans rechercher si les fonctions confiées au salarié n'avaient pas été préalablement exercées par le chef d'entreprise, peu important que celui-ci ait été ou non présent physiquement sur le site, la cour d'appel n'a pas donné de base légale à sa décision.

Cass. soc. 26 novembre 2008, n° 07-41.751, BC V n° 229.

• Un contrat à durée déterminée peut être conclu dans l'attente de l'entrée en service effective du salarié recruté par contrat à durée indéterminée appelé à le remplacer

Le futur titulaire du poste doit déjà avoir été recruté au moment de la conclusion du contrat à durée déterminée.

L'article L. 122-1-1, 1° CT, qui permet notamment d'engager un salarié par contrat à durée déterminée pour remplacer un salarié ayant quitté définitivement l'entreprise en cas d'attente de l'entrée en service effective du salarié recruté par contrat à durée indéterminée appelé à le remplacer, suppose que le poste considéré soit pourvu par un titulaire déjà recruté, mais momentanément indisponible, et n'autorise en aucun cas l'employeur à recourir à un contrat à durée déterminée afin de pourvoir un emploi lié à l'activité normale et permanente de l'entreprise dans l'attente du recrutement du titulaire du poste.

Cass. soc. 9 mars 2005, n° 03-40.386, BC V n° 80.

• Un contrat à durée déterminée peut être conclu en cas d'accroissement temporaire de l'activité de l'entreprise

L'employeur peut recourir au contrat à durée déterminée pour un surcroît d'activité lié à un pic de production hivernal.

Selon contrat de travail conclu à durée déterminée pour la période du 27 octobre 2008 au 26 janvier 2009, un salarié a été engagé par une société « en vue de l'aider à faire face à un accroissement temporaire d'activité découlant de la commande suivante : déchargement de pneumatiques chez le client Michelin à Saint-Priest » ; cette convention a prévu qu'elle pourrait être renouvelée une fois pour une période égale, inférieure ou supérieure à la durée initiale du contrat, la durée maximale, renouvellement compris, ne pouvant dépasser 18 mois ; pendant l'arrêt de travail consécutif à un accident du travail survenu le 27 novembre 2008, la société a indiqué au salarié par lettre datée du 9 janvier 2009 que son contrat de travail à durée déterminée prenait fin le 26 janvier 2009 ; le salarié a saisi la juridiction prud'homale pour notamment obtenir la requalification de son contrat en contrat de travail à durée indéterminée.

Après avoir relevé que le contrat de travail avait été conclu, pour la période du 27 octobre 2008 au 26 janvier 2009, aux fins de faire face à un accroissement temporaire d'activité et que l'employeur exerçait l'activité habituelle de manutention de pneumatiques, une cour d'appel, qui a constaté l'existence, fût-elle liée à une production supplémentaire adaptée à l'hiver, d'un surcroît d'activité pendant la période pour laquelle le contrat avait été conclu, a pu décider qu'il n'y avait pas lieu de requalifier le contrat en contrat de travail à durée indéterminée.

Cass. soc. 25 mars 2015, n° 13-27.695, BC V n° 57.

Les emplois occupés par des salariés sous contrat à durée déterminée ne doivent pas correspondre à l'activité normale et permanente de l'entreprise.

Un salarié avait été engagé par une association en qualité d'éducateur dans le cadre d'un contrat à durée déterminée motivé par un surcroît exceptionnel d'activité. Un second contrat à durée déterminée, motivé par la nécessité de pourvoir au remplacement d'une salariée absente pour maladie, avait ensuite été conclu pour le même emploi. Le salarié a saisi la juridiction prud'homale pour obtenir la requalification de la relation de travail en contrat à durée indéterminée, ainsi que le paiement de dommages-intérêts pour licenciement sans cause réelle et sérieuse.

C'est à bon droit qu'une cour d'appel a requalifié le premier contrat de travail en contrat à durée indéterminée et a condamné l'association au paiement d'une indemnité de requalification. En effet, après avoir relevé que l'aide aux enfants en difficulté constituait l'activité normale et permanente de l'association, laquelle ne justifiait pas avoir accueilli au cours du premier semestre 1995 un nombre d'enfants en difficulté supérieur à celui dont elle a habituellement la charge, la cour d'appel a pu décider que le motif du recours au contrat à durée déterminée n'était pas réel et elle en a déduit, à bon droit, que ce contrat, conclu en méconnaissance de l'article L. 122-1-1 CT, devait être réputé conclu pour une durée indéterminée, en application de l'article L. 122-3-13 du même code.

Cass. soc. 26 juin 2002, n° 00-41.729, 2e moyen, BC V n° 219.

Ayant, d'une part, relevé qu'un volume important d'emplois sous contrat de travail à durée déterminée correspondait à l'activité normale et permanente de l'entreprise et n'était pas en relation avec une variation temporaire de l'activité et que l'aléa d'une variation d'une partie réduite de la clientèle n'était pas constitutif d'un accroissement temporaire d'activité, alors que le recours à des emplois par contrat de travail à durée déterminée apparaissait comme habituel dans une proportion constante ou voisine d'un mois sur l'autre sans révéler de période justifiant le recours à des contrats à durée déterminée, et ayant, d'autre part, constaté que l'employeur ne justifiait pas, pour chaque salarié, de circonstances permettant leur engagement par contrat à durée déterminée conforme aux exigences légales, une cour d'appel a pu requalifier les contrats de travail à durée déterminée en contrats à durée indéterminée.

Cass. soc. 1er février 2000, n° 98-41.624, BC V n° 52.

Douze salariés ont été engagés à plusieurs reprises au cours des années 2001 à 2004 en qualité d'agent de surveillance d'exposition suivant des contrats à durée déterminée par un établissement public industriel et commercial pour être affectés aux Galeries nationales du Grand Palais dans les périodes où s'y tenaient des expositions temporaires ; ils ont saisi la juridiction prud'homale de demandes tendant notamment à la requalification de leur relation de travail avec l'établissement public en contrat de travail à durée indéterminée.

Après avoir constaté que les expositions temporaires présentées par l'établissement public dans les Galeries nationales du Grand Palais intervenaient régulièrement, à la même fréquence chaque année, sur les mêmes périodes annuelles, sur un même site et suivant un mode d'organisation identique et que, si chacune de ces expositions était temporaire, celles-ci constituaient pour l'établissement une activité permanente, et non occasionnelle, même si elle était intermittente, entrant dans les missions qui lui étaient confiées, qu'il n'était produit aucune pièce permettant d'apprécier si les salariés concernés avaient été recrutés à l'occasion d'un surcroît d'activité, une cour d'appel a exactement décidé que les contrats litigieux devaient être requalifiés en contrats de travail à durée indéterminée.

Cass. soc. 10 décembre 2008, n° 06-46.349, BC V n° 244.

Selon l'article L. 122-1 devenu L. 1242-1 CT, un contrat de travail à durée déterminée, qui ne peut avoir ni pour objet ni pour effet de pourvoir durablement un emploi lié à l'activité normale et permanente de l'entreprise, ne peut être conclu que pour l'exécution d'une tâche précise et temporaire, et seulement dans les cas énumérés à l'article L. 122-1-1 devenu L. 1242-2 CT.

Une société, exploitant des commerces d'alimentation générale, a racheté un magasin et a engagé un salarié en qualité de responsable de ce magasin, pour en vérifier la rentabilité, par un contrat à durée déterminée de trois mois le 14 octobre 1996 qui a été renouvelé, par avenant du 14 janvier 1997, pour une nouvelle période déterminée de six mois avant de se poursuivre par un contrat à durée indéterminée ; après avoir été licencié, le salarié a saisi la juridiction prud'homale.

Après avoir fait ressortir que le surcroît d'activité entraîné par le rachat d'un magasin dont l'employeur entendait vérifier la rentabilité, qui s'inscrivait dans le cadre de l'activité normale et permanente de l'entreprise, n'était pas temporaire, une cour d'appel a pu ordonner la requalification du contrat de travail à durée déterminée en date du 14 octobre 1996 en contrat de travail à durée indéterminée.

Cass. soc. 13 janvier 2009, n° 07-43.388, BC V n° 2.

Un accord national a été signé le 13 février 2006 portant dispositions spécifiques à l'animation commerciale, étendu par arrêté du 16 avril 2007 ; cet accord, entré en vigueur le 1er mai 2007, a créé un contrat d'intervention à durée déterminée d'animation commerciale et a prévu que les salariés travaillant, dans le cadre de ce nouveau contrat, selon un volume d'heures supérieur à cinq cents heures sur une période de douze mois calendaires, peuvent bénéficier d'un contrat à durée indéterminée intermittent d'une durée minimale annuelle de travail correspondant à 80 % du nombre d'heures travaillées au cours des douze mois précédents ; le 11 décembre 2007, des organisations patronales ont signé avec un syndicat « une convention pour la mise en œuvre de l'accord du 13 février 2006 » prévoyant pour les salariés engagés avant le 1er juillet 2007, titulaires de contrats à durée indéterminée intermittents et ayant travaillé moins de cinq cents heures sur une période de douze mois calendaires, la novation de leur contrat à durée indéterminée en contrat d'intervention à durée déterminée ; une fédération syndicale a saisi la juridiction civile pour obtenir l'annulation de cette convention.

Après avoir relevé que la convention avait pour finalité de permettre le recours au contrat d'intervention à durée déterminée pour des salariés occupant déjà dans l'entreprise des emplois liés à son activité normale et permanente dans le cadre de contrats à durée indéterminée, peu important que ces contrats fussent à temps partiel ou intermittents, une cour d'appel a pu annuler la convention.

Cass. soc. 30 mars 2011, n° 10-10.560, 1er moyen, BC V n° 80.

Une société a recruté une ouvrière d'atelier, suivant un contrat à durée déterminée conclu pour accroissement temporaire d'activité pour une durée de dix-huit mois renouvellement inclus. La salariée a saisi la juridiction prud'homale d'une demande de requalification de son contrat en contrat à durée indéterminée.

Doit être rejeté le pourvoi qui, pour reprocher à une cour d'appel d'avoir fait droit à cette demande, soutient que le contrat à durée déterminée peut être conclu pour faire face à un accroissement temporaire de l'activité dans l'entreprise même non exceptionnel, qui peut être inhérent à un caractère cyclique de l'activité.

En effet, en retenant que le recrutement de la salariée était intervenu, non pour faire face à un accroissement temporaire d'activité justifié par des commandes supplémentaires, mais pour les besoins de l'exécution par l'employeur de son courant normal de commandes, la cour d'appel a fait ressortir que ce contrat avait été conclu pour les besoins de l'activité normale et permanente de l'entreprise.

Cass. soc. 1er février 2012, n° 10-26.647, BC V n° 48.

En cas de renouvellement du contrat, l'accroissement temporaire de l'activité s'apprécie au moment où le contrat est reconduit.

Le contrat de travail d'un salarié ayant été renouvelé pour une durée déterminée au motif d'un accroissement temporaire d'activité, une cour d'appel, qui s'est placée à bon droit à la date du renouvellement pour apprécier le motif du recours au contrat à durée déterminée et qui a constaté que l'employeur ne rapportait pas la preuve d'un accroissement temporaire de l'activité justifiant le recours à un tel contrat, a pu requalifier ce contrat en contrat à durée indéterminée et condamner l'employeur au paiement de dommages-intérêts.

Cass. soc. 1er février 2000, n° 97-44.952, BC V n° 46.

• Les emplois à caractère saisonnier peuvent être pourvus par des salariés sous contrat à durée déterminée

Il n'existe pas de liste limitative des secteurs ayant une activité saisonnière.

C'est à tort que, pour accueillir la demande d'un salarié en requalification de son contrat en contrat à durée indéterminée, un conseil de prud'hommes a énoncé que l'employeur relevait de la convention collective de la métallurgie et que cette activité ne figurait pas sur la liste complète et détaillée des secteurs dans lesquels des contrats saisonniers peuvent être conclus en raison de la nature de l'activité exercée et du caractère temporaire des emplois, alors qu'il avait relevé que le contrat signé par le salarié était un contrat saisonnier, et qu'en application de l'article L. 122-1-1 CT, un tel contrat doit être distingué de celui conclu pour un emploi pour lequel, dans certains secteurs d'activité déterminés par décret ou par voie de convention, il est d'usage constant de ne pas recourir au contrat à durée indéterminée.

Cass. soc. 17 janvier 1996, n° 92-43.172, BC V n° 13.

Le caractère saisonnier d'un emploi concerne des tâches normalement appelées à se répéter chaque année à des dates à peu près fixes, en fonction du rythme des saisons ou des modes de vie collectifs.

Pour rejeter une demande en requalification de contrats de travail temporaire à caractère saisonnier en contrat de travail à durée indéterminée, une cour d'appel a retenu, d'une part, que l'activité de brasserie présentait un caractère saisonnier en ce qu'elle était sujette à des variations liées à la consommation de la bière, aux politiques de la grande distribution amplifiées par les effets de la climatologie et, d'autre part, que, selon l'emploi dans la chaîne de production ou de distribution occupé par le travailleur intérimaire, la période de la saison variait et était fonction des effets des conditions climatiques, de sorte que l'employeur avait pu avoir recours à des contrats saisonniers à des dates différentes et ce, tout à fait régulièrement.

En statuant ainsi, sans préciser la nature et la date des emplois ayant donné lieu à la conclusion des contrats saisonniers, la cour d'appel n'a pas mis la Cour de cassation en mesure d'exercer son contrôle.

Cass. soc. 9 mars 2005, n° 02-44.706, BC V n° 85.

C'est à tort qu'une cour d'appel a condamné une société à payer à une salariée des indemnités de préavis, de congés payés sur préavis et des dommages-intérêts pour rupture abusive, après avoir constaté que l'activité touristique de l'employeur était caractérisée par un accroissement du nombre de visiteurs, chaque année, à des dates à peu près fixes, et que les contrats conclus avec la salariée couvraient les cinq ou six mois de l'année pendant lesquels la tour Eiffel recevait le plus grand nombre de visiteurs.

Cass. soc. 12 octobre 1999, n° 97-40.915, BC V n° 373.

Pour débouter une salariée de sa demande de requalification de l'ensemble de ses contrats à durée déterminée en un contrat à durée indéterminée unique, une cour d'appel a énoncé que l'existence d'une saison de la pizza correspondant à la période printemps-été était établie par les éléments d'information fournis par son employeur, lesquels étaient confortés par les statistiques versées aux débats relatives aux ventes mensuelles qui confirmaient, d'une part, le caractère cyclique de cette activité connaissant des accroissements ponctuels plus ou moins importants en janvier, mars et mai et juillet à septembre, d'autre part, que la périodicité de l'activité tenait aux habitudes de la clientèle.

En statuant ainsi, alors que l'employeur, qui fabriquait et commercialisait des pizzas surgelées en toutes saisons et connaissait seulement un accroissement périodique de production, n'avait pas d'activité saisonnière, la cour d'appel qui n'a pas tiré les conséquences légales de ses constatations a violé l'article L. 122-1-1, 3° CT.

Cass. soc. 5 décembre 2007, n° 06-41.313, 1er moyen du pourvoi principal, BC V n° 206.

Un salarié a été engagé selon deux contrats de travail à durée déterminée en qualité de chauffeur saisonnier pour effectuer des transports depuis des carrières ; il a saisi la juridiction prud'homale afin notamment d'obtenir la requalification de la seconde convention en contrat de travail à durée indéterminée.

Après avoir constaté, d'une part, que la société était une entreprise de transports routiers dont l'activité s'exerçait toute l'année et, d'autre part, qu'aucun élément n'était produit pour établir que les carrières visées dans les contrats de travail auraient eu une activité saisonnière, la circonstance que les chantiers de travaux publics étaient soumis aux conditions climatiques étant insuffisante pour démontrer que l'emploi de chauffeur de carrière serait une tâche appelée à se répéter chaque année à des dates à peu près fixes en fonction du rythme des saisons ou des modes de vie collectif, c'est à bon droit qu'une cour d'appel a accueilli la demande du salarié.

Cass. soc. 17 septembre 2008, n° 07-42.463, BC V n° 163.

L'emploi est saisonnier s'il répond à un surcroît de travail saisonnier.

Un salarié, engagé chaque année en raison d'un surcroît de travail saisonnier, pour une période ne correspondant pas à toute la période d'activité de l'entreprise et affecté en des lieux et postes différents suivant les contrats, ne peut prétendre à la requalification de son contrat en contrat de travail à durée indéterminée.

Cass. soc. 5 janvier 1995, n° 90-45.806.

Si l'emploi est permanent, le contrat peut faire l'objet d'une requalification.

Une cour d'appel a pu décider que le contrat liant une société et des salariés était à durée indéterminée dans la mesure où les intéressés, qui avaient été engagés chaque année en vertu de contrats saisonniers en qualité de manœuvres du mois de juin au mois de janvier, de 1981 à 1988 pour certains, ou de 1982 à 1988 pour d'autres, travaillaient pendant toute la période d'activité de l'entreprise.

Cass. soc. 16 janvier 1997, n° 94-40.791, 2e moyen. Voir aussi cass. soc. 13 novembre 2008, n° 06-40.060, précité.

☞ Contrat à durée déterminée (Indemnité de précarité/Indemnité de fin de contrat) ; Contrat à durée déterminée (Renouvellement).

• Dans certains secteurs, il est d'usage de ne pas recourir au contrat à durée indéterminée

Ces secteurs sont fixés par décret ou par voie de convention collective étendue.

Aux termes de l'article L. 122-1-1, 3° CT, la liste des secteurs d'activité où des contrats à durée déterminée peuvent être conclus est susceptible d'être complétée par voie de convention ou d'accord collectif étendu.

Par suite, les juges du fond ne peuvent condamner un employeur au paiement de l'indemnité de fin de contrat à durée déterminée après avoir relevé que le salarié avait été engagé par contrat à durée déterminée dans les conditions prévues par la convention collective nationale des organismes de formation du 10 juin 1988, étendue par arrêté du 16 mars 1989, et se référant à l'article L. 122-1-1, 3° CT.

Cass. soc. 27 février 1996, n° 92-43.565.

Ces secteurs correspondent à l'activité principale de l'entreprise et non à celle du salarié.

Les secteurs d'activité définis par les articles D. 121-2 et D. 124-2 CT, tels qu'ils résultent des décrets pris pour l'application, d'une part, de l'article L. 124-2-1, 3° et, d'autre part, de l'article L. 122-1-1, 3° du même code, et dans lesquels des contrats de travail temporaire ou des contrats de travail à durée déterminée peuvent être conclus pour des emplois pour lesquels il est d'usage constant de ne pas recourir au contrat à durée indéterminée en raison de la nature de l'activité exercée et du caractère par nature temporaire de ces emplois, sont les secteurs correspondant à l'activité principale de l'entreprise et non à l'activité du salarié concerné.

Cass. soc. 25 février 1998, n° 95-44.048, BC V n° 99.

Peu importe à cet égard que les bulletins de paie et les contrats de travail mentionnent une convention collective différente de celle applicable normalement au secteur.

Les secteurs d'activités définis par décret ou par voie de convention ou d'accord collectif étendu dans lesquels des contrats à durée déterminée peuvent être conclus pour des emplois pour lesquels il est d'usage constant de ne pas recourir au contrat à durée indéterminée en raison de la nature de l'activité exercée et du caractère par nature temporaire de ces emplois sont les secteurs correspondant à l'activité principale de l'entreprise.

Un salarié a été engagé en qualité de serveur « extra » par un traiteur, en vertu de 117 contrats à durée déterminée d'une journée conclus entre le 13 juin 1999 et le 12 mai 2000. Il a saisi la juridiction prud'homale d'une demande tendant à la requalification de ses contrats de travail en un contrat à durée indéterminée et à la condamnation de la société au paiement de diverses sommes.

Il résulte de l'article 1er de la convention collective nationale des hôtels, cafés, restaurants du 30 avril 1997, que celle-ci est applicable aux entreprises exerçant l'activité principale de traiteurs organisateurs de réception. Son article 14, selon lequel l'emploi d'extra est par nature temporaire, autorise et reconnaît les contrats à durée déterminée d'usage.

C'est à tort que, pour accueillir les demandes du salarié, une cour d'appel a retenu que les contrats de travail et la majorité des bulletins de paie mentionnaient que la convention collective applicable était celle de la boucherie-charcuterie et non celle des hôtels, cafés et restaurants, alors qu'il résultait de ses constatations que l'activité principale de l'employeur était celle de traiteur et relevait en conséquence d'un secteur d'activité dans lequel le recours à des contrats à durée déterminée d'usage était autorisé.

Cass. soc. 27 septembre 2006, n° 04-47.663, BC V n° 289.

La possibilité de signer un contrat à durée déterminée doit résulter d'un usage constant dans le secteur d'activité de ne pas recourir au contrat à durée indéterminée pour l'emploi concerné.

Il résulte de la combinaison des articles L. 122-1, L. 122-1-1, 3°, L. 122-3-10 et D. 121-2 CT, d'abord, que dans les secteurs d'activité définis par décret, ou par voie de convention ou d'accord collectif étendu, certains des emplois en relevant peuvent être pourvus par des contrats de travail à durée déterminée lorsqu'il est d'usage constant de ne pas recourir à un contrat à durée indéterminée en raison du caractère par nature temporaire de ces emplois, ensuite, que des contrats à durée déterminée successifs peuvent être conclus avec le même salarié, enfin, que l'office du juge, saisi d'une demande de requalification d'un contrat à durée déterminée en contrat à durée indéterminée, est seulement de rechercher, par une appréciation souveraine, si pour l'emploi concerné, et sauf si une convention collective prévoit, dans ce cas, le recours au contrat à durée indéterminée, il est effectivement d'usage constant de ne pas recourir à un tel contrat. L'existence de l'usage doit être vérifiée au niveau du secteur d'activité défini par l'article D. 121-2 CT ou par une convention ou un accord collectif étendu.

S'agissant du réalisateur d'une émission religieuse sur une chaîne publique de télévision, engagé par contrats successifs, une cour d'appel relève que si la chaîne fait effectivement partie d'un secteur d'activité où l'employeur peut recourir à des contrats à durée déterminée dits d'usage, il ne faut pas que ces contrats soient utilisés pour pourvoir des postes permanents dans l'entreprise. En l'espèce, la chaîne ayant l'obligation de diffuser chaque semaine des émissions à caractère religieux parmi lesquelles figure celle réalisée par l'intéressé, et l'emploi de ce dernier étant attaché à cette émission permanente, il a nécessairement le même caractère.

En statuant par ce motif inopérant, alors qu'il lui appartenait de rechercher si, en ce qui concerne l'emploi du salarié, il était d'usage constant de ne pas recourir à un contrat à durée indéterminée dans ce secteur d'activité, la cour d'appel n'a pas donné de base légale à sa décision.

Cass. soc. 26 novembre 2003, n° 01-42.977, BC V n° 298 (arrêt n° 3). Voir aussi cass. soc. 31 janvier 2006, n° 03-45.030.

S'agissant d'une salariée engagée par une association gestionnaire de centres de vacances et loisirs en qualité d'animatrice ou directrice adjointe par des contrats à durée déterminée successifs, une cour d'appel a ordonné la requalification de la relation de travail en relation à durée indéterminée, en se fondant sur le fait qu'elle avait occupé un emploi à caractère permanent de l'association.

En statuant par ce motif inopérant, alors qu'il lui appartenait de rechercher si, en ce qui concerne l'emploi du salarié, il était d'usage constant de ne pas recourir à un contrat à durée indéterminée dans ce secteur d'activité, la cour d'appel n'a pas donné de base légale à sa décision.

Cass. soc. 26 novembre 2003, n° 01-47.035, BC V n° 298 (arrêt n° 4).

S'agissant d'un salarié engagé par un club sportif en qualité de joueur professionnel de volley-ball, une cour d'appel a fait droit à la demande en requalification présentée par l'intéressé en retenant que le club ne rapportait pas la preuve d'un usage constant autorisant le recours à un contrat à durée déterminée dans ce sport et que la durée des contrats successifs étant supérieure à celle de la saison sportive, l'employeur avait ainsi pourvu un emploi de façon permanente et non pour la durée de cette saison.

En statuant par ce motif inopérant, alors qu'il lui appartenait de rechercher si, en ce qui concerne l'emploi du salarié, il était ou non d'usage constant de ne pas recourir à un contrat à durée indéterminée dans le secteur d'activité du sport professionnel dont relevait l'employeur, la cour d'appel n'a pas donné de base légale à sa décision.

Cass. soc. 26 novembre 2003, n° 01-44.381, BC V n° 298 (arrêt n° 2).

Selon l'article 5.4.1 de la convention collective nationale des organismes de formation, les contrats de travail sont, de façon générale, conclus à durée indéterminée. Il résulte de l'article 5.4.3 que les formateurs peuvent être embauchés sous contrats à durée déterminée pour des opérations de formation et d'animation, dès lors qu'il s'agit d'actions limitées dans le temps requérant des intervenants dont les qualifications ne sont pas normalement mises en œuvre dans les activités de formation de l'organisme, dans le cas d'activités réputées permanentes si la dispersion géographique des stages, leur caractère occasionnel ou l'accumulation de stages sur une même période ne permettent pas à l'effectif habituel permanent à temps plein ou à temps partiel d'y faire face ; les contrats interrompus régulièrement pour les périodes de congés sont présumés correspondre à l'activité normale et permanente de l'organisme et ne relèvent pas du présent article.

Ayant constaté qu'un salarié avait été employé pendant une période continue de 26 mois pour dispenser des formations de même nature à des stagiaires souhaitant acquérir une formation professionnelle dans le même domaine, préparant un diplôme d'enseignement technique reconnu par l'Éducation nationale, de sorte qu'il avait exercé durablement ses fonctions de formateur dans le cadre d'un emploi correspondant à l'activité normale et permanente de l'organisme de formation, c'est à bon droit que, faisant application des dispositions conventionnelles susvisées dont il résultait que le recours aux contrats à durée déterminée n'est pas d'un usage constant dans l'activité des organismes de formation pour l'emploi concerné, une cour d'appel a requalifié les contrats de travail à durée déterminée en un contrat de travail à durée indéterminée et a condamné l'employeur à verser au salarié les indemnités afférentes.

Cass. soc. 15 février 2006, n° 04-41.015, BC V n° 66. Voir aussi cass. soc. 26 novembre 2003, n° 01-44.263, BC V n° 298 (arrêt n° 1).

D'abord, dans les secteurs d'activité définis par décret ou par voie de convention ou d'accord collectif étendu, certains des emplois en relevant peuvent être pourvus par des contrats de travail à durée déterminée lorsqu'il est d'usage constant de ne pas recourir à un contrat à durée indéterminée, en raison du caractère par nature temporaire de ces emplois ; ensuite, des contrats à durée déterminée successifs peuvent être conclus avec le même salarié ; enfin, l'office du juge, saisi d'une demande de requalification d'un contrat à durée déterminée en contrat à durée indéterminée, est seulement de rechercher, par une appréciation souveraine, si, pour l'emploi concerné, et sauf si une convention collective prévoit en ce cas le recours au contrat à durée indéterminée, il est effectivement d'usage constant de ne pas recourir à un tel contrat. L'existence de l'usage doit être vérifiée au niveau du secteur d'activité défini par l'article D. 121-2 CT ou par une convention ou un accord collectif étendu.

Un salarié a travaillé au sein d'un hôtel en qualité de repasseur suivant des contrats journaliers d'extra. Il a saisi la juridiction prud'homale aux fins d'obtenir la demande de requalification de la relation de travail en contrat de travail à durée indéterminée.

Ayant retenu que, en l'absence de stipulations conventionnelles prévoyant le recours au contrat de travail à durée déterminée d'usage pour l'emploi de repasseur, l'employeur ne rapportait pas la preuve qu'il était d'usage constant dans l'hôtellerie de ne pas recourir à un contrat à durée indéterminée pour un tel emploi, c'est à bon droit qu'une cour d'appel a condamné l'employeur au paiement de diverses sommes à titre de rappel de salaire, d'indemnités de rupture, d'indemnité de licenciement sans cause réelle et sérieuse et de dommages-intérêts pour non-respect de la procédure.

Cass. soc. 20 septembre 2006, n° 05-41.883, BC V n° 269.

Contrat à durée déterminée (Cas de recours)

Une salariée, engagée entre le 21 septembre 2007 et le 22 mars 2013 par une série de contrats à durée déterminée qui énonçaient comme définition de leur motif la participation de la salariée à l'exécution de contrats d'enquête, en qualité d'enquêteur vacataire, par application de l'accord du 16 décembre 1991, annexé à la convention collective nationale des bureaux d'études techniques, des cabinets d'ingénieurs-conseils et des sociétés de conseil du 15 décembre 1987 [dite Syntec], a saisi la juridiction prud'homale aux fins de requalification des contrats de travail à durée déterminée d'usage en un contrat de travail à durée indéterminée à temps plein et de condamnation de l'employeur au paiement d'un rappel de salaire subséquent.

Or, selon les articles 43 et 44 de l'accord du 16 décembre 1991, « l'enquêteur vacataire est celui qui réalise des enquêtes par sondage à la vacation », le contrat d'enquête ayant pour objet « l'exécution de tâches consistant en interview, comptage, ou autres tâches de même type confiées à un enquêteur vacataire sur un sujet donné dans une population définie et dans une zone géographique fixée lors de chaque mission » ; il en résulte que l'activité de codification, qui consiste à attribuer des codes aux fins d'exploitation des réponses aux questions ouvertes, entre dans les fonctions de l'enquêteur telles que définies par l'accord.

Ayant retenu à bon droit, pour débouter la salariée de ses demandes, que la prestation de codification figurant sur l'ensemble des contrats de la salariée se rattachait à la fonction d'enquêteur, une cour d'appel, qui a relevé que l'employeur justifiait que le nombre d'enquêteurs travaillant journellement variait considérablement de mois en mois et même de semaine en semaine, établissant ainsi le caractère éminemment fluctuant de son activité, a pu déduire de ces constatations que le caractère temporaire de l'emploi occupé par la salariée était avéré.

Cass. soc. 18 janvier 2018, n° 16-11.504, 1er moyen du pourvoi principal, à paraître.

Ayant relevé que l'accord du 10 mai 2010 relatif à l'activité d'optimisation de linéaires, attaché à la convention collective nationale du personnel des prestataires de services dans le domaine du secteur tertiaire du 13 août 1999 et étendu par arrêté du 19 décembre 2011, comportait un renvoi aux dispositions du code du travail régissant les contrats à durée déterminée, lesquelles visent à prévenir le recours abusif au contrat à durée déterminée en sanctionnant par la requalification en contrat à durée indéterminée la conclusion de tout contrat à durée déterminée, quel que soit son motif, ayant pour objet ou pour effet de pourvoir durablement un emploi lié à l'activité normale et permanente de l'entreprise, une cour d'appel en a exactement déduit que la création, par cet accord, du « contrat d'intervention à durée déterminée d'optimisation linéaire » était assortie de garanties adéquates contre le recours à des contrats de travail à durée déterminée visant à éluder la protection découlant de l'article 2, § 3 de la Convention 158 de l'Organisation internationale du travail concernant la cessation de la relation de travail à l'initiative de l'employeur.

Ensuite, c'est à bon droit que la cour d'appel a retenu que les emplois pourvus par les contrats d'intervention d'optimisation linéaire dans les conditions prévues à l'article 1.1 de l'accord du 10 mai 2010 étaient par nature temporaires et constaté qu'il existait, dans le secteur de l'optimisation linéaire, un usage constant de ne pas recourir au contrat de travail à durée indéterminée, avant même la conclusion de l'accord critiqué.

Cass. soc. 20 février 2019, n° 17-16.450, à paraître.

Même lorsqu'il est conclu dans l'un des secteurs d'activité visés par les articles L. 1242-2 et D. 1242-1 CT, le contrat à durée déterminée ne peut avoir d'autre objet que de pourvoir un emploi présentant par nature un caractère temporaire.

Un contrôle effectué par l'inspection du travail des transports a permis de constater que l'entreprise de déménagement avait employé plusieurs salariés en recourant à des contrats à durée déterminée successifs ; un salarié a été employé entre le 12 mars et le 15 novembre 2002 sous le couvert de huit contrats à durée déterminée, un autre a travaillé dans les mêmes conditions entre le 2 janvier et le 31 octobre 2002 et un troisième a exécuté neuf contrats à durée déterminée entre le 7 janvier et le 9 septembre 2002.

À la suite de ce contrôle, le directeur général de l'entreprise a été cité devant le tribunal correctionnel sur le fondement de l'article L. 152-1-4 CT, pour avoir, de janvier 2002 à novembre 2002 embauché ces trois salariés par contrats de travail à durée déterminée en méconnaissance des articles L. 122-1, L. 122-1-1, 3°, et D. 121-2 CT.

Pour infirmer la déclaration de culpabilité et relaxer le prévenu, une cour d'appel a retenu, d'une part, que ce dernier, exerçant dans le secteur d'activité du déménagement prévu par l'article D. 121-2 CT, pouvait recourir à des contrats de travail à durée déterminée sans qu'il soit besoin de rechercher si ces contrats ont été rendus nécessaires par un surcroît temporaire d'activité de l'entreprise et, d'autre part, que le salarié n'a pas rapporté la preuve contraire à la présomption, résultant de l'article L. 122-1-1 CT, d'un usage constant autorisant l'employeur à ne pas recourir à un contrat à durée indéterminée.

En prononçant ainsi, sans préciser en quoi les emplois concernés présentaient par nature un caractère temporaire, et alors qu'elle avait constaté que les contrats avaient pour objet de pourvoir durablement des emplois liés à l'activité normale et permanente de l'entreprise, la cour d'appel n'a pas donné de base légale à sa décision.

Cass. crim. 6 mai 2008, n° 06-82.366, B. crim. n° 105.

L'accord-cadre sur le travail à durée déterminée conclu le 18 mars 1999, mis en œuvre par la directive 1999/70/CE du 28 juin 1999, impose au juge de vérifier que le recours à l'utilisation de contrats à durée déterminée successifs est justifié par des raisons objectives qui s'entendent de l'existence d'éléments concrets établissant le caractère par nature temporaire de l'emploi.

La notion de « raisons objectives », au sens de la clause 5, point 1, sous a), de l'accord-cadre, doit être entendue comme visant des circonstances précises et concrètes caractérisant une activité déterminée et, partant, de nature à justifier dans ce contexte particulier l'utilisation de contrats de travail à durée déterminée successifs. Ces circonstances peuvent résulter notamment de la nature particulière des tâches pour l'accomplissement desquelles de tels contrats ont été conclus et des caractéristiques inhérentes à celles-ci ou, le cas échéant, de la poursuite d'un objectif légitime de politique sociale d'un État membre.

CJCE 12 juin 2008, aff. C-364/07, Recueil I-90. Voir aussi CJCE 4 juillet 2006, aff. C-212/04, Recueil I-06057 ; CJCE 24 avril 2009, aff. C-519/08, Recueil I-65.

S'il résulte de la combinaison des articles L. 1242-1, L. 1242-2 et D. 1242-1 CT que dans les secteurs d'activité définis par décret ou par voie de convention ou d'accord collectif étendu, certains des emplois en relevant peuvent être pourvus par des contrats de travail à durée déterminée lorsqu'il est d'usage constant de ne pas recourir à un contrat à durée indéterminée, en raison de la nature de l'activité exercée et du caractère par nature temporaire de ces emplois, et que des contrats à durée déterminée successifs peuvent, en ce cas, être conclus avec le même salarié, l'accord-cadre sur le travail à durée déterminée conclu le 18 mars 1999 et mis en œuvre par la directive 1999/70/CE du 28 juin 1999, qui a pour objet, en ses clauses 1 et 5, de prévenir les abus résultant de l'utilisation de contrats à durée déterminée successifs, impose de vérifier que le recours à l'utilisation de contrats successifs est justifié par des raisons objectives qui s'entendent de l'existence d'éléments concrets établissant le caractère par nature temporaire de l'emploi.

Un salarié a été engagé le 1er février 1993 en qualité d'employé administratif par un club de football professionnel ; les bulletins de paie établis du 1er août 1995 au 30 juin 2001 portent la mention d'entraîneur alors que ceux établis entre le 1er juillet 2001 et le 30 juin 2004 indiquent la qualité de formateur ; après avoir signé un contrat de travail à durée déterminée pour la saison 2003/2004 pour exercer la fonction d'entraîneur BE1 de l'équipe de 16 ans nationaux, le salarié a été engagé le 20 septembre 2004 pour la saison 2004/2005 en qualité d'entraîneur adjoint équipe 1 ; le 26 août 2005 a été signé un contrat de moniteur BE1 pour la saison 2005/2006 en qualité d'adjoint équipe 1 ; durant la saison 2006/2007, le salarié a été entraîneur adjoint de l'équipe 1 ; il a signé le 28 août 2008 un contrat d'entraîneur de l'équipe de 18 ans pour la saison 2008/2009 ; par avenant du 23 juin 2009 a été signé un contrat d'entraîneur-adjoint ligue 2 pour la saison 2009/2010 ; ce contrat étant venu à terme le 30 juin 2010, le salarié a saisi la juridiction prud'homale de demandes en requalification de la relation de travail en contrat à durée indéterminée et en paiement de diverses sommes.

Pour débouter le salarié de sa demande, une cour d'appel a retenu qu'il n'avait jamais occupé de fonctions de formateur ou d'employé administratif et que sur la totalité de ces contrats il avait été employé en qualité d'entraîneur, que les différentes embauches avaient été effectuées pour la durée d'une ou de deux saisons sportives, que les renouvellements du contrat d'entraîneur prévoyaient des motifs identiques, que ces contrats, en ce qu'ils étaient conclus pour une saison sportive, étaient nécessairement tributaires, au regard de leur renouvellement, des résultats obtenus par l'équipe, que le contrat d'entraîneur implique, par sa nature, un résultat ou à tout le moins un objectif sportif pour l'équipe, que la fonction d'entraîneur est intrinsèquement associée aux résultats sportifs et aux nécessités de la compétition, que le salarié n'a toujours été investi que de fonctions sportives au sein du club et n'a pas occupé de fonctions de gestion ou d'organisations nécessairement liées à l'activité permanente du club, que sont donc caractérisés des éléments objectifs qui mettent en évidence le caractère par nature temporaire de l'emploi d'entraîneur exercé au sein du club.

En statuant ainsi, par des motifs inopérants tirés de l'aléa sportif et du résultat des compétitions, sans vérifier si, compte tenu des diverses tâches occupées successivement par le salarié pendant 17 ans, comme entraîneur-adjoint de l'équipe 1, de l'équipe de ligue 2, mais aussi des équipes des 16 ans nationaux et des 18 ans, l'utilisation de contrats à durée déterminée successifs était justifiée par l'existence d'éléments concrets et précis établissant le caractère par nature temporaire de cet emploi, la cour d'appel n'a pas légalement justifié sa décision.

Cass. soc. 17 décembre 2014, n° 13-23.176, BC V n° 295.

Un salarié a été engagé par une société à compter du 27 janvier 1995 en qualité d'assistant-réalisateur puis de réalisateur de bandes-annonces, dans le cadre de contrats à durée déterminée ; le contrat de travail qui, entre-temps, avait été repris par une autre société à compter du 1er juillet 1999, a pris fin le 29 septembre 2003 ; le salarié a saisi la juridiction prud'homale d'une demande de requalification de la relation de travail en contrat de travail à durée indéterminée.

Après avoir estimé que l'existence d'éléments objectifs établissant le caractère par nature temporaire des emplois relatifs à la réalisation de bandes-annonces successivement occupés par le salarié n'était pas établie, de sorte que la conclusion de contrats à durée déterminée successifs n'était pas justifiée par des raisons objectives, une cour d'appel a pu requalifier la relation de travail en un contrat à durée indéterminée.

Cass. soc. 26 mai 2010, n° 08-43.050, BC V n° 110.

Une salariée, engagée en qualité de journaliste pigiste dans le cadre de lettres successives d'engagement pour le compte d'une société, a ensuite participé, en la même qualité, à la réalisation de trois émissions diffusées sur une chaîne de télévision pour le compte d'une autre société, laquelle a mis fin à la collaboration avec l'intéressée à la suite de la suppression d'une des émissions.

Pour la débouter de sa demande en requalification de ses contrats en contrat de travail à durée indéterminée, une cour d'appel a retenu que l'employeur appartenait au secteur de l'audiovisuel, visé à l'article D. 121-2 CT, dans lequel ce dernier pouvait recourir à des contrats à durée déterminée dits d'usage, que la salariée avait occupé au sein de cette société un emploi de journaliste pigiste, qu'elle avait signé une succession de lettres d'engagement prévoyant sa participation à la production de reportages précisément référencés par leurs titres et sur des journées dont les dates étaient spécifiées, et qu'elle avait reconnu par l'acceptation des conditions générales de son engagement qu'elle bénéficiait « d'un contrat de travail à durée et objet déterminés conclu conformément aux usages dans le domaine audiovisuel », que la journaliste avait ainsi participé à la réalisation de trois émissions diffusées sur une chaîne de télévision et qui étaient par nature temporaires et que dans ces conditions, en ce qui concerne son emploi de journaliste pigiste, il était d'usage constant de ne pas recourir à un contrat à durée indéterminée eu égard au caractère par nature temporaire des programmes télévisés.

En se déterminant ainsi, par des motifs inopérants tirés du caractère temporaire des programmes de télévision, sans rechercher si l'emploi de journaliste pigiste occupé par la salariée dans le secteur de l'audiovisuel faisait partie de ceux pour lesquels il est d'usage constant de ne pas recourir au contrat à durée indéterminée et si l'utilisation de contrats à durée déterminée successifs était justifiée par l'existence d'éléments concrets et précis établissant le caractère par nature temporaire de cet emploi, la cour d'appel n'a pas donné de base légale à sa décision.

Cass. soc. 23 janvier 2008, n° 06-43.040, BC V n° 16 (arrêt n° 1).

Le besoin temporaire en personnel de remplacement constitue une raison objective au sens de l'accord-cadre, peu important que l'employeur soit obligé de recourir à des remplacements temporaires de manière récurrente, voire permanente, et que ces remplacements puissent également être couverts par l'embauche de salariés en vertu de contrats de travail à durée indéterminée.

La clause 5, point 1, sous a), de l'accord-cadre sur le travail à durée déterminée, conclu le 18 mars 1999, qui figure en annexe de la directive 1999/70/CE du Conseil, du 28 juin 1999, concernant l'accord-cadre CES, UNICE et CEEP sur le travail à durée déterminée, doit être interprétée en ce sens que le besoin temporaire en personnel de remplacement, prévu par une réglementation nationale peut, en principe, constituer une raison objective au sens de ladite clause. Le seul fait qu'un employeur soit obligé de recourir à des remplacements temporaires de manière récurrente, voire permanente, et que ces remplacements puissent également être couverts par l'embauche de salariés en vertu de contrats de travail à durée indéterminée n'implique pas l'absence d'une raison objective au sens de la clause 5, point 1, sous a), dudit accord-cadre ni l'existence d'un abus au sens de cette clause.

CJUE 26 janvier 2012, aff. C-586/10.

Lors de l'appréciation de la question de savoir si le renouvellement des contrats ou des relations de travail à durée déterminée est justifié par une raison objective, les autorités des États membres, dans le cadre de leurs compétences respectives, doivent prendre en compte toutes les circonstances de la cause, y compris le nombre et la durée cumulée des contrats ou des relations de travail à durée déterminée conclus dans le passé avec le même employeur.

CJUE 26 janvier 2012, aff. C-586/10, précité.

L'accord-cadre sur le travail à durée déterminée s'oppose à l'utilisation de contrats de travail à durée déterminée successifs qui serait justifiée par la seule circonstance qu'elle est prévue par une disposition législative ou réglementaire générale d'un État membre.

CJCE 23 avril 2009, aff. C-378/07, Recueil I-3071. Voir précédemment CJCE 4 juillet 2006, aff. C-212/04, Recueil I-06057 ; CJCE 12 juin 2008, aff. C-364/07, Recueil I-90.

La détermination par accord collectif de la liste précise des emplois pour lesquels il peut être recouru au contrat de travail à durée déterminée d'usage ne dispense pas le juge, en cas de litige, de vérifier concrètement l'existence de raisons objectives établissant le caractère par nature temporaire de l'emploi concerné.

Cass. soc. 30 novembre 2010, n° 09-68.609, moyen unique commun des pourvois de l'employeur, BC V n° 269. Voir aussi cass. soc. 16 mai 2012, n° 11-11.851 ; cass. soc. 4 mars 2015, n° 13-28.141, 2e moyen.

La conclusion de contrats à durée déterminée successifs, pour un emploi n'ayant pas un caractère temporaire, n'est pas justifiée par des raisons objectives et doit être requalifiée en un contrat unique à durée indéterminée.

Après avoir relevé que l'enseignement figurait dans les secteurs d'activité où il pouvait être recouru à des contrats à durée déterminée dits « d'usage », une cour d'appel, qui a constaté qu'un salarié avait occupé le même emploi de formateur-professeur d'éducation artistique pendant quatorze années scolaires successives et que cet emploi n'avait pas eu un caractère temporaire, ce dont il résultait que la conclusion de contrats à durée déterminée successifs n'était pas justifiée par des raisons objectives, a pu requalifier ces contrats en un contrat unique à durée indéterminée.

Cass. soc. 23 janvier 2008, n° 06-44.197, BC V n° 16 (arrêt n° 2).

Si l'activité ne peut être rattachée à aucun des secteurs mentionnés à l'article D. 1242-1 CT, la relation de travail sera requalifiée.

Il résulte de l'article L. 1242-2, 3° CT que dans les secteurs d'activité définis par décret ou par convention ou accord collectif étendu, certains des emplois en relevant peuvent être pourvus par des contrats de travail à durée déterminée lorsqu'il est d'usage constant de ne pas recourir à un contrat à durée indéterminée, en raison de la nature de l'activité exercée et du caractère par nature temporaire de ces emplois, et que des contrats à durée déterminée successifs peuvent, en ce cas, être conclus avec le même salarié.

A violé ce texte la cour d'appel qui a débouté un salarié, employé en qualité d'agent d'accueil accompagnateur par une agence de voyages, de ses demandes tendant à la requalification de la relation contractuelle en contrat à durée indéterminée et au paiement de l'indemnité de requalification.

En effet, les dispositions de l'article D. 1242-1 CT ne mentionnent pas le secteur d'activité du tourisme et la convention collective nationale de travail des guides accompagnateurs et accompagnateurs au service des agences de voyages et de tourisme du 10 mars 1966 n'est pas étendue.

Cass. soc. 15 octobre 2014, n° 13-19.993, BC V n° 239.

L'employeur ayant eu recours à une salariée tout au long de l'année, pour une activité de mannequin qui ne peut se rattacher à aucun des secteurs visés à l'article D. 121-2 CT, la relation de travail devait être requalifiée en contrat à durée indéterminée.

Cass. soc. 7 décembre 1994, n° 90-41.887, BC V n° 329.

L'obligation de respecter un délai de carence entre deux contrats à durée déterminée ne s'applique pas à la succession de contrats d'usage.

Il résulte de l'article L. 122-3-11 CT que les dispositions de l'alinéa 1er de cet article qui prévoit que l'employeur doit respecter un délai de carence entre deux contrats à durée déterminée ne s'appliquent pas aux contrats de remplacement ou d'usage conclus au titre du 3° de l'article L. 122-1-1 du même code.

Cass. soc. 11 octobre 2006, n° 05-43.595, BC V n° 300.

Le recours au contrat à durée déterminée est interdit dans certains cas

Il est interdit à l'employeur de recourir à des travailleurs temporaires pour remplacer des salariés grévistes.

Contrat à durée déterminée (Cas de recours)

À la suite d'une grève des agents de La Poste, la direction départementale de cet établissement public avait mis en place un centre de tri provisoire en ayant recours partiellement à des agents recrutés par contrat à durée déterminée en remplacement des agents en grève.

Une cour d'appel a retenu, d'une part, que le litige qui oppose La Poste non à ses agents mais à un syndicat, personne privée, procède de l'exécution de contrats régis par le code du travail dont il lui appartenait d'apprécier la régularité.

D'autre part, c'est à bon droit que la cour d'appel a jugé que l'article 31 de la loi du 2 juillet 1990 n'autorisait pas La Poste à recourir à un tel procédé pour faire obstacle à l'exercice du droit de grève reconnu à ses agents comme aux salariés de droit privé, dès lors que cet objectif était prohibé par les dispositions d'ordre public de l'article L. 122-3, 1° CT applicable aux contrats litigieux. Dès lors, la cour d'appel a pu en déduire l'existence d'un trouble manifestement illicite justifiant la compétence du juge des référés.

Cass. civ., 1re ch., 19 mai 1998, n° 97-13.916, BC I n° 182.

Le directeur d'agence d'une société de transport de colis a été renvoyé devant le tribunal correctionnel, à la suite de la plainte avec constitution de partie civile d'un syndicat qui lui reprochait d'avoir, le 4 octobre 2005, eu recours à des travailleurs temporaires pour remplacer cinq salariés qui participaient à un mouvement de grève ; les premiers juges ont déclaré le prévenu coupable du délit prévu par l'article L. 124-2-3 devenu L. 1251-10 CT.

Pour infirmer ce jugement, une cour d'appel, après avoir relevé qu'un mot d'ordre de grève nationale portant sur des revendications générales propres à la branche d'activité en cause et à l'entreprise, touchée par un plan de restructuration, avait été lancé à la fin du mois de septembre 2005 par plusieurs organisations syndicales en vue de la journée du 4 octobre suivant, a énoncé qu'il n'était pas établi que, lorsqu'il a décidé d'avoir recours à des salariés intérimaires, au matin du 4 octobre 2005, le prévenu savait que les agents remplacés dans l'après-midi du même jour étaient grévistes, et que si le mouvement social avait été annoncé la veille à la direction de l'entreprise par un délégué syndical, ce dernier s'était borné à indiquer que les salariés absents devaient être considérés comme grévistes, sans toutefois donner leur identité, et a ajouté qu'un seul salarié avait avisé la direction de sa décision de faire grève, mais tardivement, au début de l'après-midi du 4 octobre 2005.

En statuant ainsi, sans répondre aux conclusions de la partie civile et faisant valoir, d'une part, que le prévenu avait reconnu avoir eu connaissance du mouvement national de grève du 4 octobre 2005 ainsi que de ses manifestations locales, et avoir commis les agissements reprochés après en avoir informé sa hiérarchie régionale et le service des ressources humaines de l'entreprise, et, d'autre part, que le cahier de présence des salariés avait été délibérément modifié par la direction de la société en ses mentions relatives aux motifs d'absence du personnel le jour de la grève, la cour d'appel n'a pas justifié sa décision.

Cass. crim. 8 décembre 2009, n° 09-83.273.

Il lui est également interdit de faire accomplir à des salariés temporaires déjà présents dans l'entreprise, en plus de leur travail habituel, celui de salariés grévistes.

L'article L. 1251-10, 1er CT a pour objet d'interdire à l'employeur de recourir au travail temporaire dans le but de remplacer des salariés en grève et de priver leur action d'efficacité.

Une société a eu recours pendant les grèves de ses salariés en mars 2007 à des salariés engagés depuis le mois d'octobre 2006 par contrats de travail temporaire ; estimant que la société avait porté atteinte au droit de grève des salariés, un syndicat a saisi la juridiction civile de demandes indemnitaires.

Après avoir constaté que la société avait fait accomplir à des salariés temporaires, en plus de leur travail habituel, celui de salariés grévistes, leur amplitude horaire ayant été augmentée, une cour d'appel en a exactement déduit que l'employeur avait eu recours au travail temporaire en violation de l'article L. 1251-10, 1er CT.

Cass. soc. 2 mars 2011, n° 10-13.634, BC V n° 54.

Il a toutefois été admis que l'employeur affecte ces travailleurs, embauchés antérieurement au déclenchement du conflit, dans le cadre de leur mission, à des postes de travail délaissés par des ouvriers en grève.

Une cour d'appel a pu relaxer un employeur du chef d'infraction à l'article L. 124-2 CT interdisant l'utilisation des travailleurs intérimaires au cas de suspension de contrat résultant d'un conflit collectif. En effet, cet article n'a pas d'autre objet que d'interdire à l'employeur de faire appel à une entreprise de travail temporaire dans le but de remplacer des salariés en grève et de priver leur action d'efficacité, ce texte ne faisant pas défense d'affecter ces travailleurs dans le cadre de leur mission à des postes de travail délaissés par des ouvriers en grève, dès lors qu'ils ont été embauchés antérieurement au déclenchement du conflit.

Cass. crim. 2 décembre 1980, n° 80-90.149, B. crim. n° 330.

Une convention collective ne peut déroger, de façon défavorable pour le salarié, aux dispositions d'ordre public relatives aux conditions de recours et de forme du contrat de travail à durée déterminée.

Dès lors, les dispositions illicites de l'article 1.3 de la convention collective du rugby professionnel, qui imposent que le recrutement des joueurs professionnels par voie de contrat de travail à durée déterminée ne puisse excéder cinq saisons, ne peuvent faire obstacle à la requalification d'un contrat de travail à durée déterminée remis au salarié après l'expiration du délai de deux jours prévu à l'article L. 1242-13 CT.

Cass. soc. 2 avril 2014, n° 11-25.442, 3e branche du 2e moyen, BC V n° 96.

La dérogation exceptionnelle accordée par l'autorité administrative à l'interdiction de recourir au travail temporaire pour effectuer certains travaux particulièrement dangereux doit être préalable à l'affectation du salarié temporaire à l'un des travaux dont la liste est fixée à l'article D. 4154-1 CT.

Cass. soc. 30 novembre 2010, n° 08-70.390, BC V n° 270.

Le non-respect des cas de recours permet au salarié de demander la requalification du contrat

En cas de litige sur le motif du recours, il incombe à l'employeur de rapporter la preuve de la réalité du motif énoncé dans le contrat à durée déterminée.

Cass. soc. 15 septembre 2010, n° 09-40.473, 2e branche du 1er moyen, BC V n° 179. Voir aussi cass. soc. 13 mars 2013, n° 11-26.283.

Le salarié peut demander une requalification si l'emploi occupé est un emploi permanent.

Engagés en qualité d'hôtesses et de steward par une société, en application de contrats à durée déterminée alternés avec des contrats de mission, des salariés avaient saisi, avec le syndicat national du personnel navigant commercial, la juridiction prud'homale pour demander la requalification de leur contrat à durée déterminée en contrat à durée indéterminée.

Ayant constaté qu'à l'examen des dates des contrats signés par les parties, il apparaissait que l'activité de la société s'étendait sur l'année entière, que son activité n'était pas limitée aux périodes de vacances puisqu'elle assurait également des vols pendant le week-end, que les relations contractuelles entre les salariés et la compagnie avaient été permanentes sur l'année, les contrats à durée déterminée (conclus sur la période d'été) alternant avec les contrats de mission (conclus sur les périodes d'hiver), que les salariés pouvaient également être appelés à effectuer des « réserves domicile » correspondant à des journées d'astreinte à domicile dans l'attente d'un déclenchement de vol et que la succession des divers contrats avait permis à la société, en violation de l'article L. 122-1 CT, d'employer les quatre salariés tout au long de l'année, pour des durées irrégulières et imprévisibles, dans des emplois liés à l'activité normale et permanente de l'entreprise, s'agissant d'un emploi d'hôtesse de l'air ou de steward, une cour d'appel a pu en déduire que l'emploi occupé par les salariés correspondait à un emploi permanent et requalifier les différents contrats en contrat à durée indéterminée.

Cass. soc. 7 avril 1998, n° 95-43.091, BC V n° 199.

Lorsqu'un contrat à durée déterminée conclu pour remplacer un salarié absent prend effet avant le début de l'absence, le dépassement du temps nécessaire à la transmission des informations au remplaçant entraîne la requalification de la relation contractuelle en contrat à durée indéterminée.

CA Toulouse, 4e ch. sect. 2 soc., 7 mai 2009, n° 08/01780.

Le fait pour un salarié d'avoir souscrit plusieurs contrats à durée déterminée successifs sans contestation ne constitue pas un obstacle à une demande en requalification.

Doit être cassé l'arrêt qui, pour rejeter les demandes d'une salariée en requalification de son contrat, énonce qu'elle avait accepté à plusieurs reprises de souscrire des contrats à durée déterminée sans jamais émettre de contestation, alors qu'un salarié peut toujours se prévaloir de l'inobservation des dispositions légales édictant, pour sa protection, les cas et les conditions dans lesquels un contrat de travail à durée déterminée peut être conclu et qu'en l'espèce, la salariée, même si elle avait exercé son activité d'enseignante dans l'un des secteurs où il est d'usage de ne pas recourir à des contrats à durée indéterminée, pouvait demander la requalification de son contrat, les enseignements ayant été assurés de façon permanente, sans autre interruption que celle des vacances scolaires.

Cass. soc. 25 octobre 1995, n° 91-45.016.

L'AGS ne dispose pas d'un droit autonome à demander la requalification du contrat.

Les dispositions légales relatives au contrat à durée déterminée ont été édictées dans un souci de protection du salarié, qui peut seul se prévaloir de leur inobservation. Il en résulte que l'AGS n'est pas recevable, sauf fraude qu'il lui appartient de démontrer, à demander la requalification d'un contrat de travail à durée déterminée en contrat à durée indéterminée.

Cass. soc. 4 décembre 2002, n° 00-43.750, BC V n° 367. Voir aussi cass. soc. 11 décembre 2002, n° 01-40.126.

Le juge ne peut requalifier d'office le contrat en contrat à durée indéterminée.

Si, en vertu de l'article 12 NCPC, la qualification d'un contrat de travail dont la nature juridique est indécise relève de l'office du juge, celui-ci ne peut, toutefois, en application de l'article L. 122-3-13 CT, requalifier d'office un contrat à durée déterminée en contrat à durée indéterminée, les dispositions légales relatives au contrat de travail à durée déterminée ayant été édictées dans un souci de protection du salarié qui peut seul se prévaloir de leur inobservation.

Cass. soc. 30 octobre 2002, n° 00-45.572, BC V n° 332.

Le salarié qui ne demande pas la requalification de son contrat de travail est fondé à obtenir des dommages et intérêts d'un montant au moins égal aux rémunérations qu'il aurait perçues jusqu'au terme prévu par le contrat.

La seule sanction de l'irrégularité d'un contrat à durée déterminée conclu en méconnaissance des dispositions des articles L. 122-1 et s. CT est la requalification de la relation contractuelle en contrat à durée indéterminée que, sauf fraude, seul le salarié peut revendiquer ; en l'absence d'une telle demande, le salarié est fondé à obtenir des dommages-intérêts d'un montant au moins égal aux rémunérations qu'il aurait perçues jusqu'au terme prévu par le contrat.

Un salarié a été engagé par une association en qualité d'attaché commercial suivant contrat à durée déterminée ; à la suite de la mise en liquidation judiciaire de l'association, le liquidateur lui a notifié son licenciement. L'AGS ayant refusé le paiement des créances salariales sur la base de l'état des créances établi par le liquidateur et prévoyant le paiement des salaires jusqu'au terme fixé, le salarié a saisi la juridiction prud'homale de demandes au titre de l'indemnité de rupture et de l'indemnité de précarité.

C'est à tort que, pour limiter, à la demande de l'AGS, le montant des sommes alloué à l'intéressé, une cour d'appel a retenu que l'irrégularité entachant ce contrat quant à sa durée interdisait au salarié de solliciter le paiement de l'intégralité des salaires jusqu'au terme initialement convenu et que la créance de celui-ci devait être fixée dans la limite de la durée maximale de 18 mois.

Cass. soc. 18 octobre 2007, n° 06-43.848, BC V n° 162.

☛ *Contrat à durée déterminée (Rupture anticipée).*

Contrat à durée déterminée (Conclusion)

Le contrat à durée déterminée doit être écrit et comporter certaines mentions. À défaut, il fait l'objet d'une requalification en contrat à durée indéterminée (art. L. 1242-12 CT).

Le contrat à durée déterminée doit être écrit

À défaut d'écrit, le contrat est réputé conclu pour une durée indéterminée et l'employeur ne peut écarter cette présomption légale.

Aux termes de l'article L. 122-3-1 CT, dans sa rédaction issue de la loi du 12 juillet 1990, le contrat de travail à durée déterminée doit être établi par écrit et comporter la définition précise de son motif, à défaut de quoi, il est réputé conclu pour une durée indéterminée. Il résulte de ce texte qu'en l'absence de contrat écrit, l'employeur ne peut écarter la présomption légale ainsi instituée en apportant la preuve de l'existence d'un contrat verbal conclu pour une durée déterminée.

Ayant constaté qu'une salariée avait été maintenue dans son emploi après l'entrée en vigueur de cette loi sans que la poursuite des relations fasse l'objet d'un écrit, une cour d'appel a pu décider que le contrat était réputé à durée indéterminée.

Cass. soc. 18 février 1997, n° 93-44.121, 1er moyen. Voir aussi cass. soc. 3 juin 1998, n° 95-45.134 ; cass. soc. 16 mai 2000, n° 97-45.758.

constatations que le motif invoqué pour justifier le recours au contrat à durée déterminée était l'existence d'un accroissement temporaire d'activité de l'entreprise, hypothèse envisagée par le 2° de l'article L. 122-1-1 CT, la cour d'appel, qui s'est référée au 1° du même article et qui a donc retenu un motif de recours au contrat à durée déterminée différent de celui visé au contrat, a violé la loi.

Cass. soc. 4 décembre 1996, n° 94-42.987, BC V n° 415.

Aux termes de l'article L. 122-3-1 CT, le contrat à durée déterminée doit comporter la définition précise de son motif. Cette énonciation fixe les limites du litige, au cas où la qualification du contrat se trouve contestée.

C'est à tort que, pour débouter un salarié de sa demande de requalification, une cour d'appel s'est référée au 3° de l'article L. 122-1-1 CT, alors qu'elle avait relevé que le motif invoqué pour recourir au contrat à durée déterminée était le remplacement d'un salarié absent pour maladie qui relève des dispositions du 1° de cet article.

Cass. soc. 27 février 2001, n° 98-45.428, BC V n° 58.

• Le contrat doit comporter le montant de la rémunération et de ses différentes composantes

S'il doit être fait mention du montant de la rémunération et de ses différentes composantes dans le contrat de travail, l'omission de cette mention ne peut entraîner la requalification du contrat en contrat de travail à durée indéterminée.

Il résulte des articles L. 1242-12 et L. 1245-1 CT que l'absence de mention du montant de la rémunération et de ses différentes composantes ne peut entraîner la requalification du contrat à durée déterminée en contrat à durée indéterminée.

Cass. soc. 16 février 2011, n° 09-67.607, 1er moyen.

• En cas de remplacement, le nom et la qualification de la personne remplacée doivent être mentionnés

Il résulte de l'article L. 122-3-1 CT que, lorsqu'un contrat est conclu en application de l'article L. 122-1-1, 1° CT, il doit comporter le nom et la qualification du salarié remplacé. En l'absence de cette mention, le contrat est réputé conclu pour une durée indéterminée et l'employeur ne peut écarter la présomption légale ainsi instituée en apportant la preuve de la connaissance qu'avait le salarié de la qualification de la personne remplacée. Doit être cassé l'arrêt qui a débouté un salarié de ses demandes tendant à la requalification de son contrat à durée déterminée en contrat à durée indéterminée, alors que la cour d'appel avait constaté que le contrat à durée déterminée ne comportait pas la qualification de la personne remplacée, contrairement aux énonciations de l'article L. 122-3-1 CT, ce dont il résultait qu'il était réputé avoir été conclu pour une durée indéterminée.

Cass. soc. 26 octobre 1999, n° 97-40.894, BC V n° 402. Voir aussi cass. soc. 17 mars 2010, n° 08-42.305, 1er moyen ; cass. soc. 15 mars 2017, n° 15-26.077, 1er moyen du pourvoi principal.

Des contrats à durée déterminée conclus pour le remplacement de salariés absents ne précisant ni leur nom ni leur qualification, une cour d'appel a pu procéder à la requalification des contrats de travail en contrat à durée indéterminée et condamner l'employeur au paiement d'une indemnité à ce titre.

Cass. soc. 1er juin 1999, n° 96-43.617, 1er moyen, BC V n° 249. Voir aussi cass. soc. 6 mai 1997, n° 94-41.940, BC V n° 160.

La cour d'appel, qui a constaté que l'identité du salarié destiné à pourvoir le poste en attente de recrutement interne n'était pas connue lors de la conclusion du contrat à durée déterminée, a décidé, à bon droit, que le contrat de travail de la salariée devait être requalifié en contrat à durée indéterminée.

Cass. soc. 10 juillet 2001, n° 99-44.925.

Lorsqu'elle renvoie à une qualification professionnelle issue de la grille de classification des emplois annexée à la convention d'entreprise, la seule mention des fonctions du salarié remplacé répond à l'exigence légale relative à l'indication de la qualification du salarié remplacé.

Une salariée engagée en qualité de technicienne supérieure de laboratoire de catégorie 4, échelon 3, indice 272 de la classification des emplois de la convention d'entreprise du personnel mensuel du Cirad recruté en France métropolitaine, par trois contrats de travail à durée déterminée de remplacement d'une salariée, entre le 15 juin 2009 et le 18 octobre 2012, a saisi la juridiction prud'homale d'une demande de requalification de ces contrats à durée déterminée en contrat à durée indéterminée.

Pour faire droit à cette demande, une cour d'appel a retenu qu'en l'absence, notamment, de mention du nom et de la qualification du salarié remplacé le contrat est réputé conclu pour une durée indéterminée, l'employeur ne pouvant écarter la présomption légale ainsi instituée notamment en apportant des éléments extrinsèques au contrat relatifs à la qualification du salarié remplacé, qu'en l'espèce, si les contrats en cause précisaient effectivement l'emploi de la salariée remplacée, ils ne mentionnaient nullement sa qualification, c'est-à-dire sa classification, sa catégorie, son échelon, son indice, que la simple mention de l'emploi du salarié remplacé étant insuffisante pour satisfaire aux exigences légales, il s'ensuivait que les contrats de travail litigieux étaient irréguliers et que la relation de travail devait être requalifiée en contrat à durée indéterminée ayant débuté le 15 juin 2009.

En statuant ainsi, alors qu'elle constatait la mention sur les contrats litigieux des fonctions de technicienne supérieure de laboratoire de la salariée remplacée et que ces mentions renvoyaient à une qualification professionnelle issue de la grille de classification des emplois annexée à la convention d'entreprise, ce dont il résultait que les contrats répondaient aux exigences légales relatives à l'indication, dans le contrat de travail à durée déterminée de remplacement, de la qualification du salarié remplacé, la cour d'appel a violé l'article L. 1242-12 CT et la convention d'entreprise précitée.

Cass. soc. 3 mai 2018, n° 16-20.636, à paraître.

Pour la CJUE, les contrats à durée déterminée conclus en vue du remplacement de salariés absents peuvent ne pas indiquer les noms de ces travailleurs et les raisons de leur remplacement.

La clause 8, point 3, de l'accord-cadre sur le travail à durée déterminée, conclu le 18 mars 1999, qui figure en annexe de la directive 1999/70/CE du Conseil, du 28 juin 1999, concernant l'accord-cadre CES, UNICE et CEEP sur le travail à durée déterminée, doit être interprétée en ce sens qu'elle ne s'oppose pas à une réglementation nationale qui a supprimé l'obligation, pour l'employeur, d'indiquer dans les contrats à durée déterminée conclus en vue du remplacement de travailleurs absents les noms de ces travailleurs et les raisons de leur remplacement, et qui se limite à prévoir que de tels contrats à durée déterminée doivent être écrits et doivent indiquer les raisons du recours à ces contrats, pour autant que ces nouvelles conditions sont compensées par l'adoption d'autres garanties ou protections ou qu'elles n'affectent qu'une catégorie limitée de travailleurs ayant conclu un contrat de travail à durée déterminée.

CJUE 24 juin 2010, aff. C-98/09, Recueil I-5837.

• Le contrat doit comporter la désignation du poste de travail occupé par le salarié

Après avoir relevé qu'un contrat de travail à durée déterminée ne comportait pas la désignation du poste de travail d'une salariée, mention exigée par l'article L. 122-3-1 CT, une cour d'appel a pu décider que cette omission, qui ne permettait pas de dire s'il s'agissait d'un emploi lié au surcroît d'activité saisonnière, justifiait la requalification du contrat en contrat à durée indéterminée.

Cass. soc. 19 avril 2000, n° 98-45.696. Voir aussi cass. soc. 23 février 2000, n° 98-40.963.

L'absence ou le caractère erroné, dans le contrat de travail à durée déterminée d'usage, de la désignation du poste de travail n'entraîne pas la requalification en contrat à durée indéterminée lorsque l'emploi réellement occupé est par nature temporaire.

Ayant retenu que si les contrats à durée déterminée conclus mentionnaient un poste de comédien, le salarié avait occupé des fonctions d'assistant puis de doublure dans le cadre de spectacles qui correspondent à un emploi par nature temporaire, une cour d'appel a exactement décidé que cette seule circonstance ne pouvait entraîner la requalification en contrat à durée indéterminée.

Cass. soc. 21 septembre 2017, n° 16-17.241, 5e branche du 1er moyen, BC V n° 145.

• Il doit être fait mention de la période d'essai

À défaut de mention d'une période d'essai dans le contrat, celle-ci ne se présume pas.

La seule référence dans le contrat à la convention collective prévoyant une période d'essai, alors que le contrat lui-même ne prévoit pas explicitement une telle période, ne suffit pas à établir que les parties au contrat ont convenu d'une période d'essai.

Cass. soc. 11 janvier 1994, n° 89-44.642.

La durée de la période d'essai du contrat à durée déterminée est plafonnée et se décompte en jours travaillés (art. L. 1242-10 CT).

Un salarié avait été engagé le 28 septembre 1993 sous contrat à durée déterminée d'une durée de deux mois prévoyant une période d'essai de deux semaines. Après la rupture de son contrat, le 5 octobre 1993, il demandait diverses sommes pour rupture anticipée intervenue après la période d'essai. Si un conseil de prud'hommes a exactement énoncé que la période d'essai ne pouvait excéder un jour dans la limite de deux semaines lorsque la durée du contrat est au plus égale à six mois et qu'en l'espèce, elle ne pouvait excéder huit jours, c'est à tort qu'il a énoncé que le salarié avait travaillé plus de huit jours, alors qu'ayant commencé à travailler le 28 septembre, et ayant été renvoyé le 5 octobre, il ne pouvait avoir travaillé huit jours lors de la rupture, ce dont il résultait que la rupture était intervenue au cours de la période d'essai.

Cass. soc. 27 mars 1996, n° 94-43.040, 3e moyen.

En cas de conclusion de contrats successifs avec un même salarié pour un même emploi, la durée des contrats antérieurs doit être déduite de la période d'essai prévue dans le nouveau contrat.

Cass. soc. 13 juin 2012, n° 10-28.286.

☛ *Période d'essai.*

• Le contrat doit également faire mention de la convention collective applicable

S'il doit être fait mention de la convention collective applicable dans le contrat de travail, l'omission de cette mention ne peut entraîner la requalification du contrat en contrat de travail à durée indéterminée.

L'omission de la mention de la convention collective applicable ne peut entraîner la requalification du contrat à durée déterminée en contrat à durée indéterminée. Une cour d'appel, qui a constaté que les contrats à durée déterminée satisfaisaient aux conditions édictées par les articles L. 122-3-1 et L. 122-1-2, III CT, a pu rejeter les demandes de la salariée tendant notamment au paiement de dommages-intérêts pour rupture abusive.

Cass. soc. 26 octobre 1999, n° 97-42.255, BC V n° 399.

• En revanche, la date de conclusion du contrat n'a pas à être mentionnée

La date de conclusion du contrat ne figurant pas au titre des mentions obligatoires prévues à l'article L. 1242-12 CT, le défaut de mention de cette date ne saurait entraîner la requalification du contrat à durée déterminée en contrat de travail à durée indéterminée.

Cass. soc. 20 décembre 2017, n° 16-25.251, à paraître.

• Titre Emploi-Service Entreprise

En cas de recours au Titre Emploi-Service Entreprise, la transmission tardive du volet d'identification mentionné à l'article D. 1273-3 CT équivaut à une absence d'écrit entraînant la requalification de la relation de travail en contrat à durée indéterminée.

Selon l'article L. 1273-5 CT, l'employeur qui utilise le « Titre Emploi-Service Entreprise » est réputé satisfaire, par la remise au salarié et l'envoi à l'organisme habilité des éléments du titre emploi qui leur sont respectivement destinés, aux obligations prévues par les articles L. 1242-12 et L. 1242-13 CT ; l'employeur doit, suivant l'article D. 1273-3 CT, adresser au centre national de traitement compétent le volet d'identification du salarié au plus tard le dernier jour ouvrable précédant l'embauche, l'article D. 1273-4 CT prévoyant qu'une copie de ce volet d'identification est transmise sans délai par l'employeur au salarié ; la transmission tardive de ce volet équivaut à une absence d'écrit qui entraîne la requalification de la relation de travail en contrat à durée indéterminée.

Pour débouter un salarié de sa demande de requalification des contrats à durée déterminée par lesquels il avait été embauché en un contrat à durée indéterminée, une cour d'appel a retenu que le régime du Titre Emploi-Service Entreprise, « dérogatoire au droit commun des contrats à durée déterminée », n'impose à l'employeur que de remettre au salarié le volet qui lui est destiné, sans que le texte n'impose un délai précis et la signature effective de ce volet, et que le fait que le salarié n'aurait pas signé ou ait signé tardivement certains de ces volets est sans incidence sur la validité des contrats et ne peut entraîner la requalification en contrat à durée indéterminée.

En statuant ainsi, la cour d'appel, qui a refusé de rechercher si l'employeur avait respecté son obligation de transmettre sans délai au salarié une copie du volet d'identification, a violé les articles L. 1242-13, L. 1273-5, D. 1273-3 et D. 1273-4 CT.

Cass. soc. 3 mai 2016, n° 14-29.317, BC V n° 80.

Seul le salarié peut invoquer la violation de ces règles pour obtenir la requalification de son contrat

L'employeur ne peut en invoquer la violation ; seul le salarié peut soulever l'irrégularité.

Les dispositions prévues par les articles L. 122-1 et s. CT ont été édictées dans un souci de protection du salarié qui, seul, peut se prévaloir de leur inobservation.

Ayant constaté que le contrat avait été conclu pour une durée de deux ans et que le salarié n'en demandait pas la requalification, une cour d'appel a pu décider que l'employeur ne pouvait se prévaloir de la violation de la législation relative aux contrats à durée déterminée et que celle-ci était applicable.

Cass. soc. 3 juin 1998, n° 95-43.315. Voir aussi cass. soc. 18 janvier 1995, n° 91-43.334.

Lorsqu'un employeur procède à la requalification d'un contrat à durée déterminée en contrat à durée indéterminée, il ne peut se prévaloir de la raison pour laquelle le contrat à durée déterminée a été conclu pour licencier le salarié.

Un salarié avait été engagé par contrat à durée déterminée conclu en l'absence d'écrit pour remplacer une salariée absente. L'employeur a informé l'intéressé que son contrat était requalifié en contrat à durée indéterminée puis l'a licencié en raison du retour de la salariée remplacée. Il a saisi la juridiction prud'homale pour contester son licenciement.

C'est à bon droit qu'une cour d'appel a dit que le licenciement du salarié était dépourvu de cause réelle et sérieuse. En effet, lorsqu'un employeur procède à la requalification d'un contrat à durée déterminée en un contrat à durée indéterminée, il ne peut se prévaloir de la raison pour laquelle le contrat à durée déterminée a été conclu pour licencier le salarié.

Cass. soc. 8 février 2005, n° 02-46.720, BC V n° 48.

L'AGS n'est pas recevable, sauf fraude qu'il lui appartient de démontrer, à demander la requalification du contrat à durée déterminée.

Les dispositions légales relatives au contrat à durée déterminée ont été édictées dans un souci de protection du salarié, qui peut seul se prévaloir de leur inobservation. Il en résulte que l'AGS n'est pas recevable, sauf fraude qu'il lui appartient de démontrer, à demander la requalification d'un contrat de travail à durée déterminée en contrat de travail à durée indéterminée.

Cass. soc. 7 avril 2004, n° 02-40.231, BC V n° 106.

S'agissant d'un contrat initiative-emploi conclu pour une durée de 24 mois et dont l'AGS soutenait qu'il devait être requalifié en contrat à durée indéterminée, faute d'avoir fait l'objet d'une convention avec l'État, une cour d'appel n'avait pas à rechercher si tel était ou non le cas, une telle carence ne pouvant faire perdre au contrat initiative-emploi son caractère de contrat à durée déterminée de droit commun.

Cass. soc. 23 octobre 2001, n° 00-40.190, BC V n° 328.

Il n'appartient pas au juge de requalifier d'office le contrat.

Si, en vertu de l'article 12 c. proc. civ., la qualification d'un contrat de travail dont la nature juridique est indécise relève de l'office du juge, celui-ci ne peut toutefois, en application de l'article L. 1245-1 CT, requalifier d'office un contrat à durée déterminée en contrat à durée indéterminée, les dispositions prévues par les articles L. 1242-1 et s. CT relatives au contrat de travail à durée déterminée ayant été édictées dans un souci de protection du salarié qui peut seul se prévaloir de leur inobservation.

Cass. soc. 20 février 2013, n° 11-12.262, BC V n° 45. Voir aussi cass. soc. 30 octobre 2002, n° 00-45.572, BC V n° 332.

En revanche, si la nature juridique d'un contrat est indécise, la qualification exacte du contrat relève de l'office du juge.

Cass. soc. 19 mai 1998, n° 95-45.575, BC V n° 267.

Prescription de l'action en requalification fondée sur l'absence d'une mention au contrat

Le délai de prescription d'une action en requalification d'un contrat à durée déterminée en contrat à durée indéterminée fondée sur l'absence d'une mention au contrat court à compter de la conclusion de ce contrat.

Aux termes de l'article L. 1471-1 CT dans sa rédaction applicable au litige, toute action portant sur l'exécution ou la rupture du contrat de travail se prescrit par deux ans à compter du jour où celui qui l'exerce a connu ou aurait dû connaître les faits lui permettant d'exercer son droit ; il en résulte que le délai de prescription d'une action en requalification d'un contrat à durée déterminée en contrat à durée indéterminée, fondée sur l'absence d'une mention au contrat susceptible d'entraîner sa requalification, court à compter de la conclusion de ce contrat.

Un salarié, engagé par une société selon plusieurs contrat de travail à durée déterminée allant du 12 au 31 juillet 2004, du 12 janvier au 10 mars 2010, du 3 janvier au 30 septembre 2011, du 17 octobre 2011 au 17 juillet 2012, du 18 juillet 2012 au 15 janvier 2013, et du 15 janvier 2013 au 15 janvier 2014, a saisi la juridiction prud'homale, le 6 janvier

2014, d'une demande en requalification du contrat à durée déterminée conclu le 12 juillet 2004 en contrat à durée indéterminée.

Le salarié ayant fondé sa demande en requalification sur le défaut d'indication, dans le contrat, du motif du recours à ce type de contrat, une cour d'appel a pu en déduire que la prescription de cette demande courait à compter de la date de conclusion du contrat et débouter en conséquence le salarié de sa demande.

Cass. soc. 3 mai 2018, n° 16-26.437, à paraître.

Dérogation aux dispositions relatives à la forme du contrat à durée déterminée

Une convention collective ne peut déroger, de façon défavorable pour le salarié, aux dispositions d'ordre public relatives aux conditions de recours et de forme du contrat de travail à durée déterminée.

Dès lors, les dispositions illicites de l'article 1.3 de la convention collective du rugby professionnel, qui imposent que le recrutement des joueurs professionnels par voie de contrat de travail à durée déterminée ne puisse excéder cinq saisons, ne peuvent faire obstacle à la requalification d'un contrat de travail à durée déterminée remis au salarié après l'expiration du délai de deux jours prévu à l'article L. 1242-13 CT.

Cass. soc. 2 avril 2014, n° 11-25.442, 3e branche du 2e moyen, BC V n° 96.

Les dispositions relatives à la forme du contrat à durée déterminée ne concernent pas la promesse d'embauche

Pour condamner un employeur à verser à une salariée une indemnité de requalification du contrat à durée déterminée en contrat à durée indéterminée, une cour d'appel a retenu qu'il apparaissait aux termes du document du 31 octobre 1991, qui confirmait les conditions d'embauche, que celui-ci constituait le contrat et qu'il était taisant sur la qualification professionnelle de la salariée remplacée, en sorte qu'il n'y avait plus de possibilité de le régulariser par le document du 2 décembre 1991, date du début d'exécution du contrat, qu'au surplus, aucun des documents n'était signé par la salariée de sorte qu'il n'était pas avec certitude acquis que le document du 2 décembre 1991 avait été rédigé avant le début d'exécution du contrat, ce qui excluait de le considérer comme complétant utilement le contrat du 31 octobre 1991.

En statuant ainsi, alors que le document du 2 décembre 1991, qui avait été régulièrement produit aux débats, comportait une signature pour la salariée et que les dispositions de l'article L. 1242-12 CT ne s'appliquent pas à une promesse d'embauche, la cour d'appel a violé les articles 1134 c. civ. et L. 1242-12 CT.

Cass. soc. 6 juillet 2016, n° 15-11.138, 2e moyen, BC V n° 144.

Contrat à durée déterminée (Cas de recours) ; Contrat à durée déterminée (Durée) ; Contrat à durée déterminée (Indemnité de précarité/Indemnité de fin de contrat) ; Contrat à durée déterminée (Requalification/Indemnisation) ; Contrat à durée déterminée (Rupture anticipée).

Contrat à durée déterminée (Contrats successifs)

La succession des contrats à durée déterminée est strictement réglementée. En cas de non-respect de cette réglementation, le contrat peut faire l'objet d'une requalification en contrat à durée indéterminée.

Pour les contrats conclus après le 23 septembre 2017, les modalités de calcul du délai de carence entre deux contrats sur un même poste et les cas dans lesquels ce délai ne s'applique pas peuvent être déterminés par convention ou accord collectif de branche étendu, les dispositions légales étant désormais supplétives (ordonnance 2017-1387 du 22 septembre 2017).

La jurisprudence rapportée ci-dessous, rendue dans le cadre législatif antérieur, conserve cependant son intérêt, notamment au regard des litiges en cours.

Succession de contrats à durée déterminée sur un même poste

L'employeur doit respecter un délai de carence, appelé tiers temps, s'il souhaite avoir recours à un nouveau contrat à durée déterminée sur le même poste de travail.

C'est à bon droit qu'un conseil de prud'hommes a requalifié un contrat de travail en contrat à durée indéterminée, les parties ayant été liées par un premier contrat à durée déterminée, puis par un second contrat de même nature, sans que le délai de carence ait été respecté par la société.

Cass. soc. 28 février 1996, n° 93-42.007, BC V n° 71. Voir aussi cass. crim. 28 mai 1991, n° 90-82.359, B. crim. n° 227.

Une succession de contrats de travail à durée déterminée, sans délai de carence, n'est licite, pour un même salarié et un même poste, que si chacun des contrats a été conclu pour l'un des motifs prévus limitativement par la loi.

Si l'article L. 1244-1 CT prévoit que les dispositions de l'article L. 1243-11 du même code, selon lesquelles lorsque la relation contractuelle de travail se poursuit après l'échéance du terme du contrat, celui-ci devient un contrat à durée indéterminée, ne font pas obstacle dans certains cas à la conclusion, avec le même salarié, de contrats à durée déterminée successifs, il limite le champ d'application de cette exception aux seuls cas qu'il énumère ; l'article L. 1244-4 CT n'exclut l'application des dispositions de l'article L. 1244-3 imposant le respect d'un délai de carence avant la conclusion d'un nouveau contrat à durée déterminée que dans les situations qu'il mentionne, notamment lorsque le contrat à durée déterminée est conclu pour assurer le remplacement d'un salarié temporairement absent ou dont le contrat de travail est suspendu, en cas de nouvelle absence du salarié remplacé ; il en résulte qu'une succession de contrats de travail à durée déterminée, sans délai de carence, n'est licite, pour un même salarié et un même poste, que si chacun des contrats a été conclu pour l'un des motifs prévus limitativement par l'article L. 1244-4 CT.

Ayant relevé qu'une société n'avait pas respecté le délai de carence qu'elle était tenue d'appliquer entre le terme du premier contrat motivé par un accroissement temporaire d'activité, lequel ne rentre pas dans le champ d'application de l'article L. 1244-1 CT ni dans celui de l'article L. 1244-4 du même code, et la conclusion du deuxième contrat conclu pour le remplacement d'un salarié absent, une cour d'appel en a exactement déduit que ce deuxième contrat, conclu en méconnaissance des textes susvisés, était en vertu de l'article L. 1245-1 CT réputé à durée indéterminée.

Cass. soc. 30 septembre 2014, n° 13-18.162, BC V n° 217. Voir aussi cass. soc. 10 octobre 2018, n° 17-18.294, à paraître.

Ainsi, si le contrat est conclu pour un emploi saisonnier ou dans un secteur où il est d'usage de ne pas recourir à un contrat à durée indéterminée, le tiers temps n'a pas à être respecté.

La règle selon laquelle, à l'expiration d'un contrat conclu pour une durée déterminée, il ne peut être recouru, pour pourvoir le poste du salarié dont le contrat a pris fin, à un nouveau contrat à durée déterminée avant l'expiration d'une période égale au tiers de la durée de ce contrat, est inapplicable lorsque le contrat à durée déterminée est conclu afin notamment de pourvoir un emploi pour lequel, dans certains secteurs d'activité définis par décret ou par voie de convention ou d'accord collectif étendu, il est d'usage constant de ne pas recourir au contrat de travail à durée indéterminée.

Cass. soc. 12 mars 1996, n° 92-41.966, BC V n° 89. Voir aussi cass. soc. 23 mars 1999, n° 97-40.792.

Deux sociétés appartenant à un même groupe peuvent conclure des contrats successifs avec le même salarié sans respecter le délai de carence,…

Cons. prud'h. Nanterre 26 mars 2010, n° 08/02290.

… sauf si la conclusion de ces contrats constitue une manœuvre frauduleuse.

Aux termes de l'article L. 122-3-11 CT, à l'expiration d'un contrat à durée déterminée, il ne peut être recouru, pour pourvoir le poste du salarié dont le contrat a pris fin, à un contrat à durée déterminée avant l'expiration d'une période égale au tiers de la durée de ce contrat, renouvellement inclus.

Ne donne pas de base légale à sa décision la cour d'appel qui refuse de requalifier un contrat, alors qu'elle constate que deux sociétés A et B font partie du même groupe, qu'elles ont le même siège social et partagent les mêmes bureaux, que la société A a engagé un salarié en vertu de quatre contrats à durée déterminée successifs pour exécuter un travail d'ingénierie documentaire, que ce salarié a de nouveau été engagé pour effectuer ce travail, similaire à celui qu'il avait effectué auparavant, dans les mêmes locaux, sous les ordres du même chef de service, en vertu d'un cinquième contrat à durée déterminée conforme en tous points aux quatre contrats précédents, mais passé avec la société B, sans rechercher si le fait que ce cinquième contrat était établi au nom de la société B, alors qu'il s'agissait pour le salarié d'occuper le même poste que précédemment, ne s'expliquait pas par l'impossibilité dans laquelle se trouvait la société A de signer elle-même ce contrat avant que ne soit écoulé le délai prévu par l'article L. 122-3-11 CT, ce qui conférait à ce contrat un caractère frauduleux.

Cass. soc. 7 avril 1998, n° 95-45.223, BC V n° 198.

De même, est frauduleuse la conclusion par l'employeur d'un second contrat à durée déterminée avec un salarié, l'employeur ayant mis fin de façon anticipée au premier contrat à durée déterminée le liant à ce salarié.

Selon l'article L. 122-3-11 CT, à l'expiration du contrat conclu pour une durée déterminée, il ne peut être recouru, pour pourvoir le poste du salarié dont le contrat a pris fin, ni à un contrat à durée déterminée ni à un contrat de travail temporaire avant l'expiration d'une période égale au tiers de la durée de ce contrat, renouvellement inclus, sauf en cas de rupture anticipée due au fait du salarié.

Un salarié avait été embauché par un premier contrat à durée déterminée de 6 mois. Après avoir rompu ce contrat de façon anticipée, l'employeur avait embauché l'intéressé par un second contrat pour une durée de 9 mois. Le salarié avait alors saisi la juridiction prud'homale d'une demande de dommages-intérêts pour rupture anticipée et injustifiée du premier contrat et d'une demande de requalification de son second contrat en contrat à durée indéterminée.

C'est à tort que, pour débouter le salarié de sa demande en requalification de son second contrat à durée déterminée, une cour d'appel a énoncé que le premier engagement à durée déterminée conclu pour une durée de 6 mois avait été rompu indûment par l'employeur, que cette qualification n'autorisait pas le salarié à se prévaloir tout à la fois de la rupture de cette première convention et de l'absence de toute interruption au sens de l'article L. 122-3-11 CT à la date de conclusion du second contrat, alors qu'elle avait constaté que le terme normal du contrat initial avait été rompu indûment à l'initiative de l'employeur et que le salarié avait été réembauché par contrat à durée déterminée.

Cass. soc. 19 janvier 1999, n° 96-42.884, 2e moyen, BC V n° 30.

Conclusion de contrats successifs avec le même salarié

En principe, il est impossible de conclure des contrats successifs avec un même salarié, qu'il s'agisse du même poste de travail ou d'un poste différent.

Il résulte de l'article L. 122-3-11 CT, dans sa rédaction issue de l'ordonnance 82-130 du 5 février 1982, que la conclusion avec le même salarié de contrats à durée déterminée successifs n'est possible qu'en cas d'absence temporaire ou de suspension du contrat de travail d'un salarié, ou pour pourvoir des emplois saisonniers ou pour lesquels il est d'usage constant de ne pas recourir au contrat à durée indéterminée. Il s'ensuit que la conclusion de contrats à durée déterminée successifs avec le même salarié, d'abord, en remplacement d'un salarié absent, puis pour faire face à un surcroît exceptionnel d'activité, caractérise une relation de travail à durée indéterminée.

Cass. soc. 3 juillet 1991, n° 87-44.773, BC V n° 338.

Des salariés, employés comme guichetiers dans le cadre de contrats à durée déterminée qui se sont succédé de façon intermittente, ont saisi la juridiction prud'homale afin, notamment, de voir requalifier ces contrats en contrats à durée indéterminée.

Ayant constaté, d'une part, que l'activité de l'employeur, consistant à assurer la collecte et la gestion des paris dans les hippodromes, ne se rattachait pas à l'un des secteurs d'activité où il est d'usage constant de ne pas recourir au contrat à durée indéterminée et, d'autre part, que l'engagement des salariés avait fait l'objet d'un renouvellement systématique pendant plusieurs années et que leurs tâches étaient strictement identiques à chaque réunion hippique, une cour d'appel, qui a relevé en outre qu'ils avaient été engagés pour occuper durablement un emploi lié à l'activité normale et permanente de l'entreprise, a décidé à bon droit de requalifier ces contrats en contrats à durée indéterminée.

Cass. soc. 24 juin 2003, n° 00-42.766, BC V n° 203.

Des dérogations sont limitativement prévues par l'article L. 1244-1 CT, en cas d'emplois saisonniers, d'emplois pour lesquels il est d'usage de ne pas recourir à des contrats à durée indéterminée et de remplacement d'un salarié temporairement absent.

Une salariée a été engagée par l'Opéra national de Paris par contrat à durée déterminée, en qualité de danseuse, pour assurer le remplacement d'une salariée pendant son congé de maternité, puis par un nouveau contrat à durée déterminée pour remplacer une seconde artiste. Cette dernière ayant été mise en invalidité, les parties ont signé un nouveau contrat à durée déterminée jusqu'au recrutement d'un artiste par concours, destiné à pourvoir le poste. Suite à son échec à ce concours, il a été mis fin au contrat de la salariée. Elle a saisi la juridiction prud'homale.

C'est à bon droit qu'une cour d'appel a retenu, d'une part, que la salariée n'avait été liée à son employeur que par des contrats de travail distincts, conclus successivement pour le remplacement de deux salariés absents, puis dans l'attente d'un comblement de poste par concours et, d'autre part, que ces contrats étaient autonomes les uns par rapport aux autres, ce dont il résultait que leur succession n'avait pas eu pour effet de créer entre les parties une relation de travail à durée indéterminée.

Cass. soc. 26 novembre 2003, n° 01-43.575.

Contrat à durée déterminée (Contrats successifs)

Des contrats à durée déterminée successifs peuvent être conclus entre un producteur et un artiste-interprète dans le secteur de l'édition phonographique, où il est d'usage constant, en raison du caractère par nature temporaire des emplois, de ne pas recourir à un contrat à durée indéterminée. Ces contrats doivent être conclus conformément aux dispositions de l'article L. 122-3-1 CT.

Une artiste-interprète a conclu avec une société un contrat d'exclusivité d'une durée de douze mois pour l'enregistrement et la commercialisation d'un premier album, contrat réservant au producteur la possibilité de lever une option pour la conclusion de deux nouveaux contrats pour deux autres albums dans des conditions identiques. L'artiste a réalisé le premier album et la société a ensuite levé l'option pour l'enregistrement du deuxième album. Un différend ayant opposé les parties, la société a informé l'artiste de ce qu'elle ne lèverait pas l'option pour le troisième album. L'artiste a saisi le conseil de prud'hommes pour voir requalifier le contrat d'enregistrement en contrat à durée indéterminée et pour obtenir le paiement de diverses sommes à titre de rémunération et de dommages-intérêts.

Pour requalifier les relations entre les parties en contrat à durée indéterminée et dire que la rupture s'analysait en un licenciement sans cause réelle et sérieuse, une cour d'appel a énoncé que le droit de renouvellement unilatéral stipulé au bénéfice de l'employeur dans le premier contrat de travail faisait obstacle à la qualification de contrat de travail à durée déterminée, la durée du contrat étant rendue indéterminable du fait de l'option réservée à l'employeur quant à la poursuite, selon les mêmes conditions, de la relation de travail, peu important que cette relation ait été scindée en deux contrats à durée déterminée successifs.

En statuant ainsi, au seul motif de la présence dans le premier contrat conclu d'une clause prévoyant la faculté pour l'employeur de proposer au salarié la conclusion ultérieure d'un ou plusieurs autres contrats à durée déterminée, sans vérifier si, au moment de la levée d'option décidée par la société, un second contrat à durée déterminée avait été conclu par un écrit conforme aux prescriptions de l'article L. 122-3-1 CT, la cour d'appel a privé sa décision de base légale.

Cass. soc. 13 juin 2007, n° 05-45.377, BC V n° 97.

Un salarié engagé en 1990 suivant 137 contrats à durée déterminée successifs a saisi la juridiction prud'homale aux fins d'obtenir la requalification de la relation de travail en contrat de travail à durée indéterminée et la condamnation de son employeur au paiement de diverses sommes à titre d'indemnités de requalification, de rupture, de congés payés et pour licenciement sans cause réelle et sérieuse.

Pour débouter l'intéressé de ses demandes, une cour d'appel, observant qu'il existait un accord interbranche étendu du secteur du spectacle du 12 octobre 1998 qui prévoyait l'établissement de listes d'emplois où sont autorisés les contrats à durée déterminée d'usage, a retenu que les contrats écrits versés aux débats comportaient, outre la référence à l'un de ces emplois, l'objet précis dans lequel s'inscrivait cet emploi, soit l'intitulé ou la nature des émissions ou des tâches concernées.

En se déterminant ainsi, la cour d'appel n'a pas donné de base légale à sa décision. En effet, le salarié ayant été engagé antérieurement à l'accord précité, la cour devait rechercher si les contrats à durée déterminée mentionnaient qu'ils étaient conclus dans le cadre du contrat d'usage prévu par le 3° de l'article L. 122-1-1 CT.

Cass. soc. 27 juin 2007, n° 05-45.038, BC V n° 112.

D'abord, dans le secteur de l'édition phonographique où il est d'usage constant, en raison de la nature de l'activité exercée et du caractère par nature temporaire des emplois, de ne pas recourir à un contrat à durée indéterminée, un contrat à durée déterminée et des contrats à durée déterminée successifs peuvent être conclus pour l'enregistrement d'un ou plusieurs phonogrammes ; ensuite, le contrat à durée déterminée doit être établi par écrit et comporter la définition précise de son motif, à défaut de quoi il est réputé conclu pour une durée indéterminée ; enfin, lorsque le contrat à durée déterminée n'a pas de terme précis, il est conclu pour une durée minimale et a pour terme la réalisation de l'objet pour lequel il a été conclu.

Un artiste-interprète et une société de production phonographique ont signé le 30 octobre 2000 un contrat d'exclusivité portant sur ses futurs enregistrements pour la durée nécessaire à la réalisation d'un minimum de trois albums, prévoyant une durée minimale du contrat de 36 mois, et maximale de 98 mois, et stipulant que le délai entre chaque album pouvait être de 16 à 24 mois ; par avenant du 19 décembre 2002, les parties sont convenues de porter le nombre d'albums à cinq et la durée minimale du contrat à 76 mois et sa durée maximale totale à 230 mois, le terme de l'exclusivité consécutive à la sortie commerciale du dernier album étant fixé à 12 mois ; le délai passait de 16 à 36 mois pour la réalisation d'un album à partir de la sortie commerciale du précédent enregistrement ; l'artiste a enregistré un album sorti le 25 octobre

2004 ; le 24 mai 2006, l'artiste a notifié à la société sa décision de mettre fin à sa collaboration, motif pris de la durée excessive de son engagement et a offert d'accomplir un préavis d'un an ; devant le refus de la société, l'artiste a saisi la juridiction prud'homale pour voir requalifier le contrat et son avenant en un contrat à durée indéterminée, et dire que le contrat a pris fin le 26 mai 2006.

Pour accueillir ces demandes et condamner la société au paiement d'une indemnité de requalification, une cour d'appel a retenu qu'il ne pouvait s'agir d'un contrat à durée déterminée au regard de sa durée maximale totale de dix-neuf années imposée à l'artiste, que, malgré la définition de délais, ce contrat introduisait un aléa dans la durée de réalisation et de commercialisation des enregistrements et une imprécision quant à son objet, à savoir l'enregistrement d'œuvres distinctes et non définies, sur trois puis cinq albums, et en conséquence selon trois puis cinq échéances, que ces clauses venaient en violation de l'article L. 122-1-2, III CT selon lequel le contrat d'usage peut notamment ne pas comporter un terme précis mais a pour objet la réalisation de l'objet pour lequel il a été conclu, que le contrat, qui ne relevait en conséquence pas d'un cas d'ouverture du contrat d'usage nonobstant l'appartenance de la société au secteur de la phonographie, était réputé, en application de l'article L. 122-3-13 CT, du fait de la violation précitée, à durée indéterminée.

En statuant ainsi, par un motif inopérant tiré de la durée maximale prévue par le contrat, alors qu'il résulte de ses constatations qu'il était conclu dans le secteur de l'édition phonographique où il est d'usage constant de ne pas recourir à un contrat à durée indéterminée, qu'il stipulait une durée minimale et avait pour terme la réalisation par l'artiste de cinq albums, dont les caractéristiques étaient contractuellement définies, la cour d'appel a violé les articles L. 122-1, L. 122-1-1, 3°, L. 122-3-1, L. 122-1-2, III, devenus L. 1242-1, L. 1242-2, L. 1242-7 et L. 1242-12 CT.

Cass. soc. 4 février 2009, n° 08-40.184, BC V n° 31.

Contrat à durée déterminée (Cas de recours).

La seule qualification conventionnelle de « contrats d'extras » n'établit pas qu'il peut être conclu dans le secteur de l'hôtellerie-restauration des contrats à durée déterminée d'usage successifs pour ce type de contrats, pour tout poste et en toute circonstance.

Il appartient au juge de rechercher si, pour l'emploi considéré, il est effectivement d'usage constant de ne pas recourir au contrat à durée indéterminée, et de vérifier si le recours à des contrats successifs est justifié par des raisons objectives qui s'entendent de l'existence d'éléments concrets établissant le caractère par nature temporaire de l'emploi.

Deux salariés ont été engagés par une société suivant des contrats à durée déterminée d'extra, respectivement en qualité de chef de rang et de femme de chambre ; ils ont saisi la juridiction prud'homale de demandes tendant à obtenir la requalification de leurs différents contrats de travail en contrats à durée indéterminée.

Après avoir constaté que le caractère temporaire de leurs emplois n'était pas établi, c'est à bon droit qu'une cour d'appel a accueilli leurs demandes.

Cass. soc. 24 septembre 2008, n° 06-43.529, 1er moyen, BC V n° 174. Voir aussi cass. soc. 2 décembre 2009, n° 08-40.901, 1er moyen du pourvoi principal.

L'employeur ne peut pas recourir de façon systématique aux contrats à durée déterminée de remplacement pour faire face à un besoin structurel de main-d'œuvre.

La possibilité donnée à l'employeur de conclure avec le même salarié des contrats à durée déterminée successifs pour remplacer un ou des salariés absents ou dont le contrat de travail est suspendu ne peut avoir ni pour objet ni pour effet de pourvoir durablement un emploi lié à l'activité normale et permanente de l'entreprise ; il en résulte que l'employeur ne peut recourir de façon systématique aux contrats à durée déterminée de remplacement pour faire face à un besoin structurel de main-d'œuvre.

Ayant constaté que, pendant deux années consécutives, et quel que soit le remplacement assuré à l'occasion de ses 104 contrats à durée déterminée conclus, une salariée avait occupé le même emploi de receveuse de péage, pour des durées très limitées mais répétées à brefs intervalles, que le nombre de contrats de travail à durée déterminée de remplacement au péage était important, comparativement à l'effectif de l'entreprise, et que le recours à ce type de contrat était érigé en mode normal de gestion de la main-d'œuvre, une cour d'appel en a exactement déduit que l'emploi occupé par l'intéressée était lié durablement à l'activité normale et permanente de l'entreprise et qu'il y avait lieu de requalifier les contrats à durée déterminée en un contrat à durée indéterminée.

Cass. soc. 26 janvier 2005, n° 02-45.342, BC V n° 21. Voir aussi cass. soc. 13 mars 2013, n° 11-26.658, 1er moyen, s'agissant de l'impossibilité pour l'entreprise utilisatrice de recourir de façon systématique aux missions d'intérim pour faire face à un besoin structurel de main-d'œuvre.

Contrat à durée déterminée (Contrats successifs)

Une salariée a travaillé en qualité d'assistante de caisse en vertu de quarante et un contrats à durée déterminée successifs ayant principalement pour objet le remplacement de salariés absents. Estimant que ces divers contrats s'analysaient en réalité en un contrat à durée indéterminée, elle a saisi la juridiction prud'homale.

Pour débouter l'intéressée de sa demande en requalification de ses contrats à durée déterminée en un contrat à durée indéterminée, une cour d'appel a retenu qu'elle n'avait pas occupé le même poste puisque, si elle avait été engagée pour remplacer l'une des soixante et onze caissières malades, l'examen de ses contrats faisait apparaître que le volume horaire mensuel était différent, ainsi que la répartition des jours travaillés sur la semaine et que dès lors que les contrats avaient été conclus pour faire face au remplacement de salariées, nommément désignées, absentes pour cause de maladie, de congés maternité ou parental ou pour prise de congés payés, il en résultait que ces contrats étaient autonomes les uns par rapport aux autres et que leur succession n'avait pas eu pour effet de créer une situation nouvelle de relation de travail à durée indéterminée.

En statuant ainsi, sans rechercher si l'employeur n'avait pas eu recours de façon systématique aux contrats à durée déterminée de remplacement pour faire face à un besoin structurel de main-d'œuvre, la cour d'appel a privé sa décision de base légale.

Cass. soc. 11 octobre 2006, n° 05-42.632, BC V n° 299.

Mais le seul fait pour l'employeur, qui est tenu de garantir aux salariés le bénéfice des droits à congés maladie ou maternité, à congés payés ou repos que leur accorde la loi, de recourir à des contrats à durée déterminée de remplacement de manière récurrente, voire permanente, ne saurait suffire à caractériser un recours systématique aux contrats à durée déterminée pour faire face à un besoin structurel de main d'œuvre et pourvoir ainsi durablement un emploi durable lié à l'activité normale et permanente de l'entreprise.

Cass. soc. 14 février 2018, n° 16-17.966, à paraître.

La faculté pour un employeur de conclure des contrats à durée déterminée successifs avec le même salarié afin de pourvoir un emploi saisonnier n'est assortie d'aucune limite au-delà de laquelle s'instaurerait entre les parties une relation de travail globale à durée indéterminée.

Une salariée a été employée par une société chaque année pendant seize ans durant la période de mi-juillet à mi-septembre, en qualité de saisonnière pour le conditionnement du maïs doux ; par courrier du 14 octobre 2005, la société l'a informée qu'elle mettait fin à leur collaboration pour les années à venir ; la salariée a saisi la juridiction prud'homale de demandes tendant à la requalification de la relation de travail ainsi qu'au paiement de diverses sommes.

Après avoir constaté que l'emploi occupé correspondait à des tâches appelées à se répéter chaque année à des dates à peu près fixes en fonction de la maturité du produit de saison, et que ces tâches confiées à la salariée étaient liées à cet accroissement cyclique, une cour d'appel a exactement décidé que l'emploi était saisonnier et a pu débouter la salariée de ses demandes.

En effet, la faculté pour un employeur de conclure des contrats à durée déterminée successifs avec le même salarié afin de pourvoir un emploi saisonnier n'est assortie d'aucune limite au-delà de laquelle s'instaurerait entre les parties une relation de travail globale à durée indéterminée.

Cass. soc. 26 octobre 2011, n° 09-43.205, BC V n° 239.

Une salariée a été employée en qualité de serveuse, de 1986 à 1996, selon 17 contrats à durée déterminée à caractère saisonnier ; la salariée, qui ne s'est plus présentée au travail, a saisi la juridiction prud'homale d'une demande de requalification des contrats en un contrat à durée indéterminée et de diverses demandes au titre de la rupture.

Pour requalifier les différents contrats saisonniers en un contrat à durée indéterminée et condamner l'employeur à payer une indemnité de requalification, une cour d'appel a relevé que, si l'article L. 122-1-1 CT autorise le recours aux contrats à durée déterminée pour l'emploi de salariés dans le cadre d'une activité à caractère saisonnier, la reconduction systématique sur une longue période de tels contrats, conclus chaque fois pour la durée de la saison, entraîne, de jurisprudence bien établie, la requalification des contrats à durée déterminée successifs en une relation contractuelle unique d'une durée globale indéterminée, que sur les dix années considérées, la salariée avait assuré huit saisons d'été et neuf saisons d'hiver, qu'elle avait ainsi occupé un emploi lié à l'activité normale et permanente de la société.

En statuant ainsi, alors qu'elle avait constaté que la salariée n'avait pas été engagée ni pour toutes les saisons ni pendant la durée totale de chaque saison, et alors que les contrats saisonniers n'étaient pas assortis d'une clause de reconduction pour la saison suivante, la cour d'appel a violé les articles L. 122-1-1, 3° et L. 122-3-10, al. 2 CT.

Cass. soc. 16 novembre 2004, n° 02-46.777, BC V n° 285.

C'est à tort qu'une cour d'appel a requalifié les contrats saisonniers successifs d'un salarié en contrat à durée indéterminée, alors, d'une part, qu'elle n'avait pas constaté que le salarié était employé chaque année pendant toute la période d'ouverture ou de fonctionnement de l'entreprise ou que les contrats saisonniers étaient assortis d'une clause de reconduction pour la saison suivante et alors, d'autre part, que le sentiment éprouvé par le salarié d'appartenir au personnel permanent de cette entreprise n'était pas de nature à conférer ce caractère à l'emploi occupé et à créer entre les parties une relation de travail à durée globale indéterminée.

Cass. soc. 15 octobre 2002, n° 00-41.759, BC V n° 306.

Le salarié ne peut donc pas prétendre à la requalification de son contrat en contrat à durée indéterminée…

Un salarié, engagé par une société en vertu de contrats à durée déterminée exécutés dans divers pays, avait saisi la juridiction prud'homale aux fins de faire constater l'existence d'un contrat de travail à durée indéterminée et d'obtenir, en conséquence, la condamnation de cette société à lui verser des indemnités de préavis et de licenciement, ainsi que des dommages-intérêts pour licenciement sans cause réelle et sérieuse.

Doit être approuvé l'arrêt ayant débouté l'intéressé de ses demandes. En effet, après avoir constaté que chacun des contrats litigieux comportait la définition de la fonction occupée, celle du lieu de travail, la durée du contrat exprimée en séjour et, en l'absence de terme précis, la durée indicative des séjours, une cour d'appel en a exactement déduit qu'eu égard à ces mentions conformes aux exigences légales, ces contrats étaient réguliers en la forme. Ayant ensuite relevé que les contrats successifs avaient tous été conclus pour l'exécution d'un travail précis et exécutés dans des lieux et des pays différents, entrecoupés de périodes plus ou moins longues d'inactivité ou d'activités au bénéfice d'autres entreprises, la cour d'appel a fait ainsi ressortir que ces contrats n'avaient pas eu pour effet de faire occuper un emploi permanent par le salarié et a retenu à juste titre que, si longue qu'elle ait été, la succession de ces contrats distincts et autonomes les uns par rapport aux autres n'avait pu créer entre les parties une relation de travail à durée indéterminée.

Cass. soc. 6 mai 1998, n° 95-45.027, BC V n° 225. Voir aussi cass. soc. 30 janvier 1991, n° 87-43.596, BC V n° 42 ; cass. soc. 13 décembre 2000, n° 98-46.322.

Se trouve légalement justifié l'arrêt rejetant la demande d'une salariée, engagée en qualité de perchiste, en requalification de contrats de travail saisonniers successifs en une relation de travail à durée indéterminée, dès lors qu'il était établi, d'une part, que l'intéressée n'était embauchée que lors de la saison d'hiver et n'était pas employée pendant toute la période d'ouverture de l'entreprise qui exerçait également son activité pendant l'été et, d'autre part, que la salariée, engagée au sein de cette société dont l'activité estivale ne nécessitait pas le recours d'un emploi de perchiste, avait été employée pour assurer l'exécution d'une tâche précise et temporaire et n'occupait pas un emploi lié à l'activité permanente de l'entreprise.

Cass. soc. 30 mai 2000, n° 98-41.134, 1er et 3e moyens, BC V n° 205.

… sauf s'il occupe un emploi permanent dans l'entreprise.

Si la possibilité donnée à l'employeur de conclure des contrats à durée déterminée dans les cas prévus à l'article L. 122-1-1, 1° CT pour remplacer des salariés absents ne comporte pas pour lui l'obligation d'affecter le salarié recruté en remplacement au poste même occupé par la personne absente, cette possibilité ne peut avoir pour effet de faire occuper par l'intéressé un emploi permanent de l'entreprise.

S'agissant d'un salarié recruté dans le cadre de cinq contrats à durée déterminée successifs ayant pour objet le remplacement de salariés absents, c'est à bon droit qu'après avoir constaté que l'emploi occupé par l'intéressé, qui était maintenu dans les mêmes tâches, était lié à l'activité normale et permanente de l'entreprise, une cour d'appel a décidé que les relations de travail entre les parties étaient à durée indéterminée.

Cass. soc. 16 juillet 1997, n° 94-42.398, BC V n° 270. Voir aussi cass. soc. 11 octobre 2000, n° 98-44.692.

Le jugement prud'homal assorti d'une exécution provisoire ordonnant la requalification du contrat à durée déterminée en contrat à durée indéterminée ne fait obstacle à la rupture du contrat en raison de l'arrivée du terme prévu que s'il a été notifié à l'employeur avant cette date.

L'exécution d'un jugement ou d'un arrêt, de quelque juridiction que ce soit, doit être considérée comme faisant partie intégrante du « procès équitable » ; il en résulte que lorsqu'une décision, exécutoire par provision, ordonne la requalification d'un contrat à durée déterminée en contrat à durée indéterminée, la rupture du contrat de travail intervenue après la notification de cette décision au motif de l'arrivée du terme stipulé dans ledit contrat à durée déterminée est nulle.

Plusieurs salariés d'une compagnie aérienne, engagés par contrats à durée déterminée successifs, ont saisi la juridiction prud'homale d'une demande de requalification de ces contrats en contrats à durée indéterminée ; par jugements du 29 septembre 2011, exécutoires de plein droit à titre provisoire, le conseil de prud'hommes a procédé à cette requalification ; par lettre du 27 octobre 2011, la société a informé les salariés que la relation de travail prendrait fin le 30 octobre 2011, au terme prévu par leurs contrats à durée déterminée.

Pour rejeter la demande des salariés tendant à l'annulation de leur licenciement et à leur réintégration, une cour d'appel a retenu que le défaut d'exécution volontaire d'un jugement assorti de l'exécution provisoire mais frappé d'appel ne saurait caractériser en soi une atteinte au droit d'accès à la justice et que les salariés ne justifiaient pas de ce que la rupture du contrat était précisément intervenue à raison de l'instance en cours.

En statuant ainsi, sans vérifier si les jugements ordonnant la requalification du contrat à durée déterminée en contrat à durée indéterminée avaient été notifiés à l'employeur par le greffe du conseil de prud'hommes, avant le terme du contrat à durée déterminée, objet de la requalification en contrat à durée indéterminée, la cour d'appel a privé sa décision de base légale au regard des articles L. 1121-1, L. 1245-1, R. 1245-1 CT et 6 § 1 de la Convention EDH.

Cass. soc. 18 décembre 2013, n° 12-27.383, 2e moyen, BC V n° 311.

Lorsque le juge requalifie des contrats à durée déterminée successifs en un contrat à durée indéterminée, il doit rechercher si la lettre de rupture des relations contractuelles vaut lettre de licenciement au sens de l'article L. 1232-6 CT…

S'agissant d'un professeur engagé à compter d'octobre 1992, selon des contrats à durée déterminée successifs correspondant à l'année universitaire, avec un nombre d'heures hebdomadaires, la faculté lui a indiqué, le 2 juin 1998, qu'elle ne renouvellerait pas son engagement pour la rentrée scolaire suivante.

Doit être rejeté le pourvoi de la salariée faisant grief à l'arrêt, qui a requalifié ses contrats en un contrat à durée indéterminée, de l'avoir déboutée de sa demande de dommages-intérêts pour licenciement sans cause réelle et sérieuse.

En effet, la cour d'appel, qui a relevé que la lettre énonçait pour motifs de la rupture les nombreuses critiques des étudiants et des parents concernant l'enseignement donné par la salariée et un manque de coordination dans l'enseignement des langues avec ses collègues, a pu décider que celle-ci énonçait des griefs matériellement vérifiables et que le licenciement avait une cause réelle et sérieuse.

Cass. soc. 7 mai 2003, n° 00-44.396, BC V n° 156.

… et si les motifs de rupture qui y sont énoncés constituent des griefs matériellement vérifiables permettant de décider si le licenciement a une cause réelle et sérieuse.

Le juge qui requalifie la relation contractuelle en un contrat de travail à durée indéterminée doit rechercher si la lettre de rupture des relations contractuelles vaut lettre de licenciement et si les motifs de rupture énoncés constituent des griefs matériellement vérifiables permettant de décider si le licenciement a une cause réelle et sérieuse.

Pour condamner un employeur à payer à son ancien salarié des sommes à titre de dommages-intérêts pour licenciement sans cause réelle et sérieuse, à titre d'indemnité compensatrice de préavis, au titre des congés payés afférents, et à titre d'indemnité de licenciement, une cour d'appel a retenu qu'eu égard à la requalification du contrat en contrat à durée indéterminée, sa rupture s'analysait en un licenciement sans cause réelle et sérieuse, sans qu'il soit nécessaire de statuer sur les motifs énoncés par la directrice des ressources humaines de l'entreprise dans son courriel du 20 septembre 2011 par lequel elle avait notifié au salarié la fin de la relation de travail.

En statuant ainsi, et alors que le salarié ne contestait pas avoir pris connaissance de ce courriel, la cour d'appel a violé l'article L. 1232-6 CT.

Cass. soc. 20 octobre 2015, n° 14-23.712, 2e moyen du pourvoi principal, BC V n° 197.

Lorsque plusieurs contrats à durée déterminée sont requalifiés en contrat de travail à durée indéterminée, la rupture de la relation de travail s'analyse en un licenciement et le salarié ne peut prétendre qu'aux indemnités de rupture lui revenant à ce titre.

Dès lors, c'est à tort que, après avoir requalifié une succession de contrats à durée déterminée en contrat à durée indéterminée, une cour d'appel a alloué au salarié des dommages-intérêts pour rupture abusive de chaque contrat de travail à durée déterminée et, outre les indemnités de rupture, des dommages-intérêts pour licenciement sans cause réelle et sérieuse.

Cass. soc. 25 mai 2005, n° 03-43.146, 2e moyen, BC V n° 175. Voir aussi cass. soc. 28 avril 2011, n° 09-42.790, trois premières branches du moyen.

Lorsqu'une succession de contrats à durée déterminée est requalifiée en contrat à durée indéterminée, le salarié est réputé avoir occupé un emploi à durée indéterminée depuis le jour de sa première embauche, peu important que la relation de travail ait été interrompue.

Un salarié a travaillé au service d'une société du 30 juin 1995 au 20 décembre 2000 dans le cadre de 52 contrats à durée déterminée, puis a été engagé par contrat à durée indéterminée à compter du 1er décembre 2001 ; il a saisi la juridiction prud'homale d'une demande en requalification de l'intégralité de la relation contractuelle en un contrat à durée indéterminée et en paiement de diverses sommes.

Pour débouter le salarié de sa demande de rappel de salaire et d'indemnité de congé payé afférente, une cour d'appel a retenu que la reprise d'ancienneté serait prise en compte en cas de succession ininterrompue de contrats à durée déterminée ou si le salarié, en cas d'interruption, établissait qu'il s'était tenu à la disposition de l'entreprise, que dans ce cas de relation contractuelle continue, l'ancienneté du salarié serait acquise à compter de la première embauche et que l'intéressé ne rapportant pas la preuve d'une relation contractuelle continue, il ne pouvait prétendre à une reprise d'ancienneté depuis le premier jour du premier contrat de travail.

En statuant ainsi, alors que par l'effet de la requalification des contrats à durée déterminée, le salarié était réputé avoir occupé un emploi à durée indéterminée depuis le jour de sa première embauche au sein de la société et qu'il était en droit d'obtenir la reconstitution de sa carrière ainsi que la régularisation de sa rémunération, la cour d'appel a violé l'article L. 1245-1 CT.

Cass. soc. 6 novembre 2013, n° 12-15.953, BC V n° 259. Voir aussi cass. soc. 3 mai 2016, n° 15-12.256, BC V n° 81 ; cass. soc. 26 avril 2017, n° 15-25.204, 2e moyen du pourvoi incident, BC V n° 68.

☞ *Contrat à durée déterminée (Cas de recours) ; Contrat à durée déterminée (Conclusion) ; Contrat à durée déterminée (Durée) ; Contrat à durée déterminée (Indemnité de précarité/Indemnité de fin de contrat) ; Contrat à durée déterminée (Requalification/Indemnisation) ; Contrat à durée déterminée (Rupture anticipée).*

Contrat à durée déterminée (Durée)

Le contrat à durée déterminée peut être conclu avec ou sans terme précis. Il est en principe soumis à une durée maximale dont l'étendue varie selon son motif de recours (art. L. 1242-7 à 8-2 CT).

Pour les contrats conclus après le 23 septembre 2017, cette durée maximale peut être fixée par convention ou accord collectif de branche étendu, les dispositions légales étant désormais supplétives (ordonnance 2017-1387 du 22 septembre 2017).

La jurisprudence rapportée ci-dessous, rendue dans le cadre législatif antérieur, conserve cependant son intérêt, notamment au regard des litiges en cours.

Le contrat à durée déterminée peut être conclu de date à date

Si le contrat est conclu de date à date, le retour anticipé de la personne remplacée ne constitue pas un cas de force majeure justifiant la rupture anticipée du contrat à durée déterminée.

Une salariée avait été engagée, une première fois, par un contrat à durée déterminée du 8 février 1990 jusqu'à la reprise du travail de la personne remplacée, puis, une seconde fois, du 23 mars 1990 jusqu'à la fin du congé parental d'une autre salariée prévue le 15 mars 1991. La salariée en congé parental ayant fait savoir à son employeur qu'elle reprendrait son emploi à compter du 3 mars 1991, la société proposait un contrat à durée indéterminée à l'intéressée. Cette dernière, refusant cette offre, saisissait la juridiction prud'homale, après la rupture de son contrat, pour obtenir le paiement des salaires qui lui étaient dus jusqu'au terme de son contrat et diverses indemnités.

C'est à bon droit qu'un conseil de prud'hommes a fait droit aux demandes de la salariée : son contrat à durée déterminée ayant été conclu jusqu'à la fin du congé parental de la salariée, le retour anticipé de cette dernière ne constituait pas un cas de force majeure. N'ayant pas, en outre, retenu l'existence d'une faute grave, le conseil de prud'hommes a pu condamner la société à verser les indemnités demandées à la salariée.

Cass. soc. 8 novembre 1995, n° 92-40.399, BC V n° 293.

En principe, sa durée ne doit pas excéder dix-huit mois, compte tenu, le cas échéant, du renouvellement

Une clause prévoyant la suspension des effets du contrat de travail pendant la période de fermeture annuelle de l'entreprise ne peut avoir pour effet de différer le terme du contrat à durée déterminée.

Si, selon l'article L. 122-1-2 CT, la durée totale du contrat de travail à durée déterminée ne peut, compte tenu, le cas échéant, du renouvellement, excéder dix-huit mois, la fermeture de l'entreprise pour congé annuel ne figure pas au nombre des exceptions prévues par ce texte.

Ce dernier étant d'ordre public, une clause prévoyant la suspension des effets du contrat de travail pendant la période de fermeture annuelle de l'entreprise ne peut avoir pour effet de différer le terme du contrat à durée déterminée.

Doit donc être requalifié en contrat à durée indéterminée le contrat à durée déterminée dont la durée a excédé 18 mois, peu important qu'en excluant la période de fermeture annuelle de l'entreprise, ce contrat n'ait pas dépassé la durée légale maximale.

Cass. soc. 25 février 2004, n° 01-43.072, BC V n° 61.

Lorsque le contrat de travail à durée déterminée est conclu pour remplacer un salarié absent, l'article L. 122-3-10, al. 2 CT autorise la conclusion de plusieurs contrats à durée déterminée successifs avec le même salarié, peu important qu'ils comportent un terme précis et que leur durée totale excède le délai de 18 mois.

Une salariée, qui avait été engagée en qualité d'agent administratif temporaire selon un contrat à durée déterminée à compter du 8 février jusqu'au 29 février 2000 pour remplacer un salarié en arrêt maladie, contrat qui avait fait l'objet de plusieurs avenants de prolongation pour le même motif jusqu'au 28 juin 2002, a saisi la juridiction prud'homale d'une demande de requalification de la relation de travail en un contrat à durée indéterminée.

C'est à tort que, pour faire droit à cette demande, une cour d'appel a retenu que tous les contrats litigieux et leurs avenants de renouvellement ont eu pour motif le remplacement de la même salariée absente pour maladie, que ces contrats ont été conclus avec comme terme une date précise et non pas la fin de l'absence de la salariée remplacée, et que leur durée totale ne pouvait pas dépasser celle de 18 mois prévue par l'article L. 122-1-2 CT.

Cass. soc. 8 février 2006, n° 04-41.279, BC V n° 63.

Le contrat à durée déterminée peut également ne pas prévoir de terme précis

• Tel est le cas lorsqu'il est conclu pour remplacer un salarié absent

Le contrat conclu sans terme précis doit être conclu pour une durée minimale.

Il résulte de l'article L. 122-1 CT que si le contrat de travail à durée déterminée peut ne pas comporter un terme précis lorsqu'il est conclu pour remplacer un salarié absent, il doit, dans cette hypothèse, être conclu pour une durée minimale, et de l'article L. 122-3-14 CT que tout contrat conclu en méconnaissance des dispositions précitées est réputé à durée indéterminée.

A violé les textes susvisés la cour d'appel qui a débouté une salariée de sa demande en requalification de son contrat en contrat à durée indéterminée et en paiement de dommages-intérêts pour licenciement sans cause réelle et sérieuse, alors que le contrat de travail, conclu sans terme précis, ne comportait pas de durée minimale.

Cass. soc. 29 octobre 1996, n° 92-44.837, BC V n° 356. Voir aussi cass. soc. 28 septembre 2005, n° 03-44.757 ; cass. soc. 29 octobre 2008, n° 06-45.419.

L'avenant de renouvellement du contrat faisant état d'un remplacement pour la durée d'un congé de maternité comporte par là même la durée minimale requise par la loi.

Il résulte des articles L. 1242-7 et L. 1242-12, al. 2 CT que l'avenant de renouvellement du contrat de travail à durée déterminée conclu pour la durée du congé de maternité d'une autre salariée comporte, en l'absence de terme précis, une durée minimale conformément aux exigences de l'article L. 1242-7 CT.

Un salarié a été engagé par une société par un contrat à durée déterminée pour une durée fixe du 12 février au 10 août 2007 en remplacement d'une salariée en congé de maternité, puis renouvelé par un avenant du 7 août 2007 jusqu'au retour de la salariée revenue le 1er octobre 2008, ce qui a mis fin au contrat.

Pour requalifier cet avenant en un contrat de travail à durée indéterminée, une cour d'appel a retenu que l'avenant de renouvellement du 7 août 2007 ne prévoyait pas la durée minimale du contrat renouvelé.

En statuant ainsi, alors que cet avenant faisant état d'un remplacement pour la durée du congé de maternité comportait par là même une durée minimale, la cour d'appel a violé les articles L. 1242-7, L. 1242-12, al. 2 et L. 1245-1 CT.

Cass. soc. 25 juin 2013, n° 11-27.390, BC V n° 163.

Le contrat conclu pour assurer le remplacement d'un salarié absent a pour terme la fin de l'absence de celui-ci et non la cessation du motif de l'absence précisé dans le contrat.

Aux termes de l'article L. 122-1-2, III CT, « lorsque le contrat est conclu pour remplacer un salarié absent ou dont le contrat de travail est suspendu, il peut ne pas comporter de terme précis ; il doit alors être conclu pour une durée minimale et il a pour terme la fin de l'absence du salarié remplacé ou la réalisation de l'objet pour lequel il a été conclu ».

Une salariée a été engagée selon trois contrats de travail à durée déterminée, dont le dernier a été conclu en raison du remplacement d'une salariée absente pour congé de maternité ; cette absence a été prolongée par un congé parental de la même salariée. Estimant être liée à la société par un contrat de travail à durée indéterminée, la salariée a saisi la juridiction prud'homale de demandes de requalification des contrats de travail à durée déterminée en un contrat de travail à durée indéterminée et en paiement d'indemnités de rupture.

Doit être cassé l'arrêt qui, pour requalifier le dernier contrat de travail à durée déterminée en un contrat de travail à durée indéterminée, a retenu que la prolongation de l'absence de la salariée par un congé parental n'avait pas eu pour effet de reporter le terme du contrat à l'issue du congé et qu'ainsi, le contrat de travail qui s'était poursuivi après l'expiration du congé de maternité était devenu à durée indéterminée.

En effet, il résultait de ses propres constatations que le contrat de travail, conclu pour remplacer une salariée absente pour congé de maternité, s'était poursuivi pendant le congé parental sollicité par cette dernière, ce dont il résultait qu'il avait pour terme la fin de l'absence de cette salariée.

Cass. soc. 9 mars 2005, n° 02-44.927, BC V n° 81. Voir aussi cass. soc. 16 novembre 2005, n° 03-44.957, BC V n° 322.

Après avoir constaté qu'un contrat de travail à durée déterminée avait pour terme le retour d'une salariée remplacée absente du fait de son congé parental d'éducation, une cour d'appel en a exactement déduit que ce contrat devait se poursuivre à l'expiration de ce congé en raison de la prolongation de l'absence de cette salariée, fût-ce à un autre titre.

Cass. soc. 10 avril 2013, n° 12-13.282.

Le contrat conclu pour assurer le remplacement d'un salarié en mi-temps thérapeutique prend fin avec ce mi-temps, peu important qu'à l'issue de celui-ci le salarié remplacé ait conclu un avenant à son contrat de travail pour travailler définitivement à temps partiel.

Une salariée a été engagée par une union départementale d'associations familiales à compter du 9 novembre 2009 par contrat à durée déterminée à temps partiel, d'une durée hebdomadaire de 17 heures 30, afin d'assurer " le remplacement du mi-temps thérapeutique " d'une autre salariée ; le 28 février 2010, elle a été avisée par l'employeur du terme de son contrat à durée déterminée, en raison de la cessation du mi-temps thérapeutique de la salariée remplacée ; cette dernière a conclu, le 1er mars 2010, un avenant à son contrat de travail initial à temps plein, ramenant la durée de travail à 17 heures 30 par semaine ; la salariée remplaçante a saisi la juridiction prud'homale de demandes tendant notamment à faire constater que le contrat était toujours en cours, la salariée remplacée n'ayant pas repris son emploi à temps complet.

Doit être approuvé l'arrêt l'ayant déboutée de cette demande.

En effet, ayant relevé que le motif de recours au contrat à durée déterminée était d'assurer le remplacement d'un mi-temps thérapeutique, la cour d'appel, qui a constaté que la salariée remplacée, qui avait repris le travail après avoir conclu un contrat à temps partiel, n'était plus absente de l'entreprise, a tiré les conséquences légales de ses constatations.

Cass. soc. 23 novembre 2016, n° 14-10.652, 2e moyen, BC V n° 220.

Lorsque le contrat est conclu sans terme précis pour assurer, par glissement de poste, le remplacement d'un salarié absent, le contrat ne peut prendre fin qu'au retour du salarié dont l'absence motivait le contrat.

Selon l'article L. 1242-7 CT, le contrat de travail à durée déterminée conclu pour remplacer un salarié absent peut ne pas comporter un terme précis ; il a alors pour terme la fin de l'absence du salarié remplacé.

Pour débouter une salariée de sa demande d'indemnisation pour rupture abusive de son contrat à durée déterminée, une cour d'appel a retenu que ce contrat avait été établi pour assurer le remplacement d'un salarié absent pour maladie, par glissement de poste d'une autre salariée affectée temporairement sur le poste du salarié absent, de sorte que le retour de la remplaçante sur son poste autorisait l'employeur à mettre fin au contrat à durée déterminée.

En statuant ainsi, alors que le contrat à durée déterminée ne comportait pas de terme précis, de sorte qu'il ne pouvait prendre fin qu'au retour du salarié dont l'absence avait constitué le motif de recours à un tel contrat, peu important le remplacement par glissement effectué par l'employeur, la cour d'appel a violé les articles L. 1242-2 et L. 1242-7 CT.

Cass. soc. 24 juin 2015, n° 14-12.610, 1er moyen, BC V n° 125.

Le licenciement du salarié absent entraîne de plein droit la fin du contrat à durée déterminée conclu pour son remplacement.

Ayant constaté qu'une salariée en congé parental d'éducation avait été licenciée pour motif économique, une cour d'appel en a exactement déduit que ce licenciement, qui emportait sa cessation définitive d'activité, entraînait de plein droit la fin du contrat à durée déterminée conclu pour son remplacement.

Cass. soc. 20 avril 2005, n° 03-41.490, BC V n° 146.

Il en est de même de la cessation définitive d'activité résultant de la demande par le salarié remplacé de la liquidation de ses droits à la retraite…

Selon l'article L. 122-1-2, III CT, le contrat à durée déterminée conclu pour remplacer un salarié absent peut ne pas comporter un terme précis ; il a alors pour terme la fin de l'absence du salarié remplacé.

Un salarié avait été employé comme magasinier en vertu de plusieurs contrats à durée déterminée, dont le dernier, à compter du 25 juillet 1992, avait pour objet le remplacement d'un salarié jusqu'à son retour ; considérant qu'il était acquis, le 19 janvier 1993, que le salarié remplacé ne reprendrait pas son poste et qu'il convenait de pourvoir à son remplacement définitif, l'employeur avait avisé le salarié de la fin de son contrat à durée déterminée ; le salarié a saisi la juridiction prud'homale en demandant que l'employeur soit condamné, à défaut de réintégration, au paiement des salaires à échoir jusqu'au 29 mai 1998, date à laquelle le salarié remplacé atteindrait sa limite d'âge fixée à 65 ans.

Pour condamner l'employeur à payer le montant des salaires jusqu'au 29 mai 1998, une cour d'appel a retenu que l'employeur ne justifiait pas par des éléments objectifs et indiscutables que le contrat de travail du salarié remplacé devait cesser soit en raison de la limite d'âge, soit par suite de son reclassement en invalidité.

En statuant ainsi, alors que la cessation définitive d'activité du salarié remplacé, qui avait demandé la liquidation de ses droits à la retraite, devait intervenir le 31 mars 1995, ce qui entraînait de plein droit la fin du contrat à durée déterminée, la cour d'appel n'a pas tiré les conséquences légales de ses propres constatations, violant ainsi les articles L. 122-1-2, III et L. 122-3-8 CT.

Cass. soc. 17 décembre 1997, n° 95-42.913, BC V n° 447.

… ou du décès du salarié absent, sauf si l'employeur n'en informe pas le remplaçant dans un délai raisonnable.

Un salarié a été engagé selon contrat à durée déterminée conclu pour le remplacement d'un salarié en arrêt maladie ; ce contrat, qui comportait une durée minimale, prévoyait qu'il prendrait fin avec la reprise d'activité du salarié remplacé ; ce dernier étant décédé le vendredi 8 novembre 2002, alors que le salarié remplaçant était en congé puis en arrêt maladie, l'employeur, par lettre expédiée le 14 novembre, lui a fait savoir que son contrat avait pris fin du fait du décès du salarié remplacé ; estimant avoir été licencié sans motif, l'intéressé a saisi la juridiction prud'homale pour obtenir la requalification de son contrat de travail en un contrat à durée indéterminée sur le fondement de l'article L. 122-3-10, al. 1er, devenu L. 1243-11 CT.

Après avoir constaté qu'eu égard à la circonstance de l'absence à son poste de travail du salarié remplaçant, l'employeur lui avait notifié dans un délai raisonnable le décès du salarié, de sorte que la relation contractuelle ne s'était pas poursuivie après l'échéance du terme du contrat, une cour d'appel a pu décider que la demande de requalification en contrat à durée indéterminée du contrat à durée déterminée conclu pour remplacer un salarié absent n'était pas fondée.

Cass. soc. 4 février 2009, n° 07-42.954, BC V n° 30.

Si le contrat se poursuit à l'échéance du terme, il se transforme en contrat à durée indéterminée.

Une salariée avait été engagée pour remplacer une ouvrière en congés payés, puis pour remplacer une salariée absente pour maladie. Ayant été elle-même absente à la suite d'un accident du travail, elle avait été employée pour remplacer une autre ouvrière absente pour maladie. Arrêtée pour maladie, elle avait repris son travail à l'issue de son congé maladie, mais la société lui précisait, quelques jours après, que son contrat était arrivé à son terme dans la mesure où la salariée qu'elle remplaçait avait repris son travail.

C'est à bon droit qu'une cour d'appel a condamné la société à payer diverses indemnités à la salariée, dont des indemnités pour licenciement sans cause réelle et sérieuse : la salariée ayant continué à travailler après le retour de la personne qu'elle remplaçait, soit après l'échéance de son contrat à durée déterminée, il en résultait que le contrat était devenu à durée indéterminée.

Cass. soc. 17 juillet 1996, n° 94-42.902.

Lorsqu'un contrat à durée déterminée a été conclu, sans terme précis, pour remplacer un salarié absent, il incombe à l'employeur de rapporter la preuve de l'événement constitutif du terme et de sa date

Une salariée employée dans le cadre de plusieurs contrats à durée déterminée, motivés par la nécessité de pourvoir au remplacement de salariés absents, a été engagée, en dernier lieu, par contrat du 23 novembre 1992, pour pourvoir au remplacement d'une salariée absente pour cause de maladie. Le 25 octobre 1994, l'employeur a mis fin à ce contrat. La salariée a alors saisi la juridiction prud'homale pour obtenir la requalification de la relation de travail en contrat à durée indéterminée, ainsi que le paiement de diverses indemnités.

Pour débouter la salariée de ses demandes, une cour d'appel a énoncé qu'il appartenait à cette dernière de démontrer ses allégations selon lesquelles la salariée qu'elle remplaçait aurait été licenciée avant le prononcé par l'employeur de la fin de son propre contrat, qu'elle ne rapportait pas cette preuve, qu'ainsi son contrat à durée déterminée avait cessé de plein droit du fait de la cessation du contrat de la personne remplacée.

En statuant ainsi, alors que l'employeur était tenu de prouver la date du licenciement, la cour d'appel a inversé la charge de la preuve et a violé l'article L. 122-1-2, III CT.

Cass. soc. 13 mai 2003, n° 01-40.809, BC V n° 158.

• Tel est le cas lorsque le contrat concerne un emploi à caractère saisonnier

Le contrat doit comporter une durée minimale.

Le « contrat vendanges » prévu par les articles L. 718-4 à L. 718-6 du code rural est un contrat saisonnier conclu en application de l'article L. 1242-2, 3° CT ; conformément à l'article L. 1242-7 du même code, il doit comporter un terme fixé avec précision dès sa conclusion ou, à défaut, une durée minimale.

Après avoir relevé que le « contrat vendanges » d'un salarié se bornait à indiquer qu'il se terminerait « à la fin des vendanges », de sorte qu'il ne comportait ni terme précis ni durée minimale, une cour d'appel a pu en déduire qu'il y avait lieu à requalification du contrat en un contrat de travail à durée indéterminée.

Cass. soc. 6 octobre 2010, n° 09-65.346, BC V n° 213. Voir aussi cass. soc. 20 février 2013, n° 11-28.493 ; cass. soc. 7 mars 2018, n° 16-23.706.

L'indication d'une durée maximale dans un contrat saisonnier ne répond pas aux exigences légales.

Un salarié a été engagé par une société en qualité d'ouvrier agricole selon plusieurs contrats saisonniers ; les trois premiers contrats, conclus les 31 décembre 2004, 31 mars 2005 et le 1er avril 2006 étaient stipulés, le premier pour la durée de la récolte des greffons et au plus tard le 31 mars 2005, le deuxième pour la durée des travaux de chicotage mécanique et au plus tard le 31 mars 2006, le troisième pour la durée des travaux de chicotage, coupage et débourage et au plus tard le 31 mai 2006, ce dernier ayant pris fin le 11 avril 2006 ; un quatrième contrat a été conclu le 29 novembre 2006 pour la durée des travaux de chicotage mécanique avec une période minimale de quinze jours et au plus tard le 31 mars 2007 ; ce contrat a fait l'objet d'un renouvellement le 1er avril 2007 pour une durée se terminant au plus tard le 30 avril 2007 ; le contrat a pris fin le 5 avril 2007. Le salarié a saisi la juridiction prud'homale d'une demande en requalification de chacun de ses contrats en un contrat à durée indéterminée et en paiement d'indemnités de requalification et de rupture.

Pour débouter le salarié de ses demandes, une cour d'appel a retenu que chacun des contrats litigieux contenait l'indication d'un terme précis et que les impératifs de l'article L. 1242-12 CT quant aux mentions des contrats à durée déterminée relatives au terme du contrat étaient ainsi satisfaits.

En statuant ainsi, alors qu'elle avait constaté que les contrats saisonniers des 31 décembre 2004, 31 mars 2005 et 1er avril 2006 se bornaient à indiquer qu'ils se termineraient « à la fin » de certains travaux et « au plus tard » à une certaine date, ce dont il résultait qu'ils ne comportaient ni terme précis, ni durée minimale, la cour d'appel a violé les articles L. 1242-7 et L. 1242-12 CT.

Cass. soc. 30 septembre 2014, n° 13-13.522, BC V n° 218.

Contrat à durée déterminée (Durée)

Le contrat de travail à durée déterminée conclu sans terme précis pour pourvoir un emploi à caractère saisonnier a pour terme la réalisation de l'objet pour lequel il a été conclu.

Il résulte des dispositions combinées des articles L. 1242-2, 3° et L. 1242-7, 4° CT que le contrat de travail à durée déterminée conclu sans terme précis pour pourvoir un emploi à caractère saisonnier a pour terme la réalisation de l'objet pour lequel il a été conclu.

Après plusieurs contrats de mission et un contrat à durée déterminée, une salariée a de nouveau été recrutée par la même société le 29 octobre 2007 pour occuper le même emploi dans le cadre d'un contrat de travail saisonnier renouvelé le 31 décembre 2007 sans terme précis, pour une période s'achevant, au plus tôt, le 29 février 2008 ; victime d'un accident du travail, le 30 janvier 2008, elle a été informée, le 29 février 2008, de la cessation de la relation contractuelle ; elle a saisi la juridiction prud'homale pour obtenir la requalification de la relation contractuelle en un contrat de travail à durée indéterminée.

Ayant constaté que le contrat à durée déterminée conclu à compter du 29 octobre 2007 sans terme précis pour un emploi saisonnier avait pour terme la saison, laquelle s'était poursuivie au-delà de la durée minimale pour s'achever au plus tôt, selon les propres explications de l'employeur, au mois d'avril 2008, la cour d'appel en a exactement déduit que le contrat était en cours lorsqu'il a fait l'objet, non pas du refus de renouvellement visé par l'article L. 1226-19 CT, mais d'une rupture le 29 février 2008, et que cette rupture, décidée durant une période de suspension du contrat consécutive à un accident professionnel, était nulle.

Cass. soc. 15 octobre 2014, n° 13-18.582, BC V n° 238.

Cas des salariés protégés

L'arrivée du terme ne peut entraîner la fin du contrat qu'après constatation, par l'inspecteur du travail, que le salarié n'a fait l'objet d'aucune mesure discriminatoire.

Une déléguée du personnel titulaire d'un contrat de travail à durée déterminée sans clause de report de terme avait été avisée par son employeur que son contrat ne serait pas renouvelé. La cessation des relations contractuelles intervint sans que l'inspecteur du travail fût consulté selon les prévisions de l'article L. 425-2, al. 3 CT.

Doit être cassé l'arrêt qui, pour débouter la salariée de sa demande de dommages-intérêts en réparation de la violation de son statut protecteur, a énoncé que l'employeur avait prévenu la salariée à l'avance et lui avait donné toute possibilité de se substituer à lui pour saisir l'inspecteur du travail et qu'en l'absence de preuve d'une mesure de discrimination à son encontre, la salariée, en signant sans réserve un reçu pour solde de tout compte, n'avait pas entendu se prévaloir des dispositions légales protectrices, alors que l'inspecteur du travail doit être saisi par l'employeur lui-même avant la cessation du contrat de travail du salarié protégé.

Cass. soc. 21 septembre 1993, n° 90-45.730, BC V n° 218. Voir aussi CE 6 mai 1996, n° 146161.

Selon l'article L. 436-2 CT, lorsque le salarié, membre du comité d'entreprise, est titulaire d'un contrat à durée déterminée, l'arrivée du terme du contrat n'entraîne la cessation du lien contractuel qu'après constatation, par l'inspecteur du travail saisi dans les conditions de l'article L. 436-1 du même code, que le salarié ne fait pas l'objet d'une mesure discriminatoire. Cette obligation s'impose à l'employeur, quelle que soit la durée du contrat à durée déterminée. C'est donc à bon droit qu'après avoir dit qu'un salarié protégé, employé sous plusieurs contrats à durée déterminée dont le dernier portait sur une période de trois jours, ne pouvait voir arriver son contrat à terme et ne pas être renouvelé sans que l'inspecteur du travail ne soit saisi, une cour d'appel a condamné l'employeur à payer au salarié une somme de ce chef.

Cass. soc. 11 décembre 2001, n° 99-43.799, pourvoi incident, BC V n° 375.

Toutefois, l'employeur n'est pas tenu de consulter préalablement le comité d'entreprise.

Le contrat à durée déterminée conclu, sans terme précis, par une société avec une salariée, membre suppléant du comité d'entreprise, avait pris fin du fait de la suppression de son emploi pour un motif économique. Son contrat devait être regardé comme venu à son terme, alors même que la salariée remplacée n'avait pas été licenciée et la société n'avait pas à consulter le comité d'entreprise. C'est donc à tort qu'un tribunal administratif s'est fondé sur l'absence d'une telle consultation pour annuler la décision d'autorisation délivrée par l'inspecteur du travail, confirmée par le ministre du Travail, qui avait été saisi d'un recours hiérarchique contre cette décision.

CE 6 octobre 1997, n° 165337.

La rupture du contrat à durée déterminée intervenue avant que l'inspecteur du travail ne se soit prononcé constitue un trouble manifestement illicite que le juge peut faire cesser en ordonnant la réintégration du salarié.

Une salariée, engagée par contrat à durée déterminée dont le terme était le 2 mai 2000, a été élue déléguée du personnel au cours de ce contrat. L'inspecteur du travail, saisi le 21 avril 2000 par l'employeur, a avisé ce dernier, le 26 avril, de ce que l'arrivée du terme n'entraînerait la cessation du lien contractuel qu'après qu'il a constaté que la salariée ne faisait pas l'objet d'une mesure discriminatoire. L'employeur a néanmoins mis fin au contrat à son terme prévu. La salariée a demandé sa réintégration dans l'entreprise.

Une cour d'appel, statuant en référé, ayant constaté que l'inspecteur du travail avait fait connaître par écrit à l'employeur qu'il ne pouvait être mis fin au contrat à durée déterminée tant qu'il ne s'était pas prononcé conformément à l'article L. 425-2, avant-dernier alinéa CT, a pu décider que cette rupture constituait un trouble manifestement illicite qu'il y avait lieu de faire cesser en ordonnant la réintégration de la salariée.

Cass. soc. 10 décembre 2003, n° 01-44.703, BC V n° 311.

En cas de remplacement d'un salarié absent, l'employeur n'a à saisir l'autorité administrative qu'à compter du jour où le salarié remplacé fait connaître sa décision de mettre fin au contrat de travail ou de reprendre le travail.

Il résulte des dispositions de l'article L. 425-2 CT que le terme du contrat à durée déterminée conclu, en vertu des dispositions de l'article L. 122-1-2, III du même code, est prolongé dans l'attente de la décision de l'inspecteur du travail ou, le cas échéant, en cas de recours hiérarchique, de la décision ministérielle et que dans le cas où l'autorisation est refusée, le contrat à durée déterminée devient un contrat à durée indéterminée, par application de l'article L. 122-3-10 CT.

Un salarié avait été engagé par une société comme employé de banque pour remplacer un salarié absent. Ce dernier ayant fait part de son intention de prendre sa retraite, l'employeur a informé le salarié de ce que son remplacement était devenu sans objet. L'inspection du travail, saisie, en vertu de l'article L. 425-2 CT, en raison de la qualité de délégué du personnel du salarié, ayant refusé l'autorisation de rupture, le ministre du Travail a annulé cette décision sur recours hiérarchique de l'employeur, qui a ainsi pu notifier la rupture de son contrat à durée déterminée au salarié.

Le contrat à durée déterminée du salarié ne comportant pas de terme précis, l'employeur n'avait à saisir l'autorité administrative qu'à compter du jour où le salarié remplacé faisait connaître sa décision de mettre fin au contrat de travail et la cour d'appel, qui a constaté que le contrat de travail ne s'était poursuivi qu'en raison de la nécessité pour l'employeur de respecter la procédure protectrice des salariés protégés, a exactement décidé que le contrat était resté à durée déterminée.

Cass. soc. 20 juin 2000, n° 97-41.363, 1er et 2e moyens, BC V n° 235.

À noter que, lorsqu'un salarié sous contrat à durée déterminée fait acte de candidature moins d'un mois avant l'expiration du contrat, l'arrivée du terme du contrat entraîne la cessation du lien contractuel, sans que l'employeur soit tenu de saisir l'inspecteur du travail.

Une salariée, engagée par contrats à durée déterminée par une société avec pour dernier terme contractuel le 21 décembre 2001, a été présentée par un syndicat sur la liste de ses candidats aux élections à la délégation unique du personnel le 12 décembre 2001, soit quelques jours avant le terme de son contrat. Contestant l'éligibilité de la salariée, l'employeur a saisi, le 20 décembre 2001, le tribunal d'instance.

Il résulte des articles L. 425-2 et L. 436-2 CT que lorsque le salarié fait acte de candidature moins d'un mois avant l'expiration du contrat à durée déterminée, l'arrivée du terme de ce contrat entraîne la cessation du lien contractuel sans que l'employeur soit tenu de saisir l'inspecteur du travail, cette formalité ne lui étant imposée que lorsque le salarié est protégé avant le point de départ du délai d'un mois. Il appartient seulement au salarié qui s'estime victime d'une discrimination d'établir la disparité de situation qu'il allègue et à l'employeur de s'expliquer sur les raisons de celle-ci.

Cass. soc. 28 mai 2003, n° 02-60.006, BC V n° 176.

☞ *Candidatures aux élections professionnelles.*

Contrat à durée déterminée (Indemnité de précarité/ Indemnité de fin de contrat)

À l'issue de son contrat à durée déterminée, le salarié qui n'est pas embauché sous contrat à durée indéterminée peut prétendre à l'indemnité de fin de contrat sous certaines conditions (art. L.1243-8 à 10 CT).

L'indemnité de fin de contrat est due si la relation contractuelle ne se poursuit pas à l'échéance du terme par un contrat à durée indéterminée

L'indemnité est due lorsque aucun contrat à durée indéterminée pour occuper le même emploi ou un emploi similaire n'a été proposé au salarié à l'issue du contrat à durée déterminée.

Une cour d'appel, qui a retenu qu'un employeur n'avait proposé à une salariée aucun contrat de travail à l'issue du contrat à durée déterminée initial et que la relation contractuelle s'était poursuivie au-delà du terme, a pu accueillir la demande de requalification et allouer à cette dernière l'indemnité de précarité qui lui était due.

Cass. soc. 3 octobre 2007, n° 05-44.958, 1er moyen, BC V n° 148. Voir aussi cass. soc. 12 janvier 2011, n° 09-40.066, 1er moyen du pourvoi principal.

L'indemnité de fin de contrat est due, même en cas de rupture anticipée du contrat à durée déterminée non motivée par une faute grave ou un cas de force majeure.

En cas de rupture d'un contrat à durée déterminée, avant l'échéance du terme, non motivée par une faute grave ou la force majeure, l'indemnité minimale de fin de contrat est calculée sur la base de la rémunération déjà perçue par le salarié et de celle qu'il aurait perçue jusqu'au terme du contrat.

Cass. soc. 27 mai 1992, n° 88-44.605, 3e moyen, BC V n° 341.

Lorsqu'elle est perçue par le salarié à l'issue du contrat, elle reste acquise, nonobstant une requalification ultérieure de ce contrat en contrat à durée indéterminée.

Cass. soc. 9 mai 2001, n° 98-44.090, BC V n° 153 (arrêt n° 1). Voir aussi cass. soc. 9 mai 2001, n° 98-46.205, BC V n° 153 (arrêt n° 2) ; cass. soc. 24 juin 2003, n° 00-42.766, BC V n° 203 ; cass. soc. 30 mars 2005, n° 03-42.667, 10e moyen, BC V n° 106.

L'indemnité de fin de contrat est due dans tous les cas où elle n'est pas expressément exclue par l'article L. 1243-10 CT.

Engagée en qualité de garde-enfant en vertu d'un contrat à durée déterminée, une salariée avait saisi la juridiction prud'homale d'une demande de paiement d'une indemnité de précarité.

Doit être cassé le jugement qui, pour débouter l'intéressée de sa demande, énonce que les emplois familiaux ne sont pas soumis aux dispositions de l'article L. 122-3-4 CT, alors que les dispositions de ce texte étaient applicables au contrat à durée déterminée conclu entre les parties, qui ne rentrait dans aucun des cas limitativement énumérés par l'article L. 122-3-4 CT dans lesquels la prime de précarité n'est pas due.

Cass. soc. 5 mai 1998, n° 96-41.338.

L'indemnité de fin de contrat est due en cas de dépôt de bilan de l'employeur.

Le contrat de travail d'un VRP précisait qu'à son terme, l'intéressé pourrait prétendre à l'indemnité dite de « fin de contrat » équivalente à 6 % du montant de la rémunération brute perçue en cours de contrat, sauf en cas de survenance des situations visées par l'article L. 122-3-4 CT. Après avoir été licencié pour motif économique, le salarié a saisi le conseil de prud'hommes afin d'obtenir l'indemnité de fin de contrat.

A violé l'article 1134 c. civ. la cour d'appel qui, pour le débouter de sa demande, a énoncé que le salarié ne pouvait prétendre percevoir cette indemnité en raison du dépôt de bilan de son employeur qui interdisait la continuation du contrat de travail, alors que le contrat de travail n'excluait le règlement de l'indemnité de fin de contrat qu'en cas de survenance des situations visées par l'article L. 122-3-4 CT.

Cass. soc. 18 décembre 2001, n° 99-43.538, 2e moyen, BC V n° 389.

Les maîtres agréés des établissements d'enseignement privé sous contrat simple ont droit à une indemnité de précarité.

Le principe d'assimilation et d'équivalence de la rémunération des maîtres agréés des établissements d'enseignement privé sous contrat simple, avec celle des instituteurs de l'enseignement public, concerne uniquement les traitements, avantages et indemnités attribués par l'État, et non les indemnités à la charge de leurs employeurs privés, telle l'indemnité de précarité prévue par l'article L. 1243-8 CT.

Une salariée a été employée en vertu d'un contrat à durée déterminée, renouvelé, pour les années scolaires entre 2003 et 2006, en qualité de suppléante d'instituteur dans une école privée spécialisée, gérée par une association, liée à l'État par un contrat simple.

Pour débouter la salariée de sa demande d'indemnité de précarité, une cour d'appel a retenu qu'en sa qualité d'enseignante exerçant pour le compte d'une association liée à l'État par un contrat simple relevant des dispositions de l'article L. 442-12 c. éduc., l'intéressée était payée par l'État, selon les rémunérations en vigueur dans l'enseignement public, que le principe d'assimilation et d'équivalence de la rémunération des maîtres agréés des établissements d'enseignement privé sous contrat simple, avec celle des instituteurs de l'enseignement public, concerne uniquement les traitements, avantages et indemnités attribués par l'État, que ni l'article L. 1211-1 CT ni aucune disposition législative n'ont rendu l'article L. 1243-8 du même code applicable aux agents publics.

En statuant ainsi, alors que les maîtres auxiliaires ne sont pas des agents publics, la cour d'appel a violé les articles L. 442-12 c. éduc., L. 1211-1 et L. 1243-8 CT.

Cass. soc. 28 septembre 2011, n° 10-21.931, 1er moyen, BC V n° 204.

L'indemnité de fin de contrat n'est pas due dans certaines hypothèses

L'indemnité de précarité prévue par l'article L. 1243-8 CT, qui compense, pour le salarié, la situation dans laquelle il est placé du fait de son contrat à durée déterminée, n'est pas due lorsque la relation contractuelle se poursuit en contrat à durée indéterminée, notamment en cas de requalification d'un contrat de travail à durée déterminée.

Cass. soc. 7 juillet 2015, n° 13-17.195, 3e moyen, BC V n° 141. Voir aussi cass. soc. 20 septembre 2006, n° 04-43.068, 3e moyen du pourvoi principal, BC V n° 270.

L'entreprise n'est pas redevable de l'indemnité de fin de contrat en cas de conclusion d'un contrat à durée indéterminée à l'issue du contrat à durée déterminée.

En cas de succession de contrats à durée déterminée suivie de la conclusion d'un contrat à durée indéterminée, seule l'indemnité de fin de contrat se rapportant au dernier contrat n'est pas due. C'est donc à bon droit qu'une cour d'appel a condamné un employeur à verser des indemnités de fin de contrats pour les différentes conventions successives conclues avec le salarié antérieurement au contrat à durée indéterminée.

Cass. soc. 5 février 1992, n° 88-40.965, BC V n° 66.

Toutefois, en cas de proposition d'un contrat de travail à durée indéterminée postérieure à l'expiration du contrat de travail à durée déterminée, l'employeur doit verser au salarié une indemnité de fin de contrat.

Une salariée engagée en qualité de coiffeuse par contrat à durée déterminée du 6 février au 15 septembre 1992, pour remplacer une salariée absente, avait refusé de signer le contrat de travail à durée indéterminée que lui proposait la société. Elle avait saisi la juridiction prud'homale en paiement de l'indemnité de précarité et remise d'une attestation Assédic.

Ayant relevé que le contrat de travail à durée indéterminée établi par la société, remis à la salariée à une date non précisée, portait une date postérieure à l'expiration du contrat à durée déterminée et que la société n'établissait pas avoir proposé au salarié le contrat à durée indéterminée avant la fin du contrat à durée déterminée, une cour d'appel en a justement déduit que l'indemnité de précarité était due.

Cass. soc. 3 décembre 1997, n° 95-45.093.

L'indemnité de fin de contrat n'est pas due pour les contrats conclus dans les emplois où il est d'usage de ne pas recourir à des contrats à durée indéterminée et pour les contrats saisonniers…

Il résulte des dispositions de l'article L. 122-3-4, al. 5 CT que l'indemnité de précarité n'est pas due lorsque le contrat de travail à durée déterminée a été conclu au titre du 3° de l'article L. 122-1-1 du même code (emplois saisonniers ou pour lesquels, dans certains secteurs d'activité, il est d'usage de ne pas recourir au contrat à durée indéterminée).

Cass. soc. 13 décembre 2006, n° 05-41.232, 3e moyen, BC V n° 372. Voir aussi cass. soc. 26 octobre 1999, n° 97-42.776, BC V n° 400.

… sauf si le contrat d'usage n'a pas été conclu par écrit.

L'indemnité de précarité est due lorsqu'aucun contrat à durée indéterminée pour occuper le même emploi ou un emploi similaire n'a été proposé au salarié à l'issue du contrat à durée déterminée.

Pour débouter un salarié employé en qualité d'extra pour exercer les fonctions de maître d'hôtel de sa demande au titre de l'indemnité de précarité, une cour d'appel a retenu que cette indemnité n'était pas due lorsque le contrat était, comme en l'espèce, conclu au titre du 3° de l'article L. 1242-2 CT visant les secteurs d'activité de l'hôtellerie et de la restauration.

En statuant ainsi, alors que les parties n'avaient pas conclu de contrats de travail écrits, ce dont il résultait qu'ils ne pouvaient être considérés comme des contrats à durée déterminée d'usage, la cour d'appel a violé les articles L. 1243-8 et L. 1243-10 CT.

Cass. soc. 28 septembre 2011, n° 09-43.385, 2e moyen, BC V n° 195. Voir aussi cass. soc. 21 septembre 2017, n° 16-17.241, 2e branche du 7e moyen, BC V n° 145, s'agissant de contrats conclus dans le secteur du spectacle.

L'indemnité n'est pas due si l'employeur assure un complément de formation au salarié…

L'indemnité de fin de contrat n'est pas due lorsque le contrat à durée déterminée a été conclu, au titre de l'article L. 122-2 CT, par un employeur s'engageant à assurer au salarié un complément de formation professionnelle. Tel est le cas, aux termes de l'article D. 121-1 CT, paragraphe I b, des élèves ou anciens élèves d'un établissement d'enseignement effectuant un stage d'application, et spécialement des étudiants en médecine admis, dans le cadre du troisième cycle de leurs études universitaires et pendant la préparation de leur thèse, à parfaire leur expérience et leur formation par des stages pratiques en milieu hospitalier.

La durée maximale de 24 mois prévue par l'article D. 121-1 CT, paragraphe II, ne s'applique pas, en la circonstance, dès lors que la durée du stage de l'étudiant faisant fonction d'interne, fixée à six mois par l'article 33-1 du décret 83-785 du 2 septembre 1983, modifié par l'article 4 du décret 91-1 186 du 20 novembre 1991, peut, après son expiration, être renouvelée sans limitation du nombre des renouvellements.

Cass. soc. 17 décembre 1996, n° 93-46.695, BC V n° 443.

… ou si le contrat a été conclu au titre de dispositions légales destinées à favoriser le recrutement de certaines catégories de personnes sans emploi.

Il résulte de la combinaison des articles L. 1242-3 et L. 1243-10 CT que l'indemnité de fin de contrat n'est pas due lorsque le contrat de travail à durée déterminée a été conclu au titre de dispositions légales destinées à favoriser le recrutement de certaines catégories de personnes sans emploi.

Dès lors, c'est à tort que, après avoir constaté que des salariés avaient été engagés par un contrat d'insertion régi par l'article L. 5131-1 CT, un conseil de prud'hommes a fait droit à leur demande de paiement de l'indemnité de fin de contrat.

Cass. soc. 20 octobre 2010, n° 08-44.933, BC V n° 236.

Si les contrats emploi-solidarité sont des contrats à durée déterminée à temps partiel conclus en application de l'article L. 122-2 CT, l'indemnité de précarité prévue à l'article L. 122-3-4 CT n'est pas due.

Cass. soc. 10 février 1998, n° 95-41.564, BC V n° 77.

Le droit européen ne s'oppose pas à une réglementation nationale selon laquelle seule l'arrivée à échéance de contrats de travail à durée déterminée appartenant à certaines catégories donne lieu au versement d'une indemnité.

Dans l'hypothèse où la juridiction nationale constate qu'une mesure qui prévoit le versement obligatoire d'une indemnité aux travailleurs employés au moyen de certains contrats de travail à durée déterminée à l'échéance du terme pour lequel ces contrats ont été conclus, constitue une mesure adéquate pour prévenir et, le cas échéant, sanctionner les abus résultant de l'utilisation de contrats ou de relations de travail à durée déterminée successifs ou une mesure légale équivalente, au sens de la clause 5 de l'accord-cadre sur le travail à durée déterminée qui figure à l'annexe de la directive 1999/70, cette disposition doit être interprétée en ce sens qu'elle ne s'oppose pas à une réglementation nationale selon laquelle l'arrivée à échéance des contrats de travail à durée déterminée appartenant à certaines catégories donne lieu au versement, aux travailleurs employés au moyen de ces contrats, d'une telle indemnité, alors que l'arrivée à échéance des contrats de travail à durée déterminée appartenant à d'autres catégories n'entraîne l'octroi, aux travailleurs employés au moyen de ces derniers contrats, d'aucune indemnité, sauf s'il n'existe aucune autre mesure efficace dans l'ordre juridique national pour éviter et sanctionner de tels abus à l'égard de ces derniers travailleurs, ce qu'il incombe à la juridiction nationale de vérifier.

CJUE 21 novembre 2018, aff. C-619/17.

Modalités de calcul

L'indemnité de fin de contrat ne peut être intégrée dans le calcul des salaires moyens versés en raison de l'emploi du salarié.

L'indemnité de fin de contrat prévue en application de l'article L. 1243-8 CT est destinée à compenser la précarité du salarié sous contrat à durée déterminée, ce qui exclut son intégration dans le calcul des salaires moyens versés en raison de l'emploi de l'intéressé.

Cass. soc. 18 décembre 2013, n° 12-15.454, 2e et 3e moyens réunis du pourvoi principal, BC V n° 309. Voir aussi cass. soc. 23 juin 2016, n° 14-29.794.

L'indemnité de fin de contrat doit être calculée sur les mêmes bases que l'indemnité de congés payés.

Ayant relevé que les indemnités forfaitaires de déplacement à l'étranger allouées à des salariés engagés par contrat à durée déterminée étaient destinées à permettre aux intéressés d'assurer leur nourriture sur place « à la base de vie », qu'elles correspondaient à des frais que les salariés étaient contraints d'engager du fait de leur présence continue à l'étranger, une cour d'appel en a exactement déduit que ces indemnités ne pouvaient être incluses dans l'assiette de calcul de l'indemnité de congés payés et a décidé à bon droit que l'indemnité de précarité devait être calculée sur les mêmes bases que l'indemnité de congés payés, c'est-à-dire frais de grands déplacements à l'étranger exclus.

Cass. soc. 16 juin 2004, n° 03-43.928, 1er moyen, BC V n° 164.

Il résulte de l'article L. 1243-9 CT que l'indemnité de [fin de contrat], égale à 10 % de la rémunération totale brute due au salarié, peut être réduite à 6 % par une convention ou un accord collectif étendu ou une convention ou un accord d'entreprise ou d'établissement, dès lors que des contreparties sont offertes à ces salariés, notamment sous la forme d'un accès privilégié à la formation professionnelle.

C'est à bon droit qu'un conseil de prud'hommes a dit que l'indemnité de précarité de 10 % était due, après avoir relevé que si l'accord national relatif à la formation professionnelle, dont l'application n'était pas contestée, en avait fixé le montant à 6 %, l'employeur n'avait jamais prétendu avoir proposé au salarié un accès à la formation professionnelle.

Cass. soc. 11 juillet 2007, n° 06-41.765, BC V n° 118.

Après avoir relevé que l'accord national relatif à la formation professionnelle dans la métallurgie avait fixé à 6 % l'indemnité de précarité, c'est à bon droit qu'un conseil de prud'hommes a condamné un employeur à payer l'indemnité de précarité de 10 % à un salarié qui ne s'était vu offrir aucune action de formation.

Cass. soc. 23 janvier 2008, n° 06-44.190, 2e moyen, BC V n° 21.

Le rappel dans le contrat de travail du dispositif général dans lequel peut s'inscrire une formation demandée par le salarié ne constitue pas une offre de formation effective répondant aux exigences de l'article L. 1243-9 CT relatives à la limitation du montant de l'indemnité de fin de contrat en cas d'accès privilégié à la formation professionnelle offert au salarié.

Cass. soc. 3 juillet 2012, n° 11-16.269, BC V n° 203.

☛ *Contrat à durée déterminée (Contrats successifs) ; Contrat à durée déterminée (Rupture anticipée) ; Contrat à durée déterminée (Transformation du contrat en contrat à durée indéterminée)*

Contrat à durée déterminée (Renouvellement)

Seuls les contrats à terme précis et les contrats saisonniers peuvent faire l'objet d'un renouvellement. Le contrat initial ou un avenant ultérieur doit prévoir une clause de renouvellement dont les termes doivent être respectés par l'employeur.

Pour les contrats conclus jusqu'au 23 septembre 2017, deux renouvellements sont possibles dans la limite de la durée maximale prévue par la loi.

Pour les contrats conclus après cette date, le nombre de renouvellements possibles et la durée maximale des contrats peuvent être fixés par convention ou accord collectif de branche étendu, les dispositions légales étant désormais supplétives (ordonnance 2017-1387 du 22 septembre 2017).

La jurisprudence rapportée ci-dessous, rendue dans le cadre législatif antérieur, conserve cependant son intérêt, notamment au regard des litiges en cours.

Contrats saisonniers : la clause prévoyant une priorité de réembauche ne peut être assimilée à une clause contractuelle de tacite reconduction

Lorsqu'une clause conventionnelle prévoit, sauf motif dûment fondé, le renouvellement du contrat pour la saison suivante, les contrats successifs conclus constituent un ensemble à durée indéterminée.

Selon l'article L. 122-3-15 CT, les contrats saisonniers peuvent comporter une clause de reconduction pour la saison suivante et une convention ou un accord collectif peut prévoir que tout employeur ayant occupé un salarié dans un emploi à caractère saisonnier doit lui proposer, sauf motif réel et sérieux, un emploi de même nature, pour la même saison de l'année suivante ; selon l'article 23 de la convention collective du tourisme social et familial, le personnel saisonnier ayant travaillé dans le même établissement pendant deux saisons consécutives bénéficie, sauf motif dûment fondé, du renouvellement de son contrat dans sa qualification pour une même période d'activité, sans garantie de durée identique, et le non-renouvellement du contrat de travail est notifié par écrit par l'une ou l'autre des parties à la fin du contrat en cours.

Une salariée, engagée en qualité d'animatrice dans le cadre de contrats saisonniers successifs pour la période de février à novembre, avait, au cours du cinquième contrat, reçu trois avertissements à la suite desquels l'employeur l'avait informée de ce qu'il ne renouvellerait pas son contrat pour la saison suivante en raison des manquements répétés au règlement intérieur, conformément aux dispositions de la convention collective applicable. La salariée avait alors saisi la juridiction prud'homale pour obtenir la requalification de ses contrats en contrat de travail à durée indéterminée.

A violé les textes susvisés la cour d'appel qui, pour rejeter cette demande, a, bien qu'ayant retenu que les contrats saisonniers successifs constituaient un ensemble à durée indéterminée, refusé de prononcer la requalification des contrats en un contrat à durée indéterminée, alors que, du fait des renouvellements intervenus sur le fondement de l'article 23 de la convention collective, les contrats successifs constituaient un ensemble à durée indéterminée dont la rupture était soumise à l'exigence d'une cause réelle et sérieuse, même si chaque période de travail n'était garantie que pour la durée de la saison, de sorte que la cour d'appel devait prononcer la requalification demandée par la salariée.

Cass. soc. 18 novembre 2003, n° 01-43.549, BC V n° 289. Voir aussi cass. soc. 29 octobre 2002, n° 00-42.211, 1er moyen, BC V n° 329 ; cass. soc. 1er février 2000, n° 97-41.304, BC V n° 51.

Mais, lorsqu'une telle clause a seulement pour effet d'imposer à l'employeur une priorité d'emploi en faveur du salarié, elle ne peut être assimilée à la clause contractuelle prévoyant la reconduction automatique du contrat de travail pour la saison suivante et n'a pas, en toute hypothèse, pour effet de transformer la relation de travail à durée déterminée en une relation à durée indéterminée.

Cass. soc. 8 juillet 2015, n° 14-16.330, BC V n° 142. Voir aussi cass. soc. 30 mai 2000, n° 98-41.134, 2e moyen, BC V n° 205.

Lorsque l'employeur ne respecte pas les modalités prévues par les dispositions conventionnelles applicables pour la reconduction du contrat l'année suivante, l'absence de renouvellement du contrat lui est imputable.

Aux termes de l'article 23, a) de la convention collective nationale de tourisme social et familial du 28 juin 1979, le personnel saisonnier ayant travaillé dans le même établissement pendant deux saisons consécutives bénéficie, sauf motif dûment fondé, du renouvellement de son contrat dans sa qualification pour une même période d'activité, l'employeur devant lui adresser son contrat au plus tard un mois avant la date d'engagement et l'intéressé lui signifier son accord ou son refus dans les quinze jours qui suivent la proposition.

Un employeur avait adressé, le 3 février 2010, à un salarié employé en qualité de serveur polyvalent expérimenté au cours des saisons 2004 à 2009 une proposition de contrat pour la période du 14 février au 30 septembre 2010, en lui indiquant qu'à défaut de réponse au 9 février, il serait présumé avoir renoncé à cet emploi. Licencié le 19 mars 2010, ce salarié a saisi la juridiction prud'homale de demandes tendant à dire que la rupture du contrat de travail était imputable à l'employeur et en paiement de sommes à ce titre.

Pour débouter le salarié de ses demandes, une cour d'appel a retenu que le défaut de réponse du salarié à la proposition de renouvellement du contrat de l'employeur, qui emporte annulation de plein droit de la titularisation en application de l'article 23, c) de la convention collective précitée, avait entraîné l'absence de formation du nouveau contrat et la perte du droit à renouvellement du contrat suivant une renonciation certaine et non équivoque, et que la non-conformité formelle de la proposition aux dispositions de l'article 23 précité de la convention collective (en l'occurrence l'indication des conditions du nouveau contrat sans cependant l'envoi de celui-ci, le non-respect du délai de prévenance d'un mois ainsi que du délai de réponse de 15 jours) ne pouvait être analysée en une rupture irrégulière ou en un licenciement sans cause réelle et sérieuse en l'absence de grief démontré aux droits du salarié, dès lors qu'il ressortait de ses constatations qu'était exclue toute relation causale entre cette non-conformité et le défaut de réponse du salarié.

En statuant ainsi, alors qu'elle avait constaté que la proposition de nouvelle collaboration pour la période du 14 février au 30 septembre 2010 était tardive comme ayant été faite moins d'un mois avant le début de la nouvelle saison, ce dont il résultait que le salarié pouvait se prévaloir d'une absence de renouvellement de son contrat de travail imputable à l'employeur, la cour d'appel a violé les articles 23, a) de la convention collective nationale de tourisme social et familial du 28 juin 1979 et L. 1244-2 CT.

Cass. soc. 14 février 2018, n° 16-19.656, à paraître.

Si le salarié peut solliciter des dommages-intérêts pour la violation d'une disposition conventionnelle visée par l'article L. 1244-2 CT, il ne saurait, comme dans l'hypothèse d'un licenciement, invoquer la violation d'une garantie de fond dans le cas d'une absence de proposition d'un nouveau contrat saisonnier.

Cass. soc. 3 mai 2016, n° 14-30.085, BC V n° 79.

Les modalités et les conditions de renouvellement prévues au contrat doivent être respectées

Une salariée avait été recrutée par contrat à durée déterminée stipulant qu'il pouvait être « renouvelé tacitement à la date du 10 octobre 1989 pour une nouvelle période de trois mois sauf avis contraire des parties, notifié par lettre recommandée avec avis de réception dans un délai minimum de huit jours ».

L'employeur ayant mis fin au contrat dans le courant du mois d'octobre 1989, c'est à bon droit qu'une cour d'appel a décidé que le contrat de travail avait été renouvelé tacitement à compter du 10 octobre 1989, pour trois mois, le salarié n'ayant pas été informé de son non-renouvellement par l'employeur dans les formes et délais prévus par le contrat.

Cass. soc. 13 octobre 1994, n° 91-40.949. Voir aussi cass. soc. 10 juin 1992, n° 88-43.688.

À défaut de stipulation dans le contrat, les conditions de renouvellement doivent faire l'objet d'un avenant avant le terme initialement prévu

Il résulte des articles L. 1243-11 et L. 1243-13 CT que le contrat à durée déterminée initial, faute de prévoir les conditions de son renouvellement, ne peut être renouvelé que par la conclusion d'un avenant avant le terme initialement prévu ; à défaut, il devient un contrat à durée indéterminée, dès lors que la relation de travail s'est poursuivie après l'échéance du terme.

Une salariée a signé avec une société 4 contrats à durée déterminée, respectivement du 29 mars au 15 avril 2013, du 7 juin au 23 juin 2013, du 19 août au 8 septembre 2013 et du 4 novembre au 31 décembre 2013, ce dernier étant renouvelé par un avenant à effet du 1er janvier au 1er mars 2014.

Pour débouter la salariée de sa demande de requalification de ses contrats de travail à durée déterminée en un contrat à durée indéterminée et de sa demande de nullité de la rupture du dernier contrat à durée déterminée, une cour d'appel a retenu que le contrat conclu du 4 novembre au 31 décembre 2013 contenait une clause de renouvellement et avait vu son terme prorogé au 1er mars 2014 par un avenant daté du 27 décembre 2013, que les parties étaient en désaccord sur la date d'acceptation et de signature par la salariée de cet avenant, et produisaient deux avenants signés par la salariée mais mentionnant une date d'acceptation différente, le 28 décembre 2013 sur l'exemplaire de la société et le 3 janvier 2014 sur l'exemplaire de la salariée, que la salariée ne contestait pas avoir apposé sa signature sur l'exemplaire produit par la société, ni avoir pris son poste le 2 janvier 2014, date du début d'exécution de l'avenant, ce qui impliquait qu'elle avait accepté cet avenant antérieurement, qu'au demeurant, à supposer même que l'avenant ait été signé le 3 janvier 2014, ce délai n'excédait pas celui prévu par l'article L. 1242-13, soit deux jours ouvrables suivant l'embauche, laquelle était prévue pour le 2 janvier 2014.

En statuant ainsi, alors que la seule circonstance que la salariée avait travaillé après le terme du contrat à durée déterminée ne permettait pas de déduire son accord, antérieurement à ce terme, pour le renouvellement du contrat initial, la cour d'appel a violé les textes susvisés.

Cass. soc. 5 octobre 2016, n° 15-17.458, BC V n° 184.

Le renouvellement du contrat à durée déterminée n'autorise pas l'employeur à le modifier unilatéralement

Il résulte de l'article L. 122-1-2 CT, auquel la Charte du football professionnel, qui a valeur de convention collective, ne peut déroger que dans des dispositions plus favorables au salarié, que le renouvellement du contrat de travail à durée déterminée, qui a seulement pour objet d'aménager le terme initial de la relation contractuelle, ne se confond pas avec la conclusion d'un nouveau contrat et n'autorise pas l'employeur à modifier unilatéralement le contrat.

Ayant retenu que la proposition de renouvellement du contrat de travail faite à un salarié entraîneur d'un club de football s'accompagnait d'une diminution de sa rémunération, une cour d'appel en a exactement déduit que l'intéressé était libre de refuser la conclusion d'un nouveau contrat, sans prendre pour cela l'initiative de la rupture des relations contractuelles, et que l'indemnité d'ancienneté prévue en l'absence de renouvellement du contrat de travail par l'article 40 du statut des éducateurs de football lui était due.

Cass. soc. 1er février 2000, n° 97-44.100, BC V n° 47.

L'employeur ne peut refuser le renouvellement pendant une période de suspension du contrat à la suite d'un accident du travail

Un salarié avait été engagé par contrat à durée déterminée prévoyant son renouvellement par tacite reconduction, sauf dénonciation effectuée avant le terme initial et dans la limite de 18 mois. Le salarié avait été arrêté à la suite d'un accident du travail quelques jours avant le terme initial de son contrat. À son retour, l'employeur lui ayant délivré un certificat de travail marquant l'expiration du contrat à durée déterminée au terme initialement prévu, le salarié a saisi la juridiction prud'homale afin d'obtenir le paiement d'une indemnité représentant le montant des salaires qu'il aurait perçus si le contrat de travail était allé jusqu'à son terme le plus éloigné.

Est légalement justifié l'arrêt qui, pour débouter le salarié de sa demande de dommages-intérêts, retient que l'employeur a notifié au salarié le non-renouvellement de son contrat à durée déterminée avant que ce dernier ne soit victime de l'accident de travail ayant entraîné la suspension de ce contrat.

Cass. soc. 12 février 2002, n° 00-41.222, BC V n° 61.

En cas de non-respect des règles applicables en matière de renouvellement, le contrat est requalifié en contrat à durée indéterminée

Un salarié avait été engagé par un contrat à durée déterminée de date à date, qui devait s'achever le 26 avril 1983 pour pourvoir au remplacement d'une salariée en congé de maternité. L'employeur ayant mis fin au contrat après deux renouvellements successifs, une cour d'appel a pu le condamner à payer diverses indemnités au salarié : le contrat ne pouvait être renouvelé qu'une fois pour une période à durée déterminée au plus égale à celle de la durée initiale (art. L. 122-3-2 CT) et la relation qui s'était poursuivie après le premier renouvellement s'analysait en une relation à durée indéterminée.

Cass. soc. 7 mars 1990, n° 87-43.651, BC V n° 96.

En cas de non-renouvellement du contrat pour un motif illégitime, l'employeur peut être condamné à indemniser le salarié

Une salariée a été engagée en qualité d'aide-soignante à compter du 14 août 1999, en vertu de différents contrats à durée déterminée, dont le dernier a été conclu pour la période du 8 mars au 18 septembre 2000. Elle a saisi la juridiction prud'homale afin d'obtenir le paiement de dommages-intérêts pour abus de droit du fait du non-renouvellement de ce contrat de travail.

Ayant fait ressortir que l'employeur avait laissé entendre tant au personnel de l'établissement qu'à la salariée que son contrat serait renouvelé, avant de se rétracter sans motif sérieux à la suite d'une action en justice pour injure raciale exercée par l'intéressée à l'encontre d'un de ses collègues de travail, une cour d'appel a pu décider que l'employeur avait commis une faute génératrice d'un préjudice et le condamner à réparer ce préjudice.

Cass. soc. 27 février 2007, n° 06-40.943.

En vertu de l'article L. 5134-103 CT, le contrat relatif à des activités d'adultes-relais est un contrat de travail de droit privé à durée indéterminée ou à durée déterminée conclu en application du 1° de l'article L. 1242-3 dans la limite d'une durée de trois ans renouvelable une fois ; selon l'article L. 1132-1 CT, aucun salarié ne peut faire l'objet d'une mesure discriminatoire, directe ou indirecte, notamment en matière de renouvellement de contrat, en raison de son état de santé ; aux termes de l'article L. 1133-3 CT, les différences de traitement fondées sur l'inaptitude constatée par le médecin du travail en raison de l'état de santé ou du handicap ne constituent pas une discrimination lorsqu'elles sont objectives, nécessaires et appropriées ; il résulte de ce dernier texte qu'il ne s'applique qu'en cas d'inaptitude constatée par le médecin du travail conformément aux dispositions de l'article R. 4624-31 CT.

Un salarié a été engagé, le 16 décembre 2002, par une commune en qualité de correspondant de nuit dans le cadre d'un contrat relatif aux activités d'adultes-relais d'une durée déterminée de trois ans renouvelable une fois ; après avoir été en arrêt de travail pour maladie, le salarié a été déclaré apte avec des réserves par le médecin du travail ; le maire de la commune lui a notifié que son contrat qui prenait fin le 15 décembre 2005 ne serait pas renouvelé ; le salarié a saisi la juridiction prud'homale.

Pour débouter le salarié de sa demande de dommages et intérêts liée à l'existence d'une discrimination fondée sur l'état de santé, une cour d'appel a notamment retenu qu'après un arrêt maladie du salarié, la visite de reprise du 16 mai 2005 avait conclu que l'intéressé était apte avec les réserves suivantes : « doit rester strictement sur les mêmes horaires de travail 19 h - 1 h ; éviter au maximum les changements de secteur, et revoir dans 3 mois ou avant si besoin », que la visite du 8 septembre 2005 à l'initiative du médecin avait conclu dans les mêmes termes, que ses fonctions avaient impliqué une certaine souplesse au niveau du quartier d'intervention ainsi qu'une totale souplesse au niveau des horaires, de jour ou de nuit, que dès lors, le fait de devoir rester « strictement » sur les mêmes horaires de nuit et, dans toute la mesure du possible, dans le même quartier, avait impliqué une rigidité incompatible avec les souplesses précitées, nécessaires à l'efficacité de son travail et relevant de la nature même du poste, qu'ainsi les réserves émises par le médecin sur son aptitude avaient constitué des raisons objectives, nécessaires et appropriées de ne pas renouveler son contrat.

En statuant ainsi, sans constater qu'un avis d'inaptitude avait été régulièrement émis par le médecin du travail, ce dont il résultait que l'article L. 1133-3 CT n'était pas applicable et que le salarié avait fait l'objet d'une mesure discriminatoire directe en matière de renouvellement de contrat en raison de son état de santé, la cour d'appel a violé les articles L. 5134-103, L. 1132-1, L. 1133-3 et R. 4624-31 CT.

Cass. soc. 25 janvier 2011, n° 09-72.834, 1er moyen, BC V n° 29.

☛ *Contrat à durée déterminée (Cas de recours) ; Contrat à durée déterminée (Conclusion) ; Contrat à durée déterminée (Contrats successifs) ; Contrat à durée déterminée (Durée) ; Contrat à durée déterminée (Rupture anticipée).*

Contrat à durée déterminée (Requalification/Indemnisation)

La requalification par le juge d'un contrat à durée déterminée en contrat à durée indéterminée ouvre droit, pour le salarié, à une indemnité qui ne peut être inférieure à un mois de salaire (art. L. 1245-2 CT).

Les effets de la requalification de contrats à durée déterminée en contrat à durée indéterminée remontent à la date de la conclusion du premier contrat à durée déterminée irrégulier.

Une salariée a été engagée par une entreprise à compter du 11 mars 2000 en vertu d'un contrat à durée déterminée à temps partiel ; le 1er décembre 2002, les parties ont signé un contrat à durée indéterminée à temps partiel suivi d'un contrat à durée indéterminée à temps complet en date du 20 mars 2006 pour un emploi de facteur, puis le 20 juillet 2007 pour un emploi d'agent rouleur distribution ; sollicitant la requalification de ses contrats en un contrat à durée indéterminée, la salariée a saisi la juridiction prud'homale de diverses demandes. Un syndicat est intervenu volontairement à l'instance.

Pour débouter la salariée de sa demande de dommages-intérêts en réparation de son préjudice complémentaire lié à ses droits à la retraite, une cour d'appel, tout en prononçant la requalification de la relation de travail entamée en mars 2000 en un contrat à durée indéterminée, a énoncé qu'ayant été embauchée à compter du 1er décembre 2002 en contrat à durée indéterminée soit 2 ans après le contrat à durée déterminée conclu en 2000, la salariée ne justifiait pas d'un préjudice moral ou financier ou d'une perte de chance, notamment au regard de ses droits à la retraite.

En statuant ainsi, alors que les effets de la requalification de contrats à durée déterminée en contrat à durée indéterminée remontent à la date de la conclusion du premier contrat à durée déterminée irrégulier, la cour d'appel, qui n'a pas tiré les conséquences légales de ses constatations, a violé l'article L. 1245-1 CT.

Cass. soc. 23 mars 2016, n° 14-22.250, 2e moyen, BC V n° 54.

Ainsi, le droit à indemnité de requalification d'un contrat de travail à durée déterminée naît dès la conclusion de ce contrat en méconnaissance des exigences légales, peu important qu'un contrat à durée indéterminée ait été ultérieurement conclu entre les parties.

Cass. soc. 18 mai 2011, n° 09-68.236, 1er moyen.

La juridiction saisie par un salarié qui fait droit à sa demande de requalification de son contrat en contrat à durée indéterminée doit condamner d'office l'employeur au paiement d'une indemnité spécifique de requalification qui ne peut être inférieure à un mois de salaire,...

Un salarié, engagé en 1996 sans contrat écrit en qualité de cuisinier-formateur en remplacement d'un salarié absent, avait été informé que son contrat ne serait pas renouvelé et prendrait fin en août 1997. Contestant cette rupture, il avait saisi la juridiction prud'homale pour obtenir la requalification de son contrat en contrat à durée indéterminée ainsi que le paiement de différentes sommes.

Doit être cassé l'arrêt qui, après avoir relevé qu'aucun contrat à durée déterminée n'avait été conclu par écrit, a procédé à la requalification de la relation contractuelle en contrat à durée indéterminée, en application de l'article L. 122-3-13 CT, et a alloué au salarié une indemnité sur le fondement de l'article L. 122-14-5 CT pour rupture abusive, sans lui accorder l'indemnité prévue par l'article L. 122-3-13 CT, alors que, lorsqu'elle fait droit à la demande de requalification formée par le salarié, la juridiction saisie doit d'office condamner l'employeur à payer au salarié une indemnité qui ne peut être inférieure à un mois de salaire, sans préjudice de l'application des dispositions de la section II du chapitre II du livre Ier du code du travail.

Cass. soc. 10 juin 2003, n° 01-40.808, 2e moyen, BC V n° 191. Voir aussi cass. soc. 28 novembre 2000 n° 98-42.999, 1re branche du 2e moyen, BC V n° 390 ; cass. soc. 7 avril 2010, n° 08-41.534, 1er moyen.

C'est à tort qu'une cour d'appel a fixé la créance d'un salarié résultant de la requalification de sa relation de travail en contrat à durée indéterminée au passif de la société qui avait fait l'objet d'une procédure collective, sans lui accorder d'indemnité spécifique de requalification.

Cass. soc. 19 janvier 1999, n° 96-44.954, 1er moyen, BC V n° 27.

… peu important que le salarié ait travaillé pour une durée moindre.

Lorsqu'elle fait droit à la demande de requalification d'un contrat à durée déterminée en contrat à durée indéterminée formée par un salarié, la juridiction saisie doit d'office condamner l'employeur à lui payer une indemnité qui ne peut être inférieure à un mois de salaire, peu important le fait que le salarié ait travaillé pour une durée moindre.

Cass. soc. 7 mars 2012, n° 10-15.591, 1er moyen.

Peu importe également que le contrat se soit poursuivi après son terme.

C'est à tort que, pour débouter une salariée de sa demande d'indemnité spécifique de requalification, une cour d'appel a énoncé que la procédure édictée par l'article L. 122-3-13 CT est une procédure particulière destinée à permettre au salarié embauché par contrat à durée déterminée d'obtenir rapidement, en cours d'exécution de celui-ci, la requalification en contrat à durée indéterminée, et que tel n'est pas le cas en l'espèce où les relations contractuelles s'étant poursuivies au-delà du terme fixé, le contrat était devenu automatiquement à durée indéterminée, alors qu'elle avait constaté que la salariée avait sollicité, devant le juge, la requalification du contrat à durée déterminée initial irrégulier en contrat à durée indéterminée, peu important que ce contrat se soit poursuivi après l'arrivée de son terme et soit devenu, par l'effet de l'article L. 122-3-10 CT, à durée indéterminée.

Cass. soc. 9 mars 1999, n° 96-41.586, BC V n° 102. Voir aussi cass. soc. 8 avril 2009, n° 07-43.343, pourvoi incident.

Lorsque le contrat a fait l'objet d'un transfert, le salarié peut demander le paiement de l'indemnité de requalification à son nouvel employeur.

Si l'obligation au paiement d'une indemnité de requalification d'un contrat à durée déterminée naît dès la conclusion de ce contrat en méconnaissance des exigences légales et pèse en conséquence sur l'employeur l'ayant conclu, cette circonstance ne fait pas obstacle à l'application de l'article L. 1224-2 CT en vertu duquel, sauf dans certains cas, le nouvel employeur est tenu, à l'égard des salariés dont les contrats de travail subsistent, aux obligations qui incombaient à l'ancien employeur à la date de la modification.
Dès lors, un salarié est bien fondé à demander à son nouvel employeur le paiement d'une indemnité de requalification au titre d'un contrat à durée déterminée conclu avec son ancien employeur, sauf recours du nouvel employeur contre ce dernier.

Cass. soc. 16 mars 2011, n° 09-69.945, pourvoi incident, BC V n° 75. Voir aussi cass. soc. 8 novembre 2017, n° 16-16.648, 5e moyen.

L'octroi de l'indemnité de requalification n'est pas subordonné à la mise en œuvre préalable de la procédure de saisine directe du bureau de jugement instituée par l'article L. 1245-2 CT.

L'article L. 122-3-13 CT, qui impose au juge d'accorder au salarié une indemnité qui ne peut être inférieure à un mois de salaire lorsqu'il fait droit à sa demande de requalification d'un contrat à durée déterminée en contrat à durée indéterminée, ne subordonne pas l'octroi de cette indemnité à la mise en œuvre préalable de la procédure de saisine directe du bureau de jugement.

C'est donc à tort que, pour débouter une salariée de sa demande en paiement de l'indemnité de requalification, une cour d'appel, après avoir requalifié des contrats à durée déterminée en contrat à durée indéterminée, a retenu que la procédure choisie n'était pas celle prévue par la loi puisque la salariée avait saisi le conseil de prud'hommes d'une demande qui tendait à voir convoquer l'employeur devant le bureau de conciliation.

Cass. soc. 4 février 2003, n° 00-43.558, BC V n° 36. Voir aussi cass. soc. 28 avril 2011, n° 09-43.226, BC V n° 95.

Lorsque le juge requalifie une succession de contrats de travail à durée déterminée conclus avec le même salarié en contrat de travail à durée indéterminée, il ne doit accorder qu'une seule indemnité de requalification dont le montant ne peut être inférieur à un mois de salaire.

Cass. soc. 25 mai 2005, n° 03-44.942, BC V n° 177. Voir aussi cass. soc. 25 mai 2005, n° 03-43.214, BC V n° 176 ; cass. soc. 28 avril 2011, n° 09-42.790, trois premières branches du moyen.

Lorsque l'autorisation de non-renouvellement du contrat de travail à durée déterminée d'un salarié protégé est refusée, le contrat devient à durée indéterminée, mais l'indemnité de requalification n'est pas due.

Une salariée engagée dans le cadre de deux contrats emploi-solidarité puis dans le cadre d'un emploi consolidé à temps partiel a été désignée en qualité de déléguée syndicale ; son employeur a saisi l'inspecteur du travail d'une demande d'autorisation de non-renouvellement de son contrat de travail, laquelle a fait l'objet d'une décision de refus.

La salariée a saisi la juridiction prud'homale aux fins notamment de voir requalifier son contrat en contrat de travail à durée indéterminée.

Il résulte des dispositions combinées des articles L. 412-18 et L. 425-2 CT que le terme du contrat à durée déterminée conclu en vertu des dispositions de l'article L. 122-1-2, III CT est prorogé dans l'attente de la décision de l'inspecteur du travail ou, le cas échéant, en cas de recours hiérarchique, de la décision ministérielle ; dans le cas où l'autorisation est refusée, le contrat à durée déterminée devient un contrat à durée indéterminée par application de l'article L. 122-3-10 CT.

En relevant que l'employeur avait saisi l'inspecteur du travail d'une demande d'autorisation de non-renouvellement du contrat de travail, ce que ce dernier avait refusé et ce dont il résultait qu'en raison de la décision de refus de l'inspecteur du travail, la relation de travail était devenue à durée indéterminée, une cour d'appel a pu faire droit à la demande de la salariée.

En revanche, c'est à tort que la cour d'appel a condamné l'employeur au paiement d'une indemnité de requalification.

En effet, il résulte de la combinaison des articles L. 122-3-10, al. 1er et L. 122-3-13 CT que lorsque le contrat à durée déterminée devient un contrat à durée indéterminée du seul fait de la poursuite de la relation contractuelle de travail après l'échéance de son terme, le salarié ne peut prétendre à une indemnité de requalification, hors les cas où sa demande en requalification s'appuie sur une irrégularité du contrat à durée déterminée initial ou de ceux qui lui font suite.

Cass. soc. 27 septembre 2007, n° 06-41.086, pourvoi principal et moyen relevé d'office, BC V n° 144.

Le salaire de référence à prendre en compte pour le calcul de l'indemnité de requalification est le dernier salaire perçu avant la saisine de la juridiction par le salarié,...

Un salarié a été engagé par contrat de travail à durée déterminée, auquel a succédé un contrat à durée indéterminée. Il a saisi la juridiction prud'homale aux fins de voir déclarer nulle la transaction intervenue avec son employeur suite à la rupture de son contrat et voir requalifier le contrat initial en contrat à durée indéterminée.

C'est à tort que, pour fixer le montant de l'indemnité de requalification du contrat de travail à durée déterminée en contrat à durée indéterminée, une cour d'appel a retenu comme salaire de référence celui perçu par le salarié lors de l'exécution du contrat à durée déterminée initial, alors que l'indemnité de requalification ne peut être inférieure au dernier salaire mensuel perçu avant la saisine de la juridiction.

Cass. soc. 17 juin 2005, n° 03-44.900, BC V n° 204.

... au sein de l'entreprise ayant conclu le contrat à durée déterminée.

L'indemnité de requalification ne peut être inférieure au dernier salaire mensuel perçu, avant la saisine de la juridiction, au sein de l'entreprise ayant conclu le contrat à durée déterminée.

Cass. soc. 26 avril 2017, n° 15-26.817, 1er moyen du pourvoi principal, BC V n° 66.

Le montant minimum de l'indemnité de requalification d'un contrat de travail à durée déterminée en contrat de travail à durée indéterminée est calculé selon la dernière moyenne de salaire mensuel.

Cass. soc. 20 novembre 2013, n° 12-25.459, 2e moyen. Voir aussi cass. soc. 27 avril 2017, n° 15-23.311.

L'indemnité de fin de contrat prévue en application de l'article L. 1243-8 CT est destinée à compenser la précarité du salarié sous contrat à durée déterminée, ce qui exclut son intégration dans le calcul de l'indemnité de requalification.

Cass. soc. 13 janvier 2016, n° 14-16.000, 3e moyen.

Dans le calcul de l'indemnité de requalification, il doit être tenu compte des heures supplémentaires accomplies par le salarié.

Cass. soc. 10 juin 2003, n° 01-40.779, 3e moyen du pourvoi incident, BC V n° 190.

L'indemnité de requalification peut se cumuler avec les sommes dues au salarié au titre de salaires impayés.

Le juge qui fait droit à une demande de requalification d'un contrat à durée déterminée en contrat à durée indéterminée doit allouer au salarié l'indemnité spécifique de requalification prévue par l'article L. 122-3-13 CT et peut, sans réaliser un cumul d'indemnités illicite, accorder au salarié les sommes dues au titre de salaires impayés.

Des salariés, employés comme guichetiers dans le cadre de contrats à durée déterminée journaliers qui s'étaient succédé de façon intermittente, ont saisi la juridiction prud'homale afin, notamment, de voir requalifier ces contrats en contrats à durée indéterminée.

Doit être approuvé l'arrêt ayant alloué aux salariés des rappels de salaire sur la base théorique d'une année complète d'exécution de leurs contrats.

En effet, en l'absence d'accord des parties sur l'étendue de leurs obligations respectives et après avoir procédé à la requalification des contrats à durée déterminée en contrats à durée indéterminée, la cour d'appel a pu se référer aux modalités d'exécution des contrats au cours de la première année pour déterminer les sommes dues aux salariés au titre des salaires impayés.

Cass. soc. 8 juillet 2003, n° 02-45.092, 2e moyen du pourvoi principal, BC V n° 225. Voir aussi cass. soc. 30 novembre 2010, n° 09-40.160, 1er moyen.

L'indemnité spécifique de requalification se cumule avec celle allouée à raison de la rupture abusive du contrat.

C'est à tort qu'après avoir constaté qu'aucun motif n'avait été indiqué dans un contrat à durée déterminée, une cour d'appel a procédé à une requalification de ce contrat en contrat à durée indéterminée et a alloué à l'intéressée une indemnité sur le fondement de l'article L. 122-14-5 CT pour rupture abusive dudit contrat, sans lui accorder l'indemnité prévue par l'article L. 122-3-13 CT. En effet, lorsqu'elle fait droit à la demande de requalification du salarié, la juridiction saisie doit d'office condamner l'employeur à payer une indemnité qui ne peut être inférieure à un mois de salaire, sans préjudice de l'application des dispositions de la section II du chapitre II du livre Ier du code du travail.

Cass. soc. 11 juillet 2000, n° 98-41.798, BC V n° 270.

Le salarié engagé par plusieurs contrats à durée déterminée non successifs et dont le contrat de travail est requalifié en un contrat à durée indéterminée, ne peut prétendre à un rappel de salaire au titre des périodes non travaillées séparant chaque contrat que s'il s'est tenu à la disposition de l'employeur pendant ces périodes pour effectuer un travail,…

Cass. soc. 3 novembre 2011, n° 10-11.262, 3e moyen. Voir aussi cass. soc. 27 mars 2013, n° 11-22.977, 1er moyen du pourvoi de l'employeur ; cass. soc. 2 mars 2016, n° 14-15.603, 1er moyen du pourvoi principal.

… ce qu'il appartient au salarié de démontrer.

Une société a engagé un salarié par contrat à durée déterminée et à temps partiel, le 3 février 2005, en qualité d'employé administratif, 48 autres contrats à durée déterminée ayant suivi jusqu'à la fin du mois d'août 2009 ; le salarié a saisi la juridiction prud'homale, demandant le paiement de diverses sommes liées à la requalification des contrats en contrat à durée indéterminée.

Pour condamner la société à verser au salarié des sommes pour les salaires interstitiels à mi-temps du 3 novembre 2006 au 31 août 2009, une cour d'appel a retenu que les salariés sont présumés s'être tenus à la disposition de leur employeur dans les périodes interstitielles, cette présomption pouvant être renversée par l'employeur par la démonstration, par exemple, que le salarié a refusé de travailler pendant cette période, que la société, en l'occurrence, ne faisait pas la démonstration qui pourrait renverser cette présomption puisqu'elle ne produisait, à cet effet, aucune pièce, et que la démonstration par l'employeur que le salarié avait perçu d'autres salaires pendant cette période, à temps partiel, ce qui était le cas de l'espèce, ne suffisait pas, à elle seule, à démontrer que le salarié ne s'était pas tenu à sa disposition.

En statuant ainsi, alors qu'il appartenait au salarié d'établir qu'il s'était tenu à la disposition de l'employeur pendant les périodes interstitielles, la cour d'appel a violé les articles L. 1245-1, L. 1245-2 CT, 1134 et 1315 c. civ.

Cass. soc. 16 septembre 2015, n° 14-16.277, BC V n° 156. Voir aussi cass. soc. 19 octobre 2017, n° 14-29.252.

La perception d'indemnités de chômage n'exclut pas, à elle seule, que le salarié se tienne à la disposition de l'employeur.

Un salarié a été employé par une chaîne de télévision en qualité d'éclairagiste de reportage, puis de chef opérateur, dans le cadre d'une succession de contrats à durée déterminée pour remplacement ou surcroît temporaire d'activité ou contrats d'usage ; la société a mis fin à la relation de travail avec le salarié ; ce dernier a saisi la juridiction prud'homale d'une demande en requalification des contrats de travail à durée déterminée en contrat de travail à durée indéterminée et en paiement de diverses sommes.

Pour débouter le salarié de sa demande, une cour d'appel a retenu que le salarié avait toujours travaillé à temps partiel pour la chaîne de télévision, qu'il avait travaillé pour une autre société et qu'il avait, par ailleurs, touché des allocations de chômage lors des périodes non travaillées, ce qui expliquait le montant figurant sur ses déclarations de revenus, lesquels étaient supérieurs aux montants qu'il aurait perçus dans le cadre d'un travail à temps complet.

En statuant ainsi, alors que la perception d'indemnités de chômage n'exclut pas, à elle seule, que le salarié se tienne à la disposition de l'employeur, la cour d'appel a violé l'article 1134 c. civ..

Cass. soc. 25 juin 2013, n° 11-22.646, BC V n° 164.

En cas de requalification d'une succession de contrats à durée déterminée en relation de travail à durée indéterminée, les sommes perçues par le salarié au titre de l'assurance chômage ne doivent pas être déduites des rappels de salaire couvrant les périodes non travaillées.

Le calcul des rappels de salaire consécutifs à la requalification de contrats à durée déterminée successifs en contrat à durée indéterminée, qui s'effectue selon les conditions contractuelles fixant les obligations de l'employeur telles qu'elles résultent de cette requalification, n'est pas affecté par les sommes qui ont pu être versées au salarié par l'organisme compétent au titre de l'assurance chômage.

Cass. soc. 16 mars 2016, n° 15-11.396, 2e moyen, BC V n° 48. Voir aussi cass. soc. 17 janvier 2018, n° 16-25.502.

L'action en requalification de contrats à durée déterminée en un contrat à durée indéterminée et l'action en paiement d'une indemnité de requalification qui en découle ne sont pas des actions en paiement de salaires.

Cass. soc. 22 novembre 2017, n° 16-16.561, à paraître.

La requalification d'un contrat à durée déterminée en contrat à durée indéterminée ne porte que sur le terme du contrat ; il appartient donc aux juges du fond saisis d'une demande de rappel de salaire d'apprécier la valeur et la portée sur la rémunération du salarié des différents contrats à durée déterminée successifs conclus par les parties.

Quatre salariés ont été engagés par une société en qualité de guide-batelier par des contrats de travail saisonniers successifs ; jusqu'en 2007 leur rémunération mensuelle fixe était, en vertu d'un accord « atypique » du 26 avril 1978, susceptible d'être complétée en fonction du chiffre d'affaires réalisé au cours de chaque saison. Cet accord ayant été dénoncé en 2008, l'employeur a mentionné dans les contrats conclus pour les saisons 2008 et 2009 que le salaire mensuel brut serait payé sur la base d'un taux horaire brut de 15 euros et a cessé de payer des compléments de salaire. Les salariés ont alors saisi la juridiction prud'homale pour obtenir la requalification des contrats à durée déterminée successifs en un contrat de travail à durée indéterminée et la condamnation de l'employeur au paiement de rappels de salaire.

Pour faire droit à la demande de rappel de salaire, une cour d'appel a retenu que l'accord des salariés à la modification de leurs conditions de rémunérations ne pouvait résulter des contrats de travail à durée déterminée signés depuis 2008, sans effet puisque signés alors qu'un contrat à durée indéterminée était toujours en cours d'exécution.

En statuant ainsi, alors que la requalification d'un contrat de travail à durée déterminée en contrat à durée indéterminée ne porte que sur le terme du contrat, et qu'il lui appartenait d'apprécier la valeur et la portée sur la rémunération du salarié des différents contrats conclus par les parties, la cour d'appel a violé les articles L. 1245-1, L. 1221-1 CT et 1134, alinéa 1er, devenu l'article 1103 c. civ.

Cass. soc. 5 octobre 2017, n° 16-13.581, 3e branche du moyen, BC V n° 172.

Contrat à durée déterminée (Rupture anticipée)

La rupture anticipée du contrat à durée déterminée ne peut intervenir que dans les cas prévus par la loi : accord des parties, faute grave, force majeure, inaptitude constatée par le médecin du travail ou lorsque le salarié justifie d'une embauche sous contrat à durée indéterminée (art. L. 1243-1 à 4 CT).

Des motifs de rupture anticipée limitativement énumérés par la loi

• Il peut être mis fin au contrat à durée déterminée par accord des parties

La volonté de mettre fin au contrat doit être claire et non équivoque.

Ayant constaté qu'une salariée s'était présentée à plusieurs reprises à son travail en état d'ébriété, avait reçu plusieurs avertissements et avait été renvoyée à plusieurs reprises chez elle, qu'elle avait écrit librement une lettre faisant part de son accord pour qu'il soit mis fin à son contrat tout en demandant à l'employeur de ne pas faire état de son comportement, une cour d'appel a pu valablement en déduire la volonté des parties de mettre fin d'un commun accord au contrat de travail à durée déterminée.

Cass. soc. 5 mars 1997, n° 94-42.311.

La rupture d'un commun accord du contrat à durée déterminée ne peut résulter que d'un acte clair et non équivoque des parties de mettre fin aux relations contractuelles.

Une salariée avait été engagée, sans période d'essai, selon contrat à durée déterminée pour une durée minimale de 6 mois ; après deux mois, l'employeur, invoquant son incompétence dans le domaine comptable, lui a fait signer un document aux termes duquel elle acceptait une rupture d'un commun accord du contrat à durée déterminée, sans indemnité pour rupture anticipée. La salariée a saisi la juridiction prud'homale de diverses demandes pour rupture abusive.

Pour débouter l'intéressée de ses demandes, une cour d'appel a retenu qu'elle ne produisait aucune pièce permettant de considérer que son accord avait pu être vicié par une pression ou une intimidation de son employeur.

En statuant ainsi, sans caractériser une volonté claire et non équivoque des parties de mettre fin aux relations contractuelles, la cour d'appel a violé l'article L. 122-3-8 CT.

Cass. soc. 6 octobre 2004, n° 02-44.323.

La rupture d'un commun accord d'un contrat à durée déterminée peut résulter de la signature d'un avenant mettant fin prématurément au contrat.

Cass. soc. 16 décembre 2015, n° 14-21.360.

Ni la signature d'un reçu pour solde de tout compte ni l'acceptation d'un certificat de travail ne peuvent caractériser une rupture d'un commun accord d'un contrat à durée déterminée.

Cass. soc. 11 juillet 2000, n° 98-45.046.

La rupture d'un commun accord du contrat à durée déterminée a pour seul objet de mettre fin aux relations des parties et ne peut constituer une transaction.

Un salarié avait été engagé le 11 juillet 1994 dans le cadre d'un contrat à durée déterminée de retour à l'emploi à échéance du 10 juillet 1995. Le 29 juin 1995, les parties ont passé un accord de rupture, dont le salarié a sollicité l'annulation auprès du juge prud'homal qu'il a également saisi de demandes en paiement de frais de déplacement, d'indemnités de repas et d'une indemnité compensatrice de congés payés.

C'est à tort que, pour débouter l'intéressé de ses demandes, une cour d'appel a retenu que l'accord du 29 juin 1995 constituait une rupture amiable conforme aux prévisions de l'article L. 122-3-8 CT, qu'en l'absence de vice du consentement ou d'une autre cause de nullité, cette convention, qui avait été exécutée, présentait un caractère obligatoire pour les parties et que le salarié avait, aux termes de cet accord, renoncé de manière non équivoque à tous les droits et actions qu'il pouvait tenir tant du droit commun que des dispositions conventionnelles.

En effet, la rupture d'un commun accord du contrat à durée déterminée a pour seul objet de mettre fin aux relations des parties ; elle ne constitue pas une transaction destinée à mettre fin, par des concessions réciproques, à toute contestation née ou à naître résultant de la rupture définitive du contrat de travail et ne peut avoir pour effet, peu important les termes de l'accord, de priver le salarié des droits nés de l'exécution du contrat de travail.

Cass. soc. 16 mai 2000, n° 98-40.238, BC V n° 179.
Voir cass. soc. 6 octobre 2015, n° 14-19.126.

• La rupture peut intervenir pour faute grave

La faute grave peut être imputable au salarié.

Ayant relevé qu'un salarié, agent de prévention et de surveillance, avait quitté son lieu de travail sans attendre la relève, une cour d'appel a pu décider que ce manquement constituait une faute grave justifiant la rupture anticipée du contrat à durée déterminée.

Cass. soc. 16 mars 2005, n° 03-41.649.

La rupture anticipée pour faute grave est alors une sanction disciplinaire soumise aux formalités prévues par les articles L. 1332-1 et 2 CT.

Si le contrat de travail à durée déterminée peut être rompu avant son terme par l'employeur en cas de faute grave du salarié, la procédure disciplinaire des alinéas 1 et 2 de l'article L. 122-41 devenus L. 1332-1 et L. 1332-[2] CT, doit être respectée.

Un salarié a été engagé en vertu d'un contrat à durée déterminée du 6 décembre 2003 au 30 septembre 2004, renouvelé pour une période de 12 mois ; le 12 octobre 2004, son employeur lui a remis une attestation Assédic constatant la fin de son contrat de travail ; le salarié a saisi la juridiction prud'homale afin d'obtenir le paiement de dommages et intérêts pour rupture anticipée de son contrat de travail et d'une indemnité de précarité.

C'est à tort que, pour décider que le « licenciement » reposait sur une faute grave et limiter en conséquence la condamnation de l'employeur au paiement d'une somme à titre de dommages et intérêts pour inobservation de la procédure, une cour d'appel a retenu que l'absence injustifiée du salarié à compter du 30 septembre 2004 constituait une faute grave, et que l'irrégularité née de l'absence de lettre de licenciement comme d'entretien préalable demeurait une irrégularité formelle qui ne pouvait entraîner la nullité du licenciement, compte tenu de la circonstance non discutée que le licenciement avait été verbal, alors qu'en l'absence de notification écrite et motivée au salarié de la sanction prise contre lui, la rupture anticipée de son contrat de travail était abusive.

Cass. soc. 4 juin 2008, n° 07-40.126, BC V n° 121. Voir aussi cass. soc. 11 avril 1996, n° 93-42.632, BC V n° 151.

En application de l'article L. 122-41, al. 2, devenu L. 1332-2 CT, la rupture anticipée d'un contrat à durée déterminée pour faute grave relève de la procédure disciplinaire et l'employeur doit convoquer le salarié à un entretien préalable.

Une salariée a été engagée le 18 mars par contrat à durée déterminée saisonnier en qualité d'équipière d'hôtel ; l'employeur lui a signifié par lettre du 2 juin qu'elle ne faisait plus partie du personnel pour avoir brusquement abandonné son travail le 31 mai à 10 heures, en plein week-end de l'Ascension, en lui reprochant également d'avoir été arrogante, incorrecte et menaçante ; la salariée a saisi la juridiction prud'homale d'une demande tendant à réparer son préjudice résultant de la rupture anticipée de son contrat de travail et celui consécutif à l'irrégularité de la procédure.

Pour débouter la salariée de sa demande, une cour d'appel a retenu qu'il était clair que le 2 juin l'employeur avait rompu le contrat de travail saisonnier dans un courrier intitulé sans ambiguïté « fin de contrat saisonnier », que le contrat saisonnier qui est un contrat à durée déterminée ne peut être rompu que dans des cas précis et notamment pour faute grave et que les faits d'insubordination reprochés à la salariée, suffisamment établis, constituaient une faute grave autorisant l'employeur à rompre le contrat de travail.

En statuant ainsi, alors que l'inobservation des règles de forme cause nécessairement à la salariée un préjudice qu'il lui appartenait de réparer, la cour d'appel a violé l'article L. 122-41, al. 2 devenu L. 1332-2 CT.

Cass. soc. 13 novembre 2008, n° 07-40.784, BC V n° 213. Voir aussi cass. soc. 25 octobre 2000, n° 98-45.335.

Dès lors que n'avaient été invoqués ni un accord des parties ni un cas de force majeure, la rupture anticipée du contrat à durée déterminée par l'employeur ne pouvait être décidée que pour faute grave et constituait une sanction. Il s'ensuit que l'employeur, qui n'avait formulé aucun grief au moment de la rupture, ne pouvait invoquer, au cours de la procédure, un comportement gravement fautif du salarié.

Cass. soc. 2 mai 2000, n° 97-45.890.

En cas de non-respect de la procédure disciplinaire, le salarié dont le contrat a été rompu pour faute grave peut prétendre à des dommages-intérêts mais non à l'annulation de la rupture.

Si les juges du fond tiennent de l'article L. 122-43 CT le pouvoir d'annuler une sanction disciplinaire en raison de l'inobservation du délai d'un jour franc entre la date fixée pour l'entretien et celle du prononcé de la sanction, ils ne disposent pas de cette faculté lorsqu'un licenciement est prononcé ou qu'un contrat à durée déterminée est rompu pour faute grave.

Un employeur avait, sans respecter le délai d'au moins un jour franc prévu par l'article L. 122-41, al. 2 CT pour la notification de la sanction disciplinaire, rompu pour faute grave le contrat de travail d'un salarié engagé pour une durée déterminée.

Doit être approuvé l'arrêt ayant rejeté la demande du salarié en annulation de la sanction disciplinaire, l'inobservation du délai précité constituant une irrégularité de procédure ouvrant droit à réparation du préjudice en résultant pour le salarié.

Cass. soc. 12 novembre 2003, n° 01-42.130, BC V n° 278. Voir aussi cass. soc. 27 juin 2001, n° 99-42.216, BC V n° 236.

Si l'absence de convocation à un entretien préalable constitue une irrégularité de la procédure de rupture du contrat de travail à durée déterminée, elle n'affecte pas le bien-fondé de cette mesure.

Cass. soc. 14 mai 2014, n° 13-12.071, BC V n° 118.

La saisine d'une commission de conciliation instituée prévue par voie conventionnelle constitue une garantie de fond dont le non-respect rend la rupture injustifiée.

Il résulte des dispositions combinées des articles 51 et 681 de la charte du football professionnel, qui a valeur de convention collective, que lorsque l'employeur envisage la rupture du contrat de travail d'un éducateur professionnel en raison d'un manquement de ce dernier à ses obligations, le litige doit être porté devant la commission juridique qui convoque immédiatement les parties et tente de les concilier, l'intervention de cette commission constituant une garantie de fond pour le salarié.

Ayant constaté qu'un club sportif professionnel avait rompu de façon anticipée le contrat à durée déterminée d'un salarié employé comme entraîneur formateur sans avoir porté le litige devant la commission juridique aux fins de conciliation, une cour d'appel en a exactement déduit que le salarié ayant été privé d'une garantie de fond, la rupture du contrat de travail ne reposait sur aucune faute grave et n'était donc pas justifiée.

Cass. soc. 26 septembre 2012, n° 11-18.783, BC V n° 246.

L'employeur qui diffère la prise d'effet de la rupture du contrat ne peut invoquer une faute grave.

Un salarié avait été engagé en qualité de cuisinier d'un restaurant, par contrat de travail à durée déterminée d'une durée de 18 mois. Son contrat ayant été rompu pour faute grave le 10 mars avec effet au 13 mars, l'intéressé avait saisi la juridiction prud'homale pour obtenir le paiement de dommages-intérêts correspondant aux salaires perçus jusqu'au terme de son contrat, une indemnité de congés payés et une indemnité de précarité d'emploi.

Doit être cassé l'arrêt qui, pour retenir l'existence d'une faute grave, a énoncé qu'il importait peu que l'employeur ait prévu le 10 mars que le service de l'intéressé se terminerait le dimanche 13 mars après-midi, qu'en effet, s'agissant d'un restaurant, la continuité du service s'impose et qu'il était peut-être impossible à la société d'organiser plus tôt le remplacement de ce dernier, alors que l'employeur, qui avait différé la prise d'effet de la rupture du contrat de travail, ne pouvait invoquer la faute grave.

Cass. soc. 20 mai 1998, n° 96-41.230.

Le refus d'un changement des conditions de travail ne constitue pas à lui seul une faute grave.

Aux termes des dispositions de l'article L. 1243-1 CT dans sa version alors applicable, sauf accord des parties, le contrat à durée déterminée ne peut être rompu avant l'échéance du terme qu'en cas de faute grave ou de force majeure ; le refus par le salarié d'un changement de ses conditions de travail ne constitue pas à lui seul une faute grave.

Après avoir relevé qu'une salariée engagée par une commune selon un contrat d'accompagnement dans l'emploi à curée déterminée avait vu son contrat rompu de manière anticipée pour faute grave à la suite de son refus d'affectation du service des marchés publics au service des affaires générales, une cour d'appel a pu condamner l'employeur au paiement de diverses sommes au titre de cette rupture.

Cass. soc. 20 novembre 2013, n° 12-16.370, BC V n° 273.

Ainsi, le refus d'un accroissement de l'amplitude de l'horaire de nuit ne constitue pas une faute grave de nature à justifier la rupture anticipée du contrat de travail à durée déterminée.

Un salarié, engagé pour une durée déterminée, s'est vu notifier la rupture de son contrat de travail pour faute grave après avoir refusé la modification de l'amplitude de sa journée de travail et abandonné son poste suite à ce refus. Contestant le bien-fondé de cette rupture, l'intéressé a saisi la juridiction prud'homale en vue d'obtenir le paiement de diverses indemnités.

C'est à tort que, pour débouter le salarié de ses demandes, une cour d'appel a énoncé que dans le cadre de son pouvoir de direction et d'organisation de l'entreprise, l'employeur avait procédé à de simples modifications des conditions de travail et que l'abandon de poste non contesté du salarié depuis son refus était constitutif d'une faute grave, alors que le fait pour un salarié de refuser un accroissement de l'amplitude de l'horaire de nuit ne constitue pas une faute grave de nature à justifier la rupture anticipée du contrat de travail à durée déterminée.

Cass. soc. 7 septembre 2004, n° 02-42.657, BC V n° 223.

La faute grave peut également être imputable à l'employeur.

➡ Il peut s'agir de l'inexécution des obligations contractuelles.

Estimant avoir été mis à l'écart par son club, un salarié, engagé en qualité de joueur de football professionnel par contrat à durée déterminée de juillet 1997 à juin 1999, a saisi la commission juridique de la ligue nationale qui, par décision du 5 août 1997, confirmée par la commission nationale paritaire, a estimé qu'il devait être réintégré dans le groupe professionnel. Soutenant que le club refusait toujours d'exécuter ses obligations, le salarié a saisi la juridiction prud'homale d'une demande de résiliation du contrat.

Doit être rejeté le pourvoi formé par l'employeur reprochant à une cour d'appel d'avoir fait droit à la demande du salarié. En effet, relevant que l'employeur n'avait pas satisfait à son obligation de fournir du travail au salarié, la cour a caractérisé la faute grave justifiant la résiliation du contrat de travail.

Cass. soc. 14 janvier 2004, n° 01-40.489, BC V n° 8.

Un salarié, engagé le 1er septembre 2003 en qualité de joueur professionnel par un club de volley-ball selon un contrat à durée déterminée pour la saison 2003-2004, a mis fin à son contrat le 16 février 2004 en invoquant la faute grave de l'employeur, celui-ci ne le portant plus sur les feuilles de match pour les compétitions nationales, et a saisi la juridiction prud'homale pour obtenir réparation.

En constatant que l'employeur n'avait pas satisfait à son obligation contractuelle de fournir du travail au joueur, en refusant de l'inscrire sur les feuilles de match pour les compétitions nationales après le 21 octobre 2003, alors qu'il faisait toujours appel à lui pour les compétitions européennes et que la méconnaissance au moment de la conclusion du contrat du règlement de la ligue nationale par le club ne pouvait pas justifier le manquement constaté, une cour d'appel a caractérisé la faute grave justifiant la rupture anticipée par le joueur du contrat de travail.

Cass. soc. 15 mai 2008, n° 06-43.343.

Pour décider que la rupture d'un contrat de travail à durée déterminée était imputable à une salariée et la débouter de ses demandes pour rupture abusive, un conseil de prud'hommes a relevé qu'aucune faute grave n'était établie à l'encontre de l'employeur et que la salariée avait cessé de paraître à son travail le 27 juillet.

En statuant ainsi, tout en relevant, d'une part, que la salariée avait été privée du bénéfice de deux jours consécutifs de repos hebdomadaire, et, d'autre part, qu'elle n'avait pu percevoir sa part de pourboires retenue par un autre salarié, le conseil de prud'hommes a violé l'article L. 122-3-8 CT.

Cass. soc. 6 octobre 2004, n° 02-43.918.

➡ Il peut s'agir de la modification unilatérale d'un élément essentiel du contrat de travail par l'employeur.

Un salarié, embauché sous contrat à durée déterminée le 23 juillet 1990, victime d'un accident du travail le 2 novembre 1990 et déclaré apte à la reprise le 26 décembre suivant, avait été avisé par son employeur le 9 novembre qu'il avait été destitué de son poste de directeur en raison de ses mauvais résultats, qui représentaient un risque pour l'entreprise. Doit être rejeté le pourvoi de la société faisant grief à une cour d'appel de l'avoir condamnée à verser à l'intéressé une somme pour rupture abusive de son contrat de travail. Ayant constaté que les termes du télégramme du 9 novembre 1990 constituaient une modification unilatérale des éléments essentiels du contrat de travail du salarié qui était purement et simplement déchargé de l'emploi de chef de l'important chantier pour lequel il avait été embauché, la cour d'appel a décidé à bon droit qu'en imposant cette modification, l'employeur avait rompu avant son terme le contrat à durée déterminée.

Cass. soc. 31 octobre 1996, n° 93-46.365, BC V n° 368.

Une simple erreur de calcul d'une majoration du taux horaire prévue par une convention collective ne constitue pas une faute grave de l'employeur de nature à justifier la rupture anticipée du contrat de travail à durée déterminée.

En application de l'article L. 122-3-8 CT, lorsqu'un salarié rompt le contrat de travail à durée déterminée et qu'il invoque des manquements de l'employeur, il incombe au juge de vérifier si les faits invoqués sont ou non constitutifs d'une faute grave.

Après avoir retenu que le seul manquement établi procédait d'une simple erreur de calcul d'une majoration du taux horaire prévue par la convention collective, une cour d'appel a pu décider, en l'absence de faute grave imputable à l'employeur, que la salariée n'était pas fondée à rompre le contrat de travail et, en conséquence, la débouter de sa demande d'indemnisation.

Cass. soc. 30 mai 2007, n° 06-41.240, BC V n° 89.

• La rupture peut résulter d'un cas de force majeure

L'absence de neige dans une station de sports d'hiver ne constitue pas un cas de force majeure.

S'agissant d'un salarié, assistant de direction, recruté à compter du 17 décembre 1989 dans le cadre d'un contrat à durée déterminée de trois mois et auquel l'employeur avait cessé de fournir du travail et de verser des salaires dès le début du mois de janvier 1990, c'est à bon droit qu'une cour d'appel a décidé que l'employeur avait rompu par anticipation le contrat de travail qui le liait à l'intéressé, et que l'absence de neige dans une station de sports d'hiver ne présentant pas le caractère d'imprévisibilité de la force majeure, cette rupture anticipée ne se trouvait pas justifiée.

Cass. soc. 11 avril 1995, n° 91-44.902.

Les absences pour maladie d'un salarié ne sont pas imprévisibles.

Les absences pour maladie d'un salarié ne présentant pas le caractère d'imprévisibilité de la force majeure, doit être cassé l'arrêt ayant énoncé que des « absences brèves et de courte durée… étaient imprévisibles pour l'employeur, empêchaient celui-ci de recourir à une nouvelle embauche, et constituaient, compte tenu de la nécessaire continuité du service d'accueil assuré par le salarié, un cas de force majeure… ».

Cass. soc. 15 février 1995, n° 91-44.366.

L'inaptitude du salarié consécutive à un accident du travail ne constitue pas un cas de force majeure.

L'inaptitude du salarié, consécutive à un accident du travail, qui ne peut être constatée que par le médecin du travail, dans les conditions prévues aux articles R. 241-51 et R. 241-51-1 CT, ne constitue pas un cas de force majeure justifiant la rupture immédiate du contrat à durée déterminée, mais autorise seulement l'employeur à en demander la résiliation judiciaire, dans les conditions prévues à l'article L. 122-32-9 CT.

Cass. soc. 23 mars 1999, n° 96-40.181, BC V n° 136.

Il en est de même de la déclaration d'inaptitude du médecin du travail faisant suite à une maladie non professionnelle…

Sauf accord entre les parties, le contrat à durée déterminée ne peut être rompu avant l'échéance du terme qu'en cas de faute grave ou de force majeure.

Doit donc être cassé le jugement qui, pour considérer que le contrat de travail à durée déterminée d'un salarié avait été rompu pour force majeure, énonce que la déclaration d'inaptitude, sans équivoque, du médecin du travail a obligé l'employeur, qui n'avait eu au moment des faits aucune possibilité de reclassement à un autre poste, à rompre le contrat de travail, alors que la déclaration d'inaptitude par le médecin du travail ne présente pas le caractère d'imprévisibilité de la force majeure autorisant la rupture du contrat à durée déterminée avant son terme.

Cass. soc. 12 juillet 1999, n° 97-41.131, 1er moyen, BC V n° 344. Voir aussi cass. soc. 17 mai 2000, n° 98-41.388.

… ou encore de la déclaration d'inaptitude résultant de l'examen médical d'embauche d'un sportif professionnel ayant été effectué alors que ce dernier avait déjà participé à des entraînements.

Il résulte des dispositions d'ordre public de l'article L. 1243-1 CT, auxquelles ni la convention collective de branche du basket-ball professionnel ni le contrat de travail ne peuvent déroger, que, sauf accord des parties, le contrat de travail à durée déterminée ne peut être rompu avant l'échéance du terme qu'en cas de faute grave ou de force majeure.

Un joueur de basket professionnel a été engagé, le 14 août, selon un contrat de travail à durée déterminée qui précisait que le joueur devait faire l'objet d'un examen médical au plus tard avant le premier entraînement et que le contrat ne serait considéré comme valide qu'après déclaration d'aptitude à la pratique du basket-ball. Le salarié est arrivé dans le club le 18 août et a participé à des entraînements à compter du 22 août. Il a subi un examen médical le 25 août, et, par lettre datée du 26, le président du club l'a informé que les médecins ayant conclu à l'insuffisance de son état de santé, les parties étaient déliées de leurs obligations. Estimant abusive la rupture anticipée de son contrat de travail, le salarié a saisi la juridiction prud'homale d'une demande en paiement de diverses sommes.

Pour rejeter ces demandes, une cour d'appel a énoncé que si des carences pouvaient être relevées à l'encontre de l'employeur, elles ne pouvaient rendre valide un contrat à durée déterminée de joueur professionnel qui n'avait pas été homologué par la Ligue nationale de basket-ball en l'absence du certificat médical répondant aux conditions ci-dessus rappelées, que s'il était regrettable que la visite médicale n'ait été organisée que sept jours après la mise à disposition du joueur, elle ne pouvait être organisée avant la date à laquelle le contrat aurait dû prendre effet, soit le 16 août, le salarié n'étant arrivé au club que le 18 août ; que l'intéressé ne pouvait reprocher au club de l'avoir laissé participer aux entraînements à compter du 22 août, dès lors qu'il savait qu'il devait se soumettre à un examen médical en vue de l'homologation de son contrat et qu'il n'était pas contraint de se présenter à l'entraînement du 22 août, qu'aucun commencement d'exécution du contrat n'était donc établi, ce qui n'aurait eu aucune incidence sur la validité du contrat soumis à homologation et stipulant expressément que la révélation de résultats démontrant une inaptitude physique déliait les parties de toute obligation, que le joueur ne pouvait donc pas se prévaloir de la rupture abusive d'un contrat à durée déterminée non valide.

En statuant ainsi, alors qu'elle avait constaté que le joueur était à la disposition du club depuis le 18 août, qu'il avait participé aux entraînements à compter du 22 août, ce dont il résultait que le contrat avait reçu un commencement d'exécution, la cour d'appel a violé l'article L. 1243-1 CT.

Cass. soc. 1er juillet 2009, n° 08-40.023, BC V n° 165.

Ne constitue pas un cas de force majeure l'échec d'un salarié à l'examen d'obtention d'un certificat de formation professionnelle.

Une salariée a été engagée par une société spécialisée dans le transport de voyageurs, dans le cadre d'un contrat de qualification adultes conclu le 19 mai 2003 pour une durée déterminée de onze mois ; ce contrat prévoyait qu'un second échec aux épreuves du certificat de formation professionnelle (CFP) conducteur routier serait un cas de force majeure rendant impossible la poursuite du contrat en raison de son objet et entraînerait en conséquence la rupture d'un commun accord, sans versement d'indemnité d'aucune sorte, et que cette rupture ferait l'objet d'une notification de l'employeur remise par lettre recommandée avec demande d'avis de réception ; la salariée ayant échoué aux épreuves théoriques hors circulation les 13 août et 3 septembre 2003, l'employeur lui a notifié la rupture de son contrat de travail ; contestant cette mesure, l'intéressée a saisi la juridiction prud'homale.

Doit être rejeté le moyen du pourvoi formé par l'employeur reprochant à la cour d'appel d'avoir, pour déclarer illicite la rupture anticipée du contrat, affirmé que l'échec de la salariée aux épreuves théoriques du CFP conducteur routier n'était pas un événement autorisant l'employeur à rompre le contrat dès lors que ce dernier était tenu d'une obligation de formation dont la qualité avait une incidence sur les chances de succès de la candidate et que celle-ci avait été présentée avec précipitation aux épreuves sans avoir suivi la totalité des heures de formation.

En effet, après avoir relevé que les conditions de la force majeure n'étaient pas réunies, la cour a pu déclarer illicite la rupture anticipée du contrat.

Cass. soc. 29 octobre 2008, n° 07-40.066, BC V n° 205.

Le licenciement d'un salarié pour inadaptation à son poste de travail ne constitue pas un cas de force majeure, notamment si l'employeur n'a pas respecté son obligation d'adaptation.

Un salarié engagé sous contrat à durée déterminée avait été licencié pour « inadaptation de son poste de travail ».

Doit être rejeté le pourvoi formé par la société reprochant à une cour d'appel d'avoir considéré qu'elle ne justifiait pas d'un cas de force majeure justifiant la rupture du contrat de travail, alors qu'elle avait relevé que la mesure prise par la société à l'égard du salarié était liée à l'informatisation du service des approvisionnements qui s'inscrivait dans le cadre de l'évolution générale en cours depuis plusieurs années et en deuxième lieu, que rien ne démontrait que l'intéressé, chargé depuis plus d'un an de la responsabilité logistique du marché, n'aurait pu, en suivant une formation appropriée, comme il était disposé à le faire, s'adapter au traitement informatique mis en place et acquérir la compétence technique utile. La cour d'appel a pu en déduire que l'obstacle invoqué par la société pour justifier la rupture du contrat avant son terme n'était ni imprévisible ni insurmontable.

Cass. soc. 7 avril 1998, n° 95-44.830.

Les difficultés financières et de fonctionnement rencontrées par une association ne sont pas de nature à caractériser un cas de force majeure.

Une salariée, engagée sous contrat de travail à durée déterminée par une association en qualité de responsable de formation, avait été informée qu'il serait mis fin à son contrat le 17 juin 1991 (au lieu du 31 décembre 1991) sans versement d'indemnité.

C'est à tort que, pour dire que la rupture de son contrat de travail était la conséquence de la force majeure et débouter la salariée de ses demandes en paiement des salaires dus jusqu'au terme du contrat, d'indemnités de précarité d'emploi, de congés payés et de dommages-intérêts, une cour d'appel, après avoir relevé que l'association n'avait conclu aucune convention de travail avec les pouvoirs publics au mois de juin 1991, a retenu que cette situation n'était pas prévisible pour l'employeur qui ne pouvait garder à son service des salariés auxquels il ne pouvait donner de travail, alors que les difficultés financières et de fonctionnement de l'association ne pouvaient, à elles seules, caractériser la force majeure.

Cass. soc. 20 février 1996, n° 93-42.663, BC V n° 59. Voir aussi cass. soc. 30 janvier 1996, n° 93-40.429 ; cass. soc. 15 juin 1999, n° 97-41.375, BC V n° 282, précisant que le seul motif économique invoqué dans la lettre de licenciement ne suffit pas à justifier la rupture anticipée du contrat à durée déterminée.

La fermeture administrative de l'établissement occupant le salarié ne constitue pas un cas de force majeure.

Cass. soc. 28 juin 2005, n° 03-43.192.

La liquidation judiciaire d'une société ne constitue pas un cas de force majeure.

La mise en liquidation judiciaire d'une société ne constitue pas un cas de force majeure permettant de rompre avant terme un contrat de travail à durée déterminée.

Cass. soc. 5 juin 1996, n° 92-40.942. Voir aussi cass. soc. 6 mai 1998, n° 96-40.867, BC V n° 235.

La suppression du poste du salarié remplacé ne constitue pas un cas de force majeure.

Excepté les cas de rupture anticipée visés par l'article L. 122-3-8 CT (accord des parties, faute grave ou force majeure), le contrat conclu sans terme précis doit se poursuivre jusqu'au retour effectif du salarié remplacé ou au plus tard jusqu'au surlendemain de son retour, ou, le cas échéant, jusqu'à la rupture de son contrat de travail.

Cass. soc. 26 mars 2002, n° 00-40.652, BC V n° 103.

Un incendie ne constitue pas nécessairement un cas de force majeure.

Un incendie n'ayant nécessité la fermeture d'un établissement que pour le seul temps nécessaire aux travaux de remise en état des lieux, soit en l'espèce un peu plus de deux mois, ne saurait caractériser la force majeure.

Cass. soc. 2 février 1994, n° 90-42.104, BC V n° 37.

L'interruption du financement d'une mission par le gouvernement d'un État étranger ne présente pas les caractères d'imprévisibilité, d'insurmontabilité et d'extériorité de la force majeure pouvant justifier la rupture d'un contrat à durée déterminée par la société employant le salarié en mission.

Cass. soc. 8 mars 2000, n° 97-45.241.

La décision de l'organisme de tutelle d'arrêter l'encadrement d'une thèse ne constitue pas un cas de force majeure justifiant la rupture anticipée du contrat à durée déterminée d'un salarié engagé dans le cadre d'une convention industrielle de formation pour la recherche.

Sauf accord des parties, le contrat de travail à durée déterminée ne peut être rompu avant l'échéance du terme qu'en cas de faute grave ou de force majeure.

Une salariée a été engagée par une association en qualité d'ingénieur par contrat à durée déterminée d'une durée de 3 ans, du 6 avril 2009 au 5 avril 2012, dans le cadre d'une convention industrielle de formation pour la recherche (CIFRE), mise en œuvre sous la tutelle notamment de l'institut national de la recherche agronomique (INRA) ; le 15 novembre 2010, le directeur de thèse, chargé de recherches à l'INRA, a notifié à l'association sa décision d'arrêter d'encadrer la thèse ; l'association a alors notifié à la salariée, le 13 décembre 2010, la rupture du contrat à durée déterminée pour disparition de son objet ; contestant la rupture, l'intéressée a saisi la juridiction prud'homale pour obtenir des dommages-intérêts.

Pour débouter la salariée de ses demandes, une cour d'appel a retenu que c'était bien le directeur de thèse, rattaché à l'INRA, qui avait pris la décision d'arrêter l'encadrement de la thèse pour « absence de maîtrise des notions fondamentales pour l'appréhension des enjeux de la filière porcine », que la décision de l'INRA d'arrêter l'encadrement de la thèse, qui entraînait la rupture des conventions CIFRE et du contrat de collaboration scientifique entre l'association et l'INRA avait constitué pour l'association une situation de force majeure, privant le contrat à durée déterminée de son objet, qu'alors que l'employeur qui recrute un salarié en contrat à durée déterminée doit justifier d'un motif précis et que le contrat à durée déterminée ne peut comporter qu'un seul motif, celui de la salariée ne pouvait se poursuivre, faute de support financier et universitaire ainsi que de possibilité d'accueil à mi-temps à l'INRA, que l'association perdait également le bénéfice de la possibilité d'utiliser le résultat des travaux de la doctorante et ne pouvait être contrainte à transformer le contrat en contrat à durée déterminée classique, alors que le besoin d'un poste d'ingénieur en contrat à durée déterminée n'existait pas.

En statuant ainsi, par des motifs impropres à caractériser un cas de force majeure, la cour d'appel a violé les articles L. 1243-1 et L. 1243-4 CT dans leur rédaction antérieure à la loi 2011-525 du 17 mai 2011.

Cass. soc. 4 novembre 2015, n° 14-22.851, BC V n° 216.

• La rupture peut résulter de l'inaptitude du salarié

La procédure de rupture d'un contrat de travail à durée déterminée pour inaptitude du salarié, constatée par le médecin du travail, telle que prévue à l'article L. 1243-1 CT, ne doit pas donner lieu à une convocation à un entretien préalable.

Cass. avis 21 octobre 2013, n° 13-70.006, BC n° 11.

Impossibilité d'accepter par avance la rupture du contrat pour d'autres causes que celles prévues par l'article L. 1243-1 CT

Un salarié ne peut pas, par avance, accepter la rupture du contrat par l'employeur.

Aux termes de l'article L. 122-3-8 CT, sauf accord des parties, le contrat à durée déterminée ne peut être rompu avant l'échéance du terme qu'en cas de faute grave ou de force majeure. Il résulte de ces dispositions d'ordre public que le salarié ne peut, par avance, accepter la rupture du contrat par l'employeur pour d'autres causes que celles prévues par ce texte.

Ayant relevé que le contrat avait été conclu pour une durée de deux ans, une cour d'appel a pu décider que la clause permettant à l'employeur de dénoncer le contrat avant son terme était nulle et que la rupture anticipée intervenue en application de cette clause était abusive.

Cass. soc. 16 décembre 1998, n° 95-45.341, BC V n° 552. Voir aussi cass. soc. 4 février 2015, n° 13-26.172.

La clause prévoyant la résiliation du contrat à durée déterminée avant l'échéance du terme par l'une ou l'autre des parties est nulle.

Un salarié avait été engagé suivant un contrat initiative-emploi pour une durée de 24 mois. Le contrat de travail prévoyait la possibilité de résilier le contrat avant l'échéance du terme par l'une ou l'autre partie.

C'est à bon droit qu'une cour d'appel a décidé que si la clause était nulle, elle n'entraînait pas la requalification du contrat en contrat à durée indéterminée.

Cass. soc. 17 octobre 2000, n° 98-41.815.

Le contrat à durée déterminée ne peut pas contenir une clause d'indivisibilité avec le contrat d'un autre salarié.

Il résulte des dispositions d'ordre public de l'article L. 1243-1 CT, auxquelles le contrat de travail ne peut déroger dans un sens défavorable au salarié, que le contrat de travail à durée déterminée ne peut être rompu avant l'échéance du terme qu'en cas d'accord des parties, de faute grave, de force majeure ou d'inaptitude constatée par le médecin du travail.

Un salarié a été engagé par contrat de travail à durée déterminée saisonnier du 2 mai 2013 contenant une clause d'indivisibilité aux termes de laquelle le contrat entraînait un rapport d'indivisibilité avec le contrat de sa conjointe, l'engagement des deux conjoints ayant pour conséquence d'unir le sort des contrats de travail du couple, au regard notamment et essentiellement de la rupture des engagements respectifs des parties. À la suite de la rupture du contrat de travail intervenue le 6 juin 2013, le salarié a saisi la juridiction prud'homale.

Pour dire que la rupture anticipée du contrat de travail n'était pas imputable à l'employeur et débouter le salarié de sa demande de dommages-intérêts, une cour d'appel a retenu que son contrat de travail, lié par une clause d'indivisibilité au contrat de sa conjointe, avait été rompu avant l'échéance du terme du fait de la rupture d'un commun accord du contrat de celle-ci, que le contrat de travail du salarié comportait une clause d'indivisibilité, que l'employeur produisait plusieurs attestations concordantes établissant la réalité de l'accord des parties intervenu le 6 juin 2013, à l'initiative de la conjointe du salarié, sur le principe de la rupture anticipée du contrat de celle-ci, qu'au regard de la clause d'indivisibilité, la rupture anticipée du contrat de travail du salarié n'était donc pas imputable à l'employeur.

En statuant ainsi, alors que les parties ne pouvaient déroger aux dispositions d'ordre public de l'article L. 1243-1 CT en introduisant dans le contrat de travail une clause d'indivisibilité avec celui du conjoint du salarié, la cour d'appel a violé le texte précité.

Cass. soc. 5 juillet 2017, n° 16-17.690, BC V n° 112.

Rupture anticipée et démission du salarié

Le contrat à durée déterminée ne peut être rompu de manière anticipée par une démission.

Un salarié avait été engagé par une société dans le cadre d'un contrat à durée déterminée de 6 mois à temps partiel pour le remplacement d'un salarié en congés. À la suite d'une réorganisation des horaires, il avait cessé de se présenter à son poste de travail pendant 5 jours et avait saisi la juridiction prud'homale pour obtenir le paiement de dommages-intérêts au titre de la rupture de son contrat de travail, d'une indemnité de précarité et de rappels de salaires et de congés payés.

C'est à tort que, pour débouter le salarié de ses demandes, un conseil de prud'hommes a énoncé qu'il s'était présenté au bureau du personnel afin de connaître ses nouveaux horaires de travail, qu'il ne s'était pas présenté à son poste de travail pendant 5 jours, qu'il avait réclamé à son employeur son solde de tout compte et le motif de son licenciement, qu'il n'avait pas répondu aux interrogations de la société sur les motifs de son absence et avait porté, pour toute réponse, le litige devant le conseil de prud'hommes, de sorte que la rupture du contrat de travail s'analysait en une démission.

Cass. soc. 5 janvier 1999, n° 97-40.261, BC V n° 1.

Rupture anticipée ne reposant pas sur un motif légal et faisant suite à une action en justice engagée par le salarié

Lorsque la rupture ne repose sur aucun des motifs légaux et fait suite à une action en justice engagée par le salarié contre son employeur, ce dernier doit établir que sa décision est justifiée par des éléments étrangers à toute volonté de sanctionner l'exercice, par le salarié, de son droit d'agir en justice.

Il résulte de l'article R. 1455-6 CT que le juge des référés peut, même en l'absence de disposition l'y autorisant, ordonner la poursuite des relations contractuelles en cas de violation d'une liberté fondamentale par l'employeur ; lorsque la rupture illicite d'un contrat à durée déterminée avant l'échéance du terme comme intervenue en dehors des cas prévus par l'article L. 1243-1 CT fait suite à l'action en justice engagée par le salarié contre son employeur, il appartient à ce dernier d'établir que sa décision est justifiée par des éléments étrangers à toute volonté de sanctionner l'exercice, par le salarié, de son droit d'agir en justice.

Des salariés d'une société, engagés depuis plusieurs années dans le cadre d'une succession de contrats à durée déterminée, ont saisi, le 18 juin 2009, la juridiction prud'homale pour voir prononcer la requalification de la relation de travail en contrat à durée indéterminée ; le 26 juin 2009, sur leur lieu de travail, un huissier a signifié à ces salariés la rupture anticipée de leur contrat pour le motif suivant : « surestimation de l'augmentation des flux d'appels clients due à une baisse plus importante que prévue du taux de réitération clients » ; estimant que cette rupture intervenait en réaction à leur action en justice, les salariés ont saisi en référé la juridiction prud'homale pour faire cesser le trouble manifestement illicite et voir ordonner leur réintégration ; un syndicat est intervenu à l'instance.

Pour rejeter leur demande, une cour d'appel a énoncé que si une atteinte à la liberté fondamentale d'agir en justice peut être alléguée, c'est à la condition pour les salariés de rapporter concrètement la preuve que la rupture du contrat de travail était en réalité une mesure de rétorsion de la part de l'employeur découlant de la seule saisine de la juridiction, que la preuve du lien de causalité entre la rupture et l'action en requalification ne peut résulter des seules modalités des démarches mises en œuvre par l'employeur ou d'une décision de rupture anticipée du contrat à durée déterminée et qu'au stade du référé, la prétention du caractère manifestement illicite de la mesure prise par l'employeur doit être indubitable, ce qui n'était pas le cas en l'espèce.

En statuant ainsi, alors que la rupture anticipée des contrats à durée déterminée, qui ne reposait sur aucun des motifs prévus par l'article L. 1243-1 CT, faisait suite à l'action en justice de chacun des salariés pour obtenir la requalification de la relation de travail en contrat à durée indéterminée, ce dont il résultait qu'il appartenait à l'employeur d'établir que sa décision était justifiée par des éléments étrangers à toute volonté de sanctionner l'exercice, par les salariés, de leur droit d'agir en justice, la cour d'appel qui a inversé la charge de la preuve a violé les articles L. 1121-1, L. 1243-1, R. 1455-6 CT, 1315 c. civ. et 6 § 1 de la Convention de sauvegarde des droits de l'homme et des libertés fondamentales.

Cass. soc. 6 février 2013, n° 11-11.740, BC V n° 27.

Indemnisation d'une rupture anticipée injustifiée

• Des dommages-intérêts sont versés au salarié

En cas de rupture anticipée, non justifiée par la force majeure ou une faute grave, le salarié a droit à des dommages-intérêts qui ne sauraient être inférieurs aux rémunérations qu'il aurait perçues si le contrat avait été poursuivi jusqu'à son terme…

L'article L. 122-3-8 CT, qui ouvre droit, pour le salarié, à des dommages-intérêts d'un montant au moins égal aux rémunérations qu'il aurait perçues jusqu'au terme du contrat, n'interdit pas au juge de réparer le préjudice subi par le salarié par l'allocation de deux indemnités séparées.

L'employeur ayant rompu le contrat pour faute sans respecter la procédure de l'article L. 122-41 CT, le salarié était fondé à demander réparation du préjudice qui en était résulté.

Cass. soc. 5 juin 1996, n° 94-43.493, 2e moyen.

… peu important que l'exécution du contrat ait ou non commencé.

Cass. soc. 22 mars 2012, n° 10-20.298.

Une salariée, engagée par contrat à durée déterminée, avait été informée quelques jours avant le début d'exécution de la prestation de travail qu'une autre personne occuperait l'emploi et que le contrat était devenu sans objet. La salariée avait saisi la juridiction prud'homale d'une demande de dommages-intérêts pour rupture anticipée du contrat de travail.

A légalement justifié sa décision la cour d'appel qui a fixé au passif de la société des dommages-intérêts pour rupture anticipée du contrat de travail à durée déterminée, dès lors que la rupture d'un tel contrat à l'initiative de l'employeur, en dehors des cas mentionnés à l'article L. 122-3-8, al. 1er CT, ouvre droit, pour le salarié, à une indemnisation d'un montant au moins égal aux rémunérations qu'il aurait perçues jusqu'au terme du contrat, peu important que l'exécution du contrat ait ou non commencé.

Cass. soc. 12 mars 2002, n° 99-44.222, BC V n° 86.

C'est à tort que, pour débouter une salariée de sa demande de dommages-intérêts pour rupture abusive de son contrat de travail à durée déterminée, un conseil de prud'hommes, après avoir constaté que ce contrat, comportant une période d'essai de deux jours, avait été rompu sans motif sérieux par l'employeur avant tout commencement d'exécution, a énoncé que l'article L. 122-3-9 CT exclut l'application des dispositions de l'article L. 122-3-8 CT pendant la période d'essai d'un contrat de travail à durée déterminée et que ces dispositions ne sauraient, en conséquence, s'appliquer en cas de rupture intervenue avant le commencement d'exécution du contrat.

En effet, dès lors qu'un contrat à durée déterminée a été conclu, sa rupture à l'initiative de l'employeur, en dehors des cas mentionnés à l'article L. 122-3-8, al. 1er CT, ouvre droit, pour le salarié, à des dommages-intérêts d'un montant au moins égal aux rémunérations qu'il aurait perçues jusqu'au terme du contrat, peu important que l'exécution du contrat ait ou non commencé et, en l'espèce, le conseil de prud'hommes avait constaté que le contrat avait été rompu du fait fautif de l'employeur avant la prise de fonction de la salariée.

Cass. soc. 26 septembre 2002, n° 00-42.581, 1er moyen, BC V n° 281.

Toutefois, les règles relatives à la rupture du contrat à durée déterminée ne prohibant pas la stipulation de conditions suspensives, si une condition suspensive a fait obstacle à la prise d'effet du contrat, le salarié ne peut pas se prévaloir d'une rupture anticipée injustifiée du contrat et obtenir une indemnisation à ce titre.

Cass. soc. 15 mars 2017, n° 15-24.028, BC V n° 49.

La réparation forfaitaire minimale ne peut subir aucune réduction.

Si les dommages-intérêts prévus en cas de rupture anticipée d'un contrat à durée déterminée, qui doivent être d'un montant au moins égal aux rémunérations que le salarié aurait perçues jusqu'au terme du contrat, ne se cumulent pas avec les indemnités de chômage servies par l'Assédic au titre de cette période, aucune disposition légale n'autorise les juges à déduire ces allocations de la réparation forfaitaire minimale mise à la charge de l'employeur par l'article L. 122-3-8 CT.

C'est à tort que, après avoir relevé que le contrat à durée déterminée d'une salariée avait été rompu prématurément par l'employeur, une cour d'appel a décidé que l'intéressée ne pouvait prétendre qu'à des dommages-intérêts correspondant à la différence entre les rémunérations restant dues jusqu'au terme initial du contrat et les indemnités perçues de l'Assédic pendant cette même période, aux motifs que ces rémunérations et ces indemnités ne sont pas cumulables et que la salariée ne justifiait pas d'un préjudice plus important.

Cass. soc. 27 février 2001, n° 98-45.140, 1er moyen, BC V n° 59.

Doit être cassé le jugement qui a déduit des rémunérations que le salarié aurait dû percevoir les indemnités journalières de sécurité sociale versées postérieurement à la rupture.

Cass. soc. 6 juin 1995, n° 91-44.727.

C'est à tort que, pour limiter à une certaine somme la condamnation de l'employeur au titre de l'indemnité due sur le fondement de l'article L. 122-3-8 CT, une cour d'appel a énoncé que, si le salarié était bien fondé à réclamer le paiement de dommages-intérêts égaux aux rémunérations qu'il aurait perçues jusqu'au terme du contrat, cette rémunération mensuelle ne saurait comprendre, pendant toute la période non travaillée, les indemnités liées au séjour à l'étranger, indemnités pour vie locale, pour cherté de la vie, de la santé, du logement ou des congés détente, alors qu'il résultait de ses constatations que le salarié avait été embauché pour travailler à l'étranger et que les sommes litigieuses avaient la nature d'une contrepartie de séjour à l'étranger.

Cass. soc. 1er juillet 1998, n° 96-40.398, BC V n° 355.

Lorsque le contrat a été conclu sans terme précis, l'indemnisation est évaluée en tenant compte de la durée prévisible du contrat.

Une salariée avait été engagée selon un contrat de travail à durée déterminée d'usage conclu sans terme précis et devant prendre fin avec la mission confiée. L'employeur ayant mis fin à l'exécution du contrat, la salariée a saisi la juridiction prud'homale pour obtenir des dommages-intérêts pour rupture anticipée du contrat de travail et une indemnité de précarité. Une cour d'appel, après avoir exactement énoncé que les dommages-intérêts devaient être évalués en fonction de la durée prévisible du contrat de travail à durée déterminée conclu sans terme précis, a souverainement fixé le montant des dommages-intérêts dus à la salariée.

Cass. soc. 13 décembre 2006, n° 05-41.232, 1er moyen, BC V n° 372. Voir aussi cass. soc. 7 mars 2012, n° 10-21.234, 2e moyen.

La rupture injustifiée d'un contrat emploi-jeune à durée déterminée n'ouvre droit qu'à une indemnisation correspondant au préjudice subi.

La méconnaissance par l'employeur des dispositions relatives à la rupture d'un contrat emploi-jeune avant l'échéance du terme de soixante mois ouvre droit à une indemnisation correspondant au préjudice subi par le salarié et non aux rémunérations qu'il aurait perçues jusqu'à ce terme.

Cass. soc. 13 juillet 2004, n° 02-43.739, BC V n° 203.

C'est à la date de la rupture du contrat à durée déterminée que s'apprécient les conséquences de cette rupture.

Une société avait engagé le 16 juin 1993 un salarié sous contrat à durée déterminée en vue de remplacer un salarié qui s'était absenté une année, à compter du 19 avril 1993, pour créer une entreprise, jusqu'à son retour ou sa démission. Le 5 janvier 1994, la société avait rompu le contrat qui la liait au salarié « remplaçant » et le 10 janvier, la société avait reçu une demande émanant du salarié remplacé de renouvellement de son congé pour une nouvelle année. Le salarié « remplaçant » avait saisi la juridiction prud'homale d'une demande en paiement d'une indemnité jusqu'au 19 avril 1995.

C'est à la date de la rupture du contrat de travail à durée déterminée que s'apprécient les conséquences de la rupture du contrat à durée déterminée. Ayant relevé qu'à cette date, le terme prévu et prévisible à la date de la rupture était fixé au 19 avril 1994, une cour d'appel a décidé, à bon droit, que la prorogation d'absence sollicitée postérieurement par le salarié dont le remplacement avait été assuré était sans incidence sur le calcul de l'indemnité allouée au salarié « remplaçant ».

Cass. soc. 14 mai 1998, n° 96-40.493.

Les intérêts légaux sur l'indemnité allouée par le juge à un salarié en réparation de la rupture anticipée de son contrat courent à compter de la date de la décision du juge.

Les sommes allouées au salarié pour rupture anticipée de son contrat à durée déterminée ont la nature de dommages-intérêts fixés par le juge. C'est donc à bon droit qu'une cour d'appel a fixé à la date de sa décision le point de départ des intérêts légaux sur l'indemnité allouée à un salarié en réparation de la rupture anticipée de son contrat à durée déterminée.

Cass. soc. 1er juillet 1998, n° 96-40.398, précité.

Les dommages-intérêts liés à la rupture anticipée du contrat ne sont pas pris en compte dans le calcul de l'indemnité de congés payés.

La base de calcul de l'indemnité de congés payés n'inclut pas les dommages-intérêts alloués au salarié pour rupture anticipée injustifiée. En effet, aucune disposition légale n'assimile à une période de travail effectif la période de travail non effectuée en raison de la rupture anticipée du contrat.

Cass. soc. 16 novembre 1993, n° 90-44.199, BC V n° 270. Voir aussi cass. soc. 31 octobre 2000, n° 97-45.324 ; cass. soc. 3 mai 2018, n° 16-22.455, 1er moyen du pourvoi incident.

Les sommes allouées à titre d'indemnité pour rupture anticipée du contrat à durée déterminée n'ont pas le caractère de salaire et ne doivent pas donner lieu à remise de bulletins de paie.

Cass. soc. 7 mars 2000, n° 97-41.870. Voir aussi cass. soc. 6 mai 2015, n° 13-24.261.

Les dommages-intérêts dus en cas de rupture anticipée du contrat à durée déterminée ne se cumulent pas avec les indemnités de chômage servies par les Assédic pour la même période.

Une cour d'appel a décidé à bon droit que les dommages-intérêts prévus en cas de rupture anticipée d'un contrat de travail à durée déterminée, et qui doivent être d'un montant au moins égal aux rémunérations que le salarié aurait perçues jusqu'au terme du contrat, ne peuvent se cumuler avec les indemnités de chômage servies par les Assédic au titre de cette période.

Cass. soc. 25 mars 1998, n° 96-10.367. Voir aussi cass. soc. 5 mars 1998, n° 96-11.315.

En cas de cumul, seule l'Assédic peut agir en restitution.

Cass. soc. 31 octobre 2000, n° 97-45.324.

• Le salarié ne peut prétendre à une indemnisation si la rupture injustifiée lui est imputable

Une salariée, embauchée sous contrat à durée déterminée, a adressé à son employeur une lettre ainsi rédigée : « Je vous prie de bien vouloir trouver ci-joint ma lettre de démission. » L'employeur a estimé que le contrat de travail avait été rompu par la salariée. Cette dernière a saisi la juridiction prud'homale en vue d'obtenir la condamnation de l'employeur au paiement de dommages-intérêts pour rupture abusive.

Doit être rejeté le pourvoi de la salariée reprochant à une cour d'appel de l'avoir déboutée de sa demande. En effet, le salarié qui a rompu un contrat de travail à durée déterminée en méconnaissance des dispositions de l'article L. 122-3-8 CT n'a pas droit à l'attribution de dommages-intérêts.

Cass. soc. 23 septembre 2003, n° 01-41.495, BC V n° 241. Voir aussi cass. soc. 27 mars 2013, n° 11-28.923.

Un salarié, engagé à compter du 16 mars 1998 dans le cadre d'un contrat initiative-emploi de douze mois, a rompu ce contrat par lettre du 14 septembre 1998 avant de revenir sur cette décision par courrier du 6 octobre suivant. Il a saisi la juridiction prud'homale pour obtenir notamment le paiement de dommages-intérêts pour rupture anticipée de son contrat de travail.

C'est à tort que, pour faire droit à sa demande, une cour d'appel a énoncé que la démission ne constitue pas un motif valable de rupture du contrat à durée déterminée, a fortiori si elle a été immédiatement contestée et qu'en l'absence d'autre motif soutenu par l'employeur faisant état de cette démission dans l'attestation destinée à l'Assédic, la responsabilité de la rupture lui incombait, alors que le salarié qui rompt le contrat à durée déterminée en méconnaissance des dispositions de l'article L. 122-3-8 CT n'a pas droit à l'attribution de dommages-intérêts.

Cass. soc. 8 février 2005, n° 03-43.304, BC V n° 46.

Le juge ne peut pas ordonner l'indemnisation du salarié sans retenir de faute grave à l'encontre de l'employeur.

Il résulte de l'article L. 122-3-8 CT que, sauf accord des parties, le contrat à durée déterminée ne peut être rompu avant l'échéance du terme qu'en cas de faute grave de l'une ou l'autre des parties ou de force majeure.

Un salarié, engagé par une société selon un contrat de qualification à durée déterminée de vingt-trois mois à compter du 2 octobre 2001, a donné sa démission par courrier du 6 janvier 2002 en faisant état de griefs envers son employeur ; par lettre du 8 janvier 2002, celui-ci a accusé réception de la lettre de démission ; le salarié a ensuite saisi la juridiction prud'homale.

Pour condamner l'employeur à payer des dommages-intérêts pour rupture abusive, une cour d'appel a retenu qu'il ressortait des termes de la lettre du 6 janvier 2002 que le salarié n'y exprimait pas une volonté claire et non équivoque de mettre fin au contrat mais se plaignait d'un certain nombre de faits imputables à l'employeur qui, selon lui, l'avaient poussé à la démission.

En accordant ainsi au salarié des dommages-intérêts, sans caractériser l'existence d'une faute grave commise par l'employeur, la cour d'appel n'a pas légalement justifié sa décision au regard du texte susvisé.

Cass. soc. 29 novembre 2006, n° 04-48.655, BC V n° 360.

En application de l'article L. 122-3-8 CT, lorsqu'un salarié rompt le contrat de travail à durée déterminée en invoquant des manquements de l'employeur, il incombe au juge de vérifier si les faits invoqués sont ou non constitutifs d'une faute grave.

Reprochant à son employeur d'avoir gravement manqué à ses obligations en l'écartant du groupe de joueurs professionnels au cours des entraînements et des compétitions et en ne le faisant jamais jouer en division 1, un salarié a rompu le contrat à durée déterminée en vertu duquel il avait été engagé en qualité de footballeur professionnel pour trois saisons et a saisi la juridiction prud'homale afin de voir déclarer l'employeur responsable de cette rupture et d'obtenir le paiement de dommages-intérêts.

Après avoir retenu que si le club de football avait été conduit à écarter l'intéressé des entraînements et compétitions, c'était en raison de la démotivation du salarié, dont le projet était d'aller jouer dans d'autres clubs, ce qu'il avait d'ailleurs fait à plusieurs reprises avec l'accord de son employeur qui avait néanmoins continué à lui régler ses salaires, une cour d'appel a pu décider, en l'absence de faute grave imputable à l'employeur, que le salarié n'était pas fondé à rompre le contrat de travail et, en conséquence, le débouter de sa demande d'indemnisation.

Cass. soc. 23 janvier 2008, n° 05-41.070, BC V n° 18.

• L'employeur peut être indemnisé si la rupture injustifiée est imputable au salarié

Les dommages-intérêts prévus par l'article L. 1243-3 CT ne peuvent être alloués qu'en cas de rupture anticipée du contrat à l'initiative du salarié.

En condamnant un salarié à payer à son ancien employeur une somme à titre de dommages-intérêts sur le fondement de l'article L. 1243-3 CT, alors que cet article concerne la rupture anticipée du contrat à durée déterminée à l'initiative du salarié et qu'elle avait constaté que la rupture du contrat de travail était intervenue à l'initiative de l'employeur pour une cause prévue à l'article L. 1243-1 CT (faute grave), une cour d'appel a violé, par fausse application, l'article L. 1243-3 CT.

Cass. soc. 26 avril 2017, n° 15-21.196, 2e moyen, BC V n° 69.

Contrat initiative-emploi ; Délinquance ; Faute grave ; Force majeure/Fait du prince.

Contrat à durée déterminée (Statut du salarié)

Les salariés sous contrat à durée déterminée bénéficient des mêmes droits que les salariés sous contrat à durée indéterminée.

Égalité de rémunération

Le principe d'égalité de rémunération s'applique même pendant la période d'essai.

La règle édictée par l'article L. 122-3-3, al. 2 CT selon laquelle la rémunération du salarié sous contrat de travail à durée déterminée ne peut être inférieure au montant de la rémunération que percevrait dans la même entreprise, après période d'essai, un salarié sous contrat de travail à durée indéterminée de qualification équivalente et occupant les mêmes fonctions, s'applique à tous les salariés engagés par contrat à durée déterminée, qu'ils soient ou non soumis à une période d'essai. Il en résulte qu'elle s'applique dès le premier jour de leur engagement.

Cass. soc. 17 décembre 1996, n° 94-41.460, BC V n° 444.

L'indemnité de précarité ne doit pas être prise en compte pour comparer la rémunération d'un salarié sous contrat à durée déterminée avec celle d'un salarié sous contrat à durée indéterminée.

Licencié pour cause réelle et sérieuse, un salarié a saisi la juridiction prud'homale aux fins d'obtenir notamment une indemnité pour non-respect du principe « à travail égal, salaire égal », en faisant état de la rémunération supérieure à la sienne perçue par un autre salarié, recruté sous contrat à durée déterminée avec une classification inférieure.

Après avoir écarté à bon droit du champ de la comparaison à effectuer pour s'assurer du respect du principe de l'égalité de traitement entre salariés l'indemnité de précarité, qui compense pour le salarié la situation dans laquelle il est placé du fait de son contrat à durée déterminée, une cour d'appel a constaté que le salarié avait en réalité perçu une rémunération supérieure à celle de celui auquel il se comparait et a pu rejeter sa demande.

Cass. soc. 10 octobre 2012, n° 10-18.672, BC V n° 257.

La loi de mensualisation du 19 janvier 1978 sur les salaires [art. L. 3242-1 CT] est applicable aux salariés sous contrat à durée déterminée.

Cass. soc. 9 avril 1996, n° 92-43.458, 2e moyen, BC V n° 143.

Égalité de traitement

Les dispositions applicables aux salariés sous contrat à durée indéterminée le sont aux salariés sous contrat à durée déterminée.

Les dispositions légales, conventionnelles et celles résultant d'un usage, applicables aux salariés sous contrat à durée indéterminée, s'appliquent également aux salariés sous contrat à durée déterminée. C'est donc à tort que pour débouter une salariée de ses demandes tendant au paiement d'heures supplémentaires et de jours fériés, une cour d'appel a retenu qu'elle avait été engagée sous contrat à durée déterminée.

Cass. soc. 9 octobre 1996, n° 93-40.597, 4e et 5e moyens réunis.

Une prime d'ancienneté relève, en tant qu'elle constitue une condition d'emploi, de la clause 4, point 1, de l'accord-cadre sur le travail à durée déterminée, qui figure en annexe de la directive 1999/70, de sorte que les travailleurs à durée déterminée peuvent s'opposer à un traitement qui, à l'égard du versement de cette prime, est, en dehors de toute justification objective, moins favorable que celui dont bénéficient les travailleurs à durée indéterminée se trouvant dans une situation comparable.

La nature temporaire de la relation d'emploi de certains agents publics n'est pas susceptible de constituer, à elle seule, une raison objective au sens de cette clause de l'accord-cadre.

CJUE 22 décembre 2010, aff. C-444/09, Recueil I-14031.

Une différence de traitement ne peut être justifiée par la seule circonstance qu'elle est prévue par une disposition législative, réglementaire ou conventionnelle.

La clause 4, point 1, de l'accord-cadre sur le travail à durée déterminée, conclu le 18 mars 1999, qui figure en annexe de la directive 1999/70/CE du Conseil, du 28 juin 1999, concernant l'accord-cadre CES, UNICE et CEEP sur le travail à durée déterminée s'oppose à l'instauration d'une différence de traitement entre les travailleurs à durée déterminée et les travailleurs à durée indéterminée qui serait justifiée par la seule circonstance qu'elle est prévue par une disposition législative ou réglementaire d'un État membre ou par une convention collective conclue entre les représentants syndicaux du personnel et l'employeur concerné.

CJCE 13 septembre 2007, aff. C-307/05, Recueil I-07109.

Est justifiée par des raisons objectives la différence de traitement entre travailleurs à durée déterminée et travailleurs à durée indéterminée opérée par une réglementation nationale prévoyant une indemnisation différente à l'occasion de la fin de la relation de travail.

La clause 4, point 1, de l'accord-cadre sur le travail à durée déterminée, conclu le 18 mars 1999, qui figure à l'annexe de la directive 1999/70/CE du Conseil, du 28 juin 1999, concernant l'accord-cadre CES, UNICE et CEEP sur le travail à durée déterminée, doit être interprétée en ce sens qu'elle ne s'oppose pas à une réglementation nationale selon laquelle l'indemnité versée aux travailleurs employés en vertu de contrats de travail à durée déterminée à l'échéance du terme pour lequel ces contrats ont été conclus est inférieure à l'indemnité allouée aux travailleurs à durée indéterminée à l'occasion de la résiliation de leur contrat de travail pour un motif objectif.

CJUE 5 juin 2018, aff. C-574/16. Voir aussi CJUE 5 juin 2018, aff. C-677/16 ; CJUE 21 novembre 2018, aff. C-619/17.

Les salariés sous contrat à durée déterminée doivent pouvoir exercer librement leurs droits syndicaux.

Une cour d'appel a pu retenir un délit d'entrave à l'exercice du droit syndical à l'encontre du président d'une société d'économie mixte, celui-ci ayant refusé, sans autorisation de l'inspecteur du travail, de réembaucher un salarié saisonnier au motif qu'il exerçait les fonctions de délégué syndical.

Cass. crim. 21 août 1995, n° 94-85.501.

Les salariés sous contrat à durée déterminée sont électeurs et éligibles aux élections des délégués du personnel et du comité d'entreprise.

Si les salariés sous contrat à durée déterminée sont électeurs et éligibles aux élections des délégués du personnel et du comité d'entreprise, c'est à la condition que leur contrat soit en cours à la date du scrutin.

Cass. soc. 25 janvier 1995, n° 94-60.048, 2e moyen.

Contrat à durée déterminée (Transformation du contrat en contrat à durée indéterminée)

Si le contrat à durée déterminée se poursuit à l'échéance du terme, il devient à durée indéterminée (art. L. 1243-11 CT).

La seule poursuite du contrat à l'échéance du terme permet de retenir l'existence d'un contrat à durée indéterminée

La poursuite peut résulter de l'inertie de l'employeur au terme du contrat.

Un VRP avait été engagé par contrat à durée déterminée d'un an à compter du 2 avril 1989. Le 9 mai 1990, l'employeur ayant remis à l'intéressé un certificat de travail et un reçu pour solde de tout compte, le salarié avait saisi la juridiction prud'homale pour obtenir des indemnités de préavis et de congés payés, ainsi que des dommages-intérêts pour rupture abusive du contrat.

C'est à bon droit qu'après avoir relevé que le salarié avait pris deux commandes après l'échéance du contrat, qui avaient été acceptées par l'employeur, et que ce dernier avait attendu le 9 mai 1990 pour manifester sa volonté de rompre le contrat, une cour d'appel a décidé que le contrat s'était transformé en contrat à durée indéterminée et a fait droit aux demandes du salarié.

Cass. soc. 14 février 1996, n° 93-42.035, 1er moyen, BC V n° 55.

Si le contrat se poursuit après l'échéance du terme, il devient un contrat à durée indéterminée, même si, ultérieurement, un nouveau contrat à durée déterminée est signé.

Il résulte de l'article L. 122-3-10 CT que si la relation contractuelle de travail se poursuit après l'échéance du terme du contrat, celui-ci devient un contrat à durée indéterminée.

La règle posée par cet article est d'application générale et, dès l'instant que la relation de travail se poursuit à l'expiration du terme d'un contrat de travail à durée déterminée sans signature d'un nouveau contrat à durée déterminée, et quelle que soit la nature de l'emploi occupé, le contrat de travail devient un contrat à durée indéterminée, même si, ultérieurement, un nouveau contrat à durée déterminée est signé.

Cass. soc. 14 juin 2000, n° 99-43.279, BC V n° 226. Voir aussi cass. soc. 30 mars 2005, n° 03-42.667, 2e moyen, BC V n° 106 ; cass. soc. 20 septembre 2006, n° 04-43.068, 1er et 2e moyens du pourvoi principal, BC V n° 270.

L'application de l'article L. 122-3-10 CT n'est pas subordonnée à la poursuite ininterrompue de la relation contractuelle jusqu'à la conclusion d'un nouveau contrat.

Cass. soc. 17 mai 2000, n° 98-41.835.

Selon l'article L. 1243-11 CT, lorsque la relation contractuelle de travail se poursuit à l'issue d'un contrat à durée déterminée, la durée de ce contrat est déduite de la période d'essai éventuellement prévue dans le nouveau contrat.

A violé ce texte le conseil de prud'hommes qui a débouté une salariée de ses demandes liées à la rupture de son contrat à l'issue de la période d'essai, après avoir constaté que la relation de travail ne s'était pas interrompue à l'issue du contrat à durée déterminée et que la signature du contrat à durée indéterminée, prévoyant une période d'essai, n'avait pour objet que d'éluder les conséquences légales de la situation née de la poursuite de la relation de travail.

Cass. soc. 2 décembre 1997, n° 95-41.374, BC V n° 413.

Lorsque le salarié bénéficie de plusieurs contrats à durée déterminée sur le même emploi, la durée de ces contrats est déduite de la période d'essai.

Il résulte de l'article L. 1243-11 CT que lorsque le salarié a été, après l'échéance du terme de son contrat à durée déterminée, engagé par contrat à durée indéterminée, la durée du ou des contrats à durée déterminée est déduite de la période d'essai éventuellement prévue dans le nouveau contrat de travail ; il importe peu que le salarié ait occupé le même emploi, en exécution de différents contrats.

Cass. soc. 9 octobre 2013, n° 12-12.113, 1er moyen, BC V n° 228.

Il en va différemment si le salarié est embauché avec une nouvelle qualification.

Une salariée avait été recrutée en qualité de secrétaire par contrat à durée déterminée, puis comme assistante commerciale après avoir conclu un contrat à durée indéterminée. L'employeur avait mis fin à son contrat au cours de la période d'essai en invoquant l'inefficacité de la salariée au poste d'assistante commerciale.

C'est à bon droit qu'une cour d'appel a rejeté l'argumentation de la salariée selon laquelle l'employeur ne pouvait lui imposer une période d'essai après un contrat à durée déterminée, alors que, quelle que soit la nature des liens juridiques ayant existé entre les parties à la date de signature de l'engagement à durée indéterminée, il ne leur était pas interdit de convenir d'une période d'essai dans le cadre de la novation de leurs rapports contractuels. La salariée n'ayant pas donné satisfaction dans sa nouvelle qualification, l'employeur pouvait rompre le contrat pendant la période d'essai.

Cass. soc. 17 mars 1993, n° 89-45.508.

Lorsque le contrat à durée déterminée devient, du seul fait de la poursuite de la relation contractuelle après l'échéance de son terme, un contrat à durée indéterminée, les règles propres à la rupture d'un tel contrat s'appliquent de plein droit.

Une salariée a été engagée selon un contrat à durée déterminée à compter du 8 janvier 2004 en remplacement d'un salarié absent ; le salarié remplacé ayant été licencié le 6 février 2004, les relations contractuelles se sont poursuivies jusqu'au 2 novembre 2004, date à laquelle la remplaçante a été licenciée pour absences injustifiées.

L'intéressée a saisi la juridiction prud'homale d'une demande d'indemnités découlant de la rupture anticipée « sans motif légitime » du contrat à durée déterminée.

C'est à tort que, pour accueillir sa demande, une cour d'appel a retenu que seule la salariée pouvait demander la requalification de son contrat de travail à durée indéterminée, et que s'agissant d'un contrat à durée déterminée, celui-ci ne pouvait être rompu que pour une faute grave, ce qui n'était pas le cas puisque la salariée avait été licenciée pour cause réelle et sérieuse, alors que la relation contractuelle s'était poursuivie après l'échéance du terme du contrat à durée déterminée.

Cass. soc. 13 décembre 2007, n° 06-44.004, BC V n° 207.

Mais lorsque l'activité du salarié se poursuit, après le terme du contrat à durée déterminée, aux conditions d'un contrat à durée indéterminée conclu entre les parties, les dispositions de l'article L. 1243-11, al. 1 CT ne sont pas applicables.

Un salarié est entré au service d'une société comme chargé d'études et de réalisation, d'abord selon un contrat à durée déterminée, du 21 août au 30 novembre 2007, puis par un contrat à durée indéterminée à durée de chantier à compter du 1er décembre 2007. Licencié par une lettre du 29 février 2008 à l'issue du chantier pour lequel il avait été recruté, le salarié a saisi la juridiction prud'homale afin d'obtenir notamment la requalification du contrat à durée déterminée du 21 août 2007 en contrat à durée indéterminée.

C'est à bon droit qu'une cour d'appel a décidé que le contrat à durée déterminée conclu pour accroissement temporaire d'activité du 21 août au 30 novembre 2007 était valable et qu'il s'était valablement transformé en un contrat de travail à durée indéterminée de chantier le 1er décembre 2007.

En effet, d'abord, un contrat de travail à durée indéterminée conclu pour la durée d'un chantier peut succéder à un contrat à durée déterminée conclu pour faire face à un accroissement temporaire d'activité sur le même chantier ; ensuite les dispositions de l'article L. 1243-11 CT ne sont pas applicables lorsque l'activité du salarié se poursuit, après le terme du contrat à durée déterminée, aux conditions d'un contrat à durée indéterminée conclu entre les parties.

Ayant constaté que l'avenant relatif à la proposition d'un contrat à durée indéterminée de chantier était intervenu le 30 novembre 2007, la cour d'appel a décidé à bon droit de rejeter la demande de requalification en contrat à durée indéterminée de droit commun.

Cass. soc. 21 novembre 2012, n° 10-27.429, 1er moyen, BC V n° 298.

Les conditions d'exécution du contrat ne peuvent être modifiées unilatéralement

En l'absence de nouvel accord des parties, les conditions d'exécution du contrat restent identiques.

S'il résulte de l'article L. 122-3-10 CT que la poursuite des relations de travail à l'expiration d'un contrat de travail à durée déterminée transforme ce contrat en contrat à durée indéterminée, les conditions du contrat non liées à sa nature demeurent inchangées, à défaut d'accord contraire des parties.

Après avoir retenu qu'une salariée avait été engagée pour une durée déterminée de trois mois renouvelable pour effectuer un travail à temps partiel de 122 heures par mois et que la relation de travail s'était poursuivie au-delà du terme aux mêmes conditions qu'initialement, prévues par le contrat écrit liant les parties, une cour d'appel a pu décider que le contrat de travail devenu à durée indéterminée ne devait pas être requalifié en contrat de travail à temps plein.

Cass. soc. 28 mai 2008, n° 06-45.572, 2e moyen, BC V n° 115.

Un conseil de prud'hommes, ayant constaté que le contrat à durée déterminée, qui liait les parties jusqu'au 19 novembre 1989, comportait une clause de non-concurrence, a pu décider que le fait que le contrat soit devenu à durée indéterminée à compter de cette date ne pouvait à lui seul avoir eu pour effet de supprimer cette clause, peu important que l'employeur ait soumis à la signature de la salariée, le 2 décembre 1989, un contrat écrit réitérant cette clause.

Cass. soc. 5 janvier 1995, n° 90-45.732, 5 premières branches du moyen, BC V n° 4.

Selon la CJUE, le contrat à durée indéterminée n'a pas à reprendre à l'identique les clauses principales figurant dans le contrat précédent.

La clause 5 de l'accord-cadre sur le travail à durée déterminée, conclu le 18 mars 1999, qui figure en annexe de la directive 1999/70/CE du Conseil, du 28 juin 1999, concernant l'accord-cadre CES, UNICE et CEEP sur le travail à durée déterminée, doit être interprétée en ce sens qu'un État membre, qui prévoit dans sa réglementation nationale la transformation des contrats de travail à durée déterminée en un contrat de travail à durée indéterminée lorsque les contrats de travail à durée déterminée ont atteint une certaine durée, n'est pas tenu d'imposer, dans le contrat de travail à durée indéterminée, la reprise à l'identique des clauses principales figurant dans le contrat précédent.

CJUE 8 mars 2012, aff. C-251/11.

En revanche, la transformation des contrats de travail à durée déterminée en un contrat de travail à durée indéterminée ne doit pas s'accompagner de modifications substantielles des clauses du contrat précédent dans un sens globalement défavorable à la personne intéressée lorsque l'objet de sa mission et la nature de ses fonctions demeurent les mêmes.

CJUE 8 mars 2012, aff. C-251/11, précité.

Le non-respect des dispositions relatives aux cas de recours au contrat à durée déterminée ou l'absence de contrat écrit entraîne la requalification en contrat à durée indéterminée

Il résulte de la combinaison des articles L. 1243-11 et L. 1245-2 CT que, lorsque le contrat à durée déterminée devient un contrat à durée indéterminée du seul fait de la poursuite de la relation contractuelle de travail après l'échéance de son terme, le salarié ne peut prétendre à une indemnité de requalification, hors les cas où sa demande en requalification s'appuie sur une irrégularité du contrat à durée déterminée initial ou de ceux qui lui ont fait suite.

Cass. soc. 22 mars 2006, n° 04-48.264, BC V n° 118 (arrêt n° 1). Voir aussi cass. soc. 22 mars 2006, n° 04-45.411, BC V n° 118 (arrêt n° 2) ; cass. soc. 15 janvier 2014, n° 12-27.457, 2e moyen ; cass. soc. 2 mars 2017, n° 15-28.136.

Une salariée a été engagée selon une succession de contrats à durée déterminée à caractère saisonnier ; au terme du dernier contrat conclu pour la période du 11 mars au 11 mai 2002, la relation de travail s'étant poursuivie sans détermination de durée jusqu'au 12 mai 2003, date à laquelle la salariée a été licenciée, cette dernière a saisi la juridiction prud'homale notamment d'une demande d'indemnité de requalification.

Ayant constaté que l'un des contrats à durée déterminée dont la salariée réclamait la requalification était irrégulier au regard des dispositions de l'article L. 122-1 CT, une cour d'appel a pu décider que celle-ci pouvait prétendre à une indemnité de requalification.

Cass. soc. 5 décembre 2007, n° 06-41.313, pourvoi incident (non publié).

Le fait que des contrats de travail à durée déterminée aient été poursuivis après l'échéance du terme ou que les salariés aient été, après l'arrivée du terme, engagés par contrat à durée indéterminée, ne prive pas les intéressés du droit de demander la requalification de leur contrat à durée déterminée initial, qu'ils estimaient irrégulier, en contrat à durée indéterminée et l'indemnité spéciale de requalification prévue par l'article L. 122-3-13, al. 2 CT.

Cass. soc. 1er février 2000, n° 98-41.624, BC V n° 52.

Mais il ne peut obtenir la nullité du licenciement intervenu à la suite de la requalification de son contrat en contrat à durée indéterminée…

La rupture du contrat à l'initiative de l'employeur est soumise à la procédure de licenciement prévue par les articles L. 122-14 et s. CT et n'ouvre droit pour le salarié, dès lors qu'aucun texte ne l'interdit ou ne restreint la faculté de l'employeur de licencier, qu'à des réparations de nature indemnitaire. Il en résulte que le juge ne peut annuler un licenciement en l'absence de disposition le prévoyant et à défaut de la violation d'une liberté fondamentale.

Une salariée, entrée au service d'une société le 18 décembre 1995, dans le cadre d'un contrat à durée déterminée de trois mois, renouvelé jusqu'au 28 juin 1996, avait signé le 14 octobre 1996, puis le 23 septembre 1997, deux nouveaux contrats à durée déterminée, ayant l'un et l'autre été renouvelés. La salariée avait saisi la juridiction prud'homale et obtenu la requalification de ses contrats en un contrat à durée indéterminée. Tout en lui confirmant la requalification de son contrat de travail, par lettre du 25 juin 1998, son employeur l'avait convoquée, le même jour, pour un entretien préalable à son licenciement, prononcé le 6 juillet 1998 en raison de l'achèvement de la mission pour laquelle elle avait été embauchée. La salariée avait alors saisi la formation des référés de la juridiction prud'homale pour voir prononcer la nullité de ce licenciement et ordonner son maintien dans l'entreprise.

C'est à bon droit que, après avoir constaté que le contrat de travail convenu entre les parties s'était poursuivi, par l'effet de sa requalification en contrat à durée indéterminée, jusqu'à ce que l'employeur prenne l'initiative de rompre, une cour d'appel a jugé que le licenciement décidé par celui-ci ne constituait pas un trouble manifestement illicite et que le juge des référés ne pouvait en prononcer l'annulation ni ordonner la poursuite des relations contractuelles.

Cass. soc. 13 mars 2001, n° 99-45.735, BC V n° 87.

… et donc sa réintégration dans l'entreprise…

Engagée selon trois contrats de travail à durée déterminée, une salariée avait encore vu son dernier contrat renouvelé à trois reprises. À l'échéance du terme fixé par ce dernier renouvellement, elle a saisi la juridiction prud'homale de demandes de requalification des trois derniers contrats et de réintégration.

A légalement justifié sa décision la cour d'appel qui, après avoir décidé que le deuxième contrat devait être requalifié en un contrat à durée indéterminée, a débouté la salariée de sa demande de réintégration. En effet, l'employeur qui, à l'expiration d'un contrat de travail à durée déterminée, ultérieurement requalifié en contrat à durée indéterminée, ne fournit plus de travail et ne paie plus les salaires, est responsable de la rupture. Cette rupture s'analyse en un licenciement et ouvre droit, le cas échéant, à des indemnités de rupture, sans que le salarié puisse exiger, en l'absence de disposition le prévoyant et à défaut de violation d'une liberté fondamentale, sa réintégration dans l'entreprise.

Cass. soc. 30 octobre 2002, n° 00-45.608, BC V n° 331.

… sauf s'il démontre que la fin de la relation de travail intervenue par le seul effet du terme du contrat à durée déterminée résulte de la volonté de l'employeur de porter atteinte à son droit d'obtenir en justice la requalification de ce contrat en contrat à durée indéterminée.

L'employeur qui, à l'expiration d'un contrat de travail à durée déterminée ultérieurement requalifié en contrat à durée indéterminée, ne fournit plus de travail et ne paie plus les salaires, est responsable de la rupture qui s'analyse en un licenciement et qui ouvre droit, le cas échéant, à des indemnités de rupture sans que le salarié puisse exiger, en l'absence de disposition le prévoyant et à défaut de violation d'une liberté fondamentale, sa réintégration dans l'entreprise.

Une salariée a saisi la juridiction prud'homale de demandes en requalification de la relation de travail en contrat à durée indéterminée et en paiement de diverses sommes, avant le terme, le 20 novembre 2014, du dernier contrat de travail à durée déterminée en cours.

Pour dire que l'interruption de la relation de travail du fait de l'employeur s'analysait en un licenciement nul et ordonner la réintégration de la salariée et le paiement de sommes à titre de rappels de salaire et de congés payés, une cour d'appel a retenu qu'il était indéniable que la salariée, qui bénéficiait depuis plus de neuf ans, régulièrement et chaque année, de contrats à durée déterminée pour des tâches d'agent de service thermal, n'avait pas été renouvelée dans cette mission en 2015, qu'il convenait de constater le refus par l'employeur d'embaucher à nouveau la salariée autrement que conformément à ses propres critères et non pas comme précédemment, utilisant ainsi son pouvoir de licencier afin d'imposer sa propre solution dans le litige qui les opposait et qui n'avait pas été définitivement tranché, alors même qu'il n'était argué d'aucun motif par l'employeur pour ne pas garder cette salariée à son service en 2015, que ces circonstances constituaient des éléments permettant de présumer un lien de causalité entre l'action en justice et la rupture intervenue en 2015 par l'absence de conclusion d'un contrat à durée déterminée entre les parties comme elles l'avaient précédemment fait, sans que l'employeur ait donné une explication plausible à l'absence de relations de travail en 2015, autre que celle relative à l'absence de signature d'un contrat de travail à la condition pour la salariée de se désister de sa demande en requalification, cette attitude étant manifestement destinée à dissuader la salariée et, le cas échéant, ses collègues, d'ester en justice pour réclamer la requalification de son contrat de travail en contrat à durée indéterminée, le contrat proposé lui étant moins favorable, et à échapper, en ce qui concerne l'employeur, aux conséquences de cette requalification, qu'un tel comportement illustrait une violation manifeste d'une liberté fondamentale de la salariée, résultant notamment de l'article 6, § de la convention européenne des droits de l'homme, et que l'employeur ne démontrait pas que sa décision avait été prise pour des motifs étrangers à toute violation de la liberté fondamentale considérée.

En statuant ainsi, en posant une présomption, alors qu'en l'absence de rupture du contrat de travail pour un motif illicite il appartient au salarié de démontrer que la fin de la relation de travail intervenue par le seul effet du terme stipulé dans le contrat à durée déterminée résulte de la volonté de l'employeur de porter atteinte au droit du salarié d'obtenir en justice la requalification du contrat de travail en contrat à durée indéterminée, la cour d'appel, qui a inversé la charge de la preuve, a violé les articles L. 1245-1 et L. 1245-5 CT, et l'article 6, § 1 de la Convention de sauvegarde des droits de l'homme et des libertés fondamentales.

Cass. soc. 21 septembre 2017, n° 16-20.460, 2e moyen, BC V n° 146.

☛ *Contrat à durée déterminée (Cas de recours) ; Contrat à durée déterminée (Conclusion) ; Contrat à durée déterminée (Contrats successifs) ; Contrat à durée déterminée (Durée) ; Contrat à durée déterminée (Indemnité de précarité/Indemnité de fin de contrat) ; Contrat à durée déterminée (Renouvellement) ; Contrat à durée déterminée (Rupture anticipée).*

Contrat de mise à disposition

Le contrat de mise à disposition lie l'entreprise de travail temporaire et l'entreprise utilisatrice.

Formalisme

Le contrat doit être écrit.

Le contrat de mise à disposition doit être écrit, à peine de nullité. Un contrat atteint de nullité étant réputé n'avoir jamais existé, les choses doivent être remises en l'état où elles se trouvaient avant son exécution si le contrat a connu un commencement d'exécution. Toutefois, si la remise en l'état se révèle être impossible en raison de la nature des obligations découlant de ce contrat, la partie bénéficiaire des prestations doit en restituer le prix.

C'est à bon droit qu'une cour d'appel a condamné un entrepreneur à rembourser à une entreprise de travail temporaire le montant des rémunérations versées par cette dernière aux salariés en contrepartie du travail fourni, dès lors que le contrat de mise à disposition était nul en raison de l'absence d'écrit et que les prestations effectuées au profit de l'entrepreneur n'avaient pas été payées.

Cass. soc. 7 novembre 1995, n° 93-18.620, BC V n° 292. Voir aussi cass. soc. 6 mai 1996, n° 94-12.705.

Certaines mentions sont obligatoires.

Selon l'article L. 124-3, 1° CT, le contrat de mise à disposition liant l'utilisateur à l'entreprise de travail temporaire doit mentionner le nom et la qualification du salarié remplacé. En cas de glissement interne de poste, si le travailleur intérimaire remplace un salarié autre que celui effectivement absent, les modalités de ce remplacement doivent être précisées dans le contrat, ainsi que le nom et la qualification du salarié absent. Dès lors, est coupable d'avoir fourni des indications erronées l'employeur qui ne fait pas mention de la qualification professionnelle du salarié absent, seul son nom étant précisé.

Cass. crim. 9 octobre 1995, n° 94-81.715, B. crim. n° 298.

En cas d'irrégularité du contrat de mise à disposition, le contrat conclu avec le salarié est soumis au régime applicable au contrat à durée indéterminée.

Des salariés avaient été engagés par une entreprise de travail temporaire pour exécuter des missions auprès d'une société qui les avait mis à disposition d'une autre société.

Doit être cassé l'arrêt ayant décidé que bien qu'ayant déjà perçu l'indemnité de précarité d'emploi, les salariés avaient également droit à l'indemnité de préavis alors que l'entrepreneur de travail temporaire, qui conclut un contrat avec l'utilisateur en méconnaissance des règles propres au travail temporaire, se place en dehors du champ d'application de celui-ci, de sorte que le contrat le liant au salarié est soumis au droit commun, sans qu'il puisse y avoir de cumul entre l'indemnité compensatrice de préavis et l'indemnité de précarité d'emploi.

Cass. soc. 31 octobre 1989, n° 86-44.198, BC V n° 640.

En l'absence de garantie financière, l'entrepreneur de travail temporaire ne peut prétendre à sa rémunération.

La garantie financière étant une condition légale d'aptitude à l'exercice de l'activité d'entrepreneur de travail temporaire, celui-ci, en l'absence de cette garantie, ne peut prétendre à sa rémunération.

Une cour d'appel a, par ce seul motif, justifié légalement sa décision de déclarer nuls les contrats conclus après la disparition de la garantie financière et de résilier ceux conclus antérieurement.

Cass. soc. 22 février 2000, n° 96-16.544.

Le recours au travail temporaire est strictement réglementé

Il est interdit de recourir au service de personnel intérimaire pour remédier aux conséquences d'un conflit collectif, sauf s'il s'agit d'un service public en cas de circonstances exceptionnelles ne lui permettant pas de recourir à un recrutement temporaire d'agents immédiats. Le recours est également prohibé si les travaux à effectuer sont réputés dangereux.

Dans la mesure où il incombe à l'autorité administrative de prendre toutes les mesures nécessaires pour assurer la continuité du service public, notamment en cas d'interruption due à une grève des agents, elle dispose de la possibilité d'embaucher du personnel d'appoint pour une durée limitée. Toutefois, en cas de circonstances exceptionnelles rendant impossible ce mode de recrutement, l'administration peut faire appel à du personnel intérimaire. En l'espèce, aucune circonstance exceptionnelle mettant l'administration dans l'impossibilité de recourir à un recrutement temporaire immédiat d'agents publics n'ayant été établie, le directeur des Postes et Télécommunications a outrepassé ses pouvoirs en recourant à du personnel mis à disposition par une société de travail temporaire. Il en résultait qu'un syndicat était recevable à demander réparation du préjudice moral causé aux agents représentés par lui.

CE 18 janvier 1980, n° 07636, Rec. Lebon p. 30.

Le non-respect des obligations résultant du contrat de mise à disposition engage la responsabilité de l'entreprise de travail temporaire

Il en est notamment ainsi lorsqu'elle met à la disposition de la société utilisatrice un salarié, sans avoir préalablement vérifié sa qualification…

L'entreprise de travail temporaire étant tenue de vérifier la qualification professionnelle du salarié mis à disposition, sa responsabilité peut être engagée en cas de manquement à cette obligation. Il en est ainsi quand l'entreprise de travail temporaire met à disposition un ouvrier ne correspondant pas au niveau de qualification requis par l'entreprise utilisatrice et que ce dernier commet des erreurs de cotes, erreurs qui n'auraient pas dû être commises par un ouvrier hautement qualifié.

Cass. soc. 21 octobre 1982, n° 81-14.868, BC V n° 575.

… ou lorsqu'elle ne s'assure pas de la disponibilité du salarié.

Doit être cassé l'arrêt qui, pour condamner une entreprise utilisatrice à payer les prestations liées au contrat de mise à disposition, en fait une stricte application, ce dernier mentionnant que « le contrat de date à date » était « dû jusqu'à son terme », alors que la société utilisatrice alléguait le manquement de l'entreprise de travail temporaire à ses obligations, cette dernière ne s'étant pas assurée de la disponibilité du salarié mis à disposition.

Cass. soc. 11 décembre 1990, n° 89-12.402, BC V n° 647.

Les clauses du contrat de mise à disposition liant l'entreprise de travail temporaire et l'entreprise utilisatrice ne peuvent être invoquées par les travailleurs temporaires, sauf en cas de faute quasi délictuelle commise par l'employeur.

Doit être cassé l'arrêt qui, pour condamner une entreprise de travail temporaire à payer des dommages-intérêts à sa salariée, énonce que la clause du contrat de mise à disposition, interdisant aux entreprises utilisatrices d'embaucher dans certaines conditions les travailleurs temporaires, limite la liberté de travail de la salariée et est de nature à rendre plus difficile une nouvelle embauche, alors que les clauses du contrat de mise à disposition ne peuvent être invoquées par la salariée, sauf si elle établit l'existence d'un préjudice résultant d'une faute quasi délictuelle de l'employeur. Faute d'avoir caractérisé la faute de l'employeur, la cour d'appel n'a pas donné de base légale à sa décision au regard de l'article 1382 c. civ.

Cass. soc. 5 juin 1996, n° 92-42.461, BC V n° 230.

Rupture

La rupture du contrat de mise à disposition par l'entreprise utilisatrice avant le terme de la mission n'entraîne pas la rupture de plein droit du contrat de travail liant le salarié à l'entreprise de travail temporaire.

Il en résulte que, en l'absence de rupture anticipée du contrat de travail par l'entreprise de travail temporaire, celle-ci n'est pas tenue de proposer au salarié un nouveau contrat dans les conditions prévues par l'article L. 124-5 CT.

Cass. soc. 9 juillet 2003, n° 01-41.326, BC V n° 230.

Contrat de mission/Contrat de travail temporaire ; Travail temporaire (Entreprise de).

Contrat de mission/ Contrat de travail temporaire

Le contrat de mission est le contrat de travail liant le salarié (travailleur temporaire) à son employeur (l'entreprise de travail temporaire).

Pour les contrats conclus après le 23 septembre 2017, la seule transmission tardive du contrat au salarié n'entraîne plus sa requalification en contrat à durée indéterminée et la durée maximale du contrat, le nombre de renouvellements possibles et les modalités d'application du délai de carence peuvent être déterminés par convention ou accord collectif de branche étendu, les dispositions légales étant désormais supplétives (ordonnance 2017-1387 du 22 septembre 2017).

La jurisprudence rapportée ci-dessous, rendue dans le cadre législatif antérieur, conserve cependant son intérêt, notamment au regard des litiges en cours.

Cas de recours

La loi prévoit expressément les cas où il peut être recouru au travail temporaire et ceux dans lesquels ce recours est interdit. Ces cas sont identiques à ceux prévus en matière de contrat à durée déterminée. Voir « Contrat à durée déterminée (Cas de recours) » et Contrat à durée déterminée (Contrats successifs).

L'autorisation de recourir au travail intérimaire en cas d'absence temporaire d'un salarié s'entend de son absence aussi bien de l'entreprise que de son poste habituel de travail.

Le salarié d'une société de travail temporaire a effectué de façon discontinue plusieurs missions d'intérim au sein d'une société ; estimant ses missions irrégulières ou ayant pour objet de pourvoir durablement des emplois liés à l'activité normale et permanente de l'entreprise, il a saisi la juridiction prud'homale d'une action contre l'entreprise utilisatrice aux fins de requalification de ses contrats en un contrat à durée indéterminée.

Après avoir constaté que l'intéressé avait été engagé pour remplacer un salarié détaché de son poste habituel pour être affecté sur un autre projet en tant que formateur et que les autres contrats avaient été effectivement motivés par le remplacement direct d'un salarié absent de l'entreprise ou d'un salarié ayant lui-même remplacé un autre salarié en congé annuel, congé mariage, arrêt maladie ou momentanément détaché sur un autre poste, c'est à bon droit qu'une cour d'appel a débouté le salarié de sa demande.

Cass. soc. 25 février 2009, n° 07-43.513, BC V n° 53.

Formalisme

Le contrat de mission doit être écrit.

La signature d'un contrat écrit, imposé par la loi dans les rapports entre une entreprise de travail temporaire et un salarié, est destinée à garantir qu'ont été observées les diverses conditions à défaut desquelles toute opération de prêt de main-d'œuvre est interdite. Cette prescription étant d'ordre public, son omission entraîne, à la demande du salarié, la requalification du contrat de mission en contrat de droit commun à durée indéterminée.

C'est à tort que, pour rejeter la demande d'un salarié en requalification du contrat de mission temporaire, une cour d'appel a retenu que ce salarié connaissait parfaitement la nature et la portée des obligations découlant du contrat et que le fait de ne pas l'avoir retourné dûment signé à l'employeur ne lui permettait pas de se prévaloir de l'irrégularité dudit contrat, alors que, faute de comporter la signature de l'intéressé, le contrat de mission ne pouvait pas être considéré comme ayant été établi par écrit.

Cass. soc. 7 mars 2000, n° 97-41.463, BC V n° 90.

Pour rejeter la demande tendant à la requalification de son contrat de mission, formée par le salarié à l'encontre de l'entreprise de travail temporaire, la cour d'appel a énoncé qu'étant réputé lié à la société utilisatrice par un contrat à durée indéterminée depuis le 28 juillet 2004, le salarié ne pouvait dans le même temps prétendre être lié, pour la même période et aux mêmes conditions à la société de travail temporaire ; l'absence de contrat de mission à compter du 23 août 2004, imputable à la société de travail temporaire, offrait à la société utilisatrice la possibilité de se retourner éventuellement contre cette dernière pour la garantir du préjudice subi du fait d'un tel manquement ; le salarié ne démontrait pas le préjudice subi du fait de l'absence de contrat signé entre lui-même et la société de travail temporaire, alors que conformément à ses revendications, il était devenu salarié de la société utilisatrice dans le cadre d'un contrat à durée indéterminée du fait de ce manquement.

En statuant ainsi, après avoir constaté que postérieurement au 23 août 2004, aucun contrat de mission n'avait été conclu entre le salarié et l'entreprise de travail temporaire, la cour d'appel a violé les articles L. 124-4, al. 1er à 9, devenu L. 1251-16 et L. 1251-17 et L. 125-3, devenu L. 8241-1 et L. 8241-2 CT.

Cass. soc. 17 septembre 2008, n° 07-40.704, 2e moyen du pourvoi principal, BC V n° 165.

Il doit préciser le terme de la mission…

Ayant constaté qu'un contrat de mission ne comportait pas la mention du terme de la mission, en méconnaissance des dispositions de l'article L. 124-4 CT, une cour d'appel a exactement décidé que l'employeur, qui n'avait pas respecté ces dispositions, s'était placé en dehors du champ d'application du travail temporaire et que le contrat de travail qui le liait au salarié était soumis au droit commun.

Cass. soc. 19 avril 2000, n° 97-45.508, BC V n° 146.

… et mentionner l'indemnité de fin de mission.

Sous réserve d'une intention frauduleuse du salarié, le non-respect par l'entreprise de travail temporaire de l'une des prescriptions des dispositions de l'article L. 1251-16 CT, lesquelles ont pour objet de garantir qu'ont été observées les conditions à défaut desquelles toute opération de prêt de main-d'œuvre est interdite, implique la requalification de son contrat en contrat à durée indéterminée.

Une cour d'appel, qui a constaté l'absence de mention sur les contrats de mission d'une salariée de l'indemnité de fin de mission, a légalement justifié sa décision requalifiant ces contrats en un contrat à durée indéterminée et condamnant la société de travail temporaire au paiement des indemnités subséquentes.

Cass. soc. 11 mars 2015, n° 12-27.855, BC V n° 48.

Le salarié peut agir contre l'entreprise de travail temporaire lorsque aucun contrat de mission n'a été établi par écrit…

Les dispositions de l'article L. 124-7 CT, qui sanctionnent l'inobservation par l'entreprise utilisatrice des dispositions des articles L. 124-2 à L. 124-2-4 du même code, n'excluent pas la possibilité pour le salarié d'agir contre l'entreprise de travail temporaire lorsque les conditions, à défaut desquelles toute opération de prêt de main-d'œuvre est interdite, n'ont pas été respectées ; il en est ainsi lorsque aucun contrat de mission n'a été établi par écrit, ce manquement de l'entreprise de travail temporaire causant nécessairement au salarié intérimaire un préjudice qui doit être réparé.

Cass. soc. 13 décembre 2006, n° 05-44.956, BC V n° 385.

… à condition d'être de bonne foi.

La fraude corrompt tout ; si la signature d'un contrat écrit, imposée par la loi dans les rapports entre l'entreprise de travail temporaire et le salarié afin de garantir qu'ont été observées les conditions à défaut desquelles toute opération de prêt de main-d'œuvre est interdite, a le caractère d'une prescription d'ordre public dont l'omission entraîne à la demande du salarié la requalification en contrat de droit commun à durée indéterminée, il en va autrement lorsque le salarié a délibérément refusé de signer le contrat de mission dans une intention frauduleuse.

Après avoir relevé qu'un salarié avait refusé de signer les contrats de mission qui lui avaient été adressés dans le seul but de se prévaloir ultérieurement de l'irrégularité résultant du défaut de signature, une cour d'appel a pu en déduire qu'il n'y avait pas lieu de les requalifier en contrat à durée indéterminée.

Cass. soc. 24 mars 2010, n° 08-45.552, BC V n° 74. Voir aussi cass. soc. 13 juin 2012, n° 10-26.387, 1er moyen du pourvoi principal, BC V n° 189 ; cass. soc. 24 septembre 2014, n° 13-16.676, 2e moyen.

L'employeur du salarié intérimaire est l'entreprise de travail temporaire

• Détermination de l'employeur

Une cour d'appel, ayant relevé qu'aucun contrat n'avait été conclu entre le salarié mis à disposition et la société utilisatrice et qu'il avait été recruté pour une mission précise et temporaire, a pu en déduire que le salarié était resté sous la seule subordination de l'entreprise de travail temporaire, peu important que son salaire lui ait été versé pendant sa mission par l'entreprise utilisatrice.

Cass. soc. 27 mars 1996, n° 93-40.741, BC V n° 117.

• Liens du salarié et de l'entreprise utilisatrice

Le règlement intérieur concerne, dans certaines limites, le personnel intérimaire.

Un règlement intérieur peut être applicable au personnel des entreprises extérieures et au personnel intérimaire. Toutefois, dans la mesure où l'employeur ne peut exercer son pouvoir disciplinaire qu'à l'égard de ceux qui lui sont liés par un contrat de travail, les dispositions du règlement relatives à la nature et à l'échelle des sanctions, ainsi que celles portant sur la procédure disciplinaire, ne peuvent s'appliquer qu'à ses salariés, sans pouvoir être étendues au personnel extérieur.

CE 12 novembre 1990, n° 95823.

L'entreprise utilisatrice a une obligation de formation à la sécurité à l'égard des salariés temporaires.

Ayant relevé que, neuf mois avant l'accident, le salarié n'avait d'autre formation que celle d'aide-cuisinier et qu'initié seulement à la conduite d'une grue à tour lors de missions précédentes auprès de la société utilisatrice, il se trouvait, au moment de l'accident, en charge d'une grue mobile dont la conduite exige une formation de douze semaines et n'a rien de commun avec celle des autres grues, une cour d'appel a ainsi fait ressortir l'exceptionnelle gravité de la faute commise par la société utilisatrice et la conscience que celle-ci devait avoir du danger couru par le salarié mis à sa disposition, dont elle connaissait la formation insuffisante. La cour d'appel a, par conséquent, pu en déduire que cette faute revêtait un caractère inexcusable et qu'elle avait eu un rôle déterminant dans la réalisation de l'accident, dès lors que, sans elle, l'imprudence commise par le salarié n'aurait pu avoir lieu ou n'aurait pas entraîné de dommages.

Enfin, elle a pu décider que la relaxe prononcée au profit du responsable du chantier ne l'empêchait pas de retenir la responsabilité de la société utilisatrice pour n'avoir pas donné au salarié la formation appropriée aux fonctions qu'elle lui confiait.

Cass. soc. 5 février 1998, n° 96-10.396, BC V n° 69.

Un salarié d'une entreprise de travail temporaire avait été victime d'un accident alors qu'il travaillait sur une presse au profit d'une entreprise utilisatrice.

Ayant relevé que le dirigeant de la société utilisatrice, poursuivi pour infraction à la réglementation sur la sécurité du travail, avait été relaxé et ayant constaté que l'entreprise utilisatrice avait respecté l'obligation de formation mise à sa charge par l'article L. 231-3-1 CT, la cour d'appel en a déduit à bon droit qu'aucune faute inexcusable résultant d'un défaut de formation à la sécurité ne pouvait être retenue à l'encontre tant de la société utilisatrice que de l'employeur, la société de travail temporaire.

Cass. soc. 11 décembre 1997, n° 96-11.454, BC V n° 437.

Mais lorsque le salarié est victime d'un accident du travail, c'est l'entreprise de travail temporaire, employeur du salarié, et non l'entreprise utilisatrice, qui doit prendre en charge l'indemnisation.

Selon l'article L. 451-1 c. séc. soc., aucune action en réparation du préjudice causé par un accident du travail ne peut, en dehors des cas prévus par ce texte, être exercée conformément au droit commun par la victime contre l'employeur ou ses préposés. Selon l'article L. 412-6 c. séc. soc., « pour l'application des articles L. 452-1 à L. 452-4 c. séc. soc., l'utilisateur, le chef de l'entreprise utilisatrice ou ceux qu'ils se sont substitués dans la direction sont regardés comme substitués dans la direction, au sens desdits articles, à l'employeur, ce dernier demeurant tenu des obligations prévues audit article sans préjudice de l'action en remboursement qu'il peut exercer contre l'auteur de la faute inexcusable ».

En condamnant une société de travail temporaire et une entreprise utilisatrice à indemniser un salarié victime d'un accident du travail, au motif que l'entreprise utilisatrice avait, en lui confiant un chariot élévateur sans formation, manqué aux obligations prescrites par l'arrêté du 2 décembre 1998 relatif à la formation à la conduite des équipements de travail mobiles automoteurs et des équipements de levage de charges et de personnes, une cour d'appel a violé les articles L. 451-1 et L. 412-6 c. séc. soc.

Cass. soc. 20 septembre 2006, n° 05-41.265, 3e branche, 2e moyen, BC V n° 284.

Le travailleur temporaire a un statut spécifique

Durant sa mission, le travailleur temporaire a les mêmes droits que le salarié recruté sous contrat à durée indéterminée, notamment en matière de rémunération.

Une entreprise de travail temporaire avait mis pendant plusieurs années des travailleurs intérimaires à la disposition d'une entreprise utilisatrice. À la suite d'un contrôle de l'inspection du travail, il était apparu que ces salariés n'avaient pas perçu la totalité des primes et indemnités qui leur étaient dues en vertu d'accords d'entreprise appliqués au sein de la société utilisatrice. Après leur avoir versé le solde leur revenant au titre des années 1988 à 1990, la société de travail temporaire avait engagé à l'encontre de la société utilisatrice, à laquelle elle reprochait de ne pas lui avoir fourni d'information sur les accords applicables, une action en remboursement des sommes versées et en dommages-intérêts.

Doit être rejeté le pourvoi de l'entreprise de travail temporaire, faisant grief à la cour d'appel de l'avoir déboutée de sa demande. La société de travail temporaire, sur laquelle pèse l'obligation de verser aux salariés mis à la disposition d'une entreprise, mais dont elle demeure l'employeur, des salaires conformes aux dispositions conventionnelles qui leur sont applicables, ne peut, en cas de manquement à cette obligation, se retourner contre l'entreprise utilisatrice qu'en établissant une faute à la charge de cette dernière. Ayant constaté que la société de travail temporaire, qui n'avait pas versé aux salariés les primes auxquelles leur donnaient droit les accords d'entreprise (primes qui constituaient des avantages habituels dans la profession considérée), ne justifiait pas avoir mis la société utilisatrice en demeure de lui fournir des informations à ce sujet, la cour d'appel a, par ce seul motif, justifié sa décision.

Cass. soc. 4 décembre 1996, n° 94-18.701, BC V n° 422.

Par conséquent, il doit bénéficier des tickets-restaurant, au même titre que les salariés permanents de l'entreprise.

Il résulte des articles L. 124-3, 6° et L. 124-4-2, al. 1er CT que la rémunération que doit percevoir le salarié intérimaire est celle prévue par l'article L. 140-2 du même code. Au sens de ce dernier texte, il faut entendre par rémunération le salaire ou traitement ordinaire de base ou minimum et tous les autres avantages et accessoires payés, directement ou indirectement, en espèces ou en nature, par l'employeur au travailleur en raison de l'emploi de ce dernier. Le ticket-restaurant, qui constitue un avantage en nature payé par l'employeur, entre dans la rémunération du salarié.

Cass. soc. 29 novembre 2006, n° 05-42.853, BC V n° 366.

Le salarié intérimaire doit également percevoir les primes versées aux salariés permanents de l'entreprise, sous réserve d'en remplir les conditions d'attribution.

Il résulte des articles L. 124-3, 6° et L. 124-4-2, al. 1er CT que si les salariés intérimaires, dont la rémunération ne peut être inférieure à celle que percevrait dans l'entreprise utilisatrice un salarié de qualification équivalente occupant le même poste de travail, ont droit au paiement d'une prime versée aux salariés permanents de l'entreprise, c'est sous réserve qu'ils remplissent les conditions prévues pour l'attribution de celle-ci. Pour condamner un employeur à payer à des salariées intérimaires des rappels de salaires au titre d'une prime conventionnelle de treizième mois, une cour d'appel a retenu que cette réclamation devait être admise dès lors qu'il y avait requalification des contrats de travail temporaire en contrats de travail à durée indéterminée. En statuant ainsi, sans rechercher si, compte tenu de leur temps de présence dans l'entreprise, les salariées intérimaires remplissaient les conditions posées par la convention collective pour l'attribution de la prime de treizième mois, la cour d'appel n'a pas donné de base légale à sa décision.

Cass. soc. 29 novembre 2006, n° 05-40.755, BC V n° 365.

Le travailleur intérimaire ne doit pas faire l'objet de discrimination.

Le fait, pour une entreprise, de décider de vendre les cartes donnant accès au restaurant de la société aux seuls membres du personnel et de donner des tickets au personnel extérieur, notamment aux travailleurs intérimaires, ne leur permettant plus de se restaurer à moindre prix, constitue une discrimination, source d'un trouble manifestement illicite qu'il convient de faire cesser.

Cass. soc. 21 novembre 1990, n° 89-13.056, BC V n° 580.

Le déclenchement d'une grève dans l'entreprise utilisatrice ne constitue pas une situation contraignante pour l'entreprise de travail temporaire et celle-ci n'est pas dispensée de payer leur rémunération aux salariés qui se tiennent à la disposition de l'entreprise utilisatrice.

Une grève avec occupation des locaux avait été déclenchée dans un établissement d'une entreprise. Des travailleurs intérimaires mis à la disposition de cette entreprise s'étaient présentés chaque jour à leur travail et n'avaient pu travailler. Ils avaient saisi la juridiction prud'homale pour avoir paiement de leur rémunération.

Doit être rejeté le pourvoi de la société de travail temporaire faisant grief au conseil de prud'hommes de l'avoir condamnée à payer aux intéressés leur salaire pour la période concernée.

L'employeur ne peut en effet être dispensé de payer leur rémunération aux salariés qui se tiennent à sa disposition que s'il démontre qu'une situation contraignante l'empêche de leur fournir du travail ; l'entreprise de travail intérimaire est soumise à la même règle. Le conseil de prud'hommes a pu décider que ce n'était qu'à partir du 19 novembre, soit à l'issue du délai accordé par le juge des référés aux grévistes pour quitter les lieux, que la situation contraignante était caractérisée.

Cass. soc. 27 mai 1998, n° 96-42.303, BC V n° 280.

En cas de rupture du contrat avant son terme par l'entreprise de travail temporaire, cette dernière doit proposer au salarié un nouveau contrat ou une compensation financière, sauf en cas de faute grave ou de force majeure.

En l'absence d'une faute grave ou d'un cas de force majeure, la société de travail temporaire qui rompt le contrat avant le terme fixé doit proposer un nouveau contrat dans un délai maximal de trois jours ouvrables. À défaut, ou si le nouveau contrat est d'une durée inférieure à celle restant à courir du contrat précédent, l'entreprise de travail temporaire doit assurer au salarié une rémunération équivalant à celle qu'il aurait perçue jusqu'au terme du contrat, y compris l'indemnité de précarité. La proposition faite au salarié ayant été postérieure au délai de trois jours précité, l'employeur a pu être condamné au paiement des salaires, d'une indemnité de précarité et de congés payés.

Cass. soc. 12 avril 1995, n° 91-45.421.

À l'issue de sa mission, le travailleur temporaire a droit à une indemnité de précarité.

Cass. soc. 22 novembre 1995, n° 92-43.714, rendu sous l'empire de l'ancien article D. 124-1 CT qui prévoyait que l'indemnité de précarité devait représenter 15 % de la rémunération.

Le contrat de mission peut être transformé en contrat de travail à durée indéterminée

Lorsque, à l'issue de sa mission, le salarié intérimaire conclut immédiatement un contrat de travail avec l'utilisateur, l'indemnité de précarité n'est pas due.

Doit être cassé l'arrêt qui, pour condamner une société de travail temporaire à payer une indemnité de précarité de 15 % aux salariés intérimaires, se borne à retenir que l'employeur ne leur avait pas proposé par écrit un nouveau contrat dans les trois jours d'une durée au moins égale à la moitié de celle du contrat de travail précédent, sans rechercher si les intéressés n'étaient pas indisponibles du fait de leur embauche par l'entreprise utilisatrice.

Cass. soc. 19 novembre 1996, n° 94-40.859.

Lorsque la prise d'effet du nouveau contrat n'est pas concomitante avec sa signature mais qu'elle intervient dans un délai raisonnable, l'indemnité de précarité n'est pas due.

Une salariée, mise à disposition d'une entreprise par une société de travail temporaire puis engagée par l'entreprise utilisatrice selon un contrat à durée indéterminée, a saisi la juridiction prud'homale aux fins d'obtenir le paiement de l'indemnité de précarité.

Selon l'article L. 124-4-4, al. 3 CT, lorsqu'à l'issue d'une mission, le salarié sous contrat de travail temporaire ne bénéficie pas immédiatement d'un contrat de travail à durée indéterminée avec l'utilisateur, il a droit, à titre de complément de salaire, à une indemnité destinée à compenser la précarité de sa situation. Cette indemnité n'est pas due dès lors qu'un contrat de travail a été conclu immédiatement avec l'entreprise utilisatrice ; lorsque la prise d'effet du contrat n'est pas concomitante avec sa signature, cette prise d'effet doit intervenir dans un délai raisonnable.

En conséquence, c'est à bon droit qu'un conseil de prud'hommes a rejeté la demande de la salariée dès lors qu'il n'avait pas été soutenu que le délai entre la signature du contrat et sa prise d'effet n'était pas raisonnable.

Cass. soc. 8 décembre 2004, n° 01-46.877, BC V n° 330.

Mais lorsqu'un salarié n'a bénéficié d'un contrat de travail à durée indéterminée avec l'entreprise utilisatrice que 9 jours après le terme de sa mission, malgré l'existence d'une promesse d'embauche avant la fin de la mission, l'indemnité de précarité est due.

Un salarié a été engagé pour une mission de 18 mois par une société de travail temporaire en qualité d'électricien au profit d'une société A ; avant la fin de son contrat, fixée au 1er mai 2012, il a reçu de la société A une proposition de contrat à durée indéterminée, contrat qu'il a signé le 16 mai 2012, date de sa prise de fonction ; la société de travail temporaire ayant refusé de lui payer l'indemnité de fin de mission, il a saisi la juridiction prud'homale.

Doit être approuvé l'arrêt ayant condamné la société de travail temporaire à verser au salarié une somme au titre de l'indemnité de fin de mission.

En effet, aux termes de l'article L. 1251-32 CT, lorsqu'à l'issue d'une mission, le salarié sous contrat de travail temporaire ne bénéficie pas immédiatement d'un contrat de travail à durée indéterminée avec l'utilisateur, il a droit, à titre de complément de salaire, à une indemnité destinée à compenser la précarité de sa situation ; cette indemnité n'est pas due dès lors qu'un contrat de travail à durée indéterminée a été conclu immédiatement avec l'entreprise utilisatrice.

En l'espèce, ayant constaté que le salarié n'avait accepté que le 10 mai 2012 la « promesse d'embauche » sous contrat à durée indéterminée que l'entreprise utilisatrice lui avait adressée le 23 avril précédent avant le terme de sa mission, et que, 9 jours avaient séparé le terme de sa mission, le 1er mai, de la conclusion du contrat de travail engageant les deux parties, la cour d'appel en a exactement déduit que le salarié n'avait pas immédiatement bénéficié de ce contrat.

Cass. soc. 5 octobre 2016, n° 15-28.672, BC V n° 186.

Dans le calcul de la période d'essai, il convient de prendre en compte la durée de la mission de travail temporaire.

En cas de transformation d'un contrat de travail temporaire en contrat à durée indéterminée, la durée de la mission effectuée chez l'utilisateur au cours des trois mois précédant l'embauche doit être déduite de la période d'essai.

Cass. soc. 16 novembre 1995, n° 92-44.193.

Le contrat peut faire l'objet d'une requalification par le juge

Il en est ainsi lorsque le contrat de travail temporaire a pour objet ou pour effet de pourvoir durablement un emploi lié à l'activité normale et permanente de l'entreprise utilisatrice…

Il résulte des articles L. 1251-5 et L. 1251-6 CT que la possibilité donnée à l'entreprise utilisatrice de recourir à des missions successives avec le même salarié, soit pour remplacer un ou des salariés absents ou dont le contrat de travail est suspendu, soit pour faire face à un accroissement temporaire de son activité, ne peut avoir pour objet ni pour effet de pourvoir durablement un emploi lié à son activité normale et permanente.

Une salariée a effectué 200 missions d'intérim auprès d'une société entre le 17 juin 2002 et le 20 décembre 2009 en qualité de manutentionnaire ; elle a saisi la juridiction prud'homale aux fins de requalification de ses contrats de travail temporaire depuis le 29 juillet 2002 en contrat à durée indéterminée et de paiement de diverses sommes en conséquence de la requalification et de la rupture.

Pour débouter la salariée de ses demandes, une cour d'appel a retenu qu'elle avait effectivement accompli des missions d'intérim entre septembre 2003 et janvier 2006 puis entre mai 2008 et décembre 2009, que l'interruption totale des missions pendant 27 mois entre février 2006 et avril 2008 ne lui permettait pas de prétendre à une requalification des contrats d'intérim en contrat à durée indéterminée à effet du 1er septembre 2003, qu'à partir de mai 2008, le nombre important de contrats (114) et le fait qu'ils aient été réguliers ne suffisent pas à établir qu'ils auraient eu pour but de pourvoir durablement un emploi lié à l'activité normale et permanente de l'entreprise, la société souhaitant privilégier l'embauche en intérim d'une personne qui connaissait bien son travail et dont elle était satisfaite, plutôt que l'embauche d'un salarié intérimaire inconnu qu'elle allait devoir former, que tous les contrats de mission temporaire mentionnaient le motif soit d'accroissement temporaire d'activité, avec les références de la commande, soit de remplacement d'un salarié absent, avec le nom du salarié et le motif de son absence, que la salariée ne conteste pas la réalité des commandes et des absences de salariés, que les contrats pour accroissement temporaire d'activité étaient entrecoupés par les contrats pour remplacement de salarié absent, de sorte que les surcroîts d'activité étaient bien ponctuels et non permanents.

En statuant ainsi, alors qu'entre 2002 et 2006, puis en 2008 et 2009, la salariée avait occupé le même emploi de manutentionnaire quel que soit le motif de recours au travail temporaire, ce dont il résultait qu'il y avait été recouru pour faire face à un besoin structurel de main-d'œuvre et que l'emploi qu'elle occupait était lié durablement à l'activité normale et permanente de l'entreprise, la cour d'appel a violé les textes susvisés.

Cass. soc. 3 juin 2015, n° 14-17.705, BC V n° 114.

Il résulte des articles L. 1251-36 et L. 1251-37 CT qu'il ne peut être recouru pour pourvoir un même poste au sein de l'entreprise utilisatrice, à des contrats de mission successifs que dans les hypothèses limitativement énumérées par l'article L. 1251-37 et notamment pour remplacer un salarié temporairement absent en cas de nouvelle absence du salarié remplacé, pour des emplois saisonniers ou pour des emplois pour lesquels il est d'usage constant de ne pas recourir aux contrats à durée indéterminée, pour remplacer l'une des personnes mentionnées aux 4° et 5° de l'article L. 1251-6 CT ; un contrat de mission conclu pour le remplacement d'un salarié absent ne peut donc être immédiatement suivi d'un contrat de mission conclu pour un accroissement temporaire d'activité.

Après avoir relevé que 109 contrats de mission s'étaient succédé sans interruption du 22 avril 2003 au 14 janvier 2005, au profit du même salarié pour pourvoir le même poste afin d'assurer le remplacement de salariés absents puis pour faire face à un accroissement temporaire d'activité, ce dernier motif ne rentrant pas dans le champ d'application de l'article L. 1251-37 CT, une cour d'appel en a exactement déduit que le recours au travail temporaire avait eu pour objet ou pour effet de pourvoir durablement un emploi lié à l'activité normale et permanente de l'entreprise utilisatrice et a pu ordonner la requalification des contrats d'intérim en un contrat à durée indéterminée à compter du 23 avril 2003.

Cass. soc. 24 avril 2013, n° 12-11.793, BC V n° 119.

Selon les articles L. 1251-5 et L. 1251-6 CT, la possibilité donnée à l'entreprise utilisatrice de recourir à des contrats de missions successifs avec le même salarié intérimaire pour remplacer un ou des salariés absents ou pour faire face à un accroissement temporaire d'activité ne peut avoir pour objet ni pour effet de pourvoir durablement un emploi lié à son activité normale et permanente. Il en résulte que l'entreprise utilisatrice ne peut recourir de façon systématique aux missions d'intérim pour faire face à un besoin structurel de main-d'œuvre.

Après avoir relevé que durant près de quatre années consécutives, et quel que soit le motif du contrat de mission, un salarié d'une entreprise de travail temporaire avait occupé le même emploi de manutentionnaire ou d'agent de propreté, ce dont il résultait que l'emploi qu'il occupait était lié durablement à l'activité normale et permanente de l'entreprise utilisatrice, une cour d'appel a par ce seul motif légalement justifié sa décision de requalifier la relation de travail en un contrat de travail à durée indéterminée et de condamner solidairement l'entreprise utilisatrice avec l'entreprise de travail temporaire à payer diverses sommes au titre d'indemnités de requalification, de rupture et pour licenciement sans cause réelle et sérieuse.

Cass. soc. 13 juin 2012, n° 10-26.387, pourvoi incident, BC V n° 189. Voir aussi cass. soc. 4 décembre 2013, n° 11-28.314, 1er moyen du pourvoi principal, BC V n° 298.

Une cour d'appel a constaté qu'un salarié, engagé par l'entreprise utilisatrice sans discontinuer, par 27 contrats de mission temporaire, du 14 décembre 2000 au 8 juin 2001, pour des durées et des périodes de renouvellement identiques, alternativement pour effectuer le nettoyage de matériel, et pour remplir des fiches qualité, ce même travail de manutentionnaire s'effectuant toujours de nuit, de sorte qu'il avait accompli, dans le cadre de ces missions, les mêmes tâches liées à une activité de manutention normale et permanente de cette entreprise. En l'état de ces constatations, une cour d'appel a pu requalifier les contrats de travail temporaire en contrat à durée indéterminée.

Cass. soc. 13 décembre 2006, n° 05-44.580, 1er moyen, BC V n° 373.

C'est à bon droit qu'une cour d'appel a requalifié les contrats de mission de plusieurs salariés en contrat de travail à durée indéterminée et condamné en conséquence l'employeur à leur verser des indemnités de requalification, préavis, congés payés sur préavis, dommages et intérêts pour rupture abusive, après avoir constaté que durant les deux années au cours desquelles s'étaient exécutés les contrats d'intérim, l'employeur ne rapportait pas la preuve de l'existence des pics de production qu'il invoquait et qu'il n'existait aucune corrélation entre l'activité de l'entreprise et le volume d'emploi des intérimaires.

En effet, il résultait de ces constatations que ces contrats de travail temporaire avaient eu pour effet de pourvoir durablement des emplois liés à l'activité normale et permanente de l'entreprise.

Cass. soc. 15 mars 2006, n° 04-48.548, BC V n° 113.

Selon l'article L. 124-2, al. 1er CT, le contrat de travail temporaire ne peut avoir ni pour objet ni pour effet de pourvoir durablement un emploi lié à l'activité normale et permanente de l'entreprise utilisatrice ; selon le second alinéa de ce texte, un utilisateur ne peut faire appel à des salariés intérimaires que pour l'exécution d'une tâche précise et temporaire dénommée « mission », et seulement dans les cas énumérés à l'article L. 124-2-1, et notamment en cas d'accroissement temporaire d'activité. Il en résulte que, dans ce dernier cas, le recours à des salariés intérimaires ne peut être autorisé que pour les besoins d'une ou plusieurs tâches résultant du seul accroissement temporaire de l'activité de l'entreprise, notamment en cas de variations cycliques de production, sans qu'il soit nécessaire ni que cet accroissement présente un caractère exceptionnel ni que le salarié recruté soit affecté à la réalisation même de ces tâches.

Cass. soc. 23 février 2005, n° 02-40.336, BC V n° 70. Voir aussi cass. soc. 21 janvier 2004, n° 03-42.754, 1er moyen, BC V n° 27.

Contrat à durée déterminée (Cas de recours).

… ou lorsqu'il existe une identité d'emploi entre les différents postes successivement occupés par le salarié.

En retenant que le contrat avait été renouvelé plus d'une fois pendant une période excédant dix-huit mois, une cour d'appel a fait ressortir une identité d'emploi entre les postes successivement occupés par le salarié au titre du remplacement d'un salarié et au titre d'un surcroît temporaire d'activité de l'entreprise et a, dès lors, pu requalifier les différentes missions en contrat à durée indéterminée.

Cass. soc. 7 octobre 1998, n° 97-43.336, BC V n° 410.

Le délai de prescription de l'action en requalification ne débute qu'à compter du terme du dernier contrat à durée déterminée.

Selon l'article L. 1251-40 CT, lorsqu'une entreprise utilisatrice a recours à un salarié d'une entreprise de travail temporaire, en méconnaissance des dispositions des articles L. 1251-5 à L. 1251-7, L. 1251-10 à L. 1251-12, L. 1251-30 et L. 1251-35 CT, ce salarié peut faire valoir auprès de l'entreprise utilisatrice les droits correspondant à un contrat de travail à durée indéterminée prenant effet au premier jour de sa mission. Il en résulte que le délai de prescription prévu par l'article 2224 c. civ. dans sa rédaction issue de la loi du 17 juin 2008 ne court qu'à compter du terme du dernier contrat de mission.

C'est donc à bon droit qu'une cour d'appel a retenu que la demande d'un salarié, en date du 15 septembre 2008, tendant à la requalification de ses contrats de missions en un contrat à durée indéterminée prenant effet au 14 décembre 2001 n'était pas prescrite.

Cass. soc. 13 juin 2012, n° 10-26.387, précité. Voir aussi cass. soc. 31 mars 2016, n° 14-27.145.

Un contrat de mission pour remplacement ne mentionnant ni la qualification du salarié intérimaire ni celle du salarié remplacé a pu faire l'objet d'une requalification en contrat à durée indéterminée.

Il résulte de l'article L. 124-4 CT que le contrat écrit, qui doit être adressé au salarié intérimaire au plus tard dans les deux jours ouvrables suivant sa mise à disposition, doit notamment comporter la qualification du salarié, ainsi que, s'il s'agit d'un contrat de mission pour remplacement, le nom et la qualification du salarié remplacé.

Une salariée avait été engagée pour des missions en qualité de « juriste fiscaliste » dans le cadre de contrats de mise à disposition ; elle a été licenciée pour faute grave par la société de travail temporaire ; contestant le bien-fondé de ce licenciement, elle a saisi la juridiction prud'homale.

Une cour d'appel a exactement décidé qu'en portant sur les contrats de mission remis à la salariée intérimaire la seule mention de l'emploi « juriste fiscaliste », la société n'a pas satisfait aux exigences de ce texte qui imposait que soit précisée la qualification de cadre de l'intérimaire et de la salariée qu'elle remplaçait. La cour a pu prononcer la requalification des contrats d'intérim en contrat à durée indéterminée.

Cass. soc. 21 mars 2007, n° 06-40.370, BC V n° 55. Voir aussi cass. soc. 19 décembre 2018, n° 17-26.757.

En cas de litige sur le motif du recours au travail temporaire, il incombe à l'entreprise utilisatrice de rapporter la preuve de la réalité du motif énoncé dans le contrat.

Pour rejeter une demande en requalification d'un contrat de travail temporaire en contrat de travail à durée indéterminée, une cour d'appel a retenu que le salarié ne démontrait par aucun élément qu'il exerçait au sein de la société utilisatrice des tâches participant à son activité normale et permanente.

En statuant ainsi, la cour d'appel a inversé la charge de la preuve en violation des articles L. 124-2, L. 124-2-1 CT et 1315 c. civ.

Cass. soc. 28 novembre 2007, n° 06-44.843, 1er moyen, BC V n° 202. Voir aussi cass. soc. 10 octobre 2018, n° 16-26.535.

La rupture des relations contractuelles à l'expiration d'un contrat de mise à disposition à l'initiative de l'employeur s'analyse, si le contrat est requalifié en contrat à durée indéterminée, en un licenciement qui ouvre droit, le cas échéant, à des indemnités de rupture sans que le salarié puisse exiger, en l'absence de disposition prévoyant la nullité du licenciement et à défaut de violation d'une liberté fondamentale, sa réintégration dans l'entreprise.

Cass. soc. 30 octobre 2013, n° 12-21.205.

Le droit à l'emploi ne constitue pas une liberté fondamentale qui justifierait que le juge ordonne la poursuite du contrat de travail au-delà du terme de la mission de travail temporaire lorsque celle-ci a pris fin avant l'action en requalification en contrat à durée indéterminée.

Un salarié a été mis à disposition d'une société du 10 juillet 2012 au 31 décembre 2013, par une entreprise de travail temporaire, en qualité de technicien de proximité informatique, dans le cadre d'une succession de missions temporaires et de renouvellement conclus pour accroissement temporaire d'activité. Avant l'expiration de sa dernière mission, ce salarié a saisi la formation de référé de la juridiction prud'homale pour, notamment, faire valoir les droits correspondant à un contrat de travail à durée indéterminée et obtenir la poursuite de la relation contractuelle. Par ordonnance du 27 décembre 2013, la formation de référé de la juridiction prud'homale a dit n'y avoir lieu à référé sur les demandes relatives à la requalification en contrat à durée indéterminée, mais a ordonné la poursuite de la relation contractuelle jusqu'à ce qu'il soit statué au fond sur la demande de requalification en contrat à durée indéterminée ; le salarié a alors saisi la juridiction prud'homale de diverses demandes au titre de la requalification de la relation de travail en contrat à durée indéterminée et en paiement de diverses sommes. Par jugements des 15 mai et 7 juillet 2014, un conseil de prud'hommes a ordonné la requalification de la relation de travail en contrat à durée indéterminée, condamné l'employeur au paiement de diverses sommes et ordonné la poursuite du contrat de travail à durée. Par arrêt du 5 septembre 2014, une cour d'appel a infirmé l'ordonnance de référé du 27 décembre 2013 en ce qu'elle avait ordonné la poursuite du contrat de travail et, par arrêt du 11 mai 2016, la cour d'appel a notamment ordonné la requalification des contrats de mission en contrat à durée indéterminée et ordonné la poursuite de la relation de travail.

Pour ordonner la poursuite de la relation de travail, après avoir ordonné la requalification des contrats de mission en contrat à durée indéterminée, la cour d'appel a en effet retenu que le contrat de travail requalifié du salarié qui avait agi en justice avant le terme de son dernier contrat de mission à l'effet de faire respecter sa liberté fondamentale au maintien du salarié dans l'emploi suite à la violation des dispositions relatives aux conditions restrictives de recours au travail temporaire, n'avait pas été rompu et était toujours en cours depuis le 10 juillet 2012, peu important en la matière la circonstance que l'ordonnance de référé du 27 décembre 2013 ait été entre-temps infirmée par l'arrêt du 5 septembre 2014 survenu cependant postérieurement au jugement déféré et qu'aucune disposition du code du travail ne sanctionne expressément la requalification par la poursuite des relations contractuelles entre l'intérimaire et la société utilisatrice.

En statuant ainsi, alors qu'il résultait de ses constatations qu'à la suite de l'infirmation, par arrêt du 5 septembre 2014, de l'ordonnance de référé du 27 décembre 2013 ayant ordonné la poursuite du contrat de travail, la relation de travail avait pris fin au 31 décembre 2013, date du terme de la dernière mission, la cour d'appel a violé les articles L. 1251-40, L. 1251-41 et L. 1121-1 CT.

Cass. soc. 21 septembre 2017, n° 16-20.270, BC V n° 163.

Lorsque l'utilisateur continue à faire travailler un intérimaire après la fin de sa mission sans qu'un contrat de mise à disposition soit conclu dans les deux jours ouvrables suivant le début de la nouvelle mission, le salarié est réputé lié à l'utilisateur de façon irréfragable par un contrat de travail à durée indéterminée.

Il résulte de la combinaison des articles L. 124-3, al. 1er et L. 124-7, al. 1er CT que lorsque l'utilisateur continue à faire travailler un salarié temporaire après la fin de sa mission sans avoir conclu avec l'entrepreneur de travail temporaire un contrat écrit de mise à disposition dans les deux jours ouvrables suivant le début de cette nouvelle mission, le salarié est réputé lié à l'utilisateur par un contrat de travail à durée indéterminée. L'utilisateur ne peut écarter cette présomption légale en apportant la preuve de l'existence d'un contrat verbal ou de la signature tardive d'un contrat de mise à disposition.

Cass. soc. 14 octobre 1998, n° 96-42.738, BC V n° 423. Voir aussi cass. soc. 28 janvier 2005, n° 02-44.900.

D'une part, l'obligation de remise d'un contrat écrit de mission incombe, selon l'article L. 124-4 devenu L. 1251-16 CT, à l'entreprise de travail temporaire ; les dispositions de l'article L. 124-7, al. 1er, devenu L. 1251-39 de ce code, ne permettent pas au salarié intérimaire d'invoquer la violation par l'entreprise de travail temporaire des prescriptions de l'article L. 124-4 devenu L. 1251-16 de ce code, pour faire valoir auprès de l'entreprise utilisatrice les droits afférents à un contrat à durée indéterminée ; d'autre part, il résulte de l'article L. 124-7, al. 1er, devenu L. 1251-39 CT que le salarié n'est réputé lié, par un contrat à durée indéterminée à l'entreprise utilisatrice, que lorsque celle-ci continue à le faire travailler à la fin de sa mission sans contrat de mise à disposition.

Pour condamner une entreprise utilisatrice à payer à un salarié diverses sommes, notamment à titre d'indemnité de requalification, une cour d'appel a énoncé qu'en l'absence de signature par le salarié d'un nouveau contrat de travail temporaire, à l'expiration de sa précédente mission, le 21 août 2004, il était réputé lié, à compter de cette date, par un contrat de travail à durée indéterminée à la société utilisatrice, laquelle ne pouvait opposer au salarié l'existence du contrat de mise à disposition signé avec l'entreprise de travail temporaire, le 20 août 2004, pour échapper aux conséquences résultant de l'application des dispositions de l'article L. 124-7, al. 1er, la présomption édictée par cet article étant irréfragable.

En statuant ainsi, alors que l'inobservation de l'obligation de remise d'un contrat écrit de mission incombait à l'entreprise de travail temporaire et alors qu'elle avait constaté qu'un nouveau contrat de mise à disposition avait été conclu entre les deux sociétés, la cour d'appel a violé les articles L. 124-7, al. 1er et 2, devenu, L. 1251-39 et L. 1251-40, L. 124-3, al. 1er et 2, devenu, L. 1251-42 et L. 1251-43, et L. 124-4, al. 1er à 9, devenu, L. 1251-16 et L. 1251-17 CT.

Cass. soc. 17 septembre 2008, n° 07-40.704, pourvoi incident.

Le fait que l'employeur manifeste son intention de poursuivre la relation contractuelle ne suffit pas à transformer le contrat en contrat à durée indéterminée.

D'abord, selon l'article L. 124-4-8 CT, la suspension du contrat de travail temporaire ne fait pas obstacle à l'échéance de ce contrat. Ensuite, il résulte de l'article L. 124-7 CT que le salarié temporaire est réputé lié à l'utilisateur par un contrat à durée indéterminée lorsque ce dernier continue à le faire travailler après la fin de sa mission sans avoir conclu avec lui un contrat de travail ou sans nouveau contrat de mise à disposition.

C'est à tort que, pour dire qu'un contrat de travail temporaire, suspendu lors de l'échéance du terme en raison d'un accident du travail, devait être requalifié en un contrat de travail à durée indéterminée et condamner l'entreprise utilisatrice à payer au salarié diverses indemnités et dommages-intérêts pour licenciement irrégulier et abusif, une cour d'appel a énoncé que « le fait que l'employeur ait manifesté l'intention de poursuivre la relation contractuelle suffisait à transformer un contrat à durée déterminée en contrat à durée indéterminée » et que tel était le cas, le salarié intérimaire s'étant vu remettre une feuille de congés d'été, alors que, nonobstant la suspension consécutive à l'accident du travail, le contrat de mission de travail temporaire avait pris fin à l'échéance du terme, et que les conditions prévues par l'article L. 124-7 CT n'étaient pas remplies.

Cass. soc. 20 septembre 2006, n° 05-41.265, 1er moyen, BC V n° 284.

Il résulte de l'article L. 1251-40 ancien CT que lorsqu'un utilisateur a recours à un salarié d'une entreprise de travail temporaire en violation caractérisée des dispositions des articles L. 1251-5 à 7, 10 à 12 et 30 à 35 CT, ce salarié peut faire valoir auprès de l'utilisateur les droits afférents à un contrat à durée indéterminée prenant effet au premier jour de sa première mission irrégulière.

C'est à bon droit qu'une cour d'appel, qui a fait ressortir que les effets de la requalification qu'elle avait ordonnée remontaient au premier jour de la première mission irrégulière effectuée par un salarié auprès d'une entreprise utilisatrice, a décidé que la requalification du contrat devait intervenir à compter du point de départ de la première mission effectuée chez l'utilisateur.

Cass. soc. 21 janvier 2004, n° 03-42.754, 2e moyen, BC V n° 27.

Le salarié intérimaire, qui a obtenu la requalification de la relation de travail en contrat de travail à durée indéterminée, peut prétendre à une indemnité de préavis qui s'ajoute à l'indemnité de précarité.

Cass. soc. 30 mars 2005, n° 02-45.410, 1er moyen du pourvoi incident, BC V n° 116.

Lorsque le juge requalifie une succession de contrats de travail temporaire conclus avec le même salarié en contrat de travail à durée indéterminée, il ne doit accorder à l'intéressé qu'une seule indemnité de requalification et une indemnisation correspondant à la rupture d'un seul contrat à durée déterminée.

D'une part, lorsqu'il requalifie en contrat à durée indéterminée une succession de missions d'intérim, le juge doit accorder au salarié une seule indemnité de requalification dont le montant ne peut être inférieur à un mois de salaire. D'autre part, la requalification de plusieurs contrats de travail temporaire en une relation contractuelle à durée indéterminée n'entraîne le versement d'indemnités qu'au titre de la rupture du contrat à durée indéterminée.

C'est à tort qu'une cour d'appel, après avoir requalifié des contrats de travail temporaire successifs en contrat à durée indéterminée, a alloué au salarié plusieurs indemnités de requalification et autant d'indemnités au titre de la rupture qu'il y avait de contrats de travail temporaire requalifiés.

Cass. soc. 13 avril 2005, n° 03-44.996, BC V n° 140. Voir aussi cass. soc. 30 mars 2005, n° 02-45.410, pourvoi principal, BC V n° 116 ; cass. soc. 20 octobre 2015, n° 14-11.724, 2e moyen du pourvoi incident.

Peu importe à cet égard que les missions d'intérim aient été réparties sur plusieurs périodes espacées dans le temps.

Un salarié a été employé en qualité de travailleur intérimaire par une société selon une succession de contrats de mission d'avril 1995 au 31 juillet 1998, puis de mai 2000 à mars 2002 et enfin d'avril 2003 à juin 2007. Il a saisi la juridiction prud'homale d'une demande de requalification des trois blocs de contrats de mission en trois contrats à durée indéterminée ainsi que de l'indemnité de requalification, des indemnités de rupture et des dommages-intérêts pour licenciement sans cause réelle et sérieuse dus au titre de chacune des périodes requalifiées en contrat à durée indéterminée.

Doit être approuvé l'arrêt l'ayant débouté de ses demandes :

– d'une part, lorsqu'il requalifie en contrat à durée indéterminée une succession de missions d'intérim, le juge doit accorder au salarié une seule indemnité de requalification dont le montant ne peut être inférieur à un mois de salaire ;

– d'autre part, la requalification de plusieurs contrats de travail temporaire en une relation contractuelle à durée indéterminée n'entraîne le versement d'indemnités qu'au titre de la rupture du contrat à durée indéterminée.

C'est donc à bon droit qu'après avoir requalifié en un contrat à durée indéterminée la succession de missions d'intérim pour la période de 1995 à 1998, la cour d'appel a accordé au salarié une indemnité de requalification ainsi qu'une seule indemnisation au titre de la rupture abusive dudit contrat.

Cass. soc. 10 mai 2012, n° 10-23.514, BC V n° 147. Voir aussi cass. soc. 15 mars 2006, n° 04-48.548, BC V n° 113.

L'indemnité de requalification est due même si la relation de travail s'est poursuivie après la fin de la mission ou que les parties ont conclu un contrat à durée indéterminée.

Selon l'article L. 1251-40 CT, lorsqu'une entreprise utilisatrice a recours à un salarié d'une entreprise de travail temporaire en méconnaissance des dispositions des articles L. 1251-5 à L. 1251-7, L. 1251-10 à L. 1251-12, L. 1251-30 et L. 1251-

35 CT, ce salarié peut faire valoir auprès de l'entreprise utilisatrice les droits correspondant à un contrat de travail à durée indéterminée prenant effet au premier jour de sa mission ; selon l'article L. 1251-41 CT, lorsque le conseil de prud'hommes, saisi d'une demande de requalification d'un contrat de mission en contrat à durée indéterminée, fait droit à la demande du salarié, il doit lui accorder, à la charge de l'entreprise utilisatrice, une indemnité qui ne peut être inférieure à un mois de salaire ; la circonstance que la relation de travail ait été poursuivie après la fin de la mission ou que les parties aient conclu un contrat à durée indéterminée, ne prive pas le salarié de l'indemnité spéciale de requalification prévue par ce dernier texte.

Un salarié a été mis à disposition d'une société à compter du 1er juin 1999 dans le cadre de contrats de mission successifs motivés par un accroissement temporaire d'activité pour occuper divers postes ; il a ensuite été engagé par l'entreprise utilisatrice par contrat de travail à durée indéterminée du 26 août 2002 ; ayant été licencié le 26 novembre 2007, il a saisi la juridiction prud'homale pour obtenir paiement de diverses sommes.

Pour débouter le salarié de sa demande en paiement d'une indemnité de requalification, une cour d'appel a retenu que les relations contractuelles s'étaient poursuivies dans le cadre d'un contrat à durée indéterminée, aucune interruption de la rémunération n'ayant eu lieu entre la fin des contrats de mission et la poursuite des relations dans le cadre d'un contrat à durée indéterminée.

En statuant ainsi, alors qu'elle avait requalifié les contrats de mission en contrat à durée indéterminée, la cour d'appel a violé les articles L. 1251-40 et L. 1251-41 CT.

Cass. soc. 19 février 2014, n° 12-24.929, BC V n° 64.

Le travailleur temporaire engagé par plusieurs contrats de mission et dont le contrat de travail est requalifié en contrat à durée indéterminée le liant à l'entreprise utilisatrice ne peut prétendre à rappel de salaire au titre des périodes non travaillées entre plusieurs missions que s'il s'est tenu à la disposition de l'entreprise pendant ces périodes pour effectuer un travail.

Cass. soc. 26 septembre 2012, n° 11-11.641, 2e moyen. Voir aussi cass. soc. 12 janvier 2016, n° 14-18.923, 3e moyen.

Une salariée a été mise à la disposition d'une société par diverses entreprises de travail temporaire dans le cadre de trente-huit contrats de mission ; elle a saisi la juridiction prud'homale d'une demande de requalification de ces contrats et de diverses demandes dirigées à l'encontre de l'entreprise utilisatrice.

Pour accueillir la demande de la salariée tendant au paiement d'une somme à titre de rappel de salaire, une cour d'appel a retenu que la salariée était liée, du fait de la requalification, à la société utilisatrice par un contrat à durée indéterminée, qu'au cours de l'exécution de ce contrat, avaient alterné des périodes travaillées et payées et des périodes non travaillées et non payées, ces dernières correspondant aux intervalles de temps qui séparaient les prétendues missions d'intérim, que l'employeur avait l'obligation de fournir du travail à sa salariée pendant toute la durée du contrat à durée indéterminée et devait donc, nonobstant l'absence de prestation de travail dont il était responsable, verser le salaire convenu, peu important que la salariée n'ait pas justifié de sa situation durant les périodes d'inactivité.

En statuant ainsi, sans rechercher si, durant les périodes non travaillées, la salariée s'était tenue à disposition de l'entreprise utilisatrice en vue d'effectuer un travail, la cour d'appel a privé sa décision de base légale.

Cass. soc. 9 décembre 2009, n° 08-41.737, BC V n° 282.

Un salarié a été engagé par une entreprise de travail temporaire, en vue d'effectuer diverses missions au sein d'une société qui se sont déroulées dans le cadre de treize contrats sur cinq périodes séparées par des périodes d'inactivité ; estimant que l'entreprise utilisatrice avait méconnu les dispositions légales en matière de travail temporaire, l'intéressé a saisi la juridiction prud'homale notamment d'une demande de rappel de salaire pour les périodes intermédiaires sans travail.

Après avoir relevé qu'il n'était pas établi que le salarié avait travaillé pour d'autres employeurs durant les périodes intermédiaires, et qu'il ne connaissait ses dates de début de mission qu'au fur et à mesure qu'il les effectuait, de sorte qu'il avait dû se tenir à la disposition de l'entreprise utilisatrice, une cour d'appel, après avoir requalifié la relation de travail en contrat à durée indéterminée, a pu allouer au salarié des rappels de salaires pour les périodes intermédiaires.

Cass. soc. 10 novembre 2009, n° 08-40.088, 2e moyen, BC V n° 254.

Les dispositions de l'article L. 1251-40 ancien CT qui sanctionnent l'inobservation, par l'entreprise utilisatrice, des dispositions des articles L. 1251-5 à 7, 10 à 12 et 30 à 35 CT, n'excluent pas la possibilité, pour le salarié, d'agir contre l'entreprise de travail temporaire lorsque les conditions à défaut desquelles toute opération de prêt de main-d'œuvre est interdite n'ont pas été respectées.

Un salarié, qui avait été engagé par une société de travail temporaire et mis à la disposition d'une autre société dans le cadre de cinq contrats de mission successifs, avait saisi un conseil de prud'hommes de demandes dirigées contre l'entreprise de travail temporaire et tendant à obtenir la requalification de ces contrats de mission en un contrat à durée indéterminée, ainsi que le paiement de différentes sommes.

C'est à tort que, pour débouter le salarié de sa demande de requalification dirigée contre l'entreprise de travail temporaire, une cour d'appel a retenu que, selon l'article L. 124-7, al. 2 CT, lorsque l'utilisateur a recours à un salarié d'une entreprise de travail temporaire en violation des dispositions de l'article L. 124-2-1 CT, ce salarié peut faire valoir auprès de l'utilisateur les droits afférents à un contrat à durée indéterminée et en a déduit que la demande de requalification des contrats en contrat à durée indéterminée ne pouvait pas être présentée à l'encontre de la société de travail temporaire.

En effet, après avoir constaté qu'en violation des dispositions combinées des articles L. 124-3 et L. 124-4 CT, l'entreprise de travail temporaire n'avait pas mentionné la qualification des salariés remplacés dans les contrats de mission ni adressé ces contrats au salarié dans les deux jours ouvrables suivant sa mise à disposition, ce dont il résultait que l'employeur s'était placé en dehors du champ d'application du travail temporaire et que la relation contractuelle de travail avec le salarié relevait du droit commun.

Cass. soc. 19 juin 2002, n° 00-41.354, 1er moyen, BC V n° 208. Voir aussi cass. soc. 8 avril 2009, n° 07-41.850, 1er moyen du pourvoi incident.

Estimant que la mention figurant sur un contrat de mission relative au motif de recours du contrat de travail temporaire ne correspondait pas à la réalité de la mission confiée au salarié et que cette inexactitude n'avait pu être rendue possible que par l'entente illicite de l'entreprise de travail temporaire et de l'entreprise utilisatrice, une cour d'appel a pu en déduire que la société de travail temporaire était tenue d'assumer les conséquences de la rupture irrégulière du contrat de travail.

Cass. soc. 11 juillet 2007, n° 06-41.732, 2e moyen du pourvoi principal.

Il en est ainsi en cas d'absence de contrat de mission ou de motif de recours, ces manquements de l'entreprise de travail temporaire causant nécessairement au salarié intérimaire un préjudice qui doit être réparé…

Cass. soc. 4 décembre 2013, n° 11-28.314, 1er moyen du pourvoi incident, BC V n° 298.

… ou en cas de succession de contrats de mission avec le même salarié pour assurer le remplacement de salariés absents ou pour faire face à un accroissement temporaire d'activité lorsque l'entreprise de travail temporaire n'a pas respecté le délai de carence, en méconnaissance des obligations qui lui étaient propres.

D'une part, les dispositions de l'article L. 1251-40 CT, qui sanctionnent l'inobservation par l'entreprise utilisatrice des dispositions des articles L. 1251-5 à 7, L. 1251-10 à 12, L. 1251-30 et L. 1251-35 du même code, n'excluent pas la possibilité pour le salarié d'agir contre l'entreprise de travail temporaire lorsque les conditions, à défaut desquelles toute opération de prêt de main-d'œuvre est interdite, n'ont pas été respectées et, d'autre part, il résulte des articles L. 1251-36 et L. 1251-37 CT que l'entreprise de travail temporaire ne peut conclure avec un même salarié sur le même poste de travail des contrats de missions successifs, qu'à la condition que chaque contrat en cause soit conclu pour l'un des motifs limitativement énumérés par le second de ces textes, au nombre desquels ne figure pas l'accroissement temporaire d'activité.

Un salarié a été engagé par une entreprise de travail temporaire, dans le cadre de 22 contrats de mission successifs du 11 janvier au 13 novembre 2009, pour être mis à disposition d'une société en qualité de préparateur aux motifs d'accroissement temporaire d'activité ou de remplacement de salariés absents ; il a saisi la juridiction prud'homale pour obtenir la requalification de la relation de travail avec l'entreprise de travail temporaire en contrat à durée indéterminée et le paiement de diverses sommes à titre de dommages-intérêts pour licenciement sans cause réelle et sérieuse, de rappel de salaires et congés payés, de dommages-intérêts pour non-respect de la procédure de licenciement et à titre d'indemnité compensatrice de préavis.

Pour rejeter ces demandes, une cour d'appel a énoncé que l'action en requalification ne peut être dirigée qu'à l'encontre de l'entreprise utilisatrice et dans les cas limitativement énumérés par le code du travail, qu'aucune disposition ne prévoit la possibilité d'une requalification à l'encontre de l'entreprise de travail temporaire qui n'est possible que dans l'hypothèse du non-respect par celle-ci des conditions d'ordre public à défaut desquelles toute opération de prêt de main-d'œuvre est interdite, ce qui entraîne requalification du contrat avec la société de travail temporaire en contrat de droit commun à durée indéterminée, notamment en cas d'absence de contrat de mission écrit ou signé, qu'aucun texte ne sanctionne par la requalification la violation de l'interdiction de recourir à un nouveau contrat de mission pendant le délai de carence que ce soit par l'entreprise utilisatrice ou par l'entreprise de travail temporaire, que le salarié ne rapportait nullement la preuve d'une interdiction faite à l'entreprise de travail temporaire de mettre un salarié à la disposition de la même entreprise pour des motifs différents dès lors que ces motifs font partie de ceux légalement admis pour recourir à un contrat temporaire, que le changement de motif de recours à l'intérim n'entraînait pas requalification du contrat en contrat de travail à durée indéterminée dès lors qu'il était justifié par un changement des besoins de l'entreprise utilisatrice.

En statuant ainsi, alors que les contrats de mission s'étaient succédé du 11 janvier au 13 novembre 2009, sans respect du délai de carence, au profit du même salarié pour pourvoir, au sein de l'entreprise utilisatrice, le même poste afin d'assurer le remplacement de salariés absents ou pour faire face à un accroissement temporaire d'activité, ce dernier motif ne rentrant pas dans le champ d'application de l'article L. 1251-37 CT, ce dont il en résultait que l'entreprise de travail temporaire avait failli aux obligations qui lui étaient propres, la cour d'appel a violé les articles L. 1251-36 et L. 1251-37 CT.

Cass. soc. 12 juin 2014, n° 13-16.362, BC V n° 145.

L'absence d'action du salarié à l'encontre de l'entreprise de travail temporaire n'exclut pas l'engagement de sa responsabilité contractuelle à l'égard de l'entreprise utilisatrice en cas de non-respect des obligations relatives au délai de carence, qui lui sont propres.

Si l'entreprise utilisatrice ne peut invoquer, pour faire valoir auprès de l'entreprise de travail temporaire des droits afférents à la responsabilité contractuelle, la méconnaissance par cette dernière des obligations mises à sa charge à l'égard du salarié par les articles L. 1251-8, L. 1251-16 et L. 1251-17 CT, il appartient aux juges du fond d'apprécier souverainement si un manquement peut être imputé à l'entreprise de travail temporaire dans l'établissement des contrats de mise à disposition.

Une salariée d'une entreprise de travail temporaire ayant effectué au sein d'une même entreprise utilisatrice, entre le 1er octobre 2009 et le 11 janvier 2013, vingt contrats de mission de manutentionnaire fondés, pour la plupart, sur un motif lié à un accroissement temporaire de l'activité, a saisi la juridiction prud'homale d'une demande de requalification des contrats de mission en un contrat de travail à durée indéterminée ; l'entreprise utilisatrice a alors appelé en garantie l'entreprise de travail temporaire.

Ayant constaté que les missions confiées à la salariée pendant plus de trois ans sur un poste de manutentionnaire ne permettaient pas d'écarter l'application du délai de carence, une cour d'appel a exactement décidé que l'entreprise de travail temporaire n'ayant pas respecté les obligations de l'article L. 1251-36 CT relatives au respect du délai de carence, qui lui étaient propres, avait ainsi engagé sa responsabilité contractuelle dans ses rapports avec l'entreprise utilisatrice et a pu condamner l'entreprise de travail temporaire à garantir l'entreprise utilisatrice, dans la limite de 50 %, des condamnations prononcées contre elle à titre de dommages-intérêts pour licenciement sans cause réelle et sérieuse, d'indemnité légale de licenciement, d'indemnité compensatrice de préavis outre les congés payés afférents, de dommages-intérêts pour non-respect du droit individuel à la formation.

Cass. soc. 14 février 2018, n° 16-21.940, à paraître.

Lorsque l'entreprise de travail temporaire agit de concert avec l'entreprise utilisatrice pour contourner l'interdiction faite à cette dernière de recourir au travail temporaire pour pourvoir durablement un emploi lié à son activité normale et permanente, l'entreprise de travail temporaire doit supporter les conséquences de la requalification des contrats de mission en contrat de travail à durée indéterminée.

Après avoir relevé qu'une entreprise de travail temporaire avait agi de concert avec une entreprise utilisatrice pour contourner l'interdiction faite à cette dernière de recourir au travail temporaire pour pourvoir durablement un emploi lié à son activité normale et permanente, en ne proposant pas à l'intéressé, sur la période considérée, d'autres missions que celles qu'elle lui présentait au sein de l'entreprise utilisatrice, réservant ainsi ce salarié à l'usage exclusif et régulier de cette société, la cour a pu en déduire que l'entreprise de travail temporaire devait également supporter les conséquences de la requalification des contrats de mission en contrat à durée indéterminée.

Cass. soc. 24 avril 2013, n° 12-11.793, précité.

Deux actions exercées, l'une contre une entreprise de travail temporaire, l'autre contre l'entreprise utilisatrice, ayant des fondements différents, rien n'interdit qu'elles puissent être exercées concurremment.

Un salarié intérimaire, victime d'un accident du travail au cours d'une mission et s'étant vu signifier par l'entreprise de travail temporaire la fin anticipée de son contrat de travail, est recevable à agir, d'une part, à l'encontre de la société de travail temporaire, pour obtenir la condamnation de celle-ci au paiement de dommages-intérêts pour rupture anticipée du dernier contrat de mission et, d'autre part, à l'encontre de la société utilisatrice, pour obtenir la requalification des contrats de travail temporaire en un contrat de travail à durée indéterminée ainsi que le paiement, notamment, d'une indemnité de requalification et d'une indemnité pour licenciement sans cause réelle et sérieuse.

Cass. soc. 27 juin 2007, n° 06-41.345, 2e moyen, BC V n° 114.

Les deux actions en requalification d'un contrat de mission en contrat à durée indéterminée exercées, l'une contre l'entreprise de travail temporaire sur le fondement des articles L. 124-2, al. 1 et 2, devenu L. 1251-5 et 6 à L. 124-4, al. 1 à 9, devenu L. 1251-16 et 17 CT, l'autre contre l'entreprise utilisatrice sur le fondement de l'article L. 124-7, al. 2, devenu L. 1251-40 CT, ont des fondements différents, de sorte qu'elles peuvent être exercées concurremment.

Cass. soc. 20 mai 2009, n° 07-44.755, BC V n° 134. Voir aussi cass. soc. 13 juin 2012, n° 10-26.387, 1er moyen du pourvoi principal, BC V n° 189

Mais seule l'entreprise utilisatrice, et non l'entreprise de travail temporaire, peut être condamnée au paiement de l'indemnité de requalification.

Il résulte de l'article L. 124-7-1 CT qu'en cas de requalification d'une mission d'intérim en contrat à durée indéterminée, le juge doit accorder au salarié, à la charge de l'utilisateur, une indemnité qui ne peut être inférieure à un mois de salaire ; il en résulte que le salarié ne peut prétendre au paiement, par l'entreprise de travail temporaire, d'une indemnité de requalification. Un salarié a saisi la juridiction prud'homale de demandes, dirigées contre l'entreprise de travail temporaire et l'entreprise utilisatrice, tendant à obtenir la requalification de contrats de mission en contrat à durée indéterminée ainsi que différentes sommes. C'est à bon droit qu'une cour d'appel, qui a accueilli la demande en requalification du salarié, dirigée contre l'entreprise de travail temporaire, a rejeté celle en paiement de l'indemnité prévue à l'article L. 124-7-1 CT, dirigée contre cette même entreprise.

Cass. soc. 1er décembre 2005, n° 04-41.005, BC V n° 355. Voir aussi cass. soc. 13 octobre 2011, n° 09-72.823, pourvoi incident ; cass. soc. 12 janvier 2016, n° 14-18.061.

Par ailleurs, lorsque aucun manquement ne peut être reproché à l'entreprise de travail temporaire, celle-ci ne peut être condamnée solidairement avec l'entreprise utilisatrice.

Les dispositions de l'article L. 124-7 CT qui sanctionnent l'inobservation, par l'entreprise utilisatrice, des dispositions des articles L. 124-2 à L. 124-2-4 du même code, n'excluent pas la possibilité, pour le salarié, d'agir contre l'entreprise de travail temporaire lorsque les conditions, à défaut desquelles toute opération de prêt de main-d'œuvre est interdite, n'ont pas été respectées.

Une salariée, qui avait été engagée par une société de travail temporaire pour effectuer différentes missions d'intérim pour le compte d'une société au motif d'un accroissement temporaire d'activité ou de remplacement d'un salarié absent, a saisi la juridiction prud'homale aux fins d'obtenir la requalification des contrats de travail temporaire en un contrat de travail à durée indéterminée, ainsi que la condamnation solidaire des deux sociétés au paiement de sommes à titre d'indemnités de requalification et autant d'indemnités de licenciement sans cause réelle et sérieuse.

C'est à tort que, pour condamner in solidum la société de travail temporaire et la société utilisatrice au paiement de diverses sommes à titre d'indemnité de requalification et d'indemnité de licenciement sans cause réelle et sérieuse, une cour d'appel a retenu que la salariée avait été recrutée en vue de pourvoir un emploi lié à l'activité normale et permanente de l'entreprise, la société utilisatrice n'ayant pas en outre respecté le délai de tiers-temps entre les contrats de travail temporaire conclus, et qu'ainsi, la salariée était fondée à se prévaloir, tant à l'égard de l'entreprise de travail temporaire que de l'entreprise utilisatrice, de la requalification de la relation de travail en contrat de travail à durée indéterminée, alors qu'il ne résultait d'aucune de ses constatations que l'entreprise de travail temporaire avait manqué à l'une ou l'autre des obligations que l'article L. 124-4 CT met à sa charge.

Cass. soc. 13 avril 2005, n° 03-41.967, BC V n° 139.

L'entreprise utilisatrice ne peut invoquer, pour faire valoir auprès de l'entreprise de travail temporaire des droits afférents à la responsabilité contractuelle, la méconnaissance par cette dernière des obligations mises à sa charge à l'égard du salarié par les articles L. 1251-16 et 17 CT.

Cass. soc. 2 mars 2011, n° 10-10.123.

En cas de condamnation in solidum de l'entreprise utilisatrice et de l'entreprise de travail temporaire, les juges saisis par cette dernière d'un

recours en garantie doivent déterminer la contribution de chacune des coobligées dans la réparation du dommage.

Pour rejeter le recours en garantie formé par une entreprise de travail temporaire à l'encontre de la société utilisatrice, une cour d'appel a retenu qu'ayant régulièrement et sciemment affecté le salarié à l'usage exclusif de la société utilisatrice, l'entreprise de travail temporaire ne pouvait demander à être garantie de toute condamnation.

En statuant ainsi, alors que, ayant condamné in solidum les deux sociétés, elle devait, sur le recours en garantie dont elle était saisie, déterminer la contribution de chacune des coobligées dans la réparation du dommage, la cour a violé l'article 1213 c. civ. et les principes régissant l'obligation in solidum.

Cass. soc. 24 avril 2013, n° 12-11.793, précité.

Le travailleur temporaire ne peut se prévaloir, auprès de l'entreprise utilisatrice, de la violation des prescriptions légales relatives au contrat de mise à disposition conclu entre l'entreprise de travail temporaire et l'utilisateur pour faire valoir les droits afférents à un contrat à durée indéterminée.

Les dispositions de l'article L. 124-7, al. 2 CT ne permettent pas au salarié temporaire, qui n'est pas partie au contrat de mise à disposition conclu entre l'entreprise de travail temporaire et l'utilisateur, en application de l'article L. 124-3 CT, d'invoquer la violation des prescriptions de cet article (absence de mention de la qualification du salarié remplacé sur le contrat de mise à disposition) pour faire valoir les droits afférents à un contrat à durée indéterminée auprès de l'entreprise utilisatrice.

Cass. soc. 19 juin 2002, n° 00-41.354, 2e moyen, BC V n° 208.

L'inobservation des dispositions légales relatives au délai de carence entre deux missions ne permet pas au travailleur temporaire de faire valoir les droits afférents à un contrat à durée indéterminée auprès de l'utilisateur.

Les dispositions de l'article L. 124-7, al. 2 CT, qui sanctionnent l'inobservation par l'entreprise utilisatrice des dispositions des articles L. 124-2 à L. 124-2-4 du même code par la requalification du contrat de travail temporaire en contrat de travail à durée indéterminée, ne sont pas applicables à la méconnaissance de l'article L. 124-7, al. 3 relatif au délai de carence.

Cass. soc. 23 février 2005, n° 02-44.098, BC V n° 72. Voir aussi cass. soc. 17 novembre 2010, n° 09-40.694.

En revanche, le travailleur temporaire peut faire valoir les droits afférents à un contrat de travail à durée indéterminée auprès de l'entreprise de travail temporaire.

Cass. soc. 12 juin 2014, n° 13-16.362, précité.

L'indemnité de précarité, qui est destinée à compenser la précarité de la situation du salarié intérimaire, lui reste acquise, nonobstant la requalification du contrat de travail temporaire en contrat de travail à durée indéterminée.

Cass. soc. 13 avril 2005, n° 03-41.967, BC V n° 139.

Une salariée avait été, par l'intermédiaire d'une entreprise de travail temporaire, mise à la disposition d'une entreprise utilisatrice à diverses reprises. Par une décision devenue irrévocable, elle avait obtenu de faire valoir les droits afférents à un contrat de travail à durée indéterminée à l'égard de la société utilisatrice qui avait été condamnée à lui payer diverses indemnités de rupture. La société de travail temporaire avait saisi la juridiction prud'homale en demandant la condamnation de la salariée à lui restituer les indemnités de fin de mission qu'elle lui avait versées prétendument à tort, en invoquant la requalification de ses contrats en un contrat à durée indéterminée.

N'est pas sans cause l'enrichissement qui trouve son origine dans les contrats conclus entre l'enrichi et l'appauvri. En l'espèce, la salariée ayant choisi de faire valoir uniquement auprès de la société utilisatrice les droits afférents à un contrat à durée indéterminée, la société de travail temporaire, peu important qu'elle ait versé ou non à la société utilisatrice une somme représentant le montant des indemnités de précarité, ne pouvait obtenir la restitution de ces indemnités versées en application de contrats qui n'avaient fait l'objet à son égard d'aucune décision prononçant leur nullité ou leur requalification en un contrat à durée indéterminée.

Cass. soc. 19 janvier 1999, n° 96-45.583, BC V n° 36.

La demande de requalification en contrat à durée indéterminée n'est pas limitée aux seuls salariés dont la mission est en cours d'exécution.

Selon l'article L. 124-7-1 CT, lorsqu'un conseil de prud'hommes est saisi d'une demande de requalification d'une mission d'intérim en contrat à durée indéterminée, l'affaire est portée directement devant le bureau de jugement qui doit statuer au fond dans le délai d'un mois suivant sa saisine.

A violé ce texte par refus d'application et y a ajouté une condition la cour d'appel qui, pour rejeter les demandes d'un salarié qui réclamait la requalification, en vertu dudit article, de missions successives d'intérim en contrat à durée indéterminée et le paiement de l'indemnité afférente à la requalification, s'est bornée à énoncer que l'application de ce texte ne peut bénéficier qu'à un salarié dont la mission est en cours d'exécution.

Cass. soc. 7 octobre 1998, n° 97-43.336, précité.

Peu importe également que le salarié n'ait pas agi rapidement pour demander cette requalification.

Un salarié, engagé par des sociétés de travail temporaire pour effectuer différentes missions pendant la période du 2 septembre 1993 au 24 décembre 1993, avait saisi la juridiction prud'homale d'une demande en requalification de sa relation contractuelle en contrat à durée indéterminée.

Doit être cassé l'arrêt qui, pour débouter le salarié de sa demande, a notamment énoncé que les dispositions des articles L. 124-1 et s. CT avaient pour objet de favoriser la stabilité de l'emploi des travailleurs intérimaires par l'adaptation du régime des contrats précaires, que diverses mesures étaient destinées à pérenniser la situation des intérimaires dans l'entreprise utilisatrice et que les dispositions de l'article L. 124-7 CT ne sont destinées à recevoir application que lorsque la mission est toujours en cours, ce qui n'était pas le cas en l'espèce, alors qu'un salarié peut toujours se prévaloir de l'inobservation des dispositions légales édictant pour sa protection les cas et les conditions dans lesquelles un contrat de travail temporaire peut être conclu.

Cass. soc. 25 mars 1997, n° 95-42.788.

En cas de requalification du contrat de travail temporaire en contrat à durée indéterminée, si les conditions d'emploi du salarié sont incompatibles avec les exigences du statut de l'entreprise utilisatrice, l'intéressé peut prétendre à l'indemnisation.

Une salariée d'une entreprise temporaire, qui avait été mise par EDF à la disposition d'un centre nucléaire de production d'électricité, avait saisi la juridiction prud'homale pour voir établir l'existence d'un contrat de travail à durée indéterminée avec l'entreprise utilisatrice, en application de l'article L. 124-7, al. 2 CT. Après avoir exécuté le jugement lui ordonnant d'embaucher l'intéressée, EDF avait procédé au licenciement de cette dernière pour motif économique.

C'est à tort que, pour rejeter les demandes de la salariée tendant à voir déclarer nul son licenciement, ordonner sa réintégration et obtenir des dommages-intérêts, une cour d'appel a retenu que la décision reconnaissant que la salariée était liée à EDF par un contrat de travail à durée indéterminée, en application de l'article L. 124-7, al. 2 CT ne pouvait lui conférer le statut d'agent statutaire EDF, qu'il n'y avait pas lieu de prononcer la nullité du licenciement et que la demande de dommages-intérêts était mal fondée, alors que si la salariée ne pouvait prétendre à la qualité d'agent statutaire, faute d'avoir été recrutée conformément aux exigences du statut du personnel des industries électriques et gazières, elle pouvait se prévaloir de l'illégalité commise par EDF qui, l'ayant employée dans des conditions incompatibles avec les exigences de ce statut, avait dû procéder à son licenciement.

Cass. soc. 23 mars 1999, n° 96-41.409, BC V n° 135.

L'inobservation du délai prévu par l'article L 1251-41 CT prescrivant au juge du fond, saisi d'une demande de requalification d'une mission d'intérim en contrat à durée indéterminée, de statuer dans le mois de sa saisine, n'est pas une fin de non-recevoir et n'entraîne pas la nullité du jugement.

Cass. soc. 8 décembre 2004, n° 02-40.513, BC V n° 323.

L'indemnité de requalification prévue par l'article L. 1251-41 CT doit être calculée, non seulement sur le salaire de base, mais également sur les accessoires du salaire.

C'est donc à bon droit qu'une cour d'appel a retenu un montant calculé en considération des indemnités d'outillage et de déplacement perçues par un salarié à titre d'accessoire de son salaire.

Cass. soc. 3 mai 2016, n° 14-29.739, BC V n° 88.

Contrat à durée déterminée (Cas de recours) ; Contrat de mise à disposition ; Travail temporaire (Entreprise de).

Contrat de sécurisation professionnelle

Dans les entreprises non soumises à l'obligation de proposer un congé de reclassement, l'employeur propose à chaque salarié dont il envisage de prononcer le licenciement pour motif économique un contrat de sécurisation professionnelle.

Il a pour objet l'organisation d'un parcours de retour à l'emploi comprenant des mesures d'évaluation des compétences et d'orientation professionnelle, ainsi que des périodes de formation et de travail (art. L. 1233-65 et s. CT).

Contrat de sécurisation professionnelle

Le contrat de sécurisation professionnelle a remplacé et fusionné la convention de reclassement personnalisé et le contrat de transition professionnelle. Les arrêts rendus dans le cadre des dispositifs antérieurs restent valables non seulement pour les litiges relatifs à ces dispositifs, mais encore parce qu'ils sont généralement transposables au cadre juridique du contrat de sécurisation professionnelle.

Proposition par l'employeur

Lorsque l'employeur est tenu de proposer au salarié dont il envisage le licenciement pour motif économique le bénéfice d'une convention de reclassement personnalisé, il lui appartient d'établir qu'il s'est acquitté de son obligation.

Cass. soc. 1er décembre 2010, n° 09-41.950.

La non-remise du formulaire relatif au contrat de sécurisation professionnelle par l'employeur crée, pour le salarié, un préjudice qui doit être réparé selon un montant apprécié souverainement par les juges du fond.

Cass. soc. 7 mars 2017, n° 15-23.038, 2e moyen, BC V n° 41.

Adhésion

L'adhésion d'un salarié à une convention de reclassement personnalisé entraîne la renonciation de sa part à la proposition de reclassement qui lui a été faite.

D'une part, si l'adhésion du salarié à une convention de reclassement personnalisé, qui entraîne la rupture de son contrat de travail, ne le prive pas du droit de contester le respect par l'employeur de son obligation de reclassement, elle entraîne toutefois nécessairement renonciation de sa part à la proposition de reclassement qui lui a été faite ; d'autre part, les possibilités de reclassement doivent être recherchées jusqu'à la date du licenciement.

Après avoir constaté que des salariés avaient accepté une convention de reclassement personnalisé qui leur avait été proposée, une cour d'appel en a justement déduit que l'employeur n'avait pas manqué à son obligation de reclassement en pourvoyant après cette date le poste qu'il leur avait offert en reclassement sans attendre l'expiration du délai de réflexion consenti.

Cass. soc. 28 septembre 2011, n° 10-23.703, BC V n° 198. Voir aussi cass. soc. 16 janvier 2019, n° 17-27.446.

La rupture du contrat de travail résultant de l'acceptation par le salarié d'une convention de reclassement personnalisé doit avoir une cause économique réelle et sérieuse ; l'appréciation de cette cause ne peut résulter que des motifs énoncés par l'employeur.

Ayant constaté que l'employeur n'avait adressé à la salariée ayant conclu une convention de reclassement personnalisé aucun document écrit énonçant le motif économique de la rupture, une cour d'appel a exactement décidé que le licenciement était dépourvu de cause réelle et sérieuse.

Cass. soc. 27 mai 2009, n° 08-43.137, BC V n° 139.

Lorsque la rupture du contrat de travail résulte de l'acceptation par le salarié d'un contrat de sécurisation professionnelle, l'employeur doit en énoncer le motif économique.

Lorsque la rupture du contrat de travail résulte de l'acceptation par le salarié d'un contrat de sécurisation professionnelle, l'employeur doit en énoncer le motif économique soit dans le document écrit d'information sur le contrat de sécurisation professionnelle remis obligatoirement au salarié concerné par le projet de licenciement, soit dans la lettre qu'il est tenu d'adresser au salarié, en application de l'article 5 de la convention Unédic relative au contrat de sécurisation professionnelle du 19 juillet 2011, lorsque le délai dont dispose le salarié pour faire connaître sa réponse à la proposition de contrat de sécurisation professionnelle expire après le délai d'envoi de la lettre de licenciement imposé par les articles L. 1233-15 et L. 1233-39 CT ; lorsqu'un salarié adhère au contrat de sécurisation professionnelle, la rupture du contrat de travail intervient à l'expiration du délai dont il dispose pour prendre parti.

Une salariée a été convoquée le 16 novembre 2011 à un entretien préalable à un licenciement pour motif économique, le 25 novembre 2011, au cours duquel il lui a été proposé un contrat de sécurisation professionnelle ; par lettre du 5 décembre 2011, l'employeur lui a notifié les motifs économiques de la rupture en lui précisant qu'en cas de refus du contrat de sécurisation professionnelle, cette lettre constituerait la notification de son licenciement ; après avoir accepté, le 16 décembre 2011, le contrat de sécurisation professionnelle, la salariée a saisi la juridiction prud'homale notamment d'une demande d'indemnités pour licenciement sans cause réelle et sérieuse.

Pour condamner l'employeur au paiement d'une indemnité pour licenciement sans cause réelle et sérieuse, la cour d'appel a retenu que, par lettre du 1er décembre 2011, l'employeur avait adressé à la salariée des offres de reclassement en lui laissant jusqu'au 15 décembre pour répondre et que c'était sans attendre cette réponse ou l'expiration du délai, qu'il avait notifié le licenciement, le 5 décembre, de sorte qu'il ne pouvait sérieusement soutenir qu'en adhérant au contrat de sécurisation professionnelle la salariée avait refusé les offres de reclassement dès lors que l'adhésion était intervenue après le délai de réponse, en raison de la notification du licenciement trois jours après la réception des propositions de reclassement, qu'en procédant de manière prématurée à la notification de la lettre de licenciement, la société n'avait pas respecté son obligation de reclassement.

En statuant ainsi, alors que la lettre du 5 décembre 2011, qui n'avait d'autre but que de notifier à la salariée le motif économique du licenciement envisagé et de lui préciser qu'en cas de refus du contrat de sécurisation professionnelle, cette lettre constituerait la notification de son licenciement, n'avait pas eu pour effet de rompre le contrat de travail ni de mettre un terme au délai laissé à l'intéressée pour se prononcer sur les offres de reclassement, la cour d'appel a violé l'article 5 de la convention Unédic relative au contrat de sécurisation professionnelle du 19 juillet 2011 agréée par arrêté du 6 octobre 2011 et les articles L. 1233-65, L. 1233-66 et L. 1233-67 CT.

Cass. soc. 17 mars 2015, n° 13-26.941, 2e moyen, BC V n° 51. Voir aussi cass. soc. 7 février 2018, n° 16-27.850.

Peu importe la nature du document sur lequel figure l'énonciation du motif économique, pourvu que le salarié en ait été informé avant d'accepter le contrat de sécurisation professionnelle.

Convoqué par lettre du 3 janvier 2012 à un entretien préalable à un éventuel licenciement, un salarié a accepté le 1er février suivant d'adhérer au contrat de sécurisation professionnelle ; son employeur lui ayant notifié le 2 février 2012 la rupture de son contrat de travail, il a saisi la juridiction prud'homale pour contester la réalité du motif économique invoqué et obtenir paiement de sommes au titre de la rupture ; par jugement du 4 novembre 2014, une procédure de liquidation judiciaire a été ouverte à l'égard de la société et un mandataire liquidateur a été désigné.

Pour reprocher à une cour d'appel d'avoir déclaré son licenciement justifié, le salarié soutient notamment que lorsque la rupture du contrat de travail résulte de l'acceptation par le salarié d'un contrat de sécurisation professionnelle, l'employeur doit en énoncer le motif économique soit dans le document écrit d'information sur le contrat de sécurisation professionnelle remis obligatoirement au salarié concerné par le projet de licenciement, soit dans la lettre qu'il est tenu d'adresser au salarié lorsque le délai dont ce dernier dispose pour faire connaître sa réponse à la proposition de contrat de sécurisation professionnelle expire après le délai d'envoi de la lettre de licenciement imposé par les articles L. 1233-15 et L. 1233-39 CT et qu'en l'espèce, l'employeur n'avait, ni lors de la remise du dossier de CSP lors de l'entretien préalable le 12 janvier 2012, ni au moment de l'acceptation de ce contrat le 2 février 2012, remis au salarié de document écrit énonçant le motif économique de la rupture.

Cependant, la cour d'appel, qui a constaté que la société avait remis le 17 novembre 2011 au salarié, dans le cadre des possibilités de reclassement devant être recherchées à compter du moment où le licenciement est envisagé, une lettre lui proposant un poste à ce titre et énonçant que la suppression de son poste était fondée sur une réorganisation de la société liée à des motifs économiques tenant à la fermeture de deux établissements, a exactement décidé que l'employeur avait satisfait à son obligation légale d'informer le salarié, avant son acceptation du contrat de sécurisation professionnelle, du motif économique de la rupture.

Cass. soc. 16 novembre 2016, n° 15-12.293, BC V n° 219.

Après avoir adressé à l'employeur, par lettre recommandée du 23 janvier 2014, le bulletin d'adhésion au contrat de sécurisation professionnelle et avoir reçu le 25 janvier 2014 une lettre de l'employeur envoyée le 23 janvier 2014 relative au motif économique du licenciement, un salarié a saisi la juridiction prud'homale pour contester la rupture de son contrat de travail et obtenir paiement de diverses sommes.

Pour juger le licenciement du salarié dénué de cause réelle et sérieuse et condamner la société à lui payer diverses sommes au titre de la rupture ainsi qu'à rembourser aux organismes concernés les indemnités de chômage éventuellement perçues dans la limite de six mois d'indemnités, une cour d'appel a retenu que la société ne pouvait utilement soutenir que le procès-verbal de la réunion du 25 novembre 2013 d'information des délégués du personnel sur l'engagement d'une procédure de licenciement économique adressé le lendemain par courrier électronique à l'ensemble des salariés, dont le requérant, constituait un document énonçant le motif économique du licenciement du salarié intéressé et ses incidences sur son emploi ou son contrat de travail tel qu'exigé par l'article L. 1233-16 CT.

En statuant ainsi, alors que le courrier électronique adressé au salarié, comportant le compte-rendu de la réunion avec le délégué du personnel relative au licenciement pour motif économique envisagé, énonçait les difficultés économiques invoquées ainsi que les postes supprimés, dont celui de l'intéressé, ce dont il résultait que l'employeur avait satisfait à son obligation d'informer le salarié, avant son acceptation du contrat de sécurisation professionnelle, du motif économique de la rupture, la cour d'appel a violé les articles L. 1233-3, L. 1233-16 et L. 1233-67 CT, dans leur rédaction alors applicable.

Cass. soc. 13 juin 2018, n° 16-17.865, à paraître.

Sauf fraude, le seul refus du salarié auquel il est proposé d'accepter un contrat de sécurisation professionnelle de se faire remettre en mains propres le document de notification du motif économique de la rupture du contrat de travail ne permet pas de considérer que l'employeur a satisfait à son obligation de notifier ces motifs avant toute acceptation par le salarié du contrat de sécurisation professionnelle.

Cass. soc. 31 mai 2017, n° 16-11.096, 1er moyen.

La lettre notifiant au salarié le motif économique du licenciement envisagé et lui précisant qu'en cas de refus du contrat de sécurisation professionnelle, cette lettre constituerait la notification de son licenciement, n'a pas pour effet de rompre le contrat de travail ni de mettre un terme au délai laissé au salarié pour se prononcer sur les offres de reclassement.

Cass. soc. 17 mars 2015, n° 13-26.941, 2e moyen, précité.

Le salarié ayant adhéré à une convention de reclassement personnalisé bénéficie de la priorité de réembauche,…

Cass. soc. 30 novembre 2011, n° 09-43.183, 2e moyen du pourvoi incident, BC V n° 282.

… laquelle doit être mentionnée dans le document écrit énonçant le motif économique de la rupture du contrat de travail.

Lorsque la rupture du contrat de travail résulte de l'acceptation par le salarié d'une convention de reclassement personnalisé, la priorité de réembauche dont il bénéficie doit être mentionnée dans le document écrit énonçant le motif économique de la rupture du contrat de travail, et donc être portée à sa connaissance au plus tard au moment de son acceptation.

Après avoir constaté que ce document n'avait été adressé à un salarié que postérieurement à son acceptation, une cour d'appel a pu condamner l'employeur au paiement de dommages-intérêts pour non-respect de la mention de priorité de réembauche.

Cass. soc. 30 novembre 2011, n° 10-21.678, 2e moyen, BC V n° 276.

Lorsque l'employeur n'a adressé au salarié le document énonçant le motif économique et la mention du bénéfice de la priorité de réembauche qu'après l'acceptation du contrat de sécurisation professionnelle par le salarié, ce dernier, dont le licenciement est dépourvu de cause réelle et sérieuse, ne peut pas prétendre au minimum d'indemnisation prévu par l'article L. 1235-13 CT en cas de non-respect de la priorité de réembauche.

Lorsque la rupture du contrat de travail résulte de l'acceptation par le salarié d'un contrat de sécurisation professionnelle, l'employeur doit en énoncer le motif économique ainsi que la mention du bénéfice de la priorité de réembauche soit dans le document écrit d'information sur ce dispositif remis obligatoirement au salarié concerné par le projet de licenciement, soit dans la lettre qu'il est tenu d'adresser au salarié lorsque le délai de réponse expire après le délai d'envoi de la lettre de licenciement imposé par les articles L. 1233-15 et L. 1233-39 CT, soit encore, lorsqu'il n'est pas possible à l'employeur d'envoyer cette lettre avant l'acceptation par le salarié du contrat de sécurisation professionnelle, dans tout autre document écrit, porté à sa connaissance au plus tard au moment de son acceptation.

Une cour d'appel, ayant constaté que ce document n'avait été adressé à un salarié que postérieurement à son acceptation du contrat de sécurisation professionnelle, a exactement décidé que le licenciement était dépourvu de cause réelle et sérieuse.

C'est en revanche à tort que la cour a sanctionné le non-respect de la mention de priorité de réembauche par la condamnation de l'employeur au paiement de dommages-intérêts à hauteur de deux mois de salaire en application de l'article L. 1235-13 CT [dans sa rédaction applicable au litige], le minimum d'indemnisation prévu par cet article ne s'appliquant qu'en cas de violation de la priorité de réembauche.

Cass. soc. 22 septembre 2015, n° 14-16.218, BC V n° 171.

En cas d'acceptation par le salarié d'une convention de reclassement personnalisé, la rupture du contrat de travail ne comporte pas de préavis et l'indemnité de licenciement doit être calculée en tenant compte de l'ancienneté acquise par le salarié à la date de la rupture.

Cass. soc. 2 décembre 2009, n° 08-44.656, 2e moyen.

L'adhésion à un contrat de sécurisation professionnelle constituant une modalité du licenciement pour motif économique, son acceptation ne prive pas le salarié de son droit à bénéficier de la garantie de salaire prévue par le contrat de travail en cas de licenciement, en sus du paiement de l'indemnité légale ou conventionnelle de licenciement.

Cass. soc. 31 mai 2017, n° 16-11.096, 2e moyen.

Si l'adhésion d'un salarié à une convention de reclassement personnalisé entraîne une rupture qui est réputée intervenir d'un commun accord, elle ne le prive pas de la possibilité d'en contester le motif économique.

Cass. soc. 5 mars 2008, n° 07-41.964, BC V n° 47. Voir aussi cass. soc. 12 mars 2014, n° 12-22.901, 1er moyen, BC V n° 73, s'agissant d'une adhésion à un contrat de transition professionnelle.

Le salarié ayant adhéré à une convention de reclassement personnalisé est recevable à contester l'ordre des licenciements.

Cass. avis 7 avril 2008, n° 08-00.003, BC n° 2. Voir aussi cass. soc. 27 mai 2009, n° 08-42.750.

L'inobservation des règles de la procédure de licenciement préalable à l'acceptation d'une convention de reclassement personnalisé par le salarié entraîne nécessairement pour celui-ci un préjudice, dont il appartient à la juridiction d'apprécier l'étendue.

C'est donc à tort que, pour débouter un salarié de sa demande de dommages-intérêts pour non-respect de la procédure de licenciement, une cour d'appel a énoncé que si la circonstance que le licenciement prononcé au visa de l'ordonnance du juge commissaire a été notifié par le débiteur - au lieu de l'administrateur - ouvre droit en principe à indemnisation pour inobservation de la procédure, tel n'était pas le cas en l'espèce en raison de l'adhésion du salarié à une convention de reclassement personnalisé qui entraînait une rupture réputée intervenir d'un commun accord, l'envoi d'une lettre de licenciement n'étant alors pas requis.

Cass. soc. 17 décembre 2013, n° 12-23.726, BC V n° 305.

Ainsi, le salarié est en droit d'obtenir l'indemnisation du préjudice que lui a causé l'irrégularité de la lettre de convocation à l'entretien préalable.

Une salariée a été convoquée le 16 novembre 2011 à un entretien préalable à un licenciement pour motif économique, le 25 novembre 2011, au cours duquel il lui a été proposé un contrat de sécurisation professionnelle ; par lettre du 5 décembre 2011, l'employeur lui a notifié les motifs économiques de la rupture en lui précisant qu'en cas de refus du contrat de sécurisation professionnelle, cette lettre constituerait la notification de son licenciement ; après avoir accepté, le 16 décembre 2011, le contrat de sécurisation professionnelle, la salariée a saisi la juridiction prud'homale notamment d'une demande d'indemnités pour licenciement irrégulier.

Doit être rejeté le pourvoi formé par l'employeur qui, pour reprocher à une cour d'appel de l'avoir condamné à payer une somme à titre d'indemnité pour non-respect de l'article L. 1235-15 CT, soutient que l'adhésion du salarié à un contrat de sécurisation professionnelle le priverait de la possibilité de contester la régularité de la procédure de licenciement.

En effet, l'adhésion à un contrat de sécurisation professionnelle constitue une modalité du licenciement pour motif économique et ne prive pas le salarié du droit d'obtenir l'indemnisation du préjudice que lui a causé l'irrégularité de la lettre de convocation à l'entretien préalable ; la cour d'appel, qui a constaté que l'employeur n'avait pas mis en place les délégués du personnel alors qu'il était assujetti à cette obligation et sans qu'aucun procès-verbal de carence n'ait été établi, en a exactement déduit que le préjudice résultant de cette irrégularité subi par l'intéressée devait être réparé.

Cass. soc. 17 mars 2015, n° 13-26.941, 1er moyen, BC V n° 51.

En l'absence de motif économique de licenciement, le contrat de sécurisation professionnelle n'a pas de cause et l'employeur est alors tenu à l'obligation du préavis et des congés payés afférents, sauf à tenir compte des sommes déjà versées.

Dès lors, a violé les articles L. 1233-67, L. 1233-69 et L. 5312-1 CT la cour d'appel qui, pour débouter une salariée ayant adhéré à un contrat de sécurisation professionnelle et dont le licenciement avait été déclaré dépourvu de cause réelle et sérieuse de sa demande en paiement d'une indemnité compensatrice de préavis et congés payés afférents, a retenu que l'employeur avait réglé les trois mois de préavis au titre de sa participation au financement de l'allocation de sécurisation professionnelle, alors que seules les sommes versées par l'employeur à la salariée pouvaient être déduites de la créance au titre de l'indemnité de préavis.

Cass. soc. 10 mai 2016, n° 14-27.953, BC V n° 89.

En l'absence de motif économique, le contrat de sécurisation professionnelle devenant sans cause, l'employeur est tenu de rembourser les indemnités de chômage éventuellement versées au salarié, sous déduction de la contribution prévue à l'article L. 1233-69 CT.

Cass. soc. 12 juin 2012, n° 10-14.632, 2e moyen, BC V n° 176. Voir aussi cass. soc. 14 septembre 2017, n° 16-11.563, 3e moyen du pourvoi principal, BC V n° 138.

L'adhésion à la convention de reclassement personnalisé d'un salarié inéligible à ce dispositif ne rend pas en elle-même la rupture du contrat de travail sans cause réelle et sérieuse.

Dans le cadre d'un plan de sauvegarde de l'emploi, un employeur a adressé à un salarié une convention de reclassement personnalisé que l'intéressé a acceptée le 5 janvier 2009 ; le 27 janvier 2009, Pôle emploi a informé le salarié de son inéligibilité à la convention de reclassement personnalisé, étant en arrêt maladie depuis plus de 15 jours ; le 11 février 2009, le salarié a saisi la juridiction prud'homale pour contester la rupture de son contrat de travail.

Pour dire que la rupture du contrat de travail du salarié par la société produisait les effets d'un licenciement sans cause réelle et sérieuse, une cour d'appel a retenu qu'en raison de l'inéligibilité du salarié à la convention de reclassement personnalisé, le consentement de celui-ci à ce dispositif avait été vicié, que cette adhésion était en conséquence nulle, tout comme était nulle la rupture du contrat de travail établie sur cette fausse base.

En statuant ainsi, la cour d'appel a violé les articles L. 1233-3, L. 1233-65 et L. 1233-67 CT dans leur rédaction alors applicable.

En effet, l'adhésion à une convention de reclassement personnalisé constitue une modalité du licenciement pour motif économique ; il en résulte que l'adhésion à la convention de reclassement personnalisé d'un salarié inéligible à ce dispositif ne rend pas en elle-même la rupture du contrat de travail sans cause réelle et sérieuse.

Cass. soc. 8 octobre 2014, n° 13-13.995, BC V n° 229.

Cas des salariés protégés

Lorsque le salarié bénéficie d'une protection, l'employeur doit obtenir l'autorisation administrative avant de notifier à l'intéressé la rupture de son contrat de travail.

En cas de licenciement pour motif économique, l'employeur est tenu, lors de l'entretien préalable au licenciement, de proposer au salarié qu'il envisage de licencier une convention de reclassement personnalisé ; si le salarié accepte cette convention, la rupture du contrat de travail est réputée intervenir d'un commun accord, à la date d'expiration du délai dont dispose le salarié pour prendre parti ; lorsque le salarié bénéficie d'une protection, la rupture du contrat de travail prend effet après que l'inspecteur du travail a autorisé le licenciement.

Dans le cadre d'un projet de restructuration liée à des difficultés économiques, une société a mis en œuvre un licenciement collectif de moins de dix salariés, parmi lesquels un délégué du personnel ; lors de l'entretien préalable à ce licenciement qui s'est tenu le 19 décembre 2005, l'employeur a remis à ce salarié une convention de reclassement personnalisé (CRP) et lui a proposé un poste [de reclassement] ; l'intéressé a refusé cette proposition le 27 décembre suivant et a adhéré à la CRP le 29 décembre ; le 6 janvier 2006, l'employeur a sollicité de l'inspecteur du travail l'autorisation de le licencier qui lui a été donnée le 12 janvier 2006 ; le 17 janvier, la société a notifié au salarié la rupture du contrat de travail d'un commun accord ; le 18 février 2009, celui-ci a saisi la juridiction prud'homale en nullité de son licenciement et paiement de diverses sommes à titre de dommages-intérêts, de rappel d'indemnité compensatrice de préavis et d'indemnité de licenciement.

Après avoir constaté que l'employeur avait obtenu l'autorisation de procéder au licenciement du salarié protégé avant de lui notifier la rupture du contrat de travail d'un commun accord en raison de son acceptation d'une convention de reclassement personnalisé et retenu que le contrat de travail avait pris fin le lendemain de cette notification, une cour d'appel a légalement justifié sa décision de débouter le salarié de ses demandes.

Cass. soc. 4 décembre 2012, n° 11-11.299, BC V n° 314.

Contrat de travail (Critères)

Le contrat de travail est la convention par laquelle une personne, le salarié, s'engage à mettre son activité à la disposition d'une autre, l'employeur, sous la subordination juridique de laquelle elle se place, moyennant rémunération.

Preuve de l'existence d'un contrat de travail

Les personnes physiques immatriculées à un répertoire ou à un registre professionnel sont soumises à une présomption de non-salariat (art.

L. 8221-6 CT). Par ailleurs, certaines catégories de travailleurs bénéficient d'une présomption légale de salariat. Tel est le cas notamment des VRP, des artistes ou encore des journalistes.

Celui qui invoque l'existence ou l'absence de contrat de travail doit en établir la preuve.

À la suite d'un accord entre une société A et une société B, un salarié de la première société était devenu également salarié de la société B selon un contrat de travail à durée indéterminée et à temps partiel. Les deux sociétés ayant cessé toute collaboration, le poste de l'intéressé au sein de la société B avait été supprimé. Le salarié avait saisi la juridiction prud'homale en paiement d'indemnités de rupture et de dommages-intérêts pour licenciement sans cause réelle et sérieuse et non-respect de la procédure.

Doit être cassé l'arrêt ayant débouté le salarié de ses demandes « faute de pouvoir justifier d'un contrat de travail », alors qu'en présence d'un contrat de travail écrit, c'est à l'employeur qui invoque le caractère fictif de ce contrat d'en rapporter la preuve. En refusant toute portée au contrat de travail écrit à durée indéterminée signé par l'intéressé et la société B, contrat qui n'était pas exclusif de la poursuite de relations de travail avec la société A, la cour d'appel, qui s'est bornée à faire état de conventions passées entre les deux sociétés et auxquelles le salarié n'était pas personnellement partie, sans constater que les conditions dans lesquelles l'intéressé exerçait ses fonctions au sein de la société B excluaient l'existence du lien de subordination qu'implique tout contrat de travail, n'a pas légalement justifié sa décision.

Cass. soc. 18 juin 1996, n° 92-44.296, BC V n° 245. Voir aussi cass. soc. 10 avril 2013, n° 12-12.994 ; cass. soc. 12 janvier 2016, n° 14-27.071.

La mention du nom d'une personne sur la liste des effectifs ne constitue pas la preuve de sa qualité de salarié.

C'est à bon droit qu'une cour d'appel a confirmé la décision d'incompétence d'un conseil de prud'hommes au profit du tribunal de commerce pour connaître d'un litige opposant un directeur général à la société au sein de laquelle il exerçait ses fonctions, au motif que l'intéressé ne rapportait pas la preuve de sa qualité de salarié, la mention de son nom sur la liste des effectifs n'étant pas de nature à constituer une telle preuve.

Cass. soc. 7 janvier 1997, n° 94-41.119.

En présence d'un contrat de travail apparent, celui qui conteste l'existence d'un lien de subordination doit supporter la charge de la preuve.

C'est à tort qu'un conseil de prud'hommes a débouté une salariée de sa demande de rappel de salaires aux motifs, d'une part, que l'attestation de l'employeur reconnaissant l'intéressée comme étant son employée ne pouvait pas être assimilée à un contrat de travail, faute de mentionner la qualification, la rémunération, la durée du travail et la date de prise d'effet et, d'autre part, que la salariée n'avait jamais formé de réclamation relative au non-paiement des salaires avant la saisine du conseil de prud'hommes et qu'elle avait par la suite signé un contrat de travail sans protestation ni réserve. En effet, un contrat de travail n'est pas nécessairement constaté dans la forme écrite et, en l'espèce, l'employeur avait attesté dans une lettre que l'intéressée était son employée, ce qui constituait un contrat de travail apparent, de sorte qu'il appartenait à celui qui en invoquait le caractère fictif d'en apporter la preuve.

Cass. soc. 18 décembre 2000, n° 98-41.178, 1er moyen, BC V n° 425. Voir aussi cass. soc. 23 mars 2011, n° 09-70.416 ; cass. soc. 17 novembre 2015, n° 14-21.567.

En relevant notamment qu'une société avait délivré à une personne l'attestation d'assurance chômage prévue par l'article R. 1234-9 CT, aux termes de laquelle elle déclarait l'avoir employée du 1er juin 2006 au 8 octobre 2008 et l'avoir licenciée pour motif personnel, et qu'elle se bornait à dire qu'elle avait voulu seulement assurer à l'intéressé une couverture sociale et son indemnisation en cas de chômage, une cour d'appel a fait ressortir l'existence d'un contrat de travail apparent dont la société n'établissait pas le caractère fictif, et a légalement justifié la qualité d'employeur de la société.

Cass. soc. 10 mai 2012, n° 11-18.681, BC V n° 136.

La présomption de non-salariat instituée pour les personnes immatriculées au registre du commerce et des sociétés est une présomption simple et ces personnes peuvent apporter la preuve de l'existence d'un contrat de travail.

C'est à tort que, pour dénier l'existence d'un contrat de travail et déclarer la juridiction prud'homale incompétente au profit de la juridiction commerciale, une cour d'appel a retenu qu'un porteur de presse était immatriculé au registre du commerce et des sociétés et donc présumé non lié par un contrat de travail, alors qu'il résultait de ses constatations que cette personne transportait des journaux et les livrait à des détaillants exclusivement pour le compte des sociétés qui l'employaient, sur un circuit et selon un horaire imposés par ces sociétés, moyennant une rémunération fixée unilatéralement par elles, que l'intéressée se voyait en outre imposer de nombreuses obligations telles que la définition de son secteur de portage, la liste des personnes auxquelles le journal devait être remis chaque jour, l'interdiction de porter d'autres publications, l'impossibilité de définir librement son horaire d'activité et qu'elle était soumise à des instructions précises.

Cass. soc. 10 décembre 2002, n° 00-44.646, BC V n° 374. Voir aussi cass. soc. 8 juillet 2003, n° 00-46.489.

La présomption de salariat établie au profit de certaines catégories de travailleurs par le code du travail est une présomption simple qu'il appartient à celui qui conteste l'existence d'un contrat de travail de renverser.

Artistes ; Journalistes (Contrat de travail).

Seul celui qui se prétend salarié peut agir en reconnaissance de l'existence d'un contrat de travail.

La procédure de liquidation judiciaire dont faisait l'objet une société a été étendue le 23 octobre 1998 à l'ancien président de son conseil d'administration, qui avait auparavant saisi un conseil de prud'hommes d'une demande tendant à se voir déclarer titulaire d'un contrat de travail conclu avec elle. Le 3 mars 2000, l'intéressé a interjeté appel du jugement ayant rejeté sa demande.

Pour déclarer cet appel irrecevable, une cour d'appel a retenu que le prononcé de sa liquidation judiciaire avait dessaisi l'intéressé de l'administration et de la disposition de ses biens, que les droits et actions concernant son patrimoine étaient exercés pendant la durée de la procédure par le liquidateur, et que tel était le cas de l'action ayant pour objet la reconnaissance d'une qualité de salarié tendant à l'acquisition d'un statut ayant des conséquences d'ordre patrimonial.

En statuant ainsi, alors qu'il résulte de la combinaison des articles 1166 c. civ., L. 511-1 CT et L. 622-9 c. com. que la reconnaissance de l'existence d'un contrat de travail est un droit exclusivement attaché à la personne de celui qui se prétend salarié et que ce droit ne peut être exercé ni par ses créanciers ni par les organes de la procédure collective, la cour d'appel a violé les textes précités.

Cass. soc. 13 juillet 2004, n° 02-43.444, BC V n° 217. Voir aussi cass. soc. 24 avril 2013, n° 11-19.737, pourvoi incident.

L'octroi d'une autorisation administrative de licenciement ne prive pas la juridiction prud'homale du pouvoir de vérifier l'existence du contrat de travail.

Une autorisation administrative de licenciement, qui établit que le licenciement n'a eu ni pour objet ni pour effet de faire échec au mandat représentatif, ne prive pas la juridiction prud'homale du pouvoir de vérifier l'existence d'un contrat de travail.

Un particulier, invoquant l'existence d'une relation de travail avec une société en liquidation judiciaire, a contesté devant la juridiction prud'homale la décision de l'AGS de ne pas garantir sa créance figurant sur le relevé des créances salariales.

Ayant constaté que l'intéressé avait en réalité exercé la gestion de fait de la société dont il était actionnaire et pour laquelle il n'avait rempli aucune fonction technique dans un lien de subordination, une cour d'appel a pu décider, peu important la qualité alléguée de représentant des salariés dans la liquidation judiciaire de l'entreprise, qu'aucune relation de travail n'avait été établie avec cette dernière.

Cass. soc. 30 novembre 2004, n° 02-43.515, BC V n° 308.

Plusieurs indices permettent d'identifier le lien de subordination

• Travail effectué sous le contrôle et la direction de la société

Ayant constaté qu'un directeur scientifique avait fourni un travail dont la rémunération était prévue par le contrat et pour l'organisation duquel il jouissait d'une grande autonomie, mais qui était l'exécution d'une mission définie par la société en fonction de l'objectif que celle-ci voulait atteindre et dont l'intéressé devait rendre compte, une cour d'appel a pu en déduire l'existence d'un lien de subordination caractérisant le contrat de travail.

Cass. soc. 22 février 1996, n° 93-40.523, 2 premiers moyens, BC V n° 65.

Ayant constaté qu'un courtier, travaillant pour un groupe financier, organisait son activité de recherche et de démarchage de sa clientèle selon ses propres méthodes en déterminant lui-même ses tournées, ses horaires et son propre emploi du temps ainsi qu'en faisant appel à des mandataires indépendants dont il assurait la formation concernant les produits de la société, une cour d'appel a pu décider que les conditions dans lesquelles l'intéressé exerçait son activité étaient exclusives d'un lien de subordination caractérisant un contrat de travail.

Cass. soc. 29 octobre 2002, n° 00-45.627.

Ayant relevé que des époux assuraient, moyennant une rémunération en nature constituée par la mise à disposition d'un logement, la surveillance du dépôt de carburant d'une société lors des heures de fermeture de l'établissement, qu'ils devaient aviser la société en cas d'absence prolongée, interdire l'entrée à toute personne non autorisée, prévenir en cas de sinistre ou d'événements graves les autorités et les services de sécurité et leur ouvrir les accès de l'établissement, une cour d'appel a pu décider que les intéressés, qui accomplissaient une prestation de travail sous l'autorité de la société qui avait le pouvoir de leur donner des ordres et des directives, étaient soumis à un lien de subordination caractérisant l'existence d'un contrat de travail.

Cass. soc. 18 juillet 2000, n° 97-45.010, BC V n° 289. Voir aussi cass. soc. 31 octobre 2000, n° 98-43.092.

Des époux ont exercé une activité d'entretien et de gardiennage d'une propriété privée, à compter du mois de février 2001 et jusqu'au 10 avril 2002, date à laquelle les propriétaires ont mis fin aux relations contractuelles. Les époux ayant saisi la juridiction prud'homale de diverses demandes, les propriétaires ont opposé l'incompétence de la juridiction prud'homale en faisant valoir que les époux étaient travailleurs indépendants, exerçant leur activité sous l'enseigne « Les Établissements horticoles X » inscrite au registre du commerce et des sociétés et qu'ils étaient liés par un contrat d'entreprise.

D'abord, la cour d'appel a exactement retenu que la disposition de l'article L. 120-3 CT, dans sa rédaction résultant de la loi du 1er août 2003, qui institue une présomption de non-salariat pour les personnes inscrites au registre du commerce et des sociétés, n'était pas applicable au présent litige.

Ensuite, la cour d'appel a retenu que les salariés, qui avaient été soumis à une période d'essai, étaient tenus de travailler trente-cinq heures par semaine et bénéficiaient en contrepartie d'une rémunération mensuelle et de l'avantage en nature que constituait leur logement, qu'ils étaient tenus d'obtenir un accord pour fixer leurs périodes de congés et que si les propriétaires n'étaient présents qu'une centaine de jours par an, les époux recevaient des directives précises quant à l'exécution de leurs tâches ; elle a pu en déduire que les époux exerçaient leur activité dans un lien de subordination caractérisant l'existence d'un contrat de travail et retenir en conséquence la compétence de la juridiction prud'homale.

Cass. soc. 22 mars 2006, n° 05-42.346, BC V n° 119.

Des époux sont entrés dans une communauté religieuse organisée en association régie par la loi de 1901 ; le mari était responsable de la gestion et de l'entretien du patrimoine ; son épouse assurait des tâches de secrétariat, lingerie et d'organisation des manifestations ; ils bénéficiaient d'avantages en nature de logement et de repas, étant déclarés comme des salariés au pair assujettis au régime général de la sécurité sociale, des bulletins de salaire étant établis. Ayant quitté l'association, ils ont saisi la juridiction prud'homale de demandes en paiement de rappels de salaire et congés payés afférents, d'une indemnité pour licenciement sans cause réelle et sérieuse et de dommages-intérêts pour travail dissimulé.

En présence de bulletins de paie et de cotisations au régime général de la sécurité sociale, et donc d'un contrat de travail apparent, la cour d'appel qui, examinant les conditions de fait d'exercice de leur activité, a constaté que les époux devaient accomplir un travail déterminé dans un cadre horaire précis, qu'ils devaient obéir aux règles édictées par leurs supérieurs hiérarchiques, justifier de leurs absences pour maladie, solliciter l'autorisation de l'association pour prendre des congés et se soumettre aux visites médicales périodiques du médecin du travail, en a exactement déduit qu'indépendamment de la nature spirituelle de leur engagement, ils avaient travaillé pour le compte de l'association dans un rapport de subordination caractérisant un contrat de travail et que dès lors le conseil de prud'hommes était compétent pour statuer sur leurs demandes.

Cass. soc. 29 octobre 2008, n° 07-44.766, BC V n° 206.

Une formatrice, devenue par la suite organisatrice de formation, n'est pas liée à son employeur par un lien de subordination caractérisant l'existence d'un contrat de travail, dès lors qu'elle se comporte comme un chef d'entreprise, que son employeur n'est pas le seul organisateur des stages de formation dispensés et qu'elle intervient dans le choix des participants, l'aménagement des locaux, ainsi qu'auprès d'autres organismes.

Cass. soc. 5 janvier 2000, n° 97-44.589.

L'associé unique d'une société, invoquant un contrat de travail conclu le 10 décembre 2011 avec cette société, a saisi la juridiction prud'homale pour faire fixer sa créance au titre d'un rappel de salaires et des congés payés afférents, des indemnités de rupture et de dommages-intérêts.

Ayant relevé que l'associé requérant, qui avait exercé les fonctions de gérant jusqu'au 30 novembre 2011, disposait du pouvoir de révoquer le gérant, ce qui excluait toute dépendance attachée à la qualité de salarié, une cour d'appel en a exactement déduit qu'il n'était pas dans un lien de subordination à l'égard de la société.

Cass. soc. 16 janvier 2019, n° 17-12.479, à paraître.

• Horaires

Les intéressés travaillant sous les ordres et avec le matériel de la société, suivant les horaires imposés, se trouvent sous la subordination de cette entreprise.

Cass. soc. 2 avril 1992, n° 88-44.105, BC V n° 241.

L'obligation pour un enseignant de respecter des horaires de cours, de dispenser exclusivement son enseignement dans les installations d'une association et à ses seuls adhérents, laquelle encaisse les cotisations et reverse des honoraires, caractérise l'existence d'un lien de subordination.

Cass. soc. 11 octobre 2000, n° 98-43.941.

• Fourniture du matériel

Des masseurs-kinésithérapeutes travaillaient régulièrement dans un établissement thermal afin de dispenser des soins à une clientèle qui, pour l'essentiel, n'était pas la leur mais celle de l'établissement, lequel mettait à leur disposition des locaux et du matériel, ainsi que son secrétariat qui répartissait les curistes entre les différents médecins et qui percevait les honoraires afférents aux soins dispensés. C'est à tort qu'une cour d'appel a décidé que les intéressés ne devaient pas être assujettis au régime général de la sécurité sociale du chef de leurs activités au sein de cet établissement, alors que, même s'ils disposaient d'une certaine latitude dans leur emploi du temps, ces masseurs-kinésithérapeutes ne pouvaient identifier les feuilles de maladie à leur nom et ne percevaient finalement que 35 % des honoraires et exerçaient cette activité non pour leur propre compte mais pour celui de l'établissement.

Cass. soc. 14 juin 1989, n° 86-14.381, BC V n° 451. Voir aussi cass. soc. 5 mars 2003, n° 01-41.735, 1er moyen.

• Rémunération

La convention par laquelle un chercheur s'engage à effectuer trois vacations de quatre heures par semaine pour le compte d'une société moyennant une rémunération de 2 000 F hebdomadaire, avec une possible augmentation de salaire non proportionnelle au temps de travail en cas d'accroissement de la tâche, s'analyse en un contrat de travail. Ni la liberté inhérente à l'activité de chercheur ni la qualification d'honoraires donnée ultérieurement à la rémunération n'étaient de nature à exclure l'existence d'un contrat de travail.

Cass. soc. 14 mars 1991, n° 88-42.793, BC V n° 138.

Le fait pour un P-DG d'augmenter sa rémunération de sa propre initiative, de ne soumettre ses notes de frais à aucun contrôle, de ne les accompagner d'aucun justificatif et de disposer des plus larges pouvoirs pour agir pour le compte de la société, ne permet pas de retenir l'existence d'un lien de subordination.

Cass. soc. 11 juillet 2000, n° 98-42.455.

• Critère du service organisé

Doit être cassé l'arrêt qui, pour décider que les honoraires versés aux conférenciers et intervenants extérieurs étaient soumis aux cotisations du régime général de la sécurité sociale, a retenu que leurs prestations s'effectuaient dans le cadre d'un service organisé, alors que la cour d'appel avait relevé que le thème des conférences et leur rémunération n'étaient pas déterminés unilatéralement par la société, mais convenus avec les intéressés et que ceux-ci n'étaient soumis par ailleurs à aucun ordre, à aucune directive ni aucun contrôle dans l'exécution de leur prestation, ce dont il résultait que les conférenciers et intervenants n'étaient pas placés dans un lien de subordination à l'égard de la société qui les sollicitait.

Cass. soc. 13 novembre 1996, n° 94-13.187, BC V n° 386.

Incidence de la qualification donnée au contrat par les parties

L'existence d'une relation de travail ne dépend ni de la volonté exprimée par les parties ni de la dénomination qu'elles ont donnée à leur convention, mais des conditions de fait dans lesquelles est exercée l'activité des travailleurs ; le lien de subordination est caractérisé par l'exécution d'un travail sous l'autorité d'un employeur qui a le pouvoir de donner des ordres et des directives, d'en contrôler l'exécution et de sanctionner les manquements de son subordonné.

Une société de taxis avait établi avec un particulier un « contrat de location d'un véhicule équipé taxi » pour une durée d'un mois, renouvelable par tacite reconduction, moyennant le paiement d'une somme qualifiée de redevance. Après la rupture du contrat par la société, le cocontractant avait saisi le conseil de prud'hommes aux fins de se voir reconnaître la qualité de salarié et d'obtenir le paiement des indemnités liées à la rupture du contrat de travail invoqué.

C'est à tort qu'une cour d'appel a décidé que le locataire du véhicule n'était pas lié à la société par un contrat de travail et que, en conséquence, la juridiction prud'homale n'était pas compétente pour statuer sur sa demande, alors que l'accomplissement effectif du travail dans les conditions mentionnées au contrat plaçait le locataire dans un état de subordination à l'égard du loueur, de sorte que, sous l'apparence d'un contrat de location, était dissimulée l'existence d'un contrat de travail. En effet, le contrat litigieux prévoyait que sa durée et celle des renouvellements seraient limitées à un mois, qu'il pourrait être résilié mensuellement avec un délai de préavis très court, que la redevance due au loueur incluait les cotisations sociales que ce dernier s'engageait à reverser à l'Urssaf et qu'elle était révisable en fonction, notamment, du tarif du taxi ; enfin, les conditions générales annexées au contrat fixaient une périodicité très brève pour le règlement des redevances, sanctionnée par la résiliation de plein droit du contrat et imposaient au locataire des obligations nombreuses et strictes concernant l'utilisation et l'entretien du véhicule.

Cass. soc. 19 décembre 2000, n° 98-40.572, BC V n° 437. Voir aussi cass. soc. 26 janvier 2005, n° 02-42.656, BC V n° 20.

Le lien de subordination est caractérisé par l'exécution d'un travail sous l'autorité d'un employeur qui a le pouvoir de donner des ordres et des directives, d'en contrôler l'exécution et de sanctionner les manquements de son subordonné ; le travail au sein d'un service organisé peut constituer un indice du lien de subordination lorsque l'employeur détermine unilatéralement les conditions d'exécution du travail ; l'existence d'une relation de travail ne dépend ni de la volonté exprimée par les parties ni de la dénomination qu'elles ont donnée à leur convention, mais des conditions de fait dans lesquelles est exercée l'activité des travailleurs.

Pour dire qu'une succession de contrats de « location de véhicule équipé-taxi » constituaient un seul contrat de travail, déclarer la juridiction prud'homale compétente, et condamner les sociétés bailleresses à remettre un certificat de travail à leurs cocontractants, une cour d'appel a retenu que ces contrats plaçaient les locataires en situation de précarité, n'avaient pas pour véritable objet l'usage du véhicule fourni, mais la faculté d'exercer la profession de conducteur taxi, imposaient aux locataires des obligations excédant la seule nécessité de la location d'un véhicule, conféraient aux loueuses un pouvoir de direction et de contrôle sur l'activité des conducteurs de taxi se traduisant par une ingérence dans la liberté du locataire d'organiser son travail et une immixtion dans l'exercice de la profession de taxi ; que ces mêmes contrats instituaient, sous couvert du mode de paiement de la location, un système de rémunération par salaire variable, donnaient aux loueurs un pouvoir disciplinaire encore supérieur à ceux de la commission de discipline, comportaient, enfin, des clauses caractéristiques de l'activité salariée.

En se bornant à analyser certaines clauses du contrat, sans rechercher si indépendamment des conditions d'exécution du travail imposées par les nécessités de police administrative, dans les faits, les sociétés avaient le pouvoir de donner des ordres et des directives relatifs non pas au seul véhicule objet du contrat de location, mais à l'exercice du travail lui-même, d'en contrôler l'exécution et d'en sanctionner les manquements, la cour d'appel, qui n'a pas caractérisé le lien de subordination, n'a pas donné de base légale à sa décision.

Cass. soc. 1er décembre 2005, n° 05-43.031, BC V n° 349. Voir aussi cass. soc. 30 novembre 2011, n° 11-10.688 ; cass. soc. 18 mars 2016, n° 14-28.987.

Une société L, exploitant un hôtel-restaurant, avait donné un mandat de gestion de cet établissement à une société E, avec laquelle elle avait signé un contrat de franchise. À la suite de son licenciement, une salariée, qui avait été embauchée par la société L, a saisi la juridiction prud'homale aux fins de voir juger que les sociétés L et E étaient ses coemployeurs et d'obtenir leur condamnation solidaire au paiement d'une indemnité pour licenciement sans cause réelle et sérieuse.

Pour dire que seule la société L avait la qualité d'employeur et mettre hors de cause la société E, une cour d'appel a retenu que cette dernière société n'avait agi qu'en qualité de mandataire et que le contrat de travail avait été passé avec la société L, laquelle versait les rémunérations et délivrait les bulletins de paie.

En statuant ainsi, sans rechercher si, pendant toute la durée de la relation contractuelle, la salariée n'avait pas, en fait, travaillé dans un lien de subordination avec la société E, de sorte que les deux sociétés avaient la qualité d'employeur conjoint, la cour d'appel n'a pas légalement justifié sa décision au regard de l'article L. 121-1 CT.

Cass. soc. 12 juillet 2005, n° 03-45.394, 1er moyen, BC V n° 244.

Contrat de travail (Critères)

Un chauffeur a conclu avec une société deux contrats de même durée intitulés, l'un « société en participation », l'autre « contrat de location de véhicule ». Le premier contrat prévoyait la constitution entre les parties d'une société en participation, par l'apport du fonds de commerce de transport routier de la société, l'intéressé apportant son activité de chauffeur, qu'il devait entièrement consacrer à l'exploitation du fonds et exercer avec un véhicule donné en location-vente par la société ; après l'expiration de ces contrats, le chauffeur a saisi la juridiction prud'homale d'une demande tendant à la requalification de son contrat en contrat de travail et au paiement de salaires et d'indemnités.

C'est à tort que, pour confirmer le jugement qui l'avait débouté de ses demandes, une cour d'appel a essentiellement retenu que les associés étaient totalement libres de leur organisation du travail et que la charte d'associés du 22 mars 1996 écartait l'idée même de subordination, alors qu'il résultait du contrat de « société en participation » que les parties n'étaient pas placées sur un pied d'égalité, la société disposant seule de tous les pouvoirs pour assurer le fonctionnement de la société, ce qui était de nature à établir qu'elle avait la maîtrise de l'organisation et de l'exécution du travail que le chauffeur devait effectuer, exclusivement pour l'exploitation du fonds de commerce.

Cass. soc. 25 octobre 2005, n° 01-45.147, BC V n° 300.

Ayant constaté que l'intéressé, lié à la société par un « contrat de prestation de service », se trouvait placé sous l'autorité d'un directeur de cette société à qui il devait soumettre les courriers qu'il préparait, que sa marge d'initiative était limitée, que son activité s'exerçait principalement au siège de la société et avec les moyens mis à sa disposition par cette dernière, et que sa rémunération était fixe et indépendante du volume de son activité, une cour d'appel a pu en déduire qu'en dépit des termes employés par les parties pour qualifier le contrat, l'intéressé se trouvait placé dans un lien de subordination caractérisant l'existence d'un contrat de travail.

Cass. soc. 30 septembre 2003, n° 01-43.850.

Un pasteur de la Fédération des églises adventistes avait saisi la juridiction prud'homale en prétendant qu'il avait été abusivement licencié par cette fédération. Le conseil de prud'hommes s'étant déclaré compétent, la Fédération avait formé contredit.

C'est à tort que, pour dire que le conseil de prud'hommes était compétent, une cour d'appel a retenu que le contrat traduisait l'intention des parties de se placer sous l'empire des dispositions législatives et réglementaires régissant les rapports de travail et instituait un lien de subordination, alors que le lien de subordination est caractérisé par l'exécution d'un travail sous l'autorité d'un employeur qui a le pouvoir de donner des ordres et des directives, d'en contrôler l'exécution et de sanctionner les manquements de son subordonné, et que le travail au sein d'un service organisé peut constituer un indice du lien de subordination lorsque l'employeur détermine unilatéralement les conditions d'exécution du travail.

En statuant ainsi, en s'attachant uniquement à la dénomination donnée par les parties à leurs rapports dans le contrat, et en ne recherchant pas si l'intéressé recevait des ordres et directives de la Fédération, la cour d'appel n'a pas donné de base légale à sa décision.

Cass. soc. 23 avril 1997, n° 94-40.909, BC V n° 142.

Après avoir constaté que les participants à une émission de télévision qui n'avaient signé qu'un acte intitulé « règlement participants » avaient l'obligation de prendre part aux différentes activités et réunions, qu'ils devaient suivre les règles du programme définies unilatéralement par le producteur, qu'ils étaient orientés dans l'analyse de leur conduite, que certaines scènes étaient répétées pour valoriser des moments essentiels, que les heures de réveil et de sommeil étaient fixées par la production, que le règlement leur imposait une disponibilité permanente, avec interdiction de sortir du site et de communiquer avec l'extérieur, et stipulait que toute infraction aux obligations contractuelles pourrait être sanctionnée par le renvoi, une cour d'appel, qui a caractérisé l'existence d'une prestation de travail exécutée sous la subordination de la société de production, et ayant pour objet la production d'une « série télévisée », prestation consistant pour les participants, pendant un temps et dans un lieu sans rapport avec le déroulement habituel de leur vie personnelle, à prendre part à des activités imposées et à exprimer des réactions attendues, ce qui la distinguait du seul enregistrement de leur vie quotidienne, et qui a souverainement retenu que le versement de la somme de 1 525 € avait pour cause le travail exécuté, a pu en déduire que les participants étaient liés par un contrat de travail à la société de production.

Cass. soc. 3 juin 2009, n° 08-40.981, 1er, 2e et 3e moyens du pourvoi de la société, BC V n° 141. Voir aussi cass. soc. 4 avril 2012, n° 10-28.818, 1er moyen commun aux pourvois principaux de la société.

Après avoir constaté que le règlement candidats d'une émission de télévision, effectivement appliqué, comportait des dispositions plaçant les participants sous l'autorité du producteur qui disposait d'un pouvoir de sanction, que le candidat s'engageait à participer aux répétitions et à l'émission pendant huit jours, qu'il acceptait expressément de se conformer au choix du producteur sur les lieux de restauration et d'hébergement, de répondre aux questions du présentateur et aux interviews au cours de l'émission, d'être filmé, d'effectuer les chorégraphies choisies par le producteur, une cour d'appel a ainsi caractérisé l'existence d'une prestation de travail exécutée sous la subordination de la société, et ayant pour objet la production d'un bien ayant une valeur économique, prestation consistant pour les participants, pendant un temps et dans un lieu sans rapport avec le déroulement habituel de leur vie personnelle, à prendre part à des activités imposées, ce qui la distingue du seul enregistrement de leur vie quotidienne ; la cour a pu déduire de l'ensemble de ses constatations que les participants à cette émission étaient liés par un contrat de travail à la société de production.

Cass. soc. 25 juin 2013, n° 12-13.968, pourvoi incident, BC V n° 165.

Un rugbyman a, pour la saison 2006/2007, conclu avec un club de rugby une convention prévoyant sa participation en qualité de joueur aux entraînements et aux rencontres sportives ainsi que le versement d'un défraiement annuel de 18 000 €, outre une participation aux frais de logement d'un montant mensuel de 1 000 € et des primes de matchs ; soutenant être lié au club par un contrat de travail, il a saisi la juridiction prud'homale.

Pour dire que la convention liant les parties était une convention de défraiement et non un contrat de travail, une cour d'appel a retenu que la mention dans la convention de l'obligation faite aux joueurs de participer aux rencontres sportives, de s'entraîner conformément aux directives données par l'encadrement, de respecter une certaine hygiène de vie ainsi que le règlement du club ne saurait caractériser, à elle seule, l'existence d'un lien de subordination dans la mesure où ces consignes étaient inhérentes à la pratique du rugby et entraient uniquement dans le cadre d'un simple rapport d'autorité sportif, indispensable à la poursuite d'un sport collectif et à l'organisation des matches et entraînements, que l'intéressé exerçait à temps plein et à titre salarié une activité de chauffeur livreur, ce qui constitue un indice de l'absence de lien salarié avec le club sportif, que le joueur, adhérent de l'association sportive, participait à une équipe amateur qui s'entraînait le soir, pendant deux heures, généralement trois fois par semaine, que le fait qu'il ait été convenu que le joueur serait défrayé en contrepartie de sa participation aux entraînements et aux matches, compte tenu de l'implication horaire demandée et que le club ait consenti à participer à ses frais de logement, s'agissant d'un joueur étranger, était insuffisant à caractériser l'existence d'un contrat de travail.

En statuant ainsi, alors, d'une part, que l'intéressé était tenu, sous peine de sanctions, conformément au règlement interne du club et à la charte des droits et des devoirs du joueur, de participer aux activités sportives, de suivre les consignes données lors des entraînements et de respecter le règlement du club, et, d'autre part, que le joueur percevait des sommes en contrepartie du temps passé dans les entraînements et les matches, ce dont il résultait que, nonobstant la qualification conventionnelle de défraiement, elles constituaient la rémunération d'une prestation de travail, la cour d'appel a violé l'article L. 1[2]21-1 CT.

Cass. soc. 28 avril 2011, n° 10-15.573, BC V n° 100.

À la suite de la diffusion d'offres de collaboration sur des sites internet spécialisés, un candidat a postulé auprès d'une société qui utilisait une plateforme web et une application afin de mettre en relation des restaurateurs partenaires, des clients passant commande de repas par le truchement de la plateforme et des livreurs à vélo exerçant leur activité sous un statut d'indépendant, et effectué les démarches nécessaires en vue de son inscription en qualité d'auto-entrepreneur ; au terme d'un processus de recrutement, les parties ont conclu le 13 janvier 2016 un contrat de prestation de services. Le coursier a saisi la juridiction prud'homale le 27 avril 2016 d'une demande de requalification de son contrat en un contrat de travail. Par jugement du 30 août 2016, le tribunal de commerce a prononcé la liquidation judiciaire de la société.

Pour rejeter le contredit, dire que le coursier n'était pas lié par un contrat de travail à la société et dire le conseil de prud'hommes incompétent pour connaître du litige, une cour d'appel a retenu que les documents non contractuels remis au coursier présentaient un système de bonus (le bonus « Time Bank » en fonction du temps d'attente au restaurant et le bonus « KM » lié au dépassement de la moyenne kilométrique des coursiers) et de pénalités (« strikes ») distribuées en cas de manquement du coursier à ses obligations contractuelles — un « strike » en cas de désinscription tardive d'un « shift » (inférieur à 48 heures), de connexion partielle au « shift » (en-dessous de 80 % du « shift »), d'absence de réponse à son téléphone « wiko » ou « perso » pendant le « shift », d'incapacité de réparer une crevaison, de refus de faire une livraison et, selon la Foire aux Questions (« FAQ ») uniquement, de circulation sans casque, deux « strikes » en cas de « No-show » (inscrit à un « shift » mais non connecté) et, selon la « FAQ » uniquement, de connexion en dehors de la zone de livraison ou sans inscription sur le calendrier, trois « strikes » en cas d'insulte du « support » ou d'un client, de conservation des coordonnées de client, de tout autre comportement grave et, selon la « FAQ » uniquement, de cumul de retards importants sur livraisons et de circulation avec un véhicule à moteur, que sur une période d'un mois, un « strike » ne portait à aucune conséquence, le cumul de deux « strikes » entraînait une perte de bonus, le cumul de trois « strikes » entraînait la convocation du coursier « pour discuter de la situation et de (sa) motivation à continuer à travailler comme coursier partenaire de [la société] » et le cumul de quatre « strikes » conduisait à la désactivation du compte et la désinscription des « shifts » réservés — et que ce système avait été appliqué au coursier requérant, mais que si, de prime abord, un tel système était évocateur du pouvoir de sanction que peut mobiliser un employeur, il ne suffisait pas dans les faits à caractériser le lien de subordination allégué, dès lors que les pénalités considérées, qui n'étaient prévues que pour des comportements objectivables du coursier constitutifs de manquements à ses obligations contractuelles, ne remettaient nullement en cause la liberté de celui-ci de choisir ses horaires de travail en s'inscrivant ou non sur un « shift » proposé par la plate-forme ou de choisir de ne pas travailler pendant une période dont la durée restait à sa seule discrétion, et que cette liberté totale de travailler ou non, qui permettait au coursier requérant, sans avoir à en justifier, de choisir chaque semaine ses jours de travail et leur nombre sans être soumis à une quelconque durée du travail ni à un quelconque forfait horaire ou journalier mais aussi par voie de conséquence de fixer seul ses périodes d'inactivité ou de congés et leur durée, était exclusive d'une relation salariale.

En statuant comme elle a fait, alors qu'elle constatait, d'une part, que l'application était dotée d'un système de géolocalisation permettant le suivi en temps réel par la société de la position du coursier et la comptabilisation du nombre total de kilomètres parcourus par celui-ci et, d'autre part, que la société disposait d'un pouvoir de sanction à l'égard du coursier, la cour d'appel, qui n'a pas tiré les conséquences légales de ses constatations dont il résultait l'existence d'un pouvoir de direction et de contrôle de l'exécution de la prestation caractérisant un lien de subordination, a violé l'article L. 8221-6, II CT.

Cass. soc. 28 novembre 2018, n° 17-20.079, à paraître.

Distinction du contrat de travail des autres contrats

➡ Contrat de travail et mandat de gestion.

Après avoir relevé que le gérant d'un hôtel, après une formation imposée, n'avait pas le choix du mobilier ni du matériel d'exploitation, qu'il ne pouvait modifier les prix des chambres et petits déjeuners, que sa liberté d'engager du personnel était, de fait, limitée par cette politique de prix, que les instructions relatives à l'entretien et la maintenance de l'hôtel ne lui laissaient pas de liberté d'organisation, qu'il ne pouvait contracter pour une somme supérieure à 3 049 € et que les conditions d'engagement étaient strictement définies, que les horaires d'ouverture et de présence étaient imposés, que la société mandante, qui avait le contrôle de la comptabilité et des données informatisées, avait un pouvoir de sanction pécuniaire et de résiliation de plein droit du contrat, une cour d'appel a pu en déduire que les relations contractuelles caractérisaient un contrat de travail.

Cass. soc. 15 décembre 2010, n° 09-40.478, pourvoi incident.

Deux personnes ont constitué une SARL ayant pour objet l'animation commerciale de magasins de vente. Un fabricant de chaussures leur a confié l'exploitation et la gestion d'un fonds de commerce de vente de chaussures par contrats qualifiés de mandats, auxquels il a été mis fin quelques années plus tard.

Une cour d'appel, ayant constaté que les deux associés ne disposaient d'aucune autonomie dans l'animation du magasin qui était la propriété du fabricant, qu'un employé de ce fabricant était chargé de superviser leur travail pour le compte de ce dernier, qu'ils avaient l'interdiction de s'adresser à d'autres fournisseurs et de vendre d'autres produits que ceux proposés par le fabricant, qu'ils étaient tenus de se conformer à ses instructions permanentes et précises concernant la fixation des prix, la gestion des stocks, la répartition des invendus et plus globalement la stratégie commerciale de même que les conditions de travail, que leur rémunération s'apparentait à un salaire mensuel, a pu en déduire que sous couvert d'un montage juridique de façade constitué par une société fictive et un mandat apparent, les intéressés se trouvaient placés dans un état de subordination caractérisant l'existence d'un contrat de travail.

Cass. soc. 27 mai 2003, n° 01-41.896.

➠ Contrat de travail et contrat de sous-traitance.

Un salarié, chauffeur dans une société commissionnaire de transport, a démissionné et s'est inscrit au registre du commerce et des sociétés en tant que transporteur indépendant. Il a engagé un salarié. Son précédent employeur lui a sous-traité un certain nombre de contrats. À la suite d'un arrêt de travail pour maladie, la société a mis fin à leurs relations contractuelles. L'intéressé a alors saisi la juridiction prud'homale afin, notamment, de voir requalifier la sous-traitance en contrat de travail.

C'est à tort qu'une cour d'appel a déclaré la juridiction prud'homale incompétente et a renvoyé les parties devant le tribunal de commerce, après avoir constaté que la société donnait à l'intéressé des directives précises, qu'elle définissait la périodicité, le secteur et les horaires de travail et qu'elle avait sanctionné par la rupture des relations contractuelles l'impossibilité où l'intéressé s'était trouvé d'effectuer ses tournées en raison d'un congé maladie. En effet, il résultait de ces différents éléments que le transporteur se trouvait placé dans un lien de subordination qui caractérisait l'existence d'un contrat de travail, en dépit de l'inscription au registre du commerce et des sociétés, laquelle ne constituait qu'une simple présomption de non-salariat selon l'article L. 120-3 CT [dans sa rédaction alors applicable], et de l'embauche d'un personnel de remplacement lui permettant de fournir le travail demandé par personne interposée afin de pouvoir prendre du repos.

Cass. soc. 8 juillet 2003, n° 01-40.464, BC V n° 217.

Des porteurs ont conclu avec la SNCF des conventions d'autorisation provisoire d'exercer la profession de porteur libre dans une gare, aux conditions fixées par la SNCF dans un règlement intitulé « conditions générales d'exercice de la profession de porteur libre dans les gares ».

Ayant constaté, d'une part, que, pour l'exécution des prestations de portage qu'elle vendait en même temps que le titre de transport, la SNCF arrêtait le nombre des porteurs nécessaires au service vendu, leurs heures de présence à l'arrivée et leur tenue vestimentaire dans certaines circonstances et que cette organisation donnait lieu à l'établissement d'un planning, d'une feuille d'émargement et de bons de comptabilité permettant la rémunération des porteurs selon un tarif fixé par la direction de la gare et que, d'autre part, la SNCF exerçait un contrôle sur le travail des intéressés et qu'elle pouvait les sanctionner par des avertissements et la résiliation de la convention de portage, c'est à bon droit qu'une cour d'appel en a déduit l'existence d'un lien de subordination caractérisé par l'exécution d'un travail sous l'autorité d'un employeur qui a le pouvoir de donner des ordres et des directives, d'en contrôler l'exécution et de sanctionner les manquements du subordonné, et donc l'existence de contrats de travail entre les intéressés et la SNCF.

Cass. soc. 2 juillet 2003, n° 01-43.018.

➠ Contrat de travail et contrat d'entreprise.

Le contrat en vertu duquel une personne s'est engagée à construire une maison au profit de particuliers en assumant le risque économique d'un entrepreneur s'analyse en un contrat d'entreprise et non en un contrat de travail, dès lors que, ni pour l'exécution des travaux ni pour les horaires de travail, l'intéressé n'avait été soumis au contrôle et aux directives des particuliers.

Cass. soc. 22 octobre 1996, n° 94-20.387.

➠ Contrat de travail et mandat d'agent commercial.

Une consultante-formatrice s'est vu confier un mandat d'agent commercial par une association chargée de formation, à l'effet de représenter cette association auprès de la clientèle et de négocier des stages de formation. Ayant relevé que le contrat de mandat laissait à l'intéressée une entière indépendance et liberté dans l'organisation de sa prospection, qu'il n'était pas établi que l'intéressée recevait des ordres et instructions, devait rendre compte et était soumise au contrôle et au pouvoir disciplinaire de l'association, une cour d'appel a pu décider que les parties s'étaient engagées dans les liens d'un contrat d'agent commercial, exclusif de la qualité de salarié.

Cass. soc. 14 janvier 2004, n° 01-47.103. Voir aussi cass. soc. 25 mars 2009, n° 08-41.627 ; cass. soc. 19 janvier 2012, n° 10-23.653.

➠ Contrat de travail et contrat de collaboration libérale.

Après avoir relevé qu'une avocate n'avait pu traiter que cinq dossiers personnels en cinq ans de collaboration avec un cabinet, que la plupart des rendez-vous et appels téléphoniques, nécessaires au traitement de ces rares dossiers personnels, se passaient hors du cabinet et après vingt heures ou pendant le week-end, qu'elle partageait son bureau avec un autre avocat et pouvait difficilement trouver un lieu pour recevoir ses propres clients, la salle de réunion ne permettant l'accès ni à l'outil informatique ni au téléphone, que les témoignages recueillis faisaient état de l'attitude générale du cabinet tendant à dissuader les collaborateurs à développer une clientèle personnelle et que l'intéressée était privée de l'indépendance technique propre au collaborateur libéral, une cour d'appel, qui en a souverainement déduit que les conditions réelles d'exercice de l'activité de l'avocate ne lui avaient effectivement pas permis de se consacrer à sa clientèle et que le cabinet avait manifestement omis de mettre à sa disposition les moyens matériels et humains lui permettant de développer sa clientèle personnelle, a, dès lors, légalement justifié sa décision de requalifier le contrat de collaboration libérale conclu entre les parties en contrat de travail.

En effet, si, en principe, la clientèle personnelle est exclusive du salariat, le traitement d'un nombre dérisoire de dossiers propres à un avocat lié à un cabinet par un contrat de collaboration ne fait pas obstacle à la qualification de ce contrat en contrat de travail lorsqu'il est établi que cette situation n'est pas de son fait mais que les conditions d'exercice de son activité ne lui ont pas permis de développer effectivement une clientèle personnelle.

Cass. civ., 1re ch., 14 mai 2009, n° 08-12.966, BC I n° 90. Voir aussi cass. soc. 11 juillet 2012, n° 11-13.809, 1er moyen ; cass. crim. 15 mars 2016, n° 14-85.328, B. crim. n° 77.

Après avoir relevé qu'une avocate avait été engagée en vertu d'un contrat de collaboration qui l'autorisait à créer ou développer une clientèle personnelle, qu'elle avait poursuivi au sein du cabinet le traitement des dossiers dont elle était chargée, que le temps de travail imposé n'était pas incompatible avec le développement d'une clientèle personnelle, qu'elle ne justifiait pas d'instructions reçues du cabinet et disposait librement de son temps, et que le changement intervenu dans son domaine d'intervention était seulement lié à sa demande tendant à travailler à temps partiel, c'est à bon droit qu'une cour d'appel a débouté l'intéressée de sa demande de requalification du contrat de collaboration libérale en contrat de travail.

Cass. soc. 5 mai 2011, n° 10-10.818, 2e moyen.

Après avoir, d'une part, retenu qu'un avocat engagé par un cabinet dans le cadre d'un contrat de collaboration libérale avait bénéficié d'une grande marge d'autonomie et pu fidéliser un certain nombre de clients avec lesquels il avait noué un contact au cours de sa collaboration au sein du cabinet et, d'autre part, constaté qu'il avait pu développer une clientèle personnelle, une cour d'appel a pu en déduire que, peu important le caractère fixe de la rémunération perçue et l'obligation faite à l'intéressé de reverser ses indemnités de commissions d'office, les parties n'étaient pas liées par un contrat de travail, et débouter l'avocat de sa demande de requalification du contrat de collaboration libérale en contrat de travail.

Cass. soc. 9 octobre 2013, n° 12-23.718, 1er moyen, BC V n° 225.

Après avoir relevé que, conformément aux clauses du contrat de collaboration, un cabinet avait mis à la disposition d'une avocate, qui ne le conteste pas, une installation lui garantissant le secret professionnel ainsi que les moyens matériels et humains lui permettant de constituer et développer une clientèle personnelle, que la collaboratrice avait conservé son indépendance statutaire et que l'évaluation de sa participation au fonctionnement de la structure, pratique courante dans les cabinets d'avocats destinée à favoriser la progression des collaborateurs, n'était pas de nature à caractériser, à elle seule, l'existence d'un lien de subordination, une cour d'appel a pu déduire de ce faisceau d'indices l'absence de salariat, justifiant ainsi légalement sa décision de débouter l'avocate de sa demande en requalification du contrat de collaboration libérale en contrat de travail et paiement de diverses indemnités.

Cass. civ., 1re ch., 9 décembre 2015, n° 14-28.237, 2e moyen, BC I n° 311.

➡ Contrat de travail et contrat de bénévolat.

Si, dans le cadre d'une association, les membres adhérents de celle-ci peuvent accomplir, sous l'autorité du président de l'association ou de son délégataire, un travail destiné à la réalisation de l'objet social, en ne percevant, le cas échéant, que le strict remboursement des frais exposés par eux, et ceci sans relever des dispositions du code du travail, la seule signature d'un contrat dit de bénévolat entre une association et une personne n'ayant pas la qualité de sociétaire n'exclut pas l'existence d'un contrat de travail, dès lors que les conditions en sont remplies.

C'est à bon droit qu'après avoir relevé, non seulement que deux personnes, qui avaient participé, durant plusieurs années, au service d'accompagnement de personnes voyageant seules mis en place par une association, effectuaient ce travail sous les ordres et selon les directives de l'association, qui avait le pouvoir d'en contrôler l'exécution et de sanctionner les manquements éventuels, mais encore que les intéressés percevaient une somme forfaitaire dépassant le montant des frais réellement exposés, une cour d'appel a décidé que ces accompagnateurs, qui n'avaient jamais prétendu être sociétaires de l'association, étaient liés à cette dernière par un contrat de travail.

Cass. soc. 29 janvier 2002, n° 99-42.697, BC V n° 38.

➠ Compagnons d'Emmaüs.

L'intégration à la communauté Emmaüs en qualité de compagnon emporte soumission aux règles de vie communautaire qui définissent un cadre d'accueil comprenant la participation à un travail destiné à l'insertion sociale des compagnons et qui est exclusive de tout lien de subordination.

Cass. soc. 9 mai 2001, n° 98-46.158, BC V n° 155.

➠ Contrat de travail et engagement religieux.

L'existence d'une relation de travail salariée ne dépend ni de la volonté exprimée par les parties ni de la dénomination qu'elles ont donnée à leur convention, mais des conditions de fait dans lesquelles est exercée l'activité des travailleurs ; l'engagement religieux d'une personne n'est susceptible d'exclure l'existence d'un contrat de travail que pour les activités qu'elle accomplit pour le compte et au bénéfice d'une congrégation ou d'une association cultuelle légalement établie.

Pour dire qu'une membre d'une communauté religieuse n'était pas liée à cette dernière par un contrat de travail, une cour d'appel a retenu que les engagements explicites de l'intéressée dans la condition de moniale établissaient de façon non équivoque que celle-ci s'était intégrée au sein de la communauté, organisée en association régie par la loi de 1901 et ayant, pour l'église catholique, le statut d'une association privée de fidèles, non pas pour y percevoir une rémunération au titre d'un contrat de travail, mais pour y vivre sa foi dans le cadre d'un engagement de nature religieuse, qu'elle s'était soumise aux règles de la vie communautaire et avait exécuté à ce titre les tâches définies par les responsables de la communauté, de sorte que les conditions dans lesquelles celles-ci avaient été accomplies étaient exclusives de l'existence de tout contrat de travail.

En statuant ainsi, alors que l'association n'était ni une association cultuelle ni une congrégation légalement établie, et qu'il lui appartenait de rechercher si les critères d'un contrat de travail étaient réunis, la cour d'appel a violé l'article L. 1221-1 CT.

Cass. soc. 20 janvier 2010, n° 08-42.207, BC V n° 15.

➠ Pasteurs des églises et œuvres cultuelles relevant de la Fédération protestante de France.

Une association cultuelle, appartenant à la Fédération protestante de France, avait confié à une personne la fonction de pasteur à Marseille. Lorsqu'elle a mis fin à cette fonction, l'intéressé, estimant avoir fait l'objet d'un licenciement, a saisi la juridiction prud'homale.

Il ne saurait être reproché à une cour d'appel, statuant sur contredit, d'avoir déclaré la juridiction prud'homale incompétente sans avoir recherché si, concrètement, dans l'exercice de l'ensemble de ses missions de pasteur et d'animateur social, l'intéressé recevait des ordres ou des directives de l'association de nature à établir l'existence d'un lien de subordination. En effet, les pasteurs des églises et œuvres cultuelles relevant de la Fédération protestante de France ne concluent pas, relativement à l'exercice de leur ministère, un contrat de travail avec les associations cultuelles légalement établies. La cour d'appel, ayant constaté que l'association était une association cultuelle dépendant de la Fédération protestante de France, laquelle, aux termes de ses statuts « entend vivre et manifester l'Évangile en milieu populaire » et que les fonctions de l'intéressé à Marseille étaient celles d'un pasteur, ministre du culte auprès de cette association, en a exactement déduit qu'il n'était pas lié à l'association par un contrat de travail.

Cass. soc. 12 juillet 2005, n° 03-43.354, BC V n° 243. Voir aussi cass. soc. 28 avril 2011, n° 09-72.721.

➠ Imam.

Après avoir constaté qu'un membre du corps religieux de la Mosquée de Paris exerçait à Annecy la fonction d'imam et que ses tâches d'enseignement n'étaient que l'accessoire de ses fonctions spirituelles pour lesquelles il ne recevait ni ordres ni directives de l'association cultuelle dont il dépendait, une cour d'appel a pu en déduire que l'intéressé n'exerçait pas son activité dans un lien de subordination caractérisant l'existence d'un contrat de travail.

Cass. soc. 6 mai 2009, n° 08-40.129.

➠ Mission humanitaire.

Le contrat de travail est caractérisé par l'existence d'un lien de subordination. Le lien de subordination est caractérisé par l'exécution d'un travail sous l'autorité d'un employeur qui a le pouvoir de donner des ordres et des directives, d'en contrôler l'exécution et de sanctionner les manquements de son subordonné, et le travail au sein d'un service organisé peut constituer un indice du lien de subordination lorsque l'employeur détermine unilatéralement les conditions d'exécution du travail.

Alors qu'elle avait constaté que deux personnes s'étaient engagées, en exécution du contrat souscrit par elles, à accomplir, pour l'association et sous la tutelle de ses représentants, une mission d'assistance humanitaire, à se conformer aux instructions, règles de conduite et directives qui leur seraient données par l'association et son responsable et que celle-ci se réservait la possibilité de mettre fin au contrat en cas de non-respect de ses clauses, ce dont il résultait que les deux intéressés avaient agi sous le contrôle et la direction de l'association et se trouvaient, de ce fait, dans une situation de subordination caractéristique de l'existence d'un contrat de travail, une cour d'appel a violé l'article L. 121-1 CT en décidant que la juridiction compétente était le tribunal de grande instance et non la juridiction prud'homale.

Cass. soc. 15 octobre 1998, n° 96-42.012.

➡ Stage d'évaluation en milieu de travail prescrit par l'ANPE (devenu « période de mise en situation en milieu professionnel », prescrite par Pôle emploi).

Les demandeurs d'emploi qui effectuent un stage d'évaluation en milieu du travail prescrite par l'ANPE sont dans une situation légale exclusive de l'existence d'un contrat de travail.

L'inventeur d'un jeu de hasard déposé auprès de l'INPI dans le courant de l'année 1999, s'est adressé à deux sociétés pour sa commercialisation et a déposé auprès de l'ANPE trois offres de recrutement de démarcheurs des commerçants. M. L. ayant pris attache avec l'inventeur suite à cette annonce, a pris ses fonctions le 1er juin 1999. Soutenant avoir travaillé dans les liens d'un contrat de travail jusqu'au 1er juillet 1999, M. L. a saisi la juridiction prud'homale d'une demande aux fins de condamnation des deux sociétés et de l'inventeur à lui payer diverses sommes à titre de salaires et frais professionnels, une indemnité pour licenciement sans cause réelle et sérieuse et des dommages-intérêts en sollicitant la remise d'un bulletin de salaire, une attestation Assédic et un certificat de travail.

Ayant constaté que M. L., demandeur d'emploi, avait été placé par l'ANPE en situation d'évaluation en milieu du travail du 1er juin au 1er juillet 1999, en application d'une convention signée avec une des sociétés représentée par l'inventeur et qu'il connaissait son statut de stagiaire en situation d'évaluation, une cour d'appel a pu dire qu'il n'était pas lié par un contrat de travail à la société.

Cass. soc. 21 septembre 2005, n° 03-46.431.

➡ Témoins de Jéhovah.

Un membre d'une communauté religieuse avait été victime d'un accident qui s'était produit dans des locaux exploités par l'association des témoins de Jéhovah. Le fonctionnement des installations de l'établissement était assuré, notamment, par les membres permanents de la communauté dont le statut était régi par une « charte ecclésiale », en application de laquelle ils s'engageaient à se consacrer à n'importe quelle tâche leur étant confiée, recevaient un pécule, bénéficiaient d'autorisations d'absence de deux à trois semaines par an et devaient respecter une sorte de préavis en cas de départ.

C'est à tort que, pour relaxer le président de l'association du chef d'infractions à la réglementation relative à la sécurité du travail, une cour d'appel a retenu le caractère prétendument cultuel de l'association et son objet religieux, alors, d'une part, que les membres permanents de celle-ci travaillaient dans un établissement présentant un caractère industriel, au sein d'un service organisé dont les conditions d'exécution n'étaient pas déterminées par ces membres et que, d'autre part, quelle qu'ait été l'intention des parties, il ne pouvait être dérogé à la réglementation d'ordre public relative à la sécurité des travailleurs.

Cass. crim. 14 janvier 2003, n° 01-87.300, B. crim. n° 8.

➡ Arbitres de football.

Après avoir relevé que le contrôle incombant aux arbitres au cours des matchs de football impliquait une totale indépendance dans l'exercice de leur mission, que les obligations auxquelles ils étaient soumis étaient inhérentes à l'organisation des matchs et que le pouvoir disciplinaire exercé par la Fédération Française de Football (FFF) était la conséquence de prérogatives de puissance publique destinées à assurer l'organisation de la pratique arbitrale, d'où il résultait que le pouvoir exercé par cette dernière n'était pas assimilable à celui dont dispose un employeur sur son personnel, une cour d'appel a pu en déduire qu'un arbitre fédéral n'était pas lié à la FFF par un lien de subordination au sens de l'article L. 121-1, al. 1, devenu L. 1221-1 CT.

Cass. soc. 12 janvier 2010, n° 07-45.210.

Conjoint salarié du chef d'entreprise

Les dispositions du code du travail relatives au conjoint salarié du chef d'entreprise ont été abrogées par l'ordonnance 2007-329 du 12 mars 2007.

En effet, depuis la loi 2005-882 du 2 août 2005, le statut du conjoint du chef d'entreprise est régi par l'article L. 121-4 c. com.

S'agissant des arrêts rendus sur le fondement des dispositions qui figuraient dans le code du travail, on se reportera à l'édition 2010-11 du Dictionnaire de jurisprudence sociale.

☛ *Conseils de prud'hommes (Compétence d'attribution) ; Cumul d'un mandat social et d'un contrat de travail ; Détachement de salariés.*

Contrat de travail (Détermination de l'employeur)

Si le salarié est toujours une personne physique, l'employeur peut également être une personne morale.

Plusieurs employeurs peuvent aussi avoir la qualité d'employeurs conjoints.

Employeurs conjoints

Plusieurs sociétés peuvent avoir en même temps la qualité d'employeur d'un même salarié.

Détiennent la qualité d'employeurs conjoints la société qui donne les instructions au salarié, lui fixe le montant de sa rémunération et celle qui lui en assure le paiement.

Cass. soc. 16 novembre 1995, n° 92-42.086, 2e moyen. Voir aussi cass. soc. 22 janvier 1992, n° 87-44.284, BC V n° 23.

Ayant relevé qu'un salarié d'une association, dont l'activité principale consistait à assurer des cours aux stagiaires de diverses entreprises en exécution d'un contrat de partenariat conclu entre l'association et une société, recevait des instructions directement de cette dernière concernant notamment les plannings d'intervention et les méthodes de travail, tout en continuant à travailler pour le compte de l'association, une cour d'appel a pu en déduire que le salarié se trouvait placé sous la subordination de la société et de l'association, lesquelles avaient, à son égard, la qualité d'employeurs conjoints.

Cass. soc. 17 novembre 2004, n° 02-44.337.

Après avoir constaté qu'il existait entre les sociétés composant un groupe de droit allemand une unité de direction sous la conduite d'une société A, que les décisions prises par cette dernière avaient privé une société B de toute autonomie industrielle, commerciale et administrative, au seul profit de la société mère du groupe, que celle-ci avait repris tous les brevets, marques et modèles de la société B et bénéficié de licences d'exploitation, que les choix stratégiques et de gestion d'un établissement de la société B étaient décidés par la société A, laquelle assurait également la gestion des ressources humaines de la filiale et avait imposé la cessation d'activité, en organisant le licenciement des salariés et en attribuant elle-même une prime aux salariés la société B, que le dirigeant de la société B ne disposait plus d'aucun pouvoir effectif et était entièrement soumis aux instructions et directives de la direction du groupe, au seul profit de celui-ci, une cour d'appel a pu en déduire qu'il existait ainsi, entre la société B et la société A une confusion d'activités, d'intérêts et de direction conduisant cette dernière à s'immiscer directement dans la gestion de la filiale et dans la direction de son personnel, de sorte que les deux sociétés avaient la qualité de coemployeur.

Cass. soc. 30 novembre 2011, n° 10-22.964, BC V n° 284.

Hors l'existence d'un lien de subordination, une société faisant partie d'un groupe ne peut être considérée comme un coemployeur à l'égard du personnel employé par une autre, que s'il existe entre elles, au-delà de la nécessaire coordination des actions économiques entre les sociétés appartenant à un même groupe et de l'état de domination économique que cette appartenance peut engendrer, une confusion d'intérêts, d'activités et de direction se manifestant par une immixtion dans la gestion économique et sociale de cette dernière.

Une société MAS a été créée le 17 février 2004, sous forme de société à responsabilité limitée à associé unique, une société de droit américain M International Inc., filiale d'une société M Inc ; le 6 novembre 2008, le comité d'entreprise de la société MAS a été informé du projet de fermeture définitive du site de Villemur-sur-Tarn ; un plan de sauvegarde de l'emploi concernant les 280 salariés de l'entreprise a été finalisé les 10 et 15 septembre 2009 ; le 1er octobre 2009, les salariés de la société MAS ont fait l'objet d'un licenciement collectif pour motif économique ; des salariés ont saisi la juridiction prud'homale pour obtenir le paiement des indemnités de rupture par la société M Inc ; le 4 novembre 2010, le tribunal de commerce de Paris a prononcé la liquidation judiciaire de la société MAS et désigné un mandataire liquidateur.

Pour dire le conseil de prud'hommes compétent pour connaître du litige opposant les salariés à la société M Inc et au liquidateur de la société MAS, une cour d'appel a retenu que cette dernière était dirigée par des cogérants nommés par la société M Inc, que le protocole entre la société MAS et l'État était signé par la vice-présidente de la société M Inc et que les dirigeants de la société ne pouvaient engager celle-ci au-delà d'un certain plafond, alors que le gérant de la société MAS avait été condamné pénalement du chef de délit d'entrave, que la société mère était intervenue pour la fermeture du site de Villemur-sur-Tarn et pour faire fabriquer aux USA les pièces jusque-là fabriquées par la société MAS ainsi que pour produire des pièces pour être stockées par une autre société pour prévenir un risque de grève.

En statuant ainsi, alors que le fait que les dirigeants de la filiale proviennent du groupe et que la société mère ait pris dans le cadre de la politique du groupe des décisions affectant le devenir de la filiale et se soit engagée à fournir les moyens nécessaires au financement des mesures sociales liées à la fermeture du site et à la suppression des emplois ne pouvait suffire à caractériser une situation de coemploi, la cour d'appel a violé l'article L. 1221-1 CT.

Cass. soc. 2 juillet 2014, n° 13-15.208, BC V n° 159. Voir aussi cass. soc. 10 décembre 2015, n° 14-19.316, BC V n° 252 ; cass. soc. 6 juillet 2016, n° 14-27.266, 1er moyen du pourvoi principal, BC V n° 146 ; cass. soc. 6 juillet 2016, n° 14-26.541, BC V n° 145 ; cass. soc. 7 mars 2017, n° 15-16.865, BC V n° 39.

Une société française A faisait partie d'un groupe I, lui-même détenu à 51 % par un groupe de droit allemand ; le groupe I était structuré en quatre domaines d'activité, dont le commerce à destination des particuliers exercé par une société C, laquelle contrôlait plusieurs enseignes et sociétés, dont la société A ; à partir du mois de décembre 2010, la société A a réuni son comité d'entreprise en vue de la présentation d'un projet de réorganisation emportant la fermeture des espaces boutiques et le licenciement économique de l'ensemble des salariés qui y travaillaient ; des salariés licenciés en janvier 2012 dans le cadre de ces fermetures ont contesté la validité de ces licenciements pour insuffisance du plan de sauvegarde de l'emploi et demandé la condamnation in solidum des sociétés A, C et I.

C'est à bon droit qu'une cour d'appel a condamné ces sociétés in solidum à verser aux salariés une indemnité au titre de la nullité du licenciement.

En effet, la cour d'appel a relevé qu'au moment de la réorganisation, la société C se confondait totalement avec la société I, dont elle n'était qu'une émanation et n'avait pour objet que de faciliter la transformation de la société A et des autres sociétés du domaine en de simples " business unit " relevant directement du groupe, que la distinction de la société C avec la société I était malaisée comme en attestait le fait que les contrats d'assistance mis en œuvre par la société C avaient été conclus avec la société I, que cette réorganisation avait conduit à une immixtion de la société C dans la gestion économique et sociale de la société A par le transfert de ses équipes informatiques, comptables et surtout de ressources humaines notamment dans la formation, la mobilité et le recrutement, qu'ainsi, au cours d'une réunion du comité d'entreprise, tant le directeur général de la société A et membre du comité de direction C que le directeur des ressources humaines de la société et du domaine C rappelaient que ce dernier disposait d'un pouvoir permanent pour agir dans toutes les sociétés relevant de ce domaine, dont la société A, que ce même directeur mentionnait lors de cette réunion que l'organisation du recrutement était centralisée afin qu'il puisse disposer d'une vision globale de tous les postes à pourvoir dans le domaine, la société A étant totalement dépossédée de son pouvoir de recrutement, qu'il qualifiait de cabinet de recrutement le service ressources humaines C, devenu le seul interlocuteur par l'effet d'une délégation de fait dans ce secteur par la société A afin que son dirigeant ne s'occupe plus désormais que de l'opérationnel, qu'en outre la société C prenait en charge tous les problèmes de nature contractuelle, administrative et financière rencontrés par la société A au moyen de son service comptabilité clients et bancaire dont le contrôle s'exerçait jusqu'aux feuilles de caisse mensuelles que les responsables des espaces de la société A devaient transmettre régulièrement à ce service, qu'enfin, c'était le service juridique de la société I qui avait substitué la société A dans ses démarches auprès du parquet à l'occasion des poursuites pénales engagées contre des hôtesses prévenues de détournement d'argent au préjudice de la société A et avait été amené à intervenir pour dénoncer les contrats conclus avec les retoucheuses à l'occasion de la fermeture des espaces.

En l'état de ces constatations, la cour d'appel a caractérisé, au-delà de la nécessaire coordination des actions économiques entre les sociétés appartenant à un même groupe et de l'état de domination économique que cette appartenance peut engendrer, une confusion d'intérêts, d'activité et de direction se manifestant par une immixtion des sociétés I et C dans la gestion économique et sociale de la société A.

Cass. soc. 6 juillet 2016, n° 15-15.481, BC V n° 147.

Le salarié appelé à travailler simultanément dans deux sociétés appartenant à un même groupe et ayant la même spécialité pour y exercer des activités identiques sous une autorité commune, n'est titulaire que d'un contrat de travail unique.

Cass. soc. 6 avril 2011, n° 09-69.567.

La reconnaissance judiciaire d'une unité économique et sociale entre différentes sociétés n'implique pas que celles-ci soient coemployeurs de salariés.

Cass. soc. 22 novembre 2000, n° 98-42.229.

Un salarié a été informé qu'il serait muté au sein d'une société en application d'une clause annexée au contrat prévoyant que cette société et son employeur formant « une unité économique et sociale, l'employeur se réserve [ait] la faculté d'affecter l'employé dans tout établissement dépendant de celle-ci ». Il a été licencié par la seconde société pour avoir refusé sa mutation et a été réintégré ensuite, puis désigné délégué syndical pour l'unité économique et sociale existant entre les deux sociétés. À la suite d'un arrêt de cour d'appel ayant infirmé l'ordonnance de référé ordonnant la réintégration, la première société a avisé l'intéressé qu'il ne faisait plus partie de l'entreprise depuis la date à laquelle il aurait dû rejoindre la seconde société. Le salarié a saisi la juridiction prud'homale.

Ayant constaté que la première société était restée seul employeur du salarié, une cour d'appel a pu décider que nonobstant la clause de mobilité figurant au contrat de travail, la seconde société ne pouvait prononcer le licenciement de l'intéressé.

Cass. soc. 2 mars 2004, n° 01-47.065.

Un accord intitulé « convention de reconnaissance d'unité économique et sociale » a été signé entre une société mère et ses trois filiales, prévoyant en son article 1er que les trois sociétés étaient considérées comme « une seule et même entreprise au regard du droit du travail et de la collectivité des salariés ». Postérieurement, le directeur des trois sociétés a déclaré la cessation de paiement de l'une d'elles, dont la liquidation judiciaire a ensuite été prononcée. Un salarié de cette filiale a attrait devant la juridiction prud'homale tant la société mère que le liquidateur de la filiale pour obtenir paiement par la première de rappels de salaire, primes, congés payés et dommages-intérêts et, subsidiairement, inscription au passif de la seconde de ces sommes.

D'abord, si un accord collectif emportant reconnaissance d'une unité économique et sociale entre plusieurs sociétés peut en étendre les effets au-delà de la seule mise en place d'institutions représentatives du personnel, une cour d'appel, qui a fait ressortir que l'accord en question ne concernait que la mise en place de ces institutions et n'avait pas pour effet de transférer le contrat de travail du salarié de la filiale à la société mère, a légalement justifié sa décision de mettre hors de cause cette dernière et d'avoir fixé sa créance au passif de la liquidation de la filiale.

Ensuite, le salarié d'une entreprise ferait-elle partie d'un groupe ne peut diriger une demande salariale que contre son employeur. La cour d'appel qui a fait ressortir que la société mère et la filiale n'étaient pas coemployeurs a légalement justifié sa décision.

Cass. soc. 12 juillet 2006, n° 04-40.331, BC V n° 254.

Une démonstratrice d'une société, affectée dans un grand magasin et élue déléguée suppléante du personnel de ce grand magasin, peut demander son reclassement au sein de celui-ci après son licenciement par son employeur, le grand magasin ayant la qualité de coemployeur.

Une salariée engagée en qualité de démonstratrice par une société avait été affectée dans un stand situé à l'intérieur d'un grand magasin. Après avoir été élue déléguée suppléante du personnel dans ce magasin, sa société l'avait licenciée après autorisation du ministre du Travail. La salariée avait alors saisi la juridiction prud'homale pour que le magasin soit déclaré coemployeur et que son reclassement y soit ordonné par application de la convention collective des grands magasins et du protocole d'accord relatif aux représentants des démonstrateurs et démonstratrices. Le grand magasin avait alors soulevé l'incompétence de la juridiction prud'homale, motif pris de l'absence de contrat de travail le liant à l'intéressée. Ayant relevé que la salariée, prise en compte dans l'effectif du magasin en application de l'article L. 421-2 CT, y avait été élue déléguée suppléante du personnel et s'était prévalue, en cette qualité, des dispositions d'un accord collectif prévoyant qu'en cas de licenciement, non motivé par une faute grave, l'entreprise utilisatrice devait la reclasser, la cour d'appel a fait ressortir que le magasin était coemployeur de l'intéressée, ce qui justifiait la compétence prud'homale.

Cass. soc. 19 janvier 1999, n° 97-45.404, BC V n° 35.
Voir aussi cass. soc. 1er juin 2004, n° 01-47.165.

Société en formation

Une société en formation peut avoir la qualité d'employeur sous certaines conditions.

Les engagements souscrits au nom d'une société en formation sont réputés avoir été conclus dès l'origine par la société, si celle-ci a régulièrement été constituée et immatriculée.

Un salarié, engagé comme directeur du développement par une société en formation, avant d'être nommé administrateur, pouvait se prévaloir d'un contrat de travail à durée indéterminée, les formalités relatives à la constitution et à l'immatriculation de la société ayant été exécutées.

Cass. soc. 5 janvier 1995, n° 90-43.698.

Situation de salariés mis à disposition

L'employeur est celui sous l'autorité duquel le salarié accomplit son travail.

Engagés en qualité d'animateurs par une société, deux salariés ont été mis à la disposition, à compter du 1er janvier 1986, d'un comité d'établissement régional pour exercer les fonctions respectivement d'animateur en charge des activités de gymnastique et de musculation et de responsable de l'activité de musculation, leurs rémunérations étant déduites de la subvention aux activités sociales et culturelles versée par la société au comité d'établissement ; ces deux salariés ont été élus délégués du personnel au sein du comité ; par une délibération du 20 avril 2007, le comité a décidé de transférer les activités de gymnastique et de musculation à deux associations à compter du 27 avril 2007 ; par acte du 9 juin 2010, le comité a saisi le tribunal de grande instance afin d'obtenir la condamnation de la société à lui rembourser les salaires versés aux intéressés et déduits de la subvention pendant une période où ils n'accomplissaient plus aucune activité en son sein.

Pour dire que les salariés n'avaient eu que la société pour employeur pendant toute la période de leur mise à disposition au sein du comité d'établissement régional, une cour d'appel a énoncé qu'il n'était pas contesté que la société versait seule leurs rémunérations aux salariés et établissait leurs bulletins, que tous les échanges qui avaient eu lieu entre la société et le comité d'établissement, à propos du comportement des deux salariés qui refusaient d'exécuter la moindre prestation de travail, faisaient apparaître que seule la société pouvait exercer à leur égard un pouvoir disciplinaire et que le seul fait que les deux salariés aient été placés sous l'autorité du comité pendant leur mise à disposition n'était qu'une modalité d'exécution de leur contrat de travail et était, à lui seul, insuffisant pour donner à celui-ci la qualité d'employeur.

En statuant ainsi, alors qu'un agent d'une entreprise mis à la disposition d'un comité d'entreprise pour y accomplir un travail pour le compte de ce dernier et sous sa direction est lié par un contrat de travail à cet organisme, lequel a dès lors la qualité d'employeur, la cour d'appel a violé l'article L. 1221-1 CT.

Cass. soc. 23 mars 2016, n° 14-14.811, 1er moyen, BC V n° 56.

Une salariée a été engagée par une première société. Celle-ci a conclu avec une seconde société des contrats d'animation pour la formation, dans le cadre desquelles la salariée s'est vu confier des tâches exercées au sein de cette seconde société. À la fin du dernier contrat, elle a été licenciée pour motif économique par la première société. Elle a saisi la juridiction prud'homale en soutenant que la seconde société était son employeur de fait.

Ayant constaté qu'en vertu des contrats d'animation, la première société conservait tous les attributs de la qualité d'employeur, la responsabilité dévolue à la seconde société se limitant à l'activité de l'animatrice mise à disposition, et ayant retenu qu'il n'était pas établi que celle-ci recevait des ordres et instructions, devait rendre des comptes et était soumise au contrôle et au pouvoir disciplinaire de cette société, une cour d'appel a pu décider que le remboursement par la société des salaires, charges et frais de déplacement de l'intéressée ne suffisait pas à établir, en l'absence de tout lien de subordination, l'existence d'un contrat de travail entre les parties.

Cass. soc. 23 novembre 2005, n° 03-46.490.

Situation particulière des associations ayant pour objet d'aider les personnes physiques à leur domicile (activités de services à la personne)

Les démarches administratives, comptables ou réglementaires effectuées par les associations ayant pour objet de rendre des services à des personnes physiques à leur domicile ne leur confèrent pas la qualité d'employeur, dès lors qu'elles ont lieu dans le cadre de leur activité humanitaire d'aide et de soutien aux personnes physiques.

L'article L. 129-1 CT distingue entre les associations qui ont pour objet le placement de salariés auprès de personnes physiques employeur, et, pour le compte de ces dernières, l'accomplissement de formalités administratives liées à leur emploi, de celles dont l'objet est l'embauche de travailleurs mis ensuite, à titre onéreux, à la disposition de personnes physiques. Seules ces dernières associations ont la qualité d'employeur, alors que les premières n'ont qu'un rôle d'intermédiaire à l'égard des salariés.

Ayant constaté qu'une association procédait, dans le cadre de son activité humanitaire d'aide et de soutien aux personnes dépendantes, à différentes démarches administratives, comptables ou réglementaires et que la relation de travail s'exerçait au seul bénéfice de ces personnes, une cour d'appel a exactement décidé que les personnes en cause étaient les seuls employeurs du salarié occupé en qualité d'aide ménagère.

Cass. soc. 10 décembre 2002, n° 99-43.041, BC V n° 370.

Une salariée engagée par un particulier, par l'intermédiaire d'une association, en qualité d'aide à domicile, a saisi la formation des référés du conseil de prud'hommes d'une demande en paiement de rappels de salaires et de congés payés afférents dirigée contre le particulier et l'association.

C'est à tort que, pour condamner l'association à verser solidairement avec le particulier les sommes réclamées par la salariée, un juge des référés a énoncé que l'association, bien qu'étant une association mandataire offrant aide et assistance à des personnes ne pouvant assumer toutes les obligations consécutives à l'emploi de personnel de maison, pouvait être considérée comme employeur et que c'est elle qui accomplissait toutes les formalités relatives au salaire et aux charges et un lien de subordination existait bien entre l'association et la salariée.

En effet, les associations, qui assurent le placement de travailleurs auprès de personnes physiques employeurs et accomplissent pour le compte de ces personnes des formalités administratives et des déclarations sociales et fiscales liées à l'emploi de ces travailleurs, ne remplissent qu'un rôle de mandataire, les personnes physiques étant les seuls employeurs des travailleurs.

Cass. soc. 23 novembre 2005, n° 04-45.328, BC V n° 331.

Groupement d'employeurs

Un groupement d'employeurs ayant été placé en liquidation judiciaire, des salariés ont été licenciés par le liquidateur judiciaire pendant la période de maintien provisoire de l'exploitation, autorisé par le tribunal de commerce. Ils ont saisi le juge prud'homal pour être reconnus créanciers d'indemnités de rupture. Une cour d'appel a pu fixer des indemnités de rupture au passif du groupement et dire que l'AGS était tenue à garantie.

D'abord, il résulte de l'article L. 127-1 CT que le groupement d'employeurs, auquel les salariés sont liés par des contrats de travail, est débiteur des sommes qui leur sont dues à ce titre.

Ensuite, l'AGS doit faire l'avance des sommes nécessaires au règlement des créances résultant de la rupture des contrats de travail intervenant pendant le maintien provisoire de l'activité autorisé par le jugement de liquidation judiciaire de l'employeur, dès lors que le représentant des créanciers ne dispose pas des fonds nécessaires, peu important que les associés du groupement placé en liquidation judiciaire soient solidairement responsables du passif salarial.

Cass. soc. 9 mars 2004, n° 02-41.851, BC V n° 74.

Contrat de mise à disposition ; Contrat de mission/ Contrat de travail temporaire ; Détachement de salariés.

Contrat de travail (Exécution défectueuse/Erreurs/ Négligences/Imprudences/ Omissions)

Les erreurs, manquements, négligences du salarié dans l'exécution de son contrat de travail constituent des fautes professionnelles susceptibles d'entraîner un licenciement.

Les erreurs susceptibles d'entraîner des dangers pour autrui constituent une faute grave.

Exposition à la vente de denrées périmées.

Un salarié engagé en qualité de charcutier avait été licencié pour faute grave après mise à pied conservatoire pour avoir exposé à la vente des produits dont la date limite de consommation était dépassée, faute qui avait été constatée par les services vétérinaires. Contestant cette mesure, l'intéressé avait saisi la juridiction prud'homale pour obtenir des dommages-intérêts pour rupture abusive, une indemnité de préavis ainsi que des rappels de salaires, d'heures supplémentaires et de congés payés.

Ayant constaté qu'il appartenait au salarié de vérifier la date de péremption des produits proposés à la vente, une cour d'appel a pu décider que le comportement du salarié, qui avait déjà été sanctionné à deux reprises pour des faits similaires, était de nature à rendre impossible le maintien de ce dernier dans l'entreprise pendant la durée du préavis et constituait une faute grave.

Cass. soc. 17 juin 1998, n° 96-42.328. Voir aussi cass. soc. 30 octobre 2000, n° 98-43.939 ; cass. soc. 18 juillet 2001, n° 99-43.310, retenant la faute grave à l'encontre d'un responsable du service de boucherie d'un supermarché ayant laissé des déchets en putréfaction dans le laboratoire au voisinage des quartiers de viande destinés à la vente, et ayant déjà fait l'objet d'un avertissement pour des faits analogues.

Infirmière de nuit laissant un malade sans soins malgré ses appels.

S'agissant d'une infirmière de nuit qui, lors de son service, avait laissé sans soins un malade gravement atteint en ne tenant pas compte de ses appels, et qui n'avait pas vérifié le système d'aspiration digestive qui avait cessé de fonctionner, une cour d'appel a pu décider que ces faits rendaient impossible le maintien de la salariée dans l'entreprise pendant la durée du préavis.

Cass. soc. 3 décembre 1992, n° 92-40.961. Voir aussi cass. soc. 1er décembre 1999, n° 97-43.389, ayant retenu une faute grave à l'encontre d'une aide-soignante de nuit ayant laissé les malades en soins intensifs sans surveillance pendant 45 minutes.

➡ Graves négligences commises par un moniteur éducateur dans la surveillance des jeunes en difficulté.

C'est à bon droit qu'après avoir relevé qu'un salarié, engagé en qualité de moniteur éducateur par une association, avait commis de graves négligences dans la surveillance des jeunes en difficulté et refusé de se soumettre à l'autorité de l'employeur, une cour d'appel a décidé que le comportement de ce salarié constituait une faute grave.

Cass. soc. 24 avril 2001, n° 98-46.267, BC V n° 131.

➡ Non-respect des règles de sécurité.

Le fait pour un chef-monteur, délégataire du directeur général en charge du respect des règles de sécurité, d'avoir procédé à un élingage défectueux, ce qui a entraîné un accident sur le chantier, est de nature à rendre impossible son maintien dans l'entreprise pendant la durée du préavis et constitue une faute grave.

Cass. soc. 2 février 1999, n° 97-40.410. Voir aussi cass. soc. 15 décembre 1999, n° 97-45.371, s'agissant du non-respect par un chauffeur des consignes de sécurité ayant causé un accident ; cass. soc. 13 juillet 1999, n° 97-42.460, s'agissant de la faute grave commise par un artificier, exerçant les fonctions de directeur technique, ayant violé à de nombreuses reprises les règles de sécurité dont il était chargé d'assurer le respect.

Ayant constaté la méconnaissance par un salarié, conducteur expérimenté, d'une règle de sécurité habituelle, l'intéressé ayant fait stationner sur une forte pente l'autocar qu'il conduisait et l'ayant quitté sans enclencher le frein de stationnement mais en actionnant le seul frein d'arrêt aux stations, inefficace en cas d'arrêt prolongé du moteur, une cour d'appel a pu dire que le licenciement du salarié, prononcé à titre disciplinaire, reposait sur une cause réelle et sérieuse.

Cass. soc. 2 février 2006, n° 04-40.974.

➡ Démontage d'une pièce sur un appareil en exposition.

Une cour d'appel a pu décider que le fait, pour un directeur adjoint du service des ventes, de démonter la tubulure de gaz d'une cuisinière en exposition pour la fixer sur un appareil à livrer était constitutif d'une faute grave. En effet, s'il en avait avisé les vendeurs, il était parti en vacances sans se préoccuper de la pièce manquante sur l'appareil en exposition dans le magasin, alors que l'absence de cette pièce était de nature à présenter des dangers pour les futurs acquéreurs.

Cass. soc. 21 février 1995, n° 91-44.239.

➡ Erreurs de positionnement des pièces d'un avion.

Ayant constaté qu'un mécanicien en aéronautique dans le positionnement de supports servant à l'accrochage d'une cloison sur un avion avait commis des erreurs dommageables et grossières, que ces erreurs n'étaient pas les seules et que d'autres, tout aussi graves, n'avaient pas été signalées, une cour d'appel a pu décider que ces manquements constituaient une faute grave justifiant la rupture anticipée de son contrat à durée déterminée.

Cass. soc. 7 mars 1996, n° 93-40.034.

➡ Importantes erreurs d'implantation des semelles de pilier sur un chantier de la part d'un chef de chantier.

Constitue une faute grave le fait, pour un chef de chantier, d'avoir commis d'importantes erreurs d'implantation des semelles de pilier sur un chantier qui disposait d'angles droits de référence pour ne pas rater l'implantation de l'ouvrage. La particulière gravité de cette négligence ne peut être atténuée par le défaut de vérification ultérieure du conducteur de travaux.

Cass. soc. 7 mars 2000, n° 98-41.126.

➡ Mise hors sécurité d'un site protégé.

A commis une faute grave l'agent de sécurité, responsable d'équipe, qui, sur simple appel téléphonique, sans effectuer ni vérifications ni contrôles et sans en référer à aucune autorité, a accepté de mettre hors sécurité un site protégé, faisant ainsi courir un risque au client que l'employeur était chargé de protéger.

Cass. soc. 10 mai 2000, n° 98-40.491.

Les erreurs portant atteinte à l'image de l'entreprise ou celles susceptibles d'engager sa responsabilité justifient un licenciement pour faute grave.

➡ Clerc de notaire ayant permis à un débiteur d'obtenir un paiement sur une somme saisie.

Une salariée, clerc de notaire de troisième catégorie, déclarant avoir pris note d'une saisie effectuée par un huissier de justice sur des fonds provenant d'une vente forcée, mais qui délivre, néanmoins, à un débiteur un bordereau de colocation permettant à ce dernier d'obtenir le paiement d'une somme saisie, porte atteinte à la réputation de l'étude notariale et rend impossible son maintien dans l'entreprise pendant la durée du préavis. Une cour d'appel a donc décidé à bon droit que le licenciement de la salariée pour faute grave était justifié.

Cass. soc. 30 mars 1993, n° 90-40.194. Voir aussi cass. soc. 26 octobre 1999, n° 97-43.926, retenant une faute grave à l'encontre d'un salarié n'ayant pas collationné un document comportant de très nombreuses erreurs portant sur des éléments essentiels de contrats et ayant omis d'établir, à leur date, des bordereaux d'hypothèques conventionnelles, fait susceptible d'engager la responsabilité professionnelle de l'employeur.

➡ Ralentissement volontaire du rythme de travail.

Ayant relevé qu'une secrétaire manipulatrice en radiologie contraignait les malades, par sa volonté de ralentir le rythme de travail, à une attente prolongée, une cour d'appel a pu décider que l'attitude de la salariée portait gravement atteinte au crédit de son employeur et que ce comportement rendait impossible le maintien de la salariée dans l'entreprise pendant la durée du préavis.

Cass. soc. 7 mars 1996, n° 93-41.461.

➡ Erreurs ayant entraîné la condamnation pénale de l'employeur.

Le fait pour une salariée de s'être abstenue d'étiqueter des produits alimentaires constitue une faute grave, un tel manquement ayant été à l'origine de la condamnation pénale de l'employeur.

Cass. soc. 20 février 1996, n° 94-43.817. Voir aussi cass. soc. 6 janvier 1999, n° 96-44.058, s'agissant d'un responsable des achats ayant commis des manquements à ses obligations susceptibles d'occasionner une perte importante de clientèle et d'engager la responsabilité pénale de son employeur du chef de tromperie sur la qualité des marchandises vendues.

➡ Erreurs ayant engagé la responsabilité technique de l'employeur.

Appréciant les motifs énoncés dans la lettre de licenciement qui reprochait au salarié la persistance d'un comportement désinvolte, une cour d'appel, qui a constaté qu'il avait effectué personnellement une réparation défectueuse, entrant dans ses compétences, qui avait engagé la responsabilité technique exclusive de son employeur, alors qu'il avait antérieurement fait l'objet d'avertissements matériellement justifiés, a pu en déduire que ce comportement était constitutif d'une faute grave.

Cass. soc. 10 janvier 2006, n° 04-40.189.

Les erreurs ou négligences entraînant un dommage financier pour l'entreprise constituent une faute grave.

➡ Erreurs répétées dans la tenue de fiches comptables et remises sur des commandes effectuées à titre personnel.

Ayant relevé qu'un salarié avait commis des irrégularités répétées dans la tenue des fiches comptables et appliqué, sans l'accord de l'employeur, des remises sur des commandes qu'il avait effectuées à titre personnel, une cour d'appel a pu décider que le comportement du salarié était de nature à rendre impossible le maintien de ce dernier dans l'entreprise pendant la durée du préavis et constituait une faute grave.

Cass. soc. 14 janvier 1998, n° 96-40.071. Voir aussi cass. soc. 5 mai 1998, n° 96-41.151.

➡ Erreurs commises par un chef du personnel susceptibles d'entraîner des risques importants pour l'entreprise.

Ayant relevé que l'intéressé, chef du personnel, avait refusé de coopérer avec son adjointe, et avait commis des manquements graves entraînant des risques importants pour l'entreprise sur le plan civil, social et même pénal, les juges ont pu décider que ces faits rendaient impossible le maintien du salarié dans l'entreprise, même pendant la durée du préavis, et constituaient une faute grave.

Cass. soc 19 novembre 1996, n° 94-44.695, 2e moyen.

➡ Changement de méthode d'évaluation des comptes.

Après avoir relevé que le rapport d'audit des comptes d'une société pour l'année 1994 avait fait ressortir une dépréciation des stocks et une insuffisance de provisions d'environ un million de francs, résultant notamment de la neutralisation manuelle de la décote progressive appliquée de manière générale dans la profession et par la société l'année précédente et que l'annexe au bilan ne faisait aucune mention d'un quelconque changement de méthode d'évaluation, mais que, au contraire, les comptes avaient été présentés par le directeur général adjoint comme ayant été établis suivant les mêmes méthodes d'évaluation que les années précédentes, une cour d'appel a pu décider que ce dernier avait commis une faute grave.

Cass. soc. 19 avril 2000, n° 98-40.662.

➡ Directeur d'établissement d'enseignement ayant créé deux sections d'enseignement nécessitant des moyens supplémentaires en personnel refusés par le rectorat.

Constitue une faute grave le fait pour un chef d'établissement d'enseignement privé sous contrat d'avoir créé deux sections d'enseignement nécessitant des moyens en personnel supplémentaires refusés par le rectorat, mettant ainsi l'établissement en difficulté.

Cass. soc. 10 juin 1998, n° 96-41.754.

➡ Salariée ayant informé les clients d'un magasin qu'ils avaient gagné un bon d'achat de 5 000 F au lieu de 500 F.

Ayant relevé qu'après avoir été mise en garde à la suite de négligences répétées, une salariée, enfreignant la consigne qui lui avait été donnée d'aviser par téléphone vingt-trois clients du magasin gagnants d'une opération commerciale, les avait avisés par écrit sans soumettre son courrier au directeur du magasin et les avait informés par erreur qu'ils avaient gagné un bon d'achat de 5 000 F, alors qu'il s'agissait d'un bon d'achat de 500 F, une cour d'appel a pu décider que le comportement de la salariée était de nature à rendre impossible son maintien dans l'entreprise pendant la durée du préavis et constituait une faute grave.

Cass. soc. 23 juin 1998, n° 96-42.797.

➡ Employée de banque ayant commis des erreurs d'écriture répétées.

Ayant relevé qu'un rapport d'inspection avait fait apparaître, dans la gestion de la caisse d'une employée de banque, des anomalies comptables touchant son environnement familial et des erreurs d'écriture dont cette dernière avait, pour la plupart, reconnu la matérialité, une cour d'appel a pu décider que ces erreurs et négligences répétées, malgré une précédente lettre d'observations, constituaient une faute et que le licenciement de la salariée avait une cause réelle et sérieuse.

Cass. soc. 14 janvier 2004, n° 01-45.092.

Les manquements à la réglementation à laquelle est soumis l'employeur constituent une faute grave.

➡ Manquements d'un salarié à la réglementation à laquelle était astreinte la société qui l'employait.

A commis une faute grave le salarié qui n'a pas respecté la réglementation à laquelle était astreinte la société qui l'employait, peu important la tolérance dont le salarié avait pu bénéficier, dans le passé, de la part de son ancien employeur.

Cass. soc. 19 décembre 2000, n° 98-44.466.

➡ Pratiques contraires à la réglementation relative à la tarification.

A commis une faute grave le directeur d'une association disposant, par délégation, des pouvoirs de gestion les plus étendus qui a effectué des pratiques contraires à la réglementation relative à la tarification, conduisant à mettre indûment à la charge de l'assurance maladie des sommes dont le remboursement a mis en péril l'équilibre financier de l'association employeur.

Cass. soc. 11 juillet 2000, n° 98-42.680.

➡ Manquements d'un salarié à la réglementation relative à la sécurité.

Ayant retenu qu'un salarié, en charge de la sécurité de l'entreprise et disposant des compétences requises, n'avait pas effectué de façon complète la déclaration administrative obligatoire en matière d'installation classée, n'avait pas procédé au suivi des stocks de produits dangereux, malgré les interrogations de l'employeur, et n'avait pas procédé à la régularisation nécessaire en dépit des éléments techniques connus de lui, plaçant ainsi l'entreprise dans une situation d'activité irrégulière, une cour d'appel a pu en déduire que le comportement de l'intéressé rendait impossible son maintien dans l'entreprise pendant la durée du préavis et constituait une faute grave.

Cass. soc. 11 octobre 2005, n° 03-45.585.

Après avoir retenu qu'une salariée, adjointe d'un chef de secteur dans une société de HLM, n'était pas passée chaque mois dans les immeubles de son secteur, n'avait pas mentionné dans le cahier de sécurité les anomalies constatées, telles que l'amoncellement de matériaux inflammables et dangereux dans les parties communes, n'avait pas rempli les ordres de service correspondants ni vérifié que le travail avait été effectué, avait refusé d'exécuter les consignes relatives à la sécurité des immeubles et relevé que les carences dans l'exécution de son travail pouvaient avoir des conséquences en matière de sécurité des personnes et des biens, une cour d'appel a pu décider que le comportement de l'intéressée, dont elle a fait ressortir qu'il rendait impossible son maintien dans l'entreprise, constituait une faute grave.

Cass. soc. 24 mars 2010, n° 08-43.176, 2e moyen.

Les manquements aux consignes de l'employeur constituent une faute grave.

➡ Responsable des ventes ayant enfreint une consigne de l'employeur en vendant des automobiles avec paiement différé.

Une cour d'appel, après avoir constaté qu'il était reproché au salarié d'avoir effectué à plusieurs reprises la livraison de véhicules avec paiements différés sans autorisation de l'employeur, a relevé, d'une part, que les poursuites n'étaient pas tardives et que, d'autre part, le salarié avait sciemment enfreint une consigne de l'employeur en vendant ces automobiles avec paiement différé. En l'état de ces constatations, la cour d'appel a pu décider que le comportement du salarié rendait impossible son maintien dans l'entreprise pendant la durée du préavis et constituait une faute grave.

Cass. soc. 14 juin 2000, n° 98-41.617.

➡ Engagement d'une dépense importante sans autorisation.

Commet une faute grave le salarié qui engage une importante dépense sans respecter la procédure d'autorisation interne à l'entreprise, malgré son caractère impératif plusieurs fois rappelé au personnel.

Cass. soc. 15 mars 2000, n° 98-40.726.

➡ Salarié ayant engagé son employeur à réaliser des prestations dans des conditions non agréées par sa hiérarchie.

Après avoir retenu qu'un directeur commercial, qui n'était pas titulaire d'une délégation de pouvoir à cet effet, avait engagé son employeur pour plus de onze millions d'euros hors taxes en constituant et adressant un dossier de réponse à un appel d'offres pour la construction d'un centre hospitalier en violation des règles de procédure internes à la société, une cour d'appel a pu estimer que ce fait fautif, reproché à l'intéressé dans la lettre de licenciement, qui engageait financièrement la société à réaliser les prestations convenues et décrites dans la réponse au prix soumis, conditions qui n'avaient pas été agréées par sa hiérarchie, était constitutif d'une faute grave ne permettant pas son maintien dans l'entreprise.

Cass. soc. 3 février 2010, n° 08-43.051, 2e moyen.

Circonstances de nature à atténuer la faute

Si l'employeur est responsable des manquements commis par le salarié, le licenciement est injustifié.

Il en est ainsi lorsque l'employeur demande au salarié d'effectuer des tâches ne relevant pas de sa qualification et étrangères à l'activité pour laquelle il a été engagé.

Une cour d'appel a exactement décidé que l'employeur, qui fait effectuer à une salariée des tâches ne relevant pas de sa qualification et étrangères à l'activité pour laquelle elle a été embauchée, ne peut lui reprocher les erreurs commises dans son travail et dit, en conséquence, que le licenciement de l'intéressée était sans cause réelle et sérieuse.

Cass. soc. 2 février 1999, n° 96-44.340, BC V n° 51.

La tolérance passée de l'employeur peut atténuer la gravité de la faute.

L'omission de l'inscription au tableau de l'Ordre ne constitue pas une faute justifiant la rupture immédiate du contrat de travail si le pharmacien titulaire a toléré une telle situation.

C'est à tort qu'une cour d'appel a décidé que le licenciement d'un salarié reposait sur une faute grave, après avoir constaté que l'employeur savait, au moment de l'engagement du salarié, que celui-ci n'était pas encore inscrit et qu'il s'était abstenu pendant 4 années de s'assurer, comme lui en fait l'obligation l'article R. 5 015 du code de la santé publique, de l'inscription de son assistant au tableau de l'Ordre.

Cass. soc. 15 mai 2002, n° 00-41.730.

Ayant retenu que les manquements aux règles d'hygiène et de conservation alimentaire reprochés à un chef-cuisinier, à l'appui de son licenciement pour faute grave, avaient été tolérés par le précédent employeur et s'étaient intégrés à sa pratique de gestion, une cour d'appel a pu en déduire qu'en l'absence d'instructions préalables de la part du nouvel employeur, ils n'empêchaient pas le maintien du salarié dans l'entreprise pendant la durée du préavis et ne constituaient pas une faute grave.

Cass. soc. 21 février 2007, n° 05-41.777.

Une cour d'appel, qui a caractérisé, par une appréciation souveraine de la valeur et de la portée des pièces produites par les parties, la connaissance par un employeur de l'anomalie comptable constituée par le décaissement de certaines prestations facturées aux clients faisant ainsi ressortir l'existence d'une tolérance de sa part, pendant une longue période, de la pratique reprochée au salarié, a pu en déduire que celle-ci n'était pas de nature à constituer une faute grave rendant impossible le maintien du salarié dans l'entreprise et, exerçant les pouvoirs qu'elle tient de l'article L. 1235-1 CT, a décidé que le licenciement était sans cause réelle et sérieuse.

Cass. soc. 10 novembre 2016, n° 15-18.697.

L'ancienneté du salarié et l'absence de reproche antérieur sont prises en considération dans l'appréciation de la gravité de la faute.

Un salarié avait, deux jours de suite, négligé de porter un équipement de protection après avoir reçu une lettre que l'employeur avait adressée à l'ensemble des salariés pour les inviter à respecter les consignes de sécurité, mais s'était conformé aux injonctions de l'employeur avant même d'avoir reçu la lettre le convoquant à l'entretien préalable.

Une cour d'appel a retenu à bon droit que le comportement du salarié, qui comptait une ancienneté de vingt-deux ans, ne constituait pas une faute grave. Usant du pouvoir qu'elle tient de l'article L. 122-14-3 CT, elle a pu décider que le licenciement ne reposait pas sur une cause réelle et sérieuse.

Cass. soc. 9 octobre 2002, n° 00-44.297.

L'inexpérience du salarié constitue également un élément de nature à atténuer la faute.

Un salarié embauché en qualité de caissier par un contrat à durée déterminée avait été licencié pour faute grave avant l'arrivée du terme initialement prévu au contrat au motif qu'il n'avait pas pris la précaution de fermer sa caisse et que, suite à cette omission, de l'argent avait été dérobé.

Ayant constaté que l'intéressé, qui avait été embauché pour un contrat à durée déterminée d'une durée de six semaines, était inexpérimenté, une cour d'appel a pu décider que la négligence commise ne constituait pas une faute grave.

Cass. soc. 1er juin 1999, n° 97-41.657.

Des erreurs importantes résultant d'un trouble psychologique du salarié ne constituent pas une faute grave.

Un employeur ne pouvait reprocher à un salarié d'avoir commis une faute grave en raison de la réitération de malfaçons dans l'exécution de son travail, alors que l'intéressé n'avait fait l'objet d'aucun reproche pendant plusieurs années et que ses erreurs s'expliquaient par son état psychologique.

Une cour d'appel a pu décider que les malfaçons commises par le salarié n'étaient pas constitutives d'une faute grave, mais seulement d'une cause réelle et sérieuse.

Cass. soc. 3 février 1994, n° 90-43.456, 1er moyen.

En l'absence de conséquence pour l'entreprise, des erreurs de tarification ne justifient pas un licenciement pour faute grave.

Un VRP avait fait l'objet d'un licenciement pour faute grave pour avoir rectifié les erreurs qu'il avait portées sur le bon de commande signé par le client en falsifiant le double destiné à revenir à son employeur. Après avoir relevé que ces erreurs n'avaient eu aucune incidence sur le fonctionnement de l'entreprise, une cour d'appel a souverainement décidé que les erreurs de tarification commises par le représentant constituaient une cause réelle et sérieuse de licenciement, et non une faute grave.

Cass. soc. 19 novembre 1996, n° 93-43.274.

Contrôle juridictionnel

S'agissant de simples erreurs ou négligences, les juges du fond apprécient souverainement si elles constituent une cause suffisamment sérieuse pour justifier un licenciement.

Une caissière avait été licenciée pour faute grave pour avoir commis des erreurs de caisse importantes et répétées. Une cour d'appel a pu décider que le fait pour une caissière de commettre des erreurs de caisse importantes et répétées ne s'analysait pas en une faute grave. Toutefois, dans l'exercice de son pouvoir souverain d'appréciation, la cour d'appel a décidé que le licenciement de l'intéressée procédait d'une cause réelle et sérieuse.

Cass. soc. 12 janvier 1994, n° 92-41.206, 1er moyen.

Une cour d'appel a pu décider, en vertu de son pouvoir souverain d'appréciation, que le licenciement d'un salarié pour avoir sollicité le remboursement indu de deux repas sur sa note de frais était dépourvu de cause réelle et sérieuse.

En effet, si l'employeur invoquait des manœuvres frauduleuses de la part du salarié, celles-ci n'étaient pas établies ; seule une simple négligence pouvait être retenue contre l'intéressé, ne justifiant pas son congédiement.

Cass. soc. 5 janvier 1995, n° 93-44.574.

C'est à tort que, pour décider que le licenciement d'un salarié procédait d'une faute grave, une cour d'appel a retenu qu'il appartenait à l'intéressé de s'assurer de la réalité des contrats d'intérim souscrits au nom des proches parents de salariés d'une entreprise cliente, et qu'à défaut, il s'était rendu coupable d'une négligence de nature à porter atteinte à la confiance nécessaire qu'un employeur doit pouvoir placer dans un cadre responsable, qui rendait impossible la poursuite de son contrat de travail pendant le délai de préavis, alors que la négligence reprochée au salarié, de nature à susciter une perte de confiance de son employeur, ne rendait pas impossible son maintien dans l'entreprise pendant la durée du préavis.

Cass. soc. 16 mars 2004, n° 01-46.230.

☞ *Faute grave ; Insubordination ; Insuffisance de résultats ; Insuffisance professionnelle ; Non-respect des règles d'hygiène et de sécurité.*

Contrat de travail (Nullité)

La nullité du contrat de travail est encourue en cas de vice du consentement, d'incapacité ou lorsque la cause ou l'objet du contrat est illicite ou immoral.

De même, le contrat de travail conclu avec un travailleur étranger démuni d'autorisation de travail est nul.

Les causes de la nullité du contrat de travail

Le défaut de capacité de contracter d'une des parties entraîne la nullité du contrat.

Tel n'est pas le cas lorsque le contrat de travail a été signé par un associé du gérant, chargé de l'exploitation de l'entreprise : ayant constaté que le contrat de travail avait été signé par le mandataire apparent d'une société, associé du gérant et chargé de l'exploitation de l'entreprise, une cour d'appel a pu rejeter la demande de la société en nullité du contrat de travail.

Cass. soc. 15 juin 1999, n° 97-41.375, 1er moyen, BC V n° 282.

La fourniture de renseignements inexacts par le salarié lors de l'embauche n'entraîne la nullité du contrat de travail que si elle constitue un dol.

La fourniture de renseignements inexacts par le salarié lors de l'embauche n'est un manquement à l'obligation de loyauté susceptible d'entraîner la nullité du contrat de travail que si elle constitue un dol. Elle ne constitue une faute susceptible de justifier le licenciement que s'il est avéré que le salarié n'avait pas les compétences effectives pour exercer les fonctions pour lesquelles il a été recruté.

C'est donc à tort que, pour décider que le licenciement d'une salariée était fondé sur une cause réelle et sérieuse, une cour d'appel a relevé que l'intéressée avait manqué à son obligation de loyauté en ne fournissant pas à la société, lors de son engagement, des informations exactes concernant ses diplômes, sans caractériser le dol et sans relever l'incompétence de la salariée qui occupait depuis trois ans les fonctions pour lesquelles elle avait été recrutée.

Cass. soc. 30 mars 1999, n° 96-42.912, BC V n° 142.

Doit être cassé l'arrêt qui, pour déclarer nul le contrat de travail d'une salariée et rejeter en conséquence ses demandes d'indemnité de fin de contrat et de dommages-intérêts, retient que l'intéressée avait fait figurer dans son curriculum vitae la mention suivante « assistante de la responsable de formation » d'une société alors qu'il s'agissait en réalité d'un stage de formation de 4 mois à la direction des études dans le service formation linguistique de cette entreprise, que la relation salariale ne se serait jamais nouée si l'intéressée avait fait mention de son expérience professionnelle au titre d'un stage de formation, ce dont il résultait que le consentement de l'employeur avait été vicié, alors que la mention litigieuse, si elle était imprécise et susceptible d'une interprétation erronée, n'était pas constitutive d'une manœuvre frauduleuse.

Cass. soc. 16 février 1999, n° 96-45.565, BC V n° 74.

En outre, la nullité du contrat de travail n'est encourue que si les manœuvres dolosives ont eu un rôle déterminant dans le recrutement du salarié.

Un salarié, s'étant faussement prévalu d'un DESS « Technique et pratique des relations économiques extérieures » d'une université et d'une formation à l'école supérieure de commerce, ne pouvait arguer de la validité de son contrat, ces allégations ayant eu un rôle déterminant pour la conclusion de son contrat de travail.

Cass. soc. 17 octobre 1995, n° 94-41.239, 1er moyen.

Un employeur avait saisi la juridiction prud'homale d'une demande en nullité du contrat de travail pour dol en faisant valoir que le salarié avait remis, lors de son engagement, une lettre d'embauche et un curriculum vitae écrits de la main de son épouse.

Ayant constaté que l'examen graphologique n'avait été qu'un élément parmi d'autres de la décision définitive d'embauche prise à l'issue d'un entretien entre le salarié et un représentant de l'employeur et qu'il n'était pas établi que, sans les manœuvres employées par le salarié, l'employeur ne l'aurait pas embauché, une cour d'appel a pu rejeter la demande de l'employeur et le condamner au paiement de différentes sommes.

Cass. soc. 16 juin 1998, n° 96-41.223. Voir aussi cass. crim. 19 novembre 1990, n° 89-84.690, relaxant un prévenu du chef d'escroquerie dès lors qu'il n'était pas démontré que l'indication d'une fausse qualification professionnelle sur une feuille d'embauche ait été la cause déterminante de la conclusion du contrat.

L'erreur sur la personne peut être invoquée à l'appui de la nullité si la considération de cette personne a été la cause déterminante de la conclusion du contrat.

L'employeur ne peut invoquer l'erreur sur la personne comme vice du consentement, pour obtenir la nullité du contrat, que si la considération de cette personne a été la cause déterminante de la convention. En l'espèce, l'exigence de la possession d'un permis de conduire n'ayant pas été formulée lors de l'embauche et le contrat d'adaptation s'étant poursuivi au-delà de la période d'essai, l'employeur ne pouvait invoquer l'erreur sur l'aptitude du salarié à occuper le poste proposé comme vice du consentement pour obtenir l'annulation du contrat.

Cass. soc. 23 janvier 1992, n° 88-43.391, 1er moyen, BC V n° 47.

L'erreur n'est une cause de nullité du contrat que dans la mesure où elle est excusable.

Ayant été informé par le candidat lui-même qu'il avait été P-DG d'une société dont le nom était mentionné dans le curriculum vitae, un employeur ne pouvait reprocher au salarié d'avoir caché, lors de son embauche, que la société dont l'intéressé avait été le P-DG avait fait l'objet d'une mise en liquidation de biens. L'employeur aurait dû procéder à des investigations plus poussées qui lui auraient permis de découvrir ce fait. À défaut, la nullité du contrat ne pouvait être soulevée.

Cass. soc. 3 juillet 1990, n° 87-40.349, BC V n° 329.

Les contrats de travail passés avec des mandataires sociaux encourent la nullité pour cause illicite dès lors qu'ils contreviennent aux dispositions impératives du code de commerce sur les sociétés commerciales.

☛ *Cumul d'un mandat social et d'un contrat de travail.*

En l'absence d'autorisation de travail, le contrat de travail conclu avec le travailleur étranger est nul.

Cass. soc. 15 février 1978, n° 76-41.142, BC V n° 107.

Est nul le contrat de travail conclu postérieurement à la date de cessation des paiements lorsqu'il existe un déséquilibre entre les prestations des parties au détriment de l'employeur.

Selon l'article L. 621-107, 2° c. com. [devenu art. L. 632-1, I, 2° c. com.], sont nuls, lorsqu'ils ont été faits par le débiteur depuis la date de cessation des paiements, les contrats commutatifs dans lesquels les obligations du débiteur excèdent notablement celles de l'autre partie.

Un salarié a été engagé le 5 juin 2000 par contrat de qualification à durée déterminée de 18 mois, alors que l'employeur avait été placé en liquidation judiciaire et la date de cessation des paiements fixée au 1er janvier 2000. Le salarié, licencié pour motif économique le 4 août 2000, a saisi la juridiction prud'homale en vue d'obtenir le paiement à titre d'indemnité d'une somme égale à la totalité des salaires qu'il aurait perçus jusqu'au terme du contrat.

A légalement justifié sa décision la cour d'appel qui, ayant souverainement apprécié l'existence d'un déséquilibre entre les prestations des parties au contrat, a prononcé la nullité du contrat de travail et a débouté le salarié de ses demandes.

Cass. soc. 15 juin 2004, n° 02-41.623, BC V n° 163. Voir aussi cass. soc. 29 octobre 2002, n° 00-45.612, BC V n° 325.

Les effets de la nullité

Le contrat frappé de nullité est réputé n'avoir jamais existé.

Si en cas de nullité du contrat de travail le travailleur doit être indemnisé pour les prestations qu'il a fournies, il ne peut prétendre au paiement de salaires.

Ayant constaté qu'elle était saisie d'une demande au titre de créances salariales, fondée sur un contrat de travail qu'elle annulait, une cour d'appel n'était pas tenue de rechercher si cette action pouvait être fondée au titre de l'indemnisation de la prestation fournie.

Cass. soc. 21 novembre 2018, n° 17-26.810, à paraître.

Le contrat frappé de nullité étant réputé n'avoir jamais existé, les choses doivent être remises dans l'état où elles se trouvaient avant l'exécution. Si cette remise en état se révèle être impossible en raison de la nature des obligations résultant de ce contrat, la partie avantagée doit s'acquitter du prix correspondant à cette prestation. Ainsi, un entrepreneur ayant employé du personnel mis à disposition par une société de travail temporaire en exécution d'un contrat nul devait verser à cette société une somme correspondant aux rémunérations versées aux salariés en contrepartie du travail effectué, celles-ci étant insusceptibles de répétition.

Cass. soc. 7 novembre 1995, n° 93-18.620, BC V n° 292.

☛ *Travailleurs étrangers.*

Contrat de travail international

Le contrat de travail est international lorsqu'il comprend un élément d'extranéité. Il peut s'agir du lieu d'exécution du travail, du lieu d'embauche ou de la nationalité des parties au contrat.

Détermination de la loi applicable au contrat

Depuis sa publication (décret du 28 février 1991), la convention de Rome sur la loi applicable aux obligations contractuelles constitue la règle de conflit de lois française applicable au contrat de travail international. Si les arrêts ci-dessous rapportés n'ont pas eu tous à en faire application (décisions rendues, pour la plupart, à propos de litiges antérieurs à son entrée en vigueur), les solutions retenues sont sensiblement celles adoptées par la convention de Rome.

À noter que depuis le 17 décembre 2009, le règlement (CE) 593/2008 s'est substitué à la Convention de Rome pour tous les contrats conclus à compter de cette date.

• La loi normalement applicable est la loi choisie par les parties

Le choix des parties s'impose à elles.

Il résulte de l'article 8 de la convention de Rome du 19 juin 1980 que l'existence et la validité du contrat ou d'une disposition de celui-ci sont soumises à la loi qui serait applicable en vertu de ladite convention si le contrat ou la disposition étaient valables.

C'est à bon droit qu'après avoir constaté que la lettre envoyée à un salarié prévoyait de soumettre la relation de travail qu'elle envisageait à la loi suisse et retenu que la condition à laquelle la conclusion du contrat était subordonnée ne heurtait aucune disposition impérative de la loi française, une cour d'appel a décidé que la loi suisse était applicable au litige en vertu des articles 3 et 6 de la convention de Rome.

Cass. soc. 24 novembre 2004, n° 02-42.660.

Une salariée a été engagée le 12 novembre 1997 par une société située à Paris, à temps complet puis à temps partiel à compter du 12 novembre 2002 ; le 10 décembre 2002, elle a également été engagée à temps partiel, par une fondation espagnole, les parties ayant choisi de soumettre le contrat de travail conclu à la loi espagnole. Après avoir été licenciée par la société située à Paris le 16 juin 2006, pour motif économique, elle a été engagée, le 28 juillet suivant, directement par le gérant de cette société, par un contrat de travail que les parties ont choisi de soumettre à la loi belge ; le 17 décembre 2009, elle a été licenciée par la fondation espagnole au motif d'une incompatibilité entre le maintien de son poste et de son lieu de résidence à Paris, alors que le centre des opérations d'art était dorénavant localisé à Bruxelles ; le 21 décembre 2009, elle a été licenciée par le gérant de la première société avec effet immédiat ; elle a saisi la juridiction prud'homale pour obtenir paiement de diverses sommes, en se prévalant des dispositions de la loi française.

Pour dire les licenciements de la salariée sans cause réelle et sérieuse et condamner solidairement la fondation et le gérant qui l'employait directement à payer à la salariée diverses sommes, une cour d'appel a retenu que ce dernier était le gérant de la société qui employait en premier lieu la salariée, qu'il était le signataire, en qualité d'employeur, du contrat de travail espagnol conclu entre cette dernière et la fondation et que c'était à titre personnel qu'il avait employé la salariée à compter du 1er août 2006, après l'avoir licenciée de la société située à Paris, dans un emploi identique, qu'il était le seul interlocuteur de leurs échanges à propos de la régularisation sociale de celle-ci en rapport avec les contrats espagnol et belge, sans distinction, qu'ainsi que cela ressortait de la lettre qui actait la rupture du contrat de travail espagnol, le licenciement était intervenu sur ses instructions, que, par ailleurs, le matériel professionnel mis à la disposition de la salariée à son domicile était utilisé par celle-ci au profit de ses deux employeurs indifféremment, que, le 15 janvier 2009, la salariée a annoncé au gérant, sur sa boîte électronique de la fondation, que le scanner hérité de la société parisienne avait rendu l'âme et lui avait demandé l'autorisation de le remplacer, qui lui avait été accordée, que lors de pourparlers qui ont précédé les licenciements, relativement au statut social de la salariée par rapport aux deux contrats belge et espagnol, c'était à lui qu'elle s'était adressée, qu'on ne lui connaissait pas d'autre boîte électronique que celle citée précédemment, dans ses rapports avec la salariée, ce qui induisait des liens très étroits entre les deux entités dirigées par lui, et une unicité de direction et de gestion, dans ses relations avec la salariée, que de fait la fondation et le gérant étaient les employeurs conjoints de cette dernière, et qu'il s'ensuivait qu'ils étaient tenus solidairement au paiement des sommes dues à la salariée au titre de ses contrats de travail.

En statuant ainsi, alors qu'elle avait constaté que si la salariée avait exécuté habituellement ses contrats de travail en France, les lois belge et espagnole avaient été choisies par les parties, ce dont il résultait que celles-ci étaient seules applicables à la demande de reconnaissance de la qualité de co-employeurs, la cour d'appel a violé les articles 3 et 6 de la Convention de Rome du 19 juin 1980 sur la loi applicable aux obligations contractuelles.

Cass. soc. 7 novembre 2018, n° 16-27.692, 1er moyen, à paraître.

Ce choix peut être exprès ou implicite.

En l'absence de disposition expresse du contrat de travail, le choix de la loi applicable peut néanmoins résulter, de manière certaine, des circonstances de la cause. Une société s'étant engagée à se conformer, à l'égard des marins français, aux dispositions françaises et ayant recruté des officiers français aux conditions des barèmes du Comité central des armateurs de France et conformément aux conventions collectives françaises, une cour d'appel a pu décider que les parties avaient entendu écarter l'application de la loi du lieu d'exécution, les conditions d'emploi du salarié intéressé ayant toujours été celles du droit français.

Cass. soc. 16 novembre 1993, n° 90-16.030, BC V n° 269.

Après avoir relevé que le contrat de travail ne faisait pas référence à la loi applicable, une cour d'appel, qui a constaté que le contrat avait été conclu en France entre une société française et un ressortissant français, qu'il avait pris effet en France avant le départ du salarié pour le Pakistan et que la rémunération était stipulée en francs, a pu décider qu'il résultait de façon certaine de ces éléments que les parties avaient eu l'intention de soumettre leurs relations à la loi française.

Cass. soc. 28 octobre 1997, n° 94-42.340, BC V n° 337.

Une société, qui avait demandé une autorisation de licenciement à l'administration française en vue de licencier pour motif économique son personnel basé à Paris, ne pouvait, par la suite, reprocher au juge d'avoir déclaré que la loi française était applicable au litige. En se plaçant sous l'empire de la loi française pour les dispositions relatives à la procédure de licenciement, l'employeur s'était également placé sous l'empire de cette même loi pour les effets du licenciement, ces derniers étant indissociables de la procédure.

Cass. ass. plén. 10 juillet 1992, n° 88-40.675, 1er moyen, BC n° 8.

Engagé par une société française en qualité de directeur de sa filiale de Singapour, un salarié, après avoir été licencié, avait saisi la juridiction prud'homale pour obtenir le paiement de diverses indemnités.

Doit être rejeté le pourvoi formé par le salarié reprochant à une cour d'appel d'avoir décidé que son contrat de travail était régi par la loi de la république de Singapour. En effet, ayant constaté qu'il avait été embauché à Singapour où il avait effectivement travaillé, qu'aucune disposition de la législation française du droit du travail n'avait été rendue applicable ni appliquée entre les parties et que la rémunération de l'intéressé avait été fixée et payée en devises locales, la cour d'appel a caractérisé l'intention des parties de soumettre le contrat de travail de l'intéressé à la loi de Singapour.

Cass. soc. 21 janvier 2004, n° 01-45.182, BC V n° 21.

Un salarié, engagé aux États-Unis en 1964 par une société américaine, a été muté en 1965 au sein de la filiale parisienne de l'entreprise. Il a bénéficié, à compter du 1er janvier 1966, du plan de pension de retraite supplémentaire instauré par la société au bénéfice des salariés de son groupe, quel que soit le lieu de leur affectation. Ayant pris sa retraite à compter du 1er juillet 1987, il a fait convoquer le 25 octobre 1999 son ancien employeur devant la juridiction prud'homale pour obtenir paiement d'un rappel de pension de sa retraite supplémentaire et de dommages-intérêts.

Après avoir constaté que, selon l'article 12.8 du plan de retraite institué aux États-Unis par l'employeur, la validité de ce régime et de toute disposition de celui-ci était déterminée et interprétée conformément aux lois de l'État de New York, une cour d'appel a décidé à bon droit que la loi américaine était applicable au litige et jugé qu'en application de cette loi, les demandes de leur auteur étaient irrecevables comme prescrites.

Par ailleurs, saisie de la seule question du paiement d'un rappel de pension de retraite supplémentaire facultative instituée à l'étranger par un employeur étranger, la cour d'appel n'avait pas à faire application de dispositions du code français de la sécurité sociale relatives aux régimes de retraite complémentaire obligatoires.

Cass. soc. 7 septembre 2004, n° 02-41.417, BC V n° 225.

Ce choix peut porter sur l'ensemble du contrat ou sur une partie seulement.

Il résulte de l'article 3 de la Convention de Rome du 19 juin 1980, telle qu'applicable aux faits, que le contrat est régi par la loi choisie par les parties ; ce choix, qui peut être exprès ou résulter de façon certaine des circonstances de la cause, peut porter sur l'ensemble du contrat ou sur une partie seulement et intervenir ou être modifié à tout moment de la vie du contrat.

Un salarié, engagé par une société dont le siège social est situé en France pour exercer son activité sur des chantiers situés en Allemagne, a été licencié pour motif économique le 21 novembre 2003.

Après avoir relevé que l'employeur avait engagé la procédure de licenciement économique du salarié selon les règles du droit français et avait déterminé les droits du salarié licencié par application de ce même droit, ce que le salarié avait accepté en revendiquant cette même application, une cour d'appel a pu décider qu'il résultait de façon certaine des circonstances de la cause que les parties avaient choisi de soumettre la rupture de leur contrat de travail aux règles du droit français, peu important que ce contrat fut en principe régi par le droit allemand en tant que loi du lieu d'accomplissement du travail.

Cass. soc. 4 décembre 2012, n° 11-22.166, pourvoi incident, BC V n° 317.

Il appartient à celui qui se prévaut des dispositions d'une loi étrangère de rapporter la preuve de son contenu.

Celui qui soutient que le contrat de travail est soumis à une loi étrangère doit en établir le contenu. Un employeur se prévalant de la validité d'une transaction soumise au droit gabonais, il lui appartenait de rapporter la preuve des dispositions gabonaises justifiant la validité de la transaction. À défaut, les juges ont pu apprécier la validité de l'acte au regard des principes généraux du droit français.

Cass. soc. 1er avril 1992, n° 88-45.484, 1er moyen. Voir aussi cass. civ., 1re ch., 5 novembre 1991, n° 90-40.163, 2e moyen, BC I n° 293.

• À défaut de choix, la loi applicable est celle du lieu d'exécution du travail

Cas où la loi du lieu d'exécution habituelle du travail est applicable.

Il résulte de l'article 6, § 2, de la convention de Rome sur la loi applicable aux obligations contractuelles, qu'à défaut de choix d'une loi exercé par les parties, le contrat de travail est régi par la loi du pays où le travailleur, en exécution du contrat de travail, accomplit habituellement son travail, à moins qu'il ne résulte de l'ensemble des circonstances que le contrat de travail présente des liens plus étroits avec un autre pays, auquel cas la loi de cet autre pays est applicable ; dans son arrêt du 12 septembre 2013 (CJUE, aff. C-64/12), la Cour de justice de l'Union européenne a jugé qu'il appartient à la juridiction de renvoi de procéder à la détermination de la loi applicable au contrat en se référant aux critères de rattachement définis à l'article 6, § 2, premier membre de phrase, de la convention de Rome, et en particulier au critère du lieu d'accomplissement habituel du travail, visé à ce paragraphe 2, sous a), que, toutefois, en vertu du dernier membre de phrase de ce même paragraphe, lorsqu'un contrat est relié de façon plus étroite à un État autre que celui de l'accomplissement habituel du travail, il convient d'écarter la loi de l'État d'accomplissement du travail et d'appliquer celle de cet autre État ; à cette fin, la juridiction de renvoi doit tenir compte de l'ensemble des éléments qui caractérisent la relation de travail et apprécier celui ou ceux qui, selon elle, sont les plus significatifs, le juge appelé à statuer sur un cas concret ne saurait cependant automatiquement déduire que la règle énoncée à l'article 6, § 2, sous a), de la convention de Rome doit être écartée du seul fait que, par leur nombre, les autres circonstances pertinentes, en dehors du lieu de travail effectif, désignent un autre pays.

Pour déclarer la loi française applicable au contrat de travail d'une salariée de l'Association des parents d'élèves de l'école française de Delhi engagée à New Delhi en qualité de « recrutée locale », une cour d'appel a retenu que l'objet de l'association était de dispenser une instruction en français, que son mode de fonctionnement lui imposait l'homologation de l'établissement par le ministère de l'éducation nationale, que la nomination du chef d'établissement était assurée par l'agence pour l'enseignement français à l'étranger, que de nombreux collègues exerçaient les mêmes fonctions sous le régime des expatriés.

En statuant ainsi, alors qu'elle avait constaté que la salariée, engagée directement en Inde, accomplissait exclusivement son travail à Delhi, que les contrats de travail étaient rédigés en langue française ou anglaise, qu'ils contenaient des références à la monnaie locale, que les bulletins de paie étaient établis à Delhi en roupie ou en euros et que la salariée ne démontrait pas acquitter ses impôts en France, la cour d'appel a violé l'article 6 § 2 de la convention de Rome sur la loi applicable aux obligations contractuelles.

Cass. soc. 13 octobre 2016, n° 15-16.872, BC V n° 188.

À défaut de choix par les parties de la loi applicable, le contrat de travail est régi, sauf s'il présente des liens plus étroits avec un autre pays, par la loi du pays où le salarié, en exécution du contrat, accomplit habituellement son travail.

Un salarié a été engagé par une banque marocaine à compter du 2 janvier 1969, en vertu d'une lettre d'engagement du 6 février 1969, et a été envoyé en France, le 18 février 1969, où il a travaillé jusqu'à sa mise à la retraite le 30 juin 2004 ; il a saisi la juridiction prud'homale pour obtenir paiement d'indemnités de rupture et de dommages-intérêts.

Pour décider que la loi française n'était pas applicable au litige et rejeter les demandes du salarié au titre de la rupture du contrat de travail, une cour d'appel, après avoir relevé que les parties n'avaient fait choix d'aucune loi pour régir leurs rapports, a retenu que le contrat de travail présentait des liens plus étroits avec le Maroc qu'avec la France dès lors qu'il avait commencé à s'exécuter au Maroc, que le salarié avait été rémunéré en dirhams marocains avec une domiciliation à Casablanca (Maroc), ladite somme faisant l'objet d'une conversion en euros sur la base d'un taux privilégié, que les bulletins de salaire étaient également libellés en langue arabe avec traduction en français, que l'employeur et le salarié cotisaient aux organismes sociaux marocains, que le salarié bénéficiait d'une indemnité mensuelle d'expatriation, que la liquidation de ses droits pour le régime complémentaire de prévoyance du CPM sous forme de capital avait été versée sur un compte bancaire situé au Maroc, que le salarié ne rapportait pas la preuve qu'il aurait contesté, durant l'exécution de son contrat de travail en France, son affiliation aux organismes sociaux marocains, peu important qu'il ait fixé le centre de ses intérêts de manière stable, depuis plus de 35 ans, en France.

En statuant ainsi, alors que les parties n'avaient pas choisi, lorsque le salarié était venu exercer son activité en France, de continuer de soumettre leurs relations contractuelles à la loi marocaine et que, lors de la rupture du contrat, le salarié était depuis 35 ans en France où il avait fixé le centre de ses intérêts de manière stable, la cour d'appel a violé les articles L. 1221-1, L. 1221-3 CT et 3 c. civ.

Cass. soc. 3 mars 2015, n° 13-24.194, 1re branche du moyen, BC V n° 33.

D'abord, les articles 19 et 60 du règlement (CE) 44/2001 ne sont pas applicables à la détermination de la loi applicable au litige mais seulement à celle de la juridiction compétente ; ensuite, la Cour de justice de l'Union européenne a jugé (CJUE 15 mars 2011, aff. C-29/10) que, compte tenu de l'objectif poursuivi par l'article 6 de la Convention de Rome, il y a lieu de constater que le critère du pays où le travailleur « accomplit habituellement son travail », édicté au paragraphe 2, sous a), de celui-ci, doit être interprété de façon large, alors que le critère du siège de « l'établissement qui a embauché le travailleur », prévu au paragraphe 2, sous b), du même article, devrait s'appliquer lorsque le juge saisi n'est pas en mesure de déterminer le pays d'accomplissement habituel du travail, et il découle de ce qui précède que le critère contenu à l'article 6, paragraphe 2, sous a), de la Convention de Rome a vocation à s'appliquer également dans une hypothèse où le travailleur exerce ses activités dans plus d'un État contractant, lorsqu'il est possible, pour la juridiction saisie, de déterminer l'État avec lequel le travail présente un rattachement significatif.

Ayant constaté que des pilotes employés par une compagnie aérienne de droit anglais avaient le centre effectif de leur activité professionnelle en France, à l'aéroport de Vatry, lequel était la base à partir de laquelle ils commençaient et terminaient toutes leurs prestations de travail et où ils assuraient les tâches administratives et les jours d'astreinte, peu important que des cycles de rotations les aient conduits dans différents pays du globe, c'est à bon droit qu'une cour d'appel a décidé que la loi applicable aux contrats de travail en cause était la loi française, même si les plannings de vols adressés aux pilotes étaient établis en Grande-Bretagne où était aussi situé le lieu d'entraînement sur simulateur.

Cass. soc. 11 avril 2012, n° 11-17.096, 2e moyen, BC V n° 119.

Un salarié a été employé par une société américaine, filiale d'une société française, pour travailler à New York. La société américaine ayant mis fin à son contrat de travail, le salarié a saisi la juridiction prud'homale à l'encontre de la société française, en vue de faire constater qu'il avait fait l'objet d'un licenciement sans cause réelle et sérieuse.

Doit être rejeté le pourvoi soutenant que le fait que la loi américaine soit applicable à la relation de travail ayant existé entre le salarié et la société américaine n'impliquait pas nécessairement qu'elle le soit à la relation entre la société française et le salarié.

En effet, après avoir constaté que le contrat de travail du salarié était régi par la loi de l'État de New York en tant que loi du lieu d'exécution habituel du travail, une cour d'appel a pu dire que le droit de l'État de New York était applicable à la demande fondée sur la qualité de coemployeur de la société française.

Cass. soc. 8 février 2012, n° 10-28.537, 1er moyen, BC V n° 63.

Un salarié de nationalité néerlandaise avait exercé les fonctions de chef de département du marché des changes dans une succursale d'une banque française à Amsterdam. Puis il avait bénéficié du statut de cadre assimilé réservé aux cadres exerçant leurs fonctions dans les réseaux extérieurs de cette banque et avait été affecté au sein d'une succursale à Singapour, puis à New York. La banque ayant mis fin à son contrat, l'intéressé avait saisi la juridiction prud'homale pour obtenir notamment le paiement d'indemnités de rupture et de dommages-intérêts pour licenciement sans cause réelle et sérieuse sur le fondement de la loi française. Ayant constaté, d'une part, que le statut de « collaborateur assimilé » avait pour conséquence de faire bénéficier le salarié, non pas de l'ensemble des droits découlant de la législation française ou de la convention collective du personnel des banques, mais d'avantages strictement déterminés et, d'autre part, qu'affecté en qualité de directeur de succursale à New York pour une durée indéterminée, il y avait exercé ses fonctions pendant plus de six années, une cour d'appel a pu décider qu'en l'absence de choix par les parties de loi applicable, le contrat de travail du salarié était régi par la loi de l'État de New York en tant que loi du lieu d'exécution habituelle de son travail.

Cass. soc. 18 mai 1999, n° 97-40.531, BC V n° 215.

Un salarié de nationalité marocaine avait été engagé au Maroc en qualité d'attaché commercial et affecté en France après plusieurs mutations. Se prévalant de la loi marocaine fixant l'âge de la retraite à 60 ans, l'employeur l'avait mis à la retraite. Estimant avoir fait l'objet d'un licenciement, le salarié avait saisi la juridiction prud'homale.

Après avoir relevé que le contrat de travail était régi lors de sa conclusion, en l'absence de tout élément d'extranéité, par la loi marocaine et constaté que lors de la rupture du contrat, le salarié exerçait son activité en France, où il avait fixé le centre de ses intérêts, de manière stable et habituelle depuis 12 ans, une cour d'appel a pu décider que la loi française était applicable, les parties n'ayant pas choisi, lors de la mutation du salarié en France, la loi applicable à leur contrat, et que la rupture du contrat de travail s'analysait en un licenciement.

Cass. soc. 17 décembre 1997, n° 94-45.524, BC V n° 450.

Un représentant commercial ayant été engagé à Beyrouth par une société de droit libanais, puis nommé directeur de succursale à Paris (1 976) après avoir exercé ses fonctions à Beyrouth, Paris et Amsterdam, avait acquis la nationalité française sans perdre la nationalité libanaise. Ayant refusé en 1985 sa nomination à Beyrouth, la société avait pris acte de la rupture et l'intéressé avait saisi la juridiction prud'homale afin d'obtenir le paiement de différentes sommes à titres de rappel de salaire, indemnités de licenciement et pour licenciement sans cause réelle et sérieuse.

C'est à bon droit qu'une cour d'appel a dit que la loi française était applicable à ce litige. En effet, après avoir relevé que les parties n'avaient pas expressément déterminé la loi applicable à leurs relations, la cour d'appel a pu décider que le contrat de travail étant exécuté de façon stable, depuis plus de dix ans, en France où l'intéressé était inscrit au registre du commerce en qualité de représentant de la succursale française de la société de droit libanais, était soumis à la loi française.

Cass. soc. 10 décembre 1996, n° 93-44.926, BC V n° 429.

Les parties n'ayant pas décidé de rester soumises à la loi française, une cour d'appel ne pouvait retenir que celle-ci était applicable alors que le lieu d'exécution du contrat était le Brésil.

Cass. soc. 30 juin 1993, n° 89-43.923, BC V n° 183.

Dans l'hypothèse où le salarié exerce ses activités dans plusieurs États membres, le pays dans lequel le salarié, dans l'exécution du contrat, accomplit habituellement son travail au sens de l'article 6, § 2, sous a), de la convention de Rome, est celui où ou à partir duquel, compte tenu de l'ensemble des éléments qui caractérisent ses activités, le salarié s'acquitte de l'essentiel de ses obligations à l'égard de son employeur.

CJUE 15 mars 2011, aff. C-29/10, Recueil I-1595. Voir aussi CJUE 15 décembre 2011, aff. C-384/10, Recueil I-13275.

Même si le salarié est détaché à titre temporaire dans un autre pays, le contrat de travail est régi, sauf s'il présente des liens plus étroits avec un autre pays, par la loi du pays où le salarié, en exécution du contrat, accomplit habituellement son travail.

Cass. soc. 9 octobre 2001, n° 00-41.452, BC V n° 303.

Selon l'article 6, § 2 de la Convention de Rome du 19 juin 1980 sur la loi applicable aux obligations contractuelles, alors en vigueur, nonobstant les dispositions de l'article 4 et à défaut de choix exercé conformément à l'article 3, le contrat de travail est régi :

a) par la loi du pays où le travailleur, en exécution du contrat, accomplit habituellement son travail, même s'il est détaché à titre temporaire dans un autre pays,

b) si le travailleur n'accomplit pas habituellement son travail dans un même pays, par la loi du pays où se trouve l'établissement qui a embauché le travailleur, à moins qu'il ne résulte de l'ensemble des circonstances que le contrat de travail présente des liens plus étroits avec un autre pays, auquel cas la loi de cet autre pays est applicable.

Un salarié, qui avait été engagé par une société de travail temporaire de droit anglais pour effectuer des missions au Royaume-Uni et dans des pays européens, a été mis à la disposition d'une société qui l'a affecté en France, par contrat à durée déterminée ; la société de travail temporaire ayant mis fin à ce contrat, la juridiction prud'homale a été saisie.

Pour dire que la loi française était applicable à la rupture du contrat de travail, une cour d'appel a retenu que l'article 6 de la Convention de Rome devait être appliqué au regard du contrat en cause, conclu à durée déterminée pour une durée d'un an, peu important les missions de même nature accomplies par le salarié pendant des périodes antérieures, que dans le cadre de ce contrat de travail, il avait accompli son travail de façon exclusive en France, de sorte que par application de l'article 6, § 2 a), le contrat était régi par la loi française.

En statuant ainsi, alors que le salarié avait été détaché par une entreprise établie au Royaume-Uni pour être mis temporairement à la disposition d'une société qui exerçait son activité en France, ce dont elle aurait dû déduire qu'il n'y avait pas accompli habituellement son travail, la cour d'appel a violé par fausse application l'article 6, § 2 a) de la Convention de Rome du 19 juin 1980.

Cass. soc. 18 janvier 2011, n° 09-43.190, 2e branche du moyen, BC V n° 22.

La convention franco-monégasque du 13 septembre 1950 n'a pas d'effet sur les règles relatives à la détermination de la loi applicable au contrat de travail.

Deux salariés, engagés par une société dont le siège social est à Monaco, avaient été affectés à l'établissement qu'elle exploitait à Aubagne (Bouches-du-Rhône). La société a déclaré, le 4 juillet 1996, sa cessation des paiements devant le tribunal de première instance de Monaco et notifié aux salariés leur licenciement. Le tribunal de première instance de Monaco a ouvert la procédure de cessation des paiements de la société puis constaté l'extension de la procédure collective à l'établissement d'Aubagne et prononcé la liquidation judiciaire de l'entreprise. Contestant la régularité de forme et de fond de leur licenciement, les deux salariés ont saisi la juridiction prud'homale.

L'article 5 de la convention franco-monégasque du 13 septembre 1950, qui ne concerne que la loi applicable à la production et à la vérification des créances nées du failli ou du débiteur admis au bénéfice de la liquidation judiciaire, demeure sans effet sur les règles relatives à la détermination de la loi applicable au contrat de travail ; une cour d'appel, qui a relevé que les salariés travaillaient dans l'établissement exploité à Aubagne par leur employeur et que leur secteur d'activité était limité à des départements français, a pu décider que le code du travail était applicable à la rupture des contrats de travail des intéressés.

Cass. soc. 2 octobre 2001, n° 99-44.808, BC V n° 294.

Il appartient à celui qui prétend écarter la loi du lieu d'accomplissement habituel du travail de rapporter la preuve que le contrat présente des liens plus étroits avec un autre pays.

S'agissant de rechercher, par application de l'article 6 de la Convention de Rome du 19 juin 1980 relative aux obligations contractuelles, la loi qui aurait été applicable à défaut de choix exercé en application de l'article 3, c'est à celui qui prétend écarter la loi du lieu d'accomplissement habituel du travail de rapporter la preuve que le contrat présente des liens plus étroits avec un autre pays.

Une société de droit suisse exerçant des activités de prestation de services, notamment sur l'aéroport de Bâle-Mulhouse situé en France, a procédé, au sein de cet établissement, aux licenciements pour motif économique de salariés dont les contrats de travail stipulaient l'application du droit suisse.

Les éléments caractérisant les relations entre les parties, mais résultant de l'application d'une loi choisie par elles, ne pouvant être retenus pour rattacher le contrat à une loi autre que celle de son lieu d'exécution, c'est après les avoir écartés à bon droit qu'une cour d'appel a pu retenir que les contrats de travail ne présentaient pas de liens étroits avec un pays autre que la France de sorte que les salariés devaient bénéficier de la protection des dispositions impératives de la loi française dont elle a fait ressortir le caractère plus favorable.

Cass. soc. 29 septembre 2010, n° 09-68.851, 1er moyen, BC V n° 200.

• À défaut de lieu fixe d'exécution du travail, la loi applicable est celle du lieu où est situé l'établissement d'embauche

Cas où la loi du lieu où est situé l'établissement d'embauche est applicable.

Aucune clause relative à la loi applicable au contrat n'ayant été conclue par les parties, le salarié n'assumant aucune fonction au sol sur le territoire français, une cour d'appel a pu valablement décider, en recherchant la volonté commune des parties, que la loi applicable au contrat était la loi ivoirienne.

En effet, en relevant que la prestation de travail de l'intéressé (pilote) était exclusivement fournie à bord d'avions ayant la nationalité ivoirienne, que les parties avaient apposé leur signature sous la mention « fait à Abidjan » et que la référence au code du travail ne pouvait être que celle du code du travail ivoirien, la cour d'appel a pu en déduire que le contrat de travail de l'intéressé était exécuté en Côte d'Ivoire et qu'il était, par conséquent, soumis à la loi ivoirienne.

Cass. ch. mixte 28 février 1986, n° 83-15.567, 1er moyen, BC n° 3.

La notion d'« établissement de l'employeur qui a embauché le travailleur » doit être entendue en ce sens qu'elle se réfère exclusivement à l'établissement qui a procédé à l'embauche du travailleur et non pas à celui avec lequel il est lié par son occupation effective.

CJUE 15 décembre 2011, aff. C-384/10, précité.

La possession de la personnalité juridique ne constitue pas une exigence à laquelle l'établissement de l'employeur, au sens de l'article 6, § 2, b), de la convention de Rome, doit répondre.

CJUE 15 décembre 2011, aff. C-384/10, précité.

L'établissement d'une entreprise autre que celle qui figure formellement comme employeur, avec laquelle celle-ci a des liens, peut être qualifié d'« établissement » au sens de l'article 6, § 2, sous b), de la convention de Rome, si des éléments objectifs permettent d'établir l'existence d'une situation réelle qui différerait de celle qui ressort des termes du contrat, et cela alors même que le pouvoir de direction n'a pas été formellement transféré à cette autre entreprise.

CJUE 15 décembre 2011, aff. C-384/10, précité.

• Dans tous les cas, quelle que soit la loi choisie par les parties, les dispositions impératives de la loi nationale sont applicables

Les lois de police ont vocation à s'appliquer, quelle que soit la loi régissant le contrat.

Les dispositions relatives au licenciement des salariés investis de fonctions représentatives du personnel sont des dispositions impératives de la loi française. Dès lors, une compagnie africaine ne peut reprocher à une cour d'appel d'avoir fait application de la loi française, peu important que le contrat de travail de la salariée ait été soumis à la loi ivoirienne, dans la mesure où l'intéressée, déléguée du personnel à Paris, devait bénéficier des dispositions impératives relatives à la protection des représentants du personnel en cas de licenciement.

Cass. ass. plén. 10 juillet 1992, n° 88-40.679, 1er moyen, BC n° 8. Voir aussi cass. soc. 3 mars 1988, n° 86-60.507, 3e branche du moyen, BC V n° 164 ; cass. soc. 4 janvier 1990, n° 87-41.401, BC V n° 5, faisant application des dispositions impératives de la loi nigérienne selon lesquelles seuls les citoyens nigériens peuvent être délégués du personnel.

Le licenciement de tout salarié protégé exerçant son activité en France devant faire l'objet d'une autorisation de l'inspecteur du travail, la circonstance qu'un employeur, ayant son siège social à l'étranger et employant des salariés sur le territoire français, ne dispose, sur ce territoire, d'aucune implantation matérielle permanente, ne peut avoir pour effet de priver les salariés protégés de la protection légale instituée en leur faveur.

CE 21 juillet 2009, n° 314968.

Il ne peut être dérogé par contrat aux dispositions de la loi française concernant l'entretien préalable au licenciement.

Aux termes de l'article 6, § 1, de la Convention de Rome du 19 juin 1980 sur la loi applicable aux obligations contractuelles, dans le contrat de travail, le choix par les parties de la loi applicable ne peut avoir pour résultat de priver le travailleur de la protection que lui assurent les dispositions impératives de la loi qui serait applicable, à défaut de choix, en vertu du § 2 du présent article ; il résulte des dispositions de l'article 3-3 de la Convention de Rome que les dispositions impératives d'une loi sont celles auxquelles cette loi ne permet pas de déroger par contrat ; il ne peut être dérogé par contrat aux dispositions de la loi française concernant l'entretien préalable au licenciement.

Un salarié, engagé le 1er juillet 1991 par une société CLP et devenu en 1999 directeur commercial international, a signé le 25 octobre 2005 trois conventions avec la société CLP et la société LPD par lesquelles il devenait directeur général de la succursale belge de la société filiale de droit français LPD pour une période qui ne pourra excéder cinq ans ; en septembre 2010, le salarié a fixé de nouveau sa résidence en France et sollicité sa réintégration au sein de la société mère CLP ; le 31 août 2011, celle-ci lui a proposé un poste de directeur du marché Belgique ; le salarié a refusé cette proposition et n'a plus rejoint son poste à la succursale belge de la société LPD à compter du 5 septembre 2011, se mettant à la disposition de la société mère à Tours-sur-Marne ; la société LPD, par application de la loi belge, a pris acte de la rupture du contrat de travail aux torts du salarié pour abandon de poste par lettre recommandée le 27 octobre 2011 ; par ailleurs, la société mère a notifié le 29 novembre 2011 au salarié son licenciement pour cause réelle et sérieuse motifs pris de son abandon de poste et de son refus de la proposition de reclassement en son sein ; le salarié a saisi le conseil de prud'hommes de Reims en contestant les deux ruptures de ses contrats de travail.

Pour dire la loi belge applicable au contrat de travail liant le salarié à la société LPD, une cour d'appel a retenu qu'il apparaissait de l'appréciation globale des dispositions de la loi belge régissant les contrats de travail que la possibilité pour l'employeur de rompre le contrat aux torts du salarié et sans indemnités de rupture en cas d'abandon de poste – ce qui a été la procédure présentement mise en œuvre – est encadrée précisément par des conditions de forme, notamment de mise en demeure, et de fond, en ce que l'employeur supportera la charge de prouver le caractère gravement fautif de l'attitude du salarié excluant la possibilité de poursuivre la relation contractuelle, qu'il s'évinçait à l'évidence du tout une protection d'ordre public pour le salarié équivalente à celle prévue par le droit français en matière de licenciement – les différences ne concernant que la forme de la procédure – étant rappelé, qu'en matière de faute grave, en droit français, la rupture est aussi privative des indemnités.

En statuant ainsi, alors qu'à défaut de choix de la loi belge le contrat avec la société LPD présentait des liens plus étroits avec la France qu'avec la Belgique et qu'il aurait dû ressortir à l'application de la loi française et qu'en l'absence en droit belge de l'obligation pour l'employeur de procéder à un entretien préalable lors de la prise d'acte par ce dernier de la rupture du contrat de travail aux torts du salarié, la loi française était plus favorable, la cour d'appel a violé l'article 6, § 1, de la Convention de Rome du 19 juin 1980 sur la loi applicable aux obligations contractuelles.

Cass. soc. 28 octobre 2015, n° 14-16.269, 2e moyen, BC V n° 203. Voir aussi cass. soc. 21 mars 2018, n° 17-10.220, 1er et 3e moyens réunis, énonçant qu'il ne peut être dérogé par contrat aux dispositions de la loi française concernant la durée légale du travail, les congés payés, l'entretien préalable au licenciement, le délai de préavis, ainsi que la cause réelle et sérieuse du licenciement.

En revanche, dès lors que le salarié n'est pas privé du droit d'accès au juge, les règles de procédure aménageant les délais de saisine des juridictions du travail ne portent pas atteinte aux dispositions impératives de la loi française.

Une salariée a été engagée le 10 décembre 2002 par une fondation, les parties ayant choisi de soumettre le contrat de travail conclu à la loi espagnole. Licenciée par la fondation le 17 décembre 2009 au motif d'une incompatibilité entre le maintien de son poste et de son lieu de résidence à Paris, alors que le centre des opérations d'art était dorénavant localisé à Bruxelles, elle a saisi la juridiction prud'homale pour obtenir paiement de diverses sommes, en se prévalant des dispositions de la loi française.

Pour dire le licenciement de la salariée sans cause réelle et sérieuse, une cour d'appel a retenu que la convention 158 de l'OIT posait le principe, dans son article 8, que le travailleur qui estime avoir fait l'objet d'un licenciement injustifié aura le droit de recourir contre cette mesure devant un organisme impartial tel qu'un tribunal et qu'il pourra être considéré comme ayant renoncé à exercer son droit de recourir contre le licenciement s'il ne l'a pas fait dans un délai raisonnable, ce dont il résultait que les délais de prescription et de forclusion étaient à prendre en considération dans l'appréciation des mesures impératives attachées au licenciement dans un souci de protection du travailleur dans le rapport inégal qui existe avec son employeur, que le caractère impératif des dispositions relatives à la prescription en droit du travail français était confirmé par l'introduction dans le code du travail français, aux termes de la loi du 14 juin 2013, de l'article L. 1471-1 et que, le délai de prescription de vingt jours imposé au salarié par la loi espagnole pour contester un licenciement étant moins protecteur que le délai de prescription de la loi française qui était de cinq ans en vertu de l'article 2224 c. civ., au moment de la requête de la salariée devant la juridiction prud'homale parisienne, la loi espagnole devait être écartée et l'action de la salariée en contestation du licenciement par la fondation déclarée recevable.

En statuant ainsi, alors que, dès lors que le salarié n'est pas privé du droit d'accès au juge, les règles de procédure aménageant les délais de saisine des juridictions du travail ne portent pas atteinte aux dispositions impératives de la loi française qui auraient été applicables en l'absence de choix d'une loi étrangère applicable au contrat de travail, la cour d'appel a violé les articles 3 et 6 de la Convention de Rome du 19 juin 1980 sur la loi applicable aux obligations contractuelles.

Cass. soc. 7 novembre 2018, n° 16-27.692, 2e moyen, à paraître.

Un salarié doit respecter les dispositions de la loi étrangère relatives à l'exercice du droit de grève.

Un salarié s'étant engagé, par avenant à son contrat de travail, à respecter les lois du pays dans lequel il était envoyé (Afrique du Sud) ne pouvait reprocher à son employeur de l'avoir licencié pour faute grave pour avoir participé à une grève, alors que la loi de cet État interdisait l'exercice du droit de grève.

Cass. soc. 16 juin 1983, n° 81-40.092, BC V n° 339. Voir aussi cass. soc. 17 juin 1982, n° 80-40.686, 2e moyen, BC V n° 401.

Compétence juridictionnelle

• Exécution du travail en France

Les règles françaises de compétence territoriale (art. R. 1412-1 CT) ont été étendues à l'ordre international.

L'article 2 de la convention franco-monégasque du 13 septembre 1950, qui ne concerne que l'ouverture de la procédure collective et les contestations nées de cette procédure, ne modifie pas les règles de compétence édictées par l'article R. 517-1 CT applicables, dans l'ordre international, aux différends qui s'élèvent à l'occasion du contrat de travail ; c'est donc à bon droit qu'une cour d'appel a décidé que les juridictions françaises étaient compétentes pour connaître des instances introduites par les salariés, après avoir relevé que leur travail s'exécutait à Aubagne.

Cass. soc. 2 octobre 2001, n° 99-44.808, précité.

Un salarié employé par une filiale française d'une société étrangère ne peut attraire cette dernière devant la juridiction prud'homale que s'il démontre une confusion d'intérêts, d'activités et de direction lui conférant la qualité de coemployeur.

Selon l'article 19 du règlement 44/2001/CE du Conseil du 22 décembre 2000, l'employeur ayant son domicile dans le territoire d'un État membre peut être attrait dans un autre État membre, notamment devant le tribunal du lieu où le travailleur accomplit habituellement son travail ; selon l'interprétation faite par la Cour de justice des dispositions de la Convention de Bruxelles du 27 septembre 1968, qui est transposable pour l'application de l'article 19 du règlement 44/2001/CE, l'employeur est défini comme la personne pour le compte de laquelle le travailleur accomplit pendant un certain temps, en sa faveur et sous sa direction, des prestations en contrepartie desquelles elle verse une rémunération.

Des salariés, employés par une société S, filiale à 100 % d'une société LR France, elle-même détenue en totalité par une société de droit allemand LRG, ont saisi la juridiction prud'homale en référé aux fins d'obtenir la condamnation solidaire des sociétés S et LRG à leur fournir, sous astreinte, la prestation de travail et à leur payer leurs salaires à compter du mois d'octobre 2011.

Pour rejeter l'exception d'incompétence opposée par la société allemande LRG et accueillir les demandes formées à son encontre, une cour d'appel s'est fondée sur l'entière dépendance de la filiale française à l'égard de la société LRG.

En statuant ainsi, alors qu'il ne résultait pas de ses constatations une situation apparente de coemploi constituée par une confusion d'intérêts, d'activités et de direction se manifestant par une immixtion de la société mère dans la gestion économique et sociale de sa filiale et justifiant sa compétence à l'égard de la société allemande LRG, la cour d'appel a violé le texte susvisé.

Cass. soc. 18 décembre 2013, n° 12-25.686, BC V n° 312.

Dans l'hypothèse où le contrat de travail est exécuté en France, la clause compromissoire insérée au contrat de travail est inopposable au salarié qui a régulièrement saisi la juridiction française compétente en vertu des règles applicables.

La clause compromissoire insérée dans un contrat de travail international n'est pas opposable au salarié qui a saisi régulièrement la juridiction française compétente en vertu des règles applicables, peu important la loi régissant le contrat de travail.

Ayant constaté que le travail du salarié, de nationalité suédoise, était exécuté en France au service d'une société ayant son siège social en France, de sorte que le conseil de prud'hommes avait compétence pour statuer sur le litige, une cour d'appel a décidé à bon droit d'écarter la clause compromissoire prévoyant l'arbitrage de la chambre de commerce de Stockholm pour tout différend concernant le contrat de travail.

Cass. soc. 16 février 1999, n° 96-40.643, BC V n° 78. Voir aussi cass. soc. 9 octobre 2001, n° 99-43.288, BC V n° 312.

Un salarié de nationalité belge avait été engagé par une société suisse pour exécuter un travail en France. Son contrat de travail comportait une clause compromissoire prévoyant que les différends dans l'exécution ou l'interprétation du contrat seraient soumis à un arbitrage défini par le concordat suisse, le siège du tribunal arbitral étant à Lausanne. Licencié pour motif économique, le salarié avait saisi le conseil de prud'hommes d'une demande en paiement de dommages-intérêts pour licenciement sans cause réelle et sérieuse. La société suisse avait, quant à elle, décliné la compétence de la juridiction prud'homale.

Doit être cassé l'arrêt ayant déclaré la juridiction prud'homale incompétente pour statuer sur le litige opposant les parties. En effet, la cour, ayant constaté que l'action du salarié devant le conseil de prud'hommes avait été engagée le 4 juillet 1995 et que le salarié exécutait son travail en France, il en résultait, d'une part, que la saisine de la juridiction prud'homale étant postérieure à l'entrée en vigueur le 1er janvier 1992, entre la Suisse et la France, de la convention de Lugano du 16 septembre 1988, cette convention était applicable en vertu de son article 54 et, d'autre part, que la juridiction française était compétente pour statuer sur le litige en application de l'article 5-1 de ladite convention.

Cass. soc. 4 mai 1999, n° 97-41.860, BC V n° 191.

D'une part, la clause compromissoire insérée dans un contrat de travail international pour tout litige concernant ce contrat n'est pas opposable au salarié qui a saisi régulièrement la juridiction compétente en vertu des règles applicables, peu important la loi régissant le contrat de travail.

D'autre part, il résulte de l'article 5 du code du travail maritime que ce code, qui s'applique « aux engagements conclus pour tout service à accomplir à bord d'un navire français », n'est pas applicable aux marins engagés pour servir sur un navire étranger.

Le capitaine d'un yacht, immatriculé à Guernesey, a été engagé selon une convention intitulée « contrat de travail » comportant une clause compromissoire. Soutenant que son contrat de travail avait été rompu verbalement, l'intéressé a saisi la juridiction prud'homale de diverses demandes.

C'est à bon droit qu'une cour d'appel, statuant sur contredit, a retenu la compétence de la juridiction prud'homale. Ayant constaté que le bateau était immatriculé à Guernesey, la cour d'appel a justement retenu que les rapports entre les parties n'étaient pas régis par le code du travail maritime. Analysant les clauses du contrat, la cour a ensuite relevé que le capitaine était placé dans un rapport de subordination à l'égard de la société et celle-ci n'établissant pas que les conditions d'exécution du contrat avaient été différentes, les parties étaient liées par un contrat de travail. Enfin, après avoir relevé que l'intéressé avait exercé son activité salariale en dehors de tout établissement, la cour en a déduit qu'il avait, à bon droit, saisi le conseil de prud'hommes du lieu de son domicile et que, du fait de cette saisine régulière de la juridiction compétente, la clause compromissoire ne lui était pas opposable.

Cass. soc. 28 juin 2005, n° 03-45.042, BC V n° 216.

Une clause attributive de compétence incluse dans un contrat de travail international ne peut faire échec aux dispositions impératives de l'article R. 1412-1 CT applicables dans l'ordre international.

Une salariée a été engagée par le Royaume du Maroc pour exercer les fonctions de secrétaire dans son ambassade parisienne par un contrat écrit prévoyant que tous les litiges nés de l'exécution du contrat sont du ressort exclusif des juridictions marocaines.

Pour déclarer les juridictions françaises incompétentes pour connaître de son licenciement, une cour d'appel a énoncé que, par exception aux principes posés par les articles 14 c. civ., 48 c. proc. civ. et L. 1221-5 CT, les clauses prorogeant la compétence internationale sont licites et doivent être respectées dès lors qu'elles ne concernent pas l'état des personnes, ne font pas échec à la compétence territoriale impérative d'une juridiction française, sont invoquées dans un contrat international et que le pays désigné a un lien sérieux avec le litige ; qu'en l'espèce, l'article R. 1412-1 CT attribuant compétence au conseil de prud'hommes dans le ressort duquel le salarié travaille n'est pas d'ordre public, le texte autorisant le salarié à saisir d'autres juridictions parmi lesquelles celle du lieu de l'engagement ou de l'établissement de l'employeur, il résultait des pièces produites que le contrat avait été signé au Maroc, qu'il ne comportait que des références au droit marocain, que les critères de rattachement résultaient d'un futur lieu d'exécution du contrat de travail et du domicile de la salariée, que le contrat était donc bien international, que les juridictions marocaines avaient un lien étroit avec le litige, outre une parfaite connaissance des dispositions auxquelles les parties avaient librement convenu de se soumettre.

En statuant ainsi, alors que la salariée travaillait à l'ambassade du Maroc à Paris, ce dont il résultait que le conseil des prud'hommes de Paris était compétent, la cour d'appel a violé les articles L. 1221-5, R. 1412-1 et R. 1412-4 CT.

Cass. soc. 29 septembre 2010, n° 09-40.688, BC V n° 204.

• Exécution du travail dans un pays de l'Union européenne ou de l'Association européenne de libre échange (AELE)

La convention de Bruxelles, qui fixait les règles de compétence judiciaire au sein de l'Union européenne, a été remplacée par le règlement (CE) 44/2001 du 22 décembre 2000 (lequel a été remplacé par le règlement (UE) 1215/2012 du 12 décembre 2012), qui consolide les principes dégagés par la jurisprudence sous l'empire de la convention. La plupart des arrêts rapportés ici ont été rendus sous l'empire de la Convention de Bruxelles.

La convention de Lugano révisée du 30 octobre 2007 s'applique entre les États de l'Union Européenne et ceux de l'AELE, à savoir l'Islande, le Liechtenstein, la Norvège et la Suisse. Elle étend les règles de compétence judiciaire du règlement (CE) 44/2001 aux États de l'AELE.

Les règles de droit interne ne sont pas applicables pour la détermination de la compétence internationale du juge saisi d'un litige d'ordre international intracommunautaire, soumis aux dispositions du règlement (CE) 44/2001.

Aux termes du paragraphe 1 de l'article 19 du règlement (CE) du Conseil 44/2001 du 22 décembre 2000, l'employeur ayant son domicile sur le territoire d'un État membre peut être attrait devant les tribunaux de l'État membre où il a son domicile. Il résulte du paragraphe 2 sous a) que l'employeur peut aussi être attrait dans un autre État membre devant le tribunal du lieu où le travailleur accomplit habituellement son travail ou devant le tribunal du dernier lieu où il a accompli habituellement son travail.

Un salarié, ressortissant italien domicilié à Strasbourg, engagé par contrat à durée déterminée par une société de droit allemand ayant son siège en Allemagne, a travaillé sur des chantiers situés en France. Ayant été licencié, il a saisi le conseil de prud'hommes de Strasbourg qui s'est déclaré incompétent au profit du conseil de prud'hommes de Limoges.

Pour infirmer ce jugement et décider que le conseil de prud'hommes de Strasbourg était territorialement compétent pour connaître du litige, une cour d'appel a énoncé, d'abord, que la compétence territoriale devait être déterminée en fonction des dispositions de l'article 19 du règlement (CE) 44/2001 du 22 décembre 2000, que toutefois celles-ci n'avaient pas vocation à désigner la juridiction territorialement compétente mais uniquement l'État dont les tribunaux étaient compétents en fonction des règles de conflit définies, et a retenu, ensuite, que le salarié ayant travaillé sur différents chantiers tous situés en France était fondé à se prévaloir de la compétence des juridictions françaises pour trancher le litige qui l'opposait à son employeur, et que celui-ci ayant exercé son activité sur différents chantiers en dehors de tout établissement, le tribunal compétent était celui de son domicile, par application des dispositions de l'article R. 517-1 CT.

En statuant ainsi, alors d'une part, que l'article 19 paragraphe 2 sous a) du règlement (CE) 44/2001 instaure des règles de compétence spéciales qui interdisent à l'État membre saisi par un salarié d'une demande dirigée contre un employeur domicilié dans un autre État membre, de se référer à ses propres règles de compétence pour déterminer quelle est la juridiction compétente et, d'autre part, qu'il résultait des constatations des juges du fond que le salarié avait exécuté son travail sur différents chantiers tous situés en France, dont le dernier était situé à Limoges, en sorte qu'elle ne pouvait se fonder sur les dispositions de l'article R. 517-1 CT pour dire que la juridiction compétente était celle de son domicile, la cour d'appel a violé l'article 19 du règlement (CE) 44/2001 du Conseil du 22 décembre 2000.

Cass. soc. 20 septembre 2006, n° 04-45.717, BC V n° 268. Voir aussi cass. soc. 20 septembre 2006, n° 05-40.490, BC V n° 277 ; cass. soc. 20 septembre 2006, n° 05-40.491, BC V n° 277 ; cass. soc. 1er avril 2008, n° 07-40.706.

Il résulte de l'article 19 du règlement (CE) 44/2001 du Conseil du 22 décembre 2000 que l'employeur ayant son domicile dans le territoire d'un État membre peut être attrait dans un autre État membre, notamment devant le tribunal du lieu où le travailleur accomplit habituellement son travail. Selon l'interprétation faite par la Cour de justice des Communautés européennes des dispositions de la Convention de Bruxelles du 27 septembre 1968, qui est transposable pour l'application de l'article 19 du règlement (CE) 44/2001, l'employeur est défini comme la personne pour le compte de laquelle le travailleur accomplit pendant un certain temps, en sa faveur et sous sa direction, des prestations en contrepartie desquelles elle verse une rémunération.

Une société, filiale à 99 % d'un groupe lui-même détenu par une holding de droit finlandais a racheté une société. Un plan de réduction des effectifs a été présenté au comité d'entreprise et un premier plan de licenciement a été mis en œuvre, la holding s'étant engagée à verser diverses sommes aux salariés. Une salariée ayant opté pour un départ volontaire a été licenciée pour motif économique. Parallèlement, le commissaire aux comptes de la société a déclenché une procédure d'alerte et la holding a décidé de ne plus financer sa filiale, ce qui a entraîné le dépôt de bilan de celle-ci, sa mise en redressement judiciaire puis sa liquidation judiciaire. N'ayant perçu aucune des sommes prévues par le plan social, la salariée a saisi la juridiction prud'homale et sollicité la condamnation solidaire de la société et de la holding au paiement de diverses sommes en raison de la rupture du contrat de travail et du non-respect du plan social.

Sans qu'il y ait lieu de poser une question préjudicielle, une cour d'appel qui, après avoir constaté que la salariée avait accompli son travail sous la direction et au profit de la société et de sa holding, dont les intérêts, les activités et la direction étaient confondus, a décidé à bon droit que la juridiction prud'homale française saisie du litige était compétente et a ainsi pu rejeter l'exception d'incompétence que la holding avait soulevée.

Cass. soc. 19 juin 2007, n° 05-42.551, BC V n° 109.

Une société, dont le siège social était situé en France, a embauché un salarié pour aller travailler aux Pays-Bas ; l'intéressé ayant fait convoquer la société devant le conseil de prud'hommes de son domicile, pour avoir paiement de diverses sommes à titre de rappel de salaire, la société, se fondant sur l'article R. 517-1 CT et sur la convention de Bruxelles du 27 septembre 1968 modifiée, a opposé la compétence de la juridiction néerlandaise en tant que lieu d'exécution du contrat de travail. Une cour d'appel a dit que le conseil de prud'hommes dans le ressort duquel était situé le siège de la société, était compétent. Ce faisant, la cour a légalement justifié sa décision.

En effet, les règles de droit interne ne sont pas applicables pour la détermination de la compétence internationale du juge saisi d'un litige d'ordre international intracommunautaire, soumis aux dispositions de la convention de Bruxelles du 27 septembre 1968 modifiée par la convention de Saint-Sébastien du 26 mai 1989. Le défendeur, assigné devant une juridiction de l'État de son domicile, conformément à l'article 2 de la convention précitée, n'était pas en droit, pour écarter la compétence internationale de ce juge, de se prévaloir des compétences spéciales de la section II du titre II de cette convention, et, notamment, de son article 5, 1), qui permet au seul demandeur de l'attraire, dans un autre État contractant, devant le tribunal du lieu d'exécution de l'obligation ; en l'espèce, la société, dont le siège était situé en France, ayant été attraite devant une juridiction de l'État de son domicile, n'était pas fondée à invoquer la compétence spéciale du lieu d'exécution du contrat de travail pour revendiquer la compétence du tribunal néerlandais, situé dans un autre État contractant.

Cass. ch. mixte 11 mars 2005, n° 02-41.371, BC n° 2. Voir aussi cass. ch. mixte 11 mars 2005, n° 02-41.372, BC n° 2.

En matière de contrat de travail, le critère de compétence est le lieu d'exécution habituel du travail.

Il résulte de l'article 19 du règlement (CE) 44/2001 du 22 décembre 2000, reprenant en cela la règle fixée par l'article 5 de la Convention de Bruxelles du 27 septembre 1968 antérieurement applicable, qu'un employeur ayant son domicile sur le territoire d'un État membre peut être attrait devant le tribunal du lieu où le travailleur accomplit habituellement son travail.

Un salarié a été engagé en 1980 en qualité de magasinier sur le site d'Aulnay-sous-Bois, par la succursale en France d'une société dont le siège social est à Tongres en Belgique ; dans le cadre d'une procédure collective, le tribunal de commerce de Tongres a, par jugement du 8 janvier 1997, désigné des curateurs de la société, lesquels ont obtenu l'autorisation de licencier le personnel ; le salarié, licencié par lettre du 17 janvier 1997, a saisi le conseil de prud'hommes de Bobigny le 14 septembre 2005 de demandes tendant à dire nul son licenciement, à obtenir l'inscription au passif de la société de créances indemnitaires pour licenciement sans cause réelle et sérieuse et pour non-respect de la procédure, à dire opposable à l'AGS la décision à intervenir et à dire que cette dernière devait aussi garantir la partie des créances d'ores et déjà admises mais non garantie par le Fonds belge de fermeture des entreprises.

Pour dire la juridiction prud'homale française incompétente pour statuer sur les demandes du salarié et le renvoyer à mieux se pourvoir, une cour d'appel a retenu que la législation en vigueur applicable à la situation du salarié en 1997 était bien la loi belge, que l'AGS réservait à cette époque l'intervention du régime de garantie des salaires découlant de l'article L. 143-11-1 CT aux seules procédures de redressement ou de liquidation judiciaires ouvertes par des juridictions appartenant à l'ordre judiciaire français, que de fait, le salarié avait déclaré des créances au passif de la procédure de faillite belge, créances en partie prises en charge par le fonds d'indemnisation des travailleurs licenciés en cas de fermeture d'entreprise, que cette prise en charge était d'ailleurs toujours en cours et n'était pas encore clôturée et que c'est dès lors à juste titre que tant les curateurs de la faillite de la société que la délégation Unédic AGS avaient soulevé l'incompétence du conseil de prud'hommes de Bobigny pour connaître des demandes du salarié au profit de la juridiction belge compétente.

En statuant ainsi, par des motifs inopérants pour déterminer le juge compétent pour connaître de l'action du salarié dirigée contre son employeur en contestation de son licenciement avec demande de garantie de l'AGS et alors qu'elle constatait que le salarié avait toujours accompli son travail à Aulnay-sous-Bois, la cour d'appel a violé l'article 19 du règlement (CE) 44/2001 du 22 décembre 2000.

Cass. soc. 27 novembre 2013, n° 12-20.426, BC V n° 293.

Un salarié avait été employé d'abord en France, puis en Allemagne, sans qu'un contrat de travail ait été établi par écrit. La société de droit allemand ayant constaté la rupture du contrat de travail du salarié en considérant que son absence au travail constituait une démission, ce dernier avait saisi un conseil de prud'hommes pour obtenir la condamnation de la société allemande et de la société française, comme coemployeurs, à des indemnités de préavis et pour licenciement sans cause réelle. La société allemande a décliné la compétence de la juridiction française et la société française, contestant sa qualité d'employeur, a demandé sa mise hors de cause.

Doit être approuvé l'arrêt ayant déclaré la juridiction française incompétente au profit de la juridiction allemande :

– d'une part, après avoir constaté que les travaux sur les chantiers, pour la réalisation desquels le

salarié avait été embauché, étaient exécutés par la société allemande en qualité de sous-traitant de la société française et que la société allemande avait pris acte de la rupture de son contrat de travail en l'imputant à une démission, la cour d'appel a pu décider que la société française n'était pas l'employeur du salarié et qu'en conséquence, l'article 2 de la convention de Bruxelles modifiée, prévoyant que les personnes domiciliées sur le territoire d'un État sont attraites devant les juridictions de cet État, n'était pas applicable ;
– d'autre part, la cour d'appel a relevé que si le salarié avait travaillé en France depuis son embauche, il avait, par la suite, travaillé exclusivement en Allemagne jusqu'à la date de la rupture de son contrat de travail et a fait ressortir que, si celui-ci n'avait pas été rompu, le salarié était appelé à exécuter son travail en Allemagne de manière durable. Elle en a exactement déduit que la juridiction allemande était compétente, en vertu de l'article 5-1 de la convention de Bruxelles, en raison du lieu d'exécution habituelle du travail du salarié en Allemagne et qu'en conséquence, le critère de compétence fondé sur le lieu de l'établissement d'embauche ne pouvait recevoir application.

Cass. soc. 15 octobre 2002, n° 00-40.671, 1er et 2e moyens réunis, BC V n° 307.

Un salarié a été engagé par la ville de Charleroi en qualité de cycliste pour rejoindre son équipe professionnelle selon un contrat de travail à durée déterminée ; à la suite de la rupture de son contrat par l'employeur, le salarié a saisi la juridiction prud'homale ; la ville de Charleroi a soulevé l'incompétence des juridictions françaises sur le fondement de la Convention de Bruxelles.

Après avoir retenu qu'en dehors des compétitions dans des pays étrangers et des regroupements collectifs en Belgique, l'intéressé avait une activité d'entraînement à proximité de son domicile de Seine-et-Marne et accomplissait ainsi habituellement son travail en France, une cour d'appel a pu en déduire que la juridiction saisie était compétente.

Cass. soc. 3 décembre 2008, n° 06-45.117.

Un employeur résidant en Suisse et y exerçant son activité professionnelle a engagé un salarié habitant en France pour travailler chez des clients tant en France qu'à l'étranger. Le salarié a saisi la juridiction prud'homale de diverses demandes à l'encontre de son employeur qui a invoqué la compétence des juridictions helvétiques.

A violé l'article 5, point 1, de la convention 88/592/CEE, signée à Lugano, du 16 septembre 1988, concernant la compétence judiciaire et l'exécution des décisions en matière civile et commerciale, la cour d'appel qui, pour déclarer la juridiction prud'homale incompétente, a retenu que si le salarié avait travaillé de façon majoritaire en France, il n'y avait pas accompli « habituellement » son travail, dès lors que son temps de travail à l'étranger n'était ni exceptionnel ni accessoire, alors que le salarié accomplissait habituellement son travail en France, sa résidence en France étant le lieu où il avait établi le centre effectif de ses activités professionnelles et à partir duquel il s'était acquitté en fait de l'essentiel de ses obligations à l'égard de son employeur.

Cass. soc. 25 janvier 2012, n° 10-28.155, BC V n° 24.

Le lieu de travail habituel est l'endroit où le travailleur accomplit la majeure partie de son temps de travail pour le compte de son employeur en tenant compte de l'intégralité de la période d'activité du travailleur.

Il résulte du paragraphe 2, a) de l'article 19 du règlement (CE) 44/2001 du 22 décembre 2000 concernant la compétence judiciaire, la reconnaissance et l'exécution des décisions en matière civile et commerciale qu'un employeur ayant son domicile sur le territoire d'un État membre peut être attrait dans un autre État membre devant le tribunal du lieu où le travailleur accomplit habituellement son travail ou devant le tribunal du dernier lieu où il a accompli habituellement son travail ; le lieu de travail habituel est l'endroit où le travailleur accomplit la majeure partie de son temps de travail pour le compte de son employeur en tenant compte de l'intégralité de la période d'activité du travailleur ; en cas de périodes stables de travail dans des lieux successifs différents, le dernier lieu d'activité devrait être retenu dès lors que, selon la volonté claire des parties, il a été décidé que le travailleur y exercerait de façon stable et durable ses activités.

Un salarié, engagé le 1er juin 2002 par une société de droit luxembourgeois, domiciliée au Luxembourg, en qualité de matelot pour naviguer à bord d'un navire battant pavillon luxembourgeois, pendant plusieurs mois de l'année, a été licencié le 13 janvier 2005 ; le 12 janvier 2006, il a saisi le conseil de prud'hommes de Cannes de demandes en paiement d'indemnités de congés payés et de rupture ; son employeur a soulevé l'incompétence de la juridiction française au profit de la juridiction luxembourgeoise.

Pour retenir la compétence du conseil de prud'hommes de Cannes, une cour d'appel, après avoir constaté que le salarié accomplissait son travail sur un navire effectuant des trajets internationaux et qu'à compter du 1er septembre 2004 jusqu'au 25 janvier 2005, date de la rupture de son contrat de travail, il avait travaillé au port Canto à Cannes, en a déduit qu'en raison de l'exécution de ses activités durant cinq mois à Cannes, ce lieu devait être considéré comme le dernier lieu où le salarié avait accompli habituellement son travail, conformément à l'article 19, § 2, a) in fine du règlement précité.

En statuant ainsi, par des motifs impropres à caractériser le dernier lieu de travail habituel au sens de l'article 19 du règlement CE 44/2001 du 22 décembre 2000, la cour d'appel n'a pas donné de base légale à sa décision.

Cass. soc. 31 mars 2009, n° 08-40.367, BC V n° 93.

Ayant constaté qu'il ressort notamment des termes du contrat de travail d'un salarié que l'autorisation d'exécuter pour partie sa prestation de travail à son domicile situé à Slough au Royaume-Uni n'avait pas remis en cause la localisation de son emploi dans le service Global Banking and Markets d'une banque à Londres, que l'employeur n'avait jamais donné son accord à un transfert en France du lieu de travail de son salarié, la tolérance dont il avait bénéficié pour travailler chez lui une partie de la semaine alors qu'il n'était plus domicilié au Royaume-Uni ne pouvant s'analyser qu'en une dérogation précaire aux termes du contrat fixant la localisation de son poste de travail à Londres, et que, par ailleurs, sur l'ensemble de la période d'activité du salarié, celui-ci avait accompli la majeure partie de son temps de travail dans les locaux situés à Londres qui était constamment demeuré le centre effectif de ses activités professionnelles, c'est à bon droit qu'une cour d'appel en a déduit qu'en l'absence de volonté claire des parties, il n'avait pas été convenu que le salarié exercerait de façon stable et durable ses activités à son domicile en France et que le service Global Banking & Markets à Londres était resté le lieu où le travailleur accomplissait habituellement son travail au sens de l'article 19, § 2, a), du règlement (CE) 44/2001 du 22 décembre 2000, de sorte que la juridiction prud'homale française était incompétente pour statuer sur le licenciement économique du salarié.

Cass. soc. 27 novembre 2013, n° 12-24.880, BC V n° 294.

Dans le secteur du transport aérien, il convient, pour déterminer le lieu habituel de travail du salarié membre du personnel navigant, d'établir dans quel État membre se situe le lieu à partir duquel il effectue ses missions de transport, celui où il rentre après ses missions, reçoit les instructions sur ses missions et organise son travail, ainsi que le lieu où sont stationnés les avions à bord desquels le travail est habituellement accompli.

En cas de recours formé par un membre du personnel navigant d'une compagnie aérienne ou mis à sa disposition, et afin de déterminer la compétence de la juridiction saisie, la notion de « lieu où le travailleur accomplit habituellement son travail », au sens de l'article 19, § 2, a), du règlement (CE) 44/2001 du 22 décembre 2000, n'est pas assimilable à celle de « base d'affectation » au sens de l'annexe III du règlement (CEE) 3922/91 du 16 décembre 1991, modifié par le règlement (CE) 1899/2006 du 12 décembre 2006. La notion de « base d'affectation » constitue néanmoins un indice significatif aux fins de déterminer le « lieu où le travailleur accomplit habituellement son travail ».

Ainsi, pour déterminer le lieu habituel de travail du salarié, les juridictions nationales doivent notamment établir dans quel État membre se situe le lieu à partir duquel il effectue ses missions de transport, celui où il rentre après ses missions, reçoit les instructions sur ses missions et organise son travail, ainsi que le lieu où se trouvent les outils de travail. Toutefois, la notion de « base d'affectation » constituant à cet égard un élément susceptible de jouer un rôle significatif dans l'identification des indices permettant de déterminer le lieu à partir duquel des travailleurs accomplissent habituellement leur travail, ce ne serait que dans l'hypothèse où, compte tenu des éléments de fait de chaque cas d'espèce, des demandes présenteraient des liens de rattachement plus étroits avec un endroit autre que celui de la « base d'affectation » que se trouverait mise en échec la pertinence de cette dernière pour identifier le « lieu à partir duquel des travailleurs accomplissent habituellement leur travail ».

CJUE 14 septembre 2017, aff. C-168/16.

Doit être cassé l'arrêt d'une cour d'appel qui, pour juger fondée l'exception d'incompétence des juridictions françaises saisies par un pilote contestant son licenciement pour motif économique, retient que les éléments propres à l'espèce faisaient ressortir que ce salarié, qui n'effectuait que 29,7 % de ses vols au-dessus du territoire français, ne fournissait pas d'éléments suffisamment précis sur les autres temps passés à la disposition de son employeur pour augmenter significativement celui-ci et n'effectuait aucune tâche administrative dans l'aéroport de Roissy, désigné comme base d'affectation pour l'exécution de son contrat de travail, n'accomplissait pas habituellement son travail en France, au sens de l'article 19, § 2, a), du règlement (CE) 44/2001 du 22 décembre 2000.

En effet, ayant constaté que le contrat de travail du salarié lui imposait de choisir un aéroport en tant que « base d'affectation » à partir duquel il commençait ou terminait ses prestations de travail et à partir duquel il rejoignait le cas échéant les avions gérés par l'employeur, que cette base d'affectation était l'aéroport de Roissy-Charles-de-Gaulle où le salarié recevait ses instructions et que, selon les plannings communiqués par l'employeur, 21,30 % des vols étaient effectués à partir ou à destination de la France, peu important que les formations n'aient pas lieu en France et que les plannings de vols soient établis par la société à Lisbonne, la cour d'appel aurait dû déduire que l'aéroport de Roissy-Charles-de-Gaulle était le lieu à partir duquel le travailleur accomplissait habituellement son travail.

Cass. soc. 28 février 2018, n° 16-12.754, à paraître. Voir aussi cass. soc. 28 février 2018, n° 16-17.505, à paraître.

Lorsque le salarié a effectué une succession de contrats à durée déterminée, il y a lieu en premier lieu de rechercher si ces contrats doivent être considérés dans leur ensemble pour déterminer une compétence juridictionnelle unique.

Il résulte de l'article 19, § 2, a), du règlement (CE) 44/2001 du 22 décembre 2000 concernant la compétence judiciaire, la reconnaissance et l'exécution des décisions en matière civile et commerciale, qu'un employeur ayant son domicile sur le territoire d'un État membre peut être attrait dans un autre État membre devant le tribunal du lieu où le travailleur accomplit habituellement son travail ou devant le tribunal du dernier lieu où il a accompli habituellement son travail ; le lieu de travail habituel est l'endroit où le travailleur accomplit la majeure partie de son temps de travail pour le compte de son employeur en tenant compte de l'intégralité de la période d'activité du travailleur ; en cas de périodes stables de travail dans des lieux successifs différents, le dernier lieu d'activité devrait être retenu dès lors que, selon la volonté claire des parties, il a été décidé que le travailleur y exercerait de façon stable et durable ses activités ; lorsque le salarié a effectué une succession de contrats à durée déterminée, il y a lieu en premier lieu de rechercher si ces contrats doivent être considérés dans leur ensemble pour déterminer une compétence juridictionnelle unique.

Un salarié, de nationalité portugaise, a été engagé par une société de droit italien qui avait un établissement à Nice, par plusieurs contrats à durée déterminée, à partir du 6 février 2008 ; il a pris acte de la rupture de son contrat à compter du 2 mars 2011.

Pour déclarer la juridiction prud'homale française incompétente pour statuer sur ses demandes en ce qui concerne sa relation de travail « avec la société [E] sise à Ceranesi en Italie » et renvoyer, sur ce point, le salarié à mieux se pourvoir, une cour d'appel a retenu que si les premiers contrats stipulaient de façon claire le chantier naval de Saint-Nazaire comme lieu d'exécution du travail, il n'en était pas de même des contrats suivants dans le cadre desquels le salarié avait travaillé en différents lieux de France et d'Italie, que dès lors, en l'absence de volonté claire des parties sur la localisation de l'emploi du salarié, les contrats litigieux ne relevaient pas de la compétence du conseil de prud'hommes de Saint-Nazaire.

En statuant ainsi, sans rechercher si la France n'était pas le lieu de travail habituel où le salarié avait accompli la majeure partie de son temps de travail pour le compte de son employeur en tenant compte de l'intégralité de la période d'activité du travailleur, la cour d'appel n'a pas donné de base légale à sa décision au regard de l'article 19, § 2, a), du règlement (CE) 44/2001 du 22 décembre 2000 concernant la compétence judiciaire, la reconnaissance et l'exécution des décisions en matière civile et commerciale.

Cass. soc. 28 septembre 2016, n° 15-17.288, BC V n° 182.

L'affiliation d'un salarié au régime de sécurité sociale de l'État dans lequel l'employeur a son siège n'a pas d'incidence sur les règles de compétences résultant de l'article 19 du règlement (CE) 44/2001.

La délivrance du certificat E 101, devenu A1, sur la base de déclarations unilatérales faites par un employeur auprès d'une institution de sécurité sociale d'un autre État membre ne saurait faire échec à la compétence du juge prud'homal français déterminée, en application de l'article 19 du règlement CE 44/2001 du 22 décembre 2000 concernant la compétence judiciaire, par les conditions d'accomplissement du travail et le choix des parties, pour constater que le salarié ne relève pas de la catégorie des travailleurs détachés au sens du droit européen et assurer le respect par cet employeur des stipulations du contrat de travail.

Ayant constaté que des pilotes de ligne contractuellement affectés sur les bases de la compagnie aérienne de droit anglais qui les employait aux aéroports de Paris-Orly et de Roissy-Charles-de-Gaulle à partir desquelles ils effectuaient leur travail ne pouvaient pas être considérés comme des travailleurs détachés, que leurs contrats de travail prévoyaient qu'ils étaient soumis au droit français, affiliés à la Caisse de retraite du personnel navigant pour ce qui concerne le régime de retraite obligatoire et complémentaire, les charges sociales salariales ainsi que la CSG et la CRDS étant prélevées sur l'ensemble de leur rémunération, et qu'en cas de litige, les tribunaux français étaient exclusivement compétents, une cour d'appel a retenu à bon droit que le juge prud'homal français était compétent pour connaître des demandes des salariés tendant au respect par l'employeur des obligations découlant de ces contrats, peu important qu'il puisse résulter de ces litiges, qui ne relèvent pas du droit de la sécurité sociale, l'obligation pour l'employeur d'obtenir le retrait des certificats E 101 auprès de l'organisme les ayant délivrés.

Cass. soc. 10 juin 2015, n° 13-27.799, BC V n° 123. Voir aussi cass. soc. 29 septembre 2014, n° 13-15.802, BC V n° 216.

Les personnes domiciliées sur le territoire d'un État membre sont attraites, quelle que soit leur nationalité, devant les juridictions de cet État et le défendeur domicilié sur le territoire d'un État membre peut être attrait, s'il y a plusieurs défendeurs, devant le tribunal du domicile de l'un d'eux.

Un salarié engagé au sein d'un groupe international avait travaillé en Espagne, puis en France, à partir de 1985 au siège de la société française à Paris. Licencié pour faute grave en 1990, il avait engagé une action devant le conseil de prud'hommes de Paris contre les liquidateurs des différentes sociétés du groupe, dont celui de la société française, pour obtenir les indemnités afférentes à la rupture de son contrat de travail. L'un des défendeurs (la société française) ayant son siège social à Paris, le conseil de prud'hommes de Paris était compétent pour statuer sur le litige opposant les parties.

Cass. soc. 13 janvier 1998, n° 93-44.339, 1er moyen, BC V n° 4.

Conformément aux dispositions des articles 2 et 6, § 1 du règlement (CE) 44/2001 du 22 décembre 2000 concernant la compétence judiciaire, la reconnaissance et l'exécution des décisions en matière civile et commerciale, les personnes domiciliées sur le territoire d'un État membre sont attraites devant les juridictions de cet État et, en présence de plusieurs défendeurs, devant le tribunal du domicile de l'un d'eux, à condition que les demandes soient liées entre elles par un rapport si étroit qu'il y a intérêt à les instruire et les juger en même temps afin d'éviter des solutions qui pourraient être inconciliables si les causes étaient jugées séparément.

Après avoir retenu qu'un comité d'entreprise, codéfendeur, était domicilié en France, que les demandes dirigées contre cette personne morale de droit français et contre des sociétés de droit néerlandais et italien concernaient un seul et même litige, opposant aux institutions représentatives du personnel, l'employeur et, indivisément, les sociétés membres du même groupe, aux fins d'établissement du plan de sauvegarde de l'emploi et de reclassement interne et externe des salariés licenciés en France, ce dont il résultait que les demandes, susceptibles d'entraîner des décisions contradictoires si elles étaient jugées séparément, s'inscrivaient dans le cadre d'une situation de fait et de droit unique, c'est à bon droit qu'une cour d'appel a renvoyé les parties à poursuivre une instance devant une juridiction française.

Cass. soc. 23 septembre 2008, n° 07-15.283, BC V n° 168.

Les personnes domiciliées sur le territoire d'un État membre sont attraites, quelle que soit leur nationalité, devant la juridiction de cet État. En matière de contrat individuel de travail, le défendeur peut être attrait devant le tribunal du lieu où le travailleur accomplit habituellement son travail et, lorsque le travailleur n'accomplit pas habituellement son travail dans un même pays, l'employeur peut être également attrait devant le tribunal du lieu où se trouve l'établissement qui a embauché le travailleur.

Un cadre administratif, ayant travaillé au Vietnam où il avait été embauché, avait saisi la juridiction prud'homale d'une demande tendant au paiement d'une somme à titre de rappel de pension de retraite et de mensualités de retraite, son employeur n'ayant cotisé à aucune caisse de retraite. L'employeur, dont le siège était à Londres, a décliné la compétence du juge français au profit de celle du juge anglais.

Doit être cassé l'arrêt qui, pour décider que la juridiction française était compétente pour connaître du litige, a relevé que la retraite de l'intéressé devant être versée en France la juridiction prud'homale française était compétente, alors, d'une part, que l'obligation qui servait de base à la demande du salarié était celle, pour l'employeur, de verser des cotisations aux régimes de retraite ayant pour fondement le contrat de travail et, d'autre part, que l'intéressé avait accompli habituellement son travail au Vietnam où il avait été embauché, en sorte que le défendeur ne pouvait être attrait que devant la juridiction de l'État de son siège social.

Cass. soc. 21 janvier 2004, n° 01-41.232, BC V n° 22.

La validité des clauses attributives de compétence est admise sous certaines conditions.

Les articles 17, dernier alinéa, et 54 de la convention de Bruxelles du 27 septembre 1968 tels que modifiés par la convention de Saint-Sébastien du 26 mai 1989 ainsi que l'article 29-1 de cette dernière convention prévoient qu'en matière de contrats individuels de travail, la convention attributive de juridiction ne produit ses effets que si elle est postérieure à la naissance du différend ou si le travailleur l'invoque pour saisir d'autres tribunaux que celui du défendeur ou celui indiqué à l'article 5, point 1 et que cette convention est applicable aux actions judiciaires intentées postérieurement à son entrée en vigueur dans l'État d'origine, soit le 1er février 1991 pour la France.

Un salarié avait été engagé en qualité de VRP par une société dont le siège était en Allemagne, pour la représentation de cette société et de ses produits dans divers départements français. Son contrat de travail prévoyait la clause suivante : « À moins que les lois exigent autre chose, le greffe compétent pour le siège de la firme est seul compétent. » Après avoir cessé son travail, le salarié avait saisi le conseil de prud'hommes de Rennes le 16 mars 1992 de diverses demandes.

Doit être cassé l'arrêt qui, pour déclarer la juridiction française incompétente pour connaître du litige, a énoncé que la convention de Saint-Sébastien n'était pas applicable à ce jour en Allemagne et que la société était fondée à soulever l'exception d'incompétence puisque, dans une clause dépourvue d'ambiguïté, le contrat de travail prévoyait la compétence du tribunal allemand dans le ressort duquel se trouvait le siège de la société allemande, alors que l'instance avait été engagée postérieurement à l'entrée en vigueur, en France, de la convention de Saint-Sébastien du 26 mai 1989 et qu'en conséquence, la clause attributive de juridiction, antérieure au différend, ne pouvait être opposée au salarié.

Cass. soc. 17 décembre 1997, n° 94-45.445, BC V n° 456. Voir aussi cass. soc. 14 novembre 2000, n° 98-41.959, BC V n° 371.

Doit être cassé l'arrêt qui, pour écarter la clause attributive de juridiction en faveur d'un tribunal italien insérée au contrat conclu entre un salarié français et une société italienne, a, d'une part, estimé que ce contrat qualifié de contrat d'agent commercial constituait en réalité un contrat de travail de VRP et, d'autre part, énoncé que le salarié exécutait ses prestations en France, qu'il était citoyen français et domicilié en France, alors que, quelles que soient la nature du contrat liant les parties et ses modalités d'exécution, la clause attributive de juridiction était valable.

Cass. soc. 7 janvier 1992, n° 89-40.470, 1er moyen, BC V n° 7.

Un employeur qui n'est pas domicilié sur le territoire d'un État membre peut également être attrait, dans un État membre, devant la juridiction du lieu où ou à partir duquel le travailleur accomplit habituellement son travail.

Selon l'article 21, § 2, du règlement (UE) 1215/2012, du Parlement européen et du Conseil, du 12 décembre 2012, concernant la compétence judiciaire, la reconnaissance et l'exécution des décisions en matière civile et commerciale, applicable à partir du 10 janvier 2015, un employeur qui n'est pas domicilié sur le territoire d'un État membre peut être attrait, dans un État membre, devant la juridiction du lieu où ou à partir duquel le travailleur accomplit habituellement son travail.

Un salarié, engagé par une société de droit monégasque entre le 15 janvier 2007 et le 30 juin 2014, a saisi le conseil de prud'hommes de Nice, le 7 janvier 2016, de diverses demandes.

C'est à bon droit qu'une cour d'appel, après avoir relevé que le salarié exerçait ses fonctions de masseur-kinésithérapeute, essentiellement lors d'entraînements, au centre de formation du club, auquel il était contractuellement rattaché, qui se trouvait sur le territoire français, dans la commune de la Turbie, située dans le ressort du conseil de prud'hommes de Nice, qu'un nombre important de rencontres sportives auxquelles le salarié avait pu participer se déroulaient sur le territoire français et que la circonstance que des matchs requérant la présence du salarié s'étaient déroulés au stade Louis II, à Monaco, n'infirmait pas la constatation selon laquelle l'essentiel de la prestation de travail avait été réalisée sur le territoire français, a décidé que le conseil de prud'hommes de Nice était compétent pour connaître des demandes du salarié à l'égard de la société.

Cass. soc. 5 décembre 2018, n° 17-19.935, à paraître.

• Exécution du travail en dehors de l'Union européenne ou de l'Association européenne de libre échange (AELE)

Si le travailleur n'accomplit pas habituellement son travail dans un État membre ou signataire de la Convention de Lugano, l'employeur ne peut être attrait que devant la juridiction de l'État de son siège social.

Aux termes de l'article 2 de la convention 88/592/CEE, signée à Lugano, du 16 septembre 1988, concernant la compétence judiciaire et l'exécution des décisions en matière civile et commerciale, les personnes domiciliées sur le territoire d'un État contractant sont attraites, quelle que soit leur nationalité, devant la juridiction de cet État. Il résulte de l'article 5, point 1, de cette convention relatif aux compétences spéciales, qu'en matière de contrat individuel de travail, le défendeur peut être attrait devant le tribunal du lieu où le travailleur accomplit habituellement son travail et si le travailleur n'accomplit pas habituellement son travail dans un même pays, ce lieu est celui où se trouve l'établissement qui a embauché le travailleur.

Une cour d'appel a relevé que, selon la lettre d'engagement signée des deux parties, l'employeur du salarié était une société, dont le siège est en Suisse, et que le salarié avait accompli habituellement son travail à Dubaï.

Il en résulte que le défendeur ne pouvait être attrait que devant la juridiction de l'État de son siège social.

Cass. soc. 12 juin 2012, n° 11-18.578, BC V n° 178.

Le contrat de travail peut valablement comporter une clause attributive de juridiction.

La clause attributive de compétence, incluse dans un contrat de travail conclu entre un salarié français et une société étrangère pour être exécuté à l'étranger, désignant les juridictions de Kinshasa, est valable. Elle exclut l'application de l'article R. 517-1 CT et emporte renonciation du salarié au privilège de juridiction de l'article 14 c. civ.

Cass. soc. 30 janvier 1991, n° 87-42.086, BC V n° 41.

À l'occasion de son transfert à Roissy, une hôtesse de l'air, employée par une société américaine d'aviation, avait signé une « note au personnel transféré » attribuant compétence exclusive à des instances de médiation et à des juridictions américaines pour le règlement des litiges nés de l'exécution de son contrat de travail. Elle a ensuite saisi la juridiction prud'homale de demandes pécuniaires fondées sur ce contrat.

Une cour d'appel, qui a constaté que les parties avaient convenu, par la note au personnel approuvée par la salariée lors de son transfert sur la base de Roissy, que le contrat de travail qui les liait et qui s'exécutait aux États-Unis restait régi par la loi américaine, même après le changement d'affectation, a pu décider que la clause attributive de compétence prévue par ladite note, qui n'était pas contraire à la conception française de l'ordre public international, était opposable à la salariée.

Cass. soc. 21 janvier 2004, n° 01-44.215, BC V n° 24.

En l'absence de clause attributive de juridiction, le salarié de nationalité française peut toujours invoquer l'article 14 c. civ.

Une cour d'appel a pu décider que les termes du contrat de travail conclu entre un salarié français et un employeur de nationalité étrangère qui ne comporte aucune clause attributive de compétence n'emportaient pas renonciation du salarié au bénéfice de l'article 14 c. civ. Ensuite, la cour d'appel a retenu, à bon droit, que par l'effet de la décision d'incompétence de la juridiction étrangère qu'il avait saisie et du dessaisissement corrélatif de cette dernière, le salarié avait recouvré la faculté d'exercer la même action devant la juridiction française sur le fondement de l'article 14 c. civ.

Cass. soc. 9 juillet 1996, n° 93-41.549, BC V n° 266.

Contrat de travail (Détermination de l'employeur) ; Détachement de salariés.

Contre-visite médicale patronale

L'employeur peut envoyer au domicile du salarié un médecin choisi par lui pour effectuer un contrôle médical de l'arrêt de travail.

Objet de la contre-visite médicale

La contre-visite médicale constitue la contrepartie de la garantie de rémunération.

L'accord national interprofessionnel du 10 décembre 1977, annexé à la loi du 19 janvier 1978 [L. 1226-1 CT], prévoit, en contrepartie de la garantie de ressources, la faculté pour l'employeur de faire procéder à une contre-visite. Les congés maladie pour lesquels la contre-visite n'a pu avoir lieu en raison du refus du salarié ou pour lesquels le médecin-contrôleur a conclu à l'absence d'incapacité ne doivent pas donner lieu à versement de la garantie de ressources.

Cass. soc. 29 mars 1995, n° 91-41.993.

Modalités d'exécution du contrôle

La loi sur la mensualisation n'a pas abrogé les dispositions législatives plus favorables aux salariés.

Un conseil de prud'hommes a exactement décidé que la loi 78-49 du 19 janvier 1978 [L. 1226-1 CT] sur la mensualisation n'a pas abrogé les dispositions législatives plus favorables aux salariés, tel l'article 63 du code de commerce local qui ne prévoit pas de contre-visite médicale en cas d'absences pour maladie n'allant pas au-delà d'une durée de six semaines. En l'état de ces énonciations, le conseil de prud'hommes a pu retenir que l'obligation de l'employeur au maintien du paiement des salaires, pendant une durée de six semaines, au commis qui, par suite d'un accident dont il n'est pas fautif, se trouve dans l'impossibilité de fournir son service et chez lequel le médecin-contrôleur n'a pu effectuer une contre-visite médicale, n'était pas sérieusement contestable.

Cass. soc. 4 juin 1998, n° 95-43.816, BC V n° 298.

L'absence de modalités pratiques réglementaires de la contre-visite n'empêche pas son application.

La loi du 19 janvier 1978 a prévu un décret en Conseil d'État pour déterminer « en tant que de besoin » les modalités de son application ainsi que les formes et conditions de la contre-visite prévue par l'accord interprofessionnel sur la mensualisation. Le fait que ce décret ne soit pas encore intervenu ne peut entraver l'application dudit accord.

Cass. soc. 31 janvier 1995, n° 91-42.972.

Les modalités pratiques prévues par la convention collective doivent être respectées.

En arrêt de travail pour maladie du 23 décembre 1993 au 26 février 1994, un salarié avait reçu l'intégralité de son salaire jusqu'au 17 février 1994, date à laquelle l'employeur avait cessé de lui verser des indemnités complémentaires au motif qu'il n'était pas à son domicile en dehors des heures de sortie autorisée.

C'est à bon droit qu'un conseil de prud'hommes a condamné l'employeur à payer au salarié une somme à titre de complément d'indemnités journalières, après avoir relevé que la convention collective applicable permettait à l'employeur, qui estime que l'arrêt de travail du salarié n'est plus justifié par son état de santé, de faire procéder à un contrôle sous certaines modalités et après avoir constaté le caractère irrégulier du contrôle opéré par deux salariés de l'entreprise non habilités à cet effet.

Cass. soc. 14 janvier 1998, n° 95-44.897, BC V n° 13. Voir aussi cass. soc. 13 mai 1992, n° 89-44.433, BC V n° 303.

Le salarié ne peut imposer la présence de son médecin traitant lors du contrôle si cette possibilité n'est pas prévue par la convention collective.

Cass. soc. 22 juillet 1986, n° 84-41.588, BC V n° 463.

Les dispositions de la convention collective prévoyant la contre-visite par un médecin désigné par l'employeur n'interdisent pas au salarié de contester les conclusions de ce médecin en saisissant le juge des référés aux fins de désignation d'un médecin-expert. Ayant relevé que les conclusions de ce dernier confirmaient la nécessité de l'arrêt de travail, contrairement à celles du médecin-contrôleur, une cour d'appel a pu décider que l'employeur, en s'abstenant de verser des indemnités complémentaires, avait manqué à ses obligations et le condamner au paiement de ces indemnités à compter de la date de la contre-visite médicale ainsi qu'au versement d'indemnités de rupture et pour licenciement sans cause réelle et sérieuse.

Cass. soc. 28 février 1996, n° 92-42.021, BC V n° 73.

Lorsque le certificat médical porte la mention « sortie libre », le salarié doit avertir l'employeur du lieu et de l'heure où la contre-visite peut être effectuée.

Pour rejeter la demande d'une salariée placée en arrêt maladie tendant à obtenir la condamnation de son employeur à lui verser une somme au titre de retenues sur salaire injustifiées, une cour d'appel a retenu que l'intéressée ne justifiait pas d'une dérogation aux horaires de sortie accordée par le contrôle médical de la CPAM et perdait le bénéfice des indemnités complémentaires versées par l'employeur si elle était absente sans justification de son domicile lors de la contre-visite.

En statuant ainsi, alors qu'elle avait constaté que la salariée avait été placée en arrêt maladie selon un certificat médical portant la mention « sortie libre » et sans rechercher si l'employeur avait été informé des horaires et adresse où les contre-visites pouvaient s'effectuer, la cour d'appel n'a pas donné de base légale à sa décision.

Cass. soc. 4 février 2009, n° 07-43.430, BC V n° 32.

Impossibilité de contrôle

La preuve de l'impossibilité du contrôle appartient à l'employeur qui l'invoque.

Si le salarié bénéficiant d'indemnités journalières complémentaires doit se soumettre à la contre-visite demandée par l'employeur, c'est à l'employeur qui prend l'initiative du contrôle de démontrer qu'il n'a pu y procéder en raison de la carence ou de l'opposition du salarié.

Cass. soc. 30 juin 1988, n° 86-41.898, BC V n° 409. Voir aussi cass. soc. 28 janvier 1998, n° 95-45.371.

L'impossibilité de contrôle peut résulter de l'absence de communication de sa nouvelle adresse par le salarié.

L'indemnisation complémentaire par l'employeur des absences pour maladie ou accident n'est pas due au salarié qui, en s'abstenant d'aviser son employeur de son lieu de repos situé hors de sa résidence habituelle pendant son arrêt de travail, ne lui a pas permis de faire procéder à un contrôle de son état de santé.

Cass. soc. 13 mai 1992, n° 88-44.963, BC V n° 300.
Voir aussi cass. soc. 19 mai 1999, n° 98-44.376.

L'employeur ne peut invoquer l'impossibilité de contrôle si elle est due à son propre fait…

Séjournant en Algérie durant ses congés payés, un salarié avait adressé à son employeur un certificat d'arrêt de travail de trente jours, puis trois prolongations ; considérant qu'il ne pouvait procéder en Algérie au contrôle médical prévu par la convention collective, l'employeur s'était abstenu de verser les indemnités complémentaires.

C'est à tort que, pour rejeter la demande du salarié en paiement de ces indemnités, un conseil de prud'hommes a retenu que, pour prétendre aux indemnités, le salarié doit non seulement se soumettre à un éventuel contrôle, mais également prendre toutes dispositions nécessaires pour permettre le cas échéant celui-ci, l'impossibilité d'y procéder par son fait équivalant à un refus pur et simple, alors que si une convention collective ne s'applique qu'aux groupements de salariés ou d'employeurs inclus dans le secteur géographique défini lors de sa conclusion, il n'en résulte pas qu'une maladie survenant à l'étranger est hors du champ d'application de cette convention collective et qu'en l'espèce, d'une part, l'intéressé, qui n'avait aucune diligence particulière à accomplir, ne s'était pas opposé à un contrôle et, d'autre part, le jugement n'avait nullement constaté qu'il était impossible pour l'employeur d'effectuer un contrôle médical en Algérie.

Cass. soc. 5 juillet 1995, n° 92-40.235, BC V n° 235.

Ne peut s'analyser en un refus de se soumettre à la contre-visite l'attitude de la salariée qui a demandé au médecin-contrôleur de lui présenter sa carte professionnelle et le mandat reçu de l'employeur.

Cass. soc. 14 mars 1995, n° 91-43.977.

… ou si le refus du salarié est justifié par son état de santé…

Ayant relevé, au vu d'un rapport d'expertise judiciaire, que l'état de santé d'une salariée en arrêt maladie interdisait la pratique du seul examen clinique de nature à permettre d'apprécier la gravité de son affection, un conseil de prud'hommes, qui a constaté, d'une part, que l'intéressée avait opposé au médecin-contrôleur le fait que l'examen clinique qu'il allait devoir pratiquer était extrêmement douloureux et lui avait proposé de consulter son dossier médical et les comptes rendus opératoires et, d'autre part, que le médecin-contrôleur avait refusé la consultation des documents proposés, a pu décider que la salariée ne s'était pas soustraite au contrôle médical et condamner l'employeur au paiement du complément de salaires.

Cass. soc. 13 février 1996, n° 92-40.713, BC V n° 51.

… ou par un motif légitime.

A légalement justifié sa décision le conseil de prud'hommes qui, après avoir constaté qu'à la suite de la contre-visite médicale effectuée à la demande de l'employeur le 24 juin 1993 et concluant que l'arrêt de travail n'était plus justifié à cette date, le médecin du travail avait conclu, le 28 juin suivant, à une inaptitude temporaire de trois semaines de la salariée, a retenu, d'une part, qu'il appartenait à l'employeur, s'il entendait contester cet avis qui s'imposait à lui, d'exercer le recours prévu à l'article L. 241-10-1, dernier alinéa CT et, d'autre part, qu'en l'absence de l'exercice de ce recours par l'employeur, la salariée avait un motif légitime de refuser de se soumettre à la contre-visite initiée le 8 juillet 1993, dès lors qu'à cette date, elle bénéficiait de l'avis d'inaptitude délivré par le médecin du travail.

Cass. soc. 10 février 1998, n° 95-41.600, BC V n° 74.

Conséquences de la contre-visite médicale

Si le médecin-contrôleur conclut à une possibilité de reprise du travail, l'employeur peut suspendre le paiement des indemnités journalières.

Une salariée, victime d'un accident du travail, avait été examinée par le médecin-expert de la sécurité sociale, qui avait conclu à une prolongation d'arrêt de travail. L'employeur, ayant mandaté un médecin contrôleur qui avait conclu à la possibilité de reprise du travail à un poste aménagé, avait avisé la salariée qu'il suspendait le paiement des indemnités journalières.

En condamnant l'employeur à payer à l'intéressée un complément d'indemnités journalières de maladie et de congés payés et des dommages-intérêts en se fondant sur une attitude manifestement subjective de la part de l'employeur à l'égard de la salariée, concrétisée par des contrôles médicaux successifs malgré la décision d'arrêt de travail pour accident du travail du médecin-expert de la sécurité sociale, alors que les constatations du médecin-conseil de la sécurité sociale sont sans incidence sur l'exécution du contrat de travail et alors qu'il avait constaté que le médecin-contrôleur avait conclu, dans le cadre d'une contre-visite effectuée régulièrement, à une possibilité de reprise du travail de la salariée, le conseil de prud'hommes, qui n'a pas caractérisé une attitude discriminatoire de la part de l'employeur, a violé l'article 7 de l'accord national interprofessionnel du 10 décembre 1977.

Cass. soc. 4 mai 1999, n° 96-44.924, BC V n° 192.

Les indemnités complémentaires ne peuvent être supprimées que pour la période postérieure à la contre-visite.

A légalement justifié sa décision le conseil de prud'hommes qui a jugé que l'impossibilité de faire procéder à la contre-visite médicale d'un salarié ne pouvait priver ce dernier de son droit à indemnisation complémentaire pour la période antérieure à la date de ce contrôle.

Cass. soc. 9 juin 1993, n° 90-42.701.

En cas de prolongation d'arrêt de travail postérieure au contrôle médical, le salarié est rétabli dans son droit aux indemnités complémentaires de maladie, sous réserve d'un nouveau contrôle médical.

Une salariée avait été en arrêt de travail pour maladie à partir du 28 octobre 1992. Le médecin du personnel de l'entreprise, ayant procédé à un contrôle médical de l'arrêt de travail le 30 octobre 1992, l'avait jugée apte à reprendre son travail le 2 novembre 1992, mais deux nouveaux arrêts de travail avaient été prescrits successivement à la salariée par son médecin traitant du 2 au 8 novembre 1992 et du 9 au 15 novembre 1992. L'employeur ayant cessé de lui payer les indemnités complémentaires de maladie du 2 novembre au 15 novembre, la salariée avait saisi la juridiction prud'homale d'une demande en paiement d'un rappel de salaires et des congés payés afférents.

Doit être approuvé le jugement ayant accueilli cette demande : ayant relevé que, postérieurement au contrôle médical de l'arrêt de travail, une prolongation d'arrêt de travail avait été prescrite à la salariée par son médecin traitant, le conseil de prud'hommes a décidé à bon droit que cette prolongation avait rétabli la salariée dans son droit aux indemnités complémentaires de maladie et qu'il incombait à l'employeur, s'il lui contestait ce droit, de faire procéder à un nouveau contrôle médical.

Cass. soc. 5 mars 1997, n° 94-44.902, BC V n° 93.

Ayant constaté que, postérieurement au contrôle médical de l'arrêt de travail diligenté par l'employeur, une prolongation d'arrêt de travail avait été prescrite au salarié par son médecin traitant, un conseil de prud'hommes a décidé à bon droit que cette prolongation avait rétabli le salarié dans son droit aux indemnités complémentaires de maladie, peu important l'avis du médecin-contrôleur qui n'était valable qu'à la date où il était émis et qui ne pouvait disposer pour l'avenir, et qu'il incombait à l'employeur, s'il lui contestait ce droit, de faire procéder à un nouveau contrôle médical.

Cass. soc. 28 janvier 1998, n° 95-45.465, BC V n° 38.

Si le médecin-contrôleur conclut à une possibilité de reprise du travail nécessitant toutefois l'avis du médecin du travail pour déterminer la nature de l'emploi pouvant être occupé par le salarié et que le médecin du travail n'a pu se prononcer en raison des prolongations d'arrêts de travail et du classement en invalidité 2e catégorie du salarié, l'employeur est tenu, en l'absence de nouveau contrôle patronal, de verser les indemnités complémentaires prévues par accord d'entreprise.

Ayant relevé que si, dans le cadre de la contre-expertise sollicitée par le salarié, le médecin-contrôleur avait conclu à une possibilité de reprise d'activité, il avait assorti cet avis de la nécessité d'une intervention du médecin du travail afin de déterminer la nature de l'emploi que pourrait exercer le salarié, et ayant relevé, par ailleurs, que le médecin du travail n'avait pu se prononcer sur l'aptitude du salarié qui bénéficiait d'arrêts de travail de son médecin traitant régulièrement prolongés jusqu'à son classement en invalidité de la 2e catégorie, une cour d'appel a pu en déduire que la condition suspensive mise par le médecin-contrôleur à la reprise du travail par le salarié n'avait pas été remplie et que l'employeur, qui n'avait pas fait procéder à un nouveau contrôle médical, était tenu au paiement des indemnités complémentaires de maladie prévues par l'accord d'entreprise.

Cass. soc. 19 janvier 1999, n° 96-43.768, 1er moyen, BC V n° 31.

Le résultat de la contre-visite ne peut constituer un motif de sanction disciplinaire.

L'employeur ne peut infliger de blâme à la salariée qui a refusé de reprendre le travail à la suite des conclusions du médecin-contrôleur ; en effet, le respect par la salariée des prescriptions de son médecin traitant n'ayant pas un caractère fautif, l'employeur est seulement fondé à suspendre le versement des indemnités journalières de maladie.

Cass. soc. 10 octobre 1995, n° 91-45.242, BC V n° 264.

De même, si l'absence du salarié lors de la contre-visite médicale entraîne la perte du droit à indemnisation, elle ne constitue pas, en soi, une cause de licenciement.

Cass. soc. 10 novembre 1998, n° 96-42.969, BC V n° 486. Voir aussi cass. soc. 21 mars 2000, n° 97-45.215.

☞ *Maladie (Indemnisation complémentaire).*

Contribution patronale aux activités sociales et culturelles

L'article R. 2323-34 ancien CT énumère les différentes ressources possibles du comité d'entreprise pour financer ses activités sociales et culturelles. Il s'agit notamment de la contribution versée par l'employeur, les articles L. 2323-86 et R. 2323-35 anciens CT en précisant les règles de calcul.

Détermination de la contribution patronale

• Cadre de calcul

La contribution de l'employeur aux activités sociales et culturelles doit être calculée dans le cadre de l'entreprise…

Un comité d'établissement peut valablement demander que la contribution patronale devant lui être versée soit déterminée compte tenu de la masse salariale de toute l'entreprise et des dépenses sociales globales des divers établissements de la société, et non sur la masse salariale et les dépenses sociales de l'établissement. L'article L. 432-9 CT reprenant le seul terme d'« entreprise » pour définir le cadre dans lequel la contribution de l'employeur doit être calculée, sans faire de distinction entre les entreprises où il existe un ou plusieurs établissements, une cour d'appel a pu décider que la contribution de la société aux activités sociales et culturelles de son établissement de Poitiers devait être calculée dans le cadre de l'entreprise en se référant à la date de prise en charge des œuvres sociales dans les divers établissements.

Cass. soc. 26 septembre 1989, n° 88-11.796, BC V n° 537. Voir aussi cass. soc. 9 juillet 1996, n° 94-17.688.

Par deux accords collectifs du 22 mars 2006, une unité économique et sociale a été reconnue entre cinq sociétés avec mise en place de sept comités d'établissement ; la direction commune de l'UES ayant informé les comités d'établissement de la fixation d'un taux unique de contribution au fonctionnement des activités sociales et culturelles calculé au niveau de l'entreprise de 0,34 %, ce taux étant ensuite appliqué à la masse salariale de chaque établissement, deux comités d'établissement ont demandé que ce taux soit fixé pour ce qui les concernait respectivement à 0,8 et 0,7 %.

Après avoir constaté que les cinq sociétés rassemblées en une UES constituaient une entreprise elle-même divisée en établissements distincts et que le montant global de la contribution était inchangé, une cour d'appel en a exactement déduit que cette contribution au financement des institutions sociales devait être calculée dans le cadre de l'entreprise, c'est-à-dire de l'UES, et le taux légal de cette contribution ensuite appliqué à chaque établissement, en l'absence d'usage plus favorable.

Cass. soc. 25 septembre 2012, n° 10-26.224, BC V n° 234.

… et le taux légal de la contribution est ensuite appliqué à chaque établissement, sauf usage ou accord collectif plus favorable.

Cass. soc. 17 septembre 2003, n° 01-11.532, BC V n° 236. Voir aussi cass. soc. 17 novembre 2011, n° 10-23.265.

Si, lorsqu'une entreprise est divisée en établissements dotés chacun d'un comité d'établissement, un accord collectif peut prévoir de répartir la contribution patronale aux activités sociales et culturelles selon les effectifs des établissements et non selon leur masse salariale, cette répartition ne peut priver un comité d'établissement de la contribution calculée sur la masse salariale pour la fraction de la contribution correspondant au minimum calculé selon l'article L. 2323-86 CT.

Cass. soc. 12 novembre 2015, n° 14-12.830, 5e branche du 1er moyen et 1re branche du 2e moyen, BC V n° 231.

• Détermination du montant

Entrent dans la base de calcul de la contribution toutes les sommes consacrées par l'employeur aux activités sociales et culturelles avant leur prise en charge par le comité d'entreprise.

Un comité d'entreprise peut valablement s'opposer à l'imputation sur la contribution aux activités sociales et culturelles des cotisations patronales afférentes à un régime de prévoyance mis en place par accord collectif postérieurement à la création du comité central d'entreprise.

En effet, ce régime mis en place par accord, étant postérieur à la création du comité central, n'avait pas été pris en compte, comme les œuvres préexistantes, pour déterminer le montant de la contribution patronale.

Cass. soc. 17 octobre 1990, n° 87-16.587, BC V n° 484.

Le montant de la contribution de l'employeur au financement des activités sociales et culturelles doit être fixé en tenant compte de la totalité des dépenses sociales de la période de référence, même si le comité d'entreprise lui a délégué la gestion d'une partie de ces activités.

Aux termes de l'article L. 2323-83 CT, le comité d'entreprise a le monopole de la gestion des activités sociales et culturelles établies dans l'entreprise ; il en résulte que, quand bien même le comité d'entreprise aurait délégué à l'employeur la gestion d'une partie de celles-ci, le montant de la contribution de l'employeur au financement des activités doit être fixé en tenant compte de la totalité des dépenses sociales de la période de référence.

Un comité d'entreprise assurait la gestion directe des œuvres sociales et culturelles d'une entreprise, à l'exception de l'activité de restauration demeurée à la charge de l'employeur le montant des sommes affectées à cette activité au cours des trois dernières années, le comité a saisi le tribunal de grande instance à fin de condamnation de l'employeur à lui verser au titre de la contribution sociale et culturelle pour les années 2002 à 2004 le montant des sommes économisées sur l'activité restauration.

Pour le débouter de ses demandes, une cour d'appel a énoncé que le comité ne peut prétendre à la contribution relative à l'activité de restauration que lorsqu'il a sollicité le transfert de la gestion de cette activité à son profit et qu'en l'espèce tel n'était pas le cas, puisque le comité n'avait jamais prétendu reprendre cette gestion.

En statuant ainsi, alors que la contribution globale due au comité d'entreprise pour le financement des œuvres sociales et culturelles doit être calculée conformément aux dispositions d'ordre public de l'article L. 2323-86 CT, peu important que le comité d'entreprise ait délégué à l'employeur la gestion de l'activité de restauration, la cour d'appel a violé les articles L. 2323-83 et L. 2323-86 CT.

Cass. soc. 30 mars 2010, n° 09-12.074, BC V n° 81. Voir aussi cass. soc. 21 juin 2016, n° 15-12.525.

Les dépenses sociales à prendre en compte doivent s'entendre taxe sur la valeur ajoutée incluse.

Aux termes de l'article L. 2323-83 CT, le comité d'entreprise a le monopole de la gestion des activités sociales et culturelles établies dans l'entreprise ; il en résulte que le montant de la contribution de l'employeur au financement de ces activités doit être fixé en tenant compte de la totalité des dépenses sociales de la période de référence, conformément aux dispositions d'ordre public de l'article L. 2323-86 CT.

Dès lors, c'est à bon droit qu'une cour d'appel a décidé que la taxe sur la valeur ajoutée facturée à un employeur au titre d'une activité sociale de transport, devait être comprise dans l'assiette des dépenses sociales acquittées par l'employeur au cours de la période de référence précédant l'interruption ou le transfert de cette activité au comité d'entreprise.

Cass. soc. 21 septembre 2016, n° 14-25.847, BC V n° 174.

Sauf engagement plus favorable, la masse salariale servant au calcul de la subvention de fonctionnement du comité d'entreprise comme de la contribution aux activités sociales et culturelles s'entend de la masse salariale brute constituée par l'ensemble des gains et rémunérations soumis à cotisations de sécurité sociale en application de l'article L. 242-1 c. séc. soc.

Cass. soc. 7 février 2018, n° 16-24.231, à paraître. Voir aussi cass. soc. 7 février 2018, n° 16-16.086, à paraître ; cass. soc. 6 juin 2018, n° 17-11.497, à paraître ; cass. soc. 19 décembre 2018, n° 17-22.583, à paraître, cités dans « Subvention de fonctionnement ».

• Période de référence

La période de référence pour le calcul de la contribution correspond aux trois dernières années précédant la prise en charge des activités sociales et culturelles par le comité d'entreprise.

Quelles qu'aient pu être les modalités de financement convenues lors de la prise en charge de précédentes œuvres sociales, le comité d'établissement peut prétendre, lors du transfert de nouvelles œuvres, au financement correspondant à celles-ci. Le nouveau financement doit être calculé conformément à l'article L. 432-3 CT sur les trois années précédant la prise en charge de ces œuvres.

Cass. soc. 13 novembre 1975, n° 73-14.848, 1er moyen, BC V n° 533.

• Versement de la contribution

Sauf dispositions conventionnelles contraires, l'employeur n'est pas tenu de verser la subvention en une seule fois.

Doit être cassé l'arrêt condamnant l'employeur à verser, en une seule fois, la contribution aux activités sociales et culturelles. Le fait que la contribution soit fixée annuellement n'implique pas qu'il s'agisse d'une dette unique. L'employeur doit la verser au comité selon son programme de dépenses et au fur et à mesure de ses besoins de trésorerie, sauf si d'autres modalités plus favorables ont été convenues.

Cass. soc. 6 juillet 1976, n° 74-13.188, BC V n° 414.

En cas de carence, le comité d'entreprise reste créancier de l'entreprise ; celle-ci doit donc verser la subvention correspondant aux années de carence au comité nouvellement élu si le fonctionnement des institutions sociales n'a pas été assuré durant la période de carence.

Il résulte des articles L. 431-3, L. 422-3 et L. 422-5 CT qu'en l'absence de comité d'entreprise par suite d'une carence constatée dans les conditions prévues à l'article L. 433-13 CT, l'employeur et les délégués du personnel sont tenus de gérer conjointement le budget de fonctionnement du comité d'entreprise et d'assurer le fonctionnement de toutes les institutions sociales pour son compte. Il en résulte que l'obligation légale et annuelle de versement de la subvention de fonctionnement et de contribution au financement des institutions sociales à la charge de l'employeur n'est pas suspendue par la carence du comité d'entreprise et que, même si l'obligation conjointe du délégué du personnel et du chef d'entreprise n'est pas assurée, le comité d'entreprise reste créancier, en principe, de ces sommes.

C'est donc à bon droit qu'une cour d'appel a condamné un employeur à payer à un comité d'établissement, mis en place en 1997 après qu'un procès-verbal de carence avait été établi en 1995, faute de candidats pour le renouvellement de l'institution, une somme au titre du budget de fonctionnement et de la subvention aux activités sociales et culturelles pour la période de mai 1995 à juin 1997.

Cass. soc. 13 septembre 2005, n° 04-10.961, BC V n° 256.

Contribution fixée conventionnellement

• Détermination du montant

Un accord collectif peut fixer un autre mode de calcul de la contribution que celui prévu par l'article L. 2323-86 ancien CT, dès lors qu'il est plus favorable.

Aux termes de l'article L. 2323-86 CT, la contribution versée chaque année par l'employeur pour financer des institutions sociales du comité d'entreprise ne peut, en aucun cas, être inférieure au total le plus élevé des sommes affectées aux dépenses sociales de l'entreprise atteint au cours des trois dernières années précédant la prise en charge des activités sociales et culturelles par le comité d'entreprise, à l'exclusion des dépenses temporaires lorsque les besoins correspondants ont disparu et que le rapport de cette contribution au montant global des salaires payés ne peut non plus être inférieur au même rapport existant pour l'année de référence définie au premier alinéa.

En s'abstenant de rechercher si les dispositions d'un accord collectif prévoyant une assiette de calcul de la contribution patronale aux activités sociales et culturelles égale à la masse salariale brute comptabilisée au sens de la déclaration des salaires (brut fiscal à l'exception des frais de déplacement et avantages en nature), à laquelle était appliqué un taux de 5 % en usage dans l'entreprise, n'étaient pas plus favorables que les règles légales, la cour d'appel n'a pas donné de base légale à sa décision au regard du texte susvisé.

Cass. soc. 22 mars 2017, n° 15-19.973, 1er moyen du pourvoi principal, BC V n° 53.

• Dénonciation

Si le montant de la contribution est fixé par accord collectif, l'employeur doit respecter les dispositions de l'article L. 2261-9 CT pour le dénoncer.

Une cour d'appel a pu débouter un comité d'entreprise de sa demande tendant à voir déclarer nulle la dénonciation de l'accord d'entreprise qui avait fixé la contribution aux activités sociales et culturelles de la société à 2,558 % de la masse salariale, l'employeur ayant la possibilité de dénoncer un tel accord d'entreprise, dès lors qu'il respecte les règles et conditions prévues par l'article L. 132-8 CT, ce qui était le cas en l'espèce. Par ailleurs, sauf clause contraire de la convention ou de l'accord collectif, l'employeur n'a pas à justifier sa décision de dénoncer cet accord.

Cass. soc. 20 octobre 1993, n° 89-18.949, BC V n° 243.

Le montant de la contribution ne doit toutefois pas être réduit en dessous des minima conventionnels ou légaux.

Une société n'ayant subventionné aucune activité sociale et culturelle jusqu'à la création d'un comité avait, par accord devenu usage, versé, à compter de cette création, une contribution égale à 1,8 % de la masse salariale et ce, en dehors de toute obligation légale. Cette société, invoquant des difficultés économiques, dénonçait cet usage et réduisait sa contribution à 0,9 %.

Doit être cassé l'arrêt ayant omis de rechercher si, à raison d'une même subvention constamment versée par lui, l'employeur n'était pas notamment tenu de respecter la contribution minimale prévue par l'article R. 432-11, 1°, al. 2 CT.

L'employeur ne peut en effet dénoncer un usage, ou un accord conclu avec le comité d'entreprise, ayant pour objet de fixer sa contribution aux activités sociales et culturelles, qu'à une double condition. D'une part, la dénonciation doit être précédée d'une information donnée au comité dans un délai suffisant pour permettre l'ouverture de négociation. D'autre part, cette dénonciation ne doit pas avoir pour effet de réduire la subvention au-dessous des minima fixés soit par l'article L. 432-9 CT, soit par une convention collective, soit par l'article R. 432-11, 1°, al. 2 CT.

Cass. soc. 5 décembre 1989, n° 89-21.052, BC V n° 692.

Les mêmes principes s'appliquent lorsque le montant de la contribution a été fixé par un usage ou un accord atypique, l'employeur devant alors respecter les règles de dénonciation propres à chacun.

Sans préjudice des obligations d'information et de consultation incombant à l'employeur en vue de la mise en place des nouvelles modalités de sa contribution, celui-ci peut dénoncer un usage ou un accord conclu avec le comité d'entreprise ou d'établissement ayant pour objet de modifier sa contribution aux activités sociales et culturelles, à la double condition, d'une part, que la dénonciation soit précédée d'une information donnée au comité dans un délai suffisant pour permettre l'ouverture de négociations, et, d'autre part, que cette dénonciation n'ait pas pour effet de réduire la subvention de l'entreprise en dessous des minima fixés, soit par une convention collective, soit par les articles L. 432-9 et R. 432-11, al. 2 CT.

Cass. soc. 14 mars 2007, n° 05-12.528.

La contribution ne peut être inférieure à la meilleure des trois années précédant la dénonciation.

L'employeur peut dénoncer un usage ou un accord conclu avec le comité d'entreprise ou d'établissement, ayant pour objet de fixer sa contribution aux activités sociales et culturelles du comité, à la condition que cette dénonciation n'ait pas pour effet de réduire la subvention de l'entreprise en dessous des minima fixés soit par une convention collective, soit par les articles L. 432-9 et R. 432-11, 1°, al. 2 CT. Dans ce dernier cas, le chiffre le plus avantageux atteint au cours des trois dernières années n'est maintenu qu'autant que la masse salariale reste constante et, si celle-ci diminue, la contribution subit la même variation.

Une société A, créée en 1985, avait dénoncé le 22 octobre 1992 un accord du 25 juillet 1988 fixant à 1,98 % de la masse salariale la subvention patronale annuelle pour les activités sociales et culturelles. Le 31 décembre 1992, avait été créée la société AB issue de la fusion-absorption par la société A des sociétés C et D. Le taux de la subvention patronale versée aux comités des sociétés C et D était fixé, respectivement, à 0,73 % et 0,50 %. La société AB avait proposé, pour 1993, une répartition consistant, par rapport à une stricte répartition au prorata des effectifs de chaque établissement, à majorer de 50 % les sommes versées aux comités d'établissement correspondant à l'ancienne société A et à minorer d'une somme correspondante les sommes versées aux autres comités. Ces comités avaient alors sollicité devant le tribunal de grande instance le paiement d'une contribution patronale égale, au minimum, à la plus élevée des contributions versées au cours des trois exercices précédant le litige, 1990, 1 991 et 1 992.

Doit être cassé l'arrêt qui, pour débouter les comités de leur demande, a retenu que les trois dernières années visées par l'article R. 432-11 CT s'entendaient nécessairement de celles qui avaient précédé la prise en charge des dépenses sociales par le comité d'entreprise et qu'aucune dépense sociale ne préexistant dans la société A à la création de son comité d'entreprise, l'employeur n'était tenu au versement d'aucune contribution légale minimale, alors que les trois années de référence s'entendaient de celles précédant la dénonciation.

Cass. soc. 1er avril 1997, n° 95-10.478, BC V n° 134.

Une société avait, le 28 mars 1994, notifié aux représentants du personnel sa dénonciation de l'usage relatif au montant du budget activités sociales et culturelles versé aux comités d'établissements. À compter du 1er janvier 1995, le budget serait fixé à 3 % (au lieu de 5 %) de la masse salariale. Le comité d'établissement A a fait assigner la société afin d'obtenir le versement d'une somme égale à 5 % de la masse salariale et subsidiairement le versement d'une somme au moins égale à la contribution la plus importante versée au cours des trois années précédant la mise en application de la décision du 28 mars 1994.

Une cour d'appel a relevé qu'il n'était pas établi que des sommes étaient affectées aux dépenses sociales de l'entreprise avant la création des comités d'entreprise. Elle en a exactement déduit que les conditions d'application de l'article L. 432-9 CT, qui fixe la contribution minimale de l'employeur sur la base des sommes affectées aux dépenses sociales de l'entreprise au cours des trois dernières années précédant la prise en charge des activités sociales et culturelles par le comité d'entreprise, n'étaient pas remplies.

C'est à tort que la cour d'appel a rejeté la demande subsidiaire du comité d'établissement A de la société, alors que l'article R. 432-11 CT ne se borne pas à prévoir qu'un décret peut déterminer les conditions de financement des institutions sociales dans les entreprises où les sommes mises à la disposition du comité d'entreprise ne permettent pas d'assurer le fonctionnement normal des institutions sociales, mais fixe la contribution minimale de l'employeur aux activités sociales et culturelles du comité, et que la dénonciation par l'employeur de l'usage ayant pour objet de fixer sa contribution aux activités sociales et culturelles du comité ne pouvait avoir pour effet de réduire la contribution de l'entreprise en dessous du minimum fixé par cet article.

Cass. soc. 9 juillet 1997, n° 95-21.462, BC V n° 265. Voir aussi cass. soc. 6 juin 2000, n° 98-22.159, BC V n° 221.

Si l'employeur peut dénoncer un usage ou un accord conclu avec le comité d'entreprise ou d'établissement ayant pour objet de fixer sa contribution aux activités sociales et culturelles du comité, cette dénonciation ne peut avoir pour effet de réduire la contribution en dessous du minimum fixé par l'article R. 432-11, 1° CT. Pour l'appréciation de ce minimum, le chiffre le plus avantageux atteint au cours des trois dernières années précédant la dénonciation n'est maintenu qu'autant que la masse salariale reste constante et, si celle-ci diminue, la contribution subit la même variation.

C'est donc à bon droit qu'une cour d'appel, devant laquelle aucune variation de la masse salariale n'avait été invoquée, a annulé la décision prise par un employeur de réduire le montant de sa contribution aux activités sociales et culturelles de 5 % à 3 %.

Cass. soc. 22 janvier 2002, n° 99-20.704, BC V n° 27.

• Modification dans la situation juridique de l'employeur

Le montant de la contribution fixé dans l'entreprise d'origine par un usage ou un accord collectif à un montant supérieur à la contribution légale, n'est conservé que si l'institution se maintient dans la nouvelle entreprise.

Tout d'abord, en cas de modification dans la situation juridique de l'employeur au sens de l'article L. 1224-1 CT, le montant de la contribution de l'employeur aux activités sociales et culturelles du comité d'entreprise, s'il a été fixé dans l'entreprise d'origine par un usage ou un accord collectif à un montant supérieur à la contribution légale, n'est conservé que si l'institution se maintient dans la nouvelle entreprise ; ensuite, l'entité faisant l'objet d'un transfert d'activité partiel, et laissant subsister au sein de la société cédante les institutions représentatives du personnel existantes, ne conserve pas son autonomie.

Après avoir constaté qu'une branche d'activité transférée à une société cessionnaire ne comportait pas d'institutions propres et que le comité d'entreprise de la société cédante n'avait pas été dissous, une cour d'appel a pu en déduire que l'entité économique n'avait pas conservé son autonomie et que le comité d'entreprise de la société cessionnaire ne pouvait bénéficier du maintien du montant de la contribution aux œuvres sociales et culturelles en usage au sein de la société cédante.

Cass. soc. 13 mai 2009, n° 08-12.514, BC V n° 132.

En cas de transfert d'entreprise, lorsque le comité d'entreprise se maintient, la contribution ne peut être inférieure au total le plus élevé des sommes affectées au cours des trois dernières années précédant la suppression de l'usage ou de l'accord collectif instituant cette contribution, sauf si la masse salariale diminue.

En cas de modification dans la situation juridique de l'employeur, le mandat des membres élus du comité d'entreprise et des représentants syndicaux audit comité subsiste lorsque l'entreprise conserve son autonomie ; il en résulte que l'institution se maintient dans la nouvelle entreprise, même si elle change de dénomination, et que la contribution de l'employeur aux activités sociales et culturelles ne peut être inférieure au total le plus élevé des sommes affectées au cours des trois dernières années précédant la suppression de l'usage ou de l'accord collectif instituant cette contribution, sauf si la masse salariale diminue.

À la suite de la scission d'une entreprise en plusieurs sociétés, un établissement a été repris par une de ces sociétés. Le comité de cet établissement a été supprimé et remplacé par un comité d'entreprise. Un accord en date du 16 mai 1997 a mis un terme à un accord du 19 mai 1987 qui fixait le montant de la dotation allouée au comité d'établissement. La société ayant repris l'établissement a fixé unilatéralement la contribution patronale revenant au comité d'entreprise pour l'année 1998.

Doit être cassé l'arrêt qui, pour débouter le comité d'entreprise de sa demande tendant à ce que la contribution patronale pour l'établissement soit calculée comme elle l'était avant la scission, a essentiellement relevé que le comité d'entreprise n'ayant reçu aucune somme de l'employeur avant sa création, il ne pouvait, en l'absence d'accord, prétendre qu'à la contribution calculée sur le nouveau taux fixé, alors que l'établissement concerné avait conservé son autonomie après la scission, que le comité d'entreprise n'était que la continuation de l'ancien comité d'établissement, et que malgré l'extinction de l'accord du 19 mai 1987, la contribution patronale au profit de cette institution devait être maintenue sur la base du total le plus élevé des sommes affectées aux activités sociales et culturelles au cours de l'une des trois années ayant précédé l'exercice 1998.

Cass. soc. 30 novembre 2004, n° 02-13.837, BC V n° 311.

Action en paiement de la contribution

Dans le cas d'une opération de fusion-absorption, la dévolution du patrimoine du comité d'entreprise de la société absorbée au comité d'entreprise de la société absorbante, au sein de laquelle les salariés ont été transférés, emporte transmission à ce dernier de l'action tendant au paiement d'un rappel de subvention de fonctionnement du comité de l'entreprise absorbée et de contribution patronale au financement des activités sociales et culturelles au titre des années antérieures à la fusion.

Cass. soc. 16 janvier 2019, n° 17-26.993, 1er moyen, à paraître, cité dans « Subvention de fonctionnement ».

☛ *Activités sociales et culturelles ; Subvention de fonctionnement.*

Convention collective (Applicabilité)

Les conventions collectives signées par l'employeur ou auxquelles il a adhéré sont applicables dans l'entreprise. Les conventions collectives de branche et les accords professionnels ou interprofessionnels non étendus s'appliquent aux employeurs signataires ou membres d'un groupement patronal signataire ou adhérent de l'accord. Les accords étendus ou élargis sont applicables à tous les employeurs entrant dans leur champ d'application professionnel et territorial.

L'applicabilité d'une convention collective ne dépend pas de l'emploi occupé par le salarié, mais de l'activité économique de l'entreprise.

Signature ou adhésion de l'employeur à la convention collective

Une convention collective n'est pas applicable à une société non signataire, non adhérente ou non membre d'un groupement patronal signataire, peu important que la société mère dont elle dépend applique ladite convention.

Un salarié reprochait à une cour d'appel d'avoir dit que la convention sur l'emploi d'octobre 1990, dans les entreprises sidérurgiques, ne s'appliquait pas à son employeur, la société F, en faisant valoir que celle-ci était une filiale de la société C et était gérée par un directeur industriel de cette dernière et que la cour d'appel ne pouvait s'abstenir de caractériser l'indépendance de la société F à l'égard de la société mère et de rechercher si la société C n'était pas l'employeur réel du personnel.

Après avoir constaté que la société qui employait l'intéressé n'était ni signataire ni adhérente de cette convention collective conclue postérieurement à sa constitution et après avoir fait ressortir qu'elle n'était pas membre du groupement patronal signataire, la cour d'appel en a déduit, à bon droit, que l'employeur n'était pas lié par cette convention qui avait été conclue sans fraude.

Cass. soc. 30 avril 2002, n° 00-42.110, 1er moyen, BC V n° 140.

L'employeur qui démissionne de l'organisation ou du groupement signataire d'une convention collective postérieurement à la signature de cette convention demeure lié par ce texte, ainsi que par les accords postérieurs à sa démission lorsqu'ils ne sont que l'application de la convention.

C'est à tort que, pour débouter un salarié de sa demande en paiement d'un complément de salaire fondé sur les dispositions d'une convention collective, un conseil de prud'hommes a énoncé que la société justifiait de sa démission de l'union locale qui était signataire de ladite convention, en sorte que celle-ci n'était plus applicable dans l'entreprise et qu'à compter de cette démission, seule la convention collective nationale était applicable, alors que l'employeur qui démissionne de l'organisation ou du groupement signataire d'une convention ou d'un accord collectif de travail postérieurement à la signature de la convention ou de l'accord collectif demeure lié par ces textes ainsi que par les accords postérieurs à sa démission lorsqu'ils ne sont que l'application de la convention ou de l'accord.

Cass. soc. 10 février 1999, n° 96-40.851, BC V n° 65.

Lorsque les salariés d'une entreprise revendiquent l'application d'un accord collectif et que celui-ci est susceptible de leur être applicable eu égard à son champ professionnel et géographique, il appartient aux juges de vérifier si l'employeur est affilié à l'une des organisations signataires de l'accord.

Cass. soc. 31 mai 2011, n° 08-44.856, BC V n° 133.

Champ d'application territorial

• L'application du droit français emporte celle des conventions collectives

Les règles d'application des conventions collectives étant fixées par des normes légales et impératives tendant à protéger les salariés, l'application du droit français emporte celle des conventions qu'il rend obligatoires.

Cass. soc. 29 septembre 2010, n° 09-68.851, 2e moyen, BC V n° 200. Voir aussi cass. civ., 1re ch., 5 novembre 1991, n° 90-40.163, 3e moyen, BC I n° 293.

• Une convention collective est applicable dans une entreprise ou un établissement si ces derniers sont situés dans le ressort territorial fixé par la convention

La convention collective applicable dans une entreprise ne le sera pas dans ses établissements situés en dehors du champ territorial de l'accord s'il s'agit d'établissements autonomes.

La convention collective territorialement applicable dans un établissement est celle du siège social de la société, sauf si l'établissement est un établissement autonome. Ainsi, le salarié d'un établissement ne peut demander à bénéficier de la convention collective de la région dans laquelle il travaille, dans la mesure où il n'établit pas que son activité s'exerce dans un établissement autonome.

Cass. soc. 26 novembre 2002, n° 00-45.845. Voir aussi cass. soc. 9 décembre 2009, n° 08-41.711 ; cass. soc. 20 novembre 1991, n° 88-43.281, 1er moyen, BC V n° 516.

Champ d'application professionnel

• L'applicabilité de la convention collective dépend de l'activité économique de l'entreprise

La convention collective applicable est déterminée en fonction de l'activité réelle de l'entreprise.

L'application d'une convention collective doit s'apprécier par rapport à l'activité réelle de l'entreprise et non par rapport à son objet social défini dans les statuts.

Cass. soc. 4 décembre 2001, n° 99-43.676, BC V n° 372. Voir aussi cass. soc. 13 janvier 2010, n° 08-43.505, 2e moyen ; cass. soc. 26 septembre 2012, n° 11-13.703.

Pour déterminer la convention collective applicable, il convient de se référer à l'activité réelle de l'entreprise et non aux mentions contenues dans les statuts de la personne morale dont elle dépend.

Doit être cassé l'arrêt qui, pour condamner une association à payer un rappel de salaires et d'indemnité de congés payés à une salariée sur le fondement de la convention collective des établissements privés d'hospitalisation de soins, de cure et de garde à but non lucratif, a énoncé que les statuts de l'association excluaient toute recherche et tout partage de bénéfices et que l'employeur ne justifiait d'aucune démarche pour mettre la forme juridique en harmonie avec l'activité économique, sans rechercher si l'association avait en fait un but lucratif comme elle le soutenait.

Cass. soc. 16 novembre 1993, n° 90-44.807, 1er moyen, BC V n° 274. Voir aussi cass. soc. 12 novembre 1996, n° 94-43.859, 1er moyen, BC V n° 373.

L'activité de l'entreprise est déterminée selon les moyens de production.

Doit être cassé l'arrêt qui, pour condamner une société, ayant pour activité principale la confection et la vente de bonnets de ski en laine, à payer un rappel de salaires et d'indemnités de licenciement à un salarié, a fait application de la convention collective de la mode et de la chapellerie et non de celle du textile au motif que cette dernière comprenait la seule fabrication à point maille de vêtements pour hommes, femmes et non de bonnets de ski, celle-ci relevant du domaine de la chapellerie, alors que l'activité de l'entreprise doit être examinée au regard des matériaux employés et des procédés techniques utilisés par l'entreprise.

Cass. soc. 22 juillet 1986, n° 83-44.817, BC V n° 470.

Le code APE (activité principale exercée) délivré par l'INSEE n'est pas suffisant pour déterminer l'activité de la société.

C'est à tort que, pour condamner un employeur à payer un arriéré au titre de primes annuelles, de prime d'entretien et d'un complément de salaire pour accident du travail, une cour d'appel a retenu que la société avait fait figurer sur les fiches de paie un nouveau code APE, rendant applicable la convention collective nationale des magasins de vente d'alimentation et d'approvisionnement dont les dispositions prévoyaient les primes et complément de salaire demandés, alors que le code APE est seulement indicatif et que la cour d'appel devait rechercher si l'activité principale de la société entrait dans le champ d'application de cette convention collective.

Cass. soc. 31 janvier 1996, n° 92-44.921. Voir aussi cass. soc. 8 avril 1998, n° 95-44.750.

Si une société relevait de la convention collective des imprimeries de labeur et industries graphiques correspondant au code APE-51-11, l'INSEE lui avait attribué un autre code APE relatif aux activités de fabrication de pâte à papier.

L'activité principale de la société consistant en l'impression d'étiquettes autocollantes et correspondant au code APE initialement prévu, peu important l'attribution d'un code APE relatif aux activités de fabrication de pâte à papier et une cour d'appel a pu valablement condamner la société à verser à un salarié un rappel de salaires sur la base de la convention collective des imprimeries de labeur.

Cass. soc. 17 mars 1994, n° 90-44.846.

L'activité du salarié est indifférente pour la détermination de la convention collective applicable.

L'application d'une convention collective au personnel d'une entreprise dépend, peu important les fonctions assumées, de l'activité principale de celle-ci.

Cass. soc. 11 juin 2003, n° 01-43.980. Voir aussi cass. soc. 30 avril 2014, n° 12-28.832.

• La loi 2004-391 du 4 mai 2004 a consacré le principe jurisprudentiel selon lequel la convention collective applicable est celle dont relève l'activité principale exercée par l'employeur. Elle ajoute qu'en cas de concours d'activités rendant incertaine l'application de ce critère pour le rattachement d'une entreprise à un champ conventionnel, les conventions collectives et les accords professionnels peuvent, par des clauses réciproques et de nature identique, prévoir les conditions dans lesquelles l'entreprise détermine les conventions et accords qui lui sont applicables (art. L. 2261-2 CT)

Le caractère principal de l'activité exercée par l'employeur relève de l'appréciation souveraine des juges du fond.

Aux termes de l'article L. 2261-2 CT, la convention collective applicable est celle dont relève l'activité principale de l'employeur ; le caractère principal de cette activité relève de l'appréciation souveraine des juges du fond.

Cass. soc. 15 mars 2017, n° 15-19.958, 1er moyen, BC V n° 52.

La convention collective applicable aux salariés d'une entreprise est celle dont relève l'activité principale exercée par l'employeur, peu important les fonctions assumées par les salariés. Il n'en est autrement que dans l'hypothèse où les salariés exercent une activité nettement différenciée dans un centre d'activité autonome.

C'est à tort que, pour décider que la convention collective nationale des imprimeries de labeur et arts graphiques était applicable aux personnels du secteur imprimerie de l'établissement de Laon d'une société relevant, par son activité principale, de la convention collective de la métallurgie, une cour d'appel a retenu que sur un effectif d'environ six cents personnes, une centaine travaillait dans l'imprimerie, que la reconnaissance de l'autonomie administrative de ce secteur d'activité au sein de l'usine de Laon résultait d'un ensemble concordant d'éléments (rattachement des contrats de travail des salariés affectés à cette branche de production à la convention collective des imprimeries, préoccupation de la direction de régler les problèmes dans l'atelier d'imprimerie conformément à sa personnalité et à son originalité), que les postes de travail occupés par des imprimeurs nécessitent une formation technique et une capacité professionnelle entièrement distinctes de celles qui sont nécessaires dans la métallurgie.

En effet, d'une part, ni les mentions des contrats de travail des salariés ou le souci de la direction de prendre en compte les problèmes particuliers de l'atelier d'imprimerie ni la formation ou la capacité professionnelle distinctes des salariés travaillant dans cet atelier ne suffisaient à caractériser l'exercice d'une activité nettement différenciée dans un centre d'activité autonome et, d'autre part, l'application de la convention collective nationale des imprimeries de labeur et arts graphiques dans l'atelier imprimerie de l'usine de Laon avait été mise en cause à la suite de la fusion de la société avec une autre, entraînant ainsi l'application de la convention collective de la métallurgie.

Cass. soc. 5 octobre 1999, n° 97-16.995, BC V n° 369. Voir aussi cass. soc. 11 février 2009, n° 07-17.863.

Ayant relevé qu'une société avait pour activité essentielle celle du département « Pièces coulées et rechargées », que ce département regroupait un secteur fabrication et un secteur négoce et que le chiffre d'affaires était réalisé au moins pour moitié grâce à la représentation exclusive de produits importés, une cour d'appel a pu en déduire que la société était soumise à la convention collective nationale des entreprises de commerce et de commission-importation-exportation et non à celle de la métallurgie. Elle a pu, en conséquence, débouter un salarié de ses demandes d'indemnités de rupture, de prime d'ancienneté fondées sur la convention collective de la métallurgie.

Cass. soc. 15 octobre 1998, n° 96-42.550. Voir aussi cass. soc. 30 octobre 1997, n° 95-43.048.

Une salariée avait été engagée comme vendeuse dans un magasin de vente au détail de chaussures pour le compte d'une société ayant pour activité le négoce en gros de chaussures. L'activité du magasin étant nettement différenciée et constituant un centre d'activité autonome par rapport à l'activité principale de la société, la salariée pouvait prétendre, suite à son licenciement, à un rappel de salaires fondé sur la convention collective des détaillants en chaussures.

Cass. soc. 21 mars 1990, n° 86-45.490, BC V n° 138.

L'existence d'un centre d'activité autonome ne peut résulter de la seule constatation qu'une société exerce deux activités différenciées sur un même site.

Cass. soc. 26 janvier 2000, n° 97-40.550.

En l'absence d'accords collectifs communs aux différentes sociétés composant une unité économique et sociale, les accords collectifs applicables dans chacune d'elles conservent leur champ d'application respectif.

Cass. soc. 2 décembre 2003, n° 01-47.010, BC V n° 310.

• La convention collective de la branche d'activité dont relève l'entreprise n'est susceptible de s'appliquer aux VRP que si elle comporte des dispositions particulières

Ayant constaté que la convention collective des industries chimiques mentionnée sur les bulletins de paie d'un représentant ne contenait pas de stipulation expresse relative aux VRP, une cour d'appel a pu débouter l'intéressé de ses demandes au titre de cette convention.

Cass. soc. 10 mars 2004, n° 02-40.668, BC V n° 82.

Pour débouter un salarié de sa demande en paiement d'une indemnité conventionnelle de licenciement sur le fondement de la convention collective mentionnée sur ses bulletins de salaire, une cour d'appel a énoncé que la mention sur les bulletins de paie de l'intéressé de la convention collective nationale des imprimeries de labeur et industries graphiques ne constituait pas une présomption irréfragable, l'employeur ayant la possibilité de rapporter la preuve du caractère erroné de la mention et qu'en l'espèce, les deux contrats de travail prévoyaient expressément que l'intéressé relevait du statut de VRP défini au titre V du code du travail et de l'ANI du 30 octobre 1975 et de ses avenants, que la convention nationale de l'imprimerie ne comportait pas des dispositions prévoyant une possibilité d'application aux VRP et enfin, que les dispositions de l'article L. 751-9, al. 5 CT n'étaient pas applicables au cas d'espèce.
En statuant ainsi, alors, d'une part, que la mention de la convention collective sur le bulletin de paie vaut reconnaissance par l'employeur de l'application de cette dernière et, d'autre part, que lorsque l'employeur est assujetti à une convention collective, le VRP peut prétendre à une indemnité égale à celle à laquelle il aurait eu droit si, bénéficiant de la convention, il avait été licencié, la cour d'appel, qui aurait dû seulement vérifier si la convention collective mentionnée aux bulletins de paie excluait les VRP de son champ d'application, a violé les articles R. 143-2 et L. 751-9 CT.

Cass. soc. 21 septembre 2005, n° 03-44.272, 2ᵉ moyen du pourvoi incident.

• La charge de la preuve de la convention collective applicable repose sur le demandeur

Un salarié qui se borne à revendiquer le bénéfice d'une convention collective déterminée ne peut reprocher à une cour d'appel de ne pas avoir recherché si une autre convention collective était applicable.

Cass. soc. 13 décembre 1989, n° 86-44.444, 2ᵉ branche du moyen unique, BC V n° 708.

• Toutefois, lorsqu'une partie invoque l'existence d'une convention collective, les juges doivent en rechercher le contenu

S'il n'appartient pas au juge de rechercher s'il existe une convention collective applicable au contrat de travail qui lui est soumis, il n'en va pas de même lorsqu'une partie invoque l'existence d'une convention collective précise. Il incombe, dans cette hypothèse, au juge de se procurer par tous moyens ce texte qui contient la règle de droit éventuellement applicable au litige, au besoin en invitant les parties à lui en faire parvenir un exemplaire.

Cass. soc. 5 octobre 1993, n° 89-41.644, BC V n° 224. Voir aussi cass. soc. 7 novembre 2006, n° 05-42.323, 1er moyen, BC V n° 327 ; cass. soc. 3 mai 2007, n° 05-43.863, 7e moyen du pourvoi principal, BC V n° 67.

• La convention collective de la branche d'activité dont relève le travailleur indépendant ne lui est pas applicable s'il n'emploie aucun salarié

Toute convention collective a pour objet de régler les conditions générales de travail et les rapports entre les employeurs et les salariés.

Par ordonnance, le président d'un tribunal d'instance a enjoint une personne de verser à une association une somme au titre des cotisations pour le financement d'actions mises en place dans le cadre de la convention collective nationale des cabinets d'experts en automobiles ; contestant être soumis à ces cotisations, l'intéressé a formé opposition à cette ordonnance devant ce même tribunal.

Pour dire que cette personne était tenue au paiement des cotisations prévues par la convention collective, un tribunal d'instance a retenu que les dispositions des articles de la convention collective étaient sans ambiguïté quant à son obligation de contribution au financement des actions sociales et culturelles et de gestion du paritarisme et des institutions de la branche ; qu'il est en effet prévu que ces contributions sont dues par toute personne morale ou physique, y compris le travailleur non salarié, exerçant l'activité d'expertise en automobiles, quel que soit le statut juridique sous lequel est exercée l'activité d'expertise.

En statuant ainsi, alors que l'intéressé, travailleur indépendant, n'employait pas de salarié, le tribunal d'instance a violé les articles L. 131-1 et L. 135-2 CT.

Cass. soc. 21 mars 2007, n° 05-13.341, BC V n° 54.

Application volontaire d'une convention collective

L'employeur peut décider d'appliquer une convention collective à titre d'usage.

L'application volontaire d'une convention collective par l'employeur a la valeur d'un usage que l'employeur a la faculté de dénoncer.

Cass. soc. 4 décembre 1991, n° 88-40.454, 2e moyen, BC V n° 553.

L'indication de la convention collective dans le contrat de travail n'implique pas à elle seule l'engagement d'appliquer à l'avenir les dispositions de ses avenants, même lorsque cette mention est reproduite sur les bulletins de salaire ultérieurs…

Cass. soc. 2 avril 2003, n° 00-43.601, BC V n° 135. Voir aussi cass. soc. 21 octobre 1998, n° 97-44.337, BC V n° 445 ; cass. soc. 11 mai 2016, n° 15-10.925.

… à moins que l'employeur n'ait manifesté une volonté claire et non équivoque d'appliquer la convention collective et ses avenants.

Des salariés d'une association de résidences pour personnes âgées ont saisi le conseil de prud'hommes en paiement d'éléments de rémunération par application d'avenants à la convention collective nationale des établissements privés d'hospitalisation, de soins, de cure et de gardes à but non lucratif du 13 octobre 1951 étendue par arrêté du 27 février 1961 et un syndicat est intervenu à la procédure. Doit être rejeté le pourvoi de l'employeur reprochant à la cour d'appel de l'avoir condamné à payer des rappels de salaires et congés payés à diverses salariées.

En effet, la cour d'appel avait relevé que la volonté claire et non équivoque de l'employeur d'appliquer la convention collective et ses avenants résultait, outre de la mention de la convention collective au contrat de travail, d'une note de service ultérieure et de l'application effective de ces avenants.

Cass. soc. 7 avril 2004, n° 02-40.761, BC V n° 117.

Les règles de dénonciation des conventions collectives n'ont pas à être respectées dans l'hypothèse d'une application volontaire.

C'est à tort que, pour débouter un salarié de sa demande en paiement d'un supplément d'indemnité de licenciement calculée sur la base d'une convention collective, une cour d'appel a énoncé que si cette convention avait été appliquée, à titre d'usage, par l'employeur, celui-ci avait dénoncé l'usage auprès de l'ensemble du personnel à effet du 27 octobre 1987 et que le salarié ne rapportait pas la preuve qu'un délai de prévenance n'avait pas été respecté par l'employeur, alors que la cour d'appel devait rechercher si la dénonciation avait été également adressée aux institutions représentatives du personnel et alors qu'il appartenait à l'employeur, qui soutenait que l'usage n'était plus en vigueur, de rapporter la preuve de ce qu'il avait respecté un délai de prévenance suffisant.

Cass. soc. 22 octobre 1996, n° 93-43.845, 1er et 2e moyens réunis, BC V n° 343.

La mention de la convention collective sur le bulletin de paie vaut reconnaissance de l'application de la convention à l'entreprise dans les relations individuelles de travail.

Aux termes de la directive européenne 91/533/CEE du 14 octobre 1991, l'employeur est tenu de porter à la connaissance du salarié la convention collective applicable, obligation reprise à l'article R. 143-2 CT relatif au bulletin de paie. Cette mention vaut reconnaissance de l'application de la convention à l'entreprise.

Doit être rejeté le pourvoi d'une société reprochant à une cour d'appel de l'avoir condamnée à payer diverses sommes à une salariée par application d'une convention collective, sans rechercher si cette mention, dont la société soutenait qu'elle avait été apposée par erreur, démontrait la volonté de celle-ci de faire volontairement application de cette convention collective. La cour d'appel, qui a constaté que l'employeur avait mentionné la convention collective sur les bulletins de paie de la salariée, a légalement justifié sa décision.

Cass. soc. 18 novembre 1998, n° 96-42.991, BC V n° 499. Voir aussi cass. soc. 10 mai 2000, n° 98-40.721.

Aux termes de l'article R. 143-2 CT relatif au bulletin de paie, l'employeur est tenu de porter à la connaissance du salarié la convention collective applicable. Si, dans les relations collectives de travail, une seule convention est applicable, laquelle est déterminée par l'activité principale de l'entreprise, dans les relations individuelles, le salarié, à défaut de se prévaloir de cette convention, peut demander l'application de la convention collective mentionnée sur son bulletin de paie. Cette mention vaut reconnaissance de l'application de la convention à son égard.

A donc violé le texte susvisé la cour d'appel qui, pour rejeter la demande d'un salarié en paiement de diverses sommes en application d'une convention collective, a énoncé que si tous ses bulletins de paie mentionnaient cette convention collective, le contrat de travail n'y faisait aucune référence et que la seule indication temporaire du code APE et de la convention sur les bulletins de paie était insuffisante pour caractériser la volonté de l'employeur de s'y soumettre volontairement, dès lors qu'il ne l'avait jamais appliquée et qu'il existait des doutes sur son champ d'application.

Cass. soc. 18 juillet 2000, n° 97-44.897, BC V n° 295. Voir aussi cass. soc. 16 décembre 2003, n° 01-43.557.

L'employeur est admis à apporter la preuve de la non-applicabilité de la convention collective mentionnée par erreur sur le bulletin de paie du salarié.

Si, dans les relations collectives de travail, une seule convention collective est applicable, laquelle est déterminée par l'activité principale de l'entreprise, dans les relations individuelles, le salarié peut demander l'application de la convention collective mentionnée sur le bulletin de paie ; cette mention vaut présomption de l'applicabilité de la convention collective à son égard, l'employeur étant admis à apporter la preuve contraire.

Cass. soc. 11 mars 2015, n° 13-27.947, 1er moyen. Voir aussi cass. soc. 23 mars 2011, n° 09-68.078, 1er moyen ; cass. soc. 15 novembre 2007, n° 06-44.008, BC V n° 191.

Si le non-paiement à un salarié de sommes prévues par la convention collective mentionnée sur le bulletin de salaire ne suffit pas à exclure l'application volontaire de cette dernière, le juge doit rechercher si l'employeur en a ou non fait application à l'ensemble des salariés de la même catégorie.

Pour décider que la convention collective nationale du secteur sanitaire, social et médico-social du 26 août 1965 était applicable en totalité au salarié d'un atelier protégé et condamner son employeur à verser divers rappels de primes et congés payés, une cour d'appel a retenu que l'application volontaire partielle de la convention collective ne s'appuyait sur aucune réalité et que le non-paiement des primes prévues par celle-ci ne suffisait pas à faire la preuve d'un accord sur une application partielle excluant les dispositions relatives à la rémunération.

En se déterminant ainsi, sans rechercher si l'employeur avait ou non appliqué volontairement les dispositions de la convention collective relatives à la rémunération aux travailleurs orientés par décision COTOREP en atelier protégé, la cour d'appel n'a pas donné de base légale à sa décision.

Cass. soc. 15 novembre 2007, n° 06-43.383, non publié.

Lorsque le contrat de travail prévoit l'application volontaire de certaines clauses seulement d'une convention collective, la mention de cette convention sur les bulletins de paie ne confère pas au salarié le droit de bénéficier des autres dispositions de cette convention.

Cass. soc. 10 juin 2003, n° 01-41.328, BC V n° 193.

Par ailleurs, la mention dans le contrat de travail de l'application d'une disposition d'une convention collective dont ne relève pas l'employeur est limitée à celles de ses prévisions transposables dans l'entreprise considérée.

Un salarié a été engagé par une association qui appliquait à ses salariés la convention collective des établissements privés d'hospitalisation, de soins, de cure et de garde à but non lucratif du 31 octobre 1951. Un avenant à son contrat de travail a prévu sa classification en qualité de moniteur, « coefficient : 376 points Grille AFPA ». Le salarié a demandé un rappel de salaire au titre d'une prime prévue par la convention AFPA.

Après avoir relevé que les parties s'accordaient à considérer que la stipulation en cause palliait l'absence de grille de classification spécifique aux moniteurs dans la convention FEHAP, une cour d'appel a constaté que la « partie répartie uniformément » prévue par la convention collective nationale de l'Association nationale pour la formation professionnelle des adultes (AFPA), qui, ajoutée à la « partie attribuée à l'indice », entrait dans le calcul du salaire de base des salariés régis par cette convention, était une somme forfaitaire égale pour tous les agents travaillant à temps complet et recalculée lors de chaque augmentation générale des salaires ; la cour a pu en déduire que la répartition de cette prime étant déterminée par l'effectif de l'AFPA, cette disposition était indissociable de la qualité d'agent de cet organisme en dehors duquel elle ne pouvait recevoir de transposition et, par voie de conséquence, que l'intéressé ne pouvait prétendre à son bénéfice.

Cass. soc. 16 décembre 2005, n° 03-40.888, BC V n° 369.

Dans les relations collectives de travail, une seule convention collective est applicable, laquelle est déterminée par l'activité principale de l'entreprise et non par les mentions figurant sur les bulletins de paie.

Une société A, au sein de laquelle était applicable la convention collective de la manutention ferroviaire et qui disposait d'un délégué syndical CFDT, avait repris un chantier de nettoyage de la SNCF en succédant à une société B au sein de laquelle la convention collective des entreprises de propreté était applicable. Postérieurement à cette reprise, le syndicat CFDT-FGTE a désigné un salarié repris en qualité de délégué syndical.

Pour valider cette désignation en qualité de deuxième délégué syndical à raison de l'effectif de l'entreprise, un tribunal d'instance a retenu que, selon la convention collective des entreprises de propreté dont relève le salarié, comme cela figure sur tous ses bulletins de salaire, les salariés à temps partiel comptent chacun pour un salarié, alors que si la mention sur le bulletin de paie de la convention collective applicable vaut reconnaissance de l'application de la convention à l'entreprise dans les relations individuelles du travail, dans les relations collectives, une seule convention collective est applicable, laquelle est déterminée par l'activité principale de l'entreprise.

En statuant comme il l'a fait, sans caractériser l'activité principale de l'entreprise permettant de déterminer la convention collective applicable au calcul de l'effectif pour le nombre de délégués syndicaux, le tribunal d'instance a violé les articles L. 412-11, L. 135-2 CT et 1134 c. civ.

Cass. soc. 16 novembre 1999, n° 98-60.356, BC V n° 441.

Un syndicat avait désigné un salarié en qualité de délégué syndical d'une association comprenant moins de 50 salariés en se fondant sur les dispositions de la convention collective mentionnée sur les bulletins de salaire. C'est à bon droit que, pour annuler la désignation du délégué syndical, un tribunal d'instance a décidé que seules les dispositions légales relatives à la désignation des délégués syndicaux s'imposaient.

Cass. soc. 18 juillet 2000, n° 99-60.440, BC V n° 296. Voir aussi cass. soc. 7 mai 2002, n° 99-44.161, 1er moyen, BC V n° 154.

L'indication de la convention collective dans le contrat de travail n'interdit pas au salarié d'exiger l'application de la convention déterminée par l'activité principale de l'entreprise, dès lors qu'elle lui est plus favorable.

L'application d'une convention collective au personnel d'une entreprise dépend de l'activité principale de celle-ci, la référence à son identification auprès de l'INSEE n'ayant qu'une valeur indicative. L'indication de la convention collective dans le contrat de travail ne saurait interdire au salarié d'exiger l'application de la convention à laquelle l'employeur est assujetti, compte tenu de son activité principale, dès lors que celle-ci lui est plus favorable.

Cass. soc. 18 juillet 2000, n° 98-42.949, 1er moyen, BC V n° 297.

Un salarié ne peut valablement renoncer aux droits qui résultent d'une convention collective.

Un employeur ne peut décider unilatéralement de ne plus appliquer une convention collective à laquelle son entreprise est soumise. Celle-ci ne cesse de produire effet que dans les conditions prévues à l'article L. 132-8 CT soit par suite d'une dénonciation, soit par suite de sa mise en cause. Par ailleurs, un salarié ne peut valablement renoncer, tant que son contrat de travail s'exécute, aux droits qui résultent d'une convention collective. Dès lors, une cour d'appel a exactement énoncé que ni la négociation conduite par la société avec les représentants du personnel ni l'acceptation de chacun des salariés n'avaient pu mettre fin à l'application de la convention collective dans une entreprise.

Cass. soc. 13 novembre 2001, n° 99-42.709, BC V n° 344. Voir aussi cass. soc. 8 avril 2009, n° 08-40.547, BC V n° 111, s'agissant de l'impossibilité pour un salarié de renoncer par avance au bénéfice des dispositions du statut réglementaire d'ordre public dont il relève ; cass. soc. 20 janvier 2016, n° 14-22.835.

La nullité d'une convention résultant de la violation de l'interdiction pour un salarié de renoncer, tant que son contrat de travail est en cours, aux avantages qu'il tire d'une convention collective ou de dispositions statutaires d'ordre public, est une nullité relative qui se prescrit par cinq ans.

Un salarié, engagé par une société en juillet 1975 en qualité de menuisier et relevant du statut du mineur instauré par le décret du 14 juin 1946, en application duquel il bénéficiait d'indemnités de logement et de chauffage à vie, a signé avec cette société, le 29 juillet 2005, deux contrats prévoyant le rachat anticipé de ses indemnités de logement et de chauffage moyennant le versement d'un capital. Placé en retraite le 31 mai 2010, il a saisi la juridiction prud'homale, par requête en date du 14 février 2012, de demandes d'annulation des conventions signées et tendant à voir ordonner la compensation entre les sommes versées en capital et les indemnités perçues par la société en ses lieu et place.

Ayant constaté que le salarié avait eu une parfaite connaissance de l'étendue de son engagement lors de la signature de la convention, c'est à bon droit qu'une cour d'appel a retenu que l'irrégularité entachant la convention devait être appréciée au jour de sa conclusion et jugé que les demandes du salarié étaient prescrites.

Cass. soc. 23 janvier 2019, n° 17-21.867, 1er moyen, à paraître.

En cas d'application volontaire d'une convention collective, les juges doivent rechercher la classification qui correspond aux fonctions remplies par le salarié.

Les parties au contrat de travail ayant volontairement décidé d'appliquer la convention collective nationale des transports routiers, une cour d'appel a pu rechercher dans cette convention la classification qui pouvait correspondre aux fonctions remplies par le salarié et décider que l'intéressé remplissait les conditions pour avoir droit à la classification du groupe 3 bis de cette convention.

Cass. soc. 12 mars 1997, n° 93-41.780, BC V n° 103.

Convention collective (Application) ; Convention collective (Élargissement) ; Convention collective (Extension) ; Usage.

Convention collective (Application)

Si un employeur est lié par une convention collective ou un accord collectif, il doit appliquer les clauses de cette convention aux contrats de travail, sauf stipulations plus favorables. L'effet impératif, immédiat et automatique des conventions collectives est à l'origine de ce dispositif (art. L. 2254-1 CT).

Depuis l'intervention de la loi 2004-391 du 4 mai 2004, un accord collectif peut déroger dans un sens moins favorable pour les salariés aux dispositions d'un accord conclu à un niveau supérieur, ou couvrant un champ professionnel ou territorial plus large. Les ordonnances 2017-1385 du 22 septembre 2017 et 2017-1718 du 20 décembre 2017 ont par ailleurs consacré le principe de primauté des accords d'entreprise sur les accords de branche ou les accords couvrant un champ professionnel ou territorial plus large.

En revanche, à quelque niveau que ce soit, une convention collective ne pourra pas être moins favorable que la loi, à moins que celle-ci ne l'autorise expressément.

Opposabilité de la convention collective

La convention collective n'est opposable au salarié que si ce dernier a été en mesure d'en connaître l'existence.

Les obligations mises à la charge d'un salarié par une convention collective lui sont opposables, en l'absence de mention dans le contrat de travail, dès lors qu'il a été informé de l'existence d'une convention collective applicable et mis en mesure d'en prendre connaissance. Une convention collective interdisant à tout salarié quittant l'entreprise, pour quelque cause que ce soit, de démarcher un des clients appartenant à l'employeur qu'il vient de quitter, c'est à bon droit qu'une cour d'appel a condamné une salariée à payer des dommages-intérêts à la société dans la mesure où il n'était pas soutenu que l'intéressée n'avait pas eu connaissance de la convention collective applicable et où elle avait accompli des actes de démarchage, en violation de la convention.

Cass. soc. 8 janvier 1997, n° 93-44.009, BC V n° 8.

C'est à tort que, pour condamner un salarié démissionnaire à payer à son ancien employeur une somme à titre d'indemnité de préavis, un conseil de prud'hommes a énoncé que la convention collective applicable stipulait le respect d'un préavis de deux mois à la charge des salariés qui, comme l'intéressé, avaient plus de deux ans d'ancienneté et que ce dernier, bien qu'expressément averti à plusieurs reprises, avait refusé d'effectuer son deuxième mois de préavis, alors que le salarié ayant fait valoir qu'en violation de l'article R. 135-1 CT, l'employeur n'avait pas affiché, sur les lieux de travail, l'avis indiquant qu'il tenait à la disposition du personnel un exemplaire de la convention collective, le conseil de prud'hommes se devait de répondre à ces conclusions, desquelles il résultait que l'employeur, qui n'avait pas mis le salarié en mesure de connaître l'étendue de ses obligations au regard de la convention collective, ne pouvait lui reprocher le non-respect du préavis prévu par ce texte conventionnel.

Cass. soc. 28 février 1996, n° 93-42.058, BC V n° 75. Voir aussi cass. soc. 25 mars 1998, n° 96-40.496, BC V n° 173.

Les dispositions d'un accord collectif qui tendent à améliorer l'exercice du droit syndical dans les entreprises ou les institutions représentatives du personnel sont applicables de plein droit à tous et en particulier aux syndicats représentatifs, qu'ils aient ou non signé ou adhéré à l'accord.

Il résulte des articles L. 412-21, L. 426-1 et L. 438-10 CT que les dispositions d'une convention ou d'un accord collectif qui tendent à améliorer l'exercice du droit syndical dans les entreprises ou les institutions représentatives du personnel sont applicables de plein droit à tous et en particulier aux syndicats représentatifs, sans qu'il y ait lieu de distinguer entre ceux qui ont signé ou adhéré à la convention ou à l'accord collectif et ceux qui n'ont pas signé la convention ou l'accord collectif et ceux qui n'y ont pas adhéré. De plus, le principe d'égalité, de valeur constitutionnelle, ne permet pas à un employeur de subventionner un syndicat représentatif et non un autre, selon qu'il a signé ou non une convention ou un accord collectif.

Doit être cassé l'arrêt de cour d'appel qui, pour décider que l'article d'un accord collectif relatif à l'exercice du droit syndical et aux institutions représentatives qui prévoit que les dispositions de l'accord sont applicables aux seules organisations syndicales signataires ou à celles y ayant adhéré expressément n'était pas nul, énonce que l'accord litigieux se borne à aménager les modalités de l'exercice du droit syndical et des conditions de la participation des institutions représentatives du personnel au sein de l'entreprise, sans pour autant engendrer de dispositions à caractère normatif, que l'accord respecte le principe d'égalité, dès lors que tous les syndicats représentatifs ont été invités à participer à la négociation, alors que ledit accord non seulement prévoit la possibilité de désigner en plus du délégué syndical central d'entreprise un délégué syndical central adjoint, des crédits d'heures supplémentaires pour les délégués syndicaux, l'adjonction à la délégation syndicale chargée de la négociation collective d'un délégué syndical d'établissement ou d'un représentant syndical au comité d'établissement, mais encore une subvention annuelle au profit des seuls syndicats signataires ou adhérents.

Cass. soc. 29 mai 2001, n° 98-23.078, BC V n° 185.

La convention collective assurant la transposition en droit national des dispositions d'une directive est applicable aux salariés non membres des organisations syndicales signataires de la convention.

L'article 8, § 1, de la directive 91/533/CEE du Conseil, du 14 octobre 1991, relative à l'obligation de l'employeur d'informer le travailleur des conditions applicables au contrat ou à la relation de travail, ne s'oppose pas à une réglementation nationale qui prévoit qu'une convention collective assurant la transposition en droit national des dispositions de cette directive est applicable à un travailleur alors même que celui-ci n'est membre d'aucune organisation syndicale signataire d'une telle convention collective.

CJCE 18 décembre 2008, aff. C-306/07, Recueil I-10279.

Application au contrat de travail

Le contrat de travail entraîne l'application du statut collectif en vigueur dans l'entreprise, lequel peut résulter d'un engagement unilatéral de l'employeur, et le salarié ne peut y renoncer dans son contrat de travail, sauf disposition contractuelle plus favorable.

Doit être cassé l'arrêt qui, pour dire qu'une salariée ne bénéficiait pas d'une convention d'emploi et d'un accord d'entreprise, a retenu que ces accords ne constituaient pas des accords collectifs d'entreprise au sens des articles L. 132-19 et s. CT, ne valaient que comme engagement unilatéral de l'employeur, et a relevé que le contrat de travail stipulait que le statut particulier donné à l'intéressée la plaçait pendant toute la durée du contrat en dehors du champ d'application de la convention d'emploi en vigueur dans la société et qu'elle ne pouvait donc prétendre aux différentes primes et indemnités qui y étaient prévues.

Cass. soc. 18 octobre 2006, n° 04-44.602, BC V n° 314. Voir aussi cass. soc. 3 février 2010, n° 08-41.441, pourvoi principal.

La mise en œuvre d'un accord collectif ne peut pas être subordonnée à la conclusion de transactions avec les salariés qui en bénéficient.

La mise en œuvre d'un accord collectif dont les salariés tiennent leur droit ne peut être subordonnée à la conclusion de contrats individuels de transaction, de sorte que la nullité de ceux-ci ne prive pas les salariés des avantages qu'ils tiennent de l'accord.

Cass. soc. 15 octobre 2013, n° 12-22.911, BC V n° 236.

Dans le cadre de la réorganisation d'un établissement, un accord a été conclu, comportant des dispositions destinées à améliorer le plan social et dont la mise en œuvre était fonction de l'âge des salariés. Il était notamment prévu que les salariés remplissant des conditions d'âge et licenciés pour motif économique percevraient une « indemnité transactionnelle globale, forfaitaire et définitive » correspondant à 65 % du salaire brut dû jusqu'à l'acquisition des droits à la retraite. Après avoir été licenciés pour motif économique, des salariés ont conclu avec l'employeur un « protocole transactionnel » par lequel ils déclaraient renoncer à contester leur licenciement, en contrepartie du paiement de l'indemnité prévue dans l'accord. Ils ont ensuite saisi le juge prud'homal de demandes en annulation de la transaction et en paiement de dommages-intérêts pour licenciement sans cause réelle et sérieuse.

Pour les déclarer irrecevables en leurs demandes, une cour d'appel a retenu qu'en reconnaissant à l'indemnité mise à la charge de l'employeur la nature juridique d'une indemnité « transactionnelle », les parties à l'accord avaient nécessairement convenu d'en subordonner l'attribution à la conclusion d'une transaction emportant obligation pour l'employeur de payer cette indemnité en contrepartie de concessions consenties par le salarié, que l'« indemnité forfaitaire, transactionnelle et définitive de rupture » convenue correspondait à « l'indemnité transactionnelle, globale forfaitaire et définitive » prévue par l'accord et qu'en contrepartie de cette indemnité qui réparait le préjudice non compensé par les indemnités de licenciement, les salariés s'étaient engagés à renoncer « expressément, de façon définitive et irrévocable, à contester judiciairement à la fois la procédure, ainsi que la réalité et le sérieux du motif du licenciement prononcé à leur encontre, sans toutefois en admettre le bien-fondé », que ces transactions emportaient renonciation des salariés à contester les conditions d'exécution de leur contrat ou celles de la rupture et qu'étant revêtues de l'autorité de la chose jugée en dernier ressort entre les parties, elles faisaient obstacle à l'examen par la juridiction prud'homale de la contestation tant du bien-fondé du licenciement que du quantum de l'indemnité transactionnelle, dont le versement avait eu pour effet de régler définitivement les comptes entre les parties.

Cependant, la mise en œuvre d'un accord collectif dont les salariés tiennent leurs droits ne pouvant être subordonnée à la conclusion de contrats individuels de transaction, la cour d'appel, qui a faussement interprété l'accord collectif qui ne contenait pas une telle condition, a violé les articles 2044 c. civ., L. 132-4 et L. 321-4-1 CT et 10 de l'accord collectif concerné.

Cass. soc. 5 avril 2005, n° 04-44.626, BC V n° 124. Voir aussi cass. soc. 12 octobre 2017, n° 15-27.239, 1er moyen du pourvoi principal.

La convention collective applicable est celle en vigueur à la date de rupture du contrat.

Alors qu'en 1989 un accord d'entreprise avait été signé prévoyant les conditions d'attribution et le calcul de la prime de vacances, une société avait confirmé, le 15 avril 1991, son projet de licenciement collectif et le plan social prévoyant la suppression de cette prime de vacances. Certains salariés, ayant fait l'objet d'un licenciement collectif ou ayant bénéficié d'une convention de conversion, avaient prétendu avoir droit à la prime de vacances au titre de 1991, mais la société s'y était opposée en soulevant l'existence d'un accord d'entreprise en date du 6 décembre 1991 prévoyant la renonciation des organisations syndicales à la prime pour l'année 1991.

C'est à bon droit qu'un conseil de prud'hommes a condamné la société à payer une somme au titre de la prime de vacances pour l'année 1991, l'accord d'entreprise de 1989 relatif aux conditions d'attribution et de calcul de la prime de vacances ayant la nature d'un accord collectif de travail. L'accord signé le 6 décembre 1991 ne pouvait être opposé aux salariés licenciés puisqu'il avait été conclu après la rupture de leur contrat de travail, ce qui justifiait l'attribution de la prime de vacances.

Cass. soc. 31 octobre 1996, n° 93-46.578.

Convention collective et contrat de travail : application des dispositions les plus favorables

Les dispositions de la convention collective s'appliquent au salarié, sauf dispositions plus favorables du contrat de travail.

Une salariée, engagée en qualité de gérante technique d'un salon de coiffure, avait signé un acte par lequel elle acceptait d'être rémunérée au SMIC en raison des difficultés financières de son employeur, et ce, pour une durée illimitée.

C'est à tort que, pour débouter la salariée de sa demande en paiement d'un rappel de salaires, une cour d'appel a notamment énoncé que l'intéressée n'avait émis aucune réserve en signant ledit document, qu'elle ne prétendait pas avoir été contrainte de le signer et qu'elle n'avait élevé aucune réclamation jusqu'à la rupture du contrat, alors que les parties, liées par un contrat de travail, ne peuvent, pendant la durée du contrat, déroger par un accord particulier, sauf disposition plus favorable pour le salarié, aux stipulations de la convention collective dont elles relèvent.

Cass. soc. 10 avril 1996, n° 93-43.647. Voir aussi cass. soc. 5 mai 1998, n° 95-42.545, BC V n° 218.

Une salariée avait été engagée une première fois par une société avec un indice de 310, alors qu'aucune convention collective n'était applicable, puis, après cessation de son travail, elle avait été de nouveau engagée par cette même société comme infirmière au même indice, la convention collective nationale des laboratoires d'analyses médicales extrahospitaliers étant alors applicable dans l'entreprise.

Doit être cassé l'arrêt qui, pour débouter la salariée licenciée pour motif économique de ses demandes en rappels de salaires sur la base de l'indice 350 de ladite convention, a retenu que les parties avaient volontairement décidé de ne pas appliquer la convention collective, mais qu'elles s'y étaient seulement référées, alors que les parties, liées par un contrat de travail, ne peuvent, pendant la durée du contrat, déroger par un accord particulier, sauf disposition plus favorable pour le salarié, aux dispositions de la convention collective qui leur sont applicables.

Cass. soc. 23 avril 1997, n° 94-42.629, 1er moyen, BC V n° 144.

Si elles sont plus favorables que les dispositions du contrat de travail, les dispositions conventionnelles se substituent à celles du contrat de travail, peu important que la convention collective ait été signée après le contrat de travail.

Il résulte de la combinaison des articles L. 132-10 et L. 135-2 CT qu'une convention collective s'applique dès le lendemain de son dépôt auprès des services du ministère du Travail et au greffe du conseil des prud'hommes, et que ses dispositions plus favorables se substituent de plein droit à celles des contrats de travail dans les entreprises relevant de son champ d'application.

Une salariée avait été engagée par une maison familiale rurale d'éducation aux termes d'un contrat du 20 août 1992 avec effet au 27 août suivant, prévoyant une période d'essai d'un an. Une convention collective régissant les maisons familiales rurales d'éducation était signée le 1er mars 1993 et déposée le 15 mars 1993. Informée par lettre du 7 juin 1993 que sa période d'essai n'était pas concluante, la salariée invoquait la nouvelle convention collective fixant à six mois la durée de la période d'essai et faisait valoir que, dans ces conditions, elle avait été licenciée après expiration de la période d'essai.

Pour décider que la nouvelle convention collective était invoquée à tort par la salariée, une cour d'appel a retenu que si la convention collective est applicable immédiatement aux contrats en cours, elle ne peut, sauf disposition contraire expresse, avoir d'effet rétroactif, et qu'en l'espèce, la convention collective était entrée en application le 1er mars 1993, alors que les six premiers mois de la période d'essai s'étaient terminés le 27 février 1993.

En statuant ainsi, la cour d'appel a violé les textes susvisés. En effet, à la date du dépôt de la convention collective, soit le 15 mars 1993, la disposition fixant la période d'essai à six mois s'était substituée à celle moins favorable du contrat de travail et, le 7 juin 1993, lorsque l'employeur avait prétendu mettre fin à l'essai, le contrat était devenu définitif, en sorte que la rupture s'analysait en un licenciement.

Cass. soc. 19 novembre 1997, n° 95-40.280, BC V n° 386.

Un salarié, employé comme contrôleur, avait été en arrêt de travail pour maladie à partir du 26 mars 1993. Licencié, le 20 avril 1994, aux motifs de la gêne occasionnée à l'entreprise par la prolongation de son absence nécessitant son remplacement définitif, le salarié avait contesté le bien-fondé de son licenciement et réclamé le paiement de diverses sommes, notamment en application d'un accord collectif du 9 janvier 1990.

Pour débouter le salarié de sa demande de rappel de salaires et intérêts sur perte de salaires pour la période du 9 janvier 1990 au 31 mars 1993, en application de l'accord signé le 9 janvier 1990 entre l'employeur et les organisations syndicales concernant le détachement des personnels commerciaux dans un emploi de formateur, une cour d'appel a relevé que le salarié avait été détaché de son réseau commercial et affecté au département de la formation à compter du 1er novembre 1988, que les modalités de son affectation avaient été contractuellement fixées par une lettre de l'employeur du 18 janvier 1989 signée pour accord par le salarié et que ce document contractuel prévoyait les modalités de la rémunération. Elle a également relevé que l'accord signé le 9 janvier 1990, dont la date d'effet était fixée à la date de sa signature, contenait notamment des dispositions relatives à la rémunération et que le salarié, déjà en position de détachement depuis plus d'un an lors de la prise d'effet de l'accord dont les dispositions n'étaient pas rétroactives, n'entrait pas dans le champ d'application de l'article de l'accord relatif à la rémunération dont le contenu concernait les seuls détachements effectués à partir du 9 janvier 1990 et qui prévoyait l'établissement d'un avenant écrit au contrat de travail « avant le début du détachement ». La cour a donc décidé que la rémunération du salarié pendant sa période de détachement restait fixée par le document contractuel du 18 janvier 1989.

En statuant ainsi, alors qu'à la date de la prise d'effet de l'accord collectif, qui n'excluait pas son application aux personnels faisant l'objet d'un détachement en cours à la date de sa signature, ses dispositions plus favorables s'étaient substituées de plein droit à celles du contrat de travail régissant la situation de l'intéressé, la cour d'appel a violé l'article L. 135-2 CT.

Cass. soc. 17 juillet 2001, n° 98-42.310, BC V n° 273.

Les avantages institués par un contrat de travail d'une part, et un accord collectif d'autre part, ne peuvent se cumuler que s'ils n'ont pas le même objet ou la même cause.

Si en cas de concours de stipulations contractuelles et de dispositions conventionnelles, les avantages qu'elles instituent ne peuvent se cumuler, c'est à la condition qu'ils aient le même objet et la même cause.

Ayant retenu que le treizième mois prévu par le contrat de travail d'un salarié constituait une modalité de règlement d'un salaire annuel payable en treize fois, alors que la gratification instituée par un accord d'entreprise constituait un élément de salaire répondant à des conditions propres d'ouverture et de règlement, une cour d'appel a pu en déduire que ces avantages n'avaient pas le même objet et condamner l'employeur au paiement d'une somme au titre de la gratification du treizième mois.

Cass. soc. 13 juin 2012, n° 10-27.395, BC V n° 184. Voir aussi cass. soc. 17 mai 2018, n° 17-10.085, 1er moyen.

Les clauses des contrats de travail ne peuvent valablement être modifiées dans un sens moins favorable que celles de l'accord d'entreprise.

Selon l'article L. 132-8 CT, lorsqu'un accord d'entreprise a été dénoncé par l'employeur, l'accord continue de produire effet jusqu'à l'entrée en vigueur de l'accord qui lui est substitué ou, à défaut, pendant une durée d'un an à compter de l'expiration du délai de préavis ; durant cette période, une nouvelle négociation doit s'engager, à la demande de l'une des parties, dans les trois mois qui suivent la date de la dénonciation ; enfin, lorsque à l'issue de la période, aucun accord n'a été conclu, les salariés conservent les avantages individuels qu'ils ont acquis en application de cet accord. Il en résulte que les clauses des contrats de travail ne peuvent valablement être modifiées dans un sens moins favorable que celles de l'accord d'entreprise tant que ce dernier reste en vigueur.

Le 8 novembre 1991, une société hôtelière avait dénoncé l'ensemble des accords et usages en vigueur dans l'entreprise concernant la rémunération du personnel. Par arrêt définitif du 6 mai 1993, la cour d'appel de Paris a décidé que ces accords continuaient à produire effet jusqu'au 8 février 1993. Or, dès le mois d'avril 1992, certains salariés ont signé un avenant à leur contrat relatif à leur rémunération. Soutenant que cet avenant, moins favorable que le régime résultant de l'accord collectif dénoncé, était illicite, ces salariés ont saisi la juridiction prud'homale pour obtenir paiement de salaires et de primes calculés conformément au mode de rémunération antérieur.

Doit être cassé l'arrêt qui a débouté les salariés de leur demande de rappel de salaire pour la période postérieure au 9 [8] février 1993, alors que les salariés, tant que leur contrat de travail est en cours, ne peuvent valablement renoncer aux avantages qu'ils tirent d'un accord collectif et qu'en statuant comme elle l'avait fait, alors que les avenants aux contrats de travail emportaient renonciation aux dispositions de l'accord d'entreprise encore en vigueur au moment de la signature desdits avenants, ce dont il résultait qu'ils étaient nuls, la cour d'appel a violé l'article L. 132-8 CT.

Cass. soc. 26 mai 1998, n° 96-41.053, BC V n° 278.

Un accord a été conclu le 25 mai 1982 entre la direction d'une société et les délégués du personnel sur l'instauration d'un 13e mois pour l'ensemble du personnel. Le 19 février 1993, un protocole d'accord de fin de grève a dénoncé l'ensemble des accords et usages existant dans l'entreprise et fixé à la fin juin 1993 le délai pour conclure un nouvel accord. Après échec des négociations, l'employeur a proposé à chaque salarié de signer un avenant prévoyant notamment le remplacement du 13e mois par une prime de fin d'année d'un montant inférieur jusqu'à ce que la situation de l'entreprise se rétablisse. Des salariés qui avaient signé les avenants ont saisi un conseil de prud'hommes pour obtenir l'annulation de ces actes, ainsi que le paiement de diverses sommes.

C'est à tort que, pour débouter les salariés de leurs demandes, une cour d'appel a énoncé qu'ils avaient accepté et signé l'avenant et que, dès lors, un débat portant sur la nature de l'accord ayant institué initialement ce 13e mois, la qualité réelle des signataires et la validité de sa dénonciation, était sans portée réelle. En effet, d'une part, les conditions de versement du 13e mois ne pouvaient être modifiées par un avenant au contrat de travail dans un sens moins favorable que celles prévues par un accord collectif ou par un accord valant engagement unilatéral de l'employeur tant que cet accord demeurait en vigueur et, d'autre part, il appartenait à la cour de rechercher, au regard de la nature juridique de l'accord de 1982, si sa dénonciation était régulière et opposable aux salariés concernés à la date de signature des avenants.

Cass. soc. 4 février 2003, n° 01-40.066, 1re branche du moyen unique, BC V n° 38.

Après son adhésion à une convention de préretraite progressive, un salarié avait signé un avenant à son contrat de travail prévoyant que certaines des allocations prévues par avenant d'entreprise lui seraient versées proportionnellement à son temps de présence. Il a saisi la juridiction prud'homale afin de réclamer le paiement d'un rappel de rémunération au titre de ces allocations, qui avaient été réduites au prorata de son temps de travail, ainsi que le paiement d'une somme au titre d'un reliquat de congés supplémentaires d'ancienneté.

Il résultait des termes de l'avenant d'entreprise que les salariés à temps partiel remplissant les conditions prévues par ce texte devaient percevoir l'intégralité de ces allocations.

Ayant constaté que l'avenant au contrat de travail réduisait au prorata du temps de présence du salarié le montant des allocations considérées, c'est à bon droit qu'un conseil de prud'hommes a décidé que le salarié devait bénéficier des dispositions plus favorables de l'accord collectif et lui a, en conséquence, alloué un rappel de rémunération.

Cass. soc. 8 juillet 2003, n° 01-41.705, 1er moyen, BC V n° 224.

Convention collective et dispositions législatives et réglementaires

« Une convention ou un accord peut comporter des stipulations plus favorables aux salariés que les dispositions légales en vigueur. Ils ne peuvent déroger aux dispositions qui revêtent un caractère d'ordre public. » (art. L. 2251-1 CT)

Les dispositions législatives ou réglementaires présentent un caractère d'ordre public en tant qu'elles garantissent aux travailleurs des avantages minimaux, lesquels ne peuvent en aucun cas être supprimés ou réduits, mais ne font pas obstacle à ce que ces garanties ou avantages soient accrus ou à ce que des garanties ou avantages non prévus par les dispositions législatives ou réglementaires soient institués par voie conventionnelle.

CE avis 22 mars 1973.

Les dispositions de l'article L. 132-4 CT, selon lesquelles la convention et l'accord collectif de travail peuvent comporter des dispositions plus favorables aux salariés que celles des lois et règlements en vigueur, s'inspirent d'un principe général du droit du travail.

CE 8 juillet 1994, n° 105471, Rec. Lebon p. 356.

Il résulte de l'article L. 132-4 CT qu'une disposition d'une convention collective ne peut déroger à une disposition légale que si elle est plus favorable au salarié concerné, et de l'article L. 135-6 CT que chaque salarié est recevable à agir, dans le délai de droit commun, afin d'obtenir l'exécution des engagements énoncés dans le cadre d'une convention ou d'un accord, et notamment le bénéfice de la classification correspondant aux fonctions exercées. Dès lors, les dispositions d'une convention collective ne peuvent restreindre à un mois le délai durant lequel le salarié peut contester sa classification.

Cass. soc. 3 juillet 2001, n° 99-42.953, BC V n° 241.

Les conventions et accords collectifs ne peuvent légalement priver les salariés licenciés du versement d'une indemnité de licenciement au moins égale à celle qui est prévue aux articles L. 122-9 et R. 122-2 CT, ni instituer une indemnité de licenciement dont les modalités de calcul impliqueraient que son montant soit, pour tous les salariés, inférieur à celui qui résulterait de l'application de l'article R. 122-2 CT.

En revanche, elles peuvent légalement instituer une telle indemnité lorsque son montant est susceptible, au moins dans certains cas, d'excéder celui qui résulterait de l'application de l'article

R. 122-2 CT, ou réduire le montant d'une indemnité instituée par voie conventionnelle pour certaines catégories de salariés ou dans certains cas que la convention ou l'accord prévoit.

CE 4 mars 2009, n° 309130.

Ainsi, les dispositions d'un accord collectif ne peuvent restreindre les droits syndicaux que les représentants des salariés tiennent des lois et règlements en vigueur.

Une salariée d'un office public d'aménagement et de construction, titulaire de mandats de déléguée syndicale, déléguée du personnel et membre du comité d'entreprise, a reçu notification d'un avertissement pour avoir procédé à la distribution de tracts dans les locaux de l'entreprise en les déposant devant la porte de chaque bureau, en violation des dispositions de l'avenant 4 du 24 avril 2002 à l'accord collectif d'entreprise du 16 juin 1993 sur l'exercice du droit syndical.

Pour dire l'avertissement justifié, une cour d'appel a relevé que si l'accord d'entreprise du 16 juin 1993 apparaissait moins favorable que les dispositions de l'article 10 du décret du 3 avril 1985 s'appliquant au personnel de l'OPAC en ce qu'il limitait les distributions de tracts aux seules « portes d'entrée des bâtiments (à l'intérieur ou à l'extérieur) et heures d'entrée et de sortie du personnel », les clauses de cet accord excluant « une distribution individuelle bureau par bureau » constituaient une simple modalité d'application du décret, les partenaires sociaux étant exactement convenus qu'elle ne pouvait que perturber le travail et affecter le bon fonctionnement du service expressément réservé par ledit décret.

En statuant ainsi, alors qu'elle constatait que le décret du 3 avril 1985 ne prévoyait aucune restriction aux modalités de distribution des documents d'origine syndicale aux agents dans l'enceinte des bâtiments administratifs, hors le cas d'atteinte au bon fonctionnement du service qu'il appartient au juge de vérifier dans chaque cas d'espèce, la cour d'appel a violé l'article L. 132-4 CT, l'article 5 du décret 93-852 du 17 juin 1993 et l'article 10 du décret 85-397 du 3 avril 1985.

Cass. soc. 27 mai 2008, n° 06-46.403, BC V n° 113.

Si les dispositions légales et conventionnelles ont le même objet, les salariés bénéficient de la disposition la plus favorable.

Si en cas de concours de dispositions légales et conventionnelles, les avantages qu'elles instituent ne peuvent se cumuler, c'est à la condition qu'ils aient le même objet et la même cause.

L'avantage institué par une convention collective consistant en une majoration d'indemnité de congés payés en fonction de l'ancienneté du salarié, la prise effective des jours correspondants n'étant qu'une option ouverte dans certaines conditions au salarié, un conseil de prud'hommes a pu décider que cet avantage pouvait se cumuler avec la cinquième semaine de congés payés instituée par l'ordonnance du 16 janvier 1982, dès lors que ces avantages n'avaient ni le même objet ni la même cause.

Cass. soc. 6 octobre 2010, n° 09-42.769, BC V n° 220.

Mais une convention collective ne peut valoir dérogation à une loi si elle a été conclue sous l'empire de dispositions antérieures à cette loi.

Dans le cadre de la négociation d'un protocole d'accord préélectoral pour l'élection des représentants du personnel, un différend a opposé une société à un syndicat quant à la durée du mandat des délégués du personnel, la première voulant faire application des dispositions de l'article L. 423-16 CT dans sa rédaction issue de la loi du 2 août 2005 aux termes duquel ce mandat est de quatre ans, sauf dérogations prévues par les accords collectifs qu'il énumère, et le second faisant valoir que, précisément, les dispositions de la convention collective applicable de 1994 fixant cette durée à deux ans, constituait un accord dérogatoire et devait continuer à recevoir application.

Pour rejeter la prétention du syndicat, un tribunal d'instance a exactement décidé qu'une convention collective, conclue en 1994, qui, conformément à la loi en vigueur à l'époque de son adoption, fixait à deux ans la durée du mandat des délégués du personnel, ne pouvait valoir dérogation aux nouvelles dispositions de l'article L. 423-16 CT tel qu'issu de la loi du 2 août 2005.

Cass. soc. 7 novembre 2007, n° 07-60.041, 1er moyen, BC V n° 187.

La clause par laquelle les parties signataires d'un accord collectif s'engagent à renoncer à toute réclamation concernant la période antérieure à la date de signature de l'accord ne peut engager que les seules parties à l'accord et n'interdit pas aux salariés de faire valoir en justice les droits qu'ils ont acquis par application de la loi.

Un salarié, employé par une société de presse quotidienne régionale en qualité de photographe et relevant de la convention collective nationale des journalistes du 25 mai 1987, avait engagé une action prud'homale tendant au paiement de dommages-intérêts pour violation de ses droits d'auteur résultant de nouvelles exploitations et cessions de ses œuvres photographiques sans son autorisation préalable ni versement d'une rémunération complémentaire.

Une cour d'appel a pu accueillir sa demande après avoir constaté qu'il n'avait pas renoncé à ses droits d'auteur.

Cass. soc. 12 septembre 2007, n° 06-42.496, BC V n° 127.

Concours de conventions et accords collectifs

La loi 2004-391 du 4 mai 2004 a modifié profondément les rapports entre les conventions et accords de branche, professionnels ou interprofessionnels et les conventions ou accords couvrant un champ territorial ou professionnel plus large : à l'inverse de ce qui s'applique aux conventions et accords conclus antérieurement, une convention de branche ou un accord professionnel ou interprofessionnel conclu à compter du 6 mai 2004 peut déroger dans un sens moins favorables aux salariés à une convention ou à un accord couvrant un champ territorial ou professionnel plus large, sauf si cette convention ou cet accord interdit expressément la dérogation. Elle a également permis à un accord d'entreprise, sauf dans certains domaines limitativement énumérés par le code du travail, de déroger dans un sens moins favorable pour les salariés aux dispositions des accords et conventions conclus, à compter du 6 mai 2004, à un niveau supérieur.

Par ailleurs, les ordonnances 2017-1385 du 22 septembre 2017 et 2017-1718 du 20 décembre 2017 ont consacré le principe de primauté des accords d'entreprise sur les accords de branche (ou les accords couvrant un champ professionnel ou territorial plus large) : désormais, sauf dans les matières mentionnées à l'article L. 2253-1 CT et, en l'absence de disposition contraire de l'accord de branche, dans les matières énoncées à l'article L. 2253-2 CT, un accord d'entreprise prévaut sur une convention de branche, qu'il ait été conclu avant ou après la date d'entrée en vigueur de cette convention. Dans les domaines de primauté de l'accord d'entreprise, les clauses de « verrouillage » des accords de branche, quelle que soit leur date de conclusion, cessent de produire leurs effets vis-à-vis des accords d'entreprise à compter du 1er janvier 2018. On signalera que des dispositions transitoires ont été prévues afin de permettre aux partenaires sociaux de réaffirmer la primauté de l'accord de branche dans les matières visées à l'article L. 2253-2 CT d'ici à 2019 (ord. 2017-1385 du 22 septembre 2017, art. 16-I à III).

La jurisprudence rapportée ci-dessous, rendue dans le cadre législatif antérieur, conserve cependant son intérêt, notamment au regard des litiges en cours.

Un accord collectif d'entreprise, même conclu postérieurement à l'entrée en vigueur de la loi du 4 mai 2004, ne peut déroger par des clauses moins favorables à une convention collective de niveau supérieur conclue antérieurement à cette date, à moins que les signataires de cette convention n'en aient disposé autrement.

Aux termes de l'article 45 de la loi du 4 mai 2004, la valeur hiérarchique accordée par leurs signataires aux conventions et accords conclus avant l'entrée en vigueur de la loi demeure opposable aux accords de niveaux inférieurs ; il en résulte qu'un accord collectif d'entreprise, même conclu postérieurement à l'entrée en vigueur de la loi du 4 mai 2004, ne peut déroger par des clauses moins favorables à une convention collective de niveau supérieur conclue antérieurement à cette date, à moins que les signataires de cette convention n'en aient disposé autrement.

Cass. soc. 9 mars 2011, n° 09-69.647, BC V n° 73.

Si plusieurs conventions collectives sont applicables (ex : convention collective étendue et accord d'entreprise), les salariés ne peuvent cumuler les avantages issus des différentes conventions.

En cas de concours de conventions collectives, les avantages ayant le même objet ou la même cause ne peuvent, sauf stipulations contraires, se cumuler. Seul le plus favorable d'entre eux doit être accordé aux salariés.

Cass. ass. plén. 18 mars 1988, n° 84-40.083, BC n° 3. Voir aussi cass. soc. 23 novembre 2010, n° 09-40.493, pourvoi incident ; cass. soc. 11 mars 2015, n° 13-26.782.

En l'absence de disposition expresse prévoyant le contraire, ils peuvent simplement prétendre à l'application de la clause la plus favorable, sauf si les avantages en cause n'ont pas la même cause ou le même objet.

Un accord d'entreprise avait instauré deux avantages distincts, un treizième mois et une prime de vacances. Le treizième mois se distinguait, par son objet, de la prime de vacances. Les salariés pouvaient, par conséquent, demander le cumul de l'allocation complémentaire de vacances, prévue par la convention collective plus avantageuse que la prime de vacances en vigueur dans l'entreprise, avec la prime de treizième mois.

Cass. soc. 24 juin 1992, n° 90-42.432. Voir aussi cass. soc. 16 mars 1989, n° 87-44.419, BC V n° 225.

C'est à tort que, pour rejeter la demande d'un salarié en paiement d'un complément d'indemnité conventionnelle de licenciement, une cour d'appel a énoncé que si le salarié pouvait choisir entre une convention collective et un accord d'entreprise les dispositions qui lui étaient les plus favorables, il convenait, pour déterminer la notion d'avantage, de procéder par rapport à un type d'avantages précis, pris en lui-même, dans sa globalité et non en fonction de la situation d'un salarié déterminée par une méthode analytique et objective et que les prestations d'invalidité versées au salarié en raison de l'adhésion à un régime de prévoyance prévu par le statut du personnel plus l'indemnité de trois mois de salaire au moment de la rupture prévue par ce statut étant plus favorables au salarié que l'indemnité conventionnelle de licenciement résultant de la convention collective, l'employeur n'avait pu verser que l'indemnité de l'accord d'entreprise.

En effet, si l'indemnité conventionnelle de licenciement ne pouvait se cumuler avec l'indemnité de rupture du contrat de travail à la suite d'un classement en invalidité, ces deux indemnités étant de même nature, il n'en était pas de même des prestations versées par une compagnie d'assurance à raison de l'adhésion du salarié à un régime de prévoyance, en application du statut du personnel et de l'indemnité versée en cas de licenciement par l'employeur, dans les conditions fixées par la convention collective qui, n'étant pas de même nature, pouvaient se cumuler.

Cass. soc. 22 octobre 1996, n° 93-43.616, 1er moyen, BC V n° 339.

Pour dire que les dispositions d'un accord d'entreprise sont plus favorables que celles de la convention collective nationale relatives à la durée des congés et doivent seules être appliquées, une cour d'appel a retenu que la durée des congés prévue par la convention collective nationale doit être comparée avec la durée des congés fixée par l'accord d'entreprise relatif aux congés annuels et aux jours fériés, augmentée de la durée des jours non travaillés et rémunérés accordés aux salariés à titre de récupération des dépassements de la durée de travail par un second accord portant sur l'aménagement et la réduction du temps de travail conclu le même jour et indissolublement lié au précédent.

En statuant ainsi, alors que le caractère plus avantageux doit être apprécié globalement pour l'ensemble du personnel avantage par avantage, la cour d'appel qui a, en prenant en considération les jours de récupération, tenu compte d'un avantage ayant un autre objet et une autre cause que les congés payés, a violé l'article L. 132-23 CT dans sa rédaction alors en vigueur et le principe précité.

Cass. soc. 23 février 2005, n° 02-17.433.

Un employeur a conclu deux accords d'entreprise, dont l'un réduisait le temps de travail de 39 à 33 heures en contrepartie de l'attribution de journées de récupération de temps de travail et l'autre fixait le nombre des jours de congés payés annuels ordinaires à 25 jours ouvrés par an ; faisant valoir que la convention collective dont l'article 23 prévoyait une augmentation du congé annuel légal en fonction de l'ancienneté du salarié, était plus favorable que ces accords, un syndicat a demandé la condamnation de l'employeur à en faire application dans l'entreprise.

Pour rejeter cette demande, une cour d'appel a retenu qu'en cas de concours de conventions collectives, les avantages ayant le même objet ou la même cause ne peuvent se cumuler, le plus favorable d'entre eux pouvant seul être appliqué, que le caractère plus avantageux devait être apprécié globalement pour l'ensemble du personnel, avantage par avantage, qu'en l'espèce, les signataires des accords collectifs avaient estimé que la modification du nombre de jours de congés annuels participait à l'équilibre de leurs conventions, que le salarié était libre d'user à sa guise du temps rémunéré non ouvré, ce temps disponible ayant le même objet et procédant de la même cause, peu important qu'il soit attribué sous la qualification de jour de récupération ou jour de congés, que la comparaison entre les avantages démontrait que les salariés, même les plus anciens, bénéficieraient globalement d'un temps rémunéré non ouvré plus important que par le passé, qu'il s'agisse de jours de récupération ou de jours de congés.

En statuant ainsi, alors que les jours de récupération, qui sont acquis par le salarié au titre d'un accord d'aménagement et de réduction du temps de travail et représentent la contrepartie des heures de travail qu'il a exécutées en sus de l'horaire légal ou de l'horaire convenu, n'ont ni la même cause ni le même objet que les congés payés d'ancienneté auxquels il a droit, en sus de ses congés légaux annuels, la cour d'appel a violé l'article L. 132-1 devenu L. 2221-2 CT dans sa rédaction applicable en la cause.

Cass. ass. plén. 24 octobre 2008, n° 07-42.799, BC n° 4.

La détermination du régime le plus favorable doit être faite globalement au regard de la situation de l'ensemble du personnel…

Le caractère plus favorable d'un accord d'entreprise par rapport aux dispositions d'une convention collective doit être apprécié au regard de la situation de l'ensemble des salariés de l'entreprise.

C'est donc à tort que, pour condamner une société à payer des indemnités de grand déplacement à un salarié, une cour d'appel a constaté que ce salarié avait produit aux débats un récapitulatif des montants qu'il estimait lui être dus en application de la convention collective de la métallurgie de l'Indre-et-Loire et des sommes qui lui ont été versées en application de l'accord d'entreprise, et a énoncé que la société ne prétendait pas que les calculs faits par l'intéressé procédaient d'une application erronée des dispositions de la convention collective ou qu'il y ait eu erreur sur le montant des sommes versées, sans constater que l'accord d'entreprise était globalement plus favorable pour l'ensemble des salariés.

Cass. soc. 1er juillet 1998, n° 96-41.285.

... avantage par avantage.

Au cas où deux conventions ou accords collectifs sont applicables, il convient de n'appliquer que le plus avantageux des deux, le caractère plus avantageux devant être apprécié globalement pour l'ensemble du personnel, avantage par avantage.

Une cour d'appel a pu décider que le régime d'indemnisation du travail posté prévoyant une majoration de 25 % sur le salaire réel de nuit, outre une indemnité de casse-croûte, était plus avantageux que le régime prévoyant, pour les semaines de nuit, une majoration de 15 % du salaire minimal de l'emploi et pour les semaines de travail de jour, une majoration de 10 % sur le même salaire.

Cass. soc. 18 janvier 2000, n° 96-44.578, BC V n° 27. Voir aussi cass. soc. 28 mars 2012, n° 11-12.043, pourvoi incident du salarié, BC V n° 114.

Le fait qu'un accord national ait acquis un caractère législatif du fait de son annexion à la loi 78-49 du 9 janvier 1978 ne fait pas obstacle à ce qu'une convention ou un accord collectif dérogent à ses dispositions dans un sens plus favorable, ainsi que le prévoit l'article L. 132-4 CT. La détermination du régime le plus favorable doit résulter d'une appréciation globale, avantage par avantage.

Après avoir justement énoncé qu'il s'agissait de comparer les avantages accordés, au titre de la maladie et de l'accident, aux salariés ayant plus de trois mois d'ancienneté, une cour d'appel a pu décider, pour débouter des syndicats de leur demande tendant à faire dire que l'appréciation du caractère plus favorable de la loi du 19 janvier 1978 devait être faite pour chaque salarié individuellement considéré, que le régime instauré sur ce point par l'accord d'entreprise était plus favorable que celui qui résultait de l'accord interprofessionnel.

Cass. soc. 17 janvier 1996, n° 93-20.066, BC V n° 15. Voir aussi cass. soc. 25 janvier 1984, n° 81-41.609, BC V n° 33.

Si l'application d'un accord collectif permet de maintenir l'emploi, cet accord est considéré comme étant plus favorable aux salariés.

Un accord d'entreprise avait été signé en 1980 par la direction d'une société et des syndicats prévoyant le paiement aux salariés d'une prime aux mois de mai et novembre, calculée sur la base de 1/6 des salaires du semestre précédent. Le 22 mai 1986, un nouvel accord ayant pour objet la sauvegarde de l'entreprise et la limitation du nombre des licenciements envisagés avait été conclu et avait réduit de moitié le montant de la prime semestrielle instituée par le premier accord. Deux salariés avaient saisi la juridiction prud'homale d'une demande en rappel de prime semestrielle pour les années 1987 et 1988. Doit être cassé l'arrêt ayant fait droit à leur demande : s'agissant de la comparaison d'avantages institués par deux accords collectifs, la détermination du régime le plus favorable doit résulter d'une appréciation tenant compte des intérêts de l'ensemble des salariés et non de tel ou tel d'entre eux. Or, en l'espèce, la suppression de la moitié de la prime semestrielle ayant été compensée par une prime sur les résultats et cette suppression ayant eu, en outre, pour contrepartie le maintien des salariés dans leur emploi menacé, sauf à eux à opter pour un départ volontaire, il en résultait que l'accord de 1986 était plus favorable aux salariés.

Cass. soc. 19 février 1997, n° 94-45.286, BC V n° 70.

Convention collective, engagement unilatéral de l'employeur et usage

Un accord collectif conclu postérieurement à un engagement unilatéral de l'employeur portant sur le même objet doit s'appliquer à l'ensemble des salariés.

Un employeur avait, par décision unilatérale, établi un régime d'astreinte pour ses agents, prévoyant notamment une rémunération forfaitaire. Un régime différent ayant été mis en place dans une autre agence, l'employeur souhaitait harmoniser ces différentes pratiques dans toutes les agences et un accord collectif prévoyant le versement d'une prime forfaitaire avait été signé par le seul syndicat FO. L'accord signé avec l'organisation syndicale qui constituait un accord collectif d'entreprise ayant le même objet que le régime antérieur résultant d'un engagement unilatéral de l'employeur, ladite convention avait remis en cause cet engagement et elle devait s'appliquer à l'ensemble du personnel.

Cass. soc. 5 mars 1997, n° 95-42.396, BC V n° 92.

L'accord collectif qui a le même objet que l'usage a pour effet de le mettre en cause, peu important que celui-ci ait été ou non préalablement dénoncé.

Cass. soc. 8 janvier 2002, n° 00-12.252, 1er moyen, BC V n° 4.

Lorsque l'application d'une convention collective résulte d'un usage ou d'un engagement unilatéral, la conclusion d'un accord d'entreprise ayant le même objet met fin à cet usage ou à cet engagement.

Lorsque l'application dans l'entreprise d'une convention collective à laquelle l'employeur n'est pas soumis résulte d'un usage ou d'un engagement unilatéral de ce dernier, la conclusion d'un accord d'entreprise ayant le même objet met fin à cet usage ou à cet engagement, en sorte qu'il n'y a pas lieu de rechercher en ce cas si les clauses de l'accord sont ou non plus favorables que celles de la convention jusqu'alors appliquée volontairement.

Cass. soc. 26 septembre 2012, n° 10-24.529, BC V n° 247.

Avenant interprétatif

Un accord ne peut être considéré comme interprétatif qu'autant qu'il se borne à reconnaître, sans rien innover, un état de droit préexistant qu'une définition imparfaite a rendu susceptible de controverse.

Cass. soc. 4 février 2015, n° 14-13.646, BC V n° 22.

L'avenant interprétatif d'un accord collectif signé par l'ensemble des parties à l'accord initial s'impose avec effet rétroactif à la date en vigueur de ce dernier accord aussi bien à l'employeur et aux salariés qu'au juge qui ne peut pas en écarter l'application.

Cass. soc. 1er décembre 1998, n° 98-40.104, BC V n° 527. Voir aussi cass. soc. 5 décembre 2001, n° 00-41.167.

Un avenant qualifié d'interprétatif modifiant l'accord initial perd son caractère interprétatif et son effet rétroactif.

Cass. soc. 18 mars 2008, n° 07-41.813, BC V n° 66.

Avis de la commission de règlement des litiges

L'avis donné par la commission paritaire, dans un but de conciliation, ne lie pas le juge auquel il appartient de trancher le litige.

Doit être cassé l'arrêt qui, pour débouter une salariée de sa demande de rappel de salaire et d'indemnité de congés payés fondée sur l'entrée en vigueur d'une nouvelle grille de classification, a énoncé que la commission de règlement des litiges avait considéré que les calculs avaient été opérés conformément aux dispositions de la convention collective, alors que l'avis donné par la commission paritaire, dans un but de conciliation, ne lie pas le juge auquel il appartient de trancher le litige sans s'en remettre à l'avis de la commission.

Cass. soc. 10 février 1998, n° 95-43.984, BC V n° 81. Voir aussi cass. soc. 15 octobre 1998, n° 96-42.427, BC V n° 425 ; cass. soc. 12 juillet 2000, n° 98-42.224.

De même, en l'absence de disposition de la convention collective prévoyant que l'avis de la commission paritaire nationale de classification aura la valeur d'un avenant à la convention collective, celui-ci ne lie pas le juge, auquel il appartient de trancher le litige sans s'en remettre à l'avis de la commission.

Cass. soc. 9 juillet 2014, n° 13-17.669, BC V n° 191.

Compétence juridictionnelle

Un litige entre un employeur et des syndicats portant uniquement sur l'interprétation d'accords collectifs relève de la compétence du tribunal de grande instance.

En 2008, les salariés d'une société ont saisi, chacun séparément, la juridiction prud'homale d'une demande de rappel de salaires sur le fondement d'accords d'entreprise portant sur la réduction du temps de travail ; le 2 avril 2009, la société a assigné les syndicats signataires de ces accords devant le tribunal de grande instance pour qu'il soit statué sur l'interprétation de ces accords ; par jugements du 20 mai 2009, le conseil de prud'hommes a sursis à statuer dans l'attente de la décision du tribunal de grande instance ; un des syndicats a saisi le juge de la mise en état de diverses exceptions de procédure.

C'est à tort que, pour confirmer l'ordonnance rendue par le juge de la mise en état ayant ordonné le renvoi de l'affaire devant le conseil de prud'hommes, une cour d'appel a retenu que, dans la mesure où le litige ne portait pas sur l'établissement, la révision ou le renouvellement d'une convention collective, mais uniquement sur son interprétation à l'occasion de litiges individuels relatifs à des contrats de travail existants, la demande de renvoi, quelle que soit la répercussion pratique étendue de ladite interprétation, relevait de la compétence du conseil de prud'hommes, alors que le litige entre un employeur et des syndicats quant à l'interprétation d'accords collectifs relève de la compétence du tribunal de grande instance.

Cass. soc. 21 novembre 2012, n° 11-15.057, BC V n° 297.

La formation de référé du conseil de prud'hommes, statuant sur le fondement de l'article R. 1455-7 CT, est compétente pour interpréter une convention ou un accord collectif.

Cass. soc. 15 janvier 2002, n° 00-41.117, BC V n° 14. Voir aussi cass. soc. 27 juin 2007, n° 06-41.904, 1er moyen ; cass. soc. 15 juin 2016, n° 14-19.257.

Une contestation relative à une convention collective ou à un accord d'entreprise conclu dans le secteur public relève de la compétence judiciaire sauf lorsque la contestation concerne des dispositions régissant l'organisation du service public.

Toute contestation portant sur la légalité ou l'application ou la dénonciation d'une convention collective ou d'un accord d'entreprise conclu en application de l'article L. 134-1 devenu les articles L. 2233-1 et L. 2233-2 CT relève, sauf loi contraire, de la compétence judiciaire, hormis le cas où la contestation concerne des dispositions qui n'ont pas pour objet la détermination des conditions d'emploi, de formation professionnelle et de travail ainsi que des garanties sociales des personnels des entreprises et établissements publics visés par ces textes mais qui régissent l'organisation du service public.

Cass. soc. 6 février 2013, n° 11-26.604, 1er moyen, BC V n° 32.

Inexécution de la convention

En cas d'inexécution de la convention collective, les salariés peuvent agir en exécution forcée de la convention.

Un salarié peut obtenir, en application de l'article L. 135-6 CT, l'exécution de la convention collective.

Cass. soc. 8 juillet 1992, n° 87-41.543, 2e branche du moyen unique, BC V n° 443.

S'ils sont liés par les dispositions de la convention, les syndicats peuvent également agir en exécution forcée de la convention.

Doit être rejeté le moyen du pourvoi faisant valoir que la violation d'un accord collectif d'entreprise est de nature à porter un préjudice à l'intérêt collectif de la profession représentée par un syndicat et que celui-ci est dès lors recevable à agir, de ce chef, quand bien même il n'en est pas signataire, alors que si, en vertu de l'article L. 411-11 CT, les syndicats professionnels peuvent, de manière générale, exercer devant toutes les juridictions tous les droits réservés à la partie civile relativement aux faits portant un préjudice direct ou indirect à l'intérêt collectif de la profession qu'ils représentent, l'action visant exclusivement à obtenir l'exécution d'une convention ou d'un accord collectif, ou la réparation de son inexécution, prévue par l'article L. 135-5 CT, est réservée par ce texte aux syndicats liés par les dispositions de ladite convention et qui seuls ont qualité pour agir.

Cass. soc. 10 mai 1994, n° 92-14.097, BC V n° 173. Voir aussi cass. soc. 15 novembre 1995, n° 92-44.844.

La demande de salariés tendant à faire juger que leur convention collective s'opposait à l'application d'un tableau de service ne porte pas sur un litige individuel relevant de la compétence du conseil de prud'hommes.

Après avoir relevé que des salariés, qui ne présentaient aucune demande personnelle, entendaient faire juger, par la formation de référé du conseil de prud'hommes, que l'article 17 de la convention collective nationale des employés de jeux s'opposait à l'application du tableau de service établi par l'employeur, une cour d'appel a exactement décidé que cette demande ne portait pas sur un litige individuel et n'était pas de la compétence du juge prud'homal.

Cass. soc. 30 avril 1997, n° 95-43.227, BC V n° 153.

☛ *Convention collective (Applicabilité) ; Modification du contrat et des conditions de travail ; Qualification professionnelle du salarié.*

Convention collective (Conclusion)

La loi 2008-789 du 20 août 2008, la loi 2016-1088 du 8 août 2016 et l'ordonnance 2017-1385 du 22 septembre 2017 ont largement modifié les dispositions relatives à la négociation collective.

La jurisprudence rapportée ci-dessous, rendue dans le cadre législatif antérieur à l'ordonnance du 22 septembre 2017, conserve cependant son intérêt, notamment au regard des litiges en cours.

Parties signataires

• Conditions relatives aux personnes

Les délégués syndicaux sont investis de plein droit du pouvoir de négocier et conclure un accord d'entreprise.

Lorsqu'une organisation syndicale désigne un délégué syndical, celui-ci est, du fait de sa désignation, investi de plein droit du pouvoir de négocier et de conclure un accord d'entreprise, quelle que soit l'importance de cet accord. Le mandat de ce délégué peut être suspendu par l'organisation, mais elle doit en informer en temps utile les autres parties à la négociation collective. Si une organisation avait fait parvenir à l'employeur un télégramme l'informant de l'interdiction faite à son délégué de conclure l'accord, elle n'avait pas rapporté la preuve que cette interdiction était parvenue à la connaissance de l'employeur avant la signature de l'accord en cause. Cette convention ayant été régulièrement conclue, elle était opposable à cette organisation.

Cass. soc. 19 février 1992, n° 90-10.896, 1er moyen, BC V n° 106.

La composition de la délégation syndicale est strictement réglementée.

Aux termes de l'article L. 2232-17 CT, la délégation de chacune des organisations représentatives parties à des négociations dans l'entreprise comprend le délégué syndical de l'organisation dans l'entreprise ou, en cas de pluralité de délégués, au moins deux délégués syndicaux ; chaque organisation peut compléter sa délégation par des salariés de l'entreprise, dont le nombre est fixé par accord entre l'employeur et l'ensemble de ces organisations ; à défaut d'accord, le nombre de salariés qui complètent la délégation est au plus égal, par délégation, à celui des délégués syndicaux de la délégation ; toutefois, dans les entreprises pourvues d'un seul délégué syndical, ce nombre peut être porté à deux ; il en résulte qu'en cas de pluralité de délégués syndicaux, et sauf accord plus favorable conclu entre l'employeur et l'ensemble des organisations participant à la négociation, la délégation de chaque organisation est également composée de deux d'entre eux, et éventuellement complétée par un nombre égal de salariés.

Cass. soc. 5 janvier 2011, n° 09-69.732, BC V n° 6.

L'article L. 132-20 CT exclut la présence de membres du syndicat non salariés de l'entreprise dans la composition de la délégation syndicale. Toutefois, un tel représentant étranger à l'entreprise peut être prévu en vertu d'un accord ou d'un usage plus favorable.

Cass. soc. 19 octobre 1994, n° 91-20.292, 1er moyen, BC V n° 281.

Le mandat spécial écrit exigé par l'article L. 2231-2 CT, et en vertu duquel les représentants des organisations syndicales peuvent conclure des accords, ne concerne pas l'employeur qui est partie à un accord d'entreprise.

L'article L. 132-3 CT prévoit que les représentants des organisations syndicales peuvent contracter au nom de l'organisation qu'ils représentent en vertu d'une stipulation statutaire de l'organisation, d'une délibération spéciale, ou de mandats spéciaux donnés individuellement par tous les adhérents de cette organisation.

Le mandat spécial écrit ne concerne que les représentants des organisations syndicales et non l'employeur qui est partie à un accord d'entreprise.

Cass. soc. 23 mars 1994, n° 91-45.705.

• Conditions de représentativité

Un syndicat représentatif catégoriel peut, avec des syndicats représentatifs intercatégoriels, et sans avoir à établir sa représentativité au sein de toutes les catégories de personnel, conclure pour négocier et signer un accord d'entreprise intéressant l'ensemble du personnel.

Un syndicat représentatif catégoriel peut, avec des syndicats représentatifs intercatégoriels, et sans avoir à établir sa représentativité au sein de toutes les catégories de personnel, négocier et signer un accord d'entreprise intéressant l'ensemble du personnel, son audience électorale, rapportée à l'ensemble des collèges électoraux, devant alors être prise en compte pour apprécier les conditions de validité de cet accord.

Cass. soc. 31 mai 2011, n° 10-14.391, BC V n° 134.

Mais un syndicat représentatif catégoriel ne peut pas négocier et signer seul un accord d'entreprise intéressant l'ensemble du personnel.

En application du principe de spécialité, un syndicat représentatif catégoriel ne peut négocier et signer seul un accord d'entreprise intéressant l'ensemble du personnel, quand bien même son audience électorale, rapportée à l'ensemble des collèges électoraux, est supérieure à 30 % des suffrages exprimés au premier tour des dernières élections des titulaires au comité d'entreprise ou de la délégation unique du personnel ou, à défaut, des délégués du personnel.

Cass. soc. 2 juillet 2014, n° 13-14.622, BC V n° 170.

Pour la conclusion des conventions et accords collectifs d'entreprise, le caractère majoritaire des syndicats s'apprécie au regard des résultats du premier tour des élections des membres du comité d'entreprise ou, à défaut, des délégués du personnel ; l'appréciation de l'audience électorale suppose que le quorum soit atteint.

Lorsque le quorum prévu par les articles L. 423-10 et L. 433-10 CT n'est pas atteint au premier tour des élections professionnelles à la proportionnelle, il n'y a pas lieu de décompter les suffrages exprimés en faveur de chacune des listes syndicales, de sorte qu'il y a carence au sens de l'article L. 132-2-2, III CT.

Cass. soc. 20 décembre 2006, n° 05-60.345, BC V n° 399.

Un accord collectif peut être valablement conclu sans que les organisations d'employeurs signataires aient à justifier de leur représentativité dans le champ d'application de cet accord.

CE 31 décembre 2008, n° 311501.

Lorsqu'elle est saisie par une organisation d'une demande d'enquête portant sur la représentativité d'une autre organisation, en vue de contester la faculté pour celle-ci de participer à la négociation d'un accord ou d'une convention, c'est sous le seul contrôle, par le juge de l'excès de pouvoir, de l'erreur manifeste d'appréciation, que l'autorité administrative décide, notamment au vu des éléments qui lui sont présentés et de l'intérêt général qui s'attache au bon déroulement de la négociation collective, s'il y a lieu de donner suite à cette demande.

CE 30 mars 2016, n° 384903.

Niveau de la négociation

La négociation engagée par plusieurs employeurs appartenant au même groupe, qui a pour objet de conclure un accord au niveau de chacune des entreprises en cause, est une négociation d'entreprise.

S'agissant d'une négociation qui avait été engagée, non par une organisation d'employeurs, mais par plusieurs employeurs pris individuellement, peu important, à cet égard, que leurs entreprises aient ou non constitué un groupe, une cour d'appel a pu décider que cette négociation, qui n'avait pour objet que de conclure un accord au niveau de chacune des entreprises en cause, et non pas au niveau de la branche professionnelle, était une négociation d'entreprise soumise aux dispositions des articles L. 132-18 à L. 132-29 CT.

Cass. soc. 29 juin 1994, n° 91-18.640, 1er moyen, BC V n° 219.

La loi 2004-391 du 4 mai 2004 sur la formation professionnelle tout au long de la vie et le dialogue social a conféré une reconnaissance légale à l'accord de groupe (art. L. 2232-30 à 35 CT) ; la négociation de groupe ne peut cependant pas se substituer à la négociation d'entreprise.

À la suite de l'absorption de la société U par la société A, plusieurs entreprises du groupe ainsi constitué ont conclu, avec des organisations syndicales représentatives, un accord instituant une représentation syndicale de groupe à laquelle il donnait compétence pour négocier sur des thèmes communs à ces entreprises. Une contestation s'est élevée sur la participation aux négociations de la Fédération des employés et cadres CGT-FO, organisation syndicale non signataire de l'accord dont la délégation n'était pas constituée conformément aux dispositions de l'accord.

Doit être rejeté le pourvoi reprochant à l'arrêt attaqué d'avoir débouté la Fédération CGT-FO de sa demande d'annulation de l'accord collectif conclu avec 27 sociétés du groupe AU, dit que cet accord était opposable à la Fédération et, en conséquence, dit que, dans l'hypothèse où la CGT-FO entendrait participer aux travaux de la représentation syndicale de groupe, elle devrait se conformer aux dispositions de l'accord et qu'à défaut de respecter ces procédures, il lui était fait interdiction de se prévaloir des attributions et moyens relatifs à l'accord.

En effet, des employeurs et des syndicats représentatifs peuvent instituer, par voie d'accord collectif, en vue de négocier des accords portant sur des sujets d'intérêt commun aux personnels des entreprises concernées du groupe, une représentation syndicale de groupe composée de délégués choisis par les organisations syndicales selon des modalités préétablies, dès lors que les négociations pour lesquelles il lui donne compétence ne se substituent pas à la négociation d'entreprise. Un tel accord, qui ne requiert pas l'unanimité des organisations syndicales représentatives, est opposable aux organisations non signataires, en sorte que si elles entendent participer aux négociations de groupe qu'il prévoit, elles sont tenues de désigner leurs représentants conformément à ses dispositions.

Cass. soc. 30 avril 2003, n° 01-10.027, BC V n° 155.

Représentativité syndicale.

Élaboration de la convention collective

Le défaut de consultation du comité d'entreprise dans les domaines qui relèvent de sa mission entraîne la suspension de la mise en application de l'accord collectif.

Une société avait conclu avec plusieurs organisations syndicales de salariés un accord collectif de travail sur la réduction, l'aménagement et l'organisation du temps de travail et sur l'emploi dans certaines entreprises de la société. Quelques mois plus tard, un syndicat avait fait assigner un centre régional de la société afin de faire constater l'existence d'une entrave et d'un trouble manifestement illicite au fonctionnement régulier du comité d'établissement résultant de la mise en application de l'accord sans consultation régulière du comité et d'obtenir, en conséquence, la suspension de cette mise en application jusqu'à ce que le comité d'établissement ait été régulièrement consulté.

Dès lors qu'un accord national disposait expressément qu'il constituait un accord cadre définissant les dispositions essentielles concernant l'ensemble du personnel, mais renvoyant, pour l'application pratique de plusieurs d'entre elles, à une mise au point sur le plan régional après concertation avec le personnel, consultation des instances représentatives du personnel et éventuellement expérimentation, la mise en œuvre de cet accord, au plan local, était expressément subordonnée à la consultation préalable des comités d'établissement.

C'est à bon droit que, après avoir constaté que le directeur d'un centre régional avait mis en application dans son établissement la réduction du temps de travail prévue par l'accord national sans consulter préalablement le comité d'établissement, une cour d'appel a décidé qu'il avait méconnu les dispositions de l'accord national.

Après avoir exactement rappelé que l'accord renvoyait, pour son application pratique, à une mise au point sur le plan régional après consultation des instances représentatives du personnel, une cour d'appel a pu décider que le défaut de consultation du comité d'établissement sur la décision unilatérale d'un chef d'établissement de mise en œuvre de l'accord au sein d'un centre régional constituait un trouble manifestement illicite auquel il ne pouvait être mis fin que par la suspension de la mise en application de l'accord.

Cass. soc. 13 novembre 2001, n° 99-10.891, BC V n° 343.

Un accord n'est valablement conclu que lorsque toutes les organisations syndicales représentatives dans l'entreprise ont été invitées à participer à la négociation.

En application des dispositions combinées des articles L. 132-7 et L. 132-19 CT, tous les syndicats représentatifs qui ont un délégué syndical dans l'entreprise doivent être appelés à la négociation des conventions et accords collectifs d'entreprise, y compris lorsque la négociation porte sur des accords de révision. Toutefois, ces derniers ne peuvent être conclus qu'avec les organisations syndicales signataires de la convention ou de l'accord initial et, le cas échéant, avec les organisations syndicales non signataires, sous condition qu'elles aient préalablement adhéré à ladite convention ou audit accord collectif. Il en résulte que l'accord de révision conclu avec les seuls syndicats signataires de la convention ou de l'accord collectif, sans que les autres syndicats représentatifs dans l'entreprise aient été convoqués en vue de la négociation, est nul.

Cass. soc. 26 mars 2002, n° 00-17.231, BC V n° 107. Voir aussi cass. crim. 28 octobre 2008, n° 07-82.799.

L'obligation d'inviter tous les syndicats représentatifs à la négociation concerne également la conclusion des accords d'établissement…

Un accord collectif ne peut être conclu ou révisé sans que l'ensemble des organisations syndicales représentatives dans l'entreprise, ou le cas échéant dans l'établissement, aient été invitées à la négociation.

Une société a, à l'occasion du projet de fermeture d'un établissement, ouvert le 31 juillet 2007 une négociation, après consultation du comité d'entreprise de la société, à laquelle participaient les délégués syndicaux d'établissement de quatre organisations syndicales représentatives dans l'entreprise ; un syndicat, qui n'avait plus de délégué syndical dans l'établissement, s'étant étonné de ne pas avoir été invité à participer, par l'intermédiaire de son délégué syndical central, aux réunions de négociation, l'employeur lui a demandé le 2 octobre 2007 de faire connaître la composition de sa délégation, puis, à la suite de la désignation par le syndicat de son délégué syndical central pour le représenter dans la négociation, a convoqué ce dernier aux réunions suivantes ; le syndicat a saisi le tribunal de grande instance statuant en référé, le 2 octobre 2007, pour voir dire illicite la négociation du projet, au motif qu'il n'avait pas été invité dès l'origine à y participer.

Pour rejeter sa demande, une cour d'appel a énoncé d'abord que l'accord sur l'exercice du droit syndical dans l'entreprise prévoyait que les organisations syndicales avaient la possibilité de désigner des délégués dans chacun des établissements de l'entreprise, mais nullement qu'à défaut, les délégués centraux pourraient, de droit, mener une négociation d'établissement, qu'il appartenait donc au syndicat, après le départ de son délégué d'établissement, de lui désigner un remplaçant pour que ce dernier puisse, sans désignation spéciale, participer à la négociation considérée, et a relevé ensuite que ce syndicat, dont le délégué syndical central avait participé à toutes les réunions du comité d'entreprise au cours desquelles avaient été évoqués le projet litigieux et la négociation d'un accord local à laquelle il allait donner lieu ne pouvait donc prétendre ne pas avoir été avisé de ladite négociation.

En statuant ainsi, alors qu'il ressortait de ses constatations que le syndicat, qui était représentatif au niveau concerné, n'avait pas été invité à participer à la négociation engagée au sein de l'établissement par l'employeur le 31 juillet 2007 et aux réunions successives qui avaient eu lieu les 31 août, 4 septembre, 14 septembre et 4 octobre 2007, ce dont elle devait déduire l'existence d'un trouble manifestement illicite, la cour d'appel a violé les articles L. 2231-1 et R. 1455-6 CT.

Cass. soc. 8 juillet 2009, n° 08-41.507, BC V n° 177.

… et la conclusion des accords de branche.

Cass. soc. 17 septembre 2003, n° 01-10.706, BC V n° 240.

Si un accord d'entreprise ne peut être conclu ou révisé sans que l'ensemble des organisations syndicales représentatives dans l'entreprise aient été invitées à la négociation, l'employeur n'est pas tenu d'y inviter l'intégralité des organisations syndicales qui se prévalent d'une affiliation à une même confédération représentative au plan national.

Cass. soc. 16 janvier 2008, n° 07-60.163, BC V n° 9.

La nullité d'une convention ou d'un accord collectif est encourue lorsque toutes les organisations syndicales n'ont pas été convoquées à sa négociation, ou si l'existence de négociations séparées est établie, ou encore si elles n'ont pas été mises à même de discuter les termes du projet soumis à la signature en demandant, le cas échéant, la poursuite des négociations jusqu'à la procédure prévue pour celle-ci.

Ayant souverainement constaté que lors d'une réunion au cours de laquelle avait été soumis à la discussion un projet d'accord sur l'aménagement et la réduction du temps de travail des cadres d'une entreprise, des organisations syndicales, après avoir fait valoir leur position, avaient refusé de signer un procès-verbal de désaccord, de sorte que la négociation était seulement interrompue, sans qu'aucune procédure de signature ne soit prévue, et que le texte signé ultérieurement par deux syndicats était différent de celui discuté lors de cette réunion, sans qu'il soit allégué que ce dernier ait été préalablement soumis à l'ensemble des organisations syndicales, une cour d'appel en a exactement déduit que l'accord était nul.

Cass. soc. 10 octobre 2007, n° 06-42.721, BC V n° 156.

Des échanges bilatéraux ne constituent pas des négociations séparées entraînant l'annulation de l'accord collectif, dès lors qu'ils ont été soumis à l'ensemble des partenaires sociaux lors d'une nouvelle réunion de négociation.

La nullité d'une convention ou d'un accord collectif est encourue lorsque toutes les organisations syndicales n'ont pas été convoquées à sa négociation, ou si l'existence de négociations séparées est établie, ou encore si elles n'ont pas été mises à même de discuter les termes du projet soumis à la signature en demandant, le cas échéant, la poursuite des négociations jusqu'à la procédure prévue pour celle-ci.

Ayant constaté que lors d'une réunion conclusive qui s'est ouverte le 20 mars 2014, un nouveau projet d'accord a été débattu, que si, pendant la suspension de séance du 21 mars, des échanges bilatéraux ont eu lieu entre les organisations d'employeurs et les organisations de salariés, auxquels la CGT a été conviée mais a refusé de participer, un dernier projet d'accord a été soumis à l'ensemble des partenaires sociaux après reprise de la séance le 22 mars 2014, faisant ainsi ressortir qu'il n'y a pas eu de négociations séparées et que la CGT a été mise à même de discuter les termes dudit projet et de faire valoir ses droits, une cour d'appel en a exactement déduit que la CGT n'établissait pas avoir été victime de manquements caractérisant une déloyauté des autres parties et que la négociation avait donc été régulièrement menée.

Cass. soc. 8 mars 2017, n° 15-18.080, BC V n° 46.

Si la nullité d'un accord est encourue lorsque toutes les organisations syndicales représentatives n'ont pas été convoquées à sa négociation, une partie ne peut critiquer les modifications apportées au projet d'accord soumis à la signature après la dernière séance de négociation lorsque l'existence de négociations séparées n'est pas établie et lorsque ni cette partie ni aucune autre partie à la négociation n'en a sollicité la réouverture en raison de ces modifications avant l'expiration du délai de signature.

Cass. soc. 12 octobre 2006, n° 05-15.069, 1er moyen, BC V n° 305.

Un accord collectif ne peut pas subordonner sa validité à des conditions de majorité différentes de celles prévues par la loi.

Les conditions de validité d'un accord collectif sont d'ordre public ; il en résulte qu'un accord collectif ne peut subordonner sa validité à des conditions de majorité différentes de celles prévues par la loi.

Après avoir constaté qu'un accord d'entreprise avait été signé par au moins un syndicat représentatif, conformément aux prescriptions de l'article L. 2231-1 CT dans sa rédaction alors applicable, une cour d'appel en a déduit à bon droit qu'il était valable, et que la clause qui conditionnait la validité de certaines de ses dispositions relatives au salaire à l'accord unanime des organisations syndicales représentatives dans l'entreprise ne pouvait être invoqué par l'employeur pour se soustraire à l'application de l'accord.

Cass. soc. 4 février 2014, n° 12-35.333, BC V n° 47.

Lorsque la conclusion d'un accord collectif ouvre droit à une aide publique, l'administration peut seulement, dans le cadre de la vérification de sa conformité aux dispositions légales, s'assurer qu'il a été précédé d'une négociation, et non porter une appréciation sur la qualité de celle-ci.

CE 1er juillet 2009, n° 309796, Rec. Lebon p. 247.

La convention collective est un acte écrit à peine de nullité…

Un accord collectif doit, à peine de nullité, faire l'objet d'un écrit. A violé l'article L. 132-2 CT le jugement qui a condamné une société à payer à des salariés un rappel de salaire, de prime d'ancienneté et de congés payés, sans préciser d'où résultaient les droits acquis par les salariés et alors que l'accord d'entreprise invoqué par ceux-ci, dont l'existence était contestée par l'employeur, devait faire l'objet d'un écrit, à peine de nullité.

Cass. soc. 27 mars 1996, n° 93-46.169.

… et doit, pour être valable, comporter la signature des parties qui l'ont conclue.

Il résulte de l'article L. 132-2 CT que l'accord collectif est un acte écrit à peine de nullité et doit dès lors, pour être valable, comporter la signature des parties qui l'ont conclu.

S'agissant d'une association qui avait dénoncé un protocole d'accord relatif aux conditions de travail en précisant que ce protocole ne pouvait pas être considéré comme un accord d'entreprise, dès lors qu'aucun exemplaire comportant la signature des parties n'avait pu être retrouvé et qu'il n'avait donc qu'une valeur d'usage, c'est à tort qu'une cour d'appel a décidé que la preuve de la signature d'un accord collectif pouvait être rapportée par tous moyens et que cette preuve était rapportée en l'espèce par les témoignages de certains des signataires de l'époque et par le fait que le protocole d'accord avait été appliqué comme un accord collectif.

Cass. soc. 8 janvier 2002, n° 00-10.886, BC V n° 5.

Elle doit avoir un objet déterminé ou déterminable.

C'est à tort que, pour déclarer deux organisations syndicales irrecevables à invoquer la nullité d'un accord d'entreprise pour indétermination de son objet et pour avoir été contracté sous une condition potestative de la part de l'employeur, une cour d'appel a énoncé que lesdites organisations syndicales n'avaient pas signé l'accord collectif et n'étaient pas parties aux contrats, de sorte qu'à leur égard, les décisions prises concernant, notamment, la flexibilité des salaires revêtaient le caractère de décisions unilatérales et que ces organisations n'étaient pas en conséquence recevables à invoquer un vice de nullité relative relevant du droit privé, alors que les syndicats, qui ont participé à une négociation, sont recevables à agir en nullité contre un accord collectif dès l'instant qu'ils invoquent une nullité absolue, même s'ils ne l'ont pas signé. En statuant comme elle l'a fait, alors que les nullités invoquées, quelle que soit leur valeur, relevaient du régime des nullités absolues, la cour d'appel a violé les articles 1129 et 1174 CC, et L. 411-11 CT.

Cass. soc. 9 juillet 1996, n° 95-13.010, 2e moyen, BC V n° 269.

Elle doit faire l'objet d'un dépôt auprès des services du ministre chargé du travail et du conseil de prud'hommes.

Un accord d'entreprise prévoyant des compléments de ressources avait été mis en œuvre par une société avant sa mise en règlement judiciaire, sans que l'accord ait fait l'objet du dépôt légal prévu par l'article L. 132-8 CT alors en vigueur. En l'absence de cette formalité, l'accord conservait son caractère d'accord d'entreprise, les parties n'ayant pas entendu subordonner à ce dépôt l'entrée en vigueur dudit accord.

Cass. soc. 22 avril 1985, n° 84-11.024, BC V n° 249.

La convention collective s'applique dès le lendemain de son dépôt auprès des services du ministère du Travail et au greffe du conseil des prud'hommes.

Cass. soc. 19 novembre 1997, n° 95-40.280, BC V n° 386, cité dans « Convention collective (Application) ».

Absence d'opposition

La totalité des suffrages recueillis par les syndicats ayant formé opposition - et non les suffrages recueillis par chaque organisation syndicale - détermine si ces oppositions sont régulières.

C'est à tort que, pour déclarer irrégulières des oppositions à des accords d'entreprise formées par deux syndicats, une cour d'appel, après avoir constaté que le syndicat A se prévalait de l'opposition du syndicat B et de la réalisation de la condition de majorité résultant de l'addition des suffrages obtenus par ces deux syndicats, a retenu qu'il n'existait pas de volonté de ces syndicats opposants de joindre leur opposition respective, ni lors de la notification de l'opposition, ni postérieurement au cours de la procédure judiciaire, le syndicat B n'ayant pas comparu.

Cass. soc. 13 octobre 2010, n° 09-13.109, 3e moyen, BC V n° 230.

L'opposition doit émaner de syndicats totalisant au moins la moitié des voix plus une.

Aux termes du premier alinéa de l'article L. 2232-12 CT, la validité d'un accord d'entreprise ou d'établissement est subordonnée à sa signature par une ou plusieurs organisations syndicales de salariés représentatives ayant recueilli au moins 30 % des suffrages exprimés au premier tour des dernières élections des titulaires au comité d'entreprise ou de la délégation unique du personnel ou, à défaut, des délégués du personnel, quel que soit le nombre de votants, et à l'absence d'opposition d'une ou de plusieurs organisations syndicales de salariés représentatives ayant recueilli la majorité des suffrages exprimés à ces mêmes élections, quel que soit le nombre de votants.

Le 29 janvier 2010, un accord d'entreprise relatif à l'emploi des seniors a été signé entre, d'une part, un établissement public à caractère industriel et commercial et, d'autre part, deux syndicats ayant recueilli à eux deux au moins 30 % des suffrages valablement exprimés au premier tour des dernières élections des membres titulaires du comité d'entreprise ; par lettre du 5 février 2010, deux autres syndicats ayant recueilli à eux deux 461 des 922 suffrages valablement exprimés lors de ces mêmes élections ont fait opposition à cet accord. Pour faire droit à cette opposition et déclarer l'accord non écrit, une cour d'appel a retenu qu'il suffit que les syndicats s'opposant à l'accord aient recueilli la moitié des suffrages valablement exprimés lors des dernières élections de référence, ce qui était le cas en l'espèce.

En statuant ainsi, alors que le terme de « majorité », se suffisant à lui-même, implique au moins la moitié des voix plus une, la cour d'appel a violé l'article L. 2232-12 CT.

Cass. soc. 10 juillet 2013, n° 12-16.210, BC V n° 188.

Ni la validité d'un accord ni son applicabilité aux salariés ne sont subordonnées à sa notification aux organisations syndicales, laquelle a seulement pour effet de faire courir le délai d'opposition de celles qui n'en sont pas signataires, si elles remplissent les conditions pour l'exercer.

Cass. soc. 13 octobre 2010, n° 09-68.151, BC V n° 232.

Seules les organisations syndicales disposant du droit d'opposition sont recevables à se prévaloir d'une absence de notification de l'accord.

Cass. soc. 13 octobre 2010, n° 09-68.151, précité.

Pour que l'opposition soit régulière, sa notification doit être adressée soit à l'un des délégués syndicaux ayant représenté le syndicat signataire à la négociation de l'accord, soit directement à l'organisation syndicale représentative l'ayant désigné…

L'opposition à un accord collectif, pour être régulière, doit être notifiée aux signataires de cet accord, donc à chacune des organisations syndicales ayant signé l'accord ; il en résulte que la notification est régulière dès lors qu'elle est adressée, dans les délais, soit à l'un des délégués syndicaux ayant représenté le syndicat signataire à la négociation de l'accord, soit directement à l'organisation syndicale représentative l'ayant désigné.

Cass. soc. 8 juillet 2014, n° 13-18.390, BC V n° 182.

... et être reçue dans un délai de 8 jours à compter de celui où l'accord a été notifié à l'ensemble des organisations syndicales représentatives.

Il résulte des articles L. 2231-8 et L. 2232-12 CT que l'opposition à l'entrée en vigueur d'une convention ou d'un accord collectif est exprimée par écrit et motivée, qu'elle précise les points de désaccord et qu'elle est notifiée aux signataires dans un délai de huit jours à compter de la notification de cet accord ; dès lors, pour être recevable, l'opposition des organisations syndicales ayant recueilli la majorité des suffrages exprimés lors des dernières élections professionnelles doit être reçue par l'organisation signataire avant l'expiration de ce délai.

Cass. soc. 10 janvier 2017, n° 15-20.335, BC V n° 3.

La notification de l'opposition peut être effectuée par voie électronique.

Il résulte de l'article L. 2231-8 CT que l'opposition à l'entrée en vigueur d'une convention ou d'un accord d'entreprise doit être formée par des personnes mandatées par le ou les syndicats n'ayant pas signé l'accord et être notifiée aux signataires de l'accord ; satisfait aux exigences de ce texte la notification de l'opposition par la voie électronique.

Cass. soc. 23 mars 2017, n° 16-13.159, BC V n° 59.

Les accords frappés d'opposition majoritaire sont réputés non écrits ; est donc justifiée la différence de traitement entre salariés cadres et non cadres résultant de l'impossibilité pour l'employeur de maintenir les dispositions d'un avenant relatif aux seuls salariés non cadres ayant fait l'objet d'une telle opposition.

Selon l'article L. 2231-9 CT, dans sa version applicable en la cause, les accords frappés d'opposition majoritaire sont réputés non écrits ; il en résulte que l'avenant applicable aux salariés non cadres [ayant fait l'objet d'une telle opposition], qui avait modifié les heures d'accès à l'entreprise, les plages de présence obligatoires et le nombre de jours d'autorisation d'absence, ne pouvant être maintenu en vigueur par l'employeur pour cette catégorie de salariés, la différence de traitement par rapport aux cadres, qui bénéficiaient des mêmes dispositions par un accord distinct, se trouvait justifiée par un élément objectif et pertinent.

Ont été conclus au sein d'une société, deux accords relatifs à l'aménagement du temps de travail, l'un, applicable aux « cadres positionnés » du 15 octobre 1999, l'autre, concernant les salariés non-cadres du 8 février 2000 ; à la suite de négociations entre la direction de la société et les organisations syndicales, un avenant applicable aux cadres et un avenant applicable aux non-cadres ont été signés le 20 juin 2011. Un syndicat a alors exercé son droit d'opposition à l'avenant à l'accord du 8 février 2000 concernant les salariés non-cadres et sollicité l'ouverture de nouvelles négociations. Suite au refus opposé par la direction, ce syndicat a saisi la juridiction civile le 8 novembre 2012 afin qu'il soit enjoint à la société de faire application aux personnels non-cadres des stipulations de l'avenant à l'accord d'entreprise portant sur l'aménagement du temps de travail au bénéfice des cadres du 20 juin 2011 concernant les heures d'accès à l'entreprise et les plages de présence obligatoires, ainsi que le nombre de jours d'autorisation d'absence.

C'est à tort que, pour faire droit à cette demande, une cour d'appel a retenu que le fait pour une organisation syndicale de s'être opposée aux effets d'un accord d'entreprise signé ne pouvait priver celle-ci du droit de soumettre ensuite au juge la situation résultant de la coexistence, dans l'entreprise, des effets de cette opposition, qui, par nature, met à néant la totalité de l'accord, et d'un autre accord, réservé aux cadres, en vigueur, dont le syndicat soutenait qu'il contient des dispositions constitutives d'une inégalité de traitement envers les salariés non cadres, que la société ne pouvait sérieusement prétendre que le syndicat aurait épuisé, avec son opposition, sa capacité à contester la situation née dans l'entreprise de cette opposition ; qu'en effet la procédure engagée par le syndicat n'avait pas pour objet de remettre en cause l'accord du 20 juin 2011 réservé aux cadres, ni de modifier son champ d'application en l'étendant aux salariés non cadres puisque les demandes tendaient à voir constater que, depuis l'entrée en vigueur de l'accord conçu pour les cadres, les salariés non cadres subissaient une inégalité de traitement, et qu'ainsi, les demandes formées par le syndicat au titre de l'inégalité de traitement ne heurtaient pas, a priori, le principe de globalité de l'accord collectif. La cour a également retenu que la société ne pouvait sérieusement prétendre que le droit d'opposition prévu par la loi étant à l'origine de la situation d'inégalité alléguée, l'inégalité litigieuse résulterait de la loi, alors que celle-ci n'a prévu que le droit d'opposition en lui-même, sans régir les éventuelles inégalités subséquentes, que dans l'hypothèse où l'accord réservé aux cadres eût été conclu en l'absence de tout accord négocié pour les non cadres, l'inégalité de traitement résultant des dispositions de cet accord, si elle avait été caractérisée, eût pu être dénoncée, au même titre que le faisait le syndicat ; que le caractère conventionnel de ces dispositions ne faisait pas davantage obstacle à cette prétention dès lors qu'il n'était pas démontré, ni même allégué que les dispositions litigieuses seraient, au cas d'espèce, l'indissociable contrepartie de certaines autres dispositions de l'accord des cadres, étant d'ailleurs observé que l'intransigeance du principe d'égalité de traitement, lié à son caractère d'ordre public, ne saurait s'accommoder de semblables considérations ; qu'enfin, la démarche du syndicat ne revêtait pas de caractère frauduleux alors que l'accord frappé d'opposition comportait, comme celui des cadres, les dispositions en litige et qu'ainsi la procédure ne tendait pas à obtenir le bénéfice d'avantages qui auraient été refusés par la voie de la négociation, qu'au fond, les mesures revendiquées par le syndicat et retenues par l'accord « cadres » du 20 juin 2011 tendaient à faciliter les transports des salariés pour rejoindre le site de la société dont l'accès était rendu difficile en raison d'importants travaux sur la zone de Vélizy, et qu'il n'existait ainsi aucune justification d'ordre professionnel à cette différence de traitement entre les deux catégories de personnel.

Cass. soc. 30 mai 2018, n° 16-16.484, à paraître.

Ratification par les salariés

En cas d'absence de quorum au premier tour d'élections professionnelles s'étant tenues antérieurement au 21 août 2008, la validité d'un accord n'est subordonnée à l'approbation des salariés que lorsque le scrutin n'a pas donné lieu à dépouillement.

Il résulte de l'article 12, II de la loi 2008-789 du 20 août 2008 tel qu'issu de la loi 2009-526 du 12 mai 2009 qu'en cas d'absence de quorum au premier tour des élections professionnelles en entreprise antérieurement au 21 août 2008, la validité des accords collectifs d'entreprise ou d'établissement n'est subordonnée à l'approbation des salariés que lorsque le scrutin n'a pas donné lieu à dépouillement.

Une société divisée en deux établissements distincts, un établissement situé à Malakoff et un établissement situé à Cergy-Pontoise, a organisé les 13 et 19 décembre 2006 les élections professionnelles au sein de ces établissements ; le quorum n'a pas été atteint au sein de l'établissement de Malakoff ; l'employeur a conclu le 21 mars 2007 avec des syndicats un avenant à l'accord d'entreprise du 24 novembre 2005 et à son avenant du 13 juin 2006 relatif au temps de travail des ingénieurs et cadres ; contestant la validité de cet avenant au motif qu'il aurait dû être soumis à l'approbation de la majorité des salariés, un syndicat, non signataire de l'accord et de ses avenants, a saisi la juridiction prud'homale d'une demande en annulation.

Pour déclarer non écrit l'avenant de révision de l'accord collectif du 21 mars 2007 relatif au temps de travail, une cour d'appel a énoncé qu'à défaut de quorum au premier tour des élections professionnelles, la loi n'impose pas de dépouillement, et que dans de telles circonstances, face à l'impossibilité de justifier d'un caractère majoritaire, nécessaire à la légitimité d'une opposition, à l'encontre d'un accord engageant une communauté de travailleurs, il convient de juger qu'un défaut de quorum doit être assimilé à une carence, au sens de l'article L. 2232-14 CT de sorte que la validité de l'accord signé par le délégué syndical, de l'entreprise ou de l'établissement, doit être subordonnée à l'approbation de la majorité des salariés.

En statuant ainsi, alors qu'il n'y avait pas eu carence au premier tour des élections organisées au sein de l'établissement de Malakoff le 19 décembre 2006 et qu'il lui appartenait de rechercher si le scrutin avait donné lieu à dépouillement et, dans l'affirmative, si l'avenant signé le 21 mars 2007 remplissait les conditions de validité au regard des suffrages obtenus par les syndicats signataires, la cour d'appel a privé sa décision de base légale.

Cass. soc. 16 novembre 2011, n° 09-68.427, BC V n° 269.

L'employeur ne peut, en organisant un vote électronique, déroger aux dispositions légales qui imposent un scrutin secret sous enveloppe.

C'est à tort que, pour dire régulière une consultation de salariés sur un accord d'entreprise qui s'est effectuée par vote électronique, un tribunal a retenu que les modalités de cette consultation, lorsqu'elle est légalement prévue, résulte des dispositions des articles D. 2232-2 et D. 2232-6 CT qui ne prévoient aucune sanction en cas de procédure non conforme, que les opérations de consultation par référendum doivent respecter les règles jurisprudentielles, résultant des principes généraux du droit, permettant d'assurer la sincérité et le secret du vote, et que cette modalité avait été explicitement autorisée par la loi du 21 juin 2004 pour la confiance dans l'économie numérique en ce qui concerne l'élection des délégués du personnel et des membres du comité d'entreprise.

En effet, s'il appartient à l'employeur de déterminer les modalités d'organisation du vote, après consultation des organisations syndicales, il ne peut, en organisant un vote électronique, déroger aux dispositions de l'article D. 2232-2, 1° CT qui imposent un scrutin secret et sous enveloppe.

Cass. soc. 27 janvier 2010, n° 09-60.240, 1re branche du moyen unique du pourvoi principal, BC V n° 25.

Accord sur la réduction du temps de travail

S'agissant d'un accord relatif à la réduction du temps de travail, c'est à bon droit qu'après avoir relevé que l'accord, non signé par des organisations majoritaires, renvoyait à un référendum pour que l'entreprise puisse bénéficier de l'allégement des charges sociales, un tribunal d'instance a décidé que cette mention constituait la demande de consultation du personnel visée à l'article 19 V, al. 2 de la loi du 19 janvier 2000.

Cass. soc. 7 mai 2002, n° 00-60.432, 2e moyen, BC V n° 156.

S'agissant d'un accord relatif à la réduction du temps de travail, c'est à bon droit qu'un tribunal d'instance a énoncé que le fait qu'il ait été signé par trois organisations représentatives dans l'entreprise excluait l'établissement d'un procès-verbal de désaccord dans les termes de l'article 2-3 du décret du 9 février 2000 ; en effet, ce dernier ne prévoit la rédaction d'un tel procès-verbal que lorsque aucun accord sur les modalités d'organisation et de déroulement du vote n'a pu être conclu avec une ou plusieurs organisations syndicales représentatives.

Cass. soc. 7 mai 2002, n° 00-60.432, précité.

Une société a conclu le 31 janvier 2000 avec plusieurs organisations syndicales représentatives dans l'entreprise un accord collectif de travail pour l'aménagement et la réduction du temps de travail. Faisant valoir que l'employeur aurait dû consulter le comité d'entreprise préalablement à la mise en place de l'accord, ce dernier a saisi la juridiction des référés pour obtenir que soit suspendu l'accord de réduction du temps de travail.

C'est à tort qu'une cour d'appel a fait droit à sa demande, alors que le défaut de consultation d'un comité d'entreprise préalablement à la conclusion d'un accord collectif portant sur l'une des questions soumises à l'avis de ce comité, qui peut être sanctionné selon les règles régissant le fonctionnement des comités d'entreprise, n'a pas pour effet d'entraîner la nullité d'un accord collectif d'entreprise conclu au mépris de ces dispositions et dont la validité et la force obligatoire demeurent soumises aux règles qui lui sont propres.

Cass. soc. 19 mars 2003, n° 01-12.094, 2e moyen, BC V n° 105.

☞ *Accord atypique.*

Convention collective (Dénonciation)

La convention collective à durée indéterminée peut être dénoncée par les parties signataires. En l'absence de stipulation expresse, un délai de préavis de trois mois doit être respecté.

Le régime de la dénonciation, qui résulte des articles L. 2261-9 et s. CT, a été aménagé par la loi 2008-789 du 20 août 2008, la loi 2016-1088 du 8 août 2016 et l'ordonnance 2017-1385 du 22 septembre 2017.

Les arrêts rapportés ci-dessous ont été rendus sous l'empire de la législation antérieure.

Modalités de la dénonciation

La dénonciation de la convention collective doit être totale et non partielle.

Si la dénonciation opérée par les parties est une dénonciation partielle, celle-ci est nulle. Un acte de dénonciation n'ayant pas mentionné l'annexe relative à la retraite, les accords sur le financement de la formation en alternance ni ceux visant les objectifs et moyens de la formation professionnelle, la dénonciation était nulle.

Cass. soc. 16 mars 1995, n° 93-13.371, BC V n° 92.

Une société a dénoncé par lettre du 2 mai 1997 un accord d'établissement signé le 8 janvier 1993. Des salariés ont saisi la juridiction prud'homale afin de voir notamment juger cette dénonciation irrégulière.

Ayant constaté que la lettre du 2 mai 1997 énonçait que « les articles de l'avenant liés à l'accord du 16 juillet 1982 sur l'aménagement du temps de travail sont concernés par la dénonciation de cet accord et ne feront pas l'objet de discussions dans la mesure où il y a retour à l'horaire hebdomadaire de 39 heures. Tous les autres articles de l'avenant seront renégociés sur la base de la législation du travail et de la convention collective nationale du caoutchouc, excepté les articles suivants inchangés : article 1 des clauses communes, titre I ; article 3, article 8, article 10 ; article 19 (sous réserve des précisions à apporter quant à la définition des ressources garanties) ; article 2 titre II ; article 4 titre IV. 3 », une cour d'appel a pu décider que cette dénonciation qui était partielle et n'était accompagnée d'aucun projet de substitution conformément à l'article 3 du dit avenant, n'était pas régulière et était en conséquence inopposable aux salariés.

Cass. soc. 12 octobre 2005, n° 04-43.355, BC V n° 289.

Elle doit être notifiée aux parties signataires et les formalités de dépôt doivent être respectées.

En vertu de l'article L. 132-8 CT, la dénonciation d'une convention ou d'un accord collectif de travail est notifiée par son auteur aux autres signataires de la convention ou de l'accord, et doit donner lieu à dépôt, conformément à l'article L. 132-10 CT.

Ayant relevé que la dénonciation d'un accord n'avait pas été régulièrement notifiée et n'avait pas donné lieu à dépôt, une cour d'appel a pu écarter la dénonciation alléguée par une organisation syndicale de l'accord conclu avec la société.

Cass. soc. 10 février 1999, n° 97-13.015, BC V n° 63.

La dénonciation n'a pas à être signifiée individuellement aux salariés.

La dénonciation d'une convention ou d'un accord collectif n'a pas, en principe, à être notifiée aux salariés ; toutefois, si la convention ou l'accord dénoncé n'a pas été remplacé par une nouvelle convention ou un nouvel accord dans les délais précisés au troisième alinéa de l'article L. 132-8 CT, les salariés des entreprises concernées conservent les avantages individuels qu'ils ont acquis, en application de la convention ou de l'accord, à l'expiration de ces délais.

Une société avait dénoncé aux organisations syndicales qui en étaient les signataires un accord collectif prévoyant une majoration de 25 % pour les heures de travail de nuit. Faisant valoir que cette modification n'avait pas été portée à leur connaissance et qu'ils n'avaient perçu qu'une majoration de 15 % pour les heures de nuit, des salariés avaient saisi la juridiction prud'homale pour obtenir paiement de la majoration de 25 %.

C'est à tort que, pour condamner la société à verser les sommes réclamées aux salariés, un conseil de prud'hommes s'est borné à énoncer que, si l'accord d'entreprise avait bien été dénoncé dans le délai légal, cette dénonciation n'avait pas été signifiée individuellement aux salariés, sans rechercher si un accord de substitution était intervenu et, dans la négative, si les salariés concernés ne devaient pas conserver au titre des avantages individuels acquis le bénéfice de la majoration litigieuse.

Cass. soc. 15 juillet 1998, n° 96-41.474.

L'employeur n'a pas à justifier la dénonciation.

Sauf clause contraire de la convention ou de l'accord collectif, l'employeur n'a pas à justifier sa décision de le dénoncer.

Cass. soc. 20 octobre 1993, n° 89-18.949, 1er moyen, BC V n° 243.

Le comité d'entreprise doit être consulté sur la dénonciation par le chef d'entreprise d'un accord d'entreprise qui intéresse l'organisation, la gestion ou la marche de l'entreprise.

Le comité d'entreprise doit être consulté sur la dénonciation par le chef d'entreprise d'un accord d'entreprise qui intéresse l'organisation, la gestion ou la marche de l'entreprise ; à défaut, la dénonciation demeure sans effet jusqu'à l'accomplissement de cette formalité.

Après avoir constaté que des accords d'entreprise relatifs à la réduction et à l'aménagement du temps de travail avaient été dénoncés par deux sociétés sans consultation du comité d'entreprise de l'unité économique et sociale qu'elles formaient, celui-ci ayant seulement été consulté sur le projet de note de service portant sur l'instauration de nouvelles mesures d'aménagement du temps de travail, une cour d'appel, qui en a exactement déduit que ces dénonciations étaient demeurées sans effet et que les accords étaient de ce fait restés en vigueur, a pu juger que la décision unilatérale des chefs d'entreprise d'appliquer ces nouvelles mesures constituait un trouble manifestement illicite auquel il devait être mis fin.

Cass. soc. 5 mars 2008, n° 07-40.273, BC V n° 49.

Effets de la dénonciation

Lorsque la dénonciation émane de la totalité des signataires employeurs ou des signataires salariés, la convention ou l'accord continue de produire effet jusqu'à l'entrée en vigueur de la convention ou de l'accord qui lui est substitué ou, à défaut, pendant une durée d'un an à compter de l'expiration du délai de préavis, sauf clause prévoyant une durée déterminée supérieure.

Un salarié a été licencié le 23 février 2011 pour faute grave.

Pour dire le licenciement sans cause réelle et sérieuse et condamner l'employeur à payer au salarié diverses sommes au titre de la rupture, une cour d'appel a retenu que si le licenciement avait été initié, mené et conclu postérieurement au 1er janvier 2011, date d'application choisie par les signataires de l'accord collectif intervenu le 9 décembre 2010, à effet au 1er janvier 2011, accord dit de substitution au sens des dispositions de l'article L. 2261-10 CT, un accord de substitution à un accord collectif dénoncé ne pouvait entrer en vigueur et remplacer l'accord dénoncé avant l'expiration du préavis de dénonciation, que conformément aux prévisions du précédent accord collectif et de l'article L. 2261-9 CT, le préavis de dénonciation était de trois mois et qu'ainsi, malgré la volonté des signataires de l'accord du 9 décembre 2010 de fixer au 1er janvier 2011 l'entrée en vigueur du nouveau texte, le salarié était fondé à solliciter le bénéfice de l'application de la convention collective dénoncée pour son licenciement du 23 février 2011 intervenu avant l'expiration du délai de préavis, et que le licenciement avait donc été opéré sans que l'employeur ne respecte la procédure spéciale de licenciement disciplinaire prévue par l'article 812-1 de cette convention, instituant une garantie de fond.

En statuant ainsi, alors que, malgré l'emploi de formulations inadaptées indiquant que « la dénonciation ne correspond pas à la volonté des parties à la négociation, c'est la voie de la signature d'un accord de substitution pour aboutir avant le 1er janvier 2011 qui est choisie », les signataires de l'accord collectif conclu le 9 décembre 2010, à effet au 1er janvier 2011, accord de substitution au sens des dispositions de l'article L. 2261-10 CT comme se substituant au texte antérieur de la convention collective, ont choisi, sans aucune ambiguïté et de manière expresse, de faire application des dispositions des articles L. 2261-9 et L. 2261-10 CT, ce dont il résultait qu'en application de ces textes, la convention collective dans sa version antérieure avait cessé d'être applicable à la date de l'entrée en vigueur de l'accord de substitution du 9 décembre 2010, la cour d'appel a violé les articles L. 2261-10, dans sa rédaction alors applicable, et L. 2261-9 CT.

Cass. soc. 6 juin 2018, n° 16-22.361, à paraître.

Toutes les organisations syndicales représentatives doivent être invitées à négocier l'accord de substitution.

Selon l'article L. 132-8, al. 5 CT, lorsqu'une convention ou un accord a été dénoncé par la totalité des signataires employeurs ou salariés, une nouvelle négociation doit s'engager à la demande d'une des parties intéressées dans les trois mois qui suivent la date de la dénonciation. Il en résulte que, même si des discussions en vue du remplacement par un nouvel accord peuvent être engagées avant toute dénonciation de cet accord, la nouvelle négociation qui doit s'engager en vue de la signature d'un accord de substitution ne peut avoir lieu qu'après la dénonciation. En outre, en application des articles L. 132-2 et L. 132-19 CT, toutes les organisations syndicales représentatives doivent être invitées à cette nouvelle négociation.

C'est donc à tort qu'une cour d'appel a débouté deux syndicats de leur demande tendant à voir prononcer la nullité d'un accord passé entre une société et deux autres syndicats, alors qu'il résultait de ses constatations que cet accord avait été conclu sans que l'ensemble des organisations syndicales représentatives de salariés aient été invitées à la nouvelle négociation qui s'était engagée après la dénonciation de l'accord précédent.

Cass. soc. 9 février 2000, n° 97-22.619, BC V n° 59.

En présence d'un accord de substitution, les salariés ne peuvent, à défaut de clause contraire plus avantageuse, se prévaloir des droits acquis sous l'empire des dispositions antérieures.

Des salariés n'étaient donc pas fondés à demander le paiement de salaires et accessoires de salaires en tant que droits acquis, dès lors qu'un protocole d'accord avait été signé suite à la dénonciation de l'accord collectif.

Cass. soc. 30 novembre 1994, n° 91-43.509, BC V n° 319.

Si les négociations engagées à la suite de la dénonciation d'un accord n'aboutissent pas, les salariés conservent, à l'expiration du délai d'un an, les avantages individuels qu'ils ont acquis (art. L. 2261-13 ancien CT).

Une partie du personnel d'un hôtel était rémunérée au pourboire, en exécution d'un accord collectif d'entreprise. Une nouvelle société avait repris cet établissement et avait dénoncé l'accord, mais les négociations engagées après cette dénonciation n'avaient pas abouti à la signature d'un accord de substitution. L'accord dénoncé avait donc cessé de s'appliquer et l'employeur avait fixé unilatéralement les conditions de rémunération en payant les salariés au SMIC. À la suite de leur refus, ces derniers avaient été licenciés.

Doit être approuvé l'arrêt ayant décidé que les salariés de l'hôtel auraient dû percevoir, postérieurement à la date à laquelle l'accord collectif dénoncé avait cessé d'être applicable, un salaire mensuel égal à la moyenne des salaires qu'ils avaient reçus au cours des douze derniers mois. En effet, si, du fait de la dénonciation de l'accord d'entreprise, l'employeur pouvait rémunérer les salariés au fixe, la cour d'appel a exactement décidé que les salariés avaient droit, au titre des avantages individuels acquis, au maintien du niveau de leur rémunération au jour où l'accord collectif avait cessé de s'appliquer.

Cass. soc. 26 novembre 1996, n° 93-44.811, 1er moyen, BC V n° 406.

À défaut de conclusion d'un accord de substitution, les salariés ont droit au maintien des avantages individuels acquis. Si l'employeur souhaite modifier ou supprimer ces avantages, il doit respecter le régime de la modification [substantielle] du contrat de travail, ces avantages faisant l'objet d'une intégration au contrat de travail des salariés concernés.

Cass. soc. 6 novembre 1991, n° 87-44.507, BC V n° 479.

Une société avait conclu en 1988-1989 divers accords avec les organisations syndicales représentatives dans l'entreprise prévoyant, notamment, le paiement d'une prime de vacances et d'une prime de treizième mois, ainsi que les conditions de revalorisation des salaires. À la suite de difficultés économiques, la société a dénoncé ces accords, en 1993, et réduit de 8 % le montant des salaires, le tout avec effet immédiat. Saisi par un certain nombre de salariés, le conseil de prud'hommes a, par décision du 17 décembre 1993, condamné la société à rétablir les avantages résultant des accords dénoncés, ainsi que le montant des salaires. Le 23 décembre 1993, la société a conclu avec l'un des syndicats représentatifs dans l'entreprise un premier accord par lequel les parties signataires déclaraient accepter la dénonciation des précédents accords et de la baisse de salaire, un deuxième accord permettant d'étaler dans le temps l'exécution du jugement du 17 décembre 1993 et un troisième accord sur le paiement d'une prime annuelle. Parallèlement aux accords et pour leur exécution, des transactions ont été conclues avec la plupart des salariés. La société J ayant été déclarée en redressement judiciaire en 1995, le tribunal de commerce a arrêté le 27 décembre 1995 un plan de cession au profit de la société JN, en application duquel la plupart des salariés étaient repris par cette société. Dans l'intervalle, 5 salariés, qui n'avaient pas accepté la transaction proposée en décembre 1993, ont saisi la juridiction prud'homale d'une demande dirigée contre la société J et les organes de la procédure collective tendant à obtenir le paiement de sommes correspondant aux primes de vacances et de 13e mois résultant des accords antérieurs à ceux du 23 décembre 1993, ainsi qu'au rétablissement de leurs salaires sur la base de juin 1993.

Doivent être rejetés les pourvois de la société et des organes de la procédure collective, reprochant à la cour d'appel d'avoir dénié à l'avenant du 23 décembre 1993 le caractère d'accord de révision. Le premier accord, dit avenant du 23 décembre 1993, ne constitue pas un accord de révision au sens de l'article L. 132-7 CT, un tel accord ne pouvant concerner un accord collectif dénoncé. Il ne constitue pas, non plus, un accord de substitution au sens de l'article L. 132-8 CT puisque son objet n'est pas de remplacer, en tout ou partie, l'accord dénoncé, mais de faire obstacle aux effets de la chose jugée par le jugement du 17 décembre 1993.

La cour d'appel a exactement jugé que cet accord collectif ne pouvait valablement priver les salariés, qui avaient refusé de signer une transaction, de profiter des dispositions résultant des accords dénoncés en 1993 pendant la période de survie de ceux-ci et, au-delà, au titre des avantages individuels acquis.

Cass. soc. 12 juin 2001, n° 98-42.567, BC V n° 217.

L'annulation d'un accord conclu en vue de remplacer un accord dénoncé équivaut à une absence d'accord de substitution ; lorsque la convention ou l'accord dénoncé n'a pas été remplacé par une nouvelle convention ou un nouvel accord dans les délais prévus à l'article L. 2261-10 ancien CT, les salariés des entreprises concernés conservent les avantages individuels qu'ils ont acquis, en application de la convention ou de l'accord.

Une société a dénoncé le 19 janvier 1993 un accord du 22 juin 1947 portant statut du personnel et prévoyant que les salariés bénéficieraient d'avantages particuliers consistant notamment en un sursalaire familial, une indemnité d'échelon d'ancienneté et une indemnité de congé parental ; elle a conclu le 20 janvier 1993 un accord de substitution qui a été déclaré nul par la juridiction sociale. À la suite de cette décision, la société a conclu le 7 mars 2000 un accord dit de sauvegarde et le 22 juin 2000 un accord définitif reprenant pour l'essentiel les dispositions de l'accord annulé. Des salariés, invoquant la nullité de l'accord de substitution du 20 janvier 1993, ont demandé le paiement de sommes correspondant aux avantages précités résultant de l'accord de 1947 dont ils avaient été privés à la suite de la substitution.

C'est à tort que, pour débouter les intéressés de leurs prétentions, une cour d'appel a retenu que la nullité de l'accord du 20 janvier 1993, qui portait un statut des salariés formant un tout indivisible dont l'application avait produit des conséquences irréversibles, n'avait d'effet que pour l'avenir et qu'après son annulation, de nouveaux accords avaient été conclus.

En effet, aucun nouvel accord n'avait été valablement conclu, dans ces délais, en remplacement de l'accord dénoncé.

Cass. soc. 9 novembre 2005, n° 03-43.290, BC V n° 320 (arrêt n° 1). Voir aussi cass. soc. 9 novembre 2005 n° 03-45.774, BC V n° 320 (arrêt n° 2).

Un employeur ne peut se voir opposer les dispositions de la convention collective dénoncée au-delà du délai de survie de l'accord.

Une entreprise a dénoncé le 1er février 1998 la convention collective qu'elle appliquait et les salariés ont demandé le maintien des avantages qu'ils tenaient de ladite convention. Un premier jugement prud'homal a décidé qu'ils devaient continuer à bénéficier des conditions plus favorables de la convention jusqu'aux prochaines négociations devant se tenir dans les délais légaux. Ils ont saisi à nouveau la juridiction prud'homale pour avoir paiement, au titre des années 1999 et 2000, d'une revalorisation par application de la convention collective dénoncée de leur rémunération et de primes.

C'est à tort que, pour faire droit aux demandes des intéressés, un conseil de prud'hommes a retenu que le premier jugement devait recevoir sa stricte application, et que la convention collective devait être appliquée pour les années 1999 et 2000, en l'absence de négociation de substitution pour ces deux années.

En effet, il résulte de l'article L. 132-8, al. 6 CT que, lorsque la convention ou l'accord qui a été dénoncé n'a pas été remplacé dans les délais précisés à l'alinéa 3 du même texte, les salariés des entreprises concernées conservent les avantages individuels qu'ils ont acquis en application de la convention ou de l'accord à l'expiration de ces délais ; il en résulte qu'en l'absence de conclusion d'un accord de substitution, le bénéfice de la convention collective antérieure au-delà d'un délai d'un an est inopposable à l'employeur.

Cass. soc. 12 octobre 2005, n° 03-40.294, BC V n° 290. Voir aussi cass. soc. 17 avril 2008, n° 07-41.465, 1er moyen du pourvoi incident, BC V n° 96.

Application volontaire d'une convention collective

En cas d'application volontaire d'une convention collective, les règles des articles L. 2261-9 et s. CT n'ont pas à être respectées.

L'employeur qui applique volontairement une convention collective peut y mettre fin en prévenant individuellement les salariés et les institutions représentatives du personnel dans un délai permettant d'éventuelles négociations. Sa dénonciation ne s'apparente pas à celle des conventions collectives.

Cass. soc. 10 mai 1994, n° 91-42.293. Voir aussi cass. soc. 22 octobre 1996, n° 93-43.845, 1er et 2e moyens réunis, BC V n° 343, cité dans « Convention collective (Applicabilité) ».

Les articles L. 2261-9 et 14 ancien CT relatifs à la dénonciation d'une convention collective et à sa mise en cause pour modification de la situation juridique de l'employeur ne sont pas applicables à la dénonciation d'un engagement unilatéral par lequel l'employeur fait une application volontaire d'une convention collective.

Cass. soc. 11 février 2009, n° 07-17.863.

☛ *Avantages acquis ; Convention collective (Élargissement) ; Convention collective (Mise en cause) ; Usage.*

Convention collective (Élargissement)

Cette opération consiste à rendre obligatoire une convention collective de branche au-delà de son champ d'application professionnel et géographique (art. L. 2261-17 CT).

Préalablement à son élargissement, la convention collective doit avoir été étendue.

À noter que certaines dispositions relatives à l'élargissement ont été modifiées par l'ordonnance 2017-1388 du 22 septembre 2017.

La procédure d'élargissement est soumise à certaines conditions

La légalité de l'élargissement d'une convention collective étendue est subordonnée à la constatation, pour les branches d'activités considérées, de l'absence ou de la carence des organisations de salariés ou d'employeurs.

Doit être annulé l'arrêté portant élargissement de l'accord national interprofessionnel des VRP à la branche des grossistes en confiserie, biscuiterie, chocolaterie et alimentation fine, dans la mesure où la situation des voyageurs, représentants et placiers dans cette branche était prise en compte par une convention collective qui leur était applicable au moins en partie. Même si les stipulations de cet accord pouvaient être moins favorables que celles de l'accord national interprofessionnel des VRP, la condition de carence ou d'absence posée par le législateur ne pouvait être regardée comme remplie.

CE 17 janvier 1986, n° 55693, Rec. Lebon p. 9.

Le ministre chargé du travail n'est pas tenu d'énumérer les branches d'activité pour lesquelles il entend rendre obligatoires les stipulations d'un accord interprofessionnel étendu, dès lors que la condition d'absence ou de carence des organisations d'employeurs ou de salariés se trouve remplie pour chacune des branches d'activité à laquelle est élargie l'application de l'accord.

CE 17 janvier 1986, n° 55509, Rec. Lebon p. 11.

La procédure d'élargissement n'est valable que si l'arrêté d'élargissement a été précédé de la publication au Journal officiel d'un avis invitant les organisations et les personnes intéressées à faire connaître leurs observations. L'arrêté pris par le ministre doit également être publié au Journal officiel.

L'avis publié au Journal officiel doit mentionner avec précision les dispositions de l'accord que le ministre entend élargir. En l'espèce, l'avis mentionnait seulement que le ministre envisageait d'étendre et d'élargir les dispositions de l'accord, l'arrêté d'élargissement faisant état de certaines restrictions. L'Union nationale des professions libérales était donc recevable à agir en annulation de l'arrêté, l'avis publié au Journal officiel ne correspondant pas à l'arrêté d'élargissement.

CE 30 novembre 1992, n° 85480.

En cas d'illégalité, l'arrêté portant élargissement de la convention est annulé

Doit être cassé l'arrêt qui, pour condamner un employeur à verser à un salarié la contrepartie pécuniaire de l'interdiction de concurrence et l'indemnité spéciale de licenciement prévue par l'accord national interprofessionnel des VRP, énonce que si l'arrêté portant élargissement de l'accord a fait l'objet d'une annulation, il a toutefois produit des effets entre les parties pendant un certain temps, alors qu'en cas d'annulation, l'arrêté d'élargissement est réputé n'avoir jamais existé.

Cass. soc. 7 mai 1991, n° 88-44.691, BC V n° 227.
Voir aussi cass. soc. 19 janvier 1994, n° 90-45.323.

☛ *Convention collective (Extension).*

Convention collective (Extension)

La procédure d'extension a pour objet de rendre obligatoire une convention ou un accord collectif de branche à tous les salariés et employeurs compris dans son champ d'application géographique et professionnel (art. L. 2261-15 et s. CT).

Pour pouvoir être étendue, la convention doit répondre à certaines conditions tenant notamment à sa négociation, à sa conclusion, à l'absence d'opposition et à son contenu.

Le ministre du Travail dispose d'un pouvoir souverain pour autoriser l'extension de la convention, qui peut être partielle ou totale. La procédure légale d'extension doit être respectée.

Les dispositions relatives à l'extension des conventions collectives ont été aménagées par la loi 2014-288 du 5 mars 2014, la loi 2016-1088 du 8 août 2016 et l'ordonnance 2017-1388 du 22 septembre 2017.

Les arrêts rapportés ci-dessous ont été rendus sous l'empire de la législation antérieure.

L'extension doit être distinguée de l'élargissement

La procédure d'extension d'une convention collective n'a pas pour effet de rendre la convention obligatoire au-delà de son champ d'application territorial.

Un arrêté d'extension se borne à rendre les dispositions d'une annexe à une convention collective obligatoire pour tous les employeurs et salariés relevant de cette convention, sans modifier son champ d'application territorial. Ce champ ne comprenant pas le département de l'Isère, une cour d'appel ne pouvait décider que, suite à son extension, l'annexe de la convention était applicable à ce département.

Cass. soc. 29 juin 1994, n° 90-45.768, BC V n° 218.

La procédure d'extension est soumise à certaines conditions de validité

Les étapes essentielles de la négociation des accords doivent se dérouler en présence de toutes les organisations syndicales représentatives dans leur champ d'application.

Aux termes de l'article L. 2261-19 CT : « Pour pouvoir être étendus, la convention de branche ou l'accord professionnel ou interprofessionnel, leurs avenants ou annexes, doivent avoir été négociés et conclus en commission paritaire. / Cette commission est composée de représentants des organisations syndicales d'employeurs et de salariés représentatives dans le champ d'application considéré » ; si ces dispositions ne font pas obstacle à ce que soient conduites des consultations entre les participants aux négociations, elles soumettent en revanche la légalité de l'extension des accords à la condition que les étapes essentielles de la négociation de ceux-ci se soient déroulées en présence de toutes les organisations syndicales représentatives dans leur champ d'application.

CE 4 juillet 2012, n° 337698, Rec. Lebon p. 271.

Ainsi, pour pouvoir être étendus, les conventions, accords et avenants doivent avoir été négociés et conclus en commission composée des représentants des organisations syndicales d'employeurs et de salariés, représentatives dans le champ d'application considéré.

La signature d'un accord sur la durée du travail et les congés payés en l'absence de réunion de la commission ne peut faire l'objet d'une extension, dès lors que, si la commission avait été constituée une première fois pour la négociation d'un accord portant sur l'aménagement de la durée du travail, cette réunion n'avait pas abouti, et que les organisations représentant les employeurs avaient présenté, suite à cet échec, un nouveau projet d'accord aux organisations des salariés sans que la commission ne soit réunie pour examiner ce nouvel accord.

CE 26 octobre 1988, n° 64675.

Si l'article R. 136-9 CT ne prévoit qu'un seul représentant par organisation syndicale, le fait que la délégation de la CGT-FO à la sous-commission des conventions et accords ait été composée de deux personnes est resté sans effet sur la régularité de l'avis émis, dès lors qu'il ne ressort pas des pièces du dossier que la seconde de ces personnes ait participé aux débats et pris part au vote. De même, la présence de plusieurs fonctionnaires du ministère du Travail et du ministère des Transports, en sus du directeur des relations du travail qui présidait la séance, n'était pas irrégulière, eu égard aux dispositions de l'article R. 136-8 CT qui prévoient que la commission nationale de la négociation collective peut s'adjoindre à titre consultatif des représentants des départements ministériels concernés, ces dispositions étant applicables également à la sous-commission des conventions et accords.

CE 19 mars 1997, n° 146619.

Les organisations syndicales d'employeurs doivent rapporter la preuve de leur représentativité dans le champ d'application considéré.

Si, en vertu de l'article L. 132-2 CT, les organisations syndicales de salariés reconnues représentatives au plan national, conformément à l'article L. 133-2 du même code, ainsi que celles qui sont affiliées à de telles organisations, doivent être regardées comme représentatives, il ne résulte ni de ces dispositions ni d'aucun autre texte applicable à l'extension des conventions ou accords collectifs de travail que, pour l'application des dispositions de l'article L. 133-1 CT selon lesquelles ces conventions et accords doivent, pour pouvoir être étendus, avoir été négociés et conclus en commission composée des représentants des organisations syndicales d'employeurs et de salariés représentatives dans le champ d'application considéré, les organisations syndicales d'employeurs seraient dispensées de faire la preuve de leur représentativité dans le champ d'application de la convention ou de l'accord dont l'extension est en cause.

CE 30 juin 2003, n° 248347.

Il appartient au ministre du travail d'apprécier, suivant la procédure définie à l'article L. 2121-2 CT et dans le respect des critères définis par la loi, la représentativité d'une organisation syndicale d'employeurs ou de salariés, non seulement lorsqu'en application de l'article L. 2261-20 CT, il détermine la composition d'une commission mixte dont il provoque la réunion ou lorsqu'il envisage de procéder à l'extension d'une convention signée, mais également dans l'hypothèse où est contestée, dans le cadre d'une négociation engagée sur le fondement de l'article L. 2261-19 ancien CT, la représentativité d'une organisation syndicale au regard du champ d'application de la convention collective susceptible d'être étendue ou de celui d'un avenant ou d'une annexe à une telle convention.

CE 30 mars 2016, n° 384903.

Les conventions et accords venant modifier ou compléter des accords précédemment étendus ne peuvent être étendus que s'ils ont été négociés et signés par des organisations syndicales d'employeurs et de salariés représentatives au niveau du champ d'application des accords considérés, sauf lorsque ce champ recouvre plusieurs branches d'activités distinctes.

Les accords modifiant ou complétant des conventions précédemment étendues ainsi que leurs avenants ou annexes ne peuvent légalement faire l'objet d'un arrêté d'extension que s'ils ont été négociés et signés par les organisations syndicales d'employeurs et de salariés représentatives ou, sous réserve du respect de la procédure prévue par l'article L. 2261-27 CT, par certaines d'entre elles. Cette représentativité doit être appréciée par le ministre chargé du travail au niveau du champ d'application des accords considérés, sauf lorsque ce champ recouvre plusieurs branches d'activités distinctes.

CE 14 mai 2014, n° 359877. Voir aussi CE 3 avril 1998, n° 177962, Rec. Lebon p. 127.

L'avis d'extension publié au Journal officiel, invitant les organisations et personnes intéressées à faire connaître leurs observations, n'a pas à mentionner les réserves que le ministre du Travail envisage d'apporter à l'accord.

Eu égard à la procédure prévue pour l'extension d'un accord collectif, dont le texte ainsi que les réserves que le ministre se propose d'y apporter sont soumis à l'avis des organisations syndicales principalement intéressées au sein de la Commission nationale de la négociation collective, le ministre n'est pas tenu de mentionner ces réserves dans l'avis d'extension publié au Journal officiel, une telle mention n'étant au demeurant prévue par aucune disposition législative ou réglementaire en vigueur.

Dès lors, la circonstance qu'un avis publié le 18 juin 2009 n'indiquait pas les deux réserves dont le ministre a, par la suite, assorti l'extension d'un accord du 25 mai 2009, n'est pas de nature à entacher d'irrégularité la procédure suivie.

CE 29 juin 2011, n° 332562. Voir aussi CE 27 juin 2016, n° 385087.

Le ministre doit procéder à une consultation de la Commission nationale de la négociation collective avant de prononcer l'extension (ou l'élargissement) de la convention, cette dernière devant rendre un avis motivé sur l'extension envisagée.

La Commission nationale de la négociation collective doit préciser les éléments ayant servi à l'appréciation du projet qui lui est soumis ; à défaut, elle ne satisfait pas aux exigences de motivation de son avis. Elle ne peut se borner à préciser que la convention collective répond aux prescriptions légales et que rien ne s'oppose à son extension. En l'absence d'avis motivé rendu par la commission, la demande d'annulation de l'arrêté d'extension peut être accueillie.

CE 19 juin 1992, n° 89584.

Les observations éventuellement produites à la suite de la publication de l'avis prévu à l'article D. 2261-3 ancien CT n'ont pas à être communiquées aux membres de la sous-commission des conventions et accords (Commission nationale de la négociation collective) avant la séance.

CE 29 juin 2011, n° 332562, précité.

Le ministre n'est pas tenu de mentionner dans l'arrêté d'extension le contenu, le sens ou l'identité de ces observations.

CE 29 juin 2011, n° 332562, précité.

Le ministre a un pouvoir d'appréciation lui permettant de refuser une extension, sous le contrôle du juge de l'excès de pouvoir, pour des motifs d'intérêt général tenant notamment aux objectifs de la politique économique et sociale ou à la protection de la situation des tiers.

En vertu des dispositions du troisième alinéa de l'article L. 122-14-13 CT, alors en vigueur, un employeur ne peut mettre à la retraite un salarié que si celui-ci a atteint l'âge de 65 ans ; en concluant l'accord litigieux du 23 janvier 2006, les parties ont entendu se prévaloir des modifications apportées à cet alinéa par l'article 16 de la loi du 21 août 2003 portant réforme des retraites, en vue de permettre jusqu'au 1er janvier 2008 à une convention ou à un accord collectif étendu de fixer à certaines conditions un âge inférieur.

Pour refuser d'étendre cet accord, le ministre s'est fondé sur l'intérêt général qui s'attache à favoriser le maintien dans l'emploi des « seniors », conformément au plan d'action que le Gouvernement avait annoncé le 6 juin 2006 ; en se fondant sur un tel motif, et alors même que la conclusion de l'accord en cause avait été rendue possible par l'article 16 de la loi du 21 août 2003, le ministre n'a pas fait une inexacte application du pouvoir qu'il tient du premier alinéa de l'article L. 133-8 CT.

CE 21 novembre 2008, n° 300135, Rec. Lebon p. 437.

Si le ministre dispose d'un pouvoir souverain d'appréciation quant à la possibilité d'étendre une convention, ou d'exclure certaines clauses de la procédure d'extension, il ne doit pas dénaturer le texte. Un recours pour excès de pouvoir peut être exercé en vue d'obtenir l'annulation de l'arrêté, si l'économie du texte se trouve modifiée.

Constitue un excès de pouvoir le fait pour un ministre de mettre fin à l'extension d'un seul article d'un avenant, alors que cet article est indivisible des deux autres qui l'accompagnent. En modifiant ces seules stipulations, le ministre modifie sur un point essentiel l'économie des dispositions demeurées obligatoires.

CE 19 février 1982, n° 21096, Rec. Lebon p. 78.

Le ministre ne peut pas étendre certaines clauses sous réserve qu'elles soient complétées par un accord collectif ultérieur.

Selon l'article L. 133-8 CT, les dispositions d'une convention de branche ou d'un accord professionnel ou interprofessionnel, répondant à certaines conditions déterminées par les articles L. 133-1 à L. 133-7 du même code, peuvent être rendues obligatoires par le ministre chargé du travail pour tous les salariés et employeurs compris dans le champ d'application de cette convention ou de cet accord, après avis motivé de la commission nationale de la négociation collective. Si, en présence de clauses incomplètes au regard des textes législatifs et réglementaires, le ministre peut, en vertu du dernier alinéa de l'article L. 133-8 CT, après avoir également recueilli l'avis motivé de cette commission, en subordonner l'extension à l'application de ces textes, il ne saurait, en revanche, sans méconnaître les pouvoirs qu'il tient de cet article, se fonder sur ces dernières dispositions pour n'étendre certaines clauses d'une convention ou d'un accord que sous réserve qu'elles soient complétées par un accord collectif ultérieur, dont il n'est pas en mesure d'apprécier, comme il lui appartient de le faire avant de signer l'arrêté d'extension, la conformité avec les textes législatifs et réglementaires en vigueur.

Si l'article 2 de l'arrêté attaqué dispose que l'extension de l'avenant 1 du 15 juin 2002 conclu dans le cadre de la convention collective des hôtels, cafés, restaurants est faite à compter de la publication de l'arrêté et aux conditions prévues par cet avenant, l'article 1er subordonne l'extension de plusieurs de ces clauses à la condition qu'elles fassent l'objet de précisions par voie d'accord collectif ultérieur. Il en résulte que le ministre a, ce faisant, méconnu les dispositions légales. Il ressort, tant du contenu de ces stipulations que de celles des stipulations introductives de l'avenant indiquant qu'il « forme un tout indivisible pour son application et son suivi », que les clauses litigieuses n'en sont pas séparables. Par suite, les requérantes sont fondées à demander l'annulation de l'ensemble de l'arrêté attaqué.

CE 26 février 2003, n° 241949.

Le ministre ne peut pas étendre des clauses qui réservent le bénéfice de certains avantages de l'accord étendu à ses seuls signataires.

L'extension d'un accord collectif, qui a pour effet, en vertu de l'article L. 133-8 CT, de le rendre obligatoire à l'égard d'autres employeurs que ceux qui sont membres des organisations signataires, ne saurait légalement inclure celles des clauses de cet accord qui réservent le produit de la cotisation qu'il institue aux seules organisations qui l'ont signé.

CE 3 mai 2004, n° 252926.

Lorsqu'il procède à l'extension d'une convention collective, le ministre est tenu de rechercher si le champ d'application professionnel défini n'est pas compris dans celui d'une convention déjà étendue et, si tel est le cas, il doit soit exclure du champ de la première convention les activités déjà couvertes par la seconde, soit abroger en tant que de besoin l'arrêté d'extension de celle-ci.

Il résulte de la combinaison du premier alinéa de l'article L. 132-5 CT et de l'article L. 133-16 CT que le ministre du Travail, lorsqu'il procède à l'extension d'une convention ou d'un accord collectif, doit rechercher si le champ d'application professionnel défini en termes d'activités économiques pour lequel l'extension est envisagée n'est pas compris dans le champ professionnel d'une autre convention ou accord collectif étendu par arrêté, compte tenu, le cas échéant, de l'objet respectif des stipulations étendues ou à étendre. Lorsqu'il apparaît que les champs d'application professionnels définis par les textes en cause se recoupent, il appartient au ministre compétent, préalablement à l'extension projetée, soit d'exclure du champ de l'extension envisagée les activités économiques déjà couvertes par la convention ou l'accord collectif précédemment étendu, soit d'abroger l'arrêté d'extension de cette convention ou de cet accord collectif en tant qu'il s'applique à ces activités.

CE 30 juin 2003, n° 248347. Voir aussi CE 19 juin 2013, n° 348763.

Le ministre n'est pas tenu d'effectuer cette recherche lorsque l'extension concerne une convention collective dont le seul objet est de définir le champ d'application professionnel de futures stipulations conventionnelles.

En cas d'extension d'un accord ayant pour seul objet de définir le champ d'application professionnel de futures stipulations conventionnelles et n'ayant, en conséquence, ni pour objet ni pour effet de rendre applicables à certaines catégories de salariés des règles relatives à leurs conditions d'emploi, de formation professionnelle, de travail, ou à leurs garanties sociales, le ministre n'est, à ce stade, ni tenu d'exclure du champ de l'extension les activités économiques déjà couvertes par des conventions ou accords collectifs précédemment étendus, ni tenu d'abroger les arrêtés d'extension de ces conventions ou accords antérieurs, en tant qu'ils s'appliqueraient à ces mêmes activités.

CE 23 juillet 2010, n° 313776, Rec. Lebon p. 345.

Compte tenu de l'intérêt qui s'attache à ce que les employeurs et les salariés soient aisément en mesure de savoir de quelle convention collective ils relèvent, le ministre chargé du travail peut, lorsqu'il procède à l'extension d'une convention ou d'un accord, exclure de son intitulé les termes qui sont en contradiction ou qui créent une ambiguïté avec les stipulations de cette convention ou de cet accord qui en définissent le champ d'application et qui, le cas échéant, sont de nature à créer une confusion avec une autre convention ou un autre accord.

CE 11 juillet 2014, n° 360227

Les clauses se rapportant au développement du dialogue social entre employeurs et salariés ou organisations syndicales les représentant peuvent figurer dans une convention étendue.

Il résultait des stipulations de l'accord dont l'extension était sollicitée qu'il avait pour objet le développement du dialogue social dans l'artisanat et qu'il comportait des clauses qui visaient à favoriser la concertation professionnelle au sein de la branche par une meilleure information des entreprises artisanales et par le renforcement des relations collectives entre syndicats d'employeurs et de salariés en vue de développer la formation et l'information sur les métiers de l'artisanat. De telles clauses relevaient du champ assigné aux conventions et accords collectifs par les articles L. 131-1 et L. 132-1 CT. N'étant pas entachées d'illégalité, il ne pouvait être reproché au ministre du Travail de ne pas les avoir neutralisées.

Ni les dispositions du préambule de la Constitution du 27 octobre 1946, auquel renvoie le préambule de la Constitution de 1958 ni les stipulations de l'article 11 de la convention européenne de sauvegarde des droits de l'homme et des libertés fondamentales, relatives à la liberté syndicale, n'interdisent qu'une convention ou un accord collectif étendu institue une contribution à la charge des employeurs pour favoriser le développement du dialogue social dès lors qu'elle n'a ni pour objet ni pour effet d'imposer, directement ou indirectement, à quiconque l'adhésion ou le maintien de l'adhésion à une organisation syndicale.

CE 30 juin 2003, n° 248347, précité.

La convention collective entre en vigueur le premier jour du mois qui suit la publication de l'arrêté ministériel portant extension

C'est à tort qu'un conseil de prud'hommes a fait application de la convention collective étendue des ouvriers des travaux publics, alors que cette convention avait été étendue par arrêté ministériel du 27 mai 1993 publié au Journal officiel le 29 mai 1993, ce dont il résultait qu'elle était entrée en vigueur le 1er juin 1993 et que, jusqu'à cette date, la convention collective de 1954 devait recevoir application.

Cass. soc. 29 octobre 1996, n° 93-46.724, BC V n° 360.

Aux termes de l'article L. 132-5, al. 1er CT, les conventions et accords collectifs de travail déterminent leur champ d'application territorial et professionnel.

Des salariés employés en Guyane en qualité de « dockers professionnels hommes de bord » ont saisi la juridiction prud'homale de demandes en paiement de compléments de salaires et de dommages-intérêts, fondées sur l'application de la convention collective nationale de la manutention portuaire étendue du 31 décembre 1993 et de divers décrets portant sur le montant du SMIC.

Ayant relevé que la convention collective n'avait été rendue applicable en Guyane qu'en vertu d'un arrêté du 19 octobre 1999, une cour d'appel en a exactement déduit que ce texte ne pouvait recevoir application avant l'extension de son champ d'application territorial.

Cass. soc. 16 novembre 2005, n° 04-45.641, BC V n° 327.

L'extension des avenants et annexes des conventions collectives étendues répond à des conditions particulières

L'extension d'une convention collective n'entraîne pas l'extension de ses avenants ou annexes.

Les avenants ou annexes à une convention collective ou à un accord professionnel étendu ne sont pas applicables aux entreprises non signataires et non adhérentes d'une organisation patronale signataire s'ils n'ont pas eux-mêmes fait l'objet d'un arrêté d'extension.

Cass. ass. plén. 6 avril 1990, n° 89-41.674, BC n° 6.

Dans le cas où une ou des organisations syndicales de salariés ont fait opposition à l'entrée en vigueur d'un avenant qu'elles n'ont pas signé, mais dont l'extension a été demandée, il appartient au ministre de déterminer si cette opposition fait ou non obstacle à ce que l'avenant soit étendu.

En vertu de l'article L. 133-8 CT, le ministre chargé du travail, lorsqu'il est saisi, par l'une des organisations représentatives visées à l'article L. 133-1 du même code, d'une demande tendant à l'extension d'une convention de branche ou d'un accord professionnel ou interprofessionnel, doit, obligatoirement et sans délai, engager la procédure d'extension. Dans le cas où une ou des organisations syndicales de salariés ont fait opposition à l'entrée en vigueur d'un avenant qu'elles n'ont pas signé, mais dont l'extension a été demandée, il appartient au ministre de déterminer si cette opposition fait ou non obstacle à ce que l'avenant soit étendu.

En l'espèce, les ministres ont pu, sans entacher l'arrêté attaqué de détournement de pouvoir ni empiéter sur la compétence de l'autorité judiciaire, rechercher si les conditions mises par l'article L. 132-7 CT à l'exercice du droit d'opposition étaient satisfaites et vérifier notamment si l'avenant, pour lequel les organisations syndicales avaient entendu faire opposition, était ou non susceptible d'ouvrir droit à opposition. La convention collective nationale du personnel au sol des entreprises de transport aérien se bornant à renvoyer, en matière de durée du travail, à la législation en vigueur, sans reconnaître au bénéfice des salariés un avantage individuel ou collectif de nature conventionnelle dans le domaine du travail à temps partiel, les ministres ont pu en déduire que l'avenant relatif au travail à temps partiel, pour lequel les organisations syndicales souhaitaient exercer leur droit d'opposition, n'avait pas pour effet de réduire ou de supprimer un avantage individuel ou collectif fondé sur la convention collective et que, par suite, il n'était pas de ceux qui sont susceptibles d'être frappés d'opposition et qu'ainsi, il ne pouvait être réputé non écrit. Les organisations syndicales ne sont donc pas fondées à demander l'annulation de l'arrêté portant extension de l'avenant relatif au travail à temps partiel.

CE 8 avril 1998, n° 169012, Rec. Lebon p. 174.

L'extension d'un avenant ne portant que sur les salaires doit, lorsqu'il fait l'objet d'une opposition, donner lieu à l'avis motivé de la sous-commission des conventions et accords.

Il résulte de la combinaison des articles L. 133-8, L. 133-10 et R. 133-2 CT que si l'extension d'un avenant ne portant que sur les salaires peut intervenir sans que la commission nationale de la négociation collective émette nécessairement un avis, l'examen par la sous-commission des conventions et accords des avenants à l'égard desquels des oppositions ont été notifiées dans les conditions précisées par l'article R. 133-2 CT doit donner lieu à un avis qui n'est dispensé, ni par cet article, ni par aucune autre disposition, de l'obligation de motivation instituée par l'article L. 133-8 CT.

CE 19 mai 2006, n° 273308.

L'avenant étendu n'est applicable qu'à compter de la date d'entrée en vigueur de l'arrêté d'extension.

Quand un employeur n'est lié par une convention collective que par l'effet d'un arrêté d'extension, il ne doit appliquer les avenants conclus après cet arrêté qu'à la date d'entrée en vigueur de l'arrêté d'extension de ces avenants.

Cass. soc. 10 juin 1992, n° 88-41.562, deux premières branches réunies du moyen, BC V n° 379.

L'extension rend la convention collective applicable dans son ensemble à tous les employeurs et salariés compris dans son champ d'application

L'employeur doit respecter la convention collective étendue ou les avenants ayant fait l'objet d'une extension.

Un conseil de prud'hommes a pu condamner un employeur à payer à une salariée un rappel de salaires et d'indemnités de congés payés, la réserve, contenue dans les arrêtés d'extension, relative à l'application des dispositions réglementaires portant fixation du SMIC n'ayant pas pour effet de rendre inapplicable à La Réunion la rémunération minimale conventionnelle, dès lors qu'elle n'est pas inférieure au SMIC en vigueur dans ce département. Ayant constaté que la convention collective nationale des entreprises de prévention et de sécurité était applicable dans les départements d'outre-mer, les juges ont pu décider que le salaire minimal conventionnel prévu par cette convention, qui était supérieur au SMIC en vigueur dans ce département, devait s'appliquer.

Cass. soc. 19 février 1997, n° 94-44.191, BC V n° 71.

Toutefois, l'arrêté d'extension peut exclure certaines clauses de la convention de la procédure d'extension.

L'arrêté d'extension étend l'ensemble des dispositions d'une convention collective nationale et de son annexe à tous les employeurs et salariés compris dans son champ d'application. Si certains articles énumérés par un arrêté avaient fait l'objet de limitations ou de réserves, l'article de la convention faisant l'objet du litige était applicable dans la mesure où il n'avait été assorti d'aucune restriction.

Cass. soc. 10 janvier 1995, n° 91-44.958.

L'arrêté d'extension n'a pas pour effet de modifier les termes de l'accord étendu et il ne peut donc pas raccourcir le délai accordé aux employeurs par l'accord pour sa mise en œuvre.

À la suite du décès d'un salarié en juillet 1998, ses héritiers ont saisi la juridiction prud'homale afin d'obtenir le paiement d'un capital décès et de frais d'obsèques, en application d'un avenant du 2 octobre 1997 à la convention collective de branche applicable dans l'entreprise.

Si l'arrêté ministériel d'extension de l'avenant du 2 octobre 1997, en date du 20 avril 1998, a rendu cet avenant applicable à tous les employeurs relevant du champ d'application de la convention, il n'a pas eu pour effet de modifier les termes de cet avenant qui accordait un délai aux employeurs, jusqu'au 31 décembre 1999, pour adhérer à l'organisme chargé de gérer le régime de prévoyance. Dès lors, c'est à bon droit qu'une cour d'appel en a déduit qu'il ne pouvait être reproché à l'employeur de n'avoir pas adhéré au régime de prévoyance à la date de l'accident, survenu avant l'expiration du délai précité.

Cass. soc. 30 septembre 2003, n° 01-45.236, BC V n° 246.

L'arrêté d'extension du ministre du travail a pour effet de rendre obligatoires les dispositions d'un accord professionnel ou interprofessionnel pour tous les employeurs compris dans son champ d'application professionnel et territorial dont les organisations patronales sont représentatives à la date de la signature de l'accord.

Cass. soc. 6 avril 2016, n° 14-12.724, 5e moyen, BC V n° 66.

Un syndicat avait désigné un salarié comme représentant syndical au CHSCT d'une entreprise de pneumatiques, en application d'un accord cadre de 1975, étendu par arrêté de 1996.

C'est à bon droit qu'une cour d'appel a annulé cette désignation. En effet, après avoir retenu que la Fédération du caoutchouc et des polymères, seule organisation représentative de cette branche, n'était ni signataire ni adhérente à l'organisation interprofessionnelle signataire de l'accord objet de l'arrêté d'extension, la cour en a exactement déduit que la branche du caoutchouc et des polymères n'entrait pas dans le champ d'application de l'accord du 17 mars 1975 que l'arrêté d'extension ne pouvait à lui seul modifier.

Cass. soc. 16 mars 2005, n° 03-16.616, BC V n° 97.

L'arrêté d'extension peut faire l'objet d'une action en nullité

Comme dans toutes les hypothèses d'action en nullité, le requérant doit avoir qualité pour agir.

Une association, n'ayant pas pour objet la défense des intérêts professionnels d'employeurs ou de salariés, ne peut agir en annulation d'un arrêté d'extension dans la mesure où elle ne justifie pas d'un intérêt.

CE 28 juillet 1993, n° 107453, Rec. Lebon p. 251.

La juridiction administrative contrôle la légalité de l'arrêté d'extension.

Il ressort des articles L. 132-4 CT et 1er et 3 de la loi du 13 juin 1998 que, si le législateur a reporté au 1er janvier 2002 l'application de l'article L. 212-1 bis CT aux entreprises employant 20 salariés au plus, il a entendu accorder une aide financière aux entreprises qui, tout en créant ou en préservant des emplois, réduisent la durée du travail avant les échéances fixées par cet article ; que cette réduction anticipée de la durée du travail peut être organisée en application d'une convention collective étendue et, pour les entreprises de moins de 50 salariés, selon les modalités de mise en œuvre qu'elle prévoit ; qu'il ne saurait ainsi être soutenu que l'extension d'une convention collective prévoyant la réduction anticipée du temps de travail à 35 heures à toutes les entreprises, quel que soit leur effectif, méconnaîtrait l'échéance fixée au 1er janvier 2002 par le législateur pour les entreprises employant 20 salariés au plus ; que le requérant n'est, dès lors, pas fondé à soutenir que l'arrêté du 18 février 1999 du ministre de l'Emploi et de la Solidarité portant extension d'accords conclus dans le cadre de la convention collective nationale des cabinets d'experts comptables et de commissaires aux comptes méconnaîtrait les dispositions de la loi du 13 juin 1998 précitées qui, contrairement à ce qu'il soutient, ne réservent pas la possibilité d'organiser la réduction anticipée du temps de travail aux conventions collectives qui sont étendues et qui sont agréées en application de l'article 16 de la loi du 30 juin 1975, mais ouvrent cette possibilité aux conventions collectives étendues ou à celles qui sont agréées selon la procédure prévue par l'article 16 de la loi du 30 juin 1975.

CE 6 octobre 1999, n° 206916.

Les syndicats sont recevables à demander l'exécution d'une convention collective étendue

Les sociétés A, B et C, qui gèrent le parc d'attractions Euro Disney, ont refusé d'appliquer la convention collective nationale des parcs de loisirs et d'attractions, signée le 5 janvier 1994, puis étendue le 25 janvier 1994, ainsi que l'annexe « spectacles », elle-même signée le 14 mars 1996, puis étendue par arrêté du 9 décembre 1996, prétendant qu'elles n'étaient tenues que par un accord d'entreprise dit « convention collective interentreprises », signé le 17 février 1992 avec les syndicats CCL, CFDT et CFE-CGC. La Fédération nationale des syndicats du spectacle de l'audiovisuel et de l'action culturelle CGT a saisi le tribunal de grande instance aux fins de faire juger que la convention collective nationale des parcs de loisirs et d'attractions, ainsi que ses annexes et avenants étendus, étaient de plein droit applicables auxdites sociétés depuis la publication de leur arrêté d'extension au Journal officiel et qu'elles étaient tenues d'appliquer ces dispositions conventionnelles réglementaires.

Doit être rejeté le pourvoi des sociétés reprochant à l'arrêt attaqué d'avoir déclaré recevable l'action engagée par la Fédération nationale des syndicats de l'audiovisuel (FNSSAC-CGT) aux fins d'obtenir l'application de la convention collective nationale des parcs de loisirs et d'attractions. Indépendamment des actions réservées aux syndicats par les articles L. 135-4 et 5 CT, en cas d'extension d'une convention ou d'un accord collectif qui a pour effet de rendre les dispositions étendues applicables à tous les salariés et employeurs compris dans leur champ d'application, les syndicats professionnels sont recevables à en demander l'exécution sur le fondement de l'article L. 411-11 CT, leur non-respect étant de nature à causer nécessairement un préjudice à l'intérêt collectif de l'ensemble de la profession. Par ce motif de pur droit substitué aux motifs de la décision attaquée, celle-ci échappe aux critiques du pourvoi.

Cass. soc. 12 juin 2001, n° 00-14.435, BC V n° 221.

En cas de non-respect d'une convention ou d'un accord collectif étendu, l'employeur peut encourir des sanctions pénales

Encore faut-il que l'avantage méconnu par l'employeur ait été institué par une convention collective étendue dérogeant, en vertu d'une disposition législative expresse, à des dispositions législatives ou réglementaires et qu'il soit de même nature que celui instauré par la loi.

La protection légale des représentants du personnel ne peut être étendue en matière conventionnelle que dans l'hypothèse où l'institution créée est de même nature que celle instaurée par la loi.

Aucun texte n'ayant prévu une représentation syndicale au sein du CHSCT, un employeur ne pouvait être poursuivi pour délit d'entrave au fonctionnement d'un comité interentreprises d'hygiène et de sécurité, pour avoir licencié irrégulièrement un de ses membres.

Au surplus, la représentation syndicale en cause n'ayant pas été instituée par une convention ou un accord collectif étendu dérogeant à des dispositions législatives ou réglementaires, en vertu d'une disposition législative expresse dans une matière déterminée, la méconnaissance de ces dispositions conventionnelles n'était susceptible d'aucune sanction pénale.

Cass. crim. 4 avril 1991, n° 89-85.536, B. crim. n° 164.

☛ *Convention collective (Élargissement).*

Convention collective
(Mise en cause)

La restructuration d'une entreprise peut entraîner une mise en cause de la convention ou de l'accord collectif applicable. Si l'article L. 1224-1 CT prévoit le maintien des contrats individuels de travail, ce texte est silencieux sur le sort de la convention collective.

L'article L. 2261-14 CT prévoit une procédure à suivre, proche de celle de la dénonciation. Une nouvelle négociation doit s'engager, ayant pour objet soit l'adaptation aux dispositions conventionnelles nouvellement applicables, soit l'élaboration de nouvelles stipulations.

La loi 2016-1088 du 8 août 2016 a modifié le régime de la mise en cause des conventions ou accords collectifs.

La jurisprudence rapportée ci-dessous, rendue dans le cadre législatif antérieur, conserve cependant son intérêt, notamment au regard des litiges en cours.

Hypothèses de mise en cause

L'application d'une convention ou d'un accord collectif est mise en cause dans une entreprise en raison, notamment, d'une fusion, d'une cession, d'une scission ou d'un changement d'activité.

La mise en cause d'un accord collectif antérieurement applicable résulte de plein droit d'une cession d'entreprise, sans qu'il soit besoin d'une dénonciation. Cet accord cesse d'être applicable à l'expiration des délais prévus à l'article L. 132-8 CT, sous la seule réserve des droits acquis et même en l'absence de nouvelle négociation.

Cass. soc. 9 février 1994, n° 90-45.483. Voir en sens contraire cass. soc. 21 octobre 2008, n° 08-60.008, BC V n° 195, s'agissant d'un accord collectif augmentant le nombre de délégués syndicaux d'établissement pouvant être désignés dans une unité économique et sociale et dont les signataires avaient prévu son maintien en vigueur pendant quinze mois en cas de transfert des établissements la composant.

La mise en cause d'une convention collective peut résulter d'un changement d'activité de l'employeur.

Cass. soc. 15 mars 2011, n° 10-11.635.

L'application d'une convention collective est mise en cause dans une entreprise en raison de la disparition des organisations syndicales signataires…

Cass. soc. 16 mars 1995, n° 91-40.210, 1er moyen, BC V n° 91. Voir aussi cass. soc. 13 octobre 2016, n° 14-18.905, 4 premières branches du pourvoi principal, BC V n° 191, s'agissant de la mise en cause d'un accord collectif en raison de la disparition d'un syndicat signataire suite à sa fusion avec un syndicat non signataire pour constituer une nouvelle organisation.

… ou du transfert du siège social de la société.

Un salarié, qui travaillait sur un chantier situé dans le département de l'Isère, avait réclamé le paiement des indemnités de grand déplacement en application de la convention collective de la métallurgie de l'Isère, que son employeur refusait de lui accorder du fait du transfert de son siège social dans le département du Rhône.

Doit être cassé l'arrêt ayant fait droit à cette demande en vertu des avantages acquis, au motif que la convention collective de l'Isère s'imposait à l'employeur qui, s'il avait voulu se référer à la convention du Rhône lors du transfert du siège social, aurait dû dénoncer la convention de l'Isère auprès de ses anciens salariés avec un délai de préavis alors que, le siège social de l'employeur ayant été transféré dans le département du Rhône, l'application de la convention collective de la métallurgie de l'Isère s'était trouvée mise en cause du fait de ce transfert, et alors que la cour d'appel n'avait pas constaté que l'activité du salarié s'exerçait dans le cadre d'un établissement autonome.

Cass. soc. 21 mai 1997, n° 93-46.617, BC V n° 182. Voir aussi cass. soc. 3 mars 1998, n° 95-44.357.

La convention collective régissant la situation de salariés n'est opposable à un nouvel employeur non soumis à cette convention, dans les conditions prévues à l'article L. 2261-14 ancien CT, qu'au cas où, par l'effet de l'article L. 1224-1 CT, l'entité économique où travaillaient les salariés est transférée au nouvel employeur qui en poursuit l'exploitation.

Une salariée avait été engagée en qualité d'ouvrière par une société qui effectuait des prestations de nettoyage pour le compte d'une clinique. À la suite de la perte de ce marché, la société avait transmis la liste du personnel qui travaillait sur le site, dont faisait partie l'intéressée, à la société repreneuse et cette dernière avait fait connaître qu'elle ne souhaitait pas reprendre le personnel, son activité principale étant la restauration, ce qui excluait l'application de la convention collective du nettoyage prévoyant le transfert du personnel et la garantie de l'emploi. La salariée avait saisi la juridiction prud'homale d'une demande en paiement d'indemnités de rupture et de dommages-intérêts pour licenciement sans cause réelle et sérieuse dirigée contre son employeur et contre le repreneur.

Pour décider que la rupture était imputable au repreneur, une cour d'appel a énoncé que celui-ci avait motivé son refus de reprendre la salariée par le fait qu'il était spécialisé dans la restauration, que toutefois, aux termes de l'article L. 132-8 CT, les effets de la convention collective à laquelle était assujetti l'ancien employeur demeurent applicables pendant la durée d'une année, sauf dénonciation par le nouvel employeur et information par ce dernier de leurs droits vis-à-vis de la nouvelle convention applicable, que le repreneur n'avait ni avisé la salariée du changement de convention collective ni appliqué les dispositions protectrices des droits de cette salariée et qu'en refusant d'appliquer la convention collective du nettoyage, le repreneur s'était rendu responsable de la rupture du contrat de travail de la salariée.

En statuant ainsi, sans vérifier si les conditions d'application de l'article L. 122-12 CT étaient réunies ou si la convention collective des entreprises de nettoyage de locaux était directement opposable au repreneur, la cour d'appel a violé l'article L. 132-8 CT et a privé sa décision de base légale au regard de l'article L. 122-12 CT et de l'annexe VI à la convention collective des entreprises de nettoyage de locaux du 17 décembre 1991.

Cass. soc. 20 janvier 1998, n° 95-41.942, BC V n° 22.

Procédure

La mise en cause d'une convention entraîne sa dénonciation automatique.

Si l'application d'une convention collective dans une entreprise déterminée est mise en cause dans les conditions prévues à l'article L. 132-8, al. 7 CT, la mise en cause résulte de plein droit de l'événement qui l'a entraînée, sans qu'il soit besoin d'une dénonciation.

A violé ce principe la cour d'appel qui, pour déclarer applicable la convention collective des établissements privés d'hospitalisation au cessionnaire d'une société et le condamner à verser à une salariée des indemnités de rupture sur le fondement de cette convention, a retenu que le contrat de travail de l'intéressée se référait à cette convention collective qui était applicable dans l'entreprise cédante et que le cessionnaire ne rapportait pas la preuve du dépôt de la dénonciation de cette convention auprès de l'administration et au secrétariat-greffe du conseil de prud'hommes, que l'absence de ce dépôt rendait la dénonciation sans effet, de sorte que le préavis légal de trois mois n'avait pas commencé à courir, ni le délai d'un an prévu par l'article L. 132-8 CT pendant lequel la convention dénoncée continue de produire effet et qu'il s'ensuivait qu'à la date de rupture du contrat de travail de la salariée, ladite convention collective était encore applicable, sans rechercher si son application n'avait pas été mise en cause par la cession intervenue.

Cass. soc. 20 janvier 1998, n° 95-41.575, 2e moyen du pourvoi principal de l'employeur, BC V n° 23.

Un préavis de trois mois doit être respecté.

La mise en cause d'une convention collective nécessite le respect d'un préavis de trois mois, sauf clause conventionnelle contraire. Les juges doivent rechercher si ce délai a été respecté.

Cass. soc. 9 juillet 1996, n° 94-42.774, 3e moyen.

Effets

La convention collective originellement applicable continue à produire effet jusqu'à la conclusion d'un accord substitué ou, à défaut, pendant un an.

Il résulte de l'article L. 132-8, al. 7 CT que lorsque l'application d'une convention ou d'un accord est mise en cause dans une entreprise déterminée en raison, notamment, d'une fusion, la convention ou l'accord mis en cause continue de produire effet jusqu'à l'entrée en vigueur de la convention ou de l'accord collectif qui lui est substitué ou, à défaut, pendant une durée d'un an à compter de l'expiration du délai de préavis. Les clauses des contrats de travail ne peuvent valablement être modifiées dans un sens moins favorable que celles de la convention ou de l'accord collectif mis en cause tant que ce dernier reste en vigueur.

Cass. soc. 2 juillet 2003, n° 01-43.711. Voir aussi cass. soc. 9 février 1994, n° 91-16.000, BC V n° 50.

Lorsqu'une entité économique est transférée, les contrats de travail sont poursuivis avec le nouvel employeur. Ce dernier doit appliquer au personnel de l'entité économique transférée les usages et engagements unilatéraux en vigueur au jour du transfert. Si la convention ou l'accord collectif en vigueur dans l'entité économique est mis en cause au sein de l'entreprise d'accueil, une négociation doit s'ouvrir entre l'employeur et les syndicats représentatifs en vue de la conclusion d'un accord de substitution. À défaut d'un tel accord, et pendant une durée d'un an, l'ancien accord ou convention collective demeure applicable, de sorte que les salariés transférés sont en droit de se réclamer du statut collectif applicable au sein de l'entreprise cédante.

Une salariée avait été engagée par une association à laquelle avait succédé une société. Cette dernière avait proposé à la salariée la reprise de son contrat de travail. En l'absence de réponse de l'intéressée à cette proposition, la société, tout en maintenant ses propositions de réembauchage, avait pris acte de sa démission. La salariée avait alors saisi la juridiction prud'homale afin d'obtenir des indemnités de rupture et des dommages-intérêts pour licenciement sans cause réelle et sérieuse.

C'est à tort que, pour débouter l'intéressée de ses demandes, une cour d'appel a retenu que l'article L. 122-12 CT n'entraînait pas, pour le nouvel employeur, l'obligation de faire application des accords précédemment conclus, qu'il existait une nouvelle convention collective applicable et que la salariée était seule à l'origine de la rupture de son contrat, alors que si un accord collectif avait pu intervenir sur le maintien des éléments essentiels du contrat de travail, il n'en avait pas été de même pour les avantages annexes et qu'à défaut d'un tel accord, la salariée était en droit de se réclamer, pour ce qui concernait ces avantages, du statut collectif applicable dans l'entreprise cédante.

Cass. soc. 9 octobre 2001, n° 99-43.661, BC V n° 311.

La caducité de l'accord collectif originellement applicable ne peut pas être invoquée pour faire échec à sa survie temporaire.

Trois sociétés A, B et C sont devenues, le 3 avril 2016, par l'effet d'une opération de fusion absorption, une société D. Selon un protocole du 13 mai 2016 emportant reconnaissance d'une unité économique et sociale (UES) composée de la société D et de ses filiales, les élections des délégués du personnel et des membres du comité d'entreprise ont été organisées au sein de ce périmètre. À l'issue de ces élections, se fondant sur un accord conclu au sein de la société A et dont il invoquait le maintien, un syndicat a désigné six délégués syndicaux.

En retenant que l'accord en vigueur dans le cadre de la société A avait vocation à s'appliquer pendant une durée de quinze mois suivant l'absorption de la société, ce délai ayant pour but de permettre l'organisation de négociations afin d'adapter l'accord à la nouvelle structure de l'entreprise ou de définir de nouvelles dispositions, de sorte que sa caducité ne pouvait pas être invoquée, un tribunal d'instance a fait une exacte application des dispositions de l'article L. 2261-14 CT.

Ensuite, ayant retenu à bon droit que si selon l'article 4 du protocole emportant reconnaissance d'une UES, celui-ci se substitue aux dispositions préexistantes de même objet éventuellement applicables au sein des sociétés composant l'UES, une telle disposition est en soi sans portée sur le nombre de délégués syndicaux conventionnellement prévu qui ne constitue pas l'objet dudit protocole, l'article 3 précisant seulement que le nombre de délégués syndicaux serait fixé conformément aux dispositions législatives et conventionnelles en vigueur, le tribunal d'instance en a exactement déduit que l'accord conclu au sein de la société A n'avait fait l'objet d'aucune nouvelle négociation et qu'étant toujours applicable moins de trois mois après l'opération de fusion absorption, le syndicat avait pu s'en prévaloir pour procéder à la désignation de six salariés en qualité de délégués syndicaux.

Cass. soc. 13 décembre 2017, n° 16-26.553, à paraître.

La convention ou l'accord substitué doit résulter d'une négociation dans l'entreprise.

La négociation de l'accord substitué a pour objet soit l'adaptation des dispositions antérieures à celles nouvellement applicables, soit l'élaboration de nouvelles dispositions. Si le nouvel employeur est lui-même soumis à un accord collectif, celui-ci ne s'analyse pas en un accord de substitution.

Cass. soc. 31 janvier 1995, n° 91-41.965, 1er moyen. Voir aussi cass. soc. 3 novembre 1994, n° 93-41.866, 4e moyen pris en sa 2e branche.

Il n'est pas interdit d'engager les négociations rendues nécessaires par la mise en cause d'un accord collectif avant que se réalise l'événement entraînant cette mise en cause ; l'employeur n'est tenu de reprendre la négociation après cet événement que lorsque les organisations syndicales représentatives ne sont plus les mêmes dans la nouvelle entreprise.

Cass. soc. 13 octobre 2010, n° 09-13.109, 2e moyen, BC V n° 230.

En cas de transfert du contrat de travail par application des dispositions de l'article L. 1224-1 CT, la convention collective dont relève le cessionnaire s'applique immédiatement au salarié, lequel continue cependant de bénéficier des dispositions plus favorables de l'accord mis en cause dans les conditions prévues par l'article L. 2261-14 ancien CT.

Un salarié, dont le contrat de travail avait été transféré le 1er septembre 2004 en application de l'article L. 1224-1 CT, a saisi la juridiction prud'homale pour obtenir le paiement d'un rappel de prime d'ancienneté mensuelle prévue par la convention collective applicable dans la société cessionnaire pour la période de septembre 2004 à septembre 2006.

Pour débouter l'intéressé de sa demande pour la période du 1er septembre 2004 au 1er décembre 2005, une cour d'appel, après avoir rappelé qu'en vertu des dispositions des articles L. 2261-10 et L. 2261-14 CT, lorsque l'application d'une convention ou d'un accord collectif est mise en cause dans une entreprise déterminée en raison notamment d'une fusion, d'une cession, d'une scission ou d'un changement d'activité, ladite convention ou ledit accord continue de produire ses effets jusqu'à l'entrée en vigueur de la convention ou de l'accord qui lui est substitué ou, à défaut, pendant une durée d'un an à compter de l'expiration du préavis, sauf clause prévoyant une durée supérieure, a relevé que la convention collective applicable dans la société cessionnaire s'était appliquée aux salariés transférés à compter du 1er décembre 2005 en application des articles L. 2261-10 et L. 2261-14 CT, soit après l'expiration du préavis de dénonciation de trois mois et après la période de survie de douze mois de la convention collective applicable dans la société cédante.

En statuant ainsi, alors que la société cessionnaire appliquait la convention collective à l'ensemble de son personnel, la cour d'appel a violé les articles L. 2254-1 et L. 2261-14 CT.

Cass. soc. 10 février 2010, n° 08-44.454, pourvoi incident, BC V n° 36.

C'est à tort que, pour débouter un salarié de sa demande en paiement d'une prime de vacances, une cour d'appel, après avoir relevé qu'une société avait absorbé la société où il travaillait et d'autres sociétés et entités juridiques distinctes, a retenu que des négociations collectives étaient en cours pour parvenir à un rapprochement progressif des statuts de chacune des entreprises fusionnées et que le salarié ne pouvait prétendre obtenir à titre individuel la reconnaissance d'un statut hybride fait d'un panachage entre les avantages des systèmes de rémunération de la société absorbée et de celui de la société absorbante, alors que le salarié était fondé à invoquer les dispositions de l'accord d'entreprise applicable au sein de la société absorbante à compter du moment où il en était devenu le salarié, même si en vertu de l'article L. 2261-14 CT, la convention collective en vigueur dans la société dont il était le salarié avant son absorption continuait de produire effet dans les conditions prévues par cet article.

Cass. soc. 1er juillet 2009, n° 07-42.675, 4e moyen, BC V n° 168.

Une salariée avait été engagée par une société A dont le fonds de commerce avait été cédé à une société B. Son contrat de travail ayant été poursuivi par le cessionnaire, la salariée avait alors saisi la juridiction prud'homale d'une demande de rappel de salaire fondée sur la convention collective de la métallurgie.

Ayant constaté que la société cessionnaire B appliquait volontairement la convention collective de la métallurgie à l'ensemble de son personnel, une cour d'appel a décidé à bon droit que la salariée était fondée à invoquer les dispositions de cette convention à compter du moment où elle était devenue la salariée de cette société, même si, en vertu de l'article L. 132-8 CT, la convention en vigueur dans la société A dont elle était salariée avant son absorption par la société B continuait de produire effet dans les conditions prévues par cet article.

Cass. soc. 16 mars 1999, n° 96-45.353, 1er moyen, BC V n° 117.

La conclusion d'un accord de substitution a pour effet de rendre inefficace l'action en revendication d'un syndicat tendant à l'application de l'ancienne convention collective.

La négociation qui doit s'engager dans l'entreprise concernée pour l'adaptation aux nouvelles dispositions conventionnelles, lorsque l'application d'une convention ou d'un accord est mise en cause dans une entreprise déterminée en raison d'une fusion, est régie par les dispositions de l'article L. 132-8 CT. Il résulte de cet article que l'ancienne convention cesse de produire effet lorsqu'un accord d'adaptation aux dispositions conventionnelles nouvellement applicables est conclu, même si cet accord ne prévoit pas des dispositions plus favorables aux salariés que la convention mise en cause.

C'est à bon droit qu'une cour d'appel a débouté un syndicat de sa demande tendant au maintien de l'ancienne convention collective applicable dans l'entreprise absorbée et de l'accord d'entreprise signé par lui et cette société après son absorption par une autre société.

La cour d'appel a également pu retenir que ce syndicat ne pouvait revendiquer l'application d'une convention collective qui avait cessé de produire effet en application de l'article L. 132-8 CT par suite de la signature de l'accord visé par ledit article, et que ce syndicat n'avait pas qualité pour demander l'application d'un accord collectif de travail dont il n'était pas signataire.

Elle a dès lors pu décider que le syndicat en cause n'avait pas qualité pour revendiquer à titre subsidiaire le maintien d'avantages acquis résultant de la convention collective mise en cause.

Cass. soc. 3 mars 1998, n° 96-11.115, BC V n° 115.

Lorsque l'accord de substitution prévoit le maintien de certaines clauses de l'accord antérieur, seules celles-ci s'appliquent : les clauses de l'ancien accord liées dans leur application aux clauses reprises ne s'appliquent pas si elles n'ont pas été expressément visées.

Lorsqu'un accord qui intervient dans les conditions prévues à l'article L. 132-8 CT après mise en cause d'un précédent accord a pour objet une rémunération complémentaire et offre aux salariés une option leur permettant soit de conserver sous réserve de certaines modifications la rémunération complémentaire en vigueur dans l'ancienne entreprise soit d'adhérer au nouveau système de rémunération qu'il instaure, la rémunération conservée trouve sa source dans le nouvel accord qui se substitue au premier. Il en résulte, à défaut de clause contraire, que les modalités de calcul de l'incidence des absences sur le montant de la prime de productivité prévues à l'accord dénoncé ne peuvent plus s'appliquer et ne constituent pas un avantage individuel s'incorporant au contrat de travail.

A légalement justifié sa décision la cour d'appel qui, pour débouter un syndicat de sa demande tendant à voir juger que les salariés qui avaient opté pour la prime de productivité devaient se voir appliquer un abattement pour absences déterminé en application du premier accord, a relevé, d'une part, que celui-ci, qui prévoyait le versement d'une prime de productivité réservée au personnel ayant une ancienneté de plus d'un an au sein de la société avait été mis en cause par la fusion et, d'autre part, que le nouvel accord avait instauré un système de rémunération qui s'était substitué à la prime de productivité résultant de l'accord en vigueur au sein de la société et qui avait cessé de produire effet. La cour d'appel a ainsi fait ressortir que le nouvel accord était un accord de substitution.

Cass. soc. 28 février 2006, n° 04-14.202, BC V n° 93.

À défaut de conclusion d'un nouvel accord, les salariés ont droit, après le délai d'un an, au maintien des avantages individuels acquis.

Une partie du personnel d'un hôtel était rémunérée au pourboire, en exécution d'un accord collectif d'entreprise. Une nouvelle société avait repris cet établissement et avait dénoncé l'accord sans que les négociations engagées après cette dénonciation aient abouti à la signature d'un accord de substitution. L'accord dénoncé ayant cessé de s'appliquer, l'employeur avait fixé unilatéralement les conditions de rémunération en payant les salariés au SMIC. À la suite de leur refus, ces derniers avaient été licenciés.

Doit être approuvé l'arrêt ayant décidé que les salariés de l'hôtel auraient dû percevoir, postérieurement à la date à laquelle l'accord collectif dénoncé avait cessé d'être applicable, un salaire mensuel égal à la moyenne des salaires qu'ils avaient reçus au cours des douze derniers mois. En effet, si, du fait de la dénonciation de l'accord d'entreprise, l'employeur pouvait rémunérer les salariés au fixe, la cour d'appel a exactement décidé que les salariés avaient droit, au titre des avantages individuels acquis, au maintien du niveau de leur rémunération au jour où l'accord collectif avait cessé de s'appliquer.

Cass. soc. 26 novembre 1996, n° 93-44.811, 1er moyen, BC V n° 406. Voir aussi cass. soc. 1er décembre 1993, n° 90-42.962, BC V n° 296.

Le maintien des avantages acquis au profit des seuls salariés transférés ne constitue pas une pratique discriminatoire.

Après avoir absorbé sa filiale, une société a maintenu, au profit des salariés transférés, un régime de rémunération des astreintes procédant d'un accord antérieur et plus favorable que celui qu'elle appliquait à ses autres salariés. Un salarié de la société, précédemment détaché auprès de la filiale et rémunéré depuis sa réintégration au titre du régime général, lui a imputé une violation de la règle d'égalité des rémunérations et lui a réclamé en référé une provision au titre d'un préjudice lié à une rémunération inférieure.

C'est à tort que, pour allouer, comme réparation d'un trouble manifestement illicite, des provisions au salarié, une cour d'appel a retenu que les justifications produites relatives à la différence de rémunération des astreintes permettaient de présumer d'une pratique discriminatoire en matière de salaire et que l'employeur qui se bornait à invoquer une négociation en cours n'établissait pas la preuve contraire, alors qu'en l'absence d'un accord d'adaptation, le maintien aux salariés transférés des avantages individuels acquis en application de l'accord mis en cause par l'absorption ne pouvait constituer à lui seul, pour les autres salariés de l'entreprise auxquels cet avantage n'était pas appliqué, un trouble manifestement illicite.

Cass. soc. 11 janvier 2005, n° 02-45.608, BC V n° 2.

Constitue un trouble manifestement illicite l'inégalité de traitement résultant du fait, pour le nouvel employeur, de ne pas faire bénéficier les salariés engagés postérieurement dans la même entité des avantages collectifs acquis par le personnel transféré, dès lors que ces avantages n'étaient pas destinés à compenser un préjudice spécifique.

Le district de Bastia a confié à un établissement public à caractère industriel et commercial la gestion du service public de la distribution d'eau potable et de traitement des eaux usées, antérieurement concédée à une société privée. Les contrats d'affermage conclus à cette occasion contenaient des clauses obligeant la société fermière à maintenir « la totalité des contrats des agents de l'ancien fermier en poste à la date de la délibération du conseil de district » et à maintenir à ces salariés tous les avantages collectifs dont ils bénéficiaient, « notamment les dispositions relatives aux grilles, indices, à l'avancement et aux primes applicables au personnel en vertu de l'accord d'entreprise ou de la convention collective lui étendant le bénéfice de certaines dispositions du statut EDF ». Soutenant que des salariés engagés postérieurement à la date de délibération par l'établissement public devaient aussi bénéficier de ces avantages, un syndicat a saisi à cet effet la formation de référé du conseil de prud'hommes.

C'est à bon droit qu'une cour d'appel a accueilli cette demande : la cour, qui n'a pas dit que les contrats d'affermage obligeaient le nouveau fermier à étendre les avantages collectifs dont bénéficiait le personnel repris à tous les salariés de l'entreprise, a fait ressortir que l'engagement pris par l'établissement public, à l'intention du seul personnel en fonction au jour du changement d'employeur, ne résultait pas de l'application de la loi, qu'il n'était pas destiné à compenser un préjudice spécifique à cette catégorie de salariés et qu'il avait pour seul objet de maintenir des avantages à caractère collectif. Elle en a exactement déduit que l'inégalité de traitement résultant du refus du nouveau fermier d'en faire bénéficier les salariés engagés par la suite et affectés dans la même entité, pour y exercer des travaux de même valeur, n'était pas justifiée par des raisons objectives et constituait ainsi un trouble manifestement illicite.

Cass. soc. 19 juin 2007, n° 06-44.047, BC V n° 104.

Convention collective (Mise en cause)

Les salariés ne peuvent plus, en l'absence de signature d'un accord de substitution et passé le délai d'un an, se prévaloir de la convention collective antérieurement applicable dans l'entreprise.

Il résulte de l'article L. 132-8, al. 3, 6 et 7 CT que la convention ou l'accord dénoncé ou dont l'application est mise en cause dans une entreprise déterminée continue de produire effet jusqu'à l'entrée en vigueur de la convention ou de l'accord qui lui est substitué ou, à défaut, pendant une durée d'un an à compter de l'expiration du délai de préavis, et que lorsque la convention ou l'accord dénoncé, ou mis en cause, n'a pas été remplacé par une nouvelle convention ou un nouvel accord dans ces délais, les salariés des entreprises concernées conservent les avantages individuels qu'ils ont acquis, en application de la convention ou de l'accord, à l'expiration de ces délais. S'il ressort de l'alinéa 5 du même texte qu'une nouvelle négociation doit s'engager à la demande d'une des parties intéressées, dans les 3 mois qui suivent la dénonciation par la totalité des signataires employeurs ou des signataires salariés ou sa mise en cause, il n'en découle pas qu'en l'absence de négociation, la convention dénoncée ou mise en cause continue à s'appliquer après l'expiration des délais prévus à l'alinéa 3 de l'article L. 132-8 CT. D'autre part, l'avantage individuel acquis est celui qui correspond à un droit déjà ouvert et non à un droit simplement éventuel. Après avoir relevé que la convention mise en cause n'avait pas été remplacée dans les délais prévus au 3e alinéa de l'article L. 132-8 CT, en sorte qu'elle avait cessé de produire effet, et avoir exactement retenu que le droit des salariés à l'indemnité de licenciement qui n'était né qu'au moment de la rupture du contrat de travail ne pouvait constituer un avantage individuel acquis au sens de l'alinéa 6 du même texte avant cette rupture, une cour d'appel a calculé à bon droit l'indemnité de licenciement sur la base de la convention nouvellement applicable dans l'entreprise.

Cass. soc. 23 juin 1999, n° 97-43.162, BC V n° 297.

Un salarié a été embauché par la société W qui, au 1er janvier 1996, a fusionné avec la société P. À cette même date, en vertu d'un accord de la direction avec les représentants du personnel, la convention collective nationale des pâtes alimentaires a été appliquée à l'ensemble du personnel issu de la fusion. L'intéressé a été mis à la retraite en janvier 1998 par la société PW, en application des dispositions de la convention collective des pâtes alimentaires prévoyant la mise à la retraite à l'âge de 60 ans. Revendiquant l'application de la convention collective nationale des industries alimentaires, prévoyant une mise à la retraite à l'âge de 65 ans, il a saisi la juridiction prud'homale d'une demande tendant à la requalification de sa mise à la retraite en licenciement et au paiement de diverses sommes en conséquence de cette requalification.

Doit être rejeté le pourvoi du salarié reprochant à l'arrêt attaqué de l'avoir débouté de sa demande.

D'abord, quand bien même l'accord susvisé ne constituerait pas un accord de substitution au sens de l'article L. 132-8 CT, il en résulterait, en application du même texte, aucun accord de substitution n'ayant alors été conclu, que la convention collective nationale des industries de la conserve, mise en cause le 1er janvier 1996 à la suite de la fusion entre les sociétés P et W, a cessé de produire effet à l'issue d'une durée d'un an à l'expiration du délai de préavis, soit le 1er avril 1997.

Ensuite, la cour d'appel, qui a constaté, pour déterminer l'activité principale de l'entreprise, que l'effectif affecté aux pâtes alimentaires était plus important que l'effectif affecté à la conserve, a légalement justifié sa décision. Par ailleurs, la cour, qui a relevé que le personnel de direction et la force de vente de l'établissement S étaient rattachés au siège de la société PW à Lyon, a pu décider que l'établissement S ne constituait pas un centre d'activité autonome.

Enfin, outre la convention collective à laquelle l'entreprise est soumise, une autre convention collective peut s'appliquer à tout ou partie du personnel, en exécution d'un accord collectif d'entreprise.

Cass. soc. 23 avril 2003, n° 01-41.196, BC V n° 140.

Le retour de la société à l'autonomie juridique, si son activité ne se distingue pas de celle exercée par la société mère, n'entraîne pas un retour à l'application de la convention initiale.

Le personnel d'une société exerçant une activité d'impression et de vernissage pour emballage alimentaire, qui appliquait alors la convention collective nationale de l'impression du labeur et des arts graphiques, a été soumis, après son absorption par une société qui fabriquait les emballages en fer blanc sur le même site, à la convention collective de la sidérurgie de la Moselle et de la Meurthe-et-Moselle, applicable à cette dernière. Cette dernière société a été scindée en cinq entités juridiquement distinctes, dont une nouvelle société qui a repris les activités d'impression et de vernissage et une société dont la première était filiale à 100 % et à laquelle elle était liée par un contrat de travail à façon. Un syndicat a fait assigner la société aux activités d'impression et de vernissage aux fins de dire et juger que la convention collective nationale de l'imprimerie du labeur et des arts graphiques était de plein droit applicable à cette dernière.

En relevant que l'activité de la société, malgré son retour à l'autonomie juridique, ne se distinguait pas de celle exercée par la « société mère » et demeurait, sans changement, un stade d'une fabrication unique, une cour d'appel a ainsi caractérisé son activité réelle d'impression sur feuille de métal et exactement décidé que celle-ci avait été exclue du champ d'application de la convention collective nationale de l'imprimerie du labeur et des arts graphiques par l'avenant du 9 septembre 1993. Dès lors, c'est à bon droit que la cour d'appel a débouté le syndicat de ses demandes.

Cass. soc. 7 décembre 2005, n° 04-15.662, BC V n° 361.

L'employeur ne peut s'abstenir de négocier et tenter, par une procédure de modification des contrats de travail, de faire échec aux règles résultant de l'article L. 2261-14 ancien CT.

À la suite de la cession de l'activité d'un laboratoire d'analyses médicales à une autre société relevant d'une convention collective différente, le nouvel employeur avait indiqué aux salariés travaillant au sein de ce laboratoire que l'ancienne convention collective resterait en vigueur pendant un an et leur demandait leur accord sur la baisse de leur rémunération. Les salariés, ayant été licenciés pour refus des modifications des contrats de travail, déséquilibre du fonctionnement sur le plan technique et financier et sureffectif, ont saisi la juridiction prud'homale pour obtenir le paiement de dommages-intérêts pour licenciement sans cause réelle et sérieuse.

Après avoir exactement affirmé que la convention collective des laboratoires d'analyses médicales extra-hospitaliers, applicable dans l'entreprise d'accueil à l'issue de la période de survie de l'ancienne convention collective applicable, ne constituait pas l'accord de substitution prévu par l'article L. 132-8, al. 7 CT, une cour d'appel a décidé à juste titre que la mise en cause de la convention applicable lors de la cession obligeait les partenaires sociaux à négocier pour la mise au point d'un accord de substitution, à défaut duquel les avantages individuels acquis résultant de la convention collective initiale auraient été incorporés au contrat de travail. La cour d'appel a, dès lors, décidé, à bon droit, que l'employeur ne pouvait s'abstenir de toute négociation et tenter, par une procédure de modification des contrats de travail, de faire échec aux règles résultant de l'article précité, les salariés ne pouvant, tant que leur contrat de travail est en cours, valablement renoncer aux avantages qu'ils tirent d'une convention ou d'un accord collectif, même pendant la durée de survie de celle-ci, après dénonciation ou mise en cause.

Cass. soc. 19 octobre 1999, n° 97-45.907, BC V n° 386.

Sort des usages et des accords atypiques

En cas de modification dans la situation juridique de l'employeur, les usages ou accords atypiques sont transférés au nouvel employeur. Ce dernier peut les dénoncer en respectant les règles applicables en la matière.

En cas de rachat d'une entreprise, le nouvel employeur doit respecter le statut collectif du personnel résultant d'un usage ou d'un accord atypique. Il peut mettre fin à l'engagement de portée collective en prévenant individuellement les salariés et les représentants du personnel, dans un délai permettant d'éventuelles négociations. À défaut d'une telle dénonciation, les salariés sont fondés à demander le paiement de certaines sommes résultant de cet engagement issu d'un protocole d'accord signé par la société initiale.

Cass. soc. 23 février 1994, n° 91-42.947.

Avantages acquis ; Convention collective (Dénonciation) ; Engagement unilatéral de l'employeur ; Usage.

Convention collective (Révision)

La convention collective peut faire l'objet d'une modification par l'intermédiaire d'un avenant.

L'avenant portant révision de tout ou partie de la convention se substitue de plein droit aux stipulations de la convention qu'il modifie et est opposable, sous réserve de son dépôt, à l'ensemble des employeurs et des salariés liés par la convention (art. L. 2261-7 et s. CT).

La loi 2016-1088 du 8 août 2016 a modifié le régime de la révision des conventions ou accords collectifs.

La jurisprudence rapportée ci-dessous, rendue dans le cadre législatif antérieur, conserve cependant son intérêt, notamment au regard des litiges en cours.

Tous les syndicats représentatifs dans le champ d'application de la convention ou de l'accord doivent être convoqués en vue de la négociation, à peine de nullité

L'obligation de convoquer tous les syndicats représentatifs à la négociation concerne la révision des accords d'entreprise,…

En application des dispositions combinées des articles L. 132-7 et L. 132-19 CT, tous les syndicats représentatifs qui ont un délégué syndical dans l'entreprise doivent être appelés à la négociation des conventions et accords collectifs d'entreprise, y compris lorsque la négociation porte sur des accords de révision. Toutefois, ces derniers ne peuvent être conclus qu'avec les organisations syndicales signataires de la convention ou de l'accord initial et, le cas échéant, avec les organisations syndicales non signataires, sous condition qu'elles aient préalablement adhéré à ladite convention ou audit accord collectif. Il en résulte que l'accord de révision conclu avec les seuls syndicats signataires de la convention ou de l'accord collectif, sans que les autres syndicats représentatifs dans l'entreprise aient été convoqués en vue de la négociation, est nul.

Cass. soc. 26 mars 2002, n° 00-17.231, BC V n° 107. Voir aussi cass. crim. 28 octobre 2008, n° 07-82.799.

… la révision des accords d'établissement…

Cass. soc. 8 juillet 2009, n° 08-41.507, BC V n° 177, cité dans « Convention collective (Conclusion) ».

… et la révision des accords de branche.

Cass. soc. 17 septembre 2003, n° 01-10.706, BC V n° 240.

Tous les syndicats représentatifs, y compris les syndicats non signataires de la convention et ceux n'y ayant pas adhéré, doivent être convoqués à la négociation en vue de sa révision.

Une convention dite « convention collective du Crédit agricole » avait été conclue entre la Fédération nationale du Crédit agricole (FNCA), association regroupant les caisses régionales de crédit agricole, et des syndicats de salariés ; la Fédération nationale CGT des personnels des secteurs financiers, non signataire de la convention et n'y ayant pas adhéré, a demandé à participer aux négociations annuelles sur les salaires ouvertes dans le cadre de la convention.

C'est à tort que, pour débouter la Fédération nationale CGT des personnels des secteurs financiers de cette demande, une cour d'appel a retenu que l'article L. 132-12 CT réserve aux seules organisations ayant signé une convention de branche ou y ayant adhéré le droit de négocier annuellement les salaires, alors que ce texte qui impose une obligation de négocier aux organisations liées par la convention n'est pas exclusif du droit des autres organisations représentatives de participer aux négociations pouvant conduire à la révision de la convention antérieurement conclue et, partant, de l'obligation de les inviter à cette négociation.

Cass. soc. 12 septembre 2007, n° 06-41.841, BC V n° 128.

Modalités de la révision

• En présence d'une clause de révision

Lorsque la convention collective impose le respect d'un préavis avant sa révision, l'inobservation de cette formalité entraîne la nullité de l'avenant de révision.

Il résulte de l'article 2 de la convention d'établissement de l'association paritaire de médecine du travail du bâtiment et des travaux publics de la région parisienne que la convention collective ne peut être révisée qu'après un préavis de trois mois de date à date.

Le 18 mai 2000, une association a convoqué les organisations syndicales à la commission restreinte de fonctions du 30 mai suivant pour procéder à l'adaptation de la grille de classification instituée par l'avenant 54 de la convention d'établissement ; le 19 mai, le syndicat a demandé la révision globale de la grille avec un préavis de trois mois, l'ordre du jour d'une réunion paritaire du 5 juillet a été étendu pour tenir compte de la demande d'un syndicat et que le comité d'entreprise a été convoqué pour donner son avis sur l'avenant conclu le 12 juillet suivant.

A violé le texte susvisé la cour d'appel qui, pour déclarer valable l'accord de révision, a retenu que toutes les dispositions de la convention d'établissement avaient été respectées, alors qu'il résultait de ses constatations que le délai de préavis de trois mois n'avait pas été respecté.

Cass. soc. 27 octobre 2004, n° 03-14.264, BC V n° 277.

Lorsque la convention collective contient une clause de révision, l'avenant n'a pas à être signé par toutes les organisations syndicales signataires de l'acte initial.

Doit être cassé l'arrêt qui, pour conclure à la nullité d'un accord modificatif, a relevé qu'une organisation syndicale représentative n'avait pas été convoquée à la négociation, alors que la négociation avait été conduite avec toutes les organisations syndicales et que la validité d'un accord modificatif n'est pas subordonnée à la condition que toutes les organisations syndicales l'aient signé.

Cass. soc. 1er juin 1994, n° 92-18.896, 1er moyen pris en sa 2e branche, BC V n° 186.

• **En l'absence de clause de révision**

Seules les organisations syndicales signataires sont habilitées à signer l'avenant de révision selon les règles applicables à chaque niveau de négociation.

Cass. soc. 13 novembre 2008, n° 07-42.481, BC V n° 224.

Un protocole de fin de conflit constitue un accord collectif dès lors qu'il est signé par un syndicat représentatif dans l'entreprise, après négociation avec les délégués syndicaux.

Selon l'article L. 132-7 CT alors applicable, sont seuls habilités à signer un accord de révision les syndicats signataires de l'accord initial, ce dont il résulte qu'en l'absence d'une telle signature l'avenant de révision est nul.

Dès lors, après avoir constaté qu'un protocole de fin de conflit du 18 décembre 1996 avait été signé par le syndicat CGT d'une entreprise et qu'un accord du 7 février 2003 avait pour objet de définir de nouvelles modalités d'application à ce protocole, ce dont il résultait que l'accord de 2003 emportait révision de l'accord collectif conclu en 1996 et que la signature du syndicat CGT était en conséquence nécessaire à sa validité, une cour d'appel a pu prononcer la nullité de l'accord de 2003 qui n'avait pas été signé par ce syndicat.

Cass. soc. 8 avril 2009, n° 08-40.256, 1er moyen, BC V n° 102.

Le syndicat signataire d'un accord d'entreprise qui n'est plus représentatif pour la durée du cycle électoral au cours duquel la révision de cet accord est proposée ne peut pas s'opposer à la négociation de l'accord de révision.

Aux termes de l'article L. 2261-7 CT, dans sa rédaction alors applicable, les organisations syndicales de salariés représentatives, signataires d'une convention ou d'un accord ou qui y ont adhéré conformément aux dispositions de l'article L. 2261-3, sont seules habilitées à signer, dans les conditions prévues au chapitre II du livre III, les avenants portant révision de cette convention ou de cet accord ; il en résulte que l'organisation syndicale de salariés qui, signataire d'un accord d'entreprise, n'est plus représentative pour la durée du cycle électoral au cours duquel la révision d'un accord d'entreprise est proposée, ne peut s'opposer à la négociation d'un tel accord.

L'évolution des conditions d'acquisition par une organisation syndicale de la représentativité telle qu'elle résulte de la loi 789-2008 du 20 août 2008 conduit en effet à apprécier différemment, en application de l'article L. 2261-7 CT, dans sa rédaction antérieure à la loi 2016-1088 du 8 août 2016, les conditions mises à la révision d'un accord collectif d'entreprise.

Cass. soc. 21 septembre 2017, n° 15-25.531, BC V n° 157.

Pendant la durée de l'accord initial, les signataires ont la faculté de modifier les modalités de sa révision.

Si les articles L. 132-6 et L. 132-7 CT imposent aux parties signataires d'accord ou de convention collectifs à durée déterminée ou indéterminée de prévoir à quelle époque et dans quelles formes ils pourront être renouvelés ou révisés, les parties conservent la faculté de les modifier avec le consentement de l'ensemble des signataires, pendant la durée de l'accord ; l'absence de prévision dans l'accord initial d'une procédure de révision avant terme ne saurait, à elle seule, les priver de cette faculté.

Cass. soc. 11 mai 2004, n° 02-14.844, 1er moyen, BC V n° 130.

Convention de forfait

La convention de forfait résulte d'un accord entre un employeur et un salarié prévoyant une rémunération incluant le salaire habituel et les heures supplémentaires ou d'autres éléments de salaire.

La loi 2008-789 du 20 août 2008 a procédé à une refonte du cadre juridique des conventions de forfait.

Le code du travail distingue trois types de conventions de forfait : la convention de forfait en heures sur une semaine ou sur un mois, la convention de forfait annuel en heures et la convention de forfait annuel en jours.

La loi 2016-1088 du 8 août 2016 a complété le contenu des accords collectifs encadrant le recours aux forfaits pour tenir compte des garanties en matière de santé et de sécurité et de suivi de la charge de travail des salariés concernés.

Les accords relatifs aux forfaits annuels conclus avant ces réformes ayant été maintenus en vigueur, les arrêts rapportés ci-dessous conservent leur intérêt.

Conditions de validité

La convention de forfait doit résulter d'un accord entre les parties…

Le paiement d'heures supplémentaires selon un forfait ne peut résulter que d'un accord entre les parties et il appartient à l'employeur qui s'en prévaut d'en rapporter la preuve.

Cass. soc. 6 juillet 1999, n° 96-45.512.

… même si le principe en est posé par la convention collective.

Même si le principe en est posé par la convention collective, le paiement des heures supplémentaires selon un forfait ne peut résulter que d'un accord particulier entre l'employeur et le salarié.

Une cour d'appel, ayant constaté qu'aucun document contractuel ne prévoyait de convention de forfait passée entre un employeur et un salarié et que la rémunération de ce dernier correspondait à une durée de travail de 169 heures par mois, a pu condamner l'employeur à lui verser des sommes à titre d'heures supplémentaires et congés payés afférents et de repos compensateur.

Cass. soc. 10 mars 2004, n° 01-46.369, BC V n° 77. Voir aussi cass. soc. 9 avril 2008, n° 07-41.418, 2e moyen du pourvoi principal, BC V n° 82 ; cass. soc. 9 avril 2015, n° 13-14.619.

L'existence d'un accord sur une rémunération forfaitaire ne saurait se déduire de l'absence de mention des heures de travail effectuées sur le bulletin de paie ou de l'absence de protestation du salarié sur son mode de rémunération.

Doit être cassé l'arrêt qui, pour retenir l'existence d'une rémunération forfaitaire et débouter un salarié de sa demande en paiement d'heures supplémentaires, a relevé que le nombre d'heures travaillées n'était pas porté sur le bulletin de paie et que le salarié n'avait jamais discuté de son mode de rémunération en vingt ans d'ancienneté, alors que ni l'absence de mention des heures de travail effectuées sur le bulletin de paie ni le fait que le salarié se soit abstenu de protestation et réserve n'impliquent l'existence d'un accord sur une rémunération forfaitaire.

Cass. soc. 19 novembre 1997, n° 95-41.110.

Le fait pour un salarié d'avoir toujours effectué un horaire supérieur à la durée légale du travail, moyennant une rémunération importante calculée en fonction de cette donnée, suffit à établir l'accord des parties.

Un salarié, chef d'atelier, ne peut prétendre au paiement d'heures supplémentaires dans la mesure où il a toujours effectué un horaire régulier supérieur à la durée légale hebdomadaire de travail et perçu une rémunération importante manifestement calculée en fonction de cette donnée, ce dont il résulte que les parties se sont accordées sur une rémunération forfaitaire, incluant les heures supplémentaires. Peu importe que la convention collective prévoie le paiement des heures supplémentaires dès lors qu'elle n'en a pas interdit le règlement de manière forfaitaire.

Cass. soc. 4 juillet 1996, n° 93-41.708.

La convention de forfait ne peut être instaurée par un usage d'entreprise.

Le paiement des heures supplémentaires selon un forfait ne peut résulter que d'un accord entre les parties et un usage d'entreprise en ce sens est inopposable au salarié.

Cass. soc. 31 mars 1998, n° 96-41.878, 2e moyen, BC V n° 184. Voir aussi cass. soc. 6 juillet 1999, n° 97-41.290, 1er moyen, BC V n° 324 ; cass. soc. 7 novembre 2001, n° 99-45.099.

La rédaction d'un écrit n'est pas exigée à peine de nullité…

Aucune disposition légale ou réglementaire n'exige un écrit pour l'établissement d'une convention de forfait. Ayant relevé que le salarié ne contestait pas avoir accepté des fonctions impliquant une disponibilité sans référence à des temps de travail particuliers, une cour d'appel a pu décider que cet accord des parties avait donné au salaire convenu un caractère forfaitaire excluant la rémunération d'heures supplémentaires.

Cass. soc. 11 janvier 1995, n° 93-41.525, 2e moyen.

… sauf en ce qui concerne les cadres ne faisant partie ni des cadres dirigeants ni des cadres intégrés à l'horaire collectif dont les conventions doivent nécessairement être passées par écrit…

Selon l'article L. 212-15-3, I devenu L. 3121-38 (ancien) CT, dans sa rédaction alors applicable, la durée de travail des cadres ne relevant pas des dispositions des articles L. 212-15-1 et L. 212-15-2 devenus L. 3111-2 et L. 3121-39 (ancien) CT peut être fixée par des conventions individuelles de forfait établies sur une base hebdomadaire, mensuelle ou annuelle ; il en résulte que ces conventions doivent nécessairement être passées par écrit.

Une salariée a été engagée par une société le 1er février 2000 par contrat à durée indéterminée en qualité d'assistante commerciale ; elle a été promue le 1er octobre 2000 au poste de chef de zone export ; licenciée pour faute grave le 25 mai 2004, elle a saisi la juridiction prud'homale notamment d'une demande en paiement d'un rappel d'heures supplémentaires.

Pour rejeter cette demande, une cour d'appel a retenu que la convention de forfait en jours ne nécessitait pas un écrit et pouvait être démontrée par tous moyens.

En statuant ainsi, alors qu'aucune convention de forfait en jours n'avait été passée par écrit entre la société et la salariée, la cour d'appel a violé l'article L. 212-15-3, I devenu L. 3121-38 CT, dans sa rédaction alors applicable.

Cass. soc. 16 décembre 2008, n° 07-42.107, 1er moyen, BC V n° 250. Voir aussi cass. soc. 31 janvier 2012, n° 10-17.593, BC V n° 44 ; cass. soc. 4 novembre 2015, n° 14-10.419, BC V n° 223.

C'est à tort que, pour débouter un salarié de sa demande en paiement d'heures supplémentaires pour la période postérieure à la date à laquelle il avait été promu au statut de cadre, une cour d'appel a retenu qu'à compter de sa promotion, l'intéressé avait bénéficié de jours de réduction du temps de travail au titre de forfait annuel en jours, ce dont il résultait que cet accord avait donné au salaire convenu un caractère forfaitaire excluant la rémunération d'heures supplémentaires, alors qu'il résultait de ses constatations qu'aucune convention individuelle de forfait n'avait été passée par écrit entre les parties.

Cass. soc. 26 mars 2008, n° 06-45.990, 1re branche du 1er moyen, BC V n° 71.

... et fixer le nombre de jours travaillés.

Cass. soc. 1er décembre 2009, n° 07-44.010, 1er moyen du pourvoi principal. Voir aussi cass. soc. 12 mars 2014, n° 12-29.141, 1er moyen du pourvoi principal, BC V n° 76 ; cass. soc. 12 février 2015, n° 13-17.516.

La validité d'une convention de forfait suppose que soit connu le forfait d'heures que les parties ont retenu lors de la conclusion de la convention.

La seule fixation d'une rémunération forfaitaire, sans que soit déterminé le nombre d'heures supplémentaires inclus dans cette rémunération, ne permet pas de caractériser une convention de forfait.

Cass. soc. 3 mai 2011, n° 09-70.813, 2e moyen, BC V n° 103. Voir aussi cass. soc. 5 mai 2010, n° 08-43.652, 1er moyen du pourvoi principal, BC V n° 104 ; cass. soc. 21 mars 2000, n° 97-45.155, BC V n° 111.

Pour débouter un salarié de sa demande en paiement des heures supplémentaires générées par des gardes de nuit, une cour d'appel a énoncé que l'importance de sa rémunération compensait le système de rémunération des gardes et astreintes, qu'il avait expressément accepté ce système dans le contrat de travail dans la mesure où celui-ci ne prévoyait ni un horaire fixe ni le paiement d'heures supplémentaires, mais celui d'une indemnité mensuelle de sujétion, alors que, d'une part, le versement d'une prime ne peut tenir lieu de règlement des heures supplémentaires, que, d'autre part, le paiement de celles-ci, selon un forfait, ne peut résulter que d'un accord exprès des parties et que la seule fixation d'une rémunération forfaitaire sans que soit déterminé le nombre d'heures supplémentaires inclus dans cette rémunération ne permet pas de caractériser une convention de forfait.

Cass. soc. 1er décembre 2004, n° 02-45.758.

Tel est le cas lorsque le contrat de travail fait référence à l'horaire de travail en vigueur dans l'entreprise et que le salarié confirme en avoir pris connaissance.

Une salariée, dont le contrat de travail précisait dans un article intitulé Horaire : « l'horaire est celui en usage dans la société et dont la salariée déclare avoir pris connaissance » et dans un article 07 intitulé Rémunération : « Votre rémunération sera de 10 000 F brut par mois », a vu porter le montant de sa rémunération à 150 000 F brut par an. Elle a saisi le conseil de prud'hommes en paiement notamment d'heures supplémentaires et de rappel de salaires.

Si la seule fixation d'une rémunération forfaitaire, sans que soit déterminé le nombre d'heures supplémentaires inclus dans cette rémunération, ne permet pas de caractériser la convention de forfait, la cour d'appel qui, en l'espèce, a, d'une part, relevé que le contrat de travail fixait une rémunération forfaitaire et faisait référence à l'horaire de travail en vigueur dans l'entreprise dont la salariée confirmait avoir pris connaissance et, d'autre part, constaté que la rémunération était au moins égale à la rémunération qu'elle aurait due percevoir augmentée des heures supplémentaires, a estimé que l'employeur rapportait la preuve d'une convention de forfait et a pu limiter le montant des heures supplémentaires dues par l'employeur.

Cass. soc. 5 mai 2004, n° 01-43.918, 2e moyen, BC V n° 121. Voir aussi cass. soc. 15 mai 2014, n° 13-10.531.

La rémunération forfaitaire doit être au moins égale au salaire conventionnel augmenté des majorations pour heures supplémentaires.

Convention de forfait

N'a pas légalement justifié sa décision la cour d'appel qui a rejeté la demande d'un salarié en paiement d'heures supplémentaires, sans constater que la rémunération était au moins égale à celle que le salarié aurait reçue en appliquant au salaire conventionnel les majorations pour heures supplémentaires et sans préciser le nombre d'heures correspondant au salaire forfaitaire, alors qu'elle avait relevé que les bulletins de salaire mentionnaient la durée légale du travail.

Cass. soc. 25 mai 1994, n° 90-44.852, 4ᵉ, 6ᵉ et 7ᵉ moyens.

Il convient donc de comparer le forfait convenu et le salaire minimum conventionnel augmenté des heures supplémentaires.

La rémunération forfaitaire n'est licite que pour autant qu'elle permet au salarié de percevoir, au moins, la rémunération à laquelle il peut légalement prétendre, y compris les majorations prévues pour les heures supplémentaires. Sa licéité suppose donc nécessairement une comparaison entre le forfait convenu et le salaire minimum conventionnel augmenté des heures supplémentaires. En déboutant un salarié de sa demande en paiement d'heures supplémentaires, sans rechercher si la rémunération forfaitaire était ou non supérieure au salaire minimum conventionnel augmenté des heures supplémentaires réellement effectuées, la cour d'appel n'a pas donné de base légale à sa décision.

Cass. soc. 4 mai 1999, n° 96-44.612, BC V n° 188. Voir aussi cass. soc. 18 janvier 2000, n° 97-45.736.

La convention de forfait doit être conforme aux dispositions conventionnelles.

Un conseil de prud'hommes, qui a constaté que l'avenant au contrat de travail d'un salarié stipulait une rémunération forfaitaire correspondant à une durée de travail de 45 heures par semaine, alors que l'accord national du 8 octobre 1990, applicable aux ouvriers du bâtiment dans les entreprises occupant jusqu'à 10 salariés, ne prévoit la possibilité d'une rémunération forfaitaire que dans la limite de 42 heures par semaine, a pu décider que la forfaitisation de la rémunération du salarié prévue par ledit avenant était illégale.

Cass. soc. 16 juillet 1998, n° 96-42.628.

Les dispositions conventionnelles applicables dans l'entreprise doivent assurer la protection de la sécurité et de la santé du salarié soumis au régime du forfait en jours.

Toute convention de forfait en jours doit être prévue par un accord collectif dont les stipulations assurent la garantie du respect des durées maximales de travail ainsi que des repos journaliers et hebdomadaires.

Un salarié a été engagé par une société, dont l'activité relève de la convention collective nationale des industries chimiques. Son contrat de travail stipulait une convention de forfait en jours telle que prévue à l'accord d'entreprise conclu le 3 février 2000 et relatif à l'aménagement et la réduction du temps de travail.

Pour débouter le salarié de sa demande en paiement d'heures supplémentaires, une cour d'appel, après avoir constaté que le salarié travaillait sans respecter la durée maximale du travail, a retenu que ceci était conforme à son contrat de travail et aux accords collectifs régissant la profession, et que le paiement des heures effectuées au-delà de la durée maximale quotidienne ne pouvait être imposé à l'employeur du fait de l'existence de la convention de forfait en jours.

Or, ni les stipulations non étendues de l'article 12 de l'accord cadre du 8 février 1999 sur l'organisation et la durée du travail dans l'industrie chimique, qui, dans le cas de forfait en jours, ne déterminent pas les modalités et les caractéristiques principales des conventions susceptibles d'être conclues mais renvoient à la convention écrite conclue avec le salarié concerné le soin de fixer les modalités de mise en œuvre et de contrôle du nombre de jours travaillés ainsi que la nécessité d'un entretien annuel d'activité du cadre avec sa hiérarchie, ni celles de l'accord d'entreprise du 3 février 2000, qui se bornent à affirmer que les cadres soumis à un forfait en jours sont tenus de respecter la durée minimale de repos quotidien et hebdomadaire, ne sont de nature à assurer la protection de la sécurité et de la santé du salarié soumis au régime du forfait en jours.

En ne déduisant pas de ces dispositions que la convention de forfait en jours était privée d'effet et que le salarié pouvait prétendre au paiement d'heures supplémentaires dont elle devait vérifier l'existence et le nombre, la cour d'appel a violé l'article 151 du Traité sur le fonctionnement de l'Union européenne se référant à la Charte sociale européenne et à la Charte communautaire des droits sociaux fondamentaux des travailleurs, l'article L. 212-15-3 ancien CT, dans sa rédaction applicable au litige, interprété à la lumière de l'article 17, §§ 1 et 4 de la directive 1993-104 CE du Conseil du 23 novembre 1993, des articles 17, § 1, et 19 de la directive 2003-88 CE du Parlement européen et du Conseil du 4 novembre 2003 et de l'article 31 de la Charte des droits fondamentaux de l'Union européenne.

Cass. soc. 31 janvier 2012, n° 10-19.807, moyen relevé d'office, BC V n° 43. Voir aussi cass. soc. 26 septembre 2012, n° 11-14.540, BC V n° 250 ; cass. soc. 24 avril 2013, n° 11-28.398, 3e moyen, BC V n° 117 ; cass. soc. 14 mai 2014, n° 12-35.033, moyen relevé d'office, BC V n° 121 ; cass. soc. 11 juin 2014, n° 11-20.985, 2e moyen, BC V n° 137 ; cass. soc. 13 novembre 2014, n° 13-14.206, BC V n° 262 ; cass. soc. 17 décembre 2014, n° 13-22.890, 2e moyen du pourvoi principal, BC V n° 301 ; cass. soc. 17 décembre 2014, n° 13-23.230, BC V n° 307 ; cass. soc. 4 février 2015, n° 13-20.891, pourvoi incident, BC V n° 23 ; cass. soc. 7 juillet 2015, n° 13-26.444, BC V n° 140 ; cass. soc. 8 septembre 2016, n° 14-26.256, BC V n° 159 ; cass. soc. 9 novembre 2016, n° 15-15.064, 1er moyen, BC V n° 214 ; cass. soc. 14 décembre 2016, n° 15-22.003, BC V n° 253 ; cass. soc. 22 juin 2017, n° 16-11.762, 2e moyen, BC V n° 106 ; cass. soc. 5 octobre 2017, n° 16-23.106, BC V n° 173 ; cass. soc. 8 novembre 2017, n° 15-22.758, 3e moyen, à paraître ; cass. soc. 17 janvier 2018, n° 16-15.124, à paraître.

Il incombe à l'employeur de rapporter la preuve qu'il a respecté les stipulations de l'accord collectif destinées à assurer la protection de la santé et de la sécurité des salariés soumis au régime du forfait en jours.

Cass. soc. 19 décembre 2018, n° 17-18.725, à paraître.

Le non-respect par l'employeur des clauses de l'accord collectif destinées à assurer la protection de la sécurité et de la santé des salariés soumis au régime du forfait en jours prive d'effet la convention de forfait.

Cass. soc. 2 juillet 2014, n° 13-11.940, 1re branche du moyen, BC V n° 172.

Toute convention de forfait en jours doit être prévue par un accord collectif dont les stipulations assurent la garantie du respect des durées maximales de travail ainsi que des repos, journaliers et hebdomadaires.

Dès lors que les stipulations de l'accord collectif sur l'organisation du travail applicable dans la branche, dont le respect est de nature à assurer la protection de la sécurité et de la santé du salarié soumis au régime du forfait en jours, n'ont pas été observées par l'employeur, la convention de forfait en jours est privée d'effet et le salarié peut prétendre au paiement d'heures supplémentaires dont les juges doivent vérifier l'existence et le nombre.

Cass. soc. 29 juin 2011, n° 09-71.107, 1er moyen, BC V n° 181.

Il en va de même s'agissant du défaut d'entretien individuel, peu important que la convention de forfait ait été conclue avant la loi du 20 août 2008.

L'article 19, III de la loi 2008-789 du 20 août 2008 n'a pour objet que de sécuriser les accords collectifs conclus sous l'empire des dispositions régissant antérieurement le recours aux conventions de forfait et les dispositions de l'article L. 3121-46 CT, issues de la même loi, sont applicables aux conventions individuelles de forfait en jours en cours d'exécution lors de son entrée en vigueur.

Ayant constaté qu'un employeur n'avait pas organisé d'entretien portant sur la charge de travail du salarié, l'organisation du travail dans l'entreprise et l'articulation entre la vie professionnelle et personnelle, une cour d'appel a exactement décidé qu'il avait méconnu les dispositions de l'article L. 3121-46 CT.

Cass. soc. 12 mars 2014, n° 12-29.141, 2e moyen du pourvoi incident, BC V n° 76.

Le non-respect par l'employeur tant des dispositions de l'accord d'entreprise relatives à l'exécution de la convention de forfait en jours que de l'obligation de consulter le comité d'entreprise sur le recours à ce dispositif n'a pas pour effet la nullité de la convention individuelle de forfait en jours.

Cass. soc. 22 juin 2016, n° 14-15.171, 1er moyen, BC V n° 136.

Le salarié qui a été soumis à tort à un forfait annuel en jours peut prétendre au paiement d'heures supplémentaires dont le juge doit vérifier l'existence et le nombre conformément aux dispositions de l'article L. 3171-4 CT.

Cass. soc. 4 février 2015, n° 13-20.891, 1er moyen du pourvoi principal, BC V n° 23.

Le salarié dont la demande de rappel de salaire au titre des heures supplémentaires n'est pas prescrite est recevable à contester la validité de la convention de forfait annuel en jours stipulée dans son contrat de travail.

Cass. soc. 27 mars 2019, n° 17-23.314, 1er moyen, à paraître.

Domaine d'application

La convention de forfait ne s'applique qu'aux éléments qu'elle vise expressément.

Dénature les termes clairs et précis de la convention la cour d'appel qui énonce que la convention de forfait avait pour conséquence d'abolir toute différence entre les jours et les heures travaillés et faisait obstacle à toute réclamation du salarié, non seulement au titre des heures supplémentaires, mais encore des jours fériés et des dimanches travaillés, alors qu'il résultait des clauses du contrat que la rémunération forfaitaire ne pouvait inclure que les majorations pour heures supplémentaires, à l'exclusion du paiement du 1er mai, des jours fériés et des dimanches.

Cass. soc. 25 mai 1994, n° 90-44.852, 2e et 4e moyens.

La rémunération forfaitaire peut inclure la prime d'ancienneté.

C'est à bon droit qu'une cour d'appel a déduit que la salariée avait été remplie de ses droits au regard de la prime d'ancienneté après avoir constaté qu'il existait un usage de paiement d'une rémunération forfaitaire incluant la prime d'ancienneté et que la somme versée à l'intéressée était bien d'un montant supérieur au salaire minimum augmenté de la prime d'ancienneté.

Cass. soc. 25 mai 1994, n° 90-43.961.

La rémunération forfaitaire peut inclure les congés payés.

S'il n'est pas interdit aux parties de convenir d'un salaire forfaitaire incluant les congés payés, encore faut-il que cette convention soit expresse et que ses modalités n'aboutissent pas, pour le salarié, à un résultat moins favorable que la stricte application des dispositions légales.

Cass. soc. 2 avril 1997, n° 95-42.320, BC V n° 135. Voir aussi cass. soc. 10 novembre 2009, n° 08-42.695, 1er moyen ; cass. soc. 23 janvier 2019, n° 17-23.310, 2e moyen du pourvoi principal.

La rémunération forfaitaire peut inclure une indemnité en cas de fermeture d'un établissement.

Il n'est pas interdit de convenir d'un salaire forfaitaire, incluant une indemnité en cas de fermeture d'un établissement, ou d'impossibilité pour l'employeur de fournir du travail à son salarié au-delà de la durée fixée pour les congés légaux annuels. Toutefois, la convention de forfait doit être expresse et ne doit pas aboutir, pour le salarié, à un résultat moins favorable que la stricte application des dispositions légales.

Cass. soc. 11 juillet 2000, n° 97-45.895, 1er moyen du pourvoi principal.

Modification du forfait

Une modification du forfait ne peut être imposée au salarié.

La convention de forfait d'heures supplémentaires présente un caractère contractuel et sa modification ne peut résulter que de l'accord des deux parties. Le salarié est donc en droit de refuser la modification de son contrat de travail et d'exiger l'application de celui-ci.

Cass. soc. 6 juillet 1999, n° 96-45.787, BC V n° 323.

Preuve

La preuve de l'existence d'une convention de forfait incombe à celui qui l'invoque.

Si, en cas de litige, la preuve des heures de travail effectuées n'incombe spécialement à aucune des parties, il n'en va pas de même de la preuve de l'existence d'une convention de forfait dont la charge incombe à celui qui l'invoque.

Cass. soc. 21 novembre 2000, n° 98-44.026, 2e moyen, BC V n° 382. Voir aussi cass. soc. 12 janvier 2016, n° 13-26.318, 4e moyen du pourvoi principal, BC V n° 6.

Le seul fait qu'un salaire soit très supérieur au salaire minimum conventionnel ne permet pas de prouver l'existence d'une convention de forfait.

La rémunération forfaitaire d'heures supplémentaires ne se présume pas et ne peut résulter du seul fait que le salarié avait un salaire très supérieur au salaire minimum conventionnel.

Cass. soc. 20 juillet 1994, n° 91-40.004.

En cas de litige relatif à l'existence ou au nombre de jours de travail effectués par le salarié dans le cadre d'une convention de forfait jours, la preuve n'incombe spécialement à aucune des parties.

Il résulte de la combinaison des articles L. 3121-45 dans sa version applicable, L. 3171-4 et D. 3171-10 CT qu'en cas de litige relatif à l'existence ou au nombre de jours de travail effectués par le salarié dans le cadre d'une convention de forfait jours, l'employeur doit fournir au juge les éléments de nature à justifier des jours effectivement travaillés par le salarié ; au vu de ces éléments et de ceux fournis par le salarié à l'appui de sa demande, le juge forme sa conviction après avoir ordonné, en cas de besoin, toutes les mesures d'instruction qu'il estime utiles ; ainsi, la preuve n'incombe spécialement à aucune des parties, et le juge ne peut, pour rejeter une demande de paiement de jours travaillés, se fonder sur l'insuffisance des preuves apportées par le salarié mais doit examiner les éléments de nature à justifier les jours effectivement travaillés par le salarié et que l'employeur est tenu de lui fournir.

Un salarié a signé une convention de forfait jours en application d'un accord d'entreprise prévoyant que « le contrôle du nombre de journées de travail de la catégorie des cadres autonomes s'effectuera au moyen d'un système déclaratif mensuel, chaque salarié remplissant le formulaire mis à sa disposition à cet effet et le transmettant pour accord à sa hiérarchie, puis pour enregistrement au service du personnel, les salariés devant renseigner sur ce formulaire les rubriques relatives au nombre de journées et demi journées travaillées dans le mois et le cumul atteint depuis le début de l'exercice » ; ayant été licencié, il a saisi la juridiction prud'homale notamment d'une demande de paiement d'une somme au titre des jours travaillés au-delà du forfait de 215 jours prévus par la convention.

Pour rejeter sa demande, une cour d'appel a retenu que son contrat de travail prévoyait que le salarié disposait d'une large autonomie dans l'organisation de son travail, qu'il bénéficiait d'une rémunération forfaitaire, qu'il n'apportait pas la preuve qui lui incombait de ce qu'il avait travaillé au-delà du temps prévu.

En statuant ainsi, en faisant reposer sur le seul salarié la charge de la preuve des jours travaillés en dépassement des 215 jours fixés par la convention de forfait jours, la cour d'appel a violé les articles L. 3121-45, dans sa version alors applicable, L. 3171-4 et D. 3171-10 CT, et l'article 5.1.1 de l'accord d'entreprise relatif à l'aménagement et la réduction du temps de travail.

Cass. soc. 23 septembre 2009, n° 08-41.377, 2e moyen, BC V n° 200. Voir aussi cass. soc. 7 décembre 2010, n° 09-42.626, pourvoi de l'employeur, BC V n° 281.

Portée

Les heures supplémentaires effectuées au-delà du forfait doivent donner lieu à un paiement majoré.

Ayant constaté que, pour remplir les différentes tâches qui lui étaient imparties, un salarié accomplissait un horaire de travail supérieur au forfait d'heures fixé dans la convention, une cour d'appel a exactement décidé qu'il était en droit d'obtenir le paiement des heures supplémentaires dont elle a souverainement déterminé le nombre et le montant.

Cass. soc. 7 juillet 2004, n° 02-40.610, 3e moyen du pourvoi principal.

Même en cas de rémunération forfaitaire, le salarié a droit à un repos compensateur.

Doit être cassé l'arrêt qui, pour débouter un salarié de ses demandes en paiement d'une somme au titre du repos compensateur, énonce que les parties avaient convenu d'une rémunération forfaitaire, alors que la convention de forfait ne prive pas le salarié de son droit au repos compensateur au titre des heures supplémentaires réellement effectuées.

Cass. soc. 2 février 1994, n° 91-45.514, 4e moyen, BC V n° 42. Voir aussi cass. soc. 10 décembre 1997, n° 95-40.008 ; cass. soc. 5 janvier 2000, n° 97-44.606.

La convention de forfait ne dispense pas l'employeur d'établir les documents obligatoires relatifs à la durée du travail.

Une cour d'appel a justement décidé que l'employeur était tenu d'établir les documents nécessaires au décompte de la durée du travail (art. L. 620-2 CT) et que, exception faite de certains emplois de cadres supérieurs rémunérés par un forfait ne comportant aucune référence à un horaire quelconque, l'existence d'une convention de forfait ne dispense pas l'employeur de cette obligation.

Cass. crim. 14 décembre 1993, n° 93-81.404, B. crim. n° 387.

Une convention individuelle de forfait annuel en heures n'instaure pas au profit du salarié un droit à la libre fixation de ses horaires de travail indépendamment de toute contrainte liée à l'horaire collectif fixé par l'employeur dans l'exercice de son pouvoir de direction.

Cass. soc. 2 juillet 2014, n° 13-11.904, BC V n° 171.

En application des dispositions de l'article L. 3123-1 CT, les salariés ayant conclu une convention de forfait en jours sur l'année dont le nombre est inférieur à 218 jours ne peuvent pas être considérés comme des salariés à temps partiel.

Cass. soc. 27 mars 2019, n° 16-23.800, à paraître.

☛ *Durée du travail ; Heures supplémentaires ; Minimum conventionnel ; Repos compensateur ; SMIC.*

Convention de reclassement personnalisé

☛ *Contrat de sécurisation professionnelle.*

Convocation à l'entretien préalable (au licenciement)

L'employeur qui envisage de licencier un salarié doit le convoquer à un entretien préalable avant de prendre sa décision. Cette formalité est applicable, quel que soit le motif du licenciement, sauf cas de licenciement collectif pour motif économique de plus de 10 salariés sur une même période de trente jours dans les entreprises dotées de représentants du personnel.

La convocation doit être adressée au salarié par lettre recommandée ou lettre remise en main propre et doit contenir des mentions obligatoires. L'entretien préalable ne peut avoir lieu moins de cinq jours ouvrables après présentation de la lettre de convocation (art. L. 1232-2 et L. 1233-11 CT).

Des sanctions sont encourues par l'employeur s'il ne respecte pas ces formalités.

Un écrit est nécessaire

La convocation à l'entretien préalable doit être faite au salarié par écrit.

N'a pas donné de base légale à sa décision la cour d'appel qui a relevé que l'entretien préalable avait eu lieu dans des conditions régulières, alors que le salarié soutenait qu'il avait été convoqué oralement trois quarts d'heure avant celui-ci et qu'ainsi, il n'avait pu se défendre.

Cass. soc. 22 février 1990, n° 87-45.437, 2e moyen, BC V n° 87.

La lettre de convocation doit être remise en main propre contre décharge ou envoyée en recommandé avec accusé de réception.

Un salarié ne peut se prévaloir d'une irrégularité de procédure si la convocation a été envoyée à une mauvaise adresse, dès lors qu'il n'a pas signalé à son employeur son changement de domicile.

Cass. soc. 26 février 1992, n° 88-44.441, 1er moyen, BC V n° 132.

La convocation peut être envoyée par un système de transport rapide de courrier…

Le mode de convocation à l'entretien préalable au licenciement, par l'envoi de la lettre recommandée avec demande d'avis de réception ou par la remise en main propre contre décharge, visé par l'article L. 1232-2 CT, n'est qu'un moyen légal de prévenir toute contestation sur la date de réception de la convocation.

Dès lors, l'envoi d'une convocation à un entretien préalable par le système de transport rapide de courrier dit « Chronopost », qui permet de justifier des dates de son expédition et de sa réception, ne peut constituer une irrégularité de la procédure de licenciement.

Cass. soc. 8 février 2011, n° 09-40.027, 2e moyen, BC V n° 45.

… ou remise par voie d'huissier de justice.

Le mode de convocation à l'entretien préalable au licenciement, par l'envoi de la lettre recommandée avec demande d'avis de réception ou par la remise en main propre contre décharge, visé par l'article L. 1232-2 CT, n'étant qu'un moyen légal de prévenir toute contestation sur la date de la convocation, la remise d'une convocation à l'entretien par voie d'huissier de justice ne constitue pas une irrégularité de la procédure de licenciement.

Cass. soc. 30 mars 2011, n° 09-71.412, 4e et 5e branches du 1er moyen, BC V n° 83.

L'envoi de la convocation à une adresse dont l'employeur sait qu'elle n'est plus celle du salarié constitue une irrégularité de procédure.

Selon l'article L. 122-14 CT, l'employeur, ou son représentant, qui envisage de licencier un salarié doit, avant toute décision, convoquer l'intéressé par lettre recommandée ou par lettre remise en main propre contre récépissé, en lui indiquant l'objet de la convocation.

C'est à tort que, pour juger régulière la convocation du salarié à entretien préalable à son licenciement, une cour d'appel a retenu que la lettre recommandée avait été envoyée à une adresse à laquelle il n'habitait plus depuis un an, qu'il n'avait pas fait connaître sa nouvelle adresse à son employeur et qu'il était établi par les témoignages des salariés de l'entreprise qu'il l'avait reçue en main propre, alors qu'elle avait constaté que l'employeur s'était rendu au nouveau domicile du salarié, ce dont il résultait que ce dernier lui en avait fait connaître l'adresse et alors que l'absence de récépissé de remise en main propre de la lettre de convocation ne peut être suppléée par des témoignages.

Cass. soc. 23 mars 2005, n° 02-46.105, BC V n° 100.

Les licenciements concernés

Dans l'hypothèse d'un licenciement collectif de plus de dix salariés dans une même période de trente jours, la tenue d'un entretien préalable individuel n'est pas requise si l'entreprise est dotée d'un comité d'entreprise ou de délégués du personnel.

Ayant constaté qu'un employeur avait envisagé de procéder à un licenciement pour motif économique de plus de dix salariés et mis en œuvre la procédure correspondante, une cour d'appel a décidé à bon droit que l'employeur n'était pas tenu de convoquer les quatre salariés finalement licenciés à un entretien préalable individuel.

Cass. soc. 26 janvier 1994, n° 92-41.512, 1er moyen, BC V n° 30.

Cette règle connaît toutefois une exception s'agissant des salariés protégés, qui doivent dans tous les cas bénéficier d'un entretien préalable, y compris lorsque leur licenciement s'inscrit dans le cadre d'un « grand » licenciement collectif.

Il résulte de la combinaison des dispositions des articles L. 122-14-7 et R. 436-1 CT que la demande d'autorisation de licenciement présentée par l'employeur doit toujours être précédée de la convocation à un entretien préalable du salarié bénéficiant d'une protection particulière, alors même que le licenciement de l'intéressé est envisagé dans une entreprise disposant d'un comité d'entreprise, dans le cadre d'une procédure de licenciement pour motif économique de dix salariés et plus dans une même période de trente jours.

CE 28 septembre 2005, n° 266023, Rec. Lebon p. 397. Voir aussi cass. soc. 10 mai 1999, n° 97-40.510, BC V n° 207.

☛ Représentants du personnel (Procédure de licenciement).

La lettre de convocation doit être adressée au salarié dont le licenciement est envisagé, quelle que soit son ancienneté.

La convocation à l'entretien préalable n'est subordonnée à aucune condition d'ancienneté. L'inobservation de la procédure entraîne nécessairement un préjudice pour le salarié, dont le juge doit apprécier l'importance.

Cass. soc. 10 mai 1994, n° 92-40.781, 1er moyen.

La lettre de convocation doit avoir un contenu précis

• Mention de l'objet de la convocation

La lettre doit indiquer l'objet de la convocation. S'il s'agit d'un licenciement, l'employeur doit le préciser.

Selon l'article L. 122-14 CT, l'employeur qui envisage de licencier un salarié doit, avant toute décision, convoquer l'intéressé en lui indiquant l'objet de la convocation, cette précision étant substantielle.

C'est à tort que, pour débouter une salariée de sa demande d'indemnité pour inobservation de la procédure de licenciement, une cour d'appel a relevé que l'intéressée avait été convoquée à un entretien, lequel ne pouvait être que préalable au licenciement, alors qu'elle avait constaté que le courrier de l'employeur ne mentionnait pas l'objet de la convocation, en sorte que la procédure préalable au licenciement n'était pas régulière.

Cass. soc. 19 mars 1998, n° 95-43.618, 2e moyen, BC V n° 160. Voir aussi cass. soc. 4 avril 1995, n° 93-45.634, 1er moyen.

L'indication d'une simple sanction ne suffit pas.

Après avoir constaté qu'un salarié avait été licencié après avoir été convoqué en vue d'une éventuelle sanction disciplinaire et non d'un licenciement, une cour d'appel a pu décider que la procédure de licenciement n'avait pas été respectée et condamner l'employeur à payer à l'intéressé une indemnité pour non-respect de la procédure de licenciement.

Cass. soc. 7 février 1995, n° 93-42.324. Voir aussi cass. soc. 8 octobre 1992, n° 91-43.461, 2e moyen.

Sauf disposition conventionnelle contraire, la mention des griefs n'est pas obligatoire.

L'employeur n'est tenu de préciser, dans la lettre de convocation à l'entretien préalable, que l'objet de la convocation et non les griefs allégués contre le salarié.

Cass. soc. 4 novembre 1992, n° 91-41.189, BC V n° 530. Voir aussi cass. soc. 6 avril 2016, n° 14-23.198, 2e moyen, BC V n° 69.

• Mention relative à l'assistance du salarié

La lettre de convocation à l'entretien préalable doit toujours mentionner la possibilité pour le salarié de se faire assister par une personne de son choix appartenant à l'entreprise.

Il résulte de l'article L. 122-14 CT que le salarié peut toujours se faire assister par une personne de son choix appartenant au personnel de l'entreprise et que l'absence dans l'entreprise d'institutions représentatives du personnel a seulement pour effet d'ouvrir au salarié la possibilité de se faire assister par un conseiller de son choix, extérieur à l'entreprise et inscrit sur une liste dressée par le représentant de l'État dans le département. Dès lors, la lettre de convocation à l'entretien préalable doit toujours indiquer la faculté pour le salarié de se faire assister par une personne de son choix appartenant à l'entreprise et, le cas échéant, en l'absence d'institutions représentatives du personnel dans l'entreprise, la faculté de se faire assister par un conseiller de son choix inscrit sur la liste susvisée.

C'est donc à tort que, pour débouter un salarié de sa demande de dommages-intérêts au titre de l'irrégularité de la procédure de licenciement, une cour d'appel a retenu qu'en ne mentionnant que les possibilités de représentation extérieure, l'employeur avait néanmoins satisfait à l'esprit de la prescription réglementaire, à savoir avertir le salarié de son droit de ne pas être seul face à son employeur lors de l'entretien préalable au licenciement, alors que la faculté de se faire assister par une personne de son choix appartenant au personnel de l'entreprise doit être mentionnée dans la lettre de convocation du salarié à l'entretien préalable au licenciement.

Cass. soc. 6 février 2001, n° 98-43.597, 1er moyen, BC V n° 44. Voir aussi cass. soc. 12 mai 2015, n° 13-27.941, 2e moyen.

Lorsque l'entreprise dispose d'une institution représentative du personnel, l'employeur ne peut, sous peine d'irrégularité de la procédure, mentionner dans la lettre la possibilité pour le salarié de se faire assister par un conseiller extérieur.

Cass. soc. 19 novembre 2008, n° 07-43.191, 2e moyen.

En l'absence d'institution représentative du personnel dans l'entreprise, le salarié a la possibilité, lors de l'entretien préalable, de se faire assister par une personne de son choix inscrite sur une liste dressée par le représentant de l'État dans le département.

L'absence d'une telle mention, dans la lettre de convocation à l'entretien préalable adressée au salarié, constitue une irrégularité de procédure, même si le salarié a effectivement été assisté, lors de cet entretien, par un membre du personnel de l'entreprise.

Cass. soc. 21 mars 1995, n° 91-45.799, 1er moyen. Voir aussi cass. soc. 19 juillet 1995, n° 91-44.832, 2e moyen, BC V n° 249.

C'est à tort que, pour condamner une société à payer à un salarié une indemnité pour inobservation de la procédure de licenciement, un conseil de prud'hommes a retenu que, dans la convocation à l'entretien préalable, l'employeur avait omis de préciser au salarié, employé dans un établissement qui ne disposait pas de représentant du personnel pour l'assister, qu'il pouvait se faire accompagner d'une personne de son choix inscrite sur une liste déposée à la préfecture et que le salarié n'avait pu, de ce fait, se faire assister, lors de l'entretien préalable, alors qu'en ne constatant que l'absence de représentant du personnel au niveau de l'établissement, sans rechercher si, comme le soutenait l'employeur, il existait, au niveau de l'entreprise, des représentants du personnel, le conseil de prud'hommes a violé l'article L. 122-14 CT.

Cass. soc. 26 novembre 1996, n° 95-42.457, BC V n° 404.

Lorsque l'employeur appartient à une unité économique et sociale dotée d'institutions représentatives du personnel, la convocation à l'entretien préalable doit mentionner la faculté pour le salarié de se faire assister par une personne de son choix appartenant au personnel d'une entité de cette unité économique et sociale.

Il résulte de l'article L. 1232-4 CT que la lettre de convocation à l'entretien préalable au licenciement doit mentionner les modalités d'assistance du salarié applicables en fonction de la situation de l'entreprise. Le non-respect de ces dispositions constitue une irrégularité de procédure.

Une salariée a saisi la juridiction prud'homale notamment d'une demande de dommages-intérêts pour irrégularité de la procédure de licenciement.

Pour débouter la salariée de cette demande, une cour d'appel, après avoir relevé qu'il existait une institution représentative du personnel au sein de l'unité économique et sociale dont relevait l'employeur, et que la lettre de convocation à l'entretien préalable au licenciement mentionnait que l'intéressée ne pourrait se faire assister que par une personne appartenant obligatoirement au personnel de l'entreprise, a retenu que rien ne permettait d'établir que la salariée avait été empêchée de se faire assister par un représentant du comité d'entreprise de l'unité économique et sociale.

En statuant ainsi, alors qu'elle avait constaté que l'employeur relevait d'une unité économique et sociale dotée d'institutions représentatives de son personnel, ce dont il résultait que la salariée pouvait se faire assister par une personne de son choix appartenant au personnel d'une entité de l'unité économique et sociale et que la lettre de convocation à l'entretien préalable devait mentionner une telle faculté, la cour d'appel a violé l'article L. 1232-4 CT.

Cass. soc. 8 juin 2011, n° 10-14.650, BC V n° 140.

La lettre de convocation à l'entretien préalable doit mentionner l'adresse des services où la liste des conseillers est tenue à la disposition des salariés.

La mention, dans la convocation à l'entretien préalable au licenciement, de l'adresse des services où la liste des conseillers est tenue à la disposition des salariés est imposée à l'alinéa 2 de l'article L. 122-14 CT.

C'est donc à tort qu'une cour d'appel a rejeté la demande de dommages-intérêts pour irrégularité de procédure formée par un salarié, après avoir constaté que la lettre se bornait à mentionner que la liste était établie par le préfet du département.

Cass. soc. 25 juin 2002, n° 00-44.955, BC V n° 213.

L'omission, dans la lettre de convocation à l'entretien préalable, de l'une des adresses des services où la liste des conseillers est tenue à disposition des salariés constitue une irrégularité de procédure.

La lettre de convocation à l'entretien préalable au licenciement doit mentionner la faculté pour le salarié, lorsqu'il n'y a pas d'institutions représentatives du personnel dans l'entreprise, de se faire assister par un conseiller de son choix, inscrit sur une liste dressée par le représentant de l'État dans le département, et préciser l'adresse de l'inspection du travail et de la mairie où cette liste est tenue à la disposition des salariés ; l'omission d'une de ces adresses constitue une irrégularité de procédure.

Doit être cassé l'arrêt qui, pour dire que la procédure de licenciement d'un salarié était régulière, a énoncé que l'article L. 122-14 CT impose que soit mentionnée « l'adresse des services où la liste des conseillers est tenue à la disposition des salariés », ce qui a été fait en l'espèce puisque l'adresse des services de la DDTE a été indiquée, qu'aucun texte n'impose que soit également indiquée la mairie du domicile du salarié, que l'intéressé a été parfaitement informé de l'adresse où il pouvait se procurer la liste des conseillers pouvant l'assister, alors que la cour avait constaté que la lettre de convocation ne mentionnait que l'adresse de la direction départementale du travail et de l'emploi, à l'exclusion de celle de la mairie où la liste des conseillers pouvait être consultée, ce qui entraînait pour le salarié un préjudice qu'elle devait indemniser par l'attribution d'une indemnité qui ne peut être supérieure à un mois de salaire, conformément à l'article L. 122-14-4 CT.

Cass. soc. 29 avril 2003, n° 01-41.364, BC V n° 145. Voir aussi cass. soc. 30 novembre 2010, n° 09-40.695, 1er moyen ; cass. soc. 15 janvier 2014, n° 12-21.654.

Cette irrégularité demeure et le salarié doit en être indemnisé même s'il a pu être assisté par un conseiller figurant sur cette liste.

Il résulte de la combinaison des articles L. 122-14, al. 2, et D. 122-3, al. 3, devenus L. 1233-13 et D. 1232-5 CT, que la lettre de convocation à l'entretien préalable au licenciement doit mentionner la faculté pour le salarié, lorsqu'il n'y a pas d'institutions représentatives du personnel dans l'entreprise, de se faire assister par un conseiller de son choix, inscrit sur une liste dressée par le représentant de l'État dans le département, et préciser l'adresse de l'inspection du travail et de la mairie où cette liste est tenue à la disposition des salariés ; l'omission d'une de ces adresses constitue une irrégularité de procédure.

C'est à tort que, pour débouter un salarié de sa demande en paiement d'une indemnité pour irrégularité de la procédure de licenciement, une cour d'appel a retenu que, si l'adresse de la mairie n'était pas mentionnée sur la lettre de convocation à l'entretien préalable, le salarié, qui s'était fait assister par un conseiller lors de cet entretien, n'avait subi aucun préjudice, alors qu'elle avait constaté que la lettre de convocation à l'entretien préalable ne mentionnait pas l'adresse de la mairie où la liste des conseillers pouvait être consultée, ce qui entraînait pour le salarié un préjudice qu'elle devait réparer.

Cass. soc. 21 janvier 2009, n° 07-42.985, BC V n° 16. Voir aussi cass. soc. 24 septembre 2008, n° 07-40.061, 3e moyen.

La présence d'un représentant des salariés élu dans le cadre d'une procédure collective, qui n'est pas considéré comme une institution représentative du personnel au sens du code du travail, ne dispense pas l'employeur de son obligation d'indiquer la possibilité pour le salarié de se faire assister par une personne étrangère à l'entreprise.

Le représentant des salariés désigné en application de l'article 10 de la loi du 25 janvier 1985, devenu l'article L. 521-8 c. com., dispose d'attributions limitées aux seuls actes relatifs à la procédure collective ouverte à l'égard de l'entreprise qui l'emploie et ne peut, dès lors, être considéré comme une institution représentative du personnel au sens du code du travail.

Cass. soc. 27 juin 2002, n° 00-41.893, BC V n° 223.

• Mention du lieu de l'entretien préalable

La lettre de convocation doit mentionner le lieu de l'entretien préalable.

Pour débouter une salariée d'un GIE de sa demande d'indemnité pour non-respect de la procédure de licenciement, une cour d'appel a énoncé que le seul fait que le lieu de l'entretien préalable n'ait pas figuré dans la lettre de convocation à l'entretien préalable ne pouvait en aucun cas avoir causé un préjudice à la salariée, dès lors que le GIE n'avait qu'un seul établissement où étaient concentrées toutes ses activités.

En statuant ainsi, alors que toute irrégularité de la procédure de licenciement entraîne pour le salarié un préjudice que l'employeur doit réparer et qu'il appartient au juge d'évaluer, une cour d'appel a violé les articles L. 122-14-5 et R. 122-2-1 devenus L. 1235-5 et R. 1232-1 CT.

Cass. soc. 13 mai 2009, n° 07-44.245, BC V n° 129.

• Mention de l'heure à laquelle l'entretien préalable est fixé

La convocation à l'entretien préalable ne mentionnant pas l'heure à laquelle il est fixé rend la procédure irrégulière.

Cass. soc. 25 septembre 2007, n° 05-45.592, 1er moyen.

L'entretien préalable ne peut avoir lieu moins de cinq jours ouvrables après la présentation de la lettre de convocation

Doit être cassé le jugement qui, pour débouter une salariée de sa demande d'indemnité pour non-respect de la procédure de licenciement, a énoncé que la lettre de convocation à l'entretien préalable fixé au 14 novembre, ayant été présentée la première fois le 9 novembre, le délai de cinq jours prévu à l'article L. 122-14 CT avait été respecté, alors que le vendredi 11 novembre (férié) et le dimanche 13 novembre n'étaient pas des jours ouvrables, de sorte que l'entretien préalable ne pouvait avoir lieu avant le 17 novembre.

Cass. soc. 14 mai 1997, n° 95-45.238, BC V n° 176.

En cas de report, à la demande du salarié, de l'entretien préalable au licenciement, le délai de cinq jours ouvrables prévu par l'article L. 1232-2 CT court à compter de la présentation de la lettre recommandée ou de la remise en main propre de la lettre initiale de convocation.

Un salarié a été convoqué, par lettre du 1er février, présentée le 2, à un entretien préalable au licenciement, fixé au 10 février à 9 h 30 ; le salarié ayant sollicité un report, l'employeur l'a convoqué, par lettre du 6 février, présentée le 7, pour un entretien fixé au 10 février à 16 h 45, auquel le salarié ne s'est pas présenté ; l'intéressé a été licencié le 14 février suivant.

C'est à tort que, pour condamner l'employeur à payer au salarié des dommages-intérêts pour non-respect de la procédure de licenciement, une cour d'appel a retenu que le délai séparant la présentation de la lettre de convocation et l'entretien n'avait pas été respecté.

Cass. soc. 24 novembre 2010, n° 09-66.616, BC V n° 267.

Le salarié ne peut pas renoncer à ce délai.

Le salarié ne pouvant renoncer au délai institué par l'article L. 122-14 CT, c'est à tort que, pour débouter une salariée de sa demande de réparation du préjudice résultant de l'irrégularité de la procédure de licenciement, une cour d'appel a décidé qu'il était loisible à l'intéressée de renoncer au délai de cinq jours ouvrables entre la convocation et la date de l'entretien préalable à un éventuel licenciement, délai qui, en l'espèce, n'avait pas été respecté par l'employeur.

Cass. soc. 28 juin 2005, n° 02-47.128, BC V n° 215.

Le jour de la notification qui fait courir le délai ne compte pas et ce délai expire le dernier jour à 24 heures, sachant que le délai expirant normalement un samedi, un dimanche ou un jour férié ou chômé est prorogé jusqu'au premier jour ouvrable suivant.

Aux termes de l'article 641 NCPC, lorsqu'un délai est exprimé en jours, celui de la notification qui le fait courir ne compte pas et aux termes de l'article 642 NCPC, tout délai expire le dernier jour à 24 heures, de sorte que le délai qui expirait normalement un samedi, un dimanche ou un jour férié ou chômé est prorogé jusqu'au premier jour ouvrable suivant.

Doit être cassé le jugement qui, pour déclarer régulière la convocation d'une salariée par son employeur à l'entretien préalable du 11 septembre, s'est borné à énoncer que la date de première présentation de la lettre recommandée, soit le 5 septembre, avait fait courir le délai de cinq jours exprimé en jours ouvrables, alors que ce délai de cinq jours qui avait commencé à courir le 6 septembre, après la présentation de la lettre recommandée, expirait normalement le dimanche 10 septembre, en sorte qu'il se trouvait prorogé jusqu'au 11 septembre et que l'entretien préalable ne pouvait donc avoir lieu avant le 12 septembre.

Cass. soc. 9 juin 1999, n° 97-41.349, BC V n° 273.

Selon l'article L. 1232-2 CT, l'entretien préalable ne peut avoir lieu moins de 5 jours ouvrables après la présentation de la lettre recommandée ou la remise en main propre de la lettre de convocation ; il en résulte que le salarié doit disposer d'un délai de 5 jours pleins pour préparer sa défense, de sorte que le jour de la remise de la lettre ne compte pas dans le délai, non plus que le dimanche qui n'est pas un jour ouvrable.

En déboutant une salariée de sa demande d'indemnité pour irrégularité de la procédure de licenciement, alors qu'ayant reçu la lettre de convocation le jeudi 13 octobre 2011 pour un entretien fixé le mercredi 19 octobre suivant, l'intéressée n'avait pas bénéficié d'un délai de 5 jours ouvrables pleins, la cour d'appel a violé le texte susvisé.

Cass. soc. 3 juin 2015, n° 14-12.245, 2e moyen, BC V n° 112. Voir aussi cass. soc. 20 février 2008, n° 06-40.949, 1er moyen, BC V n° 41 ; cass. soc. 20 décembre 2006, n° 04-47.853, 1er moyen, BC V n° 396.

Seule la réception de la lettre recommandée fait courir le délai, peu important que le salarié ait été informé de la convocation dans les délais légaux par un autre biais.

Doit être cassé l'arrêt qui, pour juger régulière la convocation d'une salariée à l'entretien préalable à son licenciement, a retenu que si l'entretien préalable avait eu lieu moins de cinq jours après réception de la lettre recommandée de convocation à l'entretien préalable, l'intéressée en avait nécessairement pris connaissance par la réception, dans le délai légal, de la lettre de convocation par télécopie à son domicile, alors que l'envoi de la lettre de convocation à l'entretien préalable par télécopie ne pouvait pallier l'inobservation des prescriptions légales.

Cass. soc. 13 septembre 2006, n° 04-45.698, BC V n° 267.

Le non-respect de ce délai constitue une irrégularité de procédure qui ne peut être couverte ni par le fait que le salarié ait été assisté lors de l'entretien…

Doit être cassé l'arrêt qui, pour débouter un salarié de sa demande d'indemnité pour non-respect de la procédure de licenciement, a énoncé qu'il n'avait pas deux ans d'ancienneté et que, dès lors, les dispositions de l'article L. 122-14-4 CT n'étaient pas applicables, l'irrégularité ne concernant pas l'assistance du salarié par un conseiller, alors qu'il résultait des pièces de la procédure que l'irrégularité alléguée concernait le non-respect du délai de cinq jours ouvrables entre la présentation au salarié de la lettre de convocation à l'entretien préalable et celui-ci et que le non-respect de ce délai constitue une irrégularité qui ne peut être couverte par le fait que le salarié était assisté lors de l'entretien préalable et qui entraîne nécessairement un préjudice pour le salarié.

Cass. soc. 7 octobre 1998, n° 96-43.276. Voir aussi cass. soc. 6 octobre 2010, n° 08-45.141.

… ni par le fait que le salarié ait renoncé à comparaître.

Le non-respect du délai de cinq jours ouvrables entre la présentation au salarié de la lettre de convocation et l'entretien préalable constitue une irrégularité qui ne peut être couverte par le fait que le salarié avait renoncé à comparaître et qui entraîne nécessairement un préjudice pour le salarié.

Cass. soc. 20 janvier 2015, n° 13-21.565, 2e moyen.

Sanctions encourues en cas de non-respect des règles relatives à la convocation

Entretien préalable au licenciement ; Licenciement irrégulier (Sanctions).

Crédit d'heures

Heures de délégation (Contrôle et contestation) ; Heures de délégation (Rémunération) ; Heures de délégation (Utilisation).

Cumul d'un mandat social et d'un contrat de travail

Certains dirigeants cumulent un mandat social et un contrat de travail. Si les deux statuts se distinguent très largement, le cumul doit répondre à des exigences particulières pour être valable.

La jurisprudence est très largement tributaire des circonstances de fait (en particulier, nature des fonctions exercées au titre du mandat social, taille de l'entreprise, caractère technique ou non des tâches assumées au titre du contrat de travail).

Conditions de validité

• Conditions communes à toutes les sociétés

Le contrat de travail ne doit pas être fictif.

Ayant relevé que l'intéressé avait été engagé en qualité de directeur général ayant pour mission de mener à bien la relance des activités de la société et d'en assurer le développement, avec délégation des pouvoirs fixés par le conseil d'administration en accord avec le président, une cour d'appel a pu décider que ses fonctions étaient celles d'un mandataire social et que son contrat de travail était fictif.

Cass. soc. 1er octobre 1996, n° 93-42.355.

Le cumul d'un mandat social et d'un contrat de travail implique l'exercice de fonctions techniques distinctes en tant que salarié et mandataire.

Un gérant statutaire et associé minoritaire d'une SARL ayant pour objet l'exploitation d'une salle de culture physique au sein de laquelle il exerçait l'emploi de moniteur d'éducation physique, ayant été révoqué de ses fonctions de gérant puis licencié, avait engagé une action prud'homale tendant à obtenir des dommages-intérêts en réparation du préjudice résultant de la rupture de son contrat de travail.

Doit être cassé l'arrêt qui, pour dire que la juridiction prud'homale était incompétente, a retenu que l'intéressé exerçait la direction effective de la société dans sa gestion quotidienne et revendiquait ce pouvoir dans une lettre au sein de laquelle il adressait des remontrances à l'un des associés, excluant ainsi l'existence d'un contrat de travail, alors que la qualité de gérant minoritaire n'est pas exclusive de celle de salarié, que l'intéressé exerçait un emploi effectif distinct de ses fonctions de gérant et qu'il ne recevait aucune rémunération en tant que gérant et avait été licencié pour absentéisme et travail défectueux.

Cass. soc. 2 février 1994, n° 89-40.857.

Le salarié, nommé directeur général par une délibération du conseil d'administration qui lui avait expressément maintenu le bénéfice de son contrat de travail et qui a conservé ses fonctions de direction technique et des achats, qui supervise le laboratoire de recherche sous la subordination du président de la société, exerce des fonctions techniques distinctes de son mandat social.

Cass. soc. 30 octobre 2001, n° 99-44.425.

Les fonctions techniques doivent être exercées dans un lien de subordination.

Un directeur général, pharmacien responsable des règles édictées dans l'intérêt de la santé publique, avait signé un protocole prévoyant qu'il devait rendre compte mensuellement de son action au président de la société et au conseil d'administration, que sa compétence était limitée en matière d'investissement, qu'il n'avait aucune prérogative en matière de négociation des contrats d'achat, d'arrêté des comptes sociaux, de conclusion ou de résiliation des contrats de travail concernant le personnel d'encadrement, de stratégie commerciale, de définition des nouveaux produits, d'extension ou de suppression des gammes, de fixation des prix de vente et de promotion sur les produits, qu'il ne disposait de la signature bancaire que conjointement avec l'une des personnes investies du même pouvoir dans la société et déléguées par le président et que sa rémunération mensuelle était fixée par ce protocole.

C'est à tort que, pour débouter l'intéressé de ses demandes en paiement d'indemnités de rupture, une cour d'appel s'est bornée à énoncer que si le protocole apportait des restrictions à ses fonctions, il n'avait pas d'autre but que de fixer ses responsabilités par rapport au président de la société et que le code de la santé publique attribuait au pharmacien responsable des fonctions techniques qui ne relevaient pas du contrat de travail, sans rechercher si l'intéressé n'avait pas effectivement exercé des fonctions techniques dans un lien de subordination par rapport à la société.

Cass. soc. 25 novembre 1997, n° 94-45.333, BC V n° 397. Voir aussi cass. soc. 26 novembre 2003, n° 01-45.019 ; cass. soc. 25 octobre 2011, n° 10-18.327.

Le mandataire salarié doit percevoir une rémunération distincte pour les deux statuts.

En constatant qu'après sa désignation aux fonctions de gérant d'une société, en contrepartie desquelles elle percevait une rémunération distincte de son salaire, une salariée, qui ne détenait aucune part du capital de la société, avait continué d'occuper son emploi de vendeuse, qu'elle n'avait alors disposé d'aucune autonomie et qu'elle avait été placée sous l'autorité et le contrôle de deux associés, une cour d'appel a fait ressortir que l'intéressée avait exercé effectivement des fonctions techniques distinctes du mandat social dans un lien de subordination et en a déduit à juste titre que son contrat de travail antérieur à sa désignation en qualité de gérant de la société s'était poursuivi au sein de celle-ci jusqu'à la rupture des relations salariales décidée par l'assemblée générale extraordinaire des associés.

Cass. soc. 14 mai 1998, n° 96-40.693, BC V n° 252.

Après avoir relevé qu'il n'existait aucune incompatibilité de principe entre un mandat social et des fonctions salariales et avoir relevé qu'après sa nomination en qualité de président-directeur général, l'intéressé avait conservé des fonctions techniques de directeur administratif et financier exercées dans un lien de subordination à l'égard de la société, ces fonctions étant rémunérées et ayant donné lieu à l'établissement de bulletins de paie, une cour d'appel a pu décider que le salarié avait conservé le bénéfice de son contrat de travail et était président du conseil d'administration et directeur administratif et financier salarié.

Cass. soc. 3 décembre 1992, n° 89-41.280. Voir aussi cass. soc. 2 octobre 1991, n° 87-42.037.

• Appréciation du cumul dans le cadre d'un groupe de sociétés

L'exercice d'un mandat social dans une filiale n'est pas exclusif d'un lien de subordination vis-à-vis de la société mère.

Ayant conclu un contrat de travail avec la société mère d'un groupe afin d'exercer les fonctions de mandataire ou de dirigeant auprès des filiales de ce groupe, un salarié avait été nommé ultérieurement comme directeur général d'une filiale. Ayant fait l'objet d'un licenciement et d'une révocation de son mandat après s'être opposé à un plan de réduction des effectifs proposé par le président-directeur général du groupe, il avait saisi la juridiction prud'homale afin d'obtenir le paiement d'indemnités de rupture et des dommages-intérêts pour licenciement sans cause réelle et sérieuse.

Après avoir relevé que l'intéressé avait été engagé par la société mère pour diriger l'une de ses filiales et qu'il exerçait ses fonctions sous la dépendance des dirigeants de la société mère qui l'avaient licencié pour n'avoir pas exécuté leurs instructions, une cour d'appel a pu en déduire la validité du contrat de travail, l'existence d'un lien de subordination étant caractérisée.

En revanche, la cour d'appel n'avait pas à rechercher si l'intéressé exerçait une activité salariée distincte de son mandat dans la mesure où le mandat était exercé au profit de la filiale et que le contrat l'était au profit de la société mère.

Cass. soc. 4 mars 1997, n° 93-44.805, BC V n° 91.

Un salarié avait été engagé par une société en qualité de directeur ; il est devenu administrateur, détenteur d'une action d'une filiale de cette société constituée postérieurement ; le président du conseil d'administration de la société avait fixé par lettre la rémunération du salarié pour son activité au sein de la filiale. Le salarié a été licencié pour faute grave ; une procédure de redressement judiciaire a ensuite été ouverte. Le salarié a demandé en justice la fixation au passif de la société d'une somme à titre de salaire pour son activité dans la filiale et la régularisation de la situation auprès de la compagnie d'assurances.

C'est à tort que, pour débouter le salarié de sa demande, une cour d'appel a retenu que tout contrat de travail consenti en méconnaissance de l'interdiction édictée par l'article L. 225-44 c. com. est nul, quand bien même l'emploi salarié revêtirait un caractère effectif, et que la société ne pouvait s'engager pour le compte d'une société de son groupe à salarier un administrateur, alors qu'il résultait de ses constatations que l'intéressé était salarié de la société qui s'était engagée à lui payer un complément de rémunération au titre de ses activités accomplies au sein de sa filiale, en sorte que cette rémunération n'était pas à la charge de la société dont il était administrateur.

Cass. soc. 21 février 2006, n° 04-40.646.

• Règles particulières à certaines sociétés

Le code de commerce contient des dispositions particulières pour certaines sociétés ; il convient donc de se référer aux règles applicables en la matière.

1. Société anonyme

Société anonyme avec conseil d'administration

Excepté dans les entreprises de moins de 250 salariés (art. L. 225-21-1 c. com.), l'article L. 225-44 c. com. interdit à un administrateur en fonction de devenir salarié de l'entreprise…

Selon la loi du 24 juillet 1966 [art. L. 225-44 c. com.], un administrateur en fonction d'une société anonyme ne peut pas obtenir un contrat de travail dans la société et ce contrat est nul comme résultant d'une décision prise en violation d'une disposition impérative de la loi.

Un salarié, engagé au sein d'une société A comme ingénieur, puis nommé administrateur au sein d'une filiale de cette société, et ultérieurement devenu directeur technique au sein de cette filiale, avait saisi la juridiction prud'homale après son licenciement par la filiale pour obtenir diverses sommes au titre de la rupture de son contrat de travail.

Doit être cassé l'arrêt qui, après avoir relevé que le contrat de travail avait été transféré de la société mère à la filiale en plein accord avec les dirigeants du groupe, a retenu que ce contrat correspondait à un travail effectif, alors que les deux sociétés étaient distinctes et que l'intéressé, ayant la qualité d'administrateur au sein de la filiale, ne pouvait en devenir le salarié.

Cass. soc. 6 octobre 1993, n° 92-40.077, BC V n° 226.

... peu important le caractère symbolique de son mandat.

Cass. soc. 19 juillet 2000, n° 98-44.030.

Une clause insérée dans les statuts de la société ne peut pas déroger à cette règle et devra donc être réputée non écrite.

Selon l'article L. 225-44 c. com., sous réserve des dispositions des articles L. 225-22 et L. 225-27 c. com., les administrateurs ne peuvent recevoir de la société aucune rémunération, permanente ou non, autre que celles prévues aux articles L. 225-45, L. 225-46, L. 225-47 et L. 225-53 c. com. Toute clause statutaire contraire est réputée non écrite et toute décision contraire est nulle.

Dès lors, le contrat de travail consenti à un administrateur de société anonyme en fonction est nul de nullité absolue.

En conséquence, a violé les articles précités la cour d'appel qui a déclaré valide le contrat de travail conclu avec un administrateur de société, par ailleurs ancien salarié de l'entreprise, en se fondant sur le fait que les bulletins de paie versés aux débats attestaient de la réalité du paiement des salaires et que l'intéressé avait exercé effectivement des fonctions techniques dans le cadre des instructions données par le P-DG, de sorte que l'existence d'un lien de subordination ne pouvait être sérieusement contestée.

Cass. soc. 21 novembre 2006, n° 05-45.416, BC V n° 348.

Le contrat de travail passé avec un administrateur en fonction est nul.

Ayant relevé qu'à la date où le contrat de travail devait prendre effet, l'intéressé était toujours administrateur, une cour d'appel a décidé à bon droit qu'en application de l'article 107 de la loi du 24 juillet 1966 [devenu art. L. 225-44 c. com.], ce contrat était nul.

Cass. soc. 22 avril 1992, n° 90-44.545, BC V n° 293.
Voir aussi cass. soc. 25 janvier 1994, n° 90-45.232.

N'est pas nul le contrat de travail consenti par une société à un ancien administrateur avant l'accomplissement des formalités de publicité, relatives à la cessation de ses fonctions d'administrateur.

Cass. soc. 26 juin 2008, n° 06-18.056.

Dès lors que l'administrateur est démis de son mandat, il peut signer un contrat de travail.

Après avoir été nommé administrateur, directeur général puis président-directeur général, l'intéressé avait démissionné de ses mandats sociaux et avait été engagé en qualité de directeur technique, avec une ancienneté remontant à son entrée dans l'entreprise. Licencié, il avait saisi la juridiction prud'homale pour obtenir le paiement de diverses créances salariales et des indemnités de rupture.

Une cour d'appel a pu décider que l'intéressé, qui n'exerçait plus ses mandats sociaux, pouvait signer un contrat de travail avec la société et en fixer les modalités d'ancienneté.

Cass. soc. 10 février 1993, n° 90-44.893.

Si l'acte nul de nullité absolue ne peut être rétroactivement confirmé, il est loisible aux parties de renouveler leur accord ou de maintenir leur commune volonté lorsque la cause de nullité a disparu.

Une cour d'appel a pu décider qu'après la cessation du mandat social, les volontés, même tacites, des parties s'étaient rencontrées pour conclure un nouveau contrat de travail.

Cass. soc. 25 juin 1996, n° 94-19.992, BC V n° 255.
Voir aussi cass. com. 26 janvier 1999, n° 97-10.018, la chambre commerciale de la Cour de cassation refusant au mandataire dont le contrat de travail est nul la poursuite telle quelle du contrat après la démission de son mandat social.

En revanche, un salarié peut devenir membre du conseil d'administration (art. L. 225-22 c. com.).

Un salarié engagé comme conducteur de travaux peut valablement devenir administrateur de la société puis président du conseil d'administration. En effet, le mandat de président de conseil d'administration n'est pas en lui-même incompatible avec l'exercice de fonctions salariales distinctes, et c'est à celui qui soutient qu'il a été mis fin au contrat de travail par la nomination du salarié à des fonctions de mandataire social d'en rapporter la preuve.

Cass. soc. 10 avril 1991, n° 89-15.335, BC V n° 177.
Voir aussi cass. soc. 8 avril 1992, n° 89-42.510.

➡ Société anonyme composée d'un directoire et d'un conseil de surveillance.

Les membres du directoire peuvent exercer des fonctions salariales, à condition, toutefois, que leur contrat de travail ne soit pas fictif.

Doit être cassé l'arrêt qui, pour dire que la juridiction prud'homale était incompétente pour connaître de demandes en rappel de salaires, d'indemnités de congés payés, d'indemnités compensatrices de préavis et de licenciement sans cause réelle et sérieuse, a énoncé que l'intéressé disposait des pouvoirs les plus étendus pour agir en toutes circonstances au nom de la société en qualité de président du directoire et que ces pouvoirs lui conférant la qualité de mandataire social, cette qualité était incompatible avec toute fonction salariée, alors que le mandat de président ou de membre du directoire n'est pas, en lui-même, incompatible avec des fonctions salariales.

Cass. soc. 17 novembre 1988, n° 85-45.946, BC V n° 608.

2. Société à responsabilité limitée

Le gérant de fait d'une société à responsabilité limitée ne peut avoir la qualité de salarié.

Ayant constaté que l'intéressé était titulaire de la signature sur le compte bancaire de la société, qu'il s'était porté caution solidaire d'un prêt consenti à cette société, que sa rémunération était supérieure à celle du gérant de droit et qu'il effectuait des actes de gestion sociale et s'immisçait ainsi dans les affaires sociales de la société, une cour d'appel a estimé que « ce salarié » était le gérant de fait de la société, ce qui excluait toute possibilité d'un contrat de travail.

Cass. soc. 28 janvier 1998, n° 94-42.176. Voir aussi cass. soc. 25 février 1998, n° 95-43.321, précisant que celui qui dirige en fait une entreprise ne peut être titulaire d'un contrat de travail.

Un gérant majoritaire ne peut être salarié de l'entreprise.

Un associé d'une SARL exerçant des fonctions de conducteur de travaux était devenu le gérant de cette société. La société ayant été déclarée en règlement judiciaire, puis en liquidation, il avait demandé à l'AGS et aux Assédic de verser au syndic les sommes dont il se prétendait créancier au titre de son contrat de travail. Après avoir énoncé que, du fait de sa qualité de gérant, il devait rendre compte de sa gestion et qu'il avait continué d'exercer ses activités techniques en toute indépendance sans être sous la subordination de la société, une cour d'appel a pu débouter l'intéressé de ses demandes et dire que, du jour où l'intéressé, gérant unique de la société, en était devenu associé majoritaire, son contrat de travail avait pris fin, qu'aucun nouveau contrat de travail ne lui ayant été consenti, il n'était titulaire d'aucun contrat.

Cass. soc. 31 mars 1982, n° 81-40.448, BC V n° 238.

Un gérant minoritaire peut, quant à lui, être salarié de l'entreprise.

Ayant relevé que l'intéressé, associé minoritaire, n'avait pas cessé, du jour où il était devenu gérant de la société, d'exercer les fonctions de métreur, étrangères à celles afférentes à la gestion sociale et pour lesquelles il avait continué de percevoir un salaire distinct de la rémunération de son mandat, une cour d'appel a pu juger qu'il se trouvait toujours dans un lien de subordination et décider qu'en cumulant les deux fonctions, le salarié était demeuré salarié de ladite société.

Cass. soc. 16 mai 1990, n° 86-42.681, BC V n° 227.

La qualité d'associé égalitaire ou majoritaire n'est pas en elle-même exclusive de celle de salarié.

Cass. soc. 30 avril 2014, n° 12-35.219, 1er moyen, BC V n° 107.

Si la qualité d'associé majoritaire au sein d'une SARL n'est pas exclusive de celle de salarié, c'est à la condition que l'intéressé exerce ses fonctions dans un état de subordination sans prendre part, ni en droit ni en fait, à la gestion de la société. En l'espèce, l'intéressé détenant les deux tiers des parts sociales de la société, son temps de travail et sa rétribution étant déterminés en fonction de celles-ci et les fonctions étant effectuées en toute indépendance, les conditions d'exercice de l'activité étaient exclusives d'un lien de subordination caractérisant l'existence d'un contrat de travail.

Cass. soc. 15 juin 1994, n° 91-42.560, 1er moyen.

Un associé égalitaire d'une société, avec deux autres associés, soutenant avoir la qualité de salarié, avait saisi la juridiction prud'homale d'une demande en paiement de salaire, de congés payés et de dommages-intérêts. La société avait soulevé l'incompétence du conseil de prud'hommes au profit du tribunal de commerce. L'intéressé, qui était l'un des trois associés à parts égales de la société, n'était investi d'aucun mandat social.

Ayant relevé, d'une part, qu'il exerçait des fonctions de pilote correspondant à un travail effectif et, d'autre part, que la société avait procédé à son licenciement et lui avait délivré un certificat de travail, une cour d'appel a caractérisé l'existence d'un lien de subordination et, partant, d'un contrat de travail.

Cass. soc. 5 mai 1998, n° 96-40.257. Voir aussi cass. soc. 18 avril 2008, n° 07-40.842.

Mais il a été jugé qu'un directeur commercial détenant 75 % des parts d'une société ne pouvait être dans un lien de subordination vis-à-vis de celle-ci.

Cass. soc. 17 octobre 2000, n° 98-45.387.

3. Société en nom collectif

L'associé d'une société en nom collectif, et à ce titre, en vertu de l'article L. 221-1, al. 1 c. com., commerçant répondant indéfiniment et solidairement des dettes sociales, ne peut pas être lié à cette société par un contrat de travail.

Cass. soc. 14 octobre 2015, n° 14-10.960, BC V n° 190.

4. Société coopérative ouvrière de production

Sauf stipulation contraire des statuts de la société coopérative, la renonciation volontaire à la qualité d'associé entraîne la rupture du contrat de travail.

Les associés des sociétés coopératives ouvrières sont des travailleurs qui exercent en commun leurs professions dans une entreprise qu'ils gèrent directement ou par l'intermédiaire de mandataires désignés par eux et en leur sein. Ils se groupent et se choisissent librement. Sauf stipulation contraire des statuts de la société coopérative, la renonciation volontaire à la qualité d'associé entraîne la rupture du contrat de travail.

Une salariée d'une coopérative ouvrière de production avait exprimé son souhait de démissionner de sa qualité d'associée. Le représentant légal de la société avait pris acte de cette démission et de la rupture consécutive du contrat de travail, en justifiant celle-ci par le refus du conseil d'administration d'en autoriser la poursuite. La salariée avait saisi la juridiction prud'homale d'une demande en paiement d'indemnités de licenciement et pour licenciement sans cause réelle et sérieuse.

Viole la loi du 19 juillet 1978 la cour d'appel qui, pour décider que le refus du conseil d'administration de poursuivre le contrat de travail s'analysait en un licenciement dépourvu de cause réelle et sérieuse, a retenu que les statuts de la société prévoyant la faculté pour le conseil d'administration de rompre le contrat de travail seraient contraires à l'ordre public social et contractuel, dès lors que le droit de poursuivre ou de rompre le contrat de travail serait laissé à la discrétion d'une seule partie, alors qu'en l'espèce la clause des statuts permettant au conseil d'administration de décider de la poursuite du contrat de travail se bornait à réserver le cas où les parties seraient d'accord pour continuer les relations de travail et ne valait pas exception à la règle posée par la loi.

Cass. soc. 6 mars 2001, n° 98-46.078, BC V n° 72.

Le contrat de travail signé par un actionnaire après sa désignation en qualité de mandataire social et non soumis à l'autorisation préalable du conseil d'administration n'est pas valable.

L'actionnaire d'une société coopérative ouvrière de production en a été nommé administrateur, puis président, et a ensuite été engagé par cette société. Cette dernière ayant été placée en redressement puis en liquidation judiciaire, l'intéressé a saisi la juridiction prud'homale pour voir fixer au passif de l'entreprise ses créances salariales et obtenir la garantie de l'AGS.

A violé les articles 2, 15 et 17 de la loi 78-763 du 19 juillet 1978, 101 et 107 de la loi 66-537 du 24 juillet 1966, devenus les articles L. 225-38 et L. 225-44 c. com., la cour d'appel qui a fixé à une certaine somme la créance salariale de l'intéressé, alors que, d'une part, celui-ci, qui n'avait pas géré la société en qualité de salarié associé et ne demandait pas le paiement de sa rémunération de dirigeant social, invoquait un contrat de travail postérieur à sa désignation en qualité de mandataire social et, d'autre part, qu'il résultait des constatations de la cour que le contrat de travail n'avait pas été soumis à l'autorisation préalable du conseil d'administration.

Cass. soc. 28 janvier 2004, n° 01-46.794, BC V n° 30.

Preuve du cumul

La charge de la preuve de l'existence du contrat de travail incombe à celui qui s'en prévaut.

Lorsque celui qui prétend avoir été salarié exerçait un mandat social, la production de bulletins de salaire et la notification d'une lettre de licenciement sont à elles seules insuffisantes à créer l'apparence d'un contrat de travail.

Le président-directeur général d'une société au capital de laquelle il était associé a mis fin à son mandat, mais a continué à exercer les fonctions de directeur général ; à la suite de la liquidation judiciaire de la société, il a été licencié pour motif économique.

Prétendant avoir été salarié, il a saisi la juridiction prud'homale pour obtenir l'inscription au passif de la société de créances au titre d'un rappel de salaires et d'indemnités de rupture.

Après avoir constaté que l'intéressé n'avait exercé aucune activité dans un lien de subordination à l'égard de la société, une cour d'appel a pu en déduire que le conseil de prud'hommes n'était pas compétent pour connaître du litige.

Cass. soc. 10 juin 2008, n° 07-42.165, BC V n° 127. Voir aussi cass. soc. 27 février 2013, n° 11-21.354.

En présence d'un contrat de travail apparent, il appartient à celui qui invoque son caractère fictif d'en apporter la preuve.

D'une part, la qualité d'associé d'une société à responsabilité limitée n'est pas exclusive de celle de salarié.

D'autre part, en présence d'un contrat de travail apparent, il appartient à celui qui invoque son caractère fictif d'en apporter la preuve.

Enfin, en vertu de l'article L. 1224-1 CT, la cession de l'entreprise en redressement judiciaire arrêtée par le tribunal de la procédure collective entraîne de plein droit le transfert d'une entité économique autonome conservant son identité et, par voie de conséquence, la poursuite par le cessionnaire des contrats de travail des salariés attachés à l'entreprise cédée ; il ne peut être dérogé à ces dispositions que lorsqu'en application de l'article L. 642-5 c. com. le plan de redressement prévoit des licenciements pour motif économique.

Une salariée a été engagée par contrat à durée indéterminée du 1er janvier 1977 par une société I à laquelle a succédé une société P, créée en 1984, l'intéressée y ayant été nommée associée égalitaire, puis gérante du 24 septembre 2001 au 7 février 2003 ; cette société, placée en redressement judiciaire a, le 7 février 2003, été cédée, dans le cadre d'un plan de cession, à une société U, laquelle a engagé à compter du 7 février 2003 la gérante en qualité de directeur commercial ; à la suite de la liquidation judiciaire de la société U et de la cession d'une unité de production, le contrat de travail conclu entre celle-ci et l'intéressée a, le 19 février 2004, été transféré à une société V ; licenciée pour motif économique le 7 août 2009, la salariée a saisi la juridiction prud'homale aux fins de se voir accorder des indemnités de rupture prenant en compte l'ancienneté de trente-deux ans et huit mois acquise depuis le 1er janvier 1977.

C'est à bon droit qu'une cour d'appel a fait droit à sa demande.

En effet, la cour d'appel a relevé que la salariée avait produit l'intégralité de ses bulletins de salaire de 1977 à 1984, période pendant laquelle elle avait travaillé pour le compte de l'entreprise en nom personnel I, que, concernant la période pendant laquelle elle était associée égalitaire de la société P, des bulletins de salaire avaient été établis et que l'absence de cotisations aux Assédic ne suffisait pas à exclure l'existence d'un contrat de travail alors que l'intéressée n'était investie d'aucun mandat social ; la cour a ainsi pu retenir l'existence d'un contrat de travail apparent liant l'intéressée à l'entreprise I et à la société P dont la société V n'établissait pas le caractère fictif, ce dont la cour a exactement déduit que c'était par suite du transfert de son contrat de travail et non d'une embauche que l'intéressée était devenue salariée de la société U.

Cass. soc 30 avril 2014, n° 12-35.219, précité.

Compétence juridictionnelle

En l'absence de lien de subordination, la juridiction prud'homale est incompétente pour connaître d'un litige opposant le mandataire social à la société.

Dès lors que le contrat de travail d'un salarié, dont les fonctions ont été absorbées par son mandat social, a été suspendu pendant l'exercice du mandat de gérant de la société, les demandes relatives à cette période relèvent de la compétence du juge commercial.

Cass. soc. 30 octobre 2001, n° 99-45.100.

Le conseil d'administration d'une société anonyme ayant mis fin, par délibération, aux fonctions d'un directeur général, ce dernier, prétendant être titulaire d'un contrat de travail, avait appelé la société devant le conseil de prud'hommes aux fins de condamnation au paiement de salaires, de frais de déplacement, d'indemnité de rupture, de remise d'actions et de réintégration dans son emploi. Le conseil de prud'hommes s'étant déclaré incompétent, l'intéressé avait formé contredit.

Ayant constaté que l'intéressé, auquel le conseil d'administration avait confié les mêmes pouvoirs que le président de la société, exerçait en toute indépendance, dès l'origine des rapports entre les parties, les pouvoirs relevant d'un mandat social de directeur général et ne recevant ni ordre ni directive, les juges du fond en ont déduit à bon droit qu'il ne se trouvait pas dans une situation caractéristique de l'existence d'un contrat de travail et ont pu déclarer la juridiction prud'homale incompétente.

Cass. soc. 29 janvier 1998, n° 95-45.330.

Conséquences du cumul

• Cumul régulier

Si le cumul est régulier, le mandataire salarié peut prétendre aux dispositions du code du travail.

Ayant relevé que le conseil d'administration, en procédant à la nomination de l'intéressé en qualité de directeur général, n'avait pas mis fin à son statut de salarié et que celui-ci avait continué, après sa nomination, à exercer ses fonctions de directeur technique, distinctes de celles exercées au titre du mandat social, et à être rémunéré dans les mêmes conditions qu'auparavant, pour un nombre d'heures de travail déterminé, sans que sa qualité de directeur général ne figure sur son bulletin de paie, une cour d'appel a pu décider que l'intéressé n'avait pas perdu sa qualité de salarié et pouvait prétendre à un complément d'indemnités de licenciement.

Cass. soc. 13 novembre 1990, n° 86-41.195.

Le directeur général adjoint de la société C a été nommé administrateur et président de la société S, filiale de la société CNM. Il a, par la suite, été révoqué de ses mandats et le président de la société CNM lui a indiqué qu'il n'était plus salarié de cette société.

Doit être rejeté le pourvoi de la société C reprochant à une cour d'appel d'avoir considéré que la rupture du contrat de travail constituait un licenciement sans cause réelle et sérieuse, la cour ayant retenu à bon droit que l'exercice du mandat social n'était pas exclusif d'un lien de subordination juridique et ayant constaté que la société mère avait conservé à l'égard du directeur, dont elle avait fixé la rémunération, les prérogatives de l'employeur et que l'intéressé se trouvait sous sa subordination juridique, nonobstant le mandat social.

Cass. soc. 11 mars 2003, n° 01-40.813, BC V n° 88.

• Non-cumul

Si les conditions de validité du cumul ne sont pas remplies, le contrat de travail est suspendu pendant la durée du mandat.

En l'absence de convention contraire, le contrat de travail d'un salarié devenu mandataire social et qui a cessé d'être lié à la société par un lien de subordination est suspendu pendant la durée du mandat social.

Un salarié est devenu président du conseil d'administration de la société l'ayant engagé, société qui a été transformée en société anonyme et a fusionné avec une autre société, donnant naissance à une troisième société. À la suite du règlement judiciaire de cette dernière, les fonds des trois sociétés ont été donnés en location-gérance à une quatrième société, constituée à cette fin, qui a alors conclu avec le salarié une convention lui confiant pendant une durée de deux années une mission de conseiller extérieur indépendant.

L'Urssaf ayant refusé l'immatriculation de l'intéressé comme travailleur indépendant et notifié à la société un redressement au titre de cotisations sociales, cette dernière a fait assigner le salarié pour obtenir la répétition des sommes versées à l'Urssaf au titre de la part salariale des cotisations sociales. Le salarié a demandé la requalification de cette convention en contrat de travail et le paiement d'indemnités de rupture et de dommages-intérêts.

Ayant retenu, d'une part, appréciant la commune intention des parties, que lors de la désignation du salarié comme mandataire social, il n'avait pas été convenu d'une novation du contrat de travail en mandat social et, d'autre part, qu'il n'était pas justifié de l'exercice, pendant la durée du mandat social, de fonctions techniques distinctes, dans un état de subordination à l'égard de la société, une cour d'appel en a exactement déduit que le contrat de travail avait été suspendu pendant la durée du mandat social, pour reprendre ses effets à la suite de la location-gérance du fonds à une autre société.

Cass. soc. 14 juin 2005, n° 02-47.320, BC V n° 201. Voir aussi cass. soc. 10 juillet 2007, n° 05-44.300 ; cass. soc. 22 septembre 2011, n° 09-72.637.

Sauf convention contraire, le contrat de travail du salarié devenu mandataire social et qui cesse d'être lié à la société par un lien de subordination est suspendu pendant la durée du mandat social et se poursuit de plein droit avec le cessionnaire de l'entreprise après l'adoption d'un plan de cession.

Cass. soc. 30 octobre 2001, n° 99-45.300.

À l'issue du mandat, le contrat de travail doit reprendre tous ses effets.

Un salarié a été engagé en qualité de directeur du développement par une société et en est devenu le directeur général. À la suite de la liquidation judiciaire de l'entreprise, le salarié a saisi la juridiction prud'homale afin de voir fixer au passif de la procédure collective sa créance au titre de rappel de salaires et indemnités pour licenciement sans cause réelle et sérieuse.

C'est à tort que, pour le débouter de cette demande, une cour d'appel a retenu qu'il ne démontrait pas avoir exercé préalablement et postérieurement à sa nomination des fonctions techniques distinctes de celles de mandataire social et que son contrat de travail avait été suspendu de plein droit en l'absence de convention contraire, alors que le contrat de travail de l'intéressé n'avait pas disparu, mais avait été suspendu pendant la durée du mandat social, de sorte qu'il devait reprendre tous ses effets à l'issue du mandat.

Cass. soc. 29 juin 2005, n° 03-43.674.

La durée du mandat ne doit pas être prise en compte dans le calcul de l'ancienneté du salarié dans l'entreprise.

Ayant constaté que toutes les fonctions techniques exercées par un salarié avant sa désignation en qualité de président du directoire puis de directeur général unique avaient été absorbées par les pouvoirs et attributions qu'il tenait de ces mandats sociaux, une cour d'appel a pu en déduire que le contrat de travail avait été suspendu pendant l'exercice des mandats, pour reprendre à leur expiration, en sorte que l'ancienneté du salarié dans l'entreprise ne pouvait prendre en compte la durée des mandats.

Cass. soc. 8 décembre 2004, n° 02-45.682. Voir aussi cass. soc. 21 octobre 2009, n° 08-42.544, 2e moyen.

Seule l'existence d'une novation permet de considérer que le contrat de travail n'est pas suspendu pendant l'exercice du mandat social, mais a disparu avec tous ses effets.

En l'absence de convention contraire, le contrat de travail d'un salarié devenu mandataire social et qui a cessé d'être lié à la société par un lien de subordination est suspendu pendant le temps où il est mandataire.

Le directeur général salarié d'une société avait été nommé administrateur puis président du conseil d'administration. Les délibérations du conseil d'administration précisaient que l'intéressé conservait ses fonctions salariales. Ultérieurement, il avait démissionné, tant de ses mandats sociaux que de ses fonctions salariales, puis avait été licencié pour faute lourde pendant l'exécution de son préavis.

Doit être cassé l'arrêt qui, pour dire que l'administrateur n'était pas lié par un contrat de travail et renvoyer la cause et les parties devant la juridiction commerciale, a énoncé qu'il n'était pas établi que, outre son mandat de président du conseil d'administration, l'intéressé était titulaire d'un contrat de travail, sans rechercher l'existence d'une novation permettant de considérer que le contrat de travail n'avait pas été suspendu pendant l'exercice du mandat social, mais avait disparu avec tous ses effets, de sorte que l'exécution n'aurait pu reprendre lors de la cessation des mandats sociaux.

Cass. soc. 26 avril 2000, n° 97-44.241, BC V n° 152. Voir aussi cass. soc. 8 octobre 2003, n° 01-43.556, BC V n° 253 ; cass. soc. 9 mai 2012, n° 11-23.299.

Après avoir constaté que, dès sa désignation en qualité de mandataire social, un salarié avait été remplacé dans ses fonctions de directeur commercial antérieures, une cour d'appel a pu en déduire qu'il avait alors été convenu de mettre fin au contrat de travail qui le liait à la société, en raison de l'exercice du mandat social.

Cass. soc. 29 septembre 2009, n° 08-44.475.

☛ *Contrat de travail (Critères).*

Cure thermale

Sauf dispositions conventionnelles plus favorables, l'absence pour cure thermale n'est pas assimilée à l'absence pour maladie.

Absence pour cure thermale

L'employeur n'est pas tenu en principe d'autoriser un salarié à s'absenter pour effectuer une cure thermale.

Un salarié ne peut imposer unilatéralement à l'employeur une absence pour une cure thermale, sauf si celle-ci doit être effectuée sur prescription médicale à une date déterminée. Une salariée ayant fixé la période de sa cure contre la volonté de l'employeur et malgré sa défense, les juges ont pu, en vertu de leur pouvoir souverain d'appréciation, décider que le licenciement de la salariée reposait sur une cause réelle et sérieuse.

Cass. soc. 17 octobre 1979, n° 78-41.519, BC V n° 734.

Ayant constaté qu'un salarié qui avait manifesté le désir de prendre des congés pour suivre une cure thermale n'avait eu connaissance du refus de l'employeur que la veille de son départ, à une date ne lui permettant plus de renoncer à la cure prescrite, une cour d'appel a pu décider qu'en raison de la légèreté blâmable dont avait fait preuve l'employeur en lui notifiant un refus tardif, l'absence qui lui était reprochée n'était pas fautive et que le licenciement ne procédait pas d'une cause réelle et sérieuse.

Cass. soc. 23 janvier 2002, n° 99-46.143.

Indemnisation de la cure

La cure thermale n'est pas indemnisée au même titre que la maladie…

Selon l'article 7 de l'accord national du 10 juillet 1970 modifié sur la mensualisation dans la métallurgie, en cas d'absence au travail justifiée par l'incapacité résultant de maladie ou d'accident, le salarié d'une entreprise régie par l'accord reçoit, sous certaines conditions, la rémunération qu'il aurait perçue s'il avait continué à travailler, déduction faite des indemnités journalières allouées par les caisses de sécurité sociale. Le champ d'application de cette disposition ne peut être étendu aux absences pour cure thermale, hors le cas d'incapacité de travail et quelles que soient les prévisions du code de la sécurité sociale.

Cass. ass. plén. 1er avril 1993, n° 89-41.756, BC n° 8.

… sauf si la convention collective le prévoit.

Si le protocole d'accord « ouvriers » du 17 juin 1970 de l'Assimilor prévoit que les cures thermales seront indemnisées dans les mêmes conditions que les absences pour maladie et accident, c'est à la double condition qu'une demande d'absence soit formulée auprès de l'employeur un mois avant le départ et que le médecin contrôleur puisse procéder à une contre-visite en vue d'apprécier si la cure est la thérapeutique la plus appropriée à la maladie ou à l'accident. Doit être cassé le jugement qui, pour condamner un employeur à indemniser un salarié, malgré le refus de ce dernier de fournir son dossier médical au médecin contrôleur, énonce que ce dernier n'a aucun droit de regard sur le dossier médical en raison de son caractère confidentiel, alors que l'obligation pour le salarié de se soumettre à la contre-visite médicale est une condition substantielle du droit à indemnisation et que le refus du salarié n'avait pas permis à l'agent d'apprécier l'opportunité de la cure thermale demandée.

Cass. soc. 20 janvier 1982, n° 80-40.004, BC V n° 40.

Aux termes de la convention collective nationale des industries chimiques, en cas d'absence au travail justifiée par une incapacité résultant de la maladie ou d'un accident, le salarié d'une entreprise régie par cette convention perçoit, sous certaines conditions, ses appointements mensuels à plein tarif, sans que cette disposition ne soit étendue aux absences pour cure thermale, sauf en cas d'incapacité de travail.

Devant le refus d'un employeur de verser son salaire conventionnellement prévu en cas d'arrêt de travail pour maladie à un salarié qui avait suivi une cure thermale du 5 au 27 octobre, l'intéressé avait saisi la juridiction prud'homale afin d'obtenir le bénéfice de ce salaire.

Doit être cassé le jugement qui, pour accueillir cette demande, a relevé que l'intéressé avait été en arrêt de travail du 1er au 4 octobre et qu'il avait obtenu une prolongation d'arrêt de travail, et qu'en l'absence de contre-visite médicale diligentée par l'employeur, ce dernier était mal fondé à remettre en cause l'absence du salarié qui résultait de la maladie et qui était prise en charge par la sécurité sociale, alors qu'il résultait de l'aveu du salarié qu'il était en cure thermale pendant les arrêts de travail et que les juges auraient dû rechercher si celle-ci s'inscrivait dans le cadre d'un traitement thérapeutique d'une affection entraînant une incapacité de travail.

Cass. soc. 29 janvier 1997, n° 93-42.794. Voir aussi cass. soc. 13 avril 2005, n° 03-41.502, BC V n° 135.

Il résulte des articles 41 et 42 de la convention collective nationale des organismes de sécurité sociale qu'il suffit que la cure thermale soit médicalement prescrite pour que le salarié ait droit au versement de son salaire pendant la période de cure. En outre, la CNAMTS a précisé, dans une lettre du 11 septembre 1985, que les accords de prise en charge de cure thermale délivrés par les caisses d'assurance maladie tiennent lieu d'arrêt de travail.

Un salarié s'est absenté de son travail pour suivre une cure thermale médicalement prescrite. Pour justifier son absence, le salarié a remis à son employeur la notification de l'accord de prise en charge de la caisse primaire d'assurance maladie, ainsi que la confirmation de l'établissement thermal, mais n'a pas fourni de certificat d'arrêt de travail pour la période concernée. L'employeur n'ayant pas versé à l'intéressé les rémunérations correspondant à cette période, celui-ci a saisi la juridiction prud'homale.

C'est à bon droit qu'une cour d'appel a condamné l'employeur à payer au salarié une somme à titre de salaire pour la période concernée.

Cass. soc. 18 octobre 2006, n° 05-41.408, BC V n° 311.

D

Danger grave et imminent

☛ Droit d'alerte et de retrait en cas de danger.

Délégation de pouvoirs

Sauf si la loi en dispose autrement, le chef d'entreprise, qui n'a pas personnellement pris part à la réalisation d'une infraction, peut s'exonérer de sa responsabilité pénale s'il rapporte la preuve qu'il a délégué ses pouvoirs à une personne pourvue de la compétence, de l'autorité et des moyens nécessaires pour veiller efficacement au respect des dispositions en vigueur.

Forme de la délégation

La délégation de pouvoirs doit être expresse, précise et effective.

Cass. crim. 5 décembre 2000, n° 00-83.260. Voir aussi cass. crim. 2 septembre 2008, n° 08-80.408.

Domaine de la délégation

La délégation donnée dans un domaine étranger aux infractions poursuivies ne saurait exonérer l'employeur de sa responsabilité pénale.

Les juges qui ont constaté que la délégation de pouvoirs dont se prévalait le prévenu ne concernait que l'hygiène et la sécurité, domaine étranger aux infractions poursuivies (défaut d'affichage d'un permis de construire, copies des titres de travail des étrangers non tenues à la disposition des agents de contrôle…), ont considéré à bon droit qu'une telle délégation ne pouvait exonérer le prévenu de sa responsabilité pénale.

Cass. crim. 9 novembre 1993, n° 92-86.101.

Conditions liées à la personne du délégataire

Le délégataire doit disposer de la compétence, de l'autorité et des moyens nécessaires pour veiller efficacement au respect des dispositions en vigueur.

Cass. crim. 17 juin 1997, n° 95-83.010, B. crim. n° 237.

Lors du contrôle effectué sur le chantier de construction d'un centre commercial pour la réalisation duquel une société procédait à l'édification de murs par coffrage au moyen d'équipements de travail appelés « banches », des fonctionnaires de l'inspection du travail ont constaté que ces équipements étaient stockés ou utilisés dans des conditions n'assurant pas leur stabilité et que des salariés travaillaient en hauteur sans protection suffisante ; le dirigeant de la société, présent lors du contrôle, et cette société ont été cités à comparaître devant la juridiction correctionnelle pour infractions à la sécurité des travailleurs.

C'est à bon droit que, pour rejeter l'argumentation du dirigeant qui sollicitait la relaxe en invoquant les délégations de pouvoirs consenties à un chef d'équipe devenu chef de chantier, un tribunal, dont la décision a été confirmée, avait retenu qu'il n'était pas établi que le préposé concerné, âgé de vingt et un ans lors de la signature de la première délégation, moins d'une année après son arrivée dans l'entreprise, ait disposé d'une compétence et d'une autorité suffisantes, et avait déclaré le dirigeant et la société coupables d'infractions à la réglementation générale sur l'hygiène et la sécurité du travail.

Cass. crim. 8 décembre 2009, n° 09-82.183, B. crim. n° 210.

Si un supérieur hiérarchique s'immisce dans les fonctions du délégataire, il ne pourra pas être reproché à ce dernier d'avoir commis une faute dans l'accomplissement de sa mission.

Un salarié titulaire d'une délégation de pouvoirs en matière de sécurité du travail ne peut se voir reprocher une faute dans l'accomplissement de la mission d'organisation et de surveillance qui lui a été confiée lorsque l'un de ses supérieurs hiérarchiques ou le chef d'entreprise s'immisce dans le déroulement des tâches en rapport avec cette mission, supprimant ainsi l'autonomie d'initiative inhérente à toute délégation effective.

Un salarié occupait des fonctions de supervision des tirs de mine aux stades de leur préparation, de leur exécution et de leur suivi.

C'est à bon droit qu'une cour d'appel a estimé que le comportement du salarié n'était pas fautif, dès lors que, d'une part, il n'était pas prouvé que le salarié avait refusé d'exécuter les tirs conformément aux nouvelles méthodes et que, d'autre part, il s'était trouvé en présence, sur le pas de tir, de deux supérieurs hiérarchiques qui avaient pris le commandement de la manœuvre. La circonstance que le salarié avait eu une formation de boutefeu, une habilitation réglementaire et qu'il bénéficiait de la qualification de cadre ne pouvait avoir pour conséquence de lui faire assumer le caractère insolite du déroulement de la manœuvre et de lui imputer les manquements aux règles de sécurité qui l'avait accompagné.

Cass. soc. 21 novembre 2000, n° 98-45.420, BC V n° 384.

L'administrateur judiciaire désigné dans une procédure collective ne peut pas déléguer une partie de ses pouvoirs au chef d'entreprise sans l'accord du tribunal de commerce.

Les relations existant entre l'administrateur judiciaire désigné par le tribunal de commerce dans une procédure collective et le chef de l'entreprise en difficulté, qui ne sont pas des relations d'employeur à préposé, excluent toute possibilité de délégation de pouvoirs du premier au profit du second.

C'est à bon droit que, pour déclarer coupable du délit d'entrave au fonctionnement du comité d'entreprise un administrateur judiciaire désigné par le tribunal de commerce avec pour mission « outre les pouvoirs conférés par la loi » d'assurer l'administration de l'entreprise avec l'assistance du chef d'entreprise, une cour d'appel a écarté le moyen de défense invoqué par le prévenu, tiré d'une délégation de pouvoirs au président du conseil d'administration de la société pour les actes relevant de la gestion sociale de l'entreprise, aux motifs, notamment, que le mandat confié à l'intéressé par la juridiction consulaire comprenait des pouvoirs et attributions propres, dont la mission d'information et de consultation prévue par les articles 20, 24 et 25 de la loi du 25 janvier 1985, prohibant toute délégation de pouvoirs au profit du débiteur, bénéficiaire des obligations mises à la charge de l'administrateur et que toute possibilité de délégation directe de responsabilité était exclue, hors de tout accord de la juridiction commerciale.

Cass. crim. 30 janvier 1996, n° 94-83.505, B. crim. n° 53.

Le chef d'un groupe de sociétés peut déléguer ses pouvoirs en matière d'hygiène et de sécurité au dirigeant d'une société du groupe sur lequel il exerce son autorité hiérarchique.

Rien n'interdit au chef d'un groupe de sociétés, qui est en outre le chef de l'entreprise exécutant les travaux, de déléguer ses pouvoirs en matière d'hygiène et de sécurité au dirigeant d'une autre société du groupe, sur lequel il exerce son autorité hiérarchique, les juges ayant souverainement apprécié que l'ingénieur délégué avait les compétences, l'autorité et les moyens nécessaires pour exercer effectivement les pouvoirs qui lui avaient été délégués.

Cass. crim. 26 mai 1994, n° 93-83.180, B. crim. n° 208. Voir aussi cass. crim. 7 février 1995, n° 94-81.832.

Une délégation de pouvoirs en matière d'hygiène et de sécurité peut être consentie par le représentant légal de chacune des entreprises intervenant sur un chantier à un préposé de l'une d'entre elles qui dispose effectivement des pouvoirs, de la compétence et des moyens nécessaires à l'exécution de sa mission.

Cass. crim. 14 décembre 1999, n° 99-80.104, B. crim. n° 306.

Le conseil d'administration d'une société anonyme détermine l'étendue des pouvoirs délégués au directeur général, mandataire social, et peut l'investir des mêmes pouvoirs que le président.

Sauf si la loi en dispose autrement, le chef d'entreprise, qui n'a pas personnellement pris part à la réalisation de l'infraction, peut s'exonérer de sa responsabilité pénale s'il rapporte la preuve qu'il a délégué ses pouvoirs à une personne pourvue de la compétence, de l'autorité et des moyens nécessaires.

Après avoir caractérisé le délit prévu par l'article L. 335-4 du code de la propriété intellectuelle, une cour d'appel, pour l'imputer au président du conseil d'administration et relaxer le directeur général, énonce que la délégation de pouvoirs invoquée, qui porte sur la politique d'achat, d'importation, de commercialisation, de distribution et de gestion du personnel, ne peut avoir de valeur exonératoire pour le président, dès lors qu'elle opère un transfert de tous ses pouvoirs de direction.

En statuant ainsi, alors que le conseil d'administration détermine l'étendue des pouvoirs délégués au directeur général, mandataire social qui peut être investi des mêmes pouvoirs que le président, la cour d'appel a méconnu le principe ci-dessus rappelé.

Cass. crim. 29 avril 1998, n° 97-82.420.

La délégation de pouvoirs doit être exclusive.

Si le chef d'entreprise a la faculté de déléguer la direction d'un secteur d'activité à un préposé investi par lui et pourvu de la compétence, de l'autorité et des moyens nécessaires pour veiller efficacement à l'observation des dispositions légales et réglementaires en vigueur, il ne peut, en revanche, déléguer ses pouvoirs à plusieurs personnes pour l'exécution d'un même travail, un tel cumul étant de nature à restreindre et entraver les initiatives de chacun des prétendus délégataires.

Cass. crim. 23 novembre 2004, n° 04-81.601, B. crim. n° 295. Voir aussi cass. crim. 10 février 1998, n° 97-82.543.

A justifié sa décision la cour d'appel qui, pour écarter l'existence d'une délégation de pouvoirs du président du conseil d'administration au secrétaire général de la société, a notamment énoncé qu'eu égard à la confusion des pouvoirs constatée, la preuve d'une délégation permettant au président du conseil d'administration de s'exonérer de sa responsabilité pénale n'était pas rapportée, la délégation opérée de manière floue au profit de plusieurs préposés rendant incertaine la réalité d'une délégation à un préposé plutôt qu'à un autre, le cumul de plusieurs délégations pour l'exécution du même travail restreignant l'autorité et les initiatives des prétendus délégataires.

Cass. crim. 29 février 2000, n° 99-83.241, 4e moyen, B. crim. n° 89.

C'est à bon droit qu'après avoir relevé l'existence de trois délégations de pouvoirs en matière de sécurité, datées du même jour et rédigées dans les mêmes termes, une cour d'appel a décidé que cette juxtaposition de délégations identiques avait créé une situation ambiguë ne permettant pas de déterminer de façon claire la responsabilité de chacun des délégués dans l'accident survenu sur un chantier de construction et a retenu la responsabilité pénale du directeur général de la société.

Cass. crim. 13 février 2001, n° 00-83.038.

Preuve de la délégation

Elle n'est soumise à aucune forme particulière.

Si pour être exonératoire une délégation de pouvoirs doit être certaine et exempte de toute ambiguïté, sa preuve n'est soumise à aucune forme particulière.

C'est à tort que, pour écarter l'existence d'une délégation de pouvoirs invoquée par un dirigeant d'entreprise, une cour d'appel se borne à énoncer que le prévenu n'a remis aucune délégation de pouvoirs « expresse et écrite », sans rechercher si, à défaut de cette preuve littérale, il était ou non établi que la direction du chantier eût été déléguée à un préposé investi par l'employeur et doté de la compétence, de l'autorité et des moyens nécessaires pour assurer efficacement sur le chantier l'observation des dispositions protectrices de la sécurité des travailleurs.

Cass. crim. 22 octobre 1991, n° 89-86.770. Voir aussi cass. crim. 16 mars 1999, n° 98-80.878 ; cass. crim. 30 mai 2000, n° 99-86.695.

L'existence d'une délégation de pouvoirs peut être invoquée pour la première fois en cause d'appel.

À la suite d'un accident mortel du travail survenu à un salarié, le président-directeur général d'une société avait été poursuivi pour homicide involontaire et infraction à la réglementation protectrice de la sécurité des travailleurs. Le prévenu avait sollicité sa relaxe en invoquant, pour la première fois, une délégation de pouvoirs devant la cour d'appel saisie de la poursuite.

A justifié sa décision la cour d'appel qui a fait droit à cette argumentation. D'une part, s'agissant d'un moyen de défense, il appartenait aux juges du fond d'apprécier la valeur d'une délégation de pouvoirs invoquée en cause d'appel. D'autre part, dès lors que les juges constataient qu'une personne autre que le prévenu était le chef de l'établissement concerné, il en résultait que celle-ci entrait dans les prévisions de l'article L. 263-2 CT et avait nécessairement les pouvoirs et le devoir de faire respecter les obligations du code du travail en matière d'hygiène et de sécurité.

Cass. crim. 5 janvier 1993, n° 92-81.918, B. crim. n° 6.

Effet de la délégation

Elle peut exonérer l'employeur de toute responsabilité pénale.

Une délégation comportant notamment la prise de décision et la mise en œuvre de mesures en matière d'hygiène, de sécurité et de conditions de travail selon la réglementation en vigueur, il appartient au délégataire désigné de mettre en place, au besoin en faisant appel à d'autres concours, l'organisation du contrôle du matériel et de sa conformité aux règles de sécurité.

Cass. crim. 2 mars 1994, n° 93-83.458.

À défaut d'avoir établi une délégation, le chef d'entreprise est pénalement responsable.

Le chef d'entreprise doit veiller personnellement et à tous moments à la stricte et constante application des dispositions réglementaires destinées à assurer la sécurité de son personnel.

En l'espèce, il lui appartenait de prendre toutes les mesures nécessaires et de donner toutes les consignes utiles afin que le personnel procède au nettoyage du silo, machine à l'arrêt, et que le démarrage soit rendu impossible dès lors que des salariés sont exposés aux risques du mécanisme. Peu importe que le chef d'entreprise fasse valoir que son lieu de travail habituel était éloigné, il lui revenait d'établir une délégation de pouvoirs, ce qui n'a pas été fait.

Cass. crim. 30 mai 2000, n° 99-87.578, 1er moyen.

En matière d'hygiène et de sécurité, la même infraction ne peut pas être retenue à la fois contre le chef d'entreprise et contre son délégataire, voire un subdélégataire.

Pour déclarer un chef de chantier et un dirigeant d'entreprise coupables de blessures involontaires, une cour d'appel, après avoir relevé que le premier, en sa qualité de chef de chantier, reconnaissant être tenu de veiller à la sécurité des travailleurs et ayant donné l'ordre de démolition d'un mur et la façon d'y procéder, avait commis des fautes en ne respectant pas des dispositions du décret du 8 janvier 1965, a énoncé que ces fautes étaient également imputables au second, dirigeant de l'entreprise, en l'absence de preuve d'une délégation de pouvoirs de sa part au chef de chantier en ce qui concernait la sécurité.

Pour déclarer par ailleurs une troisième personne coupable du même délit, les juges se sont bornés à retenir que celui-ci, père des deux autres inculpés, retraité de l'entreprise mais présent sur les lieux où il suppléait un de ses fils, avait donné des instructions au conducteur de la pelle mécanique, en méconnaissance des règles de sécurité.

En statuant ainsi, par des motifs contradictoires, et alors qu'en matière d'hygiène et de sécurité la même infraction ne peut être retenue à la fois contre le chef d'entreprise et contre son délégataire, voire un subdélégataire, la cour d'appel n'a pas donné de base légale à sa décision.

Cass. crim. 14 octobre 1997, n° 96-83.196.

La responsabilité du chef d'entreprise peut être engagée malgré la délégation, lorsqu'il a personnellement participé à l'infraction, ou lorsqu'il a commis une faute distincte de celle du délégataire.

Le salarié d'un centre aquatique a reçu une décharge électrique alors qu'il récupérait des pièces dans un monnayeur.

C'est à bon droit qu'une cour d'appel a retenu, du chef d'infraction à la réglementation relative à la sécurité des travailleurs, la responsabilité pénale d'un salarié, titulaire d'une délégation de pouvoirs, pour avoir laissé en service le boîtier d'un monnayeur non étanche et non isolé du dispositif électrique et, du chef de blessures involontaires, la responsabilité pénale de ce même salarié et de l'employeur qui ne pouvaient s'exonérer de cette responsabilité en invoquant la vérification annuelle des installations électriques, dès lors que cette mesure ne dispensait pas l'employeur d'assurer une surveillance constante de ces installations.

Cass. crim. 1er mars 2005, n° 04-83.863.

Par ailleurs, les gérants de droit ou de fait d'une même société peuvent être déclarés simultanément coupables dès lors que, en l'absence de délégation de pouvoirs, chacun des cogérants a le devoir d'assurer le respect de la réglementation applicable.

Cass. crim. 12 septembre 2000, n° 99-88.011, 1er moyen, B. crim. n° 268.

Le salarié titulaire d'une délégation de pouvoirs est un représentant de la personne morale susceptible d'engager la responsabilité pénale de celle-ci.

Le salarié titulaire d'une délégation de pouvoirs en matière d'hygiène et de sécurité est un représentant de la personne morale au sens de l'article 121-2 c. pén. et peut donc engager la responsabilité pénale de celle-ci en cas d'atteinte involontaire à la vie ou à l'intégrité physique trouvant sa cause dans un manquement aux règles qu'il était tenu de faire respecter en vertu de sa délégation.

Cass. crim. 30 mai 2000, n° 99-84.212, B. crim. n° 206. Voir aussi cass. crim. 25 mars 2014, n° 13-80.376, B. crim. n° 94.

En cas d'accident du travail, les infractions en matière d'hygiène et de sécurité des travailleurs commises par le délégataire de pouvoirs désigné par chacune des sociétés constituant un groupement d'entreprises à l'occasion de l'attribution d'un marché engagent la responsabilité pénale de la seule personne morale, membre du groupement, qui est l'employeur de la victime…

Cass. crim. 13 octobre 2009, n° 09-80.857, B. crim. n° 169.

… ou, en cas de recours à une main-d'œuvre intérimaire, de la personne morale ayant la qualité d'entreprise utilisatrice au sens des dispositions du code du travail relatives au travail temporaire.

Cass. crim. 23 novembre 2010, n° 09-85.115, B. crim. n° 186.

Subdélégation de pouvoirs

L'autorisation du chef d'entreprise dont émane la délégation de pouvoirs initiale n'est pas nécessaire à la validité des subdélégations de pouvoirs, dès lors que celles-ci sont régulièrement consenties et que les subdélégataires sont pourvus de la compétence, de l'autorité et des moyens propres à l'accomplissement de leur mission.

Cass. crim. 30 octobre 1996, n° 94-83.650, 1er moyen, B. crim. n° 389.

☛ Délit d'entrave ; Responsabilité pénale des personnes physiques.

Délégation unique

Conformément aux dispositions de l'article L. 2326-1 ancien CT dans sa rédaction issue de la loi 2015-994 du 17 août 2015, dans les entreprises de moins de 300 salariés, l'employeur peut décider que les délégués du personnel constituent la délégation du personnel au comité d'entreprise et au CHSCT. La mise en place de cette délégation doit être précédée de la consultation des représentants du personnel.

La jurisprudence rapportée ci-dessous, rendue dans le cadre législatif antérieur, conserve cependant son intérêt, notamment au regard des litiges en cours.

Mise en place

• Cadre de mise en place

Une délégation unique du personnel peut être mise en place en l'absence de toute disposition conventionnelle dès lors que les conditions légales sont réunies.

Après avoir exactement énoncé que l'article L. 431-1-1 CT ne contient aucune restriction à la faculté pour l'employeur de décider que les délégués du personnel constituent la délégation du personnel au comité d'entreprise quand les conditions légales sont réunies, un tribunal d'instance a justement décidé que le fait qu'il ne soit pas fait mention de la délégation unique dans les dispositions de la convention collective ne faisait pas obstacle à la mise en place de cette institution.

Cass. soc. 27 juin 2001, n° 99-60.555.

Le choix de mettre en place une délégation unique du personnel appartient à l'employeur seul.

Pour dire régulière la fixation, par un employeur, des modalités d'organisation et de déroulement des élections des membres d'une délégation unique du personnel qui se sont tenues au sein d'une unité économique et sociale, un tribunal d'instance a relevé que, le principe même de la mise en place d'une délégation unique du personnel étant refusé par les organisations syndicales, toute tentative de négociation d'un protocole préélectoral ne pouvait qu'échouer.

En statuant ainsi, alors que le choix de mettre en place une délégation unique du personnel appartient à l'employeur, seul, et que le désaccord manifesté par les organisations syndicales quant à ce choix ne dispense pas l'employeur de procéder à une négociation du protocole préélectoral dans les conditions prévues par les textes légaux, le tribunal d'instance a violé les articles L. 2326-1, L. 2314-3 et L. 2324-4 CT.

Cass. soc. 28 septembre 2011, n° 10-21.752, 2e moyen, BC V n° 200.

Pour décider qu'ils constitueront la délégation du personnel au comité d'entreprise, l'employeur doit consulter les délégués du personnel, ainsi que s'il existe, le comité d'entreprise ; en l'absence de cette consultation, les élections des délégués du personnel appelés à constituer la délégation du personnel au comité d'entreprise, sont entachées d'une irrégularité justifiant leur annulation.

Selon l'article L. 2326-1 CT, pour décider qu'ils constitueront la délégation du personnel au comité d'entreprise, l'employeur doit consulter les délégués du personnel, ainsi que s'il existe, le comité d'entreprise ; il en résulte qu'en l'absence de cette consultation, les élections des délégués du personnel appelés à constituer la délégation du personnel au comité d'entreprise, sont entachées d'une irrégularité justifiant leur annulation.

Invoquant l'absence de consultation préalable des délégués du personnel, des salariés ont saisi le tribunal d'instance d'une requête aux fins d'annulation des élections de la délégation unique du personnel. Pour rejeter cette demande, un tribunal d'instance a retenu que le syndicat CGT ayant été informé au cours de précédents échanges de la décision de l'employeur de mettre en place une délégation unique du personnel, le reproche relatif à l'absence de consultation des délégués du personnel n'était pas fondé.

En statuant ainsi, par des motifs inopérants, sans qu'il ressorte de ses constatations que l'employeur avait consulté les délégués du personnel, le tribunal d'instance a violé le texte susvisé.

Cass. soc. 7 décembre 2016, n° 15-25.317, BC V n° 232.

S'il existe, le CHSCT doit également être consulté ; à défaut de prorogation, la consultation des membres du CHSCT dont les mandats sont expirés est irrégulière et les élections des délégués du personnel appelés à constituer la délégation du personnel au comité d'entreprise sont, en conséquence, elles-mêmes entachées d'une irrégularité justifiant leur annulation.

Selon l'article L. 2326-1 CT alors applicable, pour décider qu'ils constitueront la délégation unique du personnel au comité d'entreprise et au comité d'hygiène, de sécurité et des conditions de travail (CHSCT), l'employeur doit consulter les délégués du personnel ainsi que, s'ils existent, le comité d'entreprise et le CHSCT ; la durée des mandats des délégués du personnel, des membres du comité d'entreprise et du CHSCT peut être prorogée ou réduite dans la limite de deux années, de manière à ce que leur échéance coïncide avec la date de mise en place de la délégation unique ; il en résulte qu'en l'absence de décision de prorogation, la consultation des membres du CHSCT dont les mandats sont expirés est irrégulière et il s'ensuit que les élections des délégués du personnel appelés à constituer la délégation du personnel au comité d'entreprise sont elles-mêmes entachées d'une irrégularité justifiant leur annulation.

Cass. soc. 28 mars 2018, n° 17-60.068, à paraître.

Le refus d'autoriser la suppression du comité d'entreprise opposé à l'employeur par l'autorité administrative n'a pas pour effet de priver ce dernier de la faculté de mettre en place une délégation unique du personnel dans les entreprises de moins de deux cents salariés.

Cass. soc. 10 décembre 2014, n° 14-13.041, 2e branche du 2e moyen.

Les règles électorales applicables à la délégation unique sont celles relatives aux délégués du personnel.

Un tribunal d'instance a décidé à bon droit que les règles légales prévoyant la constitution d'un collège spécifique aux ingénieurs, chefs de service et cadres ne sont pas applicables à la délégation unique du personnel, sauf accord collectif contraire ou si une telle hypothèse est prévue par le protocole d'accord préélectoral signé par toutes les organisations syndicales représentatives. En effet, les règles électorales à appliquer sont celles qui régissent les délégués du personnel et non celles relatives au comité d'entreprise pour l'élection duquel la création d'un troisième collège est prévue.

Cass. soc. 26 septembre 2002, n° 01-60.325, BC V n° 287.

L'élection des délégués du personnel a lieu au scrutin de liste à deux tours avec représentation proportionnelle à la plus forte moyenne.

C'est à tort que, pour rejeter la demande d'annulation de l'élection de la délégation unique du personnel d'une société formée par un syndicat, un tribunal d'instance, après avoir rappelé qu'une organisation syndicale avait présenté une liste comportant un titulaire, et une autre une liste comportant deux titulaires et deux suppléants, a retenu que si l'employeur a organisé l'élection comme si chaque candidat se présentait individuellement, cette irrégularité n'a pas eu pour effet de fausser le résultat du scrutin pour l'élection des candidats titulaires, alors qu'il résultait de ses propres constatations que l'élection avait eu lieu au scrutin uninominal.

Cass. soc. 23 février 2005, n° 04-60.195.

Le protocole préélectoral pour l'élection de la délégation unique du personnel n'a donc pas à être conforme aux dispositions conventionnelles prévues pour les comités d'entreprise.

Sur la saisine d'une société, un tribunal d'instance a décidé que les élections pour le renouvellement de la délégation unique du personnel se dérouleraient selon les modalités prévues au protocole préélectoral signé par deux des trois organisations syndicales présentes dans l'entreprise, sauf en ce qui concernait la répartition des électeurs et éligibles.

Le moyen du pourvoi, formé par le syndicat non signataire et tiré d'une éventuelle non-conformité du protocole aux dispositions de la convention collective applicable relatives à la composition du comité d'entreprise, l'organisation des bureaux de vote et le vote par correspondance, doit être rejeté. En effet, il tend à transposer des dispositions conventionnelles prévues pour les comités d'entreprise à la délégation unique du personnel.

Cass. soc. 26 septembre 2002, n° 01-60.325, précité.

La délégation unique ne peut être mise en place au niveau des établissements distincts que s'il existe des comités d'établissement.

Dans les entreprises dont l'effectif est inférieur à deux cents salariés, le chef d'entreprise a la faculté de décider que les délégués du personnel constituent la délégation du personnel au comité d'entreprise. Si cette mise en place peut avoir lieu au sein des établissements distincts, au sens de l'article L. 435-1 CT, elle s'effectue au niveau de l'entreprise lorsqu'il n'existe pas de comités d'établissement.

Dès lors, un tribunal d'instance qui a constaté qu'une délégation unique avait été mise en place au niveau de l'entreprise, a pu décider que les élections des délégués du personnel ne pouvaient être organisées au niveau des établissements distincts.

Cass. soc. 26 novembre 1996, n° 95-60.965. Voir aussi cass. soc. 14 décembre 1995, n° 94-60.578, BC V n° 349.

La décision de l'employeur de mettre en place une délégation unique du personnel fait obstacle à l'organisation d'élections de délégués du personnel au sein d'établissements distincts.

Un premier jugement avait reconnu l'existence d'une unité économique et sociale entre une société « A » et une société « B » pour la mise en place d'une délégation unique du personnel.

Doit être cassé le second jugement qui a reconnu la qualité d'établissement distinct « en vue des élections des délégués du personnel » à la société « A » au motif essentiel qu'elle comptait 11 salariés, alors que la décision de l'employeur d'appliquer les dispositions de l'article L. 431-1-1 CT faisait obstacle à l'organisation d'élections de délégués du personnel au sein d'établissements distincts, au sens de l'article L. 421-1 CT.

Cass. soc. 10 juin 1998, n° 97-60.128.

• Appréciation des effectifs

Lorsque l'employeur décide de mettre en place une délégation unique du personnel lors du renouvellement du comité d'entreprise, l'effectif à prendre en compte s'apprécie à la date du premier tour du scrutin.

Ayant constaté que la faculté offerte au chef d'entreprise de décider que les délégués du personnel constituent la délégation du personnel au comité d'entreprise était exercée par l'employeur à l'occasion du renouvellement du comité d'entreprise et que l'effectif, à la date du premier tour du scrutin, était inférieur à deux cents salariés, un tribunal d'instance a exactement décidé que la délégation unique pouvait être instaurée.

Cass. soc. 27 mai 1998, n° 97-60.020.

Lorsque la délégation unique n'a pas été mise en place dans tous les établissements de l'entreprise, il y a lieu, quand l'effectif de celle-ci atteint ou dépasse 200 salariés, de procéder à de nouvelles élections dans chacun de ses établissements conformément au droit commun, sans attendre l'échéance des mandats en cours.

Il résulte des articles L. 431-1-1 et L. 423-19 CT que les délégués du personnel ne peuvent constituer la délégation unique du personnel au comité d'entreprise que dans les entreprises dont l'effectif est inférieur à 200 salariés.

Après avoir décidé que le comité d'établissement de deux sites serait constitué d'une délégation unique, un employeur avait proposé aux organisations syndicales la signature d'un protocole pour l'élection d'une délégation unique dans un troisième établissement. L'effectif de l'entreprise ayant dépassé 200 salariés, les syndicats ont refusé de signer le protocole et un syndicat, ainsi qu'un délégué syndical, ont demandé l'organisation d'élections professionnelles dans le cadre de l'entreprise.

C'est à tort que, pour rejeter leur demande, un tribunal d'instance a relevé que le franchissement à la hausse du seuil de 200 salariés n'était pas prévu par la loi et qu'il convenait, par analogie avec les dispositions de l'article L. 433-14 CT, de laisser les mandats en cours se poursuivre jusqu'à leur terme, alors que, lorsque la délégation unique n'a pas été mise en place dans tous les établissements de l'entreprise, il y a lieu, lorsque l'effectif de celle-ci atteint ou dépasse 200 salariés, de procéder à de nouvelles élections dans chacun des établissements conformément au droit commun, sans attendre l'échéance des mandats en cours.

Cass. soc. 17 mars 2004, n° 02-60.579, BC V n° 92.

Élections partielles

L'organisation d'élections partielles de membres de la délégation unique du personnel est exclue.

Selon l'article L. 431-1-1 CT, dans les entreprises dont l'effectif est inférieur à 200 salariés, le chef d'entreprise a la faculté de décider que les délégués du personnel constituent la délégation du personnel au comité d'entreprise. Par dérogation aux articles L. 424-1 et L. 434-1 CT, les délégués du personnel disposent, dans la limite d'une durée qui, sauf circonstance exceptionnelle, ne peut excéder 20 heures par mois, du temps nécessaire à des attributions dévolues aux délégués du personnel et au comité d'entreprise. Il en résulte que la délégation du personnel au comité d'entreprise ne peut être constituée d'autres membres élus que les délégués du personnel, dont le nombre est fixé par l'article R. 423-1-1 CT et dont le remplacement est assuré conformément à l'article L. 423-17 CT lorsqu'un délégué titulaire cesse ses fonctions.

C'est donc à bon droit qu'un tribunal d'instance a écarté l'application de l'article L. 433-12 CT qui prévoit l'organisation d'élections partielles au comité d'entreprise, pour les membres d'une délégation unique du personnel.

Cass. soc. 7 mai 2002, n° 01-60.671, BC V n° 151.

Électorat et éligibilité

Pour être électeur et éligible à l'élection de la délégation unique du personnel, il faut être titulaire d'un contrat de travail.

Un salarié employé comme « extra équipier restauration » en moyenne 14 jours par mois, en vertu de contrats successifs à durée déterminée, est électeur et éligible pour l'élection de la délégation unique du personnel dans la mesure où il est sous contrat à la date du scrutin.

Cass. soc. 30 mai 1996, n° 95-60.599.

Les travailleurs mis à disposition peuvent être candidats à la délégation unique du personnel

Selon l'article L. 2326-1 CT, dans les entreprises de moins de 200 salariés, l'employeur peut décider que les délégués du personnel constituent la délégation unique du personnel au comité d'entreprise ; il en résulte que les travailleurs mis à disposition d'une entreprise, qui remplissent les conditions fixées par l'article L. 2314-18-1 CT pour être éligibles en qualité de délégué du personnel, peuvent, à ce même titre, en l'absence de dispositions légales y faisant obstacle, être candidats à la délégation unique du personnel.

Cass. soc. 5 décembre 2012, n° 12-13.828, BC V n° 323.

Nombre de délégués

L'effectif à prendre en considération pour déterminer le nombre de délégués est celui de l'entreprise ou celui de l'établissement distinct dans le cadre de la création d'un comité d'établissement.

Doit être rejetée la demande en annulation du décret et de la circulaire de mise en application de la loi du 20 décembre 1993 quant au mode d'appréciation de la condition d'effectif. Il découle nécessairement des dispositions de l'article L. 431-1-1 CT que, par dérogation aux règles de droit commun relatives à la détermination du nombre de délégués du personnel, les effectifs de salariés à prendre en considération pour la détermination du nombre de délégués du personnel constituant la délégation du personnel au comité d'entreprise, doivent être appréciés dans le cadre de l'ensemble de l'entreprise - ou, au sens de l'article L. 435-1 CT, de l'établissement distinct donnant lieu à la création d'un comité d'établissement - et non pas dans le cadre de chaque établissement au sens des dispositions de l'article L. 421-1 CT relatives aux délégués du personnel.

Dès lors, le moyen tiré de ce que le décret attaqué n'assure pas dans tous les cas le respect des dispositions de l'article L. 421-1 CT selon lesquelles les délégués du personnel doivent être désignés dans tout établissement où sont occupés au moins onze salariés ne peut être accueilli.

CE 8 septembre 1995, n° 160301, Rec. Lebon p. 338.

Le nombre de délégués qui constituent la délégation unique est fixé par décret et ne peut être augmenté que par protocole d'accord préélectoral signé par toutes les organisations syndicales intéressées.

Cass. soc. 26 juin 1996, n° 95-60.895, BC V n° 257. Voir aussi cass. soc. 25 juin 1996, n° 95-60.812, 2e moyen.

En cas de dispositions conventionnelles prévoyant pour les délégués du personnel et le comité d'entreprise un nombre de représentants supérieur au nombre légal, il est nécessaire de comparer ces dispositions aux dispositions légales concernant la délégation unique et de retenir le nombre le plus élevé des trois.

Doit être cassé le jugement déboutant des syndicats de leur demande tendant à ce que les élections de la délégation unique soient organisées conformément à la convention collective applicable au motif que les dispositions d'ordre public ne sont susceptibles d'aucune dérogation. Les dispositions de l'article L. 431-1-1 CT ne sont pas incompatibles avec les dispositions plus favorables d'une convention collective. Par ailleurs, pour déterminer le nombre des délégués du personnel de la délégation unique, les juges doivent comparer le nombre de ces délégués, tel qu'il figure à l'article R. 423-1-1 CT, avec celui des délégués du personnel et membres du comité d'entreprise conventionnels et retenir le nombre le plus élevé des trois.

Cass. soc. 6 novembre 1996, n° 95-60.875. Voir aussi cass. soc. 8 janvier 1997, n° 95-61.003 ; cass. soc. 26 novembre 1997, n° 96-60.282 ; cass. soc. 27 mai 1999, n° 98-60.310.

Fonctionnement

Lorsqu'une délégation unique du personnel est constituée dans l'entreprise, les délégués du personnel et le comité d'entreprise conservent l'ensemble de leurs attributions.

En relevant que l'employeur avait convoqué les membres titulaires et les membres suppléants de la délégation unique du personnel pour examiner, en leur qualité de délégués du personnel, la situation d'un salarié suite à son accident du travail avant de mettre en œuvre la procédure de licenciement, une cour d'appel a pu décider que l'employeur avait satisfait à son obligation de consulter pour avis les délégués du personnel.

Cass. soc. 18 novembre 2003, n° 01-44.235, 1er moyen, BC V n° 288. Voir aussi cass. soc. 10 décembre 2014, n° 13-12.529.

☞ Comité d'entreprise (Information et consultation) ; Délégué du personnel (Mission).

Délégué du personnel (Mission)

Les articles L. 2313-1 et s. anciens CT définissent les attributions des délégués du personnel. Outre leurs attributions propres, la loi leur donne des attributions supplétives en l'absence de comité d'entreprise, de CHSCT ou de délégués syndicaux.

La mission des délégués du personnel est strictement délimitée

Seuls les problèmes intéressant directement les salariés qui les ont élus entrent dans la mission des délégués du personnel.

Doit être cassé le jugement ayant considéré comme entrant dans la mission des délégués du personnel le fait de se rendre à une réunion organisée par le syndicat de ces délégués et ayant trait à la situation des entreprises du département appartenant à la branche d'activité de leur société. La mission des délégués du personnel ne peut concerner que les problèmes intéressant directement les salariés qui les ont élus.

Cass. soc. 24 mars 1993, n° 88-42.887, BC V n° 98. Voir aussi cass. soc. 4 octobre 1995, n° 94-42.139.

Entrent dans la mission des délégués du personnel la défense de leurs droits devant les juridictions compétentes…

Un délégué du personnel ayant utilisé une partie de ses heures de délégation pour assister à des audiences du conseil de prud'hommes en qualité de défendeur à une action de son employeur qui contestait l'utilisation faite par lui d'autres heures de délégation par rapport à l'objet de son mandat, l'employeur avait obtenu le remboursement des heures passées par le délégué à assister aux audiences afférentes à cette contestation.

C'est à tort que, statuant sur renvoi après cassation, un conseil de prud'hommes a débouté le salarié de sa demande en restitution du montant des sommes retenues sur ses salaires, aux motifs, d'une part, que le fait pour un délégué du personnel d'assister à des audiences pour assurer sa propre défense à une action de son employeur en contestation de l'utilisation de son crédit d'heures est une activité purement personnelle ne relevant pas de sa mission et, d'autre part, que l'intéressé, assisté et représenté aux audiences par un conseiller syndical, aurait pu se dispenser de comparaître, alors, d'une part, qu'en assurant sa propre défense lors d'une contestation par l'employeur de l'utilisation des heures de délégation, le salarié protégé est dans l'exercice de son mandat et, d'autre part, qu'en matière prud'homale, les parties, si elles peuvent se faire assister, sont tenues de comparaître en personne, sauf à se faire représenter en cas de motif légitime.

Cass. ass. plén. 31 octobre 1996, n° 91-44.880, 1er moyen, BC n° 7.

… ainsi que la dénonciation devant le conseil de prud'hommes de la discrimination dont ils font l'objet…

Selon les dispositions de l'article L. 422-1-1 CT, si un délégué du personnel constate une atteinte aux droits des personnes et aux libertés individuelles dans l'entreprise qui ne serait pas justifiée par la nature de la tâche à accomplir ni proportionnée au but recherché, il en saisit immédiatement l'employeur. En cas de carence de ce dernier ou de divergence sur la réalité de cette atteinte et à défaut de solution trouvée avec l'employeur, le délégué du personnel saisit le bureau de jugement du conseil de prud'hommes.

Ayant constaté que le salarié était dans l'exercice de la mission qui lui avait été confiée par le texte susvisé lorsqu'il est allé dénoncer, devant le conseil de prud'hommes, la discrimination dont il était l'objet, le conseil de prud'hommes a légalement justifié sa décision en retenant que les heures ainsi passées par le délégué du personnel devaient s'imputer sur ses heures de délégation.

Cass. soc. 26 mai 1999, n° 97-40.966, BC V n° 238.

… mais non l'assistance d'un salarié devant le conseil de prud'hommes…

L'assistance d'un salarié devant le conseil de prud'hommes n'entre pas dans le cadre de la mission d'un délégué du personnel.

Cass. soc. 21 février 1990, n° 86-44.111, BC V n° 85.

... ni l'assistance d'un salarié à un entretien avec l'employeur sollicité par ce même salarié...

Un employé, contestant l'évaluation professionnelle dont il avait fait l'objet, avait sollicité un entretien avec son directeur en demandant d'être assisté par un délégué du personnel. Le directeur ayant notifié au salarié qu'il le recevrait seul, le délégué et un syndicat l'ont fait citer devant le tribunal correctionnel pour délit d'entrave.

C'est à bon droit qu'une cour d'appel a jugé que le délit n'était pas établi. En effet, d'une part, le salarié ayant présenté lui-même sa demande d'entretien, le délégué du personnel n'était pas dans l'exercice de sa mission de présentation d'une réclamation individuelle au sens de l'article L. 422-1 CT et, d'autre part, l'assistance par un délégué du personnel, lors d'un entretien avec un employeur, n'est prévue que par les articles L. 122-14 (entretien préalable au licenciement) et L. 122-41 CT.

Cass. crim. 11 février 2003, n° 01-88.014, B. crim. n° 32.

... ni le temps consacré à des audiences prud'homales relatives à une demande de rappel de salaire les concernant...

C'est à tort que, pour débouter une société de sa demande en remboursement de sommes correspondant à des heures qu'une déléguée du personnel avait consacrées à des audiences prud'homales relatives à un contentieux des congés payés et allouer au contraire des dommages-intérêts à la salariée, un conseil de prud'hommes a relevé que l'intéressée avait agi dans le cadre de son mandat de délégué du personnel et qu'il résultait de l'article L. 422-1-1 CT que le délégué du personnel peut saisir la juridiction prud'homale en cas de divergence avec l'employeur.

En effet, le temps consacré par un délégué du personnel à soutenir devant le conseil de prud'hommes une demande en paiement d'un rappel de salaire le concernant n'entre pas dans la catégorie des heures de délégation rémunérées par l'employeur. Ensuite, l'article L. 422-1-1 CT ne concerne que les actions ayant pour objet de veiller à la protection des personnes et des libertés individuelles et collectives.

Cass. soc. 3 février 1998, n° 96-42.062, BC V n° 63.

... ni l'animation d'une journée d'exposition sur la paix...

Selon l'article L. 422-1 CT, les délégués du personnel ont pour mission, d'une part, de présenter aux employeurs toutes les réclamations individuelles ou collectives relatives aux salaires, à l'application du code du travail et des autres lois et règlements concernant la protection sociale, l'hygiène et la sécurité, ainsi que des conventions et accords collectifs du travail applicables dans l'entreprise, d'autre part, de saisir l'inspection du travail de toutes les plaintes et observations relatives à l'application des prescriptions législatives et réglementaires dont elle est chargée d'assurer le contrôle.

Dès lors, après avoir constaté que, pendant toute une journée, un délégué du personnel avait animé une exposition ayant pour thème : « Osez la paix », un conseil de prud'hommes a exactement décidé que la participation de l'intéressé à cette manifestation n'entrait pas dans le cadre de sa mission de délégué du personnel.

Cass. soc. 26 septembre 1990, n° 87-45.688, BC V n° 402.

... ni le temps consacré par un délégué du personnel à son information personnelle, dès lors qu'elle ne se rattache pas directement à une difficulté particulière à l'entreprise.

Doit être cassé le jugement qui, pour débouter une société de sa contestation de l'utilisation par un délégué du personnel d'heures de délégation pour participer à une réunion de délégués du personnel organisée par son syndicat, a constaté que l'ordre du jour portait sur les questions suivantes - négociation de licenciement, formation, élections dans les entreprises et loi quinquennale, réactions aux vagues de licenciement, heures supplémentaires, situation dans les entreprises, divers -, que la participation à des réunions où doivent être débattues des questions touchant des intérêts collectifs de l'entreprise entre dans la mission du délégué du personnel, alors que le temps consacré par les délégués du personnel à leur information personnelle ne peut être inclus dans les heures de délégation que si l'information se rattache directement à une difficulté particulière à leur entreprise, ce qui ne résulte pas des circonstances de l'espèce.

Cass. soc. 8 juillet 1998, n° 96-42.060.

En présence de sections syndicales dans l'entreprise, les thèmes relevant de la négociation annuelle obligatoire échappent à la compétence des délégués du personnel.

Un employeur a pu, sans encourir la prévention d'entrave, refuser de répondre aux demandes des délégués du personnel tendant à augmenter les salaires pour tout le personnel et les congés supplémentaires, à réévaluer diverses primes et à réduire la durée du travail, ces revendications étant du ressort exclusif de la négociation collective, donc des syndicats.

S'il est vrai que l'article L. 422-1 CT, dans le domaine des salaires, ne limite pas la mission des délégués aux seules réclamations ayant pour but l'application des règles de droit, l'employeur, selon l'article L. 132-27 CT, dans les entreprises où sont constituées une ou plusieurs sections syndicales d'organisations représentatives au sens de l'article L. 133-2 CT, est tenu d'engager chaque année avec ces organisations une négociation sur les salaires effectifs, la durée effective et l'organisation du temps de travail.

La cour d'appel a donc pu considérer que les revendications présentées, en l'espèce, par les délégués du personnel relevaient de la négociation collective avec les organisations syndicales.

Cass. crim. 26 janvier 1993, n° 89-85.389, 2e moyen, B. crim. n° 43.

L'article L. 2313-2 ancien CT permet au délégué du personnel de réclamer le retrait d'éléments de preuve obtenus par l'employeur par des moyens frauduleux qui constituent une atteinte aux droits des personnes et aux libertés individuelles.

Sur la base d'un dispositif d'enregistrement vidéo cinématographique ou photographique mis en place par une société, à l'insu du personnel, plusieurs salariées avaient été licenciées. Une salariée, agissant en sa qualité de déléguée du personnel et faisant valoir que les licenciements étaient fondés sur les images d'un film vidéo tourné dans des conditions illicites et attentatoires aux libertés individuelles, avait saisi la juridiction prud'homale d'une demande tendant à l'annulation des licenciements prononcés par la société et à la réintégration des salariées.

Doit être cassé l'arrêt qui, pour déclarer la salariée, déléguée du personnel, irrecevable en sa demande, a retenu que les salariées licenciées n'avaient pas interjeté appel pour faire juger illicite par la cour le mode de preuve utilisé par la société et que les dispositions de l'article L. 422-1-1 CT ne donnaient pas au délégué du personnel le droit d'agir au titre de la relation individuelle de travail, mais le seul droit d'engager une procédure d'alerte pour assurer dans l'entreprise la protection des droits des personnes et des libertés individuelles et collectives, alors que si le délégué du personnel ne tient pas des dispositions du texte précité le pouvoir d'agir en nullité des licenciements prononcés par l'employeur à la suite d'une atteinte aux droits des personnes ou aux libertés individuelles, ce texte lui confère le pouvoir d'agir à l'effet de réclamer le retrait d'éléments de preuve obtenus par l'employeur par des moyens frauduleux qui constituent une atteinte aux droits des personnes et aux libertés individuelles.

Cass. soc. 10 décembre 1997, n° 95-42.661, BC V n° 434.

D'une part, aux termes de l'article L. 2313-2 CT, si un délégué du personnel constate qu'il existe une atteinte aux droits des personnes, à leur santé physique ou mentale ou aux libertés individuelles dans l'entreprise qui ne serait pas justifiée par la nature de la tâche à accomplir ni proportionnée au but recherché, il en saisit immédiatement l'employeur et, en cas de carence de celui-ci ou de divergence sur la réalité de cette atteinte et à défaut de solution trouvée avec lui, il saisit le bureau de jugement du conseil de prud'hommes qui peut ordonner toutes mesures propres à faire cesser cette atteinte ; d'autre part, sauf risque ou événement particulier, l'employeur ne peut ouvrir les messages identifiés par le salarié comme personnels contenus sur le disque dur de l'ordinateur mis à sa disposition qu'en présence de ce dernier ou celui-ci dûment appelé.

Des lettres anonymes ont été adressées à des responsables d'une société comportant des renseignements démontrant que leur auteur avait eu accès à des courriers confidentiels et verrouillés de l'entreprise classée Seveso ; la direction a demandé en conséquence à l'administrateur chargé du contrôle du service informatique de contrôler les postes informatiques de 17 salariés susceptibles d'avoir eu accès à ces informations afin de rechercher l'auteur des courriers anonymes ; deux délégués du personnel, estimant qu'il y avait là atteinte aux libertés individuelles, ont saisi le bureau de jugement de la juridiction prud'homale sur le fondement de l'article L. 422-1-1, devenu L. 2313-2 CT, afin qu'il soit ordonné à l'employeur de procéder avec eux à une enquête relative aux conditions de consultation des messageries électroniques des salariés concernés.

La cour d'appel a retenu que si, à la suite d'un « incident de sécurité », l'employeur avait pu confier, conformément à sa charte informatique, une enquête spécifique à l'administrateur des systèmes soumis à une obligation de confidentialité sur les ordinateurs mis à la disposition des salariés, il était toutefois possible que, au travers d'une telle enquête de grande amplitude et en l'absence de référence aux courriels personnels, l'employeur ait eu accès à des messages personnels.

Dès lors est légalement justifié l'arrêt ordonnant à l'employeur d'organiser une enquête avec les délégués du personnel sur les conditions dans lesquelles avaient été consultées et exploitées les messageries des salariés, et notamment de rechercher si des messages qualifiés de personnels ou pouvant, de par leur classement, être considérés comme tels avaient été ouverts dans le seul cadre de la mission confiée à l'administrateur réseaux ou s'ils l'avaient été par l'employeur ; en effet, la cour d'appel s'est bornée à permettre tant à l'employeur qu'aux représentants du personnel d'être éclairés sur la réalité de l'atteinte portée aux droits des personnes et aux libertés individuelles dans l'entreprise et d'envisager éventuellement les solutions à mettre en œuvre pour y mettre fin.

Cass. soc. 17 juin 2009, n° 08-40.274, 2e moyen, BC V n° 153.

Un délégué du personnel peut être désigné en qualité de délégué syndical dans les entreprises dont l'effectif global est inférieur à cinquante salariés

Si, pour l'application des conditions légales de désignation d'un délégué syndical, l'unité économique et sociale constitue une entreprise et si, dans une entreprise comptant moins de 50 salariés, chaque syndicat représentatif peut désigner, en vertu de l'article L. 412-11, al. 4 CT, un délégué du personnel comme délégué syndical, il n'en va pas de même dans un établissement de moins de cinquante salariés qui dépend d'une entreprise dont l'effectif global est au moins égal à ce chiffre.

Dès lors, après avoir relevé que la désignation d'un délégué syndical avait eu lieu en application de l'article L. 412-11, al. 4 CT dans une société comptant moins de 50 salariés, qui dépendait d'une unité économique et sociale comprenant plus de 50 salariés, un tribunal d'instance a pu annuler la désignation litigieuse.

Cass. soc. 31 janvier 2001, n° 99-60.432, 1er moyen, BC V n° 33.

Lorsqu'un délégué du personnel est élu sur une liste syndicale, il ne peut être nommé délégué syndical que par le syndicat qui l'a présenté aux élections.

Dans les entreprises qui emploient moins de 50 salariés, les syndicats représentatifs peuvent désigner un délégué du personnel, pour la durée de son mandat, comme délégué syndical. Ce mandat n'ouvre pas droit à un crédit d'heures, sauf disposition conventionnelle, et le temps dont dispose le délégué du personnel pour l'exercice de son mandat peut être utilisé dans les mêmes conditions pour l'exercice de ses fonctions de délégué syndical.

Dès lors, un tribunal d'instance a pu retenir que la désignation d'une salariée en qualité de déléguée syndicale était subordonnée à son élection en qualité de déléguée du personnel et que celle-ci ne pouvait valablement représenter un autre syndicat que celui qui avait présenté sa candidature aux élections.

Cass. soc. 2 novembre 1994, n° 94-60.008.

Sous réserve de conventions ou accords d'entreprise comportant des clauses plus favorables, seul un délégué du personnel titulaire disposant d'un crédit d'heures à ce titre peut être désigné comme délégué syndical.

Après avoir constaté qu'un délégué du personnel suppléant avait été désigné délégué syndical, et que sa désignation n'avait pas été contestée dans le délai de quinze jours prévu à l'article L. 412-15, devenu L. 2143-8 CT, une cour d'appel en a exactement déduit que le mandat de délégué syndical détenu par le salarié n'avait pas pris fin du fait de la cessation de son mandat électif et que son licenciement, intervenu en méconnaissance de son statut protecteur, constituait un trouble illicite qu'il convenait de faire cesser.

Cass. soc. 24 septembre 2008, n° 06-42.269, 1er moyen, BC V n° 184. Voir aussi cass. soc. 30 octobre 2001, n° 00-60.313, BC V n° 336.

Obligations de l'employeur

L'employeur doit mettre à la disposition des représentants du personnel un matériel téléphonique excluant l'interception de leurs communications et l'identification de leurs correspondants.

Il résulte de la combinaison des articles L. 412-17, L. 424-3, L. 481-2 et L. 482-1 CT, l'article 6 de la délibération 94-113 du 20 décembre 1994 de la Commission nationale de l'informatique et des libertés, ensemble les articles 6, 17 et 21 de la loi 78-17 du 6 janvier 1978 relative à l'informatique, aux fichiers et aux libertés que pour l'accomplissement de leur mission légale et la préservation de la confidentialité qui s'y attache, les salariés investis d'un mandat électif ou syndical dans l'entreprise doivent pouvoir y disposer d'un matériel ou procédé excluant l'interception de leurs communications téléphoniques et l'identification de leurs correspondants.

C'est donc à tort qu'une cour d'appel a décidé qu'une société n'était pas tenue de mettre à la disposition de l'un de ses salariés, délégué syndical et délégué du personnel dont le poste téléphonique était desservi par l'autocommutateur de l'entreprise, un tel matériel ou procédé.

Cass. soc. 6 avril 2004, n° 02-40.498, BC V n° 104.

☛ *Heures de délégation (Utilisation).*

Délégué syndical
(Désignation)

Dans les entreprises ou les établissements d'au moins 50 salariés, les syndicats représentatifs qui constituent une section syndicale peuvent désigner un ou plusieurs délégués syndicaux.

À noter que l'ordonnance 2017-1718 du 20 décembre 2017 et la loi 2018-217 du 29 mars 2018 ont modifié les modalités de cette désignation.

Dans les entreprises qui emploient moins de 50 salariés, les syndicats représentatifs peuvent désigner, pour la durée de son mandat, un délégué du personnel comme délégué syndical.

Le nombre de délégués syndicaux est fixé en fonction de l'effectif…

Le nombre de délégués ou de représentants syndicaux tel qu'il est fixé par la loi peut être augmenté par accord collectif ; mais ni un usage de l'entreprise ni un engagement unilatéral de l'employeur ne peuvent modifier les dispositions légales correspondantes.

Une confédération syndicale et les organisations syndicales qui lui sont affiliées ne peuvent désigner ensemble un nombre de délégués syndicaux supérieur à celui prévu par la loi. Seule une convention ou un accord collectif exprès peut prévoir, par des dispositions plus favorables, la désignation sur un même périmètre de délégués syndicaux par chacun des syndicats affiliés à une même confédération.

Un organisme a contesté la désignation d'un délégué syndical central par un syndicat catégoriel affilié à une confédération, en soutenant qu'un autre syndicat, également affilié à cette confédération, avait déjà désigné un délégué syndical central au sein de l'organisme. Le syndicat et la confédération ont fait valoir l'existence d'un accord sur l'exercice du droit syndical prévoyant des dispositions plus favorables.

Ayant constaté que cet accord, qui ne comportait qu'une simple recommandation adressée aux parties signataires pour « qu'il ne soit pas fait obstacle à ce que deux organisations syndicales affiliées à la même confédération puissent désigner chacune son propre délégué syndical », ne contenait aucune dérogation aux règles relatives à la désignation des délégués syndicaux, un tribunal d'instance a pu annuler la désignation.

Cass. soc. 15 juin 2011, n° 10-20.761, BC V n° 158.

Une société avait saisi le tribunal d'instance afin de voir annuler la désignation d'un salarié en qualité de représentant au comité d'établissement de Lille pour le syndicat « S », ce dernier ayant déjà procédé à la désignation d'un premier représentant le 15 février 1998.

Doit être cassé le jugement qui, pour débouter la société, énonce essentiellement que la présence non contestée pendant des années d'une double représentation syndicale pour différentes centrales permet de considérer qu'il existe au sein de l'établissement Nord/Pas-de-Calais/Picardie un usage autorisant une double représentation syndicale au sein du comité d'établissement, alors cependant que si le nombre des délégués ou des représentants syndicaux tel qu'il est fixé par la loi peut être augmenté à la suite d'une négociation avec les syndicats représentatifs par accord collectif, ni un usage de l'entreprise ni un engagement unilatéral de l'employeur ne peuvent modifier les dispositions légales correspondantes.

Cass. soc. 30 mai 2001, n° 00-60.150, BC V n° 199. Voir aussi cass. soc. 10 juillet 2002, n° 01-60.641.

Pour déclarer régulière et valider la désignation d'une salariée comme déléguée syndicale CGT d'un établissement d'une société, un tribunal d'instance a énoncé essentiellement qu'en employant 113 salariés, cet établissement pouvait, en application de l'article L. 412-11 CT, se voir désigner par chaque syndicat représentatif un ou plusieurs délégués syndicaux, que si la société, en vertu d'un accord conclu avec les organisations syndicales représentatives, disposait de 10 délégués syndicaux désignés par une fédération, ceux-ci ne l'avaient été qu'au niveau central, c'est-à-dire au niveau de l'entreprise et que la désignation de ces délégués centraux ne faisait pas obstacle à ce que chacun des établissements puisse, en fonction de son effectif, se voir doter d'un délégué syndical CGT.

En statuant ainsi, alors que les règles relatives au nombre de mandats représentatifs et au niveau de la désignation des délégués syndicaux peuvent être aménagées par voie conventionnelle et qu'il ne résulte pas des constatations du tribunal que l'accord du 8 décembre 1998, en accordant 10 délégués syndicaux par organisation syndicale représentative, dont par conséquent la CGT, pour l'ensemble de l'entreprise était moins favorable que l'application sur ce point des seules dispositions légales correspondantes, le tribunal d'instance a violé les articles L. 412-11 et 12 CT.

Cass. soc. 3 avril 2001, n° 99-60.384, BC V n° 123.

L'employeur qui décide unilatéralement d'augmenter le nombre de délégués syndicaux peut unilatéralement décider de revenir à l'application des textes légaux qui n'ont pas cessé d'être applicables, sous réserve de ne pas méconnaître le principe d'égalité entre tous les syndicats concernés…

C'est à tort que, pour débouter une société de sa demande tendant à l'annulation de la désignation d'un délégué syndical, un tribunal d'instance a retenu que l'employeur ne pouvait pas décider unilatéralement du retour à l'application des textes légaux et que les modalités de réduction du nombre des délégués syndicaux créaient une situation pouvant être inégalitaire entre les syndicats concernés, alors qu'est régulière et ne méconnaît pas le principe d'égalité de traitement, garanti par les articles 6 du préambule de la Constitution du 27 octobre 1946 et 1, 5 et 6 de la Déclaration des droits de l'homme et du citoyen, la décision de l'employeur de s'opposer dorénavant à la désignation, par l'un quelconque des syndicats concernés, d'un délégué syndical tant que leur nombre ne sera pas redescendu à celui fixé par la loi.

Cass. soc. 5 mars 2008, n° 07-60.305, BC V n° 52.

… et de les en informer préalablement.

Il résulte de l'article L. 412-21, devenu L. 2141-10 CT, que si le nombre des délégués syndicaux dans l'entreprise ou l'établissement tel qu'il est fixé par la loi peut être augmenté par accord collectif, ni un usage de l'entreprise ou de l'établissement ni un engagement unilatéral de l'employeur ne peuvent modifier les dispositions légales correspondantes ; il s'ensuit que l'employeur qui décide unilatéralement d'une telle augmentation peut unilatéralement décider de revenir à l'application des textes légaux qui n'ont pas cessé d'être applicables, sous réserve de ne pas méconnaître le principe d'égalité entre tous les syndicats concernés et, pour répondre à l'exigence de loyauté qui s'impose en la matière, de les en informer préalablement.

Cass. soc. 4 mars 2009, n° 08-60.436, BC V n° 62 (arrêt n° 3).

Il en est de même lorsque l'employeur décide unilatéralement d'autoriser la désignation de délégués syndicaux alors que la condition d'effectif n'est pas remplie.

Ni un usage de l'entreprise ni un engagement unilatéral de l'employeur ne peuvent modifier les dispositions légales relatives au nombre des délégués syndicaux ; il s'ensuit que l'employeur qui décide unilatéralement d'autoriser la désignation de délégués syndicaux alors même que la condition d'effectif n'est pas remplie peut unilatéralement décider de revenir à l'application des textes légaux qui n'ont pas cessé d'être applicables, sous réserve de ne pas méconnaître le principe d'égalité entre tous les syndicats concernés et, pour répondre à l'exigence de loyauté qui s'impose en la matière, de les en informer préalablement.

Pour valider la désignation d'un salarié en qualité de délégué syndical en remplacement d'un autre salarié, un tribunal d'instance a retenu que ce dernier avait exercé son mandat de délégué syndical, avait participé avec d'autres organisations syndicales à la négociation de protocoles préélectoraux et qu'il y avait incontestablement un usage favorable tendant à ce que la représentation syndicale soit assurée au sein de la société en l'absence de la condition d'effectif requise.

En statuant ainsi, sans rechercher si, en s'opposant à la désignation par un syndicat d'un nouveau délégué syndical alors que la condition d'effectif n'était pas remplie, l'employeur méconnaissait l'égalité avec d'autres organisations syndicales qui auraient également désigné un tel délégué, le tribunal a privé sa décision de base légale au regard des articles L. 2141-10 et L. 2143-3 CT.

Cass. soc. 25 janvier 2012, n° 11-14.151, BC V n° 30. Voir aussi cass. soc. 12 octobre 2016, n° 16-10.739.

Un syndicat ne peut pas désigner un nombre de délégués supérieur à celui prévu par la loi.

Un syndicat a désigné un salarié en qualité de délégué syndical pour un établissement distinct, tel que déterminé par un accord d'entreprise relatif au droit syndical et à la concertation sociale.

Doit être cassé le jugement ayant refusé d'annuler cette désignation, alors que la division de l'entreprise en établissements distincts résultait d'un accord collectif qui n'avait pas été contesté par le syndicat désignataire, lequel avait déjà désigné un autre délégué syndical au sein du même établissement.

Cass. soc. 27 octobre 2004, n° 03-60.319, BC V n° 273.

Les syndicats affiliés à la même confédération nationale ne peuvent pas désigner ensemble dans la même entreprise un nombre de délégués et représentants syndicaux supérieur à celui fixé par la loi.

Cass. soc. 22 septembre 2010, n° 09-60.435, 2e moyen, BC V n° 188. Voir aussi cass. soc. 27 mars 2013, n° 12-23.072.

En cas de désignation d'un délégué syndical surnuméraire, il appartient aux syndicats de justifier des dispositions statutaires déterminant le syndicat ayant qualité pour procéder aux désignations des délégués syndicaux, ou de la décision prise par l'organisation syndicale d'affiliation pour régler le conflit ; à défaut, seule la première désignation doit être validée.

Sauf accord collectif plus favorable, une confédération syndicale et les organisations syndicales qui lui sont affiliées ne peuvent désigner ensemble un nombre de délégués syndicaux supérieur à celui prévu par la loi ; il en résulte, d'une part, que lorsqu'une organisation syndicale désigne un délégué syndical surnuméraire, cette désignation ouvre, à compter de la dernière désignation litigieuse ou de la décision prise par l'organisation syndicale pour mettre fin à cette situation, un nouveau délai de contestation de l'ensemble des désignations en cause et, d'autre part, qu'il appartient alors aux syndicats de justifier des dispositions statutaires déterminant le syndicat ayant qualité pour procéder aux désignations des délégués syndicaux ou à leur remplacement, ou de la décision prise par l'organisation syndicale d'affiliation pour régler le conflit conformément aux dispositions statutaires prévues à cet effet ; à défaut, par application de la règle chronologique, seule la désignation notifiée en premier lieu doit être validée ; le tribunal d'instance, saisi du litige, doit convoquer l'ensemble des syndicats et des délégués syndicaux concernés par les désignations contestées.

Une union locale CGT a désigné un salarié en qualité de délégué syndical d'une entreprise en juillet 2001 ; en juin 2006, un syndicat CGT a informé l'entreprise de la désignation d'un autre salarié aux mêmes fonctions ; lors de son retour dans l'entreprise en décembre 2008, le salarié désigné par l'union locale, absent depuis plusieurs mois, a fait valoir qu'il était toujours délégué syndical faute d'avoir été révoqué par cette dernière ; plusieurs courriers ont été échangés entre l'employeur, l'union locale, le syndicat et la fédération CGT ; les deux désignations ont été confirmées, le 14 avril 2009 par l'union locale et les 20 mars et 7 mai 2009 par la fédération CGT ; le tribunal d'instance a été saisi pour décider lequel des deux salariés était délégué syndical CGT de l'entreprise.

Pour dire la procédure forclose, un tribunal d'instance a relevé qu'aucune des deux désignations contestées n'avait fait l'objet d'un recours dans un délai de quinze jours.

En statuant ainsi, alors que la dernière décision prise par l'organisation syndicale pour mettre fin au litige interne avait été notifiée moins de quinze jours avant la saisine du tribunal d'instance auquel il appartenait de rechercher quelle désignation devait être reconnue valide, le tribunal d'instance a violé les articles L. 2143-3, 8 et 12 CT.

Cass. soc. 29 octobre 2010, n° 09-67.969, BC V n° 250.

En cas de concurrence dans une même entreprise ou établissement entre deux syndicats qui, sans être tous deux affiliés à l'organisation syndicale interprofessionnelle nationale utilisant ce sigle, se présentent, sous le même sigle confédéral national, sans opposition fondée sur une utilisation illicite, seule la désignation notifiée en premier lieu doit, par application de la règle chronologique, être validée.

Cass. soc. 17 février 2016, n° 14-25.711, BC V n° 37. Voir aussi cass. soc. 17 février 2016, n° 14-23.854, BC V n° 38.

Un syndicat représentant le personnel navigant technique, reconnu représentatif, en application de l'article L. 6524-3 c. transports, lorsqu'il recueille au moins 10 % des suffrages exprimés au premier tour des dernières élections des titulaires au comité d'entreprise, ou de la délégation unique du personnel, ou, à défaut, des délégués du personnel dans le collège électoral spécifique créé pour le personnel navigant technique, peut désigner un nombre de délégués syndicaux au moins égal à un et correspondant à l'effectif de la catégorie de personnel qu'il représente, peu important qu'il soit ou non affilié à une confédération syndicale intercatégorielle.

Cass. soc. 29 mai 2019, n° 18-19.675, à paraître.

Dans les entreprises de moins de 50 salariés, un délégué du personnel peut être désigné comme délégué syndical.

Dans les entreprises qui emploient moins de 50 salariés, les syndicats représentatifs peuvent désigner un délégué du personnel, pour la durée de son mandat, comme délégué syndical. Ce mandat n'ouvre pas droit à un crédit d'heures, sauf disposition conventionnelle, et le temps dont dispose le délégué du personnel pour l'exercice de son mandat peut être utilisé dans les mêmes conditions pour l'exercice de ses fonctions de délégué syndical.

Dès lors, un tribunal d'instance a pu retenir que la désignation d'une salariée en qualité de déléguée syndicale était subordonnée à son élection en qualité de déléguée du personnel et que celle-ci ne pouvait valablement représenter un autre syndicat que celui qui avait présenté sa candidature aux élections.

Cass. soc. 2 novembre 1994, n° 94-60.008.

Cette possibilité n'est pas ouverte dans un établissement comptant moins de 50 salariés mais dépendant d'une entreprise dont l'effectif global est supérieur à ce seuil.

L'article L. 2143-6 CT autorisant la désignation d'un délégué du personnel en qualité de délégué syndical pour la durée de son mandat concerne les conditions de désignation des délégués syndicaux dans les entreprises de moins de 50 salariés ; il en résulte que ce texte, qui n'a pas modifié le champ d'application du dernier alinéa de l'article L. 412-11 qu'il remplace, n'est pas applicable dans les entreprises dont l'effectif global est d'au moins 50 salariés.

Une salariée a été élue déléguée du personnel au sein d'un établissement comptant moins de 50 salariés ; l'employeur a contesté sa désignation comme déléguée syndicale au sein de cet établissement.

C'est à bon droit qu'un tribunal d'instance a décidé que l'intéressée, déléguée du personnel dans un établissement comptant environ 20 salariés mais dépendant d'une société qui en comptait plus de 50, ne pouvait être désignée comme déléguée syndicale de cet établissement.

Cass. soc. 29 avril 2009, n° 08-60.484, BC V n° 115.

Sous réserve de conventions ou accords d'entreprise comportant des clauses plus favorables, seul un délégué du personnel titulaire disposant d'un crédit d'heures à ce titre peut être désigné comme délégué syndical.

Après avoir constaté qu'un délégué du personnel suppléant avait été désigné délégué syndical, et que sa désignation n'avait pas été contestée dans le délai de quinze jours prévu à l'article L. 412-15, devenu L. 2143-8 CT, une cour d'appel en a exactement déduit que le mandat de délégué syndical détenu par le salarié n'avait pas pris fin du fait de la cessation de son mandat électif et que son licenciement, intervenu en méconnaissance de son statut protecteur, constituait un trouble illicite qu'il convenait de faire cesser.

Cass. soc. 24 septembre 2008, n° 06-42.269, 1er moyen, BC V n° 184. Voir aussi cass. soc. 30 octobre 2001, n° 00-60.313, BC V n° 336.

Toutefois, un délégué du personnel suppléant, remplaçant un délégué du personnel titulaire, peut être désigné délégué syndical pour la durée du remplacement

D'une part, en vertu de l'article L. 2143-6 CT, dans les entreprises qui emploient moins de 50 salariés, les syndicats représentatifs dans l'établissement peuvent désigner, pour la durée de son mandat, un délégué du personnel comme délégué syndical ; sauf disposition conventionnelle, ce mandat n'ouvrant pas droit à un crédit d'heures, seul peut être désigné délégué syndical un délégué du personnel titulaire ; d'autre part, l'article L. 2314-30 CT prévoit que le délégué titulaire momentanément absent est remplacé par un délégué suppléant ; il en résulte que le délégué du personnel suppléant assurant ce remplacement peut, pour la durée de celui-ci, être désigné comme délégué syndical.

C'est à tort que, pour accueillir la demande d'une société employant moins de 50 salariés en annulation de la désignation d'un délégué du personnel suppléant en qualité de délégué syndical, un tribunal d'instance a retenu que, bien que disposant temporairement d'un crédit d'heures du fait de l'absence dans l'entreprise du délégué du personnel titulaire, le délégué du personnel suppléant ne dispose d'un crédit d'heures qu'à titre temporaire ne lui permettant pas de garantir la pérennité de l'exercice de la fonction de délégué syndical.

Cass. soc. 20 juin 2012, n° 11-61.176, BC V n° 193.

Si les syndicats représentatifs ne peuvent pas, en vertu de l'article L. 2143-6 CT, désigner comme délégué syndical un délégué du personnel dont la candidature a été présentée par un autre syndicat, il leur est néanmoins possible de désigner comme délégué syndical un délégué du personnel élu en tant que candidat libre.

Cass. soc. 6 juillet 1999, n° 98-60.329, BC V n° 336. Voir aussi cass. soc. 14 mars 2000, n° 99-60.180, BC V n° 107.

En l'absence de disposition conventionnelle, un syndicat ne peut pas désigner en tant que délégué syndical un salarié dépourvu de la qualité de délégué du personnel.

Si le nombre de délégués syndicaux tel qu'il est fixé par la loi peut être augmenté à la suite d'une négociation avec les syndicats représentatifs par accord collectif, ni un usage de l'entreprise ni un engagement unilatéral de l'employeur ne peuvent modifier les dispositions légales correspondantes.

C'est à tort qu'un conseil de prud'hommes a débouté un syndicat de sa demande d'annulation de la désignation, par un autre syndicat, d'un salarié dépourvu de la qualité de délégué du personnel, comme délégué syndical, dans une entreprise de moins de 50 salariés, sans constater qu'une disposition conventionnelle applicable à la société prévoyait que, par dérogation à l'article L. 412-11, al. 4 CT, les syndicats présents dans l'entreprise pouvaient désigner en tant que délégué syndical un salarié éventuellement dépourvu de la qualité de délégué du personnel.

Cass. soc. 20 mars 2001, n° 99-60.496, BC V n° 101.

Le mandat de délégué syndical ne cesse pas de plein droit par la seule baisse des effectifs de l'entreprise.

Après avoir rappelé que les dispositions de l'article L. 412-15 CT selon lesquelles, en cas de réduction importante et durable de l'effectif en dessous de 50 salariés, la suppression du mandat de délégué syndical est subordonnée à un accord entre le chef d'entreprise et l'ensemble des organisations syndicales représentatives, une cour d'appel a décidé à bon droit que le mandat de délégué syndical ne cessait pas de plein droit par la seule baisse des effectifs de l'entreprise.

Cass. soc. 23 juin 1998, n° 96-42.548, BC V n° 333.

Lorsque l'effectif de l'entreprise est tombé en dessous du seuil de 1 000 salariés et que les syndicats concernés ont été préalablement invités à ramener le nombre des mandats à celui prévu par la loi, l'employeur peut s'opposer à la désignation d'un second délégué syndical.

Lorsque l'effectif de l'entreprise est tombé en dessous du seuil de 1 000 salariés, l'employeur est fondé à s'opposer à la désignation par les syndicats d'un second délégué syndical dès lors que, pour respecter le principe d'égalité qui est de valeur constitutionnelle, il a invité préalablement toutes les organisations représentatives concernées à ramener le nombre des mandats à celui qui est prévu par la loi.

Une société, constatant que l'effectif de l'un de ses établissements était inférieur à 1 000 salariés depuis plus de trois ans, a demandé aux organisations syndicales de révoquer le mandat de l'un des deux délégués syndicaux qu'elles avaient désignés ; un syndicat a désigné un salarié comme délégué syndical au sein de cet établissement, alors qu'il en avait déjà un.

Après avoir relevé que l'employeur avait, préalablement à cette désignation, invité tous les syndicats à ramener le nombre des délégués syndicaux à celui prévu par la loi, un tribunal d'instance a pu décider, sans méconnaître le principe d'égalité de traitement ni les articles L. 2141-5 à L. 2141-7 CT, que cette désignation devait être annulée.

Cass. soc. 4 mars 2009, n° 08-60.411, BC V n° 62 (arrêt n° 1).

... soit par entreprise, soit par établissement distinct

• Jurisprudence rendue dans le cadre de la loi du 5 mars 2014

Dans le cadre de la loi 2014-288 du 5 mars 2014 permettant de désigner un délégué syndical au sein d'un établissement regroupant des salariés placés sous la direction d'un représentant de l'employeur et constituant une communauté de travail ayant des intérêts propres, susceptibles de générer des revendications communes et spécifiques, l'existence d'un établissement distinct n'implique pas la présence permanente sur place d'un représentant de la direction.

Cass. soc. 8 juillet 2015, n° 14-60.737, 1er moyen.

Lorsque l'établissement au sein duquel travaille un salarié a été rattaché à l'un des établissements de l'entreprise pour les élections des représentants aux comités d'établissements, le salarié ne peut être désigné qu'au sein de cet établissement ou sur un périmètre plus restreint.

Cass. soc. 6 janvier 2016, n° 15-12.967.

Un accord d'entreprise, conclu antérieurement à l'entrée en vigueur de la loi du 5 mars 2014, se référant à un périmètre de désignation des délégués syndicaux identique à celui des élections au comité d'entreprise, ne peut priver un syndicat du droit de désigner un délégué syndical au niveau d'un établissement, au sens de l'article L. 2143-3 ancien CT, peu important que cet accord n'ait pas été dénoncé.

Aux termes de l'article L. 2143-3 CT, dans sa rédaction issue de la loi 2014-288 du 5 mars 2014, la désignation d'un délégué syndical peut intervenir au sein de l'établissement regroupant des salariés placés sous la direction d'un représentant de l'employeur et constituant une communauté de travail ayant des intérêts propres, susceptibles de générer des revendications communes et spécifiques ; ces dispositions, même si elles n'ouvrent qu'une faculté aux organisations syndicales représentatives, sont d'ordre public quant au périmètre de désignation des délégués syndicaux ; il s'ensuit qu'un accord d'entreprise, conclu antérieurement à l'entrée en vigueur de ce texte, se référant à un périmètre de désignation des délégués syndicaux identique à celui des élections au comité d'entreprise, ne peut priver un syndicat du droit de désigner un délégué syndical au niveau d'un établissement, au sens de l'article L. 2143-3 CT, peu important que cet accord n'ait pas été dénoncé.

Cass. soc. 31 mai 2016, n° 15-21.175, BC V n° 121.

• Jurisprudence rendue dans le cadre de la législation antérieure à la loi du 5 mars 2014

Sauf accord collectif en disposant autrement, le périmètre de désignation des délégués syndicaux est le même que celui retenu, lors des dernières élections, pour la mise en place du comité d'entreprise ou d'établissement,…

En effet, d'abord, selon l'article L. 2121-1, 5° CT, la représentativité des organisations syndicales est subordonnée à une audience électorale établie selon les niveaux de négociation à laquelle le délégué syndical est appelé à participer en application de l'article L. 2232-17 ; ensuite, selon l'article L. 2122-1 CT, l'audience prise en compte au titre de la représentativité est celle obtenue au premier tour des élections « au comité d'entreprise ou au comité d'établissement » ; enfin, selon les articles L. 2143-3 et L. 2343-12 CT, chaque organisation syndicale représentative dans « l'entreprise ou l'établissement » désigne, en fonction des effectifs de « l'entreprise ou de l'établissement », un ou plusieurs délégués syndicaux pour la représenter auprès de l'employeur.

Cass. soc. 18 mai 2011, n° 10-60.383, BC V n° 120.
Voir aussi cass. soc. 15 mai 2013, n° 12-26.298.

… un tel accord pouvant avoir été conclu avant l'entrée en vigueur de la loi du 20 août 2008.

Si le périmètre de désignation des délégués syndicaux est, en principe, le même que celui retenu lors des dernières élections, pour la mise en place du comité d'entreprise ou d'établissement, un accord collectif peut en disposer autrement en prévoyant un périmètre plus restreint, peu important que cet accord ait été conclu avant l'entrée en vigueur de la loi du 20 août 2008.

Une société a organisé les élections des membres de son comité d'entreprise et des délégués du personnel selon un protocole d'accord préélectoral prévoyant un établissement unique pour le comité d'entreprise ; plusieurs syndicats ont chacun désigné un salarié en qualité de délégué syndical du même établissement ; contestant ces désignations en ce qu'elles avaient été effectuées sur un périmètre d'établissement ne correspondant pas à celui du comité d'entreprise unique, la société a saisi le tribunal d'instance.

Après avoir constaté que l'accord collectif d'entreprise du 14 mars 2003 prévoyait la possibilité de désigner des délégués syndicaux d'établissement malgré la mise en place d'un comité d'entreprise unique au sein de la société, et après avoir fait ressortir, en l'absence de précisions de l'accord collectif sur le périmètre des établissements distincts permettant la désignation de ces délégués syndicaux d'établissement, que l'établissement, périmètre de désignation de ces derniers, constituait un établissement distinct pour la désignation des délégués syndicaux, un tribunal d'instance a pu valider les désignations litigieuses.

Cass. soc. 14 novembre 2012, n° 11-27.490, BC V n° 292.

Il ne peut être procédé à la désignation d'un délégué syndical au sein d'une unité économique et sociale que lorsque des élections permettant de déterminer la représentativité des syndicats et l'audience des candidats ont été organisées dans ce périmètre.

Pour débouter les sociétés composant une unité économique et sociale de leur requête en annulation de la désignation d'un salarié en qualité de délégué syndical, un tribunal d'instance a retenu qu'un précédent jugement avait reconnu l'existence d'une telle unité économique et sociale entre ces sociétés.

En statuant ainsi, alors que ce jugement, non assorti de l'exécution provisoire, faisait l'objet d'un appel pendant au jour de la désignation litigieuse et qu'aucune élection n'avait été organisée au sein du périmètre considéré, le tribunal a violé les articles L. 2143-3 CT et 539 c. proc. civ.

Cass. soc. 29 mai 2013, n° 12-60.262, BC V n° 141.

Lorsque la désignation d'un délégué syndical est effectuée dans un périmètre plus restreint que celui du comité d'établissement, ce périmètre doit constituer un établissement distinct.

Si une convention collective, en dérogeant à la condition d'effectifs pour la désignation d'un délégué syndical, autorise la désignation de délégués syndicaux sur un périmètre plus restreint que celui du comité d'établissement ou d'entreprise, une telle désignation suppose que le périmètre de désignation constitue un établissement distinct qui, en l'absence de précision de la convention, doit s'entendre d'un regroupement sous la direction d'un représentant de l'employeur d'une communauté de travail ayant des intérêts propres susceptibles de générer des revendications communes et spécifiques, peu important que le représentant de l'employeur ait le pouvoir de se prononcer sur ces revendications.

Cass. soc. 14 novembre 2012, n° 11-25.433, 1er moyen du pourvoi principal, BC V n° 290.

La reconnaissance d'un établissement distinct pour la mise en place d'un comité d'établissement permet nécessairement la désignation d'un délégué syndical dans ce même périmètre.

Cass. soc. 10 novembre 2010, n° 09-60.451, 2e moyen, BC V n° 256.

Lorsqu'un accord prévoyant une dérogation à la condition d'effectif de 50 salariés pour la mise en place des comités d'établissement écarte expressément cette dérogation conventionnelle pour les désignations des représentants syndicaux par les organisations syndicales, la désignation des délégués syndicaux ne peut s'effectuer qu'aux conditions prévues par les textes légaux.

Cass. soc. 9 avril 2014, n° 13-16.774, BC V n° 105.

La reconnaissance par l'employeur de l'existence d'un établissement distinct pour l'élection des délégués du personnel n'implique pas que la désignation de délégués syndicaux puisse être effectuée dans le même cadre, la finalité des institutions étant différente.

Cass. soc. 18 décembre 2000, n° 99-60.504.

Le périmètre de désignation des délégués syndicaux précédemment reconnu par une décision de justice ne peut être remis en cause qu'au vu d'éléments nouveaux.

Une société regroupe plusieurs sites, dont deux sur la région caennaise, comportant une activité « brasserie », une activité « frais/fruits », et une activité « épicerie » ; par jugement du 7 novembre 2005, un tribunal d'instance, saisi de la contestation de la désignation d'un délégué syndical, a décidé que ces deux sites ne constituaient qu'un seul établissement distinct ; un salarié a été désigné le 23 avril 2008 « délégué syndical pour l'établissement denrées périssables » de l'un des deux sites par un syndicat qui disposait déjà d'un délégué syndical pour les sites de la région caennaise ; saisi par la société d'une contestation de cette désignation, le tribunal d'instance a constaté l'existence de deux établissements distincts sur l'un des deux sites et validé la désignation de l'intéressé pour l'établissement « denrées périssables ».

Pour valider cette désignation, le tribunal d'instance, après avoir écarté la fin de non-recevoir tirée de l'autorité de la chose jugée du jugement du 7 novembre 2005, a relevé que les éléments non contestés par les parties caractérisaient l'existence, pour chacun des centres d'activité « denrées périssables » et « denrées non périssables », d'une communauté de travail pouvant générer des revendications communes et spécifiques et qu'il convenait en conséquence de constater l'existence de deux établissements distincts sur le site concerné et de débouter la société de sa demande d'annulation de la désignation.

En statuant ainsi, sans rechercher si des évolutions étaient intervenues depuis la décision judiciaire du 7 novembre 2005 constatant l'existence d'un établissement unique regroupant les activités exploitées sur les deux sites, le tribunal d'instance n'a pas donné de base légale à sa décision.

Cass. soc. 21 janvier 2009, n° 08-60.452, 2e moyen, BC V n° 19. Voir aussi cass. soc. 7 février 2018, n° 17-18.956.

Si, en vertu des articles L. 2143-3 ancien et 10 CT, une convention ou un accord collectif peut prévoir un périmètre pour la désignation du délégué syndical distinct de celui défini par les dispositions du code du travail, ni un usage ni un engagement unilatéral de l'employeur ne peuvent modifier ces dispositions.

Cass. soc. 10 mai 2012, n° 11-21.388, BC V n° 144.

Le syndicat qui a désigné des délégués syndicaux au niveau de l'entreprise ne peut procéder à la désignation de délégués syndicaux dans le cadre d'un établissement distinct de cette entreprise qu'après avoir transformé le mandat des délégués syndicaux d'entreprise et fait de ces derniers des délégués syndicaux d'établissement.

Cass. soc. 12 juin 2002, n° 01-60.624, BC V n° 205. Voir aussi cass. soc. 16 avril 2008, n° 07-60.414, BC V n° 94.

Une fédération syndicale, après avoir désigné un premier salarié en qualité de délégué syndical d'une entreprise, en a désigné un second pour un établissement de cette même entreprise, revendiqué comme distinct.

C'est à tort qu'un tribunal d'instance a validé la désignation du second délégué syndical pour l'établissement, après avoir constaté que le syndicat avait, avant cette désignation, déjà désigné, dans le cadre de l'entreprise, un délégué syndical dont le périmètre de désignation n'avait pas été modifié.

Cass. soc. 17 septembre 2003, n° 01-60.874, BC V n° 237.

Doit être cassé le jugement qui, pour valider la désignation d'une déléguée syndicale pour l'établissement « siège social » d'une société, a énoncé que l'extrait K bis de cette société mentionnait comme principal établissement son siège et qu'elle regroupait quatre sociétés, alors qu'il ressortait des pièces du dossier que le syndicat avait désigné deux délégués syndicaux au niveau de l'entreprise et que cette désignation rendait inopérante la désignation de l'intéressée au niveau de l'établissement « siège social ».

Cass. soc. 20 octobre 1999, n° 98-60.398, 3e moyen, BC V n° 391.

Un délégué syndical ne peut être désigné dans le cadre d'un site au sens de l'article L. 2312-5 ancien CT.

Le site au sens de l'article L. 421-1 CT permet, à l'initiative du directeur départemental du travail ou sur la demande des organisations syndicales de salariés, l'élection de délégués du personnel et non la désignation d'un délégué syndical.

Cass. soc. 13 janvier 1999, n° 97-60.782, BC V n° 20.

Les délégués syndicaux sont désignés dans le cadre de l'entreprise, sauf si celle-ci comporte au moins deux établissements de 50 salariés ou plus.

Cass. soc. 27 juin 1995, n° 94-60.412.

Pour déterminer le seuil d'effectif à partir duquel un délégué syndical peut être désigné dans un établissement nouvellement créé, il convient de prendre en compte l'ancienneté que les salariés affectés à cet établissement ont acquise dans l'entreprise.

C'est à tort que, pour annuler la désignation d'un salarié en qualité de délégué syndical d'un centre d'activité nouvellement créé par une société, un tribunal d'instance a retenu que les dispositions de l'article L. 412-11 CT n'autorisaient la désignation d'un délégué syndical qu'à l'expiration d'un délai minimal de douze mois pendant lequel le seuil d'effectif de 50 salariés devait avoir été atteint dans l'entreprise, la réduction à quatre mois du délai d'un an ne concernant que la condition d'ancienneté personnelle du salarié susceptible d'être désigné en qualité de délégué syndical, sans avoir recherché si, compte tenu de l'ancienneté acquise par les salariés au sein de la société ayant créé le centre, la condition d'un effectif de 50 salariés au moins pendant douze mois consécutifs était ou non remplie.

Cass. soc. 29 mars 2005, n° 04-60.139, BC V n° 102.

Pour déterminer l'effectif d'un établissement constitué à la suite d'une modification dans la situation juridique de l'employeur, l'ancienneté acquise par l'effet de l'article L. 1224-1 CT doit être prise en compte.

D'une part, pour déterminer, conformément à l'article L. 412-11, al. 2 CT, le seuil d'effectif à partir duquel un délégué syndical peut être désigné pour la première fois dans un établissement constitué à la suite d'une modification dans la situation juridique de l'employeur, les salariés compris dans l'effectif de l'établissement sont pris en compte avec l'ancienneté acquise par l'effet de l'article L. 122-12, al. 2 CT. D'autre part, un ensemble organisé de personnes et d'éléments corporels ou incorporels permettant l'exercice d'une activité économique qui poursuit un objectif propre constitue une entité économique au sens de l'article L. 122-12 CT.

L'établissement « EA » a été constitué le 1er septembre 1998, par apport à la société « E » des unités de production attachées à l'activité chimie exploitée précédemment à Lacq par la société « EA ». Le 30 septembre 1998, un syndicat a désigné un salarié en qualité de délégué syndical pour l'établissement de Lacq.

Doit être cassé le jugement qui a annulé la désignation, alors que l'établissement « EA » avait été constitué grâce, en partie, à la cession des unités de fabrication des produits thiochimiques et du fonds de commerce appartenant à la société « EA », avec le transfert concomitant des salariés attachés à ces unités de production dont l'activité s'était poursuivie avec le même objectif, ce dont il résultait qu'il y avait eu transfert d'une entité économique au sens de l'article L. 122-12, al. 2 CT. Il appartenait dès lors, au tribunal d'instance de rechercher si, compte tenu de l'ancienneté acquise par les salariés au sein de la société « EA » avant leur transfert, la condition d'effectif de cinquante salariés au moins pendant 12 mois consécutifs ou non n'était pas remplie.

Cass. soc. 6 juin 2000, n° 98-60.529, BC V n° 222.

Le syndicat qui procède à la désignation doit remplir certaines conditions

• Représentativité syndicale

Représentativité syndicale.

• Nombre d'adhérents

Entre l'entrée en vigueur de la loi du 20 août 2008 et les premières élections dans l'entreprise, chaque syndicat représentatif au 21 août 2008 pouvait désigner un délégué syndical selon les règles légales antérieures ; il devait toutefois justifier d'au moins deux adhérents dans l'entreprise ou l'établissement conformément à l'article L. 2142-1 issu de la loi du 20 août 2008 qui était immédiatement applicable.

Par lettre du 9 décembre 2008, un délégué du personnel de l'établissement d'une société a été désigné délégué syndical par un syndicat affilié à une organisation syndicale représentative différente de celle sur la liste de laquelle il avait été élu ; il a démissionné de son mandat de délégué du personnel le 12 janvier 2009 ; l'employeur a contesté la désignation.

Pour le débouter de sa demande, un tribunal a retenu que, en application de l'article 11 IV de la loi du 20 août 2008, les syndicats affiliés aux organisations syndicales reconnues représentatives sur le plan national et interprofessionnel bénéficient d'une présomption irréfragable de représentativité, qu'en l'espèce le syndicat était donc représentatif au sens de ces dispositions légales, et que, en désignant l'intéressé en qualité de délégué syndical, il avait constitué la section syndicale au sein de la société, de sorte que les conditions prévues par l'article L. 2143-3 CT dans sa rédaction antérieure à la loi du 20 août 2008 étaient réunies.

En statuant ainsi, alors que l'article L. 2143-3 CT, dans sa rédaction antérieure à la loi 2008-789 du 20 août 2008, qui selon l'article 13 de cette loi est applicable jusqu'aux résultats des premières élections professionnelles postérieures à sa publication, autorise la désignation d'un délégué syndical par un syndicat représentatif qui constitue une section syndicale et, selon l'article L. 2142-1 CT dans sa rédaction issue de la loi du 20 août 2008 qui est d'application immédiate, la création d'une section syndicale suppose la présence de plusieurs adhérents dans l'entreprise ou l'établissement, le tribunal, sans avoir constaté que tel était le cas, a violé les articles 2142-1 CT et 13 de la loi 2008-789 du 20 août 2008.

Cass. soc. 13 janvier 2010, n° 09-60.108, 2e moyen, BC V n° 12.

Pour désigner un délégué syndical dans un établissement distinct, le syndicat doit y avoir constitué une section syndicale comportant au moins deux adhérents.

Pour désigner un délégué syndical dans l'entreprise ou l'établissement, un syndicat représentatif doit avoir constitué une section syndicale dans les conditions prévues par l'article L. 2142-1 CT, dans sa rédaction issue de la loi 2008-789 du 20 août 2008, selon lequel la section peut être constituée dans l'entreprise ou l'établissement dès lors que le syndicat a plusieurs adhérents « dans l'entreprise ou l'établissement ». Il en résulte que pour désigner un délégué syndical dans un établissement distinct, le syndicat doit y avoir constitué une section syndicale comportant au moins deux adhérents.

Cass. soc. 23 juin 2010, n° 09-60.438, BC V n° 150.

Le délégué syndical doit remplir certaines conditions pour pouvoir être désigné

Dès lors qu'un salarié remplit les conditions prévues par la loi, il n'appartient qu'au syndicat qui l'a désigné comme délégué syndical d'apprécier s'il est en mesure de remplir sa mission, peu important l'appartenance successive à plusieurs syndicats.

Cass. soc. 13 janvier 2010, n° 09-60.108, 1er moyen.

• Score électoral

L'obligation faite par l'article L. 2143-3 ancien CT aux syndicats représentatifs de choisir, en priorité, le délégué syndical parmi les candidats ayant obtenu au moins 10 % des voix ne heurte aucune prérogative inhérente à la liberté syndicale et, tendant à assurer la détermination par les salariés eux-mêmes des personnes les plus aptes à défendre leurs intérêts dans l'entreprise et à conduire les négociations pour leur compte, elle ne constitue pas une ingérence arbitraire dans le fonctionnement syndical.

Cass. soc. 9 février 2016, n° 15-60.152.

L'article L. 2143-3 ancien CT n'opère aucune priorité entre les différentes élections auxquelles les candidats doivent recueillir 10 % des suffrages exprimés pour être désigné délégué syndical.

Selon l'article L. 2143-3 CT, chaque organisation syndicale représentative dans l'entreprise ou l'établissement de cinquante salariés ou plus, qui constitue une section syndicale, désigne un ou plusieurs délégués syndicaux pour la représenter auprès de l'employeur, parmi les candidats aux élections professionnelles qui ont recueilli au moins 10 % des suffrages exprimés au premier tour des dernières élections au comité d'entreprise ou de la délégation unique du personnel ou des délégués du personnel ; ce texte n'opère aucune priorité entre les scrutins.

Ayant constaté qu'une salariée qui avait été candidate à la fois à l'élection des membres du comité d'entreprise et à celle des délégués du personnel, avait obtenu au moins 10 % des suffrages exprimés aux élections des délégués du personnel, un tribunal a pu décider qu'elle remplissait les conditions requises pour être désignée délégué syndical.

Cass. soc. 28 septembre 2011, n° 11-10.601, BC V n° 211.

Le score minimal de 10 % des suffrages exprimés au profit d'un salarié, tel que fixé par l'article L. 2143-3 ancien CT, se calcule sur le seul collège au sein duquel sa candidature a été présentée.

Cass. soc. 29 juin 2011, n° 10-19.921, BC V n° 179.
Voir aussi cass. soc. 8 février 2012, n° 11-12.228.

Lorsqu'un délégué syndical a été licencié puis réintégré après l'annulation de l'autorisation administrative de licenciement, il peut à nouveau être désigné en qualité de délégué syndical alors même qu'il n'a pas été candidat aux élections organisées dans l'entreprise entre son licenciement et sa réintégration.

Lorsqu'un délégué syndical, licencié après autorisation, n'a pu être candidat aux élections professionnelles organisées dans l'entreprise postérieurement à son licenciement, le syndicat est en droit, si l'intéressé demande sa réintégration à la suite de l'annulation de la décision de l'autorité administrative, de le désigner de nouveau en qualité de délégué syndical sans que puissent y faire obstacle les dispositions du premier alinéa de l'article L. 2143-3 CT imposant aux syndicats représentatifs de choisir le délégué syndical en priorité parmi les candidats ayant recueilli au moins 10 % des suffrages exprimés au premier tour des dernières élections.

Un salarié, employé par une société et qui avait été désigné par un syndicat en qualité de délégué syndical et de représentant syndical au comité d'entreprise, a été licencié pour motif économique le 8 septembre 2010 après autorisation de l'inspecteur du travail ; saisi sur recours hiérarchique, le ministre chargé du travail a, par une décision du 17 février 2011, annulé la décision de l'inspecteur du travail et accordé l'autorisation de licencier ; à la suite du jugement du 16 octobre 2012 d'un tribunal administratif ayant annulé l'autorisation accordée par le ministre, le salarié a sollicité sa réintégration et, par une lettre du 19 octobre 2012, le syndicat a « confirmé » l'intéressé dans ses mandats syndicaux ; l'employeur a contesté ces désignations.

Pour annuler les désignations opérées par le syndicat, un tribunal d'instance a retenu que le salarié n'avait pas été candidat aux élections organisées le 25 novembre 2010 et n'avait pas pu obtenir 10 % des suffrages exprimés.

En statuant ainsi, alors que les élections avaient été organisées postérieurement au licenciement de l'intéressé prononcé sur le fondement d'une autorisation administrative ultérieurement annulée par le juge administratif, le tribunal d'instance a violé l'article L. 2422-1 CT.

Cass. soc. 14 novembre 2013, n° 13-11.301, BC V n° 263.

Un salarié ayant obtenu 10 % des suffrages aux élections organisées dans l'un des établissements de l'entreprise peut être désigné délégué syndical au niveau de l'entreprise.

L'article L. 2143-3, al. 1 CT autorise chaque organisation syndicale représentative dans l'entreprise ou l'établissement de 50 salariés ou plus, qui constitue une section syndicale, à désigner un délégué syndical parmi les candidats aux élections professionnelles qui ont recueilli au moins 10 % des suffrages exprimés au premier tour des dernières élections au comité d'entreprise ou de la délégation unique du personnel ou des délégués du personnel, sans établir de priorité entre ces scrutins ni exiger qu'ils couvrent l'intégralité du périmètre au sein duquel s'apprécie la représentativité de l'organisation syndicale ou celui au sein duquel doit s'exercer le mandat qu'elle confère au salarié.

Pour annuler la désignation par une fédération syndicale d'une salariée en qualité de déléguée syndicale au sein d'une société, un tribunal a retenu que le salarié susceptible d'être désigné en qualité de délégué syndical doit avoir recueilli le score requis au cours d'élections organisées au sein du périmètre dans lequel le mandat de délégué syndical va s'exercer.

En statuant ainsi, alors que la fédération était représentative dans l'entreprise et que la salariée avait obtenu au moins 10 % des suffrages exprimés au premier tour des dernières élections des délégués du personnel organisées dans l'un de ses établissements, ce dont il résultait qu'elle pouvait être désignée déléguée syndicale d'entreprise, le tribunal a violé l'article L. 2143-3, al. 1 CT.

Cass. soc. 28 novembre 2012, n° 12-13.628, BC V n° 309.

Un syndicat disposant de candidats ayant obtenu au moins 10 % des suffrages exprimés au premier tour des dernières élections professionnelles doit choisir son délégué syndical parmi ceux-ci.

L'article L. 2143-3 CT fait obligation au syndicat représentatif qui désigne un délégué syndical de le choisir parmi les candidats aux élections professionnelles qui ont recueilli au moins 10 % des suffrages exprimés au premier tour des dernières élections au comité d'entreprise ou de la délégation unique du personnel ou des délégués du personnel, et ce n'est que si le syndicat ne dispose plus dans l'entreprise ou l'établissement d'aucun candidat remplissant cette condition qu'il peut désigner un délégué syndical parmi les autres candidats ou, à défaut, parmi ses adhérents au sein de l'entreprise.

Pour valider la désignation par un syndicat d'un délégué syndical qui n'avait pas été candidat lors des dernières élections de la délégation unique du personnel organisées dans une entreprise, un tribunal a retenu que les élus de ce syndicat avaient adressé au directeur général de l'entreprise une lettre faisant état de leur souhait de ne pas exercer le mandat de délégué syndical et avaient unanimement décidé de confier ce mandat au salarié désigné.

En statuant ainsi, alors que le syndicat disposait de candidats ayant obtenu au moins 10 % des suffrages exprimés au premier tour des dernières élections de la délégation unique du personnel de sorte que le délégué syndical devait être choisi parmi ceux-ci, le tribunal a violé l'article L. 2143-3 CT.

Cass. soc. 29 juin 2011, n° 10-60.394, BC V n° 180.

L'article L. 2143-3 CT, dans sa rédaction issue de la loi 2014-288 du 5 mars 2014, fait obligation au syndicat représentatif qui désigne un délégué syndical de le choisir parmi les candidats aux élections professionnelles qui ont recueilli au moins 10 % des suffrages exprimés au premier tour des dernières élections au comité d'entreprise ou de la délégation unique du personnel ou des délégués du personnel, et ce n'est que si aucun des candidats présentés par l'organisation syndicale à l'une ou l'autre de ces élections ne remplit les conditions mentionnées au premier alinéa de ce texte, ou s'il ne reste, dans l'entreprise ou l'établissement, plus aucun candidat aux élections professionnelles qui remplit ces conditions, que le syndicat peut désigner un délégué syndical parmi les autres candidats ou, à défaut, parmi ses adhérents au sein de l'entreprise ou de l'établissement.

À l'issue des élections des membres du comité d'établissement et des délégués du personnel qui se sont déroulées du 18 au 20 novembre au sein d'un établissement secondaire d'une unité économique et sociale (UES), un syndicat a, par lettre du 28 novembre 2014, désigné, en qualité de délégué syndical de l'établissement, un candidat n'ayant pas obtenu au moins 10 % des suffrages lors de ces élections.

Pour débouter les sociétés composant l'UES de leur demande d'annulation de cette désignation, un tribunal d'instance a retenu qu'il convenait tout d'abord de rappeler, ce qui ressortait notamment de l'exposé des motifs de la loi du 5 mars 2014 qui a modifié l'article L. 2143-3 CT, que le législateur avait entendu consolider une approche et une évolution du droit syndical tendant à un droit à la représentation, que l'UES défendait une interprétation littérale des dispositions nouvelles de l'article L. 2143-3 CT, que pour autant, rien ne s'opposait à la lecture combinée des deux alinéas mentionnés, et dans l'esprit même de la loi, à ce qu'un syndicat qui avait présenté des candidats aux élections professionnelles puisse se prévaloir de sa liste de candidats ayant obtenu au moins 10 % des suffrages afin de désigner un représentant dans tous les établissements de l'entreprise, sans aucune condition, la représentativité du syndicat primant ainsi sur l'audience personnelle d'un candidat, qu'en l'occurrence, il était possible pour le syndicat de faire valoir, par subsidiarité, la candidature du salarié qui n'avait pas atteint le seuil de 10 % aux élections professionnelles, alors même que ce syndicat se trouvait effectivement dépourvu de trois candidats répondant au critère de représentativité personnelle, du fait d'un empêchement personnel ou autre, et peu important la date à laquelle ils avaient pu formaliser leur refus.

En statuant ainsi, alors que le syndicat disposait de candidats ayant obtenu au moins 10 % des suffrages exprimés au premier tour des dernières élections professionnelles de sorte que le délégué syndical devait être choisi parmi ceux-ci, le tribunal a violé l'article L. 2143-3 CT dans sa rédaction issue de la loi 2014-288 du 5 mars 2014.

Cass. soc. 25 novembre 2015, n° 15-14.061, BC V n° 237.

Le syndicat qui, malgré la clause statutaire imposant la désignation d'un adhérent en qualité de délégué syndical, présente des candidats qui ne sont pas adhérents, doit les choisir par priorité s'ils ont seuls recueilli au moins 10 % des suffrages.

Cass. soc. 6 mars 2019, n° 18-18.211.

Dès lors qu'un syndicat dispose, dans un établissement, de candidats ayant obtenu au moins 10 % des suffrages exprimés au premier tour des dernières élections professionnelles, il doit désigner un délégué syndical parmi ceux-ci et ne peut donc désigner un salarié ayant obtenu ce score dans un autre établissement.

L'article L. 2143-3 CT fait obligation au syndicat représentatif qui désigne un délégué syndical de le choisir parmi les candidats aux élections professionnelles qui ont recueilli au moins 10 % des suffrages exprimés au premier tour des dernières élections au comité d'entreprise ou de la délégation unique du personnel ou des délégués du personnel, et ce n'est que si aucun des candidats présentés par l'organisation syndicale à l'une ou l'autre de ces élections, ne remplit les conditions mentionnées au premier alinéa de ce texte, ou s'il ne reste, dans l'entreprise ou l'établissement, plus aucun candidat aux élections professionnelles qui remplit ces conditions, que le syndicat peut désigner un délégué syndical parmi les autres candidats ou, à défaut, parmi ses adhérents au sein de l'entreprise ou de l'établissement.

Ayant constaté qu'un salarié avait obtenu au moins 10 % des suffrages exprimés aux élections professionnelles dans un établissement distinct de celui au sein duquel, à la suite d'une mutation, il avait été désigné en qualité de délégué syndical, et que la fédération l'ayant désigné disposait, dans ce dernier établissement, de candidats ayant obtenu au moins 10 % des suffrages lors des élections professionnelles, un tribunal d'instance a exactement décidé que le délégué syndical devait être choisi parmi ceux-ci et a pu annuler en conséquence la désignation du salarié muté.

Cass. soc. 3 novembre 2016, n° 15-60.203, 1er moyen, BC V n° 207.

Un candidat ayant obtenu un score de 10 % au premier tour des élections professionnelles peut être désigné comme délégué syndical par un autre syndicat que celui qui l'a présenté aux élections.

Si l'affiliation confédérale sous laquelle un syndicat a présenté des candidats aux élections des membres du comité d'entreprise constitue un élément essentiel du vote des électeurs en ce qu'elle détermine la représentativité du syndicat, le score électoral exigé d'un candidat par l'article L. 2143-3 CT pour sa désignation en qualité de délégué syndical est un score personnel qui l'habilite à recevoir mandat de représentation par un syndicat représentatif.

Cass. soc. 28 septembre 2011, n° 10-26.762, BC V n° 212. Voir aussi cass. soc. 14 novembre 2013, n° 12-29.984, 1er moyen, BC V n° 268.

Dès lors qu'un salarié remplit les conditions prévues par la loi pour être désigné délégué syndical, il n'appartient qu'au syndicat désignataire d'apprécier s'il est en mesure de remplir sa mission, peu important que ce salarié ait précédemment exercé des fonctions de représentant d'un autre syndicat ou qu'il ait été élu lors des dernières élections sur des listes présentées par un autre syndicat.

Après avoir constaté qu'un salarié avait obtenu au moins 10 % des suffrages lors des dernières élections professionnelles organisées dans une entreprise, c'est à bon droit qu'un tribunal a rejeté la requête de l'employeur en annulation de sa désignation en qualité de délégué syndical CFTC fondée sur le fait qu'il n'aurait pas dû pouvoir se prévaloir de ce résultat électoral obtenu sur présentation de sa candidature par une organisation syndicale différente.

Cass. soc. 17 avril 2013, n° 12-22.699, BC V n° 104. Voir aussi cass. soc. 15 novembre 2017, n° 16-25.668.

Ainsi, un syndicat représentatif ne disposant pas, à l'issue des élections, de candidat ayant atteint le score de 10 % peut désigner un candidat sur la liste d'un autre syndicat, qui a obtenu au moins ce score et qui l'accepte librement.

En vertu des dispositions de l'article L. 2143-3 CT, chaque organisation syndicale représentative dans l'entreprise ou l'établissement de 50 salariés ou plus, qui constitue une section syndicale, est en droit de désigner un délégué syndical ; l'obligation de choisir ce délégué en priorité parmi les candidats qui ont recueilli au moins 10 % des suffrages exprimés au premier tour des dernières élections professionnelles n'a pas pour objet ou pour effet de priver cette organisation syndicale du droit de disposer d'un représentant, dès lors qu'elle a présenté des candidats à ces élections dans le périmètre de désignation.

Dès lors, s'il n'est pas exclu qu'un syndicat puisse désigner un salarié candidat sur la liste d'un autre syndicat, qui a obtenu au moins 10 % des voix et qui l'accepte librement, l'article L. 2143-3 CT n'exige pas de l'organisation syndicale qu'elle propose, préalablement à la désignation d'un délégué syndical en application de l'alinéa 2 de l'article précité, à l'ensemble des candidats ayant obtenu au moins 10 %, toutes listes syndicales confondues, d'être désigné délégué syndical.

Cass. soc. 27 février 2013, n° 12-15.807, BC V n° 65. Voir aussi cass. soc. 27 février 2013, n° 12-17.221, BC V n° 66.

Le syndicat représentatif ne disposant pas, à l'issue des élections, de candidat ayant atteint le score de 10 % peut également désigner un candidat n'ayant pas obtenu ce score ou un de ses adhérents sans proposer au préalable à l'ensemble des candidats ayant obtenu ce score, toutes listes syndicales confondues, d'être désigné délégué syndical.

Cass. soc. 27 février 2013, n° 12-15.807, précité. Voir aussi cass. soc. 27 février 2013, n° 12-17.221, précité.

En vertu des dispositions de l'article L. 2143-3 CT, chaque organisation syndicale représentative dans l'entreprise ou l'établissement de 50 salariés ou plus, qui constitue une section syndicale, est en droit de désigner un délégué syndical ; l'obligation de choisir ce délégué en priorité parmi les candidats qui ont recueilli au moins 10 % des suffrages exprimés au premier tour des dernières élections professionnelles n'a pas pour objet ou pour effet de priver cette organisation syndicale du droit de disposer d'un représentant, dès lors qu'elle a présenté des candidats à ces élections dans le périmètre de désignation.

Après avoir constaté qu'au jour de la désignation par un syndicat d'un adhérent n'ayant pas été candidat aux dernières élections professionnelles en qualité de délégué syndical, trois candidats présents sur les listes du syndicat lors des dernières élections professionnelles avaient quitté l'entreprise, et que le quatrième qui avait rejoint un autre syndicat avait démissionné de ses fonctions de délégué syndical, ce dont il résultait que les candidats ayant obtenu 10 % de suffrages exprimés au premier tour des dernières élections professionnelles n'étaient plus en mesure d'exercer un mandat de délégué syndical au profit du syndicat, un tribunal a dit à bon droit que la désignation était valide.

Cass. soc. 27 février 2013, n° 12-18.828, BC V n° 67.

Lorsqu'un syndicat n'a présenté dans le périmètre de désignation lors des élections professionnelles aucun candidat susceptible d'être désigné délégué syndical, il ne peut pas désigner un salarié simple adhérent du syndicat.

L'article L. 2143-3 CT fait obligation au syndicat représentatif qui désigne un délégué syndical de le choisir parmi les candidats aux élections professionnelles qui ont recueilli au moins 10 % des suffrages exprimés au premier tour des dernières élections au comité d'entreprise ou de la délégation unique du personnel ou des délégués du personnel, et ce n'est que si le syndicat ne dispose plus dans l'entreprise ou l'établissement d'aucun candidat remplissant cette condition qu'il peut désigner un délégué syndical parmi les autres candidats ou, à défaut, parmi ses adhérents au sein de l'entreprise ; il en résulte que le syndicat qui n'a présenté dans le périmètre de désignation lors des élections professionnelles aucun candidat susceptible d'être désigné délégué syndical ne peut invoquer les dispositions de l'article L. 2143-3, al. 2 CT.

Une société a organisé en janvier 2010 des élections professionnelles pour l'élection des membres du comité d'entreprise unique et des délégués du personnel au sein de ses différentes agences ; un syndicat ayant obtenu plus de 10 % des suffrages au premier tour des élections du comité d'entreprise a désigné un salarié en qualité de délégué syndical dans l'une des agences ; sans mettre en cause l'existence d'un accord permettant la désignation de délégués syndicaux au sein des différentes agences de l'entreprise employant au moins 50 salariés, la société a contesté la désignation au motif que le salarié n'avait pas été candidat aux élections professionnelles.

Après avoir constaté que le syndicat n'avait présenté aux élections des membres du comité d'entreprise aucun candidat travaillant au sein de l'agence concernée, et n'avait pas présenté de liste aux élections des délégués du personnel au sein de cette agence, sans faire état d'une situation particulière de nature à justifier cette carence, c'est à bon droit qu'un tribunal a jugé nulle la désignation au sein de l'agence d'un salarié simple adhérent du syndicat.

Cass. soc. 12 avril 2012, n° 11-60.218, BC V n° 124.

L'article L. 2143-3 CT dans sa rédaction issue de la loi 2014-288 du 5 mars 2014 fait obligation au syndicat représentatif qui désigne un délégué syndical de le choisir parmi les candidats aux élections professionnelles qui ont recueilli à titre personnel et dans leur collège au moins 10 % des suffrages exprimés au premier tour des dernières élections au comité d'entreprise ou de la délégation unique du personnel ou des délégués du personnel, et que ce n'est que si aucun des candidats présentés par le syndicat aux élections professionnelles ne remplit les conditions mentionnées au 1er alinéa dudit article ou si le syndicat ne dispose plus dans l'entreprise ou l'établissement d'aucun candidat remplissant ces conditions qu'il peut désigner un délégué syndical parmi les autres candidats ou, à défaut, parmi ses adhérents au sein de l'entreprise ; il en résulte que le syndicat qui n'a présenté dans le périmètre de désignation lors des élections professionnelles aucun candidat susceptible d'être désigné délégué syndical ne peut invoquer les dispositions de l'article L. 2143-3, al. 2.

Ayant constaté qu'un syndicat n'avait présenté aucun candidat aux élections des délégués du personnel au sein d'un établissement d'une société, sans établir une situation particulière de nature à justifier cette carence, c'est à bon droit qu'un tribunal a annulé la désignation au sein de cet établissement d'une salariée simple adhérente du syndicat.

Cass. soc. 14 décembre 2015, n° 14-26.517, pourvoi incident, BC V n° 258.

Lorsqu'un employeur a toléré la désignation d'un salarié n'ayant pas obtenu le score de 10 % aux élections, les autres syndicats ne peuvent pas revendiquer le bénéfice de cet avantage.

Ni un accord collectif ni un engagement unilatéral de l'employeur ne peuvent avoir pour effet de modifier l'obligation légale faite aux organisations syndicales représentatives de choisir en priorité le délégué syndical parmi les candidats ayant obtenu au moins 10 % des voix au premier tour des dernières élections professionnelles ; il en résulte qu'un syndicat, qui est en droit de contester l'avantage accordé par l'employeur à un autre syndicat en violation d'une règle d'ordre public, ne peut en revanche pas revendiquer à son profit le bénéfice de cet avantage illégal.

Par une lettre du 31 mai 2012, un syndicat a informé une société de la désignation d'un salarié en qualité de délégué syndical au sein d'un établissement ; l'employeur a saisi le tribunal d'instance afin d'obtenir l'annulation de cette désignation, l'intéressé n'ayant pas été candidat aux dernières élections professionnelles organisées en juin 2010.

C'est à tort que, pour rejeter la demande de l'employeur, un tribunal a énoncé que l'exigence légale subordonnant la désignation aux fonctions de délégué syndical à la condition préalable que le salarié ait présenté sa candidature aux élections et ait obtenu un minimum de voix se heurte au principe de valeur constitutionnelle de l'égalité entre syndicats, dès lors qu'en l'espèce il était établi et non contesté que l'employeur avait laissé un autre syndicat désigner un salarié non candidat aux élections comme délégué syndical et que ce délégué était toujours en fonction, que cette tolérance, quand bien même elle résulterait d'une erreur, ce qui n'était d'ailleurs pas établi, obligeait l'employeur à accepter que les autres syndicats puissent désigner leurs délégués syndicaux dans les mêmes conditions contraires à la loi, sous peine de violer le principe d'égalité entre syndicats.

Cass. soc. 29 mai 2013, n° 12-26.457, BC V n° 143.

En cas de transfert d'entreprise, un syndicat ayant présenté des candidats lors des dernières élections dans l'entreprise d'accueil peut y désigner en qualité de délégué syndical un salarié ayant obtenu au moins 10 % des suffrages lors des élections organisées dans l'entité transférée.

Cass. soc. 19 février 2014, n° 13-14.608, BC V n° 57. Voir aussi cass. soc. 15 avril 2015, n° 14-18.653, BC V n° 90, cités dans « Modification dans la situation juridique de l'employeur (Salariés protégés) ».

Les dispositions subordonnant la représentativité syndicale et la possibilité d'être désigné délégué syndical à l'obtention de 10 % des suffrages exprimés au premier tour des élections professionnelles sont conformes au droit international.

Cass. soc. 14 avril 2010, n° 09-60.426, 1er moyen du pourvoi de l'employeur et pourvoi du syndicat, BC V n° 100, cité dans « Représentativité syndicale ».

• Sincérité de la candidature

Le caractère frauduleux de la désignation relève de l'appréciation souveraine des juges du fond.

Cass. soc. 7 mai 2002, n° 00-60.407, BC V n° 155. Voir aussi cass. soc. 13 juillet 2004, n° 03-60.432, BC V n° 220.

La bonne foi est présumée et la preuve de la fraude doit être rapportée par celui qui l'allègue.

Pour annuler la désignation d'une salariée en qualité de déléguée syndicale, un tribunal d'instance a essentiellement retenu que, même si la désignation d'un délégué syndical est une décision discrétionnaire du syndicat, il appartenait aux défendeurs, c'est-à-dire l'ancien délégué syndical et le liquidateur judiciaire de l'employeur, d'indiquer le motif, autre que la protection de la salariée, qui justifiait cette désignation pour combattre la présomption de fraude créée par la concomitance de la fin de la protection résiduelle dont bénéficiait l'intéressée et sa désignation comme déléguée syndicale, alors qu'il était évident que le mandataire liquidateur de la société poursuivrait son licenciement dès la fin de sa période de protection, et dans tous les cas dès que cette circonstance lui apparaîtrait.

En statuant ainsi, alors que c'est la bonne foi qui est présumée et que la fraude doit être établie par celui qui l'allègue, le tribunal d'instance a violé les articles L. 412-11 CT et 1315 c. civ.

Cass. soc. 13 octobre 2004, n° 03-60.406, BC V n° 261.

La désignation ne doit pas avoir pour but de protéger le salarié contre d'éventuelles sanctions.

Un tribunal d'instance a pu annuler la désignation d'un délégué syndical central, après avoir constaté qu'elle avait un caractère frauduleux, le salarié espérant que cette désignation l'aiderait dans un conflit d'ordre personnel avec l'employeur.

Cass. soc. 15 novembre 1994, n° 94-60.085. Voir aussi cass. soc. 16 mars 1999, n° 97-60.458, BC V n° 123, s'agissant de la désignation d'un délégué syndical effectuée après sa convocation à l'entretien préalable mais avant son licenciement, reconnue non frauduleuse, la rupture prononcée à titre disciplinaire étant intervenue plus d'un mois après l'entretien préalable.

Ne présente pas un caractère frauduleux la désignation d'un délégué syndical faite en raison de l'activité de l'intéressé en faveur de la communauté des travailleurs en sa qualité de membre élu du comité d'entreprise à un moment où l'employeur avait décidé de procéder à des licenciements économiques.

Doit être cassé le jugement qui, pour annuler la désignation par un syndicat d'un membre du comité d'entreprise, en qualité de délégué syndical au sein d'une société, a retenu que l'intéressé avait fait l'objet d'une procédure de licenciement économique dont l'autorisation avait été refusée par l'inspecteur du travail, que la nomination tardive du salarié en qualité de délégué syndical, alors qu'il était membre du syndicat depuis plus d'un an et qu'une contestation s'était élevée contre la décision de l'inspection du travail, avait pour objet unique de lui assurer même au cas d'annulation du refus de l'inspecteur du travail la protection due aux délégués syndicaux, sans répondre aux conclusions qui faisaient valoir que la désignation avait été faite en raison de l'activité de l'intéressé en faveur de la communauté des travailleurs en sa qualité de membre élu du comité d'entreprise alors que l'employeur avait décidé de procéder à des licenciements économiques.

Cass. soc. 9 décembre 1997, n° 97-60.078, BC V n° 427. Voir aussi cass. soc. 16 novembre 1999, n° 98-60.347, BC V n° 442.

• Existence d'un lien salarial

En cas de rattachement d'établissements distincts, le délégué syndical n'a pas à être nécessairement salarié de l'établissement dans le cadre duquel la désignation a été effectuée.

Doit être cassé le jugement qui, pour annuler la désignation d'un salarié comme délégué syndical, énonce notamment qu'il n'était pas salarié de l'établissement dans le cadre duquel la désignation avait eu lieu, alors que l'établissement dans lequel le salarié travaillait avait été rattaché à un établissement plus important, ce dont il résultait que la condition d'appartenance à l'entreprise était remplie.

Cass. soc. 25 octobre 1995, n° 95-60.027.

Le salarié dont le contrat de travail est suspendu pour maladie peut être désigné comme délégué syndical.

Doit être cassé le jugement qui, pour annuler la désignation d'un salarié en qualité de délégué syndical, a retenu que l'intéressé se trouvait de façon permanente en arrêt de maladie depuis plusieurs mois et ne percevait plus de rémunération, alors que le salarié dont le contrat de travail est suspendu peut être désigné comme délégué syndical.

Cass. soc. 27 mai 1998, n° 97-60.036.

La mise à disposition d'un salarié, qui a pour effet de l'intégrer à la communauté des travailleurs de l'entreprise d'accueil, lui permet de participer à l'exercice du droit syndical dans l'entreprise.

Le 1er septembre 1988 une société « A » a apporté à une société « B » l'unité de production qu'elle exploitait à Lacq et qui est devenue un établissement de la société « B ». Un salarié qui travaillait auparavant dans cette unité de production a été détaché lors du transfert au sein de la société « B » pour y poursuivre la même activité et a été désigné le 2 septembre 1999 délégué syndical de l'établissement de Lacq par un syndicat.

Doit être cassé le jugement qui, pour annuler la désignation de l'intéressé en qualité de délégué syndical pour l'établissement de Lacq de la société « B », a énoncé essentiellement que le critère du salariat consiste dans le lien de subordination, qu'aucun élément versé au débat ne caractérise un tel lien, qu'en effet ni la convention de mise à disposition ni la lettre de détachement de l'intéressé ne confèrent à la société « B » un pouvoir disciplinaire quelconque à son égard et que le lien de subordination ne saurait pas non plus s'évincer de son assujettissement aux règles d'hygiène et de sécurité et au règlement intérieur de l'établissement, et qu'en conséquence l'intéressé n'a pas le statut de salarié de la société « B », alors que la mise à disposition de l'intéressé avait pour effet de l'intégrer à la communauté des travailleurs de la société « B » et de lui permettre de participer à l'exercice du droit syndical dans l'entreprise, et, dès l'instant qu'il remplissait les conditions nécessaires, d'être désigné comme délégué syndical.

Cass. soc. 30 mai 2001, n° 99-60.466, BC V n° 194.

Le juge qui constate que la désignation d'un délégué syndical a été faite dans le cadre d'un établissement distinct dont l'intéressé était salarié, ce dont il résultait qu'elle était régulière, ne peut pas l'annuler en appréciant l'aptitude du délégué à remplir son mandat.

Cass. soc. 3 mars 1999, n° 98-60.145.

C'est au syndicat d'apprécier si un salarié, ne travaillant pas en permanence dans l'entreprise, sera en mesure d'y accomplir sa mission.

Un salarié attendant sa réintégration et n'exerçant à la date de sa désignation aucune activité dans l'entreprise peut être nommé délégué syndical. Dès lors qu'à la date de sa désignation, l'intéressé est salarié de l'entreprise, il appartient aux organisations syndicales, qui utilisent les facultés de désignation offertes par la loi, d'apprécier si le salarié, ne travaillant pas en permanence dans l'entreprise, sera en mesure d'y accomplir sa mission.

Cass. soc. 17 juillet 1996, n° 95-60.896, BC V n° 295. Voir aussi cass. soc. 27 mai 2009, n° 08-60.569, BC V n° 140, s'agissant de la désignation dans son entreprise d'origine d'un salarié détaché auprès d'un GIE.

Le cadre détenteur d'une délégation particulière d'autorité établie par écrit permettant de l'assimiler au chef d'entreprise ne peut pas être désigné comme délégué syndical.

C'est à tort qu'un tribunal d'instance a, pour annuler la désignation d'un salarié comme délégué syndical de l'agence d'un groupe, retenu essentiellement que celui-ci avait la responsabilité de représenter le groupe sur le territoire de l'agence, de diriger, d'organiser et d'animer les unités placées sous sa responsabilité, d'imposer le respect de la réglementation et du droit du travail et de représenter le chef d'établissement de la région dans l'agence, alors qu'en l'absence d'une délégation particulière d'autorité établie par écrit permettant de l'assimiler au chef d'entreprise, le salarié ne peut être exclu du droit d'être désigné comme délégué syndical.

Cass. soc. 21 mai 2003, n° 02-60.100, BC V n° 169.

Un salarié qui avait été promu chef d'un établissement par avenant à son contrat de travail en a été désigné délégué syndical.

Doit être rejeté le moyen du pourvoi formé par la société qui, pour reprocher à un tribunal d'instance de l'avoir déboutée de sa demande d'annulation de cette désignation, soutient que ne peut exercer un mandat de délégué syndical le salarié qui dispose d'une délégation particulière écrite d'autorité lui permettant d'être assimilé au chef d'entreprise.

En effet, le tribunal d'instance, analysant les termes du contrat de travail de l'intéressé, a constaté que ceux-ci lui confiaient des attributions exercées sous l'autorité étroite de la direction, sans pouvoir disciplinaire, et opéraient un transfert limité de responsabilité en cas d'infraction à la réglementation du travail, de sorte qu'il a pu en déduire que ce contrat, qui se bornait à déterminer les attributions que l'intéressé tenait de sa position hiérarchique, n'emportait pas de délégation écrite particulière d'autorité permettant d'assimiler le salarié au chef d'entreprise auprès du personnel.

Cass. soc. 8 juillet 2009, n° 08-60.595, BC V n° 176.

Après avoir constaté qu'un salarié disposait, pour l'établissement qu'il dirigeait, d'une délégation particulière d'autorité, établie par écrit, permettant de l'assimiler au chef d'entreprise, une cour d'appel a pu annuler sa désignation en qualité de délégué syndical central d'une société.

Cass. soc. 1er février 2006, n° 05-60.163, BC V n° 50.

Ainsi, le salarié disposant d'une délégation particulière d'autorité établie par écrit pour l'établissement qu'il dirige ne peut pas exercer un mandat syndical au sein de l'unité économique dont fait partie l'entreprise qui l'emploie.

Ne peut exercer un mandat de représentation du personnel ou syndical au sein d'une unité économique et sociale dont fait partie l'entreprise qui l'emploie, le salarié qui ne remplit pas les conditions pour exercer un tel mandat au sein de cette entreprise en raison de son assimilation au chef d'entreprise.

Après avoir constaté qu'un salarié disposait d'une délégation particulière d'autorité établie pour l'établissement qu'il dirigeait, un tribunal d'instance a pu annuler sa désignation en qualité de délégué syndical de l'unité économique et sociale à laquelle appartenait la société qui l'emploie.

Cass. soc. 16 avril 2008, n° 07-60.382, BC V n° 92.

Peu importe que la délégation n'ait pas fait l'objet d'une acceptation expresse de l'intéressé.

L'exercice par un salarié de pouvoirs qu'il détient en application d'une délégation écrite d'autorité permettant de l'assimiler au chef d'entreprise l'exclut du droit d'être désigné en qualité de délégué syndical ou de représentant syndical, peu important que la délégation n'ait pas fait l'objet d'une acceptation expresse de l'intéressé.

Ayant constaté l'existence d'une délégation écrite, un tribunal d'instance a pu annuler la désignation d'un directeur de magasin en qualité de délégué syndical et de représentant syndical.

Cass. soc. 4 avril 2007, n° 06-60.124, BC V n° 63.

La délégation d'autorité doit émaner d'une personne ayant la qualité de chef d'entreprise.

Le salarié titulaire d'une délégation particulière d'autorité établie par écrit permettant de l'assimiler au chef d'entreprise ne peut être désigné délégué syndical ou représentant syndical au comité d'entreprise.

Un syndicat a désigné en qualité de délégué syndical et de représentant syndical au comité d'entreprise de l'Office public d'aménagement et de construction du Pas-de-Calais (OPAC) le secrétaire général de cet office.

C'est à tort que, pour débouter l'OPAC de sa demande d'annulation de ces désignations, un tribunal d'instance, après avoir relevé que le salarié avait reçu plus d'un an auparavant une délégation globale de signature du directeur général de l'OPAC, a énoncé que ce dernier n'est pas un chef d'entreprise, qu'il a de plus, par cette délégation, excédé ses pouvoirs, et a ajouté qu'il n'existe aucune délégation écrite possible d'autorité qui permette de considérer le secrétaire général comme assimilé au chef d'entreprise, alors, d'une part, que le directeur général de l'OPAC dirige l'activité de celui-ci, a autorité sur les services et recrute le personnel, ce dont il résulte qu'il est chef d'entreprise pour l'application des articles L. 412-11 et L. 433-1 CT, et alors, d'autre part, que l'exercice effectif par le salarié des pouvoirs de directeur général en vertu d'une délégation écrite avait été établi.

Cass. soc. 29 juin 2005, n° 04-60.093, BC V n° 228.

Le salarié mandataire de l'employeur qui préside le comité d'établissement ne peut pas être désigné comme délégué syndical.

Doit être cassé le jugement qui, pour rejeter la demande d'annulation de la désignation d'un salarié en qualité de délégué syndical et représentant syndical au comité d'entreprise, a retenu que ni le contrat de travail ni aucun autre document produit par l'employeur ne mentionnait l'existence d'une délégation de signature et que, dès lors, il importait peu qu'il préside le comité d'établissement, alors que le salarié mandataire de l'employeur qui préside le comité d'établissement ne peut être désigné comme délégué syndical et représentant syndical au comité d'entreprise.

Cass. soc. 27 octobre 2004, n° 03-60.359, BC V n° 274. Voir aussi cass. soc. 25 janvier 2006, n° 05-60.158, BC V n° 39.

Il en est de même du salarié mandataire de l'employeur qui préside habituellement le comité d'hygiène, de sécurité et des conditions de travail.

Cass. soc. 25 janvier 2006, n° 04-60.515, BC V n° 38.

Ne peut pas être désigné en qualité de délégué syndical le salarié qui représente effectivement l'employeur devant les institutions représentatives du personnel.

Ne peuvent exercer un mandat de représentation les salariés qui soit disposent d'une délégation écrite particulière d'autorité leur permettant d'être assimilés au chef d'entreprise, soit représentent effectivement l'employeur devant les institutions représentatives du personnel.

C'est à bon droit qu'un tribunal d'instance a annulé la désignation d'un salarié en qualité de délégué syndical dès lors qu'en sa qualité de directeur d'établissement, l'intéressé présidait notamment les réunions de délégués du personnel de l'établissement.

Cass. soc. 12 juillet 2006, n° 05-60.300, BC V n° 260. Voir aussi cass. soc. 18 mars 2015, n° 14-16.908, 1er moyen.

• Ancienneté

L'ancienneté du salarié peut résulter de plusieurs contrats successifs, sans solution de continuité.

C'est à tort qu'un tribunal d'instance a, pour annuler la désignation d'un délégué syndical intervenue en février 1990, énoncé que ce salarié ne remplissait pas la condition d'ancienneté requise, dans la mesure où il avait travaillé dans l'entreprise du mois de juin au mois de décembre 1988 puis à partir du mois de juin 1989. L'ancienneté d'un an dans l'entreprise, exigée pour la désignation d'un délégué syndical, peut résulter d'un ou de plusieurs contrats de travail successifs et distincts, séparés par une ou plusieurs périodes d'interruption.

Cass. soc. 15 mai 1991, n° 90-60.310, BC V n° 244.

L'ancienneté peut avoir été acquise dans plusieurs sociétés d'un groupe.

A pu valider la désignation d'un salarié en qualité de délégué syndical le tribunal d'instance qui a constaté que le salarié avait fait l'objet d'un reclassement avec maintien de son ancienneté et qui a exactement pris en compte l'ancienneté acquise par l'intéressé au sein d'une société du groupe.

Cass. soc. 7 juillet 1999, n° 98-60.393. Voir aussi cass. soc. 7 mars 2001, n° 99-60.442, BC V n° 75.

Lorsqu'une convention collective prévoit le maintien des salariés de l'ancien titulaire d'un marché, l'ancienneté au service de ce dernier reste acquise auprès du nouveau prestataire.

Il résulte de l'article 5.02 de la convention collective applicable que « l'exercice du droit syndical est régi par les dispositions des articles L. 412-1 et s. CT » et que « les conditions d'ancienneté requises en matière de représentation du personnel et/ou de représentation syndicale s'apprécient par rapport au contrat de travail en cours y compris lorsque celui-ci a été transféré en application de l'annexe 7 ».

Devenue attributaire d'un marché de nettoyage, une société a repris l'intégralité du personnel affecté à ce marché et notamment une salariée qui a été par la suite désignée par la CGT déléguée syndicale de cette société.

C'est à tort que, pour annuler la désignation de la salariée, un tribunal d'instance a relevé que son contrat de travail avait été transféré en application de la convention collective des entreprises de propreté et de l'accord du 29 mars 1990, et qu'il n'existe dans cet accord aucune stipulation dérogeant aux conditions d'ancienneté requises pour la désignation d'un délégué syndical, alors que le transfert des salariés attachés au marché ayant fait l'objet d'un changement de prestataire entraîne la poursuite de leur contrat de travail et que doit être prise en compte, pour l'exercice des droits de représentation syndicale des salariés, l'ancienneté qu'ils ont acquise à partir de la date à laquelle ce contrat a été exécuté.

Cass. soc. 19 septembre 2007, n° 06-60.153, BC V n° 134.

Il résulte de la combinaison de l'article L. 2143-1 et des articles L. 2143-3, L. 2314-16 et L. 2314-17 anciens CT qu'un salarié élu délégué du personnel remplit par là même les conditions d'ancienneté et de présence dans l'entreprise pour être désigné délégué syndical dans un établissement.

Cass. soc. 4 février 2004, n° 02-60.066, BC V n° 39. Voir aussi cass. soc. 4 février 2004, n° 02-60.028, BC V n° 37.

Les périodes de stage ne sont pas prises en compte dans le calcul de l'ancienneté.

Après avoir relevé qu'une salariée, entrée dans l'entreprise le 1er mai 2001 en vertu d'une convention de stage, n'avait débuté dans un emploi salarié que le 12 juin 2001, un tribunal d'instance en a exactement déduit qu'à la date de sa désignation, le 4 mai 2002, elle ne remplissait pas la condition d'ancienneté d'un an dans l'entreprise exigée par l'article L. 412-14 CT.

Cass. soc. 26 novembre 2003, n° 02-60.624, BC V n° 303.

• Cumul avec d'autres mandats

Le mandat de délégué syndical peut être cumulé avec celui de représentant du personnel au CHSCT.

Aucun texte ne prohibe le cumul des fonctions de délégué syndical et de membre du CHSCT.

Cass. soc. 13 janvier 1999, n° 97-60.483, BC V n° 22.

Le mandat de délégué syndical est incompatible avec tout mandat d'administrateur élu par les salariés ; cette incompatibilité s'applique également aux permanents syndicaux, désignés en sus des délégués syndicaux en application d'un accord collectif.

Selon l'article L. 225-30 c. com., le mandat d'administrateur élu par les salariés est incompatible avec tout mandat de délégué syndical, de membre du comité d'entreprise, de délégué du personnel ou de membre du comité d'hygiène, de sécurité et des conditions de travail de la société. Entre dans les prévisions de ce texte tout mandat syndical exercé dans l'entreprise susceptible de créer des conflits d'intérêts avec les fonctions de membre du conseil d'administration.

Un syndicat a proposé à une banque, société anonyme, la nomination d'un salarié comme permanent syndical en application d'un accord d'entreprise relatif à la rénovation des relations sociales. La banque a refusé cette désignation au motif que l'intéressé était membre de son conseil d'administration, élu en application de l'article L. 225-27 c. com.

Pour donner injonction à la société de détacher l'intéressé à un poste de permanent syndical à mi-temps auprès du syndicat, en application de l'accord d'entreprise, une cour d'appel a énoncé que les fonctions de permanent syndical, qui n'emportaient par elles-mêmes aucun pouvoir de représentation des salariés ou de négociation collective, n'étaient pas au nombre de celles, limitativement énumérées, déclarées incompatibles avec le mandat d'administrateur élu par les salariés par l'article L. 225-30 c. com., qui ne souffre aucune interprétation et que l'accord d'entreprise, qui n'ajoutait pas aux dispositions de ce texte, ne confiait aucune fonction de représentation syndicale aux postes de permanents syndicaux dont il prévoyait la création.

En statuant ainsi, alors que le mandat des permanents syndicaux, désignés en sus des délégués syndicaux en application de l'accord pour leur permettre de se consacrer à plein temps à l'action syndicale dans l'entreprise était un mandat syndical, la cour d'appel a violé l'article L. 225-30 c. com. et l'accord sur la rénovation des relations sociales.

Cass. soc. 30 septembre 2005, n° 04-10.490, BC V n° 281.

Remplacement d'un délégué syndical

Seul un accord collectif peut instaurer un système de suppléance habituelle des délégués syndicaux pendant leurs congés.

Si une organisation syndicale peut remplacer, selon les formes prescrites par l'article L. 412-16 CT, un délégué syndical temporairement éloigné de l'entreprise, la réitération de désignations successives et limitées instaure un système de suppléance habituelle des délégués syndicaux pendant leurs congés de fin de semaine qui, en l'absence de disposition légale le prévoyant, ne pourrait être mis en place que par un accord collectif.

Doit être annulée la désignation d'un salarié en remplacement d'un délégué syndical en congé hebdomadaire, conformément à une pratique mise en place à l'initiative du syndicat et consistant à désigner systématiquement des salariés pour remplacer les délégués syndicaux en fin de semaine.

Cass. soc. 14 janvier 2004, n° 02-60.316, BC V n° 19.

Sauf indication contraire dans la lettre de notification, la désignation d'un nouveau délégué en remplacement d'un précédent est réputée faite dans un périmètre identique à celui au sein duquel avait été effectuée la désignation de la personne remplacée ; la mention du remplacement suffit à rendre la seconde désignation précise dès lors que le périmètre de la désignation du premier délégué n'est pas contesté.

Pour annuler la désignation d'un délégué syndical en remplacement d'un autre, un tribunal a énoncé que la lettre notifiée à l'employeur ne comportait aucune indication quant à l'entreprise ou l'établissement lieu de la désignation.

En statuant ainsi, alors qu'il avait relevé que la société avait pu déterminer le périmètre de la désignation par la référence au remplacement du délégué et qu'il n'était pas allégué que ce périmètre ait été contesté, le tribunal a violé les articles L. 2143-7 et D. 2143-4 CT.

Cass. soc. 11 février 2009, n° 08-60.490, BC V n° 44.

La demande de l'employeur visant uniquement à ce que soit constaté le remplacement d'un délégué syndical ne peut pas se heurter au délai de forclusion de quinze jours.

Un premier salarié a été désigné en 2006 en qualité de délégué syndical au sein d'une société par un syndicat affilié à une confédération A. À la suite de la désaffiliation de ce syndicat de la confédération A et de son affiliation à une confédération B, une fédération affiliée à la confédération A, a, le 1er décembre 2009, remplacé le premier salarié par un second salarié en qualité de délégué syndical. Le premier salarié a fait savoir, le 9 mars 2010, à son employeur qu'il contestait son remplacement au motif que seul le syndicat affilié à la confédération B était compétent pour mettre fin à son mandat. L'employeur a saisi un tribunal d'instance le 11 juin 2010 pour qu'il soit constaté que le premier salarié n'avait plus de mandat au sein de l'entreprise.

Pour déclarer cette requête forclose, le tribunal d'instance a retenu qu'il appartenait à l'employeur soit d'accepter la présence concomitante de deux délégués syndicaux, soit de contester le remplacement du premier salarié dans le délai de quinze jours suivant le courrier en date du 9 mars 2010, par lequel le conseil du premier salarié a contesté le remplacement de son client.

En statuant ainsi, alors que ni le premier salarié ni le syndicat affilié à la confédération B n'avaient contesté devant le tribunal d'instance, dans le délai de forclusion, la décision de la fédération affiliée à la confédération A, prise à la suite de la désaffiliation du syndicat, de remplacer en qualité de délégué syndical le premier salarié par le second, et que la demande de l'employeur, visant uniquement à ce que soit constaté ce remplacement, ne pouvait pas se heurter à un délai de forclusion, le tribunal d'instance a violé l'article L. 2143-8 CT.

Cass. soc. 8 février 2012, n° 11-13.259, BC V n° 67.

La désignation doit être notifiée

La notification doit impérativement préciser le cadre de la désignation.

Le syndicat qui mandate un salarié doit indiquer, à peine de nullité de la désignation, que ce dernier est désigné soit en qualité de représentant syndical au comité d'établissement, soit en qualité de délégué syndical dans l'entreprise ou l'établissement distinct.

Une salariée a été désignée par un syndicat en qualité de « déléguée syndicale au comité d'entreprise pour l'établissement dans lequel ce salarié travaille ».

Un tribunal d'instance qui a constaté que cette désignation ne mentionnait pas l'établissement, le cadre de la désignation et les fonctions exactes du délégué, a pu décider qu'elle était imprécise.

Cass. soc. 29 mars 2005, n° 04-60.166, BC V n° 103. Voir aussi cass. soc. 31 mars 2010, n° 09-60.390.

La notification de la désignation peut valablement être adressée au chef de l'établissement dès lors que celui-ci dispose d'une délégation de pouvoirs permettant de l'assimiler au chef d'entreprise.

Cass. soc. 12 décembre 2001, n° 00-60.310.

Ayant relevé qu'un chef d'établissement d'une société avait reçu de l'employeur toutes les responsabilités du chef d'entreprise en matière d'hygiène et de sécurité du travail, qu'il avait le pouvoir de passer les contrats de travail et de façon générale tous les pouvoirs nécessaires à la direction de l'établissement, un tribunal d'instance, ayant caractérisé une délégation de pouvoirs permettant d'assimiler, à raison de l'exercice des pouvoirs qu'il détenait, le chef d'établissement au chef d'entreprise, a pu décider que la désignation d'un délégué syndical destinée à prendre effet dans cet établissement avait été valablement notifiée à ce chef d'établissement.

Cass. soc. 9 juin 1999, n° 98-60.365, BC V n° 274.

De même, est valable la désignation faite au directeur général d'une société anonyme.

Cass. soc. 2 décembre 1998, n° 97-60.369, BC V n° 537.

Le syndicat qui désigne un délégué syndical auprès de plusieurs personnes morales constituant, selon lui, une unité économique et sociale, doit indiquer dans la désignation qu'il notifie au représentant légal de chacune des entreprises concernées l'existence et la composition de l'UES revendiquée.

Cass. soc. 6 février 2002, n° 00-60.440, BC V n° 56.

À défaut de cette précision, la désignation est nulle.

C'est à tort qu'un tribunal d'instance a refusé d'annuler la désignation d'un délégué syndical et l'a déclarée inopposable à la société demanderesse tout en constatant que la lettre de désignation notifiée à cette société ne mentionnait ni l'existence ni la composition de l'unité économique et sociale, cadre allégué de la désignation.

Cass. soc. 26 avril 2000, n° 99-60.030, BC V n° 155.

Si des sociétés composant l'UES ont le même président, la notification de la désignation faite à cette personne emporte nécessairement connaissance de la désignation par le représentant légal de chacune des sociétés.

Cass. soc. 12 janvier 2000, n° 98-60.516, BC V n° 19.

Dans le cas où l'UES résulte d'un accord collectif, la désignation ne doit être notifiée qu'à celui qui remplit la fonction de chef d'établissement.

Ce n'est qu'au cas où un syndicat désire faire reconnaître l'existence d'une UES entre plusieurs personnes juridiquement distinctes qu'il doit notifier la désignation du délégué syndical à toutes les sociétés ou personnes constituant l'UES. Dans le cas où l'UES résulte d'un accord collectif, la désignation ne doit être notifiée qu'à celui qui remplit la fonction de chef d'établissement.

Doit être cassé le jugement d'un tribunal d'instance qui a annulé la désignation d'un salarié en qualité de délégué syndical, après avoir relevé qu'un accord avait reconnu l'existence d'une UES entre deux sociétés, ainsi que sa division en établissements distincts, dont l'établissement siège regroupant les sièges sociaux des deux sociétés et que le directeur des ressources humaines de l'une des sociétés destinataire de la notification de la désignation avait une délégation de pouvoir.

Cass. soc. 30 mai 2001, n° 99-60.535, BC V n° 196.

La lettre de désignation fixe les limites du litige.

Le syndicat qui désigne un délégué syndical doit indiquer à peine de nullité soit l'entreprise, soit l'établissement, lieu de la désignation, dans la lettre qu'il notifie au chef d'entreprise. Cette désignation fixe les limites du litige.

C'est à tort que pour débouter une société de sa demande d'annulation de la désignation d'un délégué syndical, un tribunal d'instance a apprécié cette désignation hors du cadre défini par la lettre de désignation.

Cass. soc. 18 juillet 2000, n° 99-60.431, BC V n° 303.

Les règles de notification de la désignation ne sont prévues que pour en faciliter la preuve et non comme condition de sa validité.

Si l'article D. 412-1 CT précise que le nom du ou des délégués syndicaux désignés par un syndicat est porté à la connaissance du chef d'entreprise, soit par lettre recommandée avec demande d'avis de réception, soit par lettre remise au chef d'entreprise contre récépissé, ces formalités ne sont prévues que pour faciliter la preuve de la désignation et non pour sa validité. Il suffit dès lors que la preuve soit rapportée que l'employeur en a eu connaissance de façon certaine. En l'espèce, il était établi que le chef d'établissement, auquel la désignation avait été notifiée, l'avait portée à la connaissance du président de l'association.

Cass. soc. 9 juillet 1996, n° 95-60.777, BC V n° 274. Voir aussi cass. soc. 25 septembre 2001, n° 00-60.255 ; cass. soc. 2 juillet 2003, n° 02-60.108.

Les formalités de l'écrit ne sont prescrites par l'article D. 2143-4 CT que pour faciliter la preuve de la désignation du délégué syndical ; le défaut de signature de la lettre est dès lors sans incidence sur la validité de la désignation qu'elle notifie.

Cass. soc. 5 mars 2008, n° 07-60.305.

La connaissance par le chef d'entreprise de la désignation ne peut pas résulter de la seule réception d'une télécopie.

Doit être cassé le jugement qui, pour débouter une société de sa contestation de la désignation d'un salarié en contrat à durée déterminée comme délégué syndical, énonce que cette désignation avait été notifiée à l'employeur par télécopie le jour du terme du contrat et confirmée par lettre recommandée trois jours après ce terme, alors qu'il ne résultait pas de ces constatations que l'employeur ait eu connaissance de la désignation le jour du terme du contrat.

Cass. soc. 25 janvier 1995, n° 94-60.049, 1er moyen.

La validité de la désignation n'est pas subordonnée à l'information de l'inspecteur du travail.

Un tribunal d'instance a pu refuser d'annuler la désignation d'une déléguée syndicale pour non-respect des formalités d'affichage et de transmission à l'inspection du travail de cette désignation. En effet, aucun délai n'est prévu par la loi pour l'affichage de cette désignation sur les panneaux syndicaux. Par ailleurs, si l'article L. 412-16, al. 2 CT précise que copie de la communication du nom du délégué syndical porté à la connaissance du chef d'entreprise est adressée à l'inspecteur du travail, cette formalité n'est prévue que comme mode d'information de la désignation et non pour sa validité.

Cass. soc. 2 avril 1996, n° 95-60.624.

La désignation du délégué syndical peut faire l'objet d'une contestation dans un délai de quinze jours

Toute personne justifiant d'un intérêt à l'action peut contester la désignation d'un délégué syndical, qu'elle soit ou non elle-même membre d'une organisation syndicale présente dans l'entreprise.

Il importe peu de déterminer si l'intéressé avait agi en qualité de délégué syndical ou de mandataire désigné par le bureau du syndicat CGT de l'entreprise dès lors que sa qualité de salarié de la société n'était pas contestée pour lui permettre d'agir.

Cass. soc. 30 mai 2001, n° 00-60.196, BC V n° 195.

Toutefois, la contestation doit être exercée dans le respect du principe d'égalité.

Le principe d'égalité, qui est de valeur constitutionnelle et que le juge doit appliquer, interdit à l'employeur de refuser la désignation d'un délégué syndical par un syndicat représentatif au motif que l'effectif est inférieur à cinquante salariés, dès lors qu'il a accepté la désignation dans les mêmes conditions d'un délégué syndical par un autre syndicat représentatif.

A violé ce principe la cour d'appel qui a annulé la désignation d'un salarié en qualité de délégué syndical, après avoir notamment énoncé que le défaut de contestation d'une autre désignation ne suffisait pas à écarter la demande de l'employeur, alors qu'il n'était pas contesté que ce dernier venait d'accepter la désignation de deux délégués syndicaux qui n'étaient pas délégués du personnel, malgré un effectif inférieur à 50 salariés.

Cass. soc. 5 mai 2004, n° 03-60.175, BC V n° 119.

• Compétence du tribunal d'instance

Les contestations relatives aux conditions de désignation des délégués syndicaux sont de la compétence du tribunal d'instance du lieu où la désignation est destinée à prendre effet.

Cass. soc. 25 mai 2018, n° 17-17.651.

Un syndicat ayant désigné une salariée, en qualité de déléguée syndicale dans l'établissement de Nîmes d'une société, le tribunal d'instance de Marseille a décliné, à bon droit, sa compétence au profit du tribunal d'instance de Nîmes.

Cass. soc. 7 octobre 1998, n° 97-60.303, BC V n° 414.

Un employeur ayant demandé l'autorisation de licencier un salarié, membre du comité d'entreprise, pour motif économique, avait saisi le juge administratif d'un recours contre la décision de refus qui lui avait été notifiée successivement par l'inspecteur du travail et par le ministre du Travail. Ultérieurement, le syndicat CFDT de la métallurgie du Gard avait notifié à la société la désignation de l'intéressé en qualité de délégué syndical.

Doit être cassé le jugement du tribunal d'instance qui, pour déclarer nulle cette désignation, a énoncé qu'elle était intervenue alors qu'il faisait l'objet d'un licenciement économique, que, plus précisément, elle avait eu lieu au cours de l'instance diligentée par l'employeur devant le tribunal administratif afin de contester le refus d'autorisation de l'inspecteur du travail, que l'intéressé avait adhéré depuis peu à la CFDT, qu'antérieurement, il n'avait eu aucune affiliation syndicale, ayant été élu au comité d'entreprise sans étiquette, qu'historiquement la CFDT ne peut se prévaloir d'une réelle représentativité dans l'entreprise, que le salarié ne saurait revendiquer une activité en faveur de la communauté des travailleurs, qu'en définitive, il ne pouvait donc opposer « au soupçon de fraude » entachant sa désignation, ses actions altruistes antérieures et que sa désignation était frauduleuse.

En premier lieu, en retenant l'existence a priori d'un soupçon de fraude, alors qu'il appartenait au demandeur à l'action d'établir la fraude qui ne peut être présumée, le tribunal d'instance a méconnu les règles de la preuve. En deuxième lieu, le syndicat CFDT, affilié à une organisation reconnue représentative au plan national, était de plein droit représentatif dans l'entreprise. Enfin, le tribunal d'instance ne pouvait, sans contradiction entre les motifs de fait, d'une part, retenir que le salarié était menacé par un licenciement tout en constatant que l'autorisation de licenciement avait été refusée, d'autre part, contester l'activité de l'intéressé en faveur des salariés en relevant qu'il avait été élu au comité d'entreprise, peu important que certains salariés contestent son action.

Cass. soc. 16 novembre 1999, n° 98-60.347, BC V n° 442.

Le tribunal d'instance statue en dernier ressort sur la contestation et sa décision peut seulement faire l'objet d'un pourvoi en cassation et non d'une tierce opposition.

Le code du travail ayant institué en la matière une procédure spéciale comportant comme seule voie de recours le pourvoi en cassation, les décisions du tribunal d'instance statuant sur une contestation relative aux conditions de désignation des délégués syndicaux ne peuvent faire l'objet d'une tierce opposition.

Cass. soc. 26 novembre 2003, n° 02-60.689, BC V n° 301.

Mais le tribunal statue en premier ressort en ce qui concerne la suppression du mandat en raison de la baisse des effectifs.

L'article L. 412-15, al. 1er CT ne prévoit que le tribunal d'instance statue en dernier ressort que sur les contestations relatives aux conditions de désignation des délégués syndicaux et non en ce qui concerne la suppression de leur mandat en raison de la baisse des effectifs.

Cass. soc. 15 février 2006, n° 05-60.138, BC V n° 75.

En présence de deux délégués syndicaux désignés par le même syndicat, il appartient au tribunal de convoquer toutes les parties du litige avant de statuer sur la validité de la désignation d'un de ces délégués.

Cass. soc. 20 février 2002, n° 00-60.363, BC V n° 74. Voir aussi cass. soc. 30 novembre 2011, n° 11-11.791.

L'existence d'une fraude dans la désignation d'un délégué syndical relève de l'appréciation souveraine des juges du fond et n'est pas soumise au contrôle de la Cour de cassation.

Doivent être rejetés les moyens du pourvoi d'une société faisant grief au jugement d'un tribunal d'instance de l'avoir déboutée de ses contestations des désignations, notifiées les 6 septembre et 8 novembre 2001, d'une responsable des ressources humaines, en qualité de déléguée syndicale et de représentante syndicale au comité d'établissement, ces griefs ne tendant qu'à remettre en cause l'appréciation souveraine de l'existence de la fraude par les juges du fond qui ne relève pas du contrôle de la Cour de cassation.

Cass. soc. 21 mai 2003, n° 01-60.882, BC V n° 171.

Le tribunal d'instance, statuant en dernier ressort, n'est compétent qu'en ce qui concerne les contestations relatives aux conditions de désignation des délégués syndicaux et non en ce qui concerne la révocation de leur mandat.

Cass. soc. 2 février 2005, n° 03-60.505. Voir aussi cass. soc. 17 mars 2004, n° 03-60.116, BC V n° 91, transposant cette jurisprudence, sur le fondement des textes relatifs au droit du travail en Nouvelle-Calédonie, à un contentieux local.

• Délai de contestation

Lorsqu'elle est formée par courrier adressé au greffe du tribunal, la contestation doit être envoyée dans les quinze jours de la désignation.

Lorsqu'il est formé par déclaration écrite adressée au greffe du tribunal d'instance, le recours prévu à l'article L. 2143-8 CT a pour date celle de l'envoi.

Cass. soc. 26 septembre 2012, n° 11-60.147, 1er moyen, BC V n° 244. Voir aussi cass. soc. 15 octobre 2015, n° 14-19.679.

Au-delà du délai de quinze jours, l'employeur ne peut plus contester la désignation, sauf survenance d'un fait nouveau de nature à la remettre en cause.

Les dispositions de l'article L. 412-15 CT, selon lesquelles les contestations relatives aux conditions de désignation des délégués syndicaux doivent être portées devant le tribunal d'instance dans les quinze jours suivant l'accomplissement des formalités prévues par l'article L. 412-16 du même code sont sans application lorsqu'est invoquée l'expiration du mandat d'un délégué syndical en raison d'un événement postérieur à sa désignation.

Il appartient donc aux juges de rechercher si une opération de fusion, postérieure à la désignation d'un salarié en qualité de délégué syndical, n'a pas eu pour conséquence de mettre un terme à ce mandat en raison, notamment, du changement de fonctions de son titulaire ou d'une possible disparition de l'autonomie de l'entreprise.

Cass. crim. 7 juillet 1998, n° 96-85.947, B. crim. n° 215.

L'instance introduite dans les délais devant un tribunal incompétent doit se poursuivre devant la juridiction compétente sans que la forclusion puisse être opposée au demandeur.

Est recevable la demande d'annulation de la désignation d'un délégué syndical formée par un employeur devant un tribunal d'instance postérieurement au délai de quinze jours fixé par l'article L. 412-15 CT, dès lors qu'il est établi que cette contestation avait été introduite dans le délai devant un tribunal s'étant déclaré territorialement incompétent et que, après renvoi, l'instance engagée s'était poursuivie devant la juridiction désignée.

Cass. soc. 2 mars 2004, n° 02-60.828, BC V n° 72.

Pour l'employeur, le délai de contestation court à compter du lendemain du jour de la réception de la notification.

S'agissant de la désignation d'un délégué syndical notifiée par un syndicat le 4 juillet 2002, c'est à tort que, pour déclarer irrecevable comme tardive la contestation formée par l'employeur, par courrier recommandé parvenu au greffe du tribunal d'instance le 19 juillet 2002, un tribunal d'instance a retenu que le premier jour du délai est celui de la réception de la notification de la désignation, de sorte que l'employeur ne pouvait plus valablement déposer de recours après le 18 juillet 2002, alors que le délai de l'article L. 412-15 CT étant exprimé en jours, le jour de la notification ne le fait pas courir.

Cass. soc. 29 octobre 2003, n° 02-60.702, BC V n° 273. Voir aussi cass. soc. 16 février 2011, n° 10-60.270.

Le délai légal de quinze jours pour contester la désignation d'un délégué syndical est un délai impératif qui court à compter de la désignation sauf dans le cas où les faits constitutifs d'une fraude sont connus de l'employeur après la désignation.

A légalement justifié sa décision le tribunal d'instance qui a déclaré irrecevable la demande d'une société en nullité de la désignation pour fraude d'un salarié comme délégué syndical, après qu'il a été convoqué à un entretien préalable en vue de son licenciement, l'employeur ayant eu connaissance dès cette désignation du fait qu'elle avait pour objet la protection individuelle de l'intéressé.

Cass. soc. 27 janvier 1999, n° 97-60.441, BC V n° 45.

La date lisible sur le cachet du service courrier de l'entreprise porté sur l'avis de réception de la lettre recommandée fait courir le délai de contestation.

Un syndicat a adressé le 16 juillet une lettre au directeur régional d'Île-de-France d'une société désignant un délégué syndical pour l'ensemble des établissements de la région ; la société a saisi le tribunal d'instance le 20 août suivant d'une demande d'annulation de cette désignation.

Doit être rejeté le moyen du pourvoi formé par l'employeur qui, pour reprocher au tribunal d'instance d'avoir déclaré sa demande irrecevable, soutenait que le délai de contestation n'avait pas couru, faute pour l'accusé de réception de la lettre de désignation d'avoir été signé par une personne physique habilitée à la recevoir.

En effet, après avoir constaté que, selon le cachet du service courrier de l'entreprise figurant sur l'avis de réception, la lettre de désignation avait été reçue le 17 juillet, le tribunal a pu déclarer irrecevable la demande de la société.

Cass. soc. 29 octobre 2008, n° 08-60.016, BC V n° 208.

C'est à partir de la notification de la désignation du délégué syndical aux représentants légaux de chacune des personnes morales constituant une unité économique et sociale que court le délai de contestation.

Le syndicat qui désigne un délégué syndical auprès de plusieurs personnes morales constituant, selon lui, une unité économique et sociale, doit notifier la désignation aux représentants légaux de chacune d'entre elles et c'est à partir de l'accomplissement de cette formalité que court le délai de contestation.

Invoquant l'existence d'une unité économique et sociale entre les sociétés « A » et « B », un syndicat a notifié à la société « A » la désignation en qualité de délégué syndical d'une salariée de la société « B ».

Doit être cassé le jugement qui, pour déclarer irrecevable la contestation de la société « A », a retenu que le dirigeant de la société « A » reconnaît avoir reçu le courrier portant notification de la désignation, qu'aucune disposition légale ne contraint le syndicat à motiver en droit ou en fait la désignation du délégué syndical et que, passé le délai de quinze jours à compter de la réception de la lettre de désignation, celle-ci est purgée de tout vice, alors que la désignation n'avait pas été notifiée à l'une des sociétés composant l'unité économique et sociale invoquée, ce dont il résultait que le délai n'avait pas couru.

Cass. soc. 12 janvier 2000, n° 98-60.516, BC V n° 19.

Pour les syndicats et les salariés de l'entreprise, le délai de contestation court à compter du jour où le nom du délégué syndical a été porté à leur connaissance, quel qu'en soit le moyen.

En application des articles L. 412-15 et 16 CT, la contestation de la désignation d'un délégué syndical n'est recevable de la part de l'employeur que si elle est faite dans les quinze jours suivant cette désignation et ce délai court, à l'égard des organisations syndicales et des salariés de l'entreprise, du jour où le nom du délégué syndical a été porté à leur connaissance par affichage sur les panneaux réservés aux communications syndicales ou par tout autre moyen.

Un tribunal d'instance, ayant constaté que le syndicat intéressé qui avait eu connaissance des désignations litigieuses dès le 23 février 1995 pour l'une et dès le 27 avril 1995 pour l'autre et qui ne les avait contestées que le 12 juin 1995, en a exactement déduit que la demande avait été introduite hors des délais prévus par l'article L. 412-15 CT et qu'elle était irrecevable.

Cass. soc. 4 février 1997, n° 95-60.982, BC V n° 51. Voir aussi cass. soc. 29 octobre 2010, n° 09-60.457, 1er moyen.

La notification adressée au mauvais destinataire ne fait pas courir le délai de contestation.

Les sociétés composant une unité économique et sociale, divisée en quatorze établissements distincts par un accord prévoyant également la désignation des délégués syndicaux dans chaque établissement distinct, ont saisi le 19 novembre 2002 un tribunal d'instance d'une contestation de la désignation d'un salarié en qualité de délégué syndical d'une agence incluse dans l'un des établissements distincts.

La division de l'entreprise en établissements distincts permettant la désignation de délégués syndicaux d'établissement et de délégués syndicaux centraux, résultant de l'accord, s'imposait à tous les salariés et syndicats, sans distinction ; dès lors, la désignation du salarié devait être notifiée au chef de l'établissement concerné.

Doit donc être cassé le jugement qui, pour déclarer irrecevable comme tardive la contestation de la désignation, a retenu qu'il n'était pas contesté que celle-ci était intervenue le 17 septembre 2002 et que la société en avait eu connaissance le 20 septembre 2002, alors que la lettre du 17 septembre 2002 avait été adressée au directeur de l'agence incluse dans un des établissements distincts désigné par l'accord, ce dont il résultait que le délai de forclusion n'avait pas couru.

Cass. soc. 24 novembre 2004, n° 03-60.112, BC V n° 302.

La preuve de la date de l'affichage à partir de laquelle court le délai de forclusion pèse sur la partie qui se prévaut de celle-ci.

Cass. soc. 17 septembre 2003, n° 01-60.895.

En l'absence d'affichage de la désignation, la preuve de la date de la connaissance de cette désignation par les tiers pèse sur la partie qui se prévaut de l'expiration du délai de forclusion.

Cass. soc. 18 mai 2011, n° 10-25.421.

Les règles de computation des délais sont applicables.

C'est à tort qu'un tribunal d'instance a déclaré irrecevable la demande en annulation de la désignation d'un délégué syndical en la considérant comme tardive, au motif que cette désignation avait été notifiée à l'employeur le 17 septembre et que la contestation avait eu lieu le 5 octobre, alors que la déclaration mentionnait la date du lundi 4 octobre et que, si un délai est exprimé en jours, celui de la notification qui le fait courir ne compte pas et que le délai qui expirerait normalement un samedi, un dimanche ou un jour férié est prorogé jusqu'au premier jour ouvrable suivant.

Cass. soc. 2 novembre 1994, n° 94-60.009.

Lorsqu'un syndicat désigne un délégué syndical surnuméraire, cette désignation ouvre, à compter de la dernière désignation litigieuse ou de la décision prise par le syndicat pour mettre fin à cette situation, un nouveau délai de contestation de l'ensemble des désignations en cause.

Cass. soc. 29 octobre 2010, n° 09-67.969, précité. Voir aussi cass. soc. 24 septembre 2013, n° 12-60.557.

Le mandat de délégué syndical prenant fin lors du renouvellement des institutions représentatives dans l'entreprise, la désignation, à l'issue de ces nouvelles élections, d'un délégué syndical, fait courir à compter de la date de cette désignation le délai de contestation de quinze jours même si le salarié désigné exerçait déjà cette mission avant le nouveau scrutin.

Cass. soc. 22 septembre 2010, n° 09-60.435, 1er moyen, BC V n° 188. Voir aussi cass. soc. 31 janvier 2012, n° 10-25.429, 3 premières branches du moyen, BC V n° 39.

En cas de transfert d'entreprise, lorsque l'établissement transféré conserve son autonomie dans l'entreprise d'accueil, le délégué syndical conserve son mandat et sa désignation ne peut être contestée par le repreneur si elle est antérieure de plus de quinze jours à la date du transfert.

Cass. soc. 2 octobre 2003, n° 01-60.887.

• Forme de la contestation

Ni la télécopie ni un envoi par courriel ne répondent aux exigences de l'article R. 2143-5 CT, selon lequel la contestation est formée par voie d'une simple déclaration faite au greffe dans les quinze jours suivant la désignation.

Cass. soc. 18 novembre 2009, n° 09-60.047, BC V n° 262.

Fin du mandat

• Renouvellement de l'institution représentative du personnel

L'annulation des élections des membres du comité d'entreprise n'ayant pas d'effet rétroactif, elle est sans incidence sur la régularité de la désignation, en qualité de délégué syndical, d'un salarié dont le mandat prend fin lors des nouvelles élections renouvelant l'institution représentative du personnel.

Par lettres du 1er avril 2014, un syndicat a désigné deux salariés, respectivement en qualité de délégué syndical et représentant syndical au comité d'entreprise au sein de l'unité économique et sociale d'une entreprise ; par requête du 17 avril suivant, les sociétés composant cette unité économique et sociale ont saisi le tribunal d'instance de demandes d'annulation de ces désignations ; par jugement du 19 décembre 2014, le tribunal a annulé les élections des membres du comité d'entreprise de l'UES.

Pour annuler les désignations, le tribunal a retenu que si l'annulation des élections n'a pas d'effet rétroactif, de sorte que le salarié dont l'élection est annulée ne perd pas le bénéfice de ses heures de délégation ou de sa protection et que ses actes demeurent valables, l'annulation ne produisant effet qu'à compter du jour d'annulation du jugement, il apparaît toutefois que priver l'annulation des élections de tout effet rétroactif sur les désignations reviendrait à permettre, le cas échéant, le maintien d'un mandat de délégué syndical ou de représentant syndical dont le syndicat ne serait plus représentatif aux termes des nouvelles élections, et ce pour toute la durée du cycle électoral, alors que la représentativité mesurée par l'audience électorale fonde la légitimité de la désignation et est un principe d'ordre public, que l'annulation de la désignation est moins préjudiciable dans la mesure où, en fonction du résultat des nouvelles élections, le syndicat pourra procéder à une nouvelle désignation, étant rappelé que l'annulation de la désignation ne produit ses effets qu'à compter du jugement.

En statuant ainsi, alors que l'annulation des élections des membres du comité d'entreprise n'a pas d'effet rétroactif, de sorte que l'annulation des élections est sans incidence sur la régularité des désignations, en qualité de délégué syndical et de représentant syndical au comité d'entreprise, des salariés dont le mandat prend fin, en application des articles L. 2143-11 et L. 2324-2 CT, lors des nouvelles élections renouvelant l'institution représentative du personnel, le tribunal a violé les articles L. 2122-1, L. 2143-3, L. 2143-22 et L. 2324-2 CT.

Cass. soc. 11 mai 2016, n° 15-60.171, BC V n° 91.
Voir aussi cass. soc. 16 janvier 2019, n° 17-60.347.

• Renonciation au mandat

Le délégué syndical peut renoncer à son mandat en informant l'organisation syndicale qui l'a désigné de sa renonciation.

Cass. soc. 6 avril 2016, n° 14-23.198, 1er moyen, BC V n° 69.

• Révocation du mandat

La révocation du mandat d'un délégué syndical ne peut émaner que du syndicat qui l'a désigné.

Une union départementale syndicale a désigné le 21 février 2003 deux délégués syndicaux pour une unité économique et sociale. Le 3 juillet suivant, la confédération du même syndicat a également désigné deux salariés en tant que délégués syndicaux.

C'est à tort que, pour débouter un salarié, agissant en sa qualité de secrétaire de l'union départementale et de délégué syndical, de sa demande d'annulation des désignations faites par la confédération, un tribunal a essentiellement retenu que la confédération avait, à la différence de l'union départementale, vocation à désigner des délégués syndicaux dont le mandat s'exerce sur le territoire national.

En effet, d'une part, l'union départementale syndicale avait vocation à désigner, le 21 février 2003, les salariés dont la désignation, qui n'avait pas été contestée, était devenue définitive et, d'autre part, ces désignations antérieures interdisaient à la confédération de procéder au remplacement de ces délégués sans qu'au préalable leurs mandats aient été révoqués par l'instance qui avait désigné leur titulaire.

Cass. soc. 8 décembre 2004, n° 03-60.445, BC V n° 327.

Il en est autrement lorsque, en présence d'un conflit avec un autre syndicat affilié à la même fédération, cette dernière a, en application de ses statuts, tranché le conflit en attribuant compétence à cet autre syndicat.

À la suite de l'absorption d'une société B, au sein de laquelle un syndicat S' avait créé une section syndicale, par une société A, au sein de laquelle un syndicat S, affilié à la même fédération, avait créé une section syndicale et désigné un délégué syndical, les sections syndicales se sont regroupées en une seule. Par lettre du 23 février 2009, le syndicat S' a notifié à l'employeur la désignation d'un délégué syndical en remplacement de celui désigné par le syndicat S.

Pour annuler cette désignation, un tribunal a retenu que le délégué syndical désigné par le syndicat S ne pouvait être révoqué que par lui.

En statuant ainsi, après avoir relevé qu'un conflit de compétences né entre les deux syndicats à propos de la section syndicale de la société A avait, par application de ses dispositions statutaires, été tranché par la fédération à laquelle les deux syndicats étaient affiliés et que cette dernière, par décisions des 19 et 20 février 2009 notifiées aux syndicats ainsi qu'à l'employeur, avait dit que cette section devait être rattachée au syndicat S', ce dont il résultait que ce dernier avait le pouvoir de procéder au remplacement du délégué syndical désigné par le syndicat S, le tribunal a violé les articles L. 2143-3 CT et 1134 c. civ.

Cass. soc. 16 décembre 2009, n° 09-60.118, BC V n° 288.

En cas de désaffiliation de l'organisation syndicale ayant procédé à la désignation d'un délégué syndical, le mandat de ce délégué peut être révoqué par la confédération syndicale, la fédération ou l'union à laquelle le syndicat désignataire était affilié.

Cass. soc. 16 octobre 2013, n° 12-60.281, BC V n° 241.

Lorsqu'un premier syndicat représentatif a désigné un délégué, la désignation d'un autre délégué syndical par un deuxième syndicat affilié à la même confédération n'emporte pas caducité du premier mandat que seul le syndicat désignataire peut révoquer.

Cass. soc. 22 juin 2005, n° 04-60.391, BC V n° 214.

La décision judiciaire constatant la caducité d'une désignation de délégué syndical met fin au droit du syndicat d'être représenté dans l'entreprise ou dans un périmètre donné de l'entreprise et, par là même, aux fonctions du délégué.

Selon l'article L. 2143-3 CT, le délégué syndical représente le syndicat auprès de l'employeur ; il en résulte que la décision judiciaire constatant la caducité d'une désignation de délégué syndical opérée par un syndicat auprès d'un employeur met fin au droit du syndicat d'être représenté dans l'entreprise ou dans un périmètre donné de l'entreprise et, par là même, aux fonctions du délégué sans qu'il soit nécessaire que ce dernier ait été appelé à l'instance.

Cass. soc. 29 avril 2009, n° 07-19.880, BC V n° 117.

Dans les entreprises de moins de 50 salariés, lorsqu'un délégué du personnel a été désigné comme délégué syndical, la fin du mandat électif entraîne la fin du mandat syndical…

Sous réserve de conventions ou accords d'entreprise comportant des clauses plus favorables, dans les entreprises de moins de cinquante salariés seul un délégué du personnel élu peut être désigné délégué syndical pour la durée de son mandat.

Une salariée, employée par une entreprise employant moins de cinquante salariés, a été élue déléguée du personnel en 1998 et désignée déléguée syndicale le 21 juin 2000 ; son mandat électif a pris fin le 2 novembre 2000 et elle a été licenciée le 23 novembre 2001.

C'est à tort que, pour ordonner la réintégration de la salariée, une cour d'appel, statuant en référé, a essentiellement retenu que postérieurement au terme de son mandat électif, la salariée avait été convoquée à plusieurs réunions en qualité de déléguée syndicale et que l'employeur, qui n'avait pas saisi le tribunal d'une contestation de sa désignation, ne pouvait, en licenciant la salariée sans autorisation administrative préalable, remettre en cause de manière unilatérale la protection attachée au mandat, alors que la protection attachée au mandat de déléguée du personnel dont bénéficiait la salariée avait cessé au terme des six mois qui suivaient l'expiration de ce mandat électif.

Cass. soc. 12 octobre 2004, n° 02-47.048, BC V n° 252.

… en revanche, lorsque le salarié y est désigné délégué syndical un mois avant son élection comme délégué du personnel, et que cette désignation n'est pas contestée dans le délai de quinze jours, celle-ci est purgée de tout vice à la date de l'élection et le mandat de délégué syndical est indépendant de celui de délégué du personnel.

Une salariée employée par une société comptant moins de cinquante salariés, après avoir été mandatée par un syndicat pour négocier et signer dans l'entreprise un accord sur la réduction du temps de travail en décembre 1998, a été désignée comme déléguée syndicale par le même syndicat le 1er avril

1999, puis élue déléguée du personnel le 3 mai 1999 ; elle a démissionné de ses fonctions de déléguée du personnel le 12 décembre 2000 ; elle a été licenciée pour faute grave le 12 juin 2004 ; invoquant notamment la violation du statut protecteur lié à son mandat de déléguée syndicale, l'intéressée a saisi le conseil de prud'hommes d'une demande d'annulation du licenciement et de diverses autres demandes.

Pour la débouter de ses prétentions, une cour d'appel a retenu que celle-ci ne bénéficiait plus d'aucune protection légale, la durée du mandat de délégué syndical étant, de par la loi, liée à la durée de son mandat de déléguée du personnel.

En statuant ainsi, alors qu'elle avait constaté que la salariée avait été désignée déléguée syndicale un mois avant son élection comme déléguée du personnel, sans que cette désignation ait été contestée dans le délai prévu par l'article L. 2143-8 CT, de sorte que la désignation en qualité de délégué syndical était purgée de tout vice à la date de l'élection et que ce mandat était indépendant de celui de délégué du personnel, la cour d'appel a violé les articles L. 2143-6 et 8 CT.

Cass. soc. 14 janvier 2009, n° 07-44.894. Voir aussi cass. soc. 4 mars 2009, n° 08-40.500.

Le bénéfice du mandat est perdu à l'égard de l'employeur à compter de la date de la notification par le syndicat désignataire à l'employeur de la cessation des fonctions jusque-là dévolues au salarié, même si le salarié n'a été informé de cette révocation que plusieurs années après.

Par lettre du 15 janvier 2001, une société a été avisée par un syndicat que les mandats de déléguée syndicale et de représentante syndicale au comité d'établissement dont bénéficiait jusqu'alors une salariée étaient révoqués ; ayant continué d'assurer des heures de délégation que l'employeur n'avait pas réglées, l'intéressée a saisi le tribunal de grande instance en faisant valoir que n'ayant été elle-même informée de cette révocation que par lettre recommandée du syndicat du 27 mars 2007, c'est à cette date que ses fonctions avaient pris fin.

Ayant constaté que l'employeur avait, le 16 janvier 2001, reçu du syndicat désignataire la notification de la cessation des fonctions jusque-là dévolues à la salariée, ce dont il résultait qu'à compter de cette date elle avait perdu le bénéfice de son mandat à l'égard de son employeur, lequel n'avait pas à s'interroger sur la régularité, dans les rapports du syndicat et de sa mandante, de la révocation intervenue, une cour d'appel a pu rejeter la demande de l'intéressée.

Cass. soc. 7 novembre 2007, n° 06-13.702, BC V n° 186.

☛ *Effectifs (Représentation du personnel) ; Établissement distinct ; Représentants du personnel (Protection/Bénéficiaires) ; Section syndicale ; Unité économique et sociale.*

Délégué syndical (Mission)

Les délégués syndicaux ont pour mission de représenter le syndicat qui les a désignés auprès du chef d'entreprise.

Certains textes spéciaux prévoient par ailleurs l'information, voire la consultation obligatoire, des délégués syndicaux (exemples : sur la convention collective applicable dans l'entreprise, lors de la négociation annuelle obligatoire, sur le travail de nuit, etc.).

Contenu de la mission

Le délégué syndical est investi de plein droit du pouvoir de négocier des accords collectifs.

Conformément aux dispositions de l'article L. 132-20 CT, un délégué syndical, désigné en vertu de l'article L. 412-11 CT pour représenter son organisation syndicale auprès du chef d'entreprise, est par cette désignation investi de plein droit du pouvoir de négocier et de conclure un accord collectif, et ce quelle que soit l'importance de l'accord. L'organisation syndicale ne souhaitant pas que les membres de sa section syndicale signent un accord doit informer les autres parties à la négociation qu'elle entend suspendre le mandat donné à son délégué syndical. Lorsque l'employeur n'a pas été informé de cette intention avant la signature de l'accord, cet accord est opposable au syndicat.

Cass. soc. 19 février 1992, n° 90-10.896, 1er moyen, BC V n° 106.

Il n'a donc pas à justifier d'un mandat spécial pour la signature d'un protocole préélectoral.

Le délégué syndical désigné dans l'entreprise, qui représente le syndicat auprès du chef d'entreprise, n'a pas à justifier d'un mandat spécial de son syndicat pour conclure un protocole préélectoral.

Cass. soc. 12 février 2003, n° 01-60.904, BC V n° 52.

La mission des délégués syndicaux consiste également à informer les salariés.

Entre dans le cadre des missions respectives des représentants élus et des délégués syndicaux le fait d'informer les salariés à leur poste de travail quant

« au problème de la prise du café » et ce, pendant 5 minutes le matin et 5 minutes l'après-midi. Cette information n'ayant par ailleurs pas apporté de gêne importante à l'accomplissement du travail des salariés, un conseil de prud'hommes a pu débouter la société de sa demande en remboursement des heures de délégation passées à cette activité.

Cass. soc. 23 septembre 1992, n° 89-40.664, BC V n° 478.

Limites

Il n'entre pas dans la mission des délégués syndicaux de participer à une manifestation de soutien à des salariés d'une autre entreprise.

La mission des délégués syndicaux, qui consiste à représenter leur syndicat dans l'entreprise, ne peut être exercée en tout lieu que dans l'intérêt des salariés de l'entreprise ou de l'établissement au titre desquels ils ont été désignés.

Ayant constaté qu'un délégué syndical avait participé à une manifestation de soutien à des salariés d'une autre entreprise, dans leurs différends avec la justice pénale dans une autre région, un conseil de prud'hommes a répondu, en les rejetant, aux conclusions du salarié faisant valoir que son statut de délégué syndical lui permettait de participer à une manifestation dont le but était la défense des libertés syndicales et de l'emploi, et a ainsi justifié sa décision de faire droit à la demande de l'employeur en remboursement des heures de délégation.

Cass. soc. 13 juin 1996, n° 95-41.460, 2e moyen, BC V n° 238.

De même, l'assistance aux opérations d'un scrutin à caractère national n'entre pas dans la mission du délégué syndical.

La mission des délégués syndicaux, qui consiste à représenter leur syndicat dans l'entreprise, ne peut être exercée en tout lieu que dans l'intérêt des salariés de l'entreprise ou de l'établissement au titre desquels ils ont été désignés.

Doit donc être cassé le jugement qui, pour débouter un employeur de sa demande de remboursement de la rémunération afférente à des heures de délégation dont il estimait qu'elles n'avaient pas été utilisées conformément à leur objet, a retenu que les salariés sont intéressés par le bon déroulement des élections prud'homales, s'agissant de mettre en place les membres de la juridiction compétente pour trancher les conflits individuels du travail, et que les syndicats, lorsqu'ils présentent des listes de candidats, ont nécessairement le droit de faire appel aux délégués syndicaux, représentant les adhérents, pour assurer pendant le vote une permanence de délégués de liste chargés de s'assurer de la régularité des opérations électorales, alors que l'assistance aux opérations d'un scrutin à caractère national n'entre pas dans la mission du délégué syndical.

Cass. soc. 13 janvier 1999, n° 96-43.678.

Si l'assistance à des audiences judiciaires en vue de s'informer sur un litige mettant en cause d'autres représentants de l'entreprise à l'occasion d'une grève entre dans la mission des délégués syndicaux…

Un conseil de prud'hommes, qui avait fait ressortir que la démarche des délégués syndicaux avait pour objet de s'informer sur un litige mettant en cause d'autres représentants du personnel de l'entreprise à l'occasion d'un conflit collectif, a pu décider que le temps passé à cette activité devait être rémunéré au titre des heures de délégation.

Cass. soc. 1er avril 1992, n° 88-45.752, BC V n° 268.

… il n'en est pas de même du temps consacré à une instance électorale.

Doit être cassé le jugement énonçant que la négociation du protocole préélectoral entrant dans la mission d'un délégué syndical, celui-ci devait bénéficier d'heures de délégation supplémentaires au titre du temps consacré par lui au litige soulevé concernant ce protocole, alors que le temps consacré à une instance électorale ne relève pas de la mission du délégué syndical.

Cass. soc. 2 juin 1993, n° 90-44.508, BC V n° 157.

Le délégué syndical n'a pas de plein droit qualité pour représenter en justice son syndicat.

Un tribunal d'instance a pu rejeter la demande en annulation des élections des administrateurs salariés au conseil d'administration formée par un délégué syndical de l'entreprise et dire le syndicat de ce délégué non comparant et non représenté, la mission du délégué syndical ne lui conférant pas par elle-même le mandat de représenter en justice son organisation syndicale.

Cass. soc. 4 mai 1994, n° 92-60.038, 1er moyen.

Modalités d'exercice

Les délégués syndicaux peuvent exercer leur mission en tout lieu dans l'intérêt des salariés de l'entreprise ou de l'établissement.

Il résulte de l'article L. 412-17 CT que la mission des délégués syndicaux, qui consiste à représenter leur syndicat dans l'entreprise, peut être exercée en tout lieu dans l'intérêt des salariés de l'entreprise ou de l'établissement au titre desquels ils ont été désignés, dès lors qu'elle entre dans le cadre de l'objet défini par l'article L. 411-1 CT.

En l'espèce, une déléguée syndicale fut victime d'un accident de la circulation alors qu'elle se rendait à une réunion syndicale dont l'ordre du jour comportait l'étude de la convention collective applicable au personnel de l'entreprise. Une cour d'appel a pu dire que la participation de la déléguée syndicale à cette réunion entrait effectivement dans ses attributions et que la législation relative aux accidents du travail était donc applicable.

Cass. soc. 12 juillet 1995, n° 92-19.122. Voir aussi cass. soc. 9 février 2000, n° 97-45.460.

Si le délégué syndical peut librement exercer son mandat pendant son temps de travail, il ne peut, sans faute de sa part, unilatéralement modifier ses horaires de travail pour l'exercice de ses fonctions sans l'accord de l'employeur.

Cass. soc. 19 mai 2010, n° 08-42.506, 3e moyen.

Action en justice des syndicats ; Convention collective (Conclusion) ; Délégué du personnel (Mission) ; Heures de délégation (Utilisation) ; Protocole d'accord préélectoral.

Délégué syndical central

L'article L. 2143-5 CT permet aux syndicats représentatifs, dans les entreprises d'au moins 2 000 salariés comportant au moins deux établissements comprenant chacun au moins 50 salariés, de désigner un délégué syndical central distinct des délégués syndicaux d'établissement.

Dans les entreprises de moins de 2 000 salariés, le délégué central doit être désigné parmi les délégués syndicaux d'établissement.

Sauf disposition spéciale, l'ensemble des règles relatives au délégué syndical d'entreprise est applicable au délégué syndical central.

Désignation

La représentativité d'un syndicat, pour la désignation d'un délégué syndical central d'entreprise, doit s'apprécier par rapport à l'ensemble du personnel de l'entreprise.

Cass. soc. 28 septembre 2011, n° 10-26.545, 2e moyen pris en sa 4e branche, BC V n° 213. Voir aussi cass. soc. 14 décembre 2015, n° 15-10.902.

La désignation d'un délégué syndical central n'est pas subordonnée à l'obtention par ce dernier d'un score électoral personnel.

L'article L. 2143-5 CT ne subordonne pas la désignation d'un délégué syndical central à l'obtention, par ce dernier, d'un score électoral.

Un salarié a été désigné par un syndicat en 2007 en qualité de délégué syndical central d'une société ; en mars 2010, des élections ont eu lieu au sein de l'établissement dans lequel travaillait le salarié, sans que celui-ci ne présente sa candidature ; la société a fait savoir au syndicat en octobre 2010 que le mandat de l'intéressé avait pris fin, notamment en raison du fait que ce dernier n'avait pas obtenu un score électoral de 10 % lors des élections dans son établissement ; le syndicat ayant confirmé la désignation du salarié, l'employeur a saisi le tribunal d'instance d'une demande d'annulation.

C'est à tort que, pour dire nulle la désignation du salarié en qualité de délégué syndical central, un tribunal d'instance a énoncé que le mandat d'un délégué syndical prend fin lorsque l'ensemble des conditions prévues au premier alinéa de l'article L. 2143-3 et à l'article L. 2143-6 cessent d'être réunies, qu'en l'espèce, si la représentativité du syndicat défendeur n'était pas en cause ni l'existence d'une section syndicale, en revanche le salarié ne réunissait pas les conditions légales, soit avoir été candidat aux dernières élections et avoir réuni au moins 10 % des suffrages.

Cass. soc. 16 novembre 2011, n° 10-28.201, BC V n° 270. Voir aussi cass. soc. 15 janvier 2013, n° 12-11.751.

L'absence de comité central d'entreprise est sans incidence sur le droit pour un syndicat représentatif de désigner un délégué central d'entreprise.

Cass. soc. 5 avril 2011, n° 10-60.225.

Une centrale syndicale et les syndicats qui lui sont affiliés ne peuvent désigner ensemble qu'un seul délégué syndical central.

Une cour d'appel a pu annuler la désignation d'un délégué syndical central effectuée par le syndicat CGT des services extérieurs de la MAAF, dès lors que la fédération CGT des personnels des services financiers avait déjà désigné un délégué syndical central. Une centrale syndicale et les organisations syndicales qui lui sont affiliées, notamment celles qui sont catégorielles, ces dernières justifieraient-elles de leur propre représentativité, ne peuvent ensemble, sauf accord collectif contraire, désigner qu'un seul délégué syndical central d'entreprise.

Cass. soc. 20 octobre 1988, n° 88-60.014, BC V n° 551.

Délégué syndical central

La désignation d'un délégué syndical d'entreprise peut rendre parfois inopérante la désignation de délégués syndicaux d'établissement.

C'est à bon droit qu'un tribunal d'instance a annulé la désignation d'un délégué syndical d'établissement, dans la mesure où un délégué syndical d'entreprise avait déjà été désigné.

En effet, dans les entreprises de moins de deux mille salariés comportant au moins deux établissements distincts, chaque syndicat représentatif peut désigner l'un de ses délégués syndicaux d'établissement en vue d'exercer les fonctions de délégué syndical central et, en l'absence de dispositions conventionnelles autorisant un syndicat à désigner un délégué syndical central distinct des délégués syndicaux d'établissement, la désignation d'un délégué syndical d'entreprise rend inopérante la désignation de délégués syndicaux d'établissement.

Cass. soc. 6 février 1996, n° 95-60.114. Voir aussi cass. soc. 20 mars 2002, n° 01-60.023.

Sauf accord plus favorable, il ne peut y avoir, en plus de la désignation d'un délégué syndical central au niveau d'une unité économique et sociale (UES), désignation à la fois de délégués syndicaux d'établissement au niveau des entreprises composant l'UES et de délégués syndicaux d'établissement dans un périmètre plus restreint que l'entreprise faisant partie de l'UES.

En effet, il ne peut être procédé à la désignation d'un délégué syndical central qu'au niveau de l'entreprise à laquelle est assimilée l'unité économique et sociale reconnue entre plusieurs personnes juridiques.

Cass. soc. 7 février 2018, n° 17-18.956.

La notification de la désignation du délégué syndical central faite au représentant de l'une des entités d'une unité économique et sociale vaut pour les autres.

C'est à bon droit qu'après avoir relevé que deux mutuelles composant une unité économique et sociale avaient le même président, un tribunal d'instance a décidé que la notification faite à ce dernier de la désignation d'un salarié en qualité de délégué syndical central, qui emportait nécessairement connaissance de la désignation par le représentant légal des entités de l'unité économique et sociale, était régulière.

Cass. soc. 18 décembre 2000, n° 99-60.456, BC V n° 431.

Crédit d'heures

Un délégué syndical central ne peut pas bénéficier des crédits d'heures des délégués syndicaux d'établissement.

C'est à bon droit qu'une cour d'appel a condamné un délégué syndical central à rembourser à un délégué syndical d'établissement les heures de délégation que ce dernier lui avait données sur son propre contingent.
La possibilité offerte par l'article L. 412-20, al. 2 CT aux délégués syndicaux, désignés pour chaque section syndicale, de répartir entre eux le crédit d'heures à eux alloué individuellement par l'alinéa 1er de cette disposition n'est applicable qu'aux délégués syndicaux d'établissement, ce qui n'était pas le cas en l'espèce.

Cass. soc. 3 mars 1993, n° 89-43.497, BC V n° 78.

Contestation de la désignation

Si l'employeur peut contester la désignation d'un délégué syndical central, cette contestation ne doit pas être tardive, sous peine d'irrecevabilité.

Le directeur général d'une société anonyme tient des dispositions combinées des articles 113, al. 1er et 2, et 117, al. 2 de la loi du 24 juillet 1966 le pouvoir d'ester en justice au nom de la société, au même titre que le président du conseil d'administration. Dès lors, le directeur général d'une société anonyme ayant la qualité de représentant légal de la société, le nom du ou des délégués syndicaux désignés par un syndicat est valablement porté à sa connaissance au sens de l'article D. 412-1 CT.

Après avoir fait ressortir que la désignation d'une salariée en qualité de déléguée syndicale centrale de l'unité économique et sociale existant entre plusieurs sociétés avait été portée à la connaissance du directeur général de la société holding le 27 septembre 1996, un tribunal d'instance en a déduit à bon droit que la contestation de cette désignation, introduite le 8 novembre 1996, était tardive.

Cass. soc. 2 décembre 1998, n° 97-60.369, BC V n° 537.

L'affichage de la désignation d'un délégué syndical central sur des panneaux destinés aux communications syndicales situés au siège de l'entreprise fixe le point de départ du délai de contestation pour les organisations syndicales représentées dans l'entreprise et les salariés qui y sont employés.

Cass. soc. 23 septembre 2009, n° 08-60.520, BC V n° 199.

En revanche, l'affichage de la désignation d'un délégué syndical central dans un seul établissement de l'entreprise ne fait pas courir ce délai.

Le 30 novembre 2004, un syndicat avait notifié au siège social de l'entreprise la désignation d'un salarié en qualité de délégué syndical central et de représentant syndical au comité central d'entreprise.

C'est à tort que, pour déclarer irrecevable comme forclose la demande d'annulation de cette désignation formée par requête déposée le 18 janvier 2005 au nom d'une fédération et d'autres organisations syndicales, un tribunal d'instance a retenu que le syndicat avait procédé au plus tard le 31 décembre 2004 à l'affichage de la désignation sur les panneaux syndicaux de l'établissement en cause, dans lequel les fédérations syndicales ne justifiaient pas de l'absence de représentant, alors que l'affichage de la désignation n'avait eu lieu que dans un seul établissement de l'entreprise et non pas au siège de l'entreprise également siège du comité central d'entreprise où la désignation était destinée à prendre en premier lieu effet.

Cass. soc. 15 février 2006, n° 05-60.178, BC V n° 71.

Suppression

L'employeur peut décider de supprimer les délégués syndicaux centraux à la suite d'une diminution de l'effectif de l'entreprise au-dessous de 2 000 salariés.

En premier lieu, les règles qui régissent la désignation des délégués syndicaux au sein d'une entreprise sont en principe fixées par la loi. L'article L. 412-21 CT admet cependant l'existence de clauses plus favorables résultant de conventions ou d'accords collectifs et relatives notamment à l'institution de délégués syndicaux ou de délégués syndicaux centraux, dans tous les cas où les dispositions législatives ou réglementaires n'ont pas rendu obligatoire cette institution. Il s'ensuit que si le nombre des délégués, tel qu'il est fixé par la loi, peut être augmenté à la suite d'une négociation avec les syndicats représentatifs par un accord collectif, ni un usage ni un engagement unilatéral de l'employeur ne peuvent modifier les dispositions légales sur les délégués syndicaux.

En second lieu, la procédure prévue par l'article L. 412-15, dernier alinéa CT, prévoyant l'accord des organisations syndicales représentatives ou à défaut celui du directeur départemental du travail et de l'emploi pour décider de la suppression du mandat de délégué syndical, n'est applicable que lorsque l'effectif des salariés est réduit en dessous de cinquante, c'est-à-dire en cas de suppression du mandat de délégué syndical et non en cas de réduction de leur nombre.

C'est donc à tort qu'une cour d'appel a confirmé le jugement d'un tribunal d'instance qui avait annulé la décision d'une société de supprimer les délégués syndicaux centraux, alors qu'il résultait de ses propres constatations que le nombre des délégués syndicaux avait été réduit de trois à deux à la suite d'une diminution de l'effectif de l'entreprise au-dessous de 2 000 salariés.

Cass. soc. 10 octobre 2000, n° 98-60.484, BC V n° 319.

Délégué syndical (Désignation) ; Délégué syndical (Mission) ; Représentativité syndicale.

Délégué syndical supplémentaire

Dans les entreprises d'au moins 500 salariés, l'article L. 2143-4 CT (dans sa rédaction antérieure à l'ordonnance 2017-1386 du 22 septembre 2017) ouvre la possibilité aux syndicats représentatifs dans l'entreprise de désigner un délégué syndical supplémentaire, à condition d'avoir obtenu aux élections du comité d'entreprise au moins un élu dans le collège des ouvriers et employés et au moins un dans l'un des deux autres collèges.

Ce délégué est choisi parmi les candidats qui ont recueilli au moins 10 % des suffrages exprimés au premier tour des dernières élections au comité d'entreprise ou des délégués du personnel, quel que soit le nombre de votants.

Un délégué syndical supplémentaire peut être désigné dans les entreprises d'au moins cinq cents salariés

Cette désignation peut avoir lieu dans le cadre de l'établissement où se déroule l'élection des membres du comité d'entreprise, si celui-ci compte au moins 500 salariés.

Doit être cassé le jugement qui, pour valider la désignation d'un délégué syndical supplémentaire au sein d'un établissement d'une société, énonce que le syndicat remplissait les conditions posées par l'article L. 412-11 CT et que la société avait un effectif global supérieur à 500 salariés, alors que l'alinéa 3 de l'article L. 412-11 CT n'accorde à un syndicat le droit de désigner un délégué supplémentaire qu'à la condition que l'établissement, dans lequel l'élection des membres du comité d'entreprise a eu lieu, emploie au moins 500 salariés, ce qui, selon les constatations du jugement, n'était pas le cas en la cause.

Cass. soc. 30 janvier 1985, n° 84-60.437, BC V n° 73.

Cette désignation ne peut intervenir dans un établissement distinct d'une entreprise que si cet établissement, employant au moins 500 salariés, est doté d'un comité d'établissement.

Cass. soc. 3 février 1999, n° 98-60.290.

Lorsqu'une entreprise est divisée en établissements distincts pour l'élection des comités d'établissement, la désignation d'un délégué syndical supplémentaire prévue par l'article L. 2143-4 CT étant subordonnée aux résultats des élections, la condition d'effectif prévue par ce texte s'apprécie par établissement.

Cass. soc. 14 janvier 2009, n° 08-60.449, BC V n° 13.

La désignation du délégué syndical supplémentaire est soumise à certaines conditions

Le syndicat doit avoir obtenu des élus dans le premier collège et dans un autre collège, même si ce dernier résulte de dispositions conventionnelles.

Un tribunal d'instance a pu valider la désignation d'un délégué syndical supplémentaire dans le collège cadre, effectuée par un syndicat ayant obtenu, outre deux sièges dans le premier collège, deux autres sièges dans le quatrième collège créé conventionnellement. Ce dernier, créé par voie d'accord, regroupait les journalistes qui auraient relevé, si ce collège conventionnel n'avait pas existé, non du collège ouvriers-employés, mais de l'un des autres collèges prévus par la loi. Les juges ont pu en déduire que le syndicat, qui avait deux élus dans ce quatrième collège, remplissait sur ce point les conditions exigées pour la désignation d'un délégué syndical supplémentaire, ce dont il résultait qu'il pouvait désigner à ce titre un de ses adhérents appartenant à tout autre collège que le premier.

Cass. soc. 21 novembre 1984, n° 83-61.181, BC V n° 458.

S'agissant du grief fait au jugement attaqué d'avoir validé la désignation par un syndicat d'une salariée en qualité de déléguée syndicale supplémentaire au sein d'une société, le tribunal d'instance, qui a relevé que, si le collège spécifique au personnel d'enquête institué par l'accord préélectoral n'avait pas existé, les salariés y appartenant auraient été rattachés au collège des employés ainsi que cela résultait de l'examen de la convention collective et de l'analyse des particularités professionnelles des instituts de sondage, a, par ce seul motif, légalement justifié sa décision.

Cass. soc. 18 juin 2003, n° 01-60.911, BC V n° 202.

Il résulte de l'article L. 412-11, al. 3 CT que, dans les entreprises d'au moins 500 salariés, tout syndicat, qui a obtenu, lors des élections du comité d'entreprise, un ou plusieurs élus dans le collège des ouvriers et employés et qui, au surplus, compte au moins un élu dans l'un quelconque des deux autres collèges, peut désigner un délégué syndical supplémentaire appartenant à tout autre que le premier.

Le 21 février 1996, le syndicat CGT avait désigné un salarié « G » appartenant au deuxième collège, en qualité de délégué syndical de l'établissement de Rueil-Suresnes, dont l'effectif est de 750 salariés. Le 6 septembre 1996, l'union locale des syndicats CGT de Suresnes avait désigné un salarié « H » appartenant au premier collège en qualité de délégué syndical dans le même établissement. L'employeur avait contesté cette dernière désignation.

Après avoir constaté que la CGT avait droit à un délégué syndical en raison de l'effectif de l'établissement, ainsi qu'à un délégué syndical supplémentaire en raison de ses résultats électoraux, le tribunal d'instance, qui a relevé que la désignation de Monsieur « H », intervenue plusieurs mois après celle de Monsieur « G », avait été faite en qualité de délégué syndical supplémentaire, a exactement décidé qu'elle devait être annulée en raison de l'appartenance de Monsieur « H » au premier collège.

Cass. soc. 21 octobre 1998, n° 97-60.457, BC V n° 446.

Lorsque plusieurs syndicats ont constitué une liste commune aux élections du comité d'entreprise, chacun d'eux peut procéder à la désignation d'un délégué syndical supplémentaire dès lors qu'il remplit à lui seul l'ensemble de ces conditions, sans préjudice de la possibilité pour les syndicats ayant constitué une liste commune de désigner ensemble un délégué syndical supplémentaire.

Dans les entreprises d'au moins cinq cents salariés, tout syndicat représentatif dans l'entreprise peut désigner un délégué syndical supplémentaire s'il a obtenu un ou plusieurs élus dans le collège des ouvriers et employés lors de l'élection du comité d'entreprise et s'il compte au moins un élu dans l'un des deux autres collèges ; lorsque plusieurs syndicats ont constitué une liste commune aux élections du comité d'entreprise, chacun d'eux peut procéder à la désignation d'un délégué syndical supplémentaire dès lors qu'il remplit à lui seul l'ensemble de ces conditions, sans préjudice de la possibilité pour les syndicats ayant constitué une liste commune de désigner ensemble un délégué syndical supplémentaire.

Cass. soc. 22 février 2017, n° 15-28.775, BC V n° 28.

Deux organisations syndicales affiliées à la même confédération interprofessionnelle nationale, dès lors qu'elles ont présenté des listes distinctes dans des collèges différents, peuvent faire valoir qu'elles remplissent, ensemble, les conditions exigées par l'article L. 2143-4 CT pour la désignation d'un délégué syndical supplémentaire en raison de la présence d'élus dans au moins deux collèges.

Le syndicat CGT Transpole a désigné au sein d'une société, à la suite des élections qui se sont déroulées le 23 mai 2017, quatre délégués syndicaux, dont l'un au titre des dispositions légales autorisant la désignation d'un délégué syndical supplémentaire aux organisations syndicales représentatives ayant obtenu des élus dans plusieurs collèges. Un syndicat affilié à une autre confédération a saisi un tribunal d'instance, le 7 décembre 2017, d'une demande d'annulation de ces désignations.

Ayant constaté que la société employait un effectif compris entre deux mille et trois mille neuf cent quatre dix-neuf salariés, que le syndicat CGT-Transpole et le syndicat UGICT-CGT, tous deux affiliés à la CGT, avaient présenté, lors des élections professionnelles du 23 mai 2017, des listes distinctes dans deux collèges différents et avaient obtenu, le premier un total de sept élus dans le premier collège et le second un total de deux élus dans le second collège, le tribunal d'instance en a exactement déduit que le syndicat CGT Transpole, syndicat intercatégoriel, seul représentatif dans l'entreprise parmi les organisations syndicales affiliées à la CGT ayant obtenu des élus dans le premier collège, pouvait désigner un délégué syndical supplémentaire.

Cass. soc. 29 mai 2019, n° 18-60.129, à paraître.

La possibilité offerte aux syndicats par une convention ou un accord collectif de travail plus favorable de désigner un délégué supplémentaire en sus du nombre de délégués syndicaux résultant de la loi ne saurait les priver, lorsqu'ils réunissent les conditions posées par l'article L. 2143-4 CT, de désigner un délégué syndical supplémentaire appartenant au personnel de l'encadrement.

Cass. soc. 1er février 2006, n° 05-60.191, BC V n° 51. Voir aussi cass. soc. 10 mai 2012, n° 11-20.072, 1er moyen ; cass. soc. 26 mars 2014, n° 13-21.679.

Un usage peut prévoir la désignation de délégués syndicaux supplémentaires.

Un tribunal d'instance a pu valablement annuler la désignation d'un délégué syndical supplémentaire, après avoir constaté que la société avait dénoncé l'usage autorisant la désignation de ces délégués.

Cass. soc. 5 avril 1995, n° 94-60.240.

Cessation du mandat du délégué syndical supplémentaire

Le mandat du délégué syndical supplémentaire désigné par un syndicat, compte tenu des résultats qu'il a obtenus à une élection, cesse lors de l'élection suivante.

Cass. soc. 18 novembre 2008, n° 08-60.397, BC V n° 227.

Délibérations/Votes (Comité d'entreprise)

En séance, le comité d'entreprise est amené à prendre des décisions (ou résolutions) dans le cadre tant de ses attributions économiques que dans celui des activités sociales et culturelles. Ces décisions résultent d'un vote. L'employeur, président du comité, ne participe pas au vote lorsqu'il consulte les membres élus du comité en tant que délégation du personnel.

Délibérations du comité d'entreprise

• La participation de l'employeur aux délibérations dépend des sujets abordés

L'employeur participe à l'élection du secrétaire du comité d'entreprise…

Doit être rejeté le pourvoi tendant à l'annulation de l'élection du secrétaire du comité d'établissement, fondé sur la participation de l'employeur à ce vote. Le chef d'établissement, en sa qualité de membre du comité, doit conformément à l'article L. 434-2 CT participer à la désignation du secrétaire, les membres élus n'étant pas consultés en tant que délégation du personnel.

Cass. soc. 10 juillet 1991, n° 88-20.411, BC V n° 355. Voir aussi cass. soc. 23 juin 2004, n° 02-16.875 ; cass. soc. 25 septembre 2013, n° 12-14.489, pourvoi principal.

➡ … ainsi qu'à celle du trésorier.

Le chef d'entreprise, membre du comité d'entreprise, doit à ce titre participer à la désignation du secrétaire et du trésorier du comité. Cette désignation résulte du vote de la majorité des membres présents. En retenant que, lors du vote, les candidats aux postes de secrétaire et de trésorier du comité avaient chacun obtenu la majorité des voix des membres présents, ce qui excluait qu'il y eût lieu à application d'une quelconque règle de départage, la cour d'appel a légalement justifié sa décision de valider cette désignation.

Cass. soc. 5 janvier 2005, n° 02-19.080.

Aucune clause du règlement intérieur du comité ne peut priver l'employeur de ce droit.

Cass. soc. 25 septembre 2013, n° 12-14.489, précité.

➡ L'employeur est exclu du vote si les membres du comité sont consultés en tant que délégation du personnel.

L'employeur ne peut participer ni à l'élection des représentants au conseil d'administration, ni au vote concernant la désignation d'un expert comptable.

La désignation de l'expert comptable, ayant pour mission d'informer les salariés, ne saurait être entravée par la participation de l'employeur au scrutin. Il en est de même pour l'élection du représentant du deuxième collège au conseil d'administration.

Une cour d'appel a donc pu décider que le président du comité ne devait pas participer à ces désignations, qui ne doivent résulter que du vote des membres titulaires du comité composant la délégation du personnel.

Cass. soc. 5 mai 1983, n° 81-16.787, BC V n° 235. Voir aussi cass. soc. 21 juillet 1976, n° 76-60.072, BC V n° 460, élection des représentants au comité central d'entreprise.

L'employeur ne peut pas prendre part aux votes des délibérations portant sur la gestion des activités sociales et culturelles, les membres du comité d'entreprise se prononçant en tant que délégation du personnel.

Un comité d'entreprise ayant décidé de se retirer d'un comité interentreprises, quatre membres avaient voté en faveur de ce retrait, trois contre, l'employeur s'était abstenu.

C'est à tort que les membres ayant voté contre ce projet soutenaient que l'abstention de l'employeur s'analysait en une voix contre, cette résolution devant être prise à la majorité des présents, alors que l'article L. 434-3, al. 3 CT disposant que les résolutions du comité d'entreprise sont prises à la majorité des présents était applicable en l'espèce et qu'il ne devait être tenu compte, pour le calcul de la majorité, que des membres présents ayant le droit de voter. Le chef d'entreprise ne pouvant participer au vote d'une résolution sur la gestion des activités sociales et culturelles, ce vote constituant une consultation des membres élus du comité en tant que délégation du personnel, la résolution avait donc été prise à la majorité des présents ayant le droit de voter.

Cass. soc. 25 janvier 1995, n° 92-16.778, 1er moyen, BC V n° 38.

Toutefois, le chef d'entreprise peut participer à un vote sur une proposition concernant la gestion des activités sociales et culturelles si les membres du comité d'entreprise ne se prononcent pas comme délégation du personnel.

Le secrétaire du comité d'entreprise avait proposé la distribution d'un bon d'achat de 150 F à l'occasion des fêtes de fin d'année à l'ensemble du personnel. Bien que sept membres aient voté en faveur de cette proposition et que six autres et le chef d'entreprise s'y soient opposés, le secrétaire avait procédé à la distribution d'un bon d'achat de 60 F, suscitant la plainte avec constitution de partie civile de certains syndicats pour entrave au bon fonctionnement du comité d'entreprise, la résolution n'ayant pas été prise à la majorité des voix.

C'est à bon droit que les juges ont décidé que le secrétaire était coupable d'entrave dans la mesure où il avait outrepassé ses droits en procédant à la distribution en l'absence de résolution prise à la majorité, du fait de la participation de l'employeur.

En effet, si les résolutions du comité d'entreprise sont prises à la majorité des membres présents, sans que l'employeur ne puisse participer au vote lorsque les membres sont consultés en tant que délégation du personnel, l'employeur pouvait, en l'espèce, voter sur l'engagement d'une dépense, les membres n'étant pas consultés en tant que délégation du personnel.

Cass. crim. 4 novembre 1988, n° 87-91.705, B. crim. n° 374.

➡ Si l'employeur participe à un vote sans y être autorisé, la délibération peut être annulée.

Pour le Conseil d'État, le vote de l'employeur n'entraîne pas l'irrégularité de la délibération s'il est sans incidence sur le résultat de ce vote.

La participation de l'employeur à une délibération portant sur le licenciement de représentants du personnel ne rend pas cette délibération irrégulière dès lors que cette participation a été sans incidence sur le scrutin.

CE 31 octobre 1990, n° 82488.

Pour la Cour de cassation, même sans incidence sur le résultat, la participation de l'employeur au vote entraîne la nullité de la délibération.

Un comité d'entreprise avait donné son accord au licenciement d'un représentant du personnel à raison de quatre voix, dont celle de l'employeur, contre deux.

C'est à bon droit qu'une cour d'appel a annulé la délibération en raison de la participation de l'employeur au scrutin et ordonné la réintégration du représentant dans la mesure où la délibération relative au licenciement d'un représentant du personnel constitue une question sur laquelle les membres du comité doivent seuls se prononcer en tant que délégation du personnel, à l'exclusion du chef d'entreprise. Dès lors, la participation de l'employeur rendait cette délibération irrégulière.

Cass. soc. 22 novembre 1988, n° 85-42.007, BC V n° 617.

• Les délibérations sont organisées selon certaines modalités

Les délibérations sont prises à la majorité sans que l'employeur ne dispose d'une voix prépondérante en cas de partage des voix.

Doit être cassé l'arrêt qui, pour dire qu'un chef d'entreprise, ayant déclaré qu'une décision était acquise malgré le partage des voix, dans la mesure où sa voix était prépondérante, ne s'était pas rendu coupable d'entrave au fonctionnement régulier du comité d'entreprise, a retenu que le prévenu avait reconnu avoir commis une erreur mais qu'un doute subsistait relativement à l'élément intentionnel du délit.

En effet, les faits constatés caractérisaient le délit poursuivi, le chef d'entreprise n'ayant pu, sans abus d'autorité, s'attribuer une voix prépondérante pour déclarer adoptée une résolution qui n'avait pas recueilli la majorité des suffrages ; en présence de tels faits volontairement commis, l'allégation d'une erreur de droit ne pouvait constituer une cause de justification.

Cass. crim. 4 octobre 1977, n° 76-91.922, 3e moyen, B. crim. n° 287.

Aucun quorum n'étant fixé pour l'adoption d'une résolution, d'une décision ou d'un avis du comité d'entreprise, la délibération prise par un seul de ses membres à la suite du départ des autres membres est régulière.

Cass. soc. 30 septembre 2009, n° 07-20.525, 1er moyen, BC V n° 217.

Le règlement intérieur du comité d'entreprise peut aménager les règles de délibérations dès lors que ces règles ne sont pas contraires à l'ordre public.

Le règlement intérieur d'un comité d'établissement peut prévoir que l'élection des représentants au comité central d'entreprise se fera à la majorité des voix valablement exprimées, qu'en cas d'égalité de voix au premier tour, un second tour sera organisé et qu'enfin, en cas de nouveau partage, le candidat le plus âgé sera élu.

Un tribunal d'instance a pu, après avoir vérifié l'application de ces règles, décider que l'élection litigieuse était valable, ces règles n'étant pas contraires à l'ordre public.

Cass. soc. 7 mars 1989, n° 88-60.141. Voir aussi CA Paris, ch. 6-2, 10 septembre 2009, n° 08/14508, nullité de la clause d'un règlement intérieur imposant la présence d'au moins 50 % des élus titulaires et suppléants pour que les consultations aient lieu.

• Avis du comité d'entreprise

L'avis du comité d'entreprise ne peut être exprimé que par les membres du comité d'entreprise et non par les organisations syndicales auxquelles ils appartiennent.

En vertu de l'article L. 431-4 CT, le comité d'entreprise assure l'expression collective des salariés lorsqu'il est consulté sur les décisions du chef d'entreprise qui doit recueillir l'avis dudit comité ; il en résulte que cet avis ne peut être exprimé que par les membres du comité d'entreprise et non par les organisations syndicales auxquelles ils appartiennent.

Ayant constaté qu'il était d'usage au sein d'un comité central d'entreprise que l'avis du comité soit recueilli sous forme d'une prise de position de chaque organisation syndicale, une cour d'appel a pu faire interdiction sous astreinte aux sociétés concernées de mettre en œuvre toute mesure en rapport avec un déménagement et l'implantation sur un nouveau site, tant que l'avis du comité central d'entreprise n'aurait pas été régulièrement recueilli.

Cass. soc. 5 décembre 2006, n° 05-21.641, BC V n° 371.

Comité d'entreprise (Information et consultation).

Délibérations du conseil d'administration ou du conseil de surveillance

L'employeur ne peut pas participer à l'élection des représentants du comité d'entreprise au conseil d'administration.

Cass. soc. 5 mai 1983, n° 81-16.787, précité.

L'absence des salariés délégués par le comité d'entreprise et ayant voix consultative, hors toute fraude, n'entache pas de nullité une délibération dont le seul objet était l'exercice d'une action en justice.

Doit être rejeté le pourvoi formé par un syndicat faisant grief à une cour d'appel d'avoir écarté le moyen d'irrecevabilité qu'il avait présenté, tiré du défaut de capacité ou de pouvoir du directeur de la caisse régionale de Crédit agricole mutuel, et par suite d'engager en son nom une action, alors qu'une délibération prise en dehors de leur présence, sans qu'ils aient été convoqués, est entachée d'irrégularité et doit être déclarée nulle. L'absence des salariés ayant voix consultative, hors toute fraude, n'entache pas de nullité une délibération dont le seul objet était l'exercice d'une action en justice.

Cass. soc. 26 mai 1998, n° 95-15.883.

Réunions du comité d'entreprise.

Délinquance

La mise en examen ou la condamnation pénale d'un salarié, pour des faits relevant de sa vie privée, peuvent, sous certaines conditions, justifier un licenciement.

Agissements réprimés pénalement sans incarcération

Pour justifier un licenciement, les faits incriminés doivent apporter un trouble caractérisé à l'entreprise au regard de son activité et de sa finalité.

Si, en principe, il ne peut être procédé au licenciement d'un salarié pour une cause tirée de sa vie privée, il en est autrement lorsque le comportement du salarié, compte tenu de ses fonctions et de la finalité propre de l'entreprise, a créé un trouble caractérisé au sein de cette dernière.

Est justifié le licenciement pour faute grave d'un agent de surveillance travaillant pour une société de gardiennage, surpris en flagrant délit de vol à l'étalage, hors de son temps de travail : ayant relevé que cet acte pouvait avoir des conséquences sur le crédit et la réputation de l'entreprise, les juges ont pu décider que le comportement du salarié rendait impossible son maintien dans l'entreprise durant le préavis.

Cass. soc. 20 novembre 1991, n° 89-44.605, BC V n° 512. Voir aussi cass. soc. 31 mars 1993, n° 89-43.367, 1er moyen, s'agissant d'un directeur financier condamné notamment pour escroquerie et banqueroute.

Ayant relevé qu'une salariée, cadre commerciale dans une banque et tenue, à ce titre, d'une obligation particulière de probité à laquelle elle avait manqué en étant poursuivie pour des délits reconnus d'atteinte à la propriété d'autrui, une cour d'appel a pu décider que ces faits, qui avaient créé un trouble caractérisé au sein de l'établissement, rendaient impossible la poursuite du contrat de travail de l'intéressée même pendant la durée limitée du préavis et constituaient une faute grave.

Cass. soc. 25 janvier 2006, n° 04-44.918, BC V n° 26.

Lorsque le salarié est relaxé, le trouble susceptible d'être apporté à l'entreprise par son incrimination ne constitue ni une faute grave…

N'a pas donné de base légale à sa décision la cour d'appel ayant admis qu'était constitutif d'une faute grave le fait pour un clerc de notaire d'avoir été soupçonné de vol et d'avoir été placé en garde à vue durant une journée, alors que le salarié avait été relaxé des poursuites du chef d'escroquerie à l'assurance et que le doute, même légitime, de l'employeur, notaire dans une petite agglomération, quant à l'honnêteté de son salarié et sa crainte que la suspicion n'éloigne la clientèle n'étaient pas de nature à rendre impossible la poursuite du contrat de travail pendant la durée du préavis.

Cass. soc. 2 mars 1994, n° 90-40.116, 2e moyen.

… ni une cause réelle et sérieuse de licenciement.

Une cour d'appel, qui était liée par le motif de vol de carburant invoqué dans la lettre de licenciement qui fixe les limites du litige et qui avait constaté que ce motif était inexact, le salarié ayant été relaxé de ce chef, a exactement décidé, par application du principe de l'autorité de la chose jugée, que le licenciement était dépourvu de cause réelle et sérieuse.

Doit donc être rejeté le pourvoi de l'employeur soutenant que la relaxe du salarié du chef de vol était intervenue en raison de l'absence d'intention frauduleuse, la cour d'appel devant rechercher si le fait reproché au salarié ne constituait pas une faute contractuelle indépendante de la qualification pénale et justifiant son licenciement pour faute lourde.

Cass. soc. 6 octobre 1998, n° 96-42.603, BC V n° 403. Voir aussi cass. soc. 18 février 2016, n° 14-23.468.

Le directeur d'une association avait été licencié pour avoir falsifié un chèque par imitation de la signature du président.

Doit être cassé l'arrêt qui, pour décider que le licenciement reposait sur une cause réelle et sérieuse, a retenu que même si la qualification de faux n'avait pas été retenue par la juridiction répressive en raison de l'absence de préjudice, il n'en demeurait pas moins qu'il s'agissait d'un geste indélicat vis-à-vis de cette association chargée de contrôle judiciaire, alors, d'une part, que la lettre de licenciement, qui fixe les limites du débat, n'invoquait que l'existence d'un faux et, d'autre part, qu'en raison de la décision de relaxe intervenue, le motif de licenciement s'avérait inexistant.

Cass. soc. 17 novembre 1998, n° 96-44.364, BC V n° 492. Voir aussi cass. soc. 12 mai 2010, n° 09-40.933, 1er moyen ; cass. soc. 12 janvier 2012, n° 10-19.611.

Incarcération du salarié

Le placement d'un salarié en détention provisoire ne constitue pas une cause de licenciement…

Le placement d'un salarié, présumé innocent, en détention provisoire, alors que l'obstacle mis à l'exécution du contrat de travail ne lui est pas imputable, entraîne la suspension du contrat de travail. Ayant constaté que l'incarcération d'un salarié n'avait entraîné aucun trouble dans l'organisation et le fonctionnement de l'entreprise, une cour d'appel a exactement décidé que ce fait de vie personnelle ne constituait pas une cause de licenciement.

Cass. soc. 21 novembre 2000, n° 98-41.788, BC V n° 383.

Un salarié a été licencié pour faute lourde en raison de sa mise en examen et de son placement en détention provisoire pour sa participation à une association de malfaiteurs et pour détention d'armes de première et quatrième catégories.

Doit être rejeté le moyen du pourvoi formé par la société qui, pour des motifs pris de la violation des articles L. 122-8, L. 122-9 et L. 122-14-4 CT, reprochait à une cour d'appel d'avoir dit le licenciement du salarié dépourvu de cause réelle et sérieuse et de l'avoir condamnée en conséquence à payer à celui-ci diverses sommes à titre d'indemnités de rupture et de dommages-intérêts.

En effet, le licenciement prononcé pour faute lourde avait un caractère disciplinaire et les faits imputés au salarié relevaient de sa vie personnelle et ne pouvaient constituer une faute.

Cass. soc. 5 mars 2008, n° 06-42.387.

… nonobstant le fait que ce placement ait provoqué un trouble dans l'organisation et le fonctionnement de l'entreprise.

Un trouble dans l'organisation et le fonctionnement de l'entreprise résultant de l'incarcération en détention provisoire d'un salarié, présumé innocent, ne peut justifier un licenciement disciplinaire.

Cass. soc. 26 janvier 2010, n° 08-41.052.

Ne constitue pas une faute grave la seule absence de justification par le salarié de la durée de son incarcération dès lors que l'employeur avait été informé du placement en détention provisoire et de la fin de cette mesure.

Cass. soc. 26 janvier 2010, n° 08-41.052, précité.

L'incarcération du salarié ne permet pas en elle-même de rompre le contrat de travail pour force majeure.

C'est à tort que, pour débouter un salarié incarcéré à compter du 8 février et dont le contrat avait été rompu par l'employeur le 22 février suivant de sa demande en paiement d'indemnité de licenciement, une cour d'appel a énoncé que le licenciement avait été prononcé en raison de l'impossibilité où se trouvait l'intéressé de remplir les obligations de son contrat, alors que la situation résultant de l'incarcération du salarié ne constituait pas une force majeure et que seule l'existence d'une faute grave, non alléguée en l'espèce, pouvait priver le salarié du bénéfice de l'indemnité de licenciement.

Cass. soc. 15 octobre 1996, n° 93-43.668, BC V n° 326. Voir aussi cass. soc. 25 mars 1998, n° 96-40.724 ; cass. soc. 1er juillet 1998, n° 96-41.403.

☛ *Force majeure/Fait du prince ; Préavis ; Vie privée.*

Délit d'entrave

Commet un délit d'entrave l'employeur qui, par un acte ou une omission, porte atteinte à la constitution, au fonctionnement des institutions représentatives du personnel ou encore aux prérogatives qui leur sont attachées.

Cette protection pénale concerne notamment les délégués syndicaux (art. L. 2146-1 CT), les membres du comité d'entreprise (art. L. 2328-1 ancien CT), les délégués du personnel (art. L. 2316-1 ancien CT), les membres du comité de groupe (art. L. 2335-1 CT), les membres du comité d'hygiène, de sécurité et des conditions de travail (art. L. 4742-1 CT), les membres du groupe spécial de négociation et ceux du comité d'entreprise européen (art. L. 2346-1 CT), les membres du groupe spécial de négociation pour la société européenne et les représentants du comité de cette société (art. L. 2355-1 CT), ainsi que les autres titulaires de mandats tels que les conseillers prud'homaux (art. L. 1443-1 CT) ou encore les conseillers du salarié (art. L. 1238-1 CT).

Les éléments constitutifs de l'infraction

• L'élément légal

Le délit d'entrave n'est pas constitué si les faits poursuivis ne constituent pas une violation d'un texte légal ou réglementaire.

Selon l'article 111-3 c. pén., nul ne peut être puni pour un délit dont les éléments ne sont pas définis par la loi.

C'est à tort que, pour déclarer un directeur des ressources humaines coupable d'entrave sur le fondement de l'article L. 483-1 CT, une cour d'appel a énoncé qu'il n'avait pas pris « les dispositions requises » pour informer un salarié de l'organisation des élections en vue de la désignation des membres du comité d'entreprise, alors qu'en raison de la mesure de mise à pied dont il faisait l'objet, le salarié se trouvait dans l'impossibilité de prendre connaissance de l'affichage effectué en application de l'article L. 433-13 CT et de la documentation tenue à la disposition des électeurs en application de l'accord préélectoral conclu entre le chef d'entreprise et les organisations syndicales représentatives, alors que ni l'article L. 433-13 CT ni aucune autre disposition légale ou réglementaire n'imposent au chef d'entreprise de recourir à un autre procédé que l'affichage pour informer le personnel de l'organisation des élections au comité d'entreprise.

Cass. crim. 5 mars 2002, n° 01-81.049, B. crim. n° 56.

La violation de dispositions conventionnelles concernant les institutions représentatives du personnel ne donne lieu à condamnation pénale que lorsque ces dispositions sont issues d'une convention ou d'un accord étendu, en vertu d'une disposition expresse.

Doit être cassé l'arrêt retenant la prévention d'entrave à l'exercice du droit syndical et au fonctionnement du comité de groupe à l'encontre de l'employeur ayant refusé de tenir la séance de ce comité en présence d'un représentant syndical conventionnel de la CGT. En l'espèce, un accord collectif modifiait la composition et les modalités de désignation des membres du comité de groupe. La CGT n'étant pas signataire de cet accord, l'employeur, qui contestait le droit de ce syndicat à bénéficier des dispositions de l'accord, refusait de tenir la séance en présence d'un représentant conventionnel de ce syndicat. La cour d'appel ayant relevé qu'en l'espèce la représentation syndicale n'avait pas été instituée par une convention ou un accord étendu, en vertu d'une disposition expresse dans une matière déterminée, la méconnaissance de ces dispositions ne pouvait donner lieu qu'à des recours civils, conformément à l'article L. 153-1 CT.

Cass. crim. 4 avril 1991, n° 88-84.270, B. crim. n° 164. Voir aussi cass. crim. 19 juin 2012, n° 11-84.884, B. crim. n° 154, s'agissant de dispositions relatives à une obligation de négocier avec les syndicats.

C'est à bon droit que, pour déclarer le président et le directeur d'une association gérant un centre social d'insertion et de réinsertion coupables d'entrave au fonctionnement du comité d'entreprise, une cour d'appel a retenu que si, en raison de l'effectif du centre, la mise en place d'un comité d'entreprise n'était pas obligatoire au sens de l'article L. 2328-1 CT, les dispositions de l'article L. 2322-3 CT qui permettent de créer un comité d'entreprise, par convention ou accord collectif de travail, dans les entreprises de moins de cinquante salariés, et la convention collective nationale étendue des centres sociaux, à laquelle l'association était soumise, imposaient à celle-ci, pour satisfaire aux prescriptions des articles 4-1 et 4-2 du chapitre 2 de ladite convention collective, de créer un conseil d'établissement, cet organisme étant doté des mêmes attributions et exerçant le même rôle que le comité d'entreprise, et que, la convention en cause étant essentielle au fonctionnement de l'association, les prévenus ne pouvaient sérieusement pas soutenir avoir ignoré l'obligation de constituer un conseil d'établissement.

En effet, aux termes de l'article L. 2263-1 CT, lorsque, en application d'une disposition législative expresse dans une matière déterminée, une convention ou un accord collectif de travail étendu déroge à des dispositions légales, les infractions aux stipulations dérogatoires sont punies des sanctions qu'entraîne la violation des dispositions légales en cause.

Cass. crim. 5 mars 2013, n° 11-83.984, 1er moyen, B. crim. n° 59.

• L'élément matériel

L'élément matériel peut résulter d'un acte positif comme le fait de refuser d'intégrer dans la négociation annuelle obligatoire le thème des salaires effectifs…

L'employeur refusant d'inclure dans la négociation annuelle obligatoire les modifications qu'il se proposait d'apporter au calcul de la paie d'une partie des effectifs commet un délit d'entrave, la négociation annuelle sur les salaires prévue par l'article L. 132-27 CT devant porter sur la situation de l'ensemble des salariés. Cette méconnaissance étant sanctionnée par l'article L. 153-2 CT des peines prévues par l'article L. 481-2 CT pour l'entrave à l'exercice du droit syndical, une cour d'appel a pu retenir la prévention. Par ailleurs, ces dispositions étant d'ordre public, peu importait que les syndicats aient ou non jugé utile l'intégration de ce sujet dans la négociation.

Cass. crim. 28 mars 1995, n° 92-80.694, B. crim. n° 130.

… ou le fait pour un dirigeant de jouer un rôle actif dans l'élaboration d'une pétition s'opposant à la mise en place d'une section syndicale.

Pour déclarer les dirigeants de droit et de fait d'une société coupables d'entrave à l'exercice du droit syndical, une cour d'appel a retenu que les prévenus ont joué un rôle actif dans l'élaboration d'une pétition ayant pour objet de s'opposer à la mise en place d'une section syndicale dans l'entreprise, étant personnellement intervenus auprès de plusieurs salariés pour les inciter à signer cette pétition dont ils ont toléré l'affichage, et a ajouté que les dirigeants avaient pour objectif d'amener le délégué syndical à revenir sur sa décision et, à tout le moins, de faire échec à l'implantation du syndicat concerné. En l'état de ces énonciations, la cour d'appel a caractérisé en tous ses éléments, tant matériel qu'intentionnel, le délit d'entrave dont elle a déclaré les dirigeants coupables.

Cass. crim. 25 juin 2002, n° 01-85.441.

Constitue une entrave à l'exercice du droit syndical le fait de ne pas appeler un syndicat représentatif ayant un délégué syndical dans l'entreprise à des négociations portant sur la révision d'accords collectifs, même si ces accords n'ont pas été signés par ce syndicat.

Cass. crim. 28 octobre 2008, n° 07-82.799.

Commet également un délit d'entrave l'employeur qui signe seul et malgré l'opposition des organisations syndicales un protocole préélectoral modifiant la composition des collèges électoraux, sans que toutes les organisations syndicales intéressées y aient consenti.

Après avoir relevé que le président d'une société avait procédé à l'affichage d'un protocole préélectoral qu'il avait signé seul malgré l'opposition des organisations syndicales, que ce protocole et les opérations électorales l'ayant suivi avaient été annulés par un tribunal d'instance, une cour d'appel a pu dire que le prévenu avait commis des faits constitutifs d'entrave à l'exercice des fonctions de délégué syndical en signant un protocole préélectoral ne respectant pas les dispositions de l'article L. 423-2 CT, sans que toutes les organisations syndicales intéressées aient consenti à la modification de la composition des collèges électoraux comme le prévoit l'article L. 423-3, al. 1er CT.

Cass. crim. 6 novembre 2007, n° 06-86.027, 4e moyen, B. crim. n° 266.

L'élément matériel de l'infraction est également constitué en cas d'omission telle qu'une omission de consultation obligatoire du comité d'entreprise.

☛ Comité d'entreprise (Information et consultation).

L'élément matériel de l'infraction est constitué lorsqu'un employeur a, à plusieurs reprises, méconnu ses obligations concernant l'ordre du jour des réunions du comité d'entreprise ou encore en raison du défaut de mise à la disposition de celui-ci d'un local adapté et d'un matériel de fonctionnement suffisant.

Les présidents successifs d'une société, le directeur général adjoint et la société prise en elle-même ont été cités devant la juridiction correctionnelle par le comité central d'entreprise.

Une cour d'appel a pu dire établi le délit d'entrave en raison de la méconnaissance des dispositions du code du travail exigeant que l'ordre du jour des réunions du comité central d'entreprise soit arrêté par le président et le secrétaire du comité et transmis aux membres de cet organisme dans un délai fixé par ledit code. En effet, la cour a constaté que, à plusieurs reprises, l'ordre du jour, arrêté parfois unilatéralement par le président du comité, n'avait pas été transmis ou avait été envoyé avec retard, et que ni les difficultés pratiques d'acheminement du courrier ni les reports de sujets, d'une séance à une autre n'ayant pu être traités lors de réunions antérieures, ne pouvaient être invoqués à titre de justification.

La cour d'appel a relevé que, si la loi ne fait pas obligation au chef d'entreprise de réserver un local spécifique au comité central d'entreprise, la direction de la société, saisie à plusieurs reprises de difficultés résultant pour ledit comité de la suppression à partir de 1999 d'un local réservé et de la fourniture d'un matériel partagé avec d'autres services, aurait dû mettre à la disposition de cet organisme des moyens adaptés à son importance, conformément aux dispositions de l'article L. 434-8 CT ; ayant ajouté que l'impossibilité de satisfaire à cette obligation n'était ni démontrée ni même alléguée, la cour d'appel a pu dire le délit d'entrave établi en raison du défaut de mise à disposition du comité central d'entreprise d'un local adapté et d'un matériel de fonctionnement suffisant.

Cass. crim. 15 mai 2007, n° 06-84.318, B. crim. n° 126.

La non-communication d'un rapport d'inspection au comité d'établissement est constitutive du délit d'entrave.

Un comité d'établissement de la Banque de France, s'étant vu refuser la communication intégrale d'un rapport établi par les services d'inspection internes, a fait citer le directeur régional du chef d'entrave au fonctionnement régulier du comité d'établissement ainsi que la Banque de France comme civilement responsable.

C'est à bon droit qu'une cour d'appel a décidé, dans l'exercice de son pouvoir souverain d'appréciation, que la communication de l'intégralité du rapport d'inspection au comité d'établissement était nécessaire à l'information de celui-ci en application des articles L. 432-1 et s., L. 435-2 et L. 435-3 CT.

Cass. crim. 3 juin 2003, n° 02-84.474, B. crim. n° 110.

Le fait de n'avoir tenu qu'un tiers du nombre de réunions exigé légalement, la présence d'une tierce personne aux réunions en méconnaissance des dispositions de l'article L. 2315-8 ancien CT et l'absence de mise à disposition d'un local constituent le délit d'entrave à l'exercice régulier des fonctions du délégué du personnel.

Ont commis le délit d'entrave à l'exercice régulier des fonctions du délégué du personnel, le président et le directeur général d'une entreprise qui n'ont tenu que 7 des 22 réunions exigées par l'article L. 424-4 CT, malgré divers échanges de courriers électroniques démontrant que la tenue des réunions avait été réclamée par la salariée, unique déléguée du personnel, réunions qui, lorsqu'elles ont eu lieu, se sont déroulées en présence d'un tiers, qui a joué un rôle essentiel dans la préparation et le suivi de ces réunions, en méconnaissance des dispositions de l'article L. 424-4 CT prévoyant que le chef de d'établissement ou son représentant et les collaborateurs l'assistant ne peuvent être en nombre supérieur à celui des délégués, et qui, bien qu'ils invoquent des travaux de rénovation effectués dans l'entreprise, ne justifient pas de l'impossibilité de satisfaire à l'obligation, imposée par l'article L. 424-2 CT, de mettre à la disposition des délégués un local conforme à ce texte et leur permettant de remplir leur mission.

Cass. crim. 25 septembre 2007, n° 06-84.599, B. crim. n° 222.

En revanche, l'élément matériel de l'infraction n'est pas constitué lorsqu'un employeur a communiqué tardivement des documents financiers et comptables à l'expert comptable désigné par un comité d'établissement…

Le président du conseil d'administration d'une société, composée de plusieurs établissements, a été poursuivi du chef d'entrave au fonctionnement régulier du comité central d'entreprise pour avoir communiqué tardivement des documents financiers et comptables à l'expert comptable désigné par un comité d'établissement.

A légalement justifié sa décision la cour d'appel qui, après avoir relevé que le comité central d'entreprise avait entériné la mission de l'expert comptable auquel le comité d'établissement avait donné mission de vérifier les comptes établis au niveau central et que le président du conseil d'administration avait remis à cet expert, à la suite de ses réclamations, les documents qu'il avait demandés, a décidé que l'infraction n'était pas caractérisée. En outre, les faits ne pouvaient revêtir la qualification d'entrave au comité d'établissement.

Cass. crim. 11 juin 2002, n° 01-81.365, B. crim. n° 133.

… ou lorsqu'il a diffusé un document comportant le détail du remboursement des frais de déplacement des représentants du personnel au sein de l'entreprise, après avoir subi un contrôle Urssaf sur ces sommes.

Ne se rend pas coupable d'entrave à l'exercice des droits syndicaux, aux fonctions de délégués du personnel et au fonctionnement du comité d'établissement, l'employeur qui a irrégulièrement diffusé au sein de l'entreprise un document intitulé « Compte rendu de la réunion du 24 janvier 2000 » comportant le détail du remboursement des frais de déplacement de chacun des représentants du personnel pour les deux années ayant suivi un redressement opéré par l'Urssaf au motif que les sommes versées constituaient en réalité pour partie des salaires.

En effet, selon l'article R. 434-1 CT, la rédaction des procès-verbaux de réunion du comité d'entreprise incombant à son secrétaire, le document incriminé n'était aucunement assimilable à un procès-verbal unilatéralement établi par l'employeur et susceptible d'attenter aux prérogatives des représentants du personnel ou au fonctionnement du comité d'entreprise, aucune confusion n'étant possible sur sa provenance et l'identité de ses auteurs. Au demeurant, avait de fait été établi et d'ailleurs versé au dossier, par un délégué du personnel, le procès-verbal de la réunion du comité d'entreprise qui s'était tenue le 24 janvier 2000, les deux documents étaient bien distincts et le lecteur pouvait sans hésitation savoir à qui attribuer la paternité de chacun.

Par ailleurs, aucun texte n'interdit à l'employeur de faire connaître à ses salariés des informations mêmes retranscrites de manière subjective sous son propre prisme, sur des questions débattues au comité d'établissement et dont les représentants du personnel n'ont nul monopole légalement protégé quant à la diffusion auprès de leurs collègues. Le document incriminé à tort était rattaché à l'exercice de la liberté d'expression constitutionnellement affirmé et dont l'employeur comme les délégués du personnel pouvaient faire usage pourvu qu'ils ne commettent pas d'abus à cette occasion. En l'espèce, aucun excès pénalement qualifiable n'était caractérisé.

Cass. crim. 4 janvier 2005, n° 04-80.812.

Le délit d'entrave ne nécessite pas une obstruction active. Il est ainsi constitué en l'absence de réunion régulière du comité d'entreprise par l'employeur.

A légalement justifié sa décision la cour d'appel qui, pour déclarer le président du directoire d'une société coupable du délit d'entrave au fonctionnement régulier du comité d'entreprise, a retenu que l'enquête effectuée par l'inspecteur du travail établissait que le prévenu n'avait pas réuni de façon régulière le comité d'entreprise durant les années 1994 et 1995, au moins une fois par mois comme l'exige l'article L. 434-3 CT, et a énoncé que la constatation de la violation de cette prescription légale par l'intéressé suffisait à caractériser le délit poursuivi, lequel « ne nécessite pas une obstruction active ».

Cass. crim. 22 juin 1999, n° 98-85.191.

Le refus de l'employeur de régler les frais de déplacement engagés par les représentants du personnel pour se rendre aux réunions habituelles de l'institution constitue le délit d'entrave.

Le président d'une société, spécialisée notamment dans l'assistance en matériel des sites de centrales nucléaires, a omis de convoquer le comité d'hygiène, de sécurité et des conditions de travail et refusé de prendre en charge les frais de déplacement, pour se rendre aux réunions légales, des représentants de la délégation unique du personnel, des membres du comité d'entreprise et du CHSCT ; sur ce dernier point, il a été constaté qu'en raison du coût des frais de déplacement demeurant à leur charge, les représentants du personnel travaillant sur des sites éloignés éprouvaient des difficultés pour assister aux réunions habituelles des institutions représentatives du personnel organisées au siège de la société.

Poursuivi en raison de ces faits des chefs d'entraves, le dirigeant a fait valoir qu'à la suite de la suppression des agences de l'entreprise implantées sur le territoire national, le siège social de la société avait été fixé dans le Calvados, et que les frais de déplacement des salariés étaient pris en charge, en application d'un accord collectif, pour les seules missions en dehors du siège social, mais non pour se rendre audit siège qui était le « lieu d'attachement des salariés », au sens dudit accord. Un tribunal correctionnel n'a déclaré le prévenu coupable que du premier chef d'entrave (représentants de la délégation unique du personnel).

Pour retenir la culpabilité de l'intéressé pour l'ensemble des faits visés dans l'acte de poursuite, une cour d'appel a énoncé que, du fait de l'éloignement existant entre le siège social de la société et le lieu de travail des salariés concernés, le refus réitéré, malgré les mises en garde de l'inspection du travail, de régler les frais restant à la charge de l'employeur lorsque la réunion des institutions représentatives du personnel était organisée à son initiative avait eu pour effet de restreindre les déplacements de ces salariés et leur participation aux réunions des institutions susvisées ; la cour a pu en déduire que se trouvaient ainsi caractérisés en tous leurs éléments constitutifs, matériel et intentionnel, les délits d'entrave imputés au prévenu.

Cass. crim. 22 novembre 2005, n° 04-87.451, B. crim. n° 307.

La multiplication des sanctions à l'égard d'un délégué syndical peut constituer le délit d'entrave.

C'est à bon droit qu'une cour d'appel a déclaré un employeur coupable de délit d'entrave à l'exercice des fonctions du délégué syndical, après avoir constaté une multiplication des sanctions disciplinaires à l'encontre de l'intéressé, pour des motifs dont la réalité était contestable.

Cass. crim. 8 juin 2004, n° 03-83.864.

Pour déclarer un chef d'entreprise coupable d'entrave à l'exercice du droit syndical, une cour d'appel a notamment retenu que l'énumération des mesures prises à l'encontre d'un délégué syndical démontrait la volonté du chef d'entreprise de se défaire de ce délégué syndical auquel, sur le plan professionnel, il n'avait rien à reprocher.

En statuant ainsi, la cour d'appel a justifié sa décision et caractérisé en tous ses éléments constitutifs, tant matériel qu'intentionnel, le délit d'entrave dont elle a déclaré le prévenu coupable.

Cass. crim. 9 novembre 2004, n° 03-83.683.

Le non-respect de la procédure spéciale de licenciement constitue le délit d'entrave…

Lorsqu'un salarié protégé est licencié malgré le refus de l'inspecteur du travail d'autoriser le licenciement, l'illégalité de la décision refusant l'autorisation de licenciement, à la supposer fondée, n'est pas de nature à enlever aux faits constatés leur caractère délictueux.

Cass. crim. 11 mai 2004, n° 03-83.682.

… peu important que le salarié ait manifesté son accord.

L'accord signé par un représentant du personnel dont l'autorisation de licenciement a été annulée, portant sur son futur licenciement après sa prochaine réintégration, est nul, l'employeur et le salarié protégé ne pouvant renoncer à la procédure particulière qui impose pour le licenciement l'autorisation préalable de l'inspecteur du travail. L'employeur qui conclut une telle transaction se rend coupable du délit d'entrave.

Cass. crim. 31 janvier 2006, n° 05-83.089.

Le maintien d'un salarié en état d'inactivité après un refus d'autorisation de licenciement constitue un délit d'entrave.

L'employeur, en absence d'autorisation de licenciement ou de transfert d'un salarié investi de fonctions représentatives dans les conditions définies par les articles L. 412-18 et L. 436-1 CT, doit maintenir celui-ci dans son emploi, et toute mutation de poste ou de fonctions imposée contre son gré à un tel salarié, si l'employeur ne rapporte pas la preuve de sa pleine justification, équivaut à un licenciement intervenu en méconnaissance des dispositions protectrices du code du travail et caractérise en tous ses éléments constitutifs le délit d'entrave.

Un salarié, investi de fonctions représentatives, et un syndicat ont fait citer devant le tribunal correctionnel le président d'une société des chefs d'entraves au fonctionnement régulier du comité d'entreprise et à l'exercice du droit syndical, en soutenant qu'au moment de la reprise de ses activités professionnelles postérieurement à un accident du travail, le salarié, dont le transfert, lors de la mise en œuvre d'un projet d'externalisation de trois services de l'entreprise, avait été refusé par l'inspection du travail en application des articles L. 412-18 et L. 436-1 CT, avait été tenu isolé dans un bureau de l'entreprise, sans outil de travail ni tâche à exécuter.

Après avoir relevé que l'employeur, en raison du défaut d'autorisation de transfert, devait proposer au salarié un poste similaire assorti d'une rémunération équivalente dans un autre établissement ou une autre partie de l'entreprise et, en cas de refus de ce représentant du personnel, engager une procédure de licenciement, une cour d'appel a énoncé que le maintien délibéré du salarié en état d'inactivité dans l'entreprise s'analysait en une modification de ses conditions de travail qui équivalait à un licenciement irrégulier et caractérisait les délits d'entrave reprochés. La cour a ajouté que le caractère effectif de l'externalisation invoquée n'était pas avéré et que l'employeur ne justifiait pas de l'impossibilité, pour sa société, de maintenir le salarié dans ses fonctions antérieures au sein de l'établissement ou, à tout le moins, de lui confier une tâche équivalente sur le site. En l'état de ces motifs, la cour d'appel a légalement justifié sa décision.

Cass. crim. 22 novembre 2005, n° 04-87.021, B. crim. n° 306.

Rupture amiable/Départ négocié/Rupture d'un commun accord/Résiliation conventionnelle.

Commet le délit d'entrave l'employeur refusant de réintégrer un délégué du personnel dans ses fonctions à l'issue d'un congé maladie.

Cass. crim. 28 mai 2013, n° 12-81.468, 2e moyen, B. crim. n° 118

Il en est de même d'un employeur faisant délibérément obstacle pendant plusieurs mois au reclassement d'un délégué du personnel qui, à l'issue d'une maladie, a été déclaré inapte par le médecin du travail à reprendre l'emploi qu'il occupait précédemment.

Un directeur d'établissement est poursuivi pour avoir porté atteinte à l'exercice régulier des fonctions d'un délégué du personnel, en faisant délibérément obstacle pendant plusieurs mois au reclassement de celui-ci qui, à l'issue d'une maladie, avait été déclaré inapte par le médecin du travail à reprendre l'emploi qu'il occupait précédemment.

C'est à bon droit que, pour confirmer le jugement ayant déclaré le prévenu coupable de ce délit, une cour d'appel a retenu que le même poste, particulièrement rude, avait été proposé à quatre reprises à la partie civile, sans que l'employeur ne démontre qu'aucun autre poste ne pouvait lui être offert, que, lorsque la partie civile avait été en mesure de regagner son poste de travail, le chef d'entreprise avait refusé d'user de son pouvoir de direction et avait simplement demandé aux autres salariés occupant ce poste s'ils acceptaient de le quitter, que les choix opérés par le prévenu avaient éloigné le délégué du personnel de la réalité journalière de l'entreprise et avaient ainsi porté atteinte au libre exercice de ses fonctions.

Cass. crim. 26 octobre 2010, n° 09-87.671, 1er moyen.

La tentative d'entrave est également constitutive d'infraction.

Un chef de magasin, délégué du personnel, a informé son employeur de son intention de consacrer la journée du 14 septembre 1995 à l'exercice de ses fonctions de délégué du personnel. L'intéressé a été invité par son employeur à organiser lui-même son remplacement, faute de quoi la fermeture du magasin serait assimilée à un « abandon de poste ». Le salarié ayant effectué ses heures de délégation, en laissant le magasin fermé toute la journée, l'employeur lui avait adressé une mise à pied immédiate pour faute lourde puis saisi l'inspection du travail, qui a refusé l'autorisation de licenciement et annulé la mise à pied conservatoire.

Ayant constaté que l'intéressé s'était consacré à son mandat électif le 14 septembre 1995, que cependant, en le sommant d'organiser lui-même son remplacement pour se consacrer à son mandat électif et en évoquant un « abandon de poste » en cas de fermeture du magasin, le prévenu avait tenté de porter atteinte à l'exercice de ses fonctions de délégué du personnel, et après avoir par ailleurs analysé les motifs de la mise à pied, une cour d'appel a retenu que celle-ci était directement liée à l'exercice de ses activités de représentant du personnel dans la journée du 14 septembre 1995 et devait être rapprochée de la mise en garde préalable qui lui avait été faite ; elle a pu en déduire que la mise à pied était constitutive du délit d'entrave prévu par l'article L. 482-1 CT.

Cass. crim. 10 février 1998, n° 97-80.626.

• L'élément moral ou intentionnel

L'élément intentionnel est constitué dès lors que le caractère volontaire de l'acte ou de l'omission peut être relevé.

D'une part, lorsqu'une entreprise comporte des établissements multiples, la subvention de fonctionnement doit être versée à chaque comité d'établissement. D'autre part, tant l'abstention volontaire de verser cette subvention de 0,2 % que le refus de communiquer au comité d'établissement le montant de la masse salariale annuelle brute sur laquelle sont assises les subventions versées aux comités d'établissement sont constitutifs du délit d'entrave. Enfin, il résulte de l'article L. 434-8 CT que l'employeur ne peut déduire de la subvention de fonctionnement prévue par ce texte les sommes ou moyens en personnel mis à la disposition du comité d'établissement qu'à la condition d'établir que cette somme ou ces moyens ne sont alloués que pour les besoins de fonctionnement dudit comité autres que ceux occasionnés par ses activités sociales et culturelles.

Ayant constaté que le président d'une société comportant onze établissements, le directeur des relations sociales de cette société et un directeur d'usine n'avaient versé aucune subvention de fonctionnement au comité d'établissement, avaient refusé de communiquer à ce dernier la masse salariale servant de base de calcul aux subventions des comités d'établissement et avaient mis en place, en toute connaissance de cause, une pratique de versement d'une subvention aux seuls comités d'entreprise et de retenue à la source au prétexte des moyens en nature fournis aux comités d'établissement, une cour d'appel a caractérisé en tous leurs éléments les délits d'entrave au fonctionnement régulier du comité d'établissement.

Cass. crim. 11 février 2003, n° 01-88.650, 3e moyen, B. crim. n° 31.

Les faits justificatifs

Seule la survenance de circonstances exceptionnelles semble pouvoir exonérer l'employeur de sa responsabilité pénale.

Commet un délit d'entrave l'employeur refusant de transmettre à l'expert comptable désigné par le comité d'entreprise dans le cadre d'une procédure de licenciement économique un rapport qu'il avait fait établir par un cabinet d'audit. Pour justifier son refus de communiquer ce document, l'employeur invoquait le déclenchement d'une grève dans l'entreprise quelques jours avant la troisième réunion du comité d'entreprise. Ce mobile ne constituant pas une circonstance exceptionnelle faisant obstacle à l'accomplissement des obligations de l'employeur et l'élément intentionnel se déduisant du caractère volontaire des agissements constatés, la cour d'appel a pu dire constituée l'entrave au fonctionnement du comité d'entreprise.

Cass. crim. 23 avril 1992, n° 90-84.031, 5e moyen, B. crim. n° 180.

L'entrave est constituée même si l'employeur n'a fait qu'accéder à une demande des salariés et des représentants du personnel.

Le délit d'entrave pour refus de communication de pièces au comité d'entreprise est constitué du seul fait d'un retard dans la délivrance desdites pièces en violation des termes de la loi, peu important qu'une commission constituée par le comité en vue de la préparation de ses travaux ait accepté la communication, dans des délais moindres, de certaines des pièces nécessaires à la préparation des délibérations.

Cass. crim. 3 janvier 2006, n° 05-80.443.

La rétractation de l'employeur ne fait pas disparaître l'infraction…

Le licenciement d'un salarié protégé sans respect des formalités légales constitue un délit d'entrave. Le fait que l'employeur ait abandonné par la suite toute procédure à l'encontre de ce salarié ne permet pas à la cour d'appel de rejeter la prévention, le repentir de l'employeur n'étant pas de nature à faire disparaître une infraction déjà commise.

Cass. crim. 4 avril 1995, n° 93-80.312, 5e moyen, B. crim. n° 146.

… pas plus que la régularisation de la situation constitutive de l'entrave.

Une déléguée syndicale et un syndicat ont fait citer devant le tribunal correctionnel le gérant et le directeur d'exploitation d'une société pour entrave à l'exercice du droit syndical constituée par le non-respect de la réglementation relative à l'information et aux fonctions du délégué syndical.

Pour dire l'infraction non constituée, une cour d'appel a énoncé que les prévenus, après avoir été rappelés à l'ordre, ont régularisé la situation et se sont mis en conformité avec la législation, et a ajouté que les parties civiles ne justifiaient pas de la persistance de ces manquements. En se prononçant ainsi, par des motifs inopérants s'agissant d'infractions instantanées sur lesquelles le repentir de l'employeur est inopérant, les juges n'ont pas donné de base légale à leur décision.

Cass. crim. 6 janvier 2004, n° 02-88.240, 2e moyen, B. crim. n° 4.

Le fait qu'une convention collective soit à l'origine du comportement de l'employeur ne saurait constituer une cause exonératoire.

Une société ayant considéré que deux salariées, représentants du personnel, avaient rompu de leur fait leur contrat de travail, le directeur du personnel de la société et le président du comité d'établissement ont été poursuivis pour délits d'entrave, pour avoir procédé au licenciement des deux intéressées sans respecter la procédure protectrice prévue par les articles L. 412-18, L. 425-1 et L. 436-1 CT.

Devant les juges du fond, les directeurs ont fait valoir qu'en vertu des dispositions de la convention collective nationale des entreprises de nettoyage de locaux, les contrats de travail des deux salariées concernées avaient été transférés de plein droit à l'entreprise entrante et qu'ils avaient seulement, pour leur part, tiré les conséquences du refus opposé par les intéressées de poursuivre leur activité au sein de cette entreprise.

A justifié sa décision la cour d'appel qui a écarté cette argumentation et retenu les délits d'entrave. En effet, les dispositions législatives soumettant à l'avis préalable du comité d'entreprise ou à l'autorisation de l'inspecteur du travail le licenciement des salariés investis de fonctions représentatives ont institué au profit de tels salariés, et dans l'intérêt de l'ensemble des travailleurs qu'ils représentent, une protection exceptionnelle et exorbitante du droit commun qui interdit, par suite, à l'employeur de poursuivre par d'autres moyens la résiliation du contrat de travail ; les stipulations d'une convention collective ne sauraient faire obstacle à ces dispositions d'ordre public.

Cass. crim. 26 novembre 1996, n° 94-86.016, B. crim. n° 428.

L'auteur de l'infraction

L'entrave est incriminée quel qu'en soit l'auteur.

Doit être cassé l'arrêt d'appel rejetant la prévention d'entrave à l'encontre de plusieurs salariés s'étant opposés à la réintégration d'un représentant du personnel irrégulièrement licencié au motif que l'entrave ne peut résider que dans le fait de l'employeur. L'article L. 483-2 CT punit toute entrave apportée au fonctionnement régulier du comité d'entreprise et ne fait aucune distinction selon l'auteur de l'infraction.

Cass. crim. 9 décembre 1986, n° 86-90.552, 1er moyen, B. crim. n° 368.

L'administrateur désigné en cas de redressement judiciaire peut être poursuivi pour délit d'entrave.

L'entrave au fonctionnement régulier du comité d'entreprise peut être retenue à l'encontre de l'administrateur désigné dans le cadre d'une procédure de redressement judiciaire, pour ne pas avoir consulté le comité d'entreprise avant de procéder à des licenciements pour motif économique. Peu importe que l'administrateur n'ait été investi que d'une mission d'assistance du dirigeant de l'entreprise, l'article L. 321-9 CT disposant que l'administrateur est seul tenu de consulter le comité avant de procéder aux licenciements.

Cass. crim. 28 novembre 1995, n° 93-85.808, 2e moyen, B. crim. n° 361.

Le directeur général d'une société peut être poursuivi pour délit d'entrave lorsqu'il a participé, aux côtés du président de cette société, à la consultation du comité d'entreprise et commis une faute personnelle en relation avec les faits constitutifs de l'infraction.

A justifié sa décision la cour d'appel qui, pour déclarer le président d'une société - à l'époque directeur général - coupable d'entrave au fonctionnement du comité d'entreprise, a retenu qu'il lui appartenait de remettre en temps utile au comité le rapport d'audit qu'il avait personnellement demandé et dont il pouvait ainsi librement disposer et a ajouté que la remise de ce rapport aurait permis au comité de recueillir des informations précises sur les conséquences sociales du changement d'actionnariat. En effet, le délit d'entrave au fonctionnement du comité d'entreprise prévu et réprimé par l'article L. 483-1 CT peut être imputé au directeur général d'une société ayant participé, aux côtés du président de celle-ci, à la consultation du comité d'entreprise, dès lors qu'a été caractérisée à son encontre une faute personnelle en relation avec les faits constitutifs de l'infraction. Constitue une telle faute le refus opposé par lui, sans motif légitime et en violation de l'article L. 431-5 CT, de communiquer au comité d'entreprise un document en sa possession qui était nécessaire à l'information de cette institution.

Cass. crim. 18 novembre 1997, n° 96-80.002, 1er moyen, B. crim. n° 390.

Même lorsqu'il confie à un représentant la présidence d'une institution représentative du personnel, le chef d'entreprise doit s'assurer, sous peine d'entrave, de la consultation de cette instance lorsqu'il prend une mesure nécessitant une telle consultation.

Même lorsqu'il confie à un représentant le soin de présider le comité d'entreprise, le chef d'entreprise doit, lorsqu'il prend une mesure entrant dans les prévisions de l'article L. 432-1 CT, s'assurer de la consultation dudit comité sans pouvoir opposer l'argument pris d'une délégation de pouvoirs.

Cass. crim. 3 mars 1998, n° 96-85.098, B. crim. n° 81. Voir aussi cass. crim. 11 juin 2002, n° 01-85.158, non publié, s'agissant de la délégation donnée par un chef d'entreprise pour la consultation du CHSCT.

Le chef d'entreprise, même s'il a confié à un représentant le soin de présider les institutions représentatives, engage sa responsabilité personnelle, s'agissant des mesures nécessaires au déroulement régulier des opérations préélectorales qui ressortissent à son pouvoir de direction, sans pouvoir opposer l'argumentation prise d'une délégation de pouvoirs.

Cass. crim. 6 novembre 2007, n° 06-86.027, 1er, 2e et 3e moyens, B. crim. n° 266.

Le chef d'entreprise qui a personnellement participé à la réalisation de l'infraction ne peut s'exonérer de sa responsabilité pénale en invoquant une délégation de ses pouvoirs.

Dans le cadre d'une réorganisation d'une partie de ses activités, la société « G », devenue société « V », avait conclu, en 1998, un « accord-cadre sur la réduction, l'aménagement et l'organisation du temps de travail et sur l'emploi ». En méconnaissance des dispositions des articles L. 431-5 et L. 432-1 CT, le comité central d'entreprise n'avait pas été consulté avant la signature de cet accord collectif.

1/ Doit être approuvé l'arrêt qui, pour dire que les éléments constitutifs du délit d'entrave au fonctionnement du comité central d'entreprise étaient établis à l'encontre du dirigeant d'entreprise, a relevé, d'une part, que celui-ci n'avait délégué, de façon permanente, ni son rôle de chef d'entreprise ni sa fonction de président du comité central d'entreprise et, d'autre part, qu'il avait volontairement pris la décision de ne pas consulter ledit comité préalablement à la signature de l'accord.

En effet, le chef d'entreprise qui a personnellement participé à la réalisation d'une infraction pénale ne peut s'exonérer de sa responsabilité pénale en invoquant une délégation de ses pouvoirs.

2/ Doit être rejeté le pourvoi du dirigeant d'entreprise reprochant à la cour d'appel d'avoir retenu sa responsabilité personnelle à l'égard du comité central d'entreprise, partie civile, dès lors, d'une part, que la qualité de président d'un conseil d'administration est exclusive de celle de préposé d'où découlerait la responsabilité mise à la charge des commettants en application de l'article 1384, al. 5 c. civ. et, d'autre part, que le dirigeant d'une personne morale qui a intentionnellement commis une infraction ayant porté préjudice à un tiers engage sa responsabilité civile à l'égard de celui-ci.

Cass. crim. 20 mai 2003, n° 02-84.307, 1er moyen, B. crim. n° 101.

Délit d'entrave et droit européen

Les dispositions de l'article L. 2328-1 ancien CT ne sont pas incompatibles avec celles des articles 6 et 7 de la Convention européenne des droits de l'homme.

Pour rejeter l'exception de nullité de la citation prise de son imprécision, ainsi que le grief tiré de l'incompatibilité des dispositions de l'article L. 483-1 CT avec celles des articles 6 et 7 de la Convention européenne des droits de l'homme, une cour d'appel a énoncé à bon droit que les causes de la poursuite, précisément définies dans cet acte, sont fondées sur les dispositions de l'article L. 483-1 du code précité, lequel offre des garanties suffisantes quant à l'exigence de prévisibilité au sens de l'article 7 de la convention précitée.

Cass. crim. 22 juin 1999, n° 98-83.114.

Comité d'entreprise (Information et consultation) ; Délégation de pouvoirs ; Droit syndical (Exercice du) ; Hygiène et sécurité ; Représentants du personnel (Autorisation administrative de licenciement) ; Représentants du personnel (Licenciement/Indemnisation) ; Représentants du personnel (Licenciement/Recours contre la décision administrative) ; Représentants du personnel (Mise à pied conservatoire) ; Représentants du personnel (Procédure de licenciement) ; Représentants du personnel (Protection/Bénéficiaires) ; Représentants du personnel (Protection/Cas d'application) ; Représentants du personnel (Réintégration) ; Responsabilité pénale des personnes morales ; Responsabilité pénale des personnes physiques.

Démission

La démission est un mode de rupture du contrat de travail à l'initiative du salarié et imputable à ce dernier. Pour être analysée comme une démission, la rupture doit résulter d'une volonté claire et non équivoque du salarié.

La démission doit résulter d'une volonté claire et non équivoque

• La démission ne répond à aucune condition de forme particulière

Une lettre rédigée par le salarié peut faire part de sa démission.

La démission du salarié peut résulter d'une lettre signée par l'intéressé. Celle-ci est valable dès lors qu'elle n'a pas été donnée sous la contrainte.

Cass. soc. 21 novembre 1989, n° 87-40.360.

La démission du salarié peut être verbale.

Ayant constaté que, devant le refus de son employeur de tenir compte de diverses réclamations relatives au règlement des commissions à échéance du trimestre, un représentant avait présenté sa démission non sous la forme d'une simple hypothèse, mais sous celle d'une manifestation formelle, et qu'il avait postérieurement offert à l'un des employés de lui céder sa carte de représentant, une cour d'appel a pu apprécier que, même si elle n'avait pas été confirmée par écrit, sa manifestation de volonté de démissionner avait été clairement exprimée.

Cass. soc. 30 novembre 1977, n° 76-40.741, BC V n° 662.

En l'absence de clause contraire, la lettre de démission remise par le salarié à son supérieur hiérarchique produit ses effets, peu important que ce supérieur ait reçu ou non délégation du chef d'entreprise.

Cass. soc. 15 mars 2006, n° 03-43.102, 1er moyen, BC V n° 105.

• La volonté du salarié de démissionner doit être claire et non équivoque

La volonté de démissionner du salarié peut résulter de son recrutement chez un autre employeur.

Ayant constaté qu'après avoir cessé de se présenter sur son lieu de travail, un salarié avait réclamé à son employeur un formulaire de démission qu'il avait rempli et remis pour transmission au service du personnel en précisant qu'il démissionnait car il travaillait pour une autre société, une cour d'appel a décidé à bon droit que le salarié avait manifesté une volonté réelle et non équivoque de démissionner.

Cass. soc. 27 février 2001, n° 98-45.610, BC V n° 63. Voir aussi cass. soc. 27 mai 2003, n° 01-41.918.

A manifesté une volonté claire et non équivoque de démissionner le salarié ayant refusé l'emploi proposé par l'employeur à la suite d'une modification économique de son contrat de travail et s'étant fait embaucher ailleurs avant l'expiration du délai d'un mois fixé par l'article L. 321-1-2 CT.

Cass. soc. 7 novembre 2001, n° 99-43.656.

Un salarié a été engagé en 1979 en qualité de directeur du marketing par la filiale belge d'une société. En 1989, il a été recruté par la filiale française comme directeur administratif et financier. Après dix-huit mois de fonctions en France, il lui a été demandé par la société « mère » d'exercer de nouvelles fonctions au sein de la filiale belge. Par courrier du 16 juillet 1991, le salarié a fait connaître à la société « mère » son désaccord sur les modifications de son contrat de travail et précisé qu'il cesserait ses fonctions le jour même, la rupture du contrat étant, selon lui, imputable à l'employeur. Par lettre du 28 août 1991, l'employeur a donné jusqu'au 10 septembre 1991 au salarié pour prendre ses fonctions à Bruxelles. À cette date, le salarié a confirmé sa lettre du 16 juillet 1991 dans tous ses effets.

Doit être approuvé l'arrêt ayant décidé que le comportement du salarié s'analysait en une démission claire et non équivoque, exclusive du versement de toute indemnité de rupture. En effet, la cour d'appel a pu décider que, sous l'apparence de contrats successifs avec la filiale belge et avec la filiale française, l'intéressé était, en réalité, le salarié de la société « mère ». Ensuite, après avoir relevé que l'intéressé pouvait être muté dans l'ensemble des filiales et n'était donc affecté à aucun lieu déterminé, la cour d'appel, qui a constaté, au surplus, qu'il ne subissait ni diminution de sa rémunération ni restriction dans ses attributions, a pu décider que sa nomination à Bruxelles n'entraînait pas de modification du contrat de travail. Enfin, la cour d'appel a constaté que le salarié avait tenté d'imputer la rupture à son employeur afin de rentrer immédiatement au service d'une entreprise concurrente, alors que la société « mère » insistait pour qu'il prenne ses fonctions à Bruxelles et continue d'exécuter le contrat de travail.

Cass. soc. 20 octobre 1998, n° 96-40.692, BC V n° 432.

Après avoir été en arrêt de travail, une salariée a déclaré « démissionner de son poste de télé-opératrice rayonniste dans l'établissement de Levallois-Perret, cette décision faisant suite à des événements familiaux et restant heureuse de son expérience acquise ». À sa demande, son employeur l'a embauchée de nouveau en qualité de télé-opératrice rayonniste au sein de l'établissement de Saint-Étienne par contrat à durée déterminée en remplacement d'une salariée absente, avec reprise de son ancienneté. Après avoir été renouvelé pour une durée de trois mois, le contrat a pris fin.

Ayant relevé que la salariée avait elle-même exprimé le souhait de quitter Levallois-Perret pour Saint-Étienne pour un poste en contrat à durée déterminée figurant dans la lettre de l'emploi publiée par l'entreprise, qu'elle s'était exprimée librement en dehors de toute contrainte ou pression exercée par l'employeur et avait été informée de la qualification en un contrat à durée déterminée du poste de Saint-Étienne et de ses conséquences, une cour d'appel a pu décider que la salariée avait exprimé une volonté claire et non équivoque de démissionner de son contrat à durée indéterminée.

Cass. soc. 20 février 2007, n° 05-41.973.

En revanche, le salarié qui recherche un autre emploi dans l'attente de son licenciement, son employeur ayant été placé en liquidation judiciaire, ne manifeste pas une volonté claire et non équivoque de démissionner.

Le liquidateur d'une société a licencié un salarié pour motif économique par lettre du 21 décembre 1998. Le 14 janvier 1999, apprenant que ce dernier avait été embauché par une autre société le 17 décembre 1998, pour un emploi commençant le 19 décembre, le liquidateur a, par courrier du 19 janvier 1999, considéré la lettre de rupture comme nulle et non avenue.

C'est à tort que, pour décider que le comportement du salarié s'analysait comme une manifestation claire et non équivoque de démissionner, une cour d'appel a énoncé qu'il n'ignorait pas que son employeur avait été admis au bénéfice de la liquidation judiciaire le 7 décembre 1998 et que la procédure de licenciement engagée postérieurement par le liquidateur, ignorant totalement l'engagement de l'intéressé par une autre société, ne pouvait produire un quelconque effet, alors que le salarié qui avait recherché un autre emploi lorsque l'entreprise avait été mise en liquidation, dans l'attente de son licenciement, n'avait pas manifesté une volonté claire et non équivoque de démissionner.

Cass. soc. 13 avril 2005, n° 03-42.467, BC V n° 136. Voir aussi cass. soc. 24 avril 2013, n° 11-26.391, BC V n° 112, s'agissant de salariés qui, laissés dans l'incertitude sur le sort de leur contrat de travail, avaient conclu un contrat de travail avec le nouveau prestataire du chantier où ils travaillaient.

La rédaction d'une lettre de démission sous la dictée de l'employeur peut ôter à la manifestation de volonté son caractère clair et non équivoque.

C'est à bon droit qu'une cour d'appel a retenu que la volonté de démissionner d'un salarié était équivoque dès lors que l'intéressé ne savait ni lire ni écrire le français et qu'à supposer même qu'il ait signé une lettre de démission, il n'était pas certain qu'il en ait saisi le sens et la portée.

Cass. soc. 19 décembre 2000, n° 98-46.152. Voir aussi cass. soc. 12 décembre 2012, n° 11-15.275.

Un salarié ayant « certifié sur l'honneur donner sa démission » par lettre manuscrite mentionnant qu'il avait reçu ses salaires ainsi que le paiement des congés a exprimé une volonté claire et non équivoque de démissionner même si la lettre a été rédigée par un tiers, dès lors qu'elle a été traduite au salarié dans sa langue maternelle et qu'il a été avisé des conséquences pécuniaires de sa décision.

Cass. soc. 22 février 2000, n° 98-40.650. Voir aussi cass. soc. 10 décembre 2014, n° 13-26.468, 1er moyen.

La signature, lors de l'entretien préalable au licenciement, d'une lettre de démission rédigée par l'employeur ne caractérise pas une volonté claire et non équivoque de démissionner.

Cass. soc. 4 avril 2001, n° 99-41.126.

La lettre de démission rédigée de la main de l'épouse de l'employeur et postée de la commune de résidence de l'employeur n'établit pas une volonté claire et non équivoque de démissionner.

Cass. soc. 28 février 2001, n° 98-45.235.

Ne caractérise pas une volonté claire et non équivoque de démissionner la lettre de démission dactylographiée par un employeur le lendemain du prononcé d'une condamnation pénale non définitive, et qui a été signée par un salarié aussitôt dans les locaux de l'entreprise, ce dernier s'étant rétracté le lendemain.

Cass. soc. 20 juin 2002, n° 00-44.530.

Si la seule absence du salarié ne suffit pas à caractériser la démission…

L'absence prolongée d'un salarié ne peut constituer de sa part une manifestation de volonté non équivoque de démissionner.

Cass. soc. 9 décembre 2010, n° 09-42.886, 1re branche du 1er moyen. Voir aussi cass. soc. 4 octobre 2000, n° 97-43.820, cité dans « Congé sabbatique ».

L'initiative prise par l'employeur d'adresser un certificat de travail à une salariée qui ne s'était pas présentée à son poste à l'issue de son congé maladie s'analyse en un licenciement.

Cass. soc. 23 janvier 2001, n° 98-44.922.

… le refus persistant de reprendre le travail ou l'attitude du salarié peuvent établir la volonté de démissionner.

Caractérise une intention claire et non équivoque de démissionner le fait pour un salarié de manifester, à plusieurs reprises, son souhait d'être licencié et devant le refus de son employeur, d'adopter une attitude agressive allant jusqu'à frapper un autre salarié et de ne plus se présenter sur son lieu de travail malgré de nombreuses mises en demeure.

Cass. soc. 13 juin 2001, n° 99-42.209.

Un salarié a été engagé par une société en qualité d'ingénieur-travaux à bord de navires ; ayant été reconnu par la caisse primaire d'assurance maladie atteint de la maladie professionnelle inscrite au tableau n° 30 prise en charge au titre de la législation relative aux risques professionnels, le salarié a présenté sa démission le 9 mars 2005 à compter du 30 avril 2005 afin de bénéficier de l'allocation des travailleurs de l'amiante prévue par la loi 98-1194 du 23 décembre 1998 portant financement de la sécurité sociale pour 1999 ; l'employeur a saisi le médecin du travail qui a déclaré le salarié apte sans activité à bord des navires ; après avoir renouvelé son intention de démissionner au cours d'un entretien le 4 avril, le salarié a été dispensé de tout préavis à compter du 30 avril 2005 puis a perçu à compter du 1er mai 2005 ladite allocation ; il a saisi la juridiction prud'homale le 11 mai 2005 pour voir requalifier sa démission en un licenciement sans cause réelle et sérieuse.

Après avoir rappelé que, selon les dispositions de l'article 41 de la loi portant financement de la sécurité sociale pour 1999, le salarié qui souhaite bénéficier de l'allocation de cessation anticipée d'activité des salariés ayant été exposés à l'amiante doit présenter sa démission à son employeur et que le bénéfice de cette allocation ne peut se cumuler ni avec l'un des revenus ou l'une des allocations mentionnées à l'article L. 131-2 c. séc. soc. ni avec un avantage de vieillesse ou d'invalidité, une cour d'appel a constaté que le salarié avait demandé sa radiation de l'effectif de l'entreprise afin de percevoir l'allocation des travailleurs de l'amiante et avait réitéré cette volonté lors d'un entretien après avoir été examiné par le médecin du travail qui l'avait déclaré apte sans activité à bord des navires.

Dès lors, la cour d'appel a pu décider que rien ne permettait de remettre en cause la manifestation de sa volonté claire et non équivoque de démissionner.

Cass. soc. 26 novembre 2008, n° 07-43.650, BC V n° 232.

La démission n'est pas caractérisée si le consentement du salarié a été vicié.

Doit être cassé l'arrêt qui a débouté une salariée de ses demandes liées à la rupture de son contrat de travail et l'a condamnée à payer à son employeur une indemnité compensatrice de préavis, après avoir relevé que la salariée subissait de la part de son employeur des violences physiques, peu important que celles-ci n'aient pas été subies au lieu et au temps de travail, ce dont il résultait que sa démission était équivoque.

Cass. soc. 29 janvier 2003, n° 00-45.476.

Une cour d'appel a relevé que la lettre de démission d'un salarié était le résultat de manœuvres dolosives mises en œuvre par la société « S » avec la complicité de la société « C » qui, pour amener ce salarié à démissionner, l'avait engagé par contrat de travail assorti d'une période d'essai à laquelle elle avait mis fin abusivement.

En l'état de ces constatations, la cour a pu décider que l'existence d'un dol émanant de l'employeur était caractérisé et a exactement retenu que la démission était nulle en raison de ce dol, que la transaction, destinée à organiser les conditions de la démission, était nulle par voie de conséquence et que la rupture du contrat de travail constituait un licenciement sans cause réelle et sérieuse.

Cass. soc. 22 mai 2002, n° 00-41.708.

Doit être cassé l'arrêt déboutant une salariée démissionnaire de ses demandes d'indemnités au motif qu'il n'est pas établi que sa volonté de démissionner ait été viciée par une contrainte morale exercée par l'employeur, alors que la cause de la démission de la salariée était la croyance d'une modification de ses conditions de travail qui aurait impliqué un travail de manutention qu'elle n'avait pas la capacité physique d'effectuer, ce dont il résultait que la lettre de la salariée ne manifestait pas une volonté claire et non équivoque de démissionner.

Cass. soc. 14 juin 2000, n° 98-42.780.

Il en est de même en cas de démission donnée sous la contrainte.

La démission provoquée par l'attitude et les pressions de l'employeur de nature à porter atteinte à la dignité et à l'intimité d'une salariée s'analyse en un licenciement.

Cass. soc. 3 avril 2001, n° 99-40.010.

Après avoir relevé qu'une lettre de démission avait été rédigée dans les locaux de l'entreprise et que la salariée s'était rétractée ultérieurement, une cour d'appel a pu décider qu'elle n'avait pas eu la volonté claire et non équivoque de démissionner.

Cass. soc. 6 février 2002, n° 99-46.161.

Après avoir constaté qu'une démission était intervenue à la suite de pressions exercées par l'employeur sur la salariée pour qu'elle quitte l'entreprise, une cour d'appel a pu décider que la démission ne résultait pas d'une manifestation de volonté claire et non équivoque.

Cass. soc. 5 juin 2008, n° 06-45.779.

Ne manifeste pas une volonté claire et non équivoque le salarié qui donne sa démission sous la menace d'un licenciement pour faute grave et du dépôt d'une plainte pénale…

N'a pas tiré les conséquences légales de ses constatations la cour d'appel qui, pour débouter un salarié démissionnaire de ses demandes afférentes à la rupture de son contrat, a retenu que les faits qui étaient reprochés à l'intéressé étant établis, l'employeur n'avait exercé aucune contrainte illégitime de nature à vicier le consentement du salarié, tout en constatant que le salarié avait donné sa démission sous la menace d'un licenciement pour faute grave et du dépôt d'une plainte pénale, ce dont il résultait qu'il n'avait pas exprimé une volonté claire et non équivoque de démissionner.

Cass. soc. 16 février 2005, n° 02-45.042. Voir aussi cass. soc. 23 janvier 2019, n° 17-26.794.

… à moins qu'il n'ait pris conseil auprès d'un avocat.

Après avoir constaté qu'un salarié avait donné sa démission à la suite de vols commis par lui au préjudice de l'entreprise et après avoir pris conseil auprès de son avocat, une cour d'appel a pu décider que sa démission résultait d'une volonté claire et non équivoque.

Cass. soc. 19 avril 2000, n° 98-40.067.

La démission n'est pas non plus caractérisée si le consentement du salarié a été donné de manière irréfléchie.

Après avoir retenu qu'il résultait des arrêts de travail d'un salarié pour syndrome dépressif, antérieur et postérieur à sa démission, de son hospitalisation en établissement psychiatrique intervenue deux semaines après sa démission, dont il s'est rétracté par la suite, ainsi que des témoignages et certificats qui lui étaient soumis, que l'intéressé avait rédigé sa lettre de démission alors qu'il était sujet à un état dépressif et psychotique de nature à altérer son consentement, une cour d'appel a pu en déduire qu'il n'avait pas manifesté une volonté réelle de démissionner.

Cass. soc. 2 juillet 2008, n° 07-40.942. Voir aussi cass. soc. 18 juin 2003, n° 00-46.438.

Le fait pour un salarié de mettre fin au contrat de travail suite à un comportement fautif de l'employeur ne caractérise pas une volonté claire et non équivoque de démissionner.

La lettre de rupture précédée de l'envoi d'un courrier par lequel le salarié sommait l'employeur de s'acquitter de son obligation de paiement des primes et faisait référence explicitement au différend les opposant ne peut suffire à caractériser une volonté claire et non équivoque de démissionner.

Cass. soc. 30 octobre 2000, n° 98-44.098, 1er moyen.

C'est à tort que, ayant retenu qu'une salariée soutenait avoir été contrainte de rompre le contrat de travail en raison de faits de harcèlement moral imputés à l'employeur, une cour d'appel a pu en déduire que la salariée n'avait pas manifesté une volonté claire et non équivoque de démissionner.

Cass. soc. 18 janvier 2012, n° 10-19.883.

Le refus du salarié de poursuivre l'exécution du contrat de travail à la suite d'une modification du contrat ne caractérise pas une volonté claire et non équivoque de démissionner.

Ne constitue pas une volonté claire et non équivoque de démissionner le refus par un salarié de poursuivre l'exécution de son contrat de travail à la suite d'une modification, unilatéralement imposée par l'employeur, de son mode de rémunération.

Cass. soc. 12 octobre 1999, n° 97-43.184.

Mais la simple proposition d'une modification du contrat de travail, que le salarié est en droit de refuser, n'entraîne pas la rupture du contrat aux torts de l'employeur.

Un salarié, à qui son employeur avait proposé une modification de son contrat, a refusé cette proposition mais a considéré le contrat comme rompu. Malgré l'invitation de l'employeur à reprendre le travail aux conditions antérieures, formulée à trois reprises, ledit salarié, qui avait d'abord justifié d'un arrêt maladie, a non seulement cessé de justifier son absence mais a refusé explicitement toute reprise du travail. Une cour d'appel a pu dès lors décider que le salarié avait exprimé implicitement sa volonté claire et non équivoque de démissionner.

Cass. soc. 22 mai 2001, n° 99-42.052.

La démission suivie d'une rétractation ne caractérise pas une volonté claire et non équivoque…

Ayant constaté que la lettre de démission avait été rédigée par l'employeur et signée par le salarié, dans ses locaux, le jour même de l'établissement du solde de tout compte et qui a relevé que, dès le lendemain, le salarié avait envoyé un courrier par lequel il considérait que son contrat n'était pas rompu, une cour d'appel a pu décider qu'il n'avait pas manifesté une volonté claire et non équivoque de démissionner.

Cass. soc. 18 juillet 2001, n° 99-43.442.

Doit être cassé l'arrêt qui, pour dire la démission d'un salarié non équivoque, a retenu que la présence de son employeur et son aide lors de la rédaction de la lettre de démission n'invalident pas ipso facto la confession du salarié qui y a déclaré reconnaître ses malversations, alors que la démission donnée lors d'un entretien avec son employeur et son supérieur sous la menace d'un licenciement pour faute lourde et du dépôt d'une plainte pénale, suivie d'une rétractation, rendait équivoque la volonté de démissionner.

Cass. soc. 25 juin 2003, n° 01-43.760. Voir aussi cass. soc. 30 septembre 2003, n° 01-44.949.

Après avoir constaté qu'une salariée avait donné sa démission dans les locaux de l'entreprise en étant manifestement émue et fragilisée par son état de grossesse et qu'elle s'était rétractée par lettre du même jour, une cour d'appel a pu en déduire que la démission de la salariée ne résultait pas d'une volonté claire et non équivoque de démissionner.

Cass. soc. 26 octobre 2011, n° 10-14.139.

… sauf si la rétractation intervient longtemps après la démission.

Après avoir relevé qu'un salarié avait remis sa lettre de démission le 5 septembre 2006 à son employeur, alors que la lettre de ce dernier lui demandant de démissionner avait été adressée le 29 août précédent, que le salarié, en qualité de cadre, était à même d'apprécier la portée d'une démission, qu'il avait bénéficié d'un temps de réflexion de cinq jours, délai au cours duquel il avait eu tout loisir de prendre conseil auprès de personnes compétentes, que la lettre de démission était exempte de contestations ou griefs et que le salarié avait attendu cinq semaines pour se rétracter, une cour d'appel a pu décider que cette démission procédait d'une volonté claire et non équivoque.

Cass. soc. 25 mai 2011, n° 09-68.224.

Après avoir relevé que, le 20 mai, un salarié avait manifesté son intention de démissionner, qu'il s'était abstenu ensuite de se présenter à son travail jusqu'au 6 juin, date à laquelle il avait réclamé son bulletin de paye et l'attestation Assédic, et qu'il ne s'était ravisé que lorsqu'il avait appris qu'il n'avait droit à aucune allocation chômage, une cour d'appel a pu décider que le salarié avait manifesté sa volonté claire et non équivoque de démissionner.

Cass. soc. 28 novembre 2001, n° 99-45.986.

Le licenciement d'une salariée postérieurement à sa démission vaut renonciation de l'employeur à s'en prévaloir.

C'est à bon droit qu'une cour d'appel qui a relevé que l'employeur avait licencié une salariée pour faute grave quelques jours après la rédaction par celle-ci d'une lettre de démission a pu décider que l'employeur avait renoncé à se prévaloir de cette démission contestée par la salariée et que la rupture du contrat de travail résultait du licenciement.

Cass. soc. 2 mai 2000, n° 97-45.454.

Lorsqu'un salarié démissionnaire convoqué à l'entretien en vue d'une rupture conventionnelle ne s'y présente pas et que la convention n'est pas signée, la rupture du contrat résulte de la démission.

Ayant relevé qu'après la démission d'une salariée, celle-ci avait été convoquée par l'employeur à un entretien, auquel elle ne s'était pas présentée, en vue d'une rupture conventionnelle qui n'avait pas été signée, une cour d'appel a pu en déduire l'absence de renonciation à la rupture du contrat de travail résultant de la démission de la salariée et débouter cette dernière de sa demande en résiliation judiciaire du contrat de travail.

Cass. soc. 16 septembre 2015, n° 14-10.291, 1er moyen, BC V n° 160.

• Lorsqu'un salarié remet en cause sa démission en invoquant des manquements de son employeur, le juge doit rechercher si cette démission était équivoque et, dans l'affirmative, l'analyser comme une prise d'acte de la rupture du contrat de travail, produisant soit les effets d'un licenciement sans cause réelle et sérieuse, soit ceux d'une démission.

La démission est un acte unilatéral par lequel le salarié manifeste de façon claire et non équivoque sa volonté de mettre fin au contrat de travail. Lorsque le salarié, sans invoquer un vice du consentement de nature à entraîner l'annulation de sa démission, remet en cause celle-ci en raison de faits ou manquements imputables à son employeur, le juge doit, s'il résulte de circonstances antérieures ou contemporaines de la démission qu'à la date à laquelle elle a été donnée, celle-ci était équivoque, l'analyser en une prise d'acte de la rupture, qui produit les effets d'un licenciement sans cause réelle et sérieuse si les faits invoqués la justifiaient, ou dans le cas contraire d'une démission.

Ayant relevé que la lettre de démission était accompagnée d'un décompte des sommes que le salarié prétendait lui être dues au titre de ses heures supplémentaires et repos compensateur, une cour d'appel, qui a déduit de ces circonstances que la volonté de démissionner du salarié était équivoque, a décidé à bon droit que la démission de l'intéressé s'analysait en un licenciement sans cause réelle et sérieuse.

Cass. soc. 9 mai 2007, n° 05-40.315, BC V n° 70 (arrêt n° 3). Voir aussi cass. soc. 9 mai 2007, n° 05-40.518, BC V n° 70 (arrêt n° 1) ;cass. soc. 9 mai 2007, n° 05-41.324, BC V n° 70 (arrêt n° 2) ;cass. soc. 9 mai 2007, n° 05-42.301, BC V n° 70 (arrêt n° 4) ; cass. soc. 1er décembre 2009, n° 07-42.796, pourvoi incident ; cass. soc. 4 avril 2012, n° 11-12.454, 2e branche du moyen.

Ayant souverainement caractérisé l'existence d'un concert frauduleux entre deux entreprises, qui a conduit une salariée à démissionner de son emploi chez la première pour être immédiatement engagée à l'essai par la seconde, ce qui, dans le stratagème ainsi mis en place, avait permis au nouvel employeur de rompre ce second contrat de travail dans le but de rendre service à son prédécesseur, une cour d'appel en a exactement déduit que la démission et la rupture de l'essai leur étaient imputables, de sorte que la première constituait un licenciement sans cause réelle et sérieuse et la seconde était abusive.

Cass. soc. 20 février 2013, n° 11-18.891.

Un salarié, engagé en qualité de démarcheur suivant un contrat à durée indéterminée, a démissionné en ces termes : « J'ai l'honneur de vous présenter ma démission de l'emploi de conseiller en entreprise que j'occupe depuis le 3 septembre 1999. Cette décision est irrévocable. Tel qu'il résulte de mon contrat de travail, je serai libre de tout engagement envers votre entreprise à compter de la date de réception de ce courrier. Je me tiens à votre disposition pour vous donner les informations nécessaires à la reprise de mes clients ainsi que l'ensemble des dossiers clients, matériels informatiques et cartes de démarchage congés par la société. Veuillez avoir l'obligeance de préparer le solde de tout compte, ainsi que mon certificat de travail ».

Le salarié a saisi la juridiction prud'homale aux fins notamment de requalification de sa démission en licenciement sans cause réelle et sérieuse.

Pour accueillir cette demande, une cour d'appel a retenu, d'une part, que le salarié avait donné sa démission et, d'autre part, qu'au moment où il l'avait donnée, le salarié était placé dans une situation judiciaire critique puisque l'employeur demeurait redevable de frais professionnels, ce qui constituait un manquement à ses obligations essentielles.

En statuant ainsi, après avoir rappelé les termes de la lettre de démission, laquelle ne comportait aucune réserve, et constaté que le salarié, qui ne justifiait pas qu'un différend antérieur ou contemporain de celle-ci l'avait opposé à son employeur, n'avait contesté les conditions de la rupture du contrat de travail que quatorze mois plus tard, ce dont il résultait que rien ne permettait de remettre en cause la manifestation de sa volonté claire et non équivoque de démissionner, la cour d'appel a violé les articles L. 122-4, L. 122-13 et L. 122-14-3 CT.

Cass. soc. 19 décembre 2007, n° 06-42.550, 2e moyen du pourvoi incident, BC V n° 218.

Le salarié ne peut tout à la fois invoquer un vice du consentement de nature à entraîner l'annulation de sa démission et demander que cet acte de démission soit analysé en une prise d'acte, par lui, de la rupture de son contrat de travail en raison de faits et manquements imputables à l'employeur.

Cass. soc. 17 mars 2010, n° 09-40.465, BC V n° 68.

De même, lorsque le salarié remet en cause sa démission en soutenant qu'elle a été donnée par la contrainte, le juge ne peut pas se fonder sur des manquements de l'employeur pour l'analyser en une prise d'acte produisant les effets d'un licenciement sans cause réelle et sérieuse.

À la suite de la décision d'une société de supprimer son service transport, des salariés engagés par cette dernière en qualité de chauffeurs ont donné leur démission ; soutenant qu'ils n'avaient pas été remplis de leurs droits et que leur démission devait produire les effets d'un licenciement sans cause réelle et sérieuse, les salariés ont saisi la juridiction prud'homale de demandes en paiement de diverses sommes.

Pour dire que les démissions produisaient les effets d'un licenciement sans cause réelle et sérieuse, une cour d'appel a retenu que les salariés soutenaient que leurs démissions, données sous la contrainte de leur employeur, étaient entachées d'un vice du consentement et donc équivoques, que cependant il résultait des pièces produites que les démissions des salariés avaient été mûrement réfléchies et que le vice du consentement allégué n'était pas établi, que toutefois, lorsqu'un salarié remet en cause sa démission en raison de faits ou manquements imputables à l'employeur, le juge doit, si cette démission était équivoque, l'analyser en une prise d'acte, que, en l'espèce, l'application défectueuse de la convention collective applicable, le non-paiement de nombreuses heures supplémentaires, la non-communication des disques constituaient des manquements de la société, que l'application de la convention collective et le temps de travail effectif étaient en litige entre les parties lorsque les démissions avaient été adressées, elles-mêmes suivies quelques semaines plus tard de la saisine du conseil des prud'hommes sur ces difficultés, que dès lors les démissions étaient équivoques et s'analysaient en prises d'acte, que les manquements de l'employeur étant avérés et justifiant la rupture des relations contractuelles, les démissions devaient produire les effets d'un licenciement sans cause réelle et sérieuse.

En statuant ainsi, alors que les salariés arguaient du caractère équivoque de leur démission, non à raison de l'existence d'un différend antérieur ou concomitant de leur démission, susceptible de l'analyser en une prise d'acte, mais au motif de la contrainte ayant vicié leur consentement, contrainte qu'elle a jugée non établie, la cour d'appel a violé les articles L. 1231-1, L. 1237-2 et L. 1235-1 CT.

Cass. soc. 7 mars 2012, n° 09-73.050, BC V n° 88.

• À défaut d'une volonté claire et non équivoque de démissionner, c'est à l'employeur de prendre l'initiative de la rupture.

En l'absence de volonté claire et non équivoque du salarié de démissionner, il appartient à l'employeur qui lui reproche un abandon de poste de le licencier.

Doit être cassé l'arrêt qui, pour débouter un salarié de ses demandes d'indemnités de rupture, a retenu que chacune des parties imputait la responsabilité de la rupture à l'autre, que les éléments produits aux débats ne permettaient pas d'imputer la rupture à l'employeur, de sorte que celle-ci ne pouvait produire les effets d'un licenciement, alors que l'employeur reprochait au salarié un abandon de poste dont il lui appartenait de tirer les conséquences.

Cass. soc. 10 juillet 2002, n° 00-45.566, BC V n° 240.

Le salarié peut prendre acte de la rupture de son contrat de travail

☛ *Imputabilité de la rupture.*

En cas de démission, le salarié doit respecter un préavis

☛ *Préavis.*

L'exercice du droit de démissionner peut être abusif

La démission peut constituer un abus de droit.

Constitue une rupture abusive du contrat le fait pour un représentant de passer, avant sa démission, à l'insu de son employeur, au service d'une société concurrente, pour prospecter la même clientèle sur le même secteur et de n'informer l'employeur de cette situation que lorsque ce dernier le surprend lors d'un salon sur le stand du concurrent.

Cass. soc. 1er avril 1992, n° 88-42.056, 2e et 3e moyens.

En revanche, la démission pour exercer une activité concurrente ne constitue pas en soi un abus du droit de démissionner.

Cass. soc. 18 janvier 1995, n° 91-42.613, BC V n° 29. Voir aussi cass. soc. 28 juin 2000, n° 98-43.249.

L'employeur doit rapporter la preuve du caractère abusif de la démission pour obtenir des dommages-intérêts.

Seule la preuve apportée par l'employeur du caractère abusif de la démission ouvre droit à des dommages-intérêts à son profit.

Dès lors, doit être cassé l'arrêt qui, pour condamner un salarié à payer à son ancien employeur de telles indemnités, relève que la démission du salarié n'était ni motivée ni justifiée. Faute d'avoir rapporté la preuve du caractère abusif de la démission, l'employeur ne pouvait prétendre à des dommages-intérêts.

Cass. soc. 22 juin 1994, n° 90-42.143, BC V n° 204.

A violé l'article 1147 c. civ. le conseil de prud'hommes qui, après avoir accordé à l'employeur une indemnité correspondant au préavis conventionnel non effectué par un salarié démissionnaire, a condamné ce salarié au paiement d'une indemnité pour brusque rupture, alors qu'en l'absence d'abus manifeste ou d'intention de nuire du salarié, celui-ci ne peut être tenu au paiement d'une autre indemnité que celle correspondant au préavis conventionnel.

Cass. soc. 16 novembre 2004, n° 02-46.135.

☛ *Absences non autorisées ; Imputabilité de la rupture ; Modification du contrat et des conditions de travail.*

Dénigrement/Diffamation

En principe, le salarié jouit de sa liberté d'expression aussi bien dans l'entreprise qu'en dehors de celle-ci, seul l'abus étant sanctionné. Tel est notamment le cas lorsqu'un salarié jette publiquement le discrédit sur l'entreprise, notamment en critiquant la gestion de la société, la qualité du travail ou l'attitude de ses supérieurs hiérarchiques.

Le dénigrement est une attaque publique

Pour que soit caractérisé le dénigrement, les propos doivent être tenus en public.

Après avoir relevé qu'une infirmière diplômée d'État avait tenu des propos diffamants à l'égard de son employeur, l'accusant de chantage au cours d'une scène publique, et sans apporter le moindre commencement de preuve au soutien de son allégation, une cour d'appel a pu décider, dans l'exercice de son pouvoir souverain d'appréciation, que le licenciement de l'intéressée reposait sur une cause réelle et sérieuse.

Cass. soc. 9 octobre 1991, n° 88-44.004, BC V n° 401.

Une cour d'appel, qui a relevé que le salarié avait dénigré son employeur tant auprès d'un important fournisseur qu'auprès d'un administrateur de la société et des salariés de celle-ci, qu'il avait tenté de débaucher des salariés au profit d'une société concurrente qu'il se proposait de créer, ce dont il résultait qu'il n'avait pas exécuté loyalement son contrat de travail, a pu décider que son comportement était de nature à rendre impossible son maintien dans l'entreprise pendant la durée du préavis et constituait une faute grave.

Cass. soc. 1er mars 2000, n° 97-45.858.

Après avoir constaté que des salariés avaient dénigré l'entreprise qui les employait tant auprès du personnel que des partenaires du groupe et mis en cause son dirigeant dans un écrit diffusé au sein de l'entreprise dans des termes injurieux, une cour d'appel a pu décider que ces faits, que ne pouvait justifier leur qualité d'actionnaires, caractérisaient un manquement à l'obligation de loyauté et constituaient une faute grave.

Cass. soc. 3 décembre 2008, n° 07-42.331.

Le fait de critiquer l'entreprise au cours d'une réunion privée et amicale ne constitue pas un acte de dénigrement.

Dans l'exercice de son pouvoir souverain d'appréciation, une cour d'appel a pu décider qu'était sans cause réelle et sérieuse le licenciement d'un VRP qui avait dénigré la société devant ses subordonnés au cours d'une réunion privée et amicale, en l'absence du directeur régional.

Cass. soc. 10 octobre 1991, n° 89-44.243. Voir aussi cass. soc. 3 mars 1999, n° 96-43.619.

Il en est de même des propos injurieux et offensants à l'égard de l'employeur diffusés par un salarié sur un réseau social dans le cadre d'un groupe fermé, qui relèvent d'une conversation de nature privée.

Après avoir constaté que les propos litigieux avaient été diffusés sur le compte ouvert par la salariée sur le site Facebook et qu'ils n'avaient été accessibles qu'à des personnes agréées par cette dernière et peu nombreuses, à savoir un groupe fermé composé de quatorze personnes, de sorte qu'ils relevaient d'une conversation de nature privée, une cour d'appel a pu retenir que ces propos ne caractérisaient pas une faute grave et, exerçant le pouvoir qu'elle tient de l'article L. 1235-1 CT, décider que le grief ne constituait pas une cause réelle et sérieuse de licenciement.

Cass. soc. 12 septembre 2018, n° 16-11.690, 1er moyen, à paraître.

Les propos tenus par un salarié en sa qualité de membre du conseil d'administration de l'entreprise, rapportés dans le seul procès-verbal de la réunion du conseil, ne peuvent pas justifier le licenciement de l'intéressé.

Pour décider que le licenciement d'un salarié était fondé sur une cause réelle et sérieuse, une cour d'appel a retenu que l'intéressé avait dans une lettre, d'une part, critiqué l'ensemble des éléments essentiels d'un plan d'action commerciale, qu'il avait attribué à la marque associée à celle qu'il avait créée le qualificatif péjoratif de « commerce de détail » et qu'il avait jeté la suspicion sur le président du conseil d'administration en lui attribuant des détournements, d'autre part, qu'il avait choisi de diffuser ces propos excessifs et diffamatoires en dehors du cercle restreint du conseil d'administration dont il était, par ailleurs, membre, par leur annexion au procès-verbal des délibérations afin de déstabiliser l'entreprise.

En statuant ainsi, alors que le seul grief retenu comme fautif par la cour d'appel était les propos tenus par l'intéressé, en sa seule qualité de membre du conseil d'administration dans la lettre, la cour d'appel a violé l'article L. 122-14-3 CT.

Cass. soc. 30 septembre 2005, n° 03-47.040.

Le dénigrement peut résulter d'un abus de la liberté d'expression.

Cass. soc. 4 février 1997, n° 96-40.678.

Le dénigrement peut entraîner un licenciement

Il en est ainsi en cas de critiques réitérées de la politique commerciale de l'entreprise.

Une cour d'appel a pu décider, en vertu de son pouvoir souverain d'appréciation, que le licenciement d'un responsable des ventes, qui avait critiqué à plusieurs reprises la politique commerciale menée par la direction sur les produits, la gestion des stocks et les délais de livraison, était fondé sur une cause réelle et sérieuse.

Cass. soc. 30 mai 1995, n° 93-45.671.

• Le plus souvent, il s'agit d'une faute grave

A commis une faute grave le salarié ayant émis des critiques virulentes auprès d'un client important sur la qualité du travail accompli par le personnel et sur la compétence des dirigeants de la société au service de laquelle il travaillait.

Cass. soc. 25 janvier 2000, n° 97-43.577.

Ayant, d'une part, constaté qu'un salarié avait persisté dans une rétention d'information postérieurement à un avertissement délivré par son employeur et ayant, d'autre part, retenu que l'intéressé avait dénigré ses collègues, porté des accusations graves contre un supérieur hiérarchique et proféré des menaces à l'encontre de ce dernier, une cour d'appel a pu en déduire que son comportement rendait impossible son maintien dans l'entreprise pendant la durée du préavis et constituait une faute grave.

Cass. soc. 14 juin 2005, n° 03-43.668.

Après avoir constaté qu'un salarié avait porté à différentes reprises auprès de plusieurs salariés, des accusations injurieuses et diffamatoires mettant en cause l'honnêteté des dirigeants de l'entreprise et les comptes de celle-ci, une cour d'appel a pu décider que le salarié, dont le comportement rendait impossible la poursuite du contrat de travail même pendant la période limitée du préavis, avait commis une faute grave justifiant son licenciement.

Cass. soc. 25 octobre 2007, n° 05-44.003, 1er moyen.

Après avoir relevé qu'une salariée avait manifesté à plusieurs reprises, et dès le commencement de sa relation contractuelle, un comportement agressif, incorrect et irrespectueux à l'encontre de ses collègues de travail et des clients, auxquels il lui était arrivé de tenir des propos constituant des actes de dénigrement à l'encontre de son employeur, une cour d'appel, ayant fait ressortir que ces actes rendaient impossible le maintien de l'intéressée dans l'entreprise jusqu'à l'arrivée du terme du contrat, a pu en déduire qu'ils constituaient une faute grave.

Cass. soc. 21 novembre 2012, n° 11-26.255.

La nature des fonctions du salarié peut être prise en considération pour caractériser la faute grave.

Un salarié s'étant, de façon délibérée et réitérée, opposé à la mise en place d'une nouvelle organisation et d'une nouvelle politique commerciale et ayant, à plusieurs reprises, critiqué et dénigré en public la direction de la société, une cour d'appel a pu décider que ces manquements, commis par un cadre de haut niveau, rendaient impossible son maintien dans l'entreprise pendant la durée du préavis et étaient constitutifs d'une faute grave.

Cass. soc. 19 mai 1993, n° 91-43.017.

Le comportement positif antérieur du salarié n'est pas toujours pris en considération pour atténuer la gravité de la faute commise.

Une cour d'appel a pu décider que, en dépit de ses bons résultats, un salarié avait commis une faute grave en dénigrant ostensiblement la direction générale de la société et le président-directeur général.

Cass. soc. 16 mars 1994, n° 89-41.403, 2e moyen.
Voir aussi cass. soc. 30 mars 2011, n° 09-72.817.

• Le dénigrement peut caractériser une faute lourde

Le dénigrement peut être sanctionné par un licenciement pour faute lourde s'il s'accompagne d'une intention de nuire.

Ayant retenu qu'une salariée, qui exerçait les fonctions de directrice régionale, avait tenu, en présence de candidats au recrutement, des propos dénigrant le laboratoire l'employant, consistant à soutenir que l'ensemble des visiteurs médicaux n'aspiraient qu'à quitter l'entreprise, une cour d'appel a caractérisé son intention de nuire à l'employeur et à l'entreprise et a pu décider que son licenciement était fondé sur une faute lourde.

Cass. soc. 5 avril 2005, n° 02-46.628.

Un salarié a été licencié pour faute lourde aux motifs notamment d'avoir voulu nuire à l'entreprise en la discréditant auprès d'un client par l'envoi d'une lettre anonyme diffamatoire ; il a saisi la juridiction prud'homale d'une demande de paiement de diverses sommes au titre tant de la rupture que de l'exécution du contrat de travail.

Après avoir relevé que la lettre dénonçant de graves manquements imputés sans fondement à l'employeur avait été adressée de façon anonyme au seul client de l'entreprise, jetant le discrédit sur cette dernière, une cour d'appel a ainsi caractérisé l'intention de nuire du salarié, indépendamment même des termes employés, et a pu le débouter de ses demandes relatives à son licenciement.

Cass. soc. 21 avril 2010, n° 09-40.848.

☛ *Droit d'expression ; Liberté d'expression*

Départ négocié

☛ *Rupture amiable/Départ négocié/Rupture d'un commun accord/Résiliation conventionnelle.*

Départ volontaire

☛ *Licenciement collectif ; Licenciement économique (Information et consultation du CE) ; Plan de sauvegarde de l'emploi.*

Détachement de salariés

Un salarié est détaché lorsque son employeur l'affecte temporairement au service d'une autre entreprise.

Lorsque le détachement intervient à l'étranger, des règles spécifiques sont applicables.

Les règles concernant le détachement d'un salarié d'une entreprise établie sur le territoire de l'Union européenne dans un autre pays de l'Union européenne dans le cadre d'une prestation de services ont été fixées par la directive 96/71/CE du 16 décembre 1996.

La loi 2005-882 du 2 août 2005 a achevé la transposition en droit français de cette directive, en intégrant dans le code du travail des dispositions relatives au détachement de travailleurs en France (art. L. 1261-1 et s. CT). Les modalités d'application de ce dispositif, entré en vigueur le 1er janvier 2007 et renforcé à plusieurs reprises (notamment par les lois 2014-790 du 10 juillet 2014, 2015-990 du 6 août 2015 et 2016-1088 du 8 août 2016 et leurs décrets d'application) sont fixées aux articles R. 1261-1 et s. CT.

Détachement d'un salarié dans un pays de l'Union européenne

S'agissant des obligations du prestataire de services au regard de la tenue et la conservation des documents sociaux et de travail en cas de déplacement temporaire de travailleurs pour l'exécution d'un contrat de prestation de services, une copie des documents tenus dans l'État d'origine suffit dès lors qu'il est possible de l'obtenir dans un délai raisonnable.

Les articles 59 et 60 du traité CE (devenus, après modification, les articles 49 et 50 CE) s'opposent à ce qu'un État membre impose, même par des lois de police et de sûreté, à une entreprise établie dans un autre État membre et exécutant temporairement des travaux dans le premier État d'établir des documents sociaux ou de travail, tels un règlement du travail, un registre spécial du personnel et, pour chaque travailleur détaché, un compte individuel, dans la forme requise par la réglementation du premier État, dès lors que la protection sociale des travailleurs susceptible de justifier ces exigences est déjà sauvegardée par la production des documents sociaux et de travail tenus par ladite entreprise en application de la réglementation de l'État membre où elle est établie.

Tel est le cas lorsque, s'agissant de la tenue des documents sociaux et de travail, l'entreprise est déjà soumise, dans l'État où elle est établie, à des obligations comparables, en raison de leur finalité tenant à la sauvegarde des intérêts des travailleurs, du chef des mêmes travailleurs et pour les mêmes périodes d'activité, à celles édictées par la réglementation de l'État membre d'accueil.

Les articles 59 et 60 du traité CE (art. 49 et 50 CE) ne s'opposent pas à ce qu'un État membre oblige une entreprise établie dans un autre État membre et exécutant temporairement des travaux dans le premier État à tenir à disposition, pendant la période d'activité sur le territoire du premier État membre, des documents sociaux et de travail sur le chantier ou en un autre lieu accessible et clairement identifié du territoire de cet État, dès lors que cette mesure est nécessaire pour lui permettre d'assurer un contrôle effectif du respect de sa réglementation justifiée par la sauvegarde de la protection sociale des travailleurs.

Les articles 59 et 60 du traité CE (art. 49 et 50 CE) s'opposent à ce qu'un État membre impose, même par des lois de police et de sûreté, à une entreprise établie dans un autre État membre et exécutant temporairement des travaux dans le premier État de conserver, pendant cinq ans après qu'elle a cessé d'occuper des travailleurs dans le premier État membre, des documents sociaux tels que le registre du personnel et le compte individuel au domicile, situé dans ledit État membre, d'une personne physique qui tient ces documents en tant que mandataire ou préposé.

CJCE 23 novembre 1999, aff. C-369/96, Recueil I-8453.

L'État dans lequel le salarié est détaché peut imposer à l'employeur de payer à ce salarié la rémunération minimale applicable dans le pays d'accueil.

Les articles 59 et 60 du traité CE (art. 49 et 50 CE) ne s'opposent pas à ce qu'un État membre impose à une entreprise établie dans un autre État membre et exécutant temporairement des travaux dans le premier État de payer à ses travailleurs détachés la rémunération minimale fixée par la convention collective de travail applicable dans le premier État membre, à condition que les dispositions en cause soient suffisamment précises et accessibles pour ne pas rendre, en pratique, impossible ou excessivement difficile la détermination, par un tel employeur, des obligations qu'il devrait respecter.

CJCE 23 novembre 1999, aff. C-369/96, précité.

Les articles 59 et 60 du traité CE (art. 49 et 50 CE) ne s'opposent pas à ce qu'un État membre impose à une entreprise établie dans un autre État membre qui effectue une prestation de services sur le territoire du premier État membre de payer à ses travailleurs la rémunération minimale fixée par les règles nationales de cet État. L'application de telles règles pourrait cependant s'avérer disproportionnée lorsqu'il s'agit de salariés d'une entreprise établie dans une région frontalière qui sont amenés à effectuer, à temps partiel et pendant de brèves périodes, une partie de leur travail sur le territoire d'un, voire de plusieurs États membres autres que celui d'établissement de l'entreprise. Il incombe, en conséquence, aux autorités compétentes de l'État membre d'accueil d'établir si, et dans quelle mesure, l'application d'une réglementation nationale imposant un salaire minimal à une telle entreprise est nécessaire et proportionnée pour assurer la protection des travailleurs concernés.

CJCE 15 mars 2001, aff. C-165/98, Recueil I-02189.

En revanche, une organisation syndicale ne peut pas contraindre, par une action collective, un prestataire de services établi dans un autre État membre à négocier avec elle les taux de salaire devant être versés aux travailleurs détachés.

Les articles 49 CE et 3 de la directive 96/71/CE du Parlement européen et du Conseil, du 16 décembre 1996, concernant le détachement de travailleurs effectué dans le cadre d'une prestation de services, s'opposent à ce que, dans un État membre dans lequel les conditions de travail et d'emploi concernant les matières visées à l'article 3, § 1, premier alinéa, sous a) à g), de cette directive figurent dans des dispositions législatives, à l'exception des taux de salaire minimal, une organisation syndicale puisse tenter de contraindre, par une action collective prenant la forme d'un blocus de chantiers, un prestataire de services établi dans un autre État membre à entamer avec elle une négociation sur les taux de salaire devant être versés aux travailleurs détachés ainsi qu'à adhérer à une convention collective dont des clauses établissent, pour certaines desdites matières, des conditions plus favorables que celles découlant des dispositions législatives pertinentes, tandis que d'autres clauses portent sur des matières non visées à l'article 3 de ladite directive.

CJCE 18 décembre 2007, aff. C-341/05, Recueil I-11767.

Détachement d'un salarié hors d'un pays de l'Union européenne

Le salarié détaché ou expatrié hors d'un État membre de l'Union européenne doit être affilié à l'assurance chômage, peu important qu'un contrat de travail ait été établi avec la filiale étrangère de la société mère établie en France.

Aux termes de l'article L. 351-4 CT, sous réserve des dispositions de l'article L. 351-12 CT, tout employeur est tenu d'assurer contre le risque de privation d'emploi tout salarié dont l'engagement résulte d'un contrat de travail, y compris les travailleurs salariés détachés à l'étranger ainsi que les travailleurs salariés français expatriés et, selon l'annexe IX du Règlement annexé à la convention du 1er janvier 1987 relative à l'assurance chômage, les employeurs compris dans le champ d'application territorial du régime d'assurance chômage créé par la convention du 1er janvier 1997, sont tenus d'assurer contre le risque de privation d'emploi les salariés expatriés français ou ressortissants d'un État membre de l'Union européenne, avec lesquels ils ont conclu un contrat de travail en vue d'exercer une activité à l'étranger, hors d'un État membre de l'Union européenne.

Il en résulte qu'aucun de ces textes ne subordonne l'affiliation du salarié détaché ou expatrié hors d'un État membre de l'Union européenne à l'existence d'un unique contrat de travail de celui-ci avec la société mère établie en France, en vue de son détachement ou de son expatriation, de sorte que la banque S. avait l'obligation d'affilier au régime d'assurance chômage le salarié affecté auprès de sa filiale brésilienne, nonobstant le contrat de travail établi avec cette dernière.

Cass. soc. 1er avril 2003, n° 00-44.231, BC V n° 127.

Salariés détachés et modalités de calcul et de répartition de la réserve spéciale de participation

Les modalités de calcul et la répartition de la réserve spéciale de participation entre les salariés bénéficiaires ne peuvent pas faire l'objet d'une distinction suivant que les salariés d'une même entreprise travaillent en France ou à l'étranger.

Il résulte des articles L. 442-1 et L. 442-4 CT que les modalités de calcul et la répartition de la réserve spéciale de participation entre les salariés bénéficiaires ne peuvent faire l'objet d'une distinction suivant que les salariés d'une même entreprise travaillent en France ou à l'étranger.

Plusieurs accords avaient été conclus au sein d'un groupe pour définir les modalités de la participation des personnels des différentes sociétés du groupe aux résultats de ces sociétés. Ces accords prévoyaient leur application à l'ensemble du personnel des sociétés signataires dans la limite de leurs activités rémunérées par des salaires entrant dans le champ d'application de la taxe sur les salaires. Plusieurs salariés, employés par une filiale du groupe en Arabie Saoudite, ayant été exclus du bénéfice de ces accords, ont assigné le groupe et certaines de ses filiales devant le tribunal de grande instance. Par arrêt du 4 décembre 1998, la cour d'appel de Paris a décidé que les intéressés avaient droit, pendant leur période de détachement à l'étranger, au bénéfice de la répartition de la réserve spéciale de participation et, avant dire droit, a ordonné la réouverture des débats pour inviter les parties à conclure sur les modalités devant être adoptées pour rétablir les intéressés dans leurs droits. Le pourvoi formé contre cette décision ayant été rejeté, la cour d'appel a condamné le groupe à procéder sous le contrôle de son commissaire aux comptes :

– à la réévaluation de la réserve spéciale de participation en réintégrant dans les éléments de calcul l'intégralité des salaires versés aux salariés concernés sur l'ensemble des périodes d'expatriation de ces derniers, rétroactivement et dans les limites de la prescription trentenaire de droit commun ;
– au calcul de la différence entre la réserve ainsi réévaluée et la réserve initialement calculée ;
– à l'évaluation et au paiement des parts de cette différence aux salariés en faisant application des règles légales prévues par le code du travail.

En statuant ainsi, alors qu'elle ne pouvait décider d'instaurer des modalités différentes de calcul et de répartition de la réserve spéciale de participation pour les salariés expatriés et les salariés établis en France et qu'elle devait appliquer les accords d'entreprise tels qu'ils avaient été conclus, sous réserve de déclarer non écrite la clause de l'un de ces accords excluant son application aux salariés expatriés, et inclure, conformément aux dispositions de l'article R. 442-2, 1° CT, la rémunération de ces derniers dans le calcul du montant de la réserve spéciale de participation, la cour d'appel a violé les articles L. 442-1 et L. 442-4 CT.

Cass. soc. 29 octobre 2002, n° 00-14.787, BC V n° 324. Voir aussi cass. soc. 29 octobre 2013, n° 12-23.866, 1er moyen, BC V n° 254.

La clause d'un accord de participation ou d'intéressement excluant les salariés détachés à l'étranger dans une succursale est réputée non écrite.

Cass. soc. 6 juin 2018, n° 17-14.372, à paraître, cité dans « Intéressement des salariés » et « Participation ».

Détermination de l'employeur du salarié détaché

L'employeur est celui qui exerce tant le pouvoir de direction et de gestion que le pouvoir disciplinaire.

C'est à tort que, pour refuser la qualité de salarié d'une société B au président du conseil d'administration d'une société A qui avait été détaché au service de la société B, une cour d'appel a énoncé que ce dernier avait travaillé pour la société B dans le cadre d'une simple mise à disposition de la société A, alors d'une part que la société A n'avait pas exercé de pouvoir de direction à l'égard de son président et n'avait pu le mettre à disposition d'une autre société et d'autre part que ce dernier avait exercé son activité sous l'autorité de la société B en contrepartie d'une rémunération mensuelle fixe et qu'il avait été licencié par l'administrateur judiciaire de cette société.

Cass. soc. 1er mars 2000, n° 97-44.249.

En constatant d'une part que la société mère avait engagé un salarié par un contrat de travail conclu à son siège social et l'avait affecté auprès de sa filiale gabonaise et d'autre part qu'elle avait continué à exercer un pouvoir de direction et de contrôle à son égard, en ayant notamment décidé et organisé son affectation auprès de sa filiale argentine, fixé ses primes d'objectif et d'intéressement et établi les « fiches d'évaluation », une cour d'appel a caractérisé l'existence d'un lien de subordination à l'égard de la société mère et a pu décider que cette dernière était l'employeur de l'intéressé. Par ces seuls motifs, elle a pu condamner la société mère à payer au salarié, licencié par la filiale argentine, des indemnités de préavis, de licenciement et pour licenciement sans cause réelle et sérieuse.

Cass. soc. 26 octobre 1999, n° 97-43.142, BC V n° 407.

Le fonctionnaire mis à la disposition d'un organisme de droit privé pour accomplir un travail pour le compte de celui-ci et sous sa direction est lié à cet organisme par un contrat de travail.

Cass. soc. 15 juin 2010, n° 09-69.453, BC V n° 139. Voir aussi cass. soc. 15 juin 2010, n° 08-44.238, BC V n° 133 ; cass. soc. 4 février 2015, n° 13-21.634 ; cass. soc. 17 janvier 2018, n° 16-23.442.

Une institutrice avait été détachée auprès d'une association pour exercer les fonctions de directrice d'un foyer d'hébergement. Son détachement avait été renouvelé pour une durée de cinq années aux cours desquelles le directeur de l'association a demandé sa réintégration dans son corps d'origine. En application de l'article 45 de la loi 84-16 du 11 janvier 1984, le fonctionnaire détaché est soumis aux règles régissant la fonction qu'il exerce par l'effet de son détachement, à l'exception des dispositions des articles L. 122-3-5, L. 122-3-8 et L. 122-9 CT ou de toutes dispositions législatives, réglementaires ou conventionnelles prévoyant le versement d'indemnités de licenciement ou de fin de carrière.

Il s'ensuit, d'une part, que le fonctionnaire détaché doit contribuer à l'assurance chômage comme les autres salariés de l'organisme au sein duquel il exerce ses fonctions et que la décision d'une cour d'appel rejetant la demande en remboursement des cotisations sociales de la salariée se trouve donc légalement justifiée.

D'autre part, il résulte de ce même texte que le fonctionnaire détaché auprès d'une personne morale de droit privé pour exercer des fonctions dans un rapport de subordination est lié à cette personne morale par un contrat de travail de droit privé. Lorsque cette dernière demande à l'autorité administrative de mettre fin au détachement, cette rupture s'analyse en un licenciement régi, sauf les exceptions précitées, par les dispositions du code du travail, notamment les articles L. 122-8, L. 122-14 et s. CT.

C'est donc à tort qu'une cour d'appel a rejeté la demande de la salariée en paiement d'indemnités de préavis, de congés payés et de dommages-intérêts pour licenciement sans cause réelle et sérieuse, après avoir constaté que l'association avait demandé au ministère de l'Éducation nationale de mettre fin au détachement et sans avoir fait connaître à l'intéressée les motifs de cette demande.

Cass. soc. 27 juin 2000, n° 97-43.536, BC V n° 251.

Le fonctionnaire mis à la disposition d'un organisme de droit privé pour accomplir un travail est lié à cet organisme par un contrat de travail.

Par une convention passée, en septembre 1983, entre une direction départementale du temps libre jeunesse et sport et une association, un conseiller technique départemental avait été mis à la disposition de cette dernière.

Par lettre du 29 septembre 1994, le président de l'association avait avisé le directeur départemental de la décision de mettre fin à la convention et, le même jour, porté cette décision à la connaissance du conseiller technique.

S'estimant licencié, l'intéressé avait saisi le conseil de prud'hommes de diverses demandes au titre de l'exécution et de la rupture du contrat de travail. Selon l'article 11 de la loi 75-988 du 29 octobre 1975 relative au développement de l'éducation physique et du sport, les techniciens recrutés et rémunérés par le ministre chargé des Sports et mis à la disposition des fédérations sportives sont chargés, sous la responsabilité et la direction de celles-ci, en particulier de promouvoir le sport à tous les niveaux, de préparer la sélection, d'entraîner les équipes nationales, de découvrir les espoirs et former les entraîneurs.

Doit être cassé l'arrêt qui a débouté le conseiller de ses demandes au motif qu'aucun lien de subordination n'existait entre lui et l'association, alors que, si l'intéressé restait lié à son administration d'origine, son travail était effectué dans le cadre de la loi susvisée, pour le compte de l'association, qui avait pris l'initiative de mettre fin à la disposition.

Cass. soc. 13 mars 2001, n° 99-40.154, BC V n° 91 (arrêt n° 2). Voir aussi cass. soc. 13 mars 2001, n° 99-40.139, BC V n° 91 (arrêt n° 1) ; cass. soc. 6 mai 2009, n° 07-44.449, BC V n° 124, s'agissant d'un fonctionnaire mis en disponibilité.

Une loi peut déroger à ce principe.

Des dispositions législatives peuvent déroger à la règle selon laquelle un agent public mis à la disposition d'un organisme de droit privé pour accomplir un travail pour le compte de celui-ci et sous sa direction est lié à cet organisme par un contrat de travail.

Cass. soc. 29 septembre 2014, n° 13-11.191, BC V n° 211.

Obligations de l'employeur

L'employeur décidant du détachement d'un salarié malade est tenu de prendre les mesures que lui impose son obligation de sécurité.

À l'issue d'un arrêt maladie, un salarié avait été déclaré « apte sous réserve d'un suivi par le médecin traitant. Examen complémentaire prévu… » ; il a été détaché, en juin 2007, auprès d'une autre société ; il s'est à nouveau trouvé en arrêt maladie à compter du 23 août 2007 ; il a effectué, le 24 octobre 2008, une demande de reconnaissance de maladie professionnelle, qui a reçu une réponse favorable de la CPAM ; après avoir été licencié pour inaptitude médicale et impossibilité de reclassement, il a saisi la juridiction prud'homale.

Après avoir relevé que pour décider du placement en position de détachement d'un salarié malade, l'employeur ne justifiait pas s'être rapproché du médecin du travail pour savoir si les recommandations faites par celui-ci, concernant notamment l'examen médical complémentaire prévu, avaient été suivies et pour solliciter éventuellement son avis sur le changement de poste envisagé, une cour d'appel en a exactement déduit que l'employeur avait manqué à son obligation de sécurité.

Cass. soc. 26 septembre 2012, n° 11-14.742, BC V n° 236.

Rupture du contrat de travail du salarié détaché

• Détachement en France

En cas de licenciement pour motif économique par la filiale, la société mère est tenue de rechercher une autre affectation au salarié. À défaut, le licenciement prononcé par la société mère est dépourvu de cause économique.

Un salarié, attaché commercial au sein d'une banque, avait été promu « directeur des grandes entreprises » et, par la suite, détaché auprès d'une filiale de la banque, pour y exercer les fonctions de membre du directoire dont il avait été nommé président. Après qu'il eut été mis fin à son mandat social, il avait été licencié pour motif économique.

D'abord, analysant les conventions des parties, et notamment une lettre par laquelle le directeur général de la banque avait précisé au salarié que son détachement au sein de la filiale n'entraînait pas la révocation de son statut d'agent de la banque et estimant que la révocation du mandat social confié à l'intéressé dans la filiale de la banque avait seulement eu pour effet de mettre fin à l'affectation du salarié dans ladite filiale, une cour d'appel a pu en déduire que la banque avait l'obligation d'offrir à son salarié une autre affectation, peu important à cet égard la cause de la cessation du mandat.

Ensuite, ayant constaté que l'employeur n'avait tenté aucun reclassement de l'intéressé, la cour d'appel a exactement décidé que le licenciement auquel il avait procédé était dépourvu de cause réelle et sérieuse.

Cass. soc. 30 novembre 1999, n° 97-41.431, BC V n° 464.

Le motif de licenciement d'un salarié rapatrié par son employeur initial doit être nécessairement distinct de celui invoqué par la société dans laquelle il avait été mis à disposition.

Lorsqu'un salarié est mis à la disposition d'une autre entreprise et qu'il est licencié par celle-ci, il retrouve son emploi chez son employeur initial. Celui-ci ne peut alors prononcer un licenciement que pour un motif qui lui est propre et nécessairement distinct de celui ayant provoqué le premier licenciement.

C'est à tort qu'une cour d'appel a débouté l'intéressé, chef de chantier, de sa demande de dommages-intérêts pour licenciement sans cause réelle et sérieuse, alors d'une part que la société « MM » à la disposition de laquelle avait été mis le salarié n'avait pas procédé à son licenciement, et alors, d'autre part, que la société « M. BTP » se bornait à invoquer dans la lettre de licenciement les difficultés économiques de sa filiale martiniquaise sans faire état de difficultés propres, ce dont il résultait que le licenciement était sans cause réelle et sérieuse.

Cass. soc. 20 juin 2000, n° 98-42.126, BC V n° 236.

• Détachement à l'étranger

Droit à réintégration du salarié

En cas de licenciement par la filiale, la société mère doit réintégrer le salarié.

Selon l'article L. 122-14-8, devenu L. 1231-5 CT, lorsqu'un salarié, mis par la société au service de laquelle il était engagé à la disposition d'une filiale étrangère à laquelle il est lié par un contrat de travail, est licencié par cette filiale, la société mère doit assurer son rapatriement et lui procurer un nouvel emploi compatible avec l'importance de ses précédentes fonctions au sein de la société mère ; ce texte ne subordonne pas son application au maintien d'un contrat de travail entre le salarié et la maison mère.

Après avoir retenu qu'une salariée avait été mise à disposition de la filiale chinoise de la société qui l'employait, dans le cadre d'un contrat de travail passé entre la salariée et cette filiale, et que cette dernière avait licencié la salariée, une cour d'appel a exactement décidé que, faute d'avoir été reclassée par la société mère, conformément aux dispositions de l'article L. 122-14-8, devenu L. 1231-5 CT, la rupture du contrat de travail s'analysait en un licenciement sans cause réelle et sérieuse.

Cass. soc. 13 novembre 2008, n° 07-41.700, BC V n° 214 (arrêt n° 1). Voir aussi cass. soc. 30 mars 2011, n° 09-70.306, pourvoi principal, BC V n° 82, s'agissant d'un salarié initialement embauché par un contrat à durée déterminée arrivé à son terme avant la conclusion du contrat avec la filiale ; cass. soc. 26 mai 2016, n° 15-12.448, 1er moyen du pourvoi principal.

Il en va de même en cas de cession par la filiale étrangère de son fonds à une société tierce.

Un salarié a été engagé par une société pour exercer des fonctions de direction au sein d'une filiale argentine en qualité d'expatrié à compter du 1er août 1999 ; le 1er octobre 2001, cette filiale a cédé à une autre société une partie du fonds de commerce ; son personnel a été transféré selon les règles de droit argentin à la société cessionnaire ; l'intéressé, contestant la cessation de son activité au sein de la filiale et le transfert de son contrat de travail sans qu'il ait donné son accord, s'est adressé à la société mère le 13 novembre 2001 aux fins d'obtenir son rapatriement ; le 21 novembre, il a signé un contrat de travail de droit argentin avec la société cessionnaire avec effet rétroactif au 1er octobre 2001 ; considérant que le transfert de son contrat de travail ne pouvait avoir eu lieu sans son accord et que la société qui l'avait engagé était restée son employeur, le salarié a saisi la juridiction prud'homale pour obtenir la résiliation judiciaire du contrat de travail aux torts de la société mère et le paiement, notamment, d'indemnités de rupture.

Pour rejeter ses demandes, une cour d'appel a relevé que le salarié ne pouvait soutenir que son transfert aurait été subordonné à son accord exprès alors qu'il ne justifiait pas d'une effective modification de son contrat de travail, que celui-ci figurait bien dans la liste des contrats transférés ; elle a en déduit qu'en l'absence de toute demande claire et non équivoque de rapatriement en France et de toute rupture du contrat de travail de droit argentin antérieures à la cession et alors qu'aucune fraude n'était alléguée, le contrat de travail de l'intéressé avait été transféré et que, d'ailleurs, la signature d'un nouveau contrat de travail avec la société cessionnaire avec effet rétroactif au 1er octobre confirmait de manière certaine la volonté du salarié d'opérer la novation du contrat de travail transféré.

En statuant ainsi, alors que la cession par la filiale argentine de son fonds à une société tierce mettait fin ipso facto au contrat de travail liant le salarié à la filiale argentine et qu'il appartenait donc à la société mère de prendre l'initiative du rapatriement du salarié et de lui proposer un reclassement, la cour d'appel a violé l'article L. 122-14-8, devenu L. 1231-5 CT.

Cass. soc. 13 novembre 2008, n° 06-42.583, BC V n° 214 (arrêt n° 2).

L'obligation de reclassement à la charge de la société mère ne concernant que les relations entre celle-ci et le salarié qu'elle met à disposition, peu importe que le contrat conclu entre ce dernier et la filiale ait été soumis au droit étranger.

Cass. soc. 30 mars 2011, n° 09-70.306, précité.

Le seul fait que le salarié n'ait pas, avant son détachement, exercé des fonctions effectives au service de l'employeur qui l'a détaché ne dispense pas celui-ci de son obligation d'assurer son rapatriement à la fin du détachement et de le reclasser dans un autre emploi en rapport avec ses compétences.

Cass. soc. 7 décembre 2011, n° 09-67.367, 1re branche du 1er moyen, BC V n° 286. Voir aussi cass. soc. 9 janvier 2013, n° 11-20.013, 1er moyen ; cass. soc. 23 janvier 2019, n° 17-17.244.

L'obligation de réintégration existe même si le salarié a reçu des indemnités de rupture par la société filiale.

Le fait qu'un salarié ait reçu des indemnités de rupture par la société filiale suite à son licenciement ne suffit pas à décharger la société mère de l'obligation qui lui incombe de procurer à l'intéressé un nouvel emploi.

Cass. soc. 4 décembre 1985, n° 83-41.913, BC V n° 569.

Le salarié n'a pas à demander sa réintégration.

Doit être cassé l'arrêt qui, pour débouter un salarié de ses demandes de dommages-intérêts liées à son absence de réintégration par la société mère, énonce que l'intéressé n'avait jamais demandé sa réintégration, alors que la société mère doit assurer le rapatriement du salarié et lui procurer un nouvel emploi dès qu'elle a eu connaissance de son licenciement par la filiale.

Cass. soc. 6 juillet 1982, n° 80-41.092, BC V n° 451. Voir aussi cass. soc. 19 octobre 2017, n° 16-18.854, énonçant que la mise en œuvre de l'obligation de rapatriement n'est pas subordonnée à une demande expresse du salarié.

La société mère, tenue de réintégrer le salarié après son licenciement par la filiale, ne peut le licencier qu'en invoquant une cause réelle et sérieuse.

Selon l'article L. 122-14-8 CT, lorsqu'un salarié, mis par la société au service de laquelle il était engagé à la disposition d'une filiale étrangère à laquelle il est lié par un contrat de travail, est licencié par cette filiale, la société mère doit assurer son rapatriement et lui procurer un nouvel emploi compatible avec l'importance de ses précédentes fonctions au sein de la société mère. Si la société mère entend néanmoins congédier ce salarié, les dispositions du même code relatives à la résiliation du contrat de travail à durée indéterminée sont applicables. Il en résulte que si la société filiale met fin au détachement, le salarié peut se prévaloir des règles relatives au licenciement et que la société mère, tenue de le réintégrer, ne peut le licencier qu'en invoquant une cause réelle et sérieuse.

Un salarié avait été engagé par une société « A » puis nommé dans une filiale « B », puis engagé ultérieurement en Arabie Saoudite par une autre filiale « C » avec une période d'essai. Ayant été licencié par cette dernière au cours de la période d'essai puis par la société « A », il avait saisi la juridiction prud'homale de demandes en paiement d'indemnités de rupture dirigées contre la société mère et d'une demande en paiement de commissions sur vente dirigée contre la société « B ».

C'est à tort que, pour débouter l'intéressé de ses demandes dirigées contre la société mère, une cour d'appel a énoncé que cette dernière, qui avait engagé la procédure de licenciement après avoir été avertie des nombreux incidents qui avaient émaillé la période d'emploi que le salarié avait effectuée au sein de la filiale « C », faisait la démonstration des insuffisances professionnelles et des fautes réelles reprochées à l'intéressé lors de sa mission en Arabie Saoudite, alors qu'il lui incombait de statuer séparément sur les deux licenciements successifs et d'examiner si celui prononcé par la société mère avait une cause réelle et sérieuse fondée sur des faits concernant cette entreprise.

Cass. soc. 18 mai 1999, n° 96-45.439, BC V n° 216.

Ayant fait ressortir que les manquements d'une salariée commis au cours de son détachement dans une filiale étrangère avaient porté atteinte au renom de la société mère française dans ses rapports avec sa clientèle et son personnel, une cour d'appel a pu en déduire que ces agissements rendaient impossible son maintien dans l'entreprise.

Cass. soc. 17 novembre 2010, n° 09-42.695.

Les dispositions de l'article L. 1231-5 CT ne font obstacle ni à ce que la société mère, dans le cadre de son obligation de reclassement, propose un emploi de catégorie inférieure au salarié détaché, ni à l'application du règlement 1408/71/CE qui détermine l'État auquel les cotisations d'assurance chômage doivent être versées pour les salariés détachés dans une filiale étrangère.

Le licenciement pour motif économique d'un salarié n'a de cause réelle et sérieuse que si l'employeur s'est trouvé dans l'impossibilité de le reclasser et les dispositions de l'article L. 122-14-8 CT relatives au détachement d'un salarié au sein d'une filiale étrangère ne font pas obstacle à ce que la société mère, dans le cadre de son obligation de reclassement, à défaut de pouvoir procurer à l'intéressé un nouvel emploi compatible avec l'importance de ses précédentes fonctions au sein de la société mère, lui propose un autre emploi, même de catégorie inférieure, par voie de modification du contrat de travail.

Aux termes de l'article 13, § 2 du règlement 1408/71/CE du 14 juin 1971, applicable notamment aux prestations de chômage, la personne qui exerce une activité salariée sur le territoire d'un État membre est en principe soumise à la législation de cet État, même si elle réside sur le territoire d'un autre État membre ou si l'entreprise ou l'employeur qui l'occupe a son siège ou son domicile sur le territoire d'un autre État membre.

Viole ces dispositions la cour d'appel qui condamne un employeur à régulariser le versement des cotisations Assédic concernant un salarié licencié pour motif économique qui avait été engagé en France et mis à la disposition d'une filiale espagnole, au motif que l'emploi occupé en dernier lieu par l'intéressé se trouvait nécessairement en France du fait de l'article L. 122-14-8 CT, alors que la cour d'appel avait constaté que le salarié avait exercé son activité dans un autre État membre de l'Union et que, durant cette période, le régime d'assurance chômage de la législation de cet État lui étant applicable, les cotisations d'assurance chômage ne devaient pas être versées aux organismes français.

Cass. soc. 19 décembre 2000, n° 98-42.919, 1er et 3e moyens du pourvoi principal, BC V n° 435.

En l'absence d'offre de réintégration sérieuse, précise et compatible avec l'importance de ses précédentes fonctions au sein de la société mère, et d'acceptation expresse du nouveau poste, le salarié peut prendre acte de la rupture de son contrat de travail aux torts de l'employeur.

Un salarié a été engagé avec effet au 1er septembre 1986 par une société en qualité d'attaché de direction ; à partir de juillet 1992, il a exercé des fonctions à l'étranger, notamment au Brésil depuis mai 1999 ; en 2000, il a été nommé directeur général de la filiale brésilienne de la société, son expatriation étant renouvelée pour trois ans ; par avenant du 31 mars 2003, il a été détaché pour trois autres années afin d'assurer des fonctions de directeur général selon mandat social consenti par la filiale brésilienne ; ce mandat a été révoqué en décembre 2006 et le salarié a été affecté, à son retour en France à compter du 15 janvier 2007 au poste de responsable de la direction de l'Internet ; l'intéressé a successivement pris acte de la rupture de son contrat de travail aux torts de l'employeur par lettre du 8 janvier 2007, intégré un nouveau poste dans une banque brésilienne le 9 février 2007 puis saisi la juridiction prud'homale de diverses demandes le 28 février 2007.

Après avoir constaté, d'une part, que le salarié expatrié avait fait l'objet d'une mesure de rapatriement en France sans bénéficier d'une offre de réintégration sérieuse, précise et compatible avec l'importance de ses précédentes fonctions au sein de la société mère, d'autre part, qu'aucun accord exprès de l'intéressé sur ce nouveau poste n'était intervenu, une cour d'appel en a déduit que la prise d'acte de la rupture était justifiée.

Cass. soc. 21 novembre 2012, n° 10-17.978, BC V n° 299.

Répartition des obligations entre la société mère et la filiale

Le salarié peut demander la condamnation solidaire de la société mère et de la filiale en paiement d'indemnités de rupture, les licenciements prononcés par les deux sociétés devant reposer pour chacun sur une cause réelle et sérieuse.

Un salarié avait été engagé par une banque française et détaché dix ans plus tard dans une filiale de cette banque à Genève. La société filiale ayant mis fin à son détachement, la société mère l'avait licencié pour faute grave aux motifs que, dans le cadre de ses fonctions à l'agence de Genève, il avait dissimulé à la hiérarchie des engagements commerciaux, fait preuve d'indiscipline et dépassé les limites d'engagement qui lui étaient accordées.

C'est à tort que, pour débouter l'intéressé de ses demandes tendant à la condamnation solidaire des deux sociétés au paiement d'indemnités pour rupture du contrat de détachement et pour rupture du contrat de travail, une cour d'appel, devant laquelle les conditions d'application de l'article L. 122-14-8 CT n'étaient pas contestées, a retenu qu'en cas de détachement, le contrat de travail initial subsiste, la décision de cessation du détachement prise par la filiale - en l'occurrence en étroite concertation avec la société mère - ayant pour effet d'entraîner la réintégration du salarié auprès de la société mère, qui seule a le pouvoir de licencier, de sorte qu'en l'espèce le rappel du salarié puis son licenciement par la société mère constituaient les étapes d'un même processus qui ne pouvait ouvrir droit à double réparation, alors qu'il incombait à la cour d'appel de statuer séparément sur les deux licenciements et d'examiner si chacun d'eux avait une cause réelle et sérieuse.

Cass. soc. 30 mars 1999, n° 97-40.544, BC V n° 141.

Les indemnités de rupture auxquelles peut prétendre le salarié au titre de son licenciement prononcé par la société mère, après que la filiale a mis fin à son détachement, doivent être calculées par référence aux salaires perçus par le salarié dans son dernier emploi.

Un salarié, mis à la disposition d'une filiale étrangère qui a résilié le contrat de travail qui les liait, a été licencié pour faute grave par la société qui l'avait engagé.

Ayant constaté que le salarié avait, en dernier lieu, travaillé au sein de la filiale étrangère, une cour d'appel en a exactement déduit que le montant des indemnités de préavis, de congés payés afférents au préavis et de licenciement dues par la société mère qui l'avait licencié devait être déterminé sur la base du salaire d'expatriation.

Cass. soc. 27 octobre 2004, n° 02-40.648, BC V n° 269. Voir aussi cass. soc. 5 décembre 2007, n° 06-40.787, 2e moyen ; cass. soc. 9 avril 2014, n° 12-24.019, 3e moyen.

Lorsque la filiale a versé une indemnité de licenciement au salarié, ce dernier ne peut pas demander à la société mère le paiement de cette indemnité pour une même période d'emploi et pour un même travail.

Si les licenciements prononcés par chacune des sociétés pouvaient ouvrir droit au paiement d'indemnités distinctes, l'intéressé ne pouvait néanmoins cumuler, pour une même période d'emploi et pour un même travail, des indemnités ayant le même objet.

Cass. soc. 20 janvier 1993, n° 89-43.873.

Le salarié peut prétendre à des indemnités de préavis auprès des deux sociétés si ces indemnités concernent des licenciements distincts et des périodes différentes.

Des indemnités de préavis doivent être respectivement versées par la société filiale et la société mère si elles sont afférentes à des licenciements distincts et s'appliquent à des périodes différentes et n'ont, par conséquent, pas la même cause.

Cass. soc. 15 novembre 1989, n° 86-43.866, 2e moyen, BC V n° 660.

☛ *Contrat de mise à disposition ; Contrat de travail (Critères) ; Contrat de travail (Détermination de l'employeur) ; Contrat de travail international.*

Diffamation

☛ *Dénigrement/Diffamation ; Liberté d'expression.*

Dignité des salariés

Le fait de soumettre une personne, dont la vulnérabilité ou l'état de dépendance sont apparents ou connus de l'employeur, à des conditions de travail incompatibles avec la dignité humaine, constitue un délit réprimé par l'article 225-14 c. pén.

La Cour de cassation contrôle la caractérisation faite par les juges du fond des éléments constitutifs de l'infraction.

Pour déclarer un chef d'entreprise coupable du délit de soumission de personnes vulnérables à des conditions de travail indignes, les juges ont énoncé que la façon dont il dirigeait ses salariés (hurlements permanents, vexations, insultes, humiliations, cadences et conditions matérielles de travail), faisant d'eux « le prolongement d'une machine-outil », était incompatible avec la dignité humaine et ont ajouté que, pour imposer de telles conditions de travail aux salariés concernés, le prévenu avait profité de leur situation de vulnérabilité sociale et économique résultant de leur absence de qualification et de la situation particulièrement difficile de l'emploi en milieu rural et notamment dans le secteur de la confection.

Par ces motifs, les juges ont caractérisé en tous ses éléments, tant matériel qu'intentionnel, le délit susvisé et ont justifié leur décision au regard de l'article 225-14 c. pén., dont les termes ne sont incompatibles ni avec l'article 7 de la Convention européenne des droits de l'homme ni avec l'article 14 du Pacte international relatif aux droits civils et politiques.

Cass. crim. 4 mars 2003, n° 02-82.194, B. crim. n° 58.

Pour relaxer une directrice de magasin, poursuivie sur le fondement de l'article 225-14 c. pén. pour avoir, en abusant de leur situation de dépendance, soumis plusieurs salariés à des conditions de travail incompatibles avec la dignité humaine, les juges, après avoir énoncé que plusieurs salariés s'étaient plaints d'avoir subi de sa part, au cours de leur travail et notamment en présence de clients, des actes de violence, brimades, injures et autres vexations, retiennent que les plaignants, étant de nationalité française et titulaires d'un contrat de travail, ne sauraient se trouver en situation de dépendance ou de vulnérabilité vis-à-vis de leur employeur, même si la conjoncture économique rendait leur choix de rompre leur contrat plus difficile et même si certains étaient plus fragiles. Ils ajoutent que les violences physiques et morales, si elles témoignent d'un comportement critiquable à l'égard des salariés, ne caractérisent pas une atteinte à la dignité humaine, mais relèvent plutôt d'un mode paternaliste de gestion non pénalement punissable.

En statuant ainsi, par des motifs inopérants, s'agissant de la situation de vulnérabilité et de dépendance des victimes, et contradictoires, s'agissant de la compatibilité des conditions de travail avec la dignité humaine, la cour d'appel n'a pas donné de base légale à sa décision.

Cass. crim. 23 avril 2003, n° 02-82.971, B. crim. n° 85.

L'article 225-14 c. pén., qui incrimine également la soumission de personne vulnérable à des conditions d'hébergement incompatibles avec la dignité humaine, n'exige pas que l'auteur de l'infraction soit l'employeur ou le bailleur de la victime…

L'article 225-14 c. pén., dans sa rédaction alors en vigueur, incrimine le comportement de toute personne qui abuse de la situation de dépendance ou de vulnérabilité d'autrui pour le soumettre à des conditions d'hébergement incompatibles avec la dignité humaine, sans exiger que l'auteur du délit soit l'employeur ou le bailleur de la victime.

C'est à bon droit qu'une cour d'appel, ayant constaté que les conditions d'hébergement d'une gardienne d'immeuble étaient contraires à la dignité humaine et que celle-ci, âgée de 60 ans, ne disposant d'aucun autre logement, se trouvait dans une situation de dépendance à l'égard de son employeur, a déclaré que le président du syndic de copropriété était coupable du délit prévu à l'article 225-14 c. pén., dès lors que celui-ci, après s'être vu délivrer une mise en demeure de procéder à des travaux par un contrôleur du travail, ne pouvait ignorer les conditions d'hébergement, ni la nécessité d'y remédier dans un bref délai et ne s'est néanmoins décidé à réunir l'assemblée des copropriétaires, afin de soumettre les travaux à un vote, que plusieurs mois après, suite à sa citation devant un tribunal correctionnel.

Cass. crim. 23 avril 2003, n° 02-82.985.

… et ne subordonne pas la caractérisation de l'indignité des conditions d'hébergement à la preuve de la violation d'une norme d'hygiène ou de sécurité imposée par une disposition légale ou réglementaire spéciale.

Après avoir relevé que trois travailleurs marocains en situation irrégulière étaient logés dans un espace exigu, confiné et bas de plafond, n'offrant ni confort ni intimité, et présentant une absence de ventilation ainsi qu'un défaut de protection des câbles électriques, et, dès lors que l'article 225-14 c. pén.

ne subordonne pas la caractérisation de l'indignité desdites conditions d'hébergement à la preuve de la violation d'une norme d'hygiène ou de sécurité imposée par une disposition légale ou réglementaire spéciale, c'est à bon droit qu'une cour d'appel a déclaré la société pour qui ils travaillaient complice du délit de soumission de plusieurs personnes vulnérables à des conditions d'hébergement indignes.

Cass. crim. 22 juin 2016, n° 14-80.041, 9e branche du moyen, B. crim. n° 195.

Tout travail forcé est incompatible avec la dignité humaine.

Une personne, qui a employé et logé une jeune fille née en Côte d'Ivoire, de décembre 1994, date de son arrivée illégale sur le territoire national à l'âge de 15 ans et demi, jusqu'en 2000, a été renvoyée devant le tribunal correctionnel, notamment, du chef de soumission d'une personne vulnérable à des conditions de travail et d'hébergement incompatibles avec la dignité humaine.

C'est à tort que, pour confirmer le jugement en ce qu'il avait relaxé la prévenue de ce chef, une cour d'appel, après avoir relevé que la jeune fille, dont la prévenue avait conservé le passeport, avait été chargée par celle-ci d'exécuter en permanence, sans bénéficier de congés, des tâches domestiques, rétribuées par quelque argent de poche ou envoi de subsides en Côte d'Ivoire, a retenu que la jeune fille disposait des mêmes conditions de logement que les membres de la famille et qu'elle était l'objet de l'affection véritable de la prévenue, et en a déduit l'absence d'atteinte à la dignité humaine.

Cass. crim. 13 janvier 2009, n° 08-80.787, B. crim. n° 9.

Portent atteinte à sa dignité les commentaires adressés à un salarié homosexuel affirmant que sa mutation « constituait une punition, qui n'en était pas vraiment une, puisqu'il avait été transporté dans un nouveau lieu et un nouveau cadre avec une clientèle correspondant parfaitement à ses goûts ».

CA Paris, ch. 6-6, 15 décembre 2010, n° 09/02814.

L'atteinte à la dignité de son salarié constitue pour l'employeur un manquement grave à ses obligations.

Pour débouter une salariée de sa demande tendant à la résiliation judiciaire de son contrat de travail, une cour d'appel a énoncé que si l'employeur ne contestait pas avoir tenu à son égard, au cours d'un entretien, des propos indélicats aux termes desquels il lui reprochait de dégager des odeurs nauséabondes en évoquant « une gangrène, une incontinence », ces faits ne justifiaient pas, à eux seuls, la résiliation du contrat de travail aux torts de l'employeur.

En statuant ainsi, la cour d'appel n'a pas tiré les conséquences légales de ses constatations et a violé les articles L. 1222-1 CT, et les articles 1134 et 1184 c. civ.

Cass. soc. 7 février 2012, n° 10-18.686, BC V n° 58.

Discrétion

(Obligation, Comité d'entreprise)

Les membres du comité d'entreprise et les représentants syndicaux sont tenus à une obligation de discrétion à l'égard des informations confidentielles et présentées comme telles par le chef d'entreprise ou son représentant.

Les documents d'information financière et prévisionnelle communiqués au comité d'entreprise et les informations communiquées dans le cadre de la procédure d'alerte sont réputés confidentiels.

Pour satisfaire aux conditions de l'article L. 2325-5 ancien CT, l'information donnée aux membres du comité d'entreprise doit non seulement être déclarée confidentielle par l'employeur, mais encore être de nature confidentielle, au regard des intérêts légitimes de l'entreprise, ce qu'il appartient à l'employeur d'établir.

Une cour d'appel, qui a retenu qu'un employeur avait placé non pas, comme elle le prétendait, « la majeure partie », mais l'intégralité des documents adressés au comité central d'entreprise sous le sceau de la confidentialité sans justifier de la nécessité d'assurer la protection de l'ensemble des données contenues dans ces documents, ce dont il résultait que l'employeur avait porté une atteinte illicite aux prérogatives des membres du comité d'entreprise dans la préparation des réunions, qui ne pouvait être réparée que par la reprise de la procédure d'information et consultation à son début, a pu prononcer l'annulation des documents litigieux, ordonner la reprise, à l'origine, des procédures d'information et consultation prévues par les articles L. 2323-15 et L. 1233-28 CT, et ordonner, préalablement à la convocation du comité, la transmission à ses membres de documents conformes aux exigences légales.

Cass. soc. 5 novembre 2014, n° 13-17.270, 2 premières branches du moyen, BC V n° 256.

La déclaration de confidentialité de l'employeur doit être mentionnée dans le procès-verbal de la réunion du comité d'entreprise.

Il résulte des dispositions de l'article L. 432-7, al. 2 CT que les membres du comité d'entreprise et les représentants syndicaux ne sont tenus à une obligation de discrétion qu'à l'égard des informations présentant un caractère confidentiel et données comme telles par l'employeur ou son représentant.

Un délégué syndical et membre du comité d'entreprise avait fait l'objet d'une mise à pied disciplinaire pour avoir organisé une réunion d'information du personnel au cours de laquelle il avait fait le compte rendu de la réunion du comité d'entreprise, divulguant des informations données par l'employeur au cours de cette réunion et déclarées par lui comme confidentielles après la réunion du comité d'entreprise ; l'intéressé a contesté cette mesure de mise à pied et demandé la condamnation de l'employeur à lui payer certaines sommes.

Un conseil de prud'hommes qui avait constaté que le procès-verbal de la réunion du comité d'entreprise ne mentionnait pas que les informations données par l'employeur étaient confidentielles a pu accueillir les demandes du salarié.

Cass. soc. 12 juillet 2006, n° 04-47.558, BC V, n° 256. Voir aussi cass. soc. 6 mars 2012, n° 10-24.367, 2e moyen.

Discrimination

Discrimination à l'embauche ; Droit syndical (Exercice du) ; Égalité de rémunération ; Égalité de traitement ; Égalité de traitement entre hommes et femmes ; Grève (Abus du droit) ; Grève (Définition) ; Grève (Effets) ; Grève (Faute lourde) ; Grève (Responsabilité) ; Grève (Services publics) ; Sanctions discriminatoires (Notion).

Discrimination à l'embauche

Selon l'article L. 1132-1 CT, l'employeur ne peut pas écarter d'une procédure de recrutement ou de l'accès à un stage ou à une période de formation en entreprise une personne en raison de son origine, de son sexe, de ses mœurs, de son orientation sexuelle, de son identité de genre, de son âge, de sa situation de famille ou de sa grossesse, de ses caractéristiques génétiques, de la particulière vulnérabilité résultant de sa situation économique, apparente ou connue de son auteur, de son appartenance ou de sa non-appartenance, vraie ou supposée, à une ethnie, une nation ou une prétendue race, de ses opinions politiques, de ses activités syndicales ou mutualistes, de ses convictions religieuses, de son apparence physique, de son nom de famille, de son lieu de résidence ou de sa domiciliation bancaire, ou en raison de son état de santé, de sa perte d'autonomie ou de son handicap, de sa capacité à s'exprimer dans une langue autre que le français.

Parallèlement, au niveau communautaire, la directive 2006/54/CE du 5 juillet 2006 met en œuvre le principe d'égalité entre hommes et femmes en ce qui concerne l'accès à l'emploi, la formation professionnelle et les conditions de travail. Elle a été transposée en droit français par la loi 2008-496 du 27 mai 2008.

La violation de l'interdiction de discrimination est pénalement réprimée.

Les discriminations à l'embauche ont interdites

• Discrimination au regard de la situation de famille

Constitue un refus d'embauche discriminatoire le fait de prendre en considération la situation familiale du candidat en ne recrutant pas de proches parents ou alliés des membres du conseil d'administration ou du personnel.

Cass. crim. 23 octobre 1990, n° 88-82.005, B. crim. n° 353.

• Discrimination fondée sur l'appartenance à une ethnie

Le licenciement d'un salarié au cours de la période d'essai en raison de sa nationalité marocaine s'analyse en une discrimination. Les dispositions de l'article 416-3° c. pén. (ancien) étaient applicables en l'espèce dans la mesure où elles prohibaient toute discrimination fondée sur des considérations raciales ou de nationalité, non seulement à l'occasion de la rupture du contrat de travail mais également lors de l'embauche. L'embauche d'un salarié n'étant définitive qu'à l'issue de la période d'essai, l'employeur pouvait être poursuivi pour discrimination à l'embauche.

Cass. crim. 14 octobre 1986, n° 85-96.369, B. crim. n° 287.

Le fait pour un employeur de déclarer publiquement qu'il ne recrutera pas de salariés ayant une certaine origine ethnique ou raciale constitue une discrimination directe à l'embauche au sens de l'article 2, § 2, sous a), de la directive 2000/43/CE du Conseil, du 29 juin 2000 relative à la mise en œuvre du principe de l'égalité de traitement entre les personnes sans distinction de race ou d'origine ethnique, de telles déclarations étant de nature à dissuader sérieusement certains candidats de déposer leur candidature et, partant, à faire obstacle à leur accès au marché du travail.

De telles déclarations publiques suffisent à présumer, au sens de l'article 8, § 1, de la directive 2000/43, l'existence d'une politique d'embauche directement discriminatoire. Il incombe alors à cet employeur de prouver qu'il n'y a pas eu de violation du principe de l'égalité de traitement, notamment en démontrant que la pratique réelle d'embauche de l'entreprise ne correspond pas à ces déclarations.

Enfin, l'article 15 de la directive 2000/43 exige que, également lorsqu'il n'y a pas de victime identifiable, le régime des sanctions applicables aux violations des dispositions nationales adoptées pour transposer cette directive soit effectif, proportionné et dissuasif.

CJCE 10 juillet 2008, aff. C-54/07, Recueil I-5187.

La discrimination est sanctionnée, malgré l'embauche de la candidate.

Selon l'article L. 1132-1 CT, aucune personne ne peut être écartée d'une procédure de recrutement en raison de son origine, en raison de son appartenance ou de sa non appartenance, vraie ou supposée à une ethnie, une nation ou une race.

En relevant que la directrice adjointe d'une cafétéria avait informé une salariée, laquelle était pourtant « chaudement recommandée » par la direction d'un autre établissement, qu'elle ne pouvait l'engager immédiatement car la directrice lui avait indiqué qu'elle « ne faisait pas confiance aux maghrébines », de sorte qu'elle n'avait pu être recrutée que 15 jours plus tard à la faveur de l'absence de la directrice partie en vacances, une cour d'appel a caractérisé la discrimination raciale.

Cass. soc. 18 janvier 2012, n° 10-16.926, 3e moyen, BC V n° 17.

• Discrimination en raison de l'état de santé

Le refus d'engager une femme enceinte en invoquant les conséquences possibles, dommageables pour l'employeur, de cet état de grossesse et de l'assimilation de l'accouchement à une cessation d'activité pour cause de maladie constitue une violation de la directive relative au principe d'égalité de traitement entre hommes et femmes, bien qu'aucun candidat de sexe masculin ne se soit présenté pour le poste à pourvoir.

CJCE 8 novembre 1990, aff. C-177/88, Recueil I-3941.

L'article 2, §§ 1 et 3, de la directive 76/207/CEE du Conseil du 9 février 1976 relative à la mise en œuvre du principe de l'égalité de traitement entre hommes et femmes en ce qui concerne l'accès à l'emploi, à la formation et à la promotion professionnelles, et les conditions de travail, s'oppose au refus d'engager une femme enceinte pour un emploi à durée indéterminée au motif qu'une interdiction légale de travail attachée à cet état fait obstacle, pour la durée de sa grossesse, à ce qu'elle occupe, dès le départ, ledit emploi.

CJCE 3 février 2000, aff. C-207/98, Recueil I-0549.

• Discrimination fondée sur le sexe

La directive 76/207/CEE du Conseil du 9 février 1976 relative à la mise en œuvre du principe de l'égalité de traitement entre hommes et femmes en ce qui concerne l'accès à l'emploi, à la formation et à la promotion professionnelles, et les conditions de travail, s'oppose à l'application de dispositions nationales, telles que celles du droit allemand, qui excluent d'une manière générale les femmes des emplois militaires comportant l'utilisation d'armes et qui autorisent seulement leur accès aux services de santé et aux formations de musique militaire.

CJCE 11 janvier 2000, aff. C-285/98, Recueil I-0069.

• Discrimination fondée sur les activités syndicales

Une société de travail temporaire a mis à disposition d'une société un salarié qui exerçait par ailleurs les fonctions de délégué syndical. Invoquant les absences trop fréquentes de l'intéressé et la désorganisation du service qui en résultait, la société utilisatrice a refusé de renouveler la mission du salarié. À la suite de ce refus, elle a été citée devant le tribunal correctionnel du chef de discrimination syndicale, sur le fondement des articles 225-1, 225-2, 3° et 225-4 c. pén.

Pour déclarer coupable la société utilisatrice, une cour d'appel a retenu que son refus de confier une mission au salarié équivalait à un refus d'embauche au sens de l'article 225-2, 3° c. pén. et que ce refus avait été inspiré par des motifs discriminatoires, les absences étant liées à des activités syndicales ; à cet égard, la cour a précisé que, lors des précédentes missions effectuées pour son compte par le salarié, la société avait été systématiquement prévenue de ces absences par la société d'intérim qui avait assuré sans difficulté le remplacement de l'intéressé.

En l'état de ces motifs, qui caractérisent l'infraction en tous ses éléments constitutifs, la cour d'appel a légalement justifié sa décision. En effet, le refus par une société recourant aux services d'une entreprise de travail temporaire de conclure le contrat de mise à disposition prévu par l'article L. 124-3 CT constitue un refus d'embauche au sens de l'article 225-2, 3° c. pén. dès lors qu'il fait obstacle à l'embauche, par l'entreprise de travail temporaire, du salarié visé dans le contrat.

Cass. crim. 2 septembre 2003, n° 02-86.048, B. crim. n° 148.

Les différences sont autorisées si elles sont justifiées par un motif légitime

Le refus d'embaucher une femme ne constitue pas une violation du principe d'égalité de traitement entre hommes et femmes si l'employeur dispose d'un motif légitime. Celui-ci peut résulter de la pénibilité du travail à accomplir, nécessitant le port de fardeaux de plus de vingt-cinq kilogrammes.

Cass. crim. 25 mai 1983, n° 82-91.982, B. crim. n° 154.

L'exclusion des femmes du service dans des unités combattantes spéciales peut être justifiée, en vertu de l'article 2, § 2 de la directive 76/207/CEE du Conseil du 9 février 1976 relative à la mise en œuvre du principe de l'égalité à l'emploi, à la formation et à la promotion professionnelles et les conditions de travail, par la nature et les conditions de l'exercice des activités en cause.

CJCE 26 octobre 1999, aff. C-273/97, Recueil I-7403.

Preuve de la discrimination

Le seul fait du recrutement d'un autre salarié au poste auquel le salarié s'est porté candidat ne peut suffire à laisser supposer l'existence d'une discrimination.

Cass. soc. 3 juillet 2012, n° 11-11.059.

Lorsque des faits permettent de présumer l'existence d'une discrimination lors d'un recrutement, l'aménagement de la charge de la preuve ne conduit pas à exiger de l'employeur une preuve impossible à rapporter sans porter atteinte au droit au respect de la vie privée.

L'article 10, § 1, de la directive 2000/78 doit être interprété en ce sens que, dans l'hypothèse où des faits tels que ceux à l'origine du litige au principal seraient qualifiés de « faits qui permettent de présumer l'existence d'une discrimination » fondée sur l'orientation sexuelle lors du recrutement des joueurs par un club de football professionnel, la charge de la preuve telle qu'aménagée à l'article 10, § 1, de la directive 2000/78 ne conduit pas à exiger une preuve impossible à rapporter sans porter atteinte au droit au respect de la vie privée.

CJUE 25 avril 2013, aff. C-81/12.

Un salarié alléguant de façon plausible qu'il remplit les conditions énoncées dans un avis de recrutement et dont la candidature n'a pas été retenue ne peut pas accéder à l'information précisant si l'employeur, à l'issue de la procédure de recrutement, a embauché un autre candidat.

Les articles 8, § 1, de la directive 2000/43/CE du Conseil, du 29 juin 2000, relative à la mise en œuvre du principe de l'égalité de traitement entre les personnes sans distinction de race ou d'origine ethnique, 10, § 1, de la directive 2000/78/CE du Conseil, du 27 novembre 2000, portant création d'un cadre général en faveur de l'égalité de traitement en matière d'emploi et de travail, et 19, § 1, de la directive 2006/54/CE du Parlement européen et du Conseil, du 5 juillet 2006, relative à la mise en œuvre du principe de l'égalité des chances et de l'égalité de traitement entre hommes et femmes en matière d'emploi et de travail, doivent être interprétés en ce sens qu'ils ne prévoient pas le droit, pour un travailleur alléguant de façon plausible qu'il remplit les conditions énoncées dans un avis de recrutement et dont la candidature n'a pas été retenue, d'accéder à l'information précisant si l'employeur, à l'issue de la procédure de recrutement, a embauché un autre candidat.

CJUE 19 avril 2012, aff. C-415/10.

Toutefois, un refus de tout accès à l'information de la part d'une partie défenderesse peut constituer l'un des éléments à prendre en compte dans le cadre de l'établissement des faits qui permettent de présumer l'existence d'une discrimination directe ou indirecte.

CJUE 19 avril 2012, aff. C-415/10, précité.

La juridiction prud'homale est compétente en matière de discrimination à l'embauche

Le conseil de prud'hommes est compétent pour connaître de tout litige relatif à l'article L. 1132-1 CT.

Ayant constaté que la demande était fondée sur une discrimination dans une procédure de recrutement, c'est à bon droit qu'une cour d'appel a retenu la compétence de la juridiction prud'homale pour statuer sur cette demande.

Cass. soc. 20 décembre 2006, n° 06-40.662, BC V n° 404.

☛ *Égalité de rémunération ; Égalité de traitement entre hommes et femmes ; Offres d'emploi (Annonces d').*

Dispense de préavis

☛ *Préavis (Dispense de).*

Droit d'alerte (Comité d'entreprise)

Lorsque le comité d'entreprise a connaissance de faits pouvant affecter de manière préoccupante la situation économique de l'entreprise, il peut demander à l'employeur de lui fournir des explications. Si celles-ci sont insuffisantes ou si elles confirment le caractère préoccupant de la situation, il établit un rapport. Le comité peut décider de saisir de ses conclusions l'organe chargé de l'administration ou de la surveillance de l'entreprise ou d'en faire informer les associés. Ainsi s'ouvre la procédure dite d'alerte prévue aux articles L. 2323-50 à 54 anciens CT.

Le comité doit invoquer des faits qu'il estime préoccupants pour la situation de l'entreprise

La procédure d'alerte peut être ouverte même si la situation préoccupante concerne un seul atelier de l'entreprise…

Doit être cassé l'arrêt d'appel qui, pour décider que l'ouverture de la procédure d'alerte par le comité d'entreprise constitue un trouble manifestement illicite, énonce, d'une part, que la seule situation d'un atelier pris isolément n'est pas de nature à affecter la situation de l'entreprise, l'activité de l'atelier ne constituant qu'une faible partie de l'activité de l'entreprise et, d'autre part, que la procédure était de nature à nuire à la réputation de l'entreprise, alors que l'employeur avait refusé de fournir des explications au comité qui invoquait des faits qu'il estimait être de nature à affecter de manière préoccupante la situation de l'entreprise.

Cass. soc. 8 mars 1995, n° 91-16.002, BC V n° 81.

… ou une activité ne représentant qu'une petite partie du chiffre d'affaires de l'entreprise.

Ayant relevé, d'une part, le caractère stratégique de l'activité de formation externe pour le devenir de l'entreprise tout entière, cette activité demeurant déficitaire malgré sa réorganisation alors qu'elle était bénéficiaire et connaissait une croissance forte chez les concurrents, et retenu, d'autre part, l'absence de pertinence des réponses de la direction aux questions du CHSCT, ces réponses étant démenties par les mauvais résultats persistants de cette branche, une cour d'appel a estimé que le comité d'entreprise avait décidé sans abus d'exercer son droit d'alerte.

Cass. soc. 27 novembre 2012, n° 11-21.566.

La procédure d'alerte peut être déclenchée en raison de la fermeture d'un site entraînant des suppressions d'emploi de nature à affecter la situation de l'entreprise,…

Après que la direction d'une caisse régionale d'assurance maladie a adressé à son comité d'entreprise un document concernant le projet de fermeture d'un laboratoire, le comité d'entreprise de cette caisse a informé la direction qu'il déclenchait la procédure d'alerte et a désigné un expert.

Des comités d'entreprise étant constitués dans les organismes de sécurité sociale et l'article L. 432-5 CT n'excluant pas ces organismes de son champ d'application, une cour d'appel, après avoir justement retenu qu'un organisme de sécurité sociale pouvait obéir à des considérations de nature économique, a décidé à bon droit que le comité d'entreprise d'une caisse régionale d'assurance maladie pouvait prétendre exercer les attributions dévolues au comité d'entreprise par l'article L. 432-5 CT.

Ayant ensuite relevé que l'exercice du droit d'alerte prévu par cet article par le comité d'entreprise avait pour motif la fermeture d'un laboratoire en tant qu'elle entraînait des suppressions d'emploi et remettait en cause les objectifs et missions traditionnels de la caisse régionale d'assurance maladie, la cour d'appel qui a ainsi constaté que le comité d'entreprise invoquait des faits qu'il estimait être de nature à affecter de manière préoccupante la situation économique de l'organisme, a légalement justifié sa décision de reconnaître que le comité d'entreprise de la caisse disposait du droit d'alerte de l'article L. 432-5 CT et que son exercice était légitime.

Cass. soc. 19 février 2002, n° 00-14.776, BC V n° 70.

... en raison de la réorganisation d'une entreprise de nature à affecter sa situation économique, sur laquelle les réponses de la direction aux questions du comité n'ont pas été satisfaisantes...

Aux termes de l'article L. 2323-78 CT, lorsque le comité d'entreprise a connaissance de faits de nature à affecter de façon préoccupante la situation économique de l'entreprise, il peut demander à l'employeur des explications.

Après avoir retenu, d'une part, que la réorganisation d'une entreprise, qui concernait l'une de ses activités au niveau mondial, avait été de nature à affecter sa situation économique et, d'autre part, que les réponses de la direction aux questions du comité central d'entreprise portant sur cette réorganisation avaient été contradictoires, insuffisantes ou incohérentes, une cour d'appel a pu dire bien fondée la procédure d'alerte déclenchée par le comité.

Cass. soc. 18 janvier 2011, n° 10-30.126, BC V n° 26.

... ou en raison de l'obligation pour une société mère de soutenir financièrement sa filiale pour lui permettre de faire face au paiement des salaires et à la trésorerie.

Aux termes de l'article L. 2323-78 [L. 2323-50] CT, lorsque le comité d'entreprise a connaissance de faits de nature à affecter de façon préoccupante la situation économique de l'entreprise, il peut demander à l'employeur des explications.

Dès lors, après avoir retenu que la situation financière d'une société A, extrêmement délicate dans la mesure où son capital social était détenu intégralement par une société M, cette dernière ayant été contrainte de lui apporter mensuellement depuis le début de l'année 2012 une somme de 350 000 € à 400 000 € afin de lui permettre de faire face au paiement des salaires et à la trésorerie, rendait indispensable pour le comité d'entreprise de la société A d'obtenir des informations sur la stratégie de la société mère à l'égard de sa filiale compte tenu de la situation de dépendance de cette dernière et, faute d'informations suffisantes, justifiait le recours à l'assistance d'un expert, une cour d'appel a pu rejeter la demande de la société A tendant à suspendre la procédure d'alerte.

Cass. soc. 21 septembre 2016, n° 15-17.658, BC V n° 175.

L'appréciation du caractère préoccupant de la situation dont se saisit le comité d'entreprise qui exerce le droit d'alerte relève du pouvoir souverain des juges du fond et échappe au contrôle de la Cour de cassation.

Cass. soc. 11 mars 2003, n° 01-13.434, BC V n° 92.

Le comité d'entreprise a la possibilité de se faire assister par un expert comptable

L'employeur ne saurait s'opposer à la désignation d'un expert dans le cadre de la procédure de droit d'alerte.

Doit être cassé l'arrêt qui, pour retenir la faute lourde à l'encontre d'un salarié, directeur général adjoint, relève notamment que ce salarié n'avait pas exécuté le télex émanant de sa direction et l'enjoignant de ne pas donner suite à la mesure d'expertise décidée par le comité d'entreprise en raison de la situation jugée préoccupante de l'entreprise, alors que le président du comité n'a pas le pouvoir de s'opposer à la décision du comité de désigner un expert.

Cass. soc. 12 mars 1991, n° 89-41.941, BC V n° 129.

Une banque avait décidé la mise en place d'un système informatique commun à différentes caisses. Le comité d'entreprise de l'une d'entre elles, après recours à une expertise technologique et comptable, avait donné un avis favorable à ce projet. À la suite de la décision des conseils d'administration des entreprises concernées de créer un groupement d'intérêt économique et de plusieurs reports, le comité a décidé d'engager une procédure d'alerte avec recours à une expertise.

Doit être rejeté le pourvoi de la caisse reprochant à la cour d'appel de l'avoir déboutée de sa demande de nullité de la décision du comité d'entreprise de saisir un expert. En effet, la décision de recourir à une expertise n'avait pas été prise de manière informelle mais lors d'une réunion et le caractère insatisfaisant des réponses apportées par l'employeur aux questions du comité d'entreprise se déduisait nécessairement de la poursuite de la procédure.

Cass. soc. 11 mars 2003, n° 01-13.434, précité.

La désignation d'un expert par le comité d'entreprise intervenue en même temps que la décision d'établir un rapport est valable.

C'est à bon droit qu'après avoir constaté que, même si elle avait été évoquée avant, la désignation d'un expert par le comité d'entreprise était intervenue en même temps que sa décision d'établir un rapport, une cour d'appel a jugé que la procédure de nomination de l'expert avait été respectée.

Cass. soc. 19 février 2002, n° 00-14.776, précité.

Si le comité d'entreprise ne peut se faire assister qu'une seule fois au cours de la procédure, il peut compléter la mission de l'expert lorsque des faits en relation avec ceux ayant motivé l'exercice du droit d'alerte sont portés à sa connaissance pendant le cours de la mission.

Le comité d'entreprise d'une société, estimant que des faits de nature à affecter de manière préoccupante la situation économique le justifiaient, avait exercé le droit d'alerte conformément à l'article L. 432-5 CT et avait sollicité, à la suite d'un vote du 19 janvier 1994, la désignation d'un expert comptable. Le 3 mars 1994, le président du comité ayant informé celui-ci d'un « projet d'étude de modification de la structure juridique de l'entreprise », le comité avait décidé d'étendre la mission de l'expert comptable à l'étude de ce projet, en considérant qu'elle s'inscrivait dans le cadre du droit d'alerte exercé le 19 janvier 1994.

Doit être approuvé l'arrêt ayant estimé que cette décision était fondée, dès lors, d'une part, que, si en application de l'article L. 432-5 CT, le comité d'entreprise ne peut se faire assister qu'une seule fois par un expert comptable lorsqu'il exerce son droit d'alerte, ce comité conserve la faculté de préciser la mission de l'expert et de la compléter lorsque des faits en relation avec ceux ayant motivé l'exercice du droit sont portés à sa connaissance pendant le cours de la mission et, d'autre part, que la mission de l'expert comptable s'étend aux faits de nature à confirmer la situation économique préoccupante de l'entreprise qui sont la suite nécessaire de ceux ayant motivé l'exercice du droit d'alerte. En l'espèce, la connexité entre la mission confiée à l'expert comptable le 19 janvier 1994, dans le cadre d'une procédure de droit d'alerte, et le projet de modification de la structure juridique de l'entreprise présenté au comité d'entreprise au mois de mars suivant permettait l'extension de la mission de l'expert comptable.

Cass. soc. 28 octobre 1996, n° 95-10.274, BC V n° 353.

Les juges ont la faculté de réduire le montant des honoraires dus à l'expert comptable.

Le comité d'entreprise d'une société avait fait appel à une société d'expertise comptable pour l'assister dans le cadre d'une procédure d'alerte et d'un projet de licenciement collectif. Une contestation du montant des honoraires d'expertise avait conduit le juge des référés à fixer le solde des honoraires restant dus et la cour d'appel avait réduit le montant de ces honoraires.

Doit être rejeté le pourvoi de la société d'expertise comptable, la cour d'appel ayant, dans l'exercice de son pouvoir d'appréciation et sans méconnaître la liberté du choix de l'expert par le comité d'entreprise, estimé, compte tenu des missions qui avaient été confiées à l'expert comptable, que le montant des honoraires devait être fixé à la somme qu'elle avait retenue.

Cass. soc. 12 juin 1996, n° 94-18.570, 1er moyen.

Les comités d'établissement ne peuvent pas exercer le droit d'alerte

Si les comités d'établissement ont les mêmes attributions que les comités d'entreprise, l'exercice du droit d'alerte prévu à l'article L. 432-5 CT étant subordonné à l'existence de faits de nature à affecter de manière préoccupante la situation économique de l'entreprise, les comités d'établissement ne sont pas investis de cette prérogative.

Cass. soc. 1er mars 2005, n° 03-20.429, BC V n° 77. Voir aussi cass. soc. 12 octobre 2005, n° 04-15.794, BC V n° 287.

Un comité d'établissement a décidé de mettre en œuvre la procédure d'alerte prévue par l'article L. 432-5 CT.

Doit être cassé l'arrêt qui, pour confirmer l'ordonnance d'un juge des référés ayant débouté une société de sa demande d'annulation des délibérations du comité d'établissement, a énoncé que si les dispositions de l'article L. 435-3 CT prévoyaient que le comité central d'entreprise exerçait les attributions économiques concernant la marche générale de l'entreprise et excédant les limites des pouvoirs des chefs d'établissement, ces dispositions n'avaient pas pour effet de priver les comités d'établissement des attributions économiques énumérées par les articles L. 432-1 et s. CT, et relatives à la marche de l'établissement ; le droit de déclencher la procédure d'alerte attribué au comité d'entreprise ne pouvait donc être dénié au comité d'établissement sur des faits de nature à affecter de manière préoccupante la situation de l'établissement, ce qui était le cas en l'espèce.

Cass. soc. 6 avril 2005, n° 02-31.130, BC V n° 126. Voir aussi cass. soc. 26 septembre 2012, n° 11-12.548.

☛ *Expert comptable du comité d'entreprise.*

Droit d'alerte et de retrait en cas de danger

Tout salarié (ou groupe de salariés) se trouvant dans une situation de travail dont il a un motif raisonnable de penser qu'elle présente un danger grave et imminent pour sa vie ou sa santé a la possibilité d'informer l'employeur ou son représentant et de se retirer de cette situation.

Aucune sanction ou retenue de salaire ne peut être prise à son encontre pour ce motif (art. L. 4131-1 et 3 CT).

Le salarié doit signaler immédiatement à l'employeur l'existence d'une situation de travail présentant un danger grave ou imminent pour sa vie ou sa santé.

Après avoir constaté qu'un chauffeur de bus n'avait pas immédiatement signalé à son employeur l'existence d'une situation de travail dont il avait un motif raisonnable de penser qu'elle présentait un danger grave et imminent pour sa vie ou sa santé, ce qui avait mis un collègue dans une situation d'insécurité, et relevé que le salarié, qui n'avait fait mention dans un rapport ultérieur que d'embouteillages et de difficultés de circulation, n'avait pas eu un tel motif raisonnable et avait déjà eu des antécédents disciplinaires, une cour d'appel a pu décider que son licenciement pour faute grave était justifié.

Cass. soc. 21 janvier 2009, n° 07-41.935.

Toutefois, il n'est pas tenu de le faire par écrit.

Si les dispositions de l'article L. 231-8 CT font obligation au salarié de signaler immédiatement l'existence d'une situation de travail qu'il estime dangereuse, elles ne l'obligent pas à le faire par écrit. Ainsi, le règlement intérieur établi par une société n'aurait pu rendre obligatoire une déclaration écrite sans imposer illégalement aux salariés de l'entreprise une sujétion qui n'est pas justifiée par les nécessités de la sécurité.

En indiquant que les salariés de l'entreprise « utilisent en tant que de besoin » le registre d'observations prévu par l'article 24 du décret du 8 janvier 1965 pour signaler une situation de travail qu'ils estiment dangereuse, le second alinéa de l'article 4 du règlement intérieur litigieux n'a ni pour objet ni pour effet de rendre obligatoire une consignation écrite ; ainsi, ledit alinéa ne méconnaît pas les prescriptions de l'article L. 122-35 CT.

CE 11 juillet 1990, n° 85416. Voir aussi CE 12 juin 1987, n° 72388, Rec. Lebon p. 208.

Après avoir relevé qu'un règlement intérieur imposait, outre l'obligation d'information du responsable hiérarchique, une obligation immédiate de consignation par écrit avant retrait signée soit par le salarié, soit par un témoin ou par le supérieur hiérarchique, une cour d'appel a pu en déduire que cette obligation ainsi formalisée était de nature à restreindre l'usage du droit de retrait prévu par le texte précité et ordonner la suppression de la clause litigieuse.

Cass. soc. 28 mai 2008, n° 07-15.744, 2e moyen, BC V n° 120.

Le salarié ne peut pas exercer son droit de retrait lorsque son contrat de travail est suspendu.

Le droit de retrait ne pouvant être exercé que pendant l'exécution du contrat de travail, une cour d'appel, qui a constaté que le contrat de travail d'une salariée était suspendu pour cause de maladie, a pu la débouter de sa demande de rappel de salaires et d'indemnité de congés payés afférents correspondant à la période pendant laquelle elle s'était retirée.

Cass. soc. 9 octobre 2013, n° 12-22.288, 2e moyen, BC V n° 227.

L'exercice par un salarié de son droit d'alerte ou de retrait n'est pas subordonné à la procédure d'intervention du comité d'hygiène, de sécurité et des conditions de travail prévue par l'article L. 4131-2 ancien CT.

Après avoir constaté que la veille du jour où un salarié avait refusé de conduire un autobus au motif que la direction du véhicule était trop dure et sa suspension trop ferme, il avait été examiné par le médecin du travail à la suite d'une période d'arrêt de travail provoquée par un accident du travail et avait été déclaré apte à la conduite sous réserve que lui soit confié un véhicule à la direction souple, une cour d'appel a décidé à bon droit que l'intéressé avait nécessairement exercé son droit d'alerte et avait un motif raisonnable de penser que la conduite de l'autobus qui lui était confié pouvait présenter un danger grave et imminent pour sa santé.

Cass. soc. 10 mai 2001, n° 00-43.437.

Les juges apprécient souverainement si le salarié a un motif raisonnable de penser que le maintien à son poste de travail présente un danger grave et imminent pour sa santé.

Le juge doit rechercher si le salarié ayant exercé le droit de retrait justifiait d'un motif raisonnable de penser que la situation de travail présentait un danger grave et imminent pour sa vie et sa santé et nécessitait une mesure de protection collective (destinée à éviter les chutes de personnes). Il ne saurait, en l'absence de cette recherche, débouter le salarié licencié pour refus d'exécution d'un travail de ses demandes d'indemnités.

Cass. soc. 9 mai 2000, n° 97-44.234, BC V n° 175. Voir aussi cass. soc. 23 mars 2005, n° 03-42.412.

C'est à tort que pour dire qu'un salarié, qui avait refusé de travailler en justifiant son attitude par le fait que les normes de sécurité n'étaient pas respectées, avait commis une faute grave, une cour d'appel s'est bornée à relever qu'aucun élément objectif ne venait donner crédit à ses affirmations, alors qu'il appartenait à la cour de vérifier si le salarié avait un motif raisonnable de penser que les tâches à accomplir et les conditions d'organisation du chantier litigieux présentaient un danger grave et imminent pour sa vie ou sa santé.

Cass. soc. 30 octobre 2001, n° 99-43.094.

Des maçons avaient refusé, alors qu'il pleuvait et ventait, d'effectuer la pose d'un plancher au deuxième étage d'un bâtiment en construction. Après avoir signalé à leur employeur le danger existant d'après eux, ils avaient déclaré exercer le droit de retrait. Leur employeur, après les avoir mis à pied, les avait licenciés, pour refus d'obéissance.

A légalement justifié sa décision la cour d'appel qui a débouté les intéressés de leur demande d'indemnité pour licenciement sans cause réelle et sérieuse, les juges ayant, par une appréciation souveraine des éléments de la cause, fait ressortir que les deux salariés n'avaient pas un motif raisonnable de penser que la situation de travail, dans laquelle ils se trouvaient, présentait un danger grave et imminent pour leur vie ou leur santé.

Cass. soc. 20 janvier 1993, n° 91-42.028, BC V n° 22.

En refusant de conduire un camion ayant fait l'objet d'une interdiction de circuler de la part du service des mines, un salarié a un motif raisonnable de penser que la situation présente un danger grave et imminent pour sa vie et sa santé, ce qui l'autorise à exercer le droit qui lui est reconnu par l'article L. 231-8-1 CT, et ne peut encourir aucune sanction de ce fait.

Cass. soc. 5 juillet 2000, n° 98-43.481.

La cause du danger grave et imminent pour la vie ou la santé du salarié ne se trouve pas nécessairement dans un motif étranger à la personne du salarié.

Un gardien, ayant informé le 18 avril son employeur que son état de santé ne lui permettait pas le contact avec des animaux ou des produits chimiques et ayant cessé son travail, avait fait l'objet le 24 avril d'une mise à pied conservatoire non rémunérée. Déclaré inapte à son poste par le médecin du travail le 17 septembre mais apte à un poste de gardien « aménagé », il avait été licencié le 28 septembre pour inaptitude physique médicalement constatée.

Doit être cassé l'arrêt qui, pour débouter le salarié de sa demande en paiement de salaires et congés payés y afférents à compter du 17 avril jusqu'au jour du licenciement, a retenu que les articles précités étaient inapplicables dans la mesure où ils concernaient une situation de travail dont le salarié avait un motif raisonnable de penser qu'elle présentait un danger grave et imminent pour sa vie et sa santé et qui nécessairement trouvait sa cause dans un motif étranger à la personne du salarié, alors que la condition d'extériorité du danger n'est pas exigée d'une manière exclusive par le code du travail.

Cass. soc. 20 mars 1996, n° 93-40.111, BC V n° 107.

Si, au moment du retrait justifié par une situation dangereuse, les salariés présentent des revendications professionnelles, l'arrêt de travail qui s'ensuit s'analyse en une grève.

S'agissant de salariés qui, après avoir refusé d'exécuter un ordre qui s'avérait dangereux pour leur santé et pour leur vie, ont présenté une revendication professionnelle, à savoir l'obtention du bénéfice de la position chômage-intempéries, l'arrêt de travail qui s'en est suivi caractérise l'exercice du droit de grève.

Cass. soc. 26 septembre 1990, n° 88-41.375, BC V n° 387.

Ni sanction ni retenue de salaire ne peut être prise à l'encontre d'un salarié ou d'un agent public ayant exercé son droit de retrait.

Il résulte du principe général dont s'inspire l'article L. 231-8-1 CT qu'aucune sanction, aucune retenue de salaire, ne peut être prise à l'encontre d'un salarié ou d'un agent public qui s'est retiré d'une situation de travail dont il avait un motif raisonnable de penser qu'elle présentait un danger grave et imminent pour sa vie ou pour sa santé.

Un agent technique avait refusé à deux reprises d'exécuter des travaux prescrits par le maire et s'était vu infliger une sanction d'exclusion temporaire des fonctions (trois jours).

Si son premier refus pouvait à bon droit être regardé comme fautif par le maire, son second refus ne pouvait être sanctionné, l'opération, qui consistait à fixer des illuminations à partir d'une échelle et d'un godet de tracteur levé à quatre mètres du sol dans lequel il devait prendre place, pouvant être regardée comme présentant un danger grave et imminent pour sa vie ou sa santé.

TA Besançon 10 octobre 1996, n° 960071.

En revanche, une retenue de salaire peut être effectuée si les salariés n'avaient pas un motif raisonnable de penser que la situation présentait un danger grave et imminent.

S'il est exact que les salariés qui se retirent d'une situation de travail, au motif qu'elle présente un danger grave et imminent pour la vie ou pour la santé de chacun d'eux, n'exercent pas le droit de grève, ils peuvent néanmoins faire l'objet, indépendamment de toute sanction, d'une retenue sur salaire, s'ils n'avaient pas un motif raisonnable de penser que la situation présentait un tel danger.

Cass. soc. 11 juillet 1989, n° 86-43.497, BC V n° 516.

Une cour d'appel, qui a estimé qu'à l'exception de la sécurité des lignes de transport d'un quartier, il n'y avait pas de motif raisonnable de penser qu'il existait un danger grave et imminent de nature à justifier l'exercice du droit de retrait sur les autres lignes du réseau, a pu débouter les salariés de leur demande en paiement de leur salaire pour la journée concernée et les condamner en conséquence à rembourser à leur employeur les sommes versées en exécution des jugements de première instance.

Cass. soc. 23 avril 2003, n° 01-44.806, BC V n° 136.

À la suite d'incendies survenus dans des autobus fonctionnant au gaz appartenant à une société chargée d'un réseau de transports urbains, divers chauffeurs ont exercé leur droit de retrait individuel ; des retenues sur leur salaire ont été pratiquées par l'employeur ; ce dernier a été cité directement par le procureur de la République devant le tribunal correctionnel, sur le fondement de l'article L. 122-42 devenu L. 1331-[2] CT, pour avoir opéré des sanctions pécuniaires interdites et a été condamné.

C'est à bon droit que, pour relaxer le prévenu et débouter les parties civiles de leurs demandes, une cour d'appel a retenu que, au moment de l'exercice du droit de retrait individuel par les chauffeurs, il n'existait pas de motif raisonnable permettant à ceux-ci de penser que, en dépit de la levée de la procédure d'alerte, leur situation de travail présentait un danger grave et imminent pour leur vie et leur santé ; les juges ont ajouté que l'employeur était fondé à opérer une retenue sur leur salaire, celle-ci s'analysant en une contrepartie de l'absence de fourniture de travail et aucune disposition n'imposant préalablement à l'employeur de saisir le juge.

En effet, d'une part, lorsque les conditions du droit de retrait individuel ne sont pas réunies, le salarié s'expose à une retenue sur salaire, peu important qu'il reste à la disposition de l'employeur ; d'autre part, l'employeur n'est pas tenu de saisir préalablement le juge sur l'appréciation du bien-fondé de l'exercice du droit de retrait par le salarié.

Cass. crim. 25 novembre 2008, n° 07-87.650, B. crim. n° 239.

L'exercice du droit de retrait pour une raison non fondée constitue une cause réelle et sérieuse de licenciement.

Ayant retenu que le licenciement de salariés, ayant refusé de reprendre un travail qu'ils avaient cessé pour une raison qui s'était révélée non fondée, avait un motif réel et sérieux, une cour d'appel a constaté qu'il était établi que les conditions de travail des salariés n'étaient pas ce qu'elles auraient dû être et a pu, sans se contredire, écarter l'existence d'une faute grave.

Cass. soc. 6 décembre 1990, n° 88-45.733.

En revanche, est nul le licenciement prononcé par l'employeur pour un motif lié à l'exercice légitime par le salarié du droit de retrait de son poste de travail dans une situation de danger.

D'une part, aucune sanction, aucune retenue de salaire ne peut être prise à l'encontre d'un travailleur ou d'un groupe de travailleurs qui se sont retirés d'une situation de travail dont ils avaient un motif légitime de penser qu'elle présentait un danger grave ou imminent pour chacun d'eux ; d'autre part, l'employeur, tenu d'une obligation de sécurité de résultat en matière de protection et de sécurité au travail, doit en assurer l'effectivité ; il s'ensuit qu'est nul le licenciement prononcé par l'employeur pour un motif lié à l'exercice légitime par le salarié du droit de retrait de son poste de travail dans une situation de danger.

Cass. soc. 28 janvier 2009, n° 07-44.556, BC V n° 24.

Ayant constaté qu'un salarié avait légitimement exercé son droit de retrait, peu important qu'il ait obtenu l'accord de son employeur pour quitter son poste de travail, et que l'un des reproches formulés par l'employeur dans la lettre de licenciement reposait sur l'exercice de ce droit de retrait, une cour d'appel en a exactement déduit que le licenciement était nul.

Cass. soc. 25 novembre 2015, n° 14-21.272, BC V n° 241.

Le bénéfice de la faute inexcusable est de droit pour le salarié ayant signalé à l'employeur un risque qui s'est matérialisé.

Tel est le cas lorsque la chute d'un salarié a été provoquée par le caractère glissant des marches d'un escalier, dépourvu en outre de main courante, et que cette situation dangereuse pour les usagers avait été signalée par l'intéressé à son employeur.

Cass. soc. 17 juillet 1998, n° 96-20.988, BC V n° 398.

Droit d'expression

Le droit d'expression des salariés sur le contenu, les conditions d'exercice et l'organisation de leur travail s'exerce seulement sur les lieux et pendant le temps de travail.

Les propos tenus par un salarié en dehors de l'entreprise ne constituent pas l'exercice du droit d'expression prévu par l'article L. 2281-1 CT.

Les modalités d'exercice du droit d'expression des salariés ont été assouplies par l'ordonnance 2017-1386 du 22 septembre 2017.

La jurisprudence rapportée ci-dessous, rendue dans le cadre législatif antérieur, conserve cependant son intérêt, notamment au regard des litiges en cours.

Le droit d'expression porte sur le contenu, les conditions d'exercice et l'organisation du travail

Les critiques excessives et malveillantes d'un salarié à l'égard de son employeur n'entrent pas dans le cadre du droit d'expression et caractérisent une faute grave…

Le comportement d'un salarié qui a émis des critiques excessives et malveillantes à l'égard de son employeur et de sa gestion excède le droit d'expression reconnu aux salariés et caractérise une faute grave.

Cass. soc. 20 janvier 1993, n° 91-43.652.

… notamment si elles sont tenues à l'extérieur de l'entreprise.

Une cour d'appel, qui a relevé que la secrétaire-réceptionniste d'un médecin, licenciée pour faute lourde, avait déclaré en public, alors qu'elle se trouvait dans des commerces du quartier, que le médecin, qui soignait notamment des homosexuels dont certains atteints du SIDA, ne prenait pas les mesures nécessaires à la stérilisation des aiguilles qu'il utilisait, ce qui pouvait entraîner la transmission du virus, a constaté que ces propos, qui n'étaient étayés par aucun élément, avaient pour but de ruiner la réputation de son employeur.

Il en résultait que les propos litigieux, tenus à l'extérieur de l'entreprise, ne pouvaient constituer l'exercice du droit d'expression prévu par l'article L. 461-1 CT, mais qu'il s'agissait d'imputations caractérisant un abus de la liberté d'expression reconnue au salarié.

La cour d'appel a ainsi pu dire le licenciement fondé sur une faute grave et débouter l'intéressée de ses demandes d'indemnités de rupture et de dommages-intérêts pour rupture abusive, à l'exception de celle relative aux indemnités de congés payés.

Cass. soc. 7 octobre 1997, n° 93-41.747, 1er moyen, BC V n° 303.

Le fait de ne pas respecter les limites du droit d'expression peut constituer une faute lourde en présence d'une intention de nuire.

S'agissant d'un salarié qui avait largement excédé les limites de son droit d'expression en répandant sur la société et sur son P-DG des bruits alarmistes et injurieux, et en accompagnant ces propos de propositions de débauchage faites aux principaux dirigeants du service commercial, une cour d'appel a pu décider que ces faits qui caractérisaient l'intention de nuire à l'employeur et à l'entreprise constituaient une faute lourde.

Cass. soc. 31 mai 1995, n° 92-40.977.

L'utilisation d'informations dans le cadre de l'exercice du droit d'expression ne peut en principe pas être soumise à une autorisation préalable.

Les salariés jouissent, dans l'entreprise et en dehors de celle-ci, de leur liberté d'expression à laquelle seules des restrictions justifiées par la nature de la tâche à accomplir et proportionnées au but recherché peuvent être apportées ; le droit d'expression directe et collective des salariés sur le contenu, les conditions d'exercice et l'organisation de leur travail s'exerce dans les conditions prévues par les articles L. 2281-1 à 12 CT et l'utilisation d'informations dans le cadre de l'exercice de ce droit ne peut être en principe soumise à une autorisation préalable.

Une société a élaboré un code de conduite des affaires définissant notamment les règles applicables à la diffusion des « informations confidentielles » et des informations à « usage interne » dont les salariés pouvaient avoir connaissance dans le cadre de leur contrat de travail ; estimant que son contenu portait atteinte aux libertés fondamentales des salariés, un syndicat a saisi le tribunal de grande instance d'une demande d'annulation de ce code.

Pour déclarer licites les dispositions du code de conduite des affaires version 2007 relatives aux informations à « usage interne », une cour d'appel a retenu que l'article L. 2281-1 CT concerne le droit d'expression qui s'exerce collectivement et non la liberté d'expression protégée par l'article L. 1121-1 CT et que les informations à « usage interne » étaient définies et des exemples précis étaient donnés.

En statuant ainsi, alors, d'une part, que les informations à « usage interne » dont la divulgation était soumise à autorisation préalable par le code de conduite ne faisaient pas l'objet d'une définition précise, de sorte qu'il était impossible de vérifier que cette restriction à la liberté d'expression était justifiée par la nature de la tâche à accomplir et proportionnée au but recherché et, d'autre part, que l'exercice du droit d'expression directe et collective des salariés pouvait impliquer l'utilisation de certaines de ces informations, la cour d'appel a violé les articles L. 1121-1 et L. 2281-1 CT.

Cass. soc. 8 décembre 2009, n° 08-17.191, 2e moyen, BC V n° 276.

Les modalités du droit d'expression sont strictement encadrées

Ce droit s'exerce dans le cadre de réunions collectives organisées sur les lieux et pendant le temps de travail.

Le droit d'expression des salariés sur le contenu, les conditions d'exercice et l'organisation de leur travail s'exerce seulement dans le cadre de réunions collectives organisées sur les lieux et pendant le temps de travail ; l'envoi d'une lettre par un salarié à son employeur ne peut légalement constituer l'usage de ce droit d'expression.

Cass. soc. 28 avril 1994, n° 92-43.917, BC V n° 159.

Si une cour d'appel a jugé à bon droit que la remise par un directeur administratif et financier aux membres du comité de direction, auquel il appartenait, d'un document critiquant la nouvelle organisation mise en place par l'employeur ne pouvait se rattacher au droit d'expression des salariés sur le contenu, les conditions d'exercice et l'organisation de leur travail prévu à l'article L. 461-1 CT, qui s'exerce seulement dans le cadre de réunions collectives organisées sur les lieux et pendant le temps de travail, elle a méconnu, en décidant que le licenciement de l'intéressé procédait d'une cause réelle et sérieuse, le fait que, sauf abus, le salarié jouit, dans l'entreprise et en dehors de celle-ci, de sa liberté d'expression, qu'il ne peut être apporté à celle-ci que des restrictions justifiées par la nature des tâches à accomplir et proportionnées au but recherché.

En effet, il résultait de ses constatations que l'intéressé était chargé d'une mission administrative, comptable et financière de très haut niveau dans des circonstances difficiles, de sorte qu'il pouvait être amené à formuler, dans l'exercice de ses fonctions, et à l'intérieur du cercle restreint du comité directeur dont il était membre, des critiques, même vives, concernant la nouvelle organisation proposée par la direction, et alors que le document litigieux ne comportait pas de termes injurieux, diffamatoires ou excessifs.

Cass. soc. 14 décembre 1999, n° 97-41.995, BC V n° 488.

En l'absence d'accord au terme de la négociation annuelle sur les modalités d'exercice du droit d'expression, un procès-verbal de désaccord est établi contenant les mesures que l'employeur entend appliquer unilatéralement.

Si, au terme de la négociation annuelle relative aux modalités d'exercice du droit d'expression des salariés, aucun accord n'a été conclu, il est établi un procès-verbal de désaccord, déposé auprès de l'autorité administrative compétente conformément aux dispositions de l'article L. 132-10 CT, dans lequel sont consignées, en leur dernier état, les propositions respectives des parties et les mesures que l'employeur entend appliquer unilatéralement.

C'est à tort qu'une cour d'appel, ayant constaté que les parties n'avaient pu se mettre d'accord sur un point déterminé (cadre des réunions d'information syndicale), s'est substituée à l'employeur pour arrêter les mesures destinées, jusqu'à la prochaine négociation, à pallier ce désaccord.

Cass. soc. 10 octobre 1989, n° 87-19.465, BC V n° 577.

☛ *Liberté d'expression.*

Droit syndical (Exercice du)

L'article L. 2141-5 CT interdit à tout employeur de prendre en considération l'appartenance à un syndicat ou l'exercice d'une activité syndicale pour arrêter ses décisions.

Par ailleurs, l'employeur est tenu à une obligation de neutralité vis-à-vis des syndicats.

La violation de ces dispositions permet d'engager la responsabilité tant pénale que civile de l'employeur et de demander la nullité de la mesure discriminatoire.

Protection de la liberté syndicale individuelle

• Interdiction de prendre en compte l'activité syndicale du salarié

L'employeur ne peut pas, pour arrêter ses décisions, prendre en considération l'activité syndicale d'un salarié

Évaluation des qualités professionnelles du salarié

L'exercice d'activités syndicales ne peut être pris en considération dans l'évaluation professionnelle du salarié…

Il est interdit à l'employeur de prendre en considération l'exercice d'une activité syndicale dans l'évaluation du salarié et toute mesure contraire est abusive et donne lieu à dommages-intérêts.

C'est à tort que, pour débouter un salarié de sa demande de dommages-intérêts, une cour d'appel, après avoir constaté que son supérieur hiérarchique avait mentionné lors de son entretien professionnel annuel : « M. X n'est pas motivé pour la vente de par ses nombreuses activités syndicales. Sa présence irrégulière ne permet pas un management correct et une implication satisfaisante de sa part », a retenu qu'il s'agissait d'une recherche d'explication objective des performances insuffisantes de l'intéressé et que ce dernier ne justifiait pas qu'il avait été entravé dans l'exercice de ses fonctions syndicales ni qu'il avait subi du fait de son engagement des mesures discriminatoires en matière de rémunération ou de promotion.

Cass. soc. 17 octobre 2006, n° 05-40.393, BC V n° 306.

C'est à tort que, pour débouter un salarié de sa demande de dommages-intérêts pour discrimination syndicale affectant le déroulement de sa carrière, une cour d'appel a retenu que la référence à ses activités syndicales dans la fiche d'évaluation constituait un simple constat dépourvu de jugement de valeur ne remettant pas en cause la qualité du travail de l'intéressé soulignée dans d'autres rubriques d'évaluation et que les éléments de fait présentés par le salarié ne laissaient pas supposer l'existence d'une discrimination syndicale, alors que la cour avait constaté que les fiches d'évaluation du salarié pour les années 1991 et 2002 faisaient mention d'une disponibilité réduite du fait de ses fonctions syndicales.

Cass. soc. 11 janvier 2012, n° 10-16.655, BC V n° 8.

… sauf application d'un accord collectif visant à en assurer la neutralité ou à le valoriser.

Sauf application d'un accord collectif visant à en assurer la neutralité ou à le valoriser, l'exercice d'activités syndicales ne peut être pris en considération dans l'évaluation professionnelle d'un salarié.

C'est à tort que, pour écarter l'existence d'une discrimination syndicale au titre des manquements reprochés par un salarié à son employeur, une cour d'appel a retenu que, même si les références aux activités syndicales et aux arrêts maladie du salarié pouvaient prêter à confusion et étaient inopportunes, il s'agissait à l'évidence de la reprise des arguments de l'intéressé pour expliquer la baisse de son activité, qu'en tout état de cause, ces événements étaient rappelés de façon objective, et non sous la forme d'un grief mais considérés comme insuffisants pour expliquer la baisse de ses résultats, que ces seuls documents n'étaient pas de nature à établir la réalité et le sérieux de l'entrave syndicale alléguée par l'intéressé, alors que celui-ci exerçait des fonctions représentatives depuis 1997 sans le moindre incident, qu'il avait bénéficié d'une promotion à partir du 12 janvier 2000 et que l'auteur des documents était délégué du personnel et syndicaliste.

Cass. soc. 23 mars 2011, n° 09-72.733. Voir aussi cass. soc. 27 février 2013, n° 11-26.412 ; cass. soc. 1er février 2017, n° 15-20.799.

Refus d'octroi de chèque-déjeuner

Une cour d'appel a pu déclarer un chef d'entreprise coupable du délit d'entrave au droit syndical, ce dernier ayant refusé d'octroyer des chèques-déjeuner à un délégué syndical et à un trésorier d'une section syndicale pour la durée d'une autorisation spéciale d'absence accordée, dans certaines conditions, aux salariés des offices publics d'aménagement et de construction. Ces autorisations d'absences étant délivrées aux représentants des syndicats à l'occasion de la convocation des congrès professionnels syndicaux, fédéraux, confédéraux et internationaux… et ces absences devant être considérées comme temps de travail, les intéressés doivent bénéficier de l'allocation de chèques-déjeuner en tant qu'accessoire de la rémunération.

Cass. crim. 30 avril 1996, n° 95-82.687, 1er moyen, B. crim. n° 184. Voir aussi cass. soc. 20 janvier 1999, n° 96-44.914, s'agissant de la non-perception d'une prime d'assurance qualité versée à d'autres salariés.

Refus d'une augmentation salariale

Une cour d'appel a pu condamner un employeur au paiement de dommages-intérêts après avoir relevé qu'il n'avait pas attribué à un délégué syndical central l'augmentation prévue en faveur de tous les agents de la même catégorie au motif que ce dernier n'avait exercé aucune activité si ce n'est celle de délégué permanent. L'employeur ne peut prendre en considération l'activité syndicale d'un salarié pour arrêter ses décisions, notamment en ce qui concerne l'avancement et la rémunération.

Cass. soc. 24 février 1993, n° 89-44.826.

Refus d'une prime

Le non-exercice par un représentant syndical de ses fonctions salariées en raison de l'exercice d'une activité syndicale ne peut avoir pour effet de le priver du bénéfice d'une prime versée aux salariés occupant le même emploi que lui.

Cass. soc. 18 décembre 2013, n° 12-20.613, 1er moyen.

En constatant que l'intéressé était le seul salarié de l'atelier à ne pas percevoir la prime de salissure et ce, en raison de ses fonctions de délégué du personnel, un conseil de prud'hommes a caractérisé une discrimination illicite. Il a dès lors pu condamner la société à payer au salarié une somme au titre de la prime de salissure et des dommages-intérêts pour discrimination syndicale.

Cass. soc. 26 mai 1999, n° 97-40.966, BC V n° 238.

Le salarié investi d'un mandat syndical ne peut être privé d'une prime d'assiduité dès lors que ses absences autorisées par la convention collective sont liées à l'exercice de son mandat.

C'est à tort que, pour débouter un salarié exerçant des fonctions syndicales de sa demande en paiement d'une prime d'assiduité, un conseil de prud'hommes a retenu que le fait de ne pas considérer les absences accordées aux salariés appelés statutairement à siéger aux congrès ou assemblées officielles de leur organisation syndicale comme travail effectif pour l'attribution de cette prime en l'absence de disposition conventionnelle sur ce point ne constituait pas une sanction pécuniaire ou la prise en compte d'une activité syndicale dans la mesure où cette prime n'était nullement supprimée ou minorée au regard de cette seule activité mais voyait son attribution subordonnée à un seuil mensuel de huit heures pour tout type d'absence ne relevant pas d'une période de travail effectif telle que la maladie.

Cass. soc. 2 juin 2004, n° 01-44.474, 1er moyen, BC V n° 160.

Réorganisation du travail discriminatoire

Les conditions de travail des représentants du personnel ne peuvent être modifiées sans leur accord. La cour d'appel, qui a constaté que la réorganisation du travail (nouvelle répartition des équipes de nuit modifiant l'affectation de deux infirmières, représentantes du personnel) décidée par l'employeur n'était pas justifiée par l'intérêt de l'entreprise, mais tendait uniquement à une discrimination aux dépens des deux salariées en raison de leur appartenance syndicale, a ordonné à bon droit leur réintégration dans leur ancienne équipe pour faire cesser ce trouble manifestement illicite.

Cass. soc. 19 octobre 1999, n° 97-43.088.

Refus d'avancement

Ayant constaté qu'une banque avait maintenu un salarié dans la catégorie II-1 alors que deux autres agents classés au même niveau, et n'ayant pas changé de fonction, avaient été promus dans la catégorie II-2 et que l'employeur ne justifiait pas cette différence de traitement par un motif étranger à l'appartenance syndicale du salarié et conforme aux prévisions de l'article 60 de la convention collective fixant les critères d'avancement, une cour d'appel a pu en déduire que ce dernier avait fait l'objet d'une discrimination en raison de son appartenance syndicale.

Cass. soc. 14 mai 2003, n° 00-42.164.

Un salarié engagé en 1981 en qualité de mécanicien chargé d'entretien coefficient 125 a été promu successivement au coefficient 135, puis 155 de la convention collective applicable ; il a été désigné délégué syndical en 1991 et a occupé, à compter de cette date, diverses fonctions représentatives dans l'entreprise ; alléguant avoir été l'objet d'une discrimination syndicale depuis cette date dans sa progression de carrière, sa rémunération et sa formation, par rapport à des collègues exerçant les mêmes fonctions, et que son activité syndicale avait été prise en compte dans ses évaluations professionnelles et avait motivé des mesures disciplinaires et une tentative de licenciement, il a saisi la juridiction prud'homale.

Pour le débouter de sa demande au titre de la discrimination syndicale, une cour d'appel a retenu essentiellement que la « fiche mécanicien » avait pour seul objet de définir le métier de mécanicien dans un cadre général en décrivant différents types de tâches, les salariés engagés en cette qualité ayant des activités variées, et que ceux avec lesquels il se comparait n'occupaient pas un emploi équivalent et n'étaient pas dans une situation identique en raison notamment de leurs horaires de travail et de la technicité des tâches qui leur étaient confiées pour lesquelles il n'avait pas les connaissances requises, alors que ses fonctions réelles étaient celles d'un agent d'entretien 2e degré coefficient 155 ; la cour en a déduit qu'il ne présentait pas d'éléments laissant supposer l'existence d'une discrimination syndicale dans l'évolution de sa carrière et ne pouvait donc ni prétendre à des dommages-intérêts de ce chef ni se plaindre d'une situation globale mettant en cause l'activité du syndicat à laquelle il appartenait.

En statuant ainsi, alors que, d'abord, elle avait relevé que l'intéressé était le seul salarié dont le coefficient n'avait pas évolué depuis 1991 et qu'il faisait valoir qu'il avait été pénalisé dans ses évaluations en raison de son indisponibilité liée à son mandat syndical, et que, ensuite, elle avait elle-même retenu qu'il avait fait personnellement l'objet de mesures de la part de son employeur en vue de sanctionner son activité syndicale « considérée trop insistante et incisive » et qu'il était établi qu'il avait fait l'objet de plusieurs sanctions disciplinaires et d'une tentative de licenciement en raison de « son activité syndicale soutenue au sein des institutions représentatives du personnel », lui allouant de ce chef une indemnité en réparation du préjudice moral qu'il avait subi du fait de cette attitude fautive réitérée de l'employeur, ce dont il se déduisait que le salarié avait présenté des éléments laissant supposer une discrimination syndicale, la cour d'appel a violé les articles L. 1132-1, L. 1132-2 et L. 2141-5 CT.

Cass. soc. 30 avril 2009, n° 06-45.939, BC V n° 119.

Limitation de la progression de la rémunération

Constitue une discrimination directe la situation dans laquelle, sur le fondement notamment de ses convictions, une personne est traitée de manière moins favorable qu'une autre ne l'est, ne l'a été ou ne l'aura été dans une situation comparable ; ainsi, est nulle la stipulation conventionnelle qui, dans le cadre d'un accord de progression de carrière des représentants du personnel et syndicaux, limite pour ces seuls salariés la progression de rémunération dont ils peuvent bénéficier à la suite d'une promotion.

Cass. soc. 24 septembre 2008, n° 06-46.179, BC V n° 187.

Exclusion du plan de formation

Un salarié, titulaire de mandats de représentant du personnel, a saisi la juridiction prud'homale d'une demande fondée sur la discrimination dont il estimait être l'objet en raison de ses activités syndicales, notamment au regard de la formation professionnelle.

C'est à tort que, pour le débouter de sa demande, une cour d'appel a retenu que, n'ayant jamais émis le moindre vœu ni renvoyé le formulaire destiné à recueillir ses desiderata, il s'est exclu de lui-même de tout plan de formation, alors qu'il appartient à l'employeur de proposer au salarié des formations, et qu'il ne peut, pour arrêter ses décisions, prendre en considération l'exercice d'une activité syndicale.

Cass. soc. 1er juin 2004, n° 01-47.239.

Lorsqu'un représentant du personnel bénéficie des mêmes possibilités de formation que les autres salariés et que, face aux opportunités de carrière dont il a été informé dans les mêmes conditions que les autres, il a manifesté sa volonté de demeurer dans son emploi, il ne peut y avoir de discrimination syndicale

Sauf accord collectif ou stipulation particulière du contrat de travail prévoyant une progression de carrière, l'employeur n'est pas tenu d'assurer cette progression par des changements d'emploi ou de qualification. Le salarié tenant de son contrat de travail le droit de s'opposer à la modification de tels éléments, leur absence d'évolution ne peut être imputée à l'employeur dès lors que le salarié a bénéficié des mêmes possibilités de formation que les autres et que, face aux opportunités de carrière dont il a été informé dans les mêmes conditions que les autres, il a manifesté sa volonté de demeurer dans son emploi.

Cass. soc. 6 juillet 2010, n° 09-41.354, 1er moyen, BC V n° 157.

La discrimination syndicale peut résulter d'une inégalité de traitement constatée entre des salariés exerçant tous des fonctions syndicales

Après avoir constaté qu'il existait une disparité de situation non contestée entre les délégués syndicaux permanents et les autres délégués syndicaux de l'entreprise et avoir fait ressortir que l'employeur n'établissait pas que cette disparité était fondée sur des éléments objectifs étrangers à l'exercice du mandat syndical, un conseil de prud'hommes a légalement justifié sa décision de condamner l'employeur à verser un rappel de salaire aux délégués permanents.

Cass. soc. 25 juin 2002, n° 99-42.909, BC V n° 218.

Le salarié victime de discrimination ne doit pas nécessairement avoir la qualité de délégué syndical

Un ouvrier avait, en qualité de secrétaire d'une section syndicale, adressé directement au président de la société mère un questionnaire élaboré par la section et comportant plusieurs revendications à caractère professionnel et social destinées à être soumises au comité central d'entreprise. Il avait été licencié notamment pour non-respect des procédures hiérarchiques et relatives à la représentation du personnel.

Saisie des poursuites exercées contre le gérant de la société filiale pour discrimination syndicale, une cour d'appel a, à bon droit, déclaré l'infraction établie. En effet, l'exercice d'une activité syndicale n'implique pas nécessairement la qualité de délégué syndical.

Par ailleurs, s'il est vrai qu'en exerçant les attributions réservées aux seuls représentants du personnel, le salarié, qui n'était investi d'aucun mandat, avait outrepassé ses droits, cet excès de pouvoirs, en relation directe avec l'activité syndicale de l'intéressé, ne constituait pas un abus caractérisé débordant le cadre de l'exercice normal de celle-ci. Enfin, les juges ont souverainement estimé que, pour arrêter sa décision, l'employeur avait pris en considération l'activité syndicale de l'intéressé.

Cass. crim. 29 octobre 1996, n° 94-85.028, 1er moyen, B. crim. n° 379.

Un salarié occupant un poste de dirigeant jouit également de la liberté syndicale

Le 15 avril 2006, un salarié a créé un syndicat. Par lettre recommandée du 23 mai suivant, reçue le lendemain, il en a informé son employeur. Le 1er juin, il a procédé à l'affichage d'un tract syndical évoquant les restructurations de la direction et informant les salariés de la création du syndicat. Convoqué par lettre recommandée du 2 juin à un entretien préalable et mis à pied à titre conservatoire par lettre recommandée du 8 juin, il a été licencié le 24 juillet. Contestant ce licenciement, il a saisi la juridiction prud'homale.

Pour dire le licenciement fondé sur une cause réelle et sérieuse, une cour d'appel a retenu que le salarié faisait partie du comité de direction de la société et que son poste se situait parmi les plus importants de la hiérarchie, qu'il disposait ainsi, notamment dans le cadre restreint et discret du comité de direction, des moyens de faire entendre sa voix sur la question de la mise en œuvre de la restructuration en cours, sans porter préjudice à son employeur et dans le respect de l'obligation de loyauté renforcée à laquelle il était soumis en sa qualité de cadre dirigeant.

En statuant ainsi, alors que la lettre de licenciement reprochait au salarié la création du syndicat à laquelle il avait participé ainsi qu'un défaut de loyauté pour avoir tardé à informer la direction de la création de ce syndicat et de sa participation à son bureau exécutif, ce dont il résultait que le salarié apportait des éléments de fait laissant supposer l'existence d'une discrimination syndicale, la cour d'appel a violé les articles L. 1132-1, L. 2141-5 et L. 1134-1 CT.

Cass. soc. 3 juillet 2012, n° 11-10.793, 1re branche du moyen, BC V n° 202.

• Obligation de prendre en compte les contraintes liées au mandat

Pour la partie d'une prime variable subordonnée à la réalisation d'objectifs quantitatifs correspondant au temps consacré par un représentant du personnel à son activité professionnelle, l'employeur doit, pour tenir compte de la réduction de ce temps du fait de l'exercice des mandats, réduire les objectifs en proportion du seul temps de production.

Après avoir constaté que, pour l'année 2005, une prime variable était en partie assise sur les produits financiers vendus, et retenu que l'employeur se bornait à faire valoir qu'il avait tenu compte du temps de présence réduit d'une salariée protégée en limitant son portefeuille de clients mais ne justifiait pas avoir diminué dans les mêmes proportions ses objectifs et ne produisait aucune pièce relative aux modalités de calcul de la part variable de la salariée, de sorte qu'il n'établissait pas que son montant reposait sur des éléments étrangers à toute discrimination, une cour d'appel n'a fait droit que partiellement à la demande de la salariée tendant à obtenir la différence entre le montant de la prime qui lui avait été versée et le montant moyen de cette même prime versée aux autres salariés.

En se déterminant ainsi, alors que l'exercice de mandats représentatifs ne pouvant avoir aucune incidence défavorable sur la rémunération du salarié de sorte que la salariée avait droit à percevoir au titre de la prime litigieuse une somme fixée en tenant compte, pour la partie de son activité correspondant à ses mandats, au montant moyen de cette prime versée, pour un temps équivalent, aux autres salariés, et, pour la part correspondant à son temps de production, une somme calculée sur la base d'objectifs réduits à la mesure de ce temps, la cour d'appel a privé sa décision de base légale au regard de l'article L. 1132-1 CT.

Cass. soc. 6 juillet 2010, n° 09-41.354, 3e moyen.

Preuve de la discrimination

La méconnaissance par l'employeur des attributions des institutions représentatives du personnel ne constitue pas en soi une discrimination syndicale au sens de l'article L. 1132-1 CT.

Cass. soc. 8 octobre 2014, n° 13-16.720, 2e moyen, BC V n° 225.

Pour qu'une sanction constitue une discrimination illicite, un lien de causalité doit exister entre l'appartenance syndicale et la mesure prise par l'employeur.

C'est à bon droit qu'une cour d'appel a annulé la mise à pied infligée à un délégué syndical et a condamné la société au paiement de dommages-intérêts, ce salarié n'ayant fait que refuser de travailler à des conditions différentes de celles des autres salariés et, notamment, d'être systématiquement chargé des travaux les plus pénibles et fatigants, tout en étant privé de l'usage des engins motorisés de manutention dont ses collègues bénéficiaient. Relevant ainsi le caractère arbitraire et renouvelé des agissements hostiles de l'employeur, la cour d'appel a pu en déduire que les sanctions prises par l'employeur procédaient d'un détournement de son pouvoir disciplinaire et d'un parti pris constitutif d'une discrimination illicite.

Cass. soc. 13 février 1996, n° 92-45.042.

Lorsque le salarié présente des éléments de fait constituant selon lui une discrimination directe ou indirecte, il appartient au juge d'apprécier si ces éléments dans leur ensemble laissent supposer l'existence d'une telle discrimination et, dans l'affirmative, il incombe à l'employeur de prouver que ses décisions sont justifiées par des éléments objectifs étrangers à toute discrimination.

Cass. soc. 21 janvier 2016, n° 14-26.698.

Pour débouter un salarié employé par une société en qualité de chauffeur de sa demande en dommages-intérêts pour discrimination syndicale, une cour d'appel, après avoir successivement apprécié chacun des dix éléments invoqués par le salarié, a conclu qu'aucun des éléments qui étaient établis ne permettait de considérer qu'il avait été victime de mesures discriminatoires.

En statuant ainsi, par des motifs impropres à établir que les décisions de l'employeur étaient justifiées par des éléments objectifs étrangers à toute discrimination alors qu'elle avait constaté qu'en raison de ses absences pour exercer ses mandats représentatifs, le salarié s'était vu affecter un autre véhicule que celui qu'il conduisait habituellement jusqu'à l'intervention de l'inspecteur du travail, qu'il n'avait bénéficié ni des frais de repas lors de ses journées de délégation, ni de diverses primes attachées à son exercice professionnel, que son salaire moyen était le plus faible de tous les chauffeurs, à l'exception d'un autre, qu'il n'avait pas d'entretien d'évaluation, et qu'il était l'un des seuls chauffeurs - exception faite de trois autres délégués syndicaux - à ne pas bénéficier d'un téléphone mobile, de sorte que le salarié avait présenté des éléments de fait laissant supposer l'existence d'une discrimination, la cour d'appel a violé les articles L. 1132-1, L. 1134-1 et L. 2141-5 CT.

Cass. soc. 29 juin 2011, n° 10-15.792, BC V n° 166 (arrêt n° 2).

Il appartient à un salarié syndicaliste qui se prétend lésé par une mesure discriminatoire de soumettre au juge les éléments de fait susceptibles de caractériser une atteinte au principe d'égalité de traitement et il incombe à l'employeur, s'il conteste le caractère discriminatoire du traitement réservé au salarié, d'établir que la disparité de situation constatée est justifiée par des éléments objectifs étrangers à toute discrimination fondée sur l'appartenance à un syndicat.

Deux agents de conduite exerçant ou ayant exercé de nombreux mandats représentatifs et syndicaux avaient saisi la juridiction prud'homale d'une demande de dommages-intérêts pour déroulement retardé de leur carrière, conséquence de la prise en considération par l'employeur de leurs activités syndicale et de représentation du personnel.

Doit être cassé l'arrêt qui, pour débouter les intéressés de leurs demandes de dommages-intérêts pour préjudice de carrière, a notamment énoncé que les dispositions statutaires prévoient les conditions dans lesquelles la hiérarchie accorde les avancements qu'elle estime mérités et que, dès lors, il n'est pas établi que les demandeurs n'ont pas eu la carrière que justifiaient leurs qualification, assiduité et compétences et qu'aucun des agents ne faisait la démonstration qu'il y aurait eu à son égard discrimination en raison de son appartenance syndicale.

D'une part, si le juge n'a pas à se substituer à l'employeur, il lui appartient de vérifier, en présence d'une discrimination syndicale invoquée, les conditions dans lesquelles la carrière des intéressés s'est déroulée, et, d'autre part, que la preuve de la discrimination n'incombait pas au salarié.

Cass. soc. 28 mars 2000, n° 97-45.258, BC V n° 126.
Voir aussi cass. soc. 24 octobre 2001, n° 99-45.011.

En présence d'une disparité de traitement non contestée, il appartient au juge, sans se substituer à l'employeur, de vérifier si celui-ci justifie d'éléments objectifs, étrangers à l'exercice d'un mandat syndical, qui ne sauraient résulter du seul exercice d'un pouvoir discrétionnaire.

Un salarié, exerçant divers mandats représentatifs et syndicaux et conseiller prud'hommes, a saisi la juridiction prud'homale statuant en référé de diverses demandes tendant au paiement d'indemnités provisionnelles pour discrimination syndicale.

C'est à tort que, pour dire que l'employeur n'avait pas l'obligation de faire bénéficier l'intéressé d'une augmentation au mérite de 1 % pour l'année 2001, une cour d'appel a retenu que l'augmentation de 0,5 % que l'employeur avait justifiée par son appréciation sur son travail était une augmentation individuelle non obligatoire et par essence variable qui relevait du pouvoir discrétionnaire de l'employeur, seul juge de son montant et de ses conditions d'attribution, sans qu'elle puisse être considérée comme discriminatoire.

Cass. soc. 28 septembre 2004, n° 03-42.624, BC V n° 227.

Après avoir constaté qu'un salarié établissait qu'il avait connu un retard important de promotion en comparaison des autres salariés de la même catégorie et de la même ancienneté et recherché si cette différence de traitement était fondée sur des critères objectifs de compétence professionnelle, une cour d'appel a relevé que l'employeur ne fournissait aucun élément de nature à établir que la situation professionnelle du salarié était la seule cause de la disparité constatée et qu'il apparaissait au contraire que l'intéressé avait subi une série de tests révélant son aptitude à la classification qu'il revendiquait.

De ces constatations la cour d'appel a pu déduire que l'absence de promotion était liée à l'appartenance syndicale du salarié et condamner l'employeur au paiement de dommages-intérêts.

Cass. soc. 4 juillet 2000, n° 98-43.285, BC V n° 264.

Une cour d'appel qui a fait ressortir, d'une part, la disparité de rémunération au désavantage d'un salarié, délégué syndical, en comparaison avec deux autres salariés de même ancienneté et de même niveau professionnel et qui a constaté, d'autre part, la non-application à son cas des dispositions de l'accord d'entreprise prévoyant un bilan professionnel périodique et un examen particulier du cas du salarié n'ayant pas obtenu une évolution de carrière depuis huit ans, a exactement énoncé que l'employeur avait l'obligation de prendre l'initiative d'appliquer cet accord et de justifier cette disparité, ce qu'il n'avait pas fait, et a pu condamner l'employeur à payer des dommages-intérêts à l'intéressé en réparation de la discrimination syndicale dont il avait fait l'objet.

Cass. soc. 4 juillet 2000, n° 97-44.846, pourvoi incident, BC V n° 263.

Le directeur d'un magasin avait été poursuivi et déclaré coupable du chef d'entrave à l'exercice du droit syndical pour avoir, notamment, décidé la mise à pied d'une déléguée syndicale.

Pour retenir la culpabilité du prévenu sous la qualification de discrimination syndicale, les juges du second degré ont énoncé notamment que le véritable motif de la mise à pied tenait, non dans les retards de la salariée sur son lieu de travail, invoqués par l'employeur, mais dans sa désignation récente en qualité de déléguée syndicale. Ils ont précisé que la mesure disciplinaire est intervenue dans un contexte conflictuel lié à cette désignation, après que l'employeur eut manifesté à plusieurs reprises l'irritation suscitée par celle-ci, ont ajouté que les retards invoqués pouvaient également être reprochés à deux autres salariés qui n'avaient pourtant fait l'objet d'aucune sanction, bien qu'il ne fût pas établi qu'à l'instar de la salariée sanctionnée, ils eussent compensé leurs retards et ont relevé enfin qu'avant sa désignation comme déléguée syndicale, de tels retards n'avaient jamais entraîné la moindre observation de l'employeur à l'encontre de l'intéressée.

En statuant ainsi et dès lors que le demandeur ne peut se faire un grief de la requalification effectuée, la mise à pied reprochée constituant tant le délit de discrimination syndicale retenu à son encontre que celui d'entrave à l'exercice du droit syndical pour lequel il avait été poursuivi, les juges ont justifié leur décision.

Cass. crim. 25 janvier 2000, n° 99-82.476, B. crim. n° 38.

C'est à bon droit qu'un conseil de prud'hommes a fait droit à la demande de dommages-intérêts formée par un délégué syndical en raison d'une discrimination syndicale à son encontre après avoir constaté que sa prime de gestion, déterminée par un accord d'entreprise, en fonction de la qualité de son travail et du temps de présence, avait fortement baissé à partir de sa désignation en qualité de délégué syndical et que la note de service de l'intéressé, servant de base au calcul de la prime, avait chuté de 11,6 à 3 sans que l'employeur fasse état d'une mauvaise exécution de son travail.

Cass. soc. 10 octobre 2001, n° 99-44.274.

Un délégué syndical, secrétaire d'un comité d'établissement et membre du comité central d'entreprise, a imputé à son employeur une pratique discriminatoire dans la prise en charge de certains de ses frais de déplacement et lui a réclamé une somme en référé.

Doit être cassé l'arrêt qui, pour allouer, comme réparation d'un trouble manifestement illicite, des sommes au salarié et aux syndicats qui sont intervenus à l'instance d'appel, a retenu que des notes de frais établies par le salarié dans les mêmes conditions que celles rejetées avaient été précédemment acceptées, que cela laissait supposer l'existence d'une discrimination syndicale et que l'employeur, qui se bornait à produire un document relatif aux frais établi par lui de façon unilatérale, n'établissait pas la preuve contraire, alors qu'en l'absence de toute constatation d'une différence de traitement concomitante à l'activité syndicale du salarié, le seul refus de prise en charge de certains de ses frais de déplacement ne pouvait constituer à lui seul un trouble manifestement illicite au regard de l'interdiction des mesures discriminatoires.

Cass. soc. 29 juin 2005, n° 04-43.165.

Un salarié a été élu conseiller prud'hommes en 1987 puis réélu à chacune des élections suivantes. Il a par ailleurs été élu délégué du personnel et membre du conseil de discipline en 1989. Se prévalant d'une discrimination syndicale dans le déroulement de sa carrière et s'estimant victime d'un harcèlement moral, il a saisi la juridiction prud'homale.

C'est à tort que, pour débouter le salarié de ses demandes, une cour d'appel a retenu qu'il ne démontrait pas sa volonté d'une promotion professionnelle et que la mention dans ses entretiens individuels d'évaluation de ses activités prud'homales et syndicales et des absences qu'elles engendraient n'était pas de nature à laisser supposer, en elle-même, l'existence d'une discrimination syndicale à son encontre, alors qu'il résultait de ses constatations que le salarié n'avait bénéficié d'aucune promotion individuelle depuis 1987 et que ses fiches d'évaluation au titre des années 1990, 1996, 1998, 1999 et 2000, au vu desquelles la direction arrêtait ses choix de promotions, faisaient référence à ses activités prud'homales et syndicales et aux perturbations qu'elles entraînaient dans la gestion de son emploi du temps, ce dont il se déduisait que ces éléments laissaient supposer l'existence d'une discrimination syndicale.

Cass. soc. 1er juillet 2009, n° 08-40.988, BC V n° 166.

La seule circonstance que des salariés exerçant des mandats syndicaux aient pu bénéficier de mesures favorables n'est pas de nature à exclure en soi l'existence de toute discrimination à l'égard d'autres salariés.

Cass. soc. 12 juin 2013, n° 12-14.153, BC V n° 152.

Le salarié peut invoquer des sanctions disciplinaires amnistiées au soutien d'une demande tendant à établir qu'il a été victime de faits de discrimination syndicale.

Le juge saisi ne peut refuser de rechercher si les sanctions amnistiées invoquées par le salarié sont de nature à caractériser les faits allégués par lui.

Cass. avis 21 décembre 2006, n° 06-00.014, BC n° 12.

De même, l'employeur peut invoquer des faits ayant motivé une sanction disciplinaire amnistiée pour justifier une inégalité de traitement.

Trois salariés d'une société exerçant divers mandats de représentants du personnel ont saisi le 28 janvier 2009 la juridiction prud'homale d'une demande portant sur la discrimination syndicale dont ils estimaient être victimes ; par arrêt du 15 avril 2011, une cour d'appel a ordonné une expertise en limitant la comparaison de l'évolution des rémunérations à la période postérieure au 17 mai 2002, compte tenu de la loi d'amnistie du 6 août 2002, puis, par arrêt du 28 septembre 2012, la cour d'appel a accueilli la demande et a procédé à la reclassification des trois salariés à un coefficient supérieur pour la période du 17 mai 2002 à la fin de l'année 2008.

Pour limiter la période sur laquelle porte l'action en discrimination à la période postérieure au 17 mai 2002, la cour d'appel a retenu que les différentes lois d'amnistie promulguées en 1981, 1988, 1995 et 2002 interdisent à l'employeur de faire état des éventuelles sanctions disciplinaires qui auraient pu être infligées aux salariés pendant la période couverte par ces lois d'amnistie et qui auraient pu expliquer de manière objective une différence de traitement avec d'autres salariés et que la seule manière de concilier la recherche des éléments permettant de comparer l'évolution de la situation des salariés avec le principe de l'égalité des armes était de limiter les investigations de l'expert à la période postérieure au 17 mai 2002.
En statuant ainsi, alors que les dispositions concernant l'amnistie n'ont pas, par elles-mêmes, pour objet d'interdire à un employeur qu'il soit fait référence devant une juridiction à des faits qui ont motivé une sanction disciplinaire amnistiée dès lors que cela est strictement nécessaire à l'exercice devant la juridiction de ses droits à la défense, la cour d'appel a violé les articles L. 2141-5, L. 2141-8, L. 1134-1 et L. 1134-5 CT, ensemble l'article 133-11 c. pén., l'article 12 de la loi 2002-1062 du 6 août 2002 portant amnistie et l'article 6 de la Convention de sauvegarde des droits de l'homme et des libertés fondamentales.

Cass. soc. 4 juin 2014, n° 12-28.740, BC V n° 132.

Le salarié peut produire, au titre d'éléments de fait laissant supposer l'existence d'une discrimination, un rapport de l'inspection du travail établi à sa demande, peu important que les infractions constatées n'aient pas été relevées par un procès-verbal.

Il appartient au salarié, qui invoque un retard de carrière discriminatoire, de présenter des éléments de fait laissant supposer l'existence d'une discrimination directe ou indirecte ; au nombre de ces éléments peut figurer un rapport établi par un inspecteur ou un contrôleur du travail eu égard aux compétences reconnues aux corps de l'inspection du travail, notamment par les articles L. 8112-1 et L. 8112-2 CT, aux prérogatives qui leur sont reconnues par l'article L. 8113-5 CT et aux garanties d'indépendance dont bénéficient leurs membres dans l'exercice de leurs fonctions, peu important que l'agent de contrôle soit intervenu à la demande de l'une des parties et n'ait pas relevé par un procès-verbal les infractions éventuellement constatées.

Après avoir examiné contradictoirement l'ensemble des éléments de fait relevés par un inspecteur du travail dans son rapport produit à l'appui de leurs demandes par des salariés, une cour d'appel, qui a constaté que ces éléments, dont elle a vérifié la pertinence, laissaient présumer l'existence d'une discrimination puis relevé que l'employeur n'établissait pas que les différences de traitement dont les intéressés avaient fait l'objet étaient justifiées par des éléments objectifs étrangers à toute discrimination, a pu dire que les salariés avaient été victimes d'une discrimination en raison de leur activité syndicale et condamner l'employeur à leur payer des dommages-intérêts à ce titre.

Cass. soc. 15 janvier 2014, n° 12-27.261, BC V n° 14.

Le juge du fond apprécie souverainement l'opportunité de recourir à des mesures d'instruction portant aussi bien sur les éléments présentés par le salarié et laissant supposer l'existence d'une discrimination que sur ceux apportés par l'employeur pour prouver que sa décision est justifiée par des éléments objectifs étrangers à toute discrimination.

Cass. soc. 4 février 2009, n° 07-42.697, 1er moyen, BC V n° 33.

Pour apprécier l'inégalité de traitement, le juge peut procéder à une étude comparative des salaires des représentants du personnel et des autres salariés de l'entreprise à diplôme et ancienneté équivalents…

À la suite d'un contrôle effectué au sein d'une société, un inspecteur du travail a constaté que des représentants du personnel affiliés à un syndicat subissaient une évolution de carrière défavorable par rapport à celle des autres salariés recrutés à la même période dans la même catégorie professionnelle.

Pour infirmer le jugement qui avait déclaré le président et le directeur des ressources humaines de cette société coupables du délit de discrimination syndicale, une cour d'appel a retenu qu'au cours d'une période de trois ans, les salariés concernés avaient bénéficié d'une promotion se situant dans la moyenne du tableau de comparaison de l'inspecteur du travail.

En statuant ainsi, sans procéder à une étude comparative des salaires et coefficients des représentants du personnel et des autres salariés de l'entreprise, à diplôme équivalent et même ancienneté, la cour d'appel n'a pas légalement justifié sa décision.

Cass. crim. 9 novembre 2004, n° 04-81.397, B. crim. n° 279.

… peu important que certains salariés aient bénéficié d'une promotion avant le début de la période de discrimination invoquée.

Pour apprécier la réalité de la discrimination alléguée par le salarié, le juge peut procéder à des comparaisons avec d'autres salariés engagés dans des conditions identiques de diplôme et de qualification et à une date voisine, peu important que certains salariés aient bénéficié d'une promotion avant le début de la période de discrimination invoquée.

Cass. soc. 28 janvier 2010, n° 08-41.959, BC V n° 28.

Le juge, qui constate une présomption de l'existence d'une discrimination pour le bénéfice d'une promotion à raison de l'exercice d'un mandat représentatif, doit vérifier si, au regard des critères de compétence professionnelle retenus par l'employeur pour le choix des candidats, seul celui n'exerçant pas un tel mandat devait être promu.

Deux salariés exerçant des fonctions de représentant du personnel ont bénéficié d'une promotion avec effet au 1er juin 2009, tandis qu'un autre salarié n'exerçant pas de fonctions représentatives avait bénéficié de cette promotion avec effet au 1er mai 2008 ; estimant qu'ils avaient droit à cette promotion avec effet au 1er mai 2008, les intéressés ont saisi la formation des référés du conseil de prud'hommes qui a accueilli leur demande par ordonnances du 16 février 2010 ; le 30 juin 2010, l'employeur a fait citer les deux salariés au fond devant la juridiction prud'homale en vue de faire juger qu'ils devaient être promus à compter du 1er juin 2009.

Pour rejeter la demande des salariés au titre de la discrimination syndicale, une cour d'appel, après avoir constaté que les requérants avaient bénéficié de la promotion uniquement avec effet au 1er juin 2009, tandis que, s'agissant des trois salariés candidats à cette promotion et qui n'étaient pas des représentants du personnel, l'un d'entre eux en avait bénéficié à compter du 1er mai 2008 et les deux autres à compter du 1er juin 2009 et retenu que cette situation objectivement défavorable des salariés représentants du personnel par rapport aux salariés qui ne l'étaient pas constituait une présomption de l'existence d'une discrimination indirecte à raison de l'exercice d'une fonction de représentation du personnel, a décidé que l'employeur renversait cette présomption par la production des pièces qui avaient servi à la sélection des candidats et qui révélaient que ce processus s'était fondé uniquement sur des critères objectifs de compétence professionnelle sans que l'appartenance syndicale ou l'activité de représentation du personnel ne soit prise en compte et que la cour, qui ne pouvait se substituer à l'appréciation que l'employeur avait faite des qualités professionnelles des candidats à la promotion, ne pouvait que constater que le processus de sélection avait obéi à des règles strictement professionnelles dont ce dernier était seul juge sans faire appel à des références prohibées.

En statuant ainsi, alors qu'il lui appartenait de rechercher si l'employeur apportait la preuve que ses décisions étaient justifiées par des éléments objectifs étrangers à toute discrimination et, dès lors, de vérifier si en application des critères de compétence professionnelle retenus par l'employeur pour le choix des candidats à la promotion et des évaluations antérieures des salariés, seul le candidat qui n'exerçait aucun mandat de représentant du personnel devait être promu dès la première année, la cour d'appel a violé les articles L. 1132-1 et L. 1134-1 CT.

Cass. soc. 24 septembre 2014, n° 13-10.233, 2e moyen, BC V n° 200.

L'existence d'une discrimination n'implique pas nécessairement une comparaison avec la situation d'autres salariés.

Pour débouter un salarié s'estimant victime d'une discrimination syndicale de sa demande en paiement de dommages-intérêts, une cour d'appel a retenu que, l'intéressé ne produisant aucun élément de comparaison avec la situation d'autres salariés s'agissant des périodes au cours desquelles il s'était trouvé sans travail comme de sa faible augmentation de rémunération, les éléments de fait qu'il présentait sur ces points ne caractérisaient aucune discrimination.

En statuant ainsi, alors que l'existence d'une discrimination n'implique pas nécessairement une comparaison avec la situation d'autres salariés et que l'employeur n'avait pas fourni de travail au salarié pendant de longues périodes, élément de nature à laisser supposer l'existence d'une telle discrimination, la cour d'appel a violé les articles L. 1132-1, L. 1134-1 et L. 2141-5 CT.

Cass. soc. 29 juin 2011, n° 10-14.067, BC V n° 166 (arrêt n° 1). Voir aussi cass. soc. 12 juin 2013, n° 12-14.153, précité ; cass. soc. 22 septembre 2015, n° 14-11.549, 5e moyen du pourvoi principal.

Les règles de preuve de la discrimination ne portent pas atteinte au principe de l'égalité des armes.

Eu égard à la nécessité de protéger les droits fondamentaux de la personne concernée, l'aménagement légal des règles de preuve prévues par l'article L. 1134-1 CT ne viole pas le principe de l'égalité des armes.

Cass. soc. 28 janvier 2010, n° 08-41.959, précité.

Sanctions et réparations

Toute mesure prise par l'employeur en considération de l'appartenance ou de l'activité syndicale est nulle.

Pour rejeter la demande d'une salariée et de son syndicat tendant à obtenir sa réintégration dans son ancien poste d'assistante administrative, une cour d'appel avait retenu que l'article L. 412-2 CT ne confère pas au juge le pouvoir d'imposer à l'employeur la réintégration dans ses précédentes fonctions d'un salarié muté en considération de son appartenance syndicale et que si l'article L. 122-45 CT donne au contraire au juge le pouvoir d'ordonner la réintégration, celui-ci ne trouve pas à s'appliquer en l'espèce dans la mesure où, d'une part, la salariée ne s'en était pas prévalue et où, d'autre part, le caractère disciplinaire de la mutation n'apparaissait pas manifeste, eu égard au motif du changement d'affectation visé par son employeur.

C'est à tort que la cour d'appel a ainsi statué, alors, d'une part, que, dès l'instant que la discrimination à raison de l'activité syndicale était invoquée, l'article L. 122-45 CT devait être appliqué, même s'il n'était pas spécialement invoqué, et alors, d'autre part, que la cour, sans qu'il y ait lieu de rechercher si la mesure litigieuse avait un caractère disciplinaire, devait vérifier si la mesure avait été prise en considération de l'appartenance ou de l'activité syndicale.

Cass. soc. 4 décembre 2001, n° 99-43.231.

Le juge peut donc ordonner le rétablissement du salarié victime d'une mesure discriminatoire dans ses conditions de travail antérieures.

Ayant constaté qu'un salarié avait fait l'objet d'une discrimination dans l'organisation de ses conditions de travail en raison de ses activités syndicales, une cour d'appel a pu décider qu'il convenait de le rétablir dans ses conditions de travail antérieures en ordonnant à l'employeur sous astreinte de lui attribuer un véhicule de 15 tonnes.

Cass. soc. 23 juin 2004, n° 02-41.011, BC V n° 181.

Il peut également ordonner la reconstitution de carrière du salarié ayant subi une discrimination en matière d'avancement…

Pour débouter un salarié, titulaire de divers mandats de représentation, de sa demande de classement sous astreinte au groupe fonctionnel (GF) 4 avec un niveau de rémunération (NR) 8 à effet du 1er septembre 1996 et au NR 9 à compter du 1er août 2000, une cour d'appel a retenu que si le juge devait apprécier l'existence d'une situation discriminatoire à travers l'évolution de carrière du salarié, il ne pouvait sanctionner les manquements de l'employeur que par l'allocation de dommages-intérêts réparant le préjudice matériel et moral subi par l'intéressé, ne pouvant se substituer à l'employeur dans l'exercice de ses prérogatives.

Cependant, la réparation intégrale d'un dommage oblige à placer celui qui l'a subi dans la situation où il se serait trouvé si le comportement dommageable n'avait pas eu lieu et les dispositions de l'article L. 412-2 CT ne font pas obstacle à ce que le juge ordonne le reclassement d'un salarié victime d'une discrimination prohibée.

Dès lors, en statuant comme elle l'a fait, après avoir constaté que l'application des termes du statut aurait dû entraîner pour le salarié un avancement qu'il n'avait pas eu, la cour d'appel a violé l'article L. 412-2 CT.

Cass. soc. 23 novembre 2005, n° 03-40.826, BC V n° 332. Voir aussi cass. soc. 14 mars 2012, n° 11-11.308 ; cass. soc. 20 janvier 2016, n° 14-11.360.

… peu important que le salarié ait été mis à la retraite.

La réparation intégrale d'un dommage oblige à placer celui qui l'a subi dans la situation où il se serait trouvé si le comportement dommageable n'avait pas eu lieu, et les dispositions des articles L. 2141-5 et L. 2141-8 CT ne font pas obstacle à ce que le juge ordonne, malgré sa mise à la retraite, le reclassement d'un salarié victime, d'une discrimination prohibée, au niveau qu'il aurait atteint s'il n'avait pas été victime de cette discrimination.

Cass. soc. 30 juin 2011, n° 09-71.538.

Le licenciement d'un salarié en raison de ses activités syndicales étant nul de plein droit, le juge doit ordonner, si l'intéressé le demande, la poursuite de l'exécution du contrat de travail.

Il résulte de l'article L. 122-45 CT qu'aucune personne ne peut être licenciée en raison de ses activités syndicales. Tout acte contraire à l'égard d'un salarié est nul de plein droit.

Doit être cassé l'arrêt qui, pour refuser d'ordonner la réintégration sous astreinte d'une salariée, a retenu qu'en raison du caractère personnel des relations nées du contrat de travail, une partie ne peut être contrainte à en continuer l'exécution contre sa volonté, que la réintégration consensuelle est, sur le fondement de ce principe, la règle, que la loi du 25 juillet 1985 n'apporte pas de dérogation à ce principe, que les exceptions ne peuvent être, en conséquence, que celles prévues par la loi, que tel est le cas, expressément consacré, des salariés protégés, que tel est aussi le cas, implicitement affirmé, des grévistes abusivement licenciés qui bénéficient des dispositions de l'article L. 521-1 CT selon lesquelles la grève ne rompt pas le contrat de travail sauf faute lourde imputable au salarié, alors que, le licenciement d'un salarié en raison de ses activités syndicales étant nul de plein droit, le juge doit ordonner, si l'intéressé le demande, la poursuite de l'exécution du contrat de travail qui n'a pas été valablement rompu.

Cass. soc. 17 mars 1999, n° 97-45.555, BC V n° 126.

L'absence d'action prud'homale antérieure ne permet pas de préjuger de l'absence d'un délit pénal.

Une cour d'appel a pu retenir la prévention de discrimination liée à l'appartenance syndicale à l'encontre d'un employeur, après avoir relevé que celui-ci avait une aversion manifeste à l'égard du syndicalisme se caractérisant par l'existence de mesures discriminatoires au niveau de l'embauche et du congédiement.

Peu importe que les faits constitutifs de discrimination syndicale n'aient pas été soumis à la juridiction prud'homale à l'occasion d'un litige individuel du travail, les juges répressifs ayant l'obligation de statuer sur toute question dont dépend l'application de la loi pénale.

Cass. crim. 20 février 1996, n° 94-85.863, 2e moyen, B. crim. n° 81.

Un employeur peut être condamné à la fois pour discrimination syndicale et pour harcèlement moral en raison des mêmes faits, ces deux infractions sanctionnant la violation d'intérêts distincts.

Pour dire l'infraction de discrimination syndicale au préjudice d'un salarié établie à l'encontre d'un employeur, une cour d'appel a notamment énoncé que l'intéressé, affecté à des tâches ne correspondant pas à sa qualification, avait subi des retenues sur salaire injustifiées et avait été privé, contrairement aux autres membres de la société occupant des fonctions de nature identique aux siennes, des facilités de transport consenties gracieusement par l'entreprise pour effectuer les déplacements professionnels, ainsi que de divers avantages.

Pour déclarer l'employeur également coupable de harcèlement moral au préjudice du même salarié, sur le fondement de l'article 222-33-2 c. pén., les juges du fond ont relevé que les diverses brimades auxquelles le prévenu avait procédé de façon répétée avaient entraîné la dégradation des conditions de travail du salarié. Ils ajoutent que celui-ci, empêché d'exercer pleinement ses fonctions de chef d'équipe, avait été discrédité vis-à-vis de ses collègues de travail, qu'il s'était retrouvé dans une situation financière difficile, que sa santé tant physique que mentale s'en était trouvée altérée, au point qu'il avait été contraint, à la suite des faits, d'interrompre l'exercice de son activité, et que son avenir professionnel avait été compromis.

Bien que procédant des mêmes agissements du prévenu, c'est à bon droit que la cour d'appel a retenu les infractions d'entrave à l'exercice du droit syndical [discrimination syndicale] et celle de harcèlement moral, dès lors que ces infractions sanctionnaient la violation d'intérêts distincts.

Cass. crim. 6 février 2007, n° 06-82.601, B. crim. n° 29.

Une personne morale peut être déclarée pénalement responsable du délit de discrimination syndicale.

Pour confirmer les dispositions d'un jugement ayant déclaré une société coupable du délit de discrimination syndicale, prévu et réprimé par les articles 225-1 et 225-2 c. pén., une cour d'appel a retenu qu'une salariée, déléguée syndicale, avait fait l'objet, le 12 janvier 2000, d'une mise à pied qui avait été annulée par un conseil de prud'hommes, et, le 27 mars 2000, d'une autre mise à pied conservatoire préalable à un licenciement qui a également été annulée peu de temps après sa mise en œuvre. Les juges ont ajouté que ces mesures, en lien avec le mandat électif de la salariée, constituaient des sanctions au sens de l'article 225-2 c. pén. et qu'elles avaient été prises par les dirigeants de la société et au nom de celle-ci. En se prononçant ainsi, et dès lors qu'avait été constatée l'existence de sanctions discriminatoires effectives prises à l'encontre de la salariée, et que ces sanctions avaient été décidées par les représentants de la société et en son nom, la cour d'appel a légalement justifié sa décision de condamner l'employeur personne morale.

Cass. crim. 23 novembre 2004, n° 03-84.389.

Des parties civiles reprochaient à une société la commission de délits de discrimination syndicale en se fondant sur les dispositions des articles 225-1 et 225-2 c. pén. ; un tribunal correctionnel a estimé que les dispositions de ces textes ne pouvaient concerner les faits poursuivis.

Pour confirmer à cet égard le jugement entrepris, une cour d'appel a retenu que l'article 225-2 c. pén. sanctionne notamment les discriminations opérées dans la relation de travail en refusant d'embaucher, en sanctionnant ou en licenciant une personne, et que l'absence de promotion ou d'augmentation de salaires, l'attribution d'une hausse de rémunération inférieure à celle accordée à d'autres salariés, comportements dénoncés par les parties civiles, ne constituent pas des mesures discriminatoires incriminées au sens du code pénal mais relèvent des seuls articles L. 412-2 et L. 481-3 CT relatifs à la discrimination syndicale qui, à la date des faits, ne prévoyaient pas la responsabilité pénale de la personne morale.

En statuant ainsi, alors que, si elle est infondée, la décision de l'employeur affectant la carrière ou la rémunération d'un salarié peut revêtir le caractère d'une sanction, au sens de l'article 225 2, 3° c. pén., et que ce dernier texte était applicable à la prévenue, la cour d'appel n'a pas légalement justifié sa décision.

Cass. crim. 28 avril 2009, n° 07-82.901, 3e moyen du pourvoi des parties civiles, B. crim. n° 74.

Protection de la liberté collective

Tout syndicat victime d'une mesure prise en violation des dispositions des articles L. 2141-5 à 7 CT peut en demander l'annulation.

Le détachement d'un salarié comme permanent dans un syndicat doit être un avantage proposé, aux mêmes conditions, à tous les syndicats ; faute de quoi, les syndicats lésés peuvent, sur le fondement de l'article L. 412-2 CT, obtenir l'annulation du contrat de détachement.

Cass. soc. 10 juillet 2001, n° 99-21.884, BC V n° 261.

Un syndicat non représentatif peut agir pour délit d'entrave à l'exercice du droit syndical.

Un syndicat professionnel exerce le droit syndical dans les conditions prévues par les articles L. 2141-4 à L. 2141-8 CT, sans qu'il soit nécessaire qu'il ait été reconnu comme représentatif.

Un syndicat a fait citer devant le tribunal correctionnel une direction départementale de la poste des chefs d'entrave à l'exercice du droit syndical et discriminations ; le tribunal a relaxé les prévenus, débouté les parties civiles et condamné celles-ci sur le fondement des articles 472 et 800-2 c. proc. pén. ; les parties civiles ont interjeté appel.

C'est à tort que, pour confirmer ce jugement, une cour d'appel a énoncé que la constitution des infractions pour lesquelles la direction départementale de la poste avait été citée était subordonnée à la représentativité au sein de l'entreprise du syndicat, les juges ajoutant que la preuve de cette représentativité dont la charge appartient aux parties poursuivantes n'avait pas été pas rapportée.

Cass. crim. 31 janvier 2012, n° 11-84.113, B. crim. n° 31.

L'utilisation de moyens de pression à l'encontre des organisations syndicales constitue une entrave à l'exercice du droit syndical.

Le directeur délégué d'une société et le dirigeant d'une société de prestation de services ont été poursuivis devant le tribunal correctionnel pour entrave à l'exercice du droit syndical et pour discrimination syndicale sur le fondement de l'article L. 412-2, al. 3, devenu L. 2141-7 CT ; les juges du premier degré ont condamné les prévenus du seul chef de discrimination syndicale, le premier en qualité d'auteur, le second en qualité de complice.

Pour confirmer le jugement entrepris et déclarer constitué ce délit, une cour d'appel a énoncé que le fait par le directeur délégué d'avoir sollicité et autorisé la mission du dirigeant ayant pour objet de réduire l'influence d'un syndicat au profit d'un autre syndicat, puis d'avoir fait connaître cet accord au personnel d'encadrement lors de réunions organisées par le dirigeant pour « informer le personnel sur la vacuité des actions [du syndicat] » constitue la mise en œuvre d'un moyen de pression à l'encontre de l'organisation syndicale ; les juges ont ajouté que, en contractant avec le directeur délégué et en exécutant le contrat litigieux, le dirigeant s'est rendu complice du délit.

En l'état de ces seuls motifs d'où il résulte, d'une part, que le directeur délégué a mis en œuvre, par l'intermédiaire d'une société de prestation de services, des moyens de pression à l'encontre du syndicat afin de réduire l'influence de ce syndicat, peu important qu'il ne s'agisse pas du motif exclusif des mesures qu'il a prises et, d'autre part, que le dirigeant de la société prestataire lui a fourni les moyens de mettre en œuvre ces mesures dont ils étaient préalablement convenus, la cour d'appel a fait une exacte application de la loi.

Cass. crim. 2 septembre 2008, n° 07-81.661, B. crim. n° 174.

L'existence d'un délit d'entrave n'est pas subordonnée à l'atteinte de l'objectif énoncé.

Doit être cassé l'arrêt qui, pour ne pas retenir la prévention d'entrave à l'encontre d'un employeur ayant fait diffuser une note par laquelle il incitait l'encadrement à voter pour un syndicat dit « réformiste » plutôt que de voter pour la CFDT, énonce que le nombre d'élus de la CFDT s'était accru malgré cette note, alors que l'existence du délit d'entrave n'est pas subordonnée à l'obtention du but poursuivi et en l'espèce, l'élément intentionnel du délit résultait tant du caractère volontaire des pressions exercées que de l'objectif annoncé.

Cass. crim. 8 mars 1994, n° 93-81.115, 2e moyen.

Si l'employeur signe un accord relevant de la négociation annuelle obligatoire avec le comité d'établissement et non avec les organisations syndicales représentatives, il peut être poursuivi pour délit d'entrave à l'exercice du droit syndical.

Cass. crim. 18 novembre 1997, n° 96-80.002, 3e moyen, B. crim. n° 390, cité dans « Négociation annuelle obligatoire ».

Égalité entre les organisations syndicales

Ne méconnaît pas le principe constitutionnel d'égalité la disposition d'un accord collectif, plus favorable que la loi, qui subordonne l'octroi d'avantages à des syndicats à une condition de représentativité.

Cass. soc. 22 septembre 2010, n° 09-60.410, BC V n° 194.

De même, une disposition conventionnelle plus favorable peut instaurer, pour son application, une différence de traitement entre syndicats représentatifs dès lors, d'une part, que la disposition ne prive pas ces syndicats de l'exercice de leurs droits légaux et, d'autre part, que cette différence est justifiée par des raisons objectives matériellement vérifiables liées à l'influence de chaque syndicat en rapport avec l'objet de l'accord.

Par un accord collectif signé au sein d'une société, il a été prévu la possibilité pour les syndicats représentatifs dans l'entreprise de désigner, en plus du délégué syndical central institué par l'article L. 2143-5 CT, un délégué syndical central supplémentaire lorsque le syndicat est représentatif dans cinq ou six établissements, et deux délégués syndicaux centraux supplémentaires lorsque le syndicat est représentatif dans au moins sept établissements ; un syndicat a désigné trois délégués syndicaux centraux ; estimant que ce syndicat, qui n'était pas représentatif dans au moins sept établissements, ne pouvait prétendre qu'à la désignation de deux délégués syndicaux centraux, la société a saisi le tribunal d'instance.

Après avoir constaté que l'accord collectif autorisait la désignation par les syndicats représentatifs dans l'entreprise de délégués syndicaux centraux supplémentaires dont le nombre était fonction du nombre d'établissements dans lesquels les syndicats étaient représentatifs, un tribunal d'instance a exactement décidé que cette disposition, qui n'est pas contraire aux dispositions d'ordre public de l'article L. 2143-5 CT prévoyant la désignation par tous les syndicats représentatifs d'un délégué syndical central, était proportionnée à la représentativité acquise par chaque organisation syndicale au sein des différents établissements de l'entreprise et en lien direct avec la mission de négociation et de représentation du délégué syndical, et a pu annuler la triple désignation litigieuse.

Cass. soc. 29 mai 2013, n° 12-26.955, BC V n° 142.

En revanche, le principe d'égalité, de valeur constitutionnelle, ne permet pas à un employeur de subventionner un syndicat représentatif et non un autre, selon qu'il a signé ou non une convention ou un accord collectif.

Cass. soc. 29 mai 2001, n° 98-23.078, BC V n° 185, cité dans « Convention collective (Application) ».

Le principe d'égalité de traitement entre les organisations syndicales quant aux moyens alloués par l'employeur en vue des élections professionnelles s'applique dans le périmètre de ces élections, et donc au sein de chaque établissement distinct lorsque l'entreprise ne dispose pas d'un établissement unique, et l'attribution de moyens identiques à toutes les organisations syndicales au sein d'un établissement, quel que soit le nombre de collèges dans lesquels elles présentent des candidats, n'est pas contraire à ce principe.

Cass. soc. 20 septembre 2018, n° 17-60.306, 3e moyen, à paraître.

Action en justice des syndicats ; Affichage ; Délit d'entrave ; Discrimination à l'embauche ; Local (Représentants du personnel) ; Sanctions discriminatoires (Notion) ; Tracts.

Durée du travail

La loi 2016-1088 du 8 août 2016, dite loi « Travail », a très largement modifié les règles relatives à la durée du travail afin d'y étendre le champ de la négociation collective.

La jurisprudence rapportée ci-dessous, rendue dans le cadre législatif antérieur, conserve cependant son intérêt, notamment au regard des litiges en cours.

On notera également que l'ordonnance 2017-1385 du 22 septembre 2017 et la loi de ratification 2018-217 du 29 mars 2018 ont fusionné les anciens accords permettant de modifier le contrat de travail, dont les accords de réduction du temps de travail, en un dispositif unique appelé « accord de performance collective » (art. L. 2254-2 CT).

Durée maximale journalière

La loi fixe une durée maximale quotidienne de travail effectif par salarié qui, sauf dérogation, ne peut pas excéder dix heures.

Saisie des poursuites exercées contre le président d'une banque, notamment pour dépassement de la durée maximale journalière de travail, fixée à dix heures par l'ordonnance du 16 janvier 1982, instituant la semaine de 39 heures, une cour d'appel a énoncé que le décret du 31 mars 1937 n'était plus applicable en ce qu'il prévoyait, pour les salariés soumis à un régime d'équivalence, un maximum de douze heures de travail par jour, a retenu, pour déclarer les faits établis, que la durée maximale journalière de travail aurait dû être, pour les salariés concernés, après application du coefficient d'équivalence, de 11 heures 50 et a ajouté que l'erreur de droit invoquée par le prévenu, portant sur l'interprétation de certaines dispositions de l'ordonnance précitée, ne présentait pas un caractère insurmontable et n'entrait donc pas dans les prévisions de l'article 122-3 c. pén.

En l'état de ces énonciations et dès lors que la portée des textes applicables pouvait faire l'objet d'une consultation auprès de l'inspection du travail, la cour d'appel a justifié sa décision.

Cass. crim. 5 mars 1997, n° 95-83.492, pourvoi du prévenu, 2e moyen, B. crim. n° 84.

Amplitude maximale et repos quotidiens

L'amplitude journalière comprend le temps de travail effectif ainsi que les pauses et interruptions. Elle doit être calculée sur une même journée de 0 à 24 heures et ne peut dépasser 13 heures.

Doit être cassé l'arrêt qui, pour décider que le refus d'une salariée d'accepter de nouveaux horaires de travail n'était pas justifié, a retenu que l'amplitude du travail calculée de 19h30 à 8h30 ne dépassait pas 13 heures, alors que la salariée, qui devait commencer son travail à 5 heures pour l'achever à 22 heures, était soumise à une amplitude du travail supérieure à 13 heures.

Cass. soc. 18 décembre 2001, n° 99-43.351, BC V n° 392.

Le repos quotidien doit prendre effet à la fin du service, les contraintes d'organisation d'une visite médicale ne suffisant pas à justifier son report.

Pour débouter un salarié travaillant la nuit de sa demande au titre de la violation du droit au repos quotidien, une cour d'appel a retenu que, convoqué à 8h00 ou 8h30, c'est-à-dire dès l'ouverture des services de la médecine du travail qui fonctionnent seulement aux heures ouvrables de la journée, le salarié pouvait bénéficier de 11 heures de repos consécutif avant de reprendre le travail en soirée vers 22h00 et qu'aucune faute ne pouvait être reprochée à l'employeur qui avait organisé ces visites en tenant compte des horaires du médecin du travail et de la nécessité de les prévoir en dehors des horaires uniquement nocturnes du salarié.

En statuant ainsi, alors que le salarié terminait son service à 6h50 du matin, de sorte qu'une visite médicale fixée à 8h00 du matin le privait de 11 heures de repos consécutives prenant effet à la fin de son service, la cour d'appel n'a pas tiré les conséquences légales de ses constatations.

Cass. soc. 27 juin 2012, n° 10-21.306, 2e moyen, BC V n° 201.

Le défaut de respect par l'employeur du repos quotidien de onze heures cause nécessairement un préjudice au salarié, dont le juge doit fixer la réparation.

Cass. soc. 23 mai 2013, n° 12-13.015, 2e moyen. Voir aussi cass. soc. 17 février 2016, n° 13-28.791, 3e moyen.

Durée maximale hebdomadaire

La loi fixe une durée maximale hebdomadaire moyenne, calculée sur une période quelconque de douze semaines consécutives, qui, sauf dérogation, ne peut pas dépasser 44 heures et une durée maximale hebdomadaire absolue qui ne peut pas excéder 48 heures, sauf dérogation ne pouvant pas avoir pour effet de porter à plus de 60 heures par semaine la durée du travail.

Même lorsqu'il existe des accords collectifs prévoyant la variation hebdomadaire de la durée du travail, la durée maximale hebdomadaire prévue par l'article L. 212-7 CT ne peut, en l'absence de circonstances exceptionnelles, non invoquées en l'espèce, excéder 48 heures. En se référant au procès-verbal de l'inspecteur du travail d'où il résultait que cette limite avait été dépassée pour chacun des salariés qu'il citait, les juges ont suffisamment précisé le nombre d'heures fait par chacun des salariés et ont pu déclarer les prévenus coupables d'infractions à la durée maximale hebdomadaire du travail.

Cass. crim. 12 octobre 1993, n° 92-85.203, B. crim. n° 290.

Les dispositions légales fixant la durée hebdomadaire maximale de travail à 48 heures au cours d'une période de référence d'une semaine, sont, compte tenu de celles limitant la durée hebdomadaire de travail calculée sur une période quelconque de douze semaines consécutives à 44 heures, conformes aux dispositions des articles 6 et 16, sous b) de la directive 2003/88/CE.

Selon l'article 6 de la directive 2003/88/CE du 4 novembre 2003 concernant certains aspects de l'aménagement du temps de travail, la durée moyenne de travail pour chaque période de sept jours ne doit pas excéder quarante-huit heures ; les États membres peuvent prévoir, pour l'application de ce texte, une période de référence ne dépassant pas quatre mois ; aux termes de l'article L. 3121-35 [L. 3121-20] CT, au cours d'une même semaine, la durée du travail ne peut dépasser quarante-huit heures.

À la suite de son licenciement le 1er août 2013, un salarié a saisi la juridiction prud'homale de demandes au titre de la rupture et de la violation de son droit à la santé et au repos.

Pour dire que l'employeur avait méconnu son obligation de préserver la santé du salarié et le condamner au paiement de dommages et intérêts à ce titre, une cour d'appel a retenu, d'abord que la directive 93/104/CE du 23 novembre 1993 concernant certains aspects de l'aménagement du temps de travail disposait, en son article 6 relatif à la durée hebdomadaire de travail, que les États devaient prendre toute mesure pour que « la durée moyenne de travail pour chaque période de sept jours n'excède pas quarante-huit heures, y compris les heures supplémentaires », qu'aucune disposition de cette directive ne permettait de restreindre la définition de la période de sept jours à une semaine calendaire, commençant, comme c'est le cas en France, le lundi matin, et que le caractère de norme minimale et la finalité de la directive, à savoir la protection de la santé des salariés, ne permettaient pas de faire prévaloir l'article L. 3121-35

[L. 3121-20] CT sur les prescriptions de l'article 6 du texte européen, ensuite que les seules dérogations autorisées par la directive étaient prévues à l'article 16 et portaient sur la période de référence, laquelle peut atteindre quatre mois, mais que l'employeur n'invoquait pas de telles dispositions et que la convention collective n'en prévoyaient aucune ayant pour effet d'autoriser une durée de travail de 72 heures sur sept jours, que le droit national n'étant pas conforme aux prescriptions précises de la directive, les dispositions de celle-ci devaient primer, qu'enfin le salarié avait travaillé les 10 et 11 juillet 2013, deux fois 12 heures, les 13 et 14 juillet, deux fois 12 heures, les 15 et 16 juillet, deux fois 12 heures, et que la durée maximale de travail de 48 heures sur sept jours, soit du 10 au 16 juillet 2013, avait donc été dépassée.

En statuant ainsi, alors que l'article L. 3121-35 [L. 3121-20] CT, qui fixe la durée hebdomadaire maximale de travail à quarante-huit heures au cours d'une période de référence d'une semaine, est, compte tenu des dispositions de l'article L. 3121-36 [L. 3121-22] du même code selon lesquelles la durée hebdomadaire de travail calculée sur une période quelconque de douze semaines consécutives ne peut dépasser quarante-quatre heures, conforme aux dispositions des articles 6 et 16, sous b) de la directive 2003/88/CE, la cour d'appel a violé les articles 6 et 16, sous b) de la directive précitée et les articles L. 3121-35 et L. 3121-36 [devenus L. 3121-20 et L. 3121-22] CT, dans leur rédaction antérieure à celle issue de la loi 2016-1088 du 8 août 2016.

Cass. soc. 12 décembre 2018, n° 17-17.680, 1er moyen, à paraître.

En cas de cumul par le salarié de deux contrats de travail entraînant un dépassement de la durée maximale de travail, l'employeur, auquel le salarié demande de réduire son temps de travail, n'est pas tenu d'accepter cette modification du contrat de travail, mais doit simplement le mettre en demeure de choisir l'emploi qu'il souhaite conserver.

Aucun salarié ne peut accomplir des travaux rémunérés au-delà de la durée maximale du travail telle qu'elle ressort des dispositions légales de sa profession ; ensuite, un employeur ne peut conserver à son service un salarié qui méconnaît cette interdiction ; enfin, en cas de cumul par le salarié de deux contrats de travail entraînant un tel dépassement, l'employeur, auquel le salarié demande de réduire son temps de travail, n'est pas tenu d'accepter cette modification du contrat de travail.

Un salarié a été engagé en qualité de veilleur de nuit à raison d'un horaire de 29 heures hebdomadaires ; ayant été licencié pour faute grave en raison d'un cumul d'emploi dépassant la durée maximale du travail, il a saisi la juridiction prud'homale afin de faire juger son licenciement sans cause réelle et sérieuse.

Pour accueillir sa demande, une cour d'appel a retenu que le salarié a reconnu avoir exécuté deux contrats de travail dont l'un à temps complet et l'autre à hauteur de 29 heures par semaine, que l'attestation de la conseillère du salarié lors de l'entretien préalable au licenciement a établi que celui-ci avait proposé de régulariser sa situation en réduisant le nombre d'heures effectuées, que ce désir de régularisation avait été clairement émis par le salarié dans deux lettres antérieures, que l'association n'avait pas répondu à ces propositions réitérées, que la lettre de licenciement qui fixe les termes du litige ne mentionnait ni la proposition du salarié ni les raisons pour lesquelles elle n'aurait pu la retenir.

En statuant ainsi, en reprochant à l'employeur de ne pas avoir répondu à la demande du salarié de réduire son temps de travail et de ne pas avoir mentionné dans la lettre de licenciement les raisons pour lesquelles il n'avait pas retenu cette proposition, la cour d'appel, à qui il appartenait de s'assurer que l'employeur avait mis en demeure le salarié de choisir l'emploi qu'il souhaitait conserver, a violé les articles L. 324-2 et L. 324-3 devenus L. 8261-1 et L. 8261-2 CT, et 1134 c. civ.

Cass. soc. 10 mars 2009, n° 07-43.985.

Dans le secteur du transport routier, la durée maximale de travail est déterminée sur la base du temps de travail effectif définie par le décret 83-40 du 26 janvier 1983 relatif aux modalités d'application des dispositions du code du travail concernant la durée du travail dans ce secteur et non sur celle des amplitudes horaires dont doit être déduite la part de l'activité qui ne correspond pas à du travail effectif.

Cass. soc. 12 mars 2014, n° 12-28.483, BC V n° 77.

Durée maximale conventionnelle

Une employée de maison avait été licenciée après avoir refusé une réduction de son horaire de travail due au fait que l'employeur souhaitait se mettre en conformité avec la durée maximale de travail (telle que prévue par la convention collective nationale des employés de maison), la salariée cumulant deux emplois chez deux employeurs distincts. Contestant la régularité et la légitimité de son licenciement, la salariée avait saisi la juridiction prud'homale.

Doit être approuvé l'arrêt ayant débouté l'intéressée de sa demande de dommages et intérêts pour licenciement sans cause réelle et sérieuse. En effet, l'employeur d'une employée de maison, quand bien même il aurait antérieurement toléré une situation irrégulière quant à la durée du travail, doit se conformer à la législation relative à la durée maximale du travail, sous réserve de laisser à la salariée un délai de réflexion suffisant pour lui permettre de choisir entre l'emploi qu'elle souhaite conserver ou la réduction d'horaire proposée.

Après avoir constaté qu'un délai de réflexion suffisant avait été accordé à l'intéressée et que le nouveau contrat de travail proposé par l'employeur, aux fins de se mettre en conformité avec la législation relative à la durée du travail, était régulier, la cour d'appel a exactement décidé que le refus de la salariée de choisir une solution permettant de l'employer dans des conditions légales constituait une cause réelle et sérieuse de licenciement.

Cass. soc. 4 juin 1998, n° 95-44.693, BC V n° 302.

Décompte

L'employeur doit fournir des éléments de nature à justifier les horaires effectivement réalisés par le salarié…

Une cour d'appel a justement décidé qu'un employeur était tenu d'établir, pour chacun des agents de maîtrise et cadres stagiaires de son entreprise, en application de l'article L. 620-2, al. 3 CT, les documents nécessaires au décompte de la durée du travail, des repos compensateurs et de leur prise effective. En effet, exception faite de certains emplois de cadres supérieurs rémunérés par un forfait ne comportant aucune référence à un horaire quelconque, l'existence d'une convention de forfait ne dispense pas l'employeur des obligations prévues par le texte précité. Une telle convention doit en effet assurer au salarié une rémunération au moins égale à celle qui résulterait de l'application des dispositions légales relatives aux heures supplémentaires, et par suite au droit au repos compensateur, ce qui implique, dans le cas où l'horaire du salarié est variable, la possibilité de contrôler l'horaire moyen en fonction de documents justificatifs. En conséquence, la critique du pourvoi reprochant à la cour d'avoir déclaré l'employeur coupable de la contravention de défaut d'établissement de documents permettant le décompte de la durée du travail et des droits à repos compensateur de plusieurs cadres stagiaires et agents de maîtrise ne peut être admise.

Cass. crim. 14 décembre 1993, n° 93-81.404, B. crim. n° 387.

… y compris pour les catégories de personnel qui disposent d'une certaine latitude dans l'organisation de leurs horaires.

Un employeur avait refusé de tenir et de communiquer à l'inspecteur du travail les décomptes quotidien et hebdomadaire de la durée du travail prévue par l'article D. 212-21 CT, en ce qui concerne les cadres et agents de maîtrise, au motif qu'il se trouvait dispensé d'un tel décompte pour ces catégories de personnel par la convention collective applicable à l'entreprise.

Doit être approuvée la cour d'appel qui a retenu que la circonstance que le personnel d'encadrement ait disposé d'une latitude suffisante dans l'organisation de ses horaires ne dispensait pas l'employeur des obligations prévues par l'article L. 620-2 CT, l'existence d'une convention de forfait devant assurer au salarié une rémunération au moins égale à celle qui résulterait des dispositions légales relatives aux heures supplémentaires et, par suite, au repos compensateur, ce qui implique, dans le cas où l'horaire du salarié est variable, la possibilité de contrôler l'horaire moyen de travail en fonction de documents justificatifs.

Au surplus, le seul fait pour le prévenu de s'être volontairement placé dans l'impossibilité de satisfaire à ses obligations suffit, même en l'absence de toute autre manœuvre, à caractériser l'élément intentionnel de l'infraction.

Cass. crim. 3 décembre 2002, n° 02-81.474.

Cette obligation de l'employeur n'est pas subordonnée à la nécessité pour le salarié de chiffrer sa demande.

Cass. soc. 6 mars 2002, n° 00-40.667.

Un syndicat peut produire en justice la copie de documents consultés par les délégués du personnel en application de l'article L. 3171-2 ancien CT à condition que cette production ne porte pas une atteinte disproportionnée au droit au respect de la vie personnelle des salariés concernés au regard du but poursuivi.

Un syndicat a saisi un tribunal de grande instance, statuant en référé, pour qu'il soit interdit, sous astreinte, à une société d'employer ses salariés le dimanche sans avoir obtenu les autorisations administratives nécessaires ; par ordonnance du 26 octobre 2010, le président du tribunal de grande instance, statuant en référé, a fait interdiction à la société d'employer des salariés le dimanche dans trente-huit établissements, sous astreinte provisoire de 20 000 euros par dimanche en infraction et par établissement, sauf autorisation administrative exécutoire portant dérogation au principe du repos dominical ; le syndicat a saisi le juge des référés d'une demande en liquidation de l'astreinte.

Pour dire que la preuve d'un trouble manifestement illicite n'est rapportée concernant le repos dominical que dans trois établissements de la société, limiter à une certaine somme le montant de l'astreinte provisoire, débouter le syndicat de ses demandes tendant à la fixation d'une astreinte définitive, à la cessation de l'atteinte au repos dominical des salariés et dire n'y avoir lieu à référé sur la demande de condamnation de la société au paiement d'une provision à valoir sur le préjudice porté à l'intérêt collectif des salariés, une cour d'appel a retenu, d'abord que la simple consultation prévue par l'article L. 3171-2 CT au bénéfice des délégués du personnel exclut toute appropriation par ces derniers des documents appartenant à la société, par quelque moyen que ce soit, notamment par copie ou photographie, que la consultation des documents de l'entreprise visés par ce texte n'impliquant aucune possibilité de photographie et encore moins de production en justice, les photographies doivent être considérées comme constituant un moyen de preuve illicite non susceptible d'établir la réalité des infractions alléguées, ensuite que les photographies, dans les locaux des établissements, des contrats de travail et avenants ainsi que des bulletins de salaire de salariés, susceptibles de faire apparaître l'existence d'heures de travail le dimanche, ainsi que des lettres de salariés se portant volontaires pour travailler le dimanche, ont été également prises par une déléguée du personnel, sans qu'il soit justifié de l'accord des salariés concernés à la production de ces documents contenant des données personnelles, que les photographies de ces documents ne constituent donc pas des moyens de preuve admissibles, enfin que le syndicat verse environ deux cent vingts photographies de décomptes des horaires de travail des salariés pour d'autres établissements prises début 2013 par une déléguée du personnel en contravention à l'article L. 3171-2 CT, que ces documents, obtenus et produits de façon illicite, seront écartés pour les mêmes motifs.

En statuant ainsi, alors, d'une part, que la copie de documents que les délégués du personnel ont pu consulter en application des dispositions de l'article L. 3171-2 CT constitue un moyen de preuve licite, d'autre part, qu'elle avait constaté qu'un délégué du personnel avait recueilli les documents litigieux dans l'exercice de ses fonctions de représentation afin de vérifier si la société respectait la règle du repos dominical et se conformait aux dispositions de l'ordonnance de référé du 26 octobre 2010, ce dont il résultait que la production de ces documents ne portait pas une atteinte disproportionnée au droit au respect de la vie personnelle des salariés concernés au regard du but poursuivi, la cour d'appel a violé les articles L. 3171-2 CT, 6 et 8 de la Convention de sauvegarde des droits de l'homme et des libertés fondamentales et 9 c. proc. civ.

En effet, l'article L. 3171-2 CT, qui autorise les délégués du personnel à consulter les documents nécessaires au décompte de la durée de travail, des repos compensateurs acquis et de leur prise effective, n'interdit pas à un syndicat de produire ces documents en justice ; le droit à la preuve peut justifier la production d'éléments portant atteinte à la vie personnelle d'un salarié à la condition que cette production soit nécessaire à l'exercice de ce droit et que l'atteinte soit proportionnée au but poursuivi.

Cass. soc. 9 novembre 2016, n° 15-10.203, 2e moyen, BC V n° 209.

Le temps passé à la douche est rémunéré au tarif normal des heures de travail sans être décompté dans la durée du travail effectif.

Il résulte de l'article 1315, al. 2 c. civ. que celui qui se prétend libéré d'une obligation doit en justifier le paiement et de l'article R. 232-2-4, al. 4 CT que le temps passé à la douche est rémunéré au tarif normal des heures de travail sans être décompté dans la durée du travail effectif.

C'est donc à tort que, pour rejeter la demande d'un salarié qui réclamait à son employeur le paiement d'un rappel de rémunération au titre du temps passé à la douche, un conseil de prud'hommes s'est borné à énoncer que le salarié ne justifiait pas de sa prétention et que sur aucun bulletin de salaire n'apparaissait de retenue qui pourrait laisser présumer que les temps de douche étaient décomptés du temps de travail, alors qu'il appartenait à l'employeur de rapporter la preuve de l'exécution de son obligation de rémunérer le temps passé à la douche en sus de la durée du travail effectif.

Cass. soc. 24 juin 1998, n° 97-40.810, BC V n° 336.

Doit être cassé le jugement qui a débouté des salariés, exerçant une activité nécessitant l'utilisation de peinture et préparations contenant du plomb, de leurs demandes en paiement d'un quart d'heure par jour, temps nécessaire pour la prise d'une douche, au motif, notamment, que les intéressés ne prouvaient pas qu'ils avaient pris une douche quotidiennement durant les cinq dernières années, alors qu'il n'était pas contesté que ces salariés effectuaient des travaux nécessitant la prise d'une douche quotidienne, ce dont il résultait que l'employeur devait payer le temps quotidien de douche au tarif normal des heures de travail.

Cass. soc. 11 février 2004, n° 01-46.405, BC V n° 53.

Il existe des dispositions spécifiques relatives au décompte de la durée du travail dans le domaine des transports routiers ; la semaine, au sens des dispositions du règlement 3821/85/CEE, s'entend de la période comprise entre 0 heure le lundi et 24 heures le dimanche.

Lors du contrôle de son camion effectué un vendredi, un chauffeur n'a présenté que les feuilles d'enregistrement du jour même et de l'avant-veille. L'employeur, poursuivi pour avoir laissé circuler un de ses chauffeurs sans que celui-ci puisse présenter les feuilles d'enregistrement de la semaine en cours ni du dernier jour de la semaine précédente, a été condamné par le tribunal de police.

Devant la cour d'appel, l'employeur a fait valoir que le chauffeur, ayant bénéficié de son repos hebdomadaire la veille du contrôle, n'avait l'obligation de présenter les feuilles d'enregistrement que du mercredi et du vendredi, la semaine à prendre en compte étant la semaine de travail effectif et non la semaine civile.

Pour confirmer le jugement ayant retenu que le chauffeur n'avait pas présenté les disques d'enregistrement des lundi, mardi, mercredi ni celui du dernier jour de la semaine précédente où il avait conduit, une cour d'appel a énoncé que cette carence résultait du fait que l'employeur n'avait pas pris les mesures propres à assurer le respect de la réglementation.

En cet état, et dès lors que la semaine, au sens des dispositions de l'article 15, 7° du règlement 3821/85/CEE concernant l'appareil de contrôle dans le domaine des transports par route, s'entend de la période comprise entre 0 heure le lundi et 24 heures le dimanche, la cour d'appel a justifié sa décision.

Cass. crim. 8 novembre 2005, n° 05-83.084, B. crim. n° 286.

À noter que le droit européen s'oppose à une réglementation qui, selon l'interprétation qui en est donnée par la jurisprudence nationale, n'impose pas aux employeurs l'obligation d'établir un système permettant de mesurer la durée du temps de travail journalier effectué par chaque travailleur.

CJUE 14 mai 2019, aff. C-55/18.

Règles de preuve

Les dispositions de l'article L. 3171-4 CT relatives à la répartition de la charge de la preuve des heures de travail effectuées entre l'employeur et le salarié ne sont pas applicables à la preuve du respect des seuils et plafonds prévus par le droit de l'Union européenne, qui incombe à l'employeur.

Cass. soc. 17 octobre 2012, n° 10-17.370, BC V n° 267. Voir aussi cass. soc. 20 février 2013, n° 11-28.811, 7e moyen, BC V n° 52 ; cass. soc. 25 septembre 2013, n° 12-13.267, 2e moyen, BC V n° 220 ; cass. soc. 4 février 2015, n° 13-20.891, 2e moyen du pourvoi principal, BC V n° 23.

Il en est de même de la preuve du respect des durées maximales de travail fixées par le droit interne.

Cass. soc. 20 février 2013, n° 11-28.811, précité. Voir aussi cass. soc. 25 septembre 2013, n° 12-13.267, précité ; cass. soc. 4 février 2015, n° 13-20.891, précité.

Sanctions

En cas de dépassement de la durée maximale de travail, le nombre d'amendes se calcule en fonction du nombre de dépassements constatés et non en fonction du nombre de salariés concernés par les infractions.

C'est à bon droit qu'une cour d'appel a refusé de limiter le nombre d'amendes au nombre de salariés concernés par les infractions (soit 34) et a condamné le prévenu à 158 amendes dès lors qu'il avait été relevé 130 dépassements des durées quotidiennes maximales de travail effectif et 28 dépassements des durées maximales de travail effectif hebdomadaire.

Cass. crim. 18 avril 2000, n° 99-86.105.

L'omission du décompte de la durée du travail et l'absence de mention sur les bulletins de paie des heures de travail effectuées sont des infractions comportant des éléments constitutifs différents et devant être réprimées distinctement.

Le directeur d'une société était poursuivi pour avoir omis de décompter la durée du travail effectué par 19 salariés, en violation des articles L. 212-1 et 2 CT, et pour avoir omis de préciser, sur les bulletins de paie des mêmes salariés (et sur le livre de paie), les heures de travail effectuées, en violation de l'article R. 143-2 du même code. En prononçant cumulativement 19 amendes et 228 amendes pour la violation de chacun de ces textes, une cour d'appel a justifié sa décision, les infractions poursuivies comportant des éléments constitutifs différents et devant, dès lors, être réprimées distinctement.

Cass. crim. 12 septembre 2000, n° 99-84.989.

Organisation du travail par cycles

La conclusion, antérieurement à la loi du 20 août 2008, d'un accord-cadre renvoyant à la négociation d'accords locaux les modalités d'or-

ganisation du travail par cycles supérieurs à la semaine, n'interdit pas à l'employeur de mettre en place unilatéralement une organisation du travail en cycles de quatre semaines.

Selon les termes de l'article L. 3122-3 [ancien] CT, les cycles de travail dont la durée était fixée à quelques semaines pouvaient être mis en place lorsque cette possibilité était autorisée par décret ou un accord d'entreprise ou d'établissement qui fixait alors la durée maximale du cycle.

Selon l'article 20, V de la loi 2008-789 du 20 août 2008, les accords conclus en application de l'article L. 3122-3 CT dans sa rédaction antérieure à la publication de la loi restent en vigueur.

Des organisations syndicales ont saisi un tribunal de grande instance afin de dire que l'accord-cadre du 17 février 1999 conclu au sein d'une société était toujours en vigueur et que, en conséquence, la mise en œuvre d'un régime de travail cyclique nécessitait la conclusion d'un accord collectif, constater qu'en l'absence d'un tel accord la mise en place d'une organisation du travail en cycles de quatre semaines au sein d'un établissement par décision unilatérale de la société du 17 février 2009 était illicite et faire défense à la société de poursuivre ce régime de travail.

Pour faire droit à cette demande, une cour d'appel a retenu que l'accord-cadre avait posé le principe du travail par cycles et avait renvoyé à la négociation locale pour en décliner la mise en œuvre, qu'il avait donc été conclu en référence aux dispositions des articles L. 3122-2 et 3 [anciens] CT, que, faute de dénonciation, cet accord était toujours en vigueur et, par voie de conséquence, l'article 20 de la loi du 20 août 2008 prévoyant le maintien en vigueur des accords conclus dans le cadre législatif ancien lui était bien applicable. La cour en a déduit que la décision unilatérale de la société, intervenue sans que soit conclu un accord d'établissement, était illicite.

En statuant ainsi, alors que l'accord-cadre n'avait pas pour objet d'imposer à tous les établissements de la société une organisation du travail par cycles, qu'il laissait ouverte la possibilité d'une organisation de travail basée sur une durée de travail régulière de 35 heures par semaine, qu'il ne précisait pas la durée maximale du cycle et que, se bornant à permettre un travail par cycles, il renvoyait à la négociation d'accords locaux toutes les modalités précises d'organisation du travail ; que cet accord-cadre n'avait donc pas été conclu en application de l'article L. 3122-3 [ancien] CT et n'était pas resté en vigueur conformément à l'article 20, V de la loi 2008-789 du 20 août 2008, la cour d'appel a violé les articles L. 3122-3 [ancien] CT et 20, V de la loi 2008-789 du 20 août 2008, ainsi que l'accord-cadre du 17 février 1999 sur le dispositif d'application de l'aménagement et de la réduction du temps de travail dans l'entreprise.

Cass. soc. 13 juin 2012, n° 11-12.192, BC V n° 186 (arrêt n° 1). Voir aussi cass. soc. 13 juin 2012, n° 11-17.110, BC V n° 186 (arrêt n° 2).

L'organisation du travail sur des périodes de dix jours se répétant à l'identique ne peut pas constituer un aménagement du temps de travail par cycle lorsque les dispositions conventionnelles précisent que le cycle se compose d'une pluralité de semaines.

Selon l'article 6.2.3 de la convention collective du personnel salarié de la Croix Rouge française du 3 juillet 2003, la durée de travail peut être calculée dans le cadre d'un nombre élargi de semaines, appelé cycle, à condition que les horaires de chacune des semaines se répètent à l'identique d'un cycle à l'autre selon un rythme régulier, que les horaires excédant l'horaire légal certaines semaines se compensent avec les horaires inférieurs à l'horaire légal d'autres semaines.

Pour débouter un salarié de sa demande de rappel de salaire pour heures supplémentaires, une cour d'appel a retenu que, dès lors que le temps de travail était aménagé en continu sur la base d'un cycle de dix jours prévu conventionnellement, cycle qui excède par hypothèse la semaine, la demande ne pouvait concerner que les heures supplémentaires effectuées au-delà de 1 607 heures annuelles ou de la limite annuelle inférieure fixée par voie conventionnelle dans les conditions rappelées à l'article L. 3122-4 CT.

En statuant ainsi, alors qu'il résulte des dispositions de la convention collective que le cycle se compose d'une pluralité de semaines en sorte qu'il ne pouvait être considéré que l'organisation du travail sur des périodes de dix jours se répétant à l'identique pouvait constituer un aménagement du temps de travail par cycle, la cour d'appel a violé l'article 6.2.3 de la convention collective applicable et l'article L. 3122-3 [ancien] CT.

Cass. soc. 8 novembre 2017, n° 16-15.584, 1er moyen, à paraître.

Modulation et aménagement du temps de travail

Dans le cadre de la loi du 20 août 2008, à défaut d'accord collectif, l'employeur peut aménager unilatéralement le temps de travail sur une période pluri-hebdomadaire limitée à quatre semaines…

Il résulte des articles L. 3122-2, D. 3122-7-1 et D. 3122-7-2 CT qu'à défaut d'accord collectif, la durée du travail de l'entreprise peut être organisée sous forme de périodes de travail chacune d'une durée de quatre semaines au plus.

Un syndicat a fait assigner une société devant un tribunal de grande instance afin notamment de faire interdire, sous astreinte, à l'employeur de décompter le temps de travail sur des périodes de quatre semaines en l'absence d'accord individuel exprès de chacun des salariés concernés.

Pour accueillir la demande du syndicat, une cour d'appel a retenu que l'organisation pluri-hebdomadaire conduisait à un décompte des heures supplémentaires moins favorable aux salariés et qu'à défaut d'accord collectif, la mise en place d'une répartition des horaires sur une période supérieure à une semaine constituait une modification du contrat de travail qui requiert l'accord exprès du salarié.

En statuant ainsi, alors qu'en l'absence d'accord collectif prévu par l'article L. 3122-2 CT issu de la loi 2008-789 du 20 août 2008, l'article D. 3122-7-1 CT donne la possibilité à l'employeur d'organiser la durée du travail sous forme de périodes de travail et d'imposer unilatéralement la répartition du travail sur une période n'excédant pas quatre semaines, la cour d'appel a violé les textes susvisés.

Cass. soc. 11 mai 2016, n° 15-10.025, BC V n° 97.

D'une part, il résulte de l'article 20, V de la loi 2008-789 du 20 août 2008 que seuls les accords conclus en application de l'article L. 3122-9 CT dans sa rédaction alors applicable restent en vigueur et, d'autre part, qu'en l'absence d'accord collectif prévu par l'article L. 3122-2 CT issu de la loi du 20 août 2008, le décret 2008-1132 du 4 novembre 2008 et l'article D. 3122-7-1 CT ne donnent la possibilité à l'employeur d'organiser la durée du travail que sous forme de périodes de travail, chacune d'une durée de quatre semaines au plus.

Après la dénonciation de quatre accords de modulation conclus au sein d'un supermarché, deux syndicats ont demandé l'annulation de notes de service au motif que l'employeur avait ainsi rétabli irrégulièrement un régime de modulation sur l'année et ont sollicité l'interdiction sous astreinte de faire application de ces notes.

Une cour d'appel a pu accueillir leur demande.

En effet, les dispositions de la convention collective nationale du commerce de détail et de gros à prédominance alimentaire du 12 juillet 2001 relatives à l'organisation du travail sur une base annuelle ou inférieure à l'année ne comportaient pas de programme indicatif de la répartition de la durée du travail ni la définition des contreparties dues au salarié en cas de réduction du délai de prévenance de sept jours préalable à toute modification du programme indicatif, et renvoyaient à la négociation d'accords d'entreprise la définition des conditions précises d'une organisation du travail sur tout ou partie de l'année dans les conditions prévues par les articles L. 3122-9 et s. CT ; il s'en déduit que ces dispositions, qui n'avaient pas été conclues en application de l'article L. 3122-9 CT, ne sont pas restées en vigueur conformément à l'article 20, V de la loi 2008-789 du 20 août 2008 ; il en résulte qu'à défaut d'accord collectif, la société n'avait accès qu'à un dispositif permettant d'aménager le temps de travail sur une période pluri-hebdomadaire limitée à quatre semaines, en application des articles L. 3122-2 et D. 3122-7-1 CT et ne pouvait unilatéralement aménager, comme elle l'a fait, le temps de travail sur l'année.

Cass. soc. 17 décembre 2014, n° 13-19.834, BC V n° 304.

... à condition d'avoir au préalable engagé de bonne foi une négociation avec les syndicats.

Le 17 février 1999, La Poste a signé avec les syndicats représentatifs, un accord-cadre sur la durée du travail ; cet accord a donné lieu à des accords locaux et au sein d'une plate-forme départ courrier, La Poste a signé un accord le 17 décembre 2010, avec quatre syndicats représentatifs, lequel n'a pu être mis en application à la suite d'une opposition de deux d'entre eux ; à compter du mois de janvier 2011, elle a mis en place unilatéralement des régimes de travail de quatre semaines au sein de la plate-forme départ courrier en application des articles L. 3122-2 et D. 3122-7-1 CT.

Après avoir relevé que l'accord-cadre du 17 février 1999 n'était pas resté en vigueur et que la nouvelle organisation du travail était soumise aux dispositions des articles L. 3122-2 et D. 3122-7-1 CT, une cour d'appel, qui a retenu que La Poste avait de bonne foi engagé une négociation avec les organisations syndicales, en a exactement déduit que l'organisation du travail sur une période pluri-hebdomadaire n'excédant pas quatre semaines au sein de la plate-forme départ courrier pouvait être mise en place unilatéralement par l'employeur.

En effet, d'abord, l'accord-cadre du 17 février 1999 qui n'a pas été conclu en application de l'article L. 3122-3 ancien CT n'était pas resté en vigueur conformément à l'article 20, V de la loi du 20 août 2008 ; ensuite, en l'absence d'accord collectif prévu par l'article L. 3122-2 CT, issu de la loi du 20 août 2008, le décret 2008-1132 du 4 novembre 2008 et l'article D. 3122-7-1 CT donnent la possibilité à l'employeur d'organiser la durée du travail sous forme de périodes de travail, chacune d'une durée de quatre semaines au plus.

Cass. soc. 16 décembre 2014, n° 13-14,558, BC V n° 294.

L'article 45 de la loi 2012-387 du 22 mars 2012, prévoyant que la mise en place d'une modulation du temps de travail ne constitue pas une modification du contrat de travail, n'est applicable qu'aux décisions de mise en œuvre effective de la modulation du temps de travail prises après la publication de cette loi.

L'instauration d'une modulation du temps de travail [dans le cadre législatif antérieur à la loi 2012-387 du 22 mars 2012] constitue une modification du contrat de travail qui requiert l'accord exprès du salarié ; si l'article 45 de la loi 2012-387 du 22 mars 2012 a inséré dans le code du travail l'article L. 3122-6, selon lequel la mise en place d'une répartition des horaires sur une période supérieure à la semaine et au plus égale à l'année prévue par un accord collectif ne constitue pas une modification du contrat de travail, ce texte, qui, modifiant l'état du droit existant, n'a ni caractère interprétatif, ni effet rétroactif, n'est applicable qu'aux décisions de mise en œuvre effective de la modulation du temps de travail prises après publication de ladite loi.

Cass. soc. 25 septembre 2013, n° 12-17.776, 2e branche du moyen, BC V n° 217. Voir aussi cass. soc. 3 décembre 2014, n° 13-18.378.

Le non-respect par l'employeur des conditions de mise en œuvre prévues par l'accord de modulation prive ce dernier d'effet et ouvre droit au paiement d'heures supplémentaires décomptées sur la base de 35 heures hebdomadaires.

Une société a mis en œuvre un dispositif de modulation du temps de travail en application d'un accord d'entreprise du 22 mars 2000 relatif à l'aménagement et la réduction du temps de travail ; un salarié engagé par cette société en 1981 a saisi la juridiction prud'homale pour obtenir paiement d'un rappel de salaires à titre d'heures supplémentaires en faisant valoir que l'obligation de mise en place d'un programme indicatif de la modulation prévu par l'accord d'entreprise n'avait pas été respectée.

Il résulte des articles 2 de l'accord d'entreprise du 22 mars 2000 sur l'aménagement et la réduction du temps de travail et 4.2.3. de l'accord de branche du 19 septembre 2000 relatif à la réduction du temps de travail et à l'organisation du travail que, pour le personnel sédentaire de production soumis à une modulation de la durée hebdomadaire de travail en fonction des variations de l'activité de l'entreprise, l'employeur doit établir chaque année avant le 1er avril pour l'année suivante la programmation indicative sur 12 mois du volume de production et de la charge de travail qui lui correspond mentionnant les périodes de l'année où le dispositif de modulation hebdomadaire est mobilisé, cette programmation étant communiquée aux salariés, après consultation des représentants du personnel au moins 7 jours avant le début de la période sur laquelle est calculé l'horaire.

Ayant relevé que contrairement à cette prévision, aucun programme indicatif de la répartition de la durée du travail n'avait été établi et soumis aux institutions représentatives du personnel, pas plus que communiqué aux salariés de l'entreprise au cours de la période considérée, une cour d'appel en a exactement déduit que l'accord de modulation était privé d'effet et que le salarié pouvait prétendre au paiement d'heures supplémentaires décomptées sur la base de 35 heures hebdomadaires.

Cass. soc. 2 juillet 2014, n° 13-14.216, BC V n° 173. Voir aussi cass. soc. 22 janvier 2014, n° 12-20.585, BC V n° 33, s'agissant d'une condition de mise en œuvre dont le non-respect seul ne prive pas d'effet l'accord de modulation.

Réduction du temps de travail

La durée légale du travail effectif des salariés est fixée à 35 heures par semaine. Lorsque la durée du travail effectif est ramenée à la durée légale par décision unilatérale de l'employeur, la réduction du salaire en découlant est une modification du contrat de travail…

Il résulte de l'article L. 212-1 bis CT, dans sa rédaction issue de la loi 98-461 du 13 juin 1998, que la durée légale du travail effectif des salariés est fixée à 35 heures par semaine à compter du 1er janvier 2000 pour les entreprises dont l'effectif est de plus de 20 salariés.

La réduction du salaire lorsque la durée du travail effectif est ramenée à la durée légale, par décision unilatérale de l'employeur, est une modification du contrat de travail qui ne peut intervenir sans l'accord préalable du salarié.

Un salarié s'est vu proposer le 29 novembre 1999 par son employeur une réduction de son temps de travail à 35 heures au 1er janvier 2000, avec réduction proportionnelle du salaire. À la suite de son refus, il a été licencié.

N'a pas légalement justifié sa décision la cour d'appel qui a décidé que ce licenciement était sans cause réelle et sérieuse, alors qu'ayant constaté que, le 29 novembre 1999, l'employeur avait proposé au salarié une diminution de son salaire en contrepartie de la réduction du temps de travail, et que c'est en raison de ce refus que le salarié avait été licencié, la cour devait rechercher si l'article L. 212-1 bis CT était applicable à la société, compte tenu de son effectif.

Cass. soc. 24 mars 2004, n° 02-45.130, BC V n° 98.

… et le licenciement du salarié qui refuse cette modification est fondé sur un motif économique.

Le licenciement prononcé en raison du refus par un salarié de la modification de sa rémunération proposée, non en application d'un accord collectif, mais par suite d'une mise en œuvre unilatérale dans l'entreprise de la réduction du temps de travail à 35 heures constitue un licenciement pour motif économique.

Cass. soc. 15 mars 2006, n° 05-42.946, BC V n° 107 (arrêt n° 4).

En revanche, le licenciement du salarié ayant refusé la modification de son contrat suite à la réduction du temps de travail dans l'entreprise en application d'un accord collectif est un licenciement individuel ne reposant pas sur un motif économique.

Selon l'article 30-II de la loi du 19 janvier 2000, lorsqu'un ou plusieurs salariés refusent une modification de leur contrat de travail en application d'un accord de réduction de la durée du travail, leur licenciement est un licenciement individuel ne reposant pas sur un motif économique et est soumis aux dispositions des articles L. 122-14 à L. 122-17 CT ; en vertu des dispositions combinées des articles 28-I et 30-II de la même loi, ce texte est applicable à tout licenciement résultant d'un accord de réduction du temps de travail, que celui-ci ait été conclu en application de la loi du 13 juin 1998 ou de la loi du 19 janvier 2000, à condition que les stipulations de l'accord soient conformes aux dispositions de cette dernière.

Cass. soc. 15 mars 2006, n° 03-48.027, BC V n° 107 (arrêt n° 1).

Pour déclarer sans cause réelle et sérieuse le licenciement d'un salarié, consécutif à son refus d'une modification de ses conditions de rémunération proposée en application d'un accord sur la réduction du temps de travail dans l'entreprise, une cour d'appel a retenu que le changement des conditions de rémunération des seuls commerciaux de l'entreprise, qui n'était qu'une résultante très partielle des dispositions adoptées pour assurer le passage du temps de travail de 39 heures à 35 heures, apparaissait comme la conséquence de raisons économiques telles qu'explicitées dans le préambule du protocole d'accord, notamment en vue de l'amélioration du chiffre d'affaires, et que l'employeur qui n'avait pas pour autant usé de la procédure prévue à l'article L. 321-1-2 CT ne justifiait nullement de la réalité des motifs économiques, au demeurant non explicités dans la lettre de licenciement ; que, dans ces conditions, le licenciement fondé sur le seul refus de la salariée de signer l'avenant au contrat de travail était dépourvu de cause réelle et sérieuse.

En statuant ainsi, alors qu'il lui appartenait d'apprécier le caractère réel et sérieux du motif du licenciement consécutif à ce refus, au regard des seules dispositions de l'accord collectif de réduction du temps de travail, conformément au texte précité, la cour d'appel a violé l'article 30-II de la loi du 19 janvier 2000.

Cass. soc. 15 mars 2006, n° 04-41.935, BC V n° 107 (arrêt n° 3).

Lorsque la lettre de licenciement adressée au salarié ne comporte pas l'indication de l'accord, la rupture est dépourvue de cause réelle et sérieuse.

En cas de licenciement motivé par le refus d'un salarié de la modification de son contrat de travail en application d'un accord de réduction du temps de travail, qui constitue un licenciement individuel ne reposant pas sur un motif économique et est soumis aux dispositions des articles L. 122-14 à L. 122-17 CT selon l'article 30-II de la loi du 19 janvier 2000, la lettre de licenciement doit comporter l'indication de cet accord. À défaut, le licenciement est sans cause réelle et sérieuse.

Cass. soc. 15 mars 2006, n° 04-40.504, BC V n° 107 (arrêt n° 2).

En instituant une réduction négociée du temps de travail, la loi du 19 janvier 2000 implique, s'agissant d'un service accueillant du public, que puisse être déterminée dans un accord la durée d'ouverture au public dès lors que les droits et obligations de chaque salarié en matière de temps de travail dépendent nécessairement de cette durée d'ouverture.

Un accord collectif intitulé « protocole d'accord local de mise en œuvre de l'aménagement et de la réduction du temps de travail » a été conclu au sein d'une caisse primaire d'assurance maladie dans le cadre de la loi du 19 janvier 2000 relative à la réduction négociée du temps de travail ; l'article 12 de cet accord relatif à l'adaptation de l'ouverture de la caisse aux besoins du public prévoyait que « la caisse assure l'ouverture de ses accueils au public selon les heures d'ouverture décidées par le conseil d'administration durant 41 h 15 par semaine ».

Par délibération postérieure, le conseil d'administration de la caisse a décidé que les horaires d'ouverture de l'accueil téléphonique au public seraient dorénavant fixés de 8 h à 17 h au lieu de 8 h à 12 h et de 13 h à 16 h.

Estimant que ces nouveaux horaires étaient contraires à l'accord en ce qu'ils étendaient l'amplitude de l'accueil téléphonique à 45 heures par semaine, des syndicats et des salariés de la caisse ont saisi le juge judiciaire aux fins, notamment, d'obtenir l'exécution forcée de l'article 12 de l'accord et la constatation de la nullité de la délibération litigieuse.

C'est à bon droit qu'une cour d'appel a fait injonction à la caisse de respecter l'article 12 de l'accord collectif du 28 mai 2002. D'une part, la durée d'ouverture de la caisse au public n'était pas une durée purement indicative et constituait bien une référence sur la base de laquelle avait été conclu l'accord du 28 mai 2002 et, d'autre part, cette durée visait aussi bien l'accueil physique du public que l'accueil téléphonique.

Cass. soc. 28 mars 2006, n° 04-30.520, 3ᵉ moyen, BC V n° 130.

Un accord de réduction du temps de travail conclu en application de l'article 39-1 de la loi 93-1313 du 20 décembre 1993 (loi de Robien) ne s'impose aux salariés que si le projet de licenciement collectif revêt effectivement un caractère économique.

Une société avait mis en place un plan social qui prévoyait, dans le but d'éviter sept licenciements, un accord de réduction de temps de travail pris en application de la loi quinquennale du 20 décembre 1993. Un salarié, qui n'était pas concerné par le projet de licenciement économique collectif, a refusé la réduction du temps de travail résultant de cet accord, ainsi que toute forme de reclassement, et a été licencié pour motif économique.

Pour dire le licenciement du salarié fondé sur une cause réelle et sérieuse, une cour d'appel a énoncé que son poste n'était pas supprimé, que ce dernier avait refusé expressément la réduction de son temps de travail assortie d'une aide spéciale de passage à temps partiel, qu'il avait également refusé la diminution de son temps de travail de 15 %, qu'il n'avait pas exprimé son intention de quitter volontairement l'entreprise et de profiter des mesures offertes d'accompagnement du plan social, et avait refusé le reclassement interne dans une filiale à Besançon et toutes les propositions de reclassement externes offertes par l'antenne emploi mise en place.

Cependant, l'accord de réduction collective du temps de travail, conclu en application de l'article 39-1 de la loi du 20 décembre 1993, destiné à éviter les licenciements prévus dans le cadre d'un licenciement collectif pour motif économique, ne s'impose au salarié dont le contrat de travail est modifié par une réduction du temps de travail que si le licenciement économique collectif est justifié par une cause économique.

En statuant comme elle l'a fait, après avoir retenu par ailleurs que le licenciement collectif, concernant l'ensemble d'une catégorie professionnelle, n'était pas justifié par la restructuration invoquée, ce dont il résultait que l'accord de réduction du temps de travail n'avait pas de cause économique, et qu'en conséquence le refus par le salarié de la modification du contrat de travail découlant de cet accord ne constituait pas pour l'employeur une cause réelle et sérieuse de licenciement, la cour d'appel n'a pas tiré les conséquences légales de ses propres constatations.

Cass. soc. 5 juillet 2005, n° 02-47.576, BC V n° 234.

Les salariés des établissements et services pour personnes inadaptées ou handicapées dont la durée du travail n'a pas été réduite pouvaient prétendre à la fois au paiement de l'indemnité conventionnelle de réduction du temps de travail et à celui des heures accomplies au-delà de 35 heures au taux majoré.

Un accord-cadre relatif à l'aménagement et à la réduction du temps de travail avait été conclu dans les établissements et services pour personnes inadaptées et handicapées. Cet accord prévoyait que la durée du travail était fixée à 35 heures hebdomadaires au plus à compter du 1ᵉʳ janvier 2000 dans les entreprises de plus de 20 salariés. Par ailleurs, l'accord prévoyait que le maintien du salaire lors de la réduction de la durée du travail avait pour conséquence la création d'une indemnité de réduction du temps de travail correspondant à la différence entre le salaire conventionnel base 39 heures et le salaire conventionnel correspondant à la durée du travail après réduction du temps de travail à 35 heures, cette indemnité s'ajoutant au salaire base 35 heures.

Certains établissements ayant continué, après le 1ᵉʳ janvier 2000, à employer leurs salariés 39 heures par semaine sans faire application de l'indemnité de réduction du temps de travail, des organisations syndicales de salariés ont saisi le juge des référés du tribunal de grande instance pour voir enjoindre aux organisations patronales signataires de l'accord de respecter ses dispositions et de donner toutes instructions en ce sens à leurs adhérents.

Doit être rejeté le pourvoi des organisations syndicales d'employeurs reprochant à une cour d'appel d'avoir accueilli cette demande. En l'état d'un accord collectif fixant la durée du travail à 35 heures et prévoyant le versement d'une indemnité de réduction du temps de travail pour maintenir le salaire à son niveau antérieur, les salariés, qui ont continué à travailler 39 heures par semaine, ont droit à cette indemnité et au paiement des heures accomplies au-delà de 35 heures, majorées de la bonification alors applicable. L'application de cet accord, à compter du 1er janvier 2000, n'était pas subordonnée à la conclusion d'un accord d'entreprise prévu en cas d'anticipation, avant cette date, de la réduction du temps de travail ni à la mise en œuvre effective dans l'entreprise ou l'établissement de la réduction du temps de travail.

Ayant constaté que les salariés, employés dans des entreprises de plus de vingt salariés, avaient continué à travailler 39 heures par semaine, la cour d'appel a exactement décidé qu'ils avaient droit, à compter du 1er janvier 2000, au paiement de l'indemnité conventionnelle de réduction du temps de travail et des heures accomplies au-delà de 35 heures au taux majoré et a pu enjoindre aux organisations syndicales patronales concernées de faire respecter par leurs adhérents les dispositions de l'accord-cadre, l'obligation n'étant pas sérieusement contestable.

Cass. soc. 4 juin 2002, n° 01-01.318, BC V n° 193.

L'article 8 de la loi du 17 janvier 2003 a précisé que cette indemnité conventionnelle n'est due qu'à la date d'entrée en vigueur des accords d'entreprise ou d'établissement ou des décisions unilatérales emportant réduction effective du temps de travail ; ces dispositions ne s'appliquent pas aux instances en cours à la date du 18 septembre 2002.

Selon l'article 8 de la loi 2003-47 du 17 janvier 2003, « dans les établissements mentionnés à l'article L. 314-6 c. act. soc. et fam. dont les accords collectifs de réduction du temps de travail ou les décisions unilatérales prises en application de conventions collectives nationales ou d'accords collectifs nationaux sont soumis à la procédure d'agrément ministériel, le complément différentiel de salaire prévu par un accord collectif en vue d'assurer aux salariés la garantie du maintien de leur rémunération mensuelle en vigueur à la date de la réduction collective du temps de travail à trente-cinq heures ou en deçà n'est dû qu'à compter de la date d'entrée en vigueur des accords d'entreprise ou d'établissement ou des décisions unilatérales relatifs à la réduction collective du temps de travail. Cette entrée en vigueur est subordonnée à l'agrément ministériel prévu au même article. Ces dispositions s'appliquent sous réserve des décisions de justice passées en force de chose jugée. Elles ne s'appliquent pas aux instances en cours à la date du 18 septembre 2002 ». Selon l'article 6.1 de la Convention européenne de sauvegarde des droits de l'homme et des libertés fondamentales, si le législateur peut adopter, en matière civile, des dispositions rétroactives, le principe de prééminence du droit et la notion de procès équitable s'opposent, sauf pour d'impérieux motifs d'intérêt général, à l'ingérence du pouvoir législatif dans l'administration de la justice afin d'influer sur le dénouement judiciaire des litiges.

Doit donc être cassé le jugement qui, pour faire droit aux demandes de salariés d'une association relevant du secteur des établissements et services pour personnes inadaptées et handicapées, a retenu que, dans son arrêt du 4 juin 2002, la Cour de cassation avait décidé que l'obligation de payer aux salariés l'indemnité conventionnelle de réduction du temps de travail et des heures accomplies au-delà de 35 heures au taux majoré n'était pas sérieusement contestable, alors, d'une part, qu'il résultait de la procédure que les instances n'étaient pas en cours à la date du 18 septembre 2002 et que les affaires n'étaient pas jugées lorsque la loi du 17 janvier 2003 était entrée en vigueur et, d'autre part, qu'obéit à d'impérieux motifs d'intérêt général l'intervention du législateur destinée à aménager les effets d'une jurisprudence nouvelle de nature à compromettre la pérennité du service public de la santé et de la protection sociale auquel participent les établissements pour personnes inadaptées et handicapées.

Cass. soc. 20 octobre 2004, n° 03-42.628, BC V n° 266.

C'est à bon droit que la formation de référé d'un conseil de prud'hommes a fait droit à la demande de deux salariées en paiement de rappels de salaires fondée sur l'accord-cadre du 12 mars 1999 agréé par arrêté du 9 août 1999 et la loi sur la réduction du temps de travail.

En effet, les dispositions de l'article 8 de la loi du 17 janvier 2003 ne sont applicables que sous réserve des décisions de justice passées en force de chose jugée. L'ordonnance de référé attaquée, ayant été rendue le 6 décembre 2002, était passée en force de chose jugée au sens de l'article 500 NCPC, avant la date d'entrée en vigueur de la loi précitée.

Cass. soc. 16 juin 2004, n° 03-41.338, BC V n° 169.

C'est à tort qu'un conseil de prud'hommes, statuant en référé par ordonnance du 30 janvier 2003, a fait droit à la demande d'un salarié en paiement de l'indemnité de réduction du temps de travail prévue par l'accord-cadre du 12 mars 1999, au motif qu'à la date de l'audience, la loi du 17 janvier 2003 n'était pas encore votée, alors que cette loi, publiée le 18 janvier, était applicable à l'instance introduite après le 18 septembre 2002 et clôturée par une décision qui n'était pas encore rendue à la date de son entrée en vigueur.

Cass. soc. 20 octobre 2004, n° 03-41.740, BC V n° 264.

Les salariés d'une association relevant du secteur des établissements et services pour personnes handicapées et inadaptées ont saisi, en octobre 2002, la juridiction prud'homale de demandes en paiement de rappel d'indemnité de réduction du temps de travail pour les heures de travail effectuées au-delà de 35 heures sur le fondement de l'article 18 de l'accord-cadre d'aménagement et de réduction du temps de travail du 12 mars 1999.

Pour faire droit à leurs demandes, un conseil de prud'hommes a énoncé que le simple constat objectif que l'article 8 de la loi du 17 janvier 2003 introduisait une inégalité entre les salariés ayant pu bénéficier d'un jugement avant le 18 septembre 2002 ou en cours à cette date et ceux ayant introduit une instance après cette date suffisait à démontrer que le législateur français n'avait pas respecté l'obligation qui lui était imposée par l'article 26 du pacte international relatif aux droits civils et politiques du 16 décembre 1966 prescrivant que la loi devait interdire toute discrimination et garantir à toute personne une protection égale et efficace contre toute discrimination. Le conseil de prud'hommes en a déduit que l'accord-cadre du 12 septembre 1999 devait être appliqué comme le confirmaient les arrêts de principe de la Cour de cassation du 4 juin 2002 et du 2 avril 2003.

En statuant ainsi, le conseil de prud'hommes a violé l'article 8 de la loi 2003-47 du 17 janvier 2003 et l'article 26 du pacte international relatif aux droits civils et politiques du 16 décembre 1966. En effet, d'une part, il résultait de la procédure que les instances n'étaient pas en cours à la date du 18 septembre 2002 et que les affaires n'étaient pas jugées lorsque la loi du 17 janvier 2003 était entrée en vigueur ; d'autre part, la prohibition de toute discrimination prévue par l'article 26 du pacte international du 16 décembre 1966 n'interdisait pas au législateur de créer des distinctions entre la situation des justiciables selon qu'ils relevaient de la loi antérieure ou de la loi nouvelle, dès lors que la différence était justifiée par d'impérieux motifs d'intérêt général, ce qui était le cas en l'espèce.

Cass. soc. 6 juillet 2005, n° 03-47.249, BC V n° 236.

Des salariés d'une association soumise à la convention collective nationale des établissements et services pour personnes inadaptées et handicapées du 15 mars 1966 ont saisi, le 18 novembre 2002, la juridiction prud'homale de demandes en paiement de rappels de salaires et de congés payés afférents pour la période du 1er janvier au 31 mai 2000.

Pour faire droit à leurs demandes, un conseil de prud'hommes a énoncé qu'il résultait du procès-verbal de la réunion du comité d'entreprise qui s'était tenue le 27 juin 2002 pour examiner « les résultats de la cassation du 4 juin 2002 » que l'employeur s'était engagé à verser avant la fin de l'année 2002 les sommes réclamées par les salariés, soit quatre heures par semaine en heures supplémentaires au-dessus de 35 heures, payées ou récupérées avec les 10 %.

Cependant, d'abord, ne saurait constituer un engagement unilatéral de l'employeur la seule analyse en réunion du comité d'entreprise des conséquences à tirer sur la rémunération des salariés de l'entreprise d'une jurisprudence nouvelle de la Cour de cassation, alors que le directeur de l'association ne pouvait seul prendre d'engagement financier sans l'accord de l'autorité de tutelle.

Ensuite, d'une part, il résultait de la procédure que les instances n'étaient pas en cours à la date du 18 septembre 2002 et que les affaires n'étaient pas jugées lorsque la loi du 17 janvier 2003 est entrée en vigueur ; d'autre part, obéit à d'impérieux motifs d'intérêt général l'intervention du législateur destinée à aménager les effets d'une jurisprudence nouvelle de nature à compromettre la pérennité du service public de la santé et de la protection sociale auquel participent les établissements pour personnes inadaptées et handicapées.

Dès lors, en statuant comme il l'a fait, alors que la loi du 17 janvier 2003 était applicable, le conseil de prud'hommes a violé l'article 8 de la loi 2003-47 du 17 janvier 2003 et l'article 1134 c. civ.

Cass. soc. 16 décembre 2005, n° 03-46.294, BC V n° 367.

Les salariés payés en totalité ou en partie à la commission, dès lors que leur horaire de travail a été ramené de 39 heures à 35 heures, doivent bénéficier de l'indemnité différentielle prévue par un accord d'entreprise et destinée à compenser l'effet que produit nécessairement sur le salaire la réduction du temps de travail.

Cass. soc. 13 juin 2007, n° 05-45.203, 1er moyen, BC V n° 101.

En l'absence de disposition conventionnelle spécifique relative aux modalités du maintien du salaire en cas de réduction de la durée du travail, la part variable de la rémunération du salarié doit être intégrée dans l'assiette de calcul de l'indemnité de jours de réduction du temps de travail.

Sauf disposition spécifique, non alléguée en l'espèce par l'employeur, de l'accord collectif de travail relative aux modalités du maintien du salaire en cas de réduction de la durée du travail, le salarié ne peut subir aucune perte de salaire au titre de la prise de jours de réduction de temps de travail.

Ayant relevé que les primes de vente brute versée par l'employeur se trouvaient étroitement liées à l'activité du salarié et à ses performances, une cour d'appel en a exactement déduit que cette part variable de la rémunération devait être intégrée dans l'assiette de calcul de l'indemnité de jours de réduction du temps de travail.

Cass. soc. 28 mars 2018, n° 16-27.641, 1er moyen du pourvoi principal, à paraître.

Le calcul de l'indemnité différentielle doit se faire par référence à la seule rémunération mensuelle perçue par les salariés pour 39 heures avant l'entrée en vigueur de l'accord.

Pour accorder à des salariés certaines sommes à titre d'indemnité compensatrice de réduction du temps de travail, une cour d'appel a pris en compte les salaires des années postérieures à la réduction du temps de travail.

Cependant, l'indemnité différentielle prévue par l'accord d'entreprise en cause ayant vocation à compenser la perte de rémunération provoquée par la réduction du temps de travail, elle devait être calculée par référence à la seule rémunération mensuelle perçue par les salariés pour 39 heures avant l'entrée en vigueur de l'accord.

Dès lors, en statuant comme elle l'a fait et en appliquant le pourcentage de 10,25 % de l'indemnité différentielle, correspondant à la réduction du temps de travail de 39 à 35 heures, aux rémunérations perçues par le salarié au cours des années postérieures à l'entrée en vigueur de l'accord, la cour d'appel a violé l'accord collectif d'entreprise concerné.

Cass. soc. 13 juin 2007, n° 05-45.203, 2e moyen, BC V n° 101.

Lorsqu'un accord prévoit le versement d'une indemnité différentielle en cas de passage à 35 heures, sans imposer une réduction effective du temps de travail dans les entreprises concernées, les salariés n'ayant pas vu leur temps de travail réduit ne doivent pas bénéficier de cette indemnité…

Des médecins du travail travaillant au sein d'une association dans laquelle l'horaire collectif avait été maintenu à 39 heures et dont les heures effectuées au-delà de la 35e heure étaient rémunérées à titre d'heures supplémentaires avec bonification ont saisi la juridiction prud'homale pour obtenir une indemnité sur le fondement d'un accord-cadre intervenu dans le cadre de la convention collective du personnel des services interentreprises de médecine du travail.

Doit être cassé l'arrêt ayant fait droit à leur demande. En effet, l'accord-cadre du 24 janvier 2002 sur l'organisation et la durée du travail effectif dans les services interentreprises de médecine du travail n'impose pas la réduction effective du temps de travail hebdomadaire à 35 heures et ne prévoit pas le paiement d'une indemnité différentielle en l'absence de réduction effective du temps de travail.

Cass. soc. 13 décembre 2006, n° 05-43.617, BC V n° 380 (arrêt n° 1).

L'accord du 27 janvier 2000 dans la branche de l'hospitalisation privée et son annexe applicable au secteur social et médico-social à caractère commercial n'impose nullement la réduction effective du temps de travail à 35 heures et le versement de l'indemnité différentielle destinée à assurer le maintien du salaire n'est dû qu'aux salariés dont l'horaire de travail est réduit.

Se fondant sur l'application de cet accord, une salariée a saisi la juridiction prud'homale d'une demande de rappel de salaire et d'un reliquat d'heures supplémentaires sur la période du 12 mai 2000 au 15 février 2003.

Pour accueillir sa demande, une cour d'appel a retenu que l'accord invoqué était étendu, par arrêté du 28 avril 2000, à tous les établissements de la branche le 12 mai 2000, qu'il rappelait que « par dérogation aux dispositions de l'article L. 212-5 CT relatives au paiement des heures supplémentaires, les établissements pourront donner la priorité à la prise de repos compensateur de remplacement à tout ou partie du paiement des heures supplémentaires avec l'accord du salarié », son annexe précisant que les rémunérations des salariés des établissements du secteur social et médico-social correspondaient à un salaire de 39 heures hebdomadaires.

En statuant ainsi, après avoir constaté que la société avait maintenu un horaire de 39 heures pendant la période litigieuse, ce dont il résultait que l'indemnité différentielle n'était pas due, la cour d'appel a violé les articles L. 212-1 CT, 1 et 2 de l'accord du 27 janvier 2000 et le chapitre III bis de son annexe.

Cass. soc. 16 novembre 2007, n° 06-43.499, 1er moyen, BC V n° 192.

… et ils ne peuvent pas prétendre à une augmentation de leur taux horaire.

Des médecins du travail avaient saisi la juridiction prud'homale de demandes en paiement de rappels de salaires pour une période au cours de laquelle ils avaient continué à travailler 39 heures par semaine en percevant la bonification légale de 25 % pour les heures accomplies au-delà de la 35e heure. À l'appui de ces demandes, ils soutenaient que l'accord-cadre du 24 janvier 2002 sur l'organisation et la durée du travail effectif intervenu dans le cadre de la convention collective du personnel des services interentreprises de médecine du travail, d'une part, imposait que la durée du travail effectif soit fixée à 35 heures à compter du 1er janvier 2002 et, d'autre part, prévoyait le maintien des rémunérations minimales conventionnelles lors de la mise en œuvre de la réduction du temps de travail, ce dont il résultait que l'employeur aurait dû augmenter à compter du 1er janvier 2002 le taux horaire de leur salaire.

Un conseil de prud'hommes a exactement décidé que l'accord-cadre du 24 janvier 2002 n'imposait pas la réduction effective du temps de travail hebdomadaire à 35 heures et ne prévoyait pas que les rémunérations minimales conventionnelles des médecins du travail, définies sur la base de 39 heures à la date de conclusion de l'accord, s'appliquaient, en l'absence de réduction effective du temps de travail, à une durée de travail de 35 heures, dès l'entrée en vigueur dudit accord. Il a pu en conséquence débouter les salariés de leurs demandes.

Cass. soc. 13 décembre 2006, n° 05-40.671, BC V n° 380 (arrêt n° 2).

À défaut d'un accord collectif prévoyant une indemnisation, l'absence de prise des jours de repos au titre de la réduction du temps de travail n'ouvre droit à une indemnité que si cette situation est imputable à l'employeur.

Cass. soc. 18 mars 2015, n° 13-16.369, BC V n° 55.

Temps de travail des cadres

• Il existe trois catégories de cadres : les cadres dirigeants, les cadres « intégrés » et les cadres « autonomes » ou « intermédiaires ». Les premiers ne sont pas soumis aux dispositions du code du travail relatives à la durée du travail. En revanche, les deux autres catégories y sont soumises. Plus particulièrement, le code du travail prévoit, pour les cadres intermédiaires, différents types de forfait adaptés aux exigences particulières de leurs fonctions (forfait annuel en heures ou en jours, forfait en heures sur une base hebdomadaire ou mensuelle).

Seuls relèvent de la catégorie des cadres dirigeants les cadres participant à la direction de l'entreprise.

Selon l'article L. 3111-2 CT, sont considérés comme cadres dirigeants les cadres auxquels sont confiées des responsabilités dont l'importance implique une grande indépendance dans l'organisation de leur emploi du temps, qui sont habilités à prendre des décisions de façon largement autonome et qui perçoivent une rémunération se situant dans les niveaux les plus élevés des systèmes de rémunération pratiqués dans leur entreprise ou établissement. Ces critères cumulatifs impliquent que seuls relèvent de cette catégorie les cadres participant à la direction de l'entreprise.

Après avoir relevé qu'une salariée, bien que disposant d'une grande autonomie dans l'organisation de son travail nécessitée par son haut niveau de responsabilité dans l'élaboration d'une collection de vêtements et étant classée au coefficient le plus élevé de la convention collective, ne participait pas à la direction de l'entreprise, une cour d'appel a, par ce seul motif, légalement justifié sa décision de lui allouer le paiement d'heures supplémentaires.

Cass. soc. 31 janvier 2012, n° 10-24.412, BC V n° 45. Voir aussi cass. soc. 26 novembre 2013, n° 12-21.758, 1er moyen du pourvoi du salarié, BC V n° 283 ; cass. soc. 2 juillet 2014, n° 12-19.759, BC V n° 174.

Après avoir constaté que le contrat de travail d'un cadre prévoyait qu'il ne pourrait refuser d'effectuer les heures supplémentaires qui lui seraient demandées et que son horaire de travail était celui en vigueur dans l'entreprise, une cour d'appel a pu écarter la qualité de cadre dirigeant au salarié.

Cass. soc. 27 mars 2013, n° 11-19.734, 2e moyen du pourvoi principal, BC V n° 95.

Mais la participation à la direction de l'entreprise ne constitue pas un critère autonome et distinct se substituant aux trois critères légaux.

Si les trois critères fixés par l'article L. 3111-2 CT impliquent que seuls relèvent de la catégorie des cadres dirigeants les cadres participant à la direction de l'entreprise, il n'en résulte pas que la participation à la direction de l'entreprise constitue un critère autonome et distinct se substituant aux trois critères légaux.

Cass. soc. 22 juin 2016, n° 14-29.246, BC V n° 137.

La qualité de cadre dirigeant au sens de l'article L. 3111-2 CT ne requiert ni l'existence d'un accord particulier entre l'employeur et le salarié, ni que ce dernier se situe au niveau hiérarchique le plus élevé de la classification conventionnelle.

Est légalement justifié l'arrêt qui reconnaît cette qualité à un salarié après avoir constaté que l'intéressé était directeur d'une société et directeur opérationnel de trois autres, qu'aucun secteur n'échappait à sa compétence et à sa responsabilité, qu'il ne recevait aucune consigne dans l'organisation de son travail ou de son emploi du temps, qu'hormis celle du gérant, sa rémunération était la plus élevée des quatre sociétés et que n'était pas établie l'existence de contrats de travail mentionnant un quelconque horaire de travail.

Cass. soc. 30 novembre 2011, n° 09-67.798, BC V n° 281.

Pour caractériser la qualité de cadre dirigeant, le juge doit examiner précisément les conditions réelles d'emploi du salarié au regard des critères cumulatifs énoncés par l'article L. 3111-2 CT, peu important que l'accord collectif applicable retienne pour la fonction occupée par le salarié la qualité de cadre dirigeant.

Sont considérés comme ayant la qualité de cadre dirigeant les cadres auxquels sont confiées des responsabilités dont l'importance implique une grande indépendance dans l'organisation de leur emploi du temps, qui sont habilités à prendre des décisions de façon largement autonome et qui perçoivent une rémunération se situant dans les niveaux les plus élevés des systèmes de rémunération pratiqués dans leur entreprise ou établissement ; les critères ainsi définis sont cumulatifs et le juge doit vérifier précisément les conditions réelles d'emploi du salarié concerné, peu important que l'accord collectif applicable retienne pour la fonction occupée par le salarié la qualité de cadre dirigeant.

Cass. soc. 13 janvier 2009, n° 06-46.208, 2e moyen, BC V n° 12. Voir aussi cass. soc. 22 juin 2011, n° 10-10.945, pourvoi principal ; cass. soc. 11 décembre 2014, n° 13-17.225.

La soumission d'un salarié à une convention de forfait en jours exclut la qualité de cadre dirigeant.

Un salarié engagé le 12 mars 2007 par une société en qualité de responsable de centre de profits a sollicité, au mois de juillet 2012, le paiement d'heures supplémentaires ; après un entretien et divers échanges de courriels, il a pris acte de la rupture de son contrat de travail le 8 août 2012.

Ayant constaté que, par lettre du 7 décembre 2006, les parties avaient signé une promesse d'engagement précisant « votre emploi de la catégorie cadre est régi par un accord d'annualisation du temps de travail sur la base de 218 jours » et retenu que le salarié avait été soumis à une convention individuelle de forfait en jours prévue par les articles L. 3121-39 et suivants CT, c'est à bon droit qu'une cour d'appel, qui n'avait pas à procéder à une recherche sur l'éventuelle qualité de cadre dirigeant du salarié que ses constatations rendaient inopérante, a condamné l'employeur à payer certaines sommes au titre des heures supplémentaires, des repos compensateurs et des congés payés afférents après avoir écarté l'application de la convention de forfait en jours.

Cass. soc. 7 septembre 2017, n° 15-24.725, BC V n° 132.

En l'état d'une convention collective subordonnant l'exclusion, pour les cadres dirigeants, de la réglementation de la durée du travail à l'existence d'un document contractuel écrit mentionnant les modalités d'exercice des responsabilités justifiant le forfait sans référence horaire, un cadre dirigeant engagé sans contrat écrit doit bénéficier de cette réglementation.

Il résulte de l'article 1.09 (g) de la convention collective nationale du commerce et de la réparation de l'automobile, du cycle et du motocycle et des activités connexes du 15 janvier 1981 que les modalités d'exercice des responsabilités, qui impliquent une indépendance et une autonomie particulières justifiant, pour les cadres dirigeants, le forfait sans référence horaire, doivent être indiquées dans le contrat de travail ou un avenant à celui-ci ; il se déduit de ce texte, plus favorable que les dispositions légales, que l'exclusion, pour cette catégorie de cadres, de la réglementation de la durée du travail est subordonnée à l'existence d'un document contractuel écrit mentionnant les modalités d'exercice des responsabilités justifiant le forfait sans référence horaire.

Ayant été licencié, un cadre qui avait été engagé par une société en vue de l'exploitation commerciale de l'une de ses filiales, dont l'activité consistait dans la vente et la réparation de véhicules industriels, a saisi la juridiction prud'homale de diverses demandes.

Après avoir constaté l'absence de contrat écrit liant les parties, une cour d'appel a pu condamner la société à payer à l'intéressé certaines sommes à titre d'heures supplémentaires et d'indemnité de repos compensateur.

Cass. soc. 6 avril 2011, n° 07-42.935, BC V n° 90.

Les cadres dirigeants ne bénéficient pas des compensations financières liées au travail effectué le dimanche et les jours fériés.

Les cadres dirigeants ne sont pas soumis aux dispositions relatives aux repos et jours fériés, sauf stipulations contractuelles ou conventionnelles plus favorables. Il en résulte que, en l'absence de dispositions expresses visant cette catégorie de cadres, le régime de compensation financière liée au travail effectué le dimanche et les jours fériés prévu par accord collectif ne saurait s'appliquer aux cadres dirigeants.

Cass. soc. 27 juin 2012, n° 10-28.649, BC V n° 200.

Est conforme à la loi l'accord collectif qui, après avoir distingué les cadres dirigeants des cadres dont l'horaire est prédéterminé, définit les cadres autonomes qui ne relèvent d'aucune de ces catégories comme étant ceux dont le rythme de travail ne peut, en raison de leur mission, être soumis à l'horaire collectif de travail du service qu'ils dirigent ou auquel ils sont affectés.

En effet, cette définition, qui permet d'apprécier le degré d'autonomie du personnel d'encadrement concerné, est conforme aux exigences de l'article L. 212-15-3, III CT dans la mesure où, d'une part, la convention de forfait doit faire l'objet d'un accord particulier entre l'employeur et le salarié et où, d'autre part, il appartient au juge de vérifier, en cas de litige, que les fonctions effectivement exercées par le cadre ne lui permettent pas d'être soumis à l'horaire collectif de travail.

Cass. soc. 26 mai 2004, n° 02-18.756, 3e moyen, BC V n° 143.

L'employeur ne peut pas fixer unilatéralement les modalités d'application d'une convention de forfait en jours.

Selon l'article L. 212-15-3 (I) CT, la conclusion de conventions individuelles de forfait pour les cadres ne relevant pas des dispositions des articles L. 212-15-1 et L. 212-15-2 CT doit être prévue par une convention ou un accord collectif étendu ou par une convention ou un accord d'entreprise ou d'établissement qui détermine les catégories de cadres susceptibles de bénéficier de ces conventions ainsi que les modalités et les caractéristiques principales de celles-ci. L'article L. 212-15-3 (III) du même code, relatif aux conventions de forfait en jours, dispose notamment que la convention ou l'accord détermine les conditions de contrôle de son application et prévoit des modalités de suivi de l'organisation du travail des salariés concernés, de l'amplitude de leurs journées d'activité et de la charge de travail qui en résulte, ainsi que les modalités concrètes d'application des dispositions des articles L. 220-1, L. 221-2 et L. 221-4 CT. Il en résulte que lesdites modalités ne peuvent être prévues que par convention ou accord collectif.

Le contrat de travail d'un avocat salarié prévoyait qu'il serait soumis à un forfait en jours de travail à l'année, « conformément aux dispositions conventionnelles ». Suite à son licenciement, il a saisi le bâtonnier de l'ordre des avocats d'une demande en paiement d'heures supplémentaires en soutenant que l'avenant n° 7 du 7 avril 2000 à la convention collective des avocats salariés ne lui était pas opposable, sous réserve, s'agissant des dispositions relatives au forfait en jours, que « les modalités de suivi de l'organisation du travail des salariés concernés, de l'amplitude de leurs journées d'activité et de la charge de travail qui en résulte et les modalités concrètes d'application des repos quotidiens et hebdomadaires, prévues à l'article L. 212-15-3 (III), al. 3 et 4 CT, soient précisées au niveau de l'entreprise ».

C'est à tort qu'une cour d'appel a débouté l'intéressé de sa demande, alors qu'il se déduisait de ses constatations que les modalités exigées par l'article L. 212-15-3 (III) CT avaient été précisées de façon unilatérale par l'employeur.

Cass. soc. 13 décembre 2006, n° 05-14.685, BC V n° 382.

Un salarié cadre, ne disposant d'aucune liberté dans l'organisation de son travail, n'est pas susceptible de relever du régime du forfait en jours qui lui avait été appliqué et ne peut pas bénéficier de l'indemnité de l'article L. 3121-47 ancien CT.

Ayant été licencié pour faute grave, un moniteur de golf responsable d'enseignement, cadre groupe VI, niveau 1 selon la classification de la convention collective, a saisi la juridiction prud'homale de demandes relatives notamment au paiement de l'indemnité prévue par l'article L. 212-15-4 CT.

Ayant constaté que les pièces produites et les propres écritures de la société établissaient que l'emploi du temps du salarié était déterminé par la direction et le supérieur hiérarchique de l'intéressé, lesquels définissaient le planning de ses interventions auprès des clients, que le salarié ne disposait pas du libre choix de ses repos hebdomadaires, ce dont il se déduisait que l'intéressé, qui ne disposait d'aucune liberté dans l'organisation de son travail, n'était pas susceptible de relever du régime du forfait en jours qui lui avait été appliqué, c'est à tort qu'une cour d'appel lui a alloué une indemnité sur le fondement de l'article L. 212-15-4, al. 2 CT.

Cass. soc. 31 octobre 2007, n° 06-43.876, BC V n° 180. Voir aussi cass. soc. 27 mars 2019, n° 17-31.715, 1er moyen, à paraître.

Astreintes ; Convention de forfait ; Heures d'équivalence ; Heures de récupération ; Heures supplémentaires ; Horaire de travail ; Modification de la durée du travail ; Repos compensateur ; Repos hebdomadaire (Arrêté préfectoral de fermeture) ; Repos hebdomadaire (Dérogations) ; Repos hebdomadaire (Principe du repos dominical) ; Temps de trajet ; Temps de travail effectif.

E

Effectifs
(Représentation du personnel)

Dans le cadre des élections des délégués du personnel et des membres du comité d'entreprise, la détermination de l'effectif de l'entreprise est nécessaire pour établir tant l'obligation de l'employeur d'organiser ces élections (art. L. 2312-1 et s. anciens et L. 2322-1 et s. anciens CT) que le nombre de représentants à élire (art. L. 2314-1 et L. 2324-1 anciens CT).

Les modalités de calcul des effectifs sont précisées aux articles L. 1111-2 et 3 CT. Le décompte s'effectue de la même manière pour l'application des dispositions relatives au droit syndical et pour celles relatives à la représentation élue du personnel.

Calcul

En matière de représentation du personnel, l'effectif de l'entreprise est calculé selon les règles prévues à l'article L. 1111-2 CT ; lorsque ce calcul aboutit à un nombre décimal, aucune disposition de ce texte ne prévoit de l'arrondir au nombre entier supérieur.

Cass. soc. 17 juin 2009, n° 08-60.594.

Date d'appréciation

• Date d'appréciation de l'effectif pour la mise en place des institutions représentatives du personnel

L'appréciation de l'effectif sur les trois dernières années précédant les élections ne vaut que pour la mise en place des élections et non pour leur renouvellement.

Les dispositions de l'alinéa 2 de l'article L. 421-1 CT, relatives au calcul de l'effectif de l'entreprise sur douze mois consécutifs ou non, au cours des trois dernières années précédant la date des élections des délégués du personnel, s'appliquent uniquement lors de la mise en place de l'institution, et non en cas de renouvellement de l'institution.

Cass. soc. 5 avril 1994, n° 93-60.355, non publié.

Le calcul de l'effectif doit se faire mois par mois.

Le calcul des effectifs doit être effectué mois par mois au cours des trois années précédentes et non pas en calculant la « moyenne » de chacune de ces 3 années.

Cass. soc. 17 décembre 1984, n° 84-60.491, BC V n° 503.

• Date d'appréciation de l'effectif pour la détermination du nombre de représentants

Pour déterminer le nombre de représentants à élire, il faut prendre en compte l'effectif atteint à la date du premier tour de scrutin.

L'effectif théorique de l'établissement pour le calcul du nombre des délégués du personnel doit être apprécié à la date du premier tour de scrutin.

Cass. soc. 7 mars 1990, n° 89-60.156, 1er moyen, BC V n° 106. Voir aussi cass. soc. 23 mars 2011, n° 10-60.175.

Cependant, si, à la date de l'élection, l'effectif a diminué mais que cette diminution n'est ni durable ni importante, le juge peut se référer à l'effectif habituel de l'entreprise pour définir le nombre de représentants.

Pour fixer le nombre de représentants du personnel à élire lors du renouvellement des membres du comité d'établissement, un tribunal d'instance a pu se référer à l'effectif moyen de l'établissement au cours de l'année et estimer que la réduction de l'effectif en deçà du seuil de 400 salariés n'était ni durable ni importante. Il a dès lors pu fixer à six le nombre de titulaires et de suppléants à élire.

Cass. soc. 3 octobre 1995, n° 94-60.480.

Les effets d'une baisse de l'effectif

Si une baisse durable et importante peut entraîner la suppression du comité d'entreprise, l'autorité administrative a la faculté de refuser une telle suppression en se fondant sur des motifs d'intérêt général.

L'autorité administrative a pu décider que bien que la réduction d'effectifs invoquée par la société (45 salariés depuis 15 mois) soit suffisamment importante pour autoriser la suppression du comité d'entreprise, les problèmes d'emplois et les relations sociales dans l'entreprise constituaient un motif d'intérêt général faisant obstacle à la demande d'autorisation de suppression formulée par l'employeur.

CE 20 décembre 1985, n° 54954.

La baisse des effectifs d'une société liée au transfert d'une partie de son personnel à une autre société ne met pas, à elle seule, fin aux institutions représentatives du personnel.

C'est à tort qu'un tribunal d'instance, pour constater que la demande d'annulation des élections des délégués du personnel et des membres du comité d'entreprise d'une société, qui avaient eu lieu le 17 mai 1995, ainsi que la demande d'organisation de nouvelles élections au sein de cette même société étaient devenues sans objet, a retenu que le 21 juillet 1995, cette société avait concédé en location-gérance le fonds de commerce qu'elle exploitait à une autre société, la quasi-totalité de son personnel ayant été transférée à cette nouvelle société en application de l'article L. 122-12, al. 2 CT et que l'exécution d'une décision faisant éventuellement droit aux demandes était impossible, alors que la demande devait être appréciée à la date des élections et que la baisse des effectifs de la société liée au transfert d'une partie du personnel à la nouvelle société ne mettait pas, à elle seule, fin aux institutions représentatives du personnel.

Cass. soc. 3 février 1998, n° 96-60.207, BC V n° 60.

Salariés pris en compte

• Doivent être pris en compte dans l'effectif les salariés de l'entreprise

Les salariés en préavis doivent être pris en compte dans l'effectif.

Un tribunal d'instance a pu décider que le personnel licencié continuait à faire partie de l'effectif de l'entreprise pendant la durée du préavis.

Cass. soc. 13 mars 1985, n° 84-60.731, BC V n° 172.

Les salariés dispensés d'activité doivent être comptabilisés s'ils continuent à être rémunérés par l'entreprise…

Un tribunal d'instance, qui a relevé que les salariés, bien que dispensés de toute activité au sein de l'entreprise jusqu'à l'âge de la retraite, continuaient à percevoir de celle-ci une garantie de ressources calculée sur le salaire brut, en a exactement déduit que ces personnes continuaient à faire partie des effectifs de l'entreprise.

Cass. soc. 12 décembre 1990, n° 88-60.782, BC V n° 662.

C'est à tort que, pour refuser de prendre en compte dans les effectifs d'une société les salariés bénéficiaires du dispositif de cessation d'activité des salariés âgés (dit CASA), un tribunal d'instance a retenu que les travailleurs en cessation d'activité ayant adhéré à ce dispositif, qui conditionne leur prise en compte dans l'effectif à une adhésion entre 55 et 57 ans et à une absence de dispense définitive d'activité, ne peuvent être pris en compte dans les effectifs de représentation du personnel, quand bien même ils bénéficient d'une garantie de ressources versée par une caisse subventionnée en partie par l'employeur, alors que les travailleurs, bien que dispensés de toute activité, qui continuent à percevoir une garantie de ressources financée par l'entreprise, entrent dans le calcul des effectifs de cette entreprise, de sorte que les dispositions contraires, moins favorables, contenues dans le dispositif conventionnel CASA, ne peuvent leur être opposées.

Cass. soc. 26 mai 2004, n° 03-60.125, BC V n° 140.

… sauf dispositions conventionnelles contraires.

Un tribunal d'instance a pu décider que les agents, âgés de 50 à 55 ans, dispensés d'activité et ne percevant plus de rémunération de leur employeur, devaient être pris en compte dans l'effectif, l'article 12 de la convention générale de protection sociale de la sidérurgie, applicable à l'espèce, prévoyant le maintien dans l'effectif de l'entreprise des salariés dispensés d'activité.

Cass. soc. 24 mars 1993, n° 92-60.288.

Doivent être comptabilisés les salariés travaillant à l'étranger lorsqu'ils ont été recrutés en France.

Doit être cassé le jugement refusant d'inclure dans l'effectif de l'entreprise, en vue des élections des délégués du personnel, les salariés travaillant dans l'établissement situé en Arabie Saoudite. En recrutant une partie de ces salariés en France, la société les a rattachés, pour l'application des lois relatives à la représentation du personnel, à l'établissement français, peu important que leur contrat soit exécuté à l'étranger.

Cass. soc. 4 mai 1994, n° 91-60.008, BC V n° 162.

Les cadres détenteurs d'une délégation particulière d'autorité doivent être comptabilisés dans les effectifs de l'entreprise ou de l'établissement, dès lors qu'ils ont la qualité de salarié.

Si les cadres détenant sur un service, un département ou un établissement de l'entreprise une délégation particulière d'autorité établie par écrit permettant de les assimiler à un chef d'entreprise sont exclus de l'électorat et de l'éligibilité aux fonctions de délégués du personnel et de membres du comité d'entreprise pour la durée d'exercice de cette délégation particulière, ils doivent néanmoins être comptabilisés dans les effectifs de l'entreprise ou de l'établissement, dès lors qu'ils ont la qualité de salarié.

C'est donc à bon droit qu'un tribunal d'instance a décidé qu'un responsable d'exploitation, inscrit sur les registres du personnel, devait être inclus dans l'effectif de l'entreprise en vue de l'organisation des élections professionnelles.

Cass. soc. 26 septembre 2002, n° 01-60.670, BC V n° 285.

Les salariés à temps partiel sont pris en compte intégralement dans l'effectif de l'entreprise si un accord collectif le prévoit.

Il résulte de l'article 8 de l'accord du 17 octobre 1997 sur le temps partiel, applicable aux entreprises relevant de la convention collective nationale de la propreté, que les salariés à temps partiel doivent être pris en compte intégralement dans l'effectif quel que soit leur temps de travail.

Cass. soc. 25 janvier 2012, n° 11-60.092, BC V n° 35.

L'exclusion par l'article L. 1111-3 CT des salariés titulaires de contrats aidés est contraire au droit de l'Union Européenne.

L'article 3, § 1, de la directive 2002/14 doit être interprété en ce sens qu'il s'oppose à une disposition nationale, telle que l'article L. 1111-3 CT, qui exclut les travailleurs titulaires de contrats aidés du calcul des effectifs de l'entreprise dans le cadre de la détermination des seuils légaux de mise en place des institutions représentatives du personnel.

CJUE 15 janvier 2014, aff. C-176/12, à paraître.

Toutefois, l'application de l'article L. 1111-3 CT ne peut être écartée par le juge judiciaire dans un litige entre particuliers et il lui appartient de vérifier si l'effectif de l'entreprise permet la mise en place de l'institution représentative en tenant compte des exclusions prévues par cet article.

Le 4 juin 2010, un syndicat a désigné un salarié en qualité de représentant de la section syndicale créée au sein d'une association ; contestant notamment le fait que son effectif permette la désignation d'un représentant de section syndicale, l'association a saisi le tribunal d'instance d'une demande d'annulation ; le syndicat a demandé à titre reconventionnel qu'il soit enjoint à l'association, sous astreinte, d'organiser les élections aux fins de mise en place d'institutions représentatives du personnel en son sein. Le tribunal d'instance a transmis à la Cour de cassation une question prioritaire de constitutionnalité portant sur les dispositions de l'article L. 1111-3 CT ; le Conseil constitutionnel, saisi par la Cour de cassation de cette question (cass. soc. 16 février 2011, n° 10-40.062), a dit que les dispositions de l'article L. 1111-3 CT n'étaient contraires à aucune disposition constitutionnelle ; statuant à nouveau, le tribunal d'instance a écarté l'application des dispositions de l'article L. 1111-3 CT comme n'étant pas conformes au droit de l'Union européenne ; par arrêt du 11 avril 2012 (cass. soc. n° 11-21.609), la chambre sociale a saisi la CJUE d'une question préjudicielle.

La Cour de justice de l'Union européenne a dit pour droit (CJUE 15 janvier 2014, aff. C-176/12), que l'article 27 de la Charte des droits fondamentaux de l'Union européenne, seul ou en combinaison avec les dispositions de la directive 2002/14/CE du Parlement européen et du Conseil, du 11 mars 2002, établissant un cadre général relatif à l'information et la consultation des travailleurs dans la Communauté européenne, doit être interprété en ce sens que, lorsqu'une disposition nationale de transposition de cette directive, telle que l'article L. 1111-3 du code du travail français, est incompatible avec le droit de l'Union, cet article de la charte ne peut pas être invoqué dans un litige entre particuliers afin de laisser inappliquée ladite disposition nationale.

Pour déclarer valide la désignation par le syndicat du représentant de section syndicale au sein de l'association, le tribunal d'instance a retenu qu'il ne saurait être fait application de l'article L. 1111-3 CT non conforme au droit communautaire qui détermine une protection minimale à laquelle les États ne peuvent déroger qu'en adoptant des mesures nationales plus favorables aux travailleurs, et que par conséquent, le calcul des effectifs devant se faire en tenant compte de tous les contrats de travail, l'association emploie régulièrement plus de cinquante salariés.

En statuant ainsi, alors que l'application de l'article L. 1111-3 CT, quoique incompatible avec le droit de l'Union, ne pouvait être écartée par le juge judiciaire dans un litige entre particuliers au titre de l'article 27 de la Charte des droits fondamentaux de l'Union européenne et des articles 2 et 3 § 1 de la directive 2002/14/CE du Parlement Européen et du Conseil du 11 mars 2002, et qu'il appartenait au tribunal d'instance de vérifier si l'effectif de l'entreprise permettait la désignation d'un représentant de section syndicale en tenant compte des exclusions prévues par l'article L. 1111-3, le tribunal d'instance a violé ce texte.

Cass. soc. 9 juillet 2014, n° 11-21.609, BC V n° 193.

• Les salariés extérieurs sont aussi pris en compte

Les salariés mis à disposition sont pris en compte au prorata de leur temps de présence dans l'entreprise au cours des douze mois précédents.

Selon l'article L. 412-5, al. 2 CT (voir nouvel art. L. 620-10 CT), les salariés mis à disposition sont, pour la détermination de l'effectif, pris en compte au prorata de leur temps de présence dans l'entreprise au cours des douze mois précédents. Il en résulte que l'ancienneté de ces salariés acquise avant leur mise à disposition ne peut être prise en compte pour la détermination de la condition d'effectif dans l'entreprise d'accueil prévue par l'article L. 412-11, al. 2 CT.

Un tribunal d'instance, qui a relevé que l'effectif de l'entreprise était constitué de 138 salariés mis à disposition de celle-ci à compter du 29 janvier 2002, a exactement décidé qu'à la date de la désignation litigieuse, le 11 février 2002, la condition d'effectif imposée par l'article L. 412-11, al. 2 CT n'était pas remplie.

Cass. soc. 14 janvier 2004, n° 02-60.622, BC V n° 18.

Aux termes des articles L. 421-2 et L. 431-2 CT, les salariés sous contrat à durée déterminée, les salariés sous contrat de travail intermittent, les travailleurs mis à la disposition de l'entreprise par une entreprise extérieure, y compris les travailleurs temporaires, sont pris en compte dans l'effectif de l'entreprise au prorata de leur temps de présence dans celle-ci au cours des douze mois précédents.

Pour débouter un syndicat de sa demande en annulation des élections des délégués du personnel et membres du comité d'entreprise de la société « S », un tribunal d'instance, qui avait à déterminer l'effectif de cette société et la composition de la délégation du personnel, a énoncé que, s'agissant des salariés (mis à disposition) des sociétés « S' », « C », « C' » et « S" », présents dans l'entreprise « S », il ressortait des contrats conclus avec ces sociétés qu'ils exerçaient leur activité sous la responsabilité de leur employeur et n'étaient pas sous la subordination de la société « S » et ne pouvaient dès lors être considérés comme mis à la disposition de la société « S ».

En statuant ainsi, sans prendre en considération les personnels mis à la disposition de la société « S » par les sociétés « S' », « C », « C' » et « S" », le tribunal d'instance a ajouté une condition à la loi, en violation des textes précités

Cass. soc. 28 mars 2000, n° 98-60.440, BC V n° 133.

Sont intégrés de façon étroite et permanente à la communauté de travail les travailleurs mis à disposition par une entreprise extérieure qui, abstraction faite du lien de subordination qui subsiste avec leur employeur, sont présents dans les locaux de l'entreprise utilisatrice depuis au moins un an, partageant ainsi des conditions de travail en partie communes susceptibles de générer des intérêts communs.

À l'occasion du renouvellement des instances représentatives dans un de ses établissements, après la loi du 20 août 2008, une société commissionnaire de transport a saisi un tribunal d'instance pour voir juger que les salariés des entreprises de transports dénommées « louageurs », qui effectuaient des prestations de transports pour son compte, ne remplissaient pas les conditions fixées par l'article L. 1111-2 CT pour être pris en compte dans les effectifs de cet établissement.

Après avoir constaté que les salariés concernés n'étaient pas mis à la disposition exclusive de la société mais travaillaient indifféremment pour plusieurs transporteurs et ne se rendaient que ponctuellement dans les locaux de cette société où se trouvaient les marchandises et les documents administratifs nécessaires à l'accomplissement de leur transport, un tribunal a pu dire que les salariés des entreprises sous-traitantes, dites « louageurs » ne devaient pas être pris en compte dans les effectifs de la société pour les élections des représentants du personnel.

Cass. soc. 14 avril 2010, n° 09-60.367, BC V n° 99.
Voir aussi cass. soc. 15 avril 2015, n° 14-20.200.

Les salariés mis à disposition présents depuis plus de douze mois dans l'entreprise utilisatrice sont pris en compte dans son effectif, peu important que certains d'entre eux aient choisi d'être électeurs dans l'entreprise qui les emploie.

Selon l'article L. 1111-2 CT qui détermine les salariés pris en compte dans l'effectif d'une entreprise pour toutes les dispositions de ce code qui se réfèrent à une condition d'effectif, les salariés d'une entreprise extérieure mis à disposition présents depuis plus de douze mois dans l'entreprise sont compris dans ce décompte ; il en résulte que les salariés mis à disposition d'une entreprise qui remplissent cette condition doivent être pris en compte pour l'application de l'article L. 2312-2 CT selon lequel la mise en place des délégués du personnel n'est obligatoire que si l'effectif de onze salariés et plus est atteint pendant douze mois consécutifs ou non au cours des trois années précédentes, peu important que certains d'entre eux aient choisi, en application des dispositions prévues par l'article L. 2314-18-1 CT d'être électeurs dans l'entreprise qui les emploie.

Cass. soc. 19 janvier 2011, n° 10-60.296, BC V n° 27.

Ne sont pas pris en compte dans l'effectif de l'entreprise utilisatrice les salariés mis à disposition par une entreprise extérieure ne se rendant que ponctuellement dans les locaux de l'entreprise utilisatrice ou dont le contrat a pris fin au cours des douze mois précédant la date fixée pour la détermination de l'effectif.

D'abord, sont intégrés de façon étroite et permanente à la communauté de travail les travailleurs mis à disposition par une entreprise extérieure qui, abstraction faite du lien de subordination qui subsiste avec leur employeur, sont présents, fût-ce à temps partiel, dans les locaux de l'entreprise utilisatrice depuis au moins un an, partageant ainsi des conditions de travail en partie communes susceptibles de générer des intérêts communs.

Ayant constaté que certains salariés d'entreprises extérieures ne se rendaient que de façon ponctuelle sur le site d'une société, un tribunal d'instance a légalement justifié sa décision de les exclure de l'effectif de cette société.
Ensuite, le tribunal a retenu à bon droit qu'en application de l'article L. 1111- 2 CT, seuls les salariés mis à disposition de l'entreprise par une entreprise extérieure qui sont présents dans les locaux de l'entreprise utilisatrice et y travaillent depuis au moins un an lors de la détermination des effectifs de l'entreprise doivent être pris en compte dans le calcul des effectifs en vue des élections professionnelles.

Il ne peut donc lui être reproché d'avoir refusé de prendre en compte les salariés dont le contrat avait pris fin pendant la période de référence.

Cass. soc. 23 septembre 2015, n° 14-26.262, 1er moyen, BC V n° 178.

Les salariés d'un sous-traitant qui, hors toute intégration à la communauté des travailleurs ou participation au fonctionnement de l'entreprise qui a cédé le marché, exécutent ce marché pour ladite entreprise, ne sont pas inclus dans ses effectifs.

Cass. soc. 12 juillet 2006, n° 05-60.384, BC V n° 257.

Lorsqu'un commissionnaire, en qualité d'intermédiaire, organise un transport en concluant avec le transporteur un contrat de transport, son exécution par les salariés du transporteur exclut qu'ils soient, au sens de l'article L. 2141-11 CT, mis à disposition du commissionnaire, peu important les directives générales données par celui-ci au transporteur.

Un syndicat a désigné un salarié en qualité de délégué syndical au sein d'une entreprise intervenant en qualité de commissionnaire de transport de marchandises ; la société a contesté cette désignation au motif que l'effectif de 50 salariés n'était pas atteint.

Doit être cassé le jugement qui, pour rejeter cette contestation, a essentiellement retenu que les salariés mis à disposition du commissionnaire par une entreprise de transport sous-traitante extérieure, qui étaient en possession des colis à livrer ou à transmettre à l'agence de tri pour distribution et du système de poste de saisie mobile permettant à l'entreprise de suivre chaque colis, participaient nécessairement aux activités nécessaires au fonctionnement de cette société utilisatrice et commissionnaire de transport.

Cass. soc. 15 février 2006, n° 05-60.088, BC V n° 72.

• Salariés à prendre en compte partiellement

Les travailleurs temporaires ayant effectué un temps complet doivent être pris en compte, même s'ils ne sont plus en activité au moment des élections.

Conformément aux dispositions de l'article L. 421-2, al. 2 CT, les travailleurs mis à disposition de l'entreprise par une entreprise extérieure, y compris les travailleurs temporaires, sont pris en compte dans l'effectif de l'entreprise au prorata de leur temps de présence dans celle-ci au cours des douze mois précédents.

Doit donc être cassé le jugement énonçant que les travailleurs intérimaires engagés en 1989 et 1990 ne devaient être pris en compte dans les effectifs, en vue des élections des délégués du personnel des 6 et 7 juin 1990, qu'à la condition qu'ils soient toujours en activité lors des élections. Le tribunal d'instance, en se prononçant ainsi, a ajouté au texte visé une condition qui n'est pas légalement exigée.

Cass. soc. 6 novembre 1991, n° 90-60.458, BC V n° 480.

En raison du caractère spécifique du travail des enseignants, il est possible, pour leur prise en compte dans l'effectif de l'établissement, de retenir comme temps de travail un temps supérieur aux heures de cours proprement dites.

Un tribunal d'instance a pu retenir que la durée normale de travail hebdomadaire des personnels enseignants d'un établissement privé serait fixée à 18 heures et que chaque enseignant, assurant au minimum cet horaire, serait pris en compte comme salarié à temps complet. Les juges du fond ont en effet pu considérer que la durée du travail de ces enseignants était équivalente à celle des enseignants de même niveau titulaires du CAPES et qu'en accomplissant 18 heures de cours, outre les préparations et travaux annexes, ils travaillaient à temps complet.

Cass. soc. 3 mars 1993, n° 92-60.031.

• Salariés exclus de l'effectif

Sont exclus les salariés temporaires remplaçant des salariés absents (art. L. 1111-2 CT).

Les salariés sous contrat à durée déterminée remplaçant des salariés absents ou dont le contrat de travail est suspendu ne doivent pas être pris en compte dans l'effectif.

Cass. soc. 17 mai 1994, n° 93-60.329, 1er moyen.

Les personnels recrutés à l'étranger pour y exercer définitivement et exclusivement leur activité sont exclus de l'effectif.

Les personnels recrutés à l'étranger pour y exercer définitivement et exclusivement leur activité sont exclus de l'effectif et de l'électorat pour les élections des délégués du personnel et du comité d'entreprise.

Cass. soc. 5 décembre 2000, n° 99-60.318.

Délégation unique ; Délégué syndical (Désignation) ; Électorat/Qualité d'électeur ; Éligibilité ; Formation professionnelle continue (Participation financière de l'employeur) ; Handicapés ; Licenciement sans cause réelle et sérieuse (Sanctions) ; Participation.

Égalité de rémunération

Le principe d'égalité de rémunération suppose la suppression de toute discrimination salariale, directe ou indirecte, fondée sur le sexe ou sur tout autre critère tenant à la personne du salarié. Par ailleurs, en application de la règle « à travail égal, salaire égal », l'employeur doit assurer l'égalité des rémunérations entre tous les salariés placés dans une situation identique.

La notion de rémunération est largement entendue

• La rémunération au sens strict

Le principe d'égalité de rémunération entre hommes et femmes doit être respecté au regard de chaque élément de rémunération.

Une majoration mensuelle de salaire, à laquelle des travailleurs concernés ont droit en application de leur contrat individuel de travail et versée par l'employeur en raison de leur emploi, constitue une rémunération qui relève du champ d'application de l'article 119 du traité de Rome (art. 141 CE) et de la directive 75/117. L'égalité des rémunérations doit être assurée non seulement en fonction d'une appréciation globale des avantages consentis aux travailleurs, mais également au regard de chaque élément de la rémunération pris isolément.

CJCE 26 juin 2001, aff. C-381/99, Recueil I-04961.

L'égalité de rémunération est applicable en cas de rémunération aux pièces.

Le principe d'égalité des rémunérations est applicable au système de rémunération aux pièces, c'est-à-dire qui est fonction du résultat individuel de chaque travailleur. Dans un tel système, le seul fait qu'il existe une différence de rémunération ne permet pas de conclure à une discrimination. Il convient de rechercher si cette différence résulte des unités de mesure ou du travail individuel fourni par chaque salarié.
En cas de rémunération avec une partie fixe et une partie variable, il peut être imposé à l'employeur de prouver que les différences constatées ne sont pas dues à une discrimination fondée sur le sexe.

CJCE 31 mai 1995, aff. C-400/93, Recueil I-1295.

Une prime de Noël constitue une rémunération.

Une prime de Noël constitue une rémunération au sens de l'article 119 du traité CE (art. 141 CE), même si cette prime a été versée à titre volontaire par l'employeur et même si elle est versée principalement ou exclusivement comme un encouragement pour le travail futur et/ou pour la fidélité à l'entreprise. En revanche, elle ne relève pas de la notion de rémunération au sens de l'article 11, point 2, sous b), de la directive 92/85/CEE du Conseil du 19 octobre 1992 concernant la mise en œuvre de mesures visant à promouvoir l'amélioration de la sécurité et de la santé des travailleuses enceintes, accouchées ou allaitantes au travail (dixième directive particulière au sens de l'article 16, § 1 de la directive 89/391/CEE).

CJCE 21 octobre 1999, aff. C-333/97, Recueil I-3289.

L'indemnité de congés payés constitue une rémunération…

La disposition conventionnelle prévoyant une différence de rémunération pour un travail égal ou à valeur égale entre des travailleurs de sexe différent est nulle de plein droit et la rémunération la plus élevée est substituée de plein droit à celle que comportait la disposition entachée de nullité.

L'indemnité de congés payés constituant une rémunération au sens des articles 119 du traité de Rome et L. 140-2 CT, c'est à bon droit qu'un conseil des prud'hommes, ayant constaté qu'un employeur s'était abstenu de mettre en conformité les dispositions de la convention collective instituant au profit des seules mères de famille un congé supplémentaire de deux jours ouvrés par enfant à charge de moins de 15 ans, au regard du principe d'égalité professionnelle, a condamné l'employeur à payer un rappel d'indemnité de congés aux pères de famille pour les années non prescrites.

Cass. soc. 26 février 1997, n° 94-40.474. Voir aussi cass. soc. 9 avril 1996, n° 94-43.279, BC V n° 144; cass. soc. 27 février 1991, n° 90-42.239, BC V n° 101.

… ainsi que l'indemnité complémentaire de licenciement.

La législation d'un pays qui a pour effet d'exclure les femmes de plus de 60 ans du bénéfice des indemnités complémentaires pour licenciement est condamnable pour violation du principe d'égalité de rémunération tel qu'il résulte de l'article 119 du traité de Rome.

CJCE 17 février 1993, aff. C-173/91, Recueil I-693.

Le dédommagement octroyé en cas de violation du droit de ne pas être licencié abusivement constitue une rémunération.

Le dédommagement octroyé en vertu d'une décision de justice en cas de violation du droit de ne pas être licencié de façon abusive constitue une rémunération au sens de l'article 119 (art. 141 CE) du traité CE.

CJCE 9 février 1999, aff. C-167/97, Recueil I-0623.

• L'extension de la notion de rémunération

Les régimes professionnels de retraite entrent dans le champ d'application de l'article 119 du traité de Rome (art. 141 CE).

La pension de retraite versée par un régime professionnel privé entre dans le champ d'application de l'article 119 du traité de Rome (art. 141 CE). Dès lors, si, en vertu de ce régime, un homme licencié pour motif économique ne peut prétendre qu'à une pension avec paiement différé alors qu'une femme se trouvant dans les mêmes conditions a droit à une pension à versement immédiat du fait de l'application d'une condition d'âge variable selon le sexe, qui correspond à une différence prévue par le régime légal national pour l'octroi des pensions de retraite, ce travailleur peut invoquer l'article 119 du traité CEE devant les juridictions nationales. Toutefois, l'effet direct de l'article précité ne peut être invoqué pour demander l'ouverture d'un droit à pension qu'à compter de la date de cet arrêt, soit le 17 mai 1990, sauf si le travailleur ou ses ayants droit ont engagé avant cette date une action en justice.

CJCE 17 mai 1990, aff. C-262/88, Recueil I-1889. Voir aussi CJCE 14 décembre 1993, aff. C-110/91, Recueil I-6609, où un régime professionnel complémentaire du régime légal prévoyant une condition d'âge différente pour les hommes et les femmes pour l'ouverture du droit à pension de retraite est remis en cause sur la base de l'article 119 et conformément à l'arrêt Barber précité ; CJCE 28 septembre 1994, aff. C-200/91, Recueil I-4397, précisant les modalités de mise en œuvre de l'égalité de traitement.

L'article 119 du traité (art. 141 CE) doit être interprété en ce sens que les caisses de pensions de droit allemand, qui sont chargées de servir des prestations d'un régime de pensions professionnel sont tenues d'assurer l'égalité de traitement entre hommes et femmes, même si les travailleurs victimes d'une discrimination fondée sur le sexe ont à l'égard de leurs débiteurs directs, à savoir les employeurs en tant que parties aux contrats de travail, un droit protégé en cas d'insolvabilité.

CJCE 9 octobre 2001, aff. C-379/99, Recueil I-07275.

Les pensions de retraite versées par les régimes spéciaux de sécurité sociale sont parfois considérées comme des rémunérations.

Un régime de pension de retraite de la fonction publique peut relever de l'article 119 du traité CEE (art. 141 CE) et être contraire au principe d'égalité des rémunérations entre hommes et femmes s'il prévoit une règle de calcul différente pour le montant de la pension à verser aux anciens fonctionnaires mariés de sexe féminin ou aux anciens fonctionnaires mariés de sexe masculin. L'article 119 peut alors être directement invoqué devant les juridictions nationales.

CJCE 28 septembre 1994, aff. C-7/93, Recueil I-4502.

Les pensions de retraite des fonctionnaires sont soumises au respect de l'article 119 du traité de Rome (art. 141 CE).

Viole le principe de l'égalité de rémunération l'article L. 12, sous b) du code des pensions civiles et militaires de retraite français qui prévoit l'attribution d'une bonification au bénéfice des femmes qui assument l'éducation de leurs enfants pour le calcul de leur pension de retraite, dès lors que les fonctionnaires masculins qui sont à même de prouver qu'ils ont assumé l'éducation de leurs enfants ne peuvent pas prétendre au bénéfice de cette bonification.

CJCE 29 novembre 2001, aff. C-366/99, Recueil I-09383.

Est contraire au principe communautaire d'égalité de rémunération hommes-femmes l'article 24-I-3° sous b) du code des pensions civiles et militaires de retraite français qui, en ouvrant le droit à une pension de retraite à jouissance immédiate aux seuls fonctionnaires de sexe féminin dont le conjoint est atteint d'une infirmité ou d'une maladie incurable le plaçant dans l'impossibilité d'exercer une profession quelconque, exclut de ce droit les fonctionnaires de sexe masculin se trouvant dans la même situation.

CJCE 13 décembre 2001, aff. C-206/00, Recueil I-10201.

Une pension de retraite telle que celle versée en vertu de la loi finlandaise 280/1996 sur les pensions du personnel de l'État, qui institue pour le personnel spécialisé militaire un âge différent entre les hommes et les femmes pour le droit à une pension anticipée, entre dans le champ d'application de l'article 119 du traité CE, devenu l'article 141 CE.

CJCE 12 septembre 2002, aff. C-351/00, Recueil I-7007.

La pension de réversion versée au conjoint est soumise au principe d'égalité de traitement.

La pension de survie versée par un régime à caractère professionnel au conjoint survivant relève de l'article 119 du traité de Rome. Cependant, l'effet direct de cet article ne peut être invoqué que pour les prestations dues pour des périodes de travail postérieures au 17 mai 1990 (date de l'arrêt Barber aff. C-262/88), sauf si les bénéficiaires de ces prestations ou leurs ayants droit ont engagé une action en justice avant cette date.

CJCE 6 octobre 1993, aff. C-109/91, Recueil I-4939.

En revanche, l'utilisation de facteurs actuariels différents selon le sexe dans le mode de financement des régimes par capitalisation n'est pas contraire à l'article 119 du traité de Rome (art. 141 CE).

L'utilisation de facteurs actuariels tenant compte de l'écart d'espérance de vie entre les hommes et les femmes dans le mode de financement par capitalisation des régimes professionnels de retraite ne relève pas de l'article 119 du traité de Rome.

CJCE 22 décembre 1993, aff. C-152/91, Recueil I-6953.

Toutes les discriminations en matière de rémunération sont interdites

Le principe « à travail égal, salaire égal » n'a vocation à s'appliquer qu'à l'égard des salariés d'une même entreprise.

Cass. soc. 12 juillet 2006, n° 04-46.104.

La règle « à travail égal salaire égal » est sans application lorsque des salariés appartiennent à des entreprises différentes, peu important que ces salariés soient soumis à la même convention collective…

Cass. soc. 24 septembre 2008, n° 06-45.579, 2e moyen du pourvoi principal, BC V n° 175. Voir aussi cass. soc. 20 novembre 2012, n° 11-20.341, 1er moyen.

… ou que les entreprises appartiennent à un même groupe.

Cass. soc. 14 septembre 2010, n° 08-44.180. Voir aussi cass. soc. 20 novembre 2012, n° 11-20.341, précité ; cass. soc. 16 septembre 2015, n° 13-28.415, BC V n° 158.

En application du principe « à travail égal, salaire égal », l'employeur doit verser la même rémunération aux salariés placés dans une situation identique.

Une salariée, embauchée en qualité de secrétaire administrative, puis de secrétaire de direction, avait saisi la juridiction prud'homale en faisant valoir que son salaire mensuel était calculé sur une durée supérieure à la durée légale du travail et qu'il était en outre inférieur à celui d'autres secrétaires effectuant un travail comparable au sien.

Doit être rejeté le pourvoi de la société reprochant au conseil de prud'hommes de l'avoir condamnée à payer à l'intéressée un rappel de salaire sur le fondement de l'article L. 140-2 CT, alors, selon le moyen, que le principe d'égalité de rémunération posé par cet article s'appliquerait entre les hommes et les femmes et qu'en la condamnant au paiement d'un rappel de salaire pour une rémunération différente entre femmes, le conseil de prud'hommes en aurait fait une fausse application.

La règle de l'égalité de rémunération entre les hommes et les femmes étant une application de la règle plus générale « à travail égal, salaire égal » énoncée par les articles L. 133-5, 4° et L. 136-2, 8° CT, l'employeur est tenu d'assurer l'égalité de rémunération entre tous les salariés de l'un ou l'autre sexe, pour autant que les salariés en cause sont placés dans une situation identique.

Ayant relevé que la salariée accomplissait, avec un coefficient salarial identique et une qualification supérieure, le même travail qu'une autre salariée et percevait une rémunération moindre, et que l'employeur se bornait, pour justifier cette situation, à alléguer la différence d'ancienneté entre les salariées, le conseil de prud'hommes, qui a constaté que l'ancienneté respective des salariées était prise en compte par une prime d'ancienneté distincte du salaire de base, a légalement justifié sa décision.

Cass. soc. 29 octobre 1996, n° 92-43.680, 2e moyen, BC V n° 359. Voir aussi cass. soc. 15 décembre 1998, n° 95-43.630, BC V n° 551, s'agissant de l'application du principe d'égalité de rémunération entre hommes.

Le caractère discrétionnaire d'une prime ne permet pas de traiter différemment des salariés placés dans une situation comparable.

Un salarié a été engagé en vertu d'un contrat prévoyant une rémunération brute de base à laquelle s'ajoutait un bonus discrétionnaire ; ayant sollicité vainement de connaître les modalités de calcul du bonus qui lui avait été attribué, le salarié a pris acte de la rupture puis a saisi la juridiction prud'homale pour qu'il soit jugé que les modalités du bonus discrétionnaire étaient illicites et que la rupture s'analysait en un licenciement sans cause réelle et sérieuse.

Après avoir retenu à bon droit que le contrat de travail pouvait prévoir, en plus de la rémunération fixe, l'attribution d'une prime laissée à la libre appréciation de l'employeur, et rappelé que le caractère discrétionnaire d'une rémunération ne permettait pas à un employeur de traiter différemment des salariés placés dans une situation comparable au regard de l'avantage considéré, une cour d'appel, qui a constaté que le salarié n'occupait pas des fonctions de valeur égale à celles occupées par les salariés auxquels il se comparait, a pu rejeter la demande du salarié.

Cass. soc. 10 octobre 2012, n° 11-15.296, BC V n° 259. Voir aussi cass. soc. 13 janvier 2016, n° 14-26.050, 2e branche du 2e moyen.

Des salariés qui ne sont pas placés dans une situation identique peuvent percevoir des rémunérations différentes.

L'article 32-I, al. 1er de la loi du 19 janvier 2000 dispose que les salariés dont la durée du travail a été réduite à trente-cinq heures ou plus à compter de l'entrée en vigueur de la loi 98-461 du 13 juin 1998 d'orientation et d'incitation relative à la réduction du temps de travail ne peuvent percevoir, postérieurement au 1er janvier 2000, un salaire mensuel inférieur au produit du salaire minimum de croissance en vigueur à la date de la réduction par le nombre d'heures correspondant à la durée collective qui leur était applicable, dans la limite de cent soixante-neuf heures. Cette garantie est assurée par le versement d'un complément différentiel de salaire ; selon l'article 32-II, al. 1er, les salariés embauchés à temps complet postérieurement à la réduction de la durée collective de travail et occupant des emplois équivalents à ceux occupés par des salariés bénéficiant du minimum prévu au I ne peuvent percevoir une rémunération inférieure à ce minimum.

Une salariée a été engagée à compter du 3 décembre 2001 en qualité d'employée polyvalente, niveau I, échelon I de la convention collective de la restauration rapide ; au sein de la société, était applicable depuis le 1er janvier 1999 un accord d'entreprise, conclu le 22 décembre 1998 en application des dispositions de la loi du 13 juin 1998 d'orientation et d'incitation relative à la réduction du temps de travail, ramenant la durée du temps de travail à 35 heures hebdomadaires et prévoyant le maintien du salaire correspondant à une durée de 39 heures au moyen du paiement d'une indemnité différentielle ; la salariée a démissionné le 20 mars 2002 et a saisi la juridiction prud'homale d'une demande tendant au paiement d'un rappel de salaires au titre de la garantie mensuelle de rémunération prévue pour les salariés payés au SMIC par l'article 32 de la loi du 19 janvier 2000.

Pour accueillir sa demande, un conseil de prud'hommes a retenu qu'en application de la loi du 13 juin 1998, les salariés embauchés postérieurement à la mise en œuvre de la réduction du temps de travail ne pouvaient percevoir une rémunération inférieure au minimum conventionnel, que l'article 5 de l'accord d'entreprise en date du 22 décembre 1998 selon lequel « les nouveaux embauchés auront un traitement équivalent aux anciens embauchés à expérience et qualification équivalentes » était inapplicable et discriminatoire.

En statuant ainsi, alors qu'il avait fait ressortir que la salariée ne se trouvait pas dans une situation d'équivalence d'emploi avec un salarié bénéficiant de la garantie mensuelle de rémunération, le conseil de prud'hommes a violé l'article 32-II, al. 1er de la loi 2000-37 du 19 janvier 2000 relative à la réduction négociée du temps de travail.

Cass. soc. 20 septembre 2005, n° 03-43.513, BC V n° 259.

Des salariés ont saisi la juridiction prud'homale de demandes en paiement de rappels de salaire fondées sur une « discrimination salariale » par rapport à un collègue exerçant les mêmes fonctions qu'eux. C'est à bon droit qu'une cour d'appel les a déboutés de leurs demandes. En effet, les salariés demandeurs n'étaient pas dans une situation identique à celle du collègue avec lequel ils revendiquaient une égalité de rémunération, eu égard à l'expérience professionnelle acquise par ce dernier au service de précédents employeurs, expérience professionnelle prise en compte par l'employeur, sans méconnaître le principe « à travail égal, salaire égal ».

Cass. soc. 15 novembre 2006, n° 04-47.156, BC V n° 340.

Une salariée a été engagée en qualité de receveuse échelle 6 par une société d'autoroutes. Estimant que la qualification de receveuse chef échelle 7 devait lui être reconnue et se comparant à d'autres salariés occupant le même emploi qu'elle mais qui, avant la réorganisation du service, occupaient l'emploi de receveur chef et étaient classés à l'échelle 7, la salariée a saisi la juridiction prud'homale de demandes de paiement de rappels de salaire et de dommages-intérêts.

C'est à bon droit, et sans méconnaître le principe « à travail égal, salaire égal », qu'une cour d'appel a débouté l'intéressée de ses demandes :

– d'une part, la cour d'appel a constaté que la salariée n'assurait pas la responsabilité de la gare à laquelle elle était rattachée ;

– d'autre part, la différence de rémunération entre la salariée et d'autres receveurs résultait de ce que, à la suite de la réorganisation du service, l'employeur avait maintenu à ces derniers la qualification de receveurs chefs échelle 7 ainsi que la rémunération afférente, bien que les fonctions de receveur chef leur aient été retirées, si bien qu'ils ne se trouvaient pas dans une situation identique.

Cass. soc. 28 novembre 2006, n° 05-41.414, BC V n° 353.

Une différence de traitement entre les salariés d'une même entreprise ne constitue pas, en elle-même, une discrimination illicite au sens de l'article L. 1132-1 CT.

Le 11 juillet 1985, a été conclu un accord national d'entreprise, valant avenant à la convention d'entreprise du 15 octobre 1969 applicable dans les sociétés d'un groupe, qui prévoyait que, pour le personnel embauché dans les magasins qui viendraient à s'ouvrir après le 11 juillet 1985, les dispositions du statut collectif relatives à la rémunération seraient inapplicables ; l'article 5 de cet accord prévoyait que la rémunération, qui est fonction des performances économiques du magasin, ferait l'objet d'une négociation annuelle dans chaque magasin. Les salariés d'un magasin, invoquant une inégalité de traitement par rapport à leurs collègues exerçant les mêmes fonctions au sein d'un autre magasin, ont saisi la juridiction prud'homale de demandes de rappel de salaires.

Doit être cassé l'arrêt qui a accueilli la demande des salariés, en énonçant que l'accord national d'entreprise du 11 juillet 1985 avait eu pour effet de créer entre les salariés de la même entreprise une discrimination illicite en matière de salaire. En effet, une différence de traitement entre les salariés d'une même entreprise ne constitue pas en elle-même une discrimination illicite au sens de l'article L. 122-45 CT ; par ailleurs, un accord d'entreprise peut prévoir qu'au sein de certains de ses établissements, compte tenu de leurs caractéristiques, des modalités de rémunération spécifiques seront déterminées par voie d'accords d'établissement.

Cass. soc. 18 janvier 2006, n° 03-45.422, BC V n° 17.

Une différence de traitement entre les salariés d'une même entreprise ne constitue pas une discrimination illicite au sens de l'article L. 122-45 CT. Par ailleurs, la négociation collective au sein d'un établissement distinct permet d'établir, par voie d'accord collectif, des différences de traitement entre les salariés de la même entreprise. Il en résulte que des salariés qui n'entrent pas dans le champ d'application d'un accord d'établissement ne peuvent faire état d'une discrimination au motif qu'ils ne bénéficient pas des dispositions de cet accord.

En conséquence, doit être cassé le jugement qui, pour dire que les salariés du centre de production de Loire-sur-Rhône avaient été victimes de mesures discriminatoires de la part de leur employeur lors de la mise en arrêt garanti pluriannuel de la tranche n° 2 de la centrale thermique de Loire-sur-Rhône et que les intéressés pouvaient en conséquence prétendre à indemnisation dans le cadre de circulaires internes à l'entreprise, a retenu que les dispositions desdites circulaires avaient été effectivement accordées au personnel de la centrale thermique de Porcheville en vertu d'un accord conclu entre le directeur de cet établissement et les organisations représentatives du personnel, que selon cet accord, la compensation de perte des indemnités correspondant au service 2 x 8 heures était réalisée en appliquant le contenu des circulaires internes, qu'il paraissait difficilement concevable que, dans cette hypothèse, la société ait accepté de négocier sur cette base, alors qu'elle l'avait refusé à Loire-sur-Rhône dans un établissement de même nature, pour des modifications intervenant à des dates très proches, que pourtant, dans les deux cas, il s'agissait de la suppression du service 2 x 8 heures au profit d'un service en journée correspondant à « une nouvelle organisation liée à la baisse d'activité » dans une centrale de production thermique, que la similitude de situations impliquait une similitude de solutions, que la pratique de différence de traitement était donc établie et qu'elle était difficilement concevable en droit.

Cass. soc. 27 octobre 1999, n° 98-40.769, BC V n° 422.

Le principe « à travail égal, salaire égal » ne s'applique pas lorsque les salariés relèvent de degrés hiérarchiques différents.

Un accord d'entreprise conclu entre la Banque de France et un syndicat représentatif de salariés relatif à la durée, à l'organisation et à l'aménagement du temps de travail portant création d'une indemnité de fonction spécifique aux cadres avait procédé à un classement de ces derniers en plusieurs degrés hiérarchiques et prévoyait que l'indemnité de fonction qui leur serait accordée serait différenciée selon ces degrés hiérarchiques.

Ayant constaté que les cadres qui relevaient de degrés hiérarchiques différents n'étaient pas placés dans des situations identiques, l'arrêt contesté a pu décider que la décision réglementaire en cause pouvait, sans méconnaître le principe d'égalité, prévoir que l'indemnité de fonction accordée aux cadres serait différenciée selon les degrés hiérarchiques.

CE 4 décembre 2002, n° 234418.

Il s'applique lorsque les salariés exercent des fonctions différentes, à condition que ces dernières soient d'importance comparable dans le fonctionnement de l'entreprise,...

Doit être rejeté le moyen du pourvoi d'un employeur faisant valoir qu'une salariée, responsable des ressources humaines, du juridique et des services généraux, qui se comparait avec ses collègues masculins, directeurs chargés de la politique commerciale et des finances de l'entreprise, membres comme elle du comité de direction, exerçait des fonctions différentes dans des domaines d'activité nettement distincts et n'effectuait donc pas un travail de valeur égale à ses collègues masculins.

En effet, aux termes de l'article L. 3221-2 CT, l'employeur est tenu d'assurer pour un même travail ou un travail de valeur égale, l'égalité de rémunération entre les femmes et les hommes. Selon l'article L. 3221-4 CT, sont considérés comme ayant une valeur égale les travaux qui exigent des salariés un ensemble comparable de connaissances professionnelles consacrées par un titre, un diplôme ou une pratique professionnelle, de capacités découlant de l'expérience acquise, de responsabilités et de charge physique ou nerveuse.

En l'espèce, une cour d'appel, appréciant les éléments de fait et de preuve qui lui étaient soumis, a relevé entre les fonctions exercées d'une part, par la salariée et d'autre part, par ses collègues masculins, une identité de niveau hiérarchique, de classification, de responsabilités, leur importance comparable dans le fonctionnement de l'entreprise, chacune d'elles exigeant en outre des capacités comparables et représentant une charge nerveuse du même ordre. En l'état de ces constatations caractérisant l'exécution par les salariés d'un travail de valeur égale, la cour d'appel en a exactement déduit que la salariée qui, pour une ancienneté plus importante et un niveau d'études similaire, percevait une rémunération inférieure à celles de ses collègues masculins, avait été victime d'une inégalité de traitement dès lors que l'employeur ne rapportait pas la preuve d'éléments étrangers à toute discrimination justifiant cette inégalité.

Cass. soc. 6 juillet 2010, n° 09-40.021, BC V n° 158.

... ce que les juges apprécient concrètement.

Selon l'article L. 3221-2 CT, l'employeur est tenu d'assurer pour un même travail ou un travail de valeur égale l'égalité de rémunération entre les femmes et les hommes ; aux termes de l'article L. 3221-4 CT, sont considérés comme ayant une valeur égale, les travaux qui exigent des salariés un ensemble comparable de connaissances professionnelles consacrées par un titre, un diplôme ou une pratique professionnelle, de capacités découlant de l'expérience acquise, de responsabilités et de charge physique ou nerveuse.

Une salariée a été engagée, à compter du 24 mai 2004, en qualité de cadre stagiaire pour exercer les fonctions de directeur délégué des ressources humaines dans un aéroport ; par avenant en date du 29 avril 2005, elle a été titularisée en qualité de cadre, directeur des ressources humaines ; licenciée pour faute grave le 11 août 2009, elle a saisi la juridiction prud'homale pour contester la licéité de son licenciement et demander le paiement de diverses sommes à titre indemnitaire et salarial.

Pour débouter la salariée de ses demandes tendant à obtenir la condamnation de son employeur à lui verser des sommes à titre de rappel de salaire sur la base d'un coefficient 800 de la grille des emplois en usage à la chambre de commerce pour la période de mai 2005 à novembre 2009, du véhicule de fonction, de rappels de congés payés, d'indemnité de licenciement outre le versement d'indemnités de chômage à compter du 28 janvier 2010 recalculées en fonction du coefficient applicable, une cour d'appel a retenu qu'elle avait accédé dans un délai d'un an au coefficient 600 tandis que ses collègues plus anciens, notamment le directeur comptable, le directeur marketing et le directeur technique avaient attendu trois et quatre ans pour bénéficier d'une progression indiciaire, qu'en conséquence, c'est de manière non sérieusement contestable que la salariée, qui ne dirigeait que le seul service des ressources humaines, qui n'était pas un service important contrairement à ce qu'elle soutenait puisqu'elle n'avait sous ses ordres que six salariés, et qui n'avait elle-même aucune délégation de pouvoir importante puisqu'elle ne pouvait recruter que les stagiaires et vacataires, s'était vu attribuer le 5 juillet 2006 le coefficient 600, avec une date d'effet au 10 mai 2005, augmentation d'échelon qui avait d'ailleurs étonné les représentants du personnel qui avaient fait remarquer à la direction qu'elle n'était pas titulaire depuis deux années.

En statuant ainsi, par des motifs inopérants pour exclure l'application du principe d'égalité de traitement, sans se livrer à une analyse comparée de la situation, des fonctions, et des responsabilités de la salariée avec celles des autres membres du comité de direction qui relevaient tous du groupe III, et sans rechercher, comme il lui était demandé, si les fonctions respectivement exercées par les uns et les autres n'étaient pas de valeur égale à celles de l'intéressée, la cour d'appel n'a pas donné de base légale à sa décision.

Cass. soc. 22 octobre 2014, n° 13-18.362, 1er moyen, BC V n° 252.

Le principe « à travail égal, salaire égal » ne s'applique pas lorsque les disparités de rémunération observées ne peuvent pas être attribuées à une source unique.

L'applicabilité directe de l'article 141 CE ne s'étend pas à la situation de centaines de salariés de sexe féminin qui, à la suite de la privatisation par adjudication de services de restauration et de nettoyage d'établissements scolaires britanniques qui les employaient, avaient été réembauchées par les entreprises adjudicatrices à des conditions de rémunération moins favorables que celles dont elles bénéficiaient lorsqu'elles étaient au service de leur employeur initial. Ces salariées ne peuvent donc pas obtenir de leur nouvel employeur, sur le fondement de ce texte, un réajustement de salaire afin d'atteindre le niveau de rémunération que les hommes exerçant un travail de même valeur perçoivent sous l'autorité de l'employeur initial, faute d'appartenir à la même entreprise.

CJCE 17 septembre 2002, aff. C-320/00, Recueil I-07325.

Ainsi, une unité économique et sociale, composée de personnes juridiques distinctes, ne peut pas, en principe, constituer l'espace d'application du principe « à travail égal, salaire égal ».

Au sein d'une unité économique et sociale, qui est composée de personnes juridiques distinctes, pour la détermination des droits à rémunération d'un salarié, il ne peut y avoir comparaison entre les conditions de rémunération de ce salarié et celles d'autres salariés compris dans l'unité économique et sociale que si ces conditions sont fixées par la loi, une convention ou un accord collectif commun, ainsi que dans le cas où le travail de ces salariés est accompli dans un même établissement.

Cass. soc. 1er juin 2005, n° 04-42.143, BC V n° 185. Voir aussi cass. soc. 30 mai 2012, n° 11-11.387, 1er moyen.

Par ailleurs, des salariés ne peuvent pas réclamer les avantages perçus par des salariés mis à disposition de leur entreprise par un autre employeur.

Une société, créée pour assurer un service public, avait ses propres salariés, mais des salariés appartenant soit à la municipalité, soit à une autre société, étaient également mis à sa disposition. Le régime des repos compensateurs d'astreinte n'était pas le même pour l'ensemble de ces salariés, certains ayant un jour de repos par semaine d'astreinte et les autres, deux jours. Contestant cette différence, les salariés de la société ont demandé en justice la condamnation de leur employeur à leur octroyer une deuxième journée de repos par semaine d'astreinte ou, à défaut, à leur payer les salaires et congés payés afférents.

Ayant constaté que les salariés qui revendiquaient le bénéfice d'un jour de congé supplémentaire n'appartenaient pas aux entreprises au sein desquelles ce droit était reconnu en vertu d'un usage ou d'un engagement unilatéral de l'employeur ou d'un statut de droit public, une cour d'appel en a exactement déduit que le principe « à travail égal, salaire égal » ne s'appliquait pas.

Cass. soc. 6 juillet 2005, n° 03-43.074, BC V n° 235.

Le maintien d'un avantage acquis en cas de mise en cause de l'application d'un accord collectif dans les conditions prévues à l'article L. 2261-14 ancien CT ne méconnaît pas le principe « à travail égal, salaire égal », que ce maintien résulte d'une absence d'accord de substitution ou d'un tel accord.

À la suite d'une absorption, un accord ayant prévu le maintien, au profit des salariés de l'entreprise absorbée qui en bénéficiaient antérieurement, d'une prime trimestrielle de restauration, quatre salariés de l'entreprise absorbante ont demandé à bénéficier de cette prime par application du principe « à travail égal, salaire égal ».

Doit être cassé l'arrêt qui, pour faire droit à ces demandes, a retenu que l'accord de substitution avait violé ce principe, alors que le maintien d'un avantage acquis en cas de mise en cause de l'application d'un accord collectif dans les conditions prévues à l'article L. 132-8, al. 7 CT ne méconnaît pas le principe « à travail égal, salaire égal », que ce maintien résulte d'une absence d'accord de substitution ou d'un tel accord.

Cass. soc. 4 décembre 2007, n° 06-44.041, BC V n° 203. Voir aussi cass. soc. 21 mars 2012, n° 10-17.847, 3e moyen.

L'employeur peut également, sans méconnaître le principe d'égalité de traitement, faire bénéficier par un engagement unilatéral les salariés engagés après la dénonciation d'un accord collectif d'avantages identiques à ceux dont bénéficient, au titre des avantages individuels acquis, les salariés engagés avant la dénonciation de l'accord.

Le principe d'égalité de traitement ne s'oppose pas à ce que l'employeur fasse bénéficier, par engagement unilatéral, les salariés engagés postérieurement à la dénonciation d'un accord collectif d'avantages identiques à ceux dont bénéficient, au titre des avantages individuels acquis, les salariés engagés antérieurement à la dénonciation de l'accord.

Après avoir constaté qu'un salarié avait effectivement perçu, au mois de décembre de chaque année, une gratification de fin d'année prévue par un accord collectif, et retenu à bon droit que l'engagement unilatéral pris par son employeur de faire bénéficier les salariés engagés après la dénonciation de cet accord d'une prime de treizième mois identique à la gratification de fin d'année payée en tant qu'avantage individuel acquis aux salariés engagés avant la dénonciation n'avait pas eu pour effet de supprimer ledit avantage, une cour d'appel a pu débouter le salarié de sa demande au titre de la prime de treizième mois.

Cass. soc. 24 avril 2013, n° 12-10.196, 2e moyen du pourvoi du salarié, BC V n° 114.

La rémunération d'un salarié ne saurait être réduite au motif qu'un autre salarié assurant un travail d'une valeur supérieure percevrait la même rémunération.

Le principe « à travail égal, salaire égal » ne saurait conduire à réduire la rémunération d'un salarié au motif qu'un autre salarié assurant un travail d'une valeur supérieure percevrait la même rémunération. Un employeur ne pouvait donc soutenir que le fait de payer de manière identique « le temps passé par le personnel éducatif à dormir dans une chambre de veille » et le « temps passé par le personnel éducatif à travailler effectivement » méconnaissait le principe « à travail égal, salaire égal ».

Cass. soc. 29 juin 1999, n° 97-41.567, BC V n° 307.

Un employeur, qui subordonne l'octroi d'un avantage à des conditions particulières, ne viole pas la règle « à travail égal, salaire égal » dès lors que tous les salariés de l'entreprise peuvent bénéficier, dans les mêmes conditions, de l'avantage ainsi accordé.

Ne viole pas la règle « à travail égal, salaire égal » énoncée par les articles L. 133-5, 4° et L. 136-2, 8° CT et ne constitue pas une mesure discriminatoire le fait pour un employeur de subordonner l'octroi d'un avantage en nature résultant d'un engagement unilatéral de sa part à des conditions particulières, dès lors que tous les salariés de l'entreprise peuvent bénéficier, dans les mêmes conditions, de l'avantage ainsi accordé. Si l'employeur subordonne sa participation financière aux frais de repas à la condition que les salariés prennent leurs repas dans le restaurant désigné par lui, ce restaurant est ouvert à tous les salariés, libres de l'utiliser ou non, et, en conséquence, de bénéficier ou non, selon leur choix, de l'avantage ainsi octroyé. Il en résulte que les modalités de l'avantage en nature ne constituent pas une mesure discriminatoire à l'égard des salariés qui, bénéficiant, en outre, de la mise en place d'un réfectoire au sein de l'entreprise, se plaçant volontairement en dehors du champ d'application de l'engagement unilatéral de l'employeur, décident de ne pas recourir aux services de ce restaurant.

Cass. soc. 18 mai 1999, n° 98-40.201, BC V n° 213.

La discrimination peut être indirecte.

L'article 119 du traité (art. 141 CE) et la directive 75/117/CEE du Conseil du 10 février 1975, concernant le rapprochement des législations des États membres relatives à l'application du principe de l'égalité des rémunérations entre les travailleurs masculins et les travailleurs féminins, s'opposent à une législation qui prévoit que, lorsqu'un pourcentage beaucoup plus élevé de travailleurs féminins par rapport à celui de travailleurs masculins exerce son emploi à temps partagé, les travailleurs à temps partagé qui accèdent à un emploi à temps plein se voient attribuer un échelon de l'échelle des rémunérations applicables au personnel travaillant à temps plein inférieur à celui de l'échelle des rémunérations applicables au personnel employé à temps partagé dont ces travailleurs bénéficiaient auparavant, en raison de l'application par l'employeur du critère du service calculé par référence à la durée du travail effectivement accompli dans un emploi, à moins que cette législation ne soit justifiée par des critères objectifs et étrangers à toute discrimination fondée sur le sexe.

CJCE 17 juin 1998, aff. C-243/95, Recueil I-03739.

« Pour établir si une mesure adoptée par un État membre affecte différemment les hommes et les femmes dans une mesure telle qu'elle équivaut à une discrimination indirecte au sens de l'article 119 du traité, le juge national doit vérifier si les données statistiques disponibles indiquent qu'un pourcentage considérablement plus faible de travailleurs féminins que de travailleurs masculins est en mesure de remplir la condition imposée par ladite mesure. Si tel est le cas, il y a discrimination indirecte fondée sur le sexe, à moins que ladite mesure ne soit justifiée par des facteurs objectifs et étrangers à toute discrimination fondée sur le sexe. »

Dans l'hypothèse où un pourcentage considérablement plus faible de travailleurs féminins que de travailleurs masculins serait en mesure de remplir la condition de deux années d'emploi imposée pour que la protection instituée par un État contre les licenciements abusifs soit applicable, il incombe à l'État membre, en sa qualité d'auteur de la règle présumée discriminatoire, de faire apparaître que ladite règle répond à un objectif légitime de sa politique sociale, que ledit objectif est étranger à toute discrimination fondée sur le sexe et qu'il pouvait raisonnablement estimer que les moyens choisis étaient aptes à la réalisation de cet objectif.

CJCE 9 février 1999, aff. C-167/97, Recueil I-0623.

Une indemnité pour horaires décalés ne doit pas être prise en considération dans le calcul du salaire servant de base aux fins de la comparaison des rémunérations au sens de l'article 119 du traité CE (art. 141 CE) et de la directive 75/117/CEE du Conseil, du 10 février 1975, concernant le rapprochement des législations des États membres relatives à l'application du principe de l'égalité des rémunérations entre les travailleurs masculins et les travailleurs féminins. Au cas où une différence de rémunération entre les deux groupes comparés est constatée et où les données statistiques disponibles indiquent l'existence d'une proportion bien plus importante de femmes que d'hommes dans le groupe défavorisé, l'article 119 du traité impose à l'employeur de justifier cette différence par des facteurs objectifs et étrangers à toute discrimination fondée sur le sexe.

La réduction du temps de travail accordée au travail effectué selon un système de roulement de trois équipes par rapport à la durée normale de travail de jour ou la contre-valeur d'une telle réduction ne doivent pas être prises en considération dans le calcul du salaire servant de base aux fins de la comparaison des rémunérations au sens de l'article 141 CE et de la directive 75/117. Cependant, une telle réduction peut constituer une raison objective et étrangère à toute discrimination fondée sur le sexe, de nature à justifier une différence de rémunération. Il appartient à l'employeur de démontrer que tel est effectivement le cas.

CJCE 30 mars 2000, aff. C-236/98, Recueil I-2189.

Le principe « à travail égal, salaire égal » ne fait pas obstacle à l'instauration, au profit de salariés, d'un avantage déterminé par un critère indépendant du travail fourni, notamment par la situation de famille.

Ni l'article 22 du décret d'application de la loi du 14 février 1946, accordant aux membres du personnel des exploitations minières un droit à une attribution de combustible ou à une prime de chauffage, ni l'article 23 selon lequel « les membres du personnel, chefs ou soutiens de famille, sont logés gratuitement par l'entreprise ou, à défaut, perçoivent de celle-ci une indemnité mensuelle de logement » ne prescrivent ni n'impliquent une discrimination entre les sexes. Ces articles ne sont donc pas contraires au principe dont s'inspire l'article L. 140-2 CT aux termes duquel « tout employeur est tenu d'assurer pour un même travail ou pour un travail de valeur égale, l'égalité de rémunération entre les hommes et les femmes ».

Le principe « à travail égal, salaire égal » ne fait pas obstacle à l'instauration au profit de salariés d'un avantage déterminé par un critère indépendant du travail fourni, notamment par la situation de famille. En conséquence, l'attribution par le décret, dont la légalité est contestée, d'avantages « aux chefs de famille » ne méconnaît pas ce principe.

Par ailleurs, les dispositions des articles 22 et 23 du décret du 14 juin 1946 n'instituent pas une discrimination prohibée en vertu du principe dont s'inspire l'article L. 122-45 CT.

CE 5 octobre 1998, n° 194817. Voir aussi cass. soc. 26 février 2002, n° 00-45.501, BC V n° 77.

Dans une entreprise employant à la fois des fonctionnaires et des agents de droit privé, un complément de rémunération fixé par décision de l'employeur sur le critère de la fonction ou du poste de travail occupé s'applique à l'ensemble du personnel.

Si celui qui emploie à la fois des fonctionnaires et agents de droit public et des agents de droit privé est fondé à justifier une différence de rémunération entre ces catégories de personnels dont la rémunération de base et certains éléments sont calculés, en fonction pour les premiers, de règles de droit public et, pour les seconds, de dispositions conventionnelles de droit privé, il en va autrement s'agissant d'un complément de rémunération fixé, par décision de l'employeur applicable à l'ensemble du personnel, sur le critère de la fonction ou du poste de travail occupé.

Cass. ass. plén. 27 février 2009, n° 08-40.059, BC n° 2.

La direction générale de La Poste, à l'époque établissement public national, a décidé de regrouper l'ensemble des primes et indemnités versées à son personnel sous la forme d'un complément indemnitaire dit « complément poste » en 1993, pour les agents fonctionnaires, puis en 1995 pour les agents contractuels de droit privé ; des agents contractuels de droit privé, soutenant que La Poste n'avait respecté ni des dispositions de la délibération du conseil d'administration du 25 janvier 1995 étendant le bénéfice du complément indemnitaire aux agents contractuels de droit privé ni les accords conclus en 2001 et 2003 ayant comblé l'écart existant entre le complément perçu par les fonctionnaires et celui perçu par les agents de droit privé, ont saisi la juridiction prud'homale pour obtenir paiement de rappels de salaire et d'indemnités de congés payés afférentes.

Après avoir relevé, d'une part, que le complément poste, dont l'objet est défini non par référence aux catégories juridiques mais comme venant rétribuer le niveau de la fonction et la maîtrise du poste, perçu par les salariés, agents de droit privé, était inférieur à celui perçu par les fonctionnaires de même niveau effectuant le même travail et, d'autre part, que La Poste fournissait pour seule explication à cette différence, la mise en place d'un « champ de normalité » qui organisait l'inégalité de traitement entre les agents en fonction de leur statut juridique, ce dont il résultait que cette différence de traitement n'était justifiée par aucune raison objective pertinente, le conseil de prud'hommes a exactement décidé que le principe « à travail égal salaire égal » avait été méconnu.

Cass. soc. 6 février 2013, n° 11-26.604, 2e moyen, BC V n° 32.

Preuve

S'il appartient au salarié qui se prétend lésé par une discrimination salariale de soumettre au juge les éléments de fait susceptibles de caractériser une inégalité de traitement, il incombe à l'employeur de rapporter la preuve d'éléments étrangers à toute discrimination, justifiant l'inégalité de traitement invoquée.

C'est à tort que, pour débouter des médecins résidents de leur demande de rappel de salaires, une cour d'appel a énoncé qu'ils ne démontraient pas l'identité des tâches, des responsabilités et des conditions d'emploi entre eux et les médecins généralistes auxquels avait recours leur employeur, alors que les demandeurs avaient fait état de l'identité de leur situation avec celle des médecins généralistes employés dans l'entreprise, de sorte qu'il incombait à l'employeur qui entendait contester cette affirmation d'établir que la situation des demandeurs était différente de celle de ces salariés.

Cass. soc. 13 janvier 2004, n° 01-46.407, BC V n° 1. Voir aussi cass. soc. 20 octobre 2010, n° 08-19.748, 2e moyen, BC V n° 242.

En règle générale, il incombe au travailleur qui s'estime victime d'une discrimination de prouver qu'il perçoit une rémunération inférieure à celle versée par l'employeur à son collègue de l'autre sexe et qu'il exerce en réalité un même travail ou un travail de valeur égale comparable à celui effectué par son collègue de référence ; l'employeur a alors la possibilité non seulement de contester que les conditions d'application du principe de l'égalité des rémunérations entre travailleurs masculins et travailleurs féminins sont réunies en l'espèce, mais également de faire valoir des motifs objectifs et étrangers à toute discrimination fondée sur le sexe en vue de justifier la différence de rémunération constatée ; une différence de rémunération est susceptible d'être justifiée par des circonstances non prises en considération par la convention collective applicable aux travailleurs concernés, à condition qu'elles constituent des raisons objectives, étrangères à toute discrimination fondée sur le sexe et conformes au principe de proportionnalité.

S'agissant d'un travail payé au temps, une différence de rémunération accordée, au moment de leur engagement, à deux travailleurs de sexe opposé pour un même poste de travail ou un travail de valeur égale ne saurait être justifiée par des facteurs qui ne sont connus qu'après l'entrée en service des travailleurs concernés et ne peuvent être appréciés qu'en cours d'exécution du contrat de travail, tels qu'une différence dans la capacité individuelle de travail des intéressés ou dans la qualité des prestations d'un travailleur déterminé par rapport à celles de son collègue.

CJCE 26 juin 2001, aff. C-381/99, Recueil I-04961.

Lorsque le salarié soutient que la preuve de l'inégalité de rémunération se trouve entre les mains d'une autre partie, il lui appartient de demander au juge d'en ordonner la production ; ce dernier peut ensuite tirer toute conséquence de droit en cas d'abstention ou de refus de l'autre partie de déférer à une décision ordonnant la production de ces pièces.

Cass. soc. 12 juin 2013, n° 11-14.458, BC V n° 156. Voir aussi cass. soc. 3 décembre 2014, n° 13-18.966.

L'employeur ne peut opposer son pouvoir discrétionnaire pour se soustraire à son obligation de justifier de façon objective une différence de rémunération.

Il appartient à l'employeur d'établir que la différence de rémunération constatée entre des salariés effectuant un même travail ou un travail de valeur égale est justifiée par des éléments objectifs et pertinents que le juge contrôle.

Un salarié licencié pour insuffisance professionnelle, estimant avoir été moins bien rémunéré que plusieurs salariés travaillant dans la même société, a saisi la juridiction prud'homale notamment d'une demande en paiement d'un rappel de salaire au titre d'une prime annuelle variable et de ses incidences sur les congés payés et l'indemnité compensatrice de préavis.

Pour le débouter de sa demande, une cour d'appel a retenu que le caractère discrétionnaire de la prime ou bonus étant effectif, il était vain de chercher à appliquer le principe « à travail égal, salaire égal », que l'intéressé ne présentait aucun élément de fait laissant supposer une discrimination salariale à son endroit, eu égard aux situations différentes de collègues de travail et qu'il n'alléguait ni ne démontrait que l'employeur, en l'absence de dispositions contractuelles, d'engagement unilatéral ou d'usage en ce sens, avait assorti son versement de conditions précises et vérifiables, notamment quant à des résultats de la société ou de l'intéressé, de sorte que la prime litigieuse avait le caractère d'une gratification laissée à la libre appréciation de l'employeur.

En statuant ainsi, alors que l'employeur ne peut opposer son pouvoir discrétionnaire pour se soustraire à son obligation de justifier de façon objective et pertinente une différence de rémunération, la cour d'appel a violé le principe « à travail égal, salaire égal ».

Cass. soc. 30 avril 2009, n° 07-40.527, BC V n° 121.

Si l'employeur peut accorder des avantages particuliers à certains salariés, c'est à la condition que tous les salariés de l'entreprise placés dans une situation identique puissent bénéficier de l'avantage ainsi accordé, et que les règles déterminant l'octroi de cet avantage soient préalablement définies et contrôlables.

Cass. soc. 10 octobre 2013, n° 12-21.167, 5 premières branches du moyen.

L'employeur qui n'établit pas que l'inégalité de traitement repose sur des critères objectifs doit être condamné.

Doit être rejeté le pourvoi d'un employeur reprochant à une cour d'appel de l'avoir condamné à payer à un salarié des sommes à titre de rappel de salaire. En effet, après avoir constaté que, depuis de nombreuses années, le salarié percevait une rémunération inférieure à celles de ses collègues n'ayant pas plus d'ancienneté que lui, occupant strictement le même poste et exerçant les mêmes fonctions, avec les mêmes niveau et coefficient, la cour d'appel, qui a retenu que l'employeur fournissait comme seule explication la prétendue médiocre qualité du travail accompli par l'intéressé, a fait ressortir que l'employeur ne rapportait pas la preuve que l'inégalité de traitement reposait sur un critère objectif tenant à la différence du travail fourni.

Cass. soc. 26 novembre 2002, n° 00-41.633, BC V n° 354.

1/ Si une différence de rémunération est statistiquement constatée entre deux fonctions de valeur égale, dont l'une est exclusivement exercée par les femmes et l'autre essentiellement par les hommes, l'employeur doit la justifier par l'existence de facteurs objectifs et étrangers à toute discrimination fondée sur le sexe. Le fait que ces rémunérations résultent de la négociation collective ne suffit pas à justifier cette différence.

2/ Si l'employeur invoque comme justification une pénurie de candidats à une fonction et la nécessité de les attirer en leur offrant une rémunération plus élevée, la juridiction nationale doit déterminer si ces arguments constituent une raison économique objectivement justifiée de la différence de rémunération.

CJCE 27 octobre 1993, aff. C-127/92, Recueil I-5535.

Ayant constaté que les salariés hommes occupaient le même emploi de manutentionnaire que les femmes et qu'ils étaient systématiquement payés davantage, sans que cette différence soit justifiée par un élément objectif concernant la valeur du travail effectué et le caractère pénible des tâches accomplies par les uns et les autres, une cour d'appel a pu décider que les femmes avaient droit à un rappel de salaires au titre de l'égalité entre hommes et femmes.

Cass. soc. 12 février 1997, n° 95-41.694, 1er moyen, BC V n° 58. Voir aussi cass. soc. 19 février 1992, n° 88-45.217, BC V n° 98.

Doit être approuvé le jugement ayant fait droit aux demandes de rappels de salaires d'un salarié invoquant le principe « à travail égal, salaire égal ». En effet, la cour d'appel a constaté une disparité entre la rémunération de deux salariés exerçant les mêmes fonctions aux mêmes conditions et au même grade et a relevé que les critères allégués par l'employeur pour justifier la différence constatée, à savoir la qualité du travail et l'assiduité, ne constituaient pas des éléments objectifs étrangers à toute discrimination.

C'est à bon droit que la cour d'appel a retenu que l'employeur ne pouvait se fonder sur des fiches individuelles d'évaluation interne établies à l'issue de chaque année ou sur les absences du salarié, dès lors que celles-ci étaient régulièrement justifiées ou prises avec l'accord de son employeur, pour établir que la disparité de situation constatée était justifiée objectivement.

Cass. soc. 9 avril 2002, n° 99-44.534.

Doit être approuvé le jugement ayant fait droit aux demandes de rappels de salaires de salariées invoquant les dispositions légales relatives à l'égalité de rémunération entre les hommes et les femmes. En effet, le conseil de prud'hommes a constaté l'existence d'une différence de traitement entre des salariés hommes et femmes, les premiers bénéficiant presque tous d'un coefficient supérieur à celui attribué à leurs collègues féminines, et a relevé que les raisons objectives invoquées par l'employeur, à qui il incombait de justifier la différence constatée, n'étaient pas convaincantes, les femmes travaillant principalement de nuit comme les hommes, ayant une ancienneté au moins égale à celle de leurs collègues masculins et exerçant des fonctions réelles de valeur égale à celles des hommes.

Cass. soc. 19 décembre 2000, n° 98-43.331, 2e moyen, BC V n° 436.

Il résulte des articles L. 133-5, 4°, L. 136-2, 8° et L. 140-2 CT que l'employeur est tenu d'assurer l'égalité de rémunération entre tous les salariés de l'un ou l'autre sexe, pour autant que les salariés sont placés dans une situation identique.

Pour rejeter la demande de la salariée en paiement de rappels de salaire pour discrimination salariale, une cour d'appel a énoncé que si la comparaison entre les rémunérations attribuées aux salariés du service avait révélé des écarts qui ne semblaient pas justifiés par des appréciations totalement objectives quant aux qualités professionnelles de la salariée, ces écarts se retrouvaient entre les salariés de sexe masculin et n'établissaient pas que cette dernière ait été victime d'une discrimination en fonction de son sexe. En outre, en l'absence d'éléments précis de comparaison, la cour d'appel a retenu qu'il n'était pas établi que l'employeur aurait pratiqué une politique discriminatoire en fonction du sexe.

En statuant ainsi, alors, d'une part, qu'elle avait constaté que, dès son entrée en fonction, la « prime de choix » de la salariée avait été nettement inférieure à celle de ses collègues masculins et qu'il n'était pas établi que cette différence était justifiée par des choix objectifs et, d'autre part, que l'existence de différences semblables entre les salariés de sexe masculin ne pouvait justifier une telle discrimination, la cour d'appel a violé les textes précités.

Cass. soc. 28 novembre 2000, n° 97-43.715, BC V n° 395.

Les salariés n'ayant été ni parties ni représentés dans une instance ayant donné lieu à une décision judiciaire reconnaissant à d'autres salariés le droit à un avantage, ne peuvent pas se prévaloir d'une inégalité de traitement.

Doit être rejeté le pourvoi formé par des salariés et un syndicat reprochant à une cour d'appel de les avoir déboutés de leurs demandes tendant à voir condamner leur employeur à leur verser des dommages-intérêts pour inégalité de traitement.

En effet, la différence de traitement invoquée trouvant son origine et sa justification dans l'effet relatif de la chose jugée des décisions judiciaires ayant reconnu à deux salariés de l'entreprise le droit de bénéficier d'un rappel de prime en sus du salaire de base revalorisé la cour d'appel en a exactement déduit que les salariés demandeurs ne pouvaient revendiquer un avantage sur le seul fondement des effets d'une décision rendue dans une instance où ils n'étaient ni parties ni représentés.

Cass. soc. 23 octobre 2013, n° 12-12.894, 2e moyen, BC V n° 250.

Une différence de rémunération peut être justifiée par une raison objective

Une différence de situation juridique peut justifier une différence de traitement.

Il n'y a pas méconnaissance du principe « à travail égal, salaire égal » lorsque l'employeur justifie par des raisons objectives la différence des rémunérations allouées aux salariés qui effectuent un même travail ou un travail de valeur égale. Pour l'application de ce principe, la rémunération d'un même emploi, à condition de ne pas être inférieure à celle d'un salarié occupant cet emploi sous contrat de travail à durée indéterminée, peut tenir compte de la situation juridique du salarié dans l'entreprise.

C'est donc à tort que, pour juger qu'il y avait eu violation par l'employeur du principe « à travail égal, salaire égal » et le condamner au paiement d'un rappel de salaire, une cour d'appel a énoncé que le travail confié étant comparable, la société ne conteste pas qu'à compter de la date à laquelle la salariée intéressée a substitué à son statut d'intermittente du spectacle un contrat à durée indéterminée, elle a perçu une rémunération équivalente à 422,28 € par semaine tandis que sa collègue percevait un salaire de 609,80 € par semaine, que la société justifie cette inégalité de salaire par le fait que cette dernière restait soumise, en tant qu'intermittente du spectacle, à un statut précaire alors que l'intéressée, intégrée au personnel permanent de la société, bénéficiait d'avantages tels que la mutuelle, les titres-restaurants ou le plan épargne entreprise.

En l'espèce, le statut d'intermittent du spectacle d'une salariée, ainsi que son ancienneté non prise en compte par ailleurs, pouvaient justifier à son seul profit la différence de rémunération.

Cass. soc. 28 avril 2006, n° 03-47.171, BC V n° 152.

De même, la prise en compte de parcours professionnels spécifiques dans la fixation de la rémunération conventionnelle ne contrevient pas au principe « à travail égal, salaire égal ».

L'article 33 de la convention collective nationale de travail du personnel des organismes de sécurité sociale, dans sa rédaction résultant du protocole d'accord du 14 mai 1992 relatif à la classification des emplois, dispose qu'en cas de promotion, les échelons intermédiaires d'avancement conventionnel acquis dans l'emploi précédent sont supprimés et que les autres échelons d'avancement conventionnel acquis sont maintenus, étant entendu qu'ils doivent être calculés sur la base du nouveau salaire correspondant au nouveau coefficient ; de son côté, le protocole précité prévoit, dans son article 3 des coefficients de base et des coefficients de carrière, et dans son article 6 relatif à l'avancement conventionnel, que, lors du passage du coefficient de l'ancienne classification à celui de la nouvelle classification, il est procédé à un redéploiement d'échelons.

Par application de la combinaison de ces dispositions conventionnelles, des agents en fonction dans des organismes de sécurité sociale, qui avaient été reclassés le 1er janvier 1993, ont perçu une rémunération moindre que des agents nommés ultérieurement dans les mêmes fonctions à la suite de promotions. Certains de ces agents, estimant être ainsi victimes d'une inégalité salariale par rapport à d'autres collègues promues dans le même emploi qu'elles après le 1er janvier 1993 et ayant conservé, conformément aux dispositions des accords collectifs, leurs anciens échelons d'avancement plus élevés que les leurs, ont saisi la juridiction prud'homale de demandes de rappels de salaires correspondant à la différence entre leurs salaires et celui perçu par la collègue promue ayant la rémunération la plus élevée.

Pour condamner une caisse régionale d'assurance maladie au paiement des rappels de salaire réclamés, une cour d'appel a retenu que les dispositions des conventions et accords collectifs de travail ne peuvent faire échec au principe « à travail égal, salaire égal », et aux dispositions légales qui n'en sont qu'une application, et que la discrimination salariale se trouve établie dès lors que l'employeur ne justifie des différences de salaires que par l'application conjointe de la convention collective et du protocole de 1992 ; que l'article 6 du protocole d'accord, en ce qu'il entraîne une différence de rémunération entre salariés effectuant un même travail, est nul et qu'il convient donc d'accorder aux demanderesses le même salaire qu'aux salariés qui reçoivent le salaire le plus élevé pour le même travail.

En statuant ainsi, alors que les salariées demanderesses n'étaient pas dans une situation identique à celle des agents avec lesquels elles revendiquaient une égalité de rémunération au regard des parcours professionnels spécifiques de ces derniers pris en compte, sans méconnaître le principe « à travail égal, salaire égal », par les accords collectifs, la cour d'appel a violé ce principe.

Cass. soc. 3 mai 2006, n° 03-42.920, BC V n° 160.

L'expérience professionnelle acquise auprès d'un précédent employeur ne peut justifier une différence de salaire qu'au moment de l'embauche et pour autant qu'elle est en relation avec les exigences du poste et les responsabilités effectivement exercées.

Cass. soc. 11 janvier 2012, n° 10-19.438, 3e branche du moyen.

Si les qualités professionnelles ou la différence de qualité de travail peuvent constituer des motifs objectifs justifiant une différence de traitement entre deux salariés occupant le même emploi, de tels éléments susceptibles de justifier des augmentations de salaires plus importantes ou une progression plus rapide dans la grille indiciaire, pour le salarié plus méritant, ne peuvent justifier une différence de traitement lors de l'embauche, à un moment où l'employeur n'a pas encore pu apprécier les qualités professionnelles.

Cass. soc. 13 novembre 2014, n° 12-20.069, BC V n° 264.

Une différence de statut juridique entre des salariés effectuant un travail de même valeur au service du même employeur ne suffit pas, à elle seule, à caractériser une différence de situation au regard de l'égalité de traitement en matière de rémunération ; une différence de traitement entre des salariés placés dans la même situation doit reposer sur des raisons objectives dont le juge doit contrôler concrètement la réalité et la pertinence.

Des formateurs engagés suivant des contrats à durée indéterminée ont saisi la juridiction prud'homale pour violation du principe « à travail égal, salaire égal » par leur employeur, des formateurs occasionnels ou vacataires ayant bénéficié de rémunérations plus importantes qu'eux.

Pour juger qu'il n'y avait pas eu violation du principe « à travail égal, salaire égal », une cour d'appel a retenu que les règles applicables variant selon le statut des personnes dispensant des heures de formation, il ne pouvait être considéré qu'un formateur occasionnel se trouvait dans une situation identique à celle d'un salarié sous contrat à durée indéterminée ; que, par suite, un taux horaire plus important payé à un formateur occasionnel ou à un formateur vacataire pouvait s'expliquer notamment par la précarité de leur situation, l'absence du déroulement de carrière prévu par la convention collective, la nécessité de prendre en compte le temps de préparation, ou le régime applicable de cotisations sociales ; que, de même, il pouvait être pris en compte des raisons objectives liées au statut de formateur telles que des diplômes, sa compétence notoire ou la difficulté de la formation assurée, comme par exemple une préparation à des concours.

En statuant ainsi, sans rechercher concrètement si les différences de rémunération constatées étaient justifiées en l'espèce par des raisons objectives matériellement vérifiables, la cour d'appel a privé sa décision de base légale, au regard du principe « à travail égal, salaire égal ».

Cass. soc. 15 mai 2007, n° 05-42.894, BC V n° 75. Voir aussi cass. soc. 27 janvier 2015, n° 13-17.622, BC V n° 6, cité dans « Égalité de traitement ».

À cet égard, la différence de rémunération peut, par exemple, résulter de l'application de règles de droit public.

Au regard du principe d'égalité de traitement, la seule différence de statut juridique ne permet pas de fonder une différence de rémunération entre des salariés qui effectuent un même travail ou un travail de valeur égale, sauf s'il est démontré, par des justifications dont le juge contrôle la réalité et la pertinence, que la différence de rémunération résulte de l'application de règles de droit public.

Des salariés intérimaires, mis à la disposition d'une chambre de commerce et d'industrie par de nombreux contrats de travail temporaire, ont saisi la juridiction prud'homale afin de voir requalifier les contrats d'intérim en contrats à durée indéterminée et de se voir allouer, sur le fondement du statut des agents des chambres de commerce et d'industrie, des rappels de salaire, une prime de treizième mois, une majoration de salaire pour des heures de travail effectuées à l'occasion de jours fériés et une prime de vacances.

En l'absence de toute justification des différences de traitement par l'employeur, qui se bornait à affirmer que les dispositions du statut de la chambre de commerce et d'industrie n'étaient pas applicables aux salariés, une cour d'appel a pu décider que les salariés sous contrat à durée indéterminée devaient bénéficier, comme les personnels contractuels qu'elle employait, de la rémunération résultant de ce statut.

Cass. soc. 16 février 2012, n° 10-21.864, BC V n° 76. Voir aussi cass. soc. 12 juin 2013, n° 12-17.273, 2e moyen, BC V n° 153.

Il peut exister une différence de rémunération entre des salariés disposant du diplôme requis par la convention collective pour exercer leurs fonctions et ceux qui n'en disposent pas.

Après avoir relevé que des salariés ne disposaient pas, contrairement à leurs autres collègues, du diplôme requis par la convention collective applicable pour l'exercice des fonctions exercées, ce qui constituait un élément objectif et pertinent justifiant la différence de rémunération, une cour d'appel a pu débouter les intéressés de leurs demandes de rappels de salaire au titre de la violation du principe de non discrimination et du principe d'égalité des rémunérations pour un même travail ou un travail de valeur égale.

Cass. soc. 10 novembre 2009, n° 07-45.528, 3e moyen, BC V n° 252.

De même, le fait que des salariés effectuant un travail identique soient titulaires de diplômes sanctionnant des formations professionnelles de niveaux et durées inégales peut justifier une différence de rémunération entre eux.

Doit être rejeté le moyen du pourvoi formé par une graphiste webdesigner qui, pour reprocher à une cour d'appel de l'avoir déboutée de sa demande de rappel de salaire, soutient que la seule différence de diplômes entre des salariés engagés au même moment, avec la même qualification professionnelle et qui effectuent un travail identique, est insuffisante à justifier objectivement une différence de rémunération entre eux.

En effet, après avoir constaté que l'intéressée avait obtenu un BTS « expression visuelle » ayant nécessité deux années d'études et que le salarié auquel elle se comparait était titulaire d'un diplôme d'études supérieures spécialisées en ingénierie multimédia obtenu après cinq années de formation, la cour a pu en déduire que ces diplômes utiles à l'exercice des fonctions occupées, sanctionnant des formations professionnelles de niveaux et durées inégales, constituaient une raison objective et pertinente justifiant la différence de rémunération.

Cass. soc. 17 mars 2010, n° 08-43.088, BC V n° 70.

La seule différence de diplômes, alors qu'ils sont d'un niveau équivalent, ne permet pas de fonder une différence de rémunération entre des salariés qui exercent les mêmes fonctions, sauf s'il est démontré par des justifications, dont il appartient au juge de contrôler la réalité et la pertinence, que la possession d'un diplôme spécifique atteste de connaissances particulières utiles à l'exercice de la fonction occupée.

Une salariée a été engagée par une société le 1er février 2000 par contrat à durée indéterminée en qualité d'assistante commerciale ; elle a été promue le 1er octobre 2000 au poste de chef de zone export ; elle a été licenciée pour faute grave le 25 mai 2004 ; elle a saisi la juridiction prud'homale notamment d'une demande tendant à obtenir le paiement de dommages-intérêts au titre d'une inégalité de traitement subie en matière salariale.

Pour rejeter cette demande, une cour d'appel a retenu qu'en application des articles L. 133-5, 10° et L. 136-2 CT, l'employeur peut déterminer librement des rémunérations différentes en fonction des compétences et capacités de chacun des salariés, qu'une égalité de rémunération ne doit être assurée qu'entre tous les salariés placés dans une position identique, qu'il appartenait à l'employeur d'établir que la disparité constatée par le salarié était justifiée par des éléments objectifs étrangers à toute discrimination, que l'une des deux salariées, dont faisait état l'intéressée pour démontrer l'existence d'une « discrimination salariale », et qui occupait le poste de chef de zone export, pouvait se prévaloir d'une qualification supérieure dans la mesure où elle possédait un diplôme d'études supérieures délivré par l'Université de Paris-Dauphine ainsi qu'une maîtrise de langues étrangères appliquées au management, à la gestion et au marketing.

En statuant ainsi, alors que la salariée, qui occupait la même fonction de chef de zone export que sa collègue, possédait des diplômes de niveau équivalent, ayant obtenu un DESS de droit de l'exportation et un DEA de droit de l'économie internationale, sans préciser en quoi les diplômes obtenus par cette dernière attestaient de connaissances particulières utiles à l'exercice de la fonction occupée justifiant une différence de rémunération, la cour d'appel a violé le principe « à travail égal, salaire égal ».

Cass. soc. 16 décembre 2008, n° 07-42.107, 2e moyen, BC V n° 250. Voir aussi cass. soc. 13 novembre 2014, n° 12-20.069, précité.

Si l'ancienneté, lorsqu'elle est intégrée dans le salaire de base, constitue un élément objectif pouvant justifier une différence de rémunération, il incombe au juge de vérifier si elle justifie la différence de rémunération constatée.

Cass. soc. 11 janvier 2012, n° 10-19.438, 3e branche du moyen.

Au regard du respect du principe « à travail égal, salaire égal », l'ancienneté ne saurait, à elle seule, justifier une différence de rémunération, dès lors qu'elle donne lieu à l'allocation d'une prime distincte.

Cass. soc. 21 janvier 2009, n° 07-40.609, 1er moyen.

Il ne peut y avoir de différences de traitement entre salariés d'établissements différents d'une même entreprise exerçant un travail égal ou de valeur égale que si elles reposent sur des raisons objectives dont le juge doit contrôler concrètement la réalité et la pertinence.

Cass. soc. 17 avril 2013, n° 12-13.847.

Les salariés d'un établissement, contestant l'application sur leurs salaires bruts d'un « abattement de zone » de 0,70 %, alors que les salariés d'autres établissements ne subissaient aucun abattement, ont saisi la juridiction prud'homale de demandes de rappel de salaire.

Après avoir relevé qu'aucune explication objective n'était fournie par l'employeur, propre à justifier les différences de traitement constatées entre les salariés placés dans une situation professionnelle identique, liées à l'application d'abattements de zone, une cour d'appel a pu dire que cette mesure portait atteinte au principe « à travail égal, salaire égal ».

Cass. soc. 21 janvier 2009, n° 07-43.452, BC V n° 15.

Un accord d'entreprise ne peut prévoir de différences de traitement entre salariés d'établissements différents d'une même entreprise exerçant un travail égal ou de valeur égale, que si elles reposent sur des raisons objectives dont le juge doit contrôler concrètement la réalité et la pertinence.

C'est à bon droit qu'un conseil de prud'hommes a condamné un employeur au paiement de sommes à titre de rappel de prime conventionnelle après avoir fait ressortir que le choix des partenaires sociaux de priver un certain nombre de salariés d'un établissement d'une entreprise du bénéfice d'une prime afin de permettre au plus grand nombre de salariés des autres établissements de bénéficier sans délai de la plupart des avantages issus d'un accord-cadre, choix que l'employeur justifiait par l'insuffisance de ses capacités financières, ne reposait sur aucune explication objective relative à la situation des salariés, propre à justifier les différences de traitement constatées entre les salariés dudit établissement et ceux affectés dans les autres établissements de l'entreprise.

Cass. soc. 28 octobre 2009, n° 08-40.457, BC V n° 239. Voir aussi cass. soc. 8 juin 2011, n° 10-30.162, 1er moyen, BC V n° 154.

La disparité du coût de la vie existant entre des zones géographiques peut justifier une différence de rémunération des salariés effectuant un même travail dans différents établissements d'une même entreprise.

Une différence de traitement établie par engagement unilatéral ne peut être pratiquée entre des salariés relevant d'établissements différents et exerçant un travail égal ou de valeur égale, que si elle repose sur des raisons objectives, dont le juge doit contrôler la réalité et la pertinence.

Une société appliquant dans ses établissements situés en Île-de-France des barèmes de rémunération supérieurs à ceux appliqués au sein de son établissement de Douai, un syndicat a saisi un tribunal de grande instance en invoquant l'atteinte portée au principe de l'égalité de traitement.

Doit être approuvé l'arrêt l'ayant débouté de ses demandes.

En effet, la cour d'appel qui a constaté que la disparité du coût de la vie invoquée par l'employeur pour justifier la différence de traitement qu'il avait mise en place entre les salariés d'un établissement situé en Île-de-France et ceux d'un établissement de Douai était établie, en a exactement déduit que cette différence de traitement reposait sur une justification objective pertinente.

Cass. soc. 14 septembre 2016, n° 15-11.386, BC V n° 168.

Un salarié engagé par contrat à durée déterminée peut être mieux payé que le salarié qu'il remplace dès lors que la différence de traitement est justifiée par des raisons objectives et matériellement vérifiables.

Ne méconnaît pas le principe « à travail égal, salaire égal », dont s'inspirent les articles L. 133-5, 4° d), L. 136-2, 8° et L. 140-2 CT, l'employeur qui justifie par des raisons objectives et matériellement vérifiables la différence de rémunération entre des salariés effectuant un même travail ou un travail de valeur égale.

Une salariée engagée comme directrice de crèche s'est trouvée en congé maladie. La salariée engagée pour la remplacer a perçu une rémunération plus importante. À la suite de la reprise de son travail, la salariée a demandé que son salaire soit porté à la même somme, en application du principe « à travail égal, salaire égal », et a demandé à bénéficier d'un rappel de salaires. Suite au refus de son employeur, elle a saisi le conseil de prud'hommes.

Ayant fait ressortir que l'employeur était confronté à la nécessité, pour éviter la fermeture de la crèche par l'autorité de tutelle, de recruter de toute urgence une directrice qualifiée pour remplacer la directrice en congé maladie, une cour d'appel a légalement justifié sa décision de débouter la salariée de ses demandes.

Cass. soc. 21 juin 2005, n° 02-42.658, BC V n° 206.

Une différence de nationalité ne peut justifier une différence de traitement…

L'article 12 du traité CE interdit d'une manière générale toute discrimination exercée en raison de la nationalité ; l'article 39 du traité CE fait application du principe fondamental de non-discrimination et prévoit, dans son § 2, que la libre circulation des travailleurs à l'intérieur de la Communauté implique l'abolition de toute discrimination fondée sur la nationalité, entre les travailleurs des États membres, en ce qui concerne l'emploi, la rémunération et les autres conditions de travail ; enfin, l'article 7 du règlement 1612-68 du 15 octobre 1968 relatif à la libre circulation des travailleurs à l'intérieur de la Communauté dispose qu'est nulle de plein droit toute clause de convention collective ou individuelle ou d'autre réglementation collective qui prévoit ou autorise des conditions discriminatoires à l'égard des travailleurs ressortissants des autres États membres, notamment en matière de rémunération.

Considérant ces textes, directement applicables dans l'ordre juridique de tout État membre, qui confèrent aux personnes qu'ils concernent des droits individuels que les juridictions nationales doivent sauvegarder et qui priment toute norme nationale qui leur serait contraire, une cour d'appel a décidé à bon droit qu'un institut ne pouvait adopter en France un régime salarial différent selon la nationalité de son personnel et que le maintien au profit des salariés de nationalité allemande, engagés avant le 31 mars 1991, d'un système de rémunération plus avantageux que celui prévu pour les salariés français engagés avant cette même date, constituait, à l'égard de ces derniers, la pérennisation d'une discrimination prohibée.

Cass. soc. 10 décembre 2002, n° 00-42.158, BC V n° 373.

... sauf si elle est justifiée par des raisons objectives étrangères à toute discrimination prohibée.

Un salarié de nationalité française a été engagé en 1991, en qualité d'ingénieur ; il a fait convoquer le 10 mars 1998 la société devant la juridiction prud'homale à l'effet de la voir condamnée à lui verser des dommages-intérêts en réparation du préjudice que lui aurait causé une discrimination prohibée en matière de salaire, tenant au paiement de la prime d'expatriation prévue à l'article 50 de la convention d'entreprise de 1993 aux seuls salariés de nationalité étrangère.

Doit être cassé l'arrêt qui, pour faire droit à cette demande, a relevé qu'aucune autre condition objective d'attribution que la nationalité étrangère n'est stipulée dans la convention d'entreprise en ce qui concerne l'indemnité d'expatriation au profit des ressortissants non français des pays des parties contractantes et qu'ainsi, le fait que la prime d'expatriation bénéficie à un ressortissant étranger déjà installé en France au moment de son recrutement interdit à la société de prétendre sérieusement que le but poursuivi par l'instauration de cette prime vise à favoriser la circulation et le séjour des nationaux des États des parties contractantes.

Une inégalité de traitement entre des salariés peut être justifiée lorsqu'elle repose sur des raisons objectives, étrangères à toute discrimination prohibée.

Or, en l'espèce, il résulte des dispositions combinées du préambule de la Convention de Paris du 16 décembre 1988 relative à la construction et à l'exploitation d'une installation européenne de rayonnement synchrotron, de la résolution n° 2 jointe à l'acte final, des articles 12 et 25 des statuts de la société Installation européenne de rayonnement synchrotron annexés à ladite convention, et de l'article 50 de la convention d'entreprise de la société précitée dans sa rédaction applicable, que si la prime d'expatriation introduit une différence de traitement entre les salariés français et les salariés étrangers, cette inégalité vise non seulement à compenser les inconvénients résultant de l'installation d'un individu et de sa famille en pays étranger, mais aussi à faciliter l'embauche des salariés ressortissants non français des parties contractantes afin de contribuer à la création d'un pôle d'excellence scientifique international ; ainsi, l'avantage conféré aux salariés étrangers reposait sur une raison objective, étrangère à toute discrimination en raison de la nationalité.

Cass. soc. 9 novembre 2005, n° 03-47.720, BC V n° 312.

Le principe de non-discrimination en raison de la nationalité énoncé par l'article 12 du traité CE n'a vocation à s'appliquer que dans les situations régies par le droit communautaire ; ainsi, en matière d'emploi, il n'est destiné, en vertu de l'article 39 du traité, qu'à garantir la libre circulation des travailleurs ; il en résulte que ces dispositions ne peuvent pas être invoquées par un salarié qui n'a pas exercé cette liberté de circulation pour travailler dans un autre État membre.

C'est à bon droit qu'une cour d'appel a débouté un salarié français de sa demande tendant au paiement d'une indemnité d'expatriation réservée par une convention d'entreprise aux salariés étrangers.

En effet, cette prime était destinée à compenser les inconvénients résultant de l'expatriation du salarié et de sa famille et à contribuer à la création d'un pôle d'excellence scientifique international, de sorte que la privation de cet avantage pour les salariés français reposait ainsi sur une raison objective, pertinente, étrangère à toute discrimination prohibée et proportionnée à l'objectif légitimement poursuivi par les États contractants.

Cass. soc. 17 avril 2008, n° 06-45.270, BC V n° 95.

La seule circonstance que les salariés aient été engagés avant ou après l'entrée en vigueur d'un accord collectif ne saurait suffire à justifier des différences de traitement entre eux, pour autant que cet accord collectif n'a pas pour objet de compenser un préjudice subi par les salariés présents dans l'entreprise lors de son entrée en vigueur.

Cass. soc. 24 septembre 2014, n° 13-10.233, 4e branche du 4e moyen, BC V n° 200.

Ayant constaté qu'un salarié engagé après la date d'entrée en vigueur de dispositions conventionnelles nouvelles, exerçant les mêmes fonctions que la salariée demanderesse et bénéficiant de la même ancienneté dans le poste, obtenait un coefficient supérieur à celui de l'intéressée, engagée avant cette date, sans qu'aucune justification ne soit donnée à cette différence de traitement autre que l'application des dispositions conventionnelles, une cour d'appel a pu en déduire que la salariée devait bénéficier, en application du principe « à travail égal, salaire égal », du coefficient attribué aux salariés engagés après la date d'entrée en vigueur des dispositions litigieuses et placés dans une situation identique, et lui allouer en conséquence un rappel de salaire.

Cass. soc. 21 février 2007, n° 05-43.136, BC V n° 27.

Des salariées engagées en qualité d'assistantes sociales par une caisse d'allocations familiales ont saisi la juridiction prud'homale de demandes de rappels de salaires en faisant valoir que l'application combinée de la convention collective nationale du 8 février 1957 et du protocole d'accord du 14 mai 1992 portant classification des emplois des organismes de sécurité sociale et de leurs établissements, avait créé une disparité de rémunération entre des salariés de même qualification exerçant le même emploi puisque, en tant qu'agents en fonction au sein d'une caisse d'allocations familiales au moment de la réforme, ayant été reclassées le 1er janvier 1993, elles percevaient une rémunération moindre que les agents nommés ultérieurement dans les mêmes fonctions à la suite de promotions.

Après avoir retenu qu'aucun élément tenant à la formation, à la nature des fonctions exercées ou à l'ancienneté dans l'emploi ne distinguait les salariées qui se trouvaient dans une situation identique et que l'avancement plus rapide de celles qui avaient été promues assistantes sociales après le 1er janvier 1993, date d'entrée en vigueur du protocole d'accord du 14 mai 1992, n'était que la conséquence des modalités d'application du reclassement des emplois, défavorables aux salariées nommées dans ces fonctions avant l'entrée en vigueur du protocole, une cour d'appel en a exactement déduit qu'il n'existait aucune raison objective pertinente justifiant la disparité de traitement.

Cass. soc. 4 février 2009, n° 07-41.406, BC V n° 35. Voir aussi cass. soc. 4 février 2009, n° 07-11.884, BC V n° 36.

Les contrats de travail de deux salariés ont été transférés à une société en septembre 2002 en application des dispositions de l'article L. 122-12, al. 2, devenu L. 1224-1 CT ; ils ont saisi la juridiction prud'homale notamment de demandes de rappel de salaire au titre d'une indemnité compensatrice préjudicielle prévue par un accord de réduction du temps de travail du 30 juin 1999 conclu au sein de cette société ainsi qu'au titre d'une prime d'été.

Après avoir relevé que l'indemnité compensatrice préjudicielle prévue par l'accord était destinée à compenser les effets d'un changement de statut à un instant précis, dont les intéressés, qui n'étaient présents au sein de la société par l'effet du transfert de leurs contrats de travail que postérieurement à la signature de l'accord, n'avaient pas eu à souffrir, une cour d'appel a pu décider qu'ils ne remplissaient les conditions ni pour bénéficier de l'indemnité différentielle, ni pour se voir attribuer la prime d'été.

Cass. soc. 4 février 2009, n° 07-42.024, BC V n° 37.

L'obligation pour l'employeur de maintenir le niveau contractuel de rémunération d'un salarié avant l'entrée en vigueur d'un accord d'entreprise instaurant une grille salariale est une raison objective qui justifie une différence de traitement entre salariés effectuant un même travail ou un travail de valeur égale.

Sauf disposition légale contraire, un accord collectif ne peut modifier le contrat de travail d'un salarié, seules les dispositions plus favorables de cet accord pouvant se substituer aux clauses du contrat ; il en résulte que cette règle constitue un élément objectif pertinent propre à justifier la différence de traitement entre les salariés engagés antérieurement à l'entrée en vigueur d'un accord collectif et ceux engagés postérieurement, et découlant du maintien, pour les premiers, des stipulations de leur contrat de travail.

Un salarié a été engagé le 3 mai 1994 en qualité de kinésithérapeute par un centre de rééducation fonctionnelle moyennant un salaire mensuel brut fixé par son contrat de travail. Un accord d'entreprise du 22 novembre 1994 a ensuite instauré une grille salariale prévoyant un indice maximum de 390 pour les kinésithérapeutes et, afin de maintenir la rémunération contractuellement prévue pour ce salarié, l'employeur lui a affecté l'indice maximum de 390 augmenté d'un complément permanent d'indice de 172 points.

Deux autres salariés, engagés les 8 avril 2003 et 7 février 2006 en qualité de kinésithérapeutes par le centre, ont perçu une rémunération correspondant à la grille salariale fixée par l'accord d'entreprise du 22 novembre 1994 ; invoquant une différence de traitement au regard de la rémunération servie au premier salarié, ils ont saisi la juridiction prud'homale d'une demande en paiement d'un rappel de salaire.

Doivent être cassés les arrêts rendus par une cour d'appel qui, pour faire droit à cette demande, a retenu que le fait que le centre ne puisse modifier la rémunération de ce salarié sans son accord, s'agissant d'un élément essentiel du contrat de travail, n'était pas à lui seul de nature à rendre légitime une disparité de traitement entre des salariés effectuant le même travail.

En statuant ainsi, la cour d'appel a en effet violé l'article 1134 c. civ. dans sa rédaction antérieure à l'ordonnance 2016-131 du 10 février 2016 et le principe d'égalité de traitement.

Cass. soc. 7 décembre 2017, n° 16-15.109, à paraître.

De même, le principe d'égalité de traitement ne fait pas obstacle à ce que les salariés embauchés après l'entrée en vigueur d'un nouveau barème conventionnel soient appelés dans l'avenir à avoir une évolution de carrière plus rapide dès lors qu'ils ne bénéficient à aucun moment d'une classification ou d'une rémunération plus élevée que celle des salariés embauchés avant l'entrée en vigueur du nouveau barème et placés dans une situation identique ou similaire.

Doit être cassé l'arrêt qui, pour retenir l'existence d'une inégalité de traitement et faire droit à la demande de rappel de salaire formée par une salariée, a retenu qu'en 1994, avant l'entrée en vigueur de l'avenant 250 du 11 juillet 1994 à la convention collective nationale des établissements et services pour personnes inadaptées et handicapées, après 20 ans d'ancienneté prise en compte, la salariée était classée au coefficient 453,50, qu'avec l'entrée en vigueur de l'avenant elle avait été classée au coefficient 460, correspondant à une ancienneté de 7 ans dans la nouvelle grille, que son coefficient, à son départ de l'entreprise en 2011, était de 511, correspondant à 20 ans d'ancienneté dans la nouvelle grille, alors qu'elle comptait 40 ans d'ancienneté, qu'une salariée de la même qualification engagée après l'entrée en vigueur de l'avenant du 11 juillet 1994 commençait avec un coefficient de 406 et atteignait le coefficient 511 après 20 ans et le coefficient 544 après 28 ans d'ancienneté, et qu'il y avait manifestement une différence de traitement entre deux salariées ayant la même qualification, exerçant les mêmes fonctions, bénéficiant de la même ancienneté mais dont l'une, engagée après l'entrée en vigueur du nouvel avenant, se voyait attribuer un coefficient supérieur à celle engagée avant l'entrée en vigueur du même avenant.

En effet, en statuant ainsi, sans constater que des salariés engagés après l'entrée en vigueur du nouveau barème conventionnel avaient bénéficié d'une classification ou d'une rémunération supérieures à celles de la demanderesse, la cour d'appel a violé le principe d'égalité de traitement et l'avenant du 11 juillet 1994 à la convention collective applicable.

Cass. soc. 7 décembre 2017, n° 16-14.235, à paraître. Voir aussi cass. soc. 3 mai 2018, n° 16-11.588, à paraître ; cass. soc. 17 octobre 2018, n° 16-26.729, à paraître ; cass. soc. 14 novembre 2018, n° 17-14.937, 1er moyen, à paraître.

Les salariés, engagés après la mise en œuvre d'un accord collectif de réduction du temps de travail, ne se trouvent pas dans une situation identique à celle des salariés présents dans l'entreprise à la date de conclusion de l'accord et ayant subi une diminution de leur salaire de base consécutive à la réduction de la durée du travail, de sorte que la non-attribution de l'indemnité différentielle de salaire à ces salariés ne constitue pas une violation du principe « à travail égal, salaire égal ».

Ne méconnaît pas le principe « à travail égal, salaire égal », dont s'inspirent les articles L. 122-3-3, L. 133-5, 4°, L. 136-2, 8° et L. 140-2 CT, l'employeur qui justifie par des raisons objectives et matériellement vérifiables la différence de rémunération entre des salariés effectuant un même travail ou un travail de valeur égale.

Un accord d'établissement de réduction du temps de travail a été conclu dans une entreprise, prévoyant que le personnel employé à temps complet et présent à la date de signature de l'accord percevrait une indemnité différentielle destinée à compenser la réduction du salaire de base par l'effet de la réduction du temps de travail, les nouveaux embauchés étant expressément exclus du bénéfice de cette indemnité. Un salarié embauché postérieurement sous contrat à durée déterminée, soutenant avoir perçu une rémunération inférieure à celle d'un autre salarié employé sous contrat à durée indéterminée, ayant la même qualification, occupant la même fonction et percevant ladite indemnité différentielle, a saisi la juridiction prud'homale afin d'obtenir le paiement de rappels de salaires sur le fondement de l'article L. 122-3-3 CT.

A violé le principe « à travail égal, salaire égal » le conseil de prud'hommes qui, pour accueillir cette demande, a énoncé qu'un accord d'entreprise ne saurait mettre en échec ce principe, posé par les articles L. 122-3-3, L. 133-5, 4°, L. 136-2, 8° et L. 140-2 CT. En effet, le salarié, engagé postérieurement à la mise en œuvre d'un accord collectif de réduction du temps de travail, ne se trouve pas dans une situation identique à celle des salariés présents dans l'entreprise à la date de conclusion dudit accord et ayant subi une diminution de leur salaire de base consécutive à la réduction de la durée du travail, diminution que l'attribution de l'indemnité différentielle a pour objet de compenser.

Cass. soc. 1er décembre 2005, n° 03-47.197, BC V n° 346.

Au regard du respect du principe de l'égalité de traitement, la seule circonstance que des salariés aient été promus avant ou après l'entrée en vigueur d'un accord collectif ne saurait suffire à justifier des différences de rémunération entre eux.

Cass. soc. 14 février 2018, n° 16-19.360

Au regard de l'application du principe « à travail égal, salaire égal », la seule circonstance que les salariés aient été engagés avant ou après la dénonciation d'un engagement unilatéral ne saurait justifier des différences de traitement entre eux.

Cass. soc. 12 février 2008, n° 06-45.397, pourvoi des salariés, BC V n° 36.

Mais les salariés engagés postérieurement à l'entrée en vigueur d'un accord de substitution ne peuvent revendiquer, au titre du principe d'égalité de traitement, le bénéfice des dispositions prévues par l'accord collectif antérieur.

Cass. soc. 28 juin 2018, n° 17-16.499, à paraître.

L'obligation à laquelle est légalement tenu le nouvel employeur, en cas de transfert d'une entité économique, de maintenir au bénéfice des salariés qui y sont rattachés les droits qu'ils tiennent d'un usage en vigueur au jour du transfert, justifie la différence de traitement qui en résulte par rapport aux autres salariés.

Cass. soc. 11 janvier 2012, n° 10-14.614, BC V n° 15. Voir aussi cass. soc. 30 mai 2018, n° 17-12.782, moyen relevé d'office, à paraître.

En cas de transfert conventionnel consécutif à la perte d'un marché, la différence de traitement entre les salariés transférés et les salariés du repreneur, qui résulte de l'obligation de ce dernier de maintenir aux salariés transférés les droits qui leur étaient reconnus chez leur ancien employeur au jour du transfert, est justifiée au regard du principe d'égalité de traitement.

La différence de traitement entre les salariés dont le contrat de travail a été transféré en application d'une garantie d'emploi instituée par voie conventionnelle par les organisations syndicales représentatives investies de la défense des droits et intérêts des salariés et à l'habilitation desquelles ces derniers participent directement par leur vote et les salariés de l'employeur entrant, qui résulte de l'obligation à laquelle est tenu ce dernier de maintenir au bénéfice des salariés transférés les droits qui leur étaient reconnus chez leur ancien employeur au jour du transfert, n'est pas étrangère à toute considération de nature professionnelle et se trouve dès lors justifiée au regard du principe d'égalité de traitement.

En application d'un accord du 29 mars 1990 annexé à la convention collective nationale des entreprises de propreté et services associés du 26 juillet 2011, une société A attributaire depuis le 1er janvier 2010 du marché de nettoyage d'un site, a repris à son service différents salariés affectés sur ce site à la suite de la perte du marché par leur employeur. S'estimant victimes d'une inégalité de traitement en ce que certains salariés de la société A, issus d'un transfert antérieur, bénéficiaient d'un treizième mois en raison de la règle imposant le maintien de leur rémunération lors de la reprise du marché, vingt-sept salariés affectés sur ce site ont réclamé le paiement d'une prime de treizième mois pour la période située entre 2010 et 2014.

Pour faire droit à leur demande, un conseil de prud'hommes a retenu que les différents salariés demandeurs accomplissaient le même travail pour le même employeur sur le même chantier, s'agissant tant des salariés dont le contrat de travail avait été transféré lorsque le marché a fait l'objet d'un changement de prestataire au 1er janvier 2010 que des salariés faisant déjà partie des effectifs de la société A à cette date, et que l'employeur ne démontrait pas l'existence d'une raison objective et pertinente justifiant la différence de rémunération liée à la nécessité de compenser un préjudice spécifique à une catégorie de travailleurs.

En statuant ainsi, le conseil de prud'hommes a violé le principe d'égalité de traitement et l'accord du 29 mars 1990 précité.

Cass. soc. 30 novembre 2017, n° 16-20.532, à paraître. Voir aussi cass. soc. 30 mai 2018, n° 17-12.782, 1er moyen du pourvoi incident, à paraître.

Est justifiée par des raisons objectives la différence de rémunération liée à l'attribution à certains salariés ayant subi un préjudice d'une indemnité le réparant…

Un salarié, engagé postérieurement à la mise en œuvre dans l'entreprise d'un accord collectif organisant le passage d'une rémunération au pourcentage à une rémunération au fixe, ne se trouve pas dans une situation identique à celle des salariés présents dans l'entreprise à la date de conclusion dudit accord et subissant, du fait de la modification de la structure de leur rémunération, une diminution de leur salaire de base que l'attribution de l'indemnité différentielle a pour objet de compenser.

Dès lors, la différence de rémunération entre les salariés selon leur date d'embauche, liée à l'attribution ou non de l'indemnité différentielle, est justifiée par des raisons objectives.

Cass. soc. 31 octobre 2006, n° 03-42.641, BC V n° 320.

… ou liée au maintien partiel des avantages individuels acquis destiné à compenser la perte de salaire subie par les salariés présents lors de la dénonciation d'un accord collectif.

Au regard du principe à travail égal, salaire égal, la seule circonstance que les salariés aient été engagés avant ou après l'entrée en vigueur d'un accord collectif ou d'un engagement unilatéral de l'employeur, ne saurait suffire à justifier des différences de traitement entre eux, pour autant que cet accord collectif ou cet engagement unilatéral n'a pas pour objet de compenser un préjudice subi par les salariés lors de son entrée en vigueur ; tel est le cas lorsque des salariés, présents lors de la dénonciation d'un accord collectif, bénéficient d'un maintien partiel de leurs avantages individuels acquis destiné à compenser la perte de rémunération subie à l'occasion du passage d'une rémunération en pourcentage à une rémunération fixe.

Cass. soc. 24 septembre 2008, n° 06-43.529, 2e moyen, BC V n° 174.

Égalité des rémunérations et protection de la maternité

La rémunération des salariées en congé de maternité n'a pas à être maintenue intégralement.

La rémunération des salariées pendant leur congé de maternité n'a pas, au nom du principe d'égalité des rémunérations, à être maintenue intégralement. De même, des critères spécifiques ayant pour objet le calcul du montant des prestations versées pendant ce congé n'ont pas à être établis, sous réserve toutefois que la somme en cause ne soit pas de nature à mettre en danger l'objectif du congé de maternité. Le montant devra prendre en compte les augmentations de salaire intervenues entre le début de la période couverte par les salaires de référence et la fin du congé de maternité.

CJCE 13 février 1996, aff. C-342/93, Recueil I-492.

Toute augmentation de salaire intervenue entre le début de la période couverte par le salaire de référence et la fin du congé de maternité doit être intégrée dans les éléments du salaire pris en compte pour le calcul du montant de la rémunération perçue par la salariée durant son congé.

L'article 119 du traité CE (art. 141 CE) doit être interprété en ce sens que, dans la mesure où la rémunération perçue par la travailleuse pendant son congé de maternité est déterminée au moins en partie sur la base du salaire qu'elle a perçu avant le début de ce congé, il exige que toute augmentation de salaire intervenue entre le début de la période couverte par le salaire de référence et la fin dudit congé soit intégrée dans les éléments du salaire pris en compte pour le calcul du montant de ladite rémunération. Une telle exigence n'est pas limitée au seul cas où cette augmentation s'applique rétroactivement à la période couverte par le salaire de référence.

En l'absence de réglementation communautaire en la matière, il appartient aux autorités nationales compétentes de fixer les modalités selon lesquelles, dans le respect de l'ensemble des règles du droit communautaire et notamment de la directive 92/85/CEE du Conseil, du 19 octobre 1992, concernant la mise en œuvre de mesures visant à promouvoir l'amélioration de la sécurité des travailleuses enceintes, accouchées ou allaitantes au travail (dixième directive particulière au sens de l'article 16, § 1, de la directive 89/391/CEE), toute augmentation de salaire intervenue avant ou pendant le congé de maternité doit être intégrée dans les éléments de salaire servant à déterminer le montant de la rémunération due à la travailleuse pendant ce congé.

CJCE 30 mars 2004, aff. C-147/02, Recueil I-3101.

Une salariée ne peut bénéficier, pendant son congé de maternité, du bonus institué par un protocole de fin de conflit et expressément subordonné à l'exercice de fonctions spécifiques, faute pour elle d'avoir exercé ces fonctions.

Un protocole de fin de conflit, signé le 12 février 2010, en présence de l'inspecteur du travail intervenant comme médiateur, entre une société et les délégués du personnel de sa succursale française, a prévu le paiement d'un bonus de coopération destiné à rémunérer l'activité de ceux des salariés de la succursale devant coopérer avec les équipes envoyées par le siège italien pour leur transmettre le savoir-faire français du service Export Manager ; l'employeur ayant refusé de lui verser ce bonus lors de son congé de maternité, une salariée a saisi la juridiction prud'homale.

Ayant relevé que le bonus de coopération était expressément subordonné à la participation active et effective des salariés aux activités de transfert et de formation continue des équipes italiennes en France et que cette prime, répondant à des critères de fixation et d'attribution objectifs, mesurables et licites, était destinée à rémunérer l'activité spécifique d'accompagnement du transfert et à récompenser le service rendu à ce titre, une cour d'appel en a exactement déduit, eu égard aux dispositions de l'article 11, point 2, de la directive 92/85/CE du 19 octobre 1992 concernant la mise en œuvre de mesures visant à promouvoir l'amélioration de la sécurité et de la santé des travailleuses enceintes, accouchées ou allaitantes au travail, que ce bonus n'était pas dû à la salariée pendant son congé de maternité faute pour elle d'avoir exercé les fonctions spécifiques dans les conditions particulières prévues par le protocole de fin de conflit.

Cass. soc. 19 septembre 2018, n° 17-11.618, à paraître.

Le principe d'égalité de rémunération entre hommes et femmes ne s'oppose pas à ce qu'une clause d'un contrat de travail subordonne le versement, pendant le congé de maternité, d'une rémunération plus élevée que les paiements prévus par la législation nationale en matière de congé de maternité, à la condition que le travailleur féminin s'engage à reprendre le travail après l'accouchement pendant un mois au moins, sous peine de devoir rembourser la différence entre le montant de la rémunération qui lui aurait été versé pendant le congé de maternité et celui desdits paiements.

L'article 119 du traité CE, l'article 1er de la directive 75/117/CEE du Conseil du 10 février 1975, concernant le rapprochement des législations des États membres relatives à l'application du principe de l'égalité des rémunérations entre les travailleurs masculins et les travailleurs féminins, et l'article 11 de la directive 92/85/CEE du Conseil du 19 octobre 1992, concernant la mise en œuvre de mesures visant à promouvoir l'amélioration de la sécurité et de la santé des travailleuses enceintes, accouchées ou allaitantes au travail (dixième directive particulière au sens de l'article 16, § 1, de la directive 89/391/CEE), ne s'opposent pas à ce qu'une clause d'un contrat de travail subordonne le versement, pendant le congé de maternité visé par l'article 8 de la directive 92/85, d'une rémunération plus élevée que les paiements prévus par la législation nationale en matière de congé de maternité à la condition que le travailleur féminin s'engage à reprendre le travail après l'accouchement pendant un mois au moins, sous peine de devoir rembourser la différence entre le montant de la rémunération qui lui aurait été versé pendant le congé de maternité et celui desdits paiements.

CJCE 27 octobre 1998, aff. C-411/96, Recueil I-6401.

Le fait de verser une allocation forfaitaire aux femmes enceintes partant en congé de maternité, destinée à compenser les désavantages professionnels résultant pour les intéressées de leur éloignement du travail, ne constitue pas une violation du principe d'égalité de rémunération.

Le principe d'égalité des rémunérations consacré à l'article 119 du traité CE (art. 141 CE) ne s'oppose pas au versement d'une allocation forfaitaire aux seuls travailleurs féminins qui partent en congé de maternité, dès lors que cette allocation est destinée à compenser les désavantages professionnels qui résultent pour ces travailleurs de leur éloignement du travail.

CJCE 16 septembre 1999, aff. C-218/98, Recueil I-5723. Voir aussi cass. soc. 21 mars 2000, n° 98-45.485, BC V n° 110 ; cass. soc. 12 juillet 2000, n° 98-45.228 ; cass. soc. 11 octobre 2000, n° 98-46.433.

Ne constitue pas une discrimination le fait de verser une indemnité de congédiement à des travailleurs cessant prématurément leur relation de travail pour s'occuper de leurs enfants, en raison d'un manque de structures d'accueil.

L'article 119 du traité CE (art. 141 CE) ne s'oppose pas à une réglementation nationale qui accorde une indemnité de congédiement à des travailleurs cessant prématurément leur relation de travail pour s'occuper de leurs enfants, en raison du manque de structures d'accueil pour ces derniers, indemnité qui est réduite par rapport à celle que perçoivent, pour la même durée effective de leur emploi, des travailleurs qui démissionnent pour un motif grave en rapport avec les conditions de travail dans l'entreprise ou avec le comportement de l'employeur.

CJCE 14 septembre 1999, aff. C-249/97, Recueil I-5295.

Toutefois, une allocation de naissance (et d'adoption) versée aux seules femmes ne constitue pas une mesure destinée uniquement à protéger la maternité et la grossesse.

Le fait pour une convention collective de prévoir le versement d'une allocation de naissance au profit des seules salariées de sexe féminin constitue une discrimination fondée sur le sexe.

Cette allocation, versée non seulement à l'occasion de la naissance d'un enfant, mais également en cas d'adoption d'un enfant, ne s'analyse pas en une mesure destinée seulement à protéger la grossesse ou la maternité, mais en un supplément de rémunération visant à indemniser la femme des dépenses liées à la présence d'un enfant au foyer, dépenses auxquelles l'homme doit également faire face.

C'est à bon droit qu'un conseil de prud'hommes a, eu égard au caractère discriminatoire de cette mesure, substitué la rémunération la plus élevée accordée aux femmes à celles versées aux hommes.

Cass. soc. 8 octobre 1996, n° 92-42.291, 1er moyen, BC V n° 311.

Action en justice

Le licenciement sans cause réelle et sérieuse d'un salarié intervenu en raison de l'action en justice qu'il a introduite sur le fondement d'une violation du principe « à travail égal, salaire égal », n'encourt pas la nullité.

Hors le cas visé à l'article L. 123-5 CT prévoyant la nullité du licenciement consécutif à une action en justice introduite sur la base des dispositions relatives à l'égalité entre hommes et femmes, le licenciement sans cause réelle et sérieuse d'un salarié intervenu en raison de l'action en justice qu'il a introduite sur le fondement d'une violation du principe « à travail égal, salaire égal », n'encourt pas la nullité.

Cass. soc. 20 février 2008, n° 06-40.085, 3e moyen du pourvoi du salarié, BC V n° 38.

Droit syndical (Exercice du) ; Égalité de traitement ; Égalité de traitement entre hommes et femmes.

Égalité de traitement

La loi énumère les motifs de discrimination prohibés (art. L. 1132-1 CT) ; la Cour de cassation a étendu cette liste en se fondant sur un principe général d'égalité de traitement.

Interdiction des discriminations

• Discrimination fondée sur l'origine

Le fait de demander à un salarié de changer son prénom de Mohamed pour celui de Laurent constitue une discrimination en raison de l'origine.

Un salarié se prénommant Mohamed qui, lors de son engagement par une maison de retraite, s'était vu demander de se faire appeler Laurent, n'a obtenu de l'employeur que deux ans plus tard la possibilité de reprendre l'usage de son prénom.

Pour débouter le salarié de sa demande de dommages-intérêts pour discrimination, une cour d'appel a retenu que l'intéressé avait accepté le changement de prénom lors de son embauche et qu'au moment de la signature du contrat, quatre salariés de la maison de retraite se prénommaient Mohamed, de sorte qu'aucun comportement discriminatoire ne pouvait être reproché à l'employeur.

En statuant ainsi, alors que le fait de demander au salarié de changer son prénom de Mohamed pour celui de Laurent est de nature à constituer une discrimination à raison de son origine et alors que la circonstance que plusieurs salariés portaient le prénom de Mohamed n'était pas de nature à caractériser l'existence d'un élément objectif susceptible de la justifier, la cour d'appel a violé les articles L. 1132-1 et L. 1134-1 CT.

Cass. soc. 10 novembre 2009, n° 08-42.286, BC V n° 245.

• Discrimination fondée sur le sexe

Égalité de traitement entre hommes et femmes.

• Discrimination fondée sur l'orientation sexuelle

Ayant d'abord relevé que, postérieurement à son inscription sur la liste d'aptitude aux fonctions de sous-directeur, un salarié avait postulé en vain à quatorze reprises à un poste de sous-directeur ou à un poste de niveau équivalent, qu'il avait répondu à des propositions de postes à l'international, à une proposition de poste dans une filiale à Paris, qu'il était le seul de sa promotion de 1989 à ne pas avoir eu de poste bien que son inscription sur la liste d'aptitude ait été prorogée à deux reprises en 1995 et en 2000 et qu'il était parmi les candidats les plus diplômés et que plusieurs témoins faisaient état d'une ambiance homophobe dans les années 70 à 90 au sein de l'entreprise, une cour d'appel a pu en déduire que ces éléments laissaient présumer l'existence d'une discrimination en raison de son orientation sexuelle.

Ayant ensuite relevé que l'employeur ne pouvait soutenir utilement, d'une part, qu'il n'avait pas disposé de poste de direction en son sein propre entre 1989 et 2005, d'autre part, qu'il n'avait pas été en mesure de recommander activement la candidature de son salarié sur des postes à l'international, la cour d'appel a pu décider que les justifications avancées par l'employeur ne permettaient pas d'écarter l'existence d'une discrimination en raison de l'orientation sexuelle du salarié.

Cass. soc. 24 avril 2013, n° 11-15.204, 2e moyen, BC V n° 116.

• **Discrimination fondée sur l'âge**

Des différences de traitement fondées sur l'âge ne constituent pas une discrimination lorsqu'elles sont objectivement et raisonnablement justifiées par des objectifs légitimes de politique de l'emploi, du marché du travail et de la formation professionnelle et que les moyens de réaliser cet objectif sont appropriés et nécessaires.

Selon l'article 6, § 1 de la directive 2000/78/CE du 27 novembre 2000 portant création d'un cadre général en faveur de l'égalité de traitement en matière d'emploi et de travail, nonobstant l'article 2, § 2, les États membres peuvent prévoir que des différences de traitement fondées sur l'âge ne constituent pas une discrimination lorsqu'elles sont objectivement et raisonnablement justifiées, dans le cadre du droit national, par un objectif légitime, notamment par des objectifs légitimes de politique de l'emploi, du marché du travail et de la formation professionnelle, et que les moyens de réaliser cet objectif sont appropriés et nécessaires.

Un salarié, employé par une société en qualité de pilote et d'instructeur, a saisi la juridiction prud'homale pour faire annuler une sanction ; au cours de la procédure d'appel, il a été licencié le 25 avril 2006, aux motifs qu'il avait atteint le 11 avril précédent l'âge de 60 ans et qu'il était impossible de lui trouver un reclassement dans le groupe dont relevait l'employeur ; le salarié a alors saisi la cour d'appel notamment d'une demande de dommages-intérêts au titre d'un licenciement résultant d'une discrimination liée à l'âge.

Pour le débouter de sa demande, une cour d'appel a relevé qu'en l'espèce il n'est pas discutable que la limite d'âge a été retenue en raison de sujétions particulières du métier de pilote d'avion, au regard de la responsabilité assumée par un commandant de bord assurant le transport aérien de passagers, que la règle est bien de portée nationale, rendant ainsi sans pertinence la comparaison avec les réglementations d'autres États, qu'elle est générale pour tous les pilotes de transport aérien de personnes, sans qu'il y ait lieu de s'arrêter à la situation des pilotes d'autres catégories ou d'autres engins volants, que la fixation d'une telle limite d'âge est donc légitime au sens de la directive européenne en ce qu'elle répond à un objectif de bon fonctionnement de la navigation aérienne et de sécurité de ses utilisateurs comme de ceux qui y travaillent, de façon raisonnable et proportionnée au regard de la spécificité de l'activité et du métier de pilote.

En statuant ainsi, alors que, si ces objectifs étaient légitimes, il lui appartenait de rechercher, ainsi qu'elle y était invitée, si la cessation des fonctions de pilote à l'âge de 60 ans était nécessaire à leur réalisation, la cour d'appel a privé sa décision de base légale au regard du texte précité.

Cass. soc. 11 mai 2010, n° 08-45.307, 1er moyen, BC V n° 105 (arrêt n° 1). Voir aussi cass. soc. 3 juillet 2012, n° 11-13.795, BC V n° 205.

Par lettre du 27 janvier 2005, un établissement public a notifié à une salariée sa mise à la retraite, à l'âge de 60 ans, conformément aux dispositions du décret 68-382 du 5 avril 1968 portant statut de la caisse de retraites des personnels de cet établissement ; soutenant qu'en vertu de la loi 2003-775 du 21 août 2003 portant réforme des retraites, primant sur ce décret, sa mise à la retraite n'était possible, en l'absence de dérogation prévue par un accord collectif, que si elle avait atteint l'âge de 65 ans et que cette mesure constituait une discrimination à raison de l'âge, s'analysant en un licenciement sans cause réelle et sérieuse, la salariée a saisi la juridiction prud'homale.

Pour la débouter de sa demande, une cour d'appel a retenu que sa mise à la retraite était régie exclusivement par le décret du 5 avril 1968 et que l'intéressée remplissait les conditions d'âge et d'ancienneté requises.

En statuant ainsi, sans constater que, pour la catégorie d'emploi de cette salariée, la différence de traitement fondée sur l'âge était objectivement et raisonnablement justifiée par un objectif légitime et que les moyens pour réaliser cet objectif étaient appropriés et nécessaires, la cour d'appel, qui devait appliquer la directive communautaire consacrant un principe général du droit de l'Union, a violé l'article 6, § 1 de la directive 2000/78/CE du 27 novembre 2000.

Cass. soc. 11 mai 2010, n° 08-43.681, BC V n° 105 (arrêt n° 2).

Une salariée travaillant à la SNCF a, par application du décret 54-24 du 9 janvier 1954, été mise à la retraite le 10 janvier 2005 à effet au 19 avril suivant, date de son 55e anniversaire.

C'est à bon droit que, après avoir rappelé que par arrêt du 19 mai 2006 le Conseil d'État avait jugé que les dispositions du décret 54-24 du 9 janvier 1954 ne constituaient pas en elles-mêmes une discrimination interdite, une cour d'appel a entrepris de vérifier si la décision de la SNCF de mettre à la retraite d'office la salariée répondait aux conditions posées par l'article L. 122-45-3, devenu L. 1133-1 CT, interprété au regard de la directive 2000/78/CE du 27 novembre 2000, qui consacre un principe général du droit communautaire.

En effet, si des dispositions réglementaires autorisant, à certaines conditions, la mise à la retraite d'un salarié à un âge donné peuvent ne pas constituer, par elles-mêmes, une discrimination interdite par l'article L. 1132-1 CT, il n'en résulte pas que la décision de l'employeur de faire usage de la faculté de mettre à la retraite un salarié déterminé est nécessairement dépourvue de caractère discriminatoire.

D'autre part, selon la directive 2000/78/CE du 27 novembre 2000, les différences de traitement fondées sur l'âge ne constituent pas une discrimination lorsqu'elles sont objectivement et raisonnablement justifiées par un objectif légitime, notamment de politique de l'emploi, et lorsque les moyens de réaliser cet objectif sont appropriés et nécessaires.

Dès lors, après avoir relevé que la SNCF, qui ne précisait pas l'objectif poursuivi par la mise à la retraite de la salariée, avait, dans le litige l'opposant à cette dernière devant le Conseil d'État, soutenu que cette décision avait pour but « de lui permettre d'adapter ses effectifs à l'évolution du contexte dans lequel elle se situe » et que la mise à la retraite d'office constituait une mesure destinée « à apporter à l'entreprise publique une souplesse durable dans la gestion de ses effectifs, en fonction de l'évolution de son organisation et de son activité », la cour a pu retenir que la généralité des motifs invoqués ne permettait pas de considérer la mise à retraite de la salariée comme étant justifiée par un objectif légitime de sorte qu'elle était constitutive d'une discrimination fondée sur l'âge et qu'elle devait être annulée.

Cass. soc. 16 février 2011, n° 10-10.465, BC V n° 50.

Ayant constaté qu'un salarié qui avait, lors de la rupture de son contrat de travail, la qualité d'ingénieur d'affaires dans le secteur du BTP, avait été engagé à l'âge de 37 ans en qualité d'ingénieur d'études et que la contrepartie de sa mise à la retraite en termes d'emploi résidait dans des contrats de professionnalisation concernant l'embauche de salariés qui vont notamment occuper les emplois d'assistant chef de chantier, technicien BETP en vue de préparer le diplôme de maîtrise de chantier, de répartiteur adjoint, de technicien de bureau d'études, préparant la qualification d'économiste manager, une cour d'appel en a déduit, dans l'exercice de son pourvoi souverain d'appréciation, que, pour la catégorie d'emploi de ce salarié, la différence de traitement fondée sur l'âge était objectivement et raisonnablement justifiée par un objectif légitime et que les moyens pour réaliser cet objectif étaient appropriés et nécessaires.

Cass. soc. 26 novembre 2013, n° 12-24.690, BC V n° 285.

Lors de son congrès du 24 novembre 2012, le Syndicat national des moniteurs du ski français a adopté un nouvel article de ses statuts, dénommé « pacte intergénérationnel » destiné à être intégré dans les conventions type signées entre les écoles de ski français (ESF) locales et les moniteurs de ski, organisant la réduction d'activité des moniteurs de ski à partir de 62 ans ; plusieurs moniteurs de ski adhérents du syndicat ont saisi un tribunal de grande instance, pour obtenir la nullité de cette disposition en faisant valoir que le système ainsi arrêté, privait progressivement de la répartition des cours dans les ESF les moniteurs âgés de plus de 61 ans et constituait une mesure discriminatoire en raison de l'âge prohibée par le droit de l'Union européenne et la loi 2008-496 du 27 mai 2008.

Pour rejeter cette demande, une cour d'appel a retenu que l'intégration des jeunes nouveaux diplômés au sein des ESF était un objectif légitime, l'insuffisance du nombre de jeunes diplômés étant défavorable à la qualité de l'enseignement qui se devait d'être diversifié pour répondre à la demande d'une clientèle à la recherche de nouvelles techniques de glisse mais également pour assurer l'enseignement à de petits enfants, toutes contraintes qui nécessitaient de nouveaux apprentissages et une forme physique adaptée, que le Défenseur des droits avait estimé dans un avis du 4 octobre 2012 que le projet de pacte cherchait à faciliter l'intégration des moniteurs les plus jeunes, que les directeurs de plusieurs écoles de ski attestaient que la réduction progressive d'activité mise en œuvre depuis plusieurs années avant le pacte intergénérationnel avait précisément permis d'intégrer de jeunes moniteurs diplômés, que le maintien comme permanents des moniteurs âgés de plus de 62 ans aurait pour conséquence la non titularisation, pendant plusieurs années, de jeunes moniteurs stagiaires ou saisonniers, que l'exigence de proportionnalité était respectée dans la mesure où les désavantages causés par la diminution d'activité imposée aux moniteurs âgés de 62 ans à 67 ans étaient atténués par la validation a minima de deux trimestres d'assurance vieillesse au titre de chaque saison, et par le fait que les moniteurs âgés conservaient toute liberté d'exercice avec la clientèle personnelle qu'ils avaient pu se constituer grâce à l'ESF.

En statuant ainsi, sans constater, d'une part, que la différence de traitement fondée sur l'âge était objectivement et raisonnablement justifiée par un objectif légitime d'intérêt général, tenant notamment à la politique de l'emploi, au marché du travail ou à la formation professionnelle, la prise en compte d'un intérêt purement individuel et propre à la situation des écoles de ski désireuses de répondre à la demande de la clientèle, ne pouvant être considérée comme légitime au regard des articles 6 de la directive 2000/78 et L. 1133-2 CT et, d'autre part, que les moyens pour réaliser cet objectif étaient appropriés et nécessaires, alors que le pacte litigieux se contente de prévoir une garantie d'activité minimale pour les « moniteurs nouvellement intégrés » sans précision d'âge, de sorte qu'il n'est pas établi que la redistribution d'activité des moniteurs âgés de plus de 61 ans bénéficiera exclusivement aux jeunes moniteurs, la cour d'appel a violé les articles 6, § 1, de la directive 2000/78/CE du 27 novembre 2000 portant création d'un cadre général en faveur de l'égalité de traitement en matière d'emploi et de travail et L. 1133-2 CT.

Cass. soc. 17 mars 2015, n° 13-27.142, BC V n° 53.

Un salarié, engagé le 8 avril 1971 par une société suivant contrat de travail soumis à la convention collective nationale des activités du déchet du 11 mai 2000 et occupant en dernier lieu le poste de responsable commercial, statut cadre, a reçu notification de sa mise à la retraite par lettre recommandée de son employeur du 18 juin 2009 avec prise d'effet le 18 décembre suivant au terme du délai conventionnel de prévenance de six mois, le salarié atteignant alors l'âge de 60 ans et pouvant prétendre à une retraite à taux plein.

Après avoir constaté que l'employeur avait respecté ses obligations conventionnelles de contrepartie des mises à la retraite d'office, notamment en retenant que l'embauche d'un salarié en qualité de cadre d'exploitation était compensatrice de la mise à la retraite de l'intéressé et que l'employeur avait consacré 5 % de sa contribution légale à la formation des personnels de plus de 45 ans, une cour d'appel a pu en déduire que pour la catégorie d'emploi de ce salarié, la différence de traitement fondée sur l'âge était objectivement et raisonnablement justifiée par un objectif légitime et que les moyens pour réaliser cet objectif étaient appropriés et nécessaires.

Cass. soc. 31 mars 2015, n° 13-18.667, 2e moyen, BC V n° 66.

Un salarié a été engagé le 18 juin 1979 en qualité d'ouvrier électricien avec un statut d'agent EDF par l'entreprise EDF-GDF ; par lettre du 17 janvier 2006, il lui a été notifié, en application de règles statutaires internes, sa mise en inactivité d'office pour le 1er novembre 2006, soit le lendemain de la date anniversaire de ses 55 ans ; le salarié a alors saisi la juridiction prud'homale aux fins d'obtenir la condamnation de l'employeur à lui verser des sommes au titre de la nullité de la rupture de son contrat de travail et à titre de dommages-intérêts pour discrimination.

Pour débouter le salarié de sa demande, une cour d'appel a retenu que pour réaliser l'objectif de préservation de la santé et de la sécurité des travailleurs occupant les fonctions physiquement les plus pénibles, le départ à la retraite anticipé du salarié était un moyen approprié et nécessaire dès lors qu'il avait été exposé pendant 23 ans à des conditions de travail pénibles caractérisées par une nuisance « bruit » de 100 % et des astreintes, et que, compte tenu des revalorisations de taux rétroactives intervenues avant la saisine de la juridiction prud'homale, ce salarié avait perçu dès 55 ans un taux de 74 %, lequel devait être comparé au taux maximal de 75 %.

En statuant ainsi, alors qu'elle avait constaté que le salarié occupait depuis cinq ans un poste administratif et que son médecin traitant l'avait déclaré en mesure de poursuivre une activité professionnelle et sans rechercher si la mise en inactivité anticipée était un moyen approprié et nécessaire, la cour d'appel n'a pas donné de base légale à sa décision au regard des articles L. 1132-1 et L. 1133-1 CT, et 6, § 1, de la directive 2000/78/CE du 27 novembre 2000.

Cass. soc. 9 mars 2016, n° 14-25.840, BC V n° 45. Voir aussi cass. soc. 16 février 2011, n° 09-72.061, 2e moyen, BC V n° 52.

Le principe de non-discrimination en raison de l'âge n'est pas applicable à la rupture d'un contrat de travail résultant de l'adhésion volontaire d'un salarié à un dispositif de pré-retraite prévu par un accord collectif.

Cass. soc. 20 avril 2017, n° 15-28.304, BC V n° 60. Voir aussi cass. soc. 1er juin 2017, n° 15-23.580, BC V n° 98.

Le fait qu'il ne soit pas certain que la formation demandée par le salarié puisse être rentabilisée compte tenu de son âge, ne constitue pas un motif légitime autorisant l'employeur à la lui refuser.

Un salarié, né le 30 octobre 1951, commandant de bord sur Boeing 747/400, au sein d'une compagnie aérienne, s'est porté volontaire pour un stage de qualification sur Airbus A 380 au cours d'une campagne de qualification pour la saison hiver 2010/2011 ; invoquant les dispositions de l'article 2.4.3.2 de la convention d'entreprise du personnel navigant technique aux termes desquelles un officier navigant peut prétendre à une qualification de type avion tant que sa durée d'affectation sur le type d'avion souhaité avant son départ à la retraite est supérieure ou égale à la durée minimale d'affectation due, la société a refusé ses demandes au motif qu'il atteindrait l'âge de 60 ans avant la durée minimale d'affectation sur ce type d'avion, qui était pour lui de six années ; se prévalant des dispositions de l'article L. 421-9 du code de l'aviation civile permettant, à certaines conditions, aux pilotes de continuer leur activité jusqu'à l'âge de 65 ans, le salarié a saisi le juge des référés de demandes tendant à faire cesser un trouble manifestement illicite résultant d'une discrimination fondée sur son âge.

En rappelant que l'article L. 1132-1 CT interdit qu'une personne fasse l'objet d'une mesure de discrimination, directe ou indirecte, notamment en matière de formation, de qualification ou de promotion professionnelle, en raison de son âge, en constatant que l'employeur n'apportait aucun élément faisant apparaître que le refus opposé au salarié était justifié par un objectif légitime, que, notamment, l'argument de la société relatif à la rentabilité du coût de la formation, selon lequel le navigant qui a atteint 60 ans serait susceptible de ne pas renouveler sa demande annuelle de poursuite de son activité jusqu'à l'expiration de la durée minimale d'affectation ou de ne plus pouvoir assurer des vols, suite aux visites médicales auxquelles il est soumis, est inopérant, tout navigant pouvant, à un moment quelconque de sa carrière et quel que soit son âge, mettre fin au contrat de travail qui le lie à la société ou ne plus être autorisé à piloter en raison d'un problème de santé constaté lors d'une visite médicale, alors qu'il a pu bénéficier d'une récente qualification non encore amortie, et en retenant que l'objectif de sécurité publique est assuré pour les pilotes de plus de 60 ans par les conditions posées par le paragraphe II de l'article L. 421-9 du code de l'aviation civile, la cour d'appel a caractérisé une discrimination fondée sur l'âge constitutive d'un trouble manifestement illicite qu'il convenait de faire cesser.

Cass. soc. 18 février 2014, n° 13-10.294, BC V n° 55.

Le fait pour un employeur de licencier un salarié ayant atteint la limite d'âge posée par la réglementation, sans respecter les obligations qu'elle lui impose, constitue une discrimination.

Par lettre du 5 janvier 2007, une compagnie aérienne a informé un salarié employé en qualité de membre du personnel navigant technique que, conformément aux dispositions de l'article L. 421-9 du code de l'aviation civile et eu égard au fait qu'il devait atteindre le 12 avril 2007 la limite d'âge de 60 ans pour l'exercice des fonctions de pilote ou de copilote, des recherches de reclassement dans un emploi au sol étaient entreprises dans la société et au sein du groupe ; par lettre du 5 juin 2007, l'employeur a notifié la rupture du contrat de travail en application des dispositions de l'article L. 421-9 du code de l'aviation civile pour atteinte de la limite d'âge de 60 ans et en raison du refus des postes proposés au reclassement ; contestant cette mesure, le salarié a saisi la juridiction prud'homale.

Après avoir constaté que l'employeur avait manqué à son obligation de reclassement dans un emploi au sol et que le licenciement ne reposait que sur le fait que le salarié avait atteint l'âge de 60 ans, une cour d'appel, qui a retenu que celui-ci était nul, a fait une exacte application des dispositions combinées des articles L. 421-9 du code de l'aviation civile et de l'article L. 1132-4 CT.

Cass. soc. 4 avril 2012, n° 11-10.706, BC V n° 118.

Constitue une discrimination fondée sur l'âge le fait pour un employeur de mettre un salarié à la retraite sans respecter les dispositions conventionnelles dans le but de se soustraire aux nouvelles conditions légales de mise à la retraite.

Un salarié travaillant dans une agence immobilière a été mis à la retraite par décision du 24 décembre 2008 avec effet au 28 avril 2009, date à laquelle le salarié a atteint l'âge de 65 ans ; celui-ci a saisi la juridiction prud'homale en contestant les conditions de sa mise à la retraite.

Après avoir souverainement estimé qu'il était établi que l'employeur avait, en prononçant la mise à la retraite du salarié, agi précipitamment et dans le but de se soustraire aux nouvelles conditions de mise à la retraite alors en discussion devant le Parlement, notamment en effectuant l'entretien préalable exigé par l'article 34 de la convention collective de l'immobilier de façon précipitée et sans que le salarié soit informé préalablement de son objet ainsi qu'en allongeant le délai de préavis de trois mois prévu par la convention collective sans en justifier objectivement la nécessité, une cour d'appel a pu décider que l'employeur avait manqué à l'obligation d'exécuter loyalement le contrat de travail et que la mise à la retraite constituait une discrimination fondée sur l'âge et dès lors un licenciement nul.

Cass. soc. 15 janvier 2013, n° 11-15.646, BC V n° 8.

• Discrimination fondée sur les activités syndicales

Droit syndical (Exercice du).

• Discrimination fondée sur l'apparence physique

Le contact avec la clientèle ne justifie pas d'interdire le port de boucles d'oreilles exclusivement aux hommes.

avec les populations des aires du voyage, en sorte que la proposition de mutation du salarié par la mise en œuvre de la clause de mobilité figurant au contrat de travail sur un poste de chargé de clientèle compatible avec l'avis d'aptitude ne constituait pas un élément laissant supposer l'existence d'une discrimination en raison de l'état de santé et que le licenciement prononcé, fondé sur le refus par le salarié de cette mutation n'était pas discriminatoire, la cour d'appel a violé les textes susvisés.

Cass. soc. 26 avril 2017, n° 14-29.089, BC V n° 67.

Extension jurisprudentielle : égalité de traitement

En application du principe d'égalité de traitement, si des mesures peuvent être réservées à certains salariés, c'est à la condition que tous ceux placés dans une situation identique au regard de l'avantage en cause aient la possibilité d'en bénéficier, à moins que la différence de traitement soit justifiée par des raisons objectives et pertinentes et que les règles déterminant les conditions d'éligibilité à la mesure soient préalablement définies et contrôlables.

Une société a entrepris une réorganisation de ses activités industrielles impliquant la réduction de ses effectifs et l'arrêt de la production automobile sur un site ; un plan de sauvegarde de l'emploi attaché à ce projet a été mis en œuvre, la période de volontariat étant achevée au 31 décembre 2013. Un mouvement de grève a été déclenché à compter du 16 janvier 2013 et pour une durée d'environ dix-sept semaines et, le 17 mai 2013, un protocole de fin de conflit dit « protocole de fin de grève » a été conclu entre l'employeur et deux syndicats, prévoyant au bénéfice des salariés figurant sur une liste présentée par les organisations syndicales signataires de cet accord, la possibilité de quitter la société avant le 31 mai 2013 avec une indemnité de 19 700 euros s'ajoutant au plan de sauvegarde de l'emploi et correspondant notamment à l'adhésion anticipée à une des mesures du plan et l'octroi du demi treizième mois habituellement versé au mois de juin. En application de ce protocole de fin de conflit, certains salariés, considérés comme ayant été très actifs dans le cadre du conflit social et dont les chances de reclassement en interne ou en externe apparaissaient réduites au vu de cette participation rendant les mesures du plan de sauvegarde de l'emploi vaines à leur égard, se sont vu offrir la possibilité de quitter l'entreprise le 31 mai 2013 et de bénéficier de l'indemnité forfaitaire sans avoir à remplir certaines des conditions imposées par le plan de sauvegarde de l'emploi tenant à un projet professionnel validé sous la forme d'une promesse d'embauche, d'un contrat à durée indéterminée, d'un contrat à durée déterminée de plus de six mois ou d'une mission d'intérim de trois mois. Le dispositif a ensuite été étendu par l'employeur, à la demande des syndicats, à des salariés ne figurant pas sur la liste établie par les syndicats signataires du protocole de fin de conflit, mais remplissant les conditions de projet professionnel et de demande de départ formulée avant le 14 juin 2013 prévues au plan de sauvegarde de l'emploi.

Estimant que ce protocole portait atteinte au principe de l'égalité de traitement entre salariés en raison d'un traitement différencié réservé aux personnels non grévistes qui se sont vu opposer les conditions du plan de sauvegarde de l'emploi sans pouvoir choisir le régime qu'ils estimaient le plus favorable au regard de leur situation et dénonçant l'opacité du processus de sélection des deux cents dix salariés éligibles au dispositif instauré par le protocole, laissant aux seuls syndicats signataires la possibilité d'établir la liste des salariés pouvant y prétendre, un syndicat non signataire a fait assigner la société afin que soit ordonnée l'application sans distinction du protocole du 17 mai 2013 à tous les salariés en ayant fait la demande dans les conditions dudit protocole.

Ayant relevé que le protocole de fin de grève ne définissait de manière précise ni la catégorie correspondant aux salariés grévistes pouvant prétendre au bénéfice de ses dispositions, celle-ci ne reposant sur aucun critère objectif et vérifiable, ni la nature et l'importance de la participation au conflit susceptibles d'entraîner l'inclusion des grévistes dans ladite catégorie, de sorte qu'il n'était pas établi que seuls des grévistes dont le reclassement serait compromis auraient bénéficié de l'indemnité prévue par le protocole, une cour d'appel a pu estimer qu'il n'était pas justifié de raisons objectives et pertinentes justifiant la différence de traitement dont elle avait constaté l'existence, la liste établie par les syndicats signataires étant en soi insuffisante à constituer une justification objective et pertinente à la différence de traitement.

Par ailleurs, l'atteinte au principe d'égalité de traitement peut être réparée par l'octroi, aux salariés concernés, de l'avantage dont ils ont été irrégulièrement privés. C'est donc à bon droit que la cour d'appel, ayant relevé l'absence de précision quant à la période à laquelle l'ensemble des salariés avaient été informés des mesures prévues au protocole de fin de grève et mis en mesure de présenter une demande tendant à bénéficier du dispositif prévu par le protocole, a pu en déduire que cet neté et l'expérience, d'autre part, un complément perçu par l'ensemble des agents, qui rétribue le niveau de fonction et tient compte de la maîtrise du poste, ont saisi la juridiction prud'homale de demandes de rappel de salaires au titre de ce complément, invoquant une inégalité de traitement.

Pour faire droit aux demandes des salariés, un conseil de prud'hommes a retenu qu'en l'espèce, la partie demanderesse, agent contractuel de droit privé employée par la société, établissait que certains fonctionnaires effectuant un travail de valeur égale au même niveau de fonction percevaient chaque mois un complément d'un montant plus élevé, ce qui constituait une violation du principe d'égalité, qu'il résultait des pièces produites que deux salariés, agent contractuel et fonctionnaire, employés au même niveau de fonction avec une maîtrise similaire de leur poste, se trouvaient placés dans une situation identique au regard du complément, la société ne faisant pas la démonstration que la disparité observée entre les deux agents ayant le même niveau de fonction s'expliquerait par une maîtrise du poste différente, et qu'en application du principe d'égalité de traitement, la partie demanderesse avait donc droit à un complément de même montant que celui du fonctionnaire auquel il se comparait, dès lors qu'ils étaient l'un et l'autre employés au même niveau de fonction avec une maîtrise du poste analogue.

En statuant ainsi, alors qu'il résultait de ses constatations que les salariés ne se comparaient pas à des fonctionnaires exerçant des fonctions identiques ou similaires, et que, dès lors, les intéressés n'offraient pas de démontrer être dans une situation identique ou similaire à celle des fonctionnaires considérés, le conseil de prud'hommes a violé le principe d'égalité de traitement.

Cass. soc. 4 avril 2018, n° 16-27.703, à paraître.

Lorsque le salarié présente des éléments de fait constituant selon lui une discrimination directe ou indirecte, il appartient au juge d'apprécier si ces éléments dans leur ensemble laissent supposer l'existence d'une telle discrimination et, dans l'affirmative, il incombe à l'employeur de prouver que ses décisions sont justifiées par des éléments objectifs étrangers à toute discrimination.

Cass. soc. 29 juin 2011, n° 10-15.792, BC V n° 166 (arrêt n° 2), cité dans « Droit syndical (Exercice du) ».

Eu égard à la nécessité de protéger les droits fondamentaux de la personne concernée, l'aménagement légal des règles de preuve prévues par l'article L. 1134-1 CT ne viole pas le principe de l'égalité des armes tel que résultant de l'article 6 de la Convention de sauvegarde des droits de l'homme et des libertés fondamentales.

Cass. soc. 7 février 2012, n° 10-19.505, 2e moyen, BC V n° 54.

L'existence d'une discrimination n'implique pas nécessairement une comparaison avec la situation d'autres salariés.

Pour débouter une salariée de sa demande en paiement de dommages-intérêts en réparation de son préjudice résultant d'une discrimination dans l'évolution de sa carrière après avoir participé à un mouvement de grève, une cour d'appel a retenu que la salariée se bornait à affirmer avoir subi un ralentissement de carrière de nature discriminatoire sans fournir le moindre élément de comparaison avec d'autres collègues de statut identique, qu'elle avait refusé des propositions de mutation, que des attestations de ses supérieurs hiérarchiques faisaient état de ses difficultés de concentration et d'organisation et de son autoritarisme à l'origine de conflits avec les agents placés sous sa responsabilité.

En statuant ainsi, sans rechercher si le ralentissement de la carrière de la salariée et les difficultés auxquelles elle avait été confrontée, dès après sa participation à un mouvement de grève, ne laissaient pas supposer l'existence d'une discrimination directe ou indirecte, la cour d'appel n'a pas donné de base légale à sa décision.

Cass. soc. 10 novembre 2009, n° 07-42.849, 1er moyen, BC V n° 246.

Lorsque la différence de traitement entre des salariés placés dans une situation identique au regard de l'avantage considéré résulte des termes mêmes de l'accord collectif, il y a lieu de faire application du principe d'égalité de traitement sans recourir nécessairement à une comparaison entre les salariés de l'entreprise effectuant le même travail ou un travail de valeur égale.

À la suite de la dénonciation de la convention collective dont relevait son employeur, une salariée employée en qualité d'infirmière depuis 1995 s'était vu appliquer le coefficient 478 de la convention collective du 15 mars 1966, conformément à l'accord de transposition du 6 février 2004 relatif au reclassement des salariés ; contestant sur le fondement du principe d'égalité de traitement le coefficient qui lui avait été attribué, elle a saisi la juridiction prud'homale afin de se voir appliquer le coefficient 647, faisant valoir qu'elle était traitée différemment des salariés qui, recrutés postérieurement à

tion du préjudice en résultant.

Cass. soc. 4 avril 1990, n° 88-42.626, BC V n° 101.

Établissement distinct

d'une délégation de pouvoirs en matière juridique, économique et hiérarchique sur l'ensemble du personnel du groupe-agence.

CE 28 juillet 1993, n° 110705. Voir aussi cass. soc. 23 mars 2011, n° 09-67.512.

Peu importe que les comités d'hygiène, de sécurité et des conditions de travail aient une autre implantation ou que l'employeur ait proposé un nombre d'établissements supérieur.

CE 6 mars 2002, n° 230225.

L'autonomie de gestion constitue un critère essentiel.

Ne constituent pas des établissements distincts des directions régionales regroupant plusieurs magasins d'une société dès lors que celle-ci a centralisé à son siège la gestion administrative, budgétaire, commerciale et sociale de ses magasins, les directeurs des régions, placés sous l'autorité d'un directeur des magasins à compétence nationale, ne disposant que d'un degré d'autonomie très réduit tant en ce qui concerne la gestion du personnel qu'en ce qui a trait à l'exécution du service.

CE 25 juin 2003, n° 252280.

L'implantation géographique distincte ne constitue pas, à elle seule, une condition substantielle.

Le directeur régional du travail avait fixé, en l'absence d'accord entre le P-DG de la RATP et les organisations syndicales représentatives dans l'entreprise, le nombre de départements ou d'établissements distincts à dix au regard de leur autonomie de gestion.

C'est à tort que, pour annuler cette décision, un tribunal administratif s'est fondé sur le fait que ces établissements (départements) n'avaient pas d'implantation géographique identifiable et ne constituaient que des regroupements fonctionnels et hiérarchiques au sein de l'entreprise, alors que ces établissements disposaient d'une autonomie suffisante pour la gestion du personnel, ce dont il résultait qu'ils remplissaient les conditions nécessaires pour que les principales missions et le fonctionnement des comités d'établissement puissent être assurés à leur niveau.

CE 27 mars 1996, n 155791, Rec. Lebon p. 103. Voir aussi CE 23 juillet 2003, n° 247577.

La reconnaissance de la qualité d'établissement n'est pas subordonnée à une condition d'effectif.

Le siège d'une société dont dépendent des agences de travaux réparties sur le département et l'agence de la même société au chef-lieu du département ayant, malgré la proximité de leurs locaux situés dans la même ville, une implantation distincte, des activités différentes et une totale autonomie dans la tenue de leur comptabilité et la gestion de leur personnel, il a pu valablement être décidé que ces établissements constituaient deux établissements distincts bien que l'un d'entre eux ait un effectif de 31 salariés. Aucune disposition législative ne subordonne en effet la reconnaissance d'un comité d'établissement à un effectif d'au moins 50 salariés.

CE 26 juillet 1996, n° 152444. Voir aussi CE 19 octobre 1992, n° 92630.

Délégués syndicaux

• Jurisprudence rendue dans le cadre de la loi du 5 mars 2014

Dans le cadre de la loi 2014-288 du 5 mars 2014 permettant de désigner un délégué syndical au sein d'un établissement regroupant des salariés placés sous la direction d'un représentant de l'employeur et constituant une communauté de travail ayant des intérêts propres, susceptibles de générer des revendications communes et spécifiques, l'existence d'un établissement distinct n'implique pas la présence permanente sur place d'un représentant de la direction.

Cass. soc. 8 juillet 2015, n° 14-60.737, 1er moyen.

Lorsque l'établissement au sein duquel travaille un salarié a été rattaché à l'un des établissements de l'entreprise pour les élections des représentants aux comités d'établissements, le salarié ne peut être désigné qu'au sein de cet établissement ou sur un périmètre plus restreint.

Cass. soc. 6 janvier 2016, n° 15-12.967.

Un accord d'entreprise, conclu antérieurement à l'entrée en vigueur de la loi du 5 mars 2014, se référant à un périmètre de désignation des délégués syndicaux identique à celui des élections au comité d'entreprise, ne peut priver un syndicat du droit de désigner un délégué syndical au niveau d'un établissement, au sens de l'article L. 2143-3 ancien CT, peu important que cet accord n'ait pas été dénoncé.

Cass. soc. 31 mai 2016, n° 15-21.175, BC V n° 121, cité dans « Délégué syndical (Désignation) ».

• Jurisprudence rendue dans le cadre de la législation antérieure à la loi du 5 mars 2014

Sauf accord collectif en disposant autrement, le périmètre de désignation des délégués syndicaux est le même que celui retenu, lors des dernières élections, pour la mise en place du comité d'entreprise ou d'établissement,…

Cass. soc. 18 mai 2011, n° 10-60.383, BC V n° 120, cité dans « Délégué syndical (Désignation) ». Voir aussi cass. soc. 15 mai 2013, n° 12-26.298.

… un tel accord pouvant avoir été conclu avant l'entrée en vigueur de la loi du 20 août 2008.

Cass. soc. 14 novembre 2012, n° 11-27.490, BC V n° 292, cité dans « Délégué syndical (Désignation) ».

Lorsque la désignation d'un délégué syndical est effectuée dans un périmètre plus restreint que celui du comité d'établissement, ce périmètre doit constituer un établissement distinct.

Cass. soc. 14 novembre 2012, n° 11-25.433, 1er moyen du pourvoi principal, BC V n° 290, cité dans « Délégué syndical (Désignation) ».

La reconnaissance d'un établissement distinct pour la mise en place d'un comité d'établissement permet nécessairement la désignation d'un délégué syndical dans ce même périmètre.

Cass. soc. 10 novembre 2010, n° 09-60.451, 2e moyen, BC V n° 256.

Lorsqu'un accord prévoyant une dérogation à la condition d'effectif de 50 salariés pour la mise en place des comités d'établissement écarte expressément cette dérogation conventionnelle pour les désignations des représentants syndicaux par les organisations syndicales, la désignation des délégués syndicaux ne peut s'effectuer qu'aux conditions prévues par les textes légaux.

Cass. soc. 9 avril 2014, n° 13-16.774, BC V n° 105.

La reconnaissance par l'employeur de l'existence d'un établissement distinct pour l'élection des délégués du personnel n'implique pas que la désignation de délégués syndicaux puisse être effectuée dans le même cadre, la finalité des institutions étant différente.

Cass. soc. 18 décembre 2000, n° 99-60.504.

Pour l'exercice du droit syndical, un établissement distinct ne peut être reconnu qu'au sein d'une même entreprise ou d'une même unité économique et sociale.

Un rapprochement opérationnel a eu lieu entre deux groupes et, en conséquence, les salariés de deux sociétés appartenant à chacun de ces groupes et travaillant sur deux sites distincts.

Doit être cassé le jugement qui, pour reconnaître l'existence d'un établissement distinct pour l'exercice du droit syndical comprenant les deux sites et valider la désignation d'un salarié en qualité de délégué syndical, a notamment énoncé que les salariés étaient sous la subordination des mêmes personnes, et que ces supérieurs hiérarchiques étaient les représentants directs des employeurs au sein du site et exerçaient leur pouvoir hiérarchique sur les salariés des deux sociétés, alors que le site relevait de deux employeurs distincts n'appartenant pas à la même unité économique et sociale.

Cass. soc. 20 décembre 2006, n° 05-60.340, BC V n° 405 (arrêt n° 1).

Dès lors qu'est reconnue l'existence d'un établissement distinct, le juge doit rechercher si le regroupement des autres agences de l'entreprise constitue un ou plusieurs établissements distincts.

Dès lors qu'est reconnue, au sein d'une même entreprise, l'existence d'un établissement distinct, il en résulte que l'entreprise en comporte au moins deux.

Deux délégués syndicaux avaient été désignés par un syndicat au sein d'une même société, l'un pour un établissement « A » employant cent onze salariés et l'autre pour un établissement « B » regroupant neuf agences dotées d'un comité « interétablissements ». Par la suite, ce syndicat avait désigné un salarié en qualité de délégué syndical et de représentant syndical au comité interétablissements puis un autre salarié en qualité de délégué syndical et de représentant syndical au comité d'établissement pour l'établissement « A » et de délégué syndical central et de représentant syndical au comité d'entreprise de la société. La société avait contesté ces désignations.

Pour annuler la désignation du délégué syndical et représentant syndical au comité interétablissements, un tribunal d'instance a énoncé, d'une part, que la société pouvait valablement revenir sur sa décision d'accepter, en application de l'article L. 412-11 CT, l'existence de deux délégués syndicaux, l'un pour l'établissement « A » et l'autre pour l'établissement « B » regroupant les neuf agences, d'autre part, que la dispersion géographique des agences composant le comité interétablissements ne constituait pas un critère suffisant pour conférer à ce regroupement le caractère d'établissement distinct en l'absence de démonstration que ces agences constituaient un groupe de salariés ayant des intérêts communs et travaillant sous une direction unique distincte de la

Cass. soc. 23 mars 2011, n° 09-72.733, cité dans « Droit syndical (Exercice du) ». Voir aussi cass. soc. 27 février 2013, n° 11-26.412 ; cass. soc. 1er février 2017, n° 15-20.799.

L'évaluation ne doit pas avoir de finalité disciplinaire.

Exercice du droit syndical

☛ Droit syndical (Exercice du).

Évaluation des salariés

et non dans l'exécution du contrat de travail, ne peut caractériser une faute disciplinaire et fonder un licenciement.

En effet, le fait pour un salarié, affecté en exécution de son contrat de travail à la conduite de

En statuant ainsi, sans rechercher si l'employeur établissait que l'omission de certaines évaluations annuelles était justifiée par des éléments objectifs étrangers à toute discrimination, une cour d'appel n'a pas donné de base légale à sa décision.

Expert comptable du comité d'entreprise

L. 432-4, al. 14 CT, les documents visés sont ceux prévus par les articles 340-1, 340-2 et 340-3 de la loi 66-537 du 24 juillet 1966. Il résulte de la combinaison de ces textes que la faculté pour le comité d'entreprise de se faire assister par un expert comptable concerne les comités d'entreprise existant dans toutes les entreprises tenues d'établir de tels documents ou qui établissent ces documents, quelle qu'en soit la forme juridique.

Une cour d'appel, qui a relevé qu'une union départementale de mutuelles est une entreprise qui a l'obligation d'établir des documents tels que ceux mentionnés aux articles 340-1, 340-2 et 340-3 de la loi du 24 juillet 1966, ne pouvait déclarer nulles les délibérations du comité d'entreprise confiant à un cabinet d'expertise comptable le soin d'établir un rapport relatif aux comptes prévisionnels des années 1992-1993 et d'accueillir la demande de l'union départementale en restitution des honoraires réglés au comité d'entreprise.

Cass. soc. 30 avril 1997, n° 95-20.563, BC V n° 155.

L'expert comptable désigné par le comité d'entreprise en vue de l'assister pour l'examen du rapport annuel relatif à la réserve spéciale de participation est rémunéré par l'employeur.

Il résulte des articles L. 434-6, al. 6, et R. 442-19, al. 5, devenus L. 2325-40 et D. 3323-14 CT, que l'expert comptable désigné par le comité d'entreprise en vue de l'assister pour l'examen du rapport annuel relatif à la réserve spéciale de participation est rémunéré par l'employeur.

C'est donc à tort que, pour décider qu'une société n'était pas tenue de prendre en charge les honoraires de la société d'expertise comptable désignée par le comité d'entreprise en vue de l'examen du rapport relatif à la réserve spéciale de participation, une cour d'appel a énoncé que si l'article R. 442-19, al. 5, devenu D. 3323-14 CT, alors applicable, dispose que le comité d'entreprise peut se faire assister par l'expert comptable prévu par l'article L. 434-6 CT, ce second texte ne prévoit pas expressément que l'expert choisi dans ce cadre par le comité d'entreprise est rémunéré par l'employeur.

Cass. soc. 28 janvier 2009, n° 07-18.284, BC V n° 28.

Lorsqu'une entreprise est affectée, même indirectement, par une opération de concentration, cette entreprise est partie à l'opération et son comité d'entreprise peut recourir à un expert comptable chargé d'analyser le projet.

Il résulte des dispositions combinées du règlement CE 802/2004 du 7 avril 2004, concernant la mise en œuvre du règlement 139/2004 relatif au contrôle des concentrations entre entreprises, et des articles L. 2323-1 et L. 2323-20 CT que, pour l'application de ces textes, sont parties à l'opération de concentration l'ensemble des entités économiques qui sont affectées, directement ou indirectement, par la prise de contrôle.

Une société A de droit néerlandais, ayant deux filiales de droit français formant une unité économique et sociale dotée d'un comité central d'entreprise, avait fait l'objet en mars 2007 d'une offre publique d'achat de la part d'une société B qui, le 23 août, a notifié à la direction générale de la concurrence de la Commission de l'Union européenne le projet de concentration des activités qu'elle exerçait au sein de son propre groupe avec l'ensemble dont elle entendait prendre le contrôle ; le 18 septembre, se fondant sur les dispositions de l'article L. 2323-20 CT, le comité central d'entreprise de l'unité économique et sociale a décidé de recourir à l'assistance d'un expert comptable en vue de l'examen de ce projet ; les deux filiales et la société B ont demandé au juge des référés d'annuler cette décision.

Après avoir constaté que l'opération projetée avait pour effet de supprimer l'un des acteurs du marché et avait une incidence sur la situation des salariés des sociétés qui, indirectement, en étaient la cible, une cour d'appel a exactement décidé que ces sociétés étaient parties à l'opération et que le comité central d'entreprise de l'union économique et sociale qu'elles constituaient était fondé à recourir à l'assistance d'un expert comptable chargé d'analyser le projet.

Cass. soc. 26 octobre 2010, n° 09-65.565, BC V n° 248.

Sont parties à une opération de concentration, pour l'application des articles L. 2323-1 et L. 2323-20 CT, l'ensemble des entités économiques qui sont affectées, directement ou indirectement, par la prise de contrôle.

Une société AT, qui a pour filiale une société AIS, a conclu le 28 juillet 2011 un protocole d'accord portant sur l'acquisition en totalité du capital d'un groupe B ; s'agissant d'une opération de concentration, l'Autorité de la concurrence a délivré son autorisation le 1er septembre 2011 ; se fondant sur les dispositions de l'article L. 2323-20 CT, le comité d'entreprise de la société AIS a décidé le 20 septembre 2011 de recourir à l'assistance d'un expert comptable en vue de l'examen de ce projet.

Ayant constaté que n'étaient démontrées ni l'existence d'une situation de concurrence entre la société AIS et celles du groupe B, ni celle de conséquences actuelles ou futures mais certaines ou prévisibles de cette opération sur l'emploi et l'activité de cette filiale et, par là, sur la situation de ses salariés, une cour d'appel a pu en déduire que cette société ne pouvait être retenue comme partie à l'opération de concentration.

Cass. soc. 2 juillet 2014, n° 13-17.357, BC V n° 167.

La désignation de l'expert comptable répond à certaines modalités

Si le comité d'entreprise n'est pas obligé de désigner l'expert comptable lors de la réunion d'information au cours de laquelle les comptes lui sont présentés,…

Si le droit pour le comité d'entreprise, appelé à procéder à l'examen annuel des comptes, de recourir à un expert comptable dont la rémunération incombe à l'employeur s'exerce au moment où les comptes lui sont transmis, il ne résulte pas des articles L. 2325-35, L. 2325-36, L. 2325-37 et L. 2325-40 CT, interprétés à la lumière de la directive 2002/14/CE du 11 mars 2002 établissant un cadre général relatif à l'information et à la consultation des travailleurs dans la Communauté européenne, que la désignation de cet expert doit intervenir lors de la réunion d'information au cours de laquelle les comptes lui sont présentés.

Un comité d'entreprise s'est réuni le 21 février 2007 pour être informé sur les comptes de l'exercice 2006 ; le 25 avril suivant, il a désigné un expert comptable pour l'assister dans l'examen de ces comptes.

Après avoir exactement retenu que la teneur de la réunion d'information ainsi que l'éventuelle proximité de la date à laquelle l'assemblée générale devait examiner les comptes de la société étaient sans incidence sur le droit du comité d'entreprise de se faire assister par un expert comptable en vue de la compréhension de ces comptes et de l'appréciation de la situation de l'entreprise, une cour d'appel a pu décider que la désignation de l'expert, qui était intervenue dans un délai raisonnable, ne présentait pas un caractère tardif.

Cass. soc. 15 décembre 2009, n° 08-17.722, BC V n° 285.

… cette désignation ne doit pas intervenir avant la réunion de présentation et de transmission des comptes.

Le droit pour le comité d'entreprise de procéder à l'examen annuel des comptes de l'entreprise et de se faire assister d'un expert comptable dont la rémunération est à la charge de l'employeur s'exerce au moment où les comptes lui sont transmis.

Ayant constaté que la désignation d'un expert comptable était intervenue avant la réunion de présentation et de transmission des comptes, c'est à bon droit qu'une cour d'appel a décidé que la rémunération de l'expert devait rester à la charge du comité d'entreprise.

Cass. soc. 28 mars 2018, n° 16-12.707, à paraître.

L'employeur ne peut pas s'opposer à sa désignation.

Doit être cassé l'arrêt qui, pour retenir la faute lourde à l'encontre d'un salarié, directeur général adjoint, relève notamment que l'intéressé n'avait pas exécuté le Télex émanant de sa direction l'enjoignant de ne pas donner suite à la mesure d'expertise décidée par le comité d'entreprise, alors que le président du comité n'a pas le pouvoir de s'opposer à la décision du comité de désigner un expert.

Cass. soc. 12 mars 1991, n° 89-41.941, BC V n° 129.

La désignation de l'expert n'a pas à être précédée d'un vote du comité, sauf en cas de désaccord.

L'article L. 434-6, al. 1er CT ne subordonne pas la désignation de l'expert comptable à un vote préalable du comité d'entreprise. Un tel vote n'est nécessaire qu'en cas de désaccord au sein de cet organisme. En outre, peu importe que cette désignation soit notifiée à l'expert par un représentant syndical au comité.

Cass. crim. 12 avril 1988, n° 87-80.985.

Lorsque la désignation d'un expert fait l'objet d'un vote, l'employeur n'y participe pas.

Est régulière la délibération du comité d'entreprise décidant que le président du comité ne participe pas à la désignation de l'expert comptable.

Cass. soc. 26 novembre 1987, n° 86-14.530, BC V n° 679.

L'expert comptable a pour mission de rendre les comptes intelligibles et d'apprécier la situation de l'entreprise

• Étendue de la mission

L'étude de la structure des rémunérations du personnel relève de la mission de l'expert comptable.

La mission de l'expert comptable désigné en application de l'article L. 2325-36 CT porte sur tous les éléments d'ordre économique, financier ou social nécessaires à la compréhension des comptes la situation de l'entreprise et qu'ils entraient dans les pouvoirs d'investigation du commissaire aux comptes, une cour d'appel en a exactement déduit que la mission de l'expert n'excédait pas l'objet défini par l'article L. 434-6 CT.

Cass. soc. 8 janvier 1997, n° 94-21.475.

... il peut contrôler le respect de l'objet de sa mission...

Une cour d'appel a pu décider que l'URSSAF, dont le comité d'entreprise avait nommé un expert comptable, devait fournir à cet expert les documents relatifs à sa gestion financière. Ces informations étaient en effet de nature à permettre à l'expert de fournir au comité des explications cohérentes sur la situation de l'URSSAF, sur les services de recouvrement et les difficultés rencontrées en ce domaine.

La cour d'appel a cependant pu juger que l'examen des comptes des cotisants n'était pas nécessaire à l'intelligence des comptes de l'Union de recouvrement et à l'appréciation de sa situation.

Cass. soc. 25 janvier 1995, n° 92-12.718, BC V n° 39.

... et ordonner, le cas échéant, à l'employeur de communiquer à l'expert comptable les documents demandés.

C'est à bon droit qu'une cour d'appel, statuant en référé, a fait injonction à une société de remettre à l'expert comptable, désigné par le comité central d'entreprise pour l'assister en vue de l'examen annuel des comptes, l'ensemble des documents et informations que l'expert avait sollicités.

D'abord, l'exercice du droit que le comité d'entreprise tient des articles L. 432-4 et L. 434-6 CT de procéder à l'examen annuel des comptes de la société pour l'exercice clos et donc de se faire assister d'un expert comptable est indépendant de la date de l'examen des mêmes comptes par l'assemblée générale des actionnaires de la société.

Ensuite, après avoir relevé que tous les documents demandés par l'expert comptable étaient nécessaires à l'intelligence des comptes et à l'appréciation de la situation de l'entreprise, la cour d'appel a pu décider que la demande de l'expert comptable était conforme à sa mission.

Cass. soc. 17 février 2004, n° 02-11.404.

Le comité d'entreprise qui désigne un expert comptable pour l'assister dans l'examen annuel des comptes, a qualité pour agir aux fins de communication à cet expert des documents que celui-ci estime utiles à l'accomplissement de sa mission.

Cass. soc. 11 octobre 2017, n° 16-10.814.

L'expert comptable a qualité pour saisir le juge des référés d'une demande de communication des pièces nécessaires à l'exercice de sa mission.

Pour déclarer irrecevable la demande de communication de pièces formée par un expert comptable, une cour d'appel a énoncé que l'expert comptable, commissionné par un comité d'entreprise pour l'assister, n'avait pas qualité à agir en justice pour faire cesser un trouble manifestement illicite subi par cette instance, sauf à démontrer qu'il avait été autorisé par une résolution spéciale à introduire une action en justice afin d'obtenir les documents manquants.

En statuant ainsi, alors que l'expert comptable désigné par le comité d'entreprise en application de l'article L. 2325-35 CT disposant d'un droit de communication des documents nécessaires à l'accomplissement de sa mission, a qualité pour saisir le juge des référés d'une demande de communication de ces pièces, la cour d'appel a violé les articles L. 2325-35, L. 2325-36 et L. 2325-37 CT et 31 c. proc. civ.

Cass. soc. 26 mars 2014, n° 12-26.964, BC V n° 89.

En effet, le refus d'un employeur de produire les documents demandés, alors qu'il l'avait fait pour les exercices précédents et qu'il n'était pas dans l'impossibilité de le faire, constitue un trouble manifestement illicite qu'il convient de faire cesser en ordonnant la remise des documents sous astreinte.

Il appartient au seul expert comptable désigné par le comité d'entreprise par application de l'article L. 434-6 CT de déterminer les documents utiles à l'exercice de sa mission, laquelle porte sur tous les éléments d'ordre économique, financier ou social nécessaires à l'intelligence des comptes et à l'appréciation de la situation de l'entreprise.

Après avoir constaté qu'un employeur n'avait jamais soutenu qu'il était dans l'impossibilité de produire les documents demandés par un comité d'entreprise et son expert comptable et que ceux-ci avaient été communiqués pour des exercices antérieurs, une cour d'appel a pu en déduire que le refus opposé constituait un trouble manifestement illicite qu'il convenait de faire cesser en ordonnant la remise des documents sous astreinte.

Cass. soc. 5 mars 2008, n° 07-12.754, BC V n° 50.

L'expert comptable, qui demande en référé la communication des documents utiles à l'exercice de sa mission, peut également demander, au cours de la même instance devant la cour d'appel, l'organisation d'une réunion préparatoire au dépôt de son rapport mais pas le paiement d'une provision.

Cass. soc. 13 mai 2014, n° 12-25.544, 1er moyen, BC V n° 113.

En revanche, le juge judiciaire n'est pas compétent pour statuer sur la demande de communication de pièces formée, avant la transmission de la demande d'homologation du plan de sauvegarde de l'emploi, par l'expert-comptable désigné par le comité d'entreprise pour examiner un projet de licenciement économique collectif ; cette demande doit être adressée à l'autorité administrative.

Cass. soc. 28 mars 2018, n° 15-21.372, à paraître, cité dans « Plan de sauvegarde de l'emploi ».

Contestation des honoraires

Le juge, saisi d'une contestation sur le montant des honoraires de l'expert comptable, doit apprécier son travail et en évaluer le coût.

Une cour d'appel a pu valablement réduire le montant des honoraires demandés par un cabinet d'expertise comptable auquel avait fait appel un comité d'entreprise pour l'assister dans le cadre d'une procédure d'alerte et d'un projet de licenciement collectif. Sans méconnaître la liberté de choix de l'expert par le comité d'entreprise, la cour d'appel, dans l'exercice de son pouvoir d'appréciation, a estimé, compte tenu des missions qui avaient été confiées à l'expert comptable, que le montant des honoraires devait être fixé à la somme qu'elle avait retenue.

Cass. soc. 12 juin 1996, n° 94-18.570, 1er moyen.

Le juge qui constate que l'expert comptable s'est livré à des investigations dépassant le cadre de sa mission apprécie souverainement les honoraires devant être supportés par l'employeur.

Cass. soc. 21 octobre 1998, n° 97-10.058.

Le président du tribunal de grande instance statue en la forme des référés mais rend une décision au fond.

Il résulte de la combinaison des articles L. 434-6 et R. 434-2 CT que le président du tribunal de grande instance, compétent pour fixer, en cas de litige, le montant de la rémunération de l'expert comptable du comité d'entreprise, est saisi et statue en la forme des référés.

C'est à tort qu'une cour d'appel a confirmé dans son montant l'ordonnance du président d'un tribunal fixant les honoraires d'une société d'expertise comptable et a décidé que la somme allouée avait un caractère provisionnel, alors que l'ordonnance rendue en la forme des référés est une décision au fond qui n'appartient pas à la catégorie des ordonnances de référé et que la condamnation prononcée n'a pas un caractère provisionnel.

Cass. soc. 8 janvier 2002, n° 00-15.815, BC V n° 8.

Le juge peut statuer sur la demande connexe de communication de documents par une décision au fond.

Le président du tribunal de grande instance, compétent en cas de litige portant sur la rémunération de l'expert comptable mentionné à l'article L. 2325-35 CT, statue en la forme des référés ; lorsqu'il est saisi d'une telle action, il a aussi le pouvoir de statuer sur la demande connexe de communication de documents par une décision au fond.

Cass. soc. 26 octobre 2010, n° 09-15.601, BC V n° 246.

☛ *Comité central d'entreprise ; Comité de groupe ; Experts du comité d'entreprise ; Licenciement économique (Information et consultation du CE).*

Experts du comité d'entreprise

Outre le recours à un expert comptable aux frais de l'entreprise, le comité d'entreprise peut recourir à d'autres experts.

L'expert comptable

☛ *Expert comptable du comité d'entreprise.*

L'expert de gestion

Pour qu'une expertise de gestion puisse être mise en œuvre, l'opération doit être assimilée à un acte de gestion au sens de l'article 226 de la loi du 24 juillet 1966 (devenu art. L. 225-231 c. com.).

Une entreprise avait décidé de créer une société d'exploitation à laquelle elle ferait apport de son fonds de commerce. Le comité d'entreprise avait assigné la société aux fins de voir ordonner une expertise de gestion sur l'opération envisagée.

Doit être cassé l'arrêt ayant décidé qu'une expertise de gestion ne pouvait être mise en œuvre dans la mesure où l'opération d'apport partiel d'actif n'était pas une opération de gestion puisqu'elle devait conduire à une révision corrélative des statuts relevant des seuls pouvoirs de l'assemblée générale extraordinaire, alors que les juges auraient dû rechercher si l'opération relevait de la compétence de l'assemblée générale ou si la décision avait été prise par le conseil d'administration.

Cass. com. 12 janvier 1993, n° 91-12.548, BC IV n° 10.

nom d'un salarié suivi du sigle @ et du nom de la société. Cette dernière a licencié le salarié nommément désigné pour faute grave, lequel a saisi la juridiction prud'homale aux fins de contester ce licenciement.

C'est à tort que, pour décider que l'intéressé n'avait pas commis de faute grave en envoyant le courriel incriminé, une cour d'appel, après avoir énoncé à bon droit qu'il s'agissait d'une violation des obligations découlant de son contrat et des relations de travail, a énoncé qu'il n'était pas établi que ce courriel avait été envoyé dans le cadre de ses fonctions, qu'il n'avait pas commis de manquement antérieur et qu'il n'était pas justifié de répercussions prévisibles du comportement de ce dernier sur la marche de l'entreprise.

En effet, le fait, pour un salarié, d'utiliser la messagerie électronique que l'employeur met à sa disposition pour émettre, dans des conditions permettant d'identifier l'employeur, un courriel contenant des propos antisémites est nécessairement constitutif d'une faute grave rendant impossible le maintien du salarié dans l'entreprise pendant la durée du préavis.

Cass. soc. 2 juin 2004, n° 03-45.269, BC V n° 152.

Un salarié ne commet pas de faute lorsqu'il dénonce des agissements illicites de l'employeur qui, établis, caractériseraient une infraction.

Le fait pour un salarié de porter à la connaissance du procureur de la République des agissements dont les résidents d'un établissement pour soins, au sein duquel il occupe un emploi de moniteur-éducateur, auraient été les victimes et qui, s'ils étaient établis, seraient de nature à caractériser des infractions pénales, ne constitue pas une faute.

Cass. soc. 12 juillet 2006, n° 04-41.075, BC V n° 245.

L'addition de plusieurs fautes distinctes permet de retenir la faute grave.

Une cour d'appel qui a relevé qu'après deux précédents incidents, sanctionnés par une mise à pied disciplinaire, un salarié avait refusé d'accomplir son travail et injurié un supérieur hiérarchique, a pu décider que ce comportement rendait impossible le maintien du salarié dans l'entreprise pendant la durée du préavis.

Cass. soc. 15 octobre 1996, n° 93-41.937.

Le non-respect des dispositions du règlement intérieur peut constituer une faute grave.

Une cour d'appel, qui a relevé que des salariés, sur les lieux de travail et en présence des ouvriers sur lesquels ils avaient autorité, avaient fumé dans un local où étaient entreposés des produits inflammables, en contravention avec le règlement intérieur et les règles de sécurité, a pu décider que leur comportement était de nature à rendre impossible leur maintien dans l'entreprise et constituait une faute grave.

Cass. soc. 11 juin 1998, n° 96-42.244.

Les dispositions du règlement intérieur relatives à la sanction disciplinaire ne lient pas le juge.

Un contremaître mécanicien avait été licencié pour faute grave pour avoir refusé de rejoindre le lieu d'affectation de sa nouvelle mission après un congé. Il avait saisi le conseil de prud'hommes d'une demande en paiement d'indemnités de rupture et pour licenciement sans cause réelle et sérieuse.

Doit être cassé l'arrêt qui, pour retenir la faute grave, a, après avoir rappelé les termes du règlement intérieur selon lequel le refus d'accepter un changement d'affectation est considéré comme pouvant entraîner le licenciement sans indemnité ni préavis, énoncé qu'il ne saurait être reproché à la société d'avoir avisé le salarié de sa nouvelle affectation après l'expiration des congés accordés.

D'une part, les dispositions du règlement intérieur relatives à la sanction disciplinaire ne liant pas le juge, il appartenait à la cour d'appel de rechercher si le refus du salarié d'exécuter la mission demandée, compte tenu de son ancienneté et des circonstances dans lesquelles l'affectation avait été prononcée, caractérisait une faute rendant impossible le maintien du salarié dans l'entreprise durant le préavis. D'autre part, le règlement intérieur prévoyant que l'employeur, en présence d'un refus du salarié d'accepter son affectation, devait, dans la mesure du possible, lui rechercher une autre affectation convenant mieux à son cas, la cour d'appel devait rechercher si l'employeur avait satisfait à cette disposition.

Cass. soc. 2 mai 2000, n° 97-44.091, BC V n° 159.

Le caractère exceptionnel du fait fautif ainsi que l'ancienneté du salarié peuvent disqualifier la faute…

C'est à tort que, pour dire que le licenciement d'un salarié reposait sur une faute grave, une cour d'appel a retenu qu'il ne pouvait être accepté que des salariés se livrent à des règlements de compte sur leur lieu de travail et que le comportement de l'intéressé était d'autant plus inexcusable qu'il comptait vingt ans d'ancienneté, alors qu'il résultait de ses constatations que le comportement fautif présentait un caractère exceptionnel, de sorte que l'impossibilité de maintenir le salarié dans l'entreprise pendant la durée du préavis n'était pas caractérisée.

Cass. soc. 9 décembre 2003, n° 01-43.979.

... de même que la mauvaise foi de l'employeur vis-à-vis du salarié, même fautif.

Un salarié, à qui l'on reprochait d'avoir abandonné son poste de travail au cours d'un travail de nuit, d'avoir été retrouvé endormi et d'avoir, le lendemain, proféré des injures à l'encontre du contremaître, puis quitté l'entreprise, avait été licencié pour faute grave. Il a saisi la juridiction prud'homale de diverses demandes.

A légalement justifié sa décision la cour d'appel qui, pour dire que le licenciement de l'intéressé ne reposait pas sur une faute grave non plus que sur une cause réelle et sérieuse et condamner son employeur au paiement de diverses indemnités, a, d'une part, fait ressortir que l'employeur n'avait pas agi de bonne foi, en laissant se poursuivre l'assoupissement du salarié plutôt que d'y mettre fin, et, d'autre part, a retenu que les conditions dans lesquelles avaient été proférées les injures étaient incertaines.

Cass. soc. 21 février 2006, n° 04-47.481.

La qualification de la faute grave appartient au juge, indépendamment de l'aveu du salarié.

C'est à tort que, pour débouter un salarié licencié pour faute grave de ses demandes d'indemnités, une cour d'appel s'est bornée à énoncer qu'il n'était pas fondé à contester le caractère de faute grave des faits ayant entraîné son licenciement, alors que, dans une lettre très explicite adressée à l'employeur, il avait reconnu leur matérialité et leur caractère de faute grave, alors que l'aveu ne peut porter que sur des faits et alors qu'il appartenait au juge de rechercher si ces faits étaient constitutifs d'une faute et d'apprécier s'ils devaient être qualifiés de faute grave, indépendamment de la qualification qu'avait pu en donner le salarié.

Cass. soc. 13 juin 2001, n° 99-42.674, BC V n° 222.

Le fait qu'une infraction ait été commise par un salarié sur ordre du dirigeant d'une société ne retire pas aux agissements leur caractère fautif.

Cass. soc. 13 juin 2001, n° 99-41.102. Voir aussi cass. soc. 1er juillet 2015, n° 14-12.190.

Le seul fait pour un salarié de solliciter de son employeur la rupture de son contrat de travail ne constitue pas une faute.

Cass. soc. 2 juillet 2015, n° 14-13.419, 1er moyen.

... qui rend nécessaire son départ immédiat

La faute grave, qui peut seule justifier une mise à pied conservatoire, est celle qui rend impossible le maintien du salarié dans l'entreprise.

Cass. soc. 27 septembre 2007, n° 06-43.867, BC V n° 146.

L'employeur qui accorde un préavis au salarié ne peut se prévaloir d'une faute grave...

La faute grave est celle qui, par son importance, rend impossible le maintien du salarié dans l'entreprise pendant la durée du préavis.

Dès lors qu'il résultait de ses constatations que l'employeur avait accepté que le contrat de travail se poursuive pendant la durée du préavis, c'est à tort qu'une cour d'appel a retenu une faute grave à l'encontre d'un salarié aux motifs que c'était pour des raisons humanitaires que l'employeur avait accepté de laisser le salarié exécuter son préavis, la lettre de licenciement précisant qu'il n'entendait pas renoncer à la qualification de faute grave et que l'intéressé n'avait pas été maintenu dans les mêmes conditions de travail, mais avait été soumis à un contrôle particulièrement strict, démontrant l'absence de confiance que l'employeur lui témoignait.

Cass. soc. 12 juillet 2005, n° 03-41.536, BC V n° 245.

C'est à tort que, pour dire que le licenciement d'une salariée était justifié par sa faute grave, une cour d'appel a retenu que l'attitude agressive de cette dernière sur son lieu de travail, réitérée malgré un avertissement, était incompatible avec son maintien dans l'entreprise, même pendant la période de préavis.

D'une part, la lettre de licenciement précisait que la rupture ne prendrait effet que deux mois après sa présentation et, d'autre part, la salariée à laquelle avait été versée l'indemnité de licenciement, avait été maintenue dans l'entreprise jusqu'à la date d'expiration du préavis.

Cass. soc. 5 décembre 2007, n° 06-41.313, 2e moyen du pourvoi principal, BC V n° 206. Voir aussi cass. soc. 17 avril 2013, n° 12-11.527.

... et cela même s'il a dispensé le salarié d'effectuer le préavis.

Pour juger un licenciement fondé sur une faute grave, une cour d'appel a retenu que les faits reprochés au salarié empêchaient son maintien dans l'entreprise pendant la durée du préavis.

En statuant ainsi, après avoir constaté que l'employeur, loin d'avoir notifié une rupture immédiate du contrat de travail, avait accordé au salarié un préavis qu'il l'avait dispensé d'exécuter en lui précisant que le contrat de travail cesserait au terme de celui-ci, ce dont il résultait qu'il était privé du droit d'invoquer la faute grave, la cour d'appel a violé l'article L. 1234-1 CT.

Cass. soc. 23 novembre 2010, n° 09-42.285.

Cependant, l'employeur peut se prévaloir de la faute grave, peu important qu'il ait accordé au salarié le bénéfice d'indemnités auxquelles il n'aurait pas pu prétendre en raison de cette faute.

Ayant constaté qu'un salarié, engagé pour une durée d'un an, avait dû quitter son emploi au service d'une commune dès la constatation de la faute par la lettre lui notifiant sa mise à pied conservatoire, une cour d'appel a pu en déduire que l'employeur pouvait se prévaloir de la faute grave, peu important qu'il ait accordé au salarié le bénéfice d'indemnités auxquelles ce dernier n'aurait pu prétendre en raison de cette faute.

Cass. soc. 27 septembre 2007, n° 06-43.867, précité.

De même, le seul fait qu'un employeur, tout en notifiant une rupture avec effet immédiat, décide de verser au salarié une somme équivalant à l'indemnité compensatrice de préavis ne peut le priver du droit d'invoquer la faute grave.

Cass. soc. 2 février 2005, n° 02-45.748, BC V n° 42.

L'employeur qui propose une mutation au salarié lors de l'entretien préalable perd le droit d'invoquer la faute grave.

Pour déclarer le licenciement d'un salarié fondé sur une faute grave, une cour d'appel a énoncé que sa longue ancienneté et la claire perception qu'il avait des manigances de son supérieur lui imposaient de ne point les couvrir par son silence fautif, ce qui justifiait son licenciement immédiat, son comportement déloyal avéré rendant en effet impossible le maintien du contrat de travail, même pendant la durée limitée du préavis.

En statuant ainsi, sans répondre aux conclusions du salarié qui faisaient valoir qu'il lui avait été proposé, lors de l'entretien préalable, une mutation dans un autre casino du groupe, ce qui impliquait le maintien du contrat de travail, alors que la faute grave est celle qui rend impossible le maintien du salarié dans l'entreprise, même pendant la durée limitée du préavis, la cour d'appel a violé l'article 455 NCPC.

Cass. soc. 12 janvier 2005, n° 02-42.721.

Le licenciement doit intervenir dans un délai restreint.

La faute grave étant celle qui rend impossible le maintien du salarié dans l'entreprise pendant la durée du préavis, la mise en œuvre de la procédure de licenciement doit intervenir dans un délai restreint après que l'employeur a eu connaissance des faits fautifs allégués et dès lors qu'aucune vérification n'est nécessaire.

Doit être cassé l'arrêt qui a retenu une faute grave à l'encontre d'un salarié après avoir relevé que l'employeur, bien qu'il ait eu connaissance des faits fautifs le 26 mai, n'avait convoqué l'intéressé à l'entretien préalable à son licenciement que le 20 juillet suivant.

Cass. soc. 16 juin 1998, n° 96-42.054, BC V n° 326.

Un salarié a été engagé par une communauté d'agglomération dans le cadre d'un contrat d'avenir à durée déterminée du 2 mai 2006 au 30 avril 2008 ; le 6 mars 2007, l'employeur a mis fin au contrat de travail pour faute grave.

Pour dire la rupture du contrat justifiée par une faute grave, une cour d'appel, qui a retenu que les faits, avérés, d'insultes et de menaces commis le 22 décembre 2006, n'étaient pas prescrits, s'est bornée à énoncer qu'ils rendaient impossible le maintien du salarié dans l'entreprise.

En statuant ainsi, sans vérifier si la procédure de rupture avait été mise en œuvre dans un délai restreint, la cour d'appel n'a pas donné de base légale à sa décision.

Cass. soc. 6 octobre 2010, n° 09-41.294, BC V n° 214.

Pour dire établi le licenciement fondé sur une faute grave d'une veilleuse de nuit dans une maison de retraite ayant administré à des pensionnaires des médicaments sans prescription médicale, une cour d'appel a retenu que l'employeur avait été informé des faits reprochés à la salariée à l'intérieur du délai de prescription de deux mois précédant le début de la procédure disciplinaire.

En statuant ainsi, sans vérifier si la procédure de rupture avait été mise en œuvre dans un délai restreint, la cour d'appel n'a pas donné de base légale à sa décision.

Cass. soc. 24 novembre 2010, n° 09-40.928, 1re branche du 1er moyen, BC V n° 266.

Ayant constaté qu'un employeur avait autorisé un salarié, après la notification de son licenciement pour faute grave, à poursuivre pendant près d'un mois une formation professionnelle et à conserver pendant le même délai l'usage du véhicule mis à sa disposition par l'entreprise, une cour d'appel en a justement déduit que l'employeur ne pouvait se prévaloir d'une faute grave.

Cass. soc. 19 mars 2003, n° 01-40.912.

C'est à bon droit qu'une cour d'appel, qui n'a pas fondé sa décision sur l'absence de mise à pied conservatoire du salarié, mais qui a constaté qu'il s'était écoulé deux semaines entre la date des faits reprochés au salarié et celle de l'entretien préalable et que celui-ci avait assuré une astreinte de fin de semaine quelques jours avant son licenciement, a décidé que le comportement du salarié n'était pas de nature à rendre impossible son maintien dans l'entreprise pendant la durée du préavis et ne constituait pas une faute grave.

Cass. soc. 10 mai 2001, n° 99-41.400.

Doit être cassé l'arrêt qui a retenu que le fait pour un salarié d'avoir procédé frauduleusement à une revalorisation indue du montant des allocations de retraite de sa mère constituait une faute lourde, alors que les faits avaient été qualifiés de faute grave par l'employeur, que ce dernier avait reconnu expressément au salarié son droit au préavis, en fixant la date de rupture des relations contractuelles à six mois après la lettre de licenciement, et s'était borné à dispenser le salarié d'exécuter son préavis. En effet, la qualification de faute grave ou de faute lourde n'aurait pu être retenue que si l'employeur avait prononcé une rupture immédiate du contrat de travail.

Cass. soc. 21 novembre 2000, n° 98-45.609, BC V n° 385.

L'employeur ne licenciant pas rapidement le salarié ne pourra plus invoquer la faute grave, sauf s'il établit qu'un certain temps lui a été nécessaire pour apprécier la gravité de la faute…

Le maintien d'un salarié dans l'entreprise pendant le temps nécessaire pour apprécier la réalité, l'ampleur et le degré de gravité des faits qui lui sont reprochés n'est pas exclusif du droit pour l'employeur d'invoquer l'existence d'une faute grave.

Cass. soc. 30 mai 2001, n° 99-42.034.

… pour mettre en œuvre la procédure…

Le maintien du salarié dans l'entreprise durant le temps nécessaire à l'accomplissement de la procédure n'étant pas exclusif du droit pour l'employeur d'invoquer l'existence d'une faute grave, une cour d'appel, qui a relevé que la salariée avait demandé le report de l'entretien préalable à deux reprises, a pu retenir la faute grave.

Cass. soc. 4 octobre 1995, n° 94-40.492.

… ou si le salarié est absent de l'entreprise.

Ayant constaté qu'à l'occasion de sa visite à l'entreprise, un salarié avait eu des propos particulièrement insultants et injurieux, consistant notamment dans le dénigrement des services et des membres du personnel de l'entreprise, qui ont été entendus en dehors du bureau où ils étaient tenus, une cour d'appel a pu décider qu'il avait ainsi manqué à son devoir de loyauté et commis une faute grave. Ayant ensuite relevé que le contrat de travail du salarié était suspendu, la cour d'appel a pu décider que le fait pour l'employeur d'avoir laissé s'écouler un court délai avant de déclencher la procédure de licenciement ne pouvait avoir pour effet de retirer à la faute son caractère de gravité.

Cass. soc. 25 juin 2002, n° 00-44.001, BC V n° 211.

L'employeur n'est pas tenu de mettre à pied le salarié avant d'engager la procédure.

L'employeur n'est pas tenu de procéder à une mise à pied conservatoire avant d'engager la procédure de licenciement pour faute grave.

Cass. soc. 9 janvier 1996, n° 94-41.545. Voir aussi cass. soc. 23 octobre 2013, n° 11-13.721.

Le paiement volontaire par l'employeur du salaire correspondant à la période de mise à pied ne l'empêche pas de se prévaloir de la faute grave.

Cass. soc. 17 janvier 2001, n° 97-40.288.

Lorsque la lettre de licenciement ne vise pas expressément une faute grave, le juge ne peut retenir une telle faute que si la lettre de licenciement prononce une rupture immédiate du contrat de travail.

Une salariée avait été licenciée pour les motifs énoncés dans la lettre de licenciement en ces termes : « prélèvement à des fins personnelles dans la caisse de votre point de vente, fausse déclaration en ce qui concerne l'évaluation du vol commis dans la nuit du 17 août 1993 ».
C'est à tort qu'une cour d'appel a décidé que le licenciement était justifié par une faute grave, alors qu'il résulte de la lettre de licenciement que l'employeur avait reconnu à la salariée un préavis en la dispensant de l'exécuter.

Cass. soc. 19 décembre 2000, n° 98-43.327.

Incidence des dispositions conventionnelles

Lorsque des dispositions conventionnelles prévoient que l'avis conforme d'une commission mixte paritaire est une condition nécessaire pour que la faute grave soit retenue par l'employeur, le juge est lié par cet avis.

Selon la convention collective applicable en l'espèce, l'avis conforme de la commission mixte est une condition nécessaire pour que la faute grave soit retenue par l'employeur.

S'agissant d'un directeur traduit devant la commission paritaire mixte qui a estimé que les conditions d'une révocation immédiate n'étaient pas réunies et que néanmoins son employeur a révoqué pour faute grave, a violé la loi la cour d'appel qui, pour retenir cette qualification, a énoncé qu'elle n'était pas liée par un simple avis de la commission, les dispositions de l'article L. 511-1 CT donnant compétence à la juridiction prud'homale pour apprécier la gravité des faits reprochés à un salarié.

Cass. soc. 29 février 2000, n° 98-42.026, BC V n° 79.

La notification d'un licenciement pour faute grave entraînant la rupture immédiate du contrat de travail, aucun salaire n'est du pour la période postérieure à cette notification même si le licenciement ne devient exécutoire qu'après l'avis d'une commission.

Un salarié a été engagé par une banque en octobre 1980 et à l'issue d'un congé pour création d'entreprise qui expirait le 31 juillet 2009, celui-ci a demandé à retrouver son emploi ; il a été destinataire, le 7 mai 2009, d'une lettre lui notifiant son licenciement pour faute grave et l'invitant à saisir le conseil de discipline mis en place par la convention collective applicable.

Pour condamner l'employeur à payer les salaires du 1er août au 16 décembre 2009, une cour d'appel, après avoir dit le licenciement sans cause réelle et sérieuse en raison du non-respect de la procédure conventionnelle, a retenu que la lettre de licenciement reçue par le salarié le 7 mai 2009 notifiait un licenciement et que selon la convention collective, celui-ci ne pouvant devenir exécutoire qu'après l'avis de la commission paritaire d'interprétation et d'appel intervenu le 16 décembre 2009, le salarié était fondé à réclamer le paiement de ses salaires depuis sa demande de réintégration jusqu'à cette date.

En statuant ainsi, alors qu'aucun salaire n'est dû par l'employeur pour la période postérieure à la notification d'un licenciement qui emporte la rupture immédiate du contrat, la cour d'appel a violé les articles L. 1221-1 CT et 1134 c. civ.

Cass. soc. 31 mars 2015, n° 13-27.196, BC V n° 65.

Les conséquences de la faute grave

Sauf volonté contraire des parties, le licenciement pour faute grave exclut le versement de l'indemnité de licenciement.

Un salarié a été licencié pour faute grave ; l'article 6.1 de son contrat disposait « le licenciement d'un directeur de succursale suit les règles générales en la matière, sous réserve de l'intervention du directeur de la société telle que prévue au § 2.2 », tandis que les articles 6.2 et 6.3 prévoyaient les modalités de calcul de l'indemnité contractuelle de licenciement ; l'intéressé a contesté son licenciement et sollicité notamment le versement de cette indemnité.

Pour faire droit à la demande du salarié en paiement de cette indemnité, une cour d'appel, après avoir déclaré établie la faute à l'origine du licenciement, a retenu que l'article 6.2 du contrat de travail prévoyait le versement d'une indemnité de licenciement selon un mode de calcul précisé et qu'aucune exclusion, notamment en cas de faute grave, n'avait été stipulée au contrat de travail.

En statuant ainsi, alors que le contrat s'était borné à se référer aux règles générales du licenciement, ce dont il se déduisait que les parties n'avaient pas entendu maintenir le bénéfice de l'indemnité de licenciement en cas de faute grave, la cour d'appel, qui a dénaturé les termes clairs et précis de la clause contractuelle, a violé les articles L. 122-6, L. 122-8 et L. 122-9, devenus L. 1234-1, L. 1234-5 et L. 1234-9 CT et 1134 c. civ.

Cass. soc. 31 mars 2009, n° 07-44.564, BC V n° 94.

La faute grave ne prive pas le salarié de l'indemnité compensatrice de congés payés.

Seule la rupture du contrat de travail provoquée par la faute lourde du salarié emporte privation de son droit à indemnité compensatrice de congés payés. C'est à tort qu'une cour d'appel a rejeté la demande d'un salarié tendant à l'allocation d'une telle indemnité alors qu'elle ne qualifiait son comportement que de faute grave.

Cass. soc. 15 février 2006, n° 04-48.785. Voir aussi cass. soc. 13 février 2013, n° 11-26.028.

La faute grave n'interdit pas au salarié de demander réparation du préjudice causé par les circonstances vexatoires qui ont entouré la rupture du contrat.

Même lorsqu'il est prononcé pour faute grave, le licenciement peut causer au salarié, en raison des circonstances vexatoires qui l'ont accompagné, un préjudice distinct de celui résultant de la perte de son emploi et dont il est fondé à demander réparation.

C'est donc à tort qu'une cour d'appel a débouté un salarié licencié pour faute grave de sa demande de dommages-intérêts en réparation du préjudice moral causé par les circonstances de la rupture de son contrat, sans vérifier, comme le soutenait le salarié, si le licenciement n'avait pas été entouré de circonstances vexatoires de nature à lui causer un préjudice distinct de celui résultant de la perte de son emploi.

Cass. soc. 19 juillet 2000, n° 98-44.025, 2e moyen, BC V n° 306. Voir aussi cass. soc. 21 novembre 2012, n° 11-19.260, 2e moyen ; cass. soc. 12 octobre 2016, n° 14-29.468, 4e moyen.

Si la faute grave est révélée postérieurement à la notification du licenciement, le salarié bénéficie de l'indemnité de licenciement…

Une cour d'appel a pu condamner un employeur à payer l'indemnité de licenciement à un salarié licencié pour motif économique avec un préavis de trois mois, préavis rompu par suite de la révélation à l'entreprise d'actes de concurrence commis avant le licenciement. En effet, même commise antérieurement, la faute révélée après la notification de la rupture ne peut entraîner la perte du droit à l'indemnité de licenciement qui naît à la date de ce licenciement.

Cass. soc. 7 mars 1990, n° 86-45.685, BC V n° 99.

… mais l'employeur n'est pas tenu de payer le solde de l'indemnité de préavis.

Un employeur, découvrant que le salarié qu'il vient de licencier avec dispense d'exécuter le préavis a, antérieurement à son licenciement, conclu à son insu un accord avec une société cliente afin de couvrir des malfaçons de production, a pu refuser de payer à ce salarié le solde de l'indemnité de préavis : la faute grave commise ou découverte au cours du préavis justifie l'interruption de celui-ci.

Cass. soc. 25 janvier 1995, n° 93-42.077.

La responsabilité personnelle du salarié envers son employeur ne peut pas être engagée en cas de faute grave.

Pour condamner un salarié, licencié pour faute grave, à payer à son employeur une somme à titre de dommages-intérêts, une cour d'appel a énoncé que la faute grave était établie et qu'étant donné les dégâts causés par les agissements de l'intéressé, il serait fait droit à la demande de l'employeur.

En statuant ainsi, alors que la responsabilité personnelle du salarié envers son employeur ne peut être engagée qu'en cas de faute lourde, la cour d'appel, qui n'a pas retenu une telle faute, a violé l'article 1382 c. civ.

Cass. soc. 25 mai 2004, n° 01-47.029.

Preuve de la faute grave

La charge de la preuve de la faute grave incombe à l'employeur.

Un salarié, licencié pour faute grave, a saisi la formation de référé d'un conseil de prud'hommes pour que soit ordonnée la production par l'employeur, sous astreinte, des éléments de preuve des faits qui lui étaient reprochés.

Ayant fait ressortir l'absence d'obligation probatoire du salarié dans le litige envisagé, une cour d'appel a souverainement décidé que sa demande ne reposait pas sur un motif légitime et a pu rejeter sa demande.

Cass. soc. 7 mars 2006, n° 04-47.076, BC V n° 94.

"La mise en garde judiciaire" effectuée à l'occasion de la signification d'une ordonnance de non-lieu par le délégué du procureur de la République est dépourvue de l'autorité de la chose jugée au pénal sur le civil et n'emporte pas, par elle-même, preuve des faits imputés à un auteur ; il en résulte qu'il revient à l'employeur qui invoque une faute grave à l'appui du licenciement d'un salarié pour ces mêmes faits d'en démontrer la réalité et la gravité.

Cass. soc. 25 septembre 2013, n° 11-25.942, 2e moyen.

La faute grave peut être établie alors même que les faits reprochés à un salarié n'ont pas donné lieu à des poursuites pénales.

Cass. soc. 17 janvier 2001, n° 97-40.288.

Le doute profite au salarié.

C'est à bon droit qu'une cour d'appel a condamné un employeur à payer à une salariée des dommages-intérêts pour licenciement sans cause réelle et sérieuse et des indemnités de rupture, après avoir fait ressortir, par une appréciation souveraine de l'ensemble des preuves soumises à son examen, qu'un doute subsistait sur l'imputabilité à l'intéressée des faits invoqués par l'employeur et que la preuve d'une faute grave n'était pas rapportée.

Cass. soc. 3 mai 1994, n° 92-42.665, 2e moyen.

☛ *Faute lourde ; Préavis ; Preuve de la faute.*

Faute lourde

La faute lourde est une faute d'une particulière gravité, caractérisant l'intention du salarié de nuire à l'entreprise ou à l'employeur.

Le licenciement pour faute lourde est privatif des indemnités de licenciement et de préavis.

La faute lourde se caractérise par une intention de nuire du salarié

La faute lourde est caractérisée par l'intention de nuire à l'employeur, laquelle implique la volonté du salarié de lui porter préjudice dans la commission du fait fautif et ne résulte pas de la seule commission d'un acte préjudiciable à l'entreprise.

Pour dire le licenciement d'un salarié justifié par une faute lourde, une cour d'appel a retenu que celui-ci avait détourné sur son compte personnel une somme de 60 000 € venant en règlement partiel, par un client, d'une facture correspondant à la livraison d'une commande de vins, qu'il avait reconnu avoir sollicité cette somme auprès du client et l'avoir perçue et ne démontrait pas qu'il s'agissait d'un prêt personnel ni en avoir informé l'employeur, qu'il n'apportait aucune preuve contraire de ce qui constitue un abus de confiance au préjudice de son employeur et une tentative d'enrichissement personnel au détriment de la société, qu'il avait manifestement commis une faute grave avec intention de nuire à son employeur.

En se déterminant ainsi, sans caractériser la volonté de nuire du salarié, la cour d'appel n'a pas donné de base légale à sa décision.

Cass. soc. 22 octobre 2015, n° 14-11.291, BC V n° 201 (arrêt n° 1). Voir aussi cass. soc. 22 octobre 2015, n° 14-11.801, 2e branche du moyen, BC V n° 201 (arrêt n° 2).

Pour déclarer le licenciement d'un salarié fondé sur une faute lourde, une cour d'appel a retenu que l'intéressé, sans se contenter de remplir son obligation contractuelle d'information, avait tenu devant les clients de son employeur des propos contraires aux intérêts de celui-ci en remettant en question le bien-fondé de sa politique tarifaire, que ce faisant il avait fait preuve de déloyauté à l'égard de son employeur en le plaçant en situation de porte-à-faux vis-à-vis de plusieurs de ses clients sur l'un des éléments essentiels de la relation contractuelle à savoir le prix de la prestation, que compte tenu de son niveau de responsabilité (directeur d'agence) et de sa qualification (expert-comptable), l'auteur de ces propos dénigrant la politique tarifaire de la société devant la clientèle ne pouvait ignorer leur impact et leur caractère préjudiciable et que ces agissements caractérisaient l'intention de nuire à l'employeur.

En se déterminant ainsi, par des motifs impropres à caractériser la volonté de nuire du salarié, la cour d'appel n'a pas donné de base légale à sa décision.

Cass. soc. 8 février 2017, n° 15-21.064, BC V n° 22.

Différents comportements peuvent caractériser la faute lourde.

Ayant relevé qu'une salariée, chargée de l'administration générale et de la comptabilité, avait laissé à la charge de son employeur le soin de payer des factures incombant à l'entreprise de son conjoint, une cour d'appel a pu estimer que ce comportement de l'intéressée, qui favorisait les intérêts de son mari, manifestait en même temps la volonté de nuire à l'entreprise, et retenir la faute lourde.

Cass. soc. 26 octobre 2004, n° 01-43.978.

Ayant constaté qu'un salarié agissait avec certains membres du personnel placés sous sa responsabilité de façon despotique, les harcelait, nuisait à leur santé, pratiquait une politique discriminatoire dans la gestion des rémunérations, faits confirmés par un audit réalisé par un cabinet extérieur à l'entreprise, et ayant fait ressortir qu'il avait fait exposer par l'entreprise, la veille de l'entretien préalable, d'importants et inutiles frais bancaires, une cour d'appel a ainsi caractérisé la volonté de nuire à l'employeur et pu, par ces seuls motifs, décider que le licenciement était justifié par une faute lourde.

Cass. soc. 18 mai 2005, n° 02-46.439.

Ayant estimé qu'un conducteur d'engin de conditionnement, employé par une société de fabrication et distribution de produits laitiers frais, avait provoqué l'arrêt des machines en procédant sur la première à une manipulation qui avait faussé ses réglages et en introduisant de la confiture dans la seconde, une cour d'appel a ainsi caractérisé l'intention de nuire à l'entreprise, constitutive d'une faute lourde.

Cass. soc. 23 septembre 2009, n° 08-42.913.

En retenant que le comportement d'un salarié occupant un poste de direction avait consisté à convaincre l'ensemble du personnel du bien-fondé d'un projet de cession pour ensuite adopter une attitude totalement inverse, qu'il avait tenu auprès des autres salariés des propos alarmants, évoquant une procédure de redressement judiciaire qui n'est intervenue que plus d'un an plus tard, qu'il avait manifesté une volonté de voir cesser l'activité du site et délibérément voulu détruire l'ensemble de l'exploitation développée par le cessionnaire, une cour d'appel a caractérisé l'intention du salarié de nuire à l'entreprise.

Cass. soc. 19 janvier 2012, n° 10-18.708, 2e moyen.

Ayant relevé qu'un salarié avait, au cours d'un entretien disciplinaire, volontairement et de manière préméditée, agressé le gérant de la société, lui occasionnant un traumatisme crânien avec une incapacité totale temporaire de travail de quinze jours, une cour d'appel a pu en déduire que les agissements du salarié procédaient d'une intention de nuire caractérisant une faute lourde.

Cass. soc. 28 mars 2018, n° 16-26.013, à paraître.

Un acte de déloyauté prémédité caractérise l'intention de nuire à l'employeur.

C'est à bon droit qu'une cour d'appel a dit que le licenciement d'un salarié était fondé sur une faute lourde, après avoir notamment constaté que ce salarié avait constitué plusieurs sociétés dont il détenait la majorité absolue, directement concurrentes de la société qui l'employait à plein temps, et avait incité cinq autres salariés à démissionner pour entrer dans les sociétés ainsi créées, un tel comportement constituant un acte de déloyauté prémédité et caractérisant l'intention de nuire à l'employeur.

Cass. soc. 21 octobre 2003, n° 01-44.209.

C'est à tort qu'une cour d'appel a décidé que les faits reprochés à une salariée n'étaient constitutifs ni d'une faute lourde ni d'une faute grave, alors qu'elle avait relevé que la salariée, ainsi que son mari, utilisant des pseudonymes, avaient consacré une partie de leur temps de travail à démarcher, pour le compte d'une société directement concurrente de leur employeur, des clients de celui-ci et participé directement à l'activité de cette société, ce qui caractérisait l'intention de nuire à l'entreprise constitutive de la faute lourde.

Cass. soc. 14 juin 2005, n° 03-43.401. Voir aussi cass. soc. 27 février 2013, n° 11-28.481, 3e moyen.

Après avoir retenu qu'un salarié avait favorisé une société concurrente de son employeur dans laquelle son épouse avait des intérêts, notamment en mettant à sa disposition du personnel et du matériel de la société qui l'employait, c'est à bon droit qu'une cour d'appel a décidé que le comportement du salarié constituait une faute lourde.

Cass. soc. 24 septembre 2008, n° 07-42.652, 1er moyen.

Si le délit de vol comporte un élément intentionnel, celui-ci n'implique pas, par lui-même, l'intention de nuire à l'employeur.

C'est à tort qu'un conseil de prud'hommes qui, pour décider qu'une salariée, licenciée pour vol de numéraire, avait commis une faute lourde, a énoncé que « tout vol nécessite, pour être caractérisé, un élément intentionnel, que dès lors, la décision du tribunal correctionnel a nécessairement constaté l'intention dolosive de la salariée, laquelle s'impose à la présente juridiction », sans caractériser l'intention de nuire de la salariée.

Cass. soc. 6 juillet 1999, n° 97-42.815, BC V n° 326.

Si les faits reprochés à une salariée comportent un élément intentionnel (vendeuse changeant l'étiquette d'un article pour en diminuer le prix), celui-ci n'implique pas par lui-même l'intention de nuire caractérisant la faute lourde.

Cass. soc. 3 octobre 2000, n° 98-45.426.

☛ *Vol/Détournement.*

Une abstention ne peut pas à elle seule caractériser la volonté de nuire.

Cass. soc. 16 octobre 2001, n° 99-40.388.

Lorsque les faits mentionnés dans la lettre de licenciement sont identiques à ceux ayant donné lieu à poursuite pénale, la décision de relaxe du juge répressif interdit à la juridiction prud'homale de retenir l'intention de nuire constitutive de la faute lourde.

Pour juger un licenciement fondé sur une faute lourde, une cour d'appel a énoncé que les griefs invoqués dans la lettre de licenciement ne comportaient pas d'escroquerie, mais une modification unilatérale de la part du salarié du mode de calcul de son intéressement, que, par suite, l'autorité de la chose jugée au pénal de décisions qui s'étaient bornées à constater l'absence d'intention frauduleuse ne privait pas la cour du pouvoir d'apprécier les faits énoncés dans la lettre de licenciement et que l'intention de nuire était caractérisée par l'importance des sommes que le salarié s'était ainsi arrogées indûment.

En statuant ainsi, alors que les faits ayant donné lieu à la poursuite pénale étaient identiques à ceux mentionnés dans la lettre de licenciement et que la décision du juge répressif qui avait prononcé la relaxe, quel qu'en soit le motif, interdisait au juge civil de retenir l'intention de nuire constitutive de la faute lourde, la cour d'appel a violé l'article 1351 c. civ. et le principe de l'autorité au civil de la chose jugée au pénal.

Cass. soc. 15 décembre 2004, n° 02-45.347.

Si l'intention de nuire n'est pas caractérisée, la faute lourde ne peut pas être retenue.

Pour dire le licenciement d'un salarié justifié par une faute lourde et le condamner au paiement de dommages-intérêts, une cour d'appel a retenu qu'en vendant des véhicules à perte, en accordant des facilités de paiement non autorisées, en falsifiant et dissimulant des documents, le salarié avait gravement violé ses obligations professionnelles, portant ainsi préjudice aux intérêts de l'entreprise dans l'intention incontestable de lui nuire.

En statuant ainsi, par des motifs impropres à caractériser l'intention de nuire à l'employeur ou à l'entreprise, la cour d'appel a violé l'article L. 3141-26 CT.

Cass. soc. 29 septembre 2010, n° 09-41.465. Voir aussi cass. soc. 23 juin 1999, n° 97-42.067.

Les conséquences de la faute lourde

Même lorsqu'il est prononcé en raison d'une faute lourde, le licenciement peut causer au salarié, en raison des circonstances vexatoires qui l'ont accompagné, un préjudice distinct de celui résultant de la perte de son emploi et dont il est fondé à demander réparation.

Cass. soc. 24 mai 2018, n° 16-22.824, 2e moyen.

Une faute lourde commise pendant le préavis ne prive le salarié que de l'indemnité afférente à la période restant à courir.

Un salarié licencié, commettant un détournement de fonds durant sa période de préavis, a droit à ses indemnités de licenciement et de congés payés.

Après avoir relevé que la faute lourde reprochée à un salarié avait été commise pendant l'exécution du préavis, une cour d'appel a pu décider que le salarié ne pouvait être privé de ces indemnités, celles-ci étant acquises au jour de la décision de licenciement.

Cependant, l'exécution du préavis ayant été interrompue en raison de cette faute lourde, la société ne pouvait être condamnée au paiement du solde de l'indemnité de préavis.

Cass. soc. 23 octobre 1991, n° 88-43.008, BC V n° 430.

En cas de faute lourde commise par le salarié au cours du préavis de l'exécution duquel il a été dispensé, l'employeur peut seulement prétendre à des dommages-intérêts en réparation du préjudice qu'il a subi à cause de cette faute.

Cass. soc. 22 mai 2002, n° 00-40.446, BC V n° 173.

La responsabilité pécuniaire du salarié peut être engagée en cas de faute lourde.

☛ *Responsabilité pécuniaire du salarié.*

La réparation due par le salarié ne doit pas être excessive au regard du préjudice subi par l'employeur.

Une salariée, négociatrice dans une société immobilière, avait été licenciée pour faute lourde, l'employeur lui faisant grief d'avoir négocié à son insu la vente d'un immeuble, lui faisant ainsi perdre une commission.

Doit être cassé l'arrêt qui, après avoir énoncé que le comportement déloyal de l'intéressée avait privé la société d'une chance de percevoir le montant de la commission qui lui était due sur la transaction immobilière, a condamné la salariée à lui payer le montant intégral de cette commission, alors qu'il devait être tenu compte, dans la réparation, du degré de probabilité de la chance ainsi perdue, de sorte que la somme allouée ne pouvait être égale à la totalité du gain espéré.

Cass. soc. 7 mai 1998, n° 95-41.585.

La preuve de la faute lourde incombe à celui qui l'invoque

C'est à l'employeur de prouver la faute lourde…

Ayant décidé à bon droit que l'employeur, qui invoquait une faute lourde à l'encontre d'un salarié, était débiteur de la charge de la preuve, et ayant constaté que la réalité du grief invoqué n'était pas établie, une cour d'appel a pu condamner l'employeur au paiement d'indemnités de rupture et de dommages-intérêts pour licenciement sans cause réelle et sérieuse.

Cass. soc. 23 janvier 1992, n° 90-42.809, 1er moyen. Voir aussi cass. soc. 15 mars 2000, n° 98-41.022.

… le doute profitant au salarié.

S'agissant d'une salariée accusée d'avoir dérobé des jouets au préjudice de son employeur, une cour d'appel, appréciant la valeur et la portée des éléments de preuve et de fait, a pu estimer qu'il existait un doute sur la réalité des faits reprochés qui devait profiter à la salariée et condamner en conséquence l'employeur au paiement de dommages-intérêts pour licenciement sans cause réelle et sérieuse.

Cass. soc. 10 mai 1994, n° 92-44.191. Voir aussi cass. soc. 23 octobre 2002, n° 00-44.463.

☛ *Grève (Faute lourde) ; Preuve de la faute.*

Fautes

☛ *Pouvoir disciplinaire ; Prescription des fautes disciplinaires ; Preuve de la faute ; Sanctions disciplinaires (Notion).*

Femmes

☛ *Congé parental d'éducation ; Égalité de rémunération ; Égalité de traitement entre hommes et femmes ; Femmes enceintes (Licenciement) ; Maternité.*

Femmes enceintes (Licenciement)

Une salariée ne peut être licenciée lorsqu'elle est en état de grossesse, pendant son congé de maternité, pendant les congés payés pris immédiatement après, ainsi que durant les dix semaines qui suivent, à moins que l'employeur ne justifie d'une faute grave ou de l'impossibilité, pour un motif étranger à la maternité, de maintenir le contrat de travail (art. L. 1225-4 CT dans sa rédaction issue de la loi 2016-1088 du 8 août 2016).

En tout état de cause, le licenciement ne peut ni être notifié ni prendre effet durant le congé de maternité.

Étendue de la protection

N'est pas protégée au titre de l'interdiction de licenciement des travailleuses enceintes une travailleuse qui se soumet à une fécondation in vitro si le licenciement est prononcé avant le transfert des ovules fécondés.

La directive 92/85/CEE du Conseil, du 19 octobre 1992, concernant la mise en œuvre de mesures visant à promouvoir l'amélioration de la sécurité et de la santé des travailleuses enceintes, accouchées ou allaitantes au travail (dixième directive particulière au sens de l'article 16 § 1 de la directive 89/391/CEE), et, notamment, l'interdiction de licenciement des travailleuses enceintes prévue à l'article 10, point 1, de cette directive ne visent pas une travailleuse qui se soumet à une fécondation in vitro lorsque, à la date à laquelle son licenciement est prononcé, la fécondation des ovules de cette travailleuse par les spermatozoïdes de son partenaire a déjà eu lieu, de sorte qu'il existe des ovules fécondés in vitro, mais que ceux-ci n'ont cependant pas encore été transférés dans l'utérus de cette dernière.

Cependant, les articles 2, § 1 et 5, § 1 de la directive 76/207/CEE du Conseil, du 9 février 1976, relative à la mise en œuvre du principe de l'égalité de traitement entre hommes et femmes en ce qui concerne l'accès à l'emploi, à la formation et à la promotion professionnelles, et les conditions de travail, s'opposent au licenciement d'une travailleuse qui se trouve à un stade avancé d'un traitement de fécondation in vitro, à savoir entre la ponction folliculaire et le transfert immédiat des ovules fécondés in vitro dans l'utérus de cette travailleuse, pour autant qu'il est démontré que ce licenciement est fondé essentiellement sur le fait que l'intéressée a subi un tel traitement.

CJCE 26 février 2008, aff. C-506/06, Recueil I-01017.

Une salariée de nationalité étrangère non munie du titre l'autorisant à exercer une activité salariée en France ne bénéficie pas des dispositions légales protectrices de la femme enceinte interdisant ou limitant les cas de licenciement.

Les dispositions d'ordre public de l'article L. 8251-1 CT s'imposant à l'employeur qui ne peut, directement ou indirectement, conserver à son service ou employer pour quelque durée que ce soit un étranger non muni du titre l'autorisant à exercer une activité salariée en France, une salariée dans une telle situation ne saurait bénéficier des dispositions légales protectrices de la femme enceinte interdisant ou limitant les cas de licenciement.

Cass. soc. 15 mars 2017, n° 15-27.928, pourvoi principal, BC V n° 51.

Interdiction de licencier

• Protection pendant la période précédant le début du congé de maternité ainsi que les quatre semaines suivant la fin de celui-ci

En principe, l'employeur ne peut pas licencier une femme enceinte…

En vertu de l'article L. 122-14-2, al. 1er, devenu L. 1232-6 CT, l'employeur est tenu d'énoncer le ou les motifs de licenciement dans la lettre de licenciement et, en application de l'article L. 122-25-2, al. 1er, devenu L. 1225-4 CT, l'employeur ne peut résilier le contrat de travail d'une salariée en état de grossesse médicalement constatée que s'il justifie d'une faute grave de l'intéressée, non liée à l'état de grossesse ou de l'impossibilité où il se trouve, pour un motif étranger à la grossesse, à l'accouchement ou à l'adoption, de maintenir le contrat.

Doit être rejeté le moyen du pourvoi formé par un employeur qui, pour reprocher à une cour d'appel d'avoir déclaré nul le licenciement d'une salariée enceinte, soutient qu'est suffisamment motivée la lettre de licenciement mentionnant que la rupture du contrat de travail intervient pour motif économique et visant le jugement du tribunal de commerce arrêtant le plan de cession totale de l'entreprise et autorisant le licenciement.

En effet, après avoir constaté que la lettre de licenciement ne mentionnait pas l'un des motifs exigés par l'article L. 122-25-2, al. 1er, devenu L. 1225-4 CT, la cour d'appel en a exactement déduit que le licenciement économique de la salariée enceinte était nul.

Cass. soc. 21 janvier 2009, n° 07-41.841, 2e moyen, BC V n° 22.

... sauf en cas de faute grave...

Selon l'article L. 122-25-2 CT, l'employeur peut résilier le contrat de travail d'une salariée en état de grossesse médicalement constaté s'il justifie d'une faute grave de l'intéressée non liée à son état de grossesse.

C'est à tort que, pour dire que le licenciement d'une salariée employée en qualité de coiffeuse reposait sur une faute grave, une cour d'appel a énoncé que, nonobstant son ancienneté dans le salon, la salariée ne prenait aucune initiative, notamment pour nettoyer les lieux, et qu'en l'absence de son employeur, elle refusait de coiffer les clientes sous prétexte qu'elles n'avaient pas pris de rendez-vous, alors qu'elle était inoccupée et que celles-ci se plaignaient de la mauvaise qualité des colorations ou de ses manières brusques lors de la pause des bigoudis, sans constater que les faits reprochés à l'intéressée n'étaient pas liés à son état de grossesse.

Cass. soc. 8 mars 2000, n° 97-43.797, BC V n° 93.

Une salariée a été licenciée pour faute grave alors qu'elle se trouvait en état de grossesse. Ayant constaté que, contrairement à la procédure comptable en vigueur dans l'entreprise, la salariée n'avait pas signalé au chargé de mission les nombreux et importants retards de paiement et impayés de clients, une cour d'appel a pu décider que le comportement de l'intéressée, dont elle a fait ressortir qu'il était sans lien avec son état de grossesse, était constitutif d'une faute grave.

Cass. soc. 13 décembre 2006, n° 05-45.325.

Après avoir retenu qu'une agent de service s'était délibérément soustraite aux instructions qui lui étaient données par son employeur, tant en ce qui concernait ses horaires de travail qu'en matière de technique de nettoyage et d'utilisation des produits, une cour d'appel a pu en déduire que ces manquements caractérisaient une faute grave justifiant le licenciement immédiat de celle-ci, nonobstant son état de grossesse, les faits reprochés n'étant pas liés à cet état.

Cass. soc. 10 mai 2012, n° 11-11.193.

Une salariée en état de grossesse médicalement constatée a été licenciée pour faute grave pour avoir quitté son poste pour passer une visite médicale de reprise, en laissant sa caisse en grand désordre, ce qui avait entraîné un surcroît de travail pour le chef de centre et l'une de ses collègues, et pour être à nouveau partie sans avoir arrêté sa caisse et justifié son solde, ces faits s'ajoutant à d'autres faits antérieurs ayant entraîné des mesures disciplinaires ; elle a saisi la juridiction prud'homale. C'est à tort qu'une cour d'appel a retenu que les manquements persistants de la salariée malgré les avertissements et observations répétés qui lui avaient été notifiés antérieurement, et notamment la mise à pied, étaient bien constitutifs de la faute grave invoquée à son encontre.

En effet, en constatant, relativement aux événements ayant immédiatement précédé le licenciement, que la salariée avait quitté son poste à deux reprises, la cour n'a pas caractérisé un manquement dépourvu de lien avec son état de grossesse rendant impossible son maintien dans l'entreprise.

Cass. soc. 18 avril 2008, n° 06-46.119, 3e branche du 1er moyen et 2e moyen, BC V n° 98.

... ou d'impossibilité de maintenir le contrat ; le motif économique ne constitue pas en soi une impossibilité de maintenir le contrat de travail d'une salariée en état de grossesse.

Cass. soc. 17 janvier 2006, n° 04-41.413.

Il résulte des articles L. 122-14-2, L. 122-25-2 et L. 122-32-2 CT que l'employeur, lorsqu'il licencie une salariée en état de grossesse médicalement constaté et dont le contrat est suspendu à la suite d'un arrêt de travail provoqué par un accident du travail ou une maladie professionnelle, est tenu de préciser, dans la lettre de licenciement, le ou les motifs non liés à la grossesse, à l'accouchement ou à l'adoption, à l'accident ou à la maladie professionnelle pour lesquels il se trouve dans l'impossibilité de maintenir le contrat de travail pendant les périodes de protection dont bénéficie la salariée, l'existence d'un motif économique de licenciement ne caractérisant pas, à elle seule, cette impossibilité.

En arrêt de travail pour accident du travail depuis le 18 mars 2003, une salariée a, deux jours plus tard, informé son employeur de son état de grossesse ; elle a été licenciée le 26 avril 2003 pour motif économique par lettre libellée comme suit : « Nous sommes malheureusement contraints de poursuivre la procédure de licenciement pour motif économique. La raison de ce licenciement est la suivante : situation alarmante des comptes de la société (déficit important au 31 décembre 2002 : résultat comptable de - 11 191 €). Nous vous avions proposé un reclassement avec diminution de vos horaires et de votre rémunération, proposition que vous avez refusée en date du 20 mars 2003. Dans ces conditions, nous sommes dans l'obligation de supprimer votre poste d'employée polyvalente à temps plein ».

Pour rejeter la demande de la salariée tendant notamment à l'annulation de son licenciement, une cour d'appel, après avoir constaté, d'une part, la réalité de la perte dégagée par l'entreprise pour l'année 2002, l'absence de prélèvement de salaire par l'unique associé de la société durant cet exercice et le fait que l'intéressée soit la seule autre salariée de l'entreprise et, d'autre part, le refus de cette dernière d'une modification de son contrat de travail à temps plein en contrat à temps partiel, a retenu que tant l'impossibilité pour l'employeur de maintenir le contrat de travail à temps plein que l'impossibilité de reclasser la salariée étaient établies, ce dont il résultait que le licenciement était fondé sur le motif économique allégué par l'employeur.

En statuant ainsi, après avoir constaté que la lettre de rupture, si elle comportait l'énoncé des raisons économiques motivant le licenciement, ne précisait pas en quoi celles-ci avaient placé l'employeur dans l'impossibilité de maintenir le contrat de travail de la salariée pendant les périodes de protection dont elle bénéficiait, la cour d'appel a violé les articles L. 122-14-2, L. 122-25-2 et L. 122-32-2 CT.

Cass. soc. 21 mai 2008, n° 07-41.179, BC V n° 110. Voir aussi cass. soc. 6 janvier 2010, n° 08-44.626.

Toutefois, pour la CJUE, une salariée enceinte peut être licenciée dans le cadre d'un licenciement collectif sans que lui soient fournis d'autres motifs que ceux qui justifient le licenciement collectif, dès lors que les critères objectifs retenus pour désigner les salariés à licencier sont indiqués par l'employeur.

L'article 10, point 1, de la directive 92/85/CEE du 19 octobre 1992, concernant la mise en œuvre de mesures visant à promouvoir l'amélioration de la sécurité et de la santé des travailleuses enceintes, accouchées ou allaitantes au travail, ne s'oppose pas à une réglementation nationale permettant le licenciement d'une travailleuse enceinte en raison d'un licenciement collectif, au sens de l'article 1er, point 1, sous a), de la directive 98/59/CE du 20 juillet 1998, concernant le rapprochement des législations des États membres relatives aux licenciements collectifs.

Par ailleurs, l'article 10, point 2, de cette directive ne s'oppose pas à une réglementation nationale permettant à l'employeur de licencier une travailleuse enceinte dans le cadre d'un licenciement collectif, sans lui fournir d'autres motifs que ceux qui justifient ce licenciement collectif, pour autant que sont indiqués les critères objectifs qui ont été retenus pour désigner les travailleurs à licencier.

L'article 10, point 1, de cette directive ne s'oppose pas non plus à une réglementation nationale qui, dans le cadre d'un licenciement collectif, au sens de la directive 98/59, ne prévoit ni une priorité de maintien des postes ni une priorité de reclassement applicables préalablement à ce licenciement, pour les travailleuses enceintes, accouchées ou allaitantes, sans que soit exclue, cependant, la faculté pour les États membres de garantir une protection plus élevée aux travailleuses enceintes, accouchées ou allaitantes.

En revanche, il s'oppose à une réglementation nationale qui n'interdit pas, en principe, le licenciement d'une travailleuse enceinte, accouchée ou allaitante à titre préventif, et qui prévoit uniquement la nullité de ce licenciement lorsque celui-ci est illégal, à titre de réparation.

CJUE 22 février 2018, aff. C-103/16.

Pendant les quatre semaines suivant l'expiration du congé de maternité, le licenciement pour faute grave non liée à l'état de grossesse ou pour impossibilité de maintenir le contrat pour un motif étranger à la grossesse ou à l'accouchement est possible.

Selon les dispositions de l'article L. 1225-4 CT, aucun employeur ne peut rompre le contrat de travail d'une salariée lorsqu'elle est en état de grossesse médicalement constaté et pendant l'intégralité des périodes de suspension du contrat de travail auxquelles elle a droit au titre du congé de maternité, qu'elle use ou non de ce droit, ainsi que pendant les quatre semaines suivant l'expiration de ces périodes ; toutefois, l'employeur peut rompre le contrat s'il justifie d'une faute grave de l'intéressée, non liée à l'état de grossesse, ou de son impossibilité de maintenir ce contrat pour un motif étranger à la grossesse ou à l'accouchement ; dans ce cas, la rupture du contrat de travail ne peut prendre effet ou être notifiée pendant les périodes de suspension du contrat de travail ; il en résulte que, pendant les quatre semaines suivant l'expiration des périodes de suspension du contrat de travail, le licenciement pour faute grave non liée à l'état de grossesse ou pour impossibilité de maintenir le contrat pour un motif étranger à la grossesse ou à l'accouchement est possible.

Une salariée, en congé de maternité du 12 septembre 2003 au 18 janvier 2004, a, après un entretien préalable du 15 décembre 2003, été licenciée pour faute grave le 22 janvier 2004.

Pour dire le licenciement nul et condamner l'employeur à lui payer diverses sommes, une cour d'appel a retenu qu'un licenciement, même fondé sur une faute grave non liée à l'état de grossesse, ne peut être notifié ou prendre effet pendant la période où la femme peut suspendre son contrat de travail, cette période étant étendue aux quatre semaines suivant la période du congé de maternité.

En statuant ainsi, alors que la salariée n'étant pas au moment du licenciement en période de suspension de son contrat de travail pour congé de maternité tel que prévu à l'article L. 1225-17 CT, ce licenciement n'encourait pas la nullité découlant de l'application des articles L. 1225-4 et L. 1225-71 CT, la cour d'appel a violé les articles L. 1225-4, L. 1225-17 et L. 1225-71 CT.

Cass. soc. 17 février 2010, n° 06-41.392, BC V n° 49. Voir aussi cass. soc. 6 octobre 2010, n° 09-40.823.

La lettre de licenciement doit contenir les motifs exigés par l'article L. 1225-4 CT,...

En application de l'article L. 122-14-2 CT, l'employeur est tenu d'énoncer le ou les motifs de licenciement. En vertu de l'article L. 122-25-2 du même code, l'employeur ne peut résilier le contrat de travail d'une salariée en état de grossesse médicalement constaté que s'il justifie d'une faute grave de l'intéressée non liée à l'état de grossesse ou de l'impossibilité où il se trouve, pour un motif étranger à la grossesse, à l'accouchement ou à l'adoption, de maintenir le contrat.

Après avoir constaté que la lettre de licenciement d'une salariée enceinte ne contenait pas l'un des motifs exigés par l'article L. 122-25-2 CT, une cour d'appel a pu en déduire que le licenciement était nul.

Cass. soc. 24 octobre 2000, n° 98-41.937, BC V n° 343. Voir aussi cass. soc. 21 janvier 2009, n° 07-41.841, précité ; cass. soc. 10 mai 2012, n° 10-28.510.

Après avoir constaté qu'une lettre de licenciement visait la cessation d'activité de l'entreprise, une cour d'appel, en retenant que ce courrier satisfaisait aux exigences de motivation, a fait une exacte application des dispositions combinées des articles L. 1232-6 et L. 1225-4 CT.

Cass. soc. 26 septembre 2012, n° 11-17.420.

... ce qui n'est pas le cas d'une lettre de licenciement précisant que celui-ci intervient en raison de l'inaptitude de la salariée à tout poste dans l'entreprise et de l'impossibilité de la reclasser.

Il résulte des dispositions combinées des articles L. 1232-6 et L. 1225-4 CT que l'employeur est tenu d'énoncer le ou les motifs de licenciement dans la lettre de licenciement et qu'il ne peut résilier le contrat de travail d'une salariée en état de grossesse médicalement constatée que s'il justifie d'une faute grave de l'intéressée non liée à l'état de grossesse ou de l'impossibilité où il se trouve, pour un motif étranger à la grossesse, à l'accouchement ou à l'adoption, de maintenir le contrat.

Engagée à compter du 17 décembre 2007 par une association en qualité de professeur de danse, une salariée, à l'issue d'un congé de maternité, a été placée en arrêt de travail pour maladie à compter du 4 mars 2009 ; le 12 mars 2009, lors de la visite médicale de reprise, le médecin du travail l'a déclarée inapte à tout poste dans l'entreprise en un seul examen avec mention d'un danger immédiat ; par lettre du 7 mai 2009, la salariée a informé son employeur de son état de grossesse en lui adressant un certificat médical l'attestant ; elle a été licenciée le 30 juillet 2009 pour inaptitude et impossibilité de reclassement.

Doit être rejeté le moyen du pourvoi formé par l'employeur qui, pour reprocher à une cour d'appel d'avoir dit que le licenciement de la salariée était nul, soutient que satisfait aux dispositions combinées des articles L. 1232-6 et L. 1225-4 CT la lettre de licenciement qui précise que le licenciement intervient en raison de l'inaptitude de la salariée à tout poste dans l'entreprise et de l'impossibilité de la reclasser, à l'exclusion de tout autre motif.

En effet, ayant constaté que la lettre de licenciement ne mentionnait aucun des motifs limitativement exigés par l'article L. 1225-4 CT, la cour d'appel en a exactement déduit que le licenciement était nul.

Cass. soc. 3 novembre 2016, n° 15-15.333, BC V n° 208.

L'existence d'une clause contractuelle de résiliation d'un contrat de travail en raison de la rupture d'un autre contrat de travail ne constitue pas en soi une impossibilité de maintenir le contrat de travail d'une salariée en état de grossesse.

Cass. soc. 16 juin 2004, n° 02-42.315, BC V n° 165.

Si la période de protection de quatre semaines suivant le congé de maternité est suspendue par la prise des congés payés suivant immédiatement le congé de maternité, son point de départ étant alors reporté à la date de la reprise du travail par la salariée,…

Cass. soc. 30 avril 2014, n° 13-12.321, 1re branche du 1er moyen, BC V n° 111. Voir aussi cass. soc. 14 septembre 2016, n° 15-15.943, BC V n° 163.

… il n'en va pas de même en cas d'arrêt de travail pour maladie.

Cass. soc. 8 juillet 2015, n° 14-15.979, BC V n° 150.

Une disposition conventionnelle prévoyant qu'à l'issue de son congé de maternité légal, la salariée a la faculté de prendre un congé supplémentaire rémunéré, n'instaure pas une période de protection de la salariée interdisant ou limitant le droit, pour l'employeur, de procéder à un licenciement.

S'il résulte de l'article 51-1 de la convention collective nationale de la banque du 10 janvier 2000, étendue, qu'à l'issue de son congé de maternité légal, la salariée a la faculté de prendre un congé supplémentaire rémunéré de 45 jours calendaires à plein salaire ou de 90 jours calendaires à mi-salaire, ces dispositions n'instaurent pas une période de protection de la salariée interdisant ou limitant le droit, pour l'employeur, de procéder à un licenciement.

C'est à tort que pour allouer à la salariée, travaillant dans une banque, des sommes à titre de rappels de salaire, de bonus et de participation, la cour d'appel a retenu que le début de grossesse de la salariée était situé au 19 mai 2009, que la date présumée de son accouchement étant fixée au 19 février 2010, son congé de maternité devait donc prendre fin 10 semaines après, outre 45 jours calendaires supplémentaires au titre du congé conventionnel, soit le 14 juin 2010, que la période de protection prenant fin quatre semaines après, soit le 12 juillet 2010, l'intéressée avait donc droit, à titre forfaitaire, au montant des salaires qu'elle aurait dû percevoir entre la date de son licenciement et le 12 juillet 2010.

Cass. soc. 14 décembre 2016, n° 15-21.898, 2e moyen du pourvoi de l'employeur, BC V n° 252.

Le bénéfice d'un congé parental d'éducation ne fait pas obstacle aux règles protectrices de la maternité.

Selon l'article L. 122-25-2 CT, l'employeur ne peut résilier le contrat de travail d'une salariée, lorsqu'elle est en état de grossesse médicalement constatée, que s'il justifie d'une faute grave de l'intéressée, non liée à l'état de grossesse, ou de l'impossibilité où il se trouve, pour un motif étranger à la grossesse, de maintenir ledit contrat. Le bénéfice d'un congé parental d'éducation ne fait pas obstacle aux règles protectrices de la maternité.

C'est donc à tort que, pour débouter une salariée de sa demande de nullité de son licenciement survenu pendant la période de suspension de son contrat, à laquelle elle pouvait prétendre au titre du congé de maternité, conformément à l'article L. 122-26 CT, une cour d'appel a retenu qu'à la date de la notification du licenciement, le contrat de travail était suspendu dans le cadre d'un congé parental d'éducation, qu'il y avait donc chevauchement de deux causes de suspension du contrat de travail et que, dans un tel cas, c'est la cause apparue la première qui déterminait les effets attachés à la suspension du contrat pendant toute la durée de la suspension imputable à la première cause.

Cass. soc. 11 février 2004, n° 01-43.574, 2e moyen, BC V n° 47.

L'article 2 de la directive 76/207/CEE du Conseil, du 9 février 1976, relative à la mise en œuvre du principe de l'égalité de traitement entre hommes et femmes en ce qui concerne l'accès à l'emploi, à la formation et à la promotion professionnelles, et les conditions de travail, telle que modifiée par la directive 2002/73/CE du Parlement et du Conseil, du 23 septembre 2002, qui prohibe toute discrimination directe ou indirecte fondée sur le sexe en ce qui concerne les conditions de travail, ainsi que les articles 8 et 11 de la directive 92/85/CEE du Conseil, du 19 octobre 1992, concernant la mise en œuvre de mesures visant à promouvoir l'amélioration de la sécurité et de la santé des travailleuses enceintes, accouchées ou allaitantes au travail (dixième directive particulière au sens de l'article 16, § 1 de la directive 89/391/CEE), qui régissent le congé de maternité, s'opposent à des dispositions nationales relatives au congé d'éducation qui, pour autant qu'elles ne tiennent pas compte des changements qu'emporte l'état de grossesse pour la travailleuse concernée dans la période limitée d'au moins quatorze semaines qui précède et suit l'accouchement, ne permettent pas à l'intéressée d'obtenir sur sa demande une modification de la période de son congé d'éducation au moment où elle fait valoir ses droits à un congé de maternité et la privent ainsi de droits attachés à ce congé de maternité.

CJCE 20 septembre 2007, aff. C-116/06, Recueil I-07643.

• Protection pendant le congé de maternité

La résiliation du contrat de travail par l'employeur, même en présence d'une faute grave non liée à l'état de grossesse de la salariée, ne peut prendre effet ou être signifiée pendant la période de suspension du contrat de travail résultant du congé de maternité.

Cass. soc. 10 mai 1995, n° 92-40.038, 1er moyen, BC V n° 152. Voir aussi cass. soc. 28 juin 1995, n° 92-40.136.

Alors qu'une salariée était en congé de maternité du 22 mars au 11 juillet, son employeur a été déclaré en liquidation judiciaire et le liquidateur lui a, par lettre du 23 juin, notifié son licenciement pour motif économique avec effets reportés au terme de son congé.

C'est à tort que, pour débouter la salariée de ses demandes au titre de la nullité de son licenciement, une cour d'appel a retenu que la liquidation judiciaire de l'employeur constituait manifestement une impossibilité pour un motif étranger à la grossesse de maintenir le contrat de travail, que le mandataire liquidateur avait reporté les effets de la rupture à la fin du congé de maternité et que l'intéressée, qui se trouvait en congé de maternité entre le 23 juin et le 11 juillet, ne pouvait réclamer son salaire durant cette période.

En effet, d'une part, la résiliation du contrat de travail par l'employeur, même s'il justifie de l'impossibilité où il se trouve, pour un motif étranger à la grossesse, à l'accouchement ou à l'adoption, de maintenir ledit contrat, ne peut prendre effet ou être signifiée pendant la période de suspension du contrat de travail résultant du congé de maternité et, d'autre part, la salariée victime d'un licenciement nul a droit au paiement d'une indemnité réparant intégralement le préjudice résultant du caractère illicite du licenciement, dont le montant est souverainement apprécié par les juges du fond dès lors qu'il est au moins égal à celui prévu par l'article L. 122-14-4 CT.

Cass. soc. 19 mars 2008, n° 07-40.599, BC V n° 69.

Pour la CJCE, ni la notification du licenciement ni les mesures préparatoires à une telle décision ne peuvent intervenir pendant la période de protection.

L'article 10 de la directive 92/85/CEE du Conseil, du 19 octobre 1992, concernant la mise en œuvre de mesures visant à promouvoir l'amélioration de la sécurité et de la santé des travailleuses enceintes, accouchées ou allaitantes au travail (dixième directive particulière au sens de l'article 16, § 1 de la directive 89/391/CEE), interdit non seulement de notifier une décision de licenciement en raison de la grossesse et/ou de la naissance d'un enfant pendant la période de protection visée au paragraphe 1 de cet article, mais également de prendre des mesures préparatoires à une telle décision avant l'échéance de cette période.

CJCE 11 octobre 2007, aff. C-460/06, Recueil I-08511.

Pour la Cour de cassation, il est interdit de mettre en œuvre une mesure préparatoire à un licenciement pendant le congé de maternité.

Une salariée a été placée en arrêt maladie le 1er août 2005 puis en congé de maternité du 15 août au 3 décembre ; entre le 5 et 30 décembre, elle a bénéficié de congés annuels et a repris ses fonctions le 2 janvier 2006 ; le 4 janvier, elle a été convoquée à un entretien préalable à son licenciement qui lui a été notifié pour insuffisance professionnelle le 27 janvier ; elle a saisi la juridiction prud'homale pour voir prononcer la nullité de la rupture et obtenir des dommages-intérêts.

Pour débouter la salariée de ses demandes, une cour d'appel a retenu que le seul fait qu'un éventuel licenciement ait pu être évoqué à l'occasion de la réunion du 18 décembre 2005 avec le directeur des ressources humaines de la société ne pouvait valoir licenciement verbal ni même manœuvre préparatoire, que la présence du nom de son remplaçant dans l'organigramme de la société pendant son congé de maternité ne pouvait faire davantage la preuve de cette rupture.

En statuant ainsi, sans vérifier si l'engagement d'un salarié durant le congé de maternité de l'intéressée n'avait pas eu pour objet de pourvoir à son remplacement définitif, de sorte qu'il caractérisait une mesure préparatoire à son licenciement, la cour d'appel a privé sa décision de base légale au regard de l'article L. 1225-4 CT interprété à la lumière de l'article 10 de la directive 92/85/CEE du 19 octobre 1992.

Cass. soc. 15 septembre 2010, n° 08-43.299, BC V n° 182. Voir aussi cass. soc. 1er février 2017, n° 15-26.250.

• Connaissance par l'employeur de l'état de grossesse de la salariée

La remise d'un certificat médical dans les formes prévues à l'article R. 1225-1 CT ne constitue pas une formalité substantielle.

C'est à juste titre qu'une cour d'appel a énoncé que la remise ou l'envoi par une salariée, dans les formes prévues par l'article R. 122-9 CT, d'un certificat médical attestant son état de grossesse et la date présumée de l'accouchement ne constitue pas une formalité substantielle et que, pour que la salariée bénéficie de la protection légale, il suffit que l'employeur ait été informé de son état.

Ayant constaté qu'un employeur avait eu connaissance de l'état de grossesse de sa salariée dès le 26 décembre 1988 par la production d'un avis de prolongation d'arrêt de travail, portant la mention « repos supplémentaire maternité », et qu'il avait ensuite lui-même rempli et signé le 10 janvier 1989 un document intitulé « attestation de l'employeur », extrait du carnet de maternité de l'intéressée, une cour d'appel a pu en déduire qu'il ne pouvait prétendre avoir ignoré l'état de la salariée et que celle-ci bénéficiait de la protection légale le 29 juin 1989, date à laquelle l'employeur avait constaté sa démission en raison de son absence.

Par ailleurs, le délai de 15 jours prévu par l'article L. 122-25-2, al. 2 CT s'applique uniquement à la salariée enceinte, licenciée par un employeur ignorant son état de grossesse, afin de lui permettre d'en informer cet employeur et d'en justifier par un certificat médical en vue de l'annulation de la décision de licenciement. Il est sans application lorsque l'employeur connaissait l'état de grossesse dès avant la décision de licenciement.

Cass. soc. 20 juin 1995, n° 91-44.952, BC V n° 202. Voir aussi cass. soc. 9 juillet 2008, n° 07-41.927, BC V n° 152 ; cass. soc. 11 décembre 2013, n° 12-23.687.

L'employeur peut notamment avoir eu connaissance de l'état de grossesse de la salariée par l'inspecteur du travail.

Si un employeur n'avait pas été informé de l'état de grossesse d'une salariée dans les formes légales, il ne pouvait invoquer son ignorance dans la mesure où il en avait été avisé par l'inspecteur du travail. L'intéressée était dès lors fondée à se prévaloir de la protection légale instituée en faveur des salariées en état de grossesse.

Cass. soc. 27 septembre 1989, n° 86-41.450.

La salariée peut également justifier de son état de grossesse dans les quinze jours suivant la date du licenciement.

Il résulte de l'article L. 122-25-2, al. 2 CT que, sauf si la résiliation du contrat de travail est prononcée pour faute grave de la salariée non liée à son état de grossesse, ou en raison de l'impossibilité, pour un motif étranger à la grossesse, à l'accouchement ou à l'adoption, de maintenir le contrat de travail, le licenciement d'une salariée est annulé si, dans le délai de quinze jours à compter de sa notification, l'intéressée informe l'employeur de son état de grossesse ou de l'arrivée à son foyer d'un enfant en vue de l'adoption.

Pour dire que le licenciement d'une salariée licenciée pour faute grave le 15 février 1993 en raison d'absences injustifiées n'était pas intervenu en violation des dispositions de l'article L. 122-25-2 CT, une cour d'appel a retenu qu'il n'était pas établi que l'intéressée ait informé son employeur ni de son état de grossesse ni de son accouchement, l'employeur n'ayant connu la maternité de la salariée que le 20 février 1993, quand elle avait fait parvenir une fiche d'état civil et l'attestation de la sécurité sociale, et en a déduit qu'à la date du licenciement, le 15 février, l'employeur était en droit de lui reprocher ses absences, dont il ignorait le motif. S'agissant des griefs allégués, la cour d'appel a énoncé que, depuis la première absence du 28 mai 1992 non justifiée, la salariée avait cessé de paraître dans l'entreprise du 5 octobre 1992 au 20 février 1993, sans fournir aucun justificatif, et que cette circonstance rendait impossible le maintien de la relation de travail et constituait une cause réelle et sérieuse de licenciement.

En statuant ainsi, alors que la salariée avait justifié dans le délai de quinze jours suivant la notification du licenciement de ce que ses absences avaient été motivées par son état de grossesse, ce dont il résultait que le licenciement était nul, la cour d'appel n'a pas tiré les conséquences légales de ses propres constatations, violant ainsi le texte susvisé.

Cass. soc. 16 juin 1998, n° 95-42.263, BC V n° 328. Voir aussi cass. soc. 2 juillet 2014, n° 13-12.496.

Le délai de quinze jours prévu par l'article L. 1225-5 CT court à compter du jour où le licenciement a été effectivement porté à la connaissance de la salariée…

Une salariée a été engagée par une société le 2 novembre 2007, en vertu d'un contrat nouvelle embauche, en qualité de serveuse. Le 14 novembre suivant, la société lui a envoyé une lettre recommandée par laquelle elle lui faisait savoir qu'elle rompait le contrat. Cette lettre a été retournée avec la mention « non réclamée ». Le 26 novembre, la société a remis à la salariée une nouvelle lettre lui notifiant la rupture du contrat avec un préavis de huit jours. Par lettre recommandée du 4 décembre, la salariée a informé l'employeur de son état de grossesse, en joignant un certificat médical puis a saisi la juridiction prud'homale en demandant notamment la nullité de son licenciement.

Pour débouter la salariée de ses demandes, une cour d'appel a retenu que l'employeur avait notifié le licenciement par lettre recommandée du 14 novembre 2007 restée non réclamée, que par lettre du 26 novembre suivant remise en main propre à la salariée, la société lui avait notifié à nouveau la rupture, qu'il ne ressortait pas de ce courrier qu'il annulait et remplaçait la décision de licenciement notifiée le 14 novembre, que le contrat de travail était donc rompu depuis cette date, à compter de laquelle le délai de quinze jours prévu par l'article L. 1225-5 CT avait couru et que la lettre de la salariée contenant le certificat médical qui justifiait son état de grossesse, ayant été adressée le 4 décembre 2007, soit plus de quinze jours après la notification de la rupture, le licenciement ne pouvait être annulé.

En statuant ainsi, alors que la salariée avait effectivement eu connaissance de la rupture du contrat le 26 novembre 2007, la cour d'appel a violé l'article L. 1225-5 CT.

Cass. soc. 8 juin 2011, n° 10-17.022, BC V n° 139.

Le délai de 15 jours prévu à l'article L. 122-25-2 CT, dans lequel la salariée licenciée doit envoyer à l'employeur un certificat médical justifiant de son état de grossesse pour obtenir l'annulation de son licenciement, court à compter du jour où la notification du licenciement a été effectivement portée à la connaissance de la salariée ; ce délai étant exprimé en jours, le jour de la notification ne compte pas, en application des dispositions de l'article 641, al. 1er NCPC.

Cass. soc. 16 juin 2004, n° 02-42.315, précité.

… peu important que la notification qui lui en a été faite soit intervenue dans des conditions irrégulières.

Il résulte de l'article L. 122-25-2 CT que le délai de quinze jours, durant lequel la salariée licenciée doit envoyer à l'employeur un certificat médical justifiant qu'elle est en état de grossesse pour obtenir l'annulation de son licenciement, court à compter du jour où la salariée a eu connaissance de ce licenciement par la notification qui lui en a été faite, peu important que celle-ci soit intervenue dans des conditions irrégulières.

Ayant relevé que son licenciement avait été notifié (irrégulièrement) à une salariée le 28 août et que ce n'est que le 2 octobre qu'elle avait avisé l'employeur de ce qu'elle était en état de grossesse, une cour d'appel a décidé, à bon droit, que la salariée ne pouvait prétendre à la nullité du licenciement en application de l'article L. 122-25-2 CT.

Cass. soc. 13 novembre 1996, n° 93-44.873, BC V n° 380. Voir aussi cass. soc. 1er juin 1999, n° 97-40.231.

Ce délai de quinze jours bénéficie également à une assistante maternelle à laquelle a été notifié le retrait de la garde d'un enfant emportant la rupture de son contrat de travail.

Une assistante maternelle s'est vu notifier, le 19 juillet 2012, le retrait de la garde d'un enfant, avant d'informer ses employeurs qu'elle était enceinte, par lettre du 30 juillet suivant accompagnée d'un certificat médical de grossesse.

Ayant constaté, d'une part, que l'assistante maternelle avait adressé, dans les quinze jours suivant la rupture, un certificat médical attestant de son état de grossesse et, d'autre part, que l'employeur, qui ne prouvait pas le refus de l'intéressée d'accepter les nouvelles conditions de garde de l'enfant qui lui avaient été proposées, ne justifiait pas de l'impossibilité de maintenir le contrat de travail pour un motif étranger à la grossesse ou à l'accouchement, une cour d'appel en a exactement déduit qu'en application de l'article L. 1225-5 CT, le retrait prononcé le 19 juillet 2012 était nul.

Cass. soc. 31 janvier 2018, n° 16-17.886, à paraître.

• Annulation du licenciement

L'envoi à l'employeur, qui ignore que la salariée est enceinte, du certificat médical justifiant de son état de grossesse n'a pas pour effet de suspendre le licenciement pour lui faire prendre effet à l'issue de la période de protection, mais entraîne sa nullité de plein droit.

Cass. soc. 7 avril 2004, n° 02-40.333, BC V n° 111.

Il résulte du deuxième alinéa de l'article L. 122-25-2 CT que, lorsqu'une salariée notifie à l'employeur qu'elle est en état de grossesse, son licenciement doit être annulé.

C'est à tort que, pour débouter une salariée de ses demandes d'indemnités de rupture, pour licenciement sans cause réelle et sérieuse, et de rappels de salaire, une cour d'appel a relevé que l'employeur, informé de l'état de grossesse de la salariée, avait suspendu et différé au lendemain de l'expiration du congé de maternité la mesure de licenciement prise à son encontre et qu'à la suite du courrier de la salariée informant l'employeur de la date de reprise de son poste, celui-ci avait annulé le licenciement en invitant, à plusieurs reprises, la salariée à reprendre son travail. La cour d'appel a ensuite retenu que l'employeur avait réintégré la salariée conformément à la demande de cette dernière, à qui il appartenait de reprendre ses fonctions, et que son refus était en conséquence constitutif d'un abandon de poste.

En effet, d'une part, il ressortait de ses constatations que l'employeur, averti de la grossesse, avait seulement suspendu les effets du licenciement et, d'autre part, il résultait de la lettre de la salariée, dont les termes ont été dénaturés, qu'elle n'acceptait pas de considérer son licenciement comme non avenu.

Cass. soc. 20 novembre 2001, n° 99-41.507, BC V n° 351.

Après avoir constaté qu'un employeur avait été informé par une salariée de sa grossesse par l'envoi, en application de l'article L. 1225-5 CT, d'un certificat médical dans les quinze jours de la notification du licenciement visant seulement un motif économique, une cour d'appel, qui a constaté l'absence de réintégration de la salariée, en a exactement déduit que ce licenciement était nul.

Cass. soc. 14 décembre 2016, n° 15-21.898, 1er moyen du pourvoi de l'employeur, BC V n° 252.

Lorsqu'une salariée, en application de l'article L. 1225-5 CT, notifie à l'employeur son état de grossesse, de sorte que le licenciement est annulé, le juge doit apprécier le caractère tardif de la décision de réintégrer cette salariée au regard de la date de connaissance par l'employeur de cet état.

Cass. soc. 15 décembre 2015, n° 14-10.522, 1er moyen, BC V n° 261.

Si l'employeur qui a prononcé le licenciement d'une salariée dont il ignorait l'état de grossesse ne revient pas aussitôt sur sa décision lorsqu'il en est informé, l'intéressée n'est pas tenue d'accepter la réintégration qui lui est ultérieurement proposée.

L'employeur n'ayant pas fait aussitôt savoir à la salariée qu'en application de la loi, son licenciement était annulé et la salariée ne s'étant pas désistée de son instance, une cour d'appel n'a pas caractérisé une manifestation claire et non équivoque de volonté de la salariée de poursuivre le contrat de travail et n'a pas légalement justifié sa décision de débouter l'intéressée de sa demande de dommages-intérêts pour licenciement abusif.

Cass. soc. 30 septembre 1992, n° 88-44.629, BC V n° 483.

Il résulte du 2e alinéa de l'article L. 122-25-2, devenu L. 1225-5 CT, que lorsqu'une salariée notifie à l'employeur qu'elle est en état de grossesse, son licenciement doit être annulé et que lorsque l'employeur, à la suite de la notification, ne revient que tardivement sur sa décision de licencier, la salariée n'est pas tenue d'accepter la réintégration proposée.

Après avoir relevé qu'un employeur n'avait fait savoir à une salariée que le 11 janvier 2005 qu'en application de la loi, son licenciement prononcé le 19 novembre 2004 était annulé, une cour d'appel a pu en déduire que compte tenu du délai écoulé entre la réception par l'employeur du certificat médical et sa décision de revenir sur le licenciement, l'intéressée n'était plus tenue d'accepter sa réintégration.

Cass. soc. 9 juillet 2008, n° 07-41.927, précité.

Dans ce cas, l'intéressée a droit, outre les indemnités de rupture et une indemnité au moins égale à six mois de salaire réparant intégralement le préjudice subi résultant du caractère illicite du licenciement, aux salaires qu'elle aurait perçus pendant la période couverte par la nullité.

Selon l'article L. 1225-71 CT, lorsque, en application des dispositions de l'alinéa 1er, le licenciement est nul, l'employeur verse le montant du salaire qui aurait été perçu pendant la période couverte par la nullité ; si, à la suite de la notification par la salariée d'un certificat médical justifiant qu'elle est enceinte, l'employeur revient tardivement sur sa décision de licencier, la salariée, qui n'est pas tenue d'accepter la réintégration proposée, a droit, outre les indemnités de rupture et une indemnité au moins égale à six mois de salaire réparant intégralement le préjudice subi résultant du caractère illicite du licenciement, aux salaires qu'elle aurait perçus pendant la période couverte par la nullité.

Cass. soc. 15 décembre 2015, n° 14-10.522, 2e moyen, BC V n° 261. Voir aussi cass. soc. 6 octobre 2010, n° 08-43.171.

Les dispositions de l'article L. 1225-5 CT relatives à l'annulation du licenciement d'une salariée en état de grossesse en cas de connaissance postérieure par l'employeur de cet état ne sont pas applicables à la rupture en période d'essai.

Cass. soc. 21 décembre 2006, n° 05-44.806, BC V n° 415.

Lorsqu'au jour de la demande de résiliation judiciaire, la salariée n'a pas informé l'employeur de son état de grossesse, la résiliation judiciaire aux torts de l'employeur doit s'analyser en un licenciement sans cause réelle et sérieuse et non en un licenciement nul.

Cass. soc. 28 novembre 2018, n° 15-29.330, 2 dernières branches du moyen, à paraître.

Sanctions en cas d'inobservation de la protection légale

L'inobservation de la protection légale constitue un trouble manifestement illicite que le juge des référés doit sanctionner.

Il résulte des dispositions de l'article L. 122-25-2 CT que l'employeur ne peut résilier le contrat de travail d'une salariée lorsqu'elle est en état de grossesse médicalement constaté, pendant l'intégralité des périodes de suspension du contrat de travail auxquelles elle a droit en application de l'article L. 122-26 CT, qu'elle use ou non de ce droit, ainsi que pendant les quatre semaines qui suivent l'expiration de ces périodes, sauf faute grave ou impossibilité de maintenir le contrat, pour un motif étranger à la grossesse.

Une salariée, en congé de maternité du 31 janvier au 6 juin 1994, avait été convoquée le 6 juin à un entretien préalable à son licenciement pour le 9 juin suivant et licenciée par lettre du 11 juin pour inaptitude à assumer ses fonctions.

Estimant que cette mesure était intervenue alors qu'elle était encore en période de protection due à son état de grossesse, la salariée avait saisi la formation de référé de la juridiction prud'homale en demandant l'annulation de son licenciement et sa réintégration.

C'est à tort que, pour débouter la salariée de ses demandes, un conseil de prud'hommes a énoncé qu'elle n'était plus protégée à la date du 6 juin, date de la convocation à l'entretien préalable, alors que le licenciement intervenu pendant la période de protection caractérisait un trouble manifestement illicite.

Cass. soc. 16 juillet 1997, n° 95-42.095, BC V n° 277.

Le licenciement d'une salariée en état de grossesse médicalement constaté est, en l'absence de justification par l'employeur de l'impossibilité pour un motif étranger à la grossesse de maintenir le contrat de travail, entaché de nullité. Le motif économique de licenciement ne constitue pas en soi une impossibilité de maintenir le contrat de travail.

Ayant constaté que cette impossibilité n'était pas établie, c'est à bon droit que le juge des référés, pour faire cesser un trouble manifestement illicite, a ordonné la continuation du contrat de travail sous forme, notamment, du versement des salaires qui auraient été perçus pendant la période couverte par la nullité.

Cass. soc. 19 novembre 1997, n° 94-42.540, BC V n° 382. Voir aussi cass. soc. 5 juin 2001, n° 99-46.296, condamnant l'employeur au paiement d'une provision sur salaires.

Le salarié dont le licenciement est nul a le droit d'obtenir sa réintégration.

Doit être cassé l'arrêt qui, après avoir retenu qu'une salariée était en droit de bénéficier de la protection prévue à l'article L. 122-25-2 CT et qu'en conséquence son licenciement devait être déclaré nul, a, pour rejeter sa demande de réintégration, énoncé qu'aucune obligation de réintégration par l'employeur n'est attachée à un licenciement nul et qu'en l'espèce, le désaccord des parties sur le montant de la rémunération ne permet pas de l'ordonner.

Attendu, cependant, que lorsque le licenciement est nul, le salarié a droit à réintégration dans son emploi ou, à défaut, dans un emploi équivalent. Il en résulte qu'en cas de licenciement d'une salariée en état de grossesse, nul en application de l'article L. 122-25-2 CT, sa réintégration doit être ordonnée si elle le demande.

Cass. soc. 30 avril 2003, n° 00-44.811, BC V n° 152.

Le salarié dont le licenciement est nul et qui demande sa réintégration a droit au paiement d'une somme correspondant à la réparation de la totalité du préjudice subi au cours de la période qui s'est écoulée entre son licenciement et sa réintégration, dans la limite du montant des salaires dont il a été privé.

Cass. soc. 30 septembre 2010, n° 08-44.340, 1re branche du moyen unique du pourvoi principal.

Le licenciement prononcé pendant la période légale de protection est nul et la salariée qui ne demande pas sa réintégration a droit aux indemnités de rupture et à une indemnité réparant intégralement le préjudice résultant du caractère illicite du licenciement, dont le montant est souverainement apprécié par les juges du fond dès lors qu'il est au moins égal à celui prévu par l'article L. 122-14-4 ancien CT.

Doit être cassé l'arrêt qui a énoncé que le licenciement d'une salariée à l'issue de son congé de maternité était dépourvu de cause réelle et sérieuse et qu'elle disposait, conformément aux dispositions de l'article L. 122-14-5 CT, des éléments suffisants pour fixer le montant du préjudice résultant pour la salariée d'une manière directe et certaine de la rupture injustifiée de son contrat de travail, alors, d'une part, que le licenciement, intervenu 3 jours après la fin du congé de maternité de la salariée, était nul et, d'autre part, que le salarié, dont le licenciement est nul et qui ne demande pas sa réintégration, a droit aux indemnités de rupture et à une indemnité réparant intégralement le préjudice résultant du caractère illicite du licenciement, dont le montant est souverainement apprécié par les juges du fond dès lors qu'il est au moins égal à celui prévu par l'article L. 122-14-4 CT.

Cass. soc. 9 octobre 2001, n° 99-44.353, 2e moyen du pourvoi principal, BC V n° 314. Voir aussi cass. soc. 17 décembre 2002, n° 00-44.660, BC V n° 390 ; cass. soc. 20 mai 2009, n° 07-43.965, 1er moyen.

Le refus par la salariée de la réintégration proposée par l'employeur ne peut la priver d'une indemnisation dans la limite des salaires qu'elle n'avait pas perçus pour la période comprise entre le licenciement et la date de ce refus.

Le salarié dont le licenciement est nul et qui demande sa réintégration a droit au paiement d'une somme correspondant à la totalité du préjudice subi au cours de la période qui s'est écoulée entre son licenciement et sa réintégration, dans la limite du montant des salaires dont il a été privé.

Une salariée en congé de maternité a fait connaître à son employeur son désir de prendre, à compter du 26 août 2004, un congé parental d'éducation après la naissance de son deuxième enfant ; l'employeur a refusé sa demande et licencié la salariée, le 26 novembre suivant, pour faute grave résultant d'un abandon de poste depuis le 26 août ; faisant valoir que le licenciement avait été prononcé pendant la suspension de son contrat de travail, la salariée a saisi la juridiction prud'homale pour contester la validité du licenciement et demander, outre sa réintégration, le paiement des salaires et congés payés afférents jusqu'à la réintégration effective.

Pour rejeter cette demande, une cour d'appel a retenu que l'employeur avait mis en demeure la salariée de réintégrer l'entreprise à compter du 13 octobre 2007 puis du 14 février 2008, que celle-ci avait refusé cette réintégration le 12 octobre 2007 alors qu'elle avait la possibilité d'accomplir son travail, étant alors inscrite au chômage depuis le 3 août 2007, que la salariée avait considéré qu'elle n'avait pas à reprendre le travail à cette date dans la mesure où le jugement du conseil de prud'hommes n'était pas assorti de l'exécution provisoire en ce qui concerne notamment la réintégration et ses conséquences, que la salariée n'avait pu se prévaloir de ce fait dans la mesure où la décision de première instance en dépit du caractère suspensif de l'appel qui affecte la force exécutoire du jugement, et non l'autorité de la chose jugée, n'interdit pas au gagnant une exécution volontaire de celui-ci à titre provisoire tous droits des parties réservés, et que la salariée qui aurait dû reprendre ses activités à la demande de son employeur et qui s'en est abstenue était à l'origine de son préjudice, de sorte qu'aucun salaire ne lui était dû, celle-ci ayant refusé la réintégration qu'elle avait pourtant expressément demandée.

En statuant ainsi, alors que le refus par la salariée à compter du 12 octobre 2007 de la réintégration proposée par l'employeur ne pouvait la priver d'une indemnisation dans la limite des salaires qu'elle n'avait pas perçus pour la période comprise entre le licenciement et la date de ce refus, la cour d'appel a violé l'article L. 1225-71 CT.

Cass. soc. 17 février 2010, n° 08-45.640, 4e branche du moyen, BC V n° 42.

L'AGS est tenue de garantir le paiement des salaires et indemnités de congés payés dus au titre de la période de protection à une salariée dont le licenciement, prononcé pendant la période de suspension de son contrat de travail consécutive à son état de grossesse, a été annulé.

Selon l'article L. 143-11-1, al. 2, 1° CT, l'assurance des salariés contre le risque de non-paiement, en cas de procédure de redressement ou de liquidation judiciaires, couvre les sommes qui leur sont dues en exécution du contrat de travail à la date d'ouverture de toute procédure de redressement ou de liquidation judiciaires.

Une salariée, dont l'état de grossesse a été médicalement constaté le 25 avril 1997, a été licenciée pour faute grave le 20 mai 1997. Après avoir envoyé à son employeur, le 2 juin 1997, un certificat médical justifiant son état de grossesse, elle a saisi la juridiction prud'homale pour obtenir des dommages-intérêts pour rupture abusive et des salaires correspondant à la période de protection. La liquidation judiciaire de l'employeur a été ouverte le 20 novembre 1997.

La salariée dont le licenciement prononcé pendant la période de suspension de son contrat de travail consécutive à son état de grossesse est annulé, étant créancière, dès le prononcé du licenciement, de la totalité des salaires qu'elle aurait perçus pendant la période de protection, c'est à bon droit qu'après avoir jugé que le licenciement de l'intéressée, prononcé avant l'ouverture de la liquidation judiciaire de l'employeur, était nul, une cour d'appel a décidé que l'AGS était tenue de garantir le paiement des salaires et indemnités de congés payés alloués au titre de la période de protection.

Cass. soc. 29 janvier 2003, n° 00-46.048, BC V n° 25.

L'employeur ne peut déduire les indemnités versées par la sécurité sociale du montant des salaires à verser à la salariée en raison de la nullité de son licenciement.

Les dispositions de l'article L. 122-30 CT étant impératives et ne souffrant aucune restriction, l'employeur ne peut déduire les indemnités versées par la sécurité sociale du montant des salaires qui aurait été perçu pendant la période couverte par la nullité.

Cass. soc. 26 mars 1996, n° 93-40.278, 2e moyen.

Congé parental d'éducation ; Maternité.

Fermeture de l'entreprise (pendant les congés payés)

Indemnité de congés payés.

Fiche de paie

Bulletin de salaire.

Fidélité (Obligation de)

Loyauté (Obligation de).

Fin de chantier

Licenciement pour fin de chantier.

Fonds national de l'emploi (FNE)

Plan de sauvegarde de l'emploi ; Préretraite.

Force majeure/ Fait du prince

La force majeure est un événement imprévisible, irrésistible et extérieur qui rend impossible l'exécution du contrat de travail et entraîne sa rupture sans qu'il y ait licenciement ou démission.

Le fait du prince est une action imprévisible de l'administration, accomplie dans l'exercice d'une prérogative de puissance publique, qui permet également à l'employeur de rompre le contrat de travail sans indemnité.

Force majeure

• Éléments constitutifs

L'événement doit être imprévisible.

Une gelée tardive, même classée comme « calamité agricole », n'est pas un événement imprévisible. Si l'employeur soutenait que cette gelée avait détruit une grande partie des vignobles et privait ainsi la société de matière première, les juges, ayant constaté que l'entreprise n'avait pas disparu, ont pu décider que la force majeure n'était pas établie.

Cass. soc. 25 octobre 1995, n° 93-40.866, 1er moyen, BC V n° 285. Voir aussi cass. soc. 11 avril 1995, n° 91-44.902, précisant que l'absence de neige dans une station de sports d'hiver ne présente pas le caractère d'imprévisibilité de la force majeure.

La réduction de l'activité d'une entreprise en raison d'une baisse de la demande de la clientèle n'est pas imprévisible et ne saurait caractériser un cas de force majeure.

Cass. soc. 6 février 2001, n° 98-42.679.

La force majeure permettant à l'employeur de s'exonérer de tout ou partie des obligations nées de la rupture d'un contrat de travail s'entend de la survenance d'un événement extérieur, imprévisible lors de la conclusion du contrat et irrésistible dans son exécution.

Par arrêté du 19 novembre 2003, le président du gouvernement de la Polynésie française a nommé le directeur d'un Fonds de développement ; le 19 décembre suivant, un contrat de travail a été signé, stipulant qu'il prendrait fin notamment sur décision du Conseil des ministres ; par arrêté du 29 mars 2005, le président de la Polynésie française a mis fin aux fonctions de l'intéressé, lequel, estimant que son licenciement était intervenu sans cause réelle et sérieuse, a saisi le tribunal du travail.

Pour rejeter la demande de l'intéressé en paiement d'indemnités de rupture, une cour d'appel, après avoir constaté que le contrat de travail stipulait qu'il pouvait être mis fin à ses fonctions sur décision du Conseil des ministres, a relevé que l'arrêté de cessation des fonctions, dont la régularité n'était pas contestée, comportait les caractéristiques d'un acte de l'administration, donc extérieur, irrésistible puisque le Fonds de développement ne pouvait légalement maintenir l'intéressé dans son poste dès lors qu'un arrêté mettait fin à ses fonctions et qu'un autre arrêté du même jour nommait en ses lieu et place une tierce personne et rendait impossible la poursuite dudit contrat, et en a déduit que les conditions requises pour constituer un cas de force majeure étaient réunies.

En statuant ainsi, alors que la décision du président de la Polynésie française de mettre fin aux fonctions de l'intéressé n'était pas imprévisible puisqu'une telle éventualité était prévue à son contrat de travail, la cour d'appel, qui aurait dû en déduire l'absence de force majeure, a violé les articles 1148 c. civ. et 2 de la délibération de l'Assemblée territoriale 91-02 du 16 janvier 1991.

Cass. soc. 16 mai 2012, n° 10-17.726, BC V n° 151.

La situation doit être irrésistible.

Un employeur ne peut invoquer la force majeure pour se soustraire à son obligation de payer au salarié une indemnité compensatrice de préavis non exécuté que si l'inexécution était due à un événement indépendant de sa volonté et présentant les caractères d'insurmontabilité et d'irrésistibilité.

La situation résultant du retrait d'une habilitation par l'autorité publique en raison du comportement du salarié titulaire de l'habilitation ne constitue pas un cas de force majeure.

Cass. soc. 11 juillet 2001, n° 99-41.958. Voir aussi cass. soc. 10 décembre 2014, n° 13-21.012 ; cass. soc. 19 octobre 2016, n° 15-23.854, pourvoi incident.

La force majeure, permettant à l'employeur de s'exonérer de tout ou partie des obligations nées de la rupture d'un contrat de travail, s'entend de la survenance d'un événement extérieur irrésistible ayant pour effet de rendre impossible la poursuite du contrat de travail.

Est justifiée la décision d'une cour d'appel qui a dit que la rupture du contrat de travail de salariés constituait, en l'absence de force majeure, des licenciements sans cause réelle et sérieuse, après avoir relevé que l'employeur, qui appartenait à un groupe, n'établissait nullement que la destruction par un incendie des bâtiments de production rendait impossible la reprise de l'exploitation après reconstruction et par là, celle des contrats de travail.

Cass. soc. 7 décembre 2005, n° 04-42.907.

Une cour d'appel, qui a constaté que l'employeur n'établissait pas qu'en raison du violent orage ayant inondé les locaux de l'entreprise, aucune activité ne pouvait plus être exercée, a pu décider que si la cessation d'activité consécutive à l'inondation pouvait être invoquée comme cause économique de licenciement, elle ne constituait pas un cas de force majeure.

Cass. soc. 29 novembre 2000, n° 98-46.446.

Après avoir relevé que la destruction partielle d'un village-hôtel occasionnée par le passage d'un cyclone ne rendait pas impossible la reprise de l'exploitation de l'hôtel, après remise en état, et, partant, la poursuite des contrats de travail des salariés de cet hôtel, une cour d'appel a pu décider que la rupture de ces contrats ne présentait pas le caractère de la force majeure.

Cass. soc. 12 février 2003, n° 01-40.916, BC V n° 50.

Elle doit avoir un caractère extérieur.

Ayant relevé, d'une part, que les bâtiments n'avaient pas été détruits dans leur totalité, que les stocks de matière première avaient été préservés et que l'activité s'était poursuivie pendant un certain temps, et, d'autre part, que la société n'avait fait aucune recherche en vue de se procurer des machines d'occasion pour lesquelles il n'existait aucun délai de fabrication et dont le coût était plus avantageux, et qu'il n'était pas démontré que l'incendie avait eu pour conséquence inéluctable une importante diminution du nombre des clients, une cour d'appel a pu en déduire que l'incendie ne constituait pas un cas de force majeure. Elle a ainsi pu condamner la société à payer des indemnités de rupture et des dommages-intérêts et à rembourser aux organismes concernés les allocations de chômage versées aux salariés.

Cass. soc. 28 janvier 1998, n° 95-42.965, moyen unique pris en ses deux premières branches. Voir aussi cass. soc. 14 mai 1996, n° 93-41.051, 1er moyen ; cass. soc. 27 mars 1996, n° 93-40.200.

• Applications

➡ Rupture du contrat de travail pour inaptitude.

Un employeur ne peut invoquer la force majeure pour rompre le contrat de travail d'un salarié atteint d'une invalidité le rendant inapte à exercer toute activité dans l'entreprise. Cette résiliation s'analyse en un licenciement, ouvrant droit, au profit du salarié, à l'indemnité légale de licenciement ou, si elle est plus favorable au salarié et si les clauses de la convention ne l'excluent pas, à l'indemnité conventionnelle.

Cass. soc. 21 juin 1995, n° 92-43.347, moyen unique du pourvoi principal, BC V n° 203. Voir aussi cass. soc. 12 février 2003, n° 00-46.660, BC V n° 50 ; cass. soc. 7 décembre 2011, n° 10-11.301, 2e moyen.

➡ Rupture du contrat de travail liée à la détention provisoire du salarié.

C'est à bon droit qu'une cour d'appel a décidé que l'employeur, qui avait mis fin au contrat de travail d'un salarié mis en détention provisoire en invoquant l'impossibilité d'exécution de la prestation de travail, devait être condamné à payer à l'intéressé des indemnités de rupture et de licenciement sans cause réelle et sérieuse, la mise en détention provisoire ne constituant pas, en soi, un cas de force majeure.

Cass. soc. 14 mai 1997, n° 95-42.245. Voir aussi cass. soc. 3 avril 2001, n° 99-40.944.

➡ Rupture du contrat de travail liée à l'interruption d'un financement.

L'interruption du financement d'une mission par le gouvernement d'un État étranger ne présente pas les caractères d'imprévisibilité, d'insurmontabilité et d'extériorité de la force majeure pouvant justifier la rupture d'un contrat à durée déterminée par la société employant le salarié en mission.

Cass. soc. 8 mars 2000, n° 97-45.241.

➡ Rupture du contrat de travail en raison de l'interruption d'un chantier.

L'interruption d'un chantier sur décision de la direction départementale de l'équipement en raison d'une longue période de sécheresse ne constitue pas un cas de force majeure autorisant un employeur à rompre le contrat de travail d'un salarié embauché pour ce chantier.

Cass. soc. 17 mai 2000, n° 98-40.092.

➡ Rupture du contrat de travail en raison du décès de l'acteur principal d'une série télévisée.

Après avoir constaté que le décès de l'acteur principal d'une série télévisée ne faisait pas obstacle à la poursuite de la production avec un autre acteur, une cour d'appel a caractérisé le fait que la poursuite du contrat d'une salariée embauchée par cette production n'était pas impossible et a condamné à bon droit le producteur à payer à cette actrice des dommages-intérêts en réparation du préjudice causé par la rupture anticipée de son contrat de travail à durée déterminée.

Cass. soc. 12 février 2003, n° 99-42.985, 1er moyen du pourvoi principal de l'AGS-CGEA d'Île-de-France et 2e moyen du pourvoi incident du mandataire liquidateur, BC V n° 50.

➡ Suppression de poste.

La suppression du poste du salarié remplacé ne constitue pas un cas de force majeure de nature à justifier la rupture anticipée du contrat à durée déterminée et, exceptés les cas de rupture anticipée visés par l'article L. 122-3-8 CT (accord des parties, faute grave ou force majeure), le contrat conclu sans terme précis doit se poursuivre jusqu'au retour effectif du salarié remplacé ou au plus tard jusqu'au surlendemain de son retour, ou, le cas échéant, jusqu'à la rupture de son contrat de travail.

Cass. soc. 26 mars 2002, n° 00-40.652, BC V n° 103.

➡ Retrait de l'agrément ministériel d'un employé des jeux.

Aux termes de l'article 8 du décret 59-1489 du 22 décembre 1959, portant réglementation des jeux dans les casinos des stations balnéaires, thermales et climatiques, le directeur responsable du casino est tenu de congédier sans délai toute personne, employée à un titre quelconque dans les salles de jeux, à qui le ministre de l'Intérieur aurait retiré l'agrément. Après avoir constaté qu'une décision ministérielle précisait que l'exclusion des salles de jeux prononcée à l'encontre d'un salarié valait retrait d'agrément à son égard, une cour d'appel a pu décider que cette mesure constituait un cas de force majeure privatif des indemnités de rupture.

Cass. soc. 7 mai 2002, n° 00-42.370, BC V n° 143.

➡ Décision administrative de fermeture d'un établissement.

Pour débouter une Assédic de sa demande de paiement de cotisations, une cour d'appel, après avoir rappelé que la cotisation n'était pas due si la rupture du contrat de travail était due à la force majeure, a retenu que l'Établissement particulier des petites sœurs des pauvres, qui ne disposait pas des moyens financiers lui permettant de réaliser les travaux nécessaires à la mise en conformité de l'établissement avec la réglementation dans les délais imposés, s'était trouvé face à un événement irrésistible dont il n'avait pu prévenir les effets et qui était constitutif de la force majeure.

En statuant ainsi alors que, pour être constitutif de la force majeure, un événement n'est irrésistible que sous réserve que le débiteur ait pris toutes les mesures requises pour éviter la réalisation de l'événement, la cour d'appel, qui a relevé que la décision administrative de fermeture résultait de ce que l'Établissement particulier n'avait pas déféré aux exigences de la commission de sécurité, a violé les articles 1384, al. 1er c. civ. et L. 321-13, 6° CT.

Cass. soc. 1er février 2005, n° 02-18.357.

• **Effets**

Hormis le cas où son contrat de travail est rompu à la suite d'un sinistre constitutif de force majeure, le salarié ne peut prétendre ni à l'indemnité de licenciement…

Un salarié ne peut prétendre au paiement d'indemnités de rupture s'il est établi que son contrat de travail a été rompu suite à un cas de force majeure.

L'exécution du contrat de travail supposait, en l'espèce, l'obtention de l'agrément du comptoir de l'économat des armées. Cet agrément, qui avait été retiré suite aux difficultés rencontrées dans l'exécution de commandes d'autres fournisseurs, était normalement imprévisible pour la société, qui était donc en droit d'invoquer la force majeure.

Cass. soc. 5 mai 1993, n° 90-41.058. Voir aussi cass. soc. 20 décembre 1989, n° 86-45.181.

… ni à l'indemnité de préavis…

La rupture du contrat de travail pour force majeure prive le salarié de son indemnité de préavis. Toutefois, l'hospitalisation de l'employeur ne constituant pas un cas de force majeure, les salariés ne peuvent être privés de leur indemnité de préavis.

Cass. soc. 31 mars 1994, n° 90-42.976, 1er moyen.

… ni à des dommages-intérêts pour rupture abusive.

Des salariés doivent être déboutés de leur demande de dommages-intérêts pour rupture abusive dès lors que l'employeur se trouvait dans l'impossibilité absolue d'exécuter les contrats de travail en raison d'une cause qui lui était étrangère et qui ne pouvait donc lui être reprochée. En l'espèce, l'employeur n'avait pas eu son renouvellement d'autorisation lui permettant d'exploiter le jeu de la roulette.

Cass. soc. 31 octobre 1989, n° 86-44.655.

La force majeure justifie la rupture anticipée du contrat à durée déterminée…

Le retour anticipé d'une salariée en congé parental ne peut constituer un cas de force majeure permettant de rompre avant terme le contrat à durée déterminée.

Cass. soc. 8 novembre 1995, n° 92-40.399, BC V n° 293.

… ou du contrat de professionnalisation.

Lorsque les parties sont liées par un contrat de professionnalisation à durée déterminée, la rupture avant l'échéance du terme peut intervenir, à défaut d'accord des parties, qu'en cas de faute grave ou de force majeure.

Cass. soc. 31 octobre 2012, n° 11-21.734, BC V n° 283.

Fait du prince

Un salarié peut être débouté de ses demandes de dommages-intérêts pour rupture abusive, dans la mesure où la politique du gouvernement gabonais exigeait le remplacement des ressortissants étrangers par des nationaux gabonais. La rupture du contrat de travail de l'intéressé étant survenue suite à cette instruction, le fait du prince était caractérisé.

Cass. soc. 31 mai 1990, n° 88-42.851.

☛ *Contrat à durée déterminée (Rupture anticipée) ; Délinquance ; Grève (Responsabilité) ; Indemnité de congés payés ; Indemnité de licenciement ; Préavis.*

Forfait

☛ *Convention de forfait ; Durée du travail.*

Formation professionnelle continue

☛ *Clause de dédit-formation ; Congé de formation ; Formation professionnelle continue (Obligations de l'employeur et des organismes de formation) ; Formation professionnelle continue (Participation financière de l'employeur).*

Formation professionnelle continue (Obligations de l'employeur et des organismes de formation)

En matière de formation professionnelle continue, l'employeur et les organismes de formation sont tenus de respecter certaines obligations.

À noter que la loi 2018-771 du 5 septembre 2018 a refondu le système de formation professionnelle continue (transformation du plan de formation, définition élargie de l'action de formation, rénovation du compte personnel de formation, nouvelles règles de certification des organismes de formation, etc.).

Un organisme de formation dispensant une formation professionnelle dans le cadre de conventions de formation alternée avec des entreprises entre dans le champ d'application des articles L. 6351-1 et s. CT.

À la suite d'un contrôle effectué au sein d'un organisme de formation professionnelle exploité par une association, le président de celle-ci avait été poursuivi pour avoir dirigé cet établissement sans avoir procédé à la déclaration préalable prévue à l'article L. 920-4 CT ni établi le règlement intérieur prescrit à l'article L. 920-5-1 CT, pour s'être abstenu de préciser, dans les publicités écrites, les tarifs et modalités de règlement de la formation en méconnaissance de l'article L. 920-6 CT et pour ne pas avoir informé les stagiaires de leur faculté de rétractation après la signature du contrat de formation, en violation de l'article L. 920-13 CT.

Doit être rejeté le pourvoi du prévenu soutenant que l'organisme qu'il dirigeait ne dispensait qu'une formation professionnelle en alternance dans le cadre de contrats passés entre l'employeur et l'élève et régis par les articles L. 980-1 et s. CT, de sorte qu'il n'était pas soumis aux dispositions relatives aux institutions de formation professionnelle continue, alors qu'il résultait des énonciations des juges du fond que, bien que lié par des conventions de formation alternée aux entreprises employant les élèves et finançant le coût de la formation, l'organisme dirigé par le prévenu entrait dans le champ d'application des articles L. 920-4 et s. CT.

En outre, la déclaration de culpabilité du chef de publicité trompeuse et des infractions au code du travail justifiait la peine prononcée contre le prévenu pour s'être abstenu d'informer les candidats à la formation de leur faculté de rétractation.

Cass. crim. 10 décembre 1997, n° 97-80.061, B. crim. n° 422.

Toute personne qui entend diriger ou prendre part à la direction d'un organisme de formation en souscrivant des conventions ou des contrats de prestations de services ayant pour objet la formation professionnelle continue doit adresser aux services compétents de l'État et de la région une déclaration préalable (art. L. 6351-1 CT).

Une cour d'appel a exactement énoncé que si l'omission de la déclaration prévue à l'article L. 920-4 CT, destinée à l'information des services compétents de l'État, peut donner lieu à l'application de sanctions pénales et administratives, elle n'entache pas la validité de la convention conclue entre les parties.

Cass. soc. 25 mars 1998, n° 94-20.780, 1er moyen, BC V n° 176.

Sont constitutifs d'entrave au fonctionnement régulier du comité central d'entreprise la transmission tardive de documents nécessaires à son information relative à la formation professionnelle et le refus d'organiser les réunions spécifiques de consultation sur le plan de formation.

Le président et le directeur général d'une banque avaient été poursuivis sous la prévention d'entrave au fonctionnement régulier du comité central d'entreprise pour avoir, d'une part, transmis tardivement les documents nécessaires à l'information dudit comité relative à la formation professionnelle et, d'autre part, refusé d'organiser la seconde réunion spécifique de consultation prévue par l'article L. 933-3 CT.

A justifié sa décision la cour d'appel qui, pour déclarer les prévenus coupables de ces chefs d'infraction, a relevé que, lors de la réunion du 16 novembre 1993, le président de la commission de la formation professionnelle a précisé que l'ensemble des documents prévus par l'article D. 932-1 CT n'avait pas été adressé aux membres de cette commission préparant la consultation du comité central d'entreprise, et que le projet de plan de formation pour l'année 1994 n'avait été envoyé que cinq jours avant la tenue de la réunion, que certains documents importants n'avaient été communiqués qu'après les réunions des 9 et 16 novembre, a ajouté qu'en dépit de la demande formée par les membres du comité central d'entreprise lors de la réunion du 30 novembre 1993, le président s'était opposé à la tenue d'une seconde réunion tout en reconnaissant que les documents avaient été transmis avec retard.

Cass. crim. 13 janvier 1998, n° 96-81.477, 2e et 3e moyens, B. crim. n° 17.

Formation professionnelle continue (Participation financière de l'employeur)

Les employeurs doivent participer au financement de la formation professionnelle.

La loi 2014-288 du 5 mars 2014 a modifié les modalités de financement de la formation professionnelle à compter du 1er janvier 2015.

À noter que la loi 2018-771 du 5 septembre 2018 a une nouvelle fois réformé les modalités de financement de la formation professionnelle continue à compter du 1er janvier 2019.

La contribution des employeurs est différente selon l'effectif de l'entreprise

Des modalités de calcul spécifiques sont prévues pour les entreprises occupant des salariés à temps partiel, des intermittents ou des travailleurs à domicile.

Sont considérés comme occupant au minimum dix salariés les employeurs dont l'effectif moyen mensuel est au moins égal à dix pendant l'année, ou pendant la fraction d'année où l'activité est exercée. Les employeurs occupant des salariés à temps incomplet, de façon intermittente ou à domicile sont soumis à l'obligation de participer si le montant total des salaires est au moins égal à 120 fois le salaire minimum de croissance mensuel.

Est soumis à cette obligation l'employeur qui emploie, outre six salariés à temps plein, quatre ou cinq VRP multicartes, dans la mesure où, si les VRP doivent être regardés comme des salariés occupés à temps incomplet ou d'une manière intermittente, le total des salaires versés était au moins égal à 120 fois le salaire minimum de croissance.

CE 16 décembre 1991, n° 60480.

Les gérants minoritaires de SARL sont, lorsque leur contrat de travail est suspendu, exclus du décompte de l'effectif.

Pour l'appréciation de la condition d'effectif prévue par les dispositions de l'article L. 950-1 CT (devenu article L. 951-1 CT), les gérants, même minoritaires, d'une société à responsabilité limitée ont la qualité de mandataires sociaux. Le cumul entre un mandat social et des fonctions salariées suppose que ces dernières correspondent à un emploi subordonné effectif en contrepartie duquel est versé un salaire distinct de la rétribution du mandat ; en l'absence d'un tel emploi subordonné, les mandataires sociaux ne sont pas décomptés dans l'effectif salarié, nonobstant les circonstances que leurs rémunérations sont assimilées, pour l'impôt sur le revenu, à des salaires imposables dans la catégorie des traitements et salaires et qu'elles entrent dans l'assiette de la participation prévue à l'article L. 950-1 précité.

Dès lors, en jugeant que, en l'absence de dispositions législatives ou réglementaires contraires, les gérants minoritaires d'une SARL devaient être compris dans l'effectif salarié retenu pour le calcul du seuil d'assujettissement à cette participation, une cour administrative d'appel a commis une erreur de droit.

CE 27 juillet 2005, n° 259910.

Pour calculer les effectifs permettant de déterminer le taux de la participation des employeurs au développement de la formation professionnelle continue applicable aux entreprises de travail temporaire, il y a lieu de retenir les salariés temporaires qui, d'une part, ont effectué au moins trois mois de mission d'intérim au cours de l'année de versement des rémunérations constituant l'assiette de la participation, qui est l'année qui précède celle au cours de laquelle cette participation est acquittée, et, d'autre part, entrent dans le décompte des effectifs d'au moins un des mois de cette même année de versement des rémunérations pour avoir été titulaires d'un contrat de travail le dernier jour de ce mois.

CE 28 novembre 2018, n° 420951.

La contribution de l'employeur peut être majorée s'il ne satisfait pas à ses obligations

Dans les entreprises de plus de cinquante salariés, l'employeur doit, en matière de formation professionnelle continue, consulter le comité d'entreprise.

Dans les entreprises occupant plus de cinquante salariés, l'employeur est tenu, outre son versement au titre de la participation de justifier de la délibération du comité d'entreprise sur les problèmes de l'entreprise concernant cette formation ou, à défaut, de fournir un procès-verbal de carence.

Une société n'ayant ni déclaré ni versé spontanément au Trésor sa participation (ni produit un procès-verbal de carence), c'est à bon droit que l'administration a assorti cette participation de la majoration de 50 %.

CE 10 janvier 1990, n° 74019.

L'employeur peut verser sa contribution de différentes façons

• Il peut s'acquitter de sa dette en finançant des actions de formation

Pour que la dépense effectuée par l'entreprise soit imputable sur la participation, l'action de formation doit être visée à l'article L. 6313-1 CT.

Les dépenses faites par une société pour la formation d'un cadre commercial au pilotage d'avion entrent dans le champ d'application de l'article L. 900-2 CT, cette formation étant de nature à permettre au salarié d'acquérir une nouvelle qualification utile pour l'exercice de ses fonctions, l'entreprise possédant plusieurs établissements dans le sud de la France.

CE 11 juillet 1991, n° 65017.

Les dépenses liées aux actions de formation ne peuvent s'imputer sur la participation financière que si l'employeur justifie avoir signé avec les organismes prestataires une convention de formation.

D'une part, les dépenses liées à la location d'une salle et à l'utilisation pendant quelques heures par an de matériels pour des actions de formation professionnelle continue ne peuvent être amorties au titre de la participation financière de l'employeur, ce dernier ne justifiant pas que ladite salle et lesdits matériels sont exclusivement affectés à des actions de formation professionnelle continue.

D'autre part, la société n'ayant produit ni les conventions correspondant aux stages de formation, ni aucun document propre à démontrer que ces formations étaient dispensées dans le cadre d'une convention conclue avec un organisme dispensateur de formation professionnelle continue, les juges ont pu débouter la société de ses demandes tendant à l'imputation des dépenses sur sa participation au financement de la formation professionnelle.

CE 5 juin 1991, n° 60699.

Les dépenses faites par le dispensateur de formation doivent pouvoir être rattachées à l'exécution des conventions de formation.

Les frais de restauration et d'hébergement de stagiaires ne sont pas, par eux-mêmes et dans tous les cas, des dépenses rattachables à l'exécution de conventions de formation professionnelle.

CE 16 novembre 2001, n° 216738.

Les salaires accordés aux personnels d'un organisme dispensateur de formation dont l'activité concourt exclusivement à l'exécution de conventions de formation, y compris les primes qui peuvent leur être versées, même à titre exceptionnel, et qui ne constituent qu'une des modalités de leur rémunération, sont, normalement, par nature, des dépenses qui se rattachent à l'exécution d'une convention de formation au sens de l'article L. 920-10, al. 1er CT. Des primes exceptionnelles ne constituent pas un élément anormal du prix de revient des prestations si elles ont été versées pour tenir compte du fait que le personnel a supporté une charge de travail plus lourde résultant d'une forte augmentation du nombre des actions de formation effectuées.

CE 6 avril 2001, n° 203275.

À la suite du contrôle administratif et financier d'une société réalisé par les services de l'État au titre du contrôle des activités de formation professionnelle continue, un préfet de région a prononcé le rejet d'une somme de dépenses et en a ordonné le reversement au Trésor public ; la société s'est pourvue en cassation contre l'ordonnance par laquelle le juge des référés d'un tribunal administratif a rejeté sa demande de suspension de l'exécution de cette décision, au motif qu'en l'état de l'instruction, aucun des moyens développés devant lui ne paraissait propre à créer un doute sérieux quant à la légalité de la décision.

Il y a lieu de rejeter la demande de la société tendant à la suspension de l'exécution de la décision préfectorale ayant confirmé le rejet des dépenses de la société requérante correspondant au coût de la remise d'un ordinateur portable à chaque stagiaire en fin de stage de formation et en ayant ordonné le reversement au Trésor public.

En effet, au regard notamment des dispositions des articles L. 6361-3 et L. 6362-5 CT et compte tenu de l'absence de véritable programme de formation à distance à l'issue de la formation sur place, les moyens tirés de ce que le préfet aurait commis une erreur de droit et inexactement apprécié la nature des dépenses exposées en estimant que les dépenses liées à la remise d'un ordinateur en fin de stage ne pouvaient être retenues dans les dépenses de formation continue ne sont pas de nature à créer un doute sérieux quant à la légalité de la décision préfectorale.

Par ailleurs, le Conseil constitutionnel a jugé, par sa décision 2012-273 QPC du 21 septembre 2012 déclarant l'article L. 6362-5 CT conforme à la Constitution, que le contrôle prévu par cet article est destiné à vérifier que les sommes versées par les personnes publiques en faveur de la formation professionnelle ou par les employeurs au titre de leur obligation de contribuer au financement de la formation professionnelle continue sont affectées à cette seule fin ; par suite, l'administration ne pourrait légalement imposer à un organisme de formation le versement au Trésor public de sommes correspondant à des dépenses qui n'auraient pas été financées par des personnes publiques ou des employeurs à ce titre ; toutefois, compte tenu du caractère limité et imprécis des témoignages produits par la société requérante à l'appui de ses affirmations, le moyen tiré de ce que certaines des dépenses rejetées par la décision préfectorale auraient été financées par des entreprises sans relever de leur obligation de participation au développement de la formation professionnelle continue n'est pas de nature à créer un doute sérieux quant à la légalité de la décision litigieuse.

CE 1er mars 2013, n° 357686.

La faute d'une partie à une convention pluriannuelle de formation entraîne la résiliation de la convention.

Ayant constaté que les parties à une convention pluriannuelle de formation avaient expressément prévu la possibilité de modifier les stages fixés par la convention et ayant estimé que l'organisme de formation n'était pas en mesure de fournir une prestation spécifique décidée par l'entreprise, une cour d'appel a pu décider que le refus dudit organisme d'agréer le sous-traitant choisi par l'employeur était abusif et estimer que cette faute devait entraîner la résiliation de la convention.

Cass. soc. 9 mars 1999, n° 96-17.653.

• Il peut aussi verser ses fonds à des organismes de formation

Un organisme agréé peut être chargé de l'affectation de l'ensemble des fonds versés par les employeurs.

Si l'ancien article L. 950-2 CT (art. L. 951-1 CT) a déterminé les conditions dans lesquelles devait se réaliser le financement, il n'a pas mis obstacle à ce qu'un organisme agréé soit chargé de l'affectation de l'ensemble des fonds versés à ce titre par les employeurs.

Cass. soc. 18 janvier 1995, n° 92-18.823, 3e moyen.

Pour que les versements faits à l'organisme soient imputés sur la participation, il faut que l'entreprise passe avec lui une convention comportant des mentions obligatoires.

Le fait, pour une société, d'effectuer un versement à une association pour la formation professionnelle n'est pas libératoire de sa contribution au titre de la participation financière à la formation professionnelle, dans la mesure où ladite société a signé une convention avec l'association sans que celle-ci comporte les mentions rendues obligatoires par l'article L. 920-1 CT.

CE 6 novembre 1991, n° 66151.

En cas de litige, la juridiction administrative est compétente

Aux termes des articles L. 6331-8 et L. 6331-33 CT, dans leur rédaction alors applicable, le contrôle et le contentieux de la participation des employeurs à la formation professionnelle continue sont opérés selon les règles applicables en matière de taxe sur le chiffre d'affaires ; les dispositions du second alinéa de ces textes ont pour seul effet d'attribuer, de façon dérogatoire, la compétence du contrôle aux inspecteurs et contrôleurs de la formation professionnelle. Il en résulte que les litiges afférents à la participation des employeurs au développement de la formation professionnelle continue relèvent de la compétence de la juridiction administrative.

Huit sociétés ont saisi le tribunal de grande instance pour contester le taux de cotisation appliqué à leur égard par le Fonds d'assurance formation du travail temporaire (FAFTT) au titre de la contribution annuelle à la formation professionnelle continue, au motif qu'elles employaient moins de dix salariés, et obtenir restitution du trop-perçu.

Ayant constaté que le litige portait sur le taux de la participation appliqué aux sociétés, une cour d'appel en a déduit à bon droit que le juge judiciaire n'était pas compétent.

Cass. soc. 9 mai 2018, n° 17-14.634, à paraître.

Formation à la sécurité

Tout chef d'établissement est tenu d'organiser une formation pratique et appropriée en matière de sécurité au bénéfice des travailleurs qu'il emploie, de ceux qui changent de poste ou de technique de travail, des travailleurs temporaires, sauf s'il est fait appel à eux pour exécuter des travaux urgents nécessités par des mesures de sécurité, et de ceux qui reprennent leur activité après un arrêt de travail d'une durée d'au moins 21 jours, si le médecin du travail en fait la demande (art. L. 4141-2 CT).

Personnes responsables de l'obligation de formation

L'employeur ou son délégataire sont tenus d'assurer au salarié une formation à la sécurité.

Un salarié était décédé par intoxication alors qu'il se trouvait à l'intérieur d'une cuve à carburant pour la nettoyer.

Après avoir constaté, d'une part, que, faute pour le chef du service hydrocarbures de la société qui employait le salarié, titulaire d'une délégation de pouvoirs en matière de sécurité, d'avoir organisé une formation concernant la sécurité au profit des salariés demeurés en surface, ces derniers n'avaient pas assuré la surveillance nécessaire lors de l'opération de nettoyage et, d'autre part, que le chef de service aurait dû mettre à la disposition de la victime un masque à gaz, veiller à ce que la réalisation de l'opération ne soit pas précipitée mais à ce que le délai prévu en permette la réalisation dans « les règles de l'art », une cour d'appel a pu confirmer la déclaration de culpabilité du chef de service.

Cass. crim. 27 juin 2000, n° 99-85.225.

Un ouvrier d'entretien employé par une société a, au cours d'une opération de transport qu'il exécutait avec un chariot élévateur, été blessé à la jambe gauche par la chute de la scie à rubans de 920 kg qu'il essayait de stabiliser sur les fourches de l'engin. Il a cité la gérante de la société devant le tribunal correctionnel pour blessures involontaires ayant entraîné plus de trois mois d'incapacité totale de travail.

Doit être cassé l'arrêt qui a relaxé la gérante : en retenant tout à la fois que la prévenue avait autorisé le salarié à conduire les chariots élévateurs sans qu'il ait suivi la formation et passé l'examen d'aptitude obligatoires en vertu de l'arrêté du 30 juillet 1974 et qu'elle n'avait pas violé de façon manifestement délibérée l'obligation de prudence et de sécurité prévue par ce texte et en excluant par des motifs hypothétiques toute incidence de cette absence de formation de la victime sur la survenance de l'accident, la cour d'appel n'a pas justifié sa décision.

Cass. crim. 4 juin 2002, n° 01-81.693.

Un salarié qui procédait à la réparation d'un escalier mécanique, voulant ramasser une pièce qui était tombée, s'est placé sur une tôle non porteuse qui a cédé sous son poids, entraînant sa chute de deux mètres et lui occasionnant une incapacité totale de travail supérieure à trois mois ; le responsable de l'unité de maintenance réalisant les travaux, titulaire d'une délégation de pouvoirs, a été poursuivi du chef de blessures involontaires ; il lui était reproché d'avoir commis une faute caractérisée en ne donnant pas à la victime de formation spécifique à la sécurité avant de l'affecter à cette tâche.

Pour infirmer le jugement ayant déclaré le prévenu coupable, dire que le défaut de formation spécifique n'était pas caractérisé et, en conséquence, renvoyer le responsable de l'unité de maintenance des fins de la poursuite, une cour d'appel a énoncé que bien que l'escalator sur lequel intervenait le salarié ait été configuré d'une façon particulière et équipé d'une trappe dont il ignorait l'existence, ce seul fait ne caractérisait pas l'affectation de l'agent à un nouveau poste de travail en l'absence de toute modification de son activité ou de l'utilisation de sa part d'une nouvelle technique de travail.

En se déterminant ainsi, les juges, qui ne pouvaient, sans se contredire, d'une part, constater que l'escalator présentait une configuration particulière et, d'autre part, retenir que le salarié chargé de son entretien n'était pas affecté à un nouveau poste de travail, n'ont pas justifié leur décision.

Cass. crim. 11 octobre 2005, n° 05-81.009.

La responsabilité pénale de l'employeur peut être engagée en cas d'accident provoqué par un manque de formation…

Un salarié, embauché depuis deux jours, a eu le bras droit happé par les cylindres d'une machine à brosser les choux qu'il était occupé à nettoyer. À la suite de cet accident, le directeur de l'usine a été poursuivi devant le tribunal correctionnel pour blessures involontaires.

A légalement justifié sa décision la cour d'appel qui, pour déclarer le directeur coupable d'avoir involontairement causé au salarié une atteinte à l'intégrité de sa personne entraînant une incapacité totale de travail supérieure à trois mois, énonce que celui-ci, qui a laissé un salarié, inexpérimenté et n'ayant suivi aucune formation particulière à la sécurité, travailler sur une machine dont les éléments mobiles étaient dépourvus de tout dispositif de protection, a commis une faute caractérisée qui exposait autrui à un risque d'une particulière gravité qu'il ne pouvait ignorer.

Cass. crim. 26 octobre 2004, n° 04-82.155.

A justifié sa décision déclarant coupables une société et son dirigeant du délit de blessures involontaires une cour d'appel qui a relevé que le technicien de maintenance et l'agent de production affecté au fonctionnement de la machine n'avaient pas reçu une formation suffisante à la sécurité au sens des articles R. 233-2 et R. 233-3 CT et que les organes de service du matériel n'étaient pas clairement identifiables ainsi que le prescrit l'article R. 233-19 du même code et ajouté que la responsabilité pénale de la société était engagée du fait de ces manquements et que le dirigeant avait commis une faute caractérisée exposant autrui à un risque d'une particulière gravité qu'il ne pouvait ignorer compte tenu de son expérience et de sa compétence technique.

Cass. crim. 6 novembre 2007, n° 07-80.031, 2e moyen, B. crim. n° 265.

Un électromécanicien a été mortellement blessé au moment où ce salarié, pour changer les lampes du hall d'un atelier, manœuvrait, avec l'aide d'un ouvrier intérimaire désigné dans les heures précédant l'accident, une nacelle autoportée de location, mise le matin même à la disposition de la société sans aucune démonstration de fonctionnement ; à l'issue d'une information, ladite société a été renvoyée devant la juridiction de jugement pour avoir causé la mort du salarié par maladresse, imprudence, inattention, négligence ou manquement à une obligation de sécurité ou de prudence imposée par la loi ou le règlement, en l'espèce, en omettant de respecter la notice d'utilisation de la nacelle qui prescrivait la présence de deux opérateurs formés.

C'est à bon droit que, pour dire la prévention établie, une cour d'appel a relevé, notamment au titre des manquements à l'origine de l'accident, que la notice d'utilisation que la société reconnaît avoir eu en sa possession souligne la nécessité impérieuse, pour le conducteur de la nacelle, d'une formation à la sécurité spécifique à ce type de matériel ; elle a ajouté que la victime de l'accident n'a pas bénéficié de la formation qui lui aurait permis de se rendre compte du péril qu'il y avait à déplacer la nacelle en tournant le dos au sens de marche de l'engin, comme elle l'avait fait, et à remplacer « au pied levé », avec l'autorisation de son employeur, le salarié devant lui apporter aide et assistance par un parent, intérimaire électricien, dont le concours avait été inadapté.

Cass. crim. 15 janvier 2008, n° 07-80.800, 1er moyen, B. crim. n° 6.

… y compris lorsque le salarié, par son comportement, a contribué à la réalisation du dommage.

Un salarié, prenant l'initiative d'effectuer un contrôle d'alimentation après avoir raccordé un disjoncteur sur une ligne de forte intensité, a subi un choc électrique lui occasionnant des brûlures au 2e degré. Le gérant de la société a été poursuivi des chefs de blessures involontaires et pour avoir confié à ce salarié des travaux sur des installations électriques sans lui avoir dispensé une formation appropriée et sans lui avoir remis un recueil des prescriptions.

C'est à bon droit que, pour déclarer le prévenu coupable, une cour d'appel a notamment relevé que si le salarié avait contribué au dommage, il était cependant établi que le gérant avait également commis une faute en n'assurant pas à son employé une formation aux règles de sécurité, ayant ainsi contribué à créer la situation ayant permis la réalisation du dommage.

En effet, le fait de ne pas assurer de formation à la sécurité à un salarié inexpérimenté dans un domaine où celui-ci est amené à travailler sur des postes extrêmement dangereux, en l'espèce, à proximité d'une gaine électrique de très fort voltage, sans lui avoir remis le carnet des prescriptions électriques, et de surcroît sur un chariot élévateur à six mètres de hauteur sans harnais ni permis pour manipuler la nacelle, constitue une faute caractérisée de défaut de surveillance et d'organisation du travail imputable au chef d'établissement, exposant autrui à un risque d'une particulière gravité que le prévenu, de par ses fonctions et ses responsabilités, ne pouvait ignorer et ce, d'autant plus qu'il avait lui-même procédé à l'embauche de l'intéressé et savait que ses compétences se limitaient à la basse tension.

Cass. crim. 6 décembre 2005, n° 05-82.815.

Mise à disposition de salariés

Le dirigeant d'une entreprise qui met des salariés à la disposition d'une autre entreprise ne s'exonère pas de l'obligation préalable qui lui est faite de leur donner une formation appropriée à la sécurité.

Pour le déclarer coupable d'infraction à l'article L. 231-3-1 CT pour n'avoir pas organisé une formation pratique et appropriée en matière de sécurité au bénéfice de son salarié mis à disposition, une cour d'appel a pu retenir que le stage invoqué par le dirigeant remontait à plus de deux années avant l'accident et qu'il n'était pas établi qu'il portait sur le genre de travaux effectués par l'intéressé sur le chantier en cause.

Pour déclarer le directeur de la régie coupable d'infraction aux règles relatives à la sécurité des travaux et pour blessures involontaires, la cour d'appel a constaté que, bien que la victime ait été mise à la disposition d'une société, c'est la régie qui avait fourni la longe du harnais de sécurité et a énoncé qu'en fournissant ce dispositif de protection, non conforme aux prescriptions réglementaires, et en ne s'assurant pas que ses salariés étaient encadrés par un personnel doté de l'autorité et de la compétence nécessaires, le directeur avait commis une négligence en relation directe avec les blessures subies par la victime.

En l'état de ces énonciations, desquelles il ressortait que le prévenu s'était immiscé dans les travaux confiés à la société et que la mise de son salarié à la disposition de cette société n'avait pas eu pour effet de le décharger de l'obligation de veiller personnellement à sa sécurité, la cour d'appel a justifié sa décision.

Cass. crim. 16 septembre 1997, n° 96-82.618, B. crim. n° 299.

L'entreprise utilisatrice a une obligation de formation à l'égard des salariés temporaires.

Une société « L », chargée de travaux de terrassement, avait fait effectuer certaines tâches spécifiques par une société « D ». Au cours de l'exécution de ces tâches, un salarié intérimaire, qui avait été mis à la disposition de la société « D » par l'entreprise de travail temporaire « A », avait été mortellement blessé par l'effondrement d'une dalle de béton alors qu'il manœuvrait une pelle hydraulique.

Pour dire le délit d'homicide involontaire caractérisé à l'encontre du gérant de la société « D », une cour d'appel a notamment retenu qu'il ne s'était pas assuré que le salarié, appelé à effectuer un travail dangereux, avait bénéficié d'une formation appropriée à la sécurité et avait été informé de manière suffisante sur le travail à effectuer.

En l'état de ces motifs, et dès lors que la société « D » qui avait conclu un contrat de mise à disposition avec la société « A » avait la qualité d'entreprise utilisatrice au sens de l'article L. 124-4-6 CT, la cour d'appel a légalement justifié sa décision.

Cass. crim. 19 décembre 2000, n° 00-80.479, B. crim. n° 382. Voir aussi cass. crim. 2 février 2010, n° 09-84.250.

Ayant relevé qu'un salarié intérimaire travaillait sur une machine, dont la mise au point était en cours, sans avoir reçu de formation spécifique sur son fonctionnement et sur les risques qu'elle pouvait présenter pour la sécurité et l'intégrité des ouvriers, et que le dispositif d'arrêt de la machine n'était pas conforme aux dispositions de l'article R. 233-19 CT, une cour d'appel a pu déclarer le dirigeant de la société utilisatrice coupable d'emploi d'un travailleur temporaire sans organisation de formation sur la sécurité et de la contravention de blessures involontaires par non-respect des règles de conformité d'un équipement de travail.

Cass. crim. 6 janvier 2004, n° 02-86.756.

Contrat de mission/Contrat de travail temporaire ; Hygiène et sécurité.

Fractionnement des congés payés

Le congé principal d'une durée supérieure à 12 jours ouvrables et au plus égale à 24 jours peut être fractionné par l'employeur avec l'agrément du salarié ; une fraction d'au moins 12 jours ouvrables doit être prise entre le 1er mai et le 31 octobre ; les jours restant dus peuvent donner lieu à des jours de congés supplémentaires.

Le fractionnement des congés payés n'est possible qu'avec l'agrément du salarié.

Une salariée ayant demandé à prendre ses congés du 1er au 18 juin et du 7 au 15 septembre, l'employeur a accepté de les fractionner du 1er au 14 juin, puis du 7 au 15 septembre. Après avoir prolongé ses congés jusqu'au 18 juin, la salariée a été licenciée pour faute grave et a saisi la juridiction prud'homale de diverses demandes.

C'est à bon droit qu'une cour d'appel a appliqué l'article L. 223-8, al. 2 CT relatif aux congés fractionnés. En effet, les dérogations prévues à l'alinéa 4 de l'article L. 223-8 CT ne concernent que les modalités selon lesquelles les congés payés peuvent être fractionnés, aucune dérogation ne pouvant être apportée au principe, posé par l'alinéa 2 du même article, selon lequel le fractionnement n'est possible qu'avec l'agrément du salarié.

Cependant, c'est à tort que la cour d'appel a dit que le licenciement de la salariée était dépourvu de cause réelle et sérieuse, l'intéressée ayant fait savoir à son employeur dès le mois d'avril 1998 qu'elle n'acceptait pas le fractionnement qui avait été fait de ses congés, alors que la salariée qui prend des congés fractionnés, bien qu'ayant exprimé son désaccord sur les dates retenues par l'employeur, ne peut fixer unilatéralement la date de reprise de son travail.

Cass. soc. 10 mars 2004, n° 01-44.941, BC V n° 85.

Le droit aux jours de congés supplémentaires naît du seul fait du fractionnement.

En l'absence de dérogation conventionnelle à l'article L. 3141-18 CT, le droit à des jours de congés supplémentaires naît du seul fait du fractionnement, que ce soit le salarié lui-même ou l'employeur qui en ait pris l'initiative.

Cass. soc. 10 octobre 2018, n° 17-17.890, à paraître. Voir aussi cass. soc. 19 juin 2002, n° 99-45.837, BC V n° 207.

Le fait pour un employeur d'imposer aux salariés de prendre six jours ouvrables de congés payés en fin d'année du fait de la fermeture de l'entreprise ne suffit pas à démontrer qu'ils sont empêchés de prendre vingt-quatre jours de congé entre le 1er mai et le 31 octobre, et, en conséquence, à leur donner droit à des jours de congés supplémentaires.

Cass. soc. 12 septembre 2018, n° 17-15.060, à paraître.

La renonciation à ce droit ne se présume pas,…

Cass. soc. 19 juin 2002, n° 99-45.837, précité. Voir aussi cass. soc. 13 janvier 2016, n° 14-13.015.

… même si l'employeur a fait savoir par note de service que la prise de congés, à l'initiative du salarié, en dehors de la période légale emportait renonciation au bénéfice des jours supplémentaires de fractionnement.

Cass. soc. 13 janvier 2016, n° 14-13.015, précité. Voir aussi cass. soc. 17 décembre 1987, n° 85-41.979, BC V n° 770.

Le droit au congé supplémentaire pour fractionnement est applicable aux congés pris par anticipation.

Ayant constaté qu'un salarié avait pris des jours de congé avant et pendant la période légale, un conseil de prud'hommes a pu en déduire que l'intéressé avait, eu égard au nombre de jours de congé accordés par anticipation et sans condition en dehors de la période légale, droit à un congé supplémentaire de fractionnement.

Cass. soc. 7 mars 1990, n° 87-40.629, BC V n° 112.

Des dérogations conventionnelles sont possibles.

Des dérogations peuvent être accordées par une convention collective aux dispositions selon lesquelles la fraction de 12 jours ouvrables continus doit être attribuée pendant la période du 1er mai au 31 octobre de chaque année.

Une disposition conventionnelle peut ainsi accorder aux salariés 3 jours de congés supplémentaires si les congés annuels principaux sont pris pour leur totalité en dehors de la période légale.

Cass. soc. 6 juillet 1994, n° 93-42.360, BC V n° 229.

C'est à tort que, pour accorder à un salarié le bénéfice de deux jours de congés supplémentaires au titre du fractionnement, un conseil de prud'hommes a retenu que la seule mention d'une information sur l'écran informatique sans pouvoir en modifier les termes ne pouvait constituer la démonstration d'une quelconque renonciation sans équivoque et que, par conséquent, l'intéressé n'avait jamais renoncé par écrit à son droit au fractionnement ouvrant droit à deux jours de congés supplémentaires.

En effet, il résulte de l'accord d'entreprise, pris en application de l'article L. 223-8 CT, que le fractionnement des congés payés en dehors de la période légale à la demande du salarié ne lui ouvre pas droit aux jours de congés supplémentaires prévus par ce texte.

Cass. soc. 1er décembre 2005, n° 04-40.811, BC V n° 354. Voir aussi cass. soc. 23 novembre 2011, n° 10-21.973.

Lorsque le fractionnement du congé s'accompagne de la fermeture de l'établissement, les délégués du personnel doivent être consultés…

Une société avait arrêté la période des vacances d'été du 24 juillet au soir au 23 août inclus. Faisant valoir que le 15 août tombant un samedi, les salariés n'avaient bénéficié que de 23 jours ouvrables de congés, qu'il en était résulté un fractionnement du congé principal sur lequel les délégués du personnel n'avaient pas été consultés, un syndicat avait introduit une action en dommages-intérêts, en réparation du préjudice résultant de la violation des dispositions de l'article L. 223-8 CT.

Doit être rejeté le pourvoi de la société reprochant à une cour d'appel d'avoir accueilli la demande du syndicat, alors, notamment selon le pourvoi, que les règles dégagées par la jurisprudence pour le décompte des jours de congés, qu'il s'agisse de celle concernant le premier jour ouvrable à prendre en considération ou de celle relative à la non-prise en compte d'un jour férié chômé, inclus dans la période de congé et tombant un jour ouvrable, ne sont pas applicables pour déterminer l'existence d'un fractionnement au sens de l'article L. 223-8 CT dont les prescriptions ne prennent en compte que la continuité de la période de congé.

D'une part, après avoir relevé que la période du congé annuel incluait le samedi férié du 15 août, de sorte que l'employeur ayant refusé de prolonger le congé d'un jour, les salariés n'avaient bénéficié que de 23 jours ouvrables continus, la cour d'appel en a exactement déduit l'existence d'un fractionnement du congé. D'autre part, c'est dans l'exercice de son pouvoir souverain d'appréciation que la cour d'appel a retenu que la période de congé annuel s'accompagnait de la fermeture de l'établissement.

Cass. soc. 20 octobre 1998, n° 96-17.652, BC V n° 438.

… et donner leur accord exprès.

Selon l'article L. 3141-20 CT, lorsque le congé s'accompagne de la fermeture de l'établissement, le fractionnement peut être réalisé par l'employeur sur avis conforme des délégués du personnel ou, à défaut de délégués, avec l'agrément des salariés ; l'avis conforme des délégués du personnel, au sens de l'article L. 3141-20 CT, s'entend d'un avis exprès.

Cass. soc. 29 juin 2011, n° 09-70.688, BC V n° 182.

Les modalités de fractionnement de la cinquième semaine de congés payés n'entrant pas dans les prévisions de l'article L. 3141-20 ancien CT, l'avis des délégués du personnel n'est pas nécessaire…

Aux termes de l'article L. 223-8, dernier alinéa CT, lorsque le congé s'accompagne de la fermeture de l'établissement, le fractionnement peut être effectué par l'employeur sur avis conforme des délégués du personnel ou, à défaut de délégués, avec l'agrément des salariés.

Les modalités de fractionnement de la cinquième semaine n'entrant pas dans les prévisions de cet article, l'avis conforme des délégués du personnel n'est pas nécessaire.

Cass. ch. mixte, 10 décembre 1993, n° 87-45.188, BC n° 1. Voir aussi cass. soc. 27 mai 2003, n° 01-40.143.

… l'accord des salariés concernés non plus.

Cass. soc. 7 décembre 1994, n° 91-41.852.

Frais de déplacement/ Temps de trajet/Frais divers (Représentants du personnel)

Les représentants du personnel travaillant pour des entreprises à structure complexe peuvent être amenés, dans le cadre de leur mission, à se déplacer entre les différents sites de leur entreprise.

Frais de déplacement

Les frais de déplacement des membres du comité d'entreprise concernant des réunions organisées à l'initiative de l'employeur, qui n'entrent pas dans les dépenses de fonctionnement de cet organisme, doivent rester à la charge de l'employeur…

Cass. soc. 28 mai 1996, n° 94-18.797, BC V n° 211. Voir aussi cass. soc. 26 mai 2015, n° 13-22.866, 1er moyen.

… et ce, quelle que soit la cause des réunions.

Cass. soc. 10 octobre 2002, n° 01-03.336, 2e moyen.

Les frais de déplacement sont également à la charge de l'employeur lorsque la réunion est organisée à la demande de la majorité des membres du comité d'entreprise.

Les frais de déplacement des membres du comité d'entreprise sont à la charge de l'employeur lorsque la réunion est organisée à l'initiative de l'employeur ou, conformément aux dispositions de l'article L. 434-3 CT, à la demande de la majorité des membres du comité.

Cass. soc. 22 mai 2002, n° 99-43.990, BC V n° 174.

L'employeur qui refuse de prendre en charge les frais de déplacement des membres du comité d'entreprise et du CHSCT aux réunions se rend coupable du délit d'entrave.

Le président d'une société, spécialisée notamment dans l'assistance en matériel des sites de centrales nucléaires, a omis de convoquer le comité d'hygiène, de sécurité et des conditions de travail et refusé de prendre en charge les frais de déplacement, pour se rendre aux réunions légales, des représentants de la délégation unique du personnel, des membres du comité d'entreprise et du CHSCT ; sur ce dernier point, il a été constaté qu'en raison du coût des frais de déplacement demeurant à leur charge, les représentants du personnel travaillant sur des sites éloignés éprouvaient des difficultés pour assister aux réunions habituelles des institutions représentatives du personnel organisées au siège de la société.

Poursuivi, en raison de ces faits, des chefs d'entraves, le dirigeant a fait valoir qu'à la suite de la suppression des agences de l'entreprise implantées sur le territoire national, le siège social de la société avait été fixé dans le Calvados et que les frais de déplacement des salariés étaient pris en charge, en application d'un accord collectif, pour les seules missions en dehors du siège social, mais non pour se rendre audit siège, qui était le « lieu d'attachement des salariés », au sens dudit accord. Un tribunal correctionnel n'a déclaré le prévenu coupable que du premier chef d'entrave (représentants de la délégation unique du personnel).

Pour retenir la culpabilité de l'intéressé pour l'ensemble des faits visés dans l'acte de poursuite, une cour d'appel a énoncé que, du fait de l'éloignement existant entre le siège social de la société et le lieu de travail des salariés concernés, le refus réitéré, malgré les mises en garde de l'inspection du travail, de régler les frais restant à la charge de l'employeur, lorsque la réunion des institutions représentatives du personnel était organisée à son initiative, avait eu pour effet de restreindre les déplacements de ces salariés et leur participation aux réunions des institutions susvisées ; la cour a pu en déduire que se trouvaient ainsi caractérisés en tous leurs éléments constitutifs, matériels et intentionnel, les délits d'entrave imputés au prévenu.

Cass. crim. 22 novembre 2005, n° 04-87.451, B. crim. n° 307.

Le CHSCT reçoit du chef d'entreprise les moyens nécessaires à la préparation et à l'organisation des réunions et aux déplacements imposés par les enquêtes ou les inspections (art. L. 4614-9 ancien CT).

Ayant constaté qu'en raison de l'heure de la réunion du comité d'hygiène et de sécurité et du temps de trajet, le départ la veille s'imposait, un conseil de prud'hommes a pu condamner l'employeur à rembourser au salarié, membre du comité, les frais de déplacement engagés par l'intéressé pour assister à cette réunion.

Cass. soc. 5 octobre 1999, n° 97-41.590, BC V n° 363.

En revanche, en l'absence de disposition le prévoyant, l'employeur n'est pas tenu de prendre en charge les frais de déplacement et d'hébergement exposés pour se rendre aux réunions des commissions internes au comité d'entreprise, dès lors que les réunions de ces commissions ne sont pas légalement obligatoires ou ne sont pas organisées à l'initiative de l'employeur.

Cass. soc. 17 octobre 2018, n° 17-13.256, à paraître.

Temps de trajet

Le temps de trajet effectué en exécution des fonctions représentatives du salarié doit être rémunéré comme temps de travail effectif lorsqu'il est pris en dehors de l'horaire normal de travail et qu'il dépasse en durée le temps normal de déplacement entre le domicile et le lieu de travail.

Cass. soc. 5 novembre 2003, n° 01-43.109, BC V n° 275. Voir aussi cass. soc. 10 décembre 2003, n° 01-41.658, 1er moyen, BC V n° 315 ; cass. soc. 12 juin 2013, n° 12-12.806, pourvoi principal, BC V n° 155 ; cass. soc. 12 juin 2013, n° 12-15.064, BC V n° 154.

Un salarié, membre du comité d'établissement de Béziers d'une société, ayant été convoqué à une réunion du comité central d'entreprise à Paris, avait effectué son déplacement le lundi de Pâques, jour férié chômé dans l'entreprise.

C'est à tort que, pour le débouter de sa demande en paiement de son temps de trajet pour se rendre à cette réunion, un conseil de prud'hommes a retenu qu'aucune disposition légale ne mettait à la charge de l'employeur la rémunération du temps de déplacement se situant en dehors de l'horaire normal de travail pour l'assistance aux réunions du comité d'entreprise et que cette dépense devait s'imputer sur la subvention de fonctionnement du comité, alors que la rémunération du temps de trajet ne peut s'imputer sur la subvention de fonctionnement, mais qu'elle est due par l'employeur dès l'instant que ce trajet n'est pas effectué pendant une période de travail et qu'il dépasse en durée le temps normal de déplacement entre le domicile du salarié et le lieu de son travail.

Cass. soc. 30 septembre 1997, n° 95-40.125, BC V n° 299.

Frais divers

Les dépenses relatives à un voyage et à des frais de restaurant exposées par des membres du comité d'entreprise qui ne correspondent pas aux missions de ce comité ne peuvent être imputées sur le budget de fonctionnement du comité.

Pour estimer que les dépenses relatives tant au voyage qu'aux frais de restaurant exposés par des membres du comité d'entreprise d'une société ne correspondaient pas aux missions du comité d'entreprise et ne devaient pas être imputées, comme elles l'avaient été, sur la subvention de fonctionnement, les juges ont énoncé, d'une part, que, lors du voyage, auquel avait pris part une personne qui n'était pas salariée de l'entreprise, de nombreuses dépenses personnelles avaient été remboursées aux intéressés et que, d'autre part, les repas incriminés, d'un coût de 20 000 F, avaient été pris en charge par le comité d'entreprise, bien que ce dernier ne les ait pas autorisés et que les débours aient été sans rapport avec les mandats de trésorier et trésorier-adjoint exercés par les intéressés. En l'état de ces énonciations, et dès lors que l'agrément résultant de la délibération du comité d'entreprise ne saurait retirer aux faits leur caractère délictueux, la cour d'appel a caractérisé en tous ses éléments constitutifs le délit d'abus de confiance dont les prévenus ont été déclarés coupables et a ainsi justifié sa décision.

Cass. crim. 16 octobre 1997, n° 96-86.231, B. crim. n° 341.

Frais de transport (Prise en charge des)

L'employeur prend en charge 50 % du prix des titres d'abonnement souscrits par ses salariés pour leurs déplacements entre leur résidence habituelle et leur lieu de travail accomplis au moyen de transports publics de personnes ou de services publics de location de vélos (art. L. 3261-2 CT).

Dans certaines situations, l'employeur prend en charge tout ou partie des frais de carburant engagés par les salariés pour leurs déplacements entre leur résidence habituelle et leur lieu de travail (art. L. 3261-3 et 4 CT). Il en est de même s'agissant des frais engagés par les salariés pour leurs déplacements à vélo ou à vélo à assistance électrique (art. L 3261-3-1 et 4 CT).

Prise en charge des frais de transports publics

L'article L. 3261-2 CT dans sa rédaction issue de l'article 20 de la loi 2008-1330 du 17 décembre 2008 impose aux employeurs la prise en charge partielle du prix des titres d'abonnements souscrits par leurs salariés pour leurs déplacements accomplis au moyen de transports publics entre leur résidence habituelle et leur lieu de travail, sans distinguer selon la situation géographique de cette résidence.

Ayant sollicité en vain son employeur pour obtenir la prise en charge à hauteur de 50 % de son abonnement SNCF couvrant le trajet de Chartres à Paris pour la période du 1er janvier 2009 au 1er décembre 2010, un salarié a saisi la juridiction prud'homale.

Après avoir retenu qu'aucune disposition légale ou réglementaire ne limite la prise en charge partielle des frais de transports publics des salariés pour leurs déplacements entre leur résidence habituelle et leur lieu de travail aux déplacements effectués dans la région Île-de-France, un conseil de prud'hommes a pu condamner l'employeur à payer au salarié une somme à titre de complément de remboursement de cet abonnement SNCF.

Cass. soc. 12 décembre 2012, n° 11-25.089, BC V n° 338.

Lorsqu'un salarié travaille et réside dans une même ville pendant la semaine, sa résidence habituelle se trouve dans cette ville et il ne peut donc pas demander la prise en charge de l'abonnement ferroviaire souscrit pour retourner chaque fin de semaine et période de congés à son domicile situé dans une autre ville.

Un salarié exerce les fonctions de chargé de mission dans une association régionale pour l'amélioration des conditions de travail depuis le 7 février 2005 ; son lieu de travail est à Limoges, alors que, depuis l'origine, son domicile est situé à Villeneuve-d'Ascq où il retourne par voie ferroviaire chaque fin de semaine et période de congés ; le salarié réclamant la prise en charge de l'abonnement ferroviaire souscrit pour faire les trajets entre son lieu de travail et Villeneuve-d'Ascq, l'employeur a saisi la juridiction prud'homale.

Doit être rejeté le moyen du pourvoi formé par le salarié qui, pour reprocher à une cour d'appel de l'avoir débouté de sa demande de remboursement de frais de transports publics entre Villeneuve-d'Ascq et Limoges, soutient notamment que l'employeur prend en charge, dans une proportion et des conditions déterminées par voie réglementaire, le prix des titres d'abonnements souscrits par ses salariés pour leurs déplacements entre leur résidence habituelle et leur lieu de travail accomplis au moyen de transports publics de personnes, que la résidence habituelle du salarié s'entend du lieu où il a fixé, avec la volonté de lui conférer un caractère stable, son domicile et où se trouve le centre permanent ou habituel de ses intérêts, qu'en retenant que « [le salarié] réside à Limoges en semaine où il dispose d'un logement et d'un minimum d'affaires lui permettant d'y passer au final plus de temps qu'à Villeneuve-d'Ascq », pour fixer le lieu de sa résidence habituelle à Limoges et le débouter de sa demande de remboursement des trajets effectués entre Limoges et Villeneuve-d'Ascq, quand elle constatait que le salarié, qui est domicilié à Villeneuve-d'Ascq, y est installé depuis longtemps, qu'il y a acheté en 2011 une maison où demeurent son épouse et leurs enfants et qu'il y retourne chaque fin de semaine et pour les périodes de congés, la cour d'appel a violé l'article L. 3261-2 CT.

En effet, dès lors qu'il ne retournait à son domicile que les fins de semaine et les périodes de congés, la résidence habituelle du salarié se trouvait à Limoges.

Cass. soc. 22 juin 2016, n° 15-15.986, BC V n° 134.

G

Gérants non salariés (Succursales de commerce de détail alimentaire)

Sont considérées comme « gérants non salariés » les personnes qui exploitent, moyennant des remises proportionnelles au montant des ventes, des succursales de commerce de détail alimentaire lorsque le contrat conclu avec le propriétaire du fonds ne fixe pas leurs conditions de travail et leur laisse toute latitude d'embaucher du personnel ou de se faire remplacer à leurs frais et sous leur entière responsabilité. Ces personnes bénéficient d'un statut particulier régi par les articles L. 7322-1 à L. 7322-6 CT.

Conditions d'application du statut légal

Pour bénéficier du statut légal, les gérants doivent être libres d'organiser l'exploitation de la succursale.

Ayant relevé qu'une gérante succursaliste ne jouissait d'aucune liberté concernant, d'une part, l'exploitation de la succursale, qu'il s'agisse des conditions de travail, de la gestion du stock dont le réassortiment dépendait du bon vouloir de la société qui pouvait à tout moment faire exercer des contrôles par ses inspecteurs et, concernant, d'autre part, l'embauche du personnel dans la mesure où la succursale avait fonctionné à l'aide d'apprentis dont le recrutement était assuré par la société, une cour d'appel a pu décider que le contrat liant la société à cette gérante, bien que qualifié de contrat de gérance non salariée, comportait un lien de subordination qui faisait de la gérante la salariée de la société.

Cass. soc. 19 février 1997, n° 93-46.712.

Le fait que le contrat de gérance impose des heures d'ouverture du magasin et le mode de présentation des marchandises ne modifie pas la nature du contrat et ne caractérise pas un contrat de travail.

La clause imposant aux gérants d'ouvrir leur magasin aux heures usuelles n'est pas une clause fixant les conditions de travail des gérants au sens de l'article L. 782-1 CT. Par ailleurs, la fourniture exclusive de marchandises, la fourniture du local et du logement et le fait que le prix de vente et le mode de présentation des marchandises soient imposés par le fournisseur constituent des modalités commerciales qui ne modifient pas la nature du contrat et ne caractérisent pas un contrat de travail. En retenant la compétence de la juridiction prud'homale sur la base de ces seuls éléments, sans rechercher quelles étaient en fait les conditions de travail des gérants, s'ils recevaient des ordres et des directives et dans quelle mesure ils étaient soumis dans l'exécution de leur travail au contrôle de la société, la cour d'appel n'a pas légalement justifié sa décision.

Cass. soc. 15 décembre 1993, n° 91-18.573.

De même, le fait que des gérants bénéficient temporairement de la garantie d'un salaire fixe mensuel ne caractérise pas un lien de subordination de nature à les soustraire au statut de gérants non salariés.

Le seul fait de garantir temporairement à des gérants non salariés, rémunérés par des remises proportionnelles au montant des ventes, un salaire fixe mensuel se substituant aux commissions prévues contractuellement tant que le montant de celles-ci ne sera pas supérieur à celui du fixe, ne peut suffire à les soustraire au statut de gérants non salariés.

Cass. soc. 29 mars 1995, n° 91-43.163.

La brièveté et la multiplicité des remplacements confiés à des gérants non salariés ainsi que des contraintes inhérentes aux conditions d'exploitation des magasins concernés ne permettent pas, à elles seules, de caractériser l'existence d'un lien de subordination juridique à l'égard de la société.

Un couple s'est vu confier par une société la gérance de magasins dans le cadre d'un contrat de cogérance à titre précaire à compter du 7 janvier 2002 ; les époux ont saisi la juridiction prud'homale aux fins d'obtenir la requalification, dès l'origine, de leur contrat de gérants mandataires non salariés en un contrat de travail de droit commun à durée indéterminée, le paiement d'heures supplémentaires et la résiliation du contrat aux torts de l'employeur avec toutes les conséquences indemnitaires en découlant.

Pour requalifier la relation contractuelle en un contrat de travail, une cour d'appel a retenu qu'en l'espèce, la brièveté et la multiplicité des remplacements confiés aux époux, tels qu'ils ressortaient des listes annuelles des intérims produits aux débats, leur interdisaient dans les faits d'envisager leur propre remplacement et l'engagement de salariés et les contraignaient à exploiter « à titre tout-à-fait précaire », comme le spécifiait le contrat signé par eux avec la société, les magasins confiés dans le strict respect de l'organisation mise en place par le ou les gérants mandataires remplacés, eux-mêmes astreints à de multiples règles et procédure, ce qui démontrait leur absence totale de liberté dans la gestion ; qu'à cet égard, des attestations concordantes des gérants « intérimaires » placés dans une situation identique à celle qui leur avait été imposée par la société, des salariés de cette société chargés de contrôler l'activité des gérants et des gérants remplacés ainsi que d'un gérant mandataire délégué syndical, mais aussi le document intitulé « dossier intérimaires 2004 » établissaient l'interdiction de modifier les horaires et jours d'ouverture et de fermeture des magasins sous peine de sanctions officielles ou financières déguisées, la prohibition de modification d'implantation des marchandises, la fixation des jours d'inventaire sans possibilité de changement, l'établissement d'un compte-rendu d'intérim à remettre au seul service commercial de la direction régionale à la fin de chaque période d'intérim, la réception à la fin de chaque année pour les couples de gérants dits intérimaires de la part de la direction de la société d'un planning des remplacements à effectuer, et que les époux avaient été plus particulièrement destinataires le 30 octobre 2009 d'une lettre de la société les menaçant, à la suite d'un changement mineur des horaires d'ouverture du magasin le jeudi 8 octobre précédent, de mettre fin aux relations contractuelles, ce qui devait être considéré comme l'exercice à leur encontre par la société de son pouvoir disciplinaire.

En se déterminant ainsi, par des motifs, tirés de la brièveté et de la multiplicité des remplacements ainsi que de contraintes inhérentes aux conditions d'exploitation des magasins concernés, ne permettant pas à eux seuls de caractériser l'existence d'un lien de subordination juridique, la cour d'appel a privé sa décision de base légale au regard des articles L. 1221-1, L. 7322-1 et L. 7322-2 CT.

Cass. soc. 10 octobre 2018, n° 16-26.497, à paraître.

Bénéfice de la législation sociale

Si le gérant non salarié d'une succursale peut être rendu contractuellement responsable de l'existence d'un déficit d'inventaire en fin de contrat et tenu d'en rembourser le montant, il doit, aux termes de l'article L. 782-7, devenu L. 7322-1 CT, bénéficier de tous les avantages accordés aux salariés par la législation sociale ; il en résulte qu'il ne peut être privé, dès l'origine, par une clause du contrat, du bénéfice des règles protectrices relatives à la rupture des relations contractuelles.

Pour dire qu'un contrat de cogérance avait été rompu à la suite d'une faute grave, une cour d'appel a retenu qu'alors que, selon un article du contrat signé par les gérants, le cas de manquant de marchandises ou d'espèces provenant des ventes constituait une faute lourde, un arrêté de compte avait fait ressortir un solde débiteur et trois inventaires avaient fait apparaître un manquant de marchandises et un excédent d'emballage, que les gérants ne critiquaient pas la régularité des opérations d'inventaire et ne contestaient pas l'arrêté de comptes qu'ils avaient approuvé, que le fait de ne pas être en mesure de présenter les marchandises dont ils étaient dépositaires ou d'en restituer le prix constituait un manquement grave aux obligations contractuelles justifiant la rupture du contrat de cogérance.

En statuant ainsi, en se bornant à se référer à la clause contractuelle, alors qu'un contrat ne peut prévoir par avance les conséquences d'une rupture pour faute, la cour d'appel a violé l'article L. 782-7, devenu L. 7322-1 CT.

Cass. soc. 11 mars 2009, n° 07-40.813, 2e moyen, BC V n° 79. Voir aussi cass. soc. 27 mars 2013, n° 12-12.892, 1er moyen du pourvoi incident, BC V n° 91.

Le gérant non salarié d'une succursale de commerce de détail alimentaire, qui bénéficie de tous les avantages accordés aux salariés par la législation sociale, ne peut être privé, dès l'origine, par une clause du contrat, du bénéfice des règles de protection d'ordre public relatives à la rupture des relations contractuelles ; constitue un licenciement toute rupture du contrat de gérance à l'initiative de l'entreprise propriétaire de la succursale.

Une société a conclu avec un couple de gérants un contrat de cogérance non salariée aux termes duquel ils acceptaient conjointement et solidairement le mandat d'assurer la gestion et l'exploitation d'un magasin de vente au détail ; le contrat précisait que les relations contractuelles étaient régies par les dispositions de l'article L. 782-1 CT et par l'accord collectif national des maisons d'alimentation du 18 juillet 1963. Le 26 novembre 2005, le gérant a été victime d'un accident du travail ; en avril 2006, il s'est porté candidat aux élections des délégués gérants du groupe auquel appartenait la société ; à la suite de la démission de son épouse, intervenue le 30 mai 2006, la société a, par lettre du 26 juin 2006, notifié au gérant, dont le contrat de cogérance était suspendu, la résiliation de ce dernier à son égard. Se prévalant de sa qualité de candidat aux élections, de la suspension de son contrat à la suite d'un accident du travail et de l'absence d'autorisation préalable de l'inspecteur du travail, le gérant a saisi la juridiction prud'homale aux fins d'annulation de la résiliation du contrat de cogérance et de paiement de diverses indemnités.

C'est tout d'abord à tort que, pour débouter le gérant de ses demandes, une cour d'appel a retenu que, conformément à l'article 15 du contrat de cogérance, la démission de la gérante avait emporté résiliation automatique du contrat à l'égard de son mari et que la société, qui n'avait pas l'obligation de pourvoir à ses frais à l'absence du gérant à son poste de travail, s'était bornée à prendre acte des conséquences juridiques de cette démission. En effet, il résultait des constatations de la cour que le contrat de gérance avait été rompu à l'initiative de la société et que la rupture était intervenue pendant la suspension du contrat consécutive à l'accident du travail, en l'absence de faute grave ou d'impossibilité de maintenir le contrat de gérance pour un motif étranger à l'accident du travail.

C'est également à tort que la cour d'appel a débouté le gérant de sa demande de dommages-intérêts pour licenciement nul et violation du statut protecteur des représentants du personnel.

En effet, le gérant non salarié, investi d'un mandat représentatif en application de l'article 37 de l'accord collectif national qui précise les modalités d'application particulières, aux gérants non-salariés de succursales, des dispositions légales relatives aux syndicats professionnels et aux institutions représentatives du personnel doit être en mesure d'exprimer et de défendre librement les revendications de la collectivité des gérants qu'il représente et doit bénéficier, à ce titre, du régime protecteur prévu aux articles L. 2411-3 et L. 2411-8 CT ; l'autorisation de licenciement est requise pendant six mois pour le candidat aux élections des délégués gérants de succursale de commerce de détail alimentaire, à partir de la publication des candidatures, la durée de six mois courant à partir de l'envoi par lettre recommandée de la candidature à l'employeur. Or, en l'espèce, il résultait des constatations de la cour d'appel que la rupture était intervenue dans le délai de six mois suivant la candidature de l'intéressé aux élections des délégués gérants.

Cass. soc. 28 septembre 2011, n° 10-21.294, 1re, 2e et 4e branches du moyen, BC V n° 210.

Il appartient à la juridiction prud'homale, qui n'est pas liée par la définition donnée par la convention des parties des faits susceptibles d'en entraîner la rupture sans préavis ni indemnité, d'apprécier si les faits reprochés aux gérants sont constitutifs d'une faute grave ; ayant relevé que le comportement de gérants non salariés ne faisait l'objet d'aucune critique autre que celle tirée de l'existence d'un déficit d'inventaire, une cour d'appel a pu décider qu'aucune faute grave ne pouvait être retenue à leur encontre.

Cass. soc. 28 octobre 1997, n° 94-45.257, BC V n° 351.

Une clause de non-concurrence stipulée dans le contrat d'un gérant non salarié de succursale de commerce de détail alimentaire n'est licite que si elle comporte l'obligation pour la société de distribution de verser au gérant une contrepartie financière.

En application du principe fondamental de libre exercice d'une activité professionnelle et de l'article L. 7322-1 CT, une clause de non-concurrence stipulée dans le contrat d'un gérant non salarié de succursale de commerce de détail alimentaire n'est licite que si elle comporte l'obligation pour la société de distribution de verser au gérant une contrepartie financière ; la stipulation d'une clause de non-concurrence nulle est susceptible de causer au gérant un préjudice dont l'existence et l'évaluation relèvent du pouvoir souverain d'appréciation des juges du fond.

Pour débouter une gérante de sa demande au titre de la clause de non-concurrence dépourvue de contrepartie financière, une cour d'appel a retenu que si la clause de non-concurrence imposée au salarié, qu'il convient de protéger particulièrement, ne prévoit pas de contrepartie financière, le salarié et lui seul, peut alors se prévaloir de la nullité de cette clause, car la contrepartie financière de l'obligation de non-concurrence, allouée en raison d'un travail antérieur, a dans ce cas le caractère d'un salaire, il en va différemment dans le cadre du contrat de cogérance non salariée, aucun lien de subordination n'existant entre les parties qui consentent librement à leurs engagements respectifs.

En statuant ainsi, alors qu'il n'était pas contesté que la clause de non-concurrence stipulée au contrat de gérance ne comportait pas de contrepartie financière au bénéfice du gérant, la cour d'appel, à laquelle il appartenait d'apprécier l'existence d'un préjudice, a violé le principe et le texte susvisés.

Cass. soc. 5 octobre 2016, n° 15-22.730, 3e moyen du pourvoi principal, BC V n° 185.

La validité de la clause de non-concurrence s'apprécie à la date de sa conclusion.

Cass. soc. 27 mars 2013, n° 12-12.892, 2e moyen du pourvoi incident, BC V n° 91.

La stipulation d'une clause de non-concurrence nulle est susceptible de causer au gérant un préjudice dont l'existence et l'évaluation relèvent du pouvoir souverain d'appréciation des juges du fond.

Cass. soc. 5 octobre 2016, n° 15-22.730, précité.

Les dispositions du code du travail relatives aux visites médicales de reprise effectuées auprès de la médecine du travail en cas d'inaptitude sont applicables aux gérants non salariés.

Il résulte des dispositions combinées de l'article R. 241-1 CT, dans sa rédaction applicable au litige, de l'article R. 241-51 du même code, et de l'article 9, al. 3 de l'accord collectif national du 18 juillet 1963 concernant les maisons d'alimentation à succursales, supermarchés, hypermarchés, « gérants-mandataires », que les visites de reprise doivent être effectuées par un service médical du travail.

Une société a engagé une personne en qualité de gérant non salarié au sens de l'article L. 782-1 CT, pour assurer la gestion et l'exploitation d'un magasin ; l'intéressée étant en arrêt de travail pour maladie, son médecin traitant a délivré le 19 janvier 2002 un certificat mentionnant que son état de santé était incompatible avec son emploi de gérante de magasin et confirmé cette constatation dans un second certificat délivré le 4 février 2002 ; elle s'est vu notifier la rupture du contrat de gérance par lettre du 11 février 2002.

Pour décider que le contrat de gérance avait été rompu sans cause réelle et sérieuse, une cour d'appel a exactement énoncé que, selon l'article L. 782-7 CT, les gérants non salariés des succursales de maisons d'alimentation de détail « bénéficient de tous les avantages accordés aux salariés par la législation sociale », dont ce texte ne donne pas une liste limitative, de sorte que les dispositions du code du travail relatives à la résiliation du contrat de travail à durée indéterminée, notamment celles édictées par l'article L. 122-24-4 CT, étaient applicables.

Cass. soc. 15 mai 2007, n° 06-40.872, BC V n° 78. Voir aussi cass. soc. 16 février 2011, n° 09-43.364, à propos de l'obligation pour la société propriétaire de la succursale d'organiser la visite médicale de reprise du gérant.

Il en est de même des dispositions des articles L. 1226-10 et L. 1226-12 CT relatives au reclassement des salariés déclarés inaptes à la suite d'un accident du travail ou d'une maladie professionnelle…

Il résulte de l'article L. 7322-1 CT que les dispositions de ce code bénéficiant aux salariés s'appliquent en principe aux gérants non-salariés de succursales de commerce de détail alimentaire ; il en résulte que les dispositions des articles L. 1226-10 et L. 1226-12 CT relatives au reclassement des salariés déclarés inaptes à la suite d'un accident du travail ou d'une maladie professionnelle leur sont applicables.

Cass. soc. 5 octobre 2016, n° 15-22.730, 2e moyen du pourvoi principal, BC V n° 185.

… et des dispositions relatives à la rupture du contrat de travail à durée indéterminée et à la prescription des sanctions.

Il résulte des dispositions de l'article L. 782-7, devenu L. 7322-1 CT que les dispositions de ce code bénéficiant aux salariés s'appliquent en principe aux gérants mandataires non salariés de succursales de maisons d'alimentation de détails ; les articles L. 122-4 et s., devenus L. 1231-1 et s. CT, relatifs à la rupture du contrat de travail à durée indéterminée et l'article L. 122-44, devenu L. 1332-4 CT, relatif à la prescription des sanctions, sont par conséquent applicables à ces gérants non salariés.

Après avoir constaté qu'une société avait adressé le 23 juillet 2004 à un cogérant une lettre recommandée avec accusé de réception lui demandant de justifier un manquant relevé par un inventaire du 14 juin 2004 dans un délai de quinze jours, conformément à l'article 22 de l'accord collectif national des maisons d'alimentation à succursales, supermarchés, hypermarchés « gérantes mandataires » du 18 juillet 1963 révisé et étendu par arrêté du 29 avril 2005, et qu'elle avait adressé la convocation à l'entretien préalable par lettre datée du 25 octobre 2004 avant de notifier la rupture du contrat par une lettre du 9 novembre 2004, une cour d'appel a pu en déduire que la procédure de rupture du contrat avait été engagée après l'expiration du délai de prescription des faits fautifs et dire que la résiliation du contrat de gérance s'analysait en un licenciement sans cause réelle et sérieuse.

Cass. soc. 8 décembre 2009, n° 08-42.090, 1er moyen, BC V n° 278.

Les dispositions légales relatives aux syndicats professionnels et aux institutions représentatives du personnel sont applicables aux gérants non salariés sous réserve des aménagements conventionnellement prévus.

L'article 37 de l'accord collectif national des maisons d'alimentation à succursales, supermarchés, hypermarchés « gérants-mandataires » du 18 juillet 1963 a pour seul objet de préciser les modalités d'application particulières aux gérants non salariés de succursales des dispositions légales relatives aux syndicats professionnels et aux institutions représentatives du personnel ; il en résulte que, sous réserve des aménagements expressément et limitativement prévus par cet accord, les organisations syndicales peuvent se prévaloir de l'ensemble desdites dispositions légales.

Cass. soc. 13 janvier 2010, n° 09-60.107, BC V n° 8. Voir aussi cass. crim. 11 octobre 2011, n° 10-86.944, B. crim. n° 204 ; cass. ass. plén. 9 janvier 2015, n° 13-80.967, BC n° 1, énonçant que les dispositions de l'article L. 2431-1, al. 1 CT étant applicable aux gérants non salariés, constitue un délit d'entrave le fait de rompre ou de transférer le contrat d'un gérant titulaire d'un mandat de délégué syndical en méconnaissance du statut protecteur.

Le gérant non salarié investi d'un mandat représentatif doit bénéficier du régime protecteur prévu aux articles L. 2411-3 et 8 ancien CT.

Il résulte des dispositions combinées des alinéas 6 et 8 du préambule de la Constitution du 27 octobre 1946, de l'article 1er de la convention 135 de l'OIT relative à la protection des représentants des travailleurs et de l'article L. 782-7, devenu L. 7322-1 CT, que le gérant non salarié, investi d'un mandat représentatif en application de l'article 37 de l'accord collectif national des maisons d'alimentation à succursales, supermarchés, hypermarchés « gérants-mandataires » du 18 juillet 1963 révisé et étendu par arrêté du 25 avril 1985 qui précise les modalités d'application particulières, aux gérants non salariés de succursales, des dispositions légales relatives aux syndicats professionnels et aux institutions représentatives du personnel, doit être en mesure d'exprimer et de défendre librement les revendications de la collectivité des gérants qu'il représente et doit bénéficier, à ce titre, du régime protecteur prévu aux articles L. 2411-3 et 8 CT.

Après avoir constaté que le cogérant d'un magasin de vente au détail avait été désigné délégué syndical d'établissement en application de l'accord collectif national susmentionné, une cour d'appel a pu en déduire que la rupture de son contrat sans autorisation préalable de l'inspecteur du travail était entachée de nullité.

Cass. soc. 8 décembre 2009, n° 08-42.089, 1er moyen, BC V n° 277.

Rémunération

Les gérants non salariés peuvent se prévaloir du SMIC.

Si les accords collectifs peuvent déterminer la rémunération minimum garantie des gérants non salariés compte tenu de l'importance de la succursale et des modalités d'exploitation de celle-ci, il demeure qu'en application de l'article L. 782-3 CT, la rémunération convenue ne peut jamais être inférieure au SMIC.

Cass. soc. 2 mars 1994, n° 88-43.739.

Pour déterminer si le SMIC a été respecté, il convient d'apprécier le nombre d'heures de travail effectif, le salaire horaire à prendre en considération étant celui correspondant à une heure de travail effectif.

Doit être cassé l'arrêt qui, pour estimer qu'un gérant avait effectivement perçu le minimum conventionnel ou légal de rémunération auquel il pouvait prétendre, s'est référé exclusivement à la rémunération minimale mensuelle correspondant au produit du SMIC par le nombre d'heures constituant la durée légale du travail, alors qu'il convenait de vérifier si le salaire horaire contractuel avait été inférieur soit au SMIC, soit au minimum conventionnel applicable, le salaire horaire à prendre en considération étant celui correspondant à une heure de travail effectif.

Cass. soc. 25 juin 1987, n° 84-44.462.

Sauf faute lourde de leur part, ils doivent conserver chaque mois une rémunération au moins égale au SMIC, quelle que soit l'importance du déficit de gestion.

Si les gérants non salariés des succursales de maisons d'alimentation de détail doivent assumer la charge de tout déficit d'inventaire, ils ont droit, sauf faute lourde, de conserver définitivement chaque mois, quelle que soit l'importance du déficit imputable à leur gestion, une rémunération au moins égale au SMIC.

Cass. soc. 20 juin 1990, n° 89-12.187.

Les gérants non salariés de succursales de magasins d'alimentation doivent, sauf clause contraire de leur contrat, assumer la charge de tout déficit d'inventaire.

Cass. soc. 4 octobre 1995, n° 93-18.336.

Lorsque les conditions d'application en sont réunies, les gérants non salariés de succursales de commerce de détail alimentaire peuvent revendiquer le paiement d'heures supplémentaires et l'application des dispositions de l'article L. 3171-4 CT.

Cass. soc. 10 octobre 2018, n° 17-13.418, 2e moyen du pourvoi principal, à paraître.

En cas de gérance normale, le montant de la rémunération garantie fixé par l'accord collectif national du 18 juillet 1963 s'entend de la rémunération garantie non à chacun des cogérants mais à l'ensemble des cogérants.

Selon l'article 4 de l'accord collectif national du 18 juillet 1963 concernant les gérants non salariés des maisons d'alimentation à succursales, supermarchés, hypermarchés « gérants mandataires », étendu par arrêté du 25 avril 1985, les gérances sont réparties en deux catégories, la gérance d'appoint et la gérance normale, la seconde étant assurée par deux gérants mandataires non salariés au minimum et faisant l'objet d'un contrat de cogérance ; selon l'article 5 du même accord, les sociétés garantissent à leurs gérants mandataires non salariés une commission mensuelle minimum, tant pour la gérance d'appoint que pour la gérance normale ; à compter du 1er janvier 2015, les minima garantis sont les suivants : gérance 1re catégorie : 1 635 euros par mois, gérance 2e catégorie : 2 380 euros par mois.

Le 24 mai 2004, un couple a signé avec une société un contrat de gérants mandataires non salariés ; les deux gérants ont saisi la juridiction prud'homale de diverses demandes.

Pour condamner la société à verser à l'un des époux cogérants une certaine somme à titre de rappels de commissions supplémentaires mensuelles pour la période de janvier 2008 à février 2016 outre congés payés afférents, et à l'autre un rappel de congés payés à ce titre, une cour d'appel, après avoir constaté que chacun des gérants réclamait l'allocation de la somme minimale garantie par l'accord collectif pour une gérance unique, a retenu que les dispositions du code du travail applicables aux salariés devaient trouver application en ce qui concerne la rémunération revenant individuellement à chacun des cogérants de sorte qu'il convenait de dire que la rémunération devant être garantie à chacun était la rémunération conventionnelle ; que toutefois, cette rémunération conventionnelle ayant été perçue par les cogérants depuis 2008, il ne pouvait être fait droit à la demande revenant à servir cette rémunération conventionnelle à nouveau à chacun des cogérants, de sorte qu'il convenait de la fixer à la somme de 102 767 euros outre congés payés afférents, de dire qu'elle devrait être payée à l'un des gérants à titre de rappels de commissions, tout en allouant à l'autre gérant au nom duquel les bulletins de commissions versées étaient émis, la somme de 10 263 euros au titre des congés payés sur les commissions perçues sur la base du minimum conventionnel.

En statuant ainsi, alors qu'en cas de gérance normale, le montant de la rémunération garantie s'entend de la rémunération garantie non à chacun des cogérants mais à l'ensemble des cogérants, la cour d'appel a violé les articles 4, 5 et 7 de l'accord collectif national du 18 juillet 1963, étendu par arrêté du 25 avril 1985.

Cass. soc. 10 octobre 2018, n° 17-13.418, 3e moyen du pourvoi principal, à paraître.

Concernant la rémunération des heures de délégation, la somme allouée au représentant payé en tout ou en partie par des commissions doit être calculée d'après son salaire réel et être au moins égale au SMIC.

Il résulte des articles L. 2251-1, L. 7322-1, L. 7322-3, L. 2143-17, L. 2315-3, L. 3232-1, L. 3232-3, D. 3231-5 et D. 3231-6 CT que le temps nécessaire à l'exercice des fonctions de représentant du personnel est de plein droit considéré comme temps de travail et payé à l'échéance normale, que ce représentant ne doit subir aucune perte de rémunération du fait de l'exercice de sa mission, que si les accords collectifs peuvent déterminer la rémunération minimale garantie des gérants non salariés des succursales de commerce de détail alimentaire, compte tenu de l'importance de la succursale et des modalités d'exploitation de celle-ci, il demeure que, en application de l'article L. 7322-3 CT, la rémunération convenue ne peut jamais être inférieure au SMIC ; en conséquence, lorsque le représentant est payé en tout ou en partie par des commissions, la somme qui lui est allouée pendant une période où, du fait de ses fonctions, il ne peut travailler, doit être calculée d'après son salaire réel et être au moins égale au SMIC.

Cass. soc. 9 janvier 2013, n° 11-26.418, 4e moyen, BC V n° 4. Voir aussi cass. soc. 10 octobre 2018, n° 17-13.418, 5e moyen du pourvoi principal, à paraître.

Compétence juridictionnelle

Les litiges opposant les gérants non salariés au propriétaire du fonds relèvent de la compétence de la juridiction prud'homale lorsqu'ils concernent les conditions de travail…

Engagés avec leur conjoint pour exploiter des succursales d'alimentation de détail, des gérants non salariés avaient saisi la juridiction prud'homale à la suite de la résiliation de leur contrat par la société en raison d'un manquant dans la gestion comptable.

Une cour d'appel a relevé, d'une part, que les contrats signés par les parties étaient des contrats de gérants non salariés conformes à l'article L. 782-1 CT ; d'autre part, elle a exactement retenu que les différends étaient relatifs à la résiliation, quelle qu'en soit la cause, des contrats de gérants non salariés ayant existé entre les parties et ne concernaient pas en elles-mêmes les modalités commerciales d'exploitation des succursales, dès lors que les demandes des intéressés portaient sur le paiement de rappels de salaire, d'une indemnité de préavis, de dommages-intérêts pour rupture abusive et d'une indemnité d'inventaire. Elle a ainsi décidé, à bon droit, que les différends relevaient de la compétence du conseil de prud'hommes.

Cass. soc. 9 juin 1998, n° 94-43.827, BC V n° 313.

… et de la compétence des tribunaux de commerce lorsqu'ils concernent les modalités commerciales d'exploitation.

Selon l'article L. 782-5 CT, les différends survenus entre les entreprises mentionnées à l'article L. 782-1 CT et leurs gérants non salariés relèvent de la compétence des tribunaux de commerce lorsqu'ils concernent les modalités commerciales d'exploitation des succursales.

Cass. soc. 22 novembre 1995, n° 92-16.192, 2e moyen.

Tel est notamment le cas lorsque le différend porte sur un déficit de gestion.

Si les conseils de prud'hommes règlent les différends s'élevant à l'occasion du contrat de travail entre les employeurs et les salariés, et si certaines dispositions du code du travail sont applicables aux gérants non salariés qui exploitent, dans des conditions déterminées, les succursales des maisons d'alimentation de détail ou des coopératives de consommation, les différends survenus entre eux relèvent de la compétence des tribunaux de commerce lorsqu'ils concernent les modalités commerciales d'exploitation des succursales.

Doit être cassé l'arrêt ayant déclaré le tribunal de commerce incompétent pour connaître du litige opposant une coopérative à une gérante de succursale, quant à son déficit de gestion, et ayant renvoyé les parties devant le conseil de prud'hommes, aux motifs que le contrat et les bulletins de paye se référant aux règles du contrat de travail et au SMIG, la gérante était une gérante salariée, alors qu'il résultait des constatations de la cour d'appel que le contrat ne fixait pas les conditions de travail de la gérante qui exploitait la succursale à ses risques et périls en supportant les déficits, et alors que la cour d'appel n'avait pas recherché s'il avait ou non existé en fait un lien de subordination entraînant l'application en la cause de l'ensemble des dispositions relatives aux salariés et pas seulement de celles des articles L. 782-1 et s. CT.

Cass. soc. 22 novembre 1979, n° 78-11.708, BC V n° 890.

Ayant retenu que le litige opposant une gérante à l'entreprise, relatif à un déficit d'inventaire, concernait les modalités de l'exploitation commerciale de la succursale et que la gérante ne justifiait pas d'un lien de subordination permettant de caractériser l'existence d'un contrat de gérance salariée, une cour d'appel a pu décider que ce litige relevait de la compétence de la juridiction commerciale.

Cass. soc. 13 juillet 2004, n° 03-13.143.

La saisine du tribunal de commerce et l'intervention d'un jugement ne peuvent priver un gérant du droit de saisir la juridiction prud'homale d'une demande de requalification du contrat de gérance non salariée en contrat de gérance salariée.

Une société a demandé à la gérante d'une de ses succursales le remboursement d'une somme correspondant à un manquant de marchandises et l'a assignée à cette fin devant le tribunal de commerce, lequel, par jugement devenu définitif, a fait droit à cette demande. La gérante a saisi la juridiction prud'homale afin d'obtenir la requalification du contrat en contrat de gérance salariée et le paiement de diverses sommes relatives à la rupture.

Pour débouter l'intéressée de la demande de requalification, une cour d'appel a retenu que le tribunal de commerce avait reconnu sa compétence et condamné la gérante au remboursement des manquants, par décision devenue définitive et exécutée, que l'intéressée n'avait pas soulevé l'incompétence de cette juridiction ni sollicité un sursis à statuer en raison d'une demande de requalification de son contrat devant le conseil de prud'hommes et qu'elle ne saurait revenir sur l'autorité de la chose jugée.

En statuant ainsi, la cour d'appel a violé l'article L. 511-1 CT. En effet, si le tribunal de commerce était compétent, en application de l'article L. 782-5 CT pour connaître de la demande de la société fondée sur le déficit d'exploitation de la succursale, le jugement intervenu ne pouvait priver la gérante du droit de saisir la juridiction prud'homale d'une demande de requalification du contrat de gérance non salariée en contrat de gérance salariée.

Cass. soc. 3 mars 2004, n° 01-46.878.

Les clauses attributives de compétence sont prohibées.

Une société avait confié à une personne la gérance non salariée d'une succursale par un contrat comportant une clause d'attribution de compétence territoriale au profit d'un tribunal de commerce. À la suite de la reddition des comptes, cette société a assigné l'intéressée devant ce tribunal. Celle-ci a décliné la compétence de cette juridiction et revendiqué la compétence d'un autre tribunal de commerce.

Il ne saurait être reproché à une cour d'appel, statuant sur contredit, d'avoir déclaré incompétent le tribunal de commerce désigné dans la clause d'attribution de compétence territoriale et d'avoir renvoyé l'affaire devant l'autre tribunal de commerce, dès lors qu'aux termes de l'article L. 782-6 CT, est nulle et de nul effet toute clause attributive de juridiction incluse dans un contrat conclu entre une entreprise mentionnée à l'article L. 782-1 du même code et un gérant non salarié de succursale.

Cass. soc. 1er juin 1994, n° 92-12.179, BC V n° 185.

Gérants salariés de succursales

En application des articles L. 7321-1 à L. 7321-4 CT, certains gérants, bien que non soumis à un rapport de subordination avec le propriétaire de la succursale qu'ils exploitent, bénéficient des dispositions du code du travail en raison de la situation de dépendance économique dans laquelle ils se trouvent.

Conditions d'application du statut de gérant salarié

Pour bénéficier du statut de gérant salarié, le gérant doit être lié exclusivement, ou quasi exclusivement, à une entreprise industrielle ou commerciale et exercer sa profession dans les conditions fixées par elle. Il est également nécessaire qu'il pratique les prix imposés par l'entreprise et que le local soit fourni ou agréé par elle.

Une société qui avait confié à une personne l'exploitation d'une tournée de distribution et de ramassage de colis lui avait notifié le non-renouvellement de son contrat de franchise arrivant à son terme. Le franchisé avait alors saisi le conseil de prud'hommes en requalification de la relation en contrat de travail, requalification de la rupture en licenciement sans cause réelle et sérieuse et paiement de diverses sommes au titre de l'exécution et de sa rupture.

A légalement justifié sa décision la cour d'appel qui a fait ressortir que les conditions de l'article L. 781-1, 2° CT étaient réunies, après avoir relevé que le franchisé distribuait et ramassait des colis à partir d'un local dont la société était locataire, que la distribution était soumise à des horaires et à un itinéraire imposés par la politique commerciale de la société et que les tarifs étaient imposés par cette dernière qui encaissait directement les factures de la clientèle.

Cass. soc. 4 décembre 2001, n° 99-41.265, pourvoi principal, BC V n° 373.

Le 23 décembre 1998, les propriétaires d'un fonds de commerce de vente de carburants au détail ont donné ce fonds de commerce en location-gérance à une société S, constituée entre MM. D et T et en cours d'immatriculation ; selon la convention de location-gérance, la société S s'engageait à exécuter pour l'avenir les obligations du contrat de commission conclu avec la société pétrolière, lequel prévoyait la distribution en exclusivité essentiellement des produits fournis par cette dernière, à des prix et conditions imposés par elle ; le 3 janvier 2005, le contrat de commission a été renouvelé pour trois ans entre la société S et la société pétrolière ; il a pris fin de façon anticipée le 31 juillet 2007, M. D devant cesser son activité pour inaptitude physique ; M. T, matériellement incapable d'exécuter seul les obligations issues du contrat de commission, a procédé à sa résiliation au nom de la société S ; le contrat de location-gérance du 23 décembre 1998 avait perduré parallèlement par voie de renouvellements annuels ; pour le fonctionnement de la société S, M. D était salarié, M. T était gérant minoritaire et salarié et aucun autre personnel n'était employé ; le 7 avril 2008, MM. D et T ont saisi la juridiction prud'homale en revendiquant le bénéfice de l'article L. 781-1 CT, alors applicable, recodifié sous les articles L. 7321-1 et s. du même code, pour obtenir le paiement par la société pétrolière des rappels de salaires et des dommages-intérêts, pour non-respect de la législation sociale.

Doit être rejeté le moyen de la société pétrolière qui, pour reprocher à la cour d'appel d'avoir dit que les dispositions des articles L. 7321 et s. CT s'appliquaient en leur principe aux rapports des parties et bénéficiaient de la même manière à MM. D et T, soutient que nul ne peut bénéficier, au titre d'une même période du statut de gérant de succursale et du statut de salarié et que M. D, étant le salarié de la société S, ne pouvait pas bénéficier également des dispositions applicables aux gérants de succursale.

En effet, ayant constaté que M. D avait exercé son activité au bénéfice exclusif de la société pétrolière, la cour d'appel en a exactement déduit qu'il pouvait revendiquer l'application de l'article L. 7321-2 CT, dès lors que les conditions cumulatives posées par ce texte étaient réunies.

Cass. soc. 5 décembre 2012, n° 11-20.460, 3e moyen du pourvoi, BC V n° 327.

La circonstance que les pratiques de prix mises en œuvre par une société dans ses rapports avec ses distributeurs échapperaient, en vertu de règlements communautaires d'exemption, à la prohibition des ententes entre entreprises découlant des articles 81 et 82 du traité CE est dépourvue de lien avec la prise en considération, au titre des dispositions de l'article L. 7321-2, 2° CT, qui permettent à des gérants de succursales de se prévaloir à l'égard de la société mère de l'application de dispositions de ce code, de l'existence de prix imposés aux gérants de ses succursales par la société sans qu'il en résulte la moindre prohibition de cette pratique qu'elle met ainsi en œuvre.

Cass. soc. 16 septembre 2015, n° 14-17.371, 1er moyen, BC V n° 166.

Ces conditions sont cumulatives.

Cass. soc. 3 novembre 2005, n° 03-47.968.

Le juge n'a pas à rechercher si le gérant exerce ses fonctions dans un rapport de subordination pour déterminer s'il doit bénéficier des dispositions du code du travail.

Une personne avait conclu un contrat de franchise avec une société par lequel cette dernière apportait à l'intéressé le bénéfice de son savoir-faire dans le domaine de la destination du colis plis et objet au moyen de véhicules utilitaires légers. La société ayant résilié le contrat, son cocontractant avait saisi un conseil de prud'hommes en paiement de diverses sommes au titre de l'exécution et de la rupture du contrat de travail.

C'est à tort que, pour écarter la compétence de la juridiction prud'homale, une cour d'appel, analysant le contenu du contrat, a retenu que l'intéressé n'était pas « soumis à un lien de subordination », alors qu'il lui appartenait seulement de rechercher si les conditions énoncées à l'article L. 781-1, 2° CT étaient en fait réunies.

Cass. soc. 4 décembre 2001, n° 99-44.452, BC V n° 373. Voir aussi cass. soc. 4 décembre 2001, n° 99-43.440, BC V n° 373 ; cass. soc. 18 janvier 2012, n° 10-23.921, 1er moyen.

Il résulte de l'article L. 781-1, 2° CT que, dès lors que les conditions qu'il énonce sont, en fait, réunies, quelles que soient les énonciations du contrat, les dispositions du code du travail sont applicables, sans qu'il soit besoin d'établir l'existence d'un lien de subordination.

Ayant retenu qu'une gérante qui exerçait son activité dans des locaux fournis par une société X et exploités sous l'enseigne « Centre de beauté X », assurait essentiellement dans ce magasin la vente au public des marchandises que la société X, son seul fournisseur, lui confiait en dépôt, que les conditions d'exercice de cette activité étaient définies par le fournisseur et que sa contractante ne disposait plus de la liberté de fixer le prix de vente des marchandises déposées, une cour d'appel a pu décider que les dispositions du code du travail étaient applicables et que le juge prud'homal était compétent pour connaître des demandes en paiement de salaires, d'indemnités de rupture et de dommages-intérêts pour licenciement sans cause réelle et sérieuse de l'intéressée.

Cass. soc. 8 février 2005, n° 03-40.731.

Le bénéfice des dispositions des articles L. 7321-1 à 5 CT n'est pas subordonné au caractère fictif de la société ni à la condition que l'activité professionnelle découlant de cette exploitation soit exercée par les seuls intéressés à l'exclusion de l'emploi de salariés.

Cass. soc. 25 février 2009, n° 07-40.371. Voir aussi cass. soc. 1er février 2011, n° 08-45.223, 1er et 2e moyens réunis.

Une personne demandant le bénéfice du statut de gérant de succursale ne peut pas se voir opposer les clauses liant le fournisseur à la société de distribution des produits.

Un contrat de location-gérance a été conclu entre une société pétrolière et une société A, relatif au fonds de commerce d'une station-service pour une durée de trois ans à compter du 4 janvier 1999 ; ce contrat a été prorogé, puis renouvelé jusqu'au 30 juin 2005 ; le 18 septembre 2006, les deux cogérantes de la société A ont saisi la juridiction prud'homale en revendiquant le bénéfice de l'article L. 781-1 CT, alors applicable, recodifié sous les articles L. 7321-1 et s. du même code, pour obtenir le paiement par la société pétrolière des sommes à titre de rappel de salaires et d'indemnités, ainsi que leur immatriculation au régime général de la sécurité sociale.

C'est à tort que pour débouter les deux cogérantes de leurs demandes d'indemnités de rupture et de dommages-intérêts pour licenciement sans cause réelle et sérieuse, une cour d'appel a retenu que le contrat de location-gérance du 23 juin 2002 était prévu pour trois ans, jusqu'au 30 juin 2005, qu'il n'est donc établi, ni que la relation contractuelle était à durée indéterminée, ni que la volonté d'y mettre fin soit celle de la société pétrolière, de sorte que la rupture des relations entre les parties au 30 juin 2005 ne pouvait pas être assimilée à la rupture d'un contrat à durée indéterminée, alors que les clauses du contrat liant le fournisseur à la société chargée de la distribution des produits ne peuvent pas être opposées au gérant agissant sur le fondement de l'article L. 7321-2 CT.

Cass. soc. 5 décembre 2012, n° 11-22.168, BC V n° 328.

L'action tendant à faire reconnaître que les dispositions de l'article L. 7321-2 CT sont applicables à un rapport contractuel, qui n'exige pas que soit établie l'existence d'un lien de subordination, n'est pas une action exclusivement attachée à la personne qui désire bénéficier de ces dispositions.

Dès lors, cette action peut être exercée par les organes d'une procédure collective.

Cass. soc. 9 mars 2011, n° 09-42.901, BC V n° 74.

Conditions de travail

Les travailleurs visés à l'article L. 781-1, devenu L. 7321-1 et L. 7321-3 CT, bénéficient des dispositions de ce code et, par suite, de la convention collective à laquelle est soumis le chef d'entreprise qui les emploie.

Des époux M ont exploité une station-service à compter du 15 juin 1978, leur activité d'exploitation de celle-ci s'exerçant, à partir de 1983, dans le cadre de divers contrats conclus entre la société M, dont la constitution avait été demandée par une société T, et cette dernière, pour notamment la distribution de ses produits pétroliers ; les relations contractuelles ont pris fin le 30 juin 2004 à la demande des époux M ; ces derniers ont saisi le 8 février 2006 la juridiction prud'homale sur le fondement de l'article L. 781-1 CT, alors applicable, et présenté diverses demandes à ce titre.

Pour les débouter de leur demande de dommages et intérêts pour exposition à des substances dangereuses, une cour d'appel a retenu que ceux-ci avaient fondé leur demande sur les articles 330, 601-i) et j), 604 de la convention collective de l'industrie du pétrole et 1382 c. civ., mais que la base légale de l'obligation de sécurité de l'employeur à l'égard des salariés figure aux articles L. 231-1 et s. CT, sous l'ancienne codification applicable à l'espèce, et plus particulièrement l'article L. 231-7, que ces articles appartiennent au livre II du code du travail, sous l'ancienne codification, que les prescriptions de ce livre II n'étaient pas applicables aux époux M qui fixaient librement les conditions d'hygiène et de sécurité de leur propre travail ainsi que de celui de leurs salariés dans le cadre des obligations légales et réglementaires.

En statuant ainsi, alors que les travailleurs visés à l'article L. 781-1, devenu les articles L. 7321-1 et 3 CT, bénéficient des dispositions de ce code et notamment de celles relatives aux conventions collectives, que par suite ils relèvent de la convention collective à laquelle est soumis le chef d'entreprise qui les emploie, et qu'il appartenait à la cour d'appel d'examiner les demandes des époux formées au titre de dispositions de la convention collective de l'industrie du pétrole concernant la protection de la santé du personnel, la cour a violé l'article L. 781-1, devenu les articles L. 7321-1 et 3 CT.

Cass. soc. 26 octobre 2011, n° 10-14.175, 4e moyen, BC V n° 244. Voir aussi cass. soc. 25 mars 2009, n° 07-41.242, pourvoi principal, BC V n° 89.

Ainsi, le gérant peut prétendre à l'indemnité légale de licenciement, peu important à cet égard le bénéfice qu'il a réalisé par l'exploitation de la succursale.

C'est à tort qu'une cour d'appel a énoncé qu'une société n'était tenue de payer à un gérant une indemnité de licenciement qu'au cas où le bénéfice réalisé par l'exploitation de la station-service serait inférieur au montant de cette indemnité et dans la mesure de cette insuffisance, alors que l'indemnité de licenciement compense le préjudice résultant pour le salarié de la cessation du contrat de travail imputable à l'employeur et doit être versée en tout état de cause.

Cass. soc. 11 décembre 1985, n° 81-41.635, moyen unique du pourvoi incident, BC V n° 606.

Mais, si le mandataire gérant remplissant les conditions prévues par le code du travail peut se prévaloir de la convention collective applicable à la relation de travail, il ne peut, en l'absence de lien de subordination, être assimilé à un cadre salarié et ne peut en conséquence prétendre à la qualification conventionnelle correspondante.

Cass. soc. 15 janvier 2014, n° 11-11.223, BC V n° 22. Voir aussi cass. soc. 7 mars 2018, n° 16-25.240, 2e moyen.

Le gérant ne bénéficie de la réglementation sur la durée du travail, de l'hygiène et de la sécurité que si les conditions de travail, d'hygiène et de sécurité ont été fixées par l'entreprise qui l'emploie.

Après avoir relevé que le cogérant d'une station-service gardait la maîtrise de son organisation interne, employait en permanence entre huit et dix salariés et répartissait les tâches, une cour d'appel a pu en déduire que la société propriétaire de la succursale, qui ne fixait pas les conditions de travail, de santé et de sécurité de l'établissement, n'était pas responsable de l'application au gérant des dispositions du code du travail relatives à la durée du travail, aux repos et aux congés ainsi qu'à la santé et la sécurité au travail, et débouter le gérant de sa demande, notamment, de rappels de salaire pour heures supplémentaires et repos compensateur.

Cass. soc. 16 février 2011, n° 09-68.540.

Lorsque le gérant s'est vu reconnaître, non pas la qualité de salarié, mais l'application des dispositions de l'article L. 7321-2 CT, l'engagement de sa responsabilité pécuniaire n'est pas soumise à l'exigence de l'existence d'une faute lourde.

Cass. soc. 23 novembre 2016, n° 15-21.942, BC V n° 224.

Lorsque les gérants d'un magasin exercent leur activité, non pas dans un lien de subordination caractérisant l'existence d'un contrat de travail de droit commun, mais dans les conditions posées par l'article L. 7321-2, 2° CT, les litiges se rapportant aux modalités commerciales d'exploitation du magasin relèvent de la compétence du tribunal de commerce.

Aux termes de l'article L. 781-1, 2° CT, les dispositions de ce code qui visent les apprentis, ouvriers, employés et travailleurs sont applicables aux personnes dont la profession consiste essentiellement à vendre des marchandises ou denrées de toute nature qui leur sont fournies exclusivement, ou presque exclusivement, par une seule entreprise industrielle ou commerciale, lorsque ces personnes exercent leur profession dans un local fourni ou agréé par cette entreprise et aux conditions et prix imposés par ladite entreprise.

Une société, qui avait confié la gérance d'un de ses magasins à deux personnes, avait assigné ces dernières devant le tribunal de commerce en paiement d'une certaine somme correspondant à des détournements et à un déficit d'inventaire. Une cour d'appel, statuant sur contredit, a pu rejeter l'exception d'incompétence au profit du conseil de prud'hommes formée par les gérants et décider que le litige relevait de la compétence du tribunal de commerce, après avoir retenu que les intéressés exerçaient leur activité, non pas dans un lien de subordination caractérisant l'existence d'un contrat de travail de droit commun, mais dans les conditions fixées par la loi et constaté que la demande de la société se rattachait aux modalités commerciales d'exploitation du magasin.

Cass. soc. 8 mars 2006, n° 04-17.059, BC V n° 96.

Mais la juridiction prud'homale est compétente pour trancher les litiges relatifs à l'application des articles L. 7321-1 et s. CT.

Un fournisseur a confié à une société constituée à cet effet l'exploitation d'une station-service selon deux contrats successifs. Le fournisseur a procédé à la rupture anticipée de la relation contractuelle et les cogérants de la société ont saisi la juridiction prud'homale sur le fondement de l'article L. 781-1 CT. Le fournisseur a conclu à l'irrecevabilité de la demande des intéressés en soutenant que ces dispositions étaient inapplicables aux personnes morales et aux gérants des personnes morales et en faisant valoir que la société ayant préalablement saisi la juridiction commerciale, les gérants ne pouvaient cumuler le bénéfice des dispositions du droit commercial et du droit du travail.

1/ La répartition des compétences entre le tribunal de commerce et le conseil de prud'hommes, en cas de différends entre les locataires-gérants et les sociétés propriétaires du fonds, ne pouvait priver les cogérants du droit de saisir le conseil de prud'hommes en invoquant le bénéfice des dispositions de l'article L. 781-1 CT. Il appartenait aux juges du fond, saisis de demandes formées en application de la législation sociale, d'une part, d'apprécier si les gérants avaient, comme ils le prétendaient, exercé leur activité professionnelle pour le compte de la société pétrolière dans les conditions fixées par l'article L. 781-1, 2° CT et, d'autre part, si, comme le soutenait le fournisseur, les gérants avaient valablement renoncé à se prévaloir du statut de salarié.

Ayant examiné si les conditions cumulatives prévues par l'article L. 781-1, 2° CT étaient ou non réunies, puis ayant estimé que les cogérants n'avaient pas manifesté une volonté claire et non équivoque de renoncer aux droits qu'ils tiennent à titre individuel du texte susvisé, c'est à bon droit qu'une cour d'appel a déclaré recevable en l'état la demande des cogérants.

2/ Selon le premier alinéa de l'article L. 781-1 CT, les dispositions de ce code, qui visent les apprentis, ouvriers, employés, travailleurs, sont applicables aux personnes dont la profession consiste essentiellement soit à vendre des marchandises ou denrées de toute nature, des titres, des volumes, publications, billets de toute sorte qui leur sont fournis exclusivement, ou presque exclusivement, par une seule entreprise industrielle ou commerciale, soit à recueillir les commandes ou à recevoir des objets à traiter, manutentionner ou transporter pour le compte d'une seule entreprise industrielle ou commerciale, lorsque ces personnes exercent leur profession dans un local fourni ou agréé par cette entreprise et aux conditions et prix imposés par ladite entreprise.

Analysant les contrats et appréciant les conditions de fait dans lesquelles la station-service était exploitée, la cour d'appel, restituant aux faits et aux actes litigieux leur exacte qualification, a retenu que si la société dont les époux étaient cogérants était la signataire des contrats de location-gérance et de mandat, les clauses desdits contrats révélaient l'instauration d'un lien direct entre le fournisseur et les époux, la société n'étant qu'une « société de façade ». Dès lors, c'est à bon droit que la cour d'appel a déclaré la juridiction prud'homale compétente.

Cass. soc. 22 mars 2006, n° 05-42.233, BC V n° 122.

Rémunération

Sauf faute lourde de leur part, les gérants doivent conserver chaque mois une rémunération au moins égale au SMIC.

C'est à tort que, pour débouter un gérant de sa demande en remboursement de la somme qu'il avait versée à titre de « droit d'entrée » lors de son embauche, une cour d'appel a énoncé que ses relations juridiques avec l'employeur avaient été déclarées régies par l'article L. 781-1 CT et n'avaient donc pas été qualifiées de contrat de travail de droit commun, alors, d'une part, qu'il appartenait à la cour d'appel de rechercher si le versement effectué au titre du « droit d'entrée » ne constituait pas une somme déposée lors de la conclusion du contrat pour en garantir la bonne exécution, et donc éventuellement remboursable, et alors, d'autre part, que, même s'il ne s'agissait pas d'un cautionnement remboursable à la fin du contrat, la cour d'appel, qui avait constaté que les rémunérations perçues par l'intéressé étaient inférieures au SMIC, devait nécessairement vérifier si le fait pour l'employeur de conserver définitivement le bénéfice de cette somme n'était pas un moyen de diminuer la rémunération effective du gérant, au point d'en réduire le montant à une somme inférieure au SMIC.

Cass. soc. 25 février 1998, n° 95-44.096, BC V n° 106.

Le gérant peut être tenu de garantir un déficit d'inventaire, dès lors qu'il n'est pas porté atteinte à son droit au salaire minimum.

Doit être cassé l'arrêt qui condamne, en l'absence de faute lourde, une entreprise à rembourser à la gérante salariée d'un kiosque de presse les sommes qui avaient été retenues sur son salaire en raison de marchandises manquantes et d'un déficit de caisse, alors que l'engagement pris par l'intéressée de garantir le déficit d'inventaire, dans la mesure où il n'était pas porté atteinte à son droit au salaire minimum, était licite.

Cass. soc. 20 janvier 1993, n° 89-45.262. Voir aussi cass. soc. 30 mars 2011, n° 10-11.509.

Les frais professionnels exposés par le gérant pour les besoins de son activité et dans l'intérêt de l'employeur doivent lui être remboursés intégralement par ce dernier, sauf dispositions contractuelles contraires.

Les frais qu'un salarié justifie avoir exposés pour les besoins de son activité professionnelle et dans l'intérêt de l'employeur doivent lui être remboursés sans qu'ils ne puissent être imputés sur la rémunération qui lui est due, à moins qu'il n'ait été contractuellement prévu qu'il en conserverait la charge moyennant le versement d'une somme fixée à l'avance de manière forfaitaire et à la condition que la rémunération proprement dite du travail reste au moins égale au SMIC.

Aucune dérogation à ce principe général n'ayant été prévue par les parties, c'est à juste titre qu'une cour d'appel a accordé à un gérant dont le contrat était régi par les dispositions des articles L. 781-1 et s. CT le remboursement de frais de déplacement exposés par l'intéressé pour exercer son activité.

Cass. soc. 25 février 1998, n° 95-44.096, précité. Voir aussi cass. soc. 4 décembre 2001, n° 99-41.265, 1er moyen du pourvoi incident, BC V n° 373.

Le fait qu'un gérant bénéficie des dispositions du code du travail n'implique pas son affiliation automatique aux régimes de retraite complémentaires AGIRC et ARRCO.

Pour condamner une société à verser à un gérant de station-service des dommages-intérêts en réparation de son préjudice pour perte de retraite consécutif au défaut de paiement des cotisations pour la période allant du 7 mai 1987 au 31 juillet 1997, une cour d'appel a retenu que l'absence d'affiliation et de paiement des cotisations correspondantes au régime général et au régime complémentaire induisait une perte avérée de droits à retraite pour le gérant, que dans la mesure où la société était informée de longue date de la problématique des exploitants de station-service qui avait donné lieu à des décisions judiciaires reconnaissant à ses cocontractants l'application de l'article L. 781-1 CT ayant vocation à contrecarrer l'abus de position du fournisseur de carburants, il devait être admis qu'elle s'était délibérément et volontairement pour des raisons essentiellement financières soustraite à ses obligations susvisées et que sa faute était ainsi caractérisée.

En se déterminant ainsi, alors que les gérants de succursales, qui bénéficient des dispositions du code du travail visant les apprentis, ouvriers, employés, ne sont pas des salariés, la cour d'appel, qui n'a pas vérifié si le gérant remplissait les conditions d'affiliation aux régimes de retraite complémentaires AGIRC et ARRCO, n'a pas donné de base légale à sa décision au regard des articles L. 7321-1 et s. CT, L. 311-3 c. séc. soc., 3 de l'accord ARRCO du 8 décembre 1961 et 4 de la convention collective nationale de retraite et de prévoyance des cadres du 14 mars 1947.

Cass. soc. 23 novembre 2016, n° 15-21.192, 2e moyen du pourvoi principal, BC V n° 223.

Rupture du contrat

Les règles gouvernant la rupture du contrat de travail sont applicables à la rupture de la relation de travail entre un gérant de succursale et l'entreprise fournissant les marchandises distribuées.

Cass. soc. 5 mars 2014, n° 12-27.050, 2e moyen.

La rupture doit reposer sur une cause réelle et sérieuse ; une clause contractuelle ne peut valablement prévoir un cas de résiliation automatique.

Pour débouter une salariée de sa demande d'indemnité de préavis, une cour d'appel a retenu qu'il résultait des stipulations de son contrat que la société était fondée à résilier son contrat de gérance sans préavis et à procéder immédiatement à son remplacement en l'absence de justification admissible ou de remboursement par l'intéressée du déficit révélé par l'inventaire.

En statuant ainsi, sans constater que le déficit d'inventaire résultait d'une faute de la gérante, la cour d'appel a violé les articles L. 122-6, L. 122-8 et L. 781-1 CT, peu important l'existence d'une clause du contrat prévoyant que l'absence de remboursement dans les huit jours de la demande pourrait entraîner la révocation du mandat sans délai de prévenance ni indemnité.

Cass. soc. 9 novembre 2004, n° 02-41.801.

Cas particulier des gérants de station-service

Un locataire-gérant de station-service peut, selon les conditions dans lesquelles il exerce réellement son activité, bénéficier soit du « statut » conventionnel, en application d'un contrat individuel conclu dans le cadre des accords interprofessionnels du 25 avril 1973 et du 21 janvier 1977.

A légalement justifié sa décision la cour d'appel qui s'est déclarée compétente pour connaître de la demande en complément de salaires formée par le locataire-gérant d'une station-service contre une société de distribution de produits pétroliers après avoir relevé que la marge bénéficiaire laissée au gérant excluait pour lui toute politique personnelle de prix et avoir estimé qu'il se trouvait en fait sous la subordination économique de la société et dès lors qu'il n'était pas allégué qu'il eut tiré la plus grande partie de ses ressources professionnelles d'une activité autre que la vente de produits fournis exclusivement, ou presque exclusivement, par cette société.

Cass. soc. 18 novembre 1981, n° 80-12.526, BC V n° 895. Voir aussi cass. soc. 23 mai 2000, n° 97-42.063.

Ces deux statuts étant exclusifs l'un de l'autre, le gérant qui bénéficie effectivement d'un avantage résultant d'un des deux statuts renonce par là même aux avantages offerts par l'autre statut.

Si le fait que le gérant ait bénéficié de la législation du travail ne l'autorise plus à cumuler ce bénéfice avec celui qui découle de la qualité de commerçant, le gérant qui se désiste de son action tendant à se voir reconnaître la qualité de gérant au sens de l'article L. 781-1, al. 2 CT est en droit de réclamer le bénéfice des dispositions de son contrat de locataire-gérant.

Cass. soc. 8 avril 1992, n° 89-13.956, BC V n° 266.

C'est à tort qu'après avoir constaté qu'un gérant salarié de station-service avait réalisé un bénéfice commercial, une cour d'appel a condamné la société qui lui avait confié l'exploitation du fonds à lui payer une somme à titre de salaires par application de l'article L. 781-1 CT, alors que l'intéressé ne pouvait obtenir, au cours d'une même année, le cumul des sommes qui lui étaient dues à titre de salaires et celles perçues à titre de bénéfice commercial.

Cass. soc. 13 mars 2001, n° 99-40.193, 2e moyen du pourvoi principal, BC V n° 81.

En l'absence de tout lien de subordination existant entre eux et les sociétés leur ayant confié l'exploitation du fonds, les gérants de station-service ne peuvent pas se voir appliquer la qualification prévue par la convention collective applicable à ces sociétés et le salaire minimum en découlant.

Cass. soc. 7 décembre 2017, n° 16-18.669, 1re branche du 3e moyen, à paraître.

La juridiction prud'homale est compétente pour trancher les litiges relatifs à l'application des articles L. 7321-1 et s. CT.

Cass. soc. 22 mars 2006, n° 05-42.233, précité.

Gratifications

Prime d'ancienneté ; Prime de fin d'année/Treizième mois ; Primes et gratifications.

Grève (Abus du droit)

La grève entraîne nécessairement une désorganisation de la production. Cependant, si l'arrêt de travail tend à désorganiser l'entreprise au point de mettre en péril son existence, il y a exercice abusif du droit de grève.

Définition de l'abus

La grève ne dégénère en abus que si elle entraîne la désorganisation de l'entreprise.

La commission, par certains salariés grévistes, d'actes illicites au cours de leur mouvement ne suffit pas, à elle seule, à modifier la nature de ce dernier ; ce n'est qu'au cas où la grève entraîne ou risque d'entraîner la désorganisation de l'entreprise qu'elle dégénère en abus. En énumérant un certain nombre d'actes illicites commis au cours d'une grève, et en se bornant à relever une désorganisation de la production, sans préciser si, et à quel moment, ces actes illicites avaient révélé un risque de désorganisation de l'entreprise elle-même, une cour d'appel n'a pas caractérisé un abus du droit de grève.

Cass. soc. 18 janvier 1995, n° 91-10.476, BC V n° 27.

Caractérisation

Il n'y a pas désorganisation de l'entreprise lorsque la clientèle a été conservée…

À la suite de revendications professionnelles non satisfaites, une partie du personnel de l'usine d'une société s'était mise en grève, observant du 20 mars au 24 avril 1981 une série d'arrêts de travail courts mais répétés ; avant chaque arrêt, les opérations de vidange et de nettoyage de la machine avaient été effectuées.

Ayant relevé que ces arrêts successifs de travail avaient seulement provoqué une désorganisation de la production, tandis que l'entreprise elle-même, qui n'avait pas perdu sa clientèle, n'avait pas été désorganisée, une cour d'appel a pu écarter tout abus du droit de grève et débouter la société de son action en responsabilité dirigée contre un syndicat et plusieurs salariés grévistes.

Cass. soc. 7 avril 1993, n° 91-16.834, BC V n° 111.

… ou lorsque le chef d'entreprise a eu la possibilité d'informer sa clientèle des perturbations du service.

Dans une société de transport de fonds, des syndicats avaient déposé un préavis de grève « de deux heures en fin de service, le matin à partir de 11 heures, et le soir, à partir de 16 heures, chaque jour… ». La direction de la société avait décidé que les salariés, qui ne prendraient pas l'engagement d'effectuer leur entier service, ne pourraient « partir en ligne ». Les syndicats avaient alors saisi le tribunal de grande instance pour faire juger que leur mouvement constituait l'exercice normal du droit de grève et qu'au contraire, les mesures de rétorsion étaient illégales.

C'est à bon droit que les juges du fond ont décidé, d'une part, qu'en cessant collectivement le travail à une heure déterminée à l'avance pour appuyer des revendications professionnelles, les salariés n'avaient fait qu'exercer le droit de grève et, d'autre part, qu'aucun abus du droit de grève n'avait été commis dès lors que la perturbation du service dont se plaignait l'employeur n'était que la conséquence normale de la limitation de la durée du travail du fait de la grève et qu'aucune désorganisation de l'entreprise ne s'était manifestée, la société ayant eu la possibilité de réduire les tournées et d'informer sa clientèle des reports de convoyage des fonds.

Cass. soc. 16 octobre 2001, n° 99-18.128, BC V n° 319.

Le fait que l'exploitation de l'entreprise soit devenue plus onéreuse ne suffit pas à caractériser un abus de droit.

Ayant relevé que des salariés avaient cessé leur travail en vue d'appuyer des revendications professionnelles et que leur mouvement de grève n'avait pas abouti à une désorganisation de l'entreprise, même s'il en avait rendu l'exploitation très onéreuse et plus difficile, une cour d'appel a pu écarter tout abus du droit de grève.

Cass. soc. 5 juillet 1995, n° 93-20.402, BC V n° 232.

Le fait pour les salariés d'avoir choisi un moment particulièrement gênant pour déclencher leur mouvement ne caractérise pas un abus du droit de grève.

Doit être approuvé l'arrêt ayant considéré comme licite l'arrêt inopiné du travail des caissières d'un magasin à grande surface à un moment où l'affluence atteignait 3 000 personnes, ce qui avait entraîné de nombreux vols par les clients, dès lors que les caissières avaient complètement cessé le travail, ce qui ne pouvait être assimilé à une exécution défectueuse de celui-ci, et qu'il aurait appartenu à l'employeur, pour qui la grève était prévisible puisqu'il avait fait venir un huissier pour la constater, de prendre les mesures nécessaires pour en pallier les conséquences dommageables.

Cass. soc. 13 mars 1980, n° 78-41.613, BC V n° 251.

Des débrayages répétés ne constituent pas un abus du droit de grève, dès lors qu'ils n'ont pas pour objet la désorganisation concertée de l'entreprise.

La répétition d'arrêts de travail, même de courte durée, ne constitue pas un abus du droit de grève, dès lors que ces arrêts n'entraînent pas la désorganisation de l'entreprise.

S'agissant de salariés ayant observé un arrêt de travail d'un quart d'heure toutes les heures pendant dix jours, c'est à bon droit qu'après avoir constaté qu'aucune désorganisation manifeste et anormale n'était résultée de ce mouvement, une cour d'appel a décidé que les salariés n'avaient fait qu'exercer le droit de grève et ne pouvaient subir qu'un abattement de salaire proportionnel à la durée de leur arrêt de travail.

Cass. soc. 10 juillet 1991, n° 89-43.147, BC V n° 349.

En revanche, l'abus du droit de grève est caractérisé lorsque le mouvement a abouti à la fermeture de l'usine.

Le salarié, qui s'est associé à une grève organisée par roulement dans des conditions permettant à une minorité de grévistes d'empêcher la production et au reste du personnel d'être payé sans travailler, ne peut prétendre être indemnisé de la perte des salaires résultant de la fermeture de l'usine en vue de sa réorganisation rendue ainsi nécessaire par l'exécution volontaire de ses obligations dans des conditions excédant l'exercice normal du droit de grève.

Cass. soc. 9 novembre 1978, n° 77-41.316, BC V n° 754.

Grève (Définition)

La grève se définit comme une cessation collective et concertée du travail en vue d'appuyer des revendications professionnelles.

Une cessation du travail

La grève suppose un arrêt de travail : le droit de grève n'autorise pas les salariés à effectuer leur travail dans des conditions autres que celles prévues à leur contrat de travail.

N'ont pas exercé le droit de grève des agents de la SNCF qui n'ont pas cessé leur travail, même si, à titre individuel, ils l'ont exécuté de manière défectueuse en s'abstenant de contrôler les titres de voyage.

Cass. soc. 16 mars 1994, n° 91-43.349, BC V n° 92.

Une cour d'appel a constaté qu'un mouvement à EDF n'a pas comporté d'arrêt collectif et concerté de travail, qu'il a consisté en une série d'actions de blocage d'accès au site et du système d'information de l'entreprise, détournement de matériel, dégradation de locaux, coupures de courant, blocage du système de tarification heures pleines-heures creuses sur ce dernier tarif, que ces actions, qui n'ont pas cessé malgré l'intervention de plusieurs ordonnances de référé tendant à la libération des sites et à la restitution du matériel, ne caractérisent ni l'exercice normal du droit de grève ni l'exécution d'un service minimum au cours d'une grève.

Dès lors, c'est à bon droit que la cour d'appel a qualifié l'ensemble de ces agissements fautifs de mouvement illicite.

Cass. soc. 26 janvier 2000, n° 97-15.291, BC V n° 38.

La grève étant la cessation collective et concertée du travail, elle ne peut pas être limitée à une obligation particulière du contrat de travail.

Des salariés étaient soumis à une obligation d'astreinte, organisée à leur domicile, par roulement entre eux, au rythme moyen sur l'année d'une semaine sur 4,5 pendant 7 jours consécutifs avec des horaires de service normal et des horaires d'astreinte. Le 17 janvier 2003, un syndicat a déposé un préavis de grève spécifique à l'astreinte, reconductible tous les jours de façon illimitée à compter du samedi 25 janvier suivant à 0 heure et prévoyant que les agents grévistes assureraient uniquement leur journée de travail hors astreinte. Le 28 janvier, le syndicat a déposé un « préavis de grève reconductible tous les jours de façon illimitée à compter du 5 février à 0 heure et a réactivé le préavis de grève du 17 janvier spécifique à l'astreinte ». Du 7 au 27 février, certains salariés se sont déclarés seulement en « grève de l'astreinte ». Pour dire que ces seuls arrêts de travail répondaient à la définition de la grève, une cour d'appel a énoncé que les temps non travaillés pendant la période d'astreinte devaient être assimilés à du travail effectif pour l'exercice du droit de grève puisque, pendant ce temps, les salariés étaient à la disposition de l'employeur et devaient se conformer à ses directives sans pouvoir vaquer à des occupations personnelles, ce qui est précisément la définition du travail effectif.

En statuant ainsi, alors qu'elle avait constaté que, durant leur service, les salariés avaient cessé d'exécuter leur seule obligation d'astreinte, la cour d'appel a violé l'article L. 521-1 CT.

Cass. soc. 2 février 2006, n° 04-12.336, BC V n° 52.

Une circulaire d'entreprise prévoit qu'à l'occasion de certaines opérations liées aux travaux de maintenance du réacteur, il est procédé, au sein de chaque centrale nucléaire, à des « arrêts de tranche » pendant lesquels les salariés qui travaillent habituellement en service « discontinu », du lundi au vendredi de 8h00 à 17h00, peuvent être appelés à travailler en continu, par roulement, la nuit ou les week-ends ; au cours d'un « arrêt de tranche », un syndicat a déposé auprès de la direction d'un centre nucléaire un préavis de grève appelant, pour une durée illimitée, les salariés des services discontinus des pôles maintenance, production et appui technique et non technique « à la cessation du travail, tous les jours de 16h59 à 8h01, le lendemain matin et la totalité de tous les week-ends du vendredi 16 h 59 au lundi 8 h 01, ainsi qu'à l'arrêt de tous les travaux postés ».

Après avoir relevé que la grève était intervenue pendant un « arrêt de tranche » durant lequel des horaires et des tâches différents pouvaient être demandés aux salariés travaillant en service discontinu conformément aux dispositions de leurs contrats de travail et de la circulaire applicable, c'est à bon droit qu'une cour d'appel a retenu que le mouvement ne portait pas sur les deux minutes situées au début et à la fin de l'horaire normal de travail, mais sur l'inexécution par les salariés de certaines de leurs obligations correspondant aux tâches spécifiques susceptibles de leur être demandées pendant les travaux de maintenance, ce dont il résultait que le mouvement ne tendait qu'à permettre aux salariés de refuser d'être à la disposition de l'employeur en dehors de leur horaire normal de travail pour l'exécution d'obligations particulières, et a décidé qu'un tel mouvement ne pouvait constituer une grève.

Cass. soc. 21 octobre 2009, n° 08-14.490, BC V n° 225.

La grève est la cessation collective et concertée de travail en vue d'appuyer des revendications professionnelles ; elle ne peut, dès lors, être limitée à une obligation particulière du contrat de travail. Invoquant de nouvelles contraintes réglementaires applicables à compter du 28 septembre 2006, qui prévoyaient que tout mécanicien d'avion ou technicien d'avion devait posséder une licence de maintenance d'aéronef pour pouvoir prononcer une Approbation pour la remise en service (APRS), une compagnie aérienne a, au mois de mai 2006, envisagé de soumettre à la signature des organisations syndicales représentatives du personnel un projet d'accord « relatif à la prise en compte des exigences de la partie 66 du règlement européen CE 2042/2003 dans l'exercice du métier de mécanicien d'avion » ; ce projet prévoyait l'octroi de points de rémunération supplémentaires pour les mécaniciens titulaires de la licence et disposant d'une qualification de type avion, appelés à signer l'APRS ; des tracts appelant les salariés à ne plus apposer leur signature sur les bons de travail ont été distribués les 10, 11 et 12 mai 2006 ; saisi par la compagnie aérienne, le juge des référés du tribunal de grande instance a, par ordonnance du 24 mai 2006, fait défense à plusieurs syndicats d'appeler, sous quelque forme que ce soit, les salariés de la compagnie aérienne à refuser de signer les bons de travail relevant de leurs compétences, sous astreinte de 7 000 euros par infraction constatée ; la compagnie aérienne a saisi le tribunal de grande instance aux fins de condamnation de ces syndicats, in solidum, au paiement de la somme de 484 719,32 euros, à titre de dommages et intérêts en réparation du préjudice causé par le mouvement qu'ils avaient déclenché ; elle a ensuite signé une transaction avec tous les syndicats, à l'exception d'un syndicat, et s'est désistée de son instance et de son action à leur égard.

C'est à bon droit qu'une cour d'appel a condamné ce syndicat à payer à la compagnie aérienne des sommes pour pertes d'heures productives et pour le recours à la sous-traitance.

En effet, ayant constaté que si certains salariés avaient commencé à ne plus signer leurs bons de travail antérieurement au mot d'ordre syndical, les tracts des 11 et 12 mai 2006 appelaient à une généralisation du mouvement et incitaient très clairement les salariés à l'accomplissement de ces actes fautifs, en leur indiquant que l'argumentation de la direction, relative à l'illégalité de l'action, n'était pas fondée, que le syndicat n'avait ni diffusé de démenti, ni contesté être l'un des auteurs de ces tracts lors des échanges de courriers avec la société ou dans le cadre soit de la procédure de référé, soit de sa plainte avec constitution de partie civile, la cour d'appel a pu en déduire que le syndicat avait engagé sa responsabilité à l'égard de l'employeur.

Cass. soc. 11 juillet 2016, n° 14-14.226, BC V n° 150.

La grève ne peut concerner qu'une période de travail effectif.

Une société, soutenant que certains salariés avaient détourné de son objet le temps de pause qui leur était accordé en formulant des revendications en matière de salaire, avait qualifié ce mouvement de grève et avait déduit du salaire du mois concerné le temps des pauses litigieuses. Les intéressés avaient alors saisi la formation de référé du conseil de prud'hommes pour obtenir paiement des sommes retenues.

Doit être rejeté le pourvoi de l'employeur reprochant à l'ordonnance de référé d'avoir fait droit à la demande des salariés, alors d'abord, que le juge des référés était compétent, conformément aux dispositions de l'article R. 516-31, al. 2 CT, pour allouer aux salariés une provision sur salaires, dès l'instant que l'obligation de l'employeur n'était pas sérieusement contestable et alors, ensuite, que les salariés disposaient, en vertu d'un accord d'entreprise, d'un temps de pause rémunéré ne constituant pas une période de travail effectif. Il s'ensuivait qu'au cours de cette pause, les salariés étaient libres de vaquer à leurs occupations personnelles, sans avoir à rendre de comptes à leur employeur quant à l'emploi qu'ils avaient fait de ce temps libre. C'est donc à bon droit que le juge des référés, écartant la référence à une grève, qui ne peut concerner qu'une période de travail effectif, a condamné l'employeur à verser à titre de provision la somme indûment retenue.

Cass. soc. 18 décembre 2001, n° 01-41.036, BC V n° 387.

Des arrêts de travail courts et répétés, quelque dommageables qu'ils soient pour la production, ne peuvent pas, en principe, être considérés comme un exercice illicite du droit de grève.

C'est à tort que, pour condamner solidairement un syndicat et son dirigeant à payer à une société des dommages-intérêts en réparation de son préjudice, une cour d'appel a retenu que les arrêts de travail courts et répétés des machines les 3, 4 et 5 janvier 2007, sur instruction du syndicat et de son président, avaient entraîné une perte importante et anormale de production et que ce mouvement était une grève perlée illicite.

Cass. soc. 25 janvier 2011, n° 09-69.030, 2e et 3e branches du moyen, BC V n° 28.

Une action collective

En principe, la grève ne peut pas être le fait d'un salarié agissant isolément…

La grève étant une cessation collective et concertée du travail en vue d'appuyer des revendications professionnelles, un salarié, sauf dans le cas où il obéit à un mot d'ordre formulé au plan national, ne peut prétendre exercer isolément le droit de grève. Ayant constaté qu'un salarié, en cessant son travail deux jours consécutifs, n'avait pas participé à un mouvement collectif dans l'entreprise et n'avait pas répondu à un mot d'ordre de grève nationale, un conseil de prud'hommes a exactement décidé que son arrêt de travail ne pouvait pas recevoir la qualification de grève.

Cass. soc. 29 mars 1995, n° 93-41.963, 1er moyen, BC V n° 111.

… sauf si l'entreprise ne comporte qu'un salarié…

Si la grève est la cessation collective et concertée du travail par des salariés en vue d'appuyer des revendications professionnelles et ne peut, en principe, être le fait d'un salarié agissant isolément, dans les entreprises ne comportant qu'un salarié, celui-ci, qui est le seul à même de présenter et de défendre ses revendications professionnelles, peut exercer ce droit constitutionnellement reconnu.

Une ouvrière agricole, qui, en plus de son travail en semaine, devait assurer les soins et la nourriture du bétail un dimanche par mois, avait prévenu son employeur, quelques jours avant, qu'elle ne viendrait pas travailler le dimanche 26 avril, ses demandes d'augmentation de salaire n'étant pas satisfaites. Doit être cassé le jugement ayant retenu que le licenciement, en raison de l'absence irrégulière de la salariée, avait une cause réelle et sérieuse, sans répondre aux conclusions de l'intéressée faisant valoir qu'elle avait cessé le travail pour appuyer des revendications tendant à l'augmentation de son salaire, et que l'exercice du droit de grève ne pouvait être, sauf faute lourde, sanctionné par l'employeur.

Cass. soc. 13 novembre 1996, n° 93-42.247, BC V n° 379.

… ou si le salarié participe à une grève nationale ayant pour objet des revendications étroitement liées aux préoccupations quotidiennes des salariés au sein de leur entreprise.

Est abusif le licenciement d'un salarié ayant participé à une journée de grève ayant pour but d'appuyer des revendications professionnelles formulées sur le plan national et étroitement liées aux préoccupations quotidiennes des salariés au sein de leur entreprise, peu important qu'il eût été le seul à faire grève dans son entreprise et qu'aucune revendication professionnelle particulière à celle-ci n'eût été formulée.

Cass. soc. 29 mai 1979, n° 78-40.553, BC V n° 464.

Une décision concertée

La grève suppose une volonté d'agir en commun.

Constitue une grève l'arrêt de travail collectif et concerté intervenu en raison de la réponse peu satisfaisante faite par l'employeur à des revendications professionnelles et au cours duquel une réunion du personnel a été tenue, celle-ci ne pouvant, dès lors, être assimilée à une réunion syndicale irrégulièrement tenue.

Cass. soc. 11 janvier 1979, n° 77-41.763, BC V n° 26.

L'arrêt de travail ne traduisant aucune démarche des salariés ne peut pas être qualifié de grève.

Des salariés avaient quitté leur travail pour assister à l'audience du juge des référés dans une instance opposant un syndicat à leur employeur, au sujet de la décision de ce dernier de ne plus leur appliquer la convention collective nationale de la maroquinerie qui avait été dénoncée par les syndicats patronaux signataires.

La société ayant notifié, dès le lendemain, un avertissement à chacun des salariés concernés, ces derniers avaient saisi la juridiction prud'homale pour obtenir l'annulation de la sanction et des dommages-intérêts.

Ayant constaté que, s'il existait une action du syndicat tendant au maintien en vigueur des dispositions de la convention collective dénoncée, aucune discussion interne n'avait eu lieu dans l'entreprise à ce sujet et que l'arrêt de travail n'avait eu pour seul objet que de permettre aux salariés d'assister à une audience de référé, une cour d'appel a pu décider que l'arrêt de travail ne constituait pas l'exercice normal du droit de grève et débouter en conséquence les salariés de leurs demandes.

Cass. soc. 7 juin 1995, n° 93-43.895, BC V n° 179.

Existence de revendications professionnelles

Pour qu'un arrêt de travail soit considéré comme une grève, il faut qu'il se rattache à des revendications professionnelles.

Ayant relevé qu'un arrêt de travail ne correspondait à aucune revendication professionnelle, une cour d'appel a exactement décidé que ce mouvement, qui ne pouvait pas être qualifié de grève, était illicite.

Cass. soc. 17 décembre 1996, n° 95-41.858, BC V n° 445.

Il peut s'agir de la fourniture d'un moyen de transport…

L'exercice du droit de grève résulte objectivement d'un arrêt collectif et concerté du travail en vue d'appuyer des revendications professionnelles. S'agissant de salariés licenciés pour faute grave pour avoir refusé de se rendre sur le chantier où ils étaient affectés, doit être cassé l'arrêt ayant débouté ces derniers de leurs demandes d'indemnités de rupture et de dommages-intérêts pour rupture abusive au motif que le refus de se rendre sur le chantier n'avait pas été décidé pour appuyer des revendications non satisfaites, mais avait été motivé par l'impossibilité dans laquelle se seraient trouvés les salariés de se rendre à leur lieu de travail, faute de moyens de transport, de sorte que la suspension de l'exécution du contrat de travail par les salariés ne présentait pas le caractère d'une grève, alors que la cour d'appel avait constaté que les salariés avaient demandé à la direction la fourniture d'un moyen de transport ou l'octroi des indemnités de grand déplacement, ce qui constituait une revendication professionnelle, et avaient cessé leur travail.

Cass. soc. 18 juin 1996, n° 92-44.497, BC V n° 243.

… ou du paiement d'heures supplémentaires…

Ayant constaté qu'avant de cesser collectivement le travail, des salariés avaient présenté des revendications professionnelles sur le règlement des heures supplémentaires effectuées par eux, une cour d'appel a pu décider que les intéressés avaient ainsi exercé le droit de grève.

Cass. soc. 17 juillet 1996, n° 94-42.964.

… ou encore du paiement des heures de travail perdues en raison d'intempéries.

L'exercice du droit de grève résulte objectivement d'un arrêt collectif et concerté du travail en vue d'appuyer des revendications professionnelles.

Des salariés, qui travaillaient sur un chantier, n'avaient pas pris leur poste de travail à l'heure habituelle au motif que la pluie qui tombait constituait une intempérie s'opposant à l'exécution du travail. Deux heures plus tard, les salariés avaient accepté de reprendre le travail à condition d'être rémunérés pour les heures perdues. L'employeur ayant refusé, les salariés avaient quitté le chantier et n'avaient pas travaillé de la journée. Licenciés pour faute grave, les salariés avaient alors saisi la juridiction prud'homale d'une demande en annulation de leur licenciement.

A violé l'alinéa 7 du préambule de la Constitution du 27 octobre 1946 et l'article L. 521-1 CT la cour d'appel qui a débouté les salariés de leur demande en annulation des licenciements et en réintégration au motif que l'attitude des salariés ne pouvait pas s'analyser en un mouvement collectif et concerté appuyant des revendications professionnelles caractérisant l'exercice normal du droit de grève, alors qu'il résultait de ses propres constatations que les salariés avaient demandé, avant de cesser le travail, le remboursement des heures perdues en raison d'intempéries, ce qui constituait une revendication professionnelle.

Cass. soc. 12 décembre 2000, n° 99-40.265, BC V n° 414.

Il peut aussi s'agir de revendications se rattachant à l'exercice du droit syndical.

La cessation collective et concertée du travail en vue d'appuyer des revendications professionnelles caractérise l'exercice du droit de grève. Ayant constaté que la cessation collective et concertée du travail avait été précédée de revendications qui se rattachaient tant à l'exercice du droit syndical (retrait de lettres de licenciement adressées à des candidats désignés pour les élections des délégués du personnel) qu'à l'exigence du respect de règles légales et conventionnelles, et présentaient donc un caractère professionnel, une cour d'appel a pu décider qu'elle constituait l'exercice du droit de grève, constitutionnellement reconnu, peu important la saisine par l'employeur du juge compétent pour statuer sur la validité des désignations contestées par lui.

Cass. soc. 18 janvier 1995, n° 91-10.476, BC V n° 27.

Après avoir constaté que, dans le tract appelant à la grève, un syndicat avait invoqué la défense du droit syndical, une cour d'appel a exactement décidé que l'arrêt de travail avait été précédé de revendications professionnelles et que les salariés, qui n'avaient fait qu'exercer normalement le droit de grève, ne pouvaient être licenciés.

Cass. soc. 30 mars 1999, n° 97-41.104, BC V n° 140.

N'est pas étranger à des revendications professionnelles le soutien d'un délégué syndical menacé de licenciement alors qu'il s'apprêtait à participer aux réunions prévues dans le cadre de la négociation annuelle obligatoire pour revendiquer une réelle amélioration du pouvoir d'achat.

Pour débouter des salariés et un syndicat de leur demande d'annulation des avertissements prononcés à leur encontre, une cour d'appel a énoncé que ceux-ci avaient cessé le travail dans l'après-midi du 6 novembre 2007, que la cessation concertée du travail n'avait pas pour objet de défendre ou de soutenir des revendications professionnelles ou un intérêt collectif professionnel, mais uniquement de protester contre la convocation par l'employeur d'un délégué syndical à un entretien préalable en vue de son licenciement.

En statuant ainsi, alors que le 5 novembre, le délégué syndical avait établi un document dans lequel il indiquait que se tiendrait, le 6 novembre, la première des trois réunions prévues pour la négociation annuelle obligatoire, qu'il demanderait à la direction de faire de réelles propositions en matière de l'amélioration du pouvoir d'achat, que le même jour, il serait à son propre entretien préalable, qu'il était déterminé à défendre le pouvoir d'achat des salariés, et qu'il avait accepté la proposition de l'équipe technique d'un établissement de débrayer l'après-midi pour lui témoigner son soutien et montrer sa détermination, ce dont elle aurait dû déduire que l'action entreprise par les salariés pour soutenir un délégué syndical menacé de licenciement n'était pas étrangère à des revendications professionnelles qui intéressaient l'ensemble du personnel et était une grève licite, la cour d'appel a violé l'article L. 2511-1 CT.

Cass. soc. 5 janvier 2011, n° 10-10.685, BC V n° 1.

Un mouvement de grève pour soutenir des salariés grévistes menacés de sanctions disciplinaires, pour des faits commis lors d'un précédent mouvement de grève, est licite.

À la suite de l'échec d'une réunion du 17 février 2010 relative à la négociation salariale, un mouvement de grève s'est déclenché dans une société, qui s'est terminé par la signature d'un protocole de fin de grève conclu le 1er mars 2010 ; un salarié a été convoqué le 5 mars 2010 à un entretien préalable à un éventuel licenciement pour des faits commis pendant le mouvement de grève ; un second arrêt collectif du travail a eu lieu le 12 mars 2010 en soutien aux salariés de l'entreprise menacés de sanctions disciplinaires pour des faits commis pendant le premier mouvement de grève ; le salarié a reçu une nouvelle convocation à un entretien préalable le 19 mars, avec mise à pied conservatoire, visant sa participation à la séquestration d'un membre de l'entreprise le 12 mars 2010 ; le salarié a été licencié pour faute lourde par lettre du 7 avril 2010 ; il a saisi, avec un syndicat CGT, la juridiction prud'homale de demandes tendant à l'annulation de son licenciement et au paiement de diverses sommes.

Après avoir retenu que le syndicat CGT demandeur avait appelé les salariés de l'entreprise à la grève le 12 mars 2010 de 11 h à 14 h pour soutenir les salariés menacés par des sanctions disciplinaires pour des faits commis lors du précédent mouvement de grève, dont la légitimité n'était pas contestée, et que ces menaces avaient pu être perçues au sein de l'entreprise comme susceptibles de porter atteinte au droit de grève, une cour d'appel a pu en déduire que la mobilisation destinée à soutenir les salariés grévistes répondait à un intérêt collectif et professionnel, de sorte que ce mouvement de grève était licite.

Cass. soc. 2 juillet 2014, n° 13-12.562, BC V n° 158.

La contestation du plan de restructuration de l'entreprise constitue une revendication professionnelle.

C'est à tort qu'une cour d'appel a dénié à des salariés l'exercice du droit de grève, alors qu'il résultait de ses constatations qu'ils avaient contesté le plan de restructuration de l'entreprise, ce qui constituait une revendication professionnelle.

Cass. soc. 20 mai 1992, n° 90-45.271, BC V n° 319.

Il en est de même de la protestation contre la fermeture brutale d'un site de production.

Plusieurs salariés n'ayant pas accepté la modification de leur lieu de travail se sont vu refuser l'accès à l'usine dans laquelle ils travaillaient, après décision de l'employeur de procéder à la cessation de l'activité de cette unité de production, et ont été mis en disponibilité avec maintien de leur rémunération ; des salariés ont alors occupé ces locaux par roulement pour protester contre la fermeture brutale du site ; la société a saisi le juge des référés pour obtenir leur expulsion.

Après avoir, d'une part, relevé que l'employeur, qui avait décidé l'arrêt des activités et fermé l'unité de production sans information ni consultation préalable des institutions représentatives du personnel, avait interdit aux salariés l'accès à leur lieu de travail en leur notifiant sans autre explication leur mise en disponibilité et, d'autre part, constaté que si les salariés avaient occupé les locaux, aucun fait de dégradation du matériel, de violence, séquestration ou autre comportement dangereux à l'égard des personnels se trouvant sur le site n'avait été établi, une cour d'appel a pu en déduire que l'occupation des lieux, intervenue en réaction à la fermeture, dans ces circonstances, de l'unité de production, ne caractérisait pas un trouble manifestement illicite.

Cass. soc. 9 mars 2011, n° 10-11.588, BC V n° 68.

Les revendications professionnelles peuvent aussi correspondre à un malaise provoqué dans l'entreprise par des licenciements.

Des salariés ayant cessé collectivement le travail, l'employeur les avait assignés pour faire juger que leur mouvement était illicite. Pour reprocher à une cour d'appel d'avoir rejeté sa demande, l'employeur soutenait notamment que le juge saisi d'une contestation sur la licéité d'une grève doit rechercher non seulement si les revendications alléguées comme cause de cette grève constituent bien des revendications professionnelles de nature à justifier une cessation collective du travail, mais encore et surtout si elles ont bien été la cause de la grève litigieuse, ou si, tirées d'un « fonds » de revendications non satisfaites, elles n'ont pas servi de prétexte pour permettre aux salariés de s'affranchir unilatéralement des obligations résultant de leurs contrats de travail.

Cependant, procédant à la recherche invoquée, la cour d'appel a constaté que les revendications présentées par les salariés, portant sur l'embauche de personnel, l'augmentation des salaires, la suppression des jours de carence et la réduction du temps de travail, n'avaient pas été formulées pour les besoins de la cause et correspondaient à un malaise provoqué dans l'entreprise par des licenciements. Elle a pu, dès lors, décider qu'en cessant le travail pour faire aboutir ces revendications professionnelles, les salariés n'avaient fait qu'user du droit de grève.

Cass. soc. 12 avril 1995, n° 93-10.968, BC V n° 129.

Tel est notamment le cas lorsque l'arrêt de travail est concomitant à l'annonce d'un licenciement pour motif économique.

Des salariés avaient cessé le travail après avoir été informés par l'employeur qu'un des leurs allait être licencié pour motif économique. L'employeur avait procédé au licenciement de trois salariés pour participation à un mouvement illicite.

Doit être rejeté le pourvoi de l'employeur faisant grief à une cour d'appel de l'avoir condamné à payer à chacun des trois salariés des dommages-intérêts pour licenciement irrégulier et abusif : ayant d'abord relevé que l'arrêt de travail était concomitant à l'annonce d'un licenciement pour motif économique et que la menace sur l'emploi que faisait peser ce licenciement caractérisait une revendication professionnelle de défense et de maintien de l'emploi intéressant l'ensemble du personnel, et ayant ensuite constaté que les faits invoqués comme faute lourde, à l'appui du licenciement, n'étaient pas établis, la cour d'appel a décidé à bon droit que l'arrêt de travail des salariés constituait l'exercice du droit de grève.

Cass. soc. 22 novembre 1995, n° 93-44.017, BC V n° 307.

La défense de salariés licenciés concomitante au soutien à des demandes tendant à l'organisation d'élections professionnelles et à la préservation de l'emploi constitue une revendication professionnelle.

Une cour d'appel, ayant constaté qu'un arrêt de travail n'était pas motivé par le seul souci de défendre des salariés licenciés, mais qu'il avait également pour objet de soutenir des demandes tendant à l'organisation d'élections professionnelles et à la préservation de l'emploi, a pu décider qu'il appuyait des revendications professionnelles et qu'il constituait une grève, de sorte que la participation de la salariée à ce conflit n'était pas fautive.

Cass. soc. 15 janvier 2003, n° 00-44.693.

Un salarié détaché peut participer à une grève dans son entreprise d'accueil pour appuyer des revendications portant sur « la réception des délégués du personnel par l'employeur » et les conditions de travail, ces revendications concernant également la situation des salariés détachés.

Le salarié d'une société A, mis à la disposition d'une société B comme chauffeur, a participé à un arrêt de travail déclenché par les salariés de cette dernière société. La société A a prononcé, à raison de ces faits, une mise à pied conservatoire à son encontre, puis l'a licencié pour faute grave.

Pour dire que la participation du salarié à l'arrêt de travail ayant eu lieu au sein de l'entreprise dans laquelle il était détaché ne constituait pas l'exercice normal du droit de grève et que son licenciement était fondé sur une faute grave, une cour d'appel, après avoir rappelé que le seul employeur du salarié à l'époque des faits était la société A, a énoncé que les revendications professionnelles émises par les salariés de la société B ne concernaient pas directement l'intéressé en ce qu'elles n'étaient pas issues d'un mouvement national ni ne portaient sur des revendications générales que le salarié aurait prises à son compte comme le concernant en tant que salarié de la société B.

En statuant ainsi, alors qu'il résultait de ses propres constatations qu'au nombre des revendications professionnelles émises par les salariés de la société B figuraient notamment « la réception des délégués du personnel par l'employeur » et les conditions de travail, ce qui concernait la situation d'un salarié détaché au sein de cette société, la cour d'appel a violé l'article L. 521-1 CT.

Cass. soc. 17 décembre 2003, n° 01-46.251, BC V n° 317.

La capacité de l'employeur à satisfaire les revendications des salariés est sans incidence sur la légitimité de la grève.

L'exercice du droit de grève résulte objectivement d'un arrêt collectif et concerté du travail en vue d'appuyer des revendications professionnelles.

Pour décider qu'une grève constituait un trouble manifestement illicite, une cour d'appel a retenu que le mouvement n'avait pas pour but de faire aboutir des revendications professionnelles, mais d'obtenir qu'une communauté urbaine, organisme de tutelle d'une régie de transports, rapporte le vote de son organe délibérant par lequel il avait été décidé de soumettre l'exploitation d'un futur réseau de tramway à la procédure de délégation de service public, qu'un tel objectif ne constituait pas une revendication de nature salariale ou touchant à l'emploi et que la régie ne disposait pas de la capacité de donner satisfaction à une telle revendication.

En statuant ainsi, alors que la défense du mode d'exploitation du réseau des transports urbains constituait, pour les employés de la régie de transports, établissement public industriel et commercial, une revendication d'ordre professionnel et que la capacité de l'employeur à satisfaire les revendications des salariés est sans incidence sur la légitimité de la grève, la cour d'appel a violé l'article 7 du Préambule de la Constitution du 27 octobre 1946 et l'article L. 521-1 CT.

Cass. soc. 23 octobre 2007, n° 06-17.802, BC V n° 169.

Connaissance par l'employeur des revendications

L'exercice normal du droit de grève n'étant soumis à aucun préavis, sauf dispositions législatives le prévoyant, il nécessite seulement l'existence de revendications professionnelles collectives dont l'employeur doit avoir connaissance au moment de l'arrêt de travail, peu importe les modalités de cette information.

Après avoir constaté que trois salariés ayant été licenciés le 23 juillet pour faute lourde pour avoir cessé le travail le 6 juillet avaient adressé le 4 juillet une lettre de revendications professionnelles reçue par l'employeur le 6 juillet, qu'ils avaient dès le commencement de la cessation du travail ce même jour informé leur supérieur hiérarchique présent sur le lieu de travail de ce qu'ils se mettaient en grève du fait du refus de l'employeur de satisfaire à leurs revendications professionnelles et que la société ne contestait pas que des échanges téléphoniques avaient eu lieu entre les salariés et son dirigeant immédiatement après la cessation du travail, c'est à bon droit qu'une cour d'appel a condamné la société à payer aux trois salariés diverses sommes au titre d'un licenciement « sans cause réelle et sérieuse ».

Cass. soc. 22 octobre 2014, n° 13-19.858, BC V n° 246.

Un salarié a cessé le travail le 22 décembre 2006 à 7 h avec 7 autres salariés, revendiquant le paiement d'un acompte sur le 13e mois ; il a été licencié pour faute grave par lettre du 9 février 2007.

Doit être approuvé l'arrêt ayant validé ce licenciement.

En effet, ayant constaté que l'employeur avait été tenu dans l'ignorance des motifs de l'arrêt de travail, à savoir le versement d'un acompte sur le treizième mois, et n'avait été informé de cette revendication qu'en demandant aux intéressés les raisons du blocage des portes de l'entreprise, la cour d'appel en a déduit à bon droit que le salarié initiateur de ces faits ne pouvait se prévaloir de la protection attachée au droit de grève.

Cass. soc. 30 juin 2015, n° 14-11.077, 1er moyen, BC V n° 131.

Des salariés avaient été licenciés pour faute grave au motif qu'ils avaient abandonné leur poste au cours d'une nuit, l'employeur soutenant que l'arrêt de travail n'avait pas été précédé de revendications professionnelles présentées par les salariés eux-mêmes ou le syndicat ; ils ont saisi la juridiction prud'homale de demandes tendant à voir déclarer leur licenciement nul et à ordonner leur réintégration.

Ayant constaté que l'employeur avait été informé, avant l'arrêt de travail, des revendications professionnelles des salariés, peu important les modalités de cette information (en l'espèce, lettre de l'inspecteur du travail), une cour d'appel a exactement décidé que ces salariés avaient été licenciés en raison de leur participation à une grève et a pu faire droit à leurs demandes.

Cass. soc. 28 février 2007, n° 06-40.944, BC V n° 33.

L'exercice normal du droit de grève, s'il n'est soumis, en droit commun, à aucun préavis, nécessite l'existence de revendications professionnelles dont l'employeur doit avoir connaissance au moment de l'arrêt de travail.

Des salariés avaient cessé le travail du 6 au 11 décembre 1993 et avaient été licenciés sans indemnité, le 26 janvier 1994, pour avoir participé à un mouvement illicite. Ils avaient alors saisi le tribunal du travail (Nouvelle-Calédonie) statuant en référé pour obtenir leur réintégration sous astreinte.

Pour décider que les licenciements prononcés constituaient un trouble manifestement illicite, une cour d'appel, après avoir rappelé que, dans la lettre de licenciement, l'employeur justifiait le caractère illicite de l'arrêt de travail par l'absence de toute notification préalable à l'arrêt de travail de revendications professionnelles, a énoncé que l'employeur ne prétendant pas être chargée de la gestion d'un service public, les salariés n'étaient pas tenus de déposer un préavis de grève motivé.

En statuant ainsi, la cour d'appel, qui n'a ni constaté l'existence de revendications professionnelles ni recherché si l'employeur en avait eu connaissance, n'a pas légalement justifié sa décision.

Cass. soc. 19 novembre 1996, n° 94-42.631, BC V n° 391.

Il n'est pas nécessaire que les revendications aient été préalablement rejetées par l'employeur.

Doit être cassé l'arrêt ayant débouté des salariés grévistes licenciés pour faute lourde de leur demande tendant à obtenir leur réintégration au motif que les intéressés avaient cessé le travail à un moment où la preuve de revendications professionnelles déjà déterminées, refusées par l'employeur, n'était pas rapportée, alors que le rejet préalable des revendications des salariés n'est pas une condition d'exercice du droit de grève.

Cass. soc. 20 mai 1992, n° 90-45.271, précité.

La convention collective ne peut pas imposer le respect d'un préavis de grève.

Une convention collective ne peut avoir pour effet de limiter ou de réglementer, pour les salariés, l'exercice du droit de grève constitutionnellement reconnu et seule la loi peut créer un délai de préavis de grève s'imposant à eux.

Cass. soc. 12 mars 1996, n° 93-41.670, BC V n° 88. Voir aussi cass. soc. 7 juin 1995, n° 93-46.448, BC V n° 180.

Absence d'appréciation par le juge du bien-fondé des revendications

Sauf abus, les grévistes sont seuls juges de la légitimité de leurs revendications.

Si la grève impose l'existence de revendications de nature professionnelles, le juge ne peut, sans porter atteinte au libre exercice d'un droit constitutionnellement reconnu, substituer son appréciation à celle des grévistes sur la légitimité ou le bien-fondé de ces revendications, en l'absence d'abus de droit de la part des salariés.

En cessant le travail pour obtenir la présence, dans une délégation syndicale chargée de la négociation annuelle obligatoire, d'un permanent syndical étranger à l'entreprise, les salariés ont voulu appuyer une revendication de caractère professionnel qui ne présentait aucun caractère abusif. En refusant d'admettre qu'ils n'avaient fait qu'exercer le droit de grève, une cour d'appel a violé l'article L. 521-1 CT.

Cass. soc. 19 octobre 1994, n° 91-20.292, BC V n° 281.

Entrave à l'exercice du droit de grève

La fermeture d'une entreprise par l'employeur faisant suite au mouvement de grève engagé par des salariés en l'absence de voie de fait et de situation d'insécurité ou d'atteintes aux personnes constitue une entrave à l'exercice du droit de grève justifiant l'octroi de dommages-intérêts.

Le 18 juin 2009 à 5 heures, soixante-douze salariés d'une société ont engagé une grève pour protester contre un projet de restructuration ; le même jour à 21 heures, l'employeur a fermé l'entreprise tout en maintenant la rémunération des salariés non-grévistes.

Ayant relevé qu'aucune voie de fait ne pouvait être tenue pour constituée ni qu'aucune situation d'insécurité ou d'atteintes aux personnes n'était établie, un conseil de prud'hommes a pu décider que la fermeture de l'entreprise était illicite et constitutive d'une entrave à l'exercice du droit de grève justifiant l'octroi de dommages-intérêts.

Cass. soc. 17 décembre 2013, n° 12-23.006, BC V n° 303.

Grève (Effets)

La grève ayant pour effet de suspendre le contrat de travail, l'employeur est en principe dispensé de verser aux grévistes le salaire correspondant aux journées de grève. La grève a également une incidence sur d'autres éléments du contrat, tels que le préavis et l'indemnisation complémentaire maladie. À l'égard des non-grévistes, l'employeur demeure tenu de fournir du travail et de payer le salaire, sauf s'il est dans l'impossibilité de continuer à faire fonctionner l'entreprise.

Salariés grévistes

• Réduction proportionnelle du salaire

La rémunération des salariés grévistes ne doit subir qu'un abattement proportionnel à la durée de l'arrêt de travail.

L'exercice du droit de grève ne pouvant donner lieu, de la part de l'employeur, à des mesures discriminatoires en matière de rémunération, la rémunération des salariés grévistes ne doit subir qu'un abattement proportionnel à la durée de l'arrêt de travail.

Cass. soc. 8 juillet 1992, n° 89-42.563, 2e et 3e moyens, BC V n° 445.

À la suite d'un mouvement de grève ayant eu lieu du 21 au 26 octobre 2010, une société de presse a décidé que les salariés travaillant sur des titres qui avaient « bouclé » en temps et en heure subiraient une retenue de 50 % de leur rémunération tandis que ceux dont les titres avaient « bouclé » en retard subiraient une retenue de 100 % ; onze salariés ayant subi une retenue de 100 % pour les jours de grève, ont saisi la juridiction prud'homale pour obtenir un rappel de salaire pour les jours de grève.

Doivent être approuvés les arrêts ayant fait droit à leur demande.

En effet, les juges du fond ont retenu à bon droit que la mesure en cause instituait une discrimination indirecte en raison de l'exercice normal du droit de grève en ce qu'elle prenait en compte le degré de mobilisation des salariés, selon les services, et ses conséquences sur le fonctionnement de l'entreprise et qu'elle ne pouvait être justifiée par des éléments objectifs étrangers à toute discrimination en raison de la grève dès lors que la parution en retard des magazines résultait des conséquences inhérentes à la cessation collective du travail.

Cass. soc. 9 juillet 2015, n° 14-12.779, 2 premières branches du moyen, BC V n° 151.

Pour être proportionnel à l'interruption de travail, l'abattement du salaire pour fait de grève doit être calculé sur la base de l'horaire mensuel des salariés et non par jour calendaire.

Doit être cassée l'ordonnance de référé qui, pour dire qu'un jour de grève correspond à un jour calendaire de retenue et condamner une entreprise de presse à payer à des journalistes grévistes un rappel de salaire sur journées de grève, énonce que selon l'article 29, al. 3 de la convention collective nationale des journalistes n° 3136 de juin 1988, « les nécessités inhérentes à la profession ne permettent pas de déterminer les heures de travail », que plusieurs modes de calcul de la retenue de salaire pour le jour chômé sont possibles et que ces textes ne précisent pas celui qu'il faut retenir, que, pour d'autres absences (congés payés, maladie), les indemnités compensatrices sont calculées en jours et que, dans le doute, la solution la plus favorable doit s'appliquer au salarié, alors que, pour être proportionnel à l'interruption de travail, l'abattement du salaire pour fait de grève doit être calculé sur l'horaire mensuel des salariés.

Cass. soc. 19 mai 1998, n° 97-41.900, BC V n° 262. Voir aussi cass. soc. 27 janvier 2000, n° 98-46.211; cass. soc. 3 mars 2009, n° 07-44.794.

Lorsque l'absence pour fait de grève d'un salarié cadre soumis à une convention de forfait en jours sur l'année est d'une durée non comptabilisable en journée ou demi-journée, la retenue opérée doit être identique à celle pratiquée pour toute autre absence d'une même durée.

D'abord, l'exercice du droit de grève ne saurait donner lieu de la part de l'employeur à des mesures discriminatoires en matière de rémunération et d'avantages sociaux ; il ne peut donner lieu de la part de l'employeur qu'à un abattement de salaire proportionnel à la durée de l'arrêt de travail ; ensuite, lorsque l'absence pour fait de grève d'un salarié cadre soumis à une convention de forfait en jours sur l'année est d'une durée non comptabilisable en journée ou demi-journée, la retenue opérée doit être identique à celle pratiquée pour toute autre absence d'une même durée ; enfin, en l'absence de disposition, sur ce point, de l'accord collectif, la retenue opérée résulte de la durée de l'absence et de la détermination, à partir du salaire mensuel ou annuel, d'un salaire horaire tenant compte du nombre de jours travaillés prévus par la convention de forfait et prenant pour base, soit la durée légale du travail si la durée du travail applicable dans l'entreprise aux cadres soumis à l'horaire collectif lui est inférieure, soit la durée du travail applicable à ces cadres si elle est supérieure à la durée légale.

Par une note de service du 30 octobre 2003, une société a décidé qu'afin de tenir compte de la particularité du contrat des cadres dont les absences ne pouvaient être comptabilisées que par journée complète, voire demi-journée, les absences pour grève du mois précédent seraient cumulées et déduites de la paie si elles atteignaient l'équivalent d'une demi-journée comptée pour 3,90 heures ou d'une durée multiple de 3,90 heures, les heures restantes étant conservées et reportées dans le cumul du mois suivant, chacun des cadres intéressés pouvant obtenir de la direction, sur sa demande, un relevé individuel des arrêts de travail pour grève constatés, des retenues effectuées et des temps reportés ; une fédération a saisi le tribunal de grande instance afin de contester ces modalités de retenue sur salaire.

Pour dire que la décision prise par la direction dans cette note était sans effet à l'égard des cadres de la société relevant des dispositions de l'article L. 212-15-3, III, devenu L. 3121-45 CT, et condamner la société à restituer à chacun des cadres concernés la rémunération retenue pour fait de grève en application de cette décision, une cour d'appel a retenu que la société ne pouvait justifier la licéité de la note interne par le souci du respect de l'égalité des salariés, dès lors que si le principe de retenue n'était pas remis en cause, ses modalités, arbitrairement fixées, aboutissaient à une inégalité de traitement en appliquant aux cadres non soumis à l'horaire collectif un système réintroduisant la référence à l'horaire journalier collectif, par essence inapplicable à ces cadres ; la cour d'appel a ajouté que, dans le silence des accords collectifs, la société avait le choix entre l'application des dispositions légales applicables aux cadres en forfait en jours concernant le décompte des absences ou le recours à la négociation collective pour compléter ou réviser les accords en vigueur relativement aux retenues sur salaire pour motif de grève.

En statuant ainsi, alors qu'il lui appartenait de s'assurer que les modalités de retenue pour fait de grève fixées par l'employeur pour les cadres employés dans le cadre d'une convention de forfait en jours étaient les mêmes que celles en vigueur pour toute absence d'une durée non comptabilisable en journée ou demi-journée et que le montant des retenues appliquées était proportionnel à la durée de l'absence, la cour d'appel a violé les articles L. 521-1, devenu L. 2511-1 et L. 212-15-3 III, devenu L. 3121-45 CT, ce dernier dans sa rédaction alors applicable.

Cass. soc. 13 novembre 2008, n° 06-44.608, BC V n° 211.

L'employeur ne peut pas pratiquer de retenue sur salaire au titre du temps consacré à la remise en marche des machines.

Le temps consacré à l'arrêt ou à la remise en marche des machines à l'occasion d'un mouvement de grève, même répété, ne saurait justifier une retenue sur salaire au motif de la perte de production qui en résulte, même à l'encontre de salariés grévistes, dès l'instant où l'arrêt de travail est reconnu licite. La rémunération des salariés grévistes ne doit subir qu'un abattement proportionnel à la durée de l'arrêt de travail. Ayant relevé que, selon les explications de l'employeur, avant et après la grève, le personnel était occupé à l'arrêt ou à la remise en marche des machines, un conseil de prud'hommes en a justement déduit que l'abattement sur salaire devait être égal à la seule durée de la grève.

Cass. soc. 4 juillet 1989, n° 87-40.807, BC V n° 496. Voir aussi cass. soc. 23 octobre 1991, n° 89-45.524 ; cass. soc. 7 octobre 1992, n° 90-43.605.

L'employeur ne peut retenir le salaire correspondant à une prolongation du temps d'interruption du travail que s'il établit que la reprise du travail n'a pas été immédiate.

Il incombe à l'employeur qui soutient que la reprise du travail, dans le cadre d'un mouvement de grèves courtes et répétées, n'a pas eu lieu effectivement après chacun des arrêts, d'en rapporter la preuve.

Cass. soc. 10 juillet 1991, n° 89-43.147, BC V n° 349.

La retenue effectuée au-delà du temps exact de la grève constitue une sanction pécuniaire prohibée…

Dès lors qu'il n'est pas allégué qu'ils n'ont pas accompli leur travail dans des conditions normales avant et après l'arrêt de travail, les salariés grévistes ne doivent subir qu'une retenue de salaire correspondant au temps exact de leur cessation concertée du travail et la retenue effectuée au-delà de cette limite constitue une sanction pécuniaire prohibée.

Cass. soc. 16 mai 1989, n° 85-45.244, BC V n° 364.

… et la demande en référé tendant au paiement, à titre de provision, du salaire retenu au-delà du temps de la grève n'est pas sérieusement contestable.

L'exercice du droit de grève, dès l'instant qu'aucun abus n'a été allégué, ne peut donner lieu, de la part de l'employeur, qu'à un abattement de salaire proportionnel à la durée de l'arrêt de travail. En rejetant en référé une demande tendant au paiement, à titre de provision, du salaire retenu au-delà du temps de la grève, non sérieusement contestable, une cour d'appel a violé les articles L. 521-1 et R. 516-31 CT.

Cass. soc. 3 février 1993, n° 90-41.665, BC V n° 40.

• Cas d'une grève tendant à assurer le respect d'un droit

Si la grève tend à faire assurer le respect d'un droit, l'employeur peut être tenu d'indemniser les journées de grève.

La grève ayant pour effet de suspendre l'exécution du contrat de travail, l'employeur n'est pas tenu de payer le salaire pendant la période de cessation du travail. Ce n'est que dans le cas où les salariés se sont trouvés dans une situation contraignante telle qu'ils ont été obligés de cesser le travail pour faire respecter leurs droits essentiels, directement lésés par suite d'un manquement grave et délibéré de l'employeur à ses obligations, que celui-ci peut être condamné à payer aux grévistes une indemnité compensant la perte de leurs salaires. Doit être rejeté le pourvoi des salariés reprochant à un conseil de prud'hommes de les avoir déboutés de leur demande d'indemnisation des jours de grève, le conseil de prud'hommes ayant fait ressortir que les faits reprochés à l'employeur (non-respect d'une recommandation patronale) ne constituaient pas un manquement grave et délibéré à ses obligations et n'étaient pas de nature à contraindre les salariés à une cessation concertée du travail.

Cass. soc. 29 mai 1996, n° 94-41.948, BC V n° 214.

Tel est le cas lorsque la grève a pour cause le non-paiement du salaire…

Lorsqu'ils sont contraints à la grève pour obtenir le paiement régulier de rémunérations ayant un caractère alimentaire, les salariés peuvent prétendre à une indemnisation des heures de travail perdues du fait de la grève.

Cass. soc. 27 novembre 1990, n° 88-45.790, BC V n° 590.

... sauf si l'entreprise a été préalablement mise en redressement judiciaire.

La grève ayant pour effet de suspendre l'exécution du contrat de travail, l'employeur n'est pas tenu de payer le salaire pendant la période de cessation du travail. Ce n'est que dans le cas où les salariés se sont trouvés dans une situation contraignante telle qu'ils ont été obligés de cesser le travail pour faire respecter leurs droits essentiels, directement lésés par suite d'un manquement grave et délibéré de l'employeur à ses obligations, que celui-ci peut être condamné à payer aux grévistes une indemnité correspondant à la perte de leur salaire. Doit être cassé le jugement qui, pour accueillir la demande de salariés à titre d'indemnité compensatrice de jours de grève, a retenu que la grève avait été déclenchée pour obtenir le paiement des salaires des mois d'avril et mai 1997, alors qu'il résultait de ses constatations que l'entreprise avait été préalablement placée sous le régime du redressement judiciaire en raison de ses difficultés financières, de sorte que le manquement de l'employeur n'était pas délibéré.

Cass. soc. 26 janvier 2000, n° 98-44.177, BC V n° 37.

Dès lors que l'entreprise est sortie de la phase de redressement judiciaire, elle manque à ses obligations en cas de non-paiement des salaires.

Dans le cas où les salariés se trouvent dans une situation contraignante telle qu'ils sont obligés de cesser le travail pour faire respecter leurs droits essentiels, directement lésés par un manquement grave et délibéré de l'employeur à ses obligations, celui-ci peut être condamné à payer aux grévistes une indemnité correspondant à la perte de leur salaire.

Constitue un manquement délibéré de l'employeur à ses obligations le retard dans le paiement des salaires lorsqu'il bénéficie d'un plan de redressement par continuation qui met fin à la période d'observation et fait recouvrir au débiteur la totalité de ses droits.

Cass. soc. 7 juin 2006, n° 04-46.587, BC V n° 205.

L'employeur qui n'a pas tenu ses engagements doit également indemniser les journées de grève...

En relevant qu'une société avait totalement abandonné l'exécution de l'accord conclu avec les salariés à l'issue d'une précédente grève, qu'elle avait enlevé les moyens permettant à l'établissement de fonctionner normalement et qu'elle s'était dérobée à ses obligations essentielles en privant ses salariés des moyens d'accomplir leur prestation de travail, une cour d'appel caractérise la situation contraignante dans laquelle les salariés se sont trouvés, les obligeant à cesser le travail pour revendiquer le respect de leurs droits essentiels, directement lésés par le manquement grave et délibéré de l'employeur à ses obligations et condamne à bon droit la société à indemniser les grévistes de la perte de leurs salaires.

Cass. soc. 26 février 1992, n° 90-40.760, 4ᵉ moyen, BC V n° 124.

... nonobstant la signature d'un protocole d'accord de fin de grève dispensant l'employeur de le faire.

Un mouvement de grève s'est achevé par la signature d'un protocole d'accord de fin de grève prévoyant que l'employeur ne serait pas tenu de payer aux salariés grévistes leurs salaires correspondants à la période de grève.

Des salariés ont saisi la juridiction prud'homale de demandes en paiement de sommes à titre d'indemnité compensatrice de la perte de salaire occasionnée par la grève.

Le mouvement de grève ayant été notamment motivé par le non-paiement des heures supplémentaires et donc, à l'évidence, par un manquement grave et délibéré de l'employeur à ses obligations, un juge des référés a exactement décidé que l'obligation de l'employeur au paiement des provisions sollicitées n'était pas sérieusement contestable, nonobstant le protocole d'accord de fin de grève.

Cass. soc. 3 mai 2007, n° 05-44.776, BC V n° 65.

L'institution d'une prime de reprise du travail à un taux différent, selon qu'il s'agit de salariés grévistes ou non grévistes, ne constitue pas un manquement grave et délibéré de l'employeur à ses obligations de nature à contraindre les salariés à la grève.

À la suite d'une grève observée par une partie de son personnel, une société avait, le 27 mars 1990, accordé, d'une part, au personnel non gréviste une prime de reprise d'un montant de 2 400 F et, d'autre part, au personnel gréviste une prime de reprise d'un montant de 1 200 F, ainsi que le paiement du tiers des heures de grève. À l'annonce du montant de ces primes, une nouvelle grève de trois heures avait été observée le 30 mars 1990 et 18 salariés grévistes avaient saisi la juridiction prud'homale afin d'obtenir notamment le paiement des heures d'arrêt de travail du 30 mars 1990.

C'est à tort qu'une cour d'appel a condamné l'employeur à indemniser les salariés de la perte de salaire résultant des trois heures d'arrêt de travail du 30 mars 1990, alors que les faits reprochés à l'employeur, s'ils étaient fautifs de par leur caractère discriminatoire, ne constituaient pas un manquement grave et délibéré à ses obligations et n'étaient pas de nature à contraindre les salariés à une cessation concertée du travail.

Cass. soc. 2 mars 1994, n° 92-41.134, 1re branche du 2e moyen, BC V n° 75.

Il en va de même du licenciement d'un salarié de l'entreprise prononcé en violation de l'article L. 1232-2 CT.

S'agissant d'une grève déclenchée pour protester contre un licenciement prononcé en violation de l'article L. 122-14 CT, c'est à tort qu'une cour d'appel a décidé que l'employeur devait être condamné à indemniser une salariée gréviste de la perte de salaire correspondant aux heures de travail non accomplies, dès lors que la grève à laquelle elle avait participé avait été entraînée par la violation par l'employeur d'une disposition d'ordre public, alors que les faits reprochés à ce dernier ne constituaient pas un manquement grave et délibéré à ses obligations et n'étaient pas de nature à contraindre les salariés à une cessation concertée du travail.

Cass. soc. 20 février 1991, n° 89-41.148, BC V n° 80.

Le travail effectué durant la grève au titre d'un service minimum doit être rémunéré.

Les salariés grévistes qui, sur la demande de l'employeur ou en vertu d'un accord d'entreprise, assurent un service minimum ont droit à la rémunération du travail effectué. Ayant constaté que des ouvriers n'avaient fait qu'exercer normalement le droit de grève et qu'ils avaient respecté la consigne de l'employeur en maintenant les installations de l'atelier en fonctionnement à leur minimum technique, un conseil de prud'hommes a décidé, à bon droit, qu'aucun abattement ne pouvait être effectué sur le salaire correspondant au temps passé à ce service.

Cass. soc. 16 novembre 1993, n° 91-45.688. Voir aussi cass. soc. 20 février 1991, n° 89-40.280, BC V n° 81.

Un salarié gréviste qui, conformément aux instructions de service, assure la sécurité des installations n'a droit qu'à la rémunération de la tâche accomplie à ce titre.

C'est donc à bon droit qu'un conseil de prud'hommes a débouté un tel salarié de sa demande de remboursement de la retenue effectuée par l'employeur sur son salaire au titre des jours de grève.

Cass. soc. 24 juin 1998, n° 97-44.175, BC V n° 334.

• Suppression et réduction des primes

Est discriminatoire l'attribution par l'employeur d'une prime aux salariés selon qu'ils ont participé ou non à un mouvement de grève…

Cass. soc. 1er juin 2010, n° 09-40.144, BC V n° 119.

Après avoir rappelé que l'employeur est tenu d'exécuter de bonne foi le contrat de travail, un conseil de prud'hommes, qui a relevé qu'une société avait décidé, durant un conflit social, la mise en place d'une avance permanente aux salariés qui l'accepteraient en contrepartie de leur engagement de maintenir la permanence de leur prestation et avait ainsi tenté de contourner le droit de grève garanti par la constitution et utilisé des méthodes déloyales pour inciter le personnel à reprendre le travail en générant des tensions entre les salariés qui avaient signé le document et ceux qui l'avaient refusé, a caractérisé un manquement de l'employeur à son obligation d'exécuter de bonne foi le contrat de travail justifiant, indépendamment de l'annulation de la mesure illicite, des dommages-intérêts pour réparer le préjudice subi par les salariés eux-mêmes.

Cass. soc. 16 février 2011, n° 09-43.532.

… sauf si la prime attribuée aux non grévistes correspond à un surcroît de travail.

Constitue une mesure discriminatoire l'attribution aux seuls salariés non grévistes d'une prime exceptionnelle ne correspondant pas à un surcroît de travail.

Cass. soc. 3 mai 2011, n° 09-68.297.

Une prime ne peut être réduite en raison d'une absence pour fait de grève qu'à la condition que toutes les absences non assimilées légalement à du travail effectif donnent lieu à une telle réduction.

Si l'employeur peut tenir compte des absences, même motivées par la grève, pour le paiement d'une prime, c'est à la condition que toutes les absences, hormis celles qui sont légalement assimilées à un temps de travail effectif, entraînent les mêmes conséquences sur son attribution.

Des salariés grévistes, estimant avoir fait l'objet d'une mesure discriminatoire à la suite de la retenue effectuée notamment sur leur prime d'ancienneté, ont saisi la juridiction prud'homale de demandes de paiement de dommages-intérêts ainsi que de rappels de prime.

C'est à bon droit qu'une cour d'appel a fait droit à leurs demandes.

En effet, ayant constaté que les absences pour maladie n'entraînaient pas dans l'entreprise d'abattement de la prime d'ancienneté, la cour a pu justement en déduire, s'agissant de périodes d'absence qui ne sont pas légalement assimilées à un temps de travail effectif, que le non-paiement de la prime pour absence pour fait de grève revêtait un caractère discriminatoire.

Cass. soc. 23 juin 2009, n° 07-42.677, BC V n° 159 (arrêt n° 2). Voir aussi cass. soc. 7 novembre 2018, n° 17-15.833, 1er moyen, à paraître.

Un accord d'entreprise prévoyait le versement d'une prime d'assiduité mensuelle, laquelle n'était pas due en cas d'absence du salarié sur le mois de référence, quelle qu'en soit la cause et que ces absences soient ou non autorisées, les jours RTT, congés payés et congés de formation économique ou syndicale n'étant pas assimilés à des absences et ouvrant droit de ce fait au paiement de la prime. L'employeur ayant refusé le versement de la prime à dix salariés de l'entreprise pour un mois au cours duquel ils avaient participé à des journées de grève, ces derniers ont saisi la juridiction prud'homale.

A violé par fausse application l'article L. 2511-1 CT le conseil de prud'hommes qui, pour condamner la société à payer aux salariés la prime litigieuse, a énoncé que si l'employeur peut tenir compte des absences, même motivées par la grève, pour l'attribution d'une prime destinée à récompenser l'assiduité, c'est à la condition que toutes les absences, autorisées ou non, entraînent les mêmes conséquences et qu'en l'espèce, le fait que l'accord d'entreprise prévoyait trois cas d'absences ouvrant droit au paiement de la prime, peu important qu'ils soient assimilés à du travail effectif, ce qui ne répond pas à cette condition, impliquait que la suppression de la prime du fait de la participation à la grève constituait une mesure discriminatoire au sens de l'article L. 521-1 CT, alors que les périodes d'absence ouvrant droit au paiement de la prime énumérées par l'accord d'entreprise étaient légalement assimilées à un temps de travail effectif et que toutes les autres absences, quelle qu'en soit la cause, donnaient lieu à sa suppression, ce dont il résultait que le non-paiement pour absence pour fait de grève ne revêtait pas de caractère discriminatoire.

Cass. soc. 23 juin 2009, n° 08-42.154, BC V n° 159 (arrêt n° 1).

Un employeur a instauré des jours de congés supplémentaires accordés selon un critère de présence en entreprise. Un salarié s'étant vu retirer 2 jours de congés pour avoir participé à une grève a saisi la juridiction prud'homale d'une demande tendant au paiement de ces jours et d'un complément du 13e mois.

Pour condamner l'employeur à payer au salarié les sommes litigieuses, le jugement énonce que l'article L. 2511-1 CT prévoit que l'exercice du droit de grève ne peut donner lieu à aucune mesure discriminatoire telle que celle mentionnée à l'article L. 1132-2 du même code, notamment en matière de rémunération et d'avantages sociaux.

En statuant ainsi, alors qu'il résultait de ses constatations qu'à l'exclusion des absences pour accident de travail, légalement assimilées à un temps de travail effectif, toutes les autres absences prévues par l'accord d'entreprise applicable donnaient lieu à réduction ou suppression de congés supplémentaires, ce dont il résultait que la retenue opérée par l'employeur pour absence pour fait de grève ne revêtait aucun caractère discriminatoire, le conseil de prud'hommes a violé par fausse application l'article L. 2511-1 CT.

Cass. soc. 26 mars 2014, n° 12-18.125, BC V n° 92.

Ayant constaté, d'une part, que la quantité de tâches demandée au personnel non gréviste pendant une période de grève n'avait pas été plus importante qu'à l'accoutumée et, d'autre part, que l'employeur avait décidé, après le déclenchement de la grève, de créer une prime et d'en faire varier le montant suivant que les salariés avaient fait grève ou non, une cour d'appel a pu décider que l'employeur avait pris une mesure discriminatoire et le condamner à payer aux salariés grévistes le complément de prime de reprise.

Cass. soc. 2 mars 1994, n° 92-41.134, 1er moyen, BC V n° 75.

Il y a discrimination à appliquer un abattement de prime d'assiduité moins élevé pour les absences pour maladie, autorisées bien qu'imprévisibles, que pour les absences pour grève.

Un employeur ne peut, par une note de service destinée à réglementer l'octroi d'une prime d'assiduité, établir une discrimination entre certaines absences, telles que celles pour maladie, autorisées bien qu'imprévisibles, ne donnant lieu qu'à un abattement de 1/150 par journée d'absence, et les absences pour grève, assimilées à un comportement fautif du salarié, bien qu'elles soient déclarées licites par la loi, et donnant lieu à un abattement de 5 %.

Cass. soc. 26 février 1981, n° 80-41.067, BC V n° 164.

• Réduction sur un 13e mois

Dès lors que toutes les absences, autorisées ou non, ne donnaient pas lieu à retenue sur salaire, les retenues opérées par un employeur sur le 13e mois dû à des salariés à la suite d'un mouvement de grève auquel ils avaient participé constituaient des mesures discriminatoires au sens de l'article L. 2511-1 CT.

Cass. soc. 10 décembre 2002, n° 00-44.733, BC V n° 371.

L'exercice du droit de grève ne peut donner lieu de la part de l'employeur à des mesures discriminatoires en matière de rémunération et d'avantages sociaux.

Pour rejeter la demande d'un salarié en paiement d'un rappel de salaire au titre d'un jour de grève et dire que la retenue litigieuse ne pouvait s'analyser comme une discrimination pour fait de grève, une cour d'appel a retenu que, d'une part, la discrimination pour fait de grève suppose qu'il soit démontré un exercice régulier du droit de grève et que le salarié ne produisait aucun élément pour justifier de cette condition et, d'autre part, que les modalités de calcul de la retenue critiquée n'étaient pas en soi illicites et avaient été pratiquées conformément à une note de service stipulant que le taux horaire pour les majorations de salaire comme pour les minorations liées aux absences inclurait l'incidence des 13e et 14e mois.

En statuant ainsi, alors qu'il n'était pas contesté que l'intéressé avait exercé régulièrement son droit de grève, et sans rechercher si, concrètement, toutes les absences autorisées ou non entraînaient les mêmes conséquences au regard des 13e et 14e mois, la cour d'appel n'a pas donné de base légale à sa décision.

Cass. soc. 1er juillet 2009, n° 07-42.675, 2e branche du 3e moyen, BC V n° 168.

• Réduction de l'indemnisation des frais

L'indemnisation des frais fixes, non liée au nombre de jours travaillés mensuellement et correspondant à des frais annuels, peut être réduite proportionnellement à la durée de la grève.

S'agissant d'un salarié, ayant participé à une grève pendant quatre heures alors qu'il se trouvait en déplacement à l'extérieur de l'entreprise et qui s'était vu retenir non seulement le salaire correspondant à cet arrêt de travail, mais aussi la moitié de la prime de déplacement, c'est à tort que, pour condamner l'employeur à payer la partie retenue sur la prime de déplacement, un conseil de prud'hommes a énoncé que, même s'il n'avait travaillé qu'une partie de la journée, le salarié avait supporté les mêmes frais que s'il avait travaillé la journée complète et que, l'indemnité étant forfaitaire, l'employeur devait la payer en entier, alors que la cessation concertée du travail, même en dehors du cadre de l'entreprise, suspend l'exécution du contrat de travail, en sorte que l'employeur est délié de l'obligation de payer la partie du salaire et de ses accessoires, auraient-ils le caractère d'un remboursement de frais, pendant la durée de l'arrêt de travail.

Cass. soc. 2 décembre 1992, n° 90-40.264.

Un salarié ayant participé à un mouvement de grève pendant les mois d'octobre et novembre (arrêts de travail d'un total de 41 h 50), une retenue proportionnelle à cette durée avait été pratiquée par l'employeur, tant sur le salaire principal que sur l'indemnité de grand déplacement perçue par l'intéressé. Doit être cassé le jugement ayant fait droit à la demande du salarié en paiement de la somme correspondant à l'abattement sur l'indemnité de grand déplacement, alors qu'en premier lieu, la grève suspend l'exécution du contrat de travail, en sorte que l'employeur est délié de l'obligation de payer le salaire et ses accessoires, auraient-ils le caractère d'un remboursement de frais, et alors qu'en second lieu, l'accord national applicable en l'espèce prévoyait le paiement de l'indemnité de grand déplacement « pour tous les jours de la semaine, ouvrables ou non, pendant lesquels l'ouvrier reste à la disposition de son employeur sur les lieux du travail » et que, durant les périodes de grève, le salarié n'est pas à la disposition de son employeur.

Cass. soc. 2 juin 1993, n° 90-42.515.

• La participation à une grève n'a pas d'incidence sur le droit à l'avancement

Selon l'article L. 521, al. 2 CT, l'exercice du droit de grève ne saurait donner lieu, de la part de l'employeur, à des mesures discriminatoires en matière de rémunération et d'avantages sociaux. Constitue une discrimination envers un salarié gréviste la prise en considération de la suspension du contrat de travail résultant de l'exercice du droit de grève pour retarder l'ancienneté d'un salarié et le bénéfice de l'augmentation de salaire liée à cette ancienneté, alors que la convention collective applicable prévoit que toutes les périodes d'absence ne suspendent pas le droit à un avancement à l'ancienneté. C'est donc à bon droit qu'un conseil de prud'hommes a condamné un employeur à réparer les conséquences dommageables de la discrimination pratiquée à l'encontre de son agent, ainsi qu'à payer des dommages-intérêts au syndicat intervenu à l'instance pour atteinte aux intérêts collectifs de la profession.

Cass. soc. 9 février 2000, n° 97-40.724, BC V n° 58. Voir aussi cass. soc. 5 décembre 2001, n° 99-46.151.

• Incidence de la grève sur la rémunération des jours fériés chômés et payés et des jours sans activité

L'exercice du droit de grève suspend l'exécution du contrat de travail pendant toute la durée de l'arrêt de travail, en sorte que l'employeur est délié de l'obligation de payer le salaire ; le salarié qui s'est associé au mouvement de grève doit être légalement considéré, sauf preuve contraire de sa part, comme gréviste pour toute la durée du mouvement.

Il ne peut donc prétendre au paiement de sa rémunération pendant cette période :

– peu important que certains jours, il n'ait eu, normalement, aucun service à assurer ;

Cass. soc. 24 juin 1998, n° 97-43.876, BC V n° 335. Voir aussi cass. soc. 5 février 2002, n° 99-43.898, BC V n° 49.

– peu important qu'elle comprenne un jour férié chômé et payé aux salariés qui continuent l'exécution de leur contrat de travail.

Cass. soc. 24 juin 1998, n° 96-44.234, BC V n° 335. Voir aussi cass. soc. 14 avril 1999, n° 97-42.064, BC V n° 179 ; cass. soc. 19 décembre 2007, n° 06-44.286.

• Incidence de la grève sur les indemnités complémentaires de maladie

Lorsqu'un salarié est tombé malade avant le déclenchement d'une grève, les allocations complémentaires de maladie lui sont dues.

Le salarié, tombé malade avant le début d'une grève totale et guéri seulement après la reprise du travail, a droit à la totalité des compléments de salaire prévus par la convention collective sans qu'il y ait lieu de supputer, en l'absence de preuve, s'il aurait ou non participé à la grève s'il avait pu travailler.

Cass. soc. 20 février 1980, n° 78-41.116, BC V n° 161.

Toutefois, lorsque l'ensemble du personnel non gréviste n'a pu travailler et que l'employeur, dans l'impossibilité de fournir du travail aux non-grévistes, ne leur a donc pas versé leur salaire, les indemnités complémentaires pour maladie ne sont pas dues.

Doit être cassé le jugement ayant condamné un employeur à verser à des salariés en arrêt de travail pour maladie l'indemnisation conventionnelle afférente à des jours d'arrêt de travail correspondant à des périodes de grève, sans rechercher quelle rémunération nette auraient perçue les intéressés pendant la période litigieuse, au cas où ils n'auraient pas été malades.

En effet, le salarié malade ne peut percevoir, au titre de la garantie des absences pour maladie ou accident, une somme supérieure à la rémunération nette qu'il aurait effectivement perçue s'il avait continué à travailler, et l'employeur soutenait, dans ses conclusions, que, du fait des entraves à la liberté du travail, les salariés non grévistes n'avaient pu travailler et n'avaient pas perçu leur salaire pendant la grève.

Cass. soc. 17 janvier 1996, n° 91-43.218.

Le salarié qui a participé à la grève avant de tomber malade est présumé gréviste.

Un tribunal a pu estimer, sans renverser la charge de la preuve, que la participation de salariés à des arrêts de travail avant qu'ils ne tombent malades constituait une présomption qu'ils auraient continué à participer à la grève s'ils étaient restés en bonne santé, et en déduire que les indemnités différentielles pour maladie mises à la charge de l'employeur n'étaient pas dues aux intéressés.

Cass. soc. 17 juin 1982, n° 80-40.973, BC V n° 405.

Il ne peut donc prétendre aux allocations complémentaires jusqu'au jour de la cessation de la grève. Si un délai de carence est prévu, il ne commence à courir qu'à compter de la fin de la grève.

L'article 7 bis de l'avenant ouvriers à la convention collective nationale des industries chimiques précise que l'indemnité journalière complémentaire qu'il institue sera versée au salarié qui aura dû cesser son travail par suite de maladie ou d'accident pendant une durée minimum de trois semaines. Il en résulte que vis-à-vis de l'employeur, le droit à cet avantage ne peut s'ouvrir que si le contrat de travail est en cours et qu'en cas de suspension, l'ouverture dudit droit n'a lieu qu'à partir du moment où il a repris effet.

En conséquence, lorsque le contrat de travail d'un salarié a été suspendu, antérieurement à sa maladie, en raison d'une grève à laquelle il a personnellement pris part, pendant quelques jours, le point de départ de la période de trois semaines ne court que du jour où la grève a pris fin et où son état de santé ne lui a pas permis de reprendre le travail en même temps que les autres ouvriers de l'entreprise.

Cass. soc. 21 avril 1971, n° 70-40.277, BC V n° 288.

Lorsque la grève s'est traduite par des débrayages quotidiens d'une durée limitée, auxquels le salarié a participé avant d'être malade, les indemnités complémentaires ne lui sont dues que sous déduction des heures correspondant aux débrayages.

Les salariés tombés malades pendant une période où le personnel pratiquait chaque jour une grève d'une heure ont droit au complément des salaires, prévu en cas de maladie par la convention collective applicable à l'entreprise, pour les heures pendant lesquelles ils auraient normalement travaillé s'ils n'avaient pas été malades, les contrats de travail n'étant suspendus que pendant les heures de débrayage.

Cass. soc. 20 février 1980, n° 78-41.116, précité.

Si, à des débrayages répétés, succède une grève totale, le salarié a droit à la totalité des indemnités complémentaires à compter du début de la grève totale en raison de l'impossibilité de préjuger de l'attitude qu'il aurait prise vis-à-vis de cette nouvelle forme d'action.

Le salarié, tombé malade pendant une période de débrayages quotidiens d'une heure, mais avant le début de la grève totale et guéri seulement après la reprise du travail, a droit, pour la période correspondant à la grève totale, à la totalité des compléments de salaire prévus par la convention collective sans qu'il y ait lieu de supputer, en l'absence de preuve, s'il aurait ou non participé à la grève s'il avait pu travailler.

Cass. soc. 20 février 1980, n° 78-41.116, précité.

• Incidence de la grève sur le préavis

La grève ne prolongeant pas le contrat de travail, l'employeur n'est pas tenu de permettre au salarié d'effectuer, à la reprise du travail, le temps de préavis correspondant aux journées de grève ou de verser à la place une indemnité compensatrice.

N'a pas légalement justifié sa décision la cour d'appel qui a alloué une indemnité compensatrice de préavis à des salariés s'étant aussitôt mis en grève pour protester contre leur licenciement, alors que si la grève, en suspendant l'exécution du contrat de travail, permet aux parties de ne pas satisfaire à leurs obligations pendant la durée de celle-ci, elle ne prolonge pas l'existence du contrat, les salariés ne s'étant d'ailleurs pas trouvés dans l'impossibilité de rechercher un emploi durant cette période.

Cass. soc. 3 octobre 1968, n° 67-40.226, 1er moyen, BC V n° 409.

Toutefois, en cas de dispense de préavis, l'employeur n'est dégagé de son obligation de verser l'indemnité compensatrice qu'en cas de faute grave ou lourde.

Si aucun salaire n'est dû au travailleur qui n'exécute pas la prestation de travail qui lui est demandée, la grève avec occupation des locaux de l'entreprise déclenchée par des ouvriers auxquels l'employeur vient de notifier leur licenciement pour cause économique avec dispense d'exécuter le préavis ne peut dégager ce dernier de son obligation de payer l'indemnité compensatrice dont le salarié n'est privé qu'en cas de faute grave ou lourde.

Cass. soc. 13 novembre 1980, n° 79-40.414, BC V n° 811.

• Incidence de la grève sur les mandats représentatifs

La grève ne suspend pas les mandats représentatifs.

En cas de grève, le mandat des représentants du personnel n'est pas suspendu. Dès lors, le temps passé en réunion avec l'employeur doit être payé en s'imputant sur les heures de délégation.

Cass. soc. 27 février 1985, n° 82-40.173, BC V n° 124. Voir aussi cass. soc. 13 décembre 2017, n° 16-19.042.

• Réquisition des grévistes

Sauf dispositions législatives contraires, l'employeur ne peut en aucun cas s'arroger le pouvoir de réquisitionner des salariés grévistes.

Un salarié a fait l'objet d'une mise à pied disciplinaire pour avoir refusé de déférer à la convocation de l'employeur pour participer au service minimum de sécurité alors qu'il était gréviste.

C'est à tort que, pour rejeter la demande du salarié tendant à l'annulation de cette sanction, une cour d'appel a relevé que la société était soumise à la législation sur les installations classées et qu'elle figurait parmi les points et réseaux sensibles pour la Défense nationale et a décidé que l'employeur n'avait pas limité abusivement l'exercice du droit de grève en réquisitionnant, selon les stipulations du règlement intérieur, le salarié gréviste afin qu'il participe à un service minimum de sécurité.

Cass. soc. 15 décembre 2009, n° 08-43.603, BC V n° 283.

Les pouvoirs attribués au juge des référés en matière de dommage imminent consécutif à l'exercice du droit de grève ne comportent pas celui de décider la réquisition de salariés grévistes.

A violé l'article 7 du préambule de la Constitution du 27 octobre 1946 et l'article 809 NCPC la cour d'appel qui, pour confirmer une ordonnance de référé imposant à des salariés, travaillant dans un établissement accueillant des personnes âgées et dépendantes, d'assurer, alors qu'ils étaient en grève, un service de nuit selon un horaire fixé par l'employeur, a énoncé que cette mesure était nécessaire pour prévenir un dommage imminent.

Cass. soc. 25 février 2003, n° 01-10.812, BC V n° 62. Voir aussi cass. soc. 26 novembre 2003, n° 01-10.847.

En outre, si la loi du 18 mars 2003 pour la sécurité intérieure reconnaît au préfet le droit de « requérir les agents en grève d'un établissement de santé, même privé, dans le but d'assurer le maintien d'un effectif suffisant pour garantir la sécurité des patients et la continuité des soins, il ne peut prendre que les mesures imposées par l'urgence et proportionnées aux nécessités de l'ordre public, au nombre desquelles figurent les impératifs de santé publique ».

Ainsi, un préfet ne peut requérir l'ensemble des sages-femmes d'une clinique en vue de permettre la poursuite de l'activité complète de leur service sans envisager le redéploiement d'activités vers d'autres établissements de santé ou le fonctionnement réduit du service et sans rechercher si les besoins essentiels de la population ne pouvaient être autrement satisfaits, compte tenu des capacités sanitaires du département.

CE 9 décembre 2003, n° 262186.

De même, le préfet peut légalement requérir les salariés en grève d'une entreprise privée dont l'activité présente une importance particulière pour le maintien de l'activité économique, la satisfaction des besoins essentiels de la population ou le fonctionnement des services publics, lorsque les perturbations résultant de la grève créent une menace pour l'ordre public ; il ne peut prendre que les mesures nécessaires, imposées par l'urgence et proportionnées aux nécessités de l'ordre public.

CE 27 octobre 2010, n° 343966, Rec. Lebon p. 422.

Salariés non grévistes

• Principe : droit au travail et paiement du salaire correspondant

Durant la grève, l'employeur est tenu de fournir aux salariés non grévistes les moyens d'effectuer leur travail et de leur verser leur salaire.

En l'absence de force majeure, l'employeur n'est pas libéré de ses obligations vis-à-vis des salariés non grévistes qui sont demeurés à sa disposition pour travailler et les salaires qui leur sont versés n'ont pas le caractère d'une libéralité créant une discrimination illicite entre grévistes et non grévistes.

Cass. soc. 19 décembre 1983, n° 80-42.067, BC V n° 630.

L'entreprise de travail temporaire est soumise à la même règle et doit donc rémunérer les travailleurs intérimaires empêchés de travailler du fait d'une grève avec occupation des locaux dans l'entreprise utilisatrice.

Une grève avec occupation des locaux avait été déclenchée dans un établissement d'une entreprise. Des travailleurs intérimaires mis à la disposition de cette entreprise s'étaient présentés chaque jour à leur travail et n'avaient pu travailler. Ils avaient saisi la juridiction prud'homale pour avoir paiement de leur rémunération.

Doit être rejeté le pourvoi de la société de travail temporaire faisant grief au conseil de prud'hommes de l'avoir condamnée à payer aux intéressés leur salaire pour la période du 28 octobre au 19 novembre.

L'employeur ne peut, en effet, être dispensé de payer leur rémunération aux salariés qui se tiennent à sa disposition que s'il démontre qu'une situation contraignante l'empêche de leur fournir du travail ; l'entreprise de travail intérimaire est soumise à la même règle. Le conseil de prud'hommes a pu décider que ce n'était qu'à partir du 19 novembre, soit à l'issue du délai accordé par le juge des référés aux grévistes pour quitter les lieux, que la situation contraignante était caractérisée.

Cass. soc. 27 mai 1998, n° 96-42.303, BC V n° 280.

L'employeur qui n'a pas mis en chômage technique partiel ou total les salariés non grévistes qui ont travaillé pendant l'horaire prévu ne peut invoquer une réduction de la production pour réduire le salaire.

L'employeur ne saurait, à la suite d'une grève, invoquer une diminution de la production normale des ateliers pour réduire le salaire des employés non grévistes, dès lors qu'il n'a pas mis ces salariés en chômage technique total ou partiel et que ces derniers ont travaillé pendant l'horaire prévu, peu important le volume de la production.

Cass. soc. 22 avril 1985, n° 82-41.861, BC V n° 242.

De même, à défaut de toute situation contraignante, l'employeur ne peut pas diminuer la rému-

nération contractuelle des salariés non grévistes sous prétexte qu'il les a affectés à un travail différent de celui qu'ils accomplissent habituellement.

L'employeur, tenu de fournir un travail aux salariés non grévistes, à défaut de toute situation contraignante, ne peut, sous prétexte qu'il les affecte à un travail différent de celui habituellement accompli, diminuer leur rémunération contractuelle.

Cass. soc. 4 octobre 2000, n° 98-43.475, BC V n° 313.

Toutefois, le salarié qui, bien qu'étant non-gréviste, ne s'est pas présenté à son travail et n'a pas informé son employeur qu'il se tenait à sa disposition ne peut pas prétendre au paiement de son salaire.

S'agissant d'un pilote qui, à la suite de l'annulation du vol Papeete-San Francisco qu'il devait effectuer, provoquée par un mot d'ordre de grève, ne s'est pas présenté à l'aéroport, c'est à bon droit qu'une cour d'appel, qui a relevé que l'intéressé, qui se prétendait non-gréviste, et bien qu'il n'ait pas été destinataire du message d'annulation de vol, ne s'était pas présenté à l'aéroport pour assurer son service ni n'avait fait connaître à son employeur qu'il se tenait à sa disposition pendant la période où il devait travailler, a décidé que la compagnie aérienne ne lui devait, dès lors, aucun salaire pour la période où l'intéressé n'avait exercé aucune tâche pour son employeur.

Cass. soc. 30 juin 1993, n° 91-42.606.

- **Exception : situation contraignante**

L'employeur n'est libéré de ses obligations vis-à-vis des non-grévistes que s'il rapporte la preuve qu'il s'est trouvé dans l'impossibilité de faire fonctionner l'entreprise.

L'employeur qui, à la suite d'un mouvement de grève, procède à la fermeture de l'entreprise doit apporter la preuve d'une situation contraignante de nature à le libérer de son obligation de fournir du travail aux salariés.

Ayant constaté que la totalité du magasin pouvait être réouverte une demi-heure après la fin de la grève, une cour d'appel a pu décider que le refus opposé par l'employeur à la reprise du travail était abusif.

Cass. soc. 7 février 1990, n° 87-43.566, BC V n° 42.
Voir aussi cass. soc. 28 mars 2001, n° 99-42.945.

Ayant constaté qu'un employeur ne rapportait pas la preuve qu'il était dans l'impossibilité de fournir aux salariés non grévistes des tâches supplétives en rapport avec l'exécution de leurs contrats de travail, même s'il avait été contraint, du fait de la grève, d'arrêter totalement les installations de l'atelier de production pour des impératifs de sécurité, un conseil de prud'hommes a pu décider que l'employeur ne se trouvait pas dans une situation contraignante justifiant la mise du personnel en chômage technique et qu'il devait payer leur rémunération à tous les salariés qui s'étaient tenus à sa disposition.

Cass. soc. 30 septembre 2005, n° 04-40.193, BC V n° 277.

En cas de piquets de grève ou d'occupation des locaux, l'employeur ne peut être dispensé du paiement du salaire que s'il a intenté une action en justice tendant à dégager l'accès de l'entreprise…

Après avoir relevé que des salariés, empêchés d'accéder à leur poste de travail en raison de la présence de manifestants extérieurs à l'entreprise bloquant l'accès de l'établissement, s'étaient tenus à la disposition de leur employeur jusqu'à ce que ce dernier leur donne l'ordre de quitter les lieux, un conseil de prud'hommes a constaté que la société, qui n'avait intenté aucune action en justice tendant à faire dégager l'accès de l'entreprise, alors qu'elle aurait pu le faire, n'établissait pas s'être trouvée dans une situation contraignante, l'empêchant de fournir du travail à ses salariés. En l'état de ces constatations, le conseil de prud'hommes a pu condamner la société à payer aux salariés une indemnité compensatrice du salaire perdu pour cette journée.

Cass. soc. 8 avril 1992, n° 89-40.967, BC V n° 253.

… mais la situation contraignante n'est caractérisée qu'à l'issue du délai accordé par le juge des référés aux grévistes pour quitter les lieux.

Cass. soc. 27 mai 1998, n° 96-42.303, précité.

La situation contraignante peut également résulter des modalités de la grève ayant conduit l'entreprise à l'asphyxie…

C'est à bon droit que les juges du fond ont débouté un salarié non gréviste de sa demande en paiement des salaires afférents à une période de grève pendant laquelle il avait été mis en chômage technique par son employeur : après avoir constaté que le travail exécuté habituellement par les grévistes était vital pour le fonctionnement de l'usine, l'arrêt de travail conduisant l'entreprise à l'asphyxie, et que l'employeur n'avait reçu une lettre l'informant du projet de grève qu'au moment même où elle avait commencé, les juges ont pu en déduire l'existence d'une situation contraignante équivalant, en pratique, à un cas de force majeure.

Cass. soc. 18 janvier 1979, n° 77-40.982, BC V n° 52.

L'ouverture de négociations sur des revendications salariales réclamées par des organisations syndicales d'un des établissements d'une société ayant été renvoyée, un syndicat avait déposé un préavis de grève et un certain nombre de salariés avaient cessé de travailler. La direction ayant décidé de placer le personnel non gréviste en chômage technique, le syndicat avait saisi le juge des référés pour que soit notamment ordonnée sous astreinte l'ouverture de négociations et pour faire constater que la décision de mise au chômage technique était manifestement illicite. Ayant relevé, d'une part, que la négociation sur les revendications présentées par les syndicats ne pouvait s'effectuer qu'au niveau de l'entreprise et qu'elle avait été reportée en accord avec les organisations syndicales pour tenir compte de la période estivale, et que cette situation empêchait la société de négocier au seul niveau de l'établissement où la grève avait été déclenchée, et, d'autre part, que la grève du secteur de production, qui était totale, avait progressivement entraîné la paralysie des autres secteurs d'activité de l'entreprise et que l'employeur avait attendu que le fonctionnement de l'entreprise soit bloqué pour recourir à la mise au chômage technique, une cour d'appel a pu décider que la société s'était trouvée dans une situation contraignante qui ne lui était pas imputable et qui rendait impossible la fourniture de travail aux salariés non-grévistes, en sorte que la mise au chômage technique ne constituait pas un trouble manifestement illicite, et déclarer sans objet les autres demandes.

Cass. soc. 4 juillet 2000, n° 98-20.537, BC V n° 262.

Ayant constaté qu'une grève du secteur de production, qui était totale, avait progressivement entraîné la paralysie du secteur « travaux », empêchant le maintien des tâches d'exécution et que l'employeur avait attendu que le fonctionnement de l'entreprise soit bloqué pour recourir à la mise en chômage technique, un conseil de prud'hommes a pu décider que la société s'était trouvée, du fait de la grève, dans une situation contraignante qui ne lui était pas imputable et qui rendait impossible la fourniture de travail aux salariés non grévistes.

En l'état de ces constatations, le conseil de prud'hommes a pu débouter les salariés de leur demande de rappel d'indemnité compensatrice de salaire correspondant à la période de chômage technique.

Cass. soc. 22 février 2005, n° 02-45.879, BC V n° 57.

... ou d'impératifs de sécurité.

Ayant constaté que les agissements de certains salariés avaient entraîné l'intervention de la force publique pour rétablir la liberté du travail en faveur des autres membres du personnel, une cour d'appel a pu décider que la mesure de fermeture temporaire était justifiée par la nécessité de maintenir l'ordre et la sécurité dans l'entreprise qui était occupée.

Cass. soc. 21 mars 1990, n° 86-44.190, 2e moyen, BC V n° 131.

En revanche, la situation contraignante n'est pas établie lorsque l'employeur ferme l'entreprise alors que 66 % des salariés souhaitaient reprendre le travail, que certains ateliers continuaient à fonctionner et que des salariés assuraient la marche des chaînes de montage en remplacement des grévistes.

Est légalement justifié l'arrêt qui, pour déclarer illicite la fermeture d'une entreprise à la suite d'une grève, relève que, lors de la fermeture, certains ateliers continuaient à fonctionner, que des salariés non grévistes étaient affectés à des postes autres que leurs postes habituels et que des chefs de secteur assuraient la bonne marche de différentes chaînes de travail en remplacement des conducteurs et régleurs habituels en grève et qu'ainsi, aucune impossibilité de faire fonctionner l'entreprise avec 66 % des salariés qui avaient émis le souhait de reprendre le travail n'était établie par l'employeur qui ne démontrait ni blocage au niveau de la production ni paralysie de certains ateliers.

Cass. soc. 11 mars 1992, n° 90-42.817, BC V n° 168.

Grève (Faute lourde)

Selon l'article L. 2511-1 CT, seule une faute lourde peut justifier le licenciement d'un salarié gréviste. Si aucune faute lourde ne peut lui être reprochée, le licenciement est nul de plein droit et le salarié peut obtenir en justice sa réintégration dans l'entreprise et le paiement des salaires indûment retenus depuis la date du licenciement nul.

La faute lourde peut notamment résulter d'une entrave à la liberté du travail, d'actes de violence sur les biens ou les personnes ou d'une violation des règles de sécurité au cours d'une grève.

Exigence d'une faute lourde

Seule une faute lourde peut légitimer le licenciement d'un salarié gréviste.

Après avoir relevé qu'aucune faute lourde n'avait été commise, une cour d'appel a pu décider que le licenciement des salariés grévistes était entaché de nullité et ordonner la poursuite du contrat de travail, qui n'avait pu être valablement rompu.

Cass. soc. 10 octobre 1990, n° 88-41.426, BC V n° 434.

La jurisprudence a étendu l'exigence d'une faute lourde à toutes les sanctions inférieures au licenciement.

Un salarié gréviste ne pouvant être licencié ou sanctionné à raison d'un fait commis à l'occasion de la grève à laquelle il participe que si ce fait est constitutif d'une faute lourde, la cour d'appel, ayant écarté la faute lourde, ne pouvait qu'annuler les sanctions de mise à pied prononcées.

Cass. soc. 7 juin 1995, n° 93-42.789, BC V n° 181.

En l'absence de faute lourde, le licenciement est nul.

Tout licenciement prononcé contre un salarié gréviste, auquel une faute lourde ne peut être imputée, est nul de plein droit.

Cass. soc. 3 mai 2007, n° 05-43.977. Voir aussi cass. soc. 16 janvier 2013, n° 11-22.589, 2e moyen.

Le juge ne peut pas aggraver la qualification de la faute retenue par l'employeur dans la lettre de licenciement.

D'une part, aux termes de l'article L. 2511-1 CT, l'exercice du droit de grève ne peut justifier la rupture du contrat de travail, sauf faute lourde imputable au salarié et tout licenciement prononcé en l'absence de faute lourde est nul de plein droit ; d'autre part, le juge ne peut aggraver la qualification de la faute retenue par l'employeur dans la lettre de licenciement.

Dès lors, ayant constaté que, dans des lettres de licenciement de salariés ayant participé à un mouvement de grève, un employeur n'avait retenu que la qualification de faute grave, une cour d'appel a pu dire les licenciements nuls et condamner ce dernier à payer diverses sommes aux salariés.

Cass. soc. 26 juin 2013, n° 11-27.413, BC V n° 169.

Lorsque la lettre de licenciement fait état de faits distincts de la participation à une grève, le caractère illicite du motif tiré de cette participation emporte à lui seul la nullité du licenciement.

L'exercice du droit de grève ne peut justifier la rupture du contrat de travail, sauf faute lourde imputable au salarié ; tout licenciement prononcé en l'absence de faute lourde est nul de plein droit.

À la suite d'un mouvement de grève ayant eu lieu le 31 décembre 2006 au sein d'un casino, deux salariés ont été licenciés le 6 février 2007 pour faute grave, leur employeur leur reprochant, d'une part, leur absence injustifiée et l'instauration d'un climat conflictuel, faits commis dans la journée du 31 décembre 2006, et, d'autre part, des faits de harcèlement, menaces et insultes proférées à l'égard d'autres salariés ; soutenant que leur licenciement était nul, ils ont saisi en référé la juridiction prud'homale d'une demande de réintégration et en paiement de sommes à titre de provision sur salaires.

Pour rejeter leurs demandes, une cour d'appel a retenu que les faits autres que ceux en relation avec la grève étaient distincts de la participation à celle-ci et constitueraient, s'ils étaient établis, une cause réelle et sérieuse de licenciement.

En statuant ainsi, alors qu'en l'absence de faute lourde, le caractère illicite du motif du licenciement tiré de la participation à une grève emporte à lui seul la nullité de ce licenciement, la cour d'appel, qui avait constaté qu'aucune faute lourde n'était reprochée aux deux salariés, a violé l'article L. 2511-1 CT.

Cass. soc. 8 juillet 2009, n° 08-40.139, BC V n° 172.

De même, à partir du moment où l'employeur se prévaut de faits commis au cours d'une grève, il doit justifier d'une faute lourde même s'il invoque également des fautes antérieures à la grève.

Un salarié qui avait participé à un mouvement de grève le 9 novembre 2007 avait été licencié pour faute grave le 22 novembre suivant, pour avoir, notamment, porté atteinte à la réputation de l'entreprise en procédant à la distribution, à la clientèle, de tracts dénonçant les conditions de travail et de sécurité au sein de l'entreprise.

La cour d'appel qui, pour dire justifié le licenciement pour faute grave, a retenu, d'une part, que le mouvement de grève avait débuté le 9 novembre après 17 heures 15, soit après la notification au salarié de sa convocation à l'entretien préalable à son licenciement et qu'il n'avait donc pas été licencié alors qu'il était en grève et, d'autre part, que de 18 heures à 18 heures 40, l'huissier avait constaté que trois salariés, dont le salarié en cause, interpellaient tous les clients à l'entrée de la jardinerie et leur remettaient un tract.

En statuant ainsi, alors que la nullité du licenciement d'un salarié n'est pas limitée au cas où le licenciement est prononcé pour avoir participé à une grève mais s'étend à tout licenciement prononcé à raison d'un fait commis au cours de la grève et qui ne peut être qualifié de faute lourde, la cour d'appel a violé l'article L. 2511-1 CT.

Cass. soc. 9 mai 2012, n° 10-24.307, BC V n° 131.

En cas de nullité du licenciement, les salariés peuvent demander leur réintégration.

Le licenciement des salariés grévistes, sauf faute lourde de leur part, étant nul de plein droit, le juge doit ordonner, si les intéressés le demandent, la poursuite de l'exécution des contrats de travail qui n'ont pas été valablement rompus.

Cass. soc. 4 mai 1994, n° 92-40.135.

Seule une impossibilité matérielle peut dispenser l'employeur de réintégrer les salariés qui le demandent.

Pour refuser la réintégration de salariés grévistes, une cour d'appel, après avoir retenu que les intéressés n'avaient pas commis de faute lourde, a énoncé que les postes de ces salariés n'étaient plus vacants, tandis que les intéressés avaient, compte tenu du temps écoulé, retrouvé un emploi.

En statuant ainsi, par un motif qui ne caractérisait pas l'impossibilité matérielle de réintégrer les salariés dans leur emploi ou, à défaut, dans un emploi équivalent, la cour d'appel n'a pas légalement justifié sa décision.

Cass. soc. 2 février 2005, n° 02-45.085, 1er moyen du pourvoi principal, BC V n° 43.

Les salariés peuvent prétendre à une indemnité égale au montant de la rémunération qu'ils auraient dû percevoir entre leur éviction de l'entreprise et leur réintégration, sans déduction des salaires et revenus de remplacement perçus pendant cette période.

Selon l'alinéa 7 du préambule de la Constitution du 27 octobre 1946, et les articles L. 2511-1, et L. 1132-2 et 4 CT, tout licenciement prononcé à l'égard d'un salarié en raison de l'exercice de son droit de grève ou de faits commis dans l'exercice de ce droit est nul, sauf faute lourde ; l'exercice du droit de grève ne saurait donner lieu de la part de l'employeur à des mesures discriminatoires en matière de rémunération et d'avantages sociaux et tout licenciement prononcé en violation de ce texte est nul de plein droit ; dès lors qu'il caractérise une atteinte à la liberté d'exercer son droit de grève, garanti par la Constitution, le salarié qui demande sa réintégration a droit au paiement d'une indemnité égale au montant de la rémunération qu'il aurait dû percevoir entre son éviction de l'entreprise et sa réintégration, peu important qu'il ait ou non reçu des salaires ou un revenu de remplacement pendant cette période.

Cass. soc. 25 novembre 2015, n° 14-20.527, 2e moyen, BC V n° 236. Voir aussi cass. soc. 2 février 2006, n° 03-47.481, BC V n° 53.

Notion de faute lourde

La faute lourde suppose une participation personnelle du salarié aux faits illicites.

Une salariée de la SNCF s'est vu notifier une mise à pied d'un jour ouvré avec sursis pour avoir participé, dans l'exercice du droit de grève, à une manifestation en gare qui a entravé la circulation des trains.

N'a pas légalement justifié sa décision la cour d'appel qui, pour refuser d'annuler cette sanction, a retenu que le fait pour une gréviste d'être présente sur un quai de gare au milieu d'autres afin de provoquer un arrêt de trafic et de porter atteinte à la libre circulation des trains et des voyageurs était constitutif d'un abus du droit de grève et d'une faute lourde sans caractériser de participation active de la salariée à une entrave à la libre circulation des trains constitutive d'une faute lourde.

Cass. soc. 18 septembre 2007, n° 06-41.761.

Ayant fait ressortir que seule était établie la présence d'un salarié auprès d'un groupe de manifestants auteur de voies de fait et d'insultes, agissement contraire à l'attitude de neutralité attendue d'un chef de magasin, mais non révélateur de faits personnels, une cour d'appel a pu en déduire que le comportement de l'intéressé ne révélait pas une intention de nuire, n'était pas de nature à rendre impossible son maintien dans l'entreprise pendant la durée du préavis et ne constituait donc ni une faute lourde ni une faute grave.

Cass. soc. 18 janvier 2005, n° 02-46.443, 1er et 2e moyens.

Reprochant à des salariés, au cours d'un mouvement de grève, d'avoir envahi les salles de commande de plusieurs postes de transformation et d'être intervenus notamment sur les réseaux électriques concourant à la gestion du système production, les services nationaux EDF-GDF leur avaient infligé une mise à pied disciplinaire, que ces derniers avaient demandé au conseil de prud'hommes d'annuler.

Doit être rejeté le pourvoi de l'employeur reprochant à une cour d'appel d'avoir écarté l'existence d'une faute lourde. Ayant écarté toute participation personnelle des salariés, même sous forme d'incitation ou d'encouragement, aux faits illicites d'entrave au fonctionnement et à la continuité du service public, la cour d'appel a pu décider que leur seule présence dans les postes de commande ne constituait pas une faute lourde.

Cass. soc. 7 juin 1995, n° 93-42.789, précité.

La faute lourde peut être caractérisée par une entrave à la liberté du travail…

Après avoir constaté que lors d'un mouvement de grève, un salarié avait empêché avec trois collègues de travail le départ de deux autobus de leur entreprise à la gare routière de Cergy-Pontoise entre 10h05 et 10h55, une cour d'appel a pu en déduire que cette entrave à la liberté du travail était constitutive d'une faute lourde justifiant son licenciement.

Cass. soc. 10 février 2009, n° 07-43.939.

Après avoir constaté qu'il ressortait du constat de l'huissier de justice qu'un salarié était présent parmi les membres du piquet de grève barrant la route d'accès au chantier, une cour d'appel a relevé que, malgré la notification faite par cet officier ministériel de l'ordonnance de référé interdisant d'empêcher l'accès au chantier, l'intéressé avait refusé d'obtempérer en maintenant le barrage qui fermait la route d'accès. La cour d'appel a ainsi caractérisé la participation active du salarié à une entrave à la liberté du travail constitutive d'une faute lourde.

Cass. soc. 31 mars 1998, n° 95-42.086, BC V n° 180. Voir aussi cass. soc. 19 décembre 2007, n° 06-43.739.

Après avoir constaté que des salariés, bien qu'informés du caractère illicite de l'occupation d'un site de production et du blocage de l'accès à ce site après la notification de l'arrêt de référé de la cour d'appel ordonnant l'expulsion des grévistes suivie d'un commandement de quitter les lieux, avaient personnellement participé à la poursuite de ces opérations de blocage durant quatre jours, interdisant le travail de salariés non-grévistes, une cour d'appel en a exactement déduit que leurs licenciements étaient fondés sur une faute lourde.

Cass. soc. 3 mai 2016, n° 14-28.353, BC V n° 84.

… ou par des actes de séquestration…

Ayant constaté qu'un directeur commercial avait été séquestré dans les locaux administratifs de la société de 10 heures à 20 h 30 et que plusieurs salariés s'étaient physiquement opposés à sa sortie, une cour d'appel a décidé, à juste titre, que ce comportement personnel et volontaire était constitutif d'une faute lourde.

Cass. soc. 1er avril 1997, n° 95-42.246, BC V n° 131.

À la suite de l'échec d'une réunion du 17 février 2010 relative à la négociation salariale, un mouvement de grève s'est déclenché dans une société, qui s'est terminé par la signature d'un protocole de fin de grève conclu le 1er mars 2010 ; un salarié a été convoqué le 5 mars 2010 à un entretien préalable à un éventuel licenciement pour des faits commis pendant le mouvement de grève ; un second arrêt collectif du travail a eu lieu le 12 mars 2010 en soutien aux salariés de l'entreprise menacés de sanctions disciplinaires pour des faits commis pendant le premier mouvement de grève ; le salarié a reçu une nouvelle convocation à un entretien préalable le 19 mars, avec mise à pied conservatoire, visant sa participation à la séquestration d'un membre de l'entreprise le 12 mars 2010 ; le salarié a été licencié pour faute lourde par lettre du 7 avril 2010 ; il a saisi, avec un syndicat CGT, la juridiction prud'homale de demandes tendant à l'annulation de son licenciement et au paiement de diverses sommes.

Pour annuler le licenciement, la cour a retenu qu'il ressortait d'un constat d'huissier que le 12 mars 2010 vers 11 h 30, plusieurs salariés, dont le demandeur, s'étaient rassemblés dans la cour de l'entreprise, qu'à 11 h 45 ils avaient pénétré dans les locaux administratifs et étaient restés dans le couloir face au bureau du directeur des ressources humaines de l'entreprise, que l'huissier avait relevé qu'« une personne extérieure à la société déclare qu'il y a séquestration du DRH et de la direction » et qu'une « liste de quinze personnes se trouvant dans le couloir et séquestrant le DRH » était établie, que le directeur d'établissement avait appelé les gendarmes pour signaler la séquestration du directeur des ressources humaines dans son bureau, que vers 13 h 30, le directeur d'établissement avait demandé à nouveau aux gendarmes présents de faire évacuer les personnes extérieures à la société, que les personnes présentes dans le couloir avaient quitté les lieux vers 15 h 30, que le directeur des ressources humaines avait pu alors sortir de son bureau, que le salarié demandeur ne démentait pas avoir été sur place le 12 mars, contestant avoir pris part à une séquestration mais revendiquant avoir participé à un mouvement de défense du droit de grève, que l'employeur qui n'invoquait pas un comportement particulier imputable à l'intéressé, indiquait au contraire que son niveau d'implication dans les faits du 12 mars 2010 était similaire à celui des autres salariés et que s'il avait été licencié c'était en raison du comportement fautif qu'il avait adopté par ailleurs, que toutefois la faute lourde n'était pas caractérisée en l'espèce, ni les propos tenus par le salarié le 24 février 2010 lors du mouvement de grève initial, ni son attitude lors de l'entretien préalable au licenciement, ni sa participation à l'action collective du 12 mars suivant ne révélant d'intention de nuire.

En statuant ainsi, alors que le salarié avait personnellement participé à l'action collective au cours de laquelle le directeur des ressources humaines avait été retenu de 11h45 à 15h30 dans son bureau, dont il n'avait pu sortir qu'après l'évacuation par les forces de l'ordre des personnes présentes, ce dont il résultait que le comportement du salarié était constitutif d'une faute lourde, la cour d'appel a violé l'article L. 2511-1 CT.

Cass. soc. 2 juillet 2014, n° 13-12.562, BC V n° 158.

Une cour d'appel, qui n'a pas pris en considération l'appartenance syndicale des salariés et a seulement tenu compte de leur rôle actif dans le cadre d'un mouvement de grève, qui a consisté à pénétrer de force dans les locaux du conseil d'administration d'une société, avec un personnel cagoulé qui a neutralisé le système de sécurité, et à retenir les membres de la direction, a pu en déduire que de tels agissements étaient constitutifs d'une faute lourde.

Cass. soc. 18 décembre 2002, n° 00-44.259.

… ou encore par l'agression d'une salariée voulant se rendre au travail.

En retenant qu'au cours de la grève à laquelle il participait, un salarié avait agressé une ouvrière qui voulait se rendre au travail et l'avait frappée, une cour d'appel a légalement justifié sa décision de qualifier de faute lourde ces faits d'atteinte à la liberté du travail et de violences volontaires.

Cass. soc. 5 juillet 1995, n° 93-46.108.

La reconnaissance par un salarié de sa participation à une grève perlée constitue une faute lourde.

D'une part, une cour d'appel a constaté que le salarié avait reconnu, en présence d'un huissier de justice, sa participation à une grève perlée et, d'autre part, elle a retenu que l'analyse de l'activité de l'intéressé pendant six semaines permettait de constater, à partir du déclenchement de la grève perlée, une baisse de productivité de 30 % qu'aucune circonstance étrangère au mouvement de grève ne pouvait expliquer. La cour a pu en déduire que l'employeur avait rapporté la preuve de la faute lourde du salarié consistant dans sa participation à un mouvement tendant à freiner volontairement l'entreprise sans cesser le travail, en vue de nuire à l'employeur.

Cass. soc. 16 mai 2001, n° 99-41.604.

Mais la faute lourde n'est pas caractérisée lorsque l'occupation du lieu de travail n'entrave pas la liberté du travail et n'entraîne pas la désorganisation de l'entreprise.

Ayant relevé que les grévistes, à qui il était reproché d'avoir fait obstacle aux déchargements de camions de l'entreprise, de retenir leurs clefs puis de s'opposer à leur reprise par des tiers, avaient accepté, comme le leur demandait l'employeur, de remettre les documents et les clefs des véhicules, lesquels étaient vides, la cour d'appel a pu décider que le seul fait, au cours de la journée du 27 novembre 1991, d'être restés sans violence à côté desdits camions, fait qui ne leur avait été reproché que le 11 décembre suivant, ne caractérisait pas une faute lourde.

Cass. soc. 7 juin 1995, n° 93-46.448, BC V n° 180.

Au cours d'une grève du personnel d'un supermarché, des salariés avaient placé leurs véhicules de manière à bloquer l'entrée et la sortie du parking. Le juge des référés, saisi par l'employeur, a donné acte aux défendeurs de leur engagement d'évacuer leurs véhicules automobiles des accès au parking et a ordonné, au besoin, leur enlèvement. Un salarié a placé une nouvelle fois son véhicule devant l'entrée du parking du magasin. Il a alors été licencié pour faute lourde.

Après avoir retenu qu'il n'était pas établi que les faits avaient empêché les salariés non-grévistes et les clients d'accéder au magasin et rappelé que seule la faute lourde imputable au salarié peut entraîner la rupture du contrat de travail en cas d'exercice du droit de grève, une cour d'appel a décidé à bon droit que, dès lors que les fautes invoquées à l'encontre du salarié ne pouvaient être considérées comme des fautes lourdes, son licenciement était nécessairement sans cause réelle et sérieuse.

Cass. soc. 17 décembre 2002, n° 00-42.670, BC V n° 387.

Pour déclarer fondés sur une faute lourde les licenciements de trois salariés grévistes, une cour d'appel a retenu, d'une part, que le premier salarié s'était placé à deux reprises devant un camion pour interdire le passage, avait fait obstacle à un autre camion allant chercher une remorque et avait empêché le directeur du site d'enlever des barricades obstruant le passage des camions, d'autre part, que le deuxième salarié avait bloqué un camion, s'était placé devant trois autres camions pour faire obstacle à leur passage et avait fait savoir au directeur du site « qu'il ne servait à rien de tenter de faire passer des camions » et, enfin, que le troisième salarié avait empêché un camion d'avancer et un autre de reprendre une remorque.

En statuant ainsi, sans qu'il résulte de ses constatations que le blocage d'un camion avait entravé le travail des salariés ne participant pas à la grève ou qu'il avait entraîné une désorganisation de l'entreprise, faute d'autre accès aux locaux de l'entreprise, la cour d'appel a violé l'article L. 2511-1 CT.

Cass. soc. 9 mai 2012, n° 10-26.497, pourvois principaux, BC V n° 132.

En l'absence d'intention de nuire et d'atteinte à la liberté du travail, ne constitue pas une faute lourde le refus d'un salarié de restituer son véhicule de service à la suite d'un mouvement de grève.

Un salarié engagé en qualité de chauffeur livreur préparateur de commandes a été licencié pour faute lourde après avoir refusé, à la suite d'un mouvement de grève, de restituer à son employeur pendant une semaine le véhicule qui lui était affecté et la clé correspondante.

Après avoir relevé, d'une part, que l'employeur ne prouvait pas qu'il aurait pu remettre les véhicules des grévistes à d'autres personnes présentes dans l'entreprise, et qu'ainsi aucun élément du dossier ne démontrait que les grévistes, dont le salarié, avaient porté atteinte à la liberté du travail des autres salariés, et, d'autre part, qu'il n'était pas établi que le salarié avait agi avec intention de nuire, une cour d'appel a pu en déduire que la faute lourde n'était pas caractérisée et que le licenciement était nul.

Cass. soc. 8 février 2012, n° 10-14.083, BC V n° 61.

Le fait pour des salariés d'avoir proféré des injures, en dehors de toute violence, ne constitue pas une faute lourde.

Cass. soc. 10 mai 2001, n° 99-41.438. Voir aussi cass. soc. 8 décembre 2009, n° 08-42.923, 1er moyen.

Le seul fait d'encourager un mouvement de grève, fût-ce pour des raisons personnelles, ne suffit pas à caractériser une faute lourde.

Cass. soc. 26 mars 2014, n° 12-27.051, 1er moyen.

• Cas des représentants du personnel

Lorsque la demande d'autorisation de licenciement du salarié protégé est fondée sur les fautes commises au cours d'une grève, l'autorité administrative doit rechercher, sous le contrôle du juge de l'excès de pouvoir, si les faits reprochés au salarié sont d'une gravité suffisante pour justifier son licenciement compte tenu des règles applicables au contrat de travail, notamment des dispositions de l'article L. 2511-1 CT et des exigences propres à l'exécution normale du mandat ou des fonctions dont celui-ci est investi.

Dès lors qu'il est établi que les salariés protégés ont participé personnellement et activement, après deux ordonnances de référé, aux piquets de grève destinés à interdire l'accès d'un institut médico-pédagogique aux salariés non-grévistes et aux enfants, et qu'il n'est pas établi qu'ils aient joué un rôle modérateur au cours d'autres incidents violents survenus au cours du conflit, leur comportement est constitutif de fautes d'une gravité suffisante pour justifier leur licenciement.

CE 12 juillet 1995, n° 143077. Voir aussi CE 25 février 1994, n° 113903.

En revanche, aucune faute lourde ne peut être reprochée au représentant du personnel dont le comportement durant le conflit a été conforme à l'exercice normal de ses fonctions représentatives et qui n'a participé à aucun acte fautif grave.

Ayant relevé qu'un salarié n'avait, pendant le déroulement d'une grève, été l'instigateur d'aucun acte fautif grave et n'y avait pas davantage pris part, que l'exercice normal de son mandat de délégué du personnel impliquait sa présence sur les lieux du conflit et l'avait conduit à être l'interlocuteur de l'employeur, des salariés non-grévistes et des tiers dans la transmission des décisions collectives prises par les participants à la grève, une cour d'appel a pu en déduire qu'aucune faute lourde n'était établie contre lui.

Cass. soc. 16 juillet 1987, n° 84-40.941, BC V n° 477.

En autorisant le licenciement d'un salarié protégé pour des faits commis au cours d'une grève, l'autorité administrative reconnaît à ces faits le caractère d'une faute lourde et cette décision s'impose au juge judiciaire.

À la suite de faits d'entrave à la liberté du travail commis au cours d'une grève par un représentant du personnel, un employeur avait obtenu l'autorisation de licencier l'intéressé et prononcé le licenciement pour faute lourde.

Doit être rejeté le pourvoi formé par le salarié reprochant à la cour d'appel de l'avoir débouté de sa demande de dommages-intérêts pour licenciement sans cause réelle et sérieuse, alors, selon le pourvoi, que le Conseil d'État n'avait pas à qualifier le degré de la faute, mais seulement à autoriser le licenciement : l'autorité administrative ayant autorisé le licenciement de l'intéressé, salarié protégé, pour des faits fautifs commis au cours d'une grève, avait nécessairement reconnu à ces faits le caractère d'une faute lourde qui, seule, peut justifier le licenciement d'un salarié gréviste et le juge judiciaire ne pouvait pas revenir sur une décision administrative qui s'imposait à lui.

Cass. soc. 26 janvier 1994, n° 92-42.049, BC V n° 25.

Toutefois, la décision administrative ne s'impose pas au juge judiciaire appelé à se prononcer sur le comportement de salariés non protégés.

La décision de l'autorité administrative, statuant sur la demande d'autorisation de licenciement de représentants du personnel, n'a d'autorité qu'en ce qui concerne ces salariés et ne s'impose pas au juge judiciaire appelé à se prononcer sur le comportement des salariés non protégés.

Cass. soc. 1er avril 1997, n° 95-42.246, précité.

Par ailleurs, le fait que le licenciement des salariés protégés ait été refusé par l'inspection du travail ne prive pas l'employeur du droit de leur infliger un avertissement pour les mêmes faits.

C'est à bon droit qu'une cour d'appel a déclaré non établie l'entrave à l'exercice du droit syndical constituée par des avertissements adressés à quatre salariés protégés après que l'inspection du travail eut refusé leur licenciement pour les mêmes faits, après avoir relevé que ces avertissements n'étaient pas la conséquence d'une activité syndicale et que les salariés sanctionnés l'avaient été en raison de l'occupation de l'usine et, pour l'un d'eux, en raison de coups portés à l'épouse de l'un des membres de la direction.

En effet, ne statuant pas sur une mesure de licenciement, la cour d'appel n'était pas liée par les appréciations portées par l'inspecteur du travail à l'occasion d'une demande d'autorisation de licenciement ; par ailleurs, la grève n'autorise pas les grévistes à commettre des actes caractérisant une faute lourde.

Cass. crim. 4 avril 1995, n° 93-80.312, B. crim. n° 146.

Enfin, le licenciement d'un délégué du personnel prononcé à l'expiration de la période de protection ne peut pas légalement être motivé par les faits invoqués devant l'autorité administrative et qui ont donné lieu à un refus d'autorisation.

Un employeur avait sollicité l'autorisation de licencier un salarié, délégué du personnel, pour des faits d'entrave à la liberté du travail commis au cours d'une grève. Cette autorisation ayant été définitivement refusée par l'autorité administrative, l'employeur avait, à l'expiration du mandat représentatif et de la période de protection prévue par l'article L. 425-1 CT, licencié le salarié pour faute lourde, aux mêmes motifs que ceux invoqués devant l'autorité administrative.

Doit être approuvé l'arrêt ayant condamné l'employeur à payer au salarié des indemnités de rupture et des dommages-intérêts pour licenciement illicite, la cour d'appel ayant décidé à bon droit que le licenciement, prononcé à l'expiration de la période légale de protection, ne pouvait légalement être motivé par les faits invoqués devant l'autorité administrative et qui avaient donné lieu à une décision de refus d'autorisation du licenciement.

Cass. soc. 26 janvier 1994, n° 92-41.978, BC V n° 27.

Conséquences de la faute lourde

• Conséquences disciplinaires

Dès lors qu'il établit l'existence d'une faute lourde, l'employeur a le choix de la sanction. Il peut, en outre, sanctionner différemment les salariés pour une même faute.

S'il est interdit à l'employeur, à peine de nullité de la mesure, de pratiquer une discrimination, au sens de l'article L. 122-45 CT, il lui est permis, dans l'intérêt de l'entreprise et dans l'exercice de son pouvoir d'individualisation de mesures disciplinaires, de sanctionner différemment des salariés qui ont participé à une même faute.

Au cours d'un mouvement de grève, un salarié, agent de surveillance au service d'une société, s'était enfermé dans un camion qui, garé en travers du portail d'entrée de l'entreprise, empêchait tout mouvement de véhicules. Ayant refusé de libérer le véhicule malgré la demande du chef d'agence, il avait été licencié pour faute lourde.

C'est à tort que, pour déclarer nul ce licenciement, une cour d'appel a énoncé que le même grief pouvait être énoncé contre deux autres grévistes, qui occupaient deux camions également garés en travers du portail, et que la sanction prise contre un seul des grévistes revêtait, de ce fait, un caractère discriminatoire et devait être annulée, alors que le fait de sanctionner différemment des salariés ne constitue pas en soi une discrimination au sens de la loi, et alors que le salarié n'invoquait aucun détournement de pouvoir.

Cass. soc. 1er février 1995, n° 91-44.908, BC V n° 45.

Les sanctions prononcées contre des salariés grévistes ayant commis une faute lourde ne constituent pas un trouble manifestement illicite justifiant l'intervention du juge des référés.

Ayant fait ressortir que des salariés grévistes avaient commis des voies de fait et entravé la liberté du travail, une cour d'appel a pu décider que les sanctions de mise à pied prises par l'employeur ne constituaient pas un trouble manifestement illicite et que l'obligation de l'employeur au paiement des salaires au titre des jours de mise à pied était sérieusement contestable.

Cass. soc. 1er juillet 1998, n° 96-41.385, BC V n° 354.

• **Conséquences pécuniaires**

☛ *Grève (Responsabilité).*

Grève (Responsabilité)

En cas d'abus du droit de grève ou d'actes illicites commis pendant celle-ci, la responsabilité civile des grévistes, des représentants du personnel ou des organisations syndicales peut être mise en cause par l'employeur ou des salariés non grévistes.

Par ailleurs, dans l'hypothèse d'une occupation des locaux et d'entrave à la liberté de circulation, la responsabilité de l'État peut se trouver engagée en cas de refus d'envoi de la force publique.

Responsabilité civile des grévistes

La responsabilité d'un salarié gréviste ne peut être engagée qu'à raison du préjudice découlant directement de sa participation personnelle à des actes illicites.

La responsabilité d'un salarié ou d'un syndicat à l'occasion soit d'une grève, en raison d'actes illicites commis pendant celle-ci, soit d'un abus du droit de grève, ne pouvant être engagée qu'à raison du préjudice découlant directement de son comportement fautif, une cour d'appel ne pouvait, sans violer l'article 1382 c. civ., mettre à la charge d'un syndicat et de salariés grévistes la réparation de l'entier préjudice subi par l'entreprise ; il lui appartenait de préciser, en ce qui concerne chacune des personnes concernées, à quel acte fautif précis elle avait participé et elle ne pouvait prononcer condamnation qu'à raison du seul préjudice résultant du comportement incriminé.

Cass. soc. 18 janvier 1995, n° 91-10.476, BC V n° 27.

Les juges ne peuvent donc pas condamner in solidum des grévistes à réparer l'ensemble du préjudice résultant d'actes illicites sans caractériser la participation personnelle de chacun d'eux à ces actes.

N'a pas légalement justifié sa décision la cour d'appel qui a condamné in solidum sept salariés grévistes avec un syndicat à réparer l'entier dommage résultant des actes d'entrave au libre accès de l'entreprise et à la liberté du travail commis au cours d'une grève, sans préciser, en ce qui concernait chacun des salariés concernés, à quel acte fautif il avait participé et sans donner mission à l'expert de rechercher le seul dommage résultant du comportement incriminé.

Cass. soc. 30 janvier 1991, n° 89-17.332, 2e moyen, BC V n° 40.

Pour obtenir réparation d'un préjudice né de la grève, l'employeur doit démontrer l'existence d'un lien de causalité direct entre la faute des grévistes et le dommage subi.

C'est à bon droit qu'une cour d'appel a débouté une société de sa demande en remboursement des salaires versés aux ouvriers non grévistes empêchés de travailler du fait de l'occupation des locaux, après avoir relevé qu'il n'était pas établi que les faits illicites d'occupation aient été à l'origine de ce que les salariés non grévistes n'avaient pu fournir leur prestation de travail.

Cass. soc. 19 octobre 1994, n° 92-11.795, 2e moyen.

Relève de la compétence prud'homale l'action de l'employeur en réparation du préjudice causé par un mouvement illicite contre les instigateurs de ce mouvement.

A violé l'article L. 511-1 CT la cour d'appel qui a déclaré le tribunal d'instance compétent, à l'exclusion de la juridiction prud'homale, pour connaître des demandes formées par un employeur contre quinze salariés, en réparation du préjudice qu'ils lui auraient causé en occupant une usine à l'occasion d'une grève, alors que ce n'était pas le conflit collectif en lui-même qui faisait l'objet du litige, mais les voies de fait commises individuellement par chacun des salariés au cours de ce conflit.

Cass. soc. 25 octobre 1978, n° 77-12.148, BC V n° 710.

Il en est de même de l'action exercée par des salariés non grévistes empêchés de travailler à l'encontre des grévistes.

Constitue un différend né entre salariés à l'occasion du travail, et relevant, à ce titre, de la compétence de la juridiction prud'homale, le litige opposant des salariés qui avaient entendu poursuivre librement leur travail en exécution du contrat les liant à leur employeur et d'autres salariés qui, selon eux, y avaient fait obstacle, peu important que l'exécution du contrat de travail eût été suspendue entre les salariés grévistes et leur employeur.

Cass. soc. 3 mars 1983, n° 81-15.453, BC V n° 129.

Responsabilité pénale des grévistes

Le simple trouble apporté à l'activité professionnelle n'entre pas dans les préventions de l'article 431-1 c. pén. sanctionnant toute entrave à la liberté du travail.

C'est à tort que, pour dire deux personnes coupables d'entrave à la liberté du travail, après avoir relevé que si l'ancien article 414 c. pén. avait pour unique but d'empêcher la grève forcée, l'article 431-1 du même code, applicable aux faits poursuivis, sanctionnait désormais toute entrave à la liberté du travail, une cour d'appel a retenu que les prévenus avaient proféré des menaces de dégradation pour obtenir gain de cause et ont empêché délibérément les personnes présentes d'exercer librement leur travail, alors que le simple trouble apporté à l'activité professionnelle n'entre pas dans les préventions de l'article 431-1 c. pén.

Cass. crim. 3 juin 2008, n° 07-80.079, 1er moyen, B. crim. n° 135.

Lorsque des salariés sont poursuivis devant la juridiction pénale pour entrave à la liberté du travail, un employeur n'est pas admis à se constituer partie civile aux fins d'obtenir des dommages-intérêts en réparation du préjudice causé par les pertes financières engendrées par la grève.

Selon les articles 2 et 3 c. proc. pén., l'action civile en réparation du dommage causé par un délit n'appartient qu'à ceux qui ont personnellement souffert du dommage directement causé par l'infraction.

Au cours d'un mouvement de grève, des salariés avaient, au moyen de barrages, empêché des salariés non grévistes de travailler. Deux grévistes, poursuivis pour entrave à la liberté du travail, avaient été déclarés coupables de complicité de ce délit et condamnés à des réparations civiles envers l'employeur.

C'est à tort qu'une cour d'appel a accueilli la constitution de partie civile de l'employeur et lui a accordé des dommages-intérêts au motif que les barrages, qui avaient entraîné la fermeture du magasin, lui avaient causé une perte commerciale, alors que l'incrimination prévue par l'article 431-1 c. pén. a pour seul objet la protection de la liberté du travail et que le préjudice dont la réparation était demandée n'était, en l'espèce, que la conséquence indirecte de l'infraction.

Cass. crim. 23 avril 2003, n° 02-84.375, 2e moyen, B. crim. n° 84.

Responsabilité des représentants du personnel

Les représentants du personnel sont responsables de leurs actes propres, mais non des actes illicites commis par les salariés durant la grève.

Les délégués syndicaux identifiés comme participants actifs à des actes illicites commis au cours d'une grève engagent leur responsabilité personnelle, sans que celle-ci découle de leur qualité de délégués syndicaux.

Cass. soc. 26 juillet 1984, n° 82-14.355, BC V n° 331. Voir aussi cass. soc. 23 juin 1988, n° 86-12.327.

En cas d'occupation illicite des locaux, l'employeur ne peut valablement assigner en référé les représentants du personnel aux fins d'expulsion de l'ensemble des grévistes que si ces représentants ont eu un rôle actif et déterminant dans l'organisation de la grève et l'occupation des lieux.

Une société a fait assigner en référé d'heure à heure deux salariés, représentants du personnel et participant au mouvement de grève affectant l'entreprise, afin que l'ensemble des grévistes soient expulsés des locaux de celle-ci, qu'ils occupaient en entretenant des feux sur le site et en bloquant les accès à celui-ci au moyen de leurs véhicules, ce qui constituait, selon elle, un trouble manifestement illicite par entrave à la liberté du travail et à celle de l'industrie.

Il ne peut être reproché à une cour d'appel d'avoir accueilli cette action dirigée contre les délégués syndicaux considérés comme représentants de la collectivité des grévistes. En effet, en raison de la nécessité de mettre fin à un trouble manifestement illicite résultant de l'entrave à la liberté du travail et de l'atteinte portée à la sécurité du personnel et des biens, la cour d'appel, qui a constaté que ces représentants du personnel avaient, avec l'appui de leur organisation syndicale, eu un rôle actif et déterminant dans l'organisation de la grève et l'occupation des lieux, a pu ordonner les mesures exigées par les circonstances, compte tenu de la possibilité pour les dirigeants de fait du mouvement de grève de présenter les moyens de défense communs à l'ensemble du personnel.

Cass. soc. 23 juin 2004, n° 02-31.071, BC V n° 180.

Responsabilité civile des syndicats

Les syndicats ne peuvent pas, du seul fait de leur participation à une grève, être déclarés responsables de plein droit des conséquences dommageables d'abus commis au cours de celle-ci.

Cass. soc. 29 janvier 2003, n° 00-22.290.

C'est à bon droit que les juges du fond ont écarté la responsabilité d'un syndicat dans une circonstance où il apparaissait que si, dans des tracts ou articles de presse, les syndicats s'étaient présentés comme les animateurs de la grève, on n'y relevait aucune faute en relation avec les dommages allégués, telle que des incitations à des dégradations ou appropriations de matériels, à des violences ou à des entraves à la liberté du travail.

Cass. soc. 9 novembre 1982, n° 80-16.929, BC V n° 615.

De même, le fait que des agissements répréhensibles soient reprochés à des délégués syndicaux ne suffit pas à engager la responsabilité du syndicat.

La responsabilité d'un syndicat ne peut être engagée du seul fait de la qualité de mandataire de deux délégués syndicaux qui ont exercé individuellement le droit de grève. En déclarant un syndicat responsable des dommages causés à une société du fait de la grève, sans constater la participation effective de ce syndicat aux agissements abusifs constatés, une cour d'appel a violé l'article 1382 c. civ.

Cass. soc. 21 janvier 1987, n° 85-13.295, BC V n° 27.

La responsabilité civile d'un syndicat, même s'il a soutenu une grève, ne peut être engagée que s'il a activement participé aux actes illicites commis à l'occasion de cette grève ou s'il en a été l'instigateur.

A violé l'article 1382 c. civ. la cour d'appel qui a retenu la responsabilité d'une union départementale dans des agissements illicites commis au cours d'une grève, alors que les seuls faits constatés par les juges étaient insusceptibles de caractériser une faute du syndicat en l'absence de tout agissement positif de son représentant, de toute incitation active à commettre un acte illicite et de toute participation délibérée à un tel acte, et alors que la seule présence du secrétaire de l'union départementale le jour de l'obstruction des locaux ne caractérisait pas un tel agissement fautif du syndicat.

Cass. soc. 29 janvier 2003, n° 00-22.290, précité.

Ayant constaté que des entraves au libre accès d'une entreprise et à la liberté du travail avaient été effectuées sur les instructions d'un syndicat qui avait ainsi engagé sa responsabilité, c'est à bon droit qu'une cour d'appel a condamné ce dernier à réparer le dommage résultant de ces actes illicites.

Cass. soc. 30 janvier 1991, n° 89-17.332, 1er moyen, BC V n° 40.

Les syndicats peuvent également être déclarés responsables lorsqu'ils sont à l'origine d'un mouvement illicite ne pouvant être qualifié de grève.

Après avoir constaté que les syndicats avaient été constamment les instigateurs et les organisateurs d'un mouvement illicite et qu'ils en avaient assuré la maîtrise et la poursuite, en incitant, par des directives, l'accomplissement des actes fautifs par les agents qui participaient au mouvement, une cour d'appel a justement retenu la responsabilité de ces syndicats et a pu les condamner à la réparation de la perte subie par EDF et résultant directement du fait du blocage, sur leurs instructions directes, du système de tarification heures pleines/heures creuses.

Cass. soc. 26 janvier 2000, n° 97-15.291, BC V n° 38. Voir aussi cass. soc. 11 janvier 2006, n° 04-16.114, BC V n° 4, s'agissant d'un mouvement de travailleurs indépendants dans le cadre duquel des syndicats avaient été déclarés civilement responsables.

La participation directe du syndicat est exigée pour que sa responsabilité puisse être engagée à l'égard des tiers.

Cinq personnes, n'ayant pu se rendre à la dernière épreuve d'un examen, avaient fait assigner une centrale et cinq syndicats devant le tribunal de grande instance en réparation du préjudice qu'elles avaient subi, en soutenant que cet empêchement résultait de la mise en place de barrages routiers par les cinq syndicats de transporteurs affiliés à une centrale syndicale dans le cadre d'un conflit collectif.

Doit être cassé l'arrêt qui, pour condamner les syndicats et la centrale au paiement de dommages-intérêts, a énoncé que ceux-ci s'étant bornés devant les premiers juges à rejeter sur le représentant de l'État la responsabilité d'avoir fait dégénérer le mouvement de grève, une telle position en première instance excluait que les organisations syndicales puissent contester de manière convaincante être à l'origine des barrages et que, en outre, ils ne justifiaient pas avoir publié un démenti à la suite de la parution d'un article de presse leur imputant la responsabilité d'avoir « bloqué Fort-de-France », alors qu'il ne résultait pas de ces énonciations que les syndicats avaient, par instructions ou par tout autre moyen, été directement à l'origine des actes ayant empêché les intéressées de participer à une épreuve de leur examen.

Cass. soc. 10 février 1998, n° 96-11.619.

En cas d'occupation illicite des locaux, le juge des référés ne peut ordonner l'expulsion des grévistes sous astreinte par jour de retard à la charge d'un syndicat qu'après avoir constaté que ce dernier était impliqué dans cette occupation.

À la suite d'une grève avec occupation des locaux, un juge des référés a ordonné l'expulsion des lieux occupés sous astreinte par jour de retard à la charge de deux syndicats et condamné ces organisations à payer une somme au titre de l'article 700 NCPC.

Pour confirmer l'ordonnance rendue, une cour d'appel a énoncé que deux salariés avaient déclaré à un huissier que « la grève continue » et que « personne n'entrera dans l'usine », qu'ils avaient entendu s'exprimer en raison de leur appartenance respective à deux syndicats dont les banderoles déployées sur place reprenaient ces slogans, que le droit de grève n'emportait pas celui de disposer arbitrairement des locaux de l'entreprise et que l'occupation des lieux constituait un trouble manifestement illicite, dès lors que le fonctionnement de l'usine était empêché.

En statuant ainsi, alors qu'il ne résultait pas de ses constatations que les syndicats étaient impliqués dans l'occupation illicite des locaux de l'entreprise, la cour d'appel a violé l'article 809 NCPC.

Cass. soc. 22 juin 2004, n° 02-15.500, BC V n° 174.

Responsabilité de l'entreprise en grève à l'égard des tiers

• Indemnisation des clients de l'entreprise

Lorsque les revendications des grévistes dépassent le cadre de l'entreprise et que l'ampleur et la durée du mouvement sont imprévisibles et irrésistibles pour l'employeur, le mouvement présente les caractères de la force majeure et l'entreprise n'est pas tenue d'indemniser ses clients.

Deux sociétés automobiles, se plaignant de l'immobilisation de leurs véhicules sur les trains de la SNCF ou dans leurs centres de production, ainsi que des retards de livraison à leurs clients, au cours du mouvement de grève qui avait paralysé le trafic ferroviaire du 23 novembre au 19 décembre 1995, ont assigné la SNCF pour obtenir l'indemnisation de leur préjudice. La SNCF a invoqué la force majeure.

Doit être approuvé l'arrêt ayant débouté les sociétés automobiles de leurs demandes :

– tout d'abord, après avoir constaté que la grève avait été déclenchée, non pas pour soutenir des revendications concernant directement la SNCF, mais pour contester les projets du Gouvernement concernant le régime de la sécurité sociale et ses répercussions sur le régime spécial de retraite des cheminots et relevé que la maîtrise de ces projets échappait à la SNCF qui n'avait pas eu la possibilité de négocier avec les grévistes ni de satisfaire leurs revendications, la cour d'appel a pu retenir l'existence d'un fait extérieur à la SNCF susceptible de caractériser la force majeure ;

– ensuite, ayant constaté que nul ne pouvait prévoir, au moment où le préavis de grève avait été déposé, que le mouvement durerait plus d'un mois et paralyserait aussi bien l'entreprise que la vie économique du pays tout entier, la cour d'appel a pu en déduire que, même au moment où des prises en charge avaient été effectuées postérieurement au déclenchement de la grève, l'ampleur et la durée de celle-ci présentaient un caractère imprévisible ;

– enfin, la cour a pu admettre le caractère irrésistible de la grève, en relevant que la réquisition était impossible en raison des menaces qu'elle aurait fait peser sur la cohésion sociale, que le recours à une procédure judiciaire d'expulsion était purement illusoire, que le recours à un personnel de remplacement était techniquement interdit en raison de la spécificité du matériel ferroviaire, que l'organisation d'un transport routier de substitution, eu égard au nombre de véhicules en cause, n'aurait pas permis de pallier les effets de la grève.

Cass. soc. 11 janvier 2000, n° 97-18.215, BC V n° 16.

Responsabilité de l'État

• Responsabilité pour faute

L'autorité administrative apprécie s'il y a lieu de prescrire une intervention immédiate des forces de police à l'intérieur d'une usine.

Les dirigeants d'une société avaient sollicité auprès du préfet et du maire l'intervention des forces de police à l'intérieur de l'usine afin de délivrer des salariés détenus par des grévistes. Les autorités administratives, ayant eu connaissance des séquestrations, avaient engagé des négociations pour obtenir la libération du personnel séquestré, lequel avait d'ailleurs été libéré moins de 36 heures plus tard. Dans ces circonstances, le préfet qui était responsable des moyens de la police d'État et qui avait pris d'importantes mesures de précaution pour faire face à une éventuelle aggravation de la situation, avait la faculté d'apprécier s'il y avait lieu de prescrire une intervention immédiate par la force à l'intérieur de l'usine. En jugeant inopportune une telle intervention au moment où elle avait été sollicitée, le préfet n'a fait qu'user de cette faculté et son refus ne revêtait pas le caractère d'une faute lourde engageant la responsabilité pécuniaire de l'État.

Dans ces mêmes circonstances, le maire, qui ne disposait que de très faibles moyens de maintien de l'ordre, n'avait commis de son côté aucune faute lourde dans l'exercice de son pouvoir de police municipale en procédant à une appréciation identique à celle du préfet et en adoptant la même attitude que lui à l'égard d'une éventuelle intervention de la police. Dès lors, la responsabilité de la commune ne pouvait être engagée de ce fait.

CE 18 juin 1975, n° 90263, Rec. Lebon p. 363.

• Responsabilité de l'État en application du principe d'égalité devant les charges publiques

En l'absence de faute lourde, la responsabilité de l'État peut être recherchée lorsque le préjudice né du refus du concours de la force publique entraîne, pour le bénéficiaire d'une décision de justice, une charge anormale rompant l'égalité devant les charges publiques.

Les justiciables nantis d'une décision de justice dûment revêtue de la formule exécutoire (ordonnance de référé prescrivant la dispersion de piquets de grève) sont en droit de compter sur l'appui de la force publique pour assurer l'exécution du titre qui leur a été ainsi délivré. Si l'autorité administrative peut, dans certaines circonstances, refuser le concours de la force publique, le préjudice qui peut naître de ce refus entraîne pour le bénéficiaire de la décision de justice une charge anormale rompant l'égalité devant les charges publiques, si ce refus s'est prolongé au-delà du délai dont l'autorité administrative doit disposer pour l'accomplissement de la mission qui lui incombe.

CE 6 mai 1991, n° 62404, Rec. Lebon p. 171.

Grève (Services publics)

Pour tenir compte de la nécessité d'assurer la continuité du service public, le droit de grève dans le secteur public fait l'objet d'une réglementation particulière. Ainsi, la grève doit être précédée d'un préavis et un service minimum peut être exigé des agents des services publics.

Champ d'application

La réglementation du droit de grève dans le secteur public est applicable au personnel des entreprises, organismes et établissements chargés de la gestion d'un service public.

Relèvent des dispositions de la loi du 31 juillet 1963 relative à certaines modalités de la grève dans les secteurs publics, codifiée sous les articles L. 521-2 et s. CT, les personnels des entreprises, organismes et établissements chargés de la gestion d'un service public, qu'il s'agisse d'un service public administratif ou d'un service public industriel ou commercial. Par suite, le personnel du port autonome de Bordeaux, lequel est un établissement public de l'État chargé d'une mission de service public, est soumis aux dispositions légales régissant la grève dans les services publics.

Cass. soc. 16 juillet 1997, n° 95-22.276, BC V n° 269.

Peu importe le mode de gestion, publique ou privée, dès lors que l'organisme assure une mission de service public.

Les dispositions des articles L. 2512-1 et L. 2512-2 CT, relatives à l'exercice du droit de grève dans le service public, ne s'appliquent au sein d'une entreprise privée gérant un service public, qu'au seul personnel affecté à cette activité de service public.

Cass. soc. 8 octobre 2014, n° 13-13.792, BC V n° 224.

Les dispositions relatives à la grève dans le service public s'appliquent notamment au personnel d'une entreprise privée gérant un service public affecté à cette activité, peu important les modalités de rémunération de l'entreprise.

Cass. soc. 9 octobre 2012, n° 11-21.508, BC V n° 252.

Si la gestion du Commissariat à l'énergie atomique est régie par le droit privé, il résulte de l'ordonnance du 18 octobre 1945 que, eu égard à son objet, à la nature de ses activités et aux règles de tutelle auxquelles il est soumis, il assure la gestion d'un service public. Il s'ensuit qu'il est fondé à appliquer à son personnel les dispositions relatives à la grève dans les services publics.

Cass. soc. 5 juillet 1984, n° 81-41.323, BC V n° 297. Voir aussi cass. soc. 5 juillet 1984, n° 81-41.302, BC V n° 298.

La compagnie Air Inter, qui, aux termes d'une convention passée avec l'État, s'était engagée à exploiter régulièrement un réseau de lignes sur lequel il lui était en contrepartie conféré une exclusivité et à assurer une qualité de service définie d'un commun accord et qui, de surcroît, était soumise au contrôle économique et financier de l'État, devait être considérée comme ayant été chargée de la gestion d'un service public.

Cass. soc. 6 février 1985, n° 82-16.446, BC V n° 82.

La formation professionnelle permanente constituant une obligation nationale et faisant partie de l'éducation permanente, c'est à bon droit qu'une cour d'appel en a déduit qu'un centre de formation d'apprentis du bâtiment et des travaux publics, créé à la suite d'une convention passée entre l'État et une association pour la formation professionnelle, est chargé d'un service public au sens de l'article L. 521-2 CT.

Cass. soc. 25 juin 1987, n° 84-42.829, BC V n° 433.

Le gestionnaire d'un service public n'est pas nécessairement tenu d'édicter une réglementation de l'exercice du droit de grève.

Il ne résulte pas du principe fondamental de la continuité du service public des transports collectifs que les organes dirigeants des entreprises de transports publics seraient tenus d'édicter à tout moment une réglementation du droit de grève.

Dès lors, eu égard, d'une part, aux mesures prises par une telle entreprise, en particulier au dispositif contractuel d'alarme sociale, en vue de limiter le recours à la grève, lesquelles ont produit des résultats en termes de nombre de jours de grève par an, d'autre part, aux pouvoirs, notamment en matière de réquisition, dont dispose l'État, sous le contrôle du juge de l'excès de pouvoir, lorsque la continuité du service public des transports collectifs est durablement et gravement affectée, les dirigeants de cette entreprise n'ont, en s'abstenant de prévoir une réglementation du droit de grève ou de saisir le conseil d'administration aux mêmes fins, ni méconnu le principe de continuité du service public ni entaché leur décision d'une erreur d'appréciation.

CE 8 mars 2006, n° 278999, Rec. Lebon p. 113.

Primauté du droit de grève sur la continuité du service public

Les dispositions légales relatives à l'organisation d'un service public, prévoyant le recours à des agents contractuels de droit privé « lorsque des exigences particulières de l'organisation ou la spécification de certaines fonctions le justifient », n'autorisent pas l'embauche de salariés sous contrat à durée déterminée en remplacement d'agents publics en grève.

À la suite d'une grève des agents de « La Poste » ayant affecté les services de la recette principale de La Poste d'Agen, la direction départementale de cet établissement public avait mis en place un centre de tri provisoire en ayant recours partiellement à des agents recrutés par contrat à durée déterminée en remplacement des agents en grève.

L'article 31 de la loi du 2 juillet 1990 relative à l'organisation du service public de La Poste et des Télécommunications prévoit le recours à des agents contractuels de droit privé « lorsque des exigences particulières de l'organisation ou la spécification de certaines fonctions le justifient ».

C'est à bon droit qu'une cour d'appel a jugé que ce texte n'autorise pas La Poste à recourir à du personnel sous contrat de travail à durée déterminée pour faire obstacle à l'exercice du droit de grève reconnu à ses agents comme aux salariés de droit privé, dès lors que cet objectif est prohibé par les dispositions d'ordre public de l'article L. 122-3, 1° CT applicables aux contrats à durée déterminée.

Cass. civ., 1re ch., 19 mai 1998, n° 97-13.916, BC I n° 182.

Ne méconnaît pas l'obligation d'assurer la continuité du service public le commandant de bord qui cesse son service entre deux vols distincts afin de se joindre à un mouvement de grève, peu important à cet égard qu'il n'ait pas prévenu son employeur de son intention de participer au mouvement avant son déclenchement.

Différents syndicats de pilotes ont déposé un préavis de grève pour la période comprise entre le 2 février 2003 à 0 heure 01 et le 5 février à 23 heures 59. Le président d'un de ces syndicats a effectué, en qualité de commandant de bord, le vol Paris - Pointe-à-Pitre le 31 janvier 2003 et, sans assurer le vol Pointe-à-Pitre - Paris du 2 février 2003 à 23 heures, heure de Paris, compris dans sa mission, il a quitté Pointe-à-Pitre le 1er février à 23 heures, heure de Paris, comme passager d'un avion qui est arrivé le 2 février à 10 heures 25 à l'aéroport d'Orly où il s'est joint au mouvement de grève déclenché depuis 0 heure 01. Ayant fait l'objet d'une sanction disciplinaire, l'intéressé a saisi le conseil de prud'hommes en référé afin de faire juger que cette sanction était constitutive d'un trouble manifestement illicite.

C'est à bon droit qu'une cour d'appel a retenu l'existence d'un tel trouble. En premier lieu, la cour d'appel a souverainement retenu que le véritable motif de la sanction infligée au salarié tenait à sa participation au mouvement de grève.

En second lieu, le droit de grève s'exerce dans le cadre des lois qui le réglementent et aucun salarié ne peut être sanctionné en raison de l'exercice normal de ce droit. Ayant constaté que le salarié, commandant de bord, était chargé d'assurer une rotation d'équipage comprenant deux services distincts de vol Paris - Pointe-à-Pitre et retour, séparés par un temps de repos, et qu'il avait cessé son service après le premier vol, la cour d'appel, sans méconnaître ni la mission spécifique du commandant de bord et la nécessité d'assurer la continuité des vols résultant du code de l'aviation civile ni les dispositions du code du travail, a pu en déduire que les sanctions prises contre l'intéressé étaient constitutives d'un trouble manifestement illicite.

En dernier lieu, ayant exactement retenu qu'il ne pouvait être imposé à un salarié d'indiquer à son employeur son intention de participer à la grève avant le déclenchement de celle-ci et relevé que la signature d'un planning de rotation ne pouvait être considérée comme un engagement de ne pas cesser le travail, puis constaté que le salarié avait avisé de son état de gréviste suffisamment tôt pour permettre son remplacement dans le commandement du vol Pointe-à-Pitre - Paris, de sorte que le risque de désorganisation de l'entreprise n'était pas caractérisé, la cour d'appel a pu en déduire que l'abus dans l'exercice du droit de grève n'était pas établi.

Cass. ass. plén. 23 juin 2006, n° 04-40.289, BC n° 7.

Limitation du droit de grève : le service minimum

L'obligation d'assurer un service minimum peut résulter de la loi.

Dès lors qu'il fait l'objet des dispositions mêmes de la loi du 31 décembre 1984 et du décret du 17 décembre 1985 pris pour l'application de celle-ci, le ministre chargé des Transports n'a pas à définir le service minimum en cas de cessation concertée du travail au sein des services de la navigation aérienne.

CE 12 avril 1995, n° 119731.

En l'absence de réglementation, le Gouvernement fixe, sous le contrôle du juge de l'excès de pouvoir, la nature et l'étendue des limites devant être apportées à l'exercice du droit de grève en vue d'en éviter un usage abusif ou contraire aux nécessités de l'ordre public ; les organes chargés de la direction d'un établissement public définissent les domaines dans lesquels la sécurité doit être assurée en toutes circonstances, ainsi que les fonctions nécessaires pour assurer cette sécurité.

En indiquant, dans le préambule de la Constitution du 27 octobre 1946 auquel se réfère le préambule de la Constitution du 4 octobre 1958, que le droit de grève s'exerce dans le cadre des lois qui le réglementent, l'Assemblée constituante a entendu inviter le législateur à opérer la conciliation nécessaire entre la défense des intérêts professionnels, dont la grève constitue l'une des modalités, et la sauvegarde de l'intérêt général, auquel elle peut être de nature à porter atteinte.

En l'absence de la réglementation ainsi annoncée par la Constitution, la reconnaissance du droit de grève ne saurait avoir pour conséquence d'exclure les limitations qui peuvent être apportées à ce droit en vue d'en éviter un usage abusif ou contraire aux nécessités de l'ordre public.

En l'état de la législation, il appartient au Gouvernement, responsable du bon fonctionnement des services publics, de fixer lui-même, sous le contrôle du juge de l'excès de pouvoir, la nature et l'étendue desdites limites pour les agents desdits services.

Toutefois, ces principes ne font pas obstacle à ce que les organes chargés de la direction d'un établissement public, agissant en vertu des pouvoirs généraux d'organisation des services placés sous leur autorité, d'une part, définissent les domaines dans lesquels la sécurité doit être assurée en toutes circonstances, ainsi que les fonctions nécessaires pour assurer cette sécurité, et, d'autre part, déterminent les limitations affectées à l'exercice du droit de grève dans l'établissement en vue d'en éviter un usage abusif ou contraire aux nécessités de l'ordre public.

Si, par un arrêté en date du 5 juillet 1990, le ministre de l'Industrie et de l'Aménagement du territoire a défini les consignes générales de « délestage » sur les réseaux électriques et déterminé les catégories d'usagers prioritaires bénéficiant, lorsque des délestages sont nécessaires, du maintien de l'alimentation en énergie électrique, cet arrêté ne constitue pas une réglementation du droit de grève des agents d'Électricité de

France, mais se borne à définir le service minimum s'imposant à l'établissement public en toutes circonstances.

Le directeur d'« EDF-GDF services », agissant par délégation du directeur général d'EDF, pouvait, sans excéder sa compétence, édicter les règles applicables, en cas de grève, aux agents placés sous son autorité.

CE 17 mars 1997, n° 123912, Rec. Lebon p. 89. Voir aussi CE 30 novembre 1998, n° 183359 ; CE 12 avril 2013, n° 329570, Rec. Lebon p. 94.

Toutefois, le service minimum ne peut concerner que les seuls agents indispensables pour assurer l'activité dont le maintien est nécessaire.

Dans l'exercice de ses prérogatives de chef de service, le directeur général de l'aviation civile a pu légalement disposer, par circulaire, que, dans les services relevant de la direction générale dont il a la charge et autres que ceux de la navigation aérienne (qui font l'objet d'une réglementation particulière), les personnels assumant des fonctions d'autorité ou investis d'une mission devant être assurée sans discontinuité, notamment pour des raisons de sécurité, doivent demeurer à leur poste en cas de cessation concertée du travail et arrêter la liste des agents concernés.

Les agents visés par ladite circulaire étant au nombre de ceux qui, à raison de la nature de leurs fonctions, peuvent être légalement astreints à demeurer à leur poste en cas de cessation concertée du travail, et ne se trouvant pas, eu égard aux particularités de leur mission, dans la même situation que les autres fonctionnaires du ministère des Transports, ont pu, sans méconnaissance du principe d'égalité, être soumis à une réglementation particulière.

CE 13 novembre 1992, n° 83177.

Ainsi, les dirigeants de la société EDF peuvent, à défaut de solutions alternatives, réquisitionner les salariés dont l'intervention est strictement nécessaire pour assurer la remise en service des réacteurs arrêtés durant la grève, afin d'éviter des conséquences graves dans l'approvisionnement du pays en électricité.

CE 12 avril 2013, n° 329570, précité.

L'empêchement pour l'employeur, résultant des modalités de la grève définies dans un préavis régulier, d'organiser un plan de transport et d'information des usagers ne constitue pas un abus du droit de grève caractérisant un trouble manifestement illicite.

L'obligation légale faite à l'employeur, entreprise chargée d'un service public de transport terrestre de personnes, d'élaborer un plan de transports et d'information des usagers et de garantir un service minimum ne peut permettre de limiter l'exercice du droit de grève en l'absence de disposition légale l'interdisant et de manquement à l'obligation de négocier.

Un syndicat et son délégué ont déposé à l'issue de l'échec de négociations, le 18 mars 2013, auprès de leur employeur, société chargée de la gestion du transport urbain de passagers d'une agglomération dans le cadre d'une délégation de service public, un préavis de grève pour la période du 25 mars au 12 avril 2013 et consistant en des arrêts de travail quotidiens de 55 minutes et affectant l'ensemble du personnel ; la société a saisi le juge des référés aux fins de faire constater que ce préavis était constitutif d'un trouble manifestement illicite et d'ordonner sous astreinte la suspension de ses effets.

Pour faire droit à ces demandes, une cour d'appel a retenu d'une part que l'éclatement complet sur tous les parcours des lignes de bus et de tramway déployées sur plus d'une dizaine de communes, à des horaires différents chaque jour de la semaine et les arrêts de travail renouvelés sur 55 minutes entraînaient une perturbation complète du trafic des tramways, empêchaient l'employeur de prévoir les lieux où les autobus seraient laissés en stationnement pendant les arrêts de travail et de s'assurer des conditions dans lesquelles les grévistes reprendraient leur activité à l'issue de ceux-ci, et ne lui permettaient pas de disposer des éléments nécessaires à l'élaboration d'un plan de transports et d'information des usagers et d'assurer ainsi le service minimum dû aux usagers en vertu de la loi et, d'autre part, que les troubles générés qui contraignaient les passagers à descendre des véhicules en cours de trajet avant d'avoir atteint leur destination, ne devaient pas être mésestimés s'agissant de jeunes cherchant à rejoindre un établissement scolaire ou leur domicile et de personnes âgées.

En statuant ainsi, par des motifs insuffisants à caractériser une désorganisation de l'entreprise et alors que l'empêchement pour l'employeur, résultant des modalités de la grève définies dans un préavis régulier, d'organiser un plan de transport et d'information des usagers ne constitue pas un abus du droit de grève caractérisant un trouble manifestement illicite, la cour d'appel a violé l'alinéa 7 du préambule de la Constitution du 27 octobre 1946 et l'article L. 1222-4 du code des transports.

Cass. soc. 30 juin 2015, n° 14-10.764, BC V n° 132.

Dès lors qu'ils n'ont pas, au plus tard 24 heures avant l'heure prévue pour leur participation à une grève, informé l'employeur de leur décision d'y renoncer, les agents d'une entreprise de transport terrestre de voyageurs déclarés grévistes ne peuvent être considérés comme disponibles et affectés à un service, dans le cadre du plan de transport adapté, le jour de leur participation à la grève, y compris pendant la période entre l'expiration de leur repos journalier et l'heure théorique de prise de service.

Selon l'article L. 1222-7 c. transports, issu de la loi 2007-1224 du 21 août 2007 sur le dialogue social et la continuité du service public dans les transports terrestres réguliers de voyageurs, dans les entreprises de transports l'employeur et les organisations syndicales représentatives concluent un accord collectif de prévisibilité du service applicable en cas de perturbation prévisible du trafic ou de grève, fixant les conditions dans lesquelles l'organisation du travail est révisée et les personnels disponibles réaffectés afin de permettre la mise en œuvre du plan de transports adapté et, à défaut d'accord applicable, un plan de prévisibilité est défini par l'employeur ; en cas de grève les personnels disponibles sont les personnels de l'entreprise non-grévistes. En application de l'article L. 1324-7 du même code, dans sa rédaction issue de la loi 2012-375 du 19 mars 2012, les salariés concernés informent l'employeur, au plus tard 48 heures avant de participer à la grève, de leur intention d'y participer, et peuvent renoncer à cette participation au plus tard 24 heures avant l'heure prévue pour celle-ci en informant l'employeur afin que ce dernier puisse les affecter dans le cadre du plan de transport.

C'est donc à bon droit qu'une cour d'appel a décidé que dès lors qu'ils n'ont pas, au plus tard 24 heures avant l'heure prévue pour leur participation à la grève, informé l'employeur de leur décision d'y renoncer, les agents déclarés grévistes ne peuvent être considérés comme disponibles et affectés à un service, dans le cadre du plan de transport adapté, le jour de leur participation à la grève, y compris pendant la période entre l'expiration de leur repos journalier et l'heure théorique de prise de service.

En l'espèce, contestant la possibilité pour l'employeur, entreprise publique de transports terrestres réguliers de voyageurs, de placer en service facultatif et d'utiliser les agents ayant fait connaître leur intention de faire grève entre la fin de leur période de repos obligatoire et l'heure annoncée pour leur participation à la grève, un syndicat avait saisi le juge des référés d'un tribunal de grande instance aux fins de constater l'existence d'un trouble illicite au droit de grève et de faire interdiction à la société d'affecter dans le plan de transport adapté avant leur entrée en grève les agents ayant déposé une déclaration individuelle d'intention 48 heures avant le début de leur participation à la grève et qui n'avaient pas renoncé à y participer au plus tard 24 heures avant l'heure prévue.

Cass. soc. 16 janvier 2019, n° 17-27.124, à paraître.

Préavis obligatoire

Aux termes de l'article L. 2512-2 CT, toute grève dans le secteur public doit être précédée d'un préavis ; celui-ci doit parvenir à l'autorité hiérarchique ou à la direction de l'établissement, de l'entreprise ou de l'organisme cinq jours francs avant le déclenchement de la grève.

Le préavis prévu par l'article L. 521-3 CT devant parvenir à la direction de l'établissement cinq jours francs avant le déclenchement de la grève, c'est à tort qu'après avoir constaté que ce préavis avait été notifié le 25 janvier et que la grève avait commencé le 30 janvier, une cour d'appel a considéré que le jour de notification du préavis comptait dans ce délai et a décidé qu'il avait été respecté.

Cass. crim. 10 mai 1994, n° 93-82.603.

En cas d'expiration un samedi, un dimanche ou un jour férié chômé, le délai de préavis n'est pas prorogé jusqu'au premier jour ouvrable suivant.

Deux syndicats ont informé un employeur respectivement les 18 et 19 février 2008 de leur intention d'appeler à la grève le 25 février suivant ; l'employeur, estimant que ces préavis ne respectaient pas le délai de cinq jours francs prévu à l'article L. 2512-2 CT, a saisi la juridiction des référés.

Après avoir exactement retenu que la durée du préavis de grève n'est pas prescrite en vue de l'accomplissement d'un acte ou d'une formalité, de sorte qu'elle n'est pas soumise aux dispositions de l'article 642 CPC, une cour d'appel a pu dire n'y avoir lieu à référé sur les demandes de l'employeur.

Cass. soc. 30 mars 2010, n° 09-13.065, BC V n° 77.

L'envoi du préavis par télécopie tard le soir, à une heure où l'employeur n'est pas en mesure d'en prendre immédiatement connaissance, n'est pas irrégulier.

Pour déclarer des préavis de grève illicites, une cour d'appel a retenu qu'un syndicat avait utilisé une manœuvre déloyale, ayant pour effet de réduire le délai de négociation imposé par la loi, que, si le mode de transmission, par télécopie, n'était pas en cause, le fait d'adresser volontairement les préavis de grève, à une date et un horaire où le syndicat savait parfaitement que l'employeur ne serait pas en mesure d'en prendre connaissance sans délai, constituait un abus de droit, destiné à réduire d'autant le délai légal prévu pour la négociation, de sorte que cet envoi était illicite.

En statuant ainsi, alors qu'elle avait constaté que les préavis de grève pour les journées des 26, 27 et 28 novembre avaient été adressés le 20 novembre à 22 h 00 par télécopie et que le préavis de grève pour la journée du 29 novembre avait été adressé par télécopie le 23 novembre à 21 h 23, ce dont il résultait que le délai de cinq jours francs avait été respecté, la cour d'appel qui n'a pas tiré les conséquences légales de ses constatations, a violé l'article L. 2512-2 CT.

Cass. soc. 25 janvier 2012, n° 10-26.237, 3e moyen, BC V n° 18.

L'heure de l'arrêt de travail doit être commune à tous les membres du personnel, même en cas d'organisation du travail par équipe ou par roulement.

Il résulte de la combinaison des articles L. 521-3 et 4 CT que le droit de grève dans les services publics n'est exercé normalement que si le préavis de grève détermine l'heure précise, commune à tous les membres du personnel, de l'arrêt de travail, peu important que certains salariés ne travaillent pas à cette heure, dès lors qu'ils peuvent se joindre au mouvement en cours.

Deux syndicats avaient déposé auprès de la direction d'une société, régisseur des transports en commun de la communauté urbaine de Bordeaux, des préavis de grève « de 58 minutes à la prise du service pour tous les personnels, toutes les catégories et sur tous les lieux de travail de l'entreprise ». C'est à tort que, pour rejeter la demande en référé formée par la société tendant à faire juger que ces préavis de grève étaient illicites et à voir ordonner la suspension de leur exécution, une cour d'appel a retenu que l'article L. 521-4 CT, qui impose que l'heure de cessation et l'heure de reprise du travail ne soient pas différentes pour les diverses catégories de personnel ou pour les divers membres du personnel intéressé, vise les personnels ayant des horaires identiques et ne s'applique pas au cas de travail par équipe ou de prise du travail par roulement, alors que les articles L. 521-3 et 4 CT, qui imposent la détermination, dans le préavis, de l'heure de cessation du travail, qui doit être commune à tous les membres du personnel intéressé, ne laissent place à aucune distinction selon l'organisation du travail en vigueur dans les services publics et alors que la cour d'appel avait relevé que l'heure de cessation du travail n'était pas précisée dans le préavis et qu'elle variait, pour chaque salarié, en fonction de son horaire de travail, ce qui caractérisait un trouble manifestement illicite pour le service public.

Cass. soc. 3 février 1998, n° 95-21.735, BC V n° 55.

Cependant, plusieurs syndicats peuvent présenter des préavis distincts prévoyant chacun une heure de cessation du travail différente.

Aucune disposition légale n'interdit à plusieurs organisations syndicales représentatives de présenter chacune un préavis de grève. Il en résulte que chacune peut prévoir une date de cessation du travail différente.

Doit être cassé l'arrêt qui, pour ordonner la suspension de trois préavis déposés séparément par trois syndicats et concernant une même société, retient que le droit de grève des agents de cette société est soumis aux dispositions des articles L. 521-3 et 4 CT et qu'en prévoyant des horaires de cessation du travail différents, les organisations syndicales ont déposé des préavis de grève entachés d'illicéité.

Cass. soc. 4 février 2004, n° 01-15.709, BC V n° 33.

Un préavis unique peut porter sur des arrêts de travail d'une durée limitée étalés sur plusieurs jours.

Cass. soc. 7 juin 2006, n° 04-17.116, BC V n° 204.

Aucune disposition légale n'interdit l'envoi de préavis de grève successifs, dès lors qu'aucun manquement à l'obligation de négocier n'est imputable au syndicat.

Dans le cadre d'un mouvement de grève, un syndicat a adressé à un employeur, par télécopie, le vendredi 20 novembre à 22 h 00, trois préavis de grève pour les journées des 26, 27 et 28 novembre 2009, puis le lundi 23 novembre un quatrième préavis, par télécopie, à 21 h 23 pour le 29 novembre, le 24 novembre un cinquième préavis pour le 30 novembre et enfin, le mercredi 25 novembre, un dernier préavis pour le 1er décembre 2009. L'employeur a saisi le juge des référés du tribunal de grande instance, lequel, par ordonnance du 27 novembre 2009, a suspendu les effets des préavis de grève pour les 28, 29, 30 novembre et 1er décembre 2009.

A violé l'article L. 2512-2 CT la cour d'appel qui, pour confirmer cette ordonnance, a retenu que, si aucune disposition légale n'interdit l'envoi de prévis de grève successifs, dès lors qu'aucun manquement à l'obligation de négocier n'est imputable au syndicat, c'est à la condition toutefois qu'ils mentionnent des motifs différents, alors que l'envoi de préavis de grève successifs pour le même motif ne caractérise aucun trouble manifestement illicite en l'absence de disposition légale l'interdisant et à défaut de manquement à l'obligation de négocier.

Cass. soc. 25 janvier 2012, n° 10-26.237, 2e moyen, BC V n° 18. Voir aussi cass. soc. 7 juin 2006, n° 04-17.116, précité.

Un préavis fixant une période de grève de huit semaines et déclarant une pluralité de motifs ne suffit pas à caractériser un abus dans l'exercice du droit de grève.

Ni la durée du mouvement de grève (presque 2 mois, en l'espèce) ni l'existence d'une pluralité de motifs ne pouvant suffire à caractériser en elles-mêmes une fraude, une cour d'appel, qui a constaté que l'employeur n'apportait aucun élément pour démontrer que l'exercice du droit de grève aurait eu un caractère abusif, en a exactement déduit que le caractère illicite du mouvement n'était pas établi.

Cass. soc. 4 juillet 2012, n° 11-18.404, BC V n° 207.

Dès lors que le préavis a été déposé régulièrement, les salariés ne sont pas tenus de faire grève durant la totalité de la période d'arrêt de travail fixée par le préavis.

Si, dans les services publics, la grève doit être précédée d'un préavis donné par un syndicat représentatif et si ce préavis, pour être régulier, doit mentionner l'heure du début et de la fin de l'arrêt de travail, les salariés qui sont seuls titulaires du droit de grève ne sont pas tenus de cesser le travail pendant toute la durée indiquée par le préavis. Ayant constaté la régularité du préavis donné par des organisations syndicales, les juges du fond ont exactement décidé que l'arrêt de travail d'une journée intervenu au cours de la période mentionnée par le préavis constituait l'exercice normal du droit de grève par les salariés sans avoir à se prononcer sur la validité des préavis ultérieurs.

Cass. soc. 12 janvier 1999, n° 96-45.659, BC V n° 6. Voir aussi cass. soc. 30 avril 2003, n° 00-22.328; cass. soc. 14 septembre 2010, n° 09-42.648.

La reprise générale du travail durant la période définie par le préavis n'interdit pas de reprendre la grève au cours de cette période.

Si, dans les services publics, la grève doit être précédée d'un préavis donné par un syndicat représentatif et si ce préavis, pour être régulier, doit mentionner l'heure du début et de la fin de l'arrêt de travail, les salariés qui sont seuls titulaires du droit de grève ne sont pas tenus de cesser le travail pendant toute la durée indiquée par le préavis.

Un syndicat a déposé un préavis pour une grève devant débuter le 6 novembre 2010 et s'achever le 31 décembre 2010 au sein d'une société gérant un réseau de transports publics ; la grève a commencé le 6 novembre 2010 ; le 15 novembre, il n'y avait plus qu'un seul salarié gréviste ; aucun gréviste n'était déclaré pour les journées des 16, 17 et 18 novembre 2010 ; par acte d'huissier en date du 25 novembre 2010, la société a fait assigner le syndicat aux fins de faire juger que le mouvement de grève avait pris fin le 14 novembre 2010, un seul salarié étant déclaré gréviste le 15 novembre 2010 et aucun par la suite, et que, depuis, la grève était illicite.

C'est à bon droit qu'une cour d'appel a décidé que l'employeur ne pouvait pas, dans la période fixée par le préavis, déduire de la constatation de l'absence de salariés grévistes que la grève était terminée, cette décision ne pouvant être prise que par le ou les syndicats représentatifs ayant déposé le préavis de grève.

Cass. soc. 4 juillet 2012, n° 11-18.404, précité.

L'absence de salarié gréviste au cours des trois premiers jours de la période visée par le préavis ne rend pas celui-ci sans effet.

Le 27 juin 2011, un syndicat d'une Régie de transports a déposé un préavis de grève à compter du 3 juillet 2011 à 0 heure jusqu'au 31 décembre 2011 à minuit, concernant tous les agents de la Régie et la totalité de leur service ; différentes déclarations individuelles d'intention de grève ont été adressées avant le début annoncé de la grève à l'employeur ; le 6 juillet 2011, la Régie a affiché une note d'information indiquant : « Le 27 juin dernier, la CGT a déposé un préavis de grève du 3 juillet à 0 heure 00 au 31 décembre 24 heures 00. Or, depuis le 3 juillet, aucun salarié ne s'est mis en grève, le mouvement n'ayant pas débuté à la date initialement prévue, le préavis ne peut plus produire d'effet. Aucun arrêt de travail ne peut donc avoir lieu dans le cadre de ce préavis. La Direction tenait à porter cette information à la connaissance des salariés notamment de ceux ayant déposé une déclaration individuelle d'intention de grève » ; le syndicat a saisi le tribunal de grande instance d'une requête tendant à la condamnation de l'employeur à retirer cette note et à lui payer des dommages-intérêts.

Doit être rejeté le pourvoi formé par l'employeur reprochant à une cour d'appel d'avoir dit que la note du 6 juillet 2011 portait atteinte au droit de grève, d'avoir ordonné son retrait sous astreinte et d'avoir rejeté sa demande reconventionnelle en illicéité du mouvement de grève fondé sur le préavis du 27 juin 2011.

En effet, d'abord, si, dans les services publics, la grève doit être précédée d'un préavis donné par un syndicat représentatif et si ce préavis, pour être régulier, doit mentionner l'heure du début et de la fin de l'arrêt de travail, les salariés qui sont seuls titulaires du droit de grève ne sont pas tenus de cesser le travail pendant toute la durée indiquée par le préavis ; il en résulte que c'est à bon droit que la cour d'appel a décidé, d'une part, que l'employeur ne pouvait, dans la période ainsi définie, déduire de l'absence de salarié gréviste au cours des trois premiers jours de la période visée par le préavis que celui-ci était devenu sans effet et, d'autre part, que la note litigieuse, en laissant craindre aux salariés qu'ils pouvaient faire l'objet de sanctions en cas d'arrêt de travail, portait atteinte à leur droit de grève et devait ainsi être retirée des panneaux d'affichage de l'entreprise.

Ayant ensuite constaté que les déclarations d'intention individuelle de grève et les feuilles de service précisant les horaires et la durée des arrêts de travail de certains salariés grévistes n'établissaient pas la volonté de détourner les prescriptions de l'article L. 2512-3 CT ni de désorganiser le fonctionnement de l'entreprise, la cour d'appel a, par ce seul motif, légalement justifié sa décision.

Cass. soc. 11 février 2015, n° 13-14.607, BC V n° 25.

L'absence de salariés grévistes au cours de la période visée par le préavis, même en cas de préavis de durée illimitée, ne permet pas de déduire que la grève est terminée, cette décision ne pouvant être prise que par le ou les syndicats représentatifs ayant déposé le préavis de grève.

Si, dans les services publics, la grève doit être précédée d'un préavis donné par un syndicat représentatif et si ce préavis, pour être régulier, doit mentionner l'heure du début et de la fin de l'arrêt de travail, les salariés qui sont seuls titulaires du droit de grève ne sont pas tenus de cesser le travail pendant toute la durée indiquée par le préavis ; l'absence de salariés grévistes au cours de la période visée par le préavis, même en cas de préavis de durée illimitée, ne permet pas de déduire que la grève est terminée, cette décision ne pouvant être prise que par le ou les syndicats représentatifs ayant déposé le préavis de grève.

Un syndicat a déposé le 14 décembre 2012 un préavis de grève illimité pour les vendredis à compter du 21 décembre 2012, entre 5 h et 21 h, pour un établissement d'une société de transports publics assurant la vente de billets en gares ; ce préavis a été suivi d'effet les 3 vendredis suivants, les 22 et 29 décembre 2012 et 4 janvier 2013, puis les 12 avril et 31 mai 2013 ; la société a saisi le 19 septembre 2013 le tribunal de grande instance de demandes tendant à dire que le préavis avait cessé de produire effet depuis le 11 janvier 2013 et que les arrêts de travail des 12 avril et 31 mai 2013 étaient illicites et que le syndicat soit condamné, sous astreinte, à retirer ce préavis et à payer des dommages-intérêts pour les deux arrêts de travail illicites.

C'est à tort que, pour dire que le préavis de grève avait cessé de produire ses effets à compter du 11 janvier 2013 et que les arrêts de travail des 12 avril et 31 mai suivants étaient illicites, une cour d'appel a retenu que s'agissant d'un préavis donné pour une durée illimitée, ses effets avaient nécessairement pris fin lors de la cessation de la grève caractérisée par la reprise du travail et l'absence de tout salarié gréviste le 11 janvier 2013, qu'admettre le contraire viderait de leur sens les dispositions de l'article L. 2512-2 CT et placerait la société dans l'impossibilité de respecter son obligation d'information des usagers et que le dépôt par le syndicat d'une nouvelle demande de concertation immédiate le 19 avril 2013 démontrait qu'aucune négociation n'était en cours et que ce dernier avait bien conscience que les effets du préavis du 14 décembre 2012 avaient cessé.

Cass. soc. 8 décembre 2016, n° 15-16.078, 1er moyen, BC V n° 237.

Est légale l'instruction imposant à des agents d'informer leur employeur de leur intention de rejoindre une grève au moins quarante-huit heures avant le début de la prise de service qu'ils n'entendent pas assurer pour cause de grève.

CE 11 juin 2010, n° 333262.

L'inobservation du préavis par les organisateurs de la grève constitue une faute engageant leur responsabilité.

La compagnie Air Inter ayant été chargée de la gestion d'un service public, l'ensemble des personnels qui participaient à l'exploitation du réseau était soumis aux dispositions des articles L. 521-2 à 6 CT et le déclenchement d'une grève en méconnaissance de l'obligation de préavis impartie par l'article L. 521-3 CT constituait, de la part du syndicat organisateur de cette grève, une faute de nature à engager sa responsabilité.

Cass. soc. 6 février 1985, n° 82-16.446, précité.

La grève déclenchée moins de cinq jours francs après la réception du préavis est illégale et les salariés qui s'y associent, même après l'expiration de ce délai en dépit d'une notification de l'employeur attirant leur attention sur l'obligation de préavis, commettent une faute disciplinaire.

Selon l'article L. 521-3 CT, lorsque les personnes mentionnées à l'article L. 521-2 CT font usage du droit de grève, la cessation concertée du travail doit être précédée d'un préavis qui émane de l'organisation ou d'une des organisations syndicales les plus représentatives sur le plan national et qui doit parvenir, cinq jours francs avant le déclenchement de la grève, à l'autorité hiérarchique ou à la direction de l'établissement. Il en résulte que la grève déclenchée moins de cinq jours francs après la réception du préavis est illégale et que les salariés qui s'y associent, même après l'expiration de ce délai en dépit d'une notification de l'employeur attirant leur attention sur l'obligation de préavis, commettent une faute disciplinaire que l'employeur est en droit de sanctionner.

Un préavis fixant le déclenchement d'une grève au 1er décembre 2002 était parvenu le 26 novembre à un employeur. Une salariée qui avait cessé le travail le 2 décembre 2002 a été sanctionnée par une mise à pied d'une durée de quatre jours pour ne pas avoir pris son service à cette date ; elle en a demandé l'annulation judiciaire.

Pour décider que la salariée n'avait commis aucune faute en participant au mouvement de grève à partir du 2 décembre 2002 et annuler la sanction, une cour d'appel a relevé qu'elle était de repos le 1er décembre et que peu importait que le préavis ait été irrégulier dès lors qu'elle avait elle-même respecté le délai de prévenance de cinq jours francs après la notification du préavis.

En statuant ainsi, la cour d'appel a violé l'article L. 521-3 CT. En effet, il résultait du jugement qui lui était déféré que, par une note du 28 novembre 2002, l'employeur avait informé l'ensemble des salariés de l'entreprise du caractère illégal de la grève en raison du non-respect du délai légal de préavis et que l'existence de cette notification, invoquée devant elle par l'employeur, n'était pas discutée par la salariée.

Cass. soc. 11 janvier 2007, n° 05-40.663, BC V n° 2. Voir aussi cass. crim. 10 mai 1994, n° 93-82.603, précité.

La participation à un mouvement de cessation concertée du travail ne respectant pas le préavis de cinq jours prévus par les dispositions de l'article L. 2512-2 CT ne constitue une faute que l'employeur est en droit de sanctionner qu'à la condition que les salariés aient conscience d'enfreindre ces dispositions.

CE 4 décembre 2013, n° 361667.

Le non-respect du délai légal de préavis de cinq jours de la part de salariés grévistes d'un établissement privé en charge d'un service public dont l'attention a été attirée sur l'obligation de respecter ce préavis, s'il constitue de leur part une faute disciplinaire que l'employeur est en droit de sanctionner, ne les exclut pas du régime protecteur de l'article L. 2511-1 CT.

Cass. soc. 18 janvier 2011, n° 09-40.134.

Commet le délit d'entrave à l'exercice du droit syndical le directeur d'établissement ayant maintenu sa position sur le caractère tardif d'un préavis malgré, notamment, le fait que l'inspection du travail en ait confirmé la légalité.

Le directeur d'un établissement de la SNCF, saisi d'un préavis de grève d'un syndicat parvenu, par télécopie, le 22 février 2005 à 19 h 36, pour le 28 février suivant, a adressé audit syndicat, le 23 février, une télécopie contestant la régularité du préavis compte tenu de son caractère tardif au regard du délai de cinq jours francs prévu par l'article L. 521-3 devenu L. 2512-2 CT et l'informant de l'affichage d'un avis aux personnels les mettant en garde contre toute cessation de travail. Le syndicat a fait citer l'intéressé et la SNCF devant le tribunal correctionnel, notamment du chef d'entrave à l'exercice du droit syndical.

C'est à bon droit que, pour estimer cette infraction constituée, une cour d'appel a relevé, notamment, que le prévenu avait maintenu sa position concernant le caractère tardif du préavis, alors qu'il n'ignorait ni la contestation de son analyse juridique par le syndicat ni le fait que l'inspection du travail avait confirmé la légalité dudit préavis et qu'il n'avait pas utilisé la possibilité dont il disposait de faire trancher cette difficulté en référé.

Cass. crim. 26 mars 2008, n° 07-84.308.

Dès lors qu'un préavis de grève a été déposé par un syndicat, les salariés ne peuvent pas se voir reprocher d'avoir participé à la grève dans le respect de ce délai, peu important que le préavis ait été irrégulier,…

Des maîtres nageurs-sauveteurs avaient été licenciés pour avoir participé à une grève sans respecter les dispositions légales en matière de grève dans les entreprises chargées de la gestion d'un service public.

Après avoir constaté qu'un préavis de grève avait été déposé par un syndicat, peu important qu'il ait été irrégulier, une cour d'appel a pu en déduire que les salariés n'avaient commis aucune faute en participant à la grève dans le respect du délai de prévenance et déclarer nuls de plein droit les licenciements.

Cass. soc. 25 février 2003, n° 00-44.339, BC V n° 63.

... sauf si l'employeur a informé les salariés du caractère illégal de la grève en raison de l'irrégularité du préavis.

Selon les articles L. 2512-2 CT, 2 de la loi 2007-1224 du 21 août 2007 sur le dialogue social et la continuité du service public dans les transports terrestres réguliers de voyageurs, codifié sous les articles L. 1324-2 et L. 1324-8 du code des transports et 1er du décret 2008-82 du 24 janvier 2008, dans les entreprises chargées d'une mission de service public de transport terrestre régulier de personnes à vocation non touristique, le dépôt d'un préavis de grève ne peut intervenir qu'après une négociation préalable entre l'employeur et la ou les organisations syndicales représentatives qui envisagent de déposer un préavis ; cette ou ces organisations notifient à l'employeur les motifs pour lesquels elles envisagent de déposer un préavis de grève ; l'employeur, saisi d'une notification par les organisations syndicales représentatives, en réunit les représentants dans le délai de trois jours à compter de la remise de cette notification ; les parties disposent d'une durée de huit jours francs à compter de la notification pour mener à son terme la négociation préalable.

Un salarié travaillant pour une régie départementale des voies ferrées, laquelle assure une mission de service public de transport terrestre régulier de personnes à vocation non touristique, a avisé son employeur le 20 mai 2008 de sa participation à un mouvement de grève prévu le 22 mai 2008 ; le 21 mai, l'employeur a indiqué aux salariés que le préavis de grève était irrégulier et que leur absence le 22 mai 2008 serait considérée comme injustifiée ; le salarié ayant participé au mouvement de grève, le 21 juin 2008 l'employeur a prononcé à son encontre une mise à pied de cinq jours ; le salarié a saisi la juridiction prud'homale de demandes tendant à l'annulation de cette sanction et au paiement de diverses sommes.

Pour accueillir ces demandes, une cour d'appel a retenu qu'il n'était pas contestable que les organisations syndicales représentatives n'avaient pas respecté la procédure de négociation préalable puisqu'elles n'avaient pas notifié leur intention de déposer un préavis de grève, ni demandé l'ouverture d'une négociation, que cela n'empêchait pas pour autant l'employeur, informé le 7 mai 2008, par l'inspecteur du travail, d'un mouvement national de grève pour la journée du 22 mai 2008, soit 14 jours francs avant la date prévue, d'ouvrir des négociations, ce qu'il n'avait pas fait alors qu'il en aurait eu le temps, qu'en toute hypothèse le salarié était demeuré totalement étranger aux conditions dans lesquelles son organisation syndicale, ayant respecté le délai de prévenance, avait communiqué avec l'employeur, qu'ainsi l'irrégularité invoquée par l'employeur n'avait pas eu pour effet de rendre fautive la participation du salarié à un mouvement national, participation dont il avait informé son employeur.

En statuant ainsi, alors que les organisations syndicales n'avaient pas respecté la procédure de négociation préalable leur imposant de notifier à l'employeur qu'elles envisageaient de déposer un préavis de grève, ce dont il résultait que celui-ci était irrégulier, peu important le caractère national du mouvement de grève, et que l'employeur avait informé l'ensemble des salariés de l'entreprise du caractère illégal de la grève en raison de l'irrégularité du préavis, la cour d'appel a violé les articles L. 2512-2 CT, 2 de la loi 2007-1224 du 21 août 2007 sur le dialogue social et la continuité du service public dans les transports terrestres réguliers de voyageurs, codifié sous les articles L. 1324-2 à L. 1324-8 du code des transports, et 1er du décret 2008-82 du 24 janvier 2008.

Cass. soc. 30 janvier 2013, n° 11-23.791, BC V n° 21.

Durant le préavis, les parties ont l'obligation de négocier.

Le refus d'un employeur de donner suite dans l'immédiat aux revendications présentées par des syndicats ne pouvait s'analyser en un refus de négocier, dès lors que la négociation ne pouvait s'effectuer qu'au niveau de l'entreprise et avait été reportée, en accord avec les syndicats, pour tenir compte de la période estivale, cette situation empêchant l'employeur de négocier au seul niveau de l'établissement où la grève avait été déclenchée.

Cass. soc. 4 juillet 2000, n° 98-20.537, BC V n° 262.

Retenue sur le traitement ou le salaire

L'absence de service fait par suite de participation à une grève peut donner lieu à une retenue sur le traitement ou le salaire.

L'article L. 521-6 CT ne concerne que les retenues à effectuer sur la rémunération des salariés des entreprises chargées de la gestion d'un service public qui exercent le droit de grève en cessant collectivement leur travail pour appuyer des revendications professionnelles. Il ne s'applique pas aux agents de la SNCF qui n'ont pas cessé leur travail, même si, à titre individuel, ils l'ont exécuté de manière défectueuse en s'abstenant de vérifier les titres de transport des voyageurs.

Cass. soc. 16 mars 1994, n° 91-43.349, BC V n° 92.

Si, aux termes du deuxième alinéa de l'article 1er de la loi du 19 octobre 1982 relative aux retenues pour absence de service fait par les personnels de l'État, des collectivités locales et des services publics, alors en vigueur, « l'absence de service fait, pendant une fraction quelconque de la journée, donne lieu à une retenue dont le montant est égal à la fraction du traitement frappée d'indivisibilité en vertu de la réglementation sur la comptabilité publique », cette disposition n'est applicable que dans l'hypothèse où un fonctionnaire s'est abstenu d'effectuer tout ou partie de ses heures de service.

Si, durant trois jours, plusieurs sapeurs-pompiers professionnels d'un corps départemental ont, en application de consignes syndicales, refusé d'accomplir des tâches d'entraînement, d'entretien et de contrôle, ils ont néanmoins été présents dans le centre de secours pendant la totalité des heures de service qui leur étaient imparties et ont répondu à toutes les alertes qui sont survenues au cours de ces journées. Il suit de là qu'en l'absence de toute autre disposition législative limitant leur droit au traitement, les intéressés, même si leur refus d'accomplir certaines tâches présentait le caractère de fautes professionnelles susceptibles de sanction disciplinaire, ne pouvaient être privés du droit de percevoir l'intégralité de leur rémunération sans qu'il soit porté illégalement atteinte au droit de ces agents à la rémunération de tout service fait.

CE 13 décembre 1991, n° 80709, Rec. Lebon p. 445.

La retenue peut également être décidée en cas d'inexécution par l'agent de ses obligations statutaires.

La retenue de traitement prévue par l'article 4 de la loi du 29 juillet 1961 peut être décidée aussi bien en l'absence de service fait que dans le cas où un agent n'exécute pas certaines obligations de son service telles qu'elles résultent de son statut.

En raison d'un surcroît temporaire d'activité lié à la mise en place du revenu de solidarité active, une caisse d'allocations familiales a demandé à ses salariés d'effectuer des heures supplémentaires le matin des samedis 21 et 28 mars 2009 ; des salariés se sont opposés à l'exécution de ces heures supplémentaires et un préavis de grève a été déposé pour ces deux matinées ; la caisse a pratiqué des retenues sur le salaire des agents grévistes.

Pour accueillir la demande des salariés et juger les retenues illégales, un conseil de prud'hommes a retenu que les heures de grève posées sur des heures à venir sur un temps de travail supplémentaire, du fait qu'elles n'ont pas été réalisées, ne peuvent être considérées comme du temps de travail par le fait de grève et que, lorsque le salarié a effectué son temps de travail légal mensuel, l'employeur n'est pas autorisé à amputer son salaire.

En statuant ainsi, sans rechercher si les heures supplémentaires demandées par l'employeur s'inscrivaient ou non dans les obligations statutaires des agents, le conseil de prud'hommes n'a pas donné de base légale à sa décision.

Cass. soc. 23 mai 2012, n° 11-12.117, 1re branche du moyen, BC V n° 160.

À l'exception du personnel de l'État et des établissements publics de l'État à caractère administratif, les agents ne peuvent subir que des retenues opérées en proportion de leurs absences selon un barème légal.

Pour les personnels visés à l'article L. 521-2 CT non soumis aux dispositions de l'article 1er de la loi du 19 octobre 1982, l'absence de service fait par suite d'une grève donne lieu à une retenue du traitement, ou du salaire, opérée en fonction des durées d'absence définies à l'article 2 de la loi précitée. Ce texte prévoyant une retenue égale à 1/160 du traitement mensuel en cas d'arrêt de travail n'excédant pas une heure, à 1/50 du traitement mensuel en cas d'arrêt de travail dépassant une heure, sans excéder une demi-journée, et à 1/30 du traitement mensuel lorsque l'arrêt de travail dépasse une demi-journée, s'applique à chaque jour de grève, même si celle-ci dure plusieurs jours consécutifs.

Cass. soc. 17 mars 1993, n° 91-43.165, BC V n° 87.

Après avoir relevé qu'un salarié travaillait dans une entreprise chargée de l'exécution d'un service public, une cour d'appel en a déduit à bon droit que la cessation concertée du travail pendant une durée supérieure à une heure et n'excédant pas une demi journée entraînait conformément à l'article 2 de la loi 82-889 du 19 octobre 1982 une retenue de salaire égale à 1/50 de son traitement mensuel.

Cass. soc. 27 juin 2007, n° 06-42.084, 1er moyen.

La retenue est calculée sur l'ensemble de la rémunération et de ses compléments autres que les suppléments pour charge de famille.

Ayant relevé qu'une prime, dite « prime d'économie », constituait un complément de salaire, un conseil de prud'hommes a pu décider qu'une retenue pour fait de grève pouvait être pratiquée sur celle-ci.

Cass. soc. 9 octobre 1985, n° 82-42.377, BC V n° 441.

Un salarié gréviste, requis pour assurer le service minimum, peut être rémunéré à 20 % de son salaire, dès lors que le Conseil d'État a reconnu la légalité des modalités de rémunération des salariés de permanence.

Lors d'un mouvement de grève, un agent EDF, qui s'était déclaré gréviste, avait été requis pour assurer le service minimum d'une centrale nucléaire.

C'est à tort que, pour condamner un employeur à payer un complément de salaire au salarié, un conseil de prud'hommes a énoncé qu'il n'y avait pas lieu de le rémunérer à 20 % de son salaire, dans la mesure où la production avait été assurée et qu'aucune baisse de charge n'avait été enregistrée, alors que la direction d'EDF, agissant dans le cadre des pouvoirs d'organisation du service, avait défini dans une note les modalités de rémunération des agents grévistes requis pour assurer un service minimum de sécurité et que le Conseil d'État avait reconnu la légalité de cette note.

Cass. soc. 18 juillet 2000, n° 98-44.427, BC V n° 283.

La juridiction prud'homale ne peut apprécier la légalité d'un règlement de la SNCF fixant les modalités des retenues sur salaire en cas de grève.

Pour dire que la SNCF devait payer à des salariés des primes de fin d'année retenues en raison de leur participation à des faits de grève, un conseil de prud'hommes avait retenu que les dispositions d'un règlement applicable au personnel de la SNCF ne prévoyaient pas, pour toutes les catégories d'absence, les mêmes restrictions d'attribution de la prime de fin d'année et que les salariés grévistes avaient fait l'objet d'une mesure discriminatoire prohibée par l'article L. 521-1 CT.

En statuant par des motifs qui impliquent un contrôle de légalité du règlement, alors que le juge administratif est seul compétent pour apprécier la légalité des dispositions à caractère réglementaire et administratif fixant les modalités de retenue sur salaire en cas de grève, le conseil de prud'hommes a violé la loi des 16-24 août 1790 et le décret du 16 fructidor an III.

Cass. soc. 29 janvier 2003, n° 00-42.732, BC V n° 32.

Grossesse

Femmes enceintes (Licenciement) ; Maternité.

H

Handicapés

Personne atteinte d'une incapacité physique ou mentale, le travailleur handicapé peut rencontrer des difficultés pour obtenir ou conserver un emploi. C'est la raison pour laquelle un régime particulier a été mis en place par le législateur, aux articles L. 5212-1 et s. CT.

La qualité de travailleur handicapé était anciennement reconnue par la Cotorep. La loi 2005-102 du 11 février 2005 l'a remplacée par la Commission des droits et de l'autonomie des personnes handicapées.

Par ailleurs, la dénomination « atelier protégé » a disparu depuis le 1er janvier 2006 et a été remplacée par celle d'« entreprise adaptée ».

À noter également que la loi 2018-771 du 5 septembre 2018 a réformé les règles relatives à l'obligation d'emploi des travailleurs handicapés.

Enfin, une allocation peut être versée à l'adulte handicapé, sous certaines conditions.

Reconnaissance de la qualité de travailleur handicapé (jurisprudence antérieure à la loi du 11 février 2005)

Seule la Commission technique d'orientation et de reclassement professionnel (Cotorep) peut reconnaître à un salarié la qualité de travailleur handicapé.

Cass. soc. 19 juin 1991, n° 89-43.206, 1er moyen, BC V n° 317.

La commission départementale des travailleurs handicapés est seule compétente pour statuer sur les contestations relatives à la décision de la Cotorep concernant l'orientation de la personne handicapée et son reclassement.

La Cotorep ayant déclaré une salariée inapte au concours d'inspecteur des postes et télécommunications en raison de son handicap, la requête ayant pour objet la contestation de cette décision doit être renvoyée à la commission départementale des travailleurs handicapés, des mutilés de guerre et assimilés, cette dernière étant seule compétente pour statuer sur les contestations relatives aux décisions de la Cotorep concernant l'orientation et le reclassement des travailleurs handicapés.

CE 22 février 1991, n° 111671, Rec. Lebon p. 64.

Les commissions départementales des handicapés sont des juridictions administratives.

Les commissions départementales des travailleurs handicapés, des mutilés de guerre et assimilés étant des juridictions administratives lorsqu'elles statuent, notamment, sur les contestations relatives à la reconnaissance de la qualité de travailleur handicapé, elles doivent motiver leur décision.

Viole cette règle la commission départementale qui se borne à confirmer la décision de la Cotorep refusant à une salariée la qualité de travailleur handicapé en indiquant que le handicap invoqué par l'intéressée « ne réduit pas ses chances de conserver et de retrouver un emploi », sans analyser les éléments médicaux figurant au dossier ni indiquer en quoi ils justifient un refus de reconnaissance de la qualité de travailleur handicapé.

L'intéressée est, par suite, fondée à soutenir que cette décision est insuffisamment motivée et à en demander l'annulation.

CE 10 novembre 1997, n° 183428. Voir aussi CE 29 septembre 2000, n° 192484 ; CE 6 septembre 2002, n° 234998.

La commission ne peut refuser la qualité de travailleur handicapé à un accidenté du travail au motif qu'il bénéficie déjà d'une priorité d'emploi…

Une commission départementale ne saurait, pour refuser la qualité de travailleur handicapé à un accidenté du travail, considérer qu'il bénéficie de l'obligation d'emploi instituée aux articles L. 323-1 et L. 323-3 CT, son accident ayant entraîné une incapacité permanente au moins égale à 10 %, alors que cette circonstance n'est pas de nature à le priver des autres avantages afférents à la qualité de travailleur handicapé distincts de ceux attribués par la loi aux accidentés du travail.

CE 25 octobre 1996, n° 162572, Rec. Lebon p. 411.

… ou en se fondant sur la circonstance qu'une personne a travaillé pendant plusieurs années dans des conditions normales.

Ni les articles L. 323-10 et L. 323-11 CT ni aucune autre disposition du code du travail ne subordonnent la reconnaissance de la qualité de travailleur handicapé à la condition que les intéressés n'exercent pas d'activité professionnelle.

CE 30 juin 2000, n° 197908. Voir aussi CE 30 juin 2000, n° 196673.

Le handicap dont souffre l'intéressé doit réduire de façon durable ses possibilités d'obtenir ou de conserver un emploi.

Si la reconnaissance de la qualité de travailleur handicapé n'est pas subordonnée à la condition que les intéressés présentent un handicap à caractère définitif, il convient toutefois que ce handicap soit, à la date où la commission se prononce, susceptible de réduire de façon durable leur possibilité d'obtenir ou de conserver un emploi.

La commission départementale des handicapés est fondée à refuser une telle qualité à une personne qui fait état de séquelles douloureuses liées à une fracture du talon, de tels troubles n'étant que transitoires.

CE 22 février 1991, n° 65847, Rec. Lebon p. 64.

Obligation d'emploi des handicapés

Les employeurs d'au moins vingt salariés sont tenus d'employer des travailleurs handicapés et mutilés de guerre dans la proportion d'au moins 6 %.

Les dispositions du statut du personnel des caisses d'épargne, aux termes desquelles il est précisé que « le personnel permanent des caisses d'épargne ne peut être recruté au-delà de l'âge de 30 ans, sauf exceptions », ne permettent pas à l'employeur de se dégager de son obligation d'emploi telle qu'elle résulte de l'article L. 323-1 CT.

CE 28 octobre 1991, n° 93743, Rec. Lebon p. 356.

Pour les entreprises à établissements multiples, l'obligation d'emploi s'applique établissement par établissement.

En se référant à un critère tiré de l'autonomie de gestion pour dénier aux unités d'une confédération le caractère d'établissement au sens de l'article L. 323-1 CT (aucune de ces unités ne décidait par elle-même du recrutement et du licenciement de son personnel), une cour administrative d'appel se livre à une interprétation des dispositions du code du travail qui n'est pas entachée d'erreur de droit.

CE 10 novembre 1999, n° 196837.

Un salarié handicapé dont le contrat de travail est suspendu continue d'être pris en compte dans les effectifs de l'entreprise au titre de l'obligation d'emploi des travailleurs handicapés, alors même qu'il ne perçoit aucune rémunération de l'entreprise.

CE 21 juin 2000, n° 211656.

Le seul fait que le licenciement d'un salarié handicapé ait pour effet de faire descendre le nombre des bénéficiaires de la loi occupés dans l'entreprise au-dessous du pourcentage légal ne rend pas ce licenciement abusif.

Si, en vertu de l'article L. 323-1 CT, tout employeur occupant au moins vingt salariés est tenu d'employer, à temps plein ou à temps partiel, des travailleurs handicapés, mutilés de guerre et assimilés mentionnés à l'article L. 323-3 du même code, dans la proportion de 6 % de l'effectif total de ses salariés, le seul fait que le licenciement d'un salarié handicapé ait pour effet de faire descendre le nombre des bénéficiaires de la loi occupés dans l'entreprise au-dessous du pourcentage légal ne rend pas ce licenciement abusif.

Cass. soc. 10 juin 1998, n° 96-42.973.

Si l'employeur doit fournir à l'autorité administrative une déclaration annuelle relative aux emplois occupés par les travailleurs handicapés par rapport à l'ensemble des emplois existants, sous peine de notification d'une pénalité, l'employeur qui a satisfait à l'obligation légale d'emploi ne peut être soumis à cette pénalité au motif qu'il n'a pas respecté la date de dépôt de cette déclaration annuelle.

L'article L. 323-8-5, al. 1er CT fait obligation aux employeurs de fournir à l'autorité administrative une déclaration annuelle relative aux emplois occupés par les bénéficiaires de la loi (travailleurs handicapés, mutilés de guerre et assimilés) par rapport à l'ensemble des emplois existants. De même, ils doivent justifier de l'application éventuelle des modalités particulières d'acquittement de leur obligation d'emploi, conformément aux prévisions des articles L. 323-8, L. 323-8-1 ou L. 323-8-2 CT. À défaut de toute déclaration, les employeurs sont considérés comme ne satisfaisant pas à l'obligation d'emploi.

Si l'article L. 323-8-6 CT permet d'infliger une pénalité à un employeur soumis aux dispositions de l'article L. 323-1 CT qui ne se conforme pas à l'obligation d'emploi des travailleurs handicapés, mutilés de guerre et assimilés, il ne saurait être étendu à la méconnaissance par les employeurs de leurs obligations déclaratives que pour autant que les intéressés s'abstiendraient, comme il est précisé à l'article L. 323-8-5, al. 2 CT, de toute déclaration.

Les dispositions de l'article R. 323-11 CT n'ont, par suite, pu avoir légalement pour effet d'étendre le champ d'application de la pénalité prévue à l'article L. 323-8-5 CT au cas où un employeur, qui a satisfait à l'obligation légale d'emploi, aurait souscrit la déclaration annuelle lui incombant sans respecter la date de dépôt mentionnée à l'article R. 323-9 CT.

Une cour administrative d'appel, tout en relevant qu'une société, qui respectait l'obligation légale d'emploi, avait fait parvenir sa déclaration annuelle postérieurement à la date prévue par l'article R. 323-9 CT a pu, sans entacher son arrêt d'erreur de droit, juger que la circonstance que la société avait souscrit cette déclaration tardivement ne permettait pas de la regarder comme se trouvant dans la situation de défaut de « toute déclaration » ni de l'assimiler aux employeurs ne remplissant aucune des obligations définies aux articles L. 323-1, L. 323-8, L. 323-8-1 et L. 323-8-2 CT. Le ministre de l'Emploi n'est donc pas fondé à demander l'annulation de l'arrêt par lequel la cour administrative d'appel a rejeté son recours dirigé contre le jugement du tribunal administratif.

CE 26 mars 1999, n° 190254, Rec. Lebon p. 113.

Les dispositions légales prévoyant la compétence territoriale de la Cotorep sont incompatibles avec le principe de libre circulation des travailleurs, les travailleurs ressortissants d'un État membre, résidant à l'étranger et exerçant ou recherchant une activité professionnelle en France étant alors exclus du bénéfice de l'obligation d'emploi.

Il résulte de la combinaison des dispositions des articles L. 323-1, L. 323-3, L. 323-10, L. 323-11 et D. 323-3-6 CT que les commissions techniques d'orientation et de reclassement professionnel ne sont compétentes qu'à l'égard des personnes résidant dans leur ressort territorial ; aucune de ces commissions n'est compétente à l'égard des personnes ne résidant pas sur le territoire français ; il s'ensuit que les avantages prévus par la loi au bénéfice des travailleurs reconnus handicapés ne peuvent bénéficier aux travailleurs qui ne résident pas sur le territoire français et que les employeurs ne peuvent par suite satisfaire aux obligations que la loi met à leur charge en employant de tels travailleurs ; dès lors, ces dispositions, en tant qu'elles font obstacle à ce qu'un travailleur ressortissant d'un État membre de la Communauté européenne, résidant à l'étranger et exerçant ou recherchant une activité professionnelle en France, puisse se voir reconnaître la qualité de travailleur handicapé et être par conséquent pris en compte pour l'application de ces dispositions, sont incompatibles avec les stipulations de l'article 39 CE et avec les articles 1er et 7 du règlement du 15 octobre 1968 relatif à la libre circulation des travailleurs à l'intérieur de la Communauté ; l'autorité administrative ne peut ainsi se prévaloir de ce qu'un travailleur ressortissant d'un État membre de la Communauté européenne, résidant à l'étranger et exerçant une activité professionnelle en France, ne remplirait pas les conditions pour bénéficier de l'obligation d'emploi instituée par l'article L. 323-1 CT ou n'aurait présenté aucune demande tendant à la reconnaissance de sa qualité de travailleur handicapé, pour constater que l'obligation d'emploi n'est pas remplie par son employeur.

CE 9 novembre 2007, n° 279206, Rec. Lebon p. 441.

Conditions d'emploi des travailleurs handicapés

• Travail en milieu ordinaire

Le travailleur handicapé travaillant en milieu ordinaire reçoit un salaire en fonction de son emploi, de sa qualification et de son rendement.

Aux termes de l'article L. 323-32 CT, le travailleur handicapé est considéré comme un salarié et reçoit un salaire fixe, compte tenu de l'emploi qu'il occupe, de sa qualification et de son rendement par référence aux dispositions réglementaires ou conventionnelles applicables dans la branche d'activité, qui constitue un minimum.

Un conseil de prud'hommes a pu en déduire que la convention collective applicable permettait au travailleur handicapé de recevoir un salaire supérieur à ce minimum et lui donnait droit à une prime d'ancienneté.

Cass. soc. 28 janvier 1998, n° 96-44.456. Voir aussi cass. soc. 8 juin 1994, n° 90-45.703, 1er moyen, BC V n° 193.

Le salaire perçu par le travailleur handicapé occupant un emploi protégé est fixé par le directeur départemental du travail et il ne peut être inférieur à la moitié de celui alloué à un travailleur valide accomplissant la même tâche.

Doit être cassé l'arrêt qui, pour dire que la rémunération du salarié handicapé devait être réduite de 40 % dès le début de son emploi, retient que le handicap du salarié était congénital, alors que l'abattement pouvant être effectué par l'employeur sur le salaire du travailleur occupant un emploi protégé ne peut être opéré que s'il a été préalablement autorisé par le directeur départemental du travail et de l'emploi sur avis motivé de la Cotorep.

Cass. soc. 25 février 1988, n° 85-41.217, BC V n° 147.

• **Travail en milieu protégé**

Les personnes admises, en raison de leur handicap, dans un Établissement ou Service d'Aide par le Travail, par décision de la Commission des droits et de l'autonomie des personnes handicapées, ne sont pas liées à cet établissement par un contrat de travail.

Cass. soc. 6 février 2013, n° 11-14.424.

Le salarié handicapé travaillant dans un atelier protégé pour le compte d'un organisme bénéficie des dispositions de la convention collective applicable dans cet organisme et peut prétendre aux primes conventionnelles, en sus de la garantie de ressources.

Aux termes de l'article L. 323-32 CT, le travailleur handicapé est considéré comme un salarié ; il reçoit un salaire fixé, compte tenu de l'emploi qu'il occupe, de sa qualification et de son rendement par référence aux dispositions réglementaires ou conventionnelles applicables à sa branche d'activité ; ce salaire constitue un minimum, sans préjudice des dispositions conventionnelles permettant au salarié de recevoir un salaire supérieur à ce minimum.

C'est à bon droit qu'une cour d'appel a décidé que la prime de vacances prévue par la convention collective applicable était due au salarié en sus du salaire minimum, ce dont il résultait que le bénéfice de la prime ne devait pas entraîner de diminution du montant du complément de rémunération versé au titre de la garantie de ressources.

Cass. soc. 24 novembre 2004, n° 02-45.662, BC V n° 299.

À défaut de dispositions conventionnelles sur l'assiette de calcul d'une prime, celle-ci doit être établie sur le montant de la garantie de ressources qui constitue la rémunération du salarié.

Il résulte des dispositions de l'article L. 323-32 CT que les travailleurs handicapés engagés dans un atelier protégé sont soumis aux dispositions de la convention collective applicable à l'organisme gestionnaire, compte tenu de l'activité exercée par celui-ci.

Un travailleur handicapé avait été engagé comme agent de fabrication par une association. Il avait saisi la juridiction prud'homale en vue de se faire reconnaître la qualification d'agent de maintenance et d'obtenir une prime d'ancienneté en se fondant sur la convention collective applicable au sein de l'association.

Une cour d'appel a pu décider que l'intéressé, travailleur handicapé, devait bénéficier de la prime d'ancienneté prévue par la convention collective, en l'absence de dispositions conventionnelles en excluant le paiement à cette catégorie de travailleurs.

En outre, à défaut de dispositions conventionnelles prévoyant l'assiette de calcul de cette prime pour les travailleurs handicapés bénéficiaires de la garantie de ressources et d'accord sur ce point entre les parties, il appartenait au juge saisi de se prononcer.

La cour d'appel a pu décider que la prime devait être établie sur le montant de la garantie de ressources qui constituait la rémunération accordée à l'intéressé.

Cass. soc. 29 juin 1999, n° 97-44.333, BC V n° 316.

En cas de transfert d'entreprise suite à une modification dans la situation juridique de l'employeur, le repreneur a l'obligation de reprendre les contrats de travail, même s'il s'agit d'un atelier protégé.

Bien que les entreprises exploitant un atelier protégé soient tenues d'y employer des personnes handicapées à concurrence d'au moins 80 % de leurs effectifs, elles sont toutefois tenues, par les dispositions de la convention collective, du nettoyage et doivent reprendre les contrats de travail quand elles succèdent à un prestataire de services sur un marché du nettoyage.

Cass. soc. 29 juin 1994, n° 92-43.667.

Les personnes handicapées travaillant dans un ESAT (ex-CAT) peuvent se prévaloir d'un droit à congés depuis le 1er janvier 2007.

Cass. soc. 16 décembre 2015, n° 11-22.376, BC V n° 263.

Protection de l'emploi des handicapés

Le salarié n'est pas tenu de révéler à l'employeur son handicap et son silence ne peut pas le priver des droits qui résulteraient de ce handicap.

Les renseignements relatifs à l'état de santé du salarié ne peuvent être confiés qu'au médecin du travail. Lorsque l'employeur licencie un salarié dont le handicap a été reconnu par la Commission technique d'orientation et de reclassement professionnel, il ne peut reprocher à l'intéressé de n'avoir pas fourni d'information préalable sur son état de santé ou son handicap, qu'il n'a pas à révéler.

Une salariée avait été licenciée dans le cadre d'un licenciement collectif pour motif économique. Elle avait alors fait valoir sa qualité de travailleur handicapé reconnue par la Cotorep afin de bénéficier d'un complément d'indemnité de licenciement prévu par l'accord d'entreprise et d'un complément d'indemnité compensatrice de préavis prévu par l'article L. 323-7 CT.

Une cour d'appel a pu décider que, n'ayant commis aucune faute en ne révélant pas sa qualité de travailleur handicapé avant la notification de son licenciement, la salariée ne pouvait être privée des droits qu'elle tenait de l'accord d'entreprise et de l'article L. 323-7 CT.

Cass. soc. 7 novembre 2006, n° 05-41.380, BC V n° 326. Voir aussi cass. soc. 18 septembre 2013, n° 12-17.159.

Le salarié n'est pas tenu d'informer son employeur de sa qualité de travailleur handicapé reconnue par la Cotorep.

Les dispositions régissant l'emploi des travailleurs handicapés ont été adoptées dans l'intérêt exclusif de ceux-ci.

Il en résulte qu'est sans cause réelle et sérieuse le licenciement d'une assistante de direction pour ne pas avoir révélé à son employeur sa qualité de travailleur handicapé reconnue par la Cotorep.

Cass. soc. 6 mai 2003, n° 01-41.370.

En cas de licenciement, l'article L. 5213-9 CT prévoit que le délai de préavis est doublé, sans toutefois que cette durée puisse dépasser trois mois.

Selon l'article L. 323-7 CT, en cas de licenciement, la durée du délai-congé est doublée pour les travailleurs handicapés comptant plus d'une unité. Aux termes de l'article D. 323-2 CT, les travailleurs classés par la Cotorep en catégorie B comptent pour une unité et demie.

C'est donc à tort qu'une cour d'appel a débouté un salarié, qui avait fait l'objet d'un licenciement économique, de sa demande d'indemnité de préavis sur le fondement de l'article L. 323-7 CT, après avoir relevé qu'il avait été classé par la Cotorep dans la catégorie B des travailleurs handicapés.

Cass. soc. 13 mars 2001, n° 98-43.022, BC V n° 82. Voir aussi cass. soc. 25 janvier 2012, n° 10-30.637, 2e moyen.

Mais ce texte n'est pas applicable à l'indemnité compensatrice prévue en faveur des salariés reconnus handicapés à la suite d'un accident du travail.

Il résulte de l'article L. 122-32-6, devenu L. 1226-14 CT, que l'employeur est tenu de verser au salarié déclaré par le médecin du travail inapte à reprendre l'emploi occupé précédemment et dont le contrat a été rompu, une indemnité compensatrice d'un montant égal à celui de l'indemnité prévue à l'article L. 122-8, devenu L. 1234-5 CT ; l'article L. 323-7, devenu L. 5213-9 CT, qui a pour but de doubler la durée du délai-congé en faveur des salariés handicapés, n'est pas applicable à l'indemnité compensatrice prévue à l'article L. 1226-14 CT.

Cass. soc. 10 mars 2009, n° 08-42.249, 2e moyen, BC V n° 64. Voir aussi cass. soc. 18 février 2015, n° 13-24.201, 2e moyen ; cass. soc. 20 février 2019, n° 17-21.704.

Lorsque l'employeur n'a pas organisé, lors de l'embauche, la vérification spéciale d'aptitude physique exigée pour les travailleurs handicapés, le salarié, licencié ultérieurement pour inaptitude, peut prétendre au paiement de l'indemnité de préavis.

Un salarié, reconnu travailleur handicapé par la Cotorep, avait été embauché par une société et affecté au poste de chauffeur livreur ; le salarié, qui n'avait passé la visite médicale d'embauche que cinq mois plus tard, a été par la suite déclaré inapte à ce poste par le médecin du travail et licencié pour inaptitude physique et impossibilité de reclassement.

Doit être cassé l'arrêt qui, pour débouter le salarié de sa demande d'indemnité de préavis, a retenu que l'intéressé avait été dans l'impossibilité physique d'exécuter son préavis. En effet, il appartenait à l'employeur de provoquer la vérification spéciale d'aptitude physique du salarié nécessitée par sa qualité de travailleur handicapé ; or, en l'espèce, ayant constaté que le salarié n'avait pas été soumis, dès son embauche, à l'examen médical prévu par l'article R. 241-48 CT, il en résultait que l'employeur ne pouvait se prévaloir de l'inaptitude de ce dernier pour s'exonérer du paiement de l'indemnité de préavis.

Cass. soc. 10 juillet 2002, n° 00-41.238, BC V n° 241.

Pour établir l'ordre des licenciements, l'employeur doit prendre en compte la priorité d'emploi dont bénéficient les travailleurs handicapés.

Doit être cassé l'arrêt qui, pour énoncer que le licenciement d'un salarié n'était pas abusif, a retenu que la procédure de licenciement pour motif économique d'un travailleur handicapé était soumise aux mêmes règles que pour les autres salariés et ne pouvait lui assurer une protection particulière, alors que le salarié handicapé bénéficie d'une priorité d'emploi que l'employeur doit prendre en compte pour établir l'ordre des licenciements.

Cass. soc. 26 février 1992, n° 88-40.552, BC V n° 131.

Tout établissement ou tout groupe d'établissements appartenant à une même activité professionnelle, employant plus de 5 000 salariés, doit assurer, après avis médical, le réentraînement au travail et la rééducation professionnelle des malades et blessés de l'établissement ou du groupe d'établissements…

Selon l'article R. 323-38 CT, sont considérés, pour l'application de l'article L. 323-17 CT, comme constituant un groupe d'établissements tenu d'assurer le réentraînement au travail et la rééducation professionnelle des membres de leur personnel victimes d'accidents ou de maladies génératrices d'un handicap professionnel les établissements appartenant à une même activité professionnelle et dont le personnel relève d'une gestion générale commune.

C'est par une appréciation souveraine qu'une cour d'appel a constaté que la condition tenant à une gestion générale commune n'étant pas remplie, une salariée, reconnue travailleur handicapé, devait être déboutée de sa demande de dommages-intérêts fondée sur la violation de l'article L. 323-17 CT.

Cass. soc. 11 février 2004, n° 02-41.076, BC V n° 50.

… reconnus comme travailleurs handicapés.

Selon l'article L. 5213-5 CT, tout établissement ou tout groupe d'établissements appartenant à une même activité professionnelle de plus de cinq mille salariés assure, après avis médical, le réentraînement au travail et la rééducation professionnelle de ses salariés malades et blessés.

Les dispositions de ce texte, incluses dans un chapitre du code du travail relatif à la reconnaissance et à l'orientation des travailleurs handicapés sous un titre intitulé « travailleurs handicapés », ne concernent que les salariés blessés ou malades reconnus comme travailleurs handicapés.

Cass. soc. 12 janvier 2011, n° 09-70.634, 3e moyen, BC V n° 13.

L'obligation de réentraînement au travail et de rééducation professionnelle n'implique pas nécessairement la reprise du travail par le salarié après la reconnaissance de son statut de travailleur handicapé.

Cass. soc. 23 novembre 2016, n° 14-29.592, 2e moyen, BC V n° 221.

Si le manquement de l'employeur à l'obligation prévue à l'article L. 5213-5 CT ne peut affecter le licenciement, il est susceptible de causer au salarié un préjudice que le juge doit réparer.

Selon l'article L. 323-17 CT, tout établissement, tout groupe d'établissements appartenant à une même activité professionnelle, employant plus de cinq mille salariés, doit assurer, après avis médical, le réentraînement au travail et la rééducation professionnelle des malades et des blessés de l'établissement ou du groupe d'établissements.

C'est à tort que, pour débouter un salarié, déclaré inapte à son emploi par le médecin du travail et licencié pour inaptitude et impossibilité de reclassement, de sa demande d'indemnisation pour manquement de l'employeur à son obligation d'assurer le réentraînement au travail et la rééducation professionnelle selon les prévisions de l'article susvisé, une cour d'appel s'est bornée à relever que cet article, inséré dans les dispositions du code du travail propres aux travailleurs handicapés, n'était applicable qu'aux établissements appartenant à une même activité professionnelle employant plus de 5 000 salariés et qu'un éventuel non-respect de cette obligation n'était pas suffisant pour considérer que le licenciement ne reposait sur aucune cause réelle et sérieuse, alors, d'une part, qu'il lui appartenait de rechercher si l'établissement ou le groupe d'établissements employait plus de 5 000 salariés et alors, d'autre part, que si le manquement de l'employeur à l'obligation prévue à l'article L. 323-17 CT ne pouvait affecter le licenciement, il était susceptible de causer au salarié un préjudice que le juge devait réparer.

Cass. soc. 16 mai 2000, n° 97-40.660, BC V n° 188.

Modification du classement en invalidité du travailleur handicapé

La modification du classement en invalidité d'un travailleur handicapé constitue une cause réelle et sérieuse de licenciement dès lors que l'employeur établit l'impossibilité de reclasser l'intéressé sur un poste de travail correspondant à sa nouvelle capacité.

En application de l'article L. 323-30 CT, la Commission technique d'orientation et de reclassement professionnel (Cotorep) prévue à l'article L. 323-11 du même code doit se prononcer, par une décision motivée, sur l'embauche ou l'admission dans les ateliers protégés d'un travailleur handicapé, en tenant compte de sa capacité de travail et de ses possibilités réelles d'intégration ; il en résulte que la décision de la Cotorep de modifier le classement en invalidité d'un travailleur handicapé employé par un atelier protégé, déclaré, en raison de son classement en catégorie A, apte à un emploi en milieu ordinaire constitue une cause réelle et sérieuse de licenciement, dès lors que l'employeur a démontré l'impossibilité du reclassement de l'intéressé sur un poste de travail correspondant à la nouvelle capacité du salarié.

Cass. soc. 2 juin 2004, n° 02-44.015, BC V n° 151.

Allocation aux adultes handicapés

Un taux d'incapacité minimal peut être exigé par le législateur pour l'octroi de l'allocation aux adultes handicapés, sans que cela porte atteinte au principe d'égalité ni au droit à la protection sociale.

En exigeant un taux d'incapacité minimal, le législateur a souhaité réserver cette allocation aux adultes handicapés, aux personnes affectées d'incapacités graves et n'a pas porté atteinte au principe d'égalité en procédant à une telle distinction.

En outre, dans la mesure où il incombe au législateur et au Gouvernement de déterminer les modalités de mise en œuvre des principes constitutionnels énoncées notamment à l'alinéa 11 du préambule de la Constitution de 1946, les modalités d'attribution de l'allocation aux adultes handicapés ont pu être modifiées par le législateur sans porter atteinte au principe constitutionnel du droit à la protection sociale.

C. constit. 29 décembre 1993, n° 93-330 DC, JO 31, p. 18728.

Au regard de la Convention européenne de sauvegarde des droits de l'homme, l'allocation aux adultes handicapés doit être assurée sans distinction aucune fondée, notamment, sur l'origine nationale.

Il résulte des dispositions combinées de l'article 14 de la Convention européenne de sauvegarde des droits de l'homme et des libertés fondamentales du 4 novembre 1950, et de l'article 1er du protocole n° 1 à cette convention du 20 mars 1952, tels qu'interprétés par la Cour européenne des droits de l'homme, directement applicables à toute personne relevant de la juridiction des États signataires, que la jouissance d'une prestation telle que l'allocation aux adultes handicapés doit être assurée sans distinction aucune fondée, notamment, sur l'origine nationale.

Il n'est pas contesté que l'intéressé, de nationalité turque, résidant en France, remplit les conditions requises pour l'obtention de la prestation litigieuse, en sorte que la décision de la caisse d'allocations familiales refusant l'attribution de cette prestation n'est pas justifiée. Il en résulte que l'intéressé peut prétendre au bénéfice de l'allocation aux adultes handicapés.

Cass. soc. 21 octobre 1999, n° 98-10.030, BC V n° 395.

Peuvent prétendre à cette allocation les personnes qui ne bénéficient pas d'un avantage vieillesse, invalidité ou d'une rente accident du travail.

La majoration pour conjoint à charge a le caractère d'un droit propre et ne constitue pas un avantage vieillesse perçu par le conjoint. Dès lors, il est possible de cumuler cette majoration avec l'allocation pour adultes handicapés.

CE 6 octobre 1995, n° 132439.

L'allocation spéciale du Fonds national de l'emploi attribuée à un travailleur licencié remplissant certaines conditions d'assurance et d'appartenance à l'entreprise constitue un revenu de remplacement qui n'entre pas dans les prévisions de l'article L. 821-1 c. séc. soc. aux termes duquel l'allocation aux adultes handicapés est perçue lorsque son bénéficiaire ne peut prétendre, au titre d'un régime de sécurité sociale, d'un régime de pension de retraite ou d'une législation particulière, à un avantage de vieillesse ou d'invalidité ou à une rente d'accident du travail d'un montant plus ou moins égal à ladite allocation.

Cass. soc. 28 janvier 1999, n° 97-16.791, BC V n° 46.

L'allocation aux adultes handicapés n'est pas exclusive de l'indemnisation du chômage total.

Les deux législations relatives à l'allocation aux adultes handicapés et à l'indemnisation du chômage total s'appliquent distinctement.

Dès lors, le juge du fond commet une erreur de droit en estimant que l'autorité administrative est tenue d'exclure du bénéfice du revenu de remplacement une personne admise au bénéfice de l'allocation aux adultes handicapés.

CE 11 juin 2003, n° 238562.

La juridiction du contentieux technique de la sécurité sociale est compétente pour juger des litiges relatifs à l'attribution de l'allocation.

Les litiges relatifs à la reconnaissance du droit au bénéfice de l'allocation aux adultes handicapés sont portés devant la juridiction du contentieux technique de la sécurité sociale.

CE 6 septembre 1993, n° 116221.

Priorité d'embauche/Priorité d'emploi.

Harcèlement moral/ Harcèlement sexuel

Se rend coupable de harcèlement moral toute personne dont les agissements répétés ont pour objet ou pour effet une dégradation des conditions de travail susceptible de porter atteinte aux droits et à la dignité d'un salarié, d'altérer sa santé physique ou mentale, ou de compromettre son avenir professionnel (art. L. 1152-1 CT).

Se rend coupable de harcèlement sexuel toute personne qui impose à une autre personne, de façon répétée, des propos ou comportements à connotation sexuelle, soit qui portent atteinte à sa dignité en raison de leur caractère dégradant ou humiliant, soit qui créent à son encontre une situation intimidante, hostile ou offensante.

Est assimilé au harcèlement sexuel le fait, même non répété, d'user de toute forme de pression grave dans le but réel ou apparent d'obtenir un acte de nature sexuelle, que celui-ci soit recherché au profit de l'auteur des faits ou au profit d'un tiers (art. L. 1153-1 CT).

Aucun salarié ne peut être sanctionné ni licencié pour avoir subi ou refusé de subir les agissements de harcèlement moral ou sexuel.

Outre les sanctions prévues par le code pénal, l'auteur de harcèlement est passible de sanctions disciplinaires pouvant aller jusqu'au licenciement.

Harcèlement sexuel

La loi 2012-954 du 6 août 2012 a modifié la définition du harcèlement sexuel. La nouvelle définition est à la fois plus large et plus précise que la définition précédente. Toutefois, les arrêts rapportés ci-dessous qui ont été rendus dans le cadre de la législation antérieure conservent leur intérêt.

Le conseil de prud'hommes est matériellement compétent pour statuer sur les demandes présentées en matière de harcèlement.

C'est à tort qu'un conseil de prud'hommes a rejeté la demande de dommages-intérêts pour harcèlement présentée par une salariée au motif que la condamnation de tels agissements était du domaine pénal et ne relevait pas de sa juridiction.

En effet, le litige étant né à l'occasion de l'exécution du contrat de travail, il s'agissait bien d'une des compétences matérielles dudit conseil.

Cass. soc. 18 juin 2002, n° 00-44.483.

Le fait, pour un préposé de l'employeur, de se livrer à des actes constitutifs de harcèlement sexuel justifie un licenciement pour faute grave.

Aux termes de l'article L. 122-46 CT, constituent un harcèlement sexuel les agissements de la personne qui, abusant de l'autorité que lui confèrent ses fonctions, a donné des ordres, proféré des menaces, imposé des contraintes ou exercé des pressions de toute nature sur un salarié dans le but d'obtenir des faveurs de nature sexuelle à son profit ou au profit d'un tiers. Dès lors, il s'agit nécessairement d'une faute grave.

Cass. soc. 5 mars 2002, n° 00-40.717, BC V n° 83.

Peu importe que les agissements aient lieu en dehors du temps et du lieu de travail dès lors que la victime est une personne avec laquelle le harceleur est en contact en raison de son travail.

Pour dire le licenciement d'un salarié dépourvu de cause réelle et sérieuse, après avoir constaté, d'une part, qu'il avait tenu des propos à caractère sexuel à deux de ses collègues féminines lors de l'envoi de messages électroniques hors du temps et du lieu de travail, sur MSN entre 12 heures et 13 heures 30, alors qu'il travaillait de 15 heures à 23 heures, ou lors de soirées organisées après le travail et, d'autre part, qu'il avait, sur son lieu de travail, fait des réflexions déplacées à une autre salariée sur son physique et suivi une troisième dans les toilettes, la cour d'appel a retenu que les premiers faits, relevant de la vie personnelle du salarié, ne pouvaient constituer une faute dans l'exécution du contrat de travail tandis que les seconds ne suffisaient pas à caractériser des agissements de harcèlement sexuel.

En statuant ainsi, alors que les propos à caractère sexuel et les attitudes déplacées du salarié à l'égard de personnes avec lesquelles l'intéressé était en contact en raison de son travail ne relevaient pas de sa vie personnelle, la cour d'appel a violé les articles L. 1153-1, L. 1234-1, L. 1234-5 et L. 1234-9 CT.

Cass. soc. 19 octobre 2011, n° 09-72.672, BC V n° 236.

Le fait pour un salarié d'abuser de son pouvoir hiérarchique dans le but d'obtenir des faveurs sexuelles constitue un harcèlement sexuel même si les agissements ont lieu en dehors du temps et du lieu de travail.

Ayant retenu qu'un salarié avait organisé un rendez-vous avec une collaboratrice placée sous ses ordres pour un motif professionnel en dehors des heures de travail et l'avait entraînée dans une chambre d'hôtel, une cour d'appel a exactement décidé que ce comportement, constitutif de harcèlement sexuel, caractérisait une faute grave rendant impossible le maintien de l'intéressé dans l'entreprise.

Cass. soc. 11 janvier 2012, n° 10-12.930, 2e moyen, BC V n° 9.

Un fait unique peut suffire à caractériser le harcèlement sexuel.

Cass. soc. 17 mai 2017, n° 15-19.300, 3e moyen, BC V n° 84.

Le licenciement d'un salarié en lien avec des agissements de harcèlement sexuel dont il a été victime est nul.

Pour dire le licenciement d'une salariée fondé sur une cause réelle et sérieuse et la débouter de l'intégralité de ses demandes en dommages-intérêts formées contre son employeur, une cour d'appel a énoncé qu'il y avait lieu de constater que la salariée ne disait pas un mot sur l'existence et la réalité des griefs retenus par la lettre de licenciement, qu'elle orientait uniquement son argumentation sur le fait qu'ayant déposé une plainte contre son employeur pour agression sexuelle et harcèlement, elle avait subi en retour son courroux, reçu des avertissements, toutes circonstances qui l'avaient amenée à suivre une psychothérapie, que certes, il existait à l'encontre du directeur de l'association l'employant une condamnation pénale définitive comportant condamnations du chef de harcèlement à l'égard de l'intéressée, mais qu'il ne pouvait cependant en être déduit ipso facto que le licenciement de celle-ci en était nécessairement le corollaire, qu'il restait encore à déterminer si les griefs retenus dans la lettre de licenciement, a priori sans rapport avec ces faits pour lesquels le directeur avait été condamné, n'étaient que des prétextes sans consistance ou si, au contraire, ils avaient une existence réelle et autonome de nature à justifier en eux-mêmes une mesure de licenciement, indépendamment du contexte connu et sanctionné pénalement.

En statuant ainsi, alors qu'il résultait de ses constatations, en particulier tirées de l'arrêt pénal, qu'un lien manifeste existait entre, d'une part, les faits de harcèlement sexuel dont le directeur de l'association avait été déclaré coupable et, d'autre part, les avertissements et le licenciement de la salariée, la cour d'appel a violé l'article L. 122-46 CT.

Cass. soc. 9 juin 2004, n° 01-45.958.

Les juges doivent vérifier que le licenciement est en relation avec les agissements de harcèlement sexuel dont a été victime le salarié.

Une salariée a été licenciée pour faute grave. Soutenant que la véritable cause du licenciement était son refus de céder aux avances sexuelles de l'un des associés de la SCP qui l'employait, la salariée a saisi le conseil de prud'hommes.

C'est à tort qu'une cour d'appel, après avoir retenu que la teneur des messages de l'employeur ne laissait aucun doute quant à la nature des relations qu'il aurait souhaité engager avec la salariée, que le harcèlement sexuel étant établi, la salariée pouvait obtenir de manière automatique l'annulation du licenciement subi, a prononcé l'annulation du licenciement sans avoir constaté que la salariée avait été licenciée pour avoir subi ou refusé de subir les agissements de harcèlement de l'intéressé.

Cass. soc. 20 avril 2005, n° 03-41.916, BC V n° 149.

Est nul le licenciement d'un salarié pour inaptitude physique dès lors que celle-ci résulte d'agissements fautifs de l'employeur constitutifs de harcèlement sexuel.

Une salariée a été licenciée pour inaptitude physique à tout emploi dans l'entreprise ; soutenant que le harcèlement sexuel puis moral de la part de son employeur avait été à l'origine de cette inaptitude, elle a saisi la juridiction prud'homale d'une demande de dommages et intérêts.

Après avoir relevé que l'employeur avait tenté d'obtenir des faveurs de nature sexuelle de la part de sa salariée en multipliant les cadeaux et les appels, en se rendant à son domicile et en faisant intrusion dans sa vie privée, dans le but de la convaincre et même de la contraindre à céder à ses avances, une cour d'appel a caractérisé un harcèlement sexuel dont elle a constaté qu'il était à l'origine de l'inaptitude de l'intéressée, justifiant ainsi l'annulation de son licenciement.

Cass. soc. 3 mars 2009, n° 07-44.082.

La lettre de licenciement faisant référence à des faits de harcèlement sexuel et à une attitude de dénigrement, répond à l'exigence d'une motivation suffisamment précise prescrite par l'article L. 1232-6 CT, peu important que les faits ne soient pas datés.

Cass. soc. 24 mai 2000, n° 98-45.216.

L'employeur doit justifier la véracité des faits invoqués avant de prendre une décision.

Une salariée avait fait l'objet d'une procédure disciplinaire après avoir accusé son supérieur hiérarchique de harcèlement sexuel.

C'est à bon droit qu'une cour d'appel a condamné l'employeur à lui verser des dommages-intérêts en réparation du préjudice moral subi par elle.

Bien que la procédure disciplinaire n'ait pas abouti à une sanction, l'employeur avait agi de façon inconsidérée et humiliante pour la salariée en engageant contre elle des poursuites disciplinaires sans vérifier le bien-fondé des accusations qu'elle portait contre son supérieur hiérarchique et en refusant, à l'issue de la procédure, de faire une mise au point publique comme le prévoyait la convention d'entreprise.

Cass. soc. 27 janvier 1993, n° 91-45.777, BC V n° 26.

L'utilisation de messages écrits téléphoniquement adressés (SMS) établissant l'existence d'un harcèlement sexuel est un mode de preuve recevable en justice.

Si l'enregistrement d'une conversation téléphonique privée, effectué à l'insu de l'auteur des propos invoqués, est un procédé déloyal rendant irrecevable en justice la preuve ainsi obtenue, il n'en est pas de même de l'utilisation par le destinataire des messages écrits téléphoniquement adressés, dits « SMS », dont l'auteur ne peut ignorer qu'ils sont enregistrés par l'appareil récepteur.

Licenciée pour faute grave, une salariée a saisi la juridiction prud'homale pour contester son licenciement en faisant état d'un harcèlement sexuel.

Une cour d'appel, qui a constaté que les messages écrits adressés téléphoniquement à la salariée et les autres éléments de preuve soumis à son examen établissaient l'existence d'un harcèlement, a pu condamner l'employeur à allouer à la salariée une somme à ce titre.

Cass. soc. 23 mai 2007, n° 06-43.209, BC V n° 85. Voir aussi cass. crim. 18 novembre 2015, n° 14-85.591, B. crim. n° 259.

L'employeur, tenu d'une obligation de sécurité de résultat en matière de protection de la santé et de la sécurité des travailleurs, manque à cette obligation lorsqu'un salarié est victime sur le lieu de travail d'agissements de harcèlement moral ou sexuel exercés par l'un ou l'autre des salariés, quand bien même il aurait pris des mesures en vue de faire cesser ces agissements.

Cass. soc. 11 mars 2015, n° 13-18.603, BC V n° 43, cité dans « Imputabilité de la rupture ». Voir aussi cass. soc. 13 juillet 2017, n° 16-13.734, 2e moyen.

L'employeur peut être condamné à indemniser à la fois le préjudice subi par le salarié du fait du harcèlement sexuel et celui subi du fait du manquement à son obligation de sécurité.

Les obligations résultant des articles L. 1153-1 et L. 1153-5 CT sont distinctes en sorte que la méconnaissance de chacune d'elles, lorsqu'elle entraîne des préjudices distincts, peut ouvrir droit à des réparations spécifiques.

C'est à tort que, pour débouter une salariée de ses demandes de dommages-intérêts en réparation du préjudice physique et moral subi du fait des agressions et du harcèlement sexuel, dont elle soutenait avoir été victime de la part du président de l'association qui l'employait, une cour d'appel a retenu que cette demande ne pouvait être dirigée que contre l'auteur des faits lui-même et non l'employeur auquel il est également demandé de répondre du préjudice né du manquement à l'obligation de sécurité qui pèse sur lui.

Cass. soc. 17 mai 2017, n° 15-19.300, 2e moyen, BC V n° 84.

Harcèlement moral

• Agissements constitutifs de harcèlement moral

Les agissements doivent s'inscrire dans une relation de travail entre l'auteur des faits et la victime.

Cass. crim. 13 décembre 2016, n° 16-81.253, B. crim. n° 334.

Le retard dans le paiement du salaire est un élément susceptible de constituer un acte de harcèlement.

Cass. soc. 7 avril 2016, n° 14-28.250.

Peuvent caractériser un harcèlement moral les méthodes de gestion mises en œuvre par un supérieur hiérarchique dès lors qu'elles se manifestent pour un salarié déterminé par des agissements répétés ayant pour objet ou pour effet d'entraîner une dégradation des conditions de travail susceptibles de porter atteinte à ses droits et à sa dignité, d'altérer sa santé physique ou mentale ou de compromettre son avenir professionnel.

Après avoir relevé, d'une part, qu'un directeur d'établissement soumettait des salariés à une pression continuelle, des reproches incessants, des ordres et contre-ordres dans l'intention de diviser l'équipe se traduisant, en ce qui concerne l'un d'eux, par sa mise à l'écart, un mépris affiché à son égard, une absence de dialogue caractérisée par une communication par l'intermédiaire d'un tableau et ayant entraîné un état très dépressif, et constaté, d'autre part, que ces agissements répétés portaient atteinte aux droits et à la dignité du salarié et altéraient sa santé, une cour d'appel a pu caractériser un harcèlement moral, quand bien même l'employeur aurait pu prendre des dispositions en vue de le faire cesser.

Cass. soc. 10 novembre 2009, n° 07-45.321, BC V n° 247. Voir aussi cass. soc. 22 octobre 2014, n° 13-18.862, BC V n° 247, s'agissant d'une méthode de gestion autoritaire et inappropriée mais ne caractérisant pas un harcèlement moral.

En revanche, le harcèlement moral supposant des agissements répétés, la décision de l'employeur de rétrograder un salarié ne peut s'analyser en harcèlement moral, peu important que, répondant aux protestations réitérées de celui-ci, il ait maintenu sa décision par divers actes.

Aux termes de l'article L. 122-49, devenu L. 1152-1 CT, aucun salarié ne doit subir les agissements répétés de harcèlement moral qui ont pour objet ou pour effet une dégradation de ses conditions de travail susceptible de porter atteinte à ses droits et à sa dignité, d'altérer sa santé physique ou mentale ou de compromettre son avenir professionnel ; il en résulte que ne peut s'analyser en agissements répétés constitutifs de harcèlement moral une décision de l'employeur de rétrograder un salarié, peu important que, répondant aux protestations réitérées de celui-ci, il ait maintenu sa décision par divers actes.

Pour condamner un employeur à payer à une salariée des dommages-intérêts au titre de harcèlement moral, une cour d'appel a retenu que l'insistance mise pendant quatre mois par l'employeur, au moyen de la délivrance de bulletins de salaire erronés, à rétrograder de manière injustifiée la salariée dans les fonctions de secrétaire, avec baisse de salaire et perte des avantages liés à sa fonction d'attachée principale, en dépit des protestations de l'intéressée et des courriers de l'inspection du travail, caractérisait des actes répétés de harcèlement moral ayant contribué à la dégradation d'un état de santé déjà fragile.

En statuant ainsi, sans avoir constaté d'autres agissements que la décision maintenue de rétrogradation, la cour d'appel, qui n'a pas caractérisé l'existence d'un harcèlement moral, a violé l'article L. 122-49 devenu L. 1152-1 CT.

Cass. soc. 9 décembre 2009, n° 07-45.521, pourvoi principal, BC V n° 280. Voir aussi cass. soc. 13 février 2013, n° 11-25.828, pourvoi incident.

Les agissements répétés n'ont pas à être de nature différente.

Cass. crim. 26 janvier 2016, n° 14-80.455, B. crim. n° 15.

Le grand espacement dans le temps des agissements invoqués n'exclut pas leur caractère répétitif.

Cass. soc. 25 septembre 2012, n° 11-17.987.

Les faits constitutifs de harcèlement moral peuvent se dérouler sur une brève période.

Il résulte de l'article L. 1152-1 CT que les faits constitutifs de harcèlement moral peuvent se dérouler sur une brève période.

Un salarié, estimant que son employeur avait modifié son contrat de travail à son retour d'une longue absence pour maladie malgré l'avis d'aptitude émis par le médecin du travail lors de la visite de reprise, a saisi la juridiction prud'homale d'une demande de résiliation judiciaire de son contrat de travail aux torts de l'employeur ; devant la cour d'appel, il a demandé le versement d'une somme à titre de dommages et intérêts pour harcèlement moral.

Pour rejeter la demande du salarié, la cour a retenu que s'il avait été rétrogradé et mis à l'écart, si des menaces ou des propos dégradants avaient pu être tenus par l'employeur à son égard au cours de la seconde semaine après la reprise du travail, ces événements qui s'étaient déroulés au cours d'une très brève période de temps, compte tenu des arrêts maladie postérieurs à la reprise, étaient insuffisants pour caractériser un harcèlement moral.

En statuant ainsi, la cour d'appel qui, d'une part, a ajouté au texte légal une condition qu'il ne prévoit pas et, d'autre part, n'a pas pris en compte l'ensemble des éléments établis par le salarié parmi lesquels les documents médicaux relatifs à une altération de son état de santé, a violé les articles L. 1152-1 et L. 1154-1 CT.

Cass. soc. 26 mai 2010, n° 08-43.152, pourvoi incident, BC V n° 111. Voir aussi cass. soc. 3 avril 2013, n° 11-27.054, 1er moyen.

Caractérise un harcèlement moral le fait pour un employeur d'avoir, à plusieurs reprises, fait pression sur une apprentie, dont il connaissait l'état de santé, pour lui faire accepter une résiliation amiable du contrat d'apprentissage.

Pour débouter une apprentie de sa demande de dommages-intérêts pour harcèlement moral, mais condamner son employeur à lui payer une indemnité au motif qu'il n'avait pas exécuté de bonne foi le contrat d'apprentissage, une cour d'appel, après avoir écarté comme non pertinents un certain nombre de faits avancés par l'apprentie, en a déduit « qu'aucun des faits de harcèlement dénoncés n'était établi ».

En statuant ainsi, alors qu'elle retenait par ailleurs que l'employeur avait exécuté de façon déloyale le contrat de travail en faisant, à plusieurs reprises, pression sur son apprentie, dont il connaissait l'état de santé, pour lui faire accepter une résiliation amiable du contrat d'apprentissage, la cour d'appel, qui n'a pas tiré les conséquences légales de ses constatations, a violé les articles L. 1152-1, L. 1154-1, et L. 6222-18 CT.

Cass. soc. 6 juin 2012, n° 11-17.489, BC V n° 171.

Caractérise également un harcèlement moral le fait d'imposer à un salarié, de manière répétée, des tâches incompatibles avec les prescriptions du médecin du travail, provoquant de nombreux arrêts de travail, et de lui proposer à plusieurs reprises des postes d'un niveau inférieur à l'emploi occupé antérieurement.

Il résulte de l'article L. 1152-1 CT que le harcèlement moral est constitué, indépendamment de l'intention de son auteur, dès lors que sont caractérisés des agissements répétés ayant pour effet une dégradation des conditions de travail susceptibles de porter atteinte aux droits et à la dignité du salarié, d'altérer sa santé ou de compromettre son avenir professionnel.

Après avoir retenu qu'un employeur avait imposé à une salariée occupant le poste de responsable de rayon dans un magasin, de manière répétée, au mépris des prescriptions du médecin du travail, d'effectuer des tâches de manutention lourde qui avaient provoqué de nombreux arrêts de travail puis, au vu des avis médicaux successifs, qu'il avait proposé des postes d'un niveau inférieur à celui d'agent de maîtrise, en particulier à cinq reprises le poste d'hôtesse au service client qui était lui-même incompatible avec les préconisations du médecin du travail, une cour d'appel a caractérisé le harcèlement moral dont la salariée avait été victime.

Cass. soc. 28 janvier 2010, n° 08-42.616, 2e moyen, BC V n° 27.

La simple possibilité de la dégradation des conditions de travail suffit à consommer le délit de harcèlement moral.

Selon l'article 222-33-2 c. pén, constitue le délit de harcèlement moral le fait de harceler autrui par des agissements répétés ayant pour objet ou pour effet une dégradation des conditions de travail susceptible de porter atteinte à ses droits et à sa dignité, d'altérer sa santé physique ou mentale, ou de compromettre son avenir professionnel.

À la suite du suicide d'un chef de service, un éducateur au sein de ce service a été cité à comparaître devant le tribunal correctionnel, sur le fondement de l'article 222-33-2 c. pén, pour avoir harcelé le chef de service en dévalorisant de façon réitérée son action, en diffusant à son propos une image d'incompétence dans son milieu professionnel et en adoptant à son égard un comportement irrévérencieux et méprisant ; le tribunal correctionnel a dit la prévention établie, en retenant notamment que le dénigrement auquel s'était livré le prévenu pendant plusieurs années avait contribué à dégrader les conditions de travail du chef de service, au point d'altérer sa santé physique ou mentale et de compromettre son avenir professionnel ; le prévenu, le ministère public et les ayants droit du chef de service ont relevé appel de la décision.

Pour infirmer le jugement et débouter les parties civiles de leurs demandes, après avoir relevé que les agissements répétés de l'éducateur avaient pu avoir pour effet de dégrader les conditions de travail du chef de service au sein du service, une cour d'appel a énoncé que, pour constituer le délit de harcèlement moral, les agissements commis doivent avoir nécessairement porté atteinte aux droits, à la dignité de la victime, ou altéré sa santé physique ou mentale, ou encore compromis son avenir professionnel, les juges ont ajouté que le prévenu, subordonné de la victime, n'avait ni les qualités ni les moyens de compromettre l'avenir professionnel de celle-ci et qu'aucun élément de la procédure ne permettait d'établir que les faits en cause aient été à l'origine d'une dégradation physique ou mentale du défunt.

En statuant ainsi, la cour d'appel, qui a ajouté à la loi des conditions qu'elle ne comporte pas, d'une part, en retenant que les conséquences de la dégradation des conditions de travail devaient être avérées, alors que la simple possibilité de cette dégradation suffit à consommer le délit de harcèlement moral, et, d'autre part, en subordonnant le délit à l'existence d'un pouvoir hiérarchique, alors que le fait que la personne poursuivie soit le subordonné de la victime est indifférent à la caractérisation de l'infraction, a méconnu l'article 222-33-2 c. pén.

Cass. crim. 6 décembre 2011, n° 10-82.266, B. crim. n° 249. Voir aussi cass. crim. 14 janvier 2014, n° 11-81.362, B. crim. n° 5.

Le licenciement d'un salarié en lien avec des agissements de harcèlement moral dont il a été victime est nul.

Après avoir retenu qu'un licenciement s'inscrivait dans les agissements de harcèlement moral subis par une salariée et qu'une faute grave avait été artificiellement invoquée dans le seul but de faire échec à la prohibition de la rupture du contrat de travail par l'employeur au cours d'une période de suspension du contrat de travail, une cour d'appel a ainsi fait ressortir que le licenciement était en lien avec le harcèlement moral de sorte qu'il était nul.

Cass. soc. 11 février 2015, n° 13-26.198, 2e moyen.

Le fait que la personne poursuivie soit le subordonné de la victime est indifférent à la caractérisation de l'infraction.

Cass. crim. 6 décembre 2011, n° 10-82.266, précité.

Les éléments permettant de faire présumer l'existence d'un harcèlement moral ne doivent pas nécessairement concerner un seul salarié dès lors que celui qui s'en plaint fait partie des personnes qui en sont victimes.

Cass. soc. 28 mars 2012, n° 10-24.441, 1er moyen.

Le licenciement d'un salarié ayant relaté des faits de harcèlement moral, même non établis, est nul, sauf mauvaise foi de sa part,...

Aux termes de l'article L. 1152-2 CT, aucun salarié ne peut être sanctionné, licencié ou faire l'objet d'une mesure discriminatoire, directe ou indirecte, notamment en matière de rémunération, de formation, de reclassement, d'affectation, de qualification, de classification, de promotion professionnelle, de mutation ou de renouvellement de contrat, pour avoir subi ou refusé de subir des agissements répétés de harcèlement moral ou pour avoir témoigné de tels agissements ou les avoir relatés ; selon l'article L. 1152-3 CT, toute rupture de contrat de travail intervenue en méconnaissance des articles L. 1152-1 et 2 CT, toute disposition ou tout acte contraire est nul ; il s'en déduit que le salarié qui relate des faits de harcèlement moral ne peut être licencié pour ce motif, sauf mauvaise foi, laquelle ne peut résulter de la seule circonstance que les faits dénoncés ne sont pas établis.

Par courrier du 5 mai 2004, un salarié s'est plaint auprès de son employeur de divers « faits illégaux » tenant notamment au défaut de respect d'une promesse de promotion, au paiement des heures supplémentaires sous forme de primes exceptionnelles, à la variation du taux horaire, à la présentation d'accidents de travail comme des situations de maladies et à des agissements de harcèlement moral imputés à un supérieur hiérarchique ; à la suite de ce courrier, il a été licencié pour faute grave par lettre du 3 juin 2004 ; le salarié a saisi la juridiction prud'homale, notamment d'une demande en contestation de son licenciement.

Pour décider que le licenciement reposait sur une cause réelle et sérieuse et le débouter de sa demande de dommages-intérêts pour rupture abusive, une cour d'appel a retenu que le fait pour un salarié d'imputer à son employeur, après en avoir averti l'inspection du travail, des irrégularités graves dont la réalité n'était pas établie et de reprocher des faits de harcèlement à un supérieur hiérarchique sans les prouver caractérisait un abus dans l'exercice de la liberté d'expression et constituait une cause réelle et sérieuse de licenciement.

En statuant ainsi, alors que le grief tiré du fait, pour un salarié dont la mauvaise foi n'était pas alléguée, d'avoir relaté des agissements de harcèlement moral emportait à lui seul la nullité de plein droit du licenciement, la cour d'appel a violé les articles L. 1152-2 et L. 1152-3 CT.

Cass. soc. 10 mars 2009, n° 07-44.092, 1er moyen, BC V n° 66. Voir aussi cass. soc. 19 octobre 2011, n° 10-16.444, BC V n° 234 ; cass. soc. 10 juin 2015, n° 13-25.554, BC V n° 115.

... laquelle ne peut résulter que de la connaissance par l'intéressé de la fausseté des faits qu'il dénonce,...

Le salarié qui relate des faits de harcèlement moral ne peut être licencié pour ce motif, sauf mauvaise foi, laquelle ne peut résulter que de la connaissance par l'intéressé de la fausseté des faits qu'il dénonce et non de la seule circonstance que les faits dénoncés ne sont pas établis.

Cass. soc. 7 février 2012, n° 10-18.035, BC V n° 55.

En constatant qu'une salariée avait dénoncé de façon mensongère des faits inexistants de harcèlement moral dans le but de déstabiliser l'entreprise et de se débarrasser du cadre responsable du département où elle travaillait, une cour d'appel a caractérisé la mauvaise foi de la salariée au moment de la dénonciation des faits de harcèlement et a pu par ce seul motif décider que ces agissements rendaient impossible son maintien dans l'entreprise et constituaient une faute grave.

Cass. soc. 6 juin 2012, n° 10-28.345, BC V n° 172. Voir aussi cass. soc. 6 juin 2012, n° 10-28.199, BC V n° 173.

Après avoir relevé qu'une salariée avait dénoncé à l'encontre de son supérieur hiérarchique, de façon réitérée, de multiples faits inexistants de harcèlement moral ne reposant, pour la grande majorité d'entre eux, sur aucun élément et dont elle s'était d'ailleurs avérée incapable de préciser la teneur, qu'il s'agisse des faits ou des propos dénoncés, s'en tenant à des accusations formulées pour la plupart en termes généraux, et précisé qu'il ne s'agissait pas d'accusations ayant pu être portées par simple légèreté ou désinvolture mais d'accusations graves, réitérées, voire calomnieuses et objectivement de nature à nuire à leur destinataire ainsi qu'à l'employeur, accusé de laisser la salariée en proie à ce prétendu harcèlement en méconnaissance de son obligation d'assurer sa sécurité et de préserver sa santé, une cour d'appel a pu rejeter les demandes de la salariée de juger que son licenciement pour faute grave était entaché de nullité, d'ordonner sa réintégration et d'obtenir la condamnation au paiement des salaires entre le licenciement et sa réintégration et l'affichage de la décision dans l'entreprise.

Cass. soc. 28 janvier 2015, n° 13-22.378, 2e moyen.

… et à la condition qu'il ait lui-même qualifié les faits dénoncés d'agissements de harcèlement moral.

Aux termes de l'article L. 1152-2 CT en sa rédaction applicable en la cause, aucun salarié ne peut être licencié pour avoir relaté des agissements de harcèlement moral.

Un salarié, exerçant en dernier lieu les fonctions de directeur commercial et vice président France, Belgique et Suisse d'une société, a été licencié pour faute grave. Estimant avoir été licencié pour avoir relaté des agissements de harcèlement moral, il a saisi la juridiction prud'homale aux fins de nullité du licenciement et de réintégration dans l'entreprise.

Pour déclarer le licenciement nul, une cour d'appel a retenu que la lettre de licenciement reprochait notamment au salarié d'avoir essayé de créer l'illusion d'une brimade, de proférer des accusations diffamatoires en se permettant d'affirmer par écrit, dans un courriel, qu'il aurait subi des comportements abjects, déstabilisants et profondément injustes sans aucune justification, de tels faits étant qualifiés par l'employeur de dénigrement, de manque de respect manifesté par des propos injurieux, constitutifs d'un abus dans la liberté d'expression ; que ce motif renvoyait au courriel adressé le 13 janvier 2011 dans lequel le salarié avait avisé l'employeur de son souhait de l'informer de vive voix du traitement abject, déstabilisant et profondément injuste qu'il estimait être en train de subir, visant ainsi des agissements de harcèlement moral même si ces termes n'étaient pas formellement employés, sollicitant dans un premier temps une rencontre avec son employeur afin de l'informer et dans un second temps une vérification de ses propos.

En statuant ainsi, alors qu'il résultait de ses constatations que le salarié n'avait pas dénoncé des faits qualifiés par lui d'agissements de harcèlement moral, la cour d'appel a violé les articles L. 1152-2, en sa rédaction applicable en la cause, et L. 1152-3 CT.

Cass. soc. 13 septembre 2017, n° 15-23.045, BC V n° 134.

Sauf mauvaise foi, la dénonciation d'un harcèlement moral ou sexuel ne pouvant être sanctionnée, ce motif ne peut être pris en considération dans l'appréciation des éventuelles fautes de l'apprentie de nature à justifier la résiliation judiciaire du contrat à ses torts.

Cass. soc. 10 juin 2015, n° 14-13.318, BC V n° 116, cité dans « Contrat d'apprentissage ».

Le juge des référés est compétent pour apprécier la bonne ou mauvaise foi du salarié lors de la dénonciation des faits et déterminer si son licenciement constitue ou non un trouble manifestement illicite.

Une salariée, engagée le 12 octobre 1998 par une société et exerçant en dernier lieu les fonctions de directrice juridique, a été licenciée le 5 avril 2013 pour faute ; soutenant que son licenciement était illicite pour être consécutif à la dénonciation des faits de harcèlement moral qu'elle avait subis, elle a saisi la juridiction prud'homale en référé pour faire juger son licenciement nul en application des dispositions de l'article L. 1152-3 CT, ordonner sa réintégration et prononcer la condamnation de l'employeur au paiement de ses salaires et accessoires jusqu'à celle-ci.

Pour rejeter ces demandes et dire n'y avoir lieu à référé, une cour d'appel, après avoir constaté que la salariée avait été licenciée pour avoir porté des accusations de harcèlement moral à l'encontre d'un cadre dirigeant de la société, a retenu que le trouble manifestement illicite n'était pas caractérisé, l'appréciation de la bonne ou mauvaise foi de la salariée lors de sa relation des faits échappant à la compétence du juge des référés et relevant de l'appréciation du juge du fond.

En statuant ainsi, alors qu'il lui appartenait de se prononcer, comme il le lui était demandé, sur la mauvaise foi de la salariée lorsqu'elle avait dénoncé les faits de harcèlement moral, pour déterminer si son licenciement constituait un trouble manifestement illicite, la cour d'appel a violé l'article R. 1455-6 CT.

Cass. soc. 25 novembre 2015, n° 14-17.551, BC V n° 235.

Si le salarié ayant dénoncé des agissements de harcèlement ne peut être poursuivi pour diffamation, la qualification de dénonciation calomnieuse peut être retenue en cas de dénonciation de mauvaise foi.

Il résulte de la combinaison des articles L. 1152-2, L. 4131-1, al. 1er CT et 122-4 c. pén. que les salariés sont autorisés par la loi à dénoncer, auprès de leur employeur et des organes chargés de veiller à l'application des dispositions du code du travail, les agissements répétés de harcèlement moral dont ils estiment être victimes.

Une salariée a exercé les fonctions d'employée polyvalente au sein des cuisines d'un établissement d'hébergement pour personnes âgées dépendantes, dont le marché de restauration avait été repris, en 2010, par une société ; soutenant avoir été victime de harcèlement moral de la part de deux salariés, exerçant, respectivement, les fonctions de chef de cuisine et de chef de section, elle a envoyé, le 28 décembre 2010, au directeur des ressources humaines de la société, une lettre dénonçant ces faits, dont elle a adressé une copie au comité d'hygiène, de sécurité et des conditions de travail, et à l'inspecteur du travail ; estimant que les propos contenus dans cette lettre étaient diffamatoires à leur égard, la société et les deux salariés ont assigné la salariée, sur le fondement des articles 29, al. 1er et 32, al. 1er de la loi du 29 juillet 1881, pour obtenir réparation de leurs préjudices.

C'est à tort que, pour accueillir les demandes des deux salariés, une cour d'appel a retenu que, si les articles L. 1152-1 et s. CT ont instauré un statut protecteur au bénéfice du salarié qui est victime de harcèlement moral, ces dispositions n'édictent pas une immunité pénale au bénéfice de celui qui rapporte de tels faits au moyen d'un écrit, de sorte que son rédacteur est redevable, devant le juge de la diffamation, de la formulation de ses imputations ou allégations contraires à l'honneur ou à la considération des personnes qu'elles visent.

En effet, les exigences probatoires en matière de diffamation étant de nature à faire obstacle à l'effectivité du droit que la loi 2002-73 du 17 janvier 2002 de modernisation sociale a reconnu au salarié de dénoncer, auprès de son employeur et des organes chargés de veiller à l'application des dispositions du code du travail, les agissements répétés de harcèlement moral dont il estime être victime, la relation de tels agissements, auprès des personnes précitées, ne peut être poursuivie pour diffamation ; toutefois, lorsqu'il est établi, par la partie poursuivante, que le salarié avait connaissance, au moment de la dénonciation, de la fausseté des faits allégués, la mauvaise foi de celui-ci est caractérisée et la qualification de dénonciation calomnieuse peut, par suite, être retenue.

Cass. civ., 1re ch., 28 septembre 2016, n° 15-21.823, BC I n° 182.

Le licenciement d'un salarié pour inaptitude physique est nul lorsque celle-ci résulte d'agissements fautifs de l'employeur constitutifs de harcèlement moral.

Appréciant souverainement les éléments de fait et de preuve qui lui étaient soumis au nombre desquels le certificat médical d'inaptitude, une cour d'appel a estimé que l'inaptitude définitive d'une salariée à son poste de travail avait pour seule origine son état dépressif réactionnel aux agissements de harcèlement moral dont elle avait fait l'objet et a pu dès lors décider que son licenciement était nul.

Cass. soc. 13 février 2013, n° 11-26.380. Voir aussi cass. soc. 16 avril 2015, n° 13-28.452, 2e moyen.

De même, lorsqu'un salarié est licencié en raison d'absences répétées consécutives à des agissements susceptibles d'altérer sa santé physique ou mentale et permettant de présumer l'existence d'un harcèlement, l'employeur doit justifier le licenciement du salarié par des éléments objectifs étrangers à tout harcèlement.

Une salariée licenciée pour absences répétées désorganisant le fonctionnement de l'entreprise a saisi la juridiction prud'homale d'une demande d'annulation de son licenciement, estimant que ses absences étaient la conséquence d'un harcèlement moral dont elle était l'objet.

Pour la débouter de sa demande, une cour d'appel a retenu que si les pièces produites par la salariée tendaient à établir des faits laissant présumer des agissements répétés de harcèlement moral de la part de son employeur, l'intéressée en revanche ne produisait aucun élément, tel qu'un certificat médical ou même des attestations, susceptible de prouver que le harcèlement moral dont elle avait été l'objet était la cause de ses absences répétées ou participait au processus qui les avait générées.

En statuant ainsi, alors qu'elle avait constaté l'existence d'agissements susceptibles d'altérer la santé physique ou mentale de la salariée et permettant de présumer l'existence d'un harcèlement, en sorte qu'il revenait à l'employeur d'établir que le licenciement était justifié par des éléments objectifs étrangers à tout harcèlement, la cour d'appel a violé les articles L. 1152-1, L. 1152-2, L. 1152-3 et L. 1154-1 CT.

Cass. soc. 15 janvier 2014, n° 12-20.688, BC V n° 16.

Est nul le licenciement prononcé à l'encontre d'une salariée en raison d'un comportement fautif intervenu en réaction au harcèlement moral dont elle était victime.

Il résulte des articles L. 1152-2 et L. 1152-3 CT que le licenciement prononcé à l'encontre d'un salarié pour avoir subi ou refusé de subir des agissements répétés de harcèlement moral est nul.

Après avoir saisi la juridiction prud'homale en invoquant des faits de harcèlement moral, une salariée a été licenciée pour faute grave.

Ayant constaté que le harcèlement était caractérisé et que le comportement reproché à la salariée était une réaction au harcèlement moral dont elle avait été victime, une cour d'appel n'avait pas à examiner les autres faits énoncés dans la lettre de licenciement.

Cass. soc. 29 juin 2011, n° 09-69.444, 2e moyen, BC V n° 168.

L'obtention en référé d'une mesure provisoire, mettant un terme au harcèlement subi par un salarié, ne saurait interdire à celui-ci de justifier devant le juge du fond du fait qu'il a dû solliciter cette mesure en raison d'un harcèlement susceptible d'entraîner la nullité de la rupture effective du contrat de travail.

Une cour d'appel, qui a fait ressortir qu'un employeur avait contraint un salarié à solliciter en justice une mesure de mise en inactivité anticipée ayant permis de mettre fin au harcèlement moral dont elle a caractérisé l'existence, en a exactement déduit que la rupture du contrat de travail produisait les effets d'un licenciement nul.

Cass. soc. 9 décembre 2014, n° 13-16.045, pourvoi de l'employeur, BC V n° 279.

S'analyse en une démission la prise d'acte d'un salarié en raison des agissements de harcèlement moral à l'encontre d'un autre salarié.

Après avoir relevé qu'un salarié n'avait pas été personnellement victime d'une dégradation de ses conditions de travail à la suite des agissements de son employeur subis par un autre salarié, de sorte qu'il n'était pas fondé à se prévaloir d'un manquement de l'employeur à son obligation de sécurité de résultat en matière de harcèlement moral, une cour d'appel, qui a souverainement estimé que ce grief n'était pas suffisamment grave pour justifier une rupture imputable à l'employeur, a pu décider que cette prise d'acte s'analysait en une démission et débouter en conséquence l'intéressé des demandes formées au titre de la rupture de son contrat de travail.

Cass. soc. 20 octobre 2010, n° 08-19.748, 1er moyen, BC V n° 242.

La résiliation judiciaire du contrat de travail aux torts de l'employeur en raison d'un harcèlement moral produit les effets d'un licenciement nul.

Après avoir estimé qu'une salariée était fondée à solliciter la résiliation judiciaire du contrat de travail aux torts de l'employeur, en raison notamment du harcèlement moral dont elle avait été victime sur son lieu de travail, une cour d'appel a énoncé à bon droit que cette rupture produisait les effets d'un licenciement nul conformément aux dispositions de l'article L. 1152-3 CT.

Cass. soc. 20 février 2013, n° 11-26.560, BC V n° 47. Voir aussi cass. soc. 3 février 2016, n° 14-25.843.

Des faits de harcèlement datant de plus de six mois et auxquels l'employeur a rapidement mis fin ne peuvent pas rendre la démission équivoque.

Après avoir rappelé les termes de la lettre de démission d'un salarié, qui ne comportait aucune réserve, et constaté, d'une part, que les faits de harcèlement dont il avait été victime s'étaient produits plus de six mois avant la rupture, d'autre part, que l'employeur y avait rapidement mis fin, une cour d'appel a pu décider que la démission du salarié n'était pas équivoque et débouter ce dernier de toutes ses demandes au titre de la rupture de son contrat de travail.

Cass. soc. 19 novembre 2014, n° 13-17.729, pourvoi principal, BC V n° 267.

Le salarié qui dépose plainte pour harcèlement moral n'est pas tenu d'en informer préalablement l'employeur.

Cass. soc. 2 novembre 2016, n° 15-20.916.

• Élément intentionnel

Il n'est pas nécessaire de démontrer l'intention de nuire de son auteur pour caractériser le harcèlement moral.

Il résulte de l'article L. 1152-1 CT que le harcèlement moral est constitué, indépendamment de l'intention de son auteur, dès lors que sont caractérisés des agissements répétés ayant pour effet une dégradation des conditions de travail susceptibles de porter atteinte aux droits et à la dignité du salarié, d'altérer sa santé ou de compromettre son avenir professionnel ; selon l'article L. 1154-1 CT, dans sa rédaction alors applicable, la charge de la preuve d'un harcèlement moral ne pèse pas sur le salarié.

C'est à tort que, pour débouter une salariée de sa demande en paiement de dommages-intérêts pour harcèlement moral, une cour d'appel a retenu que les agissements dont elle se plaignait ne pouvaient être considérés comme des agissements répétés de harcèlement moral et s'inscrivaient dans l'exercice du pouvoir de direction de l'employeur, tant qu'il n'était pas démontré par la salariée qu'ils relevaient d'une démarche gratuite, inutile et réfléchie destinée à l'atteindre et permettant de présumer l'existence d'un harcèlement.

Cass. soc. 10 novembre 2009, n° 08-41.497, 1er et 2e moyens du pourvoi principal, BC V n° 248. Voir aussi cass. soc. 20 janvier 2016, n° 14-20.322, 2e moyen du pourvoi principal.

L'élément intentionnel du délit de harcèlement moral dans le cadre du travail ne se confond pas avec la faute intentionnelle, au sens de l'article L. 452-5 c. séc. soc., qui suppose que soit établi que l'auteur a voulu le dommage survenu à la victime à la suite de ses agissements.

Cass. crim. 13 décembre 2016, n° 15-81.853, B. crim. n° 335.

• Responsabilités

Engage sa responsabilité personnelle à l'égard de ses subordonnés le salarié qui leur fait subir intentionnellement des agissements répétés de harcèlement moral.

D'une part, selon l'alinéa 1er de l'article L. 122-49 CT, aucun salarié ne doit subir les agissements répétés de harcèlement moral qui ont pour objet ou pour effet une dégradation des conditions de travail susceptible de porter atteinte à ses droits et à sa dignité, d'altérer sa santé physique ou mentale ou de compromettre son avenir professionnel, d'autre part, la responsabilité de l'employeur, tenu de prendre, en vertu de l'article L. 230-2, II (g) CT, les mesures nécessaires à la prévention des risques professionnels liés au harcèlement moral n'exclut pas la responsabilité du travailleur auquel il incombe, selon l'article L. 230-3 du même code, de prendre soin de la sécurité et de la santé des personnes concernées du fait de ses actes ou de ses omissions au travail.

Il résulte de ces dispositions spécifiques aux relations de travail au sein de l'entreprise, qu'engage sa responsabilité personnelle à l'égard de ses subordonnés le salarié qui leur fait subir intentionnellement des agissements répétés de harcèlement moral.

Cass. soc. 21 juin 2006, n° 05-43.914, BC V n° 223. Voir aussi cass. soc. 19 mai 2010, n° 09-42.079, pourvoi de la salariée.

Ne méconnaît pas l'obligation légale lui imposant de prendre les mesures nécessaires pour assurer la sécurité et protéger la santé physique et mentale des travailleurs, notamment en matière de harcèlement moral, l'employeur qui justifie avoir pris toutes les mesures de prévention prévues par les articles L. 4121-1 et L. 4121-2 CT et qui, informé de l'existence de faits susceptibles de constituer un harcèlement moral, a pris les mesures immédiates propres à le faire cesser.

Un salarié a saisi la juridiction prud'homale le 22 mars 2011 en résiliation judiciaire aux torts de l'employeur de son contrat de travail et en paiement de dommages-intérêts pour harcèlement moral et indemnités de rupture ; son supérieur hiérarchique est intervenu volontairement à cette instance ; à la suite de deux visites de reprise par le médecin du travail les 5 et 21 juillet 2011 concluant à son aptitude à un poste similaire dans un environnement de travail différent et à l'inaptitude à son poste d'agent de qualité, il a été licencié par lettre du 27 décembre 2011 pour inaptitude physique et impossibilité de reclassement.

Pour rejeter la demande du salarié au titre du harcèlement moral, une cour d'appel a retenu que s'agissant des dispositifs de prévention du harcèlement moral que tout employeur doit mettre en œuvre dans son entreprise, il convient de souligner que de par la nature même des faits de harcèlement moral qu'il s'agit de prévenir, un tel dispositif ne peut avoir principalement pour objet que de faciliter pour les salariés s'estimant victimes de tels faits la possibilité d'en alerter directement leur employeur ou par l'intermédiaire de représentants qualifiés du personnel, que l'employeur justifiait avoir modifié son règlement intérieur pour y insérer une procédure d'alerte en matière de harcèlement moral, avoir mis en œuvre dès qu'il a eu connaissance du conflit personnel du salarié avec son supérieur hiérarchique immédiat une enquête interne sur la réalité des faits, une réunion de médiation avec le médecin du travail, le directeur des ressources humaines et trois membres du comité d'hygiène, de sécurité et des conditions de travail en prenant la décision au cours de cette réunion d'organiser une mission de médiation pendant trois mois entre les deux salariés en cause confiée au directeur des ressources humaines.

En statuant ainsi, sans qu'il résulte de ses constatations que l'employeur avait pris toutes les mesures de prévention visées aux articles L. 4121-1 et L. 4121-2 CT et, notamment, avait mis en œuvre des actions d'information et de formation propres à prévenir la survenance de faits de harcèlement moral, la cour d'appel a violé les articles L. 1152-1, L. 4121-1 et L. 4121-2 CT.

Cass. soc. 1er juin 2016, n° 14-19.702, BC V n° 123.

L'employeur doit répondre des agissements des personnes qui exercent, de fait ou de droit, une autorité sur les salariés.

D'abord, l'employeur est tenu envers ses salariés d'une obligation de sécurité de résultat en matière de protection de la santé et de la sécurité des travailleurs dans l'entreprise, notamment en matière de harcèlement moral et l'absence de faute de sa part ne peut l'exonérer de sa responsabilité ; il doit également répondre des agissements des personnes qui exercent, de fait ou de droit, une autorité sur les salariés.

Ensuite, peuvent caractériser un harcèlement moral les méthodes de gestion mises en œuvre par un supérieur hiérarchique dès lors qu'elles se manifestent pour un salarié déterminé par des agissements répétés ayant pour objet ou pour effet d'entraîner une dégradation des conditions de travail susceptibles de porter atteinte à ses droits et à sa dignité, d'altérer sa santé physique ou mentale, ou de compromettre son avenir professionnel.

Une salariée, responsable de restauration rapide, contestant son licenciement pour insuffisance professionnelle et estimant avoir été victime d'un harcèlement moral, a saisi la juridiction prud'homale.

Pour rejeter sa demande tendant à voir condamner son employeur à lui payer des dommages-intérêts, une cour d'appel a retenu que le harcèlement moral ne peut résulter de contraintes de gestion ni du pouvoir d'organisation et de direction de l'employeur et que l'auteur désigné du harcèlement n'était pas employé par la société mais représentait le propriétaire d'une marque ayant passé un contrat de licence avec l'employeur et qu'il n'avait aucun lien hiérarchique ni n'exerçait aucun pouvoir disciplinaire sur la salariée.

En statuant ainsi, alors que le tiers désigné comme l'auteur des faits de harcèlement moral était chargé par l'employeur de mettre en place de nouveaux outils de gestion, devait former la responsable du restaurant et son équipe et pouvait dès lors exercer une autorité de fait sur les salariés, la cour d'appel a violé les articles L. 1152-1, L. 1154-1, L. 4121-1 et L. 4121-2 CT.

Cass. soc. 1er mars 2011, n° 09-69.616, BC V n° 53. Voir aussi cass. soc. 6 mars 2019, n° 17-31.161, 1re branche du moyen.

Pour débouter un gardien d'immeuble de sa demande de dommages-intérêts pour harcèlement moral, une cour d'appel a retenu que le harcèlement moral n'engage la responsabilité de l'employeur que si lui-même ou un de ses préposés en est l'auteur, que le président du conseil syndical ne pouvait être considéré comme un préposé du syndic, que s'il était démontré que le salarié avait été victime d'insultes sur son lieu de travail de la part du président du conseil syndical, le syndic avait toutefois profité d'une assemblée des copropriétaires pour rappeler solennellement que lui seul était habilité à contrôler et critiquer le travail des employés de la copropriété, et avait rappelé ensuite cette règle au président du conseil syndical en lui signifiant que de nouveaux écarts de langage ne seraient pas tolérés, et que l'employeur avait ainsi adopté la réaction qui s'imposait et qui était suffisante dès lors qu'une assemblée générale spécialement réunie avait modifié la composition du conseil syndical en rejetant la candidature du président sortant.

En statuant ainsi, alors que le président du conseil syndical avait exercé une autorité de fait sur le gardien employé par le syndicat des copropriétaires et alors que les mesures prises par la suite pour mettre fin à son mandat n'exonéraient pas l'employeur des conséquences des faits de harcèlement antérieurement commis, la cour d'appel a violé les articles L. 1152-1, L. 1154-1, L. 4121-1 et L. 4121-2 CT.

Cass. soc. 19 octobre 2011, n° 09-68.272, BC V n° 235.

L'employeur est civilement responsable des agissements de harcèlement moral commis par un salarié dans le cadre de ses fonctions.

Le commettant ne pouvant s'exonérer de sa responsabilité que si son préposé a agi en dehors de ses fonctions, sans autorisation et à des fins étrangères à ses attributions, un employeur a été reconnu civilement responsable du délit de harcèlement moral commis par un représentant du personnel à l'encontre d'une salariée lors de réunions du comité d'établissement, dès lors que les agissements en cause, commis au temps et sur les lieux du travail, étaient connus de la direction de la société qui n'était pas intervenue pour les faire cesser et étaient étrangers au mandat du prévenu et à la défense des intérêts des salariés.

Cass. crim. 28 mai 2013, n° 11-88.009, B. crim. n° 119. Voir aussi cass. crim. 13 novembre 2018, n° 17-81.398, 1er moyen du pourvoi de la clinique, à paraître.

Le comportement du médecin du travail dans l'exercice de ses fonctions n'est pas susceptible de constituer un harcèlement moral de la part de l'employeur.

En effet, le médecin du travail, même salarié au sein de l'entreprise, assure les missions qui lui sont dévolues aux termes de l'article L. 4623-8 CT dans les conditions d'indépendance professionnelle définies et garanties par la loi.

Cass. soc. 30 juin 2015, n° 13-28.201, 3e moyen, BC V n° 134.

Dès qu'il a connaissance de l'existence éventuelle de faits de harcèlement, l'employeur doit effectuer des investigations et prendre les mesures appropriées, sans attendre l'issue d'une procédure prud'homale statuant sur la réalité des faits.

À la suite d'un jugement prud'homal du 7 décembre 2005 ayant déclaré des faits de harcèlement moral et sexuel de la part d'un directeur d'une auberge de jeunesse constitués à l'encontre d'une salariée, l'intéressé a été convoqué à un entretien préalable à son licenciement le 16 décembre 2005 avec mise à pied conservatoire et licencié pour faute grave le 12 janvier 2006.

Après avoir relevé que l'employeur avait eu connaissance de l'existence éventuelle de faits de harcèlement moral et sexuel reprochés au salarié dès sa convocation le 18 juin 2004 devant le bureau de conciliation et qu'il s'était borné à en dénier la réalité dans le cadre de l'instance prud'homale, en omettant d'effectuer les enquêtes et investigations qui lui auraient permis d'avoir, sans attendre l'issue de la procédure prud'homale l'opposant à la victime, la connaissance exacte de la réalité, de la nature et de l'ampleur des faits reprochés au salarié et de prendre les mesures appropriées, une cour d'appel, caractérisant ainsi l'abstention fautive de l'employeur et en l'absence de faits fautifs nouveaux, a exactement décidé que la procédure de licenciement avait été engagée tardivement et que celui-ci était sans cause réelle et sérieuse.

Cass. soc. 29 juin 2011, n° 09-70.902, BC V n° 172.

Mais cette obligation n'implique pas le licenciement immédiat du salarié à l'origine d'une situation susceptible de caractériser ou dégénérer en harcèlement moral.

Une salariée, employée par un laboratoire en qualité d'animatrice développement des ventes, a été licenciée pour faute grave après avoir été mise à pied à titre conservatoire ; elle a saisi la juridiction prud'homale pour contester le bien-fondé de son licenciement et demander le paiement de diverses sommes.

Doit être approuvé l'arrêt ayant décidé que l'existence d'une faute grave n'était pas démontrée et condamné l'employeur à payer à la salariée des sommes à titre d'indemnités de rupture et de rappel de salaire pour mise à pied conservatoire injustifiée.

En effet, d'abord, les méthodes de gestion mises en œuvre par un supérieur hiérarchique ne peuvent caractériser un harcèlement moral que si elles se manifestent pour un salarié déterminé par des agissements répétés ayant pour objet ou pour effet d'entraîner une dégradation des conditions de travail susceptible de porter atteinte à ses droits et à sa dignité, d'altérer sa santé physique ou mentale ou de compromettre son avenir professionnel ; ayant relevé que tel n'était pas le cas en l'espèce, la cour d'appel a pu décider qu'aucun harcèlement moral n'était caractérisé.

Ensuite, l'obligation faite à l'employeur de prendre toutes les dispositions nécessaires en vue de prévenir ou de faire cesser les agissements de harcèlement moral n'implique pas par elle-même la rupture immédiate du contrat de travail d'un salarié à l'origine d'une situation susceptible de caractériser ou dégénérer en harcèlement moral ; ayant relevé que les griefs de harcèlement moral, comportement discriminatoire, ou tenant au fait d'avoir été à l'origine de sanctions disciplinaires disproportionnées faits à une salariée dans la lettre de licenciement n'étaient pas établis, une cour d'appel, après avoir estimé que le grief de gestion autoritaire et inappropriée qui lui était également reproché était établi, a pu décider qu'il ne rendait pas impossible le maintien de la salariée dans l'entreprise.

Cass. soc. 22 octobre 2014, n° 13-18.862, précité

Le juge ne peut ordonner à l'employeur de modifier ou de rompre le contrat de travail du salarié auquel sont imputés des agissements de harcèlement moral, à la demande d'autres salariés, tiers à ce contrat.

Si, par application de l'article L. 1152-4 CT, l'employeur doit prendre toutes dispositions nécessaires en vue de prévenir les agissements de harcèlement moral, il n'entre pas dans les pouvoirs du juge d'ordonner la modification ou la rupture du contrat de travail du salarié auquel sont imputés de tels agissements, à la demande d'autres salariés, tiers à ce contrat.

Deux salariées, victimes de faits de harcèlement moral par la directrice de leur établissement, ont saisi le juge de demandes tendant, d'une part, à la condamnation de leur employeur à des dommages-intérêts, et, d'autre part, à ce qu'il soit ordonné à ce dernier « d'écarter la directrice de ses fonctions ».

Ayant exactement retenu que l'injonction qu'il lui était demandé de délivrer à l'employeur impliquait une modification du contrat de travail de la directrice qui ne pouvait être réalisée qu'avec l'accord de l'intéressée ainsi que son licenciement en cas de refus, c'est à bon droit qu'une cour d'appel a débouté les salariées de cette demande et renvoyé l'employeur à ses obligations tirées de l'article L. 1152-4 CT.

Cass. soc. 1er juillet 2009, n° 07-44.482, BC V n° 167. Voir aussi cass. soc. 9 avril 2015, n° 13-23.314, pourvoi principal.

Un salarié, dont l'affection consécutive à un harcèlement moral a été prise en charge au titre de la maladie professionnelle, peut agir contre son employeur pour voir reconnaître sa responsabilité contractuelle pour la période antérieure à cette prise en charge.

La législation sur les accidents du travail et les maladies professionnelles ne fait pas obstacle à l'attribution de dommages-intérêts au salarié en réparation du préjudice que lui a causé le harcèlement moral dont il a été victime avant la prise en charge de son affection par la sécurité sociale.

Cass. soc. 15 novembre 2006, n° 05-41.489, BC V n° 338.

Un employeur peut être condamné à la fois pour harcèlement moral et pour discrimination syndicale, en raison des mêmes faits, ces deux infractions sanctionnant la violation d'intérêts distincts.

Pour dire l'infraction de discrimination syndicale au préjudice d'un salarié établie à l'encontre d'un employeur, une cour d'appel a notamment énoncé que l'intéressé, affecté à des tâches ne correspondant pas à sa qualification, avait subi des retenues sur salaire injustifiées et avait été privé, contrairement aux autres membres de la société occupant des fonctions de nature identique aux siennes, des facilités de transport consenties gracieusement par l'entreprise pour effectuer les déplacements professionnels, ainsi que de divers avantages.

Pour déclarer l'employeur également coupable de harcèlement moral au préjudice du même salarié, sur le fondement de l'article 222-33-2 c. pén., les juges du fond ont relevé que les diverses brimades auxquelles le prévenu avait procédé de façon répétée avaient entraîné la dégradation des conditions de travail du salarié. Ils ajoutent que celui-ci, empêché d'exercer pleinement ses fonctions de chef d'équipe, avait été discrédité vis-à-vis de ses collègues de travail, qu'il s'était retrouvé dans une situation financière difficile, que sa santé, tant physique que mentale, s'en était trouvée altérée, au point qu'il avait été contraint, à la suite des faits, d'interrompre l'exercice de son activité, et que son avenir professionnel avait été compromis.

Bien que procédant des mêmes agissements du prévenu, c'est à bon droit que la cour d'appel a retenu les infractions d'entrave à l'exercice du droit syndical [discrimination syndicale] et celle de harcèlement moral, dès lors que ces infractions sanctionnaient la violation d'intérêts distincts.

Cass. crim. 6 février 2007, n° 06-82.601, B. crim. n° 29.

Un employeur peut être condamné à indemniser à la fois le préjudice subi par le salarié du fait du harcèlement moral et celui subi du fait de son manquement à l'obligation de prévention du harcèlement moral.

Les obligations résultant des articles L. 1152-4 et L. 1152-1 CT étant distinctes, la méconnaissance de chacune d'elles, lorsqu'elle entraîne des préjudices différents, peut ouvrir droit à des réparations spécifiques.

Cass. soc. 6 juin 2012, n° 10-27.694, 1er moyen du pourvoi principal, BC V n° 169. Voir aussi cass. soc. 12 avril 2018, n° 16-29.072, 3e moyen.

Les obligations résultant des articles L. 1132-1 et L. 1152-1 CT sont distinctes, en sorte que la méconnaissance de chacune d'elles, lorsqu'elle entraîne des préjudices différents, ouvre droit à des réparations spécifiques.

Une salariée engagée en 1986 par une société d'édition a bénéficié de trois congés maternité de juillet 1997 à août 1998, de septembre 2001 à février 2003 et de mars à septembre 2005 ; en arrêt de travail pour maladie, depuis le mois d'octobre 2006, elle a saisi, en juillet 2007, pour obtenir la résiliation de son contrat de travail aux torts de l'employeur, un conseil de prud'hommes, lequel a rejeté ses demandes par jugement du 30 avril 2009 ; le 12 octobre 2009, le médecin du travail, au cours de l'unique visite de reprise en raison d'un danger immédiat, l'a déclarée « inapte à tout poste existant dans l'entreprise » ; elle a été licenciée par lettre du 3 décembre 2009 pour avoir refusé les offres de reclassement ; devant la cour d'appel la salariée a sollicité paiement de diverses sommes au titre de la rupture du contrat, d'une discrimination, d'un harcèlement moral et d'une violation du principe d'égalité de traitement.

Pour rejeter la demande d'indemnisation au titre du harcèlement moral, une cour d'appel a énoncé, après avoir retenu l'existence d'une discrimination fondée sur l'état de grossesse de la salariée, chacun de ses congés de maternité ayant été l'occasion d'une diminution très sensible de ses activités rédactionnelles, et alloué à cette dernière une somme à titre de dommages-intérêts pour le préjudice moral résultant du sentiment d'être « mise au placard » et le préjudice financier résultant de la perte d'une partie des rémunérations qu'elle aurait pu percevoir sous forme de piges, que les griefs invoqués pour caractériser le harcèlement étaient les mêmes que ceux ayant permis de retenir l'existence d'une discrimination et que le préjudice était également identique dès lors que les dommages-intérêts indemnisaient le préjudice moral qui avait effectivement été subi.

En statuant ainsi, alors que les dommages-intérêts alloués au titre de la discrimination réparent les préjudices matériels et moraux résultant de la privation d'une partie des fonctions de l'intéressée après retour de ses congés maternité, et non l'atteinte à la dignité et à la santé de la salariée ayant conduit à un état d'inaptitude médicalement constaté, résultant du harcèlement moral dont elle a fait l'objet, la cour d'appel a violé les articles L. 1132-1 et L. 1152-1 CT.

Cass. soc. 3 mars 2015, n° 13-23.521, 1er moyen, BC V n° 32. Voir aussi cass. soc. 17 octobre 2018, n° 17-21.689.

L'octroi de dommages-intérêts pour licenciement nul en lien avec des faits de harcèlement moral ne saurait faire obstacle à une demande distincte de dommages-intérêts pour préjudice moral.

Cass. soc. 2 février 2017, n° 15-26.892.

Les héritiers d'un salarié sont recevables à demander la réparation du préjudice résultant du harcèlement moral dont le défunt a été victime durant l'exécution de son contrat de travail.

Selon l'article 724 c. civ., les héritiers désignés par la loi sont saisis de plein droit des biens, droits et actions du défunt.

C'est à tort que, pour déclarer irrecevable la demande des héritiers d'un salarié tendant à l'indemnisation du préjudice causé au défunt à raison d'un harcèlement, une cour d'appel a retenu qu'ils étaient dépourvus de qualité pour agir dès lors qu'il ne s'agissait pas d'un préjudice qui leur était propre, alors que l'action ayant été transmise aux ayants-droit du défunt, ceux-ci étaient recevables à formuler devant la cour d'appel des demandes nouvelles relatives au préjudice subi par leur auteur du fait d'un harcèlement moral.

Cass. soc. 12 février 2014, n° 12-28.571, pourvoi incident, BC V n° 50.

Règles de preuve d'un harcèlement

Dès lors que le salarié concerné établit des faits qui permettent de présumer l'existence d'un harcèlement, il incombe à la partie défenderesse, au vu de ces éléments, de prouver que ces agissements ne sont pas constitutifs d'un tel harcèlement et que sa décision est justifiée par des éléments objectifs étrangers à tout harcèlement.

Il résulte de l'article L. 122-52 CT, applicable, d'une part, à l'article L. 122-46 en matière de discrimination, d'autre part, à l'article L. 122-49 en matière de harcèlement, et interprété à la lumière de la directive CE/2000/78 du Conseil du 27 novembre 2000 portant création d'un cadre général en faveur de l'égalité de traitement en matière d'emploi et de travail, que dès lors que le salarié concerné établit des faits qui permettent de présumer l'existence d'un harcèlement, il incombe à la partie défenderesse, au vu de ces éléments, de prouver que ces agissements ne sont pas constitutifs d'un tel harcèlement et que sa décision est justifiée par des éléments objectifs étrangers à tout harcèlement.

Une salariée a attrait son employeur devant le conseil de prud'hommes pour obtenir des dommages et intérêts notamment pour harcèlement moral.

Après avoir relevé que chacune des mesures invoquées par la salariée était justifiée par la situation économique de l'entreprise et la nécessité de sa réorganisation, une cour d'appel a pu débouter l'intéressée de sa demande.

Cass. soc. 24 septembre 2008, n° 06-43.504, BC V n° 175 (arrêt n° 3).

Un salarié, victime de harcèlement moral de la part de son supérieur hiérarchique, a été en arrêt de travail pour maladie du 19 janvier au 2 février 2004 ; par avis du 6 février, le médecin du travail a conclu à « une inaptitude à tous les postes de l'entreprise, selon l'article R. 241-51-1 CT. Danger pour lui-même et pour les autres. » ; l'intéressé, de nouveau en arrêt de travail pour maladie à compter du 9 février, a été licencié le 20 février suivant pour inaptitude physique et impossibilité de reclassement.

Pour le débouter de sa demande de dommages et intérêts à titre de harcèlement moral, une cour d'appel, après avoir relevé que le salarié avait produit une attestation d'un collègue selon laquelle son supérieur hiérarchique était constamment sur son dos et le harcelait continuellement pour des raisons injustifiées ainsi que les autres salariés, contrôlait en permanence les heures d'arrêt et de reprise de travail, ne leur laissant même pas le temps pour se laver les mains ou aller aux toilettes, alors que le local sanitaire, les vestiaires et le local déjeuner se trouvaient à dix minutes du lieu de travail, et que l'employeur avait produit, d'une part, l'attestation d'un autre collègue du salarié aux termes de laquelle celui-ci supportait mal les remarques du supérieur qui semblaient justifiées et ne constituaient pas un harcèlement et, d'autre part, l'attestation d'un délégué du propriétaire de l'immeuble où se déroulaient les travaux n'ayant à aucun moment constaté un comportement de la part du supérieur s'apparentant à du harcèlement, a retenu que, si les certificats médicaux faisaient mention d'un état dépressif, ils ne précisaient cependant pas sa relation avec les conditions de travail et que l'avis du médecin du travail ne contenait pas non plus d'élément établissant une relation entre l'inaptitude et l'existence d'un harcèlement moral.

En statuant ainsi, alors que le salarié n'est tenu que d'apporter des éléments qui permettent de présumer l'existence d'un harcèlement moral, la cour d'appel, qui ne pouvait rejeter la demande du salarié au seul motif de l'absence de relation entre l'état de santé et la dégradation des conditions de travail, a violé l'article L. 1154-1 CT, applicable à l'article L. 1152-1 CT en matière de harcèlement moral.

Cass. soc. 30 avril 2009, n° 07-43.219, 3e moyen, BC V n° 120.

Le juge apprécie souverainement si le salarié établit des faits qui permettent de présumer l'existence d'un harcèlement et si l'employeur prouve que les agissements invoqués sont étrangers à tout harcèlement.

Il résulte des articles L. 1152-1 et L. 1154-1 CT que, pour se prononcer sur l'existence d'un harcèlement moral, il appartient au juge d'examiner l'ensemble des éléments invoqués par le salarié, en prenant en compte les documents médicaux éventuellement produits, et d'apprécier si les faits matériellement établis, pris dans leur ensemble, permettent de présumer l'existence d'un harcèlement moral au sens de l'article L. 1152-1 CT ; dans l'affirmative, il revient au juge d'apprécier si l'employeur prouve que les agissements invoqués ne sont pas constitutifs d'un tel harcèlement et que ses décisions sont justifiées par des éléments objectifs étrangers à tout harcèlement.

Sous réserve d'exercer son office dans les conditions qui précèdent, le juge apprécie souverainement si le salarié établit des faits qui permettent de présumer l'existence d'un harcèlement et si l'employeur prouve que les agissements invoqués sont étrangers à tout harcèlement.

Après avoir exactement rappelé le mécanisme probatoire prévu par l'article L. 1154-1 CT, une cour d'appel, qui a souverainement retenu qu'une salariée établissait des faits permettant de présumer l'existence d'un harcèlement moral mais que l'employeur justifiait au soutien de ses décisions d'éléments objectifs étrangers à tout harcèlement, a décidé, dans l'exercice des pouvoirs qu'elle tient de l'article L. 1154-1 CT, qu'aucun harcèlement moral ne pouvait être retenu.

Cass. soc. 8 juin 2016, n° 14-13.418, 1er moyen, BC V n° 128.

Le juge ne doit pas se borner à apprécier séparément chaque élément invoqué par le salarié mais doit se prononcer sur ces éléments pris dans leur ensemble.

En application des articles L. 1152-1 et L. 1154-1 CT, lorsque le salarié établit la matérialité de faits précis et concordants constituant selon lui un harcèlement, il appartient au juge d'apprécier si ces éléments, pris dans leur ensemble, permettent de présumer l'existence d'un harcèlement moral et, dans l'affirmative, il incombe à l'employeur de prouver que ces agissements ne sont pas constitutifs d'un tel harcèlement et que sa décision est justifiée par des éléments objectifs étrangers à tout harcèlement.

Pour débouter une salariée de ses demandes, une cour d'appel a procédé à une appréciation séparée de chaque élément invoqué et a retenu que les éléments médicaux produits n'étaient pas suffisants pour faire présumer un harcèlement moral dès lors qu'il n'était pas établi que les médecins avaient une connaissance objective des conditions de travail de la salariée.

En statuant ainsi, alors qu'il lui appartenait de dire si, pris dans leur ensemble, les éléments matériellement établis, dont les certificats médicaux, laissaient présumer l'existence d'un harcèlement moral, et dans l'affirmative, d'apprécier les éléments de preuve fournis par l'employeur pour démontrer que les mesures en cause étaient étrangères à tout harcèlement moral, la cour d'appel a violé les articles L. 1152-1 et L. 1154-1 CT.

Cass. soc. 6 juin 2012, n° 10-27.766, BC V n° 170. Voir aussi cass. soc. 4 février 2016, n° 14-25.336, 2e moyen.

L'amnistie de sanctions disciplinaires ou professionnelles dont bénéficie un salarié ne peut avoir pour effet de l'empêcher d'invoquer ces sanctions au soutien d'une demande tendant à établir qu'il a été victime de faits de harcèlement moral.

Dès lors, le juge saisi ne peut refuser de rechercher si ces sanctions sont de nature à caractériser les faits allégués par le salarié.

Cass. avis 21 décembre 2006, n° 06-00.014, BC n° 12.

L'aménagement de la charge de la preuve en matière de harcèlement sexuel et moral n'est pas applicable en cas de litige relatif à la mise en cause d'un salarié auquel sont reprochés des agissements de harcèlement moral.

Un salarié a fait l'objet d'une mise à pied disciplinaire pour des faits de harcèlement commis sur une salariée de l'entreprise. Le salarié a saisi le conseil des prud'hommes d'une action en annulation de cette sanction.

Doit être rejeté le pourvoi de l'employeur qui, pour reprocher à une cour d'appel d'avoir annulé la sanction, soutient qu'en matière de harcèlement moral, la victime du harcèlement ne serait tenue que d'apporter des éléments qui permettent d'en présumer l'existence, la partie défenderesse devant alors prouver que les agissements reprochés sont étrangers à tout harcèlement.

En effet, les dispositions de l'article L. 1154-1 CT ne sont pas applicables lorsque survient un litige relatif à la mise en cause d'un salarié auquel sont reprochés des agissements de harcèlement moral.

Cass. soc. 7 février 2012, n° 10-17.393, BC V n° 56.
Voir aussi cass. soc. 6 juin 2018, n° 16-26.490.

Assiduités/Comportement équivoque

Le licenciement pour faute grave est encouru lorsqu'un salarié entretient une attitude indécente à l'égard de ses collègues de travail...

Une cour d'appel, en retenant, conformément aux termes de la lettre de licenciement qu'elle citait et indépendamment de l'article L. 122-46 CT, que les agissements et assiduités répétées d'un salarié avaient perturbé d'autres salariés et la bonne marche de l'entreprise, a pu décider que le comportement de l'intéressé rendait impossible son maintien dans l'entreprise pendant la durée du préavis et constituait une faute grave.

Cass. soc. 10 décembre 2003, n° 01-45.281.

... ou encore, vis-à-vis de tiers à l'entreprise.

Une cour d'appel, ayant relevé qu'un salarié avait eu une attitude équivoque à l'égard d'une fillette de 9 ans, dont la garde lui avait été confiée par son père, fournisseur de l'entreprise, a pu décider que ces faits constituaient une violation des obligations résultant du contrat de travail d'une importance telle qu'elle rendait impossible le maintien du salarié dans l'entreprise pendant la durée du préavis et caractérisait une faute grave.

Cass. soc. 2 mars 1993, n° 90-41.283.

Un salarié ne commet pas de faute s'il cesse le travail en raison du comportement équivoque et blâmable de l'employeur, étranger aux relations de travail.

Une salariée, en congé de maladie, avait écrit une lettre à son employeur en lui indiquant qu'elle ne pouvait reprendre son travail en raison du harcèlement qu'elle subissait de sa part. Après lui avoir répondu qu'il la considérait comme démissionnaire si elle ne reprenait pas son travail à l'issue de son congé, l'employeur l'avait licenciée.

D'abord, une cour d'appel n'a pas violé l'autorité de la chose jugée au pénal en retenant que la relaxe prononcée par le tribunal correctionnel au bénéfice de l'employeur du chef de coups et blessures volontaires laissait subsister, de la part de l'employeur, un comportement équivoque et blâmable étranger aux relations de travail à l'égard de la salariée.

Ensuite, ayant retenu que ce comportement avait constitué pour la salariée une contrainte propre à l'empêcher de poursuivre son travail dans des conditions normales, la cour d'appel a pu décider que la salariée n'avait pas commis de faute en cessant le travail.

Enfin, la cour d'appel a souverainement apprécié le préjudice résultant pour l'intéressée de son licenciement sans cause réelle et sérieuse.

Cass. soc. 4 février 1998, n° 95-42.993.

Grossièreté/Obscénité

Pour justifier un licenciement, les propos doivent être suffisamment graves et déplacés.

Une cour d'appel a pu déclarer que le licenciement d'un gérant de cantine pour avoir tenu des propos incorrects était abusif, les propos injurieux ou obscènes qui lui étaient imputés n'étant pas suffisamment déplacés ou graves pour justifier le licenciement, les « propos lestes » étant courants dans les cuisines.

Cass. soc. 27 février 1992, n° 91-41.057.

Un contexte de grande familiarité et la tolérance de l'employeur enlèvent aux propos grossiers leur caractère de gravité.

Une cour d'appel a pu décider, en vertu de son pouvoir d'appréciation, que le fait d'avoir eu des propos extrêmement grossiers à l'égard d'une salariée ne justifiait pas un licenciement, dès lors que ces propos s'inscrivaient dans un contexte de grande familiarité et que l'employeur tolérait le comportement du salarié, ce qui retirait aux faits leur gravité.

Cass. soc. 23 novembre 1993, n° 92-42.072.

Constitue une faute grave l'attitude inconvenante d'un salarié ayant choqué la pudeur de salariées, même en l'absence de contraintes de nature sexuelle ou de menaces de porter atteinte à leur emploi.

C'est à tort que, pour dire que le comportement d'un salarié ne constituait pas une faute grave, une cour d'appel a énoncé que, s'il existait un rapport hiérarchique entre l'intéressé et les salariées victimes de ses agissements, le témoignage de ces dernières ne permettait pas de retenir que le salarié aurait donné des ordres, proféré des menaces, imposé des contraintes ou exercé des pressions sur ces jeunes femmes pour obtenir des faveurs de nature sexuelle ni qu'il les aurait menacées de porter atteinte à leur emploi, alors que la cour avait relevé qu'il avait eu une attitude particulièrement inconvenante qui avait choqué la pudeur des salariées, de tels agissements constituant une faute grave.

Cass. soc. 12 mars 2002, n° 99-42.646, BC V n° 89.

Injures/Insultes ; Liberté d'expression.

Heures de délégation

(Contrôle et contestation)

Les articles L. 2325-7 ancien CT (membres du comité d'entreprise et représentants syndicaux au comité), L. 2315-3 ancien CT (délégués du personnel), L. 4614-6 ancien CT (membres du CHSCT) et L. 2143-17 CT (délégués syndicaux) prévoient que le temps de délégation est de plein droit considéré comme temps de travail et payé à l'échéance normale.

Ce n'est donc qu'après avoir rémunéré ces heures que l'employeur pourra, le cas échéant, en contester l'utilisation.

Pour ce faire, l'employeur devra rapporter la preuve d'une utilisation du crédit non conforme à la mission légale du représentant.

Une présomption simple d'utilisation conforme est posée par le code du travail

L'employeur ne peut saisir la juridiction prud'homale pour contester l'usage fait du temps alloué aux représentants du personnel pour l'exercice de leur mandat qu'après l'avoir payé.

Il résulte des dispositions de l'article L. 2143-17 CT, que les heures de délégation considérées de plein droit comme temps de travail, qu'elles soient prises pendant ou hors les heures habituelles de travail, doivent être payées à l'échéance normale, et que l'employeur ne peut saisir la juridiction prud'homale pour contester l'usage fait du temps alloué aux représentants du personnel pour l'exercice de leur mandat qu'après l'avoir payé.

Ayant constaté qu'un salarié, délégué syndical, disposait d'heures de délégation, que sa demande n'excédait pas le crédit d'heures dont il bénéficiait à ce titre, et que l'employeur, qui contestait l'utilisation de ces heures de délégation en dehors des heures habituelles de travail, ne les avait pas payées à l'échéance normale, une cour d'appel, statuant en référé, a exactement décidé, sans porter atteinte au droit de l'employeur d'établir devant les juges du fond, à l'appui de sa contestation, la non-conformité de l'utilisation de ces heures de délégation avec l'objet du mandat représentatif, que la créance du salarié n'était pas sérieusement contestable à concurrence d'un montant qu'elle a souverainement apprécié.

Cass. soc. 19 mai 2016, n° 14-26.967, 1er moyen, BC V n° 106. Voir aussi cass. soc. 13 décembre 2017, n° 16-19.042, s'agissant d'heures de délégation prises pendant un mouvement de grève auquel le représentant du personnel ou d'un syndicat s'est associé.

Si l'employeur peut demander à être informé des absences du salarié qui entend utiliser les heures nécessaires à l'exécution de son mandat, il n'a pas le pouvoir d'exercer un contrôle a priori sur l'usage qu'en fait le salarié.

Un salarié, membre du conseil d'administration d'un organisme de sécurité sociale, avait informé son employeur de plusieurs absences à venir. Ce dernier lui a alors demandé un calendrier des activités de l'organisme mentionnant la nature des réunions prévues et lui a indiqué qu'il prendrait acte des absences à réception de ces informations. Faisant état du défaut des informations demandées et de son refus d'autoriser ces absences, l'employeur a notifié au salarié deux avertissements.

Doit être cassé l'arrêt qui, pour débouter le salarié de sa demande de dommages-intérêts, a énoncé que sa qualité de membre du conseil d'administration d'un organisme de sécurité sociale ne le dispensait pas de justifier de ce que l'autorisation d'absence s'inscrive dans le cadre de l'article L. 231-9 c. séc. soc., alors que si l'employeur peut demander à être informé des absences du salarié qui entend utiliser les heures nécessaires à l'exécution de son mandat, il n'a pas le pouvoir d'exercer un contrôle a priori sur l'usage qu'en fait le salarié ; il peut seulement demander à celui-ci de lui indiquer l'emploi qu'il a fait de ce temps d'absence et n'est fondé à le sanctionner que s'il établit que ce temps n'a pas été utilisé conformément à son objet.

Cass. soc. 13 mai 2003, n° 01-42.728, BC V n° 160.

L'employeur, qui s'est acquitté du paiement des heures de délégation, peut demander au salarié, le cas échéant par voie judiciaire, l'indication des activités au titre desquelles ont été prises les heures de délégation.

Cass. soc. 26 mai 2010, n° 08-44.588, 3e moyen.

L'employeur doit, préalablement à une action en remboursement, demander au représentant de lui indiquer l'utilisation qu'il a faite de ses heures…

L'action en remboursement formée par une société est recevable dès lors qu'il est établi qu'elle a, préalablement à cette action, mis en demeure les représentants de lui faire connaître s'ils avaient ou non participé à une journée de manifestation.

Après avoir relevé que la contestation portait sur le paiement de cette journée, les juges ont pu décider que l'employeur avait satisfait à son obligation.

Cass. soc. 13 juin 1996, n° 95-41.460, 1er moyen, BC V n° 238.

… en saisissant au besoin le juge des référés.

L'employeur peut saisir le juge des référés pour obtenir des indications sur l'utilisation des heures de délégation avant de saisir le juge prud'homal d'une action en remboursement, mais il ne peut exiger devant cette juridiction la justification de cette utilisation.

Cass. soc. 25 mai 1993, n° 89-45.542, BC V n° 147.

Doit être cassé l'arrêt qui, pour déclarer incompétente une juridiction des référés saisie par un employeur en vue d'obtenir des justifications sur l'utilisation par un salarié de ses heures de délégation déjà rémunérées, a estimé qu'il existait une contestation sérieuse sur l'utilisation des heures de délégation, alors que l'obligation d'un salarié d'indiquer l'utilisation de ces heures ne se heurte à aucune contestation sérieuse.

Cass. soc. 4 février 2004, n° 01-46.478, BC V n° 36.

Le représentant du personnel doit lui apporter les indications nécessaires, faute de quoi il sera condamné à rembourser les heures rémunérées.

Les articles L. 2143-17, L. 2315-3 et L. 2325-7 CT, qui imposent à l'employeur de payer à l'échéance normale le temps alloué aux représentants du personnel, ne dispensent pas les bénéficiaires de ce versement d'indiquer sur la demande de l'employeur, au besoin formée par voie judiciaire, des précisions sur les activités exercées pendant lesdites heures.

Cass. soc. 11 février 2015, n° 13-22.973, pourvoi incident. Voir aussi cass. soc. 30 novembre 2004, n° 03-40.434, BC V n° 313.

L'employeur a la charge d'établir devant les juges, à l'appui de sa contestation, la non-conformité de l'utilisation de ce temps avec l'objet du mandat représentatif.

L'employeur doit payer à l'échéance normale le temps alloué pour l'exercice de leurs fonctions aux représentants du personnel. Si cette obligation ne dispense pas les bénéficiaires de ce versement de préciser, à la demande de l'employeur, les activités exercées pendant leur temps de délégation, sans avoir alors à en apporter la justification, l'employeur a la charge d'établir devant les juges du fond, à l'appui de sa contestation, la non-conformité de l'utilisation de ce temps avec l'objet du mandat représentatif.

Il s'ensuit que l'employeur ne peut saisir les juges du fond d'une action en remboursement d'heures de délégation prétendument mal utilisées qu'après avoir préalablement demandé à l'intéressé, fût-ce, en cas de refus, par voie judiciaire, l'indication des activités pour lesquelles elles ont été utilisées.

Cass. soc. 4 décembre 1991, n° 88-44.977, BC V n° 556.

La contestation par l'employeur de la répartition des heures de délégation relève de la compétence de la juridiction prud'homale.

Un litige qui a pour objet la répartition, par un représentant du personnel, des heures de délégation auxquelles il a droit ne met pas en cause le fonctionnement des institutions représentatives, mais concerne l'usage des heures de délégation par rapport à l'exécution du contrat de travail, et constitue donc un conflit individuel du travail relevant du conseil de prud'hommes.

Cass. soc. 28 septembre 2005, n° 03-19.779.

Les bons de délégation ne peuvent concerner que les déplacements des représentants du personnel

La pratique des bons de délégation sert uniquement à informer l'employeur sur les déplacements des représentants du personnel dans le cadre de leur mandat et ne peut être étendue au contrôle des autres activités exercées par eux dans ce même cadre.

La pratique des bons de délégation visant à avertir le chef de service ou le supérieur de l'intention du représentant syndical de se mettre en délégation ne peut être détournée de son seul objet d'information préalable d'un déplacement pour l'exercice du mandat dans ou en dehors de l'entreprise. L'employeur, fût-il approuvé en comité d'entreprise, ne peut étendre la pratique des bons de délégation prévue par l'accord d'entreprise pour la circulation des mandatés à un cas qui n'y est pas prévu.

Suite à la signature d'un accord prévoyant, pour la circulation des mandatés dans le cadre de leur mission, que la prise d'heures de délégation ferait l'objet d'une information par un bon de délégation remis au supérieur, un employeur avait remis aux représentants du personnel une note, approuvée par le comité d'entreprise, indiquant qu'un bon de délégation établi a posteriori par chacun des correspondants était à remettre au supérieur hiérarchique à l'occasion des conversations téléphoniques entre représentants du personnel.

Un salarié titulaire d'un mandat de représentant syndical a reçu un avertissement pour ne pas avoir respecté l'article L. 434-1 CT et ladite note. Il a saisi la juridiction prud'homale en vue d'obtenir l'annulation de cet avertissement.

C'est à tort que, pour débouter ce salarié de sa demande, une cour d'appel a retenu que lors d'une réunion du comité d'entreprise, il avait été rappelé que les échanges téléphoniques entre représentants du personnel devaient être comptabilisés en heures de délégation et ce, pour chacun des correspondants, le bon de délégation étant établi a posteriori, que ces règles avaient été approuvées par le comité d'entreprise et que le salarié présent à cette réunion ne pouvait les contester, alors que le non-respect de cette disposition ne pouvait justifier une sanction disciplinaire.

Cass. soc. 10 mai 2006, n° 05-40.802, BC V n° 174.

Les bons de délégation ne doivent pas être utilisés comme un moyen de contrôle préalable de l'activité des représentants du personnel

La délivrance de bons de délégation n'implique pas la reconnaissance par l'employeur de l'utilisation des heures de délégation conformément à leur objet.

Cass. soc. 13 janvier 1999, n° 96-43.678.

L'employeur ne doit pas contester l'utilisation des heures de délégation de façon abusive

Pour la chambre sociale, l'employeur qui intente une action en remboursement des heures de délégation sans grief commet un abus de droit.

Un employeur qui saisit le juge prud'homal d'une action en remboursement des heures de délégation, en reconnaissant n'avoir aucun grief particulier quant à l'utilisation des heures de délégation, abuse de son droit d'ester en justice.

Le conseil de prud'hommes a donc pu condamner l'employeur à payer au représentant du personnel des dommages et intérêts.

Cass. soc. 21 novembre 1990, n° 87-40.699, 2e et 3e moyens, BC V n° 585.

Pour la chambre criminelle, l'employeur peut agir en remboursement sur de longues périodes, même en l'absence de soupçons d'utilisation non conforme, sans encourir la prévention d'entrave.

Une cour d'appel a pu décider qu'un employeur, intentant une action en remboursement des heures de délégation des trois dernières années, alors qu'il était incapable d'étayer de simples soupçons, n'abusait pas de son droit à agir en justice.

Le code du travail autorise en effet l'employeur à contester l'usage fait des heures de délégation. Aucune incrimination pénale ne peut donc être retenue.

Cass. crim. 16 octobre 1990, n° 88-84.200, B. crim. n° 343 (arrêt n° 2).

Un accord collectif peut prévoir que la répartition du crédit d'heures alloué à la section syndicale fera l'objet d'une information préalable de l'employeur

Une société a opéré des retenues sur salaire pour dépassement des heures de délégation sur les bulletins de salaire de trois délégués syndicaux, au motif que ces derniers, sans alléguer l'existence de circonstances exceptionnelles, ne lui avaient pas notifié préalablement la répartition de leurs heures de délégation prévue par l'article L. 412-20 CT, conformément aux dispositions de l'accord d'entreprise sur la modernisation du dialogue social.

Les salariés ont saisi la juridiction prud'homale afin d'obtenir le remboursement de ces retenues.

Après avoir exactement décidé que l'accord d'entreprise ne précisant ni le délai, ni la périodicité, ni la forme de l'information sur la répartition des heures de délégation entre les délégués syndicaux prévue par la loi, une notification écrite n'était pas nécessaire, un conseil de prud'hommes, qui a fait ressortir que l'employeur avait été informé préalablement oralement de cette répartition, a pu, en conséquence, condamner ce dernier à payer des sommes aux intéressés à titre de rappel de salaire.

Cass. soc. 20 mars 2007, n° 05-44.011.

Le fait, pour un représentant du personnel, de mentir sur ses activités pour obtenir le paiement d'heures de délégation constitue une escroquerie

Doit être condamné pour escroquerie le représentant du personnel ayant remis à son employeur des bons de délégation où il indiquait qu'il avait exercé des activités entrant dans sa mission durant ses heures de délégation, alors qu'il avait passé ces heures à des activités syndicales dans une entreprise étrangère.

L'abus d'une qualité vraie, de nature à imprimer l'apparence de la sincérité à des déclarations mensongères, à commander la confiance de la victime et à la persuader de l'existence d'un crédit imaginaire, constitue une manœuvre frauduleuse.

Cass. crim. 8 juillet 1986, n° 85-90.088, B. crim. n° 232.

Heures de délégation (Utilisation).

Heures de délégation (Rémunération)

Le temps consacré à l'exercice de leur mission étant de plein droit considéré comme du temps de travail effectif, les représentants du personnel (art. L. 2325-7 ancien CT pour les membres du comité d'entreprise et représentants syndicaux au comité, L. 2315-3 ancien CT pour les délégués du personnel, L. 4614-6 ancien CT pour les membres du CHSCT et L. 2143-17 CT pour les délégués syndicaux) doivent bénéficier des mêmes éléments de salaire que les autres salariés.

Par ailleurs, conformément à l'article R. 3243-4 CT, le paiement des heures de délégation doit apparaître sur un document annexé au bulletin de salaire.

Calcul de la rémunération

• Assimilation des heures de délégation à du temps de travail

Les heures de délégation sont de plein droit considérées comme du temps de travail effectif.

Un aménagement du temps de travail par note de service, qui bénéficie aux salariés de l'entreprise présents un certain jour, doit également bénéficier aux représentants du personnel utilisant leurs heures de délégation ledit jour, dans la mesure où les heures de délégation sont de plein droit considérées comme du temps de travail effectif.

Cass. soc. 25 février 1997, n° 93-43.601, 1er moyen.

Le représentant du personnel ne doit subir aucune perte de rémunération du fait de l'exercice de sa mission.

Pour rejeter les demandes d'un délégué du personnel en paiement des temps de pause, une cour d'appel a retenu que celui-ci n'est ni fondé à ajouter son temps de pause à ses heures de délégation pour en réclamer la rémunération correspondante ni fondé à augmenter son crédit d'heures de délégation des temps de pause.

Cependant, le temps nécessaire à l'exercice des fonctions de représentant du personnel est de plein droit considéré comme temps de travail et payé à l'échéance normale ; ce représentant ne doit subir aucune perte de rémunération du fait de l'exercice de sa mission.

En statuant comme elle l'a fait, sans rechercher si le salarié n'avait pas accompli huit heures consécutives de délégation ou de travail, auquel cas il aurait eu droit à une demi-heure de pause rémunérée conformément à la convention collective, la cour d'appel n'a pas donné de base légale à sa décision.

Cass. soc. 26 juin 2001, n° 98-46.387, BC V n° 232.

Deux salariés ont été élus à des fonctions de représentants du personnel ; affectés à un service de week-end, ils exerçaient leurs heures de délégation en partie sur la semaine ; reprochant à leur employeur d'affecter les heures de délégation effectuées en semaine d'un coefficient de pondération par rapport aux heures de travail effectuées le week-end, les salariés ont saisi la juridiction prud'homale en paiement d'heures de délégation, de majorations et de dommages-intérêts.

Pour les débouter de leurs demandes, une cour d'appel a énoncé que si les heures de délégation prises en semaine des salariés travaillant habituellement le week-end n'étaient pas pondérées, elles seraient alors rémunérées sur la base d'un taux horaire de semaine majoré de 1,5279 ce qui introduirait une discrimination à l'égard des délégués du personnel ayant un horaire habituel de travail en semaine comme à l'égard des salariés travaillant habituellement en équipe de week-end.

En statuant ainsi, alors que l'utilisation par les représentants du personnel des heures de délégation ne doit entraîner aucune perte de salaire, la cour d'appel, qui avait constaté que les deux représentants du personnel travaillant habituellement le week-end et bénéficiant à ce titre de majorations horaires, perdaient le bénéfice de ces majorations lorsqu'ils effectuaient des heures de délégation pendant la semaine en raison des nécessités de leur mandat, a violé les articles L. 2315-1 à L. 2315-3, L. 2325-6, L. 2325-7 et L. 2325-11 CT.

Cass. soc. 28 octobre 2008, n° 07-40.524.

Dès lors, ce dernier ne peut être privé, du fait de l'exercice de ses mandats, du paiement d'une indemnité forfaitaire compensant une sujétion particulière de son emploi qui constitue un complément de salaire.

L'utilisation des heures de délégation ne doit entraîner aucune perte de salaire pour le représentant du personnel ou le représentant syndical ; en conséquence, celui-ci ne peut être privé, du fait de l'exercice de son mandat, du paiement d'une indemnité forfaitaire compensant une sujétion particulière de son emploi qui constitue un complément de salaire.

Cass. soc. 17 janvier 2013, n° 11-17.745, 2e moyen, BC V n° 13.

Le représentant du personnel ne doit subir aucune perte de rémunération du fait de l'exercice de sa mission.

Une salariée occupait les fonctions de chef de cabine régies par les dispositions applicables au personnel navigant commercial (PNC) de l'entreprise. Déléguée syndicale, elle bénéficiait pour l'exercice de sa mission de journées de « déprogrammation ». Lorsqu'elle était ainsi déprogrammée, la société ne lui versait pas les indemnités de repas et de « voiture-courrier » prévues par les accords collectifs et le règlement applicables aux PNC et versées pour chaque vol sur lequel ils sont programmés. Estimant que ces indemnités lui étaient dues pour ces journées de « déprogrammation », la salariée a saisi la juridiction prud'homale de demandes en paiement de ces indemnités.

Pour rejeter la demande de la salariée, une cour d'appel a retenu que les accords collectifs et le règlement applicables aux PNC subordonnaient le paiement des indemnités de repas au déplacement effectif des PNC à l'occasion des courriers accomplis, et prévoyaient que l'indemnité de « voiture-courrier » était versée à l'occasion de chaque courrier, de sorte que ces indemnités constituaient un remboursement de frais réellement exposés et liés à des contraintes spécifiques effectivement subies et non un complément de salaire.

En statuant ainsi, alors que le représentant du personnel navigant se trouve dans une situation similaire à celle du personnel maintenu au sol qui perçoit les mêmes indemnités, de sorte que ces indemnités compensent une sujétion particulière de l'emploi de la salariée et constituent un complément de salaire, la cour d'appel a violé l'article L. 2143-[1]7 CT.

Cass. soc. 3 mars 2010, n° 08-44.859, 1er moyen, BC V n° 52.

L'utilisation des heures de délégation ne doit entraîner aucune perte de salaire pour le représentant du personnel ou le représentant syndical ; en conséquence, celui-ci ne peut être privé du fait de l'exercice de son mandat du paiement d'une indemnité compensant une sujétion particulière de son emploi qui constitue un complément de salaire.

Pour débouter le salarié de ses demandes en paiement de dommages-intérêts pour perte des primes d'équipe et de temps repas versées aux membres de son équipe, une cour d'appel a retenu que les primes litigieuses étaient versées exclusivement aux salariés travaillant en horaire posté avec alternance afin de compenser les sujétions particulières liées à ces horaires, ce dont il résultait qu'elles ne pouvaient être réclamées par le salarié qui n'était pas soumis aux mêmes contraintes.

En statuant ainsi, alors que seules sont exclues de la rémunération due au représentant du personnel au titre des heures de délégation les sommes correspondant au remboursement de frais professionnels qu'il n'a pas exposés, la cour d'appel a violé les articles L. 2325-7 dans sa rédaction alors applicable, L. 2143-17, L. 1132-1 et L. 2141-5 CT.

Cass. soc. 19 septembre 2018, n° 17-11.638, à paraître.

Toutefois, le salarié ne peut pas réclamer le paiement de sommes correspondant au remboursement de frais professionnels qu'il n'a pas exposés.

L'utilisation des heures de délégation ne doit entraîner aucune perte de salaire pour le représentant du personnel ou le représentant syndical ; en conséquence, celui-ci ne peut être privé, du fait de l'exercice de son mandat, du paiement d'une indemnité compensant une sujétion particulière de son emploi qui constitue un complément de salaire ; toutefois, le salarié ne peut pas réclamer le paiement de sommes correspondant au remboursement de frais professionnels qu'il n'a pas exposés.

Engagés par une compagnie aérienne en qualité de stewards respectivement les 1er novembre 1985 et 1er mai 1989, deux salariés titulaires de mandats de représentants du personnel, s'estimant victimes d'une discrimination syndicale caractérisant un trouble manifestement illicite au motif que les indemnités de repas, de « voiture courrier » et de « découcher » ne leur étaient pas versées pour les journées pendant lesquelles ils exécutaient leurs mandats, ont saisi en référé la juridiction prud'homale.

Ayant relevé, d'une part, que les indemnités litigieuses prévues par le règlement du personnel navigant commercial de la compagnie avaient pour objet de compenser les frais supplémentaires entraînés par les repas et l'hébergement hors de la base d'affectation en raison de la participation effective du personnel navigant à une activité de vol, d'autre part, qu'il n'était pas établi que ces indemnités étaient également versées au personnel navigant lors des journées de travail n'impliquant pas de vol, ce dont il résultait que, nonobstant leur caractère forfaitaire, ces indemnités constituaient un remboursement de frais et non un complément de salaire, la cour d'appel en a exactement déduit qu'elles n'avaient pas à être intégrées dans la rémunération due aux représentants du personnel au titre des heures de délégation.

Cass. soc. 3 février 2016, n° 14-18.777, BC V n° 22. Voir aussi cass. soc. 1er juin 2016, n° 15-15.202, BC V n° 127.

Si un salarié exerçant les fonctions de délégué du personnel et de membre du comité d'entreprise ne peut être privé, du fait de l'exercice de ses mandats, du paiement d'une indemnité compensant une sujétion particulière de son emploi qui constitue un complément de salaire, il ne peut, en revanche, réclamer le paiement de sommes correspondant au remboursement de frais professionnels qu'il n'a pas exposés.

Ayant constaté que les indemnités conventionnelles dites de petits et grands déplacements ne leur étaient pas versées lorsqu'ils exerçaient leurs mandats, deux salariés engagés en qualité d'agent technique, délégués du personnel et membres du comité d'entreprise, en ont demandé le paiement à leur employeur, avant de saisir la juridiction prud'homale en référé pour obtenir le rappel de ces indemnités.

Pour condamner la société à verser aux salariés un rappel d'indemnités conventionnelles de petits et grands déplacements, la formation de référé d'un conseil de prud'hommes a retenu que l'employeur avait l'obligation d'assimiler le temps de délégation et ses accessoires à du travail effectif et payé à l'échéance normale.

En statuant ainsi, alors qu'elle avait relevé, d'une part, que les indemnités litigieuses prévues par la convention collective nationale avaient pour objet de compenser soit les frais supplémentaires entraînés par le déplacement des ouvriers qui travaillent sur un chantier dont l'éloignement leur interdit de regagner leur lieu de résidence, soit les frais supplémentaires qu'entraîne pour eux la fréquence des déplacements inhérents à la mobilité de leur lieu de travail, d'autre part, qu'elles ne concernaient que les ouvriers déplacés ou non sédentaires, ce dont il résultait que, nonobstant leur caractère forfaitaire, ces indemnités constituaient un remboursement de frais et non un complément de salaire, la formation de référé du conseil de prud'hommes a violé les articles L. 2315-3 et L. 2325-7 CT dans leur version applicable au litige et la convention nationale des ouvriers des travaux publics du 15 décembre 1992.

Cass. soc. 19 septembre 2018, n° 16-24.041, à paraître.

L'utilisation des heures de délégation ne doit entraîner aucune perte de salaire pour le représentant du personnel ou le représentant syndical ; en conséquence, celui-ci ne peut être privé du fait de l'exercice de son mandat du paiement d'une indemnité compensant une sujétion particulière de son emploi qui constitue un complément de salaire ; toutefois, le salarié ne peut pas réclamer le paiement de sommes correspondant au remboursement de frais professionnels qu'il n'a pas exposés ; constitue un remboursement de frais une indemnité ayant pour objet, nonobstant son caractère forfaitaire, de compenser le surcoût du repas consécutif à un déplacement effectif.

Un salarié, engagé en 1997 en qualité de technicien d'intervention réseau électricité et détaché à plein temps à compter du 1er mars 2015 pour assurer les fonctions de président d'une caisse mutuelle complémentaire d'activités sociales, a saisi la juridiction prud'homale en référé afin d'obtenir, notamment, la condamnation de son employeur au paiement, pour les périodes d'exercice de ses divers mandats électifs et syndicaux, de provisions sur indemnité de déplacement, ainsi que des dommages-intérêts pour entrave à ses fonctions de délégué du personnel.

Pour faire droit à ces demandes, une cour d'appel, après avoir constaté que la situation de déplacement pendant la journée entière, incluant les heures de pause dite méridienne, était inhérente à l'activité habituelle du salarié, a retenu qu'il en résultait que l'indemnité de déplacement fixée par la circulaire PERS 793 compensait cette sujétion particulière et constituait un complément de salaire dont le salarié ne pouvait être privé au titre de ses périodes de délégation syndicale ou élective, et non un remboursement de frais imposant la justification qu'il correspond à des frais réellement exposés.

En se déterminant ainsi, sans rechercher, comme elle y était invitée, si les indemnités litigieuses n'avaient pas pour objet, nonobstant leur caractère forfaitaire, d'indemniser les salariés des frais supplémentaires de repas induits par une situation de déplacement, et si le paiement n'en était pas exclu en l'absence d'un tel déplacement, la cour d'appel a privé sa décision de base légale au regard des articles L. 2143-17, L. 2315-3 dans sa rédaction alors applicable et R. 1455-7 CT et de la circulaire PERS 793 du 11 août 1982.

Cass. soc. 19 septembre 2018, n° 17-11.514, à paraître.

• Éléments de salaire entrant dans la base de calcul

La rémunération des représentants du personnel doit être composée des mêmes éléments que la rémunération des autres salariés.

Doit être cassé l'arrêt qui, pour débouter un représentant du personnel de sa demande en rappel de salaire correspondant aux contraintes imposées en fin de service, énonce que ces contraintes n'existent pas lorsque la fin de service correspond à une délégation, alors que le représentant du personnel ne doit subir aucune perte de rémunération du fait de l'exercice de sa mission.

Dès lors, la somme versée au titre de la fin de service est un élément de rémunération entrant dans l'assiette servant au paiement des heures de délégation.

Cass. soc. 9 juillet 1996, n° 94-42.773, 1er moyen du pourvoi du salarié, BC V n° 276.

Les sommes correspondant à des sujétions particulières sont également intégrées dans la base de calcul.

Une prime de brossage est un élément de rémunération devant être pris en compte pour le paiement des heures de délégation, dès lors que cette prime vise à compenser une sujétion particulière liée au travail et qu'elle ne constitue pas un remboursement de frais réellement exposés par les salariés.

Cass. soc. 15 décembre 1993, n° 92-42.539.

Le supplément familial et l'indemnité de résidence n'étant pas destinés à compenser une sujétion particulière de l'emploi des maîtres des établissements d'enseignement privés sous contrat, il n'y a pas lieu de les prendre en considération dans le calcul de la rémunération due au titre des heures de délégation.

A violé les articles L. 2315-3, L. 2325-6 et s., L. 2143-17, L. 2142-1-3, L. 2143-16 et L. 4614-6 CT la cour d'appel qui a retenu que le paiement des heures de délégation doit intégrer tous les éléments de la rémunération des maîtres des établissements d'enseignement privés sous contrat, le traitement brut, le supplément familial et l'indemnité de résidence s'il y a lieu, ainsi que les autres avantages ou indemnités attribués par l'État.

En effet, le supplément familial et l'indemnité de résidence ne sont pas destinés à compenser une sujétion particulière de l'emploi des maîtres des établissements d'enseignement privés sous contrat.

Cass. soc. 8 décembre 2016, n° 15-10.165, 5e branche du 1er moyen, BC V n° 245.

En cas de rémunération aux pourboires, le paiement des heures de délégation incombe à l'employeur…

Dans les hypothèses de rémunération uniquement par pourboires de la clientèle, la rémunération des heures de délégation des représentants du personnel qui ne sont pas, durant ces heures, en contact avec la clientèle, incombe à l'employeur. Ces heures ne sauraient donc être payées sur la masse commune des pourboires.

Cass. soc. 8 novembre 1994, n° 93-42.501, 2e moyen.

… et la base de calcul des sommes dues est constituée par la rémunération effective des salariés et non par le salaire minimum conventionnel.

Le temps nécessaire à l'exercice des fonctions de représentant du personnel est de plein droit considéré comme temps de travail et payé à l'échéance normale, et le représentant ne doit subir aucune perte de rémunération du fait de l'exercice de sa mission. Il en résulte que des salariés dont la rémunération est en partie constituée par des pourboires sont fondés à obtenir paiement des heures de délégation sur la base de leur rémunération effective et non sur celle du salaire minimum conventionnel.

Cass. soc. 17 novembre 2004, n° 01-40.576.

Lorsque la rémunération est en tout ou partie variable, la somme allouée en paiement des heures de délégation doit être calculée d'après le salaire réel.

Selon les articles L. 412-20, L. 424-1 et L. 434-1 CT, le temps nécessaire à l'exercice des fonctions de représentant du personnel est de plein droit considéré comme temps de travail et payé à l'échéance normale. Le représentant du personnel ne doit subir aucune perte de rémunération du fait de l'exercice de sa mission. Lorsqu'il est payé en tout ou partie par des commissions, la somme qui lui est allouée pendant une période où, du fait de ses fonctions, il ne peut travailler doit être calculée d'après son salaire réel.

Un salarié d'une compagnie d'assurances, au sein de laquelle il avait exercé des fonctions représentatives du personnel, avait saisi la juridiction prud'homale de demandes de rappel de salaire au titre de ses heures de délégation.

Pour rejeter ses demandes, une cour d'appel a relevé que, dans le cas particulier des salariés dont la rémunération est variable, ce qui était le cas du salarié, qui, outre son salaire, percevait des commissions calculées sur son chiffre d'affaires, l'impossibilité objective de déterminer leur manque à gagner réel, résultant de l'accomplissement de leurs fonctions, avait conduit les partenaires sociaux à adopter un mode forfaitaire de paiement des heures de délégation et que le salarié ne rapportait pas la preuve que le mode de calcul issu de l'application des accords l'avait désavantagé.

En statuant ainsi, alors que l'accord de branche, relatif aux modalités d'indemnisation des éventuelles pertes de gains à raison du temps consacré, par les producteurs salariés de base des services extérieurs de production des sociétés d'assurances, à l'exercice de fonctions électives ou syndicales, prévoyait, pour le calcul de l'indemnité forfaitaire, que la rémunération réelle n'était prise en compte que dans la limite de trois fois la rémunération minimale annuelle prévue par la convention collective, la cour d'appel, qui n'a pas recherché si le plafonnement prévu par ce texte avait eu une incidence sur le salaire versé à l'intéressé au titre des heures de délégation, n'a pas légalement justifié sa décision.

Cass. soc. 29 mai 2001, n° 98-45.758, BC V n° 187.

Lorsque la rémunération du salarié est constituée dans son intégralité de commissions, le taux horaire applicable aux heures de délégation accomplies est égal à la totalité des commissions générées annuellement par l'activité du salarié, divisée par le nombre d'heures travaillées,…

Cass. soc. 27 novembre 2013, n° 12-23.589.

… peu important que les commissions aient été générées par des ordres directs ou des ordres indirects.

Cass. soc. 15 décembre 2016, n° 15-13.367.

Pour le calcul d'une prime variable subordonnée à la réalisation d'objectifs quantitatifs, l'employeur doit, pour la partie de cette prime correspondant au temps consacré par le salarié à son mandat, tenir compte du montant moyen de cette prime versée, pour un temps équivalent, aux autres salariés.

Après avoir constaté que, pour l'année 2005, une prime variable était en partie assise sur les produits financiers vendus, et retenu que l'employeur se bornait à faire valoir qu'il avait tenu compte du temps de présence réduit d'une salariée protégée en limitant son portefeuille de clients mais ne justifiait pas avoir diminué dans les mêmes proportions ses objectifs et ne produisait aucune pièce relative aux modalités de calcul de la part variable de la salariée, de sorte qu'il n'établissait pas que son montant reposait sur des éléments étrangers à toute discrimination, une cour d'appel n'a fait droit que partiellement à la demande de la salariée tendant à obtenir la différence entre le montant de la prime qui lui avait été versée et le montant moyen de cette même prime versée aux autres salariés.

En se déterminant ainsi, alors que l'exercice de mandats représentatifs ne pouvant avoir aucune incidence défavorable sur la rémunération du salarié de sorte que la salariée avait droit à percevoir au titre de la prime litigieuse une somme fixée en tenant compte, pour la partie de son activité correspondant à ses mandats, au montant moyen de cette prime versée, pour un temps équivalent, aux autres salariés, et, pour la part correspondant à son temps de production, une somme calculée sur la base d'objectifs réduits à la mesure de ce temps, la cour d'appel a privé sa décision de base légale au regard de l'article L. 1132-1 CT.

Cass. soc. 6 juillet 2010, n° 09-41.354, 3e moyen, BC V n° 157.

Le paiement des heures de délégation ne peut pas se cumuler avec une indemnité de congés payés.

Une salariée ne peut pas revendiquer le paiement des heures de délégation prises pendant ses congés dès lors qu'elle a reçu une indemnité de congés payés. La salariée ne peut pas, en effet, prétendre au cumul de cette indemnité avec les sommes dues au titre des heures de délégation utilisées pendant la période de congés payés afférente.

Cass. soc. 19 octobre 1994, n° 91-41.097, 2e moyen.

• Heures de délégation prises en dehors de l'horaire normal de travail

Si les heures de délégation sont prises, en raison des nécessités du mandat, en dehors de l'horaire normal, elles doivent être rémunérées en heures supplémentaires.

Les heures de délégation doivent être payées comme du temps de travail. Dès lors, lorsqu'elles sont prises en dehors de l'horaire normal de travail, en raison des nécessités du mandat, ces heures doivent être payées comme des heures supplémentaires.

Cass. soc. 12 février 1991, n° 88-42.353, BC V n° 67. Voir aussi cass. soc. 21 novembre 2000, n° 98-40.730, 1er moyen du pourvoi de la société ; cass. soc. 26 juin 2013, n° 12-17.476.

Lorsqu'un régime de repos compensateur de remplacement en compensation des heures supplémentaires est mis en place dans l'entreprise, il s'applique à ces heures.

À compter du mois de janvier 2011, une société a mis en place, en application de l'avenant n° 2 du 2 février 2007 à la convention collective nationale des hôtels, cafés et restaurants, un repos compensateur de remplacement pour toute heure supplémentaire effectuée au-delà de 39 heures par semaine ; un salarié titulaire de divers mandats représentatifs a saisi le juge des référés pour qu'il soit jugé que le régime du repos compensateur de remplacement n'était pas applicable aux heures de délégation prises en dehors de l'horaire de travail en raison des nécessités du mandat, et obtenir un rappel de salaire.

Pour faire droit aux demandes du salarié, le juge des référés, après avoir relevé que depuis le 1er janvier 2011, le salarié n'était plus payé des heures de délégation et qu'il lui était imposé un repos compensateur de remplacement, a retenu que l'employeur ne pouvait refuser de rémunérer ces heures à l'échéance normale dès lors que les heures de délégation doivent être payées comme heures supplémentaires lorsqu'elles sont prises en dehors de l'horaire de travail en raison des nécessités du mandat.

En statuant ainsi, alors qu'il avait constaté que l'employeur avait fait application dans l'entreprise à compter du 1er janvier 2011 à tous les salariés de l'avenant n° 2 du 2 février 2007 à la convention collective applicable prévoyant la possibilité de mettre en œuvre un repos compensateur de remplacement en compensation des heures supplémentaires, ce dont il résultait que les heures de délégation accomplies par le salarié en dehors de ses horaires de travail pour les nécessités du mandat donnaient lieu à un repos compensateur de remplacement, le juge des référés, qui ne pouvait allouer de provision en présence d'une contestation sérieuse, a violé les articles L. 2325-6, L. 2325-7, L. 2315-1, L. 2315-3, L. 2143-13, L. 2143-17, L. 4614-3, L. 4614-6 et R. 1455-7 CT, L. 3121-24 du même code et l'avenant n° 2 du 2 février 2007 à la convention collective nationale des hôtels, cafés et restaurants.

Cass. soc. 9 octobre 2012, n° 11-23.167, BC V n° 256.

Ces heures de délégation effectuées en dehors de l'horaire normal ouvrent également droit au repos compensateur légal, [désormais remplacé par un système de contrepartie obligatoire en repos].

Les heures de délégation étant de plein droit considérées comme temps de travail, les heures supplémentaires accomplies à ce titre par un salarié protégé ouvrent droit au repos compensateur.

Cass. soc. 13 décembre 1995, n° 92-44.389, 1er moyen.

Les heures de délégation prises en dehors du temps de travail en raison des nécessités du mandat devant être rémunérées comme du temps de travail effectif, le salarié a droit à ce titre, outre sa part de commissions, à la part fixe de son salaire calculée au prorata des heures de délégation accomplies.

Un délégué syndical, employé comme VRP, était rémunéré selon un fixe et des commissions. L'employeur ayant rémunéré les heures de délégation prises en dehors du temps de travail sur la base de la moyenne des commissions, et non plus comme auparavant sur la base de la totalité de sa rémunération, le salarié a saisi la juridiction prud'homale d'une demande de complément des heures de délégation.

Doit être cassé l'arrêt qui, pour débouter le salarié de sa demande, a relevé que ses heures lui étaient payées sur la base horaire des commissions perçues, alors que les heures de délégation prises en dehors du temps de travail doivent être rémunérées comme du temps de travail et que le salarié a droit à ce titre, outre sa part de commissions, à la part fixe de son salaire calculée au prorata des heures de délégation accomplies.

Cass. soc. 21 janvier 2004, n° 01-43.229, BC V n° 25.

S'agissant des enseignants, les heures de délégation doivent être rémunérées en supplément si elles se situent en dehors du temps de travail calculé sur la durée légale de travail, en tenant compte à la fois des heures de cours et du temps de préparation et de correction.

Les heures de délégation d'un enseignant doivent être rémunérées en supplément si elles se situent en dehors du temps de travail calculé sur la durée légale du travail, en tenant compte à la fois des heures de cours et du temps de préparation et de correction qui en est le complément nécessaire.

Cass. soc. 27 octobre 1998, n° 96-40.545, BC V n° 461.

Mais, sauf circonstances exceptionnelles ou réunions organisées à l'initiative de l'établissement, le maître contractuel ne peut cumuler le traitement maintenu en l'absence d'obligations hebdomadaires de service avec les sommes dues au titre des heures de délégation utilisées pendant la période afférente.

Pour accueillir la demande d'un maître contractuel au titre d'un rappel d'heures de délégation, y compris pour les périodes de vacances scolaires, une cour d'appel a retenu que l'indemnité versée en dehors des heures de dispense de service ne s'analyse pas comme une indemnité de congés payés et que le délégué du personnel peut effectuer ses heures de délégation durant toute l'année notamment pour les besoins de l'activité de l'éducation liée aux mutations des personnels.

En statuant ainsi, alors que, sauf circonstances exceptionnelles ou réunions organisées à l'initiative de l'établissement, le maître contractuel ne peut cumuler le traitement maintenu en l'absence d'obligations hebdomadaires de service avec les sommes dues au titre des heures de délégation utilisées pendant la période afférente et que le maître d'enseignement ne faisait pas valoir en l'espèce l'existence de circonstances exceptionnelles ni qu'il s'était rendu à des réunions organisées à l'initiative de l'établissement durant ces périodes, la cour d'appel a violé l'article L. 2315-1 CT.

Cass. soc. 8 décembre 2016, n° 13-27.913, 2e moyen, BC V n° 243.

Dès lors que le crédit d'heures de délégation dépasse le tiers du temps de travail mensuel, les heures prises en dehors du temps de travail doivent être considérées comme du temps de travail et payées comme tel.

Il résulte des articles L. 212-4-10 et L. 412-20 CT que si le crédit d'heures dépasse le tiers du temps de travail mensuel, les heures de délégation prises en dehors de son temps de travail par le représentant du personnel pour l'exercice de son ou de ses mandats doivent être considérées de plein droit comme temps de travail et payées comme tel, peu important que l'intéressé reçoive en outre une allocation au titre de la préretraite progressive, le temps de délégation étant un accessoire nécessaire du contrat de travail en cours et impliquant des contraintes qui doivent être spécialement rémunérées, lorsque les heures de délégation ne s'imputent pas sur le temps de travail effectif.

Cass. soc. 20 mars 2002, n° 99-45.516, BC V n° 98.

Le paiement des heures de délégation des maîtres des établissements d'enseignement privés sous contrat prises en dehors de leur temps de travail incombe à l'établissement au sein duquel ils exercent les mandats prévus par le code du travail dans l'intérêt de la communauté constituée par l'ensemble du personnel de l'établissement.

Le paiement des heures de délégation des maîtres des établissements d'enseignement privés sous contrat prises en dehors de leur temps de travail, qui ne se confondent pas avec les décharges d'activités de service accordées au représentant syndical en application de l'article 16 du décret 82-447 du 28 mai 1982, incombe à l'établissement au sein duquel ils exercent les mandats prévus par le code du travail dans l'intérêt de la communauté constituée par l'ensemble du personnel de l'établissement ; ces heures, effectuées en sus du temps de service, constituent du temps de travail effectif et ouvrent droit au paiement du salaire correspondant.

Cass. soc. 18 mai 2011, n° 10-14.121, BC V n° 118. Voir aussi cass. soc. 8 décembre 2016, n° 13-27.913, 1er moyen, BC V n° 243 ; cass. soc. 8 décembre 2016, n° 13-28.002, 1er moyen, BC V n° 244.

Une enseignante d'un établissement d'enseignement privé lié à l'État par un contrat d'association, déléguée syndicale et élue de la délégation unique du personnel de l'établissement, a saisi le conseil de prud'hommes d'une demande de paiement des heures de délégation accomplies entre novembre 2000 et mai 2007.

Après avoir retenu que l'intéressée, intégrée de façon étroite et permanente dans la collectivité de travail au sein de laquelle elle enseignait, relevait des dispositions de l'article L. 2143-1 CT et devait disposer à ce titre, avant comme après la promulgation de la loi 2005-5 du 5 janvier 2005 relative à la situation des maîtres des établissements d'enseignement privés sous contrat, du temps nécessaire à l'exercice de ses fonctions syndicales, et relevé que ces heures étaient accomplies en dehors de son temps de travail, une cour d'appel en a exactement déduit qu'elles devaient être payées par l'établissement d'enseignement privé.

Cass. soc. 31 mars 2009, n° 08-40.408, BC V n° 101.

C'est à tort que, pour limiter la condamnation d'une association au paiement d'heures de délégation, une cour d'appel a retenu qu'un délégué syndical ne pouvait cumuler le système des heures de délégation instauré par les articles L. 2143-13 à 19 CT et celui des décharges d'activité de service applicable dans la fonction publique pour l'exercice du droit syndical, les heures de délégation dont dispose chaque délégué syndical pour l'exercice de ses fonctions ne se confondant pas avec les décharges d'activités de service accordées au représentant syndical en application de l'article 16 du décret 82-447 du 28 mai 1982 relatif à l'exercice du droit syndical dans la fonction publique.

Cass. soc. 13 octobre 2010, n° 09-67.198, BC V n° 229.

• Heures de délégation prises en dehors du crédit d'heures légal ou conventionnel

Ni la présomption de bonne utilisation des heures de délégation ni le paiement de plein droit de ces heures ne sont applicables aux heures prises au-delà du contingent fixé par la loi ou l'accord collectif.

Une cour d'appel qui a constaté que les heures dont le paiement était demandé dépassaient le contingent conventionnel a légalement justifié sa décision rejetant le paiement de ces heures.

Cass. soc. 26 juin 2001, n° 98-46.387, BC V n° 232.

Lorsque, en raison de circonstances exceptionnelles, un représentant du personnel a pris des heures au-delà du contingent légal ou conventionnel, il doit justifier de la réalité de ces circonstances pour obtenir leur rémunération.

Un délégué du personnel a saisi la juridiction prud'homale d'une demande en paiement d'heures de délégation effectuées en dépassement du contingent légal, en invoquant l'existence de circonstances exceptionnelles.

C'est à tort que, pour faire droit à cette demande, un conseil de prud'hommes a retenu qu'avant d'effectuer la retenue de ces heures et avant de saisir les juges du fond, l'employeur devait demander à l'intéressé l'indication de leur utilisation, alors qu'il appartenait au salarié d'établir l'existence de circonstances exceptionnelles de nature à justifier le paiement des heures de délégation.

Cass. soc. 6 avril 2005, n° 03-42.103.

☛ *Heures de délégation (Utilisation).*

• Heures de délégation effectuées durant un arrêt maladie

Le paiement par l'employeur des heures de délégation prises pendant un arrêt de travail pour maladie est subordonné à l'autorisation préalable, par le médecin traitant, de l'exercice de l'activité représentative.

Il résulte des articles L. 321-1, 5°, L. 323-6 c. séc. soc. et L. 2143-17, L. 2315-3, L. 2325-7 CT, d'une part, que l'attribution d'indemnités journalières à l'assuré se trouvant dans l'incapacité physique de continuer ou de reprendre le travail est subordonnée à l'obligation pour le bénéficiaire de s'abstenir de toute activité non autorisée et, d'autre part, que les heures de délégation sont de plein droit considérées comme temps de travail ; il s'ensuit que l'exercice de son activité de représentation par le représentant du personnel ou d'un syndicat, dont le mandat n'est pas suspendu, ne peut ouvrir droit à indemnisation que s'il a été préalablement autorisé par le médecin traitant.

Pour accueillir les demandes en paiement d'heures de délégation présentées par deux salariées placées en arrêt de travail pour maladie et accident du travail, un conseil de prud'hommes a retenu que l'arrêt de travail ne suspendait pas les mandats, que les heures de délégation ayant été prises en dehors du temps de travail, n'avaient pas fait l'objet d'une autre indemnisation et que l'employeur n'avait pas contesté l'utilisation de ces heures de délégation devant la juridiction prud'homale.

En statuant ainsi, sans constater l'existence d'une autorisation du médecin traitant, le conseil de prud'hommes a violé les textes susvisés.

Cass. ch. mixte. 21 mars 2014, n° 12-20.002, BC n° 2.

Établissement du bulletin de salaire

Aucune mention du bulletin de paie ne doit permettre d'établir une distinction entre les heures travaillées et les heures de délégation dont bénéficient les salariés protégés.

Cass. soc. 18 février 2004, n° 01-46.565, BC V n° 55.

Le paiement des heures de délégation des maîtres des établissements d'enseignement privés sous contrat donne lieu à la remise tant du bulletin de paie que de la fiche annexée au bulletin de paie visée par l'article R. 3243-4 CT.

Les heures de délégation accomplies par les maîtres de l'enseignement privé en dehors de leur temps de travail ayant la nature juridique de rémunérations, c'est à bon droit, en application de l'article L. 3243-1 CT qu'une cour d'appel a condamné une association à la remise tant du bulletin de paie que de la fiche annexée aux bulletins de paie visée par l'article R. 3243-4 CT, dès lors qu'aux termes de l'article 1er de la loi 2005-5 du 5 janvier 2005 intégré à l'article L. 442-5 du code de l'éducation, nonobstant l'absence de contrat de travail avec l'établissement, les personnels enseignants bénéficient des institutions représentatives du personnel dans les conditions prévues par le code du travail.

Cass. soc. 8 décembre 2016, n° 13-28.002, 2e moyen, BC V n° 244.

Heures de délégation (Utilisation)

Les représentants du personnel titulaires disposent, pour remplir leur mission, d'un crédit d'heures payées par l'employeur, ce crédit, déterminé légalement, variant selon les institutions représentatives et l'effectif de l'entreprise (art. L. 2325-6 ancien CT pour les membres du comité d'entreprise et représentants syndicaux au comité, L. 2315-1 ancien CT pour les délégués du personnel, L. 4614-3 pour les membres du CHSCT et L. 2143-13 et s. CT pour les délégués syndicaux). Il ne peut être dépassé qu'en cas de circonstances exceptionnelles.

Les activités exercées doivent être conformes à la mission du représentant

Il entre dans la mission des représentants du personnel de défendre les éléments de leur statut…

En assurant sa propre défense lors d'une contestation par l'employeur de l'utilisation des heures de délégation, le salarié protégé est dans l'exercice de son mandat.

Cass. ass. plén. 31 octobre 1996, n° 91-44.770, 1er moyen, BC n° 7.

… ainsi que leur présence même dans l'entreprise…

Un salarié protégé est dans l'exercice de son mandat lorsqu'il répond à la convocation de l'inspecteur du travail, qui procède à l'enquête consécutive à la demande d'autorisation de licenciement de ce salarié. Dès lors, l'heure passée par le salarié avec l'inspecteur du travail ne peut pas être retenue sur le salaire du représentant.

Cass. soc. 3 juillet 1990, n° 87-40.838, 2e moyen, BC V n° 339.

… et de dénoncer devant le conseil de prud'hommes la discrimination dont ils font l'objet.

Cass. soc. 26 mai 1999, n° 97-40.966, BC V n° 238, cité dans « Délégué du personnel (Mission) ».

Un lien direct entre l'activité exercée et les difficultés rencontrées par les salariés de l'entreprise n'est requis que pour les délégués du personnel et les membres du comité d'entreprise.

La mission des délégués du personnel et des membres du comité d'entreprise ne peut concerner que les problèmes intéressant directement les salariés qui les ont élus. Celle des délégués syndicaux, qui consiste à représenter leur syndicat dans l'entreprise, peut être exercée en tout lieu dans l'intérêt des salariés de l'entreprise au titre desquels ils ont été désignés, dès lors qu'elle entre dans le cadre de l'objet défini par l'article L. 411-1 CT.

Cass. soc. 10 juillet 1990, n° 86-42.819, BC V n° 361.

La mission des délégués syndicaux leur permet de se rendre à une manifestation lors de la visite du chef de l'État, celle-ci ayant trait à la défense de l'emploi dans l'entreprise…

La mission des délégués syndicaux étant de représenter le syndicat dans l'entreprise, cette mission peut être exercée en tout lieu dans l'intérêt des salariés de l'entreprise au titre de laquelle ils ont été désignés, dans les limites posées par l'article L. 411-1 CT.

Un conseil de prud'hommes a pu décider que les heures passées à une manifestation tenue à l'occasion de la visite du chef de l'État devaient être rémunérées au titre des heures de délégation, dès lors qu'il a constaté que la démarche du délégué avait trait à la défense de l'emploi dans l'entreprise.

Cass. soc. 23 janvier 1990, n° 86-43.817, 1er moyen, BC V n° 21 (arrêt n° 1).

… ou d'intervenir auprès d'élus locaux pour obtenir l'intégration des forestiers-sapeurs dans la fonction publique territoriale.

Cass. soc. 9 février 2000, n° 97-45.460.

Le fait, pour un membre du comité d'entreprise, de participer aux élections du conseil d'administration des caisses de sécurité sociale n'entre pas dans le cadre de sa mission.

La participation d'un membre du comité d'entreprise aux élections du conseil d'administration des caisses de sécurité sociale ne se rattache pas à l'exercice de son mandat. Dès lors, l'employeur refusant de régler ces heures au titre d'heures supplémentaires de délégation pour circonstances exceptionnelles ne commet pas de délit d'entrave.

Cass. crim. 10 janvier 1989, n° 87-80.048, 3e moyen, B. crim. n° 10.

La participation d'un délégué du personnel à une réunion portant sur la situation des entreprises, dans le département, appartenant à la même branche d'activité…

Cass. soc. 24 mars 1993, n° 88-42.887, BC V n° 98, cité dans « Délégué du personnel (Mission) ».

... ou encore le temps consacré par un délégué du personnel à son information personnelle, dès lors qu'elle ne se rattache pas directement à une difficulté particulière à l'entreprise, n'entrent pas dans le cadre de sa mission et ne s'imputent donc pas sur les heures de délégation.

Cass. soc. 8 juillet 1998, n° 96-42.060, cité dans « Délégué du personnel (Mission) ».

Les heures passées à des activités n'entrant pas dans la mission des représentants peuvent cependant être rémunérées en vertu d'un usage.

Un conseil de prud'hommes a pu condamner un employeur au paiement des heures de délégation après avoir constaté l'existence d'un usage en vertu duquel l'employeur rémunérait les heures de délégation passées par le délégué du personnel, également délégué syndical, à la défense des intérêts des travailleurs étrangers à l'entreprise. Aucune disposition légale ne prohibe l'existence de ce type d'usage d'entreprise.

Cass. soc. 7 mars 1989, n° 84-44.378, BC V n° 183.

Si l'utilisation des heures est conforme au mandat, le représentant, accidenté durant ces heures, sera couvert par le régime des accidents du travail.

La déléguée syndicale, victime d'un accident de circulation alors qu'elle se rend à une réunion du conseil départemental de son syndicat, bénéficie de l'indemnisation de son préjudice au titre de la législation sur les accidents du travail, dès lors que ce déplacement entre dans le cadre de sa mission.

Doit être cassé l'arrêt lui refusant ce bénéfice, alors que l'ordre du jour de cette réunion portait sur la convention collective applicable au personnel de l'entreprise de la déléguée.

Cass. soc. 12 juillet 1995, n° 92-19.122.

Le crédit d'heures peut être utilisé en dehors de l'horaire normal de travail

D'une part, le crédit d'heures d'un représentant du personnel peut être pris en dehors de l'horaire normal de travail et en sus du temps de travail effectif lorsque les nécessités du mandat le justifient et, d'autre part, l'utilisation du crédit d'heures est présumée conforme à son objet.

Un employeur ne peut donc, en imputant par avance le contingent d'heures de délégation d'un représentant du personnel travaillant exclusivement la nuit sur la durée du travail en vigueur dans l'entreprise, limiter sa liberté d'utilisation de son crédit d'heures de jour et de nuit.

Cass. soc. 11 juin 2008, n° 07-40.823, 1er moyen, BC V n° 133.

Les heures de délégation peuvent être utilisées librement en dehors du temps de travail, en heures supplémentaires lorsque les nécessités des mandats du salarié le justifient, sans faire obstacle au respect de la réglementation sur la durée maximale du travail et le repos journalier.

Cass. soc. 25 juin 2008, n° 06-46.223.

Le mandat peut librement s'exercer pendant le temps de travail

Le salarié peut fractionner ses heures de délégation en fonction des besoins de ses mandats...

Cass. soc. 11 décembre 2001, n° 99-43.650.

... en revanche, il ne peut, sans faute de sa part, unilatéralement modifier ses horaires de travail pour l'exercice de ses fonctions sans l'accord de son employeur.

Si le délégué syndical peut librement exercer son mandat pendant son temps de travail, il ne peut, sans faute de sa part, modifier unilatéralement ses horaires de travail pour l'exercice de ses fonctions sans l'accord de l'employeur.

Cass. soc. 19 mai 2010, n° 08-42.506, 3e moyen.

Le crédit d'heures s'applique à chaque mois civil sans pouvoir être réduit, sauf accord contraire, en considération de périodes partielles de non-activité

Ayant relevé que le contrat de travail d'un salarié avait été requalifié dès son origine en un contrat de travail à durée indéterminée à temps partiel, une cour d'appel en a justement déduit qu'à compter de sa désignation comme délégué du personnel, le salarié pouvait prétendre au paiement des heures de délégation sur la totalité de l'année, sans que puisse lui être opposée la fermeture de l'établissement durant les vacances scolaires.

Cass. soc. 12 janvier 2011, n° 09-40.066, 4e moyen.

Le crédit d'heures non utilisé ne peut être reporté d'un mois sur l'autre

Un chef d'entreprise avait attribué unilatéralement 36 heures de délégation aux délégués du personnel et 30 heures aux délégués syndicaux pour les mois d'août et septembre, en dérogation à l'accord d'entreprise qui fixait cette durée à 20 heures pour les délégués syndicaux et 30 heures pour les délégués du personnel en raison de la fermeture de l'entreprise au cours du mois d'août.

Doit être cassé l'arrêt qui, pour déclarer ces décisions comme ne portant pas atteinte à l'exercice du droit syndical, énonce que seules des franchises calculées proportionnellement à la durée du travail durant le mois considéré devaient être accordées aux délégués et que l'étendue du crédit d'heures doit être appréciée eu égard aux dispositions légales et non conventionnelles, alors que la durée du temps libre s'applique à chaque mois civil indépendamment des périodes partielles de non-activité.

Cass. crim. 14 février 1978, n° 76-93.406, B. crim. n° 58.

Le crédit d'heures destiné à permettre la préparation de la négociation collective annuelle obligatoire est alloué globalement et annuellement

Le crédit de dix ou quinze heures par an confié à la section syndicale dans les entreprises de plus de 500 salariés, à charge pour ses membres d'en effectuer la répartition et d'en informer l'employeur, destiné à permettre la préparation de la négociation collective annuelle obligatoire, est alloué globalement et annuellement, quel que soit le nombre d'accords conclus dans l'entreprise au cours de la même année.

Cass. soc. 2 juin 2004, n° 01-44.474, 2e moyen, BC V n° 160.

Lorsque les membres du comité se réunissent sans qu'ils aient été convoqués par l'employeur, le temps passé à ces réunions s'impute sur le crédit d'heures

Le temps passé en séance du comité est rémunéré comme temps de travail et ne s'impute pas sur le crédit d'heures lorsque le comité se réunit sur convocation du chef d'entreprise.

Il n'en est pas de même lorsque le comité se réunit sans convocation de l'employeur et sans justifier de l'existence de circonstances exceptionnelles.

Cass. soc. 13 novembre 1985, n° 82-41.701, BC V n° 525.

Le temps passé par un délégué syndical à assister les délégués du personnel lors des réunions organisées par l'employeur s'impute en principe sur le crédit d'heures

Sauf accord plus favorable, le temps passé par un délégué syndical de l'entreprise aux réunions organisées par l'employeur conformément à l'article L. 2315-8 ancien CT, aux fins d'assister les délégués du personnel sur leur demande, selon la faculté qui leur est offerte par l'article L. 2315-10, alinéa 2, ancien, est imputé sur le crédit normal d'heures de l'intéressé.

C'est à bon droit qu'une cour d'appel, pour rejeter la demande de rappel de salaire d'un délégué syndical au titre des heures de délégation, en a déduit que ces heures ne pouvaient suivre le régime de celles utilisées pour participer à des réunions à l'initiative de l'employeur prévu à l'article L. 2143-18 CT.

Cass. soc. 19 septembre 2018, n° 17-11.715, 2e moyen, à paraître.

Le temps passé par un délégué du personnel à assister un salarié lors d'un entretien avec un supérieur s'impute sur le crédit d'heures

Un conseil de prud'hommes a décidé, à bon droit, que le temps passé par un délégué du personnel à assister un salarié, à la demande de celui-ci, lors d'un entretien avec son chef d'atelier devait être imputé sur son contingent d'heures de délégation : il n'existait pas d'usage consistant à comptabiliser le temps d'entretien hors du contingent mensuel d'heures de délégation et, s'agissant de l'entretien litigieux, qui n'entre pas dans les prévisions de l'article L. 424-4, al. 2 CT, la preuve d'un accord de l'employeur n'était pas rapportée.

Cass. soc. 15 mai 2001, n° 98-45.556.

Le temps de trajet, pris pendant l'horaire normal de travail en exécution des fonctions représentatives, s'impute sur le crédit d'heures

En l'absence de prévision contraire par la loi, un usage ou un engagement unilatéral de l'employeur, le temps de trajet, pris pendant l'horaire normal de travail en exécution des fonctions représentatives, s'impute sur les heures de délégation.

Cass. soc. 9 décembre 2014, n° 13-22.212, 1er moyen du pourvoi principal, BC V n° 281.

Le temps de déplacement pour se rendre aux réunions organisées à l'initiative de l'employeur ne s'impute pas sur le crédit d'heures

Sont contraires aux règles en vigueur les stipulations d'un accord d'entreprise fixant les conditions dans lesquelles les délégués syndicaux, les membres du comité d'établissement et les membres du comité central d'entreprise peuvent utiliser leurs crédits d'heures pour l'exercice de leurs fonctions, en y imputant le temps de déplacement nécessaire pour se rendre à des réunions.

En effet, ces stipulations, qui s'appliquent au temps de trajet pour se rendre aux réunions du comité d'entreprise ou de ses commissions ou, s'agissant des délégués syndicaux, aux réunions dont l'employeur a l'initiative, ont pour effet d'écarter l'application des règles du droit du travail qui prévoient, pour les intéressés, que le temps de déplacement pour se rendre à de telles réunions doit être regardé comme un temps de travail qui ne saurait s'imputer sur le crédit d'heures qui leur est délégué en application de la combinaison des articles L. 412-17, L. 412-20, L. 434-1 et L. 435-2 CT.

CE 30 décembre 2003, n° 252545.

Le crédit d'heures peut être dépassé en cas de circonstances exceptionnelles

Un accroissement inhabituel d'activité justifie un dépassement du crédit d'heures.

Ayant retenu que le projet de mise en place d'une institution de prévoyance avait provoqué une réunion extraordinaire du comité d'établissement, un conseil de prud'hommes a fait ressortir que ce projet avait donné lieu à un accroissement inhabituel de l'activité des membres du comité ; il a pu décider que des circonstances exceptionnelles justifiaient le dépassement du crédit légal des heures de délégation attribuées aux membres du comité d'établissement et condamner l'employeur à payer à chaque membre des sommes au titre d'heures de délégation excédant le crédit légal.

Cass. soc. 27 janvier 1998, n° 95-40.616. Voir aussi cass. soc. 6 juillet 1994, n° 93-41.705, BC V n° 228.

La preuve des circonstances exceptionnelles pèse sur les représentants du personnel qui les invoquent.

Une cour d'appel ne peut condamner l'employeur au paiement des crédits d'heures excédentaires sans préciser, pour chaque catégorie de représentants du personnel, quelles circonstances exceptionnelles justifiaient le dépassement du temps qui leur est accordé pour l'exercice de leurs fonctions et si ces heures excédentaires avaient été utilisées conformément à celles-ci.

Doit donc être cassé l'arrêt relevant simplement que le mouvement de grève qui s'était déclenché dans l'entreprise avait obligé les représentants du personnel à effectuer des activités débordant de leurs tâches habituelles, sans contrôler si ces activités entraient dans le cadre de chacun des mandats en cause.

Il appartient, par ailleurs, au titulaire du mandat d'établir l'existence des circonstances exceptionnelles justifiant, eu égard aux fonctions qui lui sont conférées par la loi, un dépassement de ses heures, de même que la conformité de l'utilisation de ces heures avec sa mission.

Cass. soc. 29 janvier 1992, n° 88-44.227, BC V n° 56. Voir aussi cass. soc. 10 juin 1997, n° 94-42.546, BC V n° 217, s'agissant d'un membre du CHSCT ; cass. soc. 18 juillet 2001, n° 99-44.550.

Lorsque le salarié a établi la réalité des circonstances exceptionnelles, le juge des référés peut lui allouer une provision au titre du paiement des heures de dépassement.

Ayant constaté qu'un délégué syndical avait dû faire face à un surcroît de démarches et d'activité entraînant un dépassement exceptionnel de son crédit d'heures en raison du licenciement imprévu de trois salariés, un conseil de prud'hommes, statuant en référé, a pu en déduire que l'obligation de l'employeur n'était pas sérieusement contestable et qu'une provision pouvait être allouée à l'intéressé au titre du paiement d'heures de délégation dépassant la durée légale.

Cass. soc. 28 octobre 2003, n° 02-42.067, BC V n° 265.

En l'absence de circonstances exceptionnelles, le dépassement du crédit d'heures donne lieu à une retenue sur salaire.

Est justifiée la retenue sur le salaire d'un représentant du personnel ayant dépassé son crédit d'heures autorisées, dès lors que l'existence de circonstances exceptionnelles n'était pas invoquée pour expliquer ces absences. Le conseil de prud'hommes a donc pu décider que ce représentant ne pouvait pas prétendre au paiement de ces heures.

Cass. soc. 3 novembre 1994, n° 91-42.778.

Le dépassement répété, non justifié et important du crédit d'heures constitue une faute.

Un tribunal administratif peut valablement refuser d'annuler l'autorisation de licencier un représentant du personnel dès lors qu'il a relevé que, sur neuf mois, le représentant avait dépassé de plus de 70 heures son temps de délégation, que ces dépassements n'étaient pas justifiés par l'existence de circonstances exceptionnelles et que les avertissements de l'employeur étaient restés sans effet. En outre, le salarié avait utilisé la subvention de fonctionnement pour payer les heures de délégation dépassant le crédit légal. Ces agissements, eu égard à leur importance et à leur répétition, constituent un manquement aux obligations professionnelles et une faute d'une gravité suffisante pour justifier le licenciement.

CE 17 décembre 1993, n° 116531.

Des créances en paiement d'heures de délégation, utilisées après l'expiration du mandat des représentants du personnel, sont sérieusement contestables

À la suite d'élections annulées par le juge d'instance, les créances en paiement d'heures de délégation, utilisées postérieurement à l'expiration de leur mandat par les représentants du personnel, sont sérieusement contestables en l'absence d'un accord clair et non équivoque de tous les partenaires sociaux portant sur la prorogation des mandats des représentants du personnel.

Cass. soc. 3 mars 1999, n° 97-40.864.

Les crédits d'heures institués par la loi en faveur des différentes institutions du personnel peuvent faire l'objet d'un aménagement conventionnel

Un crédit d'heures peut être octroyé, par convention, à des représentants n'en bénéficiant pas légalement.

Une entreprise accordant aux membres suppléants du comité d'entreprise, en dehors de tout remplacement, un crédit de 17 heures ne peut invoquer le caractère plus favorable de cette disposition pour se dispenser d'appliquer la règle selon laquelle le suppléant qui remplace un titulaire bénéficie du crédit d'heures de ce dernier. L'entreprise ne peut donc pas amputer le crédit d'heures du suppléant des heures passées au remplacement d'un titulaire, les deux crédits se cumulant.

Cass. soc. 21 juillet 1986, n° 82-43.650, 1er moyen, BC V n° 388.

Le crédit d'heures ne peut être augmenté que par un usage ou un accord collectif.

Si le représentant du personnel ou du syndicat ne doit subir aucune perte de rémunération du fait de l'exercice de son mandat, le nombre d'heures de délégation légalement fixées au profit des salariés investis de mandats représentatifs ne peut être augmenté que par un usage ou un accord collectif ; n'a pas un tel objet un accord sur la réduction du temps de travail assimilant à un travail effectif la durée des pauses accordées aux salariés en situation de travail.

Cass. soc. 9 décembre 2014, n° 13-18.005, BC V n° 282.

L'accord collectif, qui a pour objet d'améliorer le fonctionnement des institutions représentatives dans l'entreprise en octroyant aux candidats des heures de campagne et des heures de délégation supplémentaires aux élus, a force obligatoire.

Dans le cadre de la préparation des élections au comité d'entreprise et des délégués du personnel au sein d'une société, un protocole d'accord préélectoral avait prévu l'octroi d'heures de campagne aux candidats et d'heures de délégation supplémentaires aux élus. Le syndicat CFDT n'ayant pas signé cet accord, l'employeur avait demandé aux 4 salariés élus sur la liste CFDT de justifier des heures de délégation prises au-delà du quota légal et, estimant ne pas avoir reçu de justificatifs, avait pratiqué une retenue sur salaire contestée par les intéressés devant la juridiction prud'homale, en présence de la CFDT.

Doit être approuvé l'arrêt ayant condamné l'employeur à payer au syndicat CFDT des dommages-intérêts en réparation de l'atteinte portée à l'exercice des fonctions de représentants du personnel, prise du refus de leur accorder le dépassement d'heures de délégation. En effet, si les dispositions de nature électorale ne s'imposent au juge et aux parties qu'en cas d'accord préélectoral unanime, l'accord collectif, qui a pour objet d'améliorer le fonctionnement des institutions représentatives dans l'entreprise, a force obligatoire.

Ayant relevé que l'accord litigieux, signé par une organisation syndicale représentative, avait pour objet d'allouer un supplément d'heures de délégation aux candidats élus, la cour d'appel a pu décider que l'employeur ne pouvait refuser le bénéfice de cet accord collectif aux candidats et aux élus de la CFDT, même si celle-ci ne l'avait pas signé.

Cass. soc. 23 juin 1999, n° 96-44.717, BC V n° 302.

Il appartient au juge d'interpréter les dispositions conventionnelles.

Un salarié, membre de la commission « Loisirs » du comité d'entreprise, désigné pour effectuer durant ses heures de travail une étude hors de l'entreprise revendiquait le paiement des heures passées à cette mission en vertu de dispositions conventionnelles.

Une cour d'appel a pu valablement le débouter de ses demandes, après avoir relevé que si les dispositions conventionnelles prévoyaient que l'assistance aux réunions des commissions du comité d'entreprise ne pouvait entraîner pour ses membres une perte du salaire, il n'en allait pas de même lorsqu'ils exécutaient une mission à l'extérieur de l'entreprise pour le compte du comité.

Cass. soc. 1er juillet 1985, n° 82-41.688, BC V n° 375.

Une simple lettre par laquelle un syndicat désigne un délégué du personnel titulaire pour la durée de son mandat comme délégué syndical et qui fixe à son profit, avec l'approbation de son employeur, un crédit d'heures de délégation pour ses fonctions syndicales ne constitue pas un accord collectif d'entreprise.

Selon l'article L. 132-2 CT, l'accord collectif d'entreprise est constaté, à peine de nullité, dans un écrit après négociation dans les conditions prévues par les articles L. 132-19 et 20 du même code ; une simple lettre par laquelle un syndicat désigne un délégué du personnel titulaire pour la durée de son mandat comme délégué syndical et qui fixe à son profit, avec l'approbation de son employeur, un crédit d'heures de délégation pour ses fonctions syndicales ne constitue pas un accord collectif d'entreprise.

Par lettre du 28 septembre 2000, contresignée par l'employeur, un syndicat a désigné un salarié, délégué du personnel titulaire, comme délégué syndical au sein de la société qui employait moins de cinquante salariés, ce courrier précisant qu'il aurait dix heures de délégation pour exercer sa mission. Après l'élection de l'intéressé comme délégué du personnel suppléant lors des élections suivantes, la société a informé le syndicat qu'elle dénonçait l'usage permettant la désignation comme délégué syndical d'un salarié indépendamment de sa qualité de délégué du personnel titulaire. Le syndicat a assigné la société devant le tribunal de grande instance pour la voir condamnée à appliquer l'accord collectif du 28 septembre 2000.

C'est à tort que, pour décider que l'employeur était tenu d'appliquer l'accord du 28 septembre 2000, une cour d'appel a énoncé que, faute d'avoir révoqué le droit conventionnellement reconnu à des heures de délégation avec le consentement du syndicat, conformément à l'article 1134 c. civ., ou d'avoir suivi la procédure de dénonciation des accords collectifs de travail prévue par l'article L. 132-8 CT, la société, en approuvant l'action du 28 septembre 2000, avait donné son accord pour que le salarié bénéficie, pour l'exercice de son mandat syndical, de dix heures de délégation par mois, sans conditionner le bénéfice de ces heures à un mandat de délégué du personnel titulaire.

En effet, à défaut d'accord collectif, il ne pouvait être dérogé aux règles réservant au seul délégué du personnel titulaire désigné comme délégué syndical des heures de délégation.

Cass. soc. 28 septembre 2005, n° 04-11.286, BC V n° 276.

Aucun usage ou accord ne peut autoriser les représentants élus à répartir entre eux leur crédit d'heures.

Si l'article L. 412-20 CT prévoit que les délégués syndicaux peuvent répartir entre eux le temps dont ils disposent pour l'exercice de leurs fonctions, cette faculté n'a pas été conférée aux délégués du personnel par l'article L. 424-1 du même code ; il en ressort que pour ceux-ci, la possibilité d'une telle répartition, entre titulaires et suppléants, a été exclue pour éviter que les premiers ne soient limités dans l'utilisation de leurs heures de délégation, au détriment de leur mandat.

Doit être cassé l'arrêt ayant reconnu force obligatoire à un usage de l'entreprise susceptible de porter atteinte au libre exercice du mandat du titulaire et, comme tel, illicite, et ayant imputé au salarié la rupture du contrat de travail à la suite de son refus d'une telle répartition des heures de délégation.

Cass. soc. 10 décembre 1996, n° 95-45.453, BC V n° 437. Voir aussi cass. soc. 20 octobre 1994, n° 93-41.856, 2e moyen.

Heures de délégation des représentants conventionnels

Le salarié désigné par une organisation syndicale pour exercer un mandat syndical dans une institution représentative du personnel instituée par voie conventionnelle mais ne relevant pas d'une catégorie de même nature que celle prévue par la loi ne bénéficie d'heures de délégation que si celles-ci sont prévues par l'accord ou la convention.

C'est à tort qu'un conseil de prud'hommes a énoncé qu'un salarié bénéficiait, en qualité de « délégué syndical central du comité de branche » d'un contingent mensuel de 20 heures de délégation, alors qu'il résultait de ses constatations, d'une part, que la désignation était destinée à prendre effet auprès du comité de branche institué par accord et, d'autre part, que cet accord ne prévoyait pas d'heures de délégation.

Cass. soc. 15 mars 2006, n° 04-45.247, BC V n° 111.

☛ *Comité d'hygiène, de sécurité et des conditions de travail (Fonctions) ; Délégué du personnel (Mission) ; Délégué syndical (Mission) ; Heures de délégation (Contrôle et contestation) ; Heures de délégation (Rémunération).*

Heures d'équivalence

Une durée de travail équivalente à la durée légale peut être instituée dans les professions et pour des emplois déterminés comportant des périodes d'inaction soit par convention ou accord de branche étendu, soit par décret en Conseil d'État (art. L. 3121-13 et s. CT dans leur rédaction issue de la loi 2016-1088 du 8 août 2016).

Un régime d'exception…

Il résulte des énonciations combinées des articles L. 212-2 et L. 212-4 CT que l'équivalence est une exception qui ne saurait être appliquée en dehors des activités ou des emplois visés par les textes réglementaires et les conventions collectives de branche conclues suivant la procédure prévue à l'article L. 133-5 CT (conventions susceptibles d'extension). Un usage ne peut, à lui seul, créer un régime d'équivalence.

Cass. soc. 13 novembre 1990, n° 87-40.534, BC V n° 549. Voir aussi cass. soc. 19 février 1992, n° 88-41.397, BC V n° 108 ; cass. soc. 16 juillet 1997, n° 96-40.294, BC V n° 279.

Il résulte de l'article 22 bis, al. 7 de l'annexe I de la convention nationale des transports routiers que les périodes de permanence effectuées dans les locaux de l'entreprise (et qualifiées d'astreinte) donnent lieu à une rémunération correspondant à l'allongement de trois heures fictives de la durée du travail effectif.

Pour condamner une société à payer à un salarié, chauffeur-taxi médical, des sommes à titre de rappel de salaire pour heures supplémentaires, s'agissant d'heures de garde effectuées sur les lieux du travail, une cour d'appel a énoncé que les permanences effectuées par l'intéressé devaient être considérées comme des heures de travail effectif et rémunérées comme telles et que ne constituaient pas un système d'équivalence les dispositions de l'article 22 bis, § 7 de la convention collective qui concernaient exclusivement la rémunération des périodes d'astreinte.

Cependant, si la cour d'appel a décidé, à bon droit, que les heures de permanence effectuées par le salarié dans les locaux de l'entreprise constituaient des heures de travail effectif, la rémunération de ces heures devait être faite dans les conditions prévues par l'article 22 bis, § 7 précité, lesquelles s'analysent en un horaire d'équivalence, dès lors que celui-ci a été régulièrement institué.

En statuant comme elle l'a fait, alors que l'article 22 bis de l'annexe I de la convention collective des transports routiers, ajouté par avenant n° 36 du 17 juillet 1975 et complété par avenant n° 46 du 30 octobre 1978, a été étendu par arrêtés des 19 janvier 1976 et 2 avril 1979, la cour d'appel a violé les articles L. 212-2, L. 212-4 CT et l'article 22 bis, § 7 de l'annexe I de la convention nationale des transports routiers.

Cass. soc. 27 mai 2003, n° 01-41.998, BC V n° 175. Voir aussi cass. soc. 7 février 2006, n° 04-41.100.

… ne pouvant être étendu à des heures supplémentaires…

Les dispositions réglementaires relatives à l'équivalence d'un temps de présence de 54 heures à une durée de travail effectif de 40 heures par semaine, dérogatoires au droit commun, ne sauraient être étendues à des heures supplémentaires à défaut de texte spécial.

Cass. soc. 14 mars 1983, n° 80-41.460, BC V n° 146.

… non transposable au travail à temps partiel…

Aucun texte ne prévoit la possibilité d'appliquer un horaire d'équivalence pour les salariés employés à temps partiel.

Cass. soc. 24 avril 2001, n° 98-45.366, BC V n° 129. Voir aussi cass. soc. 18 septembre 2013, n° 12-17.181, 1er moyen.

En l'absence de disposition légale le prévoyant, il n'est pas possible d'appliquer un horaire d'équivalence aux salariés employés à temps partiel.

C'est donc à tort que pour débouter de leurs demandes de rappel de salaire au titre d'heures de surveillance nocturne effectuées en chambre de veille des salariées ayant travaillé à temps partiel et selon un horaire d'équivalence, une cour d'appel a énoncé notamment que la convention collective applicable n'avait opéré aucune distinction entre salariés à temps complet et salariés à temps partiel au regard des modalités de rémunération des permanences nocturnes et que, de même, l'article 29 de la loi du 19 janvier 2000 n'avait introduit aucune réserve permettant d'exclure de la validation les versements effectués aux salariés à temps partiel et qu'enfin, le principe d'égalité de traitement entre salariés à temps plein et salariés à temps partiel, institué par l'article L. 212-4-5 CT, ne permettait pas de réserver un sort différent aux demandes des salariées à temps partiel.

Cass. soc. 27 septembre 2006, n° 04-43.446, BC V n° 293.

… avec un champ d'application strict

Le régime d'équivalence ne peut pas s'appliquer en dehors des activités visées par les textes l'instituant…

Le régime d'équivalence prévu par le décret du 18 septembre 1958 dans les entreprises privées de gardiennage et de surveillance n'est applicable qu'aux entreprises dont l'activité principale est le gardiennage ou la surveillance, ce qui n'est pas le cas d'un syndicat de copropriétaire.

Cass. soc. 4 janvier 2000, n° 97-40.777.

… ou en dehors des emplois visés par ces mêmes textes.

Selon l'article 1.09 de la convention collective nationale des services de l'automobile du 15 janvier 1981, modifié par l'avenant 27 du 28 mai 1996, devenu, par l'avenant 31 du 20 octobre 1998, l'article 1.10 de la convention collective, le personnel de gardiennage de jour ou de nuit assurant exclusivement et à temps plein des tâches de surveillance et de garde de locaux, ouverture et fermeture de portes ou de barrières, déplacement de véhicules, permanence au téléphone et, seulement entre 22 heures et 6 heures, délivrance de tickets de stationnement et réception des encaissements, est soumis à un régime d'équivalence.

Un salarié employé en qualité de garçon de garage de nuit a saisi la juridiction prud'homale aux fins de contester le régime d'équivalence qui lui était appliqué depuis 1994, estimant qu'il avait exercé des fonctions de pompiste.

Doit être cassé l'arrêt qui a débouté le salarié de ses demandes, alors qu'elle avait relevé qu'en sus de ses fonctions de gardiennage, le salarié avait exercé, à titre accessoire, la fonction de pompiste, de sorte que le régime d'équivalence prévu par la convention collective n'était plus applicable à l'intéressé à compter de la date d'entrée en application des avenants précités.

Cass. soc. 16 novembre 2004, n° 02-42.551, BC V n° 288.

L'application d'un régime d'équivalence au sens de l'article L. 3121-9 CT est une exception qui ne saurait être appliquée en dehors des activités ou des emplois visés par les textes réglementaires et conventionnels.

Un salarié a été engagé par contrat à durée indéterminée par une société en qualité de « cadre administratif, comptable, gestion, analyse gestion et d'exploitation », catégorie cadre supérieur groupe 7 de la convention collective nationale des transports routiers et activités auxiliaires de transport ; il était mentionné dans le contrat que le salarié s'engageait à effectuer les heures supplémentaires et les permanences demandées par l'employeur et pourrait être amené à effectuer « toutes activités complémentaires en raison des activités annexes exercées dans l'entreprise conformément à la nomenclature de l'accord-cadre, et que sa formation lui permet de réaliser » ; le salarié, titulaire du certificat de capacité d'ambulancier, a accompli, en sus de ses activités de gestion, des courses et des permanences à domicile ; il a saisi la juridiction prud'homale afin d'obtenir notamment le paiement d'heures supplémentaires et de repos compensateurs.

Pour débouter le salarié de sa demande, une cour d'appel a retenu que le salarié, qui assurait deux postes différents, l'un de chauffeur et l'autre de cadre de gestion, confondait amplitude de travail et temps de travail effectif et ne tenait pas compte du coefficient d'équivalence de 75 % applicable.

En statuant ainsi, après avoir constaté que le salarié avait été engagé en qualité de cadre de gestion, ce dont il résultait qu'il ne pouvait voir décompter son temps de travail selon le régime d'équivalence prévu pour les personnels ambulanciers roulants, à temps plein, la cour d'appel a violé les articles 3.1 de l'accord-cadre étendu sur l'aménagement et la réduction du temps de travail des personnels des entreprises de transport sanitaire en date du 4 mai 2000, 3 du décret 2001-679 du 30 juillet 2001, L. 3121-9 CT et 1134 c. civ.

Cass. soc. 28 octobre 2009, n° 07-42.026, BC V n° 237.

L'application du régime d'équivalence est subordonnée au respect des exigences formelles de la convention qui l'a instauré.

Aux termes de l'article 2-1 de l'annexe II de la convention collective nationale de l'animation socioculturelle, pour l'application du régime d'équivalence, le temps présumé être de travail effectif correspond à un forfait fixé lors de la conclusion du contrat de travail. Il en résulte que le régime d'équivalence ne peut trouver application que s'il a été expressément convenu, dans le contrat de travail, que le temps de travail effectif correspondrait au forfait prévu par cet article.

Doit être approuvé l'arrêt qui, ayant relevé que les contrats de travail des salariés ne comportaient aucune clause sur le temps de travail effectif et sur son mode de comptabilisation par forfait journalier égal à deux heures, a décidé que le régime d'équivalence prévu à l'article 2-1 de l'annexe II de la convention collective susvisée n'était pas applicable.

Cass. soc. 28 janvier 2004, n° 01-47.037.

Établissements sociaux et médico-sociaux

L'assemblée plénière de la Cour de cassation avait considéré que l'article 29 de la loi du 19 janvier 2000, ayant validé pour le passé les dispositions des conventions collectives agréées qui avaient instauré un dispositif d'équivalence pour la rémunération des permanences nocturnes, était conforme à l'article 6 de la CEDH.

Si le législateur peut adopter, en matière civile, des dispositions rétroactives, le principe de prééminence du droit et la notion de procès équitable consacrés par l'article 6 Conv. EDH s'opposent, sauf pour d'impérieux motifs d'intérêt général, à l'ingérence du pouvoir législatif dans l'administration de la justice afin d'influer sur le dénouement judiciaire des litiges.

Obéit à d'impérieux motifs d'intérêt général l'intervention du législateur destinée à aménager les effets d'une jurisprudence nouvelle assimilant à des périodes de travail effectif les permanences nocturnes effectuées dans les établissements pour personnes inadaptées et handicapées, cette jurisprudence étant de nature à compromettre la pérennité du service public de la santé et de la protection sociale auquel participent ces établissements.

Dès lors, a légalement justifié sa décision la cour d'appel qui a fait application au présent litige de l'article 29 de la loi 2000-37 du 19 janvier 2000 relative à la réduction négociée du temps de travail ayant validé pour le passé les dispositions conventionnelles qui avaient instauré le dispositif d'équivalence pour la rémunération des permanences nocturnes.

Cass. ass. plén. 24 janvier 2003, n° 01-41.757, BC n° 3. Voir aussi cass. soc. 18 mars 2003, n° 01-40.911, BC V n° 100, confirmant la solution retenue par l'assemblée plénière.

À l'inverse, la CEDH a jugé que cette intervention législative, réglant définitivement, de manière rétroactive, le fond des litiges pendants devant les juridictions internes, n'était pas justifiée par d'impérieux motifs d'intérêt général et constituait en conséquence une violation de l'article 6, § 1 de la CEDH.

CEDH 9 janvier 2007, n° 31501/03. Voir aussi CEDH 9 janvier 2007, n° 20127/03.

Dès lors, s'agissant de salariés ayant saisi le juge avant la date d'entrée en vigueur de l'article 29 de la loi du 19 janvier 2000, il convient d'écarter l'application de ce dernier.

Cass. soc. 13 juin 2007, n° 05-45.694, BC V n° 99.

Les salariés ayant engagé une action postérieurement à la date d'entrée en vigueur de l'article 29 de la loi du 19 janvier 2000 ne sont pas fondés à invoquer l'incompatibilité de ses dispositions rétroactives avec l'article 6, § 1 de la CEDH.

Cass. soc. 13 juin 2007, n° 06-40.823, BC V n° 99.

Mais ces salariés peuvent invoquer l'incompatibilité des dispositions rétroactives de la loi du 19 janvier 2000 avec l'article 1er du Protocole n° 1 à la CEDH, l'intérêt patrimonial constitué par l'« espérance légitime » d'obtenir des rappels de salaires au titre des permanences nocturnes accomplies avant la loi mais réclamées postérieurement caractérisant un bien protégé par le protocole.

Le juge national doit tenir compte de la définition par la CEDH de la notion de bien protégé par l'article 1er du Protocole n° 1 à la Convention de sauvegarde des droits de l'homme et des libertés fondamentales.

Caractérise un bien, au sens de ce texte, l'intérêt patrimonial qui constitue une « espérance légitime » de pouvoir obtenir le paiement de rappels de salaires au titre des temps de responsabilité de surveillance nocturne.

Doit être cassé l'arrêt qui a retenu que les salaires au titre des temps de responsabilité ne constituaient pas un bien protégé par l'article 1er du Protocole n° 1 précité et que la demande n'était pas fondée au regard de l'article 29 de la loi 2000-37 du 19 janvier 2000 validant les versements effectués au titre de la rémunération des périodes de permanences nocturnes en application des clauses de conventions collectives et accords collectifs nationaux de travail agréés, alors que la cour avait constaté que les demandes de rappels de salaires invoquées portaient sur une période antérieure à l'entrée en vigueur de la loi du 19 janvier 2000, ce dont elle devait déduire l'existence d'une espérance légitime de créance.

Cass. soc. 21 mars 2012, n° 04-47.532, BC V n° 101.

Régime d'équivalence et droit communautaire

La Cour de justice des Communautés européennes a été saisie par le Conseil d'État sur la question de savoir si le régime d'équivalence institué par décret dans le secteur sanitaire et social était compatible avec les objectifs de la directive 93/104/CE du Conseil du 23 novembre 1993.

La directive 93/104/CE du Conseil du 23 novembre 1993 concernant certains aspects de l'aménagement du temps de travail s'oppose à la réglementation d'un État membre qui, s'agissant des services de garde que les travailleurs de certains établissements sociaux et médico-sociaux accomplissent selon le régime de la présence physique sur le lieu même de travail, prévoit, pour les besoins du décompte du temps de travail effectif, un système d'équivalence tel que celui en cause au principal, lorsque le respect de l'intégralité des prescriptions minimales édictées par cette directive en vue de protéger de manière efficace la sécurité et la santé des travailleurs n'est pas assuré.

Dans l'hypothèse où le droit national fixe, notamment pour la durée maximale hebdomadaire de travail, un plafond plus favorable aux travailleurs, les seuils ou plafonds pertinents pour vérifier l'observation des règles protectrices prévues par ladite directive sont exclusivement ceux énoncés par cette dernière.

CJCE 1er décembre 2005, aff. C-14/04, Recueil I-10253.

Le Conseil d'État, faisant suite à cet arrêt de la Cour de justice, s'est prononcé sur le système d'équivalence litigieux.

Si la directive du 23 novembre 1993 ne fait pas obstacle à l'application des rapports d'équivalence aux durées maximales de travail fixées par le droit national, il ne saurait en résulter une inobservation des seuils et plafonds communautaires, pour l'appréciation desquels les périodes de travail effectif doivent être comptabilisées dans leur intégralité, sans possibilité de pondération.

Dès lors, le décret litigieux, s'il pouvait légalement définir un rapport d'équivalence pour l'appréciation des règles relatives aux rémunérations et aux heures supplémentaires ainsi que celles concernant les durées maximales de travail fixées par le droit national, était entaché d'illégalité en tant qu'il ne fixait pas les limites dans lesquelles devait être mis en œuvre le régime d'équivalence ainsi créé pour garantir le respect des seuils et plafonds communautaires.

CE 28 avril 2006, n° 242727, Rec. Lebon p. 206.

Les heures de permanence effectuées dans les locaux de l'entreprise doivent être prises en compte intégralement pour apprécier le respect de la durée hebdomadaire maximale de 48 heures…

Un salarié, engagé en qualité de chauffeur ambulancier, a saisi la juridiction prud'homale d'une demande de rappel de salaires relatifs, notamment, à des astreintes et heures supplémentaires effectuées.

Doit être rejeté le pourvoi de l'employeur qui, pour reprocher à une cour d'appel d'avoir fait droit à sa demande, soutenait que les heures de permanence effectuées par le salarié dans les locaux de l'entreprise pouvaient être soumises à l'horaire d'équivalence institué dans l'entreprise.

En effet, d'une part, il ne peut être tenu compte d'un système d'équivalence, au sens de l'article L. 212-4, al. 5 CT, pour vérifier, en matière de temps de travail effectif, le respect des seuils et plafonds communautaires fixés par la directive 93/104/CE du Conseil, telle qu'interprétée par la Cour de Justice des Communautés Européennes (1er décembre 2005, aff. C-14/04), dont celui de la durée hebdomadaire maximale de 48 heures.

D'autre part, après avoir distingué les périodes d'astreinte réalisées à domicile par un salarié des permanences effectuées dans les locaux d'une entreprise, c'est à bon droit que la cour d'appel a estimé, faisant application de la directive 93/104/CE, que les heures de permanence effectuées dans les locaux de l'entreprise devaient être prises en compte intégralement pour apprécier le respect de la durée hebdomadaire maximale de 48 heures.

Cass. soc. 26 mars 2008, n° 06-45.469, 1re branche du 2e moyen, BC V n° 72.

… et pour apprécier le respect de l'amplitude journalière de 13 heures.

Le seuil communautaire, qui résulte de la directive 93/104/CE du Conseil du 31 décembre 1993, modifiée par la directive 2000/34/CE du Parlement et du Conseil du 22 juin 2000, fixant à 11 heures consécutives la période minimale du repos journalier, se traduit en droit interne par l'interdiction de dépasser l'amplitude journalière de 13 heures, celle-ci étant définie comme le temps séparant la prise de poste de sa fin.

Des salariées d'une association, travaillant de nuit en chambre de veille et étant rémunérées sur la base de l'horaire d'équivalence institué par la convention collective des établissements et services pour personnes inadaptées et handicapées, selon laquelle neuf heures de surveillance équivalent à trois heures, ont saisi la juridiction prud'homale de demandes en paiement de dommages-intérêts pour manquement de l'employeur à ses obligations conventionnelles en matière de durée du travail.

Après avoir comptabilisé à bon droit en tant que temps de travail effectif l'intégralité des heures de permanences nocturnes en chambre de veille accomplies par les salariées, un conseil de prud'hommes a pu retenir que des dépassements de l'amplitude étaient établis.

Cass. soc. 23 septembre 2009, n° 07-44.226, 2e moyen, BC V n° 202.

Le dépassement de la limite maximale hebdomadaire de travail de 48 heures est sans incidence sur le taux de rémunération découlant du système d'équivalence.

En effet, ainsi que l'a énoncé l'arrêt de la Cour de justice des Communautés européennes C-14/04 du 1er décembre 2005 (point 38), il ressort tant de la finalité que du libellé même de ses dispositions que la directive européenne 93/104/CE du Conseil du 23 novembre 1993 concernant certains aspects de l'aménagement du temps de travail ne trouve pas à s'appliquer à la rémunération des travailleurs.

Cass. soc. 7 décembre 2010, n° 09-42.712, 1er moyen, BC V n° 279. Voir aussi cass. soc. 7 mars 2012, n° 09-71.744.

Les permanences nocturnes soumises à un régime d'équivalence constituant du temps de travail effectif, les périodes d'inaction ne peuvent être assimilées à des pauses.

D'abord, les différentes prescriptions énoncées par les directives européennes 93/104/CE du Conseil du 23 novembre 1993 et 2003/88/CE du Parlement européen et du Conseil du 4 novembre 2003, en matière de temps minimal de repos constituent des règles de droit social d'une importance particulière dont doit bénéficier chaque travailleur en tant que prescription minimale nécessaire pour assurer la protection de sa sécurité et de sa santé ; ensuite, la notion de temps de travail doit être appréhendée par opposition à la période de repos, ces deux notions étant exclusives l'une de l'autre ; enfin, il résulte de l'article L. 3121-33 CT qu'après six heures de travail effectif, le salarié doit bénéficier d'une pause d'au moins vingt minutes.

Pour débouter un salarié de ses demandes en paiement de temps de pause et en dommages-intérêts pour non-respect des amplitudes journalières, des temps de pause et des repos compensateurs, une cour d'appel a retenu que le salarié ne pouvait pas valablement soutenir que les temps de pause de 20 minutes par 6 heures n'auraient pas été respectés dans le cadre des surveillances nocturnes puisque l'employeur ne les considérait pas comme du temps de travail effectif alors que le régime d'équivalence était applicable et que la durée hebdomadaire de travail avait été respectée.

En statuant ainsi, alors que les permanences nocturnes constituaient du temps de travail effectif, peu important qu'il englobe des périodes d'inaction prises en compte au titre du système d'équivalence, la cour d'appel a violé l'article L. 3121-33 CT, interprété à la lumière des directives européennes 93/104/CE du Conseil du 23 novembre 1993 et 2003/88/CE du Parlement européen et du Conseil du 4 novembre 2003, concernant certains aspects de l'aménagement du temps de travail.

Cass. soc. 29 juin 2011, n° 10-14.743, 3e et 4e branches du 3e moyen, BC V n° 184.

☛ *Heures supplémentaires ; Horaire de travail ; Travail à temps partiel.*

Heures pour recherche d'emploi

☛ *Préavis.*

Heures de récupération

Seules peuvent être récupérées les heures perdues par suite d'une interruption collective du travail résultant de causes accidentelles, d'intempéries ou de cas de force majeure, pour cause d'inventaire ou à l'occasion d'un pont (art. L. 3121-50 CT dans sa rédaction issue de la loi 2016-1088 du 8 août 2016).

L'employeur ne peut imposer la récupération d'une journée, perdue par suite d'une interruption collective du travail, que dans les cas limitativement énumérés par la loi

L'employeur ne peut imposer à un salarié la récupération d'une journée perdue par suite d'une interruption collective du travail, ladite interruption n'ayant pas été immédiatement précédée par un jour férié et ne correspondant à aucun des cas limitativement énumérés par l'article L. 212-2-2 CT.

Cass. soc. 28 janvier 1997, n° 92-44.976.

L'article L. 212-2-2 CT énumère limitativement les interruptions collectives de travail pouvant donner lieu à récupération. Ce texte n'a pas prévu le cas d'ouverture de la chasse. En décidant qu'un employeur ne pouvait contraindre un salarié à récupérer les heures perdues par suite de la fermeture de l'entreprise le jour d'ouverture de la chasse, une cour d'appel a justifié sa décision.

Cass. soc. 13 octobre 1993, n° 89-42.056.

Le non-respect de l'obligation d'information de l'inspecteur du travail ne peut donner aux heures de récupération le caractère d'heures supplémentaires…

La possibilité de récupérer les heures perdues par suite d'interruption collective de travail n'est pas subordonnée à l'autorisation de l'inspecteur du travail. Il en découle que le non-respect par l'employeur de son obligation d'informer celui-ci ne peut donner aux heures de récupération le caractère d'heures supplémentaires, mais uniquement donner lieu à dommages-intérêts au cas où un préjudice en serait résulté pour les salariés.

Cass. soc. 22 octobre 1985, n° 83-40.162, BC V n° 484.

Une société en liquidation judiciaire a connu une interruption collective de travail à la suite de la défaillance d'un compresseur. Souhaitant faire récupérer les heures d'inactivité des salariés compte tenu des délais de production à respecter, l'employeur a organisé en urgence une récupération, en omettant d'en aviser l'inspecteur du travail. Trois salariés, qui avaient refusé la récupération, ont été mis à pied.

C'est à bon droit qu'une cour d'appel a rejeté leur demande en annulation de cette sanction et en paiement de ces journées. En effet, l'absence d'avis donné immédiatement à l'inspecteur du travail lorsque le travail est interrompu collectivement par un événement imprévu, si elle constitue une faute de l'employeur pouvant donner lieu au profit des salariés à réparation en fonction du préjudice subi, n'affecte pas pour autant la régularité de la décision de récupération prise par l'employeur.

Cass. soc. 16 décembre 2005, n° 04-40.905, BC V n° 371.

… mais peut uniquement donner lieu à des dommages-intérêts, en cas de préjudice pour les salariés

Le non-respect par l'employeur de l'obligation d'informer l'inspecteur du travail des interruptions collectives de travail et des modalités de la récupération ne peut donner lieu qu'à des dommages-intérêts, dans le cas où un préjudice en serait résulté pour les salariés.

C'est donc à tort qu'un conseil de prud'hommes a alloué à des salariés, non des dommages-intérêts, mais des « rappels de salaire ».

Cass. soc. 28 janvier 1997, n° 94-41.784.

Les dispositions du code du travail s'articulent avec celles résultant des décrets d'application de la loi de 1936 concernant la récupération des heures perdues à la suite d'interruptions collectives de travail

L'autorisation écrite de l'inspecteur du travail prévue par l'article 3 c du décret du 2 mars 1937 constitue une formalité substantielle à défaut de laquelle les heures effectuées au-delà de la durée légale de travail sont soumises au régime des heures supplémentaires.

Le défaut de l'autorisation écrite de l'inspecteur du travail, exigée par l'article 3 c du décret du 2 mars 1937 pour les heures de récupération effectuées au-delà du délai de 50 jours à dater de la reprise du travail prévu par l'article 3 b de ce décret, ne s'oppose pas à l'application de l'article D. 212-1 CT avant l'expiration de ce délai. L'inobservation par l'employeur des dispositions de ce dernier texte ne donne pas aux heures de récupération, dans la limite fixée par l'article D. 212-2, al. 2 CT, le caractère d'heures supplémentaires.

Cass. soc. 5 juillet 1995, n° 92-40.161.

Récupération des journées de pont

La décision de récupérer un « pont » s'impose à l'ensemble du personnel, y compris aux salariés absents pour maladie lors de l'interruption collective.

Lorsqu'il a été régulièrement décidé que les heures perdues par suite d'une interruption collective de travail pour une journée dite de « pont » seraient récupérées, cette décision s'impose à l'ensemble du personnel, y compris aux salariés qui, lors de l'interruption collective de travail, se trouvent absents pour maladie.

C'est donc à tort qu'une cour d'appel a alloué à un salarié, en sus du salaire mensuel qu'il avait intégralement perçu, une somme rémunérant les heures de récupération qu'il était tenu d'accomplir.

Cass. soc. 25 mai 1994, n° 91-40.927.

Un même jour férié, ou un même jour de repos, ne peut permettre la récupération des heures perdues à la fois pour les jours ouvrables qui le précèdent et pour ceux qui le suivent.

Si les heures perdues à la suite du chômage d'un ou de deux jours ouvrables entre un jour férié et un jour de repos hebdomadaire peuvent être récupérées, même si le ou les deux jours ouvrables précèdent le jour férié, un même jour férié, ou un même jour de repos, ne peut permettre la récupération des heures perdues à la fois pour les jours ouvrables qui le précèdent et pour ceux qui le suivent.

Cass. soc. 18 mai 1999, n° 97-13.131, BC V n° 224.

☛ Jours fériés ; Pont (Journée de).

Récupération par retrait de jours de RTT

Le retrait d'un jour de réduction de temps de travail en raison d'une absence pour maladie a pour effet d'entraîner une récupération prohibée par l'article L. 3122-27 ancien CT.

Cass. soc. 3 novembre 2011, n° 10-18.762, 2e moyen, BC V n° 251.

En revanche, lorsque l'acquisition du nombre de jours de congé est déterminée en fonction du temps de travail effectif dans l'année, la récupération des jours d'absence pour maladie par la réduction du nombre de ces jours de congé n'est pas prohibée.

Un salarié en forfait annuel en jours a saisi la juridiction prud'homale d'une demande en paiement d'un rappel de salaire au titre de jours de RTT dont l'aurait indûment privé l'employeur en soustrayant ses jours d'absence pour maladie des jours de congé auxquels il avait droit.

À l'appui de sa demande, l'intéressé soutenait que le retrait d'un jour de réduction de temps de travail en raison d'une absence pour maladie d'un cadre soumis à une convention de forfait en jours, aurait pour effet d'entraîner une récupération prohibée par l'article L. 3122-27 CT.

Doit être approuvé l'arrêt ayant rejeté cette demande.

En effet, les dispositions conventionnelles applicables prévoyaient que l'ensemble des salariés avait un droit sur l'année à 56 jours de congés payés, dont 25 jours ouvrés de congés payés annuels et trente et un jours dénommés AJC (autres jours de congé) correspondant aux jours chômés dans l'entreprise et aux demi-journées ou journées résultant de la réduction du temps de travail ; ces dispositions précisaient également que, « sans préjudice des règles relatives aux congés payés annuels, l'acquisition du nombre de jours de congé est déterminée en fonction du temps de travail effectif dans l'année » ; il en résultait que l'accord prévoyait, non pas la récupération prohibée des jours d'absence pour maladie du salarié par le retrait d'autant de jours de congé AJC auxquels il avait droit, mais un calcul de son droit à des jours de congé AJC proportionnellement affecté par ses absences non assimilées à du temps de travail effectif, conforme aux dispositions des articles L. 3141-5 et L. 3141-6 CT.

Cass. soc. 16 décembre 2015, n° 14-23.731, BC V n° 264.

Heures supplémentaires

Les heures supplémentaires sont les heures de travail accomplies au-delà de la durée légale du travail ou de la durée considérée comme équivalente. Elles ouvrent droit à une majoration salariale ou, le cas échéant, à un repos compensateur équivalent (art. L. 3121-28 et s. CT dans leur rédaction issue de la loi 2016-1088 du 8 août 2016).

Certaines décisions rapportées ci-dessous ont été rendues dans le cadre de la législation antérieure à la réduction de la durée du travail de 39 à 35 heures. Elles conservent cependant leur intérêt, les principes dégagés étant transposables.

Notion d'heures supplémentaires

Seules les heures effectuées au-delà de la durée légale hebdomadaire ou de la durée considérée comme équivalente sont des heures supplémentaires.

Aux termes de l'article L. 212-5 CT, seules les heures effectuées au-delà de la durée légale hebdomadaire ou de la « durée considérée comme équivalente » donnent lieu à une majoration de salaire ; à défaut de toute disposition réglementaire ou conventionnelle contraire, ne saurait être considérée comme équivalente à la durée légale de 39 heures la durée de 37 heures instaurée dans une entreprise ; c'est donc à bon droit qu'un conseil de prud'hommes a décidé que les heures effectuées par les salariées de cette entreprise en sus de l'horaire de 37 heures, mais dans la limite de 39 heures, ne devaient pas être majorées, mais payées en heures normales.

Cass. soc. 15 février 1995, n° 91-43.966. Voir aussi cass. soc. 5 mai 1998, n° 96-41.094.

Le fait de payer, en vertu de protocoles et de l'avenant à une convention collective, un travail de nuit de 35 heures hebdomadaires, sur la base des 39 heures légales, n'a pas pour effet d'assimiler la durée effective du travail à la durée légale pour le calcul des heures supplémentaires.

Cass. soc. 10 février 1998, n° 95-42.334, 5e moyen, BC V n° 75.

Un accord collectif ne peut limiter les droits du salarié au bénéfice des dispositions légales relatives au paiement des heures supplémentaires.

Cass. soc. 17 décembre 2014, n° 13-13.640, BC V n° 306.

La durée hebdomadaire au-delà de laquelle les heures constituent des heures supplémentaires ne prend pas en compte les jours fériés et les jours de congés payés.

En application des articles L. 3121-22 CT et 5 du décret 83-40 du 26 janvier 1983 dans sa rédaction issue du décret 2002-622 du 25 avril 2002, constituent des heures supplémentaires toutes les heures de travail effectuées au-delà de la durée hebdomadaire du travail fixée par l'article L. 3121-10 CT ou de la durée considérée comme équivalente ; cette durée du travail hebdomadaire s'entend des heures de travail effectif et des temps assimilés.

Ayant été déclaré inapte à tout poste par le médecin du travail le 5 décembre 2005, un délégué syndical, licencié pour ce motif le 26 janvier 2006 sur autorisation de l'inspecteur du travail, a saisi la juridiction prud'homale de demandes relatives à l'exécution et à la rupture de son contrat de travail.

Pour confirmer le jugement ayant condamné l'employeur à payer au salarié des sommes à titre de rappel de maintien de salaire du 1er au 31 janvier 2006 et au titre de l'indemnité de congés payés afférente, une cour d'appel a énoncé que l'horaire correspondant aux congés payés comme aux jours fériés doit être retenu dans l'horaire hebdomadaire servant de base au calcul des heures supplémentaires et que, sauf à priver d'effet le droit au maintien du salaire pendant les périodes de congés payés et les jours fériés, la durée du travail correspondante doit être prise en compte pour la détermination de la rémunération du temps de travail effectif accompli par ailleurs sur la période considérée, qu'il s'agisse de la semaine civile ou du mois.

En statuant ainsi, alors que les jours fériés ou de congés payés, en l'absence de dispositions légales ou conventionnelles, ne peuvent être assimilés à du temps de travail effectif, la cour d'appel a violé les articles L. 3121-22 CT et 5 du décret 83-40 du 26 janvier 1983 dans sa rédaction issue du décret 2002-622 du 25 avril 2002.

Cass. soc. 4 avril 2012, n° 10-10.701, 4e moyen, BC V n° 115.

Le salarié peut prétendre au paiement des heures supplémentaires accomplies, soit avec l'accord au moins implicite de l'employeur…

Cass. soc. 14 novembre 2018, n° 17-16.959, 1er moyen, à paraître.

Pour débouter un salarié de sa demande en paiement d'heures supplémentaires, une cour d'appel a retenu que l'employeur avait subordonné le paiement des heures supplémentaires à son accord préalable donné au vu d'une demande d'exécution d'heures supplémentaires présentée par le responsable du service et que, dans ces conditions, les fiches de pointages du salarié ne suffisaient pas à établir qu'il avait l'accord de l'employeur pour l'accomplissement d'heures supplémentaires.

En statuant ainsi, alors que l'absence d'autorisation préalable n'excluait pas en soi un accord tacite de l'employeur et qu'il résultait de ses constatations que celui-ci, qui avait eu connaissance, par les fiches de pointage, des nombreuses heures supplémentaires effectuées par le salarié à l'exécution desquelles il ne s'était pas opposé, avait consenti à leur réalisation, la cour d'appel a violé les articles L. 3121-22 et L. 3171-4 CT.

Cass. soc. 2 juin 2010, n° 08-40.628, pourvoi incident, BC V n° 124. Voir aussi cass. soc. 8 juin 2016, n° 15-16.423.

… soit s'il est établi que la réalisation de telles heures a été rendue nécessaire par les tâches qui lui ont été confiées.

Un salarié s'est engagé, par avenant du 14 mai 2012, à solliciter l'autorisation préalable de l'employeur avant d'effectuer des heures supplémentaires ; invoquant l'existence d'heures supplémentaires non payées et exposant avoir été victime de faits de harcèlement moral, il a pris acte de la rupture de son contrat de travail aux torts de l'employeur puis a saisi la juridiction prud'homale.

Appréciant souverainement la valeur et la portée des éléments de preuve qui lui étaient soumis, une cour d'appel, ayant constaté que la charge de travail du salarié, qui avait donné lieu au paiement d'heures supplémentaires pour la période de mai à décembre 2012, avait été maintenue puis accrue pendant la période postérieure, a fait ressortir, peu important l'absence d'autorisation préalable de l'employeur, que la réalisation de nouvelles heures supplémentaires avait été rendue nécessaire par les tâches confiées à l'intéressé ; c'est donc à bon droit qu'elle a condamné l'employeur au paiement de sommes à titre de rappel d'heures supplémentaires, de congés payés afférents et d'indemnité pour travail dissimulé.

Cass. soc. 14 novembre 2018, n° 17-16.959, 1er moyen, précité. Voir aussi cass. soc. 14 novembre 2018, n° 17-20.659, à paraître.

Le salarié soumis à un régime d'équivalence, qui se voit imposer une activité accessoire pendant le temps d'équivalence, a droit au paiement d'heures supplémentaires au titre de cette activité.

Une salariée soumise au régime de l'équivalence horaire, embauchée en qualité de comptable par une société exploitant un restaurant, avait ultérieurement exercé des fonctions de maître d'hôtel, ses tâches de comptabilité n'étant plus assumées qu'à titre accessoire. Ayant été licenciée, elle avait saisi la juridiction prud'homale pour obtenir notamment le paiement d'heures supplémentaires.

Ayant relevé que la salariée effectuait quotidiennement, accessoirement à ses fonctions de maître d'hôtel, des travaux de comptabilité et qu'il n'était pas établi que cette double activité lui laissait des périodes d'inaction, une cour d'appel a pu décider que cette activité accessoire ouvrait droit au paiement d'heures supplémentaires.

Cass. soc. 8 juillet 2003, n° 01-41.843, BC V n° 216.

Lorsqu'un accord collectif organise une variation de la durée hebdomadaire sur tout ou partie de l'année, le seuil de déclenchement des heures supplémentaires ne peut être supérieur au plafond de 1607 heures par an, quand bien même le salarié n'aurait pas acquis l'intégralité de ses droits à congés payés au titre de la période de référence prévue par l'accord.

Selon l'article L. 3122-4 CT, dans sa rédaction issue de la loi 2008-789 du 20 août 2008, lorsqu'un accord collectif organise une variation de la durée hebdomadaire sur tout ou partie de l'année, constituent des heures supplémentaires, selon le cadre retenu par l'accord, les heures effectuées au-delà de 1607 heures annuelles ou de la limite inférieure fixée par l'accord, déduction faite, le cas échéant, des heures supplémentaires effectuées au-delà de la limite haute hebdomadaire éventuellement fixée par l'accord et déjà comptabilisées ; il résulte de ces dispositions que le seuil de déclenchement des heures supplémentaires ne peut être supérieur au plafond de 1607 heures de travail par an, quand bien même le salarié n'aurait pas acquis l'intégralité de ses droits à congés payés au titre de la période de référence prévue par l'accord.

Cass. soc. 11 mai 2016, n° 14-29.512, BC V n° 96.

Cas des entreprises organisées selon un cycle continu.

Selon l'article L. 212-5 CT, les heures supplémentaires sont celles effectuées au-delà de la durée hebdomadaire de travail fixée par l'article L. 212-1 du même code ou de la durée considérée comme équivalente.

En disposant que la durée du travail des salariés travaillant en équipes successives dans une entreprise organisée en cycle continu ne devra pas être supérieure, en moyenne, sur l'année, à 35 heures par semaine, l'article 26 de l'ordonnance du 16 janvier 1982 a limité légalement la durée du travail de ces salariés.

Dès lors, toute heure effectuée au-delà de cette durée, fixée par l'article précité, doit supporter la majoration prévue par l'article L. 212-5 CT et ouvre droit au repos compensateur.

Cass. soc. 7 décembre 1999, n° 96-43.987, BC V n° 478. Voir aussi cass. soc. 14 novembre 2000, n° 97-45.001, BC V n° 364 ; cass. soc. 26 mars 2008, n° 06-45.578, BC V n° 70 (déclenchement des majorations à partir de la 36e heure en présence d'un accord réduisant la durée hebdomadaire de travail à 32 heures).

Selon l'article 26 de l'ordonnance du 16 janvier 1982, dans les entreprises entrant dans le champ d'application de l'article L. 212-1 CT, la durée du travail des salariés, travaillant de façon permanente en équipes successives selon un cycle continu, ne doit pas être supérieure, en moyenne, sur une année, à 35 heures par semaine travaillée. Il en résulte qu'il suffit que l'entreprise fonctionne en permanence en continu par équipes successives pour que les dispositions de l'article 26 de l'ordonnance du 16 janvier 1982 soient applicables aux salariés affectés à l'une de ces équipes, peu important que, par intermittence, ils soient soumis à un horaire normal.

Le « service fabrication » d'un des établissements d'une société fonctionne en continu avec la rotation de cinq équipes successives, chaque équipe alternant un travail posté pendant quatre semaines et un travail à la journée pendant la cinquième semaine. Des salariés affectés à l'une de ces équipes ont saisi la juridiction prud'homale pour obtenir paiement d'un rappel de salaires, en alléguant un dépassement de la durée autorisée par l'article 26 de l'ordonnance du 16 janvier 1982.

Doit être cassé l'arrêt qui, pour débouter les intéressés de leur demande, a retenu que seuls pouvaient bénéficier de la réduction d'horaire à 35 heures les salariés travaillant en permanence dans le cadre d'une organisation du travail en continu, ce qui excluait les salariés demandeurs qui exécutaient alternativement leur travail dans le cadre d'un cycle continu et dans un service discontinu selon des horaires à la journée comportant une interruption à l'heure du déjeuner, alors qu'il résultait des constatations de la cour qu'au total, sur une année, les salariés travaillaient 40 heures par semaine.

Cass. soc. 7 décembre 1999, n° 97-45.792, BC V n° 477.

Selon l'article L. 212-7-1, al. 3 CT, lorsque sont organisés des cycles de travail, seules sont considérées comme heures supplémentaires pour l'application des articles L. 212-5, L. 212-5-1 et L. 212-6 CT, celles qui dépassent la durée moyenne de 35 heures calculée sur la durée du cycle de travail.

C'est à tort que pour condamner un employeur à payer des heures supplémentaires, un conseil de prud'hommes a énoncé que seuls les salariés à temps partiel étaient concernés par les heures complémentaires et que, le demandeur étant à temps complet, la régularisation faite en heures complémentaires aurait dû être faite en heures supplémentaires, sans, d'une part, vérifier ce que recouvraient les heures payées à ce salarié sous l'appellation d'« heures complémentaires » et sans, d'autre part, rechercher si des heures de travail effectif, ou considérées comme telles, avaient dépassé la durée moyenne de 35 heures calculée sur la durée du cycle de travail.

Cass. soc. 25 janvier 2006, n° 04-46.695, BC V n° 40.

Définition d'un service à temps complet.

Un professeur d'éducation physique, employé en vertu d'un contrat simple auprès de handicapés par une association, avait saisi la juridiction prud'homale pour demander, conformément à la convention collective applicable, qu'il soit reconnu que son service comportait 20 heures hebdomadaires auprès des enfants, outre 19 heures de préparation libres, et le bénéfice des vacances scolaires, tout autre travail devant être rémunéré en heures supplémentaires.

Doit être cassé l'arrêt ayant débouté le salarié de sa demande, alors, d'abord, qu'en application de l'avenant du 21 novembre 1979 à la convention collective des établissements et services pour personnes inadaptées qui renvoie aux dispositions du décret 50-583 du 25 mai 1950 modifié par le décret 83-752 du 11 août 1983, un professeur d'éducation physique et sportive, qui accomplit vingt heures de cours, outre les préparations et travaux annexes, effectue un travail à temps complet, et que tout travail demandé par l'employeur en plus de cette activité doit être rémunéré en heures supplémentaires et alors, ensuite, que son service, qui est défini par référence aux professeurs d'éducation physique et sportive de la fonction publique, lui donne droit aux mêmes congés scolaires que ces enseignants, et que tout travail demandé pendant les congés scolaires doit donner lieu à rémunération supplémentaire dans les mêmes conditions.

Cass. soc. 3 juillet 1996, n° 92-41.427, BC V n° 262.

Heures supplémentaires imposées dans la limite du contingent

Dans le cadre de la loi du 20 août 2008, un accord d'entreprise peut fixer le contingent annuel d'heures supplémentaires à un niveau différent de celui prévu par l'accord de branche, quelle que soit la date de conclusion de ce dernier.

Aux termes de l'article L. 3121-11, alinéa 1 CT dans sa rédaction issue de l'article 18 de la loi 2008-789 du 20 août 2008, des heures supplémentaires peuvent être accomplies dans la limite d'un contingent annuel défini par une convention ou un accord collectif d'entreprise ou d'établissement ou, à défaut, par une convention ou un accord de branche ; ces dispositions sont d'application immédiate et permettent de fixer par voie d'accord d'entreprise ou d'établissement le contingent d'heures supplémentaires à un niveau différent de celui prévu par l'accord de branche, quelle que soit la date de conclusion de ce dernier.

Cass. soc. 1er mars 2017, n° 16-10.047, BC V n° 33.

Le contingent d'heures supplémentaires prévu à l'article L. 3121-11 ancien CT ne peut s'appliquer qu'année par année.

Cass. soc. 21 janvier 2003, n° 01-40.453, 2e moyen.

Les heures supplémentaires imposées par l'employeur, dans la limite du contingent dont il dispose légalement et en raison des nécessités de l'entreprise, n'entraînent pas modification du contrat de travail.

Cass. soc. 9 mars 1999, n° 96-43.718, 1er moyen, BC V n° 103.

Il n'existe pas de droit acquis à l'exécution d'heures supplémentaires, sauf engagement de l'employeur vis-à-vis du salarié à en assurer l'exécution d'un certain nombre ; à défaut d'un tel engagement, seul un abus de l'employeur dans l'exercice de son pouvoir de direction peut ouvrir droit à indemnisation.

Cass. soc. 10 octobre 2012, n° 11-10.455, 1er moyen, BC V n° 258 (arrêt n° 2). Voir aussi cass. soc. 14 mai 2014, n° 13-14.176 ; cass. soc. 13 janvier 2016, n° 14-21.714.

Information du salarié

Pour la CJCE, l'obligation d'effectuer des heures supplémentaires sur simple demande de l'employeur constitue un élément essentiel du contrat de travail qui doit être porté à la connaissance du salarié par écrit.

L'article 2, § 2, sous i) de la directive 91/533/CEE du Conseil du 14 octobre 1991 relative à l'obligation de l'employeur d'informer le travailleur des conditions applicables au contrat ou à la relation de travail ne concerne pas l'accomplissement d'heures supplémentaires.

Toutefois, il résulte de l'article 2, § 1 de ladite directive que l'employeur est tenu de porter à la connaissance du travailleur salarié une stipulation qui présente le caractère d'un élément essentiel du contrat ou de la relation de travail, en vertu de laquelle ce dernier est obligé d'effectuer des heures supplémentaires sur la simple demande de l'employeur.

Cette information doit être communiquée dans les mêmes conditions que celles que prévoit ladite directive pour les éléments mentionnés expressément à son article 2, § 2. Elle peut prendre, le cas échéant, par analogie avec la règle qui s'applique, notamment, à la durée de travail normale en vertu de l'article 2, § 3 de ladite directive, la forme d'une référence aux dispositions législatives, réglementaires, administratives ou statutaires ou aux conventions collectives pertinentes.

Aucune disposition de la directive 91/533 n'impose de considérer comme inapplicable un élément essentiel du contrat ou de la relation de travail qui n'a pas été mentionné dans un document écrit remis au travailleur salarié ou n'y a pas été mentionné avec une précision suffisante.

La directive 91/533 n'impose pas au juge national ni ne lui interdit d'appliquer les principes du droit national qui présument une entrave à la bonne administration des preuves quand l'une des parties au litige n'a pas rempli ses obligations légales d'information, dans le cas où un employeur a violé l'obligation d'information instituée par la directive.

CJCE 8 février 2001, aff. C-350/99, Recueil I-1061.

Décompte

Les heures supplémentaires sont calculées dans le cadre de la semaine civile.

Le calcul des heures supplémentaires, et donc du droit à repos compensateur, s'effectue, sauf dispositions dérogatoires, dans le cadre de la semaine civile. En outre, toute période pendant laquelle un salarié se tient à la disposition de son employeur pour participer à l'activité de l'entreprise constitue une période de travail effectif.

C'est donc à tort qu'une cour d'appel, pour débouter un salarié de sa demande de dommages-intérêts pour privation de son droit au repos compensateur, s'est fondée sur un calcul annuel et a exclu les périodes d'inaction, sans rechercher si le salarié était resté à la disposition de son employeur ou si celui-ci avait assimilé les heures supplémentaires payées à un travail effectif.

Cass. soc. 9 mars 1999, n° 96-43.965, BC V n° 112. Voir aussi cass. soc. 13 janvier 2010, n° 08-43.505, 5e branche du 1er moyen.

Il en est ainsi même dans le cadre du contrat de travail intermittent.

Il résulte des dispositions des articles L. 3123-31, L. 3123-33 et L. 3121-22 CT que le contrat de travail intermittent ne constitue pas, en soi, une annualisation du temps de travail autorisant l'employeur à ne décompter les heures supplémentaires qu'au-delà de la durée annuelle légale ou conventionnelle. Ainsi les heures supplémentaires doivent être décomptées, sauf exception légale ou conventionnelle, par semaine travaillée.

Cass. soc. 16 juin 2010, n° 08-43.244, 3e et 4e branches du 2e moyen, BC V n° 142. Voir aussi cass. soc. 28 mai 2014, n° 13-12.087, BC V n° 128.

Un usage peut valablement mettre en place un autre cadre d'appréciation.

C'est à bon droit que, pour débouter des salariés de leur demande en paiement d'heures supplémentaires, une cour d'appel a retenu que, selon un usage en vigueur dans l'entreprise, le décompte des heures supplémentaires s'effectuait du dimanche 0 heure au samedi 24 heures.

Cass. soc. 5 novembre 2003, n° 01-42.174, BC V n° 276.

Assiette de calcul

Les majorations pour heures supplémentaires portent sur le salaire de base effectif réel du salarié…

La majoration pour heures supplémentaires doit porter sur le salaire de base réel du salarié et non sur le salaire minimum garanti.

Cass. soc. 14 novembre 2012, n° 11-20.776, 1er moyen du pourvoi des salariés et du syndicat, BC V n° 289.

… qui peut être le salaire contractuel, dès lors qu'il n'est pas forfaitaire.

Doit être cassé l'arrêt qui, pour calculer le rappel dû à une salariée au titre d'heures supplémentaires, a comparé le salaire contractuel perçu avec le salaire conventionnel correspondant à la durée effective du travail, alors qu'il avait relevé que le salaire contractuel n'était pas forfaitaire, ce dont il résultait qu'il rémunérait la durée légale de travail, et que les heures supplémentaires qu'il constatait avoir été effectuées devaient en conséquence être rémunérées au taux horaire contractuel légalement majoré.

Cass. soc. 11 octobre 1990, n° 88-40.247, BC V n° 458.

Les primes constituant la contrepartie directe du travail sont à prendre en compte dans le calcul de la rémunération des heures supplémentaires.

Une prime de bons services versée au personnel de conduite, lorsque les dispositions prévues aux règlements intérieurs et notes de service ont été respectées, est la contrepartie directe d'un travail effectué, bonifié par une qualité de service particulière ; elle doit être prise en compte dans l'assiette de calcul de la majoration des heures supplémentaires.

Cass. soc. 11 mars 1997, n° 93-44.619, 1er moyen du pourvoi principal.

Les éléments de rémunération dont les modalités de fixation permettent leur rattachement direct à l'activité personnelle du salarié doivent être intégrés dans la base de calcul des majorations pour heures supplémentaires.

Une salariée a été engagée par une société en qualité de responsable de magasin vendeuse moyennant un salaire fixe mensuel et une commission sur le chiffre d'affaires réalisé ; à la suite d'une promotion, elle a bénéficié d'une commission fixée à 2 puis à 3 % du chiffre d'affaires net encaissé et d'une prime annuelle en fonction des résultats du magasin dont elle était responsable ; après avoir été licenciée, la salariée a saisi la juridiction prud'homale en paiement de diverses sommes, notamment à titre de rappel d'heures supplémentaires de 2001 à 2004.

Pour limiter le montant de la condamnation de la société, une cour d'appel s'est bornée à énoncer que « le taux horaire servant de base au calcul de la majoration pour heures supplémentaires ne comprend pas les primes de rendement ».

En statuant ainsi, sans rechercher si la commission sur le chiffre d'affaires et la prime annuelle de résultat étaient directement rattachées à l'activité personnelle de la salariée, la cour d'appel n'a pas donné de base légale à sa décision.

Cass. soc. 23 septembre 2009, n° 08-40.636, BC V n° 205. Voir aussi cass. soc. 27 janvier 2016, n° 14-11.069, 2e moyen.

Modalités de paiement

Le versement volontaire d'indemnités ou de primes ne peut tenir lieu de règlement, même partiel, des heures supplémentaires…

Les heures supplémentaires ne donnent pas lieu uniquement au paiement d'un salaire majoré, mais, d'une part, doivent s'exécuter dans le cadre d'un contingent annuel et, d'autre part, ouvrent droit à un repos compensateur.

C'est à tort que, pour déduire de la créance d'un salarié au titre des heures supplémentaires des indemnités de découcher, une cour d'appel a énoncé que certaines de ces indemnités avaient été comptées deux fois par le salarié, en accord avec l'employeur, pour compenser les horaires imposés, alors que le versement, même volontaire, d'indemnités de découcher ne peut tenir lieu de règlement des heures supplémentaires.

Cass. soc. 27 juin 2000, n° 98-41.184, BC V n° 248. Voir aussi cass. soc. 23 novembre 2011, n° 10-14.507, 2e moyen, s'agissant d'indemnités de déplacement.

Un agent de sécurité a saisi la juridiction prud'homale d'une demande en paiement de diverses sommes, notamment à titre de rappel de salaire pour heures supplémentaires.

C'est à tort que, pour limiter à une certaine somme le rappel de salaire pour heures supplémentaires, une cour d'appel a énoncé que si les sommes versées au titre de « primes diverses » ne peuvent suffirent à dispenser l'employeur de régler les sommes dues à titre d'heures supplémentaires, leur montant est proportionnel au nombre d'heures supplémentaires du mois considéré et qu'étant ainsi versées au titre des heures supplémentaires, elles doivent être déduites du montant de la créance, alors que le versement de primes ne pouvait tenir lieu de règlement des heures supplémentaires.

Cass. soc. 1er décembre 2005, n° 04-48.388, BC V n° 347. Voir aussi cass. soc. 16 octobre 2001, n° 98-44.269, 3e moyen, BC V n° 320 ; cass. soc. 1er juillet 2009, n° 07-45.506, 1er moyen.

… peu important que leur montant paraisse correspondre à celui des heures supplémentaires effectuées.

Le versement de primes exceptionnelles ne peut tenir lieu de règlement des heures supplémentaires, peu important que le montant de ces primes paraisse correspondre à celui des heures supplémentaires effectuées.

Cass. soc. 3 avril 2013, n° 12-10.092, 3e moyen.

Le versement d'un salaire supérieur au minimum conventionnel ne peut tenir lieu de règlement des heures supplémentaires.

Cass. soc. 4 février 2015, n° 13-20.891, 1er moyen du pourvoi principal, BC V n° 23.

Même si le principe en est posé par la convention collective, le paiement des heures supplémentaires selon un forfait ne peut résulter que d'un accord particulier entre l'employeur et le salarié.

☛ *Convention de forfait.*

Le juge saisi d'une demande en paiement d'heures supplémentaires ne peut y substituer une condamnation à des dommages-intérêts.

Doit être cassé l'arrêt qui a condamné une société au paiement non d'heures supplémentaires mais de dommages-intérêts, alors que le juge, saisi d'une demande en paiement d'heures supplémentaires, ne peut y substituer une condamnation à des dommages-intérêts.

Cass. soc. 23 février 2005, n° 02-42.552, BC V n° 69.

Repos compensateur de remplacement

La décision par laquelle un employeur a mis en place un repos compensateur de remplacement, en l'absence de délégué syndical, devient caduque lorsque l'entreprise est de nouveau assujettie à la négociation annuelle obligatoire du fait de la désignation d'un délégué syndical.

Faute de procurer un avantage aux salariés, la décision par laquelle, en l'absence de délégué syndical, l'employeur instaure le repos compensateur de remplacement prévu à l'article L. 3121-24 CT ne constitue pas un acte soumis aux règles de dénonciation des engagements unilatéraux et devient caduque après que les conditions de son existence ayant disparu par suite de l'assujettissement de l'entreprise à l'obligation annuelle de négocier, il ne lui a pas été substitué un accord collectif dans le délai imparti pour cette négociation.

Ayant constaté que la reconnaissance de l'existence d'une unité économique et sociale entre une société et trois autres sociétés s'était accompagnée de la désignation, à cette même date, d'un délégué syndical pour l'ensemble de l'unité et qu'aucun accord relatif au remplacement du paiement des heures supplémentaires par un repos compensateur n'avait été conclu à l'issue du délai imparti pour la négociation annuelle obligatoire, une cour d'appel a décidé à bon droit que la décision unilatérale par laquelle l'employeur avait mis en place un tel repos compensateur avait cessé de produire effet, de sorte que les salariés avaient droit au paiement des heures supplémentaires accomplies.

Cass. soc. 24 juin 2014, n° 13-10.301, BC V n° 155.

Preuve des heures supplémentaires

La preuve des heures supplémentaires n'incombe spécialement à aucune des parties.

Selon l'article L. 212-1-1 CT, en cas de litige relatif à l'existence ou au nombre d'heures de travail effectuées, l'employeur doit fournir au juge les éléments de nature à justifier les horaires effectivement réalisés par le salarié. Le juge forme sa conviction au vu de ces éléments et de ceux fournis par le salarié à l'appui de sa demande après avoir ordonné, en cas de besoin, toutes les mesures d'instruction qu'il estime utiles.

C'est à tort que, pour rejeter la demande en paiement d'heures supplémentaires et d'indemnités subséquentes au titre des congés payés et des repos compensateurs, une cour d'appel a énoncé que la salariée ne saurait se contenter de se référer aux heures d'ouverture du magasin pour démontrer qu'elle aurait réellement effectué des heures supplémentaires non prises en compte par l'employeur, alors que la preuve des heures supplémentaires n'incombe spécialement à aucune des parties, de sorte que le juge ne peut, pour rejeter une demande en paiement d'heures supplémentaires, se fonder sur l'insuffisance de preuves apportées par le salarié et doit examiner les éléments de nature à justifier les horaires effectivement réalisés par le salarié que l'employeur est tenu de lui fournir.

Cass. soc. 6 février 2001, n° 98-45.850, BC V n° 45. Voir aussi cass. soc. 3 juillet 1996, n° 93-41.645, BC V n° 261.

Doit être cassé l'arrêt qui, pour débouter un chauffeur routier de sa demande en paiement d'heures supplémentaires, a énoncé que si, en vertu de l'article L. 212-1-1 CT, la preuve des heures de travail n'incombe spécialement à aucune des parties, il appartient au salarié, pour que l'employeur puisse lui-même fournir les éléments de nature à justifier les horaires effectivement effectués, d'expliciter sa demande, en indiquant exactement les heures supplémentaires effectuées, a relevé qu'en l'occurrence, le salarié n'avait pas produit de décompte semaine par semaine et qu'une simple indication moyenne des heures supplémentaires prétendument effectuées n'était pas suffisante, et ajouté qu'il était constant que, jusqu'au jour du licenciement, l'intéressé n'avait jamais adressé à l'employeur un courrier par lequel il se serait plaint du défaut de paiement d'heures supplémentaires et que, dans ces conditions, le salarié n'était pas fondé à reprocher à l'employeur de n'avoir pas produit les disques chronotachygraphes pour la période considérée.

En statuant ainsi, alors que l'obligation pour l'employeur de verser des éléments de nature à justifier les horaires effectivement réalisés par le salarié n'est pas subordonnée à la production préalable par celui-ci d'un décompte précis des heures supplémentaires dont il réclame le paiement, la cour d'appel a violé le texte précité.

Cass. soc. 10 mai 2001, n° 99-42.200, BC V n° 160. Voir aussi cass. soc. 18 juillet 2001, n° 99-42.992.

Pour débouter un salarié employé à temps partiel de sa demande en paiement d'heures complémentaires et supplémentaires, une cour d'appel a énoncé que les attestations qu'il produisait apparaissaient vagues, imprécises, dénuées de toutes informations utiles pour permettre d'avoir la conviction qu'il avait une activité au-delà de l'horaire hebdomadaire de 32 heures figurant dans son contrat de travail.

En statuant ainsi, alors qu'il résulte de l'article L. 212-1-1 CT que la preuve des heures de travail effectuées n'incombe spécialement à aucune des parties et que le juge ne peut, pour rejeter une demande d'heures complémentaires et supplémentaires, se fonder sur l'insuffisance des preuves apportées par le salarié et doit examiner les éléments de nature à justifier les horaires effectivement réalisés fournis par l'employeur, la cour d'appel a violé le texte susvisé.

Cass. soc. 30 septembre 2003, n° 02-42.730, BC V n° 248. Voir aussi cass. soc. 10 décembre 2002, n° 00-46.851.

Le salarié doit cependant apporter des éléments suffisamment précis pour appuyer sa demande.

En cas de litige relatif à l'existence ou au nombre d'heures de travail accomplies, il appartient au salarié d'étayer sa demande par la production d'éléments suffisamment précis quant aux horaires effectivement réalisés pour permettre à l'employeur de répondre en fournissant ses propres éléments.

Pour rejeter la demande en paiement de rappel de salaire au titre d'heures supplémentaires formée par une salariée, une cour d'appel a énoncé que, des pièces produites aux débats par l'intéressée, seule méritait examen une pièce intitulée « chiffrage des points à faire valoir aux prud'hommes » qui se limitait, à l'exclusion de toute autre précision, à un simple chiffrage dépourvu de la moindre explication ou justification quant aux éventuels dépassements horaires.

En statuant ainsi, alors que la salariée avait produit un relevé des heures qu'elle prétendait avoir réalisées auquel l'employeur pouvait répondre, la cour d'appel, qui a fait peser sur la seule salariée la charge de la preuve, a violé l'article L. 3171-4 CT.

Cass. soc. 26 septembre 2012, n° 10-27.508, 1er moyen, BC V n° 248. Voir aussi cass. soc. 30 septembre 2015, n° 14-17.748, 3e moyen, BC V n° 185.

Pour rejeter la demande d'un salarié en paiement d'heures supplémentaires, une cour d'appel a retenu que le document récapitulatif dactylographié non circonstancié produit, alors que des heures supplémentaires figuraient sur les bulletins de salaire, n'était pas de nature à étayer la demande.

En statuant ainsi, alors que le salarié avait produit un décompte des heures qu'il prétendait avoir réalisées auquel l'employeur pouvait répondre, la cour d'appel a violé l'article L. 3171-4 CT.

Cass. soc. 15 décembre 2010, n° 08-45.242, pourvoi incident, BC V n° 297.

S'il résulte de l'article L. 212-1-1 CT que la preuve des heures de travail effectuées n'incombe spécialement à aucune des parties et que l'employeur doit fournir au juge les éléments de nature à justifier les horaires effectivement réalisés par le salarié, il appartient cependant à ce dernier de fournir préalablement au juge des éléments de nature à étayer sa demande.

C'est à bon droit qu'un conseil de prud'hommes a débouté des salariés de leurs demandes en paiement d'un rappel de salaires au titre d'heures supplémentaires, après avoir constaté que les éléments produits par les intéressés n'étaient pas susceptibles d'étayer leurs demandes.

Cass. soc. 25 février 2004, n° 01-45.441, BC V n° 62. Voir aussi cass. soc. 20 janvier 2010, n° 08-42.299.

La perte de chance de prouver les heures supplémentaires ne peut être invoquée par le salarié.

Selon l'article L. 212-1-1 CT, en cas de litige relatif à l'existence ou au nombre d'heures de travail effectuées, l'employeur doit fournir au juge les éléments de nature à justifier les horaires effectivement réalisés par le salarié. Au vu de ces éléments et de ceux fournis par le salarié à l'appui de sa demande, le juge forme sa conviction après avoir ordonné, en cas de besoin, toutes les mesures d'instruction qu'il estime utiles. Ces dispositions excluent la possibilité de réparer une perte de chance de prouver le nombre d'heures supplémentaires effectuées.

Doit être cassé l'arrêt qui, pour condamner une société à payer à un salarié des dommages-intérêts pour perte d'une chance de prouver le nombre d'heures supplémentaires qu'il a effectué, énonce qu'en raison de la carence de l'employeur dans la production des éléments d'appréciation qui lui incombe en application de l'article L. 212-1-1 CT, il doit être fait droit à la demande de dommages-intérêts formulée par le salarié, qui correspond au calcul arrondi des heures supplémentaires qu'il dit avoir accomplies.

Cass. soc. 15 octobre 2002, n° 00-40.728, BC V n° 315. Voir aussi cass. soc. 19 février 2014, n° 12-20.288, 2e moyen.

Le juge peut se fonder sur les fiches de temps établies par le salarié à la demande de l'employeur pour apprécier l'existence d'heures supplémentaires.

D'abord, ayant constaté que le salarié était tenu d'établir des fiches de temps, un conseil de prud'hommes a pu, sans violer la règle de la preuve, se fonder sur ces fiches pour estimer que la preuve des heures supplémentaires était rapportée.

Ensuite, la seule fixation d'une rémunération forfaitaire, sans que soit déterminé le nombre d'heures supplémentaires incluses dans cette rémunération, ne permet pas de caractériser une convention de forfait.

Enfin, en relevant que les fiches de temps étaient établies sur la demande de l'employeur, le conseil de prud'hommes a caractérisé un accord au moins implicite de sa part pour l'exécution des heures supplémentaires.

Cass. soc. 19 janvier 1999, n° 96-45.628, BC V n° 29.

Les heures supplémentaires peuvent être déterminées à l'aide du pointage mis en place par l'employeur.

Doit être approuvé la décision d'un conseil de prud'hommes qui, pour accueillir la demande d'un salarié au titre des heures supplémentaires, a constaté que le personnel de l'établissement se trouvait dans la nécessité de travailler au-delà de la durée contractuelle pour satisfaire aux objectifs définis par l'employeur et que le nombre d'heures supplémentaires était déterminé à l'aide du pointage mis en place par l'employeur lui-même.

Cass. soc. 29 mai 2002, n° 00-42.048.

Les disques chronotachygraphes permettent d'établir l'existence d'heures supplémentaires.

C'est à tort qu'une cour d'appel a condamné un employeur au paiement d'heures supplémentaires au motif que, si les calculs sont justifiés à partir de l'horaire de travail qu'il a fixé, il n'amène aucun élément sur le nombre d'heures réellement travaillées, alors que l'employeur faisait valoir qu'il versait au débat des disques chronotachygraphes, ainsi que l'analyse mois par mois, à partir de ces disques, des heures réellement accomplies par le salarié.

Cass. soc. 11 octobre 2000, n° 98-43.459.

Mais les pages d'un agenda rempli par le salarié, non corroborées par un élément extérieur et contredites par une attestation de l'employeur, ne suffisent pas à prouver les heures supplémentaires.

Une cour d'appel a retenu que le salarié produisait des copies de pages d'un agenda rempli par lui qui n'étaient corroborées par aucun élément extérieur et étaient contredites par l'attestation versée par l'employeur. Ayant ainsi analysé les éléments produits tant par le salarié que l'employeur, la cour d'appel a pu débouter le salarié de ses demandes en paiement de rappel d'heures supplémentaires.

Cass. soc. 8 juin 2011, n° 09-43.208, 1er moyen, BC V n° 141

La mention, sur les bulletins de paie, des droits à repos nés de la bonification bénéficiant au salarié au titre des heures de travail effectuées entre la 36e et la 39e heure, n'a qu'une valeur informative, la charge de la preuve de leur octroi effectif incombant, en cas de contestation, à l'employeur.

Un salarié a saisi la juridiction prud'homale pour obtenir notamment la condamnation de son employeur à l'indemniser pour des bonifications non prises, nées des heures hebdomadaires de travail de la 36e à la 39e heure.

Après avoir relevé que l'employeur n'établissait pas que les droits à repos que le salarié était fondé à réclamer lui avaient effectivement été octroyés, une cour d'appel a pu faire droit à la demande du salarié.

Cass. soc. 7 mai 2008, n° 06-43.058, BC V n° 102.

Une quantification préalable conventionnelle de la durée du travail ne peut, à elle seule, satisfaire aux exigences légales relatives à la preuve des heures de travail.

La quantification préalable de l'ensemble des missions confiées et accomplies par un distributeur de journaux et de prospectus, dans le cadre de l'exécution de son métier, en fonction des critères associés à un référencement horaire du temps de travail prévue par l'article 2.2.1.2 du chapitre IV de la convention collective nationale de la distribution directe ne saurait, à elle seule, satisfaire aux exigences de l'article L. 3171-4 CT.

Usant des pouvoirs qu'il tient de cet article, un conseil de prud'hommes a examiné les éléments produits par chacune des parties, au nombre desquels se trouvait la quantification préalable conventionnelle de la durée du travail du salarié à temps partiel, ainsi que le résultat de la mesure d'enquête qu'il avait ordonnée, et a pu fixer le montant du rappel de salaire dû au titre des heures supplémentaires effectuées.

Cass. soc. 16 juin 2010, n° 08-42.758, BC V n° 144. Voir aussi cass. soc. 24 septembre 2014, n° 13-10.367, BC V n° 206.

En cas de litige relatif à l'existence ou au nombre d'heures de travail accomplies, les juges du fond apprécient souverainement l'importance des heures supplémentaires et fixent le rappel de salaire dû au salarié sans être tenu de préciser le détail du calcul appliqué.

Doit être rejeté le pourvoi formé par un employeur qui, pour reprocher à une cour d'appel de l'avoir condamné au paiement d'une somme à titre d'heures supplémentaires, soutient d'abord que la cour d'appel ne pouvait se fonder sur un relevé établi par la salariée elle-même et non validé par lui pour retenir que la demande était étayée et non contredite par l'employeur qui ne produisait aucun élément permettant le décompte des heures de travail effectives de la salariée et ensuite qu'en le condamnant au paiement d'une somme forfaitaire sans préciser le nombre d'heures réellement travaillées ni le détail de son calcul, la cour d'appel aurait privé sa décision de base légale au regard de l'article L. 3171-4 CT.

En effet, après avoir apprécié l'ensemble des éléments de preuve qui lui étaient soumis, la cour d'appel, qui n'a pas procédé à une évaluation forfaitaire, a, sans être tenue de préciser le détail du calcul appliqué, souverainement évalué l'importance des heures supplémentaires et fixé en conséquence les créances salariales s'y rapportant.

Cass. soc. 4 décembre 2013, n° 12-22.344, BC V n° 300. Voir aussi cass. soc. 4 décembre 2013, n° 12-11.886, BC V n° 296 ; cass. soc. 4 décembre 2013, n° 11-28.314, 3e et 4e moyens du pourvoi principal, BC V n° 298 ; cass. soc. 4 décembre 2013, n° 12-17.525, BC V n° 297.

Refus du salarié d'effectuer des heures supplémentaires

Insubordination.

Astreintes ; Durée du travail ; Heures d'équivalence ; Horaire de travail ; Modification de l'horaire de travail ; Repos compensateur.

Horaire de travail

Les heures auxquelles commence et finit le travail ainsi que les heures et la durée des repos sont obligatoirement affichées (art. L. 3171-1 et D. 3171-2 CT).

La fixation de l'horaire de travail, à défaut d'accord des parties, relève du pouvoir de direction de l'employeur.

Si tout salarié dispose du droit, sous certaines conditions, soit de bénéficier d'un congé parental d'éducation durant lequel le contrat de travail est suspendu, soit de réduire sa durée de travail d'au moins un cinquième de celle qui est applicable dans l'établissement, sans que cette activité à temps partiel puisse être inférieure à seize heures hebdomadaires, la fixation de l'horaire de travail, à défaut d'accord des parties, relève du pouvoir de direction de l'employeur.

Une salariée, employée en qualité de vendeuse, avait informé son employeur de son intention de bénéficier d'un congé parental d'éducation à temps partiel et lui avait adressé une proposition définissant ses nouveaux horaires de travail. L'employeur avait accepté le travail à temps partiel à des horaires différents de ceux proposés par la salariée. Invoquant le trouble illicite qu'elle subissait, la salariée avait saisi la formation de référé du conseil de prud'hommes.

Doit être rejeté le pourvoi de la salariée reprochant à une cour d'appel d'avoir dit n'y avoir lieu à référé et de l'avoir déboutée de sa demande : en relevant qu'en l'absence d'accord, l'employeur avait fixé, sans qu'il soit établi qu'il ait abusé de son droit, les horaires de travail de la salariée, la cour d'appel a pu décider qu'aucun trouble manifestement illicite n'était caractérisé.

Cass. soc. 4 juin 2002, n° 00-42.262, BC V n° 189. Voir aussi cass. soc. 1er avril 2003, n° 00-41.873, BC V n° 125.

L'horaire de travail d'un salarié est lié non à sa qualification, mais à l'emploi occupé.

Une employée de la SEITA, travaillant pour la manufacture des tabacs de Pantin en qualité d'ouvrière spécialisée, a été affectée, avec son accord, à la direction générale de Paris à la suite de la fermeture de l'établissement de Pantin et employée momentanément comme agent de service jusqu'à ce qu'un poste d'OS se libère.

Doit être cassé le jugement qui, pour condamner la SEITA à lui payer des heures supplémentaires, a relevé que les agents de service étaient soumis à un horaire d'équivalence mais que, par rapport à sa qualification, l'intéressée effectuait chaque jour 1/4 d'heure supplémentaire qui devait être payé en fonction de sa qualification et non soumis aux heures d'équivalence, alors que l'horaire de travail de la salariée était lié non à sa qualification, mais à l'emploi occupé.

Cass. soc. 7 juillet 1986, n° 85-40.780, BC V n° 357.

L'employeur ne doit pas commettre d'abus dans l'exercice de son pouvoir de direction.

Ayant retenu que le changement d'horaire imposé à un salarié présentait un caractère discriminatoire, qu'il ne résultait pas des nécessités d'organisation de l'entreprise et ne répondait à aucun motif légitime, une cour d'appel a pu décider que l'employeur avait abusé du droit qu'il tient de l'exercice de son pouvoir de direction et a ainsi légalement justifié sa décision en déclarant le licenciement de l'intéressé dépourvu de cause réelle et sérieuse.

Cass. soc. 25 février 2004, n° 02-40.020.

L'horaire de travail doit être affiché sur tous les lieux de travail où il s'applique.

Un contrôleur du travail s'était rendu dans les locaux d'une tour à La Défense dont le nettoyage était assuré par vingt salariés d'une société ayant son siège à Paris ; le local réservé dans la tour à cette dernière étant fermé et le contrôleur n'ayant pu obtenir sur place la communication des horaires de travail, il avait demandé à cette société de lui en adresser un double, mais, en réponse, il avait été invité à consulter ces horaires au siège social.

C'est à bon droit qu'une cour d'appel a déclaré le président de cette société coupable de l'infraction de non-communication du duplicata des horaires à l'inspection du travail.

En effet, l'horaire de travail doit être affiché sur tous les lieux de travail où il s'applique et un duplicata de l'affiche doit être adressé à l'inspecteur du travail territorialement compétent pour vérifier, sur chacun de ces lieux, l'application des dispositions du code du travail et des conventions et accords collectifs de travail.

Cass. crim. 17 janvier 1995, n° 94-80.081, B. crim. n° 22.

Les dispositions du code du travail imposant à l'employeur d'établir un décompte journalier et hebdomadaire de la durée effective du travail pour chaque salarié non soumis à l'horaire collectif sont d'application générale.

Les dispositions de l'article D. 212-21 CT imposant à l'employeur d'établir un décompte journalier et hebdomadaire de la durée effective du travail pour chaque salarié non soumis à l'horaire collectif sont d'application générale et visent notamment les activités de distribution de documents publicitaires.

Doit donc être rejeté le pourvoi qui, pour reprocher à une cour d'appel d'avoir déclaré un employeur coupable de contraventions de défaut de décompte de la durée du travail pour avoir décompté celle-ci forfaitairement, soutient que l'article D. 212-21 CT ne s'applique pas aux salariés non sédentaires, rémunérés à la tâche, dont la durée effective de travail ne peut être contrôlée par l'employeur et dont le contrat de travail fixe le temps d'exécution relatif à chaque tâche, la cour d'appel ayant souverainement apprécié que ces salariés ne se trouvaient pas, de fait, dans une situation spécifique au regard du décompte de la durée du travail.

Cass. crim. 7 septembre 1999, n° 98-85.468, B. crim. n° 183.

Le comité d'entreprise doit être consulté sur une modification des horaires de travail.

Les énonciations de l'arrêt attaqué mettent la Cour de cassation en mesure de s'assurer que la cour d'appel a caractérisé en tous ses éléments constitutifs, tant matériels qu'intentionnels, le délit d'entrave reproché à un directeur du personnel pour n'avoir pas consulté le comité d'entreprise d'une société sur une modification des horaires de travail.

Cass. crim. 3 mars 1998, n° 96-85.098, B. crim. n° 81.

Ne constitue ni une révision ni une dénonciation d'un accord d'entreprise la mise en œuvre de la modulation du temps de travail au lieu et place de l'organisation du travail par cycle, lorsque ces deux modalités sont également prévues par l'accord.

En application d'un accord de branche étendu, les syndicats d'une entreprise ont signé un accord de réduction et d'aménagement du temps de travail à 35 heures ; cet accord prévoyait, d'une part, l'application de cette réduction dans le cadre de l'organisation collective du travail définie en annexe pour le personnel de production, selon un horaire de travail cyclique et, d'autre part, la possibilité de modulation de l'horaire de travail dans les conditions prévues par l'accord de branche.

L'employeur, après consultation du comité d'entreprise, a décidé de mettre en œuvre cette modulation.

Un syndicat a saisi le président du tribunal de grande instance, statuant en référé, d'une demande tendant à dire que l'application d'un régime de modulation du temps de travail constituait un trouble manifestement illicite et à en ordonner la suspension.

C'est à bon droit qu'il a été débouté de sa demande. En effet, ne constitue ni une révision ni une dénonciation d'un accord d'entreprise la mise en œuvre de la modulation du temps de travail au lieu et place de l'organisation du travail par cycle, lorsque ces deux modalités sont également prévues par cet accord.

Cass. soc. 30 septembre 2005, n° 04-19.975, BC V n° 282.

Se rend coupable d'entrave au fonctionnement du comité d'établissement l'employeur qui refuse de consulter celui-ci sur la question de l'abandon de l'horaire collectif, prévu par le règlement intérieur, au profit de l'instauration d'un horaire individualisé.

Cass. crim. 16 septembre 2003, n° 02-86.661, B. crim. n° 164.

La mise en place d'horaires individualisés constitue un engagement unilatéral de l'employeur, qui ne peut être dénoncé ou suspendu qu'après information des instances représentatives du personnel et des salariés dans un délai suffisant pour permettre d'éventuelles négociations.

Un salarié, licencié pour avoir refusé une modification « non substantielle et temporaire » de son contrat de travail ayant consisté à refuser d'appliquer une note de service interne suspendant l'horaire variable au sein de son service, a saisi la juridiction prud'homale.

C'est à tort que, pour dire le licenciement justifié, une cour d'appel a énoncé qu'un tel changement relevait du pouvoir de direction de l'employeur et ne constituait pas une modification du contrat de travail, alors qu'elle avait relevé que l'employeur avait suspendu unilatéralement le régime d'horaires individualisés dans l'entreprise sans informer préalablement les représentants du personnel ni respecter un délai de prévenance, ce dont il résultait que cette décision était irrégulière et inopposable au salarié et que le refus de celui-ci de s'y soumettre ne pouvait constituer une faute.

Cass. soc. 10 décembre 2003, n° 02-40.039.

Seul un accord collectif d'entreprise est habilité à prévoir des dérogations aux limites légales et réglementaires de report d'heures d'une semaine sur une autre.

Il résulte des dispositions des articles L. 212-4-1 et D. 212-4-1 CT, d'une part, que les horaires individualisés peuvent entraîner, dans la limite d'un nombre d'heures fixé par décret, des reports d'heures d'une semaine à une autre, sans que ces heures aient d'effet sur le nombre et le paiement des heures supplémentaires, pourvu qu'elles résultent d'un libre choix du salarié concerné et, d'autre part, que ces limites de report sont fixées à 3 heures par semaine avec un cumul maximum de 10 heures, sauf dérogation par voie de convention collective ou d'accord étendu, d'accord d'entreprise ou d'établissement.

Après avoir relevé qu'un accord instituant dans une entreprise des horaires individualisés et les conditions de leur report d'une semaine à une autre avait été conclu entre l'employeur et le comité d'entreprise, et non avec un ou plusieurs syndicats de salariés, et en avoir déduit qu'il n'avait ni la valeur ni les effets d'un accord collectif habilité à prévoir des dérogations aux limites légales et réglementaires de report, c'est à bon droit qu'une cour d'appel a décidé que cet accord ne devait pas s'appliquer ; après avoir constaté que la convention collective applicable se bornait à énoncer la possibilité de la mise en place d'horaires individualisés, sans préciser dans quelles limites il pourrait y avoir report d'une semaine sur l'autre et cumul des reports, la cour a pu inviter l'employeur et le salarié demandeur à effectuer le calcul des sommes dues à ce dernier sur la base des dispositions réglementaires.

Cass. soc. 21 février 2007, n° 04-43.071, BC V n° 30.

Dans les entreprises sans représentant du personnel, il ne peut être dérogé à l'horaire collectif sans autorisation de l'inspecteur du travail.

Un employeur avait notifié de nouveaux horaires de travail à une caissière-réassortisseuse. Ayant refusé ce nouvel horaire, elle a été licenciée et a saisi la juridiction prud'homale d'une demande en paiement d'une indemnité pour licenciement sans cause réelle et sérieuse.

A légalement justifié sa décision la cour d'appel qui a fait droit à sa demande. D'abord, ayant énoncé que le nouvel horaire imposé à la salariée était dérogatoire à l'horaire collectif, la cour a fait ressortir qu'il existait, dans l'entreprise concernée, un horaire collectif. Ensuite, la cour a pu décider que l'employeur n'avait pu valablement imposer à la salariée, qui le refusait, un horaire contraire à l'horaire collectif de l'entreprise sans autorisation préalable de l'inspecteur du travail.

Cass. soc. 3 juin 1998, n° 96-40.309.

Le refus d'un salarié, bénéficiant d'un horaire variable, de se soumettre au pointage, peut justifier un licenciement.

C'est à bon droit qu'une cour d'appel, qui a relevé que les différentes notes de service relatives à l'instauration d'horaire mobile dans l'établissement étaient applicables aux personnes exerçant la fonction de sous-directeur, et que l'un d'entre eux avait refusé de se plier à ces instructions, a pu décider qu'il avait commis une faute justifiant son licenciement, mais qu'eu égard à l'absence de conflit sur les horaires, le seul refus de l'usage du badge ne constituait pas une faute grave.

Cass. soc. 17 novembre 1998, n° 96-44.198.

La salariée qui persiste à arriver en retard à son travail, malgré deux avertissements, et à imposer unilatéralement ses horaires de travail contre les instructions de son employeur a un comportement qui justifie son licenciement pour faute grave.

Cass. soc. 30 janvier 2002, n° 99-44.976.

En cas de litige relatif à l'existence ou au nombre d'heures de travail effectuées, l'employeur doit fournir des éléments de preuve de nature à justifier les horaires effectivement réalisés par le salarié.

Doit être cassé l'arrêt qui, pour débouter un salarié de sa demande de rappel de salaire, a énoncé que le contrat de travail prévoyait un jour de repos à prendre le dimanche et que le salarié ne rapportait pas la preuve d'avoir travaillé le dimanche, alors qu'il résulte de l'article L. 212-1-1 CT qu'en cas de litige relatif à l'existence ou au nombre d'heures de travail effectuées, l'employeur doit fournir des éléments de nature à justifier les horaires effectivement réalisés par le salarié et que le décret 84-464 du 14 juin 1984 prévoit que, dans les exploitations agricoles, les divers éléments relatifs au temps de travail de chaque salarié doivent être consignés au jour le jour par l'employeur.

Cass. soc. 2 février 1999, n° 96-44.532, BC V n° 50. Voir aussi cass. soc. 11 juillet 2007, n° 06-41.706, 2ᵉ moyen, BC V n° 121.

L'obligation de l'employeur de fournir des éléments de preuve permettant de justifier les horaires effectivement réalisés par un salarié n'est pas subordonnée à la nécessité, pour le salarié, de chiffrer sa demande.

Cass. soc. 6 mars 2002, n° 00-40.667.

L'employeur qui refuse de tenir et de communiquer à l'inspecteur du travail le décompte quotidien et hebdomadaire de la durée du travail d'une partie de son personnel commet une entrave aux devoirs de l'inspecteur du travail, peu important que ce personnel ait disposé d'une latitude suffisante dans l'organisation de ses horaires de travail.

Un employeur avait refusé de tenir et communiquer à l'inspecteur du travail le décompte quotidien et hebdomadaire de la durée du travail prévu par l'article D. 212-21 CT, en ce qui concerne les cadres et agents de maîtrise, au motif qu'il se trouvait dispensé d'un tel décompte pour ces catégories de personnel par la convention collective applicable à l'entreprise.

Doit être approuvé la décision de la cour d'appel qui, pour retenir que l'élément intentionnel de l'infraction d'entrave aux devoirs de l'inspecteur du travail était caractérisé, a retenu que la circonstance que le personnel d'encadrement ait disposé d'une latitude suffisante dans l'organisation de ses horaires ne dispensait pas l'employeur des obligations prévues par l'article L. 620-2 CT, l'existence d'une convention de forfait devant assurer au salarié une rémunération au moins égale à celle qui résulterait des dispositions légales relatives aux heures supplémentaires et, par suite, au repos compensateur, ce qui implique, dans le cas où l'horaire du salarié est variable, la possibilité de contrôler l'horaire moyen de travail en fonction de documents justificatifs.

En outre, le seul fait par le prévenu de s'être volontairement placé dans l'impossibilité de satisfaire à ses obligations suffit, même en l'absence de toute autre manœuvre, à caractériser l'élément intentionnel de l'infraction.

Cass. crim. 3 décembre 2002, n° 02-81.474.

L'utilisation par un employeur d'un système de géolocalisation pour assurer le contrôle de la durée du travail de ses salariés n'est licite que lorsque ce contrôle ne peut pas être fait par un autre moyen, fût-il moins efficace que la géolocalisation ; en dehors de cette hypothèse, la collecte et le traitement de telles données à des fins de contrôle du temps de travail doivent être regardés comme excessifs.

CE 15 décembre 2017, n° 403776, Rec. Lebon p. 374.

Un système de géolocalisation ne peut être utilisé pour contrôler l'horaire de travail d'un salarié libre d'organiser son activité.

D'abord, selon l'article L. 1121-1 CT, nul ne peut apporter aux droits des personnes et aux libertés individuelles et collectives des restrictions qui ne seraient pas justifiées par la nature de la tâche à accomplir ni proportionnées au but recherché ; l'utilisation d'un système de géolocalisation pour assurer le contrôle de la durée du travail, laquelle n'est licite que lorsque ce contrôle ne peut pas être fait par un autre moyen, n'est pas justifiée lorsque le salarié dispose d'une liberté dans l'organisation de son travail ; ensuite, un système de géolocalisation ne peut être utilisé par l'employeur pour d'autres finalités que celles qui ont été déclarées auprès de la Commission nationale de l'informatique et des libertés, et portées à la connaissance des salariés.

Après avoir constaté, d'une part, que selon son contrat de travail, un commercial était libre d'organiser son activité selon un horaire de 35 heures, à charge pour lui de respecter le programme d'activité fixé et de rédiger un compte-rendu journalier précis et détaillé, lequel devait faire preuve de son activité et, d'autre part, que le dispositif de géolocalisation de son véhicule permettant l'amélioration du processus de production par une étude a posteriori de ses déplacements et permettant à sa direction d'analyser les temps nécessaires à ses déplacements pour une meilleure optimisation des visites effectuées avait été utilisé à d'autres fins que celles qui avaient été portées à la connaissance du salarié, une cour d'appel a pu en déduire que cette utilisation était illicite et qu'elle constituait un manquement suffisamment grave justifiant la prise d'acte de la rupture du contrat de travail aux torts de l'employeur.

Cass. soc. 3 novembre 2011, n° 10-18.036, BC V n° 247. Voir aussi cass. soc. 19 décembre 2018, n° 17-14.631, à paraître.

Des tickets de cantine non conformes aux règles de protection des données personnelles ne peuvent pas servir de preuve des horaires de travail d'un salarié.

À la suite de son licenciement, un salarié a saisi la juridiction prud'homale en vue d'obtenir un rappel de salaire au titre d'heures supplémentaires et les congés payés afférents, une indemnité pour repos compensateur et diverses indemnités pour licenciement sans cause réelle et sérieuse et travail dissimulé.

Ayant constaté que l'examen des tickets de cantine invoqués par l'employeur faisait apparaître qu'ils comportaient des indications détaillées concernant les habitudes alimentaires du salarié alors que la norme NS 042 de la Commission nationale de l'informatique et des libertés (CNIL) du 8 janvier 2002 encadrant le traitement automatisé des informations nominatives sur le lieu de travail en matière de restauration indiquait qu'elles devaient être sous la forme exclusive « hors d'œuvres, plat, dessert, boisson », une cour d'appel en a exactement déduit qu'ils devaient être écartés des débats.

Cass. soc. 27 mars 2019, n° 17-31.715, 1re branche du 2e moyen, à paraître.

☛ *Astreintes ; Durée du travail ; Heures supplémentaires ; Modification de la durée du travail ; Modification de l'horaire de travail ; Non-respect des horaires ; Travail à temps partiel.*

Hygiène et sécurité

L'employeur est tenu d'une obligation générale de sécurité de résultat en matière de protection de la santé et de la sécurité des salariés dans l'entreprise. Il doit prendre les mesures nécessaires pour en assurer l'effectivité (actions de prévention des risques professionnels, information, formation, mise en place d'une organisation et de moyens adaptés, adaptation de ces mesures au changement).

Un manquement à l'une de ces obligations peut constituer une faute personnelle engageant sa responsabilité pénale (sauf en cas de délégation de pouvoirs).

Obligations de l'employeur

L'employeur est tenu envers le salarié d'une obligation de sécurité de résultat, notamment en ce qui concerne les accidents du travail.

En vertu du contrat de travail le liant à son salarié, l'employeur est tenu envers celui-ci d'une obligation de sécurité de résultat, notamment en ce qui concerne les accidents du travail, et le manquement à cette obligation a le caractère d'une faute inexcusable, au sens de l'article L. 452-1 c. séc. soc., lorsque l'employeur avait ou aurait dû avoir conscience du danger auquel était exposé le salarié et qu'il n'a pas pris les mesures nécessaires pour l'en préserver ; il est indifférent que la faute inexcusable commise par l'employeur ait été la cause déterminante de l'accident survenu au salarié mais il suffit qu'elle en soit une cause nécessaire pour que la responsabilité de l'employeur soit engagée, alors même que d'autres fautes auraient concouru au dommage.

Cass. ass. plén. 24 juin 2005, n° 03-30.038, BC n° 7. Voir aussi cass. soc. 28 février 2002, n° 00-11.793, BC V n° 81 (arrêt n° 3), s'agissant de l'obligation de l'employeur en ce qui concerne les maladies professionnelles.

L'employeur est tenu d'évaluer les risques pour la santé et la sécurité des travailleurs et de transcrire les résultats dans un document unique même en l'absence de preuve d'un risque professionnel au sein de l'entreprise.

Il résulte des articles L. 4121-3 et R. 4121-1 CT que l'employeur est tenu d'évaluer dans son entreprise les risques pour la santé et la sécurité des travailleurs et de transcrire les résultats dans un document unique.

C'est donc à tort que, pour rejeter la demande de salariés en paiement de dommages-intérêts pour manquement de leur employeur à l'obligation d'établir le document unique d'évaluation des risques, une cour d'appel a retenu que ce dernier n'était pas tenu d'une telle obligation en l'absence d'indication et de précision et a fortiori à défaut de preuve sur les substances ou préparations chimiques utilisées au sein de l'entreprise.

Cass. soc. 8 juillet 2014, n° 13-15.470, 7ᵉ moyen, BC V n° 179.

Ne méconnaît pas l'obligation légale lui imposant de prendre les mesures nécessaires pour assurer la sécurité et protéger la santé physique et mentale des travailleurs, l'employeur qui justifie avoir pris toutes les mesures prévues par les articles L. 4121-1 et L. 4121-2 CT.

Le 24 avril 2006, alors qu'il partait rejoindre son bord pour un vol, un salarié employé par une compagnie aérienne en qualité de chef de cabine première classe sur les vols long-courrier a été pris d'une crise de panique qui a donné lieu à un arrêt de travail ; le 19 décembre 2008, il a saisi la juridiction prud'homale aux fins de condamnation de son employeur à lui payer des dommages-intérêts pour manquement à son obligation de sécurité après les attentats du 11 septembre 2001 ; le 15 septembre 2011, il a été licencié pour ne pas s'être présenté à une visite médicale prévue pour qu'il soit statué sur son aptitude à exercer un poste au sol.

Doit être approuvé l'arrêt ayant débouté le salarié de sa demande tendant à voir condamner l'employeur à lui verser des dommages-intérêts pour manquement à son obligation de sécurité.

En effet, en l'espèce, la cour d'appel a constaté, d'une part, que l'employeur, ayant pris en compte les événements violents auxquels le salarié avait été exposé, avait, au retour de New-York le 11 septembre 2001, fait accueillir celui-ci, comme tout l'équipage, par l'ensemble du personnel médical mobilisé pour assurer une présence jour et nuit et orienter éventuellement les intéressés vers des consultations psychiatriques, d'autre part, que le salarié, déclaré apte lors de 4 visites médicales intervenues entre le 27 juin 2002 et le 18 novembre 2005, avait exercé sans difficulté ses fonctions jusqu'au mois d'avril 2006 ; ayant relevé en outre que les éléments médicaux produits, datés de 2008, étaient dépourvus de lien avec ces événements dont il avait été témoin, la cour d'appel a pu, par ces seuls motifs, déduire l'absence de manquement de l'employeur à son obligation de sécurité de résultat.

Cass. soc. 25 novembre 2015, n° 14-24.444, 1ᵉʳ moyen, BC V n° 234. Voir aussi cass. soc. 1ᵉʳ juin 2016, n° 14-19.702, BC V n° 123, cité dans « Harcèlement moral/Harcèlement sexuel » ; cass. soc. 17 octobre 2018, n° 17-17.985, moyen unique du pourvoi incident, à paraître.

L'employeur est responsable de l'altération de la santé d'un salarié consécutive à la dégradation de ses conditions de travail et des pressions imposées par la restructuration de l'entreprise.

L'employeur, tenu d'une obligation de sécurité de résultat en matière de protection de la santé et de la sécurité des travailleurs dans l'entreprise, doit en assurer l'effectivité.

Après avoir relevé que l'altération de la santé d'une salariée résultait de la dégradation de ses conditions de travail et des pressions imposées par la restructuration de l'entreprise, et que l'employeur, pourtant alerté par plusieurs courriers de l'intéressée, n'avait pris aucune mesure pour résoudre les difficultés qu'elle avait exposées, c'est à bon droit qu'une cour d'appel a condamné l'employeur à payer à la salariée une somme à titre de dommages et intérêts pour inexécution de son obligation de sécurité de résultat.

Cass. soc. 17 février 2010, n° 08-44.298, 1er moyen.

L'employeur, tenu envers ses salariés d'une obligation de sécurité en matière de protection de la santé et de la sécurité des travailleurs, notamment en matière de discrimination, doit répondre des agissements des personnes qui exercent, de fait ou de droit, une autorité sur les salariés.

Une salariée, employée en qualité d'agent polyvalent par une association, a, après avoir dénoncé par lettre du 1er avril 2010 à son employeur des faits de discrimination, saisi la juridiction prud'homale.

Pour débouter la salariée de sa demande en paiement de dommages-intérêts en réparation de ses préjudices moral et financier pour discrimination et violation par l'employeur de son obligation de sécurité, une cour d'appel a retenu que les faits dénoncés avaient été commis par des bénévoles de l'association qui apportaient leur aide en cuisine à l'occasion d'une soirée et que rien ne permettait d'affirmer que ceux-ci se trouvaient sous la subordination hiérarchique de l'association, que la responsabilité de l'employeur ne saurait être engagée à raison de faits fautifs commis envers sa salariée par des personnes avec lesquelles il n'apparaît lié par aucun lien de préposition, que pour autant l'employeur n'était pas demeuré sans réaction à la suite de cet incident puisqu'il avait fait procéder à une enquête interne tout en invitant son personnel à prendre toutes les précautions nécessaires dans leurs relations avec la salariée.

En statuant ainsi, par des motifs impropres à caractériser l'absence d'autorité de droit ou de fait exercée sur la salariée par les auteurs d'agissements discriminatoires alors qu'elle avait constaté que l'insulte à connotation sexiste, proférée par un bénévole, et le jet, par d'autres, de détritus sur la salariée avaient eu lieu à l'occasion d'une soirée organisée par l'employeur dans les cuisines du restaurant de l'association en présence d'un salarié de l'entreprise, tuteur devant veiller à l'intégration de la salariée titulaire d'un contrat de travail s'accompagnant d'un contrat d'aide à l'emploi, sans que celui-ci réagisse, la cour d'appel, qui n'a pas tiré les conséquences légales de ses constatations, a violé les articles L. 1132-1, L. 4121-1 et L. 4121-2 CT.

Cass. soc. 30 janvier 2019, n° 17-28.905, à paraître.

L'entreprise de travail temporaire et l'entreprise utilisatrice sont tenues, à l'égard des salariés mis à disposition, d'une obligation de sécurité de résultat.

Selon l'article L. 4121-1 CT, l'employeur prend les mesures nécessaires pour assurer la sécurité et protéger la santé physique et mentale des travailleurs et, selon l'article L. 1251-1 CT, pendant la durée de la mission, l'entreprise utilisatrice est responsable des conditions d'exécution du travail telles qu'elles sont déterminées par les dispositions légales et conventionnelles applicables au lieu de travail, notamment pour ce qui a trait à la santé et la sécurité au travail ; il en résulte que l'entreprise de travail temporaire et l'entreprise utilisatrice sont tenues, à l'égard des salariés mis à disposition, d'une obligation de sécurité de résultat dont elles doivent assurer l'effectivité, chacune au regard des obligations que les textes mettent à leur charge en matière de prévention des risques.

Cass. soc. 30 novembre 2010, n° 08-70.390, BC V n° 370. Voir aussi cass. crim. 2 octobre 2012, n° 11-85.032, B. crim. n° 206.

L'employeur doit assurer la sécurité des salariés travaillant à l'étranger dans un lieu particulièrement exposé au risque.

Le salarié, dont l'affection n'est pas prise en charge au titre de la législation sur les accidents du travail ou les maladies professionnelles, peut engager une action contre son employeur sur le fondement du droit commun de la responsabilité civile contractuelle.

Une salariée a été engagée par une société en qualité de responsable Afrique occidentale et centrale et affectée en Côte d'Ivoire ; le 28 avril 2004, elle a été victime d'une agression à Abidjan, prise en charge par la Caisse des Français de l'Étranger en application de l'article L. 762-8 c. séc. soc. au titre des prestations légales ; sa demande en reconnaissance de la faute inexcusable de l'employeur en application de la législation des accidents du travail a été déclarée irrecevable par décision définitive du 18 avril 2007 au motif que la législation professionnelle ne lui était pas applicable dès lors qu'elle était expatriée ; après avoir été déclarée inapte par le médecin du travail, puis licenciée le 18 février 2008, la salariée a saisi la juridiction prud'homale pour obtenir la réparation de son préjudice.

Après avoir relevé que la salariée, qui se trouvait du fait de son contrat de travail dans un lieu particulièrement exposé au risque, avait, à plusieurs reprises, alerté son employeur sur l'accroissement des dangers encourus par les français à Abidjan, lui demandant expressément d'organiser son rapatriement et un retour sécurisé en France, une cour d'appel a constaté que l'employeur n'avait apporté aucune réponse aux craintes exprimées par la salariée, qu'il s'était contenté de faire état du lieu contractuel sans prendre en compte le danger encouru par elle et n'avait pris aucune mesure de protection pour prévenir un dommage prévisible.

En l'état de ces constatations, la cour a pu en déduire que l'employeur avait manqué à ses obligations contractuelles sans qu'une faute de nature à l'exonérer de sa responsabilité puisse être reprochée à la salariée.

Cass. soc. 7 décembre 2011, n° 10-22.875, BC V n° 287.

L'obligation de sécurité à laquelle est tenu l'employeur ne s'étend pas aux conséquences dommageables pouvant résulter des investigations menées par la gendarmerie, extérieures au contrat de travail, faisant suite à la prise en flagrant délit de vol d'un salarié.

Cass. soc. 26 février 2013, n° 11-25.273.

Manquements de l'employeur à son obligation

L'infraction aux règles d'hygiène et de sécurité prévue à l'article L. 4741-1 CT doit résulter d'une faute personnelle du chef d'établissement, du directeur, du gérant ou du délégataire.

À la suite d'une explosion d'atmosphère survenue à l'intérieur d'une barge, causée par l'inflammation du mélange gazeux air-vapeurs de peinture due à la manipulation d'un projecteur électrique dépourvu de sécurité, ayant fait deux blessés dont un mortellement, un chef de chantier a été poursuivi pour homicide involontaire et pour deux infractions aux règles de sécurité du travail relatives, d'une part, à l'obligation de ventiler les locaux à l'intérieur desquels sont émis, sous forme de gaz, vapeurs ou aérosols, des produits insalubres, gênants ou dangereux pour la santé des travailleurs, prévue par l'article R. 232-5-7 CT et, d'autre part, à l'interdiction d'utiliser, dans des zones présentant des risques d'explosion, des installations électriques susceptibles d'être une cause d'inflammation des atmosphères explosives.

Pour le déclarer coupable de ces chefs, les juges ont d'abord énoncé qu'après la démission de son gérant titulaire, la société a continué à fonctionner sous la direction du chef de chantier, lequel a poursuivi les contrats en cours et exécuté les commandes, ont précisé qu'il était d'ailleurs le seul interlocuteur du maître de l'ouvrage pour les travaux de peinture susvisés et ont ajouté que l'intéressé, considéré comme le responsable de la société par les divers ouvriers de l'entreprise, s'était présenté comme tel au cours de l'enquête.

Les juges ont ensuite retenu, pour caractériser la faute du prévenu, que celui-ci aurait dû prendre toutes les précautions pour assurer la sécurité et qu'en raison de ses qualités professionnelles, il ne pouvait ignorer la nécessité de ventiler les locaux et d'utiliser un système d'éclairage adapté aux risques d'explosion.

En l'état de ces énonciations, dont il résulte qu'à la date de l'accident le chef de chantier gérait en fait la société, la cour d'appel a légalement justifié sa décision.

Cass. crim. 10 mars 1998, n° 96-83.049, B. crim. n° 94.

Un salarié avait eu le pouce sectionné par le disque d'une tronçonneuse sur laquelle il usinait une pièce de métal. Le titulaire d'une délégation de pouvoirs en matière d'hygiène et de sécurité au sein de la société avait alors été poursuivi pour blessures involontaires et infraction à l'article R. 233-3 CT.

Pour retenir sa culpabilité, une cour d'appel a notamment énoncé que la tronçonneuse mise en service « avant 1981 » entrant dans la catégorie « des machines-outils à instruments tranchants tournant à grande vitesse », visées par l'article précité du code du travail, ne comportait pas les dispositifs de protection exigés par ce texte et avait relevé que la partie non travaillante de la meule de découpe n'était pas complètement protégée et qu'aucun dispositif n'avait été mis en place pour empêcher que les ouvriers ne puissent toucher involontairement la partie travaillante, un carter n'ayant été installé à cet effet qu'après l'accident.

Elle en avait déduit qu'en laissant à la disposition des salariés une machine dangereuse insuffisamment protégée, le délégataire avait commis une faute personnelle caractérisant une infraction aux règles de sécurité en relation directe avec l'accident et que la circonstance que le salarié n'eût pas fait un usage de la machine conforme à sa destination (usinage d'une pièce pour son compte personnel) n'était pas de nature à exonérer le prévenu de sa responsabilité, dès lors que cette faute n'avait pas été la cause exclusive du dommage.

En l'état de ces motifs procédant de son appréciation souveraine qui caractérisent la faute du prévenu au sens de l'article 121-3, al. 3 c. pén. (dans sa rédaction issue de la loi du 13 mai 1996), la cour d'appel a justifié sa décision. Contrairement à ce qui était allégué par le demandeur, il résulte de l'article 7, II du décret 93-40 du 11 janvier 1993 que l'article R. 233-3 CT est demeuré applicable aux instruments de travail concernés jusqu'à la réalisation effective de leur mise en conformité avec les nouvelles prescriptions techniques issues du décret précité.

Cass. crim. 30 juin 1998, n° 97-84.263, B. crim. n° 210.

Le responsable d'un chantier par délégation du chef d'entreprise a été poursuivi pour avoir enfreint, par sa faute personnelle, les dispositions légales relatives à l'hygiène et à la sécurité, ainsi que celles prévoyant des mesures particulières de protection et de salubrité du personnel exécutant des travaux du bâtiment, des travaux publics et tous autres travaux concernant les immeubles, en laissant travailler trois salariés près d'un mur-plaque en béton posé contrairement aux directives du plan particulier de sécurité et de protection de la santé et pour avoir involontairement causé une atteinte à l'intégrité d'un des salariés par manquement à une obligation de sécurité ou de prudence imposée par la loi ou les règlements (inobservation des règles de sécurité précitées).

C'est à bon droit qu'une cour d'appel a déclaré le prévenu coupable de blessures involontaires et son employeur civilement responsable.

En effet, la cour a énoncé que, bien que le prévenu ait établi le plan particulier de sécurité et de protection de la santé (PPSPS) adapté au chantier, que le matériel de protection et de sécurité se soit trouvé en place en quantité suffisante et que le personnel, pris individuellement, ait eu la compétence pour accomplir les tâches professionnelles qui lui incombaient, il lui appartenait de s'assurer que les équipes sous ses ordres appliquaient les consignes qu'il avait lui-même rappelées dans le PPSPS et qu'au-delà de la volonté de se conformer à la loi qui exige l'établissement d'un tel PPSPS, le prévenu, qui connaissait parfaitement les risques encourus, devait personnellement contrôler le chantier ou, au moins, s'assurer que les échelons intermédiaires compétents, qu'il prétendait avoir mis en place, étaient à même de le suppléer dans cette tâche de surveillance.

En l'état de ces énonciations, d'où il résulte que le prévenu qui a contribué à créer la situation ayant permis la réalisation du dommage et n'a pas pris les mesures permettant de l'éviter, a commis une faute caractérisée et qui exposait autrui à un risque d'une particulière gravité qu'il n'ignorait pas, la cour d'appel a justifié sa décision.

Cass. crim. 28 octobre 2003, n° 02-88.366.

Un salarié d'une société assumant la maîtrise d'ouvrage déléguée d'une opération de construction de logements a été poursuivi devant le tribunal correctionnel pour avoir laissé une employée d'une entreprise de nettoyage utiliser un ascenseur non conforme lors de travaux préalables à la réception des appartements et involontairement causé à celle-ci des blessures entraînant une incapacité de travail supérieure à trois mois.

Pour déclarer le salarié coupable notamment de l'infraction à la réglementation relative à l'hygiène et à la sécurité, une cour d'appel a relevé que le prévenu n'était pas fondé à invoquer un défaut de délégation de pouvoirs en matière de sécurité et qu'il ne pouvait prétendre ignorer la non-conformité de l'ascenseur, ayant pris part aux réunions de chantier et étant chargé de constater la levée des réserves des parties privatives et communes de l'immeuble ; les juges ont ajouté que le prévenu a méconnu les dispositions de l'article L. 263-2 CT et le décret du 10 juillet 1913 relatif aux appareils élévateurs, commettant ainsi une violation manifestement délibérée d'une obligation particulière de prudence ou de sécurité qui a été à l'origine des blessures de la victime.

En statuant ainsi, la cour d'appel qui, par des motifs contradictoires, a, à la fois déclaré inopérante l'argumentation du salarié prise d'un défaut de délégation de pouvoirs de la part de son employeur et retenu à la charge du prévenu une infraction aux règles de sécurité ne pouvant, selon les dispositions de l'article L. 263-2 devenu l'article L. 4741-1 CT, être imputée qu'au seul chef d'établissement ou à son délégataire, n'a pas justifié sa décision.

Cass. crim. 8 avril 2008, n° 07-80.535, B. crim. n° 96.

Le non-respect par l'employeur d'une obligation générale de sécurité peut constituer une faute inexcusable de sa part, même en l'absence de mises en garde du CHSCT ou du médecin du travail.

Une salariée chargée de la manutention des chariots-repas dans un hôpital ayant été reconnue atteinte d'une maladie professionnelle, avec un taux d'incapacité permanente partielle, a saisi une juridiction de sécurité sociale d'une demande d'indemnisation complémentaire en raison de la faute inexcusable de son employeur.

Pour rejeter sa demande, une cour d'appel, après avoir énoncé que les dispositions de l'article R. 231-66 CT imposent à l'employeur de prendre les mesures d'organisation appropriées ou d'utiliser les moyens adéquats pour éviter le recours à la manutention manuelle comportant des risques pour les travailleurs en raison de la charge ou des conditions ergonomiques défavorables, a retenu qu'en l'absence de précisions relatives aux charges pesant sur les poignets de la salariée, ces dispositions étaient insuffisantes, à elles seules, et en l'absence de prescriptions plus précises ou de mises en garde spécifiques du comité d'hygiène, de sécurité et des conditions de travail ou du médecin du travail, pour considérer que l'hôpital aurait dû avoir conscience du danger que la manutention prolongée des plateaux pouvait entraîner pour les articulations des poignets de son employée.

En statuant ainsi, alors que les dispositions de l'article R. 231-66 CT, applicables en la cause, visent l'ensemble des manutentions manuelles comportant tout risque pour les travailleurs en raison des caractéristiques de la charge ou des conditions ergonomiques défavorables, la cour d'appel a violé les articles L. 452-1 c. séc. soc. et R. 231-66 CT.

Cass. civ. 2e ch., 18 novembre 2010, n° 09-17.275, BC II n° 191.

Dans une entreprise en état de redressement judiciaire, l'administrateur est seul investi des obligations incombant au chef d'entreprise.

Aux termes de l'article L. 31 du livre des procédures collectives, l'administrateur judiciaire est tenu, dans sa mission, au respect des obligations légales et conventionnelles incombant au chef d'entreprise.

Une salariée d'une teinturerie avait eu la main happée par une machine destinée à essorer les tissus. Cette société se trouvait en état de redressement judiciaire depuis le 2 mars 1992, un administrateur judiciaire ayant reçu mission d'exercer seul l'administration de l'entreprise.

A méconnu le principe susvisé l'arrêt de cour d'appel qui a déclaré le président du directoire de cette société (du 18 février au 1er mars 1992) coupable d'infraction à la réglementation relative à la sécurité du travail et de blessures involontaires, alors qu'à la date de l'accident, l'administrateur était seul investi des obligations incombant au chef d'entreprise.

Cass. crim. 3 mars 1998, n° 95-85.808, B. crim. n° 82.

Lorsqu'il y a reprise d'une société par une autre dans le cadre d'un apport partiel d'actif, la société bénéficiaire doit réparer le préjudice subi par un ancien salarié de la société apporteuse du fait du non-respect par celle-ci de son obligation de sécurité.

Il résulte des articles L. 236-3, L. 236-20 et L. 236-22 c. com. que, sauf dérogation expresse prévue par les parties dans le traité d'apport, l'apport partiel d'actif emporte lorsqu'il est placé sous le régime des scissions, transmission universelle de la société apporteuse à la société bénéficiaire de tous les biens, droits et obligations dépendant de la branche d'activité qui fait l'objet de l'apport.

Un salarié employé par une société « C » du 3 septembre 1962 au 12 octobre 1980, selon certificat de travail du 30 mai 1991, en son établissement de La Ciotat, établissement déclaré éligible à l'allocation des travailleurs exposés à l'amiante par arrêté du 7 juillet 2000, a saisi la juridiction prud'homale le 23 juin 2010 d'une demande de réparation de son préjudice d'anxiété et de bouleversement dans ses conditions d'existence à l'encontre du liquidateur de la société « N » et de l'AGS-CGEA ; la société « N », mise en redressement judiciaire le 30 juin 1986 par le tribunal de commerce de Paris puis en liquidation le 27 février 1989 est le nouveau nom de la société de « P » regroupant depuis le 3 novembre 1982 les branches navales de trois autres sociétés, dont la société « C », apportées sous le régime des scissions.

Pour débouter le salarié de ses demandes à l'encontre du liquidateur de la société « N » et de l'AGS-CGEA et mettre hors de cause cette dernière, une cour d'appel a retenu qu'il résulte de l'article 11 du traité d'apport partiel d'actif que la société « P » a repris sans recours contre la société apporteuse les obligations contractées par cette dernière en application des seuls contrats de travail transférés dans les conditions prévues aux articles L. 122-12 et L. 132-7 CT ; que le salarié ayant cessé son activité en 1980 n'a jamais été salarié de la société « N » et celle-ci n'a pas repris les obligations contractées par le précédent employeur dont le contrat de travail ne lui a pas été transféré.

En statuant ainsi par des motifs inopérants tirés du transfert légal des contrats de travail en cours, sans qu'il résulte de ses constatations que l'obligation était étrangère à la branche d'activité apportée ou expressément exclue par le traité d'apport, la cour d'appel a violé les textes susvisés.

Cass. soc. 18 juin 2014, n° 12-29.691, BC V n° 151.

Une imprudence, une négligence ou un manquement à une obligation de prudence ou de sécurité prévue par la loi ou le(s) règlement(s) caractérise une faute.

Un ouvrier avait, pour procéder au contrôle d'une fileuse, ouvert les portes de protection de la machine en marche et sa main droite avait été broyée. Le dirigeant de l'entreprise avait été poursuivi pour infraction à la réglementation relative à la sécurité des travailleurs et délit de blessures involontaires.

Pour le relaxer et débouter la partie civile de ses demandes, une cour d'appel a énoncé que le salarié avait volontairement ouvert les portes de protection sans qu'il soit démontré qu'il ait agi soit par nécessité, la protection étant munie d'un hublot translucide permettant un contrôle visuel, soit par habitude, la consigne écrite prescrivant de ne procéder au nettoyage des machines qu'à l'arrêt de celles-ci, qu'il n'était pas établi que la transgression de cette consigne fût tolérée ou encouragée au sein de l'entreprise par le personnel d'encadrement et que la machine était conforme aux normes de sécurité et « normalement protégée de toute atteinte involontaire ».

Si les juges ont pu estimer que la machine était conforme aux normes de sécurité alors en vigueur et relaxer en conséquence le dirigeant de l'infraction au code du travail, ils ne pouvaient le relaxer, de surcroît, du chef de blessures involontaires sans rechercher si, en tant qu'employeur pourvu de la compétence, de l'autorité et des moyens nécessaires à sa mission, il avait accompli les diligences normales lui incombant, au sens de l'article 121-3 c. pén. (dans sa rédaction issue de la loi du 13 mai 1996), notamment en veillant à l'application effective des consignes écrites de sécurité, et sans constater que l'accident avait pour cause exclusive la faute de la victime.

Cass. crim. 19 novembre 1996, n° 95-85.945, B. crim. n° 413.

Pour déclarer le bénéficiaire d'une délégation de pouvoirs coupable d'infractions au décret du 8 janvier 1965 et du délit de blessures involontaires pour inobservation des règlements, une cour d'appel a retenu que le prévenu n'a pas pris les mesures efficaces pour empêcher la chute de la pièce soulevée et qu'il aurait dû, vu le risque particulier d'accrochage, faire procéder à un guidage à distance.

Il résulte de ces motifs que le prévenu, pourvu de la compétence, de l'autorité et des moyens nécessaires à l'exercice de sa mission, n'a pas accompli les diligences normales qui lui incombaient pour assurer le respect de la réglementation en matière de sécurité du travail ; ce manquement ayant été à l'origine des blessures subies par la victime, la cour d'appel a justifié sa décision au regard tant de l'article 222-19 c. pén. que de son article 121-3 dans sa rédaction issue de la loi du 13 mai 1996.

Cass. crim. 30 octobre 1996, n° 94-83.650, B. crim. n° 389.

Le salarié d'une entreprise ayant trouvé la mort lors de la manœuvre d'un pont roulant, le chef du département décapage-laminage, titulaire d'une délégation de pouvoirs en matière d'hygiène et de sécurité, a été poursuivi pour infraction au décret du 23 août 1947 concernant les appareils de levage et homicide involontaire.

Il résulte des constatations des juges du fond que le prévenu, pourvu de la compétence, de l'autorité et des moyens nécessaires à l'exercice de sa mission, n'a pas accompli, avant son départ en congés annuels, les diligences normales qui lui incombaient pour assurer le respect des règles relatives à la sécurité des travailleurs chargés d'effectuer en son absence les travaux prévus au cours de cette période et qui exigeaient des précautions particulières.

Ce manquement ayant concouru à la survenance de l'accident, la cour d'appel, qui a déclaré l'intéressé coupable d'homicide involontaire et d'infraction aux règles relatives à la sécurité des travailleurs, a justifié sa décision, tant au regard des articles 319 et 221-6 c. pén. que de son article 121-3, dans sa rédaction issue de la loi du 13 mai 1996.

Cass. crim. 17 juin 1997, n° 95-83.010, B. crim. n° 237.

A légalement justifié sa décision la cour d'appel qui, pour déclarer un directeur d'usine coupable d'avoir involontairement causé à un salarié une atteinte à l'intégrité de sa personne entraînant une incapacité totale de travail supérieure à trois mois, a énoncé que, en laissant un salarié, inexpérimenté et n'ayant suivi aucune formation particulière à la sécurité, travailler sur une machine dont les éléments mobiles étaient dépourvus de tout dispositif de protection, il avait commis une faute caractérisée qui exposait autrui à un risque d'une particulière gravité qu'il ne pouvait ignorer.

Cass. crim. 26 octobre 2004, n° 04-82.155.

A justifié sa décision déclarant coupables une société et son dirigeant du délit de blessures involontaires, la cour d'appel qui a relevé que le technicien de maintenance et l'agent de production affecté au fonctionnement de la machine n'avaient pas reçu une formation suffisante à la sécurité au sens des articles R. 233-2 et R. 233-3 CT et que les organes de service du matériel n'étaient pas clairement identifiables ainsi que le prescrit l'article R. 233-19 du même code et ajouté que la responsabilité pénale de la société était engagée du fait de ces manquements et que le dirigeant avait commis une faute caractérisée exposant autrui à un risque d'une particulière gravité qu'il ne pouvait ignorer compte tenu de son expérience et de sa compétence technique.

Cass. crim. 6 novembre 2007, n° 07-80.031, 2ᵉ moyen, B. crim. n° 265.

Un électromécanicien a été mortellement blessé au moment où ce salarié, pour changer les lampes du hall d'un atelier, manœuvrait, avec l'aide d'un ouvrier intérimaire désigné dans les heures précédant l'accident, une nacelle autoportée de location, mise le matin même à la disposition de la société sans aucune démonstration de fonctionnement ; à l'issue d'une information, ladite société a été renvoyée devant la juridiction de jugement pour avoir causé la mort du salarié par maladresse, imprudence, inattention, négligence ou manquement à une obligation de sécurité ou de prudence imposée par la loi ou le règlement, en l'espèce, en omettant de respecter la notice d'utilisation de la nacelle qui prescrivait la présence de deux opérateurs formés.

C'est à bon droit que, pour dire la prévention établie, une cour d'appel a relevé, notamment au titre des manquements à l'origine de l'accident, que la notice d'utilisation que la société reconnaît avoir eue en sa possession souligne la nécessité impérieuse, pour le conducteur de la nacelle, d'une formation à la sécurité spécifique à ce type de matériel ; elle a ajouté que la victime de l'accident n'avait pas bénéficié de la formation qui lui aurait permis de se rendre compte du péril qu'il y avait à déplacer la nacelle en tournant le dos au sens de marche de l'engin, comme elle l'avait fait, et à remplacer « au pied levé », avec l'autorisation de son employeur, le salarié devant lui apporter, aide et assistance par un parent, intérimaire électricien, dont le concours avait été inadapté.

Cass. crim. 15 janvier 2008, n° 07-80.800, 1ᵉʳ moyen, B. crim. n° 6.

Un salarié, occupé à la pose de poteaux électriques sur un terrain présentant une forte déclivité, a été mortellement blessé par le basculement de l'engin spécial qu'il était chargé de piloter. Les opérations d'expertise ont révélé que le conducteur, qui était qualifié pour ce type d'intervention, utilisait un appareil inadapté à la tâche qui lui avait été confiée.

Le gérant de l'entreprise qui employait la victime a été renvoyé devant le tribunal correctionnel pour homicide involontaire. Pour confirmer le jugement qui a relaxé le prévenu et débouté de leurs demandes les ayants droit de la victime, une cour d'appel, après avoir relevé que le prévenu, qui n'avait pas connaissance des restrictions d'utilisation de l'engin, n'était pas intervenu sur le chantier, a retenu que la sous-évaluation des risques qui pouvait lui être reprochée n'était pas suffisante pour établir l'existence d'une faute caractérisée au sens de l'article 121-3, al. 4 c. pén., dès lors que ni dans son entreprise ni dans l'entreprise qui lui avait confié le chantier n'avaient été pris en compte les risques encourus, qui auraient impliqués des consignes particulières et en a déduit que la preuve n'était pas rapportée de ce que le prévenu avait connaissance de tels risques.

En statuant ainsi, sans rechercher si le prévenu, compte tenu de ses fonctions, de ses compétences, ainsi que du pouvoir et des moyens dont il disposait, avait accompli les diligences normales qui lui incombaient et, notamment, si la fausse manœuvre retenue à la charge de son salarié n'avait pas été rendue possible par un défaut de surveillance et d'organisation du chantier à même de lui être imputée et susceptible d'entrer dans les prévisions de l'article 121-3, al. 4 c. pén., la cour d'appel n'a pas justifié sa décision de relaxer le prévenu du chef d'homicide involontaire.

Cass. crim. 11 janvier 2005, n° 04-84.196.

Pour déclarer le prévenu coupable du délit de blessures involontaires ayant entraîné plus de trois mois d'incapacité totale de travail, une cour d'appel a constaté que la victime, stagiaire, qui assurait la réception d'un cordage imposant et lourd et ne bénéficiait d'aucune protection, se trouvait dans une position particulièrement instable et périlleuse lorsque le bateau a démarré ; les juges ont énoncé que le prévenu ne pouvait nier avoir connu le caractère dangereux de la manœuvre, un autre accident s'étant produit dans des circonstances similaires, et qu'il avait commis une faute d'imprudence caractérisée en faisant travailler un jeune stagiaire à des tâches présentant un danger grave.

En l'état de ces motifs exempts d'insuffisance comme de contradiction et procédant de son appréciation souveraine des faits et circonstances de l'espèce, d'où il résultait que le prévenu avait causé indirectement les blessures de la victime en ne prenant pas les mesures qui auraient permis de les éviter, et qu'il avait commis une faute caractérisée qui exposait autrui à un risque d'une particulière gravité qu'il ne pouvait ignorer, la cour d'appel, qui a répondu aux chefs péremptoires des conclusions dont elle était saisie, a fait l'exacte application des dispositions des articles 121-3, al. 4 et 222-19 c. pén.

Cass. crim. 6 décembre 2005, n° 04-87.661, 1er moyen, B. crim. n° 314.

Tel est le cas lorsque l'employeur a manqué à son obligation de mettre à disposition des salariés des équipements de travail garantissant leur sécurité.

Un salarié a été blessé par la chute d'un cylindre d'acier d'une tonne et demie qu'il plaçait sur des tréteaux qui ont basculé. À la suite de cet accident, le président de la société a été poursuivi pour blessures involontaires et pour avoir mis à disposition des trois salariés utilisant les tréteaux un équipement qui n'était pas adapté à la prévention des risques de chute d'objets.

Pour condamner le prévenu de ces chefs, une cour d'appel a retenu que le chef d'établissement a, aux termes des articles L. 233-5-1, R. 233-1 et R. 233-5 CT, l'obligation de mettre à disposition du personnel des équipements de travail installés de telle sorte que leur stabilité soit assurée, qu'en l'espèce, la conception des tréteaux, équipés de butées situées à l'extérieur de l'axe de leurs pieds, et qui, en outre, n'étaient pas scellés au sol, ne permettait pas d'en assurer l'équilibre et que la chute de ces supports était prévisible, comme l'établissaient les déclarations des salariés, et qu'elle avait été la cause de l'accident.

En l'état de ces énonciations, d'où il résultait que le prévenu, qui avait contribué à créer la situation ayant permis la réalisation du dommage et n'avait pas pris les mesures permettant de l'éviter, avait commis une faute caractérisée exposant autrui à un risque d'une particulière gravité qu'il ne pouvait ignorer, au sens de l'article 121-3, al. 4 c. pén., la cour d'appel a légalement justifié sa décision.

Cass. crim. 13 septembre 2005, n° 04-85.736, 1er et 2e moyens réunis, B. crim. n° 224. Voir aussi cass. crim. 28 avril 2009, n° 08-83.843, B. crim. n° 80.

Il appartient à l'employeur qui considère injustifiée la prise d'acte de la rupture par un salarié qui, étant victime d'un accident du travail, invoque une inobservation des règles de prévention et de sécurité, de démontrer que la survenance de cet accident est étrangère à tout manquement à son obligation de sécurité de résultat.

Cass. soc. 12 janvier 2011, n° 09-70.838, BC V n° 14. Voir aussi cass. soc. 27 janvier 2016, n° 14-10.639.

Lorsque l'employeur n'a pas exécuté les obligations mises à sa charge pour assurer la protection de la santé au travail, le refus du salarié d'effectuer une tâche présentant un danger pour sa santé n'est pas fautif.

Aux termes de l'article R. 231-56-11 CT, un travailleur ne peut être affecté à des travaux l'exposant à un agent cancérogène, mutagène ou toxique pour la reproduction que s'il a fait l'objet d'un examen préalable par le médecin du travail et si la fiche d'aptitude atteste qu'il ne présente pas de contre-indication médicale à ces travaux ; il en résulte que ne constitue pas une faute le refus du salarié d'effectuer une tâche à l'accomplissement de laquelle il ne peut être affecté dès lors que l'employeur n'a pas exécuté les obligations mises à sa charge pour assurer la protection de la santé au travail.

C'est à tort que, pour juger que le licenciement pour faute d'une salariée en raison de son refus d'exécuter des travaux impliquant la manipulation de produits cytostatiques était fondé sur une cause réelle et sérieuse, une cour d'appel a retenu que l'intéressée n'avait à aucun moment exercé son droit de retrait et ne s'était jamais prévalue d'une situation de travail dont elle aurait eu un motif de penser qu'elle présentait un danger grave et imminent pour sa vie ou sa santé, se bornant à faire état d'une incapacité psychologique et technique, alors qu'elle avait constaté que les tâches demandées à la salariée l'exposaient à un agent cancérogène, mutagène ou toxique pour la reproduction et que la fiche d'aptitude délivrée par le médecin du travail ne comportait aucune mention relative à l'absence de contre-indication à ces travaux.

Cass. soc. 18 décembre 2007, n° 06-43.801, BC V n° 212.

Un lien de causalité doit exister entre la faute personnelle et le dommage.

Un salarié d'une entreprise effectuant des travaux de maintenance sur un mélangeur d'une société « C » avait été mortellement blessé lors de la mise en marche inopinée de cet appareil qui était sous tension. Le directeur de l'usine de la société « C » avait été cité devant le tribunal correctionnel des chefs d'homicide involontaire et d'infractions aux règles de sécurité, et déclaré coupable de l'ensemble de ces infractions par la cour d'appel.

En effet, les dispositions des articles R. 237-5 et s. CT étant applicables en l'espèce et le directeur, qui n'avait pas délégué ses pouvoirs en matière de sécurité dans les conditions prévues par l'article

R. 237-3 CT, ayant commis une faute personnelle en relation avec le décès de la victime en omettant d'établir un plan de prévention avec le dirigeant de l'entreprise extérieure préalablement à l'exécution des travaux sur le mélangeur et en ne fournissant pas d'instructions précises à l'ensemble des intervenants pour assurer la mise hors tension de cet appareil pendant toute la durée des travaux, la cour d'appel a justifié sa décision.

Cass. crim. 12 mai 1998, n° 97-82.188, 2e moyen, B. crim. n° 159.

Les obligations des travailleurs dans le domaine de la sécurité et de la santé au travail n'affectent pas le principe de responsabilité de l'employeur.

Pour limiter le montant des dommages-intérêts alloués à une salariée pour manquements de l'employeur à son obligation de sécurité de résultat et pour inexécution déloyale du contrat de travail, une cour d'appel, après avoir relevé que les certificats médicaux joints aux débats attestaient des conséquences des conditions de travail de l'intéressée sur sa santé et que la société était manifestement fautive pour n'avoir pas pris en compte les risques d'un état de fait qu'elle connaissait, a retenu que l'indemnisation due devait également inclure la propre attitude de la salariée, laquelle avait elle-même concouru à son dommage en acceptant un risque qu'elle dénonçait dans le même temps, s'il correspondait à une augmentation de son salaire, et que si elle était dans son droit de le faire, il était néanmoins juste qu'elle en supporte également les incidences.

En statuant ainsi, alors que les obligations des travailleurs dans le domaine de la sécurité et de la santé au travail n'affectent pas le principe de responsabilité de l'employeur, la cour d'appel a violé l'article L. 4121-1 CT.

Cass. soc. 10 février 2016, n° 14-24.350, 1er moyen du pourvoi incident, BC V n° 30.

La faute de la victime, à la supposer établie, ne saurait exonérer le prévenu de la responsabilité pénale qu'il encourt du fait de sa propre faute.

Un salarié était décédé par intoxication alors qu'il se trouvait dans une cuve à carburant pour la nettoyer.

C'est à bon droit qu'une cour d'appel a retenu la culpabilité du chef du service hydrocarbures de la société, titulaire d'une délégation de pouvoirs en matière de sécurité, au motif que ses manquements avaient concouru à la survenance du dommage. D'une part, il n'avait pas organisé de formation en matière de sécurité au profit des salariés demeurés en surface, et en conséquence ces derniers n'avaient pas assuré la surveillance nécessaire lors de l'opération de nettoyage et, d'autre part, il aurait dû mettre à la disposition de la victime un masque à gaz et veiller à ce que la réalisation de l'opération ne soit pas précipitée, mais à ce que le délai prévu permette une réalisation dans « les règles de l'art » ; enfin, la faute de la victime ne pouvait être considérée comme ayant été la cause exclusive de l'accident, même si le salarié bénéficiait d'une certaine ancienneté dans l'entreprise et d'une expérience de plusieurs années, avait conscience du fait qu'il ne devait pas descendre dans les cuves sans harnais de sécurité et avait 2,01 g d'alcool dans le sang.

Cass. crim. 27 juin 2000, n° 99-85.225. Voir aussi cass. crim. 19 octobre 1999, n° 98-87.598 ; cass. crim. 30 mai 2000, n° 99-87.578, 2e moyen.

Le vendeur d'une machine, tenu de satisfaire à des procédures de certification, peut être poursuivi pénalement s'il a enfreint ses obligations et si ce manquement est à l'origine d'un accident.

À la suite de l'accident mortel causé par la chute de la flèche d'une grue, l'utilisateur de la grue et employeur de la victime, ainsi que le vendeur de la grue, avaient été poursuivis pour homicide involontaire et pour infraction à la réglementation relative aux équipements de travail, l'un, pour avoir vendu une grue d'occasion sans avoir satisfait aux procédures de certification de conformité, l'autre, pour avoir fait utiliser celle-ci sans avoir fait procéder aux vérifications réglementaires avant sa mise en service.

Ayant relevé que la grue présentait deux défectuosités à l'origine de l'accident et retenu que cet accident ne se serait pas produit si l'intéressé avait satisfait aux procédures de certification auxquelles il était tenu en sa qualité de vendeur de la grue et à l'occasion desquelles ces non-conformités auraient été décelées et réparées, les juges ont caractérisé l'existence d'un lien de causalité entre le manquement retenu à la charge du prévenu et l'accident ayant causé le décès de la victime, et ont pu déclarer le vendeur coupable des infractions visées à la prévention, la faute, par ailleurs retenue à la charge de l'utilisateur de la grue, n'exonérant pas le vendeur des conséquences de sa propre faute.

Cass. crim. 24 février 1998, n° 97-80.902.

Si l'organisation du travail décidée par l'employeur est de nature à compromettre la santé et la sécurité des travailleurs concernés, sa mise en œuvre doit être suspendue.

L'employeur est tenu, à l'égard de son personnel, d'une obligation de sécurité de résultat qui lui impose de prendre les mesures nécessaires pour assurer la sécurité et protéger la santé des travailleurs ; il lui est interdit, dans l'exercice de son pouvoir de direction, de prendre des mesures qui auraient pour objet ou pour effet de compromettre la santé et la sécurité des salariés.

Après avoir constaté que la nouvelle organisation du travail de maintenance et de surveillance mise en place par un employeur dans une centrale réduisait le nombre des salariés assurant le service de jour et entraînait l'isolement du technicien qui en était chargé en début de service et en fin de journée, ainsi que pendant la période estivale et à l'occasion des interventions, cet isolement augmentant les risques liés au travail dans l'établissement, et que le dispositif d'assistance mis en place était insuffisant pour garantir la sécurité des salariés, une cour d'appel a pu en déduire que cette organisation était de nature à compromettre la santé et la sécurité des travailleurs concernés et que sa mise en œuvre devait, en conséquence, être suspendue.

Cass. soc. 5 mars 2008, n° 06-45.888, BC V n° 46.

Mais l'employeur peut démontrer qu'il a pris les mesures de prévention requises pour accompagner son projet et satisfaire ainsi à son obligation de sécurité de résultat.

Une société exploitant une usine de retraitement de combustibles nucléaires avait entrepris d'en externaliser la « direction industrielle de production d'énergie » (DI/PE) en confiant à un prestataire l'approvisionnement de l'usine en énergie et fluides. Des syndicats avaient saisi le tribunal de grande instance pour obtenir l'annulation et, subsidiairement, la suspension de la mise en œuvre de ce projet. Par jugement du 5 juillet 2011, un tribunal de grande instance a annulé ce projet en raison des risques psychosociaux encourus par les salariés affectés à l'activité DI/PE qui devaient, après avoir formé le personnel du prestataire, être reclassés à d'autres postes.

C'est à bon droit qu'après avoir constaté que l'employeur avait initié, outre un processus de reclassement des salariés, un plan global de prévention des risques psychosociaux comportant notamment un dispositif d'écoute et d'accompagnement ainsi qu'un dispositif d'évolution des conditions de vie au travail et de formation des managers et que cette démarche s'était poursuivie dans la durée, donnant lieu à un suivi mensuel, une cour d'appel a infirmé le jugement et décidé qu'il n'y avait pas lieu d'interdire la mise en œuvre du projet d'externalisation de l'activité du service DI/PE.

Cass. soc. 22 octobre 2015, n° 14-20.173, 1er moyen, BC V n° 202.

Risques liés à l'amiante

• Préjudice économique

Le salarié bénéficiant de l'allocation de cessation anticipée ne peut pas obtenir de l'employeur fautif, sur le fondement des règles de la responsabilité civile, réparation d'une perte de revenu résultant de la mise en œuvre du dispositif légal.

Selon l'article 41 de la loi 98-1194 du 23 décembre 1998, qui crée un dispositif spécifique destiné à compenser la perte d'espérance de vie que peuvent connaître des salariés en raison de leur exposition à l'amiante, une allocation de cessation anticipée d'activité est versée aux salariés et anciens salariés des établissements de fabrication de matériaux contenant de l'amiante, des établissements de flocage et de calorifugeage à l'amiante ou de construction et de réparations navales, sous réserve qu'ils cessent toute activité professionnelle, lorsqu'ils remplissent certaines conditions ; le salarié qui est admis au bénéfice de l'allocation de cessation anticipée d'activité présente sa démission à son employeur ; il résulte de ces dispositions que le salarié qui a demandé le bénéfice de l'allocation n'est pas fondé à obtenir de l'employeur fautif, sur le fondement des règles de la responsabilité civile, réparation d'une perte de revenu résultant de la mise en œuvre du dispositif légal.

Cass. soc. 25 septembre 2013, n° 11-20.948, 1er moyen du pourvoi du salarié, BC V n° 212.

Le salarié ne peut pas demander réparation du préjudice économique résultant de la baisse substantielle des revenus compensés par une inactivité non souhaitée résultant de l'adhésion au dispositif de l'allocation de cessation anticipée d'activité.

Après avoir constaté qu'un salarié fondait sa demande sur la baisse substantielle de ses revenus compensée par une inactivité non souhaitée résultant de l'adhésion au dispositif de l'ACAATA, une cour d'appel en a exactement déduit que cette demande, qui ne visait qu'à voir réparer sous une autre dénomination son préjudice économique, ne pouvait qu'être rejetée.

Cass. soc. 25 septembre 2013, n° 11-20.948, 2e moyen du pourvoi du salarié, BC V n° 212.

• Préjudice d'anxiété

Subit un préjudice spécifique d'anxiété le salarié se trouvant, par le fait de l'employeur, dans une situation d'inquiétude permanente face au risque de déclaration à tout moment d'une maladie liée à l'amiante.

Après avoir constaté qu'un salarié, qui avait travaillé dans l'un des établissements mentionnés à l'article 41 de la loi 98-1194 du 23 décembre 1998 et figurant sur une liste établie par arrêté ministériel pendant une période où y étaient fabriqués ou traités l'amiante ou des matériaux contenant de l'amiante, se trouvait, par le fait de l'employeur, dans une situation d'inquiétude permanente face au risque de déclaration à tout moment d'une maladie liée à l'amiante, qu'il se soumette ou non à des contrôles et examens médicaux réguliers, une cour d'appel a ainsi caractérisé l'existence d'un préjudice spécifique d'anxiété.

Cass. soc. 25 septembre 2013, n° 11-20.948, 1er moyen du pourvoi de l'AGS et 1er moyen du pourvoi de l'employeur, BC V n° 212. Voir aussi cass. soc. 25 septembre 2013, n° 12-12.883, 3 dernières branches du 1er moyen du pourvoi de l'employeur et 1er moyen du pourvoi de l'AGS, BC V n° 208 ; cass. soc. 25 septembre 2013, n° 12-20.157, 2e moyen, BC V n° 209 ; cass. soc. 31 mars 2016, n° 14-24.558.

Le salarié qui justifie d'une exposition à l'amiante générant un risque élevé de développer une pathologie grave peut agir contre son employeur en réparation de son préjudice d'anxiété, sur le fondement des règles de droit commun régissant l'obligation de sécurité de ce dernier, quand bien même il n'aurait pas travaillé dans l'un des établissements mentionnés à l'article 41 de la loi 98-1194 du 23 décembre 1998 modifiée, et obtenir une indemnisation si le manquement de l'employeur à l'obligation de sécurité et la réalité de son préjudice sont établis, ce qu'il lui appartient de démontrer.

Cass. ass. plén. 5 avril 2019, n° 18-17.442, à paraître.

Le salarié qui a travaillé dans l'un des établissements mentionnés à l'article 41 de la loi 98-1194 du 23 décembre 1998 et figurant sur une liste établie par arrêté ministériel pendant une période où y étaient fabriqués ou traités l'amiante ou des matériaux contenant de l'amiante n'a pas à démontrer son préjudice d'anxiété pour être indemnisé à ce titre.

Le salarié, qui a travaillé dans l'un des établissements mentionnés à l'article 41 de la loi 98-1194 du 23 décembre 1998 et figurant sur une liste établie par arrêté ministériel pendant une période où y étaient fabriqués ou traités l'amiante ou des matériaux contenant de l'amiante, et se trouve, de par le fait de l'employeur, dans une situation d'inquiétude permanente face au risque de déclaration à tout moment d'une maladie liée à l'amiante, qu'il se soumette ou non à des contrôles et examens médicaux réguliers, subit un préjudice spécifique d'anxiété ; l'indemnisation accordée au titre d'un préjudice d'anxiété répare l'ensemble des troubles psychologiques, y compris ceux liés au bouleversement dans les conditions d'existence résultant du risque de déclaration à tout moment d'une maladie liée à l'amiante.

Pour débouter des salariés de leurs demandes au titre des préjudices d'anxiété et de bouleversement des conditions d'existence, une cour d'appel a retenu que les intéressés n'avaient versé aucune pièce sur leur état de santé, sur une éventuelle anxiété, sur un suivi médical et sur leurs conditions d'existence, de sorte qu'ils n'avaient pas prouvé que leur exposition à l'amiante avait généré de tels préjudices.

En statuant ainsi, alors que les salariés avaient travaillé dans l'un des établissements mentionnés à l'article 41 de la loi 98-1194 du 23 décembre 1998 et figurant sur une liste établie par arrêté ministériel pendant une période où y étaient fabriqués ou traités l'amiante ou des matériaux contenant de l'amiante, en sorte qu'ils pouvaient prétendre à l'indemnisation d'un préjudice d'anxiété réparant l'ensemble des troubles psychologiques induits par l'exposition au risque, la cour d'appel a violé les articles L. 4121-1 CT et 1147 c. civ., et le principe de la réparation intégrale.

Cass. soc. 2 avril 2014, n° 12-28.616, BC V n° 95 (arrêt n° 2). Voir aussi cass. soc. 2 avril 2014, n° 12-29.825, 2e moyen, BC V n° 95 (arrêt n° 1) ; cass. soc. 3 mars 2015, n° 13-20.474, BC V n° 42.

Un salarié remplissant les conditions d'adhésion prévues par l'article 41 de la loi 98-1194 du 23 décembre 1998 et l'arrêté ministériel, a droit à la réparation automatique d'un préjudice spécifique d'anxiété, qu'il ait ou non adhéré à ce régime légal…

Cass. soc. 3 mars 2015, n° 13-20.486, BC V n° 31.

… et peu important son âge à la date de la mise en place du dispositif ACAATA.

Cass. soc. 27 avril 2017, n° 16-16.587.

L'indemnisation accordée au titre du préjudice d'anxiété répare l'ensemble des troubles psychologiques, y compris ceux liés au bouleversement dans les conditions d'existence résultant du risque de déclaration à tout moment d'une maladie liée à l'amiante…

Cass. soc. 25 septembre 2013, n° 12-20.912, 3e moyen, BC V n° 202. Voir aussi cass. soc. 25 septembre 2013, n° 12-12.110, BC V n° 201 ; cass. soc. 25 septembre 2013, n° 12-12.883,

2e moyen du pourvoi de l'employeur et 2e moyen du pourvoi de l'AGS, BC V n° 208 ; cass. soc. 25 septembre 2013, n° 12-20.157, 3e moyen, BC V n° 209 ; cass. soc. 3 mars 2015, n° 13-21.832, 3e moyen, BC V n° 40 ; cass. soc. 10 février 2016, n° 14-26.909, 4e branche du 1er moyen et 2e branche du 2e moyen, BC V n° 31 ; cass. soc. 26 avril 2017, n° 15-19.037, BC V n° 71 ; cass. soc. 27 janvier 2016, n° 15-10.640, BC V n° 17 ; cass. soc. 21 septembre 2017, n° 16-15.130, BC V n° 161.

… et le préjudice lié à la perte d'espérance de vie.

Cass. soc. 3 mars 2015, n° 13-21.832, 2e moyen, BC V n° 40.

La déclaration de la maladie et le contentieux auquel elle a donné lieu ne privent pas le salarié du droit de demander à la juridiction prud'homale la réparation des conséquences du trouble psychologique, compris dans le préjudice d'anxiété, subi avant la déclaration de la maladie.

Cass. soc. 25 septembre 2013, n° 12-20.157, 1er moyen, BC V n° 209. Voir aussi cass. soc. 2 avril 2014, n° 12-29.825, 1er moyen, BC V n° 95 (arrêt n° 1) cass. soc. 28 mai 2014, n° 12-12.949, BC V n° 127.

Est irrecevable la demande de réparation d'un préjudice d'anxiété en lien avec une exposition à l'amiante formée par un salarié ayant signé une transaction aux termes de laquelle il déclarait être rempli de tous ses droits et ne plus avoir aucun chef de grief quelconque à l'encontre de la société du fait de l'exécution ou de la rupture du contrat de travail.

Cass. soc. 11 janvier 2017, n° 15-20.040, BC V n° 7.

• Responsabilité de l'État

Un employeur, condamné par le juge judiciaire à indemniser ses salariés en raison d'un manquement à son obligation d'assurer leur sécurité et la protection de leur santé, peut se retourner contre l'État lorsque l'administration a, du fait de l'insuffisance de la réglementation, commis une faute ayant concouru à la réalisation des préjudices…

Ainsi, s'agissant de salariés victimes de maladies professionnelles liées à l'amiante, le Conseil d'État, chargé de répartir la réparation du dommage entre la société employeur et l'État, a estimé que pour la période antérieure à 1977, la faute des pouvoirs publics à ne pas prendre de mesures propres à limiter les dangers de l'amiante et la faute de la société à protéger ses salariés avaient toutes deux concouru au développement de ces maladies professionnelles. Il a en conséquence procédé à un partage de responsabilité à hauteur de deux tiers pour la société et un tiers pour l'État.

Pour la période postérieure à 1977, le Conseil d'État a relevé que les évolutions réglementaires avaient été de nature à réduire les risques de maladies professionnelles, alors que la société n'avait pas respecté la réglementation sur cette période ; il a estimé, dans ces conditions, qu'elle ne démontrait pas que l'État serait partiellement responsable du développement des maladies de ses salariés.

CE 9 novembre 2015, n° 342468, Rec. Lebon p. 379.

… et il n'en va autrement que si cet employeur a délibérément commis une faute d'une particulière gravité.

Un salarié, employé par une société de 1974 à 2005, a été victime d'une maladie professionnelle liée à son exposition aux poussières d'amiante, dont il est décédé en 2005.

Invoquant la carence des pouvoirs publics dans l'exercice de leur mission de prévention des risques professionnels, la société a demandé à l'État, d'une part, de la garantir pour moitié des sommes qu'elle a été condamnée par l'autorité judiciaire à verser aux ayants droit du salarié décédé en raison de son exposition à l'amiante et, d'autre part, de l'indemniser du préjudice qu'elle estime avoir subi du fait de cette faute.

Ayant constaté que la société, spécialisée dans la production d'amiante-ciment depuis sa création en 1922, devenue la principale entreprise de ce secteur en France et ayant des liens étroits avec des entreprises recourant aux mêmes procédés de fabrication à l'étranger, avait déjà au cours de la période en litige, allant de 1974 à 1977, une connaissance particulière des dangers liés à l'utilisation de l'amiante, que les salariés travaillaient dans une atmosphère fortement empoussiérée d'amiante, que le travail effectué par la victime l'avait particulièrement exposé aux poussières d'amiante et qu'il était rapporté que les salariés travaillaient sans aucune mesure de protection, une cour d'appel a pu décider, dans l'exercice de son pouvoir souverain d'appréciation, que cette société n'établissait pas avoir pris de mesure particulière de protection individuelle et collective de ses salariés exposés avant 1977, et en particulier de la victime, par des installations efficaces, contrôlées, surveillées et entretenues de limitation et d'évacuation des poussières, conformément à la réglementation alors en vigueur.

C'est à bon droit qu'elle en a déduit, sans s'être bornée à relever l'existence d'une faute inexcusable au sens de l'article L. 452-1 c. séc. soc., que la société était l'auteur, pour la période antérieure au décret du 17 août 1977 relatif aux mesures particulières d'hygiène applicables dans les établissements où le personnel est exposé à l'action des poussières d'amiante, d'une faute d'une particulière gravité délibérément commise, faisant obstacle à ce qu'elle se prévale de la carence fautive de l'État.

CE 26 mars 2018, n° 401376, Rec. Lebon p. 104.

• Mise en danger de la vie d'autrui

Une société M., société de construction et de vente, a entrepris la réalisation d'un chantier situé quartier de l'Annonciade à Bastia ; les travaux d'excavation du site et de construction étant susceptibles d'exposer les salariés et les riverains à l'inhalation de poussières d'amiante, une ordonnance du juge des référés du 15 février 2012 a interdit le commencement des travaux jusqu'à l'autorisation de l'inspection du travail ; le 21 mai 2012, la société M. a passé un marché avec une société V., dont M. X... était le directeur d'exploitation, pour le terrassement et la construction de trois immeubles ; le chantier a commencé après la délivrance de l'autorisation de travaux le 13 juillet 2012 ; par procès verbaux des 21, 27, 31 août et 13 et 14 septembre, l'inspectrice du travail a relevé notamment le recouvrement insuffisant des déblais amiantifères, la présence d'une clôture de confinement ne permettant pas de limiter la propagation de fibres d'amiante, l'absence de nettoyage de la pelle de terrassement, la réalisation d'opérations de mesurage de l'air en fibres d'amiante non conformes, la définition d'un mode opératoire relatif aux mesures de prévention et de protection insuffisant et constaté un mesurage supérieur à la limite autorisée de fibres d'amiante par litre d'air ; la société V. et M. X... ont été cités devant le tribunal correctionnel pour emploi de travailleurs à une activité comportant un risque d'exposition à des agents chimiques cancérogènes mutagènes ou toxiques pour la reproduction sans respect des règles de prévention et mise en danger de la vie d'autrui ; le tribunal les a relaxés du chef de ce délit ; les prévenus et le procureur de la République ont interjeté appel du jugement.

Pour déclarer les prévenus coupables de mise en danger de la vie d'autrui, une cour d'appel, après avoir rappelé qu'il résultait de l'ensemble des textes applicables à la date des faits, qu'avant même la mise en œuvre de l'arrêté du 14 août 2012 et l'entrée en vigueur du décret 2012-639 du 4 mai 2012, l'entreprise intervenant sur un chantier où le risque d'inhalation de fibres d'amiantes est identifié et connu, était débitrice d'une obligation générale de sécurité de résultat, non seulement à l'égard de ses salariés mais aussi à l'égard de toute personne se trouvant à proximité du site, et d'une obligation générale d'adaptation à l'évolution des connaissances scientifiques, a relevé que la société V. et, sur sa délégation, M. X... avaient violé délibérément l'obligation générale de sécurité qui pesait sur eux ainsi que les obligations particulières issues du décret 2006-761 du 30 juin 2006 relatif à la protection contre les risques liés à l'inhalation de poussières d'amiante, tant à l'égard des salariés qu'à l'égard du public avoisinant, par plusieurs manquements tels que l'absence de protection aux abords immédiats du chantier, l'installation de grillages permettant la dissémination des fibres, la présence de portions importantes de terrains rocheux laissées à découvert ou le non nettoyage des engins ; les juges ont ensuite retenu que, alors que le risque de dommage auquel était exposée la victime doit être certain sans qu'il soit nécessaire que ce risque se soit réalisé de manière effective, en l'état des données de la science disponibles bien avant le temps de la prévention, le degré de probabilité de développer un cancer du poumon ou un cancer de la plèvre dans les 30 à 40 ans de l'inhalation de poussières d'amiante est certain, sans qu'il n'y ait ni effet de seuil, en deçà duquel il n'existerait aucun risque ni traitement curatif efficace ; ils en ont déduit que le chantier de terrassement litigieux présentant la particularité de porter des roches et des terres naturellement amiantifères, connues et identifiées avant l'acceptation du marché, la défaillance dans la mise en œuvre de la protection du public et des salariés contre l'inhalation de poussières d'amiante produites par les travaux entrepris sur le site entraînait un risque de mort ou de blessures graves lié à l'inhalation de fibres d'amiante.

En se déterminant ainsi, par des motifs qui établissent l'exposition d'autrui à un risque de mort, de mutilation ou d'infirmité permanente, en relation directe et immédiate avec la violation manifestement délibérée des dispositions du code du travail, la cour d'appel a justifié sa décision de déclarer la société et son directeur d'exploitation coupables du délit de mise en danger de la vie d'autrui.

Cass. crim. 19 avril 2017, n° 16-80.695, B. crim. n° 107.

Tabagisme dans l'entreprise

L'employeur est tenu d'une obligation de sécurité de résultat vis-à-vis de ses salariés, en ce qui concerne leur protection contre le tabagisme dans l'entreprise.

Selon l'article 1er du décret 92-478 du 29 mai 1992, devenu l'article R. 3511-1 c. santé publ., l'interdiction de fumer dans les lieux affectés à un usage collectif s'applique dans tous les lieux fermés et couverts qui constituent les lieux de travail ; en application de l'article 4 dudit décret, devenu les articles R. 3511-4 et R. 3511-5 du même code, dans les établissements mentionnés aux articles L. 231-1 et L. 231-1-1 CT, il appartient à l'employeur qui entendrait déroger à cette interdiction dans les locaux de travail autres que ceux affectés à l'ensemble des salariés, tels les bureaux à usage collectif, d'établir, après consultation du médecin du travail, du comité d'hygiène et de sécurité et des conditions de travail ou, à défaut, des délégués du personnel, un plan d'organisation ou d'aménagement destiné à assurer la protection des non-fumeurs.

Ayant relevé qu'un employeur, malgré les réclamations d'une salariée, s'était borné à interdire aux autres salariés de fumer en sa présence et à apposer des panneaux d'interdiction de fumer dans le bureau à usage collectif qu'elle occupait, une cour d'appel en a exactement déduit que l'employeur, tenu d'une obligation de sécurité de résultat vis-à-vis de ses salariés en ce qui concerne leur protection contre le tabagisme dans l'entreprise, n'avait pas satisfait aux exigences imposées par les textes précités et a pu, en conséquence, décider que les griefs invoqués par la salariée à l'appui de sa prise d'acte justifiaient la rupture du contrat de travail, de sorte qu'elle produisait les effets d'un licenciement sans cause réelle et sérieuse.

Cass. soc. 29 juin 2005, n° 03-44.412, BC V n° 219.

L'employeur est tenu, à l'égard de son personnel, d'une obligation de sécurité de résultat qui lui impose de prendre les mesures nécessaires pour assurer la sécurité et protéger la santé de ses salariés.

Un barman a pris acte de la rupture de son contrat de travail en reprochant à son employeur de l'avoir laissé, en violation de la législation relative à la lutte contre le tabagisme, constamment exposé aux fumées de cigarettes ; le salarié a saisi la juridiction prud'homale d'une demande de requalification de sa prise d'acte en licenciement sans cause réelle et sérieuse.

Pour l'en débouter, une cour d'appel a retenu que si un constat d'huissier avait établi que l'employeur ne respectait pas les dispositions du code de la santé publique sur l'interdiction de fumer dans les lieux ouverts au public, il ne démontrait pas pour autant que la santé du salarié était compromise par ce seul fait, que cette interdiction n'étant pas absolue dans les locaux d'un bar-restaurant, le salarié était nécessairement exposé, même modérément, en raison de son emploi de barman, aux fumées de cigarettes, que la présence dans son sang d'un taux de nicotine de l'ordre de 81,9 ng/ml était faible, les seuils d'interprétation qualifiant de fumeur passif un patient dont le taux est au minimum de 50 ng/ml, qu'en outre un tel taux ne pouvait être imputable à ses seules conditions de travail, le salarié vivant dans une métropole particulièrement polluée, que le tableau mesurant le taux de CO_2 ne présentait aucune garantie et qu'au surplus, les services de la médecine du travail n'avaient émis aucune observation sur les conditions de travail du salarié.

En statuant ainsi, par des motifs inopérants tirés notamment de constatations relatives à l'insuffisance du taux de nicotine trouvé dans le sang du salarié exposé aux fumées de cigarettes, alors qu'elle avait constaté que la société ne respectait pas les dispositions du code de la santé publique sur l'interdiction de fumer dans les lieux publics concernant les salariés, la cour d'appel a violé les articles L. 1231-1, L. 1235-3, L. 4121-1 CT, R. 3511-1 et R. 3511-2 c. santé publ.

Cass. soc. 6 octobre 2010, n° 09-65.103, BC V n° 215.

☛ *Non-respect des règles d'hygiène et de sécurité ; Responsabilité pénale des personnes physiques.*

Imputabilité de la rupture

La rupture du contrat de travail est généralement imputable à la partie qui en prend l'initiative, sauf dans certaines hypothèses.

Nécessité d'une solution

Lorsque l'employeur et le salarié s'imputent réciproquement la responsabilité de la rupture du contrat de travail, il incombe au juge de décider quelle est la partie à l'origine de cette rupture.

Lorsque l'employeur et le salarié sont d'accord pour admettre que le contrat de travail a été rompu, chacune des parties imputant à l'autre la responsabilité de cette rupture, il incombe au juge de trancher ce litige en décidant quelle est la partie qui a rompu.

A violé l'article 12 NCPC la cour d'appel qui, pour débouter une salariée de sa demande d'indemnités pour licenciement sans cause réelle et sérieuse et non-respect de la procédure, a énoncé que le contrat de travail avait été rompu dans des conditions incertaines qui ne permettaient pas de déterminer qui avait pris l'initiative de cette rupture, entre la salariée qui se prétendait licenciée et son employeur qui la prétendait démissionnaire, et qu'en l'espèce, la salariée ne rapportait pas la preuve du licenciement qu'elle alléguait.

Cass. soc. 14 novembre 2000, n° 98-42.849, BC V n° 366. Voir aussi cass. soc. 6 novembre 2013, n° 12-22.065 ; cass. soc. 12 janvier 2016, n° 14-29.254.

C'est à tort qu'une cour d'appel a débouté une salariée de ses demandes liées à la rupture du contrat de travail au seul motif que celle-ci n'apparaissait que comme la conséquence directe des relations personnelles ayant existé entre son concubin et elle-même et que les circonstances de cette rupture étaient indéterminées, alors que le juge qui constate la rupture du contrat de travail doit dire à qui cette rupture est imputable et en tirer les conséquences juridiques à l'égard du salarié qui s'en prévaut.

Cass. soc. 8 février 2005, n° 03-40.385, BC V n° 47.

Le juge des référés n'a pas le pouvoir de se prononcer sur l'imputabilité de la rupture d'un contrat de travail.

Cass. soc. 11 mai 2005, n° 03-45.228, BC V n° 158.

Prise d'acte par le salarié de la rupture de son contrat de travail

L'existence d'une clause résolutoire conventionnelle ne prive pas le salarié de la faculté de rompre le contrat de travail dans les conditions de droit commun.

Cass. soc. 22 juin 2011, n° 10-18.897, 3e branche du moyen, BC V n° 165.

Le salarié qui prend acte de la rupture de son contrat aux torts de l'employeur n'a pas à le mettre préalablement en demeure de régulariser la situation.

Cass. avis 3 avril 2019, n° 19-70.001, à paraître.

Lorsqu'un salarié prend acte de la rupture de son contrat de travail en raison de faits qu'il reproche à son employeur, cette rupture produit les effets soit d'un licenciement sans cause réelle et sérieuse si les faits invoqués la justifiaient, soit, dans le cas contraire, d'une démission.

A violé le principe susvisé la cour d'appel qui, pour condamner un employeur à payer diverses indemnités à un salarié au titre de la rupture de son contrat de travail, a relevé que la démission ne se présumant pas, la rupture du contrat de travail par le salarié, motivée par des fautes qu'il imputait à l'employeur, ne caractérisait pas une volonté claire et non équivoque de démissionner, peu important le caractère réel ou non des fautes ainsi alléguées, et ne pouvait donc s'analyser qu'en un licenciement réputé sans cause réelle et sérieuse.

Cass. soc. 25 juin 2003, n° 01-42.679, BC V n° 209 (arrêt n° 1). Voir aussi cass. soc. 25 juin 2003, n° 01-42.335, 1er moyen, BC V n° 209 (arrêt n° 2) ; cass. soc. 25 juin 2003, n° 01-43.578, BC V n° 209 (arrêt n° 3) ; cass. soc. 16 novembre 2004, n° 02-46.048, BC V n° 287.

Ayant estimé que les griefs invoqués par un salarié à l'appui de la prise d'acte de la rupture de son contrat de travail ne justifiaient pas la rupture, une cour d'appel a pu dire qu'elle produisait les effets d'une démission.

Cass. soc. 4 avril 2007, n° 05-43.406, BC V n° 61. Voir aussi cass. soc. 12 octobre 2004, n° 02-44.883, BC V n° 249.

Pour que la prise d'acte soit justifiée, le manquement de l'employeur doit être de nature à faire obstacle à la poursuite du contrat de travail.

La prise d'acte permet au salarié de rompre le contrat de travail en cas de manquement suffisamment grave de l'employeur qui empêche la poursuite du contrat de travail.

Pour accueillir les demandes au titre d'un licenciement sans cause réelle et sérieuse d'une salariée ayant pris acte de la rupture de son contrat de travail, une cour d'appel a retenu que l'absence de réponse de son employeur à la demande de validation de son projet de reclassement externe dans le délai prévu par le plan de sauvegarde de l'emploi établi dans l'entreprise avait constitué un manquement suffisamment grave pour fonder la prise d'acte.

En statuant ainsi, alors que s'il y avait manquement de l'employeur, celui-ci n'était pas de nature à faire obstacle à la poursuite du contrat de travail, la cour d'appel a violé les textes L. 1231-1, L. 1235-1 et L. 1237-2 CT.

Cass. soc. 30 mars 2010, n° 08-44.236, BC V n° 80.
Voir aussi cass. soc. 5 juillet 2017, n° 16-11.520.

Tel n'est pas le cas d'un manquement ancien.

La prise d'acte permet au salarié de rompre le contrat de travail en cas de manquement suffisamment grave de l'employeur empêchant la poursuite du contrat de travail.

Une cour d'appel, qui a retenu que les manquements de l'employeur étaient pour la plupart anciens, faisant ainsi ressortir qu'ils n'avaient pas empêché la poursuite du contrat de travail par le salarié, a légalement justifié sa décision de requalifier sa prise d'acte en démission et de le débouter de sa demande en paiement d'indemnités de rupture.

Cass. soc. 26 mars 2014, n° 12-23.634, BC V n° 85.
Voir aussi cass. soc. 13 avril 2016, n° 15-13.447.

Une période de suspension du contrat de travail pour accident de travail n'a pas à être prise en compte pour apprécier l'ancienneté des manquements.

Cass. soc. 11 décembre 2015, n° 14-15.670, 1er moyen.

Seuls les faits invoqués par le salarié à l'appui de la prise d'acte de la rupture permettent de requalifier la démission en licenciement.

Une salariée a présenté sa démission en faisant état de la détérioration de ses relations avec son employeur et de la pression insupportable qu'il lui faisait subir depuis plusieurs mois, portant préjudice à son travail comme à sa santé ; elle a saisi la juridiction prud'homale d'une demande d'indemnité pour licenciement sans cause réelle et sérieuse.

Doit être cassé l'arrêt qui, pour condamner l'employeur à payer diverses indemnités au titre de la rupture, a relevé que la rupture du contrat de travail motivée par des fautes que la salariée impute à l'employeur ne procède pas d'une volonté claire et sans équivoque de démissionner, peu important le caractère réel ou non des fautes alléguées, et ne peut donc s'analyser qu'en un licenciement réputé sans cause réelle et sérieuse, alors que seuls les faits invoqués par le salarié à l'appui de sa prise d'acte de la rupture permettent de requalifier la démission en licenciement.

Cass. soc. 19 octobre 2004, n° 02-45.742, BC V n° 263.

Pour autant, la lettre par laquelle le salarié prend acte de la rupture ne fixe pas les limites du litige et le salarié peut donc invoquer devant le juge d'autres faits que ceux rapportés dans cet écrit…

L'écrit par lequel le salarié prend acte de la rupture du contrat de travail en raison de faits qu'il reproche à son employeur ne fixe pas les limites du litige ; le juge est donc tenu d'examiner les manquements de l'employeur invoqués devant lui par le salarié, même si celui-ci ne les a pas mentionnés dans cet écrit.

Une cour d'appel peut donc, sans violer l'article 4 NCPC, reprendre des éléments non précisés par le salarié dans sa lettre de démission pour considérer que l'employeur n'a pas respecté ses obligations contractuelles et déclarer en conséquence le licenciement sans cause réelle et sérieuse.

Cass. soc. 29 juin 2005, n° 03-42.804, BC V n° 223.
Voir aussi cass. soc. 9 juillet 2014, n° 13-15.892, 1er moyen du pourvoi incident ; cass. soc. 28 novembre 2018, n° 17-19.719.

… à l'exception des faits inconnus du salarié au moment de la prise d'acte.

Ne peuvent justifier la rupture du contrat de travail les faits invoqués à l'appui du grief d'atteinte à la vie privée du salarié n'ayant été connus par ce dernier que postérieurement à la prise d'acte.

Cass. soc. 9 octobre 2013, n° 11-24.457, BC V n° 229.

La prise d'acte de la rupture entraîne la cessation immédiate du contrat de travail,…

Ayant constaté qu'un salarié avait pris acte de la rupture de son contrat de travail le 12 juillet 1996, une cour d'appel a pu dire que le contrat avait pris fin à cette date.

Cass. soc. 30 janvier 2008, n° 06-14.218, BC V n° 28. Voir aussi cass. soc. 9 décembre 2009, n° 07-45.521, 1er moyen du pourvoi incident, BC V n° 280 ; cass. soc. 26 octobre 2011, n° 10-11.297.

Après avoir constaté qu'un employeur refusait de délivrer un certificat de travail et une attestation Assédic à une salariée ayant pris acte de la rupture de son contrat de travail, un juge des référés a pu le condamner à les lui remettre.

Cass. soc. 4 juin 2008, n° 06-45.757, BC V n° 122.

… de sorte qu'elle ne peut être rétractée…

Cass. soc. 14 octobre 2009, n° 08-42.878, 1re et 2e branches du moyen, BC V n° 221. Voir aussi cass. soc. 26 octobre 2011, n° 09-42.708 ; cass. soc. 23 juin 2015, n° 14-13.714.

La prise d'acte ne pouvant être rétractée, le salarié ne peut y renoncer du fait de son acceptation postérieure d'une convention de reclassement personnalisé.

Cass. soc. 30 juin 2010, n° 09-41.456, 1er moyen, BC V n° 155.

… et que le salarié n'est pas tenu d'exécuter un préavis.

La prise d'acte entraîne la cessation immédiate du contrat de travail de sorte que le salarié n'est pas tenu d'exécuter un préavis.

Après avoir constaté qu'une salariée avait quitté son emploi à la date de sa prise d'acte, c'est à bon droit qu'une cour d'appel a jugé que son ancienneté dans l'entreprise devait se calculer à la date de la rupture.

Cass. soc. 28 septembre 2011, n° 09-67.510, 2e moyen, BC V n° 199. Voir aussi cass. soc. 23 janvier 2013, n° 11-21.585, 2e moyen du pourvoi principal.

Le salarié qui a pris acte de la rupture de son contrat de travail ne peut pas solliciter sa réintégration.

La prise d'acte de la rupture par un salarié en raison de faits qu'il reproche à son employeur, entraîne la rupture immédiate du contrat de travail et ne peut être rétractée ; il en résulte qu'un salarié protégé qui a pris acte de la rupture de son contrat de travail ne peut ultérieurement solliciter sa réintégration dans son emploi.

Cass. soc. 29 mai 2013, n° 12-15.974, 1er moyen, BC V n° 138.

Il ne peut pas non plus prétendre, en principe, au versement prorata temporis d'une prime de vacances payable annuellement dont la date normale de versement est postérieure à celle à laquelle il a pris acte de la rupture de son contrat.

Une prime de vacances payable annuellement ne peut donner lieu à un versement prorata temporis à un salarié ayant quitté l'entreprise avant la date normale de son paiement que si ce prorata résulte d'une disposition conventionnelle ou d'un usage.

Doit être cassé l'arrêt d'une cour d'appel qui, pour faire droit à la demande de versement de la prime de vacances d'un salarié ayant pris acte de la rupture de son contrat de travail par lettre du 4 avril 2011, a retenu que l'intéressé, qui bénéficiait d'un préavis de trois mois au titre des effets produits par la rupture de son contrat de travail aux torts de l'employeur, aurait travaillé s'il avait pu l'exécuter jusqu'au 4 juillet 2011.

En effet, en statuant ainsi, alors que la prise d'acte de la rupture du contrat de travail emportant la cessation immédiate de la relation contractuelle, le salarié, qui avait pris acte de la rupture de son contrat de travail le 4 avril 2011, ne pouvait prétendre au versement de la prime de vacances fixé en juillet de chaque année, la cour d'appel a violé les articles L. 1231-1 CT et 31 de la convention collective nationale des bureaux d'études techniques, des cabinets d'ingénieurs conseils et des sociétés de conseils (dite Syntec).

Cass. soc. 21 septembre 2017, n° 15-28.933, 3e moyen, BC V n° 160.

La prise d'acte de la rupture par le salarié entraîne la cessation du contrat de travail à son initiative ; dès lors, même lorsqu'elle produit les effets d'un licenciement sans cause réelle et sérieuse, l'employeur n'a pas à délivrer de lettre de licenciement.

Pour accueillir la demande d'une salariée ayant pris acte de la rupture de son contrat de travail, tendant à la remise d'une lettre de licenciement, une cour d'appel a énoncé que cette prise d'acte avait produit les effets d'un licenciement sans cause réelle et sérieuse.

En statuant ainsi, alors que la prise d'acte de la rupture par le salarié entraînant la cessation du contrat de travail à son initiative, il n'y a pas lieu d'ordonner à l'employeur de délivrer une lettre de licenciement, la cour d'appel a violé l'article L. 122-14-1 devenu L. 1232-6 CT.

Cass. soc. 3 février 2010, n° 08-40.338, 2e moyen, BC V n° 33.

Si la prise d'acte entraîne la cessation immédiate du contrat de travail, de sorte que le salarié n'est pas tenu d'exécuter un préavis, la circonstance que l'intéressé a spontanément accompli ou offert d'accomplir celui-ci est sans incidence sur l'appréciation de la gravité des manquements invoqués à l'appui de la prise d'acte.

Cass. soc. 2 juin 2010, n° 09-40.215, 1er moyen, BC V n° 128. Voir aussi cass. soc. 12 février 2014, n° 12-29.497, 2e moyen ; cass. soc. 10 février 2016, n° 14-14.477.

Le contrat de travail étant rompu par la prise d'acte du salarié, peu importe la lettre envoyée postérieurement ou le jour même par l'employeur pour lui imputer cette rupture.

Lorsqu'un salarié prend acte de la rupture de son contrat de travail en raison de faits qu'il reproche à son employeur, cette rupture produit les effets soit d'un licenciement sans cause réelle et sérieuse si les faits invoqués la justifiaient, soit, dans le cas contraire, d'une démission ; le contrat de travail étant rompu par la prise d'acte de la rupture émanant du salarié, peu importe la lettre envoyée postérieurement par l'employeur pour lui imputer cette rupture.

Une salariée a pris acte de la rupture de son contrat de travail aux torts de l'employeur avec effet au 1er août 1998 ; par courrier du 27 juillet 1998, l'employeur a pris acte de la démission de la salariée et l'a dispensée de son préavis.

A violé la loi la cour d'appel qui, pour dire que la rupture du contrat de travail s'analysait en un licenciement dépourvu de cause réelle et sérieuse, a énoncé que la démission ne pouvant résulter d'une lettre de prise d'acte, l'employeur avait pris acte à tort de la démission qui n'en était pas une et n'avait pas cru devoir licencier l'intéressée, et que le défaut de lettre de licenciement rendait celui-ci dépourvu de cause réelle et sérieuse, alors qu'elle avait constaté que la salariée avait pris acte de la rupture et que les manquements qu'elle reprochait à l'employeur n'étaient pas de nature à la justifier.

Cass. soc. 19 janvier 2005, n° 02-41.113, BC V n° 11.

Lorsqu'un salarié prend acte de la rupture de son contrat de travail en raison de faits qu'il reproche à son employeur, cette rupture produit les effets soit d'un licenciement sans cause réelle et sérieuse si les faits invoqués la justifiaient, soit, dans le cas contraire, d'une démission.

C'est à tort qu'une cour d'appel a débouté le salarié de ses demandes liées à la rupture du contrat de travail, sans rechercher si, peu important la convocation du salarié à un entretien préalable à un éventuel licenciement, les griefs allégués dans la lettre de rupture de ce dernier étaient fondés ou non.

Cass. soc. 16 novembre 2005, n° 03-45.392, BC V n° 324.

La prise d'acte de la rupture par le salarié en raison de faits qu'il reproche à son employeur entraîne la rupture immédiate du contrat de travail, même si une procédure collective a été ouverte concomitamment à l'égard de l'employeur.

Il s'ensuit que le licenciement pour motif économique prononcé postérieurement par le mandataire liquidateur est non avenu.

Cass. soc. 30 juin 2010, n° 09-41.456, précité.

La prise d'acte de la rupture par le salarié en raison de faits qu'il reproche à l'employeur entraîne la cessation immédiate du contrat de travail en sorte qu'il n'y a plus lieu de statuer sur la demande de résiliation judiciaire introduite auparavant.

S'il appartient alors au juge de se prononcer sur la seule prise d'acte, il doit fonder sa décision sur les manquements de l'employeur invoqués par le salarié tant à l'appui de la demande de résiliation judiciaire devenue sans objet qu'à l'appui de la prise d'acte.

Cass. soc. 31 octobre 2006, n° 05-42.158, BC V n° 321 (arrêt n° 2). Voir aussi cass. soc. 31 octobre 2006, n° 04-46.280, BC V n° 321 (arrêt n° 1) ; cass. soc. 25 février 2009, n° 06-46.436, 2e moyen du pourvoi principal ; cass. soc. 26 septembre 2012, n° 11-10.539, 1er moyen.

Une salariée avait saisi la juridiction prud'homale de diverses demandes tendant notamment à la résolution judiciaire de son contrat de travail ; en cours de procédure, elle a pris acte de la rupture de son contrat de travail aux torts de l'employeur et a demandé que cette rupture soit requalifiée en licenciement dépourvu de cause réelle et sérieuse.

C'est à tort que, pour condamner l'employeur à payer à la salariée des indemnités de rupture et des dommages et intérêts pour licenciement sans cause réelle et sérieuse, une cour d'appel, après avoir constaté que l'intéressée avait pris acte de la rupture de son contrat de travail, exposant qu'il lui était impossible de reprendre son poste à l'issue d'un arrêt de travail compte tenu de la rétrogradation et de la mise à l'écart dont elle avait fait l'objet, a énoncé que l'employeur, qui considérait le contrat de travail rompu du fait du salarié, devait mettre en œuvre la procédure de licenciement et qu'à défaut, la rupture s'analysait en un licenciement sans cause réelle et sérieuse, alors qu'il lui appartenait de se prononcer sur les griefs invoqués par la salariée à l'appui de sa prise d'acte.

Cass. soc. 15 mars 2006, n° 05-41.376, BC V n°108.

Lorsque, après avoir demandé la résiliation judiciaire de son contrat de travail, un salarié démissionne puis demande la requalification de sa démission en prise d'acte, le juge doit prendre en considération les manquements de l'employeur invoqués tant à l'appui de la demande de résiliation devenue sans objet qu'à l'appui de la prise d'acte.

Lorsque, au moment où le juge statue sur une action du salarié tendant à la résiliation judiciaire de son contrat de travail aux torts de l'employeur, le contrat de travail a pris fin par la démission du salarié, sa demande de résiliation devient sans objet ; l'intéressé a la faculté, si les griefs qu'il faisait valoir au soutien de sa demande étaient justifiés, de demander la réparation du préjudice en résultant ; si, à la demande du salarié, la démission a été requalifiée en prise d'acte par le juge, celui-ci doit, pour l'appréciation du bien-fondé de la prise d'acte, prendre en considération les manquements de l'employeur invoqués par le salarié tant à l'appui de la demande de résiliation judiciaire devenue sans objet qu'à l'appui de la prise d'acte.

A violé les articles L. 1221-1, L. 1237-1 CT et 1184 c. civ. la cour d'appel qui a prononcé la résiliation judiciaire du contrat de travail aux torts de l'employeur après avoir constaté que le salarié avait, postérieurement à sa demande en résiliation judiciaire du contrat de travail, démissionné sans réserve et n'avait pas demandé la requalification de sa démission en prise d'acte de la rupture.

Cass. soc. 30 avril 2014, n° 13-10.772, 3e moyen, BC V n° 108.

Lorsque la prise d'acte de la rupture du contrat de travail par le salarié intervient au cours d'une instance en résiliation judiciaire de ce contrat et qu'elle produit les effets d'un licenciement, les intérêts au taux légal des indemnités de rupture accordées par le juge courent du jour de cette prise d'acte.

Dès lors, c'est à tort que, après avoir dit que la rupture du contrat de travail dont un salarié avait pris acte devait produire les effets d'un licenciement nul, une cour d'appel a condamné l'employeur au paiement d'une indemnité compensatrice de préavis, de congés payés sur préavis et d'une indemnité de licenciement, avec intérêts au taux légal à compter de la réception par l'employeur de sa convocation devant le bureau de conciliation.

Cass. soc. 3 février 2010, n° 07-42.144, BC V n° 34.

Le contrat de travail est rompu par la prise d'acte du salarié, peu important qu'une procédure de licenciement soit engagée quand elle intervient.

Lorsqu'un salarié prend acte de la rupture de son contrat de travail en raison de faits qu'il reproche à son employeur, cette rupture produit les effets soit d'un licenciement sans cause réelle et sérieuse si les faits invoqués la justifiaient, soit, dans le cas contraire, d'une démission.

Est légalement justifié l'arrêt ayant dit que la rupture d'un contrat de travail s'analysait en un licenciement abusif et ayant condamné l'employeur concerné à payer différentes sommes, après avoir estimé que les griefs allégués dans la lettre par laquelle le salarié avait pris acte de la rupture de son contrat étaient fondés, peu important la convocation de l'intéressé à un entretien préalable à un éventuel licenciement antérieurement à la prise d'acte.

Cass. soc. 28 juin 2006, n° 04-43.431, BC V n° 232.

L'action en justice engagée par un salarié contre son employeur afin que ce dernier respecte ses obligations contractuelles ne fait pas obstacle à la prise d'acte de la rupture du contrat pour les mêmes faits ou en raison d'autres manquements.

Le salarié qui agit en justice contre son employeur en exécution d'une obligation née du contrat de travail peut toujours prendre acte de la rupture du contrat, que ce soit en raison des faits dont il a saisi le conseil de prud'hommes ou pour d'autres faits ; une telle prise d'acte produit les effets soit d'un licenciement sans cause réelle et sérieuse si les faits invoqués la justifiaient, soit, dans le cas contraire, d'une démission.

Une salariée ayant réclamé le paiement d'une prime a obtenu, en référé, le paiement d'une partie seulement de cette somme. Elle a saisi la juridiction prud'homale afin d'obtenir le paiement de la partie manquante puis a pris acte de la rupture de son contrat de travail en reprochant à son employeur le non-paiement complet de la prime.

Ayant souverainement apprécié la gravité du manquement de l'employeur à ses obligations contractuelles, une cour d'appel a pu dire que la rupture du contrat de travail s'analysait en un licenciement dépourvu de cause réelle et sérieuse.

Cass. soc. 21 décembre 2006, n° 04-43.886, 1er moyen, BC V n° 413. Voir aussi cass. soc. 25 juin 2007, n° 06-40.667.

Un salarié ayant signé une convention de rupture conventionnelle ne peut, en l'absence de rétractation de cette convention, prendre acte de la rupture du contrat de travail entre la date d'expiration du délai de rétractation et la date d'effet prévue de la rupture conventionnelle que pour des manquements survenus ou dont il a eu connaissance au cours de cette période.

Le 6 juin 2009, un employeur et un salarié ont signé une convention de rupture fixant au 16 juillet 2009 la date de rupture du contrat de travail, le délai de rétractation expirant le 22 juin 2009 ; par courrier du 21 juin 2009 adressé à l'autorité administrative, l'avocat du salarié indiquait que son client entendait rétracter la convention de rupture ; le salarié a, par courrier du 2 juillet 2009 adressé à son employeur, pris acte de la rupture de son contrat de travail aux torts de ce dernier ; la convention de rupture a été homologuée le 13 juillet 2009 ; estimant abusive la rupture de son contrat de travail, le salarié a saisi la juridiction prud'homale de demandes à ce titre.

Doit être approuvé l'arrêt l'ayant débouté de ses demandes.

En effet, il résulte des articles L. 1237-13 et L. 1237-14 CT qu'en l'absence de rétractation de la convention de rupture, un salarié ne peut prendre acte de la rupture du contrat de travail, entre la date d'expiration du délai de rétractation et la date d'effet prévue de la rupture conventionnelle, que pour des manquements survenus ou dont il a eu connaissance au cours de cette période ; en l'espèce, tous les manquements invoqués par le salarié à l'appui de sa prise d'acte étant antérieurs à l'expiration, le 22 juin 2009, du délai de rétractation, c'est à bon droit que la cour d'appel a décidé de ne pas examiner les faits invoqués par le salarié dans son courrier du 2 juillet 2009 à l'appui de sa prise d'acte.

Cass. soc. 6 octobre 2015, n° 14-17.539, 3e branche du moyen, BC V n° 188.

Le fait pour un salarié de prendre acte de la rupture de son contrat de travail n'est pas exclusif d'un comportement fautif de l'employeur à l'occasion de la rupture du contrat de travail.

C'est donc à tort que, pour débouter une salariée ayant pris acte de la rupture de son contrat de travail de sa demande en dommages-intérêts pour licenciement brusque et vexatoire, une cour d'appel a retenu que la salariée qui avait pris seule l'initiative de la rupture ne pouvait faire grief à l'employeur des circonstances de celle-ci.

Cass. soc. 16 mars 2010, n° 08-44.094, 3e moyen, BC V n° 66.

• Formalisme

Si la prise d'acte de la rupture du contrat de travail n'est soumise à aucun formalisme et peut valablement être présentée par le conseil du salarié au nom de celui-ci, c'est à la condition qu'elle soit adressée directement à l'employeur.

Cass. soc. 16 mai 2012, n° 10-15.238, 1er moyen, BC V n° 154. Voir aussi cass. soc. 14 septembre 2016, n° 15-18.189.

La prise d'acte de la rupture du contrat de travail peut être adressée à l'employeur par l'avocat engagé par le salarié sur le fondement d'un mandat apparent.

Par lettre du 29 janvier 2009 adressée à l'employeur, l'avocat d'un salarié a indiqué que son client prenait acte de la rupture de son contrat de travail.

C'est à bon droit qu'une cour d'appel a dit que la rupture de son contrat de travail par le salarié résultait de la prise d'acte de rupture adressée par son avocat.

En effet, ayant relevé que l'auteur de la lettre du 29 janvier 2009 était avocat, qu'il s'était présenté comme étant celui du salarié et s'était exprimé au nom de ce dernier, que le contenu de cette lettre démontrait que son auteur avait une connaissance approfondie de la situation du salarié, de ses déplacements, d'un accident du travail récent dont il avait été victime ainsi que des données du litige l'opposant à l'employeur, la cour d'appel, qui a caractérisé des circonstances autorisant l'employeur à ne pas vérifier si l'avocat justifiait d'un mandat spécial pour prendre acte de la rupture de son contrat de travail pour le compte de son client, a pu retenir que le salarié avait été valablement engagé par son avocat sur le fondement d'un mandat apparent.

Cass. soc. 22 novembre 2017, n° 16-12.524, 1er moyen, à paraître.

Rupture imputable au salarié

• La rupture du contrat de travail est imputable au salarié en cas de démission ou lorsqu'il prend acte de la rupture de son contrat de travail en reprochant à l'employeur des griefs non fondés

Après avoir constaté qu'il subsistait un doute sur la réalité des faits invoqués par un salarié à l'appui de sa prise d'acte de la rupture, ce dont il résultait qu'il n'établissait pas les faits qu'il alléguait à l'encontre de son employeur comme cela lui incombait, c'est à bon droit qu'une cour d'appel a dit que l'intéressé avait démissionné.

Cass. soc. 19 décembre 2007, n° 06-44.754, BC V n° 219.

La prise d'acte de la rupture du contrat non justifiée produisant les effets d'une démission, le salarié doit à l'employeur le montant de l'indemnité compensatrice de préavis résultant de l'application de l'article L. 1237-1 CT.

Cass. soc. 8 juin 2011, n° 09-43.208, 3e moyen, BC V n° 141. Voir aussi cass. soc. 15 avril 2015, n° 13-25.815, 2e moyen du pourvoi incident ; cass. soc. 23 janvier 2019, n° 17-22.394, 1er moyen du pourvoi incident.

Toutefois, dans le cas où, après avoir accepté un préavis, le salarié tombé malade n'a pu l'exécuter, aucune indemnité ne pourra lui être réclamée.

Un salarié a pris acte de la rupture de son contrat de travail aux torts de l'employeur.

Ayant constaté que le salarié s'était trouvé, du fait de sa maladie, dans l'incapacité d'effectuer le préavis de quinze jours dont l'exécution avait été convenue avec l'employeur, ce dont il résultait qu'aucune indemnité compensatrice de préavis ne pouvait être mise à sa charge, une cour d'appel a pu, après avoir dit que la prise d'acte de la rupture produisait les effets d'une démission, débouter l'employeur de sa demande en paiement de cette indemnité.

Cass. soc. 15 janvier 2014, n° 11-21.907, BC V n° 18.

Rupture imputable à l'employeur

• Les hypothèses dans lesquelles la rupture du contrat de travail est imputable à l'employeur sont nombreuses

La rupture, à l'initiative de l'employeur, d'un contrat de travail même non encore exécuté s'analyse en un licenciement.

Ayant relevé que, du fait de leur accord réciproque, les parties étaient liées par un contrat de travail, une cour d'appel a exactement décidé que même si son exécution n'avait pas commencé, la rupture de ce contrat, à l'initiative de l'employeur, caractérisait un licenciement.

Cass. soc. 2 février 1999, n° 95-45.331, BC V n° 52.

La circonstance que le contrat de travail a été rompu par l'employeur avant tout commencement d'exécution ne retire pas à cette rupture le caractère d'un licenciement.

Cass. soc. 12 juillet 2006, n° 04-48.182, BC V n° 246.

Le licenciement d'un salarié ayant exprimé l'intention de quitter l'entreprise ne peut s'analyser ni en une rupture amiable ni en une démission.

Pour débouter un salarié licencié pour motif économique de ses demandes de dommages-intérêts pour rupture abusive et pour irrégularité de procédure, une cour d'appel a retenu qu'il résultait des témoignages produits qu'il avait exprimé de manière non équivoque sa volonté de ne pas poursuivre le contrat de travail en raison de son projet personnel concrétisé par l'acquisition d'un fonds de commerce qu'il avait commencé à exploiter quelques mois après son licenciement, qu'un tel refus produisait les effets d'une démission et que les premiers juges avaient considéré qu'il était convenu, par accord avec son employeur, de mettre fin au contrat pour motif économique.

En statuant ainsi, alors que le licenciement d'un salarié qui a exprimé l'intention de quitter l'entreprise ne pouvant s'analyser ni en une rupture amiable ni en une démission, la cour d'appel, qui a constaté que l'employeur avait notifié à l'intéressé la rupture de son contrat de travail pour motif économique, a violé l'article L. 1233-3 CT.

Cass. soc. 6 juillet 2011, n° 09-43.130, 2e et 3e moyens réunis, BC V n° 187.

Si l'exercice de l'activité d'un salarié est soumis à une autorisation administrative, la rupture du contrat de travail consécutive au refus de cette autorisation s'analyse en un licenciement.

Conformément à l'article 3 du décret du 29 octobre 1936 permettant aux fonctionnaires de donner des enseignements ressortissant de leur compétence après autorisation de l'administration, un fonctionnaire de l'Éducation nationale collaborait à deux centres médicopsychopédagogiques. L'inspecteur d'académie ayant refusé de reconduire son autorisation, les directeurs des centres avaient informé l'intéressé qu'ils ne pouvaient plus l'employer et ce dernier avait saisi la juridiction prud'homale d'une demande d'indemnités de rupture et de dommages-intérêts pour licenciement sans cause réelle et sérieuse.

Doit être cassé l'arrêt qui, pour rejeter la demande du fonctionnaire, a retenu que l'inspecteur d'académie ayant refusé à l'intéressé l'autorisation d'exercer ses fonctions dans le centre médicopsychopédagogique, le centre pouvait prendre l'initiative de la rupture, sans toutefois en supporter l'imputabilité, alors que la rupture du contrat de travail par l'employeur, même si elle avait pour cause le refus d'autorisation de l'inspecteur d'académie nécessaire à l'exercice d'une activité, s'analysait en un licenciement.

Cass. soc. 1er février 1995, n° 91-40.794, 2e moyen, BC V n° 46.

La rupture du contrat faisant suite à des conditions de travail impossibles est imputable à l'employeur.

La rupture du contrat de travail est imputable à l'employeur si elle a été imposée au salarié par des conditions de travail impossibles, peu important que le salarié ait adressé une lettre de démission à l'employeur.

Cass. soc. 7 novembre 1995, n° 92-41.910.

La rupture du contrat consécutive au refus du salarié d'accepter une modification de son contrat est imputable à l'employeur.

Modification du contrat et des conditions de travail.

La modification du contrat de travail intervenue sans l'accord exprès du salarié constitue un manquement aux obligations contractuelles de l'employeur qui fait produire à la prise d'acte de la rupture du contrat de travail les effets d'un licenciement sans cause réelle et sérieuse…

Cass. soc. 4 février 2009, n° 08-40.611.

C'est à bon droit qu'une cour d'appel a décidé que la prise d'acte de la rupture de son contrat de travail par une responsable commerciale reprochant à son employeur la modification unilatérale du contrat résultant de la réduction de son taux de commissionnement et du retrait du véhicule mis à sa disposition pendant un arrêt de travail produisait les effets d'un licenciement sans cause réelle et sérieuse.

En effet, d'une part, la cour a constaté que le taux de commissionnement de 15 % prévu lors de l'embauche était passé à 12 % selon une note de l'employeur et exactement retenu que même si l'intéressée avait exprimé l'intention de quitter l'entreprise, l'employeur n'était pas autorisé à s'exonérer du respect des dispositions légales et contractuelles en matière de rémunération.

D'autre part, un véhicule de fonction, dont le salarié conserve l'usage dans sa vie personnelle, ne peut, sauf stipulation contraire, être retiré à l'intéressé pendant une période de suspension du contrat de travail.

Cass. soc. 24 mars 2010, n° 08-43.996, BC V n° 71.

Après avoir constaté que la réorganisation d'un service opérée par un employeur était de nature à affecter la rémunération variable d'un salarié sans qu'il justifie avoir assorti cette réorganisation d'une garantie du maintien du montant du salaire, une cour d'appel a exactement décidé que cette réorganisation emportait une modification du contrat de travail que l'employeur ne pouvait imposer, ce dont elle a déduit à bon droit que la prise d'acte de la rupture par le salarié produisait les effets d'un licenciement sans cause réelle et sérieuse.

Cass. soc. 13 mars 2013, n° 11-27.715.

Un salarié a pris acte de la rupture de son contrat de travail ; l'employeur ayant saisi la juridiction prud'homale de demandes en paiement de dommages-intérêts pour brusque rupture et d'une indemnité de préavis, le salarié a demandé la qualification de la prise d'acte en licenciement sans cause réelle et sérieuse et le paiement de diverses sommes.

Après avoir relevé que, trois mois auparavant, le salarié s'était vu imposer un « appauvrissement de ses missions et de ses responsabilités », son poste étant vidé de sa substance, une cour d'appel en a exactement déduit l'existence d'une modification du contrat de travail imputable non à un tiers, comme le soutenait l'employeur – qui se prévalait de la résiliation d'un contrat par un client – mais à l'employeur lui-même et a pu accueillir les demandes du salarié.

Cass. soc. 29 janvier 2014, n° 12-19.479, BC V n° 34.

… peu important que la situation consécutive à la modification du contrat soit plus avantageuse pour le salarié.

Cass. soc. 5 mai 2010, n° 07-45.409, BC V n° 102, cité dans « Modification de la rémunération ».

Mais si l'employeur renonce à un projet de modification et que le salarié ne reprend pas le travail, l'employeur n'est pas responsable de la rupture.

Dans le cadre d'un projet de restructuration, une société avait envisagé le transfert d'un de ses départements dans une autre ville. Elle avait convoqué plusieurs salariés à un entretien, le 13 février, et leur avait soumis les éléments du plan social, parmi lesquels figuraient des propositions de convention de conversion, à l'égard desquelles ils devaient prendre position avant le 22 mars, leur silence, passé ce délai, valant refus du transfert. Le 19 mars, la société renonçait à son projet et annulait ses offres précédentes. Le 20 mars, les salariés répondaient qu'ils refusaient la modification de leur contrat de travail et qu'ils acceptaient la convention de conversion et ne reprenaient pas le travail malgré une mise en demeure du 28 mars, considérant qu'ils avaient été licenciés.

C'est à bon droit qu'une cour d'appel a débouté les salariés de leurs demandes tendant au paiement des indemnités de rupture du contrat, congés payés sur préavis et dommages-intérêts pour perte du bénéfice d'une convention de conversion acceptée dans le délai imparti malgré le retrait de la proposition de l'employeur, et les a condamnés à verser des indemnités de préavis : ayant constaté qu'au cours de l'entretien du 13 février, l'employeur s'était borné à proposer aux salariés une modification de leur contrat de travail en leur indiquant qu'en cas de refus, ils seraient susceptibles d'être licenciés, la cour d'appel a pu décider que l'employeur pouvait renoncer à son projet de réorganisation avant toute acceptation des salariés.

En outre, les salariés, auxquels il avait été seulement proposé une modification de leur contrat de travail, ne pouvaient, du seul fait que l'employeur avait renoncé à ce projet, se considérer comme licenciés et la cour d'appel, ayant relevé qu'ils n'avaient pas repris leurs fonctions malgré une mise en demeure de l'employeur, a pu décider que la rupture du contrat de travail n'incombait pas à ce dernier.

Cass. soc. 5 mars 1997, n° 94-42.188, BC V n° 95. Voir aussi cass. soc. 2 juillet 2008, n° 07-42.299.

En cas d'inaptitude physique, le refus par le salarié du poste de reclassement proposé ne permet pas de lui imputer la responsabilité de la rupture du contrat.

Il appartient à l'employeur de tirer les conséquences du refus par le salarié, déclaré par le médecin du travail inapte à son emploi en conséquence de la maladie, du poste de reclassement proposé soit en formulant de nouvelles propositions de reclassement, soit en procédant au licenciement de l'intéressé. En outre, ce refus ne dispense pas l'employeur d'appliquer les dispositions de l'article L. 122-24-4 CT, selon lesquelles l'employeur est tenu de verser au salarié, victime d'un accident ou d'une maladie non professionnels, et qui n'a pas été reclassé dans l'entreprise à l'issue du délai d'un mois à compter de la date de l'examen médical de reprise du travail ou qui n'a pas été licencié, le salaire correspondant à l'emploi qu'il occupait avant la suspension de son contrat de travail.

C'est donc à tort qu'une cour d'appel a imputé à une salariée la rupture du contrat de travail et a rejeté sa demande en paiement de salaires jusqu'à la constatation de la rupture du contrat ainsi que sa demande en paiement des indemnités de rupture, alors que le refus du poste de reclassement proposé par l'employeur ne permettait pas d'imputer à la salariée la responsabilité de la rupture.

Cass. soc. 18 avril 2000, n° 98-40.314, BC V n° 140.

L'absence de reprise du travail par une salariée à la suite d'une décision de justice refusant de prononcer la rupture du contrat n'a pas pour effet de lui imputer la responsabilité de la rupture.

Une salariée s'était trouvée en arrêt de travail pour maladie à la suite de relations conflictuelles avec un autre salarié. La formation des référés du conseil de prud'hommes avait prononcé la rupture de son contrat de travail. Cette décision avait été infirmée en appel en raison de l'incompétence de la formation des référés pour prononcer la rupture du contrat de travail.

C'est à tort que, statuant au fond, une cour d'appel a énoncé que si l'attitude de la salariée qui n'avait ni repris son travail ni justifié son absence ne caractérisait pas, à défaut d'une manifestation claire et non équivoque, une démission dont l'employeur, qui n'avait adressé aucune mise en demeure, pouvait prendre acte, cette attitude avait cependant pour effet de lui rendre imputable la rupture du contrat de travail dès lors qu'il lui appartenait de revendiquer l'exécution d'une décision de justice dépourvue d'ambiguïté, alors qu'à défaut de démission, la cour d'appel ne pouvait imputer la responsabilité de la rupture du contrat à la salariée.

Cass. soc. 30 mai 2000, n° 98-40.265, BC V n° 207.

Si l'employeur contraint le salarié à démissionner, il est responsable de la rupture du contrat.

Ayant constaté que des salariés avaient remis leur démission à la suite des menaces de poursuites pénales formulées par l'employeur et qu'ils avaient rétracté leur décision dès le lendemain, une cour d'appel a pu décider que la rupture des contrats de travail s'analysait en un licenciement.

Cass. soc. 17 juillet 1996, n° 93-42.122. Voir aussi cass. soc. 1er avril 1998, n° 95-45.044, s'agissant d'un employeur qui avait rendu impossible la poursuite du contrat de travail en empêchant le salarié d'accéder à son bureau et aux services informatiques, ce qui l'avait contraint à démissionner.

Un salarié, délégué du personnel, membre du comité d'entreprise et délégué syndical avait fait l'objet de cinq avertissements et d'une mise à pied, puis avait donné sa démission en soutenant y avoir été contraint. C'est à bon droit qu'une cour d'appel a décidé que l'attitude de l'employeur caractérisant une volonté de brimade et de persécution à l'égard du salarié était à l'origine de la démission et que la rupture s'analysait en un licenciement.

Cass. soc. 1er octobre 1996, n° 93-44.762.

Si l'employeur ne respecte pas ses obligations, il est responsable de la rupture du contrat.

L'inexécution de ses obligations par l'employeur entraîne, si le salarié n'entend pas réclamer l'exécution du contrat, la rupture du contrat de travail et celle-ci s'analyse, à défaut de lettre de licenciement motivée, en un licenciement sans cause réelle et sérieuse.

Cass. soc. 4 janvier 2000, n° 97-43.026, BC V n° 9.

Manquement à l'obligation de fournir le travail convenu.

Par lettre du 14 mai 2007, le rédacteur en chef d'un journal, faisant grief à son employeur de l'avoir remplacé dans ses fonctions sans qu'une nouvelle affectation ne lui soit proposée, a pris acte de la rupture de son contrat de travail et a saisi la juridiction prud'homale de diverses demandes à titre de licenciement sans cause réelle et sérieuse.

Pour dire que cette prise d'acte produisait les effets d'une démission, une cour d'appel a retenu qu'une nouvelle équipe avait été mise en place après l'arrivée du nouveau président-directeur général qui avait annoncé en janvier 2007 que le salarié quitterait le journal fin mars 2007 et serait remplacé, que le salarié avait manqué d'activité professionnelle à partir du mois d'avril 2007 et s'était trouvé à son domicile, qu'il en avait été très affecté, qu'il avait demandé à plusieurs reprises un rendez-vous avec le président-directeur général pour clarifier sa situation et qu'un calcul de ses indemnités de licenciement avait été effectué par le service des ressources humaines ; que sa remplaçante avait repris le 1er mars 2007 les fonctions du salarié avec lequel elle avait dû travailler jusqu'à la sortie de la nouvelle formule du journal le 27 mars 2007, pour devenir ensuite seule rédactrice en chef, son prédécesseur devant être nommé au sein du groupe ; que l'employeur n'avait pas pris d'engagements précis sur le délai et les conditions de réalisation d'une rupture du contrat de travail du salarié ou d'une nouvelle affectation ; que le salarié n'avait pas adressé à son employeur la moindre protestation écrite sur sa situation consécutive à son remplacement avant sa lettre de prise d'acte de la rupture, de sorte que les faits invoqués par l'intéressé au soutien de sa prise d'acte n'étaient pas établis.

En statuant ainsi, alors que le salarié avait été remplacé dans ses fonctions de rédacteur en chef à compter du 28 mars 2007 et qu'aucune autre affectation ne lui avait été proposée, ce dont il résultait que l'employeur avait manqué à son obligation de fournir à son salarié le travail convenu, la cour d'appel a violé les articles 1134 c. civ. et L. 1231-1 CT.

Cass. soc. 3 novembre 2010, n° 09-65.254, BC V n° 252. Voir aussi cass. soc. 12 septembre 2012, n° 11-17.579 ; cass. soc. 9 juin 2015, n° 13-26.834, 2e moyen.

Non-paiement de la rémunération.

D'une part, l'employeur qui ne verse pas les rémunérations dues à leur échéance, que ces rémunérations résultent du contrat de travail, de la convention collective, d'un usage ou d'un engagement unilatéral de l'employeur, provoque la rupture du contrat de travail qui s'analyse en un licenciement.

D'autre part, lorsqu'elle est payée en vertu d'un engagement unilatéral de l'employeur, une prime constitue un élément de salaire et est obligatoire pour l'employeur dans les conditions fixées par cet engagement, peu important son caractère variable.

En l'espèce, la prime litigieuse, versée par l'employeur pendant 7 ans, en vertu d'un engagement unilatéral, constituait un élément du salaire. En déclarant la rupture imputable à l'employeur, après avoir relevé qu'il avait interrompu le versement de la prime, sans avoir dénoncé l'engagement unilatéral, la cour d'appel, devant laquelle il était soutenu que cette interruption avait provoqué la rupture, n'a pas tiré les conséquences légales de ses propres constatations.

Cass. soc. 18 novembre 1998, n° 96-42.932, BC V n° 495. Voir aussi cass. soc. 26 octobre 2011, n° 10-17.396, 1re branche du moyen, s'agissant du non-paiement du salaire minimum conventionnel.

C'est à tort que, pour rejeter les demandes d'indemnités de rupture, formées par un salarié ayant quitté l'entreprise en raison du non-paiement par l'employeur des allocations de chômage partiel, une cour d'appel a énoncé que la demande de l'intéressé d'un rappel d'indemnités au titre du chômage partiel pour la période de février 1993 à novembre 1994 n'est pas fondée, que l'amputation des salaires postérieurement à la période de chômage partiel résulte des conditions spécifiques dans lesquelles le contrat de travail s'est poursuivi sans qu'il y ait eu modification unilatérale du contrat, qu'ensuite, le défaut de paiement des indemnités de chômage partiel en décembre 1994 se situe dans le contexte particulier d'un différend avec l'administration qui ne peut justifier la résiliation du contrat de travail aux torts de l'employeur et, enfin, a ajouté que le salarié a retourné à son employeur le matériel d'exécution de son travail le 31 mai 1996 et qu'en raison de l'inexécution fautive de ses obligations contractuelles par le salarié, le contrat de travail devait être résilié à ses torts.

En effet, d'une part, il appartient à l'employeur, s'il estime que le salarié ne respecte pas ses obligations, d'user de son pouvoir disciplinaire et de prononcer le licenciement de l'intéressé et, d'autre part, la rupture du contrat de travail résultant du manquement de l'employeur à ses obligations, notamment celle de payer les indemnités de chômage partiel auxquelles le salarié pouvait prétendre, s'analyse en un licenciement.

Cass. soc. 30 mai 2000, n° 98-40.085, BC V n° 210.

Un salarié ne pouvait imputer la responsabilité de la rupture de son contrat à l'employeur, en lui reprochant de ne pas lui avoir versé son salaire fixe et des commissions, dès lors qu'il avait accepté un retard dans le paiement de son salaire pour faciliter la trésorerie de l'entreprise.

Cass. soc. 16 mars 1995, n° 91-40.547.

Des difficultés financières ne peuvent justifier le manquement à l'obligation de payer les salaires et il appartient à l'employeur qui ne peut, en raison de telles difficultés, assurer la pérennité du travail et le règlement des salaires soit de licencier le salarié pour ce motif économique, soit de se déclarer en état de cessation des paiements.

Doit donc être cassé l'arrêt qui, pour débouter un salarié de ses demandes tendant à voir prononcer la résiliation judiciaire de son contrat aux torts de son employeur à la date du 8 septembre 2002, en raison du non-paiement de ses salaires, et à voir fixer sa créance de dommages et intérêts, rappels de salaire et autres indemnités au passif de la société, a retenu que le défaut de règlement des salaires à compter de septembre 2002 n'avait pour origine que les graves difficultés financières de l'entreprise entraînant son incapacité totale à assurer tant la pérennité du travail que le règlement des salaires, que le salarié membre du comité d'entreprise était parfaitement informé de ces difficultés qui avaient conduit à un redressement judiciaire le 11 décembre 2002 et à une liquidation judiciaire prononcée le 11 février 2003 et au prononcé du licenciement économique de tout le personnel, et qu'il ne pouvait arguer de griefs qui, du fait du contexte économique de l'entreprise, ne caractérisaient pas, au moment de sa demande, un manquement de nature à justifier une résiliation anticipée de son contrat de travail.

Cass. soc. 20 juin 2006, n° 05-40.662, BC V n° 217.

Un employeur ne saurait reprocher à une cour d'appel ayant relevé que ce dernier avait reconnu devoir à un chauffeur routier un rappel de 141 primes de casse-croûte, d'avoir souverainement décidé que ce paiement tardif caractérisait un manquement suffisant grave pour justifier la rupture du contrat de travail aux torts de la société.

Cass. soc. 7 avril 2010, n° 09-40.020, 2e moyen, BC V n° 88.

➡ Défaut de fixation des objectifs dont dépend la rémunération variable.

Lorsque le contrat de travail prévoit que la rémunération variable dépend d'objectifs fixés annuellement par l'employeur, le défaut de fixation desdits objectifs constitue un manquement justifiant la prise d'acte de la rupture par le salarié.

Cass. soc. 29 juin 2011, n° 09-65.710, BC V n° 173.

➡ Non-communication de l'ensemble des bases de calcul de la rémunération.

Le salarié doit pouvoir vérifier que le calcul de sa rémunération a été effectué conformément aux modalités prévues par le contrat de travail.

Deux salariés, rémunérés sur la base de commissions calculées selon une annexe au contrat, en pourcentage sur le chiffre d'affaires réalisé avec des commandes d'un certain montant auquel s'appliquaient diverses corrections selon que l'objectif était ou non atteint et selon la marge réalisée, ont pris acte de la rupture de leur contrat en se prévalant notamment de l'impossibilité de vérifier la justesse du commissionnement versé par rapport à celui qui était effectivement dû ; ils ont saisi la juridiction prud'homale.

Après avoir constaté que les salariés se trouvaient dans l'impossibilité de vérifier la justesse de leur rémunération faute pour l'employeur de leur en avoir communiqué l'ensemble des bases de calcul et, qu'au surplus, la société n'avait jamais appliqué, dans la réalité, le coefficient multiplicateur unique de marge qu'elle indiquait avoir retenu, une cour d'appel a pu décider que la prise d'acte de la rupture de leurs contrats de travail produisait les effets d'un licenciement et condamner l'employeur à leur verser diverses sommes à ce titre.

Cass. soc. 18 juin 2008, n° 07-41.910, 1er moyen, BC V n° 134.

➡ Non-paiement des heures supplémentaires.

Ayant constaté qu'un employeur avait fait effectuer à un salarié des heures supplémentaires qu'il n'avait pas rémunérées, une cour d'appel a décidé à bon droit que l'intéressé avait pu valablement, compte tenu de l'inexécution de ses obligations par l'employeur, refuser d'exécuter les heures de travail supplémentaires demandées et que le licenciement pour faute grave, motif pris des refus réitérés du salarié d'effectuer des heures supplémentaires dues à des surcroîts d'activité, était sans cause réelle et sérieuse.

Cass. soc. 7 décembre 1999, n° 97-42.878, BC V n° 473. Voir aussi cass. soc. 16 mars 2011, n° 08-42.218, 2e moyen du pourvoi principal ; cass. soc. 27 novembre 2014, n° 13-18.716, 4e moyen.

➡ Non-respect de la durée du travail contractuellement prévue.

L'employeur ne respectant pas la durée minimale hebdomadaire de travail contractuellement prévue rend impossible pour le salarié la poursuite du contrat de travail. La rupture du contrat est donc imputable à l'employeur et s'analyse en un licenciement.

Cass. soc. 31 janvier 1996, n° 92-41.390, 2e moyen.

➡ Non-respect des dispositions conventionnelles.

Cass. soc. 24 avril 2001, n° 98-45.895, BC V n° 133, décidant que le salarié non réintégré dans son emploi ou un emploi similaire dans le délai de six mois à l'issue d'un congé non rémunéré, comme le prévoyait la convention collective, peut se prévaloir de cette faute pour soutenir que son contrat de travail a été rompu.

➡ Exercice abusif du pouvoir disciplinaire.

Ayant constaté qu'un employeur avait délibérément usé de son pouvoir disciplinaire non pour sanctionner un manquement réel d'un salarié mais pour exercer des pressions sur celui-ci, exerçant ainsi son pouvoir disciplinaire de manière abusive et déloyale et que ces agissements avaient eu des répercussions sur la santé de l'intéressé, une cour d'appel a pu en déduire que ces faits constituaient un manquement suffisamment grave de l'employeur empêchant la poursuite du contrat de travail, dire que la prise d'acte de la rupture du contrat de travail produisait les effets d'un licenciement sans cause réelle et sérieuse et condamner l'employeur à payer au salarié diverses sommes.

Cass. soc. 7 avril 2016, n° 14-24.388, 2e moyen.

➡ Violences morales et psychologiques.

Ayant relevé qu'un employeur avait eu à l'égard d'un salarié une attitude « répétitive » constitutive de violences morales et psychologiques qui permettait au salarié de rompre son contrat de travail et d'en imputer la rupture à l'employeur, c'est à bon droit qu'une cour d'appel a condamné ce dernier à payer au salarié diverses sommes, notamment à titre de dommages-intérêts pour licenciement sans cause réelle et sérieuse.

Cass. soc. 26 janvier 2005, n° 02-47.296, BC V n° 23.

À l'occasion d'un conflit survenu dans un magasin dont elle avait la charge, une salariée avait été personnellement mise en cause par voie de presse par les salariés du magasin. En arrêt de travail pour maladie, elle avait dû restituer son véhicule de fonction sur ordre de l'employeur, tandis que la ligne de fax mise à disposition à son domicile était résiliée. Après avoir saisi la juridiction prud'homale pour demander la résiliation de son contrat de travail du fait de manquements de l'employeur dans l'exécution de ses obligations contractuelles et pour obtenir des dommages-intérêts pour préjudice moral, la salariée a pris acte de la rupture de son contrat de travail à la fin de son arrêt de travail.

Une cour d'appel a pu dire que la rupture du contrat de travail produisait les effets d'un licenciement sans cause réelle et sérieuse et accorder à l'intéressée des dommages-intérêts à ce titre, après avoir estimé que les manquements de l'employeur étaient établis et suffisamment graves pour justifier la rupture du contrat.

Cass. soc. 8 mars 2006, n° 04-40.259.

➡ Violences physiques.

Manque gravement à ses obligations l'employeur qui porte une atteinte physique ou morale à son salarié.

Une altercation physique ayant eu lieu entre le gérant d'un cabinet d'expertise comptable et un salarié, ce dernier a pris acte de la rupture de son contrat de travail puis a saisi la juridiction prud'homale.

Pour dire que la prise d'acte de la rupture s'analysait en une démission, une cour d'appel, après avoir relevé que les violences dénoncées avaient été partiellement reconnues par l'employeur et avoir examiné le certificat médical produit par le salarié attestant de ses blessures, a retenu que l'altercation n'avait pas pour origine un différend professionnel et que la seule circonstance que les faits se soient passés dans les locaux de la société en fin de matinée ne pouvait permettre de les rattacher à l'activité professionnelle.

En statuant ainsi, la cour d'appel a violé l'article 1134 c. civ. et l'article L. 1231-1 CT.

Cass. soc. 8 juin 2011, n° 10-15.493, BC V n° 138.

D'une part, lorsque le salarié démissionne en raison de faits qu'il reproche à son employeur, cette rupture constitue une prise d'acte et produit les effets soit d'un licenciement sans cause réelle et sérieuse si les faits invoqués la justifiaient, soit, dans le cas contraire, d'une démission ; d'autre part, manque gravement à ses obligations l'employeur qui porte atteinte à l'intégrité physique ou morale de son salarié.

C'est à bon droit qu'une cour d'appel, ayant retenu que les violences physiques relatées par une salariée dans sa lettre de démission étaient établies, a requalifié la démission en licenciement sans cause réelle et sérieuse et a condamné son employeur à payer des dommages et intérêts.

Cass. soc. 30 octobre 2007, n° 06-43.327, BC V n° 177.

Ayant pris acte de la rupture de son contrat de travail par lettre du 3 juillet 2006, une pharmacienne a saisi la juridiction prud'homale de demandes tendant à dire que sa prise d'acte produisait les effets d'un licenciement sans cause réelle et sérieuse et à obtenir la condamnation de son employeur au paiement de diverses sommes à titre salarial et indemnitaire.

En constatant que dans la soirée du 28 juin 2006, alors que la salariée, qui était en arrêt de travail depuis le même jour, s'était rendue à son club de bridge, l'employeur avait fait irruption brutalement dans la pièce où elle se trouvait, remettant en cause avec véhémence l'état de santé de celle-ci et exigeant qu'elle lui remette son arrêt de travail, et qu'agressée publiquement, l'intéressée, choquée, s'était trouvée dans un état de sidération nécessitant le secours des personnes présentes, une cour d'appel a caractérisé un manquement suffisamment grave de l'employeur à ses obligations justifiant la prise d'acte, peu important que les faits, qui étaient relatifs à un différend d'ordre professionnel, se soient déroulés en dehors du temps et du lieu de travail.

Cass. soc. 23 janvier 2013, n° 11-20.356, BC V n° 16.

➡ Non-respect par l'employeur de son obligation de sécurité de résultat en matière de protection de la santé et de la sécurité des travailleurs.

D'abord, lorsqu'un salarié prend acte de la rupture de son contrat de travail en raison de faits qu'il reproche à son employeur, cette rupture produit les effets soit d'un licenciement sans cause réelle et sérieuse si les faits invoqués la justifiaient, soit, dans le cas contraire, d'une démission ; ensuite, l'employeur, tenu d'une obligation de sécurité de résultat en matière de protection de la santé et de la sécurité des travailleurs, manque à cette obligation lorsqu'un salarié est victime sur le lieu de travail de violences physiques ou morales, exercées par l'un ou l'autre de ses salariés, quand bien même il aurait pris des mesures pour faire cesser ces agissements.

Une salariée occupant un poste de direction dans une association a saisi, le 28 juillet 2008, son employeur de difficultés rencontrées dans l'exercice de ses fonctions du fait de son supérieur hiérarchique direct, M. T ; ce dernier a fait le 15 octobre 2008 l'objet d'une mise à pied disciplinaire ; à la suite d'une nouvelle plainte de la salariée, mais également d'autres salariés, l'employeur a saisi, le 13 février 2009, l'inspection du travail d'une demande d'autorisation du licenciement de M. T, délégué syndical ; cette autorisation ayant été refusée, le salarié a fait l'objet d'un avertissement le 17 mars 2009 ; le 20 mars 2009, une altercation a eu lieu entre M. T et la salariée, cette dernière étant insultée et bousculée ; une déclaration d'accident du travail a été faite par l'employeur ; M. T a été mis à pied, puis licencié, le 24 juin 2009, avec l'autorisation de l'inspecteur du travail ; la salariée a saisi la juridiction prud'homale, le 12 mai 2009, d'une demande de dommages-intérêts en réparation du manquement de l'employeur à son obligation de sécurité ; elle a été déboutée de ses demandes par jugement en date du 22 avril 2010 ; elle a pris acte de la rupture de son contrat de travail le 31 décembre 2010.

C'est à tort que, pour dire que la prise d'acte de la rupture du contrat de travail de la salariée, intervenue 21 mois après les faits, produisait les effets d'une démission, une cour d'appel a retenu que le manquement de l'employeur à son obligation de sécurité de résultat ne revêtait pas, compte tenu de l'existence d'un affrontement entre deux salariés titulaires de postes de direction, un caractère de gravité de nature à justifier la prise d'acte.

Cass. soc. 23 janvier 2013, n° 11-18.855, BC V n° 15. Voir aussi cass. soc. 3 février 2010, n° 08-40.144, BC V n° 30 (arrêt n° 2).

L'employeur, tenu d'une obligation de sécurité de résultat en matière de protection de la santé et de la sécurité des travailleurs, manque à cette obligation lorsqu'un salarié est victime sur le lieu de travail d'agissements de harcèlement moral ou sexuel exercés par l'un ou l'autre de ses salariés, quand bien même il aurait pris des mesures pour faire cesser ces agissements.

Une salariée, employée par une société depuis le 26 février 2005 en qualité d'agent de production, a pris acte de la rupture de son contrat de travail, le 19 octobre 2010, puis a saisi la juridiction prud'homale de demandes relatives à la rupture du contrat de travail et à un harcèlement.

Pour la débouter de ses demandes, une cour d'appel, après avoir relevé que le syndrome anxiodépressif présenté par l'intéressée n'était imputable qu'aux faits de harcèlement sexuel, a retenu que la matérialité du harcèlement moral et sexuel dont avait été victime la salariée par une personne de l'entreprise était caractérisée et non contestée par l'employeur, mais que ce dernier n'avait eu connaissance du harcèlement sexuel et moral commis par son préposé qu'avec la dénonciation qui lui en avait été faite, qu'il avait aussitôt pris les mesures appropriées et sanctionné l'auteur, supérieur hiérarchique de la salariée, en prononçant son licenciement pour faute grave, qu'il était ainsi justifié que l'employeur avait pris les mesures nécessaires à la protection de la salariée de telle sorte qu'il n'avait pas manqué à son obligation de sécurité.

En statuant ainsi, alors que la salariée avait été victime d'un harcèlement moral et sexuel dans l'entreprise, la cour d'appel à laquelle il appartenait dès lors d'apprécier si ce manquement avait empêché la poursuite du contrat de travail, a violé les articles L. 4121-1 et L. 4121-2 CT.

Cass. soc. 11 mars 2015, n° 13-18.603, BC V n° 43.

➡ Visite médicale de reprise non organisée par l'employeur.

Ayant constaté qu'un salarié s'était présenté à l'entreprise à l'issue de son arrêt de travail pour maladie, que son employeur n'avait pas pris les dispositions nécessaires pour que soit assurée la visite médicale de reprise et s'était borné à l'affecter à des tâches de rangement qui ne correspondaient pas à ses fonctions contractuelles, une cour d'appel a pu décider que la rupture du contrat de travail s'analysait en un licenciement sans cause réelle et sérieuse et condamner en conséquence l'employeur à payer diverses indemnités et des dommages-intérêts pour rupture abusive.

Cass. soc. 26 janvier 2005, n° 03-40.893, BC V n° 24.

Après avoir constaté qu'à la suite d'un arrêt de travail pour maladie, une salariée avait repris son travail sans bénéficier d'une visite de reprise auprès du médecin du travail dans les huit jours et sans que l'employeur ait allégué avoir pris l'initiative de faire passer une visite médicale dans le même délai, une cour d'appel a souverainement décidé que celui-ci avait commis un manquement suffisamment grave pour justifier la prise d'acte par la salariée de la rupture de son contrat de travail.

Cass. soc. 6 octobre 2010, n° 09-66.140, BC V n° 222. Voir aussi cass. soc. 5 décembre 2012, n° 11-21.587.

➡ Fermeture d'établissement.

La décision de l'employeur de fermer l'établissement en l'absence d'un événement de force majeure caractérise une inexécution par le chef d'entreprise de ses obligations contractuelles. La rupture des relations contractuelles s'analyse alors en un licenciement.

Cass. soc. 13 juillet 1993, n° 89-45.595. Voir aussi cass. soc. 12 février 2003, n° 01-40.916, BC V n° 50.

• L'employeur doit mettre en œuvre la procédure de licenciement

L'employeur qui prend l'initiative de rompre le contrat, ou qui le considère comme rompu du fait du salarié, doit mettre en œuvre la procédure de licenciement, faute de quoi la rupture s'analyse en un licenciement sans cause réelle et sérieuse.

Cass. soc. 16 avril 2015, n° 13-27.387.

Un salarié, employé comme directeur des ventes, avait refusé de devenir directeur de clientèle, estimant qu'il subirait une perte de responsabilité. À la suite de ce refus, son employeur avait pris acte de la démission du salarié pour convenance personnelle. Ce dernier avait alors saisi la juridiction prud'homale d'une demande fondée sur un licenciement sans cause réelle et sérieuse.

Doit être cassé l'arrêt qui, pour dire que la rupture s'analysait en un licenciement fondé sur une cause réelle et sérieuse, a retenu que le contrat de travail du salarié n'avait pas été modifié et que ce dernier avait commis une faute en refusant un simple changement de ses conditions de travail, alors qu'en l'absence de procédure de licenciement, la rupture par l'employeur s'analysait en un licenciement sans cause réelle et sérieuse, sans que le juge ait à rechercher si les faits reprochés au salarié étaient ou non fondés.

Cass. soc. 25 juin 2003, n° 01-40.235, BC V n° 208 (arrêt n° 1). Voir aussi cass. soc. 25 juin 2003, n° 01-41.150, BC V n° 208 (arrêt n° 2).

• Si la rupture du contrat est imputable à l'employeur, celui-ci doit payer au salarié certaines indemnités

Le salarié doit percevoir les indemnités de préavis et de licenciement ainsi que les dommages-intérêts auxquels il aurait eu droit en cas de licenciement sans cause réelle et sérieuse.

La prise d'acte de la rupture entraînant la cessation immédiate du contrat de travail, il s'ensuit que le juge qui décide que les faits invoqués justifiaient la rupture, laquelle produit alors les effets d'un licenciement sans cause réelle et sérieuse, doit accorder au salarié qui le demande, l'indemnité de préavis et les congés payés afférents, l'indemnité de licenciement et les dommages-intérêts auxquels il aurait eu droit en cas de licenciement sans cause réelle et sérieuse.

Cass. soc. 16 mars 2011, n° 09-67.836, 2e moyen. Voir aussi cass. soc. 28 septembre 2011, n° 09-67.510, 1er moyen, BC V n° 199 ; cass. soc. 23 septembre 2014, n° 13-13.593 ; cass. soc. 14 septembre 2016, n° 15-16.663, 2e moyen du pourvoi principal.

Ayant décidé que la prise d'acte d'un salarié, fondée sur la modification unilatérale de son contrat de travail, produisait les effets d'un licenciement sans cause réelle et sérieuse, une cour d'appel a pu condamner l'employeur à verser à l'intéressé une indemnité compensatrice correspondant au solde du préavis non exécuté.

Cass. soc. 2 juin 2010, n° 09-40.215, 2e moyen, BC V n° 128.

Le salarié a droit à une indemnité compensatrice de préavis, peu important qu'il ait, à sa demande, été dispensé par l'employeur d'exécuter son préavis…

Tout d'abord, la prise d'acte de la rupture entraîne la cessation immédiate du contrat de travail ; ensuite, lorsque le salarié prend acte de la rupture de son contrat de travail en raison de faits qu'il reproche à son employeur, cette rupture produit les effets d'un licenciement sans cause réelle et sérieuse si les faits invoqués la justifiaient ; il en résulte que le juge qui décide que les faits invoqués justifiaient la rupture doit accorder au salarié les dommages-intérêts, l'indemnité de préavis et les congés payés afférents et l'indemnité de licenciement auxquels il aurait eu droit en cas de licenciement sans cause réelle et sérieuse.
Lorsque la prise d'acte de la rupture produit les effets d'un licenciement sans cause réelle et sérieuse, le salarié a droit à une indemnité compensatrice de préavis, peu important qu'il ait, à sa demande, été dispensé par l'employeur d'exécuter son préavis.

Cass. soc. 20 janvier 2010, n° 08-43.471, BC V n° 17 (arrêt n° 1).

… ou qu'il ait été en arrêt de travail pendant cette période.

Lorsque la prise d'acte de la rupture produit les effets d'un licenciement sans cause réelle et sérieuse, le salarié a droit à une indemnité compensatrice de préavis, peu important qu'il ait été en arrêt de travail pour maladie au cours de cette période.

Cass. soc. 20 janvier 2010, n° 08-43.476, 3e moyen, BC V n° 17 (arrêt n° 2). Voir aussi cass. soc. 9 juin 2015, n° 13-27.899, 2e moyen.

Lorsque le contrat de travail est rompu par une prise d'acte et non par un licenciement, le salarié ne peut prétendre à une indemnité pour non-respect de la procédure de licenciement.

L'indemnité prévue par l'article L. 1235-2 CT ne peut être allouée que lorsque le contrat de travail a été rompu par un licenciement.

Après avoir dit que la prise d'acte de rupture du contrat de travail d'un salarié avait les effets d'un licenciement sans cause réelle et sérieuse, une cour d'appel a condamné l'employeur au paiement d'une indemnité pour procédure de licenciement irrégulière.

En statuant ainsi, alors que le contrat de travail avait été rompu par une prise d'acte du salarié et non par un licenciement, la cour d'appel a violé le texte susvisé.

Cass. soc. 19 octobre 2016, n° 14-25.067, BC V n° 193. Voir aussi cass. soc. 19 février 2014, n° 12-28.153 ; cass. soc. 23 mars 2011, n° 09-42.092, 3e moyen.

Le salarié, dont la prise d'acte de la rupture du contrat de travail est justifiée et qui n'est pas tenu d'exécuter un préavis, a droit à être indemnisé de la perte de chance d'utiliser les droits qu'il a acquis au titre du droit individuel à la formation…

Cass. soc. 18 mai 2011, n° 09-69.175, 2e moyen, BC V n° 115. Voir aussi cass. soc. 2 mars 2016, n° 14-18.334.

… et de bénéficier des informations relatives à la portabilité de la prévoyance.

Cass. soc. 2 mars 2016, n° 14-18.334, précité.

Clause de changement de direction

La clause contractuelle, qui permet au salarié de rompre le contrat de travail, ladite rupture étant imputable à l'employeur, en cas de changement de direction, de contrôle, de fusion-absorption ou de changement significatif d'actionnariat entraînant une modification importante de l'équipe de direction, est licite dès lors qu'elle est justifiée par les fonctions du salarié au sein de l'entreprise et qu'elle ne fait pas échec à la faculté de résiliation unilatérale du contrat par l'une ou l'autre des parties.

Cass. soc. 10 avril 2013, n° 11-25.841, BC V n° 97. Voir aussi cass. soc. 26 janvier 2011, n° 09-71.271, 1er moyen, BC V n° 35.

Abandon de poste ; Absences non autorisées ; Démission ; Inaptitude physique d'origine non professionnelle ; Modification du contrat et des conditions de travail.

Inaptitude physique d'origine non professionnelle

Le salarié ne pouvant continuer à occuper son emploi pour des raisons de santé peut faire l'objet d'un licenciement si l'inaptitude est constatée par le médecin du travail et si l'employeur justifie soit de son impossibilité de le reclasser, soit du refus par le salarié de l'emploi proposé, soit de la mention dans l'avis d'inaptitude que tout maintien du salarié dans un emploi serait gravement préjudiciable à sa santé.

La loi 2016-1088 du 8 août 2016 et les ordonnances 2017-1387 du 22 septembre 2017 et 2017-1718 du 20 décembre 2017 ont modifié les règles relatives à la constatation de l'inaptitude et au reclassement du salarié inapte.

La jurisprudence rapportée ci-dessous, rendue dans le cadre législatif antérieur, conserve cependant son intérêt, notamment au regard des litiges en cours.

Inaptitude et invalidité

• Aucun salarié ne peut être licencié en raison de son état de santé ou de son handicap, sauf inaptitude constatée par le médecin du travail à l'issue de deux examens médicaux espacés de deux semaines

Le médecin du travail a seul compétence pour se prononcer sur l'inaptitude du salarié, à l'exclusion de tout autre praticien, y compris le médecin traitant.

CA Paris, 21e ch. B, 25 juin 2009, n° 07/05612.

L'article R. 4624-31 ancien CT n'imposant pas que la constatation de l'inaptitude soit faite lors d'un examen médical de reprise consécutif à une suspension du contrat de travail, le médecin du travail peut la constater après tout examen médical qu'il pratique au cours de l'exécution du contrat de travail.

Pour déclarer nul le licenciement d'un salarié, une cour d'appel a retenu que l'intéressé s'était trouvé en arrêt de travail du 25 octobre au 6 novembre 2004, que cet arrêt de travail ne résultant pas d'un accident du travail et étant d'une durée inférieure à vingt et un jours, l'examen médical de reprise prévu à l'article R. 4624-2[2] CT n'était pas obligatoire, que le 30 décembre 2004, le salarié, à la demande de son médecin traitant, avait fait l'objet d'un examen médical par le médecin du travail alors qu'il avait repris son travail depuis le 6 novembre précédent, et que cette visite occasionnelle effectuée à l'initiative du seul salarié, alors que la suspension de son contrat de travail avait pris fin depuis plus de sept semaines, ne pouvait être qualifiée de visite de reprise ; la cour a ensuite retenu que le contrat de travail s'était trouvé de nouveau suspendu pour maladie, du 3 janvier au 21 mars 2005, que le 13 janvier 2005 le médecin du travail avait examiné le salarié et avait rendu un avis d'inaptitude qualifié de « deuxième visite article R. 241-51-1 du code du travail », que toutefois cet avis délivré en cours de suspension du contrat, alors que la question de la reprise du travail n'avait pas été posée par l'employeur, ni envisagée par le salarié qui devait subir au préalable une intervention chirurgicale le 31 janvier 2005, avait été qualifié à tort de « seconde visite d'inaptitude en vertu de l'article R. 241-51-1 du code du travail », que seul le premier examen pratiqué par le médecin du travail lors de la reprise du travail marquait la fin de la période de suspension du contrat, de sorte que le licenciement de l'intéressé intervenu pendant la suspension de son contrat, en raison de son état de santé, alors que l'inaptitude alléguée n'avait pas été constatée par le médecin du travail conformément aux prescriptions du titre IV du livre II du même code, devait être déclaré nul.

En statuant ainsi, alors que l'examen médical du salarié par le médecin du travail du 30 décembre 2004 constituait un examen médical au sens de l'article R. 4624-31 CT, en sorte qu'ayant été suivi d'un second examen médical deux semaines plus tard concluant à l'inaptitude du salarié, celle-ci avait été régulièrement constatée et qu'il appartenait au salarié, en cas de désaccord, d'exercer le recours prévu par l'article L. 4624-1 CT, la cour d'appel a violé les articles R. 4624-1[7] et 31 CT.

Cass. soc. 8 avril 2010, n° 09-40.975, BC V n° 95. Voir aussi cass. soc. 21 septembre 2017, n° 16-16.549, BC V n° 162.

Les deux examens doivent impérativement être espacés d'au moins deux semaines, ce délai courant à compter de la date du premier examen ; à défaut, le licenciement est nul.

Aux termes de l'article R. 241-51-1 CT, sauf dans le cas où le maintien du salarié à son poste de travail entraîne un danger immédiat pour la santé ou la sécurité de l'intéressé ou celles des tiers, le médecin du travail ne peut constater l'inaptitude du salarié à son poste de travail qu'après une étude de ce poste et des conditions de travail dans l'entreprise et deux examens médicaux de l'intéressé espacés de deux semaines.

Il en résulte que le délai fixé par ce texte court à partir de la date du premier de ces examens médicaux.

Un salarié ayant subi le premier examen médical de reprise le mardi 4 juillet 2000 et le second le mardi 18 juillet 2000, il en résultait que l'inaptitude de l'intéressé avait été constatée conformément aux exigences posées par l'article R. 241-51-1 CT. Dès lors, c'est à bon droit qu'une cour d'appel a débouté le salarié de sa demande d'annulation de son licenciement.

Cass. soc. 8 décembre 2004, n° 02-44.203, BC V n° 319. Voir aussi cass. soc. 31 mai 2012, n° 11-10.958.

L'employeur qui s'abstient de saisir comme il le doit après le premier examen médical le médecin du travail pour faire pratiquer le second des examens exigés par l'article R. 4624-31 ancien CT, commet une faute susceptible de causer au salarié un préjudice dont l'existence est appréciée souverainement par les juges du fond.

Cass. soc. 23 mai 2017, n° 15-26.941, 2e moyen, BC V n° 94. Voir aussi cass. soc. 30 juin 2015, n° 13-28.201, 2e moyen, BC V n° 134 ; cass. soc. 12 mars 2008, n° 07-40.039, 1er moyen, BC V n° 62.

Le fait pour un salarié de refuser de se soumettre au second examen légalement exigé constitue une faute grave.

Cass. soc. 16 mars 2016, n° 14-21.304.

Le licenciement d'un salarié à la suite du premier examen médical concluant à son inaptitude est nul, dès lors que le maintien du salarié à son poste de travail n'entraîne pas une situation de danger immédiat pour sa santé et sa sécurité.

Selon l'article L. 122-45 CT, aucun salarié ne peut être licencié en raison de son état de santé ou de son handicap, sauf inaptitude constatée par le médecin du travail dans le cadre du titre IV du livre II de ce code. Selon l'article R. 241-51-1 CT, sauf dans les cas où le maintien du salarié à son poste de travail entraîne un danger immédiat pour sa santé ou sa sécurité, le médecin du travail ne peut constater l'inaptitude du salarié à son poste de travail qu'après une étude de ce poste et des conditions de travail dans l'entreprise et deux examens médicaux de l'intéressé espacés de deux semaines.

Un salarié avait été déclaré définitivement inapte à son poste de travail et à tout emploi dans l'entreprise le 13 février 1993 par le médecin du travail. Licencié le 24 février suivant en raison de son inaptitude, il avait sollicité devant la juridiction prud'homale l'annulation de son licenciement, une indemnité compensatrice pour perte de salaire pour la période de nullité, une indemnité de préavis et subsidiairement une indemnité pour licenciement sans cause réelle et sérieuse.

Doit être cassé l'arrêt ayant rejeté ses demandes au motif notamment qu'au vu du certificat médical d'inaptitude totale et définitive du 13 février 1993, l'employeur n'avait d'autre alternative que de procéder au licenciement de l'intéressé et qu'il ne pouvait lui être reproché de ne pas avoir sollicité des explications ou la confirmation du médecin du travail, alors qu'au regard de l'article L. 241-10-1 CT, cette obligation n'intervient que dans la perspective d'aménagements du poste ou d'un reclassement impossibles en l'espèce, compte tenu de l'inaptitude totale du salarié.

En effet, l'inaptitude n'avait pas été constatée dans les conditions prévues à l'article R. 241-51-1 CT, ce dont il résultait que le licenciement était nul et il appartenait à l'employeur, en présence d'un tel avis, de faire subir au salarié, dans le délai de quinze jours, le second examen médical prévu par cet article.

Cass. soc. 16 juillet 1998, n° 95-45.363, BC V n° 393. Voir aussi cass. soc. 4 juin 2002, n° 00-42.873, BC V n° 192.

En revanche, l'engagement de la procédure de licenciement avant le second examen médical n'est pas une cause de nullité du licenciement.

Un agent de surveillance, en arrêt de travail pour maladie du 21 au 24 décembre 1999 et du 27 décembre 1999 au 20 février 2000, a été déclaré, les 14 et 28 février 2000, inapte au poste d'agent de sécurité par le médecin du travail. Par lettre du 15 février 2000, le salarié a été convoqué à un entretien préalable au licenciement, qui s'est tenu le 22 février. Le salarié, licencié le 29 février 2000 en raison de son inaptitude et de l'impossibilité du reclassement, a saisi la juridiction prud'homale.

Aucune disposition du code du travail ne prévoit la nullité du licenciement lorsque l'employeur engage la procédure de licenciement avant que le médecin du travail ne se soit prononcé définitivement sur l'aptitude du salarié à son poste de travail. N'est donc pas nul le licenciement prononcé au vu des deux certificats établis par le médecin du travail dans le cadre de la visite médicale de reprise.

Ayant constaté que la procédure de licenciement avait été engagée avant que le médecin du travail se soit prononcé définitivement sur l'aptitude du salarié à son poste de travail, ce dont il résultait qu'aucune tentative de reclassement n'avait été effectuée, une cour d'appel n'a pas tiré les conséquences légales qui découlaient de ses constatations en décidant que le licenciement reposait sur une cause réelle et sérieuse.

Cass. soc. 26 janvier 2005, n° 03-40.332, BC V n° 25.

L'avis d'aptitude avec réserve d'un médecin du travail, qui équivaut à une inaptitude à tout poste dans l'entreprise, ne doit pas priver le salarié des deux examens médicaux.

Aux termes de l'article R. 241-[51] CT, l'aptitude du salarié à reprendre son emploi après une absence pour cause de maladie doit être constatée par le médecin du travail lors de la reprise du travail et au plus tard dans un délai de 8 jours. Sauf dans le cas où le maintien du salarié à son poste de travail entraîne un danger immédiat pour la santé ou la sécurité de l'intéressé ou celles des tiers, le médecin du travail ne peut constater l'inaptitude du salarié à son poste de travail qu'après une étude de ce poste et des conditions de travail dans l'entreprise et deux examens médicaux de l'intéressé espacés de deux semaines.

Un salarié, embauché en qualité de chauffeur manutentionnaire, s'était trouvé en arrêt de travail pour maladie, le 10 juin 1996. Le médecin du travail l'avait déclaré apte, le 18 juin 1996, mais avec une contre-indication formelle pour des travaux de manutention. Licencié le 3 juillet 1996 pour inaptitude au travail de manutentionnaire et impossibilité interne de reclassement, le salarié, contestant le bien-fondé de ce licenciement, avait saisi la juridiction prud'homale.

C'est à tort qu'une cour d'appel a débouté le salarié de ses demandes de dommages-intérêts pour licenciement sans cause réelle et sérieuse et d'indemnité spéciale de licenciement, après avoir constaté que l'inaptitude aux travaux de manutention devait être considérée comme équivalant à une inaptitude à tout poste dans l'entreprise, laquelle ne disposait d'aucun poste sans manutention, alors que l'inaptitude du salarié n'avait été constatée par le médecin du travail qu'à l'issue d'un seul examen.

Cass. soc. 9 octobre 2001, n° 98-46.099, BC V n° 307.

Lorsqu'un salarié est déclaré inapte temporaire à son poste de travail à l'issue d'une visite de reprise et que, par la suite, l'activité de l'entreprise fait l'objet d'une cessation totale entraînant la suppression de tous les postes de travail et l'impossibilité du reclassement du salarié, le liquidateur, tenu de licencier le salarié dans les 15 jours suivant le jugement de liquidation, n'est plus obligé d'organiser un second examen médical avant de procéder au licenciement économique du salarié.

Par jugement du 29 novembre 2010, un tribunal de commerce a ordonné la liquidation judiciaire d'une entreprise et désigné un liquidateur ; un salarié, en arrêt maladie depuis le 30 juin 2010, a été déclaré inapte temporaire à son poste de travail à l'issue de la visite médicale de reprise du 8 novembre 2010 ; licencié pour motif économique le 10 décembre 2010, le salarié a saisi la juridiction prud'homale.

Après avoir relevé que le motif économique de licenciement, non critiqué par le salarié, ressortissait à la cessation totale de l'activité de l'entreprise et que celle-ci n'appartenait à aucun groupe, ce dont il résultait la suppression de tous les postes de travail et l'impossibilité du reclassement de l'intéressé, une cour d'appel a pu décider que le liquidateur, tenu de licencier le salarié dans le délai prévu par l'article L. 3253-8, 2° CT, ne pouvait plus être tenu d'organiser un second examen médical avant de procéder au licenciement.

Cass. soc. 9 décembre 2014, n° 13-12.535, BC V n° 280.

En cas de situation de danger immédiat pour la santé et la sécurité du salarié, le médecin du travail doit rédiger son avis dans des termes suffisamment explicites et précis.

Le médecin du travail a nécessairement estimé qu'il existait une situation de danger immédiat au sens de l'article R. 241-51-1 CT, dès lors qu'il a apposé sur le certificat médical la mention suivante « inapte définitif à tout poste existant dans l'entreprise, R. 241-51-1, une seule visite », qui vise expressément cette disposition.

Cass. soc. 19 janvier 2005, n° 03-40.765, BC V n° 7.

Un avis du médecin du travail a déclaré un salarié « inapte total et définitif à son emploi d'ouvrier agricole et à tout autre poste dans l'entreprise » ; suite à son licenciement en raison de cette inaptitude, l'intéressé a saisi la juridiction prud'homale afin d'obtenir notamment l'annulation de ce licenciement, intervenu en l'absence de la seconde visite médicale.

C'est à tort que, pour le débouter de sa demande, une cour d'appel a retenu que le médecin du travail, qui avait constaté l'inaptitude du salarié le 10 octobre 2000, avait précisé dans une lettre du 26 octobre 2000 que la reprise du travail présentait un caractère de dangerosité pour la santé du salarié, entraînant une inaptitude totale à l'issue de cette seule visite, alors qu'il ne résultait pas de l'avis du médecin du travail du 13 octobre 2000 une situation de danger immédiat pour le salarié et que, dans le délai de deux semaines suivant le premier examen médical, un second n'avait pas eu lieu.

Cass. soc. 19 octobre 2005, n° 03-48.383, BC V n° 292.

Dès lors, après avoir constaté qu'un avis d'inaptitude délivré par un médecin du travail se bornait à porter la mention « à revoir », peu important la lettre du même jour adressée à l'employeur par le médecin du travail, une cour d'appel a pu en déduire que l'inaptitude du salarié n'avait pas été régulièrement constatée en l'absence de second examen médical de reprise et que le licenciement prononcé en raison de l'état de santé du salarié était nul.

Cass. soc. 16 décembre 2010, n° 09-66.954, BC V n° 300.

S'agissant d'une salariée placée en arrêt de travail pour maladie, un médecin du travail a émis l'avis suivant, adressé notamment à l'employeur : « Après une nouvelle visite médicale effectuée ce jour le 23 juin 2000 et après avis du médecin inspecteur du travail, je certifie que l'état de santé actuel de Mme X… ne lui permet pas une reprise du travail dans son entreprise. Je vous rappelle que cet avis peut être contesté selon l'article L. 241-10-1 CT auprès de l'inspection du travail » ; le 31 juillet 2000, le médecin du travail a précisé à l'employeur : « Suite à votre courrier du 13 juillet 2000 concernant Mme X…, je vous confirme qu'il s'agit bien d'une réintégration impossible au sein de son entreprise et non au niveau d'un poste en particulier ». La salariée a été licenciée le 5 septembre 2000 pour inaptitude physique.

C'est à tort que, pour débouter la salariée de ses demandes de dommages-intérêts, indemnité compensatrice de préavis et de congés payés sur préavis fondées sur la nullité du licenciement, une cour d'appel a notamment énoncé que le médecin du travail avait constaté, le 23 juin 2000, l'inaptitude de la salariée à tout emploi au sein de l'association et avait, le même jour, informé pour avis le médecin inspecteur du travail qu'il estimait que le maintien de l'intéressée à son poste de travail entraînait un danger immédiat pour sa santé ; que le fait que cette appréciation restrictive n'ait pas été mentionnée sur l'avis d'inaptitude n'ôtait rien à sa portée et qu'il en résultait que le deuxième examen médical prévu par l'article R. 241-51 CT n'avait pas à être réalisé, alors qu'il ne résultait pas de l'avis du médecin du travail du 23 juin 2000 une situation de danger immédiat pour la salariée et que dans le délai de deux semaines suivant le premier avis médical, un second examen n'avait pas eu lieu.

Cass. soc. 19 octobre 2005, n° 03-46.942, BC V n° 292.

Après un arrêt de travail pour maladie, une salariée a été déclarée inapte par avis du médecin du travail, ainsi rédigé : « procédure spéciale d'inaptitude médicale définitive et totale, en une seule visite, au poste et à la fonction au sein de l'ensemble de la structure ». La salariée a saisi la juridiction prud'homale de diverses demandes.

Ayant relevé que l'avis d'inaptitude émis par le médecin du travail ne faisait état d'aucun danger immédiat et, s'il indiquait bien qu'une seule visite était effectuée, se bornait à faire référence à une procédure spéciale d'inaptitude médicale définitive et totale au poste et à la fonction au sein de l'entreprise, sans autre précision, une cour d'appel a pu décider que le licenciement était dépourvu de cause réelle et sérieuse.

Cass. soc. 1er décembre 2005, n° 04-48.607, BC V n° 345.

La seule mention de l'article R. 4624-31 ancien CT ne suffit pas à caractériser la situation de danger immédiat qui permet au médecin du travail de constater l'inaptitude du salarié au terme d'un seul examen médical.

Un salarié a été déclaré par le médecin du travail, le 28 juin 2000, à l'issue d'un seul examen médical, définitivement inapte à tout emploi dans l'entreprise. Il a été licencié, le 13 juillet 2000, pour ce motif. Contestant devant la juridiction prud'homale le bien-fondé de ce licenciement, il l'a saisie de demandes d'indemnité et de rappel de salaires.

Doit être rejeté le pourvoi de l'employeur reprochant à une cour d'appel d'avoir dit que le licenciement était nul et de l'avoir condamné en conséquence au paiement de dommages-intérêts. En effet, selon l'article R. 241-51-1 CT, sauf dans le cas où le maintien du salarié à son poste de travail entraîne un danger immédiat pour la santé ou la sécurité de l'intéressé ou celles des tiers, le médecin du travail ne peut constater l'inaptitude d'un salarié à son poste de travail qu'après deux examens médicaux espacés de deux semaines. Il s'ensuit que cette inaptitude ne peut être déclarée après un seul examen médical que si la situation de danger résulte de l'avis du médecin du travail ou si cet avis indique, outre la référence à l'article R. 241-51-1 CT, qu'une seule visite est effectuée. La seule mention de l'article R. 241-51-1 CT ne suffit pas à caractériser la situation de danger immédiat qui permet au médecin du travail de constater l'inaptitude du salarié au terme d'un seul examen médical.

Ayant relevé que le médecin du travail s'était borné, dans l'avis d'inaptitude qu'il avait émis le 28 juin 2000, à mentionner l'article R. 241-51-1 CT sans autre précision, la cour d'appel a exactement décidé que le licenciement du salarié intéressé était nul.

Cass. soc. 11 mai 2005, n° 03-45.174, BC V n° 155.

Il en est de même de l'avis qui ne mentionne que l'article R. 4624-31 ancien CT et une situation d'urgence.

Selon l'article R. 241-51-1, al. 1er, devenu R. 4624-31 CT, sauf dans le cas où le maintien du salarié à son poste de travail entraîne un danger immédiat pour la santé ou la sécurité de l'intéressé ou celles des tiers, le médecin du travail ne peut constater l'inaptitude d'un salarié à son poste de travail qu'après deux examens médicaux espacés de deux semaines ; il s'ensuit que cette inaptitude ne peut être déclarée après un seul examen médical que si la situation de danger résulte de l'avis du médecin du travail ou si cet avis indique, outre la référence à l'article R. 4624-31 CT, qu'une seule visite est effectuée.

Pour refuser de déclarer nul le licenciement d'un salarié déclaré inapte en application de la procédure d'urgence de l'article L. 241-51-1 CT et décider qu'il était fondé sur une cause réelle et sérieuse, une cour d'appel a retenu que les dispositions de ce texte renvoient à deux situations possibles, à savoir celle du salarié pour lequel la reprise du travail même pendant deux semaines serait susceptible d'aggraver son état et celle de celui qui peut reprendre une activité durant cette même période de temps, sans pour autant menacer sa santé ou celle des tiers, de sorte que le médecin du travail qui vise à la fois ledit article et l'urgence se positionne nécessairement et clairement par rapport à la situation de danger immédiat, toute autre interprétation revenant à dénaturer le sens de son avis.

En statuant ainsi, alors que l'avis du médecin du travail ne mentionnait pas, outre la référence à l'article R. 241-51-1, devenu l'article R. 4624-31 CT, qu'une seule visite était effectuée et que la mention d'une procédure d'urgence ne pouvait y suppléer, la cour d'appel a violé l'article précédemment cité.

Cass. soc. 20 janvier 2010, n° 08-45.270, BC V n° 19.

Le licenciement prononcé au seul motif d'un classement en invalidité 2e catégorie en l'absence de constatation par le médecin du travail de l'inaptitude du salarié est nul.

En l'absence de constatation par le médecin du travail de l'inaptitude du salarié à reprendre l'emploi précédemment occupé ou tout emploi dans l'entreprise, le licenciement prononcé au seul motif d'un classement en invalidité 2e catégorie est nul et cause nécessairement au salarié un préjudice qu'il appartient aux juges du fond de réparer.

Dès lors, doit être cassé l'arrêt qui, pour débouter un salarié de ses demandes de dommages-intérêts, a énoncé que le classement en invalidité 2e catégorie s'imposait à l'employeur qui n'avait pas à solliciter l'avis du médecin du travail avant d'engager la procédure de rupture du contrat, alors que la cour d'appel avait constaté que la rupture du contrat de travail avait pour seul motif l'état de santé du salarié dont l'inaptitude n'avait pas été déclarée par le médecin du travail, ce dont il résultait que le licenciement était illégal.

Cass. soc. 13 janvier 1998, n° 95-45.439, moyen unique du pourvoi incident, BC V n° 9. Voir aussi cass. soc. 4 juin 1998, n° 96-42.256, 1er moyen.

Il résulte des dispositions combinées des articles L. 122-45 et L. 122-24-4 CT qu'aucun salarié ne peut être licencié, sauf inaptitude constatée par le médecin du travail, en raison de son état de santé ou de son handicap. Dès lors, en présence d'un avis d'aptitude de reprise à mi-temps délivré par le médecin du travail, il appartient à l'employeur qui décide de licencier le salarié qui a repris le travail conformément à cet avis au motif de l'impossibilité confirmée par le classement de l'intéressé en invalidité de la 2e catégorie d'exécuter normalement sa prestation de travail en raison de son état de santé, de saisir à nouveau le médecin du travail. À défaut, le licenciement prononcé pour un tel motif est nul et cause nécessairement au salarié un préjudice qu'il appartient aux juges du fond de réparer.

Cass. soc. 15 juillet 1998, n° 96-41.766, BC V n° 384.

De même, la clause d'une convention collective ne peut pas prévoir une résiliation de plein droit du contrat de travail en raison du classement du salarié dans une catégorie d'invalidité déterminée ni dispenser, en ce cas, l'employeur de l'avis du médecin du travail.

Cass. soc. 7 décembre 2011, n° 10-15.222, BC V n° 294.

Lorsqu'il est saisi, le juge des référés doit trancher la question de savoir si le licenciement constitue un trouble manifestement illicite.

Une salariée qui avait été de nombreuses fois en arrêt de travail pour maladie avait été licenciée pour faute grave en raison de son refus persistant d'accepter les nouvelles tâches que son employeur lui avait confiées afin de pallier les perturbations que ces arrêts de travail avaient entraînées dans le bon fonctionnement de l'entreprise. A méconnu ses pouvoirs le juge des référés ayant rejeté la demande de la salariée tendant à ce que soit prononcée la nullité de son licenciement et ordonnée sa réintégration, sans trancher la question de savoir si le licenciement constituait un trouble manifestement illicite.

Cass. soc. 23 novembre 1999, n° 98-41.376, BC V n° 450.

Inaptitude temporaire

En cas d'inaptitude temporaire, l'employeur n'est pas tenu de laisser le salarié accéder à son poste de travail.

Le médecin du travail ayant déclaré une salariée temporairement inapte, le refus par l'employeur de la laisser accéder à son poste de travail ne constituait pas un trouble manifestement illicite ou une voie de fait. Dès lors, doit être cassé l'arrêt qui, pour ordonner à l'employeur de laisser la salariée accéder à son poste de travail et de lui payer son salaire, a énoncé que ni la loi ni l'accord d'entreprise ne prévoyaient l'interdiction d'accès au lieu de travail d'un salarié ayant fait l'objet d'un avis d'aptitude différée.

Cass. soc. 21 janvier 1997, n° 93-43.617, BC V n° 27.

Portée de l'avis d'inaptitude

Lorsqu'un salarié est déclaré inapte par le médecin du travail, l'employeur est tenu de procéder à son reclassement et, dans le cas où celui-ci s'avère impossible, de le licencier pour inaptitude ; cette règle étant d'ordre public, il ne peut pas le licencier pour un autre motif.

Une salariée en arrêt maladie depuis le 4 janvier 2007 a été déclarée par le médecin du travail inapte à la reprise de son poste à l'issue d'une visite médicale en date du 13 juin 2007 ; elle a été licenciée par lettre du 4 décembre 2007 pour absence prolongée entraînant une désorganisation du service et la nécessité de la remplacer définitivement.

Ayant constaté que l'employeur, sans demander l'organisation d'une seconde visite, avait licencié la salariée le 4 décembre 2007 pour un motif autre que l'inaptitude, c'est à bon droit que la cour a, tirant les conséquences légales de cette méconnaissance des dispositions d'ordre public des articles L. 1226-2 et R. 4624-31 CT excluant de s'en tenir aux motifs énoncés par la lettre de licenciement, déclaré sans cause réelle et sérieuse le licenciement de la salariée et condamné son employeur à payer à celle-ci une somme à titre de dommages-intérêts.

Cass. soc. 5 décembre 2012, n° 11-17.913, BC V n° 320.

Il résulte de l'article R. 4624-22 CT que la visite de reprise met fin à la suspension du contrat de travail. Par ailleurs, en application des articles L. 1226-2 et L. 1226-10 CT, lorsqu'à l'issue des périodes de suspension du contrat de travail, le salarié est déclaré inapte par le médecin du travail à reprendre l'emploi qu'il occupait précédemment, l'employeur lui propose un autre emploi approprié à ses capacités.

Un salarié a été placé en arrêt maladie le 13 février 2013 pour une durée d'un mois. Le 15 février 2013, l'employeur a effectué une déclaration d'accident du travail. Le salarié, déclaré inapte à son poste le 14 mars 2013 avec mention d'un danger immédiat, a été licencié, le 9 avril 2013, pour faute grave.

Pour déclarer que le licenciement du salarié reposait sur une faute grave, une cour d'appel, après avoir énoncé que le contrat de travail du salarié était suspendu en raison de l'avis d'inaptitude rendu le 14 mars 2013 lorsque l'employeur a engagé la procédure de licenciement, a retenu qu'aucun élément n'attestait de la survenance d'un accident du travail le 11 février 2013 et que l'attitude du salarié s'analysait en une fausse déclaration d'accident du travail, constitutive d'une faute grave au regard de l'exécution de bonne foi du contrat de travail et des responsabilités importantes de l'intéressé au sein de l'entreprise.

En statuant ainsi, alors que la visite de reprise du 14 mars 2013 avait mis fin à la suspension du contrat de travail et qu'il résultait de ses constatations que l'employeur avait prononcé le licenciement du salarié pour un motif autre que l'inaptitude, la cour d'appel a violé les textes précités.

Cass. soc. 20 décembre 2017, n° 16-14.983, à paraître.

Reclassement du salarié

• Champ d'application et cadre de l'obligation

L'obligation de reclassement existe en cas d'inaptitude d'origine non professionnelle…

Un salarié, déclaré inapte définitivement à son poste le 17 juillet, avait été licencié par lettre du

22 juillet en raison de son inaptitude et de l'impossibilité de lui proposer un poste correspondant à ses aptitudes.

Doit être cassé l'arrêt qui, pour rejeter la demande du salarié en paiement d'une indemnité pour licenciement sans cause réelle et sérieuse, a énoncé qu'en raison de l'avis d'inaptitude émis par le médecin du travail, l'employeur se trouvait dans l'impossibilité de lui proposer un autre poste, qu'au demeurant il n'était pas tenu de lui offrir, l'inaptitude n'étant pas la conséquence d'un accident du travail, alors que l'employeur, même en cas de maladie non professionnelle, est tenu d'une obligation de reclassement du salarié déclaré inapte au besoin en sollicitant, à cette fin, les propositions du médecin du travail.

Cass. soc. 22 octobre 1996, n° 93-43.787, BC V n° 337.

... peu importe que l'inaptitude soit temporaire ou définitive, ...

Il résulte de l'article L. 122-24-4 CT qu'à l'issue des périodes de suspension du contrat de travail consécutives à une maladie ou à un accident, si le salarié est déclaré inapte à reprendre l'emploi qu'il occupait précédemment, l'employeur est tenu de lui proposer un autre emploi approprié à ses capacités, sans qu'il y ait lieu de distinguer selon que l'inaptitude est temporaire ou définitive.

Cass. soc. 22 mai 1995, n° 93-44.721, non publié.

... que le salarié soit classé en invalidité 2e catégorie...

L'avis du médecin du travail déclarant un salarié inapte à tout travail s'entend nécessairement d'une inaptitude à tout emploi dans l'entreprise ; un tel avis ne dispense pas l'employeur d'établir qu'il s'est trouvé dans l'impossibilité de reclasser le salarié au sein de l'entreprise et, le cas échéant, au sein du groupe auquel elle appartient, au besoin par des mesures telles que mutations, transformations de poste de travail ou aménagements du temps de travail ; le classement d'un salarié en invalidité 2e catégorie par la sécurité sociale, qui obéit à une finalité distincte et relève d'un régime juridique différent, est sans incidence sur l'obligation de reclassement du salarié inapte qui incombe à l'employeur par application des dispositions du code du travail.

Un salarié a fait l'objet d'un arrêt de travail pour maladie à compter du 5 mai 2000, prolongé jusqu'au 28 février 2003 ; informé de son placement en invalidité 2e catégorie par la sécurité sociale, il a sollicité l'examen médical du médecin du travail qui, le 26 février 2003, a conclu « doit être considéré à compter du 1er mars 2003 inapte à son ancien poste et à toute reprise de travail dans l'entreprise », précisant qu'un deuxième examen n'avait pas lieu d'être par application de l'article R. 241-51-1 CT ; le salarié a été licencié le 29 avril 2003 pour inaptitude et impossibilité de reclassement.

C'est à bon droit que, pour dire que le licenciement était dépourvu de cause réelle et sérieuse et condamner l'employeur au paiement de différentes sommes, une cour d'appel a retenu que l'avis du médecin du travail ne dispensait pas l'employeur, qui seul connaissait les possibilités d'aménagement des postes de son entreprise, de rechercher un reclassement pour le salarié.

Cass. soc. 9 juillet 2008, n° 07-41.318, pourvoi incident, BC V n° 151.

... ou que le salarié soit sous contrat à durée déterminée.

Un salarié, engagé à compter du 16 mars 2004 suivant contrat à durée déterminée de six mois a été déclaré le 22 juillet 2004 « inapte au poste antérieur dans l'entreprise (...), pas inapte à toute activité professionnelle ». Il a saisi la juridiction prud'homale notamment d'une demande tendant à la résiliation judiciaire de son contrat de travail aux torts de son employeur et au paiement de dommages-intérêts.

Pour le débouter de ses demandes, une cour d'appel a énoncé que les dispositions de l'article L. 122-24-4, al. 1er CT relatives à l'obligation de reclassement mise à la charge de l'employeur d'un salarié déclaré inapte consécutivement à une maladie ou à un accident d'origine non professionnelle s'appliquent au contrat à durée déterminée, qu'en revanche, celles de l'article L. 122-24-4, al. 2 CT instituant l'obligation pour l'employeur de reprendre le paiement du salaire du salarié ni reclassé, ni licencié, à l'expiration d'un délai d'un mois à compter de l'examen médical de reprise du travail, ne sont pas applicables au contrat à durée déterminée, lequel ne peut pas être rompu par l'employeur en raison de l'inaptitude physique et de l'impossibilité d'un reclassement, de sorte que le salarié ne démontrant à la charge de l'employeur aucun manquement, sa demande de résolution anticipée du contrat de travail ne pouvait prospérer.

En se déterminant ainsi par un motif général, sans rechercher si l'employeur avait manqué à son obligation de reclassement et si ce manquement était constitutif d'une faute grave, la cour d'appel a privé sa décision de base légale.

Cass. soc. 26 novembre 2008, n° 07-40.802, BC V n° 230.

L'obligation de reclassement court à compter de la seconde visite de reprise, peu important les démarches effectuées auparavant par l'employeur.

Seules les recherches de reclassement compatibles avec les conclusions du médecin du travail émises au cours de la visite de reprise peuvent être prises en considération pour apprécier le respect par l'employeur de son obligation de reclassement.

L'avis d'inaptitude du médecin du travail ne dispense pas l'employeur de rechercher les possibilités de reclassement, le cas échéant au sein du groupe auquel appartient l'entreprise, au besoin par la mise en œuvre de mesures telles que mutations, transformations de postes de travail ou aménagement du temps de travail, et cette obligation de reclassement court à compter de la seconde visite de reprise.

Cass. soc. 6 janvier 2010, n° 08-44.177, BC V n° 1.

Le salarié déclaré inapte, qui occupait un emploi à plein temps, ne peut être reclassé dans un emploi à temps partiel.

Une salariée employée à un poste d'ébardeur à temps plein avait été déclarée inapte « au travail sur presse » mais apte à un poste dans un atelier de finition. La salariée ayant refusé le poste de finition à tiers temps proposé par l'employeur, elle avait été licenciée pour inaptitude et refus de la modification de l'horaire de travail consécutive à cette inaptitude.

C'est à bon droit qu'une cour d'appel a décidé que le licenciement de l'intéressée était dépourvu de cause réelle et sérieuse. En effet, après avoir exactement énoncé que, par application de l'article L. 122-24-4 CT, il appartient à l'employeur, en l'état de l'avis du médecin du travail, d'assurer le reclassement de la salariée dans un poste compatible avec son état de santé, à temps plein et non pas seulement à tiers temps, la cour a constaté que l'employeur ne rapportait pas la preuve de l'impossibilité du reclassement à temps plein.

Cass. soc. 8 mars 2000, n° 98-40.149.

Les possibilités de reclassement doivent être recherchées à l'intérieur du groupe parmi les entreprises dont les activités, l'organisation ou le lieu d'exploitation leur permettent d'effectuer la permutation de tout ou partie du personnel.

À l'issue de la seconde visite de reprise, une salariée, directrice d'une maison de retraite médicalisée, a été déclarée inapte par le médecin du travail à la reprise de son contrat de travail et à tous postes au sein de l'entreprise, mais « apte à un emploi dans une autre société ». Contestant son licenciement pour inaptitude physique, la salariée a saisi la juridiction prud'homale de diverses demandes.

Après avoir relevé que, si les sept maisons de retraite gérées par l'employeur étaient constituées sous la forme de sociétés indépendantes, elles étaient toutes situées dans la même région et regroupées sous un même sigle, qu'elles faisaient état dans leur propre documentation de la notion de groupe et avaient développé des outils de communication communs, qu'une possibilité de permutation avait été proposée, lors de l'entretien préalable, à la salariée dans une maison de retraite similaire, et que ces éléments démontraient une organisation et des relations de partenariat permettant la permutation du personnel, une cour d'appel a constaté que l'employeur ne justifiait pas avoir effectué une recherche effective de reclassement au sein du groupe à l'intérieur duquel devait être mis en œuvre le reclassement et a légalement justifié sa décision de condamner l'employeur à verser à la salariée des sommes à titre d'indemnité pour licenciement abusif, d'indemnité compensatrice de préavis et congés payés afférents.

Cass. soc. 24 juin 2009, n° 07-45.656, BC V n° 163. Voir aussi cass. soc. 22 septembre 2011, n° 10-30.293.

Un salarié avait dû interrompre son travail à la suite d'un accident (17 octobre 1990). Le 5 mars 1992, il avait été déclaré inapte à reprendre son poste de travail, mais apte pour une activité locale en position strictement assise. Le 6 mars, l'employeur avait engagé à son encontre une procédure de licenciement en raison de cette inaptitude.

Doit être cassé l'arrêt ayant rejeté la demande du salarié en paiement de dommages-intérêts pour licenciement sans cause réelle et sérieuse au motif qu'il n'existait aucune possibilité de reclassement pour le salarié, alors que la recherche des possibilités de reclassement du salarié déclaré inapte à reprendre l'emploi qu'il occupait précédemment en raison d'une maladie doit s'apprécier à l'intérieur du groupe auquel appartient l'employeur concerné, parmi les entreprises dont les activités, l'organisation ou le lieu d'exploitation lui permettent d'effectuer la mutation de tout ou partie du personnel.

En s'abstenant de rechercher si, comme le soutenait le salarié, il n'y avait pas une possibilité de reclassement dans le groupe auquel appartenait la société, la cour d'appel n'a pas légalement justifié sa décision.

Cass. soc. 19 mai 1998, n° 96-41.265, BC V n° 264. Voir aussi cass. soc. 16 juin 1998, n° 96-41.877, BC V n° 322 ; cass. soc. 10 décembre 2014, n° 13-18.679.

L'avis du médecin du travail concluant à l'inaptitude du salarié à tout emploi dans l'entreprise ne dispense pas l'employeur de rechercher une possibilité de reclassement au sein de l'entreprise et, le cas échéant, du groupe auquel elle appartient, au besoin par la mise en œuvre de mesures telles que mutations, transformations de poste de travail ou aménagement du temps de travail.

Un salarié, engagé en qualité de comptable par un office notarial, a été reconnu travailleur handicapé et a occupé les fonctions de caissier taxateur, avant de se trouver en arrêt de travail pour maladie. Le médecin du travail l'a déclaré inapte à « tous postes dans l'entreprise ». Contestant son licenciement, le salarié a saisi la juridiction prud'homale.

C'est à tort que, pour le débouter de ses demandes en paiement d'une indemnité pour licenciement sans cause réelle et sérieuse et d'une indemnité compensatrice de préavis, une cour d'appel a retenu qu'eu égard à l'état de santé du salarié, tel qu'il avait été apprécié par le tribunal du contentieux de l'incapacité, soit un état d'invalidité réduisant d'au moins deux tiers sa capacité de travail ne permettant pas l'exercice d'une activité quelconque, et par le médecin du travail, qui l'avait reconnu inapte à tout poste dans l'entreprise, il s'avérait que l'office ne disposait d'aucune possibilité de reclassement de ce salarié, et que, par suite, le licenciement était justifié par une cause réelle et sérieuse, alors que seul le médecin du travail est habilité à apprécier l'aptitude du salarié à un poste de travail, et qu'il résultait de ses propres constatations que l'employeur n'avait fait aucune recherche effective des possibilités de reclassement par la mise en œuvre de mesures telles que mutations, transformations de poste de travail ou aménagement du temps de travail.

Cass. soc. 20 septembre 2006, n° 05-40.526, BC V n° 283. Voir aussi cass. soc. 16 septembre 2009, n° 08-42.212, BC V n° 185 ; cass. soc. 6 février 2001, n° 98-43.272, 2e moyen, BC V n° 40.

Lorsque le médecin du travail, après avoir conclu à l'inaptitude du salarié à tout poste dans l'entreprise, rend ultérieurement un nouvel avis moins restrictif, l'employeur doit à nouveau rechercher une possibilité de reclassement.

Après avoir relevé que les deux avis d'inaptitude établis par un médecin du travail les 3 et 17 janvier 2005 mentionnaient l'inaptitude d'une salariée à son emploi d'éducatrice spécialisée et à tout autre poste dans le foyer qui l'employait, une cour d'appel a constaté que c'était sur la base de ces conclusions que l'employeur avait interrogé le 4 février les différentes associations régionales et départementales qu'il gérait sur les postes de reclassement et que c'est à la demande de l'employeur que le médecin du travail avait précisé ultérieurement le 8 février que la salariée était apte à une activité de bureau de type standard, secrétariat ou comptabilité.

Dès lors, ayant exactement retenu que ce nouvel avis, moins restrictif que ceux émis lors des visites de reprise, rendait nécessaire une nouvelle consultation des associations dès lors qu'il élargissait le champ de reclassement possible, la cour a pu décider que l'employeur, en ne s'exécutant pas, n'avait pas respecté son obligation de reclassement, ce qui rendait le licenciement de la salariée sans cause réelle et sérieuse.

Cass. soc. 25 mars 2009, n° 07-41.451, 1er moyen.

La recherche des possibilités de reclassement s'impose même si le salarié ne le souhaite pas.

C'est à tort que, pour rejeter la demande d'une salariée en paiement d'une indemnité pour licenciement sans cause réelle et sérieuse, une cour d'appel a énoncé que le reclassement de l'intéressée était impossible dès lors qu'il résultait de ses propres déclarations consécutives à l'avis médical d'inaptitude définitive « qu'elle ne pourrait plus jamais travailler », que sa position combinée à celle du médecin du travail était confortée par le comportement procédural de l'intéressée qui discutait pour la première fois devant la cour la légitimité du licenciement et qu'il s'ensuivait que le moyen tiré de l'inobservation par l'employeur de son obligation de reclassement ne pouvait être accueilli, peu important l'appartenance de l'entreprise à un groupe dès lors que l'impossibilité était absolue et générale, alors que l'avis d'inaptitude à tout emploi dans l'entreprise délivré par le médecin du travail ne dispense pas l'employeur, quelle que soit la position prise alors par la salariée, de rechercher les possibilités de reclassement par la mise en œuvre de mesures telles que mutations ou transformations de postes de travail au sein de l'entreprise et, le cas échéant, du groupe auquel elle appartient.

Cass. soc. 10 mars 2004, n° 03-42.744, BC V n° 84.

L'avis d'inaptitude à tout emploi assorti du constat par le médecin du travail d'un danger immédiat ne dispense pas l'employeur de rechercher le reclassement du salarié.

L'avis du médecin du travail déclarant un salarié inapte à tout travail s'entend nécessairement d'une inaptitude à tout emploi dans l'entreprise ; un tel avis ne dispense pas l'employeur de rechercher une possibilité de reclassement au sein de l'entreprise et, le cas échéant, du groupe auquel elle appartient, au besoin par la mise en œuvre de mesures telles que mutations, transformations de poste ou aménagement du temps de travail.

Doit donc être cassé l'arrêt qui, pour débouter de sa demande de dommages-intérêts pour licenciement sans cause réelle et sérieuse un salarié, déclaré par le médecin du travail « inapte, vu danger immédiat, en un certificat, à tout travail » et licencié pour inaptitude, a retenu que la conjonction de l'inaptitude à tout emploi dans l'entreprise et de l'existence d'un danger immédiat avait rendu impossible l'obligation de l'employeur de proposer à son salarié un autre emploi.

Cass. soc. 7 juillet 2004, n° 02-47.458, BC V n° 196.

La reprise du versement des salaires par l'employeur ne le dispense pas de rechercher le reclassement du salarié.

Même à l'issue du délai d'un mois prévu par l'article L. 1226-4 CT, l'employeur demeure tenu de respecter son obligation de reclassement du salarié déclaré inapte.

Cass. soc. 21 mars 2012, n° 10-12.068, 2e moyen, BC V n° 100. Voir aussi cass. soc. 24 avril 2013, n° 12-13.907.

Une salariée, classée en invalidité 2e catégorie depuis le 19 décembre 1997, a été déclarée inapte à la reprise du travail au poste actuel ou à tout autre poste dans l'entreprise par le médecin du travail le 2 mars 1998, au terme d'une seule visite, compte tenu du risque d'aggravation de son état de santé. Le 17 mars suivant, l'employeur l'ayant avisée qu'il procéderait au maintien de son salaire jusqu'à son 60e anniversaire, l'intéressée a saisi la juridiction prud'homale pour que soit constatée la rupture du contrat de travail imputable à l'employeur.

C'est à tort que, pour rejeter sa demande, une cour d'appel a retenu que, en cas d'inaptitude totale ou partielle de son salarié, l'employeur dispose de la faculté et non de l'obligation de procéder à son reclassement ou de procéder à son licenciement et qu'au cas où il ne retiendrait aucun des termes de cette alternative, il doit reprendre le règlement du salaire au plus tard un mois après l'examen médical de reprise, alors que la reprise par l'employeur du paiement des salaires à laquelle il est tenu en application de l'article L. 122-24-4 CT ne le dispense pas de l'obligation qui lui est faite par l'alinéa 1er du même article de proposer un poste de reclassement, et qu'en s'abstenant de rechercher, comme il lui était demandé, si l'employeur avait satisfait à son obligation de reclassement par la mise en œuvre de mesures telles que mutations ou transformations de postes de travail ou aménagement du temps de travail au sein de l'entreprise et, le cas échéant, du groupe auquel elle appartient, la cour d'appel n'a pas légalement justifié sa décision.

Cass. soc. 3 mai 2006, n° 04-40.721, BC V n° 159. Voir aussi cass. soc. 26 janvier 2011, n° 09-43.139.

• Contenu de l'obligation de reclassement

L'employeur, tenu d'une obligation de sécurité de résultat en matière de protection de la santé et de la sécurité des travailleurs dans l'entreprise, doit prendre en compte les propositions du médecin du travail…

Visite médicale de reprise.

… et saisir l'inspecteur du travail des difficultés rencontrées dans la mise en œuvre de ces propositions…

Il résulte des dispositions de l'article L. 241-10-1 CT que le médecin du travail est habilité à proposer des mesures individuelles telles que mutations ou transformations de postes, que le chef d'entreprise est tenu de prendre en considération ces propositions et, en cas de refus, de faire connaître les motifs qui s'opposent à ce qu'il y soit donné suite et, qu'en cas de difficulté ou de désaccord, la décision est prise par l'inspecteur du travail après avis du médecin-inspecteur du travail.

Ayant constaté que le directeur d'un laboratoire avait procédé au licenciement pour inaptitude d'une salariée souffrant d'allergie aux cobayes, alors qu'elle avait été déclarée apte à reprendre son poste à condition que des modifications soient effectuées au niveau de l'aération des locaux du laboratoire, et cela sans prendre en considération les propositions du médecin du travail relatives à l'aménagement du poste de travail ni préciser pourquoi il lui était impossible de modifier les locaux et sans saisir de la difficulté l'inspecteur du travail, une cour d'appel a pu décider que l'employeur n'avait pas satisfait aux obligations mises à sa charge par l'article L. 241-10-1 CT et le condamner au paiement de dommages-intérêts pour licenciement sans cause réelle et sérieuse.

Cass. soc. 19 juillet 1995, n° 91-44.544, 1er moyen, BC V n° 254. Voir aussi cass. soc. 16 juin 1999, n° 97-41.510.

… ou d'une éventuelle contestation en cas de désaccord.

S'agissant d'une salariée licenciée à la suite de nombreuses absences pour maladie, l'avis d'aptitude donné par le médecin du travail s'imposait à l'employeur qui pouvait seulement le contester devant l'inspecteur du travail. Ayant constaté que l'employeur n'avait pas invoqué la nécessité de remplacer définitivement la salariée, les juges ont pu retenir que l'indisponibilité temporaire de la salariée n'avait pas sérieusement perturbé la marche de l'entreprise et condamner l'employeur au paiement d'une indemnité pour licenciement sans cause réelle et sérieuse.

Cass. soc. 29 janvier 1997, n° 93-46.443.

L'extrême brièveté du délai écoulé entre l'avis du médecin du travail et la mise en œuvre du licenciement suffit à établir le non-respect par l'employeur de son obligation de reclassement.

Pour déclarer fondé sur une cause réelle et sérieuse le licenciement d'un salarié pour inaptitude physique et impossibilité de reclassement, une cour d'appel s'est bornée à relever que l'employeur avait discuté avec un délégué du personnel du problème de reclassement du salarié sans qu'il ait été trouvé de solution et que la mise en œuvre de la procédure de licenciement trois jours après l'avis d'inaptitude ne pouvait établir que l'employeur n'avait pas tenté de mettre en œuvre l'obligation de reclassement.

En statuant ainsi, alors que, d'une part, le seul entretien avec un délégué du personnel ne suffisait pas à établir que l'employeur se soit conformé à ses obligations et que, d'autre part, la brièveté du délai écoulé après l'avis d'inaptitude démontrait, à lui seul, qu'il n'y avait eu aucune tentative sérieuse de reclassement, la cour d'appel a violé l'article L. 1226-2 CT.

Cass. soc. 30 avril 2009, n° 07-43.219, 2e moyen, BC V n° 120. Voir aussi cass. soc. 1er février 2012, n° 11-10.837.

Il en est de même s'agissant de l'envoi de la lettre de convocation à l'entretien préalable au licenciement le jour de l'avis d'inaptitude.

Seules les recherches de reclassement compatibles avec les conclusions du médecin du travail émises au cours de la visite de reprise peuvent être prises en considération pour apprécier le respect par l'employeur de son obligation de reclassement.

Une salariée a été déclarée par le médecin du travail, à l'issue de deux visites médicales des 1er et 15 avril 2010, inapte à son poste ; elle a été convoquée le 15 avril 2010 à un entretien préalable en vue de son licenciement et licenciée le 7 mai 2010 pour inaptitude et impossibilité de reclassement ; elle a saisi la juridiction prud'homale.

Pour débouter la salariée de ses demandes au titre d'un licenciement sans cause réelle et sérieuse, une cour d'appel a retenu qu'il ne pouvait être tiré du fait que la lettre de convocation à l'entretien préalable avait été envoyée le jour de l'avis d'inaptitude, la conclusion qu'aucune possibilité de reclassement n'avait été recherchée par l'employeur, qu'en effet la seconde fiche de visite était rédigée dans les mêmes termes que la première, et le délai de 15 jours qui les séparait était précisément destiné à engager une réflexion sur le reclassement, de sorte que l'employeur avait disposé de ce délai pour examiner les différentes possibilités, qu'en l'espèce cet examen pouvait être fait rapidement, dès lors qu'il n'existait qu'une seule structure, comportant 7 salariés y compris les dirigeants, et qu'ainsi, les possibilités d'emploi pouvaient être examinées sans consultation d'autres établissements, par une personne connaissant parfaitement l'entreprise.

En statuant ainsi, alors que l'employeur n'avait pas recherché de possibilités de reclassement postérieurement au second avis d'inaptitude, la cour d'appel a violé l'article L. 1226-2 CT.

Cass. soc. 4 novembre 2015, n° 14-11.879, BC V n° 217.

Les propositions de reclassement n'ont pas à être faites par écrit.

Cass. soc. 31 mars 2016, n° 14-28.314, BC V n° 60.

Des propositions de postes assorties de rémunérations inférieures au SMIC ne constituent pas une exécution loyale de l'obligation de reclassement.

Un salarié a été engagé le 24 janvier 2007 par un club de football en qualité de footballeur professionnel pour la saison 2006/2007, moyennant une rémunération mensuelle de 14 000 €, outre diverses primes ; un avenant du même jour a prévu le renouvellement automatique du contrat de travail pour trois saisons, jusqu'au 30 juin 2009 ; le joueur a été placé en arrêt de travail le 10 juillet 2008 en raison d'une pathologie d'origine non professionnelle ; le 12 septembre 2008, à l'issue d'une visite unique justifiée par un danger immédiat, le médecin du travail a émis un avis d'inaptitude au poste de footballeur professionnel et a déclaré le salarié apte à tous postes ne nécessitant pas d'efforts physiques intenses ; le salarié a refusé deux offres de reclassement avant de saisir la juridiction prud'homale de diverses demandes.

Pour dire que le contrat de travail avait été suspendu le 12 septembre 2008 et jusqu'à son terme, le 30 juin 2009, constater que l'employeur s'était conformé à son obligation de reclassement et débouter le salarié de ses demandes en conséquence, une cour d'appel a retenu que le 15 septembre 2008, le club avait proposé à l'intéressé deux postes administratifs avec une rémunération mensuelle de 1 200 € sur la base de 35 heures hebdomadaires, que le salarié avait refusé ces deux offres en raison de la faiblesse du salaire, que le club n'était pas tenu de lui maintenir la rémunération antérieure ne correspondant pas aux fonctions proposées et que les deux offres correspondaient aux seuls postes alors disponibles conformes aux prescriptions médicales et à ses capacités.

En statuant ainsi, alors que la rémunération afférente aux deux postes de reclassement proposés au sein du club était inférieure au SMIC, ce dont il résultait que l'employeur n'avait pas exécuté loyalement son obligation de reclassement, la cour d'appel a violé l'article L. 1226-2 CT.

Cass. soc. 5 décembre 2012, n° 11-21.849, BC V n° 318.

Le reclassement doit être recherché parmi les postes disponibles dans l'entreprise, sans qu'il soit possible d'imposer à un autre salarié une modification de son contrat de travail à effet de libérer un poste.

Le reclassement par mutation du salarié déclaré inapte par le médecin du travail auquel l'employeur est tenu de procéder en application des dispositions de l'article L. 122-24-4 CT doit être recherché parmi les emplois disponibles dans l'entreprise ; l'employeur ne peut être tenu d'imposer à un autre salarié une modification de son contrat de travail à l'effet de libérer son poste pour le proposer en reclassement à un salarié.

Cass. soc. 15 novembre 2006, n° 05-40.408, BC V n° 339.

Le caractère temporaire d'un poste n'interdit pas de proposer celui-ci en reclassement.

Cass. soc. 5 mars 2014, n° 12-24.456, 2e moyen.

L'employeur n'est pas tenu de donner au salarié une formation de base différente de la sienne et relevant d'un autre métier.

Cass. soc. 16 mars 2016, n° 13-25.927.

En l'absence de proposition de reclassement par le médecin du travail, l'employeur doit saisir ce praticien en vue d'une recherche des possibilités de reclassement du salarié.

Un ouvrier limeur qui se trouvait en arrêt de travail pour cause de maladie non professionnelle avait été, les 5 et 9 juin, déclaré apte à reprendre le travail comme ouvrier, sans pouvoir cependant soulever des charges de plus de dix kilos. L'employeur avait licencié le salarié le 23 juin, s'estimant dans l'impossibilité de lui proposer un poste correspondant à ses aptitudes.

Doit être rejeté le pourvoi de l'employeur reprochant à une cour d'appel de l'avoir condamné à payer au salarié l'indemnité conventionnelle de licenciement, ainsi qu'une indemnité pour licenciement sans cause réelle et sérieuse.

D'abord, aucune disposition de la convention collective de l'industrie des métaux du Haut-Rhin n'exclut, en cas de licenciement pour inaptitude du salarié, le droit au bénéfice de l'indemnité conventionnelle de licenciement prévue, sauf en cas de faute grave, par l'article 8 de l'avenant « Mensuels » de cette convention. Ensuite, il résulte des dispositions de l'article L. 122-24-4 CT que l'employeur doit, au besoin en les sollicitant, prendre en considération les propositions du médecin du travail en vue d'un reclassement du salarié.

La cour d'appel qui a relevé que l'employeur n'apportait aucun élément pour démontrer qu'il avait tenté de reclasser le salarié et que le médecin du travail n'avait émis aucune proposition de reclassement a exactement décidé que l'employeur, à qui il appartenait de saisir ce praticien en vue d'une recherche des possibilités de reclassement du salarié, n'avait pas satisfait aux obligations mises à sa charge par l'article L. 122-24-4 CT.

Cass. soc. 24 avril 2001, n° 97-44.104, BC V n° 127.

La recherche des possibilités de reclassement ne peut être effectuée par un médecin autre que le médecin du travail.

Il résulte des dispositions de l'article L. 122-24-4 CT que l'employeur doit, au besoin en les sollicitant, prendre en considération les propositions du médecin du travail en vue d'un reclassement du salarié.

Doit être cassé l'arrêt qui, pour débouter un salarié, licencié pour inaptitude à tout poste dans l'entreprise, de ses demandes d'indemnités de préavis et pour licenciement sans cause réelle et sérieuse, a retenu que l'employeur justifiait avoir, outre une vaine recherche externe, étudié les postes existant au sein de l'entreprise eu égard à l'affection présentée par le salarié et s'était ainsi adjoint les compétences d'un médecin, qui n'était pas le médecin du travail, qui avait analysé l'ensemble des postes techniques pour en conclure que ces postes nécessitaient un usage fréquent de la force physique et qu'aucun aménagement ne pouvait être proposé, permettant d'exclure les facteurs de risque, alors que la consultation d'un médecin autre que le médecin du travail ne pouvait être substituée à la consultation de ce dernier.

Cass. soc. 28 juin 2006, n° 04-47.672, BC V n° 230.

Le fait pour l'employeur de ne pas s'associer à la démarche du salarié de saisir le médecin du travail, en application de l'article R. 4624-20 ancien CT, ne peut caractériser un manquement à son obligation de reclassement des salariés inaptes.

Cass. soc. 18 juin 2002, n° 00-41.138.

• Obligation de versement du salaire à défaut de reclassement dans un certain délai

Lorsque, à l'issue d'un délai d'un mois à compter de la date de l'examen de reprise du travail, le salarié n'a été ni reclassé ni licencié, l'employeur doit reprendre le versement du salaire.

La loi du 31 décembre 1992, faisant peser sur l'employeur, dans le cas où le salarié n'est ni reclassé dans l'entreprise ni licencié, à l'issue du délai d'un mois à compter de la date de l'examen de reprise du travail, l'obligation de verser à l'intéressé, dès l'expiration de ce délai, le salaire correspondant à l'emploi que celui-ci occupait avant la suspension de son contrat de travail a un caractère d'ordre public et est, en conséquence, immédiatement applicable à la situation du salarié dont l'inaptitude a été constatée avant son entrée en vigueur.

Cass. soc. 10 février 1998, n° 95-45.210, 1er moyen du pourvoi de l'employeur, BC V n° 73.

À l'issue du délai préfix d'un mois prévu par l'article L. 1226-4 CT, l'employeur, tenu, en l'absence de reclassement ou de licenciement du salarié déclaré inapte, de reprendre le paiement du salaire, ne peut substituer à cette obligation le paiement d'une indemnité de congés payés non pris, ni contraindre le salarié à prendre ses congés.

Cass. soc. 3 juillet 2013, n° 11-23.687, BC V n° 177. Voir aussi cass. soc. 1er mars 2017, n° 15-28.563.

Le délai court à partir du second examen médical prévu à l'article R. 4624-31 ancien CT…

Une vendeuse en arrêt de travail pour maladie à partir de janvier 1992 avait été déclarée, les 1er et 15 avril 1994, inapte à la reprise de son poste de travail et à tout poste dans l'entreprise et licenciée, le 3 juin 1994, en raison de son inaptitude.

Il résulte notamment des dispositions combinées des articles R. 241-51 et R. 241-51-1 CT que l'aptitude du salarié à reprendre son emploi après une absence pour cause de maladie doit être constatée par le médecin du travail lors de la reprise du travail et au plus tard dans un délai de huit jours, que le médecin du travail ne peut constater l'inaptitude du salarié à son poste de travail qu'après une étude de ce poste et des conditions de travail dans l'entreprise et deux examens médicaux de l'intéressé espacés de deux semaines. Le délai d'un mois visé à l'article L. 122-24-4 CT, à l'issue duquel l'employeur est tenu de verser au salarié, déclaré par le médecin du travail inapte à reprendre son emploi ou tout emploi dans l'entreprise en conséquence d'une maladie ou d'un accident non professionnel et qui n'est ni reclassé dans l'entreprise ni licencié, le salaire correspondant à l'emploi occupé avant la suspension de son contrat de travail, ne court donc qu'à partir de la date du second de ces examens médicaux.

Doit être cassé le jugement ayant condamné l'employeur à payer à la salariée une somme à titre de rappel de salaires et les congés payés y afférents pour la période du 1er avril 1994 au 1er juin suivant, après avoir constaté que la salariée avait été soumise, en raison de la nécessité de constater son inaptitude à son poste de travail, les 1er et 15 avril 1994, aux deux examens médicaux prévus à l'article R. 241-51-1 CT, ce dont il résultait que l'employeur n'était tenu, en l'absence de reclassement ou de licenciement de la salariée, au paiement du salaire qu'à l'expiration du délai d'un mois à compter de la date du second de ces examens.

Cass. soc. 28 janvier 1998, n° 95-44.301, 1er moyen, BC V n° 39. Voir aussi cass. soc. 10 novembre 1998, n° 96-44.067, 1er moyen, BC V n° 482 ; cass. soc. 19 mars 2014, n° 12-27.073.

… peu important que le médecin du travail ait organisé une troisième visite.

Cass. soc. 26 janvier 2011, n° 08-44.583.

Mais, lorsque l'inaptitude du salarié à son poste de travail est constatée régulièrement dans le cadre d'un seul examen constatant que le maintien du salarié à ce poste entraîne un danger immédiat pour la santé ou la sécurité de l'intéressé ou celle de tiers, il résulte des dispositions combinées des articles L. 1226-4 et R. 4624-31 ancien CT que le délai d'un mois à l'issue duquel l'employeur, à défaut de reclassement ou de licenciement du salarié, doit reprendre le paiement des salaires court à compter de cet examen unique.

Cass. soc. 6 février 2008, n° 06-45.551, BC V n° 31. Voir aussi cass. soc. 27 janvier 2016, n° 14-16.838.

Le délai d'un mois ne peut être ni prorogé ni suspendu.

Le délai d'un mois fixé par l'article L. 122-24-4 devenu L. 1226-4 CT, qui court à compter du second examen du médecin du travail, avant que l'employeur ne soit tenu de reprendre le paiement du salaire au salarié ni licencié ni reclassé, ne peut être ni prorogé ni suspendu, peu important que le médecin du travail soit conduit à préciser son avis après la seconde visite.

Cass. soc. 25 mars 2009, n° 07-44.748, 2e moyen du pourvoi incident, BC V n° 84. Voir aussi cass. soc. 10 février 2016, n° 14-14.519, 2e moyen.

L'exercice du recours devant l'inspecteur du travail ne suspend pas le délai.

Cass. soc. 26 janvier 2011, n° 09-43.139, précité.

La délivrance d'un nouvel arrêt de travail le lendemain de la seconde visite de reprise ne dispense pas l'employeur de reprendre le paiement des salaires à défaut de reclassement.

À la suite d'arrêts de travail pour maladie et à l'issue d'une seconde visite de reprise le 28 juillet 2004, un médecin du travail a déclaré une salariée inapte à tous postes dans l'entreprise. La salariée, qui a été de nouveau en arrêt de travail le lendemain de cette visite, a saisi la juridiction prud'homale d'une demande tendant notamment à la résiliation de son contrat de travail en se prévalant du non-paiement des salaires à compter du 1er septembre 2004.

C'est à bon droit qu'une cour d'appel a accueilli cette demande et a condamné l'employeur à payer à la salariée des sommes à titre notamment de salaires et de dommages et intérêts.

D'une part, l'envoi par un salarié de la prolongation d'un arrêt de travail n'interdit pas de retenir la qualification de visite de reprise et il ne résulte pas des constatations de la cour d'appel que la salariée, qui invoquait l'obligation pour l'employeur de reprendre le paiement des salaires à l'expiration du délai d'un mois à compter de la seconde visite du 28 juillet 2004, ait admis avoir été en arrêt de travail, sans discontinuer jusqu'au 27 juillet 2004.

D'autre part, la salariée ayant été déclarée inapte par le médecin du travail, la délivrance d'un nouvel arrêt de travail ne pouvait avoir pour conséquence juridique d'ouvrir une nouvelle période de suspension du contrat de travail et de tenir en échec le régime juridique applicable à l'inaptitude.

Cass. soc. 24 juin 2009, n° 08-42.618, 1er moyen.

De même, les difficultés de reclassement du salarié, quelle qu'en soit l'origine, ne dispensent pas l'employeur de ses obligations.

Les difficultés de reclassement du salarié, quelle qu'en soit l'origine, ne dispensent pas l'employeur d'appliquer les dispositions de l'article L. 122-24-4 CT lui imposant de verser au salarié, victime d'un accident ou d'une maladie non professionnels et qui n'a pas été reclassé dans l'entreprise à l'issue du délai d'un mois à compter de la date de l'examen médical de reprise du travail ou qui n'a pas été licencié, le salaire correspondant à l'emploi qu'il occupait avant la suspension de son contrat de travail ; il en résulte que le salarié peut soit se prévaloir de la poursuite du contrat de travail et solliciter la condamnation de l'employeur au paiement des salaires, soit faire constater la rupture du contrat de travail pour manquement de l'employeur à cette obligation, cette rupture s'analysant en un licenciement sans cause réelle et sérieuse.

Un salarié, engagé en qualité de chauffeur poids lourds, s'est trouvé en arrêt de travail pour maladie puis, à l'issue de deux examens, a été déclaré par le médecin du travail apte à la reprise mais en excluant le port de charges supérieures à 25 kilogrammes. Le salarié a saisi la juridiction prud'homale afin de voir imputer à l'employeur la rupture du contrat de travail et d'obtenir le paiement de rappels de salaires et de diverses indemnités.

C'est à tort qu'une cour d'appel a décidé que la rupture du contrat était imputable au salarié, en retenant notamment que les démarches effectuées par l'employeur en vue du reclassement de l'intéressé s'étaient heurtées à la carence et au silence de ce dernier qui n'avait pas, ensuite, sollicité le paiement de son salaire après le délai d'un mois courant à compter de la visite de reprise, alors qu'elle avait constaté que l'employeur n'avait pas repris le paiement des salaires ni licencié le salarié.

Cass. soc. 29 septembre 2004, n° 02-43.746, BC V n° 233.

Enfin, l'impossibilité de reclassement du salarié qui n'a pas été licencié ne dispense pas l'employeur de l'obligation de payer les salaires.

L'impossibilité de reclassement d'un salarié déclaré inapte par le médecin du travail ne dispense pas l'employeur d'appliquer les dispositions de l'article L. 122-24-4 CT, obligeant l'employeur à verser son salaire au salarié victime d'un accident ou d'une maladie non professionnels et qui n'a pas été reclassé dans l'entreprise à l'issue du délai d'un mois à compter de la date de l'examen médical de reprise du travail ou n'a pas été licencié. Il en résulte que le salarié peut soit se prévaloir de la poursuite du contrat de travail et solliciter la condamnation de l'employeur au paiement des salaires, soit faire constater la rupture du contrat de travail pour manquement de l'employeur au paiement des salaires qui s'analyse en un licenciement sans cause réelle et sérieuse.

Cass. soc. 11 juillet 2000, n° 98-45.471, BC V n° 271.

En cas de manquement par l'employeur à son obligation de reprendre le paiement du salaire, le salarié peut à la fois demander la résiliation de son contrat de travail et réclamer un tel paiement jusqu'à la date de la rupture qui s'analyse en un licenciement sans cause réelle et sérieuse.

Selon les dispositions de l'article L. 1226-4 CT, l'employeur est tenu de verser au salarié victime d'un accident ou d'une maladie d'origine non professionnelle et qui, ayant été déclaré inapte, n'a pas été reclassé dans l'entreprise à l'issue du délai d'un mois à compter de la date de l'examen médical de reprise du travail ni licencié, le salaire correspondant à l'emploi qu'il occupait avant la suspension de son contrat de travail ; le salarié peut à la fois demander la résiliation de ce contrat pour manquement de l'employeur à son obligation de reprendre le paiement du salaire et réclamer un tel paiement jusqu'à la date de la rupture qui s'analyse en un licenciement sans cause réelle et sérieuse.

Cass. soc. 14 décembre 2011, n° 10-14.251.

Lorsque le salarié a été licencié, le défaut de règlement des salaires ne prive pas le licenciement déjà prononcé de cause réelle et sérieuse, mais le salarié peut demander le solde de rémunération à payer et la réparation du préjudice en résultant pour lui.

Lorsqu'un salarié a été licencié en raison de son inaptitude et de l'impossibilité de reclassement, le défaut de règlement des salaires auquel l'employeur est tenu en application de l'article L. 122-24-4 CT ne prive pas le licenciement déjà prononcé de cause réelle et sérieuse ; le salarié a seulement la faculté de demander, outre le solde de rémunération à payer, la réparation du préjudice en résultant pour lui.

Une salariée a été déclarée inapte totalement et définitivement à son poste de femme de chambre à l'issue de deux examens médicaux en date des 16 juin et 1er juillet 2003. Après avoir refusé un reclassement dans un poste de lingère, la salariée a été licenciée par lettre recommandée adressée le 24 août 2003 pour inaptitude et impossibilité de reclassement. Constatant que son salaire du mois d'août ne lui avait pas été versé en violation des dispositions de l'article L. 122-24-4 CT, elle a saisi la juridiction prud'homale d'une demande de dommages-intérêts pour licenciement abusif.

C'est à tort que, pour décider que le licenciement était sans cause réelle et sérieuse pour violation de l'obligation légale de reprise du paiement des salaires, une cour d'appel a retenu que lorsque le licenciement a été notifié, le manquement de l'employeur à l'article L. 122-24-4 CT rend le licenciement abusif.

Cass. soc. 20 septembre 2006, n° 05-42.930, BC V n° 271. Voir aussi cass. soc. 24 juin 2009, n° 07-45.006.

Le salaire que l'employeur est tenu de verser au salarié en application de l'article L. 1226-4 CT comprend l'ensemble des éléments constituant la rémunération, c'est-à-dire tant la partie fixe que la partie variable en cas de versement d'une telle rémunération,...

S'agissant d'un salarié dont la rémunération est composée d'une partie fixe et d'une partie variable, une cour d'appel a exactement décidé que le salaire correspondant à l'emploi que l'intéressé occupait avant la suspension de son contrat de travail et au paiement duquel l'employeur est tenu en application de l'article L. 122-24-4 CT comprend l'ensemble des éléments constituant la rémunération du salarié.

Cass. soc. 16 juin 1998, n° 96-41.877, BC V n° 322.

En présence d'un seul avis d'aptitude avec réserves et avant que ne soit intervenue la deuxième consultation du médecin du travail, l'employeur ne peut être dispensé de verser sa rémunération au salarié qui se tient à sa disposition.

Une femme de ménage a été déclarée le 10 novembre 1993 par le médecin du travail, dans le cadre de l'examen annuel des salariés, « apte sous réserve d'un travail assis, inapte aux travaux de ménage ». Estimant que ces réserves étaient incompatibles avec les tâches de la salariée, l'employeur l'a mise d'office en congés payés. Le 28 novembre suivant, la salariée, hospitalisée pour maladie, a été en arrêt de travail jusqu'au 27 janvier 1994. Lors de la visite de reprise (28 janvier), elle a été déclarée apte sous réserve d'éviter les travaux pénibles et la station debout prolongée. Le 10 février, elle a été licenciée pour impossibilité de reclassement dans un poste adapté à ses capacités.

C'est à bon droit qu'une cour d'appel a condamné l'employeur à payer à la salariée son salaire pour la période du 10 au 28 novembre 1993. En effet, l'employeur ne peut être dispensé de payer leur rémunération aux salariés qui se tiennent à sa disposition que s'il démontre qu'une situation contraignante l'empêche de fournir du travail. Or, en l'espèce, la cour d'appel, qui a constaté que le médecin du travail avait émis un avis d'aptitude au poste de travail assorti seulement de certaines réserves, a pu décider qu'avant la seconde consultation du médecin du travail prévue par l'article R. 241-51-1 CT, la situation contraignante n'était pas caractérisée.

Cass. soc. 15 juillet 1998, n° 96-40.768, BC V n° 390.

… et ouvre droit à une indemnité de congés payés.

Le salaire correspondant à l'emploi que le salarié occupait avant la suspension de son contrat de travail, et au paiement duquel l'employeur est tenu en application de l'article L. 1226-4 CT, comprend l'ensemble des éléments constituant la rémunération du salarié et ouvre droit, par application de l'article L. 3141-22 CT, à une indemnité de congés payés.

Cass. soc. 4 avril 2012, n° 10-10.701, 1er moyen, BC V n° 115. Voir aussi cass. soc. 5 décembre 2018, n° 17-18.170.

L'employeur ne peut pas déduire de ce salaire les sommes versées au salarié au titre d'un régime de prévoyance.

Selon l'article L. 122-24-4 CT, l'employeur est tenu de verser au salarié victime d'une maladie ou d'un accident non professionnel qui n'est pas reclassé dans l'entreprise à l'issue du délai d'un mois à compter de la date de l'examen de reprise du travail ou qui n'est pas licencié le salaire correspondant à l'emploi qu'il occupait avant la suspension de son contrat de travail ; cette disposition s'applique également en cas d'inaptitude à tout emploi dans l'entreprise constatée par le médecin du travail.

En l'absence d'une disposition expresse en ce sens, une cour d'appel a exactement décidé qu'aucune réduction ne pouvait être opérée sur la somme fixée forfaitairement au montant du salaire antérieur à la suspension du contrat que l'employeur devait verser au salarié, la question de la conservation des avantages reçus au titre des prestations versées par une institution de prévoyance en raison de l'état de santé du salarié relevant des seuls rapports entre ces derniers.

Cass. soc. 16 février 2005, n° 02-43.792, BC V n° 51. Voir aussi cass. soc. 24 avril 2013, n° 12-13.058, 4e et 5e branches du 2e moyen.

S'agissant des salariés protégés, si la saisine de l'inspecteur du travail interrompt le délai d'un mois pour prononcer le licenciement, elle ne dispense pas l'employeur de poursuivre le paiement des salaires jusqu'à la date du licenciement autorisé.

Le 14 novembre 2000, une société a demandé à l'inspecteur du travail l'autorisation de licencier un salarié protégé qui, à l'issue d'un deuxième examen médical du 3 novembre, avait été déclaré inapte à son poste et à toute activité dans l'entreprise ; cette autorisation ayant été donnée le 8 février 2001, le salarié a été licencié le 14 février en raison de son inaptitude. Il a saisi le conseil de prud'hommes d'une action tendant à ce que la société lui paye, outre des indemnités pour licenciement sans cause réelle et sérieuse, un rappel de salaires et d'indemnités de congés payés pour la période allant du 1er janvier 2001 au 15 février de la même année, période qui n'avait fait l'objet que du versement d'un acompte.

C'est à bon droit qu'une cour d'appel a condamné l'employeur au paiement du rappel de salaires et d'indemnités de congés payés. En effet, si la saisine de l'inspecteur du travail est interruptive du délai d'un mois pour prononcer le licenciement, elle ne dispense pas l'employeur de poursuivre le paiement des salaires jusqu'à la date du licenciement autorisé.

Dès lors que, dans le délai d'un mois suivant le deuxième avis médical d'inaptitude, l'employeur avait demandé l'autorisation de licencier l'intéressé et que, à la suite de l'autorisation de l'inspecteur du travail, le salarié avait été licencié, le défaut de règlement des salaires durant la période d'attente de la décision administrative ne pouvait avoir pour effet de rendre son licenciement irrégulier.

Cass. soc. 16 novembre 2005, n° 03-47.395, BC V n° 326.

L'annulation de l'autorisation administrative de licenciement est sans conséquence sur l'obligation pour l'employeur de verser le salaire dû à partir de l'expiration du délai d'un mois suivant la déclaration d'inaptitude et jusqu'à la date de notification du licenciement.

Cass. soc. 28 mars 2012, n° 10-24.441, 3e moyen.

Impossibilité de reclassement

Si aucun poste n'est compatible avec les fonctions du salarié, l'employeur peut procéder au licenciement.

Après avoir constaté qu'une salariée avait été déclarée inapte au poste de barmaid par le médecin du travail et que, compte tenu du très faible effectif de l'établissement, aucun poste n'existait qui puisse correspondre aux capacités professionnelles et physiques de cette salariée, un conseil de prud'hommes a pu décider que l'employeur avait justifié de l'impossibilité où il se trouvait de lui proposer un autre emploi.

Cass. soc. 19 juin 1996, n° 94-45.187.

La lettre de licenciement qui vise l'impossibilité de reclassement dans un poste compatible avec le certificat dressé par le médecin du travail énonce un motif précis.

Suite à l'avis du médecin du travail l'ayant déclarée définitivement inapte à son poste antérieur, une salariée avait été licenciée « pour impossibilité de reclassement dans un poste compatible avec le certificat dressé par le médecin du travail ». Estimant que son licenciement était dépourvu de cause réelle et sérieuse, l'intéressée a saisi la juridiction prud'homale.

C'est à bon droit qu'une cour d'appel a décidé que le licenciement reposait sur une cause réelle et sérieuse, après avoir retenu qu'en visant l'impossibilité de reclassement dans un poste compatible avec le certificat dressé par le médecin du travail, la lettre de licenciement, qui faisait nécessairement référence à l'inaptitude physique de la salariée, énonçait le motif précis exigé par la loi.

Cass. soc. 31 janvier 2006, n° 05-41.188, BC V n° 42. Voir aussi cass. soc. 26 septembre 2012, n° 11-14.989, 1er moyen.

Les réponses apportées, postérieurement au constat d'inaptitude, par le médecin du travail sur les possibilités éventuelles de reclassement concourent à la justification par l'employeur de l'impossibilité de reclassement.

Si l'avis du médecin du travail déclarant un salarié inapte à tout poste dans l'entreprise ne dispense pas l'employeur de son obligation légale de recherche de reclassement au sein de cette entreprise et, le cas échéant, du groupe auquel celle-ci appartient, les réponses apportées, postérieurement au constat régulier de l'inaptitude, par ce médecin sur les possibilités éventuelles de reclassement concourent à la justification par l'employeur de l'impossibilité de remplir cette obligation.

Cass. soc. 1er février 2017, n° 15-26.207.

La prolongation de l'arrêt de travail par le médecin traitant est sans incidence sur la validité du licenciement intervenu après la visite médicale de reprise ayant mis fin à la période de suspension du contrat de travail.

Cass. soc. 6 avril 1999, n° 96-45.056, BC V n° 157, cité dans « Visite médicale de reprise ».

Refus du reclassement par le salarié

Le refus du salarié de réintégrer un poste conforme aux prescriptions du médecin du travail ne s'analyse pas en une démission.

Un salarié avait été en arrêt de travail régulièrement prolongé pour maladie. Le médecin du travail avait constaté l'incompatibilité de l'état de santé du salarié avec son poste de travail avant de conclure à son inaptitude.

C'est à tort que, pour dire que le contrat avait pris fin à l'initiative du salarié, une cour d'appel a énoncé que l'employeur avait satisfait à l'obligation de reclassement en proposant un poste conforme aux prescriptions du médecin du travail et que le salarié avait refusé d'occuper ce poste en ne réintégrant pas son emploi à l'expiration de son arrêt de travail, malgré les propositions réitérées de l'employeur et en a déduit que l'impossibilité de reclassement dans un autre poste résultait du comportement personnel du salarié, alors qu'il ne résulte pas de ces constatations une volonté claire et non équivoque de démissionner et que l'action exercée par l'employeur tendant à faire prononcer la rupture du contrat s'analyse en un licenciement dont il appartient au juge du fond d'apprécier le caractère réel et sérieux.

Cass. soc. 22 février 2000, n° 97-41.333, BC V n° 69. Voir aussi cass. soc. 18 avril 2000, n° 98-40.314, BC V n° 140, cité dans « Imputabilité de la rupture ».

Le refus du salarié d'un poste de reclassement entraînant une modification de son contrat de travail n'est pas abusif…

Ne peut être déclaré abusif le refus par un salarié du poste de reclassement proposé par l'employeur en application de l'article L. 122-24-4 CT, dès lors que la proposition de reclassement entraîne une modification du contrat de travail.

Un salarié, directeur de fabrication de journaux, avait été déclaré inapte à son poste par le médecin du travail et licencié à la suite de son refus de la proposition de reclassement dans un poste de maquettiste publicitaire faite par l'employeur.

N'est pas légalement justifié l'arrêt ayant débouté l'intéressé de ses demandes d'indemnités de rupture et pour licenciement sans cause réelle et sérieuse au motif que le poste de reclassement qui lui avait été proposé correspondait à ses qualifications et aptitudes, ainsi qu'aux nombreuses et très contraignantes contre-indications posées par le médecin du travail, alors que le salarié ayant fait valoir que ce poste lui faisait perdre son statut de cadre et de journaliste et entraînait une baisse de sa rémunération, il appartenait à la cour d'appel de rechercher si le refus du salarié n'était pas justifié par la modification de son contrat de travail.

Cass. soc. 14 juin 2000, n° 98-42.882, BC V n° 228.

… et ne constitue pas en soi une cause réelle et sérieuse de licenciement.

Lorsque la proposition de reclassement emporte modification du contrat de travail, le refus par le salarié du poste de reclassement proposé par l'employeur en application de l'article L. 122-24-4 CT ne peut constituer en soi une cause réelle et sérieuse de licenciement.

Cass. soc. 9 avril 2002, n° 99-44.678, BC V n° 121. Voir aussi cass. soc. 10 mai 2012, n° 11-10.067.

En refusant un tel poste, le salarié ne commet aucune faute et l'employeur ne peut pas le licencier pour un motif disciplinaire.

Un salarié en arrêt de travail pour maladie a été déclaré par le médecin du travail apte à la reprise sous réserve d'un mi-temps thérapeutique ; l'intéressé a refusé l'aménagement de son poste de travail proposé par l'employeur et a été licencié pour faute grave en raison de ce refus.

Pour décider que le licenciement du salarié reposait sur une cause réelle et sérieuse, une cour d'appel a retenu, avant d'écarter l'existence d'une faute grave, que l'employeur qui s'était acquitté de son obligation de proposer au salarié des conditions de travail conformes aux prescriptions du médecin du travail lors de la visite médicale de reprise était fondé à tirer les conclusions du refus catégorique du salarié en le licenciant. Cependant, motivé par une faute grave consistant dans le fait d'avoir refusé la proposition de poste aménagé, le licenciement présentait un caractère disciplinaire, de sorte qu'il ne pouvait être justifié que par une faute du salarié.

En statuant comme elle l'a fait, alors qu'elle avait retenu que le salarié n'avait commis aucun acte d'insubordination, de sorte que le refus de l'aménagement de poste ne pouvait constituer une faute, la cour d'appel a violé l'article L. 122-14-3 CT.

Cass. soc. 27 octobre 2004, n° 02-41.187, BC V n° 268. Voir aussi cass. soc. 20 mai 2009, n° 07-44.272.

Le refus par le salarié du poste de reclassement proposé n'implique pas à lui seul le respect par l'employeur de son obligation de reclassement et il appartient alors à cet employeur de justifier de l'impossibilité de reclassement, le cas échéant au sein d'entreprises dont les activités, l'organisation ou le lieu d'exploitation lui permettent d'effectuer la permutation de tout ou partie du personnel.

Cass. soc. 15 janvier 2014, n° 12-27.250, 2e moyen. Voir aussi cass. soc. 26 mai 2016, n° 13-24.468, 2e moyen.

En revanche, l'employeur peut tenir compte du refus du salarié pour limiter le périmètre de ses recherches de reclassement.

Cass. soc. 28 juin 2017, n° 16-10.053, 1er moyen.

Il appartient à l'employeur de tirer les conséquences du refus du salarié soit en formulant de nouvelles propositions de reclassement, soit en procédant au licenciement de l'intéressé aux motifs de l'inaptitude et de l'impossibilité de reclassement.

Cass. soc. 26 janvier 2011, n° 09-43.193, 2e moyen, BC V n° 32. Voir aussi cass. soc. 19 juin 2013, n° 12-12.018, 1er moyen ; cass. soc. 10 février 2016, n° 14-14.325, 1er moyen.

Le refus d'un salarié de reprendre son travail sur un poste incompatible avec les préconisations du médecin du travail ne constitue pas une faute.

L'employeur, tenu d'une obligation de sécurité de résultat en matière de protection de la santé et de la sécurité des travailleurs dans l'entreprise, doit en assurer l'effectivité en prenant en considération les propositions de mesures individuelles telles que mutations ou transformations de postes, justifiées par des considérations relatives notamment à l'âge, à la résistance physique ou à l'état de santé physique et mentale des travailleurs que le médecin du travail est habilité à faire en application de l'article L. 4624-1 CT.

Une salariée a été en arrêt de travail pour maladie ; à l'issue d'une visite de reprise, elle a, le 5 janvier 2004, été déclarée par le médecin du travail apte à un travail à mi-temps en évitant le poste de « réceptionneuse », un poste de triage étant préconisé ; l'employeur l'a invitée, le 15 janvier 2004, à reprendre son poste à temps plein tout en lui proposant un poste de « dépiauteuse » à mi-temps ; la salariée ayant refusé d'occuper ce poste qu'elle estimait incompatible avec l'avis de la médecine du travail, a, le 3 février 2004, été licenciée pour absence injustifiée.

Après avoir relevé d'une part que, sans attendre la réponse à un courrier qu'il adressait le 15 janvier 2004 au médecin du travail, l'employeur avait invité la salariée, à laquelle il adressait un avenant à signer dans les quinze jours, à reprendre son poste ou un autre, non conforme à l'avis émis par le médecin du travail lors de la visite de reprise, et constaté d'autre part qu'il avait, en dépit de la réponse, reçue le 28 janvier 2004, de ce médecin, qui insistait sur l'inadéquation des postes proposés à l'état de santé de la salariée, le poste de trieuse étant le seul poste envisageable, persisté dans sa décision de licencier la salariée pour absence injustifiée, une cour d'appel a pu en déduire que le refus de la salariée de reprendre son travail sur un poste incompatible avec les préconisations du médecin du travail ne constituait pas une faute.

Cass. soc. 23 septembre 2009, n° 08-42.629, BC V n° 189.

En cas de litige, lorsque le salarié fait valoir que l'employeur n'a pas adapté son poste de travail conformément aux recommandations du médecin du travail, il appartient à l'employeur de justifier qu'il avait procédé à une telle adaptation ou que celle-ci était impossible.

Cass. soc. 14 octobre 2009, n° 08-42.878, 3e branche du moyen, BC V n° 221, cité dans « Accidentés du travail (Reclassement) ».

Dans l'hypothèse où le salarié conteste la compatibilité du poste auquel il est affecté avec les recommandations du médecin du travail, il appartient à l'employeur de solliciter à nouveau l'avis de ce dernier.

☛ *Visite médicale de reprise.*

Indemnités de rupture

Le salarié doit percevoir l'indemnité de licenciement.

La résiliation par l'employeur du contrat de travail d'un salarié devenu définitivement inapte à exercer l'activité pour laquelle il avait été embauché s'analyse en un licenciement qui ouvre droit à l'indemnité légale de licenciement ou, si elle est plus favorable et si les clauses de la convention collective ne s'y opposent pas, à l'indemnité conventionnelle de licenciement.

Cass. soc. 13 avril 1995, n° 92-41.309. Voir aussi cass. soc. 17 mars 1999, n° 96-45.657.

L'indemnité de préavis n'est pas due si le salarié ne peut pas l'exécuter.

Le salarié licencié, dont l'inaptitude physique a été provoquée par une maladie ou un accident d'origine non professionnelle le rendant inapte, pendant la durée du préavis, à tenir l'emploi qu'il occupait précédemment, ne peut, faute de pouvoir l'exécuter, prétendre à aucune indemnité au titre de ce préavis.

Cass. soc. 6 février 2001, n° 98-43.272, 3e moyen, BC V n° 40. Voir aussi cass. soc. 5 octobre 1999, n° 98-42.714.

Toutefois, à titre de sanction, l'indemnité de préavis est due en cas de manquement de l'employeur à son obligation de reclassement.

Si le salarié ne peut, en principe, prétendre au paiement d'une indemnité pour un préavis qu'il est dans l'impossibilité physique d'exécuter en raison d'une inaptitude à son emploi, cette indemnité est due au salarié dont le licenciement est dépourvu de cause réelle et sérieuse en raison du manquement de l'employeur à son obligation de reclassement consécutive à l'inaptitude.

Cass. soc. 26 novembre 2002, n° 00-41.633, 3e moyen, BC V n° 354. Voir aussi cass. soc. 23 novembre 2005, n° 04-47.542, BC V n° 336 ; cass. soc. 7 mars 2012, n° 10-18.118, 4e moyen du pourvoi principal, BC V n° 94.

Nullité du licenciement

Lorsque le licenciement est nul, le salarié a droit à réintégration dans son emploi ou, à défaut, dans un emploi équivalent.

Il en résulte qu'en cas de licenciement prononcé en raison de l'état de santé d'un salarié dont l'inaptitude n'a pas été constatée conformément aux exigences du double examen médical de reprise posées à l'article R. 241-51-1 CT, la réintégration de l'intéressé doit être ordonnée s'il le demande.

Cass. soc. 26 mai 2004, n° 02-41.325, BC V n° 139.

Le salarié victime d'un licenciement nul et qui ne réclame pas sa réintégration a droit, d'une part, aux indemnités de rupture et, d'autre part, à une indemnité réparant l'intégralité du préjudice résultant du caractère illicite du licenciement et au moins égale à celle prévue par l'article L. 1235-11 CT.

Cass. soc. 27 juin 2000, n° 98-43.439, BC V n° 250.

Le salarié a également droit à l'indemnité compensatrice de préavis.

Lorsque le licenciement est nul, le salarié a droit à l'indemnité compensatrice de préavis, sans qu'il y ait lieu de statuer sur les motifs de la rupture.

C'est donc à tort que, pour débouter un salarié de sa demande en paiement d'une indemnité compensatrice de préavis après avoir déclaré nul son licenciement, une cour d'appel a retenu que le salarié, qui se trouvait en arrêt de travail pour maladie au moment du licenciement et n'était donc pas en mesure d'exécuter un préavis, ne pouvait prétendre à cette indemnité.

Cass. soc. 5 juin 2001, n° 99-41.186, 3e moyen, BC V n° 211.

☛ *Absences répétées ; Visite médicale de reprise.*

Incarcération

☛ *Délinquance.*

Indélicatesses/ Malhonnêteté/ Malversations

L'indélicatesse consiste pour le salarié à profiter de ses fonctions pour s'octroyer certains avantages ou à utiliser de façon personnelle des biens de l'entreprise. Elle peut entraîner le licenciement du salarié.

Circonstances de nature à caractériser une faute grave

La faute grave est caractérisée en cas de détournement de matériel appartenant à l'entreprise…

Commet une indélicatesse le salarié qui livre sciemment à un client un nombre de tuyaux supérieur à celui inscrit sur le bon de livraison, moyennant une rémunération en nature. Ce comportement qui rend impossible le maintien du salarié pendant la durée du préavis est constitutif d'une faute grave.

Cass. soc. 9 juin 1994, n° 92-44.288. Voir aussi cass. soc. 17 juin 2009, n° 07-44.029, s'agissant d'un chauffeur routier ayant vendu à une société une vingtaine de palettes appartenant à son employeur ; cass. soc. 9 novembre 2016, n° 15-19.963, s'agissant d'un menuisier ayant, sans justifier d'un usage l'y autorisant, remis à un tiers des matériels d'une certaine valeur marchande appartenant à son employeur.

… d'utilisation de locaux pour une autre activité que celles pour lesquelles le salarié est employé…

C'est à bon droit qu'une cour d'appel, qui a relevé que des époux, engagés en qualité d'employés d'immeuble, avaient utilisé sans autorisation plusieurs locaux d'entretien de la copropriété pour d'autres activités que celles pour lesquelles ils étaient employés, a décidé que ce comportement constituait une faute grave.

Cass. soc. 19 avril 2000, n° 98-41.832.

… d'utilisation du matériel de l'entreprise à des fins personnelles…

Après avoir relevé qu'un salarié avait usé de la connexion Internet de l'entreprise, à des fins non professionnelles, pour une durée totale d'environ quarante et une heures durant le mois de décembre 2004, une cour d'appel a pu décider que son comportement rendait impossible son maintien dans l'entreprise et était constitutif d'une faute grave.

Cass. soc. 18 mars 2009, n° 07-44.247. Voir aussi cass. soc. 26 février 2013, n° 11-27.372 ; CA Limoges, ch. soc., 23 février 2009, n° 08/01112, s'agissant de l'utilisation habituelle de la messagerie électronique de l'entreprise à des fins personnelles ; CA Versailles, 5e ch., 31 mars 2011, n° 09/00742, s'agissant de l'installation d'un logiciel permettant le téléchargement illégal d'œuvres musicales à partir de l'adresse IP de l'employeur.

Le fait pour une salariée d'avoir usé du téléphone de l'entreprise à des fins privées, de façon abusive, constitue une faute grave rendant impossible le maintien du salarié dans l'entreprise pendant la durée du préavis.

Cass. soc. 3 décembre 2008, n° 07-43.274. Voir aussi cass. soc. 13 novembre 2013, n° 12-18.280.

Commet une faute grave le salarié, attaché commercial, qui enfreint les dispositions de son contrat de travail en utilisant le véhicule de la société qui l'emploie pour se rendre une nuit en discothèque.

Cass. soc. 21 mars 2001, n° 98-46.210.

… d'utilisation de notes de frais à des fins personnelles…

Commet une faute grave le salarié qui, disposant d'un budget annuel pour frais professionnels, demande le remboursement de notes de frais utilisées à des fins personnelles et non dans l'intérêt de l'entreprise. Ces manquements, commis par un cadre ayant déjà fait l'objet d'une mise à pied pour des faits identiques, rendaient impossible son maintien dans l'entreprise pendant la durée du préavis.

Cass. soc. 25 mai 1994, n° 92-44.256, 3 moyens réunis.

… d'utilisation de fonds publics à des fins privées…

Ayant relevé qu'une salariée pratiquait des prix de revient jugés trop élevés par l'autorité de tutelle, passait aux fournisseurs de l'association des commandes personnelles qu'elle faisait régler par son employeur, qu'elle faisait supporter à celui-ci, contrairement au protocole d'accord entre les parties, ses dépenses de fuel domestique et utilisait des fonds publics à des fins privées, une cour d'appel a pu décider que le comportement de la salariée était de nature à rendre impossible son maintien dans l'entreprise pendant la durée du préavis et constituait une faute grave.

Cass. soc. 11 mai 1999, n° 96-45.288.

... d'usage de faux...

Commet un abus de fonction la secrétaire médicale qui établit de fausses procurations de manière à percevoir pour son père des remboursements de frais de transport à un taux plus élevé que celui réellement dû. Cet usage de faux, rendant impossible le maintien de la salariée pendant la durée du préavis, justifie un licenciement pour faute grave.

Cass. soc. 23 mai 1995, n° 93-46.618.

... d'obtention d'avantages personnels...

Un vendeur de voitures employé par un concessionnaire automobile a été licencié pour faute lourde pour avoir demandé et obtenu d'une société qui achetait habituellement des véhicules d'occasion le versement de commissions occultes en espèces et pour avoir, de concert avec d'autres vendeurs, refusé de présenter d'autres véhicules à cette société parce qu'elle avait refusé de continuer à verser ces commissions illicites.

A légalement justifié sa décision la cour d'appel qui, pour dire que le licenciement de l'intéressé reposait sur une faute grave et le débouter de ses demandes en paiement d'indemnités de rupture et de rappel de commissions, a retenu qu'il avait exigé de l'acheteur le versement de commissions occultes et, devant le refus de cette société de céder à cette exigence, avait cessé de lui présenter des véhicules ; la cour d'appel a pu décider que de tels agissements étaient de nature à rendre impossible le maintien du salarié dans l'entreprise pendant la durée limitée du préavis et constituaient une faute grave.

Cass. soc. 22 février 2006, n° 03-45.856.

Est justifiée la décision d'une cour d'appel qui a jugé que le licenciement d'un salarié, engagé en qualité de directeur d'une agence bancaire, reposait sur une faute grave, après avoir relevé que celui-ci avait méconnu, dans son intérêt personnel, les règles d'obtention de prêt qu'il était chargé de faire respecter.

Cass. soc. 8 novembre 2005, n° 03-43.202.

Après avoir retenu qu'une salariée avait mis à profit sa position de directrice de magasin pour s'octroyer un congé, pour utiliser des bons d'essence à des fins personnelles, pour passer commande d'un téléphone mobile sans y avoir été autorisée, pour obtenir le remboursement de frais de restaurant qui n'avaient pas été engagés dans le cadre professionnel, pour s'être fait remettre, dans une boutique appartenant à la société qui l'employait, un bijou en or dont elle n'avait pas payé le prix, une cour d'appel a pu décider que ces agissements, qui, compte tenu des fonctions qu'elle exerçait, rendaient impossible son maintien dans l'entreprise, constituaient une faute grave.

Cass. soc. 22 octobre 2008, n° 07-41.479.

... d'obtention d'articles à un prix dérisoire...

Commet une faute grave le salarié ayant tenté d'acquérir à des prix dérisoires des articles vendus par le supermarché en utilisant des étiquettes du rayon où il travaillait.

Cass. soc. 12 janvier 2000, n° 98-41.524.

... de fraude de la part d'un membre d'une équipe de surveillance consistant à n'effectuer qu'une ronde sur deux...

Ayant constaté qu'un salarié, identifié par les bandes de contrôle nominatives collées par chaque employé sur le cahier prévu à cet effet, s'était livré avec les autres membres de l'équipe de surveillance à une fraude consistant à pointer chaque porte de contrôle avec deux appareils de façon à n'effectuer qu'une ronde sur deux, une cour d'appel a pu décider que ce comportement rendait impossible le maintien du salarié dans l'entreprise pendant la durée du préavis et constituait une faute grave.

Cass. soc. 21 janvier 1998, n° 95-40.239.

... ou de fraude du salarié destinée à dissimuler une négligence professionnelle.

C'est à tort qu'une cour d'appel a décidé que le licenciement d'un salarié reposait sur une cause réelle et sérieuse et non sur une faute grave, alors qu'elle avait constaté que l'intéressé avait enjoint à un collaborateur de violer des règles comptables qu'il avait pour mission de lui faire observer afin de dissimuler un prêt accordé à un tiers et de se prémunir contre d'éventuels reproches, ce dont il résultait que son maintien dans l'entreprise pendant la durée du préavis était impossible.

Cass. soc. 10 juin 2003, n° 01-41.441.

Le salarié qui revend à bas prix un véhicule de fonction à un proche après avoir fait effectuer des réparations payées par l'employeur commet une faute grave.

Ayant relevé qu'un salarié avait fait effectuer, sur le compte de son employeur, alors qu'ils lui incombaient, des travaux de remise en état du véhicule préalablement à sa revente, et que c'était en toute connaissance de cause qu'il l'avait cédé à un membre de sa famille moyennant un prix nettement inférieur à son estimation, une cour d'appel a pu décider qu'il avait commis une faute grave rendant impossible son maintien dans l'entreprise pendant la durée du préavis.

Cass. soc. 23 mai 2006, n° 05-40.597, BC V n° 180.

La malhonnêteté du salarié dans sa vie personnelle peut justifier son licenciement lorsque la faute constitue également un manquement à l'obligation de loyauté.

Une salariée, rédacteur au service contentieux de la caisse d'allocations familiales de Villefranche-sur-Saône, a été licenciée pour faute lourde pour avoir minoré, pendant plusieurs années, ses déclarations de ressources afin de bénéficier indûment de prestations sociales auprès de la caisse de Bourg-en-Bresse.

Après avoir relevé que les faits commis par la salariée en qualité d'allocataire de la caisse de Bourg-en-Bresse étaient ceux qu'elle était chargée de poursuivre dans ses fonctions de rédacteur de la caisse de Villefranche-sur-Saône, ce qui la soumettait à une obligation particulière de loyauté et de probité, une cour d'appel a décidé, à bon droit, que le comportement de l'intéressée constituait une faute grave.

Cass. soc. 25 février 2003, n° 00-42.031, BC V n° 66.

Circonstances de nature à atténuer la faute

L'acquisition de marchandises par un salarié dans des conditions irrégulières ne suffit pas à caractériser une faute grave.

Une cour d'appel a pu décider que le fait pour un salarié d'avoir emporté des marchandises dans des conditions irrégulières, eu égard aux procédures en vigueur rappelées dans le règlement intérieur de la société, ne constituait pas une faute grave.

Cass. soc. 12 janvier 1994, n° 92-41.912. Voir aussi cass. soc. 9 décembre 2003, n° 01-44.168.

Il en est de même de l'utilisation par un salarié du téléphone mis à sa disposition par l'employeur dans son logement de fonctions…

Un salarié, disposant d'un logement de fonctions et d'une ligne téléphonique pour assurer une astreinte de nuit, avait été licencié pour faute lourde caractérisée par l'utilisation répétitive et délibérée des installations téléphoniques de l'entreprise sans autorisation et à des fins personnelles entraînant un préjudice financier pour l'entreprise et caractérisant l'abus de confiance.

Ayant relevé que la convention des parties n'interdisait pas l'usage du téléphone, une cour d'appel a pu décider que le comportement du salarié, tout en constituant une cause réelle et sérieuse de licenciement, ne caractérisait pas la faute grave de nature à rendre impossible son maintien dans l'entreprise pendant la durée du préavis.

Cass. soc. 3 février 1999, n° 97-40.495.

… ainsi que de l'utilisation parfois abusive d'une carte de télépéage et du téléchargement de fichiers personnels volumineux sur l'ordinateur portable mis à sa disposition par l'employeur.

Il résulte de l'article L. 1235-1 CT qu'il appartient au juge d'apprécier non seulement le caractère réel du motif du licenciement disciplinaire mais également son caractère sérieux.

Une cour d'appel a ainsi pu estimer que l'utilisation parfois abusive de la carte de télépéage mise à la disposition de la salariée et le téléchargement sur l'ordinateur portable de fichiers personnels volumineux n'étaient pas constitutifs d'une faute grave, et, exerçant les pouvoirs qu'elle tient de l'article L. 1235-1 CT, décider dans l'exercice de son pouvoir souverain, qu'ils n'étaient pas constitutifs d'une cause réelle et sérieuse de licenciement.

Cass. soc. 25 octobre 2017, n° 16-11.173, BC V n° 188.

La consommation d'un produit de l'entreprise par un salarié, notamment si le préjudice qui en est résulté pour l'employeur est faible, ne constitue pas non plus une faute grave.

Un salarié avait été licencié pour faute grave pour avoir été surpris en train de consommer partiellement une bouteille de vin blanc d'Alsace d'une valeur de 23,30 francs dans la réserve du magasin en compagnie d'un autre salarié.

Ayant relevé le caractère isolé de la faute, la faiblesse du préjudice de l'employeur et l'ancienneté du salarié, une cour d'appel a pu décider que son comportement ne rendait pas impossible son maintien dans l'entreprise et ne constituait pas une faute grave.

Cass. soc. 27 mai 1998, n° 96-40.928. Voir aussi cass. soc. 27 mars 2001, n° 99-42.031, déclarant injustifié le licenciement d'une salariée, ayant 37 ans d'ancienneté, pour avoir détourné un objet d'une valeur inférieure à 200 F ; cass. soc. 21 mars 2002, n° 00-40.776, déclarant également dépourvu de cause réelle et sérieuse le licenciement d'un salarié qui avait donné gratuitement à un client des produits d'une valeur marchande infime.

Le fait que la faute reprochée au salarié soit détachable de sa fonction peut en atténuer la gravité.

L'employée d'une caisse d'allocations familiales qui avait obtenu pour elle-même, au moyen d'une attestation de loyer falsifiée, le versement de prestations familiales indues avait été condamnée par la juridiction pénale pour faux et usage de faux.

Ce fait unique, reproché à une salariée ayant 20 ans d'ancienneté étant détachable de sa fonction dès lors que l'intéressée n'avait pas usé de ses qualités au sein de la caisse pour obtenir les allocations litigieuses, ne rendait pas impossible l'exécution du préavis et ne constituait pas une faute grave.

Cass. soc. 3 octobre 2000, n° 98-43.744. Voir cependant, cass. soc. 25 février 2003, n° 00-42.031, précité.

Lorsque l'employeur connaît et tolère certaines pratiques, le licenciement n'est pas justifié.

Un salarié qui avait fait des achats personnels auprès de fournisseurs sur le compte de la société qui l'employait avait été licencié.

A légalement justifié sa décision la cour d'appel qui, après avoir constaté que la pratique reprochée au salarié était une pratique ancienne, connue et tolérée par l'employeur et que le salarié s'était normalement acquitté en espèces des commandes personnelles qu'il avait passées, a décidé que le licenciement était sans cause réelle et sérieuse.

Cass. soc. 24 mai 2000, n° 98-43.633.

N'est pas constitutif d'une faute grave le fait, pour un salarié, de produire des notes de frais fictives, alors que ces notes étaient avalisées par le supérieur hiérarchique de l'intéressé et relevaient de la tolérance de l'employeur.

Cass. soc. 14 février 2001, n° 98-44.419.

Si l'indélicatesse du salarié résulte d'une négligence de l'employeur, la faute grave n'est pas caractérisée.

Un cadre avait été licencié pour avoir indûment sollicité et obtenu le remboursement de frais professionnels. Ayant relevé que l'intéressé avait, à la suite d'erreurs et de négligences de l'employeur, sollicité deux fois le remboursement de frais correspondant à une même dépense, une cour d'appel a pu décider que le comportement du salarié ne constituait pas une faute grave.

Cass. soc. 3 juillet 1996, n° 94-43.403, 1er moyen du pourvoi incident.

L'indélicatesse du salarié est appréciée au regard de ses responsabilités…

Ne constitue pas une faute lourde le fait pour un salarié d'avoir acheté à prix réduit des marchandises de son rayon dont la date de vente était dépassée. Une cour d'appel a pu souverainement décider que ce comportement ne caractérisait ni une faute grave ni une cause réelle et sérieuse de licenciement, le salarié disposant du pouvoir de fixer lui-même le prix des produits soldés en tant que chef de rayon et ayant, en outre, déclaré à la caisse ces marchandises qui n'auraient pas été reprises par le fournisseur.

Cass. soc. 27 janvier 1993, n° 90-45.493.

… et de son ancienneté.

C'est à tort qu'une cour d'appel a énoncé qu'en minorant sciemment le prix d'un produit de son rayon qui lui était destiné, la salariée d'un supermarché avait manqué de loyauté envers son employeur, alors que cette seule indélicatesse, retenue à l'encontre d'une salariée ayant 15 ans d'ancienneté et n'ayant pas fait l'objet de reproches similaires, ne rendait pas impossible son maintien dans l'entreprise pendant le préavis.

Cass. soc. 17 juillet 2001, n° 99-44.282.

Une salariée d'un établissement bancaire, employée depuis 1963, a été licenciée pour faute grave pour avoir, selon la lettre de licenciement, « à des fins personnelles divulgué à un tiers des relevés de compte couverts par le secret bancaire et concernant un client ».

Ayant fait ressortir que les faits reprochés à la salariée, sanctionnée une seule fois en trente-quatre années de carrière, s'expliquaient par son implication dans un conflit familial aigu, une cour d'appel a pu en déduire qu'ils n'empêchaient pas le maintien de l'intéressée dans l'entreprise pendant la durée du préavis et a pu décider, dans l'exercice des pouvoirs qu'elle tient de l'article L. 122-14-3 CT, que ces faits ne constituaient pas une cause sérieuse de licenciement.

Cass. soc. 10 janvier 2006, n° 03-47.541.

Indemnisation complémentaire

Maladie (Indemnisation complémentaire).

Indemnité de clientèle

☛ VRP (Indemnité de clientèle).

Indemnité compensatrice de congés payés

Une indemnité compensatrice de congés payés doit être versée soit en cas de rupture du contrat de travail avant que le salarié ait pu prendre ses congés, soit en cas d'impossibilité pour le salarié de prendre ses congés du fait de l'employeur.

Droit à l'indemnité

L'indemnité compensatrice de congés est due si le salarié n'a pas pu prendre ses congés du fait de l'employeur ou de la rupture de son contrat...

Le salarié qui n'a pas pris ses congés avant l'expiration de la période de référence pour un motif ne résultant pas du fait de l'employeur ne peut prétendre à une indemnité compensatrice de congés payés.

Cass. soc. 11 octobre 1995, n° 92-41.359. Voir aussi cass. soc. 10 juin 1997, n° 94-42.388, 1er moyen.

Lors de la fin de la relation de travail, le salarié qui n'a pas exercé son droit à congés payés au titre de plusieurs périodes de référence consécutives en raison du refus de l'employeur de rémunérer ces congés bénéficie d'une indemnité financière.

CJUE 29 novembre 2017, aff. C-214/16, cité dans « Congés payés ».

... même si la relation de travail a pris fin en raison du décès du salarié.

L'article 7 de la directive 2003/88/CE doit être interprété en ce sens qu'il s'oppose à des législations ou à des pratiques nationales, qui prévoient que le droit au congé annuel payé s'éteint sans donner droit à une indemnité financière au titre des congés non pris, lorsque la relation de travail prend fin en raison du décès du travailleur. Le bénéfice d'une telle indemnité ne saurait dépendre d'une demande préalable de l'intéressé.

CJUE 12 juin 2014, aff. C-118/13. Voir aussi CJUE 6 novembre 2018, aff. C-569/16.

Selon la CJCE, lors de la fin de la relation de travail, le salarié qui n'a pas pu exercer son droit au congé annuel payé en raison d'un arrêt maladie a droit à une indemnité.

L'article 7, § 2, de la directive 2003/88 s'oppose à des dispositions ou à des pratiques nationales qui prévoient que, lors de la fin de la relation de travail, aucune indemnité financière de congé annuel payé non pris n'est payée au travailleur qui a été en congé de maladie durant tout ou partie de la période de référence et/ou d'une période de report, raison pour laquelle il n'a pas pu exercer son droit au congé annuel payé. Pour le calcul de ladite indemnité financière, la rémunération ordinaire du travailleur, qui est celle qui doit être maintenue pendant la période de repos correspondant au congé annuel payé, est également déterminante.

CJCE 20 janvier 2009, aff. C-350/06, Recueil I-179.

Pour la Cour de cassation, l'indemnité est due lorsque l'impossibilité de prendre les congés résulte d'absences liées à une maladie, un accident du travail ou une maladie professionnelle.

Eu égard à la finalité qu'assigne aux congés payés annuels la directive 2003/88/CE du Parlement européen et du Conseil du 4 novembre 2003, concernant certains aspects de l'aménagement du temps de travail, lorsque le salarié s'est trouvé dans l'impossibilité de prendre ses congés payés annuels au cours de l'année prévue par le code du travail ou une convention collective en raison d'absences liées à une maladie, un accident du travail ou une maladie professionnelle, les congés payés acquis doivent être reportés après la date de reprise du travail ou, en cas de rupture, être indemnisés au titre de l'article L. 223-14, devenu L. 3141-26 CT.

Cass. soc. 25 mars 2009, n° 07-43.767, 1re, 2e et 4e branches du moyen, BC V n° 90. Voir aussi cass. soc. 28 mai 2014, n° 12-28.082, 1er moyen, BC V n° 129.

Une pratique de réduction d'horaire admise dans l'entreprise pour compenser les congés non pris ne peut priver le salarié de son droit à indemnité compensatrice dès lors qu'il n'a pas pu prendre effectivement ses congés.

À l'issue de son contrat emploi-solidarité à temps partiel, une salariée, estimant qu'elle n'avait pas perçu l'indemnité compensatrice de congés payés, avait saisi la juridiction prud'homale pour en réclamer le paiement.

Doit être cassé le jugement qui, pour débouter l'intéressée de ses demandes, a constaté que des réductions d'horaires venaient compenser les congés payés, mais n'étaient pas mentionnées comme telles sur les bulletins de salaire, et a décidé que cette pratique connue et admise n'avait pas lésé les salariés, même si elle n'était pas tout à fait normale, alors que la salariée pouvait réclamer une indemnité de congés payés.

Cass. soc. 25 mars 1998, n° 96-41.578.

Le salarié sous contrat à durée déterminée a droit à une indemnité compensatrice de congés payés, quelle qu'ait été la durée de son contrat…

C'est à tort que, pour débouter un salarié qui avait travaillé au titre d'un contrat à durée déterminée au service d'une société durant quinze jours, un conseil de prud'hommes a retenu que, suivant l'article L. 223-2 CT, le droit à un congé est acquis à condition que le salarié justifie d'un minimum d'un mois de travail effectif, alors qu'il résulte de l'article L. 122-3-3 CT que, par dérogation aux dispositions de l'article L. 223-2 CT, le salarié, sous contrat de travail à durée déterminée, a droit à une indemnité compensatrice de congés payés au titre du travail effectivement accompli durant ce contrat, quelle qu'ait été sa durée.

Cass. soc. 5 juin 1996, n° 93-42.089.

… sauf en cas de prise effective des congés payés.

Il résulte de l'article L. 223-2 CT, dont l'article L. 122-3-3, al. 1 CT précise qu'il est applicable aux salariés liés par un contrat à durée déterminée, que le congé payé auquel le salarié peut prétendre doit être pris effectivement, et que ce n'est qu'à titre exceptionnel que, par dérogation aux dispositions de cet article L. 223-2 CT, l'article L. 122-3-3, al. 3 CT prévoit le versement d'une indemnité compensatrice au profit du salarié, dans l'hypothèse où le régime des congés applicable dans l'entreprise ne lui permet pas la prise effective de ceux-ci.

Pendant la dernière période de son contrat de travail à durée déterminée, soit du 13 juin au 17 juillet, un salarié était parti en congés payés. C'est à tort qu'un conseil de prud'hommes, statuant en référé, a condamné l'employeur au paiement d'un salaire pour cette période de congé, alors que l'intéressé ayant perçu la rémunération à laquelle il pouvait prétendre pendant la durée du congé, la créance salariale qu'il invoquait était sérieusement contestable.

Cass. soc. 25 février 1998, n° 95-45.005, BC V n° 100. Voir aussi cass. soc. 4 janvier 2000, n° 97-42.991.

Période de congé indemnisée

L'indemnité compensatrice prévue par l'article L. 3141-26 ancien CT ne concerne que les congés de la période de référence en cours à la date de la rupture.

L'article L. 223-14 CT n'est applicable qu'aux congés non pris par le salarié au titre de la période de référence en cours à la date de la rupture du contrat.

Cass. soc. 11 octobre 1995, n° 92-41.359, précité.

L'indemnité compensatrice concerne également le solde de congés payés acquis au titre de la période antérieure lorsque l'employeur l'a reporté sur la période de référence en cours à la date de la rupture.

C'est à tort que, pour débouter un salarié de sa demande en paiement d'un solde d'indemnité compensatrice de congés payés, une cour d'appel a retenu que cette indemnité ne pouvait se cumuler avec les salaires et qu'elle ne pouvait être accordée pour les années durant lesquelles les congés n'ont pas été pris, étant observé que le salarié ne soutenait pas avoir pris des congés non rémunérés, alors qu'il résultait de ses constatations que si le solde de congés payés litigieux avait été acquis au titre de la période antérieure à la période de référence en cours à la date de la rupture, il avait cependant été reporté sur cette dernière période avec l'accord de l'employeur, ainsi qu'en attestait la mention de ce solde sur les bulletins de paie.

Cass. soc. 27 septembre 2007, n° 06-41.744, 3e moyen, BC V n° 145. Voir aussi cass. soc. 9 janvier 2013, n° 11-21.758, 2e moyen.

Mode de calcul

• L'indemnité compensatrice de congés se calcule selon les mêmes modalités que l'indemnité de congés payés

L'indemnité compensatrice de congés ne tient pas compte de l'indemnité compensatrice de congés afférente à la période de référence antérieure.

Si l'indemnité de congés pris durant la période de référence entre dans le calcul de l'indemnité compensatrice de congés acquis au titre de cette période, cette indemnité compensatrice, qui n'indemnise pas du temps assimilé à du travail effectif, ne peut être prise en compte pour le calcul de l'indemnité due au titre de la période de référence suivante. Ainsi, une cour d'appel, qui relève que le salarié a été licencié avant d'avoir bénéficié de la totalité de ses congés pour la période de référence 1985-1986, peut décider que l'indemnité compensatrice correspondante ne peut entrer dans l'assiette de calcul de l'indemnité compensatrice de congés au titre de la période de référence 1986-1987.

Cass. soc. 17 février 1993, n° 89-44.825, 2e moyen.

Paiement

Il appartient à l'employeur, débiteur de l'obligation, de justifier de sa libération.

A renversé la charge de la preuve le conseil de prud'hommes qui, sans avoir constaté de paiement opéré par l'employeur, a débouté le salarié de sa demande en paiement d'une indemnité compensatrice de congés au motif que s'il avait bien droit à des congés payés, il n'avait pas produit son bulletin de salaire ni apporté la preuve de ses prétentions.

Cass. soc. 29 octobre 1997, n° 95-42.159.

En faisant figurer sur les bulletins de paye la mention de droits à congés payés, l'employeur reconnaît que ces congés restent dus.

N'a pas tiré les conséquences légales de ses propres constatations la cour d'appel qui, pour débouter un salarié de sa demande d'indemnité compensatrice de congés payés, a énoncé que la mention de droits à congés payés sur le bulletin de paye au-delà de la période de référence ne prouve pas que l'employeur se soit opposé à la prise des congés par le salarié pendant la période de congés payés, après avoir relevé que l'employeur avait reconnu, sur les bulletins de paye, que les congés payés restaient dus.

Cass. soc. 30 mars 1999, n° 97-41.257.

☛ *Congés payés ; Indemnité de congés payés.*

Indemnité compensatrice de préavis

☛ *Préavis (Indemnité compensatrice de).*

Indemnité compensatrice de repos compensateur

☛ *Repos compensateur.*

Indemnité de congés payés

L'indemnité de congés payés est destinée à compenser la perte de salaire consécutive à l'absence du salarié pendant le congé annuel.

Elle est égale au dixième de la rémunération versée au cours de la période de référence, sans que le salarié puisse percevoir pendant ses congés une somme inférieure au salaire qu'il aurait perçu s'il avait travaillé.

Règles de non-cumul

L'indemnité de congés pour une période déterminée ne peut se cumuler avec le salaire versé pendant ladite période.

Si, au sens des articles 119 du traité CEE du 25 mars 1957 (art. 142 CE) et L. 140-2 CT, l'indemnité de congés payés constitue une rémunération, elle ne peut se cumuler avec le salaire au titre d'une même période.

Doit être cassé l'arrêt qui a condamné un employeur à verser une indemnité supplémentaire de congés payés à des salariés, alors que ces derniers n'avaient pas soutenu qu'au cours des années litigieuses, ils avaient demandé à bénéficier du congé supplémentaire et que l'employeur s'y était opposé.

Cass. soc. 18 décembre 1996, n° 94-41.491. Voir aussi cass. soc. 10 juin 1997, n° 94-42.388, 1er moyen.

Par exception, les gardiens d'immeubles à usage d'habitation, lorsqu'ils assurent leur propre remplacement, peuvent percevoir une indemnité de congés majorée.

Cass. soc. 1er février 1995, n° 90-44.514, 1er moyen, BC V n° 50, cité dans « Concierges ».

Le paiement d'heures de délégation prises pendant les congés ne se cumule pas avec l'indemnité de congés.

Cass. soc. 19 octobre 1994, n° 91-41.097, 2e moyen, cité dans « Heures de délégation (Rémunération) ».

Mode de calcul

L'employeur doit obligatoirement comparer le maintien du salaire au calcul du dixième de la rémunération.

Pour le calcul de l'indemnité de congés payés, la comparaison à opérer entre l'indemnité calculée en application de la règle du dixième et celle calculée en application de la règle du maintien du salaire, doit être effectuée sur la base du même nombre de jours de congés sans exclusion de la rémunération des jours fériés et chômés inclus dans la durée desdits congés payés.

Cass. soc. 10 juillet 2013, n° 12-22.809.

Le salarié doit bénéficier du mode de calcul qui lui est le plus favorable.

En application de l'article L. 223-11 CT, l'employeur est tenu de faire bénéficier le salarié de celui des deux modes de calcul de l'indemnité de congés prévus par ce texte qui lui est le plus favorable.

Cass. soc. 23 novembre 1994, n° 93-42.326, 1er moyen.

Lorsqu'un accord collectif prévoit un nombre de jours de congé, ouvrables ou non, supérieur à celui du congé légal, l'indemnité de congés payés doit, pour permettre aux salariés de bénéficier de l'indemnisation la plus favorable, être calculée à proportion de la durée du congé effectivement due sans qu'il y ait lieu de rechercher si les jours fériés inclus dans ce congé tombent un jour ouvrable ou non.

Des salariés employés en qualité de formateurs ou d'animateurs par une association gérant un centre de formation des apprentis du bâtiment et des travaux publics ont saisi la juridiction prud'homale de diverses demandes tendant, notamment, au paiement d'un rappel d'indemnités de congés payés.

Pour rejeter leur demande, une cour d'appel a énoncé que pour le calcul de leurs indemnités de congés payés en application de l'accord collectif, il convenait de rechercher le nombre exact de jours ouvrables de congés pris par ceux-ci, à l'exclusion des jours fériés et des dimanches se situant à l'intérieur de leur droit conventionnel à congé exprimé à hauteur de 70 jours ouvrables ou non et ceci tant pour l'application de la règle du dixième que pour l'application de la règle du maintien du salaire.

En statuant ainsi, alors qu'il résulte de l'article L. 223-11 devenu L. 3141-22 CT, que lorsque la durée du congé est différente de celle prévue à l'article L. 223-2, al. 1er devenu L. 3141-3 CT, l'indemnité de congés payés est calculée, à proportion de la durée du congé effectivement dû, selon la règle du dixième de la rémunération totale perçue par le salarié au cours de la période de référence, à moins qu'elle ne s'avère moins favorable que celle qui aurait été perçue pendant la période de congé si le salarié avait continué à travailler et alors que les dispositions de l'accord applicable obligeaient l'employeur, pour permettre aux salariés de bénéficier de l'indemnisation la plus favorable prévue à l'article L. 3141-22 CT, à calculer l'indemnité de congés payés qui lui est due sur la base du rapport 60/30 sans qu'il y ait lieu de rechercher si les jours fériés inclus dans les 70 jours tombaient un jour ouvrable ou non, la cour d'appel a violé l'accord collectif applicable et l'article L. 223-11 devenu L. 3141-22 CT.

Cass. soc. 5 juin 2008, n° 06-46.366, pourvoi principal, BC V n° 125. Voir aussi cass. soc. 24 février 2009, n° 07-44.749, BC V n° 48.

Un accord collectif qui remplace le maintien de salaire par la règle du dixième ne peut priver les salariés du bénéfice du droit qu'ils tenaient de l'article L. 3141-22 ancien CT pour la période antérieure à sa signature.

C'est à tort que, pour débouter un salarié de sa demande en paiement d'un rappel d'indemnité de congés payés par application de la règle du dixième, un conseil de prud'hommes a retenu, après avoir relevé que le système du maintien du salaire appliqué dans l'entreprise avant le 1er juin 2000 avait été remplacé par la règle du dixième avec l'accord du comité d'entreprise, que le droit à congés payés ne devient effectif que le jour où le salarié est admis à s'en prévaloir et que son étendue doit être fixée par application des dispositions légales ou conventionnelles en vigueur à cette date, alors même qu'une partie de la période de référence sur laquelle ces droits sont calculés serait antérieure à l'entrée en vigueur de ces dispositions ; il en a déduit que la demande du salarié portant sur une période antérieure n'était pas fondée, alors qu'un accord collectif, même dérogatoire, ne pouvait priver le salarié du bénéfice du droit qu'il tenait de l'article L. 223-11 CT pour la période antérieure à cet accord et qu'il incombait dès lors au conseil de prud'hommes de rechercher si, pour la période antérieure au 1er juin 2000, l'indemnité, calculée sur le dixième de la rémunération versée au cours de la période de référence, n'était pas plus favorable que l'indemnité versée qui avait été calculée selon la règle du maintien du salaire.

Cass. soc. 9 juillet 2003, n° 01-44.502.

Au cours d'un mois, le total de la rémunération de la période travaillée et de l'indemnité de congés peut dépasser le salaire mensuel du ppsalarié.

Les dispositions de l'article L. 223-11 CT imposant seulement que l'indemnité de congés payés soit au moins égale à la rémunération que le salarié aurait perçue s'il avait travaillé, le total de la rémunération des jours travaillés et de l'indemnité de congés payés peut, dans certains cas, être supérieur au salaire mensuel.

Cass. soc. 12 janvier 1994, n° 91-20.443, 3e moyen.

Les dispositions légales qui déterminent le mode de calcul de l'indemnité de congés payés sont d'ordre public et s'appliquent également aux congés supplémentaires d'origine conventionnelle.

Les dispositions de l'article L. 223-11 CT qui déterminent le mode de calcul de l'indemnité de congés payés sont d'ordre public et s'appliquent également aux congés supplémentaires, d'origine conventionnelle, de sorte qu'un employeur ne peut se prévaloir d'un usage pour imposer aux salariés des mesures moins favorables.

C'est donc à bon droit qu'un conseil de prud'hommes a décidé que les congés annuels supplémentaires prévus par une convention collective devaient être rémunérés selon la règle du dixième, plus favorable dans le cas d'espèce que celle du maintien du salaire.

Cass. soc. 26 février 1997, n° 93-46.579, BC V n° 85. Voir aussi cass. soc. 21 septembre 2017, n° 16-18.109.

Pour le calcul de l'indemnité, les caisses de congés payés du bâtiment et des travaux publics doivent décompter les congés payés en jours, peu important qu'un accord collectif prévoie un décompte horaire.

Un accord d'entreprise sur la réduction à 35 heures de la durée du travail a été mis en œuvre au sein d'une entreprise de bâtiment et de travaux publics. Cet accord contenait une disposition selon laquelle, si l'acquisition du droit à congés payés restait de deux jours et demi par mois de travail effectif, la prise de congés serait désormais décomptée en heures, par journées complètes, la durée annuelle étant de cinq semaines multipliées par 35 heures, soit 175 heures par an, un jour de congé représentant 6 heures en période hivernale et 8 heures en période estivale, une telle mesure étant destinée à favoriser la prise de congés pendant la période de faible activité de l'entreprise. Se heurtant à la résistance de la caisse de congés payés du bâtiment qui refusait d'admettre un décompte horaire des congés payés, la société a saisi le tribunal de grande instance pour voir condamner cet organisme à calculer et à indemniser les congés payés en heures et non pas en jours.

Doit être rejeté le pourvoi de la société faisant grief à une cour d'appel d'avoir rejeté sa demande. En effet, les caisses de congés payés du bâtiment et des travaux publics sont tenues de calculer les indemnités de congés conformément aux dispositions combinées des articles L. 223-11 et D. 732-7 CT et 5-24 de la convention collective nationale des ouvriers employés par les entreprises du bâtiment du 8 octobre 1990.

Cass. soc. 19 mai 2004, n° 02-19.866, BC V n° 135.

Le droit européen s'oppose à une réglementation nationale qui, aux fins du calcul de l'indemnité de congés payés, permet de prévoir par convention collective la prise en compte des réductions de rémunération résultant de l'existence, au cours de la période de référence, de jours où, en raison d'un chômage partiel, aucun travail effectif n'est fourni, ce qui a pour conséquence que le salarié perçoit, pour la durée du congé annuel minimum dont il bénéficie au titre de l'article 7, § 1 de la directive 2003/88/CE, une indemnité de congés payés inférieure à la rémunération ordinaire qu'il reçoit pendant les périodes de travail.

CJUE 13 décembre 2018, aff. C-385/17.

Éléments entrant dans le calcul

• L'indemnité de congés se calcule en fonction de la rémunération totale brute, incluant les primes et indemnités diverses versées en contrepartie du travail

La prise en charge volontaire par l'employeur de cotisations dues par le salarié doit être incluse dans le calcul de l'indemnité de congés payés.

Selon l'article L. 223-11 CT, auquel renvoie l'article L. 223-14 CT, c'est la rémunération totale brute due par l'employeur qui doit être prise en considération pour le calcul de l'indemnité de congés payés. La prise en charge volontaire par un employeur de la cotisation due personnellement par un salarié à la caisse d'allocation vieillesse des experts comptables constitue donc un complément de rémunération versé à l'occasion du travail.

Cass. soc. 2 mars 1999, n° 96-42.541.

La prime d'ancienneté doit être prise en compte…

La rémunération à prendre en compte incluant les primes et indemnités versées en complément de salaire si elles le sont en contrepartie du travail, c'est à bon droit qu'un conseil de prud'hommes a décidé d'inclure la prime d'ancienneté dans l'assiette de calcul de l'indemnité de congés payés.

Cass. soc. 30 mars 1995, n° 91-43.640, 3e et 4e moyens. Voir aussi cass. soc. 13 juin 2012, n° 10-30.589 ; cass. soc. 7 septembre 2017, n° 16-16.643, 2e moyen, BC V n° 126.

… de même qu'une prime de travail de nuit correspondant à un élément de rémunération…

Un conseil de prud'hommes, qui a fait ressortir que des primes de travail de nuit correspondaient à un élément de rémunération et n'avaient pas un caractère exceptionnel, a exactement décidé qu'elles devaient être prises en compte dans le calcul de l'indemnité de congés payés.

Cass. soc. 18 décembre 1996, n° 94-41.184.

… qu'une prime de travaux pénibles, insalubres et dangereux constituant la contrepartie directe de l'exécution du contrat de travail…

Il résulte de l'article L. 223-11 CT que doivent être pris en compte pour le calcul de l'indemnité de congés payés tous les éléments ayant le caractère de rémunération, à l'exception des indemnités constituant un remboursement des frais réellement exposés et de la compensation d'un risque exceptionnel.

Un salarié a saisi la juridiction prud'homale pour obtenir un rappel d'indemnité de congés payés pour la période de juin 1994 à mai 1998, ainsi que l'inclusion dans l'assiette de l'indemnité de congés payés des primes de travaux pénibles, insalubres et dangereux, dites « TPID », ainsi que des primes de remplacement et des primes de nuit.

D'une part, ayant relevé que l'intéressé était susceptible en permanence d'intervenir sur des sites classés TPID, une cour d'appel a pu en déduire que la prime dite « TPID » était une contrepartie directe de l'exécution du contrat de travail, peu important qu'elle ne soit versée qu'en fonction des incidents survenus dans l'usine et des interventions du salarié. D'autre part, ayant également relevé que la prime de remplacement constituait la rémunération d'une obligation contractuelle, la cour a décidé à bon droit que le fait que le remplacement ne soit pas permanent n'ôtait pas à cette prime son caractère d'élément de rémunération.

Cass. soc. 23 mars 2005, n° 03-40.586.

… ou qu'une prime de transport indemnisant par jour travaillé la sujétion liée à l'organisation spécifique de l'entreprise.

Après avoir constaté qu'une prime de transport venait indemniser par jour travaillé la sujétion liée à l'organisation spécifique de l'entreprise dont l'activité, en zone urbaine essentiellement, nécessitait une exploitation décalée par rapport à la journée et des interventions de nuit ou à une heure très matinale, en dehors des heures d'activité des transports en commun, une cour d'appel a pu en déduire que cette prime entrait dans l'assiette de calcul de l'indemnité de congés payés.

Cass. soc. 7 décembre 2011, n° 10-23.686, 1er moyen.

Une indemnité destinée à compenser tant les sujétions que les frais inhérents à une expatriation constitue un complément de rémunération devant être incluse dans le calcul de l'indemnité de congés payés.

Après avoir constaté que l'indemnité complémentaire de 55 000 euros prévue par un avenant ne correspondait pas à un remboursement de frais engagés par le salarié mais était destinée à compenser tant les sujétions que les frais inhérents à son expatriation, une cour d'appel a pu en déduire que cette indemnité constituait un complément de rémunération devant être incluse dans l'assiette de l'indemnité de congés payés.

Cass. soc. 12 février 2015, n° 13-19.866.

Les sommes dues au titre de la rémunération des temps de pause doivent être prises en compte.

Cass. soc. 5 novembre 2014, n° 13-19.818, 2e moyen des pourvois principaux.

Il en est de même de sommes faussement qualifiées de remboursement de frais…

Ayant retenu que les sommes soumises à cotisations versées au salarié au titre de forfait de déplacement et d'amortissement de son véhicule constituaient non pas des remboursements de frais, mais une partie de la rémunération de l'intéressé, une cour d'appel en a justement déduit que ces sommes devaient être prises en compte dans le calcul de l'indemnité de congés payés.

Cass. soc. 10 novembre 1993, n° 89-42.087, 1er et 2e moyens.

… d'une prime de réalisation d'objectifs par le salarié…

Ayant fait ressortir par une appréciation souveraine des termes du contrat que des primes mensuelles, dont le nombre maximal annuel était fonction de la réalisation ou du dépassement des objectifs fixés par celui-ci, étaient versées en fonction de l'activité déployée par le salarié et avaient vocation à rémunérer les seules périodes de travail, une cour d'appel a exactement décidé qu'elles devaient être prises en compte dans la rémunération servant de base au calcul de l'indemnité de congés payés.

Cass. soc. 9 juillet 2003, n° 01-44.269. Voir aussi cass. soc. 18 juin 2008, n° 06-45.267, 3e branche du moyen ; cass. soc. 22 septembre 2011, n° 09-72.461.

… ou d'une indemnité prévue en cas de fermeture de l'entreprise pour une période dépassant la durée des congés légaux.

L'indemnité afférente aux congés payés étant égale, en vertu de l'article L. 223-11 CT, au dixième de la rémunération totale perçue par le salarié au cours de la période de référence, c'est à bon droit que les juges du fond ont décidé d'inclure l'indemnité prévue par l'article L. 223-15 CT en cas de fermeture de l'entreprise pour une période dépassant la durée des congés légaux dans les sommes dues au salarié à titre de rémunération et de la prendre en compte dans le calcul de l'indemnité de congés payés.

Cass. soc. 2 juillet 2002, n° 00-46.011, 2e moyen, BC V n° 232. Voir aussi cass. soc. 22 janvier 2003, n° 00-46.299.

Doivent être incluses dans l'assiette de calcul de l'indemnité de congés payés les rémunérations de jours de congés payés conventionnels supplémentaires assimilés à du travail effectif.

Cass. soc. 22 juin 2017, n° 14-15.135, 1er moyen, BC V n° 105.

• Il doit également être tenu compte des avantages accessoires et des prestations en nature dont le salarié ne continuerait pas à jouir pendant la durée de son congé

C'est à tort qu'une cour d'appel a inclus dans l'assiette servant à déterminer l'indemnité de congés payés la valeur d'un avantage en nature - une voiture de fonction -, alors qu'elle avait constaté que le salarié avait bénéficié de ce véhicule durant ses congés.

Cass. soc. 7 mars 2007, n° 05-42.826.

• Salariés dont la rémunération est composée d'un salaire de base et de commissions en fonction du chiffre d'affaires réalisé

L'article 7, § 1, de la directive 2003/88/CE du Parlement européen et du Conseil, du 4 novembre 2003, concernant certains aspects de l'aménagement du temps de travail, doit être interprété en ce sens qu'il s'oppose à des dispositions et à des pratiques nationales en vertu desquelles un travailleur dont la rémunération est composée, d'une part, d'un salaire de base et, d'autre part, d'une commission dont le montant est fixé par référence aux contrats conclus par l'employeur issus de ventes réalisées par ce travailleur n'a droit, au titre de son congé annuel payé, qu'à une rémunération composée exclusivement de son salaire de base.

CJUE 22 mai 2014, aff. C-539/12, à paraître.

Éléments exclus du calcul

Les remboursements de frais sont exclus.

En application d'accords collectifs, une société versait à certains de ses salariés une prime de panier de jour, une prime de panier de nuit et une indemnité de transport ; un syndicat a saisi le tribunal de grande instance d'une demande aux fins d'enjoindre à l'employeur d'inclure ces primes et cette indemnité dans l'assiette de calcul notamment de l'indemnité de congés payés.

C'est à tort que, pour accueillir cette demande, une cour d'appel, après avoir constaté que les primes de panier de jour et de nuit étaient servies aux salariés travaillant selon des horaires atypiques, de manière postée ou la nuit, a retenu que ces primes et l'indemnité de transport indemnisant les salariés des frais de déplacement entre leur domicile et leur lieu de travail, qui avaient un caractère forfaitaire et étaient perçues sans avoir à fournir le moindre justificatif, étaient octroyées aux intéressés en considération de sujétions liées à l'organisation du travail et constituaient un complément de salaire.

En effet, une prime de panier et une indemnité de transport ayant pour objet, pour la première, de compenser le surcoût du repas consécutif à un travail posté, de nuit ou selon des horaires atypiques, pour la seconde d'indemniser les frais de déplacement du salarié de son domicile à son lieu de travail, constituent, nonobstant leur caractère forfaitaire et le fait que leur versement ne soit soumis à la production d'aucun justificatif, un remboursement de frais et non un complément de salaire.

Cass. soc. 11 janvier 2017, n° 15-23.341, BC V n° 8. Voir aussi cass. soc. 28 juin 2018, n° 17-11.714, 6e moyen, à paraître ; cass. soc. 25 mars 1998, n° 96-40.754, s'agissant d'une indemnité d'expatriation, destinée à compenser les différences de niveau de vie entre la France et le Zaïre et à régler les impôts prélevés dans ce pays, qui ne peut être incluse dans l'assiette de calcul de l'indemnité de congés payés.

Selon l'article L. 3141-22 CT, le congé annuel prévu par l'article L. 3141-3 ouvre droit à une indemnité égale au dixième de la rémunération brute totale perçue par le salarié au cours de la période de référence et, selon les articles 2 et 3 du protocole du 30 avril 1974, relatif aux frais de déplacement, annexé à la convention collective nationale des transports routiers et activités auxiliaires de transport et l'avenant n° 34 du 22 mai 1995 portant extension de ce protocole aux salariés compris dans le champ d'application de cette convention collective, le personnel ouvrier qui se trouve, en raison d'un déplacement impliqué par le service, obligé de prendre un ou plusieurs repas hors de son lieu de travail, perçoit pour chacun des repas une indemnité de repas dont le taux est fixé par le tableau joint au présent protocole, et est réputé obligé de prendre son repas hors du lieu de travail, le personnel qui effectue un service dont l'amplitude couvre entièrement les périodes comprises soit entre 11h45 et 14h15, soit entre 18h15 et 21h15.

Pour condamner un employeur à payer à des salariés une certaine somme à titre de rappel d'indemnité de congés payés, une cour d'appel a retenu que les primes de repas ne correspondaient pas à des remboursements de frais réellement exposés par les salariés mais visaient uniquement à indemniser des sujétions liées à l'organisation du travail et qu'il s'agissait par conséquent d'un complément de rémunération qui entrait dans l'assiette de calcul des congés payés en application de l'article L. 3141-22 CT.

En statuant ainsi, alors que l'indemnité de repas prévue par l'article 3 du protocole du 30 avril 1974 annexé à la convention collective nationale des transports routiers et activités auxiliaires de transports routiers ayant, selon l'article 2 de ce même protocole, pour objet de compenser le surcoût du repas consécutif au déplacement, cette indemnité constitue, nonobstant son caractère forfaitaire, un remboursement de frais qui n'entre pas dans l'assiette de l'indemnité de congés payés, la cour d'appel a violé les articles L. 3141-22 CT, 2 et 3 du protocole du 30 avril 1974, relatif aux frais de déplacement, annexé à la convention collective nationale des transports routiers et activités auxiliaires de transport et l'avenant n° 34 du 22 mai 1995 portant extension de ce protocole aux salariés compris dans le champ d'application de cette convention collective.

Cass. soc. 17 décembre 2014, n° 13-14.855, BC V n° 303.

Sont exclues de l'assiette de calcul de l'indemnité de congés payés les primes et gratifications qui ne sont pas affectées par la prise de congés annuels.

C'est à bon droit qu'un conseil de prud'hommes, qui, pour fixer l'assiette de calcul de l'indemnité de congés payés, relève que la prime locale couvre l'ensemble de l'année, temps de travail et temps de congé confondus, et que son versement n'est pas affecté par l'absence ou le départ en congé du salarié, a débouté un salarié de sa demande en paiement d'un rappel d'indemnités de congés payés.

Cass. soc. 22 février 2000, n° 97-44.949. Voir aussi cass. soc. 13 novembre 1990, n° 87-42.193.

Ayant constaté que le treizième mois de salaire versé à un salarié était calculé pour l'année entière, périodes de travail et de congé confondues, en sorte que son montant n'était pas affecté par le départ du salarié en congé, une cour d'appel a exactement décidé de l'exclure de l'assiette de calcul de l'indemnité de congés payés.

Cass. soc. 8 juin 2011, n° 09-71.056, 2e moyen, BC V n° 152. Voir aussi cass. soc. 26 mars 2014, n° 13-10.586, 2e branche du moyen ; cass. soc. 2 mars 2016, n° 14-18.057, pourvoi incident.

Ayant relevé que la prime d'assiduité et de ponctualité était versée aux salariés globalement pour l'ensemble de l'année, périodes de travail et de congés payés confondues, en sorte qu'elle ne pouvait être prise en considération pour fixer l'indemnité de congés payés, sauf à la faire payer, pour partie, une seconde fois par l'employeur, un conseil de prud'hommes a pu débouter des salariés de leur demande en paiement d'un complément d'indemnité de congés payés.

Cass. soc. 26 mai 1999, n° 97-43.681.

C'est à tort que, après avoir retenu que la prime de résultats n'était pas déterminée en considération du temps de travail, et donc de la présence dans l'entreprise, un conseil de prud'hommes a alloué à un salarié un rappel de prime ainsi qu'une indemnité afférente de congés payés, alors qu'il avait lui-même constaté que la prime de résultats était allouée globalement pour l'année, périodes de travail et de congés payés confondues, de sorte que son inclusion dans l'assiette de calcul de l'indemnité de congés payés aboutirait à la faire payer, pour partie, une seconde fois.

Cass. soc. 20 septembre 2005, n° 03-41.549.

Les primes d'intéressement calculées sur le résultat global de l'entreprise sans lien avec l'activité personnelle du salarié sont exclues.

Après avoir constaté que le pourcentage perçu par un salarié s'appliquait à l'ensemble des ventes de la société pendant l'année entière, y compris la période de congés payés, et qu'ainsi elle n'avait pas de rapport nécessaire avec le travail personnel du salarié, une cour d'appel ne pouvait allouer à l'intéressé un complément d'indemnité de congés payés sur cette rémunération.

Cass. soc. 11 octobre 1994, n° 93-42.421, 3e moyen. Voir aussi cass. soc. 18 février 2015, n° 13-20.920.

Les compléments de salaire versés en cas de suspension du contrat de travail due à une absence non assimilée à du temps de travail pour le calcul des congés n'ont pas à être pris en compte.

Indemnités journalières de maladie.

C'est à tort qu'un conseil de prud'hommes a énoncé que les indemnités journalières de maladie devaient être prises en compte pour le calcul de l'indemnité de congés selon la méthode du 1/10, alors qu'il avait relevé que le repos pour maladie n'était pas assimilé à du temps de travail.

Cass. soc. 8 juin 1994, n° 90-43.014, 3e moyen.

Allocations de chômage partiel.

Une société, qui avait dû recourir à la mise au chômage partiel de son personnel sous forme de réduction de l'horaire hebdomadaire ou par semaines entières, avait écarté de l'assiette de calcul de l'indemnité de congés payés les allocations de chômage partiel versées aux salariés au titre de ces périodes. Doit être cassé le jugement qui a accueilli en partie la demande des salariés en rappel d'indemnités de congés payés, alors que, sauf dispositions conventionnelles contraires, les périodes de chômage partiel, quelle qu'en soit la durée, n'étant pas assimilées par l'article L. 223-4 CT à un temps de travail effectif, celles-ci ne sont pas considérées comme ayant donné lieu à rémunération en fonction de l'horaire de travail de l'établissement.

Cass. soc. 19 novembre 1997, n° 95-44.093, BC V n° 389.

Les créances de dommages-intérêts ne sont pas prises en compte pour le calcul de l'indemnité de congés payés.

L'indemnité allouée en compensation du repos compensateur non pris du fait de la contestation par l'employeur des heures supplémentaires effectuées par la salariée a le caractère de dommages-intérêts qui ne sont pas pris en compte pour le calcul de l'indemnité compensatrice de congés payés.

Cass. soc. 21 mai 2002, n° 99-45.890, 3e moyen, BC V n° 170.

S'agissant des salariés intérimaires, les primes allouées par l'entreprise utilisatrice pour l'année entière, qui ont pour objet de rémunérer des périodes de travail et de congés réunis, n'ont pas à être incluses dans l'assiette de calcul de l'indemnité compensatrice de congés payés versée par l'entreprise de travail temporaire.

Un salarié a été engagé par une entreprise de travail temporaire selon un contrat de travail temporaire du 25 mars 2011 pour être mis à disposition d'un constructeur automobile en qualité d'agent de fabrication polyvalent préparation de commandes ; il a saisi la juridiction prud'homale d'une demande tendant notamment au paiement d'un rappel d'indemnité compensatrice de congés payés aux motifs que n'avaient pas été incluses dans son assiette de calcul les primes annuelles, dont la prime de 13e mois et la prime de vacances, servies par l'entreprise utilisatrice.

C'est à tort qu'un conseil de prud'hommes a fait droit à cette demande.

En effet, les primes litigieuses, allouées pour l'année entière, avaient pour objet de rémunérer des périodes de travail et de congés réunis, de sorte qu'elles ne devaient pas être incluses dans l'assiette de calcul de l'indemnité compensatrice de congés payés versée par l'entreprise de travail temporaire au salarié intérimaire.

Cass. soc. 1er mars 2017, n° 15-16.988, BC V n° 37. Voir aussi cass. soc. 5 avril 2018, n° 16-25.428, à paraître.

Fermeture de l'entreprise

En cas de fermeture de l'entreprise supérieure à la durée légale des congés, l'employeur doit verser aux salariés une indemnité au moins égale à l'indemnité journalière de congés payés.

Cass. soc. 31 octobre 2000, n° 97-44.364, 1er moyen.

Les dispositions de l'article L. 223-15 CT, relatives à l'indemnité versée en cas de fermeture d'une entreprise au-delà de la durée légale des congés payés sont applicables, même lorsque la fermeture de l'entreprise au-delà de cette durée est motivée par des circonstances extérieures, telles que le rythme de l'activité scolaire

Cass. soc. 17 décembre 1997, n° 94-43.718, BC V n° 457. Voir aussi cass. soc. 22 octobre 2015, n° 14-20.406.

Le maintien en activité de l'établissement exploité par une société n'étant pas assuré pendant un nombre de jours dépassant la durée fixée pour la durée des congés payés annuels, cette société avait l'obligation de régler aux salariés, pendant les périodes d'activité, un salaire mensuel et une indemnité de congés payés calculés en fonction du nombre de semaines d'activité et, en outre, pour chacun des jours ouvrables de fermeture excédant la durée des congés payés annuels, l'indemnité spécifique prévue à l'article L. 223-15 CT dont le montant ne peut être inférieur à l'indemnité journalière de congés payés, laquelle ne peut elle-même être inférieure, en application de l'article L. 223-11, al. 3 CT, au montant de la rémunération qui aurait été perçue pendant la période de congé si le salarié avait continué à travailler.

Ayant constaté que le système appliqué par l'employeur, qui avait consisté à étaler sur toute l'année le salaire dû à la salariée pour la période d'activité, n'avait pas permis à l'intéressée de percevoir l'indemnité prévue à l'article L. 223-11 CT, une cour d'appel a pu énoncer que, non seulement pendant la période d'activité et les congés payés, mais encore pendant la période de fermeture de l'établissement excédant celle des congés payés, les salariés devaient percevoir une somme calculée sur la base du salaire horaire pendant la période d'activité multipliée par le coefficient 52/12.

Cass. soc. 12 février 1997, n° 94-40.605, BC V n° 60.

Cette indemnité est due au salarié dont les contrats à durée déterminée successifs ont été requalifiés, lorsque les périodes non travaillées entre chaque contrat correspondaient à des périodes de fermeture de l'établissement au sens de l'article L. 3141-29 ancien CT.

Cass. soc. 13 décembre 2006, n° 04-46.935, BC V n° 383. Voir aussi cass. soc. 16 juin 2010, n° 09-40.183, moyen unique commun aux pourvois de l'employeur, BC V n° 141, s'agissant des enseignants « intervenants » travaillant dans des établissements privés.

La décision de l'employeur de fermer l'entreprise lors de congés payés doit être accompagnée d'un délai de prévenance suffisant.

Un conseil de prud'hommes, qui a relevé, d'une part, qu'il n'y avait pas de manière habituelle de fermeture annuelle de l'établissement pour congés payés, d'autre part, que l'employeur avait, au dernier moment, décidé de fermer l'entreprise du 19 au 31 décembre 1994 et le 2 janvier 1995 en mettant le personnel en congé, a exactement décidé que le salarié qui avait déjà pris ses cinq semaines de congés en une seule fois, s'étant tenu à la disposition de son employeur, était fondé à percevoir son salaire pour la période où il avait été privé de travail.

Cass. soc. 25 février 1998, n° 95-45.659.

Paiement forfaitaire de l'indemnité de congés payés

Le paiement d'un salaire forfaitaire incluant les congés payés ne peut résulter que d'une convention expresse entre les parties.

S'il n'est pas interdit aux parties de convenir d'un salaire forfaitaire, incluant les congés payés, encore faut-il que cette convention soit expresse et que ses modalités n'aboutissent pas pour le salarié à un résultat moins favorable que la stricte application des dispositions légales.

Cass. soc. 2 avril 1997, n° 95-42.320, BC V n° 135. Voir aussi cass. soc. 10 novembre 2009, n° 08-42.695, 1er moyen ; cass. soc. 23 janvier 2019, n° 17-23.310, 2e moyen du pourvoi principal.

La clause contractuelle prévoyant une rémunération forfaitaire incluant les congés payés doit être transparente et compréhensible,…

Dans son arrêt du 16 mars 2006, aff. C-131/04 et C-257/04, la Cour de justice des Communautés européennes a dit pour droit : - l'article 7, § 1, de la directive 93/104/CE du Conseil, du 23 novembre 1993, concernant certains aspects de l'aménagement du temps de travail, s'oppose à ce qu'une partie du salaire versé au travailleur au titre du travail effectué soit affectée au paiement du congé annuel sans que le travailleur perçoive, à ce titre, un paiement en sus de celui versé au titre du travail effectué, il ne saurait être dérogé à ce droit par un accord contractuel ; - l'article 7 de la directive 93/104 s'oppose à ce que le paiement du congé annuel minimal au sens de cette disposition fasse l'objet de versements partiels étalés sur la période annuelle de travail correspondante et payés ensemble avec la rémunération au titre du travail effectué, et non d'un versement au titre d'une période indéterminée au cours de laquelle le travailleur prend effectivement congé ; - l'article 7 de la directive 93/104 ne s'oppose pas, en principe, à ce que des sommes qui ont été payées, de manière transparente et compréhensible, au titre du congé annuel minimal au sens de cette disposition sous la forme de versements partiels étalés sur la période annuelle de travail correspondante et payés ensemble avec la rémunération au titre du travail effectué soient imputées sur le paiement d'un congé déterminé qui est effectivement pris par le travailleur.

Un salarié a été engagé le 1er septembre 2006 par une société en qualité d'avocat salarié moyennant une rémunération incluant les congés payés ; il a démissionné le 30 janvier 2009 ; au terme de son préavis, l'intéressé a réclamé le paiement du reliquat de ses congés payés, ce que l'employeur a refusé, estimant que l'intéressé avait été rempli de ses droits en raison du mode de rémunération stipulé au contrat de travail ; le salarié a saisi le bâtonnier pour obtenir le paiement d'une indemnité au titre de ce reliquat.

Après avoir constaté, d'une part, que le contrat de travail se bornait à stipuler que la rémunération globale du salarié incluait les congés payés, ce dont il résultait que cette clause du contrat n'était ni transparente ni compréhensible, et, d'autre part, que, lors de la rupture, le salarié n'avait pas pris effectivement un reliquat de jours de congés payés, c'est à bon droit qu'une cour d'appel a condamné l'employeur au paiement d'une indemnité compensatrice.

Cass. soc. 14 novembre 2013, n° 12-14.070, BC V n° 272.

… ce qui suppose que soit clairement distinguée la part de rémunération qui correspond au travail, de celle qui correspond aux congés, et que soit précisée l'imputation de ces sommes sur un congé déterminé devant être effectivement pris.

Cass. soc. 22 mai 2019, n° 17-31.517, 1er moyen, à paraître.

L'inclusion des congés payés dans les commissions ne peut résulter que d'une convention expresse.

Cass. soc. 12 mars 2002, n° 99-42.993.

Un usage d'entreprise ne peut l'imposer au salarié.

Cass. soc. 16 janvier 2001, n° 98-43.144, 2e moyen.

Prescription

Le point de départ de la prescription, en matière d'indemnité de congés payés, doit être fixé à l'expiration de la période légale ou conventionnelle au cours de laquelle les congés auraient pu être pris.

Cass. soc. 14 novembre 2013, n° 12-17.409, BC V n° 271. Voir aussi cass. soc. 7 octobre 2015, n° 14-12.122 ; cass. soc. 29 mars 2017, n° 15-22.057.

Des salariés ont saisi la juridiction prud'homale, le 22 juillet 1992, pour obtenir le paiement d'une journée supplémentaire de congés payés au titre du samedi 15 août 1987, jour férié situé à l'intérieur de la période de congés payés fixée du 18 juillet 1987 au soir au dimanche 16 août 1987.

Doit être rejeté le moyen du pourvoi de l'employeur reprochant à une cour d'appel d'avoir écarté la fin de non-recevoir tirée de la prescription de la demande des salariés, alors notamment que c'est le jour de leur départ en vacances (17 juillet 1987) que les salariés ont perçu leur indemnité de congés payés, qu'ainsi la date d'exigibilité du salaire qui aurait pu être dû pour le 15 août 1987 était celle du 17 juillet 1987 et qu'il en résultait que les réclamations formées le 22 juillet 1992 étaient prescrites.

En effet, le point de départ de la prescription en matière d'indemnité de congés payés doit être fixé à l'expiration de la période légale ou conventionnelle au cours de laquelle les congés auraient pu être pris.

La cour d'appel, qui a constaté que la journée supplémentaire de congés payés aurait pu être prise avec la cinquième semaine de congés payés fixée à la fin de l'année 1987, a écarté, à bon droit, la fin de non-recevoir tirée de la prescription quinquennale des salaires.

Cass. soc. 4 décembre 1996, n° 93-46.408, BC V n° 416.

Modification de la situation juridique de l'employeur

Lorsque le transfert d'entreprise n'a pas lieu dans le cadre d'une procédure collective, le nouvel employeur est tenu des obligations incombant à l'ancien employeur, notamment au titre des congés payés. Le salarié peut aussi exercer directement son action contre le premier employeur.

À moins que la modification dans la situation juridique de l'entreprise n'intervienne dans le cadre d'une procédure de règlement judiciaire ou de la liquidation des biens, ou d'une substitution d'employeur intervenue sans qu'il y ait eu de convention entre ceux-ci, le nouvel employeur est tenu, à l'égard des salariés dont les contrats de travail subsistent, des obligations qui incombaient à l'ancien employeur à la date de cette modification, et notamment des sommes dont était redevable l'ancien employeur au titre des congés payés.

Cass. soc. 6 février 1996, n° 92-45.013.

Lorsque la modification intervient dans le cadre d'une procédure de redressement judiciaire, le nouvel employeur n'est pas tenu de payer l'indemnité de congés payés correspondant à la période antérieure à la cession.

Les actifs d'une société « A », mise en redressement judiciaire le 4 janvier 1993, avaient été cédés par jugement du 9 septembre 1993 à une société « E ». Plusieurs salariés dont les contrats de travail avaient été repris par le cessionnaire avaient saisi le conseil de prud'hommes d'une action dirigée contre la société « A », ses mandataires judiciaires et l'Assédic en vue du paiement d'une indemnité de congés payés afférente aux mois de juin, juillet et d'août 1993 et d'un rappel de prime de treizième mois.

Doit être rejeté le pourvoi du commissaire à l'exécution du plan de la société « A » reprochant au conseil de prud'hommes de l'avoir condamné à payer aux salariés une indemnité de congés payés. La modification de la situation de l'employeur étant intervenue dans le cadre d'une procédure de redressement judiciaire, l'indemnité de congés payés correspondait à une période antérieure à la reprise des contrats de travail par le cessionnaire.

Cass. soc. 14 mai 1997, n° 94-45.109, 2e moyen, BC V n° 171. Voir aussi cass. soc. 1er juillet 1992, n° 91-44.262, BC V n° 432 ; cass. soc. 19 février 1992, n° 89-45.112, BC V n° 93, s'agissant de l'indemnité compensatrice de congés payés.

Ouverture d'une procédure de redressement judiciaire

La créance d'indemnité de congés payés née après le jugement d'ouverture d'une procédure de redressement judiciaire entre dans les prévisions de l'article 40 de la loi du 25 janvier 1985, peu important qu'elle soit ou non garantie par l'AGS.

Un conseil de prud'hommes, ayant constaté que les créances d'indemnités de congés payés des trente-huit demandeurs correspondaient à la période d'observation du redressement judiciaire d'une société, puis à la période pendant laquelle, après le prononcé de la liquidation judiciaire de ladite société, le maintien provisoire de son activité avait été autorisé, a exactement décidé que lesdites créances devaient être réglées conformément à l'article 40 de la loi du 25 janvier 1985.

Cass. soc. 30 mars 1999, n° 96-42.766.

Accidentés du travail (Suspension du contrat de travail) ; Congés payés ; Fractionnement des congés payés ; Indemnité compensatrice de congés payés ; Préavis.

Indemnité de départ à la retraite

Retraite (Départ à la) ; Retraite (Mise à la).

Indemnité de licenciement

Le salarié qui fait l'objet d'un licenciement a droit à une indemnité de licenciement. Celle-ci peut être d'origine légale, conventionnelle ou contractuelle, seule la plus avantageuse devant être versée à l'intéressé.

L'ordonnance 2017-1387 du 22 septembre 2017 a réduit l'ancienneté requise pour ouvrir droit à cette indemnité et le décret 2017-1398 du 25 septembre 2017 a modifié son montant et ses modalités de calcul.

La jurisprudence rapportée ci-dessous, rendue dans le cadre législatif et réglementaire antérieur, conserve cependant son intérêt, notamment au regard des litiges en cours.

Ouverture du droit à l'indemnité de licenciement

• Date d'ouverture du droit

Le droit à l'indemnité de licenciement naît à la date où l'employeur manifeste, par l'envoi de la lettre de licenciement, la volonté de résilier le contrat de travail.

Cass. soc. 11 janvier 2007, n° 04-45.250. Voir aussi cass. soc. 24 mars 2010, n° 08-44.994.

Le droit à l'indemnité de licenciement naît au jour de l'envoi de la lettre recommandée avec demande d'avis de réception notifiant la rupture.

Une salariée, licenciée pour motif économique par lettre du 11 juin 2003, présentée le 13 juin suivant, avait été reconnue travailleur handicapé par la Cotorep le 16 juin 2003 ; la salariée ayant bénéficié d'un congé de reclassement, son contrat de travail a expiré le 12 mars 2004.

Invoquant l'article 26 de l'accord d'entreprise du 22 décembre 1992 et le plan de sauvegarde de l'emploi qui prévoyaient un doublement de l'indemnité conventionnelle de licenciement pour les salariés licenciés pour motif économique reconnus travailleurs handicapés par la Cotorep, la salariée a saisi la juridiction prud'homale d'une demande de complément d'indemnité.

C'est à tort que, pour condamner l'employeur au paiement de ce complément d'indemnité, une cour d'appel a retenu que si c'est à la date de la rupture du contrat de travail qu'il convient de se placer pour apprécier le droit du salarié à l'indemnité de licenciement, son montant ne s'apprécie qu'à la date de l'expiration normale du délai-congé et qu'en l'espèce, à la date d'expiration de son contrat de travail, la salariée était reconnue travailleur handicapé, alors qu'il résultait de ses constatations que la reconnaissance du statut de travailleur handicapé était intervenue postérieurement à la rupture.

Cass. soc. 26 septembre 2007, n° 06-43.033, BC V n° 135.

Ainsi, sauf clause expresse contraire, des dispositions légales ou conventionnelles intervenues au cours de la période de préavis ne peuvent diminuer ou augmenter la quotité de ces droits.

Le droit à l'indemnité de licenciement naît à la date où le licenciement est notifié et ce sont les dispositions légales ou conventionnelles en vigueur à cette date qui déterminent les droits du salarié ; sauf clause expresse contraire, des dispositions légales ou conventionnelles intervenues au cours de la période de préavis ne peuvent diminuer ou augmenter la quotité de ces droits.

Une salariée a été licenciée pour motif économique par lettre du 2 mai 2002 ; elle a saisi le juge prud'homal pour être reconnue créancière d'un complément d'indemnité de licenciement déterminé en fonction des dispositions du décret du 3 mai 2002, entré en vigueur le 7 mai suivant et modifiant l'article R. 122-2 CT.

Doit être cassé le jugement qui, pour fixer au passif de l'employeur une créance de solde d'indemnité de licenciement calculée sur la base de deux dixièmes de mois de salaire par année d'ancienneté et déclarer cette décision opposable à l'AGS, a retenu que si le droit à l'indemnité de licenciement naît à la date d'effet du licenciement, son montant se calcule à la fin du préavis, alors que l'application de l'article 113 de la loi du 17 janvier 2002 était manifestement impossible avant l'entrée en vigueur du décret du 3 mai 2002 fixant le taux de l'indemnité de licenciement.

Cass. soc. 11 janvier 2006, n° 03-44.461, BC V n° 9.

La faute grave commise durant le préavis n'a donc pas d'incidence sur le droit à l'indemnité de licenciement.

Doit être cassé l'arrêt qui, pour débouter un salarié de sa demande en paiement d'une indemnité contractuelle de licenciement, a énoncé que le salarié a commis une faute grave en participant à la création d'une entreprise concurrente, alors que le licenciement du salarié était motivé par un motif économique et que la faute commise par l'intéressé l'avait été après le licenciement, ce qui ne l'excluait pas du droit au bénéfice de l'indemnité.

Cass. soc. 3 juillet 1990, n° 87-40.219, 1er et 2e moyens, BC V n° 333.

• Conditions liées à la rupture du contrat

Le salarié déclaré inapte bénéficie de l'indemnité de licenciement.

La résiliation par l'employeur du contrat de travail résultant de l'inaptitude physique totale et définitive du salarié s'analyse en un licenciement qui ouvre droit, au profit de ce dernier, à l'indemnité légale de licenciement ou à l'indemnité conventionnelle, si cette dernière est plus favorable.

Cass. soc. 21 juin 1995, n° 92-43.347, pourvoi de l'employeur, BC V n° 203. Voir aussi cass. soc. 18 juillet 1995, n° 91-44.910, BC V n° 247.

Le refus abusif d'une proposition de reclassement par un salarié accidenté du travail ne le prive pas du droit à l'indemnité de licenciement.

Si le refus abusif d'une proposition de reclassement prive le salarié des indemnités prévues à l'article L. 122-32-6 CT, il n'a pas pour effet de le rendre responsable de la rupture et l'intéressé peut bénéficier de l'indemnité légale de licenciement ou, si elle est plus favorable, de l'indemnité conventionnelle, si la convention collective ne l'exclut pas.

Cass. soc. 23 janvier 2001, n° 98-40.651, 2e moyen, BC V n° 22.

Pour avoir droit à l'indemnité de licenciement, le salarié ne doit pas avoir commis de faute grave…

Si une salariée ne pouvait prétendre à l'indemnité de préavis en raison de son refus d'exécuter son contrat, elle avait droit à l'indemnité de licenciement, aucune faute grave n'ayant été retenue à son encontre.

Cass. soc. 30 septembre 1992, n° 87-45.546, 2e moyen.

… sauf si le contrat prévoit expressément le versement de l'indemnité même en cas de licenciement pour faute grave.

Il n'est pas interdit aux parties d'adopter une disposition plus favorable au salarié que celle de la loi en matière d'indemnité de licenciement.

Après avoir relevé par une interprétation souveraine des termes ni clairs ni précis de la clause litigieuse que, dans le cas d'un licenciement, il sera versé au salarié une indemnité égale à une année de salaire brut, une cour d'appel a pu décider que cette clause, qui n'excluait pas le paiement de l'indemnité en cas de rupture pour faute grave, devait recevoir application.

Cass. soc. 27 mai 1998, n° 96-44.825.

La mise à la retraite dans le cadre d'un plan de sauvegarde de l'emploi est assimilée à un licenciement économique et ouvre droit au bénéfice de l'indemnité conventionnelle de licenciement.

Une société reprochait à une cour d'appel de l'avoir condamnée à payer à un salarié une indemnité conventionnelle de licenciement, alors, selon le moyen, que si la rupture du contrat de travail de l'intéressé était intervenue à l'occasion d'un licenciement économique, le salarié avait volontairement opté pour la prise de sa retraite sans qu'il ait été établi que son propre poste eût été menacé et a fortiori supprimé et que l'indemnité de licenciement instituée par les articles 48 et 58 de la convention collective des banques n'est prévue qu'en cas de licenciement pour insuffisance résultant d'une incapacité physique, intellectuelle ou professionnelle ou pour suppression d'emploi.

Or, selon l'article L. 321-1, al. 2 CT, toute rupture d'un contrat de travail résultant de l'une des causes énoncées à l'alinéa 1er du même texte est soumise aux dispositions sur le licenciement économique. Il en résulte que la mise à la retraite résultant de la mise en œuvre d'un plan social supprimant 25 emplois doit être assimilée à un licenciement économique pour suppression d'emploi et que c'est à juste titre que la cour d'appel a décidé que les salariés devaient bénéficier de l'indemnité conventionnelle de licenciement.

Cass. soc. 18 avril 2000, n° 97-45.434, BC V n° 142.

Mais le départ volontaire à la retraite dans le cadre d'un plan social constitue une rupture à l'initiative du salarié et n'ouvre pas droit à l'indemnité conventionnelle de licenciement.

Doit être cassé l'arrêt qui, pour décider que les ruptures des contrats de travail de salariés, mises en œuvre par adhésion à une offre de départ en retraite formulée par une société dans le cadre d'un plan social, s'analysaient en des licenciements pour motif économique ouvrant droit à l'indemnité conventionnelle de licenciement, a notamment retenu que ces départs à la retraite s'étaient inscrits dans le contexte du plan social de restructuration avec suppression d'emplois, que peu importait que les salariés qui n'avaient pas envisagé leur départ en retraite soient restés à leur poste, cela n'altérant pas la volonté claire et précise de la société de procéder à une restructuration dont les départs à la retraite avaient été une modalité.

En effet, si la rupture du contrat de travail pour un motif économique est soumise pour sa mise en œuvre aux dispositions sur le licenciement économique en vertu de l'article L. 321-1, al. 2 CT, il n'en résulte pas que toute rupture d'un contrat de travail procédant d'un motif économique entraîne les effets d'un licenciement ; ainsi, le départ volontaire à la retraite dans le cadre d'un plan social constitue une rupture à l'initiative du salarié et n'ouvre pas droit à l'indemnité conventionnelle de licenciement.

Cass. soc. 25 juin 2002, n° 00-18.907, BC V n° 214.

• Calcul des intérêts moratoires

Les intérêts de la somme accordée au titre de l'indemnité de licenciement courent à compter du jour de la demande en justice.

La fixation d'une indemnité conventionnelle de licenciement n'étant pas laissée à l'appréciation des juges, les intérêts de la somme accordée au salarié courent de la notification au défendeur de sa convocation devant le bureau de conciliation valant citation en justice et non de la date de la notification de la décision ayant déterminé leur montant.

Cass. soc. 23 novembre 2010, n° 09-40.638, pourvoi incident. Voir aussi cass. soc. 15 avril 2015, n° 13-23.785.

En cas de remboursement de l'indemnité par le salarié, des intérêts légaux ne peuvent être versés qu'à compter de la notification de la décision.

En application de l'article 1153, al. 3 c. civ., celui qui doit restituer une somme détenue en vertu d'une décision de justice exécutoire n'en doit les intérêts au taux légal qu'à compter de la notification, valant mise en demeure, de la décision ouvrant droit à restitution. Viole ce principe la cour d'appel qui a condamné un salarié à rembourser le montant de l'indemnité de licenciement, allouée par la décision des premiers juges, avec intérêt au taux légal à compter de la date de la première demande de remboursement notifiée à l'audience de renvoi par conclusions.

Cass. soc. 9 janvier 1996, n° 92-45.136, 2e moyen du pourvoi principal.

Base de calcul

L'accord du 10 décembre 1977 prévoit la possibilité de retenir le salaire moyen des douze derniers mois lorsqu'il est supérieur à celui des trois derniers mois.

N'a pas légalement justifié sa décision la cour d'appel ayant retenu comme base de référence, pour le calcul de l'indemnité de licenciement, le salaire moyen des trois derniers mois tel que prévu par l'article R. 122-2 CT, au motif que la salariée ne précisait pas les textes ou dispositions conventionnelles qui la conduisaient à solliciter la référence au salaire moyen des douze derniers mois, sans rechercher si l'article 5 de l'accord national interprofessionnel du 10 décembre 1977 annexé à la loi du 19 janvier 1978 relative à la mensualisation et à la procédure conventionnelle, qui fait obligation de retenir le salaire moyen des douze derniers mois lorsqu'il est supérieur à celui des trois derniers mois, était applicable à la salariée, peu important à cet égard que cette dernière n'ait pas précisé le fondement juridique de sa demande.

Cass. soc. 20 février 1996, n° 92-45.024, 1er moyen, BC V n° 60.

Aux termes de l'article 5 de l'accord national interprofessionnel du 10 décembre 1977 sur la mensualisation, le salaire à prendre en considération pour le calcul de l'indemnité de licenciement est le douzième de la rémunération des douze derniers mois précédant le licenciement ou, selon la formule la plus avantageuse pour l'intéressé, le tiers des trois derniers mois précédant le licenciement, étant entendu que, dans ce cas, toute prime ou gratification de caractère annuel ou exceptionnel, qui aurait été versée au salarié pendant cette période, ne serait prise en compte que prorata temporis. L'employeur n'ayant pas contesté le montant du salaire de référence perçu pendant les douze derniers mois précédant l'arrêt de travail, c'est à tort qu'il soutenait que le calcul de cette indemnité devait se faire en tenant compte du salaire moyen des trois derniers mois.

Cass. soc. 1er juin 1999, n° 97-40.218, 2e moyen, BC V n° 253.

Lorsque le contrat de travail est suspendu pour cause de maladie, le salaire de référence à prendre en considération pour le calcul de l'indemnité légale ou conventionnelle de licenciement est, selon la formule la plus avantageuse pour le salarié, celui des douze ou des trois derniers mois précédant l'arrêt de travail pour maladie.

C'est donc à tort que, pour rejeter la demande d'un salarié tendant à obtenir le paiement d'une somme à titre de reliquat d'indemnité de licenciement, une cour d'appel a retenu qu'en l'absence de dispositions le prévoyant dans la convention collective, le salarié ne pouvait prétendre à ce que le montant de son indemnité soit calculé sur la base des salaires qu'il aurait perçus si son contrat n'avait pas été suspendu pour cause de maladie.

Cass. soc. 23 mai 2017, n° 15-22.223, 5e moyen, BC V n° 90.

L'indemnité compensatrice de préavis ne doit pas être prise en compte dans l'assiette de calcul de l'indemnité de licenciement.

Cass. soc. 11 mars 2009, n° 07-40.146.

S'agissant du calcul de l'indemnité de licenciement d'un salarié ayant été placé en arrêt de travail, le salaire de référence comprend les indemnités journalières perçues pendant la période de référence.

Une salariée, en arrêt de travail pour maladie à compter du 6 mai 1985, s'est vue notifier la rupture de son contrat de travail le 1er juillet 1988 en ces termes : « Nous vous avons informée que, du fait de votre arrêt de travail pour maladie qui s'est étalé sur trois ans, votre contrat de travail se trouvait rompu. Ces dispositions prennent effet au lendemain des trois années d'absence, soit le 6 mai 1988. »

La salariée a saisi la juridiction prud'homale aux fins de paiement d'une indemnité de licenciement sans cause réelle et sérieuse.

Ayant relevé que les indemnités journalières mentionnées sur les bulletins de salaire étaient soumises à l'impôt sur le revenu, une cour d'appel a pu en déduire que le salaire de référence de la salariée pour le calcul de l'indemnité conventionnelle de licenciement comprenait, outre les sommes payées par l'employeur au titre du maintien conventionnel de salaire pour les affections de longue durée, les indemnités journalières perçues par la salariée pendant la période de référence.

Cass. soc. 26 septembre 2007, n° 06-44.584, BC V n° 141.

Une gratification bénévole dont l'employeur fixe discrétionnairement les montants et les bénéficiaires et qui est attribuée à l'occasion d'un événement unique n'a pas à être prise en compte dans l'assiette de calcul de l'indemnité de licenciement.

N'a pas le caractère de salaire au sens des articles L. 1234-5, L. 1234-9, L. 1235-3, L. 3141-22 CT et ne doit pas être prise en compte dans l'assiette de calcul des indemnités de rupture et de l'indemnité minimale due en cas de licenciement sans cause réelle et sérieuse une gratification bénévole dont l'employeur fixe discrétionnairement les montants et les bénéficiaires et qui est attribuée à l'occasion d'un événement unique.

Un salarié a saisi la juridiction prud'homale pour faire juger son licenciement sans cause réelle et sérieuse et obtenir un complément d'indemnités au titre du bonus exceptionnel qu'il avait perçu dans l'année précédant la rupture.

Pour accueillir la demande du salarié, une cour d'appel a retenu qu'il avait été décidé d'octroyer aux managers de la société un complément exceptionnel de rémunération, dit bonus, en contrepartie de la perturbation qu'ils subiraient et du surcroît de travail, des efforts et de la mobilisation qui leur seraient demandés afin de mener à bien l'opération particulièrement complexe consistant en la cession par une partie des actionnaires de leurs actions dans des conditions entraînant le dépôt d'une offre publique portant sur la totalité des actions de la société.

En statuant ainsi, alors qu'elle avait constaté que le conseil d'administration de la société avait fixé discrétionnairement la liste des bénéficiaires ainsi que les montants des gratifications, et que celles-ci avaient été octroyées de façon exceptionnelle à l'occasion d'une opération de cession de capital, la cour d'appel a violé les textes susvisés.

Cass. soc. 14 octobre 2009, n° 07-45.587, BC V n° 224.

En revanche, doit être pris en compte dans l'assiette de calcul de l'indemnité de licenciement un bonus versé au salarié chaque année et sans exception depuis l'engagement de la relation contractuelle, dont seul le montant annuel était variable et discrétionnaire.

Cass. soc. 28 janvier 2015, n° 13-23.421.

Une convention collective peut déterminer et, éventuellement, limiter l'assiette de calcul de l'indemnité de licenciement qu'elle prévoit.

Soutenant que l'indemnité de licenciement qui lui avait été versée avait été calculée à tort en faisant abstraction de l'indemnité d'expatriation qu'il percevait en sus de son salaire, un salarié avait saisi la juridiction prud'homale afin d'obtenir un complément d'indemnité de licenciement.

Doit être approuvé l'arrêt ayant débouté l'intéressé de sa demande :

– d'une part, une convention collective peut déterminer et éventuellement limiter l'assiette de calcul de l'indemnité de licenciement qu'elle prévoit ;

– d'autre part, aux termes de l'alinéa 5 de l'article 58 de la convention collective nationale du personnel des banques, dont le salarié sollicitait expressément l'application, l'indemnité conventionnelle de licenciement est calculée sur le traitement final de l'agent licencié sans supplément d'aucune sorte, étant précisé, aux termes de l'alinéa 6 du même texte, qu'en cas de suppression d'emploi, l'indemnité de licenciement est calculée, non pas sur la base du dernier traitement, mais sur celle du traitement conventionnel annuel, y compris les gratifications prévues à l'article 53, si ce mode de calcul est plus favorable. Il en résulte que pour le calcul de l'assiette de l'indemnité de licenciement, seules doivent être prises en considération les rémunérations et gratifications conventionnelles ;

– enfin, après avoir constaté que la prime d'expatriation ne constituait pas un élément de rémunération prévu par la convention collective mais un supplément accordé par son contrat de travail au salarié expatrié afin de compenser les inconvénients résultant de l'éloignement, la cour d'appel a relevé que le montant de l'indemnité conventionnelle calculée sans tenir compte de cette prime restait supérieur à celui de l'indemnité légale.

Cass. soc. 19 janvier 2000, n° 97-43.421.

Lorsque la convention prévoit que la base de calcul de l'indemnité est la rémunération mensuelle gagnée par le salarié pendant le mois précédant le préavis de licenciement, il n'y a pas lieu d'y inclure la somme correspondant au rachat, par le salarié, des droits issus de son compte épargne-temps.

En l'état d'une convention collective prévoyant que la base de calcul de l'indemnité de licenciement est la rémunération effective totale mensuelle gagnée par le salarié licencié pendant le mois précédant le préavis de licenciement, il n'y a pas lieu d'inclure dans la base de calcul de l'indemnité conventionnelle de licenciement la somme correspondant au rachat, par le salarié, des droits issus de son compte épargne-temps, lesquels ne répondent à aucune périodicité puisque le salarié et l'employeur décident librement de l'alimentation de ce compte et ne viennent donc pas en rémunération du mois de référence.

Cass. soc. 10 juillet 2013, n° 12-18.273, 1er moyen du pourvoi incident, BC V n° 192.

Il n'y a pas lieu non plus d'y inclure une prime payée en stock-options.

Ayant relevé que l'attribution de stock-options ne constitue ni le versement d'une somme, ni l'octroi d'un avantage immédiatement perçu, mais un droit au profit du bénéficiaire de lever ou non une option, c'est à bon droit qu'une cour d'appel a débouté une salariée, licenciée pour motif économique et impossibilité de reclassement, de sa demande de rappel d'indemnité conventionnelle de licenciement, ainsi que de ses demandes de rappel d'indemnité de rupture et d'indemnité complémentaire d'aide au projet personnel prévues par le plan de sauvegarde de l'emploi, découlant de la part d'une prime payée en options d'achat d'actions.

En effet, en statuant ainsi, la cour d'appel a fait une exacte application tant de la convention collective nationale applicable [qui prévoit que la base de calcul de l'indemnité de congédiement est la rémunération totale mensuelle gagnée par le cadre pendant le mois précédant le préavis de congédiement, sans pouvoir être inférieure à la moyenne des rémunérations mensuelles des 12 mois précédant ce préavis, pour le calcul de laquelle entrent en ligne de compte, outre les appointements de base, les majorations relatives à la durée du travail, les avantages en nature, les primes de toute nature, y compris les primes à la productivité, les participations au chiffre d'affaires ou aux résultats, les indemnités n'ayant pas le caractère d'un remboursement de frais, les gratifications diverses ayant le caractère contractuel ou le fait d'un complément de rémunération annuelle, à l'exclusion des gratifications exceptionnelles] que des dispositions du plan de sauvegarde de l'emploi.

Cass. soc. 7 septembre 2017, n° 16-12.473, 1er et 2e moyens du pourvoi principal, BC V n° 133.

Indemnité légale

• Calcul

Elle est calculée par année de service.

L'indemnité de licenciement des travailleurs à temps partiel rémunérés à l'heure devant être proportionnelle à celle des salariés occupés à temps complet est calculée, par année de service dans l'entreprise, sur la base de 1/10 de mois de salaire par année d'ancienneté.

Cass. soc. 10 janvier 1995, n° 92-43.222, 2e moyen, BC V n° 20.

Les primes ou gratifications annuelles doivent être prises en compte proportionnellement au temps de présence.

Pour le calcul de l'indemnité de licenciement, une prime de treizième mois ne peut être incluse dans le salaire de la période de référence, en l'espèce les trois derniers mois, qu'au prorata de la portion de prime afférente à cette période, et non dans sa totalité, sauf dérogation expresse de la convention collective applicable.

Cass. soc. 15 avril 1996, n° 92-44.981. Voir aussi cass. soc. 28 novembre 1995, n° 92-41.881.

• Ancienneté

La totalité du temps de présence doit être prise en compte…

L'indemnité de licenciement doit être calculée sur la totalité du temps de présence dans l'entreprise.

Cass. soc. 13 décembre 1995, n° 92-41.370, 2e moyen.

… sauf si plusieurs contrats distincts et indépendants ont été conclus.

Un salarié ayant été employé en vertu de contrats distincts, l'ancienneté à prendre en considération était celle résultant de la seule durée du contrat auquel le licenciement avait mis fin.

Cass. soc. 27 octobre 1993, n° 90-41.281.

Lorsque le bulletin de salaire mentionne une ancienneté supérieure à celle résultant de la date d'entrée dans l'entreprise, c'est à l'employeur d'établir qu'il n'a pas repris l'ancienneté du salarié lors de l'embauche.

Pour rejeter la demande d'un salarié tendant au paiement d'un complément d'indemnité de licenciement, une cour d'appel a retenu que si ce dernier avait exercé les mêmes fonctions du 1er octobre 1989 au 31 janvier 2001 pour le compte d'un employeur A, il n'avait pas continué à travailler entre le 31 janvier 2001 et le 1er février 2002, date à laquelle il avait été engagé par une société B, et que son contrat de travail ne contenait aucun engagement de l'employeur de reprendre au titre de l'ancienneté les années de travail effectuées au profit de l'employeur A.

En statuant ainsi, alors que la date d'ancienneté figurant dans le bulletin de paie vaut présomption de reprise d'ancienneté sauf à l'employeur à rapporter la preuve contraire, la cour d'appel, qui n'a pas recherché, comme il lui était demandé, si des mentions figurant dans les bulletins de paie ne faisaient pas présumer l'ancienneté revendiquée par le salarié, a privé sa décision de base légale.

Cass. soc. 21 septembre 2011, n° 09-72.054, 2e moyen, BC V n° 191. Voir aussi cass. soc. 9 mars 2016, n° 15-10.990, 2e moyen ; cass. soc. 3 avril 2019, n° 17-19.381.

À défaut de dispositions conventionnelles contraires, les absences pour maladie doivent être déduites de l'ancienneté propre à déterminer le montant de l'indemnité légale de licenciement.

Cass. soc. 28 janvier 2004, n° 01-46.447, précité. Voir aussi cass. soc. 16 septembre 2009, n° 08-41.999, 4e moyen ; cass. soc. 27 avril 2017, n° 16-13.654, 2e moyen.

L'ancienneté s'apprécie à la date d'expiration du préavis…

Cass. soc. 6 février 2008, n° 06-45.219. Voir aussi cass. soc. 24 mars 2010, n° 08-44.994, précité.

… même s'il y a eu dispense de l'exécuter.

Si le droit à l'indemnité de licenciement naît à la date où le congédiement est notifié, l'évaluation du montant de l'indemnité est faite en tenant compte de l'ancienneté à l'expiration du contrat, c'est-à-dire à l'expiration normale du préavis, même s'il y a eu dispense de l'exécuter.

Cass. soc. 30 mars 2005, n° 03-42.667, 16e moyen, BC V n° 106.

Indemnité conventionnelle

• Conditions d'application de la convention collective

L'indemnité conventionnelle de licenciement est applicable si elle est plus favorable au salarié que l'indemnité légale.

Les dispositions de l'article 8 de l'annexe 1 de la convention collective des magasins de vente d'alimentation et d'approvisionnement général prévoyant que l'indemnité de licenciement pour les salariés ayant plus de 28 ans de présence doit être calculée par tranches d'ancienneté, avec plafonnement à 4 mois et qu'à ce montant, il doit être ajouté 1/6 de mois par année supplémentaire de présence supérieure à 28 ans, c'est à tort qu'un conseil de prud'hommes, pour allouer un complément d'indemnité de licenciement à une salariée, a retenu que l'indemnité légale à laquelle il convenait d'ajouter 1/6 de mois par année supplémentaire de présence supérieure à 28 ans devait être versée à la salariée, celle-ci étant plus favorable, alors que c'est le total de la somme obtenue pour l'indemnité conventionnelle qui doit être comparé au montant de l'indemnité légale de licenciement, la plus élevée des deux indemnités devant être seule appliquée.

Cass. soc. 15 janvier 1997, n° 93-44.293, BC V n° 19. Voir aussi cass. soc. 29 mars 1994, n° 90-42.151, 1re branche du moyen, BC V n° 109.

En cas de succession de conventions collectives, seule la convention applicable au moment de la rupture doit être prise en compte.

Doit être cassé le jugement énonçant que deux conventions collectives ayant été successivement appliquées dans l'entreprise, il convient de s'y reporter pour calculer l'indemnité de licenciement due à la salariée, alors que l'indemnité doit être calculée en fonction des dispositions de la seule convention applicable au moment de la rupture du contrat de travail.

Cass. soc. 3 octobre 1990, n° 87-40.644.

L'indemnité conventionnelle est due lorsque le licenciement est dépourvu de cause réelle et sérieuse.

Selon les articles 26 et 26-2 de la convention collective nationale de la banque du 10 janvier 2000, une indemnité conventionnelle de licenciement est versée en cas de licenciement pour motif non disciplinaire résultant d'une insuffisance professionnelle ou d'une inaptitude physique constatée par le médecin du travail. Ces dispositions sont applicables lorsque le licenciement est dépourvu de cause réelle et sérieuse.

Doit donc être cassé l'arrêt qui, pour débouter un salarié de sa demande tendant à obtenir la condamnation de son employeur au paiement d'une indemnité conventionnelle de licenciement, a énoncé que cette indemnité n'étant due qu'au salarié licencié pour motif non disciplinaire d'insuffisance professionnelle, l'intéressé ne remplissait pas la condition précitée, qu'il ne pouvait donc prétendre qu'à l'indemnité légale de licenciement et, qu'ayant perçu au moment de son départ une indemnité de mise à la retraite égale au montant de l'indemnité légale, il avait été rempli de ses droits.

Cass. soc. 8 mars 2005, n° 01-44.752.

Si les dispositions d'un accord collectif prévoient le versement d'une indemnité conventionnelle de licenciement dans l'hypothèse d'un licenciement pour insuffisance résultant d'une incapacité professionnelle et de licenciement pour motif économique, il en résulte nécessairement que ces dispositions sont applicables en cas de rupture dont les effets sont ceux d'un licenciement sans cause réelle et sérieuse.

Doit donc être rejeté le pourvoi d'un employeur reprochant à une cour d'appel ayant prononcé la résiliation du contrat de travail d'un salarié de l'avoir condamné à payer à l'intéressé une somme à titre d'indemnité conventionnelle de licenciement.

Cass. soc. 28 juin 2005, n° 03-44.819, BC V n° 217.

Un salarié dont la mise à la retraite avait été requalifiée, par un arrêt du 17 septembre 2002, en licenciement sans cause réelle et sérieuse a demandé à bénéficier de l'indemnité conventionnelle de licenciement prévue par la convention collective nationale de la banque.

C'est à tort que, pour le débouter de sa demande, une cour d'appel a retenu qu'il résultait de la combinaison des articles 26 et 26-2 de cette convention que ses rédacteurs et signataires n'avaient entendu, en cas de licenciement pour motif non disciplinaire, accorder le bénéfice de l'indemnité de licenciement prévue par l'article 26-2 qu'aux salariés licenciés pour insuffisance professionnelle ou incapacité physique et qu'il n'était ni allégué, ni établi, que la véritable cause de la rupture était une insuffisance professionnelle du salarié, alors qu'il était irrévocablement jugé que le licenciement de l'intéressé était dépourvu de cause réelle et sérieuse, ce qui lui ouvrait droit au paiement de l'indemnité conventionnelle de licenciement, laquelle n'est exclue qu'en cas de licenciement pour motif disciplinaire ou en raison d'une condamnation pour crime ou délit touchant à l'honneur ou à la probité.

Cass. ass. plén. 30 novembre 2007, n° 06-45.365, BC n° 9.

En l'état de dispositions conventionnelles prévoyant qu'une indemnité de préavis de six mois de salaire et une indemnité de licenciement d'un mois de salaire par année de présence d'un maximum de quinze mois de salaire sont versées au salarié en cas de licenciement pour motif non disciplinaire, une cour qui juge que le licenciement pour faute d'un salarié est dépourvu de cause réelle et sérieuse ne peut, sans violer ces dispositions, limiter le montant des indemnités qui lui sont allouées.

Cass. soc. 25 mars 2010, n° 08-42.676, BC V n° 75.

• Appréciation de l'ancienneté

L'ancienneté est appréciée au regard des dispositions de la convention collective...

Les dispositions d'une convention collective, énonçant que l'indemnité de licenciement s'établit en considération des années d'ancienneté, n'impliquent pas qu'il soit tenu compte des seules années entières accomplies.

Cass. soc. 16 mars 1994, n° 88-40.915, BC V n° 94. Voir aussi cass. soc. 22 février 2006, n° 03-47.649, BC V n° 80.

Selon l'article 13 de la convention collective du personnel des sociétés de crédit immobilier du 10 février 1966, il est alloué au personnel « collaborateurs, maîtrise et cadres », licencié avant 65 ans, sauf en cas de faute grave, une indemnité de licenciement dont le montant, calculé en fonction du nombre d'années d'ancienneté ininterrompue au service de la société, s'établit comme suit :
– moins de deux ans : pas d'indemnité ;
– de deux à cinq ans : 1/10 de mois par année de service ;
– de cinq à dix ans : 5/20 de mois par année de service ;
– au-delà de la dixième année : un mois par année de service, sans que le montant de l'indemnité attribuée puisse excéder vingt-quatre mois de traitement.

Il en résulte que cette indemnité doit être calculée par tranches d'ancienneté.

Doit donc être cassé l'arrêt qui, pour fixer le montant de l'indemnité allouée à une salariée licenciée ayant plus de dix ans d'ancienneté, a retenu qu'elle devait être calculée par seuils d'ancienneté et non par tranches.

Cass. ass. plén. 6 juin 1997, n° 94-42.527, BC n° 7.

Aux termes de l'article 18 de la convention collective nationale de travail des caves coopératives vinicoles et de leurs unions, l'indemnité de licenciement des cadres ayant au moins trois ans d'ancienneté dans la coopérative est égale à un mois de traitement augmenté d'un tiers de mois par année au-delà de trois ans. Il résulte de ce texte qu'après trois ans de présence, le cadre reçoit une indemnité égale à un mois de traitement, à laquelle s'ajoute un tiers de mois pour chaque année supplémentaire.

Doit donc être cassé l'arrêt qui, pour accorder à un salarié, engagé le 1er mai 1972 et licencié le 12 novembre 1989, une indemnité de licenciement correspondant à 20,60 mois, a énoncé qu'en application de ce texte, il avait droit à une indemnité égale à un mois de traitement après trois ans et un mois 1/3 pour chacune des années suivantes.

Cass. soc. 6 mai 1998, n° 95-40.968, BC V n° 233.

L'article 20 de la convention collective nationale des employés, techniciens et agents de maîtrise (ETAM) du bâtiment fixant l'indemnité conventionnelle de licenciement d'un ETAM ayant 60 ans dont l'ancienneté est comprise entre cinq et quinze ans, dans une entreprise cotisant au régime obligatoire et à un régime supplémentaire pour un taux de cotisations au moins égal à 8 %, à « 80/100 de mois de salaire plus 16/100 de mois de salaire par an au-dessus de cinq ans », il en résulte que le premier élément de cette somme est fixe et indépendant de l'ancienneté acquise par le salarié, seul son second terme faisant l'objet d'une majoration proportionnelle à l'ancienneté que ce dernier a acquise dans l'entreprise au-dessus de cinq ans.

Cass. soc. 17 octobre 2007, n° 06-44.710, BC V n° 159.

Selon le barème fixé par l'article 15 de la convention collective des ingénieurs et cadres du bâtiment, l'indemnité de licenciement, calculée en fonction de la rémunération mensuelle moyenne du salarié, est égale, pour une ancienneté dans l'entreprise de cinq à dix ans, à un mois et 20 % de mois par an au-dessus de cinq ans de présence et pour une ancienneté dans l'entreprise au-delà de dix ans, à deux mois plus 50 % de mois par an au-dessus de dix ans de présence ; il en résulte que le calcul de l'indemnité doit se faire par tranches et non par seuils.

En retenant pour le calcul de l'indemnité de licenciement qu'il y avait lieu d'appliquer successivement à chaque tranche d'ancienneté le taux correspondant, une cour d'appel a fait une exacte application du texte susvisé.

Cass. soc. 22 octobre 2008, n° 07-41.792, pourvoi de l'employeur, BC V n° 200.

… et de la catégorie à laquelle le salarié appartient.

Sauf dispositions contraires, l'indemnité conventionnelle de licenciement due au salarié est celle prévue pour la catégorie à laquelle il appartient au moment de la rupture en prenant en compte la totalité de son ancienneté.

Dès lors, doit être cassé l'arrêt qui, pour débouter un salarié de ses demandes tendant à un complément d'indemnité conventionnelle de licenciement, a énoncé que la convention collective applicable présentait une certaine ambiguïté dans la mesure où elle pouvait être interprétée de deux façons, l'ancienneté à prendre en compte pour le calcul de l'indemnité pouvant s'entendre soit de l'ancienneté totale dans l'entreprise, soit de la seule ancienneté acquise en qualité de cadre et que, par conséquent, l'indemnité devait être calculée suivant le barème propre à chaque catégorie, alors qu'il convenait de prendre en compte la catégorie à laquelle le salarié appartenait lors de la rupture du contrat, à savoir celle de cadre, et l'ancienneté acquise en totalité dans l'entreprise tant dans la position de cadre que dans une autre catégorie.

Cass. soc. 17 juillet 1996, n° 93-43.492, BC V n° 291. Voir aussi cass. soc. 22 septembre 2010, n° 08-45.472, pourvoi principal ; cass. soc. 28 mai 2013, n° 12-14.083.

• Impossibilité pour le juge de réduire l'indemnité conventionnelle de licenciement

L'indemnité conventionnelle de licenciement ne s'analyse pas en une clause pénale…

L'article 58 de la convention collective des banques prévoyant une indemnité de licenciement égale à deux ans de salaire, le juge ne peut exercer le pouvoir modérateur de l'article 1152 c. civ., l'indemnité étant prévue par la convention collective.

Cass. soc. 22 février 1995, n° 93-44.268, BC V n° 65.

… même si l'application de la convention collective résulte d'une clause du contrat de travail.

Lorsque les parties contractantes conviennent de l'application au contrat de travail d'une convention collective autre que celle applicable de droit, l'indemnité de licenciement prévue par ladite convention collective revêt la nature d'une indemnité conventionnelle non susceptible d'être réduite par le juge.

Après avoir relevé que le contrat de travail de la directrice d'une mutuelle, régi par la convention collective de la mutualité, prévoyait l'application à cette dernière de la convention collective des cadres de direction des sociétés d'assurances, c'est à bon droit qu'une cour d'appel a décidé de lui allouer l'indemnité de licenciement prévue par cette convention.

Cass. soc. 9 novembre 2011, n° 09-43.528, BC V n° 253.

Indemnité contractuelle

L'indemnité de licenciement contractuellement prévue s'analyse en une clause pénale.

Lorsqu'elle est prévue par le contrat de travail, l'indemnité de licenciement a le caractère d'une clause pénale et peut être réduite par le juge si elle présente un caractère manifestement excessif.

Cass. soc. 17 mars 1998, n° 95-43.411, BC V n° 142. Voir aussi cass. soc. 18 novembre 2009, n° 08-42.830 ; cass. soc. 4 février 2014, n° 12-14.782, 1er moyen.

Un salarié a été engagé aux termes d'un contrat de travail précisant que « la convention collective des industries des métaux n'est pas applicable au présent contrat en vertu de l'article 1, 6° » et stipulant en son article 9 que « tout licenciement non motivé par une faute professionnelle grave et notamment en cas de fermeture de l'établissement… donnera lieu au versement d'une indemnité de licenciement calculée selon la convention collective précitée ».

Ayant relevé que l'indemnité litigieuse résultait d'une clause contractuelle prévoyant uniquement son mode de calcul par référence à la convention collective applicable à la relation de travail, que cette convention était par ailleurs expressément écartée par le contrat de travail, ce qui excluait tout engagement unilatéral de l'employeur, et ayant retenu que cette clause ne profitait qu'au salarié et limitait la liberté de licenciement, une cour d'appel a pu décider qu'il s'agissait d'une clause pénale et en limiter le montant à une certaine somme.

Cass. soc. 12 janvier 2005, n° 02-42.722.

Le juge peut modérer son montant s'il relève en quoi celui-ci est manifestement excessif.

D'une part, il n'est pas interdit aux parties d'adopter une disposition plus favorable au salarié que celle de la loi en matière d'indemnité de licenciement et la clause qui autorise le versement d'une indemnité de licenciement en cas de faute grave ou lourde ne fait pas obstacle au droit de licenciement reconnu à l'employeur.

D'autre part, si le juge peut modérer le montant de l'indemnité de licenciement convenu entre les parties, c'est à la condition de relever en quoi son montant est manifestement excessif et que la somme allouée ne soit pas inférieure à l'indemnité prévue par la loi ou la convention collective.

C'est à tort que, pour réduire à dix mois de salaire une indemnité contractuelle de licenciement, une cour d'appel a retenu que la clause du contrat de travail était sans justification en ce qu'elle prévoyait le versement de l'indemnité même en cas de faute grave ou lourde et que son montant, correspondant à vingt-six mois de salaire, fixé par le contrat de travail était excessif compte tenu de la situation du salarié au moment de la conclusion du contrat, sans préciser les circonstances d'où résultait le caractère manifestement excessif de la peine convenue et sans rechercher si l'indemnité conventionnelle de licenciement n'était pas supérieure à la somme accordée.

Cass. soc. 1er avril 2003, n° 01-40.646.

Ainsi, lorsque le contrat de travail se réfère, pour le calcul de l'indemnité de licenciement qu'il prévoit, aux modalités de calcul fixées par l'accord d'entreprise pour l'indemnité conventionnelle, et que l'indemnité, conservant son caractère contractuel, s'analyse en une clause pénale, le juge, saisi d'une demande de réduction de cette indemnité, doit vérifier si elle présente ou non un caractère manifestement excessif.

L'indemnité de licenciement, lorsqu'elle est prévue par le contrat de travail, a le caractère d'une clause pénale et peut être réduite par le juge si elle présente un caractère manifestement excessif.

Pour condamner un employeur, qui en demandait la réduction par application de l'article 1152 c. civ., au paiement d'une somme à titre d'indemnité « conventionnelle » de licenciement, une cour d'appel a retenu que la reprise d'ancienneté qui avait été accordée au salarié lors de son engagement n'avait pas eu pour effet de transformer l'indemnité conventionnelle en une indemnité de nature contractuelle et qu'il n'y avait, dès lors, aucun obstacle juridique à ce que le salarié fasse valoir un accord d'entreprise de nature collectif expressément visé dans son contrat de travail, dans la mesure où il s'avérait plus favorable pour lui, conformément au droit positif applicable.

En statuant ainsi, alors qu'elle constatait que le contrat de travail se référait, non pas à l'application globale de l'accord d'entreprise, mais seulement à la base de calcul de l'indemnité conventionnelle prévue par cet accord, de sorte qu'il lui appartenait de vérifier si l'indemnité contractuelle de licenciement ainsi stipulée présentait un caractère manifestement excessif, la cour d'appel a violé les articles 1134 et 1152 c. civ.

Cass. soc. 16 mars 2016, n° 14-23.861, 3e moyen, BC V n° 49.

Le juge ne peut en prononcer l'annulation sans caractériser en quoi elle était de nature à faire échec au droit de licenciement reconnu à l'employeur.

Pour déclarer nulle une clause prévoyant le versement d'une indemnité contractuelle, une cour d'appel a retenu que cette indemnité, stipulée au profit d'un salarié quelles que soient son ancienneté et la cause du licenciement, s'ajoutant à l'indemnité conventionnelle de licenciement, était très élevée, qu'elle annihilait le droit de l'employeur de rompre unilatéralement le contrat de travail et portait ainsi une atteinte excessive et injustifiée à la liberté du travail.

En statuant ainsi, sans caractériser en quoi cette indemnité contractuelle, qu'elle avait le pouvoir de réduire, même d'office, si elle présentait un caractère manifestement excessif, était de nature à faire échec au droit de licenciement reconnu à l'employeur, la cour d'appel a violé les articles 1134 et 1152 c. civ.

Cass. soc. 5 mars 2014, n° 12-23.106, BC V n° 68.

Cette indemnité se cumule avec l'indemnité pour licenciement sans cause réelle et sérieuse.

Lorsque les parties sont convenues que le salarié percevra, en cas de rupture du contrat de travail, une indemnité contractuelle, celle-ci se cumule avec l'indemnité pour licenciement sans cause réelle et sérieuse.

Un salarié dont le contrat de travail comportait une clause prévoyant qu'en cas de licenciement, quel qu'en soit le motif, il percevrait une indemnité égale à dix-huit mois de salaire, avait été licencié. Il a saisi la juridiction prud'homale d'une demande de dommages-intérêts pour licenciement sans cause réelle et sérieuse.

Doit être cassé l'arrêt qui, pour débouter ce salarié de sa demande, a énoncé que l'indemnité contractuelle de licenciement indemnisait également l'absence de cause réelle et sérieuse, les dommages-intérêts s'appréciant en fonction du préjudice subi, par application de l'article L. 122-14-5 CT.

Cass. soc. 28 février 2006, n° 04-48.280, BC V n° 88.

Indemnité de licenciement prévue par le règlement intérieur

Lorsque le montant de l'indemnité de licenciement est fixé par le règlement intérieur de l'entreprise, il s'agit d'un engagement unilatéral de l'employeur.

Ayant constaté que le montant de l'indemnité de licenciement ne résultait pas d'une clause contractuelle, mais était fixé par le règlement intérieur de l'entreprise, ce dont il résultait qu'il s'agissait d'un engagement unilatéral de l'employeur envers les salariés, une cour d'appel, qui a fait ressortir que cet engagement n'avait pas été dénoncé lors du licenciement, a pu condamner l'employeur à payer au salarié cette indemnité.

Cass. soc. 26 mai 1999, n° 96-43.614, BC V n° 236.

☛ *Clause pénale ; Travail à temps partiel.*

Indemnité pour licenciement irrégulier

☛ *Licenciement irrégulier (Sanctions).*

Indemnité pour licenciement sans cause réelle et sérieuse

☛ *Licenciement sans cause réelle et sérieuse (Sanctions).*

Indemnité de précarité/ Indemnité de fin de contrat

☛ *Contrat à durée déterminée (Indemnité de précarité/ Indemnité de fin de contrat).*

Indexation des salaires/ Échelle mobile des salaires

L'indexation des salaires consiste à conditionner l'augmentation du salaire par rapport à un indice extérieur.

Les salaires ne peuvent être indexés ni sur le niveau général des prix et autres indices généraux, ni sur le salaire minimum interprofessionnel de croissance.

Les clauses d'indexation sont prohibées

L'interdiction joue, quelle que soit la source de la clause d'indexation.

Doit être cassé l'arrêt accueillant une demande en rappel de salaire en se fondant sur un usage institué dans l'entreprise, prévoyant une augmentation des salaires basée sur la moyenne des indices nationaux INSEE/CGT. En effet, l'article 79 de l'ordonnance de 1958 interdit toutes clauses, sauf lorsqu'elles concernent des dettes d'aliments, prévoyant des indexations fondées sur le salaire minimum interprofessionnel, sur le niveau général des prix ou sur les prix de biens, produits ou services n'ayant pas de relation directe avec l'objet du statut ou la convention, ou avec l'activité de l'une des parties. En l'espèce, l'indexation étant prohibée par la loi, la convention prévoyant le contraire était nulle.

Cass. soc. 2 mars 1977, n° 75-40.669, 2e moyen, BC V n° 159.

Il est interdit d'indexer les salaires sur l'indice INSEE, même partiellement,…

Il résulte des dispositions combinées des articles L. 112-2 c. mon. et fin. et L. 3231-[3] CT que sont interdites dans les conventions ou accords collectifs de travail toutes clauses prévoyant des indexations fondées sur le salaire minimum de croissance ou par référence à ce dernier, sur le niveau général des prix ou des salaires, ou sur le prix des biens produits ou services n'ayant pas de relation directe avec l'objet du statut ou de la convention ou avec l'activité de l'une des parties ; de telles clauses sont frappées d'une nullité d'ordre public.

Ayant relevé que la convention collective d'une UES prévoyait des augmentations générales résultant de l'évolution du point Arkade et que l'évolution de ce point était en corrélation avec la croissance moyenne de l'indice INSEE, une cour d'appel en a exactement déduit que, même si ce dispositif était conditionné par l'existence d'une marge nette de financement du développement de l'UES, la référence à l'évolution de la valeur de l'indice INSEE, même partielle, n'en constituait pas moins une clause d'indexation automatique prohibée.

Cass. soc. 5 octobre 2017, n° 15-20.390, 2e moyen, BC V n° 175.

… sur le taux de l'inflation…

Une cour d'appel a exactement décidé qu'une clause d'indexation automatique du salaire sur le taux d'inflation est illicite, conformément à l'article 79 de l'ordonnance du 30 décembre 1958, modifié par l'ordonnance du 4 février 1959 et codifié à l'article L. 112-2 du c. mon. et fin.

Cass. soc. 13 décembre 2006, n° 05-44.073.

… ou sur le SMIC.

Le salarié, dont le contrat de travail prévoit que sa rémunération est égale au SMIC plus 7 %, ne peut se prévaloir des augmentations du SMIC à l'appui d'une demande en rappel de salaire.

Doit être cassé le jugement ayant accueilli une telle demande au motif que la prohibition posée par l'ordonnance de 1958 ne concerne pas les clauses contractuelles de ce type, alors que ce texte interdit à l'employeur de consentir par avance une révision automatique du salaire basée sur le SMIC.

Cass. soc. 18 mars 1992, n° 88-43.434, BC V n° 188.

Est nulle la clause selon laquelle la rémunération du salarié est constituée pour partie « d'un salaire fixe mensuel égal au SMIC ».

Cass. soc. 8 mars 2007, n° 05-44.261.

En insérant délibérément une clause d'indexation prohibée dans le contrat d'un salarié, puis en refusant à ce salarié toute augmentation, l'employeur commet une faute ouvrant droit à réparation.

Ayant constaté, d'une part, qu'un employeur avait inséré dans le contrat de travail de son salarié une clause d'indexation qu'il savait inopérante puisque illicite et que cette clause avait amené le salarié à s'engager et, d'autre part, que l'employeur lui avait par la suite refusé toute augmentation, une cour d'appel a pu en déduire que cet employeur avait commis une faute, et le condamner au paiement de dommages et intérêts en réparation du préjudice subi par le salarié.

Cass. soc. 14 mai 1987, n° 84-43.421.

L'interdiction est toutefois limitée

Les clauses prévoyant le réajustement des salaires en fonction d'un indice insusceptible de variation et dépendant d'une négociation des parties sont valables.

Un protocole d'accord du 2 juillet 1982 prévoyait une revalorisation des salaires pour l'année 1982 en fonction de l'indice INSEE de juillet 1981 à juillet 1982, augmentée de 0,7 %.

Doit être cassé le jugement prud'homal qui, pour débouter un salarié de sa demande en rappel de salaire, a énoncé que ce protocole d'accord contenait une clause d'indexation sur le niveau général des prix et des salaires, alors qu'à la date de l'accord, cet indice n'était plus susceptible de variation et que le réajustement des salaires par rapport à l'évolution générale des prix provenait directement de la négociation des parties et non d'une révision automatique convenue d'avance.

Cass. soc. 30 avril 1985, n° 84-40.450, 2e moyen, BC V n° 267.

Indiscrétions

Le salarié étant tenu envers son employeur à une obligation de discrétion, la communication d'informations concernant l'entreprise à des tiers ou à des collègues peut constituer une faute justifiant un licenciement.

Circonstances dans lesquelles les indiscrétions du salarié ont été qualifiées de faute grave

Les indiscrétions réitérées commises par un salarié justifient un licenciement pour faute grave si elles ont des conséquences préjudiciables pour l'entreprise.

Après avoir retenu qu'un salarié avait, en violation de ses obligations contractuelles, volontairement transmis à des personnes extérieures à l'entreprise, en utilisant le réseau professionnel interne et une liste de diffusion personnelle, une succession de courriers électroniques contenant des informations confidentielles, concernant les relations de la société avec l'un de ses clients, susceptibles de nuire à la réputation de celle-ci, une cour d'appel a pu décider que ce manquement, qui rendait impossible le maintien du salarié dans l'entreprise, constituait une faute grave.

Cass. soc. 17 mars 2010, n° 08-45.519, 1er moyen.

La révélation par un salarié d'informations économiques et financières confidentielles contenues dans le procès-verbal du comité d'entreprise à un tiers justifie son licenciement pour faute grave.

Ayant retenu qu'un salarié avait abandonné son poste de travail pour effectuer une course à pied dans les rues de la ville où la société dans laquelle il travaillait était établie, avec un dossard mentionnant « non aux licenciements », qu'il avait pris soin, préalablement à sa manifestation, de convoquer des organes de presse concurrents ainsi que la radio et la télévision et qu'à cette occasion, il avait divulgué à l'un des journalistes des éléments économiques et financiers consignés dans le procès-verbal du comité d'entreprise et revêtant un caractère confidentiel, une cour d'appel a pu décider que le comportement du salarié rendait impossible son maintien dans l'entreprise pendant la durée du préavis et constituait une faute grave.

Cass. soc. 5 mars 1997, n° 95-43.195.

Il en est de même de la transmission injustifiée de documents sociaux à des tiers…

Commet une faute grave la salariée qui, à l'occasion d'un recours devant le conseil de prud'hommes visant à contester la modification de son contrat de travail, produit, à l'insu de son employeur, des photocopies de documents sociaux étrangers aux besoins de la procédure.

Cass. soc. 20 juin 1990, n° 87-42.159, 2e moyen, BC V n° 307. Voir aussi cass. soc. 19 mars 2008, n° 06-45.434, 1er moyen.

… ou encore de leur diffusion par un salarié lors d'un débat public auquel il participait à titre privé.

Si un fait relevant de la vie privée du salarié ne peut pas constituer une faute, tel n'est pas le cas d'un manquement à son obligation de discrétion commis à l'occasion d'un débat public.

Après avoir relevé que le directeur adjoint d'une société avait diffusé des documents à l'en-tête de cette dernière lors d'un café-débat auquel il participait à titre privé alors qu'il était tenu à une obligation contractuelle de réserve et de discrétion relative aux informations, études et décisions dont il avait connaissance à l'occasion de l'exercice de ses fonctions, une cour d'appel a pu considérer que l'ensemble de ces faits étaient constitutifs d'une faute grave justifiant la rupture immédiate du contrat de travail.

Cass. soc. 2 mars 2011, n° 09-68.890.

La production de documents confidentiels dans le cadre d'un différend disciplinaire peut constituer une faute grave.

A commis une faute grave la salariée, astreinte, par l'exercice de sa profession, au secret professionnel, ayant produit des documents médicaux d'une cliente dans le cadre d'un différend disciplinaire, sans que cette production ne soit justifiée par les besoins de sa défense.

Cass. soc. 28 avril 2000, n° 97-45.905.

La communication à l'intérieur de l'entreprise de documents confidentiels par un salarié expressément tenu à une obligation de discrétion constitue une faute grave.

Ayant notamment relevé que la salariée, qui était expressément tenue à une obligation de discrétion, avait divulgué à l'intérieur de l'entreprise la teneur de documents confidentiels, une cour d'appel a pu décider que le comportement de l'intéressée était de nature à rendre impossible son maintien dans l'entreprise pendant la durée du préavis.

Cass. soc. 6 juillet 1999, n° 97-42.254. Voir aussi cass. soc. 30 septembre 2003, n° 01-44.998, s'agissant d'un salarié ayant communiqué au comité d'entreprise des informations confidentielles de nature à inquiéter les salariés et à déstabiliser l'entreprise.

Circonstances insuffisantes à justifier un licenciement

L'indiscrétion ne peut être invoquée à l'appui du licenciement si elle a été involontaire et sans conséquence pour l'entreprise…

En vertu de son pouvoir souverain d'appréciation, une cour d'appel a pu décider que le licenciement d'une secrétaire ayant remis à un ancien salarié, travaillant pour une société concurrente, du courrier qui lui était adressé était dépourvu de cause réelle et sérieuse, dès lors qu'il n'était pas établi que la salariée ait participé à des détournements de documents commerciaux, ni qu'elle ait commis des indiscrétions nuisibles à la société en remettant à un ancien salarié du courrier personnel.

Cass. soc. 6 février 1990, n° 86-42.905. Voir aussi cass. soc. 20 octobre 1999, n° 97-43.386, pour une indiscrétion interne à l'entreprise et sans conséquence de la part d'un salarié ayant 30 ans d'ancienneté ; cass. soc. 6 février 2008, n° 06-45.532, s'agissant d'informations divulguées par un salarié qui n'avait pas été informé de leur caractère confidentiel.

… ou si elle a présenté un caractère isolé.

Une cour d'appel a pu souverainement décider que ne procédait pas d'une cause réelle et sérieuse le licenciement d'une salariée, secrétaire de direction, qui s'était bornée, sans divulguer aucun secret, à rapporter à l'une de ses collègues des faits révélant la tension qui existait entre l'ancien et le nouveau dirigeant de l'entreprise.

En dehors de cet unique manquement, l'intéressée, ancienne dans l'entreprise, avait toujours été appréciée pour sa compétence et sa discrétion.

Cass. soc. 18 juin 1996, n° 94-43.749, 2e moyen.

Injures/Insultes

Le fait pour un salarié de tenir des propos injurieux et déplacés, au cours du travail, constitue un motif de licenciement.

Les injures et insultes du salarié constituent, le plus souvent, une faute grave

Les insultes du salarié à l'encontre de son supérieur justifient son licenciement pour faute grave…

Ayant relevé que les menaces proférées par un salarié au temps et au lieu du travail à l'encontre de son supérieur hiérarchique faisaient courir un risque à l'entreprise et que les faits allégués par lui (non-respect de la convention collective applicable) ne pouvaient légitimer la violence de ses propos, une cour d'appel a pu décider que le maintien des relations de travail pendant la période du préavis était impossible et que le comportement du salarié caractérisait la faute grave.

Cass. soc. 5 mai 1998, n° 96-41.348. Voir aussi cass. soc. 1er décembre 1999, n° 97-43.385.

Ayant relevé que l'employeur rapportait la preuve de ce que le salarié avait, au cours d'une altercation avec son directeur de magasin, hurlé et proféré des injures à son encontre en présence des autres salariés et de la clientèle, une cour d'appel a pu décider que ces faits étaient constitutifs d'une faute grave et justifiaient la rupture immédiate du contrat de travail.

Cass. soc. 10 mars 1999, n° 97-40.079. Voir aussi cass. soc. 7 mars 2000, n° 98-40.232 ; cass. soc. 25 septembre 2012, n° 11-14.003.

… notamment si elles perturbent le bon fonctionnement de l'entreprise.

Ayant relevé qu'un salarié avait eu un comportement insultant et agressif envers le directeur technique d'une association et que celle-ci, chargée de la réinsertion professionnelle des personnes en grande difficulté, ne pouvait tolérer un tel comportement sans compromettre le déroulement et le succès des programmes de réinsertion, une cour d'appel a pu décider que l'absence d'intention de nuire ne suffisant pas à exclure la faute grave, le comportement du salarié était de nature à rendre impossible son maintien dans l'entreprise pendant la durée du préavis et constituait une faute grave.

Cass. soc. 9 juin 1998, n° 95-44.220. Voir aussi cass. soc. 20 janvier 2010, n° 08-41.004, 1er moyen ; cass. soc. 22 janvier 2014, n° 12-26.206.

Une faute grave peut être retenue à l'encontre d'un salarié qui a injurié d'autres salariés.

Après avoir relevé qu'un salarié avait proféré des insultes et des menaces à l'encontre d'un collègue de travail, en présence d'autres membres du personnel et de clients, a retenu que de tels agissements, malgré l'ancienneté du salarié, rendaient impossible par leur violence et leur caractère public son maintien dans l'entreprise pendant la durée du préavis et constituaient une faute grave.

Cass. soc. 2 juillet 2003, n° 01-43.786.

Un conducteur routier, exerçant les fonctions de responsable de plate-forme, a été licencié pour faute grave le 11 mai 2006 en raison de « ses agissements répétés, insultes y compris racistes, d'injures et de menaces sur ses subordonnés ou collègues de travail, la dégradation manifeste des conditions de travail de ses collègues et de l'atteinte aux droits à la dignité et à la santé mentale de ces derniers ».

Pour écarter la faute grave, une cour d'appel a notamment retenu que seuls les faits d'insultes et d'incorrection à l'égard d'un de ses subordonnés étaient établis et que leurs conséquences sur l'état de santé de ce salarié avaient été d'autant plus manifestes que celui-ci était fragile.

En statuant ainsi, alors que les injures à l'égard d'un subordonné de santé fragile étaient de nature à rendre impossible le maintien du salarié dans l'entreprise et constituaient une faute grave, la cour d'appel a violé les articles L. 1234-1, L. 1234-5 et L. 1234-9 CT.

Cass. soc. 19 janvier 2010, n° 08-42.260.

L'attitude de dénigrement et les humiliations réitérées d'un directeur envers ses subordonnés constituent une faute grave.

Un salarié ayant 23 ans d'ancienneté et occupant en dernier lieu un poste de directeur d'agence a été licencié pour faute grave, l'employeur lui reprochant, notamment, d'avoir dans la direction de l'agence un comportement excessif, autoritaire, vexatoire, humiliant, voire insultant, à l'égard de certains collaborateurs.

Après avoir constaté la réalité des faits avancés par l'employeur et leur caractère persistant, et avoir justement retenu que le souci de rigueur et d'autorité qui s'impose à tout responsable de service ne pouvait autoriser le dénigrement ou l'humiliation envers ses subordonnés, une cour d'appel a pu estimer que le comportement du salarié ne pouvait être excusé par son ancienneté ou ses résultats et que sa gravité et sa persistance d'ores et déjà constatées ne permettant pas d'exclure sa réitération durant le préavis, il était constitutif d'une faute grave.

Cass. soc. 28 juin 2006, n° 05-40.990, 1er moyen, BC V n° 231.

Injurier un client constitue une faute grave.

Les juges, ayant relevé qu'un salarié avait tenu des propos injurieux envers un client de son employeur, ont pu valablement décider qu'un tel comportement rendait impossible le maintien du salarié dans l'entreprise pendant la durée du préavis.

Cass. soc. 18 juillet 1996, n° 94-41.223, 1er moyen. Voir aussi cass. soc. 6 novembre 2013, n° 12-24.595.

Le caractère réitéré des injures permet également de retenir la faute grave.

Constitue une faute grave le fait pour un salarié d'avoir réitéré des injures à l'encontre du représentant de son employeur. En effet, ces injures, qui faisaient suite à un avertissement pour des faits identiques, rendaient impossible le maintien du salarié dans l'entreprise.

Cass. soc. 19 mai 1993, n° 89-43.698, 2e moyen. Voir aussi cass. soc. 5 juin 2001, n° 99-40.708, s'agissant d'une secrétaire administrative qui avait eu un comportement agressif et injurieux tant à l'égard de ses supérieurs hiérarchiques que de ses collègues de travail et des clients, comportement qui était la réitération de faits similaires déjà sanctionnés ; cass. soc. 19 janvier 2017, n° 15-24.603.

Le fait de tenir des propos antisémites via la messagerie professionnelle constitue nécessairement une faute grave.

Une société ayant mis à la disposition de ses salariés une messagerie électronique comportant, avant le sigle @, le nom de chaque salarié et, après ce sigle, le nom de la société a été contactée par une personne qui avait reçu un courriel contenant des injures et des menaces antisémites de la part d'un individu dont l'adresse électronique était le nom d'un salarié, suivi du sigle @ et du nom de la société. Cette dernière a licencié le salarié nommément désigné pour faute grave, lequel a saisi la juridiction prud'homale aux fins de contester ce licenciement.

C'est à tort que, pour décider que l'intéressé n'avait pas commis de faute grave en envoyant le courriel incriminé, une cour d'appel, après avoir énoncé à bon droit qu'il s'agissait d'une violation des obligations découlant de son contrat et des relations de travail, a énoncé qu'il n'était pas établi que ce courriel avait été envoyé dans le cadre de ses fonctions, qu'il n'avait pas commis de manquement antérieur et qu'il n'était pas justifié de répercussions prévisibles du comportement de ce dernier sur la marche de l'entreprise.

En effet, le fait pour un salarié d'utiliser la messagerie électronique que l'employeur met à sa disposition pour émettre, dans des conditions permettant d'identifier l'employeur, un courriel contenant des propos antisémites est nécessairement constitutif d'une faute grave rendant impossible le maintien du salarié dans l'entreprise pendant la durée du préavis.

Cass. soc. 2 juin 2004, n° 03-45.269, BC V n° 152.

Le fait de tenir des propos racistes à l'encontre de ses collègues présente nécessairement un caractère fautif.

Un salarié, employé en qualité de chef de cuisine, avait été licencié pour faute lourde, l'employeur lui reprochant notamment d'avoir traité de « négro » d'autres membres du personnel qui lui étaient subordonnés et d'avoir inscrit des mentions à connotation sexuelle sur des fiches d'autres membres du personnel.

C'est à tort qu'une cour d'appel a écarté la qualification de faute lourde et décidé que ces faits, dont la réalité n'était pas contestée, étaient simplement « déplacés, voire de mauvais goût » et ne pouvaient être qualifiés de comportement fautif constituant un motif réel et sérieux de licenciement, alors que de tels faits, s'ils n'étaient pas constitutifs d'une faute lourde en l'absence d'intention de nuire à l'employeur, avaient nécessairement un caractère fautif.

Cass. soc. 2 juin 2004, n° 02-44.904, BC V n° 150. Voir aussi cass. soc. 11 février 2009, n° 04-47.783 ; cass. soc. 5 décembre 2018, n° 17-14.594.

Certaines circonstances peuvent atténuer la gravité de la faute

Le juge doit examiner les circonstances dans lesquelles les propos injurieux ont été tenus.

C'est à tort que, pour dire établie une faute grave, une cour d'appel a relevé qu'une salariée avait tourné en dérision une fouille de vestiaire ordonnée par l'employeur et avait insulté les supérieurs hiérarchiques y ayant procédé, et a retenu qu'il n'y avait pas lieu de rechercher si cette fouille était légale ou non, sans rechercher si les circonstances dans lesquelles les propos avaient été tenus étaient de nature à exercer une influence sur la qualification de la faute.

Cass. soc. 19 janvier 2005, n° 02-46.427.

Le milieu professionnel au sein duquel le salarié exerce son activité peut constituer une circonstance atténuante.

Dès lors que les propos tenus par une salariée s'inscrivaient dans un milieu professionnel où la familiarité et la plaisanterie facile étaient coutumières et qu'il n'était pas établi que l'autorité de la salariée sur ses subordonnées en ait été affectée, la faute grave n'était pas constituée et le licenciement ne procédait pas d'une cause réelle et sérieuse.

Cass. soc. 8 octobre 1992, n° 91-43.526.

Il en est de même du climat général de l'entreprise et des conditions de travail…

Le comportement injurieux d'une salariée étant en partie excusable en raison des conditions de travail et du climat général de l'entreprise, la faute grave n'était pas caractérisée.

Cass. soc. 30 juin 1993, n° 91-45.496. Voir aussi cass. soc. 30 novembre 1994, n° 93-42.374, 1er moyen, s'agissant d'excès de langage d'un salarié faisant suite à un désaccord avec l'employeur sur les conditions de travail.

Après avoir constaté qu'un salarié, qui comptait vingt ans d'ancienneté dans l'entreprise, avait tenu, au cours de la réunion d'un comité d'entreprise, des propos injurieux à l'encontre du directeur des ressources humaines dans un contexte de vive tension opposant les représentants du personnel et la direction, une cour d'appel a pu en déduire que ce comportement ne rendait pas impossible le maintien du salarié dans l'entreprise, et ne constituait pas une faute grave.

Cass. soc. 27 février 2013, n° 11-27.474, 3e moyen.

… ou encore du contexte litigieux existant entre le salarié et son employeur.

Après avoir retenu que les propos tenus par un salarié devaient être replacés dans le contexte du litige qui l'opposait à l'employeur et que l'intéressé, qui bénéficiait d'une ancienneté importante et dont le comportement n'avait pas précédemment donné lieu à critique, avait pu perdre la maîtrise des termes employés dans le cadre des discussions concernant le changement de poste de travail que l'employeur voulait lui imposer en méconnaissance des dispositions conventionnelles, une cour d'appel a pu en déduire que la faute grave n'était pas caractérisée et, exerçant les pouvoirs qu'elle tient de l'article L. 1235-1 CT, et décider que le licenciement était sans cause réelle et sérieuse.

Cass. soc. 30 novembre 2010, n° 08-43.499, BC V n° 273.

Il a été jugé que les propos incorrects tenus par un salarié à la suite d'une remarque injustifiée de son employeur ne justifiaient pas son licenciement…

Victime d'une animosité permanente et sans fondement de certains cadres, un salarié avait tenu des propos incorrects à l'un d'entre eux à la suite d'une remarque injustifiée de son supérieur hiérarchique. Le comportement du salarié ne rendait pas impossible son maintien dans l'entreprise pendant la durée du préavis.

En outre, les juges d'appel ont souverainement décidé que son licenciement ne procédait pas d'une cause réelle et sérieuse.

Cass. soc. 18 octobre 1994, n° 93-40.050. Voir aussi cass. soc. 23 mars 2011, n° 09-72.319, 1er et 2e moyens réunis.

… il en est de même des insultes et menaces proférées par un salarié à l'encontre de son employeur en réponse au comportement agressif et blessant de ce dernier à son égard…

Cass. soc. 6 mai 2009, n° 08-40.048.

… ou des menaces physiques à l'encontre d'un supérieur hiérarchique formulées par un salarié en dehors des heures de service et constituant un fait isolé.

Ayant relevé que les menaces physiques à l'encontre d'un supérieur hiérarchique formulées par un salarié en dehors des heures de service constituaient un fait isolé lié aux circonstances de la dispute, une cour d'appel a pu décider que le comportement de ce salarié, qui bénéficiait d'une longue ancienneté sans qu'aucune observation ne lui ait été adressée jusqu'alors, ne constituait pas une faute grave et que son licenciement ne procédait pas d'une cause réelle et sérieuse.

Cass. soc. 19 avril 2000, n° 98-42.915.

Les injures et insultes sont susceptibles de constituer une faute lourde

Il en est ainsi si elles traduisent une intention de nuire du salarié et en présence de circonstances aggravantes.

Une cour d'appel, qui a relevé qu'un salarié avait grossièrement insulté le gérant de la société et que seule l'intervention d'un tiers avait permis d'éviter qu'il ne se livre à des voies de fait sur la personne du gérant, a ainsi fait ressortir l'intention du salarié de nuire à l'employeur et a pu décider qu'il avait commis une faute lourde.

Cass. soc. 15 octobre 1996, n° 93-41.983.

Au cours d'un congrès professionnel, un VRP avait tenu des propos gravement injurieux à l'égard du directeur général de la société, dénigré les produits de la société et approuvé bruyamment une proposition de boycott de ces produits présentée par des tiers. De tels faits, qui caractérisaient une intention de nuire, justifiaient le licenciement du salarié pour faute lourde.

Cass. soc. 27 mai 1992, n° 88-42.382, 2e moyen.

☛ *Droit d'expression ; Insubordination ; Liberté d'expression.*

Inspecteur du travail

L'inspecteur du travail est chargé de veiller à l'application de la législation du travail et des textes conventionnels dans les entreprises. Il a aussi un rôle d'information, de conseil et de conciliation et dispose d'un pouvoir de décision dans certains domaines.

Compétence territoriale des sections d'inspection du travail

Les inspecteurs et les contrôleurs du travail ont le pouvoir et le devoir de vérifier les conditions de travail des salariés travaillant dans tous les établissements situés dans leur ressort.

C'est à bon droit qu'une cour d'appel a décidé que les services de l'inspection du travail du département des Hauts-de-Seine étaient compétents pour contrôler les conditions de travail des salariés d'une société de nettoyage ayant son siège social à Paris, dès lors que le lieu de travail effectif de ces salariés était situé dans leur ressort de compétence territoriale. En effet, les inspecteurs et les contrôleurs du travail ont le pouvoir et le devoir de vérifier les conditions de travail des salariés travaillant dans tous les établissements situés dans leur ressort, que ceux-ci soient ou non autonomes ou qu'ils dépendent ou non d'un autre établissement sis hors dudit ressort.

Cass. crim. 17 janvier 1995, n° 94-80.081, B. crim. n° 22.

L'inspecteur du travail est compétent pour pourvoir au respect de la législation du travail et constater, le cas échéant, les infractions commises à l'intérieur du ressort géographique dont il est chargé. Dès lors, l'inspecteur du travail en charge du respect de la législation du travail dans le département du Rhône a pu légalement contrôler l'application par un cirque de la législation du travail à l'occasion de son séjour dans le département, peu important que ledit séjour ait revêtu un caractère temporaire.

CE 6 mai 1996, n° 146824, Rec. Lebon p. 160.

L'inspecteur du travail territorialement compétent peut agir avec le concours d'inspecteurs et de contrôleurs d'un autre secteur sans que cela entraîne la nullité de la procédure.

À la suite d'un contrôle de l'inspection du travail, un directeur des ressources humaines a été poursuivi pour entrave au fonctionnement régulier du comité d'établissement pour s'être abstenu de consulter ce comité sur la modification intervenue concernant les horaires de travail applicables au personnel.

Pour reprocher à la cour d'appel d'avoir retenu sa culpabilité, l'intéressé soutient notamment que lorsqu'il confie à un représentant le soin de présider le comité d'entreprise, le chef d'entreprise doit, dans le cas où il prend une mesure qui modifie les conditions de travail, s'assurer personnellement de la consultation du comité et qu'en l'espèce, il était titulaire d'une simple délégation de pouvoirs pour présider le comité et n'avait aucune compétence pour décider de la modification des horaires de travail, de sorte qu'il incombait en propre au chef d'entreprise de veiller à ce que les décisions prises à cet effet aient fait l'objet de la consultation.

Cependant, la cour d'appel a notamment retenu que l'intéressé, auquel était confiée, par délégation du chef d'entreprise, la présidence du comité d'établissement, avait refusé de consulter ledit comité sur la question de l'abandon de l'horaire collectif prévu par le règlement intérieur, au profit de l'instauration d'un horaire individualisé. En l'état de ces motifs, qui caractérisent la participation personnelle du directeur des ressources humaines à l'infraction, et dès lors que constitue le délit prévu par l'article L. 483-1 CT le refus, sans motif légitime et en violation des dispositions des articles L. 432-1, al. 1er et L. 432-3, al. 4 CT, de consulter le comité d'établissement sur l'instauration, pour les salariés de cet établissement, d'horaires de travail individualisés, la cour d'appel a justifié sa décision.

Cass. crim. 16 septembre 2003, n° 02-86.661, 1er moyen, B. crim. n° 164.

L'inspecteur du travail ne peut constater que les infractions dont il a relevé les éléments constitutifs dans son secteur d'inspection.

Un directeur des ressources humaines avait été poursuivi pour entrave au fonctionnement du comité d'entreprise d'une société ayant son siège social dans le Nord, où se réunissait le comité d'entreprise, après un contrôle effectué dans un établissement à Marseille par un inspecteur du travail des Bouches-du-Rhône.

Pour dire que la procédure était nulle, une cour d'appel a énoncé que si, selon les articles L. 611-1 et L. 611-10 CT, les inspecteurs du travail constatent les infractions dont ils ont relevé les éléments constitutifs dans leur section d'inspection, ces derniers doivent avoir été rassemblés et portés à leur connaissance en vertu de leur pouvoir d'enquête exercé dans le cadre de leur compétence territoriale, c'est-à-dire en rapport direct avec leur mission de contrôle des établissements et institutions situés dans leur secteur d'inspection. Elle a ajouté qu'en l'espèce, les éléments constitutifs du délit d'entrave avaient été révélés sur la base d'une communication de pièces sans lien avec l'activité de contrôle de l'établissement situé dans le ressort de compétence de l'inspecteur. En statuant ainsi, la cour d'appel a légalement justifié sa décision.

Cass. crim. 9 décembre 2003, n° 03-80.781, 1er moyen, B. crim. n° 238.

Interventions et pouvoirs de contrôle (inspecteurs et contrôleurs du travail)

• Étendue des pouvoirs

Dans certains différends, l'inspecteur du travail peut être pris pour arbitre.

En précisant dans l'article L. 931-6 CT qu'« en cas de différend, l'inspecteur du travail… peut être pris pour arbitre », le législateur n'a entendu conférer à celui-ci, lorsqu'il est saisi d'un différend, qu'un rôle de conciliation et non le pouvoir de statuer sur ce différend par une décision administrative.

CE 20 décembre 1985, n° 43198.

Les articles L. 8112-1 et L. 8112-2 CT n'interdisent pas à l'inspecteur du travail de faire état des infractions de droit commun dont les éléments constitutifs lui paraissent réunis et de les porter à la connaissance du procureur de la République en application de l'article 40 c. proc. pén.

Cass. crim. 9 janvier 2018, n° 17-80.200, 3e moyen, B. crim. n° 5.

• Droit d'entrée dans les entreprises et droit de se faire communiquer les documents nécessaires au contrôle

Les inspecteurs et contrôleurs du travail ont accès dans tous les établissements où sont applicables la législation et la réglementation du travail, à l'effet d'assurer les surveillances et les enquêtes dont ils sont chargés.

➡ Modalités.

L'inspecteur ou le contrôleur du travail est en droit, sans avoir pris rendez-vous, de visiter à toute heure du jour les locaux de l'entreprise et de se faire communiquer des documents relatifs à l'emploi des salariés.

Cass. crim. 28 avril 1987, n° 86-93.236.

➡ Documents permettant de comptabiliser les heures de travail effectuées.

L'article L. 611-9, al. 2 CT qui oblige les chefs d'établissement à tenir à la disposition de l'inspecteur du travail, pendant un an, les documents permettant de comptabiliser les horaires de travail, n'est pas incompatible avec les dispositions de l'article 6 de la Convention européenne des droits de l'homme.

Cass. crim. 5 octobre 1999, n° 97-80.394.

Les opérations de contrôle peuvent intervenir en tous lieux de travail, qu'ils soient publics ou privés.

À la suite d'informations selon lesquelles une activité de travail illégal était exercée par des ressortissants étrangers pour le compte d'un particulier, dans une propriété lui appartenant, le procureur de la République a saisi le président du tribunal de grande instance qui, en application de l'article

L. 611-13 CT, a rendu une ordonnance autorisant les officiers de police judiciaire territorialement compétents à procéder à des visites domiciliaires, perquisitions et saisies dans les lieux de travail et d'exploitation et, notamment, dans la propriété du prévenu. À l'issue de ces opérations et de l'enquête de flagrant délit qui a suivi, établissant que ce particulier employait et hébergeait deux Ukrainiens et un Lituanien qui travaillaient à la réfection d'une habitation annexe à sa propriété, ce dernier a été cité devant le tribunal correctionnel des chefs de travail dissimulé et d'emploi d'un étranger non muni d'une autorisation de travail.

Avant tout débat au fond, le prévenu a soulevé la nullité de la procédure en faisant valoir notamment que le président du tribunal de grande instance avait autorisé les opérations de contrôle à son domicile alors que ce lieu n'est pas prévu par les articles L. 611-13 et L. 231-1 CT.

Doit être approuvé l'arrêt qui, pour refuser d'annuler la procédure postérieure à l'ordonnance du président du tribunal de grande instance ayant autorisé cette perquisition, a retenu que le domicile privé du prévenu devait être considéré comme un lieu de travail, susceptible de perquisition dans les termes de l'article L. 611-13 CT. En effet, dès lors que les dispositions des articles L. 611-13 et L. 231-1 CT autorisent les opérations de contrôle en tous lieux de travail de quelque nature qu'ils soient, publics ou privés, la cour d'appel a fait une exacte application de la loi.

Cass. crim. 28 novembre 2006, n° 06-81.113, B. crim. n° 295.

Est fondé l'arrêt condamnant l'exploitant d'un hôtel-restaurant à une amende pour obstacle à l'accomplissement des devoirs d'un contrôleur du travail auquel le prévenu avait refusé l'entrée de son établissement, au motif qu'il y habitait.

Il résulte en effet de l'article L. 611-8 CT que les inspecteurs et contrôleurs du travail ont accès dans tous les établissements où sont applicables la législation et la réglementation du travail, à l'effet d'assurer les surveillances et les enquêtes dont ils sont chargés ; que, pour l'exécution desdites surveillances et enquêtes, la loi n'apporte aucune restriction à leurs investigations à l'intérieur des entreprises que le respect du domicile privé des citoyens ; que ne saurait être considéré comme tel, dans ses parties ouvertes à la clientèle, ni dans celles constituant des lieux de travail, un hôtel-restaurant dans lequel les salariés accomplissent les tâches qui leur sont assignées.

Cass. crim. 19 mars 1985, n° 84-90.353, B. crim. n° 113.

Obstacles aux fonctions

• Toute obstruction apportée aux demandes d'un fonctionnaire de contrôle caractérise le délit

Caractérise le délit d'obstacle à l'accomplissement des devoirs d'un inspecteur du travail toute obstruction apportée aux demandes d'un fonctionnaire de contrôle, en vue de l'empêcher d'exercer sa mission.

Cass. crim. 14 octobre 2008, n° 07-84.365, B. crim. n° 209.

Constitue le délit d'obstacle à l'accomplissement des devoirs d'un inspecteur ou d'un contrôleur du travail le refus d'entrée dans l'entreprise,…

Cass. crim. 19 mars 1985, n° 84-90.353, précité.

… le refus de communication de documents,…

Le 18 septembre 2008, deux fonctionnaires de l'inspection du travail qui, à la suite de plaintes de salariés, s'étaient présentés dans les locaux d'une crèche à Kourou pour y effectuer un contrôle, n'avaient pas pu se faire remettre les documents relatifs à l'emploi de la main-d'œuvre, au motif que ceux-ci se trouvaient soit chez le comptable de l'entreprise, soit au siège de l'association gérant ladite crèche, à Cayenne ; en raison de ces faits et d'un incident de même nature qui s'était produit au cours de l'année 2007, la présidente de l'association a été poursuivie devant le tribunal correctionnel du chef d'obstacle au contrôle des fonctionnaires de l'inspection du travail, et déclarée coupable de cette infraction par les premiers juges.

Pour confirmer le jugement entrepris sur la culpabilité, une cour d'appel, après avoir rappelé notamment que, selon l'article L. 1221-13 CT, le registre unique du personnel est tenu, dans tout établissement où sont employés des salariés, à la disposition des fonctionnaires et agents chargés de veiller à l'application du code du travail, a énoncé que l'activité de la crèche étant localisée à Kourou, lieu exclusif d'emploi des salariés, la prévenue, qui avait eu connaissance des demandes de l'administration, ne pouvait faire valoir que les fonctionnaires avaient tout loisir de venir consulter ledit registre et les autres documents réclamés au siège de l'association, à Cayenne, les juges ajoutant que la mauvaise foi de la prévenue, qui s'était abstenue de communiquer les pièces demandées à plusieurs reprises et pendant toute la durée de la procédure, était démontrée.

En l'état de ces énonciations qui caractérisent en tous ses éléments constitutifs, tant matériels qu'intentionnel, le délit retenu, la cour d'appel, à laquelle il ne saurait être reproché d'avoir excédé sa saisine, a justifié sa décision au regard de l'ancien article L. 620-3 CT ainsi que des articles L. 1221-13 et L. 8113-4 CT.

Cass. crim. 31 janvier 2012, n° 11-85.226, B. crim. n° 32.

Commet le délit prévu par l'article L. 631-1 CT quiconque met obstacle à l'accomplissement des devoirs d'un contrôleur du travail et de la main-d'œuvre.

Le dirigeant d'une société, spécialisée dans la distribution de prospectus publicitaires, n'a pas satisfait aux demandes lui ayant été adressées à plusieurs reprises par des contrôleurs du travail en vue d'obtenir les documents nécessaires au décompte des heures travaillées des salariés, en application des dispositions des articles L. 620-2 et D. 212-21 CT. Poursuivi devant la juridiction répressive sur le fondement de l'article L. 631-1 CT, l'intéressé a sollicité sa relaxe en soutenant qu'il ne pouvait fournir les documents demandés en raison de la spécificité de l'activité de sa société.

C'est à tort que, pour confirmer le jugement ayant relaxé le prévenu, une cour d'appel a retenu que les faits poursuivis consistaient en une absence de décompte quotidien ou hebdomadaire de la durée du travail pouvant caractériser la contravention prévue et réprimée par les articles L. 620-2 et R. 632-1 CT, mais non le délit poursuivi, alors qu'il ressortait du procès-verbal de l'inspection du travail que la direction de la société avait fait l'objet d'injonctions réitérées d'avoir à satisfaire aux obligations existant en la matière, aux fins de permettre le contrôle, qui s'imposait pour la catégorie de personnel employé, des durées du travail et de l'application d'une rémunération au moins égale au salaire minimum de croissance pour le nombre d'heures de travail effectuées, et alors que ces injonctions étaient demeurées sans effet.

Cass. crim. 8 novembre 2005, n° 05-81.269, B. crim. n° 285. Voir aussi cass. crim. 14 avril 2015, n° 14-83.267, B. crim. n° 89.

Lors d'un contrôle effectué dans un établissement d'une société anonyme de droit belge, l'inspecteur du travail n'avait pu obtenir communication des livres, registres et documents obligatoires. Le président du conseil d'administration de ladite société avait été poursuivi pour obstacle à l'accomplissement des devoirs d'un inspecteur du travail.

A justifié sa décision la cour d'appel qui, pour écarter l'argumentation du prévenu faisant notamment valoir qu'il n'était pas l'employeur soumis à l'obligation de tenir les documents et registres, ni le responsable de la société pour la France, et le déclarer coupable, a notamment relevé que, tant avant qu'après le contrôle, il s'était comporté comme le dirigeant de l'établissement concerné. En effet, les dispositions de l'article L. 631-1 CT s'appliquent nécessairement au chef d'entreprise qui, par son fait personnel, met obstacle, dans un établissement dépendant de celle-ci, à l'exercice des fonctions de l'agent de contrôle.

Cass. crim. 4 août 1998, n° 97-83.427, B. crim. n° 224.

… le refus de fournir des renseignements utiles à son contrôle,…

Le refus d'un employeur d'obtempérer à la mise en demeure de l'inspecteur du travail d'établir les bulletins de paye conformément aux prescriptions réglementaires (absence de mention d'une prime rémunérant des heures supplémentaires) caractérise la volonté du prévenu de refuser à l'inspecteur du travail les renseignements qui lui auraient permis d'exercer son contrôle sur la durée effective du travail des salariés et l'obstacle ainsi apporté à l'accomplissement des devoirs de ce fonctionnaire.

Cass. crim. 7 juin 1994, n° 93-82.026.

… la communication de renseignements inexacts,…

En vue de vérifier la conformité aux dispositions légales des horaires de travail des agents de maîtrise d'un supermarché, un inspecteur du travail avait demandé au directeur de ce supermarché la communication de leurs horaires de travail ; des renseignements partiels lui avaient été fournis, mais au cours d'un contrôle ultérieur l'inspecteur du travail avait constaté la présence d'agents de maîtrise en dehors des heures de travail qui lui avaient été communiquées par l'entreprise et, malgré ses demandes réitérées, il n'avait pu obtenir la communication des horaires réels des agents.

C'est à bon droit qu'une cour d'appel a déclaré le directeur du supermarché coupable d'obstacle à l'exercice des fonctions d'un inspecteur du travail : si le défaut de communication d'un document, passible de sanctions contraventionnelles, ne constitue pas en lui-même le délit d'obstacle aux fonctions d'un inspecteur du travail, il en est autrement lorsque l'employeur communique des renseignements qui se révèlent inexacts, marquant ainsi son intention d'éluder la surveillance de l'inspecteur du travail.

Cass. crim. 28 septembre 1993, n° 92-86.528, B. crim. n° 269. Voir aussi cass. crim. 4 juin 1991, n° 90-81.159, B. crim. n° 237 ; cass. crim. 30 mars 1999, n° 98-80.598.

… ou le fait d'effectuer des fausses déclarations.

Constitue l'infraction prévue par l'article L. 8114-1 CT, le fait d'effectuer de fausses déclarations à l'inspecteur du travail en vue de dissimuler l'absence de versement de la subvention de fonctionnement du comité d'entreprise et de faire ainsi obstacle à l'accomplissement de sa mission.

Cass. crim. 15 mars 2016, n° 14-87.989, 1er moyen, B. crim. n° 82.

• Application des dispositions du code pénal

Les dispositions du code pénal qui prévoient et répriment les actes de résistance, les outrages et les violences contre les officiers de police judiciaire sont, en outre, applicables à ceux qui se rendent coupables de faits de même nature à l'égard des inspecteurs du travail.

La séquestration.

En énonçant, pour déclarer un employeur coupable de séquestration, qu'après avoir invectivé violemment l'inspecteur du travail qui s'était présenté pour contrôler le paiement des heures supplémentaires, il s'était interposé entre lui et la porte de son bureau et avait poussé un classeur métallique pour bloquer celle-ci, empêchant ainsi ce fonctionnaire de sortir, une cour d'appel a caractérisé le délit poursuivi, peu important que l'inspecteur du travail ait pu finalement quitter la pièce où il était retenu.

Cass. crim. 7 janvier 1992, n° 91-82.861.

Les violences.

En retenant la culpabilité d'un employeur pour coups et violences aggravés, délit puni par l'article 309, 2e alinéa, 3° du code pénal [ancien], une cour d'appel n'a pas méconnu l'article L. 631-2 CT, selon lequel les dispositions du code pénal prévoyant et réprimant notamment les violences contre les officiers de police judiciaire sont applicables à ceux qui se sont rendus coupables de faits de même nature à l'égard des inspecteurs [et contrôleurs] du travail.

Cass. crim. 7 janvier 1992, n° 91-82.861, précité.

Le délit d'outrage.

Pour déclarer établis les faits d'outrages à personnes dépositaires de l'autorité publique et d'obstacle à l'accomplissement des devoirs d'un contrôleur et d'un inspecteur du travail, une cour d'appel a relevé que le gérant, après avoir repoussé violemment et insulté un contrôleur du travail, avait interdit à ces fonctionnaires l'accès aux locaux, les empêchant ainsi d'accomplir leur mission de vérification de la situation de plusieurs personnes occupées à des travaux de rénovation d'un bâtiment.

Cass. crim. 10 mai 2000, n° 99-80.711.

• Recevabilité de l'action en justice des syndicats

L'opposition à la mission de l'inspection du travail peut porter atteinte à l'intérêt collectif d'une profession et autoriser l'action civile des syndicats la représentant.

Les dispositions de l'article L. 631-1 CT, même si elles touchent à l'ordre public, ont été édictées en vue de permettre aux inspecteurs et contrôleurs du travail d'assurer, par l'accomplissement de leur mission, le respect des dispositions protectrices tant de l'ensemble des travailleurs que du personnel de chaque entreprise ; dès lors, l'opposition mise à l'exécution de cette mission peut être de nature à préjudicier à l'intérêt collectif de la profession à laquelle appartient ce personnel, et par suite, à autoriser l'action civile des syndicats qui la représentent.

Cass. crim. 4 octobre 1988, n° 87-80.084, B. crim. n° 328.

Horaire de travail ; Procès-verbaux de l'inspecteur (ou du contrôleur) du travail ; Représentants du personnel (Autorisation administrative de licenciement) ; Représentants du personnel (Licenciement/Recours contre la décision administrative) ; Représentants du personnel (Procédure de licenciement) ; Représentants du personnel (Protection/Cas d'application).

Insubordination

Le fait pour un salarié de refuser d'exécuter ses obligations contractuelles ou un ordre de l'employeur n'entraînant aucune modification de son contrat, ou bien encore de refuser de se plier à la discipline de l'entreprise, caractérise un acte d'insubordination.

Insubordination constitutive d'une faute grave

Un tel refus peut être constitutif d'une faute grave…

Après avoir relevé qu'un salarié refusait de se rendre au lieu fixé par l'employeur pour y recevoir les consignes de celui-ci pour le travail de la journée et qu'il avait refusé, un jour déterminé, de conduire un camion au motif inexact qu'il était en mauvais état, une cour d'appel a pu décider que ces actes d'insubordination rendaient impossible le maintien de celui-ci dans l'entreprise et constituaient une faute grave.

Cass. soc. 28 mars 2012, n° 11-13.344.

Ayant constaté que le fait d'insubordination, qui était établi, avait été précédé de nombreuses mises au point verbales démontrant une désobéissance réitérée du salarié aux consignes données par son employeur ou son délégataire, une cour d'appel a pu décider que le comportement du salarié rendait impossible son maintien dans l'entreprise pendant la durée du préavis malgré son ancienneté de 23 ans au service de celle-ci.

Cass. soc. 11 octobre 2005, n° 03-43.588.

Pour condamner un employeur à verser des indemnités de rupture à un salarié, une cour d'appel a retenu que si les agissements du salarié dénotaient un manque de collaboration systématique et un refus constant de se conformer aux instructions du nouveau président, ils ne constituaient pas une faute grave.

En statuant ainsi, alors que le salarié n'exécutait pas loyalement les missions résultant de son contrat de travail depuis l'élection d'une nouvelle direction à la tête de la fédération et faisait preuve à son égard d'une insubordination persistante, ce dont il résulte que ce comportement rendait impossible le maintien du salarié dans l'entreprise, la cour d'appel a violé les articles L. 1234-1, 5 et 9 CT.

Cass. soc. 31 mars 2010, n° 09-41.016, 1er moyen du pourvoi principal.

Ayant relevé que la responsable d'une boutique avait commis un acte d'insubordination caractérisé en congédiant unilatéralement et sans autorisation une salariée engagée par sa direction, dans un contexte où l'intéressée entendait se comporter comme propriétaire de la boutique en s'arrogeant des prérogatives qui relevaient du domaine de compétence de l'employeur, en contestant les décisions des divers responsables en des termes déplacés et en refusant d'appliquer les instructions et procédures, une cour d'appel a pu en déduire, peu important l'absence d'avertissement antérieur, l'existence d'une faute grave.

Cass. soc. 19 février 2014, n° 12-27.721, 1er moyen.

… notamment s'il perturbe la bonne marche de l'entreprise…

Constitue une faute grave le fait pour une salariée, crêpière, d'avoir refusé de façon réitérée d'effectuer un travail relevant de ses obligations. Ce refus, malgré les injonctions de l'employeur, ayant perturbé la bonne marche de l'atelier rendait impossible son maintien dans l'entreprise pendant la durée du préavis.

Cass. soc. 2 juin 1993, n° 90-45.287. Voir aussi cass. soc. 19 décembre 2007, n° 06-43.983 ; cass. soc. 26 septembre 2012, n° 11-13.876.

… ou s'il porte atteinte au crédit de l'entreprise…

Commet une faute grave le salarié qui fait sortir de l'entreprise différentes bouteilles dans des conditions irrégulières et en infraction avec les règles édictées par le code général des impôts : l'attention de l'intéressé avait été, à plusieurs reprises, attirée sur le nécessaire respect de la législation fiscale en la matière et l'infraction ainsi commise était de nature à porter atteinte au crédit de l'entreprise.

Cass. soc. 26 janvier 1994, n° 92-40.328.

… ou s'il est de nature à entraîner la mise en jeu de la responsabilité pénale de l'employeur…

Ayant relevé qu'en refusant de se soumettre aux horaires et jours de travail définis dans son contrat de travail, une salariée avait fait preuve d'un comportement d'insubordination caractérisée de nature à entraîner la mise en jeu de la responsabilité pénale de l'employeur pour infraction à la règle du repos hebdomadaire, une cour d'appel a pu décider qu'un tel comportement rendait impossible le maintien dans l'entreprise et constituait une faute grave.

Cass. soc. 26 juin 2012, n° 11-13.249.

… ou s'il va à l'encontre d'une clause du contrat de travail…

Un technicien spécialisé a pu faire l'objet d'un licenciement pour faute grave pour avoir refusé de continuer à assurer ses déplacements professionnels, contrairement aux stipulations de son contrat de travail. Un tel refus constituait une manifestation d'insubordination rendant impossible le maintien du salarié dans l'entreprise pendant la durée du préavis et caractérisait donc une faute grave.

Cass. soc. 3 mai 1994, n° 92-43.245. Voir aussi cass. soc. 8 novembre 1994, n° 91-40.248, 1er moyen.

… ou si l'insubordination s'accompagne de menaces, d'insultes ou de destruction de matériels.

Un responsable d'exploitation informatique avait refusé d'assister des salariés pour la mise au point d'un programme informatique, dont il n'approuvait pas le choix. Après avoir, en outre, proféré des menaces de destruction de programmes, il les avait mises à exécution en détruisant un logiciel de sauvegarde. Ce comportement, de nature à rendre impossible le maintien de l'intéressé dans l'entreprise durant le préavis, constituait une faute grave.

Cass. soc. 13 juin 1995, n° 94-41.292.

Une cour d'appel, qui a retenu qu'un salarié avait exprimé péremptoirement, en des termes injurieux pour son supérieur hiérarchique, la volonté de ne pas suivre les instructions de son employeur et de travailler selon ses seuls méthodes et objectifs, a pu en déduire qu'un acte d'insubordination caractérisé avait été commis par le salarié, ce qui rendait impossible la poursuite de son contrat de travail pendant la durée du préavis et constituait une faute grave.

Cass. soc. 6 octobre 2004, n° 02-44.446.

La réitération d'actes d'insubordination peut être constitutive d'une faute grave.

Une cour d'appel, qui a relevé qu'un salarié avait refusé de se soumettre à une mise à pied disciplinaire en ayant une attitude provocatrice et que cette attitude était la réitération d'actes d'insubordination, a pu décider que le comportement du salarié était de nature à rendre impossible son maintien dans l'entreprise pendant la durée du préavis et constituait une faute grave.

Cass. soc. 25 mai 2004, n° 02-41.900, BC V n° 136. Voir aussi cass. soc. 21 septembre 2010, n° 09-41.125.

Le refus d'un salarié d'exécuter des tâches conformes à son contrat de travail à la suite d'une visite médicale devant le médecin du travail qui n'a donné lieu à aucune réserve sur son état de santé constitue une faute grave.

Il résulte des articles L. 241-2, R. 241-41, dernier alinéa, et R. 241-49 CT, que pour exercer sa mission de prévention de l'altération de la santé des travailleurs du fait de leur travail, le médecin du travail doit procéder à des examens médicaux. En outre, tout salarié peut bénéficier d'un examen médical à sa demande. Il résulte de l'article L. 241-10 CT que l'avis alors émis par le médecin du travail, seul habilité à constater une inaptitude au travail, peut faire l'objet, tant de la part de l'employeur que du salarié, d'un recours administratif devant l'inspecteur du travail. En l'absence d'un tel recours, cet avis s'impose aux parties.

Un salarié avait refusé de se soumettre, au motif avancé de son état de santé, à une instruction de son employeur consistant à effectuer des interventions extérieures.

Après avoir relevé que le salarié avait passé de sa propre initiative, en application de l'article R. 241-49 CT, une visite médicale devant le médecin du travail qui n'avait donné lieu à aucune réserve de la part de ce médecin et que, si le salarié produisait à l'appui de son refus un certificat médical de son médecin traitant contre-indiquant le port de charges lourdes à la suite d'un arrêt de travail pour maladie, il n'établissait pas l'existence de telles contraintes, une cour d'appel a pu décider que le refus du salarié d'exécuter les tâches conformes à son contrat de travail n'était pas fondé sur son état de santé et constituait une faute grave.

Cass. soc. 9 octobre 2001, n° 98-46.144, BC V n° 313. Voir aussi cass. soc. 17 juillet 1996, n° 93-44.961, 1er moyen, s'agissant d'un salarié ayant refusé de travailler le 11 novembre alors que son contrat le prévoyait et qu'il avait présenté un certificat médical de complaisance.

Le refus d'un salarié d'exécuter d'autres tâches pendant une période de courte durée nécessaires à la réparation de la machine sur laquelle l'intéressé travaillait constitue un acte d'insubordination.

Ayant relevé qu'un salarié avait refusé une affectation de courte durée à d'autres tâches rendues nécessaires par la réparation de la machine sur laquelle il travaillait, une cour d'appel a caractérisé une insubordination du salarié et justement décidé qu'elle constituait une faute grave.

Cass. soc. 8 avril 1998, n° 96-41.283.

Il en est de même s'agissant du refus d'un salarié d'exécuter ponctuellement une autre tâche pour laquelle il avait été formé et qui était demandée à l'ensemble des salariés à certaines périodes de l'année où l'activité était intense.

Ayant relevé qu'un salarié travaillant dans un syndicat avait refusé d'effectuer le traitement administratif de dossiers alors que ce travail correspondait à sa qualification, et qu'il avait également refusé, bien que sa fiche de poste mentionnât polyvalence et entraide, d'exécuter ponctuellement d'autres travaux pour lesquels il avait été formé et qui étaient demandés à l'ensemble des salariés à certaines périodes de l'année où l'activité était intense, une cour d'appel a pu décider que ce comportement, qui constituait la véritable cause du licenciement, rendait impossible son maintien dans l'entreprise et constituait une faute grave.

Cass. soc. 16 septembre 2009, n° 08-42.274, 1er moyen.

Absence de faute grave

Lorsqu'il est excusable, le refus d'un salarié d'exécuter ses obligations contractuelles ne constitue pas une faute grave.

Une cour d'appel a pu décider que le comportement d'un salarié étant en partie excusable dans le contexte des difficultés nées du changement d'employeur, son refus d'être affecté sur un autre chantier, s'il pouvait justifier un licenciement, ne constituait pas une faute grave.

Cass. soc. 22 juin 1993, n° 89-43.273.

Un salarié, cadre stagiaire de rayon, avait été licencié pour faute grave pour avoir accordé, en violation du règlement intérieur, des remises sur des jouets.

Ayant relevé que l'intéressé, stagiaire et manquant d'expérience, avait pu se croire autorisé, dans l'intérêt même de son employeur, à consentir une remise la veille de Noël sur des jouets de démonstration, une cour d'appel a pu décider que le comportement de ce salarié n'était pas de nature à rendre impossible son maintien dans l'entreprise pendant la durée du préavis et ne constituait pas une faute grave.

Cass. soc. 18 février 1998, n° 95-42.136.

Tel est le cas d'un refus justifié par l'indépendance du salarié inhérente à la profession qu'il exerce…

Un salarié ayant la qualité de chercheur devait prendre part à un symposium international en qualité de président du comité scientifique. Dès lors, l'employeur devait exercer son pouvoir hiérarchique dans le respect des responsabilités confiées à l'intéressé et de l'indépendance due aux chercheurs. Il devait respecter les procédures de concertation et ne pas imposer une rencontre avec une autre équipe que le salarié considérait comme prématurée et de nature à compromettre le déroulement du symposium. Dans ces conditions, le refus du salarié de se plier aux directives de l'employeur ne constituait pas une faute grave et le licenciement consécutif à ce refus était sans cause réelle et sérieuse.

Cass. soc. 11 octobre 2000, n° 98-45.276.

… ou d'un refus du salarié d'exécuter des tâches totalement étrangères à ses fonctions…

Le refus pour des salariées d'effectuer des tâches totalement étrangères à leurs fonctions ne constitue pas une faute grave. Les juges ont également pu décider, en vertu de leur pouvoir souverain d'appréciation, que ce refus ne constituait pas non plus une cause réelle et sérieuse de licenciement, dans la mesure où il ne pouvait être reproché à des usineuses sur presse d'avoir refusé, suite à une inondation des locaux de l'entreprise, de récupérer les heures perdues un samedi pour continuer le nettoyage des locaux et des machines.

Cass. soc. 5 mai 1993, n° 91-45.222. Voir aussi cass. soc. 3 octobre 2000, n° 98-45.625 ; cass. soc. 19 juin 2001, n° 99-43.215.

… ou d'un refus d'exécuter des tâches non prévues par le contrat de travail et la convention collective…

Un salarié, employé en qualité de plombier OQ3 en application de la convention collective nationale du bâtiment, avait été licencié pour faute grave pour avoir refusé de procéder à la pose de chaudières. Faisant valoir que cette tâche ne lui incombait pas, il avait saisi la juridiction prud'homale de demandes d'indemnités de rupture et pour licenciement sans cause réelle et sérieuse.

C'est à tort que, pour dire que le licenciement était justifié par une faute grave et débouter le salarié de ses demandes, une cour d'appel a énoncé que le refus opposé par ce dernier d'effectuer des travaux de pose de chaudières, alors qu'il en avait précédemment effectué à la demande de l'employeur, constituait une désobéissance caractérisée et un manquement aux directives données, alors que le refus d'exécution de tâches non prévues par le contrat de travail et la convention collective applicable ne constitue pas un motif de licenciement.

Cass. soc. 25 novembre 1998, n° 96-45.648.

… ou d'un refus justifié par le respect des dispositions légales ou conventionnelles…

Le refus d'un salarié de prendre une garde ne pouvait constituer une faute grave dès lors qu'en l'assumant, l'intéressé aurait enfreint l'interdiction de travailler plus de six jours consécutifs prévue par la convention collective.

Cass. soc. 8 juillet 1997, n° 95-41.109, BC V n° 252.

… ou d'un refus résultant du respect des ordres donnés par un supérieur ayant excédé ses pouvoirs…

Des salariés, licenciés pour faute grave après avoir refusé d'effectuer un travail par temps de pluie conformément aux instructions de leur chef d'équipe, ont saisi la juridiction prud'homale.

Après avoir relevé que les salariés avaient commis une faute en se conformant aux instructions données par le chef d'équipe qui avait ainsi excédé ses pouvoirs, une cour d'appel a pu décider que cet unique manquement de salariés comptant une ancienneté importante ne rendait pas impossible leur maintien dans l'entreprise pendant la durée du préavis et ne constituait pas une faute ni une cause réelle et sérieuse de licenciement.

Cass. soc. 3 février 2004, n° 01-46.359.

… ou d'un refus justifié par l'inexécution par l'employeur de ses propres obligations.

Une société avait mis en œuvre un système de badges géré par des moyens automatisés et permettant d'identifier les salariés à leur entrée et à leur sortie des locaux de l'entreprise. Une disposition du règlement intérieur, portée à la connaissance de tous les salariés, leur a fait obligation d'utiliser le badge, mais le traitement automatisé aboutissant à la mise en place de ce système n'a fait l'objet d'une déclaration à la Commission nationale de l'informatique et des libertés que le 17 juillet 2000.

Doit être approuvé l'arrêt ayant déclaré sans cause réelle et sérieuse le licenciement d'un salarié, prononcé le 30 avril 1998 en raison de son refus à 19 reprises entre février et avril 1998, d'utiliser le badge. En effet, il résulte de la combinaison des articles 16, 27 et 34 de la loi 78-17 du 6 janvier 1978 relative à l'informatique, aux fichiers et aux libertés, 226-16 c. pén., L. 121-8 et L. 432-2-1 CT qu'à défaut de déclaration à la Commission nationale de l'informatique et des libertés d'un traitement automatisé d'informations nominatives concernant un salarié, son refus de déférer à une exigence de son employeur impliquant la mise en œuvre d'un tel traitement ne peut lui être reproché.

Cass. soc. 6 avril 2004, n° 01-45.227, BC V n° 103.

Une cour d'appel a exactement décidé que le refus d'un salarié de travailler alors que l'employeur ne payait pas, en violation des dispositions contractuelles, les frais qu'il avait exposés ne caractérisait pas une faute de la part de ce salarié.

Cass. soc. 23 janvier 2001, n° 98-45.271, pourvoi incident.

Un salarié avait été licencié pour faute grave à la suite de son refus de se rendre sur un nouveau chantier.

C'est à tort qu'une cour d'appel a décidé que son licenciement reposait sur une faute grave, alors que l'employeur était contractuellement obligé de mettre à la disposition du salarié un véhicule pour l'exercice de ses fonctions et que le seul fait pour le salarié de ne s'être jamais plaint de l'absence de véhicule de service ne pouvait avoir pour effet de délier l'employeur de son obligation et, alors que la cour aurait dû rechercher si le refus du salarié de se rendre sur un nouveau chantier ne trouvait pas sa justification dans le manquement préalable de l'employeur à ses propres obligations.

Cass. soc. 9 janvier 2002, n° 00-40.325.

Le refus d'un salarié de se soumettre à une mise à pied conservatoire injustifiée ne constitue pas une faute grave justifiant le licenciement.

C'est à tort que, pour dire fondé sur une faute grave le licenciement d'un salarié, une cour d'appel a retenu que son refus de se soumettre à la mesure de mise à pied conservatoire ordonnée verbalement par l'employeur, dicté par la volonté de bafouer l'autorité du chef d'entreprise, justifiait à lui seul l'existence d'une faute grave, alors qu'elle avait constaté qu'aucune faute ne pouvait être reprochée au salarié, en sorte que la mise à pied conservatoire qui n'était pas justifiée avait été prononcée à tort.

Cass. soc. 12 octobre 2005, n° 03-43.935, BC V n° 284.

Le refus d'un salarié de fournir des explications sur des faits commis pendant une période de détachement auprès d'une autre société en qualité d'administrateur ne constitue pas une faute grave.

Un salarié engagé au sein d'une société avait été détaché dans une autre société en qualité d'administrateur. Étant convenu qu'en cas de rupture du mandat social, l'intéressé serait réintégré dans la société qui l'avait engagé ou dans l'une de ses filiales, cette clause avait reçu application et le salarié, à la fin de son mandat, avait été réintégré dans la société qui l'avait initialement embauché. Ultérieurement, le salarié a été licencié pour faute grave.

Doit être cassé l'arrêt qui, pour décider que le licenciement du salarié reposait sur une cause réelle et sérieuse, a retenu que l'intéressé avait commis une faute en refusant de donner des explications sur des agissements commis dans l'exercice de son mandat social consistant en une demande de remboursement de frais indus, alors que le refus du salarié de fournir des explications à son employeur après sa réintégration sur des faits commis pendant qu'il était détaché en qualité de mandataire social auprès d'une autre société ne pouvait lui être imputé à faute dans l'exécution de son contrat de travail.

Cass. soc. 9 décembre 1997, n° 95-42.619, BC V n° 424.

En l'absence de conflit sur les horaires, le seul refus de l'usage du badge n'est pas constitutif d'une faute grave.

Une cour d'appel a d'abord relevé que les différentes notes de services relatives à l'instauration d'horaires mobiles dans l'établissement étaient applicables aux personnes exerçant les fonctions de sous-directeur et que l'intéressé, en refusant de se plier à ces instructions, avait commis une faute justifiant son licenciement. Ensuite elle a pu décider, eu égard à l'absence de conflit sur les horaires, que le seul refus de l'usage du badge ne rendait pas impossible le maintien du salarié pendant le préavis.

Cass. soc. 17 novembre 1998, n° 96-44.198.

L'insubordination est caractérisée en cas de refus de se soumettre à une modification des conditions de travail

Le refus du salarié d'accepter une modification de ses conditions de travail constitue un manquement aux obligations contractuelles constitutif, le plus souvent, d'une faute grave.

☞ *Modification du contrat et des conditions de travail.*

L'insubordination peut résulter du refus d'effectuer des heures supplémentaires

Ce refus ne s'analyse pas toujours en une faute grave.

Une cour d'appel a pu déclarer injustifié le licenciement pour faute grave d'un salarié ayant 35 ans d'ancienneté consécutif à son refus de rester une heure de plus dans l'entreprise après son travail, ce refus s'expliquant par la mésentente existant entre l'intéressé et la nouvelle direction.

Cass. soc. 4 novembre 1993, n° 92-41.506.

Ainsi, un salarié peut valablement refuser d'effectuer des heures supplémentaires lorsque l'employeur a manqué à ses obligations contractuelles…

Deux salariés, licenciés pour faute grave suite à leur refus d'accomplir des heures supplémentaires, ont saisi la juridiction prud'homale.

A légalement justifié sa décision la cour d'appel qui, pour dire le licenciement des salariés sans cause réelle et sérieuse, a confirmé la condamnation de l'employeur, prononcée par les premiers juges, à verser aux intéressés des dommages-intérêts au titre des heures supplémentaires n'ayant pas donné lieu à repos compensateur et a ainsi fait ressortir, eu égard à l'inexécution de ses obligations par l'employeur, que les salariés avaient pu valablement refuser d'exécuter les heures de travail supplémentaires demandées.

Cass. soc. 5 novembre 2003, n° 01-42.798.

… ou lorsqu'il s'agit d'une heure de travail non payée…

Une cour d'appel a pu décider, en vertu de son pouvoir souverain d'appréciation, que le fait pour un salarié de refuser d'effectuer une heure de travail qui ne lui était pas payée ne constituait pas un acte d'insubordination et que son licenciement était dépourvu de cause réelle et sérieuse.

Cass. soc. 28 octobre 1996, n° 94-45.147.

… ou encore lorsqu'il s'agit d'un refus exceptionnel du salarié, prévenu trop tardivement.

Ayant constaté que ce n'était qu'exceptionnellement et parce qu'il n'avait pas été prévenu suffisamment tôt que le salarié avait refusé d'effectuer des heures supplémentaires, une cour d'appel a décidé, dans l'exercice de son pouvoir souverain d'appréciation, que le licenciement de l'intéressé ne procédait pas d'une cause réelle et sérieuse.

Cass. soc. 20 mai 1997, n° 94-43.653.

Pour la CJCE, lorsque le salarié est tenu d'effectuer des heures supplémentaires sur la simple demande de l'employeur, cette obligation constitue un élément essentiel du contrat de travail qui, comme tel, doit être porté par écrit à la connaissance du salarié.

Il résulte de l'article 2, paragraphe 1, de la directive 91/533/CEE du 14 octobre 1991 relative à l'obligation de l'employeur d'informer le travailleur des conditions applicables au contrat ou à la relation de travail que l'employeur est tenu de porter à la connaissance du travailleur salarié une stipulation qui présente le caractère d'un élément essentiel du contrat ou de la relation de travail, en vertu de laquelle ce dernier est obligé d'effectuer des heures supplémentaires sur simple demande de l'employeur. Cette information doit être communiquée dans les mêmes conditions que celles que prévoit ladite directive pour les éléments mentionnés expressément à son article 2, paragraphe 2. Elle peut prendre, le cas échéant, par analogie avec la règle qui s'applique notamment à la durée de travail normale en vertu de l'article 2, paragraphe 3, de ladite directive, la forme d'une référence aux dispositions législatives, réglementaires, administratives ou statutaires ou aux conventions collectives pertinentes.

CJCE 8 février 2001, aff. C-350/99, Recueil I-1061.

Insuffisance professionnelle

L'insuffisance professionnelle traduit l'inaptitude du salarié à exercer de façon satisfaisante les fonctions qui lui ont été confiées. L'employeur étant juge des aptitudes professionnelles des salariés, à condition toutefois que son appréciation soit objective, l'insuffisance professionnelle peut justifier un licenciement.

L'insuffisance professionnelle traduit l'incapacité du salarié à exercer ses fonctions

L'insuffisance professionnelle invoquée par l'employeur constitue un motif de licenciement matériellement vérifiable qui peut être précisé et discuté devant les juges du fond.

Une salariée, engagée en qualité de secrétaire, a été licenciée pour insuffisance professionnelle et a saisi la juridiction prud'homale.

C'est à tort que, pour déclarer son licenciement dépourvu de cause réelle et sérieuse, une cour d'appel a retenu que les faits tirés du refus de la salariée de noter sur les recommandés la référence du dossier du client et ceux relatifs à des problèmes de facturation n'étaient pas mentionnés précisément dans la lettre de licenciement, alors que l'insuffisance professionnelle alléguée par l'employeur constitue un motif de licenciement matériellement vérifiable qui peut être précisé et discuté devant les juges du fond.

Cass. soc. 3 octobre 2007, n° 06-42.646. Voir aussi cass. soc. 9 janvier 2002, n° 99-45.395.

C'est à tort que, pour décider que le licenciement d'un salarié était dépourvu de cause réelle et sérieuse, une cour d'appel a retenu que le statut conventionnel, sur le fondement duquel l'employeur avait entendu se placer pour rompre les relations de travail, prévoyait que le licenciement ne pouvait être prononcé qu'en cas d'insuffisance professionnelle, résultant d'une incapacité professionnelle dûment constatée et que la lettre de licenciement ne se référait pas à des motifs d'insuffisance professionnelle, alors que la lettre de licenciement au salarié, qui lui faisait grief de son comportement improductif, de son incapacité à effectuer certaines tâches qu'elle dénommait, de son refus d'accomplir d'autres opérations et de son manque de rigueur dans l'exécution des travaux administratifs, constituait l'énoncé d'un motif précis d'insuffisance professionnelle qu'il incombait au juge du fond de vérifier.

Cass. soc. 29 mai 2002, n° 00-43.506.

Un salarié chargé de la promotion et de la prospection des produits dans une société de vente de matériel de soins, a été licencié pour non-respect de la politique commerciale, non-respect du plan de marche, problèmes dans le suivi des essais et problèmes de suivi administratif.

Après avoir constaté que l'employeur ne lui reprochait pas de faute mais une insuffisance professionnelle, une cour d'appel a relevé que les reproches développés dans la lettre de licenciement étaient basés sur des considérations statistiques mais aucunement sur des objectifs contractuellement définis ou dont la non-réalisation impliquerait nécessairement que soit établie une insuffisance d'activité, et a pu décider que le licenciement de l'intéressé ne reposait sur aucune cause réelle et sérieuse.

Cass. soc. 31 octobre 2007, n° 06-43.756.

Le grief d'insuffisance professionnelle invoqué dans une lettre de licenciement peut être établi par un rapport de l'Inspection générale des affaires sociales.

Cass. soc. 22 novembre 2000, n° 98-43.123.

Après trois ans de travail, l'employeur ne peut faire subir à un salarié des tests de connaissance pour en déduire ensuite une insuffisance professionnelle.

Cass. soc. 19 décembre 2000, n° 98-44.362. Voir cependant cass. soc. 27 mai 1998, n° 96-40.871.

Après avoir retenu que l'employeur, qui avait témoigné une grande confiance à un salarié en le reconduisant dans ses fonctions à une date déterminée, avec l'intégralité de ses responsabilités, ne pouvait lui reprocher une insuffisance professionnelle dans son activité antérieure à cette date, une cour d'appel a pu décider que le licenciement ne procédait pas d'une cause réelle et sérieuse.

Cass. soc. 10 décembre 2008, n° 07-42.310.

L'insuffisance professionnelle est appréciée au regard des responsabilités du salarié,...

Après avoir relevé que le fait pour un directeur financier de laisser improductive une somme de 5 000 000 F révélait une insuffisance professionnelle, une cour d'appel a estimé ce motif suffisamment sérieux pour justifier le licenciement.

Cass. soc. 3 juillet 2001, n° 99-42.903.

Ayant constaté que la formation personnalisée d'une quinzaine de jours dispensée à une salariée, seulement titulaire d'un brevet de technicien, était insuffisante pour lui permettre l'exercice des fonctions de seule comptable de l'entreprise, qui lui étaient en réalité imparties, une cour d'appel a pu décider que son licenciement pour insuffisance professionnelle était dépourvu de cause réelle et sérieuse.

Cass. soc. 29 novembre 2007, n° 05-42.004.

… ou de son attitude.

Ayant retenu les griefs tirés de l'absence de concertation et de collaboration d'une salariée avec ses collègues et d'un dysfonctionnement chronique et sévère de communication méfiante et belliqueuse, une cour d'appel a caractérisé l'insuffisance professionnelle de la salariée et, exerçant les pouvoirs qu'elle tient de l'article L. 1235-1 CT, décidé que son licenciement reposait sur une cause réelle et sérieuse.

Cass. soc. 10 avril 2013, n° 11-28.032.

Si l'employeur ne satisfait pas à son obligation d'adaptation, il ne peut valablement licencier un salarié pour insuffisance professionnelle.

Ayant relevé que les erreurs d'une salariée avaient été commises sur une courte période après la mise en place d'un nouveau logiciel et que l'employeur n'avait pas satisfait à son obligation d'adapter la salariée à l'évolution de son emploi, une cour d'appel a pu décider, en vertu de son pouvoir souverain d'appréciation, que le licenciement de l'intéressée ne procédait pas d'une cause réelle et sérieuse.

Cass. soc. 21 octobre 1998, n° 96-44.109. Voir aussi cass. soc. 16 septembre 2009, n° 08-42.554.

De même, lorsque des dispositions conventionnelles obligent l'employeur, avant l'engagement de la procédure de licenciement, à rechercher le moyen de confier au salarié un autre poste lorsque l'insuffisance résulte d'une mauvaise adaptation de l'intéressé à ses fonctions, le non-respect de cette obligation prive le licenciement de cause réelle et sérieuse.

Selon l'article 26, al. 1er de la convention collective nationale de la banque, relatif au licenciement pour motif non disciplinaire, avant d'engager la procédure de licenciement, l'employeur doit avoir considéré toutes solutions envisageables, notamment recherché le moyen de confier au salarié un autre poste lorsque l'insuffisance résulte d'une mauvaise adaptation de l'intéressé à ses fonctions ; il en résulte que la méconnaissance par l'employeur de cette obligation prive le licenciement de cause réelle et sérieuse.

Un salarié a été engagé le 12 décembre 2005 en qualité de fondé de pouvoir par une banque au sein de laquelle il a occupé en dernier lieu la fonction de sous-directeur ; il a été licencié pour insuffisance professionnelle le 22 décembre 2008 ; contestant le bien-fondé de son licenciement, il a saisi la juridiction prud'homale de diverses demandes.

Ayant relevé que la lettre de licenciement faisait état des carences techniques et insuffisances du salarié de sorte qu'il n'était pas parvenu à atteindre le niveau requis pour son positionnement au sein de la banque, ce dont elle a pu déduire que le licenciement avait été prononcé en raison de la mauvaise adaptation de l'intéressé à ses fonctions, une cour d'appel, qui a constaté que l'employeur ne justifiait, ni n'alléguait avoir considéré toutes solutions envisageables préalables à l'engagement de la procédure de licenciement et fait ressortir qu'il n'avait pas recherché le moyen de confier au salarié un autre poste, a pu condamner l'employeur à payer au salarié une somme à titre de dommages-intérêts pour licenciement sans cause réelle et sérieuse.

Cass. soc. 17 décembre 2014, n° 13-22.890, 1er moyen du pourvoi principal, BC V n° 301.

La circonstance que des avertissements disciplinaires antérieurs ont été notifiés au salarié pour des faits liés à l'exercice de ses fonctions ne prive pas l'employeur de la possibilité de licencier le salarié en invoquant son insuffisance professionnelle, pour des faits nouveaux de même nature.

Cass. soc. 15 septembre 2009, n° 07-43.478, 2e moyen. Voir aussi cass. soc. 5 février 2014, n° 12-28.831, 4e moyen.

En revanche, l'alignement conventionnel des conditions de licenciement des salariés en arrêt de travail pour maladie ordinaire sur les conditions légales prévues en faveur des salariés placés en arrêt de travail pour maladie professionnelle prive l'employeur de la possibilité de licencier un salarié pour insuffisance professionnelle pendant une période d'arrêt maladie.

Selon l'article 4.08 de la convention collective nationale du commerce et de la réparation de l'automobile, du cycle et du motocycle et des activités connexes ainsi que du contrôle technique automobile du 15 janvier 1981, étendue par arrêté du 30 octobre 1981, la maladie ou l'accident de la vie courante ou de trajet ne constituent pas en soi une cause de rupture du contrat de travail, et l'employeur ne peut résilier le contrat à durée indéterminée que s'il justifie d'une faute grave ou d'une faute lourde ou de l'impossibilité de maintenir ce contrat pour un motif non lié à l'accident ou à la maladie.

Un salarié, placé en arrêt de travail du 30 janvier au 7 février 2014, puis à nouveau et de manière ininterrompue à compter du 13 février 2014, s'est vu notifier par son employeur son licenciement pour insuffisance professionnelle le 21 mai 2014.

C'est à bon droit qu'une cour d'appel a déduit des dispositions conventionnelles précitées que, les partenaires sociaux ayant aligné les conditions de licenciement du salarié placé en arrêt de travail pour maladie sur celles légales du licenciement du salarié placé en arrêt de travail pour maladie professionnelle de l'article L. 1226-9 CT, l'impossibilité de maintenir le contrat pour un motif non lié à l'accident ou à la maladie ne pouvait résulter que de circonstances indépendantes du comportement du salarié, de sorte que l'employeur ne pouvait, pendant cette période de suspension, procéder au licenciement du salarié pour insuffisance professionnelle, et a condamné l'employeur au paiement d'une somme à titre d'indemnité pour licenciement sans cause réelle et sérieuse.

Cass. soc. 27 mars 2019, n° 17-27.047, à paraître.

L'insuffisance professionnelle ne constitue pas une faute disciplinaire

L'insuffisance professionnelle, sauf mauvaise volonté délibérée du salarié, ne constitue pas une faute.

Cass. soc. 17 février 2004, n° 01-45.643. Voir aussi cass. soc. 22 juin 2016, n° 15-10.149.

Après avoir relevé que le retard avec lequel un salarié avait traité des éléments comptables et effectué des « relances fournisseurs » ne procédait pas d'une mauvaise volonté délibérée, une cour d'appel a pu décider que le comportement de l'intéressé constituait une insuffisance professionnelle et que, ne caractérisant aucune faute, il ne pouvait justifier un licenciement de nature disciplinaire.

Cass. soc. 31 mars 2010, n° 08-70.277.

La modification du contrat de travail ayant pour cause l'insuffisance professionnelle du salarié ne s'analyse pas en une modification intervenue dans le cadre d'une poursuite disciplinaire et le conseil de discipline institué par la convention collective n'a pas à être saisi.

Une cour d'appel, qui a vérifié que la modification du contrat de travail, proposée par l'employeur et acceptée par le salarié, avait pour cause l'insuffisance professionnelle de ce dernier, a exactement décidé que cette modification n'étant pas intervenue dans le cadre d'une poursuite disciplinaire, le conseil de discipline institué par la convention collective n'avait pas à être saisi.

Cass. soc. 16 décembre 1998, n° 96-42.609, BC V n° 565.

☛ *Insuffisance de résultats.*

Insuffisance de résultats

Certains salariés sont tenus d'atteindre des résultats précis, le plus souvent en vertu d'une clause de quotas insérée dans leur contrat de travail mais également du fait d'objectifs fixés unilatéralement par l'employeur. Le fait de ne pas les atteindre peut justifier un licenciement, à condition que les objectifs assignés aux salariés soient réalisables.

Non-respect d'une clause contractuelle d'objectifs

L'insuffisance de résultats ne peut constituer en soi une cause de licenciement.

Les juges doivent rechercher si le fait de ne pas avoir atteint les objectifs résulte soit d'une insuffisance professionnelle, soit d'une faute imputable au salarié.

Cass. soc. 12 février 2002, n° 99-42.878, BC V n° 65. Voir aussi cass. soc. 18 mai 2005, n° 03-40.579 ; cass. soc. 26 novembre 2008, n° 07-43.633.

Une clause du contrat de travail ne peut valablement prévoir que la non-réalisation des objectifs définis justifiera le licenciement du salarié.

Aucune clause du contrat de travail ne peut valablement décider qu'une circonstance quelconque constituera une cause de licenciement. Il appartient au juge d'apprécier, dans le cadre des pouvoirs qu'il tient de l'article L. 122-14-3 CT, si les faits invoqués par l'employeur dans la lettre de licenciement peuvent caractériser une cause réelle et sérieuse de licenciement.

Un avenant au contrat de travail d'une salariée prévoyait que la non-réalisation d'un ou de plusieurs objectifs, à concurrence de 20 % de l'objectif annuel sur chaque trimestre et pendant deux trimestres consécutifs, pourrait être considérée par l'employeur comme un motif de rupture du contrat de travail. Ayant été licenciée au motif pris, notamment, de la non-atteinte, pendant deux trimestres consécutifs, des objectifs, la salariée avait saisi la juridiction prud'homale d'une demande tendant au paiement d'une indemnité pour licenciement sans cause réelle et sérieuse.

C'est à tort que, pour rejeter sa demande, une cour d'appel a énoncé que les objectifs sur le chiffre d'affaires local facturé n'ayant pas été atteints et les conditions de la rupture étant remplies, le licenciement reposait sur une cause réelle et sérieuse, alors qu'il lui appartenait d'apprécier, d'une part, si les objectifs, fussent-ils définis au contrat, étaient réalistes, d'autre part, si la salariée était en faute pour ne pas les avoir atteints.

Cass. soc. 14 novembre 2000, n° 98-42.371, BC V n° 367.

C'est à tort qu'une cour d'appel a déclaré fondé le licenciement d'un salarié, dont le contrat de travail stipulait qu'il devait atteindre un niveau minimal de production annuelle, alors qu'il lui appartenait d'apprécier, d'une part, si les objectifs fixés étaient réalistes, d'autre part, si le salarié était en faute pour ne pas les avoir atteints.

Cass. soc. 2 mars 2005, n° 02-46.534.

Pour justifier un licenciement, le juge doit vérifier que l'insuffisance de résultats est le fait du salarié…

Une salariée, gérante d'un magasin, avait été licenciée par une lettre rédigée de la manière suivante : « cette mesure est motivée par votre dernier résultat d'inventaire du 20 novembre 1995 faisant apparaître un déficit de plus de 199 000 F représentant une perte de 3,49 % du chiffre d'affaires textile et de 1,61 % du chiffre d'affaires chaussures, dont la gravité ne nous permet pas de continuer à vous confier la responsabilité du magasin ».

C'est à tort que, pour dire que le licenciement de la salariée reposait sur une cause réelle et sérieuse, une cour d'appel a retenu que si la convention des parties interdisait à l'employeur d'invoquer à l'appui de la rupture du contrat de travail des déficits d'inventaires qui ne s'inscrivent pas dans le cadre de la clause souscrite (deux inventaires successifs faisant apparaître un déficit d'au moins 2 %), il se trouvait qu'en l'espèce, le déficit observé le 20 novembre 1995 non seulement excédait 2 % du chiffre d'affaires, mais encore faisait suite à un déficit d'inventaire également supérieur à 2 % constaté le 18 avril 1995 de sorte que le licenciement motivé par l'insuffisance des résultats dans la gestion du magasin au vu du dernier inventaire était justifié tant au regard du fait qu'au regard de la convention des parties.

En effet, d'une part, le déficit d'inventaire du 18 avril 1995 n'était pas invoqué dans la lettre de licenciement qui fixe les limites du litige et, d'autre part, il lui incombait en toute hypothèse de rechercher si le déficit d'inventaire résultait d'une faute de la salariée.

Cass. soc. 6 février 2001, n° 98-45.850, BC V n° 45.

L'insuffisance de résultats trouvant sa cause dans la déconfiture de l'employeur, une cour d'appel a pu décider, dans l'exercice de son pouvoir souverain d'appréciation, que le licenciement de la salariée était sans cause réelle et sérieuse.

Cass. soc. 8 avril 1998, n° 96-40.803.

L'insuffisance de résultats ne constitue pas en soi une cause réelle et sérieuse de licenciement.

Pour débouter un salarié licencié pour insuffisance de résultats, de sa demande de dommages-intérêts pour licenciement sans cause réelle et sérieuse, une cour d'appel a retenu que l'intéressé ne contestait pas la baisse du chiffre d'affaires et ne démontrait pas que les objectifs étaient irréalisables.

En se déterminant ainsi, sans rechercher, d'une part, si les objectifs avaient été fixés et s'ils étaient réalistes et, d'autre part, si le salarié était en faute de ne pas les avoir atteints compte tenu des modifications structurelles intervenues dans l'entreprise, la cour d'appel n'a pas légalement justifié sa décision.

Cass. soc. 19 octobre 2007, n° 05-45.980, 1er moyen.

… et que les objectifs contractuellement fixés étaient réalisables.

L'insuffisance de résultats au regard des objectifs fixés ne constitue pas une cause de rupture privant le juge de son pouvoir d'appréciation de l'existence d'une cause réelle et sérieuse de licenciement.

Ayant constaté que les objectifs étaient très difficiles à atteindre compte tenu des conditions d'exploitation du magasin et de la faible marge de manœuvre du salarié, une cour d'appel, exerçant le pouvoir d'appréciation qu'elle tient de l'article L. 122-14-3 CT, a décidé que le licenciement du salarié, motif pris de l'insuffisance de résultats par rapport aux objectifs contractuellement fixés, était sans cause réelle et sérieuse.

Cass. soc. 3 février 1999, n° 97-40.606, BC V n° 56. Voir aussi cass. soc. 13 mars 2001, n° 99-41.812, BC V n° 86 ; cass. soc. 3 octobre 2007, n° 06-42.121.

Après avoir constaté que les objectifs acceptés par un salarié, qui disposait des moyens nécessaires à leur accomplissement, étaient réalisables et qu'il n'était pas établi que le secteur d'activité connaissait des difficultés particulières de nature à expliquer les résultats limités de l'intéressé, une cour d'appel, qui a fait ressortir que la non-réalisation des objectifs était due à l'insuffisance professionnelle du salarié, a pu débouter ce dernier de sa demande d'indemnité pour licenciement sans cause réelle et sérieuse.

Cass. soc. 2 décembre 2003, n° 01-44.192.

Lorsque la clause contractuelle d'objectifs n'est pas réalisable, le licenciement ne procède pas d'une cause réelle et sérieuse.

La seule insuffisance de résultats ne peut, en soi, constituer une cause de licenciement.

C'est à tort que, pour débouter un salarié, licencié pour manque de résultats, de sa demande de dommages-intérêts pour licenciement sans cause réelle et sérieuse, une cour d'appel a retenu que les objectifs signés en connaissance de cause n'avaient pas été réalisés, ce qui caractérisait le manque de résultats reproché dans la lettre de licenciement et qu'il était sans utilité de soutenir que les objectifs n'avaient été fixés que pour la détermination de la rémunération, sans rechercher si, comme le soutenait le salarié, les résultats n'étaient pris en compte dans le contrat que pour déterminer la prime trimestrielle et sans vérifier que les objectifs définis étaient raisonnables et compatibles avec le marché.

Cass. soc. 30 mars 1999, n° 97-41.028, BC V n° 143. Voir aussi cass. soc. 13 décembre 1995, n° 92-41.023, 2e moyen.

En cas de licenciement disciplinaire pour insuffisance de résultats, il appartient à l'employeur d'établir que les objectifs fixés étaient réalisables et que le salarié était en faute de ne pas les avoir atteints.

Après avoir constaté qu'un employeur ayant prononcé un licenciement disciplinaire pour insuffisance de résultats n'avait pas justifié de ce que les objectifs fixés étaient réalisables et de ce que le salarié était en faute de ne pas les avoir atteints, c'est à bon droit qu'une cour d'appel en a déduit que le licenciement était sans cause réelle et sérieuse.

Cass. soc. 6 novembre 2008, n° 07-43.363.

L'insuffisance de résultats n'est pas établie si le salarié a réalisé un résultat proche de celui contractuellement fixé…

Une cour d'appel a pu, dans l'exercice de son pouvoir souverain d'appréciation, décider que le fait pour un salarié de ne pas avoir réalisé le chiffre d'affaires contractuellement fixé ne constituait pas une cause réelle et sérieuse de licenciement dès lors que le résultat atteint était proche de celui prévu au contrat de travail.

Cass. soc. 26 janvier 1994, n° 92-40.325.

… ou s'il a reçu des instructions multiples et contradictoires…

Les juges du fond ont pu souverainement décider qu'il ne pouvait être sérieusement reproché à un salarié, directeur commercial, ni son insuffisance de résultats, ni l'élaboration de prévisions erronées, ni même une activité insuffisante pour justifier son licenciement, le salarié s'étant heurté à des instructions multiples, tatillonnes et contradictoires. Ils ont pu en déduire que ce licenciement ne procédait pas d'une cause réelle et sérieuse.

Cass. soc. 9 mars 1994, n° 92-43.399.

… ou si l'employeur a sciemment maintenu le salarié à un poste qu'il était incapable de tenir.

Une salariée, employée depuis 1968 en qualité d'ouvrière manutentionnaire au sein du service expédition, a été affectée, en décembre 1995, à un poste de travail de l'atelier de montage soumis au contrôle des cadences. Après avoir reçu un avertissement et une mise en garde en raison d'une cadence inférieure à l'objectif fixé, la salariée a été licenciée le 11 juillet 1996 pour insuffisance de résultats.

L'employeur a, en vertu de l'article L. 932-2 CT, l'obligation d'assurer l'adaptation de ses employés à l'évolution de leurs emplois. La cour d'appel, ayant relevé que l'employeur avait sciemment maintenu la salariée à un poste qu'elle était incapable de tenir, a caractérisé un abus de droit, de sorte que l'insuffisance de résultats de l'intéressée dans l'accomplissement de ses nouvelles fonctions ne pouvait constituer une cause sérieuse de licenciement.

Cass. soc. 29 mai 2002, n° 00-40.996.

La période d'appréciation des résultats doit être suffisamment longue pour être probante.

La période d'appréciation des résultats obtenus par le salarié doit être probante.

Ayant relevé qu'un salarié avait été en arrêt de travail pour maladie pendant deux mois et demi sur la période de quatre mois impartie par l'employeur pour atteindre le nouvel objectif qui lui avait été fixé, une cour d'appel a pu souverainement décider que l'insuffisance des résultats obtenus par le salarié ne constituait pas une cause réelle et sérieuse de licenciement.

Cass. soc. 3 novembre 1993, n° 92-40.365, 1er moyen.

L'employeur ne peut reprocher au salarié l'insuffisance de ses résultats annuels par une projection de ceux-ci à la fin de l'année.

Après avoir constaté qu'un technico-commercial s'était vu assigner, en application de son contrat de travail, un objectif annuel de chiffre d'affaires pour 2002, une cour d'appel a pu décider que l'employeur ne pouvait lui reprocher au 31 août 2002 l'insuffisance de ses résultats annuels par une projection de ceux-ci à la fin de l'année alors que la période de septembre à décembre restait à courir, et souverainement en déduire que son licenciement était sans cause réelle et sérieuse.

Cass. soc. 29 septembre 2009, n° 07-45.722, 1er moyen.

En présence d'une insuffisance objective des résultats, l'employeur n'est pas nécessairement tenu d'attendre la fin de la période fixée au contrat pour licencier le salarié.

Un salarié avait été engagé comme cadre commercial aux termes d'un contrat précisant qu'à l'issue de la première année, en cas de non-réalisation des objectifs fixés contractuellement, l'employeur se réservait le droit de mettre fin au contrat sans préavis ni indemnité. Licencié au bout de trois mois, le salarié avait saisi la juridiction prud'homale pour obtenir le paiement de diverses indemnités.

Interprétant les clauses du contrat qui n'étaient ni claires ni précises, une cour d'appel a estimé que l'employeur n'était pas tenu, en l'état d'une insuffisance objective de résultats, d'attendre la fin de la période d'un an fixée au contrat pour licencier le salarié et que cette insuffisance constituait une cause réelle et sérieuse de licenciement.

Cass. soc. 29 janvier 1998, n° 95-43.994, 1er moyen. Voir aussi cass. soc. 17 mai 2000, n° 98-42.384.

En l'absence de clause contractuelle, l'insuffisance de résultats est appréciée souverainement par les juges

Les objectifs peuvent être définis unilatéralement par l'employeur dans le cadre de son pouvoir de direction.

Un salarié avait été embauché en qualité de collaborateur commercial avec la qualification d'inspecteur régional. Après avertissement de son employeur pour insuffisance persistante de ses résultats et pour carences et négligences relevées dans l'exécution de sa tâche, il a été licencié par lettre du 7 juin 1995 pour insuffisance de ses résultats commerciaux rendant illusoire la réalisation de ses objectifs et absence de prise en compte des directives données par le directeur commercial.

Doit être rejeté le pourvoi du salarié faisant grief à une cour d'appel d'avoir décidé que son licenciement était justifié par une cause réelle et sérieuse et de l'avoir débouté de sa demande en paiement d'une indemnité de licenciement. Après avoir vérifié que les objectifs définis au contrat étaient réalistes et constaté, qu'en dépit d'une mise en garde et d'un avertissement, les résultats du salarié n'avaient cessé de se dégrader sans que l'intéressé puisse imputer cette baisse à des causes extérieures, la cour d'appel a pu retenir l'existence d'une faute du salarié.

Cass. soc. 22 mai 2001, n° 99-41.838, BC V n° 180. Voir aussi cass. soc. 17 décembre 2003, n° 01-44.851 ; cass. soc. 26 novembre 2008, n° 07-43.633.

Lorsque les objectifs sont définis unilatéralement par l'employeur dans le cadre de son pouvoir de direction, celui-ci peut les modifier dès lors qu'ils sont réalisables et qu'ils ont été portés à la connaissance du salarié en début d'exercice.

Cass. soc. 2 mars 2011, n° 08-44.977, 1re et 2e branches du 1er moyen, BC V n° 55. Voir aussi cass. soc. 6 octobre 2016, n° 15-15.672, 1er moyen ; cass. soc. 9 mai 2019, n° 17-20.767, pourvoi incident.

Le fait de ne pas atteindre les objectifs fixés unilatéralement par l'employeur ne constitue pas, à lui seul, une cause réelle et sérieuse de licenciement, en l'absence d'éléments de nature à établir une carence du salarié dans l'exécution de son travail.

Cass. soc. 22 février 2000, n° 97-45.724.

Lorsqu'il est démontré que l'insuffisance de résultats est due à une insuffisance professionnelle, les juges n'ont pas à rechercher une éventuelle faute du salarié.

Si l'insuffisance de résultats ne peut constituer en soi une cause de licenciement, une cour d'appel, qui a constaté, d'une part, le caractère réaliste des objectifs fixés par un employeur et, d'autre part, que le fait de ne pas avoir atteint ces objectifs résultait d'une insuffisance professionnelle du salarié, n'avait pas à relever une faute de ce dernier pour décider que le licenciement avait une cause réelle et sérieuse.

Doit être cassé l'arrêt qui, pour annuler le redressement dont une société avait fait l'objet, a énoncé que si l'accord d'intéressement prévoyait que les salariés licenciés pour faute grave ou lourde étaient exclus du bénéfice de l'intéressement, aucun licenciement de cette nature n'était intervenu en 1988 et que la disposition en cause avait été supprimée en 1989, alors que, pour ouvrir droit à exonération des cotisations de sécurité sociale, l'accord doit bénéficier à l'ensemble du personnel et que l'exclusion des salariés licenciés pour faute grave ou lourde fait échec à une telle exonération, peu important que de tels licenciements ne soient pas intervenus au cours de l'exercice considéré.

Cass. soc. 9 mai 1996, n° 94-17.175, BC V n° 181. Voir aussi cass. soc. 11 mai 1995, n° 92-13.270, déclarant incompatible avec le caractère collectif de l'intéressement une clause excluant les salariés qui, même comptant plus d'un an d'ancienneté, auraient quitté l'entreprise en cours d'exercice.

Le fait de calculer l'intéressement en fonction des performances individuelles de chaque salarié constitue un mode de rémunération individuelle et non collective, qui justifie la réintégration par l'URSSAF des primes dans l'assiette des cotisations.

Cass. soc. 9 mai 1996, n° 93-21.888, BC V n° 182.

La clause d'un accord d'intéressement, en instituant une pénalisation des absences et non une répartition de l'intéressement en fonction de la durée de présence dans l'entreprise au cours de l'exercice, prive les primes du caractère de rémunération collective, de sorte que celles-ci ne peuvent ouvrir droit à exonération.

Cass. soc. 1er avril 1999, n° 97-17.515, BC V n° 150.

La disposition d'un accord d'intéressement ayant pour effet d'exclure du bénéfice de l'intéressement non seulement les salariés ayant moins de six mois d'ancienneté au cours de l'exercice, mais aussi ceux qui, remplissant la condition d'ancienneté, ne justifieraient pas de six mois de présence en raison d'absences non assimilées à un temps de travail effectif, ôte leur caractère de rémunération collective aux primes distribuées en exécution de l'accord. Peu importe à cet égard l'application qui a pu être faite de l'accord et l'action indemnitaire dont disposeraient les salariés.

Cass. soc. 21 octobre 2003, n° 01-21.353, BC V n° 257.

Ayant relevé qu'un accord d'intéressement soumettait le calcul de la prime d'intéressement à l'application conjuguée de deux critères liés au salaire et à l'absentéisme et qu'il était de nature à priver certains salariés de tout intéressement pour un exercice donné, une cour d'appel a pu décider que ces stipulations n'étaient pas conformes au caractère collectif de l'intéressement et que les primes distribuées devaient être soumises à cotisations sociales.

Cass. soc. 14 juin 2005, n° 03-16.083.

▬ ***La clause d'un accord d'intéressement excluant les salariés détachés à l'étranger dans une succursale est réputée non écrite.*** ▬

En effet, il résulte de l'article L. 3342-1 CT que tous les salariés de l'entreprise où a été conclu un accord d'intéressement doivent avoir la possibilité de bénéficier de la répartition des résultats de l'entreprise, sans que puisse leur être opposé le fait qu'ils n'exécutent pas leur activité en France ou qu'ils n'y sont pas rémunérés.

Cass. soc. 6 juin 2018, n° 17-14.372, 2e moyen, à paraître.

▬ ***Il résulte de l'article L. 3314-5 CT que les périodes de suspension du contrat de travail consécutives à un accident du travail sont assimilées, sans limitation de durée, à des périodes de présence ; il en est de même pour les périodes non travaillées dans le cadre d'un travail à temps partiel thérapeutique consécutif à un accident du travail.*** ▬

Cass. soc. 16 juin 2011, n° 08-44.616, 1er moyen du pourvoi incident.

▬ ***En cas de transfert de salariés, les disparités entre rémunérations provoquées par leur reprise ne peuvent être résolues, même au nom du principe « à travail égal, salaire égal », par le renoncement de ces derniers aux avantages de l'intéressement en vigueur dans l'entreprise qui les reprend.*** ▬

Les disparités entre rémunérations provoquées par la reprise de salariés en application de l'article L. 122-12, devenu L. 1224-1 CT, ne peuvent être résolues, même au nom du principe « à travail égal, salaire égal », par le renoncement de ces derniers aux avantages de l'intéressement en vigueur dans l'entreprise qui les reprend ; un tel renoncement remet nécessairement en cause le caractère de rémunération collective que, selon l'article L. 3314-2 CT, doit présenter l'intéressement pour ouvrir droit à l'exonération des cotisations sociales.

Cass. civ., 2e ch., 12 mars 2009, n° 08-10.770.

L'intéressement doit être lié aux résultats ou aux performances de l'entreprise

Ayant constaté que le seuil à partir duquel le plan d'intéressement pouvait être appliqué ne résultait pas de l'accord lui-même, mais était laissé à l'entière discrétion de l'employeur, une cour d'appel a pu en déduire qu'il n'était pas lié aux résultats de l'entreprise.

Cass. soc. 20 mars 1997, n° 95-16.930, BC V n° 122.

L'intéressement dont la formule de calcul fait dépendre le versement et le montant de la prime du niveau atteint par la contribution du personnel à la valeur ajoutée instaure une rémunération collective et est lié à la performance de l'entreprise.

Une société avait conclu un accord d'intéressement prévoyant un calcul mensuel de l'intéressement selon une formule faisant dépendre le versement et le montant de la prime du niveau atteint par la contribution du personnel à la valeur ajoutée. L'URSSAF avait notifié à la société son refus d'exonérer des cotisations sociales les sommes qui seraient versées aux salariés en exécution de cet accord.

Doit être cassé l'arrêt qui, pour décider que les sommes distribuées aux salariés de l'entreprise en application de l'accord litigieux devaient être soumises à cotisations sociales, a retenu que seul un exercice complet permettait d'apprécier les performances de l'entreprise, qu'une prime d'intéressement, versée mensuellement et dont le montant dépendait en tout ou partie de la performance individuelle du bénéficiaire, ne se distinguait pas d'une prime de rendement ou pour surcroît d'activité et que l'intéressement devait traduire un progrès de l'entreprise.

En effet, l'article L. 441-2 CT, dans sa rédaction en vigueur à la date de conclusion de l'accord, n'interdisait pas de calculer et de verser l'intéressement selon une périodicité inférieure à un an et les modalités de calcul de l'intéressement retenues par l'accord, en prévoyant, d'une part, que la masse de l'intéressement était fonction de la part de la valeur ajoutée due au personnel et correspondait au rapport entre l'activité brute de l'entreprise et la durée effective de travail de l'ensemble des salariés et, d'autre part, que l'attribution d'un intéressement était subordonnée à la réalisation par les salariés d'une valeur ajoutée minimale, instauraient une rémunération collective et étaient liées à la performance de l'entreprise.

Cass. soc. 7 avril 2004, n° 02-30.797, BC V n° 109.

Les conditions relatives à la performance de l'entreprise s'apprécient à la date fixée par l'accord d'intéressement, peu important les évènements ultérieurs.

Il résulte de l'accord d'intéressement d'un club de football qui prévoit que l'intéressement sera calculé si, à l'issue de la saison sportive, le club se maintient dans le championnat national au cours de la saison suivante, que la prime d'intéressement n'est due que si au 30 juin de l'année en cours, terme de la saison sportive, le club s'est maintenu en championnat national, peu important la décision administrative ultérieure de réintégration du club dans ce championnat.

Cass. soc. 18 janvier 2018, n° 16-25.820, à paraître.

L'intéressement peut prendre en considération des critères tenant à l'amélioration de la sécurité dans l'entreprise

Selon l'alinéa 1er de l'article 2 de l'ordonnance 86-1134 du 21 octobre 1986, applicable en la cause, les accords d'intéressement doivent, pour ouvrir droit aux exonérations de cotisations sociales, instituer soit un intéressement des salariés lié aux résultats ou à l'accroissement de la productivité, soit tout autre mode de rémunération collective contribuant à réaliser l'intéressement. Les obligations pesant sur l'employeur en matière de sécurité ne sont pas exclusives de celles incombant au salarié qui, aux termes de l'article L. 230-3 CT, doit prendre soin, en fonction de sa formation et selon ses possibilités, de sa sécurité et de sa santé ainsi que de celles des autres personnes concernées du fait de ses actes ou omissions ; il en résulte que des accords d'intéressement peuvent, sans en méconnaître le caractère collectif, prendre en considération des critères tenant à l'amélioration de la sécurité dans l'entreprise.

Il ressort des énonciations du juge du fond que l'accord litigieux (intéressement des salariés prévoyant la prise en considération du taux de fréquence des accidents du travail) ne peut aboutir à la diminution ou à la suppression de la prime d'intéressement que pour l'ensemble des salariés d'un établissement, dont aucun n'est susceptible d'être désavantagé, qu'il n'a pas pour conséquence de sanctionner l'absence d'un salarié consécutive à un accident du travail et qu'il ne fait pas obstacle au principe de la responsabilité, tant civile que pénale, des employeurs ou chefs d'établissement.

C'est dès lors à bon droit que le tribunal a décidé que les primes d'intéressement devaient être exclues de l'assiette des cotisations.

Cass. soc. 24 septembre 2002, n° 00-18.290, BC V n° 277.

La prime d'intéressement doit avoir un caractère aléatoire

En cas de litige, il appartient aux juges de vérifier si la formule de calcul prévue par l'accord satisfait ou non à cette exigence légale. Alors qu'auparavant, la Cour de cassation exerçait son contrôle sur ce point…

Une prime d'intéressement calculée au regard de la valeur ajoutée satisfait à la condition de l'aléa posée par la loi, celle-ci n'étant pas indépendante de l'activité de l'entreprise et le comportement des salariés étant susceptible d'influer sur le montant des ventes sur la base duquel la valeur ajoutée est calculée.

Cass. soc. 24 octobre 1996, n° 94-16.484, BC V n° 346. Voir aussi cass. soc. 10 octobre 1996, n° 94-14.710, s'agissant du caractère aléatoire d'une prime versée en fonction des objectifs réalisés par les salariés.

La condition d'une capacité d'autofinancement positive, liée à l'activité de l'entreprise, et dont la réalisation n'est pas certaine, présente en elle-même un caractère aléatoire.

Cass. soc. 18 janvier 2001, n° 99-15.129.

… elle considère aujourd'hui que l'appréciation du caractère aléatoire relève du pouvoir souverain des juges du fond.

Cass. soc. 17 décembre 2002, n° 01-20.472, BC V n° 394.

Néanmoins, la Cour de cassation maintient son contrôle sur la motivation des juges du fond : dès lors qu'ils constatent l'existence d'un aléa, même faible, les juges doivent en déduire que l'accord d'intéressement satisfait aux exigences légales.

Il résulte de l'article L. 441-2 CT que pour ouvrir droit aux exonérations de cotisations sociales, les accords d'intéressement doivent instituer un intéressement collectif des salariés présentant un caractère aléatoire et résultant d'une formule de calcul liée aux résultats ou aux performances de l'entreprise.

C'est à tort que, pour rejeter le recours d'une société contre la décision de l'URSSAF de réintégrer dans l'assiette de ses cotisations les sommes versées aux salariés d'un établissement de cette société au titre d'un accord d'intéressement, un tribunal des affaires de sécurité sociale a énoncé que cet accord, prévoyant un intéressement aux performances égal à la moyenne de ce qui est versé dans tous les autres établissements à ce titre, induit un aléa faible, alors qu'il constate l'existence d'un aléa.

Cass. soc. 2 juillet 2003, n° 00-22.101, 3e moyen.

La répartition de l'intéressement doit être égale pour toutes les catégories professionnelles

L'accord prévoyant des modalités de calcul de la prime d'intéressement spécifiques aux VRP est illicite.

Si l'article L. 3314-1 CT autorise la mise en œuvre de modalités de calcul de la prime d'intéressement différentes selon les établissements et les unités de travail, les critères de répartition de cette prime sont ceux prévus par l'article L. 3314-5, soit la répartition uniforme, proportionnelle à la durée de présence dans l'entreprise pendant l'exercice ou proportionnelle aux salaires ou leur combinaison.

Après avoir constaté que les accords d'intéressement conclus dans une entreprise comportaient un critère de répartition de la prime d'intéressement fondé sur le paiement aux VRP d'une part variable de rémunération, non prévu par l'article L. 3314-5 CT, c'est à bon droit qu'une cour d'appel en a déduit que l'employeur avait appliqué des accords illicites.

Cass. soc. 16 mars 2011, n° 09-72.384.

Les primes versées ne doivent pas se substituer au salaire

Les primes versées au titre d'un accord d'intéressement ne peuvent remplacer un élément de rémunération donné avant son instauration.

Constitue un élément de salaire la prime versée par l'employeur à intervalles réguliers et à l'ensemble du personnel, en fonction d'un mode de calcul obéissant à des critères précis et objectifs. Ayant constaté que cette prime soumise à cotisations avait disparu dès la mise en œuvre de l'accord d'intéressement en 1989 et qu'elle avait été remplacée par un avantage exonéré de charges, une cour d'appel a pu décider que la prime d'intéressement instaurée en 1989 devait être soumise à cotisations.

Cass. soc. 23 mai 1996, n° 94-13.462, BC V n° 201. Voir aussi cass. soc. 18 mai 1995, n° 93-16.425 ; cass. soc. 16 mars 1995, n° 92-18.706.

L'intéressement se substitue en partie à un élément du salaire versé par l'employeur lorsque la mise en œuvre de l'accord d'intéressement, comportant une formule de calcul ayant pour effet d'augmenter le produit de l'intéressement quand la prime de bilan diminue, s'accompagne d'une réduction, sans raison objective, du montant de cette prime.

Cass. soc. 17 février 2004, n° 02-30.480.

Un accord d'intéressement conclu en même temps que celui supprimant une prime réalise la substitution prohibée.

En application de l'article 4, al. 2 de l'ordonnance 86-1134 du 21 octobre 1986, alors en vigueur, les sommes versées en vertu d'un accord d'intéressement ne peuvent se substituer à aucun élément du salaire en vigueur dans l'entreprise.

C'est à tort qu'une cour d'appel a rejeté la demande d'un salarié en paiement d'un rappel de salaire au motif qu'un accord d'intéressement ne réalisait pas une substitution prohibée, alors qu'il résultait de ses constatations que l'accord d'intéressement avait été conclu en même temps que celui supprimant une prime, en sorte que cette simultanéité réalisait la substitution prohibée d'un accord d'intéressement à un élément de salaire.

Cass. soc. 9 octobre 2001, n° 98-43.905, BC V n° 305. Voir aussi cass. soc. 9 novembre 2005, n° 03-43.526.

La substitution simplement partielle à un élément du salaire n'est pas permise.

Pour ouvrir droit aux exonérations de cotisations de sécurité sociale, les sommes attribuées aux salariés en application d'un accord d'intéressement ne peuvent se substituer, même partiellement, au salaire en vigueur dans l'entreprise.

Doit être cassé l'arrêt décidant que seule doit être réintégrée la fraction dénaturée de l'intéressement, alors que dans l'hypothèse de substitution partielle de l'intéressement à des primes ayant la nature de salaire, la totalité des sommes attribuées est réintégrée dans l'assiette des cotisations.

Cass. soc. 21 mars 1996, n° 94-11.611, 1re branche du moyen unique formé par l'URSSAF, BC V n° 109. Voir aussi cass. soc. 29 octobre 1998, n° 97-11.256, BC V n° 469.

En revanche, la suppression d'une prime exceptionnelle ne caractérise pas la substitution prohibée.

Ayant retenu que la prime de résultat versée durant l'année précédant l'application de l'accord d'intéressement ne trouvait pas son origine dans un usage constant, qu'elle n'avait été attribuée qu'une seule fois et qu'elle avait été fixée discrétionnairement par l'employeur en dehors de toute disposition conventionnelle, ce qui excluait tout caractère obligatoire, une cour d'appel en a déduit exactement que cette prime ne constituait pas un élément de salaire en vigueur dans l'entreprise et a pu décider qu'il n'y avait pas eu substitution.

Cass. soc. 16 mars 1995, n° 92-18.321.

La non-conformité d'un élément de l'accord d'intéressement est sanctionnée par la réintégration des primes dans l'assiette des cotisations sociales

L'accord d'intéressement non conforme aux dispositions législatives ne donne pas lieu à exonération des primes ainsi versées.

C'est à bon droit qu'une cour d'appel a confirmé le redressement subi par une société, l'accord d'intéressement n'ayant pas respecté le principe de non-substitution au salaire.

En application d'un accord de 1984, une prime était allouée aux salariés en contrepartie ou à l'occasion de leur travail et n'était pas soumise à l'exonération de cotisations dont bénéficient les primes d'intéressement. Un nouvel accord ayant été signé, reprenant pour l'essentiel les critères et modalités de calcul de l'ancienne prime, des cotisations de sécurité sociale étaient dues sur cette prime.

Cass. soc. 9 mai 1996, n° 93-21.874, BC V n° 184.

Tout accord d'intéressement doit, en application de l'article 3 de l'ordonnance 86-1134 du 21 octobre 1986 relative à l'intéressement des salariés, préciser les critères et les modalités servant au calcul et à la répartition des produits de l'intéressement. Par suite, ne peuvent bénéficier des exonérations de cotisations sociales les sommes versées par l'employeur au titre d'un accord d'intéressement qui ne définit pas la notion d'objectifs à laquelle il se réfère.

Cass. soc. 27 juin 2000, n° 98-11.909, BC V n° 252.

Les dispositions de l'accord d'intéressement reprises dans le contrat de travail ne sont pas contractualisées

Il résulte des articles L. 3312-2 et L. 3313-2 CT que la référence dans le contrat de travail d'un salarié aux modalités de calcul de la prime d'intéressement telles que prévues par l'accord collectif alors en vigueur n'emporte pas contractualisation, au profit du salarié, de ce mode de calcul.

Un salarié ayant quitté une entreprise en adhérant à un dispositif de cessation anticipée d'activité prévu par un accord collectif du 29 janvier 2009 a signé, dans ce cadre, un avenant à son contrat de travail le 29 mars 2012, lequel reprenait les modalités du calcul de l'intéressement prévues par l'accord d'intéressement du 8 décembre 2010 alors en vigueur dans l'entreprise. À la suite de la dénonciation de l'accord du 8 décembre 2010, un nouvel accord relatif à l'intéressement des salariés pour les exercices 2012-2013-2014 a été signé le 29 juin 2012, réduisant la prime d'intéressement des salariés en dispense d'activité au tiers de la prime d'intéressement des actifs. Le salarié a alors saisi la juridiction prud'homale en 2014 d'une demande de rappel de prime d'intéressement pour les années 2012 et 2013.

C'est à bon droit qu'une cour d'appel, qui a constaté que l'accord d'intéressement du 29 juin 2012 s'était substitué à celui en vigueur au moment de la signature de l'avenant au contrat de travail du salarié, a dit applicables à ce dernier les nouvelles modalités de calcul de l'intéressement.

Cass. soc. 6 mars 2019, n° 18-10.615, à paraître.

Inventions des salariés

Toute invention brevetable, réalisée par un salarié, est susceptible d'être attribuée soit à l'employeur, soit au salarié lui-même.

Invention de mission

L'invention faite par le salarié dans l'exécution du contrat de travail comportant une mission inventive appartient à l'employeur.

Un salarié a été licencié pour faute grave, l'employeur lui reprochant d'avoir déposé, sans l'en informer, un brevet d'invention en rapport direct avec l'activité qu'il exerçait au sein de la société dans le but de l'exploiter à titre personnel, manquant ainsi à son obligation de loyauté.

Pour dire le licenciement dénué de cause réelle et sérieuse, une cour d'appel a retenu que la preuve n'était pas établie que le salarié avait travaillé à l'élaboration de ce projet dans le cadre de ses activités salariales ni que l'invention avait été réalisée au moyen de techniques de la société et de connaissances acquises auprès de celle-ci.

En statuant ainsi, sans rechercher au préalable si le contrat de travail du salarié comportait une mission inventive, la cour d'appel a privé sa décision de base légale.

Cass. soc. 21 septembre 2011, n° 09-69.927, 1er moyen, BC V n° 192.

Le salarié, auteur d'une invention, bénéficie d'une rémunération supplémentaire dans les conditions déterminées par les conventions collectives, accords d'entreprise ou le contrat de travail, pour les inventions qu'il a faites dans l'exécution, soit de son contrat de travail, soit d'études et de recherches qui lui sont explicitement confiées.

Cass. soc. 2 juin 2010, n° 08-70.138, BC V n° 125.

La juridiction appelée à se prononcer sur la propriété d'un brevet d'invention lorsque l'inventeur est un salarié doit examiner si se trouve remplie l'une ou l'autre des conditions prévues à l'article 1erter, al. 1 de la loi du 2 janvier 1968 modifiée (c. propr. intell. art. L. 611-7-1) en recherchant si l'invention a été faite par le salarié dans l'exécution soit d'un contrat de travail comportant une mission inventive qui correspond à ses fonctions effectives, soit d'études ou de recherches qui lui ont été explicitement confiées.

Les parties ayant débattu devant les premiers juges tant du contrat général de travail du salarié que des études et recherches qui pouvaient lui avoir été explicitement confiées, la cour d'appel, pour retenir que la société n'avait pas pour objet la fabrication de mélangeurs couverte par l'invention litigieuse et ne construisait que des moteurs, n'avait pas à réfuter les motifs sur lesquels s'était appuyé le tribunal, non plus que pour estimer, dans l'exercice de son pouvoir souverain d'appréciation des éléments de preuve qui lui étaient soumis, que l'invention ne relevait pas de l'article 1erter, al. 1, précité et que sa propriété pouvait être attribuée à la société moyennant un juste prix.

Cass. com. 18 décembre 1986, n° 85-14.621, BC IV n° 241.

Lorsqu'une invention de mission n'est prévue ni par le contrat de travail, ni par une convention collective, ni par un accord d'entreprise, c'est le juge qui fixe le montant de la rémunération supplémentaire.

Dès lors qu'aucune disposition légale ou réglementaire ne fixe les modalités de la rémunération supplémentaire due à un salarié pour une invention de mission, non prévue par le contrat de travail ni par une convention collective, ni par un accord d'entreprise, le juge fixe souverainement le montant de cette rémunération supplémentaire.

Cass. com. 18 décembre 2007, n° 05-15.768, 2e moyen.

Le montant de la rémunération supplémentaire n'a pas, en l'absence de disposition légale ou conventionnelle, à être proportionnel au montant du salaire de l'inventeur.

C'est à bon droit qu'une cour d'appel a condamné un employeur à payer à un salarié 4 millions de francs à titre de rémunération supplémentaire pour une invention de mission après avoir constaté, d'une part, qu'il ne résultait d'aucun texte légal ou conventionnel applicable que la rémunération due au salarié, auteur d'une invention de mission, devait être fixée en fonction de son salaire et, d'autre part, qu'aucune des parties ne contestait les conclusions de l'expert sur le cadre légal de cette rémunération complémentaire, sur la définition, l'intérêt scientifique et les difficultés de la mise au point pratique de l'invention ainsi que sur l'importance de la contribution personnelle du salarié.

Cass. com. 21 novembre 2000, n° 98-11.900, BC IV n° 179.

Invention hors mission

Le salarié reste normalement propriétaire de son invention. Toutefois, si l'employeur en revendique la propriété, l'intéressé doit recevoir en contrepartie un juste prix et doit être affilié à la sécurité sociale comme travailleur indépendant.

Les revenus résultant d'une activité inventive, peu important que cette dernière soit accessoire et occasionnelle, doivent être soumis à la cotisation personnelle des travailleurs indépendants. En effet, une telle activité, en se concrétisant par une invention, s'analyse en une activité non salariée. Il s'agit d'une activité de travailleur indépendant.

Cass. soc. 20 octobre 1994, n° 92-11.096, BC V n° 289.

Compétence juridictionnelle

Le tribunal de grande instance est compétent pour connaître des litiges relatifs à la contestation de revendication d'une invention.

Un salarié, chef de section technique, prétendait avoir inventé un radiateur de chauffage destiné aux véhicules automobiles qui avait été fabriqué et commercialisé par la société qui l'employait.

C'est à bon droit qu'une cour d'appel, après avoir relevé que l'invention revendiquée par le salarié était contestée par la société, a décidé que ce contentieux était né, au moins en partie, de la loi sur les brevets d'invention et qu'un tel litige relevait de la compétence du tribunal de grande instance.

Cass. soc. 25 octobre 1994, n° 90-40.123, 3e, 4e, 7e à 16e et 20e moyens.

Ivresse

☛ *Éthylisme/Ivresse/Intempérance.*

J

Journalistes
(Bénéfice du statut)

Les journalistes sont soumis à un statut spécifique résultant des articles L. 7111-1 et s. CT et bénéficient des dispositions de la convention collective nationale des journalistes du 1er novembre 1976, refondue le 27 octobre 1987 et étendue par arrêté du 2 février 1988.

La profession de journaliste consiste à apporter une collaboration intellectuelle à une publication périodique ou à une agence de presse en vue de l'information des lecteurs.

Le journalisme doit être l'activité principale, régulière et rétribuée du journaliste. Il doit lui apporter le principal de ses ressources.

Les pigistes et les collaborateurs directs de la rédaction sont assimilés aux journalistes.

Nature de l'activité

La collaboration doit être une collaboration intellectuelle à une publication périodique en vue de l'information des lecteurs.

Le collaborateur d'une revue, spécialisé dans la réalisation de jeux et de tests sans rapport avec l'information des lecteurs, ne peut avoir la qualité de journaliste, peu important qu'une carte professionnelle lui ait été remise.

Cass. soc. 1er avril 1992, n° 88-42.951, BC V n° 221.

Ne peut avoir la qualité de journaliste le reporter-photographe dont les photographies sont destinées à illustrer la présentation des programmes figurant dans les magazines adressés aux abonnés d'une chaîne de télévision, cette activité ayant essentiellement pour objet d'assurer la promotion des programmes de cette chaîne et ne revêtant pas le caractère d'une activité de journaliste professionnel au sens des dispositions de l'article L. 761-2 CT.

CE 22 juin 2001, n° 206090.

La carte d'identité professionnelle ne constitue qu'une simple présomption de la qualité de journaliste.

La détention de la carte de journaliste est insuffisante à établir que son titulaire possède la qualité de journaliste au sens de l'article L. 761-2 CT.

Cass. soc. 30 juin 1993, n° 90-42.325.

Conditions d'exercice de la profession

Le journalisme doit être l'activité principale et régulière du journaliste.

S'agissant d'un salarié, employé par l'Éducation nationale comme surveillant de lycée et ayant collaboré à un journal, comme reporter-photographe, de janvier à juillet 1988 le mercredi après-midi et les fins de semaine puis à partir de juillet et jusqu'au 6 août, à plein temps, c'est à tort que, pour décider que l'intéressé était journaliste professionnel, une cour d'appel a retenu que tout reporter-photographe, même occasionnel, travaillant pour une entreprise de presse est présumé lié à celle-ci par un contrat de travail et que la société ne démontrait ni n'alléguait un renversement de la présomption, alors qu'il n'était pas contesté que ce salarié n'avait exercé sa profession de reporter-photographe que pendant ses temps libres et les congés scolaires et que, dès lors, faute d'avoir pour occupation principale l'exercice de cette profession, il n'avait pas la qualité de journaliste professionnel.

Cass. soc. 17 mars 1993, n° 90-40.376.

Il ne doit pas s'agir d'une activité occasionnelle.

Ne peut prétendre au statut de journaliste professionnel le salarié dont l'activité de journaliste est occasionnelle et secondaire et porte sur des sujets de son choix pour lesquels il ne reçoit aucune directive et dont les articles, non signés, n'ont pas la nature d'articles de fond.

Cass. soc. 7 mai 2008, n° 06-46.086.

Le journaliste doit en principe exercer son activité dans une ou plusieurs publications périodiques ou dans une ou plusieurs agences de presse.

Il résulte de l'article L. 7111-3 CT qu'est journaliste professionnel toute personne qui a pour activité principale régulière et rétribuée l'exercice de sa profession dans une ou plusieurs entreprises de presse, publications quotidiennes et périodiques ou agences de presse et qui en tire le principal de ses ressources, et de l'article 93 de la loi 82-652 du 29 juillet 1982 portant sur la communication audiovisuelle que les journalistes exerçant leur profession dans une ou plusieurs entreprises de communication audiovisuelle ont la qualité de journaliste au même titre que leurs confrères de la presse écrite.

Pour décider qu'une salariée avait la qualité de journaliste professionnelle, une cour d'appel a retenu notamment que l'objet social de la première société pour laquelle elle avait travaillé était la publicité et la gestion de budgets publicitaires, que cette société avait une activité de production de films publicitaires, que la seconde société pour laquelle elle avait travaillé avait pour objet la conception de tous supports de formation et d'information, la réalisation de campagnes de publicité ou de relations publiques, la conception et la réalisation de tous documents audiovisuels, qu'elle avait pour activité la réalisation et la production de films institutionnels et publicitaires, de sorte que ces sociétés étaient des entreprises de communication audiovisuelle.

En statuant ainsi, alors que l'activité principale des sociétés était la publicité, la cour d'appel a violé les textes susvisés.

Cass. soc. 6 juillet 2011, n° 09-69.689, 4e branche du 1er moyen, BC V n° 185.

Ne bénéficient pas du statut de journaliste professionnel le cadre collaborant aux bulletins périodiques réalisés par la direction de la communication d'une entreprise d'ingénierie pétrolière ni le salarié chargé de la mise en page et des maquettes des mensuels édités par la FNAC, ces sociétés n'étant pas des entreprises de presse.

Cass. soc. 24 février 1993, n° 89-19.948, BC V n° 68 (arrêt n° 1). Voir aussi cass. soc. 24 février 1993, n° 88-40.253, BC V n° 68 (arrêt n° 2) ; cass. soc. 26 janvier 2000, n° 98-40.120, 1er moyen ; cass. soc. 10 janvier 2001, n° 98-45.781, 2e moyen.

Une entreprise qui a pour activité la création d'œuvres audiovisuelles destinées à être diffusées dans le public doit être regardée comme une entreprise de communication pour l'application des dispositions relatives à la délivrance de la carte d'identité professionnelle des journalistes, alors même qu'elle n'assure pas directement la diffusion de ses œuvres.

CE 5 avril 2002, n° 219829.

N'a pas la qualité de journaliste professionnel le rédacteur en chef d'un journal professionnel, le syndicat éditant ce journal n'étant pas une entreprise de presse et la remise d'une carte de journaliste ou l'attribution d'un numéro à la revue par la commission paritaire des publications n'étant pas suffisant pour avoir la qualité de journaliste professionnel au sens de l'article L. 761-2 CT.

Cass. soc. 10 octobre 2001, n° 99-45.852.

Dans le cas où l'employeur n'est pas une entreprise de presse ou une agence de presse, la qualité de journaliste professionnel peut être retenue si la personne exerce son activité dans une publication de presse disposant d'une indépendance éditoriale.

Selon l'article L. 7111-3 CT, est journaliste professionnel toute personne qui a pour activité principale, régulière et rétribuée, l'exercice de sa profession dans une ou plusieurs entreprises de presse, publications quotidiennes et périodiques ou agences de presse et qui en tire le principal de ses ressources ; dans le cas où l'employeur n'est pas une entreprise de presse ou une agence de presse, la qualité de journaliste professionnel peut être retenue si la personne exerce son activité dans une publication de presse disposant d'une indépendance éditoriale.

Pour décider que la convention collective nationale des journalistes était applicable à une salariée collaborant à la publication d'une revue éditée par une chambre syndicale, une cour d'appel a retenu que la reconnaissance de la qualité de journaliste professionnel suppose une collaboration intellectuelle à une entreprise de presse, agence de presse ou publication périodique en vue de l'information des lecteurs, ce qui exclut par principe toute activité de promotion d'un produit ou d'une marque dont la publication concernée serait le support à des fins essentiellement publicitaires ou commerciales, que la revue à laquelle collaborait la salariée pouvait être classée dans la catégorie générale de la presse d'information, que l'examen de la maquette de cette même revue ne permettait pas de considérer qu'il ne se serait agi que d'un journal, vecteur médiatique du mouvement syndical qu'elle incarne, dans la mesure où y sont publiés des articles de fond sur l'art de la céramique – présentation des créations, informations générales –, publication non réservée aux seuls artisans professionnels puisque s'adressant à un large public par abonnement.

En se déterminant ainsi, sans qu'il résulte de ses constatations que la salariée exerçait son activité dans une publication de presse disposant d'une indépendance éditoriale, la cour d'appel a privé sa décision de base légale.

Cass. soc. 25 septembre 2013, n° 12-17.516, BC V n° 216. Voir aussi cass. soc. 1er décembre 2016, n° 15-19.177, BC V n° 229.

Le mode de diffusion d'informations par voie électronique, notamment par un site internet, ne fait pas, par lui-même, obstacle à la qualification de publication au sens de l'article L. 7111-3 CT ou à la reconnaissance de la qualification de journaliste professionnel dans une entreprise de communication au public par voie électronique en application de l'article L. 7111-5 CT.

CE 16 octobre 2015, n° 377177. Voir aussi CE 26 juillet 2007, n° 296389.

En revanche, un organe qui a pour objet principal la promotion publicitaire ne peut être regardé comme une publication au sens de l'article L. 7111-3 CT.

CE 16 octobre 2015, n° 377177, précité.

Le journalisme doit apporter à l'intéressé l'essentiel de ses ressources.

Une société éditrice d'un magazine comportant une rubrique juridique a fait appel à une avocate de juin 1996 à décembre 2003 pour lui confier cette rubrique ; le 11 décembre 2003, l'intéressée a saisi la juridiction prud'homale afin de voir sa collaboration requalifiée en contrat de travail et à obtenir certaines sommes.

Doit être approuvé l'arrêt ayant déclaré la juridiction prud'homale incompétente pour connaître du litige.

En effet, il résulte des termes des articles L. 7111-3, al. 1 et L. 7111-4 CT que ne peut avoir la qualité de journaliste professionnel que celui qui apporte à l'entreprise de presse une collaboration constante et régulière et qui en tire l'essentiel de ses ressources ; or, en l'espèce, si la demanderesse apportait bien à la société éditrice une collaboration constante et régulière, elle ne tirait pas de cette collaboration l'essentiel de ses ressources, de sorte qu'elle ne pouvait prétendre au statut de journaliste professionnel et au bénéfice de la présomption de salariat prévue à l'article L. 7112-1 CT.

Cass. soc. 7 décembre 2011, n° 10-10.192, BC V n° 293.

N'a pas la qualité de journaliste la personne qui n'apporte, notamment dans un reportage audiovisuel, qu'une contribution technique, alors même que celle-ci comporte certains choix et ne se borne pas à une pure exécution.

Ne peut être regardée comme un journaliste, au sens et pour l'application des articles L. 761-1 et s. CT et, en particulier, pour la délivrance de la carte d'identité professionnelle instituée par l'article L. 761-15 CT, que la personne qui, soit par la rédaction d'articles d'actualité générale ou sur des sujets spécialisés, et notamment professionnels, soit par la conception, la réalisation ou la présentation d'émissions d'information, apporte une contribution intellectuelle ou de création à l'entreprise à laquelle elle apporte son concours. Ne peut, en revanche, se voir reconnaître cette même qualité la personne qui n'apporte, notamment dans un reportage audiovisuel, qu'une contribution technique, alors même que celle-ci comporte, pour la bonne exécution du travail, certains choix et ne se borne pas à une pure exécution.

Il résulte de ce qui précède qu'en refusant d'attribuer à une salariée, chef opérateur du son, une carte de journaliste professionnel au titre de l'année 2003, au motif que sa participation se limitait à la fabrication des reportages à l'exclusion de leur conception et des choix des sujets, la Commission supérieure de la carte d'identité des journalistes professionnels a fait une exacte application des dispositions légales.

CE 8 juillet 2005, n° 270288.

Correspondants de presse

Il résulte de l'article L. 7111-3 CT que le correspondant de presse n'est réputé journaliste professionnel qu'à la double condition de recevoir des appointements fixes et de tirer de son activité, exercée à titre d'occupation principale et régulière, l'essentiel de ses ressources.

Un correspondant local de presse engagé à compter de 1999 par une société A et travaillant, parallèlement à cette activité, à compter de 2005, comme rédacteur et comme pigiste salarié pour le compte d'autres sociétés a saisi la juridiction prud'homale afin que lui soit reconnue la qualité de salarié de la société A et obtenir divers rappels de salaire et indemnités à ce titre.

Pour retenir la compétence du conseil de prud'hommes, une cour d'appel a énoncé que c'était à bon droit que le salarié faisait valoir qu'il résultait des dispositions de l'article L. 7111-3 CT que la qualité de journaliste professionnel s'acquiert au regard des ressources que l'intéressé tire principalement de la profession de journaliste sans se limiter à celles provenant de l'entreprise de presse, publication et agence de presse à laquelle il collabore et que lorsqu'est établie l'activité principale, régulière et rétribuée du journaliste tirant le principal de ses ressources de cette activité, c'est à l'entreprise de presse de combattre la présomption d'existence d'un contrat de travail en résultant, qu'en l'espèce, force était de constater que l'intéressé justifiait de sa qualité de journaliste professionnel, qu'en effet, il démontrait, notamment par la production du relevé détaillé de carrière ARCCO, qu'il avait tiré, à partir de 2005, le principal de ses ressources de son activité salariée de rédacteur journaliste auprès d'une autre société, et qu'il s'ensuivait, en application de l'article L. 7112-1 CT, que la convention conclue entre la société A et le demandeur était présumée être un contrat de travail.

En se déterminant ainsi, sans rechercher si les rémunérations versées au titre de son activité de correspondant auprès de la société A présentaient un caractère fixe, la cour d'appel a privé sa décision de base légale.

Cass. soc. 30 mai 2018, n° 16-26.415, à paraître.

Ayant relevé que le demandeur fournissait à un journal des articles et photographies de manifestations sportives locales mais ne participait pas à la politique rédactionnelle du journal, à la hiérarchisation et à la vérification de l'information et que les rémunérations qui lui étaient versées sous forme d'honoraires, en fonction des articles et des photographies, étaient variables et qu'il ne démontrait pas qu'elles constituaient ses uniques revenus, une cour d'appel a pu décider, faisant application de l'article L. 761-2, al. 1er et 2 CT, qu'il n'était pas un journaliste professionnel, mais un correspondant local de presse qui, faute d'appointements fixes, avait un statut de travailleur indépendant.

Cass. soc. 20 décembre 2006, n° 06-40.864, BC V n° 404.

Ayant relevé qu'un correspondant de presse présentait tous les mois un décompte détaillé des travaux exécutés en fonction des photos et des lignes publiées ainsi que des frais engagés, ce qui était incompatible avec la perception d'appointements fixes exigée par la loi et ayant constaté que certains des textes publiés accompagnant des photos signées de lui, étaient manifestement rédigés par des journalistes professionnels et qu'il ne se trouvait pas dans un lien de subordination à l'égard du journal, une cour d'appel a pu décider que l'intéressé n'avait pas la qualité de journaliste professionnel.

Cass. soc. 18 mai 2005, n° 02-44.075.

Professions assimilées

La loi assimile aux journalistes certains collaborateurs directs de la rédaction (rédacteurs-réviseurs ou traducteurs, sténographes-rédacteurs, reporters-dessinateurs ou photographes).

Après avoir énoncé que la qualification réelle d'une salariée, engagée en qualité de secrétaire sténodactylo, ne pouvait résulter avec certitude des mentions figurant sur ses bulletins de paie et avoir constaté que cette salariée avait exercé des fonctions de rédactrice, procédant à des coupures et rajouts dans les récits proposés, et modifiant des scénarios pour les rendre conformes à la ligne éditoriale et éthique de l'éditeur, une cour d'appel a pu déduire de ces seules constatations que l'intéressée avait exercé depuis son engagement des fonctions assimilées à celles de journaliste.

Cass. soc. 25 octobre 1989, n° 88-41.472, BC V n° 617.

Des salariés relevant d'autres professions peuvent être reconnus journalistes lorsque leurs fonctions les conduisent à collaborer directement à la rédaction.

Maquettistes.

La preuve de la qualité de collaborateur direct de la rédaction peut notamment être apportée par le fait que le nom du salarié figure dans l'« ours » de la publication.

C'est à bon droit qu'une cour d'appel a reconnu la qualité de journaliste professionnel à un salarié, employé en qualité de premier maquettiste, après avoir fait ressortir que l'intéressé, dont le nom figurait dans l'« ours » de la publication, était un collaborateur de la rédaction.

Cass. soc. 29 mars 1995, n° 91-42.619.

Dessinateurs.

Les dessinateurs ne sont assimilés aux journalistes que s'ils sont « reporters-dessinateurs », lesquels ont pour occupation l'exécution de documents dessinés, inspirés par l'actualité.

N'est donc pas journaliste professionnel, au sens de l'article L. 761-2 CT, la personne qui se borne à illustrer en bandes dessinées des œuvres d'imagination sans rapport avec l'actualité.

Cass. soc. 4 juin 1987, n° 83-41.138, BC V n° 363.

Les fonctions de l'intéressée, employée par une revue en qualité d'illustratrice, consistant à illustrer des fiches destinées à présenter des méthodes et des techniques de jardinage, et les illustrations en question présentant un caractère suffisant de rapport avec l'actualité pour que leur dessinateur puisse être qualifié de reporter au sens de l'article L. 761-2 CT, l'intéressée pouvait, à ce titre, invoquer à son bénéfice l'application de ce texte assimilant aux journalistes professionnels des collaborateurs directs de la rédaction et en particulier les reporters-dessinateurs.

CE 24 octobre 1997, n° 170320, Rec. Lebon p. 373.

notable dans l'orientation du journal créant pour les journalistes une situation de nature à porter atteinte à leurs intérêts moraux, estimer que ces salariés étaient fondés à se prévaloir des dispositions de l'article L. 761-7, 3° CT et à démissionner en bénéficiant de l'indemnité de licenciement.

Cass. soc. 17 avril 1996, n° 93-42.409, BC V n° 167.

Modalités de mise en œuvre

Aucun délai n'est imposé pour la mise en œuvre de la clause de conscience.

L'article L. 761-7 CT n'imposant aucun délai aux journalistes pour mettre en œuvre la clause de conscience, il suffit, pour que les dispositions de cet article puissent être invoquées, que la résiliation du contrat de travail ait été « motivée » par l'une des circonstances qu'il énumère.

En constatant que les journalistes avaient manifesté l'intention de résilier leurs contrats pour « cause de cession du journal » six mois après que soit devenue effective la dernière cession d'actions, une cour d'appel a mis en évidence le lien de causalité entre la résiliation de leurs contrats et la cession du journal. Elle a, en conséquence, pu dire que les intéressés étaient en droit de prétendre à l'indemnité de licenciement prévue à l'article L. 761-5 CT.

Cass. soc. 10 mars 1998, n° 95-43.795, précité. Voir aussi cass. soc. 16 février 2012, n° 10-18.525, 1er moyen.

Doit être cassé l'arrêt qui a débouté un journaliste, ayant fait jouer la « clause de conscience » treize mois après la cession de la société qui l'employait à une autre, de sa demande en paiement de l'indemnité conventionnelle de licenciement, alors qu'aucun délai ne lui était opposable et alors que l'intéressé était en droit de se prévaloir de la cession intervenue.

Cass. soc. 30 novembre 2004, n° 02-42.437, BC V n° 314.

La résiliation du contrat de travail d'un journaliste motivée par la cession du journal ou du périodique n'intervient qu'à la condition que l'intention du salarié de mettre fin, pour cette raison, à la relation de travail soit claire et non équivoque.

Ayant constaté qu'un salarié ne s'était résolu à invoquer la clause légale de cession du journal que parce que les propositions de modifications de son contrat qui lui avaient été faites par le nouvel actionnaire majoritaire entraînaient une diminution de son salaire de l'ordre de 25 %, une cour d'appel a pu en déduire que sa volonté de résilier son contrat de travail n'était ni claire ni dépourvue d'équivoque et, par voie de conséquence, que la transaction qu'il avait ensuite conclue était nulle.

Cass. soc. 15 mars 2006, n° 03-45.875, pourvoi principal, BC V n° 112.

Préavis

Légalement dispensé d'effectuer son préavis, le journaliste ne peut pas prétendre à l'indemnité compensatrice de préavis.

Lorsque le journaliste se prévaut de l'une des hypothèses prévues par l'article L. 761-7 CT, la résiliation du contrat de travail, même si le journaliste bénéficie d'une indemnité de licenciement, reste son fait et il est légalement dispensé d'accomplir un préavis. Il ne peut donc réclamer une indemnité compensatrice de préavis à son employeur.

Cass. soc. 17 avril 1996, n° 93-42.409, précité.

Journalistes (Contrat de travail)

Le journaliste est présumé être le salarié de l'entreprise de presse qui l'emploie (art. L. 7112-1 CT).

Les pigistes collaborant régulièrement à un journal bénéficient également de cette présomption de salariat.

Présomption de salariat

Le journaliste professionnel bénéficie de la présomption de salariat.

Selon l'article L. 761-2 CT, le journaliste professionnel est celui qui a pour occupation principale, régulière et rétribuée l'exercice de sa profession dans une ou plusieurs publications quotidiennes ou périodiques, ou dans une ou plusieurs agences de presse, et qui en tire le principal de ses ressources, et toute convention par laquelle une entreprise de presse s'assure, moyennant rémunération, le concours d'un journaliste professionnel au sens qui précède est présumée être un contrat de travail.

Ayant relevé que la collaboration d'un journaliste au journal l'Équipe et à d'autres organes de presse représentait le principal de son activité et de sa rémunération, une cour d'appel en a justement déduit, sans inverser la charge de la preuve, qu'il était fondé à se prévaloir de la présomption édictée par l'article L. 761-2 CT.

Cass. soc. 9 octobre 1996, n° 93-44.580. Voir aussi cass. soc. 8 décembre 1999, n° 97-44.539.

La présomption de salariat prévue par l'article L. 7112-1 CT s'applique à une convention liant un journaliste professionnel à une agence de presse.

Cass. soc. 13 avril 2016, n° 11-28.713, 1er moyen, BC V n° 74.

C'est à l'employeur, qui conteste la qualité de salarié d'un journaliste, d'apporter la preuve que celui-ci exerce ses fonctions en dehors de tout lien de subordination.

Une société n'ayant pas rapporté la preuve que l'activité d'un correspondant sportif s'exerçait en toute indépendance et en toute liberté, une cour d'appel a pu décider que ce journaliste était lié à la société par un contrat de travail.

Cass. soc. 1er février 1995, n° 91-42.789, BC V n° 47. Voir aussi cass. soc. 12 mai 1998, n° 95-44.350.

Ayant constaté que les articles d'un journaliste portaient sur des sujets de son choix, qu'il les traitait à son initiative et que les sociétés avec lesquelles il collaborait ne lui adressaient pas d'instructions, ni même d'orientations ou de directives, une cour d'appel a pu en déduire, peu important le mode de rémunération, que ces sociétés avaient détruit la présomption de salariat établie par l'article L. 761-2 CT au profit des journalistes.

Cass. soc. 14 janvier 2004, n° 01-46.555.

Sont sans incidence sur la présomption de subordination le mode de rémunération et la détention de la carte de journaliste…

Une cour d'appel a pu déduire du fait qu'une journaliste écrivait des articles sur des sujets de son choix, que la société ne lui adressait ni commande ni instruction, peu important le mode de rémunération et les conditions dans lesquelles lui avait été remise sa carte de journaliste, que la société avait détruit la présomption de subordination établie par l'article L. 761-2 CT.

Cass. soc. 8 avril 1992, n° 89-42.171, BC V n° 254. Voir aussi cass. soc. 4 février 2009, n° 07-43.680.

… ainsi que la qualification donnée à leur convention par les parties.

La présomption édictée par l'article L. 761-2 CT ne peut être détruite par la lettre d'embauche.

Cass. soc. 3 mars 2004, n° 02-40.122.

Pigistes

Un pigiste peut bénéficier du statut de journaliste professionnel et, comme tel, de la présomption de salariat.

Selon l'article L. 7111-3, al. 1er CT, est journaliste professionnel toute personne qui a pour activité principale régulière et rétribuée l'exercice de sa profession dans une ou plusieurs entreprises de presse, publications quotidiennes et périodiques ou agences de presse et qui en tire le principal de ses ressources ; selon l'article L. 7112-1 CT, « Toute convention par laquelle une entreprise de presse s'assure, moyennant rémunération, le concours d'un journaliste professionnel est présumée être un contrat de travail. Cette présomption subsiste quels que soient le mode et le montant de la rémunération ainsi que la qualification donnée à la convention par les parties ».

Une salariée, soutenant avoir collaboré de façon continue de 1989 à 2008 avec une société de presse en qualité de journaliste et se prévalant d'un contrat de travail abusivement rompu par celle-ci, a saisi la juridiction prud'homale de diverses demandes.

C'est à tort que, pour débouter l'intéressée de ses demandes, une cour d'appel a retenu qu'en sa qualité de journaliste pigiste, cette dernière ne pouvait pas revendiquer le statut de journaliste professionnel bénéficiant comme tel de la présomption légale de salariat.

Cass. soc. 17 octobre 2012, n° 11-14.302, BC V n° 263.

Pour avoir la qualité de salarié d'une entreprise de presse, le journaliste pigiste doit collaborer au journal de cette entreprise de façon régulière.

Seules peuvent être considérées comme des salariés d'une entreprise de presse et prises en compte dans l'effectif les personnes dont l'activité principale est celle de journaliste et qui collaborent au journal de façon régulière.

Cass. soc. 8 mars 1995, n° 94-60.106. Voir aussi cass. soc. 10 juin 1998, n° 96-41.981.

Lorsqu'une entreprise de presse fournit régulièrement, pendant une longue période, du travail à un pigiste, elle fait de l'intéressé un collaborateur régulier auquel elle est tenue de fournir un travail et l'interruption de cette relation de travail s'analyse en un licenciement.

Si, en principe, une entreprise de presse n'a pas l'obligation de procurer du travail au journaliste pigiste occasionnel, il n'en est pas de même si, en fournissant régulièrement du travail à ce journaliste pendant une longue période, elle a fait de ce dernier, même rémunéré à la pige, un collaborateur régulier auquel l'entreprise est tenue de fournir du travail.

Ayant retenu qu'une société avait régulièrement versé, pendant trois années, des piges à une pigiste et que la régularité de ces paiements sur une longue période attestait du caractère constant du concours qu'elle apportait à l'entreprise de presse, une cour d'appel a pu décider que la société avait l'obligation de demander à l'intéressée de manière constante et régulière une prestation de travail et que l'interruption de cette relation de travail s'analysait en un licenciement.

Cass. soc. 1er février 2000, n° 98-40.195, BC V n° 49. Voir aussi cass. soc. 30 juin 2009, n° 08-42.770, pourvoi principal ; cass. soc. 9 juillet 2014, n° 13-13.426, 1er moyen du pourvoi incident.

Tel n'est pas le cas lorsque le pigiste bénéficie d'une totale indépendance dans l'exercice de ses prestations.

Un pigiste ayant collaboré à compter du 1er juin 2002 avec une société de presse, pour un magazine, en qualité de pigiste rédacteur, à ce titre rémunéré sous forme de piges, a vu le volume de son activité ainsi que sa rémunération diminuer sensiblement en 2012 et 2013 ; par lettre du 4 juin 2013, il a alors demandé à la société de lui fournir régulièrement du travail ou à défaut de mettre un terme à leurs relations contractuelles. La société n'ayant pas donné suite à sa demande, il a saisi la juridiction prud'homale.

D'abord, c'est à bon droit qu'une cour d'appel, ayant relevé que l'établissement de bulletins de salaire était rendu nécessaire par l'obligation faite à l'entreprise de presse de prélever diverses cotisations liées au statut de journaliste pigiste, en a déduit que l'intéressé ne bénéficiait pas d'un contrat de travail apparent.

Ensuite, examinant les conditions effectives dans lesquelles l'intéressé collaborait avec la société, la cour d'appel, qui a constaté qu'il avait bénéficié d'une totale indépendance dans l'exercice de ses prestations, a pu en déduire que la qualité de collaborateur permanent lié à la société par un contrat de travail de droit commun ne pouvait lui être reconnue.

Cass. soc. 28 juin 2018, n° 16-27.544, à paraître.

Si l'employeur d'un journaliste pigiste, employé comme collaborateur régulier, est tenu de lui fournir régulièrement du travail sauf à engager la procédure de licenciement, il n'est pas tenu de lui fournir un volume de travail constant.

Cass. soc. 29 septembre 2009, n° 08-43.487, 1re branche du 1er moyen, BC V n° 207. Voir aussi cass. soc. 15 février 2012, n° 10-30.700 ; cass. soc. 14 février 2018, n° 16-19.537.

Le contrat conclu avec un pigiste est, en principe, un contrat de travail à durée indéterminée.

D'une part, en l'absence de contrat écrit conclu dans l'un des cas énumérés par l'article L. 1242-2 CT où il peut être recouru à un contrat à durée déterminée, le contrat conclu avec un pigiste est, en principe, un contrat à durée indéterminée, forme normale du contrat de travail.

D'autre part, sauf la faculté pour l'intéressé de solliciter la requalification de la relation de travail en collaboration permanente dès lors qu'il est tenu de consacrer une partie déterminée de son temps à l'entreprise de presse à laquelle il collabore, les dispositions de l'article L. 3123-14 CT, dans leur rédaction applicable au litige, ne trouvent pas à s'appliquer au contrat de travail du journaliste rémunéré à la pige.

C'est donc à bon droit que, pour débouter six journalistes pigistes et un syndicat de leurs demandes tendant à la requalification de leur relation de travail en contrat de travail à durée indéterminée à temps plein et au paiement d'une indemnité de requalification, d'un rappel de salaire, de sommes au titre du 13e mois et des congés payés, ainsi qu'à la régularisation de leur situation auprès des caisses de retraite et à la remise des documents sociaux, limitant en outre à un certain montant l'indemnité de transport, une cour d'appel a retenu que leur contrat de travail était un contrat à durée indéterminée depuis l'origine, à temps partiel rémunéré à la pige.

Cass. soc. 18 janvier 2018, n° 16-21.215, à paraître.

Le pigiste collaborateur régulier doit bénéficier des avantages prévus, en faveur des salariés de l'entreprise, par l'accord de participation…

Les salariés pigistes étant salariés dès lors qu'ils sont collaborateurs réguliers de l'entreprise de presse doivent bénéficier de la mesure spéciale de participation prévue par l'accord de participation en faveur de tous les salariés de l'entreprise comptant une certaine ancienneté ; un employeur ne peut donc se prévaloir, pour leur refuser le bénéfice de la participation, du fait que l'accord de participation conclu dans son entreprise prévoyant une répartition de la réserve en fonction du temps de présence excluait implicitement les pigistes, rémunérés selon les travaux réalisés et non selon leur temps de présence.

Cass. soc. 10 janvier 2001, n° 99-10.731.

… et de ceux prévus par la convention collective nationale des journalistes en faveur des journalistes professionnels permanents.

Cass. soc. 3 mars 2004, n° 02-40.372.

Exécution du contrat de travail

Le lieu de travail du journaliste qui, aux termes de la convention collective, doit être fixé par la lettre d'engagement constitue, en principe, un élément du contrat de travail. En l'absence de clause de mobilité, l'affectation d'un journaliste à un poste situé dans un lieu différent de celui indiqué au contrat constitue donc une modification de ce contrat.

Justifie légalement sa décision la cour d'appel qui, pour condamner un employeur à payer des indemnités de rupture et pour licenciement sans cause réelle et sérieuse à des journalistes licenciés pour faute grave après avoir refusé leur mutation géographique, énonce que l'article 20 de la convention collective des journalistes, prévoyant que les conditions de mutation dans le territoire national feront l'objet d'un accord précis dans la lettre d'engagement ou ultérieurement par échange de lettres, n'a pas pour effet de rendre obligatoire l'insertion d'une clause de mobilité dans tout contrat de travail de journaliste, mais a pour objet d'imposer un accord sur les conditions de mise en œuvre d'une telle clause si elle est prévue au contrat et, après avoir relevé que la lettre d'engagement, qui précisait le lieu d'exécution du contrat, ne comportait aucune clause de mobilité, estime que le contrat a subi une modification du fait de l'employeur.

Cass. soc. 5 mars 1998, n° 95-45.289, BC V n° 120.

L'employeur qui appelle un journaliste à collaborer à un autre titre ou à exécuter son contrat de travail selon un mode d'expression différent doit recueillir son consentement.

L'article 8 de la convention collective nationale des journalistes prévoyant que si un journaliste est appelé par son employeur à collaborer à un autre titre que celui ou ceux auxquels il était attaché ou à exécuter son contrat de travail selon un mode d'expression différent, cette modification doit faire l'objet d'un accord par échange de lettres entre les parties, aucune faute grave ne peut être imputée à la salariée du fait de son refus de la modification qui est imposée par l'employeur en dépit de l'exigence conventionnelle de son accord préalable.

Cass. soc. 24 mai 2005, n° 03-43.506.

Le droit conventionnel à récupération, prévu en cas de dépassement exceptionnel de la durée du travail, n'est ouvert que pour les heures supplémentaires accomplies exceptionnellement au-delà de la limite maximale de la durée du travail, heures supplémentaires comprises.

Aux termes de l'article 29 de la convention collective nationale des journalistes « les parties reconnaissent que la nécessité inhérente à la profession ne permet pas de déterminer la répartition des heures de travail ; le nombre de ces heures ne pourra excéder celui que fixent les lois en vigueur sur la durée du travail. Une dérogation exceptionnelle rendue nécessaire par l'exercice de la profession et les exigences de l'actualité donneront droit à récupération ».

C'est à bon droit qu'une cour d'appel a décidé que le droit à récupération était lié aux heures supplémentaires accomplies exceptionnellement au-delà de la limite maximale de la durée du travail, heures supplémentaires comprises, prévue par l'article L. 212-7 CT, et non pas à toute heure de travail effectuée au-delà de la durée légale hebdomadaire prévue par l'article L. 212-1 du même code.

Cass. soc. 20 septembre 2006, n° 04-47.343, 2e moyen du pourvoi du salarié, BC V n° 279.

Journalistes (Indemnité de licenciement)

En cas de licenciement, l'article L. 7112-3 CT prévoit que le journaliste doit percevoir une indemnité au moins égale à un mois de salaire par année ou fraction d'année de collaboration.

Lorsque le journaliste a une ancienneté supérieure à quinze ans, ou en cas de faute grave ou de fautes répétées, la commission arbitrale des journalistes doit être saisie pour déterminer le montant de l'indemnité de licenciement, la réduire ou la supprimer.

Bénéficiaires

Seuls les journalistes professionnels travaillant dans une entreprise de presse peuvent prétendre à l'indemnité de licenciement de l'article L. 7112-3 CT.

Il résulte des articles L. 761-4 et 5 CT que seules les personnes mentionnées à l'article L. 761-2 du même code et liées à une entreprise de journaux et périodiques peuvent prétendre à l'indemnité de congédiement instituée par l'article L. 761-5 CT.

Une cour d'appel, ayant constaté que l'employeur n'était pas une entreprise de presse, a décidé exactement que la commission arbitrale n'était pas compétente pour statuer sur la demande d'un salarié en paiement d'indemnité de congédiement, peu important que l'intéressé ait été titulaire d'une carte de journaliste professionnelle.

Cass. soc. 22 octobre 1996, n° 94-17.199, 1er moyen, BC V n° 341.

Décompte de l'ancienneté

Lorsqu'un salarié a exercé d'autres fonctions dans l'entreprise que celles de journaliste, seule l'ancienneté acquise en cette qualité est prise en compte pour le calcul de l'indemnité de licenciement des journalistes, et l'intéressé ne peut la cumuler avec une indemnité conventionnelle de licenciement.

Un salarié, engagé en 1958 en qualité de typographe, promu cadre technique en 1971, puis nommé premier secrétaire de rédaction en 1976, avait été licencié pour motif économique en 1983 et avait perçu une indemnité de licenciement calculée sur la base de son ancienneté dans la fonction de journaliste.

Doit être approuvé l'arrêt ayant débouté l'intéressé de sa demande en paiement d'une indemnité de licenciement fondée sur son ancienneté totale dans l'entreprise, mais calculée selon les dispositions légales ou conventionnelles correspondant à ses qualifications successives.

D'une part, en vertu de l'article L. 761-5 CT, le journaliste congédié du fait de l'employeur a droit à une indemnité calculée en fonction des seules années passées dans l'exercice de la profession de journaliste, sauf pour l'intéressé à lui préférer, si elle est plus favorable, l'indemnité légale de licenciement prévue à l'article L. 122-9 du même code, prenant en compte la totalité des années de services dans l'entreprise.

D'autre part, sauf dispositions contraires, l'indemnité de congédiement de l'article L. 761-5 CT ne peut se cumuler avec une indemnité conventionnelle de licenciement.

Cass. soc. 11 décembre 1991, n° 88-41.171, BC V n° 565.

Salaire de référence

Conformément à la CCN des journalistes professionnels, l'indemnité de licenciement due à un journaliste ayant collaboré régulièrement en qualité de pigiste est calculée sur le salaire moyen des 24 mois précédant l'arrêt de toute fourniture de piges ; il en est de même du montant des indemnités de préavis et de congés payés ainsi que de l'indemnité octroyée par le juge au salarié licencié sans cause réelle et sérieuse.

Une journaliste ayant collaboré régulièrement en qualité de pigiste avec une société à partir du 1er avril 1987, invoquant la diminution puis la cessation, à compter du 1er janvier 2011, de fourniture de travail par son employeur, a demandé la résiliation judiciaire de son contrat ainsi que le paiement de diverses sommes au titre de l'exécution et de la rupture de ce contrat.

Ayant exactement retenu que l'employeur n'était pas tenu de fournir à la salariée, journaliste pigiste, un volume de travail constant, c'est à bon droit qu'une cour d'appel lui a alloué une indemnité de licenciement calculée sur le salaire moyen des 24 mois précédant l'arrêt de toute fourniture de piges, conformément aux dispositions de l'article 44 de la convention collective nationale des journalistes du 1er novembre 1976, et a décidé de retenir le même salaire de référence pour déterminer le montant des indemnités de préavis et de congés payés ainsi que la somme due conformément aux dispositions de l'article L. 1235-3 CT [indemnité octroyée par le juge au salarié licencié sans cause réelle et sérieuse].

Cass. soc. 21 septembre 2017, n° 16-16.531, BC V n° 155. Voir aussi cass. soc. 21 septembre 2017, n° 16-10.346, moyen relevé d'office, BC V n° 154.

Commission arbitrale

• Compétence de la commission

Un domaine de compétence précis…

La commission arbitrale des journalistes que l'article L. 761-5 CT a instituée est compétente pour déterminer l'indemnité due aux journalistes professionnels congédiés lorsque la durée de leurs services excède quinze années, ainsi que pour réduire ou supprimer l'indemnité de licenciement prévue par la loi en cas de faute grave ou de fautes répétées, quelle que soit l'ancienneté du journaliste.

Cass. soc. 15 mars 1979, n° 76-15.417, BC V n° 242.

… et exclusif.

Il résulte de l'application combinée des articles L. 7112-3 et L. 7112-4 CT que la commission arbitrale des journalistes est seule compétente pour statuer sur l'octroi et sur le montant d'une indemnité de licenciement, quelle qu'en soit la cause, au journaliste professionnel ayant plus de quinze années d'ancienneté.

C'est donc à bon droit qu'une cour d'appel a confirmé l'incompétence de la juridiction prud'homale pour statuer sur l'octroi au bénéfice d'un journaliste d'une indemnité de licenciement, y compris sur le fondement de l'article L. 1226-14 CT prévoyant que le licenciement d'un salarié devenu inapte consécutivement à un accident du travail ou à une maladie professionnelle ouvre droit au bénéfice de celui-ci d'une indemnité spéciale de licenciement.

Cass. soc. 14 février 2018, n° 16-25.649, à paraître.

Il résulte de l'article L. 761-5 CT que la commission arbitrale des journalistes est seule compétente pour statuer sur l'octroi et sur le montant d'une indemnité de licenciement au journaliste licencié en cas de faute grave ou de fautes répétées.

C'est à tort qu'après avoir retenu qu'un journaliste avait commis une faute grave, une cour d'appel a néanmoins condamné une société au paiement d'une indemnité de licenciement au motif qu'elle ne pouvait priver l'intéressé de cette indemnité sans y avoir été autorisée par la commission arbitrale et que, faute d'avoir saisi cette commission, la société était redevable de l'indemnité, alors qu'il lui appartenait de renvoyer les parties à saisir la commission arbitrale, seule compétente pour décider si une indemnité de licenciement était due et pour déterminer son montant.

Cass. soc. 13 avril 1999, n° 97-40.090, BC V n° 173.

La compétence de la commission pour réduire ou supprimer l'indemnité de congédiement en cas de faute grave ou de fautes répétées implique qu'elle apprécie la gravité ou l'existence des fautes alléguées, sans que la décision de la juridiction prud'homale, statuant sur les autres indemnités réclamées au titre de la rupture du contrat de travail, ne s'impose à elle.

Licencié pour faute grave, un journaliste avait saisi, d'une part, la commission arbitrale des journalistes d'une demande en paiement de l'indemnité de licenciement conformément à l'article L. 761-5 CT et, d'autre part, le conseil de prud'hommes de diverses demandes relatives à la rupture, à l'exclusion de l'indemnité de licenciement.

La commission arbitrale a estimé qu'aucune faute ne pouvait être retenue à l'encontre du journaliste et a condamné l'employeur à lui payer l'intégralité du montant de l'indemnité de licenciement. Cette sentence a fait l'objet d'un recours en annulation devant une juridiction d'appel. Le conseil de prud'hommes a, pour sa part, décidé que le journaliste avait commis une faute grave. Ce jugement a été infirmé en cause d'appel.

Doit être approuvé l'arrêt qui, pour rejeter le recours en annulation de la sentence de la commission arbitrale, a décidé que cette dernière, compétente pour réduire ou supprimer l'indemnité de congédiement en cas de faute grave ou de fautes répétées, devait, pour fixer le quantum ou supprimer cette indemnité, apprécier la gravité ou l'existence des fautes alléguées, sans que la décision de la juridiction prud'homale, statuant sur les indemnités réclamées au titre de la rupture du contrat de travail, ne s'impose à elle.

Cass. soc. 29 octobre 2002, n° 00-13.413, BC V n° 330.

La saisine de la commission arbitrale supposant une rupture à l'initiative de l'employeur, la commission arbitrale n'est pas compétente pour déterminer le montant de l'indemnité de licenciement due aux salariés ayant signé une convention de rupture amiable au titre des départs volontaires dans le cadre d'un plan de sauvegarde de l'emploi.

Il résulte des dispositions des articles L. 7112-3 et L. 7112-4 CT que la saisine de la commission arbitrale suppose, outre la condition d'une ancienneté excédant quinze années, une rupture à l'initiative de l'employeur.

La rupture du contrat de travail pour motif économique pouvant résulter non seulement d'un licenciement mais aussi d'un départ volontaire dans le cadre d'un plan de sauvegarde de l'emploi, une cour d'appel, qui a constaté que le départ décidé par des salariés entrait dans le champ d'application de ce plan, en a exactement déduit que leur contrat avait fait l'objet d'une résiliation amiable, ce qui excluait une rupture à l'initiative de l'employeur.

C'est donc à bon droit que la cour d'appel a annulé les décisions rendues par la commission arbitrale des journalistes ayant fixé le montant de l'indemnité de licenciement due aux intéressés.

Cass. soc. 9 avril 2015, n° 13-23.588, BC V n° 72.

La compétence de la commission arbitrale dans le domaine qui lui est dévolu entraîne corrélativement l'incompétence de la juridiction prud'homale en la matière.

Si l'employeur qui décide de congédier un journaliste allègue à sa charge une faute grave, la commission arbitrale instituée par l'article L. 761-5 CT est seule compétente pour réduire dans une proportion qu'elle arbitre ou pour supprimer l'indemnité de licenciement due à l'intéressé.

La commission arbitrale, saisie par un maquettiste d'une demande d'indemnité de licenciement, avait sursis à statuer dans l'attente de la décision de la juridiction prud'homale sur sa qualité de journaliste. En déboutant l'intéressé de sa demande en paiement de l'indemnité de licenciement, une cour d'appel a entaché sa décision d'excès de pouvoir.

Cass. soc. 29 mars 1995, n° 91-45.876, BC V n° 115.

Toutefois, la juridiction prud'homale peut allouer une provision sur l'indemnité de licenciement.

Une cour d'appel n'excède pas ses pouvoirs en allouant une simple provision à un journaliste dont l'indemnité de licenciement devait être fixée, eu égard à son ancienneté (supérieure à quinze années) par la commission arbitrale, à partir du moment où elle a reconnu, dans les limites de sa compétence, un principe de créance certain au titre des dispositions de l'article L. 761-5 CT.

Cass. soc. 23 octobre 1991, n° 88-41.635.

Le domaine de compétence de la commission arbitrale ne peut pas être étendu à des cas non prévus par la loi.

C'est à bon droit qu'une cour d'appel a décidé que la commission arbitrale des journalistes était incompétente pour statuer sur la demande d'indemnité de licenciement d'un salarié titulaire de la carte de journaliste, mais ne travaillant pas dans une entreprise de presse et n'ayant donc pas la qualité de journaliste.
En effet, la compétence de cette commission a un caractère exceptionnel qui ne saurait être étendu à des cas autres que ceux prévus par la loi.

Cass. soc. 22 octobre 1996, n° 94-17.199, précité.

Si une application volontaire de la convention collective des journalistes, au bénéfice d'un salarié qui n'exerce pas cette activité, ouvre droit au paiement de l'indemnité de licenciement déterminée par l'article L. 7112-3 CT, dont l'article 44 de ladite convention précise l'assiette, elle n'a pas pour effet de soumettre le litige auquel donne lieu cette indemnité au pouvoir de la commission arbitrale des journalistes prévue par l'article L. 7112-4 CT.

Cass. soc. 12 octobre 2011, n° 10-26.699, pourvoi principal.

• Portée de la sentence de la commission

La sentence rendue par la commission arbitrale n'a autorité de chose jugée qu'en ce qui concerne l'indemnité de licenciement.

Il résulte de l'article L. 761-5 CT que si la commission arbitrale a seule compétence pour statuer sur la demande d'indemnité de licenciement présentée par un journaliste professionnel dont le licenciement a été prononcé pour faute grave, sa sentence n'a d'autorité de chose jugée que de ce chef, la juridiction prud'homale conservant la plénitude de sa compétence en ce qui concerne toute autre indemnité réclamée au titre de la rupture du contrat de travail.

Cass. soc. 22 mai 1995, n° 91-43.448, BC V n° 163. Voir aussi cass. soc. 27 janvier 1999, n° 96-44.837.

Même si des faits ont été considérés comme constitutifs d'une faute grave par la commission, la juridiction prud'homale peut allouer au salarié une indemnité de préavis ou pour licenciement sans cause réelle et sérieuse.

Doit être cassé l'arrêt qui, pour débouter une journaliste de ses demandes d'indemnités de préavis et pour licenciement sans cause réelle et sérieuse, a énoncé que la sentence de la commission arbitrale, ayant jugé que l'intéressée avait commis une faute grave et ne lui ayant accordé qu'une indemnité de licenciement réduite, avait autorité de chose jugée en ce qui concernait le caractère de fautes graves des manquements imputés à la salariée, ce qui excluait l'allocation à son profit par la juridiction prud'homale de toute autre indemnité réparatrice que celle allouée par la commission, alors que la sentence de la commission n'avait d'autorité que du chef de l'indemnité de licenciement.

Cass. soc. 8 juillet 1992, n° 89-41.343, BC V n° 456. Voir aussi cass. soc. 17 mars 1993, n° 90-42.467.

• Voies de recours contre la sentence de la commission

La décision de la commission ne peut être frappée d'appel mais elle peut faire l'objet d'un recours en annulation devant la cour d'appel dont l'arrêt peut lui-même faire l'objet d'un pourvoi en cassation.

Une salariée, journaliste professionnel, a relevé appel de la décision par laquelle la commission arbitrale des journalistes, constatant qu'elle n'avait pas une ancienneté supérieure à 15 ans, l'a déboutée de sa demande de complément d'indemnité de licenciement ; elle a déféré à la cour d'appel l'ordonnance du conseiller de la mise en état qui avait constaté la caducité de la déclaration de recours, faute de conclusions dans le délai de 3 mois prévu par l'article 908 c. proc. civ.

Doit être approuvé l'arrêt ayant déclaré caduque la déclaration d'appel.

En effet, d'abord, il résulte de l'article L. 7112-4 CT que la décision de la commission arbitrale des journalistes ne peut être frappée d'appel ; ces dispositions ne méconnaissent pas le droit à un recours juridictionnel effectif puisque la décision de la commission d'arbitrage des journalistes peut faire l'objet, devant la cour d'appel, d'un recours en annulation formé selon les règles applicables en matière d'arbitrage et que l'arrêt de la cour d'appel peut faire l'objet d'un pourvoi en cassation.

Ensuite, ayant constaté que l'intéressée à qui il incombait d'accomplir les actes nécessaires à la régularité de la procédure avec représentation obligatoire applicable en la matière n'avait pas conclu dans le délai de 3 mois à compter de la déclaration de recours, c'est sans méconnaître les exigences de l'article 6 § 1 de la Convention de sauvegarde des droits de l'homme et des libertés fondamentales, que la cour d'appel a décidé que le non-respect des prescriptions légales justifiait la sanction édictée par l'article 908 c. de proc. civ. (caducité de la déclaration d'appel).

Cass. soc. 15 avril 2015, n° 13-27.759, BC V n° 76.

Rupture conventionnelle

Pour les journalistes, le montant minimum de l'indemnité spécifique doit être calculé sur la base de l'indemnité de licenciement prévue par l'article L. 1234-9 CT et non sur la base de celle fixée par l'article L. 7112-3 CT.

Cass. soc. 3 juin 2015, n° 13-26.799, BC V n° 109, cité dans « Rupture conventionnelle du CDI ».

Journée de solidarité

Une journée de solidarité a été instituée par la loi 2004-626 du 30 juin 2004 en vue d'assurer le financement des actions en faveur de l'autonomie des personnes âgées ou handicapées ; elle prend la forme, pour les salariés, d'une journée supplémentaire de travail non rémunéré dans la limite de sept heures et, pour les employeurs, d'une contribution égale à 0,3 % des salaires perçus (art. L. 3133-7 et s. CT).

Les modalités d'accomplissement de la journée de solidarité sont fixées par accord collectif ; à défaut d'accord, elles sont définies par l'employeur après consultation des représentants du personnel.

La journée de solidarité n'est pas considérée comme du travail forcé ou obligatoire.

L'article 2 de la loi du 30 juin 2004 relative à la solidarité pour l'autonomie des personnes âgées et des personnes handicapées a introduit dans le code du travail un article L. 212-16 ainsi rédigé : « Une journée de solidarité est instituée en vue d'assurer le financement des actions en faveur de l'autonomie des personnes âgées ou handicapées. Elle prend la forme d'une journée supplémentaire de travail non rémunéré pour les salariés (...). Une convention, un accord de branche ou une convention ou un accord d'entreprise détermine la date de la journée de solidarité (...). Par dérogation au deuxième alinéa, en l'absence de convention ou d'accord, la journée de solidarité est le lundi de Pentecôte... ».

Un tribunal administratif n'a pas commis d'erreur de droit en jugeant que la mise en place, par la loi précitée du 30 juin 2004, d'une journée de solidarité destinée à assurer le financement des actions en faveur de l'autonomie des personnes âgées ou handicapées prenant la forme d'une journée supplémentaire de travail non rémunéré pour les salariés et d'une contribution additionnelle pour les employeurs, ne méconnaît pas les articles 4 de la Convention de l'OIT C 29 sur le travail forcé du 28 juin 1930 et de la convention européenne de sauvegarde des droits de l'homme et des libertés fondamentales (conv. EDH).

En effet, si ces conventions interdisent le travail forcé, l'article 2 de la convention de l'OIT et l'alinéa 3 de l'article 4 de la convention EDH excluent que soit considéré comme travail forcé ou obligatoire tout travail ou service formant partie des obligations civiques normales.

CE 9 novembre 2007, n° 293987, Rec. Lebon p. 444.

La journée de solidarité ne peut pas être fixée un jour de pont conventionnel payé.

Cass. soc. 12 juin 2013, n° 10-26.175.

Lorsque la journée de solidarité est fixée un jour férié précédemment chômé pour lequel le salarié aurait été rémunéré par l'effet de la mensualisation, l'absence de l'intéressé autorise l'employeur à pratiquer une retenue sur salaire.

Selon l'article L. 212-16 CT, une journée de solidarité est instituée en vue d'assurer le financement des actions en faveur de l'autonomie des personnes âgées ou handicapées ; elle prend la forme, pour les salariés, d'une journée supplémentaire de travail non rémunéré et, pour les employeurs, de la contribution prévue au 1er de l'article 11 de la loi 2004-626 du 30 juin 2004 relative à la solidarité pour l'autonomie des personnes âgées et des personnes handicapées ; le travail accompli, dans la limite de sept heures, durant la journée de solidarité ne donne pas lieu à rémunération lorsque le salarié est rémunéré en application de la loi 78-49 du 19 janvier 1978 relative à la mensualisation et à la procédure conventionnelle ; il en résulte que lorsque la journée de solidarité est fixée un jour férié précédemment chômé pour lequel le salarié aurait été rémunéré par l'effet de la mensualisation, l'absence de l'intéressé autorise l'employeur à pratiquer une retenue sur salaire, laquelle ne constitue pas une sanction pécuniaire.

Un salarié s'est trouvé en absence injustifiée le lundi de Pentecôte, fixé comme journée de solidarité par son employeur ; la somme correspondant à sept heures de travail ayant été décomptée de son salaire, celui-ci a saisi la juridiction prud'homale.

C'est à tort que, pour condamner l'employeur à rembourser la retenue sur salaire et à payer des rappels de prime d'ancienneté et de treizième mois, le conseil de prud'hommes a énoncé que si la loi du 30 juin 2004 posait le principe d'une journée supplémentaire de travail non rémunérée, elle n'abordait pas le problème de la retenue sur salaire et qu'une circulaire n'a pas force de loi, que la liste légale des jours fériés n'avait pas été modifiée, que la France avait ratifié le pacte international relatif aux droits économiques, sociaux et culturels de l'ONU de 1966 prévoyant la rémunération des jours fériés, qu'une retenue sur salaire est une sanction qui doit faire l'objet d'une procédure spéciale, laquelle n'avait pas été mise en œuvre, et que les sanctions pécuniaires sont interdites.

Cass. soc. 16 janvier 2008, n° 06-43.124, BC V n° 13 (arrêt n° 2). Voir aussi cass. soc. 16 janvier 2008, n° 06-42.327, BC V n° 13 (arrêt n° 1) ; cass. soc. 7 avril 2010, n° 08-40.658.

Jours fériés

Le code du travail prévoit une liste de onze jours de fêtes légales, certaines conventions collectives et des usages prévoyant d'autres jours fériés.

Travail des jours fériés

Le repos des jours fériés n'est légalement obligatoire que le 1er Mai, sauf pour les jeunes travailleurs de moins de 18 ans.

Un conseil de prud'hommes, qui relève que l'article L. 222-2 CT dispose que, sauf pour certaines catégories particulières de salariés, le repos n'est obligatoire lors des jours fériés que le 1er Mai, et que la convention collective applicable prévoit que les heures travaillées un jour férié sont rémunérées avec application d'une majoration de 100 %, décide exactement, en l'absence d'usage contraire, que la direction du magasin était en droit de demander aux salariés de venir travailler le 8 Mai et de pratiquer une retenue sur le salaire des salariés ne s'étant pas présentés au travail.

Cass. soc. 3 octobre 1991, n° 88-43.026, BC V n° 391.

Doit être cassé le jugement qui a condamné l'employeur au paiement d'un rappel de salaire à des salariés qui avaient refusé de travailler le 8 Mai, alors qu'il résulte des dispositions légales que seul le 1er Mai est obligatoirement chômé et que l'énumération des jours fériés légaux chômés sans réduction de salaire donnée par la convention collective applicable ne comprend pas le 8 Mai.

Cass. soc. 10 octobre 1995, n° 91-43.982, BC V n° 267.

☛ *Premier Mai.*

Les jours fériés ne sont pas, à l'exception du 1er Mai, nécessairement chômés. Le salarié qui travaille un jour férié n'a droit, à défaut de dispositions particulières résultant de la convention collective ou de son contrat, qu'à son salaire.

Cass. soc. 4 décembre 1996, n° 94-40.693, BC V n° 421. Voir aussi cass. soc. 12 juillet 1999, n° 97-43.457.

Le repos des jours fériés peut être prévu par une convention collective ou un usage.

Ayant constaté qu'un employeur avait reconnu le droit pour les salariés, entrés dans l'entreprise avant le 11 mai 1985, de ne pas travailler les jours fériés, un conseil de prud'hommes a pu décider, en application des dispositions de l'article L. 222-1 CT et de celles de l'article 3 de l'accord annexé à la loi 78-49 du 19 janvier 1978 relative à la mensualisation, que cet employeur ne pouvait retirer auxdits salariés, qui n'avaient pas été volontaires pour travailler le 8 Mai 1989, jour férié légal, le salaire de cette journée.

Cass. soc. 21 mai 1996, n° 94-45.024, BC V n° 191. Voir aussi cass. soc. 3 juillet 1991, n° 88-40.952.

Lorsque le jour férié coïncide avec un jour non travaillé dans l'entreprise au titre de la réduction du temps de travail, le salarié a droit à la récupération de cette journée chômée.

Un accord d'entreprise conclu entre différentes organisations syndicales représentatives et une caisse de retraite complémentaire a organisé selon plusieurs formules l'aménagement et la réduction du temps de travail ; une salariée de cet organisme a opté pour une amplitude de quinze jours correspondant à un temps de travail de 70 heures, ce qui la conduisait à travailler cinq jours la première semaine et quatre jours la seconde ; estimant ne pas avoir bénéficié de cette réduction du temps de travail les semaines de l'année 2003 où son absence à ce titre avait coïncidé avec trois jours fériés ou jours assimilés, et durant lesquels l'institution était fermée, la salariée a saisi la juridiction prud'homale d'une demande de récupération.

C'est à bon droit qu'une cour d'appel a fait droit à cette demande. En effet, l'accord d'entreprise relatif à la réduction du temps de travail n'ayant pu remettre en cause les dispositions de la convention collective du personnel de cet organisme relatives au régime des jours chômés pendant lesquels l'entreprise est fermée, la cour d'appel a pu en déduire que la salariée avait droit à la récupération des jours chômés.

Cass. soc. 13 décembre 2006, n° 05-42.528, BC V n° 384.

Les jours de repos acquis au titre d'un accord de réduction et d'aménagement du temps de travail ne peuvent pas être positionnés sur un jour férié chômé.

Cass. soc. 11 juillet 2007, n° 06-41.575, BC V n° 124 (arrêt n° 1). Voir aussi cass. soc. 16 février 2012, n° 09-70.617, BC V n° 74.

Le chômage des jours fériés ne peut pas donner lieu à récupération.

Des salariés ont saisi la juridiction prud'homale de demande en paiement de rappel de salaire contre leur employeur qui leur avait fait récupérer des heures de travail suite à des jours fériés chômés.

Ayant fait ressortir que la règle dite du 1/5e ou du 1/10e avait pour conséquence de faire effectuer aux salariés le reste de la semaine une durée effective du travail égale aux 4/5e ou 9/10e de la durée prévue dans le contrat de travail, quelle que soit la durée du travail qui aurait été accomplie lors d'un jour férié chômé, un conseil de prud'hommes en a exactement déduit que cela avait pour effet de faire récupérer aux salariés des heures effectivement chômées du fait de la durée habituelle de la journée ou demi-journée du jour férié non travaillé, violant ainsi les dispositions de l'article L. 3133-2 CT. Il a, par ce seul motif, légalement justifié sa décision de condamner l'employeur à payer aux salariés des sommes à titre d'heures supplémentaires ou complémentaires de « récupération » de jours fériés.

Cass. soc. 13 juin 2012, n° 11-10.146, BC V n° 188. Voir aussi cass. crim. 20 septembre 1994, n° 93-84.421.

Rémunération des jours fériés

Le chômage des jours fériés ne peut pas être la cause d'une réduction de la rémunération…

Ayant relevé que l'article 3 de l'accord national interprofessionnel du 10 décembre 1977, rendu obligatoire par la loi 78-49 du 19 janvier 1978 [art. L. 3133-3 CT], précisait que le chômage des jours fériés ne peut être la cause d'une réduction de la rémunération, un conseil de prud'hommes a décidé, à juste titre, que la salariée pouvait prétendre à un complément de salaire au titre de la partie variable de sa rémunération, qui a pu être calculé en fonction de la moyenne journalière des sommes perçues au même titre pendant les jours ouvrés du même mois.

Cass. soc. 7 mai 1996, n° 92-45.148, BC V n° 177. Voir aussi cass. soc. 24 septembre 2014, n° 13-10.842, 2e moyen.

Le salaire à maintenir les jours fériés chômés, au sens de l'article L. 3133-3 CT, s'entend du salaire de base et de ses compléments habituels.

Pour débouter un salarié de sa demande de paiement de primes pour heures de nuit lors des jours fériés, une cour d'appel a retenu que, selon l'accord collectif applicable, ces primes étaient versées en fonction du nombre réel d'heures de travail effectif en période nocturne, ce qui excluait toute prime de cette nature les jours fériés.

En statuant ainsi, alors que les primes de travail de nuit correspondaient à un élément de rémunération n'ayant pas un caractère exceptionnel, pour un salarié travaillant la nuit de manière habituelle, la cour d'appel a violé l'article L. 3133-3 CT.

Cass. soc. 27 juin 2012, n° 10-21.306, 1er moyen, BC V n° 201.

… même pour un salarié à temps partiel.

Un conseil de prud'hommes, qui a retenu que la salariée travaillait à temps partiel selon une répartition de 7,7 heures de travail par jour sur une période de quatre jours, a décidé à bon droit que celle-ci devait percevoir une rémunération égale à 7,7 heures de travail en cas de jour férié payé par l'employeur tombant l'un de ses jours de travail.

Cass. soc. 10 novembre 1993, n° 89-45.049, 1er moyen, BC V n° 264.

Les conventions collectives peuvent prévoir des majorations…

En vertu de l'article 35 de la convention collective nationale des coopératives laitières, les heures effectuées le dimanche et les jours fériés légaux sont majorées de 100 %.

Il en résulte, en premier lieu, que le travail effectué un jour férié tombant un jour ouvrable ouvre droit, pour le salarié mensualisé, en sus du salaire mensuel, lequel comprend déjà la rémunération dudit jour, à une rémunération correspondant aux heures effectuées ce jour-là.

Il en résulte, en second lieu, que le travail effectué un dimanche ou un jour férié tombant un dimanche ouvre droit pour le salarié mensualisé, en sus du salaire mensuel, à une rémunération des heures effectuées ce jour-là majorée de 100 %.

Ainsi, en énonçant que toutes les heures effectuées un jour férié sont majorées de 100 %, ce qui revient à majorer de 200 % les heures effectuées par un salarié mensualisé un jour férié qui tombe un jour ouvrable, un conseil de prud'hommes a violé cette disposition.

Cass. soc. 27 mars 1996, n° 92-40.705.

… et/ou assortir le bénéfice du paiement des jours fériés non travaillés de certaines réserves (avoir travaillé normalement les jours ouvrés précédant et suivant immédiatement chaque jour férié considéré ou travailler exceptionnellement un jour férié).

Cass. soc. 15 juin 1999, n° 97-40.671, BC V n° 285.

Aux termes de l'article 55 de la convention collective nationale de l'ameublement, « tous travaux exceptionnels du dimanche, des jours fériés et de nuit donneront lieu à une majoration de 100 % du salaire horaire effectif, incluant, le cas échéant, toutes majorations pour heures supplémentaires ».

Le caractère exceptionnel des travaux visés par la convention collective rend ce texte inapplicable au salarié qui travaille habituellement le dimanche.

Cass. soc. 26 février 2003, n° 01-43.906, BC V n° 71. Voir aussi cass. soc. 26 février 2003, n° 00-46.726, BC V n° 72, s'agissant de la convention collective nationale de la transformation des matières plastiques.

La majoration conventionnelle allouée, sans autre précision, aux salariés appelés, en raison de leurs fonctions et des besoins de l'usine, à travailler un jour férié doit bénéficier aux travailleurs de nuit.

En l'état de dispositions conventionnelles prévoyant que « le salarié appelé, en raison de ses fonctions et des besoins de l'usine, à travailler un jour férié aura droit, à son choix, à un repos compensateur dont la date sera fixée en accord avec la direction ou à défaut à une majoration de 100 %, s'ajoutant à ses appointements habituels », et en l'absence d'exclusion des travailleurs de nuit du bénéfice de cette majoration, qui n'était pas non plus exclusivement réservée aux salariés appelés à accomplir, de manière exceptionnelle, leurs travaux un jour férié, un conseil de prud'hommes a pu allouer ladite majoration à des salariés qui avaient travaillé un jour férié de 0 heure à 5 heures.

Cass. soc. 21 février 2007, n° 05-40.991, BC V n° 29.

La disposition conventionnelle prévoyant le doublement du salaire des jours fériés s'applique aux salariés qui sont engagés précisément pour travailler les jours fériés.

Cass. soc. 10 janvier 1991, n° 87-43.201, 1er moyen, BC V n° 7.

Les cadres dirigeants ne bénéficient pas des compensations financières liées au travail effectué le dimanche et les jours fériés.

Les cadres dirigeants ne sont pas soumis aux dispositions relatives aux repos et jours fériés, sauf stipulations contractuelles ou conventionnelles plus favorables. Dès lors, en l'absence de dispositions expresses visant cette catégorie de cadres, le régime de compensation financière liée au travail effectué le dimanche et les jours fériés prévu par accord collectif ne saurait s'appliquer aux cadres dirigeants.

Cass. soc. 27 juin 2012, n° 10-28.649, BC V n° 200.

Les heures supplémentaires qui auraient été accomplies lors d'un jour férié chômé n'ouvrent pas droit à bonification sous forme de repos.

Il résulte de la combinaison de l'article L. 222-6 CT et de la loi du 19 janvier 1978 relative à la mensualisation que le salarié a droit au maintien de sa rémunération en cas de chômage d'un jour férié ; cette rémunération inclut les bonifications pour heures supplémentaires lorsque celles-ci prennent la forme d'une majoration de salaire ; elle ne peut, en revanche, être regardée comme comprenant les mêmes bonifications lorsque celles-ci donnent lieu à l'attribution de repos.

Ainsi, doivent être annulées les dispositions de la circulaire du 6 décembre 2000 du ministre de l'Emploi et de la Solidarité relative aux questions concernant l'application de la loi du 19 janvier 2002 sur la réduction négociée du temps de travail concernant le traitement des absences pour cause de jour férié chômé.

En effet, en indiquant que le jour férié chômé « est pris en compte pour déterminer l'assiette, l'ouverture et le calcul des droits à majoration et à bonification pour heures supplémentaires, y compris lorsque cette bonification est en repos », la circulaire ne se borne pas à tirer les conséquences du principe du maintien de la rémunération, mais ajoute une règle nouvelle en prévoyant le maintien des avantages non pécuniaires attribués aux salariés en contrepartie de l'accomplissement d'heures supplémentaires ; la circonstance que le principe d'égalité tel qu'il a été rappelé par le Conseil constitutionnel dans sa décision 99-423 DC du 13 janvier 2000 rendrait nécessaire l'extension aux bonifications en majoration de salaire, n'autorisait pas le ministre à se substituer au législateur pour réparer l'atteinte qui aurait été portée à ce principe.

CE 6 mars 2002, n° 231530.

Coïncidence de deux jours fériés

En l'état d'une convention collective garantissant un nombre déterminé de jours chômés correspondant aux jours de fêtes légales, lorsque deux jours fériés tombent le même jour, le salarié peut prétendre à l'attribution de ces deux jours ou au paiement d'une indemnité.

Deux salariés travaillant dans une société dont l'activité relève de la convention collective nationale des activités du déchet ont travaillé le 1er Mai 2008 qui se trouvait correspondre au jeudi de l'Ascension ; ils ont perçu une rémunération majorée de 200 % au titre du jour de l'ascension en application de l'accord d'entreprise du 25 avril 2005 ; ils ont saisi la juridiction prud'homale d'une demande en paiement d'une indemnité correspondant à un jour de repos supplémentaire en application de la convention collective applicable.

Après avoir relevé que l'article 2-20 de la convention collective applicable dispose qu'après trois mois d'ancienneté dans l'entreprise, les salariés ont droit en plus du congé annuel à un nombre de jours de congés payés correspondant aux fêtes légales en vigueur à la date de signature du présent accord et énumère ensuite onze jours de fêtes légales avec la précision que le personnel ayant travaillé tout ou partie de l'un de ces jours bénéficiera soit d'un repos payé, soit d'une indemnité correspondant au salaire équivalent, et retenu que l'avantage prévu par la convention collective et celui prévu par l'accord d'entreprise qui constituent la mise en œuvre de dispositions légales distinctes n'avaient ni le même objet ni la même cause, de sorte qu'ils pouvaient se cumuler, un conseil de prud'hommes en a justement déduit que les salariés étaient fondés à prétendre à onze jours de congés payés au titre des fêtes légales, peu important que deux fêtes tombent le même jour et que l'employeur devait être condamné à payer aux salariés des rappels de salaire.

Cass. soc. 30 novembre 2010, n° 09-69.329, BC V n° 275. Voir aussi cass. soc. 7 mars 2012, n° 10-16.156, 2e moyen, BC V n° 92, s'agissant de la convention collective de gros et de détail à prédominance alimentaire.

Il en est de même lorsque la convention collective prévoit le paiement d'un nombre déterminé de jours fériés dans l'année.

En 2008, le 1er Mai et l'Ascension, ayant coïncidé le même jour calendaire, une salariée travaillant dans une verrerie a saisi la juridiction prud'homale pour obtenir paiement d'un rappel de salaire, en faisant valoir que son employeur l'avait privée du paiement d'une journée de repos supplémentaire au titre du jeudi de l'Ascension.

C'est à bon droit qu'un conseil de prud'hommes a décidé que la salariée pouvait prétendre au respect du nombre de onze jours fériés lorsque deux fêtes chômées coïncidaient un même jour et devait recevoir l'indemnisation correspondant au jeudi de l'Ascension dont elle avait été privée.

En effet, selon l'article 31 de la convention collective nationale de la fabrication du verre à la main du 3 novembre 1994, les ouvriers bénéficient en plus du paiement de la journée du 1er Mai, du paiement de tous les jours fériés dont le jeudi de l'Ascension, ces jours étant chômés et indemnisés dans les conditions prévues par la loi en ce qui concerne le 1er Mai ; le jour férié travaillé non récupéré tombant un dimanche est indemnisé à 300 %, soit 100 % pour le travail normal, 100 % pour le jour férié et 100 % pour le dimanche ; il en résulte que les salariés ont droit au paiement de onze jours fériés par an.

Cass. soc. 30 novembre 2010, n° 09-42.990, pourvoi de l'employeur, BC V n° 276. Voir aussi cass. soc. 11 janvier 2012, n° 10-18.452, pourvoi principal.

En revanche, lorsque la convention collective se borne à reprendre la liste des jours fériés légaux et à prévoir que tous les jours fériés sont chômés et payés lorsqu'ils tombent un jour normalement ouvré dans l'entreprise, le salarié n'a droit à aucune compensation.

Un salarié employé d'une société dont l'activité est soumise à la convention collective des exploitations agricoles de la Gironde, ayant réclamé en vain l'octroi d'un jour de repos supplémentaire au titre du jeudi de l'Ascension qui, en 2008, avait coïncidé avec le 1er Mai, a saisi la formation de référé de la juridiction prud'homale.

Pour accueillir la demande du salarié, une cour d'appel a retenu que les jours fériés dont la convention collective prévoit le chômage sont au nombre répertorié de onze dans l'année, que la circonstance calendaire de la coïncidence du 1er Mai et de l'Ascension ne permet pas à l'employeur de retenir un jour de repos aux salariés concernés, leur nombre étant un droit conventionnel effectivement acquis et que dès lors, cette coïncidence induit nécessairement pour l'employeur l'obligation d'accorder un jour de congé supplémentaire.

En statuant ainsi, alors que l'article 47 de la convention collective des exploitations agricoles de la Gironde, qui se borne à reprendre la liste des jours fériés légaux et à prévoir que « Tous les jours fériés sont chômés et payés lorsqu'ils tombent un jour normalement ouvré dans l'entreprise... » n'instaure aucun droit à un jour de congé ou de repos supplémentaire lorsque, par exception, deux jours fériés coïncident, la cour d'appel a violé l'article 47 de la convention collective des exploitations agricoles de la Gironde.

Cass. soc. 29 juin 2011, n° 10-10.955, BC V n° 183. Voir aussi cass. soc. 17 octobre 2012, n° 11-19.956, BC V n° 265 ; cass. soc. 20 novembre 2013, n° 12-21.684, BC V n° 278 ; cass. soc. 22 octobre 2014, n° 12-19.587, BC V n° 245.

☛ *Congés payés ; Engagement unilatéral de l'employeur ; Grève (Effets) ; Pont (Journée de) ; Premier Mai.*

Jours ouvrables/ Jours ouvrés

☛ *Congés payés.*

L

Lettre de démission

☛ *Démission.*

Lettre d'engagement

☛ *Contrat à durée déterminée (Conclusion) ; Promesse d'embauche.*

Lettre de licenciement

☛ *Licenciement irrégulier (Sanctions) ; Notification du licenciement.*

Liberté de déplacement

Les articles L. 2325-11 ancien (comité d'entreprise), L. 2315-5 ancien (délégués du personnel) et L. 2143-20 CT (délégués syndicaux) ouvrent aux représentants du personnel le droit de se déplacer librement dans l'entreprise, mais aussi hors de l'entreprise, pour exercer leur mission. Cependant, leurs déplacements dans l'entreprise ne doivent pas occasionner de gêne importante dans l'accomplissement du travail.

Modalités d'exercice des déplacements

• Avertissement du supérieur hiérarchique

Si le départ en délégation n'a pas à être autorisé par l'employeur, le représentant doit cependant en avertir son supérieur hiérarchique.

Commet une entrave à l'exercice du droit syndical l'employeur sanctionnant une déléguée pour être partie en délégation deux heures dans l'après-midi, en violation des dispositions du règlement intérieur et sans qu'il en ait été prévenu : cette liberté d'ordre public ne peut ni être limitée par un règlement intérieur ni être subordonnée à une autorisation de l'employeur. Dès lors, en informant seulement son chef direct avant de quitter son poste, la déléguée s'est strictement conformée à ses obligations.

Cass. crim. 4 février 1986, n° 84-95.402, 1er moyen, B. crim. n° 46.

Le représentant quittant inopinément son poste peut, dans certaines conditions, être sanctionné.

Un conseil de prud'hommes a pu refuser d'accéder à la demande en paiement d'heures de délégation d'un délégué syndical, après avoir relevé que ce délégué avait quitté son poste pour exercer sa mission de façon inopinée. Le caractère soudain et inopiné de cette absence était de nature à nuire à l'organisation de l'entreprise, alors que ce délégué savait depuis le 9 octobre qu'il serait amené à exercer ses fonctions le 28 octobre suivant.

Cass. soc. 12 février 1985, n° 82-41.647, BC V n° 108.

• Déplacement en rapport avec les fonctions

Les déplacements des représentants doivent s'inscrire dans le cadre de leur mission légale et ne pas occasionner de gêne importante dans l'accomplissement du travail.

Le fait pour sept représentants (un délégué syndical et six délégués du personnel) de s'être déplacés en groupe dans l'entreprise pour se faire remettre par les salariés un cahier-questionnaire, distribué préalablement, ne peut être considéré comme occasionnant une gêne importante. Ce questionnaire visant à recueillir les avis et revendications du personnel sur des thèmes tels que les salaires, l'intervention des délégués n'a pas été effectuée hors des attributions que donne la loi à ces représentants.

Cass. crim. 27 septembre 1988, n° 87-81.800.

• Encadrement des déplacements

La liberté de déplacement peut être encadrée pour répondre à des impératifs, notamment de sécurité ou de bonne marche de l'entreprise.

Le principe de la libre circulation des représentants du personnel pour l'exercice de leurs fonctions n'interdit pas à l'employeur, responsable de la sécurité et de la bonne marche de l'entreprise, d'exiger de ceux qui y circulent la justification de leur qualité. Il lui appartient par ailleurs, après consultation des intéressés, de déterminer les modalités de ce contrôle. Mais ces modalités ne doivent pas avoir pour effet de limiter l'exercice du droit syndical et d'entraver les fonctions des représentants élus.

Le fait de demander aux représentants du personnel d'utiliser des titres de circulation, dits « bons de délégation », lors de l'exercice de leur mission au sein de l'entreprise ne caractérise pas nécessairement un délit d'entrave. Ces titres étant remis systématiquement à la moindre demande et étant utilisés tant pour assurer la sécurité et la protection des secrets de fabrication (les représentants du personnel devant les montrer aux agents de surveillance de l'entreprise) que pour la comptabilisation des heures de délégation, une cour d'appel a pu dire la prévention d'entrave non établie.

Cass. crim. 10 janvier 1989, n° 87-80.048, 2e moyen, B. crim. n° 10.

Après avoir relevé qu'un comité d'entreprise disposait d'un accès extérieur entièrement libre de tout contrôle et que le système de badgeage installé à l'accès le reliant au périmètre industriel, qui avait été mis en place pour répondre aux exigences de sécurisation du site imposées par arrêté préfectoral après déclaration préalable à la Commission nationale informatique et liberté (CNIL), ne faisait pas obstacle à la libre circulation du personnel et de ses représentants à l'intérieur de l'entreprise, une cour d'appel a pu en déduire que le trouble manifestement illicite allégué par le comité n'était pas caractérisé.

Cass. soc. 26 septembre 2007, n° 06-11.425.

Après avoir constaté qu'une procédure applicable pour accéder à des zones confidentielles avait pour seul objet de s'assurer de l'appartenance du salarié à l'établissement et de son statut de représentant du personnel préalablement à l'accès à ces zones, le responsable de celles-ci ne disposant d'aucun droit de regard sur l'opportunité de la demande d'accès et devant faire droit à celle-ci après avoir procédé aux vérifications prévues, puis énoncé à juste titre que l'accord d'entreprise relatif au droit syndical ne prévoyait pas l'attribution aux représentants du personnel d'un badge leur donnant accès aux zones en cause, au même titre que les salariés y travaillant, une cour d'appel en a déduit à bon droit que la procédure contestée, justifiée au regard du caractère hautement confidentiel de ces zones, ne méconnaissait ni les exigences découlant de la liberté de circulation reconnue aux représentants du personnel à l'intérieur de l'entreprise ni celles résultant de l'accord d'entreprise.

Cass. soc. 9 juillet 2014, n° 13-16.151.

L'encadrement des déplacements ne doit pas entraver l'exercice des fonctions de délégué du personnel.

Pour déclarer un employeur coupable d'entrave à l'exercice des fonctions de délégué du personnel, après avoir relevé que, dans les réponses données par la direction aux questions posées par les délégués du personnel, il avait été demandé à ceux-ci de communiquer les temps et les permanences prévus pour consulter le personnel en dehors du temps de travail sur les lieux mis à leur disposition, qu'il leur avait également été signifié que les déplacements à l'extérieur dans les temps de travail restaient subordonnés à des ordres de mission signés par la direction et qu'il avait été procédé sans concertation à la planification des heures de délégation du seul délégué titulaire, une cour d'appel a énoncé que ces faits constituaient des atteintes caractérisées à la liberté de circulation des délégués du personnel au sens de l'article L. 2315-1 et s. CT.

Cass. crim. 5 mars 2013, n° 11-83.984, 2e branche du 2e moyen, B. crim. n° 59.

La pratique des bons de délégation est autorisée.

☛ *Heures de délégation (Utilisation).*

Liberté d'expression

Sauf abus, le salarié jouit, dans l'entreprise et en dehors de celle-ci, de sa liberté d'expression et il ne peut être apporté à celle-ci que des restrictions justifiées par la nature des tâches à accomplir et proportionnées au but recherché.

Le salarié jouit de sa liberté d'expression dans l'entreprise et en dehors de celle-ci

Le salarié peut formuler des critiques à l'encontre de la gestion de l'entreprise, sans que cela constitue nécessairement un abus.

En décidant que le licenciement d'un salarié procédait d'une cause réelle et sérieuse, alors qu'il résultait de ses constatations que l'intéressé était chargé d'une mission administrative, comptable et financière de très haut niveau dans des circonstances difficiles, de sorte qu'il pouvait être amené à formuler, dans l'exercice de ses fonctions, et du cercle restreint du comité directeur dont il était membre, des critiques, même vives, concernant la nouvelle organisation proposée par la direction, et alors que le document qu'il avait remis aux membres du comité de direction critiquant la nouvelle organisation mise en place par l'employeur ne comportait pas de termes injurieux, diffamatoires ou excessifs, une cour d'appel a violé l'article L. 120-2 CT.

Cass. soc. 14 décembre 1999, n° 97-41.995, BC V n° 488.

Un salarié, ayant assuré les fonctions de secrétaire général de la société l'employant, puis de gérant salarié, a adressé aux membres du comité central d'entreprise une note indiquant que les informations données aux élus dans le cadre d'un projet de cession d'une partie des activités de la société étaient incomplètes, voire inexactes. Il a été licencié pour faute grave.

Ayant relevé que la note litigieuse préalablement communiquée aux dirigeants du groupe portait sur le rôle joué par la filiale de ce groupe et contribuait à donner une image positive de celle-ci au moment où se discutait son avenir, que l'appréciation sur le caractère incomplet ou inexact des informations transmises aux élus ne mettait pas en cause les compétences professionnelles et l'honnêteté intellectuelle des dirigeants du groupe et que sa diffusion, en vue d'un débat, aux membres du comité central n'était pas anormale puisqu'elle ne visait nommément personne et se situait au niveau de la politique du groupe, une cour d'appel a pu décider que le comportement du salarié ne constituait pas un abus de sa liberté d'expression et déclarer son licenciement sans cause réelle et sérieuse.

Cass. soc. 1er juin 2004, n° 02-40.762.

Pour dire le licenciement d'une salariée licenciée pour faute grave fondé sur une cause réelle et sérieuse, une cour d'appel a notamment relevé que les multiples écrits adressés par la salariée à son employeur ne peuvent s'analyser dans le cadre de l'expression normale d'un cadre dans l'entreprise, mais comme mettant en cause l'organisation de l'entreprise et du travail et ce, eu égard au temps passé par la salariée pour réaliser ces écrits et à l'obligation corrélative de l'employeur de rappeler systématiquement à la salariée le cadre de son activité et les méthodes devant être utilisées. Si, à bon droit, la cour d'appel a jugé que l'acte reproché à la salariée ne pouvait se rattacher au droit d'expression des salariés sur le contenu, les conditions d'exercice et l'organisation de leur travail prévu à l'article L. 461-1 CT, qui s'exerce seulement dans le cadre de réunions collectives organisées sur les lieux et pendant le temps de travail, elle a méconnu que, sauf abus, le salarié jouit, dans l'entreprise et en dehors de celle-ci, de sa liberté d'expression, à laquelle seules des restrictions justifiées par la nature de la tâche à accomplir et proportionnées au but recherché peuvent être apportées.

En statuant ainsi, alors que l'envoi limité dans le temps de plusieurs courriers, dont seul l'employeur était destinataire, qui répondaient à un avertissement que la salariée estimait injustifié et qui ne contenaient aucun propos injurieux, diffamatoire ou excessif, ne caractérise pas un abus de la liberté d'expression du salarié, la cour d'appel a violé l'article L. 120-2 CT.

Cass. soc. 2 mai 2001, n° 98-45.532, BC V n° 142.

Une salariée avait été licenciée en raison des propos critiques tenus envers son employeur se rapportant à la ligne de conduite arrêtée par la direction de l'établissement à la suite d'attouchements sexuels concernant un surveillant de l'établissement.

Après avoir relevé la nature délictuelle grave des faits dénoncés en dépit de la réticence de l'employeur et le contexte conflictuel né de cette dénonciation, une cour d'appel a décidé que ni la dénonciation ni l'annonce par la salariée de son licenciement avant que celui-ci ne soit effectif ne constituaient une faute grave et que le licenciement ne procédait pas d'une cause réelle et sérieuse.

Cass. soc. 2 mai 2000, n° 98-41.557.

Après avoir fait part à son employeur, avec plusieurs autres salariés, lors de l'ouverture d'un séminaire de formation, de ses interrogations quant à l'évolution de la société et, devant le refus de la direction d'engager une discussion immédiate, avoir quitté une réunion, un salarié a été licencié pour faute grave.

Ayant relevé qu'eu égard aux liens existant entre certains membres de l'entreprise et une association dont les pratiques avaient été officiellement dénoncées comme sectaires, les salariés pouvaient nourrir de légitimes inquiétudes quant au contenu du séminaire, qu'ils avaient exprimé leurs préoccupations en termes courtois, mesurés et positifs, en l'absence de toute personne étrangère à l'entreprise, et que c'est en raison du refus de l'employeur d'apporter à leurs questions la réponse immédiate qu'elles exigeaient qu'ils avaient quitté la réunion, une cour d'appel a pu décider qu'ils n'avaient pas commis de faute et que le licenciement était dépourvu de cause réelle et sérieuse.

Cass. soc. 17 décembre 2003, n° 01-43.652.

Sauf abus, le salarié jouit, dans l'entreprise et en dehors de celle-ci, de sa liberté d'expression ; il ne peut être apporté à celle-ci que des restrictions justifiées par la nature de la tâche à accomplir et proportionnées au but recherché.

Un salarié a été licencié pour faute lourde, l'employeur lui reprochant les termes d'une lettre, cosignée par trois collègues et adressée aux membres du conseil d'administration et dirigeants de la société mère ; contestant son licenciement, le salarié a saisi la juridiction prud'homale de demandes d'indemnités au titre de la rupture.

Pour dire le licenciement du salarié fondé sur une faute grave, une cour d'appel, tout en admettant que les termes de la lettre litigieuse n'étaient pas injurieux, a relevé que les termes employés, tels que « décisions incohérentes et contradictoires qui compromettent la pérennité de l'entreprise », comme ceux de « désordre interne, détournement, abus d'autorité, conséquences financières et sociales désastreuses » n'en étaient pas moins violents et dénués de nuance, que leur usage avait pour seule finalité de caractériser l'incurie et l'impéritie du président de la société, que le courrier litigieux dépassait les standards habituels de communication au sein de l'entreprise, décrivait de façon tendancieuse des situations s'apparentant à des actes de malveillance, faisait une présentation volontairement alarmiste de la situation économique et sociale de l'entreprise, répandait des rumeurs sur le devenir de la société et la précarité de la situation des salariés et manifestait l'intention de ses auteurs de mettre en cause et de déstabiliser son président et que ce comportement était d'autant plus fautif qu'il était le fait de cadres supérieurs disposant d'une large autonomie et d'une autorité non négligeable dans l'entreprise qui s'adressaient directement et collectivement aux nouveaux actionnaires du groupe, à un moment où la société était en pleine réorganisation.

En statuant ainsi, alors que la lettre litigieuse, adressée aux membres du conseil d'administration et aux dirigeants de la société mère, ne comportait pas de termes injurieux, diffamatoires ou excessifs, la cour d'appel a violé l'article L. 1121-1 CT.

Cass. soc. 27 mars 2013, n° 11-19.734, pourvoi incident, BC V n° 95.

Ainsi, la signature d'une pétition portant sur une demande de personnel supplémentaire, qui ne contient aucun propos injurieux, diffamatoire ou excessif, ne caractérise pas un abus de la liberté d'expression du salarié.

Cass. soc. 3 mai 2011, n° 10-14.104, 2e branche du 1er moyen, BC V n° 104.

Le salarié peut également utiliser sa liberté d'expression pour s'exprimer sur des mesures individuelles ou des remarques le concernant.

Après avoir relevé qu'une salariée occupant un poste de directeur administratif et financier, d'une part, s'était bornée à adresser au directeur général et à quatre cadres une lettre en réaction à une réunion au cours de laquelle elle paraissait avoir été mise en cause et, d'autre part, que les critiques et indiscrétions qui lui étaient reprochées étaient en partie reprises dans le journal de l'entreprise, une cour d'appel a pu décider que le comportement de l'intéressée n'était pas de nature à rendre impossible son maintien dans l'entreprise pendant la durée du préavis et ne constituait pas une faute grave.

Cass. soc. 13 février 2001, n° 98-45.931.

C'est à tort que, pour dire que le licenciement d'une salariée était justifié, une cour d'appel a relevé que quatre jours après l'entretien préalable au licenciement, la salariée avait adressé aux membres du conseil d'administration de l'institut un courrier relatif à la décision de licenciement et que les termes utilisés jetaient le discrédit sur son supérieur hiérarchique, alors que la salariée s'était bornée à rejeter le principe de son licenciement dont elle contestait la raison économique et que sa lettre n'était que la manifestation de sa liberté d'expression exercée sans faute.

Cass. soc. 15 janvier 2003, n° 00-44.180.

Pour débouter un salarié de sa demande d'indemnité pour licenciement abusif, une cour d'appel a retenu comme cause réelle et sérieuse de licenciement les termes qualifiés d'inacceptables d'une lettre constituant un refus de l'autorité hiérarchique.

En statuant ainsi, alors qu'elle avait constaté que le salarié, se plaignant d'être sans mission depuis plusieurs mois, avait demandé à son supérieur hiérarchique de remédier à cette situation en des termes qui, pour être vifs, n'excédaient pas la liberté d'expression dont jouit tout salarié dans l'entreprise, la cour d'appel a violé les articles L. 122-14-3 et L. 120-2 CT.

Cass. soc. 13 février 2008, n° 06-41.500.

Sauf abus, le salarié jouit, dans l'entreprise et en dehors de celle-ci, de sa liberté d'expression, à laquelle seules des restrictions justifiées par la nature de la tâche à accomplir et proportionnées au but recherché peuvent être apportées.

Un salarié, licencié pour faute grave en raison de la diffusion à l'ensemble des salariés d'une lettre ouverte faisant état de son désaccord avec la direction, a saisi la juridiction prud'homale.

Ayant retenu que la diffusion par l'intéressé d'une lettre ouverte répondait à celle que la direction avait précédemment adressée à l'ensemble du personnel pour dénoncer les dysfonctionnements ou insuffisances de l'entreprise et le mettant personnellement en cause, que ses critiques ne présentaient pas de caractère excessif et étaient à la mesure de l'émotion suscitée par la mise en cause publique de ses compétences et de sa conscience professionnelle alors que son travail n'avait jusqu'alors donné lieu à aucun reproche, une cour d'appel a pu décider que le comportement du salarié ne rendait pas impossible son maintien dans l'entreprise pendant la durée du préavis et ne constituait pas une faute grave.

Cass. soc. 22 juin 2004, n° 02-42.446, BC V n° 175.

Après avoir constaté, d'une part, qu'un footballeur professionnel avait déclaré dans la presse que son entraîneur manquait de cohérence et de diplomatie et salissait les joueurs pour laver sa responsabilité, alors que, de son côté, l'entraîneur avait affirmé que le joueur n'avait plus le niveau de ligue 1 et était très orgueilleux et égocentrique, et, d'autre part, que le président n'avait pu ou avait été incapable d'arrêter un lynchage médiatique, de sorte que les propos reprochés s'inscrivaient dans une polémique médiatique avec l'entraîneur, une cour d'appel a pu décider que le salarié n'avait pas abusé de sa liberté d'expression.

Cass. soc. 28 avril 2011, n° 10-30.107, BC V n° 96.

Le fait pour un salarié de porter à la connaissance de l'inspecteur du travail ou du procureur de la République des faits concernant l'entreprise lui paraissant anormaux, qu'ils soient ou non susceptibles de qualification pénale, ne constitue pas en soi une faute.

Le fait pour un salarié de porter à la connaissance de l'inspecteur du travail des faits concernant l'entreprise et lui paraissant anormaux, qu'ils soient ou non susceptibles de qualification pénale, ne constitue pas en soi une faute.

Pour retenir une faute grave à l'encontre d'une salariée qui avait adressé une lettre à l'inspecteur du travail faisant état de malversations de l'employeur, de manipulations de caisse, de détournement de recettes, une cour d'appel a énoncé que si ces faits avaient été établis, ils auraient conduit l'inspecteur du travail à en informer l'autorité judiciaire.

En statuant ainsi, tout en laissant incertaine la question de savoir si les accusations formulées par la salariée étaient mensongères ou non et, dans l'affirmative, en ne recherchant pas si la salariée avait agi avec légèreté ou mauvaise foi, la cour d'appel n'a pas légalement justifié sa décision.

Cass. soc. 14 mars 2000, n° 97-43.268, BC V n° 104.

Un salarié, employé en qualité de directeur administratif et financier par une association gérant un centre d'examen de santé faisant partie intégrante du dispositif de santé publique en Guadeloupe, a été licencié pour faute lourde en mars 2011, après avoir dénoncé au procureur de la République les agissements d'un membre du conseil d'administration et du président de l'association susceptibles de constituer une escroquerie ou un détournement de fonds publics. Il a saisi la juridiction prud'homale afin notamment de voir prononcer la nullité de son licenciement.

Tout d'abord, doit être rejeté le pourvoi incident de l'association reprochant à une cour d'appel d'avoir déclaré le licenciement sans cause réelle et sérieuse.

En effet, le fait pour un salarié de porter à la connaissance du procureur de la République des faits concernant l'entreprise qui lui paraissent anormaux, qu'ils soient au non susceptibles de qualification pénale, ne constitue pas en soi une faute.

Ayant constaté que le salarié avait informé le procureur de la République de ce que le directeur du centre avait tenté de se faire payer des salaires pour un travail qui n'avait pas été accompli et obtenu du président de l'association la signature d'un contrat de travail alors qu'il était dans le même temps administrateur de l'association, de tels faits étant susceptibles de constituer une escroquerie ou un détournement de fonds publics, et que sa bonne foi ne pouvait être mise en doute, la cour d'appel en a exactement déduit que le salarié n'avait commis aucune faute en révélant les faits aux autorités judiciaires.

Ensuite, en raison de l'atteinte qu'il porte à la liberté d'expression, en particulier au droit pour les salariés de signaler les conduites ou actes illicites constatés par eux sur leur lieu de travail, le licenciement d'un salarié prononcé pour avoir relaté ou témoigné, de bonne foi, de faits dont il a eu connaissance dans l'exercice de ses fonctions et qui, s'ils étaient établis, seraient de nature à caractériser des infractions pénales, est frappé de nullité.

Pour dire qu'il n'y avait pas lieu d'annuler le licenciement et débouter le salarié de sa demande de réintégration, la cour d'appel a retenu que la nullité ne pouvait être prononcée en l'absence de texte la prévoyant puisque les articles L. 1132-3-3 et L. 1132-4 CT issus de la loi 2013-1117 du 6 décembre 2013 n'étaient pas applicables à l'époque du licenciement et que les faits dénoncés par le salarié ne se rattachaient pas à des faits de corruption, ce qui exclut l'application de l'article L. 1161-1 CT.

En statuant ainsi, alors que le licenciement était motivé par le fait que le salarié, dont la bonne foi ne pouvait être mise en doute, avait dénoncé au procureur de la République des faits pouvant être qualifiés de délictueux commis au sein de l'association, la cour d'appel, qui n'a pas tiré les conséquences légales de ses constatations, a violé l'article 10 § 1 de la Convention de sauvegarde des droits de l'homme et des libertés fondamentales.

Cass. soc. 30 juin 2016, n° 15-10.557, pourvoi incident et 1er moyen du pourvoi principal, BC V n° 140.

En raison de l'atteinte qu'il porte à la liberté d'expression, en particulier au droit pour les salariés de signaler les conduites ou actes illicites constatés par eux sur leur lieu de travail, le licenciement d'un salarié prononcé pour avoir relaté ou témoigné, de bonne foi, de faits dont il a eu connaissance dans l'exercice de ses fonctions et qui, s'ils étaient établis, seraient de nature à caractériser des infractions pénales, est frappé de nullité.

Cass. soc. 30 juin 2016, n° 15-10.557, précité.

En raison de l'atteinte qu'il porte à la liberté fondamentale de témoigner, garantie d'une bonne justice, le licenciement prononcé en raison du contenu d'une attestation délivrée par un salarié au bénéfice d'un autre est atteint de nullité, sauf en cas de mauvaise foi de son auteur.

C'est à tort que, pour dire qu'il n'y avait pas lieu d'annuler le licenciement d'un salarié et débouter celui-ci de sa demande de réintégration, une cour d'appel a énoncé qu'au regard de la lettre de licenciement, le salarié avait été licencié pour avoir rédigé une fausse attestation et informé ses collègues de travail de son intention de témoigner en faveur d'un autre salarié, en donnant ainsi une publicité à son opposition envers sa direction, de sorte que le licenciement ne reposait pas sur une atteinte à sa liberté de témoigner.

Cass. soc. 29 octobre 2013, n° 12-22.447, 1er moyen, BC V n° 252.

Un employeur qui oblige un salarié à émettre une opinion ou à prendre une position publiquement porte atteinte à la liberté d'expression de l'intéressé ; le refus d'obtempérer n'est donc pas fautif.

Un salarié ayant la qualité de « manager général » d'un club de football avait émis, par voie de presse, diverses critiques concernant un projet du nouveau président du club. Suite à son refus de rédiger un projet de communiqué de presse commun susceptible d'être diffusé afin de rétablir aux yeux du public la situation de l'entreprise dont les nouveaux dirigeants avaient été mis en cause publiquement, le salarié a été licencié pour faute grave, motif pris, notamment, du refus de remettre ce projet.

C'est à tort qu'une cour d'appel a énoncé que le refus d'établir un projet de communiqué commun de la part du salarié qui avait fait connaître publiquement son hostilité au projet de la nouvelle équipe dirigeante caractérisait une faute grave.

Cass. soc. 26 octobre 2005, n° 03-41.796.

Lorsqu'il est impossible de vérifier si elle est justifiée par la nature de la tâche à accomplir et proportionnée au but recherché, une restriction à la liberté d'expression est illicite.

Les salariés jouissent, dans l'entreprise et en dehors de celle-ci, de leur liberté d'expression à laquelle seules des restrictions justifiées par la nature de la tâche à accomplir et proportionnées au but recherché peuvent être apportées ; le droit d'expression directe et collective des salariés sur le contenu, les conditions d'exercice et l'organisation de leur travail s'exerce dans les conditions prévues par les articles L. 2281-1 à 12 CT et l'utilisation d'informations dans le cadre de l'exercice de ce droit ne peut être en principe soumise à une autorisation préalable.

Une société a élaboré un code de conduite des affaires définissant notamment les règles applicables à la diffusion des « informations confidentielles » et des informations à « usage interne » dont les salariés pouvaient avoir connaissance dans le cadre de leur contrat de travail ; estimant que son contenu portait atteinte aux libertés fondamentales des salariés, un syndicat a saisi le tribunal de grande instance d'une demande d'annulation de ce code.

Pour déclarer licites les dispositions du code de conduite des affaires version 2007 relatives aux informations à « usage interne », une cour d'appel a retenu que l'article L. 2281-1 CT concerne le droit d'expression qui s'exerce collectivement et non la liberté d'expression protégée par l'article L. 1121-1 CT et que les informations à « usage interne » étaient définies et des exemples précis étaient donnés.

En statuant ainsi, alors, d'une part, que les informations à « usage interne » dont la divulgation était soumise à autorisation préalable par le code de conduite ne faisaient pas l'objet d'une définition précise, de sorte qu'il était impossible de vérifier que cette restriction à la liberté d'expression était justifiée par la nature de la tâche à accomplir et proportionnées au but recherché et, d'autre part, que l'exercice du droit d'expression directe et collective des salariés pouvait impliquer l'utilisation de certaines de ces informations, la cour d'appel a violé les articles L. 1121-1 et L. 2281-1 CT.

Cass. soc. 8 décembre 2009, n° 08-17.191, 2e moyen, BC V n° 276.

Est licite la transaction par laquelle une société et un salarié s'interdisent de se critiquer et de se dénigrer et qui se trouve limitée dans sa durée, précise dans son objet et sa portée.

Des restrictions peuvent être apportées à la liberté d'expression pour assurer la protection de la réputation et des droits d'autrui dès lors que ces restrictions sont proportionnées au but recherché.

Le salarié d'une chaîne de télévision, après son licenciement, a signé une transaction avec son employeur par laquelle ils s'interdisaient de se critiquer et de se dénigrer ; estimant que le salarié, notamment par la publication d'un ouvrage, avait manqué à son engagement, l'employeur a saisi le juge prud'homal d'une demande de dommages-intérêts.

Après avoir retenu que, par la transaction, les parties avaient entendu mettre fin à une intense polémique médiatique entretenue par le salarié après son licenciement, de nature à nuire à la réputation de son employeur, que cette transaction comportait l'engagement réciproque de cesser tout propos critique et dénigrant, qu'elle était précise dans son objet et quant aux personnes physiques et morales ainsi qu'aux programmes que le salarié s'engageait à ne pas critiquer ni dénigrer, qu'elle était limitée à dix-huit mois, une cour d'appel a pu en déduire qu'elle était justifiée et proportionnée au but recherché et condamner le salarié au paiement de dommages-intérêts.

Cass. soc. 14 janvier 2014, n° 12-27.284, BC V n° 6.

Seul l'abus de droit peut limiter la liberté d'expression des salariés et justifier un licenciement

Un salarié ne peut pas abuser de sa liberté d'expression en tenant des propos injurieux, diffamatoires ou excessifs,…

Ayant relevé que, suite au refus du directeur général de la nommer directrice éditoriale de la revue éditée par la société, une salariée avait adressé, non seulement au président, mais aussi aux membres du conseil d'administration de la société, une lettre de protestation mettant en cause la direction et l'orientation de la société et tentant ainsi de déstabiliser l'entreprise, ce qui caractérisait l'abus par la salariée de sa liberté d'expression, une cour d'appel a pu décider que le licenciement de l'intéressée procédait d'une cause réelle et sérieuse.

Cass. soc. 15 octobre 1996, n° 94-42.911, BC V n° 327.

Ayant noté que l'utilisation des qualificatifs de sournois, manipulateur, malhonnête, utilisés par un salarié, était d'autant plus répréhensible qu'ils avaient été adressés au gérant devant témoins et qu'ils ne pouvaient être justifiés ni par un accès de colère ni par le contexte de la réunion, l'attitude ou les propos des participants, une cour d'appel a pu dire que le licenciement de l'intéressé reposait sur une faute grave.

Cass. soc. 2 février 2006, n° 04-47.786.

Après avoir relevé que le rapport envoyé par un salarié, à l'insu de son supérieur hiérarchique, au directeur général de la société, recommandait l'éviction des responsables de la direction et comportait des informations confidentielles que le salarié s'était procurées par une intrusion dans les fichiers qui ne lui étaient pas accessibles au prétexte de la mise en évidence de carences, déjà avérées, du système de sécurité juridique, une cour d'appel a caractérisé l'abus par le salarié de sa liberté d'expression.

Cass. soc. 1er octobre 2002, n° 00-43.543.

S'agissant d'un salarié licencié pour faute grave pour avoir tenu des propos mensongers et diffamatoires envers l'entreprise pour se venger de son chef de service, c'est à bon droit qu'une cour d'appel a débouté l'intéressé de ses demandes en paiement d'indemnités de rupture et pour licenciement sans cause réelle et sérieuse dès lors, d'une part, que les propos tenus par un salarié en dehors de l'entreprise ne constituent pas l'exercice du droit d'expression prévu par l'article L. 461-1 CT et, d'autre part, qu'il était établi que le salarié avait proféré des accusations mensongères avec l'intention de nuire, abusant ainsi de sa liberté d'expression.

Cass. soc. 16 novembre 1993, n° 91-45.904, BC V n° 278. Voir aussi cass. soc. 7 octobre 1997, n° 93-41.747, 1er moyen, BC V n° 303, cité dans « Droit d'expression ».

L'appréciation injurieuse émise par un salarié, dans une lettre, à l'égard de son supérieur hiérarchique ne peut entrer dans l'exercice normal de la liberté d'expression du salarié et caractérise une faute grave.

Cass. soc. 28 avril 1994, n° 92-43.917, BC V n° 159.

Le salarié, qui a tenu des propos calomnieux et malveillants envers un membre de la direction, en mettant en cause la constitution de son patrimoine immobilier personnel et en insinuant qu'il avait commis un abus de fonction en confondant son intérêt personnel et celui de la société, a abusé de sa liberté d'expression et commis une faute grave.

Cass. soc. 28 mars 2000, n° 97-42.943.

Ayant relevé que, dans sa lettre de démission, un salarié avait écrit qu'il estimait « urgent de prendre ses distances avec les dirigeants de la société dont je ne partage ni l'éthique, ni le sens civique notamment manifesté au travers des manipulations répétées des comptes » de l'entreprise, une cour d'appel a pu décider que ces propos, qui constituaient l'imputation de faits contraires à l'honneur et à la considération, constituaient un abus de la liberté d'expression et étaient de nature à justifier l'interruption du préavis.

Cass. soc. 30 octobre 2002, n° 00-40.868.

Ayant relevé que, dans une lettre adressée à son supérieur hiérarchique, un salarié mettait en cause, sans raison, la loyauté du dirigeant social et qualifiait la nouvelle organisation de l'entreprise « d'armée mexicaine », une cour d'appel a pu décider que ces propos présentaient un caractère excessif et constituaient un abus dans l'exercice de la liberté d'expression.

Cass. soc. 18 novembre 2003, n° 01-43.682.

Ayant relevé qu'une salariée avait dénigré son directeur commercial auprès d'un futur collègue et que ces propos, réitérés, avaient entraîné des difficultés dans l'entreprise, une cour d'appel a pu retenir qu'ils avaient un caractère excessif et constituaient un abus de la liberté d'expression préjudiciant gravement à l'entreprise, en raison de l'atteinte portée à l'autorité du chef hiérarchique.

Cass. soc. 28 octobre 2008, n° 07-42.817.

Après avoir constaté que, à l'occasion d'un différend avec son employeur sur ses horaires de travail, une salariée avait adressé aux organismes chargés de délivrer les agréments permettant le fonctionnement de la société et à des partenaires, étrangers au litige, copie d'une lettre dans laquelle elle lui imputait des manquements à ses obligations, une cour d'appel a pu décider que cette communication, qui portait tort à la réputation et à la crédibilité de l'entreprise, présentait un caractère abusif et constituait une faute grave.

Cass. soc. 31 mars 2009, n° 07-44.918.

Après avoir constaté que dans des lettres adressées au président de la Chambre des notaires, à la caisse de retraite et de prévoyance et à l'URSSAF, un salarié travaillant dans une étude de notaire avait jeté le discrédit sur son employeur en des termes excessifs et injurieux, une cour d'appel a pu en déduire qu'il avait ainsi manqué à ses obligations dans des conditions outrepassant sa liberté d'expression qui justifiaient la rupture immédiate du contrat de travail.

Cass. soc. 15 décembre 2009, n° 07-44.264, 2e moyen, BC V n° 284.

Après avoir constaté que, dans une lettre adressée à un ancien mandataire social en litige avec le représentant d'une société, un salarié avait mis en cause la moralité de ce dernier dans des actes relevant de sa vie privée, une cour d'appel a pu décider qu'il avait ainsi abusé de sa liberté d'expression.

Cass. soc. 21 septembre 2011, n° 09-72.054, 1er moyen, BC V n° 191.

… y compris lorsqu'il se trouve à son domicile.

Après avoir constaté qu'une salariée avait apposé sur le balcon de son domicile une banderole mettant en cause publiquement et nommément son employeur, une cour d'appel a ainsi caractérisé un abus dans la liberté d'expression.

Cass. soc. 22 juin 2011, n° 10-10.856.

☞ *Dénigrement/Diffamation ; Droit d'expression.*

Licenciement (Nullité)

Dans certains cas, même lorsque aucune disposition légale ne le prévoit, le licenciement peut être sanctionné par la nullité, laquelle entraîne la réintégration du salarié.

Cas de nullité

☞ *Accidentés du travail (Reclassement) ; Accidentés du travail (Suspension du contrat de travail) ; Cause réelle et sérieuse ; Droit d'alerte et de retrait en cas de danger ; Femmes enceintes (Licenciement) ; Grève (Faute lourde) ; Harcèlement moral/Harcèlement sexuel ; Inaptitude physique d'origine non professionnelle ; Représentants du personnel (Autorisation administrative de licenciement) ; Représentants du personnel (Licenciement/Indemnisation) ; Représentants du personnel (Licenciement/Recours contre la décision administrative) ; Représentants du personnel (Procédure de licenciement) ; Représentants du personnel (Protection/Bénéficiaires) ; Représentants du personnel (Protection/Cas d'application) ; Représentants du personnel (Réintégration) ; Sanctions discriminatoires (Notion).*

Obligation de réintégration

En cas de licenciement nul, le salarié doit être réintégré, peu important l'état des relations avec l'employeur.

Pour débouter un salarié victime de harcèlement moral de sa demande en réintégration à la suite de l'annulation de son licenciement, une cour d'appel a retenu que la réintégration du salarié apparaissait peu opportune, puisque au moment du licenciement, les relations des parties étaient arrivées à un point de non-retour, que l'intéressé n'avait pas songé à demander sa réintégration en première instance et que l'employeur la refusait.

En statuant ainsi, alors qu'elle avait prononcé la nullité du licenciement, ce dont il résultait que l'employeur était tenu de faire droit à la demande de réintégration du salarié, la cour d'appel, qui n'a constaté aucune impossibilité de procéder à cette réintégration, a violé l'article L. 1152-3 CT.

Cass. soc. 14 février 2018, n° 16-22.360, 1er moyen du pourvoi principal.

Le fait que l'employeur ait confié à un prestataire le travail précédemment effectué par le salarié ne caractérise pas une impossibilité de réintégration.

Pour débouter une salariée de sa demande de réintégration, une cour d'appel, après avoir décidé que la rupture de son contrat de travail produisait les effets d'un licenciement nul en raison de la discrimination dont l'intéressée avait fait l'objet, a retenu que l'employeur justifiait qu'elle avait totalement confié à une société tierce le nettoyage des locaux, que le poste occupé par la salariée, qui était chargée du ménage et de l'entretien des locaux, n'existait plus au sein de l'entreprise, de sorte que sa réintégration, qu'elle n'avait d'ailleurs demandée qu'au bout de 3 ans, était donc impossible.

En statuant ainsi, alors que le seul fait de confier à un prestataire de service le nettoyage des locaux ne caractérisait pas une impossibilité matérielle pour l'employeur de réintégrer la salariée dans son emploi ou, à défaut, dans un emploi équivalent, peu important le fait que la salariée ait attendu 3 ans pour solliciter sa réintégration, la cour d'appel a violé les articles L. 1132-1 et L. 1132-4 CT.

Cass. soc. 14 septembre 2016, n° 15-15.944, 2e moyen, BC V n° 164.

Indemnisation du salarié

Le salarié dont le licenciement est nul et qui ne réclame pas sa réintégration a droit, quelle que soit son ancienneté dans l'entreprise, d'une part, aux indemnités de rupture, d'autre part, à une indemnité réparant l'intégralité du préjudice résultant du caractère illicite du licenciement et au moins égale à six mois de salaire.

Pour réduire notablement les indemnités qu'un conseil de prud'hommes avait condamné une société à verser à une salariée en réparation de son préjudice né d'un licenciement nul, une cour d'appel a relevé la faible ancienneté de l'intéressée en application de l'article L. 1235-3 CT.

En statuant ainsi, alors qu'elle avait jugé que le licenciement de la salariée était nul pour avoir été prononcé après qu'elle eut dénoncé le harcèlement moral dont elle était victime, la cour d'appel a violé les articles L. 1152-3, L. 1235-3 et L. 1235-5 CT.

Cass. soc. 14 avril 2010, n° 09-40.486, BC V n° 97. Voir aussi cass. soc. 15 février 2012, n° 10-20.194, 3e branche du moyen ; cass. soc. 7 mai 2014, n° 13-10.552.

En revanche, le salarié dont le licenciement est nul et qui demande sa réintégration ne peut prétendre au paiement d'indemnités de rupture.

Cass. soc. 11 juillet 2012, n° 10-15.905, 3e branche du moyen, BC V n° 218.

Le salarié dont le licenciement est nul et qui demande sa réintégration a droit au paiement des salaires dus entre la date du licenciement et celle de la réintégration effective, déduction faite des revenus de remplacement éventuellement perçus pendant cette période…

Le salarié dont le licenciement est nul et qui demande sa réintégration a droit au paiement d'une somme correspondant à la réparation de la totalité du préjudice subi au cours de la période qui s'est écoulée entre son licenciement et sa réintégration, dans la limite du montant des salaires dont il a été privé.

Une salariée employée depuis 2006 par une société en qualité d'assistante a été licenciée le 31 août 2009 et, se considérant victime d'un harcèlement moral et d'un licenciement en lien avec celui-ci, a saisi la juridiction prud'homale en vue d'obtenir sa réintégration dans son emploi, le paiement des salaires dus entre le 30 novembre 2009 et le 30 septembre 2011 ainsi que des dommages-intérêts.

Doit être approuvé l'arrêt ayant condamné l'employeur à lui payer les salaires qu'elle aurait dû percevoir depuis la date de son licenciement jusqu'à celle de sa réintégration effective, déduction faite des revenus de remplacement éventuellement perçus pendant la période considérée.

En effet, ayant retenu que le licenciement était nul, la cour d'appel, qui a constaté que la salariée avait demandé sa réintégration, a exactement retenu qu'elle devait tenir compte du revenu de remplacement servi à celle-ci pendant la période s'étant écoulée entre le licenciement et la réintégration.

Cass. soc. 14 décembre 2016, n° 14-21.325, BC V n° 248. Voir aussi cass. soc. 28 novembre 2018, n° 17-19.004.

Le principe de non-discrimination en raison de l'âge ne constitue pas une liberté fondamentale consacrée par le préambule de la Constitution du 27 octobre 1946 ni par la Constitution du 4 octobre 1958 qui justifierait, en cas de nullité du licenciement prononcé en violation de cette prohibition, la non-déduction des revenus de remplacement perçus par le salarié entre son éviction de l'entreprise et sa réintégration.

C'est donc à bon droit qu'une cour d'appel a jugé qu'il y avait lieu de déduire de l'indemnité qu'elle allouait les revenus de remplacement perçus par le salarié.

Cass. soc. 15 novembre 2017, n° 16-14.281, à paraître.

… sauf dans le cas d'un licenciement nul comme portant atteinte à une liberté fondamentale constitutionnellement garantie, où le salarié bénéficie de l'intégralité de la rémunération qu'il aurait dû percevoir entre son éviction de l'entreprise et sa réintégration.

Il résulte de l'alinéa premier du préambule de la Constitution du 27 octobre 1946 et de l'article 16 de la Déclaration des droits de l'homme et du citoyen du 26 août 1789 qu'est nul comme portant atteinte à une liberté fondamentale constitutionnellement garantie, le licenciement intervenu en raison d'une action en justice introduite ou susceptible d'être introduite par le salarié à l'encontre de son employeur ; le salarié qui demande sa réintégration a droit au paiement d'une indemnité égale au montant de la rémunération qu'il aurait dû percevoir entre son éviction de l'entreprise et sa réintégration, sans déduction des éventuels revenus de remplacement dont il a pu bénéficier pendant cette période.

Cass. soc. 21 novembre 2018, n° 17-11.122, 3e moyen du pourvoi incident, à paraître.

La nullité du licenciement ne prive pas rétroactivement le salarié du droit à l'allocation d'assurance chômage entre son licenciement et sa réintégration.

Une salariée a été licenciée le 21 décembre 1994 ; une Assédic lui a versé l'allocation d'assurance du 1er février 1995 au 31 décembre 1997 ; par un arrêt du 24 septembre 2001, une cour d'appel a annulé le licenciement et ordonné la réintégration de la salariée, l'employeur étant condamné à lui payer les salaires pour la période comprise entre le licenciement et la réintégration sous déduction des sommes perçues à d'autres titres pendant cette période.

Pour faire droit à la tierce opposition formée par l'Assédic en condamnant, d'une part, la salariée à rembourser à l'Assédic une somme représentant l'allocation d'assurance perçue entre le licenciement et la réintégration et, d'autre part, l'employeur à verser à la salariée la même somme en complément de l'indemnité réparant le préjudice résultant de la nullité de son licenciement, une cour d'appel a retenu que, dès lors que son licenciement avait été jugé nul, la salariée ne remplissait pas les conditions requises pour bénéficier de l'allocation d'assurance pendant la période comprise entre son éviction et sa réintégration.

En statuant ainsi, alors que la nullité du licenciement n'a pas pour effet de priver rétroactivement un travailleur du droit à l'allocation d'assurance que l'Assédic lui a servie pendant la période comprise entre son licenciement et sa réintégration où il était involontairement privé d'emploi, apte au travail et à la recherche d'un emploi, la cour d'appel a violé les articles 1376 c. civ. et L. 351-3, al. 1, devenu L. 5422-1 CT.

Cass. soc. 11 mars 2009, n° 07-43.336, BC V n° 75.

Le remboursement des indemnités de chômage ne peut pas être ordonné en cas de nullité du licenciement.

Dès lors, c'est à tort que, après avoir constaté la nullité d'un licenciement, une cour d'appel a condamné l'employeur au remboursement des indemnités de chômage versées au salarié dans la limite de six mois.

Cass. soc. 24 juin 2009, n° 08-42.762. Voir aussi cass. soc. 23 mai 2012, n° 11-30.106, 2e moyen ; cass. soc. 25 mars 2015, n° 13-18.769, 3e moyen.

Licenciement abusif

☛ *Licenciement sans cause réelle et sérieuse (Sanctions).*

Licenciement des accidentés du travail

☛ *Accidentés du travail (Protection) ; Accidentés du travail (Reclassement) ; Accidentés du travail (Réintégration en cas d'aptitude) ; Accidentés du travail (Suspension du contrat de travail).*

Licenciement collectif

☛ *Licenciement économique (Information et consultation du CE) ; Licenciement économique (Notion) ; Licenciement économique (Reclassement) ; Licenciement économique (Réintégration) ; Ordre des licenciements ; Plan de sauvegarde de l'emploi.*

Licenciement économique (Information et consultation du CE)

En cas de projet de licenciement économique dans une entreprise occupant au moins 50 salariés, le comité d'entreprise doit être informé et consulté. La procédure diffère selon que le nombre de licenciements envisagés est, ou non, supérieur à 10 salariés dans une même période de 30 jours.

Les informations devant être communiquées par l'employeur aux représentants sont fixées aux articles L. 1233-10 CT (projet concernant moins de 10 salariés) et L. 1233-31 et 32 CT (projet concernant au moins 10 salariés).

Étendue de l'obligation de l'employeur

Le droit communautaire fixe les obligations incombant à l'employeur en matière d'information et de consultation des salariés et des représentants du personnel

Une réglementation nationale ne peut pas réduire les obligations de l'employeur qui entend procéder à des licenciements collectifs par rapport à celles prévues par l'article 2 de la directive 98/59/CE du Conseil, du 20 juillet 1998, concernant le rapprochement des législations des États membres relatives aux licenciements collectifs.

CJCE 16 juillet 2009, aff. C-12/08, Recueil I-6653.

Champ d'application

Les ruptures conventionnelles pour cause économique doivent être prises en compte pour la détermination de la procédure d'information et de consultation des représentants du personnel applicable.

Lorsqu'elles ont une cause économique et s'inscrivent dans un processus de réduction des effectifs dont elles constituent la ou l'une des modalités, les ruptures conventionnelles doivent être prises en compte pour déterminer la procédure d'information et de consultation des représentants du personnel applicable ainsi que les obligations de l'employeur en matière de plan de sauvegarde de l'emploi.

Cass. soc. 9 mars 2011, n° 10-11.581, 1er moyen du pourvoi principal, BC V n° 70.

L'administrateur au redressement judiciaire d'une société qui envisage de procéder à un licenciement collectif pour motif économique pendant la période d'observation doit réunir et consulter le comité d'entreprise.

C'est à bon droit que, pour déclarer l'administrateur au redressement judiciaire d'une société coupable de l'infraction prévue par les articles L. 321-9 et L. 321-11 CT pour avoir omis de réunir et de consulter le comité d'entreprise avant de procéder au licenciement pour motif économique de 38 salariés de la société, une cour d'appel a retenu que le prévenu avait l'obligation de procéder à cette consultation, en vertu des articles L. 321-9 CT et 45 de la loi du 25 janvier 1985 et que l'annonce du projet de licenciement à l'ensemble des salariés et au représentant du comité d'entreprise ne pouvait être assimilée à une consultation de cet organisme.

En effet, il importait peu que le prévenu n'eût été investi que d'une mission d'assistance du dirigeant de la société en redressement judiciaire dès lors, d'une part, que, selon l'article 45 de la loi du 25 janvier 1985, qui se réfère à l'article L. 321-9 CT, l'administrateur est seul tenu de consulter le comité d'entreprise avant de procéder à des licenciements pour motif économique pendant la période d'observation et, d'autre part, que la consultation du comité d'entreprise reste soumise, en cas de redressement judiciaire, à la procédure prévue aux articles L. 321-3, al. 1 à 3, et L. 321-4 CT, qui imposent à l'organe chargé de cette formalité de convoquer le comité, de lui fournir les informations lui permettant de formuler ses avis, suggestions et propositions sur la mesure envisagée et de porter ces éléments à la connaissance de l'autorité administrative compétente et du juge-commissaire.

Cass. crim. 28 novembre 1995, n° 93-85.808, B. crim. n° 361. Voir aussi cass. soc. 7 juillet 1998, n° 96-21.205, BC V n° 371; cass. soc. 19 novembre 2008, n° 07-44.416, 2e moyen du pourvoi incident.

Le droit communautaire impose également une obligation d'information et de consultation des travailleurs en cas de licenciement économique intervenant dans un établissement ; la CJCE a apporté des précisions sur la notion d'établissement.

Saisie d'une question préjudicielle portant sur la notion d'« établissement » figurant dans la directive 98/59/CE du Conseil du 20 juillet 1998 concernant le rapprochement des législations des États membres relatives aux licenciements collectifs, la Cour rappelle que la notion d'« établissement », non définie par la directive, constitue une notion de droit communautaire et ne peut se définir par référence aux législations des États membres. Elle interprète cette notion comme désignant, selon les circonstances, l'unité à laquelle les travailleurs concernés par le licenciement sont affectés pour exercer leur tâche (CJCE 7 décembre 1995, aff. C-449/93, Recueil I-04291).

Peut ainsi notamment constituer un « établissement », dans le cadre d'une entreprise, une entité distincte, présentant une certaine permanence et stabilité, qui est affectée à l'exécution d'une ou de plusieurs tâches déterminées et qui dispose d'un ensemble de travailleurs, ainsi que de moyens techniques, et d'une certaine structure organisationnelle permettant l'accomplissement de ces tâches.

L'entité en cause ne doit pas nécessairement être dotée d'une autonomie juridique quelconque ni d'une autonomie économique, financière, administrative ou technologique pour pouvoir être qualifiée d'« établissement ». Une séparation géographique par rapport aux autres unités et installations de l'entreprise n'est pas non plus nécessaire.

En l'espèce, l'unité de production dans le cadre de laquelle des licenciements avaient été prononcés était l'une des trois unités de production séparées que possédait la société. Elle employait 420 travailleurs, disposait d'un équipement et d'un personnel spécialisé distincts, son fonctionnement n'était pas influencé par celui des autres unités et elle était dotée d'un directeur de la production qui assurait la bonne exécution du travail et la supervision de l'ensemble du fonctionnement des installations de l'unité, ainsi que la résolution des questions techniques.

Ces éléments conféraient manifestement à une telle unité la nature d'« établissement » aux fins de l'application de la directive 98/59/CE. Le fait que les décisions relatives aux frais de fonctionnement de chacune des trois unités, à l'achat des matières et au calcul des coûts des produits étaient prises au siège de la société, où il existait un service comptable commun, était sans pertinence à cet égard.

CJCE 15 février 2007, aff. C-270/05, Recueil I-1499.

C'est au niveau de l'entreprise ou de l'établissement concerné par les mesures de licenciement économique envisagées, au moment où la procédure de licenciement collectif est engagée, que s'apprécient les conditions déterminant la consultation des instances représentatives du personnel et l'élaboration d'un plan de sauvegarde de l'emploi.

Une société, employant 40 salariés, a mis en œuvre fin 2003 une procédure de licenciement économique concernant 19 salariés après consultation des délégués du personnel les 3 et 22 décembre 2003 ; saisi par requêtes des 26 et 30 décembre 2003, le tribunal d'instance a, par jugements des 24 mai et 5 juillet 2004, reconnu l'existence d'une unité économique et sociale entre cette société et deux autres sociétés.

Les licenciements ayant été notifiés aux intéressés en juin et juillet 2004, plusieurs salariés et syndicats ont saisi la juridiction des référés aux fins d'annulation des licenciements intervenus sans la mise en place d'une instance représentative au niveau de l'unité économique et sociale judiciairement reconnue.

C'est à tort que, pour dire nulle la procédure de licenciement, une cour d'appel a énoncé que la société devait, dès lors qu'une unité économique et sociale avait été reconnue, alors qu'une procédure de licenciement collectif pour motif économique était envisagée, mettre en place un comité d'entreprise commun, puis l'informer et le consulter sur ce projet et, compte tenu du nombre de salariés concernés, accompagner cette mesure d'un plan de sauvegarde de l'emploi, alors que c'est au niveau de l'entreprise ou de l'établissement concerné par les mesures de licenciement économique envisagées, au moment où la procédure de licenciement collectif est engagée, que s'apprécient les conditions déterminant la consultation des instances représentatives du personnel et l'élaboration d'un plan de sauvegarde de l'emploi.

Cass. soc. 16 janvier 2008, n° 06-46.313, BC V n° 8.

Lorsqu'il existe un comité d'entreprise dans l'entreprise, l'employeur qui envisage de procéder à un licenciement collectif pour motif économique de dix salariés ou plus dans une même période de trente jours doit réunir et consulter ce comité, peu important que l'effectif soit passé en dessous du seuil de cinquante salariés.

C'est à tort que, pour juger que, dans le cadre d'une procédure de licenciement collectif pour motif économique, un employeur était tenu de réunir et de consulter les délégués du personnel et non le comité d'entreprise, une cour d'appel a retenu que l'obligation de consulter le comité d'entreprise ne s'impose que dans les entreprises qui comptent plus de cinquante salariés.

En effet, dès lors qu'existe dans l'entreprise un comité d'entreprise, l'employeur qui envisage de procéder à un licenciement collectif pour motif économique de dix salariés ou plus dans une même période de trente jours doit réunir et consulter ce comité, peu important que l'effectif de l'entreprise soit passé en dessous du seuil de cinquante salariés.

Cass. soc. 12 juillet 2010, n° 09-14.192, 1re branche du moyen, BC V n° 165.

Il résulte de l'article L. 1233-8 ancien CT que l'employeur qui, dans une entreprise d'au moins cinquante salariés, envisage de procéder à un licenciement collectif pour motif économique de moins de dix salariés dans une même période de trente jours, doit, en l'absence de comité d'entreprise, réunir et consulter les délégués du personnel.

Cass. soc. 29 mai 2013, n° 12-12.952, 2e moyen, BC V n° 137.

La CJCE précise les modalités de l'obligation de consultation du comité d'entreprise pesant sur l'employeur en cas de licenciements collectifs dans un groupe d'entreprises.

L'adoption, au sein d'un groupe d'entreprises, de décisions stratégiques ou de modifications d'activités qui contraignent l'employeur à envisager ou à projeter des licenciements collectifs fait naître pour cet employeur une obligation de consultation des représentants des travailleurs ; la naissance de l'obligation de l'employeur d'entamer les consultations sur les licenciements collectifs envisagés ne dépend pas du fait que celui-ci soit déjà en mesure de fournir aux représentants des travailleurs tous les renseignements exigés à l'article 2, § 3, 1er alinéa, sous b), de la directive 98/59/CE du Conseil, du 20 juillet 1998, concernant le rapprochement des législations des États membres relatives aux licenciements collectifs.

Dans le cas d'un groupe d'entreprises composé d'une société mère et d'une ou de plusieurs filiales, l'obligation de consultation avec les représentants des travailleurs ne naît dans le chef de la filiale qui a la qualité d'employeur que lorsque cette filiale, au sein de laquelle des licenciements collectifs sont susceptibles d'être effectués, a été identifiée ; la procédure de consultation doit être clôturée par la filiale concernée par des licenciements collectifs avant que ladite filiale, le cas échéant sur instruction directe de sa société mère, résilie les contrats des travailleurs visés par ces licenciements.

CJCE 10 septembre 2009, aff. C-44/08, Recueil I-8163.

Cumul des procédures de consultation

En cas de consultation portant, l'une sur un projet de licenciement collectif, l'autre sur un projet de fermeture d'établissement, l'employeur doit mettre en œuvre deux procédures distinctes, qu'il peut conduire concomitamment.

Une société avait convoqué le comité central d'entreprise le 30 juin 1993 pour l'informer et le consulter sur les projets de redéploiement de l'outil industriel et de fermeture d'un établissement, de licenciement collectif des salariés de cet établissement et de plan social. Un expert comptable ayant été désigné par le comité pour l'assister, une deuxième réunion du comité avait été fixée au 21 juillet 1993, tandis que le comité d'établissement de l'usine concernée était convoqué le 22 juillet pour examen du projet de licenciement collectif. Le CCE avait saisi le juge des référés le 23 juillet afin d'obtenir, notamment, la suspension de la décision de fermeture de l'établissement et le report de la date de la dernière réunion de consultation fixée au 4 août.

Doit être rejeté le pourvoi de la société reprochant à une cour d'appel d'avoir fixé la consultation pour avis du comité sur la fermeture de l'établissement au 6 septembre 1993 et suspendu jusqu'à cette date la décision de fermeture. En effet, la cour d'appel, après avoir constaté que le comité avait été consulté simultanément, selon deux procédures distinctes, sur le projet de licenciement collectif pour motif économique des salariés de l'établissement concerné et sur le projet de fermeture de cet établissement, mesure entrant dans les prévisions de l'article L. 432-1 CT, a exactement énoncé que le comité devait disposer, conformément aux dispositions de l'article L. 431-5 CT, d'un délai d'examen suffisant et que le chef d'entreprise n'était pas fondé à opposer au comité, à l'occasion de cette dernière consultation, le délai mentionné au troisième alinéa de l'article L. 321-7-1 CT, applicable à la seule procédure de licenciement pour motif économique.

Au vu de ces constatations et énonciations, la cour d'appel, qui a estimé souverainement que le délai donné par l'employeur au comité d'entreprise pour exprimer son avis sur le projet de fermeture n'était pas suffisant, a pu décider qu'il y avait lieu de mettre fin au trouble manifestement illicite que constituait l'inobservation de ce délai.

Cass. soc. 16 avril 1996, n° 93-20.228, BC V n° 165.

Lorsque la convocation du comité d'entreprise mentionne séparément les projets de redéploiement d'une société et d'accompagnement social, et que les informations sur ces deux projets figurent sur des documents distincts, les procédures de consultation sont respectées l'une et l'autre.

Il résulte de la combinaison des articles L. 432-1 et L. 321-3 CT que la consultation du comité d'entreprise sur des mesures de nature à affecter le volume ou la structure des effectifs, prévue par le premier article et la consultation du même comité sur un projet de licenciement collectif pour motif économique, prévue par le second, constituent deux procédures distinctes qui doivent être respectées l'une et l'autre.

Ayant constaté, d'une part, que la convocation d'un comité d'entreprise mentionnait que la réunion avait pour objet l'information et la consultation du comité, d'abord sur le projet de redéploiement, de la société, ensuite sur le projet d'accompagnement social du projet de redéploiement et qu'y étaient joints deux documents distincts se rapportant à chacun des objets de l'ordre du jour, et ayant relevé, d'autre part, que le comité avait été consulté sur de simples projets et non sur une décision déjà prise, une cour d'appel a pu décider que les procédures de consultation avaient été respectées l'une et l'autre.

Cass. soc. 9 février 2000, n° 98-12.143, BC V n° 62.

En cas de procédures concomitantes, la décision de fermeture ne doit pas avoir été préalablement arrêtée.

Si les deux procédures de consultation peuvent être conduites de manière concomitante, sous réserve du respect des délais les plus favorables, la consultation simultanée du comité d'entreprise sur un projet de fermeture d'établissement et de licenciement collectif pour motif économique est nulle si la décision de fermeture d'un établissement avait été préalablement arrêtée par l'employeur.

C'est donc à bon droit qu'une cour d'appel, qui a relevé que la décision de l'employeur d'aliéner le magasin B avait été prise le 9 février 1995 et que, dès lors, la consultation du comité d'entreprise le 8 et le 29 mars 1995 était devenue sans objet, a décidé que la procédure de consultation sur le projet de licenciement collectif pour motif économique était nulle et devait être recommencée.

Cass. soc. 17 juin 1997, n° 95-18.904, 2e moyen, BC V n° 223.

Si les deux procédures peuvent être conduites de façon concomitante, elles ne doivent pas l'être nécessairement.

Une société avait convoqué son comité central d'entreprise pour consultation sur un projet de redéploiement économique et social de l'entreprise. Faisant valoir qu'au titre des conséquences du projet, un certain nombre de postes devaient être supprimés et que la procédure suivie était illicite faute de respect des dispositions du livre III [ancien] CT, le comité central d'entreprise a fait assigner la société pour que la procédure soit suspendue.

C'est à bon droit que, pour le débouter de cette demande, une cour d'appel a retenu que si la consultation du comité d'entreprise sur les mesures de nature à affecter le volume ou la structure des effectifs et celle portant sur un projet de licenciement collectif pour motif économique constituent deux procédures distinctes qui doivent être respectées l'une et l'autre, il n'en résulte pas que ces deux procédures, qui peuvent être conduites de manière concomitante sous réserve du respect des délais les plus favorables, doivent l'être nécessairement.

Cass. soc. 2 mars 1999, n° 97-16.489, BC V n° 91.

Objet de la consultation

L'employeur est tenu de présenter un plan de sauvegarde de l'emploi comportant des mesures concrètes et précises afin que les représentants du personnel puissent formuler leurs avis, suggestions et propositions en toute connaissance de cause.

Une cour d'appel, ayant relevé que le plan social, lequel précisait que des possibilités de reclassement existaient dans les différents établissements de l'entreprise et du groupe, ne comportait cependant aucune indication sur le nombre, la nature et la localisation des emplois qui pouvaient être proposés aux salariés dont le poste devait être supprimé, et que ce n'était que postérieurement aux réunions du comité central d'entreprise que la société avait recensé les postes disponibles dans les différents établissements concernés, a pu en déduire que la consultation des représentants du personnel était irrégulière et que le plan social ne répondait pas aux exigences de l'article L. 321-4-1 CT. C'est donc à bon droit qu'elle a prononcé la nullité de la procédure suivie.

Cass. soc. 10 juin 1997, n° 95-19.818, BC V n° 216.

En cas de projet de compression des effectifs, le nombre des salariés concernés par la mesure de compression doit être porté à la connaissance du comité, ainsi que les modifications portant sur ce nombre.

Il résulte tant des dispositions des articles L. 321-1 et L. 321-3, al. 3 CT que de celles de l'article L. 432-1 CT que le comité d'entreprise est consulté lorsque les licenciements ou les autres ruptures du contrat de travail résultant d'une cause économique concernent au moins 10 salariés sur une même période de 30 jours et que l'information du comité porte notamment sur les mesures de nature à affecter le volume et la structure des effectifs. Le nombre des salariés concernés par la mesure de compression des effectifs doit donc être porté à la connaissance du comité. Ayant constaté que le « plan d'adaptation 1993 » élaboré par une société contenait un projet de compression des effectifs limité à 841 postes, ayant en outre relevé qu'à la fin de l'exercice 1993 la mesure concernait 126 personnes supplémentaires et ayant fait ressortir que cette modification n'avait pas été soumise au comité central d'entreprise, une cour d'appel a pu en déduire que celui-ci n'avait pas été régulièrement consulté.

Cass. soc. 2 mars 1999, n° 97-13.115, BC V n° 90.

L'employeur doit également indiquer les catégories professionnelles concernées par le projet de licenciement.

Après avoir exactement retenu que la notion de catégorie professionnelle, qui sert de base à l'établissement de l'ordre des licenciements, concerne l'ensemble des salariés qui exercent, au sein de l'entreprise, des fonctions de même nature supposant une formation professionnelle commune, une cour d'appel a décidé, à bon droit, qu'en se bornant à indiquer au comité d'entreprise que le licenciement collectif envisagé concernait 88 postes d'employés et 33 postes de cadres répartis entre 47 « équipes de vente » et 74 « autres » sans précisions, l'employeur n'avait pas satisfait à son obligation d'information.

Ayant ainsi relevé que le plan présenté par la société au comité d'entreprise ne permettait pas, faute de précisions sur les catégories professionnelles concernées par le projet de licenciement collectif, de déterminer si les postes de reclassement offerts étaient de nature à permettre un reclassement efficace et, qu'au surplus, les mesures de reclassement externe étaient illusoires, la cour d'appel a pu décider que le plan social était nul et prononcer la nullité de la procédure suivie.

Cass. soc. 13 février 1997, n° 95-16.648, BC V n° 63.

Lorsqu'une disposition conventionnelle impose à l'employeur d'établir la liste du personnel dont le licenciement est envisagé par application des critères conventionnels et de consulter le comité d'entreprise sur cette liste, l'employeur doit la respecter.

Ajoutant aux dispositions légales, la convention collective du crédit maritime impartit à l'employeur, lorsqu'il envisage de procéder à un licenciement pour motif économique, d'établir la liste du personnel dont le licenciement est envisagé par application des critères fixés par cette convention et de consulter le comité d'entreprise sur la liste ainsi dressée, de manière à permettre à ce dernier de présenter toutes observations utiles et, le cas échéant, de soumettre à la direction des propositions de modification de la liste du personnel licencié. En l'état de telles dispositions, une cour d'appel, statuant en référé, a pu décider que le seul fait pour l'employeur de ne pas donner au comité d'entreprise des indications sur l'ancienneté, les charges de famille, la notation, la qualification de chaque personne susceptible d'être licenciée constituait un trouble manifestement illicite et ordonner de saisir de nouveau le comité d'entreprise et de remettre à ses membres, au préalable, la liste du personnel à licencier avec son ancienneté, ses charges de famille, sa notation et les mesures destinées à éviter les licenciements.

Cass. soc. 30 mars 1999, n° 97-13.884, BC V n° 147.

En revanche, le comité d'entreprise n'a pas à être informé, au cours de la procédure d'information et de consultation sur le plan de sauvegarde de l'emploi, des offres de reclassement adressées à chacun des salariés, même protégés.

CE 22 mai 2015, n° 375897.

La régularité de la consultation du comité d'entreprise sur un projet de licenciement économique n'est pas subordonnée au respect préalable de l'employeur de le consulter sur l'évolution annuelle des emplois et des qualifications et d'engager tous les trois ans une négociation sur la GPEC.

La régularité de la consultation du comité d'entreprise sur un projet de licenciement économique n'est pas subordonnée au respect préalable par l'employeur de l'obligation de consulter le comité d'entreprise sur l'évolution annuelle des emplois et des qualifications prévue par l'article L. 2323-56 CT ni de celle d'engager tous les trois ans une négociation portant sur la gestion prévisionnelle des emplois et des compétences imposée par l'article L. 2242-15 CT.

Cass. soc. 30 septembre 2009, n° 07-20.525, 2e moyen, BC V n° 217.

Non-respect de la procédure de consultation

Seule l'absence d'un plan de sauvegarde de l'emploi ou la nullité de celui-ci entraîne la nullité de la procédure de licenciement ; l'irrégularité de la procédure consultative permet seulement d'obtenir la suspension de la procédure de licenciement si elle n'est pas terminée ou, à défaut, la réparation du préjudice subi.

C'est à bon droit qu'une cour d'appel a décidé que les irrégularités qu'elle avait constatées lors de la consultation du comité d'entreprise n'entraînaient pas la nullité de la procédure de licenciement.

Cass. soc. 18 novembre 1998, n° 96-22.343, BC V n° 501. Voir aussi cass. soc. 26 juin 2008, n° 07-41.786, pourvoi principal.

Doit être rejeté le pourvoi d'un salarié inclus dans un licenciement collectif pour motif économique reprochant à une cour d'appel de l'avoir débouté de ses demandes tendant à voir reconnaître la nullité du licenciement et à obtenir une indemnité pour licenciement sans cause réelle et sérieuse, alors que l'expiration du mandat des membres du comité d'entreprise doit avoir pour effet de rendre nul tout acte émanant de lui et, par voie de conséquence, tout acte, en l'occurrence le licenciement, découlant d'un acte nul.

En effet, la cour d'appel a exactement énoncé que la consultation irrégulière du comité d'entreprise résultant de l'expiration du mandat de ses membres n'entraîne pas la nullité du licenciement lui-même, mais seulement une irrégularité de la procédure de licenciement économique, sanctionnée par une indemnité calculée en fonction du préjudice subi.

Cass. soc. 29 avril 1998, n° 95-44.236, 2e moyen, BC V n° 214. Voir aussi cass. soc. 28 juin 2000, n° 98-43.473.

En conséquence, la nullité de la procédure de licenciement économique ne peut pas être encourue à ce titre lorsque sa suspension n'a pas été demandée avant son achèvement.

Une société qui envisageait de fermer un établissement et de licencier le personnel qui y était rattaché avait soumis son projet et un plan de sauvegarde de l'emploi au comité central d'entreprise et au comité d'établissement. Ces derniers ont fait assigner l'employeur en annulation de la procédure de licenciement pour motif économique.

Une cour d'appel qui a constaté qu'aucune suspension de la procédure de consultation du comité d'entreprise n'avait été demandée, en vue de sa poursuite ou de sa reprise, en a exactement déduit que la demande qui ne tendait qu'à obtenir l'annulation de la procédure de licenciement, en raison d'irrégularités affectant la consultation du comité central d'entreprise, ne pouvait être accueillie.

Cass. soc. 11 janvier 2007, n° 05-10.350, BC V n° 5. Voir aussi cass. soc. 12 novembre 2008, n° 07-43.242, 1er moyen.

Le juge, saisi en référé, peut prescrire la tenue d'une nouvelle réunion au lieu et place de la réunion irrégulière et suspendre la procédure de notification des licenciements.

Il résulte des articles L. 321-4 et L. 321-4-1 CT que le plan de sauvegarde de l'emploi sur lequel le comité d'entreprise est réuni, informé et consulté, peut être modifié et amélioré dans son contenu au cours des réunions du comité d'entreprise prévues à l'article L. 321-3 du même code.

Lorsqu'il ne s'agit pas d'un nouveau plan, la seule irrégularité de la procédure suivie lors de la dernière réunion du comité d'entreprise sur les modifications ou améliorations proposées, tenant à la méconnaissance des dispositions de l'article L. 431-5 CT, n'est pas de nature à entraîner la nullité de la procédure de licenciement collectif pour motif économique ; dans ce cas, le juge, saisi en référé, peut seulement prescrire la tenue d'une nouvelle réunion au lieu et place de la réunion irrégulière et suspendre la procédure de notification des licenciements pour faire cesser le trouble manifestement illicite.

Cass. soc. 17 décembre 2004, n° 03-17.031, BC V n° 344.

En revanche, la nullité de la procédure de licenciement est encourue lorsque, le comité d'entreprise n'ayant pas été valablement saisi, l'irrégularité a été soulevée avant le terme de la procédure, à un moment où elle pouvait encore être suspendue et reprise, et que l'employeur a néanmoins notifié les licenciements.

En vertu de l'article L. 321-4-1 CT, la procédure de licenciement est nulle et de nul effet tant qu'un plan visant au reclassement de salariés s'intégrant au plan social n'est pas présenté par l'employeur aux représentants du personnel qui doivent être réunis, informés et consultés. En application de l'article L. 435-4 du même code, l'ordre du jour du comité central d'entreprise est arrêté par le chef d'entreprise et le secrétaire. Si l'absence d'un plan social ou la nullité de celui-ci entraîne la nullité de la procédure de licenciement, la nullité est également encourue lorsque, le comité d'entreprise n'ayant pas été valablement saisi, l'irrégularité a été soulevée avant le terme de la procédure à un moment où elle pouvait encore être suspendue et reprise et que l'employeur a néanmoins notifié les licenciements.

Cass. soc. 14 janvier 2003, n° 01-10.239, BC V n° 5. Voir aussi cass. soc. 7 avril 2004, n° 02-17.128, BC V n° 108.

Le seul défaut d'information du comité d'entreprise, à l'occasion d'une cession de branches d'activité d'une entreprise, est sans effet sur les licenciements économiques prononcés ultérieurement.

Cass. soc. 22 janvier 2002, n° 00-40.787, BC V n° 24. Voir aussi cass. soc. 16 octobre 2001, n° 99-21.586, s'agissant de licenciements prononcés en exécution du jugement arrêtant un plan de cession partielle des actifs de la société.

En cas de non-respect de la procédure de consultation du comité d'entreprise, le salarié doit, pour être indemnisé, démontrer l'existence d'un préjudice.

Cass. soc. 14 juin 2017, n° 16-16.001, 1er moyen.

L'irrégularité de la procédure de consultation du comité d'entreprise portant sur l'ajout au plan de sauvegarde de l'emploi d'une mesure de départ volontaire avec un dispositif de cessation anticipée d'activité n'affecte pas la validité de la rupture du contrat intervenue en application de ce dispositif et ouvre seulement droit à la réparation du préjudice subi en application de l'article L. 1235-12 CT.

Dans le cadre d'une procédure de licenciement économique collectif accompagné d'un plan de sauvegarde de l'emploi, une salariée avait signé avec la société qui l'employait une convention de rupture d'un commun accord de son contrat de travail suivant un dispositif de cessation anticipée d'activité.

Pour condamner la société à payer à l'intéressée une somme à titre d'indemnité de licenciement sans cause réelle et sérieuse, une cour d'appel a retenu que si cette rupture d'un commun accord était intervenue dans le cadre d'un départ volontaire dont les modalités avaient été mises en œuvre après adoption d'un accord de méthode signé par les syndicats représentatifs au sein de la société, le dispositif de cessation anticipée d'activité n'avait pas été prévu dans les mesures destinées à éviter les licenciements au plan de sauvegarde de l'emploi, mais avait été ajouté à la demande des syndicats suivant un document intitulé « addendum » joint audit plan ; que si au cours de la procédure de consultation, une discussion sur ce dispositif avait eu lieu avec les instances représentatives du personnel, elle n'avait été que partielle puisque celles-ci, avant de donner leur avis, n'avaient pas eu communication du texte de « l'addendum » que la société envisageait d'adjoindre au plan de sauvegarde de l'emploi et prévoyant les modalités de départ des salariés pouvant relever de ce dispositif, en sorte que cette consultation très incomplète et qui avait précisément motivé le refus du comité d'entreprise de valider cette possibilité de cessation anticipée d'activité, n'était pas régulière.

En statuant ainsi, alors que la convention de rupture d'un commun accord du contrat de travail était intervenue dans le cadre de la procédure de licenciement économique collectif, suivant les modalités prévues au plan de sauvegarde de l'emploi modifié au cours de la procédure de consultation des institutions représentatives du personnel par l'ajout d'une mesure de départ volontaire avec un dispositif de cessation anticipée d'activité, et que l'irrégularité affectant la procédure de consultation du comité d'entreprise sur cette modification ouvre seulement droit à la réparation du préjudice subi à ce titre en application de l'article L. 1235-12 CT, en sorte qu'est irrecevable la demande de la salariée fondée sur l'absence de cause réelle et sérieuse de la rupture, la cour d'appel a violé les articles 1134 c. civ., L. 1221-1, L. 1233-3, L. 1233-30 à L. 1233-33 dans leur version applicable au litige et L. 1235-12 CT.

Cass. soc. 28 octobre 2015, n° 14-16.519, BC V n° 208.

Lorsqu'une procédure de licenciement est annulée à raison de la nullité ou de l'insuffisance du plan de sauvegarde de l'emploi établi par l'employeur, la procédure de consultation des représentants du personnel sur le nouveau plan de sauvegarde de l'emploi ne doit pas être entièrement reprise.

La nullité de la procédure de licenciement prévue par l'article L. 1235-10 CT en cas de nullité du plan de sauvegarde de l'emploi n'affecte pas la procédure de consultation prévue aux articles L. 2323-1 et s. de ce code.

Une société ayant décidé de fermer un de ses sites, le projet de fermeture a été présenté au comité d'entreprise ; à la suite de l'annulation du plan de sauvegarde de l'emploi par ordonnance de référé, l'employeur a repris la procédure ; après la présentation d'un nouveau plan de sauvegarde de l'emploi, le comité d'entreprise a saisi le tribunal de grande instance d'une demande de nullité tant de la procédure d'information-consultation que du plan de sauvegarde de l'emploi.

Doit être approuvé l'arrêt ayant débouté le comité d'entreprise de sa demande.

En effet, ayant retenu que la procédure d'information et de consultation du comité d'entreprise prévue par les articles L. 2323-1 et s. CT avait été régulièrement suivie, une cour d'appel a exactement décidé que la nullité du plan de sauvegarde de l'emploi n'entraînait pas celle de la procédure prévue par ces articles.

Cass. soc. 25 septembre 2013, n° 12-20.986, BC V n° 204.

En revanche, la procédure doit être reprise depuis l'origine lorsqu'un nouveau projet de plan de sauvegarde de l'emploi comporte des suppressions d'emplois supplémentaires par rapport au premier projet.

Une société, qui avait engagé en 1996 une importante restructuration entraînant la suppression d'un certain nombre d'emplois dépendant d'une direction régionale, avait informé et consulté le comité d'établissement sur la suppression de ces emplois.

Après qu'un tribunal de grande instance, statuant en référé, avait une première fois annulé la procédure de consultation engagée par cette société, des syndicats avaient saisi une nouvelle fois la même juridiction d'une demande tendant à l'annulation de la procédure de consultation engagée par la société lors d'une réunion du comité d'établissement en novembre 1997.

En application de l'article L. 321-4 CT, l'employeur est tenu d'adresser aux représentants du personnel, avec la convocation aux réunions prévues à l'article L. 321-2 CT, tous renseignements utiles sur le projet de licenciement collectif et, notamment, de préciser le nombre de travailleurs dont le licenciement est envisagé.

Dès lors, en rejetant la demande des syndicats, alors qu'il résultait de ses constatations que la nouvelle procédure comportait 14 suppressions d'emplois supplémentaires par rapport au premier projet de restructuration, de sorte que la procédure de consultation devait être reprise depuis l'origine, la cour d'appel n'a pas tiré les conséquences légales de ses propres constatations et a violé le texte susvisé.

Cass. soc. 4 juillet 2000, n° 98-18.885, BC V n° 265.

Le juge des référés est compétent pour ordonner la reprise de la procédure de licenciement et la suspension des licenciements.

Envisageant le licenciement pour motif économique de quinze salariés, une société avait mis en œuvre la procédure d'information et de consultation du comité d'entreprise, dont la première réunion avait été fixée au 18 décembre 1991. Bien que les représentants du personnel lui aient reproché de n'avoir pas établi de plan social, et aient estimé que la réunion du 18 décembre ne pouvait tenir lieu de première réunion au sens de la loi, appréciation confirmée par l'inspecteur du travail, la société avait néanmoins poursuivi la procédure de consultation et provoqué une deuxième réunion du comité d'entreprise le 9 janvier 1992. Trois salariés compris dans le projet de licenciement (et qui avaient été licenciés le 17 avril 1992) avaient alors demandé à la formation des référés du conseil de prud'hommes d'ordonner la suspension des licenciements.

Ayant exactement retenu que l'absence de plan social et de mesures de reclassement constituait un trouble manifestement illicite, une cour d'appel a pu décider que le juge aurait dû ordonner la reprise de la procédure de licenciement et la suspension des licenciements, et a pu condamner la société aux dépens et à une somme sur le fondement de l'article 700 NCPC.

Cass. soc. 12 novembre 1996, n° 92-44.905, BC V n° 375.

L'indemnité sanctionnant l'irrégularité de procédure résultant de l'absence de mise en place de représentants du personnel du personnel ou d'établissement d'un procès-verbal de carence n'est applicable qu'en cas de licenciement collectif.

La recodification étant, sauf dispositions expresses contraires, intervenue à droit constant, il en résulte que l'article L. 1235-15 CT n'est applicable qu'aux licenciements économiques collectifs visés aux articles L. 1233-8 et L. 1233-28 de ce code.

C'est donc à tort que, pour condamner une société à payer à un salarié ayant fait l'objet d'un licenciement économique individuel l'indemnité d'un mois de salaire prévue par l'article L. 1235-15 CT, une cour d'appel a retenu que cette société comptait plus de onze salariés et aurait dû être dotée de délégués du personnel, sauf à produire un procès-verbal de carence.

Cass. soc. 19 mai 2016, n° 14-10.251, BC V n° 103.

Le salarié n'a pas à démontrer la réalité d'un préjudice pour bénéficier de cette indemnité.

Il résulte de l'application combinée des articles L. 1235-15 CT, 8 du Préambule de la Constitution du 27 octobre 1946, 27 de la Charte des droits fondamentaux de l'Union européenne, [1]382, devenu 1240, c. civ. et 8, § 1 de la directive 2002/14/CE du 11 mars 2002 établissant un cadre général relatif à l'information et la consultation des travailleurs dans la Communauté européenne, que l'employeur qui met en œuvre une procédure de licenciement économique, alors qu'il n'a pas accompli, bien qu'il y soit légalement tenu, les diligences nécessaires à la mise en place d'institutions représentatives du personnel et sans qu'un procès-verbal de carence ait été établi, commet une faute qui cause un préjudice aux salariés, privés ainsi d'une possibilité de représentation et de défense de leurs intérêts.

Un salarié, licencié pour motif économique le 17 juin 2011 dans le cadre d'un licenciement économique collectif, a saisi la juridiction prud'homale, notamment d'une demande en paiement de dommages-intérêts pour irrégularité de la procédure de licenciement, sur le fondement de l'article L. 1235-15 CT.

C'est à tort que, pour confirmer le jugement ayant débouté le salarié de sa demande en paiement de dommages-intérêts pour irrégularité de la procédure de licenciement pour motif économique, une cour d'appel a retenu que la société reconnaissait ne pas avoir rempli ses obligations au titre de l'article L. 1235-15 CT mais que le salarié ne démontrait pas la réalité d'un préjudice.

Cass. soc. 17 octobre 2018, n° 17-14.392, à paraître.

Intérêt à agir

Les salariés licenciés qui n'ont pas fait l'objet d'une mesure de licenciement économique sont sans intérêt à agir en nullité de la procédure de licenciement collectif pour motif économique.

Si les salariés licenciés pour motif économique ont un droit propre à faire valoir que leur licenciement est nul au regard des dispositions de l'article L. 321-4-1 CT, les salariés qui n'ont pas fait l'objet d'une mesure de licenciement économique sont sans intérêt à agir en nullité de la procédure de licenciement collectif pour motif économique en cours sur le fondement des mêmes dispositions.

Cass. soc. 15 janvier 2003, n° 00-45.644, BC V n° 8.

Comité d'entreprise (Information et consultation) ; Délit d'entrave ; Plan de sauvegarde de l'emploi.

Licenciement économique (Notion)

Constitue un licenciement pour motif économique le licenciement effectué par l'employeur pour un ou plusieurs motifs non inhérents à la personne du salarié, résultant d'une suppression ou d'une transformation d'emploi, ou encore d'une modification, refusée par le salarié, d'un élément essentiel du contrat de travail, consécutives notamment à des difficultés économiques ou à des mutations technologiques (art. L. 1233-3 CT).

On notera que les ordonnances 2017-1387 du 22 septembre 2017 et 2017-1718 du 20 décembre 2017, ainsi que la loi 2018-217 du 29 mars 2018, ont modifié les règles relatives au cadre d'appréciation de la cause économique (restriction de ce cadre à la France pour les groupes implantés à l'étranger, définition légale des notions de groupe et de secteur d'activité) et à sa contestation (délai).

La jurisprudence rapportée ci-dessous, rendue dans le cadre législatif antérieur, conserve cependant son intérêt, notamment au regard des litiges en cours.

Champ d'application des règles régissant le licenciement économique

Les règles régissant le licenciement pour motif économique ne sont pas applicables aux personnels des services administratifs et techniques des ambassades et services diplomatiques.

Une employée de l'ambassade de la République du Chili à Paris, ayant été licenciée par une lettre énonçant : « conformément à l'article L. 122-14-1 (ancien) CT, nous vous informons qu'il a été décidé de mettre fin à votre relation de travail avec cette ambassade pour des raisons et besoins d'un bon service et d'une réorganisation administrative », a saisi le conseil de prud'hommes de diverses demandes.

Pour dire le licenciement dépourvu de cause réelle et sérieuse, une cour d'appel a retenu, d'une part, que les premiers juges avaient à juste titre décidé que la lettre de licenciement, expressément fondée sur les dispositions législatives françaises, ne comportait pas un énoncé suffisant du motif économique allégué et de ses conséquences sur l'emploi de la salariée et, d'autre part, que c'était à tort qu'ils avaient estimé que la preuve des restrictions budgétaires ayant conduit à son licenciement était rapportée, alors qu'elles n'ont pas été énoncées dans la lettre de licenciement et que les seules pièces antérieures au licenciement faisaient référence à des restrictions budgétaires interdisant des hausses de salaire ou l'engagement de nouveaux salariés sans imposer de rupture de contrats de travail.

En statuant ainsi, la cour d'appel, à qui il appartenait seulement de vérifier le caractère réel et sérieux des motifs énoncés dans la lettre de licenciement, a violé les articles L. 122-14-3, L. 321-1 et L. 321-2 devenus L. 1235-1 et L. 1233-3 CT.

En effet, les règles régissant le licenciement pour motif économique ne sont pas applicables aux licenciements des personnels des services administratifs et techniques des ambassades et services diplomatiques de cet État.

Cass. soc. 13 novembre 2008, n° 07-41.411, BC V n° 216. Voir aussi cass. soc. 23 avril 2013, n° 11-28.197, BC V n° 107.

Un syndicat de copropriétaires n'étant pas une entreprise au sens des dispositions de l'article L. 1233-1 CT, le licenciement du salarié, même s'il repose sur un motif non inhérent à sa personne, n'est pas soumis aux dispositions concernant les licenciements pour motif économique.

Cass. soc. 1er février 2017, n° 15-26.853, à paraître.

Ces dispositions peuvent néanmoins s'appliquer aux licenciements d'infirmières engagées par un syndicat de copropriétaires chargé d'administrer une résidence de personnes âgées disposant d'un service médical.

Quatre salariées, engagées en qualité d'infirmières par un syndicat de copropriétaires afin de travailler dans le service médical d'une résidence-service destinée aux personnes âgées, ont été licenciées par lettre du 9 mai 2011, l'employeur invoquant l'obligation de supprimer l'ensemble du service médical de la résidence pour se mettre en conformité avec la loi 2006-872 du 13 juillet 2006 portant engagement national pour le logement et modifiant la loi 65-557 du 10 juillet 1965 relative au statut de la copropriété des immeubles bâtis et la suppression de leurs postes.

Pour dire les licenciements fondés sur une cause réelle et sérieuse et rejeter les demandes des salariées au titre d'un licenciement sans cause réelle et sérieuse, une cour d'appel a retenu que les dispositions relatives aux licenciements économiques n'étaient applicables, selon l'article L. 1233-1 CT, qu'aux entreprises, ce qui excluait les syndicats de copropriétaires et que le motif de la rupture ne reposait pas sur des difficultés économiques qu'aurait rencontrées le syndicat des copropriétaires de la résidence mais se trouvait justifié par la mise en œuvre des dispositions d'ordre public issues de la loi du 13 juillet 2006 contraignant ledit syndicat à supprimer son service médical.

En statuant ainsi, alors qu'il résultait de ses constatations que le syndicat de copropriétaires était chargé d'administrer une résidence de personnes âgées qui disposait d'un service médical et n'assurait pas seulement l'administration et la conservation de l'immeuble commun en vertu de l'article 14 de la loi du 10 juillet 1965 fixant le statut de la copropriété, de sorte que les licenciements des infirmières affectées au service médical relevaient des dispositions des articles L. 1233-1 et suivants CT concernant les licenciements pour motif économique, la cour d'appel a violé l'article L. 1233-1 CT.

Cass. soc. 21 novembre 2018, n° 17-12.599, à paraître.

La cause particulière de rupture du contrat de travail prévue par l'article L. 1224-3 CT en cas de reprise de l'activité d'une entité économique de droit privé par une personne publique dans le cadre d'un service public administratif ne relève pas des dispositions applicables aux licenciements pour motif économique.

Cass. soc. 30 septembre 2009, n° 08-40.846, 1er moyen du pourvoi principal, BC V n° 212. Voir aussi cass. soc. 2 décembre 2009, n° 07-45.304, BC V n° 270.

Un motif non inhérent à la personne du salarié

Le motif économique est nécessairement non inhérent à la personne du salarié, par opposition au motif personnel.

Un employé avait été licencié pour le motif économique suivant : « restructuration du service production ».

Pour rejeter la demande d'indemnité pour licenciement sans cause réelle et sérieuse présentée par le salarié, une cour d'appel a énoncé que l'employeur avait répondu aux demandes de l'inspecteur du travail, suite aux doléances du salarié, en lui présentant tous les documents utiles sur les emplois occupés successivement par ce salarié en raison de la limitation de sa capacité physique, sur les impératifs économiques qui avaient conduit à la polyvalence des postes incompatibles avec l'interdiction du port de charge de plus de quinze kilos et a, en conséquence, rapporté la preuve de son respect de ses obligations résultant des règles protectrices concernant les travailleurs victimes d'accident du travail et de la nécessité d'assurer la pérennité de l'entreprise.

En statuant ainsi, alors que le licenciement prononcé pour un motif inhérent à la personne du salarié n'est pas un licenciement économique, la cour d'appel, qui a relevé que l'intéressé avait été licencié pour un motif personnel tiré de son état physique, n'a pas tiré les conséquences légales de ses constatations et a violé l'article L. 321-1 CT.

Cass. soc. 29 avril 1998, n° 96-40.582, BC V n° 213. Voir aussi cass. soc. 14 novembre 2000, n° 98-45.371, BC V n° 368 ; cass. soc. 21 janvier 2016, n° 14-21.244.

Pour la Cour de cassation, constitue un motif inhérent à la personne du salarié et non un motif économique le fait que celui-ci ne remplisse plus les conditions réglementaires pour occuper ses fonctions.

Le licenciement prononcé par une association hospitalière à l'encontre d'un médecin en raison du fait qu'il ne remplit plus les conditions légales pour occuper les fonctions d'interne repose non pas sur un motif économique, mais sur un motif inhérent à la personne de l'intéressé.

Cass. soc. 3 juin 1998, n° 96-40.016, BC V n° 295. Voir aussi cass. soc. 11 juillet 1994, n° 93-42.386.

Pour le Conseil d'État, s'agissant d'un salarié protégé, le licenciement motivé par l'intervention d'une législation nouvelle subordonnant l'activité de l'intéressé à la détention d'un diplôme qu'il n'a pas a une cause économique.

Le licenciement d'un salarié protégé, employé en qualité de vendeur monteur dans un centre optique mutualiste, avait été demandé par son employeur en raison de l'intervention d'une législation nouvelle soumettant l'activité salariée exercée par l'intéressé à la détention d'un diplôme dont il n'était pas titulaire, et imposant ainsi son remplacement par un opticien diplômé. Le licenciement demandé pour ce motif constituait un licenciement pour motif économique au sens des dispositions légales.

CE 15 juin 2005, n° 254728.

L'événement justifiant la requalification d'un CDD en CDI ne saurait constituer une cause économique de licenciement.

Un salarié a été engagé par une association de formation professionnelle selon un contrat à durée déterminée pour mettre en œuvre un programme organisé par l'État dont la durée avait été fixée par l'administration. Ce contrat a été suivi d'un second contrat à durée déterminée prolongeant la durée de la mission jusqu'au terme du programme. Le salarié a alors sollicité et obtenu la requalification du contrat en contrat à durée indéterminée pour dépassement de la durée maximale autorisée. Il a ensuite fait l'objet d'un licenciement économique pour « motif conjoncturel lié à la fin du programme PAQUE entraînant la suppression de l'emploi ».

Doit être rejeté le pourvoi de l'association reprochant à une cour d'appel de l'avoir condamnée à verser au salarié des dommages-intérêts pour licenciement abusif. En effet, ce dernier ayant été recruté par un contrat à durée déterminée destiné à prendre fin à l'expiration du programme, la cour, qui a constaté que l'association avait commis une erreur ayant entraîné la requalification du contrat, a décidé à bon droit que l'événement qui justifiait le recours au contrat à durée indéterminée ne pouvait constituer une cause économique de licenciement.

Cass. soc. 17 décembre 2002, n° 00-43.609, BC V n° 391.

En cas de coexistence d'un motif personnel et d'un motif économique, il convient de prendre en considération la cause première et déterminante.

En cas de coexistence d'un motif personnel et d'un motif économique, il convient de s'attacher à celui qui a été la cause première et déterminante du licenciement. L'inaptitude physique, motif inhérent à la personne du salarié, étant le motif essentiel de la rupture, une cour d'appel a pu décider que le licenciement du salarié ne procédait pas d'un motif économique.

Cass. soc. 6 avril 1994, n° 92-44.986. Voir aussi cass. soc. 27 mars 2001, n° 99-42.472.

Le défaut de cause réelle et sérieuse d'un licenciement ne lui enlève pas sa nature juridique de licenciement pour motif économique.

Doit être rejeté le pourvoi qui prétendait qu'un licenciement jugé non justifié par un motif économique ne pouvait ouvrir droit à l'indemnité de licenciement prévue par la convention collective en cas de licenciement économique. En effet, le défaut de cause réelle et sérieuse d'un licenciement ne lui enlève pas sa nature juridique de licenciement pour motif économique.

Cass. soc. 24 octobre 2000, n° 98-40.951. Voir aussi cass. soc. 31 janvier 2001, n° 98-46.315.

Cadre d'appréciation de la cause économique

La cause économique d'un licenciement s'apprécie au niveau de l'entreprise ou, si celle-ci fait partie d'un groupe, au niveau du secteur d'activité du groupe dans lequel elle intervient ; le périmètre du groupe à prendre en considération à cet effet est l'ensemble des entreprises unies par le contrôle ou l'influence d'une entreprise dominante dans les conditions définies à l'article L. 2331-1 CT, sans qu'il y ait lieu de réduire le groupe aux entreprises situées sur le territoire national.

Une salariée, employée en qualité d'employée libre-service par une société exploitant un hypermarché sous l'enseigne d'un groupe de grande distribution, a été licenciée le 13 décembre 2008 pour motif économique.

C'est à tort que, pour reprocher à une cour d'appel de l'avoir déboutée de ses demandes pour licenciement sans cause réelle et sérieuse, la salariée soutient que la réalité et le sérieux du motif économique de son licenciement devaient être appréciés au niveau du réseau de distribution des enseignes auquel appartenait la société employeur.

En effet, ayant constaté que, si l'entreprise appartenait à un réseau de distribution qui constituait un groupement de commerçants indépendants, se structurant autour d'une association des centres distributeurs décidant de l'attribution de l'enseigne à ses adhérents et définissant les orientations globales du réseau, d'un groupement d'achat commun aux centres et de coopératives régionales qui assurent des fonctions logistiques au bénéfice des commerçants adhérents, il n'existait pas de liens capitalistiques entre les sociétés ni de rapport de domination d'une entreprise sur les autres, la cour d'appel a pu en déduire que l'entreprise n'appartenait pas à un groupe, en sorte que la cause économique du licenciement devait être appréciée au niveau de l'entreprise.

Cass. soc. 16 novembre 2016, n° 14-30.063, 1re branche du moyen, BC V n° 216. Voir aussi cass. soc. 16 novembre 2016, n° 15-19.927, 1er moyen, BC V n° 217.

Les causes du licenciement économique

• Il peut s'agir de difficultés économiques ou de mutations technologiques (art. L. 1233-3 CT), ou encore d'une réorganisation de l'entreprise nécessaire à la sauvegarde de sa compétitivité ou d'une cessation d'activité (extensions jurisprudentielles)

Constitue un licenciement pour motif économique le licenciement résultant d'une suppression ou transformation d'emploi ou d'une modification [substantielle] du contrat de travail consécutive notamment à des difficultés économiques, à des mutations technologiques ou à une réorganisation ; si la réalité de la suppression ou transformation d'emploi ou de la modification [substantielle] du contrat de travail est examinée au niveau de l'entreprise, les difficultés économiques doivent être appréciées au regard du secteur d'activité du groupe auquel appartient l'entreprise concernée.

Lorsqu'elle n'est pas liée à des difficultés économiques ou à des mutations technologiques, une réorganisation ne peut constituer un motif économique que si elle est effectuée pour sauvegarder la compétitivité du secteur d'activité.

Cass. soc. 5 avril 1995, n° 93-42.690, BC V n° 123.

Pour débouter un salarié de sa demande d'indemnités pour licenciement dépourvu de cause réelle et sérieuse, une cour d'appel a retenu que la situation économique et financière de la société ne lui permettait pas de maintenir son site Internet comportant plus de trois mille pages d'informations et que le choix de la direction de l'entreprise de le réduire à une simple présentation de la société était établi ; que cette réorganisation avait pour conséquence la suppression du poste du salarié qui ne démontrait pas qu'il avait d'autres activités effectives qui auraient permis son maintien dans l'entreprise.

En statuant ainsi, sans constater ni l'existence de difficultés économiques, ou de mutations technologiques, ni que la réorganisation était nécessaire à la sauvegarde de la compétitivité de l'entreprise ou du secteur d'activité du groupe auquel elle appartient, la cour d'appel n'a pas donné de base légale à sa décision.

Cass. soc. 12 juillet 2006, n° 04-47.724, 2e moyen, BC V n° 250.

1° Les difficultés économiques

Les difficultés économiques doivent être appréciées au moment du licenciement…

C'est à bon droit qu'après avoir constaté, d'une part, que les difficultés économiques invoquées par un employeur étaient antérieures au redressement judiciaire dont elles avaient été l'une des causes et que, d'autre part, le plan de continuation, adopté quelques semaines avant le licenciement d'un salarié, n'avait prévu ni la réduction des effectifs de l'entreprise ni la suppression de l'emploi occupé par l'intéressé, une cour d'appel a décidé que le motif du licenciement, pris par l'employeur, d'une baisse importante du chiffre d'affaires et de la nécessité de diminuer les dépenses par l'adaptation au potentiel de production des coûts de structure n'était ni réel ni sérieux et que la rupture du contrat de travail du salarié était dépourvue de cause économique.

Cass. soc. 12 décembre 2001, n° 99-45.960, BC V n° 382.

C'est à tort que, pour déclarer le licenciement d'un salarié dépourvu de cause réelle et sérieuse, une cour d'appel a retenu que la société ne démontrait pas en quoi consistait la réorganisation projetée et encore moins si elle était nécessaire pour sauvegarder sa compétitivité, alors que l'entreprise, pour justifier la réorganisation, invoquait non pas la nécessité de sauvegarder la compétitivité de l'entreprise, mais des difficultés économiques dont il appartenait à la cour d'appel d'examiner la réalité et le sérieux.

Cass. soc. 11 juillet 2001, n° 99-43.342, 1er moyen, BC V n° 266.

... au niveau de l'entreprise...

La cause économique d'un licenciement s'apprécie au niveau de l'entreprise ou, si celle-ci fait partie d'un groupe, au niveau du secteur d'activité du groupe dans lequel elle intervient.

Pour dire que le licenciement d'un salarié reposait sur une cause économique réelle et sérieuse, une cour d'appel a retenu que le groupe dont faisait partie l'employeur était articulé en trois pôles, à l'intérieur desquels existaient des départements qui correspondaient à des secteurs d'activités identifiés, avec leur logique propre, leur développement, leurs contraintes, de sorte que le département employant le salarié, investi par un seul site, lequel ne comportait pas d'autres activités à la date de la rupture du contrat de travail, constituait un secteur d'activités spécifique, au niveau duquel devaient être appréciées les difficultés économiques.

En appréciant la cause économique à un niveau inférieur à celui de l'entreprise, la cour d'appel a violé l'article L. 1233-3 CT.

Cass. soc. 26 juin 2012, n° 11-13.736, BC V n° 197. Voir aussi cass. soc. 26 février 2013, n° 11-22.265, 1er moyen.

... ou, si celle-ci fait partie d'un groupe, au regard du secteur d'activité du groupe...

Les difficultés économiques invoquées à l'appui d'un licenciement pour motif économique doivent être appréciées au niveau du groupe ou du secteur d'activité du groupe auquel appartient l'entreprise, sans qu'il y ait lieu de réduire le groupe aux sociétés ou entreprises situées sur le territoire national.

Une cour d'appel, après avoir constaté que la société « S France » faisait partie du groupe « V », de dimension internationale, a estimé qu'il n'était pas établi, tant au niveau du secteur des composants électroniques dont relève la société « S France », qu'à celui plus réduit des seuls condensateurs au tantale, que des difficultés économiques affectaient le groupe « V », dont la situation financière était au contraire excellente.

Ayant retenu que les lettres de licenciement faisaient état de difficultés économiques dont l'employeur livrait une analyse limitée à la seule société « S France » et que la nécessité d'assurer la sauvegarde de la compétitivité du secteur d'activité, invoquée également par l'employeur, ne pouvait résulter de la seule réduction des frais fixes sur le site de Tours, la cour a pu décider que les licenciements n'avaient pas de cause économique réelle et sérieuse.

Cass. soc. 12 juin 2001, n° 99-41.571, 1er moyen, BC V n° 214. Voir aussi cass. soc. 19 juillet 2000, n° 98-45.539.

Une cour d'appel, ayant constaté que la société faisait partie d'un groupe et que l'employeur ne produisait aucune information sur la situation économique et financière de celui-ci, a pu en déduire que l'existence de la cause économique de licenciement invoquée n'était pas établie au niveau du secteur d'activité de ce groupe.

Cass. soc. 14 janvier 2004, n° 01-45.020.

Doit être rejeté le moyen du pourvoi formé par des salariés qui, pour reprocher à une cour d'appel de les avoir déboutés de leur demande de dommages-intérêts pour licenciement sans cause réelle et sérieuse, soutenaient notamment que la cause économique devait être appréciée au niveau de la société filiale où ils travaillaient, laquelle enregistrait de très bons résultats financiers, de sorte que la décision de la société mère de retirer à la filiale le droit d'utiliser les plans et modèles ne pouvait être prise en considération sans rechercher ni caractériser l'incidence de ce retrait sur l'équilibre économique de la filiale.

En effet, les difficultés s'appréciant au niveau du secteur d'activité du groupe auquel appartient l'entreprise qui licencie, la cour d'appel n'avait pas à rechercher si les résultats de la filiale étaient bénéficiaires.

Cass. soc. 28 novembre 2007, n° 06-40.489, 1er moyen, BC V n° 197.

Ayant refusé de signer l'avenant à son contrat de travail portant modification des modalités de calcul de sa rémunération variable, un salarié exerçant les fonctions d'« inspecteur du cadre » dans une société d'assurances a été licencié pour motif économique.

Pour le débouter de sa demande de dommages-intérêts pour licenciement sans cause réelle et sérieuse, une cour d'appel a retenu, d'une part, que la modification du contrat de travail refusée par le salarié était fondée sur la nécessité de sauvegarder la compétitivité de l'entreprise ou celle du secteur d'activité du groupe auquel elle appartient et, d'autre part, que le précédent mode de calcul des rémunérations des conseillers commerciaux et des inspecteurs de la société, et spécialement de leur part variable assise sur l'activité commerciale des agents qu'ils encadraient, était, par l'effet de contraintes tant internes qu'externes et de la nécessité de définir de nouvelles orientations stratégiques, devenu obsolète et même fortement décrié par les organisations syndicales qui en avaient réclamé la redéfinition et avaient été associées à son changement, celui-ci étant notamment devenu moins rémunérateur pour les salariés par suite de réformes législatives, votées en juillet et décembre 2005, résultant des amendements Fourgous et Marini, et insuffisamment incitatif et motivant pour assurer la conquête de nouveaux clients et le maintien de la part de marché de la société qui, depuis une dizaine d'années, ne cessait de s'effriter par l'effet de la concurrence exacerbée des réseaux de « bancassureurs » et d'assurances-vie en ligne.

En statuant ainsi, sans expliquer en quoi était caractérisée l'existence, au niveau du secteur d'activité du groupe auquel la société appartient, de difficultés économiques ou d'une menace pesant sur la compétitivité de ce secteur, la cour d'appel n'a pas donné de base légale à sa décision.

Cass. soc. 14 décembre 2011, n° 10-11.042, BC V n° 295. Voir aussi cass. soc. 14 décembre 2011, n° 10-13.922, BC V n° 296 ; cass. soc. 13 janvier 2016, n° 14-20.688.

... en tenant compte des résultats des secteurs d'activité situés à l'étranger.

Cass. soc. 12 juin 2001, n° 99-41.839, BC V n° 215.

La spécialisation d'une société dans le groupe ou son implantation dans un pays différent de ceux où sont situées les autres sociétés du groupe ne suffit pas à exclure son rattachement à un même secteur d'activité, au sein duquel doivent être appréciées les difficultés économiques.

A violé l'article L. 1233-3 CT la cour d'appel qui, pour dire que le licenciement économique d'un salarié reposait sur une cause réelle et sérieuse, a retenu d'une part que l'entreprise opérait sur le marché français, ce qui n'autorisait pas à estimer que son secteur d'activité était identique à celui des autres filiales installées dans huit autres pays européens, d'autre part que le secteur d'activité de l'entreprise se distinguait des autres entités exerçant sur le territoire français et qu'ainsi, en raison de la spécificité de son activité, les difficultés économiques devaient s'apprécier au niveau de l'entreprise.

Cass. soc. 23 juin 2009, n° 07-45.668, BC V n° 161.

Des difficultés économiques peuvent résulter notamment :

➡ d'une marge brute d'exploitation nettement inférieure aux charges.

L'existence de difficultés économiques, justifiant des suppressions d'emplois, était établie dès lors que les études prévisionnelles de la société faisaient apparaître une marge brute d'exploitation nettement inférieure aux charges fixes.

Cass. soc. 26 janvier 1994, n° 92-40.252, 2e moyen.

➡ de difficultés financières résultant d'un investissement destiné à surmonter la concurrence.

Doit être cassé l'arrêt qui, pour décider que le licenciement d'un salarié ne reposait pas sur une cause économique, énonce, après avoir relevé la nécessité pour l'entreprise de trouver une solution lui permettant d'alléger durablement ses charges, que ses difficultés financières étaient liées aux travaux de rénovation, investissement dont l'employeur ne pouvait ignorer les conséquences pécuniaires, alors que ces difficultés résultaient d'un investissement jugé opportun pour lutter contre la concurrence et que la suppression d'emploi faisant suite à cet investissement constituait une cause économique de licenciement.

Cass. soc. 22 octobre 1996, n° 93-43.491, 2e moyen.

➡ de résultats de plus en plus déficitaires compromettant la compétitivité de l'entreprise dans un contexte de crise économique affectant le secteur d'activité.

Ayant constaté que le chiffre d'affaires de la société était en baisse constante, ses frais financiers importants, sa compétitivité compromise et ses résultats de plus en plus déficitaires dans un contexte de crise économique affectant son secteur d'activité, le négoce du bois, une cour d'appel a pu décider que le licenciement procédait d'une cause économique.

Cass. soc. 13 janvier 1998, n° 95-45.014. Voir aussi cass. soc. 20 octobre 1999, n° 97-43.786.

➡ de difficultés résultant du refus de l'État de satisfaire la demande d'une association tendant au bénéfice d'une dotation reconductible.

Ayant retenu qu'en raison du fait que l'État n'avait pas satisfait la demande d'une association de bénéficier d'une dotation reconductible, mais seulement versé, fin décembre 1993, une dotation ponctuelle, les difficultés économiques avaient persisté, une cour d'appel a pu décider que les licenciements avaient une cause économique.

Cass. soc. 7 mai 1998, n° 95-44.365.

Ne correspondent pas à la notion de difficultés économiques :

➡ une baisse du chiffre d'affaires et des bénéfices de l'entreprise.

Doit être cassé l'arrêt qui, pour décider que le licenciement d'un salarié reposait sur un motif économique et le débouter de ses demandes pour licenciement abusif, a retenu que la société justifiait de ses difficultés économiques en produisant ses documents fiscaux dont la lecture faisait ressortir que son chiffre d'affaires était en baisse en 1993 par rapport à l'année 1992, ainsi que son bénéfice, que ces données comptables, ainsi que la réduction de l'effectif, n'étaient pas contestées par le salarié qui se contentait d'évoquer les fluctuations normales du marché, que la preuve de difficultés économiques ayant entraîné une restructuration caractérisée, notamment par la suppression du poste de chef comptable chargé d'assister le directeur administratif et financier admis à faire valoir ses droits à la retraite et non remplacé, était donc rapportée, alors que ni la réalisation d'un chiffre d'affaires moindre de 1992 à 1993 ni la baisse des bénéfices réalisés pendant la même période ne suffisaient à caractériser la réalité des difficultés économiques alléguées par l'employeur.

Cass. soc. 6 juillet 1999, n° 97-41.036, BC V n° 327. Voir aussi cass. soc. 16 mai 2018, n° 16-19.085.

➠ une exploitation déficitaire depuis des années en l'absence de démonstration d'une aggravation de la situation.

Une cour d'appel, qui a constaté que, depuis des années, la situation d'un employeur était déficitaire et qu'aucune aggravation n'était démontrée, a pu estimer que la cause économique du licenciement d'un de ses salariés n'était pas sérieuse.

Cass. soc. 23 mai 2000, n° 97-42.221, BC V n° 196.

➠ la fermeture d'une ligne aérienne.

Un salarié qui assurait les fonctions de pilote sur la ligne Carcassonne-Paris a été licencié pour motif économique à la suite de la fermeture de cette ligne. C'est à tort que, pour débouter le salarié de sa demande de dommages-intérêts pour licenciement sans cause réelle et sérieuse, une cour d'appel a relevé que l'exploitation de la ligne avait été interrompue en raison du non-renouvellement de la concession par les autorités locales, de sorte que le motif économique du licenciement énoncé dans la lettre de licenciement était réel et sérieux, alors que la fermeture de la ligne aérienne ne constituait pas en soi un motif économique de licenciement.

Cass. soc. 11 juin 2002, n° 00-42.233, BC V n° 199.

➠ la situation de l'entreprise dont le bilan révélait une augmentation sensible du chiffre d'affaires et une capacité d'autofinancement lui permettant de rembourser les emprunts qu'elle avait contractés et de disposer d'une trésorerie.

Ayant constaté que le bilan de l'entreprise, à l'époque de la notification du licenciement de l'intéressée, d'une part, révélait une augmentation sensible du chiffre d'affaires au cours de l'année écoulée, alors que dans le même temps les charges salariales étaient restées stables et, d'autre part, faisait ressortir une capacité d'autofinancement permettant à la société de rembourser les emprunts qu'elle avait contractés et de disposer d'une trésorerie, une cour d'appel a pu décider que les difficultés invoquées par l'employeur n'étant pas établies, le licenciement de la salariée n'avait pas de motif économique et était, en conséquence, sans cause réelle et sérieuse.

Cass. soc. 2 avril 1998, n° 96-40.766.

➠ des difficultés économiques passagères.

La cour d'appel qui a relevé qu'il n'était établi aucune difficulté économique, au niveau du secteur d'activité du groupe auquel appartient l'entreprise, que par ailleurs, aucune réorganisation de l'entreprise aux fins de sauvegarder sa compétitivité n'a été invoquée, a pu décider que la seule baisse d'activité et le résultat déficitaire de l'atelier où était affecté le salarié ne pouvaient justifier son licenciement pour motif économique.

Cass. soc. 26 octobre 1999, n° 98-41.521, BC V n° 405.

Ayant relevé que les difficultés économiques alléguées par la société étaient passagères et n'étaient pas de nature à justifier la suppression de l'emploi du salarié, qui avait d'ailleurs été pourvu par le recrutement d'un salarié moins de deux mois après le licenciement de l'intéressé, une cour d'appel qui a constaté, par une appréciation souveraine des éléments qui lui étaient soumis, que le licenciement était en réalité dicté par la volonté malveillante de sanctionner le salarié du fait de son refus d'une modification de son contrat et avait ainsi une cause personnelle, a légalement décidé que le licenciement ne reposait pas sur une cause réelle et sérieuse.

Cass. soc. 16 mai 2001, n° 99-42.583.

➠ la perte d'un marché.

Cass. soc. 25 septembre 2001, n° 99-43.903. Voir aussi cass. soc. 29 janvier 2014, n° 12-15.925, 3e moyen.

➠ la perte d'un contrat.

Cass. soc. 12 juin 2002, n° 00-41.476.

➠ des difficultés économiques imputables au salarié…

Doit être cassé l'arrêt qui exige, pour que le licenciement ait un motif économique, que les difficultés économiques constatées dans l'entreprise soient imputables au salarié, ajoutant à la loi une condition qu'elle ne prévoit pas.

Une cour d'appel ne pouvait donc pas, pour condamner un employeur à payer des dommages-intérêts pour licenciement sans cause réelle et sérieuse, relever que les difficultés financières de l'entreprise n'étaient pas consécutives à la faible rentabilité des activités du salarié.

Cass. soc. 13 janvier 1993, n° 91-45.769, 1er moyen.

➠ … ou à l'employeur.

Ayant constaté que la société holding d'une division d'un groupe industriel avait fait procéder, au cours des années 2007 et 2008, à une remontée de dividendes de la part des sociétés filiales françaises de cette division, dans des proportions manifestement anormales compte tenu des marges d'autofinancement nécessaires à ces sociétés exerçant une activité dans un domaine par nature cyclique, et alors que certaines d'entre elles étaient déjà en situation déficitaire et que d'autres avaient des besoins financiers pour se restructurer et s'adapter à de nouveaux marchés, que ces remontées importantes opérées par l'actionnaire, réduisant considérablement les fonds propres et les capacité d'autofinancement de ces sociétés filiales, avaient provoqué leurs difficultés financières et par voie de conséquence celles de la société holding elle-même dont l'activité était exclusivement orientée vers les filiales, une cour d'appel a pu décider que les difficultés économiques invoquées par la société holding à l'appui du licenciement d'une salariée résultaient d'agissements fautifs de l'employeur, allant au-delà des seules erreurs de gestion, et en a exactement déduit que le licenciement était sans cause réelle et sérieuse.

Cass. soc. 24 mai 2018, n° 17-12.560, à paraître. Voir aussi cass. soc. 24 mai 2018, n° 16-22.881, à paraître, retenant la responsabilité de l'actionnaire principal du groupe détenant la société employeur, pour avoir pris des décisions préjudiciables dans son seul intérêt d'actionnaire et avoir ainsi concouru à la déconfiture de l'employeur et à la disparition des emplois en étant résulté.

➠ un licenciement résultant du seul souci de l'employeur de réaliser des économies.

Le seul souci de l'employeur de réaliser des économies, sans faire état de difficultés financières, ne constitue pas une cause économique de licenciement.

Cass. soc. 22 octobre 1991, n° 90-41.680. Voir aussi cass. soc. 15 décembre 1999, n° 97-43.113, s'agissant de la suppression du poste de l'employée la plus qualifiée et la mieux rémunérée.

Une infirmière générale avait été licenciée pour motif économique tenant à la suppression de son poste à la suite d'une réorganisation de la clinique entraînant l'attribution de ses fonctions à un médecin administrateur. Une cour d'appel, qui a retenu que, sous le prétexte d'une réorganisation de la société destinée à en améliorer le fonctionnement, l'employeur s'était séparé de la salariée qui lui coûtait cher, bien qu'il ne soit menacé d'aucune difficulté économique ni financière, a ainsi légalement justifié sa décision énonçant que le licenciement de l'intéressée était sans cause réelle et sérieuse.

Cass. soc. 2 avril 1997, n° 94-43.165. Voir aussi cass. soc. 16 mars 1994, n° 92-43.094, BC V n° 95.

➠ la restructuration du capital d'une société commerciale ou la dégradation des marges de l'entreprise.

Ni la restructuration du capital d'une société commerciale, quel qu'en soit le motif, ni la dégradation des marges de l'entreprise dont l'activité et les effectifs continuent à progresser, fût-ce faiblement, ne sauraient, ensemble ou séparément, constituer une cause économique de licenciement.

Cass. soc. 21 mars 2001, n° 98-46.178.

2° Les mutations technologiques

L'introduction de nouvelles technologies dans l'entreprise peut constituer une cause économique de licenciement…

Les mutations technologiques constituent un motif économique autonome de licenciement.

Cass. soc. 15 mars 2012, n° 10-25.996, 2e branche du moyen.

Doit être cassé l'arrêt qui, pour condamner un employeur à payer des dommages-intérêts à une salariée pour licenciement sans cause réelle et sérieuse, a énoncé que l'introduction de nouvelles technologies dans l'entreprise, qui ne connaissait aucune difficulté économique, n'avait entraîné aucune suppression d'emploi dans la mesure où les tâches de la salariée avaient été réparties entre ses collègues, alors que la suppression d'un poste, même si elle s'accompagne de la répartition des tâches à accomplir par le salarié licencié entre les salariés demeurés dans l'entreprise, est une suppression d'emploi et que l'introduction de nouvelles technologies dans l'entreprise peut constituer une cause économique de suppression ou de transformation d'emploi ou d'une modification [substantielle] du contrat de travail.

Cass. soc. 2 juin 1993, n° 90-44.956, BC V n° 155.

Le licenciement d'une salariée, suite à l'informatisation de certains services de l'entreprise, repose sur un motif économique, cette modification de la structure de la société ayant été rendue nécessaire par une mutation technologique entraînant la suppression du poste de la salariée.

Cass. soc. 15 mars 1994, n° 92-43.612. Voir aussi cass. soc. 19 décembre 1990, n° 89-42.242, BC V n° 687, où l'activité d'illustrateur sonore du salarié a été supprimée en raison du recours à de nouveaux moyens modernes de reportage.

Après avoir constaté que l'employeur avait mis en place une gestion informatique des dossiers et que malgré la formation qui lui avait été dispensée, une salariée n'avait pu s'adapter à l'évolution de son emploi, une cour d'appel a pu décider que son licenciement économique était justifié.

Cass. soc. 9 octobre 2001, n° 99-42.310.

… alors même que la compétitivité de l'entreprise ne serait pas menacée.

Cass. soc. 9 octobre 2002, n° 00-44.069.

3° Extension jurisprudentielle aux notions de réorganisation de l'entreprise et de cessation d'activité

La réorganisation de l'entreprise : elle constitue un motif économique de licenciement si elle est effectuée pour en sauvegarder la compétitivité ou celle du secteur d'activité du groupe auquel appartient l'entreprise.

Répond à ce critère la réorganisation mise en œuvre pour prévenir des difficultés économiques liées à des évolutions technologiques et leurs conséquences sur l'emploi, sans être subordonnée à l'existence de difficultés économiques à la date du licenciement ; il s'ensuit que la modification des contrats de travail résultant d'une telle réorganisation a elle-même une cause économique.

Une société a mis en place, en novembre 2001, un projet de réorganisation afin d'assurer la transition entre les produits traditionnels (annuaire papier et minitel) et ceux liés aux nouvelles technologies de l'information (internet, mobile, site) qu'elle jugeait indispensable à la sauvegarde de la compétitivité de l'entreprise, compte tenu des conséquences prévisibles de l'évolution technologique et de son environnement concurrentiel ; le projet, soumis au comité d'entreprise, prévoyait la modification du contrat de travail des 930 conseillers commerciaux, modification portant sur leurs conditions de rémunération et sur l'intégration de nouveaux produits dans leur portefeuille. Des conseillers commerciaux, après avoir refusé cette modification, ont saisi la juridiction prud'homale de demandes tendant, notamment, au paiement de dommages-intérêts pour licenciement sans cause réelle et sérieuse.

Ayant retenu qu'il ne pouvait être reproché à l'employeur d'avoir anticipé des difficultés économiques prévisibles et mis à profit une situation financière saine pour adapter ses structures à l'évolution de son marché dans les meilleures conditions, une cour d'appel a pu en déduire que la modification des contrats de travail des salariés s'inscrivait dans le cadre d'une réorganisation rendue nécessaire pour la sauvegarde de la compétitivité de l'entreprise et que le licenciement des intéressés, qui avaient refusé la modification de leur contrat de travail, était fondé sur une cause économique réelle et sérieuse.

Cass. soc. 11 janvier 2006, n° 04-46.201, BC V n° 10. Voir aussi cass. soc. 17 décembre 2008, n° 07-41.499.

Pour allouer à un salarié une indemnité pour licenciement sans cause réelle et sérieuse, une cour d'appel a notamment retenu que l'employeur ne pouvait prétendre que sa compétitivité était menacée au point de risquer la survie de l'entreprise alors qu'il était présenté, non pas une baisse du chiffre d'affaires, mais une modification de sa structure, qu'en 2003 sa situation était largement bénéficiaire, et qu'il résultait du plan de réorganisation commerciale qu'il avait pour objet d'améliorer l'activité de sites déficitaires, de développer la valeur moyenne de chacun des clients et de développer des offres publicitaires nouvelles à un rythme plus élevé, ce dont il résultait que cette réorganisation avait pour objet unique d'améliorer la compétitivité de l'entreprise et de faire des bénéfices plus élevés, dans un contexte concurrentiel nullement menaçant.

En statuant ainsi, alors que le licenciement du salarié avait une cause économique réelle et sérieuse la cour d'appel a violé les articles L. 122-14-3 et L. 321-1 CT.

Cass. soc. 11 janvier 2006, n° 05-40.977, BC V n° 10.

S'agissant de licenciements économiques intervenus dans une entreprise fabriquant des pneumatiques, une cour d'appel a constaté que l'évolution du marché des pneumatiques, la baisse de prix de ces produits et l'augmentation du coût des matières premières plaçaient l'entreprise dans l'impossibilité de réaliser les investissements qui étaient nécessaires pour remédier à la faible dimension des sites de production par rapport à ceux des concurrents et à la diversification excessive des fabrications, et que cette situation lui imposait de se réorganiser pour pouvoir affronter la concurrence ; en l'état de ces constatations, qui faisaient ressortir que la nouvelle organisation mise en place, qui procédait d'une gestion prévisionnelle des emplois destinée à prévenir des difficultés économiques à venir et leurs conséquences sur l'emploi, était nécessaire à la sauvegarde de la compétitivité de l'entreprise et du secteur d'activité du groupe dont elle relevait, la cour d'appel a pu décider que les licenciements reposaient sur une cause réelle et sérieuse.

Cass. soc. 21 novembre 2006, n° 05-40.656, 1er moyen, BC V n° 349.

Ne répond pas à ce critère la réorganisation de l'entreprise mise en œuvre pour améliorer ses marges, même si elle évolue par ailleurs dans un secteur hautement concurrentiel.

Une réorganisation de l'entreprise ne constitue un motif de licenciement que si elle est effectuée pour sauvegarder la compétitivité de l'entreprise ou du secteur d'activité du groupe dont elle relève, en prévenant des difficultés économiques à venir et leurs conséquences sur l'emploi.

Pour débouter une salariée, licenciée pour motif économique, de ses demandes en dommages-intérêts pour licenciement sans cause réelle et sérieuse, une cour d'appel a retenu que la concentration du service du personnel en un seul site s'inscrivait dans une logique de meilleure organisation et de meilleure gestion, et que si le groupe auquel appartenait l'entreprise dégageait des bénéfices, il résultait des analyses économiques les plus constantes que le caractère hautement concurrentiel du secteur de la mode enfantine imposait un degré d'innovation postulant l'existence de marges d'un certain niveau.

En statuant ainsi, par des motifs d'ordre général impropres à caractériser l'existence d'une menace pesant sur la compétitivité du secteur d'activité du groupe dont relevait l'entreprise, la cour d'appel a violé l'article L. 321-1 CT.

Cass. soc. 31 mai 2006, n° 04-47.376, 1er moyen, BC V n° 200.

Une société avait licencié un salarié en invoquant la nécessité d'ajuster sa production à ses ventes et de diminuer ses effectifs permanents. Après avoir constaté que le chiffre d'affaires de la société était en nette progression l'année précédant le licenciement, une cour d'appel a retenu que la suppression des emplois permanents à laquelle la société s'était livrée répondait moins à une nécessité économique qu'à la volonté de l'employeur de privilégier le niveau de rentabilité de l'entreprise au détriment de la stabilité de l'emploi. Ayant ainsi fait ressortir que la réorganisation n'avait été décidée que pour supprimer les emplois permanents de l'entreprise et non pour sauvegarder sa compétitivité, la cour d'appel a pu décider que le licenciement n'était pas justifié par un motif économique et condamner l'employeur au paiement de dommages-intérêts pour licenciement sans cause réelle et sérieuse.

Cass. soc. 1er décembre 1999, n° 98-42.746, BC V n° 466. Voir aussi cass. soc. 29 mai 2001, n° 99-41.930 ; cass. soc. 23 novembre 2010, n° 09-66.913.

Le juge doit apprécier le bien-fondé de la réorganisation au regard de la nécessité de sauvegarder la compétitivité de l'entreprise.

Cass. soc. 31 mai 2011, n° 09-67.045, 1er moyen.

C'est à tort que, pour décider que le licenciement d'une salariée était justifié par un motif économique, une cour d'appel a retenu, d'une part, que l'entreprise avait engagé une opération de restructuration nécessaire pour maintenir sa compétitivité et, d'autre part, que l'employeur démontrait qu'il avait vainement cherché à reclasser la salariée tant en interne qu'en externe, alors, d'une part, que lorsque l'entreprise appartient à un groupe, la réorganisation n'est de nature à justifier un licenciement économique que si elle est nécessaire à la sauvegarde du secteur d'activité de ce groupe, et alors, d'autre part, que les possibilités de reclassement s'apprécient au niveau du groupe dont l'organisation ou les activités permettent la permutabilité de tout ou partie du personnel.

Cass. soc. 7 avril 2004, n° 01-42.882, BC V n° 112.

Une société, qui avait décidé de transférer, pour son activité « signalisation », les fabrications d'un établissement sur deux autres sites, a engagé une procédure de licenciement collectif pour motif économique à l'issue de laquelle un certain nombre de licenciements ont été prononcés.

L'employeur reprochait à une cour d'appel d'avoir dit que ces licenciements étaient dépourvus de cause économique au motif, selon le pourvoi, que le choix des mesures de réorganisation relevait de son pouvoir de gestion et que la cour n'avait pas à exiger qu'il démontre que la suppression du site était le seul moyen de sauvegarder la compétitivité du secteur.

Cependant, en faisant ressortir que la suppression du site n'était pas nécessaire à la sauvegarde de la compétitivité du secteur signalisation, la cour a, par ce seul motif, légalement justifié sa décision.

Cass. soc. 17 décembre 2002, n° 00-45.621, BC V n° 392.

Un salarié avait été licencié pour motif économique en raison de la suppression de son emploi à la suite de l'attribution aux attachés commerciaux du secteur de la commercialisation des produits dont il avait jusqu'alors la responsabilité sur le territoire national.

Doit être cassé l'arrêt qui, pour débouter le salarié de sa demande d'indemnité pour licenciement sans cause réelle et sérieuse, s'est borné à relever que la réorganisation des services commerciaux, en permettant une meilleure présence des attachés commerciaux, pour tous les produits, sur l'ensemble du territoire, avait pour objet d'améliorer la qualité des relations avec les clients et par là même la compétitivité de l'entreprise, alors qu'il lui appartenait de rechercher si, en l'absence de difficultés économiques ou de mutations technologiques, la réorganisation était nécessaire à la sauvegarde de la compétitivité de l'entreprise.

Cass. soc. 20 novembre 2002, n° 00-45.343.

Pour avoir une cause économique, le licenciement pour motif économique doit être consécutif soit à des difficultés économiques, soit à des mutations technologiques, soit à une réorganisation de l'entreprise, soit à une cessation d'activité. La réorganisation, si elle n'est pas justifiée par des difficultés économiques ou par des mutations technologiques, doit être indispensable à la sauvegarde de la compétitivité de l'entreprise ou du secteur d'activité du groupe auquel elle appartient.

Une salariée a été licenciée pour motif économique, en raison de la suppression de son emploi consécutif à la réorganisation du service au sein duquel elle exerçait ses fonctions.

Pour dire le licenciement sans cause réelle et sérieuse, une cour d'appel a retenu que, en l'absence de difficultés économiques ou mutations technologiques invoquées dans la lettre de licenciement, la réorganisation qui y était mentionnée ne constituait pas l'énoncé d'une cause économique dès lors que l'employeur ne s'était pas prévalu de la nécessité de sauvegarder la compétitivité de l'entreprise.

En statuant ainsi, sans rechercher, comme elle y était invitée, si la réorganisation invoquée n'était pas justifiée par des difficultés économiques, une cour d'appel a privé sa décision de base légale au regard des articles L. 122-14-2, L. 122-14-3 et L. 321-1 devenus L. 1232-16, L. 1233-2 et L. 1233-3 CT.

Cass. soc. 16 décembre 2008, n° 07-41.953, BC V n° 252. Voir aussi cass. soc. 20 mars 2013, n° 12-13.669 ; cass. soc. 4 mars 2015, n° 13-26.293.

Après avoir relevé que la direction bicéphale de l'entreprise handicapait la bonne marche de celle-ci, la cour d'appel a fait ressortir que la réorganisation consistant à supprimer un poste de directeur avait pour objectif de sauvegarder la compétitivité de l'entreprise.

Cass. soc. 10 juillet 2002, n° 00-42.343, 2e et 3e moyens réunis.

Si l'employeur peut réorganiser son entreprise dans le cadre de son pouvoir de direction, la seule prise en compte de l'intérêt général de l'entreprise, sans référence à la sauvegarde de la compétitivité, n'est pas suffisante pour justifier un licenciement économique.

Ayant relevé qu'aucun élément probant permettant d'apprécier la nécessité de réorganiser le service informatique d'une société en le centralisant en Angleterre n'était communiqué par l'employeur, une cour d'appel a décidé à bon droit que la seule recherche d'économies par la centralisation des services concernés ou le fait que le directeur en charge du service informatique soit basé en Angleterre n'étaient pas suffisants pour caractériser un motif économique réel et sérieux justifiant le licenciement de salariés, compte tenu des possibilités de communication offertes par le système d'information en vigueur, quel que soit le site concerné.

Cass. soc. 13 mai 2003, n° 00-46.766.

En revanche, le juge ne peut pas se substituer à l'employeur quant aux choix qu'il effectue dans la mise en œuvre de la réorganisation.

Un médecin assistant en chirurgie infantile, occupant en dernier lieu les fonctions de chirurgien adjoint responsable du département d'urologie infantile, a été licencié par un hôpital dans le cadre d'un licenciement collectif ayant pour motif économique la réorganisation de l'établissement, résultant de la suppression du service de pédiatrie au profit du développement des activités de cancérologie et de gériatrie, rendue nécessaire tant par la taille critique du service concerné que par la sauvegarde de la compétitivité en raison des contraintes budgétaires de l'hôpital ; l'intéressé a saisi la juridiction prud'homale d'une demande de paiement d'une indemnité pour licenciement sans cause réelle et sérieuse.

Pour accueillir la demande du médecin, une cour d'appel a retenu qu'il importait de vérifier la pertinence des mesures prises au regard des objectifs économiques poursuivis, et qu'il n'était pas justifié de l'impact de la fermeture du service pédiatrie pour remédier au déficit globalement enregistré par l'établissement au titre de son entière activité, d'autant qu'elle a été suivie par le redéploiement de ses activités dans les secteurs gériatrie, cancérologie et unité de soins intensifs en cardiologie, tous largement plus onéreux, et par la création d'un pôle mère-enfant dans le prolongement de laquelle s'inscrivait logiquement le maintien de la chirurgie infantile.

En statuant ainsi, alors que s'il appartient au juge, tenu de contrôler le caractère sérieux du motif économique du licenciement, de vérifier l'adéquation entre la situation économique de l'entreprise et les mesures affectant l'emploi ou le contrat de travail envisagées par l'employeur, il ne peut se substituer à ce dernier quant aux choix qu'il effectue dans la mise en œuvre de la réorganisation, la cour d'appel a violé l'article L. 1233-3 CT.

Cass. soc. 8 juillet 2009, n° 08-40.046, 4e et 5e branches du moyen, BC V n° 173.

Le juge ne peut pas déduire l'absence de difficultés économiques du seul refus de l'administration de faire bénéficier la société d'une convention du FNE.

A violé l'article L. 122-14-2 CT et méconnu les exigences de l'article L. 321-1 CT la cour d'appel qui, pour décider que le licenciement d'un salarié était sans cause réelle et sérieuse, a relevé, d'une part, que les motifs énoncés dans la lettre de licenciement étaient insuffisamment précis, ce qui équivalait à une absence de motif, d'autre part, que les difficultés économiques alléguées par la société n'étaient pas établies et que le refus de l'administration de consentir une aide du FNE à l'entreprise permettait de mettre en doute la réalité du motif économique allégué.

D'abord, la lettre de licenciement qui fait état d'une suppression d'emploi consécutive à une restructuration de l'entreprise, dont il appartient au juge de vérifier qu'elle est destinée à sauvegarder sa compétitivité, est suffisamment motivée et fixe les limites du litige. Ensuite, la cour d'appel devait apprécier le bien-fondé de la réorganisation au regard de la nécessité de sauvegarder la compétitivité de l'entreprise, sans se borner à déduire l'absence de difficultés économiques du refus de l'administration de faire bénéficier la société d'une convention du FNE.

Cass. soc. 2 mars 1999, n° 96-45.027, BC V n° 88.

Le juge peut tenir compte d'éléments postérieurs au licenciement pour apprécier si la réorganisation de l'entreprise est indispensable à la sauvegarde de sa compétitivité.

Si le motif économique de licenciement doit s'apprécier à la date du licenciement, il peut être tenu compte d'éléments postérieurs pour cette appréciation. Ayant relevé que les prévisions en 1993 d'une dégradation de la situation économique d'une société dans les années à venir s'étaient révélées exactes, une cour d'appel a pu décider que la réorganisation de l'entreprise en 1993 était indispensable à la sauvegarde de sa compétitivité et que le licenciement d'une salariée reposait sur une cause réelle et sérieuse.

Cass. soc. 26 mars 2002, n° 00-40.898, 1er moyen, BC V n° 106.

La réorganisation peut aussi être justifiée par l'obligation de se conformer aux exigences du service public.

C'est à bon droit qu'après avoir constaté qu'une association avait invoqué, comme motif de licenciement, le refus d'un salarié d'accepter une modification de son contrat de travail rendue nécessaire par l'intérêt du service offert au public, par l'affluence des élèves en soirée et par l'obligation de se conformer aux exigences du service public, une cour d'appel a décidé que cet objectif constituait une réorganisation au sens de l'article L. 321-1 CT et a condamné l'association à payer au salarié des dommages-intérêts pour non-proposition d'une convention de conversion et perte du bénéfice de la priorité de réembauchage.

Cass. soc. 11 décembre 2001, n° 99-42.906, BC V n° 376.

La cessation d'activité

La cessation complète d'activité, quand elle n'est pas due à une faute de l'employeur ou à sa légèreté blâmable, constitue un motif de licenciement au sens de l'article L. 1233-3 CT.

Un garçon de café avait été licencié pour motif économique par une société exploitant un restaurant en raison du non-renouvellement du bail commercial consenti par le propriétaire des locaux, ce qui avait entraîné la cessation d'activité de la société.

Après avoir exactement rappelé que l'énumération des motifs économiques de licenciement par l'article L. 321-1 CT n'est pas limitative, une cour d'appel a, à bon droit, débouté le salarié de sa demande d'indemnité pour licenciement sans cause réelle et sérieuse et retenu que la cessation d'activité de l'entreprise, quand elle n'est pas due à une faute de l'employeur ou à sa légèreté blâmable, constitue un motif de licenciement au sens de l'article précité.

Cass. soc. 16 janvier 2001, n° 98-44.647, BC V n° 10. Voir aussi cass. soc. 28 février 2006, n° 03-47.880, BC V n° 89; cass. soc. 10 mai 2012, n° 11-14.463.

En revanche, ne constitue pas un motif économique de licenciement la cessation partielle d'activité de l'entreprise,…

Seule une cessation complète de l'activité de l'employeur peut constituer en elle-même une cause économique de licenciement, quand elle n'est pas due à une faute ou à une légèreté blâmable de ce dernier ; une cessation partielle de l'activité de l'entreprise ne justifie un licenciement économique qu'en cas de difficultés économiques, de mutation technologique ou de réorganisation de l'entreprise nécessaire à la sauvegarde de sa compétitivité.

Cass. soc. 10 octobre 2006, n° 04-43.453, 2e moyen, BC V n° 296. Voir aussi cass. soc. 20 mai 2015, n° 14-11.996.

… peu important que la fermeture d'un établissement de l'entreprise résulte de la décision d'un tiers.

Seule une cessation complète de l'activité de l'employeur peut constituer en elle-même une cause économique de licenciement, quand elle n'est pas due à une faute ou à une légèreté blâmable de ce dernier ; une cessation partielle de l'activité de l'entreprise ne justifie un licenciement économique qu'en cas de difficultés économiques, de mutation technologique ou de réorganisation de l'entreprise nécessaire à la sauvegarde de sa compétitivité, peu important que la fermeture d'un établissement de l'entreprise résulte de la décision d'un tiers

Cass. soc. 23 mars 2017, n° 15-21.183, 2e moyen du pourvoi incident, BC V n° 56.

Ne constituent pas un motif économique de licenciement la cessation temporaire d'activité…

C'est à tort qu'une cour d'appel a débouté des salariés de leur demande d'indemnité pour licenciement sans cause réelle et sérieuse, alors que le motif invoqué par l'employeur était la fermeture temporaire d'un hôtel pour travaux, ce qui ne constitue pas une cessation d'activité de l'entreprise, de sorte que la lettre de licenciement ne comportait pas l'énoncé d'un motif économique de licenciement et qu'en conséquence, le licenciement était dépourvu de cause réelle et sérieuse.

Cass. soc. 15 octobre 2002, n° 01-46.240, 1er moyen du pourvoi principal, BC V n° 311.

… ou encore la fermeture d'un établissement lorsqu'elle n'est pas justifiée par la nécessité de sauvegarder la compétitivité de l'entreprise.

Cass. soc. 16 mars 2004, n° 01-44.477.

La fermeture d'une filiale ne constitue pas un motif de licenciement lorsqu'elle résulte d'une décision prise au niveau du groupe afin de réaliser des économies et d'améliorer sa propre rentabilité.

Une société K, qui avait pour activité le stockage de pneus et leur commercialisation en gros auprès de nombreux opérateurs sur le territoire français, a cessé son activité, ce qui a entraîné le licenciement des dix-sept salariés qu'elle employait.

C'est à tort que, pour reprocher à une cour d'appel d'avoir déclaré le licenciement des salariés sans cause réelle et sérieuse, la société G, venant aux droits de la société K, soutient que la cessation totale et définitive de l'activité de l'employeur constitue une cause économique autonome de licenciement, sans que l'employeur ait à prouver l'existence de difficultés économiques ou de menaces pesant sur sa compétitivité, de sorte que la cour d'appel ne pouvait pas se fonder sur l'absence de difficultés économiques et de menaces pesant sur la compétitivité de la société K et du groupe pour retenir que l'employeur avait agi avec une légèreté blâmable privant le licenciement de cause réelle et sérieuse.

En effet, si, en cas de fermeture définitive et totale de l'entreprise, le juge ne peut, sans méconnaître l'autonomie de ce motif de licenciement, déduire la faute ou la légèreté blâmable de l'employeur de la seule absence de difficultés économiques ou, à l'inverse, déduire l'absence de faute de l'existence de telles difficultés, il ne lui est pas interdit de prendre en compte la situation économique de l'entreprise pour apprécier le comportement de l'employeur.

Or, en l'espèce, la cour d'appel a relevé que la baisse d'activité de la société K était imputable à des décisions du groupe, qu'elle ne connaissait pas de difficultés économiques, mais obtenait au contraire de bons résultats, que, n'étant pas un distributeur indépendant, elle bénéficiait fort logiquement de conditions préférentielles d'achat auprès du groupe, dont elle était la filiale à 100 % à travers une société holding et que la décision de fermeture avait été prise par le groupe, non pas pour sauvegarder sa compétitivité, mais afin de réaliser des économies et d'améliorer sa propre rentabilité, au détriment de la stabilité de l'emploi dans l'entreprise concernée ; de l'ensemble de ces constatations, la cour a pu déduire que l'employeur avait agi avec une légèreté blâmable et que les licenciements étaient dépourvus de cause réelle et sérieuse.

Cass. soc. 1er février 2011, n° 10-30.045, BC V n° 42.

Ayant relevé qu'une société, filiale française d'un groupe international, ne justifiait ni de difficultés économiques, ni d'une menace pesant sur la compétitivité du secteur d'activité du groupe auquel elle appartenait, et que la mesure de réorganisation constituée par la fermeture de l'établissement et la suppression de l'ensemble des emplois des salariés qui y travaillaient ne répondait qu'à un souci de rentabilité du secteur d'activité du groupe, une cour d'appel a, par ces seuls motifs, légalement justifié sa décision déclarant la rupture des contrats de travail sans cause réelle et sérieuse.

Cass. soc. 6 juillet 2016, n° 14-27.266, 3e moyen du pourvoi principal, BC V n° 146.

Lorsque le salarié a pour coemployeurs des entités faisant partie d'un même groupe, la cessation d'activité de l'une d'elles ne peut constituer une cause économique de licenciement qu'à la condition d'être justifiée par des difficultés économiques, par une mutation technologique ou par la nécessité de sauvegarder la compétitivité du secteur d'activité du groupe dont elles relèvent.

Cass. soc. 18 janvier 2011, n° 09-69.199, 2e moyen, BC V n° 23.

Les manifestations, dans l'entreprise, des causes du licenciement économique

• Pour que le licenciement puisse être qualifié de licenciement économique, les difficultés économiques, les mutations technologiques ou la réorganisation de l'entreprise doivent entraîner une suppression ou une transformation d'emploi, ou bien une modification du contrat de travail. Un lien de causalité doit exister entre la cause et les effets

1° Notion de suppression d'emploi

La suppression d'emploi ne justifie le licenciement du salarié que lorsque son reclassement est impossible.

Alors même qu'il résulte d'une suppression d'emploi procédant d'une cause économique, le licenciement pour motif économique n'a une cause réelle et sérieuse que si l'employeur s'est trouvé dans l'impossibilité de reclasser le salarié et il appartient au juge, saisi d'une demande de dommages-intérêts pour licenciement sans cause réelle et sérieuse, de rechercher si l'employeur a satisfait à son obligation de reclassement.

Doit donc être cassé l'arrêt qui, pour débouter un salarié de sa demande de dommages-intérêts pour licenciement sans cause réelle et sérieuse, s'est borné à relever que les directeurs régionaux avaient été remplacés par un chef des ventes et que leurs tâches avaient été regroupées et confiées à une seule personne, en sorte que l'emploi de l'intéressé avait été supprimé, sans rechercher si l'employeur s'était trouvé dans l'impossibilité de reclasser le salarié.

Cass. soc. 17 mars 1999, n° 97-40.515, BC V n° 127.

La réalité d'une suppression d'emploi s'apprécie dans l'entreprise.

Si les difficultés économiques s'apprécient dans le secteur d'activité du groupe auquel appartient l'entreprise concernée, la réalité des suppressions ou des transformations d'emplois ou des modifications du contrat de travail doit être examinée au niveau de l'entreprise.

Ayant constaté qu'aucun emploi n'avait été supprimé par la société, une cour d'appel a pu décider que le licenciement du salarié n'avait pas de cause économique et condamner la société à payer à l'intéressé une indemnité pour licenciement sans cause réelle et sérieuse.

Cass. soc. 8 janvier 1998, n° 95-43.606.

Constitue une suppression d'emploi le fait de redistribuer les tâches du salarié à un autre salarié déjà en fonction dans l'entreprise.

La suppression d'un poste, dont les tâches sont dévolues à un autre salarié déjà employé dans l'entreprise, correspond à une suppression d'emploi. Dès lors, doit être cassé l'arrêt qui, pour conclure à l'absence de suppression d'emploi, énonce que le salarié a été remplacé dans ses fonctions par un contremaître exerçant les mêmes attributions, avec une rémunération moindre, alors que la suppression d'emploi était effective.

Cass. soc. 21 juillet 1994, n° 92-44.870. Voir aussi cass. soc. 29 janvier 1992, n° 91-42.128, BC V n° 51 ; cass. soc. 12 janvier 2012, n° 10-21.101, 1er moyen, concernant la répartition de l'emploi occupé par le salarié licencié entre plusieurs salariés travaillant déjà dans l'entreprise.

En revanche, l'affectation d'un autre salarié au poste du salarié licencié exclut la suppression d'emploi.

Un salarié ayant été immédiatement remplacé après son licenciement, une cour d'appel a pu justement en déduire que le poste de ce dernier n'avait pas été supprimé, peu important que le salarié nouvellement affecté sur ce poste soit un salarié de la société mère.

Cass. soc. 16 janvier 2001, n° 98-44.461, BC V n° 11.

Peut entraîner une suppression d'emploi le recours à la sous-traitance…

La suppression d'emploi d'un gardien peut résulter du transfert de l'activité de gardiennage à une autre société. Le recours à la sous-traitance ayant permis à une société de réaliser des économies de gestion et de réduire son déficit d'exploitation, et ayant entraîné la suppression effective des postes de gardien, une cour d'appel a pu décider que le licenciement prononcé suite à cette opération reposait sur un motif économique, la suppression d'emploi étant consécutive aux difficultés financières rencontrées par l'employeur.

Cass. soc. 12 janvier 1994, n° 92-41.687.

… ou le recours à du personnel bénévole.

S'agissant d'une préparatrice licenciée pour motif économique, c'est à tort que, pour condamner l'employeur au paiement de dommages-intérêts pour licenciement sans cause réelle et sérieuse, une cour d'appel a, après avoir reconnu que l'employeur éprouvait de graves difficultés économiques, énoncé qu'il n'était pas contesté que, postérieurement au licenciement de la salariée, le poste de celle-ci était occupé par l'époux de l'employeur qui était lui-même pharmacien et apportait une collaboration bénévole et que, l'emploi n'ayant pas été supprimé, le licenciement n'avait pas de caractère économique, alors qu'en supprimant le poste de préparatrice salariée et en faisant assumer cette fonction par son mari travaillant comme collaborateur bénévole, l'employeur avait procédé à la suppression d'un emploi salarié.

Cass. soc. 20 janvier 1998, n° 94-45.094, BC V n° 19. Voir aussi cass. soc. 7 octobre 1992, n° 88-45.522, BC V n° 502.

En revanche, le fait de recruter un autre salarié à un poste similaire permet de conclure à l'absence de suppression d'emploi.

Une salariée, engagée en qualité de rédactrice par une société de presse, avait été licenciée pour suppression de poste en raison de la conjoncture économique et des mesures de réduction des coûts qui s'imposaient.

Après avoir constaté que dans les mois ayant suivi le licenciement, vingt-cinq journalistes avaient rejoint le groupe de presse et qu'une journaliste avait été recrutée au sein de l'équipe dont la salariée avait fait partie, une cour d'appel a pu condamner l'employeur au paiement d'une indemnité pour licenciement sans cause réelle et sérieuse, les difficultés économiques de l'entreprise n'étant pas la cause déterminante du licenciement.

Cass. soc. 27 février 1997, n° 94-40.095, 2e moyen. Voir aussi cass. soc. 12 février 1997, n° 95-41.694, BC V n° 58.

N'est pas justifié par un motif économique le licenciement de deux salariées laborantines pour suppression d'emplois, dès lors que l'employeur avait recruté d'autres laborantines après le départ des salariées et qu'il n'avait assuré ni l'adaptation ni l'évolution des intéressées à leur emploi.

Cass. soc. 20 février 1996, n° 92-45.181. Voir aussi cass. soc. 22 février 1995, n° 93-44.074, BC V n° 67.

C'est à bon droit qu'une cour d'appel, appréciant l'ensemble des circonstances du licenciement économique d'un salarié, a pu déduire du recrutement d'un salarié exerçant les mêmes fonctions peu de temps avant l'engagement de la procédure de licenciement que les difficultés économiques invoquées par l'employeur n'étaient pas établies au jour du licenciement.

Cass. soc. 14 mars 2012, n° 11-10.898.

Le fait de licencier un salarié pour motif économique, tout en lui proposant de poursuivre son activité pendant quatre mois, exclut une suppression de poste.

Licencié pour motif économique le 15 mars 1993, un salarié avait accepté la proposition de l'employeur de poursuivre son activité jusqu'au 14 juillet 1993. Ayant relevé que le registre du personnel de la société démontrait que deux ouvriers d'exécution, embauchés le 1er octobre 1992, étaient restés en fonction, que trois autres avaient été embauchés le 5 juillet 1993, un quatrième le 2 septembre 1993, et qu'en proposant au salarié de rester à son service jusqu'au 14 juillet 1993 après avoir engagé la procédure de licenciement le 23 février 1993, la société avait nécessairement reconnu qu'elle pouvait le garder à son service à la date du licenciement et même après le terme du préavis, une cour d'appel a pu décider que les difficultés économiques alléguées n'imposaient pas la suppression de l'emploi du salarié.

Cass. soc. 17 mars 1998, n° 96-40.644, BC V n° 145.

Le fait pour l'employeur de remplacer des contrats à durée indéterminée par des contrats à durée déterminée ne caractérise pas une suppression d'emplois.

Une cour d'appel, ayant constaté que les emplois des salariés licenciés pour motif économique n'avaient pas été supprimés, l'employeur ayant simplement entendu remplacer les contrats à durée indéterminée par des contrats à durée déterminée, a pu décider que le licenciement des salariés ne reposait pas sur une cause réelle et sérieuse et condamner la société à verser des dommages-intérêts pour licenciement abusif aux intéressés.

Cass. soc. 16 octobre 1997, n° 95-41.318, BC V n° 320.

2° Notion de transformation d'emploi

La transformation d'emploi peut résulter de l'informatisation de l'entreprise ou du service.

Suite à l'informatisation de la société, une salariée avait fait l'objet de plusieurs mutations avant d'être licenciée. Une cour d'appel a pu décider que l'emploi de la salariée avait fait l'objet d'une transformation et que son licenciement reposait sur un motif économique dans la mesure où elle n'avait pas pu s'adapter aux nouvelles exigences technologiques afférentes à cet emploi ni aux autres postes qui lui étaient proposés.

Cass. soc. 15 octobre 1992, n° 91-43.632, BC V n° 513.

Une cour d'appel a pu décider que la transformation d'emploi liée à l'acquisition de matériel informatique ne justifiait pas le licenciement économique de deux secrétaires administratives, l'employeur ayant embauché, à la suite de leur congédiement, une seule personne en vue d'occuper un emploi de même nature.

Cass. soc. 25 février 1992, n° 90-40.712, BC V n° 121.

Elle peut également résulter de la prise en charge de nouveaux secteurs d'activité par la société…

Une secrétaire dactylographe avait été licenciée pour motif économique. A légalement justifié sa décision la cour d'appel qui l'a déboutée de sa demande d'indemnité pour licenciement sans cause réelle et sérieuse. En constatant que l'évolution de la société l'avait conduite à prendre en charge de nouveaux secteurs d'activités techniques, en plus de ses activités classiques d'agent immobilier, et que ces activités nouvelles exigeaient la transformation de l'emploi occupé par l'intéressée en un emploi de secrétaire de direction chargée notamment de la rédaction de devis et du suivi financier des chantiers, la cour a caractérisé la transformation de cet emploi consécutive à des mutations technologiques mentionnée à l'article L. 321-1 CT. La cour d'appel a ensuite relevé que la salariée n'avait pas la qualification requise pour occuper cet emploi, malgré l'effort d'adaptation tenté par l'employeur au cours de l'année précédant le licenciement.

Cass. soc. 9 juillet 1997, n° 94-43.709, BC V n° 262.

… ou d'un recentrage d'activité.

Ayant relevé qu'à la suite de pertes importantes, une société avait décidé de reporter son activité de ventes de produits informatiques finis à laquelle le salarié était affecté vers la programmation informatique à la demande du client dans ses propres locaux, ce qui l'avait mis dans l'obligation de se séparer du salarié, dont les compétences n'étaient plus adaptées à ce nouveau type d'emploi, et d'embaucher des techniciens possédant une formation de base compatible avec l'exploitation et le développement de ce nouveau créneau, une cour d'appel a pu décider, après avoir fait ressortir que le licenciement du salarié résultait d'une transformation de son emploi consécutive à des difficultés économiques, qu'il avait une cause économique.

Cass. soc. 16 décembre 1997, n° 95-41.816.

3° Refus d'une modification du contrat de travail

La rupture résultant du refus par le salarié d'une modification de son contrat de travail, imposée par l'employeur pour un motif non inhérent à sa personne, constitue un licenciement économique.

Ayant relevé que la mutation d'un salarié n'avait pas de caractère disciplinaire mais avait pour causes le sureffectif de l'agence dans laquelle il était employé et le départ en retraite du directeur d'une autre agence, ce dont il résultait que le licenciement découlant de son refus d'accepter cette mutation constituait un licenciement économique, une cour d'appel ne pouvait, pour décider que le licenciement du salarié avait une cause réelle et sérieuse, se borner à retenir que la mutation était nécessitée par la bonne gestion de l'entreprise, sans constater qu'elle était consécutive à des difficultés économiques, à des mutations technologiques ou à une réorganisation de l'entreprise nécessaire pour sauvegarder sa compétitivité.

Cass. soc. 14 mai 1997, n° 94-43.712, BC V n° 177. Voir aussi cass. soc. 24 septembre 2008, n° 07-40.694 ; cass. soc. 16 mai 2013, n° 11-28.996.

Une partie du personnel d'un hôtel était rémunérée au pourboire, en exécution d'un accord collectif d'entreprise. Une nouvelle société avait repris cet établissement et avait dénoncé l'accord, mais les négociations engagées après cette dénonciation n'avaient pas abouti à la signature d'un accord de substitution. L'accord dénoncé avait donc cessé de s'appliquer et l'employeur avait fixé unilatéralement les conditions de rémunération en payant les salariés au SMIC. À la suite de leur refus, ces derniers avaient été licenciés.

Ayant constaté que ni la société ni le groupe auquel elle appartenait n'éprouvaient de difficultés économiques et que la réorganisation du régime de rémunération ne se justifiait que par la volonté de réaliser des bénéfices plus importants et non par la nécessité de sauvegarder la compétitivité de l'entreprise ou du groupe, une cour d'appel a pu décider que les licenciements consécutifs au refus des salariés d'accepter la modification de leur rémunération n'avaient pas de cause économique.

Cass. soc. 26 novembre 1996, n° 93-44.811, 2e moyen, BC V n° 406. Voir aussi cass. soc. 11 mars 1998, n° 95-45.430, où les juges ont pu décider, après avoir constaté que la société avait augmenté son effectif et ses placements en valeurs, que son résultat d'exploitation était positif et que toutes les sociétés du groupe, sauf une, présentaient des résultats excédentaires et des perspectives intéressantes, que la rupture du contrat de travail faisant suite au refus d'une salariée d'accepter la suppression de son treizième mois n'avait pas de cause économique.

Trois salariées occupant, en dernier lieu, les fonctions de responsable de magasin, directrice adjointe du magasin et responsable rayon, ont été licenciées par lettre du 24 avril 2015 pour « refus de poursuivre vos fonctions sur le magasin de Reims suivant une même structure de rémunération contractuelle globale, avec un taux de commissionnement adapté à la surface (...) de votre rayon ».

Ayant constaté que le motif de la modification du contrat de travail refusée par les salariées résidait dans la volonté de l'employeur de modifier le taux de rémunération variable applicable au sein du magasin de Reims compte tenu de l'augmentation sensible de la surface de vente et qu'il n'était pas allégué que cette réorganisation résultait de difficultés économiques ou de mutations technologiques ou qu'elle fût indispensable à la sauvegarde de la compétitivité de l'entreprise, en sorte que le licenciement était sans cause réelle et sérieuse, c'est à bon droit qu'une cour d'appel a condamné la société à payer aux salariées des dommages-intérêts pour licenciement sans cause réelle et sérieuse et, par application de l'article L. 1235-4 CT, à rembourser aux organismes intéressés la totalité des indemnités de chômage versées à ces dernières à compter du jour de leur licenciement, dans la limite de six mois d'indemnité de chômage.

Cass. soc. 28 mai 2019, n° 17-17.929, à paraître.

Pour la CJUE, une modification unilatérale par l'employeur des conditions de rémunération dans un sens défavorable aux salariés qui, en cas de refus du salarié, entraîne la cessation du contrat de travail peut être qualifiée de licenciement collectif, emportant l'obligation de consulter les représentants du personnel.

Il résulte de l'article 1er, § 1, de la directive 98/59/CE du 20 juillet 1998, concernant le rapprochement des législations des États membres relatives aux licenciements collectifs, qu'une modification unilatérale par l'employeur des conditions de rémunération, au détriment des travailleurs, qui, en cas de refus du travailleur, entraîne la cessation du contrat de travail est susceptible d'être qualifiée de « licenciement », au sens de cette disposition.

Par ailleurs, il résulte de l'article 2 de cette directive qu'un employeur est tenu de procéder aux consultations avec les représentants des travailleurs prévues à cet article lorsqu'il envisage de procéder à une telle modification unilatérale des conditions de rémunération, dans la mesure où les conditions prévues à l'article 1er de la directive [qui définit notamment la notion de « licenciement collectif »] sont remplies, ce qu'il appartient à la juridiction de renvoi de vérifier.

CJUE 21 septembre 2017, aff. C-429/16. Voir aussi CJUE 21 septembre 2017, aff. C-149/16.

Délai de contestation des causes du licenciement économique

L'action en contestation de la cause économique du licenciement est soumise à la prescription quinquennale de droit commun.

Le délai de douze mois prévu par le second alinéa de l'article L. 1235-7 CT n'est applicable qu'aux contestations susceptibles d'entraîner la nullité de la procédure de licenciement collectif pour motif économique, en raison de l'absence ou de l'insuffisance d'un plan de sauvegarde de l'emploi.

Cass. soc. 15 juin 2010, n° 09-65.062, BC V n° 134. Voir aussi cass. soc. 25 mars 2015, n° 13-12.307.

Contrôle judiciaire

Le juge doit se placer au moment de la notification du licenciement, et non à celui de l'engagement de la procédure, pour apprécier la cause économique ainsi que les possibilités de reclassement.

L'employeur ne pouvant décider du licenciement de représentants du personnel sans avoir obtenu préalablement l'autorisation de l'inspecteur du travail, la saisine de ce dernier ne peut valoir décision de licencier laquelle ne résulte que de sa notification aux salariés ; il en résulte que, tenu de se prononcer sur des éléments contemporains des licenciements décidés pour motif économique, le juge doit prendre en compte les changements susceptibles d'être intervenus dans la situation de l'entreprise et les possibilités de reclassement entre le moment où l'employeur, envisageant des licenciements, a engagé la procédure pouvant y conduire et le moment où il les a décidés par leur notification aux salariés.

Dans le cadre d'un licenciement collectif pour motif économique, un employeur a, le 26 juin 2003, sollicité auprès de l'inspecteur du travail l'autorisation de licencier quatre salariés protégés ; par décisions du 14 août suivant, ce dernier a refusé les autorisations ; sur recours hiérarchique, le ministre chargé du travail a annulé ces refus par décisions du 6 février 2004, mais, la protection des salariés ayant cessé à cette date, il ne leur a substitué aucune autre décision ; les intéressés ont été licenciés par lettres soit du 10, soit du 18 février 2004.

Pour débouter les salariés de leurs demandes de dommages-intérêts pour licenciement sans cause réelle et sérieuse, une cour d'appel a retenu que, en saisissant l'inspecteur du travail d'une demande d'autorisation de licenciement, l'employeur avait manifesté sa volonté de rompre leur contrat de travail et que c'était donc à la date de la saisine de l'inspecteur du travail pour autorisation, soit au mois de juin 2003, qu'il convenait de se situer pour apprécier la réalité et le sérieux du motif des licenciements économiques ainsi que le respect de l'obligation de reclassement, et non à la date d'envoi des lettres de licenciement.

En se plaçant en juin 2003 pour apprécier la cause économique ainsi que le respect par l'employeur de son obligation de reclassement pour des licenciements décidés au cours du mois de février 2004, la cour d'appel a violé les articles L. 1233-2, L. 1233-4, L. 2411-5 et L. 2411-8 CT.

Cass. soc. 30 mars 2010, n° 09-40.068, 1er et 2e moyens, BC V n° 83.

S'il appartient au juge, tenu de contrôler le caractère sérieux du motif économique du licenciement, de vérifier l'adéquation entre la situation économique de l'entreprise et les mesures affectant l'emploi ou le contrat de travail envisagées par l'employeur, il ne peut pas se substituer à ce dernier quant aux choix qu'il effectue pour faire face à la situation économique de l'entreprise.

Cass. soc. 29 février 2012, n° 10-26.185.

Dès lors, le juge n'a pas à contrôler les choix de gestion opérés par l'employeur.

Pour décider que le licenciement d'un salarié prononcé pour motif économique était dépourvu de cause réelle et sérieuse, une cour d'appel a retenu que les difficultés économiques de l'association étaient imputables à la légèreté blâmable de l'employeur qui avait créé de nouveaux emplois sans être assuré qu'il pourrait les financer.

En statuant ainsi, alors qu'elle avait constaté les difficultés économiques de l'entreprise et que l'erreur du chef d'entreprise dans l'appréciation du risque inhérent à tout choix de gestion ne caractérise pas à elle seule la légèreté blâmable, la cour d'appel a violé l'article L. 321-1 CT.

Cass. soc. 14 décembre 2005, n° 03-44.380, BC V n° 365. Voir aussi cass. soc. 23 novembre 2011, n° 10-26.167.

Il n'appartient pas au juge de contrôler le choix effectué par l'employeur entre les différentes hypothèses de réorganisation, dès lors qu'elles assurent toutes la sauvegarde de la compétitivité de l'entreprise.

Les licenciements ont une cause économique réelle et sérieuse lorsqu'il est établi que la réorganisation de l'entreprise, qui entraîne des suppressions d'emplois, est nécessaire à la sauvegarde de la compétitivité de l'entreprise ou du secteur d'activité du groupe auquel elle appartient.

Une société a soumis à la consultation de son comité central d'entreprise un projet de licenciement économique collectif concernant 318 salariés et résultant de la fermeture d'un site. Le comité central d'entreprise a désigné un expert comptable qui a indiqué dans son rapport que si l'entreprise avait initialement envisagé trois hypothèses, dont les deux premières prévoyaient moins de licenciements, seule la dernière lui permettait d'atteindre les objectifs qu'elle s'était fixés. Après leur licenciement, des salariés ont saisi la juridiction prud'homale pour obtenir le paiement d'une indemnité pour licenciement sans cause réelle et sérieuse.

C'est à tort que, pour décider que les licenciements étaient dépourvus de cause réelle et sérieuse, une cour d'appel a retenu que la pérennité de l'entreprise et le maintien de sa compétitivité étant assurés dans les trois hypothèses de réorganisation envisagées, l'entreprise, en choisissant la solution du regroupement d'activités et de la fermeture d'un site, n'a pas intégré dans ses calculs, comme elle en avait cependant l'obligation, le concept de préservation de l'emploi et a donc excédé la mesure de ce qui était nécessaire à la sauvegarde de la compétitivité du secteur considéré de l'entreprise, alors, d'une part, que la cour d'appel reconnaissait que la sauvegarde de la compétitivité de l'entreprise était assurée dans les trois hypothèses envisagées initialement par l'employeur, et alors, d'autre part, qu'il ne lui appartenait pas de contrôler le choix effectué par l'employeur entre les solutions possibles.

Cass. ass. plén. 8 décembre 2000, n° 97-44.219, BC n° 11.

La motivation de la lettre de licenciement et l'obligation de reclassement qui pèse sur l'employeur sont nécessairement dans le débat sur la cause économique du licenciement.

Pour rejeter la demande de dommages-intérêts pour licenciement sans cause réelle et sérieuse d'un salarié, licencié pour motif économique suite à son refus d'accepter une modification de son contrat de travail, une cour d'appel a retenu l'existence d'une cause économique.

En statuant ainsi, sans se prononcer sur la conformité de la lettre de licenciement aux exigences légales ni sur le respect de l'obligation de reclassement par l'employeur, la cour d'appel n'a pas donné de base légale à sa décision.

Cass. soc. 22 février 2006, n° 04-41.207.

Adaptation (Obligation d') ; Licenciement économique (Reclassement) ; Modification économique du contrat de travail.

Licenciement économique (Reclassement)

Avant de procéder à un licenciement économique, l'employeur a l'obligation de chercher à reclasser le salarié dans un emploi disponible de même catégorie assorti d'une rémunération équivalente ou, à défaut, de catégorie inférieure, fût-ce par voie de modification de son contrat de travail. Les offres de reclassement doivent être écrites et précises. Cette obligation concerne tant les licenciements économiques individuels que collectifs (art. L. 1233-4 CT).

On notera que les ordonnances 2017-1387 du 22 septembre 2017 et 2017-1718 du 20 décembre 2017 ont assoupli cette obligation, notamment en en restreignant le périmètre au territoire national et en permettant à l'employeur de diffuser à l'ensemble des salariés une liste des postes disponibles.

La jurisprudence rapportée ci-dessous, rendue dans le cadre législatif antérieur, conserve cependant son intérêt, notamment au regard des litiges en cours.

L'obligation de reclassement incombe à l'employeur

Dès lors, une société relevant du même groupe que l'employeur n'est pas, en cette seule qualité, débitrice envers les salariés qui sont au service de ce dernier d'une obligation de reclassement.

L'obligation de reclasser les salariés dont le licenciement est envisagé et d'établir un plan de sauvegarde de l'emploi répondant aux moyens du groupe n'incombe qu'à l'employeur ; il en résulte qu'une société relevant du même groupe que l'employeur n'est pas, en cette seule qualité, débitrice envers les salariés qui sont au service de ce dernier d'une obligation de reclassement et qu'elle ne répond pas, à leur égard, des conséquences d'une insuffisance des mesures de reclassement prévues dans un plan de sauvegarde de l'emploi.

Cass. soc. 13 janvier 2010, n° 08-15.776, BC V n° 5.

La déclaration faite à l'audience par le salarié, selon laquelle son employeur ne pouvait pas le reclasser, ne peut pas avoir la valeur d'un aveu judiciaire dès lors qu'elle porte sur un point de droit.

Cass. soc. 4 décembre 2002, n° 00-44.510.

• Point de départ de l'obligation

Le licenciement économique ne peut être prononcé que si un reclassement a été préalablement recherché et s'est avéré impossible.

Le licenciement économique d'un salarié ne pouvant être prononcé que si son reclassement n'est pas possible, le reclassement doit être tenté avant la notification du licenciement. Par conséquent, les possibilités de reclassement s'apprécient antérieurement à la date du licenciement, à compter du moment où celui-ci est envisagé.

Ayant relevé que dans la période comprise entre la date à laquelle avait commencé la procédure de consultation du comité d'entreprise et celle de la notification du licenciement, une société avait procédé, par voie de recrutements externes, à des embauches de cadres du même niveau de responsabilité que celui du salarié licencié sans se prévaloir d'aucun élément propre à l'empêcher de lui proposer l'un de ces postes, une cour d'appel a pu décider que l'employeur n'avait pas satisfait à son obligation de reclassement et que le licenciement était dépourvu de cause économique.

Cass. soc. 30 mars 1999, n° 97-41.265, BC V n° 146. Voir aussi cass. soc. 13 février 2008, n° 06-44.036 ; cass. soc. 4 mai 2017, n° 16-14.779.

Dans le cadre de la réorganisation d'une société, un directeur de département s'est vu proposer, le 9 juin 1997, une modification de son contrat de travail consistant en une diminution de la durée du travail et de la rémunération. Ayant refusé cette modification de son contrat, il a été licencié pour motif économique.

Doit être cassé l'arrêt qui, pour débouter le salarié de ses demandes de dommages-intérêts pour licenciement sans cause réelle et sérieuse, a retenu, après avoir décidé que la société employeur devait rechercher un reclassement au sein d'une autre société appartenant au même groupe, que si celle-ci avait bien engagé un chef de projet en mai 1997, cet engagement avait précédé de plusieurs semaines le refus du salarié d'accepter la modification de son contrat, de sorte qu'aucun reproche ne pouvait être formé à l'encontre de la société.

En effet, l'employeur doit exécuter loyalement son obligation de reclassement. La cour d'appel ayant constaté que, dans l'une des sociétés du groupe, un poste qui aurait pu être offert à l'intéressé avait été pourvu par un recrutement extérieur alors que le processus de licenciement était en cours, il en résultait que l'employeur avait manqué à son obligation de loyauté.

Cass. soc. 7 avril 2004, n° 01-44.191, BC V n° 114.

Après avoir relevé qu'un employeur avait recruté plusieurs salariés dans une période concomitante à la mise en œuvre d'une procédure de licenciement économique, et qu'il n'établissait pas l'impossibilité de pourvoir ces postes par un des salariés licenciés, une cour d'appel a pu décider qu'il n'avait pas satisfait à son obligation de reclassement.

Cass. soc. 24 septembre 2008, n° 07-42.200, 1er moyen, BC V n° 178.

Une proposition de réembauche postérieure au licenciement est sans incidence sur l'obligation de reclassement qui s'exécute avant le licenciement.

Une cour d'appel, qui a relevé qu'un employeur n'avait pas proposé, à titre de reclassement avant le licenciement, un emploi qui était disponible dans l'entreprise et qui a fait ressortir que cet emploi était équivalent à celui occupé par le salarié, a légalement justifié sa décision de déclarer le licenciement dépourvu de cause réelle et sérieuse.

Cass. soc. 25 septembre 2002, n° 00-42.879, BC V n° 278.

• Cadre de l'obligation

L'employeur est tenu à une obligation de reclassement individuel à l'égard de chaque salarié, quel que soit le nombre de licenciements envisagés et sans préjudice de l'application des dispositions des articles L. 321-4 et L. 321-4-1 anciens CT lorsque les conditions en sont réunies.

Cass. soc. 9 janvier 2002, n° 00-40.437. Voir aussi cass. soc. 27 octobre 1999, n° 97-43.951.

Les possibilités de reclassement doivent être recherchées au sein de la société lorsqu'elle a plusieurs établissements…

Le licenciement économique d'un salarié ne peut intervenir, en cas de suppression d'emploi, que si le reclassement de l'intéressé dans l'entreprise n'est pas possible. Ayant constaté que les possibilités de reclassement de l'intéressé n'avaient pas été recherchées au sein de la société, mais dans le cadre du seul établissement où il était affecté, une cour d'appel a pu décider que le licenciement ne procédait pas d'un motif économique.

Cass. soc. 16 mars 1994, n° 92-44.917.

… ou à l'intérieur du groupe auquel appartient l'employeur…

➡ Notion de groupe de reclassement issue de l'ordonnance 2017-1718 du 20 décembre 2017.

Des salariés licenciés pour motif économique par une société placée en redressement puis en liquidation judiciaire ont saisi la juridiction prud'homale de demandes dirigées contre leur employeur et la société gestionnaire d'un fonds commun de placement à risque ayant acquis 85 % du capital de la holding de reprise ayant racheté la totalité des parts de la société mère de leur employeur, et tendant à ce que leur licenciement soit jugé nul ou à tout le moins sans cause réelle et sérieuse du fait de l'insuffisance du plan de sauvegarde de l'emploi et du manquement à l'obligation de reclassement individuel.

C'est à bon droit qu'une cour d'appel a débouté les salariés de leurs demandes.

En effet, la cour d'appel, qui a constaté qu'il n'était pas établi que la société de gestion du fonds commun de placement détenait directement ou indirectement une fraction du capital de la holding de reprise lui conférant la majorité des droits de vote dans les assemblées générales, en a exactement déduit qu'elle ne pouvait être considérée comme contrôlant la société employeur par application des dispositions combinées des articles L. 233-3, I, 1°, dans sa rédaction alors applicable, et L. 233-4 c. com.

Ensuite, la cour d'appel, qui a seulement relevé l'existence de liens de contrôle et de surveillance entre la holding de reprise et la société de gestion du fonds commun de placement, n'a pas constaté que le pacte d'associés définissant les droits et obligations respectifs de la holding et de ses divers actionnaires, dont le fonds commun de placement à risque, conférait à cette dernière le droit d'exercer une influence dominante sur la holding au sens des dispositions alors applicables de l'article L. 233-16, II, 3° c. com.

Enfin, la cour d'appel a fait ressortir qu'il n'était pas démontré par les pièces soumises à son appréciation l'existence de possibilités de permutation de tout ou partie du personnel entre la société employeur et les entreprises dans lesquelles les fonds de placement gérés par la société de gestion étaient investis, ce dont il résultait que ces sociétés ne faisaient pas partie d'un même groupe au sein duquel le reclassement devait s'effectuer.

Cass. soc. 20 mars 2019, n° 17-19.595, 1re branche du 1er moyen, à paraître.

➡ Notion de groupe de reclassement dans le cadre législatif antérieur à l'ordonnance 2017-1718 du 20 décembre 2017.

Le groupe au sein duquel doivent être recherchées les possibilités de reclassement n'est pas le groupe défini à l'article L. 439-1 CT pour la mise en place d'un comité de groupe. Il s'agit de l'ensemble formé par des entreprises dont les activités, l'organisation ou le lieu d'exploitation leur permettent la permutation de tout ou partie du personnel.

Cass. soc. 31 janvier 2001, n° 98-43.897. Voir aussi CE 5 décembre 2008, n° 299166 ; cass. soc. 19 octobre 2010, n° 09-42.132, précité.

Le licenciement économique d'un salarié ne peut intervenir, en cas de suppression d'emploi pour difficultés économiques, que si le reclassement du salarié dans l'entreprise ou dans le groupe auquel elle appartient, parmi les entreprises dont les activités, l'organisation ou le lieu d'exploitation leur permettent d'effectuer la permutation de tout ou partie du personnel, n'est pas possible.

Cass. soc. 5 juin 1996, n° 92-42.034, 2e moyen, BC V n° 227. Voir aussi cass. soc. 5 avril 1995, n° 93-42.690, BC V n° 123 ; cass. soc. 9 novembre 2004, n° 02-44.202.

Doit être cassé l'arrêt qui, pour dire que le licenciement d'un salarié reposait sur une cause réelle et sérieuse, énonce que les sociétés à l'intérieur desquelles le salarié estimait devoir être reclassé n'étaient pas actionnaires de l'entreprise l'employant, qu'elles avaient des dirigeants différents, qu'il n'était pas établi qu'elles avaient mis en commun des moyens de gestion et de production et qu'aucune permutabilité des salariés n'était démontrée, alors que la cour d'appel avait constaté, d'une part, que le contrat de travail prévoyait la possibilité de son affectation dans des filiales, sociétés mères ou partenaires de l'employeur, dont certaines expressément nommées et, d'autre part, que plusieurs salariés avaient été affectés dans lesdites sociétés, ce dont il résultait l'existence d'un groupe d'entreprises dont les activités, l'organisation ou le lieu d'exploitation leur permettent d'effectuer la permutation de tout ou partie du personnel.

Cass. soc. 5 octobre 1999, n° 97-41.838, BC V n° 368.

Un ingénieur en chef avait été licencié pour motif économique. Ayant constaté qu'aucune des mesures de reclassement prévues par le plan social n'avait été proposée à l'intéressé et qu'aucune proposition de mutation ou de reconversion à l'intérieur du groupe auquel appartenait l'entreprise ne lui avait été faite, alors que, concomitamment au licenciement du salarié, d'autres sociétés du groupe avaient procédé à des embauches, une cour d'appel a pu décider que l'employeur n'avait pas respecté l'obligation de reclassement et que le licenciement du salarié n'avait pas de motif économique.

Cass. soc. 31 mars 1998, n° 96-40.748, BC V n° 188.

D'une part, il n'y a pas de manquement à l'obligation de reclassement si l'employeur justifie de l'absence de poste disponible, à l'époque du licenciement, dans l'entreprise, ou s'il y a lieu dans le groupe auquel elle appartient ; d'autre part, si l'employeur a l'obligation d'assurer l'adaptation des salariés à l'évolution de leur emploi, au besoin en leur assurant une formation complémentaire, il ne peut lui être imposé d'assurer la formation initiale qui leur fait défaut.

Une salariée travaillant en qualité de secrétaire de direction d'une pharmacie et ayant vu son contrat de travail transféré au groupement d'intérêt économique constitué par son employeur et deux autres pharmaciens a été convoquée le 23 août 2010 à un entretien préalable pour le 2 septembre suivant et licenciée pour motif économique par lettre du 20.

Pour dire le licenciement économique de la salariée non fondé sur une cause réelle et sérieuse, une cour d'appel a retenu que, pour justifier de ses efforts en matière de reclassement, le groupement d'intérêt économique avait produit les trois lettres adressées à ses membres portant la date même de la convocation à l'entretien préalable, ne comportant aucune indication quant à la situation de la salariée et que les réponses des 25 et 26 août étaient rédigées en termes identiques à savoir l'absence de poste à pourvoir en tant que secrétaire de direction, que la salariée avait de justes motifs pour prétendre que les efforts de reclassement étaient tardifs et insuffisants et que l'obligation n'avait pas été exécutée avec loyauté.

En statuant ainsi, sans rechercher si l'employeur ne justifiait pas de l'absence de poste disponible et si la salariée possédait la formation initiale aux postes de préparateur en pharmacie ou de pharmacien, la cour d'appel n'a pas donné de base légale à sa décision.

Cass. soc. 2 juillet 2014, n° 13-13.876, BC V n° 165. Voir aussi cass. soc. 2 juillet 2014, n° 13-12.048, BC V n° 164.

Une salariée employée par une mutuelle de santé avait été licenciée pour motif économique.

Pour dire que l'employeur n'avait pas accompli loyalement son obligation de reclassement et que le licenciement de l'intéressée était dépourvu de cause réelle et sérieuse, une cour d'appel a retenu que la Fédération nationale de la Mutualité française, dont la mutuelle employeur était adhérente, a vocation à collationner et diffuser les offres d'emplois disponibles au sein des mutualités affiliées, toutes régions confondues et que les permutations d'une mutualité à une autre sont possibles et que parmi les quelques courriers adressés par l'employeur dans le cadre des recherches externes, aucun ne l'avait été à destination de l'une des mutualités de la région (pour le moins), sachant que la fédération rassemble six cents mutuelles de santé et deux mille cinq cents services de soins et d'accompagnement mutualiste.

En se déterminant ainsi, alors que l'adhésion d'une mutuelle de santé à une fédération nationale n'entraîne pas en soi la constitution d'un groupe au sens des dispositions de l'article L. 1233-4 CT, la cour d'appel qui n'a pas précisé en quoi les activités, l'organisation ou le lieu d'exploitation des différentes mutualités adhérentes de la Fédération nationale de la Mutualité française leur permettaient d'effectuer la permutation de tout ou partie du personnel, n'a pas donné de base légale à sa décision.

Cass. soc. 11 février 2015, n° 13-23.573, BC V n° 26.

L'adhésion d'une union syndicale locale à une union départementale et à des organes confédéraux n'entraîne pas en soi la constitution d'un groupe au sens des dispositions de l'article L. 1233-4 CT.

Cass. soc. 7 mars 2017, n° 15-23.038, 1er moyen, BC V n° 41.

... peu important que les entreprises du groupe appartiennent ou non au même secteur d'activité.

Le périmètre à prendre en considération pour l'exécution de l'obligation de reclassement se comprend de l'ensemble des entreprises du groupe dont les activités, l'organisation ou le lieu d'exploitation leur permettent d'effectuer la permutation de tout ou partie du personnel, peu important qu'elles appartiennent ou non à un même secteur d'activité.

Cass. soc. 13 décembre 2011, n° 10-21.745, 2e moyen. Voir aussi cass. soc. 12 mars 2014, n° 12-28.508, 2e moyen ; cass. soc. 21 avril 2017, n° 16-11.566, 1re branche du moyen.

Peu importe également l'absence de lien de droit entre les différentes entités.

Cass. soc. 1er février 2017, n° 15-25.405.

Peu importe enfin que certaines des entreprises du groupe soient situées à l'étranger, dès l'instant que la législation applicable localement n'empêche pas l'emploi de salariés étrangers.

Les possibilités de reclassement doivent être recherchées à l'intérieur du groupe parmi les entreprises dont les activités, l'organisation ou le lieu d'exploitation leur permettent d'effectuer la permutation de tout ou partie du personnel, même si certaines de ces entreprises sont situées à l'étranger, dès l'instant que la législation applicable localement n'empêche pas l'emploi de salariés étrangers.

Après avoir relevé qu'une société était intégrée à un groupe de dimension internationale se développant sur toute l'Europe et que l'employeur s'était borné à interroger succinctement et en termes généraux deux entreprises du groupe situées en France sur les possibilités de reclassement du salarié, sans qu'il soit allégué que l'organisation interne du groupe ne permettait pas d'effectuer des permutations de personnel et que le niveau hiérarchique du salarié excluait sa capacité à prendre un poste à l'étranger, une cour d'appel a pu décider qu'il n'avait pas été satisfait à l'obligation de reclassement et que le licenciement était dépourvu de cause réelle et sérieuse.

Cass. soc. 7 octobre 1998, n° 96-42.812, BC V n° 407.

Ayant constaté qu'une société, ayant procédé au licenciement économique d'un salarié, appartenait à un groupe de dimension internationale se développant sur toute l'Europe et n'avait pas élargi ses recherches de reclassement à ce groupe, alors qu'il lui appartenait de s'assurer de la législation applicable localement, une cour d'appel a pu condamner ladite société à payer au salarié licencié une somme à titre de dommages-intérêts pour licenciement sans cause réelle et sérieuse.

Cass. soc. 15 novembre 2006, n° 05-40.935, BC V n° 344.

Pour décider qu'un licenciement économique reposait sur une cause réelle et sérieuse, une cour d'appel a retenu que, si le reclassement doit être recherché parmi les entreprises du groupe dont dépend l'employeur, le fait que la Suisse, qui n'est pas membre de l'Union européenne, possède une législation contraignante en matière d'emploi de salariés étrangers et la circonstance que la société mère avait elle-même été amenée à réduire son personnel en 1993 ne permettaient pas d'envisager le reclassement de la salariée.

En statuant ainsi, sans préciser en quoi la législation helvétique était de nature à empêcher le reclassement de la salariée et en se fondant sur un motif inopérant tiré de la situation économique du groupe en 1993, la cour d'appel a privé sa décision de base légale.

Cass. soc. 4 décembre 2007, n° 05-46.073, BC V n° 204.

Mais les possibilités de reclassement s'appréciant, sauf fraude, au plus tard à la date du licenciement, l'employeur n'a pas à les rechercher dans un groupe qu'il doit intégrer à brève échéance.

Sauf fraude, les possibilités de reclassement s'apprécient au plus tard à la date du licenciement.

Pour dire un licenciement dépourvu de cause réelle et sérieuse, une cour d'appel a retenu que l'employeur devait interroger le groupe qu'elle allait intégrer à brève échéance sur la possibilité pour celui-ci de reclasser le salarié, de sorte qu'elle n'avait pas satisfait à son obligation de reclassement.

En statuant ainsi, alors qu'à la date du licenciement, l'opération de cession n'étant pas encore réalisée, la société n'était pas intégrée au groupe, la cour d'appel a violé l'article L. 1233-4 CT.

Cass. soc. 1er juin 2010, n° 09-40.421, 1re branche du moyen, BC V n° 121. Voir aussi cass. soc. 23 mai 2017, n° 15-29.526, pourvoi principal.

Sauf dispositions conventionnelles étendant le périmètre du reclassement, l'employeur n'est pas tenu de rechercher des reclassements extérieurs à l'entreprise, lorsqu'il ne relève pas d'un groupe.

Cass. soc. 15 décembre 2010, n° 09-42.795.

L'indépendance d'associations n'exclut ni la possibilité d'effectuer entre elles la permutation de tout ou partie du personnel ni l'existence d'un groupe au sein duquel le reclassement doit s'effectuer.

C'est à tort que, pour débouter une salariée de sa demande de dommages-intérêts pour licenciement sans cause réelle et sérieuse, une cour d'appel a retenu que le reclassement de l'intéressée dans l'entreprise était impossible et que les associations « A », réparties sur le territoire national, étaient indépendantes les unes des autres en sorte que leurs activités, leur organisation et leur lieu d'exploitation ne permettaient pas la permutation de tout ou partie de leurs personnels, alors que l'indépendance d'associations n'exclut en soi ni la possibilité d'effectuer entre elles la permutation de tout ou partie du personnel ni, par voie de conséquence, l'existence d'un groupe au sein duquel le reclassement doit s'effectuer.

Cass. soc. 20 novembre 2002, n° 00-42.962.

La dissolution d'une société appartenant à un groupe ne dispense pas l'employeur de son obligation de rechercher et de mettre en œuvre les possibilités de reclassement à l'intérieur du groupe, parmi les entreprises dont les activités, l'organisation ou le lieu d'exploitation permettent d'effectuer une permutation de tout ou partie du personnel.

Cass. soc. 17 juin 2009, n° 07-44.429.

Il en est de même en cas de liquidation judiciaire d'une telle société.

Cass. soc. 7 juillet 2009, n° 07-45.584.

En revanche, le reclassement du salarié est impossible lorsque les trois sociétés du groupe dont relevait la société qui l'employait avaient fait l'objet d'un redressement judiciaire et que la confusion de leurs patrimoines avait été prononcée.

Cass. soc. 15 janvier 2003, n° 00-44.930.

Lorsque des procédures de licenciement sont engagées conjointement dans plusieurs entreprises d'un groupe et mettent en concurrence plusieurs salariés pour le même poste de reclassement, à qualification comparable, il doit être donné priorité au salarié de l'entreprise au sein de laquelle se trouve le poste de reclassement.

Lorsqu'une procédure de licenciement pour motif économique est engagée simultanément dans plusieurs entreprises d'un même groupe, si des salariés d'entreprises différentes se trouvent en concurrence sur des postes de reclassement disponibles dans l'une ou l'autre entreprise du groupe, priorité est donnée, à qualification comparable, aux salariés de l'entreprise au sein de laquelle des postes se trouvent disponibles.

Doit donc être rejeté le pourvoi formé par une société qui, pour reprocher à une cour d'appel de l'avoir condamnée à payer à une salariée une somme à titre de dommages-intérêts, soutenait que, dans une telle hypothèse, les employeurs sont tenus de rechercher les possibilités de reclassement au sein du groupe et sont fondés à attribuer aux salariés dont le licenciement est envisagé les postes disponibles, en fonction de critères fixés pour l'ordre des licenciements.

Cass. soc. 11 décembre 2001, n° 99-44.291, BC V n° 379.

Les dispositions de l'article L. 1231-5 CT relatif au détachement des salariés au sein de filiales étrangères ne font pas obstacle à la proposition, par la société mère, d'un emploi de catégorie inférieure.

Le licenciement pour motif économique d'un salarié n'a de cause réelle et sérieuse que si l'employeur s'est trouvé dans l'impossibilité de le reclasser et les dispositions de l'article L. 122-14-8 CT relatives au détachement d'un salarié au sein d'une filiale étrangère ne font pas obstacle à ce que la société mère, dans le cadre de son obligation de reclassement, à défaut de pouvoir procurer à l'intéressé un nouvel emploi compatible avec l'importance de ses précédentes fonctions au sein de la société mère, lui propose un autre emploi, même de catégorie inférieure, par voie de modification du contrat de travail.

Cass. soc. 19 décembre 2000, n° 98-42.919, 1er moyen, BC V n° 435.

La seule détention d'une partie de capital d'une société par d'autres sociétés ne caractérise pas, en soi, l'existence d'un groupe au sein duquel le reclassement doit s'effectuer.

Les possibilités de reclassement d'un salarié doivent être recherchées à l'intérieur du groupe auquel appartient l'employeur concerné, parmi les entreprises dont les activités, l'organisation ou le lieu d'exploitation leur permettent la permutation de tout ou partie du personnel. Dès lors, la seule détention d'une partie de capital de la société par trois autres sociétés n'implique pas en soi la possibilité d'effectuer entre elles la permutation de tout ou partie de leur personnel et ne caractérise pas l'existence d'un groupe au sein duquel le reclassement devait s'effectuer.

Cass. soc. 27 octobre 1998, n° 96-40.626, BC V n° 459. Voir aussi cass. soc. 1er décembre 2010, n° 09-68.380, 1er moyen ; cass. soc. 28 février 2018, n° 16-27.807, 1er moyen.

L'employeur qui méconnaît des dispositions conventionnelles étendant le périmètre de reclassement et prévoyant une procédure destinée à favoriser un reclassement à l'extérieur de l'entreprise, avant tout licenciement, manque à son obligation de reclassement.

Une société placée en redressement judiciaire par jugement du 7 septembre 2001 a fait l'objet d'un plan de cession prévoyant la reprise d'une partie des contrats de travail ; un certain nombre de salariés non repris et licenciés le 19 novembre 2001 ont sollicité devant la cour d'appel des indemnités pour licenciement sans cause réelle et sérieuse en alléguant que l'employeur n'avait pas saisi les commissions territoriales de l'emploi ou les organisations professionnelles préalablement à leur licenciement, conformément aux dispositions de l'accord national du 12 juin 1987 sur les problèmes généraux de l'emploi dans la métallurgie.

C'est à tort que, pour débouter les salariés de leur demande, la cour, après avoir relevé que le reclassement interne des salariés non repris n'était pas possible, a retenu que l'absence de recherche de reclassement externe, hors des sociétés du groupe dont l'employeur faisait partie, en ce qu'elle constituait une obligation distincte de l'obligation de reclassement préalable au licenciement économique, n'était pas de nature à vicier les licenciements prononcés le 19 novembre 2001, alors que, d'une part, l'article 28 de l'accord national sur l'emploi dans la métallurgie du 12 juin 1987 impose à l'employeur qui envisage de prononcer des licenciements pour motif économique de « rechercher les possibilités de reclassement à l'extérieur de l'entreprise, en faisant appel à la commission territoriale de l'emploi », et que, d'autre part, la méconnaissance par l'employeur de dispositions conventionnelles qui étendent le périmètre de reclassement et prévoient une procédure destinée à favoriser un reclassement à l'extérieur de l'entreprise, avant tout licenciement, constitue un manquement à l'obligation de reclassement préalable au licenciement et prive celui-ci de cause réelle et sérieuse.

Cass. soc. 28 mai 2008, n° 06-46.009, 2e moyen, BC V n° 116. Voir aussi cass. soc. 30 septembre 2013, n° 12-15.940, BC V n° 223 ; cass. soc. 18 février 2014, n° 12-18.029, BC V n° 54 ; cass. soc. 17 mars 2015, n° 13-24.303, BC V n° 52, précisant que l'obligation de saisir la commission territoriale de l'emploi n'impose pas à l'employeur de lui fournir une liste nominative des salariés dont le licenciement est envisagé ni leur profil individuel.

Pour que l'employeur soit tenu de saisir une commission avant tout licenciement, il faut que celle-ci se soit vu attribuer expressément par les partenaires sociaux la mission d'aider au reclassement externe des salariés.

Un salarié est entré au service d'une société le 11 octobre 2008 en qualité d'agent de sécurité, la relation de travail étant soumise à la convention collective nationale des entreprises de prévention et de sécurité du 15 février 1985 ; la société ayant été placée en liquidation judiciaire le 17 mai 2011, le salarié a été licencié par lettre du 19 septembre 2011 dans le cadre d'un licenciement collectif pour motif économique.

Doit être rejeté le moyen du pourvoi formé par le salarié qui, pour reprocher à une cour d'appel de l'avoir débouté de sa demande en paiement d'une indemnité pour licenciement sans cause réelle et sérieuse, soutient que lorsque l'employeur a, conventionnellement, l'obligation de saisir une commission territoriale de l'emploi avant tout licenciement pour motif économique, le non-respect de cette procédure étendant le périmètre du reclassement a pour conséquence de priver le licenciement de cause réelle et sérieuse et que les articles 5 et 15 de l'accord national interprofessionnel du 10 février 1969, auquel se réfère l'accord du 30 avril 2003 applicable à l'ensemble des entreprises comprises dans le champ d'application de la convention collective des entreprises de prévention et de sécurité, mettent à la charge de l'employeur une obligation conventionnelle de saisir la commission paritaire de l'emploi préalablement aux licenciements envisagés.

En effet, après avoir relevé que l'article 3 de l'accord du 30 avril 2003 relatif à la mise en place d'une commission paritaire de l'emploi et de la formation professionnelle applicable à l'ensemble des entreprises comprises dans le champ d'application de la convention collective nationale des entreprises de prévention et de sécurité, bien que se référant à l'accord national interprofessionnel du 10 février 1969 sur la sécurité de l'emploi, n'attribuait pas de missions à cette commission en matière de reclassement externe, la cour d'appel en a exactement déduit qu'aucune obligation de saisine préalable de la commission paritaire de l'emploi destinée à favoriser un reclassement à l'extérieur de l'entreprise, avant tout licenciement pour motif économique de plus de dix salariés, n'était applicable.

Cass. soc. 11 juillet 2016, n° 15-12.752, BC V n° 152.

Il résulte de la convention collective nationale de la fabrication de l'ameublement du 14 juin 1986 et de l'accord du 5 octobre 1988 relatif à la commission paritaire nationale de l'emploi annexé à cette convention que les partenaires sociaux n'ont pas attribué une mission particulière à la commission paritaire nationale de l'emploi en matière de reclassement externe.

C'est donc à tort que, pour fixer au passif d'une société des créances à titre de dommages-intérêts au profit des salariés licenciés pour motif économique, une cour d'appel a retenu notamment que l'employeur et l'administrateur judiciaire ne justifiaient ni de ce que la commission paritaire de l'emploi avait été interrogée en vue de la recherche d'éventuels postes de reclassement externe ni de ce qu'ils avaient effectué des recherches auprès d'entreprises exerçant une activité connexe ou concurrente situées dans le même bassin d'emploi ou dans un bassin d'emploi proche, que les mesures dont il s'agissait avaient en réalité uniquement pour objet de permettre aux salariés de bénéficier de dispositifs de nature à les aider à retrouver, hors de l'entreprise, un nouvel emploi ou la possibilité d'exercer à nouveau une activité professionnelle, de sorte que ces manquements de la société et de l'administrateur constituaient des violations des obligations que leur imposaient les dispositions conventionnelles et avaient pu occasionner aux salariés un préjudice consistant en particulier en une perte de chance de retrouver un nouvel emploi.

Cass. soc. 16 novembre 2017, n° 16-14.572, 1er moyen du pourvoi incident, à paraître.

En cas de litige relatif au périmètre du groupe au regard de l'obligation de reclassement, le juge apprécie, au vu des éléments fournis par les parties, si l'organisation du réseau de distribution auquel appartient l'entreprise permet entre les sociétés adhérentes la permutation de tout ou partie de leur personnel.

Une salariée, employée en qualité d'employée libre-service par une société exploitant un hypermarché sous l'enseigne d'un groupe de grande distribution a été licenciée le 13 décembre 2008 pour motif économique.

C'est à tort que, pour reprocher à une cour d'appel de l'avoir déboutée de ses demandes pour licenciement sans cause réelle et sérieuse, la salariée soutient que la recherche des possibilités de reclassement doit s'apprécier à l'intérieur du groupe auquel appartient l'employeur, parmi les entreprises dont les activités, l'organisation ou le lieu d'exploitation lui permettent d'effectuer la permutation de tout ou partie du personnel et qu'il appartient à l'employeur, qui prétend s'être trouvé dans l'impossibilité d'effectuer un tel reclassement, d'en apporter la preuve ; que le groupe auquel appartient son employeur constitue un ensemble structuré disposant de moyens importants communs, exerçant la même activité sous l'impulsion d'une association définissant une politique commerciale et des orientations communes, et qu'en la déboutant de sa demande tendant à voir juger que son reclassement devait être recherché au sein de cet ensemble organisé de personnes morales exerçant la même activité sous une direction commune au motif qu'il n'était pas prouvé que ces différentes sociétés exploitant sous la même enseigne avaient la possibilité dans ce cadre d'effectuer la permutation de tout ou partie du personnel en raison de la similarité de leurs activités, de leur organisation ou de leurs lieux d'exploitation, alors que c'est à l'employeur qu'il incombait de démontrer l'absence de possibilité de permutation du personnel, la cour d'appel aurait renversé la charge de la preuve en violation de l'article L. 1233-4 CT.

En effet, ayant constaté, en l'état des éléments qui lui étaient soumis tant par l'employeur que par le salarié, qu'il n'était pas démontré que l'organisation du réseau de distribution auquel appartenait l'entreprise permettait entre les sociétés adhérentes la permutation de tout ou partie de leur personnel, la cour d'appel a pu retenir, sans méconnaître les règles relatives à la charge de la preuve, que ces sociétés ne faisaient pas partie d'un même groupe de reclassement.

Cass. soc. 16 novembre 2016, n° 14-30.063, 2e branche du moyen, BC V n° 216.

Lorsque l'employeur s'est engagé à proposer un certain nombre d'offres valables d'emplois aux salariés hors de l'entreprise ou du groupe, le non-respect de cet engagement, qui étendait le périmètre de reclassement, constitue un manquement à son obligation de reclassement, peu important que l'employeur ait eu recours à un cabinet de recrutement pour effectuer ces offres.

Une salariée a été licenciée par une société ayant cessé son activité à la suite de difficultés économiques ; après avoir refusé un poste de reclassement interne dans le groupe et à la suite de la signature d'un protocole d'accord, entre l'employeur, six salariés de l'établissement, dont elle-même, et un syndicat, la salariée a adhéré à une convention de congé de conversion de huit mois avec maintien des salaires nets lui permettant de bénéficier d'un dispositif d'accompagnement assuré par un cabinet de recrutement, avec lequel elle a signé une charte ; le protocole prévoyait que cet organisme proposerait au minimum trois offres valables d'emploi par salarié, en contrat de travail à durée indéterminée et que le licenciement serait notifié soit lors du reclassement effectif chez le nouvel employeur, soit à l'issue du congé de conversion si aucun reclassement n'avait pu être opéré ; la salariée a été licenciée à l'issue du congé de conversion ; elle a contesté le bien-fondé de son licenciement devant la juridiction prud'homale.

Pour dire que le licenciement n'était pas abusif et débouter la salariée de l'ensemble de ses demandes, une cour d'appel a retenu que l'engagement contracté par l'employeur était de nature financière, celui-ci s'engageant à ne licencier la salariée qu'à l'issue du congé de conversion, qu'en revanche les trois offres valables d'emploi étaient du ressort du cabinet de reclassement qui n'était pas dans la cause, qu'en outre ces offres ne sauraient relever de l'obligation de reclassement interne mais constituaient une mesure de reclassement externe dont l'inexécution ne pouvait remettre en cause la légitimité du licenciement, qu'antérieurement à la mise en place du congé de conversion l'employeur avait fait une offre de reclassement interne à la salariée qui l'avait refusée, que le licenciement était intervenu à l'expiration du délai de congé individuel de conversion de huit mois, qu'en conséquence le non-respect éventuel par le cabinet de recrutement de ses engagements ne pouvait affecter la légitimité du licenciement.

En statuant ainsi, alors, d'une part, que l'obligation de proposer trois offres valables d'emplois à chaque salarié engageait l'employeur, peu important qu'il ait sollicité le concours d'un organisme extérieur, et alors, d'autre part, que le non-respect de cet engagement, qui étendait le périmètre de reclassement, constituait un manquement à l'obligation de reclassement préalable au licenciement et privait celui-ci de cause réelle et sérieuse, la cour d'appel a violé les articles 1134 c. civ., L. 1233-3 et L. 1233-4 CT.

Cass. soc. 30 septembre 2013, n° 12-13.439, BC V n° 221.

L'employeur ne peut pas limiter ses recherches et propositions de reclassement en fonction des vœux de mobilité géographique exprimés à sa demande et à l'avance par les salariés.

L'employeur est tenu avant tout licenciement économique, d'une part, de rechercher toutes les possibilités de reclassement existant dans le groupe dont il relève, parmi les entreprises dont l'activité, l'organisation ou le lieu d'exploitation permettent d'effectuer la permutation de tout ou partie du personnel, et, d'autre part, de proposer ensuite aux salariés dont le licenciement est envisagé tous les emplois disponibles de la même catégorie ou, à défaut, d'une catégorie inférieure ; il ne peut limiter ses recherches de reclassement et ses offres en fonction de la volonté de ses salariés, exprimée à sa demande et par avance, en dehors de toute proposition concrète.

Après avoir relevé qu'un employeur s'était borné à solliciter de ses salariés qu'ils précisent, dans un questionnaire renseigné avant toute recherche et sans qu'ils aient été préalablement instruits des possibilités de reclassement susceptibles de leur être proposées, leurs vœux de mobilité géographique en fonction desquels il avait ensuite limité ses recherches et propositions de reclassement, une cour d'appel a pu décider qu'il n'avait pas satisfait à son obligation de reclassement.

Cass. soc. 4 mars 2009, n° 07-42.381, 2e moyen, BC V n° 57. Voir aussi cass. soc. 29 février 2012, n° 10-26.657.

De même, l'employeur ne peut pas limiter ses offres en fonction de la volonté présumée des intéressés de les refuser.

Avant tout licenciement pour motif économique, l'employeur est tenu, d'une part, de rechercher toutes les possibilités de reclassement existant dans le groupe dont il relève, parmi les entreprises dont l'activité, l'organisation ou le lieu d'exploitation permettent d'effectuer des permutations de personnels et, d'autre part, de proposer ensuite aux salariés dont le licenciement est envisagé tous les emplois disponibles de la même catégorie ou, à défaut, d'une catégorie inférieure ; l'employeur ne peut limiter ses offres en fonction de la volonté présumée des intéressés de les refuser.

Plusieurs salariés d'un établissement de Lyon, licenciés pour motif économique dans le cadre d'une procédure de licenciement collectif, ont saisi la juridiction prud'homale d'une contestation de leurs licenciements.

C'est à tort que, pour décider que l'employeur avait satisfait à son obligation de reclassement et que les licenciements étaient fondés sur une cause économique, une cour d'appel a retenu que les salariés avaient refusé, pour des raisons personnelles ou familiales, des propositions de reclassement à Paris dans leur domaine de compétence et qu'il ne pouvait raisonnablement être reproché à la société de ne pas leur avoir offert d'autres postes disponibles à l'étranger dès lors que les intéressés avaient, par leur refus d'une mutation à Paris, clairement manifesté leur volonté de ne pas s'éloigner de la région lyonnaise.

Cass. soc. 24 juin 2008, n° 06-45.870, BC V n° 138. Voir aussi cass. soc. 19 janvier 2011, n° 09-67.876, 1er moyen ; cass. soc. 3 décembre 2014, n° 13-19.697.

En revanche, ne manque pas à son obligation de reclassement l'employeur qui justifie de l'absence de poste disponible dans le périmètre géographique imposé par un salarié ayant refusé un poste l'éloignant de son domicile pour des raisons familiales.

Après avoir constaté, d'une part, que dans le cadre de l'exécution de son obligation de reclassement, un employeur avait proposé un poste à une salariée que celle-ci avait refusé en invoquant son souhait, pour des raisons familiales, de ne pas s'éloigner de son domicile pour l'exercice de son activité professionnelle et, d'autre part, que l'employeur, qui avait fait des recherches dans ce périmètre géographique, justifiait de l'absence de poste disponible en rapport avec les compétences de l'intéressée, une cour d'appel a pu en déduire que l'employeur n'avait pas manqué à son obligation de reclassement et débouter la salariée de sa demande de dommages-intérêts.

Cass. soc. 13 novembre 2008, n° 06-46.227, BC V n° 217.

L'employeur est libéré de l'obligation de faire des offres de reclassement au salarié dont il envisage le licenciement pour motif économique lorsque l'entreprise ne comporte aucun emploi disponible en rapport avec ses compétences, au besoin en le faisant bénéficier d'une formation d'adaptation.

Cass. soc. 21 septembre 2010, n° 09-42.102. Voir aussi cass. soc. 19 février 2014, n° 12-28.994 ; cass. soc. 23 mai 2017, n° 15-29.526, précité.

Après avoir constaté qu'une société ne comportait aucun emploi disponible, tant avant le prononcé des licenciements qu'après dans le cadre de la priorité de réembauche, en rapport avec les compétences des salariés, au besoin en les faisant bénéficier d'une formation d'adaptation, une cour d'appel a pu débouter les salariés de leur demande en nullité du plan de sauvegarde de l'emploi et de leur licenciement.

Cass. soc. 27 mai 2015, n° 14-10.766, 1er moyen, BC V n° 104.

• Mise en œuvre

L'employeur doit fournir au salarié des offres de reclassement précises, concrètes et personnalisées.

Dans le cadre de son obligation de reclassement de tout salarié dont le licenciement économique est envisagé, il appartient à l'employeur, même quand un plan social a été établi, de rechercher s'il existe des possibilités de reclassement, prévues ou non au plan social, au sein du groupe et parmi les entreprises dont l'activité, l'organisation ou le lieu d'exploitation leur permettent d'effectuer la permutation de tout ou partie du personnel, et de proposer à chaque salarié dont le licenciement est envisagé des emplois disponibles de même catégorie ou, à défaut, de catégorie inférieure, en assurant au besoin l'adaptation des salariés à une évolution de leur emploi.

Ayant constaté que l'employeur n'avait pas communiqué à chacun des salariés dont le licenciement était envisagé des offres de reclassement précises, concrètes et personnalisées, une cour d'appel en a exactement déduit qu'il avait ainsi manqué à son obligation de reclassement, préalable au licenciement, et que les licenciements étaient en conséquence dépourvus de cause réelle et sérieuse, peu important que des possibilités de reclassement aient été prévues dans le plan social et qu'une liste des postes vacants ait été affichée dans l'entreprise.

Cass. soc. 18 janvier 2005, n° 02-46.737. Voir aussi cass. soc. 23 mars 2011, n° 10-30.127, 3e branche du moyen ; cass. soc. 26 juin 2013, n° 12-14.910.

Une société a entrepris la réorganisation de ses activités et un salarié a été licencié pour motif économique.

Ayant relevé que l'employeur avait seulement prévu de diffuser la liste des postes disponibles au sein du groupe sur son site Intranet, d'adresser une liste des salariés dont le licenciement était envisagé à toutes les succursales du groupe et de proposer les services d'un bureau de placement, mais n'avait fait aucune proposition personnelle au salarié et n'avait pas procédé à un examen individuel des possibilités de son reclassement, une cour d'appel a pu décider que le licenciement de l'intéressé était sans cause réelle et sérieuse.

Cass. soc. 26 septembre 2006, n° 05-43.841, pourvoi de l'employeur, BC V n° 288. Voir aussi cass. soc. 23 avril 2013, n° 12-15.221, 1er moyen, BC V n° 108.

Après avoir constaté qu'un employeur avait communiqué à l'ensemble des salariés des propositions identiques pour des postes à l'étranger, sans préciser le montant exact de la rémunération, une cour d'appel a pu en déduire qu'il n'avait pas mis chacun des salariés concernés en mesure de se prononcer sur des offres de reclassement précises, et condamner ce dernier au paiement de diverses sommes pour licenciements sans cause réelle et sérieuse

Cass. soc. 13 mai 2009, n° 07-43.893, 1er et 2e moyens.

Si l'employeur est en droit de proposer un même poste à plusieurs salariés, dès lors qu'il est adapté à la situation de chacun, une cour d'appel, qui a constaté qu'une société, qui appartenait à un groupe, avait, au titre du reclassement interne, proposé en termes identiques les postes disponibles en son sein à des salariés exerçant des fonctions et jouissant d'anciennetés différentes, et qu'elle avait également annoncé l'existence de « solutions » de reclassement dans d'autres sociétés du groupe, en se bornant à inviter les intéressés à venir consulter la liste de ces emplois, a pu en déduire que les offres de reclassement de l'employeur n'étaient pas personnalisées et que les licenciements étaient dépourvus de cause réelle et sérieuse.

Cass. soc. 19 janvier 2011, n° 09-42.736.

Est suffisamment personnalisée la lettre de demande de recherche de reclassement adressée par le liquidateur d'une société au repreneur précisant le nom des salariés, leur classification et la nature de leur emploi.

Pour dire un licenciement économique sans cause réelle et sérieuse, une cour d'appel a retenu qu'un liquidateur s'était borné à adresser à une société une lettre circulaire visant en termes généraux l'obligation de recherche de reclassement et la liste des salariés comportant leur classification et la dénomination de leur emploi et qu'il ne justifiait pas, en cas d'absence de commission paritaire de l'emploi, de la saisine des organisations syndicales d'employeurs, conformément aux articles 14 et 15 de l'Accord national interprofessionnel du 10 février 1969.

En statuant ainsi, alors, d'une part, que la lettre de demande de recherche de reclassement était suffisamment personnalisée en ce qu'elle comportait le nom des salariés, leur classification et la nature de leur emploi et, d'autre part, que seule l'absence de saisine de la commission paritaire de l'emploi constituait un manquement à l'obligation préalable au licenciement et privait celui-ci de cause réelle et sérieuse, la cour d'appel a violé les articles L. 1233-4 CT et 5 et 15 de l'Accord national interprofessionnel du 10 février 1969.

Cass. soc. 22 octobre 2014, n° 13-20.403, BC V n° 249.

Ces offres doivent être écrites.

Selon l'article L. 321-1, al. 3 CT, dans sa rédaction issue de la loi du 17 janvier 2002, le licenciement pour motif économique d'un salarié ne peut intervenir que lorsque tous les efforts de formation et d'adaptation ont été réalisés et que le reclassement de l'intéressé dans un emploi relevant de la même catégorie que celui qu'il occupe ou, à défaut, et sous réserve de l'accord exprès du salarié, dans un emploi d'une catégorie inférieure ne peut être réalisé dans le cadre de l'entreprise ou, le cas échéant, dans les entreprises du groupe auquel l'entreprise appartient. Les offres de reclassement adressées au salarié doivent être écrites et précises.

C'est à tort que, pour débouter un salarié de sa demande en dommages et intérêts pour licenciement sans cause réelle et sérieuse, une cour d'appel a retenu que l'employeur pouvait démontrer par tous moyens qu'il avait satisfait à l'obligation de reclassement préalablement au licenciement et qu'il était justifié par les attestations produites d'offres à temps partiel refusées par le salarié, alors qu'elle avait constaté l'absence d'offres écrites et précises proposées au salarié.

Cass. soc. 20 septembre 2006, n° 04-45.703, BC V n° 276. Voir aussi cass. soc. 30 mars 2011, n° 09-69.018 ; cass. soc. 26 octobre 2017, n° 15-26.884, 2e moyen.

L'employeur doit garantir l'effectivité du reclassement.

Ayant constaté que, après qu'une salariée a accepté son reclassement sur un poste que lui avait proposé l'employeur, ce dernier l'avait pourvu en choisissant un salarié dont le licenciement n'était pas envisagé, une cour d'appel, qui n'a pas dénaturé les lettres contenant les propositions de reclassement en énonçant qu'elles étaient faites également à d'autres salariés, a pu en déduire que la société n'avait pas satisfait à son obligation de reclassement, de sorte que le licenciement économique de l'intéressée était dépourvu de cause réelle et sérieuse.

Cass. soc. 23 mars 2011, n° 10-10.039.

Dès lors qu'il a connaissance du classement en invalidité deuxième catégorie d'un salarié au moment d'engager la procédure de licenciement pour motif économique ou pendant son déroulement, l'employeur est tenu, après avoir fait procéder à une visite de reprise, de lui proposer une offre de reclassement qui prenne en compte les préconisations du médecin du travail exprimées à l'issue de cette visite.

Cass. soc. 5 décembre 2012, n° 10-24.204, BC V n° 321.

Il en est de même lorsque le salarié a été déclaré provisoirement apte à l'issue d'une visite de reprise.

Dès lors que le salarié, victime d'un accident du travail, a été déclaré, à l'issue de la visite de reprise, provisoirement apte, l'employeur est tenu, au moment d'engager la procédure de licenciement pour motif économique ou pendant son déroulement, de faire procéder, à l'issue de la période d'aptitude provisoire, à une nouvelle visite médicale afin de prendre en compte les préconisations définitives du médecin du travail.

Victime d'un accident du travail, un salarié s'est trouvé en arrêt de travail du 21 février 2002 au 30 novembre 2003 ; à la suite de la visite de reprise effectuée le 1er décembre 2003, le médecin du travail a rendu un avis d'aptitude provisoire pendant quinze jours, excluant les efforts de manutention manuelle ; avant l'expiration de ce délai, le salarié a été licencié pour motif économique le 11 décembre 2003 ; il a saisi la juridiction prud'homale.

Après avoir constaté que le salarié, qui avait, à l'issue d'une visite de reprise, été déclaré provisoirement apte, devait être revu par le médecin du travail dans le délai de quinze jours, une cour d'appel, qui a exactement retenu qu'en ne mettant pas ce salarié en mesure de se soumettre à une nouvelle visite médicale, l'employeur n'avait pas pu proposer valablement au salarié un poste de reclassement, a pu condamner ce dernier au paiement d'une indemnité pour licenciement sans cause réelle et sérieuse.

Cass. soc. 29 mai 2013, n° 12-15.313, BC V n° 134.

Toutefois, l'employeur n'a pas à rechercher à reclasser le salarié déclaré inapte avant de procéder à son licenciement pour motif économique en cas de cessation totale et définitive d'activité de l'entreprise, dès lors qu'elle n'appartient pas à un groupe.

Un salarié, victime d'un accident du travail le 7 novembre 2011, a été déclaré inapte à son poste par le médecin du travail à l'issue de deux examens médicaux réalisés les 29 avril et 13 mai 2014. Par jugement du 27 mai 2014, la liquidation judiciaire de la société sans poursuite d'activité a été prononcée et le salarié a, le 11 juin 2014, été licencié pour motif économique.

Pour dire le licenciement nul et fixer la créance du salarié à inscrire au passif de la liquidation judiciaire de la société à des sommes à titre de dommages-intérêts et complément d'indemnité de licenciement, une cour d'appel a retenu que, le salarié ayant été déclaré inapte à son poste de travail le 13 mai 2014, suite à un accident du travail, il appartenait à l'employeur de mettre en œuvre la procédure prévue par l'article L. 1226-10 CT et, notamment, de procéder, à compter de cette date, à des recherches en vue de parvenir à son reclassement, qu'il était constant qu'aucune recherche en ce sens n'avait été effectuée, que ce soit avant l'ouverture de la procédure de liquidation judiciaire intervenue le 27 mai 2014 ou après, et que le liquidateur s'était borné à mettre en œuvre la procédure de licenciement économique en convoquant le salarié à l'entretien préalable à son licenciement pour motif économique le 28 mai 2014, que le liquidateur invoquait vainement les contraintes de temps résultant de la procédure de liquidation judiciaire alors qu'il ne justifiait aucunement des démarches effectuées auparavant, et qu'il apparaissait, en conséquence, que les règles particulières aux salariés victimes d'un accident du travail, qui instituent une protection d'ordre public, n'avaient pas été respectées et que le licenciement prononcé dans de telles conditions était nul.

En statuant ainsi, alors qu'il résultait de ses constatations que l'impossibilité de reclassement du salarié ressortissait à la cessation totale d'activité de l'entreprise mise en liquidation judiciaire sans poursuite d'activité et qu'il n'était pas prétendu que celle-ci appartenait à un groupe, la cour d'appel a violé l'article L. 1226-10 CT, dans sa rédaction applicable en la cause.

Cass. soc. 4 octobre 2017, n° 16-16.441, BC V n° 168.

L'obligation de reclassement revêt un certain contenu

L'employeur doit engager une recherche effective des postes disponibles…

Le seul envoi de lettres circulaires à des sociétés relevant du groupe auquel appartient l'employeur, ne peut suffire à établir que ce dernier a effectué une recherche préalable, sérieuse et active des possibilités de reclassement existant dans le groupe.

Cass. soc. 13 février 2008, n° 06-44.984. Voir aussi cass. soc. 31 mars 2009, n° 07-45.065.

Ne satisfait pas à son obligation de reclassement l'employeur qui se borne à faire état d'une liste de postes vacants contenue dans le plan social, qui concerne des emplois différents de celui occupé par le salarié, sans faire à celui-ci aucune proposition personnalisée de reclassement ni prévoir son adaptation effective à des emplois disponibles.

Cass. soc. 29 janvier 2003, n° 01-40.288.

Pour décider que les licenciements pour motif économique de plusieurs salariés d'une société étaient dépourvus de cause réelle et sérieuse, une cour d'appel a retenu que si la société avait adressé aux autres entreprises du groupe une lettre circulaire pour recenser les postes disponibles, cette correspondance ne contenait aucun élément relatif à l'activité des salariés concernés, à leurs compétences, à leurs facultés d'adaptation, à leurs diplômes ou à leur âge, de sorte qu'il ne pouvait pas en être tiré la démonstration que l'employeur avait loyalement recherché leur reclassement.

En statuant ainsi, alors que l'employeur avait, préalablement aux licenciements, interrogé l'ensemble des sociétés du groupe sur l'existence de postes vacants ou susceptibles d'être créés et qu'il avait reçu de chacune une réponse négative excluant toute possibilité de reclassement, la cour d'appel a violé les articles L. 122-14-3 et L. 321-1 devenus L. 1233-2 à L. 1233-4 CT.

Cass. soc. 14 janvier 2009, n° 07-42.056.

… ce qui n'est pas le cas d'emplois maintenus pour les besoins de la liquidation judiciaire en cours d'une société.

L'agrément dont bénéficiait une société d'assurance a été retiré par la commission de contrôle des assurances. À la demande de la commission, une procédure de liquidation judiciaire a été ouverte par le tribunal de grande instance. Après avoir établi un PSE qui prévoyait la poursuite temporaire, pour une durée indéterminée, d'une partie de l'activité de l'entreprise, par l'intermédiaire d'une « cellule liquidative » chargée du traitement des sinistres en cours et employant 67 des 190 salariés de l'entreprise, le liquidateur judiciaire a notifié des licenciements pour motif économique. Des salariés licenciés ont saisi le juge prud'homal de demandes indemnitaires.

Pour reconnaître les salariés licenciés créanciers de dommages-intérêts pour licenciement sans cause réelle et sérieuse, une cour d'appel a retenu que, sur le plan interne, une fiche de liaison avait été transmise aux salariés afin de connaître leurs souhaits quant à la continuation du contrat au sein de la cellule liquidative mise en place pour traiter les dossiers des sinistres antérieurs au retrait de l'agrément, que toutefois cette démarche ne saurait satisfaire à l'obligation de reclassement nécessitant une proposition écrite et précise de réemploi, le refus du salarié ne déliant pas l'employeur de cette obligation, et, que, sur le plan externe, des démarches avaient été engagées par le liquidateur judiciaire auprès des autorités administratives, des offres de reclassement avaient été affichées et des réunions avaient été organisées avec un cabinet spécialisé dans le reclassement, mais que ces procédés, qui s'adressaient à l'ensemble des salariés et non à chacun d'eux pris individuellement, ne pouvaient être considérés comme satisfaisant à l'obligation de reclassement qui pèse sur l'employeur en cas de licenciement économique.

En statuant ainsi, alors, d'une part, que l'obligation de reclassement qui pèse sur l'employeur préalablement à un licenciement pour motif économique ne s'étend pas, sauf disposition conventionnelle le prévoyant, à d'autres entreprises qui ne relèvent pas d'un même groupe et alors, d'autre part, qu'il résultait de ses constatations que les emplois maintenus pour les besoins de la liquidation des contrats d'assurance en cours n'étaient pas des emplois disponibles pour des reclassements, la cour d'appel a violé l'article L. 1233-4 CT.

Cass. soc. 15 juin 2010, n° 08-70.391, 1er moyen des pourvois du liquidateur judiciaire, BC V n° 135.

Les recherches de postes disponibles dans les sociétés du groupe auquel appartient l'employeur qui envisage un licenciement économique collectif n'ont pas à être assorties du profil personnalisé des salariés concernés pour l'établissement du plan de reclassement intégré au plan de sauvegarde de l'emploi.

Une société a licencié plusieurs salariés, employés sur un des sites de l'entreprise, dans le cadre d'un licenciement économique collectif accompagné d'un plan de sauvegarde de l'emploi.

Doit être rejeté le pourvoi formé par les salariés qui, pour reprocher à une cour d'appel de les avoir déboutés de leurs demandes de dommages-intérêts pour licenciement sans cause réelle et sérieuse, soutiennent notamment que l'exécution loyale et sérieuse de l'obligation légale de reclassement interne suppose que l'employeur interroge en temps utile l'ensemble des sociétés du groupe auquel il appartient sur l'existence de postes vacants ou susceptibles d'être créés, en leur précisant les caractéristiques précises des emplois postes occupés par les salariés dont le licenciement est envisagé, ainsi que leur ancienneté, leur qualification et leurs compétences et qu'en se bornant à procéder par voie de lettre circulaire pour identifier les postes disponibles au sein du groupe, la société avait manqué à son obligation de reclassement.

En effet, la cour d'appel a justement retenu que les recherches de postes disponibles dans les sociétés du groupe auquel appartient l'employeur qui envisage un licenciement économique collectif n'ont pas à être assorties du profil personnalisé des salariés concernés pour l'établissement du plan de reclassement intégré au plan de sauvegarde de l'emploi, ce dernier devant seulement préciser le nombre, la nature, la localisation, le statut et la rémunération des emplois disponibles au sein du groupe.

Cass. soc. 28 octobre 2015, n° 14-17.712, 1er moyen, BC V n° 207.

L'obligation de l'employeur se limite aux emplois salariés.

Le licenciement pour motif économique d'un salarié ne peut être prononcé que si son reclassement dans l'entreprise, ou dans le groupe auquel elle appartient, est impossible. Il en résulte que seuls les emplois salariés doivent être proposés dans le cadre du reclassement.

Un salarié, engagé en qualité de directeur produits par une société, a été licencié pour motif économique.

Pour décider que son licenciement était dépourvu de cause réelle et sérieuse, une cour d'appel a retenu que, en ne lui proposant pas un des postes de commerciaux qu'il avait l'intention de créer pour assurer la prospection et la commercialisation de ses produits, l'employeur avait manqué à son obligation de reclassement.

En statuant ainsi, sans constater que les agents commerciaux occupaient des emplois salariés au service de l'entreprise, la cour d'appel a violé les articles L. 122-14-3 et L. 321-1 devenus L. 1235-1 et L. 1233-4 CT.

Cass. soc. 31 mars 2009, n° 07-44.480, BC V n° 95.

L'employeur doit proposer des emplois de même catégorie ou de catégorie inférieure.

Dans le cadre de son obligation de reclassement, l'employeur doit, en cas de suppression ou de transformation d'emplois, proposer aux salariés concernés des emplois de même catégorie ou, à défaut, de catégorie inférieure, fût-ce par voie de modification des contrats de travail.

Cass. soc. 15 mai 2001, n° 98-44.330. Voir aussi cass. soc. 7 décembre 1999, n° 97-44.423 ; cass. soc. 29 janvier 2002, n° 00-41.885, s'agissant de l'obligation de proposer des postes en CDD pour surcroît temporaire d'activité.

Le licenciement économique d'un salarié ne peut intervenir, en cas de suppression ou de transformation d'emploi, que si son reclassement dans l'entreprise et, le cas échéant, dans le groupe auquel appartient l'entreprise, s'avère impossible.

Doit être cassé l'arrêt qui, pour décider que le licenciement d'une salariée reposait sur une cause réelle et sérieuse, a énoncé que le plan de restructuration de la société soulignait la dégradation constante des résultats et que, compte tenu du remplacement de onze lignes manuelles de montage par cinq lignes automatisées, l'intéressée ne pouvait soutenir sans preuve que son emploi d'agent de fabrication n'était pas supprimé, sans rechercher si l'employeur avait pris l'initiative de proposer à l'intéressée, en lui assurant l'adaptation éventuellement nécessaire, des emplois disponibles de même catégorie ou, à défaut, de catégorie inférieure par voie de modification du contrat de travail.

Cass. soc. 18 février 1998, n° 95-45.502, BC V n° 88.

Ayant relevé que le site sur lequel travaillait une salariée avait été abandonné et que les licenciements prononcés en même temps que le sien avaient entraîné la disparition de tous les emplois correspondant à sa qualification et de tous autres de catégorie inférieure ou supérieure, une cour d'appel a pu en déduire l'impossibilité d'un reclassement de l'intéressée avant son licenciement.

Cass. soc. 18 décembre 2002, n° 00-46.395.

L'emploi est de même catégorie s'il requiert la même qualification.

L'employeur avait immédiatement procédé au reclassement de plusieurs employés de banque après le licenciement économique d'une salariée. Les postes ainsi pourvus auraient pu être occupés par l'intéressée, celle-ci ayant elle-même la qualification d'employée de banque. L'employeur n'avait donc pas satisfait à son obligation de reclassement.

Cass. soc. 26 octobre 1995, n° 92-41.471.

Le reclassement du salarié doit être envisagé dans un emploi compatible avec ses capacités et sa compétence.

Une salariée occupant un poste de secrétaire ne pouvait être reclassée en qualité de travailleuse à domicile ou dans des centres d'aide au travail. La violation de l'obligation de reclassement n'était pas constituée, même si la société avait accru la sous-traitance et le travail à façon dans les centres d'aide au travail, ces postes étant incompatibles avec les fonctions exercées par la salariée.

Cass. soc. 24 octobre 1995, n° 94-40.203.

Une offre d'emploi effectuée dans le cadre d'un plan social à un salarié qui avait précédemment fait l'objet d'un reclassement dans l'entreprise, à la suite d'une déclaration d'inaptitude par le médecin du travail, doit être compatible avec l'aptitude physique de l'intéressé.

Une cour d'appel, qui a constaté que, sur les deux propositions de poste de reclassement qui avaient été faites au salarié en application de l'accord collectif conclu dans le cadre d'un plan social, l'un des postes proposés s'était révélé incompatible avec l'aptitude physique de l'intéressé, en a exactement déduit que cette proposition ne pouvait constituer l'une des deux offres d'emploi de reclassement que l'employeur s'était engagé à présenter à chaque salarié et que dès lors, en application de cet accord, le salarié devait être réintégré.

Cass. soc. 17 mai 2000, n° 98-40.595, BC V n° 189.

L'employeur doit éventuellement mettre en œuvre les mesures nécessaires à l'adaptation du salarié.

Une salariée employée en qualité de gouvernante par une société hôtelière avait été licenciée pour motif économique.

Doit être rejeté le pourvoi de la société reprochant à une cour d'appel de l'avoir condamnée au paiement d'une indemnité pour licenciement sans cause réelle et sérieuse alors que, selon le pourvoi, pour dénier la cause économique du licenciement de la salariée, la cour d'appel s'est fondée sur le fait que la société avait employé à plein temps une serveuse qui, avant le licenciement de l'intéressée, n'était employée qu'à mi-temps, sans rechercher si la salariée qui était employée en qualité de gouvernante avait les capacités et l'expérience professionnelle pour exercer les fonctions de serveuse.

La cour, qui a fait ressortir que l'employeur n'avait pas pris l'initiative, pour satisfaire à son obligation de reclassement, de proposer à la salariée, en lui assurant l'adaptation éventuellement nécessaire, l'emploi disponible de serveuse à mi-temps, a pu décider que le licenciement n'avait pas de cause économique.

Cass. soc. 18 novembre 1998, n° 96-42.991, 1er moyen, BC V n° 499. Voir aussi cass. soc. 6 février 1997, n° 94-43.275.

Le licenciement économique d'un salarié ne peut intervenir que si le reclassement de l'intéressé dans l'entreprise ou dans le groupe dont elle relève n'est pas possible. Il appartient à l'employeur, même lorsqu'un plan social a été établi, de rechercher s'il existe des possibilités de reclassement, prévues ou non dans le plan social, au sein du groupe, parmi les entreprises dont l'activité, l'organisation ou le lieu d'exploitation leur permettent d'effectuer la permutation de tout ou partie du personnel, et de proposer aux salariés dont le licenciement est envisagé des emplois disponibles de même catégorie ou, à défaut, de catégorie inférieure, fût-ce par voie de modification des contrats, en assurant, au besoin, l'adaptation de ces salariés à une évolution de leur emploi.

À la suite d'un plan social effectué en vue d'une réduction d'effectifs et prévoyant une priorité dans la proposition et dans l'attribution de postes offerts au reclassement au profit des salariés âgés de plus de 50 ans, un salarié de plus de 50 ans s'est porté candidat à l'un des postes d'employé polyvalent offerts au reclassement du personnel et figurant sur une liste communiquée par l'employeur. Sa candidature ayant été refusée, il a été licencié pour motif économique et a saisi la juridiction prud'homale d'une demande de dommages-intérêts pour licenciement sans cause réelle et sérieuse.

Pour débouter le salarié, une cour d'appel, après avoir retenu, d'une part, que l'employeur avait informé l'intéressé qu'il n'avait pas retenu sa candidature, car d'autres candidatures répondaient davantage aux exigences requises par ces postes, trois des salariés reclassés possédant déjà une bonne connaissance du service concerné, et le quatrième ayant été reclassé sur un poste similaire à celui qu'il occupait précédemment sur un autre site, et, d'autre part, que le responsable du recrutement pour ces quatre postes avait attesté des difficultés rencontrées par le salarié dans l'usage du français, a estimé que l'employeur, qui disposait de la liberté de choisir les salariés en fonction de l'intérêt de l'entreprise, ne pouvait se voir reprocher un quelconque manquement à son obligation de reclassement.

En statuant ainsi, sans rechercher si l'employeur s'était trouvé dans l'impossibilité d'appliquer au salarié la priorité dans l'attribution des postes de reclassement qui lui était accordée dans le plan social ou si les salariés auxquels ces postes avaient été attribués remplissaient également la même condition d'âge, la cour d'appel a privé sa décision de base légale.

Cass. soc. 14 janvier 2004, n° 02-46.678, BC V n° 11.

Pour dire que le licenciement économique d'une salariée reposait sur une cause réelle et sérieuse, une cour d'appel a retenu qu'elle s'occupait, en tant que commerciale, du marché dit « court terme » visant les confectionneurs du « Sentier parisien » et les petites centrales d'achat distribuant des produits bas de gamme répondant à des demandes immédiates et qu'ainsi, elle ne pouvait en raison de son absence de formation, d'expériences, et de compétences spécifiques faire l'objet d'un reclassement sur le marché « long terme », s'agissant d'un métier différent nécessitant une connaissance approfondie des techniques de fabrication d'écrus et teintures ou impressions indispensables commercialement à l'élaboration du produit en collaboration avec les stylistes des grandes maisons.

En statuant ainsi, alors qu'il résultait de ses constatations que l'employeur ne justifiait pas de l'impossibilité d'affecter la salariée au poste disponible sur le marché « long terme » moyennant une formation permettant l'adaptation de celle-ci à ce nouvel emploi, la cour d'appel n'a pas donné de base légale à sa décision.

Cass. soc. 28 mai 2008, n° 06-45.572, 1er moyen, BC V n° 115.

Si l'employeur a l'obligation d'assurer l'adaptation des salariés à l'évolution de leur emploi, en leur donnant au besoin une formation complémentaire, il ne peut pas lui être imposé de leur délivrer une qualification nouvelle leur permettant d'accéder à un poste disponible de catégorie supérieure.

Une salariée avait été licenciée pour motif économique à la suite de son refus de la modification de son contrat de travail décidée en raison d'une mutation technologique. Une cour d'appel qui a constaté que la mise en œuvre d'un nouveau logiciel informatique avait entraîné la suppression de la majeure partie des tâches effectuées jusque-là par la salariée, que l'embauche d'un contrôleur de gestion n'avait pas eu pour objet de la remplacer à son poste de travail, que son licenciement avait bien pour cause une mutation technologique et que la formation de l'intéressée était insuffisante pour occuper le seul emploi vacant de contrôleur de gestion et retenu à bon droit que l'acquisition de cette formation ne relevait pas de l'obligation d'adaptation de l'employeur, a caractérisé l'impossibilité de son reclassement.

Cass. soc. 17 mai 2006, n° 04-43.022.

Une cour d'appel, qui constate que le reclassement d'un médecin chef de service licencié pour motif économique dans une spécialité médicale était impossible, et que la direction des ressources humaines d'un établissement employant plus de 400 salariés supposait une formation et une expérience professionnelle que le salarié ne possédait pas, peut le débouter de sa demande d'indemnité pour licenciement sans cause réelle et sérieuse.

Cass. soc. 12 juillet 2006, n° 04-45.578, 2e moyen, BC V n° 247.

Si le salarié refuse un poste compatible avec ses fonctions, le licenciement a une cause économique.

Ayant relevé que, à la suite de la transformation de son emploi, consécutive à des difficultés économiques, une salariée, ayant la qualité de retoucheuse, avait refusé le reclassement proposé par l'employeur dans un emploi de retoucheuse à domicile, une cour d'appel a pu décider que le licenciement de l'intéressée avait une cause économique.

Cass. soc. 25 octobre 1995, n° 94-41.742.

Si l'employeur propose une modification du contrat de travail dans le cadre de son obligation de reclassement, la procédure prévue en cas de modification économique du contrat (délais) n'a pas à être respectée.

Cass. soc. 13 avril 1999, n° 97-41.934, BC V n° 170. Voir aussi cass. soc. 27 novembre 2001, n° 99-41.723, BC V n° 359 ; cass. soc. 12 septembre 2018, n° 17-12.746, cités dans « Modification économique du contrat de travail ».

En cas de reclassement dans une autre qualification avec maintien des ressources, l'employeur, qui a versé au salarié une prime attachée au nouveau poste, ne peut pas imputer son montant sur la partie de la rémunération correspondant au maintien des ressources.

À la suite de la suppression de leur poste pour des raisons économiques, deux salariés avaient été reclassés dans des postes correspondant à une autre qualification, sans perte de rémunération. À cet effet, un avenant à leur contrat de travail avait été signé en 1992, stipulant que la différence entre le salaire de leur ancien poste et le nouveau salaire apparaîtrait sous la rubrique « maintien des ressources ». Les salariés ayant perçu, à compter de 1993, une prime de traction attachée à leur nouveau poste, l'employeur avait réduit d'autant le montant du maintien de ressources. Contestant cette manière de faire, les intéressés avaient alors saisi la juridiction prud'homale d'une demande de rappel de salaires.

Doit être approuvé le jugement ayant condamné l'employeur au paiement de diverses sommes à titre de rappel de maintien de ressources pour les années 1993 à 1996. En effet, l'avenant de 1992 qui modifiait le contrat de travail en ce qui concernait leur qualification ayant garanti aux salariés le maintien de leur rémunération, le conseil de prud'hommes a décidé à bon droit que la prime de traction, versée aux salariés à compter de 1993 dans le cadre de leur nouveau poste, ne pouvait venir en déduction de leur rémunération de base.

Cass. soc. 29 juin 1999, n° 97-40.828, BC V n° 305.

L'offre d'adhésion à une convention FNE, prévoyant une allocation de préretraite progressive pour les travailleurs âgés maintenus dans leur emploi en contrepartie de la transformation, avec leur accord, de leur emploi à plein temps en emploi à temps partiel, constitue une proposition de reclassement.

Doit être cassé l'arrêt ayant condamné une société à payer à un salarié, notamment, une somme à titre d'indemnité pour licenciement sans cause réelle et sérieuse. En effet, en relevant que la société avait fait au salarié une proposition d'adhésion à une convention FNE prévoyant une allocation de préretraite progressive en contrepartie de la transformation de son emploi à temps plein en emploi à temps partiel de nature à permettre le maintien du salarié dans son emploi, la cour d'appel n'a pas caractérisé le manquement de l'employeur à son obligation de reclassement.

Cass. soc. 6 juin 2000, n° 98-41.457, BC V n° 214.

Une convention collective peut imposer à l'employeur une obligation particulière de reclassement.

Après avoir rappelé qu'en vertu de la convention collective nationale du caoutchouc, l'employeur devait s'efforcer, avant tout congédiement pour cause de suppression d'emploi, de proposer à l'intéressé dans l'entreprise un poste équivalent et que, dans le cas où l'entreprise ne pourrait fournir un tel poste à l'intéressé, elle s'adresserait à son organisation professionnelle qui s'efforcerait à son tour de reclasser le salarié congédié, la cour d'appel, qui a constaté qu'une société s'était abstenue de solliciter son organisation professionnelle et, ainsi, n'avait pas satisfait à l'obligation de reclassement particulière prévue par la convention collective applicable, en a justement déduit, par ce seul motif, que le licenciement était dépourvu de cause réelle et sérieuse.

Cass. soc. 2 mai 2001, n° 98-44.945, BC V n° 146.

L'établissement et la mise en œuvre d'un plan de sauvegarde de l'emploi ne dispensent pas l'employeur de procéder à la recherche du reclassement des salariés

Avant tout licenciement pour motif économique, l'employeur doit rechercher et proposer aux salariés les postes disponibles et cela, même lorsqu'un plan social a été établi.

Pour débouter une salariée licenciée pour motif économique de ses demandes d'indemnité de préavis et de dommages-intérêts pour licenciement sans cause réelle et sérieuse, non-respect des critères retenus pour fixer l'ordre des licenciements et licenciement abusif, une cour d'appel a énoncé, d'une part, que le licenciement de l'intéressée s'inscrivant dans un licenciement collectif ayant touché près de quatre-vingts salariés, le tribunal de grande instance de Paris avait jugé, par une décision passée en force de chose jugée, que le plan social présenté par la société était conforme aux dispositions de la loi et, d'autre part, qu'il n'était pas établi que la salariée avait usé de la possibilité offerte par le plan social de postuler à un emploi dans une société étrangère du même groupe et qu'elle n'avait pas manifesté le désir d'utiliser les services de la cellule de reclassement ou ceux du cabinet « d'out-placement » mis à la disposition du personnel cadre par l'employeur.

En statuant ainsi, sans rechercher s'il existait des possibilités de reclassement prévues ou non par le plan social et si l'employeur les avait effectivement mises en œuvre à l'égard de la salariée, la cour d'appel n'a pas légalement justifié sa décision.

Cass. soc. 7 juillet 1998, n° 96-41.565, BC V n° 370. Voir aussi cass. soc. 22 février 1995, n° 93-43.404, 2e moyen, BC V n° 66.

Avant tout licenciement pour motif économique, l'employeur doit rechercher et proposer aux salariés les postes disponibles et il en est ainsi, même lorsqu'un plan social a été établi. Ne donne pas de base légale à sa décision la cour d'appel qui, pour décider que le licenciement d'un salarié avait cause réelle et sérieuse, se borne à constater qu'une cellule emploi destinée au reclassement des salariés a été mise en place, sans vérifier si l'employeur a mis en œuvre à l'égard du salarié les possibilités de reclassement prévues ou non par le plan social.

Cass. soc. 16 décembre 1998, n° 96-41.989, BC V n° 560. Voir aussi cass. soc. 17 janvier 2001, n° 98-46.109 ; cass. soc. 26 mars 2002, n° 00-40.898, 2e moyen, BC V n° 106.

Le licenciement économique d'un salarié ne peut intervenir que si le reclassement de l'intéressé dans l'entreprise n'est pas possible. Dans le cadre de cette obligation de reclassement, il appartient à l'employeur, même quand un plan social a été établi, de rechercher s'il existe des possibilités de reclassement, prévues ou non dans le plan social, et de proposer aux salariés dont le licenciement est envisagé des emplois disponibles de même catégorie ou, à défaut, de catégorie inférieure, fût-ce par voie de modification des contrats de travail, en assurant, au besoin, l'adaptation de ces salariés à une évolution de leur emploi.

Ayant relevé que l'employeur s'était borné à faire état d'une liste de postes vacants contenue dans le plan social qui concernait des emplois distincts de celui occupé par le salarié, sans faire à celui-ci aucune proposition de reclassement ni prévoir son adaptation à l'un des emplois disponibles, une cour d'appel a pu décider que l'employeur n'avait pas satisfait à son obligation de reclassement et que le licenciement était dépourvu de cause économique.

Cass. soc. 6 juillet 1999, n° 96-45.665, BC V n° 333. Voir aussi cass. soc. 14 mars 2012, n° 10-26.613 ; cass. soc. 1er juillet 2015, n° 14-15.852.

L'employeur est tenu, préalablement à tout licenciement pour motif économique, de rechercher toutes les possibilités de reclassement existant dans l'entreprise ou dans le groupe et de les proposer aux salariés aptes à exercer les emplois disponibles, sans que les dispositions d'un plan de sauvegarde de l'emploi puissent le dispenser de cette obligation.

Cass. soc. 1er février 2011, n° 09-69.022.

Si le juge judiciaire demeure compétent pour apprécier le respect par l'employeur de l'obligation individuelle de reclassement, cette appréciation ne peut méconnaître l'autorité de la chose décidée par l'autorité administrative ayant homologué le document élaboré par l'employeur par lequel a été fixé le contenu du plan de reclassement intégré au plan de sauvegarde de l'emploi ; il ne peut donc pas, sans violer le principe de la séparation des pouvoirs, se fonder sur une insuffisance du plan de sauvegarde de l'emploi, alors que le contrôle du contenu de ce plan relève de la compétence exclusive de la juridiction administrative, pour juger établie l'absence de recherche individualisée, sérieuse et loyale de reclassement.

Selon l'article L. 1235-7-1 CT, l'accord collectif mentionné à l'article L. 1233-24-1 CT, le document élaboré par l'employeur mentionné à l'article L. 1233-24-4, le contenu du plan de sauvegarde de l'emploi, les décisions prises par l'administration au titre de l'article L. 1233-57-5 et la régularité de la procédure de licenciement collectif ne peuvent faire l'objet d'un litige distinct de celui relatif à la décision de validation ou d'homologation mentionnée à l'article L. 1233-57-4 ; ces litiges relèvent de la compétence, en premier ressort, du tribunal administratif, à l'exclusion de tout autre recours administratif ou contentieux ; si le juge judiciaire demeure compétent pour apprécier le respect par l'employeur de l'obligation individuelle de reclassement, cette appréciation ne peut méconnaître l'autorité de la chose décidée par l'autorité administrative ayant homologué le document élaboré par l'employeur par lequel a été fixé le contenu du plan de reclassement intégré au plan de sauvegarde de l'emploi.

Une association a été placée en redressement judiciaire par jugement d'un tribunal de grande instance en date du 10 octobre 2013 ; le 19 décembre 2013, le tribunal a arrêté un plan de cession de l'association et ordonné le transfert de 320 contrats à durée indéterminée ainsi que le licenciement des salariés non repris ; le document élaboré par l'administrateur judiciaire et fixant le contenu du plan de sauvegarde de l'emploi, homologué par la DIRECCTE le 24 décembre 2013, indiquait, en ce qui concerne les « mesures d'aide au reclassement dans les autres sociétés du " groupe " destinées à limiter le nombre de licenciements envisagés », que « l'[employeur] étant une association, aucun reclassement interne ne peut être envisagé ». La conversion du redressement judiciaire en liquidation judiciaire a été prononcée le 18 avril 2014. Deux salariées licenciées pour motif économique ont saisi la juridiction prud'homale.

Pour juger les licenciements dénués de cause réelle et sérieuse et fixer à une certaine somme les créances de dommages-intérêts dues à ce titre aux salariées, une cour d'appel a retenu qu'il ressortait des débats et de leurs écritures que les intéressées devaient être regardées comme soutenant que leur licenciement était sans cause réelle et sérieuse du fait, non seulement de l'insuffisance du plan de sauvegarde de l'emploi, mais aussi de l'absence de recherche de reclassement à leur égard, tant interne qu'externe ; qu'il en résultait que ces moyens, qui ne concernaient pas le bien-fondé de la décision administrative ayant homologué le plan et étaient sans incidence sur sa légalité, ne relevaient que de la compétence de la juridiction judiciaire et que, sur la contestation relative au non-respect de l'obligation de reclassement, le salarié était fondé à contester le caractère réel et sérieux de la mesure sur le terrain du respect, par les organes de la procédure collective chargés de mettre en œuvre les licenciements, de l'obligation de reclassement, cette obligation ayant une dimension individuelle, ainsi que cela résulte des dispositions de l'article L. 1233-4 CT, mais aussi collective, le plan de sauvegarde de l'emploi ne pouvant faire l'économie des mesures de reclassement prévues par les textes susvisés. Elle a ensuite relevé qu'en l'espèce, le plan de sauvegarde de l'emploi élaboré dans le cadre du licenciement collectif pour motif économique visant le personnel de l'association comportait un paragraphe 5.1 relatif au reclassement « dans les autres sociétés du groupe » indiquant que « L'[employeur] étant une association, aucun reclassement interne ne peut être envisagé », que les recherches de reclassement interne au sein du groupe expressément visé dans le plan de sauvegarde de l'emploi n'avaient nullement été envisagées et avaient même été expressément exclues au motif de la forme associative de l'entreprise, qui ne dispensait toutefois nullement l'employeur de son obligation de satisfaire aux prescriptions de l'article L. 1233-4 CT, qu'à cet égard, ni le liquidateur ni l'AGS ne produisaient le moindre élément sur la structure et l'étendue du groupe, de nature à vérifier que les sociétés ou associations qui en sont membres et au sein desquelles la permutation du personnel était envisageable aient effectivement été interrogées par les organes de la procédure collective, sur les possibilités de reclasser les salariées, étant ici observé que les lettres de licenciement ne faisaient nulle référence à une quelconque recherche de reclassement, et que dans ces conditions, tant en raison de l'insuffisance du plan de sauvegarde de l'emploi que de l'absence de recherche individualisée, sérieuse et loyale de reclassement, les licenciements devaient être jugés sans cause réelle et sérieuse.

En statuant ainsi, sur le fondement d'une insuffisance du plan de sauvegarde de l'emploi, alors que le contrôle du contenu de ce plan relève de la compétence exclusive de la juridiction administrative, la cour d'appel a violé l'article L. 1235-7-1 CT, ensemble la loi des 16-24 août 1790, le décret du 16 fructidor an III et le principe de la séparation des pouvoirs.

Cass. soc. 21 novembre 2018, n° 17-16.766, à paraître.

Une proposition de modification du contrat de travail, que le salarié peut refuser, ne dispense pas l'employeur de son obligation de reclassement

Un salarié engagé en qualité d'attaché commercial a reçu une lettre de son employeur lui proposant la modification du mode de calcul de ses commissions en raison de difficultés économiques ; à la suite de son refus, le salarié a fait l'objet d'un licenciement économique et a saisi la juridiction prud'homale pour notamment contester la régularité de son licenciement.

Pour dire que son licenciement avait une cause réelle et sérieuse, une cour d'appel a énoncé que s'il existait, selon une annonce publiée dans la presse locale, des emplois disponibles de commerciaux à pourvoir, le reclassement du salarié dans l'entreprise ne pouvait se faire qu'aux nouvelles conditions proposées par la société conformément à un projet d'avenant et qu'ayant refusé ces nouvelles conditions, son reclassement était impossible.

En statuant ainsi, alors que l'employeur était tenu de proposer au salarié dont le licenciement était envisagé tous les emplois disponibles de la même catégorie ou, à défaut, d'une catégorie inférieure sans pouvoir limiter ses offres en fonction de la volonté présumée de l'intéressé de les refuser, la cour d'appel a violé l'article L. 1233-4 CT.

Cass. soc. 25 novembre 2009, n° 08-42.755, 3e moyen, BC V n° 267. Voir aussi cass. soc. 28 septembre 2011, n° 10-14.691 ; cass. soc. 10 décembre 2014, n° 13-19.638, 2e moyen.

Le fait que le licenciement a été autorisé par le plan de cession ne dispense pas l'administrateur judiciaire de respecter l'obligation de reclassement

Doit être cassé l'arrêt qui, pour débouter un salarié de sa demande de dommages-intérêts pour licenciement sans cause réelle et sérieuse, a énoncé que le licenciement avait été autorisé par le plan de cession et qu'il était intervenu dans des conditions de forme et de fond régulières, alors que le licenciement d'un salarié ne peut intervenir que si le reclassement de l'intéressé n'est pas possible.

En statuant ainsi, alors que l'autorité du jugement arrêtant un plan de cession qui prévoit des licenciements pour motif économique n'est attachée par l'effet de l'article 64 du décret du 27 décembre 1985 qu'à l'existence d'une suppression ou transformation d'emploi ou d'une modification du contrat de travail consécutives à des difficultés économiques, à une mutation technologique ou à une réorganisation nécessaire à la sauvegarde de la compétitivité de l'entreprise et ne saurait s'étendre à la question individuelle des salariés au regard de l'obligation de reclassement qui pèse sur l'employeur, la cour d'appel, qui n'a pas recherché si l'administrateur judiciaire avait satisfait à l'obligation de reclassement, a privé sa décision de base légale.

Cass. soc. 10 mai 1999, n° 96-44.647, BC V n° 204.

L'autorité de l'ordonnance du juge-commissaire, qui autorise des licenciements pour motif économique présentant un caractère urgent, inévitable et indispensable pendant la période d'observation, ne s'étend pas à la situation individuelle des salariés au regard de l'obligation de reclassement qui pèse sur l'employeur et qui relève de la compétence du juge prud'homal.

Une salariée avait été engagée en qualité de secrétaire comptable par une société déclarée en redressement judiciaire par jugement ; à la suite de l'ordonnance d'un juge-commissaire autorisant le licenciement de plusieurs salariés, l'intéressée a été licenciée pour motif économique.

Ayant constaté que l'employeur ne justifiait d'aucun effort de reclassement et n'établissait pas la réalité de l'impossibilité d'un tel reclassement, une cour d'appel a pu décider que le licenciement de cette salariée était dénué de cause réelle et sérieuse.

Cass. soc. 21 février 2006, n° 03-45.383.

En cas de violation de l'obligation de reclassement, l'employeur encourt certaines sanctions

Le licenciement économique d'un salarié ne peut intervenir que si son reclassement est impossible et il appartient à l'employeur de prouver qu'il est dans l'impossibilité de procéder à ce reclassement…

Doit être cassé l'arrêt qui, pour décider que le licenciement d'une salariée reposait sur une cause réelle et sérieuse, énonce qu'il n'est pas justifié que la société aurait été en mesure d'offrir à la salariée un reclassement satisfaisant, alors qu'il appartient à l'employeur d'établir qu'il a satisfait à son obligation de reclassement dans l'entreprise.

Cass. soc. 4 mai 1995, n° 93-44.890, 2e moyen. Voir aussi cass. soc. 19 mars 1998, n° 96-40.014.

… ou que le salarié est inapte à s'adapter aux nouvelles conditions de travail.

L'employeur, tenu d'exécuter de bonne foi le contrat de travail, a le devoir d'assurer l'adaptation des salariés à l'évolution de leurs emplois. Ayant relevé que, si la réorganisation de l'entreprise était justifiée, l'employeur n'établissait pas qu'il ne disposait d'aucun poste susceptible d'être offert à l'intéressée ni que celle-ci était inapte à s'adapter à l'informatisation de la société, une cour d'appel a pu décider que le licenciement n'avait pas un motif économique.

Cass. soc. 19 novembre 1992, n° 90-45.970, BC V n° 564.

Une société ayant procédé, au moment du licenciement d'un salarié, à plusieurs embauches pour des postes qui n'avaient pas été proposés au salarié concerné par la mesure de licenciement et pour lesquels il n'était pas allégué qu'il était inapte à les occuper, une cour d'appel a pu décider que l'employeur n'avait pas mis en œuvre toutes les possibilités de reclassement et qu'ainsi, le licenciement était dépourvu de cause économique.

Cass. soc. 6 février 2001, n° 99-40.881.

L'employeur, tenu de rechercher préalablement au licenciement les postes disponibles pour des reclassements dans les autres sociétés du groupe où des permutations d'emplois sont possibles, peut, en cas de contestation, justifier que des postes qui n'ont pas été proposés au salarié ne correspondaient pas, compte tenu de leurs caractéristiques, aux capacités et aptitudes professionnelles de celui-ci.

Pour dire des licenciements économiques dépourvus de cause réelle et sérieuse et condamner l'employeur au paiement d'indemnité à ce titre, une cour d'appel a retenu que ce dernier ne justifiait pas de ses recherches de reclassement au sein d'un site de production anglais permettant une permutation de personnel sous la seule réserve de la maîtrise de la langue anglaise, qu'un courriel en provenance de ce site, délivré en cours de procédure, établissait au mieux l'absence de postes disponibles mais ne caractérisait pas de recherches préalables au licenciement, que l'employeur ne justifiait pas non plus avoir interrogé, dans le cadre de ses recherches de reclassement, chaque salarié sur sa maîtrise de la langue anglaise au besoin au moyen d'un test de langue, peu important que les salariés se soient avérés inaptes à la maîtrise de la langue étrangère postérieurement au licenciement dans le cadre de la mise en œuvre des mesures d'accompagnement du plan de sauvegarde de l'emploi.

En statuant ainsi, alors que l'employeur justifiait de son impossibilité de reclassement sur le site de production anglais en l'absence de postes disponibles correspondant aux compétences et aptitudes des salariés notamment en raison de leur méconnaissance de la langue anglaise, la cour d'appel a violé l'article L. 1233-4 CT.

Cass. soc. 12 décembre 2013, n° 12-22.311.

Le moyen tiré de l'obligation de reclassement est nécessairement dans le débat lorsque le juge statue sur un licenciement économique.

Cass. soc. 7 juin 2000, n° 98-41.420. Voir aussi cass. soc. 30 avril 2002, n° 00-41.545.

En cas de méconnaissance de l'obligation de reclassement, le licenciement est sans cause réelle et sérieuse…

C'est à bon droit qu'une cour d'appel a décidé que le licenciement d'un salarié était sans cause réelle et sérieuse, l'employeur n'ayant pas démontré, d'une part, qu'il lui avait proposé, préalablement à sa décision de le licencier, un reclassement parmi les entreprises du groupe dont les activités, l'organisation ou le lieu d'exploitation leur permettaient d'effectuer la permutation de tout ou partie du personnel et, d'autre part, qu'il s'était heurté à un refus de la part du salarié.

Cass. soc. 10 décembre 1996, n° 94-45.529, 1er moyen. Voir aussi cass. soc. 12 décembre 1995, n° 94-41.765, BC V n° 342 ; cass. soc. 23 juin 1998, n° 96-42.573 ; cass. soc. 10 mai 1999, n° 97-40.060, BC V n° 203.

Le plan de reclassement intégré au plan social, en application de l'article L. 321-4-1 CT, a pour objet, dans les licenciements collectifs de plus de dix salariés sur une période de trente jours, d'assurer l'obligation de reclassement de l'employeur ; en ne respectant pas les engagements pris dans ce plan, l'employeur viole nécessairement l'obligation de reclassement et le licenciement du salarié victime de cette violation se trouve, de ce fait, dépourvu de cause réelle et sérieuse. C'est dès lors à bon droit qu'une cour d'appel, ayant constaté qu'un employeur n'avait pas respecté l'engagement pris dans le plan social de transformer des emplois à temps plein en emplois à temps partiel pour favoriser des reclassements et limiter les licenciements, a décidé que le licenciement des salariés en cause était dépourvu de cause réelle et sérieuse.

Cass. soc. 6 juin 2000, n° 98-42.860, BC V n° 219.

Ayant constaté que les licenciements avaient été prononcés par l'employeur avant l'expiration du délai qu'il avait imparti aux salariées pour faire connaître leur acceptation ou leur refus de ses propositions de reclassement, en sorte qu'il n'avait pas satisfait à son obligation de reclassement, une cour d'appel a pu décider que les licenciements étaient dépourvus de cause réelle et sérieuse.

Cass. soc. 24 avril 2003, n° 01-42.131.

… mais ne saurait être nul.

En l'absence de disposition expresse en ce sens, la méconnaissance de l'obligation individuelle de reclassement prévue par l'article L. 321-1 CT n'est pas sanctionnée par la nullité de la procédure de licenciement et l'obligation de réintégration qui en résulterait.

Cass. soc. 26 février 2003, n° 01-41.030, BC V n° 70.

Le licenciement pour motif économique d'un salarié au mépris de l'engagement contractuel de reclassement pris par l'employeur est dépourvu de cause réelle et sérieuse.

Une salariée employée en qualité de vendeuse et responsable d'un magasin avait demandé, lors de sa mutation dans un autre magasin, à ce que soit assurée sa réintégration dans son ancien poste en cas de fermeture ou de vente du magasin où elle était affectée. Ce magasin ayant cessé son activité, l'employeur avait engagé une procédure de licenciement pour motif économique et l'intéressée, après avoir refusé deux propositions de reclassement à temps partiel, avait adhéré à une convention de conversion et avait saisi la juridiction prud'homale afin d'obtenir, notamment, une indemnité pour licenciement sans cause réelle et sérieuse.

Doit être approuvé l'arrêt ayant fait droit à sa demande : tout d'abord, ayant relevé que la salariée avait subordonné l'acceptation de sa mutation à la condition de pouvoir réintégrer son ancien poste en cas de fermeture du magasin, la cour d'appel a pu décider que l'employeur, en maintenant sa mutation, avait nécessairement accepté de la reclasser. Ensuite, ayant constaté que l'employeur n'avait pas respecté son engagement de reclasser la salariée dans son ancien poste, la cour d'appel a pu décider que le licenciement n'avait pas de cause économique.

Cass. soc. 26 octobre 1999, n° 97-43.625, BC V n° 412.

Même lorsqu'un plan de sauvegarde de l'emploi a été établi, un salarié est fondé à se prévaloir d'un manquement de l'employeur à son obligation de reclassement à l'appui d'une contestation de l'existence d'un motif économique de licenciement.

Cass. soc. 24 octobre 2000, n° 98-40.950.

Adaptation (Obligation d') ; Plan de sauvegarde de l'emploi.

Licenciement économique (Réintégration)

La nullité du plan de sauvegarde de l'emploi ayant pour effet la nullité des licenciements prononcés en application de ce plan, les salariés irrégulièrement licenciés doivent être réintégrés s'ils le demandent, sauf si la réintégration est devenue impossible, notamment du fait de la fermeture de l'établissement ou du site, ou de l'absence d'emplois disponibles de nature à permettre la réintégration du salarié.

On notera que l'ordonnance 2017-1387 du 22 septembre 2017 a réduit le montant minimal de l'indemnité octroyée au salarié en l'absence de réintégration.

La jurisprudence rapportée ci-dessous, rendue dans le cadre législatif antérieur, conserve cependant son intérêt, notamment au regard des litiges en cours.

Nullité du plan de sauvegarde de l'emploi

Plan de sauvegarde de l'emploi.

Modalités de la réintégration

Après l'annulation d'un licenciement pour nullité du plan de sauvegarde de l'emploi, l'obligation de réintégration résultant de la poursuite du contrat de travail ne s'étend pas au groupe auquel appartient l'employeur.

Un salarié avait été licencié pour motif économique le 16 avril 1997, dans le cadre d'une procédure de licenciement collectif, avec mise en œuvre d'un plan social. Un premier arrêt avait déclaré nuls le plan social et le licenciement, mais impossible la réintégration du salarié. Le 8 octobre 2003, cette société est devenue un groupe.

C'est à tort que la cour d'appel a ordonné la réintégration sous astreinte du salarié au sein du groupe auquel appartient la société employeur et a condamné cette société au paiement des salaires depuis le 18 octobre 1997.

Cass. soc. 15 février 2006, n° 04-43.282, BC V n° 69.

Réintégration matériellement impossible

La disparition de l'entreprise rend la réintégration des salariés matériellement impossible.

C'est à bon droit qu'une cour d'appel a rejeté les demandes de salariés, licenciés pour motif économique, tendant à obtenir leur réintégration dans les emplois qu'ils occupaient avant leurs licenciements.

En effet, ayant constaté que la société avait cessé définitivement son activité et que ses actifs industriels avaient été vendus, et ayant ainsi fait ressortir que l'entreprise avait disparu, la cour d'appel a pu en déduire que la réintégration, dans les seuls emplois que les salariés occupaient dans cette entreprise avant leurs licenciements, était devenue matériellement impossible.

Cass. soc. 15 juin 2005, n° 03-48.094, BC V n° 202.

La réintégration de salariés qui se sont rendus coupables de concurrence déloyale à l'égard de leur employeur est matériellement impossible.

Il résulte des dispositions de l'article L. 321-4-1, al. 2 CT que la nullité qui affecte le plan social s'étend à tous les actes subséquents et, en particulier, aux licenciements prononcés par l'employeur à la suite de la procédure de licenciement. La réintégration du salarié qui en fait la demande est la conséquence nécessaire du prononcé de la nullité d'un plan social.

Doit être approuvé l'arrêt qui, bien qu'ayant constaté la nullité d'un plan social, a débouté des salariés licenciés de leur demande de réintégration au motif que celle-ci était matériellement impossible, les salariés s'étant rendus coupables de concurrence déloyale à l'égard de leur employeur.

Cass. soc. 25 juin 2003, n° 01-46.479, 1er moyen du pourvoi principal des salariés, BC V n° 206.

Le salarié a droit à la réparation du préjudice subi entre son licenciement et sa réintégration

Doivent être déduits de la réparation du préjudice subi les revenus que le salarié a tirés d'une autre activité et le revenu de remplacement qui lui a été servi pendant cette période.

Un salarié licencié pour motif économique, dont le licenciement est nul en conséquence d'un plan social annulé et qui demande sa réintégration, a droit au paiement d'une somme correspondant à la réparation de la totalité du préjudice subi au cours de la période qui s'est écoulée entre son licenciement et sa réintégration, dans la limite du montant des salaires dont il a été privé.

C'est à bon droit qu'une cour d'appel a déduit de la somme allouée au salarié, en réparation du préjudice subi, les revenus qu'il a pu tirer d'une autre activité professionnelle durant la période correspondante, ainsi que le revenu de remplacement qui a pu lui être servi durant la même période.

Cass. soc. 3 juillet 2003, n° 01-44.522, pourvoi du salarié, BC V n° 214. Voir aussi cass. soc. 19 janvier 2010, n° 08-43.449.

C'est à tort que, pour rejeter la demande d'une société en répétition de la part des indemnités correspondant au montant des revenus de remplacement perçus entre le licenciement initial et la réintégration effective d'une salariée, une cour d'appel a retenu que, en l'absence de disposition expresse en ce sens, le juge ne pouvait opérer aucune réduction sur le montant des sommes que l'employeur devait verser au salarié et qui correspondait au montant du salaire de l'emploi occupé avant le licenciement, et que la question relative aux indemnités de chômage servies par l'Assédic relevait des seuls rapports entre cet organisme et la salariée, alors que le préjudice subi par la salariée devait être évalué en tenant compte des revenus qu'elle avait pu percevoir durant cette période et que ce qui avait été versé au-delà de ce préjudice ouvrait droit à répétition.

Cass. soc. 12 février 2008, n° 07-40.413, 5e moyen du pourvoi principal, BC V n° 34.

Dès lors, les revenus provenant d'une pension de retraite perçue pendant cette période doivent être déduits de sa créance de réparation.

Cass. soc. 16 décembre 2008, n° 07-45.001, 1re branche du 2e moyen.

La nullité du licenciement n'a pas pour effet de priver rétroactivement un travailleur du droit à l'allocation d'assurance chômage servie pendant la période comprise entre son licenciement et sa réintégration où il était involontairement privé d'emploi, apte au travail et à la recherche d'un emploi.

Cass. soc. 11 mars 2009, n° 07-43.335.

Le salarié dont la réintégration est matériellement impossible peut prétendre à des dommages-intérêts.

A légalement justifié sa décision la cour d'appel qui, après avoir prononcé la nullité du licenciement d'un salarié, a constaté que la réintégration de l'intéressé dans l'entreprise était matériellement impossible et lui a alloué une indemnité d'un montant au moins égal à celui prévu par l'article L. 122-14-4 CT, en réparation du préjudice résultant du caractère illicite du licenciement.

Cass. soc. 25 juin 2003, n° 01-43.717, pourvoi incident, BC V n° 207.

Licenciement des femmes enceintes

Femmes enceintes (Licenciement).

Licenciement pour fin de chantier

Le licenciement pour fin de chantier n'est pas un licenciement pour motif économique, sauf dérogations particulières prévues par accord collectif (art. L. 1236-8 ancien CT). La procédure de licenciement pour motif économique n'a donc pas à être respectée.

On notera que l'ordonnance 2017-1387 du 22 septembre 2017 a modifié le régime du contrat de chantier, renommé « contrat de chantier ou d'opération », ainsi que les modalités de sa rupture.

La jurisprudence rapportée ci-dessous, rendue dans le cadre législatif antérieur, conserve cependant son intérêt, notamment au regard des litiges en cours.

Le contrat de travail du salarié doit être conclu pour la durée du chantier

Le contrat de travail conclu pour la durée d'un chantier est, en principe, un contrat à durée indéterminée, à moins qu'il ne soit conclu dans l'un des cas énumérés par l'article L. 1242-2 CT où il peut être recouru à un contrat à durée déterminée.

Cass. soc. 2 juin 2010, n° 09-41.416, BC V n° 126.

Doit être cassé l'arrêt qui, pour débouter un salarié de ses demandes en paiement de dommages-intérêts pour rupture d'un contrat à durée indéterminée et non-respect de la procédure de licenciement, a énoncé que la société avait recruté des salariés pour le besoin de deux chantiers et qu'il s'agissait de chantiers réputés à durée déterminée, alors que le contrat conclu pour la durée d'un chantier est un contrat à durée indéterminée, sauf s'il est conclu dans l'un des cas énumérés par l'article L. 122-1-1 CT.

Cass. soc. 29 octobre 1996, n° 93-44.829, BC V n° 357.

L'achèvement du chantier constitue, dans ce cas, la cause du licenciement.

Un salarié avait été embauché dans le cadre d'un contrat de chantier pour la construction d'un barrage. Ayant été licencié pour fin de chantier, alors qu'il était en arrêt de travail pour maladie, le salarié avait saisi la juridiction prud'homale en vue d'obtenir la condamnation de son employeur au paiement d'une indemnité pour licenciement sans cause réelle et sérieuse. N'est pas légalement justifiée la décision de la cour d'appel qui, pour faire droit à la demande du salarié, énonce que son contrat de travail, suspendu pour maladie, ne pouvait être rompu que si son absence entraînait des perturbations graves dans le fonctionnement de l'entreprise, liées notamment à la nécessité de pourvoir à son remplacement et qu'en l'espèce, la société ne faisant état d'aucune perturbation liée à l'accomplissement du travail relatif à la construction du barrage et née de cette absence, son licenciement, prononcé pour ce seul motif, était dénué de cause réelle et sérieuse.

En effet, l'achèvement d'un chantier constituant une cause de licenciement si le contrat a été conclu pour la durée de ce chantier, les juges auraient dû rechercher si, comme le soutenait l'employeur, les tâches pour lesquelles le salarié avait été embauché étaient terminées.

Cass. soc. 12 février 2002, n° 99-41.239, BC V n° 64. Voir aussi cass. soc. 6 janvier 2010, n° 08-44.059.

Des salariés ont été engagés pour effectuer des travaux sur des navires précisément identifiés. Leur contrat a été rompu à la fin des travaux. Pour condamner l'employeur au paiement de dommages-intérêts pour licenciement sans cause réelle et sérieuse, une cour d'appel a retenu que si l'employeur soutenait que la lettre de rupture était suffisamment motivée par la chute de l'activité de réparation navale, laquelle était consécutive à la fin de certains chantiers ou au report du renouvellement de marchés, ce motif exprimé, même examiné, n'était ni réel ni sérieux.

En statuant ainsi, sans rechercher si les conditions tenant à l'existence de contrats de chantier et à leur fin n'étaient pas réunies, la cour d'appel n'a pas donné de base légale à sa décision.

Cass. soc. 16 novembre 2005, n° 04-44.743.

Dès lors que les dispositions conventionnelles applicables ne mettent à la charge de l'employeur qu'une obligation de recherche de réemploi en interne et non dans les entreprises du groupe dont il dépend, et que l'employeur ne dispose d'aucun poste de réemploi à proposer au salarié dans l'entreprise, l'achèvement des tâches pour lesquelles le salarié a été engagé constitue une cause réelle et sérieuse de licenciement.

Cass. soc. 11 avril 2018, n° 17-10.899, à paraître.

Mais la résiliation de la mission confiée à l'employeur par son client ne constitue pas la fin de chantier permettant de justifier la rupture du contrat de travail.

Un salarié a signé, le 2 janvier 2012, un contrat de travail à durée indéterminée de chantier avec une société pour une durée initialement prévue jusqu'au 31 décembre 2013, prolongée jusqu'au 31 décembre 2014 par avenant du 4 avril 2012, en qualité de « program manager » dans le cadre de la mission menée par cette société auprès d'un client ; les relations contractuelles entre les parties étaient soumises à la convention collective nationale des bureaux d'études techniques, des cabinets d'ingénieurs-conseils et des sociétés de conseils du 15 décembre 1987 (dite Syntec). Le salarié a été licencié le 1er février 2013 pour fin de chantier à la suite de la rupture par le client du contrat d'assistance technique qui le liait à la société qui l'employait.

Pour débouter le salarié de ses demandes tendant à ce qu'il soit dit que son licenciement ne repose pas sur une cause réelle et sérieuse et au versement de sommes en conséquence, une cour d'appel a retenu que le contrat, prévu pour une durée de douze mois, avait été prolongé d'un an le 4 avril 2012, que quelques mois plus tard, le 4 janvier 2013, le client avait adressé à l'employeur un courrier lui signifiant le terme de la mission à Paris et son souhait de voir le personnel quitter les locaux le 1er février 2013, que l'employeur justifiant ainsi de la fin de sa propre mission, et le contrat n'étant plus en cours, contrairement à ce que soutenait le salarié, le contrat de chantier trouvait son achèvement en application de l'article L. 1236-8 CT.

En statuant ainsi, alors que la résiliation de la mission confiée à l'employeur par son client ne saurait constituer la fin de chantier permettant de justifier la rupture du contrat de travail, la cour d'appel a violé l'article L. 1236-8 CT, dans sa rédaction antérieure à celle issue de l'ordonnance 2017-1387 du 22 septembre 2017.

Cass. soc. 9 mai 2019, n° 17-27.493, 5e branche du moyen du pourvoi principal, à paraître.

En l'absence d'une volonté claire et non équivoque de démissionner, la rupture d'un contrat de travail à durée indéterminée constatée par une attestation destinée à l'Assédic, portant la mention fin de chantier, s'analyse en un licenciement.

Doit être cassé l'arrêt qui, pour débouter un salarié de ses demandes d'indemnités de rupture et pour licenciement sans cause réelle et sérieuse, a énoncé que le salarié n'établissait pas que la rupture de son contrat à durée indéterminée était imputable à l'employeur et que l'attestation destinée à l'Assédic qui mentionnait « fin de chantier » ne suffisait pas à appuyer ses demandes, alors que la cour d'appel, qui n'avait pas constaté la volonté claire et non équivoque du salarié de démissionner, ne pouvait considérer l'intéressé comme démissionnaire et alors que la rupture du contrat de travail constatée par l'attestation, portant la mention « fin de chantier », établie par l'employeur à l'intention de l'Assédic s'analysait en un licenciement.

Cass. soc. 13 novembre 1996, n° 94-41.289.

La justification d'un licenciement pour fin de chantier est subordonnée à la stipulation d'une clause selon laquelle le salarié est recruté pour la durée d'un chantier.

La validité du licenciement prononcé en raison de la survenance de la fin d'un chantier est subordonnée à l'existence, dans le contrat de travail ou la lettre d'embauche, d'une clause précisant que le contrat est conclu pour un ou plusieurs chantiers déterminés.

Cass. soc. 25 mai 2011, n° 10-10.852. Voir aussi cass. soc. 22 juin 2016, n° 15-14.740.

À défaut d'une telle clause, le licenciement du salarié résultant de la fin du chantier est sans cause réelle et sérieuse.

Un salarié avait travaillé pour le compte d'un GIE de 1991 à 1994 en exécution de contrats successifs, puis en 1995 et 1996 avec deux nouveaux contrats. Pour le débouter de ses diverses demandes fondées sur l'existence d'une relation contractuelle globale à durée indéterminée, rompue, selon lui, sans cause réelle et sérieuse en 1996, et décider qu'à chaque échéance, il y avait eu un licenciement pour fin de chantier, le tribunal supérieur d'appel avait relevé que chacun des contrats conclus entre 1991 et 1994 était soumis aux aléas climatiques et que les contrats conclus en 1995 et 1996 étaient de la même nature.

En statuant ainsi, sans constater ni que les lettres d'embauche précisaient que l'intéressé était engagé pour la durée d'un ou plusieurs chantiers déterminés ni que sa tâche était achevée lorsque l'activité de l'entreprise avait été suspendue en raison des conditions climatiques, le tribunal supérieur d'appel n'a pas donné de base légale à sa décision.

Cass. soc. 2 juin 2004, n° 01-46.891, BC V n° 149.

Cependant, le dépassement de la durée du chantier mentionnée dans la clause ne prive pas le licenciement prononcé à son issue de cause réelle et sérieuse.

L'achèvement d'un chantier constitue une cause de licenciement si le contrat a été conclu pour la durée de ce chantier, peu important qu'une durée estimée de ce chantier ait été mentionnée dans le contrat et que cette durée ait été dépassée.

Cass. soc. 15 novembre 2006, n° 04-48.672, BC V n° 342.

Le licenciement pour fin de chantier n'est pas un licenciement économique

Selon les dispositions de l'article L. 1236-8 ancien CT, les licenciements pour fin de chantier sont soumis aux dispositions du code du travail relatives au licenciement individuel.

Ayant constaté qu'un salarié avait été engagé par contrats à durée indéterminée pour l'exécution de trois chantiers et qu'il y avait été mis fin à chaque fois sans qu'aucune procédure de licenciement n'ait été entreprise, une cour d'appel a pu décider que les ruptures intervenues étaient abusives.

Cass. soc. 5 mars 2003, n° 01-41.975.

Si l'employeur souhaite assimiler le licenciement pour fin de chantier à un licenciement économique, il doit respecter son engagement s'il est plus favorable pour les salariés.

Si l'employeur s'engage devant le comité d'entreprise à considérer les licenciements pour fin de chantier comme des licenciements économiques, il doit respecter son obligation si elle crée une situation plus favorable pour les salariés. À défaut, l'inexécution de cet engagement cause un préjudice aux salariés, que l'employeur doit réparer.

Cass. soc. 20 mai 1992, n° 89-42.902, 1er moyen.

En cas de licenciement pour fin de chantier d'un salarié protégé, la procédure spéciale de licenciement doit être respectée

Une procédure spéciale de licenciement ayant été instituée en faveur des salariés protégés, celle-ci doit être respectée, même en cas de licenciement pour fin de chantier. Toutefois, ce licenciement ne présentant pas le caractère d'un licenciement pour motif économique, il ne peut être reproché à l'employeur de ne pas avoir suivi la procédure applicable en cas de motif économique.

CE 25 mars 1983, n° 36037, Rec. Lebon p. 143.

Licenciement irrégulier (Sanctions)

Si le licenciement d'un salarié survient alors qu'une formalité n'a pas été respectée, le juge doit imposer à l'employeur d'accomplir la procédure prévue et accorder au salarié une indemnité qui ne peut être supérieure à un mois de salaire (art. L. 1235-2 ancien CT).

On notera que l'ordonnance 2017-1387 du 22 septembre 2017 a modifié les règles de sanction du licenciement irrégulier.

La jurisprudence rapportée ci-dessous, rendue dans le cadre législatif antérieur, conserve cependant son intérêt, notamment au regard des litiges en cours.

Hypothèses d'irrégularités de procédure

Le non-respect des dispositions relatives à l'assistance du salarié lors de la convocation à l'entretien préalable constitue une irrégularité de procédure.

Cass. soc. 19 juillet 1995, n° 91-44.832, 2e moyen, BC V n° 249.

Il résulte de la combinaison des articles L. 1232-4, L. 1235-2 ancien et L. 1235-5 ancien CT que lorsque, en l'absence de représentant du personnel dans l'entreprise, la règle relative à l'assistance du salarié par un conseiller n'a pas été respectée, la sanction prévue par l'article L. 1235-2 ancien CT, instituant une indemnité qui ne peut être supérieure à un mois de salaire en cas d'inobservation de la procédure, est applicable aux salariés ayant moins de deux ans d'ancienneté dans l'entreprise ou ayant été licenciés par un employeur qui occupe habituellement moins de onze salariés, qu'il s'agisse ou non d'un licenciement pour une cause réelle et sérieuse ; lorsque le licenciement est sans cause réelle et sérieuse, ces salariés ont droit, en outre, à la réparation du préjudice en résultant, selon les dispositions de l'article L. 1235-5 ancien CT.

Cass. soc. 11 mars 2015, n° 13-21.090, 6e moyen. Voir aussi cass. soc. 10 juin 2003, n° 01-40.808, 1er moyen, BC V n° 191 ; cass. soc. 5 février 2003, n° 01-01.672, BC V n° 41.

Le défaut de signature de la lettre de licenciement par l'employeur constitue une irrégularité de procédure.

Cass. soc. 29 juin 1999, n° 97-42.208, BC V n° 310, cité dans « Notification du licenciement ». Voir aussi cass. soc. 5 janvier 2005, n° 02-47.290 ; cass. soc. 4 avril 2012, n° 10-28.266, 1er moyen.

Le non-respect du délai de réflexion entre l'entretien préalable et l'envoi de la lettre de licenciement ouvre droit à des indemnités pour inobservation de la procédure de licenciement, mais n'affecte pas la validité du licenciement.

Cass. soc. 18 octobre 2000, n° 98-43.982.

Toutefois, la sanction applicable en cas d'absence ou d'insuffisance de motifs dans la lettre de licenciement n'est pas celle encourue en cas d'irrégularité de procédure.

L'employeur est tenu d'énoncer le ou les motifs de licenciement dans la lettre de licenciement. À défaut, le licenciement est sans cause réelle et sérieuse. En l'espèce, la lettre de licenciement ne comportant aucun motif, le licenciement était sans cause réelle et sérieuse et l'employeur pouvait être condamné à payer une indemnité pour licenciement sans cause réelle et sérieuse au salarié, peu important le contenu de la lettre de convocation à l'entretien préalable.

Cass. soc. 12 janvier 1994, n° 92-42.745, BC V n° 2.

Le juge apprécie la régularité de la procédure au regard des éléments fournis par l'employeur et le salarié, sans que la preuve de l'irrégularité incombe exclusivement au salarié.

Doit être cassé le jugement qui, pour rejeter la demande d'un salarié en paiement d'une indemnité pour inobservation de la procédure de licenciement, retient que l'intéressé, qui ne rapporte pas la preuve de l'absence d'institutions représentatives du personnel dans l'entreprise, n'est pas fondé à reprocher à l'employeur de n'avoir pas indiqué, dans la lettre de convocation à l'entretien préalable, qu'il pouvait se faire assister par une personne de son choix extérieure à l'entreprise et inscrite sur la liste dressée à cet effet par le représentant de l'État dans le département, alors que le juge appelé à apprécier la régularité de la procédure suivie doit former sa conviction au vu des éléments fournis par les parties et, au besoin, après toutes mesures d'instruction qu'il estime utiles, sans que la charge de la preuve incombe plus particulièrement au salarié.

Cass. soc. 17 mars 1993, n° 91-42.882, BC V n° 89.

Sanctions d'une irrégularité de procédure

En cas d'irrégularité de procédure, le salarié doit, pour être indemnisé, démontrer l'existence d'un préjudice.

Doit être rejeté le moyen du pourvoi formé par un salarié qui, pour reprocher à une cour d'appel de l'avoir débouté de sa demande de dommages-intérêts pour inobservation de la procédure de licenciement, soutient qu'en toute hypothèse, l'inobservation des règles de forme du licenciement cause nécessairement un préjudice au salarié et doit dans tous les cas entraîner une condamnation à l'indemnité prévue par l'article L. 1235-2 CT.

En effet, l'existence d'un préjudice et l'évaluation de celui-ci relèvent du pouvoir souverain d'appréciation des juges du fond qui ont constaté que le salarié n'apportait aucun élément pour justifier le préjudice allégué.

Cass. soc. 30 juin 2016, n° 15-16.066, 2e moyen. Voir aussi cass. soc. 13 septembre 2017, n° 16-13.578, 4e moyen BC V n° 136.

En cas d'irrégularité de procédure, le juge doit imposer à l'employeur d'accomplir la procédure prévue, mais le licenciement prononcé n'est pas nul.

C'est à tort qu'une cour d'appel, après avoir constaté qu'une société n'avait pas respecté la procédure de licenciement, a condamné l'employeur à régulariser la procédure et à verser à l'intéressé l'intégralité de son salaire, alors que le licenciement prononcé sans respecter la procédure prévue aux articles L. 122-14 et s. CT n'étant pas nul, la cour d'appel ne pouvait, du seul fait de l'irrégularité de la procédure de licenciement, condamner la société à verser l'intégralité de ses salaires au salarié jusqu'à la régularisation de la procédure, et alors que l'inobservation de celle-ci n'est sanctionnée par une indemnité qui ne peut dépasser un mois de salaire que si le salarié, dont l'ancienneté est supérieure à deux ans, est licencié pour une cause réelle et sérieuse.

Cass. soc. 15 novembre 1979, n° 78-40.331, BC V n° 855.

La limite d'un mois de salaire ne concerne que l'inobservation de la procédure légale de licenciement et le juge doit également indemniser le préjudice résultant de l'irrégularité de la procédure conventionnelle de licenciement.

Cass. soc. 12 janvier 2000, n° 97-43.806.

L'allocation d'une somme symbolique peut suffire à assurer la réparation du préjudice subi.

Doit être rejeté le pourvoi d'un salarié reprochant à une cour d'appel d'avoir fixé à la somme de un franc symbolique l'indemnité allouée au titre du non-respect de la procédure de licenciement alors que la cour, qui a exactement retenu que, du fait du non-respect par l'employeur du jour franc prévu par l'article L. 122-14-1, al. 2 CT, le salarié subissait nécessairement un préjudice, a souverainement apprécié les modalités de sa réparation.

Cass. soc. 5 mars 2002, n° 00-41.453, 2e moyen, BC V n° 84.

Le principe de la réparation intégrale du préjudice impose que l'irrégularité de la procédure de licenciement soit réparée par le juge, soit par une indemnité distincte, soit par une somme comprise dans l'évaluation globale du préjudice résultant de la nullité du licenciement.

Cass. soc. 23 janvier 2008, n° 06-42.919, BC V n° 20. Voir aussi cass. soc. 26 février 2013, n° 11-20.099, 3e moyen du pourvoi principal.

En cas d'inobservation de la procédure de licenciement, les salariés qui ont moins de 2 ans d'ancienneté ou sont employés dans une entreprise comptant moins de 11 salariés peuvent prétendre à une indemnité calculée en fonction du préjudice subi.

Cass. soc. 2 février 1999, n° 96-44.532, 3e moyen, BC V n° 50. Voir aussi cass. soc. 21 janvier 2016, n° 14-19.084.

L'indemnité pour inobservation de la procédure de licenciement ne se cumule pas avec l'indemnité pour licenciement sans cause réelle et sérieuse…

Cass. soc. 27 mai 2009, n° 08-40.834, 2e moyen. Voir aussi cass. soc. 26 février 2013, n° 11-26.934, 1er moyen ; cass. soc. 29 mars 2017, n° 15-27.907.

… sauf si le salarié a moins de deux ans d'ancienneté.

En vertu de l'article L. 122-14-5 CT, les salariés ayant moins de deux ans d'ancienneté dans l'entreprise peuvent prétendre, en cas de licenciement sans cause réelle et sérieuse, ainsi qu'en cas d'inobservation de la procédure de licenciement, à une indemnité calculée en fonction du préjudice subi. Dès lors, a légalement justifié sa décision un conseil de prud'hommes qui a accordé à un salarié ayant moins de deux ans d'ancienneté une somme à titre de dommages-intérêts pour licenciement sans cause réelle et sérieuse et une autre somme pour non-respect de la procédure.

Cass. soc. 28 janvier 1998, n° 95-43.914, BC V n° 44. Voir aussi cass. soc. 26 janvier 2017, n° 15-22.577.

Pouvoirs du juge des référés

Il n'entre pas dans les pouvoirs du juge des référés d'ordonner l'arrêt d'une procédure de licenciement et la poursuite du contrat de travail lorsque la nullité du licenciement n'est pas encourue.

Un conseil de prud'hommes, saisi par deux salariées, a sursis à statuer dans l'attente d'une décision pénale, l'employeur ayant, postérieurement à sa saisine, déposé contre elles une plainte pénale leur imputant une falsification de documents dans le but d'obtenir une rémunération indue. Les deux salariées ont ensuite été convoquées par l'employeur, avec mise à pied conservatoire, à un entretien préalable au licenciement pour les motifs énoncés dans la plainte.

Doit être cassé l'arrêt qui a confirmé les décisions de référé ayant ordonné l'arrêt des procédures de licenciement et le maintien des contrats de travail, alors que le juge ne pouvant, en l'absence de disposition le prévoyant et à défaut de violation d'une liberté fondamentale, annuler un licenciement, il n'entre pas dans les pouvoirs du juge des référés d'ordonner l'arrêt d'une procédure de licenciement et la poursuite du contrat de travail lorsque la nullité du licenciement n'est pas encourue.

Cass. soc. 31 mars 2004, n° 01-46.960, BC V n° 101.

Licenciement irrégulier et licenciement abusif

Après avoir constaté que le licenciement d'une salariée était intervenu dans des circonstances particulièrement brutales, dans un contexte de pressions et de propos déplacés de la part de l'employeur, une cour d'appel a caractérisé l'existence d'un préjudice moral distinct de celui résultant de l'irrégularité de la procédure de licenciement et a pu condamner l'employeur au paiement de dommages-intérêts en réparation des deux préjudices.

Cass. soc. 18 mai 2017, n° 15-27.555, 2e moyen.

☞ Convocation à l'entretien préalable (au licenciement) ; Entretien préalable au licenciement ; Licenciement économique (Information et consultation du CE) ; Licenciement économique (Réintégration) ; Notification du licenciement ; Plan de sauvegarde de l'emploi ; Procédure conventionnelle de licenciement ; Représentants du personnel (Procédure de licenciement).

Licenciement des représentants du personnel

☞ Modification du contrat de travail d'un salarié protégé ; Représentants du personnel (Autorisation administrative de licenciement) ; Représentants du personnel (Licenciement/Indemnisation) ; Représentants du personnel (Licenciement/Recours contre la décision administrative) ; Représentants du personnel (Mise à pied conservatoire) ; Représentants du personnel (Procédure de licenciement) ; Représentants du personnel (Protection/Bénéficiaires) ; Représentants du personnel (Protection/Cas d'application) ; Représentants du personnel (Réintégration).

Licenciement sans cause réelle et sérieuse (Sanctions)

Si le licenciement prononcé est sans cause réelle et sérieuse, l'employeur encourt différentes sanctions. Ces sanctions ne se cumulent pas avec celles qui sont applicables en cas de non-respect de la procédure.

On notera que l'ordonnance 2017-1387 du 22 septembre 2017 et la loi 2018-217 du 29 mars 2018 ont modifié les règles d'indemnisation du licenciement sans cause réelle et sérieuse en fixant un barème impératif pour les juges, qui varie en fonction de l'ancienneté du salarié et de l'effectif de l'entreprise.

La jurisprudence rapportée ci-dessous, rendue dans le cadre législatif antérieur, conserve cependant son intérêt, notamment au regard des litiges en cours.

Sanctions encourues

• Le tribunal peut proposer la réintégration du salarié, mais les parties au contrat de travail peuvent la refuser

Lorsque le licenciement d'un salarié survient pour une cause qui n'est pas réelle et sérieuse, le tribunal peut seulement proposer la réintégration du salarié dans l'entreprise. Il n'appartient pas au juge d'ordonner la poursuite du contrat de travail.

Cass. soc. 9 avril 1998, n° 96-44.350.

Les parties sont libres de refuser la réintégration proposée et l'indemnité prévue à l'article L. 122-14-4 CT n'est due que si l'une d'entre elles refuse cette réintégration.

Cass. soc. 6 juillet 1988, n° 86-11.816.

La règle subordonnant la réintégration du salarié licencié sans cause réelle et sérieuse à l'accord de l'employeur est conforme au droit international.

La règle posée par l'article L. 1235-3 CT, subordonnant la réintégration du salarié licencié sans cause réelle et sérieuse à l'accord de l'employeur, qui, d'une part, ne porte atteinte ni au droit au respect des biens, ni au droit de propriété, d'autre part, opère une conciliation raisonnable entre le droit de chacun d'obtenir un emploi et la liberté d'entreprendre, à laquelle la réintégration de salariés licenciés est susceptible de porter atteinte, n'apporte aucune restriction incompatible avec les dispositions de l'article 6.1 du Pacte international relatif aux droits économiques, sociaux et culturels du 16 décembre 1966, ni, en tout état de cause, avec celles de l'article 1er du protocole additionnel n° 1 de la Convention européenne de sauvegarde des droits de l'homme et des libertés fondamentales.

Cass. soc. 14 avril 2010, n° 08-45.247, BC V n° 96.

• À défaut de réintégration, le salarié reçoit une indemnité pour licenciement sans cause réelle et sérieuse

La perte injustifiée de son emploi par le salarié lui cause un préjudice dont il appartient au juge d'apprécier l'étendue.

Viole l'article L. 1235-5 CT la cour d'appel qui, pour rejeter une demande en paiement de dommages-intérêts pour rupture abusive du contrat de travail, a retenu que le salarié, qui devait justifier du préjudice subi du fait du licenciement pour prétendre à une indemnité, avait toujours su qu'il était embauché pour l'été, qu'il ne contestait pas que son contrat était allé au terme convenu et qu'il ne justifiait d'aucun préjudice du fait d'un licenciement abusif.

Cass. soc. 13 septembre 2017, n° 16-13.578, 3e moyen, BC V n° 136.

L'indemnité allouée au salarié en cas de licenciement sans cause réelle et sérieuse est exonérée de CSG et CRDS à hauteur du minimum légal des salaires des six derniers mois fixé par l'article L 1235-3 ancien CT, peu important qu'elle ait été allouée par le juge sur le fondement de cet article ou sur celui de l'article L 1235-5 ancien CT.

Il résulte de l'article L. 136-2, II, 5° c. séc. soc., dans sa rédaction alors applicable, que, s'agissant des dommages-intérêts alloués pour licenciement sans cause réelle et sérieuse, l'exonération de la contribution sociale généralisée (CSG) et de la contribution pour le remboursement de la dette sociale (CRDS) porte sur le minimum légal des salaires des six derniers mois fixé par l'article L. 1235-3 CT, peu important que l'indemnisation ait été allouée par le juge sur le fondement de cet article ou sur celui de l'article L. 1235-5 CT, dans leur rédaction alors applicable.

Un salarié, employé en qualité de pharmacien par une société depuis le 11 mai 2003, a été licencié pour motif économique le 16 mai 2011. Par arrêt du 19 septembre 2014, la chambre sociale d'une cour d'appel a condamné la société à payer au salarié la somme de 49 000 euros de dommages-intérêts pour licenciement sans cause réelle et sérieuse, sur le fondement de l'article L. 1235-5 CT, applicable en raison de ce que la société employait moins de onze salariés. L'employeur ayant réglé au salarié, en deux versements des 8 et 15 octobre 2014, cette somme, minorée du montant de la CSG et de la CRDS, le salarié a fait délivrer le 28 avril 2015 à la société un commandement de saisie-vente pour un montant de 4 525,78 euros, dont 3 920 euros correspondant aux contributions sociales précitées ; la société a alors saisi le juge de l'exécution pour obtenir l'annulation de ce commandement.

C'est à tort que, pour ordonner la mainlevée du commandement aux fins de saisie-vente du 28 avril 2015, une cour d'appel a retenu qu'en application de l'article L. 136-2, II, 5° c. séc. soc., la CSG devait s'appliquer sur la fraction de l'indemnité allouée qui excédait, en l'absence de montant prévu par une convention collective ou un accord professionnel, l'indemnité légale de licenciement, dont les parties s'accordaient pour indiquer qu'elle devait être chiffrée à 9 578,12 euros, que la fraction de l'indemnité de 49 000 euros allouée au salarié en application des articles L. 1235-5 et L. 1235-1 CT pour licenciement sans cause réelle et sérieuse, soumise à contribution en application de l'article L. 136-2, II, 5° c. séc. soc., n'était pas inférieure au montant assujetti aux cotisations de sécurité sociale en application de l'article L. 242-1, alinéa 12 c. séc. soc. et 80 duodecies CGI et qu'il convenait donc d'en déduire que la société avait, à juste titre, prélevé la CSG et la CRDS sur la fraction d'indemnité mise à sa charge excédant l'indemnité légale de licenciement et ainsi déduit la somme de 3 920 € du montant à régler à son ancien salarié.

Cass. soc. 13 février 2019, n° 17-11.487, à paraître.

Selon l'article L. 1235-3 ancien CT, le salarié ayant plus de deux ans d'ancienneté ou travaillant dans une entreprise d'au moins onze salariés reçoit une indemnité minimale de six mois de salaire

Dès lors que l'indemnité est au moins égale à celle prévue par l'article L. 122-14-4 CT, son montant, souverainement apprécié par les juges du fond, ne peut être discuté devant la Cour de cassation.

Cass. soc. 13 mars 2001, n° 98-46.244, BC V n° 85.

L'indemnité due en cas de licenciement sans cause réelle et sérieuse sur le fondement de l'article L. 1235-3 CT ne peut être inférieure à la rémunération brute dont bénéficiait le salarié pendant les six derniers mois précédant la rupture du contrat de travail.

Cass. soc. 1er octobre 2014, n° 13-12.587.

Les plus-values réalisées par un salarié lors de la levée des actions, même si elles sont soumises à cotisations sociales par application de l'article L. 242-1 c. séc. soc., ne constituent pas une rémunération allouée en contrepartie du travail entrant dans la base de calcul de l'indemnité pour licenciement sans cause réelle et sérieuse.

Cass. soc. 30 mars 2011, n° 09-42.105, BC V n° 84.

Les périodes de suspension du contrat de travail doivent être prises en compte dans le calcul de l'ancienneté du salarié.

Les dispositions de l'article L. 1235-3 CT ne comportent aucune restriction en cas de suspension d'exécution du contrat de travail.

Une salariée engagée à compter du 1er décembre 1999 a, par lettre du 25 février 2002, pris acte de la rupture du contrat de travail en imputant divers manquements à son employeur et a saisi la juridiction prud'homale pour voir dire que cette prise d'acte devait produire les effets d'un licenciement sans cause réelle et sérieuse et voir condamner son employeur à lui payer diverses sommes.

Pour limiter à la somme de 13 500 € le montant de l'indemnité allouée à la salariée, une cour d'appel a énoncé qu'en application de l'article L. 1235-5 CT, la salariée avait une ancienneté inférieure à deux années, dans la mesure où elle s'était trouvée en arrêt de travail à compter du 14 novembre 2001 jusqu'à la date de notification de la prise d'acte de rupture de son contrat de travail.

En statuant ainsi, alors que la salariée comptait, périodes de suspension du contrat de travail pour maladie incluses, plus de deux années d'ancienneté au sein de l'entreprise et percevait un salaire mensuel moyen de 2 643,32 €, la cour d'appel a violé les articles L. 1235-3 et L. 1235-5 CT.

Cass. soc. 7 décembre 2011, n° 10-14.156, 1er moyen, BCV n° 288. Voir aussi cass. soc. 23 septembre 2015, n° 14-24.946, 3e moyen.

Selon l'article L. 1235-5 ancien CT, le salarié ayant moins de deux ans d'ancienneté ou travaillant dans une entreprise de moins de onze salariés bénéficie d'une indemnité calculée en fonction du préjudice subi

La seule constatation de l'absence de cause réelle et sérieuse de licenciement doit entraîner la condamnation de l'employeur à réparer le préjudice dont il appartient au juge d'apprécier l'étendue.

Doit être cassé le jugement qui, pour débouter une salariée de sa demande de dommages-intérêts pour licenciement abusif, a énoncé que le licenciement prononcé était sans cause réelle et sérieuse mais que, la salariée n'ayant que quelques mois d'ancienneté et l'employeur occupant moins de 11 salariées, seuls des dommages-intérêts pour licenciement abusif pouvaient être réclamés et que la salariée n'établissait pas son préjudice, alors que la seule constatation de l'absence de cause réelle et sérieuse de licenciement doit entraîner la condamnation de l'employeur à réparer le préjudice dont il appartient au juge d'apprécier l'étendue.

Cass. soc. 14 mai 1998, n° 96-42.104, BC V n° 253. Voir aussi cass. soc. 2 avril 2014, n° 12-28.103, 1er moyen.

L'ancienneté du salarié s'apprécie au jour où l'employeur envoie la lettre recommandée de licenciement, date à laquelle se situe la rupture du contrat de travail.

Cass. soc. 26 septembre 2006, n° 05-43.841, pourvoi du salarié, BC V n° 288.

L'ancienneté est celle acquise dans l'entreprise…

L'ancienneté à prendre en considération est celle qui résulte du contrat de travail au cours duquel le licenciement est prononcé. Il n'y a pas lieu de s'attacher aux contrats antérieurs, si ceux-ci n'ont pas été exécutés dans la même entreprise sans solution de continuité.

Cass. soc. 5 juillet 1989, n° 86-42.545, 3e moyen, BC V n° 504.

… ou dans plusieurs entreprises, si un même contrat de travail s'est poursuivi.

Un salarié avait été engagé en qualité de vendeur en camions par une société, puis en qualité de responsable de magasin par une autre société.

C'est à bon droit qu'une cour d'appel a décidé que l'ancienneté du salarié remontait à celle de son embauche par la première société, le contrat de travail du salarié avec cette société n'ayant pas été rompu, les sociétés étant étroitement imbriquées et l'intéressé ayant continué à travailler sous le contrôle du même dirigeant, ce qui permettait d'en déduire la continuité du même contrat de travail.

Cass. soc. 6 novembre 1996, n° 93-44.015, 2e moyen.

L'ancienneté à prendre en considération pour l'appréciation des droits des salariés est l'ancienneté acquise dès l'embauche, peu important la modification intervenue dans la situation juridique de l'employeur et les modifications apportées au contrat de travail.

Doit être cassé l'arrêt qui, après avoir décidé que le licenciement d'un salarié était sans cause réelle et sérieuse, s'est borné à faire application de l'article L. 122-14-5 CT, au motif que le contrat de travail avait été modifié dans le cadre d'un changement de fonction et que, pour l'application de l'article L. 122-14-4 CT, l'ancienneté à prendre en considération était celle du contrat en cours, à l'exclusion des contrats antérieurs exécutés pour le même employeur, alors que l'ancienneté à prendre en considération, pour l'appréciation des droits des salariés, est l'ancienneté acquise dès l'embauche, peu important la modification intervenue dans la situation juridique de l'employeur et les modifications apportées au contrat de travail.

Cass. soc. 17 mars 1998, n° 95-42.100, BC V n° 143.

L'effectif à prendre en compte est l'effectif habituel de l'entreprise.

N'a pas légalement justifié sa décision la cour d'appel qui, pour fixer l'indemnité due à un salarié pour licenciement dépourvu de cause réelle et sérieuse à un montant inférieur à six mois de salaire, en application de l'article L. 122-14-6 CT, a énoncé qu'à la date du licenciement, la société employait moins de onze salariés, sans préciser si l'effectif à cette date correspondait à l'effectif habituel de l'entreprise.

Cass. soc. 27 mai 1992, n° 89-42.593, BC V n° 346.

Les dirigeants de l'entreprise sont pris en compte dans le calcul de l'effectif s'ils ont la qualité de salarié.

Si l'article L. 122-14-5 CT prévoit que les dispositions de l'article L. 122-14-4 du même code (relatives aux indemnités dues au salarié en cas de violation de la procédure ou de licenciement sans cause réelle et sérieuse) ne sont pas applicables aux entreprises occupant habituellement moins de 11 salariés, cet article n'apportant pas de restriction en ce qui concerne les salariés qui sont également dirigeants de l'entreprise, il convient de les prendre en compte pour calculer l'effectif de la société.

Cass. soc. 18 janvier 1995, n° 91-41.090, 4e moyen, BC V n° 30. Voir aussi cass. soc. 20 mars 1997, n° 95-40.084.

Lorsque l'employeur est une personne publique, sauf dispositions légales contraires, seuls les salariés employés dans les conditions du droit privé sont pris en compte dans la détermination de l'effectif pour l'application de l'article L. 1235-5 CT.

Selon l'article L. 1111-1 CT, les dispositions du livre I du code du travail sont applicables aux employeurs de droit privé ainsi qu'à leurs salariés ; elles sont également applicables au personnel des personnes publiques employé dans les conditions du droit privé, sous réserve des dispositions particulières ayant le même objet résultant du statut qui régit ce personnel ; il en résulte que, sauf dispositions légales contraires, les agents employés dans les conditions du droit public ne sont pas pris en compte aux fins de déterminer l'effectif de l'entreprise pour l'application de l'article L. 1235-5 CT.

Une salariée, engagée le 15 septembre 2008 par contrat d'avenir en qualité d'aide à la scolarisation d'enfants handicapés par un établissement public local d'enseignement et ayant conclu deux avenants à ce contrat d'avenir puis un contrat d'accompagnement dans l'emploi, le dernier s'achevant au 31 décembre 2011, a saisi la juridiction prud'homale aux fins de voir requalifier la relation contractuelle en contrat à durée indéterminée et en paiement de dommages-intérêts pour licenciement sans cause réelle et sérieuse.

Pour confirmer le jugement ayant alloué à la salariée une indemnité de six mois de salaires en application de l'article L. 1235-3 CT, après avoir accueilli la demande de la salariée en requalification de son contrat de travail, une cour d'appel a retenu que rien ne permettait d'exclure de l'effectif pour le calcul des dommages-intérêts les salariés de droit public en l'absence de toutes dispositions textuelles les écartant du décompte.

En statuant ainsi, alors qu'elle n'avait pas constaté que l'établissement public employait plus de dix salariés de droit privé, la cour d'appel a violé les articles L. 1111-1, L. 1111-2, L. 1111-3 et L. 1235-5 CT.

Cass. soc. 19 septembre 2018, n° 16-27.201, à paraître.

La charge de la preuve de l'effectif ne repose pas spécifiquement sur le salarié.

Il appartient au juge d'apprécier la condition relative à l'effectif, sans pouvoir faire reposer la charge de la preuve sur le salarié.

Cass. soc. 24 janvier 1991, n° 89-40.272.

• En cas de licenciement sans cause réelle et sérieuse, l'employeur doit rembourser à Pôle Emploi les indemnités de chômage

Les obligations envers l'Assédic sont compatibles avec l'exigence d'un procès équitable, au sens de l'article 6 de la Convention européenne de sauvegarde des droits de l'homme et des libertés fondamentales.

Il résulte de l'ensemble des dispositions relatives au remboursement des allocations chômage que l'employeur est mis à même de contester le principe de sa responsabilité, ainsi que les conditions de remboursement envers les organismes sociaux concernés. Il est ainsi instauré sur ses obligations envers l'Assédic, partie au litige par l'effet de la loi, un procès équitable au sens de l'article 6 de la Convention européenne de sauvegarde des droits de l'homme et des libertés fondamentales.

Doit donc être rejeté le pourvoi d'un employeur qui, pour reprocher à une cour d'appel de l'avoir condamné à rembourser à l'Assédic l'équivalent de six mois d'indemnités de chômage, soutenait que la juridiction prud'homale ne peut, en combinant les articles L. 122-14-2 et L. 122-14-4, al. 2 CT édictant l'un, une présomption légale et l'autre, une condamnation forfaitaire, prononcer cette condamnation systématiquement, sans aucun examen des griefs invoqués, au seul motif que le grief énoncé dans la lettre de licenciement ne l'était pas de manière suffisamment précise.

Cass. soc. 23 mai 2000, n° 98-40.635, BC V n° 193.

Cette sanction est applicable en cas de licenciement sans cause réelle et sérieuse…

En cas de licenciement sans cause réelle et sérieuse, le conseil de prud'hommes ordonne le remboursement par l'employeur fautif, aux organismes concernés, des indemnités de chômage payées au travailleur licencié du jour de son licenciement au jour du jugement. L'Assédic ayant payé des indemnités de chômage aux salariées licenciées, il incombait à l'employeur d'établir le caractère indu de ce paiement s'il souhaitait contester le jugement ordonnant le remboursement.

Cass. soc. 9 mars 1994, n° 91-21.926, BC V n° 86.

… sauf si l'employeur emploie habituellement moins de onze salariés…

En application de l'article L. 122-14-4, al. 2 CT, en cas de licenciement sans cause réelle et sérieuse, le tribunal ordonne le remboursement par l'employeur fautif aux organismes concernés de tout ou partie des indemnités de chômage payées au salarié licencié, du jour de son licenciement au jour du jugement prononcé par le tribunal, dans la limite de six mois d'indemnités de chômage par salarié concerné. Selon les dispositions de l'article L. 122-14-5 CT, l'employeur n'est pas tenu à ce remboursement s'il emploie habituellement moins de onze salariés.

C'est à tort que, pour refuser d'ordonner à des employeurs le remboursement d'indemnités de chômage versées par une Assédic à un salarié ayant fait l'objet d'un licenciement sans cause réelle et sérieuse, une cour d'appel a énoncé qu'en l'absence de toute preuve de ce que les sociétés employaient plus de onze salariés, il ne sera pas fait application des dispositions de l'article L. 122-14-4 CT, alors qu'il appartenait aux employeurs de démontrer qu'ils réunissaient les conditions légales pour être dispensés du remboursement des indemnités de chômage payées au salarié.

Cass. soc. 18 avril 2000, n° 97-44.925, BC V n° 145. Voir aussi cass. soc. 23 septembre 2015, n° 14-13.264, BC V n° 180 ; cass. soc. 2 mars 2017, n° 15-27.735.

... ou si le salarié a moins de deux ans d'ancienneté.

Après avoir constaté qu'une salariée avait été licenciée, une cour d'appel a condamné l'employeur au remboursement aux organismes concernés des indemnités de chômage versées à la salariée, dans la limite de six mois.

En statuant ainsi, alors que le remboursement à l'Assédic est prévu par l'article L. 122-14-4 CT dont l'application des dispositions, hormis celles relatives à l'assistance du salarié, est exclue par l'article L. 122-14-5 CT pour les salariés ayant moins de deux ans d'ancienneté dans l'entreprise, la cour d'appel a violé ce texte.

Cass. soc. 2 mars 2005, n° 02-46.675. Voir aussi cass. soc. 26 novembre 2015, n° 14-19.501 ; cass. soc. 2 mars 2017, n° 15-27.735, précité.

L'Assédic peut former une requête en omission de statuer si le juge n'ordonne pas à son profit le remboursement des indemnités de chômage.

Un conseil de prud'hommes ayant condamné une société à payer des dommages-intérêts à son ancien salarié pour licenciement sans cause réelle et sérieuse, l'Assédic avait saisi la même juridiction prud'homale, plus de deux ans après, d'une requête en rectification pour cause d'omission matérielle de cette décision qui avait omis d'ordonner à son profit le remboursement des indemnités de chômage versées au salarié licencié.

Doit être cassé l'arrêt qui, pour infirmer le jugement et rejeter comme tardive la demande de l'Assédic en omission de statuer, a retenu que l'acquiescement de l'employeur avait conféré au jugement force de chose jugée à l'égard de cet organisme plus d'un an avant la présentation de la requête et que l'article 528 NCPC, selon lequel le délai à l'expiration duquel un recours ne peut plus être exercé court à compter de la notification du jugement, à moins que ce délai n'ait commencé à courir, en vertu de la loi, dès la date du jugement, n'était pas applicable à l'Assédic, alors que si, par l'effet de la loi, l'Assédic est partie au litige opposant l'employeur au salarié qui soutient avoir été licencié sans cause réelle et sérieuse, l'acquiescement de l'employeur au jugement rendu sur ce litige est inopposable à cet organisme faisant une requête en omission de statuer sur le fondement de l'article 463 NCPC et que, par ailleurs, les dispositions de l'article D. 122-9 CT ne font pas exception aux règles de computation du délai de recours prévues à l'article 528 NCPC.

Cass. soc. 5 mars 1997, n° 94-40.848, BC V n° 100.

Le droit des organismes concernés d'obtenir le remboursement des indemnités de chômage payées au travailleur licencié n'est pas subordonné à d'autres conditions que la condamnation, par le même juge, de l'employeur fautif au versement d'une indemnité pour licenciement sans cause réelle et sérieuse.

Une personne, mise à la disposition d'une société dans le cadre de 110 missions successives, a saisi la juridiction prud'homale aux fins d'obtenir la requalification des contrats de travail temporaire en contrat à durée indéterminée ainsi que la condamnation de l'employeur au paiement d'indemnités de rupture et pour licenciement sans cause réelle et sérieuse.

C'est à tort que pour dire, après avoir confirmé le jugement faisant droit aux demandes du salarié, n'y avoir lieu d'ordonner le remboursement par la société utilisatrice des indemnités chômage versées par l'Assédic à l'intéressé, une cour d'appel a énoncé que, si l'article L. 124-7, al. 2 CT autorisait le salarié à faire valoir ses droits à l'encontre de l'entreprise utilisatrice qui recourait illégalement au travail temporaire, il n'imposait pas à cette dernière de supporter la sanction spécifique prévue à l'article L. 122-14-4 du même code relative au remboursement par l'employeur des indemnités de chômage versées par l'Assédic, alors que la société utilisatrice avait été condamnée à payer au salarié une indemnité pour licenciement sans cause réelle et sérieuse.

Cass. soc. 18 octobre 2007, n° 06-43.771, BC V n° 164. Voir aussi cass. soc. 18 novembre 2015, n° 14-16.437.

Toutefois, le remboursement n'est pas dû en cas de non-respect de la procédure par l'employeur.

Si l'article L. 122-14-4 CT impose au tribunal d'ordonner le remboursement des indemnités de chômage par l'employeur fautif aux organismes concernés dans l'hypothèse d'un licenciement sans cause réelle et sérieuse, il n'en est pas de même si seule la procédure de licenciement n'a pas été observée alors que le licenciement repose sur une cause réelle et sérieuse. Dans ce dernier cas, l'indemnité versée au salarié ne peut être supérieure à un mois de salaire et aucun versement supplémentaire au titre des indemnités de chômage n'est dû en cas d'inobservation de la procédure de licenciement.

Cass. soc. 26 mars 1980, n° 78-41.369, BC V n° 298.

De même, le remboursement des allocations de chômage ne peut pas être ordonné en cas de violation de l'ordre des licenciements.

A violé la loi la cour d'appel qui, pour condamner un employeur à payer à des salariés une indemnité pour licenciement sans cause réelle et sérieuse, ainsi qu'à rembourser à l'Assédic les indemnités de chômage, a énoncé que l'inobservation de l'ordre des licenciements rendait le licenciement sans cause réelle et sérieuse et qu'en l'absence de texte spécifique, sanctionnant cette irrégularité, il y avait lieu de faire application des dispositions de l'article L. 122-14-4 CT qui a une portée générale pour sanctionner tout licenciement suspect, alors que l'inobservation des règles relatives à l'ordre des licenciements pour motif économique prévues à l'article L. 321-1-1 CT n'est pas soumise aux sanctions énoncées à l'article L. 122-14-4 CT, qu'elle constitue pour le salarié une illégalité qui entraîne pour celui-ci un préjudice, pouvant aller jusqu'à la perte injustifiée de son emploi, lequel doit être intégralement réparé, selon son étendue, par les juges du fond.

Cass. soc. 14 janvier 1997, n° 95-44.366, 2e moyen, BC V n° 16.

Les dispositions relatives au remboursement par l'employeur fautif de tout ou partie des indemnités de chômage ne sont pas applicables au licenciement intervenu en violation des règles particulières aux victimes d'un accident du travail ou d'une maladie professionnelle prévues par les articles L. 1226-10 et L. 1226-15 CT.

Cass. soc. 28 avril 2011, n° 09-71.658, 3e branche du 1er moyen. Voir aussi cass. soc. 10 février 2016, n° 14-19.482, 2e moyen.

La clause d'un contrat de travail soumettant les relations entre les parties à une loi étrangère ne peut pas être opposée aux organismes visés à l'article L. 1235-4 CT dans le cas où ils seraient tenus d'indemniser les salariés licenciés bénéficiant des dispositions impératives et plus favorables de la loi française.

Cass. soc. 29 septembre 2010, n° 09-68.851, 3e moyen, BC V n° 200.

• Réparation des autres préjudices liés au licenciement

Le salarié qui n'a pas pu, du fait de son licenciement sans cause réelle et sérieuse, lever les options sur titres qui lui ont été attribuées a nécessairement subi un préjudice qui doit être réparé.

Un salarié s'était vu attribuer des options d'action dont la levée était réservée aux salariés présents dans l'entreprise à la date où cette opération était possible. Licencié, il a saisi la juridiction prud'homale en faisant valoir, notamment, que n'ayant pu lever les options du fait de son licenciement, il avait subi un préjudice.

Pour débouter l'intéressé de sa demande de dommages-intérêts pour manque à gagner sur les options d'actions, une cour d'appel a énoncé, après avoir retenu que le licenciement était sans cause réelle et sérieuse, que selon les dispositions organisant le régime des « stocks options » dans l'entreprise, le droit de lever les « stocks options » était réservé aux salariés présents dans l'entreprise à la date où ces opérations étaient possibles, que le départ de l'entreprise pour une cause autre que le décès, la maladie, la retraite, faisait perdre le droit de lever les options des actions en cours, passés les trois mois de la rupture, et que celle-ci étant intervenue, le salarié avait perdu ses droits après que les droits sur les options à échéance de trois mois lui ont été réglés, alors que le salarié n'avait pu, du fait de son licenciement sans cause réelle et sérieuse, lever les options sur titres et qu'il en était nécessairement résulté un préjudice qui devait être réparé.

Cass. soc. 29 septembre 2004, n° 02-40.027, BC V n° 234. Voir aussi cass. soc. 2 février 2006, n° 03-47.180, BC V n° 55 ; cass. soc. 29 janvier 2013, n° 11-24.406, 3e moyen.

La clause du plan d'options d'achat prévoyant la caducité des options en cas de licenciement du bénéficiaire fait obstacle à l'exercice de ce droit sans qu'il y ait lieu de distinguer selon la qualification du licenciement, et le salarié, privé de la possibilité de lever ses options du fait de son licenciement, peut seulement solliciter l'indemnisation du préjudice subi.

Doit être cassé l'arrêt qui, pour maintenir à un salarié licencié le bénéfice de l'option d'achat d'actions qui lui avait été consentie, a relevé que son licenciement n'étant pas fondé sur une cause réelle et sérieuse, les dispositions du plan d'options d'achat ne pouvaient pas trouver application.

Cass. soc. 1er décembre 2005, n° 04-41.277, BC V n° 348.

Irrégularité de procédure et licenciement sans cause réelle et sérieuse

L'indemnité pour inobservation de la procédure de licenciement ne se cumule pas avec l'indemnité pour licenciement sans cause réelle et sérieuse…

C'est à tort qu'une cour d'appel a accordé à un salarié une indemnité pour licenciement sans cause réelle et sérieuse et une indemnité pour non-respect de la procédure, l'indemnité pour inobservation de la procédure de licenciement ne se cumulant pas avec l'indemnité pour licenciement sans cause réelle et sérieuse.

Cass. soc. 27 mai 2009, n° 08-40.834, 2e moyen. Voir aussi cass. soc. 26 février 2013, n° 11-26.934, 1er moyen ; cass. soc. 29 mars 2017, n° 15-27.907.

… sauf si le salarié a moins de deux ans d'ancienneté.

En vertu de l'article L. 122-14-5 CT, les salariés ayant moins de deux ans d'ancienneté dans l'entreprise peuvent prétendre, en cas de licenciement sans cause réelle et sérieuse, ainsi qu'en cas d'inobservation de la procédure de licenciement, à une indemnité calculée en fonction du préjudice subi. Dès lors, a légalement justifié sa décision un conseil de prud'hommes qui a accordé à un salarié ayant moins de deux ans d'ancienneté une somme à titre de dommages-intérêts pour licenciement sans cause réelle et sérieuse et une autre somme pour non-respect de la procédure.

Cass. soc. 28 janvier 1998, n° 95-43.914, BC V n° 44. Voir aussi cass. soc. 26 janvier 2017, n° 15-22.577.

Licenciement sans cause réelle et sérieuse et licenciement abusif

Le licenciement, bien que fondé sur une cause réelle et sérieuse, peut être jugé abusif, notamment s'il est intervenu dans des conditions vexatoires ou en cas de légèreté blâmable de l'employeur. Le salarié peut alors obtenir une indemnité en raison de cet abus de droit.

Une cour d'appel a pu décider que, si les griefs d'insuffisance de résultats et de refus de se plier à la discipline nécessaire dans le travail invoqués par l'employeur constituaient un motif réel et sérieux de licenciement, ils ne justifiaient pas le licenciement immédiat d'un cadre ayant dix-huit ans d'ancienneté ni une mise à pied conservatoire, prise en période de congés annuels, l'intéressé ne pouvant mettre en péril la société par son activité. La cour d'appel a donc pu en déduire qu'un tel licenciement avait un caractère vexatoire, source d'un préjudice moral, ouvrant droit à des dommages-intérêts.

Cass. soc. 21 mars 1991, n° 89-42.874, 2e moyen.

En cas de licenciement abusif, le salarié peut prétendre à des dommages-intérêts distincts de l'indemnité de licenciement sans cause réelle et sérieuse.

La brutalité du licenciement et les circonstances vexatoires de la rupture ayant causé un préjudice à un salarié, préjudice distinct de celui résultant du licenciement sans cause réelle et sérieuse, l'intéressé pouvait prétendre à des dommages-intérêts se cumulant avec l'indemnité pour licenciement sans cause réelle et sérieuse.

Cass. soc. 21 février 1995, n° 93-44.340, 2e moyen. Voir aussi cass. soc. 20 juin 2012, n° 11-19.416, 2e moyen ; cass. soc. 21 mai 2014, n° 13-13.808.

Ayant relevé qu'une société avait licencié une salariée moins de six mois après lui avoir demandé, par voie d'avenant à son contrat de travail, de s'engager à rester au service de l'entreprise pendant une période minimale de 12 mois, une cour d'appel a pu décider que la société avait agi avec une légèreté blâmable et causé à la salariée un préjudice distinct de celui résultant de l'absence de cause réelle et sérieuse du licenciement.

Cass. soc. 15 décembre 1999, n° 97-45.495, 2e moyen.

Une lettre de licenciement signée « pour ordre » par une secrétaire hiérarchiquement subordonnée à la salariée constitue une circonstance conférant au licenciement un caractère vexatoire.

Cass. soc. 28 octobre 2002, n° 00-44.548, 4e moyen.

Le bien-fondé d'une demande de dommages-intérêts en raison des conditions vexatoires de la rupture du contrat de travail est indépendant du bien-fondé de la rupture.

Cass. soc. 10 juillet 2013, n° 12-19.740, 6e branche du 1er moyen, BC V n° 193, cité dans « Retraite (Mise à la) ».

Le fait de porter à la connaissance du personnel, sans motif légitime, les agissements d'un salarié nommément désigné constitue une atteinte à la dignité de celui-ci de nature à lui causer un préjudice distinct de celui résultant de la perte de son emploi.

Une salariée, rédactrice au service contentieux de la caisse d'allocations familiales de V., a été licenciée pour faute lourde pour avoir minoré, pendant plusieurs années, ses déclarations de ressources afin de bénéficier indûment de prestations sociales auprès de la caisse de B.

A violé les articles 9 et 1147 c. civ. et L. 120-2 CT la cour d'appel, qui, pour débouter la salariée de sa demande de dommages-intérêts en réparation du préjudice qui lui avait été causé par la diffusion, lors de réunions de service, des motifs pour lesquels l'employeur engageait une procédure disciplinaire à son encontre, a retenu que les faits commis par elle n'étaient pas dénués de rapport avec son activité professionnelle et qu'il n'était pas anormal que l'employeur les fasse connaître, alors que le fait de porter à la connaissance du personnel, sans motif légitime, les agissements d'un salarié nommément désigné constitue une atteinte à la dignité de celui-ci de nature à lui causer un préjudice distinct de celui résultant de la perte de son emploi.

Cass. soc. 25 février 2003, n° 00-42.031, BC V n° 66.

☛ *Licenciement économique (Information et consultation du CE) ; Licenciement économique (Réintégration) ; Licenciement irrégulier (Sanctions) ; Notification du licenciement ; Plan de sauvegarde de l'emploi ; Représentants du personnel (Procédure de licenciement).*

Lien de subordination

☛ *Contrat de travail (Critères) ; Cumul d'un mandat social et d'un contrat de travail ; Gérants salariés de succursales ; Gérants non salariés (Succursales de commerce de détail alimentaire).*

Listes électorales

Lors des élections dans l'entreprise, il est établi une liste des salariés appelés à voter à l'élection des délégués du personnel et à celle du comité d'entreprise (art. L. 2314-15 et L. 2324-14 anciens CT). La publication de ces listes est le point de départ du délai de trois jours ouvert pour les contestations portant sur l'électorat.

Contenu

L'adresse du domicile des salariés n'a pas à figurer sur la liste électorale.

Les seules mentions qui doivent figurer obligatoirement sur la liste électorale des salariés travaillant dans l'entreprise sont l'âge, l'appartenance à l'entreprise et l'ancienneté dans celle-ci, qui déterminent la qualité d'électeur et permettent le contrôle de la régularité des listes électorales. Dès lors, l'indication de l'adresse du domicile des salariés n'a pas à figurer sur la liste électorale.

Cass. soc. 20 mars 2002, n° 00-60.315, 1er moyen, BC V n° 95. Voir aussi cass. soc. 17 décembre 2003, n° 02-60.394.

Le contenu des listes ne peut pas être modifié entre les deux tours.

Un tribunal d'instance a pu refuser l'inscription de salariés supplémentaires sur les listes électorales pour le second tour, le premier ayant été annulé. Les conditions d'électorat et d'éligibilité devant être remplies à la date du premier tour de scrutin, la liste électorale est établie pour les deux tours et ne peut être modifiée après le premier. Le renouvellement de l'affichage entre les deux tours ne constitue qu'un simple rappel et n'ouvre pas de droits nouveaux.

Cass. soc. 7 mars 1990, n° 89-60.283, BC V n° 105.

Après avoir constaté que des salariés, ayant voté au premier tour des élections des délégués du personnel, ne figuraient pas sur la liste électorale et que l'employeur ne fournissait aucune explication sur ce point, ce qui était suffisant pour fausser les résultats du scrutin, un tribunal d'instance a décidé à bon droit d'annuler ces élections.

Cass. soc. 13 février 2003, n° 01-60.745, 2e moyen, BC V n° 54.

Mais lorsque l'effectif se modifie après la publication de la liste électorale, il appartient à l'employeur de l'actualiser et de publier la liste modifiée au plus tard le 4e jour avant la date du scrutin.

Si les salariés non inscrits sur les listes électorales en tant qu'électeurs ne peuvent pas être éligibles et si la liste électorale est établie pour les deux tours, il appartient à l'employeur d'actualiser la liste lorsque l'effectif se modifie après sa publication. La publication de la liste modifiée doit alors intervenir au plus tard le 4e jour avant la date du scrutin. C'est donc à bon droit qu'un tribunal d'instance, qui a constaté qu'un employeur n'avait pas procédé à la modification d'une liste électorale, a décidé que celui-ci n'était pas fondé à contester la candidature, au 2e tour des élections, de salariés qui ne figuraient pas sur la liste.

Cass. soc. 20 mars 2002, n° 01-60.482, BC V n° 96.

Publication

À défaut d'accord entre les partenaires sociaux, le juge d'instance peut fixer les modalités de publicité des listes électorales.

Les modalités d'organisation des opérations électorales étant définies dans le protocole préélectoral et, à défaut d'accord, par le juge d'instance, conformément aux principes généraux du droit électoral, un juge d'instance a pu décider, afin d'assurer la publicité des listes électorales, que ces dernières seraient affichées sur tous les panneaux de la direction, répartis géographiquement dans l'établissement.

Cass. soc. 7 novembre 1990, n° 89-61.544.

Lorsqu'un syndicat représentatif en fait la demande, l'employeur est tenu de lui communiquer copie des listes électorales.

Doit être rejeté le pourvoi d'un employeur reprochant à un tribunal d'instance de lui avoir enjoint de communiquer aux organisations syndicales qui en feront la demande, la liste électorale, au motif, selon le pourvoi, que la publication des listes électorales peut être faite par voie d'affichage ou mise à la disposition du personnel en un lieu libre d'accès, alors que ni l'employeur ni les salariés ne peuvent s'opposer à ce que les organisations syndicales représentatives, parties nécessairement intéressées au déroulement des élections professionnelles, consultent ou se voient communiquer, lorsqu'elles en font la demande, la liste des électeurs et éligibles portant les mentions nécessaires au contrôle de sa régularité.

Cass. soc. 20 mars 2002, n° 00-60.315, précité, 2e moyen, BC V n° 95. Voir aussi cass. soc. 14 octobre 1997, n° 96-60.037, 3e moyen, BC V n° 314.

La non-communication par l'employeur de la liste électorale avant le scrutin ne justifie pas nécessairement l'annulation des élections.

Doit être rejeté le pourvoi formé par un syndicat reprochant à un tribunal d'instance de l'avoir débouté de sa demande d'annulation du premier tour des élections des délégués du personnel.

En effet, après avoir relevé que la liste électorale avait été affichée, le tribunal d'instance, devant qui le syndicat ne contestait l'éligibilité d'aucun élu, a pu décider que la non-communication de la liste électorale ne justifiait pas l'annulation des élections.

Cass. soc. 4 juin 2003, n° 02-60.034, BC V n° 186.

Un retard dans l'affichage ne justifie pas nécessairement le report des élections.

Le fait que l'employeur ait affiché les listes électorales trois jours après la date prévue par le protocole préélectoral ne justifie pas le report des élections, dès lors qu'il n'est pas établi que ce report est nécessaire à une bonne organisation du scrutin.

Cass. soc. 20 décembre 1988, n° 88-60.431.

Effets

La qualité d'électeur n'est reconnue qu'aux salariés inscrits sur les listes électorales.

Un tribunal d'instance peut décider qu'un salarié non inscrit sur les listes électorales est inéligible. Dès lors que la liste électorale n'a pas été contestée dans le délai légal, la non-inscription du salarié sur cette liste le prive de sa qualité d'électeur.

Cass. soc. 20 mars 1990, n° 89-61.448.

Une erreur sur les listes électorales n'entraîne l'annulation des élections que si elle est de nature à fausser les résultats.

Doit être rejetée la demande en annulation des élections fondée sur le fait que la liste électorale mentionnait à tort qu'un salarié était inéligible ; en effet, le tribunal d'instance a estimé que cette erreur n'était pas de nature à fausser le résultat des élections.

Cass. soc. 3 octobre 1995, n° 94-60.443.

Contestation

L'employeur étant tenu d'établir la liste électorale, il lui appartient, en cas de contestation, de fournir des éléments nécessaires au contrôle de sa régularité.

Les élections du comité et des délégués du personnel d'un établissement se sont déroulées en application d'un protocole préélectoral prévoyant que seraient électeurs pour le comité d'établissement les seuls salariés de la société, et pour les délégués du personnel, les salariés de la société ainsi que ceux des sociétés prestataires de services remplissant les conditions de l'article L. 423-7 CT en partageant les mêmes conditions de travail et les mêmes moyens de production. Un syndicat a demandé l'annulation de ces élections en alléguant que des salariés d'entreprises extérieures n'auraient pas été comptabilisés dans les effectifs et que les travailleurs mis à disposition par des entreprises sous-traitantes ou prestataires de services ainsi que les salariés intérimaires n'auraient pas été inclus dans l'électorat.

Pour valider les élections, un tribunal a retenu qu'il appartenait au syndicat qui avait eu la liste des salariés des entreprises extérieures d'établir que des salariés nominativement désignés remplissant la condition d'intégration étroite et permanente à la communauté de travail auraient été exclus à tort de l'électorat du comité d'établissement et des délégués du personnel.

En statuant ainsi, alors qu'avaient été exclus de la liste électorale du comité d'établissement l'intégralité des salariés appartenant à des entreprises extérieures et un certain nombre d'entre eux de la liste électorale des délégués du personnel et qu'il appartenait à l'employeur de fournir les éléments nécessaires au contrôle de la régularité de ces listes, le tribunal, qui a inversé la charge de la preuve, a violé les articles L. 423-7, L. 433-4 et L. 620-10, devenus L. 2314-15, L. 2324-14 et L. 1111-2 CT.

Cass. soc. 13 novembre 2008, n° 07-60.434, 2e moyen, BC V n° 219. Voir aussi cass. soc. 20 juin 2012, n° 11-19.643, BC V n° 190.

Si le juge peut ordonner la communication aux syndicats des coefficients hiérarchiques des salariés, il ne peut pas ordonner l'affichage de ces informations.

Si les organisations syndicales peuvent, dans le cadre de la vérification de la régularité des inscriptions sur les listes électorales et de la répartition des salariés dans les collèges, demander communication des coefficients hiérarchiques de ces salariés à l'employeur, il n'appartient pas au tribunal d'instance d'ordonner l'affichage de ces informations, de nature personnelle.

Cass. soc. 20 juin 2012, n° 11-19.643, précité.

En cas d'irrégularité des listes électorales, le juge peut reporter la date des élections.

Un tribunal d'instance a pu recevoir la demande de report de la date des élections formée par un salarié, qui invoquait des irrégularités relatives aux listes électorales, afin de permettre leur régularisation.

Cass. soc. 17 mai 1994, n° 93-60.165.

Lorsque l'irrégularité de la liste affecte le résultat du scrutin, celui-ci doit être annulé.

Doit être rejeté le pourvoi formé par un salarié et une union départementale FO reprochant à un tribunal d'instance d'avoir annulé des élections professionnelles. En effet, après avoir relevé que la liste FO avait obtenu un siège lors des élections et que deux des quatre candidatures FO avaient été ensuite judiciairement annulées, dont celle du candidat FO élu, le tribunal d'instance en a exactement déduit que l'irrégularité de la liste affectait nécessairement le résultat du scrutin et que celui-ci devait donc être annulé.

Cass. soc. 4 juin 2003, n° 02-60.487, BC V n° 187.

L'action en contestation portant sur la composition des listes électorales peut être intentée par un syndicat, car elle met en cause l'intérêt collectif de la profession.

Aux termes de l'article L. 411-11 CT, les syndicats professionnels ont le droit d'ester en justice. Ils peuvent, devant toutes les juridictions, exercer tous les droits réservés à la partie civile relativement aux faits portant préjudice direct ou indirect à l'intérêt collectif de la profession qu'ils représentent.

Doit donc être rejetée la fin de non-recevoir soulevée par une association contre le pourvoi formé par un syndicat aux motifs que, selon l'association, le syndicat n'avait pas qualité pour saisir un tribunal d'instance d'une contestation portant sur la composition des listes électorales et qu'il n'avait pas indiqué que ce pourvoi était formé au nom des salariés auxquels le tribunal d'instance avait refusé la qualité d'électeurs pour les élections du personnel et des membres du comité d'établissement et qu'en toute hypothèse, il ne justifiait pas avoir reçu de leur part un pouvoir spécial à cet effet, alors que le texte précité apporte aux syndicats, sans aucune restriction, le pouvoir d'agir en justice, dès lors que l'intérêt collectif de la profession est en jeu.

Cass. soc. 7 mars 2001, n° 00-60.005, BC V n° 74.

Les dépens ne peuvent pas être mis à la charge du syndicat.

Pour les contestations relatives à l'électorat, à la régularité des opérations électorales et à la désignation des représentants syndicaux, le tribunal d'instance statue en dernier ressort sans frais ni forme de procédure dans les dix jours de sa saisine. C'est à tort qu'un tribunal d'instance a laissé les dépens à la charge d'un syndicat qui l'avait saisi en vue de faire inscrire des salariés sur une liste électorale.

Cass. soc. 12 juin 2002, n° 01-60.058, 2e moyen, BC V n° 204.

☛ *Contentieux électoral ; Électorat/Qualité d'électeur ; Éligibilité ; Protocole d'accord préélectoral.*

Local (Représentants du personnel)

L'employeur doit mettre un local à la disposition de chacune des institutions représentatives du personnel afin qu'elles puissent remplir leurs missions (art. L. 2142-8 CT pour la section syndicale, sous condition d'effectif, L. 2315-6 ancien CT pour les délégués du personnel et L. 2325-12 ancien CT pour le comité d'entreprise).

Pour le comité d'entreprise et la section syndicale, le code du travail prévoit expressément que les locaux doivent être aménagés et dotés du matériel nécessaire à l'exercice de leurs fonctions.

Les institutions représentatives doivent disposer d'un local

L'obligation faite à l'employeur de fournir un local est d'ordre public ; seule la force majeure peut l'exonérer de cette obligation.

Les prescriptions légales, faisant obligation à l'employeur de fournir aux délégués du personnel un local de réunions, sont des dispositions d'ordre public et ne sauraient être transgressées hors du cas de force majeure. En l'absence de force majeure, l'employeur ne remplissant pas cette obligation délibérément commet un délit d'entrave.

Cass. crim. 7 janvier 1981, n° 79-94.255, 1er moyen, B. crim. n° 5. Voir aussi cass. crim. 25 septembre 2007, n° 06-84.599, B. crim. n° 222 ; cass. crim. 26 mai 2009, n° 08-82.979, 1er moyen.

Ce local ne peut pas être commun à deux institutions.

Commet un délit d'entrave l'employeur mettant à disposition des délégués syndicaux et des délégués du personnel un local commun. Il résulte en effet des dispositions légales que le chef d'entreprise doit mettre à la disposition des sections syndicales un local qui ne saurait se confondre avec celui des délégués du personnel. Ce local doit donc leur être spécialement réservé et doit, par ailleurs, convenir à l'exercice de leur mission.

Cass. crim. 23 janvier 1979, n° 78-92.407, B. crim. n° 33.

Commet un délit d'entrave à l'exercice des fonctions de délégués du personnel l'employeur qui ne met pas à leur disposition un local adéquat.

Se rend coupable d'un délit d'entrave à l'exercice des fonctions de délégué du personnel l'employeur qui n'a mis à la disposition d'une déléguée du personnel un local adéquat qu'à la fin juillet 2000, alors que celle-ci avait été élue en février 1999, et ce, malgré les observations répétées de l'inspection du travail pendant cette période.

Cass. crim. 28 septembre 2004, n° 04-80.375.

Porte atteinte à la liberté syndicale l'employeur qui déplace d'office, sans autorisation judiciaire préalable, le local syndical malgré l'opposition d'une organisation syndicale.

Un employeur a décidé de transférer des locaux syndicaux d'un bâtiment d'exploitation d'une entreprise dont l'accès était soumis à des mesures de contrôle en raison de son emplacement dans une zone aéroportuaire sécurisée à un bâtiment situé sur le parking de l'établissement en zone d'accès libre en venant de l'extérieur ; deux syndicats ont refusé ce déménagement en alléguant que les contrôles auxquels devaient se soumettre les salariés désirant se rendre depuis leur lieu de travail au local syndical ou en revenir portaient atteinte au libre exercice du droit syndical et à la liberté de circulation des délégués syndicaux ; l'employeur, qui n'y avait pas été autorisé par une décision de justice, a procédé à ce déménagement, lequel a été jugé en référé constitutif d'un trouble manifestement illicite ; les syndicats ont ensuite saisi, au principal, le tribunal de grande instance pour obtenir leur réintégration dans les anciens locaux après leur remise en état et pour demander la condamnation de l'employeur au paiement de dommages-intérêts.

C'est à tort que, pour débouter les syndicats de leurs demandes consécutives au caractère illicite du déménagement des locaux syndicaux effectué d'office par l'employeur, sans autorisation judiciaire, une cour d'appel a retenu que l'employeur pouvait déterminer librement l'emplacement des locaux syndicaux, que si les syndicats refusaient le transfert de leurs locaux d'un emplacement à un autre, aucun texte ne soumettait celui-ci à un accord préalable et qu'exiger une autorisation judiciaire sur un fondement purement prétorien était en contradiction absolue avec le pouvoir ainsi reconnu à l'employeur de déterminer librement l'emplacement des locaux syndicaux.

En effet, porte atteinte à la liberté syndicale l'employeur qui déplace d'office, sans autorisation judiciaire préalable, le local syndical malgré l'opposition d'une organisation syndicale.

En outre, pour débouter les syndicats de leurs demandes, la cour a retenu qu'il lui appartenait de vérifier si le nouveau local syndical présentait des avantages équivalents aux anciens et permettait le libre exercice du droit syndical et que tel était le cas puisque désormais tous les salariés pouvaient avoir accès directement et librement au local situé sur le parking de l'établissement même en dehors des heures de travail, ce qui n'était pas le cas auparavant, que les mesures de contrôle pour entrer ou sortir du bâtiment de production ne concernaient désormais que les salariés désireux de se rendre au local syndical pendant la pause, et non plus comme auparavant tout le personnel.

En statuant ainsi, alors que les déplacements des délégués syndicaux ou des salariés pour aller de leur lieu de travail au local syndical, ou en revenir, les obligeaient à passer sous un portique de sécurité, à présenter un badge et éventuellement à subir une fouille, sans que l'employeur allègue que l'implantation du local syndical dans la zone de travail était impossible, ce qui caractérisait une atteinte à l'activité syndicale, la cour d'appel a violé les articles 6 du préambule de la Constitution du 27 octobre 1946, L. 2141-4 et L. 2143-20 CT.

Cass. soc. 13 janvier 2010, n° 08-19.917, BC V n° 11.

Le déplacement d'un local syndical nécessitant, pour s'y rendre, de passer sous un portique de sécurité, de présenter un badge et éventuellement de subir une fouille constitue une atteinte à l'activité syndicale.

Cass. soc. 13 janvier 2010, n° 08-19.917, précité. Voir aussi cass. soc. 26 septembre 2007, n° 06-13.810, pourvoi principal et 2e moyen du pourvoi incident, BC V n° 143, rendu dans la même affaire, ayant jugé qu'une telle mesure constituait un trouble manifestement illicite.

L'accès au local situé dans l'entreprise n'est pas totalement libre

Les délégués syndicaux ne peuvent pas accéder à leur local quand l'entreprise est fermée.

En l'absence d'accord passé avec les organisations syndicales, l'employeur n'est pas tenu de mettre le local prévu par l'article L. 412-9 CT à la disposition d'une section syndicale pendant les heures de fermeture de l'entreprise. Doit être cassé l'arrêt qui, pour retenir la prévention d'entrave, énonce qu'il résultait d'un usage que la salle de conférence soit utilisée lors de chaque « débrayage ». L'arrêt ne constatait pas, en effet, que cet usage s'appliquait aux périodes de fermeture de l'entreprise et, en l'absence d'accord, l'employeur n'était pas tenu, qu'il y ait eu ou non une grève, de permettre aux adhérents de la section de se réunir dans l'entreprise pendant sa fermeture.

Cass. crim. 16 mars 1993, n° 91-84.767, B. crim. n° 118.

Le local doit être aménagé et le matériel nécessaire à l'exercice des fonctions doit être fourni

La fourniture du matériel nécessaire à l'exercice des fonctions n'implique pas la fourniture des fichiers du personnel de l'entreprise.

Si l'employeur, tenu de transférer au comité les activités sociales et culturelles qu'il assurait antérieurement, doit mettre à la disposition du comité d'entreprise un local aménagé et le matériel nécessaire à l'exercice de ses fonctions, il n'a pas l'obligation de lui fournir les renseignements contenus dans le fichier de l'entreprise. En l'espèce, le comité souhaitait que lui soit communiqué le fichier contenant les nom, prénoms et autres renseignements sur les salariés de l'entreprise, estimant que ces informations lui étaient nécessaires pour assurer la gestion des activités sociales et culturelles.

Cass. soc. 2 juin 1993, n° 91-13.901, BC V n° 153.

Un employeur peut mettre à disposition du comité d'entreprise un nouveau local aménagé, dès lors que ce local lui permet d'exercer normalement ses fonctions.

Pour débouter un employeur de sa demande en référé aux fins d'obtenir l'autorisation de procéder au déménagement du comité d'entreprise dans un nouveau local, une cour d'appel a retenu que ce local était beaucoup plus petit que celui dont il avait l'usage, ce qui justifiait parfaitement son refus de déménager et que si la société alléguait de l'intérêt pour elle de récupérer ce local, elle ne donnait aucun élément pour justifier de ce que le maintien du comité d'entreprise dans ces lieux lui causait un préjudice particulier constitutif d'un trouble manifestement illicite.

En statuant ainsi, sans constater que le nouveau local mis à la disposition du comité d'entreprise en remplacement de celui qu'il occupait précédemment ne lui permettait pas d'exercer normalement ses fonctions, la cour d'appel a violé les articles 809 c. proc. civ. et L. 2325-12 CT.

Cass. soc. 22 octobre 2014, n° 13-16.614, BC V n° 251.

Logement des salariés

L'employeur n'a pas à assurer le logement des salariés, sauf si la convention collective ou le contrat de travail le prévoit. Certaines catégories de salariés bénéficient toutefois d'un tel droit : il s'agit des concierges d'immeubles à usage d'habitation et des travailleurs étrangers introduits en France à la demande des employeurs.

Obligation conventionnelle d'assurer le logement des salariés

Si, en principe, l'employeur n'a pas à fournir un logement au salarié, certaines conventions peuvent être à l'origine d'une telle obligation.

En vertu des dispositions de la convention collective nationale de travail des établissements et services pour personnes inadaptées et handicapées, l'employeur doit assurer le logement des salariés pour lesquels la nécessité de logement est liée à la fonction. Il s'agit notamment des chefs de services en internat, des directeurs d'internat et de leurs remplaçants permanents. Dès lors qu'il n'était pas contesté que les intéressés exerçaient leurs activités dans des établissements constituant des internats, l'employeur devait, en vertu des dispositions conventionnelles, loger les salariés. L'inobservation de cette obligation ouvrait droit, pour les salariés, à des dommages-intérêts.

Cass. soc. 8 juin 1994, n° 90-42.254, BC V n° 191. Voir aussi cass. soc. 10 mai 2001, n° 99-40.966.

Le logement comme accessoire au contrat de travail

Le logement est un accessoire au contrat de travail s'il est accordé en contrepartie du travail.

Est accessoire au contrat de travail le logement fourni gratuitement par l'employeur aux salariés détachés, si celui-ci leur est accordé en contrepartie de leur travail.

Cass. soc. 10 novembre 1981, n° 80-12.905, 1er moyen, BC V n° 887.

Ayant relevé que des salariés étaient employés depuis plusieurs années lors de leur installation dans un logement appartenant à leur employeur, situé à deux kilomètres de leur lieu de travail, et que cet employeur n'avait pas demandé leur expulsion lors du licenciement, mais ultérieurement devant le conseil de prud'hommes, une cour d'appel a pu en déduire qu'il ne s'agissait pas d'un logement de fonction ni d'une location accessoire au contrat de travail et a pu débouter l'employeur de sa demande tendant à voir reconnaître à ce logement la qualité d'accessoire au contrat de travail.

Cass. soc. 28 février 1962, n° 58-40.735, BC V n° 230.

Toutefois, le seul fait d'occuper un logement de fonction n'implique pas que le salarié se tienne à la disposition de l'employeur en vue de la fourniture d'une prestation de travail.

Ayant constaté que le seul travail susceptible d'être fourni à une salariée était un travail d'ambulancière pour lequel elle avait été déclarée inapte par la médecine du travail, un conseil de prud'hommes a pu décider que l'occupation du logement ne s'accompagnait pas d'une mise à la disposition de l'employeur en vue de l'exécution d'un travail éventuel.

Cass. soc. 2 juillet 1996, n° 93-44.648.

Si le logement est un accessoire du contrat, sa suppression constitue une modification du contrat de travail.

Ayant constaté que la suppression du logement de fonction d'un salarié, opérée en violation d'une clause du contrat de travail, n'avait pas été commandée par l'intérêt de l'entreprise, une cour d'appel a pu décider qu'il s'agissait d'une modification d'un élément [essentiel] du contrat et que le licenciement des salariés, suite à leur refus, était sans cause réelle et sérieuse.

Cass. soc. 6 février 1996, n° 92-45.164.

Le logement attribué à titre gratuit à un salarié pour l'exercice de ses fonctions, qui est l'accessoire du contrat de travail et dont il bénéficie dans sa vie personnelle, ne peut pas lui être retiré ou donner lieu au versement d'un loyer, pendant une période de suspension du contrat de travail pour maladie.

Cass. soc. 26 janvier 2011, n° 09-43.193, 1er moyen, BC V n° 32.

En cas de cession du logement à un nouveau propriétaire, le salarié peut être expulsé.

Si l'employeur, qui a mis un logement de fonction à la disposition du salarié, cède ce logement à un nouveau propriétaire, ce dernier peut, en l'absence d'une novation, demander au salarié de quitter les lieux et l'assigner en vue de son expulsion.

En effet, le salarié ne peut bénéficier du maintien dans les lieux, son titre d'occupation étant l'accessoire du contrat de travail, sauf dans l'hypothèse d'une novation, cette dernière ne se présumant pas.

Cass. civ., 3e ch., 16 novembre 1994, n° 92-20.223.

Une dégradation importante commise par le salarié dans le logement de fonction peut justifier un licenciement.

La rupture anticipée d'un contrat à durée déterminée peut être justifiée par les dégradations importantes volontairement commises par le salarié dans le logement de fonction mis à sa disposition par l'employeur, et les menaces exercées par lui sur ses compagnons de travail vivant sous le même toit. Bien que réalisés en dehors des heures de travail, ces faits sont liés à l'exécution des conventions intervenues entre les parties et la gravité des fautes commises par le salarié autorise la cessation immédiate du contrat.

Cass. soc. 23 mars 1977, n° 75-40.622, BC V n° 216.

Le logement comme avantage en nature

Le logement, avantage en nature, s'analyse en un élément du salaire.

La fourniture, par l'employeur, d'un logement et d'un véhicule constitue un avantage en nature qu'il y a lieu d'inclure dans le montant de la rémunération du salarié et qui doit être indiqué sur le bulletin de paie qui lui est remis.

Cass. soc. 31 janvier 2012, n° 10-24.388, 2e branche du 1er moyen, BC V n° 47. Voir aussi cass. soc. 2 juillet 2014, n° 13-15.884, 1re et 2e branches du 2e moyen.

Il doit être intégré dans l'assiette des cotisations.

Cass. soc. 21 mars 2007, n° 05-43.433, 3e moyen.

Les modules d'habitation démontables, dont les conditions de confort n'étaient pas discutées, étant implantés en cités, non sur le site même du chantier, mais dans des localités avoisinantes, et assurant à leurs occupants le même environnement qu'aux salariés habitant dans des HLM, constituaient un avantage en nature devant être intégré dans l'assiette des cotisations.

Cass. soc. 25 janvier 1989, n° 86-11.940, 2e moyen, BC V n° 65.

Un employeur peut être condamné à payer des rappels de cotisations à l'URSSAF portant sur l'avantage en nature résultant de la fourniture gratuite d'un logement de fonction à des concierges et gardiens d'immeubles. À défaut d'une évaluation supérieure fixée par la convention collective, les dispositions de l'arrêté du 9 janvier 1975 constituent la base minimale pour évaluer l'avantage en nature constitué par la fourniture du logement.

Cass. soc. 22 juillet 1993, n° 91-10.733, BC V n° 216.

Compensation des loyers

L'employeur ne peut pas opérer de retenue sur salaire pour compenser les loyers.

Un salarié, contestant les retenues sur salaires opérées par son employeur en compensation des loyers impayés du logement que ce dernier lui avait fourni à titre d'accessoire du contrat de travail, a saisi la formation de référés de la juridiction prud'homale d'une demande de rappel de salaires. C'est à tort que, pour rejeter les demandes du salarié, une cour d'appel a énoncé que, dès lors qu'il était établi et non contesté que ce dernier ne payait plus ses loyers, l'employeur était en droit de procéder à la compensation avec les salaires versés, alors que si l'employeur disposait de la faculté de recouvrer sa créance par les voies de droit commun, il ne pouvait procéder à une retenue illégale sur la rémunération du salarié.

Cass. soc. 9 juillet 2003, n° 01-43.103.

Doit être cassé l'arrêt qui, pour débouter un salarié de sa demande en restitution des sommes prélevées sur son salaire au titre du logement mis à sa disposition, a énoncé que l'employeur avait mis un logement à la disposition de son salarié quelque mois après son embauche, que ce logement se situait à un kilomètre du siège de l'exploitation et ne pouvait être qualifié de logement de fonction, qu'en conséquence, l'employeur pouvait prélever, en accord avec son salarié, le prix de la location convenu avant paiement du salaire, alors qu'il avait été relevé que le logement litigieux ne constituait pas un logement de fonction, faisant ainsi ressortir qu'il n'était pas l'accessoire du contrat de travail.

Cass. soc. 28 septembre 2005, n° 03-42.509.

☛ *Concierges.*

Loyauté (Obligation de)

Lors de l'exécution de son contrat de travail, un salarié est tenu de respecter une obligation de loyauté à l'égard de son employeur. Cette obligation est indépendante de l'existence d'une clause de non-concurrence dans le contrat de travail.

Étendue de l'obligation

L'obligation de loyauté ne se traduit pas nécessairement par une obligation d'exclusivité…

Au cours de la durée du congé sabbatique, aucune interdiction d'avoir une activité salariée ou non ne s'impose au bénéficiaire du congé, lequel demeure seulement tenu de respecter les obligations de loyauté et de non-concurrence à l'égard de son employeur. Ayant retenu que les actes de détournement de clientèle reprochés par l'employeur à une salariée, comme étant de nature à caractériser son manquement à l'obligation de loyauté, n'étaient pas établis, une cour d'appel a pu débouter la société de sa demande de dommages-intérêts pour violation par la salariée de l'obligation de fidélité inhérente à son contrat de travail.

Cass. soc. 5 juin 1996, n° 93-42.588, BC V n° 231.
Voir aussi cass. soc. 1er avril 2003, n° 00-44.902.

… mais le salarié ne doit pas concurrencer son employeur durant l'exécution du contrat.

Ayant constaté qu'au cours de l'exécution de leur contrat de travail, un VRP et deux autres salariés de l'entreprise s'étaient procuré, par des moyens frauduleux, le fichier des fournisseurs, qu'ils avaient ensuite tous trois brusquement quitté l'entreprise pour créer une société concurrente qui a utilisé le fichier, ainsi qu'une collection irrégulièrement conservée par l'un d'entre eux, afin de capter la clientèle de la société, une cour d'appel a ainsi déterminé la cause de la rupture et caractérisé les manquements du salarié au devoir de fidélité qui pesait sur lui jusqu'à la rupture du contrat de travail, les actes de concurrence déloyale qu'il a commis postérieurement et, enfin, son intention de nuire à l'employeur.

Cass. soc. 22 mai 1995, n° 91-45.675.

Après avoir démissionné, un salarié avait été engagé immédiatement dans un cabinet ayant un objet analogue. Son employeur l'avait assigné devant la juridiction prud'homale en lui reprochant d'avoir détourné une partie de sa clientèle.

Ayant relevé que, durant l'exécution de son contrat de travail, le salarié avait fourni aux clients de la société pour laquelle il travaillait des renseignements sur son départ, la date de cessation de ses fonctions, le nom de son nouvel employeur et les formalités qu'ils devaient accomplir s'ils voulaient le suivre, une cour d'appel a pu en déduire que l'intéressé avait violé l'obligation de fidélité à laquelle il était tenu. Elle a dès lors pu retenir la responsabilité du salarié et le condamner à réparer le préjudice subi par son ancien employeur.

Cass. soc. 13 février 1997, n° 94-42.031.

Le fait pour un salarié de vendre pour son compte personnel des produits commercialisés par l'employeur caractérise un manquement à son devoir de loyauté.

Cass. soc. 23 mai 2012, n° 10-27.690, 1er moyen.

L'exercice d'une activité personnelle non concurrente de celle de l'employeur est licite et ne peut pas caractériser à elle seule la méconnaissance de l'obligation de loyauté.

C'est à tort que, pour juger que le licenciement d'un salarié était justifié par une faute grave, une cour d'appel, qui a décidé que les griefs énoncés par la lettre de rupture d'appropriation du matériel de l'entreprise à des fins personnelles, de non-respect des obligations contractuelles et d'atteinte à l'image de l'entreprise n'étaient pas établis, avait relevé que le fait, par l'intéressé, d'avoir omis d'informer son employeur de l'exercice d'une activité personnelle constituait un manquement à son obligation de loyauté ayant entraîné une perte de confiance.

Cass. soc. 20 octobre 2004, n° 02-42.966.

Pour dire le licenciement d'un salarié travaillant dans une entreprise d'électronique justifié par un manquement à l'obligation de loyauté constitutif d'une faute grave, une cour d'appel a retenu que l'intéressé avait été seul gérant d'une société familiale jusqu'à la liquidation judiciaire de cette dernière, de sorte qu'il avait exercé une activité professionnelle non déclarée à son employeur.

En statuant ainsi, alors qu'aucune clause du contrat de travail n'interdisait au salarié l'exercice d'une activité autre que son emploi, que la société dont il était le gérant avait une activité de transporteur routier de marchandises et de location de véhicules industriels de transport et qu'une activité non-concurrente de celle de l'employeur ne peut caractériser à elle seule un acte de déloyauté constitutif d'une faute justifiant le licenciement, la cour d'appel a violé le principe fondamental de libre exercice d'une activité professionnelle et les articles L. 1234-5, L. 1234-9 et L. 1121-1 CT.

Cass. soc. 1er mars 2011, n° 09-67.366.

Le seul fait de constituer une société peu avant la rupture effective de son contrat de travail ne suffit pas à caractériser un manquement à son obligation de loyauté.

Cass. soc. 10 juillet 2013, n° 12-19.406.

Manque à son obligation de loyauté le salarié qui effectue une formation au sein d'une société concurrente.

Le fait pour un salarié d'effectuer une formation au sein d'une société concurrente de son employeur constitue un manquement à l'obligation de loyauté auquel le salarié est tenu envers son employeur, même pendant les périodes de suspension de son contrat de travail, et caractérise une faute justifiant son licenciement.

Cass. soc. 10 mai 2001, n° 99-40.584, BC V n° 159. Voir aussi cass. soc. 12 octobre 2004, n° 03-43.465, BC V n° 246.

Des propos insultants et injurieux dénigrant des services et des membres du personnel de l'entreprise constituent un manquement au devoir de loyauté.

Ayant constaté qu'à l'occasion de sa visite à l'entreprise, un salarié avait eu des propos particulièrement insultants et injurieux, consistant notamment dans le dénigrement des services et des membres du personnel de l'entreprise et entendus en dehors du bureau où ils étaient tenus, une cour d'appel a pu décider qu'il avait ainsi manqué à son devoir de loyauté et commis une faute grave.

Ayant ensuite relevé que le contrat de travail du salarié était suspendu, la cour d'appel a pu décider que le fait pour l'employeur d'avoir laissé s'écouler un court délai avant de déclencher la procédure de licenciement ne pouvait avoir pour effet de retirer à la faute son caractère de gravité.

Cass. soc. 25 juin 2002, n° 00-44.001, BC V n° 211.

Manque à son obligation de loyauté le salarié qui, par l'intermédiaire de la messagerie électronique de l'entreprise, envoie à l'ensemble de ses collègues des messages critiquant l'employeur et les incitant à des actions en justice et à la signature d'une pétition contre celui-ci.

CA Limoges, ch. soc., 23 février 2009, n° 08/01112.

Le salarié qui, tout en acceptant une mutation imposée par son employeur, recherche dans un autre établissement de la même entreprise un emploi conforme à ses aspirations, ne manque pas à son obligation de loyauté.

Un salarié s'est vu notifier une mutation qu'il a acceptée tout en exposant qu'elle n'était pas conforme à ses souhaits, l'établissement d'affectation étant le plus éloigné de son domicile familial ; la société a prononcé son licenciement au motif qu'après avoir donné son accord à la mutation, le salarié avait en même temps effectué des recherches dans d'autres établissements et postulé sur d'autres fonctions.

Pour dire le licenciement fondé sur une cause réelle et sérieuse, une cour d'appel a retenu que le salarié dont le contrat de travail comportait une clause de mobilité et qui, ayant accepté une mutation sur un établissement ou un poste déterminé, s'était porté candidat avant que sa mutation ne soit effective et avait tenté ainsi de la remettre en cause, avait manqué à l'obligation de loyauté à laquelle il était tenu à l'égard de son employeur.

En statuant ainsi, alors que ne constitue pas un manquement à l'obligation de loyauté le fait pour un salarié, tout en acceptant une mutation imposée par l'employeur, de rechercher dans un autre établissement de la même entreprise un emploi conforme à ses aspirations, la cour d'appel a violé les articles 1134 c. civ. et L. 1221-1 CT.

Cass. soc. 9 décembre 2009, n° 08-41.213, BC V n° 281.

Les fonctions occupées par un salarié peuvent le soumettre à une obligation particulière de loyauté.

Une salariée, rédactrice au service contentieux de la caisse d'allocations familiales de V., a été licenciée pour faute lourde pour avoir minoré, pendant plusieurs années, ses déclarations de ressources afin de bénéficier indûment de prestations sociales auprès de la caisse de B.

Après avoir relevé que les faits commis par la salariée en qualité d'allocataire de la caisse de B. étaient ceux qu'elle était chargée de poursuivre dans ses fonctions de rédactrice de la caisse de V., ce qui la soumettait à une obligation particulière de loyauté et de probité, une cour d'appel a décidé, à bon droit, que le comportement de l'intéressée constituait une faute grave.

Cass. soc. 25 février 2003, n° 00-42.031, BC V n° 66.

Après avoir relevé qu'un salarié occupant un poste d'opérateur magasinier, avec et au même titre que d'autres salariés licenciés pour le même motif, avait omis de porter immédiatement à la connaissance de l'employeur des faits de vol dont il avait été témoin et œuvré pour empêcher leur révélation, une cour d'appel a pu décider que la violation par le salarié de son obligation contractuelle de loyauté envers l'employeur était d'une importance telle qu'elle rendait impossible son maintien dans l'entreprise et constituait une faute grave.

Cass. soc. 1er décembre 2011, n° 09-71.204.

Après avoir retenu que le courriel adressé par une salariée à une personne extérieure à l'entreprise à partir de la messagerie professionnelle du président- directeur général et qui ne pouvait à ce titre revêtir un caractère privé, contenait des informations confidentielles et des remarques de nature à déconsidérer les personnes de l'entreprise évoquées, une cour d'appel a pu en déduire que la salariée avait manqué à l'obligation de loyauté compte tenu de ses fonctions auprès du président-directeur général dont elle était l'assistante.

Cass. soc. 16 mai 2013, n° 12-13.372.

La dissimulation par un salarié d'un fait en rapport avec ses activités professionnelles et les obligations qui en résultent peut constituer un manquement à la loyauté à laquelle il est tenu envers son employeur, dès lors qu'il est de nature à avoir une incidence sur l'exercice des fonctions.

Une cour d'appel, qui n'a pas fondé sa décision sur la seule mise en examen d'une salariée, laquelle bénéficiait de la présomption d'innocence, mais a retenu que ce fait avait été caché à l'employeur alors qu'il était en rapport avec les fonctions de médecin-conseil de l'intéressée et de nature à en affecter le bon exercice, a ainsi caractérisé un manquement de l'intéressée à ses obligations professionnelles.

Cass. soc. 29 septembre 2014, n° 13-13.661, 2e moyen, BC V n° 209.

Obligation de loyauté et suspension du contrat de travail

Pendant les périodes de suspension de son contrat de travail, le salarié reste tenu envers son employeur d'une obligation de loyauté.

Un avocat, salarié d'une société d'exercice libéral à responsabilité limitée, a conclu avec l'associé unique de celle-ci une convention de cession de titres par laquelle ce dernier s'est engagé à vendre au premier et à un autre avocat, ou à la société qu'ils devaient constituer, une partie du capital social de cette dernière. La société en cours de formation entre les deux cessionnaires et l'employeur ont conclu une convention d'assistance, d'une durée de trois années, par laquelle elle s'est obligée à lui confier le traitement de certains dossiers et où il était stipulé que le contrat de travail de l'intéressé serait suspendu à compter de l'inscription au barreau de la première société, mais reprendrait effet de plein droit en cas de rupture de ladite convention. L'employeur a mis fin à cette convention d'assistance et, tout en contestant l'existence du contrat de travail, a notifié au salarié, à titre conservatoire, son licenciement pour faute grave.

Pour décider que le licenciement du salarié était sans cause réelle et sérieuse, une cour d'appel a retenu que si l'employeur avait décidé de rompre la convention d'assistance en énumérant des griefs précis, il ne pouvait, le même jour, convoquer l'intéressé à un entretien préalable à un licenciement en se fondant sur des motifs identiques. En effet, les griefs articulés à l'appui de la rupture de la convention d'assistance ne pouvaient aussi concerner cumulativement le contrat de travail à une période où celui-ci était encore suspendu et n'avait pas repris son exécution, et l'employeur n'ayant pas réintégré son salarié dans son emploi et ne lui ayant pas offert de travailler en cette qualité comme l'exigeaient les stipulations contractuelles, il ne pouvait légitimement lui reprocher de quelconques fautes.

En statuant ainsi, alors qu'elle avait constaté que l'employeur reprochait au salarié d'avoir eu recours à des pratiques prohibées de démarchage, de détournement de clientèle et de concurrence déloyale, lesquelles, à les supposer établies, étaient de nature à constituer des manquements à l'obligation de loyauté, la cour d'appel a violé l'article L. 122-14-3 CT.

Cass. soc. 30 mars 2005, n° 03-16.167, BC V n° 110.

Si la suspension du contrat de travail provoquée par la maladie ou l'accident ne supprime pas l'obligation de loyauté du salarié à l'égard de l'employeur, une salariée en arrêt maladie, dispensée de son obligation de fournir sa prestation de travail, ne saurait être tenue, durant cette période, de poursuivre une collaboration avec l'employeur. Une cour d'appel a donc décidé à bon droit que le licenciement d'une salariée à son retour d'arrêt maladie au motif que, durant cette période, celle-ci avait refusé de prendre contact avec ses collègues ne reposait pas sur une cause réelle et sérieuse.

Cass. soc. 15 juin 1999, n° 96-44.772, BC V n° 279.

Manque à son obligation de loyauté le salarié qui refuse de restituer des documents de travail nécessaires à la poursuite de l'activité de l'entreprise pendant une période de suspension de son contrat de travail.

La suspension du contrat de travail provoquée par la maladie ou l'accident, si elle dispense le salarié de son obligation de fournir sa prestation de travail, de sorte qu'il ne saurait être tenu durant cette période de poursuivre sa collaboration avec l'employeur, ne dispense pas le salarié, tenu d'une obligation de loyauté, de restituer à l'employeur qui en fait la demande les éléments matériels qui sont détenus par lui et qui sont nécessaires à la poursuite de l'activité de l'entreprise.

Une salariée, engagée en qualité de VRP exclusif d'une société, avait été licenciée, alors qu'elle se trouvait en arrêt maladie, pour faute grave consistant en son refus répété de restituer les fiches clients indispensables au bon fonctionnement de l'entreprise.

C'est à tort qu'une cour d'appel a décidé que le licenciement de la salariée ne reposait ni sur une faute grave ni sur une cause réelle et sérieuse, alors qu'il lui appartenait de rechercher si la remise des fichiers clients n'était pas nécessaire à la poursuite de l'activité de l'entreprise.

Cass. soc. 6 février 2001, n° 98-46.345, BC V n° 43. Voir aussi cass. soc. 18 mars 2003, n° 01-41.343.

L'exercice d'une activité bénévole et ponctuelle pendant un arrêt de travail ne constitue pas un manquement à l'obligation de loyauté.

Un salarié, engagé en qualité de conducteur, avait été licencié pour faute grave au motif de « tromperie à l'égard de l'employeur en exerçant une activité de service pour compte d'autrui durant un arrêt maladie ».

Attendu, d'abord, que l'inobservation par le salarié de ses obligations à l'égard de la sécurité sociale et tenant aux heures de sortie autorisées ne peut justifier son licenciement. Attendu, ensuite, que l'exercice d'une activité pendant un arrêt de travail provoqué par la maladie ne constitue pas en lui-même un manquement à l'obligation de loyauté qui subsiste pendant la durée de cet arrêt. Après avoir constaté que le salarié avait remplacé temporairement et à titre bénévole le gérant d'une station-service dans une activité n'impliquant aucun acte de déloyauté, une cour d'appel a jugé, à bon droit, que ce comportement ne constituait pas une faute grave et a décidé que le licenciement ne procédait pas d'une cause réelle et sérieuse.

Cass. soc. 4 juin 2002, n° 00-40.894, BC V n° 191. Voir aussi cass. soc. 11 juin 2003, n° 02-42.818.

L'exercice par un salarié d'une activité lucrative pour son propre compte durant un arrêt de travail pour maladie ne constitue un manquement à l'obligation de loyauté que s'il cause un préjudice à l'employeur.

L'inobservation par le salarié de ses obligations à l'égard de la sécurité sociale ne peut justifier un licenciement et l'exercice d'une activité pendant un arrêt de travail provoqué par la maladie ne constitue pas en lui-même un manquement à l'obligation de loyauté qui subsiste pendant la durée de cet arrêt ; pour fonder un licenciement, l'acte commis par un salarié durant la suspension du contrat de travail doit causer préjudice à l'employeur ou à l'entreprise.

Un salarié, engagé par une menuiserie en qualité de chauffeur, a été licencié pour faute grave au motif qu'il avait travaillé pour son compte sur les marchés au stand de son épouse alors qu'il se trouvait en arrêt de travail.

Pour déclarer fondé le licenciement, une cour d'appel a retenu que le salarié était comme d'habitude présent, sur trois marchés, avec l'attitude d'un vendeur tenant le stand de son épouse, en dehors des heures de sortie autorisées par le certificat médical établi pour justifier son arrêt de travail et que l'instrumentalisation d'arrêts de travail pour maladie aux fins de se consacrer à une activité lucrative, même non concurrentielle de celle de l'entreprise au service de laquelle une activité salariée est exercée, constitue un manquement grave du salarié à son obligation de loyauté.

En statuant ainsi, sans constater que l'activité exercée pendant l'arrêt de travail portait préjudice à l'employeur, la cour d'appel a violé les articles L. 1234-1, 5 et 9 CT.

Cass. soc. 12 octobre 2011, n° 10-16.649, BC V n° 231. Voir aussi cass. soc. 16 octobre 2013, n° 12-15.638, 1er moyen, s'agissant de l'exercice d'une activité de loisir pendant un arrêt de travail pour maladie.

En revanche, manque à son obligation de loyauté le salarié qui exerce, durant un arrêt de travail pour maladie, une activité concurrente de celle de son employeur pour son propre compte…

Ayant constaté qu'un salarié avait, durant un arrêt de travail pour maladie, entrepris la réparation d'un véhicule pour son compte personnel en faisant appel à un autre mécanicien de la société, ce dont il résultait nécessairement qu'il avait manqué à son obligation de loyauté envers son employeur, une cour d'appel a pu retenir que l'intéressé avait commis une faute grave.

Cass. soc. 21 octobre 2003, n° 01-43.943, BC V n° 258.

Après avoir constaté qu'une ambulancière avait, durant un arrêt maladie, démarché des clients de l'entreprise qui l'employait pour la société de taxi de son époux, une cour d'appel a pu dire qu'en manquant ainsi à son obligation de loyauté la salariée avait commis une faute grave.

Cass. soc. 23 novembre 2010, n° 09-67.249, 2e moyen.

... ou une activité professionnelle pour le compte d'une société concurrente.

Cass. soc. 28 janvier 2015, n° 13-18.354.

Il en est de même du salarié qui exerce, pendant ses congés payés, des fonctions identiques pour le compte d'une société directement concurrente de son employeur.

C'est à bon droit qu'une cour d'appel, ayant retenu qu'une salariée, qui occupait le poste de chef d'équipe et avait une fonction de référente à l'égard de ses collègues, avait exercé pendant ses congés payés des fonctions identiques à celles occupées au sein de la société qui l'employait, pour le compte d'une société directement concurrente qui intervenait dans le même secteur d'activité et dans la même zone géographique, et avait ainsi manqué à son obligation de loyauté en fournissant à cette société, par son travail, les moyens de concurrencer son employeur, a décidé, sans avoir à caractériser l'existence d'un préjudice particulier subi par l'employeur, que ces agissements étaient d'une gravité telle qu'ils rendaient impossible le maintien de l'intéressée dans l'entreprise.

Cass. soc. 5 juillet 2017, n° 16-15.623, BC V n° 114.

Obligation de loyauté et clause de non-concurrence

Même en l'absence de clause expresse, le salarié est tenu par une obligation de loyauté vis-à-vis de son employeur jusqu'à l'expiration de son contrat.

Pour accorder à un salarié des indemnités compensatrices de délai-congé et de congés payés et débouter l'employeur de sa demande reconventionnelle de dommages-intérêts en réparation du préjudice qu'il prétendait que le salarié lui aurait causé en commettant des actes de concurrence, une cour d'appel a retenu que l'intéressé n'était pas tenu par une clause de non-concurrence, que s'il avait constitué une société devant avoir les mêmes activités que l'employeur, cette nouvelle société n'aurait été en mesure de fonctionner légalement qu'après l'expiration de son préavis, que les deux devis qu'il lui était reproché d'avoir remis à un tiers n'avaient pas été établis par lui, qu'il ne les avait signés qu'en sa qualité de gérant de la société, qu'ils n'avaient été obtenus que par le moyen d'une machination, de sorte qu'aucune faute ne pouvait lui être reprochée.

En statuant ainsi, alors que la société, dont l'activité consistait à confectionner des cachets en caoutchouc devant servir à l'impression sur tissus, papiers ou autres supports, avait fait valoir que la société dont le salarié était le gérant avait été constituée entre lui et deux autres anciens employés de l'entreprise, qu'elle avait un objet identique au sien, qu'elle devait ainsi lui faire directement concurrence et que le salarié qui, même en l'absence de clause expresse, était tenu par une obligation de non-concurrence vis-à-vis de son employeur jusqu'à l'expiration de son contrat, avait commencé à travailler auparavant pour elle, ce dont il résultait à sa charge l'existence d'une faute lourde privative des indemnités compensatrices de préavis et de congés payés qu'il réclamait et justifiait la demande reconventionnelle de l'employeur, les juges n'ont pas légalement justifié leur décision.

Cass. soc. 5 mai 1971, n° 70-40.021, BC V n° 327.

Un employeur a saisi la juridiction prud'homale pour obtenir la condamnation d'un ancien salarié à lui payer des dommages-intérêts en réparation du préjudice commercial et moral consécutif à ses actes de concurrence déloyale. Pour le débouter de sa demande, une cour d'appel a énoncé que la clause de non-concurrence, assortie d'aucune contrepartie financière, était entachée de nullité.

En statuant ainsi, alors que l'obligation de loyauté à laquelle se trouve soumis le salarié pendant la durée d'exécution de son contrat de travail est distincte de la clause de non-concurrence et que l'employeur invoquait à l'encontre du salarié des faits de concurrence déloyale, la cour d'appel, qui n'a pas recherché si ces actes de concurrence déloyale imputés au salarié n'étaient pas antérieurs à la rupture du contrat de travail, n'a pas donné de base légale à sa décision.

Cass. soc. 17 janvier 2006, n° 04-41.814.

☞ *Concurrence déloyale ; Indiscrétions.*

M

Maladie (Indemnisation complémentaire)

Le salarié en incapacité de travail a droit, sous certaines conditions, en vertu de l'article L. 1226-1 CT ou de la convention collective, à des indemnités journalières complémentaires de celles versées par la sécurité sociale, à la charge de l'employeur.

La loi 2008-596 du 25 juin 2008 a réduit à un an l'ancienneté dans l'entreprise nécessaire pour bénéficier de ces indemnités complémentaires.

Cas d'application

• La garantie ne s'applique qu'aux absences pour lesquelles elle est expressément prévue

La garantie peut être exclue pour les absences pour cure thermale.

Il résulte de l'article 32 de la convention collective des industries métallurgiques électriques et électroniques d'Ille-et-Vilaine et du Morbihan qu'en cas d'absence au travail, justifié par l'incapacité résultant de maladie ou d'accident, le salarié perçoit, sous certaines conditions, une garantie de rémunération. Le champ d'application de cette disposition ne peut être étendu aux absences pour une cure thermale, hors le cas d'incapacité de travail.

N'a pas légalement justifié sa décision le conseil de prud'hommes qui, pour faire droit à la demande d'un salarié en paiement d'un complément maladie, a retenu que la convention collective, qui prévoit un complément de maladie pour tout arrêt justifié par certificat médical, régulièrement indemnisé par la sécurité sociale, ne prévoit pas d'exclusion pour un arrêt de travail justifié par une cure thermale, alors que le salarié, durant la période couverte par le certificat d'arrêt de travail, était en cure thermale et qu'il appartenait au conseil de prud'hommes de rechercher si celle-ci s'inscrivait dans le cadre d'un traitement thérapeutique d'une affection entraînant une incapacité de travail.

Cass. soc. 13 avril 2005, n° 03-41.502, BC V n° 135.

Le champ d'application de la garantie de salaire conventionnelle en cas d'incapacité résultant de maladie ou d'accident ne peut être étendu aux absences pour cure thermale, hors le cas d'incapacité de travail, quelles que soient les prévisions du code de la sécurité sociale.

C'est donc à tort qu'un conseil de prud'hommes, tout en reconnaissant qu'un salarié ne pouvait pas se prévaloir d'un usage plus favorable dans l'entreprise, lui a reconnu le bénéfice de l'indemnisation complémentaire en l'absence de toute justification d'une incapacité de travail.

Cass. ass. plén. 1er avril 1993, n° 89-41.756, BC n° 8. Voir aussi cass. soc. 29 janvier 1997, n° 93-42.794.

La période de congé de maternité ne donne pas lieu à l'indemnisation complémentaire prévue pour la salariée.

C'est à bon droit qu'une cour d'appel a décidé que, pour l'application des dispositions conventionnelles relatives à l'indemnisation de l'incapacité de travail résultant de maladie ou d'accident, l'absence pour maternité ne pouvait être assimilée aux absences résultant de maladie.

Cass. soc. 19 février 1991, n° 87-44.418, 1re branche du moyen unique.

Conditions d'application

L'indemnisation complémentaire par l'employeur est exclusive de toute activité par le salarié.

Le fait, pour un salarié, d'avoir travaillé chez un tiers le dernier jour de son arrêt de travail pour maladie est susceptible de le priver de l'indemnisation complémentaire conventionnelle ou contractuelle pour cette journée.

Cass. soc. 30 mars 1994, n° 90-42.152, 2e moyen.

Le droit à indemnisation complémentaire s'apprécie en fonction de l'ancienneté du salarié au premier jour de l'absence.

L'ancienneté prise en compte pour la détermination du droit au maintien du salaire pendant un arrêt de travail pour maladie ou accident s'apprécie au premier jour de l'absence.

Cass. soc. 7 juillet 1993, n° 90-40.906, BC V n° 198.

Selon l'article 13 de l'avenant du 15 mai 1991 à la convention collective nationale de la plasturgie, relatif aux ouvriers, collaborateurs, employés, techniciens, dessinateurs et agents de maîtrise, étendu par arrêté du 29 juillet 1991, l'indemnisation des absences pour maladies et accidents prend effet dès que l'intéressé a un an d'ancienneté dans l'entreprise, sauf cas d'accident de travail ou de maladie professionnelle, et est limitée à 105 jours calendaires, à la fois par arrêt de travail et par année civile.

Une salariée a été en arrêt de travail pour accident du travail du 15 mai au 30 novembre 2001, puis pour maladie à compter du 1er décembre 2001. Estimant avoir droit à la garantie conventionnelle de salaire pour la période postérieure au 15 janvier 2002, elle a saisi la juridiction prud'homale.

Ayant constaté que la salariée avait fait l'objet d'un nouvel arrêt de travail et non d'une prolongation, et qu'elle avait un an d'ancienneté dans l'entreprise à compter du 15 janvier 2002, un conseil de prud'hommes a pu décider qu'elle avait droit au paiement d'un complément conventionnel de salaire à partir de cette date.

Cass. soc. 8 mars 2005, n° 03-41.397.

Lorsqu'un salarié a été placé en arrêt maladie après avoir conclu avec son employeur un accord relatif à un congé sans solde et avant la prise d'effet de cet accord, l'employeur n'est pas tenu de compléter le salaire de l'intéressé.

Une salariée a sollicité, le 20 juin 2000, un congé sans solde d'une année à compter du 1er octobre 2000 ; après avoir obtenu l'accord de son employeur le 22 juin 2000, la salariée a été placée en arrêt maladie le 10 juillet 2000, cet arrêt s'étant prolongé jusqu'au 31 juillet 2001 ; la rémunération de l'intéressée a été maintenue du 10 juillet 2000 au 30 septembre 2000 mais à compter du 1er octobre 2000, l'employeur a refusé de payer le complément conventionnel de salaire.

La salariée a saisi la juridiction prud'homale d'une demande tendant notamment au paiement du complément de salaire conventionnel pour la période du 1er octobre 2000 au 9 janvier 2001.

Après avoir constaté que l'arrêt maladie était survenu le 10 juillet 2000, soit après la conclusion de l'accord relatif au congé sans solde le 22 juin 2000 et avant la prise d'effet de cet accord à compter du 1er octobre 2000, une cour d'appel a pu en déduire que l'arrêt maladie ne modifiait pas ledit accord ni n'en reportait le point de départ, de sorte que l'employeur n'était pas tenu de compléter le salaire de la salariée au-delà du 30 septembre 2000.

Cass. soc. 21 mai 2008, n° 06-41.498, BC V n° 111.

De même, lorsque le salarié est tombé malade au cours d'une période de suspension du contrat pendant laquelle il n'avait droit à aucune rémunération, il ne peut pas prétendre au bénéfice de la garantie conventionnelle de salaire prévue en faveur des salariés malades.

Un salarié placé sous contrôle judiciaire entre le 12 décembre 1996 et le 5 juillet 2001 et qui était tombé malade durant cette période a saisi la juridiction prud'homale en demandant notamment le paiement du complément de salaire prévu par la convention collective applicable en faveur des salariés en arrêt de travail pour maladie.

C'est à bon droit qu'une cour d'appel a débouté l'intéressé de sa demande en paiement de la garantie de salaire au titre de la période correspondant à celle de son placement sous contrôle judiciaire.

En effet, ayant retenu que le salarié avait été placé sous contrôle judiciaire le 12 décembre 1996, pour une cause non imputable à l'employeur, avec interdiction de toute relation avec son employeur et le personnel de l'entreprise, ce dont il résultait que le contrat de travail avait été suspendu, la cour d'appel en a exactement déduit que l'intéressé, qui n'aurait pas pu percevoir une rémunération s'il avait été valide, ne pouvait pas prétendre au bénéfice de la garantie de salaire en cas de maladie prévu par le contrat de travail et les dispositions conventionnelles.

C'est également à bon droit que la cour d'appel a retenu que l'intéressé était bien fondé à prétendre au bénéfice de cette garantie à compter du 5 juillet 2001, date de la mainlevée du contrôle judiciaire, celui-ci n'ayant eu pour effet que de suspendre ses droits à indemnisation au titre de la garantie de salaire pour cause de maladie.

Cass. soc. 31 mai 2012, n° 10-16.810, pourvoi incident et 5e moyen du pourvoi principal, BC V n° 165.

Sauf convention contraire, il n'est pas exigé que le salarié soit présent la veille du premier jour de son incapacité de travail.

Ayant relevé qu'une salariée avait demandé à reprendre le travail à l'issue de son congé sabbatique et que l'employeur l'avait accepté, une cour d'appel a pu retenir que la salariée, bien qu'elle n'ait pas été en mesure de reprendre son travail en raison de sa maladie, pouvait néanmoins bénéficier du complément de salaire conventionnel.

Cass. soc. 9 juin 1993, n° 89-42.871, BC V n° 162.

Le droit à complément de salaire s'apprécie par référence aux périodes déjà garanties sur une période antérieure.

La loi sur la mensualisation prévoit que, lors de chaque arrêt de travail, les délais d'indemnisation commencent à courir à compter du premier jour d'absence, si celle-ci est consécutive à un accident du travail ou à une maladie professionnelle, à l'exclusion des accidents de trajet, et à compter du onzième jour d'absence dans tous les autres cas, et que, pour le calcul des indemnités dues au titre d'une période de paie, il sera tenu compte des indemnités perçues par l'intéressé durant les douze mois antérieurs.

S'agissant d'un salarié malade à compter du 30 avril, à qui l'employeur n'avait assuré la garantie conventionnelle que jusqu'au 5 décembre, c'est à bon droit qu'une cour d'appel a débouté l'intéressé de sa demande de renouvellement de cette garantie à compter du 1er janvier suivant, le changement d'année civile n'ouvrant pas droit à une nouvelle période d'indemnisation.

Cass. soc. 28 avril 1994, n° 92-43.394, BC V n° 149.

Sauf dispositions conventionnelles contraires, le salarié qui a épuisé ses droits à indemnisation conventionnelle au cours d'une année civile ne peut, s'il n'a pas repris le travail, prétendre à une nouvelle indemnisation, au titre de la même absence, à compter du 1er janvier de l'année suivante.

À la suite de son licenciement le 25 février 2005, un salarié a saisi la juridiction prud'homale notamment d'une demande en paiement d'une somme à titre de complément de salaire pour maladie pour les périodes de décembre 2004 à février 2005, en faisant valoir que, la convention collective applicable prévoyant que le salaire est maintenu durant trois mois en cas de maladie et que les périodes de prestations se cumulent et ne peuvent excéder cette limite au cours d'une même année s'étendant du 1er janvier au 31 décembre, les droits à maintien de salaire s'apprécient par année civile et se renouvellent au début de chaque année.

C'est à bon droit que, pour débouter l'intéressé de sa demande, une cour d'appel a retenu qu'il avait été absent 93 jours du 1er janvier 2004 au 10 janvier 2005 et qu'à compter de cette date, il avait épuisé son droit à indemnisation conventionnelle de l'année précédente et ne pouvait plus, dès lors, prétendre à une nouvelle indemnisation au titre de la même absence.

Cass. soc. 14 octobre 2009, n° 07-44.834, 3e moyen, BC V n° 219.

Le droit d'un salarié à percevoir des indemnités journalières de prévoyance après la rupture de son contrat en vertu de dispositions conventionnelles ne peut pas être compris dans une transaction, dès lors que le montant de ces sommes, qui dépend de l'évolution de l'état de santé de l'intéressé, n'est ni déterminé ni déterminable.

Un salarié, licencié suite à plusieurs arrêts pour maladie, avait signé une transaction avec son employeur. Il a ensuite saisi la juridiction prud'homale d'une demande en paiement de rappel d'indemnités journalières, fondée sur la convention de prévoyance souscrite par son employeur, et qui assurait aux salariés le paiement d'indemnités, même en cas de rupture du contrat de travail.

C'est à tort que, pour déclarer irrecevable la demande du salarié, une cour d'appel a retenu qu'en contrepartie d'une indemnité forfaitaire, l'intéressé avait renoncé expressément à élever quelque contestation que ce soit concernant son licenciement et donc déclaré qu'il n'avait aucune réclamation à formuler à l'encontre de l'employeur, que ce soit à titre de salaires, de congés payés, indemnités quelle qu'en soit la cause, remboursement de frais, de primes diverses ou d'autres sommes ou avantages quelconques consécutifs à l'exécution ou à la résiliation de son contrat de travail et en a déduit que le salarié n'était pas recevable à solliciter la condamnation de son ancien employeur à lui verser, en plus de cette indemnité forfaitaire, de prétendues allocations de prévoyance qui étaient nécessairement incluses dans la transaction alors surtout qu'à l'époque, celui-ci avait déjà pris conseil et que l'existence de sa maladie, et donc des prestations correspondantes, était déjà dans le débat.

En effet, aucune disposition de la transaction n'excluait le droit du salarié au paiement des indemnités journalières dues en application de la convention de prévoyance et lors de la signature de la transaction, son montant, qui dépendait de l'évolution de l'état de santé du salarié, n'était ni déterminé ni déterminable, ce dont il résultait que ce droit ne pouvait être compris dans la transaction.

Cass. soc. 17 janvier 2006, n° 03-46.436.

Délai de carence

La retenue de salaire doit correspondre au temps exact de la cessation de travail, le délai de carence conventionnel étant sans incidence sur les modalités de calcul de la retenue sur la rémunération.

Cass. soc. 26 janvier 2011, n° 08-45.204, BC V n° 41.

Calcul du complément de salaire

• Horaire de travail

Le calcul du complément de salaire se fait en fonction de l'horaire du salarié avant son arrêt de travail.

C'est à tort qu'une cour d'appel a accordé à une salariée une indemnisation sur la base d'un temps plein au motif que sa réduction d'horaire aux 4/5 de temps devait prendre fin au cours de sa période d'absence, alors que par l'effet de la suspension du contrat de travail, la salariée, qui travaillait à temps partiel avant son arrêt de travail, ne pouvait percevoir, pendant cet arrêt, une rémunération sur la base d'une activité à temps plein.

Cass. soc. 2 novembre 1993, n° 89-41.172.

Pour le calcul du complément de salaire, il faut tenir compte de la situation des autres salariés de l'entreprise pendant la période d'absence.

Dès lors que, dans l'entreprise, les salariés valides tenaient de la convention collective un droit à maintien total du salaire pour les deux jours chômés du fait d'un incendie, les salariés malades au cours de cette période avaient droit au paiement des indemnités journalières complémentaires.

Cass. soc. 7 avril 1994, n° 89-42.872, 2e moyen.

Lorsque l'entreprise pratique la modulation, en vertu des dispositions légales, le calcul du complément de salaire pour les jours d'absence se fait sur la base de l'horaire hebdomadaire moyen fixé par cet accord.

Lorsqu'à la suite d'un accord de modulation, est appliqué dans l'entreprise un système de régularisation destiné à maintenir sur l'année entière un horaire moyen hebdomadaire de 38 heures, de telle sorte que les heures excédentaires accomplies en période de forte activité sont compensées par des heures de repos prises en période de faible activité, l'horaire à prendre en considération pour le calcul de l'indemnité revenant au salarié, en cas d'absence justifiée par un accident du travail, est l'horaire de 38 heures, que l'absence du salarié ait correspondu à une période de forte activité ou à une période de faible activité.

Cass. soc. 19 juillet 1994, n° 90-43.013, BC V n° 244.

En revanche, s'agissant de la régularisation de la rémunération devant intervenir en fin de période de modulation, il faut décompter les heures d'absence du salarié pour maladie en tenant compte de l'horaire réellement effectué par les salariés durant cette période.

Il résulte des dispositions combinées des articles L. 122-45, L. 212-1-1 CT, de l'article 8, § V, de la loi du 19 janvier 2000 et de l'article L. 212-8-5 CT dans leur rédaction applicable au litige qu'un accord collectif ou une décision unilatérale de l'employeur ne peuvent retenir, afin de régulariser en fin d'année la rémunération, indépendante des heures réellement effectuées chaque mois, la durée hebdomadaire moyenne de la modulation comme mode de décompte des jours d'absence pour maladie pendant la période de haute activité, une telle modalité de calcul constituant, malgré son caractère apparemment neutre, une mesure discriminatoire indirecte en raison de l'état de santé du salarié.

Un accord d'aménagement du temps de travail prévoyait une modulation de la durée du travail et un « lissage » des rémunérations sur la base de la durée hebdomadaire moyenne de la modulation de 35 heures. Un employeur avait décompté les heures d'absence pour maladie d'une salariée sur cette base et non sur celle de l'horaire de travail réellement effectué par les salariés pendant la durée des absences. Constatant qu'elle se trouvait débitrice de 29 heures pour l'année 2000, alors que les salariés ayant été présents bénéficiaient de 38 heures de crédit, payées en heures supplémentaires, et qu'elle était de nouveau débitrice de 36 heures en 2002, l'intéressée a saisi la juridiction prud'homale d'une demande de rappel de salaire pour les années 2000 et 2002.

Doit être cassé l'arrêt qui, pour rejeter la demande de l'intéressée, a retenu qu'en cas de modulation annuelle des horaires, c'est un temps de travail correspondant à l'horaire hebdomadaire moyen de 35 heures qui devait être pris en compte en fin d'année pour procéder au décompte individuel du temps travaillé dans l'année et aux régularisations nécessaires.

Cass. soc. 9 janvier 2007, n° 05-43.962, BC V n° 1.

• Éléments de salaire

Les accessoires du salaire de base doivent être pris en compte.

Constitue un élément de rémunération à prendre en compte dans le calcul des indemnités complémentaires de maladie une prime de nuit liée aux conditions d'emploi et dont le montant est soumis aux cotisations de sécurité sociale.

Cass. soc. 13 mars 1991, n° 87-45.608, 2e moyen.

Certains remboursements de frais peuvent continuer à être dus en cas de maladie.

C'est à bon droit qu'une cour d'appel a condamné un employeur au paiement des indemnités de grands déplacements à un salarié malade, la convention collective du bâtiment prévoyant ce paiement lorsque le salarié malade continue d'engager sur place des dépenses de repas et de logement.

Cass. soc. 17 mars 1993, n° 89-40.519.

• Préavis

L'indemnité journalière complémentaire ne se cumule pas avec l'indemnité compensatrice de préavis.

Dès lors que les indemnités journalières versées à un salarié malade par un organisme de prévoyance ont pour objet d'indemniser la perte de salaire due à l'incapacité de travail, le salarié ne peut, pour une même période correspondant au délai-congé, cumuler des indemnités compensant la perte de salaire pendant sa maladie avec une indemnité compensant la perte de ce même salaire du fait de l'inexécution du préavis.

Cass. soc. 3 mars 1994, n° 90-43.023.

• Concours entre une disposition légale et une disposition conventionnelle

L'employeur est tenu d'appliquer la disposition la plus favorable et celle-ci doit être appréciée au regard de la situation particulière du salarié.

Un employeur avait appliqué le délai de carence de trois jours pour le paiement de la garantie de maintien de salaire prévu par la convention collective nationale des ouvriers des travaux publics à deux salariés qui avaient été en arrêt de travail pour maladie.

C'est à tort que, pour les débouter de leur demande en complément de salaire par application de l'article 616 du code civil local, une cour d'appel a relevé que les articles 6.2 et 6.3 de la convention collective nationale garantissent aux salariés, en cas de maladie, le versement de la totalité du salaire pendant quarante-cinq jours après un délai de carence de trois jours, que l'article 616 du code civil local ne prévoit le maintien du salaire en cas de maladie que si le salarié est empêché de travailler pour un temps relativement sans importance, que cette disposition légale, dans la mesure où elle envisage une durée nécessairement inférieure à la durée durant laquelle la convention collective prévoit le paiement intégral du salaire, est, même en tenant compte du délai de carence de trois jours, moins favorable au salarié.

En effet, il résultait de ses constatations, en ce qui concerne les absences pour maladie de courte durée, que les dispositions de la convention collective étaient, dans la situation particulière des deux salariés, moins favorables que celles de l'article 616 du code civil local qui exclut tout délai de carence dans le versement de la garantie de salaire.

Cass. soc. 4 janvier 2000, n° 97-44.054, BC V n° 1.

Doit être rejeté le pourvoi d'une société automobile reprochant au jugement attaqué de l'avoir condamnée à payer à une salariée une somme à titre d'indemnité complémentaire pour la journée d'absence du 21 février 1997 par application de l'article 616 du code civil local.

D'abord, la loi du 24 juillet 1921 n'a pas pour objet de régler les conflits entre droit local et accords collectifs. Ensuite, la loi 78-49 du 19 janvier 1978 n'a pas abrogé les dispositions législatives plus favorables aux salariés, tel l'article 616 du code civil local qui ne prévoit pas de contre-visite médicale, en cas d'absences pour maladie de courte durée.

Après avoir relevé que si le médecin contrôleur avait conclu le 20 février 1997, dans le cadre de la contre-visite, à l'absence d'une inaptitude au travail au jour de la visite, la salariée bénéficiait à cette date d'un arrêt de travail du 14 au 21 février 1997 inclus de son médecin traitant confirmé postérieurement, et constaté que l'absence de la salariée était de courte durée, le conseil de prud'hommes a fait ressortir qu'en ce qui concerne les absences pour maladie de courte durée, les dispositions de la convention collective applicable étaient, dans la situation particulière de la salariée, moins favorables que celles de l'article 616 du code civil local, qui ne subordonne pas le droit au maintien de la rémunération aux résultats d'une contre-visite médicale, et que l'absence de la salariée, qui était médicalement justifiée, entrait dans les prévisions de ce texte.

Cass. soc. 19 juin 2001, n° 98-44.926, BC V n° 226.

Maintien de la rémunération

Lorsque la convention collective prévoit le maintien du salaire, il s'agit du salaire net.

C'est à bon droit qu'un conseil de prud'hommes a décidé que, selon la convention collective, un salarié ne pouvait prétendre au titre de sa période de maladie qu'à une somme égale, compte tenu des indemnités journalières de sécurité sociale, à la rémunération nette qu'il aurait perçue s'il avait travaillé.

Cass. soc. 6 juin 1995, n° 91-44.002. Voir aussi cass. soc. 4 janvier 2000, n° 97-43.029, BC V n° 7.

La prise en compte des indemnités journalières versées par la sécurité sociale n'intervient que pour le calcul du montant et non pour le principe du versement des indemnités complémentaires payées par l'employeur.

L'article 26 de la convention collective nationale des établissements et services pour personnes inadaptées et handicapées précise qu'en cas d'arrêt de travail dû à la maladie, dûment constatée, les salariés comptant un an de présence dans l'entreprise recevront, pendant les trois premiers mois, le salaire net qu'ils auraient perçu normalement sans interruption d'activité et, pendant les trois mois suivants, le demi-salaire net correspondant à leur activité normale, sous déduction des indemnités journalières perçues au titre de la sécurité sociale.

Doit être cassé l'arrêt qui, pour débouter une salariée de ses demandes en rappel de salaires pour la période du 1er janvier 1993 au 3 octobre 1994 et pour la condamner à rembourser à son employeur les indemnités versées pour cette période, a décidé que le versement par l'employeur d'indemnités complémentaires, prévues par la convention collective, est conditionné par la prise en charge du salarié par la sécurité sociale et le règlement par cet organisme des indemnités journalières, alors que la prise en compte des indemnités journalières versées par la sécurité sociale n'intervient que pour le calcul du montant et non pour le principe du versement des indemnités complémentaires payées par l'employeur.

Cass. soc. 14 octobre 1998, n° 96-40.682, BC V n° 420.

Aux termes de l'article 42 de la convention collective des personnels des organismes de sécurité sociale, les agents titulaires atteints d'une affection de longue durée ont droit à leur salaire en cas d'interruption de travail et au maximum pendant le délai prévu par l'article L. 289 c. séc. soc., à la condition de respecter les obligations imposées par l'article L. 293 dudit code et de se soumettre aux contrôles médicaux prescrits par le règlement intérieur type. Il ne se déduit pas de ce texte que le maintien de la rémunération par l'employeur soit subordonné à la poursuite du versement des indemnités journalières par la sécurité sociale.

A légalement justifié sa décision la cour d'appel qui a rejeté la demande d'une caisse d'assurance maladie en remboursement des salaires versés à une de ses salariées pour la période pendant laquelle cette dernière avait cessé de percevoir des indemnités journalières. En effet, la cour d'appel a relevé que l'article L. 289 c. séc. soc. alors en vigueur prévoyait que les indemnités journalières peuvent être servies pendant une période maximale de trois ans et que l'article L. 293 du même code imposait à la salariée de se soumettre à des contrôles dont l'employeur ne soutenait pas qu'ils eussent été refusés par l'intéressée.

Cass. soc. 30 juin 2004, n° 02-42.056, BC V n° 191.

Sauf usage ou dispositions conventionnelles contraires, ces indemnités journalières doivent être prises en compte avant le précompte des cotisations sociales et impositions de toute nature que la loi met à la charge du salarié.

Lorsque les dispositions conventionnelles prévoient que le salarié en arrêt de travail pour maladie a droit à la rémunération qu'il aurait perçue s'il avait continué à travailler, les indemnités ou prestations sont, pour la détermination de cette rémunération, retenues pour leur montant avant précompte des contributions sociales et des impositions de toute nature que la loi met à la charge du salarié.

Cass. soc. 15 décembre 2004, n° 03-13.074, BC V n° 340. Voir aussi cass. soc. 30 mars 2005, n° 04-45.556, BC V n° 115.

L'employeur ne peut conserver les indemnités journalières de sécurité sociale dès lors que leur total est supérieur au montant de la rémunération qu'il garantit.

Si l'employeur est tenu de compléter, à concurrence du salaire net de l'intéressée, les indemnités journalières versées par la sécurité sociale, la salariée doit néanmoins percevoir, en tout état de cause, soit le montant de sa rémunération nette, soit le montant des indemnités journalières de sécurité sociale s'il est plus élevé.

Cass. soc. 19 décembre 1990, n° 87-43.705, BC V n° 691.

L'employeur qui a bénéficié du travail du salarié ne peut pas retenir les indemnités versées par l'organisme de prévoyance.

Ayant relevé que l'entreprise avait bénéficié de la prestation de travail du salarié pendant son arrêt maladie, une cour d'appel a pu débouter l'employeur de sa demande en remboursement par le salarié des indemnités versées par la sécurité sociale et la caisse complémentaire.

Cass. soc. 15 juin 1995, n° 91-40.837, 2e moyen.

Obligations de l'employeur

L'employeur doit déclarer la maladie du salarié à l'organisme de prévoyance chargé de verser les indemnités journalières complémentaires.

Une cour d'appel a pu condamner un employeur à verser à un salarié les indemnités complémentaires de maladie normalement à la charge de l'organisme de prévoyance après avoir constaté que, cet employeur n'ayant pas effectué la déclaration qu'il lui incombait de faire dans le délai prescrit, le salarié avait été privé de ses droits.

Cass. soc. 10 octobre 1995, n° 90-42.128.

☛ *Absences non autorisées ; Absences répétées ; Contre-visite médicale patronale ; Grève (Effets) ; Indemnité de congés payés ; Préavis (Indemnité compensatrice de).*

Maladies professionnelles (Notion)

Pour déterminer si les mesures protectrices prévues par le code du travail en faveur des victimes d'une maladie professionnelle sont applicables, il convient de se référer à la définition de la maladie professionnelle donnée par l'article L. 461-1 c. séc. soc.

S'agissant de la protection des victimes d'accidents du travail et de maladies professionnelles instituée par les articles L. 1226-6 et s. CT, il convient de se reporter aux rubriques : Accidentés du travail (Protection) ; Accidentés du travail (Reclassement) ; Accidentés du travail (Réintégration en cas d'aptitude) ; Accidentés du travail (Suspension du contrat de travail).

L'employeur est tenu d'une obligation de sécurité de résultat envers ses salariés

En vertu du contrat de travail le liant à son salarié, l'employeur est tenu envers celui-ci d'une obligation de sécurité de résultat, notamment en ce qui concerne les maladies professionnelles contractées par ce salarié du fait des produits fabriqués ou utilisés par l'entreprise. Le manquement à cette obligation a le caractère d'une faute inexcusable, au sens de l'article L. 452-1 c. séc. soc., lorsque l'employeur avait ou aurait dû avoir conscience du danger auquel était exposé le salarié et qu'il n'a pas pris les mesures nécessaires pour l'en préserver.

Ayant caractérisé, d'une part, le fait que la société avait ou aurait dû avoir conscience du danger lié à l'amiante et, d'autre part, qu'elle n'avait pas pris les mesures nécessaires pour en préserver son salarié, une cour d'appel a pu en déduire que la société avait commis une faute inexcusable.

Cass. soc. 28 février 2002, n° 00-11.793, BC V n° 81 (arrêt n° 3).

Seules les affections visées par le code de la sécurité sociale sont considérées comme des maladies professionnelles

Doit être cassé l'arrêt qui, pour condamner un employeur à verser à un salarié une indemnité compensatrice de préavis, une indemnité spéciale de licenciement et des dommages-intérêts, a énoncé que la loi du 7 janvier 1981 ne donnant aucune définition de la maladie professionnelle, il n'y avait pas lieu de se référer aux dispositions édictées en matière de sécurité sociale et que l'origine professionnelle de l'asthme affectant le salarié résultait de l'inhalation de la ouate synthétique utilisée dans l'entreprise, alors que seules les affections visées à l'article L. 461-1 c. séc. soc. peuvent ouvrir droit à l'application des mesures protectrices prévues par le code du travail pour les victimes d'accidents du travail et de maladies professionnelles.

Cass. soc. 21 mars 1996, n° 92-41.019, BC V n° 108.

Une maladie figurant dans le tableau sans répondre à toutes les conditions qu'il fixe peut être reconnue d'origine professionnelle

Dans ce cas, la caisse primaire reconnaît l'origine professionnelle de la maladie, après avis motivé d'un comité régional de reconnaissance des maladies professionnelles.

Selon l'article L. 461-1, al. 2 et 3 c. séc. soc., est présumée d'origine professionnelle toute maladie désignée dans un tableau de maladies professionnelles et contractée dans les conditions mentionnées à ce tableau. Cependant, si une ou plusieurs conditions tenant au délai de prise en charge, à la durée d'exposition ou à la liste limitative des travaux ne sont pas remplies, la maladie, telle qu'elle est désignée dans un tableau de maladies professionnelles, peut être reconnue d'origine professionnelle lorsqu'il est établi qu'elle est directement causée par le travail habituel de la victime.

Cass. soc. 5 novembre 1998, n° 97-10.923, BC V n° 475.

La maladie peut être reconnue d'origine professionnelle, même si le travail habituel n'en est pas la cause unique et essentielle.

Il résulte de l'article [L.] 461-1, al. 3 c. séc. soc. que si une ou plusieurs conditions tenant au délai de prise en charge, à la durée d'exposition ou à la liste limitative des travaux ne sont pas remplies, la maladie telle qu'elle est désignée dans un des tableaux de maladies professionnelles peut être reconnue d'origine professionnelle lorsqu'il est établi qu'elle a été directement causée par le travail habituel. Ce texte n'exige pas, en revanche, que le travail habituel soit la cause unique ou essentielle de la maladie.

En conséquence, est fondé l'arrêt reconnaissant que la pathologie du défunt était d'origine professionnelle. Loin de remettre en cause l'avis du comité régional de reconnaissance des maladies professionnelles, les juges se sont appuyés sur l'avis du comité estimant que la victime avait été exposée de manière constante et habituelle au bichromate de potassium à l'occasion de ses fonctions et qu'elle présentait aussi des antécédents d'intoxication tabagique, de sorte que sa maladie avait une origine multifactorielle.

Cass. soc. 19 décembre 2002, n° 00-13.097, BC V n° 402.

L'absence de prise en charge de l'affection au titre des maladies professionnelles ne prive pas le salarié de la possibilité d'agir sur le terrain de la responsabilité contractuelle

S'agissant d'une affection qui, en vertu de la législation alors applicable, n'avait pu être prise en charge au titre des maladies professionnelles, le salarié, qui attribuait son état de santé aux mauvaises conditions de son travail imposées par l'employeur, était en droit d'agir sur le terrain de la responsabilité contractuelle, mais il ne pouvait se prévaloir des dispositions de l'article 1384 c. civ.

Cass. soc. 11 octobre 1994, n° 91-40.025, BC V n° 269.

Les dispositions protectrices des victimes d'accident du travail ou d'une maladie professionnelle ne sont applicables que sous certaines conditions

Une maladie professionnelle doit être considérée comme contractée au service du dernier employeur chez lequel la victime a été exposée au risque, sauf, pour cet employeur, à rapporter la preuve contraire.

Cass. civ., 2e ch., 22 novembre 2005, n° 04-11.447, BC II n° 302.

L'employeur doit avoir connaissance du caractère professionnel de la maladie au moment du licenciement.

L'inopposabilité à l'employeur, dans ses rapports avec la CPAM, du caractère professionnel de la maladie du salarié ne fait pas obstacle à ce que le salarié invoque à l'encontre de son employeur l'origine professionnelle de sa maladie pour bénéficier de la législation protectrice applicable aux salariés victimes d'un accident du travail ou d'une maladie professionnelle.

Ayant constaté que la maladie d'un salarié était d'origine professionnelle et que l'employeur en avait connaissance lors du licenciement, une cour d'appel a pu accorder à l'intéressé les indemnités prévues à l'article L. 122-32-6 CT.

Cass. soc. 8 juin 1994, n° 90-43.689, BC V n° 188.

Un conducteur ouvrier a été, le 31 mai 1996, reconnu atteint d'une maladie professionnelle par la CPAM à compter du 24 mars 1994. Par jugement définitif du 2 décembre 1999, le tribunal des affaires de sécurité sociale a déclaré inopposable à l'employeur la reconnaissance de maladie professionnelle effectuée par la CPAM. Le salarié a saisi la juridiction prud'homale de demandes en paiement de rappels de salaire, de congés payés et de prime pour la période du 11 avril 1994 au 30 octobre 1998, ainsi que de dommages-intérêts pour préjudice moral et financier.

Doit être rejeté le pourvoi de la société faisant grief à l'arrêt attaqué de l'avoir condamné à payer au salarié diverses sommes à titre de rappels de salaire, congés payés et prime.

En effet, l'inopposabilité à l'employeur, dans ses rapports avec la CPAM, du caractère professionnel de la maladie du salarié ne fait pas obstacle à ce que le salarié invoque à l'encontre de son employeur l'origine professionnelle de sa maladie pour bénéficier de la législation protectrice applicable aux salariés victimes d'un accident du travail ou d'une maladie professionnelle. Si l'employeur était en droit de contester devant la cour d'appel le caractère professionnel de la maladie, il lui appartenait d'en rapporter la preuve, ce qu'il n'a pas fait, se bornant à invoquer l'inopposabilité de la décision de la caisse.

Cass. soc. 9 juillet 2003, n° 01-41.514, BC V n° 227.

Cette connaissance peut résulter de la procédure engagée par le salarié en vue de faire reconnaître le caractère professionnel de sa maladie.

Au cours des périodes de suspension du contrat de travail consécutives à un accident du travail ou une maladie professionnelle, l'employeur ne peut résilier le contrat de travail à durée indéterminée que s'il justifie soit d'une faute grave de l'intéressé, soit de l'impossibilité où il se trouve de maintenir le contrat pour un motif non lié à l'accident ou à la maladie.

Ayant relevé qu'un salarié avait été licencié, au cours de la période de suspension de son contrat de travail, alors qu'il avait transmis un arrêt de travail accompagné d'un certificat médical valant demande d'établissement de maladie professionnelle, une cour d'appel, qui a retenu que l'employeur connaissait la volonté du salarié de faire reconnaître le caractère professionnel de sa maladie et n'invoquait pas une faute grave ou l'impossibilité de maintenir le contrat de travail pour un motif non lié à la maladie, en a exactement déduit que le licenciement était nul.

Cass. soc. 17 janvier 2006, n° 04-41.754, BC V n° 14.

☛ *Accidentés du travail (Protection) ; Accidentés du travail (Reclassement) ; Accidentés du travail (Réintégration en cas d'aptitude) ; Accidentés du travail (Suspension du contrat de travail).*

Malhonnêteté

☛ *Indélicatesses/Malhonnêteté/Malversations ; Vol/ Détournement.*

Malversations

☛ *Indélicatesses/Malhonnêteté/Malversations ; Vol/ Détournement.*

Mannequins

Toute personne de l'un ou l'autre sexe, chargée soit de présenter au public, directement ou indirectement, par reproduction de son image sur tout support visuel ou audiovisuel, un produit, un service ou un message publicitaire, soit de poser comme modèle, avec ou sans utilisation ultérieure de son image, est considérée comme mannequin. Peu importe que cette activité ne soit exercée qu'à titre occasionnel (art. L. 7123-2 et s. CT).

Présomption de salariat

La présomption de salariat édictée à l'article L. 7123-3 CT n'est pas irréfragable.

S'agissant d'une joueuse de tennis professionnelle ayant conclu avec une société d'eaux minérales un contrat de parrainage sportif, c'est à bon droit qu'après avoir relevé que les seules obligations de l'intéressée étaient limitées à des astreintes publicitaires et à la participation à certaines réunions, activités qui ne relevaient pas de celles de la société, et que cette joueuse professionnelle, dont l'activité principale était de participer à des compétitions sportives, conservait la liberté de choisir celles auxquelles elle participerait et d'organiser son activité, une cour d'appel a écarté l'existence d'un lien de subordination entre elle et la société et a décidé qu'elle n'avait pas à être assujettie au régime général de la sécurité sociale au titre de cette activité, la présomption édictée par l'article L. 763-1 CT n'ayant pas de caractère irréfragable.

Cass. soc. 16 janvier 1997, n° 95-12.994.

Toute personne physique ou morale qui s'assure, moyennant rémunération, le concours d'un mannequin est présumée employeur de celui-ci ; cette présomption n'est pas détruite par la preuve que le mannequin conserve une entière liberté d'action pour l'exécution de sa mission.

Après avoir exactement rappelé que le bénéfice de la législation du travail avait été étendu en faveur de certaines catégories de travailleurs, dont les mannequins, qui n'exercent pas leurs fonctions dans un état de subordination vis-à-vis de l'employeur, une cour d'appel a pu retenir que la clause de la convention selon laquelle aucun matériel publicitaire portant le nom, l'image ou la voix du mannequin ne pouvait être communiqué au public sans son accord préalable, ne suffisait pas à détruire la présomption de salariat et rejeter en conséquence le recours formé contre la décision de l'Urssaf de réintégrer les sommes versées au mannequin dans l'assiette des cotisations sociales de la société.

Cass. civ., 2e ch., 13 décembre 2005, n° 04-30.457, BC II n° 318.

Distinction des artistes et des mannequins

L'activité de mannequin, qui consiste à présenter un produit ou un message publicitaire, se distingue de celle de l'artiste du spectacle par l'absence d'interprétation d'un rôle qui est réservée à l'artiste.

Cass. soc. 10 février 1998, n° 95-43.510, 1er moyen du pourvoi principal de la société, BC V n° 82, cité dans « Artistes ». Voir aussi CE 23 février 1998, n° 172735, cité dans « Artistes ».

Nature juridique de l'activité de mannequin

Si un employeur a recours à un mannequin durant toute l'année, l'activité n'est pas saisonnière.

C'est à tort que, pour décider que les contrats liant une société à une salariée employée comme mannequin étaient des contrats à durée déterminée et débouter, en conséquence, la salariée de ses demandes en paiement d'indemnités de rupture et pour licenciement sans cause réelle et sérieuse, une cour d'appel a énoncé que la profession de mannequin avait un caractère « saisonnier » et qu'elle relevait d'un secteur pouvant être rattaché à ceux dans lesquels, aux termes de l'article D. 121-2 CT, il est d'usage de recourir à des contrats à durée déterminée, alors qu'il était établi que l'employeur avait recours à la salariée tout au long de l'année et que l'activité de mannequin, qui consiste à présenter au public des articles de mode, ne peut se rattacher à aucun des secteurs visés à l'article D. 121-2 CT.

Cass. soc. 7 décembre 1994, n° 90-41.887, BC V n° 329.

☛ *Artistes.*

Marchandage

☛ *Prêt de main-d'œuvre ; Responsabilité pénale des personnes morales.*

Mariage

☛ *Congé pour événements familiaux.*

Maternité

La maternité fait l'objet d'une protection particulière : l'état de grossesse d'une femme ne peut être pris en considération pour refuser de l'embaucher, rompre son contrat de travail, y compris durant la période d'essai, ou, sous certaines réserves, prononcer une mutation d'emploi.

La durée du congé de maternité est assimilée à une période de travail effectif pour le calcul des congés payés ; elle est également prise en compte pour l'ouverture des droits liés à l'ancienneté.

Protection de la maternité

La salariée n'étant pas tenue de révéler son état de grossesse, l'employeur ne peut pas, sans méconnaître les dispositions relatives à la protection de la maternité, rompre le contrat au motif que lors de l'embauchage, la salariée lui avait dissimulé son état de grossesse.

Un employeur ayant rompu le contrat à durée déterminée d'une salariée avant l'échéance du terme en invoquant la force majeure ne peut se prévaloir du fait que l'intéressée avait accepté un poste impliquant la manipulation de produits toxiques, qu'elle savait ne pouvoir occuper du fait de sa grossesse. En effet, la salariée n'ayant pas à révéler son état de grossesse à l'employeur, la cour d'appel a pu décider que ce dernier l'avait licenciée en méconnaissance des dispositions protectrices édictées en faveur des femmes enceintes.

Cass. soc. 2 février 1994, n° 89-42.778, 2e moyen, BC V n° 38.

Les dispositions de l'article L. 1225-5 CT relatives à l'annulation du licenciement d'une salariée en état de grossesse en cas de connaissance postérieure par l'employeur de cet état ne sont pas applicables à la rupture en période d'essai.

Cass. soc. 21 décembre 2006, n° 05-44.806, BC V n° 415.

Pour autant, l'employeur ne peut pas rompre le contrat de travail d'une salariée au cours de la période d'essai pour un motif lié à la grossesse.

Après avoir constaté que la rupture du contrat de travail d'une salariée était intervenue en violation des dispositions de l'article L. 122-25 CT, selon lesquelles l'employeur ne doit pas prendre en considération l'état de grossesse d'une femme pour résilier son contrat de travail au cours de la période d'essai, une cour d'appel a alloué, à bon droit, à la salariée les dommages-intérêts prévus à l'article L. 122-30, al. 1er CT et a exactement décidé que cette dernière ne pouvait prétendre au paiement des salaires prévus à l'article L. 122-30, al. 2 CT, qui ne sanctionne que la violation des dispositions des articles L. 122-25-2 et s. CT non applicables à la rupture en période d'essai.

Cass. soc. 15 janvier 1997, n° 94-43.755, BC V n° 17.

L'affectation temporaire de la salariée à un autre emploi en raison des exigences de son état de santé médicalement constaté ne doit entraîner aucune diminution de sa rémunération.

Il résulte de l'article L. 122-25-1 CT que l'affectation temporaire dans un autre emploi, en raison des exigences de l'état de santé médicalement constaté d'une salariée en état de grossesse, ne doit entraîner aucune diminution de rémunération.

Doit donc être cassé l'arrêt qui a débouté des salariées de leur demande de rappel de salaires après avoir constaté que les intéressées, hôtesses de l'air, avaient été déclarées inaptes au vol par suite de leur état de grossesse et qu'elles avaient sollicité, par application de la réglementation du personnel navigant, un emploi au sol compatible avec leur état, ce dont il résultait qu'elles avaient droit au maintien de leur rémunération, peu important que le changement d'affectation n'ait pu être réalisé en l'absence de poste disponible.

Cass. soc. 19 janvier 1999, n° 96-44.976, BC V n° 28.

La salariée affectée provisoirement sur un autre poste en raison de sa grossesse a droit, outre le maintien de son salaire de base, aux éléments de rémunération ou aux primes qui se rattachent à son statut professionnel.

CJUE 1er juillet 2010, aff. C-471/08, Recueil I-6533.

La salariée dispensée provisoirement de travailler en raison de sa grossesse a droit à une rémunération équivalente au salaire moyen qu'elle a perçu au cours d'une période de référence antérieure au début de sa grossesse, à l'exclusion de l'indemnité pour astreinte sur le lieu de travail.

CJUE 1er juillet 2010, aff. C-194/08, Recueil I-6281.

Ne peut prétendre à un congé de maternité une salariée en sa qualité de mère commanditaire ayant eu un enfant grâce à une convention de mère porteuse, y compris lorsqu'elle est susceptible d'allaiter cet enfant après la naissance ou qu'elle l'allaite effectivement.

La directive 92/85/CEE du Conseil, du 19 octobre 1992, concernant la mise en œuvre de mesures visant à promouvoir l'amélioration de la sécurité et de la santé des travailleuses enceintes, accouchées ou allaitantes au travail (dixième directive particulière au sens de l'article 16 § 1 de la directive 89/391/CEE), doit être interprétée en ce sens que les États membres ne sont pas tenus d'accorder un congé de maternité au titre de l'article 8 de cette directive à une travailleuse, en sa qualité de mère commanditaire ayant eu un enfant grâce à une convention de mère porteuse, y compris lorsqu'elle est susceptible d'allaiter cet enfant après la naissance ou qu'elle l'allaite effectivement.

CJUE 18 mars 2014, aff. C-167/12, à paraître.

Les dispositions relatives au congé de maternité et à sa protection s'appliquent au personnel des services publics.

Le principe général en vertu duquel aucun employeur ne peut, sauf dans certains cas, licencier une femme en état de grossesse s'applique aux femmes employées dans les services publics, lorsque aucune nécessité propre à ces services ne s'y oppose.

CE 8 juin 1973, n° 80232, Rec. Lebon p. 406.

Femmes enceintes (Licenciement).

Nature juridique du congé de maternité

Les périodes de repos des femmes en couches prévues aux articles L. 122-25 à 30 CT sont assimilées à du travail effectif.

Cass. soc. 28 février 1995, n° 91-42.997, 1er moyen.

Durée du congé de maternité

La salariée a droit à un congé de maternité de seize semaines (augmenté en fonction du nombre d'enfants ou de l'état pathologique), même en cas d'accouchement prématuré.

L'accouchement prématuré de la salariée ne modifie pas la durée totale du congé légal de seize semaines et la salariée peut prolonger son congé postnatal jusqu'à l'expiration de cette durée de seize semaines.

Cass. soc. 27 mars 1996, n° 92-44.590, 1er moyen.

En cas d'état pathologique justifié par un certificat médical, la période de congé de maternité peut être augmentée de deux semaines avant la date présumée de l'accouchement et de quatre semaines après la date de celui-ci.

Selon les articles L. 1225-17 et 21 CT, la salariée a le droit de bénéficier d'un congé de maternité pendant une période qui commence six semaines avant la date présumée de l'accouchement et se termine dix semaines après la date de celui-ci ; lorsqu'un état pathologique est attesté par un certificat médical comme résultant de la grossesse ou de l'accouchement, le congé de maternité est augmenté de la durée de cet état pathologique dans la limite de deux semaines avant la date présumée de l'accouchement et de quatre semaines après la date de celui-ci.

Le 2 novembre 2005, une salariée a été placée en arrêt de travail, le médecin visant un état pathologique résultant de sa grossesse, le congé maternité devant débuter le 1er décembre 2005 ; le 15 novembre 2005, l'entreprise ayant été mise en liquidation judiciaire avec cessation d'activité, le liquidateur a procédé au licenciement pour motif économique de la salariée par lettre du 30 novembre 2005 en précisant qu'elle était dispensée de l'exécution de son préavis dont les effets étaient reportés à l'issue du congé de maternité.

Pour dire que la salariée n'était pas en congé de maternité lorsque le mandataire liquidateur avait adressé le courrier de licenciement, une cour d'appel a retenu que le médecin avait admis cet état pathologique dès son certificat du 2 novembre 2005 en infraction avec les dispositions de l'article L. 1225-21 CT qui ne lui en donne la possibilité que pour une période supplémentaire de deux semaines avant la date de début du congé.

En statuant ainsi, alors que si le congé de maternité débute six semaines avant la date présumée de l'accouchement et en cas de pathologie huit semaines avant cette date, la cour d'appel, qui s'est référée à la date à laquelle le congé pathologique avait été initialement prescrit alors que cet état s'était poursuivi jusqu'au congé de maternité prévu à l'origine le 1er décembre, a violé les articles L. 1225-17 et 21 CT.

Cass. soc. 16 décembre 2010, n° 09-42.610.

En conséquence, le point de départ du congé conventionnel supplémentaire accordé aux salariées à l'issue de leur congé de maternité légal doit, le cas échéant, être reporté à l'issue du congé pathologique.

Selon l'article 51.1 de la convention collective nationale de la banque du 10 janvier 2000, étendue, à l'issue de son congé maternité légal, la salariée a la faculté de prendre un congé supplémentaire rémunéré de quarante-cinq jours calendaires à plein salaire ou de quatre-vingt-dix jours calendaires à demi-salaire à la seule et unique condition que le congé maternité ait été indemnisé par l'employeur en application de l'article 51.2. Par ailleurs, selon l'article L. 1225-21 CT, lorsqu'un état pathologique est attesté par un certificat médical comme résultant de la grossesse ou de l'accouchement, le congé de maternité est augmenté de la durée de cet état pathologique dans la limite de deux semaines avant la date présumée de l'accouchement et de quatre semaines après la date de celui-ci.

Une salariée, en congé maternité jusqu'au 2 février 2013 puis en congé pathologique jusqu'au 3 mars 2013, s'étant vu refuser par son employeur le bénéfice du congé supplémentaire rémunéré prévu à l'article 51.1 de la convention collective précitée, a saisi la juridiction prud'homale.

Pour débouter la salariée de sa demande de rappel de salaire au titre de ce congé supplémentaire, une cour d'appel a retenu que, sauf dans les hypothèses des exceptions légales (comme les naissances multiples ou l'hospitalisation de l'enfant sous certaines conditions), l'allongement du congé postnatal, fût-il pathologique, n'emportait aucun allongement du congé maternité et que, dès lors, la salariée ne pouvait demander le report du congé supplémentaire de l'article 51.1, lequel devait être pris à l'issue du congé maternité légal.

En statuant ainsi alors que le congé maternité de la salariée avait été augmenté de la durée de l'état pathologique, la cour d'appel a violé l'article 51.1 de la convention collective nationale de la banque du 10 janvier 2000, étendue, et l'article L. 1225-21 CT.

Cass. soc. 27 mars 2019, n° 17-23.988, à paraître.

Le contrat de travail peut obliger une salariée, qui a manifesté son intention d'entamer son congé de maternité au cours des six semaines précédant la semaine présumée de l'accouchement, qui est en congé de maladie pour des problèmes de santé liés à sa grossesse immédiatement avant cette date et qui accouche pendant le congé de maladie, à avancer la date du début du congé de maternité rémunéré au début de la sixième semaine précédant la semaine présumée de l'accouchement ou au début du congé de maladie lorsque cette seconde date est postérieure à la première.

L'article 8 de la directive 92/85/CEE concernant la mise en œuvre de mesures visant à promouvoir l'amélioration de la sécurité et de la santé des travailleuses enceintes, accouchées ou allaitantes au travail (dixième directive particulière au sens de l'article 16, § 1 de la directive 89/391/CEE) et de l'article 5, § 1 de la directive 76/207/CEE du Conseil du 9 février 1976 relative à la mise en œuvre du principe de l'égalité de traitement entre hommes et femmes en ce qui concerne l'accès à l'emploi, à la formation et à la promotion professionnelles, et les conditions de travail, ne s'opposent pas à ce qu'une clause d'un contrat de travail oblige une salariée qui a manifesté son intention d'entamer son congé de maternité au cours des six semaines précédant la semaine présumée de l'accouchement, qui est en congé de maladie pour des problèmes de santé liés à sa grossesse immédiatement avant cette date et qui accouche pendant le congé de maladie à avancer la date du début du congé de maternité rémunéré au début de la sixième semaine précédant la semaine présumée de l'accouchement ou au début du congé de maladie lorsque cette seconde date est postérieure à la première.

La clause d'un contrat de travail qui interdit à une femme de prendre un congé de maladie pendant la période de quatorze semaines de congé de maternité dont un travailleur féminin doit au moins bénéficier en vertu de l'article 8, § 1 de la directive 92/85/CEE, sauf à décider de reprendre le travail et de mettre ainsi définitivement fin au congé de maternité, n'est pas compatible avec les dispositions de la directive 92/85/CEE. En revanche, une clause d'un contrat de travail qui interdit à une femme de prendre un congé de maladie pendant un congé de maternité supplémentaire que l'employeur lui accorde, sauf à décider de reprendre le travail et de mettre ainsi définitivement fin au congé de maternité, est compatible avec les dispositions des directives 76/207/CEE et 92/85/CEE.

CJCE 27 octobre 1998, aff. C-411/96, Recueil I-6401.

Rémunération pendant le congé de maternité

La salariée en congé de maternité a droit à une rémunération équivalente au salaire moyen qu'elle a perçu au cours d'une période de référence antérieure au début dudit congé, à l'exclusion de l'indemnité pour astreinte sur le lieu de travail.

CJUE 1er juillet 2010, aff. C-194/08, précité.

Il en est ainsi même lorsque le congé de maternité interrompt un congé parental non rémunéré.

La directive 96/34/CE du Conseil, du 3 juin 1996, concernant l'accord-cadre sur le congé parental conclu par l'UNICE, le CEEP et la CES, s'oppose à une disposition de droit national, telle que celle prévue par les conventions collectives en cause au principal, en vertu de laquelle une travailleuse enceinte qui interrompt un congé parental non rémunéré au sens de cette directive pour prendre, avec effet immédiat, un congé de maternité au sens de la directive 92/85/CEE du Conseil, du 19 octobre 1992, concernant la mise en œuvre de mesures visant à promouvoir l'amélioration de la sécurité et de la santé des travailleuses enceintes, accouchées ou allaitantes au travail (dixième directive particulière au sens de l'article 16 § 1 de la directive 89/391/CEE), ne bénéficie pas du maintien de la rémunération à laquelle elle aurait eu droit si ce congé de maternité avait été précédé d'une période minimale de reprise du travail.

CJUE 13 février 2014, aff. C-512/11, à paraître.

Une salariée ne peut bénéficier, pendant son congé de maternité, du bonus institué par un protocole de fin de conflit et expressément subordonné à l'exercice de fonctions spécifiques, faute pour elle d'avoir exercé ces fonctions.

Cass. soc. 19 septembre 2018, n° 17-11.618, à paraître, cité dans « Égalité de rémunération ».

Réintégration à l'issue du congé de maternité

À l'issue de son congé de maternité, la salariée doit être réintégrée dans l'emploi précédemment occupé ou dans un emploi similaire assorti d'une rémunération au moins équivalente.

Après avoir exactement énoncé qu'à l'issue de son congé de maternité, la salariée doit être réintégrée dans l'emploi précédemment occupé ou dans un emploi similaire assorti d'une rémunération au moins équivalente, et après avoir relevé, d'une part, qu'il était de l'intérêt de l'entreprise de conserver au poste anciennement occupé par l'intéressée le salarié qui l'y avait remplacée et, d'autre part, que l'employeur avait proposé à la salariée un poste similaire sans modifier un élément essentiel de son contrat de travail, une cour d'appel a pu décider, dans l'exercice du pouvoir qu'elle tient de l'article L. 122-14-3 CT, que le licenciement de la salariée, qui avait refusé d'accepter un simple changement dans ses conditions de travail, reposait sur une cause réelle et sérieuse.

Cass. soc. 22 mai 1997, n° 94-40.297, BC V n° 186. Voir aussi cass. soc. 21 septembre 2005, n° 03-45.196.

Après avoir constaté que le poste occupé par une salariée antérieurement à son congé maternité avait été, le jour même de son retour de congé, confié à sa remplaçante suivant un nouveau contrat à durée déterminée, une cour d'appel, abstraction faite de la référence à une précédente proposition d'avenant, a fait une exacte application des dispositions de l'article L. 1225-25 CT en accueillant les demandes de la salariée en paiement d'indemnités liées au caractère abusif de la rupture de son contrat de travail.

Cass. soc. 25 mai 2011, n° 09-72.556.

Après avoir relevé que, s'il n'était pas contesté qu'à son retour de congé de maternité, une salariée avait conservé sa classification et sa rémunération antérieures, elle avait exercé des fonctions fortement réduites et temporaires, une cour d'appel en a exactement déduit qu'elle n'avait pas retrouvé un emploi similaire à celui qu'elle avait quitté.

Cass. soc. 18 mars 2016, n° 14-21.491.

Mais l'employeur n'est pas tenu de maintenir le montant moyen des commissions perçues par la salariée avant son départ en congé maternité, dès lors que ce montant, non fixé par le contrat, ne dépend que de sa seule activité professionnelle.

Si l'employeur doit réintégrer la salariée à l'issue de son congé maternité dans son emploi ou dans un emploi similaire assorti d'une rémunération au moins équivalente, il n'est pas tenu de maintenir le montant moyen des commissions perçues par l'intéressée avant son départ en congé maternité, dès lors que ce montant, non fixé par le contrat, ne dépend que de sa seule activité professionnelle.

Cass. soc. 10 décembre 2008, n° 07-44.113.

À la suite de son congé de maternité, la salariée doit bénéficier, au minimum, d'une majoration de sa rémunération à hauteur des augmentations générales ainsi que de la moyenne des augmentations individuelles perçues pendant la durée de ce congé par les salariés relevant de la même catégorie professionnelle ou, à défaut, de la moyenne des augmentations individuelles dans l'entreprise.

Selon l'article L. 1225-26 CT, en l'absence d'accord collectif de branche ou d'entreprise déterminant des garanties d'évolution de la rémunération des salariées pendant le congé de maternité et à la suite de ce congé au moins aussi favorables que celles mentionnées dans le présent article, cette rémunération, au sens de l'article L. 3221-3, est majorée, à la suite de ce congé, des augmentations générales ainsi que de la moyenne des augmentations individuelles perçues pendant la durée de ce congé par les salariés relevant de la même catégorie professionnelle ou, à défaut, de la moyenne des augmentations individuelles dans l'entreprise. Il ne peut être dérogé à ces dispositions d'ordre public qui mettent en œuvre les exigences découlant de l'article 2, § 7, alinéa 2 de la directive 76/207/CEE du 9 février 1976, devenu l'article 15 de la directive 2006/54/CE du 5 juillet 2006 relative à la mise en œuvre du principe d'égalité des chances et de l'égalité de traitement entre hommes et femmes en matière d'emploi et de travail.

En l'espèce, pour débouter une salariée de sa demande tendant à bénéficier des augmentations de salaire intervenues au sein de l'entreprise pendant son congé de maternité, une cour d'appel a retenu que, s'il n'était pas contestable qu'en vertu de l'article L. 1225-26 CT, les augmentations générales de salaire de l'entreprise devaient profiter à la salariée pendant son congé de maternité, celle-ci avait sciemment accepté de percevoir cette augmentation sous forme d'une prime exceptionnelle de 400 euros ; la cour en a déduit que, faute d'établir ni même d'alléguer le vice de son consentement, l'intéressée était mal fondée à reprocher à l'employeur d'avoir méconnu ses obligations contractuelles.

En statuant ainsi, après avoir relevé que l'employeur avait remplacé l'augmentation de salaire due en vertu de la loi à la salariée à son retour de congé de maternité par le versement d'une prime exceptionnelle, la cour d'appel a violé le texte précité.

Cass. soc. 14 février 2018, n° 16-25.323, à paraître.

Le seul accomplissement d'heures complémentaires au-delà de l'horaire contractuel ne crée pas de droits pour la salariée au maintien, après son congé de maternité, du même nombre d'heures complémentaires.

À son retour de congé de maternité, une salariée s'était vue indiquer qu'elle travaillerait selon un nombre d'heures mensuelles inférieur à celui des années 1996 et 1997, durant lesquelles elle avait accompli des heures complémentaires. Son employeur l'a licenciée à la suite de son refus. La salariée a alors saisi la juridiction prud'homale en vue d'obtenir le paiement de dommages-intérêts pour licenciement sans cause réelle et sérieuse.

C'est à bon droit qu'une cour d'appel l'a déboutée de sa demande. En effet, le seul accomplissement d'heures complémentaires au-delà de l'horaire contractuel n'avait pas créé de droits pour la salariée au maintien, après son congé de maternité, du même nombre d'heures complémentaires.

Cass. soc. 4 mars 2003, n° 00-46.362, BC V n° 84.

☛ *Égalité de rémunération ; Modification de l'horaire de travail.*

Médecin du travail

Le médecin du travail a un rôle exclusivement préventif, consistant à éviter toute altération de la santé du personnel de l'entreprise du fait du travail.

Ses missions et son statut ont été réformés par la loi 2011-867 du 20 juillet 2011 et le décret 2012-135 du 30 janvier 2012 (art. L. 4623-1 et s. et R. 4623-1 et s. CT).

Réglementation de la profession

• L'accès à la profession est conditionné par l'obtention de certains diplômes

Pour pouvoir exercer la profession de médecin du travail, l'intéressé doit être docteur en médecine et titulaire du certificat d'études spéciales de médecine du travail ou du diplôme d'études spécialisées de médecine du travail.

Le décret du 13 avril 1994, ayant pour objet de permettre l'exercice de la profession de médecin du travail par des personnes inscrites au tableau de l'Ordre des médecins comme spécialistes en médecine du travail, sans qu'elles soient titulaires du certificat d'études spéciales de médecine du travail ou du diplôme d'études spécialisées de médecine du travail, n'ayant pas été soumis à la consultation de la commission permanente du Conseil supérieur de la prévention des risques professionnels, le Conseil d'État a pu considérer que ce défaut de consultation constituait une irrégularité de procédure entachant le texte d'excès de pouvoir.

CE 3 mars 1995, n° 159222. Voir aussi CE 21 octobre 1998, n° 179771.

• L'exercice des fonctions est strictement réglementé

Le médecin du travail doit exercer sa profession à titre exclusif.

La décision du conseil départemental de l'Ordre des médecins, imposant à un médecin du travail de choisir entre son inscription sur la liste des spécialistes et la pratique de la médecine du travail, n'est pas entachée d'excès de pouvoir.

CE 3 novembre 1967, n° 67822, Rec. Lebon p. 406.

Il est lié par le secret médical.

Commet une voie de fait le médecin du travail qui refuse, après son licenciement, de remettre les dossiers médicaux des salariés à un autre médecin de l'association, lui-même lié par le secret médical.

Cass. soc. 20 février 1986, n° 83-41.671, 2e moyen, BC V n° 30.

En vertu des articles 9 c. civ., 4 et 96 du code de déontologie des médecins issu du décret 95-1000 du 6 septembre 1995 et R. 241-56 CT, le dossier médical d'un salarié, couvert par le secret médical qui s'impose au médecin qui le tient, ne peut en aucun cas être communiqué à son employeur. Ce dernier ne peut, dès lors, se voir reprocher de ne pas avoir accompagné le dossier de reclassement d'une salariée des informations tirées de son dossier médical.

Cass. soc. 10 juillet 2002, n° 00-40.209, 5e branche du 1er moyen, BC V n° 251.

Il doit être indépendant.

Est abusif le licenciement d'un médecin du travail travaillant au sein d'une association, fondé sur les heurts qu'il avait eus avec les dirigeants des sociétés ayant adhéré à l'association, ceux-ci lui reprochant de reconnaître trop d'inaptitudes au travail et lui conseillant d'agir avec plus de souplesse, alors que le médecin n'avait apporté aucune négligence dans l'exercice de ses fonctions et avait seulement réclamé le respect de son indépendance dans le domaine médical.

Cass. soc. 10 octobre 1979, n° 78-12.275, BC V n° 703.

Consultations du médecin du travail

Le médecin du travail est obligatoirement consulté sur les projets de construction ou d'aménagements nouveaux.

A justifié sa décision la cour d'appel qui a déclaré la direction générale d'une laiterie coupable du chef de non-consultation du médecin du travail à l'occasion de l'exécution de travaux de construction d'un nouvel atelier de beurrerie, aux motifs que si ce médecin pouvait connaître le projet de construction de l'employeur, aucun document n'établissait qu'il ait été tout spécialement consulté sur ce projet et donc mis à même de faire toute proposition utile quant à l'hygiène et à la sécurité des conditions de travail dans ce nouveau bâtiment, que l'employeur n'a donc pas respecté les obligations découlant de l'article R. 241-42 CT et que, de plus, ce texte, qui prévoit une consultation sur les projets de construction ou d'aménagements nouveaux, impose donc bien une demande préalable à la réalisation des travaux.

Cass. crim. 15 mars 1994, n° 93-82.109, 2e moyen, B. crim. n° 100.

Statut du médecin du travail

• Nomination

Le comité d'entreprise donne son accord pour la nomination du médecin du travail, mais il n'a pas à donner son avis sur le choix effectué par la direction entre les différents candidats.

Un inspecteur du travail ne peut soutenir, pour refuser de donner son accord à la nomination du médecin du travail, que le comité d'entreprise n'a pas disposé de tous les éléments nécessaires à son appréciation du fait de la non-communication de tous les dossiers de candidature, alors que si le comité d'entreprise est compétent pour donner son accord sur la nomination du médecin du travail, il n'a pas à donner son avis sur le choix effectué par la direction entre les différents candidats.

CE 20 avril 1984, n° 33691, Rec. Lebon p. 149.

• Modification des conditions de travail

Un médecin du travail engagé par un groupement interprofessionnel de médecine du travail a fait l'objet d'une mise à pied de cinq jours pour refus d'obéissance après avoir refusé l'attribution d'une société nouvelle à son secteur. Il a saisi la juridiction prud'homale d'une demande tendant à l'annulation de cette sanction et au paiement d'un rappel de salaire et de dommages-intérêts.

Doit être rejeté le pourvoi du salarié faisant grief à une cour d'appel de l'avoir débouté de ses demandes.

D'une part, l'article R. 241-31 CT, qui prévoit l'accord soit du comité d'entreprise, soit du comité d'établissement, soit du comité interentreprises ou de la commission de contrôle du service interentreprises et, à défaut d'accord, la décision conforme de l'inspecteur du travail prise après avis du médecin régional inspecteur du travail et de la main-d'œuvre, ne s'applique qu'à la nomination et au licenciement du médecin du travail. Dès lors, c'est sans violer ce texte que la cour d'appel a décidé que la sanction disciplinaire de mise à pied, infligée au médecin du travail en raison de son refus d'être affecté à une entreprise qui relevait de son secteur géographique, était justifiée.

D'autre part, aux termes de l'article R. 241-14 CT, l'avis de la commission de contrôle ne s'impose pas, dès lors qu'il s'agit de modifier, non le secteur, mais le groupe d'entreprises affecté au médecin du travail dans le secteur.

Cass. soc. 4 novembre 2003, n° 01-45.003.

• Licenciement

Le licenciement d'un médecin du travail est soumis à une procédure particulière. La réglementation en la matière a évolué au fil des différentes réformes. Cependant, les principes dégagés dans les arrêts rapportés ci-dessous demeurent applicables.

La procédure de licenciement d'un médecin du travail est d'ordre public et l'employeur ne peut procéder à la rupture du contrat par d'autres moyens.

La protection exceptionnelle et exorbitante du droit commun, instituée par le législateur au profit de salariés investis de fonctions représentatives, interdit à l'employeur de poursuivre par d'autres moyens la résolution du contrat de travail. Aucun accord collectif ne saurait déroger à cette disposition. Si, en l'espèce, la convention collective prévoyait la possibilité d'une mise à la retraite par l'employeur, cela ne le dispensait pas, faute d'accord de l'intéressé, d'obtenir l'agrément du comité d'entreprise. En ne respectant pas cette formalité, l'employeur s'était rendu coupable d'entrave au fonctionnement régulier du comité d'entreprise.

Cass. crim. 2 février 1982, n° 81-91.352, B. crim. n° 38.

Le statut protecteur dont bénéficie un médecin du travail en cas de rupture de la période d'essai ou de licenciement s'applique à compter de la date à laquelle il a été engagé, peu important que les instances compétentes n'aient pas encore donné leur accord sur cette nomination.

Cass. soc. 29 octobre 2010, n° 08-70.412.

Les dispositions légales qui assurent une protection exceptionnelle et exorbitante du droit commun à certains salariés, en raison du mandat ou des fonctions qu'ils exercent dans l'intérêt de l'ensemble des travailleurs, s'appliquent à la rupture du contrat de travail à l'initiative de l'employeur pendant la période d'essai ; il en est ainsi de l'article R. 241-31 CT relatif au médecin du travail.

Cass. soc. 26 octobre 2005, n° 03-44.585, BC V n° 306 (arrêt n° 2).

Une interdiction temporaire d'activité ne prive pas le médecin du travail du bénéfice de la protection légale.

Aux termes de l'article L. 4623-5 CT, le licenciement d'un médecin du travail ne peut intervenir qu'après autorisation de l'inspecteur du travail dont dépend le service de santé au travail, après avis du médecin inspecteur du travail ; ces dispositions instituent au profit du médecin du travail, en raison des fonctions qu'il exerce dans l'intérêt de l'ensemble des travailleurs, une protection exceptionnelle et exorbitante du droit commun qui interdit à l'employeur de rompre le contrat de travail sans obtenir l'autorisation préalable de l'inspecteur du travail.

C'est à tort que, pour débouter un médecin du travail de ses demandes indemnitaires consécutives à son licenciement, une cour d'appel a retenu que l'interdiction temporaire d'activité prononcée à son encontre le privait du bénéfice de la protection légale et que les faits qui lui étaient reprochés (défaut d'information de l'employeur de cette interdiction temporaire) étaient constitutifs d'une faute lourde.

Cass. soc. 6 juillet 2011, n° 10-13.805, BC V n° 189.

La commission de contrôle du service interentreprises doit être consultée.

La protection exceptionnelle et exorbitante du droit commun instituée par le législateur, au profit des médecins du travail, dans le but de sauvegarder la santé du personnel des entreprises en garantissant l'indépendance des médecins du travail doit être respectée par l'employeur. Ainsi, le défaut de consultation de la commission de contrôle du service interentreprises, préalablement à la rupture du contrat, justifie l'octroi de dommages-intérêts.

Cass. crim. 2 octobre 1985, n° 84-93.785, B. crim. n° 295.

L'inspecteur du travail doit vérifier que le licenciement envisagé est sans rapport avec l'exercice normal des fonctions.

Lorsqu'une demande d'autorisation de licenciement d'un salarié bénéficiant d'une protection particulière est fondée sur des éléments qui se rattachent au comportement de l'intéressé et qui, sans caractériser l'existence d'une faute, rendraient impossible, selon l'employeur, la poursuite du contrat de travail, il appartient à l'inspecteur du travail et, éventuellement, au ministre compétent de rechercher, sous le contrôle du juge de l'excès de pouvoir, si ces éléments présentent un caractère objectif et si, en raison du niveau élevé des responsabilités exercées par le salarié, ils peuvent, eu égard à l'ensemble des règles applicables au contrat de travail, et compte tenu des atteintes susceptibles d'être portées au fonctionnement de l'organisme en cause, justifier légalement l'octroi d'une autorisation de licenciement. En revanche, la perte de confiance de l'employeur envers le salarié ne peut jamais constituer par elle-même un motif pouvant servir de base à une autorisation de licenciement.

À de nombreuses reprises, l'intéressé, médecin du travail, est entré en conflit tant avec la direction de la caisse de mutualité sociale agricole qu'avec le médecin-chef responsable de la section de médecine du travail ; en particulier, il s'est opposé aux orientations définies par la caisse comme aux propositions du médecin-chef concernant le fonctionnement du service, il a fréquemment contesté l'autorité hiérarchique de celui-ci, notamment en s'abstenant d'informer celui-ci de ses activités ; ainsi, les faits retenus par l'inspecteur du travail à l'encontre du requérant étaient d'une gravité suffisante pour justifier l'octroi d'une autorisation de licenciement pour faute. Il en résulte que le médecin du travail n'est pas fondé à soutenir que le tribunal administratif a rejeté à tort sa demande tendant à l'annulation de la décision autorisant son licenciement.

CE 21 décembre 2001, n° 224605, Rec. Lebon p. 669.

Le licenciement prononcé en violation des dispositions légales est nul.

En cas de non-respect de la procédure légale, le médecin du travail peut obtenir sa réintégration.

Le juge des référés peut valablement prononcer la réintégration d'un médecin du travail qui a fait l'objet d'un licenciement en violation des formalités légales, le non-respect de ces dispositions constituant un trouble manifestement illicite.

Cass. soc. 7 mai 1987, n° 84-41.005, 1er moyen, BC V n° 274.

Le médecin du travail licencié sans autorisation administrative et qui ne demande pas sa réintégration, a droit à une indemnité pour violation du statut protecteur égale aux salaires qu'il aurait dû percevoir entre son éviction et la fin de la période de protection, dans la limite de trente mois, durée de la protection minimale légale accordée aux représentants du personnel.

Cass. avis 15 décembre 2014, n° 14-70.009, BC n° 9. Voir aussi cass. soc. 14 décembre 2016, n° 15-23.884, 2e moyen du pourvoi principal.

Les syndicats peuvent exercer une action civile.

Le licenciement d'un médecin du travail prononcé en violation des dispositions légales porte un préjudice à l'intérêt collectif de la profession représentée par le syndicat national professionnel des médecins du travail permettant aux juges de condamner la société à lui verser une somme de un franc en réparation du préjudice subi.

Cass. soc. 7 mai 1987, n° 84-41.005, 2e moyen, BC V n° 274.

Incidence d'un statut particulier.

Les dispositions du code du travail protégeant les fonctions des médecins du travail ne font pas obstacle à l'application du statut de l'aéroport de la ville de Paris aux médecins du travail salariés de cet aéroport.

Le « statut d'Établissement public autonome aéroport de la ville de Paris » prévoit, dans ses dispositions générales, qu'il est applicable dans sa totalité au personnel propre de l'établissement et qu'aucune disposition n'exclut les médecins du travail de son champ d'application. Si les conditions particulières de nomination, de licenciement et d'exercice des fonctions des médecins du travail, qui proviennent de la nature même de l'institution telle que déterminée par le code du travail, protègent les fonctions de ces derniers, elles n'empêchent pas l'application générale du statut aux médecins du travail liés par un contrat de travail à l'aéroport de Paris.

Cass. soc. 24 octobre 2000, n° 97-45.403, BC V n° 346.

☛ *Accidentés du travail (Reclassement) ; Inaptitude physique d'origine non professionnelle ; Médecine du travail (Organisation) ; Visite médicale de reprise ; Visites médicales d'embauche et périodique.*

Médecine du travail (Organisation)

☛ *Services de santé au travail.*

Mensualisation

La mensualisation consiste, pour un temps de travail effectif déterminé, à verser chaque mois la même rémunération, indépendamment du nombre de jours travaillés inclus dans le mois. Elle concerne tous les salariés sauf les travailleurs à domicile, les salariés saisonniers, les salariés intermittents et les salariés temporaires.

Issue de l'accord national interprofessionnel du 10 décembre 1977, la mensualisation a été généralisée par la loi du 19 janvier 1978, puis codifiée aux articles L. 3242-1 et s. CT.

Bénéficiaires

La loi de mensualisation est applicable aux salariés dont la rémunération répond à un mode de calcul particulier.

Si les travailleurs à domicile, les travailleurs saisonniers, temporaires ou intermittents sont exclus du bénéfice de la loi sur la mensualisation, cette dernière n'exclut pas les divers modes de calcul du salaire, tels le salaire aux pièces, à la prime ou au rendement… S'agissant de salariés d'un institut de sondage embauchés par un contrat à durée indéterminée, une cour d'appel a pu décider que ce personnel, bien que payé aux pièces, était lié à l'employeur par un lien de subordination permanent et un travail régulier et constant, et qu'il devait bénéficier de l'accord sur la mensualisation.

Cass. soc. 12 mars 1987, n° 84-43.600, 1er moyen.

Les personnels de l'enseignement privé bénéficient de la loi sur la mensualisation.

Les personnels des établissements d'enseignement privé, même employés à temps partiel, bénéficient des droits ouverts par l'accord sur la mensualisation, sous réserve que leur emploi ne soit pas saisonnier ou intermittent.

Cass. soc. 14 novembre 1991, n° 87-45.135, BC V n° 502. Voir aussi cass. soc. 15 janvier 2002, n° 00-40.590.

Effets de la mensualisation

Il peut être dérogé à la mensualisation dans un sens plus favorable aux salariés.

Le fait que l'accord interprofessionnel du 10 décembre 1977 ait acquis un caractère législatif du fait de son annexion à la loi du 19 janvier 1978 ne fait pas obstacle à ce qu'une convention ou un accord collectif déroge à ses dispositions dans un sens plus favorable aux salariés. Un accord instituant le versement d'indemnités complémentaires, en cas d'arrêt de travail permettant le maintien du salaire, est applicable, cet accord dérogeant à l'accord interprofessionnel dans un sens plus favorable.

Cass. soc. 17 janvier 1996, n° 93-20.066, BC V n° 15.

Un conseil de prud'hommes a exactement décidé que la loi 78-49 du 19 janvier 1978 sur la mensualisation n'a pas abrogé les dispositions législatives plus favorables aux salariés, tel l'article 63 du code de commerce local qui ne prévoit pas de contre-visite médicale en cas d'absences pour maladie n'allant pas au-delà d'une durée de six semaines. En l'état de ces énonciations, le conseil de prud'hommes a pu retenir que l'obligation de l'employeur au maintien du paiement des salaires, pendant une durée de six semaines, au commis qui, par suite d'un accident dont il n'est pas fautif, se trouve dans l'impossibilité de fournir son service et chez lequel le médecin contrôleur n'a pu effectuer une contre-visite médicale, n'était pas sérieusement contestable.

Cass. soc. 4 juin 1998, n° 95-43.816, BC V n° 298.

La mensualisation donne à la rémunération un caractère forfaitaire.

Doit être cassé le jugement qui, pour condamner un employeur au paiement de rappels de salaires, énonce que les salariés avaient effectué, sur l'année, 2 035,8 heures, la durée mensuelle du travail étant de 169,65 heures, et qu'ils avaient été rémunérés pour 169 heures, alors que la rémunération d'un salarié mensualisé revêt un caractère forfaitaire et est indépendante du nombre de jours effectués dans le mois, peu important la répartition des jours ouvrés selon les mois et les années.

Cass. soc. 16 février 1994, n° 92-41.372, 2e moyen.

L'employeur est tenu de verser le salaire tous les mois.

Cass. soc. 17 décembre 1987, n° 86-41.530, BC V n° 771.

Le retard dans le paiement du salaire caractérise un manquement de l'employeur à une obligation essentielle du contrat de travail qui constitue une rupture du contrat de travail, laquelle s'analyse en un licenciement.

Cass. soc. 24 octobre 2001, n° 99-45.068.

☛ *Paiement du salaire.*

Mésentente

Les désaccords entre un salarié et son employeur, ses supérieurs hiérarchiques ou, éventuellement, ses collègues peuvent entraîner un licenciement s'ils portent préjudice au bon fonctionnement de l'entreprise.

Circonstances dans lesquelles la mésentente a été jugée susceptible de justifier un licenciement

La mésentente entre un salarié et tout ou partie du personnel ne constitue une cause de licenciement que si elle repose objectivement sur des faits imputables au salarié concerné.

Si la mésentente entre un salarié et tout ou partie du personnel ne peut constituer une cause de licenciement que dans la mesure où elle repose objectivement sur des faits imputables au salarié concerné, une cour d'appel, qui a relevé que, par son action et son comportement à l'égard de deux cadres dirigeants de l'entreprise, le salarié avait empêché le fonctionnement normal de celle-ci, a pu décider que le licenciement avait une cause réelle et sérieuse.

Cass. soc. 12 novembre 2002, n° 00-45.295.

Une cour d'appel, qui avait constaté l'existence de versions différentes sur l'origine de la dégradation des relations professionnelles au sein d'une entreprise, a légalement justifié sa décision de déclarer le licenciement d'une salariée dépourvu de cause réelle et sérieuse en faisant profiter l'intéressée du bénéfice du doute.

Cass. soc. 9 novembre 2004, n° 02-42.938.

Une salariée engagée par une société en qualité de prospectrice a été licenciée pour « divergence de vues » et « mésentente avec plusieurs collègues du service de maintenance » qui se sont plaints « d'une impossibilité de continuer de travailler avec (elle) sur (les) dernières semaines »; estimant son licenciement dépourvu de cause réelle et sérieuse, l'intéressée a saisi la juridiction prud'homale de diverses demandes.

Le grief tiré d'une mésentente de la salariée avec ses collègues de travail, lesquels s'étaient plaints de son comportement d'une part, avec son employeur et d'autres salariés, d'autre part, à propos notamment de l'évolution du télémarketing, constituant l'énonciation d'un motif précis de licenciement, une cour d'appel, exerçant les pouvoirs qu'elle tient de l'article L. 1235-1 CT, après avoir retenu que cette mésentente était imputable à la salariée et qu'elle constituait une cause réelle et sérieuse de licenciement, a pu débouter cette dernière de ses demandes de dommages-intérêts de ce chef.

Cass. soc. 2 juin 2010, n° 08-44.634.

Le trouble apporté au bon fonctionnement de l'entreprise est pris en considération.

Ayant retenu que le comportement d'une salariée, qui dénigrait et harcelait ses subordonnés en public et manifestait de l'agressivité tant à l'égard de son employeur qu'envers les autres salariés et les contractants de l'entreprise, était à l'origine de la mésentente grave énoncée dans la lettre de licenciement et que cette mésentente perturbait le fonctionnement de l'entreprise, une cour d'appel a pu décider que ce comportement constituait une cause réelle et sérieuse de licenciement.

Cass. soc. 23 février 2005, n° 02-45.988.

Le caractère persistant de la mésentente est également un facteur important.

Une cour d'appel a pu décider, dans l'exercice de son pouvoir souverain d'appréciation, que le fait pour une salariée d'avoir injurié les membres de son association lors d'une réunion et d'avoir réitéré ces propos quelques jours plus tard devant le trésorier, le secrétaire général et le nouveau président justifiait son licenciement. Ces propos traduisaient, sous une forme violente, la mésentente qui, peu à peu, s'était installée entre l'intéressée et les membres bénévoles de l'association.

Cass. soc. 11 juillet 1991, n° 89-45.081, 1er moyen.

Il en est de même de la position hiérarchique du salarié.

Des dissensions existaient entre un employeur et un salarié depuis plus d'un an. Il était également reproché au salarié son absentéisme et des frais professionnels trop élevés. Après avoir relevé que cette situation conflictuelle persistante rendait impossible, dans une entreprise à effectif réduit et compte tenu du niveau de responsabilité du salarié, la poursuite du contrat de travail, une cour d'appel a pu souverainement décider que le licenciement de l'intéressé procédait d'une cause réelle et sérieuse.

Cass. soc. 1er avril 1992, n° 88-44.281, 3e moyen.

Circonstances dans lesquelles la mésentente a été jugée comme ne pouvant fonder un licenciement

La mésentente ne peut pas être invoquée à l'appui d'un licenciement si elle a été provoquée par l'employeur…

Une cour d'appel a pu décider, dans l'exercice de son pouvoir d'appréciation, que le licenciement d'un salarié pour mésentente était injustifié dans la mesure où le motif invoqué à l'appui du licenciement avait été provoqué par le président de la société : l'employeur avait soudainement retiré certaines de ses fonctions à ce directeur-rédacteur en chef en invoquant, pour justifier sa décision, des insuffisances professionnelles, ainsi qu'un manquement à son obligation de fidélité et de loyauté. La soudaine hostilité de la direction envers le salarié, cadre de haut niveau, n'étant pas justifiée, les juges ont pu décider que le licenciement de l'intéressé ne procédait pas d'une cause réelle et sérieuse.

Cass. soc. 5 novembre 1992, n° 89-44.218, 2e moyen.

… ou par un collègue de travail…

Ayant relevé qu'un salarié, au comportement jusque-là irréprochable, avait été provoqué par les insultes et les injures racistes d'un collègue de travail, une cour d'appel a pu décider, en vertu de son pouvoir souverain d'appréciation, que le licenciement ne procédait pas d'une cause réelle et sérieuse.

Cass. soc. 7 mai 1998, n° 96-41.559.

… ou si elle ne crée pas de tension dans l'entreprise…

Ayant relevé que la mésentente invoquée par l'employeur n'entraînait pas un état de tension tel qu'il pût nuire au bon fonctionnement de l'entreprise, dans la mesure où le différend opposant l'intéressée à une autre salariée remontait au mois d'octobre 1984 alors que le licenciement n'avait été prononcé qu'au mois de janvier 1985, les juges du fond ont pu souverainement décider que le licenciement de la salariée ne reposait pas sur une cause réelle et sérieuse.

Cass. soc. 3 octobre 1990, n° 88-43.659.

… ou si elle ne repose sur aucun élément objectif imputable au salarié.

La mésentente entre un salarié et tout ou partie du personnel ne peut constituer une cause de licenciement que si elle repose objectivement sur des faits imputables au salarié concerné.

S'agissant d'un salarié chargé de la gestion d'une équipe et licencié en raison de l'opposition permanente constatée entre le personnel et ce salarié, une cour d'appel, après avoir constaté qu'il n'était justifié d'aucun fait dans le comportement du salarié propre à expliquer le comportement du personnel à son égard, a décidé, à bon droit, que le licenciement était dépourvu de cause réelle et sérieuse.

Cass. soc. 27 novembre 2001, n° 99-45.163, 1er moyen, BC V n° 360.

La lettre de licenciement qui se borne à viser une mésentente sans autre précision n'énonce pas un motif de licenciement matériellement vérifiable répondant aux conditions légales.

Cass. soc. 5 février 2002, n° 99-44.383, BC V n° 50.

L'incompatibilité d'humeur ne constitue pas, à elle seule, une cause de licenciement.

Doit être cassé l'arrêt qui, pour débouter un salarié de sa demande en paiement de dommages-intérêts au titre de l'absence de cause réelle et sérieuse de son licenciement, a énoncé que le motif invoqué dans la lettre de licenciement, soit une « incompatibilité d'humeur », était destiné, par sa modération, à ne pas nuire à l'avenir professionnel de l'intéressé, alors que la lettre de licenciement se bornait à viser l'incompatibilité d'humeur sans autre précision.

Cass. soc. 11 mai 2005, n° 03-43.007.

La mésentente ne constitue pas, à elle seule, une faute grave

Ayant souverainement apprécié que si le comportement d'un salarié avait été à l'origine d'un climat de mésentente avec la direction, ni ce grief ni le différend relatif aux notes de frais invoqué par l'employeur n'avaient une importance suffisante pour priver le salarié de ses indemnités de rupture, une cour d'appel a pu décider qu'aucune faute grave n'avait été commise par le salarié.

Cass. soc. 15 mai 1991, n° 89-45.528, 1er moyen.

☛ *Cause réelle et sérieuse ; Notification du licenciement.*

Mi-temps

☛ *Travail à temps partiel.*

Minimum conventionnel

Le salarié a droit au salaire minimum prévu par la convention collective en fonction de sa classification et de son emploi.

Bénéficiaires

Les salariés dont tout ou partie de la rémunération est versé en nature doivent bénéficier du minimum conventionnel.

C'est à tort que, pour débouter un salarié de sa demande de rappel de salaire, une cour d'appel a énoncé que l'intéressé, engagé pour assurer le gardiennage d'un pavillon de chasse, avait accepté que sa rémunération soit intégralement constituée de prestations en nature, sans rechercher si l'ensemble des avantages en nature perçus par le salarié lui assurait une rémunération au moins égale au salaire minimum garanti.

Cass. soc. 19 mai 1993, n° 91-45.157. Voir aussi cass. soc. 17 mars 1993, n° 89-40.317, pour la rémunération d'un employé au pair.

Les salariés rémunérés à la tâche bénéficient du salaire minimum conventionnel.

Deux salariés, employés en qualité d'ouvriers menuisiers à la tâche, ont démissionné et, soutenant que l'employeur avait manqué à ses obligations en matière de rémunération, ont saisi la juridiction prud'homale de demandes tendant à voir requalifier leur démission en licenciement et en paiement de rappels de salaires.

Doit être cassé l'arrêt qui, pour débouter les salariés de leurs demandes, a retenu que la convention collective applicable disposait expressément que les intéressés pouvaient être rémunérés au rendement, pourvu qu'ils soient toujours assurés de recevoir un salaire supérieur au salaire minimum conventionnel de leur emploi, qu'en l'espèce, les contrats de travail prévoyaient précisément le salaire afférent à chaque type de tâche et les bulletins de salaires faisaient apparaître qu'ils avaient perçu une rémunération supérieure au minimum conventionnel, que les salariés n'étant soumis à aucun horaire ni aucun contrôle de leur durée de travail, leur employeur était dispensé d'enregistrer leur temps de travail, de sorte que l'article L. 212-1-1 CT n'étant pas applicable, l'employeur n'avait commis aucun manquement de nature à lui rendre la rupture des contrats de travail imputable.

En effet, en l'absence de fixation par les contrats de travail du temps relatif à chaque tâche, les salariés avaient le droit d'être rémunérés au taux du salaire minimum conventionnel pour le nombre d'heures qu'ils avaient effectué.

Cass. soc. 13 octobre 2004, n° 02-43.656, BC V n° 254.

Caractère obligatoire

Le salarié ne peut renoncer par contrat au bénéfice du minimum conventionnel.

Une salariée, engagée en 1986 en qualité de gérante technique d'un salon de coiffure au coefficient 250 de la convention collective de la coiffure, avait signé le 1er avril 1988 un acte par lequel elle acceptait d'être rémunérée au SMIC en raison des difficultés financières de son employeur et ce, pour une durée illimitée.

Doit être cassé l'arrêt qui, pour débouter la salariée de sa demande en paiement d'un rappel de salaires à compter du 1er avril 1988, a notamment énoncé que l'intéressée n'avait émis aucune réserve en signant ledit document, qu'elle ne prétendait pas avoir été contrainte de le signer et qu'elle n'avait élevé aucune réclamation jusqu'à la rupture du contrat, alors que les parties, liées par un contrat de travail, ne peuvent, pendant la durée du contrat, déroger par un accord particulier, sauf disposition plus favorable pour le salarié, aux stipulations de la convention collective dont elles relèvent.

Cass. soc. 10 avril 1996, n° 93-43.647. Voir aussi cass. soc. 6 juillet 1994, n° 90-45.206, BC V n° 226.

La rupture du contrat de travail par un salarié en raison de l'inobservation par l'employeur de son obligation de payer la rémunération minimum conventionnelle correspondant à son emploi s'analyse en un licenciement.

Cass. soc. 28 février 2001, n° 98-43.634.

Détermination

Le salarié bénéficie du minimum conventionnel afférent à son coefficient hiérarchique.

Ayant relevé qu'un salarié exerçait des fonctions de gestion comptable relevant de la catégorie III, et non celles de comptable général, qu'il bénéficiait des points auxquels lui donnait droit son diplôme et qu'en vertu de la convention collective, l'avancement de la catégorie III à la catégorie IV s'effectuait au choix de la direction, une cour d'appel a pu débouter l'intéressé de ses demandes tendant à sa classification dans la catégorie IV.

Cass. soc. 18 mars 1992, n° 89-43.026, BC V n° 195.

Dans l'hypothèse de l'attribution à un salarié d'un coefficient hiérarchique supérieur, l'employeur n'est tenu qu'au paiement d'un rappel de salaire correspondant au minimum conventionnel de rémunération afférent à ce coefficient.

Pour condamner un employeur à payer à un salarié une somme à titre de rappel de salaire sur la base d'un coefficient supérieur outre les congés payés afférents, une cour d'appel a énoncé que, compte tenu de l'ancienneté de l'intéressé et des salaires versés, il convenait de retenir le salaire conventionnel médian.

En fondant ses calculs sur un salaire médian, la cour d'appel, qui n'a pas recherché si la rémunération versée au salarié au cours de la période litigieuse n'était pas au moins égale au minimum conventionnel correspondant au coefficient dont elle lui avait reconnu le bénéfice, a privé sa décision de base légale.

Cass. soc. 22 février 2006, n° 03-47.918.

Lorsqu'ils sont définis par rapport à une durée de travail supérieure à celle pratiquée dans l'entreprise, l'appréciation du respect des minima conventionnels doit être effectuée au regard de la durée du travail pratiquée dans l'entreprise.

Selon l'article 22-3 de l'avenant du 11 octobre 1989 à la convention collective nationale des industries chimiques et connexes du 30 décembre 1952, la valeur du point sert à déterminer le salaire minimum mensuel correspondant à un coefficient hiérarchique ; elle a été fixée sur la base d'une durée de travail hebdomadaire de 38 heures soit, par mois de 165,23 heures ; et, selon l'article 2 de l'accord de branche du 19 avril 2006 relatif aux rémunérations minimales, la valeur du point (article 22-3 des clauses communes de la CCNIC) est portée de 6,74 euros à 7,02 euros.

Douze salariés d'une société ont saisi la juridiction prud'homale de demandes de rappels de salaires au titre des minima conventionnels et des temps d'habillage et de déshabillage.

Pour condamner l'employeur à verser diverses sommes à titre de rappel de salaires pour la période de 2009 à décembre 2014, une cour d'appel, après avoir relevé que, par accord d'entreprise du 30 juin 1999, la durée hebdomadaire du travail avait été ramenée de 38 à 35 heures hebdomadaires avec maintien des rémunérations, a retenu que le salarié devait bénéficier du salaire minimum prévu par le barème, que la salariée qui avait perçu une rémunération totale (minimum de base plus le complément de salaire) inférieure au minimum fixé par le barème des partenaires sociaux avait droit à un rappel de salaire.

En statuant ainsi, alors que les minima conventionnels sont définis par rapport à une durée de travail précise et qu'elle avait constaté que la durée du travail dans l'entreprise était inférieure à celle-ci, de sorte que l'appréciation du respect du montant des minima conventionnels devait être effectuée au regard de la durée du travail pratiquée dans l'entreprise, la cour d'appel a violé l'article 22-3 de l'avenant du 11 octobre 1989 précité, l'accord de branche du 19 avril 2006 précité et l'accord d'entreprise du 30 juin 1999 sur l'aménagement et la réduction du temps de travail.

Cass. soc. 7 septembre 2017, n° 15-26.722, BC V n° 130.

Éléments de comparaison

• Pour connaître les éléments à prendre en compte pour déterminer si le minimum conventionnel a été atteint, il convient de se référer à la convention collective

Dans la mesure où des éléments de rémunération ne sont pas exclus par la convention collective du minimum conventionnel, ils doivent nécessairement y être inclus, quel que soit leur objet.

Pour dire qu'un salarié avait, pour la période en litige, perçu une rémunération inférieure à la rémunération annuelle minimale prévue par l'accord applicable et correspondant à sa classification, et condamner l'employeur au paiement d'un rappel de salaire à ce titre et de dommages-intérêts, une cour d'appel a retenu que les avantages individuels acquis résultant des accords dénoncés et non suivis, dans les délais prévus à l'article L. 2261-13 CT, d'accords de substitution, et le complément de rémunération dont bénéficiaient les salariés, lesquels étaient des éléments de rémunération qui n'étaient pas la contrepartie directe de la prestation de travail, devaient, sous peine de voir remettre en cause leur existence, être exclus de l'assiette de comparaison avec la rémunération annuelle minimale.

En statuant ainsi, alors que les avantages individuels acquis et le complément de rémunération ne font pas partie, dans l'accord instituant une rémunération annuelle minimale conventionnelle, des éléments exclus de l'assiette de comparaison pour déterminer ladite rémunération, la cour d'appel a violé l'accord applicable.

En effet, aux termes de cet accord, la rémunération brute annuelle, en dehors des sommes éventuellement versées au titre de la participation, de l'intéressement ou de la part variable de chaque salarié à temps complet, doit être au moins égale à la rémunération brute annuelle minimale du niveau de classification de l'emploi occupé.

Cass. soc. 24 avril 2013, n° 12-10.196, 2ᵉ moyen du pourvoi de l'employeur, BC V n° 114.

En l'état de dispositions conventionnelles prévoyant que le nouveau classement n'entraînera aucune remise en cause de chacun des différents éléments salariaux antérieurement acquis par le salarié, ces différents éléments ne pouvant être intégrés au salaire de base, une cour d'appel a pu décider que ces dispositions entraînaient l'obligation de ne pas intégrer le treizième mois dans le calcul du salaire minimum conventionnel.

Cass. soc. 19 octobre 2005, n° 03-43.218, BC V n° 298.

C'est à tort que, pour condamner un employeur à payer à un salarié une somme à titre de rappel de salaire, une cour d'appel a retenu qu'il avait exercé des fonctions relevant du coefficient 295 et non du coefficient 180 de la convention collective applicable, qui lui avait été attribué et que, « sans s'en tenir aux primes figurant sur ses bulletins de paye et auxquelles en toute hypothèse il était en droit de prétendre et qui venaient donc s'ajouter au salaire de base », le salaire perçu était inférieur au salaire minimum conventionnel, sans rechercher si les primes versées au salarié, qui doivent en principe s'ajouter au salaire pour déterminer si le minimum conventionnel était respecté, correspondaient aux cas prévus par la convention collective, dans lesquels il n'est pas tenu compte de certaines primes.

Cass. soc. 17 décembre 2003, n° 01-45.172.

Aux termes de l'article 23 de la convention collective nationale des ingénieurs et cadres de la métallurgie, « les appointements minima garantis comprennent les éléments permanents de la rémunération, y compris les avantages en nature. Ils ne comprennent pas les libéralités à caractère aléatoire, bénévole ou temporaire ».

Un salarié, estimant que sa prime de résultat ne devait pas être comprise dans son salaire brut annuel s'agissant d'une libéralité aléatoire, a saisi la juridiction prud'homale d'une demande de paiement d'un rappel de salaire fondée sur les appointements minima garantis par la convention collective précitée.

Doit être cassé l'arrêt qui, pour le débouter de sa demande, énonce qu'il résultait des notes internes qu'un budget de primes était alloué aux responsables hiérarchiques qui décidaient de sa répartition après un entretien avec le collaborateur et que la prime, correspondant à un pourcentage de la masse salariale déterminé tous les ans après négociation avec les organisations syndicales dans le cadre de la négociation annuelle et qui faisait l'objet tous les ans, pour tous les collaborateurs qui pouvaient y prétendre, d'un examen personnalisé d'évaluation, était un élément de salaire qui entrait en conséquence dans le calcul des minima conventionnels, alors qu'il s'agissait d'une prime « manifestant la reconnaissance de l'effort et/ou de la performance au cours de l'année passée », de sorte qu'elle présentait un caractère aléatoire exclusif de sa prise en compte dans le calcul du minimum conventionnel garanti.

Cass. soc. 20 avril 2005, n° 03-42.721, BC V n° 150.

Une salariée licenciée pour faute grave a saisi la juridiction prud'homale de demandes à titre d'indemnités et de rappel de salaire sur la base du minimum conventionnel.

Viole l'article 504 de la convention collective pour le personnel des imprimeries de labeur et des industries graphiques la cour d'appel qui, pour débouter une salariée de sa demande de rappel de salaire, retient que les commissions sur chiffre d'affaires perçues par la salariée, ainsi que la prime de treizième mois, directement liées à l'exécution de sa prestation de travail, qui ne sont pas expressément exclues par la convention collective pour la détermination du salaire minimum, constituent un élément de salaire devant être pris en compte pour vérifier si la salariée a été remplie de ses droits au titre du salaire minimum et qu'il résulte de l'examen de ses bulletins de paie que cette dernière a toujours perçu une rémunération supérieure au salaire minimum conventionnel, alors même que la convention collective applicable prévoit que les avantages, gratifications, primes ou commissions, intéressant les salariés plus directement à la vie de l'entreprise, s'ajoutent aux appointements mensuels calculés sur la base de la durée du travail.

Cass. soc. 19 octobre 2005, n° 03-46.197, BC V n° 297.

Peuvent ainsi être prises en compte les sommes résultant d'un avancement d'échelon conventionnellement prévu…

Les sommes versées à des salariés, en application d'une disposition conventionnelle prévoyant un avancement d'échelon de 4 % sur le salaire de base de la catégorie professionnelle à laquelle appartient le salarié, constituent un élément de salaire à prendre en considération pour déterminer si le minimum conventionnel a été atteint.

Cass. soc. 6 mai 1996, n° 92-41.207, BC V n° 175.

… ou celles résultant d'une prime « qualité sécurité » ou d'une prime « service clients »…

L'article 12 de l'annexe « ouvriers » de la convention collective nationale des transports et des activités auxiliaires de transport précisant que la prime qualité clients et la prime services ne correspondaient pas à des sommes versées au titre de l'amplitude, à des gratifications ayant un caractère bénévole et exceptionnel ou à des indemnités ayant le caractère de remboursement de frais, ces primes ne pouvaient être exclues de l'ensemble des éléments pris en considération pour déterminer la rémunération effective.

Est donc légalement justifié le jugement ayant inclus la prime « qualité sécurité » et la prime « service clients » dans le calcul du salaire minimum garanti.

Cass. soc. 25 mars 1998, n° 97-40.729.

… ou celles résultant des commissions sur vente.

En l'état de dispositions conventionnelles excluant du salaire minimum les primes et gratifications, les indemnités de remboursement de frais ainsi que les primes générales de productivité ou d'intéressement aux bénéfices, une cour d'appel a pu décider que les commissions sur les ventes perçues par une salariée devaient être prises en compte pour vérifier le respect du minimum conventionnel, ces commissions ne constituant ni des primes de productivité ou d'intéressement aux bénéfices ni des gratifications ou indemnités exclues du salaire minimum mensuel.

Cass. soc. 7 avril 2004, n° 01-43.563, BC V n° 116. Voir aussi cass. soc. 6 mai 2009, n° 07-44.207, 2e moyen.

En revanche, la convention collective peut exclure de la comparaison les avantages, gratifications, primes ou commissions intéressant les salariés plus directement à la vie de l'entreprise…

En l'état d'une disposition conventionnelle précisant que les appointements mensuels calculés sur la base de la durée légale de travail doivent être au moins égaux au minimum conventionnel en dehors des avantages, gratifications, primes ou commissions intéressant les salariés plus directement à la vie de l'entreprise, c'est à tort qu'une cour d'appel a retenu que, dans la mesure où la rémunération d'un salarié comportait une partie fixe et une gratification annuelle intéressant la vie de l'entreprise, il importait peu que le salaire fixe eût été inférieur au barème publié par la chambre syndicale, dès lors que la rémunération réelle avait toujours été supérieure à ce barème.

Cass. soc. 23 octobre 1991, n° 88-41.551, BC V n° 436.

… ou la prime d'intéressement…

Ayant relevé que la prime d'intéressement annuelle, dont la convention prévoyait qu'elle était due en sus de la rémunération mensuelle de base, ne pouvait être intégrée dans cette rémunération pour la détermination du salaire minimum, une cour d'appel a pu décider que le fait, pour l'employeur, de l'avoir accordée selon des modalités plus favorables au salarié que celles prévues par la convention collective ne pouvait avoir pour effet de changer la nature de cette prime ni de permettre sa prise en compte au titre de la rémunération conventionnelle garantie.

Cass. soc. 3 mars 1994, n° 91-44.073, 2e branche du moyen.

… ou la prime de rendement…

Les primes de rendement et de vente doivent être exclues du salaire minimum garanti prévu par l'article 2 de l'avenant du 14 septembre 1989 à l'annexe 1 de la convention collective nationale de la coiffure.

Cass. soc. 22 mai 2001, n° 98-45.645, BC V n° 181.

… ou les primes qui ne rémunèrent pas le travail effectué.

Prime liée à la présence du salarié dans l'entreprise.

Selon l'article 4.11 de la convention collective nationale des employés et ouvriers des entreprises du bâtiment occupant plus de 10 salariés, que le salaire mensuel constitue la rémunération des ouvriers du bâtiment pour tous les aspects de l'exercice normal et habituel de leur métier et que par conséquent, aucune prime ou indemnité conventionnelle ne leur est due, en sus du salaire mensuel pour les travaux qu'ils effectuent à ce titre ; selon l'article 4.13 de cette convention s'ajoutent, le cas échéant, au salaire mensuel diverses majorations, primes et indemnités prévues par les conventions collectives régionales applicables aux ouvriers ; il s'en déduit que les primes qui ne rémunèrent pas le travail du salarié, mais qui sont liées à sa présence ou à son ancienneté dans l'entreprise, n'entrent pas dans le calcul du minimum conventionnel.

Après avoir constaté qu'un salarié employé par une société en qualité de soudeur n'avait pas bénéficié de la prime d'atelier pendant les mois de juillet, août et septembre 2009, alors qu'il avait été absent durant une partie de ces mois, une cour d'appel en a exactement déduit que cette prime était liée à la présence du salarié et ne pouvait être prise en compte pour vérifier si le minimum conventionnel avait été respecté.

Cass. soc. 4 février 2015, n° 13-20.879, 2e moyen, BC V n° 20. Voir aussi cass. soc. 27 mai 1997, n° 95-42.674, BC V n° 189.

Prime d'ancienneté.

Cass. soc. 6 mai 2009, n° 07-44.207, précité.

• À défaut de précisions conventionnelles, sont pris en compte les éléments fixes et constants de rémunération qui représentent la contrepartie du travail

Sont ainsi prises en compte les primes versées de façon constante.

Constituent, non pas une libéralité, mais un élément de rémunération permanent et obligatoire devant être pris en compte dans le calcul des minima conventionnels :

– une prime dite de PVA reconduite pendant 18 ans et déterminée en fonction de règles précises d'appréciation de la performance du salarié pouvant faire l'objet de contestation selon une procédure interne ;

– les plans contractuels de commissionnements établis annuellement et trimestriellement pendant 5 ans, et déterminés en fonction des performances de chaque salarié.

Cass. soc. 20 juin 2013, n° 12-15.504, BC V n° 160.

Il en est de même d'une prime de vente fondée sur le résultat du travail…

La réalisation des objectifs impartis au salarié étant directement liée à l'exécution par celui-ci de sa prestation de travail, il en résulte que la prime contractuelle, allouée en fonction de la réalisation de ces objectifs, constitue, pour les mois où elle est versée, un élément de salaire entrant dans le calcul du minimum conventionnel garanti.

Cass. soc. 4 juin 2002, n° 00-41.140, BC V n° 190.

… ou d'une augmentation individuelle fondée sur le mérite…

Lorsque certains salariés d'une entreprise bénéficient, par décision unilatérale de l'employeur, d'une « augmentation individuelle » fixée selon le mérite individuel du salarié, il s'agit d'un élément de rémunération perçu en contrepartie du travail qui doit être pris en compte pour apprécier si le salarié a bénéficié du salaire minimum conventionnel garanti.

Cass. soc. 6 juillet 1994, n° 90-43.431.

… ou d'une prime de treizième mois et de « primes horaires de vol »…

En l'absence de dispositions conventionnelles contraires, toutes les sommes versées en contrepartie du travail entrent dans le calcul de la rémunération à comparer avec le salaire minimum garanti.

Affirmant ne pas avoir perçu le salaire minimum conventionnel et ne pas avoir été payé pour toutes les heures supplémentaires effectuées, un salarié, pilote d'hélicoptère, a saisi la juridiction prud'homale.

Pour condamner l'employeur au paiement d'un rappel de salaire conventionnel et congés payés afférents, une cour d'appel a retenu que les avenants mettant chaque année à jour la grille des salaires, qui fixent le salaire minimum conventionnel en fonction de l'ancienneté, faisaient uniquement référence à l'élément fixe constituant le salaire des pilotes, le salaire de base, ce dont il résultait que, pour vérifier si le salarié avait été régulièrement rempli de ses droits, les autres éléments constitutifs du salaire, à l'exception de la majoration pour ancienneté, ne devaient pas être retenus.

En statuant ainsi, alors que la convention collective nationale du personnel navigant technique des exploitants d'hélicoptères du 13 novembre 1996 n'exclut du calcul de la rémunération à comparer avec le salaire minimum garanti ni le 13e mois ni les primes horaires de vol, lesquels constituent, pour les mois où ils ont effectivement été versés, la contrepartie à la prestation de travail des pilotes, due en sus de leur salaire de base en fonction des heures de vol effectuées, de sorte que ces deux éléments de salaire doivent être pris en compte pour vérifier le respect du minimum conventionnel, la cour d'appel a violé l'article 14 de l'annexe I de la convention collective précitée et l'article 1134 c. civ. dans sa rédaction antérieure à celle issue de l'ordonnance 2016-131 du 10 février 2016.

Cass. soc. 13 mars 2019, n° 17-21.151, 1er moyen, à paraître.

... ou d'une majoration pour diplôme.

Une salariée a saisi la juridiction prud'homale d'une demande en paiement d'un rappel de salaire au titre de la majoration pour diplôme prévue par la convention collective dont relevait son employeur.

Doit être approuvé l'arrêt ayant rejeté la demande de la salariée :

– d'abord, en application des dispositions conventionnelles applicables, la majoration pour diplôme s'ajoute non pas au salaire réel mais au salaire minimum conventionnel, de sorte que c'est à bon droit que la cour d'appel a considéré que la preuve de son paiement résultait du fait que les salaires figurant sur les bulletins de paie étaient plus élevés que les salaires minima conventionnels tenant compte de la majoration pour diplôme ;

– ensuite, la cour a exactement retenu que la majoration pour diplôme, qui n'a pas la nature d'un accessoire du salaire et ne constitue qu'un élément de détermination du salaire minimum conventionnel, n'avait ni en application de l'article R. 3243-1 CT ni en application de la convention applicable, faute d'une stipulation expresse en ce sens, à figurer de manière distincte sur le bulletin de paie.

Cass. soc. 22 juin 2011, n° 09-67.264, BC V n° 162.

Les primes annuelles sont prises en compte le mois où elles sont versées.

Sauf dispositions conventionnelles contraires, les primes payées en cours d'année en contrepartie ou à l'occasion du travail doivent être prises en compte dans la détermination du salaire minimum pour le mois où elles ont été effectivement versées, d'éventuels excédents mensuels ne pouvant se compenser avec les insuffisances constatées pour d'autres mois, lesquelles ouvrent droit au paiement de salaires.

C'est donc à tort que, pour évaluer une créance salariale, un conseil de prud'hommes a énoncé qu'il convenait de raisonner en salaire annuel et non, comme l'avait fait le salarié pour fonder ses prétentions, en ne reprenant mois par mois que les différences négatives et en faisant délibérément abstraction des différences positives ayant pour origine des primes trimestrielles, sans rechercher si la convention collective contenait des dispositions contraires.

Cass. soc. 17 septembre 2003, n° 01-43.029, 2e moyen, BC V n° 235.

Selon l'article 4.21.1 de la convention collective nationale métropolitaine des entreprises de la maintenance, distribution et location de matériels agricoles, de travaux publics, de bâtiment, de manutention, de motoculture de plaisance et activités connexes, dite SDLM, du 23 avril 2012, pour l'application du salaire minimum mensuel conventionnel garanti, il y a lieu de prendre en compte tous les éléments de rémunération quels qu'en soient l'origine, l'objet, les critères d'attribution, l'appellation et la périodicité des versements, sans autres exceptions que celles énoncées à l'article 4.21.2 ; selon l'article 4.21.2 précité, ne sont pas pris en compte dans la définition du salaire minimum mensuel conventionnel garanti les éléments de la rémunération qui ne sont pas la contrepartie directe du travail ainsi que les primes et gratifications dont l'attribution présente un caractère aléatoire ; il en résulte que si le treizième mois fait partie des éléments de rémunération à prendre en compte dans la comparaison avec le salaire minimum conventionnel, en l'absence de disposition conventionnelle contraire, son montant ne doit être pris en compte que pour le mois où il a été effectivement versé.

C'est donc à tort que pour débouter une salariée de sa demande de rappels de salaires au titre des minima conventionnels, congés payés afférents, de dommages-intérêts pour exécution fautive du contrat de travail et remise de bulletins de salaire rectifiés, une cour d'appel a retenu qu'il résultait de l'article 4.21.1 que le treizième mois était un élément de salaire à inclure dans le minimum conventionnel quelle que soit sa périodicité de versement en sorte que sa prise en compte n'était pas limitée au mois au cours duquel il avait été versé.

Cass. soc. 14 novembre 2018, n° 17-22.539, 2e moyen, à paraître.

Les primes instituées par usage doivent être prises en compte dans le calcul du minimum conventionnel.

Les primes à prendre en compte pour l'application du salaire minimum conventionnel garanti ne se limitent pas aux seules primes prévues par le contrat de travail ou un avenant. Les primes de qualité et de quantité instituées par usage doivent donc être prises en compte.

Cass. soc. 4 juin 2002, n° 00-41.140, précité.

La circonstance qu'une prime ait pour objectif le maintien du pouvoir d'achat n'exclut pas qu'elle soit versée en contrepartie du travail.

En l'absence de dispositions conventionnelles contraires, toutes les sommes versées en contrepartie du travail entrent dans le calcul de la rémunération à comparer avec le salaire minimum garanti.

Les salariés d'une société ont saisi la juridiction prud'homale d'une demande de rappel de salaire en invoquant la convention d'entreprise prévoyant « un versement de 22 francs par agent à compter du 1er janvier 1975 en réajustement de l'indice des prix pour l'exercice considéré. Ce versement sera fait au titre de l'amélioration du pouvoir d'achat pour l'année 1974 », et en contestant le fait qu'à partir de janvier 2002 la société avait décidé d'inclure ce « versement uniforme » dans le salaire de base versé.

C'est à tort que, pour condamner l'employeur à payer certaines sommes à titre de rappel de salaire, un conseil de prud'hommes a retenu que le « versement uniforme » avait pour objectif le maintien du pouvoir d'achat des salariés et qu'il était donc sans lien avec le travail proprement dit, alors que la circonstance qu'une prime ait pour objectif le maintien du pouvoir d'achat n'exclut pas qu'elle soit versée en contrepartie du travail.

Cass. soc. 7 avril 2010, n° 07-45.322, BC V n° 89.

Est prise en compte la somme versée chaque mois à un salarié au titre de son détachement temporaire en France par une entreprise étrangère et ne constituant pas un remboursement de frais.

Aux termes de l'article R. 1262-8 CT, transposant en droit interne les dispositions de l'article 3 de la Directive 96/71/CE du 16 décembre 1996 concernant le détachement des travailleurs effectué dans le cadre d'une prestation de services, les allocations propres au détachement sont regardées comme faisant partie du salaire minimal à l'exception des sommes versées à titre de remboursement des dépenses effectivement encourues à cause du détachement ainsi que les dépenses engagées par l'employeur du fait du détachement telles que les dépenses de voyage, de logement ou de nourriture qui en sont exclues et ne peuvent être mises à la charge du salarié détaché.

Cinq salariés d'une société ont été engagés en qualité de manœuvre selon des contrats de travail portugais et détachés en France jusqu'en 2005 ; leur rémunération comprenait le paiement de sommes à titre de salaire de base, de détachement étranger et d'indemnités de repas ; ces salariés, soutenant que les sommes versées au titre du détachement constituaient des remboursements de frais supplémentaires générés par la situation de grand déplacement qui devaient être exclues de la comparaison au regard du minimum conventionnel, ont saisi la juridiction prud'homale pour obtenir le paiement de rappels de salaire.

C'est à bon droit qu'une cour d'appel a rejeté leur demande.

En effet, ayant retenu que les sommes versées chaque mois au titre du détachement étranger ne constituaient pas un remboursement de frais par ailleurs pris en charge par l'employeur, la cour d'appel en a exactement déduit que ces sommes devaient être prises en compte pour les comparer au minimum conventionnel applicable.

Cass. soc. 13 novembre 2014, n° 13-19.095, BC V n° 265.

En revanche, ne doit pas être prise en compte une prime de promotion d'un produit déterminé, …

C'est à bon droit qu'une cour d'appel a décidé qu'une prime destinée à promouvoir un produit déterminé ne devait pas être prise en considération pour le calcul du salaire minimum.

Cass. soc. 30 octobre 1991, n° 87-42.455, BC V n° 452.

… une prime destinée à compenser les fluctuations du rythme de travail,…

Ayant retenu qu'une prime d'équipe, instituée par accord d'entreprise, était destinée à indemniser les salariés des sujétions particulières qu'ils subissaient du fait des changements de rythme de travail de certains services, un conseil de prud'hommes a pu en déduire que la prime d'équipe n'était pas en relation avec le travail effectif et qu'elle devait donc être exclue du salaire, afin de vérifier si les salaires minimum avaient été respectés.

Cass. soc. 24 novembre 2004, n° 02-44.488.

… une prime de pause…

Après avoir constaté que les pauses mises en place dans une société n'étaient pas considérées comme du temps de travail effectif et que les primes de pause étaient payées sans contrepartie d'un travail supplémentaire, un conseil de prud'hommes a pu décider que le paiement des temps de pause ne devait pas être considéré comme un élément de salaire pour le calcul du salaire minimum conventionnel applicable au salarié.

Cass. soc. 2 juillet 2008, n° 06-45.987.

… ou une prime liée à la présence du salarié dans l'entreprise, telle une prime d'ancienneté.

La prime d'ancienneté, qui est liée à la présence du salarié dans l'entreprise, ne doit pas être prise en considération, en l'absence de stipulations particulières, pour le calcul du salaire minimum prévu par la convention collective.

Cass. soc. 24 janvier 2007, n° 05-41.797.

Augmentation

Il appartient au salarié de prouver que l'augmentation conventionnelle lui est applicable.

Doit être cassé l'arrêt qui, pour condamner un employeur à payer un rappel de salaires à un salarié, a retenu que l'employeur n'avait pas prouvé que les accords salariaux n'étaient pas applicables aux cadres, alors qu'il appartenait au salarié d'apporter la preuve que les augmentations conventionnelles prévues étaient applicables aux cadres.

Cass. soc. 29 juin 1995, n° 93-45.927, 2e moyen.

Sauf dispositions contraires de la convention collective, les augmentations du salaire minimum conventionnel sont sans incidence sur le salaire de base réel supérieur à ce minimum.

Doit être cassé l'arrêt qui, pour condamner un employeur au paiement d'un rappel de salaire sur la base des augmentations du salaire minimum conventionnel, a retenu que le salaire initialement fixé résultant d'une décision de l'employeur et correspondait à la contrepartie que ce dernier estimait convenable par rapport aux tâches confiées, sans qu'il y ait lieu de rechercher s'il était ou non, à l'origine, supérieur au minimum conventionnel ; qu'en effet, l'employeur qui attribuait de son plein gré une rémunération supérieure au minimum conventionnel ne pouvait, par la suite, revenir sur cette décision sans modifier un élément essentiel du contrat de travail de son salarié et devait appliquer à ce salaire initialement fixé les augmentations légales ou conventionnelles qui s'appliquaient à sa qualification.

En effet, sauf dispositions contraires de la convention collective, les augmentations du salaire minimum conventionnel sont sans incidence sur le salaire de base réel supérieur à ce minimum.

Cass. soc. 6 avril 2005, n° 02-45.139.

Revalorisation

En cas de demande de rappel de salaire, les juges doivent comparer, pour chaque mois, le salaire versé et le salaire conventionnel.

Pour déterminer le montant du rappel de salaire dû au salarié, les juges du fond doivent comparer, mois par mois, le salaire versé par l'employeur et le salaire minimum mensuel garanti.

La prime de 13e mois ne doit être prise en compte que pour évaluer, pour le mois au cours duquel elle a été perçue, le montant du salaire versé par l'employeur.

Cass. soc. 8 novembre 1994, n° 90-44.817. Voir aussi cass. soc. 7 mai 1991, n° 87-43.242, 1er moyen.

Primes et gratifications ; Recommandation patronale ; SMIC.

Mise à pied conservatoire

Conformément aux dispositions de l'article L. 1332-3 CT, une mise à pied peut être prononcée à titre conservatoire lorsque les agissements du salarié nécessitent son éloignement provisoire de l'entreprise. Cette mesure, prise dans l'attente d'une sanction définitive, ne constitue pas une sanction disciplinaire.

Caractéristiques et mise en œuvre

La mise à pied prononcée par l'employeur dans l'attente de sa décision dans la procédure de licenciement engagée dans le même temps a un caractère conservatoire.

Un salarié a été convoqué le 9 décembre 2003 à un entretien préalable fixé au 12 décembre suivant pour un éventuel licenciement avec mise à pied conservatoire de trois jours ; après vérification de ses explications par l'employeur, il a été licencié le 9 janvier 2004 pour faute grave ; il a saisi la juridiction prud'homale d'une demande de paiement de diverses sommes au titre de la rupture.

C'est à tort que, pour condamner l'employeur au paiement d'un rappel de salaire pour la période de mise à pied et de diverses indemnités au titre du licenciement jugé sans cause réelle et sérieuse, une cour d'appel a énoncé qu'une mise à pied conservatoire est nécessairement à durée indéterminée, quelle que soit la qualification que lui donne l'employeur, et que dès lors, la mise à pied prononcée pour un temps déterminé présente un caractère disciplinaire, si bien que le salarié, licencié pour le même motif que celui retenu pour justifier la mise à pied, a été sanctionné deux fois pour les mêmes faits.

Cass. soc. 18 mars 2009, n° 07-44.185, BC V n° 81.

Après avoir constaté qu'un salarié avait laissé son chien pendant trois heures à l'intérieur de son véhicule stationné sur le parking de l'entreprise et n'avait pas été en mesure de l'empêcher d'attaquer une salariée sur le parking, une cour d'appel, ayant ainsi caractérisé un manquement du salarié à son obligation de ne pas mettre en danger, dans l'enceinte de l'entreprise, d'autres membres du personnel, a pu rejeter l'argumentation selon laquelle ce fait relevait de sa vie privée et décider que le licenciement pour faute grave de l'intéressé était fondé sur une cause réelle et sérieuse.

En outre, la cour a pu retenir que la mesure de mise à pied notifiée le jour de la convocation à l'entretien préalable, à l'issue du congé dont bénéficiait le salarié et dans l'attente de l'issue de la procédure, revêtait un caractère conservatoire.

Cass. soc. 4 octobre 2011, n° 10-18.862, BC V n° 220.

Lorsque les faits reprochés au salarié font l'objet de poursuites pénales, l'employeur peut décider d'une mise à pied conservatoire sans être tenu d'engager simultanément la procédure disciplinaire.

Selon les articles L. 1332-3 et 4 CT, lorsque les faits reprochés au salarié donnent lieu à l'exercice de poursuites pénales, l'employeur peut, sans engager immédiatement une procédure de licenciement, prendre une mesure de mise à pied conservatoire si les faits le justifient.

Une salariée a été engagée par une association, à compter du 1er avril 2003, en qualité de responsable administrative dans le cadre d'un contrat de travail à durée indéterminée puis, à compter du 16 février 2004, en qualité de directrice salariée ; le 24 juin 2008, elle a été interpellée et placée en garde à vue, une enquête préliminaire du chef d'abus de confiance au préjudice de son employeur étant ouverte ; le 10 juillet suivant, celui-ci lui a adressé une mise à pied à titre conservatoire pour la durée de la procédure dirigée à son encontre ; par jugement du 6 octobre 2008, la salariée a été déclarée coupable, notamment, d'abus de confiance et d'usage de faux au préjudice de son employeur ; par lettre du 30 octobre 2008, elle prenait acte de la rupture de son contrat de travail aux torts de l'employeur au motif qu'il ne lui versait plus son salaire depuis trois mois ; par lettre du 24 novembre 2008, l'association lui a notifié son licenciement pour fautes lourdes ; la salariée a saisi la juridiction prud'homale, notamment pour faire juger que sa prise d'acte devait avoir l'effet d'un licenciement sans cause réelle et sérieuse et demander des dommages-intérêts.

Doit être cassé l'arrêt qui, pour dire que la prise d'acte, par la salariée, de la rupture de son contrat de travail produisait les effets d'un licenciement sans cause réelle et sérieuse, retient que l'article L. 1332-4 CT ne permet pas de délivrer une mise à pied conservatoire lors de la découverte de faits fautifs donnant lieu à des poursuites pénales, sans mettre en jeu la procédure disciplinaire.

Cass. soc. 4 décembre 2012, n° 11-27.508, BC V n° 313. Voir aussi cass. soc. 6 octobre 2016, n° 15-15.465.

La mise à pied conservatoire n'est pas une sanction disciplinaire.

Doit être cassé l'arrêt ayant retenu un cumul prohibé de sanctions disciplinaires à l'encontre d'un employeur qui avait adressé à un salarié deux lettres recommandées, l'une lui notifiant une mise à pied immédiate pour une durée indéterminée et l'autre le convoquant à l'entretien préalable à son licenciement, alors qu'il résultait de l'examen des lettres en cause que la mise à pied, prononcée pour une durée indéterminée, constituait une mesure conservatoire et non une sanction disciplinaire.

Cass. soc. 18 juillet 1995, n° 91-45.417.

L'employeur n'a donc pas à respecter la procédure prévue par l'article L. 1332-2 CT pour notifier une mise à pied conservatoire.

La mise à pied conservatoire n'étant pas une mesure disciplinaire, elle n'a pas à être notifiée, conformément aux dispositions de l'article L. 122-41 CT.

Cass. soc. 14 novembre 1991, n° 90-43.163.

Il s'agit d'une mesure facultative pour l'employeur.

L'employeur n'est pas tenu de procéder à une mise à pied conservatoire avant d'engager la procédure de licenciement pour faute grave.

Cass. soc. 9 janvier 1996, n° 94-41.545. Voir aussi cass. soc. 23 octobre 2013, n° 11-13.721.

La mise à pied prononcée dans la lettre de convocation à l'entretien préalable fixant, pour la sanction à intervenir, un terme postérieur à la notification de la lettre de licenciement est une mise à pied conservatoire.

Un salarié a été convoqué à un entretien préalable à un éventuel licenciement pour faute par lettre du 27 octobre 1997 et mis à pied à titre conservatoire « jusqu'à la décision définitive qui découlera de l'entretien, soit au maximum jusqu'au 7 novembre 1997 » ; il a été licencié pour faute grave par lettre du 4 novembre 1997.

C'est à bon droit qu'une cour d'appel a écarté la qualification de mise à pied disciplinaire et a dit que le licenciement était fondé sur une faute grave. En effet, la mise à pied prononcée dans la lettre de convocation à l'entretien préalable fixant pour la sanction à intervenir un terme postérieur à la notification de la lettre de licenciement est une mise à pied conservatoire.

Cass. soc. 30 septembre 2004, n° 02-44.065, BC V n° 241.

De même, l'autorisation d'absence rémunérée, dans l'attente d'une décision définitive, devant suivre un entretien préalable au licenciement constitue une mise à pied conservatoire.

Une salariée a reçu une lettre de convocation à un entretien préalable à un éventuel licenciement ; le même jour, elle a reçu une lettre lui notifiant, dans l'attente d'une décision définitive, une autorisation d'absence rémunérée. Licenciée pour faute grave, elle a saisi la juridiction prud'homale.

Ayant constaté que la lettre autorisant l'absence dans l'attente d'une décision définitive était concomitante à la lettre déclenchant la procédure de licenciement, une cour d'appel a pu en déduire que cette dispense de travail rémunérée constituait une mise à pied conservatoire et débouter la salariée de ses demandes afférentes au licenciement.

Cass. soc. 30 septembre 2004, n° 02-43.638, BC V n° 240.

Présente un caractère conservatoire la mise à pied, prise à l'issue de l'entretien préalable et qualifiée de conservatoire par l'employeur, ayant été notifiée en faisant référence à la procédure de licenciement disciplinaire en cours.

Cass. soc. 4 mars 2015, n° 13-23.228.

Le refus par le salarié d'exécuter une mise à pied conservatoire n'est fautif qu'autant que son comportement antérieur caractérise une faute grave.

Un salarié avait été mis à pied à titre conservatoire en raison de son comportement au cours d'un entretien préalable au prononcé d'une sanction en date du 14 octobre 1996. Il avait été licencié pour faute grave le 24 octobre 1996.

C'est à tort que, pour débouter le salarié de sa demande tendant à la condamnation de l'employeur au paiement de sommes au titre d'un rappel de salaire correspondant à la durée de la mise à pied, d'indemnités de rupture et pour licenciement sans cause réelle et sérieuse, une cour d'appel a retenu que, s'il existait une incertitude quant à l'origine et à l'importance de l'agressivité du salarié au cours de l'entretien du 14 octobre, celui-ci avait, le lendemain, passé outre à la mise à pied conservatoire qui lui avait été notifiée et qu'un tel comportement constituait une faute grave, alors que le refus par le salarié d'exécuter une mise à pied conservatoire n'est fautif et ne peut le priver du paiement du salaire correspondant à la durée de celle-ci qu'autant que son comportement antérieur est de nature à justifier une telle mesure en ce qu'il caractérise une faute grave constitutive d'une cause de licenciement disciplinaire et que la cour n'avait pas vérifié le bien-fondé de la mise à pied conservatoire.

Cass. soc. 3 décembre 2002, n° 00-44.080. Voir aussi cass. soc. 24 juin 2003, n° 01-45.574.

C'est à tort que, pour dire fondé sur une faute grave le licenciement d'un salarié, une cour d'appel a retenu que son refus de se soumettre à la mesure de mise à pied conservatoire ordonnée verbalement par l'employeur, dicté par la volonté de bafouer l'autorité du chef d'entreprise, justifiait à lui seul l'existence d'une faute grave, alors qu'elle avait constaté qu'aucune faute ne pouvait être reprochée au salarié, en sorte que la mise à pied conservatoire, qui n'était pas justifiée, avait été prononcée à tort.

Cass. soc. 12 octobre 2005, n° 03-43.935, BC V n° 284.

Cette mesure doit être prononcée sans ambiguïté : le seul fait pour l'employeur de demander au salarié de rester à son domicile entre la réception de la convocation à l'entretien préalable et cet entretien ne caractérise pas une mise à pied conservatoire.

À défaut d'avoir prononcé une mise à pied conservatoire, l'employeur ne pouvait interdire à un salarié d'exécuter son contrat de travail, en sorte que la venue de celui-ci à son poste de travail ne constituait pas une faute. C'est donc à tort qu'une cour d'appel a retenu que le non-respect par le salarié de la décision de l'employeur, l'invitant à rester à son domicile entre la réception de la convocation à l'entretien préalable et cet entretien, était constitutif d'une faute justifiant son licenciement.

Cass. soc. 31 mars 1998, n° 95-45.639, BC V n° 186.

L'erreur de qualification a des conséquences sur le pouvoir disciplinaire de l'employeur.

Lorsque la mise à pied prononcée par l'employeur ne revêt pas un caractère conservatoire, mais constitue une mise à pied disciplinaire, l'employeur ne peut licencier le salarié pour les mêmes faits, son pouvoir disciplinaire étant épuisé.

Cass. soc. 15 décembre 1993, n° 90-43.514, 1er moyen, BC V n° 314. Voir aussi cass. soc. 16 octobre 2002, n° 00-45.638.

Effets

La mise à pied conservatoire non suivie de la constatation d'une faute grave entraîne le paiement des salaires pour la période pendant laquelle elle est intervenue…

Cass. soc. 2 mai 2000, n° 97-43.895, 2e moyen. Voir aussi cass. soc. 16 mai 2018, n° 17-11.202, 2e branche du 1er moyen du pourvoi principal.

C'est à bon droit qu'une cour d'appel a condamné une société à payer un rappel de salaire afférent à la période de mise à pied d'un salarié, les juges ayant écarté la faute grave.

Cass. soc. 26 novembre 1987, n° 85-40.367, 1re branche du 2e moyen, BC V n° 686. Voir aussi cass. soc. 20 mars 1996, n° 93-40.553, BC V n° 102.

… peu important que le salarié ait été placé postérieurement en arrêt maladie pendant cette même période.

Lorsque l'inexécution par le salarié de sa prestation de travail a pour cause une mise à pied conservatoire, l'employeur qui a pris à tort une telle mesure est tenu de verser au salarié les salaires correspondant à cette période, peu important qu'il ait été placé postérieurement en arrêt maladie pendant cette même période.

Cass. soc. 17 avril 2013, n° 11-27.550, 4e moyen. Voir aussi cass. soc. 18 février 2016, n° 14-22.708.

Mais, une mise à pied à titre conservatoire avec privation du salaire et avant licenciement pour faute grave ne peut pas être requalifiée en mise à pied disciplinaire du seul fait qu'une telle faute est écartée.

Cass. soc. 16 mai 2018, n° 17-11.202, 1re branche du 1er moyen du pourvoi principal.

Si la durée de la mise à pied conservatoire est excessive, le juge peut contraindre l'employeur à payer une partie des salaires retenus.

Licencié pour faute grave, un salarié avait saisi la juridiction prud'homale en référé pour obtenir paiement des salaires pour la période de mise à pied conservatoire.

Après avoir mis en évidence le caractère excessif de la durée de la mise à pied conservatoire, le juge des référés a pu décider que l'obligation de l'employeur de payer une partie des salaires retenus n'était pas sérieusement contestable et le condamner à payer à l'intéressé une somme à titre de provision sur mise à pied conservatoire.

Cass. soc. 25 mars 1998, n° 97-43.241.

L'employeur peut invoquer la faute grave, même s'il a maintenu la rémunération pendant la mise à pied.

Le fait que la rémunération a été versée à la salariée pendant la mise à pied conservatoire n'interdit pas à l'employeur de se prévaloir de la faute grave.

Cass. soc. 16 mars 1994, n° 92-43.151, 3e moyen.

La notification par écrit de la mise à pied conservatoire étant édictée dans le seul intérêt du salarié, l'employeur n'est pas fondé à se prévaloir de la notification tardive de cette mesure.

À la suite d'une altercation dans les locaux de l'entreprise, un salarié avait adressé une lettre de démission. Parallèlement, ce salarié avait été mis à pied, puis licencié pour faute grave, en raison de cette altercation et au motif qu'il aurait annulé un rendez-vous avec un client.

Doit être rejeté le pourvoi de l'employeur qui, pour reprocher à une cour d'appel d'avoir décidé que le licenciement ne reposait pas sur une faute grave, soutenait notamment que la cour d'appel ne pouvait relever que le salarié avait été mis à pied à titre conservatoire pour excuser le fait d'avoir décommandé le rendez-vous litigieux, sans rechercher s'il avait déjà reçu la notification de sa mise à pied lorsqu'il avait décommandé le rendez-vous, alors que la notification par écrit de la mise à pied conservatoire est édictée dans le seul intérêt du salarié et que l'employeur n'est pas fondé à se prévaloir de la notification tardive de cette mesure.

Cass. soc. 6 février 2002, n° 99-46.030.

Le prononcé d'une mise à pied à titre conservatoire n'implique pas nécessairement que le licenciement prononcé ultérieurement présente un caractère disciplinaire.

Cass. soc. 3 février 2010, n° 07-44.491, 2e moyen, BC V n° 32. Voir aussi cass. soc. 15 septembre 2015, n° 13-26.945, 3e branche du moyen.

☞ Faute grave ; Mise à pied disciplinaire ; Représentants du personnel (Mise à pied conservatoire) ; Sanctions disciplinaires (Non-cumul des).

Mise à pied disciplinaire

La mise à pied disciplinaire consiste à suspendre provisoirement le contrat de travail à titre de sanction. Pour la mettre en œuvre, l'employeur doit respecter la procédure disciplinaire.

Caractérisation

Lorsqu'elle n'est pas immédiatement suivie par l'ouverture d'une procédure de licenciement, la mise à pied présente un caractère disciplinaire.

Après avoir relevé qu'un employeur avait notifié à un salarié sa mise à pied et qu'il n'avait engagé la procédure de licenciement que six jours plus tard sans justifier d'aucun motif à ce délai, une cour d'appel a pu en déduire que la mise à pied présentait un caractère disciplinaire nonobstant sa qualification de mise à pied conservatoire et que l'employeur ne pouvait sanctionner une nouvelle fois le salarié pour les mêmes faits en prononçant ultérieurement son licenciement.

Cass. soc. 30 octobre 2013, n° 12-22.962, BC V n° 256. Voir aussi cass. soc. 12 mai 2015, n° 13-28.193 ; cass. soc. 16 janvier 2019, n° 17-15.012, 1er moyen.

Après avoir relevé que la suspension du contrat de travail notifiée par l'employeur à un salarié ayant fait l'objet d'une suspension de permis de conduire dans l'attente de la décision du tribunal correctionnel n'avait pas été suivie immédiatement de l'engagement d'une procédure de licenciement, une cour d'appel a pu décider que cette décision avait le caractère d'une mise à pied disciplinaire.

Cass. soc. 23 mai 2012, n° 11-14.500.

Mise en œuvre

L'employeur doit respecter la procédure disciplinaire.

Une cour d'appel a pu refuser d'annuler la mise à pied disciplinaire prononcée à l'encontre d'un salarié après avoir constaté que l'employeur avait respecté la procédure disciplinaire. L'employeur avait en effet convoqué le salarié à un entretien préalable, fixé au 21 novembre par lettre du 13 novembre, lui précisant l'objet de la convocation, c'est-à-dire l'éventualité d'une sanction. Puis il avait précisé, par courrier du 26 novembre, que la décision de mise à pied était motivée par une mauvaise exécution du travail. Enfin, le salarié avait été mis à pied du 4 au 6 décembre.

Cass. soc. 7 décembre 1995, n° 92-44.278, 1er moyen.

La lettre de mise à pied doit énoncer un grief matériellement vérifiable.

Un chauffeur-routier a été mis à pied pour avoir effectué, à deux reprises, des coupures de 20 minutes au lieu des 45 minutes prévues par le code de la route et le manuel conducteur.

Doit être cassé l'arrêt qui a condamné l'employeur au paiement d'une somme à titre de rappel de salaire, au motif que la lettre de mise à pied ne détaillait ni le temps de conduite ni le nombre des coupures qui avaient été effectivement effectuées par l'intéressé, ce dont il résultait que l'insuffisante précision de la lettre de mise à pied justifiait l'annulation de la sanction et le paiement du salaire correspondant, alors que la lettre de mise à pied énonçait bien un grief précis matériellement vérifiable, dont il lui appartenait d'apprécier le bien-fondé.

Cass. soc. 24 janvier 2006, n° 03-41.985.

Une mise à pied disciplinaire peut être mise en œuvre, même en cas de mise à pied conservatoire.

C'est à tort qu'un salarié a soutenu que l'employeur ne pouvait le convoquer à un entretien préalable à une sanction disciplinaire, après l'avoir mis à pied à titre conservatoire, cette mesure conservatoire ne pouvant être transformée en mesure disciplinaire.

À condition que la sanction soit justifiée, rien n'interdit à un employeur, qui a mis à pied un salarié à titre conservatoire pendant la procédure disciplinaire, de prononcer contre lui une mise à pied disciplinaire couvrant la période de 9 jours de mise à pied conservatoire.

Cass. soc. 29 mars 1995, n° 93-41.963, 2e moyen, BC V n° 111. Voir aussi cass. soc. 1er juillet 1998, n° 96-40.813.

L'employeur peut imposer au salarié une mise à pied fractionnée.

Un employeur ayant, dès son prononcé, fixé, dans une fourchette de 17 jours, les dates d'exécution d'une mise à pied de 4 jours dont la durée n'était pas en soi contestée, une cour d'appel, après avoir retenu que ces modalités d'exécution de la mise à pied étaient sans influence sur le caractère unique de la sanction et n'avaient pas eu pour effet ni pour but d'isoler ou de marginaliser la salariée, a pu rejeter la demande d'annulation de la mise à pied et du rappel de salaire correspondant.

Cass. soc. 12 avril 2012, n° 11-13.768, 1er moyen.

Une mise à pied disciplinaire peut être prononcée en l'absence de faute grave.

Doit être cassé le jugement ayant subordonné la justification d'une mise à pied de cinq jours à la condition que les faits reprochés au salarié présentent le caractère de faute lourde ou grave. En statuant ainsi, le conseil de prud'hommes a ajouté une condition à la loi.

Cass. soc. 2 mars 1993, n° 89-41.612, BC V n° 72.

Une mise à pied prévue par le règlement intérieur n'est licite que si ce règlement précise sa durée maximale…

C'est à tort que, pour refuser d'annuler une mise à pied disciplinaire et décider que l'employeur pouvait, eu égard à la faute commise, prononcer cette sanction, même si le règlement intérieur de la société ne comportait pas de dispositions limitant dans le temps une telle sanction et ne pouvait être utilement invoqué, une cour d'appel a retenu qu'une telle sanction est inhérente au pouvoir disciplinaire de l'employeur, lequel a la faculté, en l'absence de dispositions restrictives d'un règlement intérieur ou d'une convention collective, d'en faire usage sous la seule réserve du contrôle de l'autorité judiciaire.

Cass. soc. 26 octobre 2010, n° 09-42.740, BC V n° 243. Voir aussi cass. soc. 12 décembre 2013, n° 12-22.642, 2e branche du 1er moyen ; cass. soc. 11 décembre 2015, n° 14-19.954, 1er moyen.

… peu important à cet égard que celle-ci soit fixée par la convention collective applicable.

C'est à tort que, pour débouter une salariée de ses demandes en annulation d'une mise à pied disciplinaire prévue par le règlement intérieur, une cour d'appel a retenu que peu importait l'absence de durée de la mise à pied dans le règlement puisque la convention collective applicable au contrat de travail prévoit que la sanction de mise à pied sans traitement peut aller jusqu'à une durée de dix jours ouvrables, que la lettre notifiant cette sanction était suffisamment caractérisée et matériellement vérifiable et que l'employeur justifiait les reproches indiqués dans ce courrier.

Cass. soc. 7 janvier 2015, n° 13-15.630, pourvoi incident.

Contrôle du juge

La mise à pied disciplinaire est soumise à un contrôle de proportionnalité.

Est justifiée la mise à pied de cinq jours d'un salarié surpris endormi alors qu'il était chargé de surveiller un tableau de contrôle. Après avoir constaté que les faits étaient établis et qu'ils étaient fautifs au regard de la mission du salarié, une cour d'appel a pu décider, dans l'exercice du pouvoir qu'elle tient de l'article L. 122-43 CT, que la sanction prononcée n'était pas disproportionnée à la faute commise.

Cass. soc. 8 juillet 1992, n° 88-45.096, BC V n° 448.

Après avoir relevé que la lettre prononçant la sanction était motivée, une cour d'appel, qui a constaté que le salarié n'avait pas utilisé, en dépit d'une interdiction formelle, l'accès obligatoire réservé par l'entreprise utilisatrice au personnel des entreprises sous-traitantes, a pu décider que le salarié avait commis une faute et que la sanction, qui n'était pas discriminatoire, était justifiée.

Cass. soc. 23 juin 1999, n° 97-41.121, BC V n° 301.

L'employeur peut, en application de l'article L. 120-2 CT, apporter aux libertés individuelles et collectives des salariés des restrictions justifiées par la nature de la tâche à accomplir et proportionnées au but recherché.

La note de service d'une société, faisant suite aux attentats de l'été 1995 et à diverses alertes à la bombe, informait le personnel que les agents de sécurité contrôleraient les entrées et demanderaient l'ouverture des sacs ; un délégué syndical, qui avait forcé le passage pour entrer dans la société après avoir refusé d'ouvrir sa sacoche, avait fait l'objet d'une mise à pied disciplinaire.

Doit être rejeté le pourvoi reprochant à une cour d'appel d'avoir débouté le délégué de sa demande d'annulation de la sanction disciplinaire, de rappel de salaire et de dommages-intérêts pour sanction abusive.

En effet, après avoir rappelé qu'une série d'attentats avait eu lieu durant l'été 1995, la cour a pu décider que la société, qui avait été concernée par des alertes à la bombe, avait valablement exigé, après consultation du comité d'entreprise et du

CHSCT, l'ouverture, à titre temporaire, des sacs devant les agents de sécurité, cette mesure, justifiée par des circonstances exceptionnelles et des exigences de sécurité, étant proportionnée au but recherché puisqu'elle excluait la fouille des sacs.

Dès lors, la cour, qui a relevé que la sanction prise contre le délégué avait été motivée par son seul refus de présenter son sac, en dehors de toute activité syndicale, a exactement décidé que le comportement de ce salarié était fautif et a estimé, dans le cadre du pouvoir qu'elle tient de l'article L. 122-43 CT, que la sanction était proportionnée à la faute commise.

Cass. soc. 3 avril 2001, n° 98-45.818, BC V n° 115.

Lorsqu'une mise à pied n'est pas appliquée plus de vingt mois après sa notification, sans que l'employeur n'ait rapporté ni fourni une quelconque justification de ce délai d'attente, le juge peut considérer que l'employeur a renoncé à la sanction.

Cass. soc. 10 juillet 2002, n° 00-40.917.

Incidence sur la rémunération

La réduction d'une prime, prévue pour toutes les absences, et notamment en cas d'absence pour mise à pied, ne constitue pas une sanction pécuniaire.

Une cour d'appel a pu décider que l'absence liée à une mise à pied pouvait donner lieu à la réduction de la prime destinée à favoriser la régularité et la continuité de présence du personnel, l'abattement pratiqué sur la prime, conséquence directe de l'absence du salarié, quelle qu'en soit la cause, ne constituant pas une sanction pécuniaire.

Cass. soc. 19 juillet 1994, n° 90-43.785, BC V n° 241.

Incidence de la maladie

L'absence du salarié pour maladie, le jour où doit commencer une mise à pied disciplinaire prononcée antérieurement, ne permet pas à l'employeur d'en différer l'exécution, sauf fraude du salarié.

Un salarié, ayant fait l'objet d'une mise à pied disciplinaire, s'est trouvé en arrêt de travail pour maladie le jour où la sanction devait prendre effet.

Doit être cassé l'arrêt qui, pour rejeter la demande du salarié tendant à l'annulation, avec rappel de salaire correspondant, de la mise à pied prononcée contre lui après son retour d'arrêt maladie, énonce que la décision d'exclusion temporaire ainsi prise par l'employeur constituait non une seconde sanction, mais seulement l'exécution de la mise à pied décidée avant l'arrêt de travail, mesure dont le salarié ne demandait pas l'annulation, alors que la circonstance que le salarié soit en arrêt de travail pour maladie le jour où doit commencer une mise à pied disciplinaire décidée antérieurement par l'employeur ne peut permettre à ce dernier d'en différer l'exécution, sauf fraude du salarié.

Cass. soc. 21 octobre 2003, n° 01-44.169, BC V n° 256.

Mise à pied d'un représentant du personnel

La mise à pied disciplinaire n'a pas pour effet de suspendre l'exécution du mandat.

En l'absence de refus par le salarié d'une mise à pied disciplinaire, laquelle n'a pas pour effet de suspendre l'exécution du mandat de représentant du personnel, l'employeur n'est pas tenu de mettre en œuvre la procédure prévue par l'article L. 425-1 CT.

Ayant constaté qu'un salarié, qui n'avait pas refusé la mise à pied, s'était borné à demander au juge d'annuler cette sanction comme non justifiée, une cour d'appel a exactement décidé que l'employeur n'avait pas à engager la procédure de licenciement en demandant l'autorisation de l'inspecteur du travail.

Cass. soc. 23 juin 1999, n° 97-41.121, précité. Voir aussi cass. soc. 2 mars 2004, n° 02-16.554, BC V n° 71, précisant que quelle que soit sa nature, conservatoire ou disciplinaire, la mise à pied ne suspend pas l'exécution du mandat.

☛ *Mise à pied conservatoire ; Procédure disciplinaire (Entretien préalable) ; Sanctions disciplinaires (Non-cumul des) ; Sanctions pécuniaires (Notion).*

Modification du contrat et des conditions de travail

L'employeur peut souhaiter modifier les conditions d'emploi d'un salarié. Les modalités de mise en œuvre de cette décision sont différentes selon qu'elle a pour conséquence une modification du contrat de travail de l'intéressé ou un simple changement de ses conditions de travail.

Ainsi, l'employeur qui propose une modification du contrat doit obtenir l'accord du salarié et, en cas de refus de ce dernier, il lui appartient soit de renoncer à la modification envisagée, soit de procéder au licenciement du salarié.

En revanche, le changement des conditions de travail relève du pouvoir de direction et ne nécessite pas l'accord du salarié. Son refus de poursuivre son contrat aux nouvelles conditions constitue donc un manquement à ses obligations, que l'employeur peut sanctionner.

Modification du contrat de travail

• Licéité de la modification

La rémunération du salarié ne peut pas être inférieure au salaire minimum légal ou au salaire minimum conventionnel, si ce dernier est plus favorable. En outre, la modification du contrat de travail ne peut pas avoir pour effet de ramener la rémunération au-dessous de ces minima et le licenciement prononcé à la suite du refus par le salarié de cette modification illicite est fautif.

Une société, confrontée à des difficultés économiques, avait proposé au personnel une réduction de la rémunération et avait licencié pour motif économique les salariés ayant refusé cette modification.

C'est à tort que, pour débouter un salarié de sa demande de dommages-intérêts pour licenciement sans cause réelle et sérieuse, une cour d'appel a retenu que la rémunération modifiée, qui comportait, outre le salaire de base, une prime d'assiduité et une prime d'activité, demeurait au moins égale au minimum obligatoire alors que, selon la convention collective applicable, la rémunération des ouvriers incluait seulement les primes relatives aux prestations qu'ils effectuaient et que les primes ne rémunérant pas le travail, mais liées à la présence ou à l'ancienneté du salarié dans l'entreprise, n'entraient pas dans le calcul du minimum conventionnel.

En tenant compte, pour l'appréciation de ces minima, de la prime d'assiduité liée à la présence du salarié dans l'entreprise et de la prime d'activité dont elle n'avait pas précisé l'objet, la cour d'appel a violé les articles L. 122-14-4 et L. 135-1 et 2 CT, ainsi que les dispositions conventionnelles.

Cass. soc. 27 mai 1997, n° 95-42.674, BC V n° 189.

• Proposition de modification du contrat

C'est à tort qu'une cour d'appel a décidé que la rupture d'un contrat était imputable à l'employeur, alors que ce dernier n'avait fait que proposer des modifications du contrat de travail à un salarié sans les lui imposer et que le salarié ne s'était pas représenté dans l'entreprise après son arrêt de travail pour maladie, sans que l'employeur ne prenne l'initiative de rompre le contrat.

Cass. soc. 21 mars 2000, n° 97-44.122.

En formulant une demande de mutation devant recueillir l'accord des salariés, l'employeur reconnaît qu'elle a pour objet une modification du contrat de travail.

Cass. soc. 18 décembre 2001, n° 99-45.391.

Le transfert du salarié d'une société à une autre constitue une modification du contrat de travail qui ne peut intervenir sans son accord, peu important que ces sociétés aient à leur tête le même dirigeant.

C'est à tort que, pour décider que le licenciement d'une salariée était fondé sur une cause réelle et sérieuse, une cour d'appel a énoncé que le refus de l'intéressée d'exécuter un travail commun à deux entreprises qui faisaient partie d'un même groupe, et dont l'objet et la direction étaient identiques, ne reposait sur aucun élément légitime, dès lors que les deux sociétés, exerçant dans les mêmes locaux et sous la même direction, traitaient et organisaient une activité commune de fourniture et fabrication de produits et de gestion d'appareils de boissons et sandwiches, chacune des sociétés facturant à l'autre ses prestations de services, y compris la gestion informatique, et qu'il ne s'agissait que d'une réorganisation interne entre elles, sans la moindre incidence quant à la rémunération de la salariée et sans modification de ses tâches.

En effet, elle avait constaté que l'employeur avait proposé à la salariée sa mutation dans une société distincte de celle où elle était employée, et non une simple mise à disposition sans rupture avec le premier employeur, ce dont il résultait que le licenciement prononcé à la suite du refus de la salariée de cette modification était dépourvu de cause réelle et sérieuse.

Cass. soc. 5 mai 2004, n° 02-42.580, BC V n° 120.

En revanche, la mise à disposition d'un salarié n'entraîne pas, en soi, une modification du contrat de travail.

Un salarié, dont le contrat de travail comportait la clause de mobilité suivante : « compte tenu de la nature de l'activité de l'entreprise nécessitant la mobilité de l'emploi, vous vous engagez à accepter toute affectation pouvant entraîner un changement de résidence en France », a été licencié au motif de son « refus de prise en charge d'une mission de conduite de travaux dans le cadre d'une proposition d'affectation avec déplacement conformément aux usages de la profession et aux dispositions nous liant ». Il a saisi la juridiction prud'homale d'une demande de paiement d'indemnité pour licenciement sans cause réelle et sérieuse.

C'est à tort que, pour dire le licenciement sans cause réelle et sérieuse, une cour d'appel a énoncé que la clause de mobilité litigieuse signifiait que le salarié devait accepter une mobilité au sein de son entreprise, mais que, d'interprétation stricte, elle ne recelait aucune mention relative à une mobilité consécutive à une convention passée par l'employeur avec une autre entreprise qui amènerait le salarié à se déplacer au gré des besoins d'une entreprise distincte de celle qui l'avait embauché, qu'en l'absence de toute précision relative à une quelconque extension de la clause de mobilité hors de l'entreprise elle-même, cette dernière ne pouvait exiger du salarié qu'il exerce son activité pour le compte d'une autre société, quand bien même elle avait passé une convention avec ladite société, sans provoquer une modification du contrat de travail de son salarié que celui-ci était en droit de refuser, sans rechercher d'une part, si le salarié continuerait à dépendre de son employeur et si, d'autre part, sa qualification, sa rémunération ou sa durée du travail se trouvaient modifiées par sa mise à disposition.

Cass. soc. 15 mars 2005, n° 03-41.371, BC V n° 88.

L'insertion d'une clause d'exclusivité dans le contrat de travail, même assortie d'une promotion professionnelle, constitue une modification de ce contrat qui nécessite l'accord du salarié.

Le refus d'un salarié d'accepter une modification de son contrat de travail n'est pas fautif. Un cuisinier a été licencié pour faute grave après avoir refusé la proposition qui lui était faite d'accéder au poste de chef gérant de la restauration, avec une augmentation de salaire, le statut d'agent de maîtrise, le nombre de jours de RTT correspondant et six semaines de congés payés, mais avec une clause lui interdisant d'exercer une activité de restauration à l'extérieur de l'établissement. Il a saisi la juridiction prud'homale de différentes demandes afférentes à la rupture de son contrat de travail.

Doit être cassé l'arrêt qui, pour débouter l'intéressé de ses demandes, a retenu que la mention relative à l'obligation d'exclusivité découlant de son emploi à plein temps n'apparaissait pas de nature à limiter sa liberté de travail, alors que la proposition de l'employeur ajoutait au contrat de travail une clause d'exclusivité, ce qui caractérisait la modification du contrat de travail.

Cass. soc. 7 juin 2005, n° 03-42.080, BC V n° 189.

La mise à disposition d'un véhicule de fonction à un salarié qui effectuait, en vertu de son contrat de travail, ses déplacements professionnels avec son véhicule moyennant le remboursement de frais, constitue une modification du contrat requérant l'accord de l'intéressé.

Un salarié engagé en tant que directeur commercial, dont le contrat de travail prévoyait qu'il effectuerait ses déplacements professionnels avec son véhicule moyennant le remboursement de ses frais de déplacement, avait été informé par son employeur de sa décision de mettre à sa disposition un véhicule de fonction ; l'intéressé avait refusé en considérant qu'il s'agissait d'une modification de son contrat de travail.

C'est à bon droit qu'une cour d'appel a dit que le salarié avait fait l'objet d'un licenciement sans cause réelle et sérieuse, après avoir relevé que la clause litigieuse constituait un élément du contrat de travail qui ne pouvait être modifié sans l'accord du salarié.

Cass. soc. 15 février 2006, n° 04-44.736.

La modification des fonctions d'un salarié appelé à remplacer un collègue absent, même temporaire, constitue une modification du contrat et le salarié est en droit de refuser une nouvelle modification le replaçant dans la situation antérieure.

Une salariée a été engagée en qualité de caissière-gondolière, au coefficient 150, en vertu d'un contrat de travail à durée indéterminée à temps partiel ; un avenant à son contrat de travail l'a chargée d'assurer la fonction d'adjointe à la chef de caisse à temps complet et au coefficient 190 pendant l'absence d'une salariée en congé de maternité, puis en congé parental. Son employeur l'a informée par écrit du retour de la salariée absente et lui a indiqué que « les clauses de l'avenant se trouvant ainsi remplies », elle reprendrait son poste habituel au même horaire hebdomadaire de 22 heures et au coefficient 150. Estimant que cette lettre constituait une modification de son contrat de travail, la salariée a saisi la juridiction prud'homale pour avoir paiement d'indemnités de préavis, de licenciement, pour non-respect de la procédure de licenciement, ainsi que de dommages-intérêts pour licenciement abusif.

C'est à bon droit qu'une cour d'appel a accueilli ses demandes. En effet, l'avenant devant s'analyser comme une modification du contrat de travail de la salariée, celle-ci était en droit de refuser une nouvelle modification la replaçant dans la situation antérieure à cet avenant.

Cass. soc. 11 janvier 2006, n° 03-46.698, BC V n° 5.

Le refus de nommer un directeur salarié, directeur général de société anonyme, comme promis lors de son embauche, ne constitue pas une modification du contrat de travail, la fonction refusée correspondant, non au contrat de travail, mais à un mandat social.

Un salarié, engagé par une société anonyme, a dénoncé, d'une part, le refus de son employeur de le faire nommer directeur général, concomitamment à son emploi de directeur salarié, refus constitutif, selon lui, d'une modification des termes du contrat convenu dès l'embauche et, d'autre part, l'absence de prise en compte de sa date réelle d'arrivée dans la société. Il a imputé la rupture des relations de travail à son employeur. Licencié pour abandon de poste, il a saisi la juridiction prud'homale de différentes demandes.

C'est à bon droit qu'une cour d'appel a décidé que le refus de la société de le désigner en qualité de directeur général, concomitamment à son engagement en qualité de directeur salarié, ne constituait pas une modification [substantielle] de son contrat de travail. En effet, le mandat de directeur général d'une société anonyme étant à la disposition de son conseil d'administration sur proposition de son président, les circonstances qui entourent cette désignation ne sauraient constituer une modification du contrat de travail du salarié auquel ledit mandat, distinct de son contrat de travail, aurait été refusé.

Cass. soc. 28 septembre 2005, n° 03-46.070, BC V n° 272.

• Acceptation de la modification

L'accord du salarié doit être préalable à toute modification de son contrat.

La modification du contrat de travail par l'employeur, pour quelque cause que ce soit, nécessite l'accord du salarié.

Une société, connaissant des difficultés économiques, avait proposé à son personnel une mesure de prélèvement exceptionnel sur les salaires pour une période de neuf mois et s'était engagée à rembourser les retenues sur les bénéfices en fin d'exercice.

Après avoir constaté que l'employeur avait commencé à procéder aux retenues le jour même de l'information des salariés et sans que ceux-ci aient donné leur accord, un conseil de prud'hommes a pu ordonner le remboursement des prélèvements opérés sur les salaires et le pourvoi de l'employeur, invoquant la possibilité de faire rétroagir l'accord qui avait été donné ultérieurement par les salariés à la modification de leur contrat de travail ou, au moins, la reconnaissance de la validité des prélèvements effectués postérieurement à l'acceptation des salariés, doit être rejeté.

Cass. soc. 31 octobre 2000, n° 98-44.988, BC V n° 354.

La rémunération d'une VRP était constituée par un salaire fixe et une commission de 2,5 % sur le chiffre d'affaires facturé, ce taux étant diminué de moitié en cas d'effort commercial consenti par la direction sur les prix pratiqués en dehors des colonnes du tarif. L'employeur, invoquant une hausse exceptionnelle du coût des matières premières, avait décidé que le montant des commissions serait désormais calculé au prorata des marges. La salariée ayant refusé et notifié la rupture de son contrat de travail aux torts de l'employeur, celui-ci l'a licenciée pour abandon de poste constitutif d'une faute grave.

Doit être cassé l'arrêt qui, pour déclarer le licenciement justifié par une faute grave, a énoncé que la diminution des commissions avait été acceptée par la salariée dans la lettre d'engagement, alors que le paiement de la partie variable de la rémunération constitue un élément du contrat de travail qui ne peut être modifié sans l'accord du salarié et qu'en l'espèce, la cour d'appel avait constaté que l'employeur avait réduit le taux des commissions en déterminant unilatéralement leur montant par référence aux marges, ce qui ne correspondait pas au critère de diminution de la rémunération variable prévu par la lettre d'engagement.

Cass. soc. 8 janvier 2002, n° 99-44.467, BC V n° 3.

Sauf disposition légale contraire, une convention collective ne peut permettre à un employeur de procéder à la modification du contrat de travail sans recueillir l'accord exprès du salarié.

Un salarié a été engagé le 31 mai 2007 par un club de football par contrat à durée déterminée en qualité de joueur professionnel pour trois saisons successives ; le 21 juin 2009, le club l'ayant informé que du fait de sa relégation en ligue 2, sa rémunération contractuelle ne pouvait pas être maintenue, le joueur a saisi la juridiction prud'homale afin d'obtenir un rappel de salaire et de congés payés.

Pour débouter l'intéressé de sa demande, une cour d'appel a retenu qu'aux termes de l'article 761 de la charte de football professionnel - laquelle a valeur de convention collective sectorielle -, en cas de relégation en division inférieure, les clubs ont la faculté de diminuer la rémunération de leurs joueurs de 20 % et qu'au-delà de ce pourcentage, les clubs peuvent proposer individuellement à leurs joueurs par écrit avant le 30 juin avec copie à la ligue du football professionnel (LFP) une diminution de la rémunération, la réponse du joueur devant intervenir dans un délai de 8 jours de la réception de la proposition écrite, que l'absence de réponse écrite du joueur dans ce délai vaut acceptation de la diminution proposée par le club, qu'en l'espèce, un courrier recommandé du club daté du 24 juin 2009 avait été présenté à son destinataire le 29 juin 2009, lequel n'avait contesté la baisse de sa rémunération que plus d'une année plus tard, le 21 juin 2010, auprès de la LFP, soit manifestement hors délai et que l'absence d'envoi d'une copie de la proposition de réduction de salaire à la LFP n'était pas de nature à entacher la validité de la décision du club.

En statuant ainsi, sans constater que le joueur avait donné son accord exprès à la réduction de rémunération décidée par le club de football, la cour d'appel a violé l'article 1134 c. civ. et l'article 761 de la charte du football professionnel.

Cass. soc. 10 février 2016, n° 14-26.147, BC V n° 25. Voir aussi cass. soc. 14 septembre 2016, n° 15-21.794, 2e moyen, BC V n° 167.

L'acceptation de la modification du contrat de travail par le salarié doit être claire et non équivoque.

L'acceptation, par un salarié, d'une modification de son contrat de travail devant être claire et non équivoque, une cour d'appel qui a constaté qu'une telle acceptation ne ressortait ni de la note adressée au personnel sur les modifications apportées aux fonctions et à la rémunération d'un salarié, ni des termes du rapport de gérance adopté par l'assemblée générale dont il faisait partie, ni de la décision prise par la même assemblée de lui retirer des délégations de signature a exactement décidé que la seule exécution, par l'intéressé, du contrat de travail modifié ne pouvait établir cette acceptation.

Cass. soc. 5 janvier 2005, n° 02-46.046.

L'acceptation par le salarié ne peut pas résulter de la seule poursuite du travail…

Un agent de fabrication qui avait, pendant six ans, exercé, en sa qualité d'agent de maîtrise, des fonctions d'encadrement des salariés de l'atelier de fabrication avait été muté au bureau d'études. Il avait saisi la juridiction prud'homale pour demander le rétablissement dans ses droits et le versement de dommages-intérêts pour préjudice moral.

Doit être rejeté le pourvoi de la société reprochant à une cour d'appel de l'avoir condamnée à payer à l'intéressé des dommages-intérêts pour préjudice moral.

D'une part, la cour d'appel, qui a relevé que l'employeur avait muté unilatéralement et définitivement le salarié de l'atelier de fabrication au bureau d'études et transformé ses fonctions de commandement et d'encadrement en fonctions purement techniques, a pu estimer que l'employeur avait procédé à une modification d'un élément essentiel du contrat de travail tel qu'il avait été conclu.

D'autre part, l'acceptation par le salarié de la modification de son contrat de travail ne pouvait résulter de la seule poursuite par lui du travail.

Enfin, la modification, même si elle avait un motif légitime, ne pouvait être imposée au salarié et l'employeur devait prendre l'initiative d'un licenciement.

Cass. soc. 29 janvier 1997, n° 94-40.025, BC V n° 38. Voir aussi cass. soc. 19 mars 2003, n° 01-42.118 ; cass. soc. 9 novembre 2011, n° 09-73.040.

… ni du fait que le salarié ait précédemment accepté d'autres modifications.

Cass. soc. 7 mars 2000, n° 98-40.214.

La signature par un salarié du relevé d'horaires ne caractérise pas sa volonté claire et non équivoque d'accepter une modification de son contrat de travail.

Doit être cassé l'arrêt qui, pour débouter une salariée de sa demande de rappel de salaire et congés payés y afférents, a énoncé que l'intéressée avait accepté la modification de l'horaire de travail en apposant chaque mois sa signature sur le relevé des horaires tenu par l'employeur au jour le jour. L'acceptation par le salarié de la modification du contrat concernant la durée du travail ne peut résulter que d'une manifestation claire et non équivoque de volonté, ce que ne caractérise pas la seule apposition d'une signature sur un relevé d'horaires établi par l'employeur.

Cass. soc. 16 février 1999, n° 96-45.594, BC V n° 72.

• Refus de la modification

En cas de refus du salarié, l'employeur doit soit renoncer à la modification, soit engager la procédure de licenciement.

Un employeur avait notifié à un salarié la modification de son contrat de travail et le retrait de toute fonction d'autorité et de responsabilité, et avait confirmé cette mesure par une lettre ultérieure.

Le salarié ayant fait savoir qu'il refusait cette modification et ne reprendrait plus son travail, l'employeur avait pris acte de son refus et l'avait mis en demeure de reprendre son ancien poste. Devant le refus réitéré du salarié, l'employeur l'avait licencié pour faute grave caractérisée par le refus de reprendre son travail après deux mises en demeure.

C'est à tort que, pour débouter le salarié de ses demandes d'indemnités de rupture, une cour d'appel a retenu que, confronté au refus du salarié, l'employeur avait le choix soit de procéder à son licenciement, soit de renoncer à la modification notifiée et que, l'employeur ayant choisi cette dernière mesure, le salarié ne pouvait quitter l'entreprise, sauf à se voir reprocher ce comportement comme une faute de nature à entraîner la rupture du contrat de travail. En effet, l'employeur ne peut imposer au salarié une modification de son contrat de travail ; il peut seulement lui proposer une modification et, si le salarié refuse, il a le choix soit de renoncer à la modification envisagée, soit d'engager la procédure de licenciement ; en l'espèce, le salarié, qui s'était vu notifier d'office une modification de son contrat de travail, pouvait se considérer comme licencié et n'était pas obligé d'accepter la proposition de l'employeur de revenir sur cette rupture acquise et de reprendre son emploi.

Cass. soc. 5 mars 1997, n° 95-42.365, BC V n° 95. Voir aussi cass. soc. 26 juin 2001, n° 99-42.489, BC V n° 229 ; cass. soc. 24 mars 2010, n° 08-43.174.

Il ne peut pas, sans l'avoir rétabli dans son emploi, se prévaloir d'un comportement fautif postérieur à son refus pour procéder à un licenciement disciplinaire.

Lorsqu'un salarié refuse la modification de son contrat de travail, l'employeur doit soit le rétablir dans son emploi, soit tirer les conséquences du refus en engageant la procédure de licenciement ; il ne peut, sans l'avoir rétabli dans son emploi, se prévaloir d'un comportement fautif postérieur au refus pour procéder à un licenciement disciplinaire.

Un salarié s'est vu proposer par son employeur un avenant à son contrat de travail ; estimant qu'il s'agissait d'une rétrogradation, il a refusé le 27 mai 1991, demandant à son employeur de mettre en œuvre la procédure de licenciement ; l'employeur a fixé sa période de congés à compter du 27 mai et lui a refusé l'accès à son ordinateur et à son bureau. Licencié pour faute lourde au motif suivant : « utilisation de la période de congés pour travailler dans une société concurrente, en violation de l'obligation de fidélité et de confidentialité à l'égard de la société », le salarié a saisi la juridiction prud'homale de différentes demandes afférentes à la rupture du contrat de travail.

N'a pas tiré les conséquences légales de ses constatations la cour d'appel qui, pour débouter le salarié de ses demandes, a énoncé, d'une part, que le courrier du salarié du 27 mai 1991 ne pouvait en lui-même mettre fin au contrat de travail et, d'autre part, que le salarié était entré au service d'une société concurrente le 11 juin suivant, que cette embauche et le démarchage des clients de l'ancien employeur pour le nouvel employeur, alors même que le salarié se trouvait en congés payés, étaient constitutifs d'une faute lourde, alors qu'elle avait constaté qu'après le refus par le salarié de la modification de ses fonctions, l'employeur avait maintenu sa décision et enjoint au salarié de prendre ses congés payés.

Cass. soc. 13 juillet 2004, n° 02-43.015, BC V n° 206.

Par conséquent, le salarié a droit, jusqu'au licenciement, au maintien des conditions de travail antérieures.

Lorsqu'un salarié refuse la modification de son contrat de travail, l'employeur doit soit le rétablir dans son emploi, soit tirer les conséquences du refus en engageant la procédure de licenciement. Il en résulte que, jusqu'au licenciement, le salarié a droit au maintien de son salaire.

Cass. soc. 26 novembre 2002, n° 00-44.517, BC V n° 353. Voir aussi cass. soc. 24 mars 2010, n° 08-43.174, précité.

Le refus du salarié d'accepter une modification de son contrat de travail ne constitue pas, à lui seul, un motif de licenciement.

L'insertion d'une clause de non-concurrence dans un contrat de travail n'en comportant pas constitue une modification de ce contrat, dont le refus par le salarié ne peut légalement constituer une cause de licenciement.

Cass. soc. 7 juillet 1998, n° 96-40.256, BC V n° 367.

L'employeur ne peut imposer à un salarié, sans son accord, la modification de son contrat de travail. La rupture du contrat de travail, résultant du refus du salarié d'accepter une modification de son contrat, s'analyse en un licenciement et le seul refus du salarié ne constitue pas un motif de licenciement.

Une salariée, employée par une mutuelle en qualité de médecin-psychiatre, avait été licenciée pour avoir refusé de signer l'avenant à son contrat de travail qui lui avait été proposé à la suite de l'adoption d'un protocole d'accord avec les organisations syndicales, rendant applicable aux médecins la convention collective hospitalière de la mutuelle.

Doit être cassé l'arrêt qui, pour rejeter la demande de la salariée en paiement d'une indemnité pour licenciement sans cause réelle et sérieuse, a énoncé que le préavis est édicté dans l'intérêt de l'une et l'autre des parties au contrat de travail et que la modification de sa durée, résultant de l'application de la convention collective hospitalière de la mutuelle, ne constituait pas une modification essentielle du contrat de travail, dès lors que les dispositions relatives au préavis concernent un droit virtuel, non lié aux conditions d'exécution du travail, et que la salariée ne démontrait pas que cette disposition ait été déterminante pour elle lors de la conclusion du contrat, de sorte que l'employeur n'avait pas procédé à une modification du contrat, alors que la durée du préavis étant fixée par le contrat de travail, sa réduction résultant de l'application des dispositions de l'avenant au contrat de travail constituait une modification du contrat et alors que le refus de la salariée d'accepter cette modification ne caractérisait pas, à lui seul, un motif de licenciement.

Cass. soc. 15 juillet 1998, n° 97-43.985, BC V n° 381.

En demandant à des salariés, qui travaillaient pendant quatre jours de la semaine, de travailler un jour supplémentaire, un employeur a entendu modifier leur contrat de travail.

C'est à tort que, pour décider que le licenciement des salariés qui avaient refusé cette modification de leur contrat de travail avait une cause réelle et sérieuse, une cour d'appel a, après avoir écarté l'existence d'une faute grave, retenu que la décision de l'employeur d'exiger un travail pendant cinq jours était justifiée par la cohérence du travail en équipe, alors que, motivé par une faute grave consistant dans le fait d'avoir refusé d'exécuter un ordre, le licenciement présentait un caractère disciplinaire et ne pouvait être justifié que par une faute des salariés et alors que le refus d'une modification du contrat de travail ne peut constituer une faute.

Cass. soc. 23 janvier 2001, n° 98-44.843, BC V n° 19.
Voir aussi cass. soc. 28 janvier 2004, n° 02-40.389.

Une modification du contrat de travail, prononcée à titre de sanction disciplinaire, ne peut être imposée au salarié et, en conséquence, son refus d'accepter cette modification, qui n'est pas fautif, ne peut constituer une cause réelle et sérieuse de licenciement.

Ayant constaté que le licenciement était uniquement motivé par le refus d'un salarié de se soumettre à une sanction disciplinaire entraînant une modification de son contrat de travail, une cour d'appel, qui s'en est tenue aux termes du litige fixés par la lettre de rupture, a exactement décidé que le licenciement était dépourvu de cause réelle et sérieuse.

Cass. soc. 3 février 2004, n° 01-46.206.

Le seul refus d'un salarié d'accepter une modification de son contrat de travail ne constitue pas en soi une cause réelle et sérieuse de licenciement.

Est dépourvu de base légale l'arrêt d'une cour d'appel qui, après avoir énoncé à bon droit que le salarié était en droit de refuser la modification de son contrat de travail, a décidé néanmoins que son licenciement avait une cause réelle et sérieuse. En effet, il appartenait aux juges du fond de rechercher si la nécessité pour l'employeur de procéder à la modification du contrat du salarié était justifiée.

Cass. soc. 28 janvier 2005, n° 03-40.639, 1er moyen du pourvoi principal, BC V n° 35.

Courant 2006, une société a souhaité faire évoluer les fonctions et les attributions d'un salarié qui s'y est refusé au motif qu'il s'agissait d'une rétrogradation ; par lettre du 29 septembre 2006, l'employeur a mis le salarié en demeure d'accepter ses nouvelles conditions de travail ; à la suite de son refus, l'employeur a, le 20 octobre 2006, procédé à son licenciement pour faute grave ; contestant cette mesure, le salarié a saisi la juridiction prud'homale de diverses demandes.

Tout d'abord, après avoir constaté que, d'une part, le salarié s'était vu retirer notamment toute responsabilité au niveau de la planification et de l'organisation des ressources humaines et matérielles, avait cessé d'avoir les fonctions d'encadrement qu'il assurait depuis de nombreuses années et s'était heurté à l'interdiction d'accéder à l'atelier et, d'autre part, que la planification des ressources matérielles, le suivi de la fabrication, la formation du personnel de production et la maintenance générale avaient été confiées à un autre salarié, une cour d'appel a pu en déduire qu'une telle diminution des responsabilités et des prérogatives du salarié constituait une modification du contrat de travail.

Ensuite, recherchant la véritable cause du licenciement, la cour d'appel a retenu que le salarié n'avait pas été licencié à cause de son comportement mais en raison de son refus d'accepter la modification du contrat de travail.

Enfin, après avoir examiné les éléments de preuve qui lui étaient soumis, la cour d'appel a, dans l'exercice du pouvoir qu'elle tient de l'article L. 1235-1 CT, estimé que le licenciement était dépourvu de cause réelle et sérieuse.

Cass. soc. 6 avril 2011, n° 09-66.818, 1er moyen, BC V n° 94.

Le licenciement a pour cause le motif de la modification du contrat et il appartient au juge d'apprécier le caractère réel et sérieux de ce motif.

Si un salarié est toujours en droit de refuser la modification de son contrat de travail et si l'employeur, qui entend maintenir cette modification, est alors tenu de le licencier, le licenciement qui est prononcé n'est pas, en soi, dépourvu de cause réelle et sérieuse. Il appartient au juge, saisi du litige, de rechercher si le motif de la modification constitue ou non une cause réelle et sérieuse de licenciement.

C'est à tort que, pour condamner une société à verser à son ancien salarié une indemnité pour licenciement sans cause réelle et sérieuse, une cour d'appel a estimé que la proposition de mutation entraînait une modification d'un des éléments essentiels de son contrat de travail qu'il était en droit de refuser et que le licenciement intervenu à la suite de ce refus était dès lors sans cause réelle et sérieuse, alors qu'elle avait relevé que la mutation s'inscrivait dans le cadre d'une réorganisation de l'entreprise et sans rechercher si celle-ci n'était pas nécessaire pour sauvegarder la compétitivité de l'entreprise et ne caractérisait pas, en conséquence, une cause économique de licenciement.

Cass. soc. 10 décembre 1996, n° 94-40.300, BC V n° 430.

☛ *Modification économique du contrat de travail ; Rétrogradation disciplinaire.*

En tout état de cause, en l'absence de lettre de licenciement énonçant les motifs de la rupture, le licenciement du salarié résultant de son refus d'une modification de son contrat de travail est sans cause réelle et sérieuse.

À la suite d'une cession, le cessionnaire avait repris le contrat de travail d'une salariée tout en lui proposant la poursuite de son activité entre deux centres, impliquant la répartition de ses tâches entre deux postes. L'intéressée avait refusé et pris acte de la rupture du contrat de travail du fait de l'employeur.

C'est à tort que, pour débouter la salariée de sa demande de dommages-intérêts pour licenciement abusif, une cour d'appel a énoncé que l'absence de lettre de licenciement ne saurait donner ipso facto un caractère illégitime à la rupture, dès lors qu'en prenant acte de la rupture de son contrat par courrier et qu'en fixant le point de départ de son préavis à compter de cette date, la salariée avait rendu sans objet la procédure de licenciement et a retenu que la modification substantielle des fonctions de la salariée était nécessitée par l'intérêt de l'entreprise et reposait sur un motif économique.

En effet, d'une part, la rupture du contrat de travail résultant du refus du salarié d'une modification de son contrat s'analyse en un licenciement et, en cas de refus du salarié d'une telle modification, il appartient à l'employeur qui n'entend pas y renoncer d'engager une procédure de licenciement ; d'autre part, l'employeur est tenu, en application de l'article L. 122-14-2 CT, d'énoncer dans la lettre de licenciement le ou les motifs du licenciement, faute de quoi celui-ci est sans cause réelle et sérieuse. Il s'ensuit qu'en l'absence de lettre de l'employeur énonçant les motifs de la rupture, le licenciement du salarié résultant de son refus d'une modification de son contrat de travail est nécessairement sans cause réelle et sérieuse.

Cass. soc. 20 janvier 1998, n° 95-41.575, pourvoi incident, BC V n° 23. Voir aussi cass. soc. 3 décembre 1996, n° 95-40.649, décidant que la rupture consécutive au refus du salarié d'accepter la modification s'analysait en un licenciement qui, en l'espèce, était dépourvu de cause réelle et sérieuse, aucun motif précis n'ayant été invoqué par l'employeur dans la lettre de licenciement.

Après avoir constaté qu'un employeur avait retiré à un salarié sa fonction de responsable de l'équipe des vendeurs et le bénéfice d'une prime mensuelle, une cour d'appel a pu en déduire, ces mesures ne consistant pas en un simple changement d'affectation tel que prévu par la convention collective, que le contrat de travail avait été modifié, peu important que la qualification et l'indice du salarié n'aient pas progressé lors de son accession au poste de responsable de l'équipe des vendeurs.

En l'état de ces constatations, la cour d'appel a décidé, à juste titre, que la rupture du contrat de travail, en raison de sa modification unilatérale par l'employeur, s'analysait en un licenciement nécessairement dépourvu de cause réelle et sérieuse, en l'absence d'une lettre de licenciement comportant une énonciation du motif de la modification.

Cass. soc. 20 novembre 2001, n° 99-43.674.

La modification du contrat de travail caractérise, en l'absence d'accord du salarié, un trouble manifestement illicite auquel il appartient au juge des référés de mettre un terme, même en présence d'une contestation sérieuse.

Après avoir relevé que la retenue pratiquée sur les bulletins de salaire d'un salarié résultait d'un nouveau mode de règlement des notes de frais, refusé par l'intéressé, le juge des référés a exactement décidé que le changement apporté par l'employeur aux conditions de rémunération constituait une modification du contrat de travail, qui caractérisait un trouble manifestement illicite auquel il lui appartenait de mettre un terme, même en présence d'une contestation sérieuse.

Cass. soc. 24 mai 2000, n° 99-40.826.

Modification du contrat et accord collectif

La révision ou la dénonciation d'un accord collectif s'impose aux salariés.

Une société a conclu un accord collectif réduisant la durée du travail à 36 heures par semaine, avec maintien de la rémunération sous la forme d'une prime dite de majoration de réduction horaire ; à la suite de la dénonciation de cet accord, la société a rétabli l'horaire hebdomadaire de travail à 39 heures et supprimé la prime de majoration de réduction horaire. Faisant valoir que cette décision de l'employeur avait pour effet de baisser le montant de leur salaire horaire, un certain nombre de salariés ont saisi la juridiction prud'homale en paiement de sommes à titre de rappels de salaires et dommages-intérêts.

Ayant relevé que la réduction à 36 heures de la durée effective du travail hebdomadaire résultait d'un accord collectif d'établissement et que l'horaire avait été rétabli à 39 heures à la suite de la dénonciation par l'employeur dudit accord, un conseil de prud'hommes en a exactement déduit que ce changement de structure de la rémunération, dont le montant demeurait inchangé, s'imposait aux salariés sans que ceux-ci puissent se prévaloir d'une modification de leur contrat de travail.

Cass. soc. 11 mai 2005, n° 04-40.539.

Ayant constaté qu'une prime de qualité avait été instituée par un protocole de fin de conflit dont la nature d'accord collectif n'était pas contestée, une cour d'appel en a exactement déduit que le changement des modalités d'attribution de la prime par un nouvel accord collectif ne constituait pas une modification du contrat de travail et a pu débouter un salarié de sa demande en rappel de prime de qualité et dommages-intérêts pour modification du contrat de travail.

Cass. soc. 6 juillet 2005, n° 03-45.411.

Un accord collectif ne peut pas modifier, sans l'accord des salariés, les droits qu'ils tiennent de leur contrat de travail.

Doit être cassé l'arrêt qui, pour débouter des salariés de leur demande de rappel de salaires, a retenu que l'accord d'entreprise, prévoyant une majoration de l'indemnité de licenciement en compensation du rappel de salaires réclamé, s'imposait à l'ensemble des salariés de l'entreprise, alors qu'un accord collectif ne peut modifier, sans l'accord des salariés concernés, les droits qu'ils tiennent de leur contrat de travail.

Cass. soc. 14 mai 1998, n° 96-43.797, BC V n° 251.

Changement des conditions de travail

La bonne foi de l'employeur qui modifie les conditions de travail d'un salarié est présumée et il appartient à ce dernier de démontrer que cette décision a été prise pour des raisons étrangères à l'intérêt de l'entreprise.

Un salarié, engagé en qualité de chauffeur poids lourds et affecté à la ligne Narbonne-Marseille-Toulouse-Narbonne, a été informé par son employeur d'une nouvelle affectation sur la ligne Toulouse-Nîmes-Toulouse. Il a été licencié pour faute grave pour avoir refusé cette nouvelle affectation.

Doit être rejeté le pourvoi de l'intéressé faisant grief aux juges de l'avoir débouté de ses demandes d'indemnité de licenciement et de dommages-intérêts pour licenciement sans cause réelle et sérieuse.

En effet, la bonne foi contractuelle étant présumée, les juges n'avaient pas à rechercher si la décision de l'employeur de modifier les conditions de travail d'un salarié était conforme à l'intérêt de l'entreprise et il incombait au salarié de démontrer que cette décision avait en réalité été prise pour des raisons étrangères à cet intérêt, ou bien qu'elle avait été mise en œuvre dans des conditions exclusives de la bonne foi contractuelle.

Cass. soc. 23 février 2005, n° 03-42.018, BC V n° 64. Voir aussi cass. soc. 31 octobre 2007, n° 06-41.508 ; cass. soc. 26 octobre 2011, n° 09-72.219, 1er moyen.

Dès lors que le salarié démontre que l'employeur a pris sa décision dans des conditions exclusives de la bonne foi contractuelle, il peut prétendre à des dommages-intérêts.

Le contrat de travail d'une salariée comportait une clause mentionnant que ses fonctions s'exerceraient à Antony ; à la suite d'un plan de cession, le contrat de travail de la salariée avait été repris par une autre société qui avait décidé de transférer son siège social dans une autre ville du département, Chaville ; l'intéressée ayant refusé de travailler dans ces nouveaux locaux, la société l'a licenciée pour faute grave.

En constatant que c'était seulement un mois avant le déménagement dans la nouvelle localité que la société en avait informé les salariés par une lettre circulaire, alors que sa décision avait été prise plusieurs mois auparavant et que ce bref délai n'avait pas permis à la salariée de prendre sa décision dans les meilleures conditions, une cour d'appel a caractérisé le manquement de la société à l'exigence de bonne foi contractuelle dans la mise en œuvre de ce changement des conditions de travail et a pu condamner la société au paiement de dommages et intérêts sur le fondement de l'article 1134 c. civ.

Cass. soc. 4 avril 2006, n° 04-43.506, BC V n° 132.

Le refus par le salarié d'un changement de ses conditions de travail constitue une faute que l'employeur peut sanctionner.

Un directeur de département d'une société avait été licencié en raison de son refus de prendre la direction de l'activité de ce département après sa « filialisation ».

Doit être rejeté le pourvoi du salarié reprochant à une cour d'appel de l'avoir débouté de sa demande de dommages-intérêts pour licenciement sans cause réelle et sérieuse : la cour ayant constaté que le transfert de l'intéressé dans la filiale qui devait être créée n'entraînait aucune modification de son contrat de travail et, en particulier, aucune mise en cause de son statut de directeur salarié, a pu décider que le refus de travailler au sein de la filiale était injustifié et fautif.

Cass. soc. 18 novembre 1998, n° 95-43.132, BC V n° 497. Voir aussi cass. soc. 10 juillet 1996, n° 93-41.137, BC V n° 278; cass. soc. 8 janvier 1997, n° 94-42.050, BC V n° 3.

L'employeur, dans le cadre de son pouvoir de direction, peut changer les conditions de travail d'un salarié. La circonstance que la tâche donnée à ce salarié soit différente de celle qu'il exécutait antérieurement ne caractérise pas une modification du contrat de travail, dès l'instant où elle correspond à sa qualification.

Un salarié occupant le poste de fondé de pouvoir avait été muté par son employeur dans un autre département de l'entreprise. Devant son refus d'occuper ses nouvelles fonctions, il avait été licencié pour faute grave.

C'est à bon droit qu'après avoir relevé que le changement de poste du salarié ne modifiait pas son degré de subordination à la direction générale, que sa rémunération, sa qualification de fondé de pouvoir et son niveau hiérarchique étaient conservés, une cour d'appel a décidé que le changement de département constituait une simple modification des conditions de travail et que le refus par le salarié d'un changement des conditions de travail, quel que soit le motif de ce changement, constituait une faute, en sorte que le licenciement présentait un caractère disciplinaire.

Cass. soc. 10 octobre 2000, n° 98-41.358, BC V n° 316.

En revanche, même si ce refus justifie le licenciement, il ne constitue pas à lui seul une faute grave.

Cass. soc. 11 mai 2005, n° 03-41.753, BC V n° 156. Voir aussi cass. soc. 3 mai 2012, n° 10-27.152 ; cass. soc. 12 mai 2015, n° 14-10.408.

La gravité de la faute est appréciée en fonction des circonstances entourant la modification du contrat.

Ne constitue pas une faute grave le refus par un salarié d'un changement de ses conditions de travail, qui portait à la fois sur l'horaire quotidien et sur les tâches demandées, lesquels n'avaient pas varié pendant vingt années.

Cass. soc. 9 avril 2002, n° 99-45.155, 4e moyen, BC V n° 123.

Un salarié affecté au service de publicité d'un quotidien avait, à la suite de la nomination d'un chef de publicité, demandé à son employeur de lui préciser ses nouvelles fonctions et les modifications apportées à son contrat. En arrêt de travail pour maladie à compter du 6 juin 1992 et n'ayant pas obtenu de réponse, le salarié avait pris acte de la rupture de son contrat de travail, aux torts de son employeur, par lettre du 23 juin suivant. Par courrier du 9 juillet, l'employeur lui avait signifié la rupture de son contrat de travail sans indemnité.

Doit être rejeté le pourvoi de l'employeur reprochant à la cour d'appel de l'avoir condamné à payer au salarié des indemnités de préavis et de congés payés, ainsi qu'une indemnité conventionnelle de licenciement : le refus d'un salarié d'accepter un changement de ses conditions de travail ne constitue pas nécessairement une faute grave. La cour, qui avait constaté qu'en l'espèce le salarié, convaincu qu'une modification avait été apportée à son contrat de travail, n'avait obtenu aucune réponse de son employeur à ses demandes d'explications, a pu décider que la faute grave n'était pas caractérisée.

Cass. soc. 4 juin 1998, n° 96-41.414, BC V n° 300. Voir aussi cass. soc. 3 avril 1997, n° 95-42.392, 1er moyen.

Une salariée licenciée pour faute grave en raison de son refus de travailler un samedi matin sur deux par roulement, ce qu'elle ne faisait pas auparavant, avait saisi la juridiction prud'homale d'une demande en paiement d'indemnités compensatrices de préavis, de licenciement et pour licenciement sans cause réelle et sérieuse.

Doit être cassé l'arrêt qui, pour rejeter la demande de la salariée, a énoncé que le contrat de travail n'ayant pas été modifié, le refus de l'intéressée constituait une faute grave, alors, d'une part, qu'à défaut d'une clause contractuelle expresse excluant le travail le samedi, l'employeur, en demandant aux salariés de travailler ce jour ouvrable, faisait usage de son pouvoir de direction et, d'autre part, que si le refus de la salariée de poursuivre l'exécution du contrat en raison non d'une modification du contrat, mais d'un simple changement des conditions de travail décidé par l'employeur dans l'exercice de son pouvoir de direction, était fautif et rendait la salariée responsable de l'inexécution du préavis qu'elle refusait d'exécuter aux nouvelles conditions, ce refus n'était pas constitutif d'une faute grave, dès lors que la salariée avait une ancienneté de 19 années pendant lesquelles elle avait disposé librement du samedi matin.

Cass. soc. 17 octobre 2000, n° 98-42.264, BC V n° 327. Voir aussi cass. soc. 26 octobre 2004, n° 02-43.164.

Le refus d'un salarié d'accepter un changement de ses conditions de travail ne constitue pas nécessairement une faute grave ; une cour d'appel, qui a constaté qu'un salarié perdait le bénéfice des avantages liés à son détachement à l'étranger, a pu décider que le refus de rejoindre sa nouvelle affectation en France ne constituait pas une faute grave.

Cass. soc. 22 mai 2001, n° 99-43.375.

Après avoir retenu qu'eu égard à ses charges de famille, le refus d'une salariée d'accepter le changement de ses conditions de travail n'était pas constitutif d'une faute grave, une cour d'appel a pu décider que ce refus constituait néanmoins une faute justifiant son licenciement.

Cass. soc. 15 décembre 2004, n° 02-44.924, BC V n° 335.

Après avoir constaté qu'un salarié était présent dans une entreprise depuis plus de quinze ans et que le changement de ses conditions de travail allongeait encore son temps de trajet qui durait déjà près de quatre heures par jour, une cour d'appel a pu décider que son refus de se rendre sur son nouveau lieu de travail ne constituait pas une faute grave.

Cass. soc. 21 janvier 2009, n° 07-41.690.

Le 3 mai 2004, une société a recruté un salarié en qualité de responsable administratif et comptable avec comme affectation Nanterre ; le même jour, ce salarié a été détaché auprès d'une société du groupe à La Réunion pour une durée de 2 ans ; le 16 mai 2008, il a été notifié au salarié la fin du détachement et son rappel en métropole ; n'ayant pas rejoint son affectation, l'intéressé a été licencié pour faute grave et a saisi la juridiction prud'homale de demandes relatives à la rupture de son contrat de travail.

Doit être approuvé l'arrêt l'ayant débouté de ces demandes.

En effet, la cour d'appel, après avoir fait ressortir que les missions confiées au salarié au cours de son détachement comme à l'issue de celui-ci correspondaient à ses responsabilités et fonctions de responsable administratif et financier, a exactement décidé que la réintégration de l'intéressé dans un emploi en région parisienne, qui ne résultait pas de la mise en œuvre d'une clause de mobilité géographique, mais du terme du détachement, ne constituait pas une modification du contrat de travail nécessitant son accord ; la cour a donc pu en déduire que le refus délibéré et renouvelé du salarié d'intégrer, à l'issue de sa période de détachement, l'agence qui avait été choisie d'un commun accord entre les parties lors de l'engagement constituait une faute grave rendant impossible son maintien dans l'entreprise.

Cass. soc. 24 juin 2015, n° 13-25.522, 2e moyen, BC V n° 127.

Ce refus ne constitue une faute grave que s'il rend impossible le maintien du salarié dans l'entreprise pendant la durée du préavis.

Cass. soc. 9 mai 2001, n° 99-40.840, BC V n° 154.

Une salariée, travaillant au service d'une association depuis 1989 en qualité de secrétaire à temps partiel, avait été licenciée en septembre 1994 pour faute grave en raison, notamment, de son refus des nouveaux horaires.

Doit être cassé l'arrêt qui, pour rejeter la demande de la salariée en paiement d'indemnités compensatrices de préavis, de licenciement et pour licenciement sans cause réelle et sérieuse, a énoncé que l'horaire de travail, et notamment la pause de midi, n'étaient pas un élément du contrat de travail et que le refus de la salariée de poursuivre l'exécution du contrat, aux conditions décidées par l'employeur dans l'exercice de son pouvoir de direction de l'entreprise, constituait une faute grave.

En effet, d'une part, en l'état des textes applicables, à défaut d'une clause contractuelle expresse prévoyant l'horaire quotidien et le bénéfice de la pause de midi, l'employeur, en changeant l'horaire et en demandant aux salariés de travailler pendant l'heure du déjeuner, faisait usage de son pouvoir de direction ; d'autre part, si le refus de la salariée de poursuivre l'exécution du contrat en raison non d'une modification du contrat, mais d'un simple changement des conditions de travail décidé par l'employeur dans l'exercice de son pouvoir de direction, était fautif et rendait la salariée responsable de l'inexécution du préavis qu'elle refusait d'exécuter aux nouvelles conditions, ce refus n'était pas constitutif d'une faute grave, dès lors que le nouvel horaire imposait à la salariée d'être présente à l'heure du déjeuner, dont elle pouvait disposer précédemment, ce qui lui permettait de s'occuper de ses enfants en âge scolaire.

Cass. soc. 17 octobre 2000, n° 98-42.177, BC V n° 328.

Le refus par un salarié d'un changement des conditions de travail, même s'il est injustifié, n'établit pas le caractère clair et non équivoque de sa démission.

Pour dire la rupture du contrat de travail imputable à une salariée, une cour d'appel, après avoir relevé que, par lettre du 30 janvier 1997, l'intéressée avait fait savoir à son employeur qu'elle était contrainte de démissionner en raison de modifications unilatérales du contrat de travail, a énoncé essentiellement que les faits invoqués par la salariée, suppression d'un logement et modification des tâches, ne constituaient pas des modifications unilatérales du contrat de travail par l'employeur lui rendant la rupture imputable et que la salariée, en choisissant de démissionner, n'avait pas été contrainte par l'employeur.

En statuant ainsi, alors que la salariée prétendait avoir été contrainte à la démission, la cour d'appel a violé l'article L. 122-5 CT.

Cass. soc. 22 octobre 2003, n° 01-41.451.

À défaut de rupture du contrat de travail, le salarié ne peut prétendre à aucune indemnité…

Un chef de fabrication, estimant qu'une note de service avait pour effet de modifier de manière unilatérale ses attributions et ses responsabilités, avait fait connaître à son employeur qu'il quittait l'entreprise et ferait valoir ses droits devant le conseil de prud'hommes. L'employeur, après avoir contesté l'existence d'une modification substantielle du contrat de travail de l'intéressé, avait, par lettre, pris acte de sa démission.

Le refus par un salarié de continuer ou de reprendre le travail, après un changement de ses conditions de travail décidé par l'employeur dans l'exercice de son pouvoir souverain de direction, constitue, en principe, une faute grave qu'il appartient à l'employeur de sanctionner par un licenciement. En l'espèce, la cour d'appel a estimé que le contrat de travail n'avait pas été modifié. Cependant, à défaut de licenciement, le contrat n'avait pas été rompu, de sorte que le salarié ne pouvait réclamer aucune indemnité.

Cass. soc. 16 octobre 1996, n° 93-40.401. Voir aussi cass. soc. 20 octobre 1998, n° 96-42.296.

… et l'employeur ne peut pas réclamer le préavis de démission.

Le refus par un salarié de poursuivre un travail après un changement de ses conditions de travail décidé par l'employeur dans l'exercice de son pouvoir de direction constitue, en principe, une faute grave qu'il appartient à l'employeur de sanctionner par un licenciement ; à défaut d'une telle décision, le contrat n'est pas rompu, de sorte que l'employeur n'est pas fondé à réclamer un préavis de démission.

Cass. soc. 23 octobre 1996, n° 93-43.285.

Modification du contrat de travail par le salarié

Une simple demande de modification de son contrat par le salarié ne constitue pas une cause de licenciement.

Une salariée, déléguée médicale, avait indiqué à son employeur, après plusieurs années d'absence pour maladie et grossesses, qu'elle souhaitait reprendre une activité à mi-temps. L'employeur, ne pouvant satisfaire à sa demande, lui avait notifié son licenciement.

Ayant exactement énoncé qu'une simple demande de modification de son contrat de travail par un salarié ne pouvait constituer une cause réelle et sérieuse de licenciement, la cour d'appel, qui a relevé que la salariée s'était bornée à demander à travailler à mi-temps sans que cette demande soit accompagnée d'un refus d'exécuter le contrat aux conditions antérieures, a décidé à bon droit que son licenciement était sans cause réelle et sérieuse.

Cass. soc. 9 juillet 1997, n° 95-43.407, BC V n° 260.

En cas de cumul par le salarié de deux contrats de travail entraînant un dépassement de la durée maximale de travail, l'employeur, auquel le salarié demande de réduire son temps de travail, n'est pas tenu d'accepter cette modification du contrat de travail, mais doit simplement le mettre en demeure de choisir l'emploi qu'il souhaite conserver.

Cass. soc. 10 mars 2009, n° 07-43.985, cité dans « Durée du travail ».

Modification de la durée du travail ; Modification économique du contrat de travail ; Modification des fonctions ; Modification de l'horaire de travail ; Modification du lieu de travail ; Modification de la rémunération ; Préavis.

Modification du contrat de travail d'un salarié protégé

Aucune modification de son contrat et aucun changement de ses conditions de travail ne peuvent être imposés à un salarié protégé.

En cas de refus du salarié, l'employeur doit solliciter l'autorisation de l'inspecteur du travail pour pouvoir licencier ce salarié, ou renoncer à cette modification.

Aucune modification de son contrat et aucun changement de ses conditions de travail ne peuvent être imposés à un salarié protégé sans son accord

Aucun changement de ses conditions de travail ne peut être imposé à un salarié protégé et en cas de refus par celui-ci de ce changement, l'employeur doit poursuivre le contrat de travail aux conditions antérieures ou engager la procédure de licenciement en saisissant l'autorité administrative d'une demande d'autorisation de licenciement.

L'affectation d'une déléguée du personnel, vendeuse de légumes, au rayon poissonnerie et la demande lui ayant été faite par l'employeur, ainsi qu'aux autres employés du magasin, de procéder ponctuellement au nettoyage du magasin et du parking, constitue un changement des conditions de travail nécessitant l'accord de la salariée.

Cass. soc. 21 novembre 2006, n° 04-47.068, BC V n° 350. Voir aussi cass. soc. 17 décembre 2014, n° 13-20.703, 1er moyen.

Le changement d'horaires imposé à une salariée impliquait une modification importante du rythme de travail qu'elle avait depuis plus de sept ans, la faisant passer d'un horaire mixte à un travail exclusivement diurne ; en déduisant de la seule circonstance que ce changement d'horaires n'entraînait aucune modification de la rémunération, de la durée du travail ou de la qualification, qu'il constituait seulement un changement dans les conditions de travail pouvant être décidé par l'employeur dans l'exercice de son pouvoir de direction, et non une modification du contrat de travail, la cour administrative d'appel a commis une erreur de droit ; la salariée est dès lors fondée à demander l'annulation de l'arrêt attaqué.

CE 14 novembre 2008, n° 307544.

Le fait de dispenser le salarié, sans son accord, d'accomplir les tâches correspondant à sa qualification constitue un trouble manifestement illicite.

Aucune modification de son contrat et aucun changement de ses conditions de travail ne pouvant être imposés à un salarié protégé, l'employeur ne peut dispenser le salarié, sans son accord, d'accomplir les tâches correspondant à sa qualification ; s'il n'obtient pas l'autorisation administrative de le licencier, il doit donc le rétablir dans ses droits.

Une cour d'appel, qui a constaté que, pendant plusieurs mois, un salarié n'avait pu exercer son activité professionnelle par suite de l'opposition de son employeur, a pu décider qu'il en résultait un trouble manifestement illicite qu'il convenait de faire cesser en ordonnant l'affectation du salarié dans un emploi correspondant à sa rémunération.

Cass. soc. 5 mai 1998, n° 95-45.190, BC V n° 220.

Il appartient, dès lors, à la formation des référés du conseil de prud'hommes de le faire cesser…

Aucune modification du contrat de travail ou aucun changement des conditions de travail ne pouvant être imposé à un salarié protégé sans son accord, le retrait d'un véhicule de service dont le salarié bénéficiait depuis son embauche constitue, en cas de refus de l'intéressé, un trouble manifestement illicite. Il appartient, dès lors, à la formation des référés du conseil de prud'hommes de le faire cesser.

Cass. soc. 12 octobre 2000, n° 98-45.174.

… ou à celle du tribunal administratif, si l'intéressé est un fonctionnaire.

Lorsqu'un fonctionnaire se trouve investi d'un mandat représentatif qu'il exerce, en vertu de la loi, dans l'intérêt tant d'agents de droit public que de salariés de droit privé, les décisions prises à son égard ne doivent pas être en rapport avec les fonctions représentatives normalement exercées ou l'appartenance syndicale de l'intéressé ; le juge administratif étant compétent, le cas échéant en référé, pour veiller à ce que, sous réserve de ne pas porter une atteinte excessive à l'un ou l'autre des intérêts en présence, une mutation ne compromette pas le respect du principe de participation qui découle du préambule de la Constitution, c'est à bon droit qu'une cour d'appel a retenu que le juge judiciaire n'était pas compétent pour connaître en référé des demandes d'un fonctionnaire investi d'un mandat de délégué du personnel tendant à faire cesser le trouble manifestement illicite résultant du changement de ses conditions de travail sans son accord, voir ordonner sa réintégration dans son poste antérieur et lui octroyer des dommages-intérêts à titre provisionnel.

Cass. soc. 17 mai 2011, n° 10-15.577, BC V n° 112.

Une décision de mutation d'office, ayant pour effet de mettre fin immédiatement aux mandats d'un représentant du personnel, constitue un trouble manifestement illicite auquel il appartient au juge des référés de mettre fin.

Aucun changement de ses conditions de travail ne pouvant être imposé à un représentant du personnel, sans son accord, et la décision de mutation d'office, ayant eu pour effet de mettre fin immédiatement à ses mandats, constitue un trouble manifestement illicite auquel il appartient au juge des référés judiciaires de mettre fin, nonobstant la contestation de la régularité de la mutation engagée devant le juge administratif.

Cass. soc. 5 mars 2008, n° 07-11.123, BC V n° 53.

Aucun changement de ses conditions de travail ne pouvant être imposé à un salarié protégé, l'employeur commet une faute qui engage sa responsabilité lorsqu'il apporte des changements aux conditions de travail contre la volonté du salarié.

Cass. soc. 24 avril 2003, n° 01-46.968, 3e moyen.

L'employeur doit obtenir l'accord du salarié pour l'exécution d'une tâche différente de celle prévue au contrat, même à titre exceptionnel.

Constitue une modification du contrat de travail d'un salarié protégé le fait de lui demander, à titre exceptionnel, de remplir une tâche différente de celle prévue à son contrat. Une telle modification ne pouvant lui être imposée, l'employeur doit, en cas de refus, engager la procédure spéciale de licenciement.

Cass. soc. 11 juillet 1995, n° 94-40.877.

Un employeur ne peut pas mettre à pied un salarié en raison de son refus d'accepter un changement d'affectation.

Une salariée, déléguée du personnel et membre suppléant du comité d'entreprise, qui avait refusé un changement d'affectation par permutation avec une autre salariée s'était vu notifier une mise à pied de trois jours. Ultérieurement licenciée après obtention de l'autorisation de l'inspecteur du travail, elle avait saisi la juridiction prud'homale pour obtenir, notamment, le paiement des rappels de salaires correspondant à sa mise à pied.

Aucune modification de son contrat de travail ou changement de ses conditions de travail ne peut être imposé à un salarié protégé et il appartient à l'employeur d'engager la procédure de licenciement, en cas de refus par le salarié de cette modification ou de ce changement, en demandant l'autorisation de l'inspecteur du travail.

C'est donc à bon droit que la cour d'appel a déclaré que la salariée ne pouvait être mise à pied à la suite de son refus d'être permutée avec une autre salariée et a condamné son employeur à lui payer un rappel de salaire correspondant à sa mise à pied déclarée nulle.

Cass. soc. 6 avril 1999, n° 97-40.499, BC V n° 159.

L'employeur ne saurait imposer une modification du contrat de travail à un salarié protégé, même si cette modification était prévue par une clause du contrat…

Cass. soc. 26 octobre 2011, n° 09-66.424.

Les clauses du contrat de travail d'un salarié protégé ne pouvant prévaloir sur son statut protecteur, le changement de lieu de travail doit résulter de l'accord du salarié, même si le contrat de travail contient une clause de mobilité. En cas de refus du salarié, l'employeur doit demander à l'inspecteur du travail l'autorisation de licenciement. À défaut d'une telle demande, le juge des référés doit se déclarer compétent pour faire cesser ce trouble manifestement illicite.

Cass. soc. 23 septembre 1992, n° 90-45.106, 2e moyen, BC V n° 477. Voir aussi cass. soc. 4 octobre 1995, n° 94-40.387.

La protection exceptionnelle et exorbitante du droit commun instituée par la loi au profit des salariés investis de fonctions représentatives interdit à l'employeur de poursuivre par d'autres moyens que ceux qu'elle institue la rupture du contrat de travail. Une clause de mobilité figurant dans le contrat de travail ne peut priver le salarié protégé des mesures spéciales instituées par la loi. Il appartient à l'employeur de demander l'autorisation de licencier ce salarié à la suite de son refus de la modification de son contrat de travail, que celle-ci ait été substantielle ou non.

Cass. soc. 17 mars 1993, n° 90-41.556, BC V n° 93.

La modification du contrat de travail ou le changement dans ses conditions de travail imposé par l'employeur à un délégué syndical constitue, même en présence d'une clause de mobilité, un trouble manifestement illicite que le juge des référés doit faire cesser en ordonnant la réintégration de ce salarié protégé dans son ancien emploi, avec tous les avantages qu'il comportait, peu important que le juge du principal ait été saisi.

Cass. soc. 6 mars 2002, n° 99-45.244.

… ou par la convention collective.

Cass. soc. 26 octobre 2011, n° 09-66.424, précité.

Modification du contrat de travail d'un salarié protégé

Une société A ayant considéré que deux salariées, représentants du personnel, avaient rompu de leur fait leur contrat de travail, le directeur du personnel de la société A et le président du comité d'établissement ont été poursuivis pour délits d'entrave pour avoir procédé au licenciement des deux intéressées sans respecter la procédure protectrice prévue par les articles L. 412-18, L. 425-1 et L. 436-1 CT.

Devant les juges du fond, les directeurs ont fait valoir qu'en vertu des dispositions de la convention collective nationale des entreprises de nettoyage de locaux, les contrats de travail des deux salariées concernées avaient été transférés de plein droit à l'entreprise entrante et qu'ils avaient seulement, pour leur part, tiré les conséquences du refus opposé par les intéressées de poursuivre leur activité au sein de cette entreprise.

A justifié sa décision la cour d'appel qui a écarté cette argumentation et retenu les délits d'entrave. En effet, les dispositions législatives, soumettant à l'avis préalable du comité d'entreprise ou à l'autorisation de l'inspecteur du travail le licenciement des salariés investis de fonctions représentatives, ont institué au profit de tels salariés, et dans l'intérêt de l'ensemble des travailleurs qu'ils représentent, une protection exceptionnelle et exorbitante du droit commun qui interdit, par suite, à l'employeur de poursuivre par d'autres moyens la résiliation du contrat de travail ; les stipulations d'une convention collective ne sauraient faire obstacle à ces dispositions d'ordre public.

Cass. crim. 26 novembre 1996, n° 94-86.016, B. crim. n° 428.

Toutefois, un accord d'entreprise, conclu dans le cadre de la loi 98-461 du 13 juin 1998 réduisant le temps de travail avec maintien du salaire, est opposable aux salariés protégés.

La réduction du temps de travail, avec maintien du salaire antérieur résultant d'un accord d'entreprise conclu dans le cadre de la loi 98-461 du 13 juin 1998, s'impose à tous les salariés, alors même qu'ils auraient la qualité de salariés protégés.

Cass. soc. 26 février 2003, n° 01-43.027, BC V n° 73.

L'employeur qui demande au salarié d'effectuer un travail entrant dans ses attributions ne modifie ni le contrat ni les conditions de travail de l'intéressé.

Un salarié protégé a saisi la juridiction prud'homale d'une demande en paiement d'indemnités de rupture et de dommages-intérêts en faisant valoir qu'en lui demandant d'accomplir une tâche sans lien avec son emploi, l'employeur lui avait imposé une modification de son contrat de travail et avait ainsi rompu le contrat.

La cour d'appel a pu décider que le travail de nettoyage d'une bétonnière confié au salarié entrait dans les attributions de son poste et qu'en le lui confiant, l'employeur non seulement n'avait pas modifié le contrat de travail, mais n'avait même pas changé les conditions de travail, en sorte que le contrat de travail n'avait pas été rompu par l'employeur et que le salarié ne pouvait prétendre à des indemnités de rupture.

Cass. soc. 10 mai 1999, n° 97-41.497, BC V n° 200.

L'acceptation par le salarié protégé d'une modification du contrat ou d'un changement des conditions de travail ne peut résulter ni de l'absence de protestation de celui-ci ni de la poursuite par l'intéressé de son travail.

Cass. soc. 26 octobre 2011, n° 09-66.424, précité. Voir aussi cass. soc. 12 septembre 2018, n° 16-27.549.

Aucun changement de ses conditions de travail ne peut être imposé à un représentant du personnel, sans son accord exprès.

Cass. soc. 18 décembre 2012, n° 11-13.813, 2e moyen, BC V n° 340.

Un accord exprès est requis même lorsque la modification du contrat est imposée par l'avis du médecin du travail non contesté par le salarié.

Un salarié a été engagé par une URSSAF en qualité d'agent de contrôle et a exercé ensuite les fonctions d'inspecteur de recouvrement, coefficient 284 ; après un arrêt de travail de quatre mois, il a été déclaré apte à la reprise à un poste sans relations avec la clientèle ; l'employeur l'a alors affecté à un poste de gestionnaire de comptes cotisants au coefficient 185 ; estimant avoir fait l'objet d'un déclassement abusif, le salarié a saisi la juridiction prud'homale en demandant à être réintégré dans son ancien emploi ; en cours de procédure, le médecin du travail l'a déclaré inapte définitif à tout poste dans l'entreprise en précisant que le salarié ne devait pas y retourner ; après autorisation de l'inspecteur du travail en raison de sa qualité de conseiller du salarié, l'intéressé a été licencié pour inaptitude et impossibilité de reclassement ; il a demandé des dommages-intérêts pour licenciement abusif et pour harcèlement moral.

Pour débouter le salarié de ses demandes tendant à la reconnaissance de son déclassement abusif, à sa réintégration au poste d'inspecteur et à la condamnation de son employeur au paiement de diverses sommes, une cour d'appel a retenu que le salarié avait été déclaré apte à la reprise sans relation avec la clientèle, que si un avenant n'avait pas été proposé à sa signature, le salarié, à aucun moment, n'avait refusé son affectation, ni contesté l'avis du médecin du travail qui imposait cette modification de son contrat dès lors que ses fonctions antérieures impliquaient des contacts physiques avec des personnes extérieures à l'organisme, qu'il n'avait pas réagi à sa nouvelle affectation durant cinq ans et n'avait jamais sollicité du médecin du travail un réexamen de sa situation en vue d'exercer à nouveau des fonctions en relation avec la clientèle.

En statuant ainsi, alors que le salarié n'avait pas donné son accord exprès à la modification de son contrat de travail, la cour d'appel a violé l'article 1134 c. civ.

Cass. soc. 29 novembre 2011, n° 10-19.435, 1er moyen du pourvoi principal, BC V n° 275.

En cas de refus du salarié d'accepter la modification, l'employeur doit appliquer la procédure spéciale de licenciement

Pour la Cour de cassation, à défaut d'accord du représentant du personnel sur la modification de son contrat ou de ses conditions de travail, l'employeur qui ne souhaite pas y renoncer doit respecter la procédure spéciale de licenciement…

Un salarié délégué syndical, après avoir été affecté dans un autre emploi, a saisi le juge des référés pour contester sa nouvelle affectation et demander sa réintégration dans son ancien emploi.

C'est à tort que la cour d'appel, pour rejeter la demande du salarié, a considéré que le droit à réintégration, dont le salarié se prévalait, n'était pas fondé en l'absence de licenciement déguisé et que la mutation n'avait entraîné aucune entrave à l'exercice du droit syndical, alors qu'aucune modification de son contrat et aucun changement de ses conditions de travail ne peuvent être imposés à un salarié protégé et qu'il appartient à l'employeur, en cas de refus du salarié, soit de le maintenir dans ses fonctions, soit d'engager une procédure de licenciement, sauf manifestation de volonté non équivoque de démissionner. En l'espèce, la cour d'appel, ayant constaté que le salarié, qui n'avait pas l'intention de démissionner, n'avait pas été maintenu dans son emploi ni licencié, a fait ressortir l'existence d'un trouble manifestement illicite qu'il appartenait au juge des référés de faire cesser.

Cass. soc. 30 avril 1997, n° 95-40.573, BC V n° 154. Voir aussi cass. soc. 3 mars 1999, n° 96-45.306.

Aucune modification de son contrat de travail, aucun changement de ses conditions de travail ne peut être imposé à un représentant du personnel. Il incombe à l'employeur, en cas de refus du salarié d'accepter la modification ou le changement litigieux, d'obtenir l'autorisation de l'inspecteur du travail de rompre le contrat.

C'est à tort que, pour rejeter les demandes d'un représentant du personnel tendant à obtenir réparation du préjudice subi du fait de sa mise en disponibilité, puis de sa mise à la retraite, une cour d'appel a retenu, d'abord, que même s'il avait contesté la décision de l'employeur, il avait néanmoins constitué un dossier pour solliciter sa retraite et avait ainsi perçu le salaire de disponibilité et le capital forfaitaire de l'indemnité conventionnelle de départ en retraite, ensuite, que la mise en disponibilité du salarié avait fait l'objet d'une disposition contractuellement acceptée par lui dans chacun des contrats conclus avec chaque société du groupe dans lesquelles il avait été muté et, enfin, qu'il n'y avait pas eu de modification de son contrat de travail, alors que le fait que la mise en disponibilité précédant le départ à la retraite du salarié à l'âge de 60 ans ait été prévue par contrat ne dispensait pas l'employeur, en présence d'un refus du salarié, représentant du personnel, d'accepter cette mesure, d'obtenir une autorisation de l'inspecteur du travail de rompre le contrat de travail.

Cass. soc. 14 novembre 2000, n° 99-43.270, BC V n° 373. Voir aussi cass. soc. 13 septembre 2017, n° 15-24.397, BC V n° 137.

Dans le cadre d'une restructuration de ses activités, le Crédit Lyonnais a transféré les services administratifs des agences de Mâcon à Dijon et a muté le personnel concerné en exécution d'un accord collectif du 11 juillet 1995. Des représentants du personnel ont alors contesté leur mutation.

Doit être cassé l'arrêt qui a refusé de déclarer nulle la procédure de mutation ainsi initiée, alors qu'aucune modification de leur contrat de travail et aucun changement de leurs conditions de travail ne peuvent être imposés à un salarié protégé et qu'il appartient à l'employeur, en cas de refus, d'engager la procédure de licenciement.

En statuant ainsi, alors que les salariés avaient contesté leur mutation, ce qui équivalait à un refus, et qu'il appartenait dès lors à l'employeur soit de demander l'autorisation de les licencier, soit de les maintenir sur le site de Mâcon, la cour d'appel a violé la loi.

Cass. soc. 2 mai 2001, n° 98-44.624, BC V n° 149.

Aucune modification de son contrat de travail et aucun changement de ses conditions de travail ne peuvent être imposés à un salarié protégé. Il appartient à l'employeur, en cas de refus, d'engager la procédure de licenciement.

Un salarié a fait l'objet d'une nouvelle affectation suite à une réorganisation. Il a été élu membre du comité d'entreprise entre-temps. Contestant cette nouvelle affectation, il a saisi la juridiction prud'homale en vue d'être réintégré dans ses fonctions et d'obtenir un rappel de salaires.

C'est à tort que, pour débouter l'intéressé de sa demande de réintégration dans ses fonctions, une cour d'appel a retenu que l'employeur pouvait changer les conditions de travail d'un salarié dans le respect des droits reconnus à tout salarié, et plus particulièrement ceux qu'il tient de ses fonctions au comité d'entreprise, et que le contrat de travail de l'intéressé n'avait pas été modifié, alors que le salarié n'avait pas accepté sa nouvelle affectation et qu'il appartenait dès lors à l'employeur soit de demander l'autorisation de le licencier, soit de le maintenir dans ses fonctions antérieures.

Cass. soc. 26 octobre 2005, n° 03-46.728.

… et rémunérer le salarié jusqu'à l'obtention de l'autorisation de licenciement.

Pour rejeter la demande d'un salarié, représentant syndical au comité d'entreprise, de sa demande en rappel de salaire pour la période du 1er décembre 2008 au 30 septembre 2009, une cour d'appel a retenu que par arrêt du 31 mai 2012, une cour administrative avait dit que le refus du salarié d'accepter la modification de ses conditions de travail était fautif, que ce motif constituait le soutien nécessaire de sa décision et s'imposait à la présente cour de sorte que l'inexécution par le salarié de sa prestation de travail du 1er décembre 2008 au 30 septembre 2009 lui était imputable et qu'il ne pouvait prétendre à la rémunération correspondante.

En statuant ainsi, alors qu'il appartenait à l'employeur de maintenir tous les éléments de rémunération que le salarié protégé percevait avant décembre 2008 aussi longtemps que l'inspecteur du travail n'avait pas autorisé son licenciement, la cour d'appel a violé les dispositions les articles L. 2411-1 et L. 2411-8 CT.

Cass. soc. 12 janvier 2016, n° 13-26.318, 3e moyen du pourvoi principal, BC V n° 6. Voir aussi cass. soc. 15 décembre 2011, n° 10-20.093.

Le fait de replacer le salarié ayant bénéficié d'une promotion assortie d'une période probatoire dans ses fonctions antérieures constitue une modification des conditions de travail qui implique, en cas de refus de ce dernier, le respect par l'employeur de la procédure spéciale de licenciement.

Les dispositions légales qui assurent une protection exceptionnelle et exorbitante du droit commun à certains salariés, en raison du mandat ou des fonctions qu'ils exercent dans l'intérêt de l'ensemble des travailleurs, s'appliquent à la modification des conditions de travail du salarié à l'initiative de l'employeur pendant une période probatoire.

Un employeur a mis fin à une période probatoire de six mois et réintégré dans ses anciennes fonctions le salarié protégé qui occupait le poste concerné.

Pour débouter le salarié de sa demande tendant à l'annulation de cette décision, une cour d'appel a relevé qu'il ne pouvait être fait grief à la société d'avoir mis fin, dans le cadre de son pouvoir de direction, à la période probatoire du salarié.

En statuant ainsi, alors que la décision de replacer le salarié dans ses fonctions antérieures constituait une modification des conditions de travail qui ne peut être imposée au salarié protégé et qu'en cas de refus de ce dernier, il appartenait à l'employeur, soit de le maintenir sur le nouveau poste, soit de saisir l'inspecteur du travail d'une demande d'autorisation administrative de licenciement, la cour d'appel a violé les articles L. 2411-3 et L. 2411-8 CT.

Cass. soc. 30 septembre 2010, n° 08-43.862, 1er moyen, BC V n° 210.

Le salarié qui se voit imposer une modification de son contrat malgré son refus peut demander en référé sa réintégration dans son poste de travail.

Un délégué du personnel, ayant fait l'objet d'une mutation disciplinaire dans un autre service, avait saisi la formation de référé du conseil de prud'hommes d'une demande de réintégration dans son poste de travail.

Doit être cassé l'arrêt qui, pour débouter le salarié de cette demande, a retenu que la mise en œuvre de la sanction infligée, que le salarié avait refusée, n'avait pas affecté un élément substantiel du contrat de travail et n'était pas susceptible d'entraver l'exercice du mandat, alors qu'aucune modification de son contrat de travail ou changement de ses conditions de travail ne peut être imposé à un salarié protégé et qu'il appartient à l'employeur d'engager la procédure de licenciement, en cas de refus par le salarié de cette modification ou de ce changement, en demandant l'autorisation de l'inspecteur du travail. En refusant de mettre fin au trouble manifestement illicite qu'elle constatait, la cour d'appel a violé l'article L. 425-1 CT.

Cass. soc. 25 novembre 1997, n° 94-42.727, BC V n° 408. Voir aussi cass. soc. 6 juillet 1999, n° 97-41.824.

Le refus de la modification par le salarié peut résulter de la saisine du conseil de prud'hommes.

Le refus d'un salarié protégé d'accepter la suppression d'une prime de treizième mois, suite à des difficultés économiques, peut résulter de la saisine du conseil de prud'hommes en vue d'obtenir la condamnation de l'entreprise au paiement de cette prime.

Dès lors, le ministre du Travail ne pouvait annuler l'autorisation de licenciement donnée par l'inspecteur du travail à l'employeur en se fondant sur le fait qu'une telle saisine du conseil de prud'hommes n'équivalait pas à un refus, alors que les salariés avaient manifesté leur décision sans équivoque, en maintenant leur action prud'homale à l'issue d'un délai de réflexion de quinze jours.

Les demandes d'autorisation étant sans rapport avec l'exercice des fonctions représentatives, celles-ci ne devaient pas être annulées.

CE 23 juin 1995, n° 149161.

Selon la Cour de cassation, le refus d'un salarié protégé d'une modification de ses conditions de travail ne caractérise pas à lui seul une faute grave.

Le refus par le salarié protégé d'une modification, que l'autorité administrative a qualifiée de simple changement de ses conditions de travail, justifiant d'accorder à l'employeur l'autorisation de licenciement, ne caractérise pas à lui seul une faute grave.

Cass. soc. 20 juin 2012, n° 10-28.516, 3e branche du 4e moyen, BC V n° 194.

Pour le Conseil d'État, le refus d'un représentant du personnel d'accepter le simple changement par l'employeur de ses conditions de travail peut justifier un licenciement pour faute…

Le refus opposé par un salarié protégé à un changement de ses conditions de travail décidé par son employeur en vertu, soit des obligations souscrites dans le contrat de travail, soit de son pouvoir de direction, constitue, en principe, une faute.

En cas d'un tel refus, l'employeur, s'il ne peut directement imposer au salarié ledit changement, doit, sauf à y renoncer, saisir l'inspecteur du travail d'une demande d'autorisation de licenciement à raison de la faute qui résulterait de ce refus.

Après s'être assuré que la mesure envisagée ne constitue pas une modification du contrat de travail de l'intéressé, il appartient à l'autorité administrative, sous le contrôle du juge, d'apprécier si le refus du salarié constitue une faute d'une gravité suffisante pour justifier l'autorisation sollicitée, compte tenu de la nature du changement envisagé, de ses modalités de mise en œuvre et de ses effets, tant au regard de la situation personnelle du salarié, que des conditions d'exercice de son mandat.

En tout état de cause, le changement des conditions de travail ne peut avoir pour objet de porter atteinte à l'exercice de ses fonctions représentatives.

CE 7 décembre 2009, n° 301563. Voir aussi CE 21 février 2011, n° 323637 ; CE 21 novembre 2012, n° 334658.

N'a fait l'objet d'aucune modification substantielle le contrat de travail d'un représentant du personnel ne contestant pas que le nouvel emploi auquel il avait été affecté comportait des responsabilités, une charge de travail et une rémunération équivalant à celles du poste occupé précédemment. Le refus par l'intéressé d'accepter le simple changement de ses conditions de travail décidé par l'employeur dans l'exercice de son pouvoir de direction a constitué une faute d'une gravité suffisante pour justifier son licenciement.

CE 10 mars 1997, n° 170114, Rec. Lebon p. 76.

En l'absence de mention contractuelle du lieu de travail d'un salarié, la modification de ce lieu de travail constitue un simple changement des conditions de travail, dont le refus par le salarié est susceptible de caractériser une faute de nature à justifier son licenciement, lorsque le nouveau lieu de travail demeure à l'intérieur d'un même secteur géographique, lequel s'apprécie, eu égard à la nature de l'emploi de l'intéressé, de façon objective, en fonction de la distance entre l'ancien et le nouveau lieu de travail ainsi que des moyens de transport disponibles ; en revanche, sous réserve de la mention au contrat de travail d'une clause de mobilité, tout déplacement du lieu de travail dans un secteur géographique différent du secteur initial constitue une modification du contrat de travail.

CE 23 décembre 2014, n° 364616, Rec. Lebon p. 410.

… à moins que ce changement n'ait pour effet de contrevenir à l'exercice normal des fonctions représentatives.

Même en présence d'une clause de mobilité, le refus d'un délégué du personnel d'accepter une mutation à l'étranger ne justifie pas son licenciement pour faute, dès lors que l'éloignement entraîné par la mutation interdisait l'exercice normal de ses mandats représentatifs.

CE 29 décembre 2000, n° 207613.

L'autorité administrative dispose d'un pouvoir d'appréciation, eu égard au comportement du salarié.

Les salariés légalement investis de fonctions représentatives bénéficient, dans l'intérêt de l'ensemble des salariés qu'ils représentent, d'une protection exceptionnelle. Lorsque le licenciement d'un de ces salariés est envisagé, ce licenciement ne doit pas être en rapport avec les fonctions représentatives normalement exercées ou l'appartenance syndicale de l'intéressé. Si la demande de licenciement est motivée par un comportement fautif, l'inspecteur du travail, sous le contrôle du juge administratif, doit vérifier si les faits reprochés au salarié sont d'une gravité suffisante pour justifier son licenciement, compte tenu des règles applicables au contrat de travail et des exigences du mandat.

En l'espèce, il a été jugé que le refus du salarié de rejoindre sa nouvelle affectation constituait une faute d'une gravité suffisante pour justifier son licenciement. N'ayant pas établi que cette mutation rendait plus difficile l'exercice de son mandat, il ne pouvait contester l'autorisation de licenciement délivrée par l'autorité administrative.

CE 31 juillet 1992, n° 102352. Voir aussi CE 7 décembre 2009, n° 301563, précité.

Si le salarié soutient que la modification apportée est liée à l'exercice de ses fonctions, il doit en rapporter la preuve.

Si le salarié protégé allègue que la modification de son contrat de travail est liée à l'exercice passé de ses mandats représentatifs et à sa candidature aux fonctions de délégué du personnel, il doit en rapporter la preuve.

CE 1er février 1995, n° 140329.

Droit syndical (Exercice du) ; Représentants du personnel (Protection/Cas d'application).

Modification de la durée du travail

La modification de la durée du travail, qui doit être distinguée de la simple modification des horaires, peut constituer une modification du contrat de travail.

Cas où la modification de la durée du travail constitue une modification du contrat de travail

La durée du travail mentionnée au contrat de travail constitue, en principe, un élément du contrat qui ne peut être modifié sans l'accord du salarié.

Une salariée, engagée selon son contrat pour effectuer 39 heures de travail par semaine, est en droit de refuser la proposition de son employeur, même accompagnée d'une augmentation de salaire, d'effectuer 41 heures par semaine.

C'est à tort qu'une cour d'appel a débouté la salariée de sa demande de dommages-intérêts pour licenciement sans cause réelle et sérieuse, alors que le refus d'une modification du contrat de travail ne constitue pas une cause de licenciement et qu'il lui appartenait de rechercher si, comme la salariée l'affirmait dans ses conclusions, l'employeur n'avait pas omis d'énoncer dans la lettre de licenciement les motifs rendant, selon lui, nécessaire l'augmentation de la durée hebdomadaire de son travail.

Cass. soc. 20 octobre 1998, n° 96-40.614, BC V n° 433.

La durée du travail telle que stipulée au contrat de travail constitue, en principe, un élément du contrat qui ne peut être modifié sans l'accord du salarié, peu important que la rémunération soit maintenue.

Après avoir constaté qu'un employeur avait imposé à un salarié un changement de ses horaires de permanence entraînant une diminution de son temps de travail effectif et donc de la durée du travail, une cour d'appel a pu décider, d'une part, qu'il y avait eu modification du contrat de travail, d'autre part, que la rupture du contrat était intervenue aux torts de l'employeur.

Cass. soc. 30 mars 2011, n° 09-70.853, 2e moyen.

La transformation d'un horaire de travail à temps complet en horaire de travail à temps partiel constitue une modification du contrat de travail qui doit faire l'objet, de la part du salarié, d'une acceptation claire et non équivoque.

Une salariée, engagée en qualité d'employée de maison à temps complet en 1992, a vu sa durée de travail réduite de moitié, ainsi que sa rémunération en 1995. Elle a saisi la juridiction prud'homale, suite à son licenciement économique intervenu en 1999.

Ayant estimé que la volonté certaine de la salariée de nover son contrat de travail à temps complet en contrat de travail à temps partiel n'était pas caractérisée, une cour d'appel a pu condamner l'employeur à payer à celle-ci une certaine somme à titre de rappel de salaires et congés payés afférents.

Cass. soc. 19 octobre 2005, n° 03-47.226.

Si l'employeur propose à un salarié employé à temps plein de travailler à temps partiel, une telle mesure de gestion s'analyse en une modification du contrat de travail. En l'espèce, la salariée s'étant refusée à signer l'avenant modificatif de son contrat de travail, l'employeur devait soit rétablir l'horaire normal, soit procéder au congédiement de l'intéressée.

Cass. soc. 11 décembre 1991, n° 87-43.843. Voir aussi cass. soc. 29 juin 1999, n° 97-42.248, BC V n° 306.

L'employeur qui veut imposer à un salarié des permanences et astreintes non assumées auparavant modifie son contrat de travail.

Cass. soc. 31 mai 2000, n° 98-42.102.

L'augmentation unilatérale par l'employeur du nombre d'heures de travail prévu dans une convention de forfait sans changement du montant du salaire convenu constitue une modification du contrat de travail.

Cass. soc. 7 février 2001, n° 99-40.869.

Le changement de semestre de travail imposé à un salarié dans le cadre de son contrat à temps partiel annualisé constitue une modification du contrat de travail.

Cass. soc. 18 février 2009, n° 07-42.842, 1er moyen.

La décision unilatérale de l'employeur de ramener la durée de travail effectif à la durée légale constitue une modification du contrat lorsqu'elle entraîne une réduction de la rémunération…

Il résulte de l'article L. 212-1 bis CT, dans sa rédaction issue de la loi 98-461 du 13 juin 1998, que la durée légale du travail effectif des salariés est fixée à 35 heures par semaine à compter du 1er janvier 2000 pour les entreprises dont l'effectif est de plus de 20 salariés.

La réduction du salaire, lorsque la durée du travail effectif est ramenée à la durée légale par décision unilatérale de l'employeur, est une modification du contrat de travail qui ne peut intervenir sans l'accord préalable du salarié.

Un salarié s'est vu proposer, le 29 novembre 1999, par son employeur une réduction de son temps de travail à 35 heures au 1er janvier 2000, avec réduction proportionnelle du salaire. À la suite de son refus, il a été licencié.

C'est à tort qu'une cour d'appel a décidé que ce licenciement était sans cause réelle et sérieuse, alors qu'ayant constaté que, le 29 novembre 1999, l'employeur avait proposé au salarié une diminution de son salaire en contrepartie de la réduction du temps de travail, et que c'est en raison de ce refus que le salarié avait été licencié, la cour devait rechercher si l'article L. 212-1 bis CT était applicable à la société, compte tenu de son effectif.

Cass. soc. 24 mars 2004, n° 02-45.130, BC V n° 98.

… et le licenciement prononcé en raison du refus par le salarié de la modification proposée constitue un licenciement pour motif économique.

Cass. soc. 15 mars 2006, n° 05-42.946, BC V n° 107 (arrêt n° 4).

En revanche, lorsqu'un salarié refuse la modification de son contrat de travail proposée en application d'un accord de réduction de la durée de travail, son licenciement est un licenciement individuel ne reposant pas sur un motif économique.

Selon l'article 30-II de la loi du 19 janvier 2000, lorsqu'un salarié refuse la modification de son contrat de travail proposée en application d'un accord de réduction de la durée de travail, son licenciement est un licenciement individuel ne reposant pas sur un motif économique et est soumis aux dispositions des articles L. 122-14 à L. 122-17 CT.

C'est à tort que, pour déclarer sans cause réelle et sérieuse le licenciement d'un salarié, consécutif à son refus d'une modification de ses conditions de rémunération proposée en application d'un accord sur la réduction du temps de travail dans l'entreprise, une cour d'appel a retenu que le changement des conditions de rémunération des seuls commerciaux de l'entreprise, qui n'était qu'une résultante très partielle des dispositions adoptées pour assurer le passage du temps de travail de 39 heures à 35 heures, apparaissait comme la conséquence de raisons économiques telles qu'explicitées dans le préambule du protocole d'accord, notamment en vue de l'amélioration du chiffre d'affaires, et que l'employeur, qui n'avait pas pour autant usé de la procédure prévue à l'article L. 321-1-2 CT, ne justifiait nullement de la réalité des motifs économiques, au demeurant non explicités dans la lettre de licenciement ; que, dans ces conditions, le licenciement fondé sur le seul refus de la salariée de signer l'avenant au contrat de travail était dépourvu de cause réelle et sérieuse.

En effet, il appartenait à la cour d'apprécier le caractère réel et sérieux du motif du licenciement consécutif à ce refus, au regard des seules dispositions de l'accord collectif de réduction du temps de travail, conformément au texte précité.

Cass. soc. 15 mars 2006, n° 04-41.935, BC V n° 107 (arrêt n° 3).

Durée du travail ; Modification de la rémunération.

Est sans cause réelle et sérieuse le licenciement d'un salarié motivé par son refus de la modification du contrat de travail résultant de la mise en œuvre d'un accord de modulation non conforme aux dispositions légales.

Si le refus par le salarié d'accepter la modification de son contrat de travail résultant de la mise en œuvre d'un accord de modulation constitue, en application de l'article 30 II de la loi 2000-37 du 19 janvier 2000 alors applicable, une cause réelle et sérieuse de licenciement, c'est à la condition que cet accord soit conforme aux dispositions légales.

Après avoir constaté qu'un accord d'entreprise du 2 novembre 2004 ne précisait ni le programme indicatif de modulation, ni les conditions de réduction du délai de prévenance, ni les contreparties dont le salarié bénéficierait dans cette hypothèse, une cour d'appel a pu déduire que ce texte n'était pas conforme aux exigences de l'article L. 212-8 CT, de sorte que le licenciement du salarié motivé par le seul refus de celui-ci d'accepter la modification de son contrat de travail résultant de la mise en œuvre de la modulation était dépourvu de cause réelle et sérieuse.

Cass. soc. 23 septembre 2009, n° 07-44.712, BC V n° 201.

L'acceptation, par le salarié, de la modification du contrat concernant la durée du travail ne peut résulter que d'une manifestation claire et non équivoque de volonté. Celle-ci n'est pas caractérisée par la seule apposition, par le salarié, de sa signature sur le relevé des horaires tenu par l'employeur…

Doit être cassé l'arrêt qui, pour débouter une salariée de sa demande de rappel de salaire et congés payés y afférents, a énoncé que l'intéressée avait accepté la modification de son horaire de travail en apposant chaque mois sa signature sur le relevé des horaires tenu par l'employeur au jour le jour. L'acceptation, par un salarié, de la modification du contrat concernant la durée du travail ne peut résulter que d'une manifestation claire et non équivoque de volonté, ce que ne caractérise pas la seule apposition d'une signature sur un relevé d'horaires établi par l'employeur.

Cass. soc. 16 février 1999, n° 96-45.594, BC V n° 72.

… ni par la simple apposition d'une signature sur le bulletin de paie.

La durée contractuelle du travail, base de calcul de la rémunération, constitue un élément du contrat de travail qui ne peut être modifié sans l'accord du salarié, dont l'acceptation doit être claire et non équivoque, et ne peut résulter de la simple apposition d'une signature sur un bulletin de paie.

Cass. soc. 31 mars 1999, n° 97-41.819. Voir aussi cass. soc. 8 juillet 2015, n° 14-12.305, 1re branche du moyen.

Cas où la modification de la durée du travail s'analyse en un simple changement des conditions de travail

La mise au chômage partiel ne s'analyse pas en une modification du contrat de travail.

Après avoir fait part à ses salariés d'une mesure de chômage partiel égale à 20 % de l'horaire de travail pendant six mois pour éviter des licenciements économiques, une société a avisé le personnel que le chômage était réduit à 10 % de l'horaire de travail. La mesure, qui a donné lieu à indemnisation dans le cadre des dispositions légales relatives au chômage partiel, a pris effet le 18 novembre 1991 et a cessé le 15 mai 1992. Neuf salariés, ayant considéré cette mise en chômage partiel comme une modification de leurs contrats de travail, ont saisi la juridiction prud'homale pour obtenir des rappels de salaires, les indemnités de rupture et une indemnité pour licenciement sans cause réelle et sérieuse.

La mise en chômage partiel du personnel pendant la période d'indemnisation, prévue par l'article L. 351-25 CT, ne constitue pas une modification des contrats de travail. Les dispositions des articles 306 et 307 (modification d'éléments du contrat) de la convention collective nationale du pétrole applicable en l'espèce n'apportent aucune exception à cette règle, puisque le contrat de travail des salariés n'est pas modifié.

Ainsi, la cour d'appel a exactement décidé que les salariés ne pouvaient prétendre avoir été licenciés.

Cass. soc. 18 juin 1996, n° 94-44.654, BC V n° 252.

Il en est de même de la réduction de la durée hebdomadaire de travail résultant d'un accord d'entreprise…

Si la réduction de la durée hebdomadaire du travail qui résulte d'un accord d'entreprise s'impose aux salariés, la perte effective de rémunération contractuelle qu'entraîne cette réduction constitue une modification du contrat de travail qui doit faire l'objet, de la part du salarié, d'une acceptation claire et non équivoque.

Cass. soc. 13 novembre 2002, n° 00-45.712.

… ou d'un usage dénoncé.

Ayant constaté que la réduction du temps de travail dont se prévalait le salarié résultait d'un usage introduit dans l'entreprise en 1996 et dénoncé en 1997, une cour d'appel en a exactement déduit qu'en appliquant la durée du travail convenue lors de l'engagement du salarié, la société n'avait pas modifié son contrat de travail.

Cass. soc. 12 février 2003, n° 00-45.734.

Le simple fait pour l'employeur de mettre en œuvre le régime des astreintes prévu par la convention collective ne constitue pas une modification du contrat de travail.

Une salariée, ambulancière, avait été licenciée pour faute grave caractérisée par le refus de se soumettre au « planning » d'astreintes à domicile mis en place par l'employeur.

C'est à tort que, pour condamner l'employeur à payer à l'intéressée diverses sommes au titre de la rupture de son contrat de travail, un conseil de prud'hommes a énoncé que le contrat ayant été modifié, le refus de la salariée n'était pas constitutif d'une faute grave, alors que l'annexe 1 de la convention collective des transports routiers et des activités auxiliaires du transport du 16 juin 1961 définit les astreintes, fixe leur fréquence et leur rémunération, de sorte que la décision de l'employeur de mettre en œuvre le régime des astreintes prévu par l'accord collectif qui s'imposait à la salariée n'entraînait aucune modification du contrat de travail.

Cass. soc. 16 décembre 1998, n° 96-42.102, BC V n° 556.

Lorsqu'une astreinte est une sujétion liée à une fonction et que le titulaire de cette fonction n'y est pas systématiquement soumis, sa suppression par l'employeur ne constitue pas une modification du contrat de travail.

À la suite de la décision de son employeur de ne plus lui confier d'astreintes en raison de l'éloignement de son domicile du nouveau lieu d'activité de la clinique qui l'employait, une infirmière, invoquant la modification unilatérale de son contrat de travail, a saisi la juridiction prud'homale de diverses demandes.

Après avoir relevé que l'astreinte était une sujétion liée à la fonction d'infirmière et que celle-ci n'y était pas systématiquement soumise en application des dispositions conventionnelles applicables, une cour d'appel a pu en déduire que l'employeur pouvait procéder à la suppression des astreintes dans l'exercice de son pouvoir de direction.

Cass. soc. 13 juillet 2010, n° 08-44.092, BC V n° 173.

Ayant relevé que l'astreinte était une sujétion liée à la fonction de chef district, lequel n'y était pas systématiquement soumis, une cour d'appel a pu décider que l'employeur pouvait procéder à sa suppression sans modification du contrat de travail.

Cass. soc. 15 décembre 2004, n° 02-43.233, BC V n° 334. Voir aussi cass. soc. 2 novembre 2005, n° 04-43.801.

En l'absence de convention de forfait, les heures supplémentaires ne sont pas garanties et leur réduction ne s'analyse pas en une modification du contrat.

Un salarié avait été engagé en qualité de cadre selon un horaire hebdomadaire de 45 heures, qui avait été ultérieurement ramené par courrier à 42 heures. Ayant protesté contre cette diminution de l'horaire de travail, le salarié avait notifié à son employeur son départ à la retraite.

Par une interprétation nécessaire des termes ni clairs ni précis du contrat, une cour d'appel a estimé qu'en l'absence de convention de forfait, les heures supplémentaires n'étaient pas garanties et que, en conséquence, en ramenant l'horaire de 45 à 42 heures, l'employeur n'avait pas modifié le contrat de travail du salarié. La cour d'appel a pu ainsi débouter l'intéressé de sa demande en paiement d'une somme à titre de rappel de salaires.

Cass. soc. 10 mars 1998, n° 95-44.842, 1er moyen, BC V n° 124.

☞ Horaire de travail ; Modification du contrat et des conditions de travail ; Modification de l'horaire de travail.

Modification économique du contrat de travail

La modification du contrat de travail pour une cause non inhérente à la personne du salarié est une modification économique du contrat qui nécessite une procédure spécifique.

La rupture résultant du refus de cette modification par le salarié s'analyse en un licenciement économique.

Origine et justification de la modification

À la condition d'être décidée par la nécessité de sauvegarder la compétitivité de l'entreprise, une réorganisation de celle-ci peut constituer une cause économique de suppression ou de transformation d'emploi, ou de modification du contrat de travail.

Une réorganisation de l'entreprise constitue un motif économique de licenciement si elle est effectuée pour en sauvegarder la compétitivité ou celle du secteur d'activité du groupe auquel elle appartient ; répond à ce critère la réorganisation mise en œuvre pour prévenir des difficultés économiques liées à des évolutions technologiques et leurs conséquences sur l'emploi, sans être subordonnée à l'existence de difficultés économiques à la date du licenciement. Il s'ensuit que la modification des contrats de travail résultant d'une telle réorganisation a elle-même une cause économique.

Cass. soc. 11 janvier 2006, n° 05-40.976.

L'employeur qui a renoncé à poursuivre une modification du contrat de travail ne peut motiver un licenciement, à l'occasion de difficultés économiques ultérieures, par le refus de la proposition de modification faite quelques mois plus tôt au salarié.

Une salariée s'était vu proposer, le 20 avril 1995, une réduction de sa rémunération de 10 % pour cause économique, qu'elle avait refusée. Elle a été licenciée pour motif économique, le 19 juin 1996, en raison de son refus d'une modification de son contrat de travail consécutive aux difficultés économiques de l'employeur.

C'est à tort qu'une cour d'appel a débouté la salariée de sa demande d'indemnité pour licenciement sans cause réelle et sérieuse après avoir relevé que les difficultés économiques, qui avaient conduit la société à proposer à la salariée au mois d'avril 1995 une modification de son contrat de travail, avaient sensiblement diminué, en sorte que la société avait renoncé à poursuivre cette modification à la suite du refus de la salariée et que l'apparition de nouvelles difficultés économiques au cours de l'année 1996 ne pouvait justifier le licenciement économique de la salariée à raison du refus de la proposition de modification qui lui avait été faite 14 mois plus tôt.

Cass. soc. 2 octobre 2001, n° 99-43.999, BC V n° 293.

En l'absence de difficultés économiques, la rupture consécutive au refus du salarié d'accepter la modification proposée pour motif économique est sans cause réelle et sérieuse.

D'une part, le seul refus par un salarié d'une modification de son contrat de travail ne constitue pas une cause réelle et sérieuse de licenciement ; d'autre part, la rupture résultant du refus par le salarié d'une modification de son contrat de travail, proposée par l'employeur pour un motif non inhérent à sa personne, constitue un licenciement pour motif économique.

Un salarié, trésorier comptable, exerçant ses fonctions à Rillieux-la-Pape (69) a été informé, le 31 octobre 2012, du transfert de son contrat de travail à une nouvelle société, après adoption d'un plan de cession par jugement du tribunal de commerce du 31 juillet 2012 ; le nouvel employeur lui a alors indiqué que le lieu d'exécution de son contrat de travail était transféré à Rennes, à la suite de la démission du directeur administratif et financier de Rillieux-la-Pape. Ayant refusé, le 20 novembre 2012, la modification de son contrat de travail qui lui était proposée par l'employeur, le salarié a été licencié pour cause réelle et sérieuse le 31 janvier 2013.

Pour dire le licenciement du salarié fondé sur une cause réelle et sérieuse, une cour d'appel a retenu que la modification du contrat de travail proposée le 31 octobre 2012 au salarié était consécutive à la réorganisation du service financier de la société, que cette réorganisation relevait exclusivement du pouvoir de direction de l'employeur, que le refus de cette modification du contrat de travail était dès lors incompatible avec la poursuite de sa collaboration et justifiait la rupture du contrat de travail, qu'ainsi le salarié avait fait l'objet d'un licenciement pour un motif inhérent à sa personne et qu'il n'était pas fondé à soutenir avoir fait l'objet d'un licenciement pour motif économique.

En statuant ainsi, alors qu'il résultait de ses constatations que le motif de la modification du contrat de travail refusée par le salarié résidait dans la volonté de l'employeur de réorganiser le service financier de l'entreprise et qu'il n'était pas allégué que cette réorganisation résultait de difficultés économiques ou de mutations technologiques ou qu'elle fût indispensable à la sauvegarde de la compétitivité de l'entreprise, en sorte que le licenciement était sans cause réelle et sérieuse, la cour d'appel a violé les articles 1134 c. civ. et L. 1233-3 CT, dans leur rédaction applicable en la cause.

Cass. soc. 11 juillet 2018, n° 17-12.747, à paraître.

Le juge-commissaire avait ordonné la cession d'une entreprise en liquidation judiciaire à l'un des repreneurs qui s'était présenté. Ce dernier avait alors notifié à chaque salarié que son contrat de travail serait poursuivi en application de l'article L. 122-12 CT, en lui précisant que ce contrat excluait un changement de site supérieur à 6 km du centre du site actuel et qu'en cas de changement de site, une navette du site actuel au nouveau site serait mise en place. La société repreneuse avait ensuite informé les salariés repris du transfert de la production sur un nouveau site et licencié pour motif économique ceux qui avaient refusé le transfert. Les salariés avaient alors saisi la juridiction prud'homale d'une demande d'indemnité pour licenciement sans cause réelle et sérieuse.

Une cour d'appel, qui a relevé que l'offre de reprise ne mentionnait pas le transfert de l'établissement repris en un autre lieu et que la lettre de reprise des salariés excluait un changement de site à plus de 6 km de l'établissement, n'a pas modifié les termes du litige en énonçant que le transfert immédiat du personnel sur l'autre site n'était pas envisagé à la date de la prise d'effet de l'offre de reprise. Ayant ensuite relevé que, par sa lettre de reprise adressée aux salariés, la société s'engageait à ne pas changer de site à plus de 6 km de l'établissement et qu'en cas de changement de site, une navette serait mise en place, la cour d'appel, qui a constaté que la société avait immédiatement voulu réaliser le transfert du personnel sur un site distant de plus de 20 km sans mettre en place de navette alors qu'elle s'y était engagée, et qui a fait ressortir que cette décision constituait une modification des contrats de travail, a décidé à bon droit que les salariés étaient fondés à la refuser. Enfin, la cour d'appel, qui a relevé que, contrairement à ses engagements, la société avait procédé à un transfert immédiat du personnel à plus de 20 km du centre, sans chercher un local situé à moins de 6 km ni prévoir de navette, a pu décider que l'employeur avait manqué à ses engagements et licencié les salariés avec une légèreté blâmable. Elle a ainsi pu décider que le licenciement des salariés ayant refusé leur transfert était dépourvu de cause économique.

Cass. soc. 18 novembre 1998, n° 97-43.072, BC V n° 494.

C'est à bon droit qu'une cour d'appel a condamné un employeur à payer une indemnité pour licenciement sans cause réelle et sérieuse à une salariée, employée comme caissière et licenciée pour avoir refusé la modification de ses horaires de travail comportant désormais deux nocturnes jusqu'à 21 h 30 ou 22 heures, après avoir estimé qu'en voulant imposer un travail nocturne à la salariée, l'employeur avait modifié le contrat de travail de celle-ci et avoir constaté que cette modification n'était justifiée par aucun motif économique.

Cass. soc. 19 février 1997, n° 95-41.207, BC V n° 74.

Procédure

• Si l'employeur envisage de procéder à une modification du contrat de travail pour motif économique, il doit en faire la proposition au salarié, qui dispose d'un délai d'un mois (ou de 15 jours en cas de redressement ou liquidation judiciaire, depuis l'ordonnance 2014-326 du 12 mars 2014) pour y répondre ; le défaut de réponse dans ce délai équivaut à une acceptation (art. L. 1222-6 CT).

La procédure prévue par l'article L 1222-6 CT est applicable lorsque l'employeur envisage la modification d'un élément essentiel du contrat de travail pour l'un des motifs énoncés à l'article L 1233-3 CT.

Cass. soc. 13 septembre 2017, n° 15-28.569, BC V n° 135.

Le délai expire à minuit le jour du mois suivant qui porte le même quantième que le jour de la réception de la lettre recommandée contenant la proposition de modification.

Le délai d'un mois prévu au deuxième alinéa de l'article L. 1222-6, al. 2 CT constitue une période de réflexion destinée à permettre au salarié de prendre parti sur la proposition de modification en mesurant les conséquences de son choix ; le salarié devant disposer d'un mois entier pour se prononcer, il en résulte que le délai expire à minuit le jour du mois suivant qui porte le même quantième que le jour de la réception de la lettre recommandée contenant la proposition de modification.

Un salarié a reçu, le 20 novembre 2003, une proposition de modification de son contrat de travail pour motif économique ; il a été convoqué le 20 décembre 2003 à un entretien préalable et a été licencié le 20 janvier 2004 après avoir refusé cette modification.

Pour débouter le salarié de sa demande en paiement de dommages et intérêts pour licenciement sans cause réelle et sérieuse, une cour d'appel a retenu que le délai d'un mois édicté par l'article L. 321-1-2 devenu L. 1222-6 CT était expiré depuis le 19 décembre 2003 au soir lorsque la procédure de licenciement avait été engagée le 20 décembre, puisque les règles de calcul de l'article 641 CPC ne s'appliquent pas à ce délai.

En statuant ainsi, alors qu'il résultait de ses constatations que le délai n'était pas expiré lors de l'engagement de la procédure de licenciement, la cour d'appel a violé les articles L. 122-14-3 et L. 321-1-2 devenus L. 1235-1 et L. 1222-6 CT.

Cass. soc. 3 mars 2009, n° 07-42.850.

La modification du contrat de travail pour motif économique est soumise aux formalités prescrites par l'article L. 1222-6 CT ; il en résulte que l'employeur qui n'a pas respecté ces formalités ne peut se prévaloir ni d'un refus ni d'une acceptation de la modification du contrat de travail par le salarié.

Un employeur a, pour raison économique, proposé à ses salariées une diminution de salaire, sans leur envoyer la lettre recommandée avec avis de réception, prévue par l'article L. 321-1-2 CT. Une de ces salariées, qui a été licenciée et dont le salaire avait été diminué, a saisi la juridiction prud'homale d'une demande en paiement de rappel de salaire, de 13e mois et en complément d'indemnité de licenciement.

Doit être cassé l'arrêt qui, pour débouter la salariée de ses demandes, a énoncé que si l'employeur n'avait pas adressé de lettre recommandée, il avait informé directement l'intéressée à la fois de la modification envisagée et du délai de réflexion d'un mois dont elle disposait pour manifester son refus, et que cette lettre, qui apporte date certaine pour faire courir le délai de réflexion d'un mois, ne constitue pas une condition de fond, mais un moyen de preuve, de sorte que les garanties d'information et de délai de réflexion prévues par l'article susvisé ont été respectées à l'égard de la salariée, laquelle, n'ayant pas manifesté de refus, avait accepté, au terme du délai de réflexion légal, la modification du contrat de travail.

Cass. soc. 25 janvier 2005, n° 02-41.819, BC V n° 18. Voir aussi cass. soc. 3 mai 2012, n° 10-27.427 ; cass. soc. 28 septembre 2016, n° 15-16.775.

Après cession de l'entreprise et entretiens avec une salariée, le cessionnaire a proposé à cette dernière, par lettre simple faisant état de graves difficultés économiques, de réduire sa rémunération ; la salariée a accepté cette modification de son contrat de travail quelques jours plus tard. Après son licenciement pour faute grave, elle a saisi la juridiction prud'homale afin d'obtenir le paiement de diverses sommes liées à l'exécution et à la rupture de son contrat de travail.

Pour débouter la salariée de ses demandes tendant au paiement de rappels de salaires et congés payés afférents, et limiter à une certaine somme la condamnation prononcée à l'encontre de l'employeur, une cour d'appel a retenu que bien qu'elle n'ait pas été informée du délai de réflexion légal d'un mois, la salariée, qui connaissait tant la situation financière réelle de l'entreprise et ses difficultés de trésorerie que les motifs de la décision de l'employeur invoqués lors des entretiens, avait accepté la proposition de modification de son contrat de travail faite par lettre en y apposant la mention « lu et approuvé » ainsi que sa signature, ce qui permettait de conclure qu'elle avait bénéficié d'un délai de réflexion avant d'accepter et que son préjudice était minime.

En statuant comme elle a fait, la cour d'appel a violé l'article L. 1222-6 CT.

Cass. soc. 27 mai 2009, n° 06-46.293, 3e moyen, BC V n° 137.

L'ajout d'une clause de mobilité au contrat de travail pour un motif économique constitue une modification du contrat de travail et impose l'observation de la formalité prévue par l'article L. 321-1-2 CT, dont la méconnaissance rend le licenciement sans cause réelle et sérieuse.

Cass. soc. 25 janvier 2006, n° 03-46.794.

L'employeur qui propose au salarié une modification de son contrat de travail pour motif économique est tenu de l'informer de ses nouvelles conditions d'emploi comme des éventuelles mesures accompagnant cette modification afin de lui permettre de prendre position sur l'offre qui lui est faite en mesurant les conséquences de son choix ; à défaut, le licenciement est privé de cause réelle et sérieuse.

Cass. soc. 30 janvier 2008, n° 06-42.000.

L'inobservation du délai d'un mois par l'employeur prive de cause réelle et sérieuse le licenciement fondé sur le refus par le salarié de la modification de son contrat de travail.

Le délai d'un mois institué par l'article L. 321-1-2 CT constitue une période de réflexion destinée à permettre au salarié de prendre parti sur la proposition de modification, en mesurant les conséquences de son choix. Il en résulte que l'inobservation de ce délai par l'employeur prive de cause réelle et sérieuse le licenciement fondé sur le refus par le salarié de la modification de son contrat de travail.

Un employeur a proposé à une salariée une réduction de ses horaires en lui demandant une réponse dans les huit jours. La salariée a refusé la proposition et a été licenciée. Elle a saisi la juridiction prud'homale.

C'est à tort qu'une cour d'appel a débouté la salariée de sa demande de dommages-intérêts pour licenciement sans cause réelle et sérieuse, alors qu'il résultait de ses constatations que l'intéressée n'avait pas bénéficié d'un délai d'un mois pour faire connaître son refus.

Cass. soc. 10 décembre 2003, n° 01-44.745, BC V n° 313. Voir aussi cass. soc. 28 octobre 2008, n° 07-42.718, 3e moyen ; cass. soc. 11 décembre 2015, n° 14-20.350.

Une salariée s'est vu proposer une double modification de son contrat de travail consistant en la suppression de son quatorzième mois et en une mutation. Elle a opposé un refus à la première proposition de modification et a demandé à bénéficier du délai légal de réflexion sur le changement de son lieu de travail. La société l'a alors informée qu'elle suspendait la mutation envisagée et lui a demandé de rester à son poste. Elle l'a ensuite licenciée.

Une cour d'appel, ayant constaté que le délai de réflexion prévu par l'article L. 321-1-2 CT pour permettre au salarié de se prononcer sur l'ensemble des modifications proposées n'était pas expiré lorsque l'employeur avait convoqué l'intéressée à un entretien préalable au licenciement, a exactement décidé que le licenciement était sans cause réelle et sérieuse.

Cass. soc. 10 décembre 2003, n° 01-40.225, BC V n° 312. Voir aussi cass. soc. 4 juillet 2012, n° 11-19.205.

Lorsque l'employeur a notifié à chaque salarié concerné une proposition de modification du contrat de travail, le juge ne peut pas dénier l'existence d'une telle modification.

Moins d'une semaine après avoir refusé une proposition de modification de son contrat de travail, consistant en une réduction de la durée du travail et un changement de lieu de travail, un salarié, qui s'est présenté sur son lieu de travail, a fait constater par huissier que l'employeur refusait de lui fournir du travail et a été licencié postérieurement à sa saisine de la juridiction prud'homale d'une demande d'indemnité pour licenciement sans cause réelle et sérieuse.

C'est à tort que, pour débouter l'intéressé de sa demande, une cour d'appel a énoncé que seule la réduction du temps de travail proposée constituait une modification, mais non le changement du lieu de travail, de sorte que si l'employeur était tenu de fournir au salarié un travail à temps plein pendant le délai légal de réflexion d'un mois, le salarié, lui, ne pouvait prétendre se maintenir sur le même lieu de travail pendant ce délai et qu'il n'existait, à la date du constat d'huissier, aucun manquement de l'employeur de nature à caractériser une rupture du contrat de travail, qui lui aurait été imputable, alors, d'une part, qu'elle ne pouvait, en l'état de la proposition faite par l'employeur conformément à l'article L. 321-1-2 CT, dénier l'existence de la modification du contrat de travail, et alors, d'autre part, que l'employeur ayant licencié le salarié, il lui appartenait de se prononcer sur la cause du licenciement.

Cass. soc. 12 juillet 1999, n° 97-41.738, BC V n° 346. Voir aussi cass. soc. 7 mars 2000, n° 98-40.659, 2e moyen, BC V n° 88.

Une réponse dilatoire ou conditionnelle du salarié constitue une réponse négative.

Seule une réponse expresse et positive, ou le silence gardé par le salarié pendant plus d'un mois, vaut acceptation de la modification proposée par l'employeur pour l'application de l'article L. 321-1-2 CT ; dès lors, une réponse dilatoire ou conditionnelle, telle qu'une demande de prorogation, constitue une réponse négative.

Cass. avis 6 juillet 1998, n° 98-00.005, BC n° 9.

Le silence du salarié vaut acceptation de la modification, même en présence d'une clause prévoyant le contraire.

Des salariés ont été licenciés en raison de leur refus d'une modification de leurs contrats de travail dans le cadre d'une réorganisation de l'entreprise.

C'est à bon droit qu'une cour d'appel a dit que les licenciements étaient dépourvus de cause réelle et sérieuse. En effet, le silence conservé par un salarié pendant le délai d'un mois à compter de la proposition de modification étant réputé par l'article L. 321-1-2 CT valoir acceptation de cette modification, la cour d'appel a exactement décidé que le silence des salariés n'équivalait pas à un refus et que leurs licenciements étaient en conséquence dépourvus de cause réelle et sérieuse, quand bien même la proposition de modification de contrat de travail adressée par l'employeur à ces salariés mentionnait-elle que leur absence de réponse dans ce délai vaudrait refus.

Cass. soc. 18 mai 2004, n° 01-46.164.

En cas de refus par le salarié d'une modification économique de son contrat de travail, l'employeur ne peut que poursuivre le contrat aux conditions initiales ou diligenter une procédure de licenciement.

Un employeur ne peut modifier unilatéralement le contrat de travail du salarié. En cas de refus par le salarié d'une modification de son contrat de travail proposée pour motif économique, l'employeur ne peut que poursuivre le contrat de travail aux conditions initiales ou diligenter une procédure de licenciement. Le salarié, qui se voit imposer une modification unilatérale de son contrat et qui ne choisit pas de faire constater que cette voie de fait s'analyse en un licenciement, est fondé à exiger la poursuite du contrat aux conditions initiales et ne peut être tenu d'exécuter le contrat de travail aux conditions unilatéralement modifiées par l'employeur.

Un salarié avait refusé la modification de son contrat de travail pour cause économique qui lui avait été proposée et avait cessé d'exécuter sa prestation aux conditions modifiées imposées par l'employeur.

Doit être cassé le jugement ayant débouté le salarié de sa demande de rappel de salaire sans vérifier si, comme le soutenait ce dernier, il n'avait pas refusé la modification de son contrat de travail proposée par l'employeur et s'il n'avait pas cessé d'accomplir sa prestation en raison de son refus de poursuivre le travail dans des conditions unilatéralement modifiées par l'employeur.

Cass. soc. 26 juin 2001, n° 99-42.489, BC V n° 229.

L'employeur peut renoncer à la modification avant la fin du délai de réflexion accordé au salarié et le refus de ce dernier de reprendre le travail ne rend pas la rupture imputable à l'employeur.

Dans le cadre d'un projet de restructuration, une société avait envisagé le transfert d'un de ses départements dans une autre ville. Elle avait convoqué plusieurs salariés à un entretien, le 13 février 1991, et leur avait soumis les éléments du plan social, parmi lesquels figuraient des propositions de convention de conversion, à l'égard duquel ils devaient prendre position avant le 22 mars suivant, leur silence, passé ce délai, valant refus du transfert. Le 19 mars, la société renonçait à son projet et annulait ses offres précédentes. Le 20 mars, les salariés répondaient qu'ils refusaient la modification de leurs contrats de travail et qu'ils acceptaient la convention de conversion. Malgré une mise en demeure du 28 mars, ils ne reprenaient pas le travail, considérant qu'ils avaient été licenciés.

C'est à bon droit qu'une cour d'appel a débouté les salariés de leurs demandes tendant au paiement des indemnités de rupture du contrat, congés payés sur préavis et dommages-intérêts, pour perte du bénéfice d'une convention de conversion acceptée dans le délai imparti malgré le retrait de la proposition de l'employeur et les a condamnés à verser des indemnités de préavis : ayant constaté qu'au cours de l'entretien du 13 février, l'employeur s'était borné à proposer aux salariés une modification de leurs contrats de travail en leur indiquant qu'en cas de refus, ils seraient susceptibles d'être licenciés, la cour d'appel a pu décider que l'employeur pouvait renoncer à son projet de réorganisation avant toute acceptation des salariés.

En outre, les salariés, auxquels il avait été seulement proposé une modification de leurs contrats de travail, ne pouvaient, du seul fait que l'employeur avait renoncé à ce projet, se considérer comme licenciés et la cour d'appel, ayant relevé qu'ils n'avaient pas repris leurs fonctions malgré une mise en demeure de l'employeur, a pu décider que la rupture du contrat de travail n'incombait pas à ce dernier.

Cass. soc. 5 mars 1997, n° 94-42.188, BC V n° 96.

L'administrateur judiciaire, qui propose à des salariés de modifier leur contrat de travail dans le cadre d'un plan de continuation prévoyant des licenciements pour motif économique, est tenu de respecter les dispositions de l'article L. 1222-6 CT.

En vertu de l'article L. 321-1, al. 2 CT, les dispositions d'ordre public des articles L. 321-1 à L. 321-15 de ce code sont applicables à toute rupture de contrat de travail résultant d'une suppression ou transformation d'emploi ou d'une modification du contrat de travail consécutives, notamment, à des difficultés économiques ou à des mutations technologiques.

Une société ayant fait l'objet d'une procédure de redressement judiciaire, des repreneurs éventuels avaient présenté un plan de continuation prévoyant des licenciements pour motif économique. L'administrateur judiciaire avait notifié, le 24 décembre 1996, à 173 salariés une proposition de modification de leur contrat de travail qu'ils devaient accepter dans un délai de huit jours. Le 9 janvier 1997, le tribunal de commerce avait arrêté le plan de continuation de la société. Certains salariés avaient alors saisi la formation des référés du conseil de prud'hommes afin de voir prononcer la nullité de la proposition de modification de leur contrat de travail.

C'est à bon droit que, pour annuler les propositions de contrat de travail notifiées aux demandeurs ainsi que les avenants à leur contrat de travail qu'ils avaient ensuite souscrits, une cour d'appel, qui a relevé que le représentant de l'employeur envisageait le licenciement pour motif économique des salariés qui n'auraient pas accepté la modification de leur contrat de travail dans le délai de huit jours, a décidé que la proposition de modification des contrats de travail faite par l'administrateur judiciaire était soumise aux dispositions de l'article L. 321-1-2 CT prévoyant que la lettre de notification doit informer le salarié qu'il dispose d'un délai d'un mois à compter de sa réception pour faire connaître son refus.

Cass. soc. 28 novembre 2000, n° 98-42.852, BC V n° 393.

Mais si, dans le cadre de l'obligation de reclassement, l'employeur propose au salarié une modification de son contrat de travail, il n'a pas à respecter la procédure prévue à l'article L. 1222-6 CT.

La proposition de l'employeur de modification du contrat de travail faite à un salarié dans l'exécution par l'employeur de son obligation de reclassement n'est pas soumise aux dispositions de l'article L. 321-1-2 CT.

Cass. soc. 13 avril 1999, n° 97-41.934, BC V n° 170. Voir aussi cass. soc. 27 novembre 2001, n° 99-41.723, BC V n° 359 ; cass. soc. 12 septembre 2018, n° 17-12.746.

• La loi du 18 janvier 2005 a mis un terme à la jurisprudence selon laquelle la procédure de licenciement collectif pour motif économique devait être mise en œuvre préalablement à la proposition de modification. Il est précisé que l'employeur ne doit établir un plan de sauvegarde de l'emploi que si dix salariés au moins ont refusé la modification économique de leur contrat de travail et si leur licenciement est envisagé (art. L. 1233-25 CT).

Cette obligation ne s'applique donc pas lorsque, après le refus de plus de vingt salariés de la modification économique de leur contrat, l'employeur n'envisage finalement que le licenciement de moins de dix salariés.

Dans le cadre d'un projet de restructuration, et après consultation des institutions représentatives du personnel, une société a proposé à trente-six salariés la modification de leur contrat de travail pour motif économique, laquelle a été refusée par vingt et un d'entre eux. L'employeur n'a ensuite, en définitive, engagé une procédure de licenciement économique qu'à l'égard de neuf salariés.

Après avoir constaté qu'à la suite du refus de vingt et un salariés de voir modifier leur contrat de travail et d'être mutés sur un autre site, la société avait modifié son projet de réorganisation pour maintenir une partie de son activité et des emplois sur le site initial, et procédé à une nouvelle consultation des représentants du personnel sur un projet de licenciement collectif concernant moins de dix salariés, une cour d'appel en a déduit à bon droit que l'employeur n'était pas tenu de mettre en œuvre un plan de sauvegarde de l'emploi.

Cass. soc. 24 janvier 2018, n° 16-22.940, à paraître.

Licenciement collectif ; Modification du contrat et des conditions de travail ; Plan de sauvegarde de l'emploi.

Modification des fonctions

La modification des fonctions du salarié constitue, le plus souvent, une modification du contrat de travail. Cette modification peut résulter d'un accroissement des attributions ou, au contraire, d'une diminution de fonctions ou de responsabilités.

L'employeur peut toutefois procéder, en vertu de son pouvoir de direction, à de simples aménagements de fonctions.

La modification des fonctions constitue souvent une modification du contrat de travail…

Tel est le cas du retrait de toute fonction de responsabilités…

Après avoir assumé la direction d'une agence, un salarié s'était vu notifier sa mutation au poste de conseiller professionnel d'agence, motif pris de son refus de partir en préretraite, de la faiblesse de son management et d'un manque d'implication dans ses fonctions. Après avoir refusé cette nouvelle affectation, le salarié avait saisi la juridiction prud'homale d'une demande tendant à la constatation de la modification de son contrat de travail, à la résiliation de celui-ci et au paiement d'indemnités fondées sur un licenciement sans cause réelle et sérieuse.

Ayant constaté que le salarié, par l'effet de cette mutation, avait été privé des fonctions de commandement et des responsabilités attachées à l'emploi qu'il occupait précédemment, que des objectifs de production lui avaient été imposés, ainsi que des comptes rendus hebdomadaires et un nombre minimal de visites, ce dont il résultait qu'il était privé d'initiative pour l'organisation de ses nouvelles fonctions, la cour d'appel en a déduit à bon droit que le contrat de travail du salarié avait été modifié.

Cass. soc. 27 novembre 2002, n° 00-45.602.

... du déclassement...

Ayant relevé que la proposition faite à un salarié avait pour effet de transformer sa qualification de chef de région en celle d'adjoint au chef de région, une cour d'appel a pu décider que le contrat de travail avait été modifié et que le licenciement de l'intéressé, consécutif à son refus d'accepter cette modification, était dépourvu de cause réelle et sérieuse.

Cass. soc. 23 janvier 2001, n° 99-40.129, BC V n° 18.

... de l'affectation du niveau de responsabilité du salarié...

Un salarié, engagé en qualité de directeur régional puis de « directeur compte clés » en relation avec les centrales d'achat de la grande distribution, et chargé de la responsabilité des négociations avec les enseignes nationales des grandes et moyennes surfaces, a été remplacé à son poste de « directeur compte clés » et s'est vu proposer le développement de nouveaux segments de distribution hors grandes et moyennes surfaces, proposition qu'il a refusée en invoquant une modification de son contrat de travail.

Ayant relevé que l'avenant au contrat de travail proposé au salarié, s'il ne modifiait pas effectivement ses conditions de rémunération, transformait néanmoins totalement ses attributions et le niveau de ses responsabilités puisqu'il n'était plus en charge de la grande distribution, mais d'enseignes privées ramenant ses responsabilités à un niveau très inférieur, une cour d'appel a pu décider que l'employeur avait procédé à une modification du contrat de travail.

Cass. soc. 28 janvier 2005, n° 03-40.639, BC V n° 35.

Ayant constaté qu'une salariée, grand reporter, qui relevait auparavant d'un directeur de l'information puis d'un secrétaire général de l'information, était désormais placée sous la responsabilité fonctionnelle et rédactionnelle du directeur-rédacteur en chef de la radio nouvellement créée, faisant ainsi ressortir que son niveau de responsabilités avait été affecté, une cour d'appel a pu en déduire qu'il s'agissait d'une modification de son contrat de travail qui ne pouvait être décidée sans son accord.

Cass. soc. 22 février 2006, n° 04-43.822.

Un salarié avait fait l'objet d'une nouvelle affectation en qualité de consultant-manager à la suite d'une réorganisation de l'entreprise qui l'employait.

Estimant que l'employeur avait procédé à une modification unilatérale de son contrat de travail en lui imposant un changement de fonction assimilable à une rétrogradation, le salarié a saisi la juridiction prud'homale de diverses demandes tendant à la résiliation de son contrat de travail aux torts de l'employeur et au paiement de diverses indemnités.

Ayant constaté que la société avait attribué au salarié des fonctions nouvelles qui relevaient d'un niveau hiérarchique moins élevé dans l'organigramme de l'entreprise en ce qu'il ne dépendait plus directement du directeur de région mais du responsable du « pôle maîtrise des risques », du nouveau responsable de la division conseil et du directeur-conseil, de sorte qu'il se trouvait dépassé, voire commandé, par des salariés qui étaient auparavant de son niveau, et qui emportaient le management d'une équipe réduite de cinq collaborateurs alors qu'il en avait auparavant plus d'une vingtaine sous sa responsabilité, une cour d'appel a pu en déduire que le contrat de travail du salarié avait été modifié, peu important que son classement conventionnel et sa rémunération aient été maintenus.

Cass. soc. 16 mai 2007, n° 06-40.868.

Après avoir, d'une part, relevé qu'un salarié détenait, depuis l'année de la conclusion de son contrat de travail, une très large délégation de pouvoirs et, d'autre part, constaté que l'employeur lui avait retiré, sans son accord, la gestion de l'ensemble du personnel et le pouvoir d'engager le financement de la société, ce qui avait eu pour effet de diminuer unilatéralement les responsabilités de l'intéressé, une cour d'appel a pu en déduire que le contrat de travail du salarié avait été modifié.

Cass. soc. 6 janvier 2010, n° 08-43.256.

... d'un changement d'attribution...

Un salarié, engagé en qualité de livreur, a été licencié pour faute grave pour avoir refusé d'effectuer le vernissage d'un meuble. Contestant le bien-fondé de son licenciement et le non-respect de la procédure de licenciement par l'employeur, il a saisi la juridiction prud'homale.

C'est à tort que, pour déclarer le licenciement de l'intéressé justifié par une faute grave, une cour d'appel a énoncé qu'il ne pouvait être soutenu que la fonction de vernisseur ne soit pas de même niveau que celle de livreur, que le salarié avait toujours exercé des fonctions de vernisseur dans l'entreprise et que celle-ci était une petite structure qui exigeait la polyvalence des employés, alors qu'elle avait constaté que la convention collective des magasins de vente de meubles au détail, applicable au litige, ne prévoyait pas la fonction de vernisseur dans les commerces de cette catégorie, en sorte qu'il ne pouvait être reproché au salarié d'avoir refusé d'accomplir une tâche qui n'entrait pas dans les attributions énumérées par son contrat de travail, peu important qu'il ait été embauché « en qualité de livreur ou de tout autre emploi de même niveau suivant les nécessités de l'entreprise ».

Cass. soc. 23 mars 2005, n° 02-46.105, BC V n° 100.

C'est à bon droit qu'après avoir relevé qu'un salarié, engagé en qualité de réceptionniste de nuit, s'était vu attribuer une nouvelle tâche consistant à dresser les couverts pour le petit déjeuner, alors que cette tâche était habituellement assurée par un autre service, une cour d'appel a décidé qu'elle n'entrait pas dans les attributions du poste du salarié et constituait une modification du contrat de travail.

Cass. soc. 24 janvier 2001, n° 99-40.596, 2e moyen.

... même temporaire...

Le refus d'un salarié d'accepter une modification de son contrat de travail n'est pas fautif.

Une salariée, licenciée pour avoir refusé des tâches nouvelles, a saisi la juridiction prud'homale pour contester la cause réelle et sérieuse de son licenciement et obtenir le paiement de dommages-intérêts.

C'est à tort que, pour rejeter sa demande, une cour d'appel a énoncé que les tâches proposées étaient annexes, complémentaires des fonctions initiales et devaient être confiées temporairement à l'intéressée pour pallier la baisse d'activité de l'ensemble de l'entreprise, que cette adjonction ne devait entraîner aucune modification de sa rémunération, de sa classification et de son coefficient hiérarchique, de sa fonction principale, de ses horaires de travail, de ses responsabilités et de son degré de subordination à la direction générale, de sorte que la nouvelle définition du poste proposé par l'employeur ne constituait qu'une modification des conditions de travail de la salariée et que son refus d'exécuter les nouvelles tâches confiées par l'employeur dans le cadre de son pouvoir de direction présentait un caractère fautif, alors que la proposition de l'employeur transformait les attributions de la salariée en lui confiant des tâches qui ne relevaient pas de sa qualification et qui étaient étrangères à l'activité pour laquelle elle avait été engagée.

Cass. soc. 17 janvier 2006, n° 04-40.965.

... de l'affectation à un emploi relevant d'une autre qualification...

Un changement d'affectation caractérise une modification du contrat de travail dès lors qu'il concerne des fonctions de qualification différente.

Cass. soc. 27 juin 2012, n° 10-28.328. Voir aussi cass. soc. 5 mars 2014, n° 12-29.242.

Après avoir constaté que, dans son précédent emploi, une salariée exerçait à titre principal la fonction de caissière et que l'employeur lui avait proposé, à l'issue de son congé parental d'éducation, un emploi de gondolière excluant toute activité de caisse, une cour d'appel a pu décider que le licenciement de l'intéressée consécutif à son refus d'occuper ce poste était dépourvu de cause réelle et sérieuse, l'emploi proposé n'étant pas similaire à celui occupé précédemment.

Cass. soc. 12 mars 2002, n° 99-43.138, BC V n° 92.

Une salariée, engagée en qualité de garde-malade, avait été affectée à un poste de lingère. Après la suspension de son contrat de travail en raison d'un congé parental d'éducation, l'employeur l'avait affectée à un emploi de garde-malade. À la suite de son refus d'accepter cette affectation, la salariée a été licenciée et a saisi la juridiction prud'homale en vue d'obtenir la condamnation de son employeur au paiement de dommages-intérêts pour licenciement sans cause réelle et sérieuse.

Après avoir constaté que l'intéressée était employée en qualité de lingère avant son départ en congé et qu'il lui avait été proposé à son retour un emploi de garde-malade, une cour d'appel a légalement justifié sa décision de faire droit à la demande de la salariée.

Cass. soc. 26 mars 2002, n° 98-45.176, BC V n° 109.

La qualification d'un salarié constitue un élément du contrat de travail qui ne peut être modifié sans son accord, peu important que la modification soit justifiée par l'insuffisance professionnelle de ce salarié ; il incombe à l'employeur, en cas de refus du salarié, soit de maintenir les dispositions contractuelles convenues, soit de tirer les conséquences de ce refus.

Cass. soc. 7 juillet 2004, n° 02-44.734.

... du retrait d'une délégation générale de signature...

En 1994, un syndicat intercommunal a confié l'exploitation d'une piscine à une association qui, par contrat à durée indéterminée de droit privé, a engagé un salarié en qualité de directeur au statut cadre ; en 2003, le syndicat a décidé de reprendre directement en charge la gestion de la piscine ; le syndicat ayant informé le salarié de ce que l'activité de l'association était intégrée au sein de celle du syndicat, et que son contrat de travail était transféré à celui-ci, il proposait à l'intéressé un contrat de travail de droit public ; après le refus du salarié de signer ce contrat, le syndicat l'a convoqué à un entretien préalable en vue d'un licenciement pour raison économique ; le salarié avait auparavant saisi la juridiction prud'homale d'une demande de résiliation judiciaire de son contrat de travail aux torts du syndicat.

Pour débouter le salarié de sa demande, une cour d'appel a retenu que la suppression générale de la délégation de signature que possédait le salarié pour signer des conventions, des devis, pour gérer le personnel et pour payer les factures, constituait une sanction disciplinaire au sens de l'article L. 1331-1 CT, cette suppression étant de nature à affecter la fonction du salarié, directeur de la piscine, que l'association n'avait pas respecté la procédure disciplinaire, que ce grief reproché au syndicat qui avait repris le contrat de travail du salarié était établi, étant précisé que ce dernier ne contestait pas le bien-fondé de la sanction puisqu'il ne s'était attaché qu'à critiquer le non-respect de la procédure à son égard, mais que s'agissant du seul grief établi contre l'employeur qui s'analysait comme un non-respect de procédure d'une sanction disciplinaire, il n'était pas suffisamment grave pour justifier de prononcer la résiliation du contrat de travail du salarié aux torts du syndicat.

En statuant ainsi, alors que l'employeur avait retiré au salarié la délégation générale de signature, de sorte que le contrat de travail était modifié, la cour d'appel a violé l'article L. 1231-1 CT.

Cass. soc. 26 octobre 2011, n° 10-19.001, BC V n° 241.

… ou de l'accroissement permanent des tâches.

Ayant relevé qu'un salarié supervisait habituellement sept magasins et qu'il lui avait été imposé d'en contrôler désormais douze, une cour d'appel a pu décider que cette augmentation importante de ses tâches constituait, malgré la clause de flexibilité prévue au contrat du salarié, et peu important que le nombre de magasins contrôlés n'ait pas été contractuellement prévu, une modification du contrat de travail.

Cass. soc. 20 novembre 2002, n° 00-44.365.

La rétrogradation constitue une modification du contrat, peu important que celui-ci comporte une clause prévoyant la possibilité d'une évolution des fonctions.

Un salarié, engagé en qualité de chef de rayon avec une rémunération composée d'une partie fixe et d'une partie variable, a été affecté en mai 1995 au poste de collaborateur du nouveau chef des ventes. En mai 1996, reprochant à son employeur d'avoir modifié son contrat, il a démissionné et saisi la juridiction prud'homale d'une demande d'indemnisation pour licenciement sans cause réelle et sérieuse.

Doit être cassé l'arrêt qui, pour rejeter la demande du salarié, après avoir constaté qu'il avait subi une rétrogradation et que son salaire fixe avait baissé, a énoncé que le contrat n'avait pas été modifié, dès lors que, selon ce contrat, les fonctions pouvaient évoluer, seul le niveau de la rémunération étant garanti, et que celle-ci n'avait pas diminué pendant l'année où le salarié avait occupé ses nouvelles fonctions, du fait de l'élargissement de l'assiette de la partie variable, et que le salarié s'était comporté comme s'il avait accepté, alors, d'une part, que la rétrogradation constitue une modification du contrat, peu important que celui-ci prévoit la possibilité d'une évolution des fonctions, que, d'autre part, la rémunération ne peut être modifiée dans sa partie fixe sans l'accord du salarié, toute clause le permettant étant inopérante, peu important la compensation résultant d'un élargissement de l'assiette de la partie variable et alors, enfin, que l'accord du salarié doit être exprès.

Cass. soc. 1er octobre 2003, n° 01-43.724.

En revanche, la révocation du mandat social dont était titulaire un salarié ne modifie pas, en soi, son contrat de travail.

Pour condamner une société à payer des indemnités de rupture et pour licenciement sans cause réelle et sérieuse à un salarié titulaire d'un mandat social, une cour d'appel a retenu que le terme mis aux fonctions de directeur général confiées à l'intéressé par l'assemblée générale de la société, à l'initiative du président du conseil d'administration, même s'il n'avait entraîné aucune baisse de rémunération, avait apporté un changement important de sa place dans les structures de direction de la société et constituait une modification du contrat de travail dans l'un de ses éléments essentiels, à savoir sa place et donc son pouvoir et son autorité dans la société, en sorte que la rupture du contrat de travail s'analysait en un licenciement sans cause réelle et sérieuse.

En statuant ainsi, alors que les directeurs généraux sont révocables à tout moment sans que cette révocation ait d'incidence sur le contrat de travail dont ils ont conservé le bénéfice, et sans relever d'éléments de nature à caractériser une modification des fonctions techniques de directeur adjoint exercées par le salarié dans un lien de subordination avec la société en exécution du contrat de travail, la cour d'appel n'a pas légalement justifié sa décision.

Cass. soc. 14 juin 2000, n° 97-45.852, BC V n° 229.

… qui peut être assortie d'une période probatoire

Si, au cours de l'exécution du contrat de travail, l'employeur peut assortir sa décision d'affectation d'un salarié à un nouveau poste de travail emportant modification du contrat de travail d'une période probatoire, une telle condition requiert l'accord exprès du salarié.

Cass. soc. 16 mai 2012, n° 10-10.623, pourvoi principal, BC V n° 149. Voir aussi cass. soc. 16 mai 2012, n° 10-24.308, 2e moyen, BC V n° 148.

Lorsqu'une disposition conventionnelle impose une période probatoire, l'employeur doit en respecter strictement les conditions et ne peut en différer la mise en œuvre.

Selon un accord collectif applicable au sein d'un groupe, sur la mise en œuvre et le suivi des classifications, la mesure individuelle associée à un changement de classe et de fonction ne peut intervenir qu'au terme d'une période d'adaptation permettant à l'entreprise et au salarié d'avoir le recul suffisant ; il sera pris en compte l'adaptation à la nouvelle fonction et la performance individuelle atteinte.

Une salariée responsable de l'entité achats informatiques d'une société depuis le 1er décembre 2007 a vu son poste initialement inscrit en classe 6 réévalué en classe 7 en avril 2008 ; le 3 juillet suivant, l'employeur lui a indiqué qu'une période d'adaptation de six mois permettrait de la confirmer ou non dans ce poste ; l'employeur lui a proposé, le 16 décembre 2008, une nouvelle période probatoire qu'elle a refusée, puis lui a offert de choisir parmi deux postes de classe 6, ce qu'elle a également refusé ; par lettre du 23 février 2009, la salariée a pris acte de la rupture de son contrat de travail aux torts de l'employeur et a saisi la juridiction prud'homale de diverses demandes.

Pour dire que la prise d'acte de la rupture produisait les effets d'une démission et rejeter la demande de la salariée tendant à voir condamner son employeur à lui payer des sommes à titre d'indemnités de rupture et de dommages-intérêts pour licenciement sans cause réelle et sérieuse, une cour d'appel a retenu qu'un accord collectif de groupe avait été conclu le 28 juin 1999 portant sur la mise en œuvre et le suivi des classifications, que la salariée ne discutait pas véritablement l'application de cet accord collectif qui avait eu vocation à être mis en œuvre en l'espèce dès lors que le poste qu'elle occupait avait été réévalué de classe 6 en classe 7, comme le prévoit l'article 6.2 de l'accord, que dès lors la salariée ne pouvait pas utilement soutenir qu'elle occupait déjà ce poste précédemment puisque la décision de changement de classe prise par le comité d'évaluation était intervenue au mois d'avril 2008, plusieurs mois après qu'elle avait commencé à occuper ce poste, qu'en outre cet article 6.2 énonce que cette période d'adaptation y compris dans le cas de réévaluation de classe est impérative et s'impose tant à l'employeur qu'au salarié, seule sa durée étant réduite de douze à six mois, qu'il n'était donc pas démontré que la période d'adaptation avait été imposée unilatéralement par l'employeur, qu'en raison de dispositions conventionnelles impératives qui s'imposaient à toutes les parties au contrat de travail, la salariée échouait également à démontrer que cette période probatoire était illégale, que l'employeur en lui adressant la lettre du 3 juillet 2008 l'informant qu'elle serait confirmée dans sa nouvelle fonction d'expert manager à l'issue de cette période probatoire suite à l'évaluation de son poste en classe 7, s'était donc conformé à l'accord collectif précité.

En statuant ainsi, alors que la mesure individuelle visée par l'article 6-2 de l'accord collectif suppose l'existence d'un changement à la fois de poste et de classe, une cour d'appel, qui a constaté que la notification par l'employeur à la salariée d'une période probatoire était intervenue le 3 juillet 2008, soit à une époque nettement postérieure à l'occupation du nouveau poste depuis le 1er décembre 2007 suivie d'un changement de classe survenu en avril 2008, a violé l'article 6-2 de l'accord collectif.

Cass. soc. 20 mai 2015, n° 13-13.967, 1er moyen, BC V n° 100.

La modification des fonctions constitue parfois un simple changement des conditions de travail

Tel est le cas lorsque l'employeur impose au salarié d'exécuter une tâche différente de celle qu'il effectuait antérieurement, dès l'instant que cette tâche correspond à sa qualification.

L'employeur, dans le cadre de son pouvoir de direction, peut changer les conditions de travail d'un salarié. La circonstance que la tâche donnée à un salarié soit différente de celle qu'il effectuait antérieurement, dès l'instant où elle correspond à sa qualification, ne caractérise pas une modification du contrat de travail.

C'est donc à tort qu'une cour d'appel a condamné une société à payer des indemnités de rupture à une salariée, engagée en qualité d'ouvrière agricole occupée à titre principal à la cueillette des citrons et qui avait refusé de reprendre le travail au motif qu'elle avait été affectée à l'engainage des bananes, sans constater que la mesure prise par l'employeur correspondait à une discrimination prohibée ou à une sanction injustifiée.

Cass. soc. 10 mai 1999, n° 96-45.673, BC V n° 199. Voir aussi cass. soc. 10 octobre 2000, n° 98-41.358, BC V n° 316 ; cass. soc. 24 avril 2001, n° 98-44.873, BC V n° 128 ; cass. soc. 18 juillet 2001, n° 99-45.076, BC V n° 276 ; cass. soc. 25 mars 2009, n° 07-45.266, 1er moyen ; cass. soc. 5 novembre 2014, n° 13-18.209.

Tel est également le cas lorsque le salarié a expressément accepté par un avenant d'occuper, en plus de ses fonctions, celle d'un salarié absent pour maladie jusqu'au retour de ce dernier.

Un salarié a été engagé le 4 juillet 2005 en qualité de responsable commercial export par une société ; en raison de l'absence pour arrêt maladie du responsable technique, les parties ont conclu un avenant le 29 mai 2007 à effet du 13 avril 2007 aux termes duquel il occuperait en sus de ses fonctions celle de responsable des équipes techniques jusqu'au retour du salarié absent moyennant le versement d'une indemnité complémentaire ; ce remplacement a pris fin le 31 octobre 2007, le salarié retrouvant alors son précédent poste et perdant l'indemnité attachée à ce remplacement ; invoquant une modification de son contrat de travail, le salarié a saisi la juridiction prud'homale aux fins de requalification de sa mission temporaire de responsable technique en mission permanente.

Après avoir constaté que le salarié avait expressément accepté par un avenant à son contrat de travail le caractère temporaire de la modification de ses attributions liée à l'absence du directeur technique et la réintégration dans son emploi antérieur en renonçant alors au maintien du complément de rémunération versée durant cette mission, la cour d'appel a pu juger qu'il n'y avait pas eu modification du contrat de travail et débouter le salarié de ses demandes de rappels de salaire et de dommages-intérêts.

Cass. soc. 31 mai 2012, n° 10-22.759, 1er moyen, BC V n° 164.

Modification du contrat et des conditions de travail ; Modification du contrat de travail d'un salarié protégé.

Modification de l'horaire de travail

L'horaire de travail relève du pouvoir de direction de l'employeur et peut donc, en principe, faire l'objet d'aménagements sans l'accord du salarié, sauf s'il entraîne une modification du contrat de travail.

Il appartient au juge de rechercher si le changement d'horaire constitue ou non une modification du contrat de travail

De nouveaux horaires lui ayant été imposés, une salariée avait refusé de s'y conformer et avait été licenciée pour faute grave, motifs pris de son refus d'exécuter son travail aux lieu et heures fixés et abandons de poste répétés.

C'est à tort que, pour condamner l'employeur à payer à l'intéressée des indemnités de rupture et pour licenciement sans cause réelle et sérieuse, une cour d'appel a retenu que la salariée était fondée à refuser un nouvel horaire de travail, d'autant que d'autres salariées s'étaient déclarées prêtes à l'accepter pour leur part, sans rechercher si le changement d'horaire comportait ou non modification du contrat de travail ou s'il s'agissait d'un changement des conditions de travail décidé par l'employeur dans le cadre de son pouvoir de direction.

Cass. soc. 8 juillet 1998, n° 96-42.015, BC V n° 374.

Cas où le changement d'horaire a été considéré comme une modification du contrat de travail

Lorsque les horaires sont expressément précisés dans le contrat de travail, l'employeur ne peut pas les modifier unilatéralement.

S'agissant d'une salariée licenciée pour faute grave en raison de son refus d'accepter la modification de ses horaires de travail, c'est à bon droit qu'après avoir relevé que le contrat de travail de l'intéressée spécifiait « vos horaires de travail seront conformément à votre demande du lundi au jeudi 8 h 30 - 17h00 et le vendredi 8 h 30 - 16h00 », une cour d'appel a décidé que les horaires ainsi expressément précisés et, à la demande de la salariée, acceptés par l'employeur, présentaient un caractère contractuel ; la cour a donc pu en déduire que la modification des horaires de travail de l'intéressée constituait une modification de son contrat de travail qu'elle était en droit de refuser et lui allouer, en conséquence, diverses sommes pour licenciement abusif et vexatoire.

Cass. soc. 11 juillet 2001, n° 99-42.710, BC V n° 264.

Constitue une modification du contrat de travail le changement d'horaire qui porte une atteinte excessive au droit du salarié au respect de sa vie personnelle et familiale ou à son droit au repos.

Sauf atteinte excessive au droit du salarié au respect de sa vie personnelle et familiale ou à son droit au repos, l'instauration d'une nouvelle répartition du travail sur la journée relève du pouvoir de direction de l'employeur.

Une salariée travaillant sur un site du lundi au vendredi de 5h30 à 10h00 et de 15h00 à 17h00 ainsi que le samedi de 7h30 à 10h00 a été affectée sur deux sites selon la répartition de l'horaire de travail suivante : du lundi au jeudi de 15h00 à 17h30 et de 18h00 à 21h00, le vendredi de 12h30 à 15h00 et de 16h00 à 21h00 et le samedi de 10h00 à 12h30 et de 17h00 à 20h00 ; ayant refusé ces nouveaux horaires qui, selon elle, représentaient un bouleversement de ses conditions de travail, elle a saisi la juridiction prud'homale d'une demande de résiliation de son contrat de travail.

Pour faire droit à cette demande, une cour d'appel a retenu que si, en principe, une nouvelle répartition du travail sur la journée ne constitue pas une modification du contrat de travail et relève du seul pouvoir de direction de l'employeur, il n'en est pas ainsi lorsque, pour suite de cette nouvelle répartition, le rythme de travail du salarié est totalement bouleversé, qu'en substituant du lundi au vendredi à des horaires de travail majoritairement du matin avec coupure à midi et horaire limité à deux heures en milieu d'après-midi, un horaire exclusivement l'après-midi jusqu'à 21h00, sans interruption et en augmentant les horaires de travail à effectuer le samedi à cinq heures et demie, se terminant à 20h00, la société avait imposé à la salariée un bouleversement de ses conditions de travail caractérisant une modification du contrat de travail, que par suite, l'accord de la salariée sur cette modification devait être recueilli par l'employeur, qu'en lui imposant sans avoir obtenu son accord cette nouvelle organisation de son travail la société avait manqué à ses obligations contractuelles.

En statuant ainsi, sans préciser si le changement d'horaire portait une atteinte excessive au droit de la salariée au respect de sa vie personnelle et familiale ou à son droit au repos, la cour d'appel a privé sa décision de base légale.

Cass. soc. 3 novembre 2011, n° 10-14.702, BC V n° 246.

Ayant constaté qu'en raison de circonstances familiales, il avait été établi pour la salariée un contrat écrit précisant la répartition des horaires de travail dans la semaine et les circonstances de leur modification éventuelle, une cour d'appel a pu en déduire que les horaires ainsi expressément précisés et acceptés par l'employeur étaient devenus partie intégrante du contrat de travail et ne pouvaient être modifiés sans l'accord de la salariée.

Cass. soc. 9 mars 2005, n° 03-41.715. Voir aussi cass. soc. 29 avril 2009, n° 08-40.175, pourvoi incident.

Le passage d'un horaire de jour à un horaire de nuit ou d'un horaire de nuit à un horaire de jour constitue une modification du contrat de travail qui doit être acceptée par le salarié…

Cass. soc. 5 juin 2001, n° 98-44.782, BC V n° 206 (arrêt n° 2). Voir aussi cass. soc. 5 juin 2001, n° 98-44.781, BC V n° 206 (arrêt n° 1) ; cass. soc. 9 avril 2002, n° 00-42.780.

L'amplitude du travail doit être calculée, sur une même journée, de 0 à 24 heures et ne peut dépasser 13 heures.

Doit donc être cassé l'arrêt qui, pour décider que le refus d'une salariée d'accepter de nouveaux horaires de travail n'était pas justifié, a retenu que l'amplitude du travail, calculée de 19h30 à 8h30, ne dépassait pas 13 heures, alors que la salariée, qui devait commencer son travail à 5 heures pour l'achever à 22 heures, était soumise à une amplitude du travail supérieure à 13 heures.

Cass. soc. 18 décembre 2001, n° 99-43.351, BC V n° 392.

… nonobstant toute clause contractuelle ou conventionnelle contraire…

Cass. soc. 20 janvier 2010, n° 08-43.236. Voir aussi cass. soc. 9 octobre 2013, n° 12-21.807 ; cass. soc. 4 mai 2017, n° 15-18.229, 2ᵉ moyen.

… même lorsqu'il ne s'agit que d'un passage partiel…

Le passage, même partiel, d'un horaire de jour à un horaire de nuit constitue une modification du contrat de travail qui doit être acceptée par le salarié.

Au retour de son congé parental d'éducation, une salariée, travaillant sur cinq jours de 7 heures à 16 heures, avait été informée de la modification de ses horaires comportant désormais des nocturnes jusqu'à 22 heures, ce qu'elle avait refusé en prenant acte de la rupture de son contrat de travail.

C'est à tort qu'une cour d'appel a retenu qu'en l'absence de clause du contrat de travail fixant des horaires déterminés ou d'éléments conduisant à retenir qu'il était de la commune intention des parties de prévoir que l'intéressée ne travaillerait pas après 16 heures 30, l'aménagement des horaires par l'employeur, sans incidence sur la durée hebdomadaire pratiquée dans l'entreprise, n'affectait que les conditions de travail qui, relevant du pouvoir de direction de l'employeur, pouvaient être modifiées sans l'accord du salarié, alors que, selon l'article L. 213-1-1 CT, tout travail entre 21 heures et 6 heures est considéré comme travail de nuit et alors qu'elle avait constaté que le nouvel horaire comportait un travail au-delà de 21 heures.

Cass. soc. 7 avril 2004, n° 02-41.486, BC V n° 107. Voir aussi cass. soc. 7 décembre 2010, n° 09-67.652 ; cass. soc. 14 janvier 2015, n° 13-25.767.

... sauf lorsque le salarié travaille par roulement sans horaires fixes.

Ayant constaté qu'une station-service était ouverte 24 heures sur 24 et que les salariés travaillaient par roulement sans horaire fixe, une cour d'appel a pu décider qu'aucune modification du contrat de travail n'ayant eu lieu, une salariée avait commis une faute en refusant le passage, décidé par l'employeur, de l'horaire de nuit à l'horaire de jour.

Cass. soc. 12 juillet 1999, n° 97-43.045, 1er moyen, BC V n° 345.

La mutation d'une salariée d'un internat à un établissement de jour entraînant la perte des primes d'astreinte qu'elle percevait régulièrement depuis 9 ans constitue une modification du contrat de travail.

Une salariée, refusant une mutation conduisant selon elle à une modification de son contrat de travail, a saisi la juridiction prud'homale d'une demande en résiliation judiciaire de celui-ci et en paiement de diverses indemnités à ce titre.

Pour débouter l'intéressée de ses demandes, une cour d'appel a retenu qu'elle ne pouvait se prévaloir d'une diminution de sa rémunération liée à la perte de primes d'astreinte « sachant pertinemment que les points qu'elle est supposée perdre au titre de la prime d'astreinte sont la contrepartie de la suppression de ces astreintes ».

En statuant ainsi, alors qu'elle constatait que la mutation proposée entraînait pour la salariée, qui passait d'un internat à un établissement de jour, la perte de primes d'astreinte régulièrement perçues depuis 9 ans, ce qui constituait une modification de son contrat de travail, la cour d'appel a violé les articles L. 121-1 devenu L. 1221-1 CT et 1184 c. civ.

Cass. soc. 19 juin 2008, n° 07-41.282, BC V n° 136.

La clause contractuelle qui se borne à rappeler que l'employeur peut changer l'horaire de travail selon les nécessités du service est inopérante.

Cass. soc. 5 juin 2001, n° 98-44.782, précité. Voir aussi cass. soc. 5 juin 2001, n° 98-44.781, précité.

Il en va de même de la clause contractuelle selon laquelle les salariés sont engagés pour travailler de nuit ou de jour, sans autre précision.

Cass. soc. 15 juin 2016, n° 14-27.120.

Une clause de variabilité des horaires ne permet pas à l'employeur d'imposer un horaire de nuit à un salarié travaillant le jour.

Un salarié, licencié en raison de son « refus des nouveaux horaires proposés compte tenu d'une nouvelle organisation », avait saisi la juridiction prud'homale afin d'obtenir une indemnité pour licenciement sans cause réelle et sérieuse.

Est légalement justifié l'arrêt ayant fait droit à sa demande. En effet, d'une part, aux termes de l'article L. 213-2 CT, « tout travail entre 22 h et 6 h est considéré comme travail de nuit », de sorte que l'employeur, qui entendait substituer à un horaire de travail de 5 h à 13 h un travail de 16 h à 24 h, devait obtenir l'accord du salarié pour cette modification du contrat de travail, nonobstant la clause de variabilité des horaires qui ne pouvait avoir pour effet de lui permettre d'imposer une telle modification. D'autre part, le seul refus par le salarié de la modification du contrat de travail ne pouvait constituer une cause de licenciement.

Cass. soc. 18 décembre 2001, n° 98-46.160, BC V n° 388. Voir aussi cass. soc. 14 novembre 2018, n° 17-11.757, 1er moyen, à paraître : une clause prévoyant que les nécessités de la production peuvent amener l'entreprise à affecter les salariés dans les différents horaires pratiqués et que l'horaire est susceptible d'être modifié, ne peut permettre à l'employeur de modifier unilatéralement le contrat de travail.

Le passage d'un horaire continu à un horaire discontinu entraîne une modification du contrat de travail.

Une salariée s'est vu informer de la modification de ses horaires de travail, désormais fixés du lundi au vendredi de 11 h 00 à 14 h 00 et de 16 h 00 à 20 h 00, au lieu de l'horaire continu de 8 h 00 à 15 h 00 qu'elle pratiquait ces mêmes jours ; ayant refusé cette modification, elle a été licenciée pour faute grave ; elle a saisi la juridiction prud'homale pour contester son licenciement.

Pour rejeter la demande de la salariée, une cour d'appel a retenu que le changement d'horaire, consistant dans une nouvelle répartition de l'horaire au sein de la journée, alors que la durée du travail et la rémunération étaient restées identiques, constituait un simple changement des conditions de travail relevant du pouvoir de direction du chef d'entreprise.

En statuant ainsi, alors que l'employeur avait imposé à la salariée le passage d'un horaire continu à un horaire discontinu, la cour d'appel a violé l'article 1134 c. civ.

Cass. soc. 3 novembre 2011, n° 10-30.033, BC V n° 248. Voir aussi cass. soc. 23 septembre 2014, n° 13-16.257.

C'est à tort qu'une cour d'appel a décidé que le licenciement d'un salarié pour refus de se plier à la discipline de l'entreprise était justifié, après avoir relevé que l'intéressé, qui travaillait du lundi au samedi de 4 h 30 à 11 h 30, avec une pause d'une demi-heure, s'était vu ordonner de travailler en deux périodes distinctes de 4 h 30 à 8 h 30 d'une part, de 14 h 30 à 17 h 00 d'autre part.

Cass. soc. 18 décembre 2000, n° 98-42.885, BC V n° 423.

Le passage d'un horaire fixe à un horaire variable constitue une modification du contrat de travail.

Une salariée, engagée en qualité de femme de service, travaillait de 7 h à 15 h. L'employeur a introduit au contrat de travail une clause de mobilité pour le temps et le lieu de travail selon les horaires suivants : 8 h - 12 h 30 et 18 h - 20 h 30. La salariée ayant refusé, une nouvelle proposition d'horaires scindés et variables par cycles de cinq semaines lui a été faite. Après avoir une nouvelle fois refusé la proposition, la salariée a été mise à pied, puis licenciée pour faute grave.

Doit être rejeté le pourvoi de l'employeur reprochant à une cour d'appel d'avoir dit que le licenciement de la salariée ne reposait pas sur une cause réelle et sérieuse. En effet, après avoir constaté que la modification proposée comportait une coupure de plusieurs heures dans la journée et instituait un horaire variant chaque semaine dans un cycle de cinq semaines, la cour d'appel a exactement décidé que la mesure litigieuse ne se bornait pas à un simple changement d'horaires, relevant du pouvoir de direction de l'employeur, mais instituait le passage d'un horaire fixe à un horaire variable et constituait, en conséquence, une modification du contrat de travail que la salariée était en droit de refuser.

Cass. soc. 14 novembre 2000, n° 98-43.218, BC V n° 365. Voir aussi cass. soc. 24 septembre 2014, n° 13-17.379.

Le passage d'un horaire libre à un horaire fixe modifie également le contrat de travail.

Après avoir constaté que, lors de la conclusion du contrat de travail, les parties étaient convenues d'une exécution de la prestation de travail par une salariée à son domicile et selon un horaire qu'elle déterminait librement, une cour d'appel a pu décider que l'employeur, en imposant à l'intéressée d'exécuter son travail au siège de l'entreprise et selon un horaire fixe, avait modifié le contrat de travail et que le refus de cette modification ne constituait pas une cause de licenciement.

Cass. soc. 12 décembre 2000, n° 98-44.580, BC V n° 417.

De même, le passage d'un horaire discontinu à un horaire continu et d'un horaire fixe à un horaire variant chaque semaine suivant un cycle entraîne la modification du contrat de travail.

Une cour d'appel, qui a constaté qu'une salariée travaillait selon un horaire qui, en dernier lieu, était réparti du lundi au vendredi de 7 h à 12 h et de 14 h à 17 h 30, a pu décider qu'en lui demandant à l'avenir de travailler non plus de manière hebdomadaire en deux périodes distinctes sur une journée, mais en horaire continu par cycle de deux semaines, une semaine le matin et une semaine l'après-midi, avec, en outre, un service à assurer un samedi sur quatre, l'employeur avait modifié le contrat de travail de la salariée.

Cass. soc. 6 juillet 2004, n° 02-44.331. Voir aussi cass. soc. 28 mai 2014, n° 13-10.619, énonçant que le passage d'un horaire fixe à un horaire variant chaque semaine selon un cycle constitue une modification du contrat de travail que le salarié est en droit de refuser.

De nouveaux horaires, entraînant une réorganisation complète de la répartition du travail sur la semaine, constituent une modification du contrat de travail.

S'en tenant à bon droit aux termes de la lettre de licenciement qui fixe les limites du litige, une cour d'appel a relevé que des salariées avaient été licenciées pour faute grave à raison de leur refus de se plier aux nouveaux horaires définis par l'employeur. Ayant constaté, en outre, que les salariées travaillaient par cycle de deux semaines, une semaine trois jours et une semaine quatre jours, la cour d'appel a pu décider qu'en leur demandant à l'avenir de travailler chaque semaine cinq jours, avec, en outre, un service à assurer les samedis et dimanches, l'employeur avait décidé une réorganisation complète de la répartition du travail sur la semaine et ainsi modifié les contrats de travail, et que le refus d'une modification du contrat de travail, étant un droit pour le salarié, ne pouvait, dès lors, constituer une cause de licenciement.

Cass. soc. 10 mai 1999, n° 96-45.652, BC V n° 208.

Dès lors que le contrat de travail de salariés mentionnait expressément qu'ils disposaient d'un samedi de repos sur trois, la fixation d'un repos un samedi sur six, suite à la conclusion d'un accord collectif de réduction du temps de travail, constituait une modification du contrat de travail qu'ils pouvaient refuser.

Cass. soc. 12 juillet 2005, n° 03-42.414.

Le changement de la répartition de l'horaire de travail peut constituer une modification du contrat de travail…

Le changement de la répartition de l'horaire de travail imposant à une salariée de travailler deux dimanches sur trois, et non plus un dimanche sur trois, constitue une modification du contrat de travail que l'intéressée est en droit de refuser.

Cass. soc. 17 novembre 2004, n° 02-46.100, BC V n° 292.

… notamment lorsque la nouvelle répartition a pour effet de priver le salarié du repos dominical.

Un salarié dont l'horaire de travail était de 35 heures par semaine, réparti du lundi au vendredi de 9 h 00 à 16 h 00, s'est vu communiquer de nouveaux horaires de travail, à savoir du mercredi au samedi, de 9 h 00 à 15 h 00 et de 16 h 00 à 18 h 00 et le dimanche, de 9 h 00 à 15 h 00 et de 16 h 00 à 17 h 00 ; après avoir refusé ces nouveaux horaires et demandé, en vain, le maintien de son emploi du temps, le salarié a continué à travailler selon ses anciens horaires ; contestant le bien-fondé de son licenciement pour faute grave, le salarié a saisi la juridiction prud'homale.

Pour dire son licenciement fondé sur une cause réelle et sérieuse, une cour d'appel a retenu que le salarié ne se prévalait pas d'une clause contractuelle excluant le travail les samedi et dimanche et que la modification des jours et horaires de travail décidée par l'employeur était justifiée par des impératifs de fonctionnement.

En statuant ainsi, alors que la nouvelle répartition de l'horaire de travail avait pour effet de priver le salarié du repos dominical, ce qui constituait une modification de son contrat de travail qu'il était en droit de refuser, la cour d'appel a violé l'article L. 1221-1 CT.

Cass. soc. 2 mars 2011, n° 09-43.223, BC V n° 56. Voir aussi cass. soc. 24 avril 2013, n° 11-23.759.

La répartition de l'horaire de travail à temps partiel constitue un élément du contrat qui ne peut pas être modifié sans l'accord du salarié.

Une salariée, membre du comité d'entreprise et qui était auparavant employée comme infirmière à temps plein, était passée à temps partiel selon un horaire hebdomadaire de 20 heures réparties les lundis et mardis à raison de 17 heures par semaine, les 3 heures restantes étant considérées comme des heures de délégation. L'avenant au contrat de travail conclu à cette occasion ne mentionnait pas la répartition des heures de travail sur la semaine. À l'expiration du mandat électif de la salariée, une nouvelle répartition avait été établie unilatéralement par l'employeur, qui avait mis en place un horaire à la quinzaine, imposant à la salariée de travailler un mercredi sur deux, ce que l'intéressée avait refusé.

C'est à tort que, pour déclarer le licenciement de la salariée justifié par une faute grave, une cour d'appel a retenu que la nouvelle répartition du temps de travail était tout à fait équitable et imposée par les circonstances puisque respectant l'équilibre nécessaire entre les deux infirmières après la cessation des fonctions électives de l'une d'elles, que cette mesure ne pouvait en aucun cas constituer une modification du contrat de travail, s'agissant d'un aménagement d'horaires légitimement organisés par l'employeur dans le cadre de son pouvoir de direction et en a déduit que la salariée, en ne se présentant pas à son travail les mercredis, avait commis des actes d'insubordination réitérés, constitutifs d'une faute grave.

En effet, d'une part, la décision de l'employeur d'imposer unilatéralement à l'intéressée de travailler sur un rythme d'une quinzaine et un mercredi sur deux constituait une modification du contrat de travail, d'autre part, si la fin du mandat supprimait les trois heures de délégation dont la salariée disposait chaque semaine, l'employeur ne pouvait fixer unilatéralement la répartition de ces trois heures dans le cadre d'un contrat de travail à temps partiel et enfin, le refus de la salariée d'accepter la modification unilatérale du contrat de travail et la fixation par l'employeur de l'horaire à temps partiel ne constituait pas une faute.

Cass. soc. 16 janvier 2001, n° 98-41.717, BC V n° 5. Voir aussi cass. soc. 7 juillet 1998, n° 95-43.443, 2e et 3e branches du 1er moyen, BC V n° 373 ; cass. soc. 14 octobre 1998, n° 96-43.539, BC V n° 419, cité dans « Travail à temps partiel ».

Une clause du contrat ne peut valablement permettre à l'employeur de modifier l'horaire convenu en prévenant le salarié moins de 7 jours à l'avance qu'à la double condition, d'une part, de la détermination par le contrat de la variation possible et, d'autre part, de l'énonciation des cas dans lesquels cette modification pourra intervenir.

Cass. soc. 19 avril 2000, n° 98-40.242.

En revanche, le choix de l'horaire quotidien du salarié à temps partiel relève du pouvoir de direction de l'employeur…

D'une part, à défaut de clause expresse contractuelle fixant un horaire de travail quotidien, le changement de l'horaire de la journée de travail d'un salarié à temps partiel relève en principe du pouvoir de direction de l'employeur et, d'autre part, le fait de confier à son salarié une tâche différente correspondant à sa qualification ne constitue pas une modification du contrat de travail.

C'est à bon droit qu'une cour d'appel a énoncé que le licenciement d'un salarié à temps partiel qui avait refusé la modification de son horaire de travail reposait sur une cause réelle et sérieuse : après avoir constaté que l'intéressé avait été engagé en qualité de « speaker radio » pour animer deux émissions, l'une chaque jour de 17 à 19 heures, et l'autre, le samedi de 16 à 19 heures et qu'il lui avait été demandé d'animer, à la place de la première émission, une nouvelle émission de 14 à 16 heures, la cour a pu décider que le contrat de travail n'avait pas été modifié.

Cass. soc. 18 juillet 2001, n° 99-45.076, BC V n° 276.

… sauf clause contractuelle contraire.

Lorsque le contrat de travail à temps partiel précise l'horaire de travail quotidien et ne prévoit pas la possibilité d'une variation de cet horaire, le changement de l'horaire de la journée de travail constitue une modification du contrat de travail nécessitant l'accord du salarié.

Ayant constaté qu'un contrat de travail à temps partiel prévoyait l'horaire de travail de chaque jour travaillé et ne contenait aucune clause permettant à l'employeur de modifier l'horaire convenu, une cour d'appel en a exactement déduit que l'employeur ne pouvait modifier l'horaire de travail qu'avec l'accord de la salariée et que son refus du changement d'horaires qui lui était imposé ne pouvait constituer une faute, et a ainsi légalement justifié sa décision d'annuler la mise à pied, de déclarer le licenciement dépourvu de cause réelle et sérieuse et, en conséquence, d'avoir condamné l'employeur à payer à la salariée des sommes à titre de salaires et congés payés, d'indemnités de rupture et de dommages-intérêts pour licenciement abusif.

Cass. soc. 28 juin 2005, n° 04-40.752, 1er moyen.

Le refus du salarié de changer d'horaire peut être légitime lorsque ce changement n'est pas compatible avec des obligations familiales impérieuses…

Dans le cadre d'un contrat de travail à temps partiel, le refus d'un salarié d'accepter un changement de ses horaires ordonné par l'employeur dans le cadre de son pouvoir de direction peut être légitimé, même si le changement est prévu au contrat, lorsque ce changement n'est pas compatible avec des obligations familiales impérieuses.

Après la perte par son employeur du chantier sur lequel elle était occupée, une salariée employée à temps partiel s'était vu reclassée sur un autre chantier selon un nouvel horaire, ce qu'elle avait refusé. En retenant une faute grave à l'encontre de la salariée et en refusant d'examiner l'excuse tirée de ses obligations familiales, la cour d'appel n'a pas légalement justifié sa décision.

Cass. soc. 9 mai 2001, n° 99-40.111, BC V n° 157. Voir aussi cass. soc. 9 juillet 2003, n° 01-42.723.

… ou avec une période d'activité fixée chez un autre employeur.

Cass. soc. 28 septembre 2011, n° 09-70.329, BC V n° 217. Voir aussi cass. soc. 30 avril 2014, n° 13-13.375.

☞ *Travail à temps partiel.*

Cas où le changement d'horaire a été considéré comme un simple changement des conditions de travail

Une nouvelle répartition de l'horaire au sein de la journée constitue un simple changement des conditions de travail.

Une secrétaire médicale avait été licenciée pour avoir refusé un changement d'horaire de travail.

Doit être rejeté le pourvoi de l'intéressée reprochant à une cour d'appel de l'avoir déboutée de sa demande d'indemnité pour licenciement sans cause réelle et sérieuse.

En effet, le changement d'horaire consistant dans une nouvelle répartition de l'horaire au sein de la journée, alors que la durée du travail et la rémunération restent identiques, constitue un simple changement des conditions de travail relevant du pouvoir de direction du chef d'entreprise et non une modification du contrat de travail. En outre, la cour d'appel a constaté que le changement d'horaire, motivé par la réorganisation du cabinet médical dont l'effectif était passé de deux à trois secrétaires, ne présentait pas de caractère discriminatoire.

Cass. soc. 22 février 2000, n° 97-44.339, BC V n° 67. Voir aussi cass. soc. 23 janvier 2013 n° 11-22.364.

Il en est de même d'une modification de la cadence de travail n'ayant pas eu de répercussion sur la rémunération ou sur le temps de travail…

Après avoir constaté que la modification de la cadence de travail de trois femmes de ménage n'avait pas eu de répercussion sur leur rémunération ou sur leur temps de travail, c'est à bon droit qu'une cour d'appel a décidé que cette modification constituait un simple changement de leurs conditions de travail.

Cass. soc. 20 octobre 2010, n° 08-44.594, BC V n° 237.

… ou de la diminution de la rémunération résultant de la réduction des sujétions consécutive à un changement des horaires du cycle de travail.

La diminution de la rémunération résultant de la réduction des sujétions consécutive à un changement des horaires du cycle de travail ne constitue pas une modification du contrat de travail.

Après avoir relevé que le changement des horaires d'un cycle de travail entraînait une diminution d'une prime de panier, non contractuelle, liée aux horaires de nuit, une cour d'appel en a exactement déduit l'absence de modification du contrat de travail.

Cass. soc. 9 avril 2015, n° 13-27.624, 1er moyen, BC V n° 70.

La réduction d'une heure de la durée du travail de nuit d'un salarié travaillant selon une durée de travail inchangée répartie entre le jour et la nuit ne constitue pas une modification du contrat de travail.

Cass. soc. 30 mai 2012, n° 11-10.087.

À défaut de clause contractuelle excluant le travail du samedi, l'employeur, en demandant aux salariés de travailler le samedi au lieu du lundi matin, fait usage de son pouvoir de direction.

C'est à tort que, pour décider que le licenciement d'un salarié était sans cause réelle et sérieuse et pour condamner l'employeur à lui verser diverses sommes, une cour d'appel a retenu que la modification imposée à ce salarié ne concernait pas l'horaire de travail proprement dit, mais affectait la répartition des jours de travail et de repos. Selon la cour, cette modification, d'une part, remettait en cause la pratique du repos le samedi matin, non prévue initialement par le contrat de travail, mais dont le salarié bénéficiait sans discontinuer depuis son entrée dans l'entreprise et, d'autre part, revêtant à ce titre une importance certaine pour l'intéressé, elle aurait dû donner lieu à une information préalable et à une concertation.

Cependant, à défaut de clause contractuelle excluant le travail du samedi, l'employeur, en changeant l'horaire de travail et en demandant aux salariés de travailler le samedi matin, jour ouvrable, au lieu du lundi matin, fait usage de son pouvoir de direction.

Cass. soc. 27 juin 2001, n° 99-42.462, BC V n° 234.

Le fait pour l'employeur de demander à un cadre dirigeant d'être présent un jour précis de la semaine, sans remettre en cause la durée du travail, constitue un simple changement des conditions de travail.

Ayant constaté qu'un employeur, sans remettre en cause la durée du travail prévue au contrat, avait seulement demandé à un salarié d'être présent le vendredi après-midi, une cour d'appel a pu décider, s'agissant d'un cadre dirigeant de l'entreprise, que ce changement de l'horaire de travail ne constituait pas une modification du contrat de travail et qu'en refusant de se soumettre à cette décision de l'employeur, le salarié avait commis une faute dont elle a apprécié le caractère sérieux.

Cass. soc. 16 mai 2000, n° 97-45.256, BC V n° 181.

Le salarié titulaire d'un mandat d'élu municipal ne peut refuser un changement de ses horaires de travail ne faisant pas obstacle à l'exercice de ce mandat.

Pour reprocher à une cour d'appel de l'avoir déboutée de ses demandes de dommages-intérêts pour licenciement sans cause réelle et sérieuse, une salariée soutient qu'en décidant qu'elle ne justifiait d'aucun motif légitime lui permettant de refuser la modification de ses horaires de travail en raison de l'atteinte à sa liberté d'exercer un mandat de conseiller municipal après avoir relevé qu'elle pouvait prétendre, pour l'exercice de ce mandat, bénéficier d'autorisations d'absences ainsi que de crédits d'heures, la cour d'appel aurait violé les articles L. 1121-1 CT et L. 2123-1 et s. c. coll. terr.

Ce moyen doit être rejeté.

En effet, après avoir exactement rappelé que la modification des horaires de travail ne constitue pas une modification du contrat de travail mais un simple changement des conditions de travail relevant du pouvoir de direction de l'employeur, la cour d'appel, qui a retenu que le changement des horaires de travail de la salariée ne faisait pas obstacle à

C'est à bon droit qu'une cour d'appel, qui a constaté que la modification du contrat de travail des salariées s'inscrivait dans la volonté de l'entreprise de ne conserver qu'un seul lieu de production dans le but de réaliser des économies, que l'objectif affiché était la pérennisation de son activité internet et que le motif réel du licenciement résultait donc de la réorganisation de la société cessionnaire à la suite du rachat d'une branche d'activité de la société cédante, en a déduit que le licenciement avait la nature juridique d'un licenciement économique, ce dont il résultait qu'ayant été prononcé pour motif personnel, il était dépourvu de cause réelle et sérieuse.

Cass. soc. 17 avril 2019, n° 17-17.880, à paraître.

Sauf en cas de collusion frauduleuse, les modifications apportées par le cessionnaire aux contrats de travail des salariés passés à son service ne peuvent constituer un manquement du cédant à ses obligations.

D'une part, si le salarié licencié pour motif économique à l'occasion du transfert de l'entreprise peut demander au cédant réparation du préjudice que lui cause la perte de son emploi, c'est à la condition que le contrat de travail ne se soit pas poursuivi avec le cessionnaire ; d'autre part, sauf en cas de collusion frauduleuse, les modifications apportées par le cessionnaire aux contrats de travail des salariés passés à son service, à la suite du changement d'employeur, ne peuvent constituer un manquement du cédant à ses obligations.

Une société ayant été placée en liquidation judiciaire, le liquidateur a notifié à cinq salariés protégés leur licenciement pour motif économique, après autorisation de l'inspecteur du travail ; le juge commissaire a autorisé la cession de l'entreprise en retenant l'offre d'une société, qui s'était engagée à reprendre immédiatement les salariés ; ceux-ci sont passés au service du repreneur qui n'a pas maintenu leur ancienneté et a réduit leur rémunération ; l'AGS ayant refusé de prendre en charge des indemnités de rupture et des dommages-intérêts, les salariés ont saisi le juge prud'homal de demandes indemnitaires dirigées contre la société cédante, à titre principal, et de demandes en paiement de salaires formées, à titre subsidiaire, contre le cessionnaire.

Pour reconnaître les salariés créanciers d'indemnités de rupture et de dommages-intérêts pour licenciement sans cause réelle et sérieuse à l'égard du cédant, une cour d'appel a retenu que leurs contrats de travail repris par la société cessionnaire n'avaient pas été poursuivis sans modification, de sorte que les salariés licenciés étaient fondés à demander à l'auteur du licenciement illégal la réparation du préjudice en résultant.

En statuant ainsi, alors qu'après leur licenciement par le liquidateur judiciaire les salariés étaient effectivement passés au service du cessionnaire, lequel était responsable de la modification de leur contrat de travail, qu'il avait seul décidée, la cour d'appel a violé l'article L. 1224-1 CT, interprété à la lumière de la directive 2001/23/CE du Conseil du 12 mars 2001.

Cass. soc. 13 mai 2009, n° 08-40.447, BC V n° 127. Voir aussi cass. soc. 4 mai 2011, n° 10-30.646, pourvoi incident ; cass. soc. 27 novembre 2013, n° 12-18.470, 3 premiers moyens réunis.

Le repreneur peut également être condamné à payer un rappel de salaire au salarié dont le contrat a été modifié sans justification.

Un salarié avait été engagé en qualité de chef d'équipe par une société de nettoyage de locaux qui l'avait affecté sur un chantier. Ce chantier ayant été repris par une autre société de nettoyage, celle-ci avait proposé à l'intéressé un nouveau contrat de travail en qualité d'ouvrier. L'intéressé n'ayant pas répondu à cette proposition, la société repreneuse avait pris acte de son acceptation de la modification et lui avait adressé un exemplaire d'un avenant au contrat de travail.

Doit être approuvé l'arrêt ayant décidé que le contrat de travail du salarié avait été transféré à la société repreneuse aux mêmes clauses et conditions et ayant condamné celle-ci au paiement de rappels de salaire et de primes. D'une part, après avoir fait ressortir qu'il n'était pas établi que le salarié n'était pas affecté exclusivement au marché concerné, la cour d'appel a légalement justifié sa décision. D'autre part, il appartient au juge de rechercher si la modification des contrats de travail envisagée par l'employeur pour l'un des motifs énoncés par l'article L. 321-1 CT est justifiée par une cause économique. Procédant à cette recherche, la cour d'appel a constaté que le nouvel employeur avait proposé un déclassement au salarié avant même que le contrat de nettoyage de locaux qu'il venait de conclure ait été mis en application, en sorte que l'employeur ne pouvait encore justifier d'aucun motif économique et qu'il en résultait que le recours à la modification du contrat de travail caractérisait un détournement de procédure destiné à faire échec aux dispositions de la convention collective nationale des entreprises de nettoyage de locaux relatives au transfert de plein droit des contrats de travail.

Cass. soc. 20 octobre 1999, n° 97-43.008, BC V n° 388.

Lorsque l'activité est reprise par une personne publique, celle-ci doit continuer à rémunérer les salariés transférés dans les conditions prévues par leur contrat de droit privé jusqu'à ce que ceux-ci acceptent le contrat de droit public qui leur sera proposé, ou jusqu'à leur licenciement, s'ils le refusent.

Cass. soc. 1er juin 2010, n° 09-40.679, 2e moyen, BC V n° 120.

Transfert des dettes du cédant au repreneur

Dans le cadre d'une modification dans la situation juridique de l'employeur, le repreneur est tenu, à l'égard des salariés dont les contrats de travail subsistent, des obligations qui incombaient à l'ancien employeur à la date de cette modification…

Un salarié avait été engagé par une société « V » qui exploitait en location-gérance un fonds de commerce appartenant à une société « I ». La location-gérance avait ensuite été confiée à une société « C ». Après avoir démissionné de son emploi, le salarié avait demandé au juge des référés de condamner la société « C » à lui payer une provision sur des sommes qui lui étaient dues.

Après avoir constaté que la société « I » avait repris possession de son fonds de commerce, puis qu'elle avait conclu un nouveau contrat de location-gérance avec la société « C », d'où résultaient des modifications dans la situation juridique de l'employeur intervenues en vertu de conventions successives entre ceux-ci, c'est à bon droit que le juge des référés a décidé que le dernier employeur, la société « C », était tenu de verser au salarié la provision réclamée.

Cass. soc. 24 septembre 2002, n° 00-44.939, 2e moyen, BC V n° 274.

Alors qu'un salarié travaillait depuis 1992 pour une société A, son contrat de travail a été transféré le 1er mars 1997 à la société B qui avait racheté l'entreprise ; il a été licencié par lettre du 18 juillet 1997 par le nouvel employeur.

Au cours de la procédure relative à son licenciement, l'intéressé a sollicité des dommages et intérêts pour violation des dispositions de l'article L. 221-5 CT sur le travail le dimanche pour toute la période où il avait été employé dans l'entreprise.

C'est à tort que, pour le débouter de la fraction de dommages et intérêts portant sur la période où son employeur était la société A, une cour d'appel, après avoir retenu que les deux employeurs avaient commis des fautes ayant occasionné un préjudice au salarié et dont celui-ci était fondé à obtenir réparation, a relevé que le salarié n'avait mis en cause que la seule société B, alors que la créance invoquée était la conséquence d'un manquement du cédant aux obligations résultant du contrat de travail.

Cass. soc. 14 mai 2008, n° 07-42.341, BC V n° 103. Voir aussi cass. soc. 19 mai 2016, n° 15-20.091.

… à moins que cette dernière ne soit intervenue dans le cadre d'une procédure de redressement ou de liquidation judiciaires, ou d'une substitution d'employeurs intervenue sans qu'il y ait eu de convention entre ceux-ci…

Un salarié avait été engagé en qualité de dessinateur par une société « A » qui avait procédé à son licenciement pour motif économique à la suite de sa mise en liquidation judiciaire. Il avait été ensuite repris par une société « B » aux droits de laquelle est venue une société « C », cessionnaire d'une partie des actifs de la société « A ». Il a alors fait l'objet d'un licenciement pour motif économique.

Doit être cassé le jugement qui, pour condamner la société « C » à payer au salarié un rappel d'indemnité de congés payés relatif à la période où il était salarié au sein de la société « A », a énoncé que l'article L. 122-12 CT était applicable à la reprise, par la société « C », de certains actifs de l'entreprise « A » et qu'en conséquence, le contrat de travail du salarié, nonobstant une suspension provisoire d'activité, s'était continué avec le cessionnaire, alors qu'il avait constaté que la modification dans la situation juridique de l'employeur était intervenue dans le cadre de la procédure de liquidation judiciaire de la société « A » et que le droit du salarié à l'indemnité de congés payés avait pris naissance antérieurement au transfert du contrat de travail.

Cass. soc. 31 mars 1998, n° 96-40.203. Voir aussi cass. soc. 9 octobre 2001, n° 99-43.217, BC V n° 302.

Une société, employant une salariée depuis 1982, a cessé de payer les cotisations auprès de la caisse de retraite à compter du deuxième trimestre 1985 ; la société a été cédée en 1994. Le contrat de travail de la salariée a été transféré au cessionnaire jusqu'à ce qu'elle fasse valoir ses droits à la retraite fin 1997 et sans que le nouvel employeur régularise sa situation auprès des organismes de retraite.

C'est à tort que, pour condamner le repreneur à payer à la salariée des dommages-intérêts en réparation du préjudice subi du fait de son absence d'affiliation à un régime de retraite depuis 1985, une cour d'appel a énoncé qu'en sa qualité d'employeur, ladite société devait cotiser à la caisse de retraite et vérifier, à la date de la reprise, la situation de la salariée, en opérant, le cas échéant, toute régularisation utile, alors qu'elle avait constaté que la modification dans la situation juridique de l'employeur était intervenue dans le cadre d'une procédure collective, en sorte que le nouvel employeur ne pouvait être tenu au paiement de dommages-intérêts dus au titre d'un manquement aux obligations nées du contrat de travail antérieur à cette modification.

Cass. soc. 2 février 2006, n° 04-40.474, BC V n° 54. Voir aussi cass. soc. 23 septembre 2008, n° 07-41.615.

... ou que, en cas de transfert conventionnel du contrat, une disposition conventionnelle prévoie que l'entreprise entrante n'y est pas tenue.

Une salariée a été engagée par une société de nettoyage, à partir du 2 mai 2005 sous contrat à durée déterminée d'une durée d'un mois, renouvelé le 1er juin 2005, puis à compter du 2 juillet 2005 en contrat à durée indéterminée ; à la suite de la perte du marché par son employeur, conformément à l'annexe 7 de la convention collective des entreprises de propreté et de services associés, son contrat de travail a été transféré à une autre société, à compter du 2 mai 2008 ; placée en arrêt de maladie, avec avis d'inaptitude temporaire du médecin du travail, le 28 juillet 2008, elle a été déclarée définitivement inapte à son poste de travail le 19 janvier 2012, puis licenciée pour inaptitude, le 7 mars 2012 ; elle a saisi la juridiction prud'homale d'une demande de requalification de ses contrats à durée déterminée en contrat à durée indéterminée.

Pour condamner l'entreprise entrante à payer à la salariée une somme à titre d'indemnité de requalification, une cour d'appel a retenu que si l'obligation au paiement d'une indemnité de requalification d'un contrat à durée déterminée naît dès la conclusion de ce contrat en méconnaissance des exigences légales et pèse en conséquence sur l'employeur l'ayant conclu, le nouvel employeur était tenu, à l'égard des salariés dont les contrats de travail subsistaient et lui étaient transférés, en application des dispositions conventionnelles sur les conditions de garantie de l'emploi et continuité du contrat de travail du personnel en cas de changement de prestataire (ex-annexe VII), aux obligations qui incombaient à l'ancien employeur à la date de la modification, qu'en conséquence la salariée était fondée à réclamer le paiement de cette indemnité de requalification au nouvel employeur, ce dernier disposant d'un recours contre l'ancien employeur.

En statuant ainsi alors que la poursuite du contrat de travail résultait de la seule application des dispositions conventionnelles applicables, lesquelles ne prévoyaient pas que le nouveau prestataire était tenu des obligations qui incombaient à l'ancien au moment du transfert du contrat de travail, la cour d'appel a violé les articles 7 à 7.7 de la convention collective nationale des entreprises de propreté et de services associés du 26 juillet 2011 et par fausse application les articles L. 1224-1 et L. 1224-2 CT.

Cass. soc. 27 mai 2015, n° 14-11.155, BC V n° 107.

Dans le cadre d'une procédure de liquidation judiciaire, l'employeur peut s'engager à prendre en charge dans le cadre d'un plan de cession adopté par le tribunal de commerce, dont les salariés peuvent se prévaloir, les droits attachés aux contrats de travail transférés.

Un salarié a été engagé par une clinique A qui a fait l'objet d'une liquidation judiciaire le 12 octobre 2010 ; un plan de cession des actifs de la clinique a été adopté par le tribunal de commerce le 8 juillet 2010 au profit d'une clinique B à laquelle le contrat de travail du salarié a été transféré ; ce dernier a saisi la juridiction prud'homale pour obtenir la fixation d'une créance de salaires au passif de la liquidation judiciaire de la clinique A.

Ayant constaté que la clinique B s'était engagée à reprendre 89 contrats de travail et l'intégralité des droits acquis attachés à ces contrats et ce, quels que soient leur fait générateur et leur montant, une cour d'appel en a exactement déduit qu'elle devait garantir la clinique A du montant des sommes dues au salarié au titre des heures supplémentaires, congés payés, astreintes et des jours de réduction de temps de travail accomplis au sein de cette dernière, dont les droits sont acquis par les salariés au jour de leur accomplissement.

Cass. soc. 30 juin 2016, n° 14-26.172, BC V n° 139.

L'article L. 1224-2 CT ne prive pas le salarié du droit d'agir directement contre l'ancien employeur pour obtenir l'indemnisation de son préjudice né de fautes commises par celui-ci dans l'exécution de ses obligations avant le transfert du contrat de travail.

Cass. soc. 25 septembre 2013, n° 12-13.593, 1er moyen.

Le salarié pouvant agir indifféremment à l'encontre des deux employeurs successifs en paiement des salaires échus à la date de la modification dans leur situation juridique, ceux-ci sont tenus in solidum.

Cass. soc. 6 avril 2011, n° 10-16.203, BC V n° 91. Voir aussi cass. soc. 13 novembre 2001, n° 99-42.467.

En revanche, en cas d'application volontaire de l'article L. 1224-1 CT, le premier employeur ne peut être tenu d'indemniser le salarié au titre d'un manquement du nouvel employeur aux obligations résultant de la poursuite du contrat de travail, sauf engagement contractuel en ce sens ou fraude.

Un salarié a été engagé, le 23 septembre 1991, par la société S pour être affecté sur une base à l'exécution d'un marché liant cette société au Centre national d'études spatiales (CNES), la durée de cette affectation étant fixée à une année, renouvelable par tacite reconduction annuelle dans la limite de six ans. Le CNES ayant mis fin, au 31 décembre 1995, au marché passé avec la société S, désormais confié à une société E, l'intéressé a été engagé le 1er février 1996 par cette dernière. Soutenant que la société S avait illégalement rompu son contrat de travail, le salarié a saisi le juge prud'homal de demandes en paiement de dommages-intérêts, d'indemnités de rupture, ainsi que de rappels de salaires, dirigées contre cette société.

En cas d'application volontaire de l'article L. 122-12, al. 2 CT, le premier employeur ne peut être tenu d'indemniser le salarié au titre d'un manquement du nouvel employeur aux obligations résultant de la poursuite du contrat de travail, à moins qu'il ne s'y soit contractuellement engagé ou qu'une collusion frauduleuse soit constatée entre les deux employeurs successifs, afin de priver le salarié des avantages qu'il tenait de son contrat avant le changement d'employeur.

C'est à tort qu'une cour d'appel a décidé que le premier employeur devait allouer au salarié une indemnisation, sans constater que la société S avait pris l'engagement de garantir au salarié le respect, par son nouvel employeur, des obligations résultant de la poursuite du contrat de travail, ni qu'une collusion frauduleuse avait existé entre ces deux employeurs successifs pour priver le salarié des avantages qu'il tenait de son ancienneté.

Cass. soc. 17 juin 2003, n° 01-42.171, BC V n° 196.

Règlement intérieur

En cas de scission d'entreprise avec création de nouvelles sociétés, le transfert de droit des contrats de travail des salariés affectés à une des nouvelles entreprises ne s'accompagne pas du transfert du règlement intérieur d'origine, de sorte que l'employeur ne peut pas s'appuyer dessus pour sanctionner des salariés.

Cass. soc. 17 octobre 2018, n° 17-16.465, à paraître, cité dans « Règlement intérieur ».

Licenciements

• Licenciements prononcés par le cédant

Les dispositions de l'article L. 1224-1 CT ne font pas obstacle à des licenciements pouvant intervenir antérieurement à la cession pour des raisons économiques ou techniques impliquant une suppression d'emploi.

Un salarié protégé avait été licencié pour motif économique après autorisation de l'inspecteur du travail. La société dans laquelle il travaillait ayant fait l'objet d'un transfert, il invoquait une collusion frauduleuse destinée à faire échec aux dispositions de l'article L. 122-12, al. 2 CT.

Doit être cassé l'arrêt qui, pour débouter le salarié de ses demandes d'indemnités pour licenciement sans cause réelle et sérieuse, a énoncé que l'article L. 122-12 CT ne fait pas obstacle à un licenciement lié à la réorganisation de l'entreprise par le nouvel employeur, ce qui était le cas, en l'espèce, dans la mesure où le poste du salarié, directeur de magasin, était supprimé, le nouvel acquéreur souhaitant poursuivre seul l'exploitation du fonds, alors que si les dispositions de l'article L. 122-12 CT ne font pas obstacle à des licenciements pouvant intervenir antérieurement à la cession pour des raisons économiques ou techniques impliquant une suppression d'emploi, l'intention manifestée par le cessionnaire de poursuivre seul l'exploitation ne saurait constituer, pour le cédant, une cause légitime de rupture du contrat de travail d'un salarié employé dans l'entreprise transférée.

Cass. soc. 27 juin 1995, n° 94-40.359, BC V n° 217.
Voir aussi cass. soc. 9 avril 2002, n° 00-41.958.

Lorsque le licenciement intervient avant le transfert et non à l'occasion du transfert, seul le cédant est tenu aux indemnités pour licenciement sans cause réelle et sérieuse, sauf à établir une collusion frauduleuse entre le cédant et le cessionnaire ou la volonté de faire échec au transfert.

Si le salarié licencié pour motif économique à l'occasion du transfert de l'entreprise peut demander au cédant réparation du préjudice que lui cause la perte de son emploi, c'est à la condition que le contrat de travail ne se soit pas poursuivi avec le cessionnaire ; il en résulte que lorsque ce licenciement est intervenu avant le transfert et non à l'occasion de celui-ci il importe peu que le contrat se soit poursuivi avec le cessionnaire pour les besoins de l'exécution du préavis, et que seul le cédant est tenu aux indemnités pour licenciement sans cause réelle et sérieuse sauf à établir une collusion frauduleuse entre le cédant et le cessionnaire ou encore la volonté de faire échec au transfert.

Cass. soc. 4 juillet 2012, n° 10-26.504.

Le licenciement d'un salarié, prononcé à l'occasion du transfert d'une entité économique autonome dont l'activité est poursuivie, est privé d'effet. Le salarié peut, à son choix, demander au repreneur la poursuite du contrat de travail illégalement rompu ou demander à l'auteur du licenciement illégal la réparation du préjudice en résultant.

Cass. soc. 20 mars 2002, n° 00-41.651, 1er moyen du pourvoi principal, BC V n° 94. Voir aussi cass. soc. 28 janvier 2004, n° 01-47.356, BC V n° 28 ; cass. soc. 6 mai 2014, n° 12-22.881, s'agissant de la rupture d'un contrat d'apprentissage.

L'auteur du licenciement peut appeler le repreneur en garantie.

Monsieur « M », exploitant d'un fonds de commerce de distribution de carburants, avait notifié à deux salariés leur licenciement pour motif économique, en les dispensant de l'exécution de leur préavis à compter de la date d'expiration du contrat de sous-location gérance qu'il avait conclu avec la société « F ». L'exploitation de la station-service avait ensuite été poursuivie par Monsieur « V ». Celui-ci avait proposé de reprendre les salariés à son service, mais en modifiant leurs conditions de rémunération et d'ancienneté. Après avoir vainement exigé la poursuite de leur contrat de travail, les deux salariés avaient saisi le conseil de prud'hommes de demandes en paiement de dommages-intérêts pour licenciement sans cause réelle et sérieuse dirigées contre Monsieur « M », lequel avait appelé en garantie la société « F » et Monsieur « V ».

C'est à tort qu'une cour d'appel a rejeté l'appel en garantie formé à l'encontre de Monsieur « V », après avoir constaté que ce dernier avait refusé de poursuivre les contrats de travail des salariés attachés à l'entité transférée, comme il était légalement tenu de le faire, contribuant ainsi nécessairement au préjudice subi par les salariés du fait de la perte de leur emploi.

Cass. soc. 20 mars 2002, n° 00-41.651, 2e moyen du pourvoi principal, BC V n° 94. Voir aussi cass. soc. 14 mars 2012, n° 10-26.223 ; cass. soc. 12 juillet 2017, n° 16-12.659, BC V n° 117.

Si le changement d'employeur s'impose au cédant d'une entité économique, en sorte qu'un licenciement prononcé par lui après le transfert de l'entité économique dont relève le salarié est sans effet et ouvre droit à indemnisation, le salarié licencié ne peut agir aux mêmes fins contre le cessionnaire qu'à condition que celui-ci ait refusé de poursuivre le contrat de travail.

Après avoir constaté qu'un salarié avait fait le choix d'agir contre le cédant pour obtenir l'indemnisation du préjudice lié au licenciement dont il avait pris l'initiative et que cette indemnisation lui avait été accordée, une cour d'appel en a exactement déduit que l'intéressé ne pouvait prétendre obtenir du cessionnaire la réparation du même préjudice alors qu'il ne lui avait pas demandé de poursuivre son contrat de travail.

Cass. soc. 16 décembre 2008, n° 07-43.862. Voir aussi cass. soc. 28 septembre 2011, n° 10-30.020, 2e moyen.

Si le repreneur a informé le salarié, avant l'expiration du préavis, de son intention de poursuivre son contrat aux mêmes conditions, celui-ci est privé de la possibilité de demander à l'auteur du licenciement la réparation du préjudice en résultant.

Le transfert d'une entité économique autonome entraîne de plein droit le maintien, avec le nouvel employeur, des contrats de travail qui y sont attachés et prive d'effet les licenciements prononcés par le cédant pour motif économique. Si le salarié, licencié à l'occasion d'un tel transfert, a le choix de demander au repreneur la poursuite du contrat de travail rompu ou de demander à l'auteur du licenciement la réparation du préjudice en résultant, le changement d'employeur s'impose toutefois à lui lorsque le cessionnaire l'informe, avant l'expiration du préavis, de son intention de poursuivre, sans modification, le contrat de travail.

S'agissant d'un salarié licencié pour motif économique par le liquidateur de la société « P », une cour d'appel, qui a constaté que le fonds de commerce de la société « P » avait été repris par la société « E » dans les conditions de l'article L. 122-12 CT et que cette dernière en avait poursuivi l'exploitation en proposant au salarié, pendant le préavis, de maintenir son contrat de travail, a décidé à bon droit que l'intéressé ne pouvait se prévaloir des conséquences du licenciement à l'égard de la société « P ».

Cass. soc. 11 mars 2003, n° 01-41.842, BC V n° 86. Voir aussi cass. soc. 4 mai 2011, n° 10-15.393.

Le salarié qui en fait la demande doit obtenir sa réintégration chez le repreneur.

S'il survient une modification dans la situation juridique de l'employeur, tous les contrats de travail en cours au jour de la modification subsistent entre le nouvel employeur et le personnel de l'entreprise ; il s'ensuit que les licenciements prononcés à l'occasion d'une telle modification sont privés d'effet et que les salariés licenciés ont le choix de demander au nouvel employeur la poursuite de leur contrat de travail, qui est alors censé n'avoir jamais été rompu, ou la réparation du préjudice qui découle de la rupture par l'auteur du licenciement.

Un salarié, licencié pour cause de cessation d'activité de la société qui l'employait, avait saisi la juridiction prud'homale pour voir juger que son licenciement était privé d'effet, en soutenant que son contrat de travail aurait dû se poursuivre avec le nouvel exploitant par application de l'article L. 122-12, al. 2 CT.

C'est à tort que, pour débouter le salarié de sa demande, une cour d'appel a jugé que son licenciement sans cause réelle et sérieuse ouvrait droit à ce titre à indemnisation, mais qu'il n'était pas fondé à solliciter sa réintégration ni, par suite, à obtenir paiement des salaires qu'il aurait dû percevoir entre son licenciement et sa réintégration.

En effet, il résultait de ses constatations que la société commerciale, entreprise unipersonnelle à responsabilité limitée, dont l'intéressé était le salarié, avait été transformée, dès sa dissolution, en entreprise en nom personnel, en sorte que le licenciement de l'intéressé en fraude de ses droits au regard de l'article L. 122-12, al. 2 CT au prétexte d'une cessation d'activité était privé d'effet et qu'il était en droit d'obtenir la poursuite de son contrat de travail - qui n'avait jamais été rompu - avec le nouvel employeur.

Cass. soc. 15 février 2006, n° 04-43.923, BC V n° 67.

Mais si l'obligation de réintégrer un salarié dont le licenciement est atteint de nullité pèse sur le cessionnaire de l'entreprise, alors même que le licenciement a été prononcé par le précédent employeur, une astreinte ne peut être liquidée qu'à l'encontre de la personne condamnée à en supporter la charge.

Cass. soc. 1er février 2011, n° 09-68.162, 1er moyen.

Lorsque la perte de l'emploi résulte à la fois de l'ancien employeur, qui a pris l'initiative d'un licenciement dépourvu d'effet, et du nouvel exploitant, qui a refusé de poursuivre le contrat de travail ainsi rompu, le salarié peut diriger son action contre l'un ou l'autre, sauf un éventuel recours entre eux.

Cass. soc. 19 janvier 2011, n° 09-72.317. Voir aussi cass. soc. 13 mai 2009, n° 08-41.434, pourvoi du cédant.

Lorsqu'un salarié licencié par le cédant passe effectivement au service du cessionnaire qui rompt son contrat de travail, l'indemnité transactionnelle déjà versée par le cédant doit être déduite des sommes mises à la charge du cessionnaire en considération d'une ancienneté remontant à son embauche par le cédant.

Une salariée engagée en 1982 a été licenciée le 30 mai 2008 en raison de la cessation d'activité de son employeur ; le 4 septembre 2008, une société a acquis le droit au bail de cet employeur et a embauché la salariée ; le 6 octobre 2008, la salariée a conclu avec le cédant un protocole transactionnel relatif à l'indemnisation de son licenciement ; le 8 octobre 2008, le cessionnaire a mis fin à la période d'essai de la salariée ; estimant que cette rupture s'analysait en un licenciement sans cause réelle et sérieuse, la salariée a saisi la juridiction prud'homale.

Ayant retenu qu'après son licenciement par le cédant, la salariée était effectivement passée au service du cessionnaire, qui avait poursuivi la même activité, une cour d'appel en a exactement déduit que l'intéressée était en droit d'agir contre celui-ci au titre des conséquences de la rupture dont il avait ensuite pris l'initiative en méconnaissance des effets de l'article L. 1224-1 CT, peu important qu'une transaction ait été conclue avec le cédant.

Mais, c'est à tort que la cour a retenu que la salariée pouvait prétendre obtenir de la société cessionnaire réparation du préjudice résultant de la rupture illicite du contrat de travail sans qu'il y ait lieu de prendre en compte l'indemnité transactionnelle qui lui avait été versée par le cédant, alors qu'un salarié ne pouvant obtenir deux fois réparation du même préjudice, il convenait de déduire des sommes mises à la charge de la société cessionnaire, en considération d'une ancienneté remontant à 1982, celles que la salariée avait obtenues de la cédante à la suite du licenciement notifié par celle-ci.

Cass. soc. 25 septembre 2013, n° 12-20.256, BC V n° 200.

L'accord du cédant et du cessionnaire en vue de faire échec aux dispositions de l'article L. 1224-1 CT ne constitue pas une cause de licenciement.

Doit être cassé l'arrêt qui, pour mettre hors de cause un cessionnaire et décider que le licenciement d'une salariée avait une cause réelle et sérieuse, s'est borné à relever l'existence d'une réorganisation de l'entreprise en vue de sa cession et que le contrat de travail avait cessé avant la reprise de l'étude par le cessionnaire, alors que l'accord du cédant et du

Non-respect des horaires

Le fait pour un salarié de ne pas se conformer aux horaires de travail fixés dans l'entreprise ou d'omettre de « pointer » constitue une faute pouvant justifier un licenciement.

Non-respect des horaires par le salarié

• Horaires fixes

Le non-respect des horaires malgré plusieurs avertissements peut justifier un licenciement.

Une cour d'appel a pu souverainement décider qu'était fondé sur une cause réelle et sérieuse le licenciement d'une salariée, après avoir relevé que le non-respect des horaires était l'un des motifs invoqués dans la lettre de licenciement et qu'il s'était traduit par des retards persistants malgré plusieurs avertissements.

Cass. soc. 25 mai 1994, n° 92-43.936.

Les retards répétés d'un salarié peuvent constituer une faute grave.

Le fait pour une salariée d'avoir persisté à arriver en retard à son travail malgré deux avertissements et d'avoir voulu imposer unilatéralement ses horaires de travail contre les instructions de son employeur, manifestant en cela un comportement désinvolte et violant ainsi délibérément les consignes reçues, constitue une faute grave.

Cass. soc. 30 janvier 2002, n° 99-44.976.

Le fait, pour un conducteur de transports en commun de n'avoir pas respecté les horaires, privant de ce fait les usagers de la ligne de tout moyen de transport dans des communes où, hormis le bus, il n'existe pas d'autres moyens de transport public interurbain, ne constitue pas une faute grave, mais une faute suffisamment sérieuse pour justifier le licenciement.

Cass. soc. 23 mai 2001, n° 99-43.022.

Un retard unique peut justifier un licenciement lorsque la fonction du salarié exige un strict respect des horaires.

Une cour d'appel a pu, dans l'exercice de son pouvoir souverain d'appréciation, décider que procédait d'une cause réelle et sérieuse le licenciement d'un salarié, agent de surveillance, qui était arrivé en retard une fois à son travail, la nature même des fonctions de l'intéressé impliquant un strict respect des horaires de travail.

Cass. soc. 23 janvier 1991, n° 88-44.027, 1er moyen.

À l'inverse, les fonctions du salarié peuvent l'exonérer d'un respect strict des horaires.

Une cour d'appel a pu décider, dans l'exercice de son pouvoir d'appréciation, que le licenciement d'une salariée, agent immobilier, était dépourvu de cause réelle et sérieuse dès lors que ses retards répétés trouvaient une justification dans le fait qu'en raison de la nature même de ses fonctions, elle échappait à la sujétion stricte de l'horaire.

Cass. soc. 1er mars 1995, n° 91-43.263, 1er moyen.

La tolérance de l'employeur sur de légers retards lui interdit de sanctionner un salarié en raison du non-respect des horaires.

C'est à bon droit qu'une cour d'appel a décidé que de légers retards dans l'ouverture d'un magasin qui étaient tolérés par l'employeur lorsqu'il manquait du personnel ne constituaient ni une faute grave ni une cause réelle et sérieuse de licenciement.

Cass. soc. 22 novembre 2000, n° 98-45.061.

Le non-respect des horaires de travail pendant le préavis dû à la prise d'heures de recherche d'emploi par le salarié ne constitue pas une faute grave justifiant la rupture du préavis.

Cass. soc. 12 janvier 2000, n° 97-43.486.

• Horaires variables

Le fait de « pointer » pour le compte d'autres salariés constitue une faute grave dans la mesure où il porte préjudice aux salariés ayant un horaire libre.

Doit être cassé l'arrêt ayant décidé que le fait pour un cadre d'avoir « pointé » à plusieurs reprises au lieu et place de sa secrétaire ne constituait pas une faute grave, alors que les agissements de ce cadre étaient préjudiciables aux salariés attachés au système de l'horaire libre.

Cass. soc. 12 juillet 1989, n° 85-40.237, 1er moyen.

Les salariés ayant un horaire variable doivent enregistrer leurs horaires.

Une cour d'appel a pu souverainement décider que le fait pour une salariée soumise au régime des horaires variables de ne pas avoir arrêté son compteur individuel, alors qu'elle avait cessé son travail, justifiait son licenciement, l'employeur étant privé de la possibilité de contrôler le temps exact de travail.

Cass. soc. 22 septembre 1993, n° 92-40.505.

Horaire de travail ; Modification de la durée du travail ; Modification de l'horaire de travail.

Non-respect des règles d'hygiène et de sécurité

L'obligation de sécurité pesant sur le salarié est explicitement énoncée à l'article L. 4122-1 CT. En outre, le refus du salarié de se plier aux règles d'hygiène et de sécurité applicables dans l'entreprise est, en principe, constitutif d'une faute grave, sauf si ce refus est lui-même justifié par des raisons d'hygiène et de sécurité.

Une obligation générale de sécurité est mise à la charge de chaque salarié

Il incombe à chaque travailleur de prendre soin, en fonction de sa formation et selon ses possibilités, de sa sécurité et de sa santé ainsi que de celles des autres personnes concernées du fait de ses actes ou de ses omissions au travail.

Selon l'article L. 230-3 CT, il incombe à chaque travailleur de prendre soin, en fonction de sa formation et selon ses possibilités, de sa sécurité et de sa santé ainsi que de celles des autres personnes concernées du fait de ses actes ou de ses omissions au travail. Dès lors, alors même qu'il n'aurait pas reçu de délégation de pouvoir, il répond des fautes qu'il a commises dans l'exécution de son contrat de travail.

Le directeur du service entretien d'une société avait été licencié à la suite du décès de deux salariés d'une entreprise extérieure à laquelle avait été confiée la fourniture d'une nouvelle tuyauterie sur la centrale hydraulique d'une unité de fabrication de la société, les salariés ayant été tués par projection d'huile sous haute pression lors du démontage de l'ancienne conduite de l'installation.

Après avoir constaté, d'abord, qu'il entrait dans les attributions du directeur de passer les commandes relatives à la maintenance des installations de la société, de définir avec les entreprises intervenantes les conditions de leur intervention et de les renseigner sur les mesures de sécurité et, ensuite, qu'il n'avait pas correctement établi le plan de prévention et n'avait pas averti des dangers liés à cette intervention qu'il connaissait pourtant, une cour d'appel a décidé, à bon droit, que l'intéressé avait commis une faute grave.

Cass. soc. 28 février 2002, n° 00-41.220, BC V n° 82.

Une cour d'appel a constaté qu'un salarié, directeur technique, était chargé d'assurer le respect des règles de sécurité des sites de deux établissements et que, courant 1998, avaient été révélés à son employeur des manquements d'une particulière gravité commis par le salarié sur ces deux sites au sujet de l'enlèvement de réservoirs contenant des matières corrosives et dangereuses, de la fermeture des armoires électriques, de la fixation des extincteurs avec leur signalisation dans les lieux aux accès dégagés et du dégagement des issues de secours.

Ayant en outre relevé, d'une part, que, malgré des instructions précises et circonstanciées de son employeur, l'intéressé avait persisté jusqu'au 15 juillet 1999, soit la veille de l'engagement de la poursuite disciplinaire, en sorte que la prescription invoquée n'était pas acquise, à ne pas respecter les consignes de sécurité et, d'autre part, que la lourde obligation de sécurité de résultat pesant sur l'employeur ne lui permettait pas de tolérer plus longtemps les insuffisances de son directeur technique, une cour d'appel a pu en déduire que le salarié avait commis une faute grave.

Cass. soc. 30 septembre 2005, n° 04-40.625, BC V n° 278.

Les obligations des travailleurs dans le domaine de la sécurité et de la santé au travail n'affectent pas le principe de responsabilité de l'employeur.

Cass. soc. 10 février 2016, n° 14-24.350, 1er moyen du pourvoi incident, BC V n° 30, cité dans « Hygiène et sécurité ».

Le non-respect des règles d'hygiène et de sécurité est, en principe, constitutif d'une faute grave

La violation des règles de sécurité peut constituer une faute grave.

En cas de manquement à l'obligation qui lui est faite par l'article L. 230-3 CT de prendre soin de sa sécurité et de sa santé ainsi que de celles des autres personnes concernées du fait de ses actes ou de ses omissions au travail, un salarié engage sa responsabilité et une faute grave peut être retenue contre lui.

Commet une faute grave le salarié, chef de chantier, n'ayant pas respecté l'obligation de porter son casque de sécurité.

Cass. soc. 23 mars 2005, n° 03-42.404, BC V n° 99. Voir aussi cass. soc. 6 juin 2007, n° 05-45.984, s'agissant d'une salariée n'ayant pas pris les mesures nécessaires pour remplacer un escabeau cassé dont l'utilisation constituait un danger pour le personnel.

Selon l'article L. 4122-1 CT, il incombe à chaque travailleur de prendre soin, en fonction de sa formation et selon ses possibilités, de sa santé et de sa sécurité ainsi que de celles des autres personnes concernées par ses actes ou ses omissions au travail.

A violé les articles L. 4122-1, L. 1232-1, L. 1234-5 et L. 1234-9 CT la cour d'appel qui a dit le licenciement d'un salarié sans cause réelle et sérieuse, alors qu'il résultait de ses constatations qu'une mezzanine sur laquelle étaient entreposées des marchandises et où circulaient des salariés présentait d'importants problèmes de stabilité et nécessitait impérativement la mise en place d'éléments pour la stabiliser et que le salarié, titulaire d'une délégation de pouvoirs en vue d'appliquer et faire appliquer les prescriptions en matière d'hygiène et de sécurité, s'était borné à s'enquérir du coût des réparations sans prendre aucune mesure pour prévenir un accident ni faire procéder aux réparations qui s'imposaient, ce dont il résultait qu'il avait commis un manquement grave rendant impossible son maintien dans l'entreprise.

Cass. soc. 23 juin 2010, n° 09-41.607, BC V n° 151.

Après avoir constaté qu'un salarié avait laissé son chien pendant trois heures à l'intérieur de son véhicule stationné sur le parking de l'entreprise et n'avait pas été en mesure de l'empêcher d'attaquer une salariée sur le parking, une cour d'appel, ayant ainsi caractérisé un manquement du salarié à son obligation de ne pas mettre en danger, dans l'enceinte de l'entreprise, d'autres membres du personnel, a pu rejeter l'argumentation selon laquelle ce fait relevait de sa vie privée et décider que le licenciement pour faute grave de l'intéressé était fondé sur une cause réelle et sérieuse.

Cass. soc. 4 octobre 2011, n° 10-18.862, BC V n° 220.

Tel est le cas lorsque les manquements d'un salarié ont été générateurs d'un risque grave pour lui-même, pour autrui et pour le matériel.

Ayant relevé qu'un salarié chauffeur poids lourds, en dépit des consignes de sécurité, avait effectué, avec la benne qu'il conduisait et qui s'était renversée, une manœuvre dangereuse génératrice d'un risque grave pour lui-même, pour autrui et pour le matériel, une cour d'appel a décidé à bon droit que ces faits constituaient une faute grave.

Cass. soc. 19 mai 1999, n° 97-40.733.

Des manquements répétés aux règles d'hygiène et de sécurité constituent une faute grave…

Après avoir relevé que les différentes fautes de conduite reprochées à un pilote de porte-char et retenues par l'autorité administrative, qui avaient entraîné la dégradation du matériel et la mise en danger d'un collègue, constituaient, du fait d'avertissements antérieurs, un comportement réitératif de non-respect des consignes de sécurité, un tribunal supérieur d'appel a pu dire le licenciement du salarié fondé sur une faute grave.

Cass. soc. 29 mars 2012, n° 10-19.466, 1er moyen.

… ou une cause réelle et sérieuse de licenciement.

Après avoir retenu que l'imputabilité d'un accident, au cours des opérations de chargement d'une remorque, incombait nécessairement au salarié qui, alors qu'il était responsable de la manœuvre, n'avait pas respecté les consignes de chargement, dès lors que l'agent chargé de l'assister n'avait lui même commis aucune faute, et après avoir relevé qu'en dépit des sanctions prononcées à son encontre pour des faits similaires, l'intéressé, persistant dans le même comportement fautif, avait continué d'ignorer les consignes de sécurité, une cour d'appel a pu décider, dans l'exercice du pouvoir qu'elle tient de l'article L. 1232-1 CT, que le licenciement procédait d'une cause réelle et sérieuse.

Cass. soc. 4 mars 2009, n° 08-40.967.

Le refus de se soumettre à une vaccination prescrite par le médecin du travail en l'absence de contre-indication médicale peut également justifier un licenciement.

Après avoir retenu que la réglementation applicable à une entreprise de pompes funèbres imposait la vaccination des salariés exerçant des fonctions les exposant au risque de l'hépatite B, une cour d'appel, qui a constaté la prescription de cette vaccination par le médecin du travail et l'absence de contre-indication médicale de nature à justifier le refus d'un salarié, en a exactement déduit que celui-ci ne pouvait s'y opposer et a pu le débouter de sa demande de dommages-intérêts pour licenciement sans cause réelle et sérieuse.

Cass. soc. 11 juillet 2012, n° 10-27.888, 1er moyen, BC V n° 221.

Le salarié répond des fautes qu'il a personnellement commises, même si l'employeur a consenti à d'autres salariés une délégation de pouvoirs en matière de sécurité.

En vertu de l'article L. 230-3 CT, le salarié est tenu de prendre soin, en fonction de sa formation et selon ses possibilités, de sa sécurité et de sa santé ainsi que de celles des autres personnes concernées par ses actes ou ses omissions ; il répond des fautes qu'il a personnellement commises dans l'exécution de son contrat de travail, même si l'employeur a consenti à d'autres salariés une délégation de pouvoirs en matière de sécurité.

Après avoir constaté qu'alors qu'un salarié était chargé, en sa qualité de conducteur de travaux, d'organiser l'hygiène et la sécurité des chantiers et de mettre en œuvre les consignes de sécurité et mesures de prévention, il n'avait pas assuré la protection des salariés travaillant dans une tranchée profonde non blindée, en dépit des observations qui lui avaient été faites sur le danger de cette situation, une cour d'appel a pu décider qu'il avait commis une faute grave, peu important à cet égard que l'employeur ait délégué au chef de chantier les pouvoirs de contrôler et d'assurer le blindage des tranchées dans lesquelles les travaux étaient effectués.

Cass. soc. 6 juin 2007, n° 05-43.039.

Les consignes d'hygiène et de sécurité doivent être respectées.

Ayant relevé qu'il était établi que la salariée, en contravention avec toutes les règles d'hygiène et d'asepsie, nettoyait la table de radiologie avec la serpillière servant à nettoyer le sol, une cour d'appel a pu décider que ce comportement était de nature à rendre impossible le maintien de celle-ci dans le cabinet médical pendant la durée du préavis et constituait une faute grave.

Cass. soc. 7 juillet 1999, n° 98-40.671. Voir aussi cass. soc. 4 mai 1995, n° 93-46.125, 1er moyen, s'agissant d'un ouvrier fromager qui, malgré les exigences de son poste, n'a pas respecté les règles d'hygiène les plus élémentaires.

Constitue une faute grave le fait pour un chef de département boucherie-traiteur, disposant d'une délégation de pouvoirs étendue, d'avoir retravaillé des produits arrivant à leur date limite d'utilisation, contrevenant ainsi aux règles d'hygiène et à une note de service interdisant le reconditionnement de produits destinés aux consommateurs.

Cass. soc. 2 décembre 1998, n° 96-43.970. Voir aussi cass. soc. 30 octobre 2000, n° 98-43.939, s'agissant d'une cuisinière, chargée de la préparation des repas, de la surveillance de la cuisine et de l'hygiène alimentaire, ayant laissé des produits périmés dans les stocks alimentaires.

Le fait de fumer dans un local où sont entreposés des produits inflammables en violation du règlement intérieur et des règles de sécurité est constitutif d'une faute grave.

Cass. soc. 11 juin 1998, n° 96-42.244. Voir aussi cass. soc. 31 mars 1999, n° 97-41.220, précisant, cependant, que le fait pour une salariée d'avoir fumé dans un couloir ne constituait pas une faute grave.

Constitue une faute grave le fait de fumer une cigarette dans un local affecté aux pauses en violation d'une interdiction générale de fumer justifiée par la sécurité des personnes et des biens.

Après avoir constaté qu'un salarié, employé d'une cartonnerie, avait fumé une cigarette dans un local au sein d'une entreprise affecté aux pauses en violation d'une interdiction générale de fumer justifiée par la sécurité des personnes et des biens, imposée en raison du risque d'incendie par l'arrêté préfectoral d'autorisation d'installation classée et figurant au règlement intérieur, portée à sa connaissance tant par l'affichage de ce règlement que par les nombreux panneaux disposés dans l'entreprise, ainsi que par une note interne de rappel mentionnant les sanctions encourues, une cour d'appel a pu en déduire que le comportement de l'intéressé rendait impossible son maintien dans l'entreprise et constituait une faute grave.

Cass. soc. 1er juillet 2008, n° 06-46.421, BC V n° 145.

Certaines circonstances sont de nature à ôter toute justification au licenciement

Le refus de respecter des consignes de sécurité ne peut pas justifier un licenciement s'il est lui-même justifié par des raisons de sécurité.

Une cour d'appel a pu décider, dans l'exercice de son pouvoir souverain d'appréciation, que le licenciement d'un mineur ayant refusé de suivre les prescriptions de son employeur au cours d'opérations de minage était sans cause réelle et sérieuse dès lors que ce salarié s'était conformé aux prescriptions de la direction départementale de l'équipement, elles-mêmes énoncées pour des raisons de sécurité.

Cass. soc. 28 octobre 1992, n° 90-40.119.

Le licenciement d'un salarié pour défaut du port des chaussures de sécurité est sans cause réelle et sérieuse si le salarié n'a fait que se conformer à une décision du médecin du travail.

Cass. soc. 21 mars 2000, n° 97-44.912.

☞ *Contrat de travail (Exécution défectueuse/Erreurs/Négligences/Imprudences/Omissions).*

Notes de service

Les notes de service portant prescriptions générales et permanentes en matière d'hygiène, de sécurité et de discipline sont soumises au régime du règlement intérieur.

Notes de service assimilées au règlement intérieur

Dès lors qu'elles contiennent des prescriptions générales et permanentes relatives à l'hygiène, la sécurité ou la discipline, les notes de service sont assimilées au règlement intérieur.

Le document imposant aux caissières de nettoyer leur caisse et une partie de l'établissement contient des dispositions relatives à l'hygiène et à la sécurité et entre ainsi dans le champ d'application du règlement intérieur, même si certaines mesures visent l'organisation des travaux.

Cass. crim. 26 juin 1990, n° 88-84.251, B. crim. n° 261. Voir aussi CE 29 décembre 1995, n° 159167.

La lettre adressée à une partie des salariés, contenant, en termes identiques, l'énoncé d'une règle de comportement générale et permanente s'imposant, sous peine de sanction, à tous les salariés de l'établissement, constitue donc une adjonction au règlement intérieur.

À la suite d'un mouvement de grève auquel avaient participé huit des 48 salariés d'un centre de convalescence et de rééducation, la direction du centre a adressé à chacun de ces huit salariés, à leur adresse personnelle, une lettre rédigée en termes identiques et comportant la mention suivante : « Compte tenu des incidences de vos absences sur la santé et la sécurité des patients qui vous sont confiés, vous ne pouvez en aucun cas quitter votre poste sans avoir prévenu votre employeur avec un délai suffisant permettant de pallier votre carence. Nous serons intraitables à cet égard ».

L'inspecteur du travail, après avoir qualifié le contenu de la lettre comme valant note de service en matière de discipline générale et constituant par suite une adjonction au règlement intérieur, a enjoint à la directrice du centre d'annuler cette note.

D'une part, le contenu identique des huit lettres comportait l'énoncé d'une règle de comportement générale et permanente s'imposant sous peine de sanction à tous les salariés de l'établissement auxquels avaient été confiées l'administration des soins aux patients, ainsi que leur garde et leur surveillance ; il constituait donc une adjonction au règlement intérieur du centre, établie pour une catégorie de personnel, et l'inspecteur du travail était donc compétent, en vertu de l'article L. 122-37 CT, pour en exiger le retrait.

D'autre part, les dispositions de cette adjonction au règlement intérieur de l'établissement avaient pour seul objet de protéger la sécurité et la santé des patients qui y sont admis.

Cependant, il n'appartenait pas à l'employeur de réglementer l'exercice du droit de grève par le truchement du règlement intérieur, en se fondant sur un objectif constitué de la seule sécurité des usagers de l'établissement, alors qu'il ne ressortait pas des pièces du dossier que l'absence d'une partie du personnel de l'établissement y mettait en cause la sécurité générale.

C'est donc à raison que l'inspecteur du travail a enjoint à la direction du centre d'annuler la note litigieuse.

CE 27 juillet 2005, n° 254600, Rec. Lebon p. 377.

Par conséquent, toute restriction des libertés imposée par une note de service doit être justifiée par la nature des tâches à accomplir et proportionnée au but poursuivi.

L'institution d'un badge d'identification, avec des couleurs différentes selon l'entreprise à laquelle le salarié appartient et selon les zones d'accès autorisées, n'entraîne aucune atteinte à la vie privée des salariés. Dans la mesure où le document à l'origine de ce système permettait d'assurer la sécurité des personnes et des installations nucléaires, le syndicat des personnels de l'énergie atomique du Tricastin n'était pas fondé à en demander le retrait.

CE 29 décembre 1995, n° 129747. Voir aussi cass. soc. 1er juin 1994, n° 91-40.695.

Autres notes de service

Les règles contenues dans une note de service s'imposent aux salariés, même si elles n'ont pas été incorporées aux dispositions du règlement intérieur.

Une salariée, employée au service vacances de la ligue française de l'éducation et de la formation permanente, avait sollicité la délivrance auprès d'une compagnie aérienne de deux billets à tarif réduit pour l'étranger, malgré une note de service rappelant l'interdiction de solliciter ou d'accepter un cadeau des fournisseurs sans l'accord préalable de la direction.

C'est à bon droit qu'une cour administrative d'appel a considéré que la règle à caractère déontologique contenue dans la note de service s'imposait à la salariée alors même qu'elle n'avait pas été incorporée aux dispositions du règlement intérieur et que les faits reprochés à la salariée étaient constitutifs d'une faute d'une gravité suffisante pour justifier son licenciement.

CE 11 juin 1999, n° 195706, Rec. Lebon p. 198.

Les notes de service à caractère temporaire ou relatives à de simples modalités d'organisation du travail sont opposables aux salariés et ne sont pas soumises aux formalités du règlement intérieur.

La note de service se bornant à donner des précisions quant à la tenue vestimentaire à porter selon les saisons n'est pas une adjonction au règlement intérieur. Elle est, par conséquent, opposable aux salariés sans que les formalités à respecter pour la mise en œuvre d'un règlement intérieur ne soient accomplies. Les juges ont donc pu considérer que l'avis du comité d'établissement n'avait pas à être demandé.

Cass. soc. 7 octobre 1992, n° 89-45.283, BC V n° 506. Voir aussi CE 12 novembre 1990, n° 96721.

☛ *Règlement intérieur.*

Notification du licenciement

En cas de licenciement, l'employeur doit notifier au salarié sa décision par lettre recommandée avec accusé de réception.

Cette lettre de licenciement doit être motivée, c'est-à-dire qu'elle doit expliciter les raisons justifiant la mesure de licenciement. À défaut, le licenciement est sans cause réelle et sérieuse.

Titulaire du droit de licencier

☛ *Entretien préalable au licenciement.*

Contenu de la lettre de licenciement

• Licenciement pour motif personnel

L'employeur doit faire état d'éléments objectifs.

C'est à bon droit qu'après avoir constaté que le motif énoncé dans la lettre de licenciement était le manque de motivation d'une salariée, une cour d'appel en a exactement déduit que ce grief, qui présentait un caractère subjectif, n'était pas matériellement vérifiable et que son imprécision équivalait à une absence de motif, ce qui rendait le licenciement sans cause réelle et sérieuse.

Cass. soc. 23 mai 2000, n° 98-40.635, BC V n° 193 (arrêt n° 2).

La lettre de licenciement ne visant que les difficultés relationnelles d'une salariée énonce un grief subjectif qui n'est pas matériellement vérifiable.

Cass. soc. 27 avril 2000, n° 97-45.055.

L'insuffisance professionnelle constitue un motif précis de licenciement matériellement vérifiable.

Cass. soc. 9 janvier 2002, n° 99-45.395.

L'employeur doit indiquer le motif précis du licenciement.

Ne constitue pas l'énoncé d'un motif précis de licenciement l'inaptitude au poste occupé sans indication de la nature physique ou professionnelle de l'inaptitude invoquée.

Cass. soc. 20 février 2002, n° 99-40.527, BC V n° 72. Voir aussi cass. soc. 26 octobre 1995, n° 94-40.991, précisant que ne constitue pas un motif précis la simple mention, dans la lettre de notification, d'un licenciement pour motif individuel.

En cas de licenciement consécutif à des absences causées par la maladie, l'employeur doit faire état de la nécessité de remplacer le salarié.

Est insuffisamment motivée la lettre de licenciement qui ne mentionne pas expressément, outre la perturbation de fonctionnement de l'entreprise, la nécessité du remplacement du salarié absent en raison de son état de santé.

Cass. soc. 23 novembre 2005, n° 03-47.782.

En cas de licenciement motivé par le refus d'un salarié de la modification de son contrat de travail en application d'un accord de réduction du temps de travail, la lettre de licenciement doit comporter l'indication de cet accord.

En cas de licenciement motivé par le refus d'un salarié de la modification de son contrat de travail en application d'un accord de réduction du temps de travail, qui constitue un licenciement individuel ne reposant pas sur un motif économique et est soumis aux dispositions des articles L. 122-14 à L. 122-17 CT selon l'article 30-II de la loi du 19 janvier 2000, la lettre de licenciement doit comporter l'indication de cet accord. À défaut, le licenciement est sans cause réelle et sérieuse.

Cass. soc. 15 mars 2006, n° 04-40.504, BC V n° 107 (arrêt n° 2).

Le motif est précis dès lors que les griefs invoqués sont matériellement vérifiables.

Il suffit, pour sa validité, que la lettre de licenciement comporte un motif matériellement vérifiable ; tel est le cas d'un motif faisant état du fait que le salarié ne parvenait pas à s'adapter à ses fonctions, l'office du juge étant de vérifier la réalité de cette inadaptation.

Cass. soc. 28 septembre 2005, n° 03-47.996.

Doit être cassé l'arrêt qui, pour décider que le licenciement d'un salarié ne reposait pas sur une cause réelle et sérieuse, a retenu que l'énoncé des griefs fait par l'employeur dans la lettre de licenciement était insuffisamment précis, alors qu'il était reproché au salarié son manque de compétence se manifestant par un manque de projet concret sur l'organisation de son service, un échec dans ses relations avec ses collaborateurs, une mise en place de documents non fiables et un mécontentement de la clientèle, et que ces griefs, matériellement vérifiables, constituaient les motifs exigés par l'article L. 122-14-2 CT.

Cass. soc. 14 mai 1996, n° 94-45.499, BC V n° 189.

C'est à tort qu'une cour d'appel a décidé que le licenciement d'un directeur d'exploitation d'un hôtel-restaurant en raison de graves négligences dans la gestion quotidienne d'un établissement avait satisfait à l'exigence légale de motivation, alors que l'allégation de négligences dont la nature restait indéterminée ne constituait pas un motif suffisamment précis pour permettre aux juges d'en apprécier la réalité et le sérieux.

Cass. soc. 5 juillet 2000, n° 98-42.889.

Le motif pris de la disparition d'espèces repose sur des faits objectifs et précis à la charge d'un salarié.

Cass. soc. 13 juin 2001, n° 99-42.733.

La lettre de licenciement, qui reproche à un salarié un état d'ébriété avancé pendant les heures de travail dans le magasin et devant le personnel, énonce un grief précis et matériellement vérifiable.

Cass. soc. 6 décembre 2000, n° 98-45.785.

La lettre de licenciement visant une incompatibilité d'humeur sans invoquer de faits matériellement vérifiables n'a pas satisfait à l'exigence légale de motivation de la lettre de licenciement.

Cass. soc. 17 janvier 2001, n° 98-44.354, BC V n° 13.

Une cour d'appel, qui a constaté que dans la lettre de licenciement l'employeur s'était borné à énoncer que les motifs étaient les « problèmes que vous occasionnez », a pu décider que ce grief n'était pas matériellement vérifiable et que son imprécision équivalait à une absence de motif, ce qui rendait le licenciement sans cause réelle et sérieuse.

Cass. soc. 23 mai 2000, n° 98-40.633, BC V n° 193.

L'imputation d'un comportement déloyal, sans autre précision, ne constitue pas un motif matériellement vérifiable.

Cass. soc. 10 mai 2001, n° 99-40.128, BC V n° 161.

La lettre de licenciement qui se borne à viser une mésentente sans autre précision n'énonce pas un motif de licenciement matériellement vérifiable répondant aux conditions de l'article L. 122-14-2 CT.

Cass. soc. 5 février 2002, n° 99-44.383, BC V n° 50.

Des dispositions contractuelles, conventionnelles ou statutaires ne peuvent ni dispenser l'employeur d'énoncer les motifs du licenciement dans la lettre de licenciement ni priver le juge de l'appréciation de la cause réelle et sérieuse du licenciement.

La directrice d'un établissement catholique s'est vu retirer par une direction interdiocésaine l'agrément nécessaire pour le diriger ; elle a été licenciée par une lettre ainsi libellée : « le motif de votre licenciement est lié au retrait d'agrément de votre poste de direction du collège prononcé par le conseil de tutelle du diocèse de Reims » ; elle a saisi la juridiction prud'homale de diverses demandes.

Pour dire que le licenciement reposait sur une cause réelle et sérieuse, une cour d'appel a retenu, d'une part, qu'il existe, en application du statut du chef d'établissement du second degré de l'enseignement catholique, une obligation pour l'employeur de licencier en cas de retrait d'agrément du poste de directeur de collège et que la contestation du retrait d'agrément ne relève que de l'autorité de tutelle et est étrangère au débat sur l'appréciation du caractère abusif ou non du licenciement devant le conseil de prud'hommes, d'autre part, que le retrait d'agrément constitue un motif de licenciement suffisamment précis, vérifiable par le juge.

En statuant ainsi, alors que la lettre, qui se borne à évoquer le « retrait d'agrément » sans préciser les faits à l'origine de ce retrait, n'est pas motivée, la cour d'appel a violé les articles L. 1232-1, L. 1232-6 et L. 1235-1 CT.

Cass. soc. 12 janvier 2011, n° 09-41.904, BC V n° 16.

Si la lettre de licenciement doit énoncer des motifs précis et matériellement vérifiables, l'employeur est en droit, en cas de contestation, d'invoquer toutes les circonstances de fait qui permettent de justifier ce motif.

Cass. soc. 15 octobre 2013, n° 11-18.977, BC V n° 232. Voir aussi cass. soc. 1er mars 2017, n° 15-22.156, 1er moyen.

L'employeur n'est pas tenu d'indiquer la date des faits reprochés au salarié.

Cass. soc. 9 juillet 2014, n° 13-13.719.

C'est à tort que, après avoir constaté que, dans la lettre de licenciement, l'employeur reprochait à une salariée son retour tardif de congés payés, le non-respect des consignes données par ses supérieurs hiérarchiques, le fait de bâcler son travail et d'avoir une attitude négative vis-à-vis de son client, une cour d'appel a décidé que le licenciement de l'intéressée était sans cause réelle et sérieuse en énonçant que ces motifs n'étaient pas explicités, qu'aucune précision n'était donnée, notamment sur la date permettant de matérialiser l'époque des faits reprochés, et que cette insuffisance de motifs équivalait à une absence de motif, alors que les griefs invoqués par l'employeur dans la lettre de notification du licenciement constituaient les motifs précis exigés par la loi.

Cass. soc. 5 janvier 1995, n° 93-42.190, 1er moyen, BC V n° 5. Voir aussi cass. soc. 15 octobre 2002, n° 00-44.954 ; cass. soc. 6 décembre 2011, n° 10-20.925.

C'est à bon droit qu'une cour d'appel, qui a constaté qu'une lettre de licenciement qui faisait référence à des faits visés par l'article L. 122-47 CT relatif au harcèlement sexuel et à une attitude de dénigrement, a décidé que cet énoncé répondait aux exigences de précision de l'article L. 122-14-2 CT, peu important que les faits ne soient pas datés.

Cass. soc. 24 mai 2000, n° 98-45.216. Voir aussi cass. soc. 11 juillet 2001, n° 99-42.528.

La référence à un avertissement précédemment notifié, outre qu'elle indique que le licenciement est fondé sur des faits ayant déjà été sanctionnés, ne saurait constituer l'énonciation d'un motif précis de licenciement.

Selon l'article L. 122-14-2 CT, l'employeur est tenu d'énoncer le ou les motifs du licenciement dans la lettre de licenciement qu'il doit envoyer au salarié.

Pour décider que le licenciement d'un salarié reposait sur une cause réelle et sérieuse, une cour d'appel a retenu que, dans la mesure où la lettre de licenciement faisait expressément référence à un avertissement précédemment notifié au salarié, ces deux documents formaient un tout indissociable, le second devant être lu et interprété comme la suite du premier, et que si la motivation du licenciement que renfermait la lettre notifiant celui-ci pouvait apparaître par trop imprécise, l'avertissement notifié à l'intéressé énonçait à son encontre des griefs précis et circonstanciés qui constituaient une cause réelle et sérieuse autorisant son licenciement.

En statuant ainsi, alors qu'il résultait de ses constatations et énonciations que la lettre de licenciement était imprécise, ce qui équivalait à une absence de motivation, la cour d'appel, qui, de surcroît, a retenu comme motif du licenciement des faits déjà sanctionnés par un avertissement, a violé l'article L. 122-14-2 CT.

Cass. soc. 17 janvier 2006, n° 04-40.740, BC V n° 16.

La seule référence à des correspondances antérieures explicitant le motif de licenciement ne constitue pas l'énoncé des motifs exigés par la loi.

La lettre aux termes de laquelle il est précisé « nous vous notifions votre licenciement pour faute grave aux motifs évoqués dans nos précédents courriers restés sans effet » ne contient pas un motif précis de licenciement. En effet, la seule référence à des correspondances antérieures ne constitue pas l'énoncé des motifs exigés par la loi.

Cass. soc. 31 mai 1995, n° 93-44.719, BC V n° 171. Voir aussi cass. soc. 1er avril 2003, n° 00-41.428.

Doit être cassé l'arrêt qui retient qu'une salariée ne peut prétendre que la lettre de licenciement ne comporte aucun motif, dès lors qu'elle renvoie à la lettre de convocation à l'entretien préalable énonçant très précisément les faits reprochés, alors que la lettre de licenciement ne mentionne aucun motif et que la référence à ceux contenus dans la lettre de convocation à l'entretien préalable ne constitue pas l'énoncé des motifs exigé par la loi.

Cass. ass. plén. 27 novembre 1998, n° 96-44.358, BC n° 7. Voir aussi cass. soc. 1er octobre 1996, n° 93-44.302 ; cass. soc. 12 octobre 2000, n° 98-43.456.

La seule référence dans la lettre de licenciement au plan de restructuration annexé à ladite lettre, alors que le document n'a pas pour objet la rupture du contrat, ne constitue pas l'énoncé des motifs exigés par la loi.

Cass. soc. 12 octobre 2000, n° 98-41.575.

Toutefois, dès lors que la lettre de licenciement mentionne expressément qu'elle comporte en annexe l'énoncé précis des motifs du licenciement, elle est motivée.

Cass. soc. 10 octobre 2000, n° 98-40.496.

La connaissance que le salarié a pu avoir par ailleurs des motifs de son licenciement ne peut pas pallier l'absence de motif.

Pour pallier l'insuffisance d'énonciation des motifs dans la lettre de licenciement, l'employeur ne peut invoquer la nécessaire connaissance par la salariée du motif résultant de la fermeture de l'établissement. L'absence de motif précis équivaut à une absence de motif, peu important la connaissance que la salariée ait pu en avoir par ailleurs.

Cass. soc. 31 mai 1995, n° 93-46.688. Voir aussi cass. soc. 3 février 1999, n° 97-40.239, où le salarié avait eu connaissance des griefs qui lui étaient reprochés après la notification du licenciement.

De même, le fait que le salarié ait reconnu la réalité des griefs invoqués contre lui ne dispense pas l'employeur de motiver la lettre de licenciement.

L'employeur est tenu d'énoncer le ou les motifs du licenciement dans la lettre de notification du licenciement, peu important que le salarié ait reconnu la réalité des fautes motivant la rupture du contrat.

C'est donc à tort qu'une cour d'appel a débouté un salarié, licencié pour faute lourde, de ses demandes d'indemnités de rupture en énonçant que l'employeur n'était pas tenu de motiver la lettre de licenciement, le salarié ayant reconnu avant la lettre de rupture la réalité des griefs invoqués contre lui.

Cass. soc. 19 mars 1998, n° 96-40.391, BC V n° 161.

Une cour d'appel, qui a relevé que la lettre de licenciement se référait à une lettre précédemment adressée au salarié, a décidé, à bon droit, qu'elle ne constituait pas l'énoncé des motifs exigé par la loi et que, dès lors, le licenciement était dépourvu de cause réelle et sérieuse, peu important l'aveu du salarié, avant la lettre de rupture, de la réalité des fautes motivant la rupture des relations salariales.

Cass. soc. 22 mai 2001, n° 99-42.465.

L'absence ou l'insuffisance de motifs dans la lettre de licenciement permet au salarié de demander des dommages-intérêts pour licenciement sans cause réelle et sérieuse.

Dès lors que la lettre de licenciement ne comporte aucun motif, le licenciement est sans cause réelle et sérieuse, peu important le contenu de la lettre de convocation à l'entretien préalable.

Cass. soc. 12 janvier 1994, n° 92-42.745, BC V n° 2.

Selon la chambre criminelle de la Cour de cassation, l'employeur ne peut pas être pénalement poursuivi pour la contravention de diffamation non publique en raison des griefs reprochés au salarié dans la lettre de licenciement, dès lors que la motivation de cette lettre résulte d'une obligation légale.

Un salarié a fait citer devant le tribunal de police le directeur des ressources humaines de son employeur pour diffamation non publique envers un particulier en raison des termes de sa lettre de licenciement lui imputant des faits de harcèlement sexuel.

Après avoir retenu que, si la lettre de licenciement contenait des imputations portant atteinte à l'honneur et à la considération du salarié, de sorte que son contenu était susceptible de caractériser la contravention de diffamation non publique, l'article L. 122-14-2 CT faisait obligation à l'employeur d'énoncer le ou les motifs de licenciement dans la lettre de licenciement et que les imputations incriminées par le salarié constituaient « les motifs du licenciement décidé par l'employeur sans que soient développés d'autres griefs ou des circonstances superflues », une cour d'appel a pu en déduire que l'employeur pouvait se prévaloir à bon droit du fait justificatif prévu par l'article 122-4 c. pén. disposant que « n'est pas pénalement responsable la personne qui accomplit un acte prescrit ou autorisé par les dispositions législatives ou réglementaires ». Dès lors, c'est à bon droit que les juges ont relaxé le prévenu.

Cass. crim. 12 octobre 2004, n° 03-86.262, B. crim. n° 239. Voir aussi cass. crim. 25 mars 2014, n° 12-86.490, 1er moyen.

La première chambre civile de la Cour de cassation adopte la même position, mais écarte l'argument tiré de l'existence d'un fait justificatif ; elle précise que les dispositions impératives du droit du licenciement prescrites par l'article L. 1232-6 CT sont exclusives de l'application de la loi du 29 juillet 1881.

Cass. civ., 1re ch., 7 novembre 2006, n° 05-19.011, BC I n° 461.

• Licenciement pour motif économique

La seule circonstance qu'un salarié ait demandé à bénéficier de mesures prévues dans un plan de sauvegarde de l'emploi ne dispense pas l'employeur d'énoncer dans la lettre de licenciement le motif économique de la rupture.

Cass. soc. 10 décembre 2003, n° 01-47.332.

La référence à des motifs indiqués aux salariés préalablement à l'entretien préalable ne saurait remplacer l'absence d'énonciation de la raison économique du licenciement dans la lettre de licenciement.

C'est à tort que, pour dire que la lettre de licenciement était motivée et débouter les salariés de leur demande d'indemnité pour licenciement sans cause réelle et sérieuse, une cour d'appel a énoncé que les salariés avaient été licenciés au motif de « suppression de poste pour motif économique », que l'ensemble des salariés avait été avisé préalablement à l'entretien préalable de ce que la situation financière de la société employeur était obérée, que la lettre de licenciement qui fait état d'une suppression de poste consécutive à des difficultés économiques satisfait aux exigences légales, alors qu'elle avait relevé que la lettre de licenciement n'indiquait pas la raison économique de la suppression de poste, et alors que la référence à des motifs indiqués aux salariés préalablement à l'entretien préalable ne constituait pas l'énoncé des motifs exigés par la loi.

Cass. soc. 20 novembre 2002, n° 00-44.084.

La lettre de licenciement doit énoncer la cause du licenciement et sa conséquence précise sur l'emploi ou le contrat de travail du salarié.

D'une part, la lettre de licenciement qui fixe les limites du litige doit énoncer, lorsqu'un motif économique est invoqué, à la fois la cause économique qui fonde sa décision et sa conséquence précise sur l'emploi ou le contrat de travail du salarié.

D'autre part, le juge doit vérifier que l'énonciation des motifs du licenciement dans la lettre prévue par l'article L. 122-14-1 CT satisfait aux exigences légales lorsqu'il statue sur un licenciement.

Doit donc être cassé l'arrêt qui, après avoir relevé que la lettre de licenciement d'un salarié se bornait à faire état de la suppression de son poste, a dit que le licenciement de l'intéressé était fondé sur une cause réelle et sérieuse, alors qu'il résultait de ses propres énonciations que la lettre ne précisait pas la cause économique du licenciement.

Cass. soc. 6 juillet 1999, n° 97-41.547, BC V n° 328. Voir aussi cass. soc. 5 juin 2001, n° 99-42.302, BC V n° 210 ; cass. soc. 12 février 2014, n° 12-25.794.

La lettre de licenciement pour motif économique doit mentionner celle des raisons économiques prévues par la loi invoquée par l'employeur et son incidence sur l'emploi ou le contrat de travail du salarié licencié ; à défaut, le licenciement est dépourvu de cause réelle et sérieuse.

Pour rejeter les demandes d'une journaliste collaborant à un magazine relatives à la validité de son licenciement économique, une cour d'appel a retenu que la lettre de licenciement se référait à des éléments économiques financiers et techniques sur lesquels le comité d'entreprise avait été consulté dans le cadre du passage du magazine d'hebdomadaire en mensuel et que le détail de la réduction des effectifs était mentionné dans le document annexé, de sorte que cette lettre répondait aux exigences légales de motivation.

En statuant ainsi, alors que la lettre de licenciement et le document annexé n'indiquaient pas la raison économique du licenciement et son incidence sur l'emploi ou le contrat de travail du salarié licencié, la cour d'appel a violé les articles L. 1233-2 et L. 1233-16 CT.

Cass. soc. 29 septembre 2009, n° 08-43.487, 2e moyen, BC V n° 207.

Ne constitue pas l'énoncé de l'incidence des difficultés économiques sur l'emploi la lettre de licenciement faisant état d'une réduction de l'effectif.

Un salarié avait fait l'objet d'un licenciement pour motif économique aux termes d'une lettre énonçant : « Notre société connaît depuis plusieurs mois des difficultés pour renouveler son carnet de commandes et nous avons perdu les contrats qui nous liaient à nos principaux clients ; de ce fait, nous sommes dans l'obligation de réduire notre effectif afin d'essayer de maintenir notre activité. »

C'est à tort que, pour décider que ce licenciement reposait sur une cause réelle et sérieuse, une cour d'appel a énoncé que cette lettre précisait les raisons des difficultés économiques rencontrées par l'entreprise et leur conséquence, la suppression du poste de travail, synonyme de réduction d'effectif, alors que la lettre de licenciement doit comporter non seulement l'énonciation des difficultés économiques, mutations technologiques ou de la réorganisation de l'entreprise, mais également l'énonciation des incidences de ces éléments sur l'emploi ou le contrat de travail du salarié licencié, et alors qu'en l'espèce, les termes de la lettre de licenciement précisaient seulement les difficultés économiques, mais non leur incidence sur l'emploi occupé par le salarié.

Cass. soc. 11 juin 2002, n° 00-40.214, BC V n° 200. Voir aussi cass. soc. 11 juin 2002, n° 00-40.625, BC V n° 201.

La simple mention d'un licenciement économique ne constitue pas l'énoncé du motif économique exigé par la loi.

Viole les articles L. 1233-3 et 16 CT le conseil de prud'hommes qui, pour débouter une salariée licenciée pour motif économique de sa demande de dommages-intérêts pour licenciement sans cause réelle et sérieuse, retient que la lettre de licenciement faisant état d'un motif économique est motivée dès lors que les motifs évoqués, sans être parfaitement explicites, sont matériellement vérifiables, alors que, la lettre de licenciement se bornant à viser un « motif économique » sans le préciser est insuffisamment motivée.

Cass. soc. 6 avril 2011, n° 09-71.508. Voir aussi cass. soc. 5 octobre 1994, n° 93-41.248, 2e moyen, BC V n° 258.

Il en est de même de la simple mention de la suppression du poste du salarié…

Licenciée pour motif économique en raison d'une suppression de poste, une salariée avait saisi la juridiction prud'homale en référé d'une demande de provision sur indemnité pour licenciement sans cause réelle et sérieuse.

C'est à tort que, pour débouter l'intéressée de cette demande, une cour d'appel a énoncé que la régularité de forme et de fond d'un licenciement ressort de l'appréciation souveraine des juges du fond et que, dès lors, la demande de dommages-intérêts pour licenciement sans cause réelle et sérieuse ne pouvait pas donner lieu à référé, alors que l'employeur est tenu d'énoncer, dans la lettre de licenciement pour motif économique, les motifs économiques ou de changement technologique invoqués par lui et qu'à défaut, le licenciement est sans cause réelle et sérieuse, et alors qu'en l'espèce, la lettre de licenciement se bornant à invoquer la suppression du poste de la salariée - ce qui ne constituait pas l'énoncé des motifs économiques exigé par la loi -, il en résultait que le licenciement était nécessairement sans cause réelle et sérieuse et que l'obligation de l'employeur au paiement d'une provision n'était pas sérieusement contestable.

Cass. soc. 17 février 1998, n° 97-41.409, BC V n° 87. Voir aussi cass. soc. 6 juillet 1999, n° 97-41.547, précité ; cass. soc. 1er février 2001, n° 99-40.465.

Après avoir rappelé que la lettre de licenciement pour motif économique doit comporter non seulement l'énonciation des difficultés économiques, des mutations technologiques ou de la réorganisation de l'entreprise, mais également l'énonciation des incidences de ces éléments sur l'emploi ou le contrat de travail du salarié licencié, une cour d'appel, ayant constaté qu'une lettre de licenciement indiquait seulement que la situation obligeait l'employeur à supprimer trois postes de travail afin de sauvegarder la compétitivité de l'entreprise, a pu décider qu'une telle mention, ne précisant pas l'incidence sur l'emploi ou le contrat de travail de la salariée de la raison économique invoquée, ne constituait pas l'énoncé du motif exigé par la loi.

Cass. soc. 29 octobre 2008, n° 07-43.545.

Est sans cause réelle et sérieuse le licenciement d'un salarié dont la lettre de licenciement est motivée, non pas par une réorganisation de l'entreprise mais par la conclusion d'un marché de nettoyage avec une entreprise extérieure entraînant la suppression de son emploi.

Cass. soc. 2 mars 2011, n° 09-69.283.

… ou de la perte d'un marché.

Cass. soc. 9 novembre 2016, n° 15-21.878.

La simple mention du refus d'un salarié d'accomplir les nouveaux horaires mis en place dans l'entreprise ne constitue pas l'énoncé du motif économique exigé par la loi.

Une cour d'appel, qui a constaté que la lettre de licenciement pour motif économique se bornait à invoquer le refus par une salariée d'accomplir les nouveaux horaires mis en place pour créer deux unités et ne comportait donc pas l'énonciation des raisons économiques prévues par la loi et leur incidence sur l'emploi ou son contrat de travail, a pu en déduire qu'à défaut d'énonciation du motif économique de licenciement, celui-ci était sans cause réelle et sérieuse.

Cass. soc. 26 septembre 2007, n° 05-45.665, 2e moyen, BC V n° 137.

La lettre de licenciement doit énoncer les motifs économiques ou de changement technologique invoqués par l'employeur.

Il peut s'agir, par exemple, de difficultés économiques…

Constitue un motif précis le fait pour un employeur de faire état dans la lettre de licenciement d'une mauvaise conjoncture du bâtiment et des résultats déficitaires de l'agence obligeant l'entreprise à adapter ses effectifs, et à prévoir une nouvelle organisation du point de vente concerné.

C'est donc à tort qu'une cour d'appel a énoncé que la seule référence à la mauvaise conjoncture du bâtiment était générale et indéterminée et que la référence aux résultats déficitaires était vague et imprécise.

Cass. soc. 25 janvier 1995, n° 93-45.036.

… d'une mutation technologique…

Le fait pour un employeur d'invoquer la mise en place d'une équipe totalement autonome sur le tour à commande numérique et la nécessité de posséder une qualification polyvalente pour le salarié constitue un motif précis. Une telle lettre de licenciement énonce les motifs économiques ou les changements technologiques invoqués par l'employeur pour licencier le salarié.

Cass. soc. 30 novembre 1994, n° 93-43.844, 2e branche du moyen. Voir aussi cass. soc. 15 mars 2012, n° 10-25.996, 1re branche du moyen.

... d'une réorganisation de l'entreprise...

La réorganisation de l'entreprise constitue un motif économique autonome de licenciement. La lettre de licenciement qui fait mention du refus d'une modification du contrat de travail consécutive à une réorganisation de l'entreprise, dont il appartient au juge de vérifier qu'elle était destinée à sauvegarder sa compétitivité, est suffisamment motivée.

Cass. soc. 24 septembre 2002, n° 00-44.007, 1er moyen, BC V n° 275.

La lettre de licenciement qui fait état de difficultés économiques, d'une mutation technologique ou d'une réorganisation, et qui indique que cette situation entraîne une suppression d'emploi, une transformation d'emploi ou une modification du contrat de travail est suffisamment motivée.

Après avoir relevé qu'une lettre de licenciement mentionnait que le licenciement avait pour cause la modification, refusée par le salarié, de son contrat de travail consécutive à une réorganisation de l'entreprise nécessaire à la sauvegarde de la compétitivité du groupe, une cour d'appel a pu faire ressortir qu'elle répondait aux exigences légales de motivation prévues par les articles L. 1233-3 et L. 1233-16 CT.

Cass. soc. 27 mars 2012, n° 11-14.223, BC V n° 108.

... d'une cessation d'activité...

Un garçon de café avait été licencié pour motif économique par une société exploitant un restaurant en raison du non-renouvellement du bail commercial consenti par le propriétaire des locaux, ce qui avait entraîné la cessation d'activité de la société.

Une cour d'appel, après avoir exactement rappelé que l'énumération des motifs économiques de licenciement par l'article L. 321-1 CT n'est pas limitative a, à bon droit, débouté le salarié de sa demande d'indemnité pour licenciement sans cause réelle et sérieuse et retenu que la cessation d'activité de l'entreprise, quand elle n'est pas due à une faute de l'employeur ou à sa légèreté blâmable, constitue un motif économique de licenciement au sens de l'article précité.

Cass. soc. 16 janvier 2001, n° 98-44.647, BC V n° 10. Voir aussi cass. soc. 30 octobre 2002, n° 00-43.624.

La cour d'appel, qui a relevé qu'une lettre de licenciement énonçait pour cause de la rupture d'un contrat de travail la dissolution d'une association dont il se déduisait la suppression de tous les postes de travail, a décidé, à bon droit, qu'elle répondait aux exigences légales de motivation.

Cass. soc. 29 mai 2002, n° 00-41.939.

... ou d'une restructuration.

La lettre de licenciement pour motif économique devant mentionner les raisons économiques prévues par la loi et leur incidence sur l'emploi et le contrat de travail, une cour d'appel a pu décider que la lettre de licenciement, qui se bornait à faire état d'une restructuration de l'entreprise et d'une réduction d'effectifs, ne contenait pas l'énoncé du motif exigé par la loi et que l'énoncé d'un motif imprécis équivalant à une absence de motif, le licenciement du salarié était sans cause réelle et sérieuse.

Cass. soc. 10 décembre 1997, n° 95-42.438.

La lettre de licenciement qui mentionne que le licenciement a pour motifs économiques la suppression de l'emploi du salarié consécutive à la réorganisation de l'entreprise justifiée par des difficultés économiques et (ou) la nécessité de la sauvegarde de sa compétitivité répond aux exigences légales, sans qu'il soit nécessaire qu'elle précise le niveau d'appréciation de la cause économique quand l'entreprise appartient à un groupe.

En vertu de l'article L. 1233-16 CT, la lettre de licenciement comporte l'énoncé des motifs économiques invoqués par l'employeur ; cette obligation légale a pour objet de permettre au salarié de connaître les motifs de son licenciement pour pouvoir éventuellement les discuter et de fixer les limites du litige quant aux motifs énoncés ; si la lettre de licenciement doit énoncer la cause économique du licenciement telle que prévue par l'article L. 1233-3 CT et l'incidence matérielle de cette cause économique sur l'emploi ou le contrat de travail du salarié, l'appréciation de l'existence du motif invoqué relève de la discussion devant le juge en cas de litige ; il en résulte que la lettre de licenciement qui mentionne que le licenciement a pour motifs économiques la suppression de l'emploi du salarié consécutive à la réorganisation de l'entreprise justifiée par des difficultés économiques et (ou) la nécessité de la sauvegarde de sa compétitivité répond aux exigences légales, sans qu'il soit nécessaire qu'elle précise le niveau d'appréciation de la cause économique quand l'entreprise appartient à un groupe ; c'est seulement en cas de litige qu'il appartient à l'employeur de démontrer, dans le périmètre pertinent, la réalité et le sérieux du motif invoqué.

Un salarié a été engagé en 1998 en qualité de responsable commercial par une société, laquelle a été mise en liquidation judiciaire en juillet 2007 et a fait l'objet d'une cession partielle à une autre société le 20 novembre 2007, le contrat de travail du salarié étant transféré à la nouvelle société le 1er décembre 2007 ; par lettre du 26 juillet 2011, le salarié a été licencié dans le cadre d'un licenciement économique collectif.

Pour dire le licenciement dépourvu de cause réelle et sérieuse, une cour d'appel a retenu que la lettre de licenciement faisait exclusivement état des difficultés économiques de la société employeur sans aucune référence à la situation du secteur d'activité du groupe auquel elle appartenait et évoquait deux motifs économiques contradictoires, les difficultés économiques de l'entreprise et sa réorganisation pour sauvegarder sa compétitivité.

En statuant ainsi, alors que la lettre de licenciement énonçait que le licenciement avait pour motifs économiques la suppression de l'emploi du salarié consécutive à la réorganisation de l'entreprise justifiée tant par des difficultés économiques de la société que par la nécessité de sauvegarder sa compétitivité, en sorte qu'elle répondait aux exigences légales de motivation, la cour d'appel, à qui il appartenait de vérifier le caractère réel et sérieux du motif économique tel qu'invoqué dans la lettre de licenciement au regard du périmètre pertinent pour son appréciation, n'a pas légalement justifié sa décision.

Cass. soc. 3 mai 2016, n° 15-11.046, BC V n° 83.

La mention de travaux de réfection imposant la fermeture d'un hôtel pendant une certaine durée ne constitue pas l'énoncé d'un motif de licenciement.

Cass. soc. 15 octobre 2002, n° 00-45.057.

La motivation de la lettre de licenciement ne faisant état que d'une baisse d'activité est insuffisante…

Il résulte des articles L. 122-14-2 et L. 321-1 CT que la lettre de licenciement pour motif économique doit mentionner les raisons économiques prévues par la loi et leur incidence sur l'emploi ou le contrat de travail, et l'énoncé d'un motif imprécis équivaut à une absence de motif.

Ayant constaté que la lettre de licenciement pour motif économique d'un salarié se bornait à faire état d'une baisse d'activité, ce qui ne constituait pas l'énoncé du motif exigé par la loi, une cour d'appel a décidé, à bon droit, que le licenciement était sans cause réelle et sérieuse.

Cass. soc. 30 avril 1997, n° 94-42.154, BC V n° 150.

La lettre de licenciement, qui fixe les limites du litige, doit énoncer des faits précis et matériellement vérifiables.

Ne satisfait donc pas aux exigences de l'article L. 1233-16 CT la lettre de licenciement ne faisant état que d'une baisse d'activité, sans autre précision.

Cass. soc. 16 février 2011, n° 09-72.172, BC V n° 49 (arrêt n° 1).

… à moins d'être fondée sur des faits précis et matériellement vérifiables.

Une secrétaire d'avocat a été licenciée pour motif économique en raison de la chute du nombre de dossiers dont elle avait la charge entraînant la suppression de son poste.

Pour condamner l'employeur au paiement d'une indemnité pour licenciement sans cause réelle et sérieuse, une cour d'appel a énoncé que la lettre de licenciement ne faisait état que d'une baisse de l'une des activités du cabinet sans invoquer de difficultés économiques ou une réorganisation pour sauvegarder la compétitivité, que la seule baisse du chiffre d'affaires n'induit pas ipso facto une menace sur la compétitivité et ne suffit pas à établir la réalité des difficultés économiques.

En statuant ainsi, alors que la motivation de la lettre de licenciement, qui faisait état d'une baisse d'activité résultant de la disparition d'un certain nombre de contentieux traités par le cabinet et de son incidence sur l'emploi de la salariée, était fondée sur des faits précis et matériellement vérifiables, la cour d'appel, à qui il appartenait de vérifier l'existence de difficultés économiques résultant de cette baisse d'activité, a violé les articles L. 1233-3 et 16 CT.

Cass. soc. 16 février 2011, n° 10-10.110, BC V n° 49 (arrêt n° 2).

Le licenciement est dépourvu de cause réelle et sérieuse lorsque la lettre de licenciement ne mentionne pas l'existence d'une recherche de reclassement.

CA Aix-en-Provence, 17e ch., 23 mai 2011, n° 09-19766.

L'employeur n'est pas tenu de mentionner expressément dans la lettre de licenciement que l'acceptation de la proposition de reclassement pourrait remettre en cause le licenciement.

Cass. soc. 2 juillet 2015, n° 14-11.896.

La lettre de licenciement doit mentionner la priorité de réembauche.

Cass. soc. 27 octobre 1999, n° 97-43.180, 3e moyen, BC V n° 417.

Dans une entreprise en redressement judiciaire, la lettre de licenciement pour motif économique établie par l'administrateur judiciaire qui vise l'ordonnance du juge-commissaire autorisant le licenciement pour motif économique est suffisamment motivée.

Est suffisamment motivée la lettre de licenciement qui vise l'ordonnance du juge-commissaire autorisant le licenciement pour motif économique de plusieurs salariés.

Cass. soc. 5 mai 1998, n° 95-40.171, BC V n° 217. Voir aussi cass. soc. 28 juin 2000, n° 98-44.334.

N'est pas motivée la lettre de licenciement qui se borne à faire référence à un jugement du tribunal de commerce adoptant un plan de redressement sans préciser que ce jugement a autorisé les licenciements pour motif économique. Le licenciement du salarié est donc dépourvu de cause réelle et sérieuse.

Cass. soc. 18 novembre 1998, n° 96-42.378, BC V n° 500.

La lettre de licenciement pour motif économique qui émane du mandataire judiciaire liquidateur est suffisamment motivée dès lors qu'elle vise le jugement de liquidation en application duquel il est procédé au licenciement.

Cass. soc. 2 mars 2004, n° 02-41.932, BC V n° 67. Voir aussi cass. soc. 2 mars 2004, n° 02-41.931, BC V n° 66.

Le moyen tiré du défaut de motivation de la lettre de licenciement peut être relevé d'office.

Le moyen tiré du défaut de motivation de la lettre de licenciement qui n'a pas été soulevé par le salarié devant les juges du fond est nécessairement dans le débat. Il appartient aux juges du fond de rechercher, au besoin d'office, en respectant le principe du contradictoire, si la lettre de licenciement énonce le ou les motifs de licenciement.

Cass. soc. 5 juin 2001, n° 99-42.302, BC V n° 210. Voir aussi cass. soc. 20 novembre 2002, n° 00-41.460.

Effets de la notification

La rupture du contrat de travail se situe à la date où l'employeur a manifesté sa volonté d'y mettre fin, c'est-à-dire au jour de l'envoi de la lettre recommandée avec demande d'avis de réception notifiant la rupture…

A légalement justifié sa décision la cour d'appel qui, ayant souverainement constaté que la rupture de sa période d'essai avait été notifiée à un salarié à l'adresse qu'il avait communiquée à l'employeur, au moyen d'une lettre recommandée envoyée avant la date d'expiration de la période d'essai, a énoncé que la rupture du contrat de travail était intervenue au cours de la période d'essai.

Cass. soc. 11 mai 2005, n° 03-40.650, 4e moyen, BC V n° 159. Voir aussi cass. soc. 6 mai 2009, n° 08-40.395, BC V n° 123 ; cass. soc. 21 janvier 2015, n° 13-24.404.

… mais le préavis ne court qu'à compter de la date de présentation de cette lettre.

Si la rupture du contrat de travail se situe à la date d'envoi de la lettre recommandée avec demande d'avis de réception notifiant le licenciement, le préavis ne court qu'à compter de la date de présentation de cette lettre.

Cass. soc. 7 novembre 2006, n° 05-42.323, 2e moyen, BC V n° 327.

En conséquence, même si le salarié ne peut exécuter un préavis en raison de son inaptitude, le salaire est dû jusqu'à la présentation de la lettre de licenciement.

Une salariée, engagée le 23 juillet 2008 en qualité d'exécutant-packaging et en arrêt de travail pour accident du travail à compter du 11 janvier 2013, a été déclarée inapte à son poste à l'issue de deux examens médicaux et licenciée pour inaptitude et impossibilité de reclassement le 16 mai 2013 ; contestant son licenciement, elle a saisi la juridiction prud'homale.

Pour débouter la salariée de sa demande tendant à obtenir une somme à titre de rappel de salaire, outre les congés payés afférents, une cour d'appel a retenu que la rupture du contrat de travail se situait à la date d'envoi de la lettre recommandée notifiant le licenciement.

En statuant ainsi alors que, même si la salariée ne pouvait exécuter un préavis en raison de son inaptitude, le salaire était dû jusqu'à la présentation de la lettre de licenciement, la cour d'appel a violé l'article L. 1234-3 CT.

Cass. soc. 12 décembre 2018, n° 17-20.801, 2e moyen, à paraître.

Lorsque la lettre de licenciement est remise en main propre au salarié, la rupture du contrat se situe à cette date, nonobstant le refus de ce dernier de prendre la lettre et de signer le reçu.

L'envoi de la lettre recommandée avec avis de réception visée à l'article L. 1232-6 CT n'étant qu'un moyen légal de prévenir toute contestation sur la date de notification du licenciement, une cour d'appel, constatant que le licenciement avait été notifié par lettre remise en main propre à un salarié, lequel avait refusé de la prendre et de signer le reçu, a pu décider que la rupture était intervenue à cette date et que la procédure de licenciement avait été respectée.

Cass. soc. 16 décembre 2009, n° 08-42.922.

Le point de départ du préavis est reporté lorsque le salarié est en congés payés au moment de la rupture.

Si la rupture du contrat de travail est notifiée pendant le congé annuel, le délai-congé court à compter de la date où le congé annuel prend fin.

Cass. soc. 8 novembre 1995, n° 92-40.186.

La lettre de notification du licenciement fixe les termes du litige. L'employeur ne peut pas ultérieurement invoquer d'autres motifs que ceux mentionnés dans la lettre.

Les motifs énoncés dans la lettre de licenciement fixent le cadre du débat. Après avoir été licencié, un salarié estimant cette mesure sans cause réelle et sérieuse avait saisi la juridiction prud'homale.

Doit être cassé l'arrêt qui, pour dire que le licenciement de l'intéressé reposait sur une cause réelle et sérieuse et rejeter sa demande de dommages-intérêts, a énoncé que l'intéressé avait fait preuve d'un absentéisme très important, non seulement au cours de l'année 1994, mais également au cours des années antérieures, absences pour cause de maladie, de courte durée mais de nombreuses fois prolongées ce qui, même dans une entreprise employant un effectif relativement important, était incontestablement source de difficultés en raison de la perpétuelle incertitude sur l'effectif du service auquel un salarié est affecté, alors que la lettre de licenciement reprochait au salarié des fautes (absences abusives, retard dans la communication des documents médicaux), ce dont il résultait que l'employeur avait prononcé un licenciement disciplinaire.

En statuant ainsi, la cour d'appel, qui a retenu la perturbation apportée à la bonne marche de l'entreprise par les absences du salarié et qui ne s'est pas prononcée sur le caractère fautif ou non de son comportement, a violé l'article L. 122-14-2 CT.

Cass. soc. 26 octobre 1999, n° 97-41.679, BC V n° 409.

L'employeur qui invoque une faute lourde du salarié sans énoncer aucun fait dans la lettre de licenciement ne peut pas demander des dommages-intérêts fondés sur la faute lourde.

La lettre de licenciement fixe les limites du litige. Ayant relevé qu'un employeur n'avait énoncé aucun fait dans la lettre de licenciement qui invoquait une faute lourde du salarié, c'est à bon droit qu'une cour d'appel a non seulement déclaré le licenciement sans cause réelle et sérieuse, mais a débouté l'employeur, qui ne pouvait se prévaloir d'autres faits, de sa demande de dommages-intérêts fondée sur la faute lourde.

Cass. soc. 16 mars 1999, n° 96-45.247, BC V n° 115.

Le juge ne peut pas prendre en compte un motif non énoncé dans la lettre de licenciement…

Les juges ne peuvent pas retenir des faits non énoncés dans la lettre de licenciement, mais doivent se prononcer sur la réalité des motifs de licenciement invoqués par l'employeur dans la lettre.

Cass. soc. 30 mai 2000, n° 98-40.185. Voir aussi cass. soc. 4 juillet 2012, n° 11-17.469.

… ni un motif supplémentaire invoqué dans une lettre postérieure au licenciement.

Aux termes de l'article L. 122-14-2 CT, la lettre de licenciement énonçant les motifs de rupture fixe les limites du litige et les griefs non énoncés dans cette lettre ne peuvent être examinés par le juge qui ne peut prendre en considération un motif supplémentaire invoqué par l'employeur dans une lettre postérieure au licenciement.

Cass. soc. 22 janvier 1998, n° 95-41.496, BC V n° 28.

Une cour d'appel a pu décider, après avoir exactement énoncé que la lettre de licenciement ne doit pas être détaillée, mais comporter des griefs matériellement vérifiables, que « le détournement d'affaires en faveur d'un concurrent » énoncé dans la lettre de licenciement englobait nécessairement une affaire de transfert de contrat dès lors que l'employeur avait découvert ce fait avant le licenciement, mais ne l'avait précisé que postérieurement.

Cass. soc. 14 juin 2000, n° 98-43.736.

Cependant, la lettre postérieure à la lettre de licenciement rectifiant une erreur matérielle relative à l'heure de constatation des griefs invoqués par l'employeur ne prive pas le licenciement de motif.

Cass. soc. 10 janvier 2001, n° 98-43.847.

Le juge doit examiner tous les griefs énumérés sans pouvoir opérer une sélection entre eux.

Les juges ont l'obligation d'examiner l'ensemble des griefs invoqués dans la lettre de licenciement.

Cass. soc. 15 avril 1996, n° 94-44.222, BC V n° 162. Voir aussi cass. soc. 14 janvier 2014, n° 12-12.744, 1er moyen, BC V n° 5.

Il appartient au juge de restituer aux faits invoqués leur exacte qualification sans s'arrêter à la dénomination que les parties en auraient proposée.

Aux termes de l'article 12, al. 2 NCPC, le juge doit donner ou restituer leur exacte qualification aux faits et actes litigieux sans s'arrêter à la dénomination que les parties en auraient proposée.

A violé ce texte la cour d'appel qui, pour condamner un employeur à payer à une salariée une indemnité de préavis, a énoncé que les griefs énumérés dans la lettre de licenciement, lettre dont le contenu fixe les termes du litige, n'étaient nullement qualifiés de fautes graves par l'employeur qui ne saurait, dès lors, les considérer comme telles ultérieurement, alors que la lettre de licenciement ne fixe les limites du litige que quant aux griefs qui y sont énoncés et qu'il appartenait à la cour d'appel de rechercher si ceux-ci revêtaient le caractère de faute grave.

Cass. soc. 22 mars 1995, n° 93-45.121, non publié. Voir aussi cass. soc. 1er avril 2015, n° 13-26.706, 1er moyen du pourvoi de l'employeur ; cass. soc. 1er mars 2017, n° 15-23.574.

Toutefois, la qualification que l'employeur a donnée au licenciement s'impose à lui et il appartient au juge, qui doit examiner le caractère réel et sérieux de la cause de licenciement, d'effectuer ce contrôle au regard du motif personnel ou économique invoqué dans la lettre de licenciement.

La qualification que l'employeur a donnée au licenciement s'impose à lui.

Un salarié, qui avait bénéficié d'un congé sabbatique de six mois, devait reprendre son emploi le 1er septembre 2003 ; il a été licencié pour motif économique par lettre du 22 septembre 2003 précisant « durant votre absence, l'organisation de l'atelier personnalisation a été adaptée à la baisse d'activité de ce secteur. Pendant votre absence, votre poste est resté vacant et compte tenu de cette baisse d'activité, celui-ci ne sera pas restauré donc supprimé », notant qu'il avait refusé les différents postes qui lui avaient été proposés lors d'un entretien du 1er août 2003, et ajoutant « n'ayant pas d'autre reclassement au niveau des sociétés du groupe, nous sommes ainsi dans l'obligation de procéder à votre licenciement ».

Pour débouter le salarié de sa demande d'indemnité pour licenciement sans cause réelle et sérieuse, une cour d'appel a retenu que si l'employeur avait utilisé par erreur l'expression « licenciement pour motif économique », il appartenait au juge de restituer la véritable nature du licenciement ; que c'était bien le refus du salarié de reprendre un emploi similaire au sein de l'entreprise qui avait déterminé son licenciement ; que le licenciement sanctionnant son refus des postes similaires à ses anciennes fonctions n'était pas dépourvu de cause réelle et sérieuse.

En statuant ainsi la cour d'appel a violé l'article L. 122-14-2 CT. En effet, il résultait de ses constatations que le licenciement avait été prononcé pour motif économique.

Cass. soc. 21 mars 2007, n° 05-45.060, BC V n° 53.

Lorsqu'il est appelé à se prononcer sur un licenciement disciplinaire, le juge ne peut pas aggraver la qualification de la faute retenue par l'employeur dans la lettre de licenciement.

Selon les articles L. 1226-9 et L. 1226-13 CT, au cours des périodes de suspension du contrat de travail du salarié consécutives à un accident du travail ou une maladie professionnelle, l'employeur ne peut rompre ce contrat que s'il justifie soit d'une faute grave de l'intéressé, soit de son impossibilité de maintenir le contrat pour un motif étranger à l'accident ou à la maladie, toute rupture du contrat de travail prononcée en méconnaissance de ces dispositions étant nulle.

Un salarié, en arrêt de travail en raison d'une maladie professionnelle, a été licencié pour cause réelle et sérieuse et dispensé d'exécuter son préavis.

Pour dire le licenciement fondé sur une faute grave, une cour d'appel a retenu qu'il appartenait au juge de donner aux faits invoqués au soutien du licenciement leur véritable qualification, qu'il ne pouvait être déduit des seuls termes employés après l'exposé des motifs de la lettre « nous avons décidé de vous licencier pour cause réelle et sérieuse », que le licenciement serait nul pour avoir été prononcé au mépris des dispositions de l'article L. 1226-9 CT, que l'employeur avait énoncé des faits précis dont il avait déduit que les agissements du salarié, « intolérables et inacceptables », devaient entraîner le licenciement, qu'il avait entendu se placer sur le terrain disciplinaire et que le licenciement avait été prononcé pour une faute grave reprochée au salarié, et que ces faits, à savoir des propos à connotation sexuelle, un comportement indécent, des attitudes et gestes déplacés, revêtaient une gravité certaine compte tenu de leur nature même et rendaient impossible le maintien du salarié au sein de l'entreprise.

En statuant ainsi, alors que le juge ne peut aggraver la qualification de la faute retenue par l'employeur et après avoir constaté que la lettre de licenciement ne prononçait qu'un licenciement pour cause réelle et sérieuse et non pour une faute grave, la cour d'appel a violé les articles L. 1226-9 et L. 1226-13 CT.

Cass. soc. 20 décembre 2017, n° 16-17.199, à paraître.

La circonstance que le grief énoncé dans la lettre de licenciement n'ait pas été indiqué lors de l'entretien préalable caractérise une irrégularité de forme qui n'empêche pas le juge de décider que ce grief peut constituer une faute grave ou une cause réelle et sérieuse de licenciement.

Cass. soc. 28 juin 2000, n° 98-43.070. Voir aussi cass. soc. 16 novembre 2005, n° 03-46.655.

À noter que, même si le moyen tiré du défaut de motivation de la lettre de licenciement n'a pas été soulevé par le salarié devant les juges du fond, il est nécessairement dans le débat.

Même si le moyen tiré du défaut de motivation de la lettre de licenciement n'a pas été soulevé par le salarié devant les juges du fond, il est nécessairement dans le débat. Il appartient donc au juge de rechercher, au besoin d'office, en respectant le principe du contradictoire, si la lettre de licenciement énonce le ou les motifs de licenciement.

Cass. soc. 26 mai 1999, n° 97-40.803, BC V n° 235.

Formalisme

L'article L. 1232-6 CT prévoit que la notification du licenciement est faite par lettre recommandée avec accusé de réception.

Justifie sa décision de considérer le licenciement sans cause réelle et sérieuse en l'absence d'une notification régulière la cour d'appel qui relève que la preuve de la notification de la lettre de licenciement n'est pas rapportée, faute d'accusé de réception signé par le destinataire.

Cass. soc. 2 juillet 2003, n° 01-40.521.

La lettre recommandée peut être remplacée par un exploit d'huissier dans la mesure où ce procédé présente une meilleure garantie pour toutes les parties.

Cass. soc. 8 novembre 1978, n° 77-40.249, deux premiers moyens réunis, BC V n° 746.

La lettre de licenciement doit être adressée au salarié lui-même.

Une lettre de rupture adressée à un tiers, en l'espèce l'avocat du salarié, ne peut être considérée comme une lettre de licenciement.

Cass. soc. 30 novembre 1994, n° 93-42.184, BC V n° 318.

La remise de la lettre de licenciement par un tiers ne prive pas le licenciement de cause réelle et sérieuse.

L'envoi de la lettre recommandée avec avis de réception visée à l'article L. 1232-6 CT n'est qu'un moyen légal de prévenir toute contestation sur la date de notification du licenciement.

Pour déclarer un licenciement sans cause réelle et sérieuse, une cour d'appel a retenu que l'article L. 1232-6 CT met à la charge de l'employeur, qui décide de licencier un salarié, la notification de sa décision par une lettre comportant l'exposé du ou des motifs qu'il invoque, de sorte que la remise de la lettre de licenciement au salarié par un tiers, dont il n'est pas invoqué qu'il était habilité à prononcer une telle mesure, ne constitue pas une notification régulière du licenciement et que la rupture du contrat de travail, décidée par l'employeur qui a remis au salarié les documents de fin de contrat de travail, doit s'analyser en un licenciement sans cause réelle et sérieuse à défaut de notification régulière de la lettre de licenciement énonçant les motifs invoqués.

En statuant ainsi, après avoir relevé que la lettre de licenciement avait été remise au salarié par un tiers, alors que l'irrégularité de la notification ne prive pas le licenciement de cause réelle et sérieuse, la cour d'appel a violé l'article L. 1232-6 CT.

Cass. soc. 23 octobre 2013, n° 12-12.700, BC V n° 242.

Si un salarié est licencié verbalement, son licenciement est nécessairement sans cause réelle et sérieuse…

Cass. soc. 11 janvier 2011, n° 09-67.676. Voir aussi cass. soc. 17 février 2004, n° 01-45.659.

… dès lors que son licenciement ne peut pas être régularisé par l'envoi postérieur au salarié d'une lettre de rupture.

Cass. soc. 12 novembre 2002, n° 00-45.676. Voir aussi cass. soc. 28 mai 2008, n° 07-41.735, 1er moyen ; cass. soc. 13 juin 2018, n° 17-14.216.

Le licenciement verbal ne peut pas non plus être régularisé a posteriori par l'envoi d'une lettre de convocation à un entretien préalable.

Cass. soc. 10 janvier 2017, n° 15-13.007, 1er moyen.

Pour prouver qu'il a été licencié verbalement, le salarié peut utiliser des retranscriptions des messages vocaux laissés sur son téléphone mobile par l'employeur…

Si l'enregistrement d'une conversation téléphonique privée, effectué à l'insu de l'auteur des propos invoqués, est un procédé déloyal rendant irrecevable en justice la preuve ainsi obtenue, il n'en est pas de même de l'utilisation par le destinataire des messages téléphoniques vocaux dont l'auteur ne peut pas ignorer qu'ils sont enregistrés par l'appareil récepteur.

Un salarié a été licencié pour faute grave par lettre du 28 janvier 2010 ; soutenant avoir fait l'objet d'un licenciement verbal le 24 décembre 2009, le salarié a saisi la juridiction prud'homale pour obtenir paiement de diverses sommes.

Appréciant souverainement les éléments de fait qui lui étaient soumis, c'est par une interprétation exclusive de dénaturation des retranscriptions des messages vocaux laissés par l'employeur sur le téléphone mobile du salarié qu'une cour d'appel a retenu qu'il était établi que le salarié avait été licencié verbalement le 24 décembre 2009 et dit ce licenciement sans cause réelle et sérieuse.

Cass. soc. 6 février 2013, n° 11-23.738, 1er moyen, BC V n° 31.

… ou un courrier électronique.

Une salariée a été licenciée pour faute grave ; contestant son licenciement, elle a saisi la juridiction prud'homale de diverses demandes.

Doit être rejeté le moyen du pourvoi formé par l'employeur qui, pour reprocher à une cour d'appel d'avoir dit le licenciement sans cause réelle et sérieuse, soutient que si une partie conteste l'authenticité d'un courrier électronique, il appartient au juge de vérifier si les conditions mises par les articles 1316-1 et 1316-4 c. civ. à la validité de l'écrit ou de la signature électroniques sont satisfaites, qu'en affirmant que le gérant de la société « est bien l'auteur et l'expéditeur » d'un courrier électronique dont l'authenticité était contestée, aux motifs que l'employeur « ne rapport(ait) pas la preuve que l'adresse de l'expéditeur mentionnée sur le courriel soit erronée ou que la boîte d'expédition de la messagerie de l'entreprise ait été détournée » et qu'« en tout état de cause, un tel détournement ne pourrait être imputé à [la salariée] », sans vérifier, comme elle y était tenue, si ledit courriel avait été établi et conservé dans des conditions de nature à en garantir l'intégrité et s'il comportait une signature électronique résultant de l'usage d'un procédé fiable d'identification.

En effet, les dispositions des articles 1316-1 et 1316-4 c. civ. relatives à la validité de l'écrit ou de la signature électroniques ne sont pas applicables au courrier électronique produit pour faire la preuve d'un fait, dont l'existence peut être établie par tous moyens de preuve, lesquels sont appréciés souverainement par les juges du fond.

Cass. soc. 25 septembre 2013, n° 11-25.884, BC V n° 207.

La rupture notifiée par lettre simple contre récépissé au salarié n'entache pas le licenciement d'une irrégularité de forme.

L'envoi de la lettre recommandée avec avis de réception visée à l'article L. 1232-6 CT n'étant qu'un moyen légal de prévenir toute contestation sur la date de notification du licenciement, une salariée qui s'est vu remettre sa lettre de licenciement en main propre contre décharge ne peut donc prétendre à des dommages-intérêts pour procédure irrégulière.

Cass. soc. 16 juin 2009, n° 08-40.722, 2e moyen, BC V n° 149. Voir aussi cass. soc. 15 décembre 1999, n° 97-44.431.

La lettre de licenciement peut également être remise au salarié en main propre ; celle-ci peut être établie par témoignage.

La preuve de la notification du licenciement pouvant être apportée par tous moyens, une cour d'appel, qui a constaté que le témoignage de la responsable administrative de la société établissait que la lettre de licenciement avait été notifiée à la salariée par une remise en main propre et que cette dernière en avait eu connaissance, a pu décider que cette notification était valable.

Cass. soc. 29 septembre 2014, n° 12-26.932, BC V n° 213.

L'envoi d'une feuille blanche par lettre recommandée avec accusé de réception ne constitue pas la notification d'un licenciement et il ne peut être suppléé à cette irrégularité par la remise postérieure au salarié d'une lettre en main propre.

Aux termes de l'article L. 122-14-1 CT, l'employeur qui décide de licencier un salarié doit notifier le licenciement par lettre recommandée avec demande d'avis de réception. Ne constitue pas la notification d'un licenciement l'envoi d'une feuille blanche et il ne peut y être suppléé par la remise au salarié en main propre d'une lettre.

Un salarié a été convoqué à un entretien préalable fixé au 11 mars 2000. Le 20 mars 2000, un huissier de justice a constaté qu'une correspondance émanant de l'employeur et retirée par le salarié à La Poste renfermait seulement une feuille blanche. Le 27 mars 2000, l'employeur a remis au salarié une lettre de licenciement datée du 14 mars 2000 et, le même jour, une transaction a été signée entre les parties. Le salarié a saisi la juridiction prud'homale aux fins d'obtenir l'annulation de la transaction et la condamnation de l'employeur à diverses sommes.

C'est à tort que, pour le débouter de sa demande en paiement d'une indemnité pour licenciement sans cause réelle et sérieuse, une cour d'appel a retenu que le caractère anormal de l'envoi sous un pli recommandé d'une feuille blanche au salarié dont le licenciement était simultanément décidé, mais encore non notifié, ne privait pas l'employeur de rapporter la preuve des griefs qu'il articulait envers le salarié, qui reconnaissait la remise ultérieure de la lettre exposant les reproches exprimés à son encontre et contenant notification de la rupture de la relation de travail, l'envoi d'une feuille blanche ne pouvant être assimilé à un licenciement effectué verbalement.

Cass. soc. 24 janvier 2007, n° 05-42.135, BC V n° 10.

Le fait pour l'employeur d'adresser, à son salarié, par lettre recommandée avec accusé de réception, son dernier bulletin de salaire et son attestation d'assurance chômage, et de l'informer que son reçu pour solde de tout compte est tenu à sa disposition, s'analyse en un licenciement non motivé et, par conséquence, privé de toute cause réelle et sérieuse.

Cass. soc. 30 novembre 2010, n° 08-45.279.

• Signature

La lettre de licenciement doit être signée par l'employeur ou une personne ayant reçu pouvoir à cette fin. À défaut, le salarié peut prétendre à une indemnisation pour irrégularité de la procédure.

Doit être cassé l'arrêt qui, pour débouter une salariée de sa demande de dommages-intérêts en réparation du préjudice résultant du caractère irrégulier de la procédure de licenciement, a énoncé, après avoir constaté que la lettre de licenciement n'était pas signée, que l'intéressée ne justifiait d'aucun grief, alors que pour être régulière, la lettre de licenciement doit être signée, et alors que toute irrégularité de la procédure de licenciement entraîne pour le salarié un préjudice que l'employeur doit réparer et qu'il appartient au juge d'évaluer.

Cass. soc. 29 juin 1999, n° 97-42.208, BC V n° 310.
Voir aussi cass. soc. 5 janvier 2005, n° 02-47.290 ; cass. soc. 4 avril 2012, n° 10-28.266, 1er moyen.

Le fait que la lettre de licenciement ait été signée par un travailleur temporaire ayant pour mission l'assistance et le conseil du directeur des ressources humaines ainsi que son remplacement éventuel ne prive pas le licenciement de cause réelle et sérieuse.

Un travailleur temporaire n'est pas une personne étrangère à l'entreprise au sein de laquelle il effectue sa mission.

Plusieurs salariés d'une société ont été licenciés pour motif économique dans le cadre d'un plan de sauvegarde de l'emploi ; estimant que le signataire des lettres de licenciement, alors en mission de travail temporaire au sein de la direction des ressources humaines, n'avait pas qualité pour ce faire, ils ont saisi la juridiction prud'homale.

Pour dire les licenciements sans cause réelle et sérieuse et condamner la société au paiement de dommages-intérêts, une cour d'appel a énoncé que le travailleur temporaire est une personne étrangère à l'entreprise utilisatrice et qu'à supposer même qu'il puisse ne pas être considéré comme personne étrangère à l'entreprise, la signature des lettres de licenciement « po » par l'intéressé supposait qu'il avait agi en vertu d'une délégation de pouvoir, laquelle n'était pas démontrée.

En statuant ainsi, alors que le travailleur temporaire avait pour mission l'assistance et le conseil du directeur des ressources humaines ainsi que son remplacement éventuel, ce dont il se déduisait qu'il avait le pouvoir de signer les lettres de licenciement, la cour d'appel a violé les articles L. 1232-6 et L. 1233-15 CT.

Cass. soc. 2 mars 2011, n° 09-67.237, BC V n° 57.

De même, est valide la lettre de licenciement signée par le directeur financier de la société propriétaire de 100 % des actions de la société employeur en vertu d'un mandat du représentant légal de cette dernière…

Ayant constaté que le signataire d'une lettre de licenciement occupait les fonctions de directeur financier de la société propriétaire de 100 % des actions de la société employant le salarié licencié et qu'il avait signé la lettre par délégation du représentant légal de cette dernière société, une cour d'appel a retenu à bon droit qu'il n'était pas une personne étrangère à l'entreprise et avait donc qualité pour notifier le licenciement.

Cass. soc. 30 juin 2015, n° 13-28.146, BC V n° 133.

… ou encore la lettre de licenciement du directeur général d'une filiale d'un groupe de sociétés signée par le directeur général de la société mère supervisant ses activités.

Un salarié engagé en qualité de directeur général de la filiale française d'un groupe de sociétés a été licencié pour faute grave par lettre du 26 février 2013 signée du directeur général de la société mère.

Ayant relevé que le salarié avait été licencié par le directeur général de la société mère qui supervisait ses activités, en sorte qu'il n'était pas une personne étrangère à la filiale française, une cour d'appel en a exactement déduit que le licenciement était régulier, quand bien même aucune délégation de pouvoir n'aurait été passée par écrit.

Cass. soc. 13 juin 2018, n° 16-23.701, à paraître.

L'absence de pouvoir du signataire de la lettre de licenciement prive le licenciement de cause réelle et sérieuse.

Cass. soc. 30 septembre 2010, n° 09-40.114, BC V n° 208. Voir aussi cass. soc. 12 février 2014, n° 12-27.897 ; cass. soc. 5 décembre 2018, n° 17-15.398, 1er moyen.

Dans la mesure où la procédure a été menée à son terme, la lettre de licenciement signée pour ordre au nom du directeur des ressources humaines sans préciser l'identité du signataire ne prive pas le licenciement de cause réelle et sérieuse.

Pour condamner une société à payer à une salariée licenciée pour insuffisance professionnelle une somme à titre d'indemnité pour licenciement sans cause réelle et sérieuse, une cour d'appel a énoncé que la lettre de licenciement indiquait un nom dactylographié et comportait une signature précédée de « po », sans préciser l'identité de la personne signataire, de sorte qu'il était impossible de vérifier, d'une part, que celle-ci exerçait au sein de l'entreprise et, d'autre part, qu'elle avait reçu pouvoir de le faire par l'employeur.

En statuant ainsi, alors qu'elle avait relevé que la lettre de licenciement avait été signée pour ordre au nom du directeur des ressources humaines et que la procédure de licenciement avait été menée à terme, ce dont il résultait que le mandat de signer la lettre de licenciement avait été ratifié, la cour d'appel a violé les articles L. 1232-6 et L. 1235-2 CT, ainsi que l'article 1998 c. civ.

Cass. soc. 10 novembre 2009, n° 08-41.076, BC V n° 250. Voir aussi cass. soc. 13 mars 2013, n° 11-23.761, 1er moyen.

La signature pour ordre de la lettre de licenciement au nom de l'employeur par une personne étrangère à l'entreprise ne peut être admise.

En effet, la finalité même de l'entretien préalable et les règles relatives à la notification du licenciement interdisent à l'employeur de donner mandat à une personne étrangère à l'entreprise pour conduire la procédure de licenciement jusqu'à son terme.

Cass. soc. 26 avril 2017, n° 15-25.204, 1er moyen du pourvoi principal, BC V n° 68.

• Délais à respecter

→ Dispositions générales.

L'article L. 122-14-1 CT, dans sa rédaction issue de l'ordonnance de simplification du droit du 24 juin 2004, précise que la lettre de notification du licenciement ne peut être expédiée moins de deux jours ouvrables après la date pour laquelle le salarié a été convoqué à l'entretien préalable.

Le non-respect du délai de réflexion prévu par l'article L. 122-14-1 CT entre l'entretien préalable et l'envoi de la lettre de licenciement n'affecte pas la validité du licenciement, mais ouvre droit, pour le salarié, à une indemnité pour inobservation de la procédure de licenciement.

Cass. soc. 18 octobre 2000, n° 98-43.982.

Doit être rejeté le pourvoi d'un salarié reprochant à une cour d'appel d'avoir fixé à la somme de un franc symbolique l'indemnité allouée au titre du non-respect par l'employeur de la procédure de licenciement, alors que la cour, qui a exactement retenu que, du fait du non-respect par l'employeur du jour franc prévu par l'article L. 122-14-1, al. 2 CT, le salarié subissait nécessairement un préjudice, a souverainement apprécié les modalités de sa réparation.

Cass. soc. 5 mars 2002, n° 00-41.453, BC V n° 84.

→ Dispositions spécifiques au licenciement disciplinaire.

La notification du licenciement ne peut pas intervenir plus d'un mois après le jour fixé pour l'entretien…

Il résulte de la combinaison des articles L. 122-14-1 et L. 122-41 CT que la lettre de licenciement pour motif disciplinaire doit être notifiée au salarié dans le délai d'un mois après l'entretien préalable. À défaut, le licenciement est dépourvu de cause.

A violé les textes susvisés la cour d'appel qui, après avoir constaté que l'entretien préalable avait eu lieu le 5 avril et que le salarié avait été licencié pour faute le 25 juin, a décidé néanmoins que le licenciement de l'intéressé reposait sur une cause réelle et sérieuse.

Cass. soc. 7 juillet 1998, n° 96-40.487, BC V n° 368.

Un employeur, envisageant de procéder au licenciement d'une journaliste, l'avait convoquée à un entretien préalable qui s'était déroulé le 2 mars 1993. La salariée avait été licenciée pour faute grave le 13 mai 1993, après avoir refusé la mutation qui lui était proposée.

Doit être cassé l'arrêt qui, pour débouter la salariée de ses demandes d'indemnités de rupture et pour licenciement sans cause réelle et sérieuse, a énoncé que le délai d'un mois fixé par l'article L. 122-41 CT, selon lequel aucune sanction disciplinaire ne peut intervenir moins d'un jour franc ni plus d'un mois après le jour fixé pour l'entretien préalable, ne s'appliquait pas à la procédure de licenciement, alors que cette disposition est applicable au licenciement prononcé pour des faits considérés comme fautifs par l'employeur et que le caractère tardif de la sanction au regard de ces exigences prive le licenciement de cause réelle et sérieuse.

Cass. soc. 15 octobre 1997, n° 95-43.389, BC V n° 319. Voir aussi cass. soc. 16 mars 1995, n° 90-41.213, 2ᵉ moyen, BC V n° 90.

… même si l'intéressé ne s'est pas présenté à cet entretien.

Il résulte de la combinaison des articles L. 122-14-1 et L. 122-41 CT que la lettre de licenciement pour motif disciplinaire doit être notifiée au salarié dans le délai d'un mois à partir de la date de l'entretien préalable, alors même qu'il ne s'est pas présenté à cet entretien ; à défaut, le licenciement est dépourvu de cause réelle et sérieuse.

Une salariée a été licenciée le 23 décembre 2000 pour faute grave du fait de son absence injustifiée depuis le 16 octobre 2000, malgré plusieurs rappels, cette absence désorganisant l'entreprise ; elle a saisi la juridiction prud'homale.

C'est à tort que, pour dire que le licenciement était fondé sur la faute grave de la salariée, une cour d'appel a notamment retenu que, suite à la dernière convocation pour l'entretien préalable du 6 décembre 2000, la lettre de licenciement est intervenue le 23 décembre 2000, soit dans le délai d'un mois, alors qu'elle avait constaté que la salariée avait été convoquée le 3 novembre 2000 à un entretien préalable en vue de son licenciement, entretien fixé au 9 novembre 2000 auquel elle ne s'est pas présentée, ce dont il résultait que le délai d'un mois prévu à l'article L. 122-41 CT avait couru à compter du 9 novembre 2000.

Cass. soc. 14 septembre 2004, n° 03-43.796, BC V n° 226. Voir aussi cass. soc. 20 mai 2014, n° 12-28.046.

Si la date de l'entretien préalable est reportée en raison de l'impossibilité dans laquelle se trouve le salarié de s'y rendre, c'est à compter de la nouvelle date que court le délai.

Il résulte de la combinaison des articles L. 122-14-1 et L. 122-41 CT que la lettre de licenciement pour motif disciplinaire doit être notifiée au salarié dans le mois suivant le jour fixé pour l'entretien préalable. Si l'employeur, informé de l'impossibilité dans laquelle se trouve le salarié de se présenter à l'entretien, peut en reporter la date, c'est alors à compter de cette nouvelle date que court le délai d'un mois qui lui est imparti pour notifier la sanction.

Un salarié ne s'étant pas présenté à l'entretien préalable initialement fixé au 4 décembre 2001 par lettre du 23 novembre 2001, en raison d'un arrêt maladie, il a été à nouveau convoqué par lettre du 19 décembre à un nouvel entretien qui s'est tenu le 28 décembre 2001. Il a été licencié pour faute le 8 janvier 2002.

Pour dire le licenciement dépourvu de cause réelle et sérieuse, une cour d'appel a retenu que l'employeur, informé dès le 3 décembre 2001 de la prolongation de l'arrêt de travail du salarié, n'ayant pas pour autant décidé de reporter l'entretien préalable fixé au 4 décembre, mais attendu le 19 décembre pour lui adresser une nouvelle convocation, c'est bien à la première de ces deux dates qu'il convenait de se placer pour déterminer le jour fixé pour l'entretien préalable.

En statuant ainsi, alors qu'il résultait de ses constatations que l'entretien préalable initialement fixé au 4 décembre, avait été reporté au 28 décembre, en raison de l'impossibilité pour le salarié en arrêt maladie de s'y présenter, et que le licenciement était intervenu dans le mois suivant la tenue de l'entretien, la cour d'appel a violé les articles L. 122-14-1 et L. 122-41 CT.

Cass. soc. 7 juin 2006, n° 04-43.819, BC V n° 210. Voir aussi cass. soc. 12 juin 2007, n° 05-43.957.

En revanche, si le report résulte de la seule initiative de l'employeur, le délai court à compter de l'ancienne date.

Le non-respect du délai prévu par l'article L. 1332-2 CT ou par une convention collective, rend le licenciement sans cause réelle et sérieuse même si le retard de notification est dû à une nouvelle convocation à un entretien préalable, le salarié ne s'étant pas présenté au premier entretien ; le report du point de départ de ce délai suppose que l'employeur ait accédé à la demande du salarié d'un nouvel entretien ou qu'il ait été informé par ce salarié du fait que celui-ci était dans l'impossibilité de se présenter à l'entretien préalable.

Après avoir relevé que la nouvelle convocation pour un entretien prévu pour le 2 septembre résultait, non pas d'une demande de report du salarié ou de l'impossibilité pour celui-ci de se présenter au premier entretien, mais de la seule initiative de l'employeur, une cour d'appel a, retenant exactement comme point de départ du délai la date du 31 juillet correspondant à l'entretien auquel ce salarié ne s'était pas présenté, constaté que le délai, tant légal que conventionnel, calculé à compter de cette date, était expiré lors du licenciement.

Cass. soc. 23 janvier 2013, n° 11-22.724, 2e moyen. Voir aussi cass. soc. 20 mai 2014, n° 12-28.463.

En cas de saisine d'une instance disciplinaire pour avis, le délai d'un mois court à compter de l'avis rendu par cette instance.

Cass. soc. 3 avril 1997, n° 94-44.575, BC V n° 138, cité dans « Sanctions disciplinaires (Notification) ». Voir aussi cass. soc. 4 mai 1995, n° 93-41.440 ; cass. soc. 10 mai 2001, n° 99-42.668.

Lorsque le salarié refuse une mesure disciplinaire emportant modification de son contrat de travail, le délai d'un mois pour notifier la sanction prise aux lieu et place de la sanction refusée court à compter de la date fixée pour le nouvel entretien.

Cass. soc. 27 mars 2007, n° 05-41.921, BC V n° 57, cité dans « Sanctions disciplinaires (Notification) ».

Si, lorsque l'employeur abandonne une première procédure de licenciement pour sanctionner des faits qui ont été portés à sa connaissance postérieurement à l'entretien préalable, la convocation au nouvel entretien préalable n'a pas à intervenir dans un délai spécifique par rapport à la procédure abandonnée,…

Cass. soc. 12 mars 2014, n° 12-28.610, 1er moyen.

…le licenciement ne peut sanctionner que des faits distincts de ceux initialement envisagés.

Cass. soc. 19 octobre 2017, n° 15-19.105.

Sanctions disciplinaires (Notification).

Dispositions spécifiques au licenciement économique

En cas de licenciement économique, le délai avant l'expiration duquel les lettres de licenciement ne peuvent pas être adressées par l'employeur aux salariés concernés court à compter de la notification du projet de licenciement à l'autorité administrative compétente.

C'est à tort que, pour condamner une société à payer à une salariée des dommages-intérêts en réparation du préjudice subi par suite de l'irrégularité résultant de la notification du licenciement avant l'expiration du délai de 45 jours fixé par l'article L. 321-6 CT, une cour d'appel a pris pour point de départ de ce délai la date à laquelle la liste des salariés dont le licenciement avait été envisagé avait été transmise à l'autorité administrative, sans vérifier si cette transmission n'avait pas déjà été précédée de la notification à l'autorité administrative du projet de licenciement dans les conditions prévues à l'alinéa 2 de l'article L. 321-7 CT.

Cass. soc. 18 février 1998, n° 95-42.172, BC V n° 93.

Lorsqu'un salarié est inclus dans un licenciement collectif d'ordre économique concernant moins de dix salariés dans une même période de trente jours, la lettre de licenciement ne peut lui être adressée moins de sept jours ouvrables à compter de la date à laquelle le salarié a été convoqué à un entretien préalable.

Un salarié a été licencié pour motif économique le 19 janvier 1998, après avoir été convoqué à un entretien préalable fixé au 5 janvier 1998.

Pour condamner l'employeur à verser au salarié une indemnité pour non-respect de la procédure de licenciement, une cour d'appel a retenu que l'employeur n'avait pas respecté le délai de quinze jours entre la date fixée pour l'entretien préalable et la notification du licenciement qu'il était tenu d'observer, dès lors que l'intéressé, qui avait la qualité de cadre, était le seul des salariés, dont le licenciement avait été envisagé, à avoir fait l'objet d'une telle mesure.

En statuant ainsi, après avoir constaté que l'employeur avait envisagé de procéder à un licenciement pour motif économique de plusieurs salariés et mis en œuvre la procédure correspondante, la cour d'appel a violé l'article L. 122-14-1 CT.

Cass. soc. 12 octobre 2004, n° 02-40.685, BC V n° 248.

Notification du licenciement d'un salarié protégé

Représentants du personnel (Procédure de licenciement).

Mésentente ; Ordre des licenciements ; Perte de confiance ; Préavis ; Priorité de réembauche (Licenciement économique) ; Rétractation du licenciement par l'employeur.

O

Œuvres sociales

☛ *Activités sociales et culturelles ; Contribution patronale aux activités sociales et culturelles.*

Offres d'emploi (Annonces d')

Les offres ou les demandes d'emploi ne doivent pas être vendues. Toutefois, elles peuvent être insérées à titre onéreux dans des publications ou dans d'autres moyens de communication payants, notamment internet. Elles doivent respecter les prescriptions des articles L. 5331-1 et s. CT et ne pas comporter de mentions discriminatoires prohibées par l'article 225-1 c. pén.

Toute infraction à ces dispositions est pénalement sanctionnée (art. 225-2 c. pén., L. 5334-1 et R. 5334-1 CT).

L'employeur choisit librement ses collaborateurs

Responsable de l'entreprise, l'employeur doit pouvoir choisir librement ses collaborateurs.

C. constit. 20 juillet 1988, n° 88-244 DC, JO 21, p. 9448.

Les mentions discriminatoires sont interdites

Une offre d'emploi demandant aux candidats de fournir une carte d'électeur est discriminatoire.

Une société a publié une offre d'emploi demandant aux candidats de fournir, notamment, une carte d'électeur ; un ressortissant béninois a pris l'attache de l'entreprise et reçu l'indication que son dossier serait rejeté s'il ne possédait pas la nationalité française ; le représentant légal et la personne morale, cités du chef de discrimination pour refus d'embauche, ont été renvoyés des fins de la poursuite.

C'est à bon droit que, pour déclarer les prévenus coupables des faits poursuivis sur le fondement de l'article 225-2, 5° c. pén. réprimant le fait de subordonner une offre d'emploi à une condition fondée, notamment, sur la nationalité, une cour d'appel a retenu que les intéressés avaient procédé à la diffusion d'une offre d'emploi pour laquelle était exigée la présentation de la carte d'électeur du candidat, alors que le droit de vote n'est accordé qu'aux nationaux et, dans une certaine mesure, aux ressortissants de l'Union européenne, ladite offre étant ainsi subordonnée à une condition de nationalité constitutive d'une discrimination prohibée, et que le représentant légal avait manifesté la conscience qu'il avait du caractère discriminatoire du critère de nationalité.

Cass. crim. 20 janvier 2009, n° 08-83.710, B. crim. n° 19.

Il en est de même d'une offre d'emploi sur laquelle figure la mention « BBR » (« bleu, blanc, rouge »).

Après avoir constaté que, sur le courriel adressé à une société de travail temporaire dans le cadre d'un recrutement d'animatrices en vue d'une campagne de promotion de produits coiffants, figuraient notamment les consignes de recrutement suivantes : « jeune femme 18 à 22 ans - taille maxi 40 - BBR », la mention BBR qui signifie Bleu Blanc Rouge étant utilisée dans les entreprises de recrutement pour signifier que la personne à recruter ne doit pas être typée mais de race blanche, c'est à bon droit qu'une cour d'appel a décidé que le délit d'offre d'emploi discriminatoire était caractérisé.

Cass. crim. 23 juin 2009, n° 07-85.109, B. crim. n° 126.

Certaines conditions peuvent être mentionnées lorsqu'elles ont un caractère déterminant pour l'exercice de l'emploi.

L'offre d'emploi peut être soumise à une condition fondée sur le sexe en présence d'un motif légitime. Celui-ci peut résulter du caractère pénible du travail à accomplir nécessitant le port de fardeaux de plus de 25 kilogrammes. Le refus d'embaucher des femmes ne traduit pas, dans cette hypothèse, une violation du principe d'égalité entre hommes et femmes.

Cass. crim. 25 mai 1983, n° 82-91.982, B. crim. n° 154.

Le dirigeant de la société est pénalement responsable, sauf en cas de délégation de pouvoirs.

Une annonce parue dans la presse précisant que la carte d'électeur est obligatoire s'analyse comme étant discriminatoire. Toutefois, une cour d'appel a justifié sa décision de relaxe en décidant qu'un P-DG ne pouvait être poursuivi sous la prévention de refus d'embauche discriminatoire, dès lors qu'il faisait état d'une délégation de pouvoirs donnée à un directeur régional, l'investissant de tous pouvoirs et responsabilités, notamment pour l'embauche du personnel, et que l'offre d'emploi en cause avait été publiée, à la demande de ce dernier, postérieurement à la délégation de pouvoirs.

Cass. crim. 1er décembre 1992, n° 89-82.689, 1er moyen, B. crim. n° 398.

Le directeur du journal ayant publié une offre d'emploi discriminatoire ne peut être pénalement sanctionné que si un acte volontaire de complicité est rapporté contre lui.

Le directeur du journal ne peut être tenu responsable du refus d'embauche discriminatoire à raison de l'insertion d'une annonce discriminatoire dès lors que la preuve, incombant à la partie poursuivante, d'un acte volontaire de complicité n'est pas rapportée. En effet, la responsabilité encourue du seul fait de la publication, à raison d'un délit de presse et selon l'article 42 de la loi du 29 juillet 1881, par le directeur de publication d'un écrit périodique, ne saurait être étendue au domaine des infractions de droit commun. Dans ce dernier cas, le directeur de publication ne peut être retenu comme auteur ou complice d'un fait qualifié crime ou délit qu'à la condition que soient établis à son encontre soit les éléments matériel et intentionnel de l'infraction, soit une participation consciente à l'acte principal punissable.

Cass. crim. 1er décembre 1992, n° 89-82.689, 2e moyen, B. crim. n° 398.

Il est interdit de faire diffuser dans la presse, ou par tout autre moyen de communication une annonce comportant de fausses allégations sur les caractéristiques principales de l'emploi offert (art. L. 5331-3 CT)

Sont coupables d'escroqueries et de tentatives d'escroqueries les personnes qui diffusent soit à l'enseigne d'une société inexistante, soit en leurs noms propres, des annonces d'offres d'emploi mensongères proposant soit des emplois à domicile avec des perspectives de gains importants, soit du marketing direct, alors qu'il s'agissait en réalité de fournir aux candidats, moyennant le versement d'une certaine somme, une méthode ou une note importante et personnelle accompagnée d'une liste d'entreprises censées offrir un travail bien payé et d'un modèle de lettre de candidature.

TGI Dunkerque 13 janvier 1995, n° 100/95.

Discrimination à l'embauche ; Égalité de traitement entre hommes et femmes.

Ordre des licenciements

En cas de licenciement économique, l'ordre des licenciements peut être prévu par la convention collective. À défaut, l'employeur définit, après consultation des représentants du personnel, les critères retenus pour fixer cet ordre.

Les ordonnances 2017-1387 du 22 septembre 2017 et 2017-1718 du 20 décembre 2017 ont modifié certaines dispositions relatives à ces critères.

La jurisprudence rapportée ci-dessous, rendue dans le cadre législatif antérieur, conserve cependant son intérêt, notamment au regard des litiges en cours.

Cas d'application

L'employeur n'est pas tenu de mettre en œuvre les dispositions relatives à l'établissement et à l'application des critères fixant l'ordre des licenciements lorsque aucun licenciement pour motif économique n'a été décidé.

Ayant relevé qu'une société s'était bornée à prévoir le passage du travail à temps complet au travail à mi-temps, une mobilité interne et le volontariat au départ, et qu'aucun licenciement n'avait été décidé, une cour d'appel a jugé à bon droit que l'employeur, qui n'avait pas à mettre en œuvre les critères de l'ordre des licenciements faute de licenciement effectivement prononcé, n'était pas tenu d'établir le tableau prévu par l'article 49 de la convention collective des banques en vue de la fixation de l'ordre des licenciements.

Cass. soc. 10 mai 1999, n° 96-19.828, 2e moyen du pourvoi principal, BC V n° 202. Voir aussi cass. soc. 3 décembre 1996, n° 94-22.163, 1re et 3e branches du moyen, BC V n° 410, s'agissant d'une société qui s'était bornée à prévoir la mise en préretraite ou le reclassement des salariés occupés dans le service qu'elle entendait supprimer sans qu'aucun licenciement n'ait été décidé.

Ainsi, sauf engagement de l'employeur de s'y soumettre, celui-ci n'est pas tenu de mettre en œuvre les dispositions légales ou conventionnelles relatives à l'ordre des licenciements lorsque la rupture du contrat de travail pour motif économique résulte d'un départ volontaire du salarié dans le cadre d'un plan de départ volontaire prévu après consultation des institutions représentatives du personnel.

Une cour d'appel, qui a constaté que le départ décidé par une salariée entrait dans le champ d'application d'un tel plan de départ volontaire prévu par le plan de sauvegarde de l'emploi et que l'employeur l'avait accepté, en a exactement déduit que l'employeur n'était pas tenu à l'application à son égard des règles relatives à l'ordre des licenciements.

Cass. soc. 1er juin 2017, n° 16-15.456, BC V n° 97.

De même, il n'y a pas lieu d'appliquer un ordre des licenciements lorsqu'il n'y a aucun choix à opérer entre les salariés ; il en est ainsi en cas de projet de licenciement visant toute une catégorie professionnelle,…

Une salariée licenciée au cours de la période d'observation après ordonnance du juge-commissaire autorisant des licenciements a saisi la juridiction prud'homale d'une demande de dommages-intérêts pour non-respect des critères déterminant l'ordre des licenciements.

Ayant retenu que l'intéressée était la seule salariée relevant de la catégorie professionnelle à laquelle s'appliquait l'autorisation non nominative de licenciement donnée par le juge-commissaire, une cour d'appel en a exactement déduit qu'il n'y avait pas lieu de suivre, à son égard, un ordre de licenciement et a pu la débouter de sa demande.

Cass. soc. 29 octobre 2003, n° 01-42.625. Voir aussi cass. soc. 13 septembre 2005, n° 03-43.788.

… lorsqu'une modification du contrat de travail a été proposée à tous les salariés et que les licenciements concernent tous ceux l'ayant refusée…

Après avoir relevé qu'une modification du contrat de travail était proposée à tous les salariés et que les licenciements concernaient tous ceux l'ayant refusée, c'est à bon droit qu'une cour d'appel a retenu que, dès lors que l'employeur n'avait aucun choix à opérer parmi les salariés ayant refusé la modification de leur contrat de travail, il n'y avait pas lieu d'appliquer un ordre des licenciements.

Cass. soc. 27 mars 2012, n° 11-14.223, BC V n° 108. Voir aussi CE 10 octobre 2018, n° 395280, cité dans « Plan de sauvegarde de l'emploi ».

… ou lorsque l'employeur décide de cesser son activité et de licencier tous ses salariés, peu important que, pour les besoins de l'arrêt d'activité, les notifications des licenciements ne soient pas simultanées.

Cass. soc. 5 février 2014, n° 12-29.703, 2e moyen.

En revanche, le licenciement de salariés en application d'un plan de cession nécessite la fixation et la mise en œuvre d'un ordre des licenciements.

C'est à bon droit qu'une cour d'appel a condamné le commissaire à l'exécution du plan de cession d'une société à payer à des salariés, licenciés à la suite de l'adoption du plan de cession établi dans le cadre de la procédure de redressement judiciaire de cette société, des dommages-intérêts pour inobservation des règles relatives à l'ordre des licenciements, après avoir relevé, d'une part, que le plan de cession ne prévoyait pas le transfert du contrat de travail de la totalité des salariés, ce qui impliquait le licenciement des autres salariés et, d'autre part, que l'administrateur, qui avait l'obligation de définir et de mettre en œuvre l'ordre des licenciements, s'en était abstenu.

Cass. soc. 14 mars 2000, n° 98-42.446, BC V n° 105. Voir aussi cass. soc. 17 octobre 2007, n° 05-41.531, 2e moyen.

Les licenciements prononcés par le mandataire liquidateur sont privés d'effet lorsqu'une ordonnance du juge-commissaire, prise en application de l'article 83 de la loi du 12 janvier 1985 auquel renvoie l'article 155 de la même loi, autorise la cession des éléments du fonds de commerce et prévoit le licenciement des salariés non repris. Il en résulte qu'un ordre des licenciements doit être établi.

Cass. soc. 27 novembre 2001, n° 99-43.380, BC V n° 358.

Lorsqu'un plan de sauvegarde de l'emploi est élaboré, l'ordre des licenciements n'est dressé qu'au moment où les licenciements envisagés dans le plan sont décidés et mis en œuvre.

Doit être rejeté le pourvoi de deux salariés licenciés pour motif économique reprochant à une cour d'appel de les avoir déboutés de leur demande d'indemnité pour licenciement sans cause réelle et sérieuse.

Le plan social n'a pas à contenir la liste des salariés à licencier. L'ordre des licenciements n'est dressé qu'au moment où les licenciements, qui sont seulement envisagés dans le plan social, sont décidés et mis en œuvre.

Cass. soc. 7 octobre 1998, n° 96-40.424, BC V n° 404.

Détermination des critères

Il appartient à l'employeur de prendre en considération l'ensemble des critères qui déterminent l'ordre des licenciements.

Après avoir relevé que lors du licenciement pour motif économique d'un salarié, une société n'avait pas pris en compte son handicap, alors que cette caractéristique est de nature à rendre la réinsertion professionnelle plus difficile et constitue l'un des critères légaux, une cour d'appel a pu décider que l'employeur n'avait pas respecté les règles relatives à l'ordre des licenciements.

Cass. soc. 11 octobre 2006, n° 04-47.168, BC V n° 302. Voir aussi cass. soc. 21 mars 2002, n° 00-40.899.

Mais une fois l'ensemble de ces critères pris en compte, il n'est pas interdit à l'employeur d'en privilégier certains.

L'employeur peut privilégier l'un des critères retenus pour déterminer l'ordre des licenciements, à condition de tenir compte de chacun d'entre eux.

Ayant fait ressortir que les modalités retenues par un employeur pour privilégier le critère tiré de la compétence professionnelle, n'avaient eu ni pour objet ni pour effet d'exclure les autres, une cour d'appel a pu rejeter la demande de dommages-intérêts présentée par un salarié pour méconnaissance des règles relatives à l'ordre des licenciements.

Cass. soc. 2 mars 2004, n° 01-44.084, BC V n° 68.

Si, en l'absence de convention ou accord collectif de travail applicable, l'employeur définit, après consultation du comité d'entreprise ou, à défaut, des délégués du personnel, les critères retenus pour fixer l'ordre des licenciements, il doit retenir, sans que cette liste soit limitative, la totalité des critères légaux et ne peut privilégier l'un d'entre eux qu'à la condition de tenir compte de l'ensemble des autres critères ; dès lors, une cour d'appel a décidé, à bon droit, que l'employeur ne pouvait pas retenir le seul critère tiré de la productivité des salariés sans prendre en compte les autres critères légaux.

Cass. soc. 14 janvier 1997, n° 95-44.366, 1er moyen, BC V n° 16.

Sauf détournement de procédure, il peut être tenu compte des sanctions disciplinaires pour apprécier les qualités professionnelles des salariés dans la limite de la prescription prévue par l'article L. 1332-5 CT, dès lors qu'elles ne constituent pas le seul critère d'évaluation mis en œuvre par l'employeur.

Une salariée a été licenciée pour motif économique, ainsi que huit autres salariés.

Après avoir constaté qu'un employeur avait appliqué l'ensemble des critères prévus par l'article L. 1233-5 CT, soumis au comité d'entreprise, en privilégiant le critère des qualités professionnelles, à l'ensemble des ouvriers de sa catégorie professionnelle, qu'elle a caractérisée, et que le critère des qualités professionnelles, dont le dossier disciplinaire n'était qu'un élément à côté de l'aptitude et de la polyvalence des intéressés, avait été apprécié selon des critères objectifs, chiffrés et communs à tous ces ouvriers, une cour d'appel a pu en déduire que l'employeur n'avait pas méconnu les critères d'ordre des licenciements.

Cass. soc. 19 mai 2010, n° 09-40.103.

L'employeur peut ajouter un autre critère à ceux définis par la convention collective.

Pour condamner une société au paiement d'une indemnité pour licenciement sans cause réelle et sérieuse en réparation du préjudice né, outre de la méconnaissance de son obligation de reclassement, de la violation des critères d'ordre des licenciements, une cour d'appel, après avoir relevé que le juge judiciaire était compétent pour apprécier l'application de ces critères, a retenu que l'employeur n'avait pas respecté les critères fixés par la convention collective applicable, un critère de pondération ayant été ajouté aux trois critères prévus par celle-ci.

En statuant ainsi, alors que le quatrième critère dit de « pondération » ajouté par l'employeur aux trois critères tirés de l'ancienneté, des charges de famille et des qualités professionnelles prévus par la convention collective, prenait en compte des situations familiales particulières telles celle des parents isolés, l'âge ou le handicap, critères prévus par l'article L. 1233-5 CT pour tenir compte dans l'ordre des licenciements de la situation des salariés dont la réinsertion est particulièrement difficile, de sorte que l'employeur avait satisfait à une exigence légale, sans méconnaître les critères conventionnels, la cour d'appel a violé la convention collective applicable et l'article L. 1233-5 CT.

Cass. soc. 26 octobre 2010, n° 09-42.409, deux dernières branches du moyen, BC V n° 244.

Il ne peut pas exclure un des critères légaux, même à la demande des représentants du personnel.

Pour débouter une salariée de sa demande tendant au paiement de dommages-intérêts pour inobservation des règles relatives à l'ordre des licenciements, une cour d'appel a retenu que si le critère des qualités professionnelles devait être pris en compte par l'employeur en vertu de l'article L. 321-1-1 CT, c'était à la demande de la délégation unique du personnel que ce critère initialement prévu avait finalement été supprimé.

En statuant ainsi, alors que l'employeur doit, pour déterminer l'ordre des licenciements économiques, prendre en compte l'ensemble des critères légaux, la cour d'appel a violé l'article L. 321-1-1 CT.

Cass. soc. 19 décembre 2007, n° 06-43.788.

Certains critères sont prohibés.

A violé les articles L. 1233-5 et L. 3123-11 CT la cour d'appel qui s'est fondée sur la qualité de salarié à temps partiel d'un salarié pour décider que ce dernier devait être licencié de préférence à un salarié à temps complet.

Cass. soc. 4 juillet 2012, n° 11-12.045, BC V n° 211.

Les dispositions légales relatives à l'information dont doit bénéficier le salarié sur les techniques d'évaluation professionnelle mises en œuvre à son égard ne peuvent être invoquées pour contester la mise en œuvre de l'ordre des licenciements.

Si la méconnaissance par l'employeur de son obligation d'informer préalablement les salariés des techniques et méthodes d'évaluation qu'il met en œuvre à leur égard résultant de l'article L. 121-7 CT peut justifier l'allocation de dommages-intérêts, elle n'est pas de nature à caractériser à sa charge une inobservation des critères d'ordre des licenciements, dès lors que l'appréciation des qualités professionnelles repose sur des éléments objectifs et vérifiables.

Ayant retenu que l'employeur avait défini et appliqué un ordre des licenciements prenant en compte l'ensemble des critères et reposant sur des bases objectives, dont elle a vérifié les conditions d'application, une cour d'appel a pu débouter des salariés de leurs demandes indemnitaires fondées sur une inobservation de l'ordre des licenciements.

Cass. soc. 21 novembre 2006, n° 05-40.656, 3e branche du 2e moyen, BC V n° 349.

Cadre d'appréciation

Sauf accord collectif conclu au niveau de l'entreprise ou à un niveau plus élevé, les critères déterminant l'ordre des licenciements doivent être mis en œuvre à l'égard de l'ensemble du personnel de l'entreprise.

Cass. soc. 15 mai 2013, n° 11-27.458, BC V n° 121. Voir aussi cass. soc. 17 février 2016, n° 14-23.962, 1er moyen.

Un accord collectif conclu au niveau de l'entreprise peut prévoir un périmètre pour l'application des critères déterminant l'ordre des licenciements inférieur à celui de l'entreprise.

Une société a initié en juillet 2005 une procédure de licenciement économique collectif avec la mise en place d'un plan de sauvegarde de l'emploi en mai 2006 ; une salariée, candidate au départ volontaire, a été licenciée pour motif économique par lettre du 1er juin 2007 après autorisation de l'administration du travail en sa qualité de salariée protégée.

Après avoir constaté que les critères d'ordre des licenciements avaient été mis en œuvre dans le périmètre géographique « de l'agence, du bureau ou du site technique, siège social, plate-forme technique », tel que prévu par un accord collectif signé le 26 avril 2006 par la société et 7 organisations syndicales et approuvé par le comité d'entreprise, une cour d'appel a pu débouter la salariée de sa demande de dommages-intérêts pour non-respect des critères d'ordre des licenciements.

Cass. soc. 14 octobre 2015, n° 14-14.339, BC V n° 191.

Lorsque, lors de la mise en œuvre des critères d'ordre des licenciements, la société employeur a déjà acquis une autre société à des fins de fusion, elle doit prendre en considération les salariés de cette nouvelle société, et cela même si la fusion n'a pas encore eu lieu au moment où les critères sont appliqués.

Après avoir fait l'objet d'un licenciement pour motif économique, plusieurs salariés d'une société H ont saisi la juridiction prud'homale pour demander le paiement de dommages-intérêts pour violation des critères d'ordre des licenciements, faute pour la société H d'avoir pris en considération, lors de l'établissement de l'ordre des licenciements, les salariés de la société S achetée par la société H au premier trimestre 2008.

C'est à bon droit qu'une cour d'appel a fait droit à leur demande.

En effet, après avoir constaté que lors de la mise en œuvre des critères d'ordre des licenciements économiques après achèvement, le 18 mars 2009, de la phase de consultation du comité d'entreprise, la société S destinée à être fusionnée avec la société H avait été acquise par cette dernière depuis une année, la cour d'appel a pu décider que l'employeur avait manqué à son obligation de loyauté en ne prenant pas en compte les salariés issus de cette opération, peu important que l'immatriculation de l'entité acquise en tant qu'établissement secondaire de la société H ne soit intervenue que le 7 avril 2009.

Cass. soc. 8 octobre 2014, n° 13-14.973, BC V n° 228.

Un accord conclu au niveau de l'établissement concerné par les suppressions de poste est inopérant.

Cass. soc. 10 février 2010, n° 08-41.109, 2e moyen.

L'ordre des licenciements doit être apprécié par rapport à l'ensemble des salariés appartenant à une même catégorie professionnelle…

A légalement justifié sa décision la cour d'appel qui, pour condamner un employeur à payer à chacun des salariés licenciés une somme à titre de dommages-intérêts pour violation des critères de l'ordre des licenciements, a relevé que l'employeur avait conservé à son service des salariés appartenant à la même catégorie professionnelle que les salariés licenciés, sans avoir communiqué les éléments objectifs sur la base desquels il s'était déterminé.

Cass. soc. 18 décembre 2002, n° 00-45.334.

… telle que définie par la convention collective.

Un salarié, représentant du personnel, embauché comme ouvrier de filature et occupant en dernier lieu un emploi de décatisseur-emballeur-peseur, a fait l'objet d'un licenciement pour motif économique autorisé par l'inspecteur du travail en raison de la suppression de son emploi, la lettre de licenciement précisant que cet emploi était, dans l'entreprise, le seul de la catégorie D 138 de la convention collective applicable.

Pour dire que l'employeur n'avait pas respecté les critères relatifs à la mise en œuvre de l'ordre des licenciements et le condamner en conséquence à payer des dommages-intérêts au salarié, une cour d'appel a retenu que la catégorie professionnelle qui servait de base à l'établissement de l'ordre des licenciements concernait l'ensemble des salariés qui exerçaient dans l'entreprise des fonctions de même nature supposant une formation professionnelle commune et que le salarié occupait des fonctions d'ouvrier de filature comme la plupart des autres salariés, à l'exception de ceux occupant des fonctions administratives ou d'encadrement, sans qu'il soit établi que lesdits salariés aient eu chacun une formation professionnelle spécifique, ou en tout cas différente, les uns par rapport aux autres.

Cependant, selon l'article 54 G de la convention collective applicable, dont les dispositions relatives à l'ordre des licenciements s'imposent aux termes de l'article L. 321-1-1 CT, cet ordre s'apprécie par catégorie professionnelle.

En statuant comme elle l'a fait, sans rechercher si l'ordre des licenciements avait été respecté dans la catégorie professionnelle dont relevait le salarié au sens de la convention collective, la cour d'appel n'a pas légalement justifié sa décision.

Cass. soc. 16 mars 2005, n° 02-45.753, BC V n° 93.

Appartiennent à une même catégorie professionnelle les salariés qui exercent dans l'entreprise des activités de même nature supposant une formation professionnelle commune.

Les critères d'ordre des licenciements s'appliquent à l'ensemble des salariés relevant d'une même catégorie professionnelle ; appartiennent à une même catégorie professionnelle les salariés qui exercent dans l'entreprise des activités de même nature supposant une formation professionnelle commune.

Cass. soc. 28 septembre 2010, n° 09-65.118, 2e moyen. Voir aussi cass. soc. 22 janvier 2014, n° 12-23.045, 2e moyen.

Pour reprocher à une cour d'appel de l'avoir condamnée à verser à un salarié, occupant en dernier lieu un poste de tourneur et licencié pour motif économique, une indemnité pour non-respect des critères d'ordre des licenciements, une société soutient que ne peuvent être regroupés au sein d'une même catégorie professionnelle servant de base à l'établissement de l'ordre des licenciements des salariés exerçant des fonctions requérant des qualifications particulières et d'autres ne disposant pas de ces qualifications particulières, et qu'en retenant que les salariés effectuant des opérations d'usinage sur des machines classiques et ceux pilotant des centres d'usinage à commande numérique appartiennent à la même catégorie professionnelle, faute pour l'employeur de démontrer que le pilotage d'un centre d'usinage nécessite une formation de base spécifique ou une formation complémentaire excédant l'obligation d'adaptation, la cour d'appel aurait violé l'article L. 1233-5 CT.

Ce moyen doit être rejeté.

En effet, la cour d'appel, après avoir souverainement constaté qu'au sein de l'activité d'usinage, les salariés exerçaient des fonctions similaires sur des machines de générations différentes, sans que l'employeur ne démontre que le pilotage de l'une ou l'autre de ces machines ait nécessité une formation de base spécifique ou une formation complémentaire excédant l'obligation d'adaptation, a pu en déduire que l'employeur, en scindant ces fonctions en deux catégories professionnelles et en mettant en œuvre les critères d'ordre des licenciements dans chacune d'elles, n'avait pas respecté ces critères.

Cass. soc. 27 mai 2015, n° 14-11.688, BC V n° 103.

Au sein d'une même catégorie professionnelle, il ne peut être fait de distinction entre les salariés exerçant une activité à temps plein et ceux occupés à temps partiel…

D'une part, la catégorie professionnelle qui sert de base à l'établissement de l'ordre des licenciements concerne l'ensemble des salariés qui exercent dans l'entreprise des fonctions de même nature supposant une formation professionnelle commune sans qu'il puisse être opéré une distinction, au sein de chaque catégorie, entre les salariés exerçant à temps plein et ceux occupés à temps partiel. D'autre part, les salariés travaillant à temps partiel bénéficient des mêmes droits que ceux reconnus aux salariés à temps plein.

Doit être cassé l'arrêt qui, pour débouter une salariée de sa demande d'indemnité pour violation de règles relatives à l'ordre des licenciements prononcés pour motif économique, a retenu que l'intéressée, qui travaillait à mi-temps depuis son embauche, était mal fondée à reprocher à l'employeur de n'avoir pas fait porter son choix sur une salariée dont l'ancienneté était moindre mais qui occupait un emploi à plein temps.

Cass. soc. 3 mars 1998, n° 95-41.610, 2e moyen, BC V n° 113.

… ou entre les salariés titulaires de contrats aidés et les autres.

La catégorie professionnelle, qui sert de base à l'établissement de l'ordre des licenciements, concerne l'ensemble des salariés qui exercent dans l'entreprise des fonctions de même nature supposant une formation professionnelle commune sans que puissent en être exclus les salariés recrutés dans le cadre d'un emploi consolidé.

Doit être cassé l'arrêt qui s'est fondé sur la qualité d'une salariée, recrutée dans le cadre d'un emploi consolidé, pour l'exclure du groupe qui sert de base à l'établissement de l'ordre des licenciements.

Cass. soc. 23 novembre 2005, n° 04-40.635.

Période d'appréciation

Le respect de l'ordre des licenciements doit être apprécié au moment de l'engagement de la procédure de licenciement.

Le respect de l'ordre des licenciements doit être apprécié au moment de l'engagement de la procédure et non à l'expiration du congé de conversion.

Un salarié ne peut, par conséquent, comparer sa situation à celle d'un autre salarié, non recruté à la date de l'engagement de la procédure.

Cass. soc. 12 juillet 1994, n° 91-43.855, BC V n° 233.

Demande d'énonciation des critères par le salarié

Le manquement de l'employeur, qui a prononcé un licenciement pour motif économique, à son obligation d'indiquer au salarié qui le demande les critères retenus en application de l'article L. 1233-5 CT, ne prive pas le licenciement de cause réelle et sérieuse, mais constitue une irrégularité qui cause nécessairement un préjudice au salarié, que le juge doit réparer en fonction de son étendue.

Cass. soc. 26 janvier 1999, n° 97-40.463, BC V n° 39. Voir aussi cass. soc. 12 décembre 2001, n° 00-41.057.

Un tel manquement cause nécessairement au salarié un préjudice distinct de celui résultant de l'absence de cause réelle et sérieuse.

Cass. soc. 24 septembre 2008, n° 07-42.200, 2e moyen, BC V n° 178. Voir aussi cass. soc. 8 juillet 2009, n° 07-44.591, 1re branche du moyen unique du pourvoi incident, BC V n° 174 ;cass. soc. 3 décembre 2014, n° 13-23.170, 2e moyen.

L'inobservation par l'employeur du délai de 10 jours pour énoncer, à la demande du salarié, les critères retenus pour déterminer l'ordre des licenciements constitue une irrégularité qui cause nécessairement au salarié un préjudice que le juge doit réparer.

Cass. soc. 24 juin 2003, n° 01-42.932.

Le fait pour un salarié de s'être abstenu de demander à son employeur l'énonciation des critères retenus pour la fixation de l'ordre des licenciements ne saurait le priver du droit d'obtenir une indemnisation en cas de non-respect de ces critères.

Cass. soc. 30 mars 1999, n° 97-40.695, BC V n° 145. Voir aussi cass. soc. 18 mai 2004, n° 02-41.179.

C'est à tort que, pour débouter une salariée de sa demande d'indemnité pour inobservation des règles relatives à l'ordre des licenciements, une cour d'appel a retenu que la salariée n'avait pas usé de la faculté qui lui était offerte par l'article L. 122-14-2 CT de demander par écrit à son employeur de lui indiquer les critères retenus en application de l'article L. 321-1-1 CT, sans rechercher si l'employeur avait pris en compte, dans le choix de la salariée concernée, les critères de l'ordre des licenciements, peu important que la salariée n'ait pas demandé à son employeur l'indication des critères retenus.

Cass. soc. 19 mars 1998, n° 95-45.364, 4e moyen, BC V n° 162. Voir aussi cass. soc. 19 novembre 1997, n° 95-42.016, BC V n° 385.

Preuve du respect par l'employeur des critères

En cas de contestation relative à l'ordre des licenciements, l'employeur doit communiquer au juge les éléments objectifs sur lesquels il s'est appuyé pour arrêter son choix.

Il appartient à l'employeur, tenu de prendre en considération l'ensemble des critères qu'il a retenus pour fixer l'ordre des licenciements, de communiquer au juge, en cas de contestation, les éléments objectifs sur lesquels il s'est appuyé pour arrêter son choix.

Ayant constaté que la moindre qualification professionnelle du salarié par rapport à ses collègues n'était pas établie, une cour d'appel a pu décider que l'ordre des licenciements n'avait pas été respecté par l'employeur.

Cass. soc. 15 juin 1994, n° 93-41.269. Voir aussi cass. soc. 3 février 1993, n° 88-44.756, absence de polyvalence et moindre capacité des salariés invoquées par l'employeur non démontrées ; cass. soc. 23 mars 2016, n° 14-28.382.

La photocopie d'un tableau de notation sans signature ni référence ne constitue pas un élément objectif d'appréciation.

Est dépourvu de valeur probante le tableau de notation du personnel remis au juge par l'employeur pour justifier sa décision de licencier tel salarié par rapport à tel autre. Ce tableau ne peut constituer un élément objectif de comparaison, dans la mesure où il s'agit d'une simple photocopie qui ne contient ni signature ni référence. Ce document ne permet pas d'établir l'aptitude de l'intéressé ou celle des salariés qui lui ont été préférés.

Cass. soc. 13 octobre 1993, n° 91-45.025.

Il appartient au juge de vérifier que l'appréciation portée par l'employeur sur les aptitudes professionnelles du salarié ne procède pas d'une erreur manifeste ou d'un détournement de pouvoir.

Si le juge ne peut, pour la mise en œuvre de l'ordre des licenciements, substituer son appréciation des qualités professionnelles du salarié à celle de l'employeur, il lui appartient, en cas de contestation, de vérifier que l'appréciation portée sur les aptitudes professionnelles du salarié ne procède pas d'une erreur manifeste ou d'un détournement de pouvoir.

Une cour d'appel, qui a constaté que l'appréciation par un employeur des qualités professionnelles d'une salariée avait été faussée par sa volonté d'éviter le licenciement d'un salarié moins ancien, en raison du coût de ce licenciement pour l'entreprise, a ainsi caractérisé un détournement de pouvoir.

Cass. soc. 24 septembre 2014, n° 12-16.991, BC V n° 201.

Sanctions en cas de non-respect

L'inobservation des règles relatives à l'ordre des licenciements n'a pas pour effet de priver le licenciement de cause réelle et sérieuse.

C'est à bon droit qu'une cour d'appel a débouté un salarié, qui n'avait pas obtenu de réponse de l'employeur à sa demande d'énonciation des critères retenus pour fixer l'ordre des licenciements, de sa demande d'indemnité pour licenciement sans cause réelle et sérieuse.

Cass. soc. 20 janvier 1998, n° 96-40.930, BC V n° 20. Voir aussi cass. soc. 2 juillet 2015, n° 14-16.213, 6e branche du moyen.

Toutefois, leur non-respect ouvre droit, pour le salarié, à des dommages-intérêts en fonction du préjudice subi.

Si l'inobservation des règles relatives à l'ordre des licenciements pour motif économique prévues à l'article L. 321-1-1 CT ne prive pas le licenciement de cause réelle et sérieuse et n'est pas soumise aux sanctions de l'article L. 122-14-4 CT, elle constitue une illégalité qui entraîne pour le salarié un préjudice pouvant aller jusqu'à la perte injustifiée de son emploi et qui doit être intégralement réparé selon son étendue par les juges du fond.

Cass. soc. 30 mars 1999, n° 97-40.695, précité. Voir aussi cass. soc. 2 février 2006, n° 03-45.443, BC V n° 57 ; cass. soc. 23 novembre 2011, n° 10-30.768, 2e branche du moyen.

A violé la loi la cour d'appel qui, pour condamner l'employeur à payer aux salariés une indemnité pour licenciement sans cause réelle et sérieuse ainsi qu'à rembourser à l'Assédic les indemnités de chômage, a énoncé que l'inobservation de l'ordre des licenciements rendait le licenciement sans cause réelle et sérieuse et qu'en l'absence de texte spécifique sanctionnant cette irrégularité, il y avait lieu de faire application des dispositions de l'article L. 122-

14-4 CT qui a une portée générale pour sanctionner tout licenciement suspect, alors que l'inobservation des règles relatives à l'ordre des licenciements pour motif économique prévues à l'article L. 321-1-1 CT n'est pas soumise aux sanctions énoncées à l'article L. 122-14-4 CT, qu'elle constitue pour le salarié une illégalité qui entraîne pour celui-ci un préjudice pouvant aller jusqu'à la perte injustifiée de son emploi, lequel doit être intégralement réparé, selon son étendue, par les juges du fond.

Cass. soc. 14 janvier 1997, n° 95-44.366, 2e moyen, BC V n° 16. Voir aussi cass. soc. 23 avril 1997, n° 94-42.629, 2e moyen, BC V n° 144.

Le manquement à la procédure de consultation des représentants du personnel pour la détermination des critères de l'ordre des licenciements en raison du défaut d'organisation de leur élection, ne peut pas être réparé par l'indemnisation d'un préjudice pour méconnaissance des critères de l'ordre des licenciements.

Cass. soc. 10 novembre 2016, n° 15-21.690.

En demandant une indemnité pour licenciement sans cause réelle et sérieuse, le salarié demande implicitement la réparation du préjudice résultant de la violation de l'ordre des licenciements.

Cass. soc. 27 octobre 1998, n° 96-42.493, BC V n° 456. Voir aussi cass. soc. 11 juillet 2001, n° 99-43.342, 2e moyen, BC V n° 266 ; cass. soc. 13 janvier 2016, n° 14-19.654, 2e moyen.

L'allocation d'un franc symbolique au salarié en réparation de son préjudice est insuffisante.

L'inobservation des règles relatives à l'ordre des licenciements pour motif économique constitue pour le salarié une illégalité qui entraîne pour celui-ci un préjudice pouvant aller jusqu'à la perte injustifiée de son emploi, lequel doit être intégralement réparé selon son étendue par les juges du fond.

Doit être cassé l'arrêt qui a limité à un franc symbolique le montant de la réparation due à chaque salarié, alors que le préjudice résultant de la violation des règles fixant l'ordre des licenciements n'est pas réparé par l'allocation d'un franc symbolique.

Cass. soc. 6 juillet 1999, n° 97-40.055, BC V n° 329.

Contestation de l'ordre des licenciements

Le salarié ayant adhéré à une convention de reclassement personnalisé est recevable à contester l'ordre des licenciements.

Cass. avis 7 avril 2008, n° 08-00.003, BC n° 2. Voir aussi cass. soc. 27 mai 2009, n° 08-42.750.

Le salarié qui a préalablement adhéré à une mesure du plan de sauvegarde de l'emploi lui assurant un revenu de substitution jusqu'à la liquidation de ses droits à la retraite l'est aussi.

Une salariée s'est vu proposer l'une des mesures prévues par un plan de sauvegarde de l'emploi consistant à bénéficier d'une rente de fin de carrière moyennant l'engagement de ne pas reprendre d'activité salariée et de ne pas percevoir d'indemnités de chômage ; acceptant cette proposition, elle a adhéré le 26 septembre 2002 à une « convention de préretraite d'entreprise » et a été licenciée le 30 septembre suivant pour motif économique dans le cadre d'un licenciement collectif ; elle a saisi la juridiction prud'homale notamment d'une demande en paiement de dommages-intérêts pour non-respect des critères de l'ordre des licenciements ; l'employeur a fait valoir que, dès lors qu'elle avait opté pour la convention de préretraite d'entreprise, la salariée était irrecevable à remettre en cause le respect des critères de l'ordre des licenciements.

Une cour d'appel a pu accueillir sa demande : dès lors que l'employeur lui avait notifié un licenciement pour motif économique, la salariée était recevable à invoquer une violation de l'ordre des licenciements, peu important qu'elle ait accepté de bénéficier du revenu de substitution mis en place par l'employeur, jusqu'à la liquidation des droits à la retraite.

Cass. soc. 13 janvier 2009, n° 07-44.398, BC V n° 5.

Même lorsque le licenciement d'un salarié protégé a été autorisé par l'inspecteur du travail, le respect de l'ordre des licenciements relève de la compétence du seul juge judiciaire.

Cass. soc. 27 octobre 2004, n° 02-46.935, BC V n° 270.

Doit être cassé l'arrêt qui, pour débouter des salariées de leur demande indemnitaire au titre d'une violation de l'ordre des licenciements, a retenu l'application du principe de la séparation des pouvoirs qui interdit au juge judiciaire, en l'état des autorisations administratives définitives accordées à l'employeur de licencier les salariés protégés, d'apprécier le caractère réel et sérieux du motif économique du licenciement, alors que, même en présence d'une autorisation administrative de licenciement accordée à l'employeur par l'inspecteur du travail, il n'appartient qu'au juge judiciaire d'apprécier la mise en œuvre des critères retenus pour fixer l'ordre des licenciements.

Cass. soc. 7 décembre 2004, n° 02-43.323.

☛ *Licenciement économique (Information et consultation du CE) ; Plan de sauvegarde de l'emploi.*

P

Paiement du salaire

Le salaire peut être payé en espèces, par chèque ou par virement. Au-delà d'un montant mensuel de 1500 €, il ne doit pas être payé en espèces (art. L. 3241-1 CT).

Le paiement doit être réalisé un jour ouvrable, sauf en cas de paiement par virement.

Périodicité

Les salaires doivent être versés aux salariés mensualisés au moins une fois par mois. L'employeur ne peut différer le paiement du salaire au-delà du délai d'un mois entre deux paies.

L'article L. 143-2 CT interdisant de différer le paiement du salaire au-delà du délai d'un mois entre deux paies, l'employeur ne saurait, par un règlement tardif du salaire réparti sur tous les mois de l'année, se dispenser du paiement des indemnités compensatrices dues en cas de fermeture de l'entreprise au-delà de la durée légale des congés.

Cass. soc. 16 décembre 1992, n° 89-40.827, BC V n° 601.

Modalités

Le salaire est quérable, sauf convention contraire.

À défaut de convention contraire entre les parties, le salaire étant quérable, une cour d'appel a pu débouter un salarié de sa demande en paiement d'indemnité pour rupture abusive de son contrat de travail, après avoir constaté que son salaire avait été mis à la disposition dans l'entreprise. En effet, en mettant à la disposition du salarié sa rémunération, l'employeur n'avait pas de son fait rendu impossible la poursuite du contrat de travail et n'avait pas contraint l'intéressé à démissionner.

Cass. soc. 5 décembre 1995, n° 92-44.739.

En deçà d'un certain montant, le salaire peut être payé en espèces.

A renversé la charge de la preuve le conseil de prud'hommes qui a estimé que le salarié ayant accepté d'être payé en espèces de la main à la main devait prouver le non-règlement des sommes dues, alors qu'il appartient à l'employeur d'apporter la preuve de sa libération.

Cass. soc. 21 mars 1995, n° 93-45.157.

L'octroi au salarié d'avantages non contractuels ne dispense pas l'employeur de payer le salaire.

Un employeur ne peut se dégager de son obligation de paiement du salaire en faisant valoir que le salarié avait bénéficié d'avantages en nature non prévus au contrat de travail.

Cass. soc. 25 octobre 1990, n° 87-40.852, BC V n° 507.

Le paiement du salaire ou de tout élément de rémunération afférent à une période travaillée ne peut pas être soumis à une condition de présence du salarié dans l'entreprise à la date de son versement.

Si l'ouverture du droit à un élément de la rémunération afférent à une période travaillée peut être soumise à une condition de présence à la date de son échéance, le droit à rémunération, qui est acquis lorsque cette période a été intégralement travaillée, ne peut pas être soumis à une condition de présence à la date, postérieure, de son versement.

Cass. soc. 3 avril 2007, n° 05-45.110. Voir aussi cass. soc. 27 mars 2013, n° 11-22.875 ; cass. soc. 2 mars 2016, n° 14-13.734.

Le salaire ne peut être versé sous la forme d'une mise en participation.

Une société de production cinématographique a embauché des salariés en qualité de techniciens ou d'artistes interprètes pour la réalisation d'un film ; à la suite de la dissolution de la société, les salariés ont saisi la juridiction prud'homale en vue du paiement de leur salaire.

Pour débouter l'un des salariés de sa demande, une cour d'appel a retenu qu'il n'était pas établi que le contrat conclu par ce dernier ait été affecté d'un vice du consentement ni qu'il ait contenu des dispositions illicites et que le salarié pouvait convenir que la rémunération qui lui était due serait versée sous la forme d'une mise en participation présentant nécessairement un risque.

En statuant ainsi, alors que le versement d'un salaire constitue la contrepartie nécessaire de la relation de travail et après avoir constaté l'existence d'un contrat de travail, ce dont il se déduisait que le versement du salaire ne pouvait être aléatoire et, donc, ne pouvait être mis en participation, la cour d'appel a violé l'article L. 1221-1 CT.

Cass. soc. 16 septembre 2009, n° 08-41.191, 1er moyen, BC V n° 187.

Les incidents de paiement

• Retard dans le paiement

Le changement de système informatique ne peut pas justifier un retard de paiement.

Constitue une violation de l'article L. 143-2 CT le non-versement des salaires par l'employeur entre le 31 décembre et le 6 février suivant. Le fait que le retard de paiement soit imputable à la mise en place d'un nouveau système de comptabilité informatisée, s'il établit la bonne foi de l'employeur, ne saurait constituer une cause de justification ni faire disparaître l'infraction.

Cass. crim. 3 juin 1982, n° 81-94.348, 2e moyen.

Le fait que des paiements aient été opérés au cours de l'instance opposant le salarié et l'employeur n'est pas de nature à retirer son caractère fautif au manquement de ce dernier.

Le non-paiement des indemnités de trajet et d'un complément de salaire dû pendant un arrêt de travail constitue une inexécution par l'employeur de l'une des obligations essentielles du contrat. Le fait que ces paiements aient été opérés en cours d'instance n'est pas de nature à retirer à ce manquement son caractère fautif.

Cass. soc. 18 juillet 2001, n° 99-42.992.

Le retard dans le paiement du salaire entraîne le versement d'intérêts de retard au taux légal.

Doivent être cassés les jugements ayant condamné un employeur au paiement de dommages-intérêts afin de réparer le préjudice causé aux salariés du fait du retard du paiement de leurs salaires, alors que des dommages-intérêts distincts des intérêts moratoires ne peuvent être alloués au créancier que si son débiteur lui a, par sa mauvaise foi, causé un préjudice indépendant du retard de paiement de la somme d'argent et alors qu'en l'espèce les juges n'avaient relevé aucun fait ou circonstance de nature à établir la mauvaise foi de l'employeur.

Cass. soc. 19 février 1997, n° 93-46.588, 1er moyen. Voir aussi cass. soc. 3 février 1994, n° 90-46.012, 2e branche, 4e moyen ; cass. soc. 14 octobre 1998, n° 96-42.924.

Le juge ne peut pas octroyer un délai à l'employeur pour le paiement des créances salariales.

C'est à tort qu'une cour d'appel a accordé un délai d'un an à un employeur pour s'acquitter de sa dette au titre d'un rappel de salaire, d'indemnités compensatrices de congés payés et de préavis, alors que ces sommes constituent des créances salariales pour lesquelles les juges ne peuvent accorder des délais de paiement.

Cass. soc. 14 janvier 1997, n° 94-40.114, 2e moyen.

• Paiement partiel ou non-paiement

L'employeur est tenu de s'acquitter du paiement de l'intégralité du salaire ; à défaut, il engage sa responsabilité contractuelle.

L'employeur est tenu de s'acquitter de l'intégralité du salaire dû au salarié. À défaut, il engage sa responsabilité contractuelle, peu important que ce manquement résulte d'une erreur dans la détermination du précompte des charges sociales salariales.

Un salarié, se prévalant de sa qualité de résident fiscal en Allemagne, a demandé à son employeur de cesser d'opérer le précompte de la contribution sociale généralisée (CGS) et de la contribution au remboursement de la dette sociale (CRDS) mis en œuvre respectivement le 1er février 1991 et en 1995. Son employeur lui ayant répondu que la cessation du précompte supposait l'accord préalable de l'organisme de sécurité sociale et qu'il appartenait au salarié de solliciter le remboursement des cotisations prélevées sur ses salaires, ce dernier, après avoir sollicité le remboursement des cotisations auprès de l'Urssaf, a saisi la commission de recours amiable de l'Urssaf de Paris qui a rejeté comme prescrite la demande de remboursement des contributions versées antérieurement au 11 septembre 1995, a fait droit à la demande afférente à la période du 11 septembre 1995 au 31 décembre 1996 et décliné sa compétence sur les demandes postérieures. Saisi ensuite par le salarié, le tribunal des affaires de sécurité sociale s'est déclaré incompétent au profit de la juridiction prud'homale pour statuer sur la demande de dommages-intérêts formée à l'encontre de l'employeur.

Ayant retenu que le salarié avait été assujetti par erreur à la CSG à compter du mois de février 1991, et à la CRDS de 1995 à octobre 2000, qu'il avait été ainsi privé indûment pendant plusieurs années d'une partie de sa rémunération, et que l'employeur, qui avait le pouvoir d'interrompre la retenue à la source de la CDG et de la CRDS, avait manqué à son obligation de payer l'intégralité du salaire à l'intéressé, une cour d'appel a pu condamner l'employeur au paiement de dommages-intérêts.

Cass. soc. 31 octobre 2006, n° 05-40.302, BC V n° 319. Voir aussi cass. soc. 14 octobre 2009, n° 08-40.531, 3e branche du 2e moyen.

En versant certains mois une rémunération supérieure au minimum mensuel, l'employeur ne se libère pas pour autant de sa dette relative aux périodes pendant lesquelles une rémunération insuffisante a été acquittée.

Cass. soc. 29 janvier 2002, n° 99-44.842, BC V n° 36.

L'employeur qui ne paie pas le salaire est responsable de la rupture du contrat de travail.

Cass. soc. 16 mars 1995, n° 91-40.547, cité dans « Imputabilité de la rupture ». Voir aussi cass. soc. 19 avril 2000, n° 98-40.741.

En cas de non-paiement du salaire, l'employeur doit démontrer que le salarié a refusé d'exécuter son contrat de travail ou ne s'est pas tenu à sa disposition.

L'employeur est tenu de payer sa rémunération et de fournir un travail au salarié qui se tient à sa disposition.

Pour rejeter la demande d'un salarié à titre de rappel de salaire, une cour d'appel a retenu que ce dernier n'établissait ni avoir fourni un travail dont le salaire est la contrepartie, ni s'être trouvé dans une situation en imposant le versement par l'employeur.

En statuant ainsi, la cour d'appel, qui n'a pas constaté que l'employeur démontrait que le salarié avait refusé d'exécuter son travail ou ne s'était pas tenu à sa disposition, a inversé la charge de la preuve en violation des articles 1315 c. civ. et L. 1221-1 CT.

Cass. soc. 23 octobre 2013, n° 12-14.237, BC V n° 248.

L'employeur ne peut être dispensé de payer leur salaire aux salariés qui se tiennent à sa disposition que s'il démontre l'existence d'une situation contraignante l'empêchant de fournir du travail.

Cass. soc. 10 février 2016, n° 14-14.259.

Mais lorsqu'un salarié n'est pas en mesure de fournir la prestation inhérente à son contrat de travail, l'employeur ne peut être tenu de lui verser un salaire que si une disposition légale, conventionnelle ou contractuelle lui en fait obligation.

Un salarié, engagé le 6 février 2006 par une société en qualité de distributeur, n'a plus disposé de son véhicule automobile à compter du mois de mai 2012 ; son contrat de travail a été suspendu à compter du 18 septembre 2012 et il a été licencié le 12 février 2013.

Pour condamner l'employeur à payer au salarié un rappel de salaire d'octobre 2012 au 12 février 2013, une cour d'appel a retenu qu'il appartenait à l'employeur soit de fournir du travail au salarié, fût-ce autre chose que de la distribution, soit de le licencier.

En statuant ainsi, alors qu'il résultait de ses constatations que la possession d'un véhicule était exigée par le contrat de travail, qu'elle était nécessaire à l'activité professionnelle du salarié et que ce dernier, du fait qu'il ne disposait plus d'un véhicule automobile à la suite d'une saisie-attribution, était dans l'impossibilité d'exécuter sa prestation de travail, la cour d'appel a violé les articles L. 1221-1 CT et 1134 c. civ. dans sa rédaction alors applicable.

Cass. soc. 28 novembre 2018, n° 17-15.379, pourvoi incident, à paraître.

Lorsque les salariés recourent à la grève pour obtenir le paiement de leur salaire, l'employeur est tenu de les indemniser pour les heures de travail perdues.

Lorsque les salariés sont contraints à la grève pour obtenir le paiement régulier de leurs rémunérations ayant un caractère alimentaire, ils peuvent prétendre à une indemnisation des heures de travail perdues par suite de la grève.

Cass. soc. 27 novembre 1990, n° 88-45.790, 6e moyen, BC V n° 590.

Le non-paiement du salaire constitue un trouble manifestement illicite qu'il appartient à la juridiction des référés de faire cesser, même en présence d'une contestation sérieuse.

Une salariée, qui exerçait les fonctions de conseiller prud'homal, avait été engagée par la société « A » et était passée au service de la société « H ». Après que l'inspecteur du travail eut refusé d'autoriser son licenciement, la salariée n'a plus perçu son salaire à compter du mois de décembre 2000 et a obtenu de la formation de référé d'un conseil de prud'hommes le paiement d'une provision correspondante mise à la charge de la société « H ». Le fonds de cette société ayant été cédé à la société « E », elle a saisi de nouveau la formation de référé du conseil de prud'hommes d'une demande en paiement d'une provision au titre des salaires des mois de janvier et février 2000, dirigée contre les sociétés « H » et « E ».

C'est à tort que, pour rejeter sa demande, la formation de référé a énoncé que les juges du fond, saisis par ailleurs par la salariée, devaient se prononcer sur cette demande et a relevé qu'il existait une contestation sérieuse sur l'identité de l'employeur et qu'il était contradictoire de demander en référé le paiement de provisions sur salaire, alors que le juge du fond était saisi d'une demande en paiement de dommages-intérêts en raison de la rupture du contrat de travail.

Cass. soc. 12 juin 2002, n° 00-41.959.

• Trop-perçu

Il appartient au demandeur en restitution des sommes qu'il prétend avoir indûment payées de prouver que ce qui a été payé n'était pas dû.

Un agent commercial, engagé sans contrat écrit le 1er mai 1986, percevait des commissions calculées en pourcentage du chiffre d'affaires réalisé par son intermédiaire. Après avoir cessé ses fonctions le 31 août 1990, il avait saisi la juridiction prud'homale d'une demande en paiement de commissions de janvier à août 1990 en indiquant que, pendant cette période, il avait seulement perçu des avances et que son employeur avait convenu d'un taux brut de 5 % du chiffre d'affaires. L'employeur avait sollicité reconventionnellement une somme à titre de restitution d'avances sur commissions en faisant valoir qu'il avait été seulement prévu un taux de commission net égal à 3 %, de sorte que le salarié aurait eu un trop-perçu du 1er mai 1986 au 31 août 1990.

N'a pas légalement justifié sa décision la cour d'appel qui, pour accueillir la demande de l'employeur et condamner le salarié à rembourser le trop-perçu, s'est bornée à énoncer que les attestations versées aux débats par l'employeur établissaient que le taux de 3 % devait être retenu et qu'il n'y avait jamais eu de régularisation des commissions en cours de contrat, alors qu'il appartient au demandeur en restitution de sommes qu'il prétend avoir indûment payées de prouver que ce qui a été payé n'était pas dû et alors qu'il appartenait à la cour d'appel de rechercher si l'employeur n'avait pas volontairement retenu le taux à partir duquel avaient été calculées pendant plusieurs années les commissions versées.

Cass. soc. 20 octobre 1998, n° 96-41.698, BC V n° 434.

Preuve du paiement

Il appartient à l'employeur de rapporter la preuve du paiement du salaire.

Cass. soc. 1er février 2011, n° 09-66.942, 2e moyen ; cass. soc. 27 novembre 2014, n° 13-16.772.

Nonobstant la délivrance de la fiche de paie, l'employeur doit prouver le paiement du salaire conformément au droit commun.

Cass. soc. 11 janvier 2006, n° 04-41.231, 1er moyen, BC V n° 6. Voir aussi cass. soc. 10 avril 2013, n° 12-15.259 ; cass. soc. 31 mars 2016, n° 14-15.378, 1er moyen.

Le paiement du salaire ne peut résulter de la seule remise de chèques à l'ordre du salarié, laquelle n'a valeur libératoire pour le débiteur que sous réserve d'encaissement effectif par le créancier, ce qu'il appartient à l'employeur d'établir.

Cass. soc. 18 juin 2015, n° 13-27.049, 1er moyen.

Lorsque le calcul de la rémunération dépend d'éléments détenus par l'employeur, celui-ci est tenu de les produire en vue d'une discussion contradictoire.

Cass. soc. 30 mai 2013, n° 12-16.096, 1er moyen. Voir aussi cass. soc. 18 février 2015, n° 13-22.112, 2e moyen ; cass. soc. 1er mars 2017, n° 15-14.267, 2e moyen du pourvoi principal.

C'est à tort que, pour débouter un salarié de sa demande de rappel de salaire au titre de l'intéressement de 15 %, calculé mensuellement sur le montant facturé aux clients, une cour d'appel a énoncé que l'intéressé ne produisait, à l'appui de ses allégations, que des tableaux qu'il avait lui-même établis sans les étayer d'aucun élément objectif, alors qu'il appartenait à l'employeur de justifier des sommes facturées aux clients sur la période litigieuse.

Cass. soc. 29 janvier 2008, n° 06-42.712, pourvoi incident, BC V n° 26.

Pour débouter un salarié de sa demande en paiement d'un complément de salaire au titre d'une prime annuelle variable, une cour d'appel a énoncé qu'aucun document comptable exploitable n'avait été produit pour permettre de vérifier le bien-fondé et le calcul de la demande ainsi formulée.

En statuant ainsi, alors qu'il appartenait à l'employeur de justifier du résultat net d'exploitation après impôt et du coût des capitaux investis pendant la période sur laquelle portait la réclamation, la cour d'appel a violé l'article 1315 c. civ.

Cass. soc. 24 septembre 2008, n° 07-41.383, pourvoi incident, BC V n° 173.

Prescription

☛ *Prescription.*

Novation de la créance

Si la créance de salaire peut se transformer en simple créance civile ou en libéralité, la novation ne se présume pas et doit résulter clairement de la volonté du créancier.

C'est à tort qu'une cour d'appel a rejeté la demande d'un salarié en paiement de ses salaires. En effet, elle ne pouvait déduire d'une demande en paiement échelonné des salaires, fût-il assorti d'intérêts, une volonté non équivoque du salarié d'éteindre l'obligation en paiement desdits salaires pour lui substituer une obligation nouvelle découlant d'un prêt.

Cass. soc. 26 septembre 2002, n° 00-45.730.

Doit être cassé l'arrêt qui, pour rejeter la demande en paiement de salaire d'un salarié, énonce qu'en ne réclamant pas à son employeur pendant plus de deux ans et demi le paiement de ses salaires, le salarié avait entendu privilégier l'intérêt de la société et favoriser la poursuite de celle-ci au détriment de ses propres intérêts et que, de ce fait, la créance salariale s'était novée en créance commerciale, alors que l'intention de nover ne se présume pas et que la volonté de l'opérer doit résulter d'actes clairs et non équivoques.

Cass. soc. 11 juin 2003, n° 01-42.907.

A violé l'article 1273 c. civ. la cour d'appel qui, pour rejeter une demande en paiement de salaires, a relevé que le salarié n'en avait pas réclamé le paiement de 1995 à 1998, que cette résignation n'était pas celle d'un salarié normal ayant besoin de sa rémunération pour vivre et que ce comportement avait été dicté par la volonté consciente de favoriser la société en lui procurant des facilités de trésorerie substantielles en abandonnant le paiement d'une importante masse de salaires et en a conclu que la créance avait perdu sa nature salariale pour se transformer en une simple créance civile, alors que la novation ne se présume pas et qu'il ne résultait de ses constatations aucun acte positif et non équivoque de la volonté du salarié de nover.

Cass. soc. 7 janvier 2003, n° 01-40.815.

Le fait que le salarié détienne des parts dans la société ne peut établir à lui seul la novation de la créance quand il s'est abstenu de réclamer son salaire…

A violé l'article 1273 c. civ. la cour d'appel qui, pour débouter une salariée, détenant la moitié des parts constituant le capital de la société, de sa demande tendant à faire juger que ses créances de salaires et d'indemnités de congés payés devaient être garanties, a retenu que celle-ci avait saisi un conseil de prud'hommes plus d'une année après son licenciement, qu'il apparaissait clairement qu'elle n'avait pas réclamé le paiement de ses salaires pour retarder le dépôt de bilan de la société en favorisant ainsi la trésorerie de cette dernière au détriment d'autres créanciers, et qu'en agissant ainsi, la salariée avait accordé un prêt à la société, de sorte que sa créance avait perdu son caractère salarial, alors qu'il ne résultait pas de ces constatations une volonté non équivoque de la salariée d'éteindre l'obligation nouvelle découlant d'un prêt.

Cass. soc. 31 mars 2004, n° 02-40.699. Voir cependant cass. soc. 13 février 2002, n° 99-43.486, s'agissant de l'épouse du gérant d'une société qui était propriétaire de parts de cette société et qui s'était abstenue de réclamer le paiement de ses salaires de janvier 1994 à mars 1995 en raison des difficultés financières de la société, où une cour d'appel a estimé que la salariée avait eu la volonté de modifier la nature de sa créance et en a déduit que les éléments constitutifs de la novation de la créance salariale en un prêt étaient caractérisés.

… sauf si la preuve de cette novation résulte des faits de la cause.

Si l'intention de nover ne se présume pas, les juges peuvent la rechercher dans les faits de la cause.

Un chef de projet qui détenait 50 % du capital social avait été licencié par un liquidateur judiciaire. Il a saisi la juridiction prud'homale d'une demande tendant au paiement de diverses sommes et notamment de ses salaires et à obtenir la garantie de l'AGS.

Une cour d'appel, qui ne s'est pas bornée à relever que l'intéressé n'avait pas perçu de rémunération pendant 27 mois mais qui a constaté qu'il n'avait réclamé le paiement de ses salaires que postérieurement à la liquidation judiciaire pour favoriser la société dans laquelle il avait des intérêts importants en sa double qualité d'associé et de caution pour le remboursement d'un prêt bancaire contracté par la société, a pu estimer, appréciant souverainement la commune intention des parties, que la volonté du salarié de nover sa créance salariale en créance civile était établie et débouter l'intéressé de ses demandes.

Cass. soc. 22 février 2006, n° 03-47.190.

Il n'est cependant pas nécessaire que la créance soit exprimée en termes formels dès lors qu'elle est certaine et résulte des faits de la cause.

La rémunération d'un VRP était constituée d'un fixe, d'une indemnité forfaitaire par journée de déplacement, d'une indemnité forfaitaire par journée de participation aux salons et journées d'achat, et de commissions. À la suite de son licenciement pour motif économique, le salarié, qui percevait mensuellement une somme fixe de 17 000 F, a saisi un conseil de prud'hommes en remboursement d'une retenue effectuée par l'employeur sur un de ses bulletins de salaire.

C'est à tort que l'employeur, soutenant que la somme versée mensuellement l'était à titre d'avance, reproche à une cour d'appel d'avoir retenu qu'une novation du mode de rémunération était intervenue, de sorte que le salarié avait bénéficié d'un salaire régulier de 17 000 F et d'avoir dit que la retenue opérée était sans fondement. En effet, si l'intention de nover ne se présume pas, il n'est pas nécessaire qu'elle soit exprimée en termes formels dès lors qu'elle est certaine et résulte des faits de la cause. Or, en l'espèce, la cour a constaté que depuis le début des relations contractuelles, le salarié percevait mensuellement une somme fixe et qu'aucune régularisation des commissions n'avait eu lieu au cours de l'exécution du contrat, alors qu'elle aurait dû être réalisée chaque trimestre.

Cass. soc. 15 octobre 2002, n° 00-42.364, 1er moyen, BC V n° 308.

Pour un salarié devenu associé, l'inscription au crédit d'un compte courant de sa créance de salaire, avec son accord, transforme cette créance en simple article du compte dont seul le solde peut être exigé entre les parties.

Un salarié, devenu associé de la société qui l'employait, avait accepté de n'être réglé que de la moitié de sa rémunération, puis de n'être plus réglé d'aucun salaire à compter du 1er janvier 1997. Ses rémunérations non payées ont été inscrites au crédit d'un compte courant d'associé. Après avoir mis la société en demeure de lui régler les salaires impayés, il a pris acte de la rupture des relations de travail le 25 juillet 1997.

C'est à bon droit qu'une cour d'appel a rejeté ses demandes tendant à voir constater le non-paiement de ses rémunérations et, en conséquence, la rupture de son contrat à la charge de l'employeur. En effet, l'inscription d'une créance en compte courant, qui équivaut à un paiement, fait perdre à la créance son individualité et la transforme en simple article du compte courant dont seul le solde peut constituer une créance exigible entre les parties ; en l'espèce, la cour d'appel, qui a constaté l'existence, avec le plein accord de l'intéressé, de remises réciproques sur le compte du salarié, a exactement retenu que ce compte avait les caractéristiques d'un compte courant et que l'inscription à ce compte des rémunérations équivalait à leur paiement.

Cass. soc. 15 octobre 2002, n° 00-41.975, 5 premières branches du moyen unique, BC V n° 309.

Une cour d'appel, qui a retenu qu'un salarié actionnaire de la société avait, après accord du conseil d'administration, accepté de laisser le montant de ses créances de primes exceptionnelles de bilan et de salaire sur un compte courant de la société, puis fait ressortir l'importance des créances et l'étroite imbrication des intérêts de la société et du salarié, a pu en déduire leur volonté de modifier la nature de la créance et l'existence des éléments de la novation de créance.

Cass. soc. 22 juin 1993, n° 90-46.005, BC V n° 174.

☛ *Bulletin de salaire ; Prescription.*

Participation

Un régime de participation des salariés aux résultats de l'entreprise doit obligatoirement être mis en place dans les entreprises d'au moins cinquante salariés (art. L. 3321-1 et s. CT). Le régime de participation est institué par voie d'accord.

À noter que la loi 2019-486 du 22 mai 2019, dite loi « PACTE », a modifié les règles relatives à la participation.

Entreprises assujetties

Les articles L. 3321-1 et s. CT énoncent un principe d'assujettissement général à la participation obligatoire aux résultats de l'entreprise.

Les dispositions du décret 87-948 du 26 novembre 1987, définissant les conditions dans lesquelles les entreprises publiques et les sociétés nationales ainsi que leurs filiales peuvent être assujetties à la participation obligatoire, ne posent de conditions particulières à cet assujettissement que pour les entreprises publiques et les sociétés nationales et distinguent celles qui figurent sur la liste de l'article 4 ou dont plus de la moitié du capital est détenu par l'une de celles-ci, et celles qui ne remplissent pas ces conditions, les premières étant assujetties de plein droit, les dernières pouvant l'être sur autorisation ministérielle. Il en résulte qu'une personne de droit privé, ayant pour objet une activité purement commerciale qui n'est ni une entreprise publique ni une société nationale, peu important l'origine du capital, n'entre pas dans le champ d'application du décret et doit être soumise aux dispositions de l'article 7 de l'ordonnance du 21 octobre 1986.

Doit donc être cassé l'arrêt qui rejette la demande du comité d'entreprise d'une société à la condamnation de cette dernière à conclure un accord de participation, alors que cette société qui employait plus de 100 salariés était constituée en la forme d'une SARL et qu'elle exploitait une activité concurrentielle d'hôtellerie.

Cass. soc. 6 juin 2000, n° 98-20.304, BC V n° 216.

L'effectif à partir duquel la participation est obligatoire s'apprécie au niveau de l'entreprise.

Le salarié d'un établissement doit donc bénéficier des dispositions de l'accord de participation conclu au sein du groupe, dès lors qu'il n'a pas été soutenu devant le juge qu'il était légalement possible, pendant la période litigieuse, de conclure des accords de participation dont le champ d'application géographique serait limité.

Cass. soc. 24 janvier 2006, n° 03-43.073, BC V n° 20.

Le calcul de l'effectif, pour la mise en place de la participation aux résultats de l'entreprise, doit être effectué mois par mois au cours des douze mois précédents, l'effectif au titre d'un mois donné se calculant nécessairement à la fin de la période considérée.

C'est à tort que, pour débouter des salariés de leurs demandes visant à ce que leur employeur constitue une réserve spéciale de participation au titre de l'exercice clos au 31 janvier 1998, une cour d'appel, après avoir constaté que l'entreprise avait atteint le seuil de cinquante salariés et plus du mois de septembre 1997 au mois de janvier 1998, soit durant cinq mois, a énoncé, s'agissant de l'effectif du mois d'août 1997, qu'il convenait de se placer au premier jour de chaque mois calendaire pour apprécier si l'effectif de cinquante salariés avait été ou non atteint, qu'au 1er août 1997, l'entreprise comptait quarante huit salariés, que le 4 août, trois salariés avaient été embauchés puis un quatrième l'avait été le 18 août, qu'ainsi, à la date du 1er août 1997, seule date à retenir pour examiner si le seuil de cinquante salariés avait été atteint pour que soit respectée la condition de durée fixée à six mois au moins, la société n'employait que quarante-huit salariés et n'était donc pas soumise à la constitution d'une réserve spéciale de participation pour l'exercice 1997-1998.

Cass. soc. 8 décembre 2010, n° 09-65.380, BC V n° 287.

Les salariés titulaires d'un contrat à durée indéterminée à temps plein sont pris en compte, pour une unité, dans l'effectif du mois au cours duquel ils ont été engagés.

Cass. soc. 8 décembre 2010, n° 09-65.380, précité.

Les salariés à temps partiel doivent être pris en compte dans l'effectif habituel de l'entreprise.

Le salarié travaillant à raison de six heures par semaine doit être inclus dans l'effectif habituel de l'entreprise pour l'application des dispositions relatives à la participation des salariés aux résultats de l'entreprise.

Cass. soc. 26 janvier 1989, n° 86-43.081, BC V n° 81.

Les salariés sous contrat à durée déterminée sont pris en compte au prorata de leur temps de présence au cours des douze mois précédant immédiatement la date concernée pour calculer mois par mois les effectifs, peu important qu'à la fin du mois où s'effectue le décompte, leur contrat de travail ait pris fin.

Neuf salariés d'une société ont demandé en justice le 10 juin 2009 le paiement de sommes au titre de la participation aux résultats de l'entreprise pour la période allant du 1er novembre 2004 au 31 octobre 2005.

Doit être rejeté le pourvoi formé par la société qui, pour reprocher à une cour d'appel d'avoir dit que l'effectif de la société avait dépassé les cinquante salariés au cours de la période comprise entre le 1er novembre 2004 et le 31 octobre 2005 et de l'avoir condamnée à payer à chacun des salariés une somme au titre de la réserve de participation, soutient que les salariés titulaires d'un contrat à durée déterminée ne sont pris en compte dans l'effectif au prorata de leur temps de présence au cours des douze mois précédents qu'à la condition d'être encore présents dans l'effectif au cours de l'exercice considéré.

En effet, après avoir rappelé, d'une part, qu'en application des articles L. 442-1 et R. 442-1 CT, devenus respectivement les articles L. 3322-2 et R. 3322-1 du même code, les entreprises employant habituellement au moins cinquante salariés garantissent le droit de leurs salariés à participer aux résultats de l'entreprise et que la condition d'emploi habituel est considérée comme remplie dès lors que le seuil d'effectifs prévu a été atteint, au cours de l'exercice considéré, pendant une durée de six mois au moins, consécutifs ou non, d'autre part, que pour l'appréciation du seuil d'effectifs, la règle issue de l'ordonnance 2004-602 du 24 juin 2004 avait vocation à s'appliquer, à savoir l'article L. 620-10 CT devenu L. 1111-2 du même code, selon lequel sont notamment pris en compte au prorata de leur temps de présence au cours des douze mois précédents, les salariés titulaires d'un contrat de travail à durée déterminée, sauf s'ils remplacent un salarié absent, la cour d'appel en a exactement déduit que la période de référence s'entendait des douze mois précédant immédiatement la date concernée pour calculer mois par mois les effectifs, peu important qu'à la fin du mois où s'effectue le décompte, le contrat de travail des salariés en contrat à durée déterminée ait pris fin.

Ayant constaté, ensuite, que le nombre de salariés s'était élevé à cinquante ou plus pendant huit mois au cours de l'exercice considéré, la cour d'appel en a déduit à bon droit que les conditions légales permettant aux salariés de participer aux résultats de l'entreprise pour cet exercice étaient remplies.

Cass. soc. 1er juin 2017, n° 16-16.779, BC V n° 103.

Un accord de participation peut valablement prévoir par une clause particulière qu'il ne s'appliquera pas en cas d'abaissement des effectifs de l'entreprise en dessous de cinquante personnes.

Il résulte de l'article L. 442-1 CT qu'un accord de participation n'est obligatoire que dans les entreprises de cinquante salariés et plus ; il s'ensuit qu'un tel accord, même conclu pour une durée déterminée, peut valablement prévoir par une clause particulière qu'il ne s'appliquera pas en cas d'abaissement des effectifs de l'entreprise en dessous de cinquante personnes.

Ayant relevé qu'un accord de participation conclu au sein d'une entreprise pour une durée de cinq ans renouvelable par tacite reconduction prévoyait qu'il cesserait de produire effet si, au cours d'un ou de plusieurs exercices, l'effectif habituel de l'entreprise devenait inférieur à 50 salariés et qui a constaté que cette condition était remplie, une cour d'appel a pu débouter des salariés de leur demande tendant à entendre dire que la clause prévoyant la suspension de l'accord par l'employeur était nulle.

Cass. soc. 18 septembre 2002, n° 99-15.454, BC V n° 271.

Si, lorsque les effectifs de l'entreprise ont atteint le seuil rendant la participation obligatoire, l'employeur est tenu de mettre en place un régime de participation, il n'a pas l'obligation d'engager une négociation à cet effet avec le comité d'entreprise, de sorte que ce dernier ne dispose d'aucun droit propre à la mise en place d'un régime de participation.

Cass. soc. 18 janvier 2011, n° 08-19.398.

Les associations ne sont tenues d'appliquer les dispositions du code du travail relatives à la participation que si elles réalisent un bénéfice fiscal imposé au taux de droit commun de l'impôt sur les sociétés ou de l'impôt sur le revenu.

Il résulte des articles L. 442-1 et L. 442-2 CT qu'une entreprise occupant habituellement au moins cinquante salariés n'est légalement tenue de constituer une réserve spéciale de participation qu'autant que le bénéfice de l'exercice réalisé en France métropolitaine et dans les départements d'outre-mer, tel qu'il est retenu pour être imposé au taux de droit commun de l'impôt sur les sociétés ou de l'impôt sur le revenu, excède, après déduction de l'impôt correspondant, la rémunération au taux de 5 % des capitaux propres de l'entreprise.

C'est à tort qu'une cour d'appel a retenu qu'une congrégation, constituée en association, était soumise au régime obligatoire de participation des salariés aux résultats de l'entreprise, dès lors qu'elle occupait cinquante salariés et qu'elle réalisait des bénéfices, sans rechercher si cette congrégation avait réalisé un bénéfice imposé dans les conditions requises pour la constitution d'une réserve spéciale de participation.

Cass. soc. 20 décembre 2006, n° 04-16.661.

Une entreprise étrangère disposant d'un établissement distinct en France est tenue de constituer une réserve spéciale de participation dès lors qu'elle est assujettie à l'impôt dans les conditions déterminées par l'article L. 3324-1 CT.

Cass. soc. 8 février 2012, n° 10-28.526, BC V n° 69. Voir aussi cass. soc. 27 février 2013, n° 10-28.527.

Salariés bénéficiaires

L'accord de participation peut prévoir une condition d'ancienneté (trois mois maximum depuis la loi du 19 février 2001).

Un accord de participation prévoyant une condition de présence de six mois (législation antérieure) dans l'entreprise au cours de l'exercice considéré, c'est à tort que, pour condamner une société à payer à un salarié une somme au titre de la participation pour l'année 1990, une cour d'appel a énoncé que le salarié, licencié le 17 janvier 1990, avait fait l'objet d'un licenciement abusif, ce qui lui permettait de prétendre au bénéfice de l'accord de participation, alors que la cour d'appel aurait dû rechercher si, à l'expiration du délai de préavis que l'intéressé aurait dû effectuer, il aurait totalisé au moins six mois de présence dans l'entreprise au cours de l'exercice considéré.

Cass. soc. 17 janvier 1996, n° 92-42.089.

Le personnel intérimaire ne peut pas prétendre bénéficier du régime de participation de la société d'accueil dès lors que le lien contractuel est maintenu avec sa société d'origine.

L'article L. 442-1 CT ne prévoit pas le rattachement à l'entreprise utilisatrice du personnel mis à disposition pour la participation aux résultats.

Le comité d'entreprise de la société d'accueil ne pouvait exiger qu'une réserve spéciale de participation soit constituée pour les salariés mis à disposition, dès lors qu'il était établi que les sociétés d'origine continuaient à assumer toutes leurs obligations légales d'employeur, notamment le paiement des salaires, et que le personnel concerné avait bénéficié de la réserve de participation constituée par ces mêmes sociétés. Le contrat de travail persistait avec les sociétés d'origine, les salariés restant sous leur subordination effective.

Cass. soc. 23 juin 1988, n° 87-10.667, BC V n° 388.

Les sommes dues au titre de la participation ne peuvent pas se cumuler avec les bénéfices d'une activité commerciale.

Les locataires-gérants d'une station-service, travailleurs visés par l'article L. 781-1 CT, bénéficiant des avantages accordés par ce code aux salariés, notamment des dispositions des articles L. 442-1 et s. CT, sont fondés à prétendre à une rémunération au moins égale à celle découlant des dispositions précitées. Cependant, il résulte de l'article L. 781-1 CT, auquel ne dérogent pas les articles L. 442-1 et s. CT, que le montant de la participation, calculé sur la base du salaire auquel ils ont droit, ne peut s'ajouter aux bénéfices retirés par eux de leur activité commerciale.

Cass. soc. 9 janvier 1985, n° 83-16.227, BC V n° 17.

Un salarié licencié, quel que soit le motif de son licenciement, ne peut pas être privé de ses droits acquis au titre de la participation.

Un conseil de prud'hommes a pu valablement décider que la participation est due au salarié, quel que soit le mode de rupture du contrat de travail. Le fait qu'un salarié ait été licencié pour vol ne permet donc pas à l'entreprise de priver ce salarié de ses droits à la participation.

Cass. soc. 9 mars 1989, n° 86-43.980.

Les salariés titulaires d'un congé de reclassement bénéficient de la participation.

Il résulte de l'article L. 3342-1 CT que, sous réserve d'une condition d'ancienneté qui ne peut excéder trois mois, tous les salariés d'une entreprise compris dans le champ des accords de participation bénéficient de leurs dispositions, de sorte que les titulaires d'un congé de reclassement, qui demeurent salariés de l'entreprise jusqu'à l'issue de ce congé en application de l'article L. 1233-72 CT, bénéficient de la participation, que leur rémunération soit ou non prise en compte pour le calcul de la réserve spéciale de participation.

Cass. soc. 7 novembre 2018, n° 17-18.936, à paraître.

Lorsqu'un salarié quitte l'entreprise avant qu'elle n'ait été en mesure de liquider la totalité des droits lui revenant, l'employeur doit lui remettre une attestation indiquant la date de négociabilité ou d'exigibilité de ses droits.

Il résulte de l'article 36, al. 3 de la loi 91-650 du 9 juillet 1991 que l'astreinte provisoire ou définitive est supprimée en tout ou partie s'il est établi que l'inexécution ou le retard dans l'exécution de l'injonction du juge provient en tout ou partie d'une cause étrangère. Par ailleurs, il résulte de l'article R. 442-15 CT que lorsqu'un salarié titulaire de droits sur la réserve spéciale de participation quitte l'entreprise avant que celle-ci ait été en mesure de liquider la totalité de ses droits, l'employeur est notamment tenu de lui remettre une attestation indiquant la nature et le montant de ses droits ainsi que la ou les dates à partir desquelles ceux-ci deviendront négociables ou exigibles.

C'est à tort que, pour rejeter la demande d'une salariée réclamant la liquidation de l'astreinte prononcée par jugement définitif du conseil de prud'hommes en cas d'inexécution de l'injonction faite à son employeur, qui l'avait licenciée, de lui fournir « tout renseignement et document lui permettant de percevoir la participation due aux salariés », une cour d'appel a énoncé que l'imprécision de cette injonction empêchait l'employeur d'y satisfaire et faisait obstacle à la liquidation de l'astreinte, sans avoir relevé aucune cause étrangère justifiant la suppression de l'astreinte et alors que l'injonction adressée à l'employeur comportait nécessairement l'obligation de satisfaire aux prescriptions légales concernant l'information de la salariée licenciée sur ses droits éventuels à la participation aux résultats de l'entreprise et de lui remettre l'attestation prévue par l'article R. 442-15 CT.

Cass. soc. 27 mai 1999, n° 97-41.283, BC V n° 240.

Un enseignant recruté par l'État pour être mis à la disposition d'un établissement de droit privé bénéficie, en sa qualité de salarié de cet établissement, de la réserve de participation.

Les enseignants recrutés par l'État pour être mis à la disposition d'un organisme de droit privé et qui accomplissent un travail pour le compte de celui-ci dans un rapport de subordination se trouvent liés à cet organisme par un contrat de travail.

Une cour d'appel, qui a constaté l'existence d'un contrat de travail entre des enseignants sous contrat et un établissement d'enseignement privé, a décidé à bon droit que ces enseignants avaient vocation à bénéficier de la réserve de participation comme tous les salariés de l'établissement.

Cass. soc. 1er juillet 1998, n° 96-17.076, BC V n° 356.

Les salariés d'un groupe, détachés à l'étranger, ne peuvent pas être exclus de la répartition de la réserve spéciale de participation du fait que leur salaire n'est pas assujetti à la taxe sur les salaires et n'est pas pris en compte pour le calcul de la réserve spéciale de participation.

Attendu d'abord qu'une réserve spéciale de participation doit être constituée dans les entreprises employant habituellement au moins cinquante salariés dès lors que ces entreprises sont soumises à la loi française, peu important que les contrats de travail des salariés bénéficiaires soient, le cas échéant, soumis à une autre loi.

Attendu ensuite que conformément à l'article L. 442-4 CT, sous réserve d'une durée minimale d'ancienneté dans l'entreprise, qui peut être exigée et ne peut excéder six mois (3 mois depuis la loi du 19 février 2001), tous les salariés de l'entreprise où a été conclu un accord de participation doivent pouvoir bénéficier de la répartition des résultats de l'entreprise, sans que puisse leur être opposé le fait que leur salaire n'est pas assujetti à la taxe sur les salaires et n'est pas pris en compte pour le calcul de la réserve spéciale de participation. Il en résulte qu'un tel accord ne peut valablement écarter une catégorie de salariés du bénéfice de la répartition de la réserve spéciale de participation.

Plusieurs accords avaient été conclus au sein d'un groupe pour définir les modalités de la participation des personnels des différentes sociétés du groupe aux résultats de ces sociétés. Les accords en cause prévoyaient leur application à l'ensemble du personnel des sociétés signataires dans la limite de leurs activités rémunérées par des salaires entrant dans le champ d'application de la taxe sur les salaires. Plusieurs salariés, employés par une filiale du groupe en Arabie saoudite, se plaignant d'avoir été exclus du bénéfice de ces accords ont saisi le tribunal de grande instance.

Doit être rejeté le pourvoi d'un employeur faisant grief à une cour d'appel d'avoir décidé que les salariés avaient droit, pendant leurs périodes de détachement à l'étranger, au bénéfice de la réserve spéciale de participation. Par la seule constatation que les salariés appartenaient au personnel d'une société ayant conclu un accord de participation, la cour a légalement justifié sa décision.

Cass. soc. 22 mai 2001, n° 99-12.902, BC V n° 179.

La clause d'un accord de participation excluant les salariés détachés à l'étranger dans une succursale est réputée non écrite.

En effet, il résulte de l'article L. 3342-1 CT que tous les salariés de l'entreprise où a été conclu un accord de participation doivent avoir la possibilité de bénéficier de la répartition des résultats de l'entreprise, sans que puisse leur être opposé le fait qu'ils n'exécutent pas leur activité en France ou qu'ils n'y sont pas rémunérés.

Cass. soc. 6 juin 2018, n° 17-14.372, 1er moyen, à paraître.

En cas de redressement fiscal, les salariés ayant quitté l'entreprise lors de l'exercice au cours duquel le redressement est devenu définitif ne peuvent pas demander l'indemnisation du préjudice résultant de la privation de leur droit à participation pour les exercices ayant fait l'objet du redressement.

À la suite d'un redressement fiscal opéré en 2009 pour les années 2005, 2006, 2007 et 2008, une société a versé un rappel de participation aux salariés présents dans l'entreprise au cours de l'exercice durant lequel ce redressement est devenu définitif ; le 10 janvier 2011, 43 anciens salariés de la société ont saisi la juridiction prud'homale de demandes en paiement de dommages-intérêts à titre d'indemnisation du préjudice résultant pour eux de la privation de leur droit à participation au cours des exercices 2005 à 2007.

Doivent être approuvés les arrêts les ayant déboutés de leurs demandes.

En effet, d'abord, selon l'article D. 3324-40 CT, dans sa rédaction applicable en la cause, le complément à la réserve spéciale de participation résultant d'un redressement fiscal doit être affecté au montant de la réserve spéciale de participation de l'exercice au cours duquel les rectifications opérées par l'Administration ou par le juge de l'impôt sont devenues définitives ou ont été formellement acceptées par l'entreprise ; il en résulte que seuls les salariés présents lors de cet exercice peuvent prétendre à une répartition de cette réserve.

Ensuite, en application de l'article D. 3325-4 du même code, la modification d'assiette du bénéfice net intervenue après la délivrance d'une attestation donne lieu à l'établissement d'une attestation rectificative établie dans les mêmes conditions que l'attestation initiale ; aux termes de l'article L. 3326-1 du même code, le montant du bénéfice net et celui des capitaux propres de l'entreprise sont établis par une attestation de l'inspecteur des impôts ou du commissaire aux comptes et ne peuvent être remis en cause à l'occasion des litiges nés de l'application du présent titre.

Il résulte de la combinaison de ces dispositions, d'ordre public absolu, que les actions en responsabilité tant contractuelle que délictuelle des salariés qui ne sont plus présents dans l'entreprise lors de l'exercice au cours duquel le redressement fiscal est devenu définitif sont irrecevables.

Cass. soc. 18 février 2016, n° 14-12.614, BC V n° 41. Voir aussi cass. soc. 10 mars 1998, n° 96-16.473, BC V n° 125.

Calcul de la réserve

Le montant du bénéfice net pris en compte pour le calcul de la réserve est celui qui résulte d'une attestation établie par l'inspecteur des impôts ou le commissaire aux comptes.

Pour débouter un salarié licencié pour faute grave le 11 avril 2000 de sa demande de liquidation de ses droits à participation au titre de l'exercice 2000, une cour d'appel a retenu que les documents fiscaux produits par son employeur révélaient un bénéfice fiscal nul.

En statuant ainsi, alors que le montant du bénéfice net pris en compte pour le calcul de la réserve spéciale de participation est celui qui résulte d'une attestation établie par l'inspecteur des impôts ou le commissaire aux comptes, la cour d'appel a violé les articles L. 442-2, dans sa rédaction alors en vigueur, et L. 442-13, devenus respectivement L. 3324-1 et L. 3326-1 CT.

Cass. soc. 11 mars 2009, n° 08-41.140, BC V n° 80.

L'attestation du commissaire aux comptes ne peut pas se borner à certifier que le calcul de la réserve spéciale de participation respecte les dispositions légales et réglementaires.

Cass. soc. 30 janvier 2013, n° 12-11.875, BC V n° 26.

Les montants établis par l'attestation ne peuvent pas être remis en cause à l'occasion des litiges relatifs à la participation aux résultats de l'entreprise…

Selon l'article L. 3326-1 CT, le montant du bénéfice net et celui des capitaux propres de l'entreprise sont établis par une attestation de l'inspecteur des impôts ou du commissaire aux comptes ; ils ne peuvent être remis en cause à l'occasion des litiges relatifs à la participation aux résultats de l'entreprise.

Cass. soc. 8 décembre 2010, n° 09-65.810, BC V n° 288.

… quand bien même la contestation est fondée sur la fraude ou l'abus de droit invoqués à l'encontre des actes de gestion de la société.

L'article L. 3326-1 CT, selon lequel le montant du bénéfice net et celui des capitaux propres de l'entreprise sont établis par une attestation de l'inspecteur des impôts ou du commissaire aux comptes et ne peuvent être remis en cause à l'occasion des litiges relatifs à la participation aux résultats de l'entreprise, est d'ordre public absolu.

Sans remettre en cause la sincérité des attestations du commissaire aux comptes, quatre syndicats avaient saisi le tribunal de grande instance aux fins de voir déclarer inopposable aux salariés une opération de restructuration ayant donné lieu, en 2007, à la souscription d'un emprunt par l'une des sociétés du groupe auprès de la société mère, remboursable sur quinze ans et ayant eu pour effet d'empêcher tout versement de participation aux salariés, et d'obtenir, en conséquence, la condamnation de ces sociétés à reconstituer la réserve spéciale de participation pour les exercices 2007 à 2022.

C'est à tort que, pour accueillir la demande des syndicats, une cour d'appel a jugé que les attestations établies par le commissaire aux comptes ne sauraient, en tout état de cause, faire obstacle à ce que le juge judiciaire, à l'occasion d'un litige relatif à la participation, remette en cause, en cas de fraude de la société, les comptes certifiés par ce professionnel sur la base des éléments fournis par la société, ni faire obstacle à ce qu'une opération de restructuration puisse, elle-même, être contestée dès lors que les syndicats appelants et intervenants ne se fondent pas sur ces attestations, qui sont postérieures au rapport de l'inspecteur du travail relevant le délit d'entrave, mais sur la base d'un ensemble de documents, comme les rapports d'expertise comptable, les procès-verbaux des réunions du comité d'entreprise et les propres déclarations des dirigeants de la société.

Cass. soc. 28 février 2018, n° 16-50.015, à paraître.

Les salaires à retenir pour le calcul du montant de la réserve spéciale de participation des salariés étant constitués, selon l'article D. 3324-1 CT, par les rémunérations définies à l'article L. 242-1 c. séc. soc., l'employeur n'est pas fondé à contester l'intégration dans l'assiette de calcul de la réserve spéciale de participation des sommes déclarées à l'administration comme ayant été versées à titre de salaires.

Cass. soc. 17 mai 2011, n° 10-10.957, deux premières branches du 1er moyen, BC V n° 114.

Les frais professionnels peuvent être déduits des rémunérations servant de base au calcul de la réserve.

Pour juger que la rémunération servant de base au calcul de la réserve spéciale de participation s'entendait hors déduction de l'abattement forfaitaire de 30 % au titre des frais professionnels des journalistes, une cour d'appel a énoncé que la déduction de ces frais ne concernait que le calcul des cotisations et non pas le calcul des rémunérations au sens des articles R. 442-1 recodifié D. 3324-1 CT et L. 242-1 c. séc. soc., que l'intervention du juge judiciaire ne pouvait néanmoins avoir pour effet une remise en cause du montant des salaires déclarés à l'administration fiscale, qu'il convenait donc de faire droit à la demande de réintégration de l'abattement dans la limite des sommes déclarées aux administrations fiscales et sociales.

En statuant ainsi, alors qu'en vertu des articles R. 442-1 recodifié D. 3324-1 CT et L. 242-1 c. séc. soc., les rémunérations servant de base au calcul de la réserve spéciale de participation s'apprécient par référence à l'assiette de calcul des cotisations de sécurité sociale, en sorte que les frais professionnels peuvent être déduits des rémunérations pour ce calcul dans les conditions et limites fixées par arrêté interministériel, la cour d'appel a violé les articles L. 3324-1, L. 3326-1, D. 3324-1 CT et L. 242-1 c. séc. soc.

Cass. soc. 17 mai 2011, n° 10-10.957, quatre dernières branches du 1er moyen, BC V n° 114.

Pour les sociétés bénéficiant du régime fiscal du « bénéfice consolidé », le bénéfice à prendre en compte pour le calcul de la réserve est le bénéfice « français ».

Pour l'application des dispositions de l'article L. 442-2 CT, l'impôt correspondant au bénéfice que l'entreprise a réalisé en France métropolitaine et dans les départements d'outre-mer au cours d'un exercice déterminé, et qui doit être retranché de ce bénéfice, ne peut s'entendre que de l'impôt sur les sociétés, au taux de droit commun, résultant des règles d'assiette et de liquidation qui régissent ordinairement l'imposition des bénéfices réalisés par les sociétés en France métropolitaine et dans les départements d'outre-mer. Lorsque l'entreprise est imposable suivant le régime du bénéfice consolidé, où l'impôt sur les sociétés dont elle est redevable en France est affecté par des éléments étrangers aux opérations qu'elle a réalisées en France métropolitaine et dans les départements d'outre-mer, il y a lieu de retenir le montant de l'imposition qui aurait été dû par elle si elle n'avait pas été soumise à ce régime.

CE 26 janvier 1990, n° 60197, Rec. Lebon p. 17.

Les modalités de calcul et la répartition de la réserve spéciale de participation entre les salariés bénéficiaires ne peuvent pas faire l'objet d'une distinction suivant que les salariés d'une même entreprise travaillent en France ou à l'étranger.

Il résulte des articles L. 442-1 et L. 442-4 CT que les modalités de calcul et la répartition de la réserve spéciale de participation entre les salariés bénéficiaires ne peuvent pas faire l'objet d'une distinction suivant que les salariés d'une même entreprise travaillent en France ou à l'étranger.

Plusieurs accords avaient été conclus au sein d'un groupe pour définir les modalités de la participation des personnels des différentes sociétés du groupe aux résultats de ces sociétés. Ces accords prévoyaient leur application à l'ensemble du personnel des sociétés signataires dans la limite de leurs activités rémunérées par des salaires entrant dans le champ d'application de la taxe sur les salaires. Plusieurs salariés, employés par une filiale du groupe en Arabie saoudite, ayant été exclus du bénéfice de ces accords, ont assigné le groupe et certaines de ses filiales devant le tribunal de grande instance.

Par arrêt du 4 décembre 1998, la cour d'appel de Paris a décidé que les intéressés avaient droit, pendant leur période de détachement à l'étranger, au bénéfice de la répartition de la réserve spéciale de participation et, avant dire droit, a ordonné la réouverture des débats pour inviter les parties à conclure sur les modalités devant être adoptées pour rétablir les intéressés dans leurs droits. Le pourvoi formé contre cette décision ayant été rejeté, la cour d'appel a condamné le groupe à procéder sous le contrôle de son commissaire aux comptes :

– à la réévaluation de la réserve spéciale de participation en réintégrant dans les éléments de calcul l'intégralité des salaires versés aux salariés concernés sur l'ensemble des périodes d'expatriation de ces derniers, rétroactivement et dans les limites de la prescription trentenaire de droit commun ;
– au calcul de la différence entre la réserve ainsi réévaluée et la réserve initialement calculée ;
– à l'évaluation et au paiement des parts de cette différence aux salariés en faisant application des règles légales prévues par le code du travail.

En statuant ainsi, alors qu'elle ne pouvait décider d'instaurer des modalités différentes de calcul et de répartition de la réserve spéciale de participation pour les salariés expatriés et les salariés établis en France et qu'elle devait appliquer les accords d'entreprise tels qu'ils avaient été conclus, sous réserve de déclarer non écrite la clause de l'un de ces accords excluant son application aux salariés expatriés, et inclure, conformément aux dispositions de l'article R. 442-2, 1° CT, la rémunération de ces derniers dans le calcul du montant de la réserve spéciale de participation, la cour d'appel a violé les articles L. 442-1 et L. 442-4 CT.

Cass. soc. 29 octobre 2002, n° 00-14.787, BC V n° 324. Voir aussi cass. soc. 29 octobre 2013, n° 12-23.866, 1er moyen, BC V n° 254.

Pour le calcul de l'impôt devant être retranché du bénéfice servant de base au calcul de la réserve, il n'y a pas lieu de tenir compte des crédits d'impôt dont bénéficie éventuellement l'entreprise.

Pour l'application des dispositions de l'article L. 3324-1 CT, l'impôt correspondant au bénéfice que l'entreprise a réalisé au cours d'un exercice déterminé, qui doit être retranché de ce bénéfice, ne peut s'entendre que de l'impôt sur les sociétés, au taux de droit commun, résultant des règles d'assiette et de liquidation qui régissent ordinairement l'imposition des bénéfices ; dans le cas où une entreprise bénéficie de crédits d'impôt imputables sur le montant de cet impôt, il n'y a pas lieu, par suite, de tenir compte du montant de ces crédits.

CE 20 mars 2013, n° 347633. Voir aussi cass. avis 14 septembre 2015, n° 15-70.003, BC n° 6 ; cass. soc. 10 janvier 2017, n° 14-23.888, 2e moyen, BC V n° 4.

En cas d'erreur commise dans le calcul de la réserve spéciale de participation, la régularisation ultérieure par accord d'entreprise ne peut pas prévoir l'affectation du complément résultant de cette régularisation au montant de la réserve de participation de l'exercice au cours duquel cette rectification est effectuée.

L'accord de participation des salariés aux résultats de l'entreprise en vigueur au sein d'une caisse régionale du Crédit agricole avait omis de prendre en compte, pour le calcul de la réserve spéciale de participation des exercices 1994 et 1995, la détermination de la valeur ajoutée spécifique aux entreprises de banque ; cette erreur avait eu pour conséquence de minorer la participation versée aux salariés et de majorer le montant de leur intéressement ; des accords d'entreprise, conclus au mois de juillet 1996, ont régularisé cette erreur pour les salariés présents dans l'entreprise et ayant six mois d'ancienneté au cours de l'exercice 1996 en attribuant aux salariés des compléments au titre de la participation pour les exercices 1994 et 1995 et des retenues au titre de l'intéressement sur les mêmes exercices. Un salarié, employé à la caisse régionale du Crédit agricole lors des exercices 1994 et 1995, mais qui, démissionnaire au mois de janvier 1996, n'avait pas bénéficié de cette régularisation, a réclamé le paiement d'une somme à titre de complément à la réserve de participation résultant de l'erreur commise lors des exercices 1994 et 1995.

Pour reprocher à un tribunal d'instance d'avoir fait droit à la demande du salarié, la caisse régionale du Crédit agricole, invoquant les dispositions de l'article R. 442-23 CT, soutient notamment que le complément de réserve spéciale de participation résultant d'une rectification de ses bases de calcul doit être affecté au montant de la réserve spéciale de participation de l'exercice au cours duquel cette rectification est effectuée par l'entreprise ou au cours duquel il a été définitivement statué sur la détermination des bases de calcul de cette réserve, seuls les salariés présents au cours de cet exercice pouvant prétendre à une répartition de ladite réserve.

Cependant, les dispositions de l'article R. 442-23 CT ne s'appliquent que dans l'hypothèse où le montant de la réserve spéciale de participation est modifié à la suite de rectifications opérées par l'administration ou par le juge de l'impôt. En règle générale, les salariés qui ont contribué à la formation du résultat bénéficiaire d'une entreprise au cours d'un exercice comptable ont vocation à en percevoir les fruits.

En l'espèce, le tribunal a constaté qu'une erreur avait été commise dans l'assiette de calcul de la réserve spéciale de participation au titre des exercices 1994 et 1995 ayant pour effet de minorer la participation au titre de ces exercices et de majorer l'intéressement ; en décidant que l'accord conclu entre les partenaires sociaux, en juillet 1996, pour corriger cette erreur n'était pas opposable à l'intéressé qui avait quitté l'entreprise avant sa conclusion et en lui accordant pour les exercices litigieux, au cours desquels il était présent, une somme correspondant à la différence entre le complément dû au titre de la participation et le trop-perçu au titre de l'intéressement, le tribunal a légalement justifié sa décision.

Cass. soc. 5 juin 2001, n° 99-14.037, BC V n° 207.

Les rémunérations versées par l'État aux enseignants mis à la disposition d'un établissement de droit privé qui ne figurent ni dans les comptes de cet établissement, ni dans la déclaration annuelle des salaires ne peuvent pas être prises en compte dans le calcul de la réserve de participation.

Ayant relevé que les rémunérations versées par l'État aux enseignants sous contrat ne figuraient ni dans les comptes de l'établissement, ni dans sa déclaration annuelle des salaires, une cour d'appel a exactement décidé que ces rémunérations ne pouvaient être retenues comme des charges de personnel telles que prévues à l'article R. 442-2 CT et être prises en compte pour le calcul de la réserve de participation.

Cass. soc. 1er juillet 1998, n° 96-17.076, précité.

Une diminution du bénéfice fiscal d'une société consécutive à un redressement fiscal entraîne corrélativement une diminution de la réserve spéciale de participation pour l'exercice considéré, cette diminution étant imputée sur la réserve de participation de l'exercice au cours duquel la rectification fiscale est devenue définitive.

À la suite d'un redressement fiscal pour l'exercice 1988, le bénéfice fiscal d'une société servant de base au calcul de la réserve spéciale de participation avait été diminué et la société avait imputé la diminution corrélative de la réserve spéciale de participation sur l'exercice 1991, au cours duquel la rectification fiscale était devenue définitive. Le comité d'entreprise avait alors contesté la régularité de cette décision devant le tribunal de grande instance.

Doit être cassé l'arrêt ayant décidé que la réserve spéciale de participation pour l'exercice 1988 ne pouvait faire l'objet d'une rectification par réduction.

D'une part, le premier alinéa de l'article R. 442-23 CT, qui prévoit une modification de la réserve spéciale de participation compte tenu des rectifications des résultats d'un exercice opérées par l'administration ou par le juge de l'impôt, ne fait aucune distinction entre une modification à la hausse et une modification à la baisse.

D'autre part, le second alinéa de cet article se borne à prévoir le paiement d'un intérêt lorsque la rectification des résultats d'un exercice antérieur entraîne une hausse de la réserve spéciale de participation. Il en résulte que le champ d'application de ce texte n'est pas limité au seul cas de hausse de la réserve spéciale de participation mais s'applique également en cas de baisse de cette dernière.

Cass. soc. 1er juillet 1998, n° 96-16.471, BC V n° 357.

Pour donner lieu au versement d'un complément à la réserve spéciale de participation, la modification d'assiette du bénéfice net de l'entreprise intervenue après la délivrance d'une attestation de l'inspecteur des impôts ou du commissaire aux comptes doit donner lieu à l'établissement d'une attestation rectificative établie dans les mêmes conditions que l'attestation initiale.

Le comité central d'entreprise d'une unité économique et sociale (UES) et un syndicat ont fait citer les six sociétés composant cette UES devant le tribunal de grande instance afin d'obtenir leur condamnation à redresser la réserve spéciale de participation d'une somme correspondant au montant d'un redressement fiscal de la société portant sur l'année 2004 et à les indemniser de leur préjudice.

La cour d'appel ayant constaté l'absence d'attestation fiscale rectificative au titre de l'exercice 2004, les documents produits ne mentionnant pas une rectification pour cet exercice du bénéfice net de l'entreprise et de ses capitaux propres et le contrôle fiscal de 2008 ayant été sans conséquence sur le résultat fiscal de la société au titre de l'exercice 2004, cet exercice étant prescrit à la date du contrôle, en a exactement déduit, par ces seuls motifs, que cette demande devait être rejetée.

En effet, si, selon l'article D. 3324-40 CT, dans sa rédaction applicable en la cause, le complément à la réserve spéciale de participation résultant d'un redressement fiscal doit être affecté au montant de la réserve spéciale de participation de l'exercice au cours duquel les rectifications opérées par l'administration ou par le juge de l'impôt sont devenues définitives ou ont été formellement acceptées par l'entreprise, la modification d'assiette du bénéfice net intervenue après la délivrance d'une attestation doit, en application de l'article D. 3325-4 du même code, donner lieu à l'établissement d'une attestation rectificative établie dans les mêmes conditions que l'attestation initiale, soit, aux termes de l'article L. 3326-1 du même code, d'une attestation de l'inspecteur des impôts ou du commissaire aux comptes.

Cass. soc. 28 février 2018, n° 16-17.994, 2e moyen, à paraître.

Mise en œuvre de l'accord de participation

En l'absence d'autorisation expresse de la loi, un accord de participation ne peut pas déroger à la disposition fixant le plafond du montant des droits susceptibles d'être attribués à un même salarié pour un même exercice.

L'ensemble des dispositions légales et réglementaires relatives à la participation obligatoire des salariés aux résultats de l'entreprise qui vise à la constitution d'une épargne salariale et à son orientation vers un secteur déterminé de l'économie nationale étant d'ordre public absolu, il ne peut y être dérogé qu'avec l'autorisation expresse de la loi ; l'article R. 442-6 CT, qui fixe le plafond du montant des droits susceptibles d'être attribués à un même salarié pour un même exercice, ne prévoit pas une telle dérogation.

Le 28 juin 1999, une société avait conclu avec des organisations syndicales représentatives un accord de participation d'une durée d'un an, renouvelable par tacite reconduction ; reprenant des dispositions de l'article R. 442-6 CT dans sa rédaction alors en vigueur, l'article 3.1 de l'accord prévoyait que la réserve spéciale de participation serait répartie entre les bénéficiaires proportionnellement au salaire brut perçu par chacun au cours de l'exercice considéré et que le salaire brut individuel servant de base à la répartition proportionnelle serait, pour l'année considérée, au plus égal à quatre fois le plafond de la sécurité sociale, et son article 3.2 prévoyait que le montant des droits susceptibles d'être attribués à un même salarié ne pourrait, pour un même exercice, excéder la moitié du plafond annuel de la sécurité sociale et que les sommes qui, en raison des règles relatives aux plafonds, n'auraient pas pu être distribuées seraient immédiatement réparties entre les salariés dont les droits acquis au titre de l'exercice seraient inférieurs au plafond d'attribution et sans que celui-ci puisse être dépassé.
L'article R. 442-6 CT a été modifié par l'article 3 du décret 2001-703 du 31 juillet 2001 relatif à l'application de la loi du 19 février 2001 sur l'épargne salariale qui dispose que le montant des droits susceptibles d'être attribués à un même salarié ne peut, pour un même exercice, excéder une somme égale aux trois quarts du plafond annuel de la sécurité sociale. La société a appliqué ce nouveau plafond d'attribution au calcul des droits à participation acquis par les salariés au titre de l'exercice de 2001.

C'est donc à tort que, pour condamner la société à appliquer les dispositions de l'article 3.2 de l'accord du 28 juin 1999 pour la distribution de la participation acquise au titre de l'année 2001, une cour d'appel a retenu que l'article R. 442-6 CT qui détermine un plafond d'attribution n'est d'ordre public absolu qu'en ce qu'il fixe une limite à ne pas dépasser, de sorte que la clause d'un accord de participation qui retenait un plafond inférieur, devait recevoir application dès lors que, comme en l'espèce, le plafond qu'elle prévoyait était plus favorable aux salariés.

Cass. soc. 23 mai 2007, n° 04-20.157, BC V n° 83.

Exonération de charges sociales

Le dépôt des accords de participation auprès de l'autorité administrative conditionne l'ouverture du droit aux exonérations des cotisations prévues par la législation de la sécurité sociale.

D'abord, la répartition par l'employeur de la réserve spéciale de participation constitue le fait générateur des cotisations, peu important le choix postérieur de placement de ces fonds par le salarié ; ensuite, le dépôt des accords de participation auprès de l'autorité administrative conditionne l'ouverture du droit aux exonérations des cotisations prévues par la législation de la sécurité sociale ; dès lors, sont soumises à cotisations les sommes attribuées en exécution d'un accord de participation antérieurement à son dépôt.

Après avoir constaté que des sociétés avaient, en application d'accords déposés le 6 juillet 2001, distribué, le 1er avril 2001, à leurs salariés des sommes au titre de la répartition de la réserve spéciale de participation constituée pour l'exercice clos le 31 décembre 2000, c'est à bon droit qu'une cour d'appel a décidé que ces sommes entraient dans l'assiette des cotisations de sécurité sociale.

Cass. soc. 30 mars 2011, n° 09-72.990.

Nature juridique de la participation

Les sommes dues au salarié au titre de la participation ne sont pas de nature salariale.

Selon l'article L. 442-8, I, al. 2 CT dans sa rédaction alors en vigueur, les sommes portées à la réserve spéciale de participation ne sont pas prises en considération pour l'application de la législation du travail.

C'est à bon droit qu'une cour d'appel en a déduit, peu important les modalités de répartition de la réserve spéciale de participation, que les sommes dues à une salariée en exécution de l'accord de participation des salariés aux résultats de l'entreprise n'étaient pas de nature salariale et pouvaient en conséquence faire l'objet d'une saisie conservatoire.

Cass. soc. 1er février 2005, n° 02-14.452.

AGS (Garantie des créances).

Contentieux

Les tribunaux judiciaires sont compétents pour connaître des litiges concernant l'obligation pour une entreprise de mettre en œuvre les dispositions relatives à la participation des salariés.

Il résulte des dispositions des articles L. 442-12, L. 442-13 et L. 442-14 CT que le législateur a entendu attribuer compétence à la juridiction judiciaire pour connaître des litiges relatifs à l'obligation pour une entreprise de mettre en œuvre les dispositions du code du travail relatives à la participation des salariés aux résultats de l'entreprise et que le constat par l'inspecteur du travail de l'absence d'accord, prévu à l'article L. 442-12, n'a pas le caractère d'un acte administratif détachable de ce contentieux et qui relèverait à ce titre de la compétence du juge administratif.

Dès lors, la demande tendant à ce que soit ordonnée la suspension de l'acte par lequel un inspecteur du travail a constaté qu'une société n'avait pas conclu d'accord de participation dans les délais impartis, qui porte nécessairement sur l'application à la société en cause de la législation relative à la participation, ne relève pas de la compétence de la juridiction administrative.

CE 18 juin 2003, n° 254727.

Le litige relatif au calcul de la réserve spéciale de participation ne remettant pas en cause le montant des salaires déclarés à l'administration fiscale relève de la juridiction judiciaire.

Quatre sociétés formant, depuis 1995, une unité économique et sociale, un accord d'intéressement commun a été signé le 31 mai 2001 avec l'ensemble des organisations syndicales pour l'exercice 2001, suivi d'un nouvel accord le 30 octobre 2001, pour les exercices 2002, 2003 et 2004 ; ces sociétés ont également signé un accord de participation en juin 2002 ; des syndicats ont saisi le tribunal de grande instance notamment d'une demande portant sur le calcul de la réserve spéciale de participation et de l'intéressement de l'exercice 2002-2003.

C'est à tort que, pour se déclarer incompétente pour statuer sur cette demande, une cour d'appel a retenu qu'en l'absence de dispositions spécifiques de l'accord litigieux, seul le tribunal administratif était compétent pour connaître des contestations relatives au montant des salaires à prendre en compte pour le calcul de la réserve de participation, l'article L. 442-13 devenu l'article L. 3326-1 CT ne faisant aucune distinction selon que les contestations tendent à remettre en cause le montant des salaires ou de la valeur ajoutée déclarés à l'administration fiscale ou les montants retenus par l'entreprise pour le calcul de la participation.

En effet, selon le dernier alinéa de l'article L. 442-13 devenu l'article L. 3326-1 CT, le juge judiciaire est en principe compétent pour tous les litiges portant sur un accord de participation, de sorte qu'un litige qui ne porte pas sur le montant des salaires déclarés à l'administration fiscale relève de la juridiction judiciaire.

Cass. soc. 2 décembre 2008, n° 07-16.615, 1er moyen, BC V n° 241.

Les litiges individuels opposant un ou plusieurs salariés à leur employeur en matière de participation ou d'intéressement relèvent de la compétence des conseils de prud'hommes.

Aux termes de l'article R. 3326-1 CT, les litiges relatifs à la participation aux résultats de l'entreprise, autres que ceux mentionnés aux premier et deuxième alinéas de l'article L. 3326-1 [contestations relatives au montant des salaires déclarés à l'administration fiscale et au calcul de la valeur ajoutée], relèvent du tribunal de grande instance dans les conditions fixées à l'article R. 311-1 c. org. jud. Or, l'article L. 211-3 de ce dernier code, qui s'est substitué à l'article R. 311-1 abrogé par décret 2008-522 du 2 juin 2008, dispose que le tribunal de grande instance connaît de toutes les affaires civiles et commerciales pour lesquelles compétence n'est pas attribuée, en raison de leur nature ou du montant de la demande, à une autre juridiction ; aux termes de l'article L. 1411-1 CT, le conseil de prud'hommes règle par voie de conciliation les différends qui peuvent s'élever à l'occasion de tout contrat de travail soumis aux dispositions du présent code entre les employeurs, ou leurs représentants, et les salariés qu'ils emploient et juge les litiges lorsque la conciliation n'a pas abouti ; il en résulte que les litiges individuels opposant un ou plusieurs salariés à leur employeur en matière de participation ou d'intéressement relèvent de la compétence des conseils de prud'hommes.

Doit ainsi être cassé l'arrêt qui, pour rejeter l'exception d'incompétence du tribunal de grande instance au profit du conseil de prud'hommes soulevée par une entreprise dans un litige l'opposant à un salarié réclamant le paiement d'intérêts de retard au titre de la participation salariale due pour les années 1993 et 1996, retient qu'aux termes de l'article R. 3326-1 CT, les litiges relatifs à la participation des salariés aux résultats de l'entreprise, autres que ceux mentionnés aux premier et deuxième alinéas de l'article L. 3326-1 et portant sur le montant des salaires ainsi que sur le calcul de la valeur ajoutée, relèvent du tribunal de grande instance, lequel est donc compétent pour connaître du litige portant sur une créance de participation.

Cass. soc. 28 février 2018, n° 16-13.682, à paraître.

Lorsque aucun accord de participation n'a été signé dans une entreprise assujettie, un régime d'autorité doit être mis en place, après constat de la situation par l'inspecteur du travail ; en cas de carence de ce dernier, le juge, saisi d'une demande des salariés, peut faire application du régime légal.

L'absence de constat par l'inspecteur du travail du défaut de conclusion d'un contrat de participation dans le délai d'un an suivant la clôture de l'exercice au titre duquel sont nés les droits des salariés d'une entreprise ne prive pas ces derniers du droit de demander au juge de faire application du régime légal de participation prévu par l'article L. 442-12 CT lorsque les conditions de sa mise en œuvre sont réunies.

Cass. soc. 13 septembre 2005, n° 03-10.502, BC V n° 250.

L'AGS dispose d'un droit propre pour contester le principe et l'étendue du bénéfice net et de celui des capitaux propres établi par une attestation de l'inspecteur des impôts ou du commissaire aux comptes.

Doit être cassé l'arrêt qui, pour décider que l'AGS devait garantir le paiement des sommes dues au titre de la participation pour l'exercice litigieux, a retenu que l'interdiction prévue par l'article L. 442-13 CT de remettre en cause, à l'occasion des litiges nés de l'application des dispositions relatives à la participation des salariés, le montant du bénéfice net établi par une attestation de l'inspecteur des impôts ou du commissaire aux comptes, avait comme conséquence de rendre opposable à tous, parties ou tiers à l'accord de participation, ladite attestation, alors que l'impossibilité de mettre en cause le montant du bénéfice net et celui des capitaux propres de l'entreprise établis par une attestation de l'inspecteur des impôts ou du commissaire aux comptes est limitée aux litiges opposant le salarié à son employeur.

En effet, l'AGS, tiers au contrat de travail, dispose d'un droit propre pour contester le principe et l'étendue du bénéfice net et de celui des capitaux propres établi par une attestation de l'inspecteur des impôts ou du commissaire aux comptes.

Cass. soc. 10 février 1999, n° 96-22.157, BC V n° 62.

En revanche, le montant du bénéfice net et celui des capitaux propres de l'entreprise établi par une attestation du commissaire aux comptes d'une société ne peuvent être remis en cause par le comité d'entreprise à l'occasion d'un litige né de l'application des dispositions relatives à la participation des salariés.

Cass. soc. 7 novembre 2001, n° 00-12.216.

L'impossibilité de remettre en cause le montant du bénéfice net de l'entreprise prévu par l'article L. 3326-1 CT est applicable aux syndicats qui agissent en exécution d'un accord de participation, qu'ils en soient signataires ou non.

Cass. soc. 9 février 2010, n° 08-11.338.

☞ *Intéressement des salariés ; Journalistes (Bénéfice du statut) ; Prescription.*

Période d'essai

La période d'essai précède l'embauche définitive du salarié.

Elle a pour finalité de permettre à l'employeur d'évaluer les compétences du salarié dans son travail, notamment au regard de son expérience, et au salarié d'apprécier si les fonctions occupées lui conviennent.

La loi 2008-596 du 25 juin 2008 a institué un régime légal de la période d'essai. La loi exige notamment que cette dernière soit expressément prévue par le contrat de travail, fixe sa durée maximale initiale selon les catégories professionnelles, les conditions de son renouvellement et de sa rupture.

Notion de période d'essai

La période d'essai se distingue de la période probatoire exécutée en cours de contrat de travail…

Un stage effectué au cours du contrat de travail en vue d'une promotion professionnelle ne constitue pas une période d'essai.

Cass. soc. 14 novembre 1990, n° 88-42.542, BC V n° 552. Voir aussi cass. soc. 25 avril 2001, n° 98-43.856.

Un salarié employé par une société « S » aurait dû passer au service d'une société « C » lors de la cession à celle-ci d'une partie des activités de la première. Il a cependant été conservé par cette dernière qui lui a proposé un emploi de représentant dans un autre secteur d'activité avec une période d'essai de trois mois. La société a ensuite procédé à son licenciement au cours de la période d'essai à la suite de son refus de la prolonger.

Doit être cassé l'arrêt qui, pour décider que le salarié était lié à la société par un nouveau contrat de travail valablement rompu en cours d'essai et le débouter de ses demandes, a relevé qu'il avait refusé de passer au service de la société « C » par l'effet de l'article L. 122-12 CT, ce qui aurait dû avoir comme conséquence la rupture du contrat de travail sans indemnité, et que la société « S » qui avait consenti à le conserver était fondée à stipuler une période d'essai, alors que, dès l'instant qu'il avait été convenu entre la société « S » et le salarié que celui-ci ne passerait pas au service de la société « C », le contrat de travail s'était poursuivi sans solution de discontinuité avec son employeur, de sorte que, même si, d'un commun accord, de nouvelles fonctions avaient été attribuées au salarié, aucune période d'essai ne pouvait lui être imposée.

Cass. soc. 26 mai 1998, n° 96-40.536, BC V n° 275.

Ayant relevé que l'ensemble des contrats de travail d'un salarié, embauché à plusieurs reprises en qualité de directeur de différents hôtels, avait été signé par une société, agissant en qualité de mandataire de gestion de ces hôtels et à laquelle le salarié était lié hiérarchiquement, une cour d'appel a pu décider que le maintien d'une période d'essai dans le dernier contrat était abusif compte tenu de l'ancienneté du salarié et de la connaissance que le mandataire avait de ses aptitudes et condamner en conséquence l'employeur à payer au salarié des dommages-intérêts pour rupture abusive du contrat de travail durant la période d'essai.

Cass. soc. 7 mars 2000, n° 98-40.198, BC V n° 87.

... dont la rupture a pour seul effet de replacer le salarié dans ses fonctions antérieures.

D'abord, un salarié ne peut valablement renoncer pendant la durée du contrat, par avance, au droit de se prévaloir des règles légales du licenciement. Ensuite, en présence de deux contrats de travail successifs conclus entre les mêmes parties, ou en présence d'un avenant au premier contrat, la période d'essai stipulée dans le second contrat ou dans l'avenant ne peut être qu'une période probatoire dont la rupture a pour effet de replacer le salarié dans ses fonctions antérieures.

Ayant relevé qu'un employeur avait mis fin, après que le salarié avait changé de fonctions, à la période probatoire figurant dans un avenant, qualifiée de période d'essai, sans proposer à l'intéressé de retrouver ses fonctions antérieures et qu'il avait rompu le contrat de travail, une cour d'appel a décidé à bon droit que cette rupture s'analysait en un licenciement qui, en l'absence de lettre en précisant les motifs, était dépourvu de cause réelle et sérieuse.

Cass. soc. 30 mars 2005, n° 03-41.797, BC V n° 109. Voir aussi cass. soc. 30 mars 2005, n° 02-46.338, BC V n° 108 ; cass. soc. 30 mars 2005, n° 02-46.103, BC V n° 107 ; cass. soc. 7 juillet 2015, n° 14-10.115.

Licéité de la période d'essai

En cas de rétrogradation d'un salarié, l'employeur ne peut pas imposer une nouvelle période d'essai.

Si l'employeur est en droit de prononcer une rétrogradation à l'encontre d'un salarié fautif et de le muter sur un autre emploi correspondant à sa nouvelle classification, il ne peut, pour ce nouvel emploi, imposer une période d'essai qui aurait pour effet de lui permettre de rompre le contrat de travail de ce salarié, sans avoir à justifier d'un quelconque motif. La rupture du contrat de travail, suite au refus du salarié d'accepter les conditions de son nouvel emploi, s'analyse donc en un licenciement.

Cass. soc. 17 février 1993, n° 88-45.539, BC V n° 55.

En présence de contrats de travail successifs conclus entre les mêmes parties, la période d'essai stipulée dans le dernier contrat n'est licite qu'à la condition que ce contrat ait été conclu pour pourvoir un emploi différent de celui objet des précédents contrats.

Cass. soc. 23 mars 2011, n° 09-69.349.

Un salarié a été engagé le 1er août 1996 en qualité de chef de cuisine par une société franchisée d'un groupe. Il est passé ensuite au service d'une seconde société également franchisée du même groupe, au sein de laquelle il a occupé le même emploi, puis a été à nouveau recruté au même emploi par la première société, en vertu d'un contrat de travail prévoyant une période d'essai de deux mois, laquelle a été renouvelée. Une troisième société a repris l'exploitation du restaurant et a mis fin à la période d'essai du salarié.

C'est à tort qu'une cour d'appel a débouté l'intéressé de sa demande tendant à voir juger que la rupture de son contrat de travail s'analysait en un licenciement sans cause réelle et sérieuse, alors qu'elle avait constaté que le salarié avait déjà exercé le même emploi de chef de cuisine auprès du même employeur qui avait donc déjà pu apprécier ses capacités professionnelles, puis auprès d'une société franchisée au sein du même groupe hôtelier, ce dont il résultait qu'une période d'essai ne pouvait être valablement stipulée lors de son nouvel engagement par le même employeur.

Cass. soc. 28 septembre 2005, n° 03-47.214, BC V n° 273. Voir aussi cass. soc. 13 juin 2012, n° 11-15.283.

Existence de la période d'essai et charge de la preuve

La période d'essai ne se présume pas et doit être fixée dans son principe et dans sa durée dès l'engagement du salarié.

Cass. soc. 28 juin 2000, n° 98-45.182. Voir aussi cass. soc. 20 février 2013, n° 11-23.605, pourvoi principal.

Dès lors, si la lettre d'embauche en vertu de laquelle un salarié prend ses fonctions n'en prévoit pas, la période d'essai figurant dans le contrat de travail signé postérieurement à l'embauche effective est inopposable au salarié.

Cass. soc. 25 janvier 2006, n° 04-45.429, BC V n° 24.

À l'inverse, la période d'essai contractuellement prévue par une lettre d'engagement existe, peu important que le contrat conclu ensuite n'y fasse plus référence.

Cass. soc. 23 mars 2011, n° 09-67.487.

Le fait que la promesse d'embauche ne mentionne pas l'existence d'une période d'essai ne fait pas obstacle à ce que le contrat de travail en prévoie une.

L'existence d'une promesse d'embauche par laquelle la gérante d'une société s'engage à employer une salariée pour une durée de six mois ne fait pas obstacle à ce que le contrat à durée déterminée prévoie une période d'essai.

Cass. soc. 12 juin 2014, n° 13-14.258, BC V n° 138.

La preuve de l'existence de la période d'essai appartient à l'employeur.

Il appartient à l'employeur de prouver que le congédiement du salarié est intervenu pendant la période d'essai.

Cass. soc. 5 juin 1990, n° 86-45.066.

La période d'essai ne peut résulter que de la convention collective et/ou du contrat de travail et non d'un usage…

Doit être cassé l'arrêt qui, pour débouter une salariée de ses demandes d'indemnités de préavis et pour licenciement sans cause réelle et sérieuse, énonce qu'il est constant que l'usage dans la profession, laquelle relève de la vente, est de soumettre les salariés à une période d'essai dont la durée est au minimum d'un mois et que la rupture a été prononcée durant le premier mois d'activité, alors qu'une période d'essai ne peut résulter que du contrat de travail ou de la convention collective et ne peut être instituée par un usage.

Cass. soc. 23 novembre 1999, n° 97-43.022, BC V n° 448. Voir aussi cass. soc. 12 janvier 2011, n° 09-66.164.

… ou d'un document interne à l'entreprise.

Cass. soc. 6 juin 2001, n° 99-43.929.

La période d'essai mentionnée dans une convention collective est de plein droit applicable au salarié, sans qu'il soit nécessaire d'en prévoir l'existence par une disposition contractuelle…

Un salarié, engagé sans contrat écrit en qualité de directeur général, s'était vu notifier la fin de sa période d'essai, en application des dispositions de l'article 33 de la convention collective du commerce de gros.

Doit être cassé l'arrêt qui, pour condamner la société à payer à l'intéressé des indemnités et dommages-intérêts pour rupture de son contrat de travail hors de la période d'essai, a énoncé que les dispositions conventionnelles n'avaient pas pour effet d'imposer aux relations contractuelles une période d'essai automatique de trois mois pour les ingénieurs et cadres, qu'elles se bornaient à réglementer la période d'essai sans qu'on puisse en déduire qu'elles aient entendu en faire une obligation, en dehors de toute convention écrite, et qu'en l'absence d'un contrat écrit contenant une stipulation expresse se référant à la période d'essai prévue à la convention collective, le salarié devait être réputé avoir été engagé définitivement dès l'embauche, alors qu'il résultait de la convention collective que la période d'essai était de plein droit applicable sans qu'il soit nécessaire d'en prévoir l'existence par une disposition contractuelle. La cour d'appel devait donc rechercher si l'existence de la convention collective avait été portée à la connaissance du salarié au moment de son embauche.

Cass. soc. 23 avril 1997, n° 94-42.525, BC V n° 143.

… dès lors que la période d'essai a été instituée de façon obligatoire par la convention collective, que la disposition conventionnelle se suffit à elle-même et que le salarié a été informé de l'existence de la convention lors de son engagement et mis en mesure d'en prendre connaissance.

En cas d'absence de contrat de travail écrit, l'employeur ne peut se prévaloir de l'existence d'une période d'essai que si celle-ci est instituée de façon obligatoire par la convention collective, si la disposition conventionnelle se suffit à elle-même et si le salarié a été informé de l'existence de cette convention collective au moment de son engagement et mis en mesure d'en prendre connaissance.

N'a pas donné de base légale à sa décision la cour d'appel qui, pour débouter une salariée de ses demandes tendant notamment au paiement de diverses indemnités relatives à la rupture de son contrat de travail, a décidé qu'en l'absence d'écrit il était nécessaire de se reporter aux textes généraux définissant la fonction de la salariée, et notamment à la convention collective applicable, qui disposait que le contrat de travail n'était considéré comme définitivement conclu qu'à la fin de la période d'essai qui était de deux mois pour les salariés classés comme l'intéressée et que la rupture intervenue à l'intérieur de ce délai ne pouvait donner droit au versement des indemnités réclamées, sans rechercher si la salariée, dont le contrat de travail était verbal, avait été informée, dès son engagement, de l'existence de la convention collective et mise en mesure d'en prendre connaissance.

Cass. soc. 25 mars 1998, n° 96-40.496, BC V n° 173. Voir aussi cass. soc. 26 septembre 2002, n° 00-45.456 ; cass. soc. 19 novembre 2003, n° 01-43.806.

Le contrat à durée déterminée doit indiquer la durée de la période d'essai éventuellement prévue.

Selon l'article L. 122-3-1 CT, le contrat à durée déterminée doit indiquer notamment la durée de la période d'essai éventuellement prévue.

C'est donc à tort qu'une cour d'appel a décidé que le contrat de travail d'une salariée avait été rompu en cours de période d'essai alors, d'une part, qu'elle avait constaté que le contrat de travail ne prévoyait pas de période d'essai, et alors, d'autre part, que l'acceptation ultérieure par la salariée d'une prorogation de la période d'essai ne suffisait pas à apporter la preuve qu'elle ait été convenue.

Cass. soc. 5 novembre 2003, n° 01-44.133.

Calcul de la durée de la période d'essai

• Point de départ de la période d'essai

Le point de départ de la période d'essai ne peut pas être différé, même par accord entre les parties.

La période d'essai se situe au commencement de l'exécution du contrat de travail et les parties, qui ne peuvent renoncer par avance au droit de se prévaloir des règles posées en matière de licenciement, ne peuvent, par là même, convenir de différer le début de l'essai.

Cass. soc. 25 février 1997, n° 93-44.923, BC V n° 83. Voir aussi cass. soc. 5 juillet 2005, n° 03-47.038.

Le début de la période d'essai se situe au commencement de l'exécution du contrat de travail.

Lorsqu'une période d'essai est stipulée postérieurement au commencement de l'exécution du contrat, la durée ainsi exécutée est déduite de cette période d'essai.

Le contrat de travail d'une salariée engagée en qualité d'employée de maison à temps partiel, signé le 4 janvier 1993 et qui stipulait une période d'essai d'un mois renouvelable, avait été rompu le 30 janvier 1993.

C'est à bon droit qu'après avoir constaté que le contrat avait commencé à être exécuté le 16 mars 1992 dans les conditions convenues, une cour d'appel a décidé qu'une période d'essai d'un mois, renouvelable une fois, ne pouvait valablement être stipulée à la date du 4 janvier 1993 et a condamné l'employeur au paiement de rappels de salaires, de congés payés et de dommages-intérêts pour licenciement sans cause réelle et sérieuse.

Cass. soc. 28 juin 2000, n° 98-45.349, BC V n° 255.

• Calcul de la période d'essai

Toute période d'essai, qu'elle soit exprimée en jours, en semaines ou en mois, se décompte de manière calendaire.

Au sens de l'article L. 1242-10 CT, et sauf disposition conventionnelle ou contractuelle contraire, toute période d'essai, qu'elle soit exprimée en jours, en semaines ou en mois, se décompte de manière calendaire.

Cass. soc 28 avril 2011, n° 09-72.165, BC V n° 101 (arrêt n° 2). Voir aussi cass. soc. 28 avril 2011, n° 09-40.464, BC V n° 101 (arrêt n° 1) ; cass. soc. 29 juin 2005, n° 02-45.701, BC V n° 220, s'agissant d'un contrat à durée indéterminée.

Les dispositions propres à la computation des délais de procédure ne s'appliquent pas au calcul de la durée de l'essai.

Les dispositions de l'article 641, al. 2 NCPC, propres à la computation des délais de procédure, ne s'appliquent pas au calcul de la durée d'une période d'essai, laquelle, sauf disposition contraire, commence le jour même de la conclusion du contrat de travail.

Le contrat de travail d'une salariée engagée le 14 mai 2001 prévoyait une période d'essai d'un mois renouvelable une fois, pour une durée équivalente, après accord des parties ; contestant les conditions dans lesquelles l'employeur avait mis fin à la relation de travail, la salariée a saisi la juridiction prud'homale de demandes en paiement de diverses indemnités au titre de la rupture de son contrat de travail.

C'est à tort que, pour rejeter les demandes de cette salariée, une cour d'appel a constaté que, le 14 juillet au matin, l'intéressée avait été avisée verbalement de la volonté de l'employeur de ne pas poursuivre la relation de travail, puis en a déduit que la rupture avait été notifiée à la salariée avant la fin de la période d'essai qui expirait le dernier jour, soit le 14 juillet à 24 heures.

En effet, la période d'essai d'un mois, renouvelée une fois pour une durée équivalente, avait commencé à courir le 14 mai 2001 et avait expiré le 13 juillet 2001 à minuit.

Cass. soc. 15 mars 2006, n° 04-44.544, BC V n° 103.

• Durée contractuelle - Durée conventionnelle

La validité de la clause fixant la durée de la période d'essai s'apprécie au regard de la convention collective mentionnée dans le contrat, peu important qu'il ne s'agisse pas de celle appliquée dans l'entreprise.

Une salariée a été engagée le 13 août 2007, en qualité de comptable administratif, le contrat de travail stipulant une période d'essai de trois mois renouvelable une fois ; le renouvellement ayant été notifié le 1er novembre 2007, l'employeur a, le 17 janvier 2008, notifié à la salariée la rupture de la période d'essai ; la salariée ayant invoqué l'application de la convention collective de commerces de gros, mentionnée au contrat de travail, ne prévoyant pas le renouvellement de l'essai, l'employeur a contesté l'application de cette convention collective, selon lui mentionnée par erreur sur le contrat de travail.

Pour débouter la salariée de ses demandes en paiement d'indemnités de rupture, une cour d'appel a relevé, d'une part, que si le salarié peut demander l'application de la convention collective mentionnée sur le bulletin de paie, l'employeur est admis à apporter la preuve contraire à cette présomption et que si le contrat de travail se référait en l'espèce à l'application de la convention collective du commerce de gros, les bulletins de salaire n'en faisaient pas mention, précisant au contraire une absence de convention collective nationale et les textes du code du travail applicables, de sorte qu'il n'existait aucune expression constante de volonté claire et non équivoque de l'employeur d'appliquer cette convention et a fortiori de reconnaître l'application de celle-ci, et, d'autre part, que cette convention collective n'avait jamais été appliquée en tout ou partie dans l'entreprise qui n'effectuait aucun acte de commerce ; la cour en a déduit que la mention de la convention collective dans le contrat de travail résultait d'une erreur et que la salariée n'était pas fondée à revendiquer l'application de celle-ci dans ses relations de travail.

En statuant ainsi, alors que la validité de la clause fixant la durée de l'essai devait s'apprécier à la date de sa conclusion et en se référant à la convention collective mentionnée dans le contrat de travail, peu important qu'il soit ultérieurement établi que cette convention n'était pas celle appliquée dans l'entreprise, la cour d'appel, qui a écarté les dispositions conventionnelles prévoyant seulement, pour les ingénieurs et cadres, une période non renouvelée d'essai de trois mois, a violé les articles 1134 c. civ., L. 1231-1 CT et 33 de la convention collective nationale de commerces de gros du 23 juin 1970.

Cass. soc. 16 mai 2012, n° 11-11.100, BC V n° 150.

Le contrat de travail ne peut prévoir une période d'essai d'une durée supérieure à celle prévue par la convention collective.

Un salarié avait été engagé le 6 juillet 1994 avec une période d'essai de trois mois et, le 14 septembre 1994, l'employeur lui avait proposé une nouvelle période d'essai de trois mois et demi. La société ayant rompu le contrat de travail le 14 décembre 1994 au motif que la période d'essai n'était pas concluante, le salarié avait saisi la juridiction prud'homale notamment pour obtenir paiement de dommages-intérêts pour licenciement sans cause réelle et sérieuse.

La convention collective applicable disposant que toute période d'essai doit faire l'objet d'un écrit et que, sauf stipulation particulière, sa durée est de trois mois pour le coefficient auquel le salarié appartenait, une cour d'appel a exactement décidé que cette disposition ne permettait pas aux parties de stipuler une période d'essai supérieure à une durée de trois mois mais seulement de convenir d'une durée plus courte. Elle a donc pu condamner l'employeur à payer à l'intéressé des dommages-intérêts pour licenciement sans cause réelle et sérieuse.

Cass. soc. 30 juin 1999, n° 97-42.942, BC V n° 317.

En l'absence de motif fondé, la rupture du contrat de travail intervenue en dehors de la période d'essai prévue par la convention collective s'analyse en un licenciement sans cause réelle et sérieuse.

Il résulte des dispositions combinées de l'article 9.01.2 de la convention collective des entreprises de propreté et de l'avenant du 25 juin 2002 à cette convention relatif aux classifications que les chefs d'équipe doivent se voir appliquer une période d'essai d'une durée maximale d'un mois.

Un salarié, engagé le 1er mars 2004 en qualité de chef d'équipe, a vu son employeur mettre fin à la période d'essai de 45 jours renouvelable prévue par son contrat de travail par lettre du 8 juin 2004.

L'intéressé a saisi la juridiction prud'homale pour faire juger que la rupture du contrat de travail s'analysait en un licenciement sans cause réelle et sérieuse, car intervenue hors de la période d'essai d'une durée maximale d'un mois applicable, selon la convention collective, aux personnels employés.

Ayant constaté que la rupture du contrat de travail du salarié était intervenue en dehors de la période d'essai, une cour d'appel a pu en déduire qu'en l'absence de motif fondé, elle devait s'analyser en un licenciement sans cause réelle et sérieuse.

Cass. soc. 17 octobre 2007, n° 06-43.243, BC V n° 160.

• Durée conventionnelle - Durée légale

Les durées maximales légales se sont substituées, à compter du 1er juillet 2009, aux durées plus courtes, renouvellement compris, résultant des conventions collectives de branche conclues avant l'entrée en vigueur de la loi du 25 juin 2008.

Aux termes des articles L. 1221-19, L. 1221-21 et L. 1221-22 CT, le contrat à durée indéterminée peut comporter une période d'essai dont la durée maximale est de quatre mois pour les cadres, la durée de la période d'essai, renouvellement compris, ne peut dépasser huit mois pour les cadres et les durées d'essai fixées par les articles L. 1221-19 et L. 1221-21 ont un caractère impératif, à l'exception des durées plus courtes fixées par des accords collectifs conclus après la date de publication de la loi 2008-596 du 25 janvier 2008 ; selon l'article 7 de la convention collective Syntec, les stipulations des accords de branche conclus avant la publication de cette loi et fixant des durées d'essai plus courtes que celles fixées par l'article L. 1221-19 restent en vigueur jusqu'au 30 juin 2009 ; il en résulte qu'à l'issue de cette période transitoire, les durées maximales de la période d'essai prévues aux articles L. 1221-19 et L. 1221-21 CT se sont substituées aux durées plus courtes, renouvellement compris, résultant des conventions collectives de branche conclues antérieurement à l'entrée en vigueur de la loi 2008-596 du 25 juin 2008.

Un salarié a été engagé, à compter du 18 janvier 2010, en qualité de directeur commercial et marketing par une société d'économie mixte dont l'activité est régie par la convention collective Syntec ; son contrat de travail prévoyait une période d'essai de quatre mois renouvelable ; par lettre du 6 mai 2010, l'employeur a informé le salarié de sa décision de prolonger la période d'essai initiale de quatre mois, expirant le 17 mai 2010, pour une période égale expirant le 17 septembre 2010 ; la période d'essai a été rompue par l'employeur le 14 septembre 2010 ; contestant la légitimité de cette rupture, le salarié a saisi la juridiction prud'homale de demandes en paiement de sommes à titre de préavis, de congés payés et de dommages-intérêts pour rupture abusive.

Pour dire que la rupture était intervenue postérieurement à l'expiration de la période d'essai et condamner l'employeur au versement d'une indemnité compensatrice de préavis de trois mois ainsi qu'à des dommages-intérêts pour licenciement sans cause réelle et sérieuse, après avoir énoncé que la possibilité de renouvellement de la période d'essai, les conditions et les durées de ce renouvellement sont fixées par l'accord de branche étendu, tel que prévu à l'article L. 1221-21 CT, qu'en l'espèce, ces conditions et durée de renouvellement étaient celles fixées par la convention collective Syntec dont l'article 7 prévoit que la période d'essai pour les ingénieurs et cadres est de trois mois et peut être prolongée exceptionnellement d'une période de même durée, après accord écrit du salarié, une cour d'appel a retenu que la durée de renouvellement de la période d'essai était donc fixée conventionnellement à trois mois, en sorte que le contrat de travail avait été rompu postérieurement à l'échéance du renouvellement de trois mois, soit le 17 août 2010.

En statuant ainsi, alors que l'article 7 de la convention collective, conclue antérieurement à l'entrée en vigueur de la loi du 25 juin 2008, instaurait une durée maximale de la période d'essai, renouvellement compris, de six mois à laquelle la durée maximale de huit mois prévue à l'article L. 1221-21 CT s'est substituée à compter du 30 juin 2009, la cour d'appel a violé les articles L. 1221-19, L. 1221-21, L. 1221-22 CT, 2 II de la loi 2008-596 du 25 juin 2008 et 7 de la convention collective Syntec.

Cass. soc. 31 mars 2016, n° 14-29.184, BC V n° 61. Voir aussi cass. soc. 13 mars 2019, n° 17-22.783.

• Appréciation de la durée de la période d'essai

Les juges peuvent apprécier le caractère excessif de la durée d'une période d'essai.

Une période d'essai contractuelle de trois mois pour un poste d'animatrice n'a pas une durée excessive.

Cass. soc. 30 janvier 2002, n° 00-40.567.

Est déraisonnable, au regard de la finalité de la période d'essai et de l'exclusion des règles du licenciement durant cette période, une période d'essai dont la durée, renouvellement inclus, atteint un an.

Cass. soc. 11 janvier 2012, n° 10-17.945, BC V n° 11. Voir aussi cass. soc. 26 mars 2013, n° 11-25.580, BC V n° 82.

Est déraisonnable, au regard de la finalité de la période d'essai et de l'exclusion des règles du licenciement durant cette période, une période d'essai dont la durée est de six mois.

Cass. soc. 10 mai 2012, n° 10-28.512, BC V n° 137.

Est déraisonnable, au regard de la finalité de la période d'essai et de l'exclusion des règles du licenciement durant cette période, une période d'essai dont la durée est de douze mois.

Cass. soc. 30 septembre 2014, n° 13-21.385.

Est déraisonnable, au regard de la finalité de la période d'essai et de l'exclusion des règles du licenciement durant cette période, la durée d'un an du stage prévu par la convention collective nationale du Crédit agricole pour les agents de la classe III engagés par contrat à durée indéterminée.

Un salarié a été engagé en qualité de chargé d'affaires à la direction des entreprises, son contrat de travail stipulant l'obligation d'accomplir, conformément à l'article 10 de la convention collective, une période de stage d'une durée maximale de douze mois ; l'employeur ayant mis fin à son stage après six mois, le salarié a saisi la juridiction prud'homale de diverses demandes en paiement de sommes à titre notamment de dommages-intérêts et d'indemnités de rupture.

Pour débouter le salarié de ses demandes, une cour d'appel a retenu que la période de stage prévue pour les agents de catégories F à H, par l'article 10 de la convention collective du Crédit agricole, est équivalente à une période d'essai qui ne dépasse pas la durée nécessaire à la démonstration des capacités de l'intéressé, responsable de domaine d'activité, classe III, notamment à la démonstration, qui s'effectue sur une période significative, de sa capacité à s'intégrer aux équipes en place et que cette durée n'est pas déraisonnable au sens de la convention internationale 158 sur le licenciement adoptée à Genève le 22 juin 1982 et entrée en vigueur en France le 16 mars 1990.

En statuant ainsi, alors que l'article 10 de la convention collective du Crédit agricole qui prévoit une période de stage probatoire de douze mois n'est pas compatible avec les exigences de la convention 158 de l'OIT, la cour d'appel a violé cette convention internationale.

Cass. soc. 4 juin 2009, n° 08-41.359, BC V n° 146.

Un salarié exécutant son travail en France mais dont le contrat est soumis à une loi étrangère peut invoquer le caractère déraisonnable d'une période d'essai trop longue.

Cass. soc. 26 mars 2013, n° 11-25.580, précité.

• Suspension du contrat de travail et période d'essai

La période d'essai est prolongée en cas d'absence du salarié…

En cas d'absence du salarié pendant une période d'essai, celle-ci est prolongée d'une durée égale à celle de l'absence, sans que la prolongation soit limitée aux seuls jours ouvrables inclus dans la période de suspension. S'agissant d'une période d'essai devant prendre fin le 30 septembre, cette fin a pu être reportée au 7 octobre, dans la mesure où le salarié avait pris une semaine de congé pendant l'essai. Le salarié n'était donc pas fondé à prétendre que la rupture du contrat de travail était intervenue après la fin de l'essai.

Cass. soc. 31 mars 1994, n° 90-40.204. Voir aussi cass. soc. 14 novembre 1990, n° 87-42.795, BC V n° 551 ; cass. soc. 26 octobre 1999, n° 97-43.266.

… sauf si l'absence est prévue par le contrat de travail.

Après avoir relevé, d'une part qu'un contrat de travail prévoyait expressément que le salarié était autorisé à poursuivre une activité extérieure à l'entreprise pendant plusieurs jours par semaine, de sorte que l'employeur ne pouvait invoquer une prolongation de la période d'essai du fait de ces seules absences et, d'autre part, qu'aucun renouvellement exprès n'était intervenu avant la date d'expiration de la période d'essai, une cour d'appel a pu accueillir les demandes du salarié en paiement des indemnités de rupture, d'une indemnité pour non-respect de la procédure de licenciement et de dommages-intérêts pour rupture abusive.

Cass. soc. 9 novembre 2011, n° 10-21.722.

Pendant les congés annuels, l'essai n'est suspendu et prolongé à l'issue du congé que si le salarié est lui-même en congé.

La durée de la période d'essai fixée par le contrat de travail ne peut être supérieure à celle prévue par la convention collective applicable. Par ailleurs, l'essai n'est pas valablement suspendu pendant les congés annuels de l'entreprise et, par suite, ne peut être prolongé pour une durée correspondante qu'autant que le salarié est lui-même en congé et dans la limite de la durée prévue par la convention collective.

Cass. soc. 5 mars 1997, n° 94-40.042, BC V n° 94. Voir aussi cass. soc. 3 juin 1998, n° 96-40.344, relatif à la prolongation de la période d'essai d'un salarié qui avait pris dix jours ouvrés de congés sans solde.

La désignation d'un salarié comme mandataire social, avec suspension du contrat de travail pendant la durée de ce mandat, en l'absence de fonctions techniques distinctes, ne mettant pas fin à la période d'essai en cours, celle-ci reprend son cours après la révocation du mandat social.

Cass. soc. 24 avril 2013, n° 12-11.825, BC V n° 110.

• Contrat de travail à durée indéterminée succédant à un ou plusieurs contrats de travail temporaire ou à durée déterminée

La durée de ces contrats doit être déduite de la durée de l'essai si le contrat à durée indéterminée concerne le même poste.

Si les dispositions du code du travail prévoient que, lorsque après l'exécution d'une mission par un travailleur temporaire, l'utilisateur conclut un contrat de travail avec celui-ci, il doit être déduit de la période d'essai la durée des missions effectuées au cours des trois derniers mois précédant l'embauche ; cela implique que les fonctions exercées au cours de la mission et du contrat ne soient pas différentes.

En l'espèce, la mission portait sur un emploi de chef d'équipe, relevant de la catégorie des ouvriers selon la convention collective, tandis que le contrat portait sur un emploi d'aide-technicien de maintenance, relevant de la catégorie des Étam. Ces emplois étant de nature différente, le contrat de travail pouvait stipuler une période d'essai de deux mois.

Cass. soc. 10 novembre 1993, n° 89-45.303, BC V n° 265.

Il résulte de l'article L. 1243-11 CT que lorsque le salarié a été, après l'échéance du terme de son contrat à durée déterminée, engagé par contrat à durée indéterminée, la durée du ou des contrats à durée déterminée est déduite de la période d'essai éventuellement prévue dans le nouveau contrat de travail ; il importe peu que le salarié ait occupé le même emploi, en exécution de différents contrats.

Cass. soc. 9 octobre 2013, n° 12-12.113, 1er moyen, BC V n° 228.

• Mobilité au sein d'un groupe et période d'essai

Un nouveau contrat conclu avec une autre société du groupe peut prévoir une période d'essai.

Sauf dispositions conventionnelles ou contractuelles contraires ou situation de co-emploi, les contrats de travail successifs avec plusieurs sociétés appartenant à un même groupe ne permettent pas au salarié de se prévaloir de l'ancienneté acquise dans l'une de ces sociétés.

Un salarié engagé le 22 juin 2001 par une société exploitant un casino a démissionné de son emploi puis a été engagé, à compter du 1er août 2004, par une autre société exploitant un casino ; ce dernier contrat prévoyait une période d'essai de 3 mois à laquelle le nouvel employeur a mis fin le 26 octobre 2004 ; estimant que son second emploi devait être considéré comme une mutation au sein du même groupe auquel appartenaient les deux casinos, de sorte que la procédure de licenciement aurait dû être respectée, le salarié a saisi la juridiction prud'homale de demandes tendant à la reconnaissance du caractère abusif de son licenciement et au paiement de dommages-intérêts et indemnité de rupture.

Après avoir relevé que les deux sociétés qui avaient successivement engagé le salarié constituaient des personnes morales distinctes et que ce dernier avait démissionné de la première, une cour d'appel en a exactement déduit qu'une période d'essai avait pu être valablement stipulée par le second contrat et que la rupture des relations contractuelles au cours de cette période, qu'il n'y avait pas lieu de qualifier de période probatoire, pouvait intervenir sans que le salarié pût prétendre à sa réintégration au sein du groupe dans un emploi correspondant à sa qualification antérieure.

Cass. soc. 20 octobre 2010, n° 08-40.822, BC V n° 239.

• Transfert d'entreprise et période d'essai

En cas de transfert d'entreprise, le cessionnaire ne peut imposer une nouvelle période d'essai au salarié repris.

Si deux sociétés décident par accord d'appliquer l'article L. 122-12, al. 2 CT, cela exclut la possibilité de soumettre une salariée à une nouvelle période d'essai. Une société cessionnaire avait, par accord avec l'entreprise cédante, décidé d'embaucher une salariée travaillant auparavant pour le compte du cédant et avait conclu avec elle un contrat prévoyant une période d'essai d'un mois renouvelable.

Les juges ont pu valablement accorder à la salariée des dommages-intérêts pour rupture abusive, le cessionnaire ayant mis fin au contrat pendant « la période d'essai ».

Cass. soc. 1er février 1995, n° 91-42.191. Voir aussi cass. soc. 31 mars 1998, n° 95-44.889, BC V n° 185.

Lorsque le cessionnaire rompt la période d'essai qu'il a imposée au salarié, ce dernier est en droit d'agir contre lui au titre des conséquences de la rupture, peu important qu'une transaction ait été conclue avec le cédant.

Une salariée engagée en 1982 a été licenciée le 30 mai 2008 en raison de la cessation d'activité de son employeur ; le 4 septembre 2008, une société a acquis le droit au bail de cet employeur et a embauché la salariée ; le 6 octobre 2008, la salariée a conclu avec le cédant un protocole transactionnel relatif à l'indemnisation de son licenciement ; le 8 octobre 2008, le cessionnaire a mis fin à la période d'essai de la salariée ; estimant que cette rupture s'analysait en un licenciement sans cause réelle et sérieuse, la salariée a saisi la juridiction prud'homale.

Ayant retenu qu'après son licenciement par le cédant, la salariée était effectivement passée au service du cessionnaire, qui avait poursuivi la même activité, une cour d'appel en a exactement déduit que l'intéressée était en droit d'agir contre celui-ci au titre des conséquences de la rupture dont il avait ensuite pris l'initiative en méconnaissance des effets de l'article L. 1224-1 CT, peu important qu'une transaction ait été conclue avec le cédant.

Cass. soc. 25 septembre 2013, n° 12-20.256, deux premières branches du moyen, BC V n° 200.

Renouvellement

Le renouvellement ou la prolongation d'une période d'essai doit être expressément prévu par le contrat de travail ou la convention collective.

En déboutant une salariée de sa demande de dommages-intérêts pour licenciement sans cause réelle et sérieuse (l'intéressée démissionnaire soutenait que sa volonté de démissionner n'était pas réelle car faisant suite au renouvellement de sa période d'essai imposé par son employeur), sans rechercher si le contrat de travail conclu entre les parties prévoyait le renouvellement ou la prolongation de la période d'essai initialement convenue, une cour d'appel n'a pas légalement justifié sa décision.

Cass. soc. 10 novembre 1998, n° 96-41.579, BC V n° 483.

Le renouvellement ou la prolongation de la période d'essai ne peut résulter que d'un accord exprès des parties intervenu au cours de la période initiale. Les parties ne peuvent donc convenir d'un renouvellement ou d'une prolongation tacite de la période d'essai.

Un salarié avait été embauché à compter du 17 novembre 1997, en qualité de cadre commercial, aux termes d'un contrat de travail prévoyant une période d'essai de trois mois renouvelable. Le 16 février 1998, l'employeur avait remis à l'intéressé une lettre faisant état de la prolongation de la période d'essai, que le salarié avait signée. Par courrier en date du 27 mars 1998, l'employeur avait notifié au salarié qu'il était mis un terme à l'essai. Le salarié avait alors saisi la juridiction prud'homale afin de voir juger qu'il avait été licencié sans cause réelle et sérieuse.

Doit être cassé l'arrêt qui, pour débouter le salarié de ses demandes, a retenu qu'il ressortait du courrier du 16 février 1998 que les deux parties, en cours de période d'essai, avaient décidé de la prolonger, que l'essai s'était régulièrement poursuivi jusqu'au 30 mars 1998, et qu'ainsi la rupture du 27 mars 1998 était bien intervenue au cours de la période d'essai. En statuant ainsi, par des motifs dont il ne résultait pas que le salarié avait donné, au cours de la période d'essai initiale, son accord exprès pour la prolonger, la cour d'appel a violé l'article L. 122-4 CT.

Cass. soc. 16 octobre 2002, n° 00-45.556. Voir aussi cass. soc. 5 mars 1996, n° 93-40.080, 1er moyen, précisant que l'acceptation par le salarié de la prolongation de la période d'essai devant être claire et non équivoque, elle ne peut résulter de l'absence de réserves du salarié.

Le renouvellement de la période d'essai ne peut résulter que d'un accord exprès des parties intervenu au cours de la période initiale.

C'est donc à tort que, pour débouter de sa demande de dommages-intérêts pour licenciement abusif une salariée engagée le 10 septembre 1993 et dont le contrat avait été rompu le 8 novembre 1993, un conseil de prud'hommes a énoncé que le contrat de travail prévoyait une période d'essai d'un mois renouvelable une fois et que ni les dispositions contractuelles ni la convention collective ne conditionnaient la validité de la prolongation de la période d'essai à un accord des parties.

Cass. soc. 23 janvier 1997, n° 94-44.357, BC V n° 33. Voir aussi cass. soc. 10 janvier 2001, n° 97-45.164, BC V n° 4.

Un accord exprès est nécessaire même si les dispositions conventionnelles prévoient une simple information du salarié.

Cass. soc. 12 juillet 2010, n° 09-41.875, 1er moyen.

La signature d'un salarié apposée sur une lettre que l'employeur lui a adressée ne peut valoir accord exprès de ce salarié sur le renouvellement de la période d'essai.

Le renouvellement ou la prolongation de la période d'essai doit résulter d'un accord exprès des parties et exige une manifestation de volonté claire et non équivoque du salarié ne pouvant être déduite de la seule apposition de sa signature sur un document établi par l'employeur.

Un salarié a été engagé par une société par un contrat de travail du 12 février 2003, à effet du 17 février 2003, prévoyant une période d'essai d'une durée de trois mois « renouvelable une fois » ; l'employeur a présenté au salarié le 16 mai 2003 une lettre ainsi libellée : « Je fais suite à notre entretien de ce jour et je vous confirme que nous avons décidé d'un commun accord et suivant les conditions de votre contrat de travail, de prolonger la période d'essai de trois mois » ; le salarié l'ayant contresignée, la société lui a notifié le 23 juin 2003 la rupture de son contrat de travail au motif qu'elle mettait fin à la période d'essai.

Après avoir relevé que le seul contreseing du salarié apposé sur la lettre du 16 mai 2003 que lui avait adressée l'employeur restait équivoque et ne manifestait pas clairement son acceptation du renouvellement ou de la prolongation de la période d'essai que la société entendait provoquer, une cour d'appel a pu condamner cette dernière à payer au salarié diverses indemnités et des dommages-intérêts pour licenciement sans cause réelle et sérieuse.

Cass. soc. 25 novembre 2009, n° 08-43.008, BC V n° 265. Voir aussi cass. soc. 8 juillet 2015, n° 14-11.762.

Il en est de même de la signature d'un salarié apposée sur un document d'évaluation adressé par l'évaluateur à l'employeur.

Le contrat de travail d'une salariée prévoyait une période d'essai de trois mois, renouvelable une fois avec l'accord exprès des deux parties conformément à l'article 19 de la convention collective nationale du personnel des banques. Au terme de la première période d'essai, un évaluateur a établi une note d'appréciation comportant diverses remarques sur le travail de la salariée et a proposé à l'employeur un renouvellement de la période d'essai. L'évaluateur, la salariée et un directeur ont signé cette note d'appréciation. L'employeur ayant ensuite rompu la période d'essai pour lacunes dans la technicité bancaire, la salariée a saisi la juridiction prud'homale.

Doit être cassé l'arrêt qui, pour débouter la salariée de sa demande de dommages et intérêts pour licenciement sans cause réelle et sérieuse, a retenu qu'elle avait apposé sa signature sur un document intitulé « première note d'appréciation » qui prévoyait sans aucune ambiguïté le renouvellement de sa période d'essai, ce qui caractérisait clairement et manifestement l'accord exprès des deux parties, de sorte que la rupture du contrat est intervenue pendant la seconde période d'essai, alors que la signature apposée sur le document d'évaluation adressé par l'évaluateur à l'employeur ne pouvait valoir accord exprès de la salariée sur le renouvellement de la période d'essai.

Cass. soc. 15 mars 2006, n° 04-46.406, BC V n° 104.

Est illicite le renouvellement de la période d'essai décidé lors de la conclusion du contrat de travail.

Cass. soc. 21 décembre 2006, n° 05-44.806, BC V n° 415.

Dès lors, un contrat de travail ne peut contenir une disposition moins favorable que la convention collective en prévoyant le renouvellement de la période d'essai dès l'origine.

Une salariée a été engagée par une société par contrat de travail à durée indéterminée à compter du 1er juin 2004 ; l'employeur y a mis fin le 27 novembre suivant ; contestant les conditions de la rupture, la salariée a saisi la juridiction prud'homale.

Pour dire que le contrat avait pris fin pendant la période d'essai et débouter la salariée de ses demandes, une cour d'appel a énoncé que la convention collective précisait qu'elle était applicable « sauf accord entre les parties précisé dans... le contrat de travail », que, dès lors, la clause contractuelle relative à la période d'essai était applicable, que le contrat de travail prévoyait une période d'essai de trois mois, éventuellement renouvelable une fois au cas où la salariée n'atteindrait pas un chiffre d'affaires mensuel de 240 000 [euros], que la salariée a été engagée le 1er juin, que, le 31 août, sa période d'essai a été renouvelée pour une période de trois mois à compter du 1er septembre, au motif qu'elle n'avait pas atteint son objectif, qu'elle ne contestait pas ne pas l'avoir atteint, que le 24 novembre, elle a été informée que la relation contractuelle cesserait le 27 novembre, de sorte que le contrat de travail avait pris fin pendant la période d'essai qui allait jusqu'au 30 novembre et non à la suite d'un licenciement.

En statuant ainsi, alors qu'aux termes de l'article 7 de la convention collective nationale des bureaux d'études techniques, cabinets d'ingénieurs-conseils et sociétés de conseil, « sauf accord entre les parties précisé dans la lettre d'engagement ou le contrat de travail, tout ingénieur ou cadre est soumis à une période d'essai de trois mois qui pourra être prolongée exceptionnellement d'une période de même durée, après accord écrit du salarié » et que le contrat de travail ne pouvait contenir une disposition moins favorable en prévoyant le renouvellement de la période d'essai dès l'origine, ledit renouvellement ne pouvant résulter que d'un accord exprès des parties intervenu au cours de la période initiale et non d'une décision unilatérale de l'employeur, la cour d'appel a violé les articles 7 de la convention collective, L. 122-4, devenu L. 1231-1 CT et 1134 c. civ.

Cass. soc. 11 mars 2009, n° 07-44.090, 1er moyen, BC V n° 77.

Si le contrat de travail n'autorise qu'un seul renouvellement de la période d'essai, un second renouvellement est impossible, même avec l'accord du salarié.

C'est à tort qu'une cour d'appel a débouté une salariée de ses demandes en paiement de diverses indemnités pour licenciement sans cause réelle et sérieuse, après avoir relevé qu'aux termes du contrat de travail la période d'essai n'était renouvelable qu'une seule fois, de sorte que cette période d'essai ne pouvait valablement faire l'objet d'un second renouvellement, même avec l'accord du salarié.

Cass. soc. 6 avril 1999, n° 97-41.266, BC V n° 158.

• Renouvellement en l'absence de disposition conventionnelle le prévoyant

Jurisprudence rendue sous l'empire de la loi 2008-596 du 25 juin 2008

La clause contractuelle prévoyant le renouvellement de la période d'essai est nulle si l'accord de branche étendu applicable à l'entreprise ne prévoit pas une telle possibilité.

Cass. soc. 20 décembre 2017, n° 16-17.998, à paraître.

Renouvellement avant la loi 2008-596 du 25 juin 2008

Lorsque la convention collective ne prévoit pas la possibilité de renouveler la période d'essai, la clause du contrat de travail prévoyant son renouvellement est nulle…

En présence d'une convention collective qui ne prévoit pas le renouvellement de la période d'essai, et d'un contrat qui envisage une telle possibilité, il convient d'appliquer la convention collective dans la mesure où celle-ci est plus favorable au salarié. La clause du contrat est nulle, le salarié ne pouvant renoncer pendant la durée du contrat de travail aux droits qu'il tient de la convention collective.

Cass. soc. 30 mars 1995, n° 91-44.079, BC V n° 117.

En l'état de dispositions conventionnelles prévoyant que tout engagement doit faire l'objet d'une lettre d'engagement ou d'un contrat écrit précisant la période d'essai, qui est de trois mois, les parties ne peuvent pas stipuler une période d'essai supérieure à une durée de trois mois mais peuvent seulement convenir d'une durée plus courte.

C'est à bon droit qu'une cour d'appel a condamné un employeur à payer à un salarié diverses sommes au titre de la rupture abusive de son contrat de travail, après avoir relevé que le contrat de travail de l'intéressé qui prévoyait une période d'essai de trois mois, renouvelable une fois, avait été rompu après les trois premiers mois.

Cass. soc. 31 janvier 2006, n° 03-47.060, BC V n° 41.

Engagé en qualité de directeur commercial à compter du 8 juillet 2002, dans le cadre d'un contrat à durée indéterminée prévoyant une période d'essai de trois mois renouvelable une fois pour la même durée, un salarié a accepté le renouvellement de cette période jusqu'au 27 janvier 2003.

L'employeur ayant mis fin au contrat de travail par lettre du 23 décembre 2002, l'intéressé a saisi la juridiction prud'homale notamment d'une demande de paiement de dommages et intérêts pour licenciement abusif.

Après avoir relevé que la possibilité de renouvellement de la période d'essai n'était pas prévue par l'article 1 de l'annexe I « Cadres » de la convention collective de la confiserie-chocolaterie-biscuiterie, une cour d'appel a pu décider que la clause du contrat de travail prévoyant un tel renouvellement était nulle, ce dont il résultait que la rupture du contrat de travail intervenue postérieurement à l'expiration de la période d'essai de trois mois s'analysait en un licenciement sans cause réelle et sérieuse.

Cass. soc. 2 juillet 2008, n° 07-40.132, BC V n° 148.

… quand bien même la durée totale de la période d'essai renouvelée n'excéderait pas la durée maximale prévue par la convention collective.

Lorsque la convention collective ne prévoit pas la possibilité de renouveler la période d'essai, la clause du contrat de travail prévoyant son éventuel renouvellement est nulle quand bien même la durée totale de la période d'essai renouvelée n'excéderait pas la durée maximale prévue par la convention collective.

Cass. soc. 25 février 2009, n° 07-40.155, BC V n° 50.

• Renouvellement prévu par la convention collective

Si la convention collective prévoit une possibilité de renouvellement, celui-ci doit intervenir pendant la période d'essai.

Ayant constaté que la période d'essai était expirée lorsque la société a imposé un nouveau contrat à la salariée, une cour d'appel a exactement énoncé que le licenciement résultant de la rupture décidée par l'employeur au cours de la seconde période d'essai était dépourvu de cause réelle et sérieuse.

Cass. soc. 16 novembre 1995, n° 92-43.724.

Les dispositions conventionnelles doivent être respectées.

Une convention collective prévoyait que l'employeur devait notifier au salarié les motifs le conduisant à renouveler la période d'essai. C'est donc à tort qu'une cour d'appel, pour débouter le salarié de ses demandes d'indemnités et de dommages-intérêts pour licenciement sans cause réelle et sérieuse, a relevé que l'intéressé avait été informé verbalement de la reconduction de sa période d'essai, alors qu'à défaut de notification écrite des motifs de la reconduction, l'engagement était devenu définitif à l'issue de la première période de trois mois d'essai.

Cass. soc. 31 janvier 1995, n° 91-42.862, BC V n° 44. Voir aussi cass. soc. 3 juin 1998, n° 96-40.637, s'agissant de l'inopposabilité au salarié d'une clause de son contrat de travail précisant les modalités de renouvellement de la période d'essai sans toutefois le soumettre à son accord alors que la convention collective subordonnait un tel renouvellement à l'accord du salarié.

Rupture du contrat de travail pendant la période d'essai

• Principe : liberté de la rupture (art. L. 1231-1, al. 2 CT)

Durant la période d'essai, chacune des parties dispose en principe d'un droit de résiliation unilatéral, sans avoir à alléguer de motif.

Cass. soc. 20 octobre 2010, n° 08-40.822, précité.

Le simple envoi au salarié d'une attestation Assédic, quelles qu'en soient les mentions, ne constitue pas la confirmation écrite par l'employeur de la rupture de la relation de travail au cours de la période d'essai, exigée par une convention collective.

Un salarié a été engagé en qualité de pharmacien-adjoint par contrat de travail à durée indéterminée à effet du 1er février 2003, lequel prévoyait une période d'essai de trois mois.

L'employeur ayant mis fin oralement le 4 mars 2003 à la relation de travail et remis au salarié un certificat de travail et une attestation Assédic mentionnant, au titre du motif de la rupture du contrat de travail : « fin de période d'essai à l'initiative de l'employeur », l'intéressé a saisi la juridiction prud'homale en invoquant la rupture abusive de son contrat de travail au cours de la période d'essai et pour réclamer le paiement de dommages-intérêts.

Pour juger régulière la rupture du contrat de travail à l'initiative de l'employeur pendant la période d'essai, une cour d'appel a énoncé que selon la convention collective nationale de la pharmacie d'officine, qui régissait la relation de travail des parties, « la période d'essai est de trois mois maximum. Pendant cette période, le contrat de travail pourra être rompu par l'une ou l'autre des parties sans préavis et indemnité ni application d'une éventuelle clause de non-concurrence. La rupture sera confirmée par écrit » et que cette convention exigeait une simple confirmation écrite de la rupture, à laquelle il avait été satisfait par la remise de l'attestation Assédic faisant état de la rupture à l'initiative de l'employeur, accompagnée du certificat de travail.

En statuant ainsi, alors que le simple envoi au salarié d'une attestation Assédic, quelles qu'en soient les mentions, ne constitue pas la confirmation écrite par l'employeur de la rupture au cours de la période d'essai, exigée par la convention collective, la cour d'appel a violé ce texte.

Cass. soc. 17 octobre 2007, n° 06-44.388, BC V n° 161.

L'employeur doit avoir manifesté sa volonté de mettre fin à la période d'essai avant sa date d'expiration, peu important que le salarié ait reçu la lettre lui notifiant cette rupture après l'expiration de la période.

La rupture d'un contrat de travail se situe à la date où l'employeur a manifesté sa volonté d'y mettre fin, c'est-à-dire au jour de l'envoi de la lettre recommandée avec demande d'avis de réception notifiant la rupture.

Une cour d'appel qui a constaté, par une appréciation souveraine des faits, que la rupture de la période d'essai avait été notifiée à l'adresse communiquée à l'employeur par le salarié, au moyen d'une lettre recommandée envoyée le 17 mai 1996, soit avant la date d'expiration de la période d'essai, a légalement justifié sa décision énonçant que la rupture du contrat de travail était intervenue au cours de la période d'essai.

Cass. soc. 11 mai 2005, n° 03-40.650, 4e moyen, BC V n° 159. Voir aussi cass. soc. 26 septembre 2006, n° 05-44.670, BC V n° 287.

Lorsque l'employeur remet la lettre de notification en main propre, cette remise fixe la date de la rupture, peu important que l'employeur en ait différé la prise d'effet.

La rupture d'un contrat de travail se situe à la date où l'employeur a manifesté sa volonté d'y mettre fin.

Un salarié a été engagé le 8 mars 2004 par une société selon un contrat de travail prévoyant une période d'essai de trois mois renouvelable une fois ainsi qu'une clause de non-concurrence à laquelle l'employeur pouvait renoncer à la condition d'en informer le salarié au plus tard à la date de rupture ; après avoir renouvelé la période d'essai par lettre du 24 mai 2004, l'employeur a mis fin au contrat par courrier remis au salarié le 11 août 2004, avec effet au 13 août suivant date à laquelle il a renoncé au bénéfice de la clause de non-concurrence ; le salarié a alors saisi la juridiction prud'homale de demandes en paiement de diverses sommes.

Après avoir constaté que la lettre de notification de la rupture avait été remise en main propre le 11 août 2004, une cour d'appel a exactement fixé à cette date la rupture, peu important que l'employeur en ait différé la prise d'effet, et en a déduit à bon droit que la renonciation de l'employeur, le 13 août suivant, au bénéfice de la clause de non-concurrence était tardive.

Cass. soc. 14 octobre 2009, n° 08-44.052, BC V n° 220.

La décision de l'employeur de mettre fin à la période d'essai ne peut cependant pas revêtir la forme d'une déclaration orale en présence du personnel de l'entreprise.

Cass. soc. 7 février 2001, n° 99-42.041. Voir aussi cass. soc. 5 décembre 2001, n° 99-45.758.

L'employeur ne peut se prévaloir d'une rupture en cours de période d'essai si le contrat n'a pas commencé à s'exécuter à la date de notification de la rupture.

Une salariée, engagée en qualité de pharmacienne assistante dans le cadre d'un contrat à durée déterminée couvrant la période du 29 juin au 30 septembre 1998, s'était vu signifier, par lettre recommandée datée du 30 juin 1998, la rupture de son contrat en cours de période d'essai. La salariée avait alors saisi la juridiction prud'homale pour obtenir le paiement d'indemnités de rupture.

Ayant constaté que le contrat de travail n'avait pas fait l'objet d'un commencement d'exécution à la date de la notification de la rupture, la cour d'appel en a exactement déduit qu'à défaut d'avoir pu apprécier les capacités professionnelles de la salariée, l'employeur ne pouvait se prévaloir d'une rupture en cours de période d'essai et que la salariée était fondée à obtenir paiement de dommages-intérêts sur le fondement de l'article L. 122-3-8 CT.

Cass. soc. 16 octobre 2002, n° 00-46.378.

Si la rupture d'un contrat à durée déterminée a lieu pendant la période d'essai, le salarié ne peut pas prétendre au paiement de dommages-intérêts d'un montant égal aux salaires dus jusqu'au terme du contrat.

S'agissant d'une salariée engagée sous contrat de qualification prévoyant une période d'essai, dont le contrat avait été rompu par l'employeur durant cette période, c'est à tort que, pour condamner l'employeur au paiement des salaires dus jusqu'au terme du contrat, une cour d'appel a retenu que la rupture ne reposait sur aucun motif et revêtait un caractère abusif, alors que l'article L. 122-3-9 CT exclut l'application de l'article L. 122-3-8 du même code pendant la période d'essai et qu'en l'espèce, la cour d'appel avait relevé que la rupture du contrat de travail était intervenue pendant la période d'essai prévue au contrat, ce qui ne permettait pas à la salariée d'obtenir le paiement, prévu par l'article L. 122-3-8 CT, de dommages-intérêts d'un montant égal aux salaires dus jusqu'au terme du contrat, mais seulement celui de dommages-intérêts si la période d'essai avait fait l'objet d'une rupture abusive.

Cass. soc. 23 avril 1997, n° 90-45.757, BC V n° 141. Voir aussi cass. soc. 13 mars 2013, n° 11-25.604.

• Délai de prévenance

Lorsque les stipulations contractuelles prévoient un délai de prévenance plus favorable que les délais légaux, elles doivent s'appliquer.

Pour débouter un salarié de sa demande en paiement d'un rappel de salaire et de congés payés afférents à la suite de la rupture de son contrat en cours d'essai, une cour d'appel a retenu que le délai de prévenance mentionné dans le courrier de rupture, d'une durée de 48 heures était conforme aux dispositions de l'article L. 1221-25 CT.

En statuant ainsi, alors que les stipulations contractuelles prévoyaient un délai de prévenance d'une semaine pour une rupture du contrat de travail intervenant au cours des quatre premiers mois de la période d'essai, la cour d'appel, qui n'a pas appliqué au salarié ces dispositions plus favorables que la loi, a violé l'article 1134 c. civ.

Cass. soc. 15 avril 2016, n° 15-12.588, 2e moyen.

La période d'essai, renouvellement inclus, ne peut être prolongée du fait de la durée du délai de prévenance.

En vertu de l'article L. 1221-25 CT, la période d'essai, renouvellement inclus, ne peut être prolongée du fait de la durée du délai de prévenance ; il en résulte qu'en cas de rupture pendant la période d'essai, le contrat prend fin au terme du délai de prévenance s'il est exécuté et au plus tard à l'expiration de la période d'essai ; la poursuite de la relation de travail au-delà du terme de l'essai donne naissance à un nouveau contrat de travail à durée indéterminée qui ne peut être rompu à l'initiative de l'employeur que par un licenciement.

Un salarié a été engagé par une société à compter du 17 janvier 2011 en qualité de directeur commercial avec une période d'essai de trois mois renouvelable ; par lettre du 8 avril 2011, son employeur a mis fin à la période d'essai à compter du 22 avril suivant ; estimant que son contrat était devenu définitif et qu'en l'absence de procédure de licenciement, la rupture s'analysait en un licenciement sans cause réelle et sérieuse, le salarié a saisi la juridiction prud'homale pour obtenir le paiement de diverses sommes notamment au titre de la rupture de son contrat de travail.

Pour décider que le contrat de travail avait été rompu pendant la période d'essai et débouter en conséquence le salarié de ses demandes au titre de la rupture, une cour d'appel, après avoir relevé que la période d'essai de trois mois prenait fin le 16 avril 2011, a retenu que le salarié avait bénéficié du délai de prévenance de deux semaines auquel il pouvait prétendre, du 8 avril au 22 avril 2011, l'employeur lui ayant notifié par lettre du 8 avril 2011 que son essai n'était pas concluant et que, pour respecter le délai légal de prévenance de quinze jours, son contrat de travail serait rompu à compter du 22 avril 2011.

En statuant ainsi, alors qu'elle constatait que la relation de travail s'était poursuivie au-delà du terme de la période d'essai, la cour d'appel a violé le texte susvisé.

Cass. soc. 5 novembre 2014, n° 13-18.114, BC V n° 254.

Lorsque l'exécution du délai de prévenance conduit au dépassement du terme de la période d'essai, l'employeur peut rompre le contrat et indemniser le salarié du délai de prévenance non respecté.

Un salarié a été engagé par une société à compter du 15 mars 2010, avec une période d'essai de quatre mois ; cette période d'essai a été prolongée pour une nouvelle durée de quatre mois, devant s'achever le 14 novembre 2010 ; par courrier du 13 octobre 2010, la société a informé le salarié qu'elle mettait fin à la période d'essai et le dispensait de l'exécution de son « préavis » prenant fin le 2 décembre 2010 ; estimant que la rupture du contrat s'analysait en un licenciement sans cause réelle et sérieuse, le salarié a saisi la juridiction prud'homale pour obtenir le paiement de diverses sommes.

Pour condamner l'employeur à payer au salarié des sommes à titre tant de dommages-intérêts pour licenciement sans cause réelle et sérieuse que d'indemnités compensatrices de préavis et de congés payés, une cour d'appel a retenu que l'employeur avait respecté les prescriptions de l'article L. 1221-25 CT relatives au délai de prévenance, que les dispositions de l'article 14 de la convention collective applicable, fixant la durée du préavis et aboutissant à un dépassement de la période d'essai légale ne pouvaient s'appliquer, de sorte que la rupture intervenue le 2 décembre 2010 au lieu du 15 novembre s'analysait en un licenciement sans cause réelle et sérieuse.

En statuant ainsi, alors que l'employeur avait mis fin à la période d'essai avant son terme et avait dispensé le salarié de l'exécution de son « préavis » lequel avait été réglé, la cour d'appel a violé l'article L. 1221-25 CT.

Cass. soc. 16 septembre 2015, n° 14-16.713, BC V n° 159.

Lorsque l'employeur met fin à la période d'essai avant son terme sans respecter le délai de prévenance, la rupture ne s'analyse pas en un licenciement.

Une salariée a été engagée le 15 octobre 2008 par une société avec une période d'essai de trois mois qui a été renouvelée pour la même durée ; l'employeur a mis fin à l'essai le 14 avril 2009, avisant la salariée qu'elle bénéficierait d'un délai de prévenance d'un mois à compter de cette date, cesserait son activité dès le 14 avril 2009, mais percevrait son salaire jusqu'au 14 mai 2009 ; la salariée a saisi la juridiction prud'homale.

Ayant constaté que l'employeur avait mis fin à la période d'essai avant son terme, une cour d'appel en a exactement déduit que la rupture ne s'analysait pas en un licenciement, alors même que cet employeur n'avait pas respecté le délai de prévenance.

Cass. soc. 23 janvier 2013, n° 11-23.428, 1er moyen, BC V n° 14.

Le manquement de l'employeur à son obligation de respecter un délai de prévenance en cas de rupture du contrat de travail pendant la période d'essai constitue une irrégularité causant nécessairement un préjudice au salarié.

CA Amiens, 5e ch. soc., 1er juin 2010, n° 09/04831.

Cette irrégularité ouvre droit au profit du salarié à une indemnité compensatrice correspondant au préavis non effectué…

CA Amiens, 5e ch. soc., 13 octobre 2010, n° 10/00613.

… et ne peut être sanctionnée que par l'allocation de dommages et intérêts.

CA Bordeaux, ch. soc. B, 21 octobre 2010, n° 09/06360.

• Salariés protégés

Les dispositions légales qui assurent une protection exceptionnelle et exorbitante du droit commun à certains salariés, en raison du mandat ou des fonctions qu'ils exercent dans l'intérêt de l'ensemble des travailleurs, s'appliquent à la rupture du contrat de travail à l'initiative de l'employeur pendant la période d'essai.

Cass. soc. 26 octobre 2005, n° 03-44.751, BC V n° 306 (arrêt n° 1). Voir aussi cass. soc. 26 octobre 2005, n° 03-44.585, BC V n° 306 (arrêt n° 2).

• Motif disciplinaire

Lorsque l'employeur invoque un motif disciplinaire à l'appui de la rupture, il doit respecter la procédure disciplinaire.

Si l'employeur peut, sans motif et sans formalité, mettre fin à la période d'essai, il doit, lorsqu'il invoque un motif disciplinaire, respecter la procédure disciplinaire.

Une salariée, fonctionnaire détachée auprès d'une association, s'est vu signifier, au cours de la période d'essai, la fin de son contrat pour diverses fautes.

C'est à bon droit qu'une cour d'appel, qui a relevé que la remise à disposition de la salariée était intervenue pour faute au cours de la période d'essai et qui a constaté que l'employeur ne l'avait pas convoquée à un entretien préalable par application de l'article L. 122-41 CT, a condamné ce dernier à payer à la salariée des dommages-intérêts pour non-respect de la procédure disciplinaire.

Cass. soc. 10 mars 2004, n° 01-44.750, BC V n° 80. Voir aussi cass. soc. 31 octobre 2012, n° 11-20.081 ; cass. soc. 14 mai 2014, n° 13-13.975.

Le non-respect de la procédure disciplinaire par l'employeur qui invoque un motif disciplinaire pour rompre la période d'essai, n'a pas pour effet de rendre la rupture abusive.

Cass. soc. 31 octobre 2012, n° 11-20.081, précité.

• Motif discriminatoire

La rupture en cours d'essai fondée sur un motif discriminatoire est nulle, par application des dispositions des articles L. 1132-1 et 4 CT.

Cass. soc. 16 février 2005, n° 02-43.402, BC V n° 52.

Mais le salarié dont la rupture de la période d'essai a été déclarée nulle ne peut pas prétendre à l'indemnité compensatrice de préavis.

Selon l'article L. 1231-1 CT, les dispositions du titre III du livre II du code du travail relatif à la rupture du contrat de travail à durée indéterminée ne sont pas applicables pendant la période d'essai.

En conséquence, une cour d'appel, qui a déclaré nulle la rupture de la période d'essai [car fondée sur l'état de santé de la salariée], a exactement retenu que la salariée ne pouvait prétendre à l'indemnité de préavis.

Cass. soc. 12 septembre 2018, n° 16-26.333, 1er moyen, à paraître.

• Abus de droit

La rupture est abusive lorsqu'elle repose sur des considérations non inhérentes à la personne du salarié et ouvre droit pour l'intéressé à des dommages-intérêts.

La période d'essai étant destinée à permettre à l'employeur d'apprécier la valeur professionnelle du salarié, une cour d'appel, qui a constaté dans l'exercice de son pouvoir souverain d'appréciation, que la résiliation d'un contrat de travail était intervenue au cours de la période d'essai pour un motif non inhérent à la personne du salarié, a pu décider qu'elle était abusive.

Cass. soc. 20 novembre 2007, n° 06-41.212, BC V n° 194. Voir aussi cass. soc. 10 avril 2013, n° 11-24.794.

Ainsi, l'employeur ne peut invoquer les conditions climatiques pour rompre la période d'essai.

La période d'essai est destinée à permettre à l'employeur d'apprécier les qualités et capacités professionnelles du salarié.

Pour débouter une salariée travaillant dans un hôtel en qualité de serveuse de sa demande d'indemnisation au titre de la rupture de son contrat de travail saisonnier, une cour d'appel a retenu que la période d'essai était de dix jours, que le contrat signé le 1er janvier avait été exécuté jusqu'au 8 janvier date à laquelle l'employeur avait remis le bulletin de salaire, l'attestation Assedic et le reçu pour solde de tout compte et que la salariée ne prouvait pas avoir fourni une prestation de travail postérieurement au 8 janvier.

En statuant ainsi, alors qu'elle avait constaté que l'employeur faisait valoir qu'il avait dû fermer l'hôtel le 8 janvier en raison de l'absence de neige, ce dont elle aurait dû déduire que la rupture au cours de la période d'essai, pour un motif non inhérent à la personne de la salariée, était abusive, la cour d'appel a violé les articles L. 1221-20, L. 1242-10, L. 1242-11 CT et 1382 c. civ.

Cass. soc. 15 décembre 2010, n° 09-42.273, 2e moyen. Voir aussi CA Dijon, ch. soc., 17 septembre 2009, n° 08-1017.

Constitue un abus de droit le fait pour l'employeur d'invoquer l'insuffisance professionnelle du salarié sans le lui avoir reproché précédemment.

Doit être approuvé l'arrêt ayant condamné un employeur au paiement de diverses sommes au titre de la rupture du contrat de travail : en effet, si chaque partie au contrat de travail peut le rompre discrétionnairement au cours de la période d'essai, il n'en résulte pas que cette rupture ne puisse être abusive.

En relevant, d'une part, que pendant les quinze ans qu'avait duré le premier contrat, l'employeur n'avait jamais discuté les capacités professionnelles du salarié et, d'autre part, que ce dernier avait été réembauché (priorité de réembauchage) en la même qualité de chauffeur quelques jours après la cessation du précédent contrat, et qu'au cours de ce nouveau contrat, avec période d'essai d'un mois, l'employeur lui avait demandé d'effectuer de nombreuses heures supplémentaires attestant de la confiance qu'il avait en ses capacités, une cour d'appel a fait ressortir que la résiliation ne pouvait avoir pour cause l'insuffisance des capacités professionnelles du salarié et a pu décider que l'employeur avait commis un abus dans l'exercice de son droit de résiliation.

Cass. soc. 9 octobre 1996, n° 93-45.668, BC V n° 318. Voir. aussi cass. soc. 17 juillet 1996, n° 93-46.494, BC V n° 289, s'agissant d'un employeur qui avait mis fin au contrat d'un salarié pendant la période d'essai au motif qu'il ne présentait pas les qualités professionnelles requises quatre jours seulement après l'avoir jugé apte à un emploi de qualification supérieure.

Constitue un abus le fait pour un employeur de mettre fin à la période d'essai en tout début d'exécution du contrat alors que le salarié, venant de démissionner de son précédent emploi, n'a pas été mis en mesure d'exercer ses fonctions.

Si l'employeur peut discrétionnairement mettre fin aux relations contractuelles avant l'expiration de la période d'essai, ce n'est que sous réserve de ne pas faire dégénérer ce droit en abus.

Ayant relevé qu'un employeur avait mis fin à la période d'essai une semaine après le début des relations contractuelles et que le salarié, âgé de 45 ans, venait de démissionner de son emploi précédent, qu'il effectuait un stage d'adaptation aux techniques de la société et qu'il n'avait pas encore été mis en mesure d'exercer les fonctions qui lui avaient été attribuées, une cour d'appel a pu décider que l'employeur avait agi avec une légèreté blâmable et abusé de son droit de résiliation.

Cass. soc. 5 mai 2004, n° 02-41.224, BC V n° 123. Voir aussi cass. soc. 11 janvier 2012, n° 10-14.868 ; cass. soc. 15 décembre 2016, n° 15-21.596.

Il en est de même du fait pour un employeur de mettre fin à la période d'essai quelques jours seulement après avoir décidé de la renouveler.

Après avoir fait ressortir qu'une société avait rompu le contrat de travail d'une salariée quelques jours après avoir décidé de renouveler la période d'essai, avant même que ce renouvellement n'ait pris effet et alors que l'intéressée n'avait pas encore bénéficié de l'intégralité de la formation prévue au contrat de travail et nécessaire à l'exercice de ses fonctions, une cour d'appel a pu décider que la société avait agi avec une légèreté blâmable.

Cass. soc. 6 janvier 2010, n° 08-42.826.

L'employeur ne peut pas invoquer, sans abus de droit, le manque d'aptitudes du salarié s'il ne lui a pas laissé assez de temps pour en faire la preuve.

En mettant fin brusquement au contrat de travail d'un salarié, et cela peu de temps après le commencement de la période d'essai, l'employeur commet un abus du droit de résiliation. L'employeur n'avait pu, pendant ce court laps de temps, apprécier sérieusement les qualités professionnelles de son collaborateur. La rupture du contrat pendant la période d'essai trouvait son origine dans un motif étranger aux prestations fournies.

Cass. soc. 22 novembre 1995, n° 92-43.036.

La rupture prononcée à la suite d'un différend entre les parties est abusive.

Si l'employeur peut discrétionnairement mettre fin aux relations contractuelles avant l'expiration de la période d'essai, ce n'est que sous réserve de ne pas faire dégénérer ce droit en abus.

Un conseil de prud'hommes, saisi d'une demande fondée sur l'abus de droit, ayant constaté que l'employeur avait mis fin aux relations contractuelles quatre jours à peine après le début de la période d'essai fixée à trois mois, et alors que le différend qui l'avait opposé à la salariée (refus de cette dernière de voir insérer à son contrRat une clause l'obligeant à donner le nom de personnes garantissant sa moralité) était antérieur à la signature du contrat de travail, n'a pas tiré les conséquences légales de ses constatations en déboutant la salariée de sa demande en dommages-intérêts et en la condamnant au paiement de dommages-intérêts pour procédure abusive.

Cass. soc. 6 décembre 1995, n° 92-41.398, BC V n° 330. Voir aussi cass. soc. 20 octobre 1998, n° 97-41.087, s'agissant d'une rupture abusive intervenue pendant la période d'essai motivée par une réclamation de la salariée au sujet de sa rémunération.

La rupture de la période d'essai motivée par le refus d'un salarié d'accepter des modifications de son contrat de travail est abusive.

En relevant que la décision de rupture en cours de période d'essai était motivée par le refus du salarié d'accepter une proposition de l'employeur impliquant l'extension de son secteur d'activité à la Normandie au lieu de la seule région parisienne, ainsi que l'adjonction d'une clause de mobilité, une cour d'appel a fait ressortir que la résiliation ne pouvait avoir pour cause l'insuffisance des capacités professionnelles du salarié et a décidé, à bon droit, que l'employeur avait commis un abus dans l'exercice de son droit de résiliation.

Cass. soc. 4 juillet 2001, n° 99-44.469.

Après avoir relevé que, de l'aveu même de l'employeur, le contrat de travail d'un salarié avait été rompu au seul motif que ce dernier refusait la diminution de sa rémunération contractuelle et que cette résiliation, intervenue au cours de la période d'essai, était sans rapport avec l'appréciation de ses qualités professionnelles, une cour d'appel en a exactement déduit que l'employeur avait commis un abus dans l'exercice de son droit de résiliation.

Cass. soc. 10 décembre 2008, n° 07-42.445, 1er moyen, BC V n° 246.

De même, est abusive la rupture prononcée par l'employeur dans des circonstances manifestant, de sa part, une précipitation et une totale désinvolture.

Ayant constaté que la rupture pendant la période d'essai avait eu lieu dans des circonstances manifestant, de la part de l'employeur, une précipitation intempestive et une totale désinvolture, une cour d'appel a pu décider que cette rupture caractérisait un abus du droit de l'employeur de mettre fin à l'essai.

Cass. soc. 3 novembre 1998, n° 96-42.906.

La rupture de la période d'essai à l'initiative du salarié en raison du non-paiement de ses salaires s'analyse en une rupture abusive imputable à l'employeur et ouvre droit à des dommages-intérêts.

Selon l'article L. 1231-1 CT, les dispositions du code du travail relatives à la rupture du contrat de travail à durée indéterminée ne sont pas applicables pendant la période d'essai.

Un salarié a été engagé à compter du 19 avril 2004 avec une période d'essai de trois mois. À compter du 18 juin suivant, le salarié a suspendu sa prestation en raison du non-paiement de ses salaires. Par lettre du 28 juin, l'employeur lui a indiqué qu'il considérait qu'il avait « mis fin à son stage ». Le salarié a alors saisi la juridiction prud'homale de diverses demandes.

Pour condamner l'employeur au paiement d'une indemnité de préavis et de dommages-intérêts pour licenciement sans cause réelle et sérieuse, une cour d'appel a énoncé que le salarié n'avait reçu règlement de ses salaires que lors de l'audience devant le bureau de jugement le 12 janvier 2007, que bien qu'il ne fût plus revenu travailler après le 18 juin 2004, pendant la période d'essai, il était manifeste que son départ était lié à la carence de l'employeur, lequel n'avait pas respecté la principale de ses obligations, cette situation devant s'analyser comme une prise d'acte de la rupture du contrat de travail au 18 juin 2004 produisant les effets d'un licenciement sans cause réelle et sérieuse.

En statuant ainsi, alors qu'il lui appartenait d'indemniser le préjudice résultant de la rupture abusive de la période d'essai du fait de l'inexécution de ses obligations par l'employeur, la cour d'appel a violé l'article L. 1231-1 CT.

Cass. soc. 7 février 2012, n° 10-27.525, BC V n° 57.

• **Rétractation**

La rétractation de la rupture de la période d'essai ne peut intervenir sans l'accord du salarié.

Cass. soc. 20 février 2019, n° 17-27.089.

Fin de la période d'essai

La période d'essai prend fin lorsqu'une période probatoire est prévue pour l'exercice de nouvelles fonctions.

En présence d'un avenant stipulant une période probatoire pour l'exercice de nouvelles fonctions, la période d'essai prévue dans le contrat de travail du salarié engagé pour occuper d'autres fonctions a nécessairement pris fin.

Un salarié a été engagé par une société suivant un contrat du 25 avril 2005 prévoyant « une période d'essai de six mois, soit jusqu'au 25 octobre 2005, renouvelable une fois »; le 1er septembre 2005, un avenant au contrat de travail a été signé entre les parties modifiant les fonctions du salarié, avec « une période probatoire de trois mois, soit jusqu'au 30 novembre 2005 », renouvelable un mois d'un commun accord entre les parties ; cet avenant stipulait : « si au cours de cette période [le salarié] ne donnait pas entière satisfaction dans ses nouvelles fonctions (...), les parties conviennent que [le salarié] retrouverait les fonctions, la rémunération et les conditions de travail qu'il occupait précédemment et serait remis dans la même situation que celle existant avant le présent avenant » ; par lettre du 12 septembre 2005, la société a notifié au salarié « le renouvellement de sa période d'essai » pour une nouvelle durée de six mois soit jusqu'au 25 avril 2006 ; le 8 novembre 2005, elle l'a avisé qu'elle mettait fin « à la période d'essai prévue à l'article 2 de son contrat à durée indéterminée »; contestant cette rupture, le salarié a saisi la juridiction prud'homale de diverses demandes à ce titre.

C'est à tort que, pour juger que le contrat de travail avait été valablement rompu par l'employeur au cours de la période d'essai, une cour d'appel a retenu que l'avenant du 1er septembre 2005 ne comprenant aucune stipulation relative à la période d'essai, la période probatoire, qui portait uniquement sur la nature des fonctions et le montant corrélatif de la rémunération du salarié, était venue se superposer à l'essai, que cet avenant n'avait pas rompu le contrat de travail du 25 avril 2005 et n'avait pas modifié la situation d'essai du salarié, que l'employeur avait donc pu, sans méconnaître la loi contractuelle, reconduire la période d'essai le 12 septembre 2005 et la rompre sans abus le 8 novembre 2005.

Cass. soc. 20 octobre 2010, n° 08-42.805, BC V n° 240.

Perte de confiance

La perte de confiance ne constitue pas en tant que telle une cause de licenciement pour motif personnel.

La perte de confiance de l'employeur ne peut jamais constituer en tant que telle une cause de licenciement même quand elle repose sur des éléments objectifs. Seuls ces éléments objectifs peuvent, le cas échéant, constituer une cause de licenciement mais non la perte de confiance qui a pu en résulter pour l'employeur.

Après avoir estimé que les anomalies de gestion reprochées à un salarié n'avaient pas un caractère suffisamment sérieux pour constituer une cause de licenciement, une cour d'appel, qui n'avait pas à rechercher si ces anomalies avaient pu altérer la confiance de l'employeur, a décidé, à bon droit, que le licenciement était dépourvu de cause réelle et sérieuse.

Cass. soc. 29 mai 2001, n° 98-46.341, 2e moyen, BC V n° 183. Voir aussi cass. soc. 26 février 2002, n° 00-40.365.

C'est à tort que, pour dire le licenciement d'un salarié dépourvu de cause réelle et sérieuse, une cour d'appel a retenu que la perte de confiance invoquée par l'employeur ne constitue jamais, même lorsqu'elle repose sur des faits objectifs, un motif de licenciement, sans rechercher si les actes de procédure illégale, les manifestations d'incompétence et de prise unilatérale de décisions importantes et l'incapacité à se situer dans une structure hiérarchisée, invoqués dans la lettre de licenciement, constituaient une cause de licenciement.

Cass. soc. 30 mars 2005, n° 03-41.380.

Ni la perte de confiance ni l'action judiciaire d'un salarié tendant à la rupture de son contrat de travail ne constituent en soi une cause de licenciement.

Dès lors, doit être cassé l'arrêt qui, pour décider que le licenciement d'un salarié reposait sur une cause réelle et sérieuse et le débouter de sa demande de dommages-intérêts, a, bien qu'ayant retenu que l'action judiciaire engagée par ce dernier aux fins de voir constater la rupture du contrat de travail ne saurait lui être reprochée, néanmoins estimé que l'employeur était en droit de se fonder sur la perte de confiance résultant de la manifestation de volonté du salarié de rompre le contrat.

Cass. soc. 13 janvier 2004, n° 01-47.178, BC V n° 4.

☛ *Représentants du personnel (Autorisation administrative de licenciement).*

Plan d'épargne d'entreprise

Le plan d'épargne d'entreprise est un système d'épargne collectif ouvrant aux salariés de l'entreprise la faculté de participer, avec l'aide de celle-ci, à la constitution d'un portefeuille de valeurs mobilières (art. L. 3332-1 CT).

Un plan d'épargne d'entreprise peut être établi dans toute entreprise à l'initiative de celle-ci ou en vertu d'un accord avec le personnel.

À noter que la loi 2019-486 du 22 mai 2019, dite loi « PACTE », a modifié les règles relatives au plan d'épargne d'entreprise.

Plan établi à l'initiative de l'employeur

Le plan établi à l'initiative de l'employeur n'a pas à être avalisé par les salariés ou leurs représentants.

C'est à tort que, pour condamner un employeur à verser des dommages-intérêts à une salariée, une cour d'appel a retenu l'absence de justification par l'employeur de ce que le choix de l'emploi des fonds du plan d'épargne entreprise avait été avalisé par les salariés ou leurs représentants, alors qu'elle avait constaté que le plan avait été établi à l'initiative de l'employeur conformément aux dispositions de l'article L. 443-1 CT, ce dont il résultait qu'il n'avait pas à être conclu selon l'une des procédures de l'article L. 442-10 CT.

Cass. soc. 21 novembre 2000, n° 98-18.605, BC V n° 379.

Le versement par le salarié au plan d'épargne entreprise suffit à établir son choix quant à l'emploi des sommes versées.

Une salariée avait versé au plan d'épargne entreprise établi par l'employeur une somme qui avait été employée en compte courant et en titres participatifs. Lors de sa démission, la salariée avait demandé le remboursement de son versement. L'employeur lui avait remboursé la somme inscrite en compte courant et lui avait opposé le délai d'indisponibilité de sept ans des titres participatifs prévu par la loi du 24 juillet 1966 sur les sociétés commerciales.

Doit être cassé l'arrêt qui, pour indemniser la salariée, s'est fondé sur l'absence de justification par l'employeur de ce que celle-ci avait exprimé le choix du placement, alors que le versement au plan d'épargne procédait de la volonté unilatérale de la salariée qui avait ainsi exprimé son choix quant à l'emploi des sommes versées.

Cass. soc. 21 novembre 2000, n° 98-18.605, précité.

Caractère collectif

Le caractère collectif du système d'épargne d'entreprise prévu par l'ordonnance du 21 octobre 1986 s'oppose à ce que le montant des versements de l'employeur soit fondé sur des critères de performance individuelle des salariés.

Cass. soc. 26 octobre 2000, n° 99-11.401, BC V n° 347.

Selon l'article R. 443-2, al. 2 CT, la modulation éventuelle de l'aide d'une entreprise à un plan d'épargne d'entreprise ne saurait résulter que de l'application de règles à caractère général.

Doit être cassée la décision d'une cour d'appel qui décide de réintégrer dans l'assiette des cotisations sociales des sommes versées sous forme d'abondement au compte de salariés sur un plan d'épargne entreprise, alors que le caractère collectif du système d'épargne d'entreprise prévu par l'article L. 443-1 CT s'oppose à ce que le montant des versements de l'employeur soit fixé par celui-ci en dehors de tout critère résultant de l'accord ayant établi le plan.

Cass. soc. 10 janvier 2006, n° 04-30.048.

Information des salariés

L'obligation d'information dont est débiteur l'employeur dès l'instauration du plan d'épargne d'entreprise ne peut pas se limiter à la simple existence de ce plan mais porte également sur son contenu.

Cass. soc. 5 mars 2008, n° 06-45.205, BC V n° 45.

Dès lors, il appartient à l'employeur d'informer en temps utile chacun des salariés des modifications intervenues par rapport au règlement initial portant sur les dates auxquelles les versements des salariés doivent être réalisés.

L'employeur est, en vertu de l'article L. 3332-7 CT, et dès la souscription d'un plan d'épargne d'entreprise, débiteur d'une obligation d'information qui ne porte pas seulement sur l'existence de ce plan mais doit aussi concerner son contenu ; il en résulte qu'il lui appartient d'informer en temps utile chacun des salariés des modifications intervenues par rapport au règlement initial portant sur les dates auxquelles les versements des salariés doivent être réalisés.

Pour rejeter la demande d'une salariée tendant à la prise en compte de ses versements effectués au titre de l'épargne salariale pour les années 2005 et 2006 et au versement de l'abondement correspondant de l'employeur, une cour d'appel a retenu que pour l'exercice 2005 il n'était pas démontré que l'employeur aurait eu connaissance à temps des modifications apportées à la date limite de dépôt des fonds sur le PEE, la date du 13 janvier 2006 ayant finalement été retenue, de sorte qu'il ne pouvait lui être fait grief de ne pas avoir suffisamment informé la salariée qui avait toutefois précédemment toujours opéré ses versements avant le 31 décembre de l'année, et, pour l'exercice 2006 que si la société n'avait pas répercuté à la salariée, absente de l'entreprise pour maladie, l'information donnée par la note du 26 juin 2006 relative à la date limite des versements impérativement fixée au 30 novembre 2006, la salariée ne démontrait pas que l'employeur qui avait effectivement négligé l'obligation d'information lui incombant aurait délibérément fait en sorte qu'elle ne puisse bénéficier en 2006 de l'abondement annuel de la société.

En statuant ainsi, alors qu'il résultait de ses constatations que l'employeur n'avait pas informé en temps utile la salariée des modifications apportées aux dates limites de versement des sommes sur le plan d'épargne d'entreprise pour les exercices 2005 et 2006, la cour d'appel a violé l'article L. 3332-7 CT.

Cass. soc. 17 juin 2009, n° 07-45.560, 2e moyen, BC V n° 150.

Dépôt du règlement

Lorsque le règlement d'un plan établi à compter de la publication de la loi 2001-152 du 19 février 2001 subit une modification de fond, il doit être déposé à la direction départementale du travail, de l'emploi et de la formation professionnelle du lieu où il a été établi.

Aux termes de l'alinéa 4 de l'article L. 443-8, devenu L. 3332-27 CT, pour ouvrir droit aux exonérations fiscales et sociales, les règlements des plans d'épargne d'entreprise, établis à compter de la publication de la loi 2001-152 du 19 février 2001, doivent être déposés à la direction départementale du travail, de l'emploi et de la formation professionnelle du lieu où ils ont été établis ; pour l'application de ce texte, toute modification, autre que de forme, apportée au règlement d'un plan d'épargne équivaut à l'établissement d'un règlement nouveau.

À la suite d'un contrôle portant sur la période du 1er juillet 2001 au 31 décembre 2002, une Urssaf a réintégré dans l'assiette des cotisations dues par deux sociétés les sommes qu'elles avaient versées en 2002 à titre d'abondement à un plan d'épargne de groupe en application d'un règlement du 17 septembre 2001 au motif que ce dernier n'avait pas été déposé auprès de la direction départementale du travail, de l'emploi et de la formation professionnelle.

Après avoir constaté que le règlement institué le 17 septembre 2001, postérieurement à la publication de la loi du 19 février 2001, par les sociétés, supprimait le montant minimal des versements complémentaires imposé par le règlement dans son état antérieur, une cour d'appel a exactement décidé qu'il devait, pour ouvrir droit aux exonérations sociales, faire l'objet d'un dépôt à la direction départementale du travail, de l'emploi et de la formation professionnelle.

Cass. soc. 16 décembre 2008, n° 07-14.610, BC V n° 256.

Transfert d'entreprise

En cas de transfert d'un salarié au sens de l'article L. 1224-1 CT, celui-ci, s'il conserve ses droits au sein du plan d'épargne d'entreprise mis en place par l'employeur sortant, dispose seulement de la faculté de transférer ses avoirs au sein du plan d'épargne d'entreprise, s'il existe, de son nouvel employeur.

Aux termes de l'article L. 3335-1 CT, en cas de modification survenue dans la situation juridique d'une entreprise ayant mis en place un plan d'épargne d'entreprise, notamment par fusion, cession, absorption ou scission, rendant impossible la poursuite de l'ancien plan d'épargne, les sommes qui y étaient affectées peuvent être transférées dans le plan d'épargne de la nouvelle entreprise, après information des représentants du personnel dans des conditions prévues par décret ; aux termes de l'alinéa 3 de l'article L. 3335-2, les sommes détenues par un salarié dans un plan d'épargne mentionné aux articles L. 3332-1,

L. 3333-1 et L. 3334-1 peuvent être transférées, à la demande du salarié, avec ou sans rupture de son contrat de travail, dans un plan d'épargne mentionné à l'article L. 3334-11 ; il en résulte qu'en cas de transfert d'un salarié au sens de l'article L. 1224-1 CT, celui-ci, s'il conserve ses droits au sein du plan d'épargne d'entreprise mis en place par l'employeur sortant, dispose seulement de la faculté de transférer ses avoirs au sein du plan d'épargne d'entreprise, s'il existe, de son nouvel employeur.

Une salariée était employée par un pharmacien depuis 1994 en qualité de préparatrice en pharmacie, dans le cadre d'un contrat à durée indéterminée ; par acte du 25 septembre 2007, l'officine a été cédée à une société, le contrat de travail de la salariée étant transféré au nouvel employeur ; licenciée le 7 août 2012, la salariée a saisi la juridiction prud'homale en formant notamment une demande de dommages-intérêts au titre des sommes qu'elle aurait dû percevoir dans le cadre du plan d'épargne d'entreprise mis en place par son ancien employeur.

Pour condamner la société repreneuse à payer à la salariée des dommages-intérêts pour la perte du bénéfice de son plan d'épargne d'entreprise entre janvier 2008 et son départ de l'entreprise, une cour d'appel a retenu que, sauf impossibilité, l'entreprise cessionnaire est tenue de poursuivre le plan épargne d'entreprise mis en place par l'ancien employeur et ne peut se retrancher derrière son ignorance du contenu du plan d'épargne d'entreprise qu'il lui appartenait de poursuivre et donc de rechercher.

En statuant ainsi, la cour d'appel a violé les articles L. 3335-1, L. 3335-2, R. 3332-20 et L. 1224-1 CT.

Cass. soc. 19 mai 2016, n° 14-29.786, BC V n° 109.

Plan de sauvegarde de l'emploi

L'employeur a l'obligation d'élaborer un plan de sauvegarde de l'emploi dans les entreprises d'au moins cinquante salariés, dès lors qu'un licenciement pour motif économique d'au moins dix salariés sur une même période de trente jours est envisagé (art. L. 1233-61 CT).

Ce plan doit comporter deux catégories de mesures : celles tendant à éviter les licenciements et celles tendant à faciliter le reclassement des salariés dont le licenciement ne peut être évité (actions de reclassement interne ou externe à l'entreprise, création d'activités nouvelles, actions de formation, de reconversion, réduction ou aménagement de la durée du travail...).

La loi 2013-504 du 14 juin 2013 a laissé aux entreprises concernées le soin de définir elles-mêmes la procédure et le contenu du plan de sauvegarde de l'emploi par un accord collectif majoritaire validé par l'administration ou, à défaut d'accord, par un document élaboré unilatéralement par l'employeur et homologué par l'administration.

Établissement du plan de sauvegarde de l'emploi

• Jurisprudence rendue dans le cadre de la législation antérieure à la loi du 14 juin 2013

Une société relevant du même groupe que l'employeur n'est pas, en cette seule qualité, débitrice d'une obligation de reclassement envers les salariés qui sont au service de ce dernier et ne répond pas, à leur égard, des conséquences d'une insuffisance des mesures de reclassement prévues dans un plan de sauvegarde de l'emploi.

L'obligation de reclasser les salariés dont le licenciement est envisagé et d'établir un plan de sauvegarde de l'emploi répondant aux moyens du groupe n'incombe qu'à l'employeur. Il en résulte qu'une société relevant du même groupe que l'employeur n'est pas, en cette seule qualité, débitrice envers les salariés qui sont au service de ce dernier d'une obligation de reclassement et qu'elle ne répond pas, à leur égard, des conséquences d'une insuffisance des mesures de reclassement prévues dans un plan de sauvegarde de l'emploi.

Cass. soc. 13 janvier 2010, n° 08-15.776, BC V n° 5.

Un plan de sauvegarde de l'emploi doit être mis en place lorsqu'un licenciement collectif d'au moins dix salariés est envisagé sur une même période de trente jours.

Un salarié avait été licencié pour motif économique, le licenciement concernant également sept autres salariés de l'établissement.

Doit être rejeté le pourvoi du salarié qui soutenait que l'employeur, qui aurait dû mettre en œuvre un plan social, n'avait pas satisfait à son obligation de reclassement, alors que les dispositions de l'article L. 321-4-1 CT relatif à l'établissement et à la mise en œuvre d'un plan social ne sont applicables que lorsque le nombre des licenciements est au moins égal à dix sur une même période de trente jours.

Cass. soc. 17 mars 1998, n° 95-45.617.

Les ruptures conventionnelles pour cause économique doivent être prises en compte pour la détermination des obligations de l'employeur en matière de plan de sauvegarde de l'emploi…

Lorsqu'elles ont une cause économique et s'inscrivent dans un processus de réduction des effectifs dont elles constituent la ou l'une des modalités, les ruptures conventionnelles doivent être prises en compte pour déterminer la procédure d'information et de consultation des représentants du personnel applicable ainsi que les obligations de l'employeur en matière de plan de sauvegarde de l'emploi.

Cass. soc. 9 mars 2011, n° 10-11.581, 1er moyen du pourvoi principal, BC V n° 70.

… à condition que les contrats de travail aient été rompus après l'homologation des conventions.

Si les ruptures conventionnelles doivent être prises en compte pour l'application de l'article L. 1233-26 CT, lorsqu'elles constituent une modalité d'un processus de réduction des effectifs pour une cause économique, c'est à la condition que les contrats de travail aient été rompus après l'homologation des conventions par l'administration du travail ; ne peuvent être retenues les conventions qui, faute d'avoir été homologuées, n'ont pas entraîné la rupture du contrat de travail.

Après avoir informé le comité d'établissement le 21 novembre 2008 qu'elle connaissait des difficultés économiques, une société a mis en œuvre, le 20 janvier 2009, un projet de licenciement pour motif économique portant sur sept salariés ; licencié le 15 mai 2009, un salarié a saisi la juridiction prud'homale pour que soit prononcée la nullité de la rupture de son contrat de travail pour défaut de mise en œuvre d'un plan de sauvegarde de l'emploi.

Pour déclarer nul le licenciement du salarié faute pour la société d'avoir mis en œuvre un plan de sauvegarde de l'emploi, une cour d'appel a retenu que le personnel concerné par les ruptures conventionnelles intervenues dans le contexte de réduction des effectifs, postérieurement au 12 décembre 2008, aurait dû être pris en compte dans le calcul du seuil d'effectif édicté en matière de licenciement économique, dès lors que plus de dix salariés étaient en cause dans un délai de trois mois qui s'achevait le 12 mars 2009 et que dès lors, le licenciement du salarié intervenu à l'intérieur du second délai de trois mois était soumis aux dispositions de l'article L. 1233-61 CT.

En statuant ainsi, sans qu'il résulte de ses constatations que plus de dix contrats de travail avaient été rompus après l'homologation de conventions de rupture, pendant la période de trois mois précédant celle au cours de laquelle la procédure de licenciement a été engagée, la cour d'appel a violé les articles L. 1233-3, al. 2, L. 1233-26 et L. 1237-13 CT.

Cass. soc. 29 octobre 2013, n° 12-15.382, BC V n° 253.

Lorsqu'elles entraînent la rupture du contrat de travail, les préretraites mises en œuvre en raison de difficultés économiques doivent être prises en compte pour déterminer si un plan de sauvegarde de l'emploi est obligatoire.

Cass. soc. 1er février 2011, n° 09-70.121.

C'est au niveau de l'entreprise ou de l'établissement concerné par les mesures de licenciement économique envisagées, au moment où la procédure de licenciement collectif est engagée, que s'apprécient les conditions déterminant la consultation des instances représentatives du personnel et l'élaboration d'un plan de sauvegarde de l'emploi,…

Cass. soc. 16 janvier 2008, n° 06-46.313, BC V n° 8, cité dans « Licenciement économique (Information et consultation du CE) ». Voir aussi cass. soc. 12 juillet 2010, n° 09-14.192, 1re et 2e branches du moyen, BC V n° 165.

… y compris lorsque l'entreprise fait partie d'un groupe ou d'un GIE.

Doit être rejeté le pourvoi d'un salarié reprochant à une cour d'appel de l'avoir débouté de sa demande d'annulation de la procédure de licenciement et du licenciement économique prononcé à son encontre, au motif, selon lui, que lorsque l'entreprise appartient à un groupe, seul l'effectif du groupe doit être pris en considération pour déterminer si le seuil de 50 salariés exigé pour la mise en place d'un plan social est atteint, alors qu'en application de l'article L. 321-4-1 CT, c'est l'entreprise qui constitue le niveau d'appréciation pour le seuil de déclenchement de l'établissement d'un plan social.

Cass. soc. 26 février 2003, n° 01-41.030, BC V n° 70.

L'obligation d'établir un plan de sauvegarde de l'emploi pesant sur l'employeur, c'est au niveau de l'entreprise qu'il dirige que doivent être vérifiées les conditions d'effectif et de nombre des licenciements imposant l'établissement et la mise en œuvre d'un tel plan.

Pour juger qu'une fédération était tenue d'établir un plan de sauvegarde de l'emploi et prononcer en conséquence l'annulation du licenciement d'un de ses salariés, faute de plan, une cour d'appel a retenu que cette fédération était membre d'un GIE regroupant plusieurs sociétés, syndicats, associations et organismes et destiné à assurer la gestion de services communs, que l'effectif du GIE était supérieur à 50 salariés, que si les entités qui le composaient étaient juridiquement distinctes, elles étaient regroupées par une communauté d'intérêts et possédaient une direction unique, que les salariés qu'elles employaient étaient regroupés dans une même communauté de travail et possédaient notamment un même statut social et des institutions représentatives communes, qu'elles devaient être considérées comme une seule entreprise au regard du droit du travail, conférant aux salariés qui en dépendaient des droits individuels et collectifs dans le cadre de celle-ci, de sorte que le salarié était bien fondé à faire valoir que les dispositions de l'article L. 321-4-1 CT s'appliquaient et que les seuils d'effectifs énoncés par ce texte devaient être retenus dans le cadre du GIE.

En statuant ainsi, sans rechercher si l'ensemble des personnes morales composant le groupement avait la qualité d'employeur du salarié, la cour d'appel a privé sa décision de base légale, au regard de l'article L. 321-4-1, devenu L. 1233-61 CT.

Cass. soc. 28 janvier 2009, n° 07-45.481, BC V n° 26.

C'est à tort que, pour annuler le licenciement d'une salariée, faute pour l'office public départemental HLM qui l'employait d'avoir établi un plan social, une cour d'appel a retenu que l'office comptait plus de 50 salariés entre octobre 1998 et janvier 1999, même en équivalent temps plein, en comptabilisant dans les effectifs les 29 salariés du GIE HLM du département, alors que, pour l'application des dispositions de l'article L. 321-4-1 CT, il y a lieu de tenir compte des seuls effectifs de l'entreprise dans laquelle est revendiquée la mise en œuvre du plan social.

Cass. soc. 30 juin 2004, n° 02-42.672, BC V n° 186.

Seuls les salariés relevant des établissements de la société situés en France constituent l'effectif à prendre en compte pour déterminer si un plan de sauvegarde de l'emploi doit être mis en place.

Pour annuler le licenciement des vingt-huit salariés de la succursale française d'une banque dont le siège était situé en Italie en raison de l'absence de mise en œuvre d'un plan de sauvegarde de l'emploi, une cour d'appel a retenu qu'il convenait de prendre en compte pour l'établissement de ce plan, la globalité de l'entreprise et l'ensemble de la communauté des salariés en dépendant, que ce soit en France ou à l'étranger, et non les seules activités exercées sur le territoire français et les salariés affectés à celle-ci, dans la mesure où la succursale parisienne ne pouvait être distinguée de la société de droit italien ayant son siège à l'étranger puisqu'elle ne disposait d'aucune personnalité juridique autonome et ne constituait pas une société filiale installée en France.

En statuant ainsi, alors qu'en vertu du principe de la territorialité de la loi française, seuls les salariés rattachés à l'activité de l'employeur en France bénéficient des lois françaises en droit du travail, de sorte que l'effectif à prendre en compte pour déterminer si un plan de sauvegarde de l'emploi devait être mis en place est constitué par les seuls salariés relevant des établissements de la société situés en France, la cour d'appel a violé l'article L. 321-4-1, al. 1 et 2, devenu les articles L. 1233-61 et L. 1235-10 CT et le principe de la territorialité de la loi française.

Cass. soc. 23 septembre 2008, n° 07-42.862, BC V n° 171.

Lorsque des licenciements ont été prononcés avant l'ouverture d'une procédure collective, leur annulation n'entraîne pas la réintégration des salariés dans l'entreprise après sa liquidation et ces derniers ne sont donc pas pris en compte au regard de l'obligation du liquidateur d'établir un plan de sauvegarde de l'emploi en cas de nouveau licenciement collectif.

À la suite de la perte d'un marché intervenue à compter du 18 avril 2005, une société, qui employait 67 salariés, a procédé le 14 avril 2005 au licenciement pour motif économique de 23 de ses salariés sans établir de plan de sauvegarde de l'emploi ; la société a fait l'objet d'une procédure de redressement judiciaire le 21 avril 2005, puis a été placée en liquidation judiciaire le 21 juillet 2005 ; 44 salariés ont été licenciés le 2 août 2005 ; des salariés licenciés le 14 avril 2005 ont sollicité devant la juridiction prud'homale le prononcé de la nullité de leur licenciement et le paiement de différentes indemnités.

Pour constater au profit des salariés l'existence d'une créance liée à l'exécution du contrat de travail à titre de dommages-intérêts pour licenciement sans cause réelle et sérieuse, une cour d'appel a retenu que dès lors que les 23 licenciements prononcés avant l'ouverture de redressement judiciaire avaient été déclarés nuls par un jugement définitif du 26 novembre 2006 et qu'ils procédaient de la même cause économique que les licenciements auxquels avait procédé le liquidateur, ce dernier était tenu, l'effectif de la société devant être regardé comme étant d'au moins 50 salariés, d'établir et de mettre en œuvre un plan de sauvegarde de l'emploi.

buée en séance et n'ont, eu égard à leur nature et à leur importance, pas d'influence sur la consultation du comité.

CE 7 décembre 2015, n° 383856, précité. Voir aussi CE 21 octobre 2015, n° 386123.

Lorsque l'employeur est tenu de consulter, sur un projet commun à plusieurs établissements de l'entreprise, les comités d'hygiène, de sécurité et des conditions de travail de ces différents établissements, la faculté que lui offre l'article L. 4616-1 CT de mettre en place une instance temporaire de coordination de ces mêmes comités ne le dispense pas de procéder à la consultation de chacun d'eux, y compris lorsque l'instance temporaire de coordination rend elle-même un avis.

CE 21 octobre 2015, n° 386123, précité.

Jurisprudence relative à l'élaboration du plan de sauvegarde de l'emploi par document unilatéral de l'employeur

La procédure d'information et de consultation des représentants du personnel doit avoir été régulière.

Lorsqu'elle est saisie par un employeur d'une demande d'homologation d'un document unilatéral fixant le contenu d'un plan de sauvegarde de l'emploi, il appartient à l'administration de s'assurer, sous le contrôle du juge de l'excès de pouvoir, que la procédure d'information et de consultation du comité d'entreprise a été régulière. Elle ne peut légalement accorder l'homologation demandée que si le comité a été mis à même d'émettre régulièrement un avis, d'une part sur l'opération projetée et ses modalités d'application et, d'autre part, sur le projet de licenciement collectif et le plan de sauvegarde de l'emploi. Il appartient à ce titre à l'administration de s'assurer que l'employeur a adressé au comité d'entreprise, avec la convocation à sa première réunion, ainsi que, le cas échéant, en réponse à des demandes exprimées par le comité, tous les éléments utiles pour qu'il formule ses deux avis en toute connaissance de cause.

Lorsque l'entreprise appartient à un groupe et que l'employeur est, par suite, amené à justifier son projet au regard de la situation économique du secteur d'activité dont relève l'entreprise au sein de ce groupe, les éléments d'information adressés par l'employeur au comité d'entreprise doivent porter non seulement sur la situation économique du secteur d'activité qu'il a lui-même pris en considération, mais aussi sur les raisons qui l'ont conduit à faire reposer son analyse sur ce secteur d'activité. Toutefois, d'une part, l'employeur, qui informe et consulte le comité d'entreprise sur son propre projet, n'est pas tenu d'adresser des éléments d'information relatifs à la situation économique d'un autre secteur d'activité que celui qu'il a retenu ; d'autre part, la circonstance que le secteur d'activité retenu par l'employeur ne serait pas de nature à établir le bien-fondé du projet soumis au comité d'entreprise ne saurait être utilement invoquée pour contester la légalité d'une décision d'homologation. En effet, l'administration n'a pas à se prononcer, lorsqu'elle statue sur une demande d'homologation d'un document fixant un plan de sauvegarde de l'emploi, sur le motif économique du projet de licenciement collectif, dont il n'appartient qu'au juge du licenciement, le cas échéant ultérieurement saisi, d'apprécier le bien-fondé.

CE 22 juillet 2015, n° 385816, Rec. Lebon p. 261. Voir aussi CE 13 janvier 2016, n° 389319 ; CE 7 février 2018, n° 403001, Rec. Lebon, p. 24.

Il appartient à l'administration de s'assurer que l'employeur a adressé au comité tous les éléments utiles pour qu'il formule ses deux avis en toute connaissance de cause, dans des conditions qui ne sont pas susceptibles d'avoir faussé sa consultation. Et ce, au vu, non seulement des premiers éléments d'information transmis au comité par l'employeur avec la convocation à sa première réunion, en application dispositions des articles L. 1233-31 et L. 1233-32 CT, mais aussi de tous ceux dont le comité a, le cas échéant, été destinataire au cours de la procédure d'information et de consultation.

Il résulte par ailleurs de l'article L. 1233-30 du même code, dans sa version applicable à l'espèce, que l'administration ne peut être régulièrement saisie d'une demande d'homologation d'un document unilatéral fixant le contenu d'un plan de sauvegarde de l'emploi que si cette demande est accompagnée des avis rendus par le comité d'entreprise, ou, en l'absence de ces avis, si le comité d'entreprise est réputé avoir été consulté.

Lorsque la demande est accompagnée des avis rendus par le comité d'entreprise, il résulte des dispositions précitées, éclairées par les travaux préparatoires de la loi du 14 juin 2013 de laquelle elles sont issues, que la circonstance que le comité d'entreprise ou, désormais, le comité social et économique ait rendu ses avis au-delà des délais qu'elles prévoient est par elle-même sans incidence sur la régularité de la procédure d'information et de consultation du comité.

En l'absence d'avis du comité d'entreprise ou, désormais, du comité social et économique, l'administration ne peut légalement homologuer ou valider le plan de sauvegarde de l'emploi qui lui est transmis que si, d'une part, le comité a été mis à même, avant cette transmission, de rendre ses deux avis en toute connaissance de cause dans des conditions qui ne sont pas susceptibles d'avoir faussé sa consultation et que, d'autre part, le délai prévu par ces dispositions est échu à la date de cette transmission.

Enfin, si des modalités d'information et de consultation différentes ont été fixées par un accord conclu sur le fondement de l'article L. 1233-21 ou de l'article L. 1233-24-1 CT, il appartient à l'administration de s'assurer, au regard de ces modalités, que le comité d'entreprise ou, désormais, le comité social et économique a été mis à même de rendre ses deux avis en toute connaissance de cause dans des conditions qui ne sont pas susceptibles d'avoir faussé sa consultation.

CE 22 mai 2019, n° 420780. Voir aussi CE 22 mai 2019, n° 413342.

Dans le cadre d'un projet de restructuration de son activité, une société a décidé de fermer l'un de ses sites de production et d'en supprimer tous les emplois ; par une décision du 20 avril 2015, le Direccte a homologué le document unilatéral fixant le plan de sauvegarde de l'emploi relatif à ce projet. Parallèlement à l'élaboration de ce document unilatéral, l'employeur a négocié et signé, le 26 mars 2015, sur le fondement des dispositions de droit commun de l'article L. 2232-12 CT, un accord d'entreprise prévoyant que les critères d'ordre des licenciements seraient appliqués au niveau de chaque établissement de l'entreprise ; l'application de ces stipulations au licenciement collectif provoqué par la fermeture de l'un des établissements de l'entreprise impliquait que les suppressions d'emplois en résultant ne concerneraient que les salariés employés dans l'établissement concerné.

Une cour administrative d'appel a constaté, d'une part, que lors de la réunion du 18 mars 2015 du comité central d'entreprise de la société, l'employeur avait soumis aux représentants du personnel un projet de plan de sauvegarde de l'emploi prévoyant le licenciement des seuls salariés employés dans l'établissement dont la fermeture était envisagée et qu'en l'absence, à cette date, d'accord d'entreprise permettant d'appliquer les critères d'ordre au niveau de chaque établissement, il avait fait état d'un projet d'accord en ce sens dont il escomptait la signature à bref délai, et, d'autre part, relevé l'absence de tout élément établissant que le projet d'accord présenté le 18 mars 2015 aux délégués du personnel aurait été différent de l'accord effectivement conclu le 26 mars suivant.

En l'état de ces constatations, la cour a pu juger sans erreur de droit que la circonstance que le comité central d'entreprise ait été amené à se prononcer sur l'opération projetée et sur le plan de sauvegarde de l'emploi avant que l'accord d'entreprise ne soit effectivement signé n'était pas de nature à établir que l'information de ses membres aurait été insuffisante ou que ceux-ci n'auraient pas donné leur avis en toute connaissance de cause.

CE 10 juillet 2017, n° 398256.

Lorsque le comité d'entreprise souhaite se faire assister d'un expert-comptable, il doit en prendre la décision de principe dès la première réunion mentionnée à l'article L. 1233-30 CT ; sauf circonstance de nature à justifier le report de la désignation de l'expert-comptable à une réunion ultérieure, il appartient également au comité de procéder à cette désignation dès cette première réunion d'information et de consultation ; à défaut, l'expert-comptable ultérieurement désigné par le comité d'entreprise ne saurait être regardé comme ayant été désigné au titre des dispositions des articles L. 1233-34 et L. 2325-35 CT et la circonstance que l'employeur n'ait pas respecté les délais prévus par l'article L. 1233-35 CT pour communiquer à l'expert les informations demandées et que, de ce fait, l'expert n'ait pas disposé des délais prévus par ce même article pour remettre son rapport n'est pas de nature à entacher d'irrégularité la procédure d'information et de consultation du comité d'entreprise.

CE 23 novembre 2016, n° 388855.

Lorsque l'assistance d'un expert-comptable a été demandée selon les modalités prévues par l'article L. 1233-34 CT, l'administration doit également s'assurer que celui-ci a pu exercer sa mission dans des conditions permettant au comité d'entreprise de formuler ses avis en toute connaissance de cause ; si les représentants du personnel ont été privés du droit qu'ils tiennent des dispositions des articles L. 1233-34 et L. 2325-35 CT, ils ne peuvent en principe être regardés comme ayant été mis à même de formuler leurs avis en toute connaissance de cause.

CE 21 octobre 2015, n° 382633, Rec. Lebon p. 353. Voir aussi CE 21 octobre 2015, n° 385683.

Il résulte des dispositions des articles L. 1233-57-3 et L. 4612-8 CT alors applicables que, lorsque l'autorité administrative est saisie d'une demande d'homologation d'un document unilatéral fixant le contenu d'un plan de sauvegarde de l'emploi pour une opération qui, parce qu'elle modifie de manière importante les conditions de santé et de sécurité ou les conditions de travail des salariés de l'entreprise, requiert la consultation du ou des comités d'hygiène, de sécurité et des conditions de travail concernés, elle ne peut légalement accorder l'homologation demandée que si cette consultation a été régulière.

Par jugement d'un tribunal de commerce du 27 juillet 2015, une société a été placée en liquidation judiciaire avec poursuite d'activité jusqu'au 30 septembre 2015, prorogée ensuite jusqu'au 31 octobre 2015. À la demande du liquidateur judiciaire de la société, le DIRECCTE a, par une décision du 19 novembre 2015, homologué le document unilatéral fixant le plan de sauvegarde de l'emploi de cette société. Plusieurs salariés ont alors saisi la juridiction administrative d'une demande d'annulation de cette décision d'homologation fondée, notamment, sur le défaut de consultation du CHCST lors de l'élaboration du plan de sauvegarde de l'emploi.

Ayant relevé qu'en l'absence d'offre de reprise de l'activité de la société, l'ensemble des postes de travail de cette entreprise devaient être supprimés et qu'il n'était pas soutenu devant elle qu'avant l'achèvement de cette opération, les conditions de santé et de sécurité dans l'entreprise ou les conditions de travail des salariés ayant vocation à être licenciés étaient susceptibles d'être affectées par l'opération projetée, c'est à bon droit qu'une cour administrative d'appel a jugé que les salariés requérants ne pouvaient utilement soutenir que la procédure avait été irrégulière, faute de consultation du comité d'hygiène, de sécurité et des conditions de travail.

CE 13 février 2019, n° 404556.

Après avoir souverainement relevé qu'aucune unité économique et sociale n'avait été reconnue au sein de la société, c'est à bon droit qu'une cour administrative d'appel a jugé que le plan de sauvegarde de l'emploi et la procédure de consultation des représentants du personnel prévue par l'article L. 1233-30 CT n'avaient pas à être mis en œuvre au niveau d'une unité économique et sociale.

En effet, s'il résulte de l'article L. 2322-4 CT que l'existence d'une unité économique et sociale peut être reconnue par convention ou par décision de justice, à défaut de convention, il n'appartient qu'au juge judiciaire de se prononcer sur l'existence d'une unité économique et sociale.

CE 13 février 2019, n° 404556, précité.

Jurisprudence commune aux deux possibilités d'élaboration du plan de sauvegarde de l'emploi

La procédure d'information et de consultation du CHSCT doit avoir été régulière.

Lorsque l'autorité administrative est saisie d'une demande de validation d'un accord collectif ou d'homologation d'un document unilatéral fixant le contenu d'un plan de sauvegarde de l'emploi pour une opération qui, parce qu'elle modifie de manière importante les conditions de santé et de sécurité ou les conditions de travail des salariés de l'entreprise, requiert la consultation du ou des comités d'hygiène, de sécurité et des conditions de travail concernés, elle ne peut légalement accorder la validation ou l'homologation demandée que si cette consultation a été régulière.

Il appartient à l'administration de s'assurer, en tenant compte des conditions dans lesquelles l'expert le cas échéant désigné a pu exercer sa mission, que le ou les CHSCT concernés ont pu, lorsque leur consultation est requise, se prononcer sur l'opération projetée en toute connaissance de cause.

Les vices qui affectent le cas échéant la consultation d'un CHSCT ne sont susceptibles d'entacher d'irrégularité la procédure d'information et de consultation et, par suite, de faire obstacle à toute validation ou d'homologation d'un accord ou d'un document fixant le contenu d'un plan de sauvegarde de l'emploi, que lorsque cette consultation est obligatoire.

L'irrégularité de la procédure d'information et de consultation obligatoire faisant obstacle à ce que l'administration puisse légalement homologuer le plan de sauvegarde de l'emploi, il appartient au juge, lorsqu'il constate que la procédure a été irrégulière, d'annuler la décision de validation ou d'homologation, sans avoir à rechercher l'influence exercée par cette irrégularité sur la décision en litige ni examiner si elle avait privé les salariés d'une garantie.

CE 29 juin 2016, n° 386581, Rec. Lebon p. 265.

Le CHSCT peut, au cours de la procédure d'information et de consultation, formuler une demande d'injonction ou contestation relative à l'expertise.

Alors même que l'article D. 1233-12 CT n'en prévoit pas expressément la possibilité, il résulte des articles L. 1233-57-5, D. 1233-12, L. 4614-13 et R. 4616-10 de ce code que, lorsque sa consultation est requise, le CHSCT peut, au cours de la procédure d'information et de consultation préalable à la transmission d'une demande de validation ou d'homologation relative à un plan de sauvegarde de l'emploi, saisir l'autorité administrative de toute atteinte à l'exercice de sa mission ou de celle de l'expert qu'il a le cas échéant désigné, en formulant, selon le cas, une demande d'injonction ou une contestation relative à l'expertise ; l'autorité administrative doit, dans les deux cas, se prononcer dans un délai de cinq jours et doit, si elle prononce une injonction sur le fondement de l'article L. 1233-57-5 de ce code, en informer le CHSCT qui l'a saisie ainsi que le comité d'entreprise et, en cas de négociation d'un accord mentionné à l'article L. 1233-24-1, les organisations syndicales représentatives.

Les procédures de demande d'injonction et de contestation relative à l'expertise ayant notamment pour objet de permettre aux institutions représentatives du personnel de contribuer elles-mêmes au respect de la procédure d'information et de consultation préalable à une demande de validation ou d'homologation relative à un plan de sauvegarde de l'emploi, l'administration saisie d'une telle demande peut, par suite, légalement tenir compte, dans l'appréciation globale qui lui incombe au titre de la régularité de cette procédure d'information et de consultation, de la circonstance qu'un CHSCT n'aurait formulé aucune demande d'injonction ni aucune contestation relative à l'expertise ; une telle circonstance ne saurait néanmoins dispenser l'administration de s'assurer, sous le contrôle du juge de l'excès de pouvoir, que ce CHSCT a effectivement disposé des informations utiles pour se prononcer sur l'opération projetée en toute connaissance de cause.

CE 29 juin 2016, n° 386581, précité.

Procédure d'injonction

Les décisions par lesquelles, sur le fondement de l'article L. 1233-57-5 CT, l'administration enjoint à l'employeur de fournir les éléments d'information ou de se conformer à une règle de procédure ne revêtent pas le caractère d'observations ou de propositions au sens des dispositions de l'article L. 1233-57-6 CT ; l'administration n'est, par suite, pas tenue d'en envoyer copie aux représentants du personnel.

CE 23 mars 2016, n° 389158.

Dans le cadre de la procédure d'injonction, l'employeur n'est pas tenu d'envoyer aux représentants du personnel et aux organisations syndicales la copie des réponses qu'il a transmises à l'administration.

En effet, l'obligation faite à l'employeur d'adresser aux représentants du personnel et, le cas échéant, aux organisations syndicales, la copie des réponses qu'il fait à l'administration, ne trouve à s'appliquer que dans les cas où l'administration lui a fait des observations ou des propositions au sens de l'article L. 1233-57-6 CT.

CE 7 décembre 2015, n° 383856, précité.

Il résulte des articles L. 1233-57-5 et L. 1235-7-1 CT que toute demande tendant, avant la transmission de la demande d'homologation, à ce qu'il soit enjoint à l'employeur de fournir les éléments d'information relatifs à la procédure en cours ou de se conformer à une règle de procédure prévue par les textes législatifs est adressée à l'autorité administrative, et que les décisions prises à ce titre ainsi que la régularité de la procédure de licenciement collectif ne peuvent faire l'objet d'un litige distinct de celui relatif à la décision d'homologation relevant de la compétence, en premier ressort, du tribunal administratif, à l'exclusion de tout autre recours administratif ou contentieux ; le juge judiciaire n'est donc pas compétent pour statuer sur la demande de l'expert-comptable du comité d'entreprise tendant à voir ordonner à la société de lui communiquer diverses pièces.

La direction d'une société a présenté lors de la réunion du comité d'entreprise du 27 juin 2014, un projet de restructuration prévoyant la suppression de 192 emplois et un projet de licenciement économique collectif ; désigné par le comité d'entreprise dans le cadre des dispositions de l'article L. 2325-35 CT alors applicable, un expert-comptable a rendu un rapport en septembre 2014 sur ce projet de réorganisation et du plan de sauvegarde de l'emploi (PSE) élaboré par l'employeur. L'autorité administrative ayant refusé, le 14 novembre 2014, d'homologuer le document unilatéral relatif à la mise en œuvre des licenciements et au contenu du PSE, la direction de la société a présenté au comité d'entreprise un nouveau projet lors de la réunion du 4 décembre 2014, au cours de laquelle ce dernier a désigné le même expert-comptable pour examiner le projet modifié ; l'employeur s'est opposé à la communication des pièces sollicitées par l'expert-comptable le 8 décembre 2014 et le comité d'entreprise a refusé de donner un avis sur les nouveaux projets lors de la réunion du 5 janvier 2015 ne disposant pas du rapport de son expert. Le 21 janvier 2015, l'expert-comptable a saisi un tribunal de grande instance afin d'obtenir de l'employeur les documents d'information sollicités pour réaliser sa mission ; dans le même temps la société a poursuivi son projet de restructuration et l'autorité administrative a homologué, le 28 janvier 2015, le nouveau document unilatéral présenté par l'employeur ; la demande d'annulation de cette décision d'homologation formée par le comité d'entreprise a ensuite été rejetée par un tribunal administratif le 18 juin 2015, dont la décision a été confirmée par une cour administrative d'appel le 29 octobre 2015.

Pour déclarer « recevable » la demande de l'expert-comptable et ordonner à la société de lui communiquer diverses pièces sous astreinte, une cour d'appel a retenu que seule était contestée la question de la communication de pièces et non la désignation de l'expert-comptable, que l'expert-comptable n'est pas visé par l'article L. 1233-57-5 CT pour saisir l'autorité administrative d'une demande d'injonction, ni par l'article L. 1235-7-1 du même code pour exercer un recours auprès des juridictions administratives après la décision d'homologation de l'autorité administrative, qu'ainsi, si la loi de sécurisation de l'emploi du 14 juin 2013 a dépossédé l'ordre judiciaire de sa compétence au profit de l'ordre administratif pour tout ce qui a trait à la procédure de licenciement collectif pour motif économique, elle n'a pas pour autant privé l'expert-comptable qui, désigné en application de l'article L. 2325-35 CT, dispose d'un droit de communication des documents nécessaires à l'exercice de sa mission et de la possibilité de saisir le juge des référés d'une demande de communication de ces pièces.

En statuant ainsi, alors que la juridiction de l'ordre judiciaire n'était pas compétente pour statuer sur la demande, la cour d'appel a violé les articles L. 1233-57-5 et L. 1235-7-1 CT.

Cass. soc. 28 mars 2018, n° 15-21.372, à paraître.

Information, propositions et observations de l'administration

L'obligation qui incombe à l'administration d'envoyer copie au comité d'entreprise des observations qu'elle adresse à l'employeur sur le fondement de l'article L. 1233-57-6 CT vise à ce que le comité d'entreprise dispose de tous les éléments utiles pour formuler ses deux avis en toute connaissance de cause ; le respect de cette obligation doit, par suite, être pris en compte dans l'appréciation globale de la régularité de la procédure d'information et de consultation du comité d'entreprise à laquelle doit se livrer l'administration à la date où elle statue sur la demande d'homologation.

CE 23 mars 2016, n° 389158, précité.

Lorsque les observations de l'administration concernent la procédure d'information et de consultation des institutions représentatives du personnel, les suites qui leur sont données par l'employeur comme le respect par celui-ci de l'obligation d'adresser copie de sa réponse aux représentants du personnel et, le cas échéant, aux organisations syndicales, doivent être pris en compte par l'administration dans l'appréciation globale de la régularité de cette procédure d'information et de consultation.

Ainsi, la méconnaissance par l'employeur de son obligation de transmettre au comité d'entreprise ses réponses aux observations de l'administration n'est pas de nature à entraîner nécessairement l'irrégularité de la procédure d'information et de consultation mais doit être prise en compte dans l'appréciation globale que doit porter l'administration sur la régularité de cette procédure.

CE 7 décembre 2015, n° 381307.

Validation de l'accord ou homologation du document unilatéral par l'autorité administrative

La décision doit être motivée…

L'exigence légale de motivation prévue à l'article L. 1233-57-4 CT implique que la décision de validation ou d'homologation du plan de sauvegarde de l'emploi doit énoncer les éléments de droit et de fait qui en constituent le fondement, de sorte que les personnes auxquelles ces décisions sont notifiées puissent à leur seule lecture en connaître les motifs, mais n'implique ni que l'administration prenne explicitement parti sur le respect de chacune des règles dont il lui appartient d'assurer le contrôle en application des dispositions des articles L. 1233-57-2 et L. 1233-57-3 CT, ni qu'elle retrace dans la motivation de sa décision les étapes de la procédure préalable à son édiction.

CE 22 juillet 2015, n° 385816, précité. Voir aussi CE 30 mai 2016, n° 384114.

… et faire apparaître les éléments essentiels sur lesquels elle repose.

En vertu de l'article L. 1233-57-4 CT, la décision expresse par laquelle l'administration homologue un document fixant le contenu d'un plan de sauvegarde de l'emploi doit énoncer les éléments de droit et de fait qui en constituent le fondement, de sorte que les personnes auxquelles cette décision est notifiée puissent à sa seule lecture en connaître les motifs.

Si le respect de cette règle de motivation n'implique ni que l'administration prenne explicitement parti sur les éléments qu'il lui incombe de contrôler, ni qu'elle retrace dans la motivation de sa décision les étapes de la procédure préalable à son édiction, il lui appartient, toutefois, d'y faire apparaître les éléments essentiels de son examen.

Doivent ainsi y figurer ceux relatifs à la régularité de la procédure d'information et de consultation des instances représentatives du personnel, ceux tenant au caractère suffisant des mesures contenues dans le plan au regard des moyens de l'entreprise et, le cas échéant, de l'unité économique et sociale ou du groupe ainsi que, à ce titre, ceux relatifs à la recherche, par l'employeur, des postes de reclassement. En outre, il appartient, le cas échéant, à l'administration d'indiquer dans la motivation de sa décision tout élément sur lequel elle aurait été, en raison des circonstances propres à l'espèce, spécifiquement amenée à porter une appréciation.

CE 1er février 2017, n° 391744, Rec. Lebon p. 30. Voir aussi CE 24 novembre 2017, n° 389443.

La décision par laquelle l'administration refuse d'homologuer un plan de sauvegarde de l'emploi doit également être motivée ; mais, dans ce cas, il lui incombe seulement d'énoncer les éléments de droit et de fait qui constituent le fondement de sa décision.

CE 24 novembre 2017, n° 389443, précité.

Le plan de sauvegarde de l'emploi doit revêtir un certain contenu

• Jurisprudence rendue dans le cadre de la législation antérieure à la loi du 14 juin 2013

Lorsqu'un plan de sauvegarde de l'emploi est établi volontairement par une entreprise comportant moins de 50 salariés, le plan n'a pas à satisfaire aux exigences des articles L. 1233-61 et 62 CT.

C'est à bon droit qu'une cour d'appel a débouté des salariés de leurs demandes tendant à voir juger que le plan de sauvegarde de l'emploi soumis par le mandataire liquidateur de la société au comité d'entreprise étant insuffisant, leur licenciement était sans cause réelle et sérieuse.

En effet, après avoir constaté que l'entreprise comportait moins de 50 salariés au jour de l'engagement de la procédure de licenciement, la cour d'appel a retenu à bon droit que « le plan de sauvegarde de l'emploi » volontairement mis en place par l'employeur n'avait pas à satisfaire aux exigences des articles L. 1233-61 et L. 1233-62 CT.

Cass. soc. 10 juin 2015, n° 14-10.031, 4e branche du moyen, BC V n° 118.

Les mesures contenues dans le plan de sauvegarde de l'emploi doivent être concrètes, vérifiables et proportionnelles aux moyens de l'entreprise.

Selon l'article L. 321-4-1 CT, dans les entreprises employant au moins 50 salariés, lorsque le nombre de licenciements est au moins égal à 10 dans une même période de 30 jours, l'employeur doit établir et mettre en œuvre un plan social pour éviter les licenciements ou en limiter le nombre et pour faciliter le reclassement du personnel dont le licenciement ne pourrait être évité, notamment les salariés âgés ou qui présentent des caractéristiques sociales ou de qualification rendant leur réinsertion professionnelle particulièrement difficile. Le plan social doit prévoir des mesures autres que les dispositions concernant les conventions de conversion telles que, par exemple, des actions de reclassement interne ou externe à l'entreprise, des créations d'activités nouvelles, des options de formation ou de conversion, des mesures de réduction ou d'aménagement de la durée du travail. Il en résulte que l'employeur doit mettre en œuvre toutes les mesures possibles, appréciées en fonction des moyens dont dispose l'entreprise, pour maintenir les emplois ou faciliter le reclassement.

Une société, envisageant le licenciement pour motif économique de 14 salariés, avait présenté un plan social au comité d'entreprise qui, après avoir émis un avis défavorable, avait saisi le tribunal de grande instance pour faire constater la nullité du plan social.

A méconnu les exigences s'imposant à l'employeur la cour d'appel qui, pour débouter le comité d'entreprise de son action en nullité, a énoncé que la loi, lorsqu'elle cite à titre d'exemple les mesures à prendre dans le plan social, n'impose pas à l'employeur de les prendre toutes dès lors qu'une seule, par son efficacité, est de nature à assurer le maintien de l'emploi et qu'en l'espèce, le plan social, qui proposait 30 postes aux 14 salariés concernés avec le bénéfice d'une aide financière, répondait aux exigences légales, sans rechercher si, en dehors de reclassements impliquant pour des salariés anciens un déplacement dans une autre région et se traduisant par une modification du contrat de travail, l'employeur ne pouvait pas prendre, comme le soutenait le comité d'entreprise, d'autres mesures telles que réduction de la durée du travail, passage à temps partiel et développement d'activités nouvelles.

Cass. soc. 28 mars 2000, n° 98-21.870, BC V n° 131.

Il résulte des dispositions de l'article L. 321-4-1 CT que l'employeur est tenu de présenter un plan social comportant des mesures concrètes et précises et que les possibilités de reclassement doivent être recherchées non seulement dans l'entreprise concernée mais également à l'intérieur du groupe parmi les entreprises dont les activités, l'organisation ou le lieu d'exploitation leur permettent d'effectuer la permutation de tout ou partie du personnel.

Une cour d'appel, après avoir constaté que la société intéressée appartenait à un groupe et qu'elle avait proposé, au titre du reclassement interne, 44 emplois dans ses différents établissements, a relevé que le plan social, lequel précisait que des reclassements pouvaient être envisagés au sein du groupe, ne comportait cependant aucune indication sur le nombre, la nature et la localisation des emplois qui pouvaient être offerts aux salariés dans 11 des sociétés composant le groupe où la recherche d'emplois de reclassement n'a pas été conduite et dont il n'est rien dit quant à l'activité, l'organisation et le lieu d'exploitation. La cour a pu en déduire que le plan social ne répondait pas aux exigences de l'article L. 321-4-1 CT et prononcer en conséquence la nullité de la procédure de licenciement suivie.

Cass. soc. 18 novembre 1998, n° 96-15.974, BC V n° 502. Voir aussi cass. soc. 10 juin 1997, n° 95-19.818, BC V n° 216.

S'agissant des possibilités de reclassement au sein du groupe, la pertinence du plan de sauvegarde de l'emploi doit s'apprécier parmi les entreprises dont les activités, l'organisation ou le lieu d'exploitation leur permettent la permutation de tout ou partie du personnel.

Cass. soc. 16 novembre 2016, n° 15-15.190, 1er moyen, BC V n° 218.

Ainsi, le plan doit préciser le nombre, la nature et la localisation des emplois proposés en vue d'un reclassement dans les sociétés du groupe dont relève l'employeur.

Pour satisfaire aux exigences des articles L. 1233-61 et 62 CT, le plan de reclassement intégré au plan de sauvegarde de l'emploi doit comporter des mesures précises et concrètes propres à permettre le reclassement effectif des salariés dont le licenciement ne pourrait être évité et il doit, notamment, préciser le nombre, la nature et la localisation des emplois proposés en vue d'un reclassement dans les sociétés du groupe dont relève l'employeur.

Après avoir constaté, d'une part, que, bien que les postes de reclassement identifiés comme disponibles dans les sociétés situées en France ne couvraient pas tous les emplois supprimés et qu'il existait des possibilités de reclassement dans les sociétés du groupe situées à l'étranger, un plan de sauvegarde de l'emploi ne comportait aucune indication en ce qui concerne le nombre, la nature et la localisation des emplois disponibles dans les filiales étrangères, d'autre part, que le reclassement des salariés menacés de licenciement économique sur les postes recensés comme disponibles était subordonné à une période probatoire ou d'adaptation et ne comportait aucune garantie d'attribution du poste pour les candidats, une cour d'appel a pu en déduire que le plan de sauvegarde de l'emploi ne répondait pas aux exigences légales et que la procédure de licenciement collectif pour motif économique était nulle.

Cass. soc. 28 mars 2012, n° 11-30.034, 1er moyen, BC V n° 111. Voir aussi cass. soc. 12 mai 2015, n° 14-11.530.

Après avoir constaté qu'un plan social, qui prévoyait des reclassements dans les sociétés d'un groupe situées à l'étranger, sans faire état à ce titre d'une impossibilité, ne précisait ni le nombre, ni la nature, ni la localisation des emplois offerts à ce titre, une cour d'appel a pu en déduire que ce plan était insuffisant et qu'en conséquence, la procédure de licenciement était atteinte de nullité.

Cass. soc. 16 décembre 2008, n° 07-45.001, 1er moyen. Voir aussi cass. soc. 13 juillet 2010, n° 09-43.028.

Les préretraites FNE, les primes de départ volontaire… ne constituent pas, à elles seules, des mesures effectives.

Le plan de reclassement intégré au plan social devant comporter des mesures précises et concrètes de nature à éviter les licenciements ou à en limiter le nombre, c'est à bon droit qu'une cour d'appel a écarté du débat sur la pertinence du plan de reclassement les conventions de conversion, les préretraites du FNE, les primes de départ volontaire et les dispositions relatives à la priorité de réembauchage. Ayant par ailleurs relevé que le plan ne permettait pas de déterminer si les postes offerts par la société étaient, en l'absence de précisions sur les catégories professionnelles, de nature à permettre le reclassement des salariés et que les mesures en faveur du reclassement externe des salariés étaient illusoires, les juges ont pu décider que la procédure de licenciement était nulle.

Cass. soc. 13 février 1997, n° 95-16.648, BC V n° 63.

En application des dispositions combinées des articles L. 321-4-1 et L. 321-4 CT, le plan social que l'employeur doit établir et mettre en œuvre doit comporter, dès l'origine, des mesures précises et concrètes pour éviter des licenciements et en limiter le nombre, en particulier par des actions de reclassement, peu important que les départs volontaires soient privilégiés par l'employeur ; il doit être accompagné de l'indication des catégories professionnelles concernées par le projet de licenciement collectif de manière à déterminer si les postes offerts sont de nature à permettre un reclassement efficace.

Ayant relevé, d'une part, que les mesures contenues dans un plan social et relatives à la conclusion de conventions de préretraite progressive, à la prise de congés de longue durée et à l'incitation à des départs volontaires hors de l'entreprise ne constituaient pas des mesures propres à assurer le reclassement des salariés, d'autre part, que la société n'avait donné à ses salariés aucune indication précise quant aux emplois dont la suppression était envisagée et que les dispositions du plan social relatives aux reclassements à l'intérieur de l'entreprise ou dans les sociétés du groupe ne comportaient aucune information précise sur les emplois disponibles, à ce titre, une cour d'appel a pu décider que le plan social ne répondait pas aux exigences légales et était nul.

Cass. soc. 28 mars 2000, n° 98-40.228, 2e moyen, BC V n° 132.

La pertinence du plan de sauvegarde de l'emploi doit s'apprécier en fonction des moyens dont disposent l'entreprise et le groupe auquel elle est éventuellement intégrée.

Ayant exactement rappelé que la pertinence d'un plan social doit être appréciée en fonction des moyens dont disposent l'entreprise et le groupe auquel elle est éventuellement intégrée, une cour d'appel a constaté que les sociétés intéressées connaissaient une situation financière préoccupante et appartenaient à un groupe dont le secteur d'activité principal, le transport routier, était soumis à une concurrence aiguë entraînant d'importantes restructurations. Elle a relevé que, dans ce contexte, les plans sociaux établis comportaient la création d'activités nouvelles, l'indication des postes de reclassement proposés dans le groupe parmi les entreprises dont les activités, l'organisation et le lieu d'exploitation leur permettaient d'effectuer la permutation de tout ou partie du personnel et des mesures de reclassement externe consistant dans la prise en charge financière de stages d'aide au reclassement ou de formation-adaptation. La cour d'appel a ainsi pu décider que l'ensemble de ces mesures répondait aux exigences légales et que le plan social était valable.

Cass. soc. 18 novembre 1998, n° 96-22.343, BC V n° 501. Voir aussi cass. soc. 9 mai 2000, n° 98-20.588, BC V n° 172 ; cass. soc. 3 avril 2013, n° 12-11.654.

S'agissant des moyens financiers du groupe, la pertinence du plan de sauvegarde de l'emploi doit s'apprécier compte tenu des moyens de l'ensemble des entreprises unies par le contrôle ou l'influence d'une entreprise dominante dans les conditions définies à l'article L. 2331-1 CT sans qu'il y ait lieu de réduire le groupe aux entreprises situées sur le territoire national.

Cass. soc. 16 novembre 2016, n° 15-15.190, précité.

La pertinence d'un plan de sauvegarde de l'emploi doit être appréciée en fonction des moyens dont disposent l'entreprise et le groupe dont elle fait partie pour maintenir les emplois ou faciliter le reclassement ; s'agissant des moyens financiers du groupe, la pertinence doit s'apprécier compte tenu des moyens de l'ensemble des entreprises unies par le contrôle ou l'influence d'une entreprise dominante dans les conditions définies à l'article L. 2331-1 CT sans qu'il y ait lieu de réduire le groupe aux entreprises situées sur le territoire national.

Doit être cassé l'arrêt qui, pour débouter les salariés de leurs demandes d'indemnité pour licenciement sans cause réelle et sérieuse du fait de l'insuffisance du plan de sauvegarde de l'emploi, a retenu que le seul fait que le dirigeant était actionnaire majoritaire de la société et des autres sociétés liées avec elle par des intérêts communs ne suffisait pas à considérer qu'elles appartenaient à un même groupe au sens de l'article L. 1235-10, al. 2, CT.

En effet, en statuant ainsi, après avoir relevé que le dirigeant de la société était directement ou indirectement actionnaire majoritaire de dix autres sociétés, en sorte que les conditions du contrôle effectif prévues par l'article L. 2331-1 CT étaient remplies entre ces sociétés, peu important que ce contrôle soit assuré par une personne physique en qualité de dirigeant de sociétés, la cour d'appel a violé l'article L. 1235-10 CT dans sa rédaction applicable à la cause.

Cass. soc. 21 septembre 2017, n° 16-23.223, BC V n° 149.

Le plan de sauvegarde de l'emploi doit comporter un plan de reclassement…

Ayant constaté que la société avait fourni, par zone géographique, la liste des postes disponibles et à créer au sein des trois familles de métiers affectées par les restructurations et dans lesquelles la permutabilité était envisageable, à savoir administration et gestion, traitement bancaire et logistique et technique, une cour d'appel a pu en déduire que l'employeur avait présenté un plan de reclassement au sens de l'article L. 321-4-1 CT.

Cass. soc. 10 mai 1999, n° 96-19.828, 1er moyen du pourvoi principal, BC V n° 202.

Une compagnie aérienne avait conclu avec une société « A » un contrat de prestations de services lui confiant des opérations d'inspection à l'aéroport d'Orly. Après la reconduction du contrat et la généralisation de l'expérience, la compagnie aérienne avait concédé à une société « B » le marché d'Orly jusqu'alors attribué à la société « A », et avait concédé à celle-ci un marché de même nature sur le site de Roissy. Envisageant une procédure de licenciement économique collectif à la suite de cette opération, la société « A » avait présenté un plan social au comité d'entreprise, qui n'avait soulevé aucune observation. Des salariés avaient été licenciés pour motif économique par lettre invoquant notamment le refus d'une affectation sur le site de Roissy.

Doit être cassé l'arrêt qui, pour dire que le licenciement était dépourvu de cause réelle et sérieuse, a énoncé que la proposition faite à 62 salariés par la société « A » par une note générale intitulée « mutation éventuelle à Roissy » ne pouvait être considérée comme une proposition ferme ni comme une mesure sérieuse de reclassement, puisqu'il s'agissait d'une offre informelle qui n'avait pas été adressée nominativement aux salariés et qui leur avait été faite alors que la société leur avait laissé espérer la possibilité d'une reprise de leur contrat à Orly par la société « B » dans le cadre des dispositions de l'article L. 122-12 CT, ainsi que cela résultait des procès-verbaux des réunions du comité d'entreprise, que l'employeur qui ne peut recourir à une mesure de reclassement externe qu'après avoir épuisé toutes les mesures permettant le reclassement interne qui peuvent seules éviter le licenciement, ne démontrait pas l'impossibilité où il était de reclasser les salariés au sein de la société.

En statuant ainsi, après avoir relevé que l'employeur avait présenté un plan social prévoyant le reclassement interne de 62 salariés sous forme d'emplois à Roissy qui avaient été proposés à chaque salarié concerné, la cour d'appel n'a pas tiré les conséquences légales de ses propres constatations, à savoir que le plan social comportait un véritable plan de reclassement et que le reclassement de chaque salarié avait été recherché.

Cass. soc. 20 octobre 1999, n° 98-41.337, BC V n° 387.

... et en garantir l'accès prioritaire aux salariés susceptibles d'être licenciés.

Un plan de sauvegarde de l'emploi prévoyait que les salariés susceptibles d'être licenciés et auxquels pouvait être faite une proposition de reclassement dans l'une des sociétés du groupe ne bénéficiaient d'aucune priorité et devaient obtenir l'accord de l'entité d'accueil sur leur candidature et, après période d'adaptation de deux mois, sur leur maintien dans cette entité, sans précision sur les conditions dans lesquelles cette dernière était susceptible d'accepter ou de refuser. Il en résultait qu'en cas de concours de candidatures entre un salarié à reclasser et un salarié venant de l'extérieur du groupe, c'est ce dernier qui pouvait être choisi. Une cour a pu en déduire que ce plan, qui ne garantissait pas le reclassement des salariés en cas d'emploi disponible dans le groupe, ne répondait pas aux exigences légales.

Cass. soc. 12 juillet 2010, n° 09-15.182, 4 dernières branches du moyen, BC V n° 166. Voir aussi cass. soc. 28 mars 2012, n° 11-30.034, précité.

En revanche, lorsque l'employeur s'engage, dans la mise en œuvre d'un plan de départs volontaires, à ne prononcer aucun licenciement, l'élaboration d'un plan de reclassement n'est pas nécessaire...

L'employeur qui, pour des raisons économiques, entend supprimer des emplois en concluant avec les salariés intéressés des accords de rupture amiable, est tenu d'établir un plan de sauvegarde de l'emploi lorsque les conditions prévues par l'article L. 1233-61 CT sont remplies ; toutefois, un plan de reclassement, qui ne s'adresse qu'aux salariés dont le licenciement ne peut être évité, n'est pas nécessaire dès lors que le plan de réduction des effectifs au moyen de départs volontaires exclut tout licenciement pour atteindre les objectifs qui lui sont assignés en termes de suppressions d'emplois.

Après avoir constaté qu'une société s'était engagée, dans la mise en œuvre d'un plan d'ajustement des effectifs basé sur le volontariat, à ne prononcer aucun licenciement, une cour d'appel a pu en déduire que cet employeur n'était pas tenu d'établir un plan de reclassement.

Cass. soc. 26 octobre 2010, n° 09-15.187, BC V n° 245.

... à condition que le projet de réduction d'effectifs n'implique pas la suppression de l'emploi de salariés ne voulant pas quitter l'entreprise.

Si l'employeur, qui entend supprimer des emplois pour des raisons économiques en concluant avec les salariés des accords de rupture amiable n'est pas tenu d'établir un plan de reclassement interne, lorsque le plan de réduction des effectifs au moyen de départs volontaires exclut tout licenciement pour atteindre des objectifs qui lui sont assignés en terme de suppression d'emplois, il en va autrement lorsque le projet de réduction d'effectifs de l'employeur implique la suppression de l'emploi de salariés qui ne veulent ou ne peuvent quitter l'entreprise dans le cadre du plan de départs volontaires. Le maintien de ces salariés dans l'entreprise supposant nécessairement en ce cas un reclassement dans un autre emploi, un plan de reclassement interne doit alors être intégré au plan de sauvegarde de l'emploi.

Cass. soc. 25 janvier 2012, n° 10-23.516, BC V n° 22. Voir aussi cass. soc. 9 octobre 2012, n° 11-23.142, BC V n° 254.

Ayant constaté que les départs volontaires prévus dans le plan de sauvegarde de l'emploi s'adressaient aux salariés dont le licenciement était envisagé, en raison de la réduction d'effectifs, sans engagement de ne pas les licencier si l'objectif n'était pas atteint au moyen de ruptures amiables des contrats de travail des intéressés, une cour d'appel en a déduit à bon droit que l'employeur était tenu, à l'égard de ces salariés, d'exécuter au préalable l'obligation de reclassement prévue dans le plan, en leur proposant des emplois disponibles dans les sociétés du groupe et adaptés à leur situation personnelle.

Cass. soc. 23 avril 2013, n° 12-15.221, 1er moyen, BC V n° 108. Voir aussi cass. soc. 19 mai 2016, n° 15-12.137, BC V n° 104 (arrêt n° 1) ; cass. soc. 19 mai 2016, n° 15-11.047, 2e moyen du pourvoi principal, BC V n° 104 (arrêt n° 2).

Un plan de sauvegarde de l'emploi ne peut pas prévoir la substitution des mesures destinées à favoriser le reclassement qu'il comporte par une indemnisation subordonnée à la conclusion d'une transaction emportant renonciation à toute contestation ultérieure de ces mesures.

À la suite de la réorganisation d'une entreprise et d'un plan de sauvegarde de l'emploi, il a été proposé à un salarié de conserver son poste et d'exercer ses fonctions dans un autre établissement, ce qu'il a refusé ; licencié le 29 avril 2002, le salarié a signé avec son employeur un protocole d'accord transactionnel le 16 août de la même année.

Pour débouter l'intéressé de sa demande aux fins d'annulation de son licenciement économique, une cour d'appel a retenu que la transaction comportait bien des concessions réciproques dès lors que la somme de 9 300 euros perçue par lui ne constituait pas la simple attribution de droits qu'il tenait déjà d'un accord d'entreprise améliorant un plan social mais bien un avantage réel dès lors que le plan de sauvegarde pour l'emploi conditionnait l'octroi des aides correspondantes à la justification de ce que les conditions suivantes étaient bien remplies :
– aide à la mobilité : acceptation d'un emploi situé à plus de 70 km du domicile du salarié ;
– aide à la formation : suivi d'un stage de formation professionnelle ;
– prime à l'embauche : justifier de l'obtention d'un nouvel emploi dans un délai de deux mois ;
– allocations temporaires dégressives : justifier de l'obtention d'un nouvel emploi dans un délai de six mois impliquant une perte de rémunération mensuelle de 150 euros.

En statuant ainsi, alors que l'accord transactionnel signé par le salarié emportait renonciation au plan de sauvegarde de l'emploi, la cour d'appel a violé les articles 2044 c. civ., L. 132-4 et L. 321-4-1 CT.

Cass. soc. 20 novembre 2007, n° 06-41.410, BC V n° 195.

De même, un plan de sauvegarde de l'emploi ne peut pas subordonner le versement d'une indemnité prévue en faveur des salariés n'ayant pas bénéficié d'un reclassement interne à la conclusion d'une transaction individuelle.

En effet, les conditions d'octroi d'un avantage résultant d'un plan de sauvegarde de l'emploi doivent être objectivement définies

Cass. soc. 23 mars 2011, n° 09-41.582.

Même si le plan de sauvegarde de l'emploi contient un plan visant au reclassement des salariés, l'employeur doit respecter son obligation de reclassement, que le licenciement soit individuel ou collectif.

Avant tout licenciement pour motif économique, l'employeur doit rechercher et proposer aux salariés les postes disponibles, même si un plan social a été établi. Dès lors, les arguments de l'employeur selon lesquels l'obligation de reclassement ne s'applique qu'en cas de licenciement individuel et non en cas de licenciement collectif, dans la mesure où le plan social contient déjà une obligation de reclassement, doivent être rejetés. En l'espèce, la société, n'ayant fait aucun effort pour tenter de reclasser le personnel, alors qu'elle possédait plusieurs centres médicaux en France, a pu être condamnée à payer des dommages-intérêts pour licenciement sans cause réelle et sérieuse.

Cass. soc. 22 février 1995, n° 93-43.404, 2e moyen, BC V n° 66. Voir aussi cass. soc. 7 juillet 1998, n° 96-41.565, BC V n° 370, cité dans « Licenciement économique (Reclassement) » ; cass. soc. 17 janvier 2001, n° 98-46.109.

Doit être cassé l'arrêt qui, pour déclarer un plan de sauvegarde de l'emploi non conforme aux exigences légales, a d'abord retenu que seul un quart des postes offerts au reclassement dans la liste annexée au plan social constituaient des offres réelles et concrètes de reclassement susceptibles d'être proposées aux salariés après l'expiration du délai d'acceptation de la modification du contrat de travail, ce qui n'était pas proportionné à la taille de l'entreprise et du groupe auquel elle appartenait, qu'ensuite, la période de dispense partielle puis totale d'activité prévue dans le plan au titre des mesures de reclassement interne avait pour objet de permettre au salarié de consacrer l'essentiel de son activité à la recherche de ce reclassement, ce qui ne satisfaisait pas aux exigences de l'article L. 321-4-1 CT dès lors qu'elle transférait au salarié une obligation pesant sur l'employeur et qu'au surplus, les salariés n'avaient ainsi plus accès au réseau intranet de l'entreprise sur lequel était diffusée la liste des emplois disponibles et qu'enfin, ni les autres dispositions du plan de reclassement interne relatives à l'accompagnement par un relais conseil mobilité, ainsi que les mesures d'accompagnement de la mobilité, ni celles portant sur le reclassement externe n'étaient suffisantes au regard des exigences de ce texte.

En effet :

– d'une part, la pertinence du plan doit être appréciée en fonction de l'ensemble des mesures qu'il contient et en tenant compte de la procédure d'actualisation des offres d'emploi qu'il prévoit ;

– d'autre part, constitue une mesure de reclassement licite la mise en situation de recherche de reclassement pendant une période déterminée avec dispense d'activité et maintien de la rémunération dès lors que, pendant cette période, l'employeur remplit son obligation de recherche de reclassement et que le plan prévoit les mesures nécessaires à cet effet.

Cass. soc. 14 février 2007, n° 05-45.887.

Le plan de sauvegarde de l'emploi n'a pas à contenir la liste des salariés dont le licenciement est envisagé.

Cass. soc. 7 octobre 1998, n° 96-40.424, BC V n° 404, cité dans « Ordre des licenciements ».

Si un plan de sauvegarde de l'emploi peut contenir des mesures réservées à certains salariés, c'est à la condition que tous les salariés de l'entreprise placés dans une situation identique au regard de l'avantage en cause puissent bénéficier de cet avantage, à moins qu'une différence de traitement soit justifiée par des raisons objectives et pertinentes, et que les règles déterminant les conditions d'attribution de cet avantage soient préalablement définies et contrôlables.

Ayant constaté d'une part, qu'une salariée avait refusé une mesure de cessation anticipée d'activité et que le plan de sauvegarde de l'emploi prévoyait que, de ce fait, les avantages dont elle bénéficiait étaient moins importants que ceux des autres salariés licenciés qui ne remplissaient pas les conditions pour prétendre à un départ anticipé et d'autre part, que cette différence de traitement ne pouvait être justifiée par le seul fait d'inciter les salariés âgés d'au moins 55 ans, à accepter une cessation anticipée d'activité, une cour d'appel a retenu à bon droit que la salariée faisait l'objet d'une différence de traitement qui n'était pas justifiée par des raisons objectives et pertinentes.

Cass. soc. 9 juillet 2015, n° 14-16.009, 1er moyen, BC V n° 154.

Après avoir constaté, d'une part, que les mesures incitant aux départs volontaires contenues dans un plan de sauvegarde de l'emploi étaient réservées aux seuls salariés d'un établissement de l'entreprise et, d'autre part, qu'au cas où elles ne permettraient pas d'atteindre l'objectif de réduction d'effectifs, il était prévu des licenciements économiques auxquels tous les salariés de l'entreprise appartenant aux catégories professionnelles concernées seraient exposés, sans avoir pu bénéficier de l'alternative offerte par les aides au départ volontaire - ce dont il résultait une rupture dans l'égalité de traitement entre les salariés des divers établissements - c'est à bon droit qu'une cour d'appel a dit que le plan comportait des dispositions discriminatoires sur le volet volontariat.

Cass. soc. 12 juillet 2010, n° 09-15.182, 4 premières branches du moyen, BC V n° 166.

Une salariée, travaillant en dernier lieu au service administratif d'une association, avait été licenciée pour motif économique. Le plan social prévoyait notamment, au bénéfice des salariés âgés de 57 ans au moins, le versement d'une indemnité de reclassement, sans condition de reclassement effectif, seuls les salariés des services généraux étant admis à cumuler cette indemnité avec leur adhésion à une convention de préretraite AS-FNE. Après avoir accepté d'adhérer à une convention AS-FNE, la salariée avait annulé cette adhésion pour percevoir l'indemnité de reclassement ; ayant ainsi perdu le bénéfice de l'allocation spéciale servie par le FNE, elle avait saisi le conseil de prud'hommes pour obtenir réparation du préjudice résultant de la perte de cet avantage, les conditions mises au versement de l'indemnité de reclassement dans le plan social étant, selon elle, discriminatoires, au regard de son niveau de rémunération.

C'est à tort que, pour débouter l'intéressée de cette demande, le conseil de prud'hommes a retenu que le plan social excluait du bénéfice de cette indemnité le personnel ayant accepté une convention d'allocation spéciale, lorsque les salariés n'appartenaient pas aux services généraux, que l'employeur avait appliqué cette mesure à l'ensemble du personnel des services administratifs, dont relevait la salariée, et que la dérogation à l'interdiction de cumul étant destinée à privilégier les plus bas salaires, aucune discrimination n'avait été commise au détriment de la salariée, sans vérifier si le niveau de rémunération de la salariée n'était pas, comme elle le soutenait, identique à celui d'autres salariés des services généraux ayant bénéficié du cumul qui lui était refusé.

Cass. soc. 10 juillet 2001, n° 99-40.987, BC V n° 255.

À la suite d'une réorganisation de ses fonctions, le poste d'un salarié a été supprimé et l'employeur lui a notifié son licenciement pour motif économique ; le salarié a saisi la juridiction prud'homale en invoquant notamment le principe d'égalité de traitement par rapport aux salariés licenciés à la suite de la fermeture de leur site, dans le cadre de la même procédure de licenciement économique collectif et pour lesquels le plan de sauvegarde de l'emploi prévoyait une indemnité spécifique de 10 000 €.

Après avoir relevé que le salarié dont le poste avait été supprimé avait été exposé, au même titre que les salariés dont le site avait été fermé, à un licenciement économique, une cour d'appel, qui a constaté que l'employeur n'avançait aucune explication objective et pertinente propre à justifier l'attribution aux seuls salariés concernés par la fermeture d'un site de l'indemnité spécifique prévue par le plan de sauvegarde de l'emploi, a pu accueillir la demande du salarié et condamner son employeur à lui verser l'indemnité spécifique.

Cass. soc. 23 octobre 2013, n° 12-23.457, BC V n° 243.

Un plan de sauvegarde peut exclure du droit à l'indemnité additionnelle de licenciement qu'il prévoit les salariés bénéficiant d'une préretraite ou d'une pension d'invalidité, ces salariés se trouvant, après leur licenciement, dans une situation de précarité moindre que les salariés en activité qui perdent, après la rupture de leur contrat de travail, l'intégralité de leurs revenus.

Doit être rejeté le moyen du pourvoi d'un salarié qui, pour reprocher à une cour d'appel d'avoir dit que son exclusion du bénéfice d'une indemnité additionnelle de licenciement ne constituait pas une mesure discriminatoire et de l'avoir débouté en conséquence de sa demande de dommages-intérêts de ce chef, soutient qu'un plan de sauvegarde de l'emploi ne peut pas exclure les seuls salariés en invalidité ou en préretraite du bénéfice d'une indemnité additionnelle de licenciement, ceux-ci étant dans la même situation que les autres salariés au regard de l'avantage en cause.

En effet, après avoir retenu que les salariés qui bénéficient d'une préretraite ou d'une pension d'invalidité se trouvent, après leur licenciement, dans une situation de précarité moindre que les salariés en activité qui perdent, après la rupture de leur contrat de travail, l'intégralité de leur salaire et donc l'essentiel de leurs revenus, la cour d'appel a pu décider que la différence de traitement était justifiée.

Cass. soc. 5 décembre 2012, n° 10-24.204, BC V n° 321. Voir aussi CJUE 6 décembre 2012, aff. C-152/11.

De même, un plan de sauvegarde peut plafonner le montant de l'indemnité complémentaire de licenciement qu'il prévoit à une somme forfaitaire, dès lors, d'une part, que tous les salariés concernés en bénéficient et, d'autre part, que ce plafonnement repose sur la volonté de privilégier les salariés percevant de bas salaires pour ne pas les priver d'une juste réparation de leur préjudice.

Ayant constaté que l'indemnité complémentaire de licenciement prévue par un plan de sauvegarde de l'emploi pour réparer le préjudice professionnel des salariés avait bénéficié à tous les salariés compte tenu de leur âge et de leur ancienneté et que son plafonnement forfaitaire reposait sur la volonté de l'employeur de privilégier les salariés percevant de bas salaires afin de ne pas les priver d'une juste réparation de leur préjudice, une cour d'appel en a exactement déduit, au regard du principe de l'égalité de traitement, que l'employeur justifiait par des raisons objectives et pertinentes, la limitation du montant de l'indemnité versée à certains salariés.

Cass. soc. 28 octobre 2015, n° 14-16.115, BC V n° 206.

En contrôlant le contenu du plan, le juge ne se prononce pas sur la cause réelle et sérieuse des licenciements envisagés.

Le contrôle du contenu du plan social par le juge dans le cadre des dispositions de l'article L. 321-4-1 CT ne conduit pas celui-ci à se prononcer sur la cause réelle et sérieuse des licenciements économiques projetés. En retenant la réalité et la consistance des mesures prises pour éviter les licenciements et reclasser les salariés, une cour d'appel a reconnu la pertinence du plan social établi dans le cadre du licenciement collectif de 120 salariés et a pu débouter le comité d'entreprise d'une société de sa demande d'annulation de ce plan.

Cass. soc. 12 novembre 1996, n° 94-21.994, BC V n° 372.

• Jurisprudence rendue dans le cadre de la loi du 14 juin 2013

Jurisprudence commune aux deux possibilités, accord collectif et document unilatéral de l'employeur, de fixation du contenu du plan de sauvegarde de l'emploi

Le plan de sauvegarde de l'emploi doit, selon l'effectif de l'entreprise, mentionner le recours au congé de reclassement ou au contrat de sécurisation professionnelle.

D'une part, pour écarter le moyen tiré de ce que le plan de sauvegarde de l'emploi d'une société aurait dû prévoir le recours au contrat de sécurisation professionnelle, une cour administrative d'appel s'est fondée sur ce que les effectifs du groupe à prendre en considération pour l'application des dispositions de l'article L. 1233-71 CT étaient, à la date de la décision d'homologation litigieuse, de plus de mille salariés.

En statuant ainsi, alors que ces effectifs devaient être appréciés, selon les modalités prévues à l'article L. 1111-2 CT, à la date d'engagement de la procédure de licenciement, elle a commis une erreur de droit.

D'autre part, l'obligation de prévoir, dans un plan de sauvegarde de l'emploi, le recours au contrat de sécurisation professionnelle qui doit, en application des dispositions de l'article L. 1233-66 CT, être proposé aux salariés dont le licenciement est envisagé ne saurait s'appliquer lorsque le plan de sauvegarde de l'emploi prévoit, pour les mêmes salariés, le bénéfice d'un congé de reclassement ; il résulte des termes de l'arrêt attaqué et n'est d'ailleurs pas contesté que le plan de sauvegarde de l'emploi homologué par la décision litigieuse prévoit un congé de reclassement pour tous les salariés qui n'auront pu bénéficier d'un reclassement interne ; dès lors, quels qu'aient été, à la date d'engagement de la procédure de licenciement, les effectifs du groupe auquel appartient la société, les requérantes ne pouvaient utilement soutenir, devant la cour administrative d'appel, que le plan de sauvegarde de l'emploi devait prévoir le recours au contrat de sécurisation professionnelle.

CE 29 juin 2016, n° 389278, Rec. Lebon, p. 260.

Jurisprudence relative au contenu du plan de sauvegarde de l'emploi fixé par accord collectif

Lorsque le contenu du plan de sauvegarde de l'emploi est déterminé par accord collectif, l'administration doit seulement vérifier qu'il contient les mesures prévues aux articles L. 1233-61 et L. 1233-63 CT.

Si, lorsqu'elle est saisie d'une demande d'homologation d'un document élaboré unilatéralement par l'employeur en application de l'article L. 1233-24-4 CT, il appartient à l'administration de s'assurer du respect par le plan de sauvegarde de l'emploi des dispositions des articles L. 1233-61 à 63 CT et d'apprécier, à ce titre, si les mesures prévues par ces articles et contenues dans le plan sont de nature à satisfaire les objectifs de maintien dans l'emploi et de reclassement des salariés compte tenu, notamment, des moyens dont dispose l'entreprise ou le groupe, il résulte en revanche des dispositions du 3° de l'article L. 1233-57-2 CT que, lorsque le contenu du plan de sauvegarde de l'emploi a été déterminé par un accord collectif majoritaire signé dans les conditions prévues à l'article L. 1233-24-1 CT, l'administration doit seulement s'assurer de la présence, dans ce plan, des mesures prévues aux articles L. 1233-61 et L. 1233-63 CT.

Par suite, il ne peut être utilement soutenu, pour contester la décision de validation d'un tel accord collectif, que le plan de reclassement prévu par cet accord est insuffisant au regard du nombre de postes vacants au sein de l'entreprise.

CE 7 décembre 2015, n° 383856, précité.

Il n'est pas imposé que l'accord collectif fixant le contenu du plan de sauvegarde de l'emploi définisse des modalités particulières pour la consultation du comité d'entreprise sur le suivi de la mise en œuvre des mesures contenues dans le plan de reclassement.

Si les stipulations relatives aux modalités du suivi de la mise en œuvre des mesures contenues dans le plan de reclassement sont au nombre des stipulations devant obligatoirement figurer dans un accord collectif fixant un plan de sauvegarde de l'emploi, les articles L. 1233-24-1, L. 1233-24-2, L. 1233-63 et L. 1233-57-2 CT n'imposent pas, en revanche, qu'un tel accord fixe des modalités particulières d'information et de consultation du comité d'entreprise, notamment des modalités particulières pour la consultation obligatoire du comité d'entreprise sur le suivi de la mise en œuvre des mesures contenues dans le plan de reclassement.

Par suite, l'absence de telles stipulations est, par elle-même, insusceptible de faire obstacle à la validation de l'accord par l'autorité administrative.

CE 7 février 2018, n° 403989, Rec. Lebon, p. 31.

Pour déterminer les catégories professionnelles concernées par le licenciement, l'accord peut, sans méconnaître l'article L. 1233-57-2 CT, se fonder sur des considérations étrangères à celles qui permettent de regrouper les salariés par fonctions de même nature supposant une formation professionnelle commune, ou viser à permettre le licenciement de salariés affectés sur un emploi ou dans un service dont la suppression est recherchée, dès lors que ces stipulations ne revêtent pas un caractère discriminatoire.

L'article L. 1233-57-2 CT fixe, notamment par renvoi à l'article L. 1233-24-3, les dispositions du code du travail auxquelles un accord collectif fixant un plan de sauvegarde de l'emploi ne peut déroger ; sauf à ce qu'il soit entaché de nullité, un accord collectif fixant un plan de sauvegarde de l'emploi ne peut faire l'objet d'un refus de validation par l'autorité administrative que s'il méconnaît ces dispositions.

La circonstance que, pour déterminer les catégories professionnelles concernées par le licenciement, un tel accord se fonde sur des considérations étrangères à celles qui permettent de regrouper les salariés par fonctions de même nature supposant une formation professionnelle commune, ou ait pour but de permettre le licenciement de salariés affectés sur un emploi ou dans un service dont la suppression est recherchée, n'est pas, par elle-même, de nature à caractériser une méconnaissance de l'article L. 1233-57-2. Elle ne saurait, par suite, faire obstacle à la validation de cet accord.

Toutefois, il en va autrement si les stipulations qui déterminent les catégories professionnelles sont entachées de nullité, en raison notamment de ce qu'elles revêtiraient un caractère discriminatoire.

Doit ainsi être écarté le moyen tiré de ce que la circonstance que les catégories professionnelles définies par l'accord fixant le contenu du plan de sauvegarde de l'emploi conclu au sein d'une société procèdent à des regroupements de salariés en fonction de leur ancienneté dans l'emploi, ou à raison de leur affectation dans certains services, entacherait d'illégalité la décision de validation attaquée.

CE 7 février 2018, n° 403989, précité

Jurisprudence relative au contenu du plan de sauvegarde de l'emploi fixé par document unilatéral de l'employeur

Lorsqu'elle est saisie d'une demande d'homologation d'un document élaboré en application de l'article L. 1233-24-4 CT, il appartient à l'administration, sous le contrôle du juge de l'excès de pouvoir, de vérifier la conformité de ce document et du plan de sauvegarde de l'emploi dont il fixe le contenu aux dispositions législatives et aux stipulations conventionnelles applicables, en s'assurant notamment du respect par le plan de sauvegarde de l'emploi des dispositions des articles L. 1233-61 à L. 1233-63 CT.

À ce titre elle doit, au regard de l'importance du projet de licenciement, apprécier si les mesures contenues dans le plan sont précises et concrètes et si, à raison, pour chacune, de sa contribution aux objectifs de maintien dans l'emploi et de reclassement des salariés, elles sont, prises dans leur ensemble, propres à satisfaire à ces objectifs compte tenu, d'une part, des efforts de formation et d'adaptation déjà réalisés par l'employeur et, d'autre part, des moyens dont disposent l'entreprise et, le cas échéant, l'unité économique et sociale et le groupe. Il revient notamment à l'autorité administrative de s'assurer que le plan de reclassement intégré au plan de sauvegarde de l'emploi est de nature à faciliter le reclassement des salariés dont le licenciement ne pourrait être évité. L'employeur doit, à cette fin, avoir identifié dans le plan l'ensemble des possibilités de reclassement des salariés dans l'entreprise. En outre, lorsque l'entreprise appartient à un groupe, l'employeur, seul débiteur de l'obligation de reclassement, doit avoir procédé à une recherche sérieuse des postes disponibles pour un reclassement dans les autres entreprises du groupe. Pour l'ensemble des postes de reclassement ainsi identifiés, l'employeur doit avoir indiqué dans le plan leur nombre, leur nature et leur localisation.

CE 22 juillet 2015, n° 383481, Rec. Lebon p. 265. Voir aussi CE 21 octobre 2015, n° 385683, précité ; CE 17 octobre 2016, n° 386306.

Pour rejeter l'appel formé contre un jugement ayant annulé la décision d'homologation d'un document unilatéral de l'employeur fixant le contenu du plan de sauvegarde de l'emploi, une cour administrative d'appel s'est fondée sur l'insuffisance des recherches de reclassement auprès de deux autres entreprises du groupe, en relevant, d'une part, l'absence de mention, dans le plan, de deux postes disponibles dans l'une des sociétés du groupe et, d'autre part, le caractère tardif des recherches effectuées auprès d'une autre société du groupe.

En jugeant ainsi que l'insuffisance des recherches de postes de reclassement internes au groupe était, à elle seule, de nature à caractériser une insuffisance du plan de sauvegarde de l'emploi, alors qu'il lui appartenait de considérer les mesures du plan dans leur ensemble, pour apprécier si elles étaient propres à satisfaire les objectifs de maintien dans l'emploi et de reclassement des salariés, la cour administrative d'appel a entaché sa décision d'une erreur de droit.

CE 7 février 2018, n° 397900, Rec. Lebon, p. 21.

Dans le cadre de l'examen des mesures de reclassement contenues dans le plan dont l'homologation était attaquée, une cour administrative d'appel a pu, sans commettre d'erreur de droit, prendre en considération le sérieux des démarches effectuées par le mandataire social de la société auprès des autres sociétés du groupe auquel elle appartenait pour estimer que l'absence de mention, dans le plan de sauvegarde de l'emploi, de postes de reclassement dans les autres entreprises de ce groupe, se justifiait.

En outre, la cour a pu estimer, dans l'exercice de son pouvoir souverain d'appréciation des pièces du dossier qui lui était soumis, que, compte tenu des moyens très limités de la société, placée en liquidation judiciaire, les mesures prévues par le plan de sauvegarde de l'emploi, qui comportaient des dispositifs spécifiques au bénéfice des salariés âgés de plus de 50 ans et des salariés handicapés, des mesures d'aide au déménagement, à la création ou à la reprise d'activité, des prises en charge de frais de formation et de déplacement et représentaient une somme d'environ 1 000 euros par salarié, pouvaient être, alors même qu'elles ne comportaient aucun poste de reclassement, légalement regardées par l'administration comme étant, prises dans leur ensemble, propres à satisfaire aux objectifs mentionnés par les articles L. 1233-61 à L. 1233-63 CT.

CE 13 février 2019, n° 404556, précité.

Lorsqu'un accord de branche, ou toutes autres stipulations conventionnelles applicables, prévoient des obligations en matière de reclassement externe qui s'imposent à l'employeur au stade de l'élaboration d'un plan de sauvegarde de l'emploi, l'administration doit s'assurer de la conformité à ces stipulations du contenu du plan, notamment de ses mesures fixées au titre du 3° de l'article L. 1233-62 CT [selon lequel le plan de sauvegarde de l'emploi prévoit des mesures telles que, notamment, des actions favorisant le reclassement externe à l'entreprise, notamment par le soutien à la réactivation du bassin d'emploi].

C'est donc à tort qu'une cour administrative d'appel a jugé inopérant le moyen tiré de ce que le plan de sauvegarde de l'emploi ne respectait pas certaines stipulations d'un accord conventionnel au motif que cet accord se rapportait à des mesures de reclassement autres que celles internes à l'entreprise ou au groupe.

CE 13 avril 2018, n° 404090.

Pour l'appréciation, par l'administration, des moyens dont disposent l'entreprise, l'unité économique et sociale et le groupe, les moyens du groupe s'entendent des moyens, notamment financiers, dont dispose l'ensemble des entreprises placées, ainsi qu'il est dit au I de l'article L. 2331-1 CT, sous le contrôle d'une même entreprise dominante dans les conditions définies à l'article L. 233-1, aux I et II de l'article L. 233-3 et à l'article L. 233-16 c. com., ainsi que de ceux dont dispose cette entreprise dominante, quel que soit le lieu d'implantation du siège de ces entreprises.

CE 7 février 2018, n° 397900, précité. Voir aussi CE 24 octobre 2018, n° 397900, précisant que le groupe de sociétés auquel fait référence l'article L. 1233-57-3 CT n'est donc pas nécessairement identique à celui pour lequel l'article L. 2331-1 prévoit la constitution d'un comité de groupe.

En cas de litige, il incombe au juge administratif, en application de l'article L. 1235-7-1 CT, d'apprécier si des stipulations conventionnelles imposent des obligations à l'employeur au stade de l'élaboration d'un plan de sauvegarde de l'emploi.

CE 13 avril 2018, n° 404090, précité.

Le moyen tiré de ce que l'administration saisie d'une demande d'homologation d'un plan de sauvegarde de l'emploi par l'employeur devrait tenir compte de ce que d'autres sociétés doivent être regardées comme " co-employeurs " des salariés employés par le demandeur est inopérant. En revanche, le moyen tiré de ce que la société qui a présenté la demande d'homologation ne peut pas être regardée comme le véritable employeur des salariés concernés par le plan de sauvegarde de l'emploi est opérant.

En l'espèce, si les requérants invoquent la détention du capital de la filiale ayant présenté la demande d'homologation par la société mère et l'état de domination économique en résultant, le fait que la politique du groupe déterminée par la société mère ait eu une incidence sur l'activité économique et sociale de sa filiale et que la société mère avait pris dans ce cadre des décisions affectant son devenir, le recours à des mises à disposition de personnel entre ces sociétés et, enfin, l'existence d'un recouvrement des marchés et produits entre la filiale et une autre société du groupe, ces circonstances ne sont pas de nature à établir que la filiale ayant formulé la demande aurait dû être regardée comme n'étant pas le véritable employeur de ses salariés.

CE 17 octobre 2016, n° 386306, précité.

Lorsqu'elle est saisie d'une demande d'homologation d'un document qui fixe tout ou partie des éléments mentionnés aux 1° à 5° de l'article L. 1233-24-2 CT, en raison, soit de l'absence d'accord collectif de travail portant sur le plan de sauvegarde de l'emploi, soit de l'absence, dans cet accord

collectif, de tout ou partie des éléments mentionnés aux 1° à 5° de l'article L. 1233-24-2, il appartient à l'administration, sous le contrôle du juge de l'excès de pouvoir, de vérifier la conformité de ces éléments aux dispositions législatives et aux stipulations conventionnelles applicables ; en particulier, s'agissant des catégories professionnelles concernées par le projet de licenciement, mentionnées au 4° de l'article L. 1233-24-2, il appartient à l'administration de vérifier qu'elles regroupent, chacune, l'ensemble des salariés qui exercent au sein de l'entreprise des fonctions de même nature supposant une formation professionnelle commune.

CE 30 mai 2016, n° 387798, Rec. Lebon p. 185.

Au terme de cet examen, l'administration refuse l'homologation demandée s'il apparaît que les catégories professionnelles concernées par le licenciement ont été déterminées par l'employeur en se fondant sur des considérations, telles que l'organisation de l'entreprise ou l'ancienneté des intéressés, qui sont étrangères à celles qui permettent de regrouper, compte tenu des acquis de l'expérience professionnelle, les salariés par fonctions de même nature supposant une formation professionnelle commune, ou s'il apparaît qu'une ou plusieurs catégories ont été définies dans le but de permettre le licenciement de certains salariés pour un motif inhérent à leur personne ou en raison de leur affectation sur un emploi ou dans un service dont la suppression est recherchée.

CE 7 février 2018, n° 407718, Rec. Lebon, p. 28. Voir aussi CE 22 mai 2019, n° 418090.

Tel est notamment le cas lorsque les catégories professionnelles définies par le document unilatéral correspondent uniquement à l'organisation adoptée par l'entreprise compte tenu de ses différents marchés et types de clientèle.

CE 7 février 2018, n° 409978. Voir aussi CE 7 février 2018, n° 399838.

Ou encore lorsqu'elles ont pour but de permettre le licenciement de certains salariés au seul motif de leur affectation sur un emploi dont la suppression était recherchée.

CE 7 février 2018, n° 407718, précité.

À l'inverse, un plan de sauvegarde de l'emploi peut établir une distinction entre les salariés selon qu'ils sont spécialisés dans un procédé de fabrication ou dans un autre, ce critère reposant sur la formation nécessaire à l'acquisition de certaines techniques de production.

CE 7 février 2018, n° 403001, précité.

En cas de litige, le contrôle de la définition des catégories professionnelles concernées par les suppressions d'emploi du document unilatéral de l'employeur soumis à homologation relève du pouvoir souverain des juges du fond, sous réserve de la dénaturation et de l'erreur de droit.

CE 7 février 2018, n° 399838, précité.

Lorsque les critères d'ordre des licenciements fixés dans un plan de sauvegarde de l'emploi figurent dans un document unilatéral élaboré par l'employeur sur le fondement de l'article L. 1233-24-4, il appartient à l'autorité administrative, saisie de la demande d'homologation de ce document, de vérifier la conformité de ces critères et de leurs règles de pondération aux dispositions législatives et conventionnelles applicables.

En l'absence d'accord collectif ayant prévu d'autres critères, l'employeur qui procède à un licenciement collectif pour motif économique est tenu, pour déterminer l'ordre des licenciements, de prendre en compte l'ensemble des critères qui sont énumérés à l'article L. 1233-5 CT, y compris le critère des qualités professionnelles mentionné à son 4° ; par suite, en l'absence d'accord collectif ayant fixé les critères d'ordre des licenciements, le document unilatéral de l'employeur fixant le plan de sauvegarde de l'emploi ne saurait légalement, ni omettre l'un de ces critères, ni affecter l'un d'entre eux de la même valeur pour tous les salariés, dès lors que l'omission d'un critère dans le plan de sauvegarde de l'emploi, ou l'interdiction de le moduler, ont pour effet d'empêcher par avance que ce critère puisse être effectivement pris en compte au stade de la détermination de l'ordre des licenciements ; l'autorité administrative ne saurait, par conséquent, homologuer un tel document, sauf s'il est établi de manière certaine, dès l'élaboration du plan de sauvegarde de l'emploi, que, dans la situation particulière de l'entreprise et au vu de l'ensemble des personnes susceptibles d'être licenciées, aucune des modulations légalement envisageables pour le critère en question ne pourra être matériellement mise en œuvre lors de la détermination de l'ordre des licenciements.

En premier lieu, en estimant que le fait que l'administrateur judiciaire d'une société ne disposait, au moment de l'élaboration du plan de sauvegarde de l'emploi, ni de fiches de postes ni d'évaluations antérieures des salariés, ne l'empêchait pas de fixer tout de même, pour le critère des " qualifications professionnelles ", un ou plusieurs éléments de pondération susceptibles d'être ultérieurement mis en œuvre, une cour administrative d'appel s'est livrée à une appréciation souveraine des faits de l'espèce, exempte de dénaturation.

En second lieu, la cour a pu décider sans erreur de droit qu'en l'absence d'accord collectif ayant fixé les critères d'ordre des licenciements, le plan de sauvegarde de l'emploi de la société ne pouvait donner au critère de " qualification professionnelle " une valeur fixe et, par suite, le neutraliser, sans méconnaître les dispositions de l'article L. 1233-5 CT.

L'arrêt de la cour administrative d'appel ayant annulé la décision d'homologation doit donc être confirmé.

CE 1er février 2017, n° 387886, Rec. Lebon p. 28.

Il résulte de la lettre même des dispositions de l'article L. 1233-5 CT qu'en l'absence d'accord collectif en ayant disposé autrement, l'employeur qui procède à un licenciement collectif pour motif économique est tenu, pour déterminer l'ordre des licenciements, de se fonder sur des critères prenant en compte l'ensemble des critères d'appréciation mentionnés aux 1° à 4° de cet article. Par suite, en l'absence d'accord collectif ayant fixé les critères d'ordre des licenciements, le document unilatéral de l'employeur fixant le plan de sauvegarde de l'emploi ne saurait légalement fixer des critères d'ordre des licenciements qui omettraient l'un de ces quatre critères d'appréciation ou neutraliseraient ses effets. Il n'en va autrement que s'il est établi de manière certaine, dès l'élaboration du plan de sauvegarde de l'emploi, que, dans la situation particulière de l'entreprise et pour l'ensemble des personnes susceptibles d'être licenciées, aucune des modulations légalement envisageables pour le critère d'appréciation en question ne pourra être matériellement mise en œuvre lors de la détermination de l'ordre des licenciements.

En estimant, alors qu'il ressortait notamment des pièces du dossier qui lui était soumis que la société concernée était dépourvue de tout système d'évaluation des salariés, que l'existence, parmi les critères d'ordre des licenciements, d'un indicateur tiré du montant des primes d'assiduité versées par l'entreprise, corrigé des variations liées aux motifs légaux d'absence, permettait aux critères d'ordre fixés par le plan de prendre en compte les qualités professionnelles des salariés, une cour administrative d'appel s'est livrée à une appréciation souveraine, exempte de dénaturation. Elle a donc pu, sans erreur de droit, en déduire que le plan de sauvegarde de l'emploi homologué par la décision litigieuse n'avait pas méconnu les dispositions de l'article L. 1233-5 CT.

CE 22 mai 2019, n° 413342, précité. Voir aussi CE 22 mai 2019, n° 418090, précité.

Bien qu'il ne s'agisse pas d'un accord majoritaire fixant, conformément à l'article L. 1233-24-1 CT, le contenu du plan de sauvegarde de l'emploi, un accord collectif d'entreprise, signé dans les conditions de droit commun définies par l'article L. 2232-12 CT, peut fixer un périmètre d'application des critères d'ordre à un niveau inférieur à celui de l'entreprise.

CE 10 juillet 2017, n° 398256, précité.

Lorsque le contrôle effectué par l'administration a méconnu les dispositions de l'article L. 1233-57-3 CT, faute d'avoir pris en compte les moyens du groupe auquel appartient la société pour apprécier le caractère suffisant des mesures contenues dans le plan, il n'appartient pas au juge administratif d'opérer lui-même ce contrôle et la décision d'homologation doit être annulée.

CE 13 juillet 2016, n° 387448.

Jurisprudence relative au contenu du plan de sauvegarde de l'emploi fixé pour une partie par accord collectif et pour l'autre par document unilatéral de l'employeur

Lorsqu'un accord collectif relatif à un plan de sauvegarde de l'emploi ne porte pas sur l'ensemble des éléments mentionnés aux 1° à 5° de l'article L. 1233-24-2 CT, la décision par laquelle l'autorité administrative statue sur la demande de validation de cet accord est, en principe, divisible de celle par laquelle cette autorité statue sur la demande d'homologation du document unilatéral qui fixe ceux des éléments qui n'ont pas été déterminés par l'accord.

CE 30 mai 2016, n° 387798, précité.

Lorsqu'un plan de sauvegarde de l'emploi fait l'objet, pour certaines de ses dispositions, d'un accord collectif majoritaire et, pour le reste de ses dispositions, d'une décision unilatérale de l'employeur, l'administration ne peut homologuer cette dernière qu'après avoir vérifié que l'ensemble des points mentionnés aux 1° à 5° de l'article L. 1233-24-2 CT, notamment la pondération et le périmètre d'application des critères d'ordre des licenciements, figurent, soit dans l'accord collectif déjà validé par elle ou en cours d'examen devant elle, soit dans le document unilatéral soumis à son homologation.

CE 10 octobre 2018, n° 395280.

Mais lorsqu'il n'y a pas lieu, en l'espèce, d'appliquer un ordre des licenciements, la circonstance que le plan de sauvegarde de l'emploi ne comporte pas la pondération des critères d'ordre et la défini-

tion de leur périmètre d'application ne fait pas légalement obstacle à ce que l'administration homologue le document unilatéral relatif à ce plan.

Les critères d'ordre des licenciements prévus par les dispositions de l'article L. 1233-5 CT se trouvent privés d'objet lorsque l'employeur, soit en l'absence de toute suppression d'emploi, soit après avoir procédé aux licenciements consécutifs à des suppressions d'emploi en respectant ces critères d'ordre, envisage seulement de proposer à des salariés une modification de leur contrat de travail et ne prévoit leur licenciement qu'à raison de leur refus. Par suite, dans ce cas, la circonstance que le plan de sauvegarde de l'emploi ne comporte pas la pondération des critères d'ordre et la définition de leur périmètre d'application ne fait pas légalement obstacle à ce que l'administration homologue le document unilatéral relatif à ce plan ; le cas échéant, il lui appartient toutefois de s'assurer, sous le contrôle du juge de l'excès de pouvoir, de la légalité des règles auxquelles ce document aurait décidé de soumettre les propositions de modification de contrat de travail envisagées par le plan.

C'est donc à bon droit qu'après avoir constaté que le plan de sauvegarde de l'emploi établi par une société n'envisageait le licenciement que des seuls salariés qui, après que les réductions d'effectifs aient été atteintes par des départs volontaires, refuseraient une proposition de modification de leur contrat de travail, une cour administrative d'appel a jugé que l'absence de la pondération des critères d'ordre et la définition de leur périmètre d'application n'entachait pas d'illégalité la décision d'homologation du document unilatéral prise par le DIRECCTE, et que l'absence de consultation des représentants du personnel sur les critères d'ordre applicables à l'opération n'entachait pas d'irrégularité la procédure d'information et de consultation.

CE 10 octobre 2018, n° 395280, précité.

Contestation du plan de sauvegarde de l'emploi

• Jurisprudence rendue dans le cadre de la législation antérieure à la loi du 14 juin 2013

Le comité d'entreprise a qualité pour contester en justice la régularité d'un plan de sauvegarde de l'emploi qui ne satisferait pas aux exigences légales.

Cass. soc 23 mars 2011, n° 09-72.712, 1er moyen.

La contestation du plan de sauvegarde de l'emploi par le comité d'entreprise ou par un syndicat peut être exercée même après l'avis émis par le comité.

La contestation du plan social en application de l'article L. 321-4-1 CT peut s'exercer même après l'avis émis par le comité d'entreprise.

Cass. soc. 6 juillet 1999, n° 97-22.488, BC V n° 330.

Les salariés licenciés pour motif économique ont un droit propre à faire valoir que leur licenciement est nul au regard des dispositions de l'article L. 1235-10 CT.

Doit être cassé l'arrêt qui, pour débouter une salariée de sa demande tendant à voir prononcer la nullité du plan social et déclarer en conséquence nulle et de nul effet la procédure de licenciement, a retenu que l'intéressée n'avait pas qualité pour exercer cette action, par nature collective, qui n'appartenait pas individuellement aux salariés.

Cass. soc. 2 mai 2001, n° 99-41.960, 1er moyen, BC V n° 145.

L'action individuelle tendant à faire reconnaître la nullité du plan de sauvegarde de l'emploi relève de la compétence prud'homale.

Les salariés licenciés pour motif économique ont un droit propre à faire valoir que leur licenciement est nul au regard des dispositions de l'article L. 321-4-1 CT et l'action individuelle tendant à faire reconnaître la nullité du plan social, dès lors qu'elle est exercée dans le délai de la prescription quinquennale, relève de la compétence prud'homale sans qu'il y ait lieu de disjoindre le contentieux de la nullité du plan social et celui de la nullité du licenciement.

Cass. soc. 20 mars 2001, n° 99-41.041, BC V n° 99.

Les représentants du personnel licenciés pour motif économique après autorisation de l'inspecteur du travail peuvent agir en contestation de la validité du plan de sauvegarde de l'emploi.

Les salariés dont le licenciement a été autorisé par l'inspecteur du travail, compte tenu de leur qualité de représentants du personnel, peuvent contester la validité du plan social devant la juridiction judiciaire et lui demander d'en tirer les conséquences qui s'évincent de l'article L. 321-4-1 CT sans que cette contestation, qui ne concerne pas le bien-fondé de la décision administrative ayant autorisé le licenciement, porte atteinte au principe de séparation des pouvoirs.

Cass. soc. 22 juin 2004, n° 01-44.558, BC V n° 177.

La demande de dommages-intérêts fondée sur l'article L. 1235-11 CT n'inclut pas la demande en nullité du plan social.

Une cour d'appel, qui a constaté que le délai de prescription de la demande des salariés tendant à la nullité d'un plan social était expiré lorsque la demande avait été présentée en cause d'appel, a légalement justifié sa décision en la déclarant irrecevable comme prescrite.

Cass. soc. 7 avril 2004, n° 02-40.725, BC V n° 113.

Les salariés ayant personnellement adhéré à une convention passée entre leur employeur et l'État, proposée dans le cadre d'un plan de sauvegarde de l'emploi, ne peuvent pas se prévaloir de l'insuffisance de celui-ci.

À moins d'établir une fraude de leur employeur ou un vice du consentement, les salariés licenciés pour motif économique et qui ont personnellement adhéré à une convention passée entre leur employeur et l'État, laquelle, compte tenu de leur classement dans la catégorie des salariés, ne pouvant faire l'objet d'un reclassement, leur assure le versement d'une allocation spéciale jusqu'au jour de leur retraite, ne peuvent remettre en discussion la régularité et la légitimité de la rupture de leur contrat de travail, même dans le cas où la convention leur a été proposée dans le cadre d'un plan de sauvegarde de l'emploi dont ils entendent contester la pertinence ; ils ne peuvent, en conséquence, se prévaloir de l'insuffisance du plan de sauvegarde de l'emploi.

Cass. soc. 17 avril 2013, n° 12-10.211.

Le délai de prescription de douze mois prévu par le second alinéa de l'article L. 1235-7 CT s'applique aux demandes de dommages-intérêts des salariés mettant en cause, d'une part, la régularité des mandats des représentants du personnel dans le cadre de la consultation sur le plan de sauvegarde de l'emploi et, d'autre part, l'insuffisance de ce plan, peu important que la nullité de la procédure de licenciement ne soit pas encourue pour l'entreprise en liquidation judiciaire.

Le délai de prescription de douze mois prévu par le second alinéa de l'article L. 1235-7 CT, dans sa version alors en vigueur, concerne les actions mettant en cause la régularité de la procédure relative au plan de sauvegarde de l'emploi ou les actions susceptibles d'entraîner la nullité de la procédure de licenciement en raison de l'absence ou de l'insuffisance d'un tel plan.

Plusieurs salariés d'une société mise en liquidation judiciaire, licenciés pour motif économique par lettres du 25 mars 2011 dans le cadre d'une procédure accompagnée d'un plan de sauvegarde de l'emploi, ont saisi la juridiction prud'homale, le 22 mars 2013, afin d'obtenir le paiement de diverses sommes à titre de dommages-intérêts pour licenciement sans cause réelle et sérieuse et irrégularité de la procédure de licenciement.

Pour déclarer recevables les demandes de dommages-intérêts pour licenciement sans cause réelle et sérieuse et irrégularité de la procédure de licenciement, une cour d'appel a retenu que les salariés contestaient la cause réelle et sérieuse de leur licenciement et la régularité de la procédure motif pris de l'absence de recherche sérieuse de reclassement et de mandat de représentants du personnel dans le cadre de la consultation sur le plan de sauvegarde de l'emploi, en sorte que la prescription quinquennale de droit commun était applicable.

En statuant ainsi, alors qu'il résultait de ses constatations que les demandes de dommages-intérêts des salariés mettaient en cause d'une part la régularité des mandats des représentants du personnel dans le cadre de la consultation sur le plan de sauvegarde de l'emploi et d'autre part l'insuffisance du plan de sauvegarde de l'emploi au regard des mesures de réduction ou d'aménagement du temps de travail et de reclassement, peu important que la nullité de la procédure de licenciement ne soit pas encourue pour l'entreprise en liquidation judiciaire, en sorte que ces demandes introduites le 22 mars 2013 sont irrecevables comme prescrites, la cour d'appel a violé l'article L. 1237-5 CT, alinéa 2, dans sa version applicable au litige.

Cass. soc. 20 septembre 2018, n° 17-11.546, à paraître.

• Jurisprudence rendue dans le cadre de la loi du 14 juin 2013

En cas de contestation des décisions administratives de validation de l'accord collectif ou d'homologation du document de l'employeur déterminant le contenu du plan de sauvegarde de l'emploi, le tribunal administratif est compétent.

Les décisions de validation ou d'homologation mentionnées à l'article L. 1233-57-1 CT, qui n'ont pas un caractère réglementaire, sont relatives à l'application de la réglementation du travail et doivent, par suite, être contestées devant le tribunal administratif compétent, déterminé conformément à la règle édictée par l'article R. 312-10 du code de justice administrative. Ainsi :

– lorsque l'accord collectif ou le document de l'employeur relatif au projet de licenciement collectif en cause identifie le ou les établissements aux-

quels sont rattachés les emplois dont la suppression est envisagée et que ces établissements sont situés dans le ressort d'un même tribunal administratif, ce tribunal est compétent pour connaître d'un recours pour excès de pouvoir dirigé contre la décision administrative validant l'accord collectif ou homologuant le document de l'employeur ;
– dans tous les autres cas, il y a lieu d'estimer que « l'établissement (...) à l'origine du litige » au sens de l'article R. 312-10 du code de justice administrative est l'entreprise elle-même et que le tribunal compétent est celui dans le ressort duquel se trouve le siège de cette entreprise.

CE 24 janvier 2014, n° 374163, Rec. Lebon p. 10.

Le juge administratif est également compétent pour connaître des demandes relatives aux décisions rendues dans le cadre de la procédure d'injonction prévue à l'article L. 1233-57-5 CT.

Cass. soc. 28 mars 2018, n° 15-21.372, précité.

Si le juge judiciaire demeure compétent pour apprécier le respect par l'employeur de l'obligation individuelle de reclassement, cette appréciation ne peut méconnaître l'autorité de la chose décidée par l'autorité administrative ayant homologué le document élaboré par l'employeur par lequel a été fixé le contenu du plan de reclassement intégré au plan de sauvegarde de l'emploi ; il ne peut donc pas, sans violer le principe de la séparation des pouvoirs, se fonder sur une insuffisance du plan de sauvegarde de l'emploi, alors que le contrôle du contenu de ce plan relève de la compétence exclusive de la juridiction administrative, pour juger établie l'absence de recherche individualisée, sérieuse et loyale de reclassement.

Cass. soc. 21 novembre 2018, n° 17-16.766, à paraître, cité dans « Licenciement économique (Reclassement) ».

En revanche, le juge administratif n'est pas compétent pour connaître des litiges relatifs à un plan de sauvegarde de l'emploi établi volontairement dans une entreprise de moins de 50 salariés.

Cass. soc. 16 janvier 2019, n° 17-17.475, 1er moyen et 1re branche du 2e moyen du pourvoi incident.

Lorsqu'est demandée au juge des référés la suspension de l'exécution validant l'accord collectif ou homologuant le document de l'employeur relatifs à un plan de sauvegarde de l'emploi, l'urgence doit être démontrée.

CE 21 février 2014, n° 374409.

Les dispositions de l'article L. 1235-7-1 CT, qui prévoient que la décision de validation ou d'homologation d'un plan de sauvegarde de l'emploi est portée à la connaissance des salariés de l'entreprise par voie d'affichage ou équivalent n'ont ni pour objet ni pour effet de dispenser un salarié qui introduit un tel recours de justifier d'un intérêt suffisant pour demander l'annulation de la décision qu'il attaque.

CE 22 juillet 2015, n° 385668, précité.

Le délai de recours contre une décision implicite d'homologation d'un plan de sauvegarde de l'emploi ne court, à l'égard des salariés de l'entreprise, qu'à compter du jour où, postérieurement à la naissance de cette décision implicite, ils ont été destinataires de la demande d'homologation présentée par l'employeur et de son accusé de réception par l'administration, soit par affichage de ces documents sur leurs lieux de travail, soit par tout autre moyen permettant de donner à cette information une date certaine.

En l'espèce, une société avait affiché dans les lieux de travail de ses salariés une note d'information retraçant le déroulé de la procédure d'homologation du plan de sauvegarde de l'emploi et reproduisant les dispositions des articles L. 1233-57-4 et L. 1235-7-1 CT, ainsi qu'un courrier électronique de l'administration confirmant la naissance d'une décision implicite d'homologation, mais n'avait pas procédé à l'affichage du document qu'elle avait soumis à homologation.

En jugeant que cette omission, par la société, d'une formalité qui s'imposait à elle en vertu de l'article L. 1235-7-1 CT avait fait obstacle à ce que le délai de recours contre la décision implicite d'homologation puisse courir à l'égard de ses salariés, la cour administrative d'appel n'a pas commis d'erreur de droit.

CE 7 février 2018, n° 399838, précité.

Les comités d'hygiène, de sécurité et des conditions de travail, pour lesquels l'article L. 1233-57-4 CT ne prévoit pas que soient portées à leur connaissance les décisions de validation ou d'homologation, n'ont pas qualité pour agir contre ces décisions.

CE 21 octobre 2015, n° 386123, précité.

Les syndicats présents dans une entreprise ont qualité pour agir contre une décision validant ou homologuant un plan de sauvegarde de l'emploi dans leur entreprise et leurs recours doivent être présentés dans un délai de deux mois à compter, soit de la notification de la décision lorsque celle-ci doit leur être notifiée sur le fondement des dispositions de l'article L. 1233-57-4 CT, soit de l'accomplissement des modalités d'information des salariés prévues par cet article.

CE 22 juillet 2015, n° 383481, *précité*.

Le délai de trois mois dans lequel une cour administrative d'appel compétemment saisie est tenue de statuer court, pour chaque requête, à compter de la date de son enregistrement au greffe de la cour, soit que cet enregistrement résulte d'un appel dirigé contre un jugement ayant statué sur la légalité d'une décision d'homologation ou de validation, soit qu'il résulte d'une transmission d'un tel litige par une juridiction incompétente pour y statuer, notamment dans le cas où un tribunal administratif est dessaisi par application des dispositions de l'article L. 1235-7-1 CT.

CE 29 juin 2016, n° 389278, *précité*.

En cas de requête contre une décision d'homologation ou de validation d'un plan de sauvegarde de l'emploi soulevant plusieurs moyens, le juge doit toujours se prononcer sur le moyen tiré de l'absence ou de l'insuffisance du plan, même lorsqu'un autre moyen est de nature à fonder l'annulation de la décision administrative,…

Le législateur a attaché à l'annulation pour excès de pouvoir d'une décision d'homologation ou de validation d'un plan de sauvegarde de l'emploi, des effets qui diffèrent selon le motif pour lequel cette annulation est prononcée.

Lorsque le juge administratif est saisi d'une requête dirigée contre une décision d'homologation ou de validation d'un plan de sauvegarde de l'emploi d'une entreprise qui n'est pas en redressement ou en liquidation judiciaire, il doit, si cette requête soulève plusieurs moyens, toujours se prononcer, s'il est soulevé devant lui, sur le moyen tiré de l'absence ou de l'insuffisance du plan, même lorsqu'un autre moyen est de nature à fonder l'annulation de la décision administrative ; pour les mêmes raisons, il appartient au juge de cassation, saisi d'un pourvoi dirigé contre une décision juridictionnelle ayant prononcé l'annulation d'une décision d'homologation en raison de l'insuffisance du plan de sauvegarde de l'emploi, de se prononcer prioritairement - sous réserve du cas où la décision qui lui est déférée serait entachée d'irrégularité - sur le bien-fondé de ce motif et, si celui-ci doit être censuré, d'annuler la décision juridictionnelle attaquée, alors même qu'elle serait également fondée sur d'autres motifs susceptibles d'en justifier le dispositif.

CE 15 mars 2017, n° 387728, *Rec. Lebon p. 92*.

… sauf si l'entreprise est en redressement ou en liquidation judiciaire.

Aux termes du septième alinéa du II de l'article L. 1233-58 CT, applicable en cas de redressement ou de liquidation judiciaire : " En cas de licenciements intervenus en l'absence de toute décision relative à la validation ou à l'homologation ou en cas d'annulation d'une décision ayant procédé à la validation ou à l'homologation, le juge octroie au salarié une indemnité à la charge de l'employeur qui ne peut être inférieure aux salaires des six derniers mois. L'article L. 1235-16 ne s'applique pas " ; par conséquent, lorsque l'entreprise est en redressement ou en liquidation judiciaire, le juge administratif saisi d'une requête dirigée contre une décision d'homologation ou de validation d'un plan de sauvegarde de l'emploi n'est pas tenu de se prononcer, s'il est soulevé devant lui, sur le moyen tiré de l'absence ou de l'insuffisance du plan, si cette requête soulève un autre moyen de nature à justifier l'annulation de la décision attaquée ; d'autre part, il appartient dans ce cas au juge de cassation, si l'un des moyens reconnus comme fondés par cette décision en justifie légalement le dispositif d'annulation, de rejeter le pourvoi ; toutefois, en raison de l'autorité de chose jugée qui s'attache aux motifs constituant le soutien nécessaire d'un dispositif d'annulation en excès de pouvoir, le juge de cassation ne saurait, sauf à méconnaître son office, prononcer ce rejet sans avoir, au préalable, censuré celui ou ceux de ces motifs qui seraient erronés.

CE 15 mars 2017, n° 387728, *précité*.

En effet, dans une entreprise en redressement ou en liquidation judiciaire, l'indemnité au moins égale aux salaires des six derniers mois prévue à l'article L. 1233-58, II CT est due quel que soit le motif d'annulation de la décision ayant procédé à la validation ou à l'homologation du plan et se cumule avec l'indemnité de licenciement.

Selon l'article L. 1233-58, II CT, dans sa rédaction alors applicable, issue de la loi 2013-504 du 14 juin 2013, en cas de licenciements intervenus dans une entreprise en redressement ou en liquidation judiciaire en l'absence de toute décision relative à la validation de l'accord mentionné à l'article L. 1233-24-1 CT ou à l'homologation du document élaboré par l'employeur mentionné à l'article L. 1233-24-4, ou en cas d'annulation d'une décision ayant procédé à la validation ou à l'homologation, le juge octroie au salarié une indemnité à la charge de l'employeur qui ne peut être inférieure aux salaires des six derniers mois ; l'article L. 1235-16 CT ne s'applique pas.

C'est à bon droit qu'une cour d'appel a décidé, d'une part, qu'il se déduisait de ce texte que cette indemnité au moins égale aux salaires des six derniers mois était due, quel que soit le motif d'annulation de la décision ayant procédé à la validation ou à l'homologation et, d'autre part, en l'absence de disposition expresse contraire, qu'elle se cumulait avec l'indemnité de licenciement.

Cass. soc. 19 décembre 2018, n° 17-26.132, à paraître.

• Contrôle de l'obligation de rechercher un repreneur

L'appréciation du respect de l'obligation de recherche d'un repreneur relève de la seule compétence de la juridiction administrative.

Selon l'article L. 1233-57-3 CT, dans sa rédaction issue de la loi 2014-856 du 31 juillet 2014, en l'absence d'accord collectif ou en cas d'accord ne portant pas sur l'ensemble des points mentionnés aux 1° à 5° de l'article L. 1233-24-2, l'autorité administrative homologue le document élaboré par l'employeur mentionné à l'article L. 1233-24-4, après avoir notamment vérifié le respect, le cas échéant, des obligations prévues aux articles L. 1233-57-9 à L. 1233-57-16, L. 1233-57-19 et L. 1233-57-20, relatives à la recherche d'un repreneur en cas de projet de fermeture d'un établissement ; le respect du principe de la séparation des pouvoirs s'oppose à ce que le juge judiciaire se prononce sur le respect par l'employeur de son obligation de recherche d'un repreneur.

Cass. soc. 16 janvier 2019, n° 17-20.969, à paraître.

En cas d'insuffisance du plan de sauvegarde de l'emploi, plusieurs sanctions sont envisageables

La nullité qui affecte un plan de sauvegarde de l'emploi s'étend à tous les actes subséquents.

Deux salariées d'un grand magasin avaient adhéré à une convention de conversion dans le cadre d'une procédure de licenciement pour motif économique portant sur 121 emplois et accompagnée d'un plan social.

À la suite de l'annulation par la cour d'appel du plan social et de la procédure de licenciement, les salariées avaient saisi en référé la juridiction prud'homale pour obtenir leur réintégration et la poursuite de leur contrat de travail.

C'est à bon droit que, faisant droit à leurs demandes, une cour d'appel a décidé que les ruptures prononcées constituaient un trouble manifestement illicite et a ordonné, pour le faire cesser, la poursuite des contrats de travail illégalement rompus. En effet, aux termes de l'article L. 321-4-1, al 2 CT, la procédure de licenciement est nulle et de nul effet tant qu'un plan visant au reclassement des salariés s'intégrant au plan social n'est pas présenté par l'employeur aux représentants du personnel qui doivent être réunis, informés et consultés. Il en résulte que la nullité qui affecte le plan social s'étend à tous les actes subséquents et qu'en particulier, les licenciements prononcés par l'employeur, qui constituent la suite et la conséquence de la procédure de licenciement collectif suivie par application de l'article L. 321-4-1 susmentionné, sont eux-mêmes nuls.

Cass. soc. 13 février 1997, n° 96-41.874, BC V n° 64.

Aux termes de l'article L. 1235-10 CT, la procédure de licenciement est nulle tant que le plan de reclassement des salariés prévu à l'article L. 1233-61 et s'intégrant au plan de sauvegarde de l'emploi n'est pas présenté par l'employeur aux représentants du personnel, qui doivent être réunis, informés et consultés ; il en résulte que la nullité qui affecte un plan de sauvegarde de l'emploi ne répondant pas aux exigences légales, s'étend à tous les actes subséquents et en particulier la rupture du contrat de travail consécutive à un départ volontaire lorsqu'il a une cause économique et s'inscrit dans un processus de réduction des effectifs donnant lieu à l'établissement de ce plan, est elle-même nulle.

Après avoir constaté que le départ volontaire d'un salarié s'inscrivait expressément dans le cadre d'un projet de plan de sauvegarde de l'emploi incluant un appel aux départs volontaires et que son poste était susceptible d'être supprimé, une cour d'appel, qui a retenu que l'annulation du plan de sauvegarde de l'emploi avait pour conséquence de priver de toute cause le départ volontaire qui constituait un acte subséquent à celui-ci, a exactement décidé que la nullité du plan entraînait celle de la rupture qui lui était rattachée.

Cass. soc. 15 mai 2013, n° 11-26.414, BC V n° 122.

Il en est de même de la nullité qui affecte un plan de départs volontaires.

Il résulte de l'article L. 1235-10 CT, dans sa rédaction applicable au litige, que la nullité qui affecte un plan de départs volontaires ne répondant pas aux exigences légales, s'étend à tous les actes subséquents ; en particulier, la convention de rupture du contrat de travail consécutive à un départ volontaire lorsqu'il a une cause économique et s'inscrit dans un processus de réduction des effectifs, exclusif de tout licenciement, donnant lieu à l'établissement de ce plan, est elle-même nulle, peu important que les salariés n'aient pas été parties ou représentés à l'action en nullité du plan.

Quatorze salariés d'une société ont signé en septembre 2009 une convention de rupture d'un commun accord dans le cadre d'un projet de plan personnalisé de départs volontaires pour motif économique (PDV1) s'inscrivant dans un plan de sauvegarde de l'emploi, élaboré dans le cadre d'une procédure visant à réduire de 500 les effectifs de salariés au sein de la filière automobile. Sur une assignation en référé à l'initiative d'un comité d'établissement, un tribunal de grande instance a, par ordonnance du 17 septembre 2009, suspendu la mise en œuvre du plan de départs volontaires dans l'attente de la décision du juge du fond, lequel, par jugement du 15 octobre 2009, a annulé le plan personnalisé de départs volontaires (PDV1) de la société au motif que le volet sur les mesures de reclassement externe présentait un contenu insuffisant ; à la suite de cette décision, la société a présenté un deuxième plan de départs volontaires (PDV2), au cours d'une nouvelle réunion d'information-consultation du comité central d'entreprise le 3 décembre 2009. Les quatorze salariés concernés ont saisi la juridiction prud'homale le 24 mars 2011 aux fins de voir annuler la convention de rupture d'un commun accord signée dans le cadre du PDV1 avec l'employeur, dire que la rupture du contrat de travail s'analyse en conséquence en un licenciement sans cause réelle et sérieuse, et obtenir la condamnation de l'employeur à leur verser diverses sommes à titre, notamment, de rappel de salaire et accessoires depuis la date de la rupture du contrat de travail jusqu'à la mise en place d'un nouveau plan de départs volontaires (PDV2), indemnités de rupture, dommages-intérêts pour licenciement nul, paiement des jours de fractionnement et heures supplémentaires.

Ayant constaté que le départ volontaire des salariés s'inscrivait expressément dans le cadre du plan personnalisé de départs volontaires 1 annulé par jugement du tribunal de grande instance le 15 octobre 2009, c'est à bon droit qu'une cour d'appel, qui a retenu que l'annulation de ce plan avait pour conséquence de priver de toute cause le départ volontaire des salariés qui en constituait un acte subséquent, a décidé que la nullité du plan de départs volontaires entraînait celle des conventions de rupture qui lui étaient rattachées.

Cass. soc. 17 octobre 2018, n° 17-16.869, 2e moyen du pourvoi principal, à paraître.

Cependant, lorsque le plan de sauvegarde de l'emploi a été établi dans le cadre d'une procédure collective, son insuffisance n'entraîne pas la nullité des licenciements mais les prive de cause réelle et sérieuse.

En application des dispositions combinées des articles L. 321-4-1 et L. 321-9 CT, dans leur rédaction résultant de la loi du 19 janvier 2000 applicable en la cause, la nullité de la procédure de licenciement n'est pas encourue en raison de l'insuffisance d'un plan social établi à l'occasion d'une procédure de redressement ou de liquidation judiciaire de l'employeur. Lorsque la nullité des licenciements n'est pas légalement encourue, l'insuffisance du plan social au regard des exigences de l'article L. 321-4-1 CT prive de cause réelle et sérieuse les licenciements économiques ensuite prononcés.

Cass. soc. 2 février 2006, n° 05-40.037, BC V n° 58 (arrêt n° 1). Voir aussi cass. soc. 2 février 2006, n° 04-40.773, BC V n° 58 (arrêt n° 2).

Il en est de même lorsqu'une entreprise de moins de 50 salariés a volontairement établi un plan de sauvegarde de l'emploi.

Cass. soc. 19 janvier 2011, n° 09-43.523.

En cas de nullité du plan de sauvegarde de l'emploi, les salariés licenciés peuvent donc saisir la juridiction prud'homale en référé pour voir déclarer la nullité de leur licenciement et obtenir leur réintégration.

Si les salariés licenciés pour motif économique ont un droit propre à faire valoir que leur licenciement est nul au regard des dispositions de l'article L. 321-4-1, al. 2 CT, c'est à la condition que le plan social soit déclaré nul.

Cass. soc. 24 octobre 2000, n° 98-40.950, 1er moyen, pourvoi du salarié.

Les salariés licenciés pour motif économique ont un droit propre à faire valoir que leur licenciement est nul au regard des dispositions de l'article L. 321-4-1, al. 2 CT. Il résulte de ce même texte que la nullité qui affecte le plan social s'étend à tous les actes subséquents et qu'en particulier les licenciements prononcés par l'employeur, qui constituent la suite et la conséquence de la procédure de licenciement collectif suivie par application de l'article L. 321-4-1 CT, sont eux-mêmes nuls.

Ayant constaté qu'un plan social était manifestement insuffisant au regard des dispositions de l'article L. 321-4-1 CT, une cour d'appel, qui en a justement déduit que la procédure de licenciement collectif était nulle, a pu décider que les ruptures prononcées constituaient un trouble manifestement illicite et ordonner, pour le faire cesser, la réintégration des salariés dans un emploi équivalent après avoir relevé que la réintégration dans leur emploi était devenue matériellement impossible.

Cass. soc. 30 mars 1999, n° 97-41.013, BC V n° 144. Voir aussi cass. soc. 10 mai 2000, n° 98-42.532.

Une société avait engagé une procédure de licenciement collectif pour motif économique à l'issue de laquelle elle avait notifié à 34 salariés leur licenciement pour motif économique. 21 salariés, faisant valoir notamment que le plan social présenté aux représentants du personnel était nul, ont saisi la juridiction prud'homale pour demander, pour certains d'entre eux, leur réintégration accompagnée d'une indemnisation et, pour les autres, la réparation du préjudice causé par la perte de leur emploi. À la suite de l'arrêt ayant accueilli leur demande, trois autres salariés ont sollicité en référé leur réintégration immédiate et le paiement de leur salaire, du jour de la rupture au jour de la réintégration effective.

Doivent être approuvés les arrêts ayant admis l'action individuelle des salariés et notamment celle des trois salariés à l'encontre du plan social mis en application trois ans auparavant tendant à voir prononcer la nullité de la procédure de licenciement économique à raison de la nullité du plan social.

En effet, si, en application du dernier alinéa de l'article L. 122-14-4 CT, la méconnaissance par l'employeur de la procédure consultative requise à l'article L. 321-2 CT n'ouvre droit, au profit des salariés concernés, qu'au paiement d'une indemnité calculée en fonction du préjudice subi, il résulte de l'article L. 321-4-1, al. 2 CT que l'absence d'un plan social ou sa nullité entraîne la nullité de la procédure de licenciement. La nullité qui affecte le plan social s'étend à tous les actes subséquents et, en particulier, les licenciements prononcés par l'employeur, qui constituent la suite et la conséquence de la procédure de licenciement collectif suivie par application de l'article L. 321-4-1 CT, sont eux-mêmes nuls.

La cour d'appel a donc exactement décidé, d'une part, que les salariés licenciés pour motif économique avaient un droit propre à faire valoir que leur licenciement était nul au regard de ce texte et, d'autre part, que l'action individuelle tendant à faire reconnaître la nullité du licenciement sur le fondement de la nullité du plan social, qui avait été exercée dans le délai de la prescription quinquennale, relevait de la compétence prud'homale.

Cass. soc. 28 mars 2000, n° 98-40.228, 1er moyen, BC V n° 132.

L'annulation du plan social oblige le salarié à restituer les sommes perçues sur son fondement, lesquelles doivent venir, par compensation, en déduction de sa créance indemnitaire.

Le plan de sauvegarde de l'emploi qui ne répond pas aux exigences des articles L. 1233-61 et L. 1233-63 CT est nul ; il s'ensuit que les sommes perçues par les salariés en vertu du plan de sauvegarde de l'emploi n'ont plus de fondement juridique ; la nullité du plan oblige les salariés à restituer les sommes perçues en exécution de ce plan, lesquelles viennent en déduction de la créance à titre de dommages-intérêts qui leur est allouée.

Cass. soc. 23 septembre 2014, n° 13-15.655. Voir aussi cass. soc. 28 mars 2012, n° 11-30.034, 2e moyen, BC V n° 111. Voir aussi cass. soc. 28 mars 2000, n° 98-40.228, 3e moyen, BC V n° 132.

La prise d'acte de la rupture du contrat de travail justifiée par l'absence ou l'insuffisance du plan de sauvegarde de l'emploi produit les effets d'un licenciement nul.

La prise d'acte de la rupture du contrat de travail par un salarié concerné par une procédure de suppression d'emplois pour raisons économiques, lorsqu'elle est justifiée par l'absence ou l'insuffisance du plan de sauvegarde de l'emploi que l'employeur est tenu d'établir, produit les effets d'un licenciement nul.

Cass. soc. 25 janvier 2012, n° 10-23.516, BC V n° 22.

La nullité du licenciement ouvre droit, pour le salarié qui ne demande pas sa réintégration, à une indemnité réparant intégralement le préjudice résultant du caractère illicite du licenciement.

Le salarié, dont le licenciement est nul et qui ne demande pas sa réintégration, a droit, d'une part, aux indemnités de rupture et, d'autre part, à une indemnité réparant intégralement le préjudice résultant du caractère illicite du licenciement, dont le montant est souverainement apprécié par les juges du fond, dès lors qu'il est au moins égal à celui prévu par l'article L. 122-14-4 CT.

Cass. soc. 6 mars 2001, n° 98-46.479, 2e moyen, BC V n° 71.

Seule l'insuffisance du plan de sauvegarde de l'emploi entraîne la nullité de la procédure de licenciement.

En vertu de l'article L. 1235-10 CT, seule l'absence ou l'insuffisance du plan de sauvegarde de l'emploi soumis aux représentants du personnel entraîne la nullité de la procédure de licenciement pour motif économique.

Après son intégration dans un groupe, une société a soumis à son comité d'entreprise un projet de restructuration impliquant la suppression de 64 emplois, ainsi qu'un plan de sauvegarde de l'emploi établi à cet effet ; après avoir pris connaissance du rapport de l'expert qu'il avait désigné, le comité d'entreprise a engagé une procédure de référé tendant à l'annulation de la procédure de licenciement, dont il a été débouté, puis a saisi à jour fixe le tribunal de grande instance, pour qu'il soit jugé qu'aucune cause économique ne justifiait l'engagement d'une procédure de licenciement et pour obtenir l'annulation de celle-ci.

Pour déclarer nulle la procédure de licenciement et tous ses effets subséquents, une cour d'appel a retenu qu'en prévoyant expressément que l'absence de présentation d'un plan de reclassement, intégré au plan de sauvegarde de l'emploi, est sanctionnée par la nullité de la procédure, le législateur a édicté une sanction qui n'apparaissait pas aller de plein droit car, sans cette précision, l'inobservation de cette obligation eut pu paraître insuffisante pour vider, d'emblée, la procédure de son objet et rendre, par là même, sans intérêt la consultation du comité d'entreprise, que tel ne peut être le cas, en revanche, d'une procédure engagée par l'employeur en l'absence de motif économique véritable, une telle carence vidant de sa substance cette consultation et privant de fondement légal le projet économique du chef d'entreprise, que conclure le contraire reviendrait à ôter à l'intervention des représentants du personnel le sens et la portée des prérogatives que le législateur a entendu leur confier, qu'une consultation sur un projet présentant comme existant un motif économique en réalité défaillant, ne peut caractériser une consultation conforme au vœu du législateur, lequel aurait manqué à la logique la plus élémentaire s'il avait entendu prévoir la nullité de la procédure de licenciement, en cas d'absence de plan de reclassement, sans avoir voulu la même nullité lorsque c'est le fondement même de ce plan et l'élément déclenchant de toute la procédure qui est défaillant, que la lecture de l'article L. 1235-10 CT ne peut donc se faire qu'à la lumière, à la fois, des règles de droit commun, selon lesquelles pour qu'un acte soit valable il doit respecter les prescriptions légales, et des dispositions particulières régissant, dans le code du travail, les relations du chef d'entreprise et des institutions représentatives du personnel, que le tribunal de grande instance remplit son office en veillant au respect de la loyauté qui doit inspirer ces relations et, au premier chef, le projet de licenciement soumis par le chef d'entreprise au comité d'entreprise, qu'en contrôlant la réalité du motif économique, invoqué dans ce projet, il ne s'agit nullement pour lui de s'immiscer dans la gestion de l'entreprise et de porter atteinte à la liberté d'entreprendre, mais seulement de contrôler la légalité de la procédure suivie, qu'en l'espèce, il résultait du rapprochement de l'analyse des éléments comptables des sociétés du groupe et des perspectives de l'avenir commercial des activités de celui-ci que l'activité de ce groupe ne présentait aucune fragilité actuelle ou inéluctable dans un proche avenir, que la compétitivité du groupe n'était pas en cause et que, partant, la procédure de licenciement ne répondait pas à une nécessité d'assurer la sauvegarde de cette compétitivité, que le défaut de motif économique rendant sans objet la consultation du comité d'entreprise et l'ensemble de la procédure subséquente s'avérant par là même dépourvue d'effet, c'est à bon droit que le comité d'entreprise de la société avait sollicité l'annulation de la procédure et de tous ses effets subséquents.

En statuant ainsi, alors que la procédure de licenciement ne peut être annulée en considération de la cause économique de licenciement, la validité du plan étant indépendante de la cause du licenciement, la cour d'appel a violé l'article L. 1235-10 CT.

Cass. soc. 3 mai 2012, n° 11-20.741, BC V n° 129.

Les salariés ne peuvent faire valoir un préjudice au titre d'un manquement à un engagement pris dans un plan annulé.

Cass. soc. 13 octobre 2015, n° 14-23.172.

Absence de plan de sauvegarde

En l'absence de plan de sauvegarde de l'emploi, le juge des référés peut être saisi et ordonner la reprise de la procédure de licenciement et la suspension des licenciements.

Envisageant le licenciement pour motif économique de quinze salariés, une société avait mis en œuvre la procédure d'information et de consultation du comité d'entreprise dont la première réunion avait été fixée au 18 décembre 1991. Bien que les représentants du personnel lui aient reproché de n'avoir pas établi de plan social, et aient estimé que la réunion du 18 décembre ne pouvait tenir lieu de première réunion au sens de la loi, appréciation confirmée par l'inspecteur du travail, la société avait néanmoins poursuivi la procédure de consultation et provoqué une deuxième réunion du comité d'entreprise le 9 janvier 1992. Trois salariés compris dans le projet de licenciement (et qui avaient été licenciés le 17 avril 1992) avaient alors demandé à la formation des référés du conseil de prud'hommes d'ordonner la suspension des licenciements.

Ayant exactement retenu que l'absence de plan social et de mesures de reclassement constituait un trouble manifestement illicite, la cour d'appel a pu décider que les juges auraient dû ordonner la reprise de la procédure de licenciement et la suspension des licenciements et condamner la société aux dépens et à une somme sur le fondement de l'article 700 NCPC.

Cass. soc. 12 novembre 1996, n° 92-44.905, BC V n° 375.

En revanche, le défaut d'affichage du plan de sauvegarde de l'emploi ne permet d'obtenir que la suspension de la procédure de licenciement ou la réparation du préjudice subi.

Seule l'absence d'un plan social ou la nullité de celui-ci entraîne la nullité de la procédure de licenciement. L'irrégularité résultant d'un manquement de l'employeur à son obligation de porter le plan social à la connaissance des salariés par voie d'affichage dans les conditions prévues par l'article L. 321-4-1, dernier alinéa CT, permet seulement d'obtenir la suspension de la procédure de licenciement si celle-ci n'est pas terminée ou, à défaut, la réparation du préjudice subi dans les termes de l'article L. 122-14-4, dernier alinéa CT.

Il s'ensuit qu'une cour d'appel, statuant en référé sur la demande de salariés licenciés pour motif économique tendant à la constatation de la nullité du plan social, a pu décider que le défaut d'affichage reproché à la société n'entraînait pas la nullité de la procédure de licenciement et ne constituait pas un trouble manifestement illicite.

Cass. soc. 9 mai 2000, n° 98-20.588, BC V n° 172.

Il en est de même du manquement de l'employeur à son obligation d'informer les salariés, en temps utile, sur le contenu du plan de sauvegarde de l'emploi, par une lettre individualisée adressée à leur domicile.

Seule l'absence ou l'insuffisance du plan de sauvegarde de l'emploi entraîne la nullité de la procédure de licenciement ; si l'employeur a manqué à son obligation non contestée d'informer les salariés, en temps utile, sur le contenu du plan de sauvegarde de l'emploi, par une lettre individualisée adressée à leur domicile, ce manquement, qui n'entraîne pas la nullité de la procédure de licenciement, permet seulement d'obtenir la suspension de la procédure si celle-ci n'est pas terminée ou, à défaut, la réparation du préjudice subi.

Un salarié licencié pour motif économique, invoquant l'insuffisance du plan de sauvegarde de l'emploi et, subsidiairement, le non-respect par l'employeur de son obligation individuelle de reclassement, a saisi la juridiction prud'homale.

Doit être cassé l'arrêt qui, pour prononcer la nullité du plan de sauvegarde de l'emploi et condamner la société au paiement de dommages et intérêts pour licenciement nul, a énoncé que l'absence d'information du salarié en temps utile sur les diverses mesures contenues dans le plan de sauvegarde de l'emploi privait celui-ci de toute pertinence.

Cass. soc. 25 juin 2008, n° 07-41.065.

Mise en œuvre du plan de sauvegarde de l'emploi

Le plan de sauvegarde de l'emploi est mis en œuvre à l'issue de la procédure de consultation des représentants du personnel.

Le bénéfice des dispositions du plan social ne peut être accordé qu'à l'issue du déroulement de la procédure de licenciement. En effet, le chef d'entreprise n'est tenu de mettre en œuvre les dispositions prévues au plan social qu'à l'issue des réunions de consultation des représentants du personnel.

Cass. soc. 23 mars 1994, n° 92-43.728.

Lors de l'exécution de ce plan, l'employeur est tenu à une obligation de loyauté envers les salariés…

Une cour d'appel a énoncé à bon droit que les engagements pris par un employeur de sauvegarder des emplois en application d'un plan social devaient être exécutés de bonne foi. Ayant constaté que l'employeur n'avait pas sérieusement donné suite à la proposition de salariés volontaires pour travailler à temps partiel qui aurait permis l'application de l'une des mesures prévues dans le plan social afin de limiter les licenciements, la cour a pu décider que l'employeur avait commis une faute causant aux salariés licenciés un préjudice résultant de la perte d'une chance de conserver leur emploi et condamner l'employeur à leur payer des dommages-intérêts.

Cass. soc. 6 mai 1998, n° 95-45.464, BC V n° 231.

… et il doit respecter ses engagements.

Un employeur s'était engagé dans le cadre d'un plan social à assurer aux salariés, bénéficiaires du régime interne de retraite, une garantie de ressources en rapport avec leur rémunération au moyen d'une allocation complémentaire de retraite jusqu'à 65 ans. L'employeur s'étant prévalu de l'abaissement de l'âge de la retraite pour modifier le montant de l'allocation, les salariés en ont demandé le maintien au montant initial.

C'est à bon droit qu'une cour d'appel a considéré que le document explicatif du plan social remis aux salariés avait eu pour objet et pour effet de les convaincre d'adhérer à la proposition de départ anticipé formulée par l'employeur, et que la bonification instituée obligeait la société dans la mesure où l'engagement de l'employeur était ferme et n'était pas soumis à la condition que la réglementation demeure immuable. Il résultait de ces constatations que la société devait réparer le préjudice causé aux salariés.

Cass. soc. 23 février 1994, n° 92-42.896, BC V n° 67.
Voir aussi cass. soc. 27 mai 1998, n° 95-41.395.

Après avoir retenu que l'article 5 du plan social, qui stipulait que pendant trois ans les salariés licenciés auraient une priorité d'embauche en cas de candidature à une offre d'emploi, ne contenait pas la condition selon laquelle la priorité de réembauchage était destinée aux seuls salariés qui feraient acte de candidature, une cour d'appel a, à bon droit, décidé que l'employeur, tenu d'exécuter de bonne foi le plan social devait, pendant toute la durée de celui-ci, informer une salariée des emplois disponibles.

La cour d'appel ayant constaté que cette salariée, qui avait sollicité le bénéfice de la priorité de réembauchage, n'avait pas été informée des emplois offerts et compatibles avec sa qualification, a ainsi pu décider que l'employeur avait manqué à ses obligations, peu important le refus de mutation exprimé par l'intéressée avant le licenciement, et condamner l'employeur au paiement de dommages-intérêts.

Cass. soc. 28 juin 2000, n° 99-44.287, BC V n° 257.

Un plan social prévoyait que le départ effectif d'un collaborateur serait subordonné à la validation de son projet par l'antenne emploi dont dépendait son unité, que les antennes emploi aidaient les futurs créateurs d'entreprise à formaliser leur projet et leur apportaient toute l'assistance souhaitable sur les plans techniques et financiers, qu'une fois l'accord donné, les antennes emploi apportaient une assistance pour le montage des dossiers et que l'entreprise créée par un ancien collaborateur de l'établissement bancaire serait suivie pendant deux ans par un cabinet extérieur.

Ayant relevé que l'établissement bancaire avait validé le projet de la salariée sans en examiner les éléments financiers ni accorder la moindre attention à son contenu, notamment au plan technique, qu'il ne lui avait apporté aucune assistance et que l'intéressée n'avait bénéficié d'aucun suivi pendant deux ans, la cour d'appel a pu décider que l'établissement bancaire avait manqué aux engagements qu'il avait pris dans le plan social et qu'il en était résulté un préjudice pour la collaboratrice.

Cass. soc. 12 juin 2001, n° 99-43.329, 2e moyen, BC V n° 218.

En prévision de la fermeture d'un établissement, une société a élaboré et mis en œuvre un plan de sauvegarde de l'emploi ; ayant trouvé un nouvel emploi, un salarié de cet établissement a notifié sa démission avant la date prévue pour son départ.

L'intéressé a saisi la juridiction prud'homale d'une demande en paiement de diverses indemnités prévues par le plan de sauvegarde de l'emploi.

Après avoir constaté que le salarié faisait partie du personnel concerné par la procédure de licenciement économique et que son départ faisait suite à une proposition de formation et d'engagement externe obtenue avant la notification du licenciement et avec le concours du « point information conseil » mis en place dans le cadre du plan de sauvegarde de l'emploi, c'est à bon droit qu'une cour d'appel a décidé que l'intéressé pouvait prétendre au bénéfice des indemnités accordées par le plan à chaque salarié concerné en compensation de l'arrêt des activités industrielles.

Cass. soc. 11 juin 2008, n° 07-40.414, BC V n° 132.

En constatant que l'employeur désigné dans la seule offre d'emploi soumise à une salariée n'avait pas répondu à sa demande, une cour d'appel a fait ressortir que cette offre n'était pas sérieuse et constituait un manquement de l'employeur à ses obligations prévues dans le plan de sauvegarde de l'emploi, sans que la sortie ultérieure du dispositif de reclassement puisse l'exonérer des conséquences de cette défaillance, et a pu allouer à la salariée des dommages-intérêts pour non-respect des obligations du plan.

Cass. soc. 19 janvier 2010, n° 08-44.316.

L'employeur n'est pas libéré de son obligation prévue par le plan de proposer un nombre déterminé d'offres valables d'emploi du seul fait que le salarié a trouvé un autre emploi.

Cass. soc. 19 janvier 2010, n° 08-44.307.

L'inobservation de l'engagement pris par l'employeur vis-à-vis des couples de salariés travaillant dans l'entreprise de ne pas licencier les deux personnes, prive les licenciements de cause réelle et sérieuse.

Après avoir estimé que, lors de l'élaboration d'un plan social, un employeur s'était obligé vis-à-vis des couples de salariés travaillant au sein de l'entreprise à ne pas prononcer le licenciement des deux personnes et fait ressortir que cet engagement avait pour objet de limiter son pouvoir de licencier et non d'ajouter un critère à l'ordre des licenciements, une cour d'appel a exactement décidé que l'inobservation de cette obligation privait les licenciements de cause réelle et sérieuse.

Cass. soc. 3 décembre 2008, n° 07-42.473.

La légèreté blâmable de l'employeur dans l'application d'un plan de sauvegarde de l'emploi rend le licenciement sans cause réelle et sérieuse.

C'est à bon droit qu'après avoir constaté qu'un salarié avait demandé à bénéficier de la préretraite progressive prévue par le plan social, une cour d'appel a décidé qu'en le licenciant et en le privant ainsi du bénéfice d'une mesure à laquelle il pouvait prétendre, l'employeur avait agi avec une légèreté blâmable en sorte que le licenciement était sans cause réelle et sérieuse.

Cass. soc. 10 juillet 2001, n° 99-43.024, BC V n° 253.

Les dispositions d'un plan de sauvegarde de l'emploi et d'un accord d'entreprise sont cumulables sauf si elles ont le même objet, auquel cas il doit être fait application du principe de faveur.

Les dispositions du plan social peuvent se cumuler avec les dispositions d'un accord d'entreprise prévoyant des avantages en faveur des salariés âgés licenciés pour motif économique, sauf si elles ont le même objet, auquel cas ne s'appliquent que les dispositions les plus favorables aux salariés.

Une société avait établi un plan social qui avait été arrêté définitivement en 1990. En 1991, un accord collectif avait été signé afin, notamment, d'unifier les différents régimes de capital-retraite existant jusqu'alors, l'article 6 de cet accord prévoyant qu'en cas de licenciement pour motif économique à partir de 55 ans, l'employeur s'engageait à compenser la différence entre le capital qui aurait été touché à la date du départ et le montant des remboursements et intérêts versés au GAN.

Plusieurs salariés, licenciés en 1992, après avoir atteint l'âge de 56 ans et deux mois et bénéficié des dispositions du plan social arrêté en 1990, avaient saisi la juridiction prud'homale d'une demande en paiement fondée sur les dispositions de l'article 6 de l'accord de 1991.

Doit être cassé l'arrêt qui, pour rejeter la demande des salariés, a retenu que le plan social dont ils avaient bénéficié avait tenu compte du préjudice résultant d'une rupture avant 60 ans en prévoyant que la majoration de certains droits nés compenserait notamment la perte des avantages du contrat GAN, de sorte qu'accorder aux salariés l'avantage résultant de l'accord de 1991 reviendrait à accorder une seconde indemnisation pour la même cause, alors, d'une part, que les droits des salariés s'apprécient à la date du licenciement et, d'autre part, que les dispositions d'un plan social peuvent se cumuler avec celles d'un accord collectif, sauf si elles ont le même objet, auquel cas ne s'appliquent que les dispositions les plus favorables aux salariés.

En effet, l'accord de 1991 était entré en vigueur avant le licenciement des salariés, ce dont il résultait qu'ils étaient fondés à s'en prévaloir. La cour d'appel ne pouvait donc en écarter l'application à raison des dispositions d'un plan social sans constater que ces dispositions avaient le même objet que celles de l'accord collectif et qu'elles étaient plus favorables aux salariés.

Cass. soc. 23 juin 1999, n° 98-40.158, BC V n° 296.

Le plan de sauvegarde de l'emploi ne peut priver le salarié licencié des droits qu'il tient d'une convention antérieurement conclue avec l'employeur.

Cass. soc. 9 octobre 2012, n° 10-28.785.

Les mesures prévues par le plan de sauvegarde de l'emploi destinées à faciliter le reclassement des salariés licenciés et compenser la perte de leur emploi se cumulent avec les dommages-intérêts pour licenciement sans cause réelle et sérieuse.

Les mesures prévues par le plan de sauvegarde de l'emploi destinées à faciliter le reclassement des salariés licenciés et compenser la perte de leur emploi n'ont pas le même objet, ni la même cause que les dommages-intérêts pour licenciement sans cause réelle et sérieuse qui réparent le préjudice résultant du caractère injustifié de la perte de l'emploi.

Cass. soc. 9 juillet 2015, n° 14-14.654, 2e branche du 2e moyen et 3e moyen, BC V n° 153.

En revanche, l'indemnité allouée au salarié dont le licenciement est nul, à défaut de réintégration dans l'entreprise, qui répare intégralement le préjudice résultant du caractère illicite du licenciement, ne peut pas se cumuler avec le bénéfice de dommages-intérêts au titre du préjudice résultant de la privation des mesures du plan de sauvegarde de l'emploi.

Sept salariés licenciés pour motif économique, notifié par lettres du 20 décembre 2012 pour cinq d'entre eux et par lettres des 4 et 5 mars 2013 pour les deux autres, et un salarié licencié le 21 décembre 2012 pour insuffisance professionnelle ont saisi la juridiction prud'homale pour contester leur licenciement et obtenir le paiement de diverses sommes.

Pour condamner l'employeur à payer aux salariés des dommages-intérêts au titre du préjudice résultant de la privation des mesures du plan de sauvegarde de l'emploi, une cour d'appel a retenu que les avantages liés à l'adoption de ce plan étaient non négligeables puisque se mettaient en place des actions en vue du reclassement interne des salariés, des créations nouvelles par l'entreprise, des actions favorisant le reclassement externe à l'entreprise, des actions de soutien à la création d'activités nouvelles ou à la reprise d'activités existantes par les salariés, des actions de formation, de validation des acquis de l'expérience ou de reconversion de nature à faciliter le reclassement interne ou externe des salariés sur des emplois équivalents, ainsi que des mesures de réduction ou d'aménagement du temps de travail et que la privation par l'employeur de ces avantages justifiait l'allocation d'une indemnité spécifique.

En statuant ainsi, alors qu'elle avait déjà condamné l'employeur à payer à chaque salarié une indemnité réparant intégralement le préjudice résultant du caractère illicite du licenciement, la cour d'appel a violé les articles L. 1235-10 et L. 1235-11 CT dans leur rédaction applicable en la cause, et le principe de réparation intégrale du préjudice.

Cass. soc. 14 septembre 2017, n° 16-11.563, 2e moyen du pourvoi principal, BC V n° 138.

Le litige opposant des salariés à leur employeur relatif à des engagements pris dans le cadre du plan de sauvegarde de l'emploi relève de la compétence de la juridiction prud'homale.

Le litige opposant les salariés à leur ancien employeur, à propos d'une allocation complémentaire de retraite que l'employeur s'était engagé à verser dans le cadre du plan social, relève de la compétence de la juridiction prud'homale.

Cass. soc. 23 février 1994, n° 92-43.927, BC V n° 69.

Succession de plans de sauvegarde de l'emploi dans la même entreprise

Lorsque, au sein d'une même entreprise, deux procédures de licenciements pour motif économique accompagnées de plans de sauvegarde de l'emploi distincts sont engagées successivement, les salariés licenciés dans le cadre de la première procédure ne se trouvent pas dans une situation identique à celle des salariés licenciés lors de la seconde procédure ; ils ne peuvent donc pas se prévaloir du principe d'égalité de traitement pour obtenir les mêmes avantages que ceux accordés aux salariés visés par cette seconde procédure.

Cass. soc. 29 juin 2017, n° 15-21.008, BC V n° 109. Voir aussi cass. soc. 29 juin 2017, n° 16-12.007, BC V n° 110.

Droit communautaire

Au regard du droit communautaire, le système de participation du FNE à l'accompagnement des plans de sauvegarde de l'emploi peut avoir pour effet de fausser la concurrence en favorisant certaines entreprises.

L'article 92, § 1, du traité de Rome déclare incompatibles avec le Marché commun les aides de l'État, sous quelque forme que ce soit, dans la mesure où elles affectent les échanges entre États membres et sont de nature à fausser la concurrence en favorisant certaines entreprises.

En l'espèce, une société située en France avait élaboré un plan social comprenant des mesures cofinancées par l'État dans le cadre du FNE. La Commission ayant décidé que la participation financière du FNE à la mise en œuvre d'un plan social constituait une aide de l'État au sens de l'article 92, § 1, du traité de Rome, le gouvernement français invoquait une erreur de droit de la Commission devant la Cour de justice des Communautés européennes et soutenait que ce dispositif ne constituait pas une aide de l'État au sens de l'article précité.

Compte tenu des informations dont elle disposait, la Commission a pu décider qu'en l'espèce, du fait de l'intervention du FNE, la société était déchargée de ses obligations légales à l'égard des salariés et que, de ce fait, elle était placée dans une situation plus favorable que ses concurrents.

CJCE 26 septembre 1996, aff. C-241/94, Recueil I-04551.

☛ *Licenciement économique (Information et consultation du CE) ; Licenciement économique (Reclassement) ; Licenciement économique (Réintégration) ; Procédure de licenciement dans les entreprises en redressement ou liquidation judiciaires.*

Plan social

☛ *Plan de sauvegarde de l'emploi.*

Pont (Journée de)

Le pont est une journée comprise entre un jour férié chômé et un jour de repos hebdomadaire ou un autre jour chômé de la semaine.

L'employeur qui a la faculté de faire récupérer les heures perdues un jour de pont ne peut pas imputer sur les congés une journée chômée en raison d'un pont.

Une société gestionnaire de restaurants n'avait pas fait travailler son personnel un jour situé entre un jour férié légal et un jour de repos habituel, en application d'un accord d'entreprise disposant que les ponts imposés par le client seront chômés.

Doit être cassé le jugement ayant décidé que les jours de pont peuvent s'imputer sur les congés payés, alors que l'employeur, qui disposait d'une faculté de récupération dans les limites déterminées à l'article D. 212-1 CT, ne pouvait pas imputer une journée chômée en application de l'accord d'entreprise sur le congé payé, auquel le travailleur a droit en considération de son travail effectif.

Cass. soc. 17 avril 1986, n° 83-45.788, BC V n° 158.

Les dispositions légales relatives au paiement exceptionnel de rémunération sans contrepartie de travail (congés) ne peuvent pas être étendues à des cas qu'elles ne prévoient pas.

Suivant un accord d'entreprise, une société s'était engagée à payer à ses salariés tous les « ponts » autres que ceux de fin d'année. Une salariée en congé annuel lors d'un pont avait demandé, à défaut de l'octroi d'un jour complémentaire de congé, le versement d'une indemnité compensatrice.

Doit être cassé le jugement ayant fait droit à cette demande au motif notamment que l'accord susvisé ne comportait aucune restriction en ce qui concerne les ponts pouvant tomber au cours de la période de congés payés, alors que les dispositions légales relatives au paiement exceptionnel de rémunération sans contrepartie de travail ne peuvent être étendues à des cas qu'elles ne prévoient pas.

Cass. soc. 3 décembre 1980, n° 79-41.051, BC V n° 871.

Le fait pour un cadre d'avoir prolongé trois jours de congé par le pont de l'Ascension, malgré le refus de l'employeur, est constitutif d'une faute grave.

Cass. soc. 1er juillet 1998, n° 96-42.824.

Heures de récupération.

Portage salarial

Le portage salarial permet à une personne qui trouve des missions à accomplir pour le compte d'entreprises clientes, de bénéficier du régime du salariat. Ainsi, au lieu d'établir une relation de client à prestataire avec les entreprises clientes, la personne portée devient salariée d'une entreprise de portage qui fait office d'intermédiaire avec les entreprises clientes (art. L. 1254-1 à 31 CT).

Le contrat de portage salarial est soumis aux dispositions du code du travail

Les dispositions relatives au contrat de travail à temps partiel doivent être respectées.

Sauf exceptions prévues par la loi, il ne peut être dérogé par l'employeur à l'obligation de mentionner, dans le contrat de travail à temps partiel, la durée hebdomadaire ou mensuelle prévue, et la répartition de la durée du travail entre les jours de la semaine ou les semaines du mois.

Un salarié a été engagé par une société, dans le cadre d'un portage salarial, suivant un contrat à durée indéterminée « à temps choisi ». Il a signé simultanément une « charte de collaboration » fixant ses conditions d'emploi, son mode de rémunération ainsi que ses obligations professionnelles ; ayant été licencié pour non-réalisation d'objectifs, le salarié, contestant la rupture de son contrat de travail, a saisi la juridiction prud'homale de diverses demandes.

Pour rejeter la demande de requalification de son contrat en contrat à temps complet, une cour d'appel a retenu que les parties avaient conclu un contrat à temps partiel comportant des obligations particulières ainsi qu'une convention fixant des dispositions contractuelles spécifiques, que cette dernière n'était pas contraire à l'ordre public et avait été acceptée par les parties en toute connaissance de cause, que la conclusion du contrat et de la convention avait pour effet de déléguer la charge de la fourniture du travail et la recherche de clients au salarié porté, que l'une des dispositions spécifiques contractuellement acceptées fixait un minimum horaire symbolique de quatre heures par mois à effectuer par le salarié et que cette disposition avait pour effet de rendre ce dernier autonome dans la gestion de son emploi du temps s'agissant des heures dépassant le minimum horaire le cas échéant.

En statuant ainsi, alors qu'elle avait constaté que le contrat prévoyait une durée de travail minimale symbolique, la durée réelle étant variable et dépendant de l'activité déployée par le salarié selon sa propre initiative, la cour d'appel a violé les articles L. 1211-1, L. 1221-1 et L. 3123-14 CT dans sa rédaction antérieure à la loi du 20 août 2008.

Cass. soc. 17 février 2010, n° 08-40.671, BC V n° 41 (arrêt n° 2).

Les entreprises de portage salarial doivent justifier d'une garantie financière

Saisi d'une requête invoquant une atteinte au principe d'égalité par rapport aux entreprises de travail temporaire, le Conseil d'État a décidé que la spécificité du portage salarial justifie une garantie financière plus élevée que dans l'intérim.

Si les entreprises de portage salarial s'apparentent aux entreprises de travail temporaire en ce que les salariés portés exercent leur activité au profit d'entreprises clientes, elles s'en distinguent toutefois en raison notamment de l'autonomie des salariés portés, de la nature des tâches qu'ils peuvent exécuter et des obligations respectives de l'entreprise employeur et de son salarié. Les deux catégories d'entreprises se trouvent, par conséquent, dans une situation différente.

En fixant, à compter du 1er janvier 2018, à 10 % de la masse salariale de l'année précédente ou, au moins, à deux fois le plafond annuel de la sécurité sociale de l'année considérée, le montant minimum de la garantie financière que doivent souscrire les entreprises de portage salarial en application de l'article L. 1254-26 CT, et en fixant ce taux et ce facteur, respectivement, à 8 % et 1,5 pour 2016 et à 9 % et 1,8 pour 2017, alors que le montant minimum de la garantie financière exigée des entreprises de travail temporaire en vertu de l'article L. 1251-49 CT est fixé à 8 % de leur chiffre d'affaires ou à une valeur minimale s'élevant, à la date de son adoption, à 122 128 euros, le décret 2015-1886 n'a pas fait peser sur les entreprises de portage salarial des exigences manifestement disproportionnées par rapport à celles pesant sur les entreprises de travail temporaire, au regard de la différence de situation existant entre ces deux catégories d'entreprises et de l'objectif poursuivi, qui est d'organiser la couverture des risques inhérents à chacune de ces activités.

CE 31 mars 2017, n° 400747.

Pourboires

La pratique du pourboire est spécifique aux professions où le salarié est en contact direct avec la clientèle, le pourboire pouvant constituer la seule rémunération ou s'ajouter à un salaire fixe.

Les articles L. 3244-1 et 2, L. 3251-4 et R. 3244-1 et 2 CT sont applicables lorsque l'employeur centralise les pourboires, et non dans l'hypothèse où le salarié les perçoit directement.

Bénéficiaires

Seules les personnes étant habituellement en contact direct avec la clientèle bénéficient de pourboires.

L'ensemble des personnels en contact avec la clientèle doit recevoir les sommes perçues à titre de pourboires, quelle que soit la catégorie du personnel à qui les sommes sont matériellement remises.

Cass. soc. 11 décembre 2002, n° 00-45.296, 1re branche du moyen.

Après avoir constaté que la mission principale des directeurs régionaux d'une société exploitant des restaurants consistait dans l'encadrement et le contrôle des établissements et que les fonctions de service, limitées aux hypothèses de remplacement d'un salarié absent, n'étaient qu'accessoires, une cour d'appel, qui a ainsi fait ressortir que les intéressés n'étaient pas habituellement en contact avec la clientèle, a pu décider que ces derniers ne pouvaient percevoir une part en pourcentage des pourboires.

Cass. soc. 14 novembre 2013, n° 12-16.805, BC V n° 261.

Les pourboires doivent être versés à l'ensemble des salariés en contact avec la clientèle, quelle que soit la catégorie de personnel à qui les sommes sont remises matériellement.

Selon l'article L. 147-1 CT, dans tous les établissements commerciaux où existe la pratique des pourboires, toutes les sommes remises volontairement par les clients pour le service entre les mains de l'employeur ou centralisées par lui doivent être intégralement versées au personnel en contact avec la clientèle et à qui celle-ci a coutume de les remettre directement. Il en résulte que la répartition des pourboires collectés aux tables de jeux doit s'effectuer entre, d'une part, le personnel des services des jeux et, d'autre part, les employés des services périphériques, indépendamment des pourboires qui peuvent leur être remis personnellement à l'occasion de leurs propres fonctions.

Un salarié, employé par un casino en qualité de chef de partie, faisant valoir que la répartition des pourboires opérée par l'employeur à hauteur de 70 % au profit des employés du service des jeux n'était pas conforme aux dispositions de l'article L. 147-1 CT et que les sommes remises par les clients aux employés des jeux devaient être intégralement reversées à ces derniers, a saisi la juridiction prud'homale d'une demande en paiement de différentes sommes.

Ayant constaté que la société avait reversé intégralement les pourboires au personnel en contact avec la clientèle, c'est à bon droit qu'une cour d'appel a débouté l'intéressé de ses demandes.

Cass. soc. 29 septembre 2004, n° 02-43.500, BC V n° 235.

C'est à tort que, pour faire droit à la demande de rappel de salaires de trois salariés, une cour d'appel, après avoir exactement énoncé que la convention collective ne pouvait pas déroger aux dispositions d'ordre public de l'article L. 147-1 CT, a confirmé les décisions du conseil de prud'hommes retenant comme principe que les pourboires collectés aux tables de jeux devaient être intégralement versés aux employés assurant le service des jeux à l'exception des employés des services périphériques et à l'exclusion des employés de vestiaires, des portiers-voituriers et du chef du personnel des jeux (précisant que la répartition des pourboires opérée au sein de la société Casino de Menton violait les dispositions de l'article L. 147-1 CT en ce que les demandeurs ne recevaient que 75 % des pourboires et non 100 %).

En effet, les pourboires doivent être versés à l'ensemble des personnels en contact avec la clientèle et non au seul personnel des jeux.

Cass. soc. 4 février 2003, n° 01-44.294.

L'application des dispositions d'ordre public de l'article L. 3244-1 CT n'est pas subordonnée à l'existence de stipulations conventionnelles ou d'un décret fixant les catégories de bénéficiaires et les modalités de la répartition.

Cass. soc. 14 novembre 2013, n° 12-16.805, précité.

L'accord permettant à certains salariés sans contact avec la clientèle de percevoir des pourboires est illégal.

Selon l'article L. 147-1 CT, dans tous les établissements commerciaux où existe la pratique des pourboires, toutes les sommes remises volontairement par les clients pour le service entre les mains de l'employeur ou centralisées par lui doivent être intégralement versées au personnel en contact avec la clientèle et à qui celle-ci avait coutume de les remettre directement. Il en résulte que l'ensemble des personnels en contact avec la clientèle doit recevoir les sommes perçues à titre de pourboires, quelle que soit la catégorie du personnel à qui les sommes sont matériellement remises.

Un accord d'entreprise avait été conclu entre la direction d'un casino et les organisations syndicales, aux termes duquel les pourboires seraient répartis selon le système dit de la masse unique, à raison de 70 % entre les employés du service des jeux et de 30 % entre l'ensemble des employés des services de la société contribuant au confort de la clientèle des jeux. Faisant valoir que cet accord n'était pas conforme aux dispositions de l'article L. 147-1 CT et que les sommes remises par les clients aux employés des jeux devaient être intégralement reversées à ces derniers, un salarié du casino avait saisi la juridiction prud'homale d'une demande en paiement d'un rappel de salaire.

C'est à tort que, pour rejeter sa demande, une cour d'appel a énoncé que le demandeur n'avait aucun intérêt à agir car l'irrégularité de la répartition constatée n'affectait que la portion des pourboires reçus aux tables de jeux qui échappait aux employés des jeux, en vertu d'une convention qui n'était pas contraire aux dispositions légales et réglementaires en vigueur, alors que l'employeur avait inclus dans la répartition des pourboires des personnels qui n'étaient pas en contact avec la clientèle.

Cass. soc. 18 juillet 2001, n° 99-41.214, BC V n° 277. Voir aussi cass. soc. 19 décembre 2001, n° 00-42.644 ; cass. soc. 28 mai 2003, n° 02-40.783, 1er moyen.

Le fait pour un salarié d'inciter un usager à lui laisser un pourboire peut constituer une cause réelle et sérieuse de licenciement.

Après avoir relevé qu'une salariée avait incité un usager à lui laisser un pourboire, ce qui revenait à lui réclamer une somme d'argent, une cour d'appel n'a fait qu'user du pouvoir qu'elle tient de l'article L. 122-14-3, al. 1er, devenu L. 1235-1 CT, pour décider que son licenciement procédait d'une cause réelle et sérieuse.

Cass. soc. 18 mars 2009, n° 07-44.810.

Répartition des pourboires

L'employeur doit reverser intégralement les pourboires aux salariés.

Doit être cassé l'arrêt qui, pour débouter un salarié de ses demandes de rappel de salaire, énonce que la direction avait régulièrement prélevé une partie des pourboires normalement attribués aux serveurs en raison de l'aide apportée par l'employeur en cas de nécessité, que les intéressés en avaient eu connaissance dès le départ et que ce prélèvement n'était pas toujours effectué au détriment du même serveur, alors qu'il résulte de l'article L. 147-1 CT que les sommes versées, soit sous forme de pourcentage ajouté aux notes, soit volontairement par les clients, doivent être intégralement versées au personnel en contact avec la clientèle.

Cass. soc. 16 juillet 1996, n° 93-43.646, moyen unique pris en sa 1re branche. Voir aussi cass. soc. 19 juin 1990, n° 87-41.769, BC V n° 292.

Mais il n'est pas tenu d'introduire le salarié absent pour maladie dans la répartition des pourboires encaissés au cours de la période de suspension du contrat.

Cass. soc. 23 janvier 2001, n° 98-44.471.

L'employeur ne peut pas imputer sur les pourboires des sommes qui ne rémunèrent pas directement le service à la clientèle.

L'employeur ne peut imputer sur la masse des sommes remises par les clients pour le service ni les sommes payées comme temps de travail au titre des heures de délégation, ni les indemnités garantissant le maintien du salaire pendant les périodes d'arrêt de travail pour maladie, ces sommes ne rémunérant pas le service à la clientèle. L'employeur doit en assurer le paiement sur les deniers de l'entreprise et les pourboires remis par les clients pour le service doivent être intégralement reversés au personnel l'ayant assuré.

Cass. crim. 26 juillet 1989, n° 88-86.040, B. crim. n° 302. Voir aussi cass. soc. 8 novembre 1994, n° 93-42.501, 2e moyen.

Les sommes perçues pour le service, correspondant à un pourcentage sur les notes acquittées par les clients, s'entendent TVA comprise.

C'est à bon droit qu'une cour d'appel a condamné un employeur à payer un rappel de salaire à un serveur qui était rémunéré sur la base de 10 % du chiffre d'affaires réalisé par l'employeur alors que ce dernier percevait, pour ce service, un pourcentage de 13 % ajouté aux notes des clients.

Cass. soc. 15 novembre 2000, n° 98-43.964.

Mais si l'employeur justifie avoir dû régler la TVA sur les pourboires, son montant doit être déduit de la masse à répartir entre les salariés concernés.

Après avoir exactement énoncé qu'une convention collective ne pouvait déroger aux dispositions d'ordre public de l'article L. 147-1 CT, selon lesquelles dans tous les établissements commerciaux où existe la pratique du pourboire, toutes les perceptions faites pour le service doivent être intégralement versées au personnel en contact avec la clientèle, une cour d'appel en a déduit, à bon droit, que l'employeur ne pouvait répartir les pourboires entre des salariés qui n'étaient pas en contact avec la clientèle.

Doit être cassé l'arrêt qui, pour condamner une société à payer à deux salariés diverses sommes à titre de rappel de salaires et de solde complémentaire d'indemnités de rupture, a énoncé que l'employeur ne pouvait faire aucune déduction au titre du règlement de la TVA, l'intégralité des pourboires devant être reversée aux salariés en contact avec la clientèle, sans qu'aucune somme ne puisse être détournée au profit de l'établissement, alors cependant que, si toutes les sommes remises entre les mains de l'employeur ou centralisées par lui doivent être intégralement reversées au personnel désigné par l'article L. 147-1 CT, sans qu'il puisse en conserver une fraction, l'employeur, tenu de répartir « le solde des pourboires laissé disponible », ne saurait être contraint d'y ajouter. Il s'ensuit que, dès lors qu'il justifie avoir dû régler la TVA sur les sommes litigieuses, celle-ci ne saurait être laissée à sa charge, son montant devant être déduit de la masse à répartir entre les salariés concernés.

Cass. soc. 6 mai 1998, n° 96-40.077, BC V n° 227.

L'employeur peut conclure un accord portant sur l'assiette de calcul du pourcentage de service.

Les articles L. 144-3 et L. 147-1 CT interdisent seulement à tout employeur, centralisant les pourboires de son personnel, de soustraire de la masse une somme quelconque avant de la répartir entre les salariés, mais ne s'opposent pas à la conclusion d'un accord ayant pour objet le calcul du pourcentage à répartir entre le personnel. S'agissant d'un accord ayant pour objet de déterminer le prix réel du repas compris dans le prix d'un billet promenade-repas sur un bateau-mouche, une cour d'appel a pu décider que cet accord était licite, dans la mesure où seule l'assiette de calcul du pourboire était en cause.

Cass. soc. 15 juin 1983, n° 80-41.621, 2e moyen, BC V n° 328.

En l'absence de salaire minimum garanti par l'employeur, le salarié a droit, en sus de son salaire fixe, aux sommes versées par les clients pour le service.

Il résulte de l'article L. 3244-2 CT que les pourboires s'ajoutent au salaire fixe, sauf dans le cas où un salaire minimum a été garanti par l'employeur.

Ayant relevé l'absence de disposition contractuelle ou conventionnelle relative au régime des pourboires susceptibles d'être perçus par une salariée de la part des usagers des toilettes d'une aérogare, une cour d'appel, qui a constaté que l'employeur ne justifiait d'aucun salaire minimum qu'il aurait garanti à l'intéressée, a accueilli la demande de cette dernière en remboursement de sommes retenues sur son salaire.

Cass. soc. 16 décembre 2015, n° 14-19.073, BC V n° 272.

L'employeur ne peut pas unilatéralement ramener la rémunération de salariés payés aux pourboires de 15 à 12 %.

C'est à bon droit qu'une cour d'appel a accueilli la demande en paiement de rappel de salaires et de congés payés y afférents de salariés rémunérés aux pourboires, l'employeur ayant unilatéralement ramené leur rémunération de 15 à 12 %.

Cass. soc. 12 janvier 2000, n° 97-44.970.

Pourparlers

☛ *Promesse d'embauche.*

Pouvoir disciplinaire

Conformément aux dispositions de l'article L. 1331-1 CT, l'employeur use de son pouvoir disciplinaire quand il prend une mesure à l'encontre d'un salarié à raison d'un comportement qu'il considère comme fautif.

Notion de faute disciplinaire

Constitue une faute le fait de violer des règles professionnelles ou ses obligations contractuelles.

Est justifié le licenciement pour faute grave d'un ouvrier fromager qui, malgré les exigences de son poste, ne respecte pas les règles d'hygiène les plus élémentaires, ce comportement ne permettant pas le maintien du salarié dans l'entreprise pendant la durée du préavis.

Cass. soc. 4 mai 1995, n° 93-46.125, 1er moyen.

Le refus par un salarié d'effectuer une tâche ne correspondant pas à sa qualification n'est pas fautif.

C'est à tort que, pour débouter un carrossier licencié pour faute grave de sa demande de dommages-intérêts pour licenciement sans cause réelle et sérieuse, une cour d'appel a retenu que l'intéressé n'avait pas protesté lorsqu'il lui avait été demandé de procéder au démontage du cardan, qu'il était capable de l'exécuter et qu'il avait déjà effectué des travaux semblables, sans avoir constaté que la tâche demandée par l'employeur correspondait à la qualification du salarié.

Cass. soc. 1er mars 2006, n° 04-43.687.

Ainsi, est fautif le comportement d'un salarié avec une cliente consistant à s'être fait consentir, pour lui-même et sa famille, des libéralités.

Un salarié, employé en dernier lieu en qualité de responsable d'agence d'une Caisse d'épargne, avait été licencié dans les termes suivants : « ce qui vous est personnellement reproché concerne, d'une part, la relation commerciale avec votre cliente et, d'autre part, votre comportement à l'égard de la Caisse d'épargne et ses instances responsables… Face à votre attitude, aux faits constatés et au discrédit que cette situation a jeté sur l'entreprise, il ne nous est pas possible de maintenir notre collaboration dans le climat normal de confiance qui doit régner entre une entreprise et ses collaborateurs. »

Doit être cassé l'arrêt qui, pour rejeter les demandes de dommages-intérêts pour licenciement irrégulier et sans cause réelle et sérieuse formées par le salarié, a notamment relevé que, dans la lettre de licenciement, l'employeur s'était borné à rappeler les libéralités consenties au profit de l'intéressé par une cliente âgée de l'agence en soulignant l'ambiguïté de la situation que la réserve et la prudence de tout agent de banque devraient conduire à éviter, sans reprocher au salarié des manœuvres illicites ou frauduleuses pour obtenir ces libéralités et en a déduit que l'employeur n'avait imputé au salarié aucune faute particulière mais que, constatant une situation dont il avait analysé les conséquences néfastes pour lui, il en avait tiré la conclusion que la confiance nécessaire entre lui et son responsable d'agence ne pouvait plus exister, alors que les motifs énoncés dans la lettre de licenciement fixent le cadre du débat et qu'en l'espèce il résultait des termes de celle-ci que l'employeur reprochait au salarié des fautes : comportement avec une cliente consistant à s'être fait consentir, pour lui-même et sa famille, des libéralités, et avait ainsi prononcé un licenciement disciplinaire.

Cass. soc. 9 janvier 2001, n° 98-42.667, BC V n° 2.
Voir aussi cass. soc. 4 octobre 1995, n° 92-41.534.

Le fait pour un salarié de refuser le contrôle de son sac lorsque des circonstances exceptionnelles (attentats) le justifient est constitutif d'une faute.

Cass. soc. 3 avril 2001, n° 98-45.818, BC V n° 115, cité dans « Mise à pied disciplinaire ».

L'insuffisance de résultats peut constituer une faute disciplinaire si l'employeur reproche au salarié des efforts insuffisants dans l'accomplissement du travail.

Un responsable d'agence bancaire avait reçu de son employeur une lettre lui reprochant une insuffisance de résultats, lui demandant de rééquilibrer sa collecte en épargne financière, faute de quoi l'employeur serait amené « à tirer les conséquences qui s'imposent ». S'estimant l'objet d'une sanction disciplinaire irrégulière, le salarié avait saisi la juridiction prud'homale d'une demande d'annulation de cette sanction.

C'est à bon droit qu'une cour d'appel a fait droit à la demande du salarié : analysant la lettre litigieuse, la cour d'appel a pu décider que l'employeur, qui avait reproché au salarié un comportement fautif consistant en des efforts insuffisants dans l'accomplissement de son travail, avait ainsi invoqué à son encontre une faute disciplinaire.

Cass. soc. 29 octobre 1998, n° 96-42.598.

L'insuffisance ou l'inaptitude professionnelle ne sont pas des fautes.

Après avoir relevé que le retard avec lequel un salarié avait traité des éléments comptables et effectué des « relances fournisseurs » ne procédait pas d'une mauvaise volonté délibérée, une cour d'appel a pu décider que le comportement de l'intéressé constituait une insuffisance professionnelle et que, ne caractérisant aucune faute, il ne pouvait pas justifier un licenciement de nature disciplinaire.

Cass. soc. 31 mars 2010, n° 08-70.277. Voir aussi cass. soc. 17 février 2004, n° 01-45.643.

Le refus du salarié d'accepter une modification de son contrat de travail n'est pas fautif.

Cass. soc. 12 janvier 2000, n° 97-45.026, 1er moyen.

Un fait imputé à un salarié avant tout commencement d'exécution du contrat ne peut pas être considéré comme une faute disciplinaire.

C'est à bon droit qu'après avoir constaté que le contrat de travail d'une salariée avait été rompu par l'employeur, avant tout commencement d'exécution en raison de la dissimulation par l'intéressée, lors de son embauche, de faits fautifs qui auraient été commis par elle à l'occasion de ses précédentes fonctions, un conseil de prud'hommes a décidé que cette rupture à l'initiative de l'employeur pour vice de son consentement ne se rattachait pas à l'exercice de son pouvoir disciplinaire et a débouté en conséquence la salariée de sa demande de dommages-intérêts pour inobservation de la procédure disciplinaire.

Cass. soc. 26 septembre 2002, n° 00-42.581, 2e moyen, BC V n° 281.

Un représentant du personnel ne peut pas être sanctionné pour des agissements commis dans l'exercice de son mandat…

Une sanction disciplinaire ne peut être prononcée qu'en raison de faits constituant un manquement du salarié à ses obligations professionnelles envers l'employeur.

Pour débouter deux membres d'un comité d'entreprise européen de leurs demandes d'annulation des avertissements dont ils ont fait l'objet en raison de leur arrivée tardive à une réunion de cette institution, une cour d'appel a retenu que le temps passé à cette réunion n'étant pas imputable sur les heures de délégation, il constituait un temps de travail durant lequel les intéressés restaient soumis au pouvoir disciplinaire de l'employeur.

En statuant ainsi, alors que le retard reproché aux salariés concernait l'exercice de leurs mandats représentatifs, la cour d'appel a violé les articles L. 1333-2 et L. 2314-4 CT.

Cass. soc. 30 juin 2010, n° 09-66.792, BC V n° 152. Voir aussi cass. soc. 27 juin 2012, n° 11-10.242, 2e moyen ; cass. soc. 22 novembre 2017, n° 16-12.109.

… sauf s'il y a abus.

Ayant relevé qu'il résultait d'un procès-verbal du comité d'entreprise, corroboré par des documents médicaux, qu'un membre élu du comité avait eu lors d'une séance un comportement violent en s'en prenant de façon agressive et réitérée à la directrice des ressources humaines qu'il avait empêchée de présenter les dossiers à l'ordre du jour en éteignant de force le rétro-projecteur à plusieurs reprises, en lui arrachant ses dossiers des mains et en lui hurlant aux oreilles, une cour d'appel, qui a ainsi caractérisé l'abus commis par le salarié dans l'exercice de son mandat et le manquement de celui-ci à ses obligations professionnelles, a estimé, exerçant les pouvoirs qu'elle tient des articles L. 1333-1 et L. 1333-2 CT, que la sanction de blâme n'était pas disproportionnée au regard de la gravité des faits reprochés.

Cass. soc. 2 juillet 2015, n° 14-15.829, 3e moyen.

Prononcé d'une sanction entraînant une modification du contrat

L'employeur qui se heurte au refus d'une mesure disciplinaire impliquant une modification du contrat de travail peut prononcer une autre sanction au lieu et place de la sanction refusée.

☛ *Rétrogradation disciplinaire.*

L'employeur ne peut pas utiliser son pouvoir disciplinaire à titre préventif

Un employeur a demandé à un salarié de travailler le samedi matin. L'intéressé a accepté, tout en indiquant que cela lui serait impossible les 11 et 25 avril et le 9 mai. S'étant absenté le 11 avril, il a été convoqué pour un entretien préalable au licenciement, puis mis à pied. Par lettre du 22 avril, l'employeur lui a fait connaître qu'il considérait l'absence du 11 avril comme non autorisée, la sanctionnait par une mise à pied de deux jours et retenait le 25 avril à venir comme un congé maladie. Il lui indiquait en outre renoncer à tout licenciement à condition qu'il soit présent le 9 mai, sauf à se faire remplacer. Le salarié ayant confirmé son absence le 9 mai, l'employeur a rompu le contrat de travail pour « absence non autorisée réitérée, refus d'exécuter les consignes strictes et perte totale et définitive de toute confiance ». Le salarié a saisi la juridiction prud'homale.

Doit être cassé l'arrêt qui a débouté le salarié de sa demande de dommages-intérêts, alors qu'à la date à laquelle la rupture du contrat de travail avait été prononcée par l'employeur, aucune absence non autorisée n'avait été réitérée par le salarié et qu'aucune sanction disciplinaire ne peut être infligée à un salarié à titre préventif.

Cass. soc. 18 février 2004, n° 02-41.622, BC V n° 54.

Exercice du pouvoir disciplinaire

Le salarié dont le contrat de travail est suspendu pour maladie et qui reprend son travail avant d'avoir fait l'objet de la visite médicale de reprise est soumis au pouvoir disciplinaire de l'employeur.

Un salarié s'est trouvé en arrêt de travail pour maladie à compter du 5 août 1999, il a repris son travail le 11 janvier 2000 et il a été déclaré apte par le médecin du travail le 12 janvier 2000. Il a été licencié pour faute grave le 31 janvier 2000, motif pris notamment d'un acte d'insubordination commis le 11 janvier 2000. Le salarié a saisi la juridiction prud'homale.

C'est à tort que, pour décider que le licenciement était dépourvu de cause réelle et sérieuse, une cour d'appel a retenu qu'avant la visite de reprise, l'employeur était privé de l'exercice de son pouvoir disciplinaire, alors qu'il lui appartenait de statuer sur le motif de licenciement invoqué.

Cass. soc. 16 novembre 2005, n° 03-45.000, BC V n° 323. Voir aussi cass. soc. 17 octobre 2012, n° 11-22.287.

La signature par les parties au contrat de travail d'une rupture conventionnelle, après l'engagement d'une procédure disciplinaire de licenciement, n'emporte pas renonciation par l'employeur à l'exercice de son pouvoir disciplinaire.

Cass. soc. 3 mars 2015, n° 13-15.551, BC V n° 36, cité dans « Rupture conventionnelle du CDI ».

Exercice abusif du pouvoir disciplinaire

L'employeur ne doit pas utiliser son pouvoir disciplinaire dans un but discriminatoire.

Ayant retenu que le comportement d'un salarié, délégué syndical, s'analysait, non comme un acte d'insubordination traduisant son refus de travailler, mais comme un refus d'être soumis à des conditions de travail différentes de celles des autres salariés, et notamment d'être systématiquement chargé des travaux pénibles et fatigants sans pouvoir avoir accès, contrairement à ses collègues, à des engins motorisés de manutention, une cour d'appel a pu en déduire que les faits reprochés au salarié ne justifiaient pas de sanction et que les sanctions prises par l'employeur procédaient d'un détournement de son pouvoir disciplinaire et constituaient une discrimination illicite.

Cass. soc. 13 février 1996, n° 92-45.042, 1er moyen.

Le principe de l'égalité des armes s'oppose à ce que l'employeur utilise son pouvoir disciplinaire pour imposer au salarié les conditions de règlement du procès qui les oppose.

En déboutant un salarié de sa demande tendant à voir déclarer nul son licenciement, après avoir constaté que l'employeur avait utilisé son pouvoir de licencier afin d'imposer au salarié sa propre solution dans le litige qui les opposait relativement à l'exécution d'un jugement prud'homal, litige qui n'avait pas été définitivement tranché, une cour d'appel a violé l'article 6-1 de la Convention européenne de sauvegarde des droits de l'homme et des libertés fondamentales.

Cass. soc. 9 octobre 2013, n° 12-17.882, 3e moyen du pourvoi principal, BC V n° 226.

Le fait de sanctionner différemment des salariés ne constitue pas en soi une discrimination au sens de la loi, dès lors que le salarié n'invoque ni détournement de pouvoir ni discrimination au sens de l'article L. 1132-1 CT.

Cass. soc. 6 juin 2012, n° 10-28.199, BC V n° 173. Voir aussi cass. soc. 21 novembre 2018, n° 17-25.761, 2e branche du moyen.

Un employeur qui abuse de son pouvoir disciplinaire peut voir sa responsabilité civile engagée.

Une salariée avait fait l'objet d'une procédure disciplinaire après avoir accusé son supérieur hiérarchique de harcèlement sexuel. C'est à bon droit qu'une cour d'appel a condamné l'employeur à lui verser des dommages-intérêts en réparation du préjudice moral subi par elle : bien que la procédure disciplinaire n'ait pas abouti à une sanction, l'employeur avait agi de façon inconsidérée et humiliante pour la salariée en engageant contre elle des poursuites disciplinaires sans vérifier le bien-fondé des accusations qu'elle portait contre son supérieur hiérarchique et en refusant, à l'issue de la procédure, de faire une mise au point publique comme le prévoyait la convention d'entreprise.

Cass. soc. 27 janvier 1993, n° 91-45.777, BC V n° 26.

L'utilisation par un employeur d'une sanction en violation de dispositions conventionnelles interdisant d'en conserver trace au-delà de 2 ans cause nécessairement un préjudice au salarié.

C'est à bon droit que, pour accorder des dommages-intérêts à une salariée dont la lettre de licenciement pour faute grave visait un avertissement remontant à trois ans, une cour d'appel a retenu que l'utilisation par l'employeur de cette sanction, en violation des dispositions conventionnelles applicables qui interdisaient d'en conserver trace au-delà de deux ans, causait nécessairement à l'intéressée un préjudice dont elle a souverainement apprécié le montant.

Cass. soc. 4 décembre 2013, n° 12-23.930, BC V n° 295.

L'exercice abusif du pouvoir disciplinaire peut justifier une prise d'acte de la rupture aux torts de l'employeur.

Ayant constaté qu'un employeur avait délibérément usé de son pouvoir disciplinaire non pour sanctionner un manquement réel d'un salarié mais pour exercer des pressions sur celui-ci, exerçant ainsi son pouvoir disciplinaire de manière abusive et déloyale et que ces agissements avaient eu des répercussions sur la santé de l'intéressé, une cour d'appel a pu en déduire que ces faits constituaient un manquement suffisamment grave de l'employeur empêchant la poursuite du contrat de travail, dire que la prise d'acte de la rupture du contrat de travail produisait les effets d'un licenciement sans cause réelle et sérieuse et condamner l'employeur à payer au salarié diverses sommes.

Cass. soc 7 avril 2016, n° 14-24.388, 2e moyen.

Le seul fait pour l'employeur d'engager une procédure disciplinaire puis d'y renoncer n'est pas abusif en l'absence d'une légèreté blâmable ou d'une intention malveillante.

Une salariée, employée en qualité de gestionnaire, avait été convoquée à un entretien préalable à une éventuelle sanction disciplinaire pouvant aller jusqu'au licenciement au motif qu'elle n'avait pas informé son employeur que son concubin et son frère avaient créé une entreprise directement concurrente ; après cet entretien, l'employeur lui avait notifié qu'il renonçait à toute sanction disciplinaire ; la salariée avait alors saisi la juridiction prud'homale de demandes tendant à la résiliation judiciaire de son contrat de travail aux torts de son employeur et au paiement de diverses sommes au titre de la rupture de ce contrat.

Pour accueillir cette demande, une cour d'appel, après avoir relevé que la préoccupation essentielle de l'employeur avait été le risque que la salariée puisse transmettre des informations sur l'entreprise à une société concurrente, a retenu qu'en engageant une procédure disciplinaire à l'encontre de sa salariée au seul motif qu'elle ne l'avait pas informé d'un événement relatif à sa vie privée, ce qu'elle n'était nullement tenue de faire, alors qu'il n'avait aucun autre grief à faire valoir à son encontre, qu'il ne contestait pas son attitude irréprochable et ne justifiait pas d'un quelconque trouble créé au sein de l'entreprise, l'employeur avait commis une faute justifiant la résiliation du contrat de travail à ses torts.

En statuant ainsi, sans caractériser un manquement de l'employeur à ses obligations contractuelles qui ne saurait résulter du seul engagement d'une procédure disciplinaire qui n'avait pas été menée à son terme, dès lors que sa mise en œuvre ne procédait pas d'une légèreté blâmable ou d'une intention malveillante, la cour d'appel a privé sa décision de base légale au regard des articles 1184 c. civ. et L. 1332-2 CT.

Cass. soc. 25 septembre 2013, n° 12-11.832, BC V n° 205.

☛ *Faute grave ; Faute lourde ; Mise à pied disciplinaire ; Mutation disciplinaire ; Pouvoir disciplinaire (Contrôle juridictionnel) ; Prescription des fautes disciplinaires ; Rétrogradation disciplinaire ; Sanctions disciplinaires (Notion) ; Sanctions discriminatoires (Notion) ; Sanctions pécuniaires (Notion) ; Surveillance des salariés.*

Pouvoir disciplinaire
(Contrôle juridictionnel)

Conformément aux dispositions des articles L. 1333-2 et 3 CT, les conseils de prud'hommes ont le pouvoir d'annuler les sanctions irrégulières en la forme, injustifiées ou disproportionnées, à l'exception cependant des licenciements.

Sanctions autres que le licenciement

• Étendue du contrôle juridictionnel

Le pouvoir des juges s'exerce à l'égard de toutes les sanctions, même mineures.

Même s'il n'affecte pas la présence du salarié dans l'entreprise, sa fonction, sa carrière ou sa rémunération, l'avertissement constitue, aux termes de l'article L. 122-40 CT, une sanction soumise au contrôle du juge prud'homal. Après avoir analysé le contenu d'une lettre d'avertissement, une cour d'appel a pu décider, dans l'exercice des pouvoirs qu'elle tient de l'article L. 122-43 CT, que les faits reprochés ne présentaient pas le caractère fautif invoqué par l'employeur.

Cass. soc. 21 mai 1996, n° 93-41.257.

Les juges vérifient la régularité formelle de la sanction.

Les juges du fond n'ont fait qu'user du pouvoir qu'ils tiennent de l'article L. 122-43 CT en décidant que l'irrégularité en la forme (absence d'entretien préalable) de la sanction de mise à pied prononcée à l'encontre d'un salarié justifiait son annulation.

Cass. soc. 14 novembre 1995, n° 92-40.972, 1er moyen, BC V n° 297. Voir aussi cass. soc. 17 novembre 2011, n° 10-23.640, 1er moyen du pourvoi incident ; cass. soc. 25 novembre 1998, n° 96-41.832, s'agissant de l'annulation d'une mesure de rétrogradation dont la notification ne comportait aucune motivation.

Ils peuvent ainsi annuler la sanction lorsque la procédure conventionnelle n'a pas été respectée.

Le pouvoir conféré au juge par l'article L. 122-43, al. 2, devenu L. 1333-2 CT, pour annuler une sanction irrégulière en la forme s'exerce non seulement en cas d'inobservation des règles de la procédure disciplinaire édictées par l'article L. 122-41, al. 2, devenu L. 1332-2 CT, mais encore dans l'hypothèse où auraient été méconnues des règles prévues par une procédure conventionnelle ou statutaire comportant, pour les salariés faisant l'objet de poursuites disciplinaires, des garanties supérieures ou des avantages supplémentaires à ceux prévus par la loi, même si la sanction envisagée est un avertissement n'ayant pas eu d'incidence sur la situation du salarié dans l'entreprise.

Cass. soc. 3 décembre 2008, n° 07-43.582. Voir aussi cass. soc. 7 mai 1996, n° 92-40.931, BC V n° 179.

Ils contrôlent si les faits reprochés sont établis…

Une cour d'appel, appréciant les éléments de preuve qui lui étaient soumis, a pu écarter les attestations versées au débat par l'employeur et estimer que les griefs invoqués par celui-ci n'étaient pas établis.

Cass. soc. 19 juillet 1994, n° 90-44.013, 4e moyen.

… et s'ils ont un caractère fautif.

Le directeur d'un magasin s'en était vu interdire l'accès par un responsable de la société, une mutation dans un autre magasin lui étant proposée parallèlement. Ayant refusé cette mutation, il avait été licencié.

C'est à tort qu'une cour d'appel a débouté l'intéressé de sa demande de dommages-intérêts pour licenciement sans cause réelle et sérieuse : la mesure d'interdiction d'accès au magasin puis la mutation étant fondées sur un comportement de nature à nuire à la réussite d'une opération commerciale, soit un fait fautif, il en résultait que ces mesures avaient un caractère disciplinaire et qu'il appartenait au juge de rechercher si elles étaient justifiées par une faute.

Cass. soc. 15 janvier 2002, n° 99-45.979, 1er moyen, BC V n° 12.

Les juges opèrent un contrôle de proportionnalité de la sanction.

Le juge tient de l'article L. 122-43 CT le pouvoir d'apprécier dans tous les cas où une sanction disciplinaire, autre qu'un licenciement, est prononcée, si elle est disproportionnée à la faute commise.

C'est donc à bon droit qu'une cour d'appel a annulé un avertissement infligé à une salariée pour prise de congé sans autorisation au motif que le refus de l'employeur avait été formulé plus de dix jours après le début de la prise de congés.

Cass. soc. 14 novembre 2000, n° 98-45.309, BC V n° 375.

Après avoir constaté qu'un salarié avait commis un fait unique limité dans le temps auquel, sur observation de l'employeur, il avait immédiatement mis fin, une cour d'appel, estimant, dans l'exercice des pouvoirs qu'elle tient des articles L. 1333-1 et L. 1333-2 CT, que la mise à pied disciplinaire prononcée par l'employeur était manifestement disproportionnée, a pu annuler cette sanction et condamner l'employeur au paiement de diverses sommes à titre de rappel de salaire, des congés payés et de dommages-intérêts en réparation du préjudice moral subi.

Cass. soc. 16 avril 2015, n° 13-28.452, 1er moyen.

Toutefois, ils ne peuvent pas modifier la sanction.

Si la juridiction prud'homale peut annuler une sanction irrégulière, en la forme ou injustifiée ou disproportionnée à la faute commise, elle ne peut la modifier.

Cass. soc. 24 janvier 2018, n° 16-22.594, 1er moyen du pourvoi incident. Voir aussi cass. soc. 16 décembre 2003, n° 01-46.553.

Les juges contrôlent enfin que l'employeur n'a pas fait un usage abusif de son pouvoir disciplinaire.

Ayant constaté qu'un employeur avait fait part à la clientèle du départ d'une salariée de l'entreprise avant même la tenue de l'entretien préalable, la cour d'appel a pu décider qu'il avait agi avec une légèreté blâmable, abusant ainsi de ses prérogatives en matière disciplinaire.

Cass. soc. 6 février 2002, n° 99-45.252.

Lorsqu'il est saisi d'une demande de réintégration consécutive à une rétrogradation, le juge des référés doit vérifier si la sanction concerne des faits prescrits et si elle est constitutive d'un trouble manifestement illicite qu'il lui appartient de faire cesser même en présence d'une difficulté sérieuse.

Un salarié, qui avait été rétrogradé après consultation de la commission paritaire à la suite d'une faute professionnelle, avait demandé la réintégration dans son emploi en raison du caractère illicite de la sanction, compte tenu de la prescription des faits fautifs.

C'est à tort que, pour réformer l'ordonnance de référé faisant droit à la demande de l'intéressé et dire n'y avoir lieu à référé, une cour d'appel a énoncé que la rétrogradation ne caractérise pas un trouble que le juge des référés doit faire cesser et que l'articulation entre la procédure légale et la procédure conventionnelle présente une difficulté sérieuse, alors qu'il lui appartenait de vérifier si la sanction concernait des faits prescrits et était constitutive d'un trouble manifestement illicite, qu'il lui appartenait de faire cesser même en présence d'une difficulté sérieuse.

Cass. soc. 23 novembre 1999, n° 97-43.787, BC V n° 452.

Le doute profite au salarié.

Si un doute subsiste sur le comportement du salarié qui était à l'origine de la sanction, cette dernière peut être annulée. En l'espèce, il ressortait des pièces du dossier que le salarié avait fait l'objet d'une mise à pied pour avoir refusé de se rendre à une semaine de formation, ce qui caractérisait la violation d'une obligation contractuelle, mais que ce refus pouvait tout autant être considéré comme non fautif, le directeur général n'ayant manifesté aucune réaction lors de la réception de la lettre du salarié lui notifiant son refus.

C'est donc à bon droit qu'une cour d'appel a annulé la mise à pied prononcée à l'encontre du salarié, un doute subsistant sur le caractère fautif du comportement incriminé.

Cass. soc. 23 janvier 1991, n° 89-45.083.

Le juge doit annuler la sanction si les faits sont amnistiés.

Selon l'article 15 de la loi 95-884 du 3 août 1995, sont amnistiés dans les conditions prévues à l'article 14 les faits commis avant le 18 mai 1995 et retenus ou susceptibles d'être retenus comme motifs de sanctions prononcées par un employeur.

S'agissant d'une salariée, employée par une mutuelle, qui avait reçu, le 15 février 1990, notification d'un avertissement pour avoir, le 28 décembre 1989, diffusé aux correspondants d'entreprises adhérentes un courrier relatif aux difficultés de fonctionnement interne de l'un des services de cet organisme, c'est à bon droit qu'une cour d'appel a annulé l'avertissement prononcé par la mutuelle, les faits n'étant pas contraires à l'honneur et à la probité et étant donc amnistiés en application du texte susvisé.

Cass. soc. 4 janvier 1996, n° 92-41.239, BC V n° 1.

Selon les articles 11 et 12 de la loi 2002-1062 du 6 août 2002, sont amnistiés les faits commis avant le 17 mai 2002 en tant qu'ils ont été retenus comme motifs de sanctions prononcées par un employeur.

Doit être cassée la décision d'une cour d'appel qui déboute des salariés représentants du personnel de leur demande d'annulation des avertissements qui leur ont été notifiés le 17 novembre 2000 pour avoir refusé de pointer lors de leurs départs et retour de délégation aux mois d'octobre et novembre 2000, alors que les faits ayant entraîné ces sanctions, qui n'étaient pas contraires à l'honneur, à la probité ou aux bonnes mœurs, étaient amnistiés.

Cass. soc. 1er février 2006, n° 04-41.791.

• Conséquences de l'annulation d'une sanction

L'annulation d'une sanction disciplinaire entraîne le rétablissement du salarié dans ses droits.

Cass. soc. 19 mars 2014, n° 12-24.149, 2e moyen.

L'annulation de la sanction pour disproportion laisse subsister la procédure antérieure.

Un salarié avait été sanctionné par une mise à pied de cinq jours pour avoir refusé d'effectuer un travail commandé par son chef d'équipe et l'avoir menacé. Les juges ayant annulé cette sanction en raison de sa disproportion, la société avait notifié une nouvelle mise à pied de deux jours pour le même motif.

Une cour d'appel a pu décider que l'annulation de la sanction par les juges en raison de sa disproportion par rapport à la faute commise par le salarié laissait subsister la procédure antérieure. La seconde sanction ayant été notifiée dans le mois de la notification de la décision d'annulation de la précédente sanction, la cour d'appel a pu débouter le salarié de sa demande tendant à l'annulation de la seconde sanction prise à son encontre.

Cass. soc. 4 février 1993, n° 88-42.599, 2e moyen, BC V n° 42.

L'annulation d'une sanction disciplinaire n'a pas pour effet de valider rétroactivement une seconde sanction prononcée pour les mêmes faits.

Un salarié avait fait l'objet d'un avertissement et d'une mise à pied de trois jours le 9 mai en raison de son attitude lors d'une réunion de travail du 5 mai puis avait été licencié pour faute grave le 1er juin.

Doit être rejeté le pourvoi de l'employeur qui, pour reprocher à une cour d'appel d'avoir décidé que le licenciement du salarié était sans cause réelle et sérieuse et d'avoir annulé la sanction du 9 mai, soutenait qu'en annulant la sanction, les juges avaient redonné plein effet à la lettre de licenciement du 1er juin qui justifiait le licenciement. En effet, la cour d'appel pouvait à la fois annuler l'avertissement prononcé le 9 mai, en considérant qu'il n'était pas justifié, et retenir que le licenciement du 1er juin constituait la réitération d'une sanction des mêmes faits.

Cass. soc. 27 juin 2001, n° 99-43.509, BC V n° 235.

L'acceptation de la sanction par le salarié n'équivaut pas à une renonciation de sa part à se prévaloir de la nullité de cette sanction.

S'agissant d'un salarié ayant fait l'objet d'une mutation pour avoir procédé à un contrôle défectueux sur des poches de plasma ayant entraîné la contamination de tout un lot de plasma, c'est à tort qu'une cour d'appel a rejeté la demande de réintégration de l'intéressé, alors que l'acceptation par le salarié de sa mutation après la sanction dont il avait fait l'objet (avertissement assorti d'une mise à pied de 3 jours) ne pouvait valoir renonciation à se prévaloir de la nullité de cette sanction.

Cass. soc. 11 décembre 1996, n° 93-44.056, 1er moyen.

Une sanction disciplinaire décidée à l'encontre d'un salarié peut lui occasionner un préjudice, même si elle est par la suite annulée.

Pour déclarer irrecevables les demandes de dommages-intérêts présentées par une salariée et un syndicat, une cour d'appel a retenu que la mise à pied notifiée à la salariée étant non avenue, les demandeurs n'avaient pas d'intérêt à agir. En statuant ainsi alors que la salariée demandait, outre l'annulation de la mise à pied contestée, des dommages-intérêts en réparation du préjudice ayant résulté pour elle de cette sanction, la cour d'appel a violé les articles 4 et 31 c. proc. civ.

Cass. soc. 24 septembre 2013, n° 12-17.625.

La responsabilité pénale de l'employeur peut être engagée s'il a produit devant la juridiction prud'homale un document rappelant une sanction amnistiée.

Est justifiée la décision d'une cour d'appel qui a retenu la responsabilité pénale d'une société coupable d'avoir produit, au cours d'une instance prud'homale, un document rappelant une sanction disciplinaire amnistiée en violation de l'article 23 de la loi du 3 août 1995, dès lors que de tels faits ont nécessairement été commis en connaissance de cause par le représentant de la société devant le conseil de prud'hommes.

Cass. crim. 21 mars 2000, n° 98-84.714, B. crim. n° 128.

Rupture du contrat de travail

Si les juges du fond tiennent des articles L. 1333-2 et 3 CT le pouvoir d'annuler une sanction disciplinaire en raison de l'inobservation du délai d'un jour franc entre la date fixée pour l'entretien et celle du prononcé de la sanction, ils ne disposent pas de cette faculté lorsqu'un licenciement est prononcé ou qu'un contrat à durée déterminée est rompu pour faute grave.

Un employeur avait, sans respecter le délai d'au moins un jour franc prévu par l'article L. 122-41, al. 2 CT pour la notification de la sanction disciplinaire, rompu pour faute grave le contrat de travail d'un salarié engagé pour une durée déterminée. Doit être approuvé l'arrêt ayant rejeté la demande du salarié en annulation de la sanction disciplinaire, l'inobservation du délai précité constituant une irrégularité de procédure ouvrant droit à réparation du préjudice en résultant pour le salarié.

Cass. soc. 12 novembre 2003, n° 01-42.130, BC V n° 278.

Le juge peut condamner l'employeur pour non-respect de la procédure légale de licenciement…

Un conseil de prud'hommes a pu condamner un employeur ayant licencié deux salariés, outre au paiement de dommages et intérêts pour rupture abusive, au paiement d'une indemnité pour non-respect de la procédure. En effet, en l'absence de sanction spécifique prévue par la loi en cas d'inobservation de la procédure prévue par l'article L. 122-41 CT, la violation de cette procédure ouvre droit, au profit des salariés, à la réparation du préjudice subi.

Cass. soc. 13 mars 1990, n° 87-44.588.

... ou pour non-respect de la procédure conventionnelle.

Doit être cassé l'arrêt ayant décidé que le licenciement disciplinaire d'une salariée, en raison du non-respect de la procédure conventionnelle, était sans cause réelle et sérieuse et lui ayant alloué une indemnité en conséquence, alors que le non-respect de la procédure conventionnelle ne peut donner lieu qu'à la réparation du préjudice subi de ce fait.

Cass. soc. 7 février 1995, n° 93-42.549.

☛ *Procédure conventionnelle de licenciement.*

Le juge doit rechercher si le motif invoqué par l'employeur présente un caractère réel et sérieux.

C'est à tort que, pour débouter un salarié de sa demande de dommages-intérêts pour licenciement sans cause réelle et sérieuse, une cour d'appel a énoncé qu'il ne lui appartenait pas de rechercher le motif prétendument véritable du licenciement qui, selon le salarié, aurait été de nature économique (plan de désengagement d'une activité de la société ayant pour effet de réduire les effectifs de l'entreprise) et qu'il incombait seulement au juge de vérifier si le motif, tel qu'allégué par l'employeur, présentait un caractère réel et sérieux, alors qu'il lui appartenait de rechercher le véritable motif du licenciement.

Cass. soc. 23 octobre 1991, n° 88-44.099, BC V n° 427.

Il appartient aux juges de qualifier les faits invoqués dans la lettre de licenciement au regard de leur gravité.

S'agissant d'un licenciement prononcé à titre disciplinaire, si la lettre de licenciement fixe les limites du litige en ce qui concerne les griefs articulés à l'encontre du salarié et les conséquences que l'employeur entend en tirer quant aux modalités de rupture, il appartient au juge de qualifier les faits invoqués.

Un salarié a été licencié pour faute grave consistant dans des faits de harcèlement sexuel à l'égard d'autres salariés. Une cour d'appel, estimant que les faits ne pouvaient recevoir la qualification juridique de harcèlement sexuel ni, partant, de faute grave, a retenu qu'ils étaient toutefois constitutifs d'une faute de nature à conférer au licenciement une cause réelle et sérieuse.

Doit être rejeté le pourvoi du salarié reprochant à la cour d'appel d'avoir ainsi statué après avoir ordonné une mesure d'instruction ayant révélé la tenue de propos déplacés. En effet, c'est à bon droit que la cour d'appel a recherché si les faits dénoncés dans la lettre de licenciement n'étaient pas constitutifs d'une faute de nature à conférer une cause réelle et sérieuse au licenciement.

Cass. soc. 22 février 2005, n° 03-41.474, BC V n° 58. Voir aussi cass. soc. 20 février 2019, n° 17-26.532, à paraître.

C'est à tort que, pour reprocher à une cour d'appel d'avoir décidé que son licenciement reposait sur une cause réelle et sérieuse, une salariée soutenait que, dans sa lettre de licenciement, l'employeur s'était borné à lui reprocher de ne pas avoir informé et consulté sa hiérarchie sur le lancement d'une association, de sorte que la cour d'appel ne pouvait retenir à son encontre le fait d'avoir concurrencé son employeur et abusé de ses fonctions pour tenter de favoriser son activité propre à son détriment, ce qui constituait un manquement à son obligation de loyauté non invoqué dans la lettre de licenciement.

En effet, après avoir constaté qu'en déposant à titre personnel un sigle à l'Institut national de la propriété intellectuelle alors qu'il s'agissait de celui d'un programme européen sur lequel elle travaillait dans le cadre de son activité salariée, en annonçant la création d'une association chargée de poursuivre ce programme au cours d'une conférence organisée par son employeur sans avoir obtenu l'accord de celui-ci ni même l'avoir avisé, puis en créant une association dont elle était la présidente et dont l'objet était l'exploitation de la méthodologie développée dans le cadre de son activité salariée, une salariée avait utilisé les moyens obtenus dans le cadre de son travail pour mettre en place une structure destinée à concurrencer son employeur, la cour d'appel a pu décider que la salariée avait manqué à son obligation de loyauté.

Cass. soc. 22 octobre 2008, n° 07-41.792, pourvoi de la salariée, BC V n° 200.

☛ *Cause réelle et sérieuse ; Faute grave ; Faute lourde ; Preuve de la faute.*

Préavis

La résiliation du contrat de travail entraîne, pour son auteur, l'obligation de respecter un préavis de rupture.

Incidence de la faute grave ou lourde sur le préavis

Le salarié qui commet une faute grave ou lourde n'exécute pas son préavis.

Ayant relevé qu'un salarié avait refusé d'accomplir des tâches relevant de ses fonctions, une cour d'appel a pu décider que son indiscipline rendait impossible son maintien dans l'entreprise pendant la durée du préavis et constituait une faute grave.

Cass. soc. 16 octobre 1996, n° 94-45.593.

Mais une convention collective peut prévoir des dispositions plus favorables.

L'article 17 de la convention collective de l'ameublement ne prive le salarié du préavis qu'en cas de force majeure ou de faute lourde. Dès lors, en reconnaissant à un salarié licencié pour insubordination délibérée le droit au préavis, l'employeur ne se prive pas du droit de lui reprocher une faute grave.

Cass. soc. 18 avril 2000, n° 98-42.803, BC V n° 144.

La faute grave commise ou découverte en cours de préavis en interrompt le cours et prive le salarié du solde de l'indemnité de préavis.

La faute grave commise par le salarié au cours de l'exécution de son préavis, a pour effet d'interrompre le préavis et de priver le salarié de la partie de l'indemnité compensatrice de préavis correspondant à celle de la période restant à courir jusqu'au terme du préavis.

Cass. soc. 4 juillet 2007, n° 05-45.221. Voir aussi cass. soc. 25 janvier 1995, n° 93-42.077, s'agissant d'une faute grave découverte en cours de préavis.

Il en va de même s'agissant de la faute lourde commise en cours de préavis.

La faute lourde commise par le salarié démissionnaire au cours de l'exécution de son préavis a pour effet d'interrompre le préavis et de priver le salarié de la partie de l'indemnité compensatrice de préavis correspondant à celle de la période restant à courir jusqu'au terme du préavis, peu important que la procédure disciplinaire mise en oeuvre par l'employeur ait été celle du licenciement.

Cass. soc. 4 décembre 2013, n° 12-25.149.

Mais l'employeur ne peut pas revenir sur le licenciement qu'il a prononcé, sauf s'il obtient l'accord du salarié.

Si la faute grave commise ou découverte en cours de préavis justifie l'interruption immédiate de celui-ci, l'employeur ne peut revenir sur le licenciement qu'il a prononcé qu'avec l'accord du salarié.

Cass. soc. 21 mars 2007, n° 05-43.433, 1er moyen.

Lorsque l'employeur rompt le préavis avec précipitation et brutalité, le salarié a droit à des dommages-intérêts.

Ayant fait ressortir que pour rompre le préavis d'un salarié pour faute grave, un employeur avait procédé avec précipitation et brutalité, une cour d'appel a caractérisé l'existence d'un préjudice distinct de celui réparé par l'indemnité compensatrice de préavis et a pu condamner l'employeur au paiement de dommages-intérêts pour rupture abusive et vexatoire du préavis.

Cass. soc. 13 mars 2013, n° 12-12.824, 5e moyen.

Durée du préavis

Le délai de préavis est un délai préfix qui ne peut être, en l'absence de convention contraire, ni interrompu ni suspendu.

Dès lors, c'est à tort qu'une cour d'appel a décidé que le congé individuel de formation pris par un salarié avait interrompu son préavis et que l'employeur n'avait pas à procéder à nouveau à son licenciement après son retour.

Cass. soc. 16 juin 2004, n° 02-40.620.

La durée contractuelle du préavis ne doit pas être excessive.

Après avoir constaté qu'un contrat prévoyant douze mois de préavis interdisait de fait toute résiliation unilatérale des relations contractuelles et que son caractère exorbitant n'était justifié ni par la spécificité de l'emploi du salarié ni par la carrière de celui-ci, une cour d'appel a pu le débouter de sa demande de préavis contractuel et condamner l'employeur à lui payer une indemnité de préavis égale à six mois de salaire.

Cass. soc. 24 juin 2009, n° 08-40.574, pourvoi incident.

• Préavis de licenciement

En conditionnant le droit au préavis à une durée d'ancienneté de six mois, le droit français est conforme à la convention 158 de l'OIT.

Il résulte de l'article 11 de la convention internationale du travail 158 concernant la cessation de la relation de travail à l'initiative de l'employeur adoptée à Genève le 22 juin 1982 et entrée en vigueur en France le 16 mars 1990 dont, en vertu de l'article 1er, l'application peut être assurée par voie de convention collective ou de toute autre manière conforme à la pratique nationale, que le travailleur qui va faire l'objet d'une mesure de licenciement aura droit à un préavis d'une durée raisonnable ou à une indemnité en tenant lieu ; aux termes du b) du paragraphe 2 de l'article 2 de la même convention, un État peut exclure du champ d'application de l'ensemble ou de certaines des dispositions de la convention notamment les travailleurs n'ayant pas la période d'ancienneté requise, à condition que la durée de celle-ci soit fixée d'avance et qu'elle soit raisonnable ; enfin, selon les dispositions combinées des articles L. 122-5 et L. 122-6 CT, le salarié qui justifie chez le même employeur d'une ancienneté de services continus inférieure à six mois n'a droit à un délai-congé que si une loi, une convention ou accord collectif, ou, à défaut, des usages pratiqués dans la localité ou la profession, en prévoient l'existence et la durée.

C'est à tort que, pour condamner un employeur à verser à un salarié une somme à titre d'indemnité compensatrice de préavis, une cour d'appel a relevé qu'eu égard à l'absence de prévision, par la convention collective, d'un délai-congé au bénéfice du salarié dont l'ancienneté était inférieure à six mois, le montant de ladite indemnité devait être fixé conformément à l'article 11 de la convention internationale du travail 158 concernant la cessation de la relation de travail à l'initiative de l'employeur, alors que, sous réserve des délais-congé résultant de l'application des articles L. 122-5 et L. 122-6 CT, le droit à un préavis est exclu en cas d'ancienneté de services continus inférieure à six mois, ce qui constitue une durée d'ancienneté raisonnable au sens de l'article 2 de la convention.

Cass. soc. 29 mars 2006, n° 04-46.499, BC V n° 131. Voir aussi cass. soc. 3 juin 2009, n° 08-40.981, 2e moyen du pourvoi des participants, BC V n° 141.

Le salarié dont l'ancienneté est inférieure à six mois ne bénéficie d'un préavis que si la convention ou l'accord collectif applicable, ou un usage, le prévoit.

Une salariée, dont l'ancienneté dans l'entreprise était inférieure à six mois, et qui n'avait produit devant les juges du fond aucun accord collectif ou usage fixant un délai-congé pour les salariés ayant moins de six mois d'ancienneté, ne pouvait prétendre au versement d'une indemnité compensatrice de préavis.

Cass. soc. 25 janvier 2005, n° 02-47.529.

En l'absence de convention collective et d'usage local, il n'est pas possible d'appliquer par analogie une convention collective intéressant une branche d'activité proche de celle de l'entreprise.

Doit être cassé le jugement qui a énoncé qu'en l'absence de convention collective et d'usage local, il était possible d'appliquer par analogie une convention collective intéressant une branche d'activité voisine ou une catégorie professionnelle similaire.

Cass. soc. 10 février 1993, n° 90-45.771.

La durée du préavis, fixée par le contrat de travail, constitue un élément de ce contrat et ne peut donc pas être modifiée unilatéralement par l'employeur.

La durée du préavis telle qu'elle est fixée par le contrat de travail est convenue dans l'intérêt de l'une et de l'autre des parties ; sa modification, qui constitue une modification du contrat de travail, suppose nécessairement l'accord des deux parties. Par conséquent, un employeur ne peut se prévaloir d'une clause contractuelle lui réservant le droit de modifier unilatéralement la durée du préavis.

Cass. soc. 30 septembre 2003, n° 01-44.454.

La durée du préavis de licenciement est augmentée pour certains salariés handicapés.

Selon l'article L. 323-7 CT, en cas de licenciement, la durée du délai-congé est doublée pour les travailleurs handicapés comptant plus d'une unité. Aux termes de l'article D. 323-2 CT, les travailleurs classés par la Cotorep en catégorie B comptent pour une unité et demie.

C'est donc à tort qu'une cour d'appel a débouté un salarié, qui avait fait l'objet d'un licenciement économique, de sa demande d'indemnité de préavis sur le fondement de l'article L. 323-7 CT, après avoir relevé qu'il avait été classé par la Cotorep dans la catégorie B des travailleurs handicapés.

Cass. soc. 13 mars 2001, n° 98-43.022, BC V n° 82.

Le point de départ du préavis se situe à la date de la présentation de la lettre recommandée notifiant le licenciement.

Cass. soc. 7 novembre 2006, n° 05-42.323, 2e moyen, BC V n° 327, cité dans « Notification du licenciement ».

• Préavis de démission

En cas de démission, aucune des deux parties n'est fondée à imposer à l'autre un préavis différent de celui prévu par la loi, le contrat, la convention collective ou les usages.

Il résulte de l'article L. 122-5 CT alors applicable que dans le cas de résiliation du contrat de travail à l'initiative du salarié, aucune des deux parties n'est fondée à imposer à l'autre un délai-congé différent de celui prévu par la loi, le contrat ou la convention collective ou les usages.

Un salarié a démissionné en donnant à son employeur un délai-congé de neuf mois, ce à quoi ce dernier a répondu qu'il acceptait sa démission mais que le préavis prévu par la convention collective était de trois mois et qu'il dispensait l'intéressé de son exécution.

Après avoir constaté que le salarié entendait exécuter un préavis de neuf mois, alors que la lettre d'embauche et la convention collective en fixaient la durée à trois mois, c'est à bon droit que la cour d'appel a rejeté la demande d'indemnisation du salarié.

Cass. soc. 1er juillet 2008, n° 07-40.109, BC V n° 143.

En l'absence de disposition légale, de convention ou d'accord collectif concernant l'existence et la durée du préavis de démission, cette existence et cette durée résultent des usages pratiqués dans la localité et la profession…

Après avoir démissionné, une salariée avait saisi la juridiction prud'homale de diverses demandes. L'association employeur avait, quant à elle, demandé reconventionnellement la condamnation de la salariée au paiement d'une indemnité de préavis.

Doit être cassé le jugement qui, pour condamner la salariée à payer une indemnité équivalant à deux mois de salaires, a retenu que la salariée démissionnaire de son plein gré avait commis une brusque rupture et que cette attitude devait être sanctionnée par l'octroi à l'employeur d'une indemnité forfaitaire, égale à la rémunération moyenne que l'intéressée aurait perçue si elle avait continué à travailler pendant la durée du délai-congé, alors qu'en l'absence de dispositions légales, de convention ou d'accord collectif relatifs à l'existence et à la durée du préavis de démission, cette existence et cette durée résultent des usages pratiqués dans la localité et la profession. En statuant comme il l'a fait, après avoir précisé qu'aucune convention collective ne s'appliquait à l'activité de l'association, sans relever l'existence d'un usage fixant la durée du préavis dû par la salariée, le conseil de prud'hommes n'a pas satisfait aux exigences des articles L. 122-5 CT et 455 NCPC.

Cass. soc. 3 juin 1998, n° 94-45.579.

… et l'employeur ne peut se prévaloir du seul contrat de travail.

Selon l'article L. 1237-1 CT, « en cas de démission, l'existence et la durée du préavis sont fixés par la loi, ou par convention ou accord collectif de travail », et « en l'absence de dispositions légales, de convention ou accord collectif de travail relatifs au préavis, son existence et sa durée résultent des usages pratiqués dans la localité et dans la profession ».

Pour condamner un salarié engagé par une société en qualité de délégué commercial non VRP en articles de bijouterie à verser à son employeur des sommes au titre du troisième mois de préavis et à titre de dommages-intérêts en réparation du préjudice issu de la rupture, une cour d'appel a retenu que, contrairement à ce que soutenait le salarié pour affirmer qu'il ne devait exécuter que deux mois de préavis et non trois comme le prévoyait son contrat de travail en cas d'ancienneté supérieure à un an, ce qui était son cas, l'activité de la société n'entrait pas dans le champ d'application de la convention collective de la bijouterie, et qu'en l'absence de convention collective applicable, il y avait lieu de s'en tenir à l'article L. 122-6 CT et au contrat de travail de l'intéressé.

En statuant ainsi, sans rechercher, en l'absence de convention ou d'accord collectif, s'il existait des usages pratiqués dans la localité et dans la profession, la cour d'appel a privé sa décision de base légale.

Cass. soc. 25 novembre 2009, n° 08-41.219, 3e moyen, BC V n° 266.

Une salariée démissionnaire, dont le contrat de travail prévoyait un délai-congé réciproque de deux mois, n'avait exécuté son préavis qu'en partie. La convention collective applicable ne comportant aucune disposition relative à l'existence et à la durée du préavis de démission et l'existence et la durée d'un tel délai-congé ne pouvant, selon l'article L. 122-5 CT, résulter du seul contrat de travail, l'employeur ne pouvait obtenir une indemnité compensatrice égale à neuf jours de préavis non effectué par la salariée.

Cass. soc. 3 février 1998, n° 94-44.503, BC V n° 59.

Lorsque le préavis de démission est fixé par une convention collective ou des usages, ainsi que par le contrat de travail, les dispositions les plus favorables, c'est-à-dire celles prévoyant la durée de préavis la plus courte, doivent s'appliquer.

Le contrat de travail d'un salarié pouvant comporter des dispositions plus favorables que celles de la convention collective et notamment prévoir un délai-congé, en cas de démission, d'une durée inférieure à celle résultant de la convention collective, c'est à tort qu'une cour d'appel a condamné un salarié à payer une indemnité de préavis de deux mois conformément à la convention collective, alors que le contrat prévoyait un délai d'un mois en cas de rupture.

Cass. soc. 19 juin 1996, n° 93-44.728.

Cependant, si un salarié décide de se conformer au préavis contractuel plus long, l'employeur ne peut s'y opposer.

Un salarié avait été engagé au sein d'une société ; son contrat précisait qu'en cas de démission, il devrait respecter un préavis d'un an, la société se réservant toute latitude pour en réduire la durée sans qu'il ne puisse être inférieur à trois mois.

C'est à tort que la société s'est prévalue des dispositions de la convention collective du personnel des cabinets d'experts comptables pour soutenir que le salarié était tenu d'effectuer un préavis de trois mois et non d'une année, le contrat de travail ne pouvant stipuler un délai-congé d'une durée supérieure à celle prévue par la convention collective, alors que l'employeur est irrecevable à se plaindre de ce que le salarié respecte le préavis contractuel, même si celui-ci est plus long que celui prévu par la convention collective.

Cass. soc. 11 avril 1996, n° 93-40.789, BC V n° 153.

Le salarié peut différer le point de départ du délai de préavis.

Par lettre du 3 juin 1994, un salarié avait adressé sa démission à l'employeur en précisant que celle-ci prendrait effet au 30 juin. Estimant que le délai-congé conventionnel expirait le 16 juin, l'employeur cessait de payer les salaires à cette date.

C'est à tort que, pour débouter le salarié de sa demande en paiement des salaires du 17 au 30 juin 1994, un conseil de prud'hommes a énoncé que la lettre de démission ne différait nullement le point de départ du préavis, alors que le salarié qui donne sa démission peut différer le point de départ du préavis et qu'en l'espèce il résultait de la lettre du 3 juin 1994 que le salarié avait nécessairement entendu différer le point de départ du délai-congé conventionnel de deux semaines.

Cass. soc. 16 décembre 1997, n° 95-42.090, BC V n° 443.

Détermination des droits

L'ancienneté du salarié prise en compte pour déterminer la durée du préavis est celle acquise à la date de la notification de la rupture.

Pour déterminer la durée du délai-congé, l'ancienneté dans l'entreprise s'apprécie à la date de présentation de la lettre de notification qui fixe le point de départ de ce délai, et non à la date d'expiration du préavis.

Cass. soc. 9 octobre 1990, n° 89-43.316, 3e moyen, BC V n° 424.

Il résulte de la combinaison des articles L. 1226-7 et L. 1234-11 CT que la période de suspension du contrat de travail n'entre pas en compte dans la durée d'ancienneté exigée pour bénéficier des dispositions des articles L. 1234-1 et L. 1234-9 CT, sauf lorsque cette suspension est la conséquence d'un accident du travail ou d'une maladie professionnelle.

Cass. soc. 24 mai 2005, n° 04-41.208. Voir aussi cass. soc. 10 février 1999, n° 95-43.561, BC V n° 64.

Événements pouvant affecter le préavis

• Accident du travail

Après avoir constaté qu'un salarié démissionnaire avait été victime d'un accident du travail au cours du préavis dont le terme avait été fixé, une cour d'appel a exactement décidé, par application des dispositions combinées des articles L. 122-32-1 et 2 CT, que le préavis s'était trouvé suspendu pendant la durée de l'arrêt du travail provoqué par cet accident.

Cass. soc. 18 juillet 1996, n° 93-43.581, 1er moyen, BC V n° 299.

• Maladie

C'est à tort qu'un conseil de prud'hommes a condamné une salariée, qui s'était trouvée dans l'incapacité d'effectuer son préavis, à verser une indemnité de préavis à son employeur, alors qu'en raison de son caractère préfix, le préavis ne pouvait être prolongé de la durée d'indisponibilité médicale de la salariée.

Cass. soc. 28 juin 1989, n° 86-42.931, BC V n° 473.

• Congés payés

Lorsque la rupture du contrat est notifiée pendant la période de congés payés du salarié, le préavis ne commence à courir qu'à compter du jour où le congé annuel prend fin…

Un salarié ayant démissionné pendant ses congés payés sans reprendre son travail à la fin de ses congés, son employeur avait procédé à une retenue sur le dernier salaire correspondant à la période de préavis inexécutée.

C'est à bon droit qu'une cour d'appel a débouté l'intéressé de sa demande en remboursement de cette somme, la rupture du contrat notifiée pendant le congé annuel ne faisant courir le préavis qu'à compter de la date où le congé annuel prend fin.

L'employeur avait pu valablement procéder à une retenue sur son salaire car le salarié ayant démissionné sans exécuter son préavis était redevable de l'indemnité compensatrice de préavis.

Cass. soc. 8 novembre 1995, n° 92-40.186.

... sauf accord contraire des parties.

C'est à tort qu'un conseil de prud'hommes a condamné un employeur au versement d'une indemnité de préavis, alors que l'initiative prise par le salarié, en accord avec son employeur, de prendre ses congés payés pendant la période de préavis n'est pas contraire à l'ordre public.

Cass. ass. plén. 5 mars 1993, n° 88-45.233, BC n° 7.

Le délai de préavis n'est pas suspendu par des congés payés pris après le licenciement sauf si les dates de congés avaient été fixées avant le licenciement.

Le délai de préavis ne se trouve suspendu par des congés payés pris postérieurement au licenciement que dans le cas d'un accord des parties ou si les dates de congés ont été fixées antérieurement au licenciement.

Cass. soc. 22 juin 1994, n° 90-45.861.

La fermeture d'une entreprise pour congé annuel n'a pas pour effet de suspendre le préavis du salarié démissionnaire pour la durée de cette fermeture.

L'impossibilité pour le salarié démissionnaire d'exécuter son préavis en raison de la fermeture de l'entreprise ne saurait le priver, conformément à l'article L. 122-8 CT, de la rémunération qu'il aurait perçue s'il avait accompli son travail.

Une cour d'appel, qui a constaté que l'inexécution par un salarié de l'intégralité de son préavis résultait d'un arrêt d'activité indépendant de sa volonté, causé par la fermeture temporaire de l'entreprise pour congé annuel, a exactement décidé que l'employeur ne pouvait se prévaloir d'une rupture anticipée du préavis par le salarié et que ce dernier pouvait prétendre à la rémunération qu'il aurait dû percevoir s'il avait travaillé.

Cass. soc. 21 novembre 2001, n° 99-45.424, BC V n° 354.

Conditions d'exécution

En cas de rupture du contrat consécutive au refus du salarié d'en accepter la modification, l'employeur ne peut pas imposer au salarié d'effectuer son préavis aux nouvelles conditions.

L'employeur ne peut imposer unilatéralement au salarié d'effectuer son préavis dans des conditions emportant modification de son contrat de travail ; si le préavis n'est pas exécuté du fait de l'employeur, celui-ci doit payer l'indemnité compensatrice de préavis.

Des salariés avaient été licenciés pour motif économique à la suite de la fermeture de l'usine où ils travaillaient et de leur refus des mutations qui leur étaient proposées.

Ayant constaté que les intéressés avaient été dans l'impossibilité d'exécuter leur préavis du fait de la fermeture par l'employeur du site sur lequel ils étaient employés, un conseil de prud'hommes a pu condamner la société au paiement des indemnités de préavis et de congés payés afférents.

Cass. soc. 5 octobre 1999, n° 97-42.302, BC V n° 364. Voir aussi cass. ass. plén. 18 novembre 1994, n° 90-44.754, 1er moyen du pourvoi principal, BC n° 6 ; cass. soc. 6 juin 2001, n° 99-42.644.

C'est à tort que, pour débouter un salarié de sa demande en paiement d'une indemnité compensatrice de préavis et de congés payés afférents, une cour d'appel a notamment énoncé que le salarié ne démontrait pas l'impossibilité d'exécuter son préavis dès lors que le déclassement qu'il invoquait comme conséquence de la modification de ses fonctions, s'il pouvait avoir des conséquences à plus long terme sur sa carrière, n'emportait pas nécessairement une modification de ses fonctions sensible pendant le temps limité du préavis, après avoir constaté que la réorganisation des services commerciaux de l'entreprise avait entraîné une réduction des attributions et des responsabilités du salarié, qui notamment avait perdu le rang de directeur commercial pour devenir, avec deux autres salariés, « responsable des comptes clients et du service des contrats d'achat et groupements France et Export », que la responsabilité des quatre principales centrales et groupes d'achat avait été retirée de ce service et qu'il ne disposait plus d'une autonomie pour organiser ses déplacements, ce qui caractérisait une modification du contrat de travail justifiant son refus d'exécuter le préavis.

Cass. soc. 29 octobre 2003, n° 01-43.119, pourvoi incident.

Il en va différemment en cas de refus d'une modification des conditions de travail.

L'employeur qui licencie un salarié à raison du refus par celui-ci d'un changement de ses conditions de travail, sans se prévaloir d'une faute grave, est fondé à lui imposer d'exécuter son préavis dans les conditions nouvellement prévues.

Cass. soc. 25 novembre 1997, n° 95-44.053, BC V n° 396.

Le refus d'un salarié de poursuivre l'exécution de son contrat de travail en raison d'un simple changement des conditions de travail décidé par l'employeur dans l'exercice de son pouvoir de direction rend ce salarié responsable de l'inexécution du préavis qu'il refuse d'exécuter aux nouvelles conditions et le prive des indemnités compensatrices de préavis et de congés payés afférents.

Pour condamner un employeur à payer une indemnité compensatrice de préavis à un salarié licencié pour refus de mise en œuvre de la « clause de mobilité » prévue par son contrat de travail, une cour d'appel a retenu que l'intéressé travaillait à la veille du licenciement dans les locaux de la société à Antibes, que l'employeur ne justifiait d'aucun obstacle au maintien de cet aménagement jusqu'à la fin de la relation contractuelle, de sorte que le salarié était fondé à soutenir avoir été mis dans l'impossibilité d'exécuter son préavis, l'employeur ayant exigé que celui-ci soit effectué à Asnières alors même qu'il se trouvait licencié précisément au motif qu'il avait refusé sa mutation en ce lieu.

En statuant ainsi, après avoir relevé que le contrat de travail du salarié contenait une clause de mobilité, ce dont il résultait, d'une part, que sa mutation constituait un simple changement de ses conditions de travail que l'employeur pouvait décider unilatéralement dans l'exercice de son pouvoir de direction, d'autre part, que l'employeur, qui avait licencié le salarié à raison de son refus de ladite mutation, pouvait lui imposer d'exécuter son préavis dans les conditions nouvellement prévues, la cour d'appel, qui n'a pas tiré les conséquences légales de ses constatations, a violé l'article L. 1234-5 CT.

Cass. soc. 31 mars 2016, n° 14-19.711, pourvoi incident, BC V n° 62. Voir aussi cass. soc. 30 mai 2013, n° 12-16.895.

Le salarié n'est pas tenu d'effectuer son préavis dans une entreprise différente de la sienne.

Un accidenté du travail avait été victime d'une rechute après avoir fait l'objet d'un reclassement conformément aux prescriptions du médecin du travail. Ayant été déclaré inapte, il avait été licencié, l'employeur lui demandant toutefois d'effectuer son préavis dans une autre société.

C'est à tort qu'un conseil de prud'hommes a énoncé, pour débouter le salarié de sa demande d'indemnité compensatrice de préavis, que l'employeur lui avait proposé d'exécuter le préavis dans un poste compatible avec son état de santé au sein d'une autre société, alors qu'un salarié ne peut être tenu d'effectuer son préavis dans une société qui n'est pas son employeur.

Cass. soc. 7 mai 1996, n° 92-41.529, 1er et 2e moyens.

Une clause ne peut exclure les salariés en cours de préavis du droit à certains avantages.

Une cour d'appel a exactement retenu que la clause privant les salariés en cours de préavis du montant de la prime de fin d'année était contraire aux dispositions d'ordre public de l'article L. 122-8 CT.

Cass. soc. 5 juillet 1995, n° 93-46.720, BC V n° 234.

Heures pour recherche d'emploi

Le salarié qui n'utilise pas les heures pour recherche d'emploi ne peut pas être indemnisé…

C'est à bon droit qu'un conseil de prud'hommes a décidé que, sauf preuve contraire non rapportée en l'espèce, la non-utilisation des heures de recherche d'emploi n'ouvrait pas droit à indemnité.

Cass. soc. 5 novembre 1992, n° 89-45.552, 3e moyen.

… sauf convention contraire.

C'est à tort qu'une cour d'appel a débouté un salarié de sa demande en paiement des heures de recherche d'emploi non utilisées, alors que la convention collective applicable prévoyait l'indemnisation des heures non utilisées même si leur inutilisation n'était pas due à la faute de l'employeur.

Cass. soc. 3 mai 1994, n° 92-43.472, 3e moyen.

La non-utilisation des heures pour recherche d'emploi ne peut donner lieu au paiement d'heures supplémentaires.

Le salarié ayant perçu la totalité du salaire correspondant à son temps d'activité au service de son employeur, les juges du fond ont pu estimer que le salarié ne pouvait pas avoir droit au paiement d'heures supplémentaires destinées à remplacer celles qu'il n'avait pas employées à trouver un autre travail.

Cass. soc. 13 novembre 1975, n° 74-40.522, BC V n° 535.

Le salarié ne peut obtenir d'indemnisation pour les heures non prises du fait de l'employeur que s'il prouve l'existence d'un préjudice.

A légalement justifié sa décision la cour d'appel qui a débouté un salarié démissionnaire de sa demande d'indemnisation des heures non prises, l'intéressé n'ayant pas rapporté la preuve du préjudice que pouvait lui avoir causé le refus de l'employeur de lui accorder deux heures chaque jour pour rechercher un nouvel emploi.

Cass. soc. 3 février 1993, n° 89-42.436.

Le caractère préfix du préavis s'oppose à ce qu'un employeur, qui a donné son accord pour que les heures pour recherche d'emploi dont bénéficiait le salarié soient regroupées en fin de préavis, mette fin prématurément à celui-ci au motif que le salarié a retrouvé un emploi au cours de son préavis.

Après avoir constaté qu'un employeur avait donné son accord pour que les heures pour recherche d'emploi dont bénéficiait une salariée démissionnaire soient cumulées et regroupées à la fin du préavis, un conseil de prud'hommes a décidé, à bon droit, que le caractère préfix du préavis s'opposait à ce que l'employeur mette fin prématurément à celui-ci au motif que la salariée avait retrouvé un emploi au cours du préavis et a pu faire droit à ses demandes en paiement des heures pour recherche d'emploi.

Cass. soc. 21 janvier 2003, n° 01-40.529, BC V n° 10.

Non-respect du préavis

L'obligation de respecter le préavis s'impose aux parties au contrat de travail sans mise en demeure préalable.

D'une part, l'obligation de respecter le délai-congé s'impose aux parties au contrat de travail sans mise en demeure préalable. D'autre part, l'article 14 de la convention collective du bâtiment (ETAM) prévoit que « celle des parties qui n'observe pas le délai de préavis doit à l'autre partie une indemnité égale aux appointements correspondant à la durée du préavis restant à courir ».

C'est à tort que, pour débouter un employeur de sa demande d'indemnité en raison de la non-exécution par un salarié de son préavis, une cour d'appel a énoncé que la société n'avait pas mis en demeure l'intéressé d'effectuer son préavis et qu'elle ne démontrait pas que la rupture du contrat de travail lui aurait causé un préjudice, alors qu'elle n'avait pas à rechercher l'existence d'un préjudice.

Cass. soc. 24 mai 2005, n° 03-43.037, BC V n° 174.

Le salarié qui se dispense d'effectuer la fin de son préavis sans motif valable ne peut pas bénéficier de l'indemnité de préavis.

Ayant constaté qu'un salarié avait exécuté une partie de son préavis et s'était dispensé de le terminer sans motif valable, une cour d'appel a pu débouter l'intéressé de sa demande d'indemnité de préavis et faire droit à la demande reconventionnelle de ce chef de son employeur.

Cass. soc. 26 mai 1998, n° 96-42.592.

Il en est de même de celui qui ne peut pas l'effectuer en raison de son incarcération…

C'est à tort que, pour condamner un employeur à verser une indemnité de préavis à une salariée, une cour d'appel s'est bornée à énoncer que l'incarcération de l'intéressée résultant de circonstances étrangères au travail, celle-ci ne saurait être privée de cette indemnité, alors qu'elle avait constaté qu'à la date du licenciement, l'incarcération de la salariée avait, de son fait, rendu impossible l'exécution du préavis.

Cass. soc. 10 juin 1998, n° 96-40.708.

… à moins que l'inexécution du préavis n'ait pas pour cause l'incarcération mais la décision de l'employeur de priver le salarié du préavis.

Aucune faute grave n'ayant été retenue à l'encontre d'un salarié licencié à tort sans préavis, l'employeur se trouvait débiteur envers lui d'une indemnité compensatrice pour toute la période où il aurait dû l'exécuter, malgré son incarcération, l'inexécution du préavis n'ayant pas pour cause l'incarcération mais la décision de l'employeur de priver le salarié du préavis.

Cass. soc. 8 février 2000, n° 97-45.553.

Lorsqu'il n'en a pas été dispensé, le salarié qui n'exécute pas son préavis de licenciement doit à l'employeur une indemnité compensatrice.

Une salariée avait été engagée en vertu d'un contrat de travail prévoyant qu'il pourrait être résilié de part et d'autre avec un préavis réciproque d'un mois ; l'intéressée a été licenciée avec un préavis d'un mois qu'elle n'a pas exécuté.

C'est à tort que, pour débouter l'employeur de sa demande en paiement d'une indemnité de préavis, un conseil de prud'hommes s'est fondé sur le fait que la rupture était à son initiative.

En effet, l'obligation de respecter le délai-congé s'impose aux parties au contrat ; il s'en déduit que lorsqu'il n'en a pas été dispensé, le salarié qui n'a pas exécuté son préavis doit à l'employeur une indemnité compensatrice.

Cass. soc. 18 juin 2008, n° 07-42.161, BC V n° 135.

De même, le salarié démissionnaire qui refuse d'exécuter son préavis doit à l'employeur une indemnité compensatrice dont les juges du fond apprécient souverainement le montant.

Cass. soc. 26 mars 2002, n° 00-40.321, 2e moyen.

Encore faut-il que l'employeur ait permis au salarié de connaître l'étendue de ses obligations.

C'est à tort que, pour condamner un salarié démissionnaire à payer à son ancien employeur une somme à titre d'indemnité de préavis, un conseil de prud'hommes a énoncé que la convention collective stipulait le respect d'un préavis de deux mois à la charge des salariés qui, comme l'intéressé, avaient plus de deux ans d'ancienneté et que ce dernier, bien qu'expressément averti à plusieurs reprises, avait refusé d'effectuer son deuxième mois de préavis, alors que le salarié ayant fait valoir qu'en violation de l'article R. 135-1 CT, l'employeur n'avait pas affiché, sur les lieux de travail, l'avis indiquant qu'il tenait à la disposition du personnel un exemplaire de la convention collective, le conseil de prud'hommes se devait de répondre à ces conclusions, desquelles il résultait que l'employeur, qui n'avait pas mis le salarié en mesure de connaître l'étendue de ses obligations au regard de la convention collective, ne pouvait lui reprocher le non-respect du préavis prévu par ce texte conventionnel.

Cass. soc. 28 février 1996, n° 93-42.058, BC V n° 75.

En revanche, le salarié démissionnaire qui n'exécute pas son préavis n'est pas débiteur de dommages-intérêts, en l'absence d'abus de sa part.

Doit être cassé le jugement qui, après avoir accordé à l'employeur une indemnité correspondant au préavis conventionnel non effectué par un salarié démissionnaire, a condamné ce salarié au paiement d'une indemnité pour brusque rupture, alors qu'en l'absence d'abus manifeste ou d'intention de nuire du salarié, celui-ci ne peut être tenu au paiement d'une autre indemnité que celle correspondant au préavis conventionnel.

Cass. soc. 16 novembre 2004, n° 02-46.135.

L'employeur n'a pas à prouver un préjudice particulier pour brusque rupture lorsque la convention collective prévoit un préavis de démission.

Dès lors que la convention collective stipulait un préavis de démission d'une semaine, c'est à tort qu'une cour d'appel a rejeté la demande de l'employeur en dommages et intérêts pour brusque rupture au motif que l'employeur ne faisait pas la preuve d'un préjudice particulier.

Cass. soc. 28 février 1995, n° 91-42.379, 2e moyen.

La prise d'acte de la rupture du contrat non justifiée produisant les effets d'une démission, le salarié doit à l'employeur le montant de l'indemnité compensatrice de préavis résultant de l'application de l'article L. 1237-1 CT.

Cass. soc. 8 juin 2011, n° 09-43.208, 3e moyen, BC V n° 141. Voir aussi cass. soc. 15 avril 2015, n° 13-25.815, 2e moyen du pourvoi incident ; cass. soc. 23 janvier 2019, n° 17-22.394, 1er moyen du pourvoi incident.

L'indemnité due par le salarié démissionnaire en cas de non-respect de son préavis n'ouvre pas droit à des congés payés au profit de l'employeur.

Cass. soc. 22 novembre 2017, n° 16-12.524, 3e branche du 2e moyen, à paraître.

☛ Préavis (Dispense de) ; Préavis (Indemnité compensatrice de).

Préavis (Dispense de)

L'employeur peut dispenser le salarié de l'exécution du préavis. Il doit alors lui maintenir les mêmes avantages que s'il avait travaillé.

Notion de dispense de préavis

La dispense de préavis doit relever à l'origine de la volonté de l'employeur.

La dispense d'exécution du préavis et la renonciation de l'employeur à son exécution doivent résulter d'une manifestation de volonté non équivoque.

Cass. soc. 10 avril 2013, n° 12-11.530.

Ne constitue pas une dispense de préavis le fait pour un employeur de demander au salarié de ne pas se présenter au bureau tout en restant à sa disposition.

Un employeur ayant dispensé un salarié de venir travailler à son bureau tout en lui demandant de rester à sa disposition, une cour d'appel a pu en déduire que l'employeur avait voulu imposer au salarié d'exécuter son préavis en restant constamment à sa disposition sans pour autant exercer les pouvoirs et prérogatives de ses fonctions, et condamner l'employeur à verser à l'intéressé, qui avait refusé de se plier à ses exigences, un complément d'indemnité de préavis.

Cass. soc. 13 janvier 1998, n° 95-40.733, 2e moyen.

Est dispensée d'effectuer son préavis la salariée qui, sur proposition de l'employeur, donne sa démission sans effectuer son préavis et signe un reçu pour solde de tout compte.

Ayant constaté que, sur la proposition de son employeur, une salariée qui avait donné sa démission sans effectuer son préavis avait signé un reçu pour solde de tout compte, un conseil de prud'hommes a pu en déduire que le contrat de travail avait été rompu à cette date et que l'employeur avait dispensé l'intéressée d'exécuter son préavis. Il a dès lors pu débouter l'employeur de sa demande d'indemnité pour non-respect du préavis.

Cass. soc. 28 janvier 1998, n° 95-44.822, BC V n° 45.

L'administrateur d'une société placée en redressement judiciaire peut dispenser le salarié d'exécuter son préavis.

Un salarié avait été engagé en qualité de directeur de travaux par une société qui a été placée en redressement judiciaire le 9 juillet 2004 ; l'intéressé a été licencié pour motif économique par l'administrateur judiciaire, en application de l'article L. 621-37 c. com. alors en vigueur, par lettre du 8 septembre 2004 le dispensant d'exécuter son préavis ; il a saisi la juridiction prud'homale notamment d'une demande en paiement d'une indemnité compensatrice de préavis.

Pour débouter le salarié de sa demande, une cour d'appel a retenu que la volonté du dirigeant de la société de voir ce salarié exécuter le préavis était démontrée par ses tentatives réitérées de porter rapidement à la connaissance de l'intéressé qu'une erreur avait été commise dans la lettre de licenciement, que l'administrateur judiciaire était allé au-delà de sa simple mission d'assistance et qu'en conséquence, la mention, entachée d'erreur, relative à la dispense de préavis portée sur la lettre de licenciement, ne suffisait pas à établir la volonté effective de l'employeur à cet égard.

En statuant ainsi, alors qu'elle avait constaté que la lettre de licenciement énonçait « vous êtes dispensé d'effectuer votre préavis » et qu'il entrait dans les pouvoirs que l'administrateur judiciaire tient de l'article L. 621-37 c. com. alors en vigueur, de dispenser le salarié de l'exécution de son préavis, la cour d'appel n'a pas tiré les conséquences légales de ses constatations et violé les articles L. 122-8, devenu L. 1234-5 CT et L. 621-37 c. com. dans sa rédaction résultant de la loi du 25 janvier 1985.

Cass. soc. 22 octobre 2008, n° 07-42.140, BC V n° 199.

La décision de l'employeur de dispenser le salarié licencié d'exécuter une partie du préavis auquel il a droit ne caractérise pas en elle-même une faute.

C'est donc à tort que, pour condamner un employeur au paiement de dommages-intérêts en réparation du préjudice résultant d'un licenciement sans cause réelle et sérieuse et de l'interruption de l'exécution du préavis, une cour d'appel a retenu que le préjudice subi par le salarié n'était pas exclusivement financier mais également moral en raison notamment des conditions de son départ, son préavis ayant été interrompu.

Cass. soc. 23 novembre 2010, n° 09-67.347, 2e moyen.

Preuve de la dispense

La preuve de la dispense du préavis appartient à celui qui s'en prévaut.

C'est au salarié démissionnaire qu'il appartient de démontrer qu'il avait été dispensé de l'exécution du préavis dont le respect s'imposait sans mise en demeure préalable.

Cass. soc. 7 juin 1995, n° 91-43.857, 3e moyen. Voir aussi cass. soc. 22 février 1995, n° 93-42.009.

Conséquences de la dispense

La dispense par l'employeur de l'exécution du travail pendant le préavis ne doit entraîner aucune diminution des salaires et avantages.

La dispense par l'employeur de l'exécution du travail pendant le délai-congé ne doit entraîner jusqu'à l'expiration de ce délai aucune diminution des salaires et avantages, y compris l'indemnité de congés, que le salarié aurait reçus s'il avait accompli son travail.

Licencié pour motif économique avec un préavis expirant le 31 octobre 1988, un salarié avait été dispensé de l'exécuter.

Doit être cassé le jugement qui, pour débouter le salarié de sa demande en paiement de la prime d'intéressement pour la période de préavis, a énoncé que l'accord d'intéressement limitait le bénéfice de celui-ci au temps effectivement travaillé à l'exclusion des périodes non œuvrées, alors que l'accord d'intéressement ne pouvait déroger aux dispositions plus favorables de la loi et alors que celles-ci (art. L. 122-8 CT) interdisent de priver le salarié, dispensé de l'exécution du préavis, de tout salaire ou avantage qu'il aurait reçu s'il avait accompli son travail.

Cass. soc. 28 janvier 1998, n° 95-42.250, BC V n° 42. Voir aussi cass. soc. 30 mars 2011, n° 09-43.544, 4e branche du 2e moyen.

Il résulte des articles L. 1234-5 et L. 1231-4 CT, d'une part, que la dispense par l'employeur de l'exécution du travail pendant le préavis ne doit entraîner, jusqu'à l'expiration de ce délai, aucune diminution des salaires et avantages que le salarié aurait perçus s'il avait accompli son travail et, d'autre part, que le salarié ne peut renoncer par avance à se prévaloir des règles qui régissent la rupture du contrat de travail à durée indéterminée.

Pour condamner un salarié licencié avec dispense d'exécution du préavis à payer à l'employeur une somme à titre de remboursement de frais afférents à la voiture professionnelle indûment conservée, une cour d'appel s'est fondée sur le contrat de travail qui prévoyait que la voiture de fonction devrait être restituée à la date de notification de la rupture en cas de dispense de préavis.

En statuant ainsi, alors que le salarié dispensé de l'exécution de son préavis ne peut être tenu, même en application d'un engagement pris dans le contrat de travail, de restituer l'avantage en nature constitué par la mise à sa disposition d'un véhicule de fonction pour un usage professionnel et personnel, la cour d'appel a violé les textes susvisés.

Cass. soc. 11 juillet 2012, n° 11-15.649, BC V n° 219. Voir aussi cass. soc. 8 mars 2000, n° 99-43.091, BC V n° 92 ; cass. soc. 4 mars 1998, n° 95-42.858, 2e moyen, BC V n° 117.

Doit être cassé l'arrêt qui, pour débouter un salarié de ses demandes en rappel de salaire au titre des majorations pour travail des jours fériés et des dimanches prévues par la convention collective, a retenu que l'intéressé, qui avait été dispensé de travailler pendant son préavis, ne pouvait y prétendre.

Cass. soc. 21 février 2007, n° 05-42.384.

Dès lors, le salarié doit bénéficier des jours de RTT auxquels il aurait pu prétendre s'il avait travaillé durant le préavis.

La dispense de l'exécution du préavis par l'employeur n'entraîne aucune diminution des salaires et avantages que le salarié aurait perçus s'il avait accompli son travail jusqu'à l'expiration du préavis ; l'employeur ne peut donc priver le salarié du bénéfice des jours de RTT auxquels celui-ci aurait pu prétendre s'il avait travaillé durant le préavis.

Pour débouter un salarié de sa demande en paiement d'un rappel de RTT pour une période de préavis, ayant retenu qu'aux termes de l'accord 35 heures applicable au sein de la société qui l'employait, l'acquisition des jours de repos supplémentaires RTT s'effectuait progressivement au cours de la période de référence en raison d'un jour franc maximum par mois de travail effectif pour un salarié à temps complet, une cour d'appel a considéré que, si certaines absences étaient assimilées à du temps de travail effectif, tel n'était pas le cas, en l'espèce, du préavis payé mais non effectué et a décidé que le salarié n'avait acquis aucun jour de RTT à compter du premier jour de son préavis.

En statuant ainsi, alors que l'indemnité compensatrice de jours de congé liés à la réduction du temps de travail non pris par le salarié à la date de la rupture de son contrat de travail prévue par l'accord d'entreprise de RTT, correspond à l'acquisition d'heures de travail accomplies entre la 35e et la 39e heure de chaque semaine, de sorte qu'elle présente le caractère d'une rémunération habituelle et normale du salarié et doit être prise en compte pour le calcul de l'indemnité de préavis, la cour d'appel a violé l'article L. 122-8, al. 3, devenu L. 1234-5 CT.

Cass. soc. 8 avril 2009, n° 07-44.068, 2e moyen, BC V n° 114. Voir aussi cass. soc. 17 avril 2013, n° 11-29.010.

Le salarié doit bénéficier de l'accord salarial établi après son licenciement.

La dispense par l'employeur de l'exécution du préavis ne peut avoir pour conséquence d'avancer la date à laquelle le contrat prend fin. Un salarié doit donc bénéficier de l'accord salarial établi après son licenciement.

Cass. soc. 31 mai 2000, n° 98-42.448.

Le salarié dispensé de préavis a droit au paiement des primes liées à une condition de présence.

Le contrat de travail d'un salarié subsistant jusqu'à la date d'expiration du préavis non exécuté, une cour d'appel en a exactement déduit que, présent dans les effectifs du personnel de la société au 31 décembre, il avait droit au paiement de la deuxième fraction de la prime de treizième mois.

Cass. soc. 21 juin 1989, n° 86-41.493, 2e branche, 3e moyen.

L'employeur qui a dispensé le salarié d'effectuer son préavis est tenu de lui verser l'indemnité compensatrice de préavis, sans déduction des indemnités journalières de sécurité sociale.

Pour débouter un salarié licencié avec dispense d'exécuter le préavis de sa demande de solde d'indemnité de préavis, une cour d'appel a retenu que l'employeur qui l'avait dispensé d'exécuter son préavis ne devait le rémunérer que dans la mesure où le salarié était à même de l'effectuer et qu'ainsi l'indemnité de préavis n'était pas due pour la période d'arrêt maladie.

En statuant ainsi, alors qu'ayant dispensé le salarié d'exécuter le préavis, l'employeur était tenu de verser, sans déduction des indemnités journalières de la sécurité sociale, l'indemnité compensatrice de préavis, peu important que le salarié fût déjà en arrêt de travail pour maladie non professionnelle lors de la dispense d'exécution, la cour d'appel a violé l'article L. 1234-5 CT.

Cass. soc. 31 octobre 2012, n° 11-12.810, 2e moyen, BC V n° 282. Voir aussi cass. soc. 15 mai 2014, n° 12-27.666, 3e moyen.

Lorsque le salarié dispensé de préavis renonce au revenu qu'il aurait dû percevoir de l'employeur pendant cette période, il ne peut pas prétendre aux allocations chômage entre la date de la fin de son contrat de travail et la date de la fin théorique de son préavis.

Un salarié a été licencié le 28 décembre 2004 pour insuffisance professionnelle ; à sa demande, son employeur l'a dispensé d'effectuer son préavis conventionnel de trois mois prenant effet au 30 décembre 2004 et en contrepartie, l'intéressé a renoncé à réclamer toute indemnité compensatrice correspondante ; l'Assédic a admis le salarié au titre de l'allocation d'aide au retour à l'emploi avec prise d'effet de son indemnisation à compter du 4 juin 2005 en lui opposant un délai de carence de 90 jours.

Contestant cette décision, le salarié a saisi la juridiction civile d'une demande tendant à la condamnation de l'Assédic à lui verser des sommes au titre des allocations chômage impayées et en paiement de dommages et intérêts.

Après avoir constaté que le salarié avait volontairement renoncé au revenu qu'il aurait dû percevoir de son employeur pendant le préavis, c'est à bon droit qu'une cour d'appel a retenu qu'il ne pouvait prétendre au revenu de remplacement dont le versement incombe à l'Assédic entre la date de la fin de son contrat de travail et la date de la fin théorique de son préavis.

Cass. soc. 26 juin 2008, n° 07-15.478, BC V n° 142.

Le salarié peut travailler chez un autre employeur.

Le salarié dispensé d'effectuer son préavis peut, pendant la durée du délai-congé non effectué, entrer au service d'une entreprise concurrente.

Cass. soc. 15 mars 2000, n° 98-41.028. Voir aussi cass. soc. 6 mai 2015, n° 14-11.001.

Le fait pour un salarié non tenu par une clause de non-concurrence, de se mettre après la rupture de son contrat de travail, au service d'une entreprise concurrente, n'est que la manifestation du principe de libre exercice d'une activité professionnelle.

Un salarié avait signé un contrat de travail écrit contenant une clause de non-concurrence dépourvue de contrepartie financière. Licencié, il a été dispensé de l'exécution de son préavis de six mois. Il a saisi la juridiction prud'homale de diverses demandes au titre de la rupture de son contrat de travail.

D'abord, ayant constaté qu'en raison de l'absence de contrepartie financière, la clause de non-concurrence figurant dans le contrat de travail du salarié était nulle, une cour d'appel qui a retenu que, sauf à le soumettre à la clause de non-concurrence illicite, l'employeur ne pouvait, pendant le délai-congé, interdire au salarié de travailler pour la concurrence, a dès lors estimé à bon droit que le salarié dispensé de l'exécution de son préavis, n'était plus tenu par une obligation de loyauté envers son employeur.

Ensuite, dès lors qu'il n'était pas démontré que le salarié s'était livré à des actes de concurrence déloyale, la société ne pouvait imposer au salarié, libre de toute obligation, de cesser sa nouvelle activité, fut-elle concurrente et c'est donc à bon droit que la cour d'appel a rejeté la demande de l'employeur tendant à la fixation d'une provision à titre de dommages-intérêts et à obtenir une mesure d'instruction sur le montant exact de son préjudice, et l'a condamné à payer au salarié une somme en réparation du préjudice subi.

Cass. soc. 28 mars 2007, n° 05-45.423.

La faute grave découverte ou commise après la notification d'un licenciement avec dispense de préavis ne prive pas le salarié de l'indemnité de préavis.

Un salarié avait été licencié en février 1993 avec dispense d'exécuter son préavis. Le mois suivant, l'employeur lui adressait une lettre lui reprochant de le dénigrer depuis son départ et faisant état de la découverte d'agissements antérieurs au licenciement, tous griefs constituant selon lui une faute grave.

Doit être cassé l'arrêt ayant dit le licenciement justifié et ayant débouté le salarié de ses demandes d'indemnité de rupture et pour licenciement sans cause réelle et sérieuse. En effet, les droits des salariés étant fixés au moment de la notification du licenciement par les termes de la lettre de licenciement, laquelle, en l'espèce, n'ayant pas invoqué l'existence d'une faute grave, les faits invoqués, postérieurs au licenciement, étaient sans effet sur la cause de celui-ci et sur l'indemnisation du préavis.

Ensuite, si la découverte ou la commission au cours du préavis d'une faute grave peut entraîner l'interruption de son exécution, il en est autrement si le salarié a été dispensé de l'exécuter, auquel cas, l'indemnisation du préavis lui est acquise.

Cass. soc. 9 mai 2000, n° 97-45.294, BC V n° 171. Voir aussi cass. soc. 31 janvier 2006, n° 04-43.141.

L'employeur peut engager la responsabilité civile du salarié qui a commis une faute lourde au cours du préavis dont il a été dispensé.

Un directeur financier a été licencié le 6 novembre 1995, avec dispense d'exécution du préavis. Le 10 décembre, l'employeur lui a fait savoir qu'il mettait fin au préavis, au motif qu'il avait commis une faute lourde au cours du préavis.

Doit être cassé l'arrêt ayant débouté le salarié de sa demande en paiement d'une somme de deux mois de salaire correspondant à deux mois de préavis non réglés, d'une prime d'ancienneté et d'une prime annuelle, alors qu'en cas de faute lourde commise par le salarié au cours du préavis de l'exécution duquel il a été dispensé, l'employeur peut seulement prétendre à des dommages-intérêts en réparation du préjudice qu'il a subi à cause de cette faute.

Cass. soc. 22 mai 2002, n° 00-40.446, BC V n° 173.

☛ *Préavis ; Préavis (Indemnité compensatrice de).*

Préavis (Indemnité compensatrice de)

En cas de dispense de préavis par l'employeur, le salarié a droit à une indemnité compensatrice (art. L. 1234-5 CT).

Droit à l'indemnité compensatrice

L'indemnité compensatrice est due en cas de dispense de préavis, laquelle doit relever à l'origine de la seule volonté de l'employeur.

Pour débouter un salarié de sa demande en paiement d'une somme à titre d'indemnité de préavis, une cour d'appel a retenu que l'inexécution du préavis ne lui étant pas imputable mais résultant de la seule inaptitude médicale du salarié, celui-ci devait être débouté de ses demandes d'indemnité de préavis et de congés payés afférents.

En statuant ainsi, alors que l'employeur avait dispensé le salarié de l'exécution du préavis dans la lettre de licenciement, ce dont il résultait que la cause première de l'inexécution du préavis procédait de cette dispense et que l'indemnité de préavis était due, la cour d'appel n'a pas tiré les conséquences légales de ses constatations, en violation des articles L. 1234-1 et L. 1234-5 CT.

Cass. soc. 20 mai 2009, n° 07-43.517, 3e branche du 3e moyen.

L'indemnité n'est donc pas due lorsque l'inexécution résulte de l'accord des parties.

Dans une lettre de démission, remise en main propre, un salarié a demandé à son employeur de lui « donner acte de sa démission à effet du 27 juin 2003 » et de le dispenser de l'exécution du préavis ; l'employeur a écrit au bas de cette lettre : « Je prends bonne note de votre démission à effet du 27 juin 2003 et vous donne mon accord concernant la dispense du préavis. » Le salarié a saisi la formation de référé d'un conseil de prud'hommes de diverses demandes.

C'est à tort que, pour accueillir la demande en paiement de l'indemnité compensatrice de préavis, le conseil de prud'hommes a énoncé que l'employeur qui avait dispensé son salarié d'exécuter son préavis devait lui payer une indemnité compensatrice, par application de l'article L. 122-8, al. 3 CT, alors qu'il résultait de ses constatations que l'inexécution du préavis par le salarié avait été décidée d'un commun accord entre les parties.

Cass. soc. 28 janvier 2005, n° 03-47.403, BC V n° 37. Voir aussi cass. soc. 25 septembre 2013, n° 11-20.948, 2e moyen du pourvoi de l'employeur, BC V n° 212.

L'indemnité compensatrice de préavis est due au salarié, peu important que ce dernier ait retrouvé un emploi.

Cass. soc. 13 juillet 2010, n° 08-45.387, 2e moyen.

Le salarié ne peut prétendre au paiement d'une indemnité pour un préavis qu'il est dans l'impossibilité d'exécuter.

C'est à tort que, pour condamner un employeur au paiement d'une indemnité compensatrice de préavis, la cour d'appel a énoncé que la résiliation judiciaire du contrat de travail prononcée à l'initiative de la salariée et aux torts de l'employeur produisait les effets d'un licenciement sans cause réelle et sérieuse, alors qu'il résultait de ses constatations que la salariée était en congé parental à la date où elle aurait dû effectuer son préavis.

Cass. soc. 23 novembre 2005, n° 04-47.653, BC V n° 335. Voir aussi cass. soc. 11 mars 2016, n° 15-11.443.

Un salarié, engagé en qualité de tourneur par une entreprise de transport aérien le 24 avril 1989 et occupant en dernier lieu les fonctions de technicien révision moteurs en zone réservée de l'aéroport Roissy-Charles-de-Gaulle, s'est vu notifier la rupture de son contrat de travail le 4 avril 2012 au motif que l'autorité préfectorale lui avait refusé l'habilitation à accéder en zone réservée aéroportuaire. Contestant le bien-fondé de la résiliation de son contrat de travail, le salarié a saisi la juridiction prud'homale.

Pour condamner l'employeur à payer au salarié une indemnité compensatrice de préavis, après avoir dit que la rupture du contrat de travail s'analysait en un licenciement sans cause réelle et sérieuse, une cour d'appel a retenu qu'un licenciement sans cause réelle et sérieuse ouvrait droit à une indemnité compensatrice de préavis en application de l'article L. 1234-1 CT que le salarié était fondé à réclamer dans la mesure où la société ne l'avait pas mis en mesure d'exercer ses fonctions pendant la durée de deux mois correspondant à la période de préavis conventionnelle en rompant le contrat à effet immédiat à la date de réception du courrier.

En statuant ainsi, alors qu'il résultait de ses constatations que le salarié était, du fait du retrait de l'habilitation préfectorale, dans l'impossibilité d'effectuer son préavis, la cour d'appel a violé l'article L. 1234-5 CT.

Cass. soc. 28 novembre 2018, n° 17-13.199, 2e branche du moyen, à paraître.

Lorsque le licenciement est nul, le salarié a droit à l'indemnité compensatrice de préavis, sans qu'il y ait lieu de statuer sur les motifs de la rupture.

Cass. soc. 25 mai 2011, n° 09-69.641, 2e moyen.

C'est à tort que, pour débouter un salarié de sa demande en paiement d'une indemnité compensatrice de préavis après avoir déclaré nul son licenciement, une cour d'appel a retenu que le salarié, qui se trouvait en arrêt de travail pour maladie au moment du licenciement et n'était donc pas en mesure d'exécuter un préavis, ne pouvait prétendre à cette indemnité.

Cass. soc. 5 juin 2001, n° 99-41.186, 3e moyen, BC V n° 211. Voir aussi cass. soc. 2 juin 2004, n° 02-41.045, BC V n° 153, s'agissant de l'annulation du licenciement d'un salarié protégé ; cass. soc. 30 mars 2005, n° 03-41.518, BC V n° 112.

La requalification de la mise à la retraite en licenciement nul n'ouvre pas droit au paiement d'une indemnité compensatrice de préavis lorsque la rupture a été précédée d'un délai de préavis d'une durée au moins égale à celle du préavis de licenciement.

Si, en cas de nullité du licenciement, le salarié a droit, en principe, au paiement d'une indemnité compensatrice de préavis, la requalification de la mise à la retraite en licenciement nul n'ouvre toutefois pas droit au paiement d'une telle indemnité lorsque la rupture du contrat a été précédée d'un délai de préavis d'une durée au moins égale à celle du préavis de licenciement.

Pour allouer une indemnité compensatrice de préavis à un salarié mis à la retraite, une cour d'appel a relevé que le délai prévu par la convention collective applicable et laissé à l'employeur pour prévenir le salarié de sa mise à la retraite six mois avant la date à laquelle il sera mis effectivement fin au contrat de travail ne peut être considéré comme un délai de préavis dans le cadre du licenciement.

En statuant ainsi, alors que le préavis dû en cas de licenciement était de même durée que celui dû en cas de mise à la retraite, la cour d'appel a violé les articles L. 1234-5 et L. 1237-6 CT, et 31-2 de la convention collective nationale des ingénieurs et cadres de la métallurgie.

Cass. soc. 30 juin 2010, n° 09-41.349, 4e branche du 2e moyen, BC V n° 153.

Il en va de même en cas de requalification de la mise à la retraite en licenciement sans cause réelle et sérieuse.

La requalification de la mise à la retraite en licenciement sans cause réelle et sérieuse n'ouvre pas droit au paiement d'une indemnité compensatrice de préavis lorsque la rupture du contrat a été précédée d'un délai de préavis d'une durée au moins égale à celle du préavis de licenciement.

Cass. soc. 22 juin 2011, n° 09-70.999.

Le salarié, licencié à tort pour faute grave, a droit au paiement de l'indemnité de préavis, alors même que la rupture est intervenue pendant une période de suspension du contrat.

Aucune faute grave n'étant retenue à l'encontre d'une salariée, l'employeur qui l'a licenciée à tort sans préavis se trouve débiteur envers elle d'une indemnité compensatrice de préavis dont il est tenu de lui verser le montant intégral pour toute la durée où elle aurait dû l'exécuter, nonobstant la suspension du contrat de travail au cours de cette période, l'inexécution du préavis n'ayant pas pour cause cette suspension du contrat de travail mais la décision de l'employeur de la priver du délai-congé sous le prétexte d'une faute grave inexistante.

Cass. soc. 9 octobre 2001, n° 99-43.518, 2e moyen, BC V n° 308. Voir aussi cass. soc. 22 janvier 2008, n° 06-43.050 ; cass. soc. 7 janvier 2015, n° 13-21.344.

En cas de rupture pour inaptitude résultant d'une maladie professionnelle ou d'un accident du travail, le salarié peut prétendre à une indemnité compensatrice de préavis.

Doit être cassé l'arrêt qui, pour rejeter la demande d'un salarié en paiement de l'indemnité compensatrice de préavis, a constaté que l'intéressé s'était absenté au cours de la période de préavis bien qu'il ne fût pas dispensé d'accomplir son préavis ni dans l'incapacité physique de l'effectuer, alors que la rupture du contrat de travail d'un salarié déclaré inapte en conséquence d'un accident du travail ou d'une maladie professionnelle ouvre droit, pour le salarié, à une indemnité compensatrice d'un montant égal à celui de l'indemnité prévue à l'article L. 122-8 CT.

Cass. soc. 28 janvier 1998, n° 94-45.537, 3e branche du moyen, BC V n° 36. Voir aussi cass. soc. 24 octobre 1996, n° 93-46.708 ; cass. soc. 13 mars 1996, n° 93-42.430, 1er moyen.

En revanche, un salarié ne peut prétendre au paiement d'une indemnité pour un préavis qu'il est dans l'impossibilité physique d'exécuter en raison d'une inaptitude à son emploi d'origine non professionnelle…

Cass. soc. 23 mai 1995, n° 93-46.488, 2e moyen.

… sauf si l'employeur manque à son obligation de reclassement consécutive à cette inaptitude.

Si le salarié ne peut en principe prétendre au paiement d'une indemnité pour un préavis qu'il est dans l'impossibilité physique d'exécuter en raison d'une inaptitude à son emploi, cette indemnité est due au salarié dont le licenciement est dépourvu de cause réelle et sérieuse en raison du manquement de l'employeur à son obligation de reclassement consécutive à l'inaptitude.

Cass. soc. 26 novembre 2002, n° 00-41.633, 3e moyen, BC V n° 354. Voir aussi cass. soc. 18 mars 2003, n° 01-40.793, BC V n° 99 ; cass. soc. 23 novembre 2005, n° 04-47.542, BC V n° 336; cass. soc. 7 mars 2012, n° 10-18.118, 4e moyen du pourvoi principal, BC V n° 94 ; cass. soc. 7 décembre 2017, n° 16-22.276, 1er moyen du pourvoi principal, à paraître.

L'indemnité de préavis est due lorsque la rupture du contrat de travail est imputable à l'employeur en raison de la non-reprise du paiement du salaire à l'issue du délai d'un mois.

Si un salarié ne peut en principe prétendre au paiement d'une indemnité pour un préavis qu'il est dans l'impossibilité physique d'exécuter en raison de son inaptitude physique à son emploi, cette indemnité est due en cas de rupture du contrat de travail imputable à l'employeur en raison du manquement à son obligation de reclassement ou de non reprise du paiement du salaire à l'issue du délai d'un mois, ce par application des articles L. 1226-2 à L. 1226-4 CT.

Cass. soc. 24 juin 2009, n° 08-42.618, 2e moyen, BC V n° 164.

Lorsqu'un salarié démissionne sans réserve et exécute son préavis et que, par la suite, la démission est requalifiée en prise d'acte produisant les effets d'un licenciement sans cause réelle et sérieuse, il ne peut pas prétendre au paiement d'une indemnité compensatrice de préavis.

Un salarié a été engagé le 23 octobre 2006 par une société en qualité de chef de projet statut cadre, la convention collective des bureaux d'études techniques, cabinets d'ingénieurs conseils, sociétés de conseil (SYNTEC) étant applicable aux relations contractuelles ; il a démissionné sans réserve par courrier du 6 octobre 2008 et a effectué le préavis conventionnel de trois mois ; il a saisi la juridiction prud'homale de diverses demandes.

Pour condamner l'employeur au paiement d'une indemnité compensatrice de préavis, une cour d'appel, après avoir requalifié la démission du salarié en prise d'acte de la rupture produisant les effets d'un licenciement sans cause réelle et sérieuse et relevé que celui-ci avait exécuté la totalité du préavis conventionnel de trois mois, a retenu que l'intéressé était bien-fondé en sa demande, peu important le « préavis » exécuté.

En statuant ainsi, alors que le préavis ayant été exécuté par le salarié, la cour d'appel aurait dû en déduire que, peu important la requalification intervenue, l'intéressé n'avait pas droit au paiement d'une indemnité compensatrice de préavis.

Cass. soc. 21 janvier 2015, n° 13-16.896, BC V n° 4.

Dès lors que la résiliation judiciaire du contrat de travail est prononcée aux torts de l'employeur, l'indemnité de préavis est toujours due.

Cass. soc. 28 avril 2011, n° 09-40.708, 3e moyen, BC V n° 102. Voir aussi cass. soc. 13 mai 2015, n° 13-28.792, pourvoi principal.

En cas de liquidation judiciaire, l'indemnité de préavis est due au salarié dispensé d'exécuter son préavis sur décision du mandataire judiciaire.

Cass. soc. 10 avril 2002, n° 00-42.910.

L'indemnité de préavis peut être due si des dispositions conventionnelles le prévoient.

Préavis (Indemnité compensatrice de)

C'est à bon droit qu'un conseil de prud'hommes a condamné une société à payer une indemnité compensatrice de préavis à un salarié ayant fait l'objet d'un licenciement à la suite de son inaptitude physique d'origine non professionnelle, les dispositions de la convention collective n'excluant pas l'indemnité de préavis dans un tel cas.

Cass. soc. 28 février 1996, n° 92-44.746.

Aucune indemnité n'est due si le préavis se situe pendant la période de congé parental.

S'agissant de deux salariées en congé parental, puis licenciées pour motif économique, c'est à tort qu'un conseil de prud'hommes, pour condamner la société à payer des dommages-intérêts et indemnités de préavis aux intéressées, a énoncé que le motif des licenciements n'était ni réel ni sérieux, ce dont il résultait qu'ils étaient nuls et que leurs effets devaient être reportés à l'expiration de la période de protection du congé parental, alors que les salariées n'avaient pas saisi la juridiction prud'homale d'une demande en nullité de leur licenciement et qu'en l'absence de nullité du licenciement, le congé parental ayant suspendu le contrat de travail pendant la période correspondant à la durée du préavis, les salariées ne pouvaient prétendre à l'indemnité compensatrice de préavis.

Cass. soc. 7 avril 1994, n° 89-42.679.

Lorsque l'employeur a mis le salarié dans l'impossibilité d'exécuter son préavis, il doit lui verser l'indemnité compensatrice de préavis…

A légalement justifié sa décision de condamner un employeur à payer à un salarié une somme à titre d'indemnité de préavis la cour d'appel qui a constaté que l'intéressé n'avait pas repris son travail et avait été en arrêt de travail à compter du 16 septembre 2000, soit le lendemain d'une altercation où son employeur avait eu un comportement violent, verbalement et physiquement, pour lequel il avait été condamné pénalement définitivement le 13 juin 2002, faisant ainsi ressortir que celui-ci avait mis le salarié dans l'impossibilité d'exécuter son préavis.

Cass. soc. 28 septembre 2005, n° 04-42.230.

… laquelle se cumule avec les indemnités journalières éventuellement perçues de la sécurité sociale pendant cette période.

Un salarié a fait l'objet d'un licenciement pour inaptitude, lequel a été déclaré sans cause réelle et sérieuse pour manquement de l'employeur à son obligation de reclassement.

Pour dire que les indemnités éventuellement perçues de la sécurité sociale pendant la durée du préavis seraient déduites des sommes allouées à ce titre, une cour d'appel a décidé que les indemnités de préavis ne se cumulaient pas avec les indemnités journalières éventuellement perçues de la sécurité sociale, sans autre motivation.

En statuant ainsi, alors que le salarié avait été privé de la possibilité d'exécuter son préavis en raison du manquement de l'employeur, la cour d'appel a violé l'article L. 122-8 devenu L. 1234-5 CT.

Cass. soc. 9 juillet 2008, n° 06-44.240, 7e et 8e branches du pourvoi principal, BC V n° 154.

Après avoir constaté qu'une salariée, en arrêt de travail pour maladie, avait été dispensée par l'employeur de l'exécution de son préavis en raison de la cessation d'activité de l'entreprise, un conseil de prud'hommes en a à bon droit déduit que celui-ci ne pouvait soustraire le montant des indemnités journalières versées par la sécurité sociale de l'indemnité compensatrice de préavis à laquelle il était tenu.

Cass. soc. 4 avril 2012, n° 10-23.536.

Tel est le cas lorsque la cause de la rupture réside dans le harcèlement moral commis par l'employeur à l'encontre du salarié.

En cas d'inexécution par le salarié du préavis, l'employeur est tenu au paiement d'une indemnité compensatrice lorsqu'il a unilatéralement décidé de dispenser le salarié d'exécuter sa prestation de travail ou lorsque cette inexécution lui est imputable.

Ayant constaté que l'employeur avait commis à l'encontre du salarié des faits de harcèlement moral ayant contribué à l'apparition d'une affection ayant justifié les arrêts de travail pour maladie invoqués au soutien du licenciement, une cour d'appel a ainsi fait ressortir que l'inexécution du préavis était imputable à l'employeur et a pu condamner ce dernier au paiement de l'indemnité compensatrice de préavis.

Cass. soc. 20 septembre 2006, n° 05-41.385, BC V n° 274.

Base de calcul de l'indemnité

L'indemnité compensatrice de préavis est égale aux salaires et avantages dont le salarié aurait bénéficié s'il avait travaillé jusqu'à l'expiration du préavis…

L'indemnité prévue par l'article L. 1234-5 CT, compensatrice de l'inobservation du préavis, doit être calculée en prenant en compte tous les éléments de rémunération qu'aurait perçus le salarié s'il avait travaillé pendant cette période.

Cass. soc. 31 octobre 2012, n° 11-17.460. Voir aussi cass. soc. 17 mars 2010, n° 08-44.512 ; cass. soc. 9 juillet 2008, n° 06-45.530, 2e branche du 1er moyen.

... et se calcule sur la base de la durée de travail contractuelle du salarié.

Doit être rejeté le pourvoi d'un employeur reprochant à une cour d'appel de l'avoir condamné à payer à une salariée une indemnité de préavis calculée sur la base de 39 heures par semaine alors, selon le pourvoi, que la salariée n'avait pas accompli effectivement cette durée du travail depuis son embauche. En effet, le contrat de travail ayant été conclu pour une durée de 39 heures, c'est à bon droit que la cour d'appel a calculé l'indemnité compensatrice de préavis sur la base de cette durée contractuelle.

Cass. soc. 16 février 1999, n° 96-45.594, BC V n° 72.

Les heures supplémentaires doivent être prises en compte dans la base de calcul lorsqu'elles constituent un élément stable et constant de la rémunération sur lequel le salarié est en droit de compter.

Alors que la durée légale hebdomadaire de travail avait été ramenée par la loi du 19 janvier 2000 à 35 heures, un salarié avait continué à travailler 39 heures par semaine sans que l'employeur fasse application de la moindre majoration pour heures supplémentaires. Licencié pour motif économique, l'intéressé a saisi la juridiction prud'homale, notamment d'une demande tendant à obtenir un complément d'indemnité de préavis.

Doit être cassé l'arrêt qui a débouté le salarié de cette demande, après avoir retenu que l'intéressé avait été dispensé d'exécuter son préavis et que, dès lors, il n'y avait pas lieu d'inclure les heures supplémentaires dans la base de calcul de l'indemnité compensatrice, alors que les heures supplémentaires effectuées par le salarié constituaient un élément stable et constant de la rémunération sur lequel il était en droit de compter.

Cass. soc. 20 avril 2005, n° 04-45.683, BC V n° 151.

En cas de rémunération variable, l'indemnité se calcule sur la moyenne annuelle des salaires.

Dès lors que la rémunération du salarié est composée d'une partie fixe et d'une partie variable, l'indemnité compensatrice de préavis est calculée sur la base moyenne annuelle des salaires perçus par l'intéressé.

Cass. soc. 10 mai 1994, n° 92-44.776, 3e moyen. Voir aussi cass. soc. 28 mars 2001, n° 99-41.545, 2e moyen.

Lorsque la rémunération d'un salarié est composée d'un fixe et de commissions, les commissions doivent entrer dans les éléments de calcul de l'indemnité compensatrice de préavis.

L'indemnité compensatrice de préavis doit être calculée en prenant en compte tous les éléments de rémunération qu'aurait perçus le salarié s'il avait travaillé pendant cette période.

Doit être cassé l'arrêt qui a rejeté la demande d'un salarié, dont la rémunération était composée d'un fixe et de commissions dépendant de son activité, tendant à voir inclure ses commissions dans les éléments de calcul de son indemnité compensatrice de préavis, alors que l'employeur ne pouvait, en dispensant le salarié de son obligation de travail, le priver de la rémunération qu'il aurait perçue au titre des commissions s'il avait travaillé.

Cass. soc. 29 janvier 2003, n° 00-44.882, BC V n° 27. Voir aussi cass. soc. 2 mars 2011, n° 09-67.025, 1er moyen.

Lorsque le salarié est en partie rétribué par un intéressement sur le chiffre d'affaires, il convient d'en tenir compte pour calculer l'indemnité de préavis.

L'employeur a l'obligation de verser au salarié, qu'il a dispensé d'exécuter le préavis, l'intégralité de la rémunération qu'il aurait reçue s'il avait travaillé.

Ayant constaté que la salariée était en partie rétribuée par un intéressement sur le chiffre d'affaires, une cour d'appel s'est à juste titre référée à son taux moyen au cours des douze derniers mois pour calculer l'indemnité de préavis.

Cass. soc. 2 juillet 2003, n° 01-43.113, 3e moyen.

Les primes versées de façon constante doivent être prises en compte.

Ayant constaté que la prime d'éloignement géographique, dont l'employeur ne contestait pas qu'elle représentait un complément de rémunération et non un remboursement de frais, était versée de façon constante à un salarié et que celui-ci aurait perçu cette prime s'il avait continué à travailler pendant le délai-congé, une cour d'appel a pu décider qu'il devait en être tenu compte dans le calcul de l'indemnité compensatrice de préavis.

Cass. soc. 11 janvier 1994, n° 88-41.581. Voir aussi cass. soc. 7 mai 1996, n° 94-43.283, 2e moyen, s'agissant de la prise en compte de primes de treizième mois et de fin d'année ; cass. soc. 15 mars 2000, n° 98-40.359, 3e moyen, incluant la prime d'intéressement ; cass. soc. 27 juin 2001, n° 98-45.711, incluant la prime d'assiduité.

L'assiette de l'indemnité compensatrice de préavis non effectué ne peut pas comprendre le remboursement, forfaitaire ou non, des frais professionnels.

Cass. soc. 19 octobre 2010, n° 09-42.225, 5e branche du 1er moyen. Voir aussi cass. soc. 3 février 1994, n° 89-43.616, 3e moyen.

Chômage total ; Préavis ; Préavis (Dispense de).

Premier Mai

Le 1er Mai est un jour férié, chômé et rémunéré pour tous les salariés, une exception étant prévue pour les établissements et services qui, en raison de la nature de leur activité, ne peuvent interrompre le travail.

Le 1er Mai est un jour civil calendaire commençant à 0 heure et finissant à 24 heures ; cette définition est invariable et ne saurait être modifiée notamment en raison des horaires pratiqués dans l'entreprise.

Le « 1er Mai » qui se définit par sa date et non simplement par une durée consécutive de 24 heures ne peut s'entendre que comme un jour civil calendaire commençant à 0 heure et finissant à 24 heures sans qu'il puisse en être donné une définition variable en fonction des horaires en vigueur dans l'entreprise.

Des salariés affectés à des postes en équipe de nuit (21 heures/5 heures) ont saisi la juridiction prud'homale d'une demande en paiement de l'indemnité prévue par l'article L. 222-7 CT au titre du 1er Mai.

C'est à tort que, pour les débouter de cette demande, un conseil de prud'hommes a retenu que la journée du 1er Mai commençait à 0 heure et se terminait à 24 heures ; que cependant, pour les salariés travaillant en équipes, en raison du décalage de chaque équipe, cette journée commençait à la fin de l'équipe de nuit, soit en l'espèce à 5 heures le 1er Mai et se terminait 24 heures après, soit en l'espèce à 5 heures le 2 mai ; que les dispositions de l'article L. 222-7 CT ne s'appliquaient donc pas à la tranche horaire 0 heure/5 heures le 1er Mai, les salariés n'ayant pas travaillé et ayant été payés pour la tranche horaire du 1er Mai 5 heures au 2 mai 5 heures, alors qu'il avait constaté que les salariés avaient travaillé de 0 heure à 5 heures du matin au cours de ce jour férié.

Cass. soc. 8 mars 2007, n° 05-44.330.

Rémunération du 1er Mai chômé

Le chômage du 1er Mai ne peut pas être une cause de réduction de salaires. Les salariés ont droit à une indemnité égale au salaire qu'ils ont perdu du fait de ce chômage.

L'article L. 222-6 CT tend à assurer au salarié chômant le 1er Mai le maintien de la rémunération qu'il aurait perçue s'il avait continué à travailler.

Ne donne pas de base légale à sa décision le conseil de prud'hommes qui a débouté un salarié, rémunéré selon une partie fixe et une partie variable calculée en fonction des plis à signifier, de sa demande de rappel de salaire portant sur la partie variable au titre de la journée du 1er Mai chômée, sans rechercher si le contingent de plis qu'il aurait été appelé à signifier au titre de la partie variable de la rémunération, n'était pas supérieur au forfait garanti par l'accord d'entreprise.

Cass. soc. 5 décembre 2001, n° 99-45.666.

L'indemnité de privation de salaire n'est pas due s'il n'y a eu aucune perte de rémunération (1er Mai tombant un dimanche ou un jour de repos hebdomadaire)…

Cass. soc. 18 novembre 1955, BC IV n° 838.

… ni si le 1er Mai est situé à l'intérieur d'une période de grève.

L'exercice du droit de grève suspend l'exécution du contrat de travail pendant toute la durée de l'arrêt de travail en sorte que l'employeur est délivré de l'obligation de payer le salaire.

Le salarié qui s'est associé au mouvement de grève doit être légalement considéré, sauf preuve contraire de sa part, comme gréviste pour toute la durée du mouvement. Il ne peut donc prétendre, fût-ce pour le 1er Mai, au paiement de sa rémunération pendant cette période, peu important que, certains jours, il n'ait eu normalement aucun service à assurer.

Cass. soc. 5 février 2002, n° 99-43.898, BC V n° 49.

L'indemnité due en cas de chômage du 1er Mai doit inclure les primes ayant le caractère d'un complément de salaire.

Un salarié qui, travaillant habituellement la nuit du dimanche au lundi, bénéficiait d'une majoration de salaire de 100 % pour incommodité d'horaire payable pour les nuits à cheval sur un dimanche ou un jour férié et qui n'était pas en service la nuit du dimanche 1er Mai au lundi 2 mai, en raison du chômage de la fête du travail, doit, en application de l'article L. 222-6 CT, recevoir cette prime de 100 % qui a le caractère non d'un remboursement de frais, mais d'un complément de salaire.

Cass. soc. 10 janvier 1980, n° 78-40.289, BC V n° 48.

Travail le 1er Mai

L'article L. 3133-6 CT n'institue aucune dérogation de principe au repos du 1er Mai en faveur des établissements et services bénéficiant du repos par roulement. Il appartient à celui qui se prévaut de ce texte d'établir que la nature de l'activité exercée ne permet pas d'interrompre le travail le jour du 1er Mai.

Une dirigeante de société était poursuivie devant le tribunal de police pour avoir contrevenu aux dispositions de l'article L. 221-5 CT, prescrivant de donner aux salariés le repos hebdomadaire le dimanche et à celles de l'article L. 222-7 CT relatives au 1er Mai.

N'a pas légalement justifié sa décision la cour d'appel qui, pour relaxer cette dirigeante, a énoncé que, par application de l'article L. 222-7 CT, la société, qui était admise à donner le repos hebdomadaire par roulement, n'était pas tenue de satisfaire aux prescriptions de l'article L. 222-5 CT relatives au 1er Mai.

Cass. crim. 14 mars 2006, n° 05-83.436, B. crim. n° 74.

Pour les établissements et services ne pouvant pas interrompre le travail en raison de la nature de leur activité, le salarié reçoit la rémunération du travail effectué et une indemnité égale au montant du salaire…

Il résulte des dispositions des articles L. 222-5, 6 et 7 CT que le 1er Mai est un jour normalement chômé et payé et que, dans les établissements et services qui, en raison de la nature de leur activité, ne peuvent interrompre le travail ce jour-là, les salariés ont droit, indépendamment du salaire correspondant au travail effectué, à une indemnité égale au montant de ce salaire.

Cass. soc. 1er février 1995, n° 91-42.432.

… auxquelles peut s'ajouter une compensation conventionnelle supplémentaire.

L'octroi d'un repos compensateur prévu par la convention collective applicable constitue un avantage supplémentaire qui s'ajoute aux dispositions de l'article L. 222-7 CT selon lequel, dans les établissements et services qui, en raison de la nature de leur activité, ne peuvent interrompre le travail, les salariés occupés le 1er Mai ont droit, en plus du salaire correspondant au travail effectué, à une indemnité égale au montant de ce salaire.

Par ce motif, le jugement prud'homal condamnant un employeur à payer aux salariés une indemnité pour les journées des 1er Mai travaillées en plus de la journée de repos dont ils avaient bénéficié en compensation du travail du 1er Mai se trouve légalement justifié.

Cass. soc. 8 octobre 1996, n° 92-44.037, BC V n° 314.

Mais la majoration pour travail du 1er Mai ne peut pas se cumuler avec une majoration pour travail du dimanche.

Un salarié, qui a travaillé un dimanche 1er Mai et a reçu, outre le salaire normal d'un jour ouvrable, deux indemnités du même montant que ce salaire, l'une au titre du travail effectué le 1er Mai, l'autre prévue par la convention collective en cas de travail du dimanche, n'est pas fondé à réclamer que l'indemnité afférente au travail du 1er Mai soit égale au salaire normal majoré de l'indemnité prévue pour travail dominical par la convention collective. En effet, cette dernière indemnité ne correspond pas au travail effectué, mais compense la privation d'un jour de repos.

Cass. soc. 10 janvier 1980, n° 78-41.092, BC V n° 38.

L'indemnisation spéciale du 1er Mai ne peut pas être remplacée par un repos compensateur.

Cass. soc. 30 novembre 2004, n° 02-45.785, BC V n° 316.

☛ *Jours fériés.*

Préretraite

Les salariés cessant leur activité professionnelle avant l'âge légal de départ à la retraite peuvent bénéficier d'un revenu de remplacement dans certains cas, notamment dans le cadre de la préretraite amiante, de la préretraite pour les métiers pénibles et de tous les mécanismes de départ en préretraite ou de cessation anticipée d'activité mis en place au niveau de l'entreprise.

Les dispositions prévoyant la préretraite-licenciement sont abrogées depuis le 1er janvier 2012 (loi 2011-1977 du 28 décembre 2011, art. 152, I).

☛ *Hygiène et sécurité ; Plan de sauvegarde de l'emploi.*

Prescription (Action en paiement du salaire)

La loi 2008-561 du 17 juin 2008 avait uniformisé les délais de prescription en matière civile à cinq ans, sauf délais plus courts expressément prévus par le code du travail.

La loi 2013-504 du 14 juin 2013 a ramené le délai de prescription à trois ans pour les actions en paiement du salaire, ces délais n'étant toutefois pas applicables aux actions en réparation d'un dommage corporel, d'une discrimination ou d'un harcèlement. En outre, les délais de prescription plus courts (ex : un an en cas de contestation d'une rupture conventionnelle ou de la régularité de la procédure de licenciement économique) restaient inchangés.

Point de départ de la prescription

Le délai de prescription des salaires courant à compter de la date à laquelle la créance salariale est devenue exigible, pour les salariés payés au mois, la date d'exigibilité du salaire correspond à la date habituelle du paiement des salaires en vigueur dans l'entreprise et concerne l'intégralité du salaire afférent au mois considéré.

Cass. soc. 14 novembre 2013, n° 12-17.409, BC V n° 271. Voir aussi cass. soc. 19 septembre 2018, n° 16-20.794, 1er moyen du pourvoi principal.

Le délai court à compter de chaque fraction de salaire due.

Une salariée licenciée, qui avait engagé une première action en 1996 en paiement de rappels de salaires ayant abouti à un premier jugement passé en force de chose jugée, a, en décembre 1997, saisi de nouveau un conseil de prud'hommes pour contester son licenciement et demander l'attribution d'un rappel de salaires pour une période allant de 1994 à 1997.

C'est à tort que, pour rejeter sa demande, une cour d'appel a énoncé que cette demande formulée pour la première fois le 19 décembre 2001 était prescrite et qu'elle se heurtait au principe de l'unicité de l'instance eu égard à la demande présentée en 1996 alors que, d'une part, le délai de la prescription ne court qu'à compter de la date d'exigibilité de chacune des fractions de la somme réclamée et alors que, d'autre part, la règle de l'unicité de l'instance ne pouvait être opposée à des créances nées ou révélées postérieurement au premier jugement du conseil de prud'hommes.

Cass. soc. 26 janvier 2005, n° 02-45.655, 1er moyen du pourvoi principal de la salariée, BC V n° 26. Voir aussi cass. soc. 12 février 2016, n° 14-16.151, pourvoi incident.

Un salarié licencié le 30 avril 1980 a saisi la juridiction prud'homale le 26 mars 1985 d'une demande de rappel de salaires pour les mois d'avril et de mai 1980, d'indemnité de licenciement et de primes de participation et d'ancienneté.

Doit être cassé le jugement qui, pour débouter le salarié de ses demandes en rappels de salaires et de primes d'ancienneté, énonce que l'action en paiement du salaire se prescrit par cinq ans, alors que le délai de prescription prévu par l'article L. 143-14 CT court en matière de salaire à compter de chacune des fractions de la somme réclamée, ce dont il résultait que la demande, formulée le 26 mars 1985, n'était pas prescrite. Quant aux demandes d'indemnité de licenciement et de prime de participation, les juges ne pouvaient pas non plus les déclarer prescrites dans la mesure où la prescription trentenaire leur était applicable.

Cass. soc. 14 avril 1988, n° 85-46.027, BC V n° 228.

Le point de départ de la prescription en matière d'indemnité de congés payés est fixé à l'expiration de la période de prise des congés.

Cass. soc. 4 décembre 1996, n° 93-46.408, BC V n° 416, cité dans « Indemnité de congés payés ». Voir aussi cass. soc. 14 novembre 2013, n° 12-17.409, précité ; cass. soc. 29 mars 2017, n° 15-22.057.

La prescription ne court pas lorsque la créance, même périodique, dépend d'éléments qui ne sont pas connus du créancier et doivent résulter de déclarations que le débiteur est tenu de faire.

Le comité d'entreprise d'une société a saisi, par acte du 15 mai 2006, le juge des référés d'une demande de désignation d'un expert aux fins d'évaluer le montant de la subvention de fonctionnement due par l'employeur pour les années 1982 à 1995, pendant lesquelles ce dernier s'était acquitté de cette subvention en mettant du personnel à disposition du comité d'entreprise ; l'expert désigné ayant déposé un rapport le 4 août 2008 évaluant la somme restant due au comité, ce dernier a saisi le 10 novembre 2008 le tribunal de grande instance d'une demande en paiement de cette somme à laquelle la société s'est opposée en alléguant que l'action était prescrite, tant au regard des dispositions de l'article 2277 ancien c. civ. que de celles de la loi 2008-561 du 17 juin 2008 portant réforme de la prescription en matière civile.

Tout d'abord, une cour d'appel a exactement décidé que la loi du 17 juin 2008 ayant réduit le délai de prescription de droit commun à cinq ans était applicable au litige. En effet, si cette loi prévoit que lorsqu'une instance a été introduite avant son entrée en vigueur, l'action est poursuivie et jugée conformément à la loi ancienne, l'instance introduite en l'espèce par le comité d'entreprise devant le juge des référés antérieurement à la nouvelle loi aux fins de désignation d'un expert pour évaluer sa créance était distincte de l'instance en paiement de la créance, laquelle avait été introduite par le comité par une assignation postérieure à la publication de la loi du 17 juin 2008.

Ensuite, la prescription quinquennale ne court pas lorsque la créance, même périodique, dépend d'éléments qui ne sont pas connus du créancier et doivent résulter de déclarations que le débiteur est tenu de faire ; c'est donc à tort que la cour d'appel a déclaré prescrite l'action du comité d'entreprise, alors qu'il résultait de ses constatations que celui-ci n'avait pas eu communication par l'employeur des éléments nécessaires à l'appréciation de ses droits.

Cass. soc. 1er février 2011, n° 10-30.160, BC V n° 44.

Lorsque le salarié n'a été en mesure de connaître la convention collective dont relève son employeur qu'à l'issue d'une procédure judiciaire, le délai de prescription de l'action en paiement d'un rappel de primes conventionnelles court à compter de cette date.

Des salariés d'une société placée en liquidation judiciaire le 1er octobre 2008 ont attrait le mandataire liquidateur de la société ainsi que le CGEA-AGS devant la juridiction prud'homale, afin de faire fixer leurs créances salariales correspondant à un rappel de primes sur la base de la convention collective ayant été dite applicable dans l'entreprise à compter du 1er janvier 2000 par arrêt rendu par la cour d'appel de Colmar le 8 novembre 2007.

Après avoir constaté que les bulletins de paie délivrés aux salariés mentionnaient une convention collective autre que celle applicable dans l'entreprise et que les salariés n'avaient été en mesure de connaître le statut collectif dont relevait l'entreprise qu'à l'issue de la procédure engagée par un syndicat devant le tribunal de grande instance et au vu des résultats de la mesure d'expertise ordonnée par cette juridiction, une cour d'appel a pu en déduire que le délai de prescription n'avait pas commencé à courir antérieurement, déclarer les demandes des salariés recevables, fixer en conséquence diverses sommes au passif de la société au titre de créances salariales et dire le CGEA-AGS tenu de les garantir.

Cass. soc. 25 septembre 2013, n° 11-27.693, BC V n° 206.

Interruption de la prescription

La procédure prud'homale étant orale, la demande formée par un salarié devant les conseillers rapporteurs en présence de l'employeur interrompt la prescription, peu important que cette demande ne soit chiffrée qu'ultérieurement par voie de conclusions déposées lors de l'audience de plaidoirie.

Cass. soc. 22 mars 2000, n° 98-40.608, BC V n° 120.

En revanche, la prescription n'est pas interrompue lorsque la formation de référé du conseil de prud'hommes rejette la demande du salarié en se déclarant incompétente.

Obligée de quitter son emploi à la suite de son incarcération, une salariée avait saisi la formation de référé d'un conseil de prud'hommes le 2 février 1982 d'une demande en paiement de salaires. Les juges s'étant déclarés incompétents du fait de l'existence d'une contestation sérieuse, la salariée avait de nouveau introduit une action en justice devant la juridiction prud'homale le 7 décembre 1987 pour obtenir le paiement de ses salaires.

C'est à bon droit que les juges ont débouté l'intéressée de ses prétentions, dans la mesure où sa demande avait été rejetée par ordonnance de référé, ce dont il résultait que l'effet interruptif de la prescription attaché à la saisine du conseil de prud'hommes était non avenu.

Cass. soc. 27 mai 1992, n° 89-40.581, BC V n° 353.

La prescription est interrompue par la saisine du conseil de prud'hommes, peu important que certaines demandes n'aient été formulées pour la première fois qu'en cause d'appel.

Cass. soc. 8 mars 2012, n° 10-21.590.

L'action engagée devant un tribunal de grande instance par une société interrompt la prescription quinquennale de l'action en paiement du salaire formée par son cocontractant si ces deux actions procèdent des relations contractuelles les ayant liés.

Cinq ans après que le gérant d'un fonds de commerce a mis fin au contrat de location-gérance le liant à une société, celle-ci l'a assigné devant le tribunal de grande instance en paiement d'une somme qu'il aurait détournée. Le tribunal de grande instance a retenu que les parties étaient liées par un contrat de travail et s'est déclaré incompétent au profit du conseil de prud'hommes, lequel a alloué à l'intéressé un rappel de salaire.

C'est à bon droit qu'une cour d'appel a déclaré non prescrites les demandes en paiement de salaire présentées par l'intéressé. En effet, l'action engagée par la société contre le gérant procédait des relations contractuelles ayant lié les parties et avait dès lors un effet interruptif quant à l'action engagée par cette personne, qui procède également des relations contractuelles ayant lié les parties, peu important que ces relations aient fait l'objet d'une autre qualification.

Cass. soc. 11 février 2004, n° 01-45.561, BC V n° 48.

Une instance, dont la caducité a été constatée, n'interrompt pas le cours de la prescription.

Le 25 octobre 1991, un salarié avait cité son employeur devant la juridiction prud'homale en paiement d'une prime de fin d'année exigible au 31 décembre 1986. Le salarié n'ayant pas comparu devant le bureau de conciliation du 12 février 1992, la demande et la citation avaient été déclarées caduques en application de l'article R. 516-2 CT et le salarié avait de nouveau saisi le conseil de la même demande le 25 février 1992.

C'est à tort que, pour accueillir cette nouvelle demande à laquelle l'employeur avait opposé la prescription quinquennale de l'action en paiement du salaire, le conseil de prud'hommes a énoncé que les causes légales d'interruption de la prescription quinquennale sont les faits dont la survenance avant l'expiration du délai détruit la prescription en cours jusque-là et que l'article R. 516-8 CT dispose expressément que la saisine du conseil de prud'hommes même incompétent interrompt la prescription, alors que la citation du 25 octobre 1991, ayant été déclarée caduque, n'avait pu interrompre le cours de la prescription.

Cass. soc. 21 mai 1996, n° 92-44.347, BC V n° 193.

La radiation de l'affaire du rôle est sans effet sur la poursuite de cette interruption.

C'est à tort que, pour débouter une salariée de sa demande en paiement de l'indemnité compensatrice de préavis, une cour d'appel a énoncé qu'en application des dispositions de l'article L. 143-14 CT, cette demande était prescrite comme ayant été introduite plus de cinq ans après la date de son exigibilité, alors, d'une part, qu'elle avait fixé la date de la rupture du contrat de travail au 9 septembre 1989 et alors, d'autre part, que le cours de la prescription avait été interrompu par l'introduction de l'instance prud'homale, le 1er septembre 1992, la radiation de l'affaire du rôle étant sans effet sur la poursuite de cette interruption.

Cass. soc. 8 juin 2005, n° 03-44.983, BC V n° 195.

Si, en principe, l'interruption de la prescription ne peut pas s'étendre d'une action à l'autre, il en est autrement lorsque les deux actions, au cours d'une même instance, concernent l'exécution du même contrat de travail.

C'est à tort que, pour débouter un salarié de ses demandes de rappels de salaires, notamment au titre de deux journées « enfant malade », une cour d'appel a retenu que cette demande formulée le 19 février 2004 pour les journées du 13 et 14 octobre 1998 était prescrite, alors que la prescription avait été interrompue par la saisine du conseil de prud'hommes même si certaines demandes avaient été présentées en cours d'instance.

Cass. soc. 8 avril 2010, n° 08-42.307, 1er moyen, BC V n° 91. Voir aussi cass. soc. 26 mars 2014, n° 12-10.202, BC V n° 88 ; cass. soc. 21 novembre 2018, n° 16-26.741, 3e moyen du pourvoi principal.

Si l'employeur reconnaît sa dette par lettre et accepte de la régler partiellement, la prescription est interrompue à compter de cette date.

Des salariés ayant demandé un rappel d'indemnités de congés payés à compter de l'exercice 1986-1987, l'employeur avait reconnu sa dette mais n'avait accordé le rappel que pour l'exercice 1990-1991. Doit être rejeté le pourvoi formé par l'employeur qui, pour reprocher au conseil de prud'hommes de l'avoir condamné au paiement d'indemnités de congés payés pour les années antérieures à 1988, faisait valoir que, les salariés n'ayant saisi la juridiction prud'homale que le 22 juin 1992, la prescription n'avait été interrompue qu'à cette date. En effet, selon l'article 2248 c. civ., la prescription est interrompue par la reconnaissance, même partielle, que le débiteur fait du droit de celui contre lequel il prescrivait.

Or, en l'espèce, si les lettres de réclamation des salariés, bien que parvenues à leur destinataire, n'avaient pas interrompu la prescription, la lettre de l'employeur du 12 novembre 1991, dans laquelle il reconnaissait le principe de sa dette et acceptait de la régler partiellement, avait interrompu la prescription pour la totalité de la créance invoquée par chacun des salariés.

La décision accordant aux salariés des rappels d'indemnités de congés payés à compter de l'année 1986-1987 se trouve donc légalement justifiée.

Cass. soc. 22 octobre 1996, n° 93-44.148, BC V n° 340.

En revanche, lorsque l'employeur se borne à s'engager à tout mettre en œuvre pour mettre un terme à la situation dénoncée, la prescription n'est pas interrompue.

Il résulte des articles 2244 et 2248 c. civ. applicables dans leur rédaction antérieure à la loi du 17 juin 2008, d'une part, que la prescription ne peut être interrompue que par une citation en justice, un commandement ou une saisie, signifiés par celui qui veut empêcher de prescrire, et, d'autre part, qu'elle est interrompue par la reconnaissance que le débiteur fait du droit de celui contre lequel il prescrivait.

C'est à tort que, pour dire que la prescription quinquennale avait été interrompue et accueillir la demande d'une salariée en paiement de rappel de primes à compter de 1994, une cour d'appel a retenu que si elle n'avait saisi la juridiction prud'homale qu'en 2004, l'intéressée n'avait cessé de réclamer ses primes depuis 1999 et que l'employeur s'était engagé en 2000 à tout mettre en œuvre pour mettre un terme à la situation dénoncée.

Cass. soc. 8 avril 2010, n° 08-43.599, 4e et 5e branches du moyen, BC V n° 94.

Effet de la prescription

La prescription éteint l'action en justice.

La prescription prévue par les articles L. 143-14 CT et 2277 c. civ. étant une prescription libératoire extinctive, c'est à bon droit qu'une cour d'appel a débouté un salarié de ses demandes en rappel d'une prime d'ancienneté, cette prime ayant la nature juridique d'une rémunération et le délai de prescription quinquennale étant dépassé.

Cass. soc. 25 octobre 1990, n° 87-40.584, 1er moyen, BC V n° 499.

☛ *Paiement du salaire.*

Prescription des fautes disciplinaires

Une faute disciplinaire ne peut donner lieu à une sanction au-delà d'un délai de deux mois à compter du jour où l'employeur en a eu connaissance. Seul l'exercice de poursuites pénales permet à l'employeur de ne pas être tenu par ce délai de prescription.

Aucun fait fautif présentant un caractère instantané ne peut donner lieu à l'engagement de poursuites disciplinaires au-delà d'un délai de deux mois

Doit être cassé l'arrêt qui, pour débouter un salarié de sa demande d'indemnité pour licenciement sans cause réelle et sérieuse, a énoncé que les fautes commises par le salarié au cours de l'été 1993 et qui lui étaient reprochées dans la lettre de licenciement du 24 mars 1994 étaient établies, alors que l'employeur ne peut prendre en considération, pour engager la procédure de licenciement pour faute, des faits remontant à plus de deux mois.

Cass. soc. 2 février 1999, n° 96-44.532, BC V n° 50.

Si un fait fautif, dont l'employeur a eu connaissance plus de 2 mois avant l'engagement de la procédure de licenciement, peut être pris en considération lorsque le comportement du salarié s'est poursuivi dans ce délai, l'abandon de poste, qui présente un caractère instantané, ne peut donner lieu à des poursuites disciplinaires au-delà du délai de deux mois prévu par l'article L. 122-44 CT.

Ayant relevé que la lettre de licenciement reprochait à la salariée d'avoir cessé toutes relations de travail le 31 janvier 1997 et qu'aucun autre fait fautif n'était intervenu depuis lors, la cour d'appel a exactement décidé que l'abandon de poste invoqué était prescrit lors de l'engagement de la procédure disciplinaire au mois de juin 1999.

Cass. soc. 29 janvier 2003, n° 01-40.036.

Une salariée engagée par une association en qualité de chargée de mission pour l'Amérique latine, a été licenciée pour faute.

Pour rejeter la demande de la salariée en paiement de dommages-intérêts pour licenciement sans cause réelle et sérieuse, une cour d'appel a retenu que ceux des griefs mentionnés dans la lettre de licenciement qui étaient établis constituaient ensemble une cause réelle et sérieuse de licenciement.

En statuant ainsi, alors qu'elle ne pouvait prendre en considération l'initiative prise par la salariée d'opérer le contrôle d'un scrutin au Venezuela dès lors que ce fait fautif était prescrit à la date de l'engagement de la procédure disciplinaire et qu'il ne procédait pas du même comportement fautif, la cour d'appel a violé l'article L. 1332-4 CT.

Cass. soc. 13 janvier 2010, n° 08-41.882.

Le délai de deux mois court à compter du jour où l'employeur a eu connaissance des faits fautifs…

C'est à tort que, pour décider que le licenciement d'un salarié était dépourvu de cause réelle et sérieuse, une cour d'appel a écarté l'examen de certains faits reprochés au salarié à raison de leur prescription en application de l'article L. 122-44 CT, après avoir relevé, d'une part, que l'employeur avait eu connaissance des faits en cause le 14 août et, d'autre part, que le salarié avait été convoqué à l'entretien préalable en vue de son licenciement le 8 octobre, ce dont il résultait qu'il ne s'était pas écoulé un délai de deux mois entre le jour où l'employeur avait eu connaissance des faits reprochés au salarié et l'engagement des poursuites.

Cass. soc. 5 février 1997, n° 94-44.538, BC V n° 52.

Après avoir constaté qu'un employeur n'avait été informé que le 20 juin 2005 de la condamnation prononcée à l'encontre d'un salarié en 2004, et de son inscription au bulletin n° 2 du casier judiciaire de l'intéressé, un conseil de prud'hommes a pu décider que la procédure disciplinaire engagée le 13 août 2005 l'avait été dans le délai de deux mois de l'article L. 1332-4 CT.

Cass. soc. 18 novembre 2009, n° 08-41.243, 2e et 3e moyens réunis, BC V n° 257.

… ou, s'agissant du supérieur hiérarchique du salarié, à compter de la date où celui-ci a eu connaissance des faits, peu important à cet égard qu'il ait tardé à informer l'employeur des faits reprochés.

Aucun fait fautif ne peut donner lieu à l'engagement de poursuites disciplinaires au-delà de deux mois à compter du jour où l'employeur en a eu connaissance, à moins que ce fait ait donné lieu dans le même délai à l'exercice de poursuites pénales.

Ayant constaté que le manquement le plus récent reproché à une salariée était connu de son supérieur hiérarchique depuis le 20 janvier 1998, une cour d'appel en a exactement déduit que des poursuites disciplinaires ne pouvaient être engagées plus de deux mois après cette date, peu important que le supérieur hiérarchique ait tardé à informer sa direction de ces faits, et a pu décider que le licenciement de l'intéressée ne reposait pas sur une cause réelle et sérieuse et condamner l'employeur au paiement de diverses indemnités.

Cass. soc. 23 février 2005, n° 02-47.272.

Lorsque l'employeur est une personne morale, le délai de deux mois prévu à l'article L. 1332-4 CT court à compter du jour où les faits fautifs sont portés à la connaissance d'une personne détenant un pouvoir disciplinaire à l'égard du salarié.

Après avoir fait ressortir que le pouvoir disciplinaire n'appartenait qu'au gérant et relevé qu'en raison du cumul des fonctions de gérant et de directeur salarié, ce pouvoir n'avait pu être exercé à l'encontre de ce dernier avant la désignation d'une nouvelle gérante en juillet 1999, une cour d'appel a retenu, à juste titre, que la procédure de licenciement avait été engagée dans le délai légal.

Cass. soc. 16 septembre 2003, n° 01-42.712, 1er moyen.

La connaissance des faits s'entend de l'information exacte de l'employeur sur la réalité, la nature et l'ampleur des fautes reprochées au salarié.

Après avoir exactement rappelé que le délai de prescription pour l'engagement des poursuites disciplinaires prévu par l'article L. 1332-4 CT ne court qu'à compter du jour où l'employeur a pu avoir une connaissance exacte de la réalité, de la nature et de l'ampleur des faits reprochés, une cour d'appel, qui a relevé qu'il était justifié que l'employeur n'avait eu une telle connaissance des faits reprochés au salarié que le 15 mars 2005, en a justement déduit que sa convocation à l'entretien préalable en date du 2 mai était intervenue dans le délai de deux mois d'engagement des poursuites et qu'en conséquence les faits n'étaient pas prescrits.

Cass. soc. 16 mars 2011, n° 09-70.567.

Lorsqu'un fait fautif a été commis plus de deux mois avant l'engagement des poursuites disciplinaires, il appartient à l'employeur de rapporter la preuve de ce qu'il n'en a eu connaissance que dans les deux mois ayant précédé l'engagement de ces poursuites.

Cass. soc. 18 juin 2014, n° 13-15.571, 1er moyen.
Voir aussi cass. soc. 10 avril 2019, n° 17-24.093.

Doit être cassé l'arrêt qui, pour écarter l'exception de prescription des faits soulevée par un salarié, a énoncé que si l'employeur avait été informé du sinistre dès le 30 janvier 1995, il n'était en revanche pas démontré qu'il avait eu connaissance de sa cause exacte plus de deux mois avant le 7 juin 1995 (date de l'engagement des poursuites disciplinaires), alors qu'il appartenait à l'employeur de prouver qu'il n'avait connu la cause exacte du sinistre que dans les deux mois ayant précédé l'ouverture de la procédure de licenciement.

Cass. soc. 12 octobre 1999, n° 97-42.850, 3e moyen, BC V n° 374.

Après avoir fait ressortir que trois des faits fautifs avaient été commis plus de deux mois avant l'engagement des poursuites disciplinaires, une cour d'appel a exactement décidé que la salariée était fondée à opposer la prescription dès lors que l'employeur ne rapportait pas la preuve qui lui incombait de la connaissance de ces faits dans les deux mois ayant précédé l'engagement des poursuites.

Cass. soc. 19 mars 1998, n° 96-40.079, BC V n° 159.

Aux termes de l'article L. 1332-4 CT, aucun fait fautif ne peut donner lieu à lui seul à l'engagement de poursuites disciplinaires au-delà de deux mois à compter du jour où l'employeur en a eu connaissance, à moins que ce fait ait donné lieu dans le même délai à l'exercice de poursuites pénales ; lorsque l'article L. 1224-1 CT est applicable, le même contrat de travail se poursuit, à compter de la date du transfert, sous une direction différente ; il s'ensuit que le nouvel employeur ne peut invoquer à l'appui du licenciement du salarié des manquements commis par celui-ci alors qu'il se trouvait sous l'autorité de l'ancien employeur, que si le délai de deux mois depuis la connaissance des faits par le cédant n'est pas écoulé.

Une salariée, employée en qualité de secrétaire comptable, puis de directrice commerciale, a été licenciée pour faute grave le 27 avril 1998 au motif qu'à la suite de la vérification du bilan de l'exercice 1997, en avril 1998, il avait été constaté de graves anomalies dans l'inventaire et la comptabilité ainsi que des détournements et l'existence de fausses factures ; la salariée a saisi le 26 mai 1998 la juridiction prud'homale afin d'obtenir le paiement de diverses sommes liées à l'exécution et à la rupture de son contrat de travail.

C'est à tort que, pour écarter la prescription des faits fautifs, une cour d'appel a retenu que celle-ci était inapplicable au nouvel employeur, cessionnaire de l'entreprise, dès lors qu'il avait eu connaissance des faits postérieurement à la cession, ne découvrant qu'à l'examen des comptes de bilan, en avril 1998, l'existence des divers détournements commis par la salariée.

Cass. soc. 27 mai 2009, n° 06-46.293, 1re branche du 1er moyen, BC V n° 137.

L'acte interruptif de la prescription de deux mois est l'engagement de poursuites disciplinaires et non pas le prononcé de la sanction

La sanction disciplinaire peut intervenir au-delà du délai de deux mois, mais des poursuites disciplinaires doivent être engagées pendant ce délai.

L'article L. 122-44 CT n'exige pas que la sanction disciplinaire intervienne dans le délai de deux mois, mais seulement que les poursuites disciplinaires soient engagées dans ce délai.

Cass. soc. 17 décembre 1987, n° 86-42.040, BC V n° 741.

La convocation du salarié à l'entretien préalable caractérise de telles poursuites disciplinaires.

Une cour d'appel a pu refuser d'annuler une sanction disciplinaire après avoir contrôlé que les exigences posées par l'article L. 122-44 CT avaient été satisfaites et notamment que les poursuites avaient été engagées dans les deux mois par la convocation du salarié à un entretien préalable.

Cass. soc. 17 février 1993, n° 88-45.539, 1er moyen, BC V n° 55.

Un salarié, révoqué par la RATP le 29 septembre 2005 pour avoir omis d'informer son employeur de la décision le condamnant pour conduite sous l'empire d'un état alcoolique, a saisi la juridiction prud'homale.

Pour dire que la mesure de révocation devait s'analyser comme un licenciement sans cause réelle et sérieuse, une cour d'appel a retenu que les poursuites disciplinaires avaient été engagées tardivement par la lettre du 1er août 2005 qui seule constituait la convocation exigée par l'article L. 122-44 ancien CT et par les articles 159 et suivants du statut des agents de la RATP relatifs à la procédure applicable à la mesure de révocation qui avait été envisagée d'emblée par l'employeur.

En statuant ainsi, alors que l'agent avait été convoqué le 17 juin 2005 à un entretien préalable à une sanction disciplinaire, avant la mise en place de la procédure de comparution devant le conseil de discipline, ce dont il ressortait que les poursuites disciplinaires avaient été engagées à cette date, la cour d'appel a violé l'article L. 1332-4 CT et le titre XII du statut des agents de la RATP.

Cass. soc. 18 janvier 2011, n° 09-43.079, BC V n° 24.

Si la convocation du salarié à un entretien préalable a pour effet d'interrompre le délai de prescription de deux mois prévu à l'article L. 1332-4 CT et de faire courir un nouveau délai de deux mois à compter de cette date, l'existence d'une nouvelle convocation n'a pas pour effet de suspendre ce délai.

Cass. soc. 26 octobre 2016, n° 14-26.918.

La mise à pied conservatoire du salarié constitue l'engagement de poursuites disciplinaires.

Ayant relevé qu'un employeur avait décidé de suspendre le contrat de travail d'un salarié le 13 septembre alors qu'il avait eu connaissance des faits fautifs le 4 août, une cour d'appel a pu décider que cette mesure constituait l'engagement de poursuites disciplinaires interrompant la prescription prévue par l'article L. 122-44, al. 1er CT.

Cass. soc. 15 avril 1996, n° 93-40.113, 1re, 2e, 3e, 4e, 5e branche du moyen unique.

Prescription des fautes disciplinaires

Le fait de retirer au salarié certains de ses pouvoirs ne suffit pas à caractériser l'engagement de poursuites disciplinaires.

Une lettre se bornant à retirer au salarié ses pouvoirs dans l'attente d'une décision du chef d'entreprise suite à un rapport d'inspection ne constitue pas une mesure d'engagement des poursuites au sens de l'article L. 122-44 CT et n'est pas susceptible d'interrompre le délai de prescription de deux mois.

Cass. soc. 7 janvier 1992, n° 87-44.014, BC V n° 3.

Le délai de prescription n'est pas suspendu en cas d'arrêt de travail consécutif à un accident du travail ou une maladie professionnelle.

Une procédure de licenciement pour un motif non lié à l'accident ou à la maladie du salarié peut être engagée pendant la période de suspension du contrat de travail provoquée par un accident du travail ou une maladie professionnelle. Dès lors, le délai de prescription prévu par l'article L. 122-44 CT pour engager une procédure disciplinaire n'est pas suspendu ni interrompu pendant cette période.

Après avoir constaté qu'un employeur, qui avait eu connaissance des faits fautifs le 24 février 1986, n'avait engagé la procédure que le 5 octobre 1987, date du retour du salarié victime d'un accident de travail le 13 février 1986 et en arrêt jusqu'alors, une cour d'appel a pu décider que le licenciement de l'intéressé était sans cause réelle et sérieuse.

Cass. soc. 17 janvier 1996, n° 92-42.031, BC V n° 14. Voir aussi cass. soc. 13 juillet 1993, n° 91-42.964, BC V n° 202, précisant que la maladie du salarié n'entraîne ni l'interruption ni la suspension de ce délai ; cass. soc. 9 octobre 2001, n° 99-41.217, BC V n° 304.

La signature par les parties d'une rupture conventionnelle ne constitue pas un acte interruptif du délai de prescription.

Cass. soc. 3 mars 2015, n° 13-23.348, BC V n° 34.

En cas de poursuites pénales, le délai de deux mois pour engager les poursuites disciplinaires est interrompu par la mise en mouvement de l'action publique jusqu'à la décision définitive de la juridiction pénale.

Aucun fait fautif ne peut donner lieu, à lui seul, à l'engagement de poursuites disciplinaires au-delà d'un délai de deux mois à compter du jour où l'employeur en a eu connaissance, à moins que ce fait ait donné lieu, dans le même délai, à l'exercice de poursuites pénales.

Il résulte de l'article L. 122-44 CT que lorsqu'un fait fautif a donné lieu à des poursuites pénales, que l'action publique ait été déclenchée sur l'initiative du ministère public, sur une plainte avec constitution de partie civile ou une citation directe de la victime, quelle que soit celle-ci, le délai de deux mois pour engager les poursuites disciplinaires est interrompu par la mise en mouvement de l'action publique jusqu'à la décision définitive de la juridiction pénale.

C'est donc à bon droit qu'une cour d'appel, après avoir constaté que les faits commis le 28 novembre 1996 avaient donné lieu à des poursuites pénales engagées le 29 novembre 1996 et terminées par un jugement du 31 janvier 1997, a décidé que l'instance disciplinaire introduite le 7 février 1997 était recevable.

Cass. soc. 12 janvier 1999, n° 98-40.020, BC V n° 8. Voir aussi cass. soc. 6 décembre 2000, n° 98-45.772, BC V n° 411.

Mais les poursuites pénales n'interrompent le délai de prescription de l'article L. 1332-4 CT jusqu'à la décision définitive de la juridiction pénale que si elles sont déclenchées dans le délai de deux mois à compter du jour où l'employeur a eu connaissance du fait fautif.

Un salarié, engagé en qualité de secrétaire généalogiste, avait été licencié le 10 janvier 1997 pour faute grave à la suite de sa condamnation définitive par la chambre correctionnelle de la cour d'appel de Rouen en date du 20 novembre 1996.

Doit être rejeté le pourvoi de l'employeur reprochant à l'arrêt attaqué d'avoir retenu la prescription des faits reprochés au salarié. En effet, ayant constaté que ces faits avaient été portés à la connaissance de l'employeur dès le 15 janvier 1990 mais n'avaient donné lieu à l'exercice de poursuites pénales qu'en 1993, la cour d'appel a exactement décidé que les faits étaient prescrits.

Cass. soc. 29 janvier 2003, n° 01-40.412.

Lorsque l'employeur n'est pas partie à la procédure pénale, le délai de deux mois pour engager les poursuites disciplinaires ne court à nouveau qu'à compter du jour où l'employeur a eu connaissance de l'issue définitive de la procédure pénale, ce qu'il lui appartient d'établir.

Si, lorsqu'un fait fautif a donné lieu à des poursuites pénales, le délai de deux mois pour engager les poursuites disciplinaires est interrompu jusqu'à la décision définitive de la juridiction pénale lorsque l'employeur est partie à la procédure pénale, il ne court à nouveau dans le cas contraire qu'à compter du jour où l'employeur a eu connaissance de l'issue définitive de la procédure pénale, ce qu'il lui appartient d'établir.

Un salarié a été mis en examen du chef d'agressions sexuelles aggravées et placé en détention provisoire le 21 septembre 2002. Le 30 septembre suivant, l'employeur lui a notifié une mise à pied conservatoire et l'a convoqué à un entretien préalable à un éventuel licenciement auquel il a ensuite sursis dans l'attente de l'issue de la procédure pénale. Le salarié a été condamné par jugement du tribunal correctionnel de Nanterre le 18 octobre 2004. Licencié pour faute grave le 27 février 2006, il a saisi la juridiction prud'homale.

Ayant constaté que l'employeur, qui n'était pas partie à la procédure, avait justifié n'avoir eu connaissance du jugement du tribunal correctionnel que le 10 janvier 2006, une cour d'appel a pu écarter la prescription des faits fautifs.

Cass. soc. 15 juin 2010, n° 08-45.243, BC V n° 132.

L'ouverture d'une enquête préliminaire, qui n'a pas pour effet de mettre en mouvement l'action publique, n'est pas un acte interruptif du délai prévu à l'article L. 1332-4 CT.

Après avoir été convoqué le 25 octobre 2010 à un entretien préalable, un salarié, employé en qualité de conducteur par une société de transport public de voyageurs, a été licencié pour faute grave par lettre du 16 novembre 2010 pour des violences commises sur une passagère le 6 novembre 2008 et pour lesquelles il avait été pénalement condamné.

Pour reprocher à une cour d'appel d'avoir déclaré le licenciement sans cause réelle et sérieuse, l'employeur soutient qu'aucun fait fautif ne peut donner lieu à lui seul à l'engagement de poursuites disciplinaires au-delà d'un délai de 2 mois à compter du jour où l'employeur en a eu connaissance, à moins que ce fait ait donné lieu dans le même délai à l'exercice de poursuites pénales, que la notion de poursuites pénales inclut nécessairement l'enquête préliminaire déclenchée en raison des faits fautifs imputables au salarié et qu'en refusant de retenir l'existence de poursuites pénales en cours ayant pour effet d'interrompre la prescription de l'action disciplinaire à la date du 16 janvier 2009, alors que cette date correspondait au jour de l'audition par les services de police d'un représentant de l'employeur, dans le cadre d'une enquête préliminaire déclenchée à raison des faits fautifs imputables au salarié, la cour d'appel aurait violé l'article L. 1332-4 CT.

Cependant, l'ouverture d'une enquête préliminaire, qui n'a pas pour effet de mettre en mouvement l'action publique, n'est pas un acte interruptif du délai prévu à l'article L. 1332-4 CT ; ayant relevé que l'employeur avait eu, lors de son audition le 16 janvier 2009 devant les services de police, une parfaite connaissance des faits reprochés au salarié, et qu'il n'était pas établi que l'exercice des poursuites pénales, par la convocation du salarié devant le tribunal correctionnel, était intervenu dans les deux mois de cette audition pour interrompre le délai de prescription, la cour d'appel en a déduit à bon droit que les faits fautifs invoqués dans la lettre de licenciement et pour lesquels la procédure disciplinaire n'avait été engagée que le 25 octobre 2010, étaient prescrits.

Cass. soc. 13 octobre 2016, n° 15-14.006, BC V n° 190.

Si un procureur de la République, informé de faits fautifs par un employeur, a diligenté une enquête préliminaire, cet acte n'a pas eu pour effet de mettre en mouvement l'action publique, qui est déclenchée par l'ouverture d'une information sur réquisitoire du ministère public, une plainte avec constitution de partie civile ou une citation directe de la victime.

Dès lors, en jugeant que le déclenchement de cette enquête préliminaire ne pouvait être regardé comme constituant l'exercice de poursuites pénales au sens de l'article L. 122-44 CT et en en déduisant, en l'absence de tout acte mettant en mouvement l'action publique dans le délai de deux mois prévu par ce même article, qu'à la date à laquelle une procédure de licenciement a été engagée, les faits fautifs étaient prescrits, une cour administrative d'appel n'a pas commis d'erreur de droit.

CE 5 décembre 2011, n° 328380.

Les poursuites pénales concernant une infraction commise en dehors de l'entreprise et dans le cadre de la vie personnelle du salarié ne constituent pas une cause de suspension du délai de prescription de deux mois.

Incarcéré dans le cadre d'une procédure criminelle et remis en liberté sous contrôle judiciaire, un salarié avait manifesté le souhait de reprendre son travail. Après avoir été mis à pied, l'intéressé avait été licencié pour faute lourde.

C'est à bon droit que, pour condamner l'employeur au paiement de diverses sommes liées à la rupture du contrat de travail, une cour d'appel a énoncé que l'incarcération du salarié n'avait entraîné aucune interruption ni suspension du délai de deux mois prévu à l'article L. 122-44 CT. De plus, si l'exercice de poursuites pénales à l'encontre du salarié empêche la prescription prévue à l'article L. 122-44 CT de courir, c'est à la condition qu'elles concernent le fait reproché au salarié et susceptible de justifier contre lui une sanction disciplinaire. Tel n'était pas le cas en l'espèce où les poursuites pénales concernaient une infraction commise en dehors de l'entreprise et dans le cadre de la vie personnelle du salarié, l'employeur n'entendant invoquer que l'altération portée à son image de marque par cette infraction.

Cass. soc. 10 mars 1998, n° 95-42.715, 1er moyen, BC V n° 123.

Lorsque la sanction disciplinaire implique l'acceptation du salarié, le refus par ce dernier interrompt le délai de deux mois.

La notification par l'employeur, après l'engagement de la procédure disciplinaire, d'une proposition de modification de contrat de travail soumise au salarié, interrompt le délai de deux mois prévu par l'article L. 1332-4 CT qui court depuis la convocation à l'entretien préalable ; le refus de cette proposition par le salarié interrompt à nouveau ce délai ; il s'ensuit que la convocation du salarié par l'employeur à un entretien préalable en vue d'une autre sanction disciplinaire doit intervenir dans les deux mois de ce refus.

Un salarié, employé par une société en qualité d'agent technique, a été convoqué le 11 février 2008 à un entretien préalable à une sanction disciplinaire pouvant aller jusqu'au licenciement pour faute grave qui s'est tenu le 19 février 2008 ; le 17 mars 2008, l'employeur lui a notifié une décision de rétrogradation au poste d'attaché administratif, en précisant les modalités d'acceptation ou de refus de cette modification du contrat de travail ; par lettre du 15 avril 2008, le salarié a refusé cette rétrogradation en contestant les griefs qui lui étaient reprochés ; il a été convoqué le 20 mai 2008 à un nouvel entretien préalable reporté au 10 juin 2008 en raison d'un arrêt maladie ; par lettre du 18 juin 2008, il a été licencié pour faute grave.

Pour dire le licenciement sans cause réelle et sérieuse, une cour d'appel a retenu que la convocation au premier entretien préalable ayant eu lieu le 11 février 2008 et, à défaut de manifestation expresse d'acceptation ou de refus du salarié à la mesure de rétrogradation, la prescription des faits fautifs était normalement acquise le 11 avril 2008 ; qu'il appartenait à l'employeur d'organiser une procédure de rétrogradation lui permettant de recueillir la réponse du salarié dans un délai l'autorisant à convoquer le salarié à un nouvel entretien avant cette date impérative ; qu'il en résultait que lorsque la nouvelle procédure avait été mise en œuvre le 20 mai 2008, les faits fondant le licenciement pour faute grave étaient prescrits depuis le 11 avril 2008.

En statuant ainsi, alors que le délai de prescription de deux mois avait été interrompu le 11 février 2008 par la convocation au premier entretien préalable, puis le 17 mars 2008 par la notification de la proposition de rétrogradation par l'employeur et le 15 avril 2008 par la lettre du salarié aux termes de laquelle celui-ci avait refusé la mesure de rétrogradation, en sorte que le délai de deux mois n'était pas expiré lors de la convocation du 20 mai 2008 à un nouvel entretien préalable au licenciement, la cour d'appel a violé l'article L. 1332-4 CT.

Cass. soc. 15 janvier 2013, n° 11-28.109, BC V n° 7.

Une sanction déclarée ultérieurement nulle n'interrompt pas le délai de prescription.

Une sanction disciplinaire annulée faute d'entretien préalable ne peut produire aucun effet. Elle ne peut pas notamment valoir acte d'engagement des poursuites au sens de l'article L. 122-44 CT.

Cass. soc. 18 janvier 1995, n° 90-42.087, BC V n° 28.

L'expiration du délai de prescription rend le licenciement sans cause réelle et sérieuse.

Une cour d'appel a pu décider que le licenciement d'un salarié était sans cause réelle et sérieuse, les poursuites disciplinaires dirigées à l'encontre du salarié étant prescrites, l'employeur ayant eu connaissance des faits le 20 mai 1992 et ayant engagé la procédure de licenciement le 22 juillet 1992, soit plus de deux mois après.

Cass. soc. 11 décembre 1996, n° 95-42.975. Voir aussi cass. soc. 12 janvier 1994, n° 92-43.185, 1er moyen.

Les faits antérieurs à ce délai ne peuvent plus être pris en compte, sauf dans certaines circonstances

Les fautes antérieures de plus de deux mois à l'engagement des poursuites disciplinaires peuvent être prises en compte si le comportement fautif du salarié s'est poursuivi ou s'est réitéré dans ce délai.

Si, aux termes de l'article L. 1332-4 CT, aucun fait fautif ne peut donner lieu à lui seul à l'engagement de poursuites disciplinaires au-delà d'un délai de deux mois à compter du jour où l'employeur en a eu connaissance, ces dispositions ne font pas obstacle à la prise en considération d'un fait antérieur à deux mois dans la mesure où le comportement du salarié s'est poursuivi ou s'est réitéré dans ce délai.

Cass. soc. 15 janvier 2014, n° 12-23.227. Voir aussi cass. soc. 19 janvier 2017, n° 15-24.404.

Mais les manquements antérieurs de plus de trois ans à l'engagement de poursuites disciplinaires ne peuvent pas être invoqués à l'appui d'une nouvelle sanction.

Si des manquements antérieurs, sanctionnés en leur temps, peuvent être retenus pour caractériser une faute grave à la suite d'un nouveau manquement professionnel, c'est à la condition que ces faits ne soient pas antérieurs de plus de trois ans à l'engagement des nouvelles poursuites disciplinaires.

Cass. soc. 10 novembre 1992, n° 89-43.108, 1er moyen, BC V n° 541.

Prêt de main-d'œuvre

Lorsqu'elles ont un but lucratif, les opérations de prêt de main-d'œuvre sont illicites et sont susceptibles d'être sanctionnées :

– soit au titre du délit de marchandage, lorsque l'opération a pour effet de causer un préjudice au salarié ou bien d'éluder l'application de dispositions légales ou conventionnelles (art. L. 8231-1 CT) ;

– soit au titre du délit de prêt illicite de main-d'œuvre, lorsque l'opération a pour objet exclusif le prêt de main-d'œuvre (art. L. 8241-1 CT).

Toutefois, certaines opérations sont autorisées, notamment celles réalisées dans le cadre du travail temporaire ou du portage salarial.

On notera également que les ordonnances 2017-1387 du 22 septembre 2017 et 2017-1718 du 20 décembre 2017, ainsi que la loi 2018-217 du 29 mars 2018, ont instauré un dispositif de prêt de main-d'oeuvre en faveur des jeunes entreprises et des PME, lequel est entré en vigueur le 1er janvier 2018.

La jurisprudence rapportée ci-dessous, rendue dans le cadre législatif antérieur, conserve cependant son intérêt, notamment au regard des litiges en cours.

Le marchandage est illicite

• La fourniture de main-d'œuvre à finalité lucrative est illicite

Une entreprise d'assistance et études techniques a mis à la disposition d'une société un salarié qu'elle a engagé à cet effet pour la durée déterminée d'un chantier. Le salarié a été expatrié pour travailler pour le compte de la société d'accueil sur le chantier de construction d'une troisième société. La société prêteuse a assigné la société d'accueil en paiement de factures relatives à la « sous-traitance » du salarié.

Une cour d'appel a d'abord relevé que le prix facturé par la société prêteuse à la société d'accueil était fonction des jours de présence du salarié sur le chantier et que la comparaison entre les factures et les bulletins de paie faisait apparaître, au profit de la société prêteuse, une marge bénéficiaire ; la cour a ensuite constaté que le personnel de la société prêteuse était placé sous l'autorité de la troisième société, ou d'autres entreprises, et que, n'étant ni présente ni représentée sur le chantier, la société prêteuse n'avait aucun pouvoir de contrôle et de direction sur le salarié qu'elle avait embauché.

Étant ainsi établi que le contrat litigieux avait pour unique objet la mise à disposition, à but lucratif, d'un salarié pour une durée déterminée, la cour d'appel en a exactement déduit que cette opération, interdite par l'article L. 12[5]-3 CT, était illicite.

Cass. soc. 17 juin 2005, n° 03-13.707, BC V n° 205.

Lors d'un contrôle effectué dans les locaux d'une entreprise avicole A, les services de l'inspection du travail ont constaté la présence de travailleurs chinois, dépourvus d'autorisations de travail en France, qu'une société B avait mis à sa disposition, après qu'une société C de droit allemand les avait elle-même mis à la disposition de la société B en vertu d'un « contrat de collaboration ». à la suite de ces faits, la société B a été poursuivie devant le tribunal correctionnel pour prêt illicite de main-d'œuvre.

C'est à bon droit que, pour déclarer coupable la société B, une cour d'appel a énoncé que le contrat conclu entre la société allemande C, qui n'était pas une entreprise de travail temporaire, et la société B portait exclusivement sur la mise à disposition de personnes n'ayant aucun savoir-faire spécifique par rapport aux salariés de la société B, qui exerçaient la même activité, que ce prêt de main-d'œuvre avait un but lucratif, en ce que la société B déduisait des sommes versées à la société C 15 % des prestations facturées à la société A et ne supportait pas les charges sociales afférentes à l'emploi de personnels salariés et que le dirigeant de la société B avait reconnu que le recours à cette main-d'œuvre permettait de disposer d'un volant supplémentaire de personnel dont le recrutement local s'avérait difficile.

Cass. crim. 8 juin 2010, n° 07-87.289, 1er moyen, B. crim. n° 105.

Les 11 avril et 11 mai 2006, des fonctionnaires de l'inspection du travail ont constaté au siège d'une société de travail temporaire A, dont le dirigeant est par ailleurs directeur des ressources humaines d'une société de déménagement B, que, de 2005 à 2006, l'entreprise de travail temporaire avait mis à la disposition de la société B soixante-dix intérimaires, représentant plus de quarante-quatre « temps plein », sur un effectif moyen de deux cent vingt-six salariés en contrat de travail à durée indéterminée, et qu'en particulier, pendant cette période, six travailleurs intérimaires avaient été présents de façon constante au sein de la société B pour y effectuer des tâches relevant de l'activité habituelle de cette entreprise ; les sociétés A et B, qui appartiennent toutes deux au même groupe, et leurs dirigeants, ont été poursuivis devant le tribunal correctionnel du chef de prêt illicite de main-d'œuvre ; le tribunal ayant dit la prévention non établie, le ministère public a relevé appel de la décision.

C'est à bon droit que, pour infirmer le jugement du tribunal correctionnel, une cour d'appel a relevé que l'inspection du travail, après s'être fait communiquer par la société A le registre unique du personnel ainsi que les contrats de travail et les bulletins de salaires de neuf intérimaires, avait constaté que six salariés avaient travaillé de façon exclusive, au sein de la société B, pendant plusieurs mois consécutifs, à des tâches peu qualifiées d'emballeurs, de conditionneurs et de magasiniers correspondant à l'activité normale et permanente d'une entreprise de déménagement, en violation des dispositions régissant le travail temporaire ; la cour a retenu que les prévenus n'avaient pas fait la preuve contraire de ces constatations, n'ayant produit que de simples « fiches de poste » non datées, dénuées de toute valeur probante ; la cour a ajouté que le recours massif à l'intérim était source de profit pour la société A comme pour la société B, dont la masse salariale, qui pouvait ainsi s'ajuster au carnet de commandes de la société, était allégée du paiement des gratifications ou primes dues à son personnel salarié, ce qui démontre le caractère lucratif de l'opération de prêt de main-d'œuvre, et que, du fait du caractère habituel des reconductions irrégulières des contrats, conclus en connaissance de cause, l'élément intentionnel du délit poursuivi, imputable tant au fournisseur qu'à l'utilisateur de la main-d'œuvre en cause, était avéré.

Cass. crim. 13 novembre 2012, n° 10-80.862, B. crim. n° 245.

Caractérise le prêt illicite de main-d'œuvre la cour d'appel qui relève, d'une part, que le seul objet de la convention passée entre deux sociétés était la fourniture de main-d'œuvre, le salarié ayant pour seule fonction la promotion d'un produit pharmaceutique et travaillant sous la seule subordination de l'entreprise pour laquelle il avait été mis à disposition et, d'autre part, que l'opération avait un but lucratif, ce dernier résultant du fait que le contrat avait été conclu moyennant une rémunération.

Cass. soc. 4 avril 1990, n° 86-44.229, 1er moyen, BC V n° 157.

A caractérisé le but lucratif d'une opération de prêt de main-d'œuvre la cour d'appel qui a relevé que le travail effectué par les salariés d'une société au profit d'une autre société était facturé en fonction du temps passé.

Cass. crim. 16 mai 2000, n° 99-85.485.

Lorsque l'interdiction d'une opération à but lucratif ayant pour objet exclusif le prêt de main-d'œuvre concerne une entreprise utilisatrice, le caractère lucratif peut résulter d'un accroissement de flexibilité dans la gestion du personnel et de l'économie de charges procurés à cette dernière.

D'abord, toute opération à but lucratif ayant pour objet exclusif le prêt de main-d'œuvre est interdite ; cette interdiction concerne également l'entreprise utilisatrice et le caractère lucratif de l'opération peut résulter d'un accroissement de flexibilité dans la gestion du personnel et de l'économie de charges procurés à cette dernière. Ensuite, est également interdit tout marchandage défini comme une opération à but lucratif de fourniture de main-d'œuvre, qui a pour effet de causer un préjudice au salarié qu'elle concerne ou d'éluder l'application de dispositions légales ou de stipulations d'une convention ou d'un accord collectif de travail.

Un salarié a été engagé par une société en qualité de délégué régional le 6 novembre 2000 ; le même jour il a été mis à disposition d'une filiale ; ayant refusé une modification de sa rémunération, il a été réintégré au sein de la société mère par lettre du 28 novembre 2006 ; il a pris acte de la rupture du contrat de travail le 30 novembre 2006 et saisi la juridiction prud'homale pour faire juger que la prise d'acte produisait les effets d'un licenciement sans cause réelle et sérieuse, et obtenir notamment le paiement de sommes au titre du travail dissimulé et d'heures supplémentaires.

Pour rejeter la demande du salarié, une cour d'appel a retenu qu'il ressortait de l'ensemble des documents versés aux débats, non contestés sur ce point, que la société mère n'avait pas retiré le moindre profit de l'opération de mise à disposition du salarié auprès de la filiale, la rémunération de ce salarié étant refacturée au centime près à la filiale, que le salarié n'établissait pas que la rémunération perçue pour un forfait-jours était moindre que celle qui lui aurait été allouée s'il avait relevé de la convention collective qu'il revendiquait, de sorte qu'il n'était pas fondé à soutenir que sa mise à disposition était illicite et qu'elle l'avait privé du bénéfice d'une convention collective qui lui aurait ouvert droit à une meilleure rémunération au travers du paiement d'heures supplémentaires.

En statuant ainsi, alors que, d'une part, la filiale ne supportait aucuns frais de gestion de personnel hormis le strict remboursement du salaire et des charges sociales, et que, d'autre part, il avait été fait application au salarié d'une convention de forfait-jours illicite, faute pour la convention collective des sociétés financières qui lui était applicable, conformément à l'article L. 8241-2 CT, de prévoir la possibilité d'y recourir, ce qui l'avait privé du paiement des heures supplémentaires effectuées, la cour d'appel a violé les articles L. 8231-1, L. 8241-1, L. 3121-22 et L. 3121-45 CT, ce dernier dans sa rédaction alors applicable.

Cass. soc. 18 mai 2011, n° 09-69.175, 3e moyen, BC V n° 117.

• Le prêt de main-d'œuvre est illicite s'il cause un préjudice au salarié…

Le préjudice peut résulter d'une fausse relation de sous-traitance…

Lors d'un contrôle effectué sur un chantier de construction confié à une société « S », les services de l'inspection du travail ont constaté la présence de salariés d'une entreprise « N » qui avaient été recrutés par le chef d'agence de la société « S », sous couvert d'un contrat de sous-traitance.

Pour retenir l'infraction de prêt illicite de main-d'œuvre à l'encontre de la société « S » et de son chef d'agence, une cour d'appel a énoncé que la société « S » avait signé un contrat de sous-traitance avec la société « N », ayant pour objet des travaux d'étanchéité et d'isolation ; que, pour que soit admise la réalité d'un contrat de sous-traitance, la convention passée doit comporter l'exécution d'une tâche nettement définie, rémunérée de façon forfaitaire, ainsi que le maintien de l'autorité du sous-traitant sur son personnel, auquel il verse un salaire et dont il assure la discipline et la sécurité ; qu'en l'espèce, la nature des travaux demandés à la société « N » ne se caractérisait pas par une spécificité, une technicité spéciale, ces travaux entrant dans les tâches habituellement exécutées par les salariés de la société « S » qui, en congé à cette date, ne pouvaient les effectuer ; que la société « N » n'avait mis à la disposition de ses quatre salariés présents sur le chantier que le petit matériel, l'ensemble du matériel et des matériaux nécessaires pour l'exécution des travaux d'isolation et d'étanchéité étant fourni par la société « S » ; que les salariés de la société « N » étaient contrôlés et dirigés par le conducteur de travaux de la société « S » qui participait seul aux réunions de chantier et passait deux fois par semaine sur le chantier ; que la rémunération de la société « N » était calculée au mètre carré ou au mètre linéaire, ce qui excluait une rémunération globale et forfaitaire.

En l'état de ces motifs, la cour d'appel, qui a recherché comme elle le devait la véritable nature des conventions litigieuses, a justifié sa décision.

Cass. crim. 3 novembre 1999, n° 98-85.665, B. crim. n° 242. Voir aussi cass. crim. 11 septembre 2007, n° 06-88.467.

Lors d'un contrôle effectué sur un chantier de construction confié à une société V, les services de l'inspection du travail ont constaté la présence de quatre ouvriers qui avaient été recrutés par une société S se présentant comme entreprise sous-traitante de la société V ; poursuivi pour prêt illicite de main-d'œuvre, le dirigeant de la société V a été déclaré coupable de ce chef par le tribunal correctionnel.

C'est à bon droit que, pour confirmer ce jugement, une cour d'appel a énoncé que la société S, qui ne participait pas aux réunions de chantier, s'était bornée à fournir la main-d'œuvre et le petit matériel, alors que la société V fournissait le gros matériel et les matériaux, et donnait les instructions, que les travaux confiés au sous-traitant ne nécessitaient pas de technicité particulière, qu'ils étaient rémunérés, non pas de manière forfaitaire, mais au nombre de mètres carrés exécutés, sans que la surface soit précisée, et que le prêt de main-d'œuvre ainsi réalisé avait un caractère lucratif, la différence entre le prix payé par le maître d'ouvrage à la société V et le prix payé par celle-ci à l'entreprise S ne pouvant s'expliquer par la seule fourniture des matériaux.

Cass. crim. 15 septembre 2009, n° 09-80.414.

… de l'impossibilité pour les intéressés de bénéficier des mêmes avantages que les autres salariés…

Une société « C », spécialisée dans l'exécution de travaux sous-marins pour le compte de compagnies pétrolières, a procédé au licenciement des plongeurs et scaphandriers qu'elle employait. Ce personnel, après avoir été réembauché par une filiale, la société « S », ayant son siège en Suisse, a continué à travailler pour le compte de la société « C » sur divers chantiers situés à l'étranger. À la suite d'un contrôle de l'inspection du travail, les présidents successifs de cette société « C » ont été poursuivis sur le fondement de l'article L. 125-1 CT pour avoir, en 1992 et 1993, participé à une opération de marchandage.

Pour caractériser les éléments constitutifs du délit, la cour d'appel a retenu que la société « S », qui avait pour objet « la mise à disposition de personnel », ne possédait ni le matériel ni les matériaux nécessaires à l'activité de ses salariés, a relevé que ces derniers n'avaient de relations qu'avec la société « C » qui organisait leur travail et à laquelle ils se trouvaient « de fait totalement... subordonnés », la société « S » ayant comme « seule raison d'existence » la fourniture à sa société mère de la main-d'œuvre nécessaire et a précisé que le transfert des salariés de la société « C » au sein d'une filiale établie en Suisse avait été décidé par le président, en raison de la forte concurrence internationale, à seule fin d'éviter le paiement des charges sociales françaises.

Les juges, qui ont énoncé que l'opération de fourniture de main-d'œuvre ainsi mise en œuvre avait causé un préjudice aux salariés concernés en les privant des avantages sociaux que leur aurait assurés une embauche par la société utilisatrice « C », tels notamment le versement d'une rémunération minimale lors des périodes d'inactivité, l'assurance chômage, les congés payés ou encore la représentation au sein d'un comité d'entreprise et qui ont ajouté que « les prêts de main-d'œuvre effectués ont eu pour leur bénéficiaire un but lucratif », ont justifié leur décision condamnant les présidents de cette société pour marchandage.

Cass. crim. 12 mai 1998, n° 96-86.479, B. crim. n° 160. Voir aussi cass. crim. 20 mai 2008, n° 07-86.202.

... de l'impossibilité de bénéficier d'une convention collective plus favorable...

En exécution de quatre contrats qualifiés de sous-traitance, conclus en 1991 et 1992, une société « I » a mis à la disposition d'une société « S » plusieurs salariés avec mission de procéder à l'achat du matériel nécessaire à la réalisation de marchés portant sur l'équipement d'installations industrielles en Iran et au Portugal. Un contrat de même nature a été conclu en 1992 entre la société « I » et une société « M ».

Pour déclarer les dirigeants de ces sociétés coupables du délit de marchandage, une cour d'appel a retenu que la société « I » avait fourni de la main-d'œuvre aux sociétés « S » et « M », non en raison de la spécificité de la prestation à effectuer mais seulement pour permettre à ces sociétés de faire face à un surcroît d'activité, que les salariés concernés avaient été embauchés par la société « I » à une date très voisine de celle des conventions de mise à disposition, qu'ils avaient été choisis par les sociétés utilisatrices et qu'ils avaient accompli leur tâche dans les locaux de celles-ci, au sein de leurs équipes de travail et avec les moyens qu'elles leur accordaient.

Après avoir constaté que ces prêts de main-d'œuvre avaient été effectués à titre onéreux, la cour d'appel a ajouté qu'ils avaient eu pour effet d'éluder l'application de la législation sociale et de causer un préjudice aux salariés mis à disposition et que, si ces salariés avaient été employés par les sociétés utilisatrices, ils auraient bénéficié, selon le cas, des conventions collectives du pétrole ou des bureaux d'étude, plus favorables que celles des commerces de gros applicables, à l'époque des faits, au personnel de la société « I ». Enfin, la cour d'appel a souligné que cette société, qui n'était pas elle-même chargée d'effectuer des travaux à l'étranger, avait conclu avec les salariés concernés des contrats de travail à durée déterminée, prévoyant une durée minimale sans terme précis, hors les cas prévus par l'article L. 122-1-2, III CT.

En statuant ainsi, la cour d'appel a caractérisé en tous ses éléments constitutifs le délit de marchandage reproché aux prévenus.

Cass. crim. 16 juin 1998, n° 97-80.138, B. crim. n° 195.

... ou encore de l'impossibilité de bénéficier des institutions représentatives du personnel.

Est fondé l'arrêt qui, pour caractériser l'existence d'un prêt de main-d'œuvre illicite, retient que les salariés ont subi un préjudice résultant de l'impossibilité, du fait de l'opération, de bénéficier des institutions représentatives du personnel.

Cass. crim. 23 mars 1993, n° 92-83.381.

• ... ou s'il a pour effet d'éluder l'application des dispositions relatives au travail temporaire

Au cours des mois d'octobre et de novembre 2004, deux sociétés dirigées par la même personne ont eu recours aux services de travailleurs polonais recrutés par l'intermédiaire d'une société de droit britannique déclarant agir en tant que prestataire de services des entreprises précitées qui fournissaient à la fois le matériel et le logement des ouvriers ; la société britannique mettait cette main-d'œuvre à la disposition des deux sociétés françaises pour deux semaines ou pour la durée de la saison moyennant une rémunération horaire de 9,51 €, toutes charges comprises, sur le montant de laquelle elle percevait 3 %.

À la suite de ces faits, les deux sociétés françaises ont été poursuivies devant le tribunal correctionnel, notamment pour prêt illicite de main-d'œuvre, et déclarées coupables de cette infraction.

C'est à bon droit que, pour écarter les conclusions des prévenues qui excipaient des dispositions, antérieures à la loi du 2 août 2005, de l'article L. 341-5 CT autorisant le détachement temporaire dans une entreprise française de salariés étrangers à l'occasion de prestations de services, une cour d'appel a énoncé que l'application de ce texte suppose que les conditions d'un contrat de prestation de services soient réunies, mais qu'en la circonstance, l'opération menée s'analysait en un prêt illicite de main-d'œuvre pratiqué hors des règles du travail temporaire, dès lors que la rémunération des prestations effectuées, ne supposant aucun savoir-faire spécifique, avait été calculée de façon horaire, que la société britannique n'avait conservé aucune autorité sur les travailleurs et que les moyens et matériels de travail avaient été fournis par les sociétés poursuivies et que celles-ci ne pouvaient ignorer qu'elles utilisaient du personnel étranger de la même manière que de la main-d'œuvre intérimaire, et ce, à un faible coût, par comparaison avec le coût des salariés qu'elles employaient habituellement.

En effet, si, au sens des articles L. 341-5 et D. 341-5 CT, dans leur rédaction applicable antérieurement à la loi 2005-882 du 2 août 2005, sont considérées comme prestations de services les activités à caractère industriel, commercial, artisanal ou libéral exécutées dans le cadre d'un contrat d'entreprise, d'un contrat de mise à disposition au titre du travail temporaire ou de toute autre mise à disposition de salariés, c'est à la condition qu'il existe une relation de travail entre l'entreprise d'envoi et le travailleur pendant la période de détachement.

Cass. crim. 3 mars 2009, n° 07-81.043, 1er moyen, B. crim. n° 50.

• Si le délit est caractérisé, la responsabilité du dirigeant peut être mise en cause

Il peut s'agir du dirigeant de fait ou de droit.

Le dirigeant de fait, comme le dirigeant de droit d'une société, engage sa responsabilité pénale s'il intervient par des actes personnels lors de la commission d'infractions dont la société est bénéficiaire. En l'espèce, le prévenu ayant mis en place dans diverses sociétés qu'il contrôlait une activité de prêt de main-d'œuvre illicite, sa responsabilité pénale pouvait être engagée dans la mesure où il en était le dirigeant de fait, qualité établie par différents documents.

Cass. crim. 27 novembre 1990, n° 89-86.124.

L'employeur ayant bénéficié de l'opération de marchandage peut être poursuivi pour complicité.

L'établissement public des Aéroports de Paris, qui est un service public à caractère industriel et commercial, est soumis aux dispositions du code du travail réprimant le marchandage.

Doit être rejeté le pourvoi de cet établissement public reprochant à une cour d'appel de l'avoir déclaré coupable de complicité de marchandage.

En effet, la cour d'appel, qui a relevé, d'une part, que le contrat passé entre une société de portage et Aéroports de Paris avait un caractère fictif et qu'en réalité les porteurs étaient placés sous l'autorité d'Aéroports de Paris pour l'accomplissement d'activités relevant des obligations lui incombant envers les voyageurs en application de l'article L. 251-1 du code de l'aviation civile, d'autre part, que ces porteurs avaient été privés, du fait du caractère fictif dudit contrat, de leurs droits sociaux, a pu en déduire que les dispositions de l'article L. 125-1 CT avaient été violées par l'établissement public des Aéroports de Paris.

Cass. soc. 29 avril 2003, n° 00-44.840, BC V n° 147.

La circonstance que le bénéficiaire du prêt illicite de main-d'œuvre ne soit pas soumis aux dispositions légales réprimant ce délit est sans incidence sur la constitution de l'infraction à l'encontre de l'entreprise ayant fourni la main-d'œuvre.

Doit être cassé l'arrêt qui, pour dire le délit de prêt illicite de main-d'œuvre non caractérisé à l'encontre d'une société poursuivie pour avoir, sous le couvert d'un marché public, mis du personnel à la disposition d'un établissement public administratif, énonce que les dispositions du livre 1er du code du travail, au nombre desquelles figurent les articles précités, ne sont pas applicables à un tel établissement, alors qu'une telle circonstance est sans incidence sur l'application des dispositions légales à l'encontre de l'entreprise ayant fourni de la main-d'œuvre.

Cass. crim. 30 septembre 2003, n° 02-85.022, B. crim. n° 175.

Les peines applicables en cas de marchandage doivent être celles prévues par les textes.

Doit être cassé l'arrêt qui, après avoir déclaré une personne coupable de marchandage et d'infraction à la réglementation sur l'hygiène du travail, l'a condamnée, notamment, à l'interdiction du droit d'exercer une fonction juridictionnelle, alors qu'en prononçant une telle peine complémentaire, non prévue par les articles L. 152-2, L. 263-2 et L. 263-6 CT réprimant les infractions poursuivies, les juges ont méconnu les textes susvisés et les articles 4 ancien et 111-3, al. 2 c. pén. selon lesquels nul ne peut être puni d'une peine qui n'est pas prévue par la loi.

Cass. crim. 13 novembre 1996, n° 95-83.406.

Le prêt de main-d'œuvre est autorisé sous certaines conditions

• Le prêt de main-d'œuvre est autorisé en cas d'apport d'un savoir-faire spécifique

Ce savoir-faire spécifique peut être déduit de la technicité mise en œuvre…

Le prêt de main-d'œuvre n'étant pas prohibé quand il est la conséquence nécessaire de la transmission d'un savoir-faire ou de la mise en œuvre d'une technicité qui relève de la spécificité propre de l'entreprise prêteuse, une cour d'appel devait rechercher, avant de conclure à l'existence d'un marchandage illicite, si le salarié mis à disposition, dont la tâche consistait à superviser la pose d'un électrofiltre sur un chantier de l'entreprise utilisatrice, n'apportait pas un savoir-faire spécifique et une technicité propre.

Cass. soc. 9 juin 1993, n° 91-40.222, BC V n° 164. Voir aussi cass. soc. 19 mars 2008, n° 06-44.201, s'agissant d'un ingénieur informatique.

… ou de la compétence et de la formation particulière exigée.

Un salarié avait été chargé par son employeur, d'une part, d'effectuer des missions de surveillance au sein des entreprises clientes afin de rechercher parmi leur personnel ou les intervenants extérieurs les auteurs d'agissements frauduleux, d'autre part, d'établir à l'intention de son employeur des rapports d'activité hebdomadaires.

Ayant constaté que le salarié effectuait pour l'entreprise utilisatrice une mission de surveillance et de protection exigeant une compétence et une formation particulière, qui ne pouvait pas être confiée à un salarié de l'entreprise utilisatrice, la cour d'appel a retenu à bon droit que l'employeur ne procédait pas à une fourniture illicite de main-d'œuvre, mais qu'il était lié par un contrat de prestation de services avec l'entreprise utilisatrice.

Cass. soc. 19 juin 2002, n° 00-41.156.

• Les associations intermédiaires qui exercent leur activité dans la limite de leur objet ne peuvent pas être poursuivies pour délit de marchandage

Cass. crim. 30 mai 2000, n° 99-82.639.

Prêt de main-d'œuvre et modification du contrat de travail

La mise à disposition d'un salarié n'entraîne pas en soi une modification de son contrat de travail.

Par convention du 27 juin 2001, la Croix-Rouge française, qui gère un centre hospitalier à J., a adhéré à la constitution d'un syndicat interhospitalier, regroupant entre les mains du même opérateur les activités chirurgicales du centre hospitalier lui appartenant et les activités médicales du centre hospitalier public, situé dans la même localité, afin de mettre en œuvre un projet d'établissement unique. Le comité d'établissement du Centre hospitalier de la Croix-Rouge a saisi le tribunal de grande instance pour faire juger que cette convention emportait modification du contrat de travail des salariés transférés auprès du syndicat inter-hospitalier, et, par suite, qu'il y avait lieu à application des dispositions de l'article L. 321-1-2 CT et à établissement et mise en œuvre d'un plan social.

1/ Ayant relevé que la mise à disposition de son personnel par la Croix-Rouge, dont le statut d'association reconnue d'utilité publique est incompatible avec la recherche de bénéfices, ne tendait pas à l'obtention d'un gain, mais poursuivait un but d'économie des dépenses publiques de santé, sous l'autorité de l'agence régionale d'hospitalisation, visant à rationaliser les moyens de fonctionnement des services hospitaliers du site de manière à en pérenniser les activités, la cour d'appel a pu décider que l'opération n'avait pas un but lucratif et ne tombait donc pas sous le coup des interdictions énoncées aux articles L. 125-1 et L. 125-3 CT.

2/ La mise à disposition d'un salarié n'entraîne pas en soi une modification de son contrat de travail. Ayant relevé, d'une part, qu'il résultait de la convention du 27 juin 2001 que les salariés de la Croix-Rouge continueraient à dépendre de leur employeur quant à leurs droits, leur rémunération, la gestion de leur carrière et de leur emploi, dans le cadre des dispositions du code du travail et de la convention collective nationale de la Croix-Rouge et que le pouvoir disciplinaire à leur égard continuerait à être exercé par le responsable hiérarchique du pouvoir de nomination, c'est-à-dire la Croix-Rouge, selon les règles qui lui sont propres, d'autre part, que ni le lieu, ni la qualification, ni la rémunération, ni la durée du travail de ces salariés n'étaient modifiés, la cour d'appel a pu décider que la constitution du syndicat interhospitalier n'entraînait aucune modification du contrat de travail des salariés de la Croix-Rouge française.

Cass. soc. 1er avril 2003, n° 02-14.680, BC V n° 128.

☞ *Travail temporaire.*

Prêts

Si la loi du 24 janvier 1984 relative à l'activité et au contrôle des établissements de crédit a interdit à toute personne, physique ou morale, autre qu'un établissement de crédit, d'effectuer à titre habituel des opérations de banque, elle a réservé le cas des prêts consentis par un employeur à ses salariés.

En effet, l'article 11, al. 3 de cette loi, devenu l'article L. 511-6 du code monétaire et financier, dispose que cette interdiction ne s'applique pas « aux entreprises qui consentent des avances sur salaires ou des prêts de caractère exceptionnel pour des motifs d'ordre social à leurs salariés ». À noter que les prêts à la construction relèvent d'un dispositif spécifique.

Le contrat de prêt peut être assorti de garanties

Le contrat de prêt conclu entre un salarié et son employeur peut valablement prévoir la déchéance du terme en cas de rupture du contrat de travail.

La clause d'un contrat de prêt, stipulant qu'en cas de cessation des fonctions du salarié, pour quelque cause que ce soit, le solde du prêt restant dû à cette date devient immédiatement et de plein droit exigible, est valable, l'article L. 144-1 CT, disposition d'ordre public, n'interdisant pas à l'employeur de stipuler à son profit la déchéance du terme. Une cour d'appel a donc pu décider que la démission du salarié entraînait la déchéance du terme du prêt consenti par l'employeur.

Cass. civ., 1re ch., 9 mai 1994, n° 92-15.063, BC I n° 171.

Le fait de stipuler dans le contrat de prêt que ce dernier est remboursé par prélèvements sur les salaires ne constitue pas une sûreté.

Le fait que les prêts consentis par l'employeur soient remboursables par prélèvements sur les salaires ne constitue pas une sûreté au sens de l'article 1188 c. civ. Cet article stipule en effet que les sûretés, dont la perte entraîne pour le débiteur la déchéance du terme, sont celles prévues par le contrat. Or, le fait que le prêt soit remboursable par prélèvements sur les salaires constitue une modalité de paiement et non une sûreté donnée par le contrat.

Dès lors, en l'absence d'écrit stipulant la déchéance du terme en cas de cessation des fonctions du salarié, une cour d'appel ne peut décider que le salarié, en cas de démission, encourt la déchéance du terme des prêts que lui a consentis l'employeur.

Cass. civ., 1re ch., 9 mai 1994, n° 92-15.063, précité.

Les modalités de remboursement varient selon la nature du prêt

Si le prêt s'analyse en une avance sur salaire, l'employeur ne peut se rembourser que par des retenues sur salaire au plus égales au dixième du montant du salaire.

Lorsque l'employeur conclut avec ses salariés une convention d'ouverture de prêt en compte courant, ayant pour objet le versement d'avances moyennant un intérêt, il ne peut, par la suite, retenir la totalité de la rémunération des bénéficiaires du prêt pour compenser une partie de leur dette. Ces sommes ne constituant pas des acomptes sur un travail en cours au sens de l'article L. 144-2 CT, l'employeur ne peut en retenir la totalité sur la rémunération des bénéficiaires du prêt sans violer les dispositions d'ordre public de l'article L. 144-2 CT.

Cass. soc. 5 mai 1993, n° 90-40.801, BC V n° 125.

Le remboursement peut avoir lieu en totalité par compensation si les sommes servant de base à l'opération n'ont pas la nature d'un salaire.

Doit être cassé le jugement ayant refusé la compensation entre, d'une part, la somme d'argent prêtée par l'employeur à son salarié et, d'autre part, les dommages-intérêts et l'indemnité de préavis dus au salarié, alors que cette créance est compensable pour le tout avec les dommages-intérêts mis à la charge de l'employeur, mais également compensable, dans la mesure fixée par l'article L. 144-2 CT, avec le salaire et l'indemnité compensatrice de préavis.

Cass. soc. 21 novembre 1984, n° 82-43.380, 3e moyen.

La rupture abusive du contrat de travail peut avoir des conséquences sur le contrat de prêt

En cas de rupture abusive du contrat de travail entraînant la rupture du contrat de prêt, le salarié peut demander des dommages-intérêts pour perte d'avantages accessoires à son contrat de travail.

Une cour d'appel a pu, pour fixer le montant des dommages-intérêts dus à un salarié pour licenciement sans cause réelle et sérieuse, prendre en compte le préjudice financier résultant pour ce dernier de la perte du crédit qu'il avait contracté à des conditions avantageuses auprès de son employeur. Ce préjudice ne constitue pas en effet un préjudice distinct de celui résultant de la rupture du contrat de travail, ce prêt ayant été consenti en raison de la qualité de salarié du défendeur à l'instance. Dès lors, la cour d'appel a pu réparer le préjudice résultant de la perte d'avantages accessoires au contrat de travail.

Cass. soc. 19 avril 1989, n° 87-42.137.

Compensation ; Retenues sur salaire.

Preuve de la faute

Le régime de la preuve diffère selon que le licenciement est prononcé pour une faute simple, grave ou lourde : si la preuve de la cause réelle et sérieuse ne pèse pas particulièrement sur l'employeur, ce dernier doit prouver la faute grave ou lourde qu'il invoque pour licencier le salarié.

Preuve de la cause réelle et sérieuse

La charge de la preuve du caractère réel et sérieux du motif de licenciement n'incombe particulièrement ni à l'une ni à l'autre partie.

Cass. soc. 11 décembre 1997, n° 96-42.045, BC V n° 436, cité dans « Cause réelle et sérieuse ». Voir aussi cass. soc. 3 novembre 2016, n° 15-20.100, 1er moyen.

Il appartient au juge de rechercher le véritable motif du licenciement…

C'est à tort que, pour débouter un salarié de ses demandes de dommages-intérêts pour licenciement sans cause réelle et sérieuse, une cour d'appel a énoncé qu'il ne lui appartenait pas de rechercher le motif prétendument véritable du licenciement et qu'il lui incombait seulement de vérifier si le motif allégué par l'employeur présentait un caractère réel et sérieux, alors qu'elle devait rechercher si le licenciement du salarié n'avait pas, comme il le prétendait, un caractère économique.

Cass. soc. 23 octobre 1991, n° 88-44.099, BC V n° 427.

… et, dans l'exercice de son pouvoir souverain d'appréciation, d'ordonner ou de refuser des mesures d'instruction.

Justifie légalement sa décision la cour d'appel qui considère, sans ordonner de mesures d'instruction, que la preuve d'une faute lourde n'est pas rapportée, les juges du fond appréciant souverainement l'opportunité d'ordonner des mesures d'instruction.

Cass. soc. 10 mai 1994, n° 92-44.191.

En cas de licenciement disciplinaire, le juge doit rechercher si le motif invoqué par l'employeur, à défaut de caractériser une faute grave, ne constitue pas néanmoins une cause réelle et sérieuse.

Un chef de chantier avait été licencié pour faute grave pour avoir falsifié deux feuilles de pointage au préjudice de son employeur. Après avoir signé un reçu pour solde de tout compte, il avait saisi le conseil de prud'hommes afin d'obtenir des dommages-intérêts pour licenciement abusif et des indemnités de rupture.

Doit être rejeté le pourvoi du salarié reprochant à une cour d'appel d'avoir décidé que son licenciement, bien que non justifié par une faute grave, reposait néanmoins sur une cause réelle et sérieuse. En effet, le juge doit rechercher si les faits reprochés au salarié, à défaut de caractériser une faute grave, ne constituent pas néanmoins une cause réelle et sérieuse de licenciement. En l'espèce, la cour d'appel a pu décider que la falsification de feuilles de pointage, même commise par le salarié sur incitation de son supérieur hiérarchique, constituait une faute.

Cass. soc. 21 octobre 1998, n° 96-43.277, BC V n° 443.

Si un doute subsiste sur le comportement imputé au salarié, il profite à ce dernier.

C'est à tort que, pour déclarer fondé sur une cause réelle et sérieuse le licenciement d'un salarié, un conseil de prud'hommes a énoncé que ce dernier avait reconnu avoir été en position allongée dans la voiture, ce qui laissait planer un doute sur la continuité du travail, même si cette pause était légale et n'avait pas d'heure fixée, alors que la règle édictée doit être interprétée en faveur du salarié et non en sa défaveur et que, un doute existant sur le comportement du salarié, le licenciement ne devait pas être considéré comme reposant sur une cause réelle et sérieuse.

Cass. soc. 16 juin 1993, n° 91-45.462, BC V n° 169. Voir aussi cass. soc. 10 mai 1994, n° 92-44.191, précité.

☛ *Cause réelle et sérieuse ; Pouvoir disciplinaire (Contrôle juridictionnel).*

Preuve de la faute grave et de la faute lourde

Incombe à l'employeur la charge de la preuve de la faute grave…

Un salarié, employé en qualité de chef boucher, avait été licencié pour faute grave avec mise à pied conservatoire pour avoir pris une bière provenant d'un lot impropre à la vente et bu celle-ci pendant son temps de travail.

Pour confirmer la faute grave du salarié, une cour d'appel a retenu que celui-ci ne contestait pas les agissements reprochés dans la lettre de licenciement mais ne démontrait pas que la bière bue provenait d'un lot impropre à la vente ni que l'employeur avait instauré une sorte d'usage permissif en multipliant les pots alcoolisés.

En statuant ainsi, alors d'une part que l'employeur devant prouver la faute grave, le salarié n'avait rien à démontrer et d'autre part que le licenciement étant uniquement justifié par les faits de vol et consommation d'alcool — d'une bière en l'occurrence — sur le lieu de travail le 15 novembre 1996 à 11 h 15, d'autres faits non visés dans la lettre de licenciement ne pouvaient être retenus, la cour d'appel n'a pas caractérisé la faute grave en violation des articles L. 122-8, L. 122-9, L. 122-14-3 CT et 1315 c. civ.

Cass. soc. 9 octobre 2001, n° 99-42.204, BC V n° 306. Voir aussi cass. soc. 16 mars 2010, n° 08-41.393.

… ou lourde.

Cass. soc. 23 janvier 1992, n° 90-42.809, 1er moyen. Voir aussi cass. soc. 15 mars 2000, n° 98-41.022, cités dans « Faute lourde ».

Le salarié n'ayant pas d'obligation probatoire, il ne peut pas saisir le juge des référés aux fins d'obtenir des éléments de preuve des faits lui étant reprochés.

Un salarié, licencié pour faute grave, a saisi la formation de référé d'un conseil de prud'hommes pour que soit ordonnée la production, par l'employeur, sous astreinte, des éléments de preuve des faits qui lui étaient reprochés.

Ayant fait ressortir l'absence d'obligation probatoire du salarié dans le litige envisagé, une cour d'appel a souverainement décidé que sa demande ne reposait pas sur un motif légitime et a pu rejeter sa demande.

Cass. soc. 7 mars 2006, n° 04-47.076, BC V n° 94.

Moyens de preuve

• Moyens de preuve résultant de la surveillance des salariés

☛ *Surveillance des salariés.*

• Autres moyens de preuve

Des attestations établies postérieurement au licenciement sont recevables.

Doit être cassé l'arrêt qui, pour dire le licenciement d'une salariée dépourvu de cause réelle et sérieuse et condamner son employeur à lui payer une indemnité à ce titre, a énoncé que pour justifier des griefs invoqués dans la lettre de licenciement, l'employeur avait produit aux débats des attestations qui étaient toutes postérieures au licenciement et qui ne pouvaient dès lors permettre de vérifier la réalité des griefs à la date du prononcé du licenciement, alors qu'il était indifférent que les attestations aient été établies après le licenciement et qu'il lui appartenait d'en apprécier le contenu et la portée.

Cass. soc. 31 mai 2006, n° 05-43.197, BC V n° 199.

L'employeur peut produire une attestation établie par le salarié l'ayant représenté lors de l'entretien préalable.

Pour dire le licenciement d'un salarié dépourvu de cause réelle et sérieuse, une cour d'appel a retenu que si des attestations du responsable des ressources humaines et de la responsable de l'établissement ayant représenté l'employeur lors de l'entretien préalable établissaient que le salarié avait reconnu les faits qui lui étaient reprochés, il y avait lieu de les écarter des débats, nul ne pouvant témoigner pour soi-même.

En statuant ainsi, alors qu'en matière prud'homale la preuve est libre, que rien ne s'oppose à ce que le juge prud'homal examine une attestation établie par un salarié ayant représenté l'employeur lors de l'entretien préalable et qu'il appartient seulement à ce juge d'en apprécier souverainement la valeur et la portée, la cour d'appel a violé les articles 201 et 202 c. proc. civ.

Cass. soc. 23 octobre 2013, n° 12-22.342, BC V n° 245.

Un rapport d'enquête faisant état de témoignages anonymes ne peut suffire à établir en justice la faute d'un salarié.

Le juge ne peut fonder sa décision uniquement ou de manière déterminante sur des témoignages anonymes.

Dès lors, c'est à tort que, pour dire que la procédure de licenciement était régulière et le licenciement justifié, une cour d'appel, après avoir retenu que l'atteinte aux droits de la défense fondée sur le caractère anonyme des témoignages recueillis par la direction de l'éthique instituée au sein de l'entreprise n'était pas justifiée dans la mesure où le salarié avait eu la possibilité d'en prendre connaissance et de présenter ses observations, s'est fondée de manière déterminante sur le rapport de la direction de l'éthique.

Cass. soc. 4 juillet 2018, n° 17-14.587, 3e branche du 2e moyen, à paraître.

La simple surveillance d'un salarié faite sur les lieux du travail par son supérieur hiérarchique, même en l'absence d'information préalable du salarié, ne constitue pas en soi un mode de preuve illicite.

Cass. soc. 26 avril 2006, n° 04-43.582, BC V n° 145.

De même, le simple contrôle de l'activité d'un salarié par l'employeur ou par un service interne à l'entreprise chargé de cette mission ne constitue pas, même en l'absence d'information et de consultation préalable du comité d'entreprise, un mode de preuve illicite.

Cass. soc. 4 juillet 2012, n° 11-14.241, 1er moyen.

Un employeur peut se prévaloir d'un rapport d'audit pour justifier le licenciement d'un salarié, même si ce dernier n'en a pas été informé préalablement dès lors qu'il n'a pas été tenu à l'écart des travaux réalisés lors de cet audit dans les locaux de l'entreprise.

Après s'être vu adresser un avertissement lui rappelant qu'elle ne bénéficiait d'aucune délégation de pouvoir et qu'elle devait exécuter les instructions émanant de l'organe directeur de la société et cesser de discuter les ordres de la présidente du conseil d'administration, une salariée, licenciée au vu d'un « rapport d'audit » réalisé dans les locaux de l'entreprise par un cabinet d'expertise comptable, faisant apparaître qu'elle outrepassait largement ses fonctions de responsable administrative, a saisi la juridiction prud'homale de diverses demandes.

Ayant relevé que si la salariée n'avait pas été préalablement informée de la mission confiée par l'employeur à une société d'expertise comptable et de commissariat aux comptes, elle n'avait pas été tenue à l'écart des travaux réalisés dans les locaux de l'entreprise aux fins d'entretiens avec l'intéressée et de sondage sur des pièces comptables ou juridiques, une cour d'appel a pu en déduire que la réalisation de cet « audit » ne constituait pas un élément de preuve obtenu par un moyen illicite.

Cass. soc. 26 janvier 2016, n° 14-19.002, BC V n° 13. Voir aussi cass. soc. 28 février 2018, n° 16-19.934, 1er moyen.

Le constat d'huissier ne constitue pas un mode de preuve illicite…

Un constat d'huissier ne constitue pas un procédé de surveillance clandestin nécessitant l'information préalable des salariés.

CE 7 juin 2000, n° 191828. Voir aussi cass. soc. 10 octobre 2007, n° 05-45.898, 1re et 3e branches du 1er moyen.

Une cour d'appel a pu retenir comme mode de preuve licite un constat dressé par un huissier qui s'est borné à effectuer des constatations purement matérielles dans un lieu ouvert au public.

Cass. soc. 19 janvier 2005, n° 02-44.082.

… sauf si l'huissier cache son identité…

Le constat d'huissier constitue un mode de preuve illicite quand l'huissier cache son identité et téléphone à la société en prétendant, pour obtenir des renseignements sur les actes de concurrence reprochés au salarié, qu'il a l'intention d'ouvrir un magasin de matériel agricole. L'employeur ne se fondant sur aucun autre élément de preuve, la cour d'appel ne peut admettre la force probante de ce constat.

Cass. soc. 5 juillet 1995, n° 92-40.050, 1er moyen, BC V n° 237.

… ou excède ses pouvoirs.

Des salariés ont été licenciés pour faute lourde, leur employeur leur reprochant un comportement constitutif d'abus lors d'une grève à laquelle ils avaient pris part.

Après avoir exactement décidé que l'huissier commis par l'employeur avait excédé ses pouvoirs en demandant aux salariés de décliner leur identité et d'enlever des véhicules, une cour d'appel a, dans l'exercice de son pouvoir souverain d'appréciation des preuves, estimé que les faits n'étaient pas établis et a pu déclarer les licenciements nuls.

Cass. soc. 2 mars 2004, n° 01-44.644, BC V n° 69.

Si un constat d'huissier ne constitue pas un procédé clandestin de surveillance nécessitant l'information préalable du salarié en revanche, il est interdit à cet officier ministériel d'avoir recours à un stratagème pour recueillir une preuve.

Cass. soc. 18 mars 2008, n° 06-40.852, BC V n° 65.

Un juge ne peut pas commettre un huissier de justice pour procéder à l'audition de témoins.

Aux termes de l'article 1er de l'ordonnance du 2 novembre 1945, les huissiers de justice peuvent être commis en justice pour effectuer des constatations purement matérielles, exclusives de tout avis sur les conséquences de fait ou de droit qui peuvent en résulter. Il en résulte qu'étant exclusivement habilités à effectuer des constatations matérielles, les huissiers de justice ne peuvent être commis pour procéder à des auditions de témoins qui relèvent de la procédure d'enquête prévue par les articles 204 et s. NCPC et qu'ils ne peuvent dès lors recueillir des témoignages qu'aux seules fins d'éclairer leurs constatations matérielles.

Ayant relevé qu'un huissier de justice avait été commis par le président du tribunal de commerce pour interroger des salariés d'une entreprise concurrente, une cour d'appel, statuant sur le litige opposant un employeur à un salarié licencié pour avoir travaillé au profit de l'entreprise concurrente, a décidé, à bon droit, d'écarter des débats le procès-verbal de constat établi par cet huissier.

Cass. soc. 29 octobre 2002, n° 00-42.918, BC V n° 326.

Ne constitue pas un mode de preuve illicite l'expertise en écriture effectuée à la demande de l'employeur sur des lettres anonymes critiquant la direction, adressée à des cadres du groupe.

Cass. soc. 7 mars 2000, n° 98-41.072.

La production par l'employeur des relevés de facturation téléphonique adressés par la société France Télécom pour le règlement des communications correspondant au poste du salarié est un moyen de preuve licite.

Une cour d'appel a pu se fonder sur les relevés de facturation téléphonique pour constater la réalité du grief imputé au salarié, à savoir une utilisation anormale du téléphone de la société à des fins personnelles, et débouter l'intéressé de sa demande de dommages-intérêts pour licenciement sans cause réelle et sérieuse.

Cass. soc. 11 mars 1998, n° 96-40.147.

Une filature organisée par l'employeur pour contrôler et surveiller l'activité d'un salarié constitue un moyen de preuve illicite.

Il résulte des articles 8 de la Convention européenne de sauvegarde des droits de l'homme et des libertés fondamentales, 9 c. civ., 9 NCPC et L. 120-2 CT qu'une filature organisée par l'employeur pour contrôler et surveiller l'activité d'un salarié constitue un moyen de preuve illicite dès lors qu'elle implique nécessairement une atteinte à la vie privée de ce dernier, insusceptible d'être justifiée, eu égard à son caractère disproportionné, par les intérêts légitimes de l'employeur.

C'est à tort qu'une cour d'appel a retenu une faute grave à l'encontre d'une salariée, alors que l'employeur se fondait, pour retenir l'existence de cette faute, sur le rapport établi par son supérieur hiérarchique dressé à la suite d'une filature.

Cass. soc. 26 novembre 2002, n° 00-42.401, BC V n° 352. Voir aussi cass. soc. 22 mai 1995, n° 93-44.078, BC V n° 164.

Si l'employeur a le droit de contrôler et de surveiller l'activité de son personnel durant le temps de travail, il ne peut mettre en oeuvre un dispositif de contrôle qui n'a pas été porté préalablement à la connaissance des salariés.

Doit être cassé l'arrêt qui, après avoir relevé que l'employeur avait fait suivre un salarié à son insu par un enquêteur privé, a énoncé, pour retenir l'existence d'une cause réelle et sérieuse de licenciement, que devaient être considérées comme illicites certaines parties du rapport d'enquête, mais que d'autres parties du document devaient être considérées comme une attestation émanant d'un sachant dont la portée pouvait être librement appréciée par le juge du fond, alors que l'illicéité d'un moyen de preuve doit entraîner son rejet des débats.

Cass. soc. 4 février 1998, n° 95-43.421, BC V n° 64.

Une salariée, commis de bar, a été licenciée pour faute lourde, consistant à ne pas enregistrer des consommations dont elle s'appropriait le montant.

C'est à tort que, pour décider que les faits reprochés à l'intéressée n'étaient pas prescrits et juger que son licenciement était justifié par une faute lourde, une cour d'appel a retenu que six rapports de deux détectives privés engagés par l'employeur en établissaient les dates et la réalité, sans rechercher si la salariée avait été informée de ce dispositif de contrôle.

Cass. soc. 23 novembre 2005, n° 03-41.401, BC V n° 333.

Si l'employeur a le pouvoir de contrôler et de surveiller l'activité de son personnel pendant le temps de travail, il ne peut mettre en oeuvre un dispositif de surveillance clandestin et à ce titre déloyal.

Pour juger qu'une sanction à l'encontre d'un salarié était régulière et fondée, une cour d'appel a retenu que si l'employeur avait demandé à des cadres de l'entreprise d'aller prendre leur repas dans l'établissement qu'exploitait l'épouse de l'intéressé, en leur fournissant des photographies de ce dernier, afin d'établir un rapport dont il résultait que le salarié assurait le service du restaurant en partie pendant son temps de travail, il n'avait pas été porté atteinte à la vie privée de ce dernier, dès lors que l'établissement était ouvert au public, que les employés mandatés ne s'étaient pas cachés pour procéder aux constatations, qu'ils n'étaient pas tenus de révéler leurs fonctions ni le but de leur visite, agissant en simples clients comme aurait pu l'être toute personne venue inopinément dans l'établissement, que la plainte avec constitution de partie civile déposée par le salarié pour atteinte à la vie privée avait donné lieu à une ordonnance de non lieu, que le recours à des témoins pour faire constater l'activité d'un salarié pendant ses heures de travail ne constituait pas un procédé déloyal ou clandestin et que les contrôles ponctuels ne s'étaient pas réalisés à son insu, les salariés s'étant présentés au restaurant sans se dissimuler, alors que l'intéressé faisait le service au vu et au su de l'ensemble des clients quels qu'ils pouvaient être.

En statuant ainsi, alors qu'elle constatait que des salariés, mandatés par l'employeur, s'étaient rendus dans l'établissement tenu par l'épouse de l'intéressé en se présentant comme de simples clients, sans révéler leurs qualités et le but de leur visite, ce dont il résultait que leurs vérifications avaient été effectuées de manière clandestine et déloyale en ayant recours à un stratagème, la cour d'appel, qui a retenu à tort comme moyen de preuve les rapports établis dans ces conditions, a violé l'article 9 c. proc. civ.

Cass. soc. 18 mars 2008, n° 06-45.093, 3e moyen, BC V n° 64.

L'ouverture du vestiaire personnel d'un salarié qui, malgré son absence, en a été avisé trois semaines à l'avance par affichage sur son propre casier, est un moyen de preuve licite.

Un salarié a été licencié pour « dissimulation et détention illicite, dans son vestiaire personnel, d'objets appartenant à l'entreprise » ; il a saisi la juridiction prud'homale d'une demande de paiement d'une indemnité pour licenciement sans cause réelle et sérieuse.

Après avoir relevé que le salarié avait été personnellement avisé trois semaines à l'avance par affichage sur son propre casier de la date d'ouverture de tout vestiaire non identifié et revendiqué et que l'ouverture, limitée aux seuls casiers non identifiés dans le délai prévu à cette fin, avait eu lieu en présence d'un représentant du personnel et d'un agent de sécurité dans les conditions prévues par la procédure d'identification et d'attribution des vestiaires mise en place avec l'accord des partenaires sociaux, une cour d'appel a pu décider que celle-ci était licite, et a souverainement estimé que la détention d'objets non autorisés par le règlement intérieur constituait une cause réelle et sérieuse de licenciement.

Cass. soc. 15 avril 2008, n° 06-45.902, BC V n° 85.

L'ouverture et le contrôle du contenu du sac d'un salarié n'ayant pas été préalablement informé de son droit de s'y opposer, constitue un moyen de preuve illicite.

L'employeur ne peut apporter aux libertés individuelles ou collectives des salariés que des restrictions justifiées par la nature de la tâche à accomplir et proportionnées au but recherché ; il ne peut ainsi, sauf circonstances exceptionnelles, ouvrir les sacs appartenant aux salariés pour en vérifier le contenu qu'avec leur accord et à la condition de les avoir avertis de leur droit de s'y opposer et d'exiger la présence d'un témoin.

Licencié pour faute grave pour avoir dérobé trois cents emballages en plastique servant au conditionnement de produits après un contrôle de son sac, un salarié a saisi la juridiction prud'homale d'une demande de paiement de diverses sommes au titre de la rupture de son contrat de travail.

Pour retenir l'existence d'une faute grave et débouter le salarié de sa demande, une cour d'appel a relevé notamment que le contrôle du sac du salarié avait été fait en sa présence et avec son consentement, et que ce dernier, n'ayant pas été contraint de montrer le contenu de son sac, ne pouvait soutenir que cette opération était entachée d'illégalité.

En statuant ainsi, alors que le salarié n'avait pas été informé de son droit de s'opposer à l'ouverture de son sac et au contrôle de son contenu, la cour d'appel a violé les articles L. 120-2, devenu L. 1121-1 CT, et 9 c. civ.

Cass. soc. 11 février 2009, n° 07-42.068, BC V n° 40.

Constitue un moyen de preuve illicite le fait pour un employeur d'écouter les enregistrements réalisés par un salarié sur son dictaphone personnel en son absence puis de les détruire.

Une salariée a été licenciée pour faute grave, l'employeur lui reprochant notamment d'avoir enregistré les conversations qui se déroulaient au sein de la société à l'aide d'un appareil de type dictaphone.

Pour dire le licenciement fondé sur une faute grave, débouter la salariée de ses demandes d'indemnisation et la condamner à verser à l'employeur des dommages-intérêts, une cour d'appel a retenu que le directeur ayant découvert le dictaphone de la salariée en mode enregistrement dans les locaux de l'entreprise, il était fondé à le retenir et à en écouter immédiatement l'enregistrement en l'absence de la salariée mais en présence de plusieurs témoins et que le fait pour un cadre d'enregistrer de façon illicite des conversations de bureau à l'insu de ses collègues et d'occasionner ainsi un certain émoi et un climat de méfiance ou de suspicion contraire à l'intérêt de la société constitue une faute grave.

En statuant ainsi, alors d'une part que l'employeur ne pouvait procéder à l'écoute des enregistrements réalisés par la salariée sur son dictaphone personnel en son absence ou sans qu'elle ait été dûment appelée, et alors d'autre part que les enregistrements ayant été détruits, la salariée avait été mise dans l'impossibilité d'apporter une preuve contraire aux attestations qu'il produisait, la cour d'appel a violé les articles 9 c. proc. civ. et 6 § 1 de la Convention européenne de sauvegarde des droits de l'homme et des libertés fondamentales, et le principe de loyauté dans l'administration de la preuve.

Cass. soc. 23 mai 2012, n° 10-23.521, BC V n° 156.

Est régulière la vérification des coffres-forts, effectuée en application du règlement intérieur, dès lors qu'ils ont été mis à la disposition des salariés pour un usage exclusivement professionnel.

Un salarié occupant un poste d'agent de contrôle à la RATP était doté d'un fond de caisse dit « empoche » qu'il était tenu de déposer dans un coffre-fort placé dans une armoire forte dont le code d'ouverture n'était connu que de la hiérarchie, laquelle était autorisée par le règlement intérieur à procéder à son contrôle à tout moment ; à la suite d'une vérification effectuée par la direction au terme de laquelle il est apparu que l'empoche de l'intéressé n'était pas complète, ce dernier s'est vu notifier une mise à pied de cinq jours ; le salarié a saisi la juridiction prud'homale aux fins notamment d'obtenir l'annulation de cette sanction disciplinaire.

Après avoir retenu que les coffres permettant le dépôt par chaque agent des fonds mis à sa disposition étaient affectés à un usage exclusivement professionnel, une cour d'appel a pu décider que la vérification du coffre était régulière et qu'ainsi la sanction prononcée conformément au règlement intérieur était justifiée.

Cass. soc. 21 octobre 2008, n° 07-41.513, 1er moyen, BC V n° 193.

Constitue un moyen de preuve licite la production par l'employeur d'un document reproduisant les propos tenus par un salarié sur la page Internet d'un réseau social paramétrée par ce dernier pour en permettre le partage avec « ses amis et leurs amis ».

Cons. prud'h. Boulogne-Billancourt 19 novembre 2010, n° 09/00316. Voir aussi CA Besançon, ch. soc., 15 novembre 2011, n° 10/02642.

Si l'employeur peut toujours consulter les fichiers qui n'ont pas été identifiés comme personnels par le salarié, il ne peut les utiliser pour le sanctionner s'ils s'avèrent relever de sa vie privée.

Après avoir relevé que les messages d'ordre privé échangés par un salarié avec une collègue de l'entreprise étaient pour la plupart à l'initiative de celle-ci, notamment celui contenant en pièce jointe non identifiée des photos érotiques, et que l'intéressé s'était contenté de les conserver dans sa boîte de messagerie sans les enregistrer ni les diffuser, une cour d'appel a pu juger que le licenciement de ce dernier était sans cause réelle et sérieuse.

Cass. soc. 5 juillet 2011, n° 10-17.284.

Un courriel, envoyé par un salarié aux temps et lieu du travail, qui est en rapport avec son activité professionnelle, ne revêt pas un caractère privé et peut être retenu au soutien d'une procédure disciplinaire à son encontre.

Cass. soc. 2 février 2011, n° 09-72.313. Voir aussi cass. soc. 2 février 2011, n° 09-72.449.

L'absence de déclaration simplifiée à la CNIL d'un système de messagerie électronique professionnelle non pourvu d'un contrôle individuel de l'activité des salariés, qui n'est dès lors pas susceptible de porter atteinte à la vie privée ou aux libertés au sens de l'article 24 de la loi « informatique et libertés », ne rend pas illicite la production en justice des courriels adressés par l'employeur ou par le salarié dont l'auteur ne peut ignorer qu'ils sont enregistrés et conservés par le système informatique.

Cass. soc. 1er juin 2017, n° 15-23.522, BC V n° 99.

Preuve de la faute

Le salarié peut produire en justice, pour assurer sa défense dans le procès qui l'oppose à son employeur, les documents de l'entreprise dont il a eu connaissance à l'occasion de l'exercice de ses fonctions…

Un directeur des ventes licencié pour faute grave avait saisi le conseil de prud'hommes soutenant que son licenciement était en réalité motivé par l'embauche d'un salarié bénéficiant d'une rémunération moindre.

Doit être cassé l'arrêt qui, pour le débouter de sa demande d'indemnité pour licenciement sans cause réelle et sérieuse, a écarté des débats deux documents qui auraient été frauduleusement soustraits à l'employeur par le salarié, alors qu'il résultait de ses constatations que la lettre de la société et le projet de budget de cette société produits par le salarié contenaient des informations dont les membres du personnel pouvaient avoir normalement connaissance.

Cass. soc. 2 décembre 1998, n° 96-44.258, BC V n° 535.

Lorsque cela est strictement nécessaire à l'exercice des droits de sa défense dans le litige l'opposant à son employeur, un salarié peut produire en justice des documents dont il a eu connaissance à l'occasion de ses fonctions.

S'agissant d'une salariée licenciée pour faute lourde en raison notamment du vol et de la rétention de documents couverts par le secret professionnel, une cour d'appel a pu, après avoir relevé que la violation de ses obligations était justifiée par la nécessité de remettre à ses défenseurs les documents litigieux, décider que ces faits ne constituaient ni une faute lourde, ni une faute grave, ni même une cause réelle et sérieuse de licenciement.

Cass. soc. 30 juin 2004, n° 02-41.720, BC V n° 187.

Pour rejeter la demande reconventionnelle d'un employeur tendant à condamner sous astreinte un salarié licencié pour faute grave à détruire la copie des fichiers visés dans une sommation interpellative, une cour d'appel a retenu que les pièces produites par l'employeur ne permettaient pas de retenir qu'il existait un risque d'utilisation des documents à des fins commerciales, qu'en effet, la copie du disque dur en une seule opération établissait que cette copie était directement liée aux conditions de la rupture, sans que soient produits d'éléments laissant supposer une autre utilisation que celle qui avait été faite dans la procédure prud'homale.

En statuant ainsi, sans rechercher si le salarié établissait que les documents en cause étaient strictement nécessaires à l'exercice des droits de sa défense dans le litige qui l'opposait à son employeur à l'occasion de son licenciement, la cour d'appel a privé sa décision de base légale.

Cass. soc. 31 mars 2015, n° 13-24.410, BC V n° 68.

Une salariée a été poursuivie notamment pour avoir frauduleusement soustrait deux bulletins de paie et la photocopie de divers documents appartenant à l'employeur, qui avait décidé de la licencier. A justifié sa décision la cour d'appel qui a relaxé la salariée. En effet, les documents de l'entreprise dont la prévenue avait eu connaissance à l'occasion de ses fonctions et qu'elle a appréhendés ou reproduits sans l'autorisation de son employeur étaient strictement nécessaires à l'exercice des droits de sa défense dans le litige l'opposant à ce dernier.

Cass. crim. 11 mai 2004, n° 03-85.521, 2e moyen, B. crim. n° 117. Voir aussi cass. crim. 16 juin 2011, n° 10-85.079, B. crim. n° 134, s'agissant d'un salarié avisé du projet de son employeur de rompre son contrat de travail, ayant appréhendé des documents dont il avait eu connaissance à l'occasion de l'exercice de ses fonctions et dont la production était strictement nécessaire à l'exercice de sa défense dans la procédure prud'homale qu'il a engagée peu après ; cass. crim. 25 novembre 2014, n° 13-84.414.

… à condition que le litige soit prud'homal.

Une société de transport a fait citer directement devant le tribunal correctionnel un salarié pour diffamation et vol ; elle reprochait à ce dernier d'avoir, alors qu'il était entendu par la gendarmerie sur des faits de diffamation envers son employeur, produit la photocopie de deux lettres destinées à établir les carences de cette entreprise dans la protection contre le risque de vol des marchandises qui lui étaient confiées ; les premiers juges ont renvoyé le prévenu des fins de la poursuite et débouté la partie civile de ses demandes.

C'est à bon droit que, pour infirmer le jugement entrepris, sur les appels du ministère public et de la partie civile, et déclarer le prévenu coupable de vol, une cour d'appel a retenu que ce dernier avait remis les photocopies litigieuses, non pour assurer sa défense dans un litige prud'homal, mais lors de son audition par les gendarmes sur la plainte déposée contre lui pour diffamation par la société, pour tenter de prouver la vérité des faits qu'il avait imputés à son employeur.

Cass. crim. 9 juin 2009, n° 08-86.843, B. crim. n° 118.

☛ *Faute grave ; Faute lourde ; Surveillance des salariés ; Vie privée.*

Prime d'ancienneté

Ayant pour objet de fidéliser le salarié, la prime d'ancienneté résulte du contrat de travail, de la convention collective ou d'un usage.

Les conventions collectives de branche susceptibles d'extension peuvent contenir des dispositions concernant cette prime (art. D. 2261-2 CT).

Notion

La prime d'ancienneté ne se confond pas avec une rémunération à l'ancienneté.

En l'état de dispositions conventionnelles prévoyant une rémunération globale minimum, calculée en fonction de l'ancienneté, mais n'instituant pas au profit du salarié une prime d'ancienneté, une cour d'appel, qui a relevé qu'une salariée avait perçu un salaire supérieur à la rémunération globale à laquelle elle pouvait prétendre au regard de son ancienneté dans l'entreprise, a exactement décidé qu'elle ne démontrait pas ne pas avoir été remplie de ses droits au regard de la convention collective et a pu la débouter de sa demande en paiement de la prime d'ancienneté.

Cass. soc. 16 novembre 2004, n° 02-47.149, BC V n° 289.

Bénéficiaires

Si les salariés à temps partiel acquièrent une ancienneté équivalant à celle des salariés à temps plein, le montant de la prime d'ancienneté est proportionnel à leur salaire.

Si la durée de l'ancienneté des salariés à temps partiel doit être décomptée comme s'ils étaient occupés à temps complet, conformément à l'alinéa 11 de l'article L. 212-4-2 CT, le montant de la prime doit, s'agissant d'un élément de rémunération, être déterminé par application de la règle de proportionnalité des salaires, conformément à l'alinéa 10 du même article.

Cass. soc 18 février 1988, n° 86-41.980, 1er moyen, BC V n° 120.

Calcul

Le calcul de la prime d'ancienneté peut se faire à partir des minima conventionnels même si ceux-ci sont inférieurs au SMIC.

Aucune disposition légale n'interdit à une convention collective de prévoir le calcul de la prime d'ancienneté sur la base des minima conventionnels et ce, même si ces minima sont inférieurs au SMIC.

Doit être cassé le jugement qui, pour condamner un employeur à payer un rappel de prime d'ancienneté, a énoncé que ce calcul devait se faire sur le SMIC dans la mesure où celui-ci était supérieur au minimum conventionnel.

Cass. soc. 12 avril 1995, n° 91-42.280. Voir aussi cass. soc. 16 septembre 2015, n° 14-17.558, 2e moyen.

La convention collective peut prévoir une modulation du taux de la prime d'ancienneté en fonction des variations de l'horaire de travail.

Selon l'article 12 de l'avenant « Mensuels » de la convention collective de l'industrie du travail des métaux de la Moselle les salariés jouissant de leur pleine capacité de travail bénéficient d'une garantie de ressources dont le montant mensuel est calculé, pour une fonction déterminée, sur la base d'un horaire hebdomadaire de 39 heures, avec une adaptation proportionnelle en cas d'horaire supérieur ou inférieur ; selon l'article 25 de cet avenant, après trois ans d'ancienneté dans l'établissement, les salariés bénéficient d'une prime d'ancienneté qui s'ajoute à leurs salaires, dont le taux est fixé en pourcentage de la ressource garantie de la fonction qu'ils exercent et dont le montant est adapté à l'horaire de travail quand celui-ci dépasse la durée légale.

Il résulte de ces dispositions que le taux de la prime d'ancienneté doit être augmenté ou amoindri en proportion des variations de l'horaire de travail effectué par le salarié, selon qu'il est supérieur ou inférieur à celui fixé par la convention collective pour le calcul de la garantie de ressources.

Cass. soc. 13 novembre 2003, n° 01-46.177, 1er moyen, BC V n° 283.

Dès lors que l'employeur a utilisé de façon constante, générale et fixe des modalités de calcul de la prime d'ancienneté plus favorables que celles prévues par la convention collective, il ne peut remettre en cause cet usage en invoquant son erreur.

Dès lors que la prime d'ancienneté est calculée de façon constante, fixe et générale sur une base plus favorable que celle prévue par la convention collective, l'employeur ne peut invoquer une erreur de calcul pour contester le droit du salarié à se prévaloir de ce mode de calcul.

Cass. soc. 3 mars 1993, n° 89-45.785, 3e moyen.

Prime d'ancienneté conventionnelle et salaire contractuel

Lorsqu'une nouvelle convention collective, prévoyant une prime d'ancienneté, entre en vigueur dans une entreprise, la prime doit s'ajouter au salaire contractuel.

Une cour d'appel a, dès lors, exactement jugé que la prime d'ancienneté prévue par la nouvelle convention collective devait s'ajouter au salaire contractuel.

Cass. soc. 27 janvier 1999, n° 96-43.342, BC V n° 43. Voir aussi cass. soc. 3 février 2010, n° 08-44.142, 3e moyen.

Elle doit être calculée, selon les dispositions conventionnelles, en fonction de l'ancienneté acquise depuis la conclusion du contrat de travail.

Un salarié, engagé en 1979 par la société STB, a été affecté aux fonctions de vendeur « en laisser sur place » par la société M, qui a repris la société STB à compter du 1er juin 1994.

Doit être rejeté le pourvoi de la société M qui, pour reprocher à une cour d'appel de l'avoir condamnée à verser au salarié, à compter du 1er juillet 1995, une prime d'ancienneté calculée sur la base d'une ancienneté supérieure à quinze ans, soutient que les conventions collectives et leurs arrêtés d'extension ne disposent que pour l'avenir et que, dès lors qu'antérieurement au 1er juillet 1995, date de l'arrêté d'extension, la société M ne relevant pas de la convention collective des industries charcutières, l'ancienneté acquise jusqu'à cette date ne pouvait être prise en considération pour le calcul de la prime d'ancienneté due au salarié.

En effet, la cour d'appel a exactement décidé que, par application des dispositions combinées de la convention collective des industries charcutières et de l'accord de mensualisation du 22 juin 1979, le salarié avait droit à compter du 1er juillet 1995 au versement de la prime d'ancienneté calculée au taux de 15 %, compte tenu de son ancienneté acquise depuis 1979 et qu'il ne pouvait renoncer à cet avantage par la signature d'un protocole avec son employeur.

Cass. soc. 15 octobre 2002, n° 00-40.728, 3e moyen, BC V n° 315.

La prime est immédiatement applicable aux salariés justifiant d'une ancienneté supérieure ou égale à celle exigée par la convention pour son versement.

Il résulte de la combinaison des articles L. 132-10 CT et 21 de la convention collective nationale des entreprises d'expertises en matière d'évaluations industrielles et commerciales, que la prime d'ancienneté instituée au profit des salariés totalisant cinq années de présence dans l'entreprise et dont le taux augmente en fonction de la durée de ce temps de présence, est applicable immédiatement aux salariés justifiant d'une ancienneté supérieure ou égale à cinq ans à la date d'entrée en vigueur de la convention collective.

Une salariée a saisi la juridiction prud'homale d'une demande de paiement d'un rappel de prime d'ancienneté.

C'est à tort que, pour la débouter de sa demande, une cour d'appel a retenu que l'ancienneté à prendre en compte pour le calcul de ladite prime était celle qui résultait de la date d'adhésion par l'employeur à la convention collective, peu importeant l'ancienneté totale de la salariée dans l'entreprise, alors que la salariée avait une ancienneté de plus de cinq ans au moment de l'entrée en vigueur de la convention collective.

Cass. soc. 10 octobre 2007, n° 06-43.373, BC V n° 157.

Prime d'ancienneté et indemnité de congés payés

La prime d'ancienneté doit être intégrée dans la base de calcul de l'indemnité de congés payés.

La rémunération à prendre en compte pour le calcul de l'indemnité de congés payés est la rémunération totale perçue par le salarié sur l'année de référence. C'est à bon droit que les juges du fond ont intégré la prime d'ancienneté dans la base de calcul de l'indemnité de congés payés, dès lors que toutes les primes et indemnités versées en complément du salaire doivent être incluses dans cette rémunération si elles sont perçues en contrepartie du travail.

Cass. soc. 30 mars 1995, n° 91-43.640, 3e et 4e moyens. Voir aussi cass. soc. 7 septembre 2017, n° 16-16.643, 2e moyen, BC V n° 126 ; cass. soc. 16 juin 1998, n° 96-43.187, excluant de l'assiette de l'indemnité de congés payés une prime d'ancienneté dès lors qu'elle était versée tout au long de l'année, périodes de travail et de congés payés confondues, en sorte que son inclusion aurait abouti à la faire payer pour partie une seconde fois par l'employeur.

Prime d'ancienneté et salaire minimum

En principe, une prime d'ancienneté liée à la présence du salarié dans l'entreprise n'a pas à être prise en considération, en l'absence de dispositions particulières, pour le calcul du salaire minimum prévu par la convention collective.

Cass. soc. 31 janvier 2006, n° 04-44.026.

Preuve du paiement

La preuve du paiement de la prime appartient à l'employeur.

La preuve du paiement de la prime d'ancienneté, qu'il appartient à l'employeur d'apporter, ne peut résulter ni du fait que le salaire effectif est supérieur au salaire minimum conventionnel augmenté du montant de cette prime ni de l'absence de réclamation du salarié pendant la durée d'exécution de son contrat de travail.

Cass. soc. 5 janvier 1994, n° 90-43.757. Voir aussi cass. soc. 12 janvier 2005, n° 03-46.203 ; cass. soc. 8 mars 2000, n° 98-43.489, précisant que la preuve du paiement de la prime d'ancienneté ne peut résulter d'une prétendue pratique interne consistant à inclure la prime dans le salaire ; cass. soc. 28 mars 2001, n° 99-41.351, décidant que la mention d'une « prime de fonctions » sur le bulletin de paie ne peut valoir preuve du paiement de « primes d'ancienneté et de stabilité ».

Le défaut de mention sur les bulletins de paie d'un versement de la prime d'ancienneté vaut présomption de non-paiement de cet élément de rémunération.

Une cour d'appel, devant qui l'employeur devait faire dès lors la preuve d'un tel paiement, a estimé, à bon droit, que cette preuve ne résultait pas du seul fait que le salaire effectif de la salariée avait été supérieur au salaire minimum conventionnel augmenté de la prime.

Cass. soc. 29 octobre 2003, n° 01-43.286, 2e moyen.

Handicapés ; Primes et gratifications ; Usage.

Prime de fin d'année/ Treizième mois

Les conventions, accords collectifs ou usages peuvent prévoir le versement d'une prime de fin d'année ou d'un treizième mois.

Sources de l'obligation

Le treizième mois peut être prévu par le contrat de travail…

Ayant retenu qu'une prime de treizième mois avait été stipulée dans le contrat individuel de travail et qu'elle n'était assortie d'aucune condition particulière d'attribution, un conseil de prud'hommes a pu décider que l'existence de l'obligation de l'employeur au paiement de cette prime n'était pas sérieusement contestable.

Cass. soc. 25 octobre 1995, n° 92-44.922.

La mention de la rémunération annuelle brute dans la lettre d'embauche exclut toute notion de treizième mois.

Cass. soc. 30 janvier 2002, n° 99-46.359.

… ou résulter d'un engagement unilatéral de l'employeur dont le salarié doit établir l'existence.

Lorsqu'elle est payée en exécution d'un engagement unilatéral de l'employeur, une prime constitue un élément de salaire et est obligatoire pour l'employeur dans les conditions fixées par cet engagement, peu important son caractère variable. Un conseil de prud'hommes qui a fait ressortir que la prime de fin d'année était due en vertu d'un engagement unilatéral a décidé à bon droit qu'un salarié était fondé à en exiger le paiement.

Cass. soc. 26 octobre 1999, n° 97-44.530. Voir aussi cass. soc. 7 novembre 2001, n° 99-45.537.

Le versement de la prime de fin d'année peut résulter d'un usage.

C'est à tort que, pour débouter une salariée de sa demande en paiement d'une somme à titre de prime de fin d'année, un conseil de prud'hommes a retenu que, pour les quatre années précédentes, celle-ci ne figurait pas sur ses bulletins de paie mais sur un papier volant vraisemblablement écrit par l'employeur portant la mention : « prime de fin d'année en espèces : 2 200 F » et qu'aucun de ces montants n'avait été soumis aux retenues de cotisations tant patronales que salariales recouvrées par l'Urssaf, alors que le paiement d'une prime est obligatoire pour l'employeur lorsque son versement résulte d'un usage répondant à des caractères de généralité, constance et fixité et, alors qu'après avoir constaté que la salariée avait perçu, au cours de chacune des quatre dernières années, une prime de fin d'année fixe dans son montant, peu important l'irrégularité éventuelle commise par l'employeur au regard de la législation sur la sécurité sociale, le conseil de prud'hommes devait vérifier si cette gratification ne répondait pas aussi au caractère de généralité.

Cass. soc. 28 février 1996, n° 93-40.883, BC V n° 74.

Après avoir constaté qu'une prime de fin d'année avait été versée à tous les salariés en décembre 1996 et 1997, un conseil de prud'hommes a pu en déduire que cette prime résultait d'un usage présentant un caractère de généralité, de constance et de fixité Présente un caractère obligatoire la prime de fin d'année régulièrement perçue par une salariée comme par l'ensemble du personnel commercial de l'entreprise et dont le montant procède d'un mode de calcul demeuré identique pour chaque exercice.

Cass. soc. 11 décembre 2002, n° 01-41.094.

Lorsque l'instauration d'un treizième mois résulte d'un accord collectif, les conditions de son versement ne peuvent pas être modifiées par l'employeur dans un sens moins favorable que celles prévues dans l'accord.

Aux termes de l'article 3-16 de la CCN des activités du déchet du 11 mai 2000, une prime dite « de treizième mois » est versée aux personnels ayant au moins six mois consécutifs d'ancienneté dans l'entreprise et étant présents à l'effectif de l'entreprise au 31 décembre de l'année de référence, cette prime équivalant à un mois de salaire.

C'est à tort que, pour débouter un salarié de sa demande en paiement d'un rappel de prime de treizième mois pour l'année 2007, un conseil de prud'hommes a relevé que celui-ci était en arrêt maladie pendant toute l'année 2007 et que l'employeur avait, par une note interne d'information du 30 novembre 2004, décidé que l'attribution de la prime de treizième mois était basée sur le temps de présence effectif, avec déduction de l'absence pour maladie, alors que la convention collective détermine le montant de la prime de treizième mois perçue par les salariés sans condition de durée effective de leur présence dans l'entreprise, et que l'employeur, qui relève de ladite convention, ne peut décider de modalités d'attribution moins favorables aux salariés.

Cass. soc. 21 mars 2012, n° 10-15.553, BC V n° 103.

Un accord a été conclu le 25 mai 1982 entre la direction d'une société et les délégués du personnel sur l'instauration d'un treizième mois pour l'ensemble du personnel. Le 19 février 1993, un protocole d'accord de fin de grève a dénoncé l'ensemble des accords et usages existant dans l'entreprise et fixé à la fin juin 1993 le délai pour conclure un nouvel accord. Après échec des négociations, l'employeur a proposé à chaque salarié de signer un avenant prévoyant notamment le remplacement du treizième mois par une prime de fin d'année d'un montant inférieur jusqu'à ce que la situation de l'entreprise se rétablisse. Des salariés qui avaient signé les avenants ont saisi un conseil de prud'hommes pour obtenir l'annulation de ces actes ainsi que le paiement de diverses sommes.

Doit être cassé l'arrêt qui, pour débouter les salariés de leurs demandes, a énoncé qu'ils avaient accepté et signé l'avenant et que, dès lors, un débat portant sur la nature de l'accord ayant institué initialement ce treizième mois, la qualité réelle des signataires et la validité de sa dénonciation, était sans portée réelle. En effet, d'une part, les conditions de versement du treizième mois ne pouvaient être modifiées par un avenant au contrat de travail dans un sens moins favorable que celles prévues par un accord collectif ou par un accord valant engagement unilatéral de l'employeur tant que cet accord demeurait en vigueur et, d'autre part, il appartenait à la cour de rechercher, au regard de la nature juridique de l'accord de 1982, si sa dénonciation était régulière et opposable aux salariés concernés à la date de signature des avenants.

Cass. soc. 4 février 2003, n° 01-40.066, 1re branche du moyen, BC V n° 38.

Lorsque des primes de treizième mois sont prévues à la fois par le contrat de travail et un accord collectif, elles ne peuvent se cumuler qu'à condition de ne pas avoir le même objet ou la même cause.

Si en cas de concours de stipulations contractuelles et de dispositions conventionnelles, les avantages qu'elles instituent ne peuvent se cumuler, c'est à la condition qu'ils aient le même objet et la même cause.

Ayant retenu que le treizième mois prévu par le contrat de travail d'un salarié constituait une modalité de règlement d'un salaire annuel payable en treize fois, alors que la gratification instituée par un accord d'entreprise constituait un élément de salaire répondant à des conditions propres d'ouverture et de règlement, une cour d'appel a pu en déduire que ces avantages n'avaient pas le même objet et condamner l'employeur au paiement d'une somme au titre de la gratification du treizième mois.

Cass. soc. 13 juin 2012, n° 10-27.395, BC V n° 184.

Conditions d'attribution

Le bénéfice de la prime de treizième mois doit être accordé aux salariés à temps partiel.

Doit être cassé l'arrêt qui a débouté une salariée travaillant à temps partiel de sa demande de prime de treizième mois, alors que les salariés à temps partiel doivent bénéficier proportionnellement des avantages de rémunération consentis par l'employeur aux salariés employés à temps complet.

Cass. soc. 2 décembre 1992, n° 91-40.655, 3e moyen, BC V n° 582.

La prime de treizième mois est due au salarié dès lors que la convention collective mentionnée sur son bulletin de paie en prévoit le versement.

Selon l'article R. 143-2 CT, l'employeur est tenu de porter à la connaissance du salarié la convention collective applicable. Dans les relations individuelles de travail, le salarié peut se prévaloir à l'encontre de l'employeur de la convention collective mentionnée sur son bulletin de paie.

Une cour d'appel, qui a constaté qu'un employeur visait sur les bulletins de salaire d'un salarié une convention collective prévoyant le versement d'une prime de treizième mois, a décidé à bon droit que le salarié avait droit au paiement de cette prime.

Cass. soc. 6 mai 2002, n° 00-40.844.

La convention collective peut subordonner son versement à une condition d'ancienneté dans l'entreprise.

Selon l'article 3-16 de la convention collective nationale des activités du déchet du 11 mai 2000, une prime de treizième mois est versée aux personnels ayant au moins six mois d'ancienneté dans l'entreprise et étant présent à l'effectif au 31 décembre de l'année de référence, avec paiement au prorata temporis, en cas d'embauche au cours de l'année.

En l'absence, dans le contrat de travail, d'une stipulation expresse dérogeant aux dispositions de la convention collective, un salarié non titulaire d'une ancienneté de plus de six mois dans l'entreprise ne peut donc bénéficier du paiement du treizième mois.

Cass. soc. 16 novembre 2005, n° 04-43.134.

En cas de transfert d'entreprise, la prime de treizième mois est due par l'employeur du salarié à la date de la naissance du droit à cette prime.

Le droit à la prime de treizième mois ne naissant, sauf dispositions contraires dont il incombe au salarié de rapporter la preuve, qu'au 31 décembre de l'année concernée, cette prime est due par l'employeur du salarié à cette date.

Cass. soc. 11 mars 1992, n° 88-43.447, BC V n° 169.

L'employeur peut fixer les conditions de versement d'une prime de fin d'année à la condition que celles-ci ne portent pas atteinte à la liberté de travail du salarié.

Si l'employeur peut assortir la prime de fin d'année qu'il institue de conditions, encore faut-il que celles-ci ne portent pas atteinte aux libertés et droits fondamentaux du salarié.

Une société ne pouvait, sans porter atteinte à la liberté de travail d'une salariée, subordonner le maintien du droit à la prime de fin d'année à la condition de la présence de l'intéressée dans l'entreprise au 30 juin de l'année suivant son versement et déduire le montant de la prime du solde de tout compte de la salariée qui avait démissionné avant cette date, sauf à pratiquer une sanction pécuniaire illicite. Par ce motif de pur droit, substitué à ceux des premiers juges, la décision de condamner la société à payer à la salariée le montant de la prime de fin d'année se trouve légalement justifiée.

Cass. soc. 18 avril 2000, n° 97-44.235, BC V n° 141.

La prime de fin d'année est due, sauf dispositions contraires, aux salariés présents à la date de son versement.

Un accord d'entreprise ayant prévu que la part de prime payable n'était pas due si le contrat de travail était rompu avant le 10 décembre, un conseil de prud'hommes a pu débouter un salarié de ses demandes en paiement de la prime de treizième mois, son contrat ayant été rompu le 2 décembre.

Cass. soc. 23 janvier 1997, n° 95-40.419.

Le salarié dispensé d'effectuer son préavis au moment du versement de la prime doit être considéré comme présent.

Une cour d'appel qui a retenu que le contrat de travail d'un salarié subsistait jusqu'à la date d'expiration du préavis non exécuté en a exactement déduit que, présent dans les effectifs du personnel de la société au 31 décembre, l'intéressé avait droit au paiement de la deuxième fraction de la prime de treizième mois.

Cass. soc. 21 juin 1989, n° 86-41.493, 2e branche, 3e moyen.

Les salariés en cours de préavis bénéficient de la prime de fin d'année.

Une cour d'appel a exactement retenu que la clause privant les salariés en cours de préavis du montant de la prime de fin d'année était contraire aux dispositions d'ordre public de l'article L. 122-8 CT.

Cass. soc. 5 juillet 1995, n° 93-46.720, BC V n° 234.

Le droit au paiement prorata temporis d'une somme dite « prime de fin d'année » à un membre du personnel ayant quitté l'entreprise, quel qu'en soit le motif, avant la date de son versement, ne peut résulter que d'une convention ou d'un usage dont il appartient au salarié de rapporter la preuve.

Cass. soc. 7 mars 2001, n° 99-41.248, 2e moyen. Voir aussi cass. soc. 20 février 2007, n° 06-42.330 ; cass. soc. 12 février 2015, n° 13-21.146, 4e moyen.

Un employeur ne peut, sans méconnaître le principe d'égalité de traitement entre salariés, refuser à une de ses salariés le paiement prorata temporis de la prime de treizième mois, alors qu'il l'a accordé à un autre salarié.

Cass. soc. 3 novembre 2004, n° 02-44.455.

Si le treizième mois constitue une fraction de salaire et non une prime, il doit être payé prorata temporis.

Après avoir relevé qu'une société avait indiqué dans une lettre adressée au salarié « un salaire de 5 400 F × 13 », et non une prime, un conseil de prud'hommes n'a fait qu'appliquer les termes clairs de cette lettre en décidant que le salaire avait été fixé à treize fois le salaire mensuel et que l'intéressé avait dès lors droit à la partie de treizième mois de salaire qui ne lui avait pas été versée pendant son temps de présence dans l'établissement.

Cass. soc. 19 décembre 1990, n° 88-41.075, BC V n° 684.

Modalités de calcul

La convention collective peut prévoir les modalités de calcul de la prime de treizième mois.

Selon l'article 42 de la convention collective des sociétés d'économie mixte d'autoroutes du 1er juin 1979, indépendamment de leurs appointements mensuels, les agents titulaires reçoivent un treizième mois égal à 100 % du salaire de base et des primes fixes de décembre, payable à raison de 50 % en juin, 50 % en décembre. Dix salariés ont demandé la condamnation d'une société au paiement de sommes à titre de rappel de treizième mois devant comprendre le montant d'autres primes.

C'est à tort que, pour accueillir les demandes des salariés, un conseil de prud'hommes a retenu que les modalités de calcul des primes de trafic, de transaction et de péage étant déterminées de manière fixe, même si ces primes étaient par essence variables en fonction du trafic traité par chaque agent, ces primes devaient être incluses dans le calcul du treizième mois, tout en constatant le caractère variable du montant des primes allouées aux salariés.

Cass. soc. 21 mars 2006, n° 05-42.474, BC V n° 116.

La prime de treizième mois doit inclure tous les éléments du salaire.

Dès lors qu'il résultait des dispositions du contrat de travail qu'une prime d'intéressement était versée en plus de l'appointement fixe à titre de supplément de salaire, le treizième mois ayant la nature d'un salaire devait nécessairement être calculé en prenant en compte appointement fixe et intéressement variable.

Cass. soc. 25 octobre 1995, n° 91-45.502, 2e moyen.

Les absences peuvent donner lieu à réduction de la prime de fin d'année.

Après avoir fait ressortir qu'une prime, instituée par accord d'entreprise, constituait une prime de fin d'année quand bien même elle aboutissait à une prime de 13e mois après un certain temps de présence dans l'entreprise, un conseil de prud'hommes, qui a relevé que le montant de cette prime était modulé en fonction du temps de présence effectif du bénéficiaire dans l'entreprise, a exactement décidé que le calcul des primes de fin d'année versées aux salariés tenait compte de leurs absences pour cause de maladie non professionnelle.

Cass. soc. 15 novembre 2000, n° 98-44.247.

C'est à tort qu'un conseil de prud'hommes a accordé à des salariées ayant bénéficié d'un congé de maternité en cours d'année un complément de prime de fin d'année, dès lors qu'il n'était pas contesté que l'employeur, qui avait institué une prime de fin d'année, pratiquait un abattement à partir d'un certain nombre de jours d'absence, et que la période de congé de maternité n'est, aux termes de l'article L. 223-4 CT, considérée comme période de travail effectif que pour la détermination de la durée des congés payés.

Cass. soc. 11 avril 1991, n° 87-41.975, 2e moyen, BC V n° 185.

Une prime ne peut être légalement réduite pour fait de grève qu'à la condition que toutes les absences autorisées ou non donnent lieu à une telle réduction.

Ayant constaté que les autres absences définies par un règlement d'une entreprise n'avaient pas de répercussion sur la prime de fin d'année, un conseil de prud'hommes a pu décider que les retenues opérées en cas de grève sur ladite prime constituaient des mesures discriminatoires.

Cass. soc. 31 janvier 2001, n° 00-40.349.

Les heures complémentaires effectuées par un salarié à temps partiel doivent être prises en compte.

La gratification de fin d'année dont doit bénéficier un salarié à temps partiel doit être calculée en prenant en compte les heures complémentaires éventuellement effectuées.

Cass. soc. 21 mai 2002, n° 00-42.286, BC V n° 168.

L'indemnité de chômage partiel versée par l'État doit être incluse dans l'assiette de calcul de la prime de treizième mois.

S'agissant de salariés qui bénéficiaient chaque année d'un treizième mois d'un montant égal à la moyenne des rémunérations versées entre le 1er janvier et le 30 novembre et qui avaient été mis en chômage partiel au cours de l'année 1992, c'est à bon droit qu'un conseil de prud'hommes a décidé d'inclure dans l'assiette des rémunérations servant au calcul de la prime de treizième mois de l'année 1992 l'indemnité de chômage partiel à la charge de l'État, cette indemnité se substituant aux salaires.

Cass. soc. 26 novembre 1996, n° 94-40.266, BC V n° 403.

Le changement des modalités de calcul ne peut avoir d'effet rétroactif.

Après avoir constaté que le mode de calcul de la prime de treizième mois instaurée dans une entreprise résultait d'un usage non contesté, un conseil de prud'hommes a pu décider que la dénonciation le 14 février 1989 de cet usage, qui constituait un avantage pour le salarié, ne pouvait avoir d'effet rétroactif sur le treizième mois payé de l'année 1988 écoulée.

Cass. soc. 27 mai 1992, n° 89-43.149.

Prise en compte dans le salaire minimum

Le treizième mois est pris en compte dans la vérification du respect du salaire minimum pour le mois où il est versé.

Il appartenait à une cour d'appel de comparer, mois par mois, le salaire versé par l'employeur et le salaire minimum mensuel garanti, le treizième mois n'ayant à être pris en compte que pour évaluer, le mois au cours duquel il avait été perçu, le montant du salaire versé par l'employeur.

Cass. soc. 8 novembre 1994, n° 90-44.817. Voir aussi cass. soc. 16 septembre 2009, n° 07-45.655, 1er moyen.

☛ *Indemnité de congés payés ; Préavis (Indemnité compensatrice de) ; SMIC ; Usage.*

Primes et gratifications

Le caractère obligatoire d'une prime pour l'employeur permet de distinguer cet avantage d'une gratification.

L'obligation de verser une prime peut résulter de différentes sources

La prime versée en vertu d'un usage d'entreprise est source d'obligation pour l'employeur.

Cass. soc. 28 février 1996, n° 93-40.883, BC V n° 74. Voir aussi cass. soc. 7 novembre 1995, n° 92-40.872.

Doit être rejeté le moyen du pourvoi formé par un employeur qui, pour reprocher à une cour d'appel de l'avoir condamné à payer à des salariés un complément de prime de Noël pour l'année 2004, soutient qu'elle a constaté que le contrat prévoyait que cette prime était due à titre bénévole, admis qu'il restait libre de sa fixation, et relevé que si la prime avait été régulièrement versée depuis 1998, son montant avait toujours varié d'une année à l'autre de même qu'il variait pour chacun des salariés, ce qui excluait toute fixité et toute uniformité dans le prétendu usage.

En effet, après avoir retenu qu'il existait un usage au sein de l'entreprise répondant aux critères de généralité, de constance et de fixité, consistant dans le versement d'une prime de Noël d'un montant minimal de 1 500 €, la cour a pu condamner l'employeur à payer aux salariés le complément de prime pour l'année 2004.

Cass. soc. 24 février 2009, n° 07-43.308, 2e moyen.

L'usage répond aux caractères de généralité, de constance et de fixité.

Le paiement d'une prime à un salarié qui a bénéficié au cours de trois exercices consécutifs du taux maximum de la prime instituée par la convention collective applicable mais sans aucune référence à la condition fixée par cette convention collective pour en bénéficier répond aux caractères de généralité, de constance et de fixité de l'usage.

Cass. soc. 24 janvier 2001, n° 99-40.430. Voir aussi cass. soc. 11 janvier 2011, n° 09-66.785, 1er moyen ; cass. soc. 10 octobre 2013, n° 12-21.631.

Le fait que l'avantage n'ait pas été versé une fois, à titre exceptionnel, ne suffit pas à remettre en cause le caractère de constance de l'usage.

Ayant relevé que la prime de 1 000 F versée au salarié depuis 1988 n'était pas une gratification exceptionnelle dans la mesure où elle avait été versée de façon constante, un conseil de prud'hommes a pu décider qu'elle devait être prise en compte pour apprécier si l'intéressé percevait le salaire conventionnel garanti.

Cass. soc. 13 mars 1996, n° 93-40.377, 1er moyen. Voir aussi cass. soc. 7 juin 1995, n° 91-44.830.

Est fixe l'avantage calculé sur des critères identiques à chaque versement et dénués de toute subjectivité.

Un conseil de prud'hommes a pu condamner un employeur à payer à un salarié la prime de bilan versée en cas d'exercice positif à l'ensemble du personnel, sans précision ni restriction. En effet, si le taux de cette prime avait augmenté au cours des années, il résultait d'un calcul arithmétique dépourvu de tout caractère subjectif.

Cass. soc. 12 décembre 1995, n° 92-41.587. Voir aussi cass. soc. 8 avril 1998, n° 96-40.926.

Dès lors que l'un des trois caractères de l'usage fait défaut, l'avantage constitue une simple libéralité.

Ayant constaté qu'une prime n'avait été versée que pendant trois mois, un conseil de prud'hommes a pu débouter un salarié de sa demande tendant à obtenir l'intégration de cette prime mensuelle dans son salaire, l'usage du versement de cette prime n'étant pas établi, ce dont il résultait qu'il s'agissait d'une simple libéralité.

Cass. soc. 20 octobre 1994, n° 93-42.800.

Ainsi, lorsque la prime revêt un caractère aléatoire, le salarié n'est pas fondé à en exiger le paiement…

Ayant retenu que le versement de la prime de bilan, qui était remise en cause chaque année, était décidé par le conseil d'administration de la société en fonction des résultats de celle-ci, une cour d'appel a pu en déduire que cette prime avait un caractère aléatoire et que le salarié n'était pas fondé à en exiger le paiement.

Cass. soc. 11 juin 1998, n° 96-41.854.

… à moins que son absence de paiement ne soit discriminatoire.

Après avoir constaté, au vu des fiches de paie des autres salariées, qui se révélaient illisibles quant à la qualification de ces dernières, qu'une seule salariée n'avait pas bénéficié en juin 1996 d'une prime exceptionnelle correspondant à un mois de salaire de base et qu'aucun élément n'était fourni par l'employeur pour justifier la différence de traitement concernant une telle prime pour la période en cause, une cour d'appel qui n'avait pas, dès lors, à rechercher si la prime présentait des caractères de généralité, de constance et de fixité de nature à la rendre obligatoire, a décidé, à bon droit, de condamner l'employeur à payer cette prime à la salariée.

Cass. soc. 5 juin 2001, n° 99-42.772.

Le caractère obligatoire d'une prime peut résulter d'un engagement unilatéral de l'employeur…

Lorsqu'elle est payée en exécution d'un engagement unilatéral de l'employeur, une prime constitue un élément du salaire et est obligatoire pour l'employeur dans les conditions fixées par cet engagement, peu important son caractère variable.

C'est donc à tort que, pour décider qu'une prime de productivité versée par un employeur ne devait pas être incluse dans le salaire servant de base au calcul de la garantie conventionnelle de ressources, une cour d'appel a énoncé que son montant, dépendant de l'évolution de la productivité dans l'établissement, présentait un caractère variable et ne pouvait de ce fait être considéré comme un avantage acquis ou comme une partie fixe et garantie des salaires et que, en l'absence de constance et de fixité, la prime de productivité ne présentait pas le caractère de salaire, alors qu'il résultait de ses constatations que la prime de productivité avait été instituée par l'employeur, selon les termes d'un règlement de productivité du 7 avril 1971, modifié le 29 décembre 1980.

Cass. soc. 5 juin 1996, n° 92-43.480, BC V n° 225. Voir aussi cass. soc. 8 janvier 2003, n° 01-40.582.

… peu important que la prime ait un caractère variable.

D'une part, l'employeur, qui ne verse pas les rémunérations dues à leur échéance, que ces rémunérations résultent du contrat de travail, de la convention collective, d'un usage ou d'un engagement unilatéral de l'employeur, provoque la rupture du contrat de travail qui s'analyse en un licenciement. D'autre part, lorsqu'elle est payée en vertu d'un engagement unilatéral de l'employeur, une prime constitue un élément de salaire et est obligatoire pour l'employeur dans les conditions fixées par cet engagement, peu important son caractère variable. En l'espèce, la prime litigieuse, versée par l'employeur de 1981 à 1988, due en vertu d'un engagement unilatéral, constituait un élément du salaire.

Après avoir relevé que l'employeur avait interrompu le versement de la prime sans avoir dénoncé l'engagement unilatéral, la cour d'appel, devant laquelle il était soutenu que cette interruption avait provoqué la rupture, n'a pas tiré les conséquences légales de ses propres constatations en déclarant la rupture imputable à la salariée et en la déboutant de ses demandes en paiement d'indemnités de rupture et de primes de fin d'année.

Cass. soc. 18 novembre 1998, n° 96-42.932, BC V n° 495. Voir aussi cass. soc. 27 juin 2000, n° 97-44.974.

Lorsque la prime résultant d'un engagement unilatéral de l'employeur est assortie d'une condition de présence dans l'entreprise, elle reste due si l'absence du salarié est provoquée par un licenciement dépourvu de cause réelle et sérieuse.

Une condition est réputée accomplie lorsque c'est le débiteur, obligé sous cette condition, qui en a empêché l'accomplissement.

Après avoir retenu qu'un employeur, qui s'était engagé unilatéralement au paiement d'une prime d'objectifs à la condition notamment de la présence des salariés dans l'entreprise à la date de son versement, avait licencié sans cause réelle et sérieuse une salariée, et que les conditions d'attribution, autres que celle de la présence, étaient remplies, une cour d'appel a pu décider que la prime était due.

Cass. soc. 13 novembre 2002, n° 00-46.448.

La prime prévue au contrat de travail est obligatoire…

C'est à bon droit qu'une cour d'appel a condamné une société à payer des dommages-intérêts pour licenciement sans cause réelle et sérieuse à des salariés licenciés suite à leur refus d'un nouveau mode de rémunération entraînant la suppression de leur prime d'ancienneté, la cour ayant relevé que la prime était obligatoire pour l'employeur dans la mesure où elle était due aux intéressés en vertu de leur contrat individuel de travail, ce dont il résultait que l'employeur ne pouvait la supprimer unilatéralement.

Cass. soc. 9 octobre 1996, n° 93-44.956. Voir aussi cass. soc. 10 juin 1992, n° 88-44.717, pourvoi incident, BC V n° 376 ; cass. soc. 5 octobre 1999, n° 97-41.308, concernant une prime mensuelle d'assiduité.

Après avoir relevé que la lettre d'embauche d'un salarié prévoyait le versement après six mois d'ancienneté d'une prime « cash profit sharing » représentant un pourcentage du bénéfice consolidé du groupe qui l'employait, une cour d'appel a pu en déduire que l'employeur ne pouvait supprimer unilatéralement cet élément de rémunération dont elle a apprécié le montant restant dû au salarié et allouer à ce dernier un rappel de ladite prime.

Cass. soc. 12 novembre 2008, n° 07-41.736.

… et si le montant de cette prime doit normalement résulter d'un accord annuel des parties, il incombe au juge, à défaut de conclusion d'un accord sur ce point, de déterminer cette prime en fonction des critères visés au contrat et des accords conclus les années précédentes.

Doit être cassé l'arrêt qui, pour débouter un salarié de sa demande en paiement d'un rappel de prime de fin d'année contractuellement prévue, dont le montant devait faire l'objet d'un accord sans excéder 0,5 % d'un mois de salaire, a énoncé que cet accord n'était pas intervenu et que les conditions d'octroi n'étaient pas réunies, alors que l'octroi de la prime résultait du contrat de travail et que, si le montant de cette prime devait normalement résulter d'un accord annuel des parties, il incombait au juge, à défaut de conclusion d'un accord sur ce point, de déterminer cette prime en fonction des critères visés au contrat et des accords conclus les années précédentes.

Cass. soc. 18 février 1998, n° 95-45.281. Voir aussi cass. soc. 27 mai 1998, n° 96-41.152, BC V n° 281 ; cass. soc. 22 février 2000, n° 97-43.465, BC V n° 70 ; cass. soc. 4 juin 2009, n° 07-43.198, 2e moyen du pourvoi incident, BC V n° 145.

Aux termes de l'article 16 de l'accord collectif du 19 décembre 1985 applicable aux Caisses d'épargne, une prime familiale est versée avec une périodicité mensuelle à chaque salarié du réseau, chef de famille. Ces dispositions n'étant assorties d'aucune restriction, une cour d'appel en a exactement déduit que tout salarié du réseau des Caisses d'épargne et de prévoyance dont le conjoint, salarié d'un autre employeur, perçoit un supplément de rémunération au titre des enfants dont ils ont la charge ou dont ils contribuent à l'entretien, devait percevoir cette prime.

Cass. soc. 10 mars 2004, n° 02-40.010, BC V n° 78.

Un salarié remplaçant doit obtenir le paiement prorata temporis de la prime versée normalement aux salariés occupant ce poste en permanence.

En l'état de dispositions conventionnelles prévoyant qu'une prime de salissement est attribuée lorsque certains postes exposent en permanence les titulaires à un salissement important, une cour d'appel, qui a relevé que le salarié avait occupé ce poste en remplacement et non de façon permanente, a pu décider que celui-ci ne pouvait obtenir le paiement de cette prime qu'au prorata de son temps de travail sur ledit poste.

Cass. soc. 12 janvier 2005, n° 02-47.707.

Le droit au paiement d'une prime peut être remis en cause

Un salarié peut voir le paiement d'une prime non contractuelle remis en cause par la suppression de la tâche annexe pour laquelle il la percevait.

Un salarié a été engagé par une société en qualité d'agent de maintenance ; il occupait ses fonctions dans une agence où il intervenait sur les chaudières au domicile des particuliers et percevait une prime de travaux lorsque, lors d'une intervention, il remplaçait le matériel par une chaudière neuve. Son contrat de travail ayant été transféré à une autre société, il a été affecté à une autre agence spécialisée dans l'intervention sur les installations de chauffage collectif. Reprochant à son nouvel employeur d'avoir modifié son affectation et ainsi supprimé la prime de travaux, il a pris acte de la rupture de son contrat de travail et saisi la juridiction prud'homale pour obtenir paiement de diverses sommes.

Pour dire que la prise d'acte emportait les effets d'un licenciement sans cause réelle et sérieuse et accueillir les demandes du salarié, une cour d'appel a retenu que la prime n'était pas prévue contractuellement, que l'examen des bulletins de salaire faisait apparaître qu'elle avait été régulièrement perçue, même si elle était d'un montant variable en fonction des remplacements de chaudière obtenus par le salarié, que la perte de cet avantage avait été reconnue par l'employeur qui avait envisagé la possibilité de l'intégrer dans le salaire sans qu'aucun engagement n'ait été souscrit par écrit sur ce point, que dans ces conditions, la perte d'un élément de rémunération non compensée par un avenant au contrat de travail à l'occasion de la modification des conditions d'exécution de celui-ci constituait un manquement de l'employeur à ses obligations qui justifiait la prise d'acte de la rupture de son contrat de travail par l'intéressé.

En statuant ainsi, alors que la prime variable était liée à une tâche annexe qui a disparu dans la nouvelle affectation du salarié et sans constater que cette prime avait été contractualisée, la cour d'appel a violé les articles 1134 c. civ. et L. 1221-1 CT.

Cass. soc. 16 mars 2011, n° 08-42.671, BC V n° 76.

La prime résultant d'un usage peut être dénoncée si cette dénonciation est notifiée aux salariés concernés et aux représentants du personnel dans un délai permettant des négociations.

Un conseil de prud'hommes a valablement fait droit aux demandes des salariés tendant à obtenir le paiement d'une prime de fin d'année et de vacances, ces primes dues en vertu d'un usage constant étant opposables au nouvel employeur tant qu'elles n'avaient pas été régulièrement dénoncées. Ni une dénonciation verbale ni l'information selon laquelle la prime de fin d'année ne serait pas versée ne constituant une dénonciation régulière, les salariés pouvaient prétendre au paiement de la prime.

Cass. soc. 7 mai 1996, n° 93-44.289. Voir aussi cass. soc. 13 février 1996, n° 93-42.309, BC V n° 53 ; cass. soc. 7 mai 1998, n° 94-44.112.

La suppression ou la réduction d'une prime en raison de faits considérés comme fautifs constitue une sanction pécuniaire illicite.

Doit être cassé l'arrêt qui a débouté un salarié de ses demandes en rappel de salaires, alors qu'il était établi que l'abaissement du coefficient permettant de calculer la prime de travail due à ce salarié résultait des observations faites au salarié pour avoir abandonné son poste de travail, la cour d'appel ayant ainsi caractérisé une sanction motivée par des manquements à la discipline.

Cass. soc. 22 novembre 1995, n° 91-43.809, BC V n° 309.

Doit être cassé l'arrêt qui, pour débouter un salarié de sa demande d'annulation de la retenue sur sa prime d'objectif, a énoncé que le salarié avait été informé de ce qu'une retenue avait été opérée sur sa prime, l'entretien individuel étant intervenu postérieurement et qu'elle avait été décidée par le chef de département en raison des dysfonctionnements du comportement de l'intéressé vis-à-vis de sa hiérarchie et de la clientèle, alors que la suppression d'une prime en raison de faits considérés comme fautifs par l'employeur constitue une sanction pécuniaire illicite.

Cass. soc. 4 juin 1998, n° 95-45.167, BC V n° 296. Voir aussi cass. soc. 11 octobre 2000, n° 98-45.491.

Ayant constaté qu'un employeur avait précisé à un salarié qu'il avait été conduit à lui « supprimer, en guise de première sanction, sa prime d'habillement », une cour d'appel a décidé à bon droit que la suppression de cette prime était constitutive d'une sanction pécuniaire illicite et a pu condamner l'employeur à payer au salarié une somme à titre de rappels de prime d'habillement.

Cass. soc. 14 mai 2003, n° 00-42.164.

L'absence pour fait de grève ne peut être prise en compte pour réduire le montant d'une prime que si toutes les absences, hormis celles qui sont légalement assimilées à un temps de travail effectif, sont également prises en compte.

Grève (Effets).

Le versement d'une prime sous condition de remboursement en cas de rupture du contrat de travail dans les six mois porte atteinte à la liberté du travail.

Cass. soc. 18 avril 2000, n° 97-43.717.

Une prime a la nature d'un complément de salaire si elle constitue la contrepartie directe de l'exécution du contrat de travail

Une prime de non-accident ne constitue pas un complément de salaire au sens de l'article D. 141-3 CT, dès lors que le bénéfice de cette prime présente un caractère aléatoire, dans la mesure où un simple accident entraîne la suppression de son paiement, même si l'intéressé n'a commis aucun manquement à ses obligations professionnelles ou s'il n'encourt aucune responsabilité dans l'accident.

Cass. soc. 23 mars 2005, n° 02-46.715.

Une prime de nuit attribuée, selon l'accord en vigueur au sein de l'entreprise, à chaque salarié sur la base d'une heure et demie de salaire, ne correspond pas à des frais réellement exposés et constitue un complément de rémunération versé à l'occasion du travail.

Cass. soc. 21 juin 2005, n° 03-42.437.

Prime d'ancienneté ; Prime de fin d'année/Treizième mois ; Usage.

Priorité d'embauche/ Priorité d'emploi

Certains salariés bénéficient d'une priorité d'embauche ou d'emploi.

C'est le cas par exemple des handicapés, mutilés de guerre et assimilés (art. L. 5212-13 CT).

Les employeurs d'établissements industriels et commerciaux, ainsi que leurs dépendances, sont tenus d'employer des mutilés de guerre et assimilés à concurrence d'une proportion maximale de 10 % s'ils occupent régulièrement plus de dix salariés. Dès lors, un employeur ne peut refuser d'embaucher une personne relevant de cette catégorie en invoquant le statut du personnel des Caisses d'épargne alors en vigueur précisant que le personnel permanent autre que les directeurs et directeurs adjoints ne peut être recruté au-delà de l'âge de trente ans.

CE 28 octobre 1991, n° 93743, Rec. Lebon p. 356.

Les salariés à temps partiel peuvent demander par priorité l'accès à un emploi à temps complet et vice versa (art. L. 3123-8 ancien CT).

Aux termes de l'article L. 212-4-5 CT, les salariés à temps partiel qui souhaitent occuper ou reprendre un emploi à temps complet dans le même établissement ou, à défaut, dans la même entreprise ont priorité pour l'attribution d'un emploi ressortissant à leur catégorie professionnelle ou d'un emploi équivalent.

C'est à tort que, pour rejeter la demande d'une salariée en paiement de dommages-intérêts pour non-respect de la priorité d'emploi prévue par ce texte, une cour d'appel a énoncé que celui-ci n'imposait pas à l'employeur de faire droit à la demande de tout salarié ayant fait acte de candidature, alors que l'employeur avait l'obligation d'accéder à la demande de la salariée dès l'instant qu'elle remplissait les conditions prévues à l'article L. 212-4-5 CT pour occuper le poste.

Cass. soc. 29 mars 1995, n° 91-45.378, pourvoi de la salariée, BC V n° 116.

Handicapés ; Priorité de réembauche (Licenciement économique) ; Travail à temps partiel.

Priorité de réembauche (Licenciement économique)

Un salarié licencié pour motif économique bénéficie d'une priorité de réembauche pendant un an à compter de la date de rupture de son contrat de travail, s'il manifeste le désir d'user de cette priorité au cours de cette année (art. L. 1233-45 CT).

L'employeur a, dans ce cas, l'obligation d'informer l'intéressé de tout emploi disponible et compatible avec sa qualification.

On notera que l'ordonnance 2017-1387 du 22 septembre 2017 a réduit à un mois de salaire (au lieu de deux) le montant minimal

de l'indemnité accordée par le juge au salarié en cas de non-respect de la priorité de réembauche par l'employeur (art. L. 1235-13 CT).

La jurisprudence rapportée ci-dessous, rendue dans le cadre législatif antérieur, conserve cependant son intérêt, notamment au regard des litiges en cours.

Le salarié, licencié pour motif économique, bénéficie pendant un an d'une priorité de réembauche, s'il en fait la demande dans le courant de cette année

La priorité de réembauche ne peut être exercée que dans l'hypothèse d'un licenciement pour motif économique et non d'un licenciement pour motif personnel.

Ayant constaté que le licenciement d'un salarié avait été prononcé, non pour un motif économique, mais pour un motif inhérent à sa personne, une cour d'appel a exactement décidé que l'intéressé ne pouvait se prévaloir de la priorité de réembauchage.

Cass. soc. 9 mars 1999, n° 96-43.602, BC V n° 107. Voir aussi cass. soc. 14 mai 1996, n° 93-40.447, 2e moyen, BC V n° 188.

Un salarié ayant accepté un départ volontaire dans le cadre d'un plan de sauvegarde de l'emploi bénéficie de la priorité de réembauche prévue par l'article L. 1233-45 CT.

Cass. soc. 10 mai 1999, n° 96-19.828, pourvoi incident, BC V n° 202.

Le défaut de cause réelle et sérieuse du licenciement ne dispense pas l'employeur de respecter la priorité de réembauche.

Doit être cassé l'arrêt qui, pour débouter un salarié de sa demande en paiement de dommages-intérêts pour non-respect de la priorité de réembauchage, a retenu que des dommages-intérêts pour violation de la priorité de réembauchage ne peuvent être alloués au salarié dès lors que le licenciement pour motif économique dont il a été l'objet est dépourvu de cause réelle et sérieuse justificative sur le plan économique, alors que le défaut de cause réelle et sérieuse du licenciement n'enlève pas à celui-ci sa nature juridique de licenciement pour motif économique.

Cass. soc. 30 novembre 1999, n° 97-41.431, 2e moyen du pourvoi principal, BC V n° 464. Voir aussi cass. soc 13 avril 1999, n° 96-45.028, BC V n° 171 ; cass. soc.15 janvier 2003, n° 00-45.783.

Le délai d'un an court à compter de la fin du préavis exécuté ou non.

Le délai d'un an, durant lequel le salarié licencié pour motif économique peut bénéficier de la priorité de réembauchage, court à compter de la date à laquelle prend fin le préavis, que celui-ci soit exécuté ou non.

Cass. soc. 27 novembre 2001, n° 99-44.240, BC V n° 362. Voir aussi cass. soc. 21 juillet 1993, n° 90-42.389.

La demande tendant au bénéfice de la priorité de réembauche peut être présentée, soit de manière spontanée, soit en réponse à une sollicitation de l'employeur, pourvu qu'elle soit explicite.

Cass. soc. 11 avril 2012, n° 11-11.037, BC V n° 120.

Il doit être fait mention de la priorité de réembauche dans la lettre de notification du licenciement

En cas de défaut de la mention de priorité de réembauche dans la lettre de licenciement, le salarié doit, pour être indemnisé, démontrer l'existence d'un préjudice distinct de celui résultant du licenciement.

Cass. soc. 30 janvier 2019, n° 17-27.796, 2e moyen.

Lorsque le défaut de mention de la priorité de réembauche dans la lettre de licenciement a empêché le salarié de bénéficier effectivement de cette priorité, ce dernier peut prétendre à l'indemnité prévue par l'article L. 1235-13 CT.

Cass. soc. 22 septembre 2010, n° 08-44.582, 3e moyen.

Doit être cassé l'arrêt qui, pour débouter un salarié de sa demande d'indemnité pour non-respect de la priorité de réembauchage, a relevé que le seul défaut de mention dans la lettre de rupture de la priorité de réembauchage constituait une irrégularité de procédure dont la réparation était fonction du préjudice subi sans pouvoir être supérieure à un mois de salaire, alors que la méconnaissance par l'employeur des dispositions de l'article L. 122-14-2, dernier alinéa CT cause nécessairement au salarié un préjudice que le juge doit réparer par une indemnité et que si le salarié démontre, en outre, que l'omission de mentionner dans la lettre de licenciement la priorité de réembauchage l'a empêché d'en bénéficier, l'indemnité spéciale prévue par l'article L. 122-14-4, dernier alinéa CT est due.

En s'abstenant de rechercher si le défaut de mention de la priorité de réembauchage n'avait pas privé le salarié de la possibilité de bénéficier effectivement de cette priorité, la cour d'appel n'a pas légalement justifié sa décision.

Cass. soc. 16 décembre 1997, n° 94-42.089, 5e moyen, 2e branche, BC V n° 442 (arrêt n° 1). Voir aussi cass. soc. 16 décembre 1997, n° 96-44.294, BC V n° 442 (arrêt n° 2).

L'employeur doit informer le salarié bénéficiaire de la priorité de réembauche de tout emploi devenu disponible et compatible avec sa qualification

Il convient de déterminer le point de départ de l'obligation d'information de l'employeur.

Il résulte de l'article L. 321-14 CT que l'employeur doit informer le salarié bénéficiaire d'une priorité de réembauchage de tout emploi disponible et compatible avec sa qualification.

A méconnu les règles relatives à la priorité de réembauchage l'employeur qui, d'une part, savait dès le début du mois de juillet qu'il devait procéder au remplacement d'un ingénieur dont le départ avait été annoncé dans le bulletin municipal et qui n'en avait pas informé le salarié licencié le 19 juillet, et qui, d'autre part, n'avait pas donné suite à sa candidature après la diffusion de l'offre d'emploi relative à ce poste.

Cass. soc. 6 avril 1994, n° 92-42.108, 3e moyen.

L'employeur doit informer tous les salariés des emplois devenus disponibles et compatibles avec leur qualification,…

Si, en présence de plusieurs candidatures sur un même poste, l'employeur n'est pas tenu de suivre un ordre déterminé pour le choix du salarié réembauché, il lui incombe toutefois, en application de l'article L. 1233-45 CT, d'informer préalablement tous les salariés licenciés pour motif économique qui ont manifesté le désir d'user de la priorité de réembauche, de tous les postes disponibles et compatibles avec leur qualification.

Cass. soc. 11 avril 2012, n° 11-11.037, BC V n° 120.

… y compris ceux à durée déterminée,…

L'obligation pour l'employeur, dans le cadre de la priorité de réembauche, d'informer le salarié de tout emploi devenu disponible et compatible avec sa qualification n'est pas limitée aux emplois pourvus par des contrats de travail à durée indéterminée.

Cass. soc. 8 avril 2009, n° 08-40.125, 2e moyen, BC V n° 107. Voir aussi cass. soc. 26 juin 2013, n° 12-10.010, 2e moyen.

… peu important que le salarié ait précédemment refusé un poste.

L'employeur est tenu de proposer au salarié licencié pour motif économique qui a demandé à bénéficier de la priorité de réembauche tous les postes disponibles et compatibles avec sa qualification, peu important que le salarié ait précédemment refusé un poste.

Cass. soc. 21 mai 2014, n° 12-29.508, 2e moyen. Voir aussi cass. soc. 15 mai 2002, n° 00-41.441.

Les emplois momentanément vacants par suite de l'indisponibilité de leurs titulaires ne sont pas disponibles…

L'emploi d'un salarié en arrêt de travail pour maladie n'est pas disponible. L'employeur n'avait pas à proposer le remplacement temporaire d'un salarié en congé de maladie aux salariés bénéficiaires de la priorité de réembauchage.

Cass. soc. 12 décembre 1995, n° 94-40.827, BC V n° 343 ; cass. soc. 17 juin 1992, n° 91-45.458, BC V n° 404, s'agissant de l'indisponibilité du poste d'un salarié en congés payés.

… mais un recours systématique à des intérimaires, avant et après les licenciements, pour un nombre d'heures correspondant à l'emploi de plusieurs salariés, signifie que des postes sont disponibles.

Doit être cassé l'arrêt qui, pour débouter des salariés licenciés pour motif économique de leur demande d'indemnités pour licenciement sans cause réelle et sérieuse et pour non-respect de la priorité de réembauchage, a énoncé que s'il est exact que l'employeur a eu régulièrement recours à l'emploi de travailleurs intérimaires, ceux-ci étaient destinés à pourvoir au remplacement de salariés absents pour maladie ou en congés payés ou en absence injustifiée, alors qu'avant ou après les licenciements, de manière systématique, l'employeur avait recouru à des travailleurs intérimaires pour un nombre d'heures correspondant à l'emploi de plusieurs salariés, ce dont il résultait que des postes étaient disponibles et que l'employeur n'avait satisfait ni à son obligation de reclassement ni à la priorité de réembauchage.

Cass. soc. 1er mars 2000, n° 98-46.233, BC V n° 82. Voir aussi cass. soc. 26 janvier 2005, n° 03-40.020.

L'emploi doit être compatible avec la qualification du salarié.

Doit être rejeté le moyen du pourvoi d'un syndicat reprochant à une cour d'appel de l'avoir débouté de sa demande en paiement, pour le compte d'un salarié, de dommages-intérêts pour violation de la priorité de réembauchage.

La cour d'appel a d'abord retenu que les embauches temporaires d'une durée de quinze jours auxquelles la société avait procédé étaient liées à l'arrêt momentané d'une chaîne de « transvasage » et ainsi n'avaient pas pour objet de pourvoir des postes devenus disponibles.

Ayant ensuite relevé que l'emploi pourvu par contrat à durée indéterminée était un emploi de technicien de maintenance qui n'était pas compatible avec la qualification de secrétaire administratif du salarié licencié pour motif économique, la cour d'appel a pu décider que la société n'avait pas méconnu son obligation relative à la priorité de réembauchage.

Cass. soc. 21 octobre 1998, n° 96-43.056, 3e moyen, BC V n° 444.

Le salarié licencié doit informer son ancien employeur qu'il dispose de la qualification requise pour occuper des emplois devenus disponibles dans l'entreprise.

Doit être rejeté le pourvoi d'une salariée licenciée pour motif économique alors qu'elle exerçait les fonctions de secrétaire de direction reprochant à une cour d'appel d'avoir dit que son employeur n'avait pas violé la priorité de réembauchage.

Ayant fait ressortir que l'employeur avait pourvu des emplois de démonstratrice et ayant relevé que la salariée ne l'avait pas informé qu'elle possédait la qualification pour occuper un tel poste, la cour d'appel a pu décider que l'employeur avait respecté la priorité de réembauchage.

Cass. soc. 20 novembre 2002, n° 00-41.460.

En cas de litige, il appartient à l'employeur de prouver qu'il a satisfait à son obligation d'information en établissant soit qu'il a proposé les postes disponibles, soit en justifiant de l'absence de tels postes.

Aux termes de l'article L. 1233-45 CT, il incombe à l'employeur d'informer le salarié licencié pour motif économique qui a manifesté le désir d'user de la priorité de réembauche, de tous les postes disponibles et compatibles avec sa qualification ; il en résulte qu'en cas de litige, il appartient à l'employeur d'apporter la preuve qu'il a satisfait à son obligation en établissant soit qu'il a proposé les postes disponibles, soit en justifiant de l'absence de tels postes.

Licenciée pour motif économique après autorisation administrative de licenciement définitive, une salariée, membre du CHSCT, a saisi la juridiction prud'homale de demandes en paiement de dommages-intérêts pour licenciement sans cause réelle et sérieuse ou pour violation de l'ordre des licenciements, d'une indemnité pour violation de la priorité de réembauche et d'un rappel de prime.

Doit être rejeté le moyen du pourvoi formé par la société soutenant que la cour d'appel aurait privé sa décision de base légale au regard de l'article L. 321-14 CT en la condamnant au paiement d'une somme à titre de dommages-intérêts pour non-respect de la priorité de réembauche, sans avoir constaté l'existence d'un emploi devenu disponible au sein de la société postérieurement à la demande de la salariée, et compatible avec la qualification de celle-ci.

En effet, ayant relevé que l'employeur ne produisait pas le registre unique du personnel, malgré la demande du conseil de la salariée, la cour d'appel a légalement justifié sa décision.

Cass. soc. 23 juin 2009, n° 07-44.640, 3e moyen du pourvoi principal, BC V n° 162. Voir aussi cass. soc. 13 novembre 2013, n° 12-15.207 ; cass. soc. 2 février 2017, n° 15-21.838, 1er moyen du pourvoi incident.

Exercice de la priorité de réembauche

La priorité de réembauche s'exerce dans le cadre de l'entreprise.

La priorité de réembauchage s'exerce dans le cadre de l'entreprise, même si celle-ci est constituée de plusieurs établissements.

Cass. soc. 6 avril 1994, n° 92-41.782, 2e moyen, BC V n° 134. Voir aussi cass. soc. 1er juin 2016, n° 14-22.265, 2e moyen, énonçant que le droit à la priorité de réembauche ne peut s'exercer qu'à l'égard de l'entreprise qui a licencié le salarié.

La priorité de réembauche ne s'impose à l'employeur qu'à compter du jour où le salarié demande à en bénéficier.

C'est à tort que, pour condamner une société à payer à un salarié des dommages-intérêts pour non-respect de la priorité de réembauchage, une cour d'appel a relevé, après avoir constaté que l'intéressé avait fait connaître à son employeur le 24 mars 1994 qu'il souhaitait bénéficier de la priorité de réembauchage, qu'un autre salarié avait été engagé en février 1994 sur un poste compatible avec celui précédemment occupé par le salarié, bénéficiaire de la priorité, alors que la priorité de réembauchage ne s'impose à l'employeur qu'à partir du jour où le salarié, conformément à l'article L. 321-14 CT, a demandé à en bénéficier.

En effet, il résultait de ses propres constatations que le nouveau salarié avait été engagé antérieurement à la date à laquelle le salarié avait fait connaître son souhait de bénéficier de la priorité de réembauchage.

Cass. soc. 9 juin 1999, n° 97-41.762. Voir aussi cass. soc. 10 mai 2001, n° 99-41.635.

La priorité de réembauche ne peut s'exercer qu'en cas d'embauche et non en cas de recrutement interne.

La priorité de réembauchage ne peut s'exercer que lorsque l'employeur procède à des embauches. Ayant relevé qu'aucune embauche n'était intervenue, les emplois revendiqués par une salariée dans le cadre de la priorité de réembauchage ayant été proposés exclusivement en « interne », une cour d'appel a pu décider que l'employeur n'avait pas violé ses obligations résultant de la priorité de réembauchage.

Cass. soc. 6 juillet 1999, n° 97-40.546, BC V n° 334. Voir aussi cass. soc. 22 septembre 2009, n° 08-41.679.

Elle n'est pas soumise à une condition d'ancienneté…

Le bénéfice de la priorité de réembauchage n'est pas réservé aux salariés ayant plus de deux ans d'ancienneté.

Cass. soc. 11 avril 1996, n° 95-42.171, 2e moyen.

… ni à une condition de forme.

À la suite de son licenciement pour motif économique, un salarié a saisi la juridiction prud'homale d'une demande d'indemnité pour non-respect de la priorité de réembauchage.

Doit être cassé le jugement qui, pour rejeter cette demande, a retenu que le courrier adressé par le salarié à son ancien employeur ne manifestait pas clairement son désir de bénéficier d'une priorité de réembauchage, alors que la demande d'une priorité de réembauchage n'est soumise à aucune condition de forme et que le salarié avait, par lettre recommandée et dans le délai imparti, fait connaître à son ancien employeur sa volonté d'user des dispositions de l'article L. 321-14 CT qui instituent cette priorité, peu important la référence erronée à un second texte. Le conseil de prud'hommes a donc dénaturé les termes clairs et précis de cette lettre.

Cass. soc. 6 mai 2003, n° 01-42.155.

L'exercice de la priorité de réembauche n'est pas subordonné à la condition que l'intéressé n'ait pas retrouvé un autre emploi.

L'article L. 321-14 CT n'exclut nullement son application dans les cas où le salarié a retrouvé un emploi.

Cass. soc. 3 mai 1995, n° 93-46.288, 2e moyen. Voir aussi cass. soc. 26 janvier 1994, n° 92-43.839, BC V n° 31.

Le refus d'un emploi pour raison de vacances ne fait pas perdre le bénéfice de la priorité de réembauche au salarié.

Une salariée licenciée pour motif économique avait demandé à bénéficier de la priorité de réembauchage. L'employeur lui avait proposé un emploi saisonnier qu'elle avait refusé en raison de la date de ses vacances. A méconnu son obligation de réembauchage l'employeur à qui la salariée avait réitéré sa demande et qui, ayant cependant procédé au recrutement de nombreux intérimaires, n'y avait pas donné suite.

Cass. soc. 14 mai 1996, n° 93-41.754.

Le salarié est en droit de se prévaloir de la priorité de réembauche même en cas de modification de la situation juridique de l'employeur…

Licencié pour motif économique, un salarié est en droit de se prévaloir de la priorité de réembauchage, même en cas de modification de la situation juridique de l'employeur. Le salarié peut faire valoir ce droit à l'égard de la société qui a repris l'activité, ce droit étant lié à l'entreprise et non à la personne de l'employeur.

Cass. soc. 26 février 1992, n° 88-43.891, BC V n° 128. Voir aussi cass. soc. 30 octobre 2002, n° 00-41.920 ; cass. soc. 5 février 2002, n° 99-46.345, BC V n° 52 ; cass. soc. 5 mars 2002, n° 00-41.429, BC V n° 85, précisant que seuls peuvent bénéficier de l'article L. 122-12, al. 2 CT pour la mise en œuvre de la priorité de réembauche auprès du repreneur les salariés qui étaient affectés à l'entité transférée.

… peu important que cette demande ait été faite auprès de l'auteur du licenciement…

Cass. soc. 20 juin 2002, n° 00-42.506, 2e moyen.

… et que la cession soit intervenue après le licenciement.

Le droit des salariés licenciés pour motif économique et qui ont demandé à bénéficier de la priorité de réembauchage prévue par l'article L. 321-14, devenu L. 1233-45 CT, s'exerce à l'égard de l'entreprise et subsiste en cas de reprise de l'entité économique par un autre employeur, peu important que cette demande ait été faite auprès de l'auteur du licenciement et que la cession soit intervenue après le licenciement.

Pour débouter un salarié d'une demande indemnitaire formée au titre d'une violation de la priorité de réembauchage, une cour d'appel a retenu que la demande présentée à cette fin par le salarié avait été adressée le 15 janvier 2004 aux mandataires judiciaires de la société mère du groupe dont fait partie son employeur, que la lettre de licenciement du 3 novembre 2003 invitait l'intéressé à faire valoir sa priorité de réembauchage auprès de la société ayant repris la société mère et que son nouvel employeur, qui n'avait pas encore été créé, ne pouvait être tenu de cette obligation.

En statuant ainsi, alors, d'une part, qu'elle constatait que le salarié avait manifesté l'intention d'user de la priorité de réembauchage dont il bénéficiait dans le délai imparti à cette fin et alors, d'autre part, que la modification survenue dans la situation juridique de l'employeur n'était pas de nature à priver d'effet cette demande, la cour d'appel a violé les articles L. 321-14, devenu l'article L. 1233-45, et L. 122-12, al. 2, devenu l'article L. 1224-1 CT, interprété à la lumière de la directive 2001/23/CE du 12 mars 2001.

Cass. soc. 9 juillet 2008, n° 06-40.945, 2e moyen, BC V n° 156.

Si plusieurs salariés ont demandé à bénéficier de la priorité de réembauche, l'employeur peut choisir librement ses collaborateurs sous réserve de pouvoir communiquer au juge les éléments objectifs fondant son choix en cas de contestation.

L'employeur, lorsque plusieurs salariés ont demandé à bénéficier de la priorité de réembauchage, n'a pas à suivre un ordre déterminé et peut choisir ses collaborateurs en fonction de l'intérêt de l'entreprise, sauf à communiquer au juge, en cas de contestation du salarié, les éléments objectifs sur lesquels il s'est appuyé pour arrêter son choix.

Cass. soc. 2 décembre 1998, n° 96-44.416, BC V n° 531.

Violation de la priorité de réembauche

Le salarié a droit à des dommages-intérêts…

La réparation du préjudice causé par le défaut de mention de la priorité de réembauchage n'est pas assurée par l'allocation d'un franc symbolique.

Cass. soc. 2 mai 2000, n° 98-40.755.

… qu'il peut cumuler avec ceux résultant d'un licenciement sans cause réelle et sérieuse.

L'indemnité pour inobservation des règles relatives à la priorité de réembauche peut se cumuler avec l'indemnité pour licenciement sans cause réelle et sérieuse.

Cass. soc. 11 mars 2015, n° 13-24.368, pourvoi incident.

Si le préjudice consécutif à un licenciement sans cause réelle et sérieuse et celui résultant du non-respect de la priorité de réembauchage sont distincts, une cour d'appel, dès lors qu'elle a tenu compte des limites prévues par les 1er et 3e alinéas de l'article L. 122-14-4 CT, a pu allouer une seule indemnité réparant le préjudice subi par le salarié tant du fait de son licenciement sans cause réelle et sérieuse que de celui du non-respect de la priorité de réembauchage.

Cass. soc. 3 février 1998, n° 95-42.914, BC V n° 57.

Si le bénéfice de la priorité de réembauche subsiste en cas de reprise de l'entité économique par un autre employeur, l'indemnité prévue par l'article L. 1235-13 CT ne peut être demandée qu'à l'encontre de ce dernier.

Cass. soc. 16 novembre 2017, n° 16-15.205.

Prise d'acte de la rupture

☛ *Démission ; Imputabilité de la rupture.*

Procédure conventionnelle de licenciement

Certaines conventions collectives instituent une procédure particulière de licenciement. L'employeur est tenu de respecter cette procédure qui constitue une garantie supplémentaire pour le salarié.

On notera toutefois que l'ordonnance 2017-1387 du 22 septembre 2017 a modifié les règles de sanction du non-respect de la procédure conventionnelle ou statutaire de consultation préalable au licenciement, laquelle ne constitue plus une irrégularité de fond privant le licenciement de cause réelle et sérieuse, mais une simple irrégularité de procédure ouvrant

droit, pour le salarié, à une indemnité au plus égale à un mois de salaire (art. L. 1235-2 CT).

La jurisprudence rapportée ci-dessous, rendue dans le cadre législatif antérieur, conserve cependant son intérêt, notamment au regard des litiges en cours.

L'intervention préalable d'une commission de conciliation constituant, pour le salarié dont le licenciement est envisagé, une garantie de fond, la méconnaissance par l'employeur de cette étape de la procédure prive le licenciement de cause réelle et sérieuse.

Aux termes de l'article L. 132-4 CT, la convention et l'accord collectif peuvent comporter des dispositions plus favorables aux salariés que celles des lois et règlements en vigueur. Par ailleurs, il résulte des dispositions de la convention collective des personnels de l'aide à domicile en milieu rural prévoyant que le licenciement pour faute grave ne peut intervenir sans que la commission d'interprétation et de conciliation se soit prononcée que l'intervention de cette commission constitue une garantie de fond pour le salarié.

C'est donc à tort que, pour débouter une salariée, licenciée pour faute grave, de sa demande de dommages-intérêts pour licenciement sans cause réelle et sérieuse, une cour d'appel a retenu que les griefs reprochés à l'intéressée étant établis, le fait de ne pas avoir saisi, avant le prononcé de la sanction, la commission d'interprétation et de conciliation a entraîné un préjudice à l'intéressée justifiant seulement que lui soient alloués des dommages-intérêts pour non-respect de la procédure conventionnelle de licenciement, alors que le licenciement décidé sans que la commission ait statué au préalable ne peut avoir de cause réelle et sérieuse.

Cass. soc. 23 mars 1999, n° 97-40.412, BC V n° 134. Voir aussi cass. soc. 11 juillet 2000, n° 97-45.781, 3e moyen, BC V n° 272.

Il en est de même d'un entretien spécifique constituant une garantie de fond de nature à éviter le licenciement du salarié.

La convention collective de l'inspection de l'assurance du 27 juillet 1992 dispose en son article 57 : « Le constat par l'entreprise d'une insuffisance dans les résultats obtenus au plan quantitatif et/ou qualitatif donne lieu à un entretien avec l'inspecteur concerné. Cet entretien permet à l'intéressé de s'expliquer sur cette insuffisance et ses motifs. L'appréciation de l'entreprise s'effectue à la lumière de cet entretien par référence aux objectifs, tant quantitatifs que qualitatifs, et aux critères visés à l'article 55 b de la présente convention. Si ces difficultés trouvent leur origine dans une mauvaise adaptation de l'inspecteur à ses missions, ou dans un mauvais état de santé invoqué par l'intéressé, l'employeur recherche les moyens d'y remédier tels que l'ajustement des missions, une formation complémentaire ou l'affectation à de nouvelles fonctions. L'entretien est confirmé par un écrit de l'employeur exprimant ses mises en garde en cas de persistance de cette situation et précisant s'il y a lieu les mesures prises pour y porter remède. La poursuite de cette situation peut conduire l'employeur à prendre une décision de licenciement dans les conditions prévues à l'article 66 ».

Il en résulte qu'avant toute procédure de licenciement, l'employeur doit procéder à un entretien selon les modalités définies par la convention collective, cette formalité étant une garantie de fond de nature à éviter la mesure de licenciement.

Après avoir constaté qu'une société d'assurances avait licencié un salarié pour insuffisance d'activité et de résultats sans procéder à cet entretien spécifique, une cour d'appel en a exactement déduit que le licenciement était dépourvu de cause réelle et sérieuse.

Cass. soc. 17 mai 2011, n° 09-72.843, BC V n° 109.

Mais, faute d'être plus favorable que les dispositions légales relatives à l'entretien préalable, la disposition conventionnelle prévoyant la faculté pour le salarié d'être entendu, sur sa demande, par l'employeur avant que son licenciement ne lui soit confirmé par écrit, ne constitue pas une garantie de fond.

Un salarié, occupant au sein d'une société le poste de responsable production et qualité selon un contrat de travail soumis à la convention collective nationale des ingénieurs et cadres de la métallurgie du 13 mars 1972, a été convoqué par lettre recommandée du 5 décembre 2008 à un entretien préalable fixé le 19 décembre 2008 en vue d'un éventuel licenciement pour faute grave voire lourde, et ce après mise à pied à titre conservatoire notifiée le 3 décembre précédent ; après avoir été entendu, assisté par un membre du personnel, par l'employeur, il a été licencié pour faute lourde par lettre du 30 décembre 2008 ; contestant la régularité et le bien-fondé de son licenciement, le salarié a saisi la juridiction prud'homale.

Pour dire dépourvu de cause réelle et sérieuse le licenciement du salarié et condamner la société au paiement de diverses sommes, une cour d'appel a retenu que l'article 27, alinéa 2, de la convention collective applicable stipule qu'« aucun licenciement, même pour faute grave, ne peut être confirmé sans que l'intéressé ait été au préalable, mis à même d'être entendu, sur sa demande, par l'employeur ou son représentant responsable », que ces dispositions étant plus favorables que celles résultant de l'article L. 1232-4 CT, l'employeur se devait en conséquence de mentionner cette faculté dans la lettre de convocation à l'entretien préalable de sorte que le non-respect de cette garantie de fond prive le licenciement de cause réelle et sérieuse.

En statuant ainsi, alors que l'article 27, alinéa 2, de la convention collective nationale des ingénieurs et cadres du 13 mars 1972 prévoyant la faculté pour le salarié d'être entendu, sur sa demande, par l'employeur avant que son licenciement ne lui soit confirmé par écrit, n'institue pas une protection des droits de la défense supérieure à celle prévue par la loi 73-680 du 13 juillet 1973 qui a institué l'obligation pour l'employeur envisageant de licencier un salarié de le convoquer, avant toute décision, à un entretien préalable, la cour d'appel a violé les articles 27, alinéa 2, de la convention collective nationale des ingénieurs et cadres de la métallurgie du 13 mars 1972, L. 1232-2, L. 1232-3 et L. 1232-4 CT.

Cass. soc. 11 juillet 2016, n° 14-22.651, BC V n° 153.

La consultation d'une commission chargée de donner un avis sur une mesure disciplinaire constitue pour le salarié une garantie de fond…

La consultation d'un organisme chargé, en vertu d'une disposition conventionnelle, de donner un avis sur une mesure disciplinaire envisagée par l'employeur constitue pour le salarié une garantie de fond. Le licenciement prononcé sans que le conseil ait été consulté et ait rendu son avis selon une procédure régulière ne peut avoir de cause réelle et sérieuse.

Cass. soc. 16 janvier 2001, n° 98-43.189, BC V n° 9. Voir aussi cass. soc. 8 janvier 2002, n° 99-46.070 ; cass. soc. 10 janvier 2012, n° 10-15.831.

Licencié en juillet 2002 pour faute grave par lettre recommandée lui reprochant son insubordination, un salarié a saisi la juridiction prud'homale de diverses demandes relatives à l'exécution et à la rupture de son contrat de travail.

Pour le débouter de sa demande de dommages et intérêts pour licenciement sans cause réelle et sérieuse, une cour d'appel a énoncé que, si selon un accord du 1er février 2000, la rupture du contrat de travail doit être précédée de l'avis d'une commission paritaire disciplinaire dont les conditions d'exercice sont fixées par le règlement intérieur, ce règlement n'était entré en vigueur que le 1er mars 2005, qu'il était impossible de procéder à la consultation d'un organe inexistant, et que c'est donc à juste titre que l'employeur s'en était tenu à la procédure légale de licenciement.

En statuant ainsi, alors que l'employeur qui s'était engagé en signant l'accord du 1er février 2000, à mettre en place la commission paritaire de discipline ne l'avait pas fait, de sorte que cette commission n'avait pu donner son avis sur le licenciement du salarié prononcé plus de deux ans après l'entrée en vigueur de l'accord, la cour d'appel a violé les articles L. 122-14-3 et L. 122-41, al. 2, devenus L. 1235-1 et L. 1332-2 CT et les articles 77 et 82 de l'accord du 1er février 2000.

Cass. soc. 22 octobre 2008, n° 06-46.215, 1er moyen, BC V n° 198.

… et le licenciement prononcé sans que le salarié ait été avisé qu'il pouvait saisir cet organisme est dénué de cause réelle et sérieuse.

Cass. soc. 31 janvier 2006, n° 03-43.300, BC V n° 45. Voir aussi cass. soc. 13 novembre 2014, n° 13-18.443 ; cass. soc. 1er février 2017, n° 15-23.271, 1er moyen.

Aux termes de l'article 27.1 de la convention collective du personnel des banques, le salarié dispose d'un délai de cinq jours calendaires à compter de la notification du licenciement pour, au choix et s'il le souhaite, saisir par lettre recommandée avec accusé de réception, la commission paritaire de recours interne à l'entreprise mise en place par voie d'accord d'entreprise, si elle existe, ou la commission paritaire de la banque, ces recours, exclusifs l'un de l'autre, étant suspensifs et le licenciement ne pouvant être effectif qu'après avis de la commission saisie s'il a été demandé par le salarié sanctionné ; il en résulte que la consultation de l'une ou l'autre de ces commissions constitue pour le salarié une garantie de fond qui oblige l'employeur à informer le salarié du recours dont il dispose.

Après avoir constaté que le salarié d'une banque avait été licencié pour faute grave sans avoir été avisé par son employeur de la possibilité d'exercer un recours suspensif devant la commission paritaire de recours interne à l'entreprise ou la commission paritaire de la banque pour qu'elles donnent leur avis sur le licenciement, une cour d'appel en a exactement déduit que le licenciement était sans cause réelle et sérieuse.

Cass. soc. 21 octobre 2008, n° 07-42.170, BC V n° 196. Voir aussi cass. soc. 12 février 2014, n° 12-28.064.

La faculté conférée au salarié par une disposition conventionnelle de consulter un organisme chargé de donner un avis sur la mesure disciplinaire envisagée par l'employeur constitue une garantie de fond.

Selon la convention collective applicable, lorsqu'un agent, en raison de la gravité de la faute qui lui est reprochée, est sous le coup d'une sanction du deuxième degré, il en est avisé par la direction qui doit alors lui indiquer qu'il peut, dans les dix jours ouvrés de cet avis, demander que ladite sanction soit déférée au conseil de discipline lequel est chargé de formuler des avis sur les sanctions de l'espèce.

Après avoir relevé qu'un salarié n'avait pas été avisé de cette faculté lors de sa convocation à l'entretien préalable mais postérieurement au moment où la décision de licenciement pour faute grave lui avait été notifiée, une cour d'appel a, par ces seuls motifs, fait une exacte application des dispositions conventionnelles en décidant que le licenciement était sans cause réelle et sérieuse.

Cass. soc. 1er février 2012, n° 10-10.012, BC V n° 51.

Constitue une garantie de fond la réunion d'une commission de suivi du handicap avant le licenciement d'un travailleur handicapé.

Instituent une garantie de fond des dispositions conventionnelles relatives au personnel handicapé prévoyant la tenue de réunions extraordinaires de la commission de suivi du handicap afin d'examiner les projets de licenciement des salariés ayant le statut de travailleur handicapé, la diffusion du compte rendu de ces réunions au directeur du site concerné par le salarié dont le cas aura été évoqué, et l'arbitrage de l'inspecteur du travail en cas de désaccord.

Le licenciement d'un travailleur handicapé, intervenu sans la saisine préalable de cette commission est donc dépourvu de cause réelle et sérieuse.

Cass. soc. 2 décembre 2015, n° 14-18.534, BC V n° 243.

Si, en cas de partage des voix devant la commission de conciliation de l'entreprise, le différend peut être porté devant une commission paritaire nationale, le salarié doit en être informé.

Selon l'article 53 de la convention collective nationale de travail du personnel des agences de voyages et de tourisme du 12 mars 1993, dans ses dispositions applicables en cas de rétrogradation ou de licenciement, « l'entretien préalable est de droit ; les parties ont la faculté de saisir pour avis la commission de conciliation de l'entreprise ; dans les entreprises ne comportant pas de commission de conciliation, les parties ont la faculté de saisir pour avis la commission paritaire nationale ; cette faculté devra être indiquée au salarié dans la lettre de convocation à l'entretien préalable ; la saisine de l'une ou l'autre de ces commissions doit être faite dans un délai de deux jours ouvrés à l'issue de l'entretien préalable ; l'employeur suspend sa décision de sanction durant ce délai dans l'attente de la décision qui sera prise par le salarié ; en cas de saisine, la décision de l'employeur est suspendue jusqu'à l'avis de la commission » ; selon l'article 57 de la convention, « en matière disciplinaire, en cas de partage des voix, le différend pourra être porté dans les huit jours, à la demande de l'une ou de l'autre des parties, devant la commission paritaire nationale ».

Il résulte de ces textes que la consultation de l'une ou l'autre des commissions, dont la saisine suspend la décision de l'employeur, constitue pour le salarié une garantie de fond qui oblige l'employeur à informer le salarié de la faculté pour lui de saisir la commission de conciliation de l'entreprise lorsqu'elle existe ou à défaut la commission paritaire nationale et, en cas de partage des voix devant la commission de l'entreprise, de la possibilité de porter le différend devant la commission paritaire nationale ; dès lors, le licenciement prononcé sans que le salarié ait été informé de la faculté de saisir cet organisme est privé de cause réelle et sérieuse.

Cass. soc. 27 juin 2012, n° 11-14.036, BC V n° 198.

Le licenciement prononcé sans que le salarié ait été entendu par un conseil de discipline est sans cause réelle et sérieuse.

Un salarié a été convoqué le 15 avril à un entretien préalable à un éventuel licenciement fixé le 23 avril suivant, puis invité par lettre du 29 avril à se présenter le 12 mai devant un conseil de discipline conformément aux articles 12 et 13 de la convention collective applicable ; le 11 mai, il a transmis à son employeur un certificat médical et demandé le report de la réunion de ce conseil ; passant outre à cette demande, le conseil de discipline s'est réuni à la date prévue et a donné son avis par procès-verbal du 12 mai ; le salarié, licencié pour faute le 26 mai suivant, a saisi le conseil de prud'hommes de diverses demandes.

Après avoir constaté qu'en dépit de la demande de report justifié dont il n'a pas été allégué qu'elle aurait été abusive, le conseil de discipline avait rendu un avis sans entendre l'intéressé, une cour d'appel a pu décider que la société avait privé le salarié des garanties auxquelles il avait droit, et que son licenciement était dépourvu de cause réelle et sérieuse.

En effet, d'une part, la consultation d'un organisme chargé en vertu d'une disposition conventionnelle de donner son avis sur la mesure disciplinaire envisagée par l'employeur constitue une garantie de fond ; il s'ensuit que le licenciement prononcé sans que cet organisme ait été consulté et ait rendu son avis selon une procédure régulière ne peut avoir de cause réelle et sérieuse ; d'autre part, il résulte de l'article 12 de la convention collective que le licenciement disciplinaire ne peut être prononcé qu'après avis du conseil de discipline qui entend l'agent menacé de sanction dans les conditions prévues à l'article 13.

Cass. soc. 16 septembre 2008, n° 07-41.532, BC V n° 159.

L'obligation faite à un syndic de recueillir l'autorisation de l'assemblée générale des copropriétaires avant le licenciement d'un gardien d'immeuble constitue pour ce dernier une garantie de fond et sa méconnaissance prive son licenciement de cause réelle et sérieuse.

Deux gardiens d'immeuble, salariés d'un syndicat de copropriétaires, ont saisi la juridiction prud'homale en contestant la régularité de leur licenciement, le syndic n'ayant pas respecté le règlement de copropriété, qui lui imposait de recueillir préalablement l'autorisation de l'assemblée générale des copropriétaires.

Après avoir relevé que l'obligation faite au syndic de recueillir l'autorisation de l'assemblée générale des copropriétaires avant le licenciement des gardiens avait pour objet de permettre au syndicat des copropriétaires, qui était leur employeur, de réserver son avis sur l'exercice du pouvoir de licencier son personnel par le syndic, une cour d'appel a exactement retenu que cette procédure d'autorisation préalable constituait une garantie de fond accordée aux salariés et que son inobservation avait pour effet de rendre sans cause réelle et sérieuse le licenciement des intéressés.

Cass. ass. plén. 5 mars 2010, n° 08-42.843, BC n° 1.

En revanche, le non-respect d'un délai conventionnel de saisine d'un organisme consultatif ne constitue pas la violation d'une garantie de fond, sauf si cette irrégularité a eu pour effet de priver le salarié de la possibilité d'assurer utilement sa défense devant cet organisme.

A violé les articles L. 1232-1, L. 1332-1, L. 1332-2 et L. 2251-1 CT et l'article 54 de la Convention collective nationale des réseaux de transports publics urbains de voyageurs du 11 avril 1986, étendue par arrêté du 25 janvier 1993, la cour d'appel qui, pour dire le licenciement d'un salarié sans cause réelle et sérieuse, a retenu que le délai entre la remise de la convocation et la tenue du conseil de discipline, prévu par l'article 54 de la convention collective n'avait pas été respecté, alors qu'il ne résultait pas de ses constatations que l'inobservation du délai de convocation avait privé l'intéressé de la possibilité d'assurer utilement sa défense devant le conseil de discipline.

Cass. soc. 3 juin 2009, n° 07-42.432, BC V n° 142.

Selon l'article 54 de la convention collective nationale des réseaux de transports publics urbains de voyageurs du 11 avril 1986, « le conseil de discipline est convoqué par le directeur du réseau qui en fixe l'ordre du jour. Il est réuni au jour indiqué dans la convocation et, dans le cas de suspension de service, six jours au plus tard après la date de mise en suspension de l'agent. Dans le cas où l'agent n'est pas suspendu, il doit être avisé de sa comparution devant le conseil huit jours au moins avant la réunion de ce conseil ».

Un salarié licencié pour faute grave le 26 décembre 2006 a saisi la juridiction prud'homale en invoquant notamment le non-respect de la procédure disciplinaire conventionnelle.

Après avoir constaté que le salarié avait été convoqué devant le conseil de discipline par une lettre recommandée dont l'avis de réception ne comportait pas de date certaine de remise effective et que celle-ci ne pouvait être datée que du 11 décembre 2006, jour de réexpédition par La Poste de l'accusé de réception, soit la veille de la réunion du conseil de discipline, une cour d'appel en a exactement déduit que le salarié n'avait pas été avisé dans le délai conventionnel de huit jours et a pu dire le licenciement sans cause réelle et sérieuse.

Ensuite, ayant retenu que le salarié n'avait pas eu connaissance des éléments du dossier dans un délai suffisant avant sa comparution devant l'organe disciplinaire, qu'il avait été privé de la faculté de demander à être entendu par le directeur du réseau et qu'il n'avait disposé que d'une journée pour préparer sa défense, la cour a pu en déduire que le non-respect du délai conventionnel de convocation avait empêché le salarié d'assurer utilement sa défense et dire le licenciement sans cause réelle et sérieuse.

Cass. soc. 18 mai 2011, n° 09-72.787, BC V n° 115.

De même, dès lors que l'employeur a mis en œuvre la procédure conventionnelle, l'absence de motivation du conseil de discipline résultant de ce que ses membres n'ont pas pu se départager ne rend pas la procédure irrégulière.

C'est à tort qu'une cour d'appel a déclaré un licenciement sans cause réelle et sérieuse au motif que l'avis du conseil de discipline, rapportant seulement le résultat du scrutin, était dépourvu de motivation, alors que, lorsque les procédures conventionnelles protectrices des droits du salarié contre son licenciement ont été mises en œuvre par l'employeur, l'absence de motivation du conseil de discipline qui résulte de ce que ses membres n'ont pu se départager n'a pas pour effet de mettre en échec le pouvoir disciplinaire de l'employeur et de rendre irrégulière au regard des dispositions conventionnelles la procédure de licenciement.

Cass. soc. 3 juin 2009, n° 07-42.432, précité.

Le licenciement est privé de cause réelle et sérieuse lorsque la commission chargée de donner son avis sur la mesure, notamment composée de représentants du personnel, n'a pas pu être réunie, faute d'un nombre suffisant de représentants dans l'entreprise suite à la carence de l'employeur.

A légalement justifié sa décision de condamner un employeur au paiement de diverses sommes consécutives à la rupture du contrat de travail d'un salarié la cour d'appel qui a constaté que le salarié avait été privé d'une garantie de fond du fait de l'employeur qui n'avait pas mis en place les délégués du personnel alors qu'il y était tenu.

En effet, la procédure prévue par la convention collective applicable selon laquelle, en cas de licenciement pour faute, l'employeur doit obligatoirement consulter un conseil composé de trois représentants du personnel et de trois représentants de l'employeur constitue une garantie de fond dont la convention ne limite pas l'application en fonction du nombre de représentants du personnel dans l'entreprise.

Cass. soc. 4 octobre 2005, n° 03-45.983.

Il en va de même lorsque la composition de la commission convoquée est irrégulière.

La consultation d'un organisme chargé, en vertu d'une disposition conventionnelle, de donner un avis sur une mesure disciplinaire envisagée par l'employeur constitue pour le salarié une garantie de fond et le licenciement prononcé sans que cet organisme ait été consulté et ait rendu son avis selon une procédure régulière ne peut avoir de cause réelle et sérieuse.

C'est à tort que, pour débouter un salarié de sa demande de paiement d'indemnités pour licenciement sans cause réelle et sérieuse, une cour d'appel a retenu que la procédure disciplinaire conventionnelle avait été respectée par l'employeur qui avait confirmé le licenciement après que la sous-commission ait émis un avis sur la sanction envisagée, après avoir constaté que l'avis avait été émis par une sous-commission irrégulièrement composée faute de respecter la règle de la parité entre les représentants des employeurs et des salariés, et que cet avis n'était pas favorable à la mesure de licenciement pour faute grave décidée par l'employeur, ce dont il résultait que celui-ci ne pouvait licencier le salarié sans que la commission paritaire ait préalablement rendu son avis.

Cass. soc. 11 octobre 2005, n° 03-41.586.

Licencié par une compagnie aérienne polynésienne, un salarié a contesté devant la juridiction prud'homale la décision prise à son encontre et sollicité le paiement de dommages-intérêts.

Ayant constaté que les fonctions de responsable chargé de l'instruction du dossier avaient été assurées par le président du conseil de discipline désigné par l'employeur, une cour d'appel en a exactement déduit que le licenciement du salarié, intervenu en l'absence de la garantie d'impartialité de cet organisme et partant en violation de la garantie de fond prévue par l'accord collectif local, était dépourvu de cause réelle et sérieuse.

En effet, d'une part, la consultation d'un organisme chargé, en vertu d'une disposition conventionnelle, de donner un avis sur une mesure disciplinaire envisagée par l'employeur, constitue une garantie de fond et le licenciement prononcé sans que le conseil ait été consulté et ait rendu son avis selon une procédure régulière ne peut avoir de cause réelle et sérieuse et, d'autre part, selon l'article 24 de l'accord collectif local intitulé convention collective du transport aérien, le conseil de discipline, composé du président désigné par la direction et d'une délégation de salariés, doit obligatoirement convoquer le responsable, chargé de l'instruction du dossier ; il résulte de ce texte, que les membres du conseil de discipline ne peuvent être chargés de l'instruction du dossier et intervenir en cette qualité devant lui.

Cass. soc. 17 décembre 2014, n° 13-10.444, BC V n° 297. Voir aussi cass. soc. 12 septembre 2018, n° 16-26.853, 3e moyen, à paraître.

Mais si la composition du conseil de discipline appelé à se prononcer sur le licenciement n'est plus paritaire en raison d'un incident non imputable à l'employeur, cette circonstance ne prive pas le licenciement de cause réelle et sérieuse.

Un salarié a été licencié pour faute grave par lettre du 3 août 2011 ; en raison de l'absence d'un représentant du collège des salariés le jour de la séance du conseil de discipline, l'employeur a retiré un membre chargé de représenter la direction afin de permettre le respect des règles de la parité ; à la suite du refus du président du conseil de discipline de communiquer au salarié et à son assistant une copie de la procédure, ces derniers ainsi qu'un représentant du collège « salarié » ont quitté la séance ; le conseil de discipline, composé à la suite de cet incident d'un membre représentant les salariés et de deux membres représentant l'employeur, a émis un avis préalable à toute sanction.

Pour dire le licenciement dépourvu de cause réelle et sérieuse en l'absence de procédure régulière devant le conseil de discipline, une cour d'appel a retenu, après avoir constaté que l'employeur avait, préalablement à la tenue de la séance du conseil de discipline, permis au salarié de prendre connaissance de son dossier et de préparer utilement sa défense et assuré le respect des règles de la parité, que le départ du représentant des salariés chargé de composer cette instance consultative était intervenu avant que le rapporteur communique son rapport et toutes les pièces de l'enquête au conseil et que les débats aient commencé et que l'avis de cette instance représentative avait été rendu dans une composition qui n'était plus paritaire.

En statuant ainsi, alors que l'employeur avait respecté les garanties conventionnelles et satisfait à ses obligations, la cour d'appel, qui n'avait pas à lui faire supporter les conséquences d'un incident qui ne lui était pas imputable, a violé les articles 51 de la convention collective nationale des réseaux de transports publics urbains de voyageurs du 11 avril 1986, L. 1232-1 et L. 1235-1 CT.

Cass. soc. 26 janvier 2016, n° 14-17.996, BC V n° 14.

De même, lorsqu'une disposition conventionnelle prévoit la possibilité pour le salarié dont le licenciement est envisagé de saisir une commission composée de représentants de l'employeur et de représentants du personnel, l'impossibilité de mettre en œuvre cette procédure en raison de l'absence de représentant du personnel dans l'entreprise ne prive pas l'employeur de la possibilité de prononcer un licenciement en l'absence de cette garantie.

Pour dire que le licenciement d'un salarié était sans cause réelle et sérieuse, une cour d'appel a retenu que la lettre de convocation à l'entretien préalable au licenciement ne comportait pas l'indication que le salarié avait la possibilité de saisir une commission composée de trois représentants de l'employeur et de trois représentants du personnel et qu'en l'absence de délégués du personnel, outre le fait que le salarié aurait pu réclamer lui-même que soient organisées les élections, l'employeur devait mettre en place un tel conseil en le dotant de trois représentants du personnel, au besoin désignés à cette fin.

En statuant ainsi, alors qu'elle avait constaté que l'employeur produisait un procès-verbal de carence, dont la validité n'était pas contestée, la cour d'appel a violé les dispositions conventionnelles applicables et l'article L. 1235-3 CT.

Cass. soc. 10 décembre 2015, n° 14-16.214, pourvoi de l'employeur, BC V n° 253.

L'avis du conseil de discipline n'a pas à être communiqué au salarié avant la notification du licenciement.

La décision que l'employeur peut être amené à prendre à la suite de l'avis du conseil de discipline ou les éléments dont il dispose pour la fonder ont vocation, le cas échéant, à être ultérieurement discutés devant les juridictions de jugement ; dès lors, le respect des droits de la défense et du principe de la contradiction n'impose pas que l'avis du conseil de discipline soit communiqué au salarié avant la notification de son licenciement.

Cass. soc. 18 février 2014, n° 12-17.557, BC V n° 52.

Constitue une garantie de fond dont le non-respect prive le licenciement de cause réelle et sérieuse l'exigence d'une double signature sur la lettre de licenciement pour faute grave ou lourde,…

Un salarié, engagé en qualité de pharmacien assistant et devenu pharmacien directeur, a été licencié pour faute grave.

Doit être cassé l'arrêt qui, pour retenir cette qualification, énonce que l'irrégularité de procédure tirée du défaut d'apposition sur la lettre de licenciement du contreseing prévu par la convention collective en cas de licenciement pour faute grave, ne pouvait entraîner la nullité du licenciement mais ouvrait droit à des dommages-intérêts en réparation du préjudice subi.

En effet, l'exigence, sur la lettre de licenciement, de la double signature du président du conseil d'administration et d'un administrateur délégué à cet effet qui n'était prévue qu'en cas de licenciement pour faute grave ou lourde, constituait, pour le salarié, une garantie de fond. Dès lors, le licenciement pour faute grave, décidé en méconnaissance de cette exigence, ne pouvait avoir de cause réelle et sérieuse.

Cass. soc. 5 avril 2005, n° 02-47.473, BC V n° 119.

… la mention, devant figurer dans la lettre de convocation à l'entretien préalable au licenciement, de la faculté pour le salarié de demander la réunion d'un conseil paritaire,…

Aux termes de l'article 90 de la convention collective des sociétés d'assurance, la lettre de convocation à l'entretien préalable à un licenciement pour faute ou pour insuffisance professionnelle doit mentionner expressément, lorsque le salarié concerné a plus d'un an de présence dans l'entreprise, la faculté qu'il a de demander la réunion d'un « conseil paritaire » et du délai impératif dans lequel cette faculté peut être exercée. Cette exigence constitue une garantie de fond dont la violation prive le licenciement de cause réelle et sérieuse.

Une cour d'appel, qui a constaté que la lettre de convocation à l'entretien préalable adressée à un salarié ne comportait pas cette mention expresse bien qu'il fût envisagé à son égard un licenciement pour faute ou pour insuffisance professionnelle, a pu dire que ce licenciement était dépourvu de cause réelle et sérieuse et condamner l'employeur à lui payer une somme à titre de dommages-intérêts pour licenciement abusif.

Cass. soc. 18 octobre 2006, n° 03-48.370, 1er moyen, BC V n° 310.

… l'obligation pour l'employeur d'appeler le personnel intéressé à prendre connaissance du dossier disciplinaire concernant le licenciement et à fournir des explications…

La disposition conventionnelle prévoyant que sauf en ce qui concerne les avertissements, une sanction ne pourra intervenir qu'après que le personnel intéressé aura été appelé à prendre connaissance du dossier disciplinaire concernant la sanction et à fournir des explications institue une protection des droits de la défense supérieure à celle prévue par la loi et constitue une garantie de fond.

Ne peut avoir de cause réelle et sérieuse le licenciement d'un salarié n'ayant pas été mis en situation de prendre connaissance de son dossier disciplinaire.

Cass. soc. 11 mars 2009, n° 08-40.453, BC V n° 74.

… l'obligation pour l'employeur, avant l'entretien préalable au licenciement pour motif disciplinaire, de notifier au salarié par écrit les motifs de la mesure qu'il envisage…

Après avoir constaté qu'un salarié travaillant dans une institution de retraite complémentaire n'avait pas reçu, avant l'entretien préalable à son licenciement, notification des motifs de la mesure de licenciement disciplinaire envisagée, une cour d'appel en a exactement déduit que le licenciement était dépourvu de cause réelle et sérieuse.

En effet, l'article 34 de la convention collective nationale du travail du personnel des institutions de retraites complémentaires du 9 décembre 1993 dispose en ses alinéas 4 et 5 que le motif de la mesure disciplinaire envisagée par la direction doit être notifié par écrit à l'intéressé avant que la mesure entre en application et que tout agent doit être entendu par la direction avant une mesure disciplinaire pour obtenir la justification du motif invoqué et faire valoir ses explications ; il résulte de ces dispositions, qui concernent l'ensemble des mesures disciplinaires, que l'employeur doit, antérieurement à l'entretien préalable au licenciement pour motif disciplinaire, notifier au salarié par écrit les motifs de la mesure qu'il envisage ; ce texte, qui institue une protection des droits de la défense supérieure à celle prévue par la loi, constitue une garantie de fond.

Cass. soc. 9 janvier 2013, n° 11-25.646, BC V n° 1.

… l'obligation de notifier le licenciement dans un délai de dix jours francs à compter de l'entretien préalable…

L'article IV-2-1 de la convention collective nationale des entreprises d'architecture du 27 février 2003 prévoit que conformément au code du travail, le licenciement est obligatoirement précédé d'un entretien préalable au cours duquel l'employeur indique les motifs de la rupture envisagée et que si la décision de licenciement est prise, l'employeur la notifie au salarié, dans un délai maximum de dix jours francs ; l'inobservation de ce délai, qui constitue une garantie de fond, prive le licenciement de cause réelle et sérieuse.

Un salarié, engagé le 1er juin 2003 par une société d'architecture, a été convoqué à un entretien préalable en vue d'une sanction disciplinaire, par lettre en date du 15 octobre 2008, avec mise à pied à titre conservatoire ; il a été convoqué le 17 novembre 2008 à un second entretien préalable en vue d'une sanction disciplinaire, avec maintien de la mise à pied ; licencié le 26 novembre 2008 pour faute grave, il a saisi la juridiction prud'homale.

Après avoir constaté que l'entretien préalable avait eu lieu le 29 octobre 2008 et que le licenciement avait été notifié le 26 novembre 2008, dans le cadre de la même procédure de licenciement, une cour d'appel a exactement décidé que le licenciement était sans cause réelle et sérieuse.

Cass. soc. 27 mars 2013, n° 11-20.737, BC V n° 86.

... ou encore l'information des délégués du personnel avant le licenciement disciplinaire.

Pour dire le licenciement d'un directeur de clinique fondé sur une faute grave et rejeter ses demandes au titre d'un licenciement sans cause réelle et sérieuse, une cour d'appel a retenu que la convention collective applicable se limite à subordonner la validité du licenciement disciplinaire, hors faute grave, au prononcé préalable de deux sanctions.

En statuant ainsi, alors qu'aux termes de l'article 03.01.6 de la convention collective des établissements privés d'hospitalisation, de soins, de cure et de garde à but non lucratif du 31 octobre 1951 « outre les attributions traditionnelles et les fonctions supplétives prévues par les dispositions légales et réglementaires, les délégués du personnel sont informés des licenciements pour motif disciplinaire avant exécution de la décision » et que cette formalité, qui s'ajoute à celles prévues par les dispositions de l'article 05.03.2 de la convention collective relatives à la procédure disciplinaire, constitue une garantie de fond dont le non-respect prive le licenciement de cause réelle et sérieuse, la cour d'appel a violé le texte susvisé.

Cass. soc. 17 mars 2015, n° 13-23.983, BC V n° 49 (arrêt n° 2). Voir aussi cass. soc. 17 mars 2015, n° 13-24.252, BC V n° 49 (arrêt n° 1) ; cass. soc. 15 mars 2017, n° 15-18.772.

En cas de licenciement pour motif disciplinaire, la procédure conventionnelle doit être engagée dans le délai d'un mois après l'entretien préalable.

Un salarié, qui avait été suspendu de ses fonctions au mois de décembre 1994, avait été licencié pour faute lourde par lettre du 27 octobre 1995 après avis des instances disciplinaires compétentes en vertu de la convention collective applicable.

C'est à tort que, pour le débouter de sa demande de dommages-intérêts fondée sur le non-respect du délai d'un mois prévu par l'article L. 122-41 CT, une cour d'appel a énoncé qu'aucune disposition particulière n'oblige l'employeur à saisir les instances disciplinaires dans un délai déterminé et que la saisine peut être faite au-delà du délai d'un mois sans vicier la procédure.

En effet, le délai d'un mois est une règle de fond et que la sanction doit être prononcée avant l'expiration de ce délai, sauf si, dans l'intervalle, une procédure imposée par une disposition conventionnelle a été mise en œuvre et il résultait de ses constatations que, si le salarié avait été informé de la mise en œuvre de la procédure conventionnelle dans le délai d'un mois, celle-ci n'avait pas été engagée dans ce délai.

Cass. soc. 23 juin 2004, n° 02-41.877, 1er moyen, BC V n° 182.

Selon l'article 12 de la convention collective nationale du Crédit agricole, les sanctions de rétrogradation et de licenciement sont prises par l'employeur, après avis du conseil de discipline qui entend l'agent menacé de sanction.

Doit être cassé l'arrêt qui, pour dire le licenciement d'un salarié dépourvu de cause réelle et sérieuse, a énoncé que la remise à l'intéressé de la convocation à l'entretien préalable au licenciement, ainsi que l'entretien, avaient eu lieu antérieurement à la tenue du conseil de discipline, que la procédure était donc irrégulière et que le non-respect d'une procédure conventionnelle était une irrégularité de fond qui rendait sans cause réelle et sérieuse le licenciement ultérieur, alors que l'avis du conseil de discipline n'a pas à être antérieur à l'entretien préalable, mais uniquement à la prise de décision par l'employeur de licencier.

Cass. soc. 28 septembre 2005, n° 02-45.926, BC V n° 274.

Si la réunion du conseil de discipline institué par une convention collective interrompt le délai d'un mois laissé à l'employeur pour notifier la sanction, c'est à la condition que ce dernier ait informé le salarié de la convocation du conseil avant son expiration.

Il résulte de l'article L. 122-41 CT qu'aucune sanction ne peut être prononcée contre un salarié plus d'un mois après l'entretien préalable ; il s'ensuit que si la réunion du conseil de discipline institué par une convention collective interrompt ce délai, c'est à la condition que l'employeur ait informé le salarié de la convocation du conseil avant son expiration.

Une cour d'appel, qui a constaté que l'entretien préalable d'un salarié licencié pour faute grave le 22 décembre 1995 s'était tenu le 9 octobre 1995 et que le salarié n'avait été informé par l'employeur que le 20 novembre 1995 de la convocation du conseil de discipline, a pu en déduire que le licenciement était dépourvu de cause réelle et sérieuse.

Cass. soc. 10 mai 2006, n° 05-43.843, BC V n° 171. Voir aussi cass. soc. 31 mars 2010, n° 09-41.016, pourvoi incident.

☛ *Cause réelle et sérieuse ; Sanctions disciplinaires (Notification).*

Procédure disciplinaire (Entretien préalable)

Aux termes de l'article L. 1332-2 CT, l'employeur qui envisage de prendre une sanction ayant une incidence immédiate ou non sur la présence dans l'entreprise, la fonction, la carrière ou la rémunération d'un salarié doit le convoquer par écrit à un entretien préalable puis lui notifier la sanction.

Pour les sanctions mineures, une procédure simplifiée s'applique.

En cas de sanctions mineures, la procédure applicable est une procédure simplifiée

Lorsque la sanction n'a pas d'incidence sur la situation du salarié, l'employeur n'est pas tenu de le convoquer à un entretien…

L'employeur n'est pas tenu d'observer la procédure de l'entretien préalable pour une sanction de rappel à l'ordre qui n'entraîne aucune conséquence sur la rémunération, la carrière ou la fonction du salarié.

Cass. soc. 19 juillet 1995, n° 91-45.797. Voir aussi cass. soc. 5 décembre 2018, n° 17-13.261.

… même si la multiplication de ces sanctions laisse présager l'intervention ultérieure d'une sanction pouvant avoir des incidences sur sa situation.

Doit être cassé l'arrêt qui, pour annuler un avertissement au motif que le salarié, ayant déjà fait l'objet de deux avertissements, énonce que cette nouvelle sanction ne pouvait être considérée comme insusceptible d'avoir une incidence quelconque sur la situation du salarié et devait donc être soumise à la procédure d'entretien préalable, alors qu'un avertissement, peu important le nombre d'avertissements antérieurs, n'a pas par lui-même une incidence, immédiate ou non, sur la présence dans l'entreprise, la fonction, la carrière ou la rémunération du salarié. Quand cette sanction est envisagée, l'employeur n'a pas à convoquer le salarié à un entretien préalable.

Cass. soc. 11 janvier 1994, n° 87-44.012. Voir aussi cass. soc. 18 juin 2014, n° 13-14.764, 1er moyen.

Mais, quelle que soit la sanction, le salarié doit être informé par écrit des griefs retenus contre lui.

Aucune sanction ne peut être infligée au salarié sans que celui-ci soit informé par écrit des griefs retenus contre lui.

Cass. soc. 17 janvier 1995, n° 91-43.815, BC V n° 25.

Pour les sanctions pouvant avoir des conséquences sur la présence du salarié, sa carrière ou sa rémunération, l'employeur doit appliquer la procédure normale

Un blâme avec inscription au dossier étant une sanction susceptible d'avoir une influence sur la carrière du salarié doit faire l'objet d'un entretien préalable.

Cass. soc. 7 décembre 1999, n° 97-43.059, 4e moyen, BC V n° 76.

Lorsqu'un règlement intérieur subordonne le licenciement d'un salarié à l'existence de deux sanctions antérieures, dont l'une peut être un avertissement, ce dernier doit être notifié après un entretien préalable.

Si l'employeur n'est, en principe, pas tenu de convoquer le salarié à un entretien avant de lui notifier un avertissement, il en va autrement lorsque, au regard des dispositions d'un règlement intérieur, l'avertissement peut avoir une influence sur le maintien du salarié dans l'entreprise. Tel est le cas lorsque le règlement intérieur, instituant ainsi une garantie de fond, subordonne le licenciement d'un salarié à l'existence de deux sanctions antérieures pouvant être constituées notamment par un avertissement.

Cass. soc. 3 mai 2011, n° 10-14.104, 1re branche du 1er moyen, BC V n° 104.

La rupture anticipée du contrat de travail à durée déterminée est soumise aux dispositions légales qui imposent à l'employeur de convoquer le salarié à un entretien préalable en lui indiquant son objet.

Doit être cassé l'arrêt qui, pour débouter une salariée de sa demande d'indemnité pour non-respect de la procédure disciplinaire, a retenu que les dispositions de l'article L. 122-41 CT ont été observées dès lors que l'intéressée a été informée de la faculté d'assistance par un conseiller lors de l'entretien préalable, alors que la convocation à l'entretien préalable de la salariée n'indiquait pas la nature de la sanction envisagée.

Cass. soc. 29 avril 2003, n° 01-42.360. Voir aussi cass. soc. 27 juin 2001, n° 99-42.216, BC V n° 236.

Lorsqu'il invoque un motif disciplinaire pour rompre le contrat de travail au cours de la période d'essai, l'employeur a l'obligation de mettre en œuvre la procédure disciplinaire.

Si l'employeur peut, sans motif et sans formalité, mettre fin à la période d'essai, il doit, lorsqu'il invoque un motif disciplinaire, respecter la procédure disciplinaire.

Une salariée, fonctionnaire détachée auprès d'une association, s'est vu signifier, au cours de la période d'essai, la fin de son contrat pour diverses fautes.

C'est à bon droit qu'une cour d'appel, qui a relevé que la remise à disposition de la salariée était intervenue pour faute au cours de la période d'essai et qui a constaté que l'employeur ne l'avait pas convoquée à un entretien préalable en application de l'article L. 122-41 CT, a condamné ce dernier à payer à la salariée des dommages-intérêts pour non-respect de la procédure disciplinaire.

Cass. soc. 10 mars 2004, n° 01-44.750, BC V n° 80. Voir aussi cass. soc. 31 octobre 2012, n° 11-20.081 ; cass. soc. 14 mai 2014, n° 13-13.975.

Si, dans la lettre de convocation à l'entretien préalable, l'employeur n'est pas tenu de préciser les griefs formulés contre le salarié…

Si la lettre de convocation à l'entretien préalable en vue d'une sanction disciplinaire doit préciser l'objet de la convocation, cette lettre n'a pas à mentionner les griefs allégués contre le salarié.

Cass. soc. 16 novembre 1993, n° 91-42.551.

… l'indication de l'objet de la convocation (entretien en vue d'une sanction disciplinaire) constitue une formalité substantielle.

Cass. soc. 19 juin 2002, n° 00-43.684.

Lorsque la sanction envisagée est un licenciement, la lettre doit le mentionner.

Selon l'article L. 122-14 CT, la convocation à l'entretien préalable à un licenciement doit indiquer l'objet de l'entretien.

C'est à tort que, après avoir constaté que la lettre de convocation à l'entretien préalable adressée à un salarié mentionnait qu'il était envisagé de prendre à son encontre une sanction disciplinaire, une cour d'appel a débouté l'intéressé, licencié pour motif disciplinaire, de sa demande d'indemnité pour inobservation de la procédure, alors que la convocation n'indiquait pas qu'un licenciement était envisagé.

Cass. soc. 31 janvier 2007, n° 05-40.540.

Lors de l'entretien, l'employeur doit indiquer au salarié les griefs retenus contre lui et recueillir ses explications.

L'employeur qui envisage de prendre une sanction disciplinaire doit, au cours de l'entretien, indiquer au salarié le motif de la sanction envisagée et recueillir ses explications. À défaut, la procédure est irrégulière.

Cass. soc. 5 février 1992, n° 88-43.248, 1er moyen, BC V n° 67.

En revanche, l'employeur n'a pas à lui communiquer les pièces susceptibles de justifier la sanction.

Si l'article L. 1232-3 CT fait obligation à l'employeur d'indiquer au cours de l'entretien préalable au salarié dont il doit recueillir les explications le motif de la sanction envisagée, il ne lui impose pas de communiquer à ce dernier les pièces susceptibles de justifier la sanction.

Cass. soc. 18 février 2014, n° 12-17.557, BC V n° 52.

L'employeur peut se faire assister pendant cet entretien par un salarié de l'entreprise.

Doit être cassé l'arrêt ayant refusé d'annuler une sanction, alors que l'employeur s'était fait assister pendant l'entretien préalable par un conseiller étranger à l'entreprise et que l'employeur ne peut se faire assister, lors de l'entretien préalable, que par une personne appartenant au personnel de l'entreprise.

Cass. soc. 20 juin 1990, n° 87-41.118, 3e moyen, BC V n° 302.

Lorsque le salarié se fait assister lors de l'entretien par un autre salarié de l'entreprise, ce dernier ne doit subir aucune perte de rémunération.

Le droit, reconnu au salarié par l'article L. 122-14 CT, de se faire assister lors de l'entretien préalable au licenciement par un autre salarié de l'entreprise implique que ce dernier ne doit, du fait de l'assistance qu'il prête, subir aucune perte de rémunération.

Un conseil de prud'hommes a donc pu mettre à la charge de l'employeur le remboursement du temps consacré à l'assistance du salarié.

Cass. soc. 12 février 1991, n° 87-45.259, BC V n° 61.

Le salarié n'est pas tenu de se présenter à l'entretien préalable à une sanction.

Cass. soc. 11 mars 1998, n° 96-40.258.

Il n'est pas obligatoire que l'entretien se déroule sur le lieu de travail.

En énonçant que l'entretien préalable à un licenciement doit se dérouler sur les lieux du travail où les salariés exercent leur activité, un conseil de prud'hommes a ajouté à l'article L. 122-14 CT une obligation qu'il ne prévoit pas.

Cass. soc. 3 octobre 1995, n° 94-40.995, 1re branche, 2e moyen.

Les paroles prononcées par un salarié au cours de l'entretien préalable à une sanction disciplinaire ne peuvent pas, sauf abus, constituer une cause de licenciement.

Doit être cassé l'arrêt qui, pour décider qu'un licenciement reposait sur une cause réelle et sérieuse, a retenu que les propos tenus lors de l'entretien précédant l'avertissement traduisaient un manquement au lien de subordination inhérent au contrat de travail, alors que la mention dans la lettre de licenciement de « fautes professionnelles exposées dans de précédents courriers » ne constitue pas l'énoncé des motifs exigé par la loi et que les paroles prononcées par un salarié au cours de l'entretien préalable à une sanction disciplinaire ne peuvent, sauf abus, constituer une cause de licenciement.

Cass. soc. 8 janvier 1997, n° 94-42.639, BC V n° 5. Voir aussi cass. soc. 27 février 2013, n° 11-26.432.

L'absence de convocation à l'entretien préalable cause nécessairement un préjudice dont le salarié doit obtenir réparation.

La convocation d'un salarié à l'entretien préalable à une sanction disciplinaire a un caractère obligatoire, quelle que soit l'ancienneté du salarié, et son absence cause nécessairement un préjudice dont le salarié doit obtenir réparation.

Cass. soc. 4 janvier 2000, n° 97-44.470. Voir aussi cass. soc. 19 février 2014, n° 12-35.305, 3e branche du moyen.

☛ *Notification du licenciement ; Pouvoir disciplinaire (Contrôle juridictionnel) ; Sanctions disciplinaires (Noncumul des).*

Procédure de licenciement

Motif personnel

☛ *Convocation à l'entretien préalable (au licenciement) ; Entretien préalable au licenciement ; Licenciement irrégulier (Sanctions) ; Notification du licenciement ; Procédure conventionnelle de licenciement ; Procédure disciplinaire (Entretien préalable).*

Motif économique

• Individuel

☛ *Convocation à l'entretien préalable (au licenciement) ; Entretien préalable au licenciement ; Licenciement économique (Notion) ; Licenciement irrégulier (Sanctions) ; Notification du licenciement ; Priorité de réembauche (Licenciement économique).*

• Collectif

☛ *Expert comptable du comité d'entreprise ; Licenciement collectif ; Licenciement économique (Information et consultation du CE) ; Notification du licenciement ; Ordre des licenciements ; Plan de sauvegarde de l'emploi ; Priorité de réembauche (Licenciement économique).*

Procédure de licenciement dans les entreprises en redressement ou liquidation judiciaires

Une procédure spéciale de licenciement économique est prévue par les codes de commerce et du travail (art. L. 631-19 c. com. ; art. L. 1233-58 et s. CT) en cas de redressement ou de liquidation judiciaires de l'entreprise.

En revanche, au cours de la procédure de sauvegarde, les licenciements économiques sont en principe soumis à la procédure de droit commun.

Licenciements prononcés au cours de la période d'observation

La période d'observation court dès le prononcé du jugement d'ouverture de la procédure de redressement judiciaire.

Selon l'article 45 de la loi 85-98 du 25 janvier 1985, devenu l'article L. 621-37 c. com., lorsque des licenciements pour motif économique présentent un caractère urgent, inévitable et indispensable pendant la période d'observation, l'administrateur peut être autorisé par le juge-commissaire à y procéder. Aux termes de l'article 14, al. 2 du décret 85-1388 du 27 décembre 1985, le jugement d'ouverture du redressement judiciaire prend effet à compter de sa date.

C'est à tort que, pour débouter un salarié, licencié pour motif économique le jour même de l'ouverture de la procédure de redressement judiciaire de la société par le tribunal de commerce, de sa demande en dommages-intérêts pour licenciement sans cause réelle et sérieuse, une cour d'appel a énoncé que la procédure de licenciement avait été engagée par l'employeur avant le jugement de redressement judiciaire, que la preuve n'était pas rapportée que la lettre de licenciement avait été envoyée après le prononcé de la décision ouvrant la procédure collective et que l'article 45 de la loi du 25 janvier 1985 n'interdisant pas les licenciements pendant la période d'observation mais les soumettant à des conditions de forme et à la condition de fond qu'ils aient un caractère urgent, inévitable et indispensable, ce caractère était implicitement reconnu par le rapport du représentant des créanciers.

En effet, d'une part, le prononcé du jugement de redressement judiciaire avait entraîné l'ouverture de la période d'observation dès la première heure du jour de son prononcé et, d'autre part, dès l'instant où la période d'observation était ouverte, il appartenait au juge-commissaire d'autoriser le licenciement en vérifiant sa cause économique et son caractère urgent, inévitable et indispensable.

Cass. soc. 12 mai 1998, n° 96-40.606, BC V n° 243.

Le licenciement prononcé par l'administrateur ou le débiteur sans autorisation du juge-commissaire est dépourvu de cause réelle et sérieuse.

En vertu des articles 45 et 141 de la loi du 25 janvier 1985, devenus les articles L. 621-37 et L. 621-137 c. com., lorsque des licenciements pour motif économique présentent un caractère urgent, inévitable et indispensable pendant la période d'observation, l'administrateur ou le débiteur, qui, en cas de procédure simplifiée de redressement judiciaire, exerce, en l'absence d'administrateur, les fonctions dévolues à celui-ci, peut être autorisé par le juge-commissaire à procéder à ces licenciements.

Un salarié, employé en qualité de conducteur typographe, avait été licencié pour motif économique par le gérant d'une société ayant fait l'objet d'une procédure simplifiée de redressement judiciaire.

C'est à tort qu'une cour d'appel a débouté le salarié de sa demande de dommages-intérêts pour licenciement sans cause réelle et sérieuse, alors qu'il résultait de ses constatations que l'employeur n'avait demandé au juge-commissaire que postérieurement au licenciement, l'autorisation de procéder à des licenciements pour motif économique, en sorte que la rupture du contrat de travail du salarié, qui n'avait pas été autorisée, était privée de cause économique.

Cass. soc. 3 mai 2001, n° 99-41.813, BC V n° 151.

Le licenciement autorisé par le juge-commissaire et notifié par le débiteur au lieu de l'administrateur n'est pas dépourvu de cause réelle et sérieuse mais ouvre droit à indemnisation pour inobservation de la procédure.

Si, en application de l'article L. 621-37 c. com., après autorisation donnée par ordonnance du juge-commissaire, il appartient à l'administrateur judiciaire de procéder aux licenciements pour motif économique présentant un caractère urgent, inévitable et indispensable, la circonstance que le licenciement prononcé au visa de cette ordonnance ait été notifié par le débiteur, au lieu de l'administrateur, ne suffit pas à le priver de cause réelle et sérieuse mais ouvre droit à indemnisation pour inobservation de la procédure.

C'est à tort que, pour décider que le licenciement d'un salarié par lettre signée par le directeur général de la société était dépourvu de cause réelle et sérieuse, une cour d'appel a retenu qu'en période de redressement judiciaire, seul l'administrateur judiciaire avait qualité pour notifier le licenciement pour motif économique autorisé par le juge-commissaire et que le licenciement prononcé par une personne dépourvue de qualité pour y procéder était nécessairement sans cause réelle et sérieuse.

Cass. soc. 11 juin 2008, n° 07-40.352, BC V n° 131.

Lorsque l'administrateur judiciaire procède au licenciement d'un salarié en application de l'ordonnance du juge-commissaire, la lettre de licenciement doit comporter le visa de cette ordonnance ; à défaut, le licenciement est sans cause réelle et sérieuse.

Il résulte de la combinaison des articles L. 621-37 c. com., 63 du décret 85-1388 du 27 décembre 1985 et L. 122-14-2 CT que lorsque l'administrateur judiciaire procède au licenciement d'un salarié d'une entreprise en redressement judiciaire, en application de l'ordonnance du juge-commissaire autorisant des licenciements économiques présentant un caractère urgent, inévitable et indispensable et fixant le nombre des licenciements ainsi que les activités et les catégories professionnelles concernées, la lettre de licenciement que l'administrateur est tenu d'adresser au salarié doit au moins faire référence à cette ordonnance. À défaut de quoi, le licenciement est réputé sans cause réelle et sérieuse.

Cass. ass. plén. 24 janvier 2003, n° 00-41.741, BC n° 1. Voir aussi cass. soc. 19 mars 2003, n° 01-44.376, BC V n° 104; cass. soc. 21 mai 2014, n° 13-10.840.

L'administrateur d'une société en redressement judiciaire doit consulter le comité d'entreprise avant de procéder à des licenciements pendant la période d'observation ; à défaut, il engage sa responsabilité.

C'est à bon droit que, pour déclarer l'administrateur au redressement judiciaire d'une société coupable de l'infraction prévue par les articles L. 321-9 et L. 321-11 CT pour avoir omis de réunir et de consulter le comité d'entreprise avant de procéder au licenciement pour motif économique de 38 salariés de la société, une cour d'appel a retenu que le prévenu avait l'obligation de procéder à cette consultation, en vertu des articles L. 321-9 CT et 45 de la loi du 25 janvier 1985 et que l'annonce du projet de licenciement à l'ensemble des salariés et au représentant du comité d'entreprise ne pouvait être assimilée à une consultation de cet organisme.

En effet, il importait peu que le prévenu n'eût été investi que d'une mission d'assistance du dirigeant de la société en redressement judiciaire, dès lors d'une part que, selon l'article 45 de la loi du 25 janvier 1985, qui se réfère à l'article L. 321-9 CT, l'administrateur est seul tenu de consulter le comité d'entreprise avant de procéder à des licenciements pour motif économique pendant la période d'observation et, d'autre part, que la consultation du comité d'entreprise reste soumise, en cas de redressement judiciaire, à la procédure prévue aux articles L. 321-3, al. 1 à 3, et L. 321-4 CT, qui imposent à l'organe chargé de cette formalité de convoquer le comité, de lui fournir les informations lui permettant de formuler ses avis, suggestions et propositions sur la mesure envisagée, et de porter ces éléments à la connaissance de l'autorité administrative compétente et du juge-commissaire.

Cass. crim. 28 novembre 1995, n° 93-85.808, B. crim. n° 361. Voir aussi cass. soc. 19 novembre 2008, n° 07-44.416, 2e moyen du pourvoi incident.

Les dispositions selon lesquelles l'administrateur judiciaire qui envisage des licenciements économiques doit réunir et consulter le comité d'entreprise ne sont pas exclusives de la possibilité pour le comité de se faire assister d'un expert comptable.

Les dispositions de l'article L. 321-9 CT (dans sa rédaction applicable à l'époque des faits) selon lesquelles, en cas de redressement ou de liquidation judiciaires, l'administrateur ou, à défaut, l'employeur ou le liquidateur qui envisage des licenciements économiques doit réunir et consulter le comité d'entreprise ou, à défaut, les délégués du personnel dans les conditions prévues aux articles L. 321-3, al. 1 à 3, L. 321-4, L. 422-1, al. 5 et 6, et L. 432-1, al. 3 CT (dans leur rédaction applicable à l'époque des faits), ne sont pas exclusives du droit conféré au comité d'entreprise par l'article L. 434-6 CT de se faire assister d'un expert comptable lorsque la procédure de consultation prévue par l'article L. 321-3 CT pour licenciement économique doit être mise en œuvre.

Pour émettre son avis, au vu de l'expertise, le comité d'entreprise dispose du délai d'examen suffisant prévu par l'article L. 431-5 CT.

Cass. soc. 7 juillet 1998, n° 96-21.205, BC V n° 371.

Le défaut de consultation du comité d'entreprise sur des offres de reprise partielle n'étant pas de nature à entraîner un préjudice personnel et direct pour les salariés de l'entreprise, ces derniers ne sont pas recevables à se constituer partie civile.

Les organisations syndicales tiennent de l'article L. 411-11 CT le droit d'ester en justice afin d'obtenir réparation du préjudice, direct ou indirect, causé à l'intérêt collectif de la profession qu'elles représentent. Le défaut de réunion et de consultation du comité d'entreprise, prévu par les articles L. 321-9 et L. 321-11 CT en cas de redressement ou liquidation judiciaires d'une société, de nature à porter atteinte aux seuls droits et attributions de cet organisme, n'est pas susceptible d'entraîner un préjudice personnel et direct pour les salariés de l'entreprise.

Doit être cassé l'arrêt qui, pour déclarer recevables les constitutions de partie civile de quarante-cinq salariés, compris dans le licenciement collectif pour motif économique autorisé par le tribunal de commerce, dans la procédure de redressement judiciaire de l'entreprise, a retenu que le défaut de consultation préalable du comité d'entreprise sur deux offres de reprise partielle de celle-ci avait porté atteinte au droit de chacun de ces salariés de pouvoir s'exprimer par l'intermédiaire des organes de représentation du personnel.

Cass. crim. 3 décembre 1996, n° 95-84.647, B. crim. n° 441.

La lettre de l'administration ayant pour objet de rappeler à un employeur ses obligations légales de consultation du comité d'entreprise n'est pas susceptible de faire l'objet d'un recours contentieux.

Si le directeur départemental du travail et de l'emploi adresse une lettre à un administrateur judiciaire d'une société en redressement judiciaire pour lui rappeler ses obligations quant à la consultation du comité d'entreprise en cas de licenciements économiques, cette décision ne peut faire l'objet d'un recours contentieux et la requête aux fins d'annulation de cette lettre est irrecevable.

CE 30 décembre 1996, n° 134345.

L'ordonnance autorisant les licenciements durant la période d'observation doit indiquer le nombre de salariés dont le licenciement est autorisé ainsi que les activités et catégories professionnelles concernées ; une simple liste nominative des salariés concernés est dépourvue d'effet.

Selon l'article 63 du décret du 27 décembre 1985, l'ordonnance rendue par le juge-commissaire en application de l'article L. 621-37 c. com., pour autoriser l'administrateur à procéder aux licenciements pour motif économique qui présentent un caractère urgent, inévitable et indispensable pendant la période d'observation, indique le nombre des salariés dont le licenciement est autorisé ainsi que les activités et catégories professionnelles concernées ; une liste nominative des salariés licenciés, qui n'a pas à être dressée par le juge-commissaire, est dépourvue d'effet.

Ayant constaté que l'ordonnance par laquelle un juge-commissaire avait autorisé un administrateur à procéder à des licenciements économiques pendant la période d'observation se bornait à désigner nommément les salariés dont les contrats de travail devaient être rompus, d'où il résultait qu'elle n'indiquait pas les activités et catégories professionnelles concernées, une cour d'appel a pu en déduire qu'elle était dépourvue d'effet et, par voie de conséquence, que le licenciement du demandeur était sans cause réelle et sérieuse.

Cass. soc. 5 octobre 2004, n° 02-42.111, BC V n° 244. Voir aussi cass. soc. 3 mars 2009, n° 08-40.091 ; cass. soc. 15 mars 2011, n° 09-70.801.

Seule une ordonnance du premier président de la cour d'appel arrêtant l'exécution provisoire du jugement qui adopte le plan de redressement peut avoir pour effet de prolonger la durée de la période d'observation et, par là, de différer la notification des licenciements prévus dans le jugement.

Cass. soc. 21 septembre 2005, n° 04-40.529, BC V n° 267.

L'autorisation du juge-commissaire concernant des licenciements pour motif économique n'étant pas nominale, un salarié peut saisir la juridiction prud'homale pour contester le bien-fondé de son licenciement…

Un salarié, représentant des créanciers, avait fait l'objet d'un licenciement suite à une autorisation donnée par le juge-commissaire sans que la procédure protectrice applicable aux représentants des créanciers soit respectée.

C'est à tort que, pour rejeter la demande d'indemnisation formulée par ce salarié, une cour d'appel a retenu que l'autorisation du juge-commissaire confirmait le caractère réel et sérieux du motif économique de son licenciement et que l'avis de l'inspecteur du travail n'était indispensable que jusqu'à la fin de la période de protection prévue par l'article 228 de la loi du 25 janvier 1985, alors que la cour d'appel, n'ayant pas constaté la cessation de la protection accordée au représentant des créanciers, reconnaissait que le licenciement avait été prononcé en violation du texte précité, et que l'autorisation du juge-commissaire, ne pouvant être nominale, ne dispensait pas le juge prud'homal de rechercher si le licenciement de l'intéressé, indépendamment de la nullité qui l'affectait, était justifié.

Cass. soc. 5 mai 1993, n° 92-40.835, BC V n° 127.

… ou pour invoquer le non-respect de la procédure de licenciement.

Lorsque des licenciements pour motif économique présentent un caractère urgent, inévitable et indispensable pendant la période d'observation, l'administrateur peut être autorisé par le juge-commissaire à procéder à ces licenciements. Cependant, cette autorisation qui ne peut être nominative n'interdit pas à la juridiction prud'homale, seule compétente pour connaître des différends qui peuvent s'élever à l'occasion de tout contrat de travail, de statuer sur les demandes des salariés licenciés au regard de leur situation individuelle. Les juges doivent notamment, lorsqu'un salarié est inclus dans un licenciement collectif pour motif économique et que la procédure requise à l'article L. 321-2 CT n'a pas été respectée par l'employeur, accorder à l'intéressé, conformément à l'article L. 122-14-4, dernier alinéa CT, une indemnité calculée en fonction du préjudice subi.

Ayant relevé qu'à la date à laquelle le comité d'entreprise avait été consulté sur le projet de licenciement économique, le mandat des membres dudit comité était expiré et qu'il n'avait pas été procédé à leur renouvellement, une cour d'appel a pu décider que la consultation d'un comité d'entreprise irrégulièrement composé équivalait à une absence de consultation et que cette irrégularité de forme avait nécessairement causé un préjudice à chaque salarié qu'il convenait d'indemniser en lui accordant des dommages-intérêts pour inobservation de la procédure de consultation du comité d'établissement.

Cass. soc. 3 mars 1998, n° 95-45.201, 1re branche des 1er et 2e moyens, BC V n° 112. Voir aussi cass. soc. 12 janvier 1999, n° 96-41.756, BC V n° 11.

Les salariés ne peuvent plus contester le caractère économique de leur licenciement lorsque l'ordonnance du juge-commissaire est devenue définitive.

Par ordonnance du 26 octobre 1988, le juge-commissaire, dans le cadre du redressement judiciaire d'une société, avait autorisé le licenciement partiel du personnel de celle-ci en précisant que ce licenciement pour cause économique s'appliquait à neuf salariés ; cette ordonnance n'avait pas fait l'objet d'un recours.

C'est à bon droit que, pour décider que la rupture des contrats de travail était régulière et débouter les salariés de leurs demandes d'indemnités, une cour d'appel a retenu qu'en n'ayant pas contesté l'ordonnance du juge-commissaire, les salariés avaient perdu le droit de contester la réalité du motif économique de leur licenciement. En effet, lorsque l'ordonnance du juge-commissaire est devenue définitive, le caractère économique du motif de licenciement ne peut plus être contesté.

Cass. soc. 9 juillet 1996, n° 93-41.877, 1er moyen, BC V n° 268. Voir aussi cass. soc. 5 mai 1998, n° 95-40.171, BC V n° 217 ; cass. soc. 2 décembre 1998, n° 96-41.826.

Cependant, le salarié licencié en vertu d'une autorisation par ordonnance du juge-commissaire est recevable à contester la cause économique de son licenciement lorsqu'il prouve que cette autorisation résulte d'une fraude.

Cass. soc. 4 juillet 2018, n° 16-27.922, 1er moyen, à paraître. Voir aussi cass. soc. 8 décembre 2004, n° 02-44.045, BC V n° 320.

Les salariés sont également recevables à contester le caractère réel et sérieux de leur licenciement en cas de non-respect par l'employeur de son obligation de reclassement, l'autorité attachée à l'ordonnance du juge-commissaire ne s'étendant pas à la question de la situation individuelle des salariés au regard de l'obligation de reclassement qui pèse sur l'employeur.

Selon l'article 45 de la loi 85-98 du 25 janvier 1985, lorsque des licenciements pour motif économique présentent un caractère urgent, inévitable et indispensable pendant la période d'observation, l'administrateur peut être autorisé par le juge-commissaire à procéder à ces licenciements. Il en résulte que l'autorité de l'ordonnance du juge-commissaire n'est attachée, par l'effet de l'article 63 du décret 85-1388 du 27 décembre 1985 qui en précise le contenu, outre l'indication du nombre des salariés dont le licenciement est autorisé ainsi que des activités professionnelles concernées, qu'à l'existence d'une suppression ou transformation d'emploi ou d'une modification du contrat de travail consécutive à des difficultés économiques, à une mutation technologique ou à une réorganisation nécessaire à la sauvegarde de la compétitivité de l'entreprise. Par contre, cette autorité ne saurait s'étendre à la question de la situation individuelle des salariés au regard de l'obligation de reclassement qui pèse sur l'employeur et qui relève de la compétence du juge prud'homal. En effet, en vertu des articles L. 321-1 et L. 122-14-4 CT, alors même qu'il résulte d'une suppression d'emploi procédant d'une cause économique, le licenciement pour motif économique n'a de cause réelle et sérieuse que si l'employeur s'est trouvé dans l'impossibilité de reclasser le salarié et il appartient au juge, saisi d'une demande de dommages-intérêts pour licenciement sans cause réelle et sérieuse, de rechercher si l'employeur a respecté son obligation de reclassement.

Après la mise en redressement judiciaire d'une société, une salariée avait été licenciée pour motif économique pendant la période d'observation par l'administrateur judiciaire.

N'a pas légalement justifié sa décision la cour d'appel qui, pour débouter l'intéressée de sa demande de dommages-intérêts pour licenciement sans cause réelle et sérieuse, a retenu que la lettre de licenciement, qui faisait référence à l'autorisation de procéder à ce licenciement, donnée par le juge-commissaire, après information de la direction départementale du travail et de l'emploi, répondait aux exigences de motivation de l'article L. 122-14-2 CT et que la cause économique du licenciement était justifiée, sans rechercher si l'employeur avait respecté son obligation de reclassement.

Cass. soc. 8 juin 1999, n° 96-44.811, BC V n° 268.

Licenciements prévus dans le plan de redressement ou dans le plan de cession

Les délégués du personnel doivent avoir été mis en mesure de faire valoir utilement leurs observations.

Ayant constaté que l'administrateur judiciaire n'avait tenu qu'une seule réunion des délégués du personnel après avoir déposé son rapport portant projet de plan de continuation au greffe du tribunal de commerce et que celle-ci s'était tenue la veille de l'audience du tribunal à l'expiration de la période d'observation de vingt mois, une cour d'appel a pu en déduire que les délégués du personnel n'avaient pas été mis en mesure de faire valoir utilement leurs observations, de sorte que la procédure de consultation prévue par les articles L. 621-56 c. com. et L. 321-9 CT interprétés à la lumière de la directive 2002/14/CE du 11 mars 2002 n'avait pas été valablement conduite.

Cass. soc. 12 septembre 2007, n° 06-13.667, BC V n° 125.

La lettre de notification du licenciement doit viser le jugement du tribunal de la procédure collective autorisant des licenciements pour motif économique et énoncer le motif économique du licenciement.

C'est à bon droit qu'une cour d'appel, qui a constaté que les lettres de rupture adressées aux salariés ne visaient pas un jugement du tribunal de la procédure collective autorisant des licenciements pour motif économique et qu'elles n'énonçaient aucun motif économique de licenciement, a jugé que les licenciements étaient dépourvus de cause réelle et sérieuse.

Cass. soc. 2 octobre 2001, n° 99-45.422, 1er moyen.

La lettre de licenciement adressée aux salariés d'une entreprise en redressement judiciaire ne peut se borner à faire état d'une cause économique, mais elle doit, pour être suffisamment motivée, se référer selon le cas soit à l'ordonnance du juge-commissaire ayant autorisé l'administrateur à procéder à des licenciements pour motif économique qui présentent un caractère urgent, inévitable et indispensable pendant la période d'observation, soit au jugement qui, arrêtant le plan de cession, prévoit des licenciements pour motif économique.

Cass. soc. 29 mai 2002, n° 00-41.965.

La clause d'un plan de cession prévoyant que le repreneur s'engage à ne pas licencier sans autorisation du tribunal de commerce pendant toute la durée du plan ne s'applique pas en cas de licenciement disciplinaire.

Une société avait repris les contrats de travail de salariés dans le cadre d'un plan de cession d'une entreprise mise en redressement judiciaire ; un jugement du tribunal de commerce arrêtant le plan de cession a prévu que l'effectif repris était de 79 personnes et que le repreneur s'engageait à ne pas licencier, pendant toute la durée du plan, sans autorisation du tribunal saisi par le commissaire à l'exécution du plan.

C'est à tort que, pour décider que le licenciement d'un salarié, licencié pour faute grave, était sans cause réelle et sérieuse, une cour d'appel a retenu que la société s'était engagée pour la durée du plan de cession à ne procéder à aucun licenciement sans l'autorisation préalable du tribunal de commerce, et que le licenciement de l'intéressé était intervenu en méconnaissance de cet engagement figurant dans le plan de cession arrêté par jugement.

En effet, la clause du plan de cession ne pouvait concerner que les licenciements prononcés pour motif économique et ne privait pas l'employeur de son pouvoir disciplinaire exercé sous le contrôle du juge prud'homal.

Cass. soc. 16 mai 2007, n° 06-40.496, BC V n° 79.

Si le plan de redressement doit indiquer le nombre de salariés dont le licenciement est autorisé, ainsi que les activités et catégories professionnelles concernées, une liste nominative des salariés licenciés ou repris par le cessionnaire n'a pas à être établie.

D'une part, l'article L. 122-12, al. 2 CT s'applique à une cession totale ou partielle d'entreprise intervenue dans le cadre de l'article 61 de la loi du 25 janvier 1985 et il n'y est dérogé que dans les limites fixées par l'article 63 de ladite loi. D'autre part, aux termes de l'article 64 du décret du 27 décembre 1985, le jugement arrêtant le plan de redressement indique le nombre de salariés dont le licenciement est autorisé, ainsi que les activités et catégories professionnelles concernées, d'où il suit qu'une liste nominative des salariés licenciés ou repris par le cessionnaire n'a pas à être dressée et serait en toute hypothèse dépourvue d'effet.

Dès lors, c'est à tort qu'une cour d'appel a débouté un salarié, en arrêt de travail consécutif à un accident du travail qui s'était présenté vainement chez son employeur à l'issue de son congé, de sa demande d'indemnité au titre de l'article L. 122-32-7 CT, aux motifs que l'offre de reprise concernait l'ensemble du personnel affecté à l'activité transférée et citait nominativement le nom des salariés repris, excluant celui du salarié dont la situation devait être envisagée lors de sa consolidation, ce dont il résultait que le contrat de travail de l'intéressé était suspendu, alors que la cour avait constaté que l'entité économique antérieure à laquelle était affecté le salarié avait été transférée au cessionnaire, lequel en avait poursuivi l'activité, en sorte que le contrat de travail avait été repris par l'entreprise cessionnaire.

Cass. soc. 16 mars 1999, n° 96-44.843, BC V n° 116.

Les licenciements prévus dans le plan de redressement arrêté par le tribunal de commerce sont opposables à tous.

Une société ayant été mise en redressement judiciaire, des licenciements avaient été prévus par le plan de redressement judiciaire arrêté par le tribunal de commerce. Un salarié concerné par cette mesure de licenciement avait saisi la juridiction prud'homale en vue d'obtenir des dommages-intérêts pour licenciement abusif.

C'est à bon droit qu'une cour d'appel, après avoir relevé que les licenciements avaient été prévus par le plan de redressement arrêté par le tribunal de commerce conformément à l'article 63 de la loi du 25 janvier 1985, a décidé que ces mesures étaient opposables à tous et a débouté l'intéressé de ses demandes.

Cass. soc. 23 juin 1993, n° 91-40.730.

Les règles relatives à l'ordre des licenciements s'appliquent aux licenciements pour motif économique prononcés à la suite de l'adoption d'un plan de cession.

C'est à bon droit qu'une cour d'appel a condamné le commissaire à l'exécution du plan de cession d'une société à payer à des salariés licenciés à la suite de l'adoption du plan de cession établi dans le cadre de la procédure de redressement judiciaire de cette société des dommages-intérêts pour inobservation des règles relatives à l'ordre des licenciements, après avoir relevé, d'une part, que le plan de cession ne prévoyait pas le transfert du contrat de travail de la totalité des salariés, ce qui impliquait le licenciement des autres salariés et, d'autre part, que l'administrateur, qui avait l'obligation de définir et de mettre en œuvre l'ordre des licenciements, s'en était abstenu.

Cass. soc. 14 mars 2000, n° 98-42.446, BC V n° 105.

Si le plan de cession peut prévoir des licenciements économiques, sans liste nominative de salariés, la juridiction prud'homale est seule compétente pour vérifier le respect par l'employeur des critères qui doivent être définis pour fixer l'ordre des licenciements.

Une cour d'appel a pu condamner un employeur à payer des dommages-intérêts à une salariée licenciée pour non-respect des critères retenus pour l'ordre des licenciements, l'employeur n'ayant pas respecté, à défaut d'accord ou de convention collective sur ce point, son obligation d'établir un nouvel ordre pour chaque licenciement collectif.

Cass. soc. 8 avril 1992, n° 89-43.288, BC V n° 260.

Si le plan de cession autorise certains licenciements et que l'administrateur notifie leur licenciement à d'autres salariés, ces derniers sont fondés à demander des dommages-intérêts pour licenciement sans cause réelle et sérieuse.

Lorsque le plan de cession approuvé par le tribunal de commerce autorise un certain nombre de licenciements pour motif économique, seuls ces licenciements peuvent être prononcés.

Ayant constaté que les licenciements prononcés par l'administrateur judiciaire d'une société n'étaient pas ceux autorisés par le tribunal de commerce mais résultaient d'un licenciement économique collectif de 33 salariés qui n'était pas justifié, une cour d'appel a pu décider que le licenciement des intéressés ne reposait pas sur une cause réelle et sérieuse.

Cass. soc. 3 février 1998, n° 95-44.921, BC V n° 58.

Le plan de cession ne peut prévoir le licenciement de tous les salariés et la reprise ultérieure de certains, les contrats de travail subsistant du fait de l'application de l'article L. 1224-1 CT.

Une société « A » avait été mise en redressement judiciaire, et des licenciements prononcés. Puis un plan de cession ayant été arrêté, les salariés licenciés avaient été repris par la société « B ».

C'est à tort qu'un conseil de prud'hommes a retenu que les dispositions de l'article L. 122-12, al. 2 CT ne s'appliquaient pas, alors que le plan ne doit prévoir que le nombre des licenciements à intervenir avant la cession et que ces licenciements ne peuvent concerner que les salariés non repris par le cessionnaire. Par le seul effet de l'article L. 122-12 CT, les contrats de travail des salariés repris subsistaient avec le nouvel employeur, peu important l'interruption temporaire de l'activité, les licenciements antérieurs étant sans effet.

Cass. soc. 1er décembre 1993, n° 92-40.821.

Le licenciement d'un salarié protégé prononcé en application d'un plan de cession malgré le refus d'autorisation de l'administration est nul et le contrat de travail doit se poursuivre, en application de l'article L. 1224-1 CT, avec le cessionnaire.

En cas de redressement judiciaire, tout licenciement d'un salarié mentionné aux articles L. 412-18, L. 425-1 et L. 436-1 CT est soumis à la procédure définie par ces articles ; un tel licenciement prononcé malgré un refus d'autorisation de l'inspecteur du travail est nul. En outre, les dispositions de l'article L. 122-12 CT sont d'ordre public et s'appliquent aux employeurs successifs en cas de transfert d'une entité économique conservant son identité et dont l'activité est poursuivie ou reprise.

Une société, cessionnaire d'une entreprise, avait refusé de réintégrer dans ses fonctions et dans son mandat un délégué syndical dont le licenciement avait été refusé par l'autorité administrative.

C'est à tort que, pour relaxer le président de cette société du chef de délit d'entrave à l'exercice du droit syndical et au fonctionnement du comité d'entreprise, une cour d'appel a énoncé que celui-ci n'était pas responsable du licenciement du salarié protégé et que son « action » était fondée sur le respect du plan de cession, notamment en ce qui concernait la liste du personnel repris, et des décisions de justice intervenues en matière commerciale, alors que si, aux termes de l'article 64 du décret du 27 décembre 1985, le jugement arrêtant le plan de cession de l'entreprise indique le nombre de salariés dont le licenciement est autorisé, la liste nominative des salariés licenciés ou repris, établie par le cessionnaire et visée par le jugement, est dépourvue d'effet et qu'en outre, le licenciement qu'aurait pu prononcer l'administrateur sans l'autorisation de l'inspecteur du travail serait nul et n'aurait pu mettre fin au contrat de travail du délégué syndical qui, par l'effet de la cession, se poursuivait avec le second employeur.

Cass. crim. 30 mai 1995, n° 94-80.355, B. crim. n° 198.

Résolution du plan de cession

La résolution du plan de cession emporte retour au cédant de l'entité transférée et les licenciements prononcés après la résolution du plan sont à sa charge.

Si l'administrateur, en confiant sous sa responsabilité la gestion de l'entreprise au cessionnaire, lui a transféré une entité économique dont l'activité est poursuivie, alors même que les actes nécessaires à la réalisation n'ont pas été signés, la résolution du plan de cession emporte retour au cédant de l'entité transférée et des contrats de travail y afférents.

Ayant constaté que les salariés avaient travaillé pour le compte du cessionnaire jusqu'à la date de la résolution du plan de cession, une cour d'appel a pu décider que les licenciements postérieurs à cette date étaient à la charge de la société cédante à qui le fonds avait fait retour.

Cass. soc. 8 juin 1999, n° 97-12.731, BC V n° 263.

Une salariée a été engagée par une société A qui a été placée en redressement judiciaire le 29 mars 2005, un plan de cession ayant été arrêté le 5 octobre 2005 au profit d'une société B. Une cour d'appel ayant, par arrêt du 22 avril 2008, prononcé la résolution du plan de cession, la liquidation judiciaire de la société B intervenant le 6 mai 2008, la salariée, licenciée pour faute lourde le 30 mai 2007 par la société B, a saisi la juridiction prud'homale pour contester le bien-fondé de la rupture de son contrat de travail.

Pour déclarer nul le licenciement de la salariée, une cour d'appel a retenu qu'il avait été prononcé par le gérant de la société B et que, dans la mesure où le plan de cession de la société A à la société B avait été annulé par arrêt du 22 avril 2008, sans qu'aient été limités les effets de cette annulation, le licenciement était atteint de nullité.

En statuant ainsi, alors, d'une part, que les obligations du cessionnaire à l'égard des salariés passés à son service demeuraient à sa charge jusqu'au jour de la résolution du plan et, d'autre part, que la modification dans la situation juridique de l'employeur étant intervenue dans le cadre d'une procédure de redressement judiciaire, le cédant ne pouvait être tenu des obligations qui incombaient au cessionnaire, à l'égard du personnel repris, avant la résolution du plan de cession, la cour d'appel a violé les articles L. 642-11 c. com., L. 1224-1 et L. 1224-2 CT.

Cass. soc. 4 juillet 2018, n° 17-14.587, à paraître.

Licenciement en cas de liquidation judiciaire

L'ouverture ou le prononcé de la liquidation judiciaire de l'employeur n'entraîne pas en soi la rupture des contrats de travail de ses salariés et le liquidateur doit, sous peine d'engager sa responsabilité personnelle ou celle de l'employeur qui ne lui aurait pas communiqué les éléments nécessaires, prononcer le licenciement au cours de l'une des périodes fixées par l'article L. 3253-8 CT.

Selon, l'article 148-4, al. 4 de la loi du 25 janvier 1985, il incombe au liquidateur de procéder aux licenciements en application de la décision prononçant la liquidation. En vertu de l'article L. 143-11-1, al. 2, 2° CT l'assurance des salariés contre le risque de non-paiement, en cas de procédure de redressement ou de liquidation judiciaires, des sommes qui leur sont dues en exécution du contrat de travail garantit les créances résultant de la rupture des contrats de travail intervenant pendant la période d'observation, dans le mois suivant le jugement qui arrête le plan de redressement, dans les quinze jours suivant le jugement de liquidation et pendant le maintien provisoire de l'activité autorisé par le jugement de liquidation judiciaire. Il en résulte que, pour que les droits des salariés à garantie de leurs créances nées de la rupture du contrat de travail soient préservés, le liquidateur doit, sous peine d'engager sa responsabilité personnelle ou celle de l'employeur qui ne lui aurait pas communiqué les éléments nécessaires, prononcer le licenciement au cours de l'une des périodes fixées par l'article L. 143-11-1, al. 2 CT.

Cass. soc. 10 mai 2001, n° 99-41.575.

L'ouverture ou le prononcé de la procédure de liquidation judiciaire de l'employeur n'entraîne pas en soi la rupture du contrat de travail au sens de l'article L. 143-11-1, al. 2, 2° CT. Le contrat de travail du salarié n'ayant pas été rompu par le liquidateur judiciaire dans le délai de 15 jours du jugement de liquidation, la garantie de l'AGS n'était pas due pour les indemnités de rupture accordées au salarié.

Cass. soc. 16 décembre 2003, n° 02-40.109.

Ayant constaté que le liquidateur judiciaire avait délivré au salarié, dans les quinze jours suivant le jugement de liquidation, une attestation Assédic qui faisait état d'un licenciement, une cour d'appel a pu en déduire que le contrat de travail avait été rompu à la date de délivrance de ce document et que les indemnités de rupture et dommages-intérêts dus à l'intéressé relevaient de la garantie de l'AGS.

Cass. soc. 14 janvier 2004, n° 01-47.229.

Toutefois, en cas de disparition de l'entreprise, les contrats de travail sont rompus de fait en l'absence de tout licenciement prononcé dans les conditions de forme et de fond prévues par la loi.

La rupture est imputable à l'employeur et le licenciement dépourvu de cause réelle et sérieuse ouvre droit pour les salariés concernés à réparation du préjudice subi et au paiement des indemnités compensatrice de préavis et légale de licenciement.

Cass. soc. 11 décembre 2001, n° 99-41.537.

Les licenciements de salariés prononcés par le liquidateur d'une société, antérieurs à la cession globale des unités de production autorisée par le juge-commissaire, sont dépourvus d'effet.

La cession globale des unités de production composées de tout ou partie de l'actif mobilier ou immobilier d'une entreprise en liquidation judiciaire, autorisée par le juge-commissaire en application de l'article L. 622-17 c. com., entraîne de plein droit le transfert d'une entité économique maintenant son identité et, par voie de conséquence, la poursuite des contrats de travail des salariés affectés aux unités cédées et repris par le cessionnaire ; il s'ensuit que les licenciements de ces salariés, prononcés par le liquidateur dans les quinze jours suivant le jugement de liquidation et pendant le maintien provisoire de l'activité autorisé par le jugement de liquidation judiciaire, sont dépourvus d'effet, en sorte qu'aucune avance de créances résultant de la rupture des contrats de travail ne leur est due par l'AGS.

Cass. soc. 5 novembre 2003, n° 01-45.161.

Est sans cause réelle et sérieuse le licenciement notifié par le liquidateur avant la fin du délai de quinze jours imparti pour y procéder, alors que le salarié n'a pas encore reçu les propositions de reclassement qui lui avaient été adressées préalablement.

Après avoir constaté que le liquidateur avait notifié leur licenciement aux salariés avant la fin du délai de quinze jours qui lui était imparti pour procéder au licenciement, sans attendre que les salariés aient reçu les propositions de reclassement qui leur avaient été adressées préalablement, une cour d'appel a, par ce seul motif, légalement justifié sa décision de condamner le mandataire-liquidateur à inscrire au passif de la société des créances à titre d'indemnité pour licenciement sans cause réelle et sérieuse au profit des salariés parties à l'instance.

Cass. soc. 3 mars 2010, n° 08-42.526, 4e moyen, BC V n° 50.

Il résulte des articles L. 641-10 et L. 641-4 c. com. que, si lorsque le tribunal de commerce décide de la poursuite provisoire de l'activité d'une entreprise dans le cadre d'une procédure de liquidation judiciaire, le liquidateur judiciaire ne peut procéder à des licenciements pour motif économique qu'après autorisation du juge-commissaire, cette autorisation n'est pas requise lorsque les licenciements sont prononcés après la fin de la période de maintien d'activité.

CE 13 février 2019, n° 404556.

Lorsqu'un jugement prononce la liquidation judiciaire sans mettre fin à la mission de l'administrateur judiciaire, le licenciement prononcé par ce dernier, avant sa désignation par le tribunal de commerce pour continuer d'administrer l'entreprise, est dépourvu de cause réelle et sérieuse.

En application de l'article L. 622-11 c. com., lorsque le tribunal prononce la liquidation judiciaire, il met fin à la période d'observation et, sous réserve des dispositions de l'article L. 641-10, à la mission de l'administrateur et selon ce dernier texte, lorsque les conditions relatives au nombre de salariés et au montant du chiffre d'affaires sont remplies, il désigne un administrateur judiciaire pour administrer l'entreprise.

Une société ayant été placée en liquidation judiciaire le 14 septembre 2007, l'administrateur judiciaire, autorisé par le juge-commissaire, a initié une procédure de licenciement collectif pour motif économique l'ayant notamment conduit à prononcer le licenciement d'un salarié le 27 octobre 2007 ; par jugement du 23 novembre 2007, le tribunal de commerce a dit que, faute d'avoir mis fin à la mission de l'administrateur lors du jugement de liquidation judiciaire, celui-ci conservait de plein droit sa qualité pour le temps de l'autorisation de poursuite d'activité jusqu'à la décision de cession de l'entreprise ou de cessation de l'activité.

Pour dire que l'administrateur était habilité à poursuivre le licenciement, une cour d'appel a retenu que le jugement prononçant la liquidation judiciaire n'avait pas mis fin à sa mission, que le licenciement avait été autorisé par le juge commissaire, que l'administrateur avait qualité pour procéder aux licenciements en application de l'article L. 641-10 c. com. et qu'en tout état de cause, cette éventuelle irrégularité ne constituait qu'un vice de procédure ouvrant droit à dommages-intérêts.

En statuant ainsi, alors que le jugement du 23 novembre 2007 était postérieur à la notification du licenciement, ce dont il résultait que le licenciement avait été prononcé par une personne qui n'avait pas ce pouvoir et qu'il était en conséquence dépourvu de cause réelle et sérieuse, la cour d'appel a violé les articles L. 622-11 et L. 641-10 c. com.

Cass. soc. 15 novembre 2011, n° 10-17.015, BC V n° 263.

Lorsqu'un tribunal de commerce, le même jour, arrête un plan de cession prévoyant des licenciements et prononce la liquidation judiciaire de la société mettant fin à la mission de l'administrateur judiciaire, ce dernier peut notifier les licenciements conformément au plan de cession.

Après avoir constaté qu'un tribunal de commerce avait, pendant la période d'observation du redressement judiciaire d'une société, arrêté un plan de cession prévoyant des licenciements et ordonné qu'ils soient notifiés par l'administrateur judiciaire, une cour d'appel a exactement décidé qu'il appartenait à celui-ci de procéder à cette notification, peu important que, le même jour, le tribunal ait ensuite prononcé la liquidation judiciaire et mis fin à la mission de l'administrateur, cette décision n'ayant pas eu pour effet, à défaut d'une disposition expresse du jugement de liquidation judiciaire, de lui retirer le pouvoir de notifier les licenciements.

Cass. soc. 12 janvier 2016, n° 14-13.414, BC V n° 7.

L'annulation du jugement de liquidation judiciaire de l'employeur prive de fondement et d'effet les licenciements pour motif économique prononcés en vertu de cette décision par le liquidateur judiciaire, qui sont ainsi dépourvus de cause réelle et sérieuse ; il n'en va autrement que lorsque la cour d'appel annulant ce jugement ouvre par la même décision une liquidation judiciaire.

Une société, employant moins de cinquante salariés, a été placée le 23 janvier 2004 en liquidation judiciaire ; le 3 février suivant, le liquidateur judiciaire a licencié tout le personnel de l'entreprise, pour motif économique ; le 25 mai, la cour d'appel a annulé le jugement de liquidation judiciaire et ouvert une procédure de redressement judiciaire, convertie le 22 juillet en liquidation judiciaire ; soutenant notamment que leurs licenciements étaient ainsi devenus sans cause réelle et sérieuse et que la procédure de licenciement était irrégulière, les salariés licenciés ont saisi la juridiction prud'homale notamment d'une demande indemnitaire pour licenciement sans cause réelle et sérieuse.

Pour débouter les salariés de leur demande, une cour d'appel a retenu que le jugement ouvrant une procédure de liquidation judiciaire était exécutoire de plein droit à titre provisoire et que, si le jugement rendu le 23 janvier 2004 par le tribunal de commerce avait été annulé, la lettre de licenciement répondait cependant à l'obligation légale de motivation puisqu'elle faisait état non seulement de ce jugement, alors exécutoire, mais également de la fermeture de l'entreprise entraînant une cessation totale d'activité qui impliquait nécessairement la suppression de tous les postes et le congédiement de l'ensemble du personnel.

En statuant ainsi, alors qu'il résultait de ses constatations que le jugement de liquidation judiciaire, auquel faisait référence la lettre de licenciement, avait été annulé en appel, sans que l'arrêt d'annulation ouvre une procédure de liquidation judiciaire, la cour d'appel a violé les articles L. 622-5 c. civ., dans sa rédaction alors en vigueur, et L. 321-1, al. 1er devenu L. 1233-3 CT.

Cass. soc. 16 décembre 2008, n° 07-43.285, pourvoi principal, BC V n° 253.

La contestation par les salariés de la régularité de leur licenciement est distincte de l'action, soumise à un délai de forclusion, visant à obtenir l'inscription de leurs créances sur le relevé.

Le liquidateur judiciaire d'une société a notifié aux salariés leur licenciement pour motif économique. Ces derniers ont saisi la juridiction prud'homale de demandes en fixation des créances résultant, selon eux, d'un licenciement sans cause réelle et sérieuse. Le liquidateur leur a opposé la fin de non-recevoir tirée de la forclusion de l'article L. 621-125 c. com.

Après avoir constaté que les salariés demandaient, conformément à l'article L. 511-1 CT, la réparation du préjudice causé par l'irrégularité de fond de leur licenciement, une cour d'appel a exactement décidé que leur action était distincte de celle ouverte par l'article L. 621-125 c. com., alors applicable, en vertu duquel les salariés, dont les créances ne figurent pas en tout ou en partie sur un relevé des créances résultant du contrat de travail établi par le représentant des créanciers, peuvent saisir le conseil de prud'hommes de leur contestation, et elle en a déduit à bon droit que les salariés ne pouvaient se voir opposer la fin de non-recevoir tirée de la forclusion prévue par l'article précité, quand bien même ils avaient directement saisi le bureau de jugement de leurs prétentions.

Cass. soc. 11 octobre 2006, n° 04-47.950, BC V n° 304.

☛ *Plan de sauvegarde de l'emploi.*

Procès-verbal de carence

Un procès-verbal doit être établi par le chef d'entreprise lorsqu'une institution représentative du personnel (délégués du personnel, comité d'entreprise) n'a pas pu être mise en place ou renouvelée dans l'entreprise.

Le procès-verbal doit être affiché et transmis dans les quinze jours à l'inspection du travail (art. L. 2314-5 et L. 2324-8 anciens CT).

Définition

La lettre demandant à l'inspection du travail de répartir les sièges entre le personnel dans les différents collèges peut valoir procès-verbal de carence.

Doit être annulé le jugement du tribunal administratif condamnant un employeur à payer la majoration fiscale prévue en matière de formation professionnelle pour non-présentation du procès-verbal de carence, alors que celui-ci avait saisi l'inspection du travail du désaccord existant entre la société et un syndicat représentant le personnel afin qu'il répartisse les sièges entre les différentes catégories de salariés et le personnel entre les différents collèges. Ce constat d'une situation, à laquelle seul l'inspecteur du travail pouvait remédier, devait être regardé comme valant procès-verbal de carence.

CE 28 juin 1989, n° 61572.

La lettre envoyée à l'inspecteur du travail justifiant l'absence de comité d'entreprise comme organe de représentation par un simple exposé du fonctionnement de l'entreprise ne constitue pas un procès-verbal de carence.

Doit être condamnée à payer la majoration fiscale prévue en matière de formation professionnelle pour non-présentation du procès-verbal de carence du comité d'entreprise, la société ayant envoyé aux services départementaux du travail une lettre constituant seulement un exposé général des conditions de fonctionnement de l'entreprise justifiant, selon elle, l'absence de cet organe de représentation. Cette lettre ne faisant pas état de l'échec de démarches effectuées par l'employeur pour constituer le comité d'entreprise ne pouvait constituer un procès-verbal de carence.

CE 28 juin 1989, n° 61572, précité.

Établissement

L'établissement d'un procès-verbal de carence à l'issue du premier tour de scrutin n'est pas obligatoire.

L'établissement d'un procès-verbal de carence et sa transmission à l'inspection du travail ne sont prescrits par la loi que lorsqu'un comité d'entreprise n'a pas été régulièrement constitué ou renouvelé. Tel n'étant pas le cas lorsqu'il y a lieu de procéder à un second tour, un tribunal d'instance ne pouvait pas annuler des élections en se fondant sur l'absence de procès-verbal à l'issue du premier tour de scrutin.

Cass. soc. 18 mai 1982, n° 81-60.746, 2e moyen, BC V n° 326.

Il ne fait pas obstacle à l'organisation d'un nouveau premier tour dès lors que le tribunal d'instance a été saisi avant le second tour.

L'employeur n'est pas en droit de se faire juge de la validité des candidatures et le procès-verbal de carence dressé à l'issue du premier tour ne fait pas obstacle à l'organisation d'un nouveau premier tour dans la mesure où le tribunal d'instance statuant en référé a été saisi avant la date du second tour.

Cass. soc. 7 janvier 1998, n° 97-60.301.

Effets

Lorsqu'un procès-verbal de carence a été établi pour les délégués du personnel lors d'élections concomitantes avec celles des membres du comité d'entreprise, les salariés ne peuvent pas être privés du droit d'être représentés par chacune des institutions prévues par la loi.

S'il résulte des articles L. 423-16, al. 1er et L. 423-19, al. 1er CT que les délégués du personnel sont élus pour deux ans et que leurs élections ont lieu à la même date que celles des représentants du personnel au comité d'entreprise, ces dispositions ne peuvent faire obstacle, lorsqu'un procès-verbal de carence a été établi pour les délégués du personnel lors d'élections concomitantes avec celles des membres du comité d'entreprise, au droit des salariés d'être représentés par chacune des institutions prévues par la loi. Dans ce cas, lorsque l'employeur est invité par un salarié ou une organisation syndicale à organiser les élections des délégués du personnel, il est tenu d'engager la procédure prévue par l'article L. 423-18 CT, les délégués du personnel étant élus pour la durée restant à courir du mandat des membres du comité d'entreprise.

Cass. soc. 13 avril 1999, n° 97-60.830, BC V n° 172.

Le procès-verbal de carence peut être contesté et ne fait pas obstacle à une demande émanant d'un salarié ou d'une organisation syndicale d'organiser des élections permettant la mise en place de la représentation du personnel.

Un tribunal d'instance a pu déclarer recevable la demande formée par un syndicat en annulation des opérations électorales clôturées par un procès-verbal de carence et dire que l'entreprise avait l'obligation d'organiser les élections des délégués du personnel. D'abord, le procès-verbal de carence peut être contesté dans le délai de quinze jours à compter de celui où la partie intéressée en a eu connaissance. Ensuite, il résulte de l'article L. 423-18 CT que l'établissement d'un procès-verbal de carence ne peut faire obstacle à une demande émanant d'un salarié ou d'une organisation syndicale d'organiser des élections permettant la mise en place de la représentation du personnel, demande pour laquelle aucun délai n'est prescrit par la loi.

Cass. soc. 17 mars 2004, n° 02-60.699, BC V n° 93.

La validité du procès-verbal de carence peut être contestée dans un délai de quinze jours à compter de la date à laquelle la partie intéressée en a eu connaissance.

C'est à tort que, pour allouer à des salariés licenciés pour motif économique une indemnité sur le fondement de l'article L. 321-2-1 CT, une cour d'appel a relevé que, l'entreprise ne comportant pas de comité d'entreprise ni de délégués du personnel, la régularité du licenciement était subordonnée à l'établissement d'un procès-verbal de carence et que le procès-verbal de carence du 3 avril 2003 établi par la société était contesté par les salariés qui soutenaient que toutes les organisations syndicales représentatives n'avaient pas été invitées à négocier le protocole et, qu'en outre, il n'était pas établi que ce procès-verbal de carence ait été communiqué à l'inspecteur du travail, alors qu'il ne résultait pas de ses constatations que la validité du procès-verbal de carence avait été contestée dans un délai de quinze jours à compter de la date à laquelle les parties intéressées en avaient eu connaissance.

Cass. soc. 6 juin 2007, n° 06-42.444, BC V n° 94.

Procès-verbal des élections

Les résultats des élections des délégués du personnel et des membres du comité d'entreprise sont consignés dans un procès-verbal établi par le bureau de vote pour chacun des collèges électoraux.

Ce procès-verbal est dressé dès le dépouillement du vote et adressé à l'inspecteur du travail par l'employeur dans les quinze jours suivant l'élection (art. R. 2314-25 et R. 2324-21 anciens CT).

Rédaction du procès-verbal

En l'absence de secrétaire, le procès-verbal doit être rédigé par l'un des membres du bureau de vote ou par l'un des électeurs présents choisi par lui.

Selon les articles R. 42 et R. 67 du code électoral, immédiatement après la fin du dépouillement des bulletins de vote, le procès-verbal des opérations électorales est rédigé par le secrétaire dans la salle de vote, en présence des électeurs ; en matière d'élections professionnelles, en l'absence de secrétaire, ce procès-verbal doit être établi par l'un des membres du bureau de vote ou par l'un des électeurs présents choisi par lui.

C'est à tort que, pour débouter un candidat à des élections de sa demande d'annulation de ces élections, un tribunal a retenu que, dans la mesure où le procès-verbal avait été signé par les membres du bureau de vote, le seul fait que sa rédaction avait été opérée par un tiers sans que cela ait pu avoir d'influence sur le résultat ou sa sincérité, ne saurait être admis comme une cause de nullité des élections, qu'en effet, en matière d'élections professionnelles, en l'absence de désignation d'un secrétaire l'article R. 67 du code électoral qui impose la rédaction du procès-verbal par un secrétaire désigné par les membres du bureau de vote n'est pas applicable.

Cass. soc. 2 juillet 2014, n° 13-60.218, BC V n° 166.

Contenu du procès-verbal

Le procès-verbal des élections doit porter inscription de toutes observations, protestations ou contestations sur les opérations électorales.

C'est à tort que, pour annuler les élections des délégués du personnel au sein d'une société, un tribunal d'instance a retenu qu'il résultait du procès-verbal des élections qu'un candidat avait obtenu trois voix et qu'il résultait des attestations de cinq électeurs qu'ils avaient voté en faveur de ce candidat, que ces attestations étaient suffisantes pour constater que les résultats des élections ne correspondaient pas à la réalité du vote.

En effet, après clôture et dépouillement du scrutin, un procès-verbal est établi portant inscription de toutes observations, protestations ou contestations sur les opérations électorales et à défaut de mention dans le procès-verbal de dépouillement du scrutin, les attestations ne pouvaient servir de preuve des irrégularités alléguées.

Cass. soc. 12 janvier 1999, n° 97-60.322, BC V n° 12.

Le procès-verbal des élections doit indiquer nominativement les élus avec le nombre de voix obtenu par eux.

Il appartient au bureau de vote et non à l'entreprise, après le dépouillement, de proclamer les résultats. Cette proclamation ne doit pas se borner à énoncer le nombre de sièges revenant à chaque liste, ce qui serait incomplet, mais doit indiquer nominativement les élus avec le nombre de voix obtenu par eux, cette formalité conférant aux élus la qualité de représentant du personnel et constituant seule le terme des opérations électorales constatées dans des procès-verbaux établis normalement à la même date.

Cass. soc. 26 mai 1977, n° 77-60.001, BC V n° 351.

Le procès-verbal des élections doit être signé par l'ensemble des membres du bureau de vote avant la proclamation des résultats.

Cass. soc. 7 décembre 2016, n° 15-26.096.

Effet du procès-verbal

La proclamation nominative des élus leur confère la qualité de représentants du personnel.

La proclamation nominative des élus confère à ceux-ci la qualité de représentants du personnel. Elle constitue le terme des opérations électorales, à partir duquel court le délai fixé à l'article R. 423-3 CT pour contester la régularité des opérations électorales.

Ayant relevé qu'il n'était pas contesté que des candidats avaient été proclamés élus au premier tour de scrutin, comme le constatait le procès-verbal établi par le bureau de vote le 20 juin 1986, que tous les sièges avaient alors été pourvus et que l'employeur, qui avait organisé un second tour de scrutin, n'avait pas introduit un recours en annulation contre le premier dans le délai de quinze jours suivant la proclamation des résultats, un tribunal d'instance a pu annuler le second tour des élections et déclarer irrecevable, pour forclusion, la demande reconventionnelle de l'employeur en annulation du premier tour.

Cass. soc. 16 juillet 1987, n° 86-60.441, BC V n° 511.

Un candidat élu délégué du personnel et membre du comité d'entreprise ne peut demander la rectification du procès-verbal afin de se désister d'un de ces mandats au profit du candidat suivant sur la liste.

Au second tour de l'élection des délégués du personnel d'une société, un syndicat a présenté des candidats en qualité de titulaires et en qualité de suppléants et obtenu un siège de titulaire et un siège de suppléant, un candidat A figurant à la fois en tête de la liste des candidats titulaires et de la liste des candidats suppléants. À la suite de l'élection du candidat A en qualité de titulaire, un candidat B, venant immédiatement après lui sur la liste des suppléants, au motif qu'il avait aussi été élu au comité d'entreprise, s'est désisté au profit d'un candidat C placé derrière lui sur la liste des suppléants. La société et des salariés ont saisi le tribunal d'instance en rectification du procès-verbal de ces élections afin que le candidat B apparaisse comme élu et que le candidat C apparaisse comme non élu.

Dès lors qu'il n'existe aucune incompatibilité entre un mandat de membre élu au comité d'entreprise et un mandat de délégué du personnel, le candidat B, quoique élu au comité d'entreprise, devait aussi être proclamé élu en qualité de délégué du personnel suppléant au vu des résultats électoraux qui n'étaient pas contestés et ne pouvait pas se désister au profit du candidat C auquel les résultats du scrutin ne conféraient pas la qualité d'élu, peu important que ce désistement soit intervenu avant ou après la proclamation des résultats.

C'est donc à bon droit qu'un tribunal, qui n'était pas saisi d'une demande relative à la régularité du scrutin, a fait droit à la demande de rectification du procès-verbal.

Cass. soc. 29 juin 2011, n° 10-18.647, BC V n° 175.

La signature sans réserves du procès-verbal de dépouillement des résultats ne rend pas irrecevable l'action visant à faire sanctionner par la juridiction compétente les irrégularités survenues durant les opérations électorales.

Cass. soc. 13 octobre 2010, n° 09-60.233, BC V n° 224.

Contestation du procès-verbal

Le tribunal d'instance, saisi dans le délai de quinze jours de la proclamation des résultats, a compétence, en cas de contestation du procès-verbal des élections, pour en vérifier la régularité et, le cas échéant, y apporter les corrections nécessaires.

Une société a organisé l'élection des membres du comité d'entreprise et des délégués du personnel le 23 juin 2011 ; la répartition des salariés dans les collèges s'est faite conformément à une décision de l'autorité administrative en date du 13 mai 2011 ; par requête en date du 8 juillet 2011, un syndicat CFE-CGC a saisi le tribunal d'instance pour demander à ce qu'il soit ordonné à l'employeur de rectifier le procès-verbal établi à l'issue des élections professionnelles, en ce qu'il mentionnait, à tort, que le premier collège comprenait des techniciens et le deuxième collège des employés.

Pour débouter le syndicat de ses demandes, le tribunal, après avoir constaté que la décision de l'inspecteur du travail prévoyait l'intégration des « techniciens niveaux I, II, III inclus y compris les techniciens jusqu'à l'indice 240 » dans le premier collège, et les « employés administratifs niveaux IV et V » dans le deuxième collège, a retenu qu'en cochant les cases correspondantes dans le procès-verbal d'élections, l'employeur n'avait fait qu'appliquer la décision de l'inspecteur du travail et que le tribunal, à qui l'on demandait de retoucher uniquement le formulaire utilisé comme procès-verbal des élections pour les besoins du calcul de la représentativité, n'était pas compétent pour ce faire.

Après avoir constaté que l'autorité administrative avait réparti les salariés au sein des collèges en tenant compte des fonctions réellement exercées par eux, mais que le procès-verbal d'élections reprenait la dénomination des emplois au sein de l'entreprise ou dans la convention collective, ce qui aboutissait à mentionner la présence de « techniciens » dans le premier collège et la présence « d'employés administratifs » dans le second collège, le tribunal, qui a refusé de rectifier le procès-verbal en reprenant l'appellation correspondant à la catégorie légale des salariés retenue par l'autorité administrative, a violé les articles L. 2122-5, L. 2122-9, R. 2314-6 et R. 2314-28 CT.

Cass. soc. 28 novembre 2012, n° 11-28.001, BC V n° 307.

Procès-verbaux (Réunions du comité d'entreprise)

Les délibérations tenues lors des réunions du comité d'entreprise sont consignées dans un procès-verbal.

Conformément aux dispositions de l'article R. 2325-3 ancien CT, ce document est rédigé par le secrétaire du comité puis transmis à l'employeur et aux membres du comité afin d'être adopté lors de la réunion suivante.

Le secrétaire a la possibilité d'afficher ou de diffuser ce document dans l'entreprise.

Rédaction du procès-verbal

Sauf cas de force majeure, l'établissement et le contrôle du procès-verbal relèvent de la compétence exclusive du secrétaire du comité d'entreprise.

L'employeur faisant établir sous son contrôle, par une secrétaire de direction, le procès-verbal de la réunion du comité d'entreprise commet un délit d'entrave. En effet, si la rédaction matérielle du procès-verbal peut être confiée à une personne étrangère au comité, l'établissement de ce procès-verbal et le contrôle de sa rédaction sont réservés au secrétaire, conformément aux dispositions impératives de l'article R. 434-1 CT. Ces dispositions ne peuvent être transgressées qu'en cas de force majeure et le fait qu'un secrétaire n'ait pas pu être élu ne constitue pas un cas de force majeure.

Cass. crim. 1er décembre 1987, n° 85-96.612, B. crim. n° 442.

Le secrétaire du comité d'entreprise peut toutefois se faire aider pour la rédaction des procès-verbaux.

Le secrétaire du comité peut se faire assister pour la rédaction des procès-verbaux par un salarié du comité. Commet un délit d'entrave le chef d'entreprise refusant lors des réunions du comité la présence d'une sténodactylographe, salariée du comité, alors que cette personne y avait été admise par un vote majoritaire.

Cass. crim. 30 octobre 1990, n° 87-83.665, B. crim. n° 367.

Si le secrétaire du comité d'entreprise, qui a la responsabilité de l'établissement des procès-verbaux, peut se faire assister dans cette tâche avec l'accord du comité, cette assistance ne peut être que matérielle sans voix délibérative ou consultative.

Cass. soc. 8 octobre 2014, n° 13-17.133, 5e branche du moyen du pourvoi principal.

En cas de carence du secrétaire du comité dans la rédaction des procès-verbaux des réunions du comité d'entreprise, l'employeur ne peut pas désigner un huissier pour procéder à cette rédaction.

C'est à tort que, après avoir constaté la carence du secrétaire du comité d'entreprise dans la rédaction des procès-verbaux des réunions du comité, une cour d'appel, statuant en référé, a dit qu'un huissier de justice au choix du chef d'entreprise assistera aux réunions avec pour mission de dresser matériellement les procès-verbaux, alors que l'huissier ne pouvait être désigné par l'employeur qui ne participe pas à la rédaction du procès-verbal de la réunion du comité.

Cass. soc. 25 novembre 2003, n° 01-14.176, BC V n° 296.

L'ensemble des informations données trimestriellement par l'employeur au comité d'entreprise en matière économique doit être retranscrit dans le procès-verbal de réunion.

Doit être cassé pour insuffisance de motifs l'arrêt d'une cour d'appel qui, pour relaxer le prévenu qui avait refusé, en excipant leur caractère confidentiel, la retranscription intégrale des informations données tous les trimestres au comité d'entreprise par l'employeur, a énoncé que, si la retranscription n'avait pas été faite ou l'avait été avec retard, c'était en raison du laps de temps insuffisant qui avait été laissé au secrétaire du comité d'entreprise pour que lesdites informations soient matériellement portées sur le procès-verbal et que le prévenu n'avait pas ainsi voulu intentionnellement détourner la loi, alors que la cour d'appel aurait dû s'expliquer sur le point de savoir si le prévenu s'était ou non opposé à la retranscription des informations sur le procès-verbal et rechercher les raisons pour lesquelles le secrétaire du comité n'avait pas disposé d'assez de temps pour les retranscrire.

Cass. crim. 10 janvier 1989, n° 87-80.048, 1er moyen, B. crim. n° 10.

Le procès-verbal rédigé par le secrétaire n'a pas de caractère intangible, il peut être modifié.

Une cour d'appel a pu relaxer un employeur de la prévention d'entrave même si celui-ci avait supprimé dans le procès-verbal, transmis par le secrétaire, une mention relative à une délibération du comité. En effet, la cour avait relevé qu'il était d'usage dans l'entreprise que le secrétaire transmette les projets de procès-verbaux à l'employeur pour la dactylographie, et que le comité avait eu à sa disposition, lors de la séance où il devait approuver le procès-verbal, tant le texte initial du secrétaire que celui modifié par l'employeur. Aucune disposition du code du travail ne donnant au procès-verbal un caractère intangible, l'employeur peut modifier le projet de procès-verbal qui doit être discuté et ce, sans encourir la prévention d'entrave au fonctionnement du comité d'entreprise.

Cass. crim. 4 novembre 1983, n° 82-94.265, 2e moyen, B. crim. n° 285.

Affichage

L'employeur ne peut interdire la diffusion du procès-verbal ; cette interdiction doit être demandée en justice.

La diffusion et l'affichage du procès-verbal sont possibles dès lors que ce document a été approuvé à la majorité des membres du comité, qu'il n'enfreint pas l'obligation de discrétion des membres du comité et qu'il ne contient aucun propos injurieux et aucune allégation diffamatoire. En cas de violation de ces principes, l'employeur ne peut s'opposer à la diffusion du procès-verbal, sauf à en demander l'interdiction en justice.

Cass. soc. 17 juin 1982, n° 81-10.823.

L'employeur se rend coupable d'injure non publique s'il autorise la diffusion d'un procès-verbal faisant mention de l'accusation de vol à l'encontre d'un salarié.

Est coupable de la contravention d'injure non publique l'employeur ayant donné son accord pour l'affichage du procès-verbal d'une réunion, lors de laquelle les membres du comité devaient se prononcer sur le licenciement d'un délégué du personnel accusé de vol. Le procès-verbal contenant cette accusation de vol et l'affichage de ce document n'étant que facultatif, l'employeur aurait dû s'opposer à la diffusion.

Cass. crim. 9 juillet 1982, n° 80-93.643, 1er moyen, B. crim. n° 186.

Portée du procès-verbal

Le procès-verbal n'a, au regard de la loi pénale, que la valeur d'un simple renseignement.

Le procès-verbal faisant mention des menaces de l'employeur de réduire l'activité de l'entreprise si les membres du comité d'entreprise ne réussissent pas à licencier l'un d'entre eux, ne permet pas, à lui seul, de dire constitué le délit d'entrave dans la mesure où il n'a, au regard de la loi pénale, qu'une valeur de simple renseignement.

Cass. crim. 4 octobre 1977, n° 76-91.922, 2e moyen, B. crim. n° 287.

Le procès-verbal a une valeur contractuelle sauf s'il est rédigé sans contrôle de l'employeur.

Un conseil de prud'hommes a pu refuser de prendre en compte le contenu d'un procès-verbal, pour trancher un litige afférent au droit pour le salarié de percevoir une prime. Le conseil de prud'hommes n'a fait qu'user de son pouvoir d'appréciation en estimant que le procès-verbal de la réunion du comité d'entreprise devait être écarté des débats dans la mesure où ce document n'était pas de nature contractuelle, le secrétaire l'ayant rédigé seul et sans contrôle de l'employeur.

Cass. soc. 5 novembre 1987, n° 85-40.045.

Secrétaire du comité d'entreprise ; Subvention de fonctionnement.

Procès-verbaux de l'inspecteur

(ou du contrôleur) du travail

Les inspecteurs et contrôleurs du travail et les fonctionnaires de contrôle assimilés constatent les infractions par des procès-verbaux qui font foi jusqu'à preuve contraire (art. L. 8113-7 CT).

Les procès-verbaux ne sont soumis à aucune forme particulière

L'article L. 611-10 CT n'impose pas de formes particulières pour la rédaction d'un procès-verbal.

Cass. crim. 2 octobre 1987, n° 86-95.640, B. crim. n° 332.

Les procès-verbaux dressés par les inspecteurs du travail obéissent aux règles posées par l'article L. 8113-7 CT

L'inspecteur du travail n'est pas officier de police judiciaire et les prescriptions de l'article 66 du code de procédure pénale (procès-verbaux rédigés sur-le-champ en cas de flagrance) ne sont donc pas applicables aux procès-verbaux dressés par ses soins, qui obéissent aux règles posées par l'article L. 611-10 CT.

Cass. crim. 28 mai 1991, n° 90-84.545.

Les procès-verbaux font foi jusqu'à preuve contraire

Les constatations de l'inspecteur du travail (relatives au non-respect du délai d'un tiers de la durée de la première mission de travail temporaire entre deux missions successives sur le même poste de travail) faisant foi jusqu'à preuve du contraire, les juges n'ont pas à rechercher si les allégations du prévenu sont exactes et il appartient à ce dernier de rapporter la preuve de leur bien-fondé.

Cass. crim. 28 mai 1991, n° 90-82.359, B. crim. n° 227. Voir aussi cass. crim. 27 mai 1999, n° 98-83.535, 2e moyen.

En l'absence de nullité prononcée par la juridiction pénale, le procès-verbal qui fait foi jusqu'à preuve contraire doit recevoir application devant la juridiction sociale.

Cass. soc. 24 avril 2001, n° 98-44.364.

La personne poursuivie ayant la faculté de contester la valeur probante des procès-verbaux des contrôleurs du travail par tout moyen de preuve devant la juridiction de jugement, une poursuite pour faux en écriture publique du fonctionnaire, rédacteur du procès-verbal, ne saurait être considérée comme se rattachant étroitement à une défense et caractérise le délit de dénonciation calomnieuse.

Porte préjudice à l'ensemble de la profession des contrôleurs du travail et justifie l'action civile du syndicat le fait, pour une personne verbalisée par l'un d'eux, de dénoncer faussement des faits de nature à entraîner des sanctions judiciaires, administratives ou disciplinaires contre ce fonctionnaire.

Cass. crim. 11 mars 2003, n° 02-82.352, B. crim. n° 65.

Les procès-verbaux interrompent la prescription de l'action publique

Dressés par l'inspecteur du travail dans l'exercice de ses attributions de police judiciaire, à l'effet de constater les infractions, les procès-verbaux sont des actes d'instruction ou de poursuites, au sens de l'article 7 du code de procédure pénale, qui interrompent la prescription de l'action publique.

Cass. crim. 26 novembre 1985, n° 84-93.304, B. crim. n° 378. Voir aussi cass. crim. 29 février 2000, n° 99-83.241, B. crim. n° 89.

Seul peut être regardé comme un acte d'instruction ou de poursuite, le procès-verbal dressé par l'inspecteur du travail, dans l'exercice de ses attributions de police judiciaire et à l'effet de constater les infractions, à l'exclusion des actes de l'enquête administrative qui en ont constitué le prélude.

Il résulte des constatations des juges du fond et du procès-verbal de constatation d'infractions établi par l'inspection du travail le 1er juin 2015 qu'une société a employé vingt-neuf salariés, d'une part, à temps partiel en heures complémentaires excédant le maximum légal, d'autre part, à temps partiel pendant les heures complémentaires sans majoration de salaire conforme, infractions de nature contraventionnelle pendant la période du 26 février au 31 mars 2014.

Pour écarter l'exception prise de la prescription des faits, une cour d'appel a jugé que les procès-verbaux dressés par les inspecteurs du travail dans l'exercice de leurs attributions de police judiciaire, conformément aux dispositions des articles L. 611-1 et L. 611-10 CT, devenus les articles L. 8112-1 et suivants CT, à l'effet de constater les infractions, devaient être regardés, au sens de l'article 7 du code de procédure pénale, comme des actes d'instruction ou de poursuite par lesquels, en vertu de ce texte et des articles 8 et 9 du même code, se trouvait interrompue la prescription et qu'il résultait du procès-verbal établi le 1er juin 2015 que le contrôleur du travail s'était rendu le 26 février 2015 dans les locaux de la société prévenue pour y constater des contraventions commises entre janvier et mars 2014, en sorte que la prescription de l'action publique était acquise pour la période du 1er janvier au 25 février 2014.

En statuant ainsi, alors que le déplacement de l'inspecteur du travail dans les locaux de la société n'était pas interruptif de prescription, la cour d'appel a méconnu les articles L. 8113-7 CT et les articles 7 et 9, dans leurs versions alors applicables, 591 et 593 c. proc. pén.

Cass. crim. 21 mai 2019, n° 18-82.574, à paraître.

Transmission

Les procès-verbaux sont dressés en double exemplaire dont l'un est transmis au procureur de la République et l'autre, adressé au préfet du département (art. L. 8113-7, al. 2 CT).

La loi 2012-387 du 22 mars 2012 a remplacé l'obligation de remettre un exemplaire du procès-verbal au contrevenant en cas d'infraction aux dispositions relatives à la durée du travail par une obligation de l'informer, préalablement à la transmission du procès-verbal au procureur de la République, des faits susceptibles de constituer une infraction pénale ainsi que des sanctions encourues (art. L. 8113-7, al. 3 CT).

La transmission du procès-verbal au préfet ne constitue pas une formalité substantielle.

La circonstance que le procès-verbal dressé pour infraction au décret du 8 janvier 1965 n'aurait pas été transmis au préfet, au mépris de l'article L. 611-10 CT, ne saurait à elle seule, à la supposer établie, entraîner la nullité des poursuites devant la juridiction répressive.

Cass. crim. 18 juillet 1990, n° 89-86.088.

☛ *Inspecteur du travail.*

Promesse d'embauche

En septembre 2017, la Cour de cassation a donné une nouvelle définition de la promesse d'embauche qu'il faut distinguer de la simple offre de contrat de travail.

Nouvelle définition

• Promesse d'embauche

La promesse unilatérale de contrat de travail est le contrat par lequel une partie, le promettant, accorde à l'autre, le bénéficiaire, le droit d'opter pour la conclusion d'un contrat de travail, dont l'emploi, la rémunération et la date d'entrée en fonction sont déterminés, et pour la formation duquel ne manque que le consentement du bénéficiaire ; la révocation de la promesse pendant le temps laissé au bénéficiaire pour opter n'empêche pas la formation du contrat de travail promis.

Cass. soc. 21 septembre 2017, n° 16-20.103, BC V n° 148 (arrêt n° 1). Voir aussi cass. soc. 21 septembre 2017, n° 16-20.104, BC V n° 148 (arrêt n° 2).

• Offre de contrat de travail

L'acte par lequel un employeur propose un engagement précisant l'emploi, la rémunération et la date d'entrée en fonction et exprime la volonté de son auteur d'être lié en cas d'acceptation, constitue une offre de contrat de travail, qui peut être librement rétractée tant qu'elle n'est pas parvenue à son destinataire ; la rétractation de l'offre avant l'expiration du délai fixé par son auteur ou, à défaut, l'issue d'un délai raisonnable, fait obstacle à la conclusion du contrat de travail et engage la responsabilité extra-contractuelle de son auteur.

Cass. soc. 21 septembre 2017, n° 16-20.103, précité. Voir aussi cass. soc. 21 septembre 2017, n° 16-20.104, précité.

Ancienne définition

• La promesse d'embauche se distingue des pourparlers

Promesse d'embauche

Constitue une promesse d'embauche l'engagement pris par une société d'embaucher une personne déterminée à compter d'une date précisée et pour une rémunération fixée…

Doit être cassé l'arrêt qui, pour décider que la preuve de l'existence d'un contrat de travail n'a pas été rapportée, a relevé que l'attestation délivrée par l'employeur ne précisait pas les éléments éventuels d'un contrat de travail, tels que la qualification et l'identité complète de l'intéressée, alors que l'existence d'un contrat de travail entre les parties était établie dès lors que l'attestation mentionnait que la salariée était embauchée dans le cadre d'un contrat à durée déterminée d'un an renouvelable et qu'elle précisait le montant de sa rémunération.

Cass. soc. 26 septembre 2002, n° 00-45.879.

… une proposition d'emploi précisant le lieu de travail ainsi que la rémunération…

Une salariée, qui travaillait en qualité de voyageur représentant placier, a démissionné de ses fonctions après réception d'un courrier par lequel une société lui confirmait la proposition d'emploi qui lui avait été précédemment faite. Cette société ne lui ayant pas fourni d'emploi, la salariée a saisi la juridiction prud'homale de demandes en paiement de dommages-intérêts pour rupture abusive de promesse d'embauche et d'indemnité de préavis.

Une cour d'appel, ayant constaté que la lettre contenant la confirmation de la proposition d'emploi faite à la salariée et précisant le lieu de travail ainsi que la rémunération constituait la confirmation écrite d'un engagement verbal n'appelant pas de confirmation de la part de la future salariée, a ainsi fait ressortir qu'un contrat de travail avait été formé entre les parties.

Cass. soc. 4 décembre 2001, n° 99-43.324, BC V n° 371.

… un écrit précisant l'emploi proposé et la date d'entrée en fonction, même en l'absence de précision sur la rémunération…

Une lettre précisant l'emploi proposé et la date d'entrée en fonction, qui n'a été suivie d'aucun début d'activité, constitue, même en l'absence de précision sur la rémunération, une promesse d'embauche ferme qui engage l'employeur.

Cass. soc. 27 février 2002, n° 00-41.787.

Constitue une promesse d'embauche valant contrat de travail l'écrit qui précise l'emploi proposé et la date d'entrée en fonction.

Après avoir relevé qu'une lettre adressée à un salarié lui proposait un contrat de travail, précisait son salaire, la nature de son emploi, ses conditions de travail et la date de sa prise de fonction, une cour d'appel a pu en déduire qu'elle constituait non pas une proposition d'emploi, mais une promesse d'embauche, et que la rupture de cet engagement par l'employeur s'analysait en un licenciement sans cause réelle et sérieuse.

Cass. soc. 15 décembre 2010, n° 08-42.951, 1er et 2e moyens réunis, BC V n° 296. Voir aussi cass. soc. 7 mars 2012, n° 10-21.717 ; cass. soc. 19 novembre 2014, n° 13-19.483.

Par un écrit en date du 18 septembre 2000, intitulé « promesse d'embauche », une société a certifié vouloir embaucher une salariée à compter du mois de janvier 2001, en qualité de secrétaire-hôtesse d'accueil. Estimant avoir bénéficié d'une promesse d'embauche et que celle-ci avait été indûment rompue, l'intéressée a saisi la juridiction prud'homale d'une demande de dommages-intérêts.

C'est à tort que, pour la débouter de sa demande, un conseil de prud'hommes a énoncé que si la nature de l'emploi envisagée était bien indiquée, il manquait dans cette promesse d'embauche un élément essentiel qui était la rémunération, que ce document matérialisait seulement une étape des pourparlers en cours et son acceptation par l'intéressée ne pouvait pas constituer le contrat en l'absence de détermination de la rémunération ou d'une référence à la classification prévue par la convention collective et à la rémunération afférente, alors qu'il avait constaté que l'écrit du 18 septembre 2000 précisait l'emploi proposé et la date d'entrée en fonction, de sorte que ce document constituait, même en l'absence de précision sur la rémunération, une promesse d'embauche ferme qui engageait la société.

Cass. soc. 30 mars 2005, n° 03-40.901, BC V n° 111.

Constitue une promesse d'embauche l'attestation délivrée à un candidat au poste de responsable de salon de coiffure qui précisait, d'une part, la nature de l'emploi et, d'autre part, que l'embauche devait se faire à compter de l'ouverture du salon.

Cass. soc. 10 mars 2004, n° 01-45.518.

... la promesse faite à un stagiaire de l'embaucher à la fin de son stage...

Un demandeur d'emploi avait suivi une formation professionnelle prévoyant une période théorique et un stage pratique. Ce stage devant se dérouler soit au sein de deux entreprises, soit dans une seule si cette dernière promettait au stagiaire de l'embaucher à l'issue de son stage, l'intéressé avait opté pour le stage en entreprise unique, dans la mesure où une société lui avait établi une promesse d'embauche. L'entreprise n'ayant pas tenu son engagement, l'intéressé avait saisi la juridiction prud'homale en vue d'obtenir le paiement de salaires sur une durée de six mois, période pendant laquelle il estimait devoir être engagé.

C'est à tort qu'un conseil de prud'hommes, pour débouter le salarié de ses demandes, a retenu qu'il avait sollicité auprès de l'entreprise une attestation en vue de son embauche destinée au centre de formation, que cette attestation constituait davantage une formalité administrative qu'un engagement définitif, d'autant qu'elle ne comportait ni durée ni qualification professionnelle et que la baisse du chiffre d'affaires de l'entreprise ne lui permettait pas d'envisager un tel recrutement, alors que les juges devaient accorder tous ses effets à cet engagement pris par la société.

Cass. soc. 23 avril 1997, n° 95-41.882.

... ou l'engagement pris par un employeur d'offrir un poste d'assistante de production à une salariée à l'issue de son contrat de formation en alternance.

Une téléactrice a été employée dans le cadre d'un contrat de qualification afin d'acquérir une formation professionnelle d'assistante commerciale. À l'issue de ce contrat, l'employeur l'a informée qu'il ne pouvait lui offrir un poste d'assistante commerciale et lui a proposé, selon contrat à durée déterminée, un emploi à temps partiel de « télévendeuse ». La salariée a refusé cette proposition et a saisi la juridiction prud'homale d'une demande de dommages-intérêts pour rupture d'une promesse d'embauche.

Pour rejeter sa demande, une cour d'appel a retenu que la lettre par laquelle l'employeur, pour obtenir l'agrément de la direction départementale du travail pour la conclusion du contrat de qualification, avait écrit : « ce contrat va nous permettre de la former aux techniques de " télémarketing " dans le but de l'intégrer au poste d'assistante de production », s'analysait comme « une perspective » et non comme un engagement formel de recrutement et que l'intéressée ne rapportait pas la preuve d'un engagement contractuel de la société à son égard.

En refusant ainsi tout effet à un engagement pris par l'employeur envers l'intéressée, engagement qui avait été consigné par écrit à la demande de la direction départementale du travail, dans le cadre de la procédure administrative suivie en application des articles L. 981-1 et s. CT, la cour d'appel a violé l'article 1134 c. civ.

Cass. soc. 2 mars 2005, n° 02-45.210.

Constitue une promesse d'embauche à durée indéterminée la lettre proposant à un salarié un contrat à durée indéterminée, fixant la date de sa prise de fonctions au terme de son contrat à durée déterminée et portant sur la poursuite de l'emploi occupé dans le cadre de ce contrat.

Cass. soc. 18 décembre 2013, n° 12-19.577.

La lettre ne mentionnant ni l'emploi occupé, ni la rémunération, ni la date d'embauche, ni le temps de travail constitue une simple offre d'emploi.

Cass. soc. 12 juillet 2006, n° 04-47.938, BC V n° 244.

Est licite la promesse d'embauche consentie en exécution d'une clause stipulant que l'employeur sera tenu d'embaucher la personne désignée par le salarié lors de la rupture de son contrat dès lors qu'elle n'est entachée d'aucun vice du consentement.

Un salarié avait été engagé par contrat de travail précisant que, lorsqu'il cesserait ses fonctions, il pourrait désigner l'un de ses fils ou gendres pour lui succéder dans son poste, l'employeur étant tenu d'embaucher la personne désignée aux mêmes conditions. Le fils du salarié ayant informé l'employeur de son intention de succéder à son père, il lui a été répondu que l'emploi lui serait confié dès la cessation des fonctions de celui-ci. Cette condition ayant été réalisée et la société ayant proposé au fils du salarié un contrat de travail à temps partiel au lieu du temps plein dont bénéficiait son père, il a saisi la juridiction prud'homale d'une demande de dommages-intérêts en raison du préjudice résultant de la rupture de la promesse d'embauche.

C'est à tort que, pour débouter l'intéressé de sa demande, une cour d'appel retient notamment que la clause du contrat de travail prévoyant la succession portait une atteinte directe et injustifiée au principe du libre choix par l'employeur de ses salariés, qu'elle était à ce titre illicite et de nul effet et que la promesse d'embauche consentie en exécution de cette clause devait être également annulée, alors que la promesse d'embauche n'étant entachée d'aucun vice du consentement, était licite.

Cass. soc. 14 janvier 2004, n° 01-45.894, BC V n° 10.

Pourparlers

Lorsque l'offre de recruter dépend de la réalisation de certaines conditions, il ne s'agit que de simples pourparlers.

Le fait pour une association d'envisager de demander à un metteur en scène de construire une maquette, en vue de la réalisation d'une pièce de théâtre, s'analyse en de simples pourparlers et non en une promesse d'embauche, dans la mesure où elle avait précisé que la conclusion du contrat dépendait de ses prévisions budgétaires. Un tel accord ne s'étant pas réalisé en raison du devis trop élevé présenté par le metteur en scène, une cour d'appel a pu rejeter les demandes de dommages-intérêts formulées par l'intéressé.

Cass. soc. 17 mai 1979, n° 78-40.497, BC V n° 424.

• Non-respect par l'employeur d'une promesse d'embauche

Le non-respect par l'employeur d'une promesse d'embauche s'analyse en un licenciement.

Ayant relevé que, du fait de leur accord réciproque, les parties étaient liées par un contrat de travail, une cour d'appel a décidé à bon droit que, même si son exécution n'avait pas commencé, la rupture du contrat de travail d'un salarié à l'initiative de l'employeur caractérisait un licenciement.

Cass. soc. 2 février 1999, n° 95-45.331, BC V n° 52.

La promesse d'embauche étant assimilée au contrat de travail, le défaut de réalisation de cette promesse ouvre droit pour le salarié à la réparation du préjudice en résultant…

Un footballeur professionnel a signé un contrat pour la saison 1997/1998. Par avenant du même jour, les parties se sont engagées, en cas de maintien du club en championnat national, à conclure un nouveau contrat pour la saison 1998/1999. Invoquant la nullité de cet avenant, du fait de son absence d'homologation par la Fédération française de football, l'employeur a ultérieurement informé le joueur qu'il ne conclurait pas avec lui de contrat pour la saison suivante.

Doit être cassé l'arrêt qui, pour débouter le salarié de ses demandes d'indemnités du fait de la rupture de la relation de travail, a énoncé que, n'ayant pas été homologué par la Fédération française de football, seule compétente à cet effet, l'avenant était entaché de nullité absolue, alors que la Ligue nationale de football avait été saisie en vue d'assurer l'homologation de l'avenant au lieu de la Fédération française de football, seule instance compétente à cet égard, de sorte que l'absence d'homologation était imputable à l'employeur et ouvrait droit pour le salarié à la réparation de son préjudice résultant du défaut de réalisation de la promesse d'embauche.

Cass. soc. 13 mai 2003, n° 01-42.068, BC V n° 162.

… et à une indemnité de préavis.

En l'absence d'exécution de la promesse d'embauche, le bénéficiaire peut réclamer le paiement d'une indemnité de préavis, même si le contrat n'a pas été mis en œuvre.

Cass. soc. 12 janvier 1989, n° 86-43.910, 1re branche du moyen, BC V n° 18. Voir aussi cass. soc. 4 décembre 2001, n° 99-43.324, BC V n° 371; cass. soc. 7 novembre 2007, n° 06-42.439.

En revanche, si la promesse d'embauche est assortie d'une condition suspensive, le salarié ne peut être indemnisé, en cas de non-respect par l'employeur, au titre de la rupture d'un contrat de travail.

Après avoir constaté qu'un candidat retenu pour le poste de directeur d'une association avait été informé que l'acceptation de sa candidature était subordonnée à l'agrément du ministre compétent, une cour d'appel a pu décider que le préjudice subi par l'intéressé, faute pour l'association d'avoir transmis sa candidature, consistait dans la perte d'une chance de recevoir cet agrément et d'être nommé au poste sollicité et débouter le candidat de sa demande en paiement d'une indemnité pour rupture abusive d'un contrat de travail.

Cass. soc. 10 mars 1999, n° 97-40.416.

Si la rupture de la promesse d'embauche par l'employeur ne peut pas être considérée comme abusive, le salarié ne peut pas prétendre à des dommages-intérêts.

Ayant relevé qu'une société n'avait pas donné suite à une promesse d'embauche sans que son refus des conditions mises par l'autre signataire à la conclusion du contrat de travail puisse être considéré comme abusif, une cour d'appel a pu débouter ce dernier de sa demande de dommages-intérêts pour rupture fautive de la promesse d'embauche.

Cass. soc. 19 mai 2004, n° 02-42.795.

La juridiction prud'homale est compétente pour statuer sur un litige relatif à une promesse d'embauche.

Le litige né de l'inobservation d'une promesse d'embauche relève de la compétence de la juridiction prud'homale, dans la mesure où il s'agit d'un litige né à l'occasion du contrat de travail.

Cass. soc. 9 octobre 1968, n° 67-40.370, BC V n° 427.

Une « convention de stage d'accès à l'entreprise », prévue par l'article L. 322-4-1, 1° CT, a été signée entre l'ANPE et une société pour assurer une formation à un demandeur d'emploi. À l'issue du stage, ce dernier, à qui la société n'a pas proposé un contrat de travail, a saisi un conseil de prud'hommes en invoquant la promesse d'embauche contenue dans la convention de stage.

Après avoir relevé que la convention de stage passée entre l'ANPE et l'entreprise désignait l'intéressé comme bénéficiaire d'une promesse d'embauche par la société, une cour d'appel a exactement décidé que le différend né entre la société et le stagiaire, relatif à la formation d'un contrat de travail, relevait de la compétence du conseil de prud'hommes.

Cass. soc. 5 avril 2005, n° 02-45.636, 1er moyen, BC V n° 123.

Propagande électorale

La propagande électorale n'est pas réglementée par le code du travail ; ses modalités sont déterminées par la convention collective ou le protocole d'accord préélectoral. Les organisations syndicales peuvent, pour effectuer cette propagande, utiliser les droits qui leur sont ouverts par les articles L. 2142-3 à 7 CT, notamment l'affichage et la distribution de tracts.

La propagande électorale est encadrée par certains principes

La propagande électorale peut être encadrée par le protocole d'accord préélectoral et son non-respect peut entraîner l'annulation des élections.

A légalement justifié sa décision d'annuler les élections le tribunal d'instance qui a énoncé qu'un tract au ton très polémique émanant d'un syndicat présent dans l'entreprise avait été diffusé le 11 octobre 2002 alors qu'aux termes du protocole préélectoral la propagande devait se faire du 20 au 28 octobre 2002.

Cass. soc. 23 juin 2004, n° 02-60.848.

La diffusion répétée de communications à des fins électorales avant la date de début de la campagne fixée par le protocole d'accord préélectoral ne constitue pas un trouble manifestement illicite.

Aux termes de l'article L. 2142-5 CT, le contenu des affiches, publications et tracts est librement déterminé par l'organisation syndicale, sous réserve de l'application des dispositions relatives à la presse ; en vertu de l'article 11 de la convention de sauvegarde des droits de l'homme et des libertés fondamentales, les membres d'un syndicat doivent pouvoir exprimer devant l'employeur leurs revendications tendant à améliorer la situation des travailleurs au sein de leur entreprise.

Un protocole d'accord préélectoral signé le 17 mai 2016 par une société et six organisations syndicales précisait que la campagne électorale débutait le 18 octobre 2016 pour se terminer le 16 novembre suivant.

Doit être cassée l'ordonnance de référé qui, pour ordonner, sous astreinte, aux syndicats de cesser et faire cesser toute communication à des fins électorales en dehors de la campagne électorale fixée par le protocole d'accord préélectoral, a énoncé qu'il résultait de l'article 9.1 du protocole d'accord préélectoral sans la moindre ambiguïté, sauf à dénier tout sens aux mots « campagne électorale », que les actions relevant de ladite campagne, dont les communications à des fins électorales (autrement dit celles se rapportant d'une façon ou d'une autre aux prochaines élections), ne pouvaient être entreprises qu'à partir du 17 octobre 2016, et qu'il était prouvé et non contesté, que deux syndicats avaient, et ce à plusieurs reprises, effectué des communications à des fins électorales qui violaient de façon caractérisée les obligations qu'ils avaient librement contractées en signant le protocole préélectoral.

En effet, en statuant ainsi, alors qu'il ne résultait pas de ses constatations l'existence d'un trouble manifestement illicite, le juge des référés a violé l'article L. 2142-5 CT, les articles 10 et 11 de la convention de sauvegarde des droits de l'homme et des libertés fondamentales et l'alinéa 6 du Préambule de la Constitution du 27 octobre 1946.

Cass. soc. 15 novembre 2017, n° 16-24.798, à paraître.

Les actes de propagande ne doivent pas contenir de propos diffamatoires.

Ayant fait ressortir que la déclaration incriminée s'inscrivait dans le cadre d'une campagne électorale et que cette déclaration ne contenait aucune imputation diffamatoire, les juges ont pu débouter la personne visée dans cette déclaration de sa demande en dommages-intérêts.

Cass. soc. 2 juin 1993, n° 90-44.683.

Ils ne doivent pas avoir pour effet de fausser le résultat du scrutin.

Un tribunal d'instance qui a constaté qu'un tract, diffusé par l'intermédiaire d'une messagerie électronique à laquelle toute organisation syndicale dans l'entreprise avait accès, ne contenait aucune assertion diffamatoire à l'égard d'une quelconque autre organisation syndicale et que l'examen des résultats du scrutin n'établissait pas que cette diffusion ait pu avoir une influence sur ces résultats, a refusé à bon droit d'annuler les élections.

Cass. soc. 20 novembre 2002, n° 01-60.903.

Un tribunal d'instance a pu annuler des élections professionnelles après avoir relevé, d'une part, qu'un syndicat avait distribué la veille du scrutin un tract faisant grief à la CFDT de « brader les avantages acquis » et, d'autre part, que cette diffusion avait eu une incidence sur le résultat du scrutin eu égard à la proportion des suffrages obtenus par chacune des listes en présence.

Cass. soc. 18 février 1988, n° 87-60.027, BC V n° 123.

Un tribunal d'instance a été saisi d'une demande d'annulation des élections, au motif notamment qu'avant le premier tour des élections, trois salariés de l'entreprise avaient circulé dans les locaux pour inciter le personnel à ne pas voter au premier tour, ce qui aurait faussé les résultats des élections.

Le tribunal, qui a relevé que les témoignages produits ne faisaient pas état de pressions ou de menaces particulières exercées par ces trois salariés, a pu estimer que le comportement sans violence de ces salariés candidats au second tour, tendant à faire connaître leur candidature, n'apparaissait pas anormal et de nature à fausser les résultats du scrutin, et a légalement justifié sa décision en rejetant la demande d'annulation des élections.

Cass. soc. 5 mai 2004, n° 03-60.141.

L'employeur doit faire preuve de neutralité

La propagande électorale antérieure au premier tour est réservée aux syndicats représentatifs et l'employeur est tenu d'une obligation de neutralité.

Méconnaît cette obligation l'employeur qui fait diffuser avant le premier tour au profit d'éventuels candidats libres un tract de propagande électorale pour le second tour.

Cass. soc. 14 janvier 2004, n° 01-60.788, BC V n° 12. Voir aussi cass. soc. 7 novembre 2012, n° 11-60.184.

Ayant constaté qu'un tract dont le contenu n'excédait pas les limites normales de la propagande électorale, avait été émis par une organisation syndicale habilitée à présenter des candidats au premier tour des élections, ce dont il s'évinçait qu'en ne s'opposant pas à sa diffusion, l'employeur avait respecté son obligation de neutralité, un tribunal d'instance a pu débouter des syndicats de leur demande tendant à l'annulation des élections.

Cass. soc. 9 juillet 2014, n° 13-60.239, pourvoi principal.

L'employeur ne peut pas seul remettre en cause les modalités de propagande prévues par le protocole préélectoral.

C'est à tort qu'une cour d'appel, pour refuser de retenir la prévention d'entrave à l'encontre d'un employeur qui avait refusé d'insérer un tract du syndicat CFDT dans les documents de propagande électorale destinés au vote par correspondance, a énoncé que ce tract contenait des affirmations diffamatoires, alors que le chef d'entreprise est tenu, par application des dispositions de l'article L. 423-13 CT, de respecter les termes de l'accord préélectoral, ce dernier prévoyant en l'espèce l'envoi des tracts, sauf pour lui à exercer les recours accordés par la loi.

Cass. crim. 30 mai 1989, n° 87-83.411, B. crim. n° 227.

L'employeur ne doit pas chercher à influencer le vote des salariés, que cette influence soit active…

Un tribunal d'instance a pu annuler le premier tour d'élections professionnelles après avoir constaté que les communiqués diffusés par la direction dépassaient le simple rappel de la législation et comportaient des menaces à peine voilées ainsi qu'une invitation appuyée à ne pas voter au premier tour, et que, par ailleurs, l'employeur s'était rendu sur les lieux du vote le jour de l'élection et y avait interpellé les salariés présents. Ces irrégularités ayant été déterminantes dans le score réalisé par les candidats au premier tour, les juges ont justifié leur décision.

Cass. soc. 25 février 1992, n° 91-60.140.

… ou passive.

Un tribunal d'instance a pu annuler le second tour d'élections professionnelles après avoir relevé, d'une part, que l'entreprise avait diffusé une note d'information, avant le premier tour de scrutin, pour rappeler aux électeurs que la présentation des candidats « indépendants » n'était possible qu'au second tour et que, d'autre part, l'entreprise avait laissé diffuser des tracts électoraux utilisant l'en-tête de la société avec la même présentation visuelle que la note d'information. Le tribunal a pu retenir qu'un amalgame avait pu être ainsi créé dans l'esprit des électeurs, conférant à la note un effet d'annonce des candidatures, et attachant une connotation officielle et légitime à ces candidats.

Cass. soc. 23 janvier 1991, n° 90-60.054. Voir aussi cass. soc. 20 octobre 1999, n° 98-60.425.

Contentieux électoral ; Protocole d'accord préélectoral ; Tracts.

Protection des accidentés du travail

Accidentés du travail (Protection) ; Accidentés du travail (Reclassement) ; Accidentés du travail (Réintégration en cas d'aptitude) ; Accidentés du travail (Suspension du contrat de travail).

Protection des conseillers prud'hommes

Conseillers prud'hommes (Protection).

Protection des femmes enceintes

Femmes enceintes (Licenciement) ; Maternité.

Protection des représentants du personnel

Modification du contrat de travail d'un salarié protégé ; Représentants du personnel (Autorisation administrative de licenciement) ; Représentants du personnel (Licenciement/Indemnisation) ; Représentants du personnel (Licenciement/Recours contre la décision administrative) ; Représentants du personnel (Mise à pied conservatoire) ; Représentants du personnel (Procédure de licenciement) ; Représentants du personnel (Protection/Bénéficiaires) ; Représentants du personnel (Protection/Cas d'application)

Protocole d'accord préélectoral

Les modalités d'organisation et de déroulement des élections des délégués du personnel et des membres du comité d'entreprise font l'objet d'un accord entre le chef d'entreprise et les organisations syndicales intéressées (art. L. 2314-23, al. 1 et L. 2324-21, al. 1 anciens CT). Pour ce faire, l'employeur doit inviter les organisations syndicales intéressées à négocier le protocole d'accord préélectoral (art. L. 2314-3, al. 1 et L. 2324-4, al. 1 anciens CT).

L'accord doit, par ailleurs, nécessairement prévoir la répartition du personnel dans les collèges électoraux et la répartition des sièges entre les différentes catégories de salariés (art. L. 2314-11 et L. 2324-13 anciens CT).

Invitation des parties à l'accord

La loi 2008-789 du 20 août 2008 a élargi la notion de syndicat intéressé à la négociation du protocole préélectoral à l'ensemble des organisations syndicales légalement constituées et remplissant les conditions pour présenter des candidats dans l'entreprise.

L'invitation à négocier le protocole préélectoral doit être adressée, soit au délégué syndical présent dans l'entreprise, soit directement à l'organisation syndicale représentative l'ayant désigné.

Cass. soc. 5 avril 2011, n° 10-18.813. Voir aussi cass. soc. 7 novembre 2018, n° 17-60.283.

Il résulte des articles L. 2314-3 et L. 2324-4 anciens CT qu'en l'absence d'organisation syndicale reconnue représentative dans l'entreprise ou l'établissement ou d'organisation syndicale ayant constitué une section syndicale dans l'entreprise ou l'établissement, l'invitation d'une organisation syndicale reconnue représentative au niveau national et interprofessionnel à la négociation du protocole d'accord préélectoral en vue des élections de représentants du personnel est valablement adressée à la confédération syndicale représentative nationale et interprofessionnelle.

Cass. soc. 15 novembre 2017, n° 16-60.268, à paraître.

Un syndicat qui, sans émettre expressément de réserves, a participé à la signature du protocole préélectoral ne peut pas se prévaloir du défaut de l'affichage invitant les syndicats à sa négociation.

Le défaut de l'affichage prévu par l'article L. 2314-3 CT à destination des organisations syndicales qui satisfont aux critères de respect des valeurs républicaines et d'indépendance, légalement constituées depuis au moins deux ans et dont le champ professionnel et géographique couvre l'entreprise ou l'établissement concerné, et les informant de l'organisation des élections professionnelles dans l'entreprise, les invitant à négocier le protocole d'accord préélectoral et à établir les listes de candidats constitue une irrégularité qui, par nature, affecte la validité des élections. Toutefois, un syndicat qui, sans émettre expressément de réserves, a, soit participé à la signature du protocole préélectoral, soit présenté des candidats, ne peut se prévaloir de cette irrégularité.

Cass. soc. 2 mars 2011, n° 10-60.201, BC V n° 62.

Seules les organisations syndicales qui n'ont pas été convoquées par lettre à la négociation préélectorale en méconnaissance des dispositions de l'article L. 2314-3, al. 2 ancien CT peuvent se prévaloir de cette omission pour faire annuler le processus électoral.

Cass. soc. 24 octobre 2012, n° 11-60.199, BC V n° 276.

Avant la loi 2014-288 du 5 mars 2014 qui impose un délai minimal de 15 jours entre l'invitation des syndicats à négocier et la première réunion de négociation du protocole préélectoral, la Cour de cassation avait précisé que l'invitation effectuée dans un délai raisonnable au regard de la date prévue pour la réunion de négociation n'entraînait pas l'annulation du protocole d'accord préélectoral.

D'une part, la méconnaissance par l'employeur du délai prévu à l'article L. 2314-3, al. 3 CT ne peut être une cause d'annulation du protocole préélectoral ; d'autre part, ce texte ne fixe aucun délai entre l'invitation qui doit être adressée aux organisations syndicales et la date de réunion de la négociation du protocole d'accord préélectoral, cette invitation devant être effectuée en temps utile.

Ayant constaté qu'un délégué syndical avait reçu le 12 janvier la lettre l'invitant à participer à la réunion prévue le 20 janvier suivant en vue de la négociation du protocole préélectoral, un tribunal d'instance a estimé qu'il avait ainsi disposé d'un délai raisonnable pour préparer la négociation et a pu rejeter sa demande d'annulation du protocole d'accord préélectoral.

Cass. soc. 25 janvier 2012, n° 11-60.093, BC V n° 25.

Les dispositions subordonnant à une ancienneté minimale de deux ans la participation d'un syndicat à la négociation du protocole d'accord préélectoral sont conformes au droit international.

L'exigence d'une ancienneté minimale de deux ans pour la présentation par une organisation syndicale de candidats au premier tour des élections professionnelles [et sa participation à la négociation du protocole d'accord préélectoral] constitue une condition justifiée et proportionnée pour garantir la mise en œuvre du droit de participation des travailleurs par l'intermédiaire de leurs représentants et l'exercice par le syndicat de prérogatives au sein de l'entreprise, sans priver tout salarié de la liberté de créer un syndicat ou d'adhérer au syndicat de son choix.

Cass. soc. 29 février 2012, n° 11-60.203, 1er moyen, BC V n° 82.

Le syndicat représentatif présent dans l'entreprise où il a désigné un délégué syndical central doit être invité à la négociation de l'accord préélectoral.

Les élections des délégués du personnel d'un établissement distinct d'une société s'étaient déroulées sur la base d'un protocole préélectoral signé notamment par une personne mandatée à cette fin par l'union locale d'un syndicat, à laquelle avait été adressée l'invitation à négocier cet accord. Un syndicat qui n'avait pas de délégué syndical dans l'établissement en cause, mais qui était implanté dans l'entreprise où il avait désigné des représentants, avait alors sollicité l'annulation des élections au motif qu'il n'avait pas été invité à la négociation préélectorale.

Doit être cassé le jugement qui, après avoir constaté que le syndicat n'avait pas été convoqué à la négociation de l'accord préélectoral, a retenu, pour le débouter de sa demande, que l'élection ne concernait qu'un établissement où ce syndicat n'avait pas de représentation syndicale, que l'employeur n'avait pas à convoquer les délégués syndicaux de cette organisation désignés pour un autre établissement ou au niveau central, et que la convocation avait été valablement envoyée au siège de l'union locale, alors que le syndicat demandeur était représenté dans l'entreprise, peu important qu'il n'ait pas eu de délégué syndical dans l'établissement concerné.

Cass. soc. 15 février 2006, n° 04-60.525, BC V n° 70.

Le défaut d'invitation est une irrégularité devant entraîner l'annulation des élections.

Le défaut d'invitation d'une organisation syndicale intéressée à la négociation du protocole d'accord préélectoral est une irrégularité qui doit, par nature, entraîner l'annulation des élections.

Cass. soc. 1er avril 1998, n° 96-60.433, BC V n° 195. Voir aussi cass. soc. 17 janvier 2001, n° 99-60.446.

Négociation du protocole

Aucune disposition légale n'oblige les organisations syndicales invitées à la négociation du protocole préélectoral à composer leur délégation de salariés de l'entreprise et à y faire figurer le délégué syndical ou le représentant de la section syndicale lorsqu'elles en disposent.

Cass. soc. 31 janvier 2012, n° 11-16.049, BC V n° 40.

Chaque délégation peut comprendre, sauf accord avec l'employeur, jusqu'à trois ou quatre membres selon que l'effectif de l'entreprise permettrait la désignation d'un seul ou de plusieurs délégués syndicaux.

Il résulte des dispositions générales du code du travail régissant le nombre maximal de membres de la délégation syndicale appelée à une négociation [art. L. 2232-17 CT], que chaque délégation peut comprendre, sauf accord avec l'employeur, jusqu'à trois ou quatre membres selon que l'effectif de l'entreprise permettrait la désignation d'un seul ou de plusieurs délégués syndicaux.

Cass. soc. 31 janvier 2012, n° 11-16.049, BC V n° 40.

Les conditions de négociation du protocole préélectoral mettant en jeu l'intérêt collectif de la profession, tout syndicat non signataire du protocole, invité ou non à participer à cette négociation, a intérêt à agir pour en contester le déroulement.

Cass. soc. 23 septembre 2009, n° 08-60.535, 1re branche du moyen, BC V n° 195.

Si aucune organisation syndicale intéressée ne répond à l'invitation de l'employeur, ce dernier ne peut pas pour autant négocier un accord avec des candidats libres.

Les modalités d'organisation et de déroulement des opérations électorales pour les élections des délégués du personnel et des membres du comité d'entreprise devant faire l'objet d'un accord entre le chef d'entreprise et les organisations syndicales, c'est à tort qu'un tribunal d'instance a retenu qu'aucune organisation syndicale n'avait répondu à l'invitation de la société pour dire que l'employeur avait pu valablement signer un protocole préélectoral avec les candidats libres, alors que, si le protocole ne peut être signé avec les organisations syndicales intéressées, il appartient au seul chef d'entreprise de fixer les modalités d'organisation et de déroulement des opérations électorales.

Cass. soc. 5 février 1997, n° 96-60.009.

Le refus de l'employeur de négocier le protocole d'accord préélectoral avec une organisation syndicale intéressée entraîne en lui-même l'annulation des élections.

L'employeur est tenu de rechercher avec toutes les organisations syndicales intéressées au sens de l'article L. 2314-3 CT un accord sur la répartition du personnel dans les collèges électoraux et des sièges entre les différentes catégories, ainsi que sur les modalités d'organisation et de déroulement des opérations électorales, et son refus de négocier avec une organisation syndicale intéressée au sens de cette disposition entraîne en lui-même l'annulation des élections.

Cass. soc. 28 février 2018, n° 17-60.112, à paraître.

L'employeur est tenu, dans le cadre de la négociation préélectorale, de fournir aux syndicats participant à la négociation les éléments nécessaires au contrôle de l'effectif de l'entreprise et de la régularité de la liste électorale.

Cass. soc. 13 mai 2009, n° 08-60.530, BC V n° 130.

L'employeur, tenu dans le cadre de la négociation préélectorale à une obligation de loyauté, doit fournir aux syndicats participant à cette négociation, et sur leur demande, les éléments nécessaires au contrôle de l'effectif de l'entreprise et de la régularité des listes électorales ; pour satisfaire à cette obligation l'employeur peut, soit mettre à disposition des syndicats qui demandent à en prendre connaissance le registre unique du personnel et des déclarations annuelles des données sociales des années concernées dans des conditions permettant l'exercice effectif de leur consultation, soit communiquer à ces mêmes syndicats des copies ou extraits desdits documents, expurgés des éléments confidentiels, notamment relatifs à la rémunération des salariés.

Après annulation des élections des délégués du personnel au sein d'une société qui se sont déroulées les 16 juin et 1er juillet 2014, la direction a engagé une nouvelle négociation préélectorale au mois d'octobre suivant ; l'employeur ayant refusé de communiquer le registre du personnel ainsi que les déclarations annuelles des données sociales (DADS) des années 2011, 2012 et 2013 à un syndicat, partie à la négociation et qui demandait à pouvoir vérifier l'effectif et les listes électorales, ce dernier a saisi le tribunal d'instance d'une demande tendant à la condamnation de l'employeur à lui fournir ces documents sous astreinte.

Pour débouter le syndicat de sa demande, un tribunal d'instance a retenu que selon l'article L. 1221-15 CT, le registre unique du personnel est tenu à la disposition des délégués du personnel et des fonctionnaires et agents chargés de veiller à l'application des code du travail et de la sécurité sociale et que les délégués syndicaux ne bénéficient pas de ces dispositions, sauf accord du chef d'entreprise qui peut aussi fixer les conditions dans lesquelles ces délégués y auraient accès ; que l'article R. 243-14 c. séc. soc. prévoit que tout employeur de personnel salarié ou assimilé, à l'exception des particuliers employant des salariés à leur service, est tenu d'adresser, au plus tard le 31 janvier de chaque année, à l'organisme ou aux organismes chargés du recouvrement des cotisations dont relèvent leurs établissements, une déclaration faisant ressortir, pour chacun des salariés ou assimilés occupé dans l'établissement, le montant total des rémunérations payées au cours de l'année précédente en indiquant le cas échéant le plafond annuel ou le plafond réduit appliqué à chacun des salariés ; que la DADS contient de nombreuses informations confidentielles relatives aux salariés qui n'ont pas à être portées à la connaissance des syndicats et qu'en l'espèce, non seulement les documents sollicités, DADS et registre du personnel, ne sont pas accessibles aux syndicats, mais qu'en outre la société verse aux débats une attestation de son expert comptable, commissaire aux comptes aux termes de laquelle la société n'a pas atteint le seuil de cinquante salariés sur douze mois consécutifs au cours des trois dernières années écoulées ; que cette attestation est suffisante pour transmettre au syndicat les éléments nécessaires à la détermination des effectifs.

En statuant ainsi, le tribunal a violé l'article L. 2314-23 CT.

Cass. soc. 6 janvier 2016, n° 15-10.975, BC V n° 2.

Conclusion du protocole

Depuis la loi 2008-789 du 20 août 2008, la validité du protocole d'accord préélectoral est subordonnée à sa signature par la majorité des syndicats ayant participé à la négociation, dont les syndicats représentatifs ayant recueilli la majorité des suffrages exprimés lors des dernières élections professionnelles.

Le protocole d'accord préélectoral doit ainsi être signé par au moins la moitié des organisations syndicales ayant participé à sa négociation plus une.

Aux termes de l'article L. 2324-4-1 CT, sauf dispositions législatives contraires, la validité du protocole d'accord préélectoral conclu entre l'employeur et les organisations syndicales intéressées est subordonnée à sa signature par la majorité des organisations syndicales ayant participé à sa négociation, dont les organisations syndicales représentatives ayant recueilli la majorité des suffrages exprimés lors des dernières élections professionnelles ou, lorsque ces résultats ne sont pas disponibles, la majorité des organisations représentatives dans l'entreprise ; le terme de « majorité », se suffisant à lui-même, implique au moins la moitié des voix plus une.

C'est donc à tort qu'un tribunal d'instance a jugé que, lors de la signature d'un protocole d'accord préélectoral, la CGT était la seule organisation syndicale signataire représentative au sein de l'établissement et que, par conséquent, elle remplissait également les conditions de majorité pour le signer.

Cass. soc. 15 novembre 2017, n° 16-21.903, à paraître.

Le protocole d'accord préélectoral ne doit pas nécessairement être matérialisé par un seul et même accord global sur l'ensemble des matières relevant de la négociation.

Cass. soc. 28 septembre 2011, n° 10-27.370, 1er moyen, BC V n° 202.

Les conditions de validité d'un protocole préélectoral qui doivent être appréciées au jour de sa signature ne sauraient dépendre du résultat d'élections postérieures.

Une association a signé avec un délégué syndical représentant le seul syndicat présent en son sein un accord fixant le cadre général des élections devant se dérouler au mois de janvier 2010 pour la mise en place du comité d'entreprise et le renouvellement des délégués du personnel ; cet accord prévoyait que les trois établissements et le siège social de l'association constituaient une même entité servant de cadre des élections ; le 11 janvier 2010, le syndicat a refusé de signer le protocole préélectoral pour l'élection des délégués du personnel au motif de l'existence de trois établissements distincts et a saisi l'autorité administrative pour la reconnaissance de ces établissements distincts et le tribunal d'instance en suspension du processus électoral ; les élections ont eu lieu le 27 janvier 2010 pour le premier tour et le 10 février 2010 pour le second tour ; le syndicat, qui n'avait pas présenté de candidats, a demandé l'annulation du scrutin.

Pour faire droit à cette demande, un tribunal d'instance, après avoir constaté l'absence de candidature au premier tour de l'élection, a énoncé qu'il convenait de prononcer l'annulation des élections des délégués du personnel organisées sur la base d'un accord d'entreprise invalide, au regard de l'article 42 de la loi du 12 mai 2009 modifiant l'article 12 de la loi du 20 août 2008, en l'absence de candidats au premier tour des élections.

En se fondant ainsi sur l'absence de résultats au premier tour des élections dont l'annulation lui était demandée pour fixer les règles de majorité, sans vérifier si les résultats des élections professionnelles précédentes étaient ou non disponibles, le tribunal a violé les articles L. 2314-3-1 et L. 2314-31 CT.

Cass. soc. 5 avril 2011, n° 10-18.733, BC V n° 88.

Pour l'appréciation de la majorité en nombre, sont comptabilisés comme ayant participé à la négociation les syndicats s'étant présentés pour y participer, peu important qu'ils s'en soient retirés.

La validité du protocole préélectoral conclu entre l'employeur et les organisations syndicales intéressées est subordonnée à sa signature par la majorité des organisations syndicales ayant participé à sa négociation, dont les organisations syndicales représentatives ayant recueilli la majorité des suffrages exprimés lors des dernières élections professionnelles ou, lorsque ces résultats ne sont pas disponibles, la majorité des organisations représentatives dans l'entreprise ; doivent être considérées comme ayant participé à la négociation les organisations syndicales qui, invitées à celle-ci, s'y sont présentées, même si elles ont ensuite décidé de s'en retirer.

Pour déclarer valides des élections s'étant déroulées au sein d'une entreprise, un tribunal d'instance, après avoir constaté que deux des quatre syndicats présents avaient quitté la table des négociations, qui s'étaient poursuivies hors de leur présence, a énoncé que ce départ avait eu pour effet nécessairement de réduire le nombre des participants à la négociation, de sorte que le protocole avait été signé à l'unanimité des organisations syndicales présentes lors de la signature à l'issue des négociations, et a relevé que l'intervention de l'autorité administrative ne pouvait avoir pour effet de modifier le scrutin qui pouvait se poursuivre en toute régularité.

En statuant ainsi, alors, d'une part, que la moitié des organisations syndicales ayant participé à la négociation avait choisi de ne pas poursuivre celle-ci et de ne pas signer le protocole préélectoral, ce dont il se déduisait que le protocole n'était pas valide, et, d'autre part, que, bien que l'autorité administrative ait été saisie antérieurement à la date du scrutin, l'employeur, sans attendre qu'elle ait statué, avait procédé aux élections, ce qui les rendait nécessairement nulles, le tribunal d'instance a violé les articles L. 2314-3-1, L. 2314-31, L. 2322-5 et L. 2324-4-1 CT.

Cass. soc. 26 septembre 2012, n° 11-60.231, BC V n° 241.

Pour vérifier si les syndicats représentatifs remplissent ou non les conditions de majorité nécessaires à la validité du protocole, il convient de prendre en compte pour une unité le nombre de voix obtenu par chacune des listes présentées, même si le nom de certains candidats a été rayé.

Selon l'article L. 2324-4-1 CT, la validité du protocole d'accord préélectoral conclu entre l'employeur et les organisations syndicales intéressées est subordonnée à sa signature par la majorité des organisations syndicales ayant participé à sa négociation, dont les organisations syndicales représentatives ayant recueilli la majorité des suffrages exprimés lors des dernières élections professionnelles ou, lorsque ces résultats ne sont pas disponibles, la majorité des organisations représentatives dans l'entreprise ; le nombre de voix recueillies par les organisations syndicales à prendre en considération pour le décompte des suffrages exprimés en leur faveur est le nombre de suffrages exprimés au profit de chaque liste, sans qu'il y ait lieu, s'agissant de la mesure de représentativité des organisations syndicales, de tenir compte d'éventuelles ratures de noms de candidats.

Dans le cadre de l'organisation des élections des représentants du personnel d'une société, un protocole préélectoral a été signé le 25 mars 2010 entre l'employeur et six des sept organisations syndicales invitées à la négociation ; un syndicat affilié à la CGT, non signataire, a saisi le tribunal d'instance pour qu'il soit constaté que le protocole n'était pas valide en ce que lui-même ayant obtenu 82,91 % des suffrages exprimés aux dernières élections professionnelles, la condition de double majorité n'était pas remplie.

Pour écarter la contestation du syndicat, le tribunal, après avoir énoncé que s'agissant d'un scrutin de liste, le nombre de voix obtenu par une liste est égal au total des voix obtenues par chaque candidat divisé par le nombre de candidats figurant sur la liste, a relevé que la liste de la CGT aux élections précédentes comportait six candidats et avait totalisé 1 606 voix soit, compte tenu des modalités de calcul rappelées ci-dessus, 267,66 voix, de sorte que la majorité de 286 voix n'était pas atteinte.

En statuant ainsi, alors qu'il lui appartenait de prendre en compte pour une unité le nombre de voix obtenu par chacune des listes présentées aux dernières élections pour vérifier si les conditions de majorité nécessaires à la validité du protocole préélectoral étaient ou non remplies, le tribunal a violé l'article L. 2324-4-1 CT.

Cass. soc. 6 janvier 2011, n° 10-17.653, BC V n° 10.

Lorsque le protocole d'accord préélectoral répond à la double condition de majorité, il ne peut être contesté devant le juge judiciaire qu'en ce qu'il contiendrait des stipulations contraires à l'ordre public, notamment en cas de méconnaissance des principes généraux du droit électoral.

Cass. soc. 6 octobre 2011, n° 11-60.035, BC V n° 228. Voir aussi cass. soc. 4 juillet 2012, n° 11-60.229, BC V n° 214, cité dans « Collèges électoraux ».

Ainsi, le recours au vote par correspondance n'étant contraire à aucune règle d'ordre public, il ne peut être contesté lorsque le protocole préélectoral le prévoyant est signé à la double majorité.

Cass. soc. 13 février 2013, n° 11-25.696, BC V n° 38, cité dans « Vote par correspondance ».

La circonstance que la condition de double majorité ne soit pas remplie ne rend pas le protocole préélectoral irrégulier mais permet à la partie intéressée de demander en justice la fixation des modalités d'organisation et de déroulement du scrutin.

Cass. soc. 6 octobre 2011, n° 11-60.035, précité.

Lorsque le protocole préélectoral n'a pas été conclu à la condition de double majorité, la saisine du DIRECCTE pour déterminer les établissements distincts, fixer la répartition des électeurs, ou fixer la répartition des sièges dans les collèges, suspend le processus électoral jusqu'à sa décision et entraîne la prorogation des mandats en cours jusqu'à la proclamation des résultats du premier tour du scrutin.

Cass. soc. 26 septembre 2012, n° 11-60.231, précité.

Et l'employeur doit fixer les modalités d'organisation et de déroulement des opérations de vote, à moins que le juge d'instance n'ait été saisi.

À défaut d'accord satisfaisant aux conditions de validité prévues par l'article L. 2324-4-1 CT entre les organisations syndicales invitées à la négociation du protocole préélectoral, il appartient à l'employeur, en l'absence de la saisine du juge d'instance conformément aux dispositions du dernier alinéa de l'article L. 2324-21 CT, de fixer les modalités d'organisation et de déroulement des opérations de vote.

Cass. soc. 26 septembre 2012, n° 11-22.598, BC V n° 239.

Le délégué syndical désigné dans l'entreprise, qui représente le syndicat auprès du chef d'entreprise, n'a pas à justifier d'un mandat spécial de son organisation syndicale pour conclure un protocole d'accord préélectoral.

Cass. soc. 12 février 2003, n° 01-60.904, BC V n° 52.

Contenu du protocole préélectoral

L'absence d'indication de la date de conclusion d'un protocole préélectoral n'affecte pas à elle seule sa validité.

C'est à bon droit qu'un tribunal d'instance a débouté le syndicat CGT de sa contestation de la validité du protocole préélectoral signé entre une société, le syndicat CFDT et un syndicat autonome en vue des élections des délégués du personnel, dès lors que l'absence d'indication de la date à laquelle le protocole préélectoral a été signé n'affecte pas à elle seule sa validité et que le tribunal a constaté que la date du second tour pouvait être déterminée par les dispositions contenues dans l'accord.

Cass. soc. 7 mai 2002, n° 00-60.487, 1er moyen, BC V n° 144.

Le protocole préélectoral doit respecter les principes généraux du droit électoral.

En vertu des principes généraux du droit électoral, et sauf circonstance exceptionnelle justifiant le vote par correspondance, le scrutin doit se dérouler dans des conditions identiques pour l'ensemble du corps électoral, et sans interruption, à la date fixée pour les élections, entre l'heure d'ouverture et l'heure de clôture du scrutin. Le protocole électoral qui prévoit, en plus du vote par correspondance, que les salariés qui ne pourront être présents le jour du scrutin et qui désirent participer aux élections auront la possibilité de voter par anticipation viole les principes généraux du droit électoral.

Mais le vote direct d'une partie des salariés avant la date du scrutin, ainsi que l'ouverture de l'urne affectée à ce vote avant la clôture du scrutin, ne peuvent assurer ni la continuité ni le secret du scrutin.

Cass. soc. 23 mai 2000, n° 98-60.526.

Selon les articles L. 67 et R. 47 du code électoral et L. 423-13 et L. 433-9 CT, d'une part, tout candidat ou son représentant a le droit de contrôler toutes les opérations de vote et de dépouillement des bulletins et de décompte des voix ainsi que d'exiger l'inscription sur le procès-verbal de toutes observations, protestations ou contestations, d'autre part, le protocole d'accord préélectoral doit respecter les principes généraux du droit électoral applicables à l'ensemble des parties intéressées à l'élection.

C'est à tort que, pour refuser d'annuler les élections, un tribunal d'instance, après avoir relevé que l'article 8 de l'avenant préélectoral limitait aux seules parties signataires de cet accord le droit d'assister aux élections et le droit de porter des observations sur le procès-verbal des élections, et après avoir énoncé exactement que cette disposition était contraire aux prescriptions de l'article L. 67 du code électoral, a décidé que l'article 8 de l'accord faisait la loi des parties et ne justifiait pas à lui seul l'annulation des opérations dans la mesure où les observations étaient présentées devant le juge des élections et où les demandeurs avaient pu assister aux opérations qu'ils décrivaient, alors que les dispositions de l'accord préélectoral, dont il constatait le caractère illicite comme contraire à un principe du droit électoral, compromettait la loyauté du scrutin et devait entraîner l'annulation de l'élection contestée.

Cass. soc. 20 avril 2005, n° 04-60.250.

Effets

La partie qui a signé un accord électoral n'est pas recevable à en contester l'application.

À la suite du rattachement par la SNCF de son établissement « traction » de Conflans-Jarny à celui de Nancy, un jugement du 11 août 1993 a reconnu la qualité d'établissement distinct au site de Conflans-Jarny pour les élections de délégués du personnel. Par accord d'entreprise conclu au niveau national, signé par toutes les organisations syndicales représentatives dans l'entreprise le 11 janvier 1996, suivi de deux accords du 9 février 1996 régissant au niveau national les modalités des élections, le cadre des prochaines élections de délégués du personnel au sein de la SNCF a été fixé. En exécution de ces accords, la SNCF a organisé les élections des délégués du personnel du 28 mars 1996 au niveau de l'établissement de Nancy dans lequel était inclus le site de Conflans-Jarny. Le syndicat CGT des cheminots de Conflans-Jarny a refusé de signer le protocole d'accord préélectoral local et a saisi le tribunal d'instance afin d'obtenir le maintien de la qualité d'établissement distinct du site de Conflans-Jarny pour les prochaines élections de délégués du personnel, en exécution du jugement du 11 août 1993.

Doit être rejeté le moyen du pourvoi du syndicat CGT reprochant au jugement attaqué de l'avoir débouté de ses demandes.

En effet, la partie qui a signé un accord électoral n'est pas recevable à en contester l'application.

En l'espèce, les dispositions de l'accord du 11 janvier 1996 et du protocole d'accord préélectoral du 9 février 1996, divisant l'entreprise en établissements distincts pour les élections des délégués du personnel, avaient une nature électorale, ces accords avaient été signés par les organisations syndicales intéressées, notamment par la CGT, et le tribunal d'instance a donc exactement décidé que le syndicat CGT n'était pas recevable à en contester l'application.

Cass. soc. 10 juin 1997, n° 96-60.200, BC V n° 215.

À l'occasion des élections des membres du comité d'établissement et des délégués du personnel d'une société, un protocole préélectoral a été homologué par jugement, sous réserve de la décision de l'inspection du travail en ce qui concerne la répartition des sièges et des électeurs entre les collèges. Postérieurement à la décision de l'inspecteur du travail, le protocole préélectoral a été complété et modifié. Après le scrutin, un syndicat a saisi un tribunal d'instance pour voir annuler les élections.

Doit être rejeté le pourvoi du syndicat reprochant au tribunal d'instance de l'avoir débouté de sa demande. En effet :

– d'abord, l'homologation par une décision judiciaire d'un protocole préélectoral ne fait pas obstacle à ce que des modifications négociées entre le chef d'entreprise et les organisations syndicales intéressées lui soient apportées et l'absence d'unanimité de ce protocole a pour seule conséquence de permettre à la partie non signataire, qui conteste ses modalités, de saisir le tribunal d'instance ;

– ensuite, en l'absence de saisine du tribunal d'instance d'une contestation préalable au déroulement des élections, le syndicat appelé régulièrement à la négociation qui présente des candidats est réputé avoir adhéré au protocole préélectoral qu'il n'a pas signé.

En l'espèce, le tribunal d'instance, qui a constaté que le syndicat avait présenté des candidats, a décidé à juste titre que celui-ci n'était plus en droit de contester l'application des modalités prévues au protocole d'accord négocié et signé par les partenaires sociaux.

Cass. soc. 20 novembre 2002, n° 01-60.605, 1er moyen, BC V n° 348.

Un syndicat qui, sans émettre expressément de réserves, a, soit participé à la signature du protocole préélectoral, soit présenté des candidats, ne peut se prévaloir d'une irrégularité alléguée en ce qui concerne les modalités de l'affichage à destination des salariés dès lors que ces modalités sont celles prévues par le protocole préélectoral qui répondait aux conditions prévues par l'article L. 2324-4-1 CT.

Cass. soc. 15 mai 2013, n° 12-23.073.

En revanche, une organisation syndicale qui n'a pas signé le protocole préélectoral mais a présenté des candidats après avoir émis des réserves est recevable à contester la régularité des élections.

Le syndicat qui a présenté des candidats aux élections professionnelles n'est réputé adhérer au protocole d'accord préélectoral qu'il n'a pas signé que dans la mesure où il n'a pas exprimé de réserves. Un tribunal d'instance, après avoir constaté que des syndicats avaient, dès la présentation des candidatures, émis des réserves et saisi le tribunal d'une contestation sur le nombre d'établissements résultant du protocole, a pu décider qu'ils étaient recevables à contester la régularité des élections.

Cass. soc. 8 janvier 2002, n° 00-60.270, 1er moyen, BC V n° 6.

Sans être tenu de saisir le juge avant les élections, le syndicat qui n'a pas signé l'accord préélectoral n'est pas réputé y avoir adhéré et peut donc le contester ; il ne peut le faire que si, lors du dépôt de sa liste de candidats, il exprime des réserves.

Un accord électoral a été négocié en vue d'élections professionnelles dans une société ; n'ayant pas adhéré à cet accord en ses dispositions relatives à la répartition des sièges et des personnels, un syndicat a saisi l'inspecteur du travail sur ce point puis a contesté les résultats des élections en faisant valoir que l'accord préélectoral était irrégulier quant à la répartition des sièges et des personnels.

Ayant retenu, d'une part, que la difficulté soulevée par le syndicat relative à la répartition des sièges avait fait l'objet d'une décision de l'inspecteur du travail et, d'autre part, que ce syndicat n'avait pas exprimé de réserves en présentant ses candidats, c'est à bon droit qu'un tribunal d'instance a décidé qu'il ne pouvait plus contester les modalités d'application de l'accord préélectoral et que les élections étaient régulières.

Cass. soc. 19 septembre 2007, n° 06-60.222, BC V n° 132. Voir aussi cass. soc. 28 septembre 2011, n° 10-60.245.

Le fait qu'un syndicat signataire du protocole préélectoral ait présenté des salariés aux élections ne prive pas ces derniers, en leur qualité d'électeur, de la possibilité de contester le protocole.

Après avoir relevé que des salariées étaient électrices au sein d'une société, un tribunal d'instance a retenu à bon droit qu'elles avaient, à ce titre, qualité pour former une contestation relative au protocole d'accord préélectoral et aux élections des délégués du personnel dans le collège auquel elles appartenaient, peu important la signature de ce protocole par le syndicat ayant présenté leur candidature.

Cass. soc. 10 mai 2012, n° 11-13.197, 1er moyen.

Les dispositions du protocole s'imposent aux parties signataires. Toute modification ultérieure du protocole négocié doit faire l'objet d'un nouvel accord...

Selon les articles L. 423-13 et L. 433-13 CT, les opérations électorales doivent se dérouler conformément au protocole préélectoral, négocié entre le chef d'entreprise et les organisations syndicales dans le respect des principes généraux du droit électoral. Il en résulte que le chef d'entreprise ne peut unilatéralement modifier les modalités d'organisation et de déroulement des opérations électorales arrêtées par le protocole négocié.

Cass. soc. 12 juillet 2006, n° 05-60.332, BC V n° 251. Voir aussi cass. soc. 25 janvier 2016, n° 14-25.625.

... soumis aux mêmes conditions de validité que le protocole.

Si des modifications négociées entre le chef d'entreprise et les organisations syndicales intéressées peuvent être apportées à un protocole préélectoral, ces modifications, y compris lorsqu'elles portent sur le calendrier électoral, ne peuvent résulter que d'un avenant soumis aux mêmes conditions de validité que le protocole lui-même.

Le 13 octobre 2009, un protocole préélectoral a été signé entre la direction d'une société et quatre des cinq syndicats représentatifs pour l'élection des comités d'établissement et des délégués du personnel devant se dérouler le 28 janvier 2010 ; le tribunal d'instance ayant été saisi de la validité des dispositions du protocole préélectoral relatives au vote par correspondance et du vote électronique, l'employeur a suspendu les opérations électorales, puis, après le jugement du tribunal d'instance validant les stipulations du protocole, fait parvenir aux organisations syndicales un document reportant de cinq mois la date du scrutin et modifiant en conséquence intégralement le calendrier des opérations électorales ; un syndicat a saisi le tribunal d'instance d'une demande d'annulation du scrutin.

Après avoir constaté que la société avait, de manière unilatérale, procédé à un report de la date du scrutin fixée par le protocole préélectoral et modifié par voie de conséquence le calendrier électoral prévu par le protocole, un tribunal d'instance a pu annuler le premier tour des élections des comités d'établissement et des délégués du personnel.

Cass. soc. 26 octobre 2011, n° 10-27.134, BC V n° 242. Voir aussi cass. soc. 3 octobre 2018, n° 17-21.836, à paraître.

La dénonciation d'un protocole préélectoral n'est pas soumise aux règles de dénonciation des accords collectifs de droit commun.

Un employeur souhaitant revenir sur le nombre de représentants du personnel établi par les accords préélectoraux des précédentes élections manifeste valablement sa volonté claire et non équivoque de dénoncer ces accords en proposant un nouvel accord aux organisations syndicales et en saisissant le tribunal d'instance. La dénonciation du protocole n'est pas soumise aux conditions prévues par l'article L. 132-8 CT pour la dénonciation des accords collectifs.

Cass. soc. 22 février 1996, n° 95-60.566, BC V n° 64.

Si les dispositions de nature électorale ne s'imposent au juge et aux parties qu'en cas d'accord préélectoral unanime, l'accord collectif qui a pour objet d'améliorer le fonctionnement des institutions représentatives dans l'entreprise, signé par une organisation syndicale représentative, a force obligatoire.

Dans le cadre de la préparation des élections au comité d'entreprise et des délégués du personnel au sein d'une société, un protocole d'accord pré-électoral avait prévu l'octroi d'heures de campagne aux candidats et d'heures de délégation supplémentaires aux élus. Le syndicat CFDT n'ayant pas signé cet accord, l'employeur avait demandé aux 4 salariés élus sur la liste CFDT de justifier des heures de délégation prises au-delà du quota légal et, estimant ne pas avoir reçu de justificatifs, avait pratiqué une retenue sur salaire contestée par les intéressés devant la juridiction prud'homale en présence de la CFDT.

Doit être approuvé l'arrêt ayant condamné l'employeur à payer au syndicat CFDT des dommages-intérêts en réparation de l'atteinte portée à l'exercice des fonctions de représentants du personnel, prise du refus de leur accorder le dépassement d'heures de délégation. En effet, si les dispositions de nature électorale ne s'imposent au juge et aux parties qu'en cas d'accord préélectoral unanime, l'accord collectif, qui a pour objet d'améliorer le fonctionnement des institutions représentatives dans l'entreprise, a force obligatoire. Ayant relevé que l'accord litigieux, signé par une organisation syndicale représentative, avait pour objet d'allouer un supplément d'heures de délégation aux candidats élus, la cour d'appel a décidé à bon droit que l'employeur ne pouvait refuser le bénéfice de cet accord collectif aux candidats et aux élus de la CFDT, même si celle-ci ne l'avait pas signé.

Cass. soc. 23 juin 1999, n° 96-44.717, BC V n° 302.

Un protocole préélectoral signé par un seul syndicat ne peut pas remettre en cause l'application d'un accord collectif unanime.

Le 22 février 1985, le Port autonome de Marseille, établissement public mixte et les syndicats CGT, CFDT et CGC ont signé un accord prévoyant la mise en place des délégués du personnel élus pour deux ans selon les modalités électorales fixées par le livre IV du code du travail, sauf dispositions contraires formulées dans l'accord. Il était prévu trois collèges électoraux dont le deuxième réunissait les agents de maîtrise, catégorie B, D, E et F et le troisième les cadres. En vue des élections des délégués du personnel fixées le 27 mai 1999, le protocole préélectoral reprenant la classification résultant de la convention collective et de ses annexes prévoyait que les agents de maîtrise de catégorie supérieure à F étaient intégrés dans le collège cadre. Ce protocole a été signé par le syndicat CGT. Le syndicat CFDT non signataire n'a pas présenté de candidat aux élections dont il a demandé l'annulation.

Doit être rejeté le pourvoi du Port autonome de Marseille faisant grief au tribunal d'instance d'avoir annulé les élections des délégués du personnel dans les 2e et 3e collèges et d'avoir dit que le Port autonome devra procéder à de nouvelles élections. D'abord les délégués du personnel du Port autonome de Marseille ressortent de l'institution conventionnelle mise en place par l'accord du 22 février 1985 qui, hormis les dispositions contraires expressément énoncées, se réfère pour son application au titre II du livre IV du code du travail. Ensuite, il résulte des énonciations du jugement que le nombre et la composition des collèges procèdent de l'accord collectif d'entreprise unanime du 22 février 1985 qui est conforme aux dispositions de l'article L. 423-3 CT. Il s'ensuit que le tribunal d'instance a décidé à bon droit que le scrutin litigieux effectué conformément à un protocole préélectoral du mois de mai 1999, qui, n'ayant recueilli que la signature d'un seul syndicat, ne pouvait remettre en cause l'application de l'accord unanime du 22 février 1985, était entaché d'une irrégularité de nature à le vicier.

Cass. soc. 29 mai 2001, n° 00-60.024, BC V n° 186.

Le protocole d'accord préélectoral n'a d'effet que pour les élections pour lesquelles il a été conclu.

C'est à bon droit qu'un tribunal d'instance a refusé d'organiser les élections des représentants du personnel au sein d'une société selon les modalités résultant du protocole d'accord préélectoral conclu pour les précédentes élections.

Cass. soc. 21 mai 2003, n° 01-60.742, 1er moyen, BC V n° 170.

Les élections partielles au sein de l'entreprise se déroulent selon les dispositions du protocole préélectoral précédent.

Il résulte des articles L. 2314-2, L. 2314-3 et L. 2314-7 CT dans leur rédaction applicable en la cause que les élections partielles de délégués du personnel sont organisées pour pourvoir aux sièges vacants et se déroulent sur la base des dispositions en vigueur lors de l'élection précédente lorsque cette élection avait pour objet leur mise en place ou leur renouvellement.

Cass. soc. 28 février 2018, n° 17-11.848.

Si ce protocole est contesté, les élections partielles ne peuvent être organisées qu'après l'intervention de la décision administrative tranchant le litige.

D'une part, les élections partielles dans l'entreprise ne peuvent être organisées et se dérouler selon les dispositions de l'accord préélectoral en vigueur lors de l'élection précédente que si cet accord n'est pas contesté ; d'autre part, la contestation relative à la répartition dans un collège d'une catégorie de personnels relève de la compétence de l'inspecteur du travail ; enfin, en l'absence d'accord sur la répartition des personnels dans les collèges et de décision sur ce point de l'inspecteur du travail, l'élection n'est pas valablement organisée.

Une élection partielle a été organisée le 23 décembre 2003 au sein d'une société pour le remplacement, au sein du premier collège, de certains membres du comité d'entreprise et de certains délégués du personnel, avec reprise du protocole d'accord préélectoral du 13 novembre 2002 en vigueur lors de l'élection précédente du 19 décembre 2002 ; auparavant, un syndicat avait saisi l'inspecteur du travail le 19 décembre 2003 d'une contestation relative à la présence de certains personnels dans la composition du premier collège ; l'inspecteur du travail a rendu sa décision le 31 décembre 2003.

C'est à bon droit qu'un tribunal d'instance a prononcé l'annulation des élections partielles du 23 décembre 2003, après avoir relevé que le protocole d'accord en vigueur lors de l'élection précédente faisait l'objet d'une contestation soumise avant les élections à l'inspecteur du travail en ses dispositions relatives à la répartition des personnels dans le collège et avoir constaté que l'employeur avait fait procéder à l'élection sans attendre la décision administrative.

Cass. soc. 15 décembre 2004, n° 04-60.058, BC V n° 337.

Bulletin de vote ; Collèges électoraux ; Délit d'entrave ; Listes électorales ; Représentativité syndicale ; Réservation d'un siège ; Scrutin ; Sièges des représentants du personnel ; Vote par correspondance.

Q

Qualification professionnelle du salarié

La qualification professionnelle est appréciée au regard des fonctions réellement exercées par le salarié et de la définition des emplois donnée par la convention collective. Elle peut également résulter du contrat de travail.

La qualification professionnelle du salarié dépend des fonctions qu'il exerce réellement

La qualification d'un salarié doit être appréciée en considération des fonctions effectivement remplies dans l'entreprise…

A la qualification de cadre le salarié titulaire d'une maîtrise de biologie qui dispose d'une autorité réelle pour la mise au point de techniques de contrôle, représente sa société dans des réunions, a autorité sur le personnel de son laboratoire et est considéré par la direction comme faisant partie du personnel de direction.

Cass. soc. 15 mars 2000, n° 97-45.366.

Sauf classement contractuel, la qualification d'un travailleur doit être appréciée en considération des fonctions effectivement remplies dans l'entreprise.

Leur bulletin de paie mentionnant l'emploi d'ouvriers agricoles, des salariés qui ne rapportent pas la preuve de la qualification supérieure revendiquée ne peuvent être classés dans cette catégorie pour bénéficier d'une rémunération plus élevée.

Cass. soc. 26 juin 1996, n° 93-41.740. Voir aussi cass. soc. 13 octobre 1992, n° 89-43.714, BC V n° 510.

… peu important le montant du salaire.

La qualification d'un salarié est celle qui correspond aux fonctions réellement exercées, peu important le montant du salaire.

Cass. soc. 28 avril 1994, n° 89-45.516.

Les fonctions réellement exercées sont celles qui correspondent à l'activité principale, et non accessoire, des salariés.

Des salariés ne pouvaient revendiquer la qualification de créateur de costumes, car, s'ils avaient effectivement parfois fourni un travail relevant de cette qualification, il n'était pas établi qu'il s'agissait de leur activité principale.

Cass. soc. 10 juillet 1990, n° 88-42.238, BC V n° 358.

Les mentions figurant sur les bulletins de paie ou sur le contrat de travail ne suffisent pas à elles seules à déterminer la qualification du salarié.

La simple mention d'une classification sur les bulletins de paie, dès lors que la rémunération correspondante n'a pas été versée, est insuffisante à elle seule à caractériser une volonté claire et non équivoque de l'employeur de surclasser l'intéressé.

Cass. soc. 3 mai 2012, n° 10-26.520, 1er moyen.

Ayant retenu que la mention du niveau IV, coefficient 180, figurant sur le contrat de travail d'un salarié qui percevait depuis son embauche la rémunération correspondant au classement au niveau II, position 2, coefficient 140, relevait d'une erreur matérielle de l'employeur et que la volonté claire et non équivoque de celui-ci de surclasser le salarié n'était pas établie, une cour d'appel a pu en déduire qu'en rectifiant cette erreur, l'employeur n'avait pas procédé à une modification unilatérale du contrat de travail du salarié.

Cass. soc. 7 mars 2012, n° 10-16.611, 4 premières branches du moyen, BC V n° 91.

Les mentions figurant sur les bulletins de paie peuvent être prises en compte comme moyen de preuve.

Après avoir constaté que la mention de la fonction « responsable de communication » avait figuré sur les bulletins de paie délivrés à une salariée pendant un an, une cour d'appel a pu décider que la répétition de cette mention excluait l'existence de l'erreur matérielle invoquée par l'employeur et qu'elle constituait la preuve que la salariée exerçait réellement les fonctions qu'elle revendiquait.

Cass. soc. 24 janvier 2001, n° 98-45.410.

L'attribution par un employeur d'un coefficient supérieur dans le seul but de rétribuer les services rendus et l'ancienneté acquise n'entraîne pas l'application de l'ensemble des règles relatives à la catégorie visée.

A légalement justifié sa décision la cour d'appel qui, après avoir relevé que les fonctions d'un salarié avaient toujours exclusivement consisté à exécuter des travaux d'entretien ou de réfection des locaux et ne correspondaient en rien à celles définies par la convention collective applicable pour les techniciens coefficient 300, a décidé que l'attribution volontaire par l'employeur du coefficient 300 avait pour seul but de rétribuer les services rendus et l'ancienneté acquise dans la fonction et n'entraînait pas l'application de l'ensemble des règles relatives à la catégorie visée.

Cass. soc. 13 octobre 1999, n° 97-42.211.

L'acceptation d'un poste ne vaut pas acquiescement par le salarié de la qualification donnée par l'employeur.

La qualification d'un salarié dépendant uniquement des fonctions réellement exercées, l'acceptation par l'intéressé de son poste de travail ne vaut pas acquiescement de la qualification donnée par l'employeur.

En l'espèce, si le salarié avait la qualification de stagiaire, il exerçait en réalité les fonctions de gérant de succursale, correspondant, aux termes de la convention collective, à la qualification de cadre. Il pouvait donc prétendre au bénéfice de cette qualification.

Cass. soc. 16 octobre 1991, n° 88-45.271, 1er moyen.

Le fait que le salarié n'ait pas contesté sa qualification dans les formes prévues par la convention collective ne saurait le priver de son droit d'agir en justice.

Pour débouter une salariée de sa demande de rappel de salaire, une cour d'appel a retenu que l'intéressée prétendait à sa requalification en classe 4 de la convention collective, que pour s'opposer à cette demande l'employeur soutenait que la salariée n'avait pas contesté la classification dont elle avait fait l'objet dans le délai de deux mois à compter de la notification de sa reclassification, ni saisi la commission paritaire professionnelle de conciliation et/ou d'interprétation tel que prévu par les dispositions conventionnelles de l'article 16.

En statuant ainsi, alors que l'absence de contestation par la salariée de sa classification dans les formes et délais prévus par la convention collective et de saisine de la commission paritaire de conciliation ne pouvait valoir renonciation de la salariée à contester judiciairement sa nouvelle classification professionnelle et la priver du droit de soumettre cette contestation à une juridiction, la cour d'appel à qui il appartenait de déterminer, au regard des fonctions réellement exercées par la salariée, si la nouvelle classification qui lui était attribuée par l'employeur était conforme aux dispositions conventionnelles, a violé l'article 16 de la convention collective nationale du personnel des agences générales d'assurances et l'article 1134 c. civ.

Cass. soc. 19 mars 2014, n° 13-10.021, 2e moyen, BC V n° 82.

La charge de la preuve pèse sur le demandeur.

Il appartient au salarié, conformément à l'article 1315 c. civ., de prouver qu'il exerce une autre profession que celle stipulée au contrat de travail.

Doit être cassé l'arrêt qui, pour reconnaître à un salarié la qualité de VRP, a énoncé que l'employeur ne rapportait pas la preuve que le salarié ne remplissait pas les conditions pour bénéficier de cette qualification.

Cass. soc. 11 décembre 1990, n° 87-45.544, 1er moyen, BC V n° 632. Voir aussi cass. soc. 26 mai 1994, n° 90-43.845, 2e moyen.

C'est à l'employeur qui conteste la mention relative à l'emploi portée sur le bulletin de paie de rapporter la preuve de son inexactitude au regard des fonctions exercées par le salarié.

Cass. soc. 27 mars 2001, n° 98-45.370, 2e moyen.

L'appréciation des fonctions réellement exercées par le salarié relève du pouvoir souverain des juges du fond.

Appréciant souverainement les fonctions réellement exercées par le salarié et en se référant à la classification des emplois prévue par la convention collective applicable, une cour d'appel a pu décider que le salarié aurait dû être classé au niveau supérieur et condamner l'employeur à payer des rappels de salaire.

Cass. soc. 10 février 2000, n° 97-45.757.

Les fonctions exercées par le salarié doivent être appréciées au regard de la classification conventionnelle

Exerce des fonctions de contremaître, conformément à la définition donnée par la convention collective, celui qui a un certain nombre d'ouvriers sous ses ordres, qui veille à la qualité du travail, à la productivité…

Un salarié ayant plusieurs ouvriers sous ses ordres, dirigeant l'ensemble de la production de l'atelier dont il avait été pendant longtemps le seul responsable, en l'absence du gérant de la société, pouvait se voir attribuer la qualification de contremaître.

Cass. soc. 9 octobre 1990, n° 87-45.778, BC V n° 429.

Des salariés ont saisi la juridiction prud'homale en soutenant qu'à la suite de la signature d'un protocole d'accord, ils avaient été reclassés à un niveau qu'ils estimaient ne pas correspondre à leur qualification.

C'est à bon droit qu'une cour d'appel, qui ne s'est pas seulement fondée sur l'ancienneté des agents, et après avoir relevé que les fonctions donnant accès au niveau 7 ne requéraient pas les mêmes connaissances que pour le niveau 6, a décidé que l'employeur s'était fondé sur des critères objectifs pour classer les salariés en fonction de leur compétence professionnelle.

Cass. soc. 5 mars 2003, n° 01-42.851.

Si l'emploi n'est pas prévu par la convention collective, il convient de rechercher une qualification assimilée.

Si un emploi n'est pas prévu par la convention collective applicable dans l'entreprise, il convient de rechercher à quelle fonction déterminée de cette convention l'emploi occupé par le salarié doit être assimilé.

Cass. soc. 3 mai 1989, n° 86-45.423.

Le salarié ne peut légitimement refuser la modification de sa qualification conventionnelle.

Lorsque la qualification d'un salarié résulte d'un accord collectif et que cet accord a été régulièrement révisé, les modifications sont opposables au salarié et celui-ci ne peut se prévaloir d'un droit au maintien de sa qualification antérieure.

Cass. soc. 16 novembre 1993, n° 90-43.233, BC V n° 273.

L'employeur peut reconnaître au salarié une qualification supérieure à celle correspondant aux fonctions exercées

Si, en principe, la qualification du salarié correspond aux fonctions réellement exercées par lui, rien ne s'oppose à ce que l'employeur exprime une volonté claire et non équivoque de lui reconnaître une qualification supérieure à celle résultant des fonctions réellement exercées.

Cass. soc. 12 janvier 2010, n° 08-42.835, BC V n° 2.

Le salarié doit bénéficier de la qualification que l'employeur lui a volontairement reconnue.

A violé l'article 1134 c. civ. la cour d'appel qui a refusé à un salarié la qualification de professeur alors que l'employeur avait fait mention de cette qualification dans tous les bulletins de paie de 1979 à 1993 et dans différentes correspondances, ce dont il résultait qu'il avait manifesté la volonté de reconnaître au salarié la qualification de professeur.

Cass. soc. 12 juillet 2000, n° 98-41.702.

L'employeur qui reconnaît contractuellement à un salarié une qualification supérieure à celle correspondant aux fonctions exercées doit octroyer à l'intéressé tous les avantages qui en découlent.

Doit être cassé l'arrêt qui, pour débouter un salarié de sa demande en paiement de l'indemnité de licenciement attachée à son statut, a énoncé que ce salarié n'était ni détenteur des diplômes requis, ni titulaire de la formation requise pour la qualification de cadre éducatif, alors que l'intéressé avait été appelé à exercer ses fonctions en qualité de conseiller général en éducation et que l'employeur lui avait conféré le bénéfice d'un indice et d'un traitement supérieurs à ceux dont il devait bénéficier en application de la convention collective, ce dont il résultait que l'employeur lui avait contractuellement reconnu la qualité de cadre éducatif et lui avait donné les avantages qui s'y attachaient.

Cass. soc. 17 juillet 1996, n° 93-46.014, BC V n° 287.

Les avantages temporairement tirés par un salarié d'une surqualification ne peuvent pas justifier le blocage d'un avancement à l'ancienneté qui est automatique.

Cass. soc. 2 mai 2001, n° 98-44.716, BC V n° 141.

Si l'employeur octroie le statut de cadre à un salarié, il est tenu de l'appliquer…

Il résultait de la commune intention des parties d'attribuer la qualification de cadre au salarié lors de la conclusion du contrat. L'employeur était dès lors tenu de respecter cette qualification et d'attribuer à l'intéressé les avantages correspondants.

Cass. soc. 6 mars 1990, n° 87-45.725.

… même s'il n'en exerce pas effectivement les attributions.

Si l'employeur exprime sa volonté de reconnaître au salarié la qualification de cadre et que cette volonté s'est manifestée dans le libellé des bulletins de paie, le salarié peut prétendre au bénéfice de ce statut même s'il n'en exerce pas les attributions au regard de la convention collective.

Cass. soc. 12 janvier 1989, n° 86-43.795, BC V n° 16.

La qualification de cadre ne peut résulter de plein droit de l'adhésion du salarié à une caisse de retraite de cadres…

La qualification de cadre ne pouvant résulter de plein droit de l'adhésion du salarié à une caisse de retraite de cadres, une cour d'appel, qui a constaté que les bulletins de paie d'un salarié, pourtant établis par lui-même, ne comportaient pas mention des fonctions de chef de service comptabilité figurant sur le bulletin d'adhésion à la caisse de retraite, ni le coefficient du salarié qui s'est toujours qualifié de simple comptable, a ainsi fait ressortir que l'employeur n'avait pas manifesté sa volonté de reconnaître au salarié la qualification de cadre et a pu débouter l'intéressé de ses demandes en paiement de rappels de salaire et de complément d'indemnité de licenciement correspondant à cette qualification.

Cass. soc. 18 janvier 1995, n° 92-44.775. Voir aussi cass. soc. 17 mars 1998, n° 95-41.910.

... ni de la seule attribution d'un coefficient au salarié.

Un employé de fabrication avait, à la suite de son licenciement économique, saisi la juridiction prud'homale en paiement d'une somme représentant la différence entre l'indemnité conventionnelle de licenciement des cadres et celle des ouvriers.

Doit être rejeté le pourvoi du salarié faisant grief à l'arrêt attaqué de l'avoir débouté de sa demande, l'attribution d'un coefficient (400) n'étant pas suffisante à elle seule, à défaut pour le salarié d'exercer les responsabilités qu'il revendiquait, pour lui reconnaître la qualification de cadre.

Cass. soc. 28 janvier 1998, n° 95-43.819.

Le déclassement du salarié ou le changement de sa qualification constitue une modification du contrat de travail

Le déclassement se définit comme une rétrogradation.

Constitue un déclassement le fait d'affecter, suite à un refus de mutation, un chef d'équipe à des besognes inférieures à sa qualification et à son emploi. Une telle rétrogradation constitue une modification [substantielle] du contrat de travail.

Cass. soc. 10 avril 1991, n° 87-45.079, BC V n° 178.

La qualification professionnelle étant un élément du contrat, l'employeur ne peut imposer au salarié une rétrogradation.

Ayant relevé que la proposition faite à un salarié avait pour effet de transformer sa qualification de chef de région en celle d'adjoint au chef de région, une cour d'appel a pu décider que le contrat de travail avait été modifié et que le licenciement de l'intéressé consécutif à son refus d'accepter cette modification était sans cause réelle et sérieuse.

Cass. soc. 23 janvier 2001, n° 99-40.129, BC V n° 18.

Mais l'employeur peut imposer à un salarié d'exécuter des tâches différentes de celles qu'il exécutait antérieurement, dès l'instant où elles correspondent à sa qualification.

L'employeur, dans le cadre de son pouvoir de direction, peut changer les conditions de travail d'un salarié. La circonstance que la tâche donnée à ce salarié soit différente de celle qu'il exécutait antérieurement ne caractérise pas une modification du contrat de travail, dès l'instant où elle correspond à sa qualification.

Un salarié occupant le poste de fondé de pouvoir avait été muté par son employeur dans un autre département de l'entreprise. Devant son refus d'occuper ses nouvelles fonctions, il avait été licencié pour faute grave.

C'est à bon droit qu'après avoir relevé que le changement de poste du salarié ne modifiait pas son degré de subordination à la direction générale, que sa rémunération, sa qualification de fondé de pouvoir et son niveau hiérarchique étaient conservés, une cour d'appel a décidé que le changement de département auquel avait été affecté le salarié constituait une simple modification des conditions de travail et que le refus par l'intéressé d'un changement des conditions de travail, quel que soit le motif de ce changement, constituait une faute, en sorte que le licenciement présentait un caractère disciplinaire.

Cass. soc. 10 octobre 2000, n° 98-41.358, BC V n° 316.

Ayant constaté qu'un employeur avait seulement demandé à une salariée de procéder à l'encaissement des ventes qu'elle effectuait, tâche qui relevait de la définition contractuelle de son poste et de sa qualification de vendeuse définie par la convention collective des industries de l'habillement, une cour d'appel a pu décider que ce changement de fonctions ne constituait pas une modification de son contrat de travail.

Cass. soc. 25 mars 2009, n° 07-45.266, 1er moyen.

Une salariée, affectée au ménage des appartements d'une copropriété, ne peut refuser d'effectuer le nettoyage des parties communes de l'immeuble.

Cass. soc. 24 avril 2001, n° 98-44.873, BC V n° 128. Voir aussi cass. soc. 18 juillet 2001, n° 99-45.076, BC V n° 276, s'agissant d'un animateur radio à qui l'on avait confié l'animation d'une nouvelle émission.

☛ *Modification des fonctions ; Rétrogradation disciplinaire.*

Questionnaire d'embauche

La finalité du questionnaire d'embauche est de permettre à l'employeur d'apprécier l'aptitude du candidat à occuper le poste proposé.

Les informations demandées doivent donc présenter un lien direct et nécessaire avec l'emploi proposé ou avec l'évaluation des aptitudes professionnelles du candidat.

Les réponses doivent être faites de bonne foi.

Contenu du questionnaire

Le contenu du questionnaire d'embauche est illicite notamment s'il comporte des questions relatives à l'état de santé du candidat, à son appartenance syndicale, ses opinions politiques, sa vie privée, sa vie sexuelle.

L'employeur ne peut prendre en considération l'appartenance à un syndicat ou l'exercice d'une activité syndicale pour arrêter ses décisions notamment en ce qui concerne l'embauche.

La mesure consistant à faire remplir aux candidats un questionnaire comportant la mention « Avez-vous une affiliation syndicale ? » doit donc être considérée comme abusive et donne lieu à des dommages-intérêts.

Cass. soc. 13 mai 1969, n° 68-12.206, BC V n° 314.

Les questions posées doivent présenter un lien direct et nécessaire avec l'emploi proposé.

Les renseignements et pièces demandés lors de l'embauche ont pour finalité de permettre à l'employeur d'apprécier les qualités du salarié pour l'emploi sollicité et ne sauraient concerner des domaines sans lien direct et nécessaire avec cette activité professionnelle.

Ainsi, un candidat à l'emploi de fraiseur n'a pas à révéler à son employeur son état de prêtre. Une telle omission ne légitime pas le licenciement du salarié, même si une clause du règlement intérieur expose à un licenciement immédiat l'auteur de fausses déclarations lors de l'embauche.

Cass. soc. 17 octobre 1973, n° 72-40.360, BC V n° 484.

Obligation de loyauté du salarié

Le salarié doit répondre de bonne foi aux questions posées si ces dernières ont un lien direct et nécessaire avec l'emploi proposé. À défaut, la nullité du contrat de travail peut être encourue.

La nullité du contrat de travail est encourue si les fausses affirmations du salarié ont joué un rôle déterminant pour son recrutement.

Un salarié, s'étant faussement prévalu d'un DESS technique et pratique des relations économiques extérieures de l'université Paris I et d'une formation à l'école supérieure de commerce, ne pouvait arguer de la validité de son contrat, ces allégations ayant eu un rôle déterminant pour la conclusion de son contrat de travail.

Cass. soc. 17 octobre 1995, n° 94-41.239, 1er moyen.

Le salarié peut légitimement garder le silence sur certains points, notamment si l'employeur n'aborde pas ces sujets.

➞ État de santé.

Le fait pour un salarié de ne pas avoir déclaré à son employeur, lors de son embauche, qu'il bénéficiait d'une allocation pour handicapé ne constitue pas une faute grave permettant de rompre avant terme un contrat à durée déterminée.

Cass. soc. 9 janvier 1991, n° 88-41.091.

➞ Condamnations pénales.

Il ne peut être reproché à un salarié d'avoir dissimulé lors de son embauche une condamnation pénale antérieure. Il n'existe pas d'obligation de faire mention des antécédents judiciaires et le silence du salarié n'a donc pas de caractère dolosif. Le licenciement d'un salarié, faisant suite à cette dissimulation, est dépourvu de cause réelle et sérieuse.

Cass. soc. 25 avril 1990, n° 86-44.148, BC V n° 186.

➞ Situation de famille.

Constitue un abus de droit le fait de rompre la période d'essai d'une salariée suite à l'annonce de son mariage, en invoquant son silence sur sa situation de fiancée lors de son recrutement. La salariée peut obtenir des dommages-intérêts pour rupture abusive du contrat de travail.

Cass. soc. 17 mars 1971, n° 70-40.149, BC V n° 216.

☛ *Délinquance ; Vie privée.*

Quorum

☛ *Bulletin de vote ; Scrutin.*

R

Ratures

Bulletin de vote ; Scrutin.

Reclassement

Accidentés du travail (Reclassement) ; Licenciement économique (Reclassement).

Recommandation patronale

Les recommandations émises par les groupements ou syndicats patronaux en matière d'évolution des salaires, souvent suite à l'échec des négociations salariales, s'imposent à leurs adhérents.

Notion de recommandation patronale

Constitue une recommandation patronale la décision unilatérale d'un groupement ou d'un syndicat d'employeurs qui s'impose à tous ses adhérents.

À la suite d'un conflit intervenu dans le secteur des transports routiers, aucun accord n'ayant pu intervenir sur les revendications salariales du personnel, deux organisations patronales avaient signé une déclaration commune recommandant aux entreprises de verser une indemnité d'un certain montant à l'ensemble des conducteurs routiers de véhicules de plus de 3,5 tonnes, affectés à des activités de transport de marchandises ou de déménagement, selon des modalités précisées dans cette déclaration. Plusieurs salariés, se plaignant que leur employeur ne leur avait pas versé cette indemnité, avaient saisi la juridiction prud'homale.

Doit être approuvé le jugement ayant fait droit à leur demande : analysant la déclaration litigieuse, le conseil de prud'hommes, qui a relevé que l'employeur avait reconnu être adhérent des organisations patronales l'ayant prise, qu'elle était intervenue après l'échec de tout accord entre les partenaires sociaux sur la question des salaires, qu'elle avait été diffusée à l'ensemble des entreprises adhérentes et que les termes utilisés étaient clairs et précis en ce qui concernait le montant de l'indemnité et les modalités détaillées de son versement, a exactement décidé qu'elle avait un caractère obligatoire et constituait une recommandation patronale.

Cass. soc. 29 juin 1999, n° 98-44.348, BC V n° 308. Voir aussi cass. soc. 4 juillet 2000, n° 98-41.757 ; cass. soc. 6 janvier 2011, n° 09-69.560, pourvoi incident.

Caractère obligatoire

La déclaration émanant d'organisations patronales diffusée à l'ensemble des entreprises adhérentes et leur recommandant de verser une indemnité à une catégorie de personnel s'analyse en une recommandation patronale dotée d'un caractère obligatoire.

Cass. soc. 29 juin 1999, n° 98-44.348, précité. Voir aussi cass. soc. 31 mars 1981, n° 79-41.106, BC V n° 287 ; cass. soc. 11 juin 1981, n° 79-41.554, 1er moyen, BC V n° 525, rendus dans le cadre de la jurisprudence antérieure qui ne reconnaissait de caractère contraignant aux recommandations patronales que sous certaines conditions.

Une recommandation patronale ne s'impose qu'aux adhérents du groupement ou du syndicat d'employeurs qui l'ont prise.

Cass. soc. 26 février 2002, n° 00-40.440. Voir aussi cass. soc. 19 décembre 2001, n° 99-45.915.

À la suite d'un conflit intervenu dans le secteur des transports routiers, deux organisations patronales ont signé une déclaration commune recommandant aux entreprises de verser une indemnité d'un certain montant à l'ensemble des conducteurs routiers de véhicules de plus de 3,5 tonnes, affectés à des activités de transport de marchandises ou de déménagement, selon des modalités précisées dans cette déclaration. Un certain nombre de chauffeurs routiers employés par une société de transports, se plaignant de ne pas avoir perçu cette indemnité, ont saisi la juridiction prud'homale.

C'est à tort qu'un conseil de prud'hommes a accueilli la demande des salariés en paiement de cette indemnité, alors qu'il avait constaté que l'employeur n'était pas membre d'une organisation patronale signataire de la recommandation et que le groupe dont elle faisait partie ne constituait qu'une entité économique sans existence juridique, de sorte que si certaines sociétés dudit groupe avaient, du fait de leur appartenance à une organisation signataire, réglé à leurs salariés cette indemnité, une telle obligation ne pouvait, pour autant, être étendue à la société employeur.

Cass. soc. 13 juillet 2004, n° 02-44.160.

Minimum conventionnel ; Usage.

Reçu pour solde de tout compte

Le solde de tout compte établi par l'employeur et dont le salarié lui donne reçu, fait l'inventaire des sommes versées au salarié lors de la rupture du contrat de travail (art. L. 1234-20 CT).

Depuis la loi 2008-596 du 25 juin 2008, s'il n'est pas dénoncé par le salarié dans les six mois qui suivent sa signature, le reçu pour solde de tout compte a non seulement un effet probatoire permettant de prouver le versement des sommes qui y sont mentionnées, mais également un effet libératoire pour l'employeur rendant, à notre sens, irrecevable toute réclamation du salarié sur les éléments de rémunération qu'elles concernent.

Le reçu pour solde de tout compte n'a d'effet libératoire que pour les sommes qui y sont mentionnées.

Il résulte de l'article L. 1234-20 CT, dans sa rédaction issue de la loi 2008-596 du 25 juin 2008, d'une part, que l'employeur a l'obligation de faire l'inventaire des sommes versées au salarié lors de la rupture du contrat de travail, d'autre part, que le reçu pour solde de tout compte n'a d'effet libératoire que pour les seules sommes qui y sont mentionnées, peu important le fait qu'il soit, par ailleurs, rédigé en des termes généraux.

Après avoir relevé que les demandes qu'une salariée formulait ne concernaient pas les sommes qui étaient mentionnées sur le reçu pour solde de tout compte, une cour d'appel en a exactement décidé que ces demandes étaient recevables.

Cass. soc. 18 décembre 2013, n° 12-24.985, BC V n° 310. Voir aussi cass. soc. 13 mars 2019, n° 17-31.514.

Le reçu pour solde de tout compte non signé par le salarié ne fait pas preuve du paiement des sommes qui y sont mentionnées.

Cass. soc. 27 mars 2019, n° 18-12.792.

Le reçu pour solde de tout compte qui fait état d'une somme globale et renvoie pour le détail des sommes versées au bulletin de paie annexé n'a pas d'effet libératoire.

Cass. soc. 14 février 2018, n° 16-16.617, 1er moyen, à paraître.

L'employeur n'a pas l'obligation de mentionner sur le reçu le délai légal de 6 mois pour le dénoncer.

Les dispositions de l'article L. 1234-20 CT, en sa rédaction résultant de la loi 2008-596 du 25 juin 2008, ne prévoient pas l'obligation pour l'employeur de mentionner sur le reçu pour solde de tout compte le délai de 6 mois pour le dénoncer.

Une cour d'appel ayant souverainement retenu qu'un reçu pour solde de tout compte, non dénoncé dans le délai de 6 mois, faisait mention des sommes versées en précisant la nature de celles-ci, à titre notamment de salaire, en a exactement déduit que ce reçu avait un effet libératoire.

Cass. soc. 4 novembre 2015, n° 14-10.657, BC V n° 218.

Pour faire courir le délai de 6 mois à l'expiration duquel le salarié ne peut plus dénoncer le reçu pour solde de tout compte, ce dernier doit comporter la date de sa signature, peu important que celle-ci ne soit pas écrite de la main du salarié, dès l'instant qu'elle est certaine.

Pour condamner un employeur à payer à un salarié, licencié pour faute grave le 14 avril 2009, des sommes au titre des primes d'objectifs et congés payés afférents ainsi qu'au titre de rappel de salaire et congés payés afférents, une cour d'appel a retenu que la date de signature par le salarié devait être mentionnée sur le reçu, que si le solde de tout compte avait manifestement été établi le 17 avril 2009, la signature du salarié n'avait pas été suivie de la mention de la date de cette signature ainsi que le prévoyait le document lui-même, que le reçu comportait bien une mention à l'attention du salarié lui précisant qu'il devait mentionner « «Bon pour solde de tout compte» suivi de la date et de la signature du salarié », que si la signature et la mention « Bon pour solde de tout compte » étaient bien présentes, en revanche la date de la signature faisait défaut, et qu'en conséquence, la date de signature de la pièce litigieuse demeurant inconnue, son caractère libératoire ne pouvait être utilement invoqué.

En statuant ainsi, alors qu'il résultait de ses constatations que le reçu pour solde de tout compte comportait une date, la cour d'appel a violé l'article L. 1234-20 CT.

Cass. soc. 20 février 2019, n° 17-27.600, à paraître.

Si la convocation devant le bureau de conciliation produit, quant aux chefs de demande qui y sont énoncés, les effets de la dénonciation visée par l'article L. 1234-20 CT, c'est à la condition qu'elle ait été reçue par l'employeur dans le délai de 6 mois.

Doit être cassé l'arrêt d'une cour d'appel qui, pour déclarer recevable la demande d'un salarié tendant au versement d'une somme à titre d'indemnité de mise à la retraite, a retenu que l'intéressé avait saisi la juridiction prud'homale avant l'expiration du délai de six mois mentionné spécialement par l'article L. 1234-20 CT relatif à la dénonciation du reçu pour solde de tout compte et prévoyant son caractère libératoire pour les sommes qui y sont mentionnées une fois ce délai expiré, et que la saisine du bureau de conciliation par un salarié produisait les effets d'une dénonciation, alors qu'il résultait des pièces du dossier que la convocation devant le bureau de conciliation avait été reçue par l'employeur après l'expiration du délai de six mois.

Cass. soc. 7 mars 2018, n° 16-13.194, à paraître.

Redressement ou liquidation judiciaire

AGS (Employeurs assujettis/Bénéficiaires) ; AGS (Garantie des créances) ; AGS (Modalités d'intervention) ; AGS (Montant de la garantie) ; Procédure de licenciement dans les entreprises en redressement ou liquidation judiciaires.

Réduction de salaire

Modification de la rémunération.

Réduction du temps de travail

Durée du travail ; Modification de la durée du travail ; Modification de la rémunération.

Registre des délégués du personnel

Les demandes des délégués du personnel et les réponses motivées de l'employeur sont transcrites ou annexées sur un registre spécial.

Ce registre doit être tenu en permanence à la disposition de l'inspecteur du travail et des délégués du personnel et, un jour ouvrable par quinzaine, en dehors de leur temps de travail, à la disposition des salariés désirant en prendre connaissance (art. L. 2315-12 ancien CT).

Le défaut de tenue du registre des délégués du personnel constitue une atteinte à l'exercice régulier des fonctions de délégué du personnel.

Le défaut de tenue du registre constitue en lui-même une atteinte au fonctionnement régulier de l'institution des délégués du personnel, puisqu'il prive à la fois les délégués de la garantie d'une réponse écrite à leurs réclamations, les autres salariés de l'entreprise d'une source légale d'information et l'inspecteur du travail d'un moyen de contrôle prescrit par les textes ; le manquement relevé en l'espèce caractérisait dès lors le délit poursuivi à la charge du chef d'établissement au profit de qui l'arrêt ne fait apparaître aucune cause de justification, sans qu'il fût nécessaire d'établir contre lui une mauvaise foi dont la loi n'a pas fait un élément constitutif de cette infraction.

Cass. crim. 2 juin 1976, n° 75-90.559, 1er moyen pris par le proc. gén., B. crim. n° 196.

Le fait de ne pas mentionner sur le registre la réponse de l'employeur aux notes écrites remises par les délégués du personnel constitue également une atteinte à l'exercice régulier des fonctions.

L'inobservation de l'obligation, pour le chef d'établissement, de mentionner ou de faire mentionner sur le registre spécial la réponse de la direction aux notes écrites remises par les délégués du personnel à l'appui de leurs réclamations constitue une atteinte à l'exercice régulier des fonctions.

Cass. crim. 29 mars 1977, n° 76-91.340, 3e moyen, B. crim. n° 117.

Réunions des délégués du personnel.

Registre unique du personnel

L'article L. 1221-13 CT impose la tenue d'un registre unique du personnel sur lequel doivent être inscrits tous les salariés et stagiaires occupés dans l'établissement.

Ce registre doit être tenu à la disposition des délégués du personnel et des fonctionnaires et agents de contrôle chargés de veiller à l'application du code du travail et du code de la sécurité sociale.

Tenue

Un registre unique du personnel doit être tenu dans tous les établissements où sont occupés des salariés…

Il résulte de l'article L. 620-3 CT qu'un registre du personnel doit être tenu dans chacun des établissements définis à l'article L. 200-1 CT.

Un inspecteur du travail avait demandé communication du registre du personnel à l'agence de Troyes d'une société et, le registre se trouvant à Dijon au siège de la société, avait informé la direction de la société qu'un registre du personnel devait être tenu dans chaque établissement. Deux mois après, l'inspecteur s'était rendu à nouveau à l'agence de Troyes et avait constaté l'absence de registre.

Doit être cassé l'arrêt qui, pour relaxer le prévenu poursuivi pour infraction audit article, énonce que c'est au siège de la société que le registre du personnel doit être tenu.

Cass. crim. 29 septembre 1992, n° 91-86.851, B. crim. n° 292.

… et où se trouve l'employeur ou son délégataire.

Selon l'article L. 620-3 CT, le registre unique du personnel doit mentionner, dans l'ordre de l'embauche, les noms et prénoms de tous les salariés occupés par l'établissement. Il en résulte que ce registre ne doit être tenu qu'au siège des établissements définis à l'article L. 200-1 dudit code, où se trouve l'employeur ou son délégataire.

Lors d'un contrôle dans une boutique où se trouvaient quatre salariées, un contrôleur du travail avait constaté que le registre unique du personnel ne pouvait lui être présenté.

C'est à tort que, pour déclarer le président de la société exploitant cette boutique coupable de la contravention de non-présentation du registre du personnel, une cour d'appel a énoncé que l'article L. 620-3 CT, qui prévoit que le registre du personnel doit être tenu à la disposition des fonctionnaires du travail, implique qu'il doit pouvoir leur être remis dès qu'ils en font la demande afin qu'ils puissent immédiatement vérifier la concordance entre les salariés mentionnés sur le registre et ceux qui sont au travail, l'octroi d'un délai pour la communication du registre ne permettant pas un contrôle efficace et ouvrant la possibilité d'une fraude, alors que le magasin contrôlé ne comportait aucun représentant de l'employeur ayant le pouvoir de recruter du personnel et dépendait d'un établissement auquel il était rattaché.

Cass. crim. 17 janvier 1995, n° 93-85.078, B. crim. n° 23.

Communication à l'inspecteur du travail

Le registre du personnel est tenu à la disposition des délégués du personnel et des fonctionnaires et agents chargés de veiller à l'application du code du travail et du code de la sécurité sociale.

Cass. crim. 17 mars 1992, n° 90-86.492, B. crim. n° 116, cité dans « Inspecteur du travail ».

Le 18 septembre 2008, deux fonctionnaires de l'inspection du travail qui, à la suite de plaintes de salariés, s'étaient présentés dans les locaux d'une crèche à Kourou pour y effectuer un contrôle, n'ont pu se faire remettre les documents relatifs à l'emploi de la main-d'œuvre, au motif que ceux-ci se trouvaient soit chez le comptable de l'entreprise, soit au siège de l'association gérant ladite crèche, à Cayenne ; en raison de ces faits et d'un incident de même nature qui s'était produit au cours de l'année 2007, la présidente de l'association a été poursuivie devant le tribunal correctionnel du chef d'obstacle au contrôle des fonctionnaires de l'inspection du travail et déclarée coupable de cette infraction par les premiers juges.

Pour confirmer le jugement entrepris sur la culpabilité, une cour d'appel, après avoir rappelé notamment que, selon l'article L. 1221-13 CT, le registre unique du personnel est tenu, dans tout établissement où sont employés des salariés, à la disposition des fonctionnaires et agents chargés de veiller à l'application du code du travail, a énoncé que l'activité de la crèche étant localisée à Kourou, lieu exclusif d'emploi des salariés, la prévenue, qui avait eu connaissance des demandes de l'administration, ne saurait faire valoir que les fonctionnaires avaient tout loisir de venir consulter ledit registre et les autres documents réclamés au siège de l'association, à Cayenne, les juges ajoutant que la mauvaise foi de la prévenue, qui s'était abstenue de communiquer les pièces demandées à plusieurs reprises et pendant toute la durée de la procédure, était démontrée.

En l'état de ces énonciations qui caractérisent en tous ses éléments constitutifs, tant matériels qu'intentionnel, le délit retenu, la cour d'appel, à laquelle il ne saurait être reproché d'avoir excédé sa saisine, a justifié sa décision au regard de l'ancien article L. 620-3 CT ainsi que des articles L. 1221-13 et L. 8113-4 CT.

Cass. crim. 31 janvier 2012, n° 11-85.226, B. crim. n° 32.

Règlement intérieur

Le règlement intérieur est obligatoire dans les entreprises ou établissements d'au moins vingt salariés.

Il fixe exclusivement les mesures d'application de la réglementation en matière de santé et de sécurité, les conditions dans lesquelles les salariés peuvent être appelés à participer, à la demande de l'employeur, au rétablissement de conditions de travail protectrices de la santé et de la sécurité des salariés, dès lors qu'elles apparaîtraient compromises ainsi que les règles générales et permanentes relatives à la discipline. Il doit également contenir des dispositions relatives aux droits de la défense des salariés, aux harcèlements moral et sexuel et aux agissements sexistes, ainsi que la date de son entrée en vigueur.

Ce contenu est contrôlé par l'inspecteur du travail qui dispose d'un pouvoir d'annulation et de modification. Ses décisions peuvent faire l'objet d'un recours hiérarchique.

Les clauses du règlement sont opposables à l'employeur et aux salariés de l'entreprise.

Un règlement intérieur doit être établi dans les entreprises et établissements d'au moins vingt salariés

L'obligation d'élaborer un règlement intérieur concerne toutes les entreprises ou établissements d'au moins vingt salariés, sauf l'État, les collectivités territoriales et les établissements publics administratifs.

Les écoles secondaires ecclésiastiques, ayant, en vertu de deux ordonnances de 1814 et 1828, le caractère d'un établissement public du culte, n'ont pas à établir un règlement intérieur. Ni l'inspecteur du travail ni le directeur régional du travail n'ont compétence pour contrôler le règlement intérieur d'un tel établissement, ce dernier n'ayant pas l'obligation d'en communiquer un.

CE 11 mars 1988, n° 76280, Rec. Lebon p. 113.

Un règlement intérieur unique peut être mis en place en cas de pluralité d'établissements.

Si, aux termes de l'article L. 122-33 CT, « l'établissement d'un règlement intérieur est obligatoire dans les entreprises ou établissements industriels, commerciaux… où sont employés habituellement au moins vingt salariés », de telles dispositions n'interdisent pas à un employeur d'établir un règlement intérieur unique pour l'ensemble des établissements, même si ceux-ci occupent habituellement au moins vingt salariés. Toutefois, cette possibilité est exclue si l'un des établissements présente une particularité de nature à justifier l'élaboration de dispositions spécifiques.

CE 5 mai 1993, n° 96676.

Il s'agit d'un acte juridique de droit privé

Le règlement intérieur est un acte juridique de droit privé et le contrôle de légalité opéré par l'inspecteur du travail sur cet acte ne saurait lui ôter sa nature pour le transformer en un acte administratif. Si le conseil de prud'hommes est compétent pour connaître d'une contestation relative à la validité d'une clause du règlement intérieur à l'occasion d'un litige individuel, et s'il a la possibilité d'écarter une clause illicite, la juridiction de droit commun de l'ordre judiciaire peut également être saisie d'une action principale visant à l'annulation d'une ou de plusieurs clauses du règlement. Toutefois, une telle action en annulation n'est possible qu'à l'encontre des clauses au sujet desquelles l'autorité administrative ne s'est pas prononcée.

Cass. soc. 16 décembre 1992, n° 90-14.337, BC V n° 602. Voir aussi cass. soc. 25 septembre 1991, n° 87-42.396, 1er moyen pris en sa 2e branche, BC V n° 381, précisant que le règlement intérieur est un acte réglementaire de droit privé.

Une société a été scindée en cinq nouvelles sociétés ; une des nouvelles sociétés issues de cette scission, qui a repris l'activité et les salariés de l'une des cinq entités économiques de la société scindée, a appliqué le règlement intérieur qui avait été élaboré par cette dernière.

C'est à bon droit qu'une cour d'appel a retenu que le règlement intérieur s'imposant aux salariés avant le transfert de plein droit de leurs contrats de travail, aux termes de l'article L. 1224-1 CT, vers une société nouvellement créée n'était pas transféré avec ces contrats de travail, dès lors que ce règlement constitue un acte réglementaire de droit privé dont les conditions sont encadrées par la loi et que l'article R. 1321-5 CT impose à une telle entreprise nouvelle d'élaborer un règlement intérieur dans les trois mois de son ouverture, et qu'elle en a déduit que l'application par la nouvelle société de ce règlement intérieur en matière disciplinaire constituait un trouble manifestement illicite qu'il lui appartenait de faire cesser.

Cass. soc. 17 octobre 2018, n° 17-16.465, à paraître.

Il a pour objet de fixer les mesures d'application de la réglementation en matière de santé et de sécurité et les règles générales et permanentes relatives à la discipline

Le contenu du règlement intérieur est limitativement énuméré par la loi.

Aucune autre matière que celles énumérées par l'article L. 122-34 CT ne peut faire l'objet d'une clause du règlement intérieur.

Un employeur ne peut invoquer la clause du règlement prévoyant une obligation pour tous les salariés d'effectuer des déplacements, pour licencier un salarié suite à son refus, dès lors qu'une telle clause est étrangère au contenu légalement imposé.

Cass. soc. 12 décembre 1990, n° 87-45.799, BC V n° 670. Voir aussi CE 9 décembre 1994, n° 118107.

Il ne peut pas contenir de clause contraire aux dispositions conventionnelles applicables dans l'entreprise.

Il résulte de l'article L. 122-35 CT que le règlement intérieur ne peut contenir de clause contraire aux dispositions des conventions et accords collectifs de travail applicables dans l'entreprise ou l'établissement.

Doit être cassé l'arrêt qui, pour juger que le licenciement d'un salarié était dépourvu de cause réelle et sérieuse, a retenu que les dispositions conventionnelles applicables dans l'entreprise, qui garantissaient un recours au salarié sanctionné, étaient moins favorables que les dispositions, non dénoncées dans les formes prescrites, du règlement intérieur, de sorte que l'employeur qui, dans la lettre de notification du licenciement s'était référé aux stipulations de la convention collective, n'avait pas respecté les garanties de fond qui devaient être appliquées parce que plus favorables aux salariés. La cour d'appel devait écarter l'application des dispositions du règlement intérieur qui étaient contraires à celles de la convention collective.

Cass. soc. 7 novembre 2006, n° 04-41.390, BC V n° 330.

Si les mesures d'application de la réglementation en matière d'hygiène et de sécurité qui peuvent figurer dans un règlement intérieur sont, en principe, celles qui sont spécifiques à l'hygiène et à la sécurité des lieux de travail dans l'entreprise ou l'établissement en cause, aucun principe général ne fait obstacle à ce que soient édictées, par la voie du règlement intérieur ou par une note de service, des mesures faisant application de textes qui, tout en poursuivant un objectif qui dépasse le cadre de l'entreprise, n'en visent pas moins les lieux de travail et répondent à un impératif d'hygiène.

« Les mesures d'application de la réglementation en matière d'hygiène et de sécurité dans l'entreprise ou l'établissement » qui peuvent, en vertu de l'article L. 122-34 CT, figurer dans un règlement intérieur sont en principe celles qui sont spécifiques à l'hygiène et à la sécurité des lieux de travail dans l'entreprise ou l'établissement en cause ; toutefois, aucune disposition, non plus qu'aucun principe général, ne fait obstacle à ce que soient édictées, par la voie du règlement intérieur ou par une note de service ou tout autre document de la nature de ceux mentionnés à l'article L. 122-39 CT, des mesures faisant application de textes qui, tout en poursuivant, comme c'est le cas de la loi 76-616 du 9 juillet 1976 modifiée, relative à la lutte contre le tabagisme, un objectif qui dépasse le cadre de l'entreprise, n'en visent pas moins les lieux de travail et répondent à un impératif d'hygiène ; les mesures prises à ce titre par l'employeur sont soumises, tant pour leur élaboration que pour leur révision périodique, aux consultations exigées aussi bien par le code du travail pour l'établissement du règlement intérieur que par l'article 4 du décret 92-478 du 29 mai 1992 ; il appartient à l'inspecteur du travail d'exercer sur de telles dispositions le contrôle qui lui incombe en vertu des articles L. 122-35 et L. 122-37 CT.

Il s'ensuit qu'en exigeant du groupe concerné le retrait de paragraphes de son règlement intérieur, pour le seul motif que ces dernières dispositions avaient pour objet de fixer les modalités d'application du décret du 29 mai 1992, l'inspecteur du travail a entaché sa décision d'une erreur de droit.

CE 18 mars 1998, n° 162055, Rec. Lebon p. 99.

Les dispositions n'entrant pas dans le contenu obligatoire du règlement intérieur et prises antérieurement à la loi du 4 août 1982 sont devenues caduques du fait de l'entrée en vigueur de cette loi.

Une salariée ne peut demander des indemnités pour violation de l'ordre des licenciements, dès lors que cet ordre avait été inséré dans le règlement intérieur avant la loi du 4 août 1982, laquelle en a réglementé le contenu en y insérant des matières obligatoires et, de ce fait, a rendu caduques les dispositions relatives à l'ordre des licenciements (l'ordre des licenciements étant étranger à ce contenu), sans que l'employeur ait à les dénoncer.

Cass. soc. 30 juin 1993, n° 90-42.920, BC V n° 187.

Le règlement intérieur ne peut apporter de restrictions aux droits des personnes et aux libertés que dans la mesure où celles-ci sont strictement proportionnées au but recherché.

Le fait d'introduire dans le règlement intérieur une clause tendant à interdire à des caissières d'accepter à leur caisse un membre de leur famille porte atteinte aux droits des personnes et aux libertés individuelles et collectives. Une telle restriction, si elle n'est pas justifiée par la nature des tâches à accomplir par les caissières ni proportionnée au but recherché, ne peut figurer au sein du règlement.

CE 9 décembre 1994, n° 119233, Rec. Lebon p. 547. Voir aussi CE 3 octobre 1997, n° 144006.

Si l'employeur peut, lorsque des impératifs de sécurité le justifient, insérer dans le règlement intérieur des dispositions qui limitent la consommation de boissons alcoolisées de manière plus stricte que l'interdiction posée par l'article L. 232-2 CT, de telles dispositions devaient, conformément à l'article L. 122-35 CT, rester proportionnées au but de sécurité recherché.

CE 12 novembre 2012, n° 349365.

Ainsi, le règlement intérieur est susceptible d'apporter des restrictions à l'usage fait par le salarié de son domicile à condition qu'elles soient justifiées par la nature du travail à accomplir et proportionnées au but recherché.

Un salarié a été engagé en qualité d'animateur socio-éducatif par une association spécialisée dans l'accueil des mineurs en difficulté ; ayant fait l'objet d'une sanction disciplinaire pour avoir reçu à son domicile personnel une mineure en difficulté placée dans l'établissement, en infraction au règlement intérieur disposant qu'il est interdit aux salariés « de laisser les enfants ou adolescents en séjour dans l'établissement ou pris en charge, pénétrer son appartement, son studio ou sa chambre, ou dans des locaux réservés aux adultes », le salarié a saisi la juridiction prud'homale pour contester cette sanction.

Pour annuler le rappel au règlement intérieur notifié au salarié, une cour d'appel a retenu que les faits reprochés au salarié, qui relevaient de sa vie personnelle, ne pouvaient constituer une faute.

En statuant ainsi, alors, d'une part, que, s'agissant d'un établissement spécialisé dans l'accueil des mineurs en difficulté, l'interdiction faite aux membres du personnel éducatif de recevoir à leur domicile des mineurs placés dans l'établissement était une sujétion professionnelle pouvant figurer dans le règlement intérieur et, d'autre part, que cette restriction à la liberté du salarié, justifiée par la nature du travail à accomplir et proportionnée au but recherché, était légitime, la cour d'appel a violé les articles L. 122-35 et L. 122-40, devenus L. 1321-3 et L. 1333-1 CT.

En effet, si l'usage fait par le salarié de son domicile relève de sa vie privée, des restrictions sont susceptibles de lui être apportées par l'employeur à condition qu'elles soient justifiées par la nature du travail à accomplir et qu'elles soient proportionnées au but recherché.

Cass. soc. 13 janvier 2009, n° 07-43.282, BC V n° 3.

Les modalités de prise en charge du coût d'entretien des tenues de travail ne présentant le caractère ni d'une mesure d'application de la réglementation en matière d'hygiène et de sécurité, ni d'une règle générale et permanente relative à la discipline, un inspecteur du travail ne peut pas légalement imposer à une société de préciser, dans son règlement intérieur, que le coût d'entretien de l'ensemble des tenues de travail dont le port est rendu obligatoire pour les salariés est à la charge de l'employeur.

CE 23 octobre 2013, n° 356037.

L'employeur ne peut pas réglementer l'exercice du droit de grève par le truchement du règlement intérieur.

À la suite d'un mouvement de grève auquel avaient participé huit des quarante-huit salariés d'un centre de convalescence et de rééducation, la direction du centre a adressé à chacun de ces huit salariés, à leur adresse personnelle, une lettre rédigée en termes identiques et comportant la mention suivante : « Compte tenu des incidences de vos absences sur la santé et la sécurité des patients qui vous sont confiés, vous ne pouvez en aucun cas quitter votre poste sans avoir prévenu votre employeur avec un délai suffisant permettant de pallier votre carence. Nous serons intraitables à cet égard ». L'inspecteur du travail, après avoir qualifié le contenu de la lettre comme valant note de service en matière de discipline générale et constituant par suite une adjonction au règlement intérieur, a enjoint à la directrice du centre d'annuler cette note.

D'une part, le contenu identique des huit lettres comportait l'énoncé d'une règle de comportement générale et permanente s'imposant sous peine de sanction à tous les salariés de l'établissement auxquels avaient été confiées l'administration des soins aux patients, ainsi que leur garde et leur surveillance ; il constituait donc une adjonction au règlement intérieur du centre, établie pour une catégorie de personnel, et l'inspecteur du travail était donc compétent, en vertu de l'article L. 122-37 CT, pour en exiger le retrait.

D'autre part, les dispositions de cette adjonction au règlement intérieur de l'établissement avaient pour seul objet de protéger la sécurité et la santé des patients qui y sont admis. Cependant, il n'appartenait pas à l'employeur de réglementer l'exercice du droit de grève par le truchement du règlement intérieur, en se fondant sur un objectif constitué de la seule sécurité des usagers de l'établissement, alors qu'il ne ressortait pas des pièces du dossier que l'absence d'une partie du personnel de l'établissement y mettait en cause la sécurité générale. C'est donc à raison que l'inspecteur du travail a enjoint à la direction du centre d'annuler la note litigieuse.

CE 27 juillet 2005, n° 254600, Rec. Lebon p. 377.

Les dispositions d'un règlement intérieur permettant d'établir sur le lieu de travail l'état d'ébriété d'un salarié par un contrôle d'alcoolémie sont licites dès lors que les modalités de ce contrôle en permettent la contestation et qu'eu égard à la nature du travail confié à ce salarié, un tel état d'ébriété est de nature à exposer les personnes ou les biens à un danger.

Un salarié a été licencié pour faute grave à la suite d'un contrôle d'alcoolémie effectué sur un chantier par son supérieur hiérarchique, alors que le salarié, au volant d'un véhicule automobile, transportait un autre salarié de l'entreprise avec un taux d'alcoolémie de 0,7 gramme. Le règlement intérieur de l'entreprise prévoyait l'interdiction d'accéder aux lieux de travail en état d'ivresse, le recours à l'alcootest pour vérifier le taux d'alcoolémie d'un salarié conducteur d'un engin ou d'un véhicule automobile, notamment transportant des personnes, et la faculté pour le salarié averti d'exiger la présence d'un tiers et de solliciter une contre-expertise.

Doit être cassé l'arrêt qui, pour dire que le licenciement était dépourvu de cause réelle et sérieuse, retient que si le contrôle d'alcoolémie effectué conformément aux dispositions du règlement intérieur visé dans le contrat de travail du salarié s'est révélé positif, le recours à l'alcootest n'est justifié que s'il a pour objet de prévenir ou de faire cesser immédiatement une situation dangereuse et ne saurait permettre de constater une éventuelle faute disciplinaire, alors que les dispositions d'un règlement intérieur permettant d'établir sur le lieu de travail l'état d'ébriété d'un salarié en recourant à un contrôle de son alcoolémie sont licites, dès lors, d'une part, que les modalités de ce contrôle en permettent la contestation et, d'autre part, qu'eu égard à la nature du travail confié à ce salarié, un tel état d'ébriété est de nature à exposer les personnes ou les biens à un danger, de sorte qu'il peut constituer une faute grave.

Cass. soc. 22 mai 2002, n° 99-45.878, BC V n° 176. Voir aussi cass. soc. 31 mars 2015, n° 13-25.436, pourvoi incident, BC V n° 69.

De même, sont licites les dispositions d'un règlement intérieur autorisant l'employeur ou un supérieur hiérarchique à effectuer lui-même un test salivaire de détection de produits stupéfiants, dès lors d'une part que seuls les salariés affectés à des postes à risques sont concernés par ce test et d'autre part que le règlement intérieur garantit au salarié dont le test se révélerait positif le droit à une contre-expertise médicale et impose à l'employeur ou au supérieur hiérarchique le secret professionnel sur les résultats du test.

CE 5 décembre 2016, n° 394178, Rec. Lebon p. 538.

Par conséquent, le refus d'un salarié de se conformer à une disposition du règlement intérieur n'est constitutif d'une faute que si cette disposition est justifiée et proportionnée par rapport à la nature de la tâche à accomplir et au but recherché.

En vertu de l'article L. 122-35 CT, le règlement intérieur ne peut apporter aux droits des personnes et aux libertés individuelles et collectives des restrictions qui ne seraient pas justifiées par la nature de la tâche à accomplir ni proportionnées au but recherché.

S'agissant d'un salarié, conducteur dans un atelier de coupe, licencié à la suite de son refus d'appliquer une consigne générale sur le port d'une blouse de travail, n'a pas légalement justifié sa décision la cour d'appel qui, pour décider que le licenciement de l'intéressé reposait sur une cause réelle et sérieuse, a retenu une faute à son encontre, alors que le refus du salarié de porter une blouse blanche pendant le travail ne pouvait être constitutif d'une faute qu'autant que l'obligation du port de ce vêtement était justifiée par la nature de la tâche à accomplir et proportionnée au but recherché.

Il appartenait donc à la cour d'appel de rechercher si la restriction apportée par l'employeur à la liberté individuelle du salarié de se vêtir était légitime.

Cass. soc. 18 février 1998, n° 95-43.491, BC V n° 90.

Procédure de mise en place

Le règlement intérieur doit être soumis aux représentants du personnel, faire l'objet de formalités de publicité et de dépôt et être transmis à l'inspecteur du travail.

Le règlement intérieur et les notes de service qui le complètent ne peuvent produire effet que si l'employeur a accompli les diligences prévues par l'article L. 1321-4 CT.

Après avoir constaté qu'un employeur ne justifiait pas avoir préalablement consulté les représentants du personnel et communiqué le règlement à l'inspecteur du travail, une cour d'appel en a exactement déduit, que l'employeur ne pouvait reprocher à sa salariée un manquement aux obligations édictées par ce règlement et par une note de service.

Cass. soc. 9 mai 2012, n° 11-13.687, BC V n° 134.

Faute d'avoir été soumis aux représentants du personnel d'un établissement que l'entreprise venait d'absorber et qui avait été ultérieurement reconnu comme étant un établissement distinct, un règlement intérieur a été jugé inopposable aux salariés de cet établissement.

CE 20 mars 2017, n° 391226.

Lorsque l'employeur souhaite modifier une clause du règlement intérieur relative aux vêtements de travail, il doit en soumettre le projet à l'avis du CHSCT.

Il résulte des dispositions de l'article L. 1321-4 CT que les clauses du règlement intérieur ne peuvent être modifiées qu'après que le projet a été soumis à l'avis du comité d'hygiène, de sécurité et des conditions de travail pour les matières relevant de sa compétence.

Ayant relevé, qu'alors que l'article 16 du règlement intérieur prévoyait que les vêtements de travail ne devaient pas être portés en dehors du lieu et des heures de travail, l'employeur avait introduit, à compter du mois de mai 2009, une exception permettant au salarié de venir et de repartir de son travail en portant sa tenue de travail, sans soumettre cette modification au comité d'hygiène, de sécurité et des conditions de travail, une cour d'appel a décidé à bon droit que cette modification n'était pas opposable à un salarié demandant le versement d'une rémunération pour ses temps d'habillage et de déshabillage.

Cass. soc. 11 février 2015, n° 13-16.457, BC V n° 30.

L'autorité administrative contrôle le contenu du règlement intérieur

La carence de l'employeur dans l'accomplissement de la formalité de communication du règlement intérieur à l'inspection du travail ne prive pas le salarié de la possibilité de se prévaloir de ce règlement.

Cass. soc. 28 mars 2000, n° 97-43.411, BC V n° 136.

L'inspecteur du travail contrôle l'ensemble du document.

D'une part, un règlement intérieur ne peut prévoir que « l'abaissement systématique du rendement, les arrêts de travail tendant à désorganiser la production, le refus d'effectuer les travaux aux heures et aux conditions prescrites » s'analysent en des fautes graves ou lourdes. De tels agissements étant susceptibles d'être perpétrés lors de l'exercice du droit de grève, le règlement intérieur ne saurait édicter de telles dispositions dans la mesure où il n'a pas pour objet d'encadrer un droit constitutionnellement reconnu et cela, même en présence d'une clause rappelant le libre exercice du droit de grève par les salariés.

D'autre part, la loi permet à l'inspecteur du travail d'exiger le retrait ou la modification d'une clause jugée illicite. Ce contrôle est général et s'exerce sur l'ensemble des dispositions figurant au règlement, qu'elles soient nouvelles ou issues d'une rédaction précédente. Un employeur ne peut soutenir que l'inspecteur est tenu par son appréciation antérieure et doit, par conséquent, limiter son contrôle aux dispositions nouvelles.

CE 21 octobre 1994, n° 137639.

En présence d'une clause illicite, l'inspecteur du travail peut en demander le retrait. Sa décision doit être motivée.

Si la clause du règlement intérieur de l'institution en cause prévoyait l'interdiction pour le personnel de séjourner dans les locaux en dehors des heures d'ouverture sans autorisation du directeur, le directeur régional, statuant sur le recours formé contre la décision de l'inspecteur du travail, ne pouvait se borner à indiquer, pour confirmer le retrait de cette disposition, que la mesure en cause avait « un caractère trop général » et était « préjudiciable aux salariés ». Pour motiver sa décision, il devait préciser pourquoi la disposition était trop générale et en quoi elle était préjudiciable aux salariés.

CE 23 juillet 1993, n° 99391.

Les parties au contrat de travail sont tenues de respecter les stipulations du règlement intérieur

Le règlement intérieur s'impose à l'employeur...

Aux termes de l'article L. 122-34 CT, le règlement intérieur fixe les règles générales et permanentes relatives à la discipline et, notamment, la nature et l'échelle des sanctions que peut prendre l'employeur.

Un salarié, qui avait fait l'objet d'un avertissement écrit pour ne pas s'être présenté à son travail sans en avoir averti au préalable son employeur, avait été licencié en raison d'une nouvelle absence injustifiée.

C'est à tort qu'une cour d'appel a débouté le salarié de sa demande d'indemnité pour licenciement sans cause réelle et sérieuse, alors que le règlement intérieur de l'entreprise stipulait que la répétition des faits ayant entraîné un blâme écrit ou une mesure de mise à pied pourrait entraîner le licenciement, et que le salarié n'avait fait l'objet d'aucune de ces sanctions préalablement à la rupture de son contrat.

Cass. soc. 15 janvier 2002, n° 99-43.982, BC V n° 13.

D'une part, les faits de menaces et d'erreurs reprochés à un salarié ayant déjà donné lieu à un avertissement, ils ne pouvaient de nouveau être sanctionnés.

D'autre part, le règlement intérieur de l'entreprise, prévoyant que les absences injustifiées, également alléguées à l'encontre du salarié, ne pouvaient donner lieu pour la première fois qu'à un avertissement sans sanction et que le renvoi sans préavis ne pouvait intervenir qu'au quatrième avertissement, une cour d'appel a violé ces différentes dispositions en déboutant le salarié de ses demandes d'indemnité pour licenciement sans cause réelle et sérieuse.

Si le salarié s'était absenté sans autorisation, s'il avait proféré des menaces à l'égard du personnel et commis des erreurs lors de l'exécution de son travail, il ne pouvait être valablement licencié, l'employeur n'ayant pas respecté les règles relatives au droit disciplinaire ni celles édictées par le règlement intérieur.

Cass. soc. 13 octobre 1993, n° 92-40.474, 2e moyen, BC V n° 231.

Doit être cassé l'arrêt qui, pour débouter un salarié de ses demandes de dommages-intérêts pour licenciement sans cause réelle et sérieuse et d'indemnités de préavis et de licenciement, a retenu que si le règlement intérieur d'une association pour enfants et adultes inadaptés prévoit un avertissement pour le fait de laisser sans surveillance, même momentanément, les personnes accueillies, il n'a qu'une valeur indicative et que l'abandon de poste commis par le salarié devait, pour tenir compte de l'importance de sa présence dans l'établissement où sont hébergés des adultes handicapés, être considéré comme une faute dont la gravité ne permettait pas la continuation du contrat de travail pendant la durée du préavis, alors que, selon le règlement intérieur, un fait isolé, pour un éducateur spécialisé n'ayant pas fait l'objet de sanctions antérieures pour des faits similaires, n'était pas susceptible d'entraîner un licenciement pour faute grave.

Cass. soc. 17 décembre 1997, n° 94-43.237, BC V n° 453.

La consultation d'un organisme chargé, en vertu d'une disposition conventionnelle ou du règlement intérieur d'une entreprise, de donner un avis sur la mesure disciplinaire envisagée par l'employeur constitue une garantie de fond pour le salarié.

Le licenciement d'un salarié, prononcé en méconnaissance de la procédure disciplinaire prévue par le règlement intérieur du personnel navigant, ne pouvait donc avoir de cause réelle et sérieuse.

Cass. soc. 28 mars 2000, n° 97-43.411, précité.

Une salariée licenciée pour faute grave pour vol a saisi la juridiction prud'homale d'une demande de paiement, notamment de diverses indemnités au titre de la rupture.

Après avoir relevé que le règlement intérieur prévoyait des conditions particulières pour la vérification des objets transportés et la fouille des personnes, qui n'avaient pas été respectées par l'employeur, et que la violation des procédures internes également reprochée à la salariée n'était pas justifiée, celle-ci ayant observé les seules prescriptions existant dans le règlement intérieur relatives à la sortie du personnel, une cour d'appel a pu dire le licenciement sans cause réelle et sérieuse.

Cass. soc. 2 mars 2011, n° 09-68.546.

… sauf si la mesure envisagée est contraire à la loi.

Une clause du règlement intérieur ne peut valablement autoriser l'employeur à modifier unilatéralement un contrat de travail.

En affectant une salariée, engagée en qualité d'employée d'hôtel et qui exerçait un emploi de femme de chambre, à la plonge du restaurant, l'employeur avait modifié unilatéralement le contrat de travail et son licenciement, motivé uniquement par le refus de la salariée d'accepter cette modification, ne procédait pas d'une cause réelle et sérieuse.

Cass. soc. 20 novembre 2001, n° 99-46.310.

Le règlement intérieur est également opposable au salarié…

Le règlement intérieur d'une entreprise, ayant été régulièrement déposé au greffe du conseil de prud'hommes, est opposable à une salariée sans que son consentement soit requis.

Cass. soc. 24 février 1971, n° 70-40.113, 1er moyen, BC V n° 146.

Après avoir relevé qu'un salarié employé par une association en qualité d'animateur avait, en violation du règlement intérieur et des consignes qui venaient de lui être rappelées, autorisé un tiers, déjà condamné pour des faits de violences à l'encontre de membres du personnel de l'association et auteur d'une agression le jour même, à pénétrer dans l'établissement, une cour d'appel, qui a retenu, par une appréciation souveraine, que la tolérance alléguée de l'employeur n'était pas établie et que la procédure avait été engagée dans un délai restreint, a pu décider que, nonobstant l'ancienneté de l'intéressé et l'absence de sanctions antérieures, son comportement rendait impossible son maintien dans l'entreprise et constituait une faute grave.

Cass. soc. 29 avril 2009, n° 07-45.603.

… à condition que la clause soit licite.

Les salariés ne sont pas tenus de respecter une clause illicite d'un règlement intérieur.

Une clause prévoyant l'impossibilité, pour des conjoints, d'être employés simultanément dans l'entreprise, une salariée avait été licenciée suite à son mariage, son époux étant également un collègue de travail.

Cette clause, portant atteinte à la liberté du mariage, est illicite et la salariée a pu obtenir des indemnités pour licenciement sans cause réelle et sérieuse.

Cass. soc. 10 juin 1982, n° 80-40.929, BC V n° 392.

S'agissant d'un salarié licencié pour faute lourde tenant à sa volonté délibérée de se mettre en situation de conflit d'intérêts avec sa société bancaire dans un dossier, c'est à bon droit qu'une cour d'appel, qui a relevé qu'aucune clause de son contrat de travail n'obligeait le salarié à céder les actions qu'il pouvait détenir lorsque son employeur lui en faisait la demande, a refusé de tenir pour fautif le refus de l'intéressé de céder les actions lui appartenant.

Par ailleurs, la clause du règlement intérieur de la banque, énonçant que l'exercice de la profession bancaire passe par le respect du principe de non-conflit d'intérêts entre le salarié et l'employeur, et abandonnant à ce dernier la détermination de la situation conflictuelle et l'appréciation de l'intérêt à privilégier, excédant, par sa généralité et son imprécision, les restrictions que l'employeur peut légalement apporter à la liberté individuelle du salarié, a été, à juste titre, écartée par les juges du fond qui ont légalement justifié leur décision énonçant que le licenciement de l'intéressé était dépourvu de cause réelle et sérieuse.

Cass. soc. 9 juin 1998, n° 95-45.019, BC V n° 315. Voir aussi CE 3 octobre 1997, n° 144006, déclarant illégale la clause du règlement intérieur d'un établissement de crédit obligeant certains agents à informer leur employeur de l'existence des comptes qu'ils peuvent détenir dans d'autres établissements bancaires, cette clause leur imposant des restrictions aux libertés individuelles non justifiées par la nature de leurs tâches ni proportionnées au but recherché.

Le règlement intérieur concerne, dans certaines limites, le personnel intérimaire.

Un règlement intérieur peut être applicable au personnel des entreprises extérieures et au personnel intérimaire. Toutefois, dans la mesure où l'employeur ne peut exercer son pouvoir disciplinaire qu'à l'égard de ceux qui sont liés à lui par un contrat de travail, les dispositions du règlement relatives à la nature et à l'échelle des sanctions ainsi que celles portant sur la procédure disciplinaire ne peuvent s'appliquer qu'à ces salariés, sans pouvoir être étendues au personnel extérieur.

CE 12 novembre 1990, n° 95823.

Les dispositions du règlement intérieur relatives aux sanctions disciplinaires ne lient pas le juge

Un contremaître mécanicien avait été licencié pour faute grave pour avoir refusé de rejoindre le lieu d'affectation de sa nouvelle mission après un congé. Il avait saisi le conseil de prud'hommes d'une demande en paiement d'indemnités de rupture et pour licenciement sans cause réelle et sérieuse.

Doit être cassé l'arrêt qui, pour retenir que le licenciement de l'intéressé était justifié par une faute grave, énonce, après avoir rappelé les termes du règlement intérieur selon lequel le refus d'accepter un changement d'affectation est considéré comme pouvant entraîner le licenciement sans indemnités ni préavis, qu'il ne saurait être reproché à la société d'avoir avisé le 27 septembre le salarié de sa nouvelle affectation après l'expiration des congés accordés.

D'une part, les dispositions du règlement intérieur relatives à la sanction disciplinaire ne lient pas le juge. Il appartenait à la cour d'appel d'exercer son pouvoir d'appréciation en recherchant si le refus du salarié d'exécuter la mission demandée, compte tenu de son ancienneté et des circonstances dans lesquelles l'affectation avait été prononcée, caractérisait une faute rendant impossible le maintien du salarié dans l'entreprise durant le préavis.

D'autre part, le règlement intérieur prévoyant que l'employeur, en présence d'un refus du salarié d'accepter son affectation, devait, dans la mesure du possible, lui rechercher une autre affectation convenant mieux à son cas, la cour d'appel devait, dès lors, rechercher si l'employeur avait satisfait à cette disposition.

Cass. soc. 2 mai 2000, n° 97-44.091, BC V n° 159.

☛ *Notes de service ; Règlement intérieur du comité d'entreprise.*

Règlement intérieur du comité d'entreprise

Le règlement intérieur du comité d'entreprise a pour objet de déterminer les modalités de son fonctionnement et celles de ses rapports avec les salariés de l'entreprise.

Contenu du règlement intérieur

Le règlement intérieur ne peut contenir de disposition contraire aux lois ou aux principes généraux du droit.

Une cour d'appel a exactement énoncé que la liberté de choix dont dispose le comité central d'entreprise pour désigner les membres de ses commissions ne peut s'exercer que dans le respect des principes généraux régissant l'exercice du droit syndical dans l'entreprise.

Ayant relevé que la modification du règlement intérieur « visait à l'élimination d'une organisation syndicale, pour des raisons polémiques et sans lien avec le souci d'un bon fonctionnement du comité central », la cour d'appel a pu annuler cette nouvelle disposition.

Cass. soc. 19 novembre 1986, n° 85-11.418, BC V n° 526.

Est nulle comme ne respectant pas le secret du scrutin la clause du règlement intérieur d'un comité d'établissement prévoyant, pour les élections des membres du comité central d'entreprise, une règle de départage en faveur du candidat pour lequel avai(en)t voté le ou les élus des listes ayant obtenu le plus grand nombre de suffrages aux élections du comité d'établissement.

Cass. soc. 9 juin 1998, n° 97-60.304, BC V n° 312 (arrêt n° 2), cité dans « Comité central d'entreprise ».

Le règlement intérieur d'un comité d'établissement ne peut valablement déroger aux dispositions légales relatives à l'élection des membres du comité central d'entreprise.

Le comité central d'entreprise étant composé, en application de l'article L. 435-4 CT, de délégués titulaires et suppléants élus, pour chaque établissement, par le comité d'établissement parmi ses membres, un tribunal d'instance a exactement énoncé que le mandat des membres du comité central était subordonné à celui qu'ils ont au comité d'établissement, de sorte qu'un délégué titulaire au comité central ne pouvait être élu que parmi les membres élus du comité d'établissement.

Le règlement intérieur d'un comité d'établissement ne pouvant valablement déroger aux dispositions légales relatives à l'élection des membres du comité central d'entreprise, le tribunal d'instance a pu annuler l'élection en qualité de membre titulaire du comité central d'entreprise d'un salarié, représentant syndical à un comité d'établissement.

Cass. soc. 4 juin 2003, n° 01-60.909.

Selon l'article L. 2325-2 ancien CT, le comité d'entreprise doit établir un règlement intérieur qui détermine les modalités de son fonctionnement ; il en résulte qu'en l'absence d'une disposition d'un règlement intérieur le prévoyant, seule une délégation spéciale donnée par le comité d'entreprise peut habiliter une personne pour l'exercice du pouvoir disciplinaire.

C'est à tort que, pour débouter le salarié d'un comité d'établissement de sa demande d'annulation de la mise à pied de trois jours qui lui avait été notifiée par le secrétaire adjoint du comité d'établissement, un conseil de prud'hommes, après avoir constaté que le comité d'établissement n'avait pas de règlement intérieur et qu'aucun mandat établi au nom de la personne qui avait diligenté la procédure disciplinaire n'était produit, a retenu que le salarié, qui avait été recruté par le secrétaire général alors en poste, avait admis le principe d'une convocation par le secrétaire adjoint en s'y rendant sans la contester et qu'en conséquence, le secrétaire du comité d'établissement avait qualité pour déléguer et diligenter la procédure disciplinaire à l'encontre de l'intéressé.

Cass. soc. 12 juillet 2006, n° 04-47.737, BC V n° 255.

Cette délégation peut être tacite et découler des fonctions de celui qui conduit la procédure de licenciement et en cas de dépassement de pouvoir par le mandataire, le mandant est tenu de l'acte de celui-ci s'il l'a ratifié expressément ou tacitement, ce qui est le cas lorsqu'il en soutient la validité en justice.

En l'absence d'une disposition du règlement intérieur déterminant ses modalités de fonctionnement que doit établir le comité d'entreprise, seule une délégation spéciale, donnée par le comité d'entreprise, peut habiliter une personne pour l'exercice du pouvoir disciplinaire à l'égard de ses salariés ; aux termes des articles 1984 et 1998 c. civ., cette délégation peut être tacite et découler des fonctions de celui qui conduit la procédure de licenciement et en cas de dépassement de pouvoir par le mandataire, le mandant est tenu de l'acte de celui-ci s'il l'a ratifié expressément ou tacitement, ce qui est le cas lorsqu'il en soutient la validité en justice.

Ayant constaté qu'un comité d'établissement soutenait en justice la validité du licenciement prononcé par son secrétaire dans le cadre d'une habilitation dont la salariée licenciée avait soulevé l'imprécision, une cour d'appel en a exactement déduit que le licenciement émanait d'une personne ayant le pouvoir de le décider.

Cass. soc. 15 janvier 2014, n° 12-24.594, 1er moyen.

En l'absence de disposition du règlement intérieur du comité d'entreprise relative aux conditions d'accès, par ses membres, à ses archives et documents administratifs et comptables, il n'appartient pas au juge des référés de limiter l'exercice par certains membres du comité de leur droit à consultation de ces archives et documents, auxquels ils doivent tous avoir égal accès.

Tous les membres du comité d'entreprise doivent avoir égal accès aux archives et aux documents administratifs et comptables dudit comité.

Plusieurs élus d'un comité d'entreprise, appartenant à un même syndicat, ont saisi le juge des référés d'un tribunal de grande instance pour obtenir, sous astreinte, un accès à des locaux dont dispose le comité d'entreprise et occupés notamment à usage de bureaux par les secrétaire et trésorier de ce comité, appartenant à un autre syndicat, afin de pouvoir consulter et prendre copie des documents et archives du comité d'entreprise y étant entreposés.

Pour faire partiellement droit à la demande de consultation des documents du comité d'entreprise par les élus requérants, une cour d'appel, après avoir rappelé le droit des élus de consulter les archives et les documents administratifs et comptables intéressant l'activité du comité, a décidé que pour concilier ce droit avec les exigences d'un bon fonctionnement de la structure, ils pourraient exercer leur droit de consultation les mardis de 14h à 16h et l'avant-veille précédant toute réunion du comité d'entreprise ou de ses commissions de 14h à 16h.

En statuant ainsi, alors qu'en l'absence de disposition dans le règlement intérieur du comité d'entreprise, il n'appartenait pas au juge des référés de limiter l'exercice par certains membres du comité de leur droit à consultation des archives et des documents comptables et financiers de celui-ci, la cour d'appel a violé les articles 809 c. proc. civ., L. 2325-1 et L. 2325-2 CT, alors applicables.

Cass. soc. 7 novembre 2018, n° 17-23.157, 1er moyen, à paraître.

Lorsque le comité d'entreprise se réunit une fois par mois, le règlement intérieur du comité ne peut pas prévoir la réunion à une date périodique fixe.

L'article L. 2325-14 disposant que, dans les entreprises de 150 salariés et plus, le comité d'entreprise se réunit au moins une fois par mois sur convocation de l'employeur ou de son représentant, une cour d'appel en a déduit à bon droit que le pouvoir de convoquer inclut nécessairement le pouvoir de fixer la date de la réunion du comité d'entreprise, sauf accord entre la majorité des élus du comité d'entreprise et l'employeur, et que si, en application de l'article L. 2325-2 CT, le comité d'entreprise détermine, dans son règlement intérieur, les modalités de son fonctionnement, ce texte ne lui permet pas d'inclure dans ce règlement des dispositions concernant une mesure qui relève des prérogatives de l'employeur, sauf pour celui-ci à répondre d'un éventuel abus dans leur exercice.

Cass. soc. 15 janvier 2013, n° 11-28.324, BC V n° 9.

Un salarié est recevable à soulever par voie d'exception l'illégalité du règlement intérieur du comité d'entreprise qui lui fait grief.

Pour demander une indemnité pour non-respect de la procédure de licenciement, une salariée avait fait valoir qu'en raison d'une disposition du règlement intérieur du comité d'entreprise limitant le remboursement de ses frais de déplacement, le membre titulaire du comité qu'elle avait choisi n'avait pas pu l'assister lors de l'entretien préalable au licenciement et qu'elle n'avait donc eu aucune liberté de choix à cet égard.

C'est à tort que, pour rejeter cette demande, une cour d'appel a retenu que si le règlement intérieur du comité d'entreprise de la société prévoyait effectivement que l'indemnisation des heures de travail perdues par les personnes qui assistent un salarié était limitée à un trajet de 200 kilomètres aller et 200 kilomètres retour, il appartenait au membre du comité d'entreprise, s'il estimait que cette disposition était illicite, de la contester en justice et de réclamer, le cas échéant, le remboursement intégral de ses frais de déplacement, sans qu'il en résulte la preuve de ce que, lors de l'entretien préalable, la salariée n'ait pu être assistée par l'intéressé ou par toute autre personne de son choix appartenant au personnel de l'entreprise.

Cass. soc. 11 avril 2012, n° 11-14.476, 1er moyen, BC V n° 121.

Non-respect du règlement intérieur

Le règlement intérieur s'imposant à l'employeur, ce dernier peut être poursuivi pour délit d'entrave en cas de non-respect.

Le chef d'entreprise est tenu de respecter les dispositions du règlement intérieur du comité régulièrement adoptées tant qu'il n'en a pas obtenu l'annulation par le juge civil. À défaut, il peut être poursuivi devant la juridiction pénale pour délit d'entrave au fonctionnement régulier du comité.

Cass. crim. 8 juin 1995, n° 93-83.785, B. crim. n° 210.

Réintégration en cas d'aptitude (Accidentés du travail)

☞ *Accidentés du travail (Réintégration en cas d'aptitude).*

Réintégration (Représentants du personnel)

☞ *Représentants du personnel (Réintégration).*

Remplacement des représentants du personnel

Les modalités de remplacement des représentants du personnel titulaires sont prévues par le code du travail pour les membres du comité d'entreprise et pour les délégués du personnel (art. L. 2324-28 et L. 2314-30 anciens CT). Si ces modalités ne sont pas strictement identiques pour les deux institutions, ces textes mettent tous deux en avant l'appartenance syndicale et sont applicables tant en cas d'absence temporaire que de cessation des fonctions.

Pour le comité d'entreprise, des élections partielles doivent être, en outre, organisées si un collège n'est plus représenté ou si le nombre des membres titulaires est réduit au moins de moitié, sauf si ces événements interviennent moins de six mois avant le terme du mandat des membres du comité d'entreprise.

Pour les membres du CHSCT, la loi n'organise pas de suppléance en cas d'absence momentanée. En cas de cessation de ses fonctions, le représentant est remplacé dans le délai d'un mois pour la période de mandat restant à courir, sauf si cette période est inférieure à trois mois.

Cas d'application

Le remplacement doit avoir lieu en cas d'absence momentanée du représentant…

Lorsque le travail est organisé en équipes, le titulaire, ne pouvant remplir sa mission auprès des salariés travaillant dans une autre équipe que lui, peut demander au suppléant de remplir ses attributions. Cette hypothèse relevant de l'absence momentanée pour une cause quelconque du titulaire et entraînant le remplacement de ce dernier, c'est à bon droit qu'une cour d'appel a condamné une société à payer au suppléant les heures passées à ce remplacement.

Cass. soc. 5 octobre 1994, n° 93-42.164.

… ou de cessation d'activité impliquant l'organisation d'élections partielles.

Après avoir constaté que le mandat des membres du comité d'entreprise, élus le 17 mai 1991, avait été prorogé jusqu'au 15 octobre 1994, un tribunal d'instance a pu refuser d'annuler les élections partielles organisées le 18 mars 1994 et ce, alors même que le délai de dix-huit mois posé par l'article L. 433-12 CT était dépassé. Ces élections ont été, en effet, valablement organisées plus de six mois avant l'expiration des mandats.

Cass. soc. 8 mars 1995, n° 94-60.228, BC V n° 80.

La loi n'organise pas de suppléance en cas d'absence momentanée d'un membre du CHSCT et la suspension du contrat de travail d'un membre du CHSCT n'est pas un cas de cessation de fonctions.

Un membre du CHSCT d'une société en congé maladie à compter du 14 octobre 1996 avait été remplacé, le 10 mars 1997, par un salarié désigné à cet effet.

Doit être cassé le jugement qui, pour refuser d'annuler cette désignation, retient, après avoir énoncé à bon droit que la loi n'organisait pas de suppléance en cas d'absence momentanée, que la cessation de fonctions d'un membre du CHSCT rendait nécessaire une nouvelle désignation, alors que la suspension du contrat de travail n'est pas un cas de cessation de fonctions et que les représentants du personnel au CHSCT sont désignés pour une durée de deux ans.

Cass. soc. 8 juillet 1998, n° 97-60.333, BC V n° 376.

Détermination du remplaçant

L'organisation syndicale ne peut choisir elle-même le suppléant.

L'article L. 423-17 CT disposant que le remplacement d'un titulaire est assuré par un membre suppléant appartenant à la même liste syndicale que le titulaire, la priorité étant donnée au suppléant de la même catégorie, l'organisation syndicale ne peut choisir elle-même le suppléant qui remplacera le titulaire démissionnaire.

Les juges du fond ont donc pu débouter la CGC qui revendiquait le droit de choisir, parmi ses élus suppléants, celui devenant titulaire.

Cass. soc. 5 novembre 1986, n° 86-60.053, BC V n° 504.

Si plusieurs suppléants appartiennent à la même liste syndicale et à la même catégorie, c'est le suppléant ayant obtenu le plus grand nombre de voix qui est retenu.

Après avoir constaté qu'existaient plusieurs suppléants appartenant à la liste présentée par la CGT et qu'ils appartenaient à la même catégorie, les juges du fond ont pu décider que devait être retenu, pour remplacer le titulaire présenté sur la liste de la CGT, celui des suppléants ayant recueilli le plus grand nombre de voix.

Cass. soc. 5 mai 1983, n° 82-60.418, BC V n° 237.

Si l'organisation syndicale n'a pas de suppléant appartenant au même collège, il faut retenir un suppléant d'un autre collège.

Avant d'admettre qu'un suppléant élu dans le collège « agent de maîtrise » peut remplacer le titulaire du collège « ouvrier », les deux suppléants de ce collège ayant quitté l'entreprise, les juges du fond doivent vérifier si ce suppléant a été présenté sur la même liste syndicale que le titulaire.

Cass. crim. 6 mars 1975, n° 74-90.322, B. crim. n° 74.

En l'absence de suppléant appartenant à la même organisation syndicale, le remplacement des membres du comité d'entreprise est assuré par un suppléant de même catégorie ou, à défaut, du même collège.

En l'absence de suppléant appartenant à la même liste syndicale, mais aussi de suppléant de même catégorie élu sur une autre liste, le remplacement doit être assuré par un suppléant du même collège, élu sur une autre liste.

Dans cette hypothèse, le comité d'entreprise a pu décider de remplacer le titulaire « cadre » par un membre élu sur une autre liste et appartenant au collège « agent de maîtrise ».

Cass. soc. 25 février 1982, n° 81-60.680, BC V n° 128.

Le remplacement d'un membre du CHSCT qui occupait l'un des sièges réservés aux cadres et agents de maîtrise ne peut être assuré que par un salarié qui appartenait à cette même catégorie lors de sa désignation.

Aux termes de l'article R. 236-7, al. 1er, devenu R. 4613-5 CT, si, pendant la durée normale de son mandat, un représentant du personnel cesse ses fonctions, il est remplacé dans le délai d'un mois, pour la période de ce mandat restant à courir, sauf si cette période est inférieure à trois mois.

Après avoir constaté que le salarié dont il convenait d'assurer le remplacement occupait l'un des deux sièges réservés aux cadres et agents de maîtrise, un tribunal d'instance a décidé à bon droit qu'il ne pouvait être remplacé que par un salarié appartenant à cette même catégorie, peu important qu'un autre élu du CHSCT, ouvrier au jour de sa désignation, ait, par suite d'une promotion, occupé un emploi d'agent de maîtrise lors du remplacement litigieux.

Cass. soc. 24 septembre 2008, n° 07-60.463, BC V n° 183.

Effets du remplacement

Le remplacement par un suppléant d'un élu titulaire au premier tour qui a démissionné fait que ce siège de titulaire, se trouvant pourvu, ne peut faire l'objet d'un second tour.

Tout d'abord, la proclamation nominative des élus confère à ceux-ci la qualité de représentants du personnel. Ensuite, seuls peuvent faire l'objet du second tour les sièges qui n'ont pas été pourvus au premier tour. Enfin, aux termes de l'article L. 423-17 CT, lorsqu'un délégué titulaire cesse ses fonctions pour une des causes indiquées à l'article L. 423-16 CT ou se trouve momentanément absent pour une cause quelconque, son remplacement est assuré par un membre suppléant appartenant à une liste présentée par l'organisation syndicale qui a présenté la liste sur laquelle le titulaire à remplacer a été élu, la priorité étant donnée au suppléant de la même catégorie ; le suppléant devient titulaire jusqu'au retour de celui qu'il remplace ou jusqu'au renouvellement de l'institution.

Ayant constaté qu'après avoir été proclamé élu titulaire au premier tour, un salarié avait démissionné, un tribunal d'instance a décidé à bon droit que son remplacement devait être assuré par un membre suppléant de la même liste, lequel devenait titulaire jusqu'au renouvellement de l'institution, de sorte que ce siège de titulaire, qui était pourvu, ne pouvait faire l'objet d'un second tour.

Cass. soc. 26 avril 2000, n° 99-60.019, BC V n° 153.

Si un membre suppléant refuse de remplacer un membre titulaire, son refus vaut démission de ses fonctions.

La règle de remplacement énoncée par le code du travail étant une règle impérative, le refus du suppléant de remplacer un titulaire emporte démission de ses fonctions.

Cass. soc. 5 mai 1983, n° 82-60.418, précité.

Compétence juridictionnelle

Le contentieux du remplacement des représentants du personnel relève de la compétence du tribunal de grande instance.

Un tribunal d'instance a pu se déclarer incompétent pour trancher un litige relatif à la régularité du remplacement, par un suppléant, d'un membre titulaire. Les dispositions de l'article L. 433-11 CT, donnant compétence au tribunal d'instance, ne concernent en effet que le contentieux des élections énuméré limitativement. Ces dispositions ne sont pas applicables au contentieux relatif à la régularité des remplacements.

Cass. soc. 10 mai 1984, n° 83-63.193, BC V n° 184.

Rémunération mensuelle minimale

Les salariés touchés par une réduction d'horaire, notamment en cas de sinistres et intempéries, doivent bénéficier d'une rémunération mensuelle minimale si leur contrat de travail comporte un horaire au moins égal à la durée légale hebdomadaire.

Cette rémunération mensuelle minimale est égale au produit du montant du SMIC par le nombre d'heures correspondant à la durée légale du travail pour le mois considéré, sans pouvoir excéder, après déduction des cotisations obligatoires retenues par l'employeur, la rémunération nette qui aurait été perçue pour un travail effectif de même durée payé au taux du SMIC (art. L. 3232-1 et s. CT).

La rémunération mensuelle minimale est réduite à due concurrence lorsque le salarié a accompli, au cours du mois considéré, un nombre d'heures inférieur à celui qui correspond à la durée légale hebdomadaire, en cas de suspension du contrat de travail, notamment par suite d'absence du salarié, de maladie, d'accident ou de maternité, ou de cessation collective du travail, ou encore lorsque le contrat de travail du salarié a débuté ou s'est terminé au cours du mois considéré.

Les principes dégagés par les arrêts rapportés ci-dessous doivent être adaptés à la durée légale du travail de 35 heures hebdomadaires.

Champ d'application

Les salariés à temps plein bénéficient de la rémunération mensuelle minimale.

La rémunération mensuelle minimale ne s'appliquant que lorsque le contrat de travail prévoit un horaire au moins égal à la durée légale hebdomadaire du travail, une cour d'appel a pu estimer qu'une salariée, qui n'avait pas apporté la preuve qu'elle effectuait le nombre d'heures lui donnant droit à la rémunération mensuelle minimale, ne pouvait en bénéficier.

Cass. soc. 21 avril 1982, n° 79-41.955, BC V n° 250.

Modalités d'application

Lorsqu'un salarié est temporairement affecté sur un poste de travail impliquant une réduction d'horaire, le droit à la rémunération mensuelle minimale lui est maintenu.

Une cour d'appel a pu accorder à un salarié le bénéfice d'une allocation complémentaire, dès lors que son contrat de travail prévoyait un horaire de travail de 169 heures mensuelles, peu important que l'employeur l'ait affecté sur un chantier où l'horaire hebdomadaire de travail n'était que de 36 heures.

Cass. soc. 25 mai 1993, n° 89-45.167, BC V n° 145. Voir aussi cass. soc. 11 décembre 1990, n° 87-43.355, BC V n° 631.

La fermeture de l'entreprise pour congés payés ne donne pas lieu à application de la rémunération mensuelle minimale.

Peut seulement prétendre aux allocations pour privation partielle d'emploi, compte tenu des journées ou des indemnités compensatrices de congés payés dont il aurait pu bénéficier pendant la période de référence, et non à une indemnité compensatrice de salaire, le salarié dont l'entreprise a été fermée pour congés, dès lors que la rémunération mensuelle minimale est réduite à due concurrence lorsque, au cours du mois, le salarié a effectué un nombre d'heures inférieur à la durée légale du travail en raison d'une cessation collective du travail pour mise en congé annuel du personnel.

Cass. soc. 2 avril 1992, n° 88-42.817, BC V n° 242.

La rémunération mensuelle minimale est réduite en cas de maladie du salarié.

Une cour d'appel a pu débouter une concierge de sa demande en paiement de rappel de salaires dans la mesure où le bénéfice de la rémunération mensuelle minimale est réservé au salarié dont le contrat de travail comporte un horaire au moins égal à la durée légale hebdomadaire et qu'en l'espèce, l'intéressée était employée à temps partiel et avait eu des périodes d'absence pour maladie.

Cass. soc. 9 janvier 1992, n° 88-41.775, 1er et 2e moyens.

Repos compensateur

Les salariés qui effectuent des heures supplémentaires au-delà de certains plafonds ont droit, en plus d'une rémunération à taux majoré (et dans certains cas, d'un repos compensateur de remplacement), à une contrepartie obligatoire en repos dont la durée varie notamment selon l'effectif de l'entreprise (art. D. 3121-17 et s. CT dans leur rédaction issue de la loi 2016-1088 du 8 août 2016).

La loi 2008-789 du 20 août 2008 avait profondément modifié le régime du repos compensateur, désormais dénommé « Contrepartie obligatoire en repos ». Les arrêts rapportés ci-dessous, rendus sous l'empire de la législation antérieure, conservent néanmoins leur intérêt, notamment au regard des litiges en cours.

Détermination du droit au repos compensateur

Sont prises en compte les heures de travail effectif…

Seules les heures de travail effectif doivent être prises en considération pour la détermination du repos compensateur.

Cass. soc. 7 juin 1995, n° 91-40.827.

… les heures supplémentaires réellement effectuées, même en cas de convention de forfait…

La convention de forfait salarial ne prive pas le salarié de son droit au repos compensateur au titre des heures supplémentaires réellement effectuées.

Cass. soc. 2 février 1994, n° 91-45.514, BC V n° 42. Voir aussi cass. soc. 19 avril 2000, n° 98-40.264.

… ainsi que les heures supplémentaires accomplies au titre du crédit d'heures en raison des nécessités du mandat.

Les heures de délégation sont de plein droit considérées comme temps de travail et les heures supplémentaires accomplies à ce titre par un salarié protégé ouvrent droit au repos compensateur.

Cass. soc. 13 décembre 1995, n° 92-44.389.

Prise du repos

Selon la législation antérieure, le repos compensateur devait obligatoirement être pris dans un délai de deux mois suivant l'ouverture du droit et l'absence de demande de prise de repos par le salarié ne pouvait entraîner la perte de son droit à repos, l'employeur étant tenu, dans ce cas, de lui demander de prendre ses repos dans le délai maximum d'un an.

Des salariés ont saisi la juridiction prud'homale afin d'obtenir le paiement d'heures supplémentaires et des dommages et intérêts pour non-respect de la législation sur les repos compensateurs.

C'est à bon droit qu'une cour d'appel a accueilli leur demande, après avoir constaté que si l'employeur rapportait bien la preuve qu'il avait régulièrement informé les intéressés de leurs droits à repos compensateurs, il n'avait pas établi leur avoir demandé de prendre en temps de repos les reliquats des droits à repos compensateurs qu'ils avaient acquis au cours de l'année précédente dans le délai d'un an à dater de leur ouverture.

Cass. soc. 9 mai 2007, n° 05-46.029, 1er moyen des pourvois principaux, BC V n° 69.

Le salarié qui n'a pas été en mesure, du fait de son employeur, de formuler une demande de repos compensateur a droit à l'indemnisation du préjudice subi ; celle-ci comporte à la fois le montant de l'indemnité de repos compensateur et le montant de l'indemnité de congés payés y afférents.

Cass. soc. 23 octobre 2001, n° 99-40.879, BC V n° 332. Voir aussi cass. soc. 22 février 2006, n° 03-45.385, BC V n° 83 ; cass. soc. 27 mars 2013, n° 11-28.000.

Tel est nécessairement le cas lorsque le salarié n'a pas été rempli de tous ses droits en matière d'heures supplémentaires.

C'est à tort que, pour débouter une salariée de sa demande tendant à la condamnation de son employeur au paiement de dommages-intérêts pour défaut d'information de ses droits aux repos compensateurs, une cour d'appel a énoncé que, dès lors que la salariée n'avait fourni ni chiffre ni justification à ses demandes de rappel de salaire pour heures supplémentaires, il ne pouvait être question d'infliger une sanction à l'employeur et que la demande de la salariée ne pouvait aboutir puisqu'elle supposait comme préalable la reconnaissance par l'employeur d'un droit au paiement d'heures supplémentaires, alors qu'elle avait accueilli la demande de la salariée en paiement d'heures supplémentaires pour les semaines de fêtes et les jours fériés, ce dont il résultait que la salariée n'avait pas été en mesure de formuler, du fait de son employeur, une demande portant sur le repos compensateur auquel ces heures lui donnaient droit.

Cass. soc. 11 mai 2005, n° 03-41.927, BC V n° 162.

Les sommes allouées en paiement d'heures supplémentaires ne peuvent réparer le préjudice distinct subi par le salarié du fait du défaut d'information sur son droit à repos compensateur.

Doit être cassé l'arrêt qui, pour débouter un salarié de sa demande de dommages-intérêts pour non-information sur son droit au repos compensateur, énonce que le préjudice subi résultant du non-paiement des heures supplémentaires est intégralement réparé par les sommes allouées à titre de rappel d'heures supplémentaires, alors que les sommes allouées en paiement d'heures supplémentaires ne peuvent réparer le préjudice distinct subi par le salarié du fait du défaut d'information sur son droit à repos compensateur.

Cass. soc. 10 juin 2003, n° 01-40.779, 1er moyen du pourvoi incident, BC V n° 190.

Tant que le contrat est en cours, le salarié ne peut pas obtenir le paiement du repos.

À compter du mois de mars 2015, un employeur a cessé de payer à une salariée titulaire de plusieurs mandats représentatifs les heures de délégation effectuées lors de ses contreparties obligatoires de repos ; la salariée a saisi la formation de référé du conseil de prud'hommes en paiement des heures de délégation effectuées en mars et avril 2015, outre les congés payés afférents.

Pour condamner l'employeur au paiement provisionnel des sommes réclamées, le juge des référés a retenu que le représentant du personnel qui bénéficie de jours de repos compensateurs conventionnels (contrepartie obligatoire à repos) et utilise ses heures de délégation pendant ce repos est en droit de bénéficier de la quote-part de repos correspondant au temps de délégation, qu'en l'espèce, l'employeur n'avait pas procédé au report de la quote-part de la contrepartie obligatoire à repos de la salariée correspondant au temps de l'exercice de ses mandats pendant cette période.

En statuant ainsi, alors que, si le temps alloué à un représentant élu du personnel ou à un représentant syndical pour l'exercice de son mandat est de plein droit considéré comme temps de travail et que la salariée ne pouvait être privée des jours de repos compensateur du fait de l'exercice de ses mandats durant cette période de repos compensateurs, il résulte de l'article D. 3121-14 CT alors applicable que ce n'est que lorsque le contrat de travail prend fin avant que le salarié ait pu bénéficier de la contrepartie obligatoire en repos à laquelle il a droit ou avant qu'il ait acquis des droits suffisants pour pouvoir prendre ce repos qu'il reçoit une indemnité en espèces dont le montant correspond à ses droits acquis, ce dont il résultait que, le contrat de la salariée n'ayant pas été rompu, sa demande, non en report de ses jours de repos compensateurs mais en paiement de l'indemnité correspondante se heurtait à une contestation sérieuse, la formation de référé du conseil de prud'hommes a violé les articles D. 3121-14 alors applicable et R. 1455-7 CT.

Cass. soc. 23 mai 2017, n° 15-25.250, BC V n° 92.

Rupture du contrat de travail

Le salarié qui n'a pas pu bénéficier du repos compensateur avant la rupture de son contrat a droit à une indemnisation…

Selon l'article L. 212-5-1 CT, le salarié dont le contrat de travail est résilié avant d'avoir pu bénéficier du repos compensateur auquel il a droit reçoit une indemnité en espèces correspondant à ses droits acquis sans qu'il soit nécessaire que l'employeur soit responsable de ce que le salarié ait été dans l'impossibilité de bénéficier de ce repos compensateur.

Cass. soc. 4 mai 1995, n° 93-46.125, 2e moyen. Voir aussi cass. soc. 2 février 1999, n° 96-43.966, 3e moyen.

… même en cas de rémunération forfaitaire.

Les sommes destinées à indemniser un salarié qui, du fait du licenciement, n'a pu bénéficier du repos compensateur auquel il avait droit, sont nécessairement exclues de la rémunération forfaitaire dont les parties auraient pu convenir.

Cass. soc. 3 février 1994, n° 90-43.456.

AGS (Garantie des créances) ; Prescription.

Repos hebdomadaire
(Arrêté préfectoral de fermeture)

Les employeurs et salariés d'une profession peuvent décider, par un accord de la majorité d'entre eux, d'opter pour un mode de repos collectif.

Le préfet peut, sur le fondement de cet accord, prendre un arrêté préfectoral ordonnant la fermeture d'une catégorie d'établissements commerciaux un jour par semaine.

Aucune dérogation temporaire individuelle ou collective ne peut alors intervenir.

Champ d'application

L'arrêté préfectoral s'applique, dans le territoire visé, à tous les établissements de la profession en cause, qu'ils emploient ou non du personnel…

L'arrêté préfectoral ordonnant la fermeture de certaines catégories de magasins le dimanche s'applique à tous les établissements de la profession, qu'ils emploient ou non des salariés en semaine ou le dimanche.

Cass. crim. 11 juin 1969, n° 68-91.848, B. crim. n° 197. Voir aussi cass. crim. 26 mai 1976, n° 75-92.879, B. crim. n° 187.

… aux établissements d'une profession déterminée dont il vise expressément l'activité…

Doit être cassé l'arrêt qui, pour déclarer un arrêté préfectoral prescrivant la fermeture au public, un jour par semaine, des boulangeries, boulangeries-pâtisseries et dépôts de pain du département, ainsi que de toute partie d'établissement et leurs dépendances, à poste fixe ou ambulant, comportant un rayon de vente de pain, inapplicable à l'exploitant d'un terminal de cuisson, et le relaxer du chef d'infraction à la règle du repos hebdomadaire, a notamment énoncé que l'intéressé démontrait et justifiait appartenir à une catégorie professionnelle distincte de celle des artisans boulangers et boulangers-pâtissiers en ce qu'elle était, notamment, dotée d'un code APE particulier, soumise à une convention collective différente et représentée par un syndicat qui lui était propre, et qu'il s'ensuivait que l'arrêté préfectoral n'était pas opposable au prévenu, faute d'avoir été pris en application d'un accord professionnel préalable, alors qu'il n'était pas contesté que l'intéressé exploitait un établissement ayant pour activité la vente de pain, expressément visée par l'arrêté préfectoral.

Cass. crim. 21 août 1996, n° 95-81.101, B. crim. n° 310.

Doit être cassé l'arrêt qui, pour dire n'y avoir lieu à référé en raison de l'existence d'une contestation sérieuse et de l'absence d'un trouble manifestement illicite, et rejeter en conséquence la demande du Syndicat des boulangers-pâtissiers du Pas-de-Calais tendant à voir condamner deux sociétés à respecter l'arrêté du 28 novembre 1995 du préfet du Pas-de-Calais ordonnant la fermeture une journée par semaine des boulangeries, boulangeries-pâtisseries, dépôts et points de vente de pain, terminaux de cuisson du département, y compris ceux situés dans les galeries marchandes et les grandes surfaces, énonce que l'appartenance des boulangers traditionnels et des boulangers industriels à une même profession faisait l'objet d'une contestation sérieuse et que l'accord du 27 avril 1995, au vu duquel avait été pris l'arrêté du 28 décembre 1995, n'était pas intervenu en présence des organisations professionnelles de la boulangerie industrielle.

En effet, d'une part, l'activité des sociétés concernées, exploitant des terminaux de cuisson, rentrait dans les activités visées par l'arrêté du 28 novembre 1995 et, d'autre part, les signataires de l'accord du 27 avril 1995, au vu duquel avait été pris l'arrêté, représentaient la majorité des professionnels concernés, à titre principal ou accessoire, par la fabrication et la vente de la distribution de pains dans le département, ce dont il résultait que la contestation n'était pas sérieuse et que l'inobservation de l'arrêté constituait un trouble manifestement illicite.

Cass. soc. 11 juin 2003, n° 00-21.751.

Pour l'application des dispositions de l'article L. 221-17 CT donnant compétence au préfet pour ordonner la fermeture au public des établissements d'une profession déterminée pendant toute la durée du repos hebdomadaire, « les boulangeries, boulangeries-pâtisseries et dépôts de pains » constituent une même profession, quel que soit le mode de fabrication, artisanal ou industriel, des denrées vendues.

Par suite, le moyen tiré de ce que les boulangers industriels constituent une profession distincte et ne peuvent, de ce fait, être inclus dans le champ de l'obligation de fermeture doit être écarté. Les boulangeries industrielles ne sauraient être regardées comme des « activités dont les modalités de fonctionnement et de paiement sont automatisées », exclues de l'obligation de fermeture en application de l'article L. 221-17 CT.

Eu égard à la finalité des dispositions de l'article L. 221-17 CT, qui visent à préserver la concurrence entre l'ensemble des établissements qui exercent la même profession, le moyen tiré de ce que l'arrêté ne pouvait viser les entreprises n'employant pas de salariés ne peut qu'être écarté.

CE 28 mai 2003, n° 247120.

L'arrêté préfectoral a vocation à s'appliquer à tous les établissements pratiquant les activités qu'il vise expressément et ce, même dans l'hypothèse où l'une de ces activités s'exerce au sein d'une catégorie d'établissements qui n'existait pas encore à la date de sa parution.

Cass. soc. 1er juillet 1997, n° 95-13.124.

Le président d'une société a été poursuivi sur le fondement des articles L. 221-17 et R. 262-1, devenus L. 3132-29 et R. 3135-2 CT pour avoir méconnu les dispositions d'un arrêté préfectoral en date du 13 juillet 2004 prescrivant que du 16 septembre au 30 juin de l'année suivante, les établissements et parties d'établissement vendant au public des denrées alimentaires au détail seront totalement fermés une journée entière par semaine.

Pour écarter l'argumentation du prévenu qui invoquait l'illégalité de l'arrêté préfectoral, une cour d'appel a retenu que la finalité de l'article L. 221-17 devenu L. 3132-29 CT est de limiter la concurrence, que les commerces multiples entrent dans le champ d'application de l'arrêté préfectoral conçu en termes généraux et qui concerne tous les établissements vendant au public des denrées alimentaires au détail, la cour ajoutant qu'il n'importe pas que l'organisation syndicale à laquelle est affilié le prévenu n'ait pas été consultée dès lors qu'il n'est pas établi que l'accord obtenu n'exprimerait pas l'opinion de la majorité des membres de la profession.

En l'état de ces énonciations et dès lors que la vente au détail de denrées alimentaires constitue une profession déterminée au sens de l'article L. 3132-29 CT, lequel a pour objet de garantir, sur le fondement d'un accord professionnel, une concurrence équilibrée entre les établissements ayant une activité commune, la cour d'appel a justifié sa décision.

Cass. crim. 16 mars 2010, n° 08-88.418, 1er moyen, B. crim. n° 51.

… aux établissements admis à donner le repos hebdomadaire par roulement.

Le fait qu'un établissement visé par un arrêté préfectoral de fermeture soit autorisé, par l'article L. 3132-12 CT, ou par accord collectif, fût-il étendu, à donner le repos hebdomadaire par roulement, ne fait pas obstacle à la fixation d'un jour de fermeture hebdomadaire.

Cass. soc. 11 mai 2017, n° 15-25.195, BC V n° 78.
Voir aussi CE 9 novembre 2005, n° 270501.

L'arrêté préfectoral peut viser des parties d'établissement, dès lors qu'il concerne, en termes généraux, des commerces exerçant la même activité.

Un arrêté préfectoral ordonnant la fermeture au public des établissements de la profession ou de la zone géographique concernée pendant toute la durée du repos, en application de l'article L. 3132-29 CT, dans le secteur de la fabrication, la vente ou la distribution du pain, peut viser des parties d'établissement, dès lors qu'il concerne, en termes généraux, les terminaux de cuisson et les dépôts de pain, qu'ils se situent dans les magasins spécialisés ou dans les magasins à succursales multiples.

Cass. soc. 13 octobre 2010, n° 09-14.418, 1er moyen, BC V n° 223.

Cas des magasins où s'exercent des commerces distincts.

Dans les magasins où s'exercent quelques commerces distincts, chacun de ceux-ci doit être fermé le jour fixé par l'arrêté qui le réglemente, dès lors que les infractions aux textes régulièrement pris en application de l'article L. 221-17 CT, et s'appliquant à tous ceux qui exercent une profession déterminée à titre principal et accessoire, rompent l'égalité que la loi a entendu établir entre tous les professionnels exerçant la même activité.

Cass. crim. 15 octobre 1991, n° 90-80.599, B. crim. n° 348.

Un établissement consacré à l'équipement et comportant plusieurs commerces distincts ne saurait être considéré comme un magasin à commerces multiples ayant pour objet d'offrir à la clientèle les produits les plus divers, sans qu'aucun n'ait un caractère accessoire par rapport aux autres.

Il doit, dans sa ou ses parties consacrées à la vente d'articles d'ameublement neufs, être regardé comme entrant dans le champ d'application d'un arrêté préfectoral prescrivant la fermeture au public, le dimanche, des établissements et parties d'établissements effectuant la vente d'articles d'ameublement neufs.

CE 14 décembre 1979, n° 10275, Rec. Lebon p. 465.

Cas des magasins à commerces multiples.

Les magasins à commerces multiples, tant en ce qui regarde leur activité économique qu'en ce qui concerne leur régime fiscal ou leur situation au regard de la législation du travail, sont rangés dans une catégorie professionnelle autre que les magasins spécialisés (en l'espèce, ameublement et décoration). Dès lors, est inapplicable au rayon ameublement d'un magasin à commerces multiples l'arrêté préfectoral prescrivant la fermeture, le dimanche, des établissements de vente au détail d'articles d'ameublement et de décoration.

Cass. crim. 21 juillet 1976, n° 75-92.528, B. crim. n° 266.

Une société ne peut se voir ordonner la fermeture, le lundi, des dépôts de pain de ses magasins à commerces multiples, l'arrêté préfectoral ne visant la fermeture au public ce jour-là que des établissements dans lesquels s'effectuent à titre principal la fabrication, la vente ou la distribution de pain.

Cass. soc. 25 octobre 1994, n° 90-12.753, BC V n° 291.

Compatibilité avec le droit communautaire

Les dispositions de l'article L. 221-17 CT ne sont pas incompatibles avec l'article 30 du traité de Rome [devenu article 28 CE] interdisant toutes restrictions quantitatives à l'importation, ainsi que toutes mesures d'effet équivalent, ni avec les stipulations de l'article 85 du même traité [devenu article 81 CE] interdisant aux entreprises tout accord ou toute pratique de nature à restreindre ou à fausser le jeu de la concurrence.

CE 7 décembre 1992, n° 121441. Voir aussi cass. soc. 11 octobre 1994, n° 89-21.395, 1er moyen, BC V n° 268 ; cass. crim. 9 mars 1994, n° 93-81.779.

Accord entre syndicats d'employeurs et de salariés d'une profession et d'une région déterminées

L'arrêté préfectoral de fermeture au public intervient sur demande des syndicats patronaux et ouvriers de la profession et de la région intéressées, et sur la base d'un accord entre ces syndicats pour fixer l'attribution du repos hebdomadaire.

Pour la mise en œuvre des dispositions de l'article L. 3132-29 CT, l'arrêté préfectoral de fermeture hebdomadaire doit être précédé d'un accord entre des organisations syndicales intéressées du département qui corresponde à la volonté d'une majorité indiscutable de tous ceux qui exercent la profession à titre principal ou accessoire et dont l'établissement ou partie de celui-ci est susceptible d'être fermé ; ces dispositions n'imposent pas que les organisations signataires de l'accord soient elles-mêmes représentatives de cette majorité.

CE 18 novembre 2013, n° 355283. Voir aussi CE 7 janvier 2015, n° 369924.

Prive sa décision de base légale le tribunal de police qui condamne le gérant d'un supermarché pour violation d'un arrêté préfectoral de fermeture sans rechercher si, conformément à ses allégations, le prévenu exerçait un commerce multiple et si l'accord syndical intervenu exprimait l'opinion de la majorité des professionnels concernés, y compris ceux exerçant un tel commerce, ou si, à défaut, l'arrêté préfectoral avait été pris après une consultation des intéressés, syndiqués ou non, ayant permis de constater l'existence d'une majorité favorable à la fermeture hebdomadaire des commerces en cause.

Cass. crim. 1er juillet 1997, n° 96-83.433, 2e moyen, B. crim. n° 261.

Un arrêté préfectoral pris sur le fondement de l'article L. 221-17 CT, après accord entre les syndicats d'employeurs et de travailleurs d'une profession et d'une région déterminées représentant la majorité des professionnels concernés, s'applique à tous les établissements de la profession pratiquant les activités qu'il vise expressément, peu important qu'ils aient ou non adhéré à cet accord.

En outre, exercent la même profession, au sens de ce texte, les établissements dans lesquels s'effectuent, à titre principal ou accessoire, la vente au détail ou la distribution de pain, quel que soit le mode artisanal ou industriel de sa fabrication.

Un arrêté préfectoral du 6 juin 1996 a prescrit, dans le département du Vaucluse, la fermeture un jour par semaine des établissements dans lesquels s'effectue, à titre principal ou accessoire, la vente au détail ou la distribution de pain, emballé ou non. Une société vendant du pain tous les jours de la semaine, le syndicat départemental des patrons boulangers et boulangers-pâtissiers du Vaucluse a saisi le juge des référés qui a fait injonction à cette société, sous astreinte, de se conformer à l'arrêté préfectoral. La cour d'appel a confirmé cette décision par arrêt du 18 juin 2001 et la société a saisi la cour d'appel en vue de la rétractation de cet arrêt.

C'est à tort que, pour rapporter l'arrêt du 18 janvier 2001 et débouter le syndicat départemental patronal des patrons boulangers et boulangers-pâtissiers du Vaucluse de sa demande, la cour d'appel a retenu qu'un jugement du tribunal de police, consacrant l'inopposabilité de l'arrêté préfectoral du 6 juin 1996 au gérant de la société, contredisait le caractère manifeste du trouble illicite invoqué.

En effet, il lui appartenait d'apprécier elle-même le caractère sérieux de l'exception d'illégalité soulevée devant elle et il résultait des constatations de son précédent arrêt que l'arrêté litigieux avait été pris conformément aux dispositions de l'article L. 221-17 CT après accord entre les organisations concernées et la consultation des organisations syndicales représentatives de la profession, de sorte que la contestation soulevée sur la légalité n'était pas sérieuse ; d'autre part, il n'était pas contesté que la société ne respectait pas, dans un établissement où elle pratiquait la vente de pain, la fermeture hebdomadaire imposée par l'arrêté, ce qui constituait un trouble manifestement illicite.

Cass. soc. 24 mars 2004, n° 02-20.789, BC V n° 97.

Deux sociétés, respectivement exploitant et propriétaire d'un « point chaud croissanterie », ont demandé au ministre de l'Emploi l'abrogation de deux arrêtés de 1953 et 1967 réglementant la fermeture hebdomadaire des boulangeries de l'Allier. Le ministre a rejeté cette demande et les sociétés ont saisi la juridiction administrative.

Pour l'application de l'article L. 221-17 CT sur le repos hebdomadaire, les boulangeries, boulangeries-pâtisseries et les dépôts de pains constituent une même profession, quel que soit le mode de fabrication, artisanal ou industriel, des denrées vendues. La circonstance que les arrêtés préfectoraux contestés aient été pris sans l'accord des syndicats représentant la boulangerie industrielle et les autres formes de distribution de pains n'est pas, par elle-même, de nature à établir que cette fermeture ne correspondrait pas à la volonté de la majorité indiscutable des établissements concernés.

Les sociétés ne sont pas fondées à demander l'annulation de la décision ministérielle, dès lors qu'il n'est pas établi que la réglementation résultant des arrêtés attaqués ne correspondrait plus, à la date de la décision ministérielle attaquée, à la volonté de la majorité indiscutable de tous ceux qui, dans le département, exercent la profession constituée par les « boulangeries, boulangeries-pâtisseries et dépôts de pains » à laquelle s'appliquent les arrêtés litigieux.

CE 3 décembre 2003, n° 248840. Voir aussi cass. crim. 9 janvier 2018, n° 15-85.274, B. crim. n° 6.

L'accord sur la base duquel est pris l'arrêté préfectoral n'ayant pas la nature d'un accord collectif, un tel accord, même étendu, ne peut le remettre en cause.

Un arrêté préfectoral pris sur le fondement de l'article L. 221-17 CT, après accord entre les syndicats d'employeurs et de travailleurs d'une profession et d'une région déterminées représentant la majorité des professionnels concernés, s'applique à tous les établissements de la profession pratiquant les activités qu'il vise. Un tel accord n'a pas la nature d'un accord au sens de l'article L. 132-13 CT. Un accord collectif, même étendu, ne saurait dès lors constituer par lui-même une modification de l'accord départemental que prévoit cette disposition.

Cass. soc. 12 juillet 2006, n° 04-20.770, BC V n° 266.

L'article L. 3132-29 CT n'imposant aucune condition de forme, la circonstance qu'un accord n'aurait pas été formalisé dans un document signé par les syndicats de la profession ne saurait, par elle-même, entacher d'irrégularité l'accord ainsi recueilli.

Doit être approuvé l'arrêt qui, pour rejeter l'exception d'illégalité d'un arrêté préfectoral de fermeture, un jour par semaine, des établissements de vente ou de distribution de pain, énonce, d'une part, énonce qu'à la date à laquelle le préfet a pris l'arrêté, une majorité indiscutable de tous ceux qui, dans le département, exerçaient la profession intéressée, avait exprimé son accord pour la fermeture, un jour par semaine, des établissements de vente ou de distribution de pain et, d'autre part, que la circonstance que cet accord n'aurait pas été formalisé dans un document signé par les syndicats de la profession ne saurait, par elle-même, entacher d'irrégularité l'accord ainsi recueilli, dès lors que l'article L. 221-17 CT n'impose aucune condition de forme.

Cass. crim. 6 janvier 2004, n° 02-87.518.

Le simple recueil d'avis auprès des partenaires sociaux ne constitue pas l'accord requis par l'article L. 3132-29 CT.

Aux termes de l'article L. 221-17 CT : « Lorsqu'un accord est intervenu entre les syndicats d'employeurs et de travailleurs d'une profession et d'une région déterminées sur les conditions dans lesquelles le repos hebdomadaire est donné au personnel suivant un des modes prévus par les articles précédents, le préfet du département peut, par arrêté, sur la demande des syndicats intéressés, ordonner la fermeture au public des établissements de la profession ou de la région pendant toute la durée de ce repos. »

Si l'accord n'a pas à prendre la forme d'un document écrit et signé dans les conditions prévues au titre III du livre I du code du travail, les dispositions de l'article L. 221-17 CT impliquent toutefois que l'accord à intervenir entre les syndicats d'employeurs et de travailleurs résulte d'échanges et de discussions menés simultanément et collectivement entre ces différents organismes, et non de simples avis recueillis séparément auprès de chacun d'entre eux.

CE 30 mars 2005, n° 268603.

Durée de la fermeture obligatoire

La fermeture obligatoire ne peut être imposée par le préfet que pendant la durée du repos minimum.

Si les articles L. 221-4 et 5 CT ne font pas obstacle à ce que l'employeur accorde à son personnel un repos hebdomadaire supérieur à 24 heures, les articles L. 221-5-1 et s. ont seulement pour but de prévoir les diverses modalités selon lesquelles le repos minimum de 24 heures doit être donné. Il résulte de l'article L. 221-17 CT que la fermeture obligatoire qu'il prévoit ne peut être imposée par le préfet que pendant la durée dudit repos minimum.

Ainsi, dans une profession où le repos hebdomadaire est donné le dimanche (coiffure), un arrêté préfectoral ne peut ordonner la fermeture des salons le lundi, jour de repos supplémentaire prévu dans l'accord syndical.

CE 18 février 1991, n° 84631, Rec. Lebon p. 51. Voir aussi cass. crim. 7 décembre 1993, n° 91-86.733.

Choix du jour de fermeture

Le préfet peut laisser aux commerçants de la profession le choix du jour de fermeture hebdomadaire.

Aucune disposition légale n'interdit au préfet de laisser à tous les commerçants de la profession le choix du jour de fermeture hebdomadaire.

Cass. soc. 6 mai 1996, n° 94-16.188. Voir aussi cass. crim. 4 janvier 1994, n° 91-86.246, B. crim. n° 4.

L'arrêté préfectoral peut laisser le choix entre le dimanche et le lundi comme jour de fermeture hebdomadaire des commerces de la profession concernée.

Ni la règle du repos dominical des salariés, ni la circonstance, à la supposer établie, qu'une société puisse être autorisée à y déroger en application des articles L. 3132-12 et R. 3132-5 CT, ne fait obstacle à ce que le préfet, pour l'application de l'article L. 3132-29, laisse le choix entre le dimanche et le lundi comme jour de fermeture hebdomadaire des commerces de la profession concernée par l'arrêté.

C'est donc à bon droit qu'une cour d'appel a rejeté l'exception d'illégalité de l'arrêté et condamné une société pour avoir enfreint, en ouvrant au public son commerce vendant au détail de l'alimentation générale un lundi alors qu'il était ouvert le dimanche précédent, les dispositions d'un arrêté préfectoral du 15 novembre 1990 prévoyant que les établissements ou parties d'établissement vendant au détail, à poste fixe ou en ambulant, de l'alimentation générale, de l'épicerie, de la crémerie, des fromages, des fruits et légumes, des liquides à emporter devaient être totalement fermés au public soit le dimanche, soit le lundi toute la journée de 0 à 24 heures.

Cass. crim. 9 janvier 2018, n° 15-85.274, précité.

L'arrêté préfectoral ne peut ordonner des dérogations à la fermeture qu'il prescrit

L'article L. 221-17 CT n'autorise pas le préfet à prévoir des dérogations aux fermetures qu'il prescrit.

Cass. crim. 21 juin 1994, n° 92-83.835. Voir aussi CE 2 mars 1992, n° 98654, Rec. Lebon p. 102.

La disposition d'un arrêté préfectoral permettant aux commerçants exerçant dans des galeries marchandes de prendre comme jour de fermeture celui pratiqué par la galerie ne constitue pas une dérogation individuelle illégale à la règle de fermeture hebdomadaire fixée, mais une modalité d'application de cette dernière en rapport avec son objet, qui est d'assurer une égalité entre les établissements d'une même profession au regard de la concurrence.

Cass. crim. 9 janvier 2018, n° 15-85.274, précité.

Légalité de l'arrêté préfectoral

L'arrêté préfectoral, quelle que soit son ancienneté, demeure applicable tant qu'il n'a pas été abrogé.

Cass. soc. 5 octobre 2017, n° 15-23.221, BC V n° 174.

Aucune disposition législative ou réglementaire n'imposant que l'arrêté mentionne l'identité des organisations signataires de l'accord, la circonstance qu'il ne comporte pas une telle mention est sans incidence sur sa légalité.

CE 18 novembre 2013, n° 358805.

Si, en vertu des dispositions précitées de l'article L. 3132-29 CT, le préfet doit vérifier l'existence d'un accord entre une ou plusieurs organisations d'employeurs et une ou plusieurs organisations de salariés, résultant d'échanges et de discussions menées simultanément et collectivement entre les parties, les conditions de négociation de cet accord, lequel ne doit d'ailleurs pas nécessairement prendre la forme d'un document écrit et signé dans les conditions prévues au titre III du livre II de la deuxième partie du code du travail, sont par elles-mêmes sans incidence sur la légalité de l'arrêté.

CE 18 novembre 2013, n° 358805, précité. Voir aussi CE 7 janvier 2015, n° 369924, précité.

Le juge civil ne peut se prononcer sur la légalité d'un acte administratif.

Si le principe de la séparation des pouvoirs des autorités administratives et judiciaires interdit au juge civil de se prononcer sur la légalité d'un acte administratif, il lui appartient, lorsqu'il est saisi d'une contestation de la légalité d'un tel acte, de se prononcer sur le caractère sérieux de cette contestation et, dans l'affirmative, de renvoyer au juge administratif l'appréciation de la légalité dudit acte.

Cass. soc. 19 novembre 1996, n° 93-19.426.

Il incombe à l'exploitant de magasin qui invoque devant le juge civil l'exception d'illégalité de l'arrêté préfectoral de fermeture d'établir, le cas échéant, soit l'absence d'une majorité incontestable des professionnels concernés en faveur de l'accord sur lequel est fondé l'arrêté, soit que l'absence de consultation d'une organisation d'employeurs a eu une incidence sur la volonté de la majorité des employeurs et salariés concernés par l'accord.

D'abord, l'article L. 3132-29 CT dont les dispositions tendent à préserver la concurrence entre les établissements d'une même profession n'a ni pour objet ni pour effet de déroger au principe fondamental du repos dominical, pour lequel les seules dérogations possibles sont celles prévues par la loi au sein de la section 2 du chapitre II du titre III du livre premier de la troisième partie du code du travail ; ensuite, exercent la même profession au sens de l'article L. 3132-29 CT les établissements dans lesquels s'effectue à titre principal ou accessoire la vente au détail de produits alimentaires ; enfin, il incombe à l'exploitant de magasin qui invoque l'exception d'illégalité de l'arrêté préfectoral de fermeture d'établir, le cas échéant, soit l'absence d'une majorité incontestable des professionnels concernés en faveur de l'accord sur lequel est fondé l'arrêté, soit que l'absence de consultation d'une organisation d'employeurs a eu une incidence sur la volonté de la majorité des employeurs et salariés concernés par l'accord.

À la suite d'un accord intervenu le 8 juin 1990 entre les syndicats de salariés et les organisations professionnelles d'employeurs dans le domaine de l'alimentation générale, de l'épicerie, de la crémerie, du fromage, des fruits et légumes et des liquides à emporter, un préfet, par arrêté du 15 novembre 1990, a décidé que les établissements ou parties d'établissements vendant au détail seraient totalement fermés au public soit le dimanche, soit le lundi toute la journée, cette fermeture impliquant le repos du personnel salarié ; plusieurs syndicats ont fait citer devant la formation de référé du tribunal de grande instance plusieurs sociétés, estimant qu'elles ne respectaient pas les règles relatives à la fermeture hebdomadaire résultant de cet arrêté.

Ayant relevé, d'une part, que des sociétés exploitant des supermarchés dont l'activité prédominante était la vente au détail de produits alimentaires, ce dont il résultait qu'elles entraient dans le champ d'application de l'arrêté préfectoral conçu en termes généraux visant tous les établissements ou parties d'établissements vendant au détail de l'alimentation générale et, d'autre part, qu'elles n'établissaient nullement que l'absence de consultation de la Fédération des entreprises du commerce et de la distribution ait eu une incidence sur la volonté de la majorité des employeurs et salariés concernés par l'accord, une cour d'appel a pu décider que la légalité de l'arrêté préfectoral du 15 novembre 1990 n'était pas sérieusement contestable et que l'inobservation de cet arrêté constituait ainsi un trouble manifestement illicite distinct de celui causé par les infractions à la règle du repos dominical, qu'il convenait de faire cesser.

Cass. soc. 17 octobre 2012, n° 11-24.315, BC V n° 266.

Le juge, saisi d'une exception d'illégalité d'un arrêté préfectoral édicté en application de l'article L. 3132-29 CT, prise de ce que l'accord intervenu entre les organisations syndicales de salariés et d'employeurs d'une profession, sur les conditions dans lesquelles le repos hebdomadaire est donné aux salariés, n'aurait pas exprimé la volonté de la majorité des professionnels concernés, ne peut accueillir cette exception que s'il résulte des éléments du dossier qu'une telle volonté majoritaire faisait défaut, à la date de l'arrêté litigieux ou à celle des faits poursuivis.

Cass. crim. 8 avril 2014, n° 11-84.722, B. crim. n° 102.

L'illégalité d'un arrêté préfectoral de fermeture au public constitue une faute susceptible d'engager la responsabilité de l'État.

Si l'illégalité d'un arrêté préfectoral ordonnant la fermeture au public le dimanche des établissements de la profession et de la région dans lesquels un accord est intervenu entre les syndicats d'employeurs et de salariés constitue une faute susceptible d'engager la responsabilité de l'État, les préjudices subis par des sociétés, condamnées pénalement au paiement d'une indemnité à des syndicats d'employeurs pour avoir méconnu l'arrêté préfectoral, ne sont pas la conséquence directe de la faute commise par l'administration mais trouvent leur origine dans la décision prise par les deux sociétés d'ouvrir leurs établissements le dimanche, malgré l'interdiction édictée, et l'État ne saurait être condamné à rembourser ces sommes auxdites sociétés.

CE 15 mai 1995, n° 91667.

Violation de l'arrêté préfectoral

La violation d'un arrêté préfectoral pris sur le fondement de l'article L. 3132-29 CT, dont la légalité n'est pas sérieusement contestable, constitue un trouble manifestement illicite qu'il entre dans le pouvoir du juge des référés de faire cesser.

Cass. soc. 21 mars 2012, n° 10-16.461. Voir aussi cass. soc. 5 octobre 2017, n° 15-23.221, précité.

Application des sanctions pénales

En condamnant un prévenu à trente-cinq amendes de 125 €, pour violation d'un arrêté préfectoral pris en application de l'article L. 221-17 devenu l'article L. 3132-29 CT, alors que, dans un arrêt antérieur, devenu définitif, elle avait prononcé une condamnation aux mêmes peines, pour des infractions à la règle du repos dominical, commises aux mêmes dates, sur le fondement de l'article L. 221-5 devenu l'article L. 3132-3 CT, une cour d'appel a justifié sa décision, les infractions poursuivies comportant des éléments constitutifs spécifiques et devant, dès lors, être réprimées distinctement.

Cass. crim. 16 mars 2010, n° 08-88.418, 3e moyen, B. crim. n° 51.

Les violations répétées à la fois de la règle du repos hebdomadaire (art. L. 221-2 CT) et d'un arrêté préfectoral de fermeture (art. L. 221-17 CT) sont des infractions comportant des éléments constitutifs spécifiques et doivent, dès lors, être réprimées distinctement.

Cass. crim. 11 janvier 2000, n° 98-87.599, 3e moyen, B. crim. n° 14, cité dans « Repos hebdomadaire (Principe du repos dominical) ».

Doit être cassé le jugement d'un tribunal de police ayant condamné le gérant d'un magasin pour violation d'un arrêté préfectoral à trois amendes de première classe sur le fondement de l'article R. 610-5 c. pén., alors que cette infraction ne pouvait constituer que la contravention de cinquième classe prévue par l'article R. 262-1 CT et qu'elle se trouvait donc soumise, pour son jugement, aux dispositions du code de procédure pénale applicables à cette catégorie de contravention.

Cass. crim. 1er juillet 1997, n° 96-83.433, moyen relevé d'office, B. crim. n° 261.

Abrogation ou modification de l'arrêté préfectoral par le ministre

Le ministre chargé du travail, lorsqu'il abroge ou modifie un arrêté préfectoral de fermeture au public sur le fondement des dispositions de l'article R. 3132-22 CT ou qu'il rejette une demande tendant à ce qu'une telle décision soit prise, statue en qualité d'autorité hiérarchique sur une décision du préfet qui relève en premier ressort de la compétence du tribunal administratif.

Par suite, les recours pour excès de pouvoir contre la décision du ministre doivent être portés non devant le Conseil d'État, mais devant le tribunal administratif territorialement compétent pour connaître des recours contre l'arrêté préfectoral lui-même.

CE 28 juillet 2017, n° 398816.

Repos hebdomadaire (Dérogations)

Pour tenir compte de l'évolution de la vie économique et sociale et permettre la satisfaction des besoins essentiels du pays le dimanche, il est prévu, de façon limitée, des dérogations au principe du repos dominical.
Les lois 2009-974 du 10 août 2009 et 2015-990 du 6 août 2015 ont adapté les dérogations à ce principe notamment dans les zones touristiques.

Dérogations permanentes

Il appartient à celui qui se prévaut du bénéfice d'une dérogation de droit au repos dominical d'en justifier.

Cass. soc. 16 juin 2010, n° 09-11.214, 9 premières branches du 3e moyen, BC V n° 143.

Le bénéfice de la dérogation de droit au repos dominical prévue par l'article L. 3132-12 CT n'est accordé qu'aux entreprises qui exercent, à titre principal, l'une des activités énumérées à l'article R. 3132-5 CT.

Cass. soc. 16 juin 2010, n° 09-11.214, précité. Voir aussi cass. soc. 25 octobre 1994, n° 90-12.753, BC V n° 291.

La cour d'appel a constaté que la société France Télécom avait installé un point d'accueil de sa clientèle dans un centre commercial où elle faisait travailler ses agents le dimanche par roulement et où elle vendait des terminaux de téléphonie mobile, des appareils de radio-messagerie, des télécartes et abonnements au réseau Itinéris. Au vu de ces constatations, d'où il résultait que l'activité litigieuse ne se rattachait pas à celle spécifique d'émission et de réception de télégraphie sans fil, elle a exactement décidé que la société France Télécom avait violé la règle du repos dominical, de sorte que cette violation était constitutive d'un trouble manifestement illicite, qu'il appartenait au juge des référés de faire cesser.

Cass. soc. 21 mai 2002, n° 99-13.317, 2e moyen, BC V n° 171. Voir aussi cass. soc. 21 mai 2002, n° 01-00.952, 2e moyen, BC V n° 172 ; cass. soc. 21 mai 2002, n° 00-22.389 ; cass. soc. 3 juin 2009, n° 07-44.255, 1er moyen.

L'article L. 221-9, 1° CT n'admet de donner le repos hebdomadaire par roulement que pour les établissements assurant la fabrication de produits alimentaires destinés à la consommation immédiate. Tel n'est pas le cas d'un magasin à rayons multiples.

Cass. crim. 25 juillet 1990, n° 89-84.963, B. crim. n° 295.

Il résulte des articles L. 221-9 et R. 221-4-1 CT que le repos hebdomadaire peut être accordé par roulement dans les établissements qui exercent, à titre principal, l'une des activités qu'ils énumèrent.

Des syndicats de copropriétaires de résidences, qui assuraient à leurs habitants, principalement des personnes retraitées, divers services tels que restauration, accueil, bibliothèque, salle de gymnastique et surveillance, employaient un certain nombre de salariés appelés à travailler le dimanche. Soutenant qu'en l'absence d'autorisation administrative, l'inobservation du repos hebdomadaire le dimanche était illégale, des syndicats et des salariés avaient assigné les syndicats de copropriétaires en la personne de leur syndic.

C'est à tort que, pour interdire aux syndicats de copropriétaires de faire travailler leurs salariés le dimanche, une cour d'appel s'est bornée à énoncer qu'aucun des syndicats ne revêtait le caractère de l'un des établissements limitativement énumérés par les articles L. 221-9 et R. 221-4 et s. CT, alors qu'il lui appartenait de rechercher si les syndicats de copropriétaires n'avaient pas pour activité principale une activité de prestation de services et de soins impliquant une continuité dans le temps.

Cass. soc. 18 décembre 2001, n° 98-18.305, BC V n° 393.

Une cour d'appel a décidé à bon droit que les laboratoires d'analyses médicales qui ne pratiquent aucun soin ne peuvent invoquer le bénéfice des articles L. 221-9 et R. 221-4-1 CT qui autorisent, par dérogation à l'article L. 221-5, les établissements et services de soins médicaux et vétérinaires à donner le repos hebdomadaire par roulement.

Cass. soc. 19 novembre 1997, n° 95-43.794, BC V n° 390.

Il résulte des articles L. 221-9 et R. 221-4-1 CT que les établissements qui participent, par la tenue d'un stand, à une exposition dans le cadre de foires et salons ayant fait l'objet d'une autorisation ou d'un agrément sont admis à déroger à la règle du repos dominical posée à l'article L. 221-5 CT pour les salariés qui ont accepté de concourir à cette activité.

Un syndicat avait fait assigner deux banques devant le juge des référés afin qu'il leur soit fait interdiction de faire travailler des salariés le dimanche pendant le « Salon de l'étudiant ».

Pour décider que les banques n'entraient pas dans le cadre des dérogations prévues pour permettre aux entreprises dont ce n'est pas l'activité propre de participer aux salons, foires et expositions et leur avoir interdit de faire participer des membres de leur personnel au « Salon de l'étudiant » sous peine d'astreinte, une cour d'appel a notamment retenu que l'article R. 221-4-1 CT, qui mentionne les « foires et salons ayant fait l'objet d'une autorisation ou d'un agrément, congrès, colloques et séminaires, entreprises d'organisation, d'expositions, d'installations de stands » parmi les établissements admis, en application de l'article L. 221-9 CT, à donner le repos hebdomadaire par roulement au personnel employé dans les activités d'organisation de manifestations et d'expositions ainsi que pour le montage et le démontage des stands, n'était pas applicable à un établissement bancaire dont l'activité principale n'est pas d'organiser des foires ou des salons.

En statuant ainsi, après avoir constaté que les banques entendaient participer un samedi et un dimanche au moyen de stands tenus par des salariés volontaires au « Salon de l'étudiant », manifestation autorisée par arrêté préfectoral, la cour d'appel a violé les textes précités.

Cass. soc. 12 novembre 2002, n° 00-14.641, BC V n° 342.

En application des articles L. 3132-12 et R. 3132-5 CT, dans sa rédaction antérieure à celle issue du décret 2014-302 du 7 mars 2014, dans le secteur du tourisme et des loisirs, le repos hebdomadaire peut être attribué par roulement aux salariés ayant une activité de réservation et vente d'excursions ou de places de spectacles ou d'accompagnement de clientèle.

Un syndicat, contestant l'existence d'un cas de dérogation permanente de droit au repos dominical, a saisi un tribunal de grande instance pour qu'il soit fait interdiction à une société d'employer ses conseillers-clientèle le dimanche.

Ayant retenu que la société relevait de la catégorie des établissements de tourisme et de loisirs, une cour d'appel, qui a constaté que les salariés concernés étaient employés à des activités commerciales de vente de billets d'avion ou de séjours et géraient les appels des membres du programme de fidélisation d'une compagnie aérienne, en a exactement déduit qu'ils n'étaient pas affectés à des tâches de réservation et vente d'excursions, de places de spectacle et d'accompagnement de clientèle au sens des textes susvisés, de sorte que l'employeur ne pouvait bénéficier d'une dérogation permanente de droit à la règle du repos dominical.

Cass. soc. 9 mai 2019, n° 17-21.162, à paraître.

La dérogation au repos dominical dans le secteur du commerce de détail d'ameublement est conforme à la Convention 106 de l'OIT concernant le repos hebdomadaire.

Un salarié, engagé le 10 janvier 2005 par une société d'ameublement, a saisi la juridiction prud'homale d'une demande de dommages-intérêts en réparation du préjudice qu'il a subi du fait de l'atteinte au repos dominical pour la période postérieure à l'entrée en vigueur de la loi 2008-3 du 3 janvier 2008.

C'est à bon droit qu'une cour d'appel l'a débouté de sa demande.

En effet, d'une part, les dispositions de l'article 7, § 4 de la Convention 106 de l'OIT concernant le repos hebdomadaire dans les commerces et les bureaux ne créent d'obligations de consultation des partenaires sociaux, dès lors que les dérogations au travail dominical critiquées résultent de la loi, qu'à la charge de l'État, de sorte que le moyen tiré de ce que la procédure ayant conduit à l'adoption de la loi n'est pas conforme à ces dispositions ne peut être accueilli.

D'autre part, ayant relevé que le rapport du Comité de l'OIT chargé d'examiner la réclamation alléguant l'inexécution par la France de la Convention 106, des 10 et 24 mars 2016, a noté que la commission d'experts, après analyse complète et détaillée de la législation en cause, n'a pas considéré que les dispositions en question étaient contraires aux dispositions de la Convention 106, et ayant fait ressortir que les dérogations concernées étaient justifiées par la nature du travail, la nature des services fournis par l'établissement, l'importance de la population à desservir et le nombre des personnes employées et se fondaient sur des considérations économiques et sociales répondant à un besoin du public, en ce que l'aménagement de la maison auquel participe l'ameublement relève d'une activité pratiquée plus particulièrement en dehors de la semaine de travail, la cour d'appel a exactement décidé que les dispositions de la loi 2008-3 du 3 janvier 2008 n'étaient pas incompatibles avec celles des articles 6 et 7, § 1 de la Convention 106.

Cass. soc. 14 novembre 2018, n° 17-18.259, à paraître.

Dérogations temporaires sur demande

• Dérogations individuelles et temporaires accordées par le préfet

L'article L. 3132-20 CT permet l'octroi d'une dérogation au repos dominical lorsqu'il est établi que le repos simultané, le dimanche, de tout le personnel de l'établissement serait préjudiciable au public ou compromettrait le fonctionnement normal de l'établissement.

C'est à bon droit qu'une cour administrative d'appel a confirmé le jugement d'un tribunal administratif qui a annulé un arrêté préfectoral autorisant les commerçants d'un centre commercial à déroger à la règle du repos dominical.

En premier lieu, la dérogation à la règle du repos dominical prévue par l'article L. 221-6 CT ne peut être accordée à un établissement déterminé qu'en raison de sa situation propre, au regard, notamment, du type d'activité exercé et de la nature des produits vendus ou des prestations fournies. La circonstance qu'un établissement soit situé au sein d'un centre commercial, c'est-à-dire d'une structure offrant simultanément, en un même lieu, de larges possibilités de vente et d'activités de loisirs, est par elle-même sans incidence sur les conditions d'application de cet article.

En deuxième lieu, en estimant, pour écarter l'existence d'un préjudice pour le public au sens des dispositions de l'article L. 221-6 CT, que les différents établissements du centre commercial ne pouvaient être regardés, du seul fait de leur emplacement au sein d'une telle structure, comme proposant des activités familiales, la cour administrative d'appel n'a pas commis d'erreur de droit.

En troisième lieu, en retenant qu'il n'était pas établi que le public soit dans l'impossibilité d'effectuer ses achats les autres jours de la semaine, compte tenu de la situation géographique du centre et de la possibilité de sa desserte par autoroute, la cour administrative s'est livrée à une appréciation souveraine des pièces du dossier et n'a pas commis d'erreur de droit.

Enfin, pour écarter l'atteinte que porterait au fonctionnement normal des établissements en cause l'application de la règle du repos dominical à l'ensemble des personnels concernés, la cour a relevé à bon droit qu'il n'était pas établi que la clientèle des établissements ne puisse reporter sur les autres jours de la semaine les achats qu'elle effectue le dimanche. Par ailleurs, la circonstance que la fermeture le dimanche des établissements situés dans le centre commercial risquerait d'entraîner des licenciements, notamment en raison de ce que des personnes supplémentaires ont été embauchées pour répondre au surcroît d'activité résultant de l'ouverture dominicale, ainsi que des baisses de rémunération, n'est pas, par elle-même, en l'absence d'atteinte au fonctionnement normal de ces établissements, de nature à justifier la dérogation à la règle du repos dominical des salariés.

CE 9 décembre 2005, n° 265553.

➡ Notion de repos simultané préjudiciable au public.

Il ressort des pièces du dossier que le repos simultané le dimanche de tout le personnel de magasins situés avenue des Champs-Élysées et Rond-Point des Champs-Élysées, à Paris, qui vendent des articles de carterie, des cadeaux et des souvenirs, aurait compromis la satisfaction des besoins de l'importante population touristique qui fréquente ce secteur. Par suite, la société est fondée à soutenir que l'arrêté du préfet de Paris, qui a rejeté sa demande de dérogation à la règle du repos dominical, est illégal et doit, par suite, être annulé.

CE 17 janvier 1997, n° 163523. Voir aussi CE 8 juillet 1994, n° 153629.

La circonstance que le public visé par une société (collégiens et lycéens) n'est disponible qu'en dehors des temps scolaires ne suffit pas à établir que le refus d'ouverture de cette société le dimanche causerait un préjudice à ce public.

CE 30 décembre 2002, n° 241540.

➡ Notion d'atteinte au fonctionnement normal de l'établissement.

Des dérogations à la règle du repos des salariés le dimanche avaient été accordées, pour une durée de trois ans, au profit de magasins concurrents. Eu égard à l'importance du chiffre d'affaires réalisé le dimanche par ces magasins situés sur le territoire de communes limitrophes et au fait qu'ils proposent des produits concurrents de ceux du magasin concerné, la fermeture de ce dernier le dimanche risquait d'entraîner d'importants détournements de clientèle à son détriment, de nature à compromettre son fonctionnement normal. Le préfet ne saurait, dès lors, rejeter sa demande de dérogation à la règle du repos dominical.

CE 17 janvier 1997, n° 168027. Voir aussi CE 28 juillet 2004, n° 254388.

➡ Incidence d'un arrêté préfectoral de fermeture.

Lorsqu'un arrêté préfectoral ordonnant la fermeture hebdomadaire des établissements d'une profession et d'une région déterminées a été pris en application de l'article L. 221-17 CT, une demande de dérogation fondée sur l'article L. 221-6 du même code au profit d'une entreprise entrant dans le champ d'application de cet arrêté ne peut plus recevoir une suite favorable. Le préfet est donc tenu de la rejeter sans avoir à se conformer ni aux règles de fond ni aux règles de procédure édictées à l'article L. 221-6 CT.

CE 14 décembre 1979, n° 10275, Rec. Lebon p. 465.

L'article L. 3132-25 CT, dans sa rédaction antérieure à la loi du 10 août 2009, permettait aux établissements de vente au détail situés dans des zones touristiques de donner le repos hebdomadaire par roulement pour tout ou partie du personnel, pendant la ou les périodes d'activités touristiques, à condition de mettre à disposition du public des biens et services destinés à faciliter son accueil ou ses activités de détente ou de loisirs d'ordre sportif, récréatif ou culturel.

C'est à tort que, pour annuler le jugement d'un tribunal administratif et rejeter la demande d'annulation de la décision par laquelle le préfet de Paris avait accordé à une société l'autorisation de donner le repos hebdomadaire par roulement aux salariés employés dans l'établissement situé avenue des Champs-Elysées à Paris, une cour administrative d'appel s'est fondée sur ce que ce dernier met en vente des articles de maroquinerie, joaillerie, vêtements et accessoires « pouvant être regardés comme étant, au moins pour une certaine catégorie de clientèle étrangère, au nombre des attraits touristiques de la capitale française », sur le fait qu'il commercialise des livres d'art et de voyage ayant un lien avec une marque célèbre, et enfin sur la présence, dans ce magasin fréquenté par des touristes, d'œuvres artistiques et d'un espace destiné à accueillir des manifestations culturelles en rapport avec les activités de la société.

En effet, d'une part, les produits de maroquinerie, de joaillerie, vêtements et accessoires qui sont mis à la disposition du public par cet établissement ne revêtent pas, par nature, quelles que soient les qualités architecturales ou artistiques du lieu dans lequel ils sont mis en vente, le caractère de biens et services destinés à faciliter l'accueil du public ou les activités de détente ou de loisirs d'ordre sportif, récréatif ou culturel, au sens des dispositions de l'article L. 221-8-1 CT ; d'autre part, si les livres d'art et de voyage qui y sont également commercialisés peuvent être regardés comme facilitant les activités de loisirs d'ordre culturel, ils ne sont destinés qu'à accompagner ou promouvoir la vente des autres articles de la marque, leur mise à disposition du public revêtant dès lors un caractère accessoire de celle de ces derniers produits ; enfin, les espaces d'exposition et les manifestations culturelles, accessibles gratuitement aux visiteurs du magasin, n'entrent pas dans les prévisions légales, qui ne portent que sur les biens et services mis à la disposition du public à titre onéreux.

Dès lors, le préfet de Paris ne pouvait légalement accorder à la société, sur ce fondement, l'autorisation de donner le repos hebdomadaire par roulement pour tout ou partie du personnel de l'établissement.

CE 11 mars 2009, n° 308874, Rec. Lebon p. 101.

• Dérogations collectives accordées par le maire

Les décisions prises sur le fondement de l'article L. 3132-26 CT ne peuvent l'être qu'à l'égard d'une catégorie d'établissements exerçant la même activité commerciale, sans pouvoir être limitées à un seul établissement.

N'a pas commis d'erreur de droit la cour administrative d'appel qui a jugé que le préfet avait méconnu ces dispositions en accordant à cinq magasins, qui exercent la même activité commerciale, des autorisations individuelles d'ouverture dominicale à des dates propres à chacune des sociétés.

CE 29 octobre 2008, n° 289617, Rec. Lebon p. 373.

Si l'article L. 3132-26 CT permet au maire de supprimer, dans certaines conditions, le repos dominical prévu par l'article L. 3132-3, il n'autorise pas ce magistrat à accorder des dérogations aux dispositions d'un arrêté préfectoral

Si l'article L. 221-19 CT permet au maire de supprimer, dans certaines conditions, le repos dominical prévu par l'article L. 221-5 CT, il n'autorise pas ce magistrat à accorder des dérogations aux dispositions d'un arrêté préfectoral ordonnant, en application de l'article L. 221-17 du même code, la fermeture le dimanche des établissements d'une profession déterminée.

Cass. crim. 8 août 1994, n° 93-85.207, B. crim. n° 289.

Le bénéfice de la double contrepartie prévue par l'article L. 3132-27 CT est indépendant de la rémunération mensuelle normalement versée au salarié.

Selon l'article L. 3132-27, les salariés des établissements de commerce de détail, qui sont privés du repos dominical par suite d'une autorisation d'ouverture exceptionnelle le dimanche, délivrée en application de l'article L. 3132-26 du même code, doivent bénéficier, d'une part, d'une rémunération au moins égale au double de la rémunération normalement due pour une durée équivalente, d'autre part, d'un repos compensateur équivalent en temps ; le bénéfice de cette double contrepartie est indépendant de la rémunération mensuelle normalement versée aux intéressés.

Une société a, sur autorisation donnée par le maire en application de l'article L. 3132-26 CT, ouvert le dimanche 4 juillet 2010 deux établissements de commerce de détail ; les neuf salariés employés par ces établissements en qualité de vendeurs ont, d'une part, bénéficié d'un repos compensateur le 14 juillet 2010, d'autre part, perçu une rémunération calculée selon un taux horaire majoré de 50 % ; au vu de procès-verbaux de l'inspection du travail relevant, notamment, que ce mode de rémunération n'était pas conforme aux prescriptions de l'article L. 3132-27 CT, la société a été citée devant le tribunal de police du chef d'emploi dérogatoire non conforme de salarié le dimanche ; le premier juge a relaxé la société.

C'est à tort que, pour confirmer le jugement entrepris, une cour d'appel a énoncé que le travail accompli le dimanche 4 juillet 2010 ayant été récupéré par l'octroi, le 14 juillet, d'un repos compensateur équivalent en temps, c'est à juste titre que le tribunal a jugé que les heures ainsi travaillées avaient été rémunérées une première fois à 100 % au titre du salaire de base mensualisé, puis une seconde fois à 150 % au titre de la majoration portée sur les fiches de paie, soit globalement à hauteur de 250 % correspondant à plus du double de la rémunération normalement due pour une durée équivalente, alors qu'elle ne pouvait faire dépendre la rémunération du travail accompli dans le cadre d'une dérogation au repos dominical de celle, mensualisée, normalement versée aux salariés.

Cass. crim. 22 septembre 2015, n° 13-82.284, B. crim. n° 206.

En vertu des dispositions de l'article L. 3132-27 CT, dans sa rédaction antérieure à la loi du 10 août 2009, il incombe au maire ou, à Paris, au préfet de Paris de déterminer les modalités du repos compensateur et, notamment, de préciser si le repos auquel les salariés ont droit est accordé collectivement ou par roulement et se trouve fixé dans la quinzaine qui précède ou dans celle qui suit le dimanche travaillé.

En jugeant que le préfet ne pouvait, sans entacher sa décision d'illégalité, se borner, d'une part, à reproduire dans sa décision d'autorisation d'ouverture les dispositions du second alinéa de l'article L. 221-19 CT et, d'autre part, à ajouter que les employeurs devaient s'y conformer, sauf dispositions plus favorables des conventions collectives, une cour administrative d'appel n'a pas commis d'erreur de droit.

CE 29 octobre 2008, n° 289617, précité.

Repos hebdomadaire (Principe du repos dominical)

Il est interdit d'occuper plus de six jours par semaine un même salarié, le repos hebdomadaire devant avoir une durée minimale de 24 heures consécutives, auxquelles s'ajoutent 11 heures de repos journalier, soit un repos hebdomadaire minimal de 35 heures.

Le principe selon lequel le repos hebdomadaire doit être donné le dimanche a été réaffirmé par la loi 2009-974 du 10 août 2009.

Étendue de l'obligation du repos dominical

Le repos dominical s'applique à l'ensemble du personnel salarié.

Commet une infraction à l'obligation du repos dominical le gérant d'une société qui a ouvert au public le dimanche un magasin de vêtements avec le concours de personnes salariées placées sous sa subordination, en dépit de leur lien familial et de leur participation au capital social.

Cass. crim. 4 octobre 1994, n° 92-85.078.

L'article L. 221-5 CT s'applique à l'ensemble du personnel d'un établissement, aucune distinction ne devant être faite, au regard des règles régissant le repos dominical, entre les travailleurs occupés habituellement dans cet établissement, selon qu'ils y sont employés pendant un seul jour de la semaine ou pendant les autres jours.

Cass. crim. 26 octobre 1993, n° 93-80.743. Voir aussi cass. crim. 16 mars 1999, n° 97-84.912.

L'accord des salariés ne figure pas au nombre des dérogations à la règle du repos dominical.

Le consentement donné par les salariés à l'octroi du repos hebdomadaire un autre jour que le dimanche ne figure pas au nombre des dérogations à la règle du repos dominical énumérées par le code du travail et ne saurait constituer un fait justificatif de nature à permettre à l'employeur, poursuivi pour infraction à l'article L. 221-5 CT, d'échapper à sa responsabilité pénale.

Cass. crim. 5 décembre 1989, n° 89-81.995.

Le fait que des concurrents d'une entreprise aient également fait travailler leurs salariés le dimanche ne justifie pas la méconnaissance du droit au repos dominical.

Le fait pour un employeur d'ouvrir son établissement le dimanche sans qu'il y soit autorisé de droit ou par autorisation préfectorale constitue un trouble manifestement illicite ; la circonstance que des concurrents ouvriraient leurs magasins en faisant travailler leurs salariés le dimanche n'est pas de nature à justifier, au nom de la libre concurrence, la méconnaissance par un employeur du droit au repos dominical alors que la violation de l'article L. 3132-3 CT par certains commerçants qui emploient irrégulièrement des salariés le dimanche rompt l'égalité au préjudice de ceux qui exercent la même activité en respectant la règle légale.

Cass. soc. 22 janvier 2014, n° 12-27.478, 3e et 4e moyens, BC V n° 31.

Droit communautaire

Les dispositions relatives au repos dominical sont compatibles avec le traité de Rome et la directive relative à l'égalité de traitement entre hommes et femmes.

L'article 30 du traité de Rome, devenu article 28 CE, interdisant les restrictions quantitatives à l'importation, ainsi que toutes mesures d'effet équivalent, ne s'applique pas à une réglementation nationale interdisant d'occuper des travailleurs salariés le dimanche.

CJCE 28 février 1991, aff. C-312/89, Recueil I-00997.

Les dispositions de l'article L. 221-5 CT, prises dans le seul intérêt des travailleurs et imposant l'obligation de donner à ces derniers le repos hebdomadaire le dimanche, n'ont pas pour objet de régir les échanges entre les États membres de la Communauté européenne et ne sont pas incompatibles avec les dispositions du traité instituant cette communauté qui interdisent les restrictions quantitatives à l'importation, ainsi que les mesures d'effet équivalent.

Cass. crim. 20 novembre 1990, n° 90-81.160, B. crim. n° 392.

L'exception tirée de l'incompatibilité des dispositions de l'article L. 221-5 CT avec les articles 100, 235 (anciens) et 119 du traité de Rome et avec la directive communautaire 76/207/CEE du 9 février 1976 relative à l'égalité de traitement entre hommes et femmes en ce qui concerne l'accès à l'emploi, à la formation et à la promotion professionnelles, et les conditions de travail, n'est pas fondée ; en effet, la règle fixant le repos hebdomadaire au dimanche a été prise dans le seul intérêt des travailleurs, hommes ou femmes, et constitue un avantage social. Son application n'est, dès lors, pas de nature à entraîner une discrimination, directe ou indirecte, au détriment des uns ou des autres.

Cass. crim. 10 janvier 1995, n° 94-82.490, B. crim. n° 9. Voir aussi cass. crim. 27 juin 1995, n° 94-84.025 ; cass. crim. 27 juin 1995, n° 94-84.182 ; cass. crim. 4 juin 1998, n° 97-82.788.

Il ne saurait être soutenu que l'article L. 221-5 CT serait contraire aux dispositions de la directive 97/80/CE du 15 décembre 1997 relative à la charge de la preuve dans le cas de discrimination fondée sur le sexe, adoptée postérieurement à l'arrêt attaqué. En effet, aux termes de l'article 7 de cette directive, la date de mise en œuvre de ces dispositions, pour chaque État membre, est fixée au plus tard le 1er janvier 2001 ; au surplus, cet article n'a pas pour objet de modifier la directive du 9 février 1976, à laquelle ne contrevient en aucun cas la règle du repos dominical, qui constitue, pour les travailleurs, hommes ou femmes, un avantage social consacré par l'article 5 de la directive 93/104/CE du 23 novembre 1993.

Cass. crim. 2 mars 1999, n° 97-85.165, B. crim. n° 27.

L'article 5, al. 2 de la directive 93/104/CE du Conseil du 23 novembre 1993, concernant certains aspects de l'aménagement du temps de travail, est annulé.

L'article 5, al. 2 de la directive 93/104/CE du 23 novembre 1993 incluant en principe, sous réserve de l'appréciation souveraine des États, le dimanche dans la période de repos hebdomadaire est annulé, faute pour le Conseil d'avoir expliqué « en quoi le dimanche, comme jour de repos hebdomadaire, présenterait un lien plus important avec la santé et la sécurité des travailleurs qu'un autre jour de la semaine ».

CJCE 12 novembre 1996, aff. C-84/94, Recueil I-05755.

Les dispositions de l'article L. 3132-3 CT sont compatibles avec la directive 93/104/CE du 23 novembre 1993 et l'arrêt de la Cour de justice des Communautés européennes du 12 novembre 1996.

Ont justifié leur décision les juges qui, pour répondre au moyen pris de l'incompatibilité des dispositions de l'article L. 221-5 CT avec la directive 93/104/CE du Conseil du 23 novembre 1993 concernant certains aspects de l'aménagement du temps de travail, et l'arrêt de la Cour de justice des Communautés européennes du 12 novembre 1996, ayant annulé l'article 5, al. 2 de la directive précitée, qui disposait que le repos hebdomadaire comprend en principe le dimanche, ont énoncé que cette décision ne pose pas pour principe la licéité du travail le dimanche, mais rappelle que l'inclusion du dimanche dans la période de repos hebdomadaire est laissée à l'appréciation des États membres, de sorte que l'article L. 221-5 précité demeure applicable.

Cass. crim. 11 janvier 2000, n° 98-84.408.

Non-respect du repos hebdomadaire. Incidence

Le fait pour un employeur d'ouvrir son établissement le dimanche sans qu'il y soit autorisé de droit ou par autorisation préfectorale constitue un trouble manifestement illicite.

Cass. soc. 16 juin 2010, n° 09-11.214, 2e moyen et 10e branche du 3e moyen, BC V n° 143. Voir aussi cass. soc. 10 juillet 2013, n° 12-12.181, 2e moyen.

La fermeture d'un établissement peut être demandée en référé :

➡ par une organisation syndicale de travailleurs.

Le fait d'occuper le dimanche, dans un établissement, des salariés appartenant au personnel de l'entreprise, sans bénéficier d'une dérogation à l'article L. 221-5 CT, constitue un trouble manifestement illicite ; le juge des référés peut, à la demande d'une organisation syndicale de travailleurs, sans excéder ses pouvoirs propres, sans porter atteinte à la séparation des pouvoirs et sans prononcer une peine, prendre une mesure de fermeture de l'établissement le dimanche sous astreinte.

Cass. soc. 14 juin 1989, n° 88-15.302, BC V n° 448.

➡ par un syndicat d'employeurs.

Après avoir énoncé que l'article L. 221-5 CT, aux termes duquel le repos hebdomadaire doit être donné le dimanche, était méconnu par certains commerçants qui, en employant irrégulièrement des salariés, rompaient l'égalité au préjudice de ceux qui, exerçant la même activité, respectaient la règle légale, la cour d'appel, qui a ainsi retenu l'atteinte portée à l'intérêt collectif de la profession représentée par le syndicat d'employeurs, était fondée à reconnaître à celui-ci qualité pour agir devant la juridiction des référés.

Cass. ass. plén. 7 mai 1993, n° 91-12.611, BC n° 10. Voir aussi cass. soc. 25 octobre 1994, n° 90-12.753, BC V n° 291 ; cass. soc. 11 octobre 1995, n° 94-12.265 ; cass. crim. 29 octobre 1996, n° 95-82.355, B. crim. n° 375.

Seules les organisations syndicales d'employeurs représentant la profession exercée par les sociétés, qui, en méconnaissance d'un arrêté préfectoral, ont ouvert leur magasin le dimanche, sont recevables à agir à l'encontre de ces sociétés.

Cass. soc. 2 février 1994, n° 90-14.771, BC V n° 40.

La fermeture d'un établissement de vente au détail et de prestations de services au consommateur, y compris en cas de violation par ce dernier d'un arrêté préfectoral, peut être demandée en référé par l'inspecteur du travail…

Selon l'article L. 3132-31 CT, l'inspecteur du travail peut, nonobstant toutes poursuites pénales, saisir en référé le juge judiciaire pour voir ordonner toutes mesures propres à faire cesser dans les établissements de vente au détail et de prestations de services au consommateur l'emploi illicite de salariés en infraction aux dispositions des articles L. 3132-3 et L. 3132-13 CT ; il en résulte que ce pouvoir peut s'exercer dans tous les cas où des salariés sont employés de façon illicite un dimanche.

À la suite d'un accord intervenu entre les syndicats de salariés et les organisations d'employeurs de la profession du commerce multiple de détail alimentaire dans le département de la Haute-Garonne, le préfet de ce département a pris, sur le fondement de l'article L. 3132-29 CT, un arrêté imposant la fermeture le dimanche, jour de repos des salariés, des établissements de la profession dont la surface de vente est supérieure à 400 m² ; l'inspecteur du travail, ayant constaté des violations répétées de cet arrêté par une société, l'a assignée devant le juge des référés en application de l'article L. 3132-31 CT aux fins de voir ordonner la fermeture dominicale immédiate d'un magasin et ce, sous astreinte de 1 500 € par dimanche et par salarié illégalement employé.

C'est à tort que, pour dire l'action de l'inspecteur du travail irrecevable, une cour d'appel a retenu qu'il ressortait de la combinaison des articles L. 3132-31, L. 3132-3 et L. 3132-13 CT que l'inspecteur du travail ne peut saisir le juge des référés que quand il constate une violation des dispositions des articles L. 3132-3 et L. 3132-13 et non de l'article L. 3132-29 expressément exclu par l'article L. 3132-31.

Cass. soc. 6 avril 2011, n° 09-68.413, BC V n° 93.

… qui a qualité pour demander la liquidation de l'astreinte prononcée par le juge.

L'instance en liquidation de l'astreinte n'étant que la suite de celle ayant conduit à son prononcé, l'inspecteur du travail, à qui la loi donne qualité pour demander en référé, en vue de la garantie du repos dominical, une mesure que le juge peut assortir d'une astreinte au profit du Trésor, a qualité pour demander la liquidation de l'astreinte prononcée.

Cass. soc. 1er juin 2005, n° 03-18.897, BC V n° 188.

Dans le cadre de cette procédure, l'inspecteur du travail peut produire tous les éléments de preuve légalement admissibles.

Le principe selon lequel nul ne peut se constituer un titre à lui-même n'est pas applicable à la preuve des faits juridiques ; il appartient à l'inspecteur du travail, qui saisit en référé le président du tribunal de grande instance afin qu'il prenne toutes mesures propres à faire cesser le travail illicite du dimanche de salariés d'établissements de vente au détail et de prestations de services au consommateur, d'établir par tous moyens, et en usant des pouvoirs qu'il tient des articles L. 8113-1, L. 8113-2 et L. 8113-4 CT, l'emploi illicite qu'il entend faire cesser et dont il atteste dans le cadre de l'assignation.

Un inspecteur du travail a constaté le dimanche 2 avril 2006 à 14h45 qu'un établissement d'une société qui commercialise des produits non alimentaires était ouvert et que trois salariés y travaillaient ; estimant que le fait de faire travailler le dimanche ces trois salariés était contraire aux dispositions des articles L. 3132-3 et L. 3132-13 CT, il a saisi en référé le président d'un tribunal de grande instance afin de voir ordonner les mesures propres à faire cesser l'emploi de ces salariés le dimanche.

Pour rejeter sa demande, une cour d'appel a énoncé que l'inspecteur du travail ainsi que son ministre de tutelle entendaient se fonder sur le témoignage d'un contrôleur, se déclarant présent sur les lieux de l'établissement, le dimanche 2 avril 2006 à 14h45, en application du principe de la liberté de la preuve, que cependant, l'absence d'obligation pour l'autorité de contrôle de se conformer à la procédure de l'article L. 8113-7 CT ne lui permettait pas pour autant de s'affranchir des règles de preuve générales, telle que l'impossibilité de se constituer une preuve à soi-même, que le témoignage du contrôleur serait dès lors écarté, qu'il en était de même pour l'inspecteur du travail en personne, qu'ainsi, celui-ci ne justifiait aucunement de la présence de trois salariés en situation de travail dans l'établissement susvisé à l'heure déclarée, la rédaction d'un document portant relation des faits par l'inspecteur du travail lui-même, tombant sous le coup de la règle de l'impossibilité de se constituer une preuve à soi-même, que par conséquent, aucun élément probant non sérieusement contestable et contemporain des faits dénoncés comme constitutifs d'un trouble manifestement illicite n'était rapporté en l'espèce.

En statuant ainsi, alors que l'inspecteur du travail exerçant l'action qui lui est ouverte par l'article L. 3132-31 CT peut produire tous les éléments de preuve légalement admissibles, dont il appartient au juge d'apprécier la valeur, la cour d'appel a violé le principe de la liberté de la preuve et les articles L. 3132-1, L. 3132-3, L. 3132-31, L. 8112-1, L. 8113-1, L. 8113-2, L. 8113-4 et L. 8113-5 CT.

Cass. soc. 19 mars 2014, n° 12-28.411, BC V n° 80.

Dès lors, l'inspecteur du travail n'est pas tenu de dresser le procès-verbal prévu par l'article L. 8113-7 CT au soutien d'éventuelles poursuites pénales.

L'inspecteur du travail, qui saisit en référé le président du TGI afin qu'il prenne toutes mesures propres à faire cesser le travail illicite du dimanche de salariés d'établissements de vente au détail et de prestations de services au consommateur, n'est pas tenu de dresser le procès-verbal prévu par l'article L. 8113-7 CT au soutien d'éventuelles poursuites pénales. Il lui appartient seulement d'établir par tous moyens, et en usant des pouvoirs qu'il tient des articles L. 8113-1, L. 8113-2 et L. 8113-4 CT, l'emploi illicite qu'il entend faire cesser et dont il atteste dans le cadre de l'assignation.

Un inspecteur du travail a constaté un dimanche à 14h45 qu'un établissement qui commercialise des produits non alimentaires était ouvert et que trois salariés y travaillaient. Estimant que le fait de faire travailler le dimanche ces trois salariés était contraire aux dispositions des articles L. 3132-3 et L. 3132-13 CT, il a saisi en référé le président du TGI afin de voir ordonner les mesures propres à faire cesser l'emploi de ces salariés le dimanche.

C'est à tort que pour rejeter cette demande une cour d'appel a retenu que la mise en œuvre de la procédure spéciale de l'article L. 3132-31 CT imposait que la juridiction des référés soit mise en possession de preuves non sérieusement contestables et contemporaines des faits dénoncés et qu'il y avait donc lieu d'écarter la règle de droit commun selon laquelle la preuve des faits est libre, pour retenir que, lorsqu'il entend agir en référé, sur le fondement de l'article L. 3132-31 CT, l'inspecteur du travail doit avoir constaté l'infraction conformément aux prescriptions de l'article L. 8113-7, al. 1er CT, par un procès-verbal faisant foi jusqu'à preuve du contraire.

Cass. soc. 10 mars 2010, n° 08-17.044, BC V n° 64.

Lorsqu'une société exerce une activité de commerce de détail alimentaire à proximité de deux sociétés exploitant deux commerces similaires faisant travailler irrégulièrement leurs salariés le dimanche, cette situation entraîne un préjudice justifiant son action en référé pour la faire cesser.

Il résulte des articles L. 3132-3 et L. 3132-13 CT que, dans les commerces de détail alimentaire, le repos dominical doit être respecté à partir de 13 heures.

Une société exerçant une activité de commerce de détail d'alimentation générale ayant constaté que des sociétés exploitaient deux commerces similaires à proximité sept jours sur sept et invoquant une baisse de son chiffre d'affaires résultant de l'ouverture illicite de ces deux magasins le dimanche, a saisi le président du tribunal de commerce, statuant en référé, aux fins notamment de voir condamner sous astreinte les deux sociétés à respecter les règles relatives à la fermeture hebdomadaire dominicale conformément aux dispositions des articles L. 3132-3 à L. 3132-13 CT.

Pour déclarer irrecevable l'action de la société, une cour d'appel a retenu que, si la qualité à agir devant le juge des référés aux mêmes fins que l'inspecteur du travail pour voir ordonner toutes mesures propres à faire cesser dans les établissements de vente au détail l'emploi illicite de salariés en infraction à l'article L. 3132-3 CT a été reconnue aux organisations professionnelles qui représentent la profession exercée par les commerçants en infraction avec ce texte du fait que l'emploi irrégulier de salariés rompait l'égalité au préjudice de ceux qui, exerçant la même activité, respectaient la règle légale, la société n'était pas en droit d'exciper d'une telle atteinte à l'intérêt collectif de la profession de commerçant en alimentation de détail, et que la société exerçait son activité le dimanche sans établir qu'elle n'employait aucun salarié.

En statuant ainsi, alors que les deux sociétés exerçant un commerce similaire à proximité de la société faisaient travailler irrégulièrement le dimanche leurs salariés, ce dont il se déduisait que la société avait un intérêt légitime à faire cesser cette situation en raison du préjudice que cette rupture d'égalité pouvait lui causer, la cour d'appel a violé les articles 873, al. 1er c. proc. civ., L. 3132-3 et L. 3132-13 CT.

Cass. soc. 30 mai 2012, n° 10-25.349, BC V n° 162.

N'excède pas ses pouvoirs le juge des référés qui ordonne l'interdiction de toute opération commerciale réalisée en contravention des règles relatives au repos dominical sans en mentionner la date de fin.

La violation de la règle du repos dominical est constitutive d'un trouble manifestement illicite. Par conséquent, c'est à bon droit qu'une cour d'appel a jugé que le fait, pour des sociétés installées dans un centre commercial, de faire travailler leurs salariés le dimanche en violation de l'article L. 221-5 CT constituait un trouble manifestement illicite et leur a en conséquence interdit toute opération commerciale réalisée en contravention des articles L. 221-4 et s. du même code sous astreinte.

La cour d'appel n'a pas excédé ses pouvoirs en s'abstenant de préciser la date à laquelle prendrait fin l'interdiction ordonnée, cette date étant nécessairement celle de l'obtention d'une dérogation.

Cass. soc. 13 juin 2007, n° 06-18.336, BC V n° 103.

Sanctions

• Sanction pénale

La loi du 10 août 2009 n'a pas pour effet de priver de support légal les infractions au repos dominical constatées avant son entrée en vigueur.

Une société a été poursuivie pour avoir, en violation de l'article L. 221-5 CT en vigueur au moment des faits, omis de donner le repos dominical une fois à trente-cinq salariés, une fois à trente-deux salariés, une fois à trente et un salariés, une fois à trente salariés, trois fois à vingt-neuf salariés, une fois à vingt-quatre salariés, deux fois à vingt-trois salariés, et une fois à dix-neuf salariés, contraventions réprimées par l'article R. 262-1, devenu R. 3135-2 CT.

Pour prononcer à l'encontre de la prévenue 304 amendes correspondant au nombre total de salariés ayant été employés en méconnaissance de l'article L. 221-5 CT, une cour d'appel a retenu que la société ne contestait pas que son magasin avait été ouvert, sans dérogation préfectorale, chaque dimanche entre le 2 septembre et le 11 novembre 2007 et que les salariés de l'entreprise, dénombrés par les fonctionnaires de l'inspection du travail sur les plannings de l'entreprise, n'avaient pas disposé de repos dominical au cours de cette période.

En l'état de ces seules énonciations, la cour d'appel a justifié sa décision, dès lors que la loi 2009-974 du 10 août 2009, qui réaffirme le principe du repos dominical et vise à adapter, sous certaines conditions, les dérogations à ce principe dans les communes et zones touristiques et thermales ainsi que dans certaines agglomérations pour les salariés volontaires, n'a pas eu pour effet de priver de support légal les infractions au repos dominical constatées avant son entrée en vigueur.

Cass. crim. 16 mars 2010, n° 09-82.198, B. crim. n° 52.

Les contraventions à la règle du repos hebdomadaire et à celle du repos dominical donnent lieu à autant d'amendes qu'il y a de personnes illégalement employées.

A justifié sa décision la cour d'appel qui a prononcé 12 amendes à l'encontre d'un employeur ayant omis, à deux reprises, en violation de l'article L. 221-5 CT, de donner le repos dominical à 4 salariés et ayant, en violation de l'article L. 221-2 du même code, fait travailler plus de 6 jours de suite deux salariés, à deux reprises, contraventions réprimées par l'article R. 262-1 CT.

D'une part, les contraventions à la règle du repos hebdomadaire et à celle du repos dominical donnent lieu à autant d'amendes qu'il y a de personnes illégalement employées. D'autre part, ces infractions comportent des éléments constitutifs spécifiques qui doivent être réprimés distinctement.

Cass. crim. 25 novembre 1997, n° 96-86.297, B. crim. n° 401.

Les cogérants d'une SARL exploitant un magasin d'alimentation générale avaient été poursuivis, d'une part, pour avoir, du mois de mai au mois de novembre 1995, fait travailler plus de six jours par semaine, en violation de l'article L. 221-2 CT, quatre salariés, à différentes reprises, le total des contraventions visées de ce chef étant de 48, et, d'autre part, pour avoir, au cours de la même période, ouvert le magasin susvisé le dimanche matin et le lundi toute la journée, en violation d'un arrêté préfectoral pris en application de l'article L. 221-17 CT prescrivant la fermeture au public de ce type de commerce soit le dimanche, soit le lundi toute la journée, le total des contraventions visées de ce chef étant de 14.

A justifié sa décision la cour d'appel qui a déclaré les prévenus coupables des chefs de la prévention et qui les a condamnés, chacun, à 62 amendes en application des dispositions de l'article R. 262-1 CT, les infractions poursuivies comportant des éléments constitutifs spécifiques et devant, dès lors, être réprimées distinctement.

Cass. crim. 11 janvier 2000, n° 98-87.599, 3e moyen, B. crim. n° 14.

Aucune disposition légale ou réglementaire n'impose aux juges de préciser l'identité des salariés illégalement employés.

Peu importe que l'identité des salariés ne soit pas précisée par les juges, dès lors que chaque contravention à la règle du repos dominical donne lieu à autant d'amendes qu'il y a de personnes illégalement employées.

Cass. crim. 7 juillet 1998, n° 97-85.163. Voir aussi cass. crim. 30 juin 1998, n° 97-85.280.

• Sanctions civiles

Lorsqu'un salarié a travaillé chaque dimanche, en violation des dispositions légales relatives au repos dominical, il peut prétendre à des dommages-intérêts en réparation de son préjudice, mais non à la majoration conventionnelle de salaire due en cas de travaux exceptionnels effectués ce jour.

Une convention collective disposant que « tous travaux exceptionnels du dimanche, des jours fériés et de nuit donneront lieu à une majoration de 100 % du salaire horaire effectif, incluant, le cas échéant, toutes majorations pour heures supplémentaires », il en résulte que le caractère exceptionnel des travaux ainsi visés rend ce texte inapplicable au salarié qui travaille habituellement le dimanche.

Un salarié a saisi la juridiction prud'homale de demandes tendant au paiement de rappels de salaire en faisant valoir que son employeur ne lui avait pas versé un salaire doublé pour le travail effectué les dimanches et ce, en méconnaissance des dispositions conventionnelles précitées.

C'est à tort que, pour faire droit à la demande du salarié, une cour d'appel a retenu que l'établissement dans lequel il travaillait ayant été ouvert le dimanche sans autorisation, le travail effectué ce jour-là, présentait un caractère d'exception, indépendamment de sa fréquence, au sens des dispositions conventionnelles, alors qu'elle avait constaté que le salarié travaillait chaque dimanche, ce dont il résultait qu'il ne pouvait pas prétendre à un rappel de salaires au titre de la majoration conventionnelle, mais exclusivement à des dommages-intérêts en réparation du préjudice causé par la violation des dispositions légales relatives au repos dominical.

Cass. soc. 31 janvier 2006, n° 04-40.985, BC V n° 44.

Lorsque la prise d'acte de la rupture du contrat a pour cause le non-respect, par l'employeur, du droit au repos hebdomadaire, la rupture produit les effets d'un licenciement sans cause réelle et sérieuse.

Lorsqu'un salarié prend acte de la rupture de son contrat de travail en raison de faits qu'il reproche à son employeur, cette rupture produit les effets soit d'un licenciement sans cause réelle et sérieuse si les faits invoqués la justifiaient, soit, dans le cas contraire, d'une démission.

Doit être cassé l'arrêt de cour d'appel qui a débouté une salariée de sa demande en paiement des indemnités de rupture alors que la prise d'acte de la rupture de son contrat avait notamment pour cause le non-respect, par l'employeur, du droit au repos hebdomadaire et qu'elle a condamné ce dernier pour inexécution de cette obligation, ce dont il résultait que la rupture produisait les effets d'un licenciement sans cause réelle et sérieuse.

Cass. soc. 7 octobre 2003, n° 01-44.635. Voir aussi cass. soc. 31 octobre 2012, n° 11-20.136.

• Garantie de l'AGS

L'AGS doit garantir le paiement des dommages-intérêts alloués à un salarié en réparation de son préjudice né de la violation par l'employeur des dispositions relatives au repos dominical.

Les dommages-intérêts dus au salarié à raison de l'inexécution par l'employeur d'une obligation découlant du contrat de travail sont garantis par l'AGS dans les conditions prévues à l'article L. 143-11-1 CT.

La cour d'appel qui, ayant relevé que l'employeur avait fait travailler la salariée tous les dimanches en méconnaissance des obligations mises à sa charge par l'article L. 221-5 CT, a exactement décidé que l'AGS devait garantir le paiement des dommages-intérêts alloués à l'intéressée en réparation de son préjudice.

Cass. soc. 8 juin 1999, n° 97-40.648, BC V n° 265.

Représentant de la section syndicale

Depuis la loi 2008-789 du 20 août 2008, tout syndicat non représentatif qui a constitué une section syndicale dans une entreprise ou un établissement d'au moins 50 salariés peut désigner un représentant de la section syndicale.

Dans les entreprises de moins de 50 salariés, un délégué du personnel peut être désigné comme représentant de la section syndicale.

Désignation

• Conditions de la désignation

Jurisprudence rendue dans le cadre de l'ordonnance du 20 décembre 2017

L'effectif d'au moins 50 salariés doit avoir été atteint pendant les douze mois consécutifs précédant la désignation.

Il résulte de l'alinéa 3 de l'article L. 2143-3 CT dans sa rédaction issue de l'ordonnance 2017-1718 du 20 décembre 2017, applicable à compter du 1er janvier 2018, que la désignation d'un délégué syndical peut intervenir lorsque l'effectif d'au moins cinquante salariés a été atteint pendant les douze mois consécutifs précédant la désignation.

Ayant constaté qu'était rapportée la preuve, en vertu des éléments produits par l'employeur qu'il a analysés, que l'effectif n'avait jamais atteint cinquante salariés pendant ces douze mois, c'est à bon droit qu'un tribunal d'instance a annulé la désignation d'un salarié en qualité de représentant d'une section syndicale intervenue le 12 février 2018.

Cass. soc. 29 mai 2019, n° 18-19.890, à paraître.

Jurisprudence rendue dans le cadre de la législation antérieure à l'ordonnance du 20 décembre 2017

La régularité de la désignation d'un représentant de la section syndicale nécessite que le syndicat réunisse, à la date de la désignation, les conditions fixées par les articles L. 2142-1 et L. 2142-1-1 CT.

D'une part, la régularité de la désignation d'un représentant de section syndicale ne nécessite pas que le syndicat à l'origine de la désignation remplisse les critères fixés par les articles L. 2121-1 et L. 2122-1 CT relatifs à la représentativité ; il suffit qu'il réunisse, à la date de la désignation, les conditions fixées par les articles L. 2142-1 et L. 2142-1-1 CT.
D'autre part, l'article L. 2142-1 CT exige, pour la constitution d'une section syndicale, la présence d'au moins deux adhérents dans l'entreprise.

Après avoir constaté qu'un syndicat justifiait de la présence dans l'entreprise, à la date de la désignation du représentant de la section syndicale, d'au moins deux adhérents et après avoir fait ressortir que le champ géographique et professionnel du syndicat couvrait l'entreprise, un tribunal d'instance, devant lequel le respect des valeurs républicaines par le syndicat n'avait pas été contesté par l'employeur à qui incombe la charge de la preuve, a fait une exacte application des articles L. 2142-1 et L. 2142-1-1 CT.

Cass. soc. 8 juillet 2009, n° 08-60.599, BC V n° 181. Voir aussi cass. soc. 5 avril 2011, n° 10-60.290, deux dernières branches du moyen.

C'est à tort que, pour reprocher à un tribunal d'instance d'avoir rejeté sa demande d'annulation de la désignation d'une salariée en qualité de représentante de la section syndicale, un employeur soutient, d'une part, que pour constituer une section syndicale le syndicat devait justifier de la présence de deux adhérents dans l'entreprise, hormis le salarié désigné en qualité de représentant de la section syndicale et, d'autre part, qu'au moment de sa désignation, ce représentant exerçait des mandats de délégué du personnel sous l'étiquette d'un autre syndicat.

En effet, d'une part, il résulte de l'article L. 2142-1 CT que la section syndicale doit comporter au moins deux adhérents, l'un d'eux pouvant être désigné en qualité de représentant de la section syndicale.

D'autre part, après avoir constaté que l'intéressée avait démissionné de ses mandats de représentante du personnel sous l'étiquette d'un autre syndicat lors de sa désignation en qualité de représentant de la section syndicale, un tribunal a pu débouter l'employeur de sa demande.

Cass. soc. 26 mai 2010, n° 09-60.278, BC V n° 117.

L'effectif d'au moins 50 salariés mentionné à l'article L. 2142-1-1 CT doit avoir été atteint pendant douze mois, consécutifs ou non, au cours des trois années précédant la désignation.

Aux termes de l'article L. 2143-3 CT, la désignation d'un délégué syndical peut intervenir lorsque l'effectif de cinquante salariés ou plus a été atteint pendant douze mois, consécutifs ou non, au cours des trois années précédentes ; dès lors que l'article L. 2142-1-1 du même code subordonne la désignation d'un représentant de section syndicale à la même exigence d'un effectif de cinquante salariés ou plus, les conditions de l'article L. 2143-3 relatives à la durée et à la période pendant lesquelles ce seuil doit être atteint s'appliquent également pour la désignation d'un représentant de section syndicale.

Cass. soc. 8 juillet 2015, n° 14-60.691, BC V n° 149.

Chaque syndicat qui satisfait aux critères de respect des valeurs républicaines et d'indépendance, qui est légalement constitué depuis au moins deux ans, dont le champ professionnel et géographique couvre l'entreprise concernée et qui constitue une section syndicale d'entreprise peut, s'il n'est pas représentatif dans l'entreprise, désigner un représentant de cette section.

D'une part, il résulte de la combinaison des articles L. 2142-1 et L. 2142-1-1 CT issus de la loi 2008-789 du 20 août 2008, que chaque syndicat qui satisfait aux critères de respect des valeurs républicaines et d'indépendance, qui est légalement constitué depuis au moins deux ans, dont le champ professionnel et géographique couvre l'entreprise concernée et qui constitue une section syndicale d'entreprise peut, s'il n'est pas représentatif dans l'entreprise, désigner un représentant de cette section ; d'autre part, sauf stipulation contraire de ses statuts, une union de syndicats, à laquelle la loi reconnaît la même capacité civile qu'aux syndicats eux-mêmes, peut exercer les droits conférés à ceux-ci.

Une union syndicale a notifié à une société la désignation d'un salarié comme représentant de la section syndicale ; la société a demandé l'annulation de cette désignation au motif que cette union n'avait pas une compétence statutaire géographique et professionnelle couvrant l'entreprise.

Après avoir relevé que l'union syndicale avait plusieurs adhérents dans l'entreprise, qu'elle avait pour objet de rassembler toutes les organisations syndicales et de renforcer la défense des adhérents des syndicats ou fédérations membres et de l'ensemble du monde du travail, ce dont il résultait que son champ de compétence national et interprofessionnel couvrait l'entreprise, et que ses statuts ne lui interdisaient pas d'intervenir directement dans une entreprise en l'absence d'organisation adhérente compétente dans le champ géographique et professionnel couvrant cette dernière, un tribunal d'instance, sans dénaturer, ni méconnaître les dispositions statutaires, en a exactement déduit que la désignation était régulière.

Cass. soc. 8 juillet 2009, n° 09-60.012, BC V n° 182.

La modification par un syndicat de son champ professionnel et géographique ne remet pas en cause l'ancienneté acquise à compter du dépôt initial de ses statuts.

Il résulte de la combinaison des articles L. 2121-1, 4°, L. 2142-1 et L. 2142-1-1 CT que, pour constituer une section syndicale et désigner un représentant syndical dans l'entreprise, un syndicat qui n'y est pas représentatif doit justifier qu'il est légalement constitué depuis au moins deux ans dans le champ professionnel et géographique couvrant l'entreprise ; la modification par le syndicat de son champ statutaire n'a pas pour effet de remettre en cause l'ancienneté acquise par le syndicat à compter du dépôt initial de ses statuts.

Une fédération syndicale a informé, par lettre du 3 mars 2011, une société de la désignation d'un salarié en qualité de représentant de la section syndicale « au sein de [la société] » ; cette dernière a saisi le tribunal d'instance aux fins d'annulation de cette désignation, faisant valoir que la fédération ne satisfaisait pas aux conditions requises pour procéder à la désignation d'un représentant de section syndicale et qu'au surplus le périmètre de cette désignation n'était pas précisé.

Après avoir constaté, d'une part, que la fédération était légalement constituée depuis plus de deux ans et, d'autre part, que son champ professionnel et géographique couvrait l'entreprise à la date de constitution de la section syndicale, un tribunal d'instance a pu débouter la société de sa demande.

Cass. soc. 14 novembre 2012, n° 11-20.391, 1re branche du moyen, BC V n° 293. Voir aussi cass. soc. 14 novembre 2012, n° 12-14.780, BC V n° 294.

Le syndicat doit satisfaire au critère de transparence financière.

Pour rejeter une demande d'annulation de la désignation d'un représentant de la section syndicale faisant notamment valoir que le syndicat désignataire ne remplissait pas le critère de transparence financière, un tribunal d'instance a énoncé que la régularité de la désignation d'un représentant de section syndicale n'implique pas que le syndicat à l'origine de cette désignation remplisse les conditions prévues aux articles L. 2121-1 et L. 2121-2 CT relatifs à la représentativité, mais les conditions des articles L. 2142-1 et L. 2142-1-1 CT. En statuant ainsi, alors que tout syndicat doit, pour pouvoir exercer des prérogatives dans l'entreprise, satisfaire au critère de transparence financière, le tribunal a violé les articles L. 2121-1, L. 2142-1 et L. 2142-1-1 CT.

Cass. soc. 22 février 2017, n° 16-60.123, BC V n° 29.

L'organisation syndicale qui a désigné un délégué syndical central au niveau de l'entreprise au sein de laquelle elle est représentative peut désigner un représentant de la section syndicale au sein de l'un des établissements de l'entreprise.

L'audience électorale d'une organisation syndicale ne constituant que l'un des critères fixés par la loi pour que lui soit reconnue la qualité de syndicat représentatif, les syndicats non représentatifs répondant aux conditions définies par les articles L. 2314-3 et L. 2324-4 CT peuvent, par conséquent, présenter également des candidats au premier tour des élections des titulaires au comité d'entreprise ou de la délégation unique du personnel ou, à défaut, des délégués du personnel ; en vue de permettre à ces syndicats de préparer les élections, leur a été reconnu le droit, dès lors qu'ils ont constitué une section syndicale, d'en désigner un représentant ; cette faculté est instituée par l'article L. 2142-1-1 tant au niveau de l'entreprise que de l'établissement.

Il s'ensuit qu'un syndicat représentatif dans l'entreprise, qui ne saurait, dans un établissement où il n'a pas été reconnu représentatif, bénéficier de moins de prérogatives que celles reconnues aux syndicats non représentatifs, est en droit, faute de pouvoir procéder à la désignation d'un délégué syndical, de désigner un représentant de la section syndicale dans cet établissement, peu important qu'il ait désigné un délégué syndical central sur le fondement des dispositions de l'article L. 2143-5 CT.

Cass. soc. 13 février 2013, n° 12-19.662, 1re branche du 1er moyen, BC V n° 43. Voir aussi cass. soc. 13 février 2013, n° 12-19.663, BC V n° 44.

Un syndicat représentatif au niveau de l'entreprise mais ne pouvant désigner un délégué syndical au sein d'un établissement distinct, faute d'y avoir présenté des candidats aux élections des délégués du personnel, peut constituer une section syndicale dans cet établissement et désigner un représentant de cette section.

Un syndicat représentatif dans une entreprise ne saurait, dans un des établissements de cette dernière, bénéficier de moins de prérogatives que celles reconnues aux syndicats non représentatifs.

Ayant constaté qu'un des sites d'une entreprise avait été conventionnellement reconnu comme établissement distinct au sens des délégués du personnel et de la représentation syndicale, un syndicat ne pouvant y désigner un délégué syndical faute d'avoir présenté des candidats aux élections des délégués du personnel, pouvait y constituer une section syndicale et désigner un représentant de cette section comme le pouvait tout syndicat non représentatif satisfaisant aux exigences légales.

Cass. soc. 14 décembre 2015, n° 14-26.517, pourvoi principal, BC V n° 258.

Les dispositions légales n'autorisent la désignation par une organisation syndicale que d'un seul représentant de la section syndicale, quel que soit l'effectif de l'entreprise ou de l'établissement.

Cass. soc. 14 décembre 2010, n° 10-60.263, BC V n° 293.

Pour pouvoir désigner un représentant de la section syndicale dans un établissement, un syndicat n'a pas à rapporter la preuve de son implantation dans l'ensemble des sites composant cet établissement.

Cass. soc. 8 juillet 2009, n° 09-60.048, BC V n° 178.

En cas de concurrence dans une même entreprise ou établissement entre deux syndicats qui, sans être tous deux affiliés à l'organisation syndicale interprofessionnelle nationale utilisant ce sigle, se présentent, sous le même sigle confédéral national, sans opposition fondée sur une utilisation illicite, seule la désignation notifiée en premier lieu doit, par application de la règle chronologique, être validée.

Cass. soc. 17 février 2016, n° 14-25.711, BC V n° 37. Voir aussi cass. soc. 17 février 2016, n° 14-23.854, BC V n° 38.

Sous réserve de conventions ou accords collectifs comportant des clauses plus favorables, dans les entreprises de moins de 50 salariés, seul un délégué du personnel titulaire disposant d'un crédit d'heures à ce titre peut être désigné comme représentant de section syndicale.

Cass. soc. 27 mars 2013, n° 12-20.369, BC V n° 94.

Un syndicat peut désigner comme représentant de la section syndicale un salarié le représentant au sein du comité d'entreprise et dont le mandat a pris fin à la suite de la perte de représentativité de son organisation.

Aux termes de l'alinéa 1er de l'article L. 2142-1-1 CT, chaque syndicat qui constitue, conformément à l'article L. 2142-1, une section syndicale au sein de l'entreprise ou de l'établissement de cinquante salariés ou plus peut, s'il n'est pas représentatif dans l'entreprise ou l'établissement, désigner un représentant de la section pour le représenter au sein de l'entreprise ou de l'établissement ; selon l'alinéa 3, le mandat du représentant de la section syndicale prend fin à l'issue des premières élections professionnelles suivant sa désignation dès lors que le syndicat qui l'a désigné n'est pas reconnu représentatif dans l'entreprise, le salarié ne pouvant pas être désigné de nouveau comme représentant syndical au titre d'une section jusqu'aux six mois précédant la date des élections professionnelles suivantes dans l'entreprise.

Le premier tour des élections professionnelles au sein d'une société s'est déroulé le 29 octobre 2008 ; un syndicat qui n'avait pas présenté de candidat, a, par lettre du 5 novembre 2008, procédé à la désignation d'un salarié en qualité de représentant de la section syndicale.

Pour annuler cette désignation, un tribunal d'instance a retenu que l'intéressé ayant été désigné le 14 mars 2007 par le syndicat en qualité de représentant syndical au comité d'entreprise, son mandat avait cessé avec la perte de la représentativité du syndicat lors des élections du 29 octobre 2008, de sorte que, par application de l'article L. 2142-1-1 CT, il ne pouvait plus être désigné représentant de la section syndicale avant les six mois précédant les prochaines élections.

En statuant ainsi, alors que l'article L. 2142-1-1 CT n'interdit pas au syndicat de désigner comme représentant de la section syndicale un salarié le représentant au sein du comité d'entreprise et dont le mandat a pris fin par suite de la perte de représentativité de son organisation, le tribunal a violé l'article L. 2142-1-1 CT.

Cass. soc. 4 novembre 2009, n° 09-60.039, BC V n° 243.

Dans les entreprises de moins de 50 salariés, le représentant de la section syndicale doit être choisi parmi les délégués du personnel, même si la convention collective applicable abaisse le seuil d'effectif minimum de 50 salariés prévu par la loi pour la désignation des délégués syndicaux.

Postérieurement aux élections professionnelles qui se sont déroulées le 2 mars 2009 au sein d'un institut thérapeutique éducatif et pédagogique employant moins de cinquante salariés, un syndicat qui n'avait pas présenté de candidats a désigné un salarié comme représentant de la section syndicale ; l'institut a demandé l'annulation de cette désignation.

Pour rejeter cette demande, un tribunal a retenu que la convention collective applicable ne mentionne pas la liberté de désignation du représentant de la section syndicale, ce texte étant antérieur à la création de cette institution, mais qu'il est admis qu'une convention collective peut abaisser le seuil minimum prévu par la loi pour la désignation d'un délégué syndical, d'autant qu'aux termes de l'article L. 214[2]-1-1 CT, le représentant de la section dispose de prérogatives moindres que celles du délégué syndical, de sorte qu'une convention collective peut a fortiori abaisser le seuil d'effectif minimum prévu par la loi pour la désignation d'un représentant de la section syndicale.

En statuant ainsi, alors que la convention collective applicable ne déroge à la condition d'effectif de cinquante salariés que pour la désignation des délégués syndicaux par les syndicats représentatifs, de sorte que ce texte ne peut s'appliquer à la désignation d'un représentant de la section syndicale prévue par l'article L. 214[2]-1-1 CT, le tribunal a violé la convention collective applicable et l'article L. 2142-1-1 CT.

Cass. soc. 26 mai 2010, n° 09-60.243, BC V n° 115.

L'interdiction faite à un syndicat n'ayant pas été reconnu représentatif à l'issue des élections de désigner à nouveau le salarié qui exerçait pour lui un mandat de représentant de la section syndicale jusqu'aux six mois précédant la date des élections professionnelles suivantes ne porte pas atteinte au principe de la liberté syndicale.

L'interdiction faite aux syndicats non représentatifs de désigner à nouveau au sein de l'entreprise ou de l'établissement, en qualité de représentant de section syndicale, le salarié désigné antérieurement aux dernières élections professionnelles à l'issue desquelles le syndicat n'a pas obtenu au moins 10 % des suffrages exprimés, ne heurte aucune prérogative inhérente à la liberté syndicale et, tendant à assurer la détermination par les salariés eux-mêmes des personnes les plus aptes à défendre leurs intérêts dans l'entreprise, ne constitue pas une ingérence arbitraire dans le fonctionnement syndical ; c'est dès lors à bon droit qu'un tribunal d'instance a refusé d'écarter l'application de l'article L. 2142-1-1 CT tel qu'issu de la loi 789-2008 du 20 août 2008, au regard de l'article 3 de la convention 87 de l'OIT.

Cass. soc. 14 novembre 2013, n° 13-11.316, BC V n° 267.

Lorsqu'un syndicat n'a pas été reconnu représentatif à l'issue des élections, l'ancien représentant de la section syndicale ne peut être désigné immédiatement comme représentant de la section syndicale au niveau de l'entreprise ou de l'établissement.

Par lettre du 14 septembre 2012, un syndicat a désigné un salarié en qualité de représentant de section syndicale au sein d'une société ; le syndicat n'ayant pas obtenu plus de 10 % des suffrages lors des élections professionnelles ayant eu lieu en décembre 2012, la société a, par lettres des 15 et 26 février 2013, rappelé au salarié que son mandat de représentant syndical avait pris fin ; par lettre du 7 mars 2013, le syndicat a désigné le salarié en qualité de représentant de la section syndicale au sein d'un des établissements de la société.

Doit être approuvé le jugement ayant annulé cette désignation.

En effet, d'abord, le mandat de représentant de la section syndicale prend fin lors du renouvellement des institutions représentatives dans l'entreprise ; ensuite, le tribunal a décidé exactement qu'il résulte de l'article L. 2142-1-1 CT que le salarié, désigné en qualité de représentant de section syndicale au niveau de l'entreprise, ne peut, à l'issue des élections professionnelles, lorsque le syndicat n'est pas reconnu représentatif dans l'entreprise, être désigné en qualité de représentant de section syndicale au niveau de l'entreprise ou de l'un de ses établissements, avant l'expiration du délai de six mois précédant la date des élections professionnelles suivantes dans l'entreprise.

Cass. soc. 4 juin 2014, n° 13-60.205, BC V n° 136.

Les dispositions de l'article L. 2142-1-1 CT ne sont applicables que lorsque le périmètre des élections est identique.

Les dispositions de l'article L. 2142-1-1 CT qui interdisent de désigner immédiatement après l'organisation des élections professionnelles en qualité de représentant de section syndicale le salarié qui exerçait cette même fonction au moment des élections ne sont pas opposables au syndicat dès lors que le périmètre de ces élections est différent de celui retenu lors des élections précédentes et au sein duquel le représentant de la section avait été désigné.

Cass. soc. 25 septembre 2013, n° 12-26.612, BC V n° 219. Voir aussi cass. soc. 6 janvier 2016, n° 15-60.138, BC V n° 3.

L'article L. 2142-1-1 CT n'interdit pas au syndicat de désigner en qualité de représentant de la section syndicale un salarié qui exerçait avant les élections les fonctions de délégué syndical.

Cass. soc. 20 mars 2013, n° 11-26.836, BC V n° 81.

Les travailleurs mis à disposition d'une entreprise, qui, intégrés de façon étroite et permanente à la communauté de travail, remplissent les conditions pour être inclus dans le calcul des effectifs en application de l'article L. 1111-2, 2° CT, peuvent, à ce même titre, en l'absence de dispositions légales y faisant obstacle, être désignés représentants de la section syndicale au sein de cette entreprise.

Cass. soc. 29 février 2012, n° 11-10.904, BC V n° 84.

Le salarié qui dispose d'une délégation écrite d'autorité permettant de l'assimiler au chef d'entreprise ne peut être désigné en qualité de représentant syndical, peu important que la délégation porte sur un périmètre plus restreint que celui de sa désignation.

Cass. soc. 15 octobre 2015, n° 14-25.680.

Dans les entreprises de travail temporaire, les salariés intérimaires peuvent être désignés représentants de la section syndicale à condition d'avoir été liés à cette entreprise par des contrats de mission pendant une durée totale d'au moins trois mois au cours de la dernière année civile, peu important qu'ils ne soient pas titulaires d'un contrat de mission lors de la désignation, dès lors qu'ils n'ont pas fait connaître à l'entrepreneur de travail temporaire qu'ils n'entendent plus bénéficier d'un nouveau contrat et que ce dernier ne leur a pas notifié sa décision de ne plus faire appel à eux pour de nouveaux contrats.

Cass. soc. 11 mai 2016, n° 15-17.200, BC V n° 94.

• Cadre de désignation

Jurisprudence rendue dans le cadre de la loi du 5 mars 2014

L'existence d'un établissement distinct pour la désignation d'un représentant de la section syndicale ne peut résulter du seul fait que le site concerné constituait un établissement distinct dans le cadre de l'élection des délégués du personnel et que l'employeur n'apporte pas la preuve de la disparition des critères ayant permis la reconnaissance de cet établissement distinct.

Selon l'article L. 2143-3, al. 4 CT dans sa rédaction issue de la loi 2014-288 du 5 mars 2014, la désignation d'un délégué syndical peut intervenir au sein de l'établissement regroupant des salariés placés sous la direction d'un représentant de l'employeur et constituant une communauté de travail ayant des intérêts propres, susceptibles de générer des revendications communes et spécifiques.

Un syndicat a désigné, par courrier électronique du 4 mars 2015, un salarié en qualité de représentant de section syndicale d'un établissement d'une société, laquelle a saisi le tribunal d'instance d'une contestation de cette désignation.

C'est à tort que, pour dire que l'établissement constituait un établissement distinct sur le périmètre duquel pouvait être désigné un représentant de la section syndicale, un tribunal d'instance a énoncé que le site constituait un établissement distinct dans le cadre de l'élection des délégués du personnel et que la société n'apportait pas la preuve que les critères qui avaient permis cet établissement distinct ne seraient plus réunis.

Cass. soc. 24 mai 2016, n° 15-20.168, BC V n° 113. Voir aussi cass. soc. 16 janvier 2019, n° 17-20.482, 2e moyen.

Jurisprudence rendue dans le cadre de la législation antérieure à la loi du 5 mars 2014

Le cadre de désignation du représentant de la section syndicale est le même que celui du délégué syndical.

L'existence d'une section syndicale permet la désignation, soit d'un représentant de la section syndicale, dès lors que le syndicat n'est pas représentatif, soit d'un délégué syndical, s'il l'est ; il en résulte que le cadre de désignation de ces représentants syndicaux est nécessairement le même.

Cass. soc. 14 décembre 2010, n° 10-60.221, 2e moyen, BC V n° 292.

Dès lors, un syndicat non représentatif peut désigner un représentant de section syndicale, soit au niveau des établissements distincts, soit au niveau de l'entreprise.

Un syndicat non représentatif peut créer une section syndicale et désigner un représentant de cette section soit au niveau de l'entreprise, soit au niveau de chacun des établissements distincts de cette entreprise.

Une société a saisi le tribunal d'instance d'une contestation portant sur la désignation d'un représentant de la section syndicale au sein de son établissement de Castres au motif que le syndicat disposait déjà d'un tel représentant dans l'établissement d'Amiens.

Après avoir constaté que le syndicat avait créé une section syndicale au sein de l'établissement de Castres, dont il n'était pas allégué qu'il ne constituait pas un établissement distinct pour la mise en place du comité d'établissement, c'est à bon droit que le tribunal a débouté l'employeur de sa demande d'annulation de la désignation du représentant de cette section.

Cass. soc. 31 mai 2011, n° 10-25.688, BC V n° 135.

Aux termes de l'article L. 2142-1-1 CT, chaque syndicat qui constitue, conformément à l'article L. 2142-1, une section syndicale au sein de l'entreprise ou de l'établissement de cinquante salariés ou plus peut, s'il n'est pas représentatif dans l'entreprise ou l'établissement, désigner un représentant de la section pour le représenter au sein de l'entreprise ou de l'établissement ; il en résulte que si les niveaux de représentation prévus par l'article L. 2142-1-1 CT ne peuvent se cumuler, un syndicat non représentatif peut choisir de désigner un représentant de la section syndicale pour l'ensemble de l'entreprise plutôt que de désigner un tel représentant dans le cadre des établissements où sont implantés des comités d'établissement.

Pour annuler la désignation d'un salarié en qualité de représentant de la section syndicale, un tribunal d'instance a retenu que l'entreprise comportant des comités d'établissement, un représentant de la section syndicale ne pouvait être désigné que dans le périmètre de ces établissements et qu'admettre la désignation d'un représentant pour l'ensemble de l'entreprise reviendrait à instaurer un représentant central de la section syndicale, ce que la loi ne prévoit pas.

En statuant ainsi, alors que le syndicat n'avait pas procédé à la désignation d'un représentant de la section syndicale dans au moins un établissement, de sorte qu'il pouvait choisir de désigner un seul représentant pour toute l'entreprise, le tribunal a violé l'article L. 2142-1-1 CT.

Cass. soc. 20 juin 2012, n° 11-60.202, BC V n° 195.

Aucune disposition légale n'institue un représentant de section syndicale central.

À la suite d'élections professionnelles organisées au sein d'une société, un syndicat a obtenu un résultat électoral supérieur à 10 % dans trois des huit établissements distincts de la société ; le syndicat a désigné un salarié en qualité de « représentant de section syndicale pour l'entreprise » ; estimant que le syndicat ne pouvait désigner un représentant de section syndicale sur le périmètre de l'entreprise dès lors qu'existaient des établissements distincts, la société a demandé l'annulation de cette désignation.

Pour valider la désignation du représentant de section syndicale au niveau de l'entreprise, un tribunal d'instance, après avoir relevé que les conditions de désignation du représentant de section syndicale, son statut et les moyens qui lui sont attribués sont analogues à ceux des délégués syndicaux, pour lesquels l'article L. 2143-5 CT prévoit la désignation d'un délégué syndical central d'entreprise, a retenu que par analogie et au regard de l'esprit de la loi du 20 août 2008, il y avait lieu de considérer que, chaque syndicat non représentatif dans l'entreprise pouvait désigner un représentant de section syndicale central d'entreprise distinct des représentants de section syndicale dans les établissements au sein desquels il n'était pas représentatif.

En statuant ainsi, alors qu'un syndicat non représentatif peut désigner un représentant de section syndicale, soit au niveau des établissements distincts, soit au niveau de l'entreprise, mais qu'aucune disposition légale n'institue un représentant de section syndicale central, le tribunal a violé les articles L. 2142-1 et L. 2142-1-1 CT.

Cass. soc. 29 octobre 2010, n° 09-60.484, BC V n° 251.

• Procédure de désignation

L'organe habilité par les statuts d'un syndicat à désigner des représentants syndicaux dans les entreprises est, tant que les statuts ne l'ont pas expressément exclu, habilité à désigner un représentant de la section syndicale.

La loi du 20 août 2008 ayant conféré aux organisations syndicales non représentatives dans une entreprise la faculté d'y créer une section syndicale et d'y désigner un représentant de la section, l'organe interne de l'organisation habilité à désigner des représentants syndicaux dans les entreprises est, tant que les statuts ne l'ont pas expressément exclu, habilité à désigner un représentant de la section syndicale.

Par lettre du 12 février 2009, un syndicat a informé le directeur de l'établissement d'une société de la désignation d'un salarié en qualité de représentant de sa section syndicale au sein de cet établissement.

Après avoir constaté que les statuts du syndicat, antérieurs à la loi précitée, habilitaient le secrétaire général de cette organisation à procéder à la désignation de délégués syndicaux et de représentants syndicaux au comité d'entreprise, c'est à bon droit qu'un tribunal d'instance a retenu qu'il pouvait également procéder à la désignation d'un représentant d'une section syndicale.

Cass. soc. 18 novembre 2009, n° 09-65.639, BC V n° 263. Voir aussi cass. soc. 20 juin 2012, n° 11-18.018.

Le syndicat qui mandate un salarié doit indiquer, à peine de nullité de la désignation, soit l'entreprise, soit l'établissement lieu de la désignation, dans la lettre qu'il notifie au chef d'entreprise et qui fixe les limites du litige.

Cass. soc. 15 mai 2013, n° 12-18.275. Voir aussi cass. soc. 20 juin 2018, n° 17-60.304.

• Contestation de la désignation

Lorsque la désignation du représentant de la section syndicale est portée à la connaissance de l'employeur par lettre recommandée avec demande d'avis de réception, le délai de contestation débute le lendemain du jour de la signature de cet avis.

Il résulte de la combinaison des articles L. 2142-1-2, L. 2143-7 et D. 2143-4 CT que la désignation du représentant de la section syndicale est portée à la connaissance du chef d'entreprise, soit par lettre recommandée avec demande d'avis de réception, soit par lettre remise au chef d'entreprise contre récépissé. Lorsque cette information est faite par lettre recommandée avec avis de réception, le délai de contestation prévu par l'article L. 2143-8 CT part le lendemain du jour de la signature de cet avis.

Cass. soc. 7 novembre 2012, n° 11-61.189.

Lorsqu'un syndicat désigne un représentant syndical surnuméraire, cette désignation ouvre, à compter de la dernière désignation litigieuse ou de la décision prise par le syndicat pour mettre fin à cette situation, un nouveau délai de contestation de l'ensemble des désignations en cause.

Cass. soc. 22 novembre 2017, n° 16-25.821.

Ni la télécopie ni un envoi par courriel ne répondent aux exigences de l'article R. 2143-5 CT, selon lequel la contestation est formée par voie d'une simple déclaration faite au greffe dans les quinze jours suivant la désignation.

Par requête enregistrée au greffe le 8 janvier 2009, une société a demandé l'annulation de la désignation faite le 18 décembre 2008 par un syndicat d'un salarié comme représentant de la section syndicale. Après avoir relevé que la société n'avait pas justifié, ni allégué s'être présentée en vain après l'heure de fermeture du greffe le vendredi 2 janvier, jour où le délai expirait, pour former son recours, un tribunal d'instance a, sans méconnaître les exigences de l'article 6-1 de la Convention européenne des droits de l'homme et des libertés fondamentales, ni violer les dispositions de l'article 642 c. proc. civ., exactement décidé qu'elle ne démontrait pas avoir été privée d'une partie du délai accordé par la loi pour former la contestation et que la requête présentée le 7 janvier 2009 était irrecevable comme tardive.

Cass. soc. 18 novembre 2009, n° 09-60.047, BC V n° 262.

La lettre de désignation fixe les limites du litige et le juge ne peut apprécier la validité de la désignation d'un délégué ou représentant syndical en dehors du cadre défini par cette lettre.

Cass. soc. 8 juillet 2009, n° 09-60.048, précité.

En cas de fraude, le délai de contestation court à compter de la connaissance du caractère frauduleux de la désignation.

Si une fraude dans la désignation d'un représentant de section syndicale a pour effet de reporter le point de départ du délai de forclusion prévu à l'article L. 2143-8 CT au jour où l'employeur en a eu connaissance, tel n'est pas le cas lorsque, par une désignation, le syndicat n'a fait que confirmer une désignation antérieure que l'employeur n'avait pas contestée dans le délai prévu par l'article L. 2143-8 CT alors qu'il en connaissait le caractère frauduleux.

Cass. soc. 27 février 2013, n° 11-28.084, BC V n° 64.

La fin du contrat de travail ne prive pas en soi l'employeur de son intérêt à agir en annulation de la désignation d'un salarié comme représentant de la section syndicale.

Cass. soc. 10 juillet 2013, n° 12-28.765.

• Annulation de la désignation

L'annulation judiciaire éventuelle de la désignation du représentant de section syndicale n'a pas d'effet rétroactif sur la validité des actes conclus par ce représentant avant l'annulation de son mandat.

Cass. soc. 16 février 2011, n° 10-60.195, 2e moyen.

Fin du mandat

Les premières élections professionnelles à prendre en considération pour déterminer la fin du mandat du représentant de la section syndicale sont celles pour lesquelles la date fixée pour la première réunion de la négociation du protocole d'accord préélectoral est postérieure à la publication de la loi du 20 août 2008.

Le mandat d'un représentant de section syndicale doit se poursuivre après des élections pour lesquelles le protocole préélectoral avait été signé avant la publication de la loi.

TI Boissy-Saint-Léger 26 janvier 2009, n° 11-08-001151.

Représentant syndical au comité d'entreprise

Dans les entreprises de moins de 300 salariés et dans leurs établissements, le délégué syndical est, de droit, représentant au comité d'entreprise.

Dans le cadre de la loi 2008-789 du 20 août 2008, dans les entreprises d'au moins 300 salariés, seules les organisations syndicales ayant des élus au comité d'entreprise pouvaient nommer un représentant syndical au comité d'entreprise.

La loi 2014-288 du 5 mars 2014 a supprimé cette condition : chaque syndicat représentatif dans l'entreprise ou l'établissement peut désigner un représentant syndical au comité.

Conditions de désignation

• Le syndicat désignataire doit avoir recueilli au moins 10 % des suffrages exprimés lors des élections des membres du comité au sein duquel il souhaite désigner un représentant (Jurisprudence rendue dans le cadre de la loi du 5 mars 2014)

Il résulte de l'article L. 2324-2 ancien CT dans sa rédaction issue de la loi 2014-288 du 5 mars 2014, que seules peuvent désigner un représentant syndical au comité d'entreprise ou d'établissement, les organisations syndicales qui ont recueilli, dans le périmètre de ce comité, au moins 10 % des suffrages exprimés lors des dernières élections professionnelles.

Dès lors, un syndicat, bien que représentatif au niveau de l'entreprise, mais ne l'étant pas au niveau d'un établissement pour ne pas avoir recueilli au moins 10 % des suffrages lors de l'élection des membres du comité d'établissement, ne peut pas désigner un représentant au sein de ce comité d'établissement.

Cass. soc. 8 juillet 2015, n° 14-60.726, BC V n° 147.

L'annulation des élections des membres du comité d'entreprise n'ayant pas d'effet rétroactif, elle est sans incidence sur la régularité de la désignation, en qualité de représentant syndical au comité d'entreprise, d'un salarié dont le mandat prend fin lors des nouvelles élections renouvelant l'institution représentative du personnel.

Par lettres du 1er avril 2014, un syndicat a désigné deux salariés, respectivement en qualité de délégué syndical et représentant syndical au comité d'entreprise au sein de l'unité économique et sociale d'une entreprise ; par requête du 17 avril suivant, les sociétés composant cette unité économique et sociale ont saisi le tribunal d'instance de demandes d'annulation de ces désignations ; par jugement du 19 décembre 2014, le tribunal a annulé les élections des membres du comité d'entreprise de l'UES.

Pour annuler les désignations, le tribunal a retenu que si l'annulation des élections n'a pas d'effet rétroactif, de sorte que le salarié dont l'élection est annulée ne perd pas le bénéfice de ses heures de délégation ou de sa protection et que ses actes demeurent valables, l'annulation ne produisant effet qu'à compter du jour d'annulation du jugement, il apparaît toutefois que priver l'annulation des élections de tout effet rétroactif sur les désignations reviendrait à permettre, le cas échéant, le maintien d'un mandat de délégué syndical ou de représentant syndical dont le syndicat ne serait plus représentatif aux termes des nouvelles élections, et ce pour toute la durée du cycle électoral, alors que la représentativité mesurée par l'audience électorale fonde la légitimité de la désignation et est un principe d'ordre public, que l'annulation de la désignation est moins préjudiciable dans la mesure où, en fonction du résultat des nouvelles élections, le syndicat pourra procéder à une nouvelle désignation, étant rappelé que l'annulation de la désignation ne produit ses effets qu'à compter du jugement.

En statuant ainsi, alors que l'annulation des élections des membres du comité d'entreprise n'a pas d'effet rétroactif, de sorte que l'annulation des élections est sans incidence sur la régularité des désignations, en qualité de délégué syndical et de représentant syndical au comité d'entreprise, des salariés dont le mandat prend fin, en application des articles L. 2143-11 et L. 2324-2 CT, lors des nouvelles élections renouvelant l'institution représentative du personnel, le tribunal a violé les articles L. 2122-1, L. 2143-3, L. 2143-22 et L. 2324-2 CT.

Cass. soc. 11 mai 2016, n° 15-60.171, BC V n° 91.

En cas de désaffiliation d'un syndicat ayant recueilli au moins 10 % des suffrages au premier tour des dernières élections professionnelles, la confédération ou l'une de ses fédérations ou unions à laquelle ce syndicat était affilié peut désigner un représentant syndical au comité d'entreprise ou d'établissement, cette désignation mettant fin au mandat du salarié désigné par le syndicat avant sa désaffiliation.

L'affiliation confédérale sous laquelle un syndicat a présenté des candidats au premier tour des élections des membres titulaires des comités d'entreprise ou d'établissement constitue un élément essentiel du vote des électeurs ; il s'ensuit qu'en cas de désaffiliation d'un syndicat ayant recueilli au moins 10 % des suffrages au premier tour des dernières élections professionnelles, la confédération ou l'une de ses fédérations ou unions à laquelle ce syndicat était auparavant affilié peut désigner un représentant syndical au comité d'entreprise ou d'établissement et cette désignation met fin au mandat du salarié désigné par ce syndicat avant sa désaffiliation.

Ayant atteint plus de 10 % des suffrages exprimés lors du premier tour des élections des membres du comité de l'établissement « Direction exécutive hypermarchés France » d'une société, un syndicat, alors affilié à la CFDT, a désigné un salarié de la société en qualité de représentant syndical à ce comité. À la suite de la désaffiliation de ce syndicat de la confédération, intervenue le 18 janvier 2016, la fédération des services CFDT a désigné, en qualité de représentant syndical audit comité, un autre salarié par deux courriers des 5 janvier 2018 et 12 février 2018.

Pour dire que le mandat du salarié désigné par le syndicat n'avait pas été révoqué et annuler la désignation du second salarié par la fédération, un tribunal d'instance a retenu, d'une part, qu'aucun élément versé aux débats ne permettait d'établir que la confédération avait manifesté sa volonté de mettre fin au mandat du salarié désigné par le syndicat qui représentait désormais la confédération et non plus le syndicat désaffilié l'ayant désigné et, d'autre part, que l'article L. 2324-2 CT prévoyait que chaque organisation syndicale représentative dans l'entreprise ou l'établissement pouvait désigner un représentant, que la confédération et les organisations qui lui sont affiliées ne pouvaient désigner ensemble un nombre de représentants syndicaux supérieur à celui prévu par la loi ou par un accord collectif plus favorable, que la fédération ne pouvait dès lors procéder ni à une nouvelle désignation d'un représentant syndical ni au remplacement d'un représentant syndical précédemment désigné par le syndicat.

En statuant ainsi, alors que le syndicat avait recueilli au moins 10 % des suffrages en étant affilié à la CFDT et s'était ensuite désaffilié de cette confédération, en sorte que la fédération des services CFDT pouvait procéder à la désignation d'un représentant au comité d'établissement laquelle a mis fin au mandat du salarié précédemment désigné par ce syndicat, le tribunal d'instance a violé l'article L. 2324-2 CT, alors applicable.

Cass. soc. 6 mars 2019, n° 18-15.238, à paraître.

• Le syndicat désignataire doit avoir des élus au comité au sein duquel il souhaite désigner un représentant (Jurisprudence rendue dans le cadre de la législation antérieure à la loi du 5 mars 2014)

Les dispositions de l'article L. 2324-2 ancien CT donnent le droit à chaque organisation syndicale ayant des élus, sans autre condition, de désigner un représentant syndical au comité d'entreprise ou d'établissement.

D'une part, selon l'article 1er c. civ., les lois entrent en vigueur à la date qu'elles fixent ou, à défaut, le lendemain de leur publication au Journal officiel de la République française, d'autre part, en vertu de l'article L. 2324-2 CT issu de la loi 2008-789 du 20 août 2008 portant rénovation de la démocratie sociale et réforme du temps de travail, chaque organisation syndicale ayant des élus au comité d'entreprise peut y nommer un représentant.

Par lettre du 29 août 2008, un syndicat a notifié à des sociétés constituant entre elles une unité économique et sociale et regroupant plus de trois cents salariés, la désignation d'un salarié en qualité de représentant syndical dans un comité d'établissement ; les sociétés ont saisi le tribunal d'instance aux fins d'annulation de cette désignation.

Pour accueillir leur demande, le tribunal a retenu que le syndicat n'était pas représentatif au sein de l'établissement au sens des critères fixés par l'article L. 2121-1 CT.

En statuant ainsi, alors que les nouvelles dispositions de l'article L. 2324-2 CT, applicables à compter du 22 août 2008, donnent le droit à chaque organisation syndicale ayant des élus, sans autre condition, de désigner un représentant syndical au comité d'entreprise ou d'établissement, le tribunal a violé les articles 1er c. civ. et L. 2324-2 CT issu de la loi 2008-789 du 20 août 2008.

Cass. soc. 8 juillet 2009, n° 09-60.015, BC V n° 179.

Les nouvelles dispositions de l'article L. 2324-2 CT sont applicables, à compter du 22 août 2008, aux désignations de représentants syndicaux tant au comité d'entreprise qu'au comité d'établissement. Un accord d'entreprise postérieur à cette date se référant à une condition de représentativité syndicale est contraire aux dispositions de ce texte qui impose uniquement d'avoir des élus au comité d'entreprise.

Suite à la création de Pôle emploi, un accord collectif a été signé le 22 décembre 2008 relatif à la mise en place d'instances transitoires représentatives du personnel. Cet accord prévoyait le maintien, jusqu'aux premières élections professionnelles, des instances représentatives du personnel (comités d'établissements et CHSCT transitoires) ainsi que la possibilité pour les syndicats représentatifs, « au niveau national » pour les comités d'établissement et « au niveau de la structure concernée » pour les CHSCT, de désigner des représentants syndicaux auprès de ces institutions représentatives.

C'est à tort que, pour valider la désignation par une fédération de représentants syndicaux au comité d'établissement transitoire de Pôle emploi Auvergne, un tribunal a retenu que cette désignation était subordonnée par l'accord collectif à la preuve de la représentativité, laquelle s'établissait conformément aux dispositions de l'article 11 IV de la loi du 20 août 2008, et que les dispositions de l'article L. 2324-2 CT ne trouvaient pas à s'appliquer, s'agissant du comité d'établissement et non du comité d'entreprise, alors qu'il lui appartenait de rechercher si la fédération avait des élus au sein du comité d'établissement concerné.

Cass. soc. 10 mars 2010, n° 09-60.282, 1re branche du 1er moyen, BC V n° 63.

Selon l'article L. 2324-2 CT, dans les entreprises employant au moins trois cents salariés, chaque organisation syndicale peut nommer un représentant au comité d'entreprise sous la seule condition d'avoir des élus dans cette institution.

Par lettre du 7 septembre 2009, un syndicat a notifié à une société la désignation d'un salarié en qualité notamment de représentant syndical au comité d'entreprise.

Après avoir constaté que la société employait au moins trois cents salariés et que le syndicat ayant procédé à cette désignation n'avait pas d'élus au comité d'entreprise, c'est à tort qu'un tribunal d'instance a débouté l'employeur et un autre syndicat de leurs demandes tendant à l'annulation de cette dernière.

Cass. soc. 14 avril 2010, n° 09-60.426, 2e moyen du pourvoi de l'employeur, BC V n° 100.

Dès lors, tout syndicat qui a au moins deux élus au comité d'entreprise peut y désigner un représentant ; en cas de liste commune, le nombre d'élus obtenu par chaque syndicat s'apprécie sur la base que les syndicats ont indiquée lors du dépôt de leur liste et, à défaut, se répartit par parts égales entre les syndicats concernés.

En application de l'article L. 2324-2 CT, une organisation syndicale ne peut désigner un représentant au comité d'entreprise ou d'établissement que si elle a au moins deux élus au sein de ce comité ; en cas de constitution d'une liste commune pour les élections au comité d'entreprise ou d'établissement, le nombre d'élus obtenu par chaque organisation syndicale s'apprécie sur la base indiquée par les organisations syndicales concernées lors du dépôt de leur liste et, à défaut, se répartit par parts égales entre les organisations concernées.

Lors des élections au comité d'un établissement d'une société qui se sont déroulées le 9 décembre 2008, deux syndicats ont présenté une liste commune ; ils ont ensuite chacun procédé à la désignation d'un représentant syndical au comité d'établissement, respectivement les 5 et 10 janvier 2009 ; l'un des deux syndicats ayant, le 23 janvier suivant, fait valoir les droits d'un délégué syndical à être considéré comme représentant syndical au comité d'établissement, la société a contesté devant un tribunal d'instance les deux désignations émanant du même syndicat.

Après avoir relevé que la liste commune constituée par les deux syndicats avait obtenu quatre élus, sans qu'il soit invoqué devant lui un accord de répartition lors du dépôt de la liste, le tribunal a exactement décidé que chacun des deux syndicats pouvait désigner un représentant syndical au comité d'établissement.

En outre, ayant constaté que l'un des deux syndicats faisait état, dans sa télécopie du 23 janvier 2009, de sa volonté de voir un délégué syndical être considéré comme représentant syndical auprès du comité d'établissement, le tribunal a pu en déduire que cette télécopie valait désignation du délégué en qualité de représentant syndical en remplacement du représentant désigné quelques jours auparavant.

Cass. soc. 4 novembre 2009, n° 09-60.066, 1er moyen du pourvoi de l'employeur, BC V n° 240.

L'indication de la base de répartition peut résulter de la mention sur la liste de candidature présentée aux électeurs, pour chacun des candidats de la liste commune, de leur appartenance à l'un ou l'autre des syndicats de la liste.

Il résulte de l'article L. 2324-2 CT qu'une organisation syndicale ne peut désigner un représentant au comité d'entreprise ou d'établissement que si elle a au moins deux élus au sein de ce comité; en cas de constitution d'une liste commune pour les élections au comité d'entreprise ou d'établissement, le nombre d'élus obtenu par chaque organisation syndicale s'apprécie sur la base indiquée par les organisations syndicales concernées lors du dépôt de leur liste et, à défaut, par parts égales entre les organisations concernées; l'indication de la base de répartition peut résulter de la mention sur la liste de candidature présentée aux électeurs, pour chacun des candidats de la liste commune, de leur appartenance à l'un ou l'autre des syndicats de la liste.

Cass. soc. 13 octobre 2010, n° 09-60.456, 1er moyen, BC V n° 227.

Des syndicats ayant obtenu au moins deux élus sur une liste commune peuvent désigner un représentant syndical d'un commun accord.

Il résulte de l'article L. 2324-2 CT qu'une organisation syndicale peut désigner un représentant au comité d'entreprise ou d'établissement si elle a au moins deux élus au sein de ce comité. En cas de constitution d'une liste commune pour les élections au comité d'entreprise ou d'établissement, un représentant syndical peut être désigné d'un commun accord entre les syndicats ayant présenté cette liste, dès lors que le nombre d'élus de la liste est au moins égal à deux.

Cass. soc. 31 janvier 2012, n° 11-11.856, BC V n° 41.

En l'absence de lien d'affiliation entre deux syndicats adhérents à la même confédération, il n'est pas possible pour l'un d'entre eux de désigner un représentant aux lieu et place de l'autre en se prévalant des élus de ce dernier.

Un syndicat ne peut exercer les droits conférés à un autre syndicat en l'absence de lien d'affiliation entre eux, peu important qu'ils soient tous deux adhérents à la même union ou confédération syndicale.

Dès lors, après avoir constaté qu'un syndicat A affilié à la CGT, qui seul avait présenté des candidats et obtenu des élus à un comité d'entreprise, n'était pas adhérent d'un syndicat B également affilié à la CGT, un tribunal d'instance a pu en déduire que ce syndicat B ne pouvait procéder à la désignation d'un représentant syndical au comité d'entreprise aux lieu et place du syndicat A en se prévalant des élus de ce dernier.

Cass. soc. 14 janvier 2014, n° 13-12.281, BC V n° 12.

Lorsqu'un candidat aux élections du comité d'entreprise est adhérent à plusieurs syndicats, il ne constitue un des élus permettant la désignation d'un représentant syndical au comité d'entreprise, au sens de l'article L. 2324-2 ancien CT, que pour l'organisation syndicale sous l'étiquette de laquelle il a été élu.

Cass. soc. 14 décembre 2010, n° 09-60.412, BC V n° 289.

Les conditions d'ouverture du droit de désigner un représentant au comité d'entreprise s'appréciant à la date des dernières élections, le licenciement ou la démission d'un des deux élus d'un syndicat ne remet pas en cause la désignation du représentant syndical.

C'est à la date des dernières élections que s'apprécient les conditions d'ouverture du droit pour un syndicat de désigner un représentant au comité d'entreprise.

Dès lors qu'un syndicat a obtenu deux élus lors des dernières élections au comité d'établissement, il remplit les conditions lui permettant d'y désigner un représentant et ces dernières ne peuvent pas être remises en cause par le licenciement d'un de ses deux élus ou par la démission postérieure d'un élu de son mandat.

Cass. soc. 28 septembre 2011, n° 10-60.357, BC V n° 205. Voir aussi cass. soc. 28 septembre 2011, n° 10-28.406, BC V n° 206 ; cass. soc. 15 avril 2015, n° 14-19.197, BC V n° 84.

Lorsque des élus au comité d'entreprise changent d'affiliation syndicale après les élections, le syndicat auquel ils se sont affiliés ne peut se prévaloir de leur présence au comité pour y désigner un représentant.

L'affiliation confédérale sous laquelle un syndicat a présenté des candidats aux élections des membres du comité d'entreprise constitue un élément essentiel du vote des électeurs ; il s'ensuit que, pour apprécier les conditions d'ouverture du droit pour un syndicat de désigner un représentant syndical au comité d'entreprise conformément à l'article L. 2324-2 CT, ne peuvent être considérés comme ses élus les salariés qui n'ont pas été candidats sur les listes présentées par ce syndicat lors des dernières élections.

Lors des élections des membres du comité d'un établissement d'une société qui se sont tenues le 12 juin 2008, les syndicats FO, CFDT, CGT et CFE CGC ont présenté des candidats, le syndicat FO ayant obtenu plusieurs élus ; par lettre du 5 février 2010, l'ensemble des délégués du personnel, des membres du comité d'établissement et des représentants syndicaux de cette organisation ont indiqué qu'ils démissionnaient de ce syndicat pour créer une section syndicale affiliée au syndicat Sud, lequel avait, le 4 février 2010, informé l'employeur de cette création et désigné un représentant de la section syndicale ; le syndicat FO a informé l'employeur le 12 février 2010 qu'il révoquait les mandats de ses représentants, l'employeur prenant acte de ce changement d'affiliation ; par lettre du 15 mars 2010 adressée au directeur de l'établissement, le syndicat Sud a désigné deux salariés en qualité de représentants syndicaux au comité d'établissement, désignations que la société a contestées.

Sans méconnaître le principe de la liberté syndicale individuelle des salariés ni exiger que le syndicat soit représentatif dans l'établissement, le tribunal a exactement décidé que le changement d'affiliation des élus FO au comité d'entreprise, décidé après l'élection, ne pouvait ouvrir au syndicat Sud, auquel ces élus s'étaient ultérieurement affiliés, le droit de désigner des représentants syndicaux au comité d'établissement dès lors que le syndicat Sud n'avait pas eu d'élus lors du dernier scrutin.

Cass. soc. 18 mai 2011, n° 10-60.273, 2e moyen, BC V n° 123.

Dans les entreprises de moins de trois cents salariés, un syndicat peut désigner son délégué syndical comme représentant, sans avoir obtenu plusieurs élus au comité d'entreprise.

Dans les entreprises de moins de trois cents salariés et dans les établissements appartenant à ces entreprises, les conditions de désignation d'un représentant syndical au comité d'entreprise sont fixées par l'article L. 2143-22 CT qui prévoit que le délégué syndical est, de droit, représentant syndical au comité d'entreprise ou d'établissement.

Dès lors, un tribunal d'instance, devant lequel il n'était pas contesté que l'effectif de la société était de moins de trois cents salariés, a exactement décidé que la désignation d'un délégué syndical dans l'entreprise en qualité de représentant syndical au comité d'entreprise était valide, peu important que le syndicat désignataire n'ait pas eu plusieurs élus aux élections des membres du comité d'entreprise.

Cass. soc. 20 juin 2012, n° 11-15.558, BC V n° 192.

Le représentant de la section syndicale n'est pas de droit représentant syndical au comité d'entreprise.

La désignation d'un représentant syndical au comité d'entreprise est une prérogative que la loi réserve aux syndicats qui ont obtenu une légitimité électorale, soit en étant reconnus représentatifs dans les entreprises de moins de trois cents salariés, soit en ayant des élus au comité d'entreprise dans les autres entreprises ; il en résulte que le représentant de section syndicale n'est pas de droit représentant syndical au comité d'entreprise ou d'établissement.

Cass. soc. 14 décembre 2011, n° 11-14.642, BC V n° 302. Voir aussi CE 20 février 2013, n° 352981.

Un syndicat ayant plusieurs élus au comité central d'entreprise ne peut pas désigner de représentant syndical au comité d'établissement.

Cass. soc. 10 juillet 2013, n° 12-26.838.

Un accord collectif ne permet pas de déroger à l'obligation d'avoir au moins deux élus au comité.

Les dispositions de l'article L. 2324-2 CT, dans leur rédaction issue de la loi du 20 août 2008, sont d'ordre public absolu en ce qu'elles subordonnent le droit de désigner un représentant syndical au comité d'entreprise par une organisation syndicale à ce que celle-ci dispose d'élus au comité d'entreprise, ce qui fait obstacle, par suite, à ce qu'un syndicat puisse procéder à une telle nomination en vertu d'un accord collectif reconnaissant ce droit à une organisation ne satisfaisant pas à cette condition, alors même que l'accord aurait été conclu avant l'entrée en vigueur de la loi.

Cass. soc. 24 octobre 2012, n° 11-22.087, BC V n° 278. Voir aussi cass. soc. 24 octobre 2012, n° 11-16.071, BC V n° 277.

Lorsqu'un employeur accorde à un syndicat n'ayant pas deux élus au comité d'entreprise la faculté d'y désigner un représentant syndical, les autres syndicats ne peuvent pas revendiquer le bénéfice de cet avantage.

Ni un accord collectif, ni un engagement unilatéral de l'employeur ne peuvent avoir pour effet de modifier la disposition légale subordonnant la faculté de désigner un représentant syndical au comité d'entreprise, à la condition pour l'organisation syndicale d'avoir des élus au comité d'entreprise ; il en résulte qu'un syndicat, qui est en droit de contester l'avantage accordé par l'employeur à un autre syndicat en violation d'une règle d'ordre public, ne peut en revanche revendiquer à son profit le bénéfice de cet avantage illégal.

Cass. soc. 29 mai 2013, n° 12-60.122, 2e moyen.

Les dispositions de l'article L. 2324-2 ancien CT réservant la possibilité de désigner un représentant syndical au comité d'entreprise aux syndicats ayant des élus au comité sont conformes à la Convention de sauvegarde des droits de l'homme et des libertés fondamentales.

Les articles 11 et 14 de la Convention de sauvegarde des droits de l'homme et des libertés fondamentales laissent les États libres d'organiser leur système de manière à reconnaître, le cas échéant, un statut spécial à certains syndicats en fonction de la nature des prérogatives qui leur sont reconnues et il en résulte que le choix du législateur de réserver aux seules organisations syndicales ayant des élus la possibilité de désigner un représentant syndical au comité d'entreprise ne méconnaît pas les articles susvisés de la Convention.

Cass. soc. 24 octobre 2012, n° 11-25.530, BC V n° 280. Voir aussi cass. soc. 24 octobre 2012, n° 11-18.885, BC V n° 279 ; cass. soc. 15 mai 2013, n° 12-18.860.

• Existence d'un lien salarial

En vertu de l'article L. 2324-2 ancien CT, le représentant syndical au comité d'entreprise est obligatoirement choisi parmi les membres du personnel de l'entreprise.

Cass. soc. 26 avril 2000, n° 98-60.493, BC V n° 154.

Toutefois, les salariés détachés ou mis à disposition par une entreprise extérieure et qui sont intégrés à la communauté des travailleurs de l'entreprise d'accueil peuvent être désignés comme représentants syndicaux au comité d'entreprise de cette dernière.

La société « BHV » avait saisi un tribunal d'instance d'une demande d'annulation de la désignation, en qualité de représentante syndicale au comité d'entreprise, d'une démonstratrice de la société M au « BHV », où elle exerçait son activité.

Les démonstrateurs, étant intégrés dans la communauté des travailleurs salariés du « BHV » et dans l'entité du grand magasin, y sont électeurs et éligibles et, en cette qualité, peuvent être désignés représentants syndicaux au comité d'entreprise.

Le tribunal d'instance, qui a constaté que l'intéressée répondait aux conditions posées par l'article L. 433-5 CT et qu'elle était intégrée à la communauté des travailleurs de la société « BHV » dans laquelle elle travaille, a, tirant les conséquences légales de ses constatations, relevé qu'elle faisait partie du personnel au sens de l'article L. 433-1 CT.

Cass. soc. 30 avril 2003, n° 01-60.841, BC V n° 153.

Le cadre détenteur d'une délégation écrite particulière d'autorité permettant de l'assimiler au chef d'entreprise, mandataire de l'employeur pour présider le comité d'entreprise ou le CHSCT ou exerçant au niveau de l'entreprise à l'égard des représentants du personnel les obligations relevant exclusivement du chef d'entreprise, ne peut pas être désigné en qualité de représentant syndical.

Un tribunal d'instance a exactement décidé que, faute d'une délégation écrite particulière d'autorité, un salarié, directeur de secteur au sein d'une association, dont il n'était pas soutenu qu'il ait représenté l'employeur en qualité de président du CHSCT ou du CE ni exercé au niveau de l'entreprise à l'égard des représentants du personnel les obligations relevant exclusivement du chef d'entreprise, ne pouvait être exclu du droit d'être désigné représentant syndical.

Cass. soc. 24 mai 2006, n° 05-60.231, BC V n° 190.

Peu importe, à cet égard, que le salarié n'ait pas accepté expressément la délégation d'autorité qui lui a été confiée.

L'exercice par un salarié de pouvoirs qu'il détient en application d'une délégation écrite d'autorité permettant de l'assimiler au chef d'entreprise l'exclut du droit d'être désigné en qualité de délégué syndical ou de représentant syndical, peu important que la délégation n'ait pas fait l'objet d'une acceptation expresse de l'intéressé.

Ayant constaté l'existence d'une délégation écrite, un tribunal d'instance a pu annuler la désignation d'un directeur de magasin en qualité de délégué syndical et de représentant syndical.

Cass. soc. 4 avril 2007, n° 06-60.124.

Un protocole préélectoral, même signé aux conditions de validité prévues par l'article L. 2324-4-1 ancien CT, ne peut exclure de l'éligibilité au comité d'entreprise, et par suite du droit à y être désigné représentant syndical, des salariés qui remplissent les conditions légales pour en être membres.

Cass. soc. 20 mars 2013, n° 12-11.702, BC V n° 79, cité dans « Éligibilité ».

• L'effectif requis pour la désignation du représentant syndical au comité d'entreprise s'apprécie à la date de cette désignation

Il résulte de la combinaison des articles L. 433-1, al. [4] et L. 412-17, al. 1 CT que la désignation d'un représentant syndical au comité d'entreprise constitue, pour chaque syndicat représentatif dans l'entreprise, une faculté qu'il peut exercer à tout moment, dès lors que l'entreprise occupe au moins 300 salariés.

Il s'ensuit qu'après avoir énoncé que la régularité de la désignation s'apprécie à la date de celle-ci, un tribunal d'instance, qui a retenu qu'à la date de la désignation, l'effectif d'une société était supérieur à 300 salariés, a rejeté à bon droit la demande en annulation de la désignation d'un salarié en qualité de représentant syndical au comité d'entreprise.

Cass. soc. 3 avril 2002, n° 01-60.576, BC V n° 120.

• Un salarié ne peut cumuler les fonctions de représentant syndical et de membre élu du comité d'entreprise

Un représentant syndical au comité d'entreprise peut valablement se présenter à l'élection des membres du comité.

Un tribunal d'instance a pu refuser d'annuler la candidature à l'élection des membres du comité d'établissement d'une salariée représentante syndicale au comité. En effet, il est possible à un représentant syndical au comité d'établissement de se porter candidat pour les élections des représentants du personnel audit comité, la question de l'incompatibilité des fonctions se distinguant de celle de la validité de la candidature.

Cass. soc. 17 juillet 1990, n° 89-60.389.

Les fonctions de représentant syndical au comité d'établissement et de membre élu du comité étant incompatibles, le tribunal d'instance doit inviter le salarié à opter pour l'un des deux mandats.

Le même salarié ne peut siéger simultanément dans le même comité d'établissement en qualité à la fois de membre élu et de représentant syndical auprès de celui-ci, les pouvoirs attribués par la loi à l'une et à l'autre de ces fonctions étant différents.

En conséquence, dès lors que l'employeur fait valoir devant le juge que les fonctions d'un salarié comme représentant syndical au comité d'établissement et membre élu auprès de ce même comité sont incompatibles, le tribunal doit inviter l'intéressé à opter pour l'un des deux mandats.

Cass. soc. 17 juillet 1990, n° 89-60.729, BC V n° 374.

Un salarié, membre du comité d'entreprise, peut être nommé, dans une entreprise de moins de 300 personnes, délégué syndical, mais il doit alors renoncer à exercer les fonctions de représentant syndical au comité.

Doit être cassé le jugement annulant la désignation, en tant que délégué syndical et délégué syndical central, d'un salarié, par ailleurs membre élu du comité d'entreprise, au motif que, l'entreprise comprenant moins de 300 salariés, si le salarié était désigné délégué syndical, il devenait de droit représentant syndical au comité d'entreprise et, étant par ailleurs membre élu de ce comité, il ne pouvait à la fois exercer les fonctions de représentant au comité d'entreprise et de membre élu de ce comité.

En effet, la représentation d'un syndicat au comité d'entreprise étant une simple faculté à laquelle le délégué syndical peut renoncer, l'incompatibilité n'a pas d'autre effet que de priver le syndicat d'un représentant aux comités d'établissement ou d'entreprise.

Cass. soc. 25 octobre 1995, n° 94-60.562. Voir aussi cass. soc. 18 juillet 2000, n° 98-42.625, BC V n° 304.

• Pour être désigné en qualité de représentant syndical au comité d'entreprise, le salarié doit bénéficier d'une certaine ancienneté

Il résulte de la combinaison des articles L. 412-11, L. 412-14, L. 423-8, L. 423-9, L. 433-1 et L. 433-6 CT que les salariés élus représentants du personnel, ou régulièrement candidats à ces fonctions, remplissent par là même les conditions d'ancienneté et de présence dans l'entreprise pour être désignés en qualité de représentant syndical au comité d'entreprise.

Cass. soc. 4 février 2004, n° 03-60.138, BC V n° 38.

Le respect de la condition d'ancienneté d'un an requise pour être désigné représentant syndical au comité d'établissement s'apprécie au niveau de l'entreprise et non de l'établissement.

Selon les articles L. 2324-2 et L. 2324-15 CT, ne peut être désigné représentant syndical au comité d'établissement qu'un salarié qui y est éligible ; l'ancienneté acquise par le salarié au sein de l'entreprise, quels que soient les établissements où il a été successivement affecté, doit être prise en compte pour le calcul de l'ancienneté requise pour être éligible dans l'un de ces établissements.

Par lettre du 31 mai 2016, un syndicat a informé une société de la désignation d'une salariée, engagée le 10 septembre 2002, en qualité de représentant syndical au comité d'établissement d'une agence au sein de laquelle elle était affectée depuis le 1er janvier 2016 ; par lettre du 1er juin 2016, la société a convoqué la salariée à un entretien préalable à un éventuel licenciement puis a sollicité, le 15 juin 2016, l'annulation de la désignation, invoquant son caractère frauduleux et soutenant que la salariée n'avait pas une ancienneté suffisante dans l'établissement.

Ayant constaté que la salariée travaillait dans l'entreprise depuis plus d'un an à la date de la désignation litigieuse, c'est à bon droit qu'un tribunal d'instance a décidé qu'elle remplissait la condition d'ancienneté requise.

Cass. soc. 11 octobre 2017, n° 16-60.295, BC V n° 178.

• La désignation d'un salarié peut intervenir, après son licenciement, pendant toute la période du préavis et pour sa durée

Une salariée, licenciée avec dispense de préavis, a été désignée représentante syndicale au comité d'établissement durant ce préavis.

Doit être rejeté le pourvoi de l'employeur faisant grief au tribunal d'instance d'avoir rejeté sa demande en annulation de cette désignation.

En effet, la désignation d'un salarié en qualité de représentant syndical au comité d'établissement peut intervenir après son licenciement, pendant toute la période du préavis et pour sa durée, le contrat de travail ne prenant fin qu'à l'expiration de celui-ci.

Cass. soc. 29 octobre 2003, n° 02-60.638, BC V n° 269

• Le remplacement d'un représentant syndical est soumis aux mêmes règles de forme que la désignation initiale

Sauf fraude, une organisation syndicale a la faculté de remplacer, selon les formes prescrites par l'article L. 2143-7 CT, un représentant au comité d'établissement et au comité central d'entreprise.

Cass. soc. 1er février 2017, n° 16-11.737.

Lorsqu'un syndicat procède à une désignation de représentant syndical en remplacement d'un autre représentant syndical, il lui appartient de le préciser dans la désignation notifiée à l'employeur.

Cass. soc. 14 mars 2018, n° 17-16.110.

Notification de la désignation

La désignation d'un représentant syndical au comité d'entreprise d'une unité économique et sociale n'est valablement notifiée à une seule personne que lorsque celle-ci représente toutes les sociétés composant l'unité économique et sociale.

C'est à tort qu'un tribunal d'instance a déclaré régulière la désignation d'un salarié en qualité de représentant syndical au CHSCT et au comité d'entreprise d'une unité économique et sociale, notifiée à une seule des sociétés la composant, sans avoir constaté que le destinataire de la désignation adressée à une seule des sociétés composant l'unité économique et sociale avait qualité pour représenter les autres sociétés.

Cass. soc. 26 novembre 2003, n° 02-60.388, BC V n° 302.

La désignation d'un représentant syndical au comité central d'entreprise doit être affichée au siège de l'entreprise.

Le 30 novembre 2004, un syndicat avait notifié au siège social de l'entreprise la désignation d'un salarié en qualité de délégué syndical central et de représentant syndical au comité central d'entreprise.

Doit être cassé le jugement qui, pour déclarer irrecevable comme forclose la demande d'annulation de cette désignation formée par requête déposée le 18 janvier 2005 au nom d'une fédération et d'autres organisations syndicales, retient que le syndicat avait procédé, au plus tard le 31 décembre 2004, à l'affichage de la désignation sur les panneaux syndicaux de l'établissement en cause, dans lequel les fédérations syndicales ne justifiaient pas de l'absence de représentant, alors que l'affichage de la désignation n'avait eu lieu que dans un seul établissement de l'entreprise et non pas au siège de l'entreprise également siège du comité central d'entreprise où la désignation était destinée à prendre en premier titre effet.

Cass. soc. 15 février 2006, n° 05-60.178.

Contestation de la désignation

Sauf fraude, la contestation doit avoir lieu dans les quinze jours suivant la désignation…

Est irrecevable la demande en annulation de la désignation d'un représentant syndical au comité d'entreprise présentée plus de quinze jours après cette désignation, les contestations relatives aux désignations de représentants syndicaux devant être portées devant le tribunal d'instance dans les quinze jours suivant la désignation, conformément aux dispositions de l'article R. 433-4, al. 2 CT. Cette règle ne souffre aucune exception, hors le cas de fraude.

Cass. soc. 29 mars 1994, n° 93-60.334.

… y compris pour les représentants syndicaux de droit au comité d'entreprise dans les entreprises de moins de trois cents salariés.

La contestation de la qualité, prévue par l'article L. 2143-22 CT, de représentant syndical de droit au comité d'entreprise d'un délégué syndical constitue une contestation de la désignation d'un représentant syndical au sens de l'article R. 2324-24 du même code et se trouve en conséquence soumise aux délais prévus par ce texte.

Cass. soc. 25 janvier 2012, n° 11-10.978, BC V n° 34.

Un nouveau délai est ouvert pour contester la désignation lorsqu'un fait nouveau peut être rapporté.

Un jugement se prononçant sur la représentativité d'un syndicat ne constitue pas un fait nouveau permettant d'ouvrir à nouveau le délai de contestation de la désignation d'un représentant syndical au comité d'entreprise et d'un délégué syndical.

Cass. soc. 11 octobre 1994, n° 93-60.380, BC V n° 274.

Par lettre du 7 juin 2011, une société avisait un syndicat que, n'ayant pas obtenu au moins 10 % des suffrages au premier tour des élections professionnelles ayant eu lieu dans les établissements de la société, il n'était plus représentatif ; le syndicat a désigné le 14 juin 2011 trois salariés en qualité de délégués syndicaux centraux ; la société a saisi le tribunal d'instance d'une demande d'annulation de ces désignations, lequel a statué par jugement du 10 août 2011 ; par ailleurs, le syndicat a désigné par lettre recommandée du 11 juillet 2011 notifiée le 12 juillet un salarié en qualité de représentant syndical au comité central d'entreprise ; le 26 août 2011, la société a saisi le tribunal d'instance d'une contestation de cette désignation.

Pour dire recevable cette contestation, un tribunal d'instance a retenu que la société invoquait le prononcé du jugement par le tribunal, le 10 août 2011, qui avait dénié à l'organisation syndicale désignataire toute représentativité au sein de l'entreprise, que ce jugement constituait un fait nouveau de nature à remettre en cause la désignation, par le syndicat concerné, d'un de ses représentants au comité central d'entreprise, dès lors que le syndicat ne remplissait plus la condition exigée par l'article L. 2327-6 CT et que cette décision ouvrait à l'employeur un nouveau délai de quinze jours, pour contester la désignation, à partir de la connaissance qu'il en avait eu, lors de la notification du jugement le 12 août 2011.

En statuant ainsi, alors que le jugement statuant sur la représentativité du syndicat, à l'occasion d'une contestation de la désignation par lui de délégués syndicaux centraux, ne constituait pas un fait nouveau susceptible de remettre en cause la désignation d'un autre salarié en qualité de représentant syndical au comité central d'entreprise, le tribunal a violé l'article R. 2324-24 CT.

Cass. soc. 26 juin 2013, n° 11-25.456, BC V n° 170.

La juridiction saisie d'une contestation de la désignation d'un représentant syndical au comité de groupe ou au CHSCT statue en premier ressort.

Aucune disposition du code du travail ne prévoit la désignation de représentants syndicaux au comité de groupe, dont la composition est fixée par l'article L. 439-3 CT. Dès lors, la juridiction saisie ne peut statuer qu'en premier ressort en l'absence de texte contraire et, sa décision étant susceptible d'appel, le pourvoi est irrecevable.

Cass. soc. 18 février 2004, n° 02-60.606, BC V n° 59.

L'article L. 236-5, al. 3 CT ne prévoit la compétence du tribunal d'instance qui statue en dernier ressort qu'en ce qui concerne les contestations relatives à la délégation des représentants du personnel au CHSCT.

Dès lors, n'est pas recevable le pourvoi en cassation introduit par un salarié contre le jugement d'un tribunal d'instance qui avait annulé sa désignation en qualité de représentant syndical conventionnel au CHSCT, ce jugement ayant été rendu en premier ressort.

Cass. soc. 16 février 2005, n° 04-60.073, BC V n° 55.

Dans l'attente de la décision du tribunal, l'employeur doit respecter les obligations lui incombant à l'égard du représentant syndical.

Un syndicat a désigné un salarié en qualité de représentant syndical au comité d'établissement d'une société ; faisant valoir que le syndicat n'avait pas au moins deux élus au comité d'entreprise, la société a saisi un tribunal d'instance d'une demande d'annulation de cette désignation ; ce tribunal a sursis à statuer dans l'attente d'une question prioritaire de constitutionnalité ; le syndicat a saisi le président du tribunal de grande instance en référé aux fins d'ordonner à l'employeur de convoquer le salarié aux réunions du comité d'établissement et de lui adresser les informations délivrées aux membres du comité.

L'employeur n'étant pas juge de la validité de la désignation d'un représentant syndical, c'est à bon droit qu'une cour d'appel a décidé que, le mandat n'étant pas judiciairement annulé, la méconnaissance par l'employeur des obligations lui incombant à l'égard des représentants syndicaux au comité d'entreprise résultant des dispositions des articles L. 2324-2 et L. 2143-22 CT, était constitutive d'un trouble manifestement illicite qu'il appartenait au juge des référés de faire cesser.

Cass. soc. 24 octobre 2012, n° 11-20.346, BC V n° 281.

Durée du mandat

Le mandat de représentant syndical au comité d'entreprise prend fin lors du renouvellement des membres de cette institution ; tout intéressé peut donc faire constater l'expiration du mandat sans que puisse lui être opposé le délai prévu par l'article R. 2324-24 ancien CT.

Un salarié a été désigné représentant syndical au comité d'entreprise par un syndicat en février 2007. Des élections pour le renouvellement des membres du comité d'entreprise ont été organisées le 20 mars 2009. Contestant le maintien du mandat du salarié compte tenu des résultats du scrutin, la société a saisi le tribunal d'instance en annulation de son mandat par requête du 28 avril 2009.

A violé les articles L. 2324-2 et R. 2324-24 CT le tribunal d'instance qui, pour déclarer la requête en annulation forclose, a relevé que le mandat du salarié s'était poursuivi postérieurement aux élections à défaut de révocation par le syndicat, que la contestation de ce mandat reposait en réalité sur la survenance d'un élément nouveau de nature à remettre en cause sa validité, et que seules les opérations de vote du 20 mars et l'existence d'une liste commune constituaient l'élément nouveau et le point de départ du délai de forclusion.

Cass. soc. 10 mars 2010, n° 09-60.347, BC V n° 58.
Voir aussi cass. soc. 16 février 2011, n° 10-60.159.

Attributions

Le représentant syndical est le mandataire de l'organisation qui l'a désigné, et non celui des salariés.

Si les attributions d'un représentant syndical au sein du comité d'entreprise sont, par définition, inséparables de sa mission syndicale, il n'en résulte pas pour autant que son rôle doive se confondre avec celui du délégué syndical lorsqu'il n'est pas mandaté, à ce titre, par le syndicat qu'il représente.

Doit être cassé l'arrêt d'une cour d'appel qui, pour déclarer coupable du délit d'entrave l'employeur qui avait pris des sanctions à l'égard d'un représentant syndical qui s'était livré à une intense propagande syndicale par la distribution de tracts, par l'organisation de pétitions et de réunions revendicatives, a énoncé que, bien que le salarié ait empiété sur les activités des délégués syndicaux, il était en droit, dans le cadre de son mandat visant à la défense des intérêts collectifs de la profession, de se renseigner, de rendre compte de son action et de soutenir des revendications, alors que le représentant syndical n'est pas le mandataire des salariés de l'établissement où il travaille, mais celui de l'organisation syndicale à laquelle il appartient.

Cass. crim. 25 mai 1982, n° 81-93.443, 6e moyen, B. crim. n° 135.

Délégué syndical (Désignation) ; Représentants du personnel (Protection/Bénéficiaires) ; Représentativité syndicale.

Représentants du personnel (Autorisation administrative de licenciement)

Tout licenciement d'un représentant du personnel doit être autorisé par l'inspection du travail. À défaut, le licenciement est nul et le salarié peut être réintégré.

Nécessité d'une autorisation administrative de licenciement

Les dispositions législatives soumettant le licenciement d'un représentant du personnel à une autorisation administrative de licenciement sont d'ordre public.

Une société ayant considéré que deux salariées, représentants du personnel, avaient rompu de leur fait leur contrat de travail, le directeur du personnel de cette société et le président du comité d'établissement ont été poursuivis pour délits d'entrave après avoir procédé au licenciement des deux intéressées sans respecter la procédure protectrice prévue par les articles L. 412-18, L. 425-1 et L. 436-1 CT.

Devant les juges du fond, les directeurs ont fait valoir qu'en vertu des dispositions de la convention collective nationale des entreprises de nettoyage de locaux, les contrats de travail des deux salariées concernées avaient été transférés de plein droit à l'entreprise entrante et qu'ils avaient seulement, pour leur part, tiré les conséquences du refus opposé par les intéressées de poursuivre leur activité au sein de cette entreprise.

C'est à bon droit que la cour d'appel a écarté cette argumentation et a retenu les délits d'entrave, les dispositions législatives soumettant à l'avis préalable du comité d'entreprise ou à l'autorisation de l'inspecteur du travail le licenciement des salariés investis de fonctions représentatives, ayant institué au profit de tels salariés, et dans l'intérêt de l'ensemble des travailleurs qu'ils représentent, une protection exceptionnelle et exorbitante du droit commun qui interdit, par suite, à l'employeur de poursuivre par d'autres moyens la résiliation du contrat de travail ; les stipulations d'une convention collective ne sauraient faire obstacle à ces dispositions d'ordre public.

Cass. crim. 26 novembre 1996, n° 94-86.016, B. crim. n° 428.

La procédure exceptionnelle et exorbitante du droit commun instituée par le législateur au profit des salariés investis de fonctions représentatives interdisant à l'employeur de poursuivre la rupture du contrat de travail par d'autres moyens que ceux prévus par les dispositions d'ordre public pour protéger leur mandat, une cour d'appel a pu décider que la résiliation du contrat de travail d'un salarié protégé sans autorisation administrative constituait une violation du statut protecteur, dont l'employeur devait réparer les conséquences.

Cass. soc. 23 mai 2000, n° 97-42.145, pourvoi principal, BC V n° 202.

L'employeur est tenu de demander l'autorisation administrative de licencier un salarié lorsque ce dernier bénéficie du statut protecteur à la date de l'envoi de la convocation à l'entretien préalable au licenciement, peu important que le courrier prononçant le licenciement soit envoyé postérieurement à l'expiration de la période de protection.

Après avoir constaté qu'un salarié bénéficiant du statut protecteur jusqu'au 24 décembre avait été convoqué à un entretien préalable au licenciement le 18 décembre, une cour d'appel en a exactement déduit que le licenciement, prononcé sans observation des formalités protectrices, était nul et a pu ordonner la réintégration du salarié.

Cass. soc. 26 mars 2013, n° 11-27.964, 1re branche du 1er moyen du pourvoi de l'employeur, BC V n° 83. Voir aussi cass. soc. 25 octobre 2017, n° 16-13.229, 1er moyen.

Et l'inspecteur du travail doit se prononcer sur cette demande d'autorisation même si la protection a expiré lorsqu'il prend sa décision.

En vertu des dispositions du code du travail, le licenciement des salariés légalement investis de fonctions représentatives, qui bénéficient d'une protection exceptionnelle dans l'intérêt de l'ensemble des travailleurs qu'ils représentent, ne peut intervenir que sur autorisation de l'inspecteur du travail ; cette autorisation est requise si le salarié bénéficie de la protection attachée à son mandat à la date de l'envoi par l'employeur de sa convocation à l'entretien préalable au licenciement.

Pour juger que l'inspecteur du travail n'était pas compétent pour se prononcer sur la demande d'autorisation de licenciement d'un salarié et que le ministre avait pu, par suite, annuler à bon droit sa décision et se déclarer lui-même incompétent, une cour administrative d'appel s'est fondée sur la circonstance qu'à la date à laquelle l'inspecteur du travail s'était prononcé sur la demande de l'employeur, l'intéressé ne bénéficiait plus de la protection prévue par les dispositions de l'article L. 2411-3 CT.

En recherchant si le salarié bénéficiait de cette protection à la date de la décision de l'administration et non, comme il lui incombait, à la date de l'envoi par l'employeur de la convocation du salarié à l'entretien préalable au licenciement, la cour administrative d'appel a commis une erreur de droit.

CE 23 novembre 2016, n° 392059, Rec. Lebon p. 517.

Bien que l'initiative de la rupture du contrat de travail ait été prise par le salarié protégé, dès lors que les juges décident que la rupture s'analyse en un licenciement, l'absence d'autorisation administrative rend le licenciement nul.

Un salarié, engagé en 1987, a été élu délégué du personnel le 6 mai 1997. Le 7 juillet 1997, il a saisi la juridiction prud'homale de demandes en paiement de diverses primes pour une période allant de 1992 à 1997. Le 9 septembre 1997, il a finalement pris acte de la rupture de son contrat de travail aux torts de son employeur en raison, notamment, du non-paiement de ces primes et a formé devant le juge des demandes complémentaires en paiement d'une indemnité pour licenciement sans cause réelle et sérieuse et de dommages-intérêts pour violation du statut protecteur des représentants du personnel.

Pour rejeter sa demande de dommages-intérêts pour violation du statut protecteur, une cour d'appel a énoncé que l'initiative de la rupture avait été prise par le salarié et qu'il avait attendu d'être élu délégué du personnel pour saisir le conseil de prud'hommes, alors que l'inexécution du contrat dont il se prévalait était bien antérieure à son élection.

Cependant, le licenciement d'un délégué du personnel ne peut intervenir que sur autorisation de l'inspecteur du travail. Dès lors, en statuant comme elle l'a fait, alors, d'une part, qu'elle avait décidé que la rupture du contrat de travail s'analysait en un licenciement du fait de l'inexécution par l'employeur de ses obligations contractuelles, et alors, d'autre part, que ce licenciement intervenu en violation du statut protecteur était nul, la cour d'appel, qui n'a pas caractérisé la fraude du salarié, a violé l'article L. 425-1 CT.

Cass. soc. 21 janvier 2003, n° 00-44.502, BC V n° 13.

L'administration est tenue de se déclarer incompétente pour statuer sur la demande d'autorisation de licenciement sollicitée par l'employeur postérieurement à une prise d'acte.

Le contrat de travail d'un salarié protégé est rompu dès la prise d'acte, par ce dernier, de la rupture de ce contrat, sans que puissent avoir une incidence sur cette rupture les agissements ultérieurs de l'employeur ; l'administration est, dans ce cas, tenue de se déclarer incompétente pour statuer sur la demande d'autorisation de licenciement de ce salarié sollicitée par l'employeur postérieurement à la prise d'acte.

CE 17 décembre 2008, n° 310889, Rec. Lebon p. 461. Voir aussi CE 17 décembre 2008, n° 303904.

Lorsque l'inspecteur du travail a refusé d'accorder l'autorisation de licencier, car le contrat était déjà rompu, cette décision s'impose au juge judiciaire, qui ne peut donc pas statuer sur le principe même de la rupture.

Une directrice de cafétéria élue conseiller prud'homme avait été mise à pied à compter du 30 novembre 1998 à titre conservatoire pendant la durée de la procédure de licenciement, à l'issue de congés qu'il lui avait été demandé de prolonger. L'employeur a sollicité, le 23 décembre 1998, une autorisation administrative de licenciement qui a été refusée par décision de l'inspecteur du travail du 8 février 1999 et la salariée a demandé, le 10 février 1999, sa réintégration, à laquelle l'employeur s'est opposé, avant de l'inviter à reprendre son poste, par lettre du 11 février 1999. La salariée a saisi la juridiction prud'homale de diverses demandes relatives à une rupture effective le 12 octobre 1998.

A méconnu le principe de la séparation des pouvoirs, la loi des 16-24 août 1790 et le décret du 16 fructidor an III la cour d'appel qui a refusé de dire que la rupture avait bien eu lieu à cette date. En effet, il résultait de la décision de refus d'autorisation de l'inspecteur du travail, qui s'impose au juge judiciaire, que la salariée avait été évincée de l'entreprise le 12 octobre 1998 et cette éviction s'analysait donc en un licenciement prononcé en violation de son statut protecteur.

Cass. soc. 10 mai 2006, n° 05-43.110, BC V n° 172.

Le refus de l'inspecteur du travail d'examiner la demande d'autorisation de licenciement au motif que l'intéressée ne bénéficiait pas de la protection légale prévue pour les délégués du personnel constitue une décision administrative qui s'impose au juge judiciaire qui est tenu de surseoir à statuer lorsque la légalité de cette décision est contestée.

Cass. soc. 19 mai 2016, n° 14-26.662, BC V n° 107. Voir aussi cass. soc. 12 juillet 2006, n° 04-45.578, 1er moyen, BC V n° 247.

Lorsque l'inspecteur du travail se déclare incompétent pour autoriser le licenciement d'un salarié en raison d'une difficulté sérieuse sur le bénéfice du statut protecteur, le juge judiciaire ne peut se prononcer sur la nécessité de l'autorisation administrative et doit inviter les parties à saisir la juridiction administrative.

Pour dire irrégulier le licenciement pour faute grave d'une salariée membre d'une commission paritaire régionale, une cour d'appel a retenu que par lettre recommandée avec accusé de réception, l'employeur avait sollicité de l'inspecteur du travail l'autorisation de licencier la salariée, que l'inspecteur du travail avait accusé réception de la demande et avait indiqué : « Je vous confirme notre correspondance du 6 décembre 2007 vous précisant que la décision d'autoriser le licenciement de [la salariée] ne relevait pas de notre compétence », que cette réponse, qui n'avait pas donné lieu à notification aux parties ouvrant droit à un éventuel recours, ne pouvait être considérée comme une décision valant autorisation de licencier.

En statuant ainsi, alors que la lettre de l'inspecteur du travail qui constituait une décision administrative faisait obstacle à ce que le juge judiciaire se prononce sur la nécessité de l'autorisation administrative de licenciement de la salariée et qu'il appartenait aux juges du fond, en présence d'une difficulté sérieuse sur le bénéfice du statut protecteur, d'inviter les parties à saisir la juridiction administrative, la cour d'appel a violé le principe de séparation des pouvoirs et la loi des 16 et 24 août 1789.

Cass. soc. 4 octobre 2011, n° 10-18.023, BC V n° 225.

Lorsque le contrat de travail d'un salarié protégé a été transféré à un nouvel exploitant, l'ancien employeur n'a plus qualité pour solliciter une autorisation administrative de licenciement.

Dès lors que, par l'effet des dispositions de l'article L. 122-12 CT, il y a eu transfert des contrats de travail de salariés protégés à un nouvel exploitant, le cédant, qui a cessé d'être leur employeur, n'a plus qualité pour demander, postérieurement au transfert, l'autorisation de les licencier.

CE 9 avril 2004, n° 233630.

Forme et contenu de la décision

L'autorisation de licencier ne saurait résulter du silence de l'administration.

L'article R. 436-4 CT dispose que l'inspecteur du travail statue dans un délai de quinze jours à compter de la réception de la demande motivée de licenciement et qu'il peut prolonger ce délai pour satisfaire aux nécessités de l'enquête en en informant les destinataires. L'expiration du délai prévu par ces dispositions n'a pas pour effet de faire naître du silence gardé par l'inspecteur du travail une autorisation implicite.

CE 20 mai 1994, n° 106197.

L'inspecteur doit motiver sa décision ; à défaut, elle est entachée d'illégalité.

La décision de l'inspecteur du travail ne faisant que préciser qu'« il est constant que les faits reprochés revêtent un caractère de gravité certain » et qu'« il n'est pas moins constant qu'il n'existe aucune relation entre les fonctions représentatives et la mesure de licenciement » ne peut être regardée comme suffisamment motivée. Dès lors, le ministre a pu valablement annuler cette autorisation.

CE 5 juin 1991, n° 104743, Rec. Lebon p. 219

L'inspecteur ne peut, pour accorder l'autorisation demandée, se fonder sur d'autres motifs que ceux énoncés dans la demande.

Lorsqu'un employeur demande à l'inspecteur du travail l'autorisation de licencier un salarié protégé, il lui appartient de faire précisément état dans sa demande des motifs justifiant, selon lui, le licenciement et l'inspecteur du travail ne peut, pour accorder l'autorisation demandée, se fonder sur d'autres motifs que ceux énoncés dans la demande.

CE 19 octobre 2012, n° 334588.

Le contrôle de la motivation d'une décision de l'inspecteur du travail portant sur une demande d'autorisation de licenciement d'un représentant du personnel exercé par une cour administrative d'appel relève de son appréciation souveraine, qui ne peut être discutée devant le Conseil d'État.

La décision d'un inspecteur du travail, autorisant une société à licencier un salarié, membre du comité d'hygiène et de sécurité, avait été annulée par un tribunal administratif pour insuffisance de motivation, décision confirmée par une cour administrative d'appel. En effet, après avoir relevé que seules peuvent être regardées comme suffisamment motivées les décisions qui, après avoir précisé les faits reprochés au salarié, indiquent si, compte tenu de l'ensemble des circonstances de l'espèce, et notamment s'il y a lieu, de la nature et de l'étendue des responsabilités qui lui sont confiées, ces faits sont constitutifs d'une faute suffisamment grave pour justifier le licenciement, la cour administrative d'appel a constaté que la décision de l'inspecteur du travail ne répondait pas à ces exigences. La cour d'appel s'étant livrée, sur ce point, à une appréciation souveraine qui ne pouvait être discutée devant le juge de cassation, la société n'était pas fondée à demander l'annulation de l'arrêt de la cour administrative d'appel.

CE 24 mars 1999, n° 189123.

Lorsque l'administration a eu connaissance de chacun des mandats détenus par l'intéressé, la circonstance que la demande d'autorisation de licenciement ou la décision autorisant le licenciement ne fasse pas mention de l'un de ces mandats ne suffit pas, à elle seule, à établir que l'administration n'a pas, comme elle le doit, exercé son contrôle en tenant compte de chacun des mandats détenus par le salarié protégé.

CE 15 octobre 2014, n° 370620. Voir aussi CE 19 octobre 2012, n° 334588, précité.

Étendue du pouvoir d'appréciation

• Contrôle de l'absence de discrimination

Le licenciement d'un représentant du personnel ne doit présenter aucun lien avec les fonctions représentatives normalement exercées.

Doit être annulée l'autorisation de licencier pour motif économique deux salariées, représentantes du personnel, dès lors que l'employeur ne fournit aucun élément de nature à justifier que l'application des critères retenus pour établir l'ordre des licenciements conduit à placer ces deux salariées parmi les salariés devant être licenciés.

Par ailleurs, une détérioration des rapports entre la direction et le syndicat auquel appartiennent les deux salariées ayant été constatée, le licenciement de ces dernières doit être regardé comme étant en rapport avec leurs fonctions représentatives et avec leur appartenance syndicale.

CE 11 juillet 1994, n° 102637.

Doit être annulée l'autorisation de licencier un salarié protégé accordée par le ministre à une société dès lors que, bien qu'elle ait invoqué à l'appui de sa demande, en date du 26 mars 2013, la faute que le salarié aurait commise en parcourant plusieurs centaines de kilomètres en utilisant un véhicule de service emprunté sans autorisation, il ressort des pièces du dossier, notamment d'un arrêt de la cour d'appel de Paris du 7 mai 2015 produit par le salarié, que la société a, à plusieurs reprises, notamment en 2013, refusé de lui payer des heures de délégation au titre de ses différents mandats et que ces manquements, ajoutés à d'autres, également contemporains de la demande de licenciement adressée à l'inspection du travail, ont conduit le juge judiciaire à condamner la société à payer au salarié une provision en relevant qu'ils laissaient supposer l'existence d'une discrimination syndicale à son encontre.

En effet, compte tenu de l'absence d'éléments justificatifs précis présentés en défense par la société, la demande d'autorisation de licenciement présentée par cette société doit être regardée comme n'étant pas sans rapport avec les mandats détenus par l'intéressé.

CE 20 mars 2019, n° 408658.

• Appréciation des motifs d'intérêt général

Pour refuser l'autorisation sollicitée, l'autorité administrative a la faculté de retenir des motifs d'intérêt général relevant de son pouvoir d'appréciation de l'opportunité, sous réserve qu'une atteinte excessive ne soit pas portée à l'un ou l'autre des intérêts en présence.

CE 29 octobre 2012, n° 332666. Voir aussi CE 11 avril 2014, n° 362155.

L'absence totale de représentation peut constituer un motif d'ordre général.

Le fait que le licenciement du salarié ait pour conséquence l'absence de représentation au sein de l'entreprise du syndicat auquel il appartient ne constitue pas un motif d'ordre général. Ce licenciement n'ayant pas pour effet de priver les salariés de la société de toute représentation syndicale, la décision de refus d'autorisation liée à l'existence d'un motif d'intérêt général a pu être annulée.

CE 12 septembre 1994, n° 128729.

L'inspecteur du travail ne peut fonder son appréciation de l'intérêt général sur des éléments relatifs à l'activité personnelle du salarié.

Le fait que le salarié se montre, dans l'exercice de ses fonctions représentatives, particulièrement vigilant à l'égard de la sécurité des conditions de travail ne constitue pas un motif d'ordre général, dans la mesure où l'autorité administrative ne peut fonder son appréciation de l'intérêt général sur des éléments relatifs à l'activité personnelle du salarié.

CE 29 décembre 1995, n° 133448.

• Contrôle du motif

Licenciement pour motif personnel

Licenciement pour faute

L'autorité administrative doit rechercher si les faits reprochés au salarié sont d'une gravité suffisante pour justifier son licenciement.

Dans les cas où la demande d'autorisation de licenciement est fondée sur le comportement fautif du représentant du personnel, il appartient à l'autorité compétente de rechercher, sous le contrôle du juge de l'excès de pouvoir, si les faits reprochés sont d'une gravité suffisante pour justifier le licenciement, compte tenu de l'ensemble des règles applicables au contrat de travail et des exigences propres à l'exécution normale du mandat.

CE 6 février 2013, n° 351598. Voir aussi CE 27 mars 2015, n° 366166.

La cour a inexactement qualifié les faits en estimant que ces circonstances, ainsi que celle tirée de ce que d'autres salariés se seraient livrés à la même pratique sans être sanctionnés, retiraient aux agissements reprochés, qui constituaient une soustraction de produits expressément interdite par le règlement intérieur et comportaient des risques sanitaires, leur caractère de faute de nature à justifier un licenciement.

CE 25 mars 2009, n° 318053.

Après avoir relevé qu'il ressortait des pièces du dossier que le salarié consacrait une partie importante de son temps de travail à la consultation de sites Internet non professionnels et à l'utilisation de sites de conversation, une cour administrative d'appel a néanmoins estimé que la réalité de la gêne occasionnée par ce comportement sur l'utilisation du matériel informatique tant par les élèves que par les enseignants n'était pas établie et ne pouvait, dès lors, justifier le licenciement du salarié. En statuant ainsi, la cour n'a entaché son arrêt, qui est suffisamment motivé, ni d'erreur de droit ni de dénaturation. Dès lors, l'association n'est pas fondée à demander l'annulation de l'arrêt attaqué.

CE 13 octobre 2008, n° 299420.

Pour annuler une autorisation de licenciement, une cour administrative d'appel a relevé que si le salarié, employé dans une usine d'incinération d'ordures ménagères appartenant à la société requérante, s'était approprié un certain nombre de déchets, se livrant ainsi à la pratique dite du « chiffonnage », explicitement prohibée par le règlement intérieur, il comptait une ancienneté importante et n'avait préalablement fait l'objet d'aucune sanction disciplinaire.

Constituent des faits d'une gravité suffisante pour justifier le licenciement d'un salarié, délégué du personnel, l'obtention par ce dernier, durant dix années, de remboursements de frais kilométriques surévalués, correspondant parfois au double des distances effectivement parcourues, sans qu'il n'apparaisse que cette pratique était tolérée par l'employeur, ainsi que le fait d'avoir, à l'occasion de deux accidents de la circulation survenus alors qu'il était en service, pris la fuite et tenté de dissimuler ces accidents à son employeur.

CE 16 novembre 2005, n° 270646.

Ne constituait pas, dans les circonstances de l'espèce, un comportement déloyal d'une gravité suffisante pour justifier le licenciement d'un salarié protégé le fait, pour celui-ci, d'avoir participé à un stage de formation pour l'encadrement de centres de vacances, puis l'exercice bénévole de fonctions d'encadrement pendant des congés de maladie.

CE 9 novembre 2005, n° 261874.

Antérieurement à la notification du jugement d'un conseil de prud'hommes statuant sur sa demande aux fins de résiliation judiciaire de son contrat de travail, un salarié s'était rendu dans les locaux d'une entreprise concurrente de son employeur afin de discuter avec le responsable de cette entreprise de l'éventualité de son recrutement. Cet entretien n'a pas été rapporté à la connaissance de l'employeur par des moyens de preuve illicites.
Le salarié, qui ne pouvait ignorer qu'il était tenu, par les stipulations de son contrat, de respecter une clause de non-concurrence, a ainsi manqué à son obligation de loyauté. En outre, la cour administrative d'appel a relevé que les décisions et le comportement de l'employeur n'étaient pas de nature à justifier la rupture du contrat de travail. Dans ces circonstances, la faute commise par le salarié protégé était d'une gravité suffisante pour justifier son licenciement.

CE 28 septembre 2005, n° 269784.

Les accusations de fraude et d'infractions diverses et le dénigrement systématique de la gestion de l'entreprise auxquels s'est livré un salarié protégé revêtent le caractère d'une faute d'une gravité suffisante pour en justifier le licenciement, lequel apparaît sans lien avec les mandats détenus par l'intéressé, dont le comportement avait d'ailleurs fait l'objet d'une sanction avant même son élection.

CE 27 juillet 2005, n° 268917.

Un agent d'une caisse primaire d'assurance maladie, délégué syndical, a révélé, au cours de sa procédure de divorce, des informations à caractère médical concernant son épouse, à l'insu de cette dernière, en produisant huit feuilles de soins qu'il avait photocopiées dans l'enceinte de la caisse qui en était destinataire.

Le règlement intérieur de la caisse disposant que « toute divulgation par un agent à un tiers de renseignements dont il aurait connaissance serait considérée comme une faute grave, voire lourde », il en résultait que la méconnaissance intentionnelle, à des fins privées, d'une obligation professionnelle revêtait le caractère d'une faute d'une gravité suffisante pour justifier le licenciement de l'agent.

CE 15 juillet 2004, n° 256216.

Lorsqu'une demande d'autorisation de licenciement d'un salarié protégé est motivée par un comportement jugé fautif, elle ne peut être légalement accordée si les faits reprochés sont la conséquence d'un état pathologique ou d'un handicap de l'intéressé.

CE 3 juillet 2013, n° 349496.

La seule circonstance que les faits reprochés à un salarié protégé sont constitutifs d'une faute et sont pénalement répréhensibles n'est pas de nature à les exclure du bénéfice de l'amnistie.

Selon l'article 14 de la loi du 3 août 1995 portant amnistie, sont amnistiés les faits commis avant le 18 mai 1995 en tant qu'ils constituent des fautes passibles de sanctions disciplinaires ou professionnelles. Toutefois, si ces mêmes faits ont donné lieu à une condamnation pénale, l'amnistie des sanctions disciplinaires ou professionnelles est subordonnée à l'amnistie de la condamnation pénale. Sauf mesure individuelle accordée par décret du Président de la République, sont exemptés du bénéfice de l'amnistie prévue par le présent article les faits constituant des manquements à la probité, aux bonnes mœurs ou à l'honneur.

La seule circonstance que les faits reprochés à un salarié protégé sont constitutifs d'une faute et sont pénalement répréhensibles n'est pas de nature à les exclure du bénéfice de l'amnistie. Il convient d'examiner dans chaque cas si, dans les circonstances de l'espèce, ils constituent des manquements à la probité, aux bonnes mœurs ou à l'honneur.

Un salarié protégé, délégué du personnel suppléant et membre titulaire du comité d'établissement, a, durant trois semaines, intercepté les conversations téléphoniques de son supérieur hiérarchique afin de réunir les preuves d'un harcèlement sexuel dont ce dernier était soupçonné, et a fait écouter ces enregistrements aux deux salariées concernées et à un autre délégué du personnel. Le ministre du Travail a autorisé le licenciement du salarié et un jugement du tribunal administratif a rejeté la demande de l'intéressé en annulation de cette autorisation.

Dans les circonstances particulières de l'espèce, une cour administrative d'appel a pu, sans erreur de qualification juridique des faits, juger que les agissements du salarié n'étaient pas contraires à l'honneur et annuler le jugement du tribunal administratif ainsi que la décision ministérielle.

CE 2 octobre 2006, n° 251742.

Licenciement pour harcèlement moral

Pour apprécier si des agissements sont constitutifs d'un harcèlement moral, l'inspecteur du travail doit, sous le contrôle du juge administratif, tenir compte des comportements respectifs du salarié auquel il est reproché d'avoir exercé de tels agissements et du salarié susceptible d'en être victime, indépendamment du comportement de l'employeur.

Il appartient, en revanche, à l'inspecteur du travail, lorsqu'il estime, par l'appréciation ainsi portée, qu'un comportement de harcèlement moral est caractérisé, de prendre en compte le comportement de l'employeur pour apprécier si la faute résultant d'un tel comportement est d'une gravité suffisante pour justifier un licenciement.

CE 10 décembre 2014, n° 362663.

Licenciement pour des faits survenus en dehors de l'exécution du contrat de travail

Un agissement du salarié intervenu en dehors de l'exécution de son contrat de travail ne peut motiver un licenciement pour faute, sauf s'il traduit la méconnaissance par l'intéressé d'une obligation découlant de ce contrat.

Ainsi, le fait, pour un salarié recruté sur un emploi de chauffeur, de commettre, dans le cadre de sa vie privée, une infraction de nature à entraîner la suspension de son permis de conduire, ne saurait être regardé comme une méconnaissance par l'intéressé de ses obligations contractuelles à l'égard de son employeur ; par conséquent, l'inspecteur du travail ne peut légalement autoriser le licenciement pour faute d'un chauffeur à la suite de la suspension pour une durée de quatre mois de son permis de conduire intervenue en dehors de son temps de travail.

CE 15 décembre 2010, n° 316856, Rec. Lebon p. 508.

Il en est ainsi lorsque l'agissement du salarié intervient durant ses heures de délégation.

CE 27 mars 2015, n° 368855, s'agissant d'un salarié ayant asséné un violent coup de tête à un collègue lors d'une suspension de séance d'un comité d'établissement, méconnaissant ainsi son obligation de ne pas porter atteinte, dans l'enceinte de l'entreprise, à la sécurité d'autres membres du personnel. Voir aussi CE 27 mars 2015, n° 371174, s'agissant d'une salariée ayant utilisé ses heures de délégation pour exercer une autre activité professionnelle, méconnaissant ainsi l'obligation de loyauté à l'égard de son employeur.

Lorsque la demande de licenciement est motivée par un acte ou un comportement du salarié qui, ne méconnaissant pas les obligations découlant du contrat de travail, ne constitue pas une faute, il appartient à l'inspecteur du travail de rechercher si les faits sont de nature à rendre impossible le maintien du salarié dans l'entreprise, compte tenu de leur répercussion sur le fonctionnement de celle-ci.

Dans le cas où la demande de licenciement est motivée par un acte ou un comportement du salarié qui, ne méconnaissant pas les obligations découlant pour lui de son contrat de travail, ne constitue pas une faute, il appartient à l'inspecteur du travail, et le cas échéant au ministre, de rechercher, sous le contrôle du juge de l'excès de pouvoir, si les faits en cause sont établis et de nature, compte tenu de leur répercussion sur le fonctionnement de l'entreprise, à rendre impossible le maintien du salarié dans l'entreprise, eu égard à la nature de ses fonctions et à l'ensemble des règles applicables au contrat de travail de l'intéressé.

CE 15 décembre 2010, n° 316856, précité. Voir aussi CE 15 octobre 2014, n° 362235.

Il en est de même lorsque la demande de licenciement est motivée par un acte ou un comportement du salarié survenu dans le cadre de l'exercice de ses fonctions représentatives.

Dans l'hypothèse où la demande de licenciement est motivée par un acte ou un comportement du salarié survenu en dehors de l'exécution de son contrat de travail, notamment dans le cadre de l'exercice de ses fonctions représentatives, il appartient à l'inspecteur du travail, et le cas échéant au ministre, pour apprécier le bien-fondé de la demande, de rechercher, sous le contrôle du juge de l'excès de pouvoir, non la nature fautive des actes reprochés, mais si ces actes sont établis et de nature, compte tenu de leur répercussion sur le fonctionnement de l'entreprise, à rendre impossible le maintien du salarié dans l'entreprise, eu égard à la nature de ses fonctions et à l'ensemble des règles applicables au contrat de travail de l'intéressé

CE 25 mars 2013, n° 353988.

Perte du titre nécessaire à l'exercice des fonctions

Lorsque le salarié ne remplit pas les conditions légalement exigées pour l'exercice de son emploi, il appartient à l'inspecteur du travail de vérifier que la demande d'autorisation de licencier est sans lien avec les mandats détenus et que le motif avancé est établi et justifie le licenciement, compte tenu des règles applicables au contrat de travail de l'intéressé, des caractéristiques de l'emploi exercé et des exigences propres à l'exécution normale de son mandat.

Dans le cas où la demande d'autorisation de licenciement est motivée par la circonstance que le salarié ne remplit pas les conditions légalement exigées pour l'exercice de l'emploi pour lequel il a été embauché, il appartient à l'inspecteur du travail et, le cas échéant, au ministre, de vérifier, sous le contrôle du juge de l'excès de pouvoir, que la demande d'autorisation de licencier est sans lien avec les mandats détenus et que le motif avancé est établi et justifie le licenciement, compte tenu de l'ensemble des règles applicables au contrat de travail de l'intéressé, des caractéristiques de l'emploi exercé et des exigences propres à l'exécution normale du mandat dont il est investi ; en outre, pour refuser l'autorisation sollicitée, l'autorité administrative a la faculté de retenir des motifs d'intérêt général relevant de son pouvoir d'appréciation de l'opportunité, sous réserve qu'une atteinte excessive ne soit pas portée à l'un ou l'autre des intérêts en présence.

CE 15 décembre 2010, n° 329674.

Insuffisance professionnelle

L'inspection du travail doit contrôler la réalité de l'insuffisance professionnelle.

Lorsqu'une autorisation de licenciement est motivée par l'inaptitude professionnelle du salarié, l'administration doit s'assurer de la réalité d'un tel motif.

Un tribunal administratif a pu annuler la décision de refus d'autorisation après avoir relevé que le salarié, éducateur dans un centre médical pour enfants, reconnaissait avoir des difficultés à écrire le français et à s'intégrer dans l'équipe pédagogique. Par ailleurs, l'employeur, avant d'envisager le licenciement, avait essayé d'adapter le travail de ce salarié, l'avait changé d'établissement et lui avait proposé de suivre des cours pour améliorer son français. La demande d'autorisation de licenciement, intervenant après l'échec de toutes ces tentatives, devait être reçue.

CE 29 juillet 1994, n° 112119.

Elle doit rechercher si cette insuffisance est telle qu'elle justifie le licenciement, compte tenu de l'ensemble des règles applicables au contrat de travail de l'intéressé, des caractéristiques de l'emploi exercé à la date à laquelle elle est constatée, des exigences propres à l'exécution normale du mandat dont est investi le salarié, et de la possibilité d'assurer son reclassement dans l'entreprise.

CE 7 décembre 2009, n° 315588. Voir aussi CE 8 octobre 2014, n° 361920.

Perte de confiance

La perte de confiance de l'employeur envers le salarié ne peut jamais constituer, par elle-même, un motif pouvant servir de base à une autorisation de licenciement.

Lorsqu'une demande d'autorisation de licenciement d'un salarié bénéficiant d'une protection particulière (en l'espèce, un médecin du travail) est fondée sur des éléments qui se rattachent au comportement de l'intéressé et qui, sans caractériser l'existence d'une faute, rendraient impossible, selon l'employeur, la poursuite du contrat de travail, il appartient à l'inspecteur du travail et, éventuellement, au ministre compétent, de rechercher, sous le contrôle du juge de l'excès de pouvoir, si ces éléments présentent un caractère objectif et si, en raison du niveau élevé des responsabilités exercées par le salarié, ils peuvent, eu égard à l'ensemble des règles applicables au contrat de travail, et compte tenu des atteintes susceptibles d'être portées au fonctionnement de l'organisme en cause, justifier légalement l'octroi d'une autorisation de licenciement.

En revanche, la perte de confiance de l'employeur envers le salarié ne peut jamais constituer, par elle-même, un motif pouvant servir de base à une autorisation de licenciement.

CE 21 décembre 2001, n° 224605, Rec. Lebon p. 669. Voir aussi CE 27 juillet 2012, n° 329294.

Inaptitude physique

L'inspecteur du travail doit rechercher si l'inaptitude est telle qu'elle justifie le licenciement, compte tenu des caractéristiques de l'emploi exercé à la date à laquelle elle est constatée, des règles applicables au contrat de travail du salarié, des exigences propres à l'exécution normale de son mandat et de la possibilité d'assurer son reclassement dans l'entreprise.

Dans le cas où la demande de licenciement est motivée par l'inaptitude physique consécutive à un accident du travail, il appartient à l'inspecteur du travail et, le cas échéant, au ministre, de rechercher, sous le contrôle du juge, si cette inaptitude est telle qu'elle justifie le licenciement du salarié, compte tenu des caractéristiques de l'emploi exercé à la date à laquelle elle est constatée, de l'ensemble des règles applicables au contrat de travail de l'intéressé, des exigences propres à l'exécution normale du mandat dont il est investi et de la possibilité d'assurer son reclassement dans l'entreprise selon les modalités et conditions définies par l'article L. 122-32-5 CT.

CE 4 juillet 2005, n° 269173. Voir aussi CE 9 décembre 1998, n° 157169 ; CE 15 juin 1998, n° 171476.

Même lorsque le salarié est atteint d'une inaptitude susceptible de justifier son licenciement, la circonstance que le licenciement envisagé est également en rapport avec les fonctions représentatives normalement exercées par l'intéressé ou avec son appartenance syndicale fait obstacle à ce que l'administration accorde l'autorisation sollicitée ; le fait que l'inaptitude du salarié résulte d'une dégradation de son état de santé, elle-même en lien direct avec des obstacles mis par l'employeur à l'exercice de ses fonctions représentatives est à cet égard de nature à révéler l'existence d'un tel rapport.

CE avis 21 septembre 2016, n° 396887, Rec. Lebon p. 393

L'inspecteur du travail doit vérifier que l'employeur a respecté son obligation de reclassement,...

Dans le cas où la demande de licenciement est motivée par l'inaptitude physique, il appartient à l'administration de s'assurer, sous le contrôle du juge de l'excès de pouvoir, que l'employeur a, conformément aux dispositions de l'article L. 1226-2 CT, cherché à reclasser le salarié sur d'autres postes appropriés à ses capacités, le cas échéant par la mise en œuvre, dans l'entreprise, de mesures telles que mutations ou transformations de postes de travail ou aménagement du temps de travail ; le licenciement ne peut être autorisé que dans le cas où l'employeur n'a pu reclasser le salarié dans un emploi approprié à ses capacités au terme d'une recherche sérieuse, menée tant au sein de l'entreprise que dans les entreprises dont *respect des exigences procédurales légales et des garanties conventionnelles, que la cessation d'activité de l'entreprise est totale et définitive, que l'employeur a satisfait, le cas échéant, à l'obligation de reclassement prévue par le code du travail et que la demande ne présente pas de caractère discriminatoire.*

CE 8 avril 2013, n° 348559, Rec. Lebon p. 59. Voir aussi CE 22 mai 2015, n° 371061.

En revanche, il n'appartient pas à l'autorité administrative de rechercher si cette cessation d'activité est due à la faute ou à la légèreté blâmable de l'employeur, sans que sa décision fasse obstacle à ce que le salarié, s'il s'y estime fondé, mette en cause devant les juridictions compétentes la responsabilité de l'employeur en demandant réparation des préjudices que lui auraient causés cette faute ou légèreté blâmable dans l'exécution du contrat de travail.

CE 8 avril 2013, n° 348559, précité.

L'autorité administrative doit tenir compte, à la date à laquelle elle se prononce, de tous les éléments de droit ou de fait recueillis lors de son enquête qui sont susceptibles de remettre en cause le caractère total et définitif de la cessation d'activité ; il lui incombe également de tenir compte de toute autre circonstance qui serait de nature à faire obstacle au licenciement envisagé, notamment celle tenant à une reprise, même partielle, de l'activité de l'entreprise impliquant un transfert du contrat de travail du salarié à un nouvel employeur en application de l'article L. 1224-1 CT ; lorsque l'entreprise appartient à un groupe, la seule circonstance que d'autres entreprises du groupe aient poursuivi une activité de même nature ne fait pas, par elle-même, obstacle à ce que la cessation d'activité de l'entreprise soit regardée comme totale et définitive.

CE 22 mai 2015, n° 375897. Voir aussi CE 13 janvier 2016, n° 386628.

Lorsqu'un salarié n'est pas compris dans un transfert partiel d'entreprise ou d'établissement, l'employeur qui cesse son activité peut demander à l'autorité administrative l'autorisation de le licencier au motif de la cessation d'activité de l'entreprise ; s'il incombe, alors, à l'autorité administrative, pour établir la réalité du motif économique du licenciement, d'examiner si la cessation d'activité est totale et définitive, cet examen ne porte que sur les activités de l'entreprise qui n'ont pas fait l'objet du transfert partiel.

CE 27 janvier 2016, n° 386656.

Est au nombre des causes sérieuses de licenciement économique la nécessité de sauvegarder la compétitivité de l'entreprise.

Ayant constaté que les modifications structurelles décidées par une société, à l'origine de la suppression du poste d'une salariée, membre du comité d'entreprise, étaient motivées par le tassement de l'activité de la branche personnes physiques de cette entreprise et par la volonté d'améliorer sa productivité, et que la société ne faisait état d'aucune menace pesant sur sa compétitivité, c'est à tort qu'un tribunal administratif a rejeté la demande de l'intéressée tendant à l'annulation de la décision de l'inspecteur du travail autorisant son licenciement pour motif économique.

CE 8 mars 2006, n° 270857, Rec. Lebon p. 116.

Si la sauvegarde de la compétitivité de l'entreprise peut constituer un motif économique, c'est à la condition que soit établie une menace pour la compétitivité de l'entreprise, laquelle s'apprécie, lorsque l'entreprise appartient à un groupe, au niveau du secteur d'activité dont relève l'entreprise en cause au sein du groupe.

CE 12 mars 2014, n° 368282. Voir aussi CE 27 janvier 2016, n° 388210.

Le licenciement d'un salarié motivé par l'absence du diplôme ou du titre imposé par une législation nouvelle pour exercer sa profession a un motif économique.

Le licenciement d'un salarié protégé, employé en qualité de vendeur-monteur dans un centre optique mutualiste, avait été demandé par son employeur en raison de l'intervention d'une législation nouvelle soumettant l'activité salariée exercée par l'intéressé à la détention d'un diplôme dont il n'était pas titulaire, et imposant ainsi son remplacement par un opticien diplômé. Le licenciement demandé pour ce motif constituait ainsi un licenciement pour motif économique au sens des dispositions de l'article L. 321-1 CT.

CE 15 juin 2005, n° 254728.

L'inspecteur du travail doit vérifier que l'employeur a respecté son obligation de reclassement.

En vertu des dispositions de l'article L. 436-1 CT relatives aux conditions de licenciement des membres titulaires ou suppléants du comité d'entreprise, les salariés légalement investis des fonctions de membre du comité d'entreprise bénéficient, dans l'intérêt de l'ensemble des travailleurs qu'ils représentent, d'une protection exceptionnelle ; lorsque le licenciement d'un de ces salariés est envisagé, ce licenciement ne doit pas être en rapport avec les fonctions représentatives normalement exercées ou l'appartenance syndicale de l'intéressé ; dans le cas où la demande de licenciement est fondée sur un motif économique, il appartient à l'inspecteur du travail et, le cas échéant, au ministre de rechercher, sous le contrôle du juge de l'excès de pouvoir, si la situation de l'entreprise justifie le licenciement du salarié, en tenant compte notamment de la nécessité des réductions d'effectifs envisagées et de la possibilité d'assurer le reclassement du salarié dans l'entreprise ou au sein du groupe auquel appartient cette dernière.

Un salarié avait été licencié suite à son refus d'accepter la proposition de transfert sur un autre site de l'entreprise faite à tout le personnel d'un site devant être fermé, dans le cadre d'un plan social.

Un tribunal administratif a pu annuler la décision d'un inspecteur du travail autorisant le licenciement de ce salarié. En effet, il ressortait des pièces du dossier que le plan social ne comprenait aucune proposition de reclassement individualisée, qu'à supposer même qu'un plan social n'était pas légalement nécessaire, cette circonstance n'aurait pas dispensé l'employeur de rechercher les possibilités de reclassement de l'intéressé au sein du groupe, qui disposait de nombreuses autres implantations en France et à l'étranger, que l'employeur s'en était abstenu et que l'inspecteur du travail avait fondé exclusivement sa décision sur le refus du salarié d'accepter la proposition de transfert sur un autre site, laquelle ne constituait pas une proposition réelle de reclassement.

CE 12 octobre 2006, n° 287489. Voir aussi CE 12 janvier 2011, n° 327178.

Pour apprécier si l'employeur a satisfait à son obligation en matière de reclassement, l'autorité administrative doit s'assurer, sous le contrôle du juge de l'excès de pouvoir, qu'il a procédé à la recherche des possibilités de reclassement du salarié dans les entreprises dont l'organisation, les activités ou le lieu d'exploitation permettent, en raison des relations qui existent avec elles, d'y effectuer la permutation de tout ou partie de son personnel.

CE 9 mars 2016, n° 384175, Rec. Lebon p. 66.

L'autorité administrative doit vérifier que l'employeur a cherché à reclasser le salarié sur un autre emploi équivalent ou, à défaut d'emploi équivalent disponible, sur un emploi de catégorie inférieure.

CE 7 mai 2014, n° 368530.

L'autorité administrative ne peut prendre en compte que les propositions écrites de l'employeur et dont le salarié a eu connaissance qu'elles étaient faites dans le cadre du reclassement.

CE 3 juillet 2013, n° 342477.

Ne respecte pas son obligation de reclassement l'employeur s'étant borné à envoyer à une de ses filiales les curriculum vitae de l'ensemble de ses salariés.

Pour satisfaire à l'obligation de reclassement interne de ses salariés qui lui incombe dans le cadre de licenciements économiques, l'employeur doit procéder à un examen individuel des possibilités de reclassement au sein des entreprises appartenant au même groupe que son entreprise.

C'est à tort que, pour dire qu'une société avait satisfait à son obligation de reclassement interne, une cour administrative d'appel a retenu que l'employeur avait envoyé à une société appartenant à son groupe les curriculum vitae de l'ensemble de ses salariés.

CE 29 juin 2009, n° 307963.

Si l'examen des possibilités de reclassement, prévu par les dispositions légales, constitue une obligation pour l'employeur, il représente, pour le salarié, une garantie ; ainsi, le refus, par un salarié protégé dont le licenciement économique est envisagé, d'une offre de reclassement sur un emploi comparable à celui qu'il occupait, ne saurait être constitutif d'une faute disciplinaire, ni, par conséquent, ôter au licenciement envisagé son caractère économique.

CE 7 décembre 2009, n° 314079.

Si, pour juger de la réalité des offres de reclassement, l'inspecteur du travail peut tenir compte de la volonté exprimée par le salarié, l'expression de cette volonté, lorsqu'il s'agit d'un reclassement sur le territoire national, ne peut néanmoins être prise en compte qu'après que des propositions de reclassement concrètes, précises et personnalisées ont été effectivement exprimées et à condition que l'information du salarié soit complète et exacte.

CE 13 avril 2005, n° 258755. Voir aussi CE 11 juillet 2012, n° 334502.

La recherche des possibilités de reclassement au sein d'un groupe se limite aux entreprises dont les activités ou l'organisation offrent au salarié la possibilité d'exercer des fonctions comparables à celles qu'il exerçait auparavant.

Pour apprécier les possibilités de reclassement, l'autorité administrative, saisie d'une demande d'autorisation de licenciement pour motif économique par une société appartenant à un groupe, ne peut se borner à prendre en considération la seule situation de la société où se trouve l'emploi du salarié protégé concerné par le licenciement ; elle est tenue, dans le cas où cette dernière relève d'un groupe, de faire porter son examen sur les possibilités de reclassement pouvant exister dans les sociétés du groupe, y compris celles ayant leur siège à l'étranger, dont les activités ou l'organisation offrent à l'intéressé, compte tenu de ses compétences et de la législation du pays d'accueil, la possibilité d'exercer des fonctions comparables.

CE 1er juillet 2015, n° 383770. Voir aussi CE 31 janvier 2001, n° 198352 ; CE 17 novembre 2000, n° 206976, Rec. Lebon p. 523.

Toutefois, cette obligation de rechercher un reclassement à l'étranger ne concerne que les salariés qui ont manifesté, à la demande de l'employeur, leur accord de principe pour être expatriés.

Pour apprécier les possibilités de reclassement d'un salarié protégé, l'autorité administrative, saisie d'une demande d'autorisation de licenciement pour motif économique par une société appartenant à un groupe, ne peut se borner à prendre en considération la seule situation de la société où se trouve l'emploi du salarié protégé concerné par le licenciement. Elle est tenue, dans le cas où cette dernière relève d'un groupe, et pour ceux des salariés qui ont manifesté à sa demande leur intérêt de principe pour un reclassement à l'étranger, de faire porter son examen sur les possibilités de reclassement pouvant exister dans les sociétés du groupe, y compris celles ayant leur siège à l'étranger, dont les activités ou l'organisation offrent à l'intéressé, compte tenu de ses compétences et de la législation du pays d'accueil, la possibilité d'exercer des fonctions comparables.

CE 4 février 2004, n° 255956.

L'inspecteur du travail ne peut se fonder sur la volonté du salarié de quitter l'entreprise pour autoriser son licenciement.

CE 2 juillet 2014, n° 368590, à paraître.

Le refus par un salarié protégé d'une modification de son contrat de travail (changement de mode de rémunération) ne dispense pas l'inspecteur du travail de rechercher si la situation d'ensemble de l'entreprise justifie le licenciement et de vérifier la réalité de la portée des efforts faits en vue du reclassement.

Le refus d'un salarié protégé d'accepter un nouveau mode de rémunération qui apporte une modification à son contrat de travail ne dispense pas l'inspecteur du travail de rechercher si la situation d'ensemble de l'entreprise justifie le licenciement que celle-ci lui demande d'autoriser et de vérifier la réalité de la portée des efforts qui ont été faits en vue du reclassement de ce salarié soit au sein même de l'entreprise, soit à l'intérieur du groupe auquel, le cas échéant, celle-ci appartient.

En raison de sérieuses difficultés économiques, une société avait mis en place un nouveau système de rémunération du personnel de ses magasins. Deux salariés protégés, employés en qualité de responsables de magasin, avaient refusé la modification substantielle qui aurait été apportée à leur contrat de travail. La société ne soutenant pas qu'il lui était impossible de reclasser les intéressés dans un secteur de l'entreprise, non soumis au nouveau système de rémunération du personnel des magasins, par suite, les décisions implicites par lesquelles les autorisations de licenciement qu'elle avait sollicitées ont été rejetées étaient fondées et ne pouvaient plus, ayant créé des droits, être retirées.

CE 10 juin 1998, n° 165463. Voir aussi CE 27 janvier 2016, n° 388210, précité.

L'obligation de reclassement pèse sur l'employeur, même lorsque le salarié demande le bénéfice des mesures prévues par le plan de sauvegarde de l'emploi…

La circonstance que le salarié protégé ait conclu un contrat de formation-conversion ne dispense pas la société de rechercher les possibilités de reclasser le salarié dans l'entreprise.

Dès lors qu'il ne ressort pas des pièces du dossier que la société a procédé à une telle recherche, l'autorité administrative est tenue de refuser l'autorisation de licenciement sollicitée.

CE 22 janvier 1996, n° 151886.

… ou même si le plan prévoit lui-même des possibilités de reclassement dans le groupe et l'institution d'une cellule de reclassement.

L'employeur n'a pas satisfait à son obligation de reclassement s'il n'est pas établi qu'il a procédé à un examen individuel des possibilités de reclassement du salarié protégé dans l'établissement ou, à défaut, dans l'entreprise, même s'il a présenté aux représentants du personnel un plan social comportant des possibilités de reclassement dans le groupe et mis en place une cellule de reclassement.

CE 8 janvier 1997, n° 171807.

Lorsque, dans le cadre d'une procédure collective, le liquidateur judiciaire a élaboré un plan de sauvegarde de l'emploi, l'inspecteur du travail doit vérifier que les salariés protégés ont eu accès aux mesures de reclassement externe prévues par ce plan dans des conditions non discriminatoires, mais il ne lui appartient pas d'apprécier le respect par le liquidateur de ses obligations de reclassement externe.

Dans le cas où la demande de licenciement d'un salarié protégé est fondée sur un motif économique, il appartient à l'inspecteur du travail et, le cas échéant, au ministre compétent, de rechercher, sous le contrôle du juge de l'excès de pouvoir, si la situation de l'entreprise justifie ce licenciement, en tenant compte, notamment, des réductions d'effectifs envisagées et de la possibilité d'assurer le reclassement du salarié dans l'entreprise, y compris lorsque l'entreprise fait l'objet d'une procédure de redressement ou de liquidation judiciaire compte tenu des perspectives de reprise.

Lorsque, en vertu des dispositions combinées des articles L. 321-4 et L. 321-9 CT, le liquidateur est tenu de mettre en œuvre un plan social comportant des mesures destinées à favoriser le reclassement du personnel dont le licenciement ne peut être évité, il appartient à l'autorité administrative de s'assurer que les salariés protégés ont accès aux mesures de reclassement externe prévues par le plan dans des conditions non discriminatoires. En revanche, il ne lui appartient pas d'apprécier le respect par le liquidateur de ses obligations de reclassement externe, cette appréciation ne pouvant être dissociée de celle portée par le juge judiciaire sur la validité du plan social et l'autorisation de licenciement ne faisant pas obstacle à ce que le salarié puisse ultérieurement contester cette validité devant la juridiction judiciaire.

CE 3 mai 2006, n° 277079.

L'inspecteur du travail, saisi d'une demande d'autorisation de licenciement motivée par l'intervention d'un jugement de liquidation judiciaire, doit tenir compte, à la date à laquelle il se prononce, de tous les éléments de droit ou de fait recueillis lors de son enquête qui seraient de nature à faire obstacle au licenciement envisagé ; si, notamment, la cession des droits et biens de l'entreprise s'est accompagnée d'une reprise, même partielle, de l'activité, dans des conditions impliquant un transfert du contrat de travail du salarié à un nouvel employeur en application de l'article L. 1224-1 CT, une telle circonstance fait obstacle au licenciement demandé.

CE 22 mai 2015, n° 371061, précité.

C'est au moment de la notification du licenciement, et non lors de l'engagement de la procédure, que le juge doit se placer pour apprécier la cause économique ainsi que les possibilités de reclassement ; lorsque, dans l'intervalle, le salarié a perdu sa qualité de salarié protégé, le juge judiciaire doit donc prendre en compte les changements intervenus dans l'entreprise et les possibilités de reclassement apparues depuis l'engagement de la procédure de licenciement.

L'employeur ne pouvant décider du licenciement de représentants du personnel sans avoir obtenu préalablement l'autorisation de l'inspecteur du travail, la saisine de ce dernier ne peut valoir décision de licencier, laquelle ne résulte que de sa notification aux salariés ; il en résulte que, tenu de se prononcer sur des éléments contemporains des licenciements décidés pour motif économique, le juge doit prendre en compte les changements susceptibles d'être intervenus dans la situation de l'entreprise et les possibilités de reclassement entre le moment où l'employeur, envisageant des licenciements, a engagé la procédure pouvant y conduire et le moment où il les a décidés par leur notification aux salariés.

Dans le cadre d'un licenciement collectif pour motif économique, un employeur a, le 26 juin 2003, sollicité auprès de l'inspecteur du travail l'autorisation de licencier quatre salariés protégés ; par décision du 14 août suivant, ce dernier a refusé les autorisations ; sur recours hiérarchique, le ministre chargé du travail a annulé ces refus par décision du 6 février 2004, mais, la protection des salariés ayant cessé à cette date, il ne leur a substitué aucune autre décision ; les intéressés ont été licenciés par lettres, soit du 10 février, soit du 18 février 2004.

Pour débouter les salariés de leurs demandes de dommages-intérêts pour licenciement sans cause réelle et sérieuse, une cour d'appel a retenu qu'en saisissant l'inspecteur du travail d'une demande d'autorisation de licenciement, l'employeur avait manifesté sa volonté de rompre leur contrat de travail et que c'était donc à la date de la saisine de l'inspecteur du travail pour autorisation, soit au mois de juin 2003, qu'il convenait de se situer pour apprécier la réalité et le sérieux du motif des licenciements économiques ainsi que le respect de l'obligation de reclassement, et non à la date d'envoi des lettres de licenciement.

En se plaçant en juin 2003 pour apprécier la cause économique ainsi que le respect par l'employeur de son obligation de reclassement pour des licenciements décidés au cours du mois de février 2004, la cour d'appel a violé les articles L. 1233-2, L. 1233-4, L. 2411-5 et L. 2411-8 CT.

Cass. soc. 30 mars 2010, n° 09-40.068, 1er et 2e moyens, BC V n° 83.

Si, après qu'une première demande d'autorisation de licenciement d'un salarié a été refusée par l'administration, celle-ci est à nouveau saisie par l'employeur d'une demande d'autorisation de licencier le même salarié, il lui appartient d'apprécier cette nouvelle demande compte tenu des circonstances de droit et de fait à la date à laquelle elle prend sa nouvelle décision.

Ainsi, s'agissant, en particulier, de l'obligation de reclassement qui pèse sur l'employeur, il appartient à l'administration de vérifier qu'à cette date, l'employeur a recherché l'ensemble des possibilités de reclassement dans l'entreprise et éventuellement au sein du groupe compte tenu, le cas échéant, de changements des circonstances survenus postérieurement au premier refus ; l'employeur n'est, en revanche, pas tenu, au titre de cette obligation, d'adresser à nouveau au salarié, avant de présenter cette seconde demande, celles des propositions de reclassement encore valides qu'il avait déjà faites au salarié avant de présenter sa première demande d'autorisation de licenciement et que ce dernier aurait refusées.

CE 23 mars 2016, n° 386108.

☞ *Représentants du personnel (Procédure de licenciement) ; Représentants du personnel (Réintégration).*

Représentants du personnel (Licenciement/Indemnisation)

En vertu de l'article L. 2422-4 CT, après annulation de l'autorisation de son licenciement, le salarié protégé a droit au paiement d'une indemnité correspondant à la totalité du préjudice subi au cours de la période écoulée entre le licenciement et la réintégration, si elle a été demandée, ou, à défaut, l'expiration d'un délai de deux mois.

En l'absence de réintégration, la jurisprudence a dégagé les principes régissant l'indemnisation de ces salariés.

Par ailleurs, le représentant du personnel licencié sans respect des formalités légales a droit à une indemnisation visant à sanctionner la violation du statut protecteur.

Indemnisation après annulation d'une décision d'incompétence de l'inspecteur du travail

Les salariés licenciés sans autorisation à la suite d'une décision d'incompétence de l'inspecteur du travail, annulée par le juge administratif, doivent être indemnisés.

Deux salariés exploitaient, pour le compte d'une société, des magasins de vente au détail d'alimentation en qualité de gérants et exerçaient des mandats de représentation au sein du comité d'établissement. L'inspecteur du travail s'étant déclaré incompétent pour autoriser leur licenciement, la société avait mis fin en 1984 aux contrats de gérance. Les salariés avaient alors saisi la juridiction prud'homale pour demander le paiement d'indemnités de rupture et de dommages-intérêts pour licenciement abusif. La Cour de cassation, par un arrêt du 16 janvier 1991, avait déclaré le conseil de prud'hommes incompétent au profit de la juridiction administrative et renvoyé l'affaire devant la cour d'appel d'Angers. Celle-ci avait constaté l'existence d'une question préjudicielle sur la validité et la portée de la décision de l'inspecteur du travail, et le tribunal administratif, saisi de la question, avait déclaré la décision de l'inspecteur entachée d'illégalité. La cour d'appel avait alors débouté les salariés de leurs demandes.

C'est à tort que, pour rejeter la demande des salariés, la cour d'appel a retenu que s'il était acquis aux débats qu'à l'époque où ils étaient intervenus les licenciements supposaient doublement l'autorisation de l'inspecteur du travail puisqu'ils procédaient d'un motif économique et qu'ils visaient des salariés protégés, le litige ne pouvait se situer dans le cadre d'une absence de demande d'autorisation et ne se situait pas davantage dans le cadre d'un refus formel d'autorisation ou d'une annulation d'autorisation, mais dans celui, original, d'une décision d'incompétence de l'autorité administrative qui, sur une question préjudicielle, avait été déclarée entachée d'illégalité, alors que le juge administratif, en annulant la décision d'incompétence de l'inspecteur du travail, avait jugé que les licenciements devaient être autorisés et qu'il appartenait dès lors à la cour d'appel d'indemniser les salariés victimes d'un licenciement nul.

Cass. soc. 31 janvier 2001, n° 98-41.360, BC V n° 30.

La même solution s'applique au salarié mis à la retraite sans autorisation suite à une décision ministérielle écartant, à tort, la mise en œuvre de la procédure spéciale dans ce cas ; l'intéressé peut prétendre à une indemnité réparant le préjudice subi, du jour de son éviction jusqu'à l'expiration du délai, pour demander sa réintégration.

Un salarié, délégué syndical et représentant élu du personnel, a été mis à la retraite après que le ministre du travail, par une décision du 25 février 1994, a annulé la décision de refus de l'inspecteur du Travail d'autoriser le licenciement au motif que la mise à la retraite, prévue par l'article L. 122-14-13 CT, était un mode autonome de rupture du contrat de travail échappant à la compétence de l'inspecteur du travail ; cette décision est devenue effective le 14 juin 1994 ; un tribunal administratif a annulé la décision du ministre du Travail par un jugement du 19 décembre 1995 notifié à l'intéressé le 8 février 1996 ; ce dernier a sollicité sa réintégration par lettre du 21 février 1996, que l'employeur a refusée. Le salarié a saisi la juridiction prud'homale le 18 mai 1998 de demandes tendant notamment à la réparation du préjudice subi pour licenciement non autorisé et en particulier au paiement d'une somme à titre de salaire du jour de son éviction au 30 décembre 2002, et en remboursement de frais de mutuelle.

Doit être cassé l'arrêt qui, pour allouer au salarié, qui sollicitait le paiement des salaires depuis le jour de son éviction jusqu'au 30 décembre 2002, une somme à titre de dommages-intérêts en réparation du préjudice né de la violation du statut protecteur du salarié, retient que, si la mise à la retraite était illicite en raison de l'absence d'autorisation de l'inspecteur du travail et si le refus opposé par l'employeur à la demande de réintégration était illicite, le salarié n'avait pas demandé en justice cette réintégration, si bien que la sanction de la méconnaissance du statut protecteur était constituée par une indemnité égale au montant de la rémunération qu'il aurait perçue depuis la date de son éviction jusqu'à la fin de la période de protection prévue par l'article L. 412-18, al. 4 CT, soit douze mois.

En effet, lorsque l'autorité administrative a pris une décision d'incompétence pour statuer sur la demande d'autorisation de mise à la retraite d'un salarié protégé, seul le jugement du tribunal administratif annulant cette décision prive d'effet la décision de l'employeur et permet au salarié de solliciter sa réintégration ; dans ce cas, les dispositions de l'article L. 412-19 CT sont applicables, si bien que lorsque le salarié sollicite auprès de l'employeur sa réintégration, dans le délai de deux mois prévu par ce texte, et y renonce ensuite, il a droit à une indemnité réparant le préjudice subi du jour de son éviction jusqu'à l'expiration du délai pour demander sa réintégration.

Cass. soc. 12 octobre 2005, n° 03-45.533, BC V n° 288.

Indemnisation après annulation de la décision administrative ayant autorisé le licenciement

Le délai de prescription de l'action engagée aux fins d'indemnisation en cas d'annulation de l'autorisation administrative de licenciement ne commence à courir qu'à compter de la date à laquelle cette annulation est devenue définitive.

Des salariées, représentantes du personnel, ont été licenciées le 6 janvier 1987 après autorisation de l'inspecteur du travail. Cette autorisation a été annulée par jugement du tribunal administratif du 10 août 1988, confirmé par un arrêt du Conseil d'État du 11 juillet 1994.

Il résulte des articles L. 412-19, al. 3, L. 425-3, al. 4 et L. 436-3, al. 4 CT que l'indemnisation prévue en cas d'annulation de l'autorisation de licenciement par un jugement du tribunal administratif n'est due que lorsque cette annulation est devenue définitive. Il s'ensuit que le délai de prescription de l'action engagée au titre de cette indemnisation ne court qu'à compter de cette date.

C'est à tort que, pour déclarer les salariées irrecevables en leur demande d'indemnisation, une cour d'appel a énoncé qu'elles avaient perdu le droit de réclamer leur créance par application de la prescription quinquennale courant à compter de la date du jugement du tribunal administratif, alors que les salariées avaient saisi le conseil de prud'hommes le 19 décembre 1994 d'une demande d'indemnisation au titre des articles précités sur le fondement de l'annulation de l'autorisation administrative de licenciement devenue définitive suite à l'arrêt du Conseil d'État du 11 juillet 1994.

Cass. soc. 2 juillet 2003, n° 01-40.639, BC V n° 212.

Le salarié ne peut faire valoir son droit à indemnisation avant que la décision annulant l'autorisation de licenciement ne soit devenue définitive.

Il résulte de l'article L. 412-19, al. 3 CT que le délégué syndical, réintégré dans son emploi à la suite de l'annulation sur recours hiérarchique de l'autorisation administrative de licenciement, n'a droit au paiement d'une indemnité correspondant à la totalité du préjudice subi au cours de la période qui s'est écoulée entre son licenciement et sa réintégration que lorsque l'annulation de la décision administrative est devenue définitive.

Un salarié a été licencié pour motif économique en mai 2002, après autorisation de l'inspecteur du travail ; cette autorisation ayant été annulée par décision du ministre du Travail du 5 novembre 2002, il a été réintégré le 27 novembre 2002.

C'est à tort qu'une cour d'appel, statuant en référé, a accordé au salarié une provision au titre du préjudice subi pour perte de salaires de mai à novembre 2002, alors qu'elle avait constaté que l'employeur avait saisi la juridiction administrative d'un recours contre la décision du ministre du Travail, en sorte que cette décision n'était pas définitive et que, dès lors, la créance du salarié était sérieusement contestable.

Cass. soc. 23 novembre 2004, n° 03-46.627, BC V n° 294. Voir aussi cass. soc. 4 décembre 2013, n° 11-20.241, 1re branche du moyen.

Mais le préjudice indemnisé est celui subi pour la période comprise entre le licenciement et la décision d'annulation, même s'il a été fait appel de cette décision.

Sauf sursis à exécution, le salarié doit demander sa réintégration dans le délai de deux mois à compter de la notification du jugement annulant l'autorisation administrative de licenciement ; s'il ne fait pas cette demande, l'indemnité à laquelle il peut prétendre correspond à la totalité du préjudice pour la période qui s'est écoulée entre son licenciement et l'expiration du délai de deux mois susvisé, une fois l'annulation de la décision d'autorisation devenue définitive.

Une salariée, représentante du personnel, a été licenciée après autorisation de l'inspecteur du travail. Cette autorisation a été annulée par le jugement d'un tribunal administratif, confirmé en appel. La salariée n'a pas demandé sa réintégration.

Doit être cassé l'arrêt qui, pour condamner l'employeur à une certaine somme au titre de l'indemnité prévue par l'article L. 436-3, dernier alinéa CT, a retenu qu'il résultait de ce texte que le terme de la période d'indemnisation, lorsque le salarié ne demandait pas sa réintégration, était, en cas d'appel, l'expiration du délai de deux mois à compter de la notification de l'arrêt d'annulation de l'autorisation de licenciement dont la décision se trouvait non seulement exécutoire, mais encore définitive, alors que la période d'indemnisation, pour la salariée, s'achevait à l'expiration du délai de deux mois à compter de la notification du jugement du tribunal administratif.

Cass. soc. 29 mars 2005, n° 03-43.573, BC V n° 104.

Les dispositions de l'article L. 2422-4 CT ne sont pas applicables quand la décision administrative autorisant le licenciement, sur renvoi préjudiciel du juge judiciaire, est déclarée illégale par le juge administratif.

Une salariée protégée en qualité de candidate aux élections professionnelles a été licenciée après autorisation de licenciement pour motif économique de l'inspection du travail ; n'ayant pas attaqué cette décision, la salariée a saisi le conseil de prud'hommes de diverses demandes.

Une cour d'appel a renvoyé l'appréciation de la légalité de l'autorisation administrative devant un tribunal administratif, lequel a déclaré cette décision illégale.

Les dispositions des articles L. 425-3 et L. 436-3 CT ne sont pas applicables quand la décision administrative autorisant le licenciement, sur renvoi préjudiciel du juge judiciaire, est déclarée illégale par le juge administratif ; il appartient, dans ce cas, au juge judiciaire, après avoir statué sur la cause réelle et sérieuse de licenciement, de réparer le préjudice subi par le salarié, si l'illégalité de la décision d'autorisation est la conséquence d'une faute de l'employeur.

Après avoir retenu que la salariée avait été licenciée en vertu d'une autorisation administrative déclarée illégale, la cour d'appel ne pouvait pas condamner l'employeur au paiement d'une somme au titre de l'indemnisation pour la période s'étendant du licenciement jusqu'à l'expiration du délai de deux mois à compter de la notification de la décision du juge administratif.

Cass. soc. 26 septembre 2007, n° 05-45.665, 1er moyen, BC V n° 137.

L'annulation de l'autorisation administrative de licenciement, intervenue à la suite d'une décision prud'homale devenue définitive rejetant la demande d'un salarié en annulation de la transaction relative à l'indemnisation de son licenciement et en réintégration, est une circonstance nouvelle permettant au salarié de saisir à nouveau la juridiction prud'homale des mêmes demandes.

Par un premier jugement, devenu définitif, un conseil de prud'hommes avait rejeté les demandes d'un salarié protégé tendant à obtenir l'annulation de la transaction relative à l'indemnisation de son licenciement conclue avec son employeur, ainsi que sa réintégration. Par un second jugement, devenu définitif après rejet du recours formé devant le Conseil d'État, la juridiction administrative avait annulé la décision ministérielle ayant autorisé ce licenciement. Le salarié a alors saisi à nouveau la juridiction prud'homale en demandant, outre l'annulation de la transaction et sa réintégration, le paiement d'indemnités de rupture et de dommages-intérêts pour licenciement sans cause réelle et sérieuse, rupture abusive et préjudice moral.

A violé l'article 1351 c. civ. la cour d'appel qui a rejeté les demandes du salarié au seul motif qu'elles étaient irrecevables comme se heurtant à l'autorité de la chose jugée attachée au premier jugement prud'homal, alors que l'annulation de l'autorisation de licenciement constituait une circonstance nouvelle privant cette décision de l'autorité de la chose jugée à l'égard de la seconde instance.

Cass. soc. 18 février 2003, n° 01-40.978, BC V n° 59.

• Indemnisation en cas de demande de réintégration du salarié

Le salarié a le droit d'être indemnisé du préjudice subi par lui depuis son licenciement jusqu'à sa réintégration. En outre, il peut prétendre au paiement des indemnités de rupture, s'il n'en a pas bénéficié au moment du licenciement et s'il remplit les conditions pour y prétendre, ainsi qu'au paiement de l'indemnité prévue par l'article L. 1235-3 CT, s'il est établi que son licenciement était, au moment où il a été prononcé, dépourvu de cause réelle et sérieuse.

Le salarié protégé qui a été licencié en vertu d'une autorisation administrative peut, lorsque cette autorisation est annulée, demander, dans les deux mois à compter de la notification de la décision d'annulation, sa réintégration dans son emploi ou dans un emploi équivalent. Il a en outre le droit d'être indemnisé du préjudice subi par lui depuis son licenciement jusqu'à sa réintégration. Le salarié protégé qui ne demande pas ou plus sa réintégration a droit à l'indemnisation de son préjudice depuis son licenciement et jusqu'à l'expiration du délai de deux mois à compter de la notification de la décision annulant l'autorisation de licenciement. En outre, le salarié protégé, qu'il ait ou non demandé sa réintégration, peut prétendre au paiement des indemnités de rupture s'il n'en a pas bénéficié au moment du licenciement et s'il remplit les conditions pour y prétendre, ainsi qu'au paiement de l'indemnité prévue par l'article L. 122-14-4 CT, s'il est établi que son licenciement était, au moment où il a été prononcé, dépourvu de cause réelle et sérieuse.

Cass. soc. 5 février 2002, n° 99-43.896, BC V n° 53.

L'indemnité correspond à la totalité du préjudice, tant matériel que moral, subi au cours de la période écoulée entre le licenciement et la réintégration.

Un salarié d'une société, exerçant divers mandats représentatifs, a été licencié pour motif économique le 30 novembre 2004, après autorisation de l'inspection du travail ; par arrêt du 15 septembre 2009, une cour administrative d'appel a annulé cette décision au motif que la réalité du motif économique du licenciement ne pouvait être établie au moment où l'autorisation administrative avait été donnée ; le salarié a été réintégré le 18 janvier 2010 ; il a saisi la juridiction prud'homale pour obtenir le paiement de diverses indemnités.

Pour débouter le salarié de sa demande de dommages-intérêts pour préjudice moral, une cour d'appel a retenu que ce préjudice, consécutif à la rupture du contrat de travail, procède du licenciement économique pour lequel l'autorisation administrative a été annulée, ce qui fait qu'une réintégration s'en est suivie, et que ce préjudice est tout autant indemnisé par application de l'article L. 2422-4 CT.

En statuant ainsi, alors que l'indemnité prévue par l'article L. 2422-4 CT doit correspondre à la totalité du préjudice, tant matériel que moral, subi au cours de la période écoulée entre le licenciement et la réintégration du salarié, et qu'il n'était pas contesté que l'indemnité versée par l'employeur au salarié au moment de sa réintégration n'indemnisait que le préjudice matériel subi par celui-ci, la cour d'appel a violé l'article L. 2422-4 CT.

Cass. soc. 12 novembre 2015, n° 14-10.640, 3e moyen, BC V n° 232. Voir aussi cass. soc. 6 mars 2019, n° 17-25.924, 2e moyen.

Les revenus perçus par le salarié durant la période indemnisée ne doivent pas être déduits de l'indemnisation.

Le licenciement d'un salarié protégé, prononcé sans autorisation administrative ou malgré un refus d'autorisation administrative, est nul et ouvre droit, pour le salarié qui demande sa réintégration pendant la période de protection, au versement d'une indemnité égale au montant de la rémunération qu'il aurait perçue entre son licenciement et sa réintégration. Il n'y a pas lieu de déduire de cette indemnité les revenus qu'il a pu percevoir de tiers au cours de cette période.

Cass. soc. 10 octobre 2006, n° 04-47.623, BC V n° 297.

Lorsque le salarié décède après avoir demandé sa réintégration, l'indemnité qui lui est due constitue un droit acquis qui entre dans sa succession et ses héritiers sont recevables à agir pour en obtenir le paiement, en leur qualité d'ayants droit du défunt.

Le caractère définitif de la décision administrative privant de validité le licenciement d'un salarié protégé n'a d'effet que sur l'exigibilité du paiement de l'indemnité prévue à l'article L. 412-19 CT destinée à réparer le préjudice subi par le salarié évincé de l'entreprise, qui perdure tant que la réintégration qu'il a demandée ne lui est pas accordée.

Dès lors que le salarié a demandé sa réintégration sans l'obtenir, un droit à indemnisation est entré dans son patrimoine à son décès et son héritier en est, en application de l'article 724 c. civ., saisi de plein droit, ainsi que de l'action en paiement y afférent, peu important que l'exigibilité de cette créance soit reportée à une date ultérieure au décès.

Cass. soc. 2 février 2006, n° 05-41.811, BC V n° 61.

• Indemnisation en l'absence de demande de réintégration du salarié

Lorsque l'autorisation de licenciement a été annulée, le salarié n'a pas droit à une indemnité au titre de la violation de son statut protecteur.

A violé les articles L. 2411-1 et L. 2411-8 CT la cour d'appel qui a alloué à une salariée, en sus de l'indemnité prévue par l'article L. 2422-4 CT en cas d'annulation de l'autorisation de licenciement, une somme au titre de la violation de son statut protecteur, alors qu'il résultait de ses constatations que l'intéressée avait été licenciée après autorisation de l'inspecteur du travail, de sorte que la rupture n'était pas intervenue en méconnaissance du statut protecteur.

Cass. soc. 6 avril 2016, n° 14-13.484, 4e moyen, BC V n° 67.

Le salarié ne demandant pas sa réintégration peut prétendre, en sus de l'indemnité prévue par l'article L. 2422-4 CT, aux indemnités de rupture de droit commun.

Le salarié, qui a été licencié en vertu d'une autorisation administrative et qui ne demande pas ou plus sa réintégration, a droit, d'une part, à l'indemnisation de son préjudice depuis le licenciement et jusqu'à l'expiration du délai de deux mois qui suit la notification de la décision annulant l'autorisation de licenciement, d'autre part, au paiement des indemnités de rupture, s'il n'en a pas bénéficié au moment du licenciement et s'il remplit les conditions pour y prétendre, et enfin au paiement de l'indemnité prévue par l'article L. 1235-3 CT, s'il est établi que son licenciement était, au moment où il a été prononcé, dépourvu de cause réelle et sérieuse.

Cass. soc. 18 décembre 2013, n° 12-24.586. Voir aussi cass. soc. 22 septembre 2015, n° 14-12.357 ; cass. soc. 12 octobre 2017, n° 16-10.603, 1re branche du moyen.

Si le délégué syndical, qui, à la suite de l'annulation de l'autorisation administrative de son licenciement, ne demande pas sa réintégration, a droit, en application de l'article L. 412-19 CT, à une indemnité correspondant au préjudice subi du fait de la nullité du licenciement, cette indemnité n'est pas exclusive du droit aux indemnités dues au salarié, selon le droit commun, en cas de licenciement, dès l'instant qu'il remplit les conditions pour y prétendre.

Doit être cassé l'arrêt ayant débouté un salarié, représentant du personnel, dont l'autorisation de licenciement avait été annulée, de sa demande de dommages-intérêts pour licenciement sans cause réelle et sérieuse au motif qu'il ne justifiait pas que la rupture du contrat de travail lui aurait causé un préjudice distinct ou plus ample que celui dont il demandait réparation au titre de la nullité de son licenciement, sans rechercher si le licenciement avait un motif économique réel et sérieux et, dans la négative, réparer le préjudice subi.

Cass. soc. 16 novembre 1999, n° 97-42.069, 1er moyen, BC V n° 440.

Le retrait de l'autorisation produit les mêmes effets que son annulation.

Le salarié protégé qui a été licencié en vertu d'une autorisation administrative annulée ou rétractée peut demander, dans les deux mois à compter de la notification de la décision d'annulation ou de rétractation, sa réintégration dans son emploi ou dans un emploi équivalent. Il a droit, lorsque l'annulation ou la rétractation est devenue définitive, au paiement d'une indemnité correspondant à la totalité du préjudice subi au cours de la période qui s'est écoulée entre son licenciement et sa réintégration. S'il ne demande pas sa réintégration, il a droit à une indemnité correspondant à la totalité du préjudice subi depuis son licenciement jusqu'à l'expiration du délai de deux mois et, le cas échéant, aux indemnités dues au salarié selon le droit commun en cas de licenciement, s'il en remplit les conditions. Le retrait de l'autorisation produisant les mêmes effets que son annulation, il prive de validité le licenciement du représentant déjà intervenu.

Cass. soc. 30 avril 2002, n° 99-44.995, BC V n° 138.

L'indemnisation prévue par l'article L. 2422-4 CT est acquise au salarié indépendamment d'une faute de l'employeur ou d'une demande de réintégration du salarié, dès l'instant qu'une décision d'annulation de l'autorisation administrative est devenue définitive.

Cass. soc. 12 décembre 2001, n° 99-46.304.

Lorsque le jugement annulant l'autorisation de licenciement a été confirmé en appel, la période d'indemnisation expire, sauf sursis à exécution, deux mois après la notification de ce jugement et non après la notification de la décision de la cour administrative d'appel.

Conseillers prud'hommes.

Le salarié protégé en qualité de conseiller prud'homme, dont l'annulation de l'autorisation de licenciement est devenue définitive, a droit, s'il ne demande pas sa réintégration, à une indemnité correspondant au préjudice subi au cours de la période écoulée entre son licenciement et l'expiration d'un délai de deux mois à compter de la notification de la décision qui emporte droit à réintégration.

C'est à tort qu'une cour d'appel a retenu que la période à prendre en considération était celle comprise entre le licenciement et l'expiration d'un délai de deux mois à compter de la notification de la décision de la cour administrative d'appel, alors qu'à défaut de sursis à exécution, le jugement du tribunal administratif annulant l'autorisation de licenciement ouvrait droit, au profit du salarié, à réintégration. En statuant comme elle l'a fait, la cour d'appel, qui a étendu la période d'indemnisation au-delà de la date d'expiration du délai de deux mois à compter de la notification de ce jugement, a violé les articles L. 412-19 et L. 514-2 CT.

Cass. soc. 17 septembre 2003, n° 01-41.656, BC V n° 238.

Délégués du personnel.

Le droit à réintégration d'un salarié investi d'un mandat représentatif à la suite de l'annulation par le juge administratif d'une décision autorisant son licenciement ne trouve exception qu'en cas de prononcé d'un sursis à exécution du jugement.

Un tribunal d'instance ne pouvait donc surseoir à statuer jusqu'à ce qu'une cour administrative d'appel se soit prononcée sur le recours formé par un employeur contre le jugement ayant annulé une autorisation de licenciement, au seul motif que ce jugement était frappé d'appel, sans constater l'existence d'une décision de sursis à exécution du jugement.

Cass. soc. 17 septembre 2003, n° 02-60.029, BC V n° 239.

Pour la période située entre le licenciement et l'annulation de l'autorisation administrative, le préjudice du salarié doit être apprécié compte tenu des sommes que l'intéressé a pu percevoir pendant la période litigieuse au titre d'une activité professionnelle…

Un employé de jeux, représentant du personnel, a été licencié pour faute grave le 29 juin 1990 à la suite d'une autorisation donnée par le ministre du Travail le 8 juin 1990. Sur recours du salarié, le Conseil d'État a annulé l'autorisation administrative de licenciement par arrêt du 21 août 1996. À la suite de cette décision, le salarié a demandé sa réintégration par lettres des 23 septembre 1996 et 26 décembre 1997. L'employeur ayant refusé de le réintégrer, le salarié a saisi la juridiction prud'homale de diverses demandes.

Doit être cassé l'arrêt qui, pour condamner le casino à payer au salarié une somme en réparation du préjudice subi du fait de l'absence de réintégration en méconnaissance des règles protectrices des représentants du personnel, a énoncé que le salarié peut prétendre à une indemnité correspondant à la totalité du préjudice subi au cours de la période qui s'est écoulée entre le licenciement et sa réintégration, si elle a été, ce qui est le cas en l'espèce, demandée alors que le préjudice subi par le représentant du personnel, qui a été licencié à la suite d'une autorisation administrative, ultérieurement annulée, doit être apprécié compte tenu des sommes que l'intéressé a pu percevoir pendant la période litigieuse au titre d'une activité professionnelle. En statuant comme elle l'a fait, sans répondre aux conclusions de l'employeur qui faisait valoir que le salarié avait exercé, pendant cette période, les fonctions d'artisan taxi, la cour d'appel n'a pas suffisamment motivé sa décision.

Cass. soc. 2 mai 2001, n° 98-46.342, BC V n° 148.

… ou au titre des allocations de chômage servies par l'Assédic.

Selon l'article L. 351-1 CT, en complément des mesures tendant à faciliter leur reclassement ou leur conversion, les travailleurs involontairement privés d'emploi, aptes au travail et recherchant un emploi ont droit à un revenu de remplacement.

Il en résulte qu'un salarié protégé, qui, lorsque l'annulation de la décision administrative de licenciement est devenue définitive, a droit au paiement d'une indemnité correspondant à la totalité du préjudice subi au cours de la période qui s'est écoulée entre son licenciement et sa réintégration, n'est pas fondé à cumuler cette indemnité compensatrice avec les allocations de chômage servies par l'Assédic.

Cass. soc. 28 octobre 2003, n° 01-40.762, 1re branche du 2e moyen, BC V n° 263. Voir aussi cass. soc. 19 octobre 2005, n° 02-46.173, 2e branche du 1er moyen, BC V n° 293.

Pour fixer le montant de l'indemnité due au salarié pour le préjudice subi depuis le jour de son licenciement jusqu'à sa réintégration, la cour d'appel a retenu qu'il n'y avait pas lieu de tenir compte des sommes qu'il avait pu percevoir pendant la période écoulée depuis son licenciement au titre d'une activité professionnelle ou des allocations chômage, et qu'il convenait de l'évaluer à partir de son salaire mensuel.

En statuant ainsi, alors que le salarié protégé qui, lorsque l'annulation de l'autorisation de licenciement est devenue définitive, a droit au paiement d'une indemnité correspondant à la totalité du préjudice subi au cours de la période qui s'est écoulée entre son licenciement et sa réintégration, s'il la demande, ou à l'expiration du délai de deux mois à compter de la notification de la décision qui emporte réintégration, n'est pas fondé à cumuler cette somme avec les allocations chômage et les revenus d'activités professionnelles qu'il a perçus pendant cette période, la cour d'appel a violé l'article L. 412-19, al. 3, devenu l'article L. 2422-[4] CT.

Cass. soc. 13 novembre 2008, n° 07-41.331, 2e moyen, BC V n° 223.

De la même façon, les sommes perçues à titre de pension d'invalidité doivent être prises en compte au titre des revenus de remplacement dans l'évaluation du préjudice subi par le salarié licencié avec une autorisation administrative par la suite annulée.

La pension d'invalidité indemnise les pertes de gains professionnels et les incidences professionnelles de l'incapacité ; les sommes perçues à ce titre, tant de la sécurité sociale que d'un régime complémentaire, doivent dès lors être prises en compte au titre des revenus de remplacement dans l'évaluation du préjudice subi par le salarié protégé licencié avec une autorisation de l'inspecteur du travail par la suite annulée.

Cass. soc. 29 septembre 2014, n° 13-15.733, BC V n° 214.

Le départ à la retraite pendant la période d'indemnisation du préjudice subi par un salarié dont l'autorisation de licenciement a été annulée ne fait pas cesser ce préjudice, dont la totalité doit être réparée pendant la période déterminée par l'article L. 2422-4 CT sous déduction des pensions de retraite perçues pendant la même période.

Cass. soc. 26 septembre 2007, n° 05-42.599, 2e moyen, BC V n° 140.

Le salarié protégé, licencié en vertu d'une autorisation ultérieurement annulée et ne demandant pas sa réintégration, d'une part, peut prétendre, s'il remplit les conditions, tant au paiement des indemnités de rupture qu'à celui de l'indemnité pour licenciement sans cause réelle et sérieuse, peu important son départ à la retraite, d'autre part, a le droit d'être indemnisé de la totalité du préjudice subi depuis son licenciement jusqu'à l'expiration du délai de deux mois à compter de la notification de la décision annulant l'autorisation, sous déduction des pensions de retraite perçues pendant la même période.

Cass. soc. 27 mars 2012, n° 11-11.221, BC V n° 107.

L'indemnité versée au salarié protégé est couverte par l'AGS contre le risque de non-paiement.

L'indemnité versée au salarié protégé par application de l'article L. 425-3 CT et qui, aux termes mêmes de ce texte, constitue un complément de salaire est couverte, à ce titre, par l'assurance des salariés contre le risque de non-paiement, en cas de procédure de redressement ou de liquidation judiciaires, des sommes qui leur sont dues en exécution du contrat de travail lorsque les conditions prévues à l'article L. 143-11-1 CT sont réunies. Ensuite, il résulte de l'article L. 425-3 CT que, lorsque l'annulation de la décision d'autorisation est devenue définitive, le délégué du personnel a droit au paiement d'une indemnité correspondant à la totalité du préjudice subi au cours de la période qui s'est écoulée entre son licenciement et sa réintégration, s'il l'a demandée dans le délai prévu par le code, ou à l'expiration de ce délai, dans le cas contraire.

Une cour d'appel, qui a fait ressortir, pour chacun des deux salariés concernés, que le licenciement, qui constitue le point de départ de la période indemnisée conformément au texte précité, était antérieur au jugement d'ouverture du redressement judiciaire de l'employeur, a légalement justifié sa décision disant que l'AGS était tenue de garantir le paiement de l'indemnité allouée sur le fondement de l'article L. 425-3 CT.

Cass. soc. 18 juillet 2000, n° 98-42.866.

Indemnisation en cas de violation de la procédure de protection

• Salarié ne demandant pas sa réintégration ou la refusant

Représentants élus

Le délégué du personnel qui ne demande pas la poursuite du contrat de travail illégalement rompu a droit à une indemnité pour violation du statut protecteur égale à la rémunération qu'il aurait perçue depuis son éviction jusqu'à l'expira-

tion de la période de protection, dans la limite de deux ans, durée minimale légale de son mandat, augmentée de six mois.

Cass. soc. 15 avril 2015, n° 13-24.182, 2e branche du moyen, BC V n° 86. Voir aussi cass. soc. 14 octobre 2015, n° 14-12.193, 2e moyen du pourvoi de l'employeur, BC V n° 193 ; cass. soc. 18 mai 2017, n° 15-18.719.

Le salarié réélu après la notification de sa mise à la retraite sans autorisation a droit à l'indemnisation due au titre du statut protecteur attaché à son second mandat.

Un employeur a notifié à un salarié, élu du comité d'entreprise, sa mise à la retraite sans avoir obtenu l'autorisation administrative sollicitée ; l'employeur a continué à rémunérer le salarié jusqu'à la fin de la période de protection de son mandat et, dans l'intervalle, le salarié a été réélu.

C'est à tort que, pour limiter l'indemnisation demandée par le salarié en raison de la violation du statut protecteur aux salaires que l'intéressé aurait dû percevoir jusqu'au terme du mandat pour lequel il avait été élu la première fois augmenté de 6 mois, une cour d'appel a retenu que celui-ci ne pouvait se prévaloir d'aucune autre protection ni comme candidat, en l'absence de lettre recommandée notifiant à l'employeur sa candidature ou de son affichage, ni au titre de l'alinéa 4 de l'article L. 436-1 CT, dès lors qu'il n'apportait pas la preuve que l'employeur avait eu connaissance de l'imminence de sa candidature avant la convocation à l'entretien préalable, alors qu'en l'absence de l'autorisation administrative qui avait été sollicitée, la mise à la retraite du salarié était nulle et de nul effet, et que l'indemnisation du salarié était due au titre du statut protecteur attaché à son second mandat.

Cass. soc. 30 novembre 2004, n° 03-40.604, BC V n° 310.

Le candidat aux élections illégalement licencié, puis élu représentant du personnel, bénéficie de la durée de la protection attachée à sa qualité d'élu.

Un salarié a demandé l'organisation des élections professionnelles dans l'entreprise, demande confirmée par le syndicat CGT, et a été désigné en qualité de candidat par ce syndicat le 3 février 1999. Il a été élu délégué suppléant le 29 avril 1999 ; dans l'intervalle, l'employeur l'a licencié par lettre du 17 mars 1999, puis a rapporté cette mesure. Le salarié s'est prévalu du caractère illégal du licenciement.

C'est à tort que, pour limiter la durée de protection à la période de six mois dont bénéficient les candidats, une cour d'appel a relevé que le salarié, ayant renoncé à sa réintégration, ne pouvait bénéficier de la protection accordée au délégué du personnel, alors que le salarié était protégé lorsqu'il a été licencié sans autorisation administrative et que cette protection se poursuivait pendant l'exercice du mandat dont il avait été privé par la décision illégale de l'employeur.

Cass. soc. 30 juin 2004, n° 01-43.821, BC V n° 188.

L'indemnité pour violation du statut protecteur étant égale à la rémunération que le salarié aurait perçue depuis son éviction jusqu'à l'expiration de la période de protection, le salarié, licencié en méconnaissance de son statut protecteur après l'expiration de la période de protection, ne peut bénéficier de cette indemnité qui couvre le préjudice lié à la perte du mandat.

Cass. soc. 8 juin 2011, n° 10-11.933, 2e branche du moyen, BC V n° 143.

Délégués syndicaux

Le salarié protégé, illégalement licencié, a droit, s'il ne réclame pas sa réintégration, à une indemnité réparant l'atteinte portée au statut protecteur égale au montant des salaires qu'il aurait perçus depuis la date de son éviction jusqu'à la fin de la période de protection. L'éviction du salarié protégé hors de l'entreprise, résultant du licenciement illégal, fait obstacle à l'exercice du mandat. Il en résulte que, lorsqu'il ne demande pas sa réintégration, le délégué syndical, licencié sans autorisation de l'inspecteur du travail, a droit à une indemnité correspondant à la période de protection prévue par l'article L. 412-18, al. 4 CT, soit égale à 12 mois de salaires à compter de son éviction de l'entreprise.

Cass. soc. 6 juin 2000, n° 98-40.387, BC V n° 218. Voir aussi cass. soc. 27 octobre 2004, n° 01-45.902, BC V n° 275.

Cette indemnité est due et ne peut donc être réduite, même lorsque le délégué syndical exerçait son mandat depuis moins d'un an.

Lorsqu'il ne demande pas sa réintégration, le délégué syndical, licencié sans autorisation de l'inspecteur du travail, a droit, peu important l'ancienneté du mandat dont l'exercice a été entravé, à une indemnité correspondant à la période de protection prévue par l'article L. 412-18, al. 4 CT, soit égale à 12 mois de salaires à compter de son éviction de l'entreprise.

Cass. soc. 1er octobre 2003, n° 01-41.418.

Représentant de section syndicale

Le représentant de section syndicale qui ne demande pas la poursuite du contrat de travail illégalement rompu a droit à une indemnité pour violation du statut protecteur égale à la rémunération qu'il aurait perçue depuis son éviction jusqu'à l'expiration de la période de protection, dans la limite de trente mois, durée minimale légale du mandat des représentants élus du personnel augmentée de six mois.

Cass. soc. 15 mai 2019, n° 18-11.036, à paraître.

Conseiller du salarié

Le conseiller du salarié qui ne demande pas sa réintégration ou qui la demande postérieurement à l'expiration de la période de protection en cours au jour du licenciement, sans justifier de motifs qui ne lui soient pas imputables, a droit à une indemnité égale aux salaires qu'il aurait dû percevoir jusqu'à la fin de la période triennale de révision de la liste en cours au jour de son éviction, ou pendant une durée qui ne peut être inférieure à la période de 12 mois prévue par l'article L. 412-18 CT.

Pour débouter un salarié, conseiller du salarié irrégulièrement licencié, de sa demande en paiement d'une indemnité pour méconnaissance du statut protecteur d'un montant égal à son salaire du jour de son licenciement au jour de sa réintégration effective, une cour d'appel a retenu que l'indemnisation due au salarié protégé demandant sa réintégration, égale à sa rémunération jusqu'à cette date, n'était due que si la demande de réintégration était intervenue avant la fin de la période de protection en cours, à moins que ce délai n'ait pu être respecté pour des raisons qui ne lui étaient pas imputables, et que le salarié n'avait sollicité sa réintégration qu'à une date largement postérieure à l'expiration de la période de protection, alors qu'il avait, de manière délibérée dans ses précédentes conclusions, expressément indiqué qu'il ne la réclamait pas.

Dès lors, en n'accordant aucune indemnité pour violation du statut protecteur à l'intéressé qui avait demandé tardivement sa réintégration, la cour d'appel a violé les articles L. 122-14-16 et L. 412-18 CT.

Cass. soc. 19 juin 2007, n° 05-46.017, BC V n° 106. Voir aussi cass. soc. 1er décembre 2015, n° 14-15.445, pourvoi du salarié.

Conseillers prud'hommes

☛ *Conseillers prud'hommes (Protection).*

Autres cas

Le salarié protégé, auquel sont assimilés les administrateurs des organismes du régime général de la sécurité sociale, dont le licenciement a été prononcé en violation du statut protecteur, a le droit d'obtenir, au titre de la méconnaissance de ce statut, le montant de la rémunération qu'il aurait dû percevoir entre son éviction et l'expiration de la période de protection, dans la limite de la durée de la protection accordée aux représentants du personnel.

C'est à tort que, pour indemniser un salarié, administrateur d'une caisse d'assurance maladie, licencié le 30 octobre 1997 en violation du statut protecteur, une cour d'appel, après avoir retenu la nullité du licenciement, a énoncé que le mandat du salarié était de 5 ans, que la période de protection se terminait le 10 avril 2003 et que le salarié avait droit au salaire qu'il aurait perçu jusqu'à cette date, soit cinq ans et six mois, alors que la période d'indemnisation ne pouvait excéder trente mois [décision rendue dans le cadre de la législation antérieure à la loi 2005-882 du 2 août 2005, qui a porté la durée des mandats des membres du comité d'entreprise et des délégués du personnel à quatre ans].

Cass. soc. 22 juin 2004, n° 01-41.780, BC V n° 179.

Le salarié licencié en violation de son statut protecteur et qui ne demande pas sa réintégration peut prétendre soit à une indemnité forfaitaire égale au montant des salaires qu'il aurait dû percevoir jusqu'à la fin de sa période de protection s'il présente sa demande d'indemnisation avant cette date, soit à une indemnité dont le montant est fixé par le juge en fonction du préjudice subi lorsqu'il introduit sa demande après l'expiration de sa période de protection sans justifier de motifs qui ne lui soient pas imputables.

Cass. soc. 11 juin 2013, n° 12-12.738, moyen soulevé d'office, BC V n° 150.

L'indemnisation qui vise à sanctionner la violation du statut protecteur est due, indépendamment de la faute commise.

Les juges du fond ont décidé exactement que si un salarié protégé ne pouvait prétendre aux indemnités de rupture, en raison de la faute grave commise par lui, il avait droit à des dommages-intérêts en réparation de la violation du statut protecteur.

Cass. soc. 12 février 1991, n° 88-41.287.

L'indemnité due au titre de la violation du statut protecteur n'est pas exclusive des droits que le salarié tient de la rupture du contrat de travail.

Le salarié protégé licencié sans autorisation et qui ne demande pas sa réintégration a droit, au titre de la violation du statut protecteur, à une indemnité égale à la rémunération qu'il aurait dû percevoir entre la date de la rupture et l'expiration de la période de protection, sans être exclusive des droits qu'il tient de la rupture de son contrat de travail.

Cass. soc. 23 mars 2011, n° 09-68.858.

Dès lors, le salarié protégé peut cumuler la réparation du préjudice résultant de la rupture du contrat de travail en application de l'article L. 122-14-4 CT et le versement de la rémunération qu'il aurait perçue jusqu'à l'expiration de la période de protection.

La mise à la retraite d'un salarié protégé doit être autorisée par l'inspecteur du travail et, à défaut, la rupture du contrat de travail s'analyse en un licenciement nul. Il en résulte qu'outre la sanction de la méconnaissance du statut protecteur, le salarié protégé, qui ne demande pas la poursuite de son contrat de travail illégalement rompu, a le droit d'obtenir, non seulement les indemnités de rupture, mais une indemnité réparant l'intégralité du préjudice résultant du caractère illicite du licenciement au moins égale à celle prévue par l'article L. 122-14-4 CT.

Doit être cassé l'arrêt qui, pour débouter le salarié de ses demandes de dommages-intérêts pour non-respect de la procédure et licenciement abusif, énonce qu'il avait droit à une somme correspondant au total des salaires dus de la date de son éviction à la fin de la période légale de protection, « à l'exclusion de toute autre indemnité ».

Cass. soc. 27 octobre 2004, n° 01-45.902, BC V n° 275. Voir aussi cass. soc. 23 mars 2011, n° 09-43.145 ; cass. soc. 5 décembre 2012, n° 11-16.421, 1er moyen.

La sanction de la méconnaissance par l'employeur du statut protecteur des représentants du personnel est le versement d'une indemnité égale à la rémunération qu'aurait perçue le salarié protégé depuis la date de son éviction jusqu'à l'expiration de la période de protection, cette indemnité n'excluant ni les indemnités de rupture ni l'indemnité pour licenciement sans cause réelle et sérieuse.

Cass. soc. 17 mars 1998, n° 95-42.885, BC V n° 156.

Les indemnités de rupture sont dues, sans que le juge ait à vérifier la cause réelle et sérieuse du licenciement.

Il résulte des articles L. 425-1 et L. 122-14-4 CT que le salarié protégé, qui ne demande pas la poursuite de son contrat de travail illégalement rompu, a le droit d'obtenir, d'une part au titre de la méconnaissance du statut protecteur, le montant de la rémunération qu'il aurait dû percevoir entre son éviction et l'expiration de la période de protection et, d'autre part, non seulement les indemnités de rupture, mais une indemnité réparant l'intégralité du préjudice résultant du caractère illicite du licenciement au moins égale à celle prévue à l'article L. 122-14-4 CT.

Un salarié, candidat au second tour des élections professionnelles, a été licencié pour faute grave sans que son employeur ait préalablement sollicité et obtenu une autorisation administrative ; il a postérieurement refusé sa réintégration dans l'entreprise.

Pour débouter le salarié de ses demandes d'indemnités et de dommages-intérêts pour licenciement sans cause réelle et sérieuse, une cour d'appel a énoncé que le salarié protégé, irrégulièrement licencié, ne pouvait prétendre aux indemnités de rupture et à celle prévue par l'article L. 122-14-4 CT, les faits reprochés étant constitutifs d'une faute grave.

En statuant ainsi, la cour d'appel, qui n'avait pas à apprécier la cause réelle et sérieuse du licenciement, a violé les articles L. 122-14-4 et L. 425-1 CT.

Cass. soc. 23 novembre 2004, n° 02-44.262, BC V n° 296. Voir aussi cass. soc. 29 mars 2005, n° 03-40.768, BC V n° 105 ; cass. soc. 5 juillet 2011, n° 10-14.626.

Les juges n'ont pas à rechercher si le salarié a perçu d'autres revenus de nature à atténuer son préjudice.

La sanction de la méconnaissance par l'employeur du statut protecteur des représentants du personnel étant le versement de la rémunération que le salarié aurait perçue jusqu'à l'expiration de la période de protection en cours, la cour d'appel n'était pas tenue de rechercher si, dans l'intervalle, le salarié n'avait pas perçu d'autres revenus de nature à atténuer son préjudice.

Cass. soc. 15 novembre 1994, n° 91-43.976, 2e moyen.

Cumul d'indemnisations

L'indemnité réparant le préjudice résultant du caractère illicite du licenciement prononcé sans autorisation administrative se cumule avec celle sanctionnant la violation par l'employeur de l'interdiction de licencier pendant la période de suspension du contrat de travail consécutive à un accident du travail…

Le salarié, bénéficiaire à la fois de la protection accordée aux représentants du personnel et aux victimes d'accident du travail ou d'une maladie professionnelle, a droit à la réparation du préjudice subi résultant de l'inobservation par l'employeur des règles protectrices qui lui sont applicables à ce double titre.

Un salarié, victime d'un accident de travail, a été convoqué à un entretien préalable au licenciement alors qu'il n'avait repris son travail que quatre jours plus tôt en mi-temps thérapeutique ; l'intéressé, qui avait par ailleurs été désigné en qualité de délégué syndical, a été licencié pour faute grave sans autorisation administrative. Alors qu'il avait saisi la juridiction prud'homale d'une demande en nullité de son licenciement, le salarié a formé en appel une demande additionnelle en indemnité pour licenciement prononcé en méconnaissance de l'article L. 122-32-2 CT.

C'est à tort que, pour le débouter de cette demande, une cour d'appel a retenu que l'application de ce texte, relatif à la nullité du licenciement d'un salarié pendant la période de suspension de son contrat en raison d'un accident de travail, n'est pas cumulative avec celle de l'article L. 412-18 CT relative à la nullité du licenciement d'un salarié protégé sans autorisation de l'inspection du travail, alors qu'elle devait se prononcer sur la demande du salarié en réparation du préjudice provenant de la rupture du contrat de travail au mépris des règles applicables aux victimes d'un accident du travail.

Cass. soc. 19 septembre 2007, n° 06-41.227, pourvoi du salarié, BC V n° 130.

… mais pas avec celle prévue par l'article L. 1226-15 CT en cas de méconnaissance par l'employeur de son obligation de reclassement d'un salarié inapte.

Un salarié ne peut obtenir deux fois réparation d'un même préjudice ; il en résulte que le salarié licencié à la fois sans autorisation administrative, alors que celle-ci était nécessaire, et en méconnaissance des règles applicables aux victimes d'accidents du travail, ne peut cumuler l'indemnité due en application de l'article L. 1226-15 CT et celle réparant l'intégralité du préjudice résultant du caractère illicite du licenciement, en toute hypothèse au moins égale à l'indemnité prévue par l'article [L. 1235-3] CT, et il ne peut obtenir que l'indemnité la plus élevée.

Un salarié, victime d'un accident du travail, a été licencié pour inaptitude avant l'expiration du délai de six mois suivant la fin de son mandat de délégué du personnel, sans autorisation de l'inspecteur du travail et sans qu'un reclassement ait été envisagé ; il a saisi la juridiction prud'homale.

C'est à bon droit que la cour d'appel, qui a alloué au salarié une indemnité égale à douze mois de salaires en application de l'article L. 1226-15 CT en réparation du préjudice lié à la perte de son emploi, a retenu qu'il ne pouvait prétendre au paiement d'une autre indemnité au titre de ce même préjudice.

Cass. soc. 30 juin 2010, n° 09-40.347, BC V n° 154.
Voir aussi cass. soc. 25 octobre 2017, n° 16-16.454.

En cas de licenciement prononcé à la fois sans autorisation administrative et en méconnaissance des règles applicables au plan de sauvegarde de l'emploi, le salarié qui a droit à des dommages-intérêts au titre de la violation de son statut protecteur, ne peut pas cumuler l'indemnité réparant le préjudice résultant du caractère illicite de son licenciement et celle due au titre de l'absence ou de l'insuffisance du plan de sauvegarde de l'emploi, seule la plus élevée étant due.

Le salarié licencié à la fois sans autorisation administrative, alors que celle-ci était nécessaire, et en méconnaissance des règles applicables au plan de sauvegarde de l'emploi, a vocation à obtenir, d'une part, une somme correspondant aux salaires qu'il aurait perçus pendant la période comprise entre son éviction et l'expiration de sa période de protection et, d'autre part, soit l'indemnité réparant le préjudice résultant du caractère illicite de son licenciement, au moins égale en toute hypothèse à l'indemnité prévue par l'article L. 1235-3 CT, soit l'indemnité due au titre de l'absence ou de l'insuffisance du plan de sauvegarde de l'emploi prévue par l'article L. 1235-11 du même code, seule la plus élevée de ces indemnités pouvant être obtenue, le salarié ne pouvant prétendre deux fois à la réparation d'un même préjudice.

Cass. soc. 15 octobre 2013, n° 12-21.746, BC V n° 233.

• Salarié demandant sa réintégration

Aucun délai n'est imparti au salarié protégé irrégulièrement licencié pour demander sa réintégration.

Un représentant du personnel, qui avait signé un protocole de résiliation conventionnelle de son contrat de travail, avait saisi la juridiction prud'homale pour demander l'annulation de ce protocole et sa réintégration dans l'entreprise, ainsi que des dommages-intérêts.

Doit être rejeté le pourvoi de l'employeur qui, pour reprocher à une cour d'appel de l'avoir condamné au paiement d'une indemnité compensatrice de salaire pour toute la période comprise entre la signature de ce protocole et sa réintégration, soutenait notamment que le salarié qui invoque la nullité d'un départ volontaire ne peut prétendre à aucune indemnisation pour toute la période pendant laquelle il s'est abstenu de solliciter sa réintégration dans l'entreprise.

Cependant, aucun délai n'est imparti au salarié protégé pour demander sa réintégration lorsque la rupture de son contrat de travail a été prononcée en violation du statut protecteur. Ensuite, lorsque le salarié demande sa réintégration pendant la période de protection, il a droit, au titre de la méconnaissance du statut protecteur, à une indemnité égale à la rémunération qu'il aurait perçue depuis la date de son éviction jusqu'à sa réintégration. Cette indemnité lui est également due lorsque la demande de réintégration est formulée après l'expiration de la période de protection en cours pour des raisons qui ne sont pas imputables au salarié. Enfin, dès lors que l'employeur n'avait pas soutenu devant les juges du fond que la demande de réintégration avait été formulée après l'expiration de la période de protection, la cour d'appel n'a pas méconnu les dispositions de l'article 7, al. 1 de la Convention européenne de sauvegarde des droits de l'homme et des libertés fondamentales en prononçant la nullité du protocole de rupture et en allouant au salarié, à titre de sanction de la méconnaissance du statut protecteur, la rémunération qu'il aurait perçue jusqu'à sa réintégration.

Cass. soc. 11 décembre 2001, n° 99-42.476, BC V n° 381.

La liste des conseillers du salarié étant soumise à révision tous les trois ans, le salarié licencié sans autorisation administrative alors qu'il est inscrit sur cette liste doit, pour pouvoir prétendre au paiement d'une indemnité égale au montant des salaires dus jusqu'à sa réintégration effective, demander celle-ci avant le terme de la période triennale en cours au jour du licenciement, ou dans les douze mois qui suivent son éviction de l'entreprise, lorsque les fonctions de conseiller du salarié ont été exercées pendant un an au moins.

Cass. soc. 19 juin 2007, n° 05-46.017.

Le salarié, dont le licenciement a été annulé, et qui demande sa réintégration, ne peut prétendre à l'indemnisation du préjudice lié au respect, après la rupture de son contrat de travail, d'une clause de non-concurrence dépourvue de contrepartie financière.

Cass. soc. 26 mars 2013, n° 11-27.964, 3e moyen du pourvoi du salarié, BC V n° 83.

Dans ses rapports avec l'organisme d'assurance chômage, le salarié dont le licenciement est nul pour avoir été prononcé sans autorisation administrative ou malgré un refus d'autorisation, n'est pas fondé à cumuler les allocations de chômage avec ses rémunérations ou une indemnité équivalente à celles-ci.

Après avoir constaté qu'un salarié protégé avait obtenu la condamnation de son employeur au paiement d'une indemnité compensatrice de salaire pour la période comprise entre son licenciement nul et sa réintégration, une cour d'appel a exactement décidé que le paiement des allocations de chômage versées par l'organisme d'assurance au titre de cette période s'était révélé indu.

Cass. soc. 19 novembre 2014, n° 13-23.643, BC V n° 268.

Réintégration demandée pendant la période de protection

Lorsque le salarié demande sa réintégration pendant la période de protection, il a droit, au titre de la méconnaissance du statut protecteur, à une indemnité égale à la rémunération qu'il aurait perçue depuis la date de son éviction jusqu'à sa réintégration.

Cass. soc. 7 novembre 2018, n° 17-14.716, à paraître. Voir aussi cass. soc. 30 novembre 1999, n° 97-41.690, 1er moyen du pourvoi principal, BC V n° 465.

Le salarié protégé, qui a été licencié sans autorisation préalable et qui demande sa réintégration pendant la période de protection, a droit à la rémunération qu'il aurait perçue jusqu'à sa réintégration. Cette rémunération constituant la sanction de la méconnaissance du statut protecteur, il n'y a pas lieu d'en déduire les sommes perçues par le salarié au titre de l'assurance maladie.

Cass. soc. 3 mai 2001, n° 99-43.815.

Tout licenciement prononcé à l'égard d'un salarié en raison de ses activités syndicales est nul ; dès lors qu'il caractérise une atteinte à la liberté, garantie par la Constitution, qu'a tout homme de pouvoir défendre ses droits et ses intérêts par l'action syndicale, le salarié qui demande sa réintégration a droit au paiement d'une indemnité égale au montant de la rémunération qu'il aurait dû percevoir entre son éviction de l'entreprise et sa réintégration, peu important qu'il ait ou non reçu des salaires ou un revenu de remplacement pendant cette période.

C'est donc à tort qu'après avoir reconnu le caractère discriminatoire du licenciement prononcé, après l'expiration de la période de protection, pour des motifs identiques à ceux qui avaient donné lieu à refus d'autorisation de l'inspecteur du travail en raison du lien entre le licenciement et le mandat détenu par le salarié, une cour d'appel a énoncé qu'il sera alloué au représentant syndical une somme correspondant à la réparation de la totalité de son préjudice subi au cours de la période qui s'est écoulée entre son licenciement et sa réintégration, déduction faite des revenus tirés par le salarié d'une autre activité ou d'un revenu de remplacement.

Cass. soc. 9 juillet 2014, n° 13-16.434, pourvoi du salarié, BC V n° 186.

Réintégration demandée après l'expiration de la période de protection

Lorsque la demande de réintégration est formulée après l'expiration de la période de protection en cours pour des raisons qui ne sont pas imputables au salarié, une indemnité égale à la rémunération qu'il aurait perçue depuis la date de son éviction jusqu'à sa réintégration lui est également due ; en revanche, le salarié qui présente de façon abusive sa demande de réintégration tardivement, n'a droit, au titre de la violation du statut protecteur, qu'à la rémunération qu'il aurait perçue du jour de la demande de réintégration à celui de sa réintégration effective.

Cass. soc. 7 novembre 2018, n° 17-14.716, précité. Voir aussi cass. soc. 30 novembre 1999, n° 97-41.690, précité.

Lorsque le salarié protégé licencié sans autorisation administrative, dont la demande de réintégration a été formulée après l'expiration de la période de protection en cours pour des raisons qui ne lui sont pas imputables, a fait valoir ses droits à la retraite, rendant ainsi impossible sa réintégration, il a droit, au titre de la violation du statut protecteur, à la rémunération qu'il aurait perçue depuis la date de son éviction jusqu'à celle de son départ à la retraite.

C'est donc à tort qu'une cour d'appel a condamné une société à verser à un salarié une somme correspondant aux salaires qu'il aurait perçus de la date de son éviction jusqu'au jour de l'arrêt qui aurait, s'il n'avait pas fait valoir ses droits à la retraite en cours d'instance, ordonné sa réintégration.

Cass. soc. 13 février 2019, n° 16-25.764, à paraître.

☛ *Représentants du personnel (Procédure de licenciement) ; Représentants du personnel (Réintégration)*

Représentants du personnel

(Licenciement/Recours contre la décision administrative)

La décision de l'inspection du travail d'autoriser ou de refuser le licenciement d'un salarié protégé peut faire l'objet d'un recours gracieux auprès de l'inspecteur du travail lui-même et/ ou d'un recours hiérarchique auprès du ministre du Travail.

La décision administrative peut aussi faire l'objet d'un recours contentieux devant le tribunal administratif.

Le juge judiciaire est incompétent

Pour apprécier le caractère réel et sérieux du motif de licenciement.

Lorsqu'une autorisation administrative de licenciement a été accordée à l'employeur, le juge judiciaire ne peut, sans violer le principe de la séparation des pouvoirs, apprécier le caractère réel et sérieux des motifs du licenciement.

Cass. soc. 13 juillet 2004, n° 02-43.538, BC V n° 210. Voir aussi cass. soc. 7 juin 2005, n° 02-47.374, BC V n° 190 ; cass. soc. 26 septembre 2007, n° 05-42.599, 1er moyen, BC V n° 140 ; cass. soc. 20 juin 2012, n° 10-28.516, 1re et 2e branches du 4e moyen, BC V n° 194.

Lorsque le juge administratif a apprécié des faits reprochés à un salarié protégé en retenant qu'ils étaient d'une gravité suffisante pour justifier son licenciement, les mêmes faits ne peuvent être appréciés différemment par le juge judiciaire.

Cass. soc. 3 mai 2011, n° 09-71.950, 1er moyen du pourvoi principal, BC V n° 106.

L'autorisation de licenciement d'un salarié protégé par l'administration interdit au juge judiciaire d'apprécier la cause réelle et sérieuse du licenciement fondé sur cette autorisation. Le juge peut seulement renvoyer au juge administratif le soin d'apprécier la légalité de la décision administrative.

Cass. soc. 26 novembre 1996, n° 93-44.811, 3e moyen, BC V n° 406.

Le juge judiciaire ne peut apprécier la validité du licenciement prononcé en raison d'un harcèlement moral.

À la suite d'un avis d'inaptitude à son poste, un salarié a été réformé avec autorisation de l'inspection du travail. Il a saisi la juridiction prud'homale d'une demande en paiement de diverses sommes, notamment pour discrimination et harcèlement moral.

C'est à tort que pour décider que le licenciement produisait les effets d'un licenciement nul, justifiant l'allocation de dommages-intérêts, une cour d'appel a retenu que la rupture du contrat de travail était consécutive à la dégradation de la santé du salarié suite aux agissements de harcèlement moral dont il avait été victime, alors que si elle ne prive pas le salarié du droit de demander réparation du préjudice qui est résulté du harcèlement moral dont il a été victime, l'autorisation de licenciement accordée par l'autorité administrative ne permet plus au salarié de contester la cause ou la validité de son licenciement en raison d'un harcèlement.

Cass. soc. 6 juin 2012, n° 10-27.694, 3e moyen du pourvoi principal, BC V n° 169.

Lorsque la question de la légalité de la décision administrative présente un caractère sérieux, il appartient au juge judiciaire d'inviter les parties à la faire trancher par la juridiction administrative en lui posant une question préjudicielle.

Le 16 février 2001, un salarié, délégué du personnel, a été déclaré inapte à tous postes de travail dans l'entreprise à l'issue d'un examen unique en raison du danger immédiat pour sa santé entraîné par le maintien de son poste ; le 3 octobre 2001, l'inspecteur du travail a autorisé son licenciement en ces termes : « l'inaptitude non contestée à ce jour résulte d'une dégradation de l'état de santé du salarié, générée par le comportement hostile de la direction, induit par le refus de l'existence d'une représentation du personnel et en particulier d'une représentation syndicale [...], cette hostilité à caractère discriminatoire s'est manifestée dès les premières démarches effectuées par l'intéressé en vue de doter l'entreprise d'institutions représentatives » ; le salarié, licencié le 11 octobre suivant pour inaptitude et impossibilité de reclassement, a saisi la juridiction prud'homale afin de voir déclarer nul ou sans cause réelle et sérieuse son licenciement.

Pour déclarer sa demande irrecevable, une cour d'appel a énoncé, d'une part, que le licenciement ayant été prononcé sur la base du même motif que celui pour lequel l'autorité administrative avait donné son autorisation, le juge judiciaire ne pouvait, sans violer le principe de la séparation des pouvoirs, apprécier le caractère réel et sérieux de ce motif ou rechercher si le licenciement était la conséquence d'un comportement fautif de l'employeur, tel le harcèlement moral justifiant le prononcé de la nullité et, d'autre part, qu'il appartenait au salarié d'user des voies de recours portées à sa connaissance pour obtenir l'annulation de la décision de l'inspecteur du travail.

En statuant ainsi, alors qu'en l'état des motifs de l'autorisation administrative de licenciement dont il ressortait que l'inaptitude du salarié était la conséquence exclusive du refus de l'employeur d'accepter dans l'entreprise une représentation du personnel et syndicale, la question de la légalité de cette décision, dont dépendait l'appréciation du bien-fondé des demandes du salarié, présentait un caractère sérieux, de sorte qu'il appartenait aux juges du fond d'inviter les parties à la faire trancher par la juridiction administrative en lui posant une question préjudicielle, la cour d'appel a violé les articles L. 1152-1, L. 1152-2 et L. 2421-3 CT, et la loi des 16-24 août 1790.

Cass. soc. 12 juillet 2010, n° 08-44.642, BC V n° 170. Voir aussi cass. soc. 5 mars 2014, n° 12-16.833, 2e moyen du pourvoi principal.

Un représentant du personnel avait été licencié pour faute lourde après avis favorable du comité d'établissement et autorisation du ministre du Travail (13 septembre 1995).

Doit être cassé l'arrêt qui, après avoir jugé que les faits pour lesquels le salarié avait été licencié avaient été amnistiés par la loi du 3 août 1995 et que, dès lors, ils ne pouvaient être retenus à l'encontre du salarié à l'appui d'un licenciement postérieur à la loi d'amnistie, fondé sur une décision administrative, elle-même postérieure au 3 août 1995, a déclaré abusif le licenciement de l'intéressé et a condamné l'employeur à diverses sommes. En effet, en l'état d'une autorisation administrative de licenciement qui se prononçait nécessairement en application de la loi d'amnistie, le juge judiciaire ne pouvait, sans méconnaître le principe de séparation des pouvoirs, se prononcer sur le bien-fondé du licenciement. Il lui appartenait de renvoyer les parties en appréciation de la validité de la décision ministérielle d'autorisation devant le juge administratif avant de se prononcer sur la demande du salarié.

Cass. soc. 28 mars 2000, n° 98-40.921, BC V n° 129.

En cas de licenciement pour inaptitude, le juge judiciaire ne peut, sans violer le principe de la séparation des pouvoirs, apprécier le caractère réel et sérieux du motif de licenciement au regard du respect par l'employeur de son obligation de reclassement.

Pour dire sans cause réelle et sérieuse le licenciement pour inaptitude physique d'une salariée exerçant un mandat de représentant du personnel après autorisation de l'inspecteur du travail, une cour d'appel a affirmé que, eu égard à la décision de l'autorité administrative, le motif de licenciement retenu par l'employeur ne pouvait être discuté, et qu'il devait seulement être vérifié si l'employeur avait respecté l'obligation de reclassement qui lui incombait ; à cet égard, la cour a relevé l'absence de recherche suffisante de reclassement, l'inspecteur du travail ayant, dans l'autorisation administrative de licenciement, estimé qu'il n'était pas établi que tout avait été mis en œuvre pour procéder au reclassement de la salariée dans des conditions qu'elle était susceptible d'accepter.

En statuant ainsi, alors que le juge judiciaire ne peut, en l'état d'une autorisation administrative non frappée de recours accordée à l'employeur de licencier, pour inaptitude, un salarié protégé, sans violer le principe de séparation des pouvoirs, apprécier le caractère réel et sérieux du motif de licenciement au regard du respect par l'employeur de son obligation de reclassement, la cour d'appel a violé la loi des 16-24 août 1790, le décret du 16 fructidor an III et les articles R. 2421-1 et 4 CT.

Cass. soc. 10 novembre 2009, n° 08-42.660, BC V n° 249. Voir aussi cass. soc. 28 avril 2011, n° 09-43.367.

De même, le salarié ne peut invoquer devant le juge judiciaire l'existence d'un harcèlement pour contester la cause ou la validité de son licenciement pour inaptitude.

Si l'autorisation de licenciement accordée par l'autorité administrative ne permet plus au salarié de contester la cause ou la validité de son licenciement en raison d'un harcèlement, elle ne le prive pas du droit de demander réparation du préjudice qui est résulté du harcèlement moral.

Ayant été en arrêt de travail à compter du 10 juin 2006, un représentant du personnel a, lors de la visite de reprise du 3 mai 2007, été déclaré inapte définitivement à tout poste dans l'entreprise à la suite d'une seule visite en raison d'un danger grave et imminent ; convoqué à un entretien préalable à son éventuel licenciement par lettre du 12 juin 2007, et après l'autorisation de licenciement donnée le 3 août suivant par l'inspecteur du travail, à l'encontre de laquelle aucun recours n'a été formé, il a été licencié par lettre du 8 août 2007 pour inaptitude physique et refus de proposition de reclassement ; il a saisi la juridiction prud'homale pour voir constater la nullité de son licenciement du fait du harcèlement moral qu'il a estimé être à l'origine de son inaptitude physique.

Pour accueillir cette demande, une cour d'appel a retenu que la demande du salarié en nullité du licenciement, qui est fondée sur les dispositions de l'article L. 1152-3 CT, n'implique pas la vérification préalable de la régularité de la procédure de constatation de l'inaptitude, de l'accomplissement par son employeur de son obligation de reclassement, et de l'existence d'un lien, ou non, entre ses fonctions de représentant du personnel et son licenciement, qu'en conséquence la juridiction prud'homale était compétente pour vérifier que la rupture du contrat de travail du salarié et par voie de conséquence, son inaptitude physique, avait eu ou non pour cause le harcèlement moral dont il prétendait avoir été victime, sans qu'il soit pour autant porté atteinte au principe de la séparation des pouvoirs.

En statuant ainsi, alors que l'inspecteur du travail avait autorisé le licenciement du salarié, la cour d'appel a violé la loi des 16 et 24 août 1790 et l'article L. 2421-3 CT.

Cass. soc. 15 novembre 2011, n° 10-18.417, BC V n° 260. Voir aussi cass. soc. 15 novembre 2011, n° 10-10.687, BC V n° 259 ; cass. soc. 15 novembre 2011, n° 10-30.463, BC V n° 261; cass. soc. 29 novembre 2011, n° 10-19.435, 2e moyen du pourvoi principal, BC V n° 275.

Toutefois, le salarié peut faire valoir devant le juge judiciaire tous les droits résultant de l'origine de l'inaptitude lorsqu'il l'attribue à un manquement de l'employeur à ses obligations.

Le salarié protégé licencié pour inaptitude en vertu d'une autorisation administrative ne peut faire valoir devant les juridictions judiciaires les droits résultant de l'origine de l'inaptitude que lorsqu'il l'attribue à un manquement de l'employeur à ses obligations.

Cass. soc. 18 février 2016, n° 14-26.706, BC V n° 40.

Dans le cas où une demande d'autorisation de licenciement d'un salarié protégé est motivée par son inaptitude physique, il appartient à l'administration du travail de vérifier que l'inaptitude physique du salarié est réelle et justifie son licenciement ; il ne lui appartient pas en revanche, dans l'exercice de ce contrôle, de rechercher la cause de cette inaptitude, y compris dans le cas où la faute invoquée résulte d'un harcèlement moral dont l'effet, selon les dispositions combinées des articles L. 1152-1 à L. 1152-3 CT, serait la nullité de la rupture du contrat de travail ; ce faisant, l'autorisation de licenciement donnée par l'inspecteur du travail ne fait pas obstacle à ce que le salarié fasse valoir devant les juridictions judiciaires tous les droits résultant de l'origine de l'inaptitude lorsqu'il l'attribue à un manquement de l'employeur à ses obligations.

Une salariée, élue déléguée du personnel, a été licenciée pour inaptitude physique et impossibilité de reclassement, après que le médecin du travail a constaté son inaptitude à tout poste dans l'entreprise et que l'inspecteur du travail a autorisé son licenciement.

Doit être rejeté le pourvoi de l'employeur qui, pour reprocher à une cour d'appel de l'avoir condamné à payer à la salariée des dommages-intérêts pour perte d'emploi, soutient notamment que si l'autorisation de licencier accordée par l'autorité administrative ne prive pas le salarié du droit de demander l'indemnisation du préjudice causé par des faits de harcèlement ou par des faits de discrimination dont il a été victime, elle ne lui permet plus de contester pour ces motifs la cause ou la validité de son licenciement et d'obtenir des dommages-intérêts liés à la perte de l'emploi consécutif à de tels agissements de la part de l'employeur.

En effet, ayant constaté que la salariée établissait que le harcèlement moral subi était à l'origine de son inaptitude physique, la cour d'appel en a exactement déduit que celle-ci était fondée à solliciter la réparation du préjudice résultant de la perte d'emploi.

Cass. soc. 27 novembre 2013, n° 12-20.301, BC V n° 286. Voir aussi CE 20 novembre 2013, n° 340591, Rec. Lebon, p. 298 ; cass. soc. 29 juin 2017, n° 15-15.775, BC V n° 108.

En cas de licenciement pour inaptitude et impossibilité de reclassement, le juge judiciaire ne peut, sans violer le principe de séparation des pouvoirs, se prononcer sur la cause du licenciement au regard du respect par l'employeur de son obligation de ne pas laisser un salarié reprendre son travail après une période d'absence d'au moins huit jours pour cause d'accident du travail sans le faire bénéficier d'une visite de reprise par le médecin du travail.

Cass. soc. 27 janvier 2016, n° 14-11.200, 1er moyen.

En cas de licenciement pour motif économique, le juge judiciaire ne peut, sans violer le principe de la séparation des pouvoirs, contrôler le respect de l'obligation de reclassement…

Des représentants du personnel avaient été licenciés par le mandataire liquidateur d'une société en vertu d'autorisations données par l'inspecteur du travail.

Doit être cassé l'arrêt qui, pour allouer diverses sommes aux salariés, a relevé que le mandataire liquidateur n'avait pas satisfait à son obligation de reclassement et que l'inspecteur du travail, tout en accordant les autorisations, avait retenu que les reclassements n'avaient pu être effectués en raison de la volonté des dirigeants de la société, alors que le juge judiciaire ne peut, en l'état de l'autorisation administrative accordée à l'employeur de licencier des salariés protégés et sans violer le principe de la séparation des pouvoirs, apprécier le caractère réel et sérieux du motif de licenciement, y compris en ce qui concerne le respect de l'obligation de reclassement et qu'il lui appartient seulement de surseoir à statuer en renvoyant l'appréciation de légalité à la juridiction administrative.

Cass. soc. 25 novembre 1997, n° 94-45.185, BC V n° 399.

C'est à tort que, pour déclarer recevable la demande d'indemnité d'une salariée pour licenciement sans cause réelle et sérieuse et condamner l'employeur au paiement d'une indemnité à ce titre en raison d'un manquement à l'obligation individuelle de reclassement, une cour d'appel a retenu que l'autorisation administrative de licenciement ne privait pas le juge judiciaire de son pouvoir de contrôle du respect par l'employeur de ses obligations contractuelles individuelles à l'égard de la salariée, à savoir ses obligations contractuelles en matière de reclassement et de critères d'ordre des licenciements, alors que lorsque le licenciement économique d'un salarié protégé a été autorisé par l'inspecteur du travail à qui il appartient de vérifier le respect de l'obligation individuelle de reclassement pour apprécier le caractère réel et sérieux de la cause du licenciement, le juge judiciaire ne peut sans violer le principe de la séparation des pouvoirs contrôler le respect de cette obligation.

Cass. soc. 23 juin 2009, n° 07-44.640, 1er et 2e moyens du pourvoi principal, BC V n° 162.

… y compris lorsque cette obligation résulte de dispositions conventionnelles.

En cas de licenciement pour motif économique d'un représentant du personnel, lorsqu'une autorisation administrative a été accordée, le principe de la séparation de pouvoirs s'oppose à ce que le juge judiciaire se prononce sur le respect par l'employeur des obligations que des dispositions conventionnelles mettent à sa charge préalablement au licenciement pour favoriser le reclassement.

Cass. soc. 27 mai 2015, n° 13-26.985, BC V n° 105.

Un représentant du personnel, licencié pour motif économique après autorisation administrative de licenciement, a saisi la juridiction prud'homale notamment d'une demande d'indemnité fondée sur la méconnaissance par l'employeur de l'obligation de saisir la commission professionnelle territoriale de l'emploi conformément aux articles 5 et 15 de l'accord professionnel sur l'emploi du 10 février 1969.

Pour condamner l'employeur au paiement d'une indemnité pour licenciement sans cause réelle et sérieuse pour méconnaissance de l'obligation de reclassement, une cour d'appel a retenu que si l'autorisation administrative de licenciement prive le juge judiciaire du pouvoir de vérifier le reclassement interne du salarié, il appartient à la cour en revanche d'apprécier le reclassement externe du salarié, que la société n'avait pas saisi, comme elle en avait l'obligation, la commission territoriale de l'emploi qui a pour objectif de reclasser les salariés dont le licenciement est envisagé et que le reclassement externe n'avait pas été examiné par l'inspecteur du travail.

En statuant ainsi, alors que lorsqu'une autorisation administrative a été accordée, le principe de la séparation des pouvoirs s'oppose à ce que le juge judiciaire se prononce sur le respect par l'employeur de son obligation de reclassement légale ou conventionnelle préalable au licenciement et que tel était le cas de l'obligation conventionnelle de saisir la commission territoriale de l'emploi, prévue par les articles 5 et 15 de l'accord interprofessionnel sur l'emploi du 10 février 1969, en vue du reclassement des salariés dont le licenciement est envisagé, la cour d'appel a violé la loi des 16-24 août 1790 et le principe de séparation des pouvoirs.

Cass. soc. 26 octobre 2010, n° 09-42.409, 1re branche du moyen, BC V n° 244.

Pour ordonner l'inscription d'une créance à titre d'indemnité pour licenciement sans cause réelle et sérieuse au profit de salariés protégés dont le licenciement avait été autorisé par l'inspecteur du travail, une cour d'appel a énoncé que l'article 28 de l'accord national du 12 juin 1987 prévoit une obligation favorable aux salariés, à savoir la saisine de la commission territoriale de l'emploi, dont l'une des missions est de développer des actions destinées à favoriser l'emploi et la formation, que le reclassement externe conventionnel échappe au contrôle de l'inspecteur du travail, si bien que le contrôle effectué à ce titre par le juge judiciaire ne porte pas atteinte au principe de la séparation des pouvoirs, et, qu'en l'espèce, le liquidateur ne justifie pas avoir saisi la commission dans les conditions de la convention collective, l'envoi d'un courrier à une organisation patronale étant à cet égard insuffisant, et le liquidateur ne pouvant valablement se soustraire à cette obligation issue de la convention collective, en invoquant le caractère purement formel de la saisine de cette commission.

En statuant ainsi, alors que lorsqu'une autorisation administrative de licenciement a été accordée à l'employeur, le juge judiciaire ne peut, sans violer le principe de la séparation des pouvoirs, apprécier le caractère réel et sérieux de la cause du licenciement ni la régularité de la procédure antérieure à la saisine de l'inspecteur du travail, dont le contrôle porte notamment sur le respect par l'employeur des obligations que les dispositions conventionnelles mettent à sa charge préalablement au licenciement pour favoriser le reclassement, la cour d'appel a violé ce principe et l'article L. 2421-3 CT.

Cass. soc. 3 mars 2010, n° 08-42.526, 3e moyen, BC V n° 50.

Les motifs par lesquels l'autorité administrative, tout en autorisant le licenciement, dénie la cause économique de ce dernier et le respect par l'employeur de son obligation de reclassement ne peuvent pas être opposés à l'employeur dans le cadre d'une contestation du bien-fondé du licenciement qui a été autorisé.

Le juge judiciaire ne peut, sans violer le principe de séparation des pouvoirs, en l'état d'une autorisation administrative de licenciement devenue définitive, apprécier le caractère réel et sérieux du motif de licenciement au regard de la cause économique ou du respect par l'employeur de son obligation de reclassement.

Pour dire le licenciement économique d'un représentant du personnel sans cause réelle et sérieuse, une cour d'appel a relevé que dans sa décision administrative autorisant le licenciement en raison du projet du salarié de reclassement externe, l'inspecteur du travail avait constaté, dans les motifs de sa décision, que le licenciement était dénué de motif économique et que les efforts de reclassement n'avaient pas été faits, et qu'en conséquence, le licenciement devait être analysé comme licite puisqu'autorisé mais dénué de cause réelle et sérieuse.

En statuant ainsi, alors que les motifs par lesquels l'autorité administrative, tout en accordant une autorisation de licenciement, dénie la cause économique de ce dernier et le respect par l'employeur de son obligation de reclassement ne sont pas le soutien nécessaire de la décision d'autorisation, et dès lors ne peuvent pas être opposés à l'employeur dans le cadre d'une contestation du bien-fondé du licenciement qui a été autorisé, la cour d'appel a violé la loi des 16-24 août 1790, le décret du 16 fructidor an III et le principe de séparation des pouvoirs.

Cass. soc. 22 janvier 2014, n° 12-22.546, BC V n° 32.

Le juge judiciaire ne peut, sans violer le principe de la séparation des pouvoirs, apprécier la régularité de la procédure suivie avant la saisine de l'inspecteur du travail.

L'autorisation administrative de licenciement d'un salarié protégé compris dans un licenciement collectif pour motif économique prive ce dernier de la possibilité de contester devant le juge judiciaire la régularité de la procédure antérieure à la saisine de l'inspecteur du travail.

Cass. soc. 27 octobre 2004, n° 02-46.935, BC V n° 270. Voir aussi cass. soc. 16 novembre 2010, n° 09-42.576.

En l'état d'une autorisation administrative accordée à l'employeur de licencier les salariés protégés concernés, le juge judiciaire ne peut, sans violer le principe de la séparation des pouvoirs, apprécier ni le caractère réel et sérieux des motifs retenus pour justifier le licenciement ni la régularité de la consultation du comité d'entreprise sur le projet de licenciement économique collectif.

Pour déclarer recevables les demandes de six salariés protégés, licenciés pour motif économique en mai 2011 dans le cadre d'une procédure accompagnée d'un plan de sauvegarde de l'emploi, après autorisation de l'inspecteur du travail par décisions des 28 avril et 2 mai 2011, et fixer au passif de la liquidation judiciaire de la société des sommes à titre de dommages-intérêts pour absence de mise en place des « IRP » et pour les fautes commises par l'employeur antérieurement au licenciement, une cour d'appel a retenu que si le juge judiciaire ne pouvait, sans violer le principe de la séparation des pouvoirs, apprécier le caractère réel et sérieux du motif retenu pour justifier le licenciement, il restait compétent pour apprécier les fautes commises par l'employeur pendant la période antérieure au licenciement et qu'en l'espèce, les salariés protégés sollicitaient la réparation de fautes de l'employeur consistant dans l'absence de mise en place des représentants du personnel dans le cadre de l'unité économique et sociale et la légèreté blâmable de l'employeur pendant la période antérieure au licenciement. Ensuite, pour faire droit à ces demandes, la cour d'appel a retenu d'une part, au visa de l'article L. 1235-15 CT, qu'à la suite du jugement du tribunal de commerce du 29 mai 2009 reconnaissant l'existence d'une unité économique et sociale, les institutions représentatives du personnel n'avaient pas été mises en place à ce niveau et qu'aucun procès-verbal de carence n'avait été établi, que les décisions d'autorisation de licenciements économiques ne faisaient aucunement état du jugement de reconnaissance de l'existence d'une unité économique et sociale, que les licenciements économiques avaient été prononcés sans que soient respectées les obligations à l'égard de ces institutions, en sorte que les salariés protégés pouvaient prétendre à la réparation de cette carence fautive ; d'autre part, la cour d'appel a retenu qu'entre le 27 mai 2010, date de l'ouverture de la procédure collective de la société, et le 17 mars 2011, date de sa mise en liquidation judiciaire, l'employeur n'avait pris aucune mesure qui aurait pu permettre le maintien de l'activité économique, notamment en procédant à la suppression d'heures supplémentaires ou à la réduction du temps de travail, les salariés soutenant sans être contredits que l'ensemble du personnel était rémunéré en heures supplémentaires et non pas sur 38 ou 39 heures jusqu'à la liquidation, et que celui-ci avait ainsi fait preuve d'une légèreté blâmable ayant entraîné le licenciement de cent vingt-trois salariés et dont les salariés protégés pouvaient demander réparation.

En statuant ainsi, alors qu'il résultait de ses constatations que les demandes des salariés protégés ne tendaient, sous couvert de dommages-intérêts pour la réparation de carences fautives de l'employeur, qu'à contester la régularité de la procédure de consultation de comité d'entreprise et la cause économique de leur licenciement, la cour d'appel a violé le principe de la séparation des pouvoirs.

Cass. soc. 20 septembre 2018, n° 17-11.602, à paraître.

Lorsqu'un licenciement a été notifié à la suite d'une autorisation administrative de licenciement accordée à l'employeur, le principe de la séparation des pouvoirs s'oppose à ce que le juge judiciaire se prononce sur une demande de résiliation judiciaire formée par le salarié, même si sa saisine était antérieure à la rupture.

Lorsqu'un licenciement a été notifié à la suite d'une autorisation administrative de licenciement accordée à l'employeur, le juge judiciaire ne peut sans violer le principe de la séparation des pouvoirs, se prononcer sur une demande de résiliation judiciaire formée par le salarié, même si sa saisine était antérieure à la rupture ; s'il reste compétent pour allouer des dommages-intérêts au salarié au titre des fautes commises par l'employeur pendant la période antérieure au licenciement, il ne peut faire droit à une telle demande lorsque les manquements invoqués par le salarié ont nécessairement été pris en considération par l'autorité administrative dans le cadre de la procédure d'autorisation.

Après avoir constaté qu'un inspecteur du travail avait accordé à un employeur, par une décision non frappée de recours, l'autorisation de licencier un salarié pour motif économique, une cour d'appel a pu décider qu'elle ne pouvait plus se prononcer sur la demande de résiliation judiciaire ni sur la demande d'indemnisation du salarié fondée sur des manquements de l'employeur liés à la fermeture de l'établissement, constituant la cause du licenciement, et à son obligation de reclassement.

Cass. soc. 29 septembre 2010, n° 09-41.127, BC V n° 201. Voir aussi cass. soc. 17 octobre 2018, n° 17-17.985, 1er moyen du pourvoi principal, à paraître.

De la même façon, le motif retenu par l'autorité administrative à l'appui de sa décision de refus d'autorisation de licenciement s'impose au juge judiciaire statuant sur la demande de résiliation judiciaire formée par le salarié.

Un salarié, conseiller prud'homme, a saisi la juridiction prud'homale d'une demande tendant à la résiliation judiciaire de son contrat de travail et au paiement de diverses sommes et indemnités. Parallèlement à cette demande, l'employeur a sollicité une autorisation administrative de licenciement qui a été refusée par un inspecteur du travail.

Pour rejeter la demande de résiliation judiciaire formée par le salarié, une cour d'appel a retenu qu'il n'établissait aucun manquement de son employeur à ses obligations, dès lors qu'il avait cessé de travailler à compter du mois de septembre 2010 et n'avait justifié son absence qu'à partir du mois de janvier 2011.

En statuant ainsi, alors que l'inspecteur du travail avait estimé que pour cette même période correspondant à l'arrêt de travail, le grief tiré de l'absence de justification n'était pas établi et que ce motif étant le soutien nécessaire de sa décision de refus s'imposait au juge judiciaire, la cour d'appel a violé la loi des 16-24 août 1790, le décret du 16 fructidor An III et les articles L. 1232-6 et L. 2411-1 CT.

Cass. soc. 8 avril 2014, n° 13-10.969, BC V n° 101.

L'annulation par le juge administratif de l'autorisation de licenciement en raison du lien entre la procédure de licenciement et les fonctions représentatives s'oppose à ce que le juge judiciaire considère que le licenciement repose sur une cause réelle et sérieuse.

Si l'absence de cause réelle et sérieuse ne résulte pas, en soi, de l'annulation de l'autorisation de licenciement, la décision du juge administratif qui annule l'autorisation en raison du lien existant entre la procédure de licenciement et les fonctions représentatives exercées par l'intéressé s'oppose à ce que le juge judiciaire considère que le licenciement repose sur une cause réelle et sérieuse.

Un salarié, engagé par une société le 15 mars 2000 en qualité d'ouvrier jardinier, a été élu délégué du personnel en 2002, et désigné délégué syndical en 2003 ; son licenciement pour faute lui a été notifié le 23 octobre 2003, après autorisation de l'inspecteur du travail donnée le 17 octobre 2003 ; cette autorisation a été annulée par jugement d'un tribunal administratif du 26 janvier 2006 ; par arrêt du 25 juin 2009, une cour administrative d'appel a rejeté la requête en annulation formée par la société, et le pourvoi formé contre cette décision a été déclaré non admis par arrêt du Conseil d'État du 9 avril 2010 ; le salarié a saisi la juridiction prud'homale afin d'obtenir notamment des dommages-intérêts pour licenciement sans cause réelle et sérieuse, et pour discrimination syndicale.

Pour débouter le salarié de sa demande d'indemnité pour licenciement sans cause réelle et sérieuse, une cour d'appel a retenu que l'octroi d'une réparation complémentaire à celle prévue par l'article L. 2422-4 CT est subordonné à l'absence de cause réelle et sérieuse qu'il appartient au juge de rechercher et qui ne résulte pas, en soi, de la seule annulation de l'autorisation administrative de licenciement, que les motifs de l'annulation de la décision d'autorisation de licenciement retenus par le tribunal administratif et la cour administrative d'appel reposaient, non pas sur l'absence de démonstration que les faits reprochés au salarié étaient d'une gravité suffisante pour justifier son licenciement, mais sur le fait que « la demande d'autorisation de licenciement devait être regardée comme n'étant pas sans lien avec les mandats détenus par l'intéressé », compte tenu du conflit existant alors entre le salarié et la direction de la société concernant les salaires et indemnités des salariés, de sorte que « l'inspecteur du travail était tenu de refuser l'autorisation de licenciement, quand bien même le comportement du salarié était d'une gravité suffisante pour le justifier », que le salarié avait bien commis des fautes d'une gravité suffisante justifiant son licenciement.

En statuant ainsi, alors que le juge administratif avait annulé l'autorisation de licenciement au motif que la demande n'était pas sans lien avec les mandats de l'intéressé, la cour d'appel a violé les articles L. 1235-1 et L. 1235-3 CT, la loi des 16 et 24 août 1790, le décret du 16 fructidor an III, ainsi que le principe de la séparation des pouvoirs.

Cass. soc. 30 juin 2016, n° 15-11.424, BC V n° 142. Voir aussi cass. soc. 7 novembre 2018, n° 16-23.916.

Le juge prud'homal n'est pas compétent pour se prononcer sur la demande de résiliation judiciaire formée par un salarié protégé licencié sur le fondement d'une autorisation administrative ensuite annulée et qui ne demande pas sa réintégration, même si sa saisine est antérieure à la rupture.

Le contrat de travail du salarié protégé, licencié sur le fondement d'une autorisation administrative ensuite annulée, et qui ne demande pas sa réintégration, est rompu par l'effet du licenciement ; lorsque l'annulation est devenue définitive, le salarié a droit, d'une part, en application de l'article L. 2422-4 CT, au paiement d'une indemnité égale à la totalité du préjudice subi au cours de la période écoulée entre son licenciement et l'expiration du délai de deux mois suivant la notification de la décision d'annulation, d'autre part, au paiement des indemnités de rupture, s'il n'en a pas bénéficié au moment du licenciement et s'il remplit les conditions pour y prétendre, et de l'indemnité prévue par l'article L. 1235-3 CT, s'il est établi que son licenciement était, au moment où il a été prononcé, dépourvu de cause réelle et sérieuse ; ces dispositions font obstacle à ce que la juridiction prud'homale se prononce sur la demande de résiliation judiciaire formée par le salarié protégé, même si sa saisine est antérieure à la rupture.

Suite à son refus d'une modification de son contrat de travail, un salarié, conseiller prud'homme, a été convoqué le 3 mars 2009 à un entretien préalable à un éventuel licenciement fixé au 10 mars 2009 ; il a saisi le 5 mars 2009 la juridiction prud'homale, aux fins de voir prononcer la résiliation judiciaire de son contrat de travail ; il a ensuite été licencié le 9 juin 2009, après autorisation donnée par l'inspecteur du travail le 5 juin 2009 ; cette autorisation a été annulée par le tribunal administratif le 12 avril 2011, en raison d'un vice de procédure.

Pour condamner la société à payer au salarié une indemnité pour violation du statut protecteur et des dommages-intérêts pour licenciement nul, une cour d'appel a retenu que la décision du tribunal administratif fondée sur un moyen de légalité externe n'avait aucune autorité sur la question de la résiliation, qui s'appuyait sur la modification du contrat de travail qu'aurait imposée la société, que c'est à juste titre que le salarié, qui avait saisi la juridiction du travail avant la notification du licenciement, se fondait à titre principal sur la résiliation du contrat de travail, puisque l'annulation de l'autorisation de l'inspection du travail avait été prononcée le 12 avril 2011, qu'une modification du contrat de travail imposée au salarié s'analysait comme un manquement de l'employeur à ses obligations suffisamment grave pour empêcher la poursuite de la relation de travail et fonder la résiliation, et que lorsque la résiliation judiciaire du contrat de travail d'un salarié titulaire d'un mandat électif ou de représentation était prononcée aux torts de l'employeur, la rupture produisait les effets d'un licenciement nul pour violation du statut protecteur.

En statuant ainsi, la cour d'appel a violé les articles L. 2422-4, L. 2411-1 et L. 2411-22 CT, et l'article 1184 c. civ., dans sa rédaction applicable en la cause.

Cass. soc. 11 octobre 2017, n° 16-14.529, BC V n° 177.

De même, lorsque le retrait d'une décision d'autorisation de licenciement est fondé sur l'écoulement d'un délai excessif entre la mise à pied conservatoire et la saisine de l'administration par l'employeur, qui ne constitue pas un motif tiré de la légalité externe de la décision administrative, le juge judiciaire est lié par cette décision et ne peut qu'en déduire que le licenciement est dépourvu de cause réelle et sérieuse.

Un salarié, élu délégué du personnel, s'est vu notifier son licenciement pour faute le 16 mai 2012, après autorisation de l'inspecteur du travail donnée le 15 mai 2012. L'inspecteur du travail est revenu sur cette autorisation par décision du 14 septembre 2012 et, par jugement du 5 février 2014, un tribunal administratif a rejeté le recours de la société contre le refus d'autorisation. Le salarié a alors saisi la juridiction prud'homale afin d'obtenir, notamment, des dommages-intérêts pour licenciement sans cause réelle et sérieuse.

Ayant relevé que la juridiction administrative avait rejeté la demande de l'employeur aux fins d'annulation de la décision de l'inspecteur du travail de retrait de l'autorisation administrative du licenciement aux motifs que la procédure de licenciement était entachée d'une irrégularité tenant à l'écoulement d'un délai excessif entre la mise à pied conservatoire et la saisine de l'administration, laquelle irrégularité, ayant trait à la procédure diligentée par l'employeur, ne constituait pas un motif tiré de la légalité externe de la décision administrative, une cour d'appel en a exactement déduit que le licenciement était dépourvu de cause réelle et sérieuse.

Cass. soc. 4 juillet 2018, n° 16-26.860, à paraître.

En revanche, lorsque la confirmation de l'annulation de l'autorisation de licenciement par une cour administrative d'appel ne repose que sur un motif de légalité externe, tenant en l'espèce à l'absence d'enquête contradictoire par l'inspecteur du travail, le juge judiciaire n'est pas lié par la décision administrative et doit rechercher si le licenciement du salarié est justifié par une cause réelle et sérieuse.

Après un premier refus, invoquant de nouveaux faits, une société a obtenu, sur recours hiérarchique, l'autorisation de licencier un salarié élu membre de la délégation unique du personnel et désigné délégué syndical, lequel a formé un recours contre la décision du ministre du travail devant le tribunal administratif ; il a été licencié pour faute grave le 8 août 2011. Par arrêt du 26 mai 2014, la cour administrative d'appel a rejeté la requête de la société dirigée contre la décision du tribunal administratif ayant annulé la décision du ministre du travail et le Conseil d'État a rejeté le pourvoi de la société le 3 avril 2015.

Pour s'estimer liée par la décision de la juridiction administrative et dire le licenciement sans cause réelle et sérieuse, une cour d'appel a retenu qu'il résultait de la décision du tribunal administratif confirmée par l'arrêt de la cour administrative d'appel que les faits reprochés au salarié, bien que présentant un caractère fautif, ne comportaient pas, toutefois, un degré de gravité suffisant pour justifier, à eux seuls, son licenciement et que, contrairement à ce qui était soutenu par l'employeur, la décision de la juridiction administrative prononçant l'annulation de la décision du ministre du travail autorisant le licenciement était donc motivée par des considérations relatives au caractère réel et sérieux du licenciement.

En statuant ainsi, alors que la cour administrative d'appel, qui avait seulement confirmé le jugement du tribunal administratif sur un motif de légalité externe tenant à l'absence d'enquête contradictoire par l'inspecteur du travail mais n'avait pas statué sur le motif selon lequel les faits reprochés au salarié ne comportaient pas un degré de gravité suffisant pour justifier son licenciement, de sorte que ce dernier motif ne pouvait constituer le soutien nécessaire de sa décision, la cour d'appel, qui devait rechercher dès lors si le licenciement du salarié était justifié par une cause réelle et sérieuse, a violé les articles L. 1235-3 et L. 2422-1 CT.

Cass. soc. 4 juillet 2018, n° 16-26.138, 3e moyen, à paraître.

Compétence du juge judiciaire

Le principe de la séparation des pouvoirs ne fait pas obstacle à ce que le juge judiciaire apprécie la régularité de la procédure de licenciement postérieure à la notification par l'administration de son autorisation.

Cass. soc. 4 juillet 2012, n° 10-28.799, BC V n° 210.

Les salariés dont le licenciement pour motif économique a été autorisé par l'inspecteur du travail peuvent contester devant la juridiction judiciaire la validité du plan de sauvegarde de l'emploi…

Deux salariés, délégués du personnel, sont licenciés dans le cadre d'une procédure de licenciement collectif pour motif économique, après autorisation de l'inspecteur du travail. Ils saisissent la juridiction prud'homale aux fins de voir constater la nullité du plan social et obtenir l'annulation consécutive de leur licenciement.

C'est à bon droit qu'une cour d'appel a dit les salariés recevables à agir en nullité de leur licenciement devant la juridiction judiciaire.

En effet, les salariés dont le licenciement a été autorisé par l'inspecteur du travail peuvent contester la validité du plan social devant la juridiction judiciaire et lui demander d'en tirer les conséquences légales qui s'évincent de l'article L. 321-4-1 CT, sans que cette contestation, qui ne concerne pas le bien-fondé de la décision administrative qui a autorisé leur licenciement, porte atteinte au principe de la séparation des pouvoirs.

Cass. soc. 25 juin 2003, n° 01-43.717, 1er moyen, BC V n° 207. Voir aussi cass. soc. 10 mai 2012, n° 10-24.105 ; cass. soc. 28 juin 2018, n° 14-26.616, 1er moyen du pourvoi incident.

… ainsi que le respect de l'ordre des licenciements.

Même lorsqu'une autorisation administrative a été accordée à l'employeur par l'inspecteur du travail, il n'appartient qu'au juge judiciaire d'apprécier la mise en œuvre des critères retenus pour fixer l'ordre des licenciements.

Cass. soc. 11 décembre 2001, n° 99-44.994, BC V n° 380. Voir aussi cass. soc. 27 octobre 2004, n° 02-46.935, précité.

C'est à tort que, pour débouter des salariés protégés compris dans un licenciement collectif pour motif économique de la demande indemnitaire qu'ils formaient au titre d'une violation de l'ordre des licenciements, une cour d'appel a retenu qu'en application du principe de la séparation des pouvoirs qui interdit au juge judiciaire, en l'état des autorisations administratives définitives accordées à l'employeur de licencier les salariés protégés, d'apprécier le caractère réel et sérieux du motif économique du licenciement dont participe l'obligation de reclassement, les salariés étaient irrecevables à contester la légitimité de leur licenciement et qu'il en était de même s'agissant de l'ordre des licenciements dans la mesure où, en considérant que le licenciement était sans lien avec l'exercice du mandat, l'inspecteur du travail, auquel tous les documents afférents à la définition et à l'application des critères avaient été communiqués, avait exercé son contrôle sur ceux-ci.

Cass. soc. 10 décembre 2003, n° 01-47.147, 1er moyen.

Le juge judiciaire peut seulement apprécier la gravité de la faute retenue par l'autorité administrative pour évaluer le montant des indemnités de rupture.

Cass. soc. 10 juillet 2001, n° 98-42.808, BC V n° 260. Voir aussi cass. soc. 3 mai 2011, n° 09-71.950, 2e moyen du pourvoi principal, BC V n° 106 ; cass. soc. 5 juillet 2018, n° 16-19.895, 1er moyen.

Le juge judiciaire peut indemniser le préjudice résultant du harcèlement moral dont a été victime le salarié pendant la période précédant son licenciement.

Cass. soc. 6 juin 2012, n° 10-27.694, précité.

Le juge judiciaire reste compétent pour apprécier les fautes commises par l'employeur pendant la période antérieure au licenciement…

Un salarié, délégué du personnel, avait été licencié après autorisation administrative donnée en raison de la nécessité de son remplacement lié à sa maladie prolongée.

Si le juge judiciaire ne peut, en l'état de l'autorisation administrative accordée à l'employeur de licencier un salarié protégé et sans violer le principe de la séparation des pouvoirs, apprécier le caractère réel et sérieux du licenciement, il reste cependant compétent pour apprécier les fautes commises par l'employeur pendant la période antérieure au licenciement.

Ayant relevé qu'avant le licenciement, l'employeur avait, contre l'avis du médecin du travail, refusé de reprendre le salarié à mi-temps, la cour d'appel, qui a constaté que ce refus était fondé sur l'état de santé du salarié et sur sa qualité de salarié protégé, a pu condamner l'employeur à payer à l'intéressé des dommages-intérêts en réparation du préjudice moral subi en conséquence de l'attitude discriminatoire de l'employeur.

Cass. soc. 10 février 1999, n° 95-43.561, BC V n° 64. Voir aussi cass. soc. 8 février 2012, n° 10-18.957.

… et notamment l'existence d'une discrimination syndicale dans le déroulement de la carrière du salarié.

Si le juge judiciaire ne peut, en l'état de l'autorisation administrative accordée à l'employeur de licencier un salarié protégé, sans violer le principe de la séparation des pouvoirs, apprécier le caractère réel et sérieux du licenciement, il reste, cependant, compétent pour apprécier les fautes commises par l'employeur pendant la période antérieure au licenciement, et notamment l'existence d'une discrimination syndicale dans le déroulement de la carrière du salarié.

C'est à bon droit qu'une cour d'appel a décidé que le contrôle exercé par l'administration du travail, saisie d'une demande d'autorisation administrative de licenciement, de l'absence de lien avec les mandats détenus par le salarié ne rendait pas irrecevable la demande du salarié fondée sur la discrimination syndicale qu'il estimait avoir subie dans le déroulement de sa carrière.

Cass. soc. 29 mai 2019, n° 17-23.028, à paraître.

Lorsque le licenciement a été autorisé par une ordonnance du juge-commissaire, le juge judiciaire est compétent pour apprécier la régularité de l'ordonnance.

Si, en l'état d'une autorisation administrative de licencier un salarié protégé accordée à l'employeur par l'inspecteur du travail, le juge judiciaire ne peut, sans violer le principe de la séparation des pouvoirs, se prononcer sur le caractère réel et sérieux de la cause de licenciement, il résulte de l'article L. 631-17 c. com. que lorsqu'un licenciement a été autorisé par une ordonnance du juge-commissaire, le caractère économique du licenciement et la régularité de l'ordonnance du juge-commissaire ne peuvent être discutés devant l'administration ; c'est dès lors à bon droit qu'une cour d'appel a retenu que le juge judiciaire était compétent pour apprécier la régularité de l'ordonnance du juge-commissaire.

Ayant constaté que l'ordonnance ne déterminait pas elle-même, comme l'exigeait l'article R. 631-26 c. com., le nombre des salariés dont le licenciement était autorisé ainsi que les activités et catégories professionnelles concernées mais renvoyait à une annexe, laquelle n'était pas signée, la cour d'appel a, par ces seuls motifs, décidé à bon droit que les licenciements pour motif économique étaient sans cause réelle et sérieuse.

Cass. soc. 23 mars 2016, n° 14-22.950, 1er moyen, BC V n° 52.

L'exercice des recours est soumis à certaines conditions

• Conditions tenant aux requérants

Le requérant doit toujours posséder la qualité d'employeur au jour où l'action est introduite.

L'intérêt qui donne à l'employeur d'un salarié protégé qualité pour demander l'annulation du refus opposé par l'inspecteur du travail ou, le cas échéant, par le ministre, à sa demande d'autorisation de licenciement tient à la qualité d'employeur du salarié à la date d'introduction de sa demande d'annulation devant le juge de la légalité.

Dès lors, en jugeant que la société en cause tirait de sa qualité d'employeur, à la date du refus d'autorisation, un intérêt à contester ce refus sans rechercher si, à la date de l'introduction de sa demande d'annulation de ce refus devant le tribunal administratif, la société conservait cette qualité, la cour a entaché son arrêt d'une erreur de droit.

CE 11 février 2005, n° 247673, Rec. Lebon p. 57.

Un syndicat tire des dispositions de l'article R. 2422-1 CT qualité pour former un recours hiérarchique contre les décisions autorisant le licenciement de salariés qui le représentent dans l'entreprise.

CE 28 mars 1997, n° 146850.

L'action du salarié tendant à l'annulation d'une autorisation de licenciement est recevable, même s'il a signé une transaction avec l'employeur.

Le fait de signer une transaction avec l'employeur ne rend pas le salarié irrecevable à former un recours pour excès de pouvoir dirigé contre la décision administrative autorisant le licenciement.

CE 11 mars 1994, n° 125905.

• Condition tenant au motif de la contestation

Les griefs invoqués par l'employeur à l'appui de la demande d'autorisation doivent être identiques à l'occasion des différents recours.

Un employeur ayant uniquement invoqué la perte de confiance pour demander une autorisation de licenciement et l'inspecteur du travail s'étant exclusivement fondé sur ce motif pour autoriser le licenciement du salarié protégé, il ne pouvait être invoqué d'autres griefs tirés de fautes professionnelles graves pour former un recours contentieux contre le jugement ayant annulé cette décision d'autorisation.

CE 8 janvier 1997, n° 160903.

• Condition tenant au respect du délai de contestation

Recours contentieux

La décision de l'inspecteur du travail doit être contestée dans un délai de deux mois à compter de sa notification.

Une décision administrative doit être contestée devant la juridiction administrative dans les deux mois de sa notification ou de sa publication. Ce délai n'est opposable aux requérants que s'il en est fait mention, ainsi que les voies de recours, dans la notification de la décision. Lorsque la notification renvoie à une annexe, en principe jointe, où seraient précisés les délais et les voies de recours et que cette annexe n'est pas jointe à la notification, le délai de deux mois est opposable au salarié s'il n'a accompli aucune démarche pour connaître le contenu de cette annexe.

CE 22 juillet 1994, n° 126787.

Lorsque, dans le délai initial du recours contentieux ouvert à l'encontre d'une décision administrative, sont exercés contre cette décision un recours gracieux et un recours hiérarchique, le délai du recours contentieux, prorogé par l'exercice de ces recours administratifs, ne recommence à courir à l'égard de la décision initiale que lorsqu'ils ont été l'un et l'autre rejetés.

CE 7 octobre 2009, n° 322581, Rec. Lebon p. 358.

Recours hiérarchique

Le délai de deux mois mentionné à l'article R. 2422-1 CT est un délai franc qui, s'il expire un samedi, un dimanche ou un jour férié ou chômé, est prorogé jusqu'au premier jour ouvrable suivant.

CE 19 septembre 2014, n° 362568.

Le respect de ce délai s'apprécie à la date à laquelle le pli contenant le recours hiérarchique est présenté par les services postaux au ministre chargé du travail.

C'est à bon droit que, pour juger que le recours hiérarchique d'un salarié contre la décision de l'inspecteur du travail autorisant son licenciement pour inaptitude physique avait été introduit tardivement et n'avait pu conserver le délai de recours contentieux, une cour administrative d'appel s'est fondée sur la date à laquelle le pli contenant ce recours avait été, non pas envoyé par ce dernier, mais reçu par le ministre chargé du travail.

En effet, les dispositions de l'article 16 de la loi du 12 avril 2000 relative aux droits des citoyens dans leurs relations avec les administrations, alors en vigueur - selon lesquelles toute personne tenue de respecter une date limite ou un délai pour présenter une demande auprès d'une autorité administrative peut satisfaire à cette obligation au plus tard à la date prescrite au moyen d'un envoi de correspondance, le cachet apposé par les prestataires de services postaux faisant foi -, sont sans incidence sur l'application des règles relatives à la recevabilité des recours contentieux et ne sauraient, par suite, régir les conditions dans lesquelles s'exerce le recours hiérarchique prévu à l'article R. 2422-1 CT.

CE 30 janvier 2019, n° 410603.

Le ministre doit rejeter le recours lorsque le délai est dépassé.

Le recours hiérarchique auprès du ministre aux fins d'annulation ou de réformation de la décision prise par l'inspecteur du travail doit être introduit dans le délai de deux mois à compter de la date de la notification de la décision de l'inspecteur du travail. À défaut, le ministre est tenu de rejeter le recours introduit tardivement.

CE 29 décembre 1995, n° 124054.

Intérêt à agir

Une organisation syndicale est sans intérêt à contester la décision de refus d'autorisation de licenciement de salariés protégés.

Le refus opposé par l'inspecteur du travail à une demande d'autorisation de licenciement de trois salariés protégés ne portant atteinte ni aux droits ni aux intérêts matériels et moraux des salariés concernés, une organisation syndicale est sans intérêt à contester cette décision, tant par la voie du recours hiérarchique que par la voie d'un recours contentieux.

CE 22 janvier 1996, n° 154380.

Le recours peut être un recours hiérarchique auprès du ministre du Travail

Lorsqu'il est saisi d'un recours hiérarchique contre une décision d'un inspecteur du travail statuant sur une demande d'autorisation de licenciement d'un salarié protégé, le ministre compétent doit, soit confirmer cette décision, soit, si celle-ci est illégale, l'annuler, puis se prononcer de nouveau sur la demande d'autorisation de licenciement compte tenu des circonstances de droit et de fait à la date à laquelle il prend sa propre décision.

Le ministre des affaires sociales, du travail et de la solidarité ne pouvait légalement, à la fois, par l'article 1er de sa décision, confirmer l'autorisation de l'inspecteur du travail et par l'article 2 de cette même décision, délivrer une seconde autorisation de licenciement.

CE 5 septembre 2008, n° 303992, Rec. Lebon p. 319. Voir aussi CE 27 mars 2015, n° 366166.

Pour statuer sur la légalité de la décision de l'inspecteur du travail, le ministre se place à la date où l'inspecteur s'est prononcé.

Si l'inspecteur du travail a refusé une autorisation de licenciement, la décision ainsi prise, qui a créé des droits au profit du salarié intéressé, ne peut être annulée ou réformée par le ministre compétent que pour des motifs de légalité, compte tenu des circonstances de fait et de droit existant à la date à laquelle s'est prononcé l'inspecteur du travail. Un tribunal administratif a donc pu valablement annuler la décision ministérielle, ayant elle-même annulé le refus d'autorisation de l'inspection du travail, le ministre ayant fondé sa décision sur des faits survenus postérieurement à la décision de l'inspecteur du travail.

CE 6 juillet 1990, n° 100489, Rec. Lebon p. 205.

Lorsque le motif de licenciement invoqué par l'employeur fait obligation à l'administration d'apprécier le sérieux des recherches préalables de reclassement effectuées par celui-ci, le ministre saisi d'un recours hiérarchique doit, lorsqu'il statue sur la légalité de la décision de l'inspecteur du travail, apprécier le sérieux des recherches de reclassement jusqu'à la date de cette décision ; s'il annule la décision de l'inspecteur du travail et se prononce de nouveau sur la demande d'autorisation de licenciement, il doit alors en principe apprécier le sérieux des recherches de reclassement jusqu'à la date à laquelle il statue.

CE 13 avril 2018, n° 401767.

Toutefois, si le salarié, dont le licenciement a été autorisé par l'inspecteur du travail, a été licencié avant que le ministre ne se prononce sur le recours hiérarchique, il n'y a lieu, pour le ministre qui a annulé la décision de l'inspecteur du travail, d'apprécier les possibilités de reclassement du salarié que jusqu'à la date de son licenciement ; à cette fin, le ministre doit prendre en compte l'ensemble des éléments portés à sa connaissance, y compris ceux qui, bien que postérieurs à la date du licenciement, sont de nature à éclairer l'appréciation à porter sur le sérieux de la recherche de reclassement jusqu'à cette date.

CE 13 avril 2018, n° 401767, précité.

S'il ne résulte d'aucune disposition législative ou réglementaire ni d'aucun principe que le ministre soit tenu de procéder à une enquête contradictoire au sens de l'article R. 2421-4 CT, il en va autrement lorsque l'inspecteur du travail n'a pas lui-même respecté les obligations de l'enquête contradictoire.

CE 1er août 2013, n° 350517.

Le ministre saisi d'un recours hiérarchique contre une décision autorisant ou refusant d'autoriser le licenciement d'un salarié protégé est par ailleurs tenu de mettre le tiers au profit duquel la décision contestée a créé des droits - soit, respectivement, l'employeur ou le salarié protégé - à même de présenter ses observations, notamment par la communication de l'ensemble des éléments sur lesquels il entend fonder sa décision.

CE 19 juillet 2017, n° 391402.

En cas d'annulation de la décision de l'inspecteur du travail, le ministre doit statuer en fonction des éléments de droit et de fait existant à la date de sa propre décision.

Pour refuser à une société l'autorisation de licencier un représentant du personnel, l'inspecteur du travail s'était fondé, à titre principal, sur le caractère discriminatoire de la procédure de licenciement.

Pour annuler cette décision, le ministre ne s'est fondé que sur des motifs de légalité, compte tenu des circonstances qui prévalaient à la date de la décision de l'inspecteur du travail. Le ministre qui se trouvait saisi, à son tour, de la demande présentée par l'employeur, était fondé à tenir compte, à la date à laquelle il a statué, de la proposition de reclassement faite à l'intéressée au cours de l'instruction du recours hiérarchique présenté par son employeur.

Ainsi, c'est à tort qu'un tribunal administratif s'est fondé sur le fait que le ministre avait tenu compte de cette proposition de reclassement pour annuler sa décision.

CE 10 mars 1997, n° 164645. Voir aussi CE 28 mars 1997, n° 146850 ; CE 30 juin 1997, n° 169269.

Les décisions prises sur recours hiérarchique par le ministre ne se substituent pas aux décisions de l'inspecteur du travail, dès lors que ce recours ne présente pas un caractère obligatoire.

Une cour administrative d'appel de Marseille a pu juger, de façon suffisamment motivée, que la demande d'un salarié tendant à l'annulation de la décision du ministre de l'emploi et de la solidarité rejetant son recours hiérarchique contre la décision de l'inspecteur du travail autorisant son licenciement devait être regardée comme tendant également à l'annulation de cette dernière décision.

CE 5 septembre 2008, n° 303707.

Lorsque le ministre rejette le recours hiérarchique qui lui est présenté contre la décision de l'inspecteur du travail statuant sur la demande d'autorisation de licenciement formée par l'employeur, sa décision ne se substitue pas à celle de l'inspecteur ; il appartient au juge administratif, saisi d'un recours contre ces deux décisions, d'annuler, le cas échéant, celle du ministre par voie de conséquence de l'annulation de celle de l'inspecteur.

CE 3 avril 2015, n° 369333.

Elles ne se substituent pas aux décisions de refus de l'inspecteur du travail qu'elles confirment.

Un tribunal administratif n'a donc commis aucune erreur de droit en jugeant que l'annulation des décisions implicites du ministre n'avait pas rendu sans objet les conclusions de la société dirigées contre les décisions de l'inspecteur du travail refusant de l'autoriser à licencier des salariées protégées.

CE 8 janvier 1997, n° 171807. Voir aussi cass. soc. 19 décembre 2018, n° 17-15.503, 1er moyen, à paraître.

En l'absence de recours contentieux dirigé contre l'autorisation de licenciement accordée par l'inspecteur du travail, cette dernière subsiste lorsque la décision ministérielle la confirmant est annulée.

Un salarié, délégué du personnel, a été licencié pour faute après autorisation de l'inspecteur du travail confirmée par le ministre de l'Emploi et de la Solidarité. La décision ministérielle ayant été annulée par un jugement du tribunal administratif, le salarié, après avoir sollicité en vain sa réintégration, a fait citer son employeur du chef d'entrave devant le tribunal correctionnel.

A justifié sa décision la cour d'appel qui a décidé que les faits d'entrave ne pouvaient être constitués, dès lors que, n'ayant pas fait l'objet d'un recours devant le juge administratif, l'autorisation de licenciement accordée par l'inspecteur du travail subsistait, malgré l'annulation de la décision ministérielle.

Cass. crim. 17 février 2004, n° 03-80.136, B. crim. n° 45.

Lorsqu'une autorisation de licenciement a été annulée par le ministre, l'annulation de la décision du ministre par la juridiction administrative ne fait pas revivre l'autorisation de licenciement.

Un salarié exerçant le mandat de délégué syndical a été licencié par une lettre du 13 juin 2003 pour inaptitude et impossibilité de reclassement, après que l'employeur a obtenu l'autorisation de l'inspecteur du travail ; par une décision du 9 décembre 2003, le ministre a annulé l'autorisation de l'inspecteur du travail et refusé d'autoriser le licenciement ; par un jugement du 5 décembre 2006, le tribunal administratif a annulé la décision du ministre.

Pour rejeter les demandes du salarié et le condamner à verser une somme à l'employeur, une cour d'appel a énoncé que l'annulation de la décision du ministre a pour conséquence de faire revivre la décision d'autorisation de l'inspecteur du travail et donc de redonner tous ses effets au licenciement initial notifié le 13 juin 2003 en vertu de cette autorisation, sans que l'employeur ne puisse se voir reprocher de ne pas avoir confirmé au ministre qu'il maintenait sa demande d'autorisation.

En statuant ainsi, alors que l'annulation de l'autorisation administrative de licenciement par l'autorité hiérarchique ne laisse rien subsister de celle-ci, peu important l'annulation ultérieure par la juridiction administrative de la décision de l'autorité hiérarchique, la cour d'appel a violé les articles L. 2411-3 et L. 2411-5 CT.

Cass. soc. 27 novembre 2012, n° 11-19.266, BC V n° 306. Voir aussi cass. soc. 2 février 2017, n° 15-21.846, 1er moyen.

S'il appartient au juge administratif, saisi d'un recours contre les décisions de l'inspecteur du travail et du ministre, d'annuler, le cas échéant, celle du ministre par voie de conséquence de l'annulation de celle de l'inspecteur, des moyens critiquant les vices propres dont serait entachée la décision du ministre ne peuvent être utilement invoqués, au soutien des conclusions dirigées contre la décision de l'inspecteur.

CE 11 juillet 2012, n° 343866.

Le recours hiérarchique devant le ministre n'est pas suspensif.

Doit être condamné pour délit d'entrave l'employeur ayant refusé de réintégrer un salarié protégé, après que l'autorisation de le licencier lui ait été refusée. La mesure de mise à pied prise contre le salarié étant privée de tout effet lorsque le licenciement est refusé, l'employeur doit réintégrer le salarié. Peu importe qu'il ait formé un recours devant le ministre compétent, ce recours n'étant pas suspensif.

Cass. crim. 5 mars 1991, n° 90-81.886.

Le ministre peut légalement, dans le délai de recours contentieux, revenir sur sa décision implicite rejetant le recours hiérarchique formé contre la décision de l'inspecteur du travail autorisant le licenciement d'un salarié protégé qui était créatrice de droit au profit de l'employeur, dès lors que ces deux décisions sont illégales.

CE 26 janvier 2007, n° 284605, Rec. Lebon p. 24.

Le recours peut également être un recours contentieux

Est susceptible d'un recours contentieux la décision par laquelle un inspecteur du travail donne acte de la rupture du contrat d'un salarié protégé n'ayant pas les titres requis pour exercer son activité.

La décision par laquelle un inspecteur du travail a autorisé le licenciement d'un délégué syndical ne possédant pas les titres professionnels requis et étant dans l'impossibilité de poursuivre son travail d'enseignement a le caractère d'une autorisation administrative de licenciement. C'est donc à tort qu'un tribunal administratif a considéré qu'il s'agissait d'une décision superfétatoire.

CE 8 janvier 1997, n° 158388.

Le juge exerce un contrôle approfondi de la décision prise par l'administration.

Dans le cas où la demande d'autorisation de licenciement d'un salarié protégé repose sur un motif économique, il appartient à l'inspecteur du travail et, le cas échéant, au ministre du Travail, de rechercher, sous le contrôle du juge de l'excès de pouvoir, si la situation de l'entreprise justifie ce licenciement.

En l'espèce, la société a été valablement autorisée par l'inspecteur du travail à licencier un délégué du personnel pour motif économique, compte tenu des graves difficultés l'ayant conduite à cesser son activité de fabricant, peu important le fait que cette société ait eu recours, pour poursuivre son activité de commerce de gros, à de la main-d'œuvre clandestine. Une telle situation n'est pas de nature à priver le licenciement de justification et n'oblige pas le Conseil d'État à surseoir à statuer jusqu'à ce que le juge pénal se soit prononcé sur les chefs de travail clandestin, ventes sans factures et emploi d'étrangers sans papiers.

CE 13 novembre 1996, n° 153833, Rec. Lebon p. 452.

Lorsque l'autorisation de licenciement est confirmée par le Conseil d'État, après son annulation par le tribunal administratif, le licenciement intervenu antérieurement reprend effet.

Un salarié est licencié avec l'autorisation du ministre le 12 janvier 1981, puis réintégré après l'annulation de cette autorisation par le tribunal administratif et jusqu'à la décision du Conseil d'État (du 1er juillet 1982 au 27 juillet 1984), ce dernier annulant le jugement de première instance. Ce salarié ne peut valablement soutenir que l'employeur aurait dû mettre en œuvre une nouvelle procédure de licenciement en raison des mandats représentatifs qu'il avait exercés entre la date de sa réintégration et celle de la décision du Conseil d'État. En effet, le Conseil d'État ayant déclaré valable l'autorisation ministérielle, la cour d'appel en a justement déduit que le licenciement prononcé le 12 janvier 1981 reprenait effet.

Cass. soc. 10 janvier 1989, n° 86-40.284, BC V n° 1.

Ni l'expiration de la période de protection du salarié, ni l'abrogation pour l'avenir de la décision de refus d'autorisation du licenciement intervenues en cours d'instance n'ont pour effet de priver d'objet le litige par lequel l'employeur demande au juge administratif l'annulation de ce refus.

Si le refus d'autoriser le licenciement d'un salarié protégé se borne, vis-à-vis de l'employeur, à rejeter la demande qu'il a adressée à l'administration et n'est, par suite, pas créateur de droits à son égard, il revêt en revanche le caractère d'une décision créatrice de droits au profit du salarié intéressé, y compris, dans certains cas, après l'expiration de sa période de protection.

Ainsi, le litige par lequel l'employeur demande au juge administratif l'annulation de ce refus pour excès de pouvoir ne saurait être privé d'objet en raison de ce que ce refus aurait cessé, en cours d'instance, de faire obstacle au licenciement, soit parce que l'administration l'aurait abrogé pour l'avenir en accordant l'autorisation sollicitée, soit en raison de la fin de la période de protection du salarié ; un tel litige n'est en effet susceptible de perdre son objet que si, en cours d'instance, le refus d'autorisation a été rétroactivement retiré par l'autorité compétente et que ce retrait a acquis un caractère définitif.

C'est donc à tort qu'une cour d'appel a prononcé un non-lieu à statuer sur la requête d'une société tendant à l'annulation de la décision de l'inspecteur du travail ayant refusé de l'autoriser à licencier une salariée et de la décision du ministre du travail ayant rejeté son recours contre la décision de l'inspecteur du travail, en se fondant sur la seule circonstance que, postérieurement à l'introduction de l'appel de la société, la protection dont bénéficiait la salariée avait expiré et que la société avait pu procéder à son licenciement sans solliciter d'autorisation administrative.

CE 22 décembre 2017, n° 399804.

L'État est responsable des décisions illégales rendues par ses services et peut être, à ce titre, condamné à indemniser le salarié ou l'employeur victime de ces décisions.

Un tribunal administratif a pu condamner l'État au versement d'indemnités réparant le préjudice qu'avait subi un salarié en raison de son éviction de la société du fait de l'autorisation administrative de licenciement rendue par l'inspection du travail et confirmée par le ministre. Cette autorisation de licencier ayant été annulée par le tribunal administratif en raison de son illégalité (jugement confirmé par le Conseil d'État), le salarié pouvait valablement prétendre à une indemnisation pour la période allant de la fin de son préavis à la décision du tribunal administratif. Cette illégalité, à supposer même qu'elle soit imputable à une simple erreur d'appréciation, constitue une faute de nature à engager la responsabilité de la puissance publique.

CE 9 juin 1995, n° 90504, Rec. Lebon p. 239.

Représentants du personnel (Procédure de licenciement).

Représentants du personnel
(Mise à pied conservatoire)

Les articles L. 2421-1 et 3 CT disposent que l'employeur envisageant de licencier un salarié protégé peut, en cas de faute grave, prononcer à titre provisoire la mise à pied immédiate de l'intéressé.

L'article L. 2421-1 CT dispose que la décision de mise à pied doit être motivée et notifiée, à peine de nullité, dans les 48 heures à l'inspection du travail.

La mise à pied conservatoire n'est possible qu'en cas de faute grave

À défaut de faute grave, l'employeur sera condamné à payer au salarié les salaires correspondant à la période de mise à pied.

Une cour d'appel a pu condamner un employeur à payer au salarié protégé, mis à pied dans l'attente de l'autorisation de licenciement, ses salaires durant cette mise à pied, dès lors qu'elle avait écarté la faute grave.

Cass. soc. 26 novembre 1987, n° 85-40.367, 1er moyen, BC V n° 686.

La mise à pied peut, dans certaines circonstances, constituer un trouble manifestement illicite.

Ayant constaté qu'à la date de la demande de réintégration, le tribunal d'instance n'avait pas statué sur la contestation de la désignation du salarié en qualité de délégué syndical, ce dont il résultait que le salarié était protégé, une cour d'appel a pu décider que la mise à pied, maintenue pendant vingt-deux mois, constituait un trouble manifestement illicite auquel il convenait de mettre fin en ordonnant la réintégration du salarié sous astreinte.

Cass. soc. 29 octobre 1998, n° 97-44.269, BC V n° 468.

En cas de mise à pied injustifiée, l'employeur ne peut pas être condamné pour délit d'entrave.

Un délégué syndical et membre suppléant du comité d'entreprise d'une société a été mis à pied à titre conservatoire à deux reprises et a ensuite fait, à chaque fois, l'objet d'une demande d'autorisation de licenciement qui a été rejetée ; à la suite d'un procès-verbal dressé par l'inspection du travail, le président-directeur général de la société a été poursuivi pour entraves aux fonctions de délégué syndical et au fonctionnement du comité d'entreprise en raison des mises à pied injustifiées du salarié, en l'absence de faute grave, ainsi que pour harcèlement moral ; le tribunal correctionnel ayant relaxé le prévenu, le salarié et un syndicat ont interjeté appel.

Pour infirmer le jugement et déclarer en conséquence les parties civiles recevables en leurs demandes, une cour d'appel a retenu que les mises à pied du salarié avaient été fondées sur des faits dépourvus de tout caractère fautif et que l'examen des motifs de ces mises à pied traduisait la volonté de faire obstacle à l'exercice, par l'intéressé, de ses fonctions représentatives.

En statuant ainsi, sans rechercher plus précisément les agissements qui auraient entravé les fonctions représentatives de l'intéressé, alors que la seule mise à pied d'un salarié protégé, qui ne suspend pas l'exécution de son mandat, ne constitue pas en soi une telle entrave, la cour d'appel n'a pas justifié sa décision.

Cass. crim. 8 avril 2014, n° 12-85.800, B. crim. n° 107.

L'employeur peut transformer la mise à pied conservatoire en mise à pied disciplinaire, lorsqu'il renonce au licenciement.

L'employeur qui a mis à pied un salarié délégué du personnel à titre conservatoire et l'a convoqué à un entretien préalable à un licenciement peut renoncer au licenciement et prononcer une sanction moindre. Lorsque cette sanction est une mise à pied disciplinaire, la durée de la mise à pied conservatoire s'impute sur la durée de la mise à pied disciplinaire.

Cass. soc. 5 juillet 2006, n° 03-46.361, BC V n° 235.

La mise à pied conservatoire est soumise à une certaine procédure

Pour les délégués syndicaux, l'irrégularité de la mise à pied conservatoire résultant d'une absence de notification de la décision à l'inspection du travail dans les 48 heures suivant sa prise d'effet n'entraîne que la nullité de la décision de mise à pied et n'affecte pas en soi la régularité de la sanction prise par l'employeur à l'issue de la procédure disciplinaire.

Cass. soc. 18 janvier 2017, n° 15-24.599, 1er moyen du pourvoi incident.

Pour les représentants élus, le comité d'entreprise doit être consulté dans les dix jours suivant la mise à pied, mais ce délai n'est pas prescrit à peine de nullité de la procédure de licenciement.

Si le délai entre la délibération du comité d'entreprise et l'envoi de la demande d'autorisation de licenciement doit être aussi bref que possible en raison de la gravité de la mesure de mise à pied, le délai de 48 heures prévu par l'article R. 436-8 CT n'est pas prescrit à peine de nullité.

CE 28 juin 1996, n° 156427. Voir aussi CE 12 septembre 1994, n° 124495.

En cas de cumul du mandat de délégué syndical, représentant syndical au comité d'entreprise et délégué du personnel, le salarié protégé mis à pied bénéficie des procédures prévues pour les délégués syndicaux par les articles L. 2421-1 et R. 2421-6 CT.

En cas de faute grave, le chef d'entreprise a la faculté de prononcer, à titre provisoire, une mise à pied immédiate à l'encontre du délégué syndical, celle-ci devant être motivée et notifiée, à peine de nullité, à l'inspecteur du travail dans un délai de 48 heures. Si l'intéressé est également représentant du personnel ou représentant syndical, le comité d'entreprise doit être consulté dans un délai de dix jours à compter de sa mise à pied. En l'espèce, le salarié étant à la fois délégué syndical, représentant syndical et délégué du personnel, il bénéficiait des dispositions édictées tant en faveur des représentants du personnel que des représentants syndicaux.

CE 6 mai 1996, n° 151585.

La circonstance que l'employeur a décidé, en raison d'un arrêt de maladie du salarié survenu au cours de la période de mise à pied, de repousser la date de l'entretien préalable au licenciement et, par suite, celle à laquelle il adresse sa demande d'autorisation de licenciement à l'administration, n'est de nature à justifier un délai de présentation de sa demande excédant le délai requis en application de l'article R. 2421-14 CT que si la maladie a rendu impossible la tenue de l'entretien préalable dans ces délais, ou que le report a été demandé par le salarié lui-même.

En effet, les délais, fixés par l'article R. 2421-14 CT, dans lesquels la demande d'autorisation de licenciement d'un salarié mis à pied doit être présentée, ne sont pas prescrits à peine de nullité de la procédure de licenciement ; toutefois, eu égard à la gravité de la mesure de mise à pied, l'employeur est tenu, à peine d'irrégularité de sa demande, de respecter un délai aussi court que possible pour la présenter.

CE 29 juin 2016, n° 381766, Rec. Lebon p. 263.

L'écoulement d'un délai jugé excessif entre la mise à pied d'un salarié protégé et la présentation de la demande d'autorisation de licenciement fait nécessairement obstacle à ce que l'autorité administrative autorise le licenciement.

Les délais fixés par l'article R. 2421-14 CT, dans lesquels la demande d'autorisation de licenciement d'un salarié mis à pied doit être présentée, ne sont pas prescrits à peine de nullité de la procédure de licenciement. Toutefois, eu égard à la gravité de la mesure de mise à pied, l'employeur est tenu de respecter un délai aussi court que possible pour la présenter. Par suite, il appartient à l'administration, saisie par l'employeur d'une demande d'autorisation de licenciement d'un salarié protégé auquel s'appliquent ces dispositions, de s'assurer que ce délai a été, en l'espèce, aussi court que possible pour ne pas entacher d'irrégularité la procédure antérieure à sa saisine. Par ailleurs, les délais fixés par l'article R. 2421-14 CT commencent à courir à compter de la date de mise à pied du salarié protégé.

En conséquence, une cour administrative d'appel, qui a estimé, par une appréciation souveraine, que le délai de vingt-et-un jours entre la date de mise à pied du salarié et la saisine de l'inspecteur du travail était excessif, a pu en déduire, sans erreur de droit, que cette irrégularité faisait obstacle à ce que l'autorité administrative autorise le licenciement litigieux. À ce titre, la cour n'avait pas à rechercher si cette irrégularité avait privé le salarié d'une garantie ou eu une influence sur le sens de la décision administrative attaquée, dès lors que le moyen tiré de la méconnaissance du délai de huit jours fixé par l'article R. 2421-14 CT mettait en cause la légalité interne de la décision prise par l'inspecteur du travail.

CE 27 février 2019, n° 413556.

La mise à pied a plusieurs effets

• Suspension du contrat et incidence sur le mandat

La mise à pied d'un représentant du personnel, qu'elle soit de nature conservatoire ou disciplinaire, n'a pas pour effet de suspendre l'exécution de son mandat.

Un employeur, invoquant le refus d'un salarié, secrétaire du comité d'établissement, qui avait fait l'objet d'une mise à pied conservatoire dans le cadre d'une procédure de licenciement, d'approuver l'ordre du jour d'une réunion extraordinaire du comité, a saisi le juge des référés pour voir ordonner la fixation de l'ordre du jour de cette réunion.

La mise à pied d'un représentant du personnel, qu'elle soit de nature conservatoire ou disciplinaire, n'a pas pour effet de suspendre l'exécution de son mandat.

L'assignation du chef d'entreprise relative à cet ordre du jour pouvait donc valablement être délivrée au salarié en sa qualité de secrétaire du comité, la mise à pied dont il avait fait l'objet n'ayant pas eu pour effet de suspendre son mandat.

Cass. soc. 2 mars 2004, n° 02-16.554, BC V n° 71.

Par conséquent, commet un délit d'entrave l'employeur qui empêche un délégué syndical, mis à pied à titre conservatoire, d'exercer ses fonctions de représentation.

Les faits d'entrave à l'exercice du droit syndical, consistant, pour les dirigeants d'une entreprise, après mise à pied conservatoire d'un délégué syndical, à ne pas l'avoir convoqué à une réunion de concertation et à avoir demandé au syndicat de lui désigner un suppléant, portent atteinte aux intérêts du syndicat mais sont également de nature à causer un préjudice personnel et direct au délégué syndical en le privant de la possibilité de circuler dans l'entreprise et d'exercer ses fonctions de représentation.

Cass. crim. 30 octobre 2006, n° 05-86.380, B. crim. n° 260. Voir aussi cass. crim. 11 septembre 2007, n° 06-82.410, B. crim. n° 199.

• Incidences d'un refus d'autoriser le licenciement du salarié protégé

Si l'autorisation de licencier le salarié protégé est refusée, la mise à pied est annulée et ses effets supprimés de plein droit.

Un salarié protégé avait fait l'objet d'une mise à pied conservatoire. L'inspecteur du travail ayant refusé le licenciement, l'employeur avait renoncé à cette procédure, mais avait notifié au salarié une mise à pied disciplinaire pour la période couvrant la mise à pied conservatoire.

A justifié sa décision le conseil de prud'hommes qui a condamné l'employeur à payer à l'intéressé les salaires qu'il aurait dû percevoir pendant la période de mise à pied. En effet, dans le cas où l'inspection du travail refuse l'autorisation de licenciement, la mise à pied est annulée et ses effets supprimés de plein droit. Le conseil de prud'hommes pouvait donc décider que le salarié avait droit aux salaires perdus pendant la période de mise à pied conservatoire et refuser d'imputer sur cette période la mise à pied disciplinaire.

Cass. soc. 7 novembre 1990, n° 87-45.696, BC V n° 520.

Un salarié, délégué syndical et membre du comité d'entreprise, avait fait l'objet d'une mise à pied conservatoire, dans l'attente d'une autorisation administrative de licenciement qui n'avait pas été accordée.

C'est à tort que, pour débouter le salarié de sa demande de rappel de salaires correspondant à la période de mise à pied, une cour d'appel a retenu que l'intéressé avait distribué un tract syndical comportant des imputations diffamatoires vis-à-vis de l'employeur, alors, d'une part, qu'il résulte des articles L. 412-18 et L. 436-1 CT que si l'autorisation de licenciement est refusée, la mise à pied du salarié protégé est annulée et ses effets supprimés de plein droit et alors, d'autre part, qu'il n'appartenait pas à la cour d'appel de se prononcer sur le bien-fondé de la mise à pied annulée.

Cass. soc. 23 juin 1999, n° 97-42.202, BC V n° 300.

À partir du 2 octobre 1997, certains salariés d'une société se sont mis en grève. L'employeur ayant estimé que deux représentants du personnel avaient commis des actes dépassant l'exercice normal du droit de grève, ces derniers ont été convoqués, par lettre du 21 octobre 1997, à un entretien préalable au licenciement avec mise à pied du même jour. L'employeur a demandé l'autorisation de les licencier à l'inspecteur du travail, lequel, par décision du 19 décembre 1997, a exprimé son refus. Les salariés ont alors saisi au fond la juridiction prud'homale de diverses demandes, dont des rappels de salaires du 21 octobre au 22 décembre 1997.

Doit être cassé le jugement qui, pour débouter les deux salariés de leurs demandes, a retenu que, si le refus d'autorisation de licenciement d'un salarié protégé entraîne l'annulation de la mise à pied de ce salarié et la suppression de plein droit de ses effets, il convient de considérer la situation des salariés au moment où la sanction est intervenue et, qu'en l'espèce, à la date de notification de la sanction, les intéressés, qui n'avaient pas manifesté leur intention de mettre fin à leur participation au mouvement entre le 21 octobre et le 18 décembre 1997, étaient en grève, de sorte que leurs contrats de travail se trouvaient suspendus pour toute la période durant laquelle le mouvement avait eu lieu, soit bien après l'annulation de la sanction.

En effet, lorsque l'autorisation de licencier a été refusée, l'employeur se trouve de plein droit débiteur du salaire correspondant à la période de mise à pied, la suspension du contrat en résultant ayant alors sa cause - non dans la grève - mais dans la décision de l'employeur rétroactivement anéantie.

Cass. soc. 17 décembre 2002, n° 00-40.633, BC V n° 389. Voir aussi cass. soc. 18 juillet 2000, n° 99-41.413, BC V n° 290.

Il en est de même lorsque le licenciement d'un salarié investi d'un mandat représentatif est prononcé sans autorisation administrative.

En application de l'article L. 2411-5 CT sont nuls le licenciement d'un salarié investi d'un mandat représentatif prononcé sans autorisation administrative de licenciement, ainsi, dans ce même cas, que la mise à pied conservatoire du salarié qui l'a précédé.

Cass. soc. 4 mai 2011, n° 09-67.776.

L'employeur a l'obligation de conserver le salarié protégé dans l'entreprise et de le rémunérer.

Cass. soc. 18 juin 1997, n° 95-43.723, BC V n° 225.

Si le travail du salarié existe toujours, le salarié protégé doit être réintégré dans son emploi et non dans un emploi similaire.

Un salarié, embauché en qualité de chef de rayon, exerçait en dernier lieu les fonctions de chef de sécurité dans un établissement d'une société et était en outre représentant du personnel. Après avoir fait l'objet d'une mise à pied conservatoire et que son licenciement eut été refusé par l'inspecteur du travail, l'intéressé a demandé en référé sa réintégration dans ses fonctions de chef de sécurité.

C'est à tort que, pour ordonner sa réintégration dans les fonctions de chef de rayon, une cour d'appel a retenu que l'employeur avait réorganisé le service de sécurité et avait pris la responsabilité de ce secteur et en a déduit qu'en prenant en charge cette fonction, l'employeur avait procédé à la suppression de cet emploi salarié, ne permettant plus au salarié de réintégrer cet emploi, mais n'empêchant nullement sa réintégration dans un emploi similaire, à savoir celui de chef de rayon, alors que l'autorisation administrative de licenciement ayant été refusée, le salarié, qui devait retrouver son poste, dès l'instant que le travail qu'il accomplissait existait toujours, avait droit d'être réintégré dans son emploi, peu important que l'employeur ait entendu supprimer le poste pour occuper lui-même les fonctions de sécurité.

Cass. soc. 18 novembre 1998, n° 96-43.072, BC V n° 498.

L'employeur est également tenu de verser les primes qui s'analysent en un complément de rémunération.

Un délégué syndical avait fait l'objet d'une mise à pied. L'autorisation de le licencier ayant été refusée par l'inspecteur du travail, l'employeur lui a réglé les salaires correspondant à la période de mise à pied, à l'exception des primes de panier qui, en l'absence de frais exposés par le salarié, ne seraient pas dues.

Doit être rejeté le pourvoi de l'employeur reprochant au conseil de prud'hommes d'avoir accueilli la demande du salarié en paiement de rappel de primes de panier. D'une part, il résulte d'un avenant à la convention collective applicable en l'espèce que le personnel travaillant en équipe, qui est obligé de prendre ses repas en dehors des heures habituelles réservées à l'ensemble du personnel, percevra une indemnité forfaitaire de repas sur la base du taux prévu par un avenant antérieur pour un repas, de sorte que la prime de panier, qui ne correspond pas à des frais réellement exposés, constitue un complément de rémunération. D'autre part, en application de l'article L. 412-18 CT, si l'autorisation de licenciement est refusée par l'inspecteur du travail, la mise à pied est annulée et ses effets supprimés de plein droit. Il s'ensuit que c'est à juste titre que le conseil de prud'hommes a condamné l'employeur à payer la prime litigieuse.

Cass. soc. 24 octobre 1997, n° 95-40.930, BC V n° 334.

Le refus de l'employeur de réintégrer le salarié s'analyse en un licenciement atteint de nullité…

Le fait pour l'employeur de ne pas rétablir dans ses fonctions le salarié protégé mis à pied à titre conservatoire, et dont l'autorisation de licenciement a été refusée, constitue une violation du statut protecteur et une inexécution des obligations contractuelles qui s'analyse en un licenciement atteint de nullité.

Cass. soc. 4 février 2004, n° 01-44.962, BC V n° 34. Voir aussi cass. soc. 12 avril 2012, n° 10-28.697.

… et est constitutif du délit d'entrave.

En s'abstenant volontairement, après la décision administrative de refus d'autoriser le licenciement, de réintégrer un salarié protégé dans les fonctions qu'il occupait avant sa mise à pied et en lui imposant une modification de son contrat de travail, un dirigeant de société commet un délit d'entrave.

Cass. crim. 11 décembre 2001, n° 00-86.182, B. crim. n° 266.

Le salarié peut saisir le juge des référés pour obtenir sa réintégration dans son emploi.

Un salarié, membre suppléant du comité d'entreprise et délégué du personnel titulaire, a été convoqué le 16 février 1999 à un entretien préalable au licenciement et a fait l'objet le 25 février suivant d'une mise à pied. Le 11 mars, l'inspecteur du travail ayant refusé d'autoriser ce licenciement, l'employeur a refusé de le réintégrer à son poste antérieur et a prétendu l'affecter à un autre emploi. L'intéressé a alors saisi la formation de référé du conseil de prud'hommes pour obtenir sa réintégration dans son emploi.

Doit être cassé l'arrêt qui, pour réformer l'ordonnance de référé du conseil de prud'hommes, a énoncé que le refus de l'employeur de réintégrer le salarié dans ses fonctions antérieures de responsable de la préparation réception du lait UHT ne saurait constituer un trouble manifestement illicite, le salarié ayant délibérément contrevenu à une réglementation relative à la santé publique, alors que l'autorité administrative est seule compétente pour apprécier le bien-fondé du licenciement d'un représentant du personnel et que, lorsque le licenciement n'a pas été autorisé, le salarié protégé doit retrouver son emploi, le refus de l'employeur de le réintégrer constituant un trouble manifestement illicite.

Cass. soc. 12 juin 2001, n° 00-40.480, BC V n° 220.

Représentants du personnel
(Procédure de licenciement)

Lorsqu'un employeur envisage de licencier un représentant élu du personnel ou un représentant syndical au comité d'entreprise, il doit procéder à un entretien préalable du salarié, puis consulter le comité d'entreprise et enfin demander l'autorisation de l'inspecteur du travail. En revanche, pour les délégués syndicaux et d'autres salariés mandatés, l'employeur n'est pas tenu de consulter le comité d'entreprise.

La procédure de licenciement des salariés protégés est d'ordre public absolu

Il ne peut être dérogé à cette procédure par accord avec le salarié.

Les dispositions législatives, soumettant à la décision conforme de l'inspecteur du travail le licenciement des salariés légalement investis de fonctions représentatives, instituent au profit de ces salariés une protection exceptionnelle et exorbitante du droit commun. Ces salariés ne peuvent renoncer par avance à cette protection. Le caractère d'ordre public de ces dispositions interdit à l'employeur de poursuivre, par d'autres moyens, la résiliation du contrat de travail.

Doit donc être cassé l'arrêt relaxant un employeur de la prévention d'entrave aux fonctions de délégués du personnel au motif que, s'il avait signé avec le salarié un accord par lequel il se dispensait de respecter la procédure protectrice, la signature de cet accord était intervenue sur conseil de l'inspection du travail, alors que l'élément intentionnel de l'infraction était constitué par le caractère volontaire de l'omission de demander l'autorisation administrative préalable.

Cass. crim. 19 octobre 1993, n° 91-85.795.

Lorsque l'initiative de la rupture du contrat de travail a été prise par le salarié protégé, dès lors que les juges décident que la rupture s'analyse en un licenciement, l'absence d'autorisation administrative rend le licenciement nul.

Un salarié, engagé en janvier 1987, a été élu délégué du personnel le 6 mai 1997. Le 7 juillet 1997, il a saisi la juridiction prud'homale de demandes en paiement de diverses primes pour une période allant de 1992 à 1997. Le 9 septembre 1997, il a finalement pris acte de la rupture de son contrat de travail aux torts de son employeur en raison, notamment, du non-paiement de ces primes et a formé devant le juge des demandes complémentaires en paiement d'une indemnité pour licenciement sans cause réelle et sérieuse, et de dommages-intérêts pour violation du statut protecteur des représentants du personnel.

Pour rejeter sa demande en paiement de dommages-intérêts pour violation du statut protecteur, une cour d'appel a énoncé que l'initiative de la rupture avait été prise par le salarié et qu'il avait attendu d'être élu délégué du personnel pour saisir le conseil de prud'hommes alors que l'inexécution du contrat dont il se prévalait était bien antérieure à son élection.

Cependant, le licenciement d'un délégué du personnel ne peut intervenir que sur autorisation de l'inspecteur du travail.

Dès lors, en statuant comme elle l'a fait, alors, d'une part, que la cour avait décidé que la rupture du contrat de travail s'analysait en un licenciement du fait de l'inexécution par l'employeur de ses obligations contractuelles, et alors, d'autre part, que ce licenciement, intervenu en violation du statut protecteur, était nul, la cour d'appel, qui n'a pas caractérisé la fraude du salarié, a violé l'article L. 425-1 CT.

Cass. soc. 21 janvier 2003, n° 00-44.502, BC V n° 13.

La proposition d'un employeur d'annuler un licenciement et de réintégrer le salarié concerné est sans effet si le salarié ne l'accepte pas.

Cass. soc 10 mai 1999, n° 96-45.652, BC V n° 208.

La procédure spéciale de licenciement doit être respectée, même lorsque le salarié n'est plus en possession du document administratif nécessaire à l'exercice de ses fonctions…

À la suite de son incarcération consécutive à des poursuites pour escroquerie, il avait été mis fin au contrat de travail d'un employé des jeux sans solliciter au préalable l'autorisation de l'inspecteur du travail eu égard à sa qualité de délégué du personnel, la société faisant valoir que l'agrément ministériel autorisant son emploi avait été supprimé.

Doit être rejeté le pourvoi de l'employeur reprochant à une cour d'appel d'avoir prononcé la nullité du licenciement. En effet, les dispositions relatives au licenciement des salariés investis de fonctions représentatives instituent, au profit de ces salariés et dans l'intérêt de l'ensemble des travailleurs qu'ils représentent, une protection exceptionnelle et exorbitante du droit commun qui interdit à l'employeur de poursuivre par d'autres moyens la rupture de leur contrat de travail. Si le retrait d'agrément est susceptible de justifier la résiliation du contrat de travail d'un salarié protégé, il appartient à l'autorité administrative de le vérifier.

Dès lors, la cour d'appel, qui a constaté que la procédure spéciale de licenciement des délégués du personnel n'avait pas été respectée, a décidé, à bon droit, que le licenciement était nul.

Cass. soc. 6 juin 2000, n° 98-42.867, BC V n° 217. Voir aussi cass. soc. 2 décembre 2009, n° 08-42.037, BC V n° 271, s'agissant du retrait de l'habilitation administrative nécessaire pour travailler sur une zone aéroportuaire ; cass. soc. 2 décembre 2009, n° 08-43.466, BC V n° 272, s'agissant d'un retrait de permis de conduire.

... et *l'employeur est tenu de conserver le salarié dans l'entreprise et de le rémunérer jusqu'à l'obtention de l'autorisation de licenciement délivrée par l'inspecteur du travail.*

Les dispositions relatives au licenciement des salariés investis de fonctions représentatives instituent au profit de ces salariés, et dans l'intérêt de l'ensemble des travailleurs qu'ils représentent, une protection exceptionnelle et exorbitante du droit commun qui interdit à l'employeur de rompre le contrat de travail sans respecter le dispositif destiné à garantir cette protection.

Il en résulte qu'en cas de retrait de l'habilitation administrative nécessaire à un « manutentionnaire piste » pour travailler sur une zone aéroportuaire, l'employeur est tenu non seulement de conserver le salarié dans l'entreprise, mais encore de le rémunérer jusqu'à l'obtention de l'autorisation de licenciement délivrée par l'inspecteur du travail.

Cass. soc. 2 décembre 2009, n° 08-42.037, précité.

En cas de suspension du permis de conduire nécessaire à un chauffeur routier pour l'exercice de ses fonctions, l'employeur est tenu, non seulement de conserver le salarié dans l'entreprise, mais aussi de le rémunérer jusqu'à l'obtention de l'autorisation de licenciement délivrée par l'inspecteur du travail.

Cass. soc. 2 décembre 2009, n° 08-43.466, précité.

L'arrivée du terme du contrat à durée déterminée d'un salarié protégé n'entraîne la cessation de la relation contractuelle qu'après constatation par l'inspecteur du travail que le salarié ne fait pas l'objet d'une mesure discriminatoire.

Selon l'article L. 425-2 CT, lorsque le salarié, candidat aux fonctions de délégué du personnel, est titulaire d'un contrat à durée déterminée, l'arrivée du terme du contrat n'entraîne la cessation du lien contractuel qu'après constatation par l'inspecteur du travail, saisi dans les conditions prévues à l'article L. 425-1 CT, que le salarié ne fait pas l'objet d'une mesure discriminatoire.

Cass. soc. 16 octobre 2001, n° 98-44.269, BC V n° 320.

Il résulte de la combinaison des articles L. 425-2 et L. 482-1 CT que caractérise le délit d'entrave la méconnaissance des dispositions de l'article L. 425-2, al. 2 CT selon lequel l'arrivée du terme du contrat à durée déterminée d'un délégué du personnel n'entraîne la cessation du lien contractuel qu'après constatation par l'inspecteur du travail que le salarié ne fait pas l'objet d'une mesure discriminatoire.

Un mois avant l'arrivée à terme du contrat à durée déterminée d'un salarié, délégué du personnel, un employeur avait, conformément à l'article L. 425-2 CT, saisi l'inspecteur du travail et ce dernier avait constaté que l'intéressé faisait l'objet d'une mesure discriminatoire. Ayant rompu le lien contractuel en dépit de la décision de l'inspecteur du travail, l'employeur avait été cité devant le tribunal correctionnel du chef de délit d'entrave.

En relaxant le prévenu au motif que le législateur n'a pas expressément prévu que le contrat arrivé à son terme doive, en raison de « la discrimination alléguée » par l'inspecteur du travail, se transformer en un contrat à durée indéterminée, la cour d'appel a violé le texte susvisé.

Cass. crim. 19 juin 2001, n° 00-84.075, B. crim. n° 151.

Constitue un trouble manifestement illicite le fait pour un employeur, informé que l'arrivée du terme n'entraînerait la cessation du lien contractuel qu'en l'absence de mesure discriminatoire, de mettre fin au contrat avant que l'inspecteur du travail ne se soit prononcé.

Une salariée, engagée par contrat à durée déterminée dont le terme était le 2 mai 2000, a été élue déléguée du personnel au cours de ce contrat. L'inspecteur du travail, saisi le 21 avril 2000 par l'employeur, a avisé ce dernier, le 26 avril, de ce que l'arrivée du terme n'entraînerait la cessation du lien contractuel qu'après qu'il a constaté que la salariée ne faisait pas l'objet d'une mesure discriminatoire. L'employeur a néanmoins mis fin au contrat à son terme prévu. La salariée a demandé sa réintégration dans l'entreprise.

Une cour d'appel, statuant en référé, ayant constaté que l'inspecteur du travail avait fait connaître par écrit à l'employeur qu'il ne pouvait être mis fin au contrat à durée déterminée tant qu'il ne s'était pas prononcé conformément à l'article L. 425-2, al. 2 CT, a pu décider que cette rupture constituait un trouble manifestement illicite qu'il y avait lieu de faire cesser en ordonnant la réintégration de la salariée.

Cass. soc. 10 décembre 2003, n° 01-44.703, BC V n° 311.

La procédure protectrice de licenciement se cumule avec la procédure applicable en matière d'accident du travail…

Un salarié, représentant du personnel et victime d'un accident de travail, bénéficie de la protection accordée à la fois aux représentants du personnel et aux victimes d'accident du travail. Dès lors, l'employeur, violant tant les formalités protectrices relatives au licenciement d'un représentant du personnel que celles relatives au licenciement des victimes d'accident du travail, doit être condamné à une double réparation.

Cass. soc. 7 juin 1995, n° 91-45.005, 2e et 3e moyens, BC V n° 185.

… ou avec la procédure disciplinaire.

L'employeur doit engager les poursuites disciplinaires dans le délai de deux mois à compter du jour où il a eu connaissance des faits fautifs, c'est-à-dire à compter du moment où il a eu une pleine connaissance de la réalité, de la nature et de l'ampleur des faits reprochés au salarié.

CE 20 avril 2005, n° 254909. Voir aussi CE 3 novembre 2014, n° 366630.

L'employeur ne peut pas fonder une demande d'autorisation de licenciement sur des faits prescrits, en application de l'article L. 1332-4 CT, sauf si ces faits relèvent d'un comportement fautif identique aux faits non prescrits donnant lieu à l'engagement des poursuites disciplinaires.

CE 14 octobre 2009, n° 309344. Voir aussi CE 1er octobre 2012, n° 345252.

Lorsque le délai de deux mois ouvert à l'employeur pour engager des poursuites disciplinaires à compter du jour où il a pleinement connaissance des faits reprochés au salarié a été régulièrement interrompu préalablement à une annulation d'une décision l'autorisant à licencier un salarié protégé, l'employeur dispose, après cette annulation, d'un délai de deux mois à compter de la réintégration du salarié, si celui-ci la demande, pour poursuivre la procédure disciplinaire pour les mêmes faits,…

CE 15 décembre 2010, n° 318698.

… laquelle n'oblige pas l'employeur à organiser un nouvel entretien préalable.

CE 19 septembre 2014, n° 362660.

En revanche, lorsque le salarié dont le licenciement est envisagé est un salarié protégé et que l'administration refuse d'accorder à l'employeur l'autorisation de le licencier, l'annulation pour excès de pouvoir d'un tel refus saisit à nouveau l'administration de la demande initiale de l'employeur et la conduit à statuer dans le cadre de la procédure disciplinaire engagée dès l'origine.

CE 8 juin 2015, n° 383827.

Un cumul de mandats entraîne un cumul de procédures.

Un salarié, attaché commercial dans une société, étant à la fois délégué syndical, représentant syndical et délégué du personnel, bénéficiait de la protection prévue tant pour les représentants du personnel que pour les représentants syndicaux. C'est à tort qu'il soutenait que son licenciement avait été irrégulièrement prononcé, alors que la procédure prévue par le code du travail pour la mise à pied immédiate d'un délégué syndical et celle édictée pour un représentant du personnel ou un représentant syndical avaient été respectées par l'employeur.

CE 6 mai 1996, n° 151585.

La procédure de licenciement doit être respectée dans ses différentes étapes

• Entretien préalable

Le salarié protégé doit, dans tous les cas, être convoqué à un entretien préalable, y compris lorsque son licenciement s'inscrit dans le cadre d'un licenciement économique de dix salariés et plus dans une période de trente jours, dans une entreprise dotée de représentants du personnel.

Il résulte de la combinaison des dispositions des articles L. 122-14-7 et R. 436-1 CT que la demande d'autorisation de licenciement présentée par l'employeur doit toujours être précédée de la convocation à un entretien préalable du salarié bénéficiant d'une protection particulière, alors même que le licenciement de l'intéressé est envisagé dans une entreprise disposant d'un comité d'entreprise, dans le cadre d'une procédure de licenciement pour motif économique de dix salariés et plus dans une même période de trente jours.

Dès lors que, en méconnaissance des dispositions de l'article R. 122-2-1 CT, la convocation à l'entretien préalable adressée par un employeur à un salarié ne précisait pas le lieu où devait se tenir l'entretien, l'intéressé ne pouvait être regardé comme ayant été régulièrement convoqué à cet entretien. Une cour d'appel a pu en déduire que cet entretien n'avait pas eu lieu et que le ministre était fondé, pour ces raisons, à annuler l'autorisation de licenciement accordée à l'employeur par l'inspecteur du travail.

CE 28 septembre 2005, n° 266023, Rec. Lebon p. 397.

Il résulte de l'article R. 2421-3 CT que la demande, à l'inspecteur du travail, d'autorisation de licenciement d'un délégué syndical, salarié mandaté ou conseiller du salarié, doit être précédée de l'entretien préalable prévu à l'article L. 1232-2 du même code. Dès lors, même lorsqu'il s'inscrit dans le cadre d'un licenciement économique collectif relevant de l'article L. 1233-38 CT, le licenciement d'un conseiller du salarié est soumis à cette procédure.

Cass. soc. 22 septembre 2010, n° 08-45.227, 2e moyen, BC V n° 190.

La lettre de convocation à l'entretien préalable doit contenir l'ensemble des mentions légales…

L'employeur indiquant dans la lettre de convocation que le salarié peut se faire assister par une personne de son choix appartenant à l'entreprise, à l'exclusion, toutefois, des autres personnes convoquées à un tel entretien, ne peut se voir autoriser le licenciement du salarié. Cette restriction porte atteinte à la liberté de choix reconnue par la loi aux salariés convoqués à un entretien préalable et cette atteinte entache la procédure de licenciement d'irrégularité.

CE 16 juin 1995, n° 145728.

… et doit être notifiée au salarié au moins cinq jours ouvrables avant l'entretien.

Après avoir constaté que la lettre d'un employeur convoquant le salarié à l'entretien préalable lui avait été notifiée le vendredi 1er juillet 2005 en vue d'un entretien fixé au mercredi 6 juillet, soit moins de cinq jours ouvrables avant l'entretien, c'est à bon droit qu'une cour administrative d'appel a jugé que le ministre avait pu rejeter le recours hiérarchique contre la décision de refus d'autorisation du licenciement, en se fondant sur la circonstance que le délai prescrit n'avait pas été respecté.

CE 20 mars 2009, n° 312258.

Une convocation orale à l'entretien ne peut, à elle seule, déclencher ce délai.

Pour juger qu'un salarié avait disposé d'un délai d'au moins cinq jours ouvrables entre la convocation à son entretien préalable de licenciement et la date de cet entretien, une cour administrative d'appel s'est fondée sur ce que cet entretien avait eu lieu le vendredi 30 novembre 2007 et qu'il était établi par un constat d'huissier que, le vendredi 23 novembre précédent, le salarié, qui avait refusé de recevoir en main propre la lettre qu'un représentant de l'employeur lui présentait comme étant la lettre de convocation, s'était vu alors signifier cette convocation de manière orale par ce même représentant. En jugeant ainsi qu'une convocation orale par l'employeur avait pu, à elle seule, valablement déclencher le délai prévu par l'article L. 1232-2 CT, la cour a commis une erreur de droit.

CE 30 décembre 2015, n° 384290.

L'entretien préalable doit avoir nécessairement lieu avant la consultation du comité d'entreprise.

Il résulte des dispositions combinées des articles L. 436-1 et R. 436-1 CT que la consultation du comité d'entreprise en vue du licenciement d'un de ses membres est toujours précédée de l'entretien préalable prévu à l'article L. 122-14 CT (même s'agissant d'un licenciement s'inscrivant dans le contexte d'un licenciement économique collectif de 10 salariés et plus, dans une période de 30 jours avec présence de représentants du personnel dans l'entreprise).

Cass. soc. 10 mai 1999, n° 97-40.510, BC V n° 207.

En l'absence de comité d'entreprise, l'entretien préalable doit précéder la présentation à l'inspecteur du travail de la demande d'autorisation de licenciement.

Aux termes de l'article L. 425-1 CT, « tout licenciement envisagé par l'employeur d'un délégué du personnel, titulaire ou suppléant, est obligatoirement soumis au comité d'entreprise qui donne un avis sur le projet de licenciement » et, aux termes de l'article R. 436-1 du même code, « l'entretien prévu à l'article L. 122-14 précède la consultation du comité d'entreprise effectuée en application de l'article L. 425-1 CT ou, à défaut de comité d'entreprise, la présentation à l'inspecteur du travail de la demande de licenciement ».

Une société avait convoqué un salarié, délégué du personnel, à l'entretien préalable à son licenciement prévu par l'article L. 122-14 CT le 29 octobre 1993, soit deux jours après que sa demande visant à être autorisée à procéder au licenciement de l'intéressé a été reçue par l'inspecteur du travail. La procédure ayant été, de ce fait, irrégulière, l'autorité administrative était tenue, pour ce seul motif, de rejeter la demande de la société tendant à contester la légalité de la décision du ministre du Travail, de l'Emploi et de la Formation professionnelle, qui a annulé la décision de l'inspecteur du travail autorisant le licenciement du salarié.

CE 30 novembre 1998, n° 173491.

Si l'employeur n'indique pas les motifs du licenciement envisagé lors de l'entretien, celui-ci ne peut être considéré comme un entretien préalable.

Lorsque l'employeur n'indique pas au salarié protégé les motifs de son licenciement au cours de l'entretien préalable, l'entretien ne peut porter sur les motifs de la décision de licenciement qui est envisagée, en méconnaissance de la procédure prévue à l'article L. 122-14 CT.

CE 19 mars 2008, n° 289433.

Si l'employeur est tenu, lors de l'entretien préalable, d'indiquer au salarié les motifs du licenciement envisagé contre lui, et, dès lors, l'inspecteur du travail ne peut retenir des griefs qui n'ont pas été indiqués au salarié, l'inspecteur du travail peut toutefois légalement accorder l'autorisation de licenciement demandée lorsqu'une partie seulement des griefs reprochés à l'intéressé a été évoquée au cours de l'entretien préalable, à la condition que les griefs évoqués présentent, à eux seuls, une gravité suffisante pour justifier une telle décision.

CE 11 juin 2014, n° 365135

• Consultation du comité d'entreprise

Si les dispositions des articles L. 122-14-16 et L. 412-18 CT obligent l'employeur à obtenir l'autorisation de l'inspecteur du travail ou de l'autorité qui en tient lieu pour licencier les conseillers du salarié, elles n'ont ni pour objet ni pour effet de lui imposer de consulter le comité d'entreprise avant de solliciter cette autorisation.

C'est à tort que, par son jugement du 1er juin 2004, le tribunal administratif s'est fondé sur la circonstance que l'employeur n'avait pas consulté le comité d'entreprise sur le projet de licenciement du conseiller du salarié, pour annuler la décision autorisant son licenciement.

CE 19 mars 2008, n° 289433, précité.

Le projet de licenciement d'un salarié protégé doit être soumis pour avis au comité d'établissement auquel il appartient.

Il ressort du rapprochement des dispositions du code du travail relatives aux attributions respectives du comité central d'entreprise et du comité d'établissement que, dans les entreprises comportant des établissements distincts, c'est normalement le comité d'établissement qui doit être consulté pour le projet de licenciement d'un salarié protégé.

En l'espèce, le service informatique dans lequel travaillait le salarié intéressé relevait de l'établissement de Changé, alors même qu'il assurait des prestations à l'ensemble de l'entreprise. Ainsi, alors même que la restructuration du service informatique aurait pu appeler, au titre de l'article L. 435-3 CT, la consultation du comité central d'entreprise, le comité d'établissement de Changé a été, à bon droit, consulté sur le projet de licenciement de l'intéressé, représentant du personnel au comité d'hygiène, de sécurité et des conditions de travail.

CE 26 février 1996, n° 146005.

Le comité d'entreprise doit avoir été mis à même d'émettre son avis en toute connaissance de cause, dans des conditions qui ne sont pas susceptibles d'avoir faussé sa consultation.

CE 4 juillet 2018, n° 397059. Voir aussi CE 4 juillet 2018, n° 410904.

Ainsi, l'employeur doit transmettre au comité d'entreprise des informations précises et écrites sur l'identité du salarié visé par la procédure, sur l'intégralité des mandats détenus par ce dernier ainsi que sur les motifs du licenciement envisagé ; il appartient à l'administration d'apprécier si l'avis du comité a été régulièrement émis, et notamment s'il a disposé des informations lui permettant de se prononcer en toute connaissance de cause ; à défaut, elle ne peut légalement accorder l'autorisation demandée.

CE 27 mars 2015, n° 371852.

L'absence de transmission par l'employeur lors de la convocation du comité d'entreprise des informations requises, pour la consultation prévue à l'article L. 2421-3 ancien CT, par l'article L. 2323-4 ancien du même code, n'entache pas d'irrégularité cette consultation si le comité d'entreprise a tout de même disposé de ces informations dans des conditions lui permettant d'émettre son avis en toute connaissance de cause.

CE 27 mars 2015, n° 371852, précité.

Lorsqu'un salarié, titulaire d'un mandat de membre du comité d'entreprise ou de représentant syndical à la date de la délibération du comité, obtient valablement un mandat différent après cette délibération et avant la décision de l'autorité administrative, le comité doit être saisi à nouveau de son cas, alors même qu'il aurait déjà exprimé son désaccord sur le projet de licenciement ; à défaut de cette nouvelle saisine, l'autorité administrative n'est pas en mesure de se prononcer.

CE 9 février 2011, n° 329471. Voir aussi CE 2 octobre 1991, n° 105749.

L'impossibilité de consulter le comité d'entreprise du fait de sa dissolution par suite de l'annulation des élections professionnelles ne rend pas la procédure irrégulière.

Doit être rejeté le moyen du pourvoi formé par un salarié protégé qui, pour reprocher à une cour administrative d'appel d'avoir jugé son licenciement régulier, soutient que l'employeur n'avait pas consulté le comité d'entreprise.

En effet, après avoir constaté que la consultation du comité d'entreprise constituait une formalité impossible du fait de la dissolution de ce comité de l'annulation des élections professionnelles, la cour a pu décider que le licenciement n'était pas intervenu à l'issue d'une procédure irrégulière.

CE 3 septembre 2009, n° 303393.

Aucun délai n'est imposé pour la convocation d'un représentant du personnel devant le comité d'entreprise en vue de son audition.

Lorsque le comité d'entreprise se réunit pour donner son avis sur le projet de licenciement de l'un de ses membres ou d'un représentant syndical, ni l'article L. 434-3, al. 3 CT ni aucune autre disposition légale ou réglementaire n'impose un délai pour la convocation du salarié concerné en vue de son audition par le comité en application de l'article R. 436-2 du même code.

Cass. crim. 5 mars 2002, n° 01-81.049, 1er moyen, B. crim. n° 56.

Si, pour le Conseil d'État, la participation de l'employeur au vote ne rend pas la délibération irrégulière lorsqu'elle a été sans incidence sur le scrutin…

La participation de l'employeur à une délibération portant sur le licenciement de représentants du personnel ne rend pas cette délibération irrégulière, dès lors que cette participation a été sans incidence sur le scrutin.

CE 31 octobre 1990, n° 82488.

… la Cour de cassation semble avoir opté pour une autre position.

Un comité d'entreprise a donné son accord au licenciement d'un représentant du personnel à raison de quatre voix (dont celle de l'employeur) contre deux. Une cour d'appel a annulé la délibération en raison de la participation de l'employeur au scrutin et ordonné la réintégration du représentant. Alors même que l'entreprise faisait valoir, dans son pourvoi, que le vote de l'employeur ne modifiait pas le résultat du scrutin, la Cour de cassation a confirmé l'arrêt d'appel. Elle a énoncé, en effet, que la délibération relative au licenciement d'un représentant du personnel constituait une question sur laquelle les membres du comité devaient seuls se prononcer en tant que délégation du personnel, à l'exclusion du chef d'entreprise. Dès lors, la participation de l'employeur rendait le licenciement irrégulier.

Cass. soc. 22 novembre 1988, n° 85-42.007, BC V n° 617.

L'avis du comité d'entreprise n'est pas régulièrement émis s'il n'y a pas eu audition du salarié par le comité.

Un représentant du personnel n'ayant pas été convoqué à la réunion du comité d'entreprise ayant pour objet son licenciement, l'avis émis par le comité avant l'envoi à l'inspecteur du travail de la demande d'autorisation de licenciement était irrégulier. Le ministre du Travail était donc tenu d'annuler l'autorisation délivrée par l'inspecteur du travail.

CE 29 juin 1990, n° 87944. Voir aussi CE 18 octobre 1991, n° 83934.

Le comité doit se prononcer pour chaque salarié concerné dans l'hypothèse d'un licenciement collectif.

Lorsque le comité d'entreprise est saisi pour avis d'un projet de licenciement de plusieurs salariés protégés, il est tenu de se prononcer par vote distinct sur chacun des projets qui lui est soumis. En raison de la méconnaissance de cette formalité substantielle prévue par l'article R. 436-2 CT, l'autorité administrative est tenue de refuser l'autorisation de licenciement sollicitée.

CE 2 février 1996, n° 121880.

Lors de sa consultation sur un licenciement économique, le comité d'entreprise doit être mis à même de discuter des possibilités de reclassement du salarié dont le licenciement est envisagé.

CE 29 octobre 2012, n° 332666.

Lorsque le licenciement économique d'un salarié protégé est envisagé dans le cadre d'une liquidation judiciaire de l'entreprise, la double procédure de consultation du comité d'entreprise sur le licenciement collectif pour motif économique et sur la restructuration de l'entreprise, sauf impossibilité d'accomplir ces formalités dans des circonstances n'incombant pas à l'employeur, doit être organisée préalablement à la consultation spécifique du comité sur le licenciement du salarié protégé.

CE 26 janvier 2011, n° 326123.

Si les dispositions de l'article R. 2421-8 ancien CT imposent que la réunion du comité d'entreprise appelé à se prononcer sur le projet de licenciement d'un salarié protégé ait lieu après l'entretien préalable, elles n'interdisent pas que la convocation des membres du comité d'entreprise soit envoyée antérieurement à l'entretien préalable.

CE 8 avril 2013, n° 348559, Rec. Lebon p. 59.

☛ *Réunions du comité d'entreprise.*

• Saisine de l'inspecteur du travail

L'inspecteur du travail compétent pour se prononcer sur une demande d'autorisation de licencier un salarié protégé est celui dans le ressort duquel se trouve l'établissement disposant d'une autonomie de gestion suffisante où le salarié est affecté ou rattaché.

CE 17 juillet 2013, n° 356099.

À défaut, l'inspecteur du travail compétent est celui dans le ressort duquel se trouve le siège social de l'entreprise qui emploie le salarié protégé, même lorsque cette entreprise appartient à un groupe.

CE 17 juillet 2013, n° 356099, précité.

Lorsque l'employeur, ayant son siège social à l'étranger et employant des salariés sur le territoire français, ne dispose, sur ce territoire, d'aucune implantation matérielle permanente, il doit adresser la demande d'autorisation de licenciement à l'inspecteur du travail responsable de la section d'inspection à l'intérieur de laquelle se trouve le lieu principal d'activité de la personne disposant des prérogatives de l'employeur ; dans l'impossibilité de déterminer un tel lieu, il appartient au directeur général du travail de désigner l'inspecteur du travail chargé d'instruire la demande et de statuer sur cette dernière.

CE 21 juillet 2009, n° 314968.

La demande d'autorisation doit viser tous les mandats détenus par le salarié.

La demande d'autorisation de licenciement présentée par un employeur ne mentionnant que le seul mandat de délégué syndical du salarié concerné et l'inspecteur du travail n'ayant pas eu connaissance des fonctions de conseiller prud'homme de l'intéressé, il n'avait pas été mis à même d'apprécier si des motifs d'intérêt général rendaient inopportun le licenciement du salarié, compte tenu des fonctions de conseiller prud'homme dont il était investi. Par suite, et alors même que l'employeur faisait valoir qu'il ne connaissait pas les fonctions de conseiller prud'homme du salarié, la décision de l'inspecteur du travail d'autoriser le licenciement était entachée d'illégalité.

CE 13 décembre 2005, n° 277748. Voir aussi CE 7 décembre 2009, n° 315588.

Lorsque l'administration a eu connaissance de chacun des mandats détenus par l'intéressé, la circonstance que la demande d'autorisation de licenciement ou la décision autorisant le licenciement ne fasse pas mention de l'un de ces mandats ne suffit pas, à elle seule, à établir que l'administration n'a pas, comme elle le doit, exercé son contrôle en tenant compte de chacun des mandats détenus par le salarié protégé.

CE 15 octobre 2014, n° 370620.

Si l'omission, dans la demande présentée par l'employeur, de l'un des mandats exercé par le salarié, dès lors qu'elle n'a pas mis l'inspecteur du travail à même de procéder aux contrôles qu'il était tenu d'exercer au regard des exigences de ce mandat, emporte annulation de la décision d'autorisation du licenciement, cette annulation n'a pas pour effet de placer le salarié dans une situation identique à celle d'un salarié licencié en l'absence d'autorisation administrative.

Dès lors, une cour d'appel a exactement décidé que le défaut de mention de l'une des fonctions représentatives d'un salarié ayant justifié l'annulation de la décision autorisant son licenciement ne caractérise pas une violation de son statut protecteur, et que le salarié a droit, d'une part, à l'indemnisation de son préjudice depuis le licenciement et jusqu'à l'expiration du délai de deux mois suivant la notification de la décision annulant l'autorisation de licenciement, d'autre part, au paiement des indemnités de rupture, s'il n'en a pas bénéficié au moment du licenciement et s'il remplit les conditions pour y prétendre, et enfin au paiement de l'indemnité prévue par l'article L. 1235-3 CT, s'il est établi que son licenciement était, au moment où il a été prononcé, dépourvu de cause réelle et sérieuse.

Cass. soc. 3 février 2016, n° 14-17.886, BC V n° 21. Voir aussi cass. soc. 28 juin 2018, n° 14-26.542, 3e moyen du pourvoi principal.

Le motif invoqué lors de l'entretien préalable et de la consultation du comité d'entreprise doit être le même que celui invoqué à l'appui de la demande d'autorisation.

Dès lors qu'il résultait de la lettre de convocation à l'entretien préalable adressée à un représentant du personnel et de l'ordre du jour du comité d'établissement que la procédure de licenciement du salarié était fondée sur un motif économique, l'employeur ne pouvait invoquer, à l'appui de sa demande d'autorisation de licenciement, un motif différent de celui pour lequel la procédure de licenciement avait été engagée. La décision prise par l'inspecteur du travail ne pouvait, par voie de conséquence, se fonder sur un autre motif que celui invoqué lors de l'entretien préalable et de la consultation du comité d'établissement pour autoriser le licenciement. Ainsi, cette autorisation était illégale et devait être annulée.

CE 28 juin 1996, n° 155590.

Lorsque l'employeur sollicite de l'inspecteur du travail l'autorisation de licencier un salarié protégé, il lui appartient de faire état avec précision, dans sa demande, ou le cas échéant dans un document joint à cet effet auquel renvoie sa demande, de la cause justifiant, selon lui, ce licenciement.

CE 26 septembre 2018, n° 401509.

• Enquête contradictoire

L'inspecteur du travail doit procéder à une enquête contradictoire au cours de laquelle il doit entendre le salarié et l'employeur.

Le fait que l'inspecteur du travail, au cours de l'enquête contradictoire, ait entendu le salarié, représentant du personnel, en présence de son employeur et qu'il n'ait pas, par ailleurs, procédé à l'audition personnelle et individuelle du salarié est une irrégularité de nature à justifier l'annulation de la décision autorisant le licenciement du salarié.

CE 28 avril 1997, n° 163971. Voir aussi CE 21 août 1996, n° 149249, s'agissant d'un inspecteur du travail n'ayant eu, avec le salarié, que des entretiens téléphoniques.

Le salarié doit être informé de tous les motifs de licenciement invoqués par l'employeur.

Aux termes de l'article R. 436-4 CT, l'inspecteur du travail procède à une enquête contradictoire avant de prendre sa décision sur la demande d'autorisation.

Un employeur a demandé une autorisation de licencier une salariée protégée en invoquant les fautes commises par cette salariée. Il a ensuite ajouté à sa demande initiale un motif tiré de l'inaptitude physique de l'intéressée.

La salariée n'ayant pas été mise à même de faire valoir, lors de l'enquête contradictoire diligentée par l'inspecteur du travail, ses arguments pour contester un licenciement fondé sur ce motif, l'inspecteur du travail ne pouvait fonder sa décision sur le seul motif de l'inaptitude physique de la salariée, sans entacher cette décision d'irrégularité.

CE 7 février 1992, n° 118731.

L'inspecteur du travail doit également communiquer au salarié l'identité des personnes victimes des agissements qui lui sont reprochés.

Le caractère contradictoire de l'enquête, menée conformément aux dispositions de l'article R. 436-4 CT, impose à l'autorité administrative d'informer le salarié concerné, de façon suffisamment circonstanciée, pour lui permettre d'assurer utilement sa défense, notamment en lui communiquant l'identité des personnes qui auraient été victimes des agissements qui lui sont reprochés.

En l'espèce, si l'inspecteur du travail avait très précisément présenté au salarié les accusations de harcèlement sexuel portées contre lui par deux des salariées placées sous son autorité, il s'était abstenu de lui communiquer leur nom. Dès lors, en jugeant que l'autorité administrative ne pouvait se borner à indiquer à l'intéressé les faits qui lui étaient reprochés, sans préciser l'identité des personnes qui auraient été victimes des agissements qui lui étaient reprochés, une cour administrative d'appel n'a entaché son arrêt d'aucune erreur de droit.

CE 20 avril 2005, n° 254066. Voir aussi CE 12 octobre 2006, n° 286728.

Le salarié protégé doit être mis à même de prendre connaissance de l'ensemble des pièces produites par l'employeur à l'appui de sa demande ; toutefois, lorsque l'accès aux témoignages et attestations produits serait de nature à porter gravement préjudice à leurs auteurs, l'inspecteur du travail doit se limiter à informer le salarié protégé, de façon suffisamment circonstanciée, de leur teneur.

Le caractère contradictoire de l'enquête menée conformément à l'article R. 436-4 CT impose à l'autorité administrative d'informer le salarié, de façon suffisamment circonstanciée, des agissements qui lui sont reprochés et de l'identité des personnes qui s'en estiment victimes. Il implique en outre que le salarié protégé puisse être mis à même de prendre connaissance de l'ensemble des pièces produites par l'employeur à l'appui de sa demande, notamment des témoignages et attestations. Toutefois, lorsque l'accès à ces témoignages et attestations serait de nature à porter gravement préjudice à leurs auteurs, l'inspecteur du travail doit se limiter à informer le salarié protégé, de façon suffisamment circonstanciée, de leur teneur.

En l'espèce, la communication des attestations aurait été susceptible, compte tenu des fonctions d'encadrement exercées par la salariée protégée, chargée de l'inspection des chantiers de nettoyage confiés à l'entreprise, ainsi que des vives tensions existant au sein de celle-ci, de porter gravement préjudice à leurs auteurs, qui étaient placés sous le contrôle de l'intéressée. L'inspecteur du travail a pu ainsi, sans méconnaître le caractère contradictoire de l'enquête, se limiter à informer la salariée de la teneur des documents, sans la mettre à même d'en prendre connaissance.

CE 24 novembre 2006, n° 284208, Rec. Lebon p. 481. Voir aussi CE 9 juillet 2007, n° 288295, confirmant l'obligation pour l'inspecteur du travail d'informer le salarié protégé et l'employeur de la teneur des éléments qu'il a recueillis ;CE 22 février 2012, n° 346307 ; CE 19 juillet 2017, n° 389635.

Le salarié protégé doit être mis à même de prendre connaissance de l'ensemble des pièces produites par l'employeur à l'appui de sa demande, sans que la circonstance que le salarié est susceptible de connaître le contenu de certaines de ces pièces puisse exonérer l'inspecteur du travail de cette obligation.

CE 22 février 2012, n° 346307, précité.

Il appartient ainsi à l'inspecteur du travail, saisi par un salarié protégé d'une demande de communication des pièces produites par l'employeur à l'appui de sa demande d'autorisation de licenciement, de lui assurer la possibilité, soit de consulter librement ces pièces et d'en prendre copie, soit de lui en adresser une copie, le cas échéant sous forme dématérialisée.

L'accès à ces informations constitue en effet une garantie pour le salarié dont le non-respect entache d'illégalité la décision de l'inspecteur du travail autorisant son licenciement.

CE 19 juillet 2017, n° 389635, précité.

La communication de l'ensemble des pièces doit intervenir avant que l'inspecteur du travail ne statue sur la demande d'autorisation de licenciement présentée par l'employeur, dans des conditions et des délais permettant au salarié de présenter utilement sa défense.

CE 22 février 2012, n° 346307, précité. Voir aussi CE 19 juillet 2017, n° 389635, précité.

En l'absence de changement dans les circonstances de fait ou de droit entre deux demandes d'autorisation de licenciement, l'inspecteur du travail peut prendre une nouvelle décision sans procéder à nouveau à l'enquête contradictoire. Dès lors qu'il procède à une nouvelle enquête, celle-ci doit être conduite dans des conditions régulières.

Le 25 janvier 2000, un inspecteur du travail a refusé l'autorisation de licencier un salarié pour faute grave, sollicitée par une société ; par un jugement du 27 mars 2002, le tribunal administratif a annulé cette décision de refus au motif, d'une part, que les faits reprochés étaient avérés et suffisamment graves pour justifier un licenciement et, d'autre part, que le licenciement était sans lien avec l'exercice du mandat du salarié ; l'employeur ayant confirmé sa demande d'autorisation de licenciement du salarié, l'inspecteur du travail, par une décision du 21 juin 2002 confirmée par le ministre du travail le 31 octobre 2002, a accordé cette autorisation ; le tribunal administratif, par un jugement du 26 octobre 2004, a rejeté la demande du salarié tendant à l'annulation de ces deux décisions ; par un arrêt du 12 décembre 2006, la cour administrative d'appel, d'une part, a rejeté l'appel du salarié dirigé contre le jugement du 27 mars 2002 et, d'autre part, a annulé le jugement du 26 octobre 2004, ainsi que les deux décisions attaquées.

Après avoir rappelé qu'en l'absence de changement dans les circonstances de fait ou de droit, l'inspecteur du travail peut prendre une nouvelle décision sans procéder à nouveau à l'enquête contradictoire prévue par l'article R. 436-4 CT, la cour administrative d'appel a pu relever que, dès lors que l'inspecteur avait procédé à une nouvelle enquête, celle-ci devait être conduite dans des conditions régulières.

La cour a pu estimer, d'une part, qu'eu égard notamment à la brièveté du délai dont il avait disposé, le salarié n'avait pas été en mesure de se présenter à l'entretien prévu par l'article R. 436-4 CT et, d'autre part, que cette circonstance avait exercé une influence sur la décision prise à la suite de cette requête ; contrairement à ce qu'affirme la société requérante, l'administration n'étant pas en situation de compétence liée malgré l'annulation du refus d'autorisation de licenciement, la cour a pu légalement déduire de cette irrégularité l'illégalité des décisions d'autorisation de licenciement attaquées.

CE 5 septembre 2008, n° 301506.

L'enquête contradictoire ainsi que la décision prise à son issue relèvent de l'inspecteur du travail ayant compétence pour statuer sur la demande d'autorisation ; la cessation de fonctions de l'inspecteur du travail ayant conduit l'enquête contradictoire n'impose pas, par elle-même, que l'inspecteur du travail assurant son remplacement ou lui ayant succédé procède à une nouvelle enquête contradictoire avant de statuer sur la demande, même s'il lui est toujours loisible de le faire.

CE 8 juin 2015, n° 374303.

• Contrôle du respect de la procédure antérieure à sa saisine

L'inspecteur du travail saisi d'une demande d'autorisation de licenciement d'un salarié protégé inclus dans un licenciement pour motif économique est tenu de refuser cette autorisation si la phase de consultation des délégués du personnel dans le cadre de la procédure du licenciement économique préalable à sa saisine est irrégulière.

Lorsque la phase de consultation des délégués du personnel dans le cadre d'un licenciement économique, prescrite par les articles L. 321-2 et L. 422-1 CT, a été privée de toute portée utile (dépôt déjà fermé par la société depuis un mois lorsque les délégués du personnel ont été réunis et société ayant sous-traité son activité de livraison), l'inspecteur du travail saisi postérieurement d'une autorisation de licencier un salarié protégé concerné par cette procédure est tenu de refuser cette autorisation de licenciement.

CE 29 octobre 1997, n° 154967.

Il lui appartient également de s'assurer de l'existence, à la date à laquelle il statue sur la demande d'autorisation de licenciement, d'une décision de validation ou d'homologation du plan de sauvegarde de l'emploi, mais pas d'en apprécier la validité, l'annulation d'une décision de validation ou d'homologation d'un plan de sauvegarde de l'emploi entraînant en principe, par elle-même, l'illégalité des autorisations de licenciement accordées, à la suite de cette validation ou de cette homologation, pour l'opération concernée.

Il résulte des articles L. 1233-61, L. 1233-24-1 à L. 1233-24-4, L. 1233-57-2, L. 1233-57-3, L. 1233-58 et L. 1235-10 CT que, lorsque le licenciement pour motif économique d'un salarié protégé est inclus dans un licenciement collectif qui requiert l'élaboration d'un plan de sauvegarde de l'emploi, il appartient à l'inspecteur du travail saisi de la demande d'autorisation de ce licenciement, ou au ministre chargé du travail statuant sur recours hiérarchique, de s'assurer de l'existence, à la date à laquelle il statue sur cette demande, d'une décision de validation ou d'homologation du plan de sauvegarde de l'emploi, à défaut de laquelle l'autorisation de licenciement ne peut légalement être accordée ; en revanche, dans le cadre de l'examen de cette demande, il n'appartient à ces autorités, ni d'apprécier la validité du plan de sauvegarde de l'emploi ni, plus généralement, de procéder aux contrôles mentionnés aux articles L. 1233-57-2 et L. 1233-57-3 CT, qui n'incombent qu'au directeur régional des entreprises, de la concurrence, de la consommation, du travail et de l'emploi compétent saisi de la demande de validation ou d'homologation du plan.

Il en résulte que l'annulation d'une décision de validation ou d'homologation d'un plan de sauvegarde de l'emploi entraîne, par voie de conséquence, l'illégalité des autorisations de licenciement accordées, à la suite de cette validation ou de cette homologation, pour l'opération concernée.

Toutefois, par exception, en application des deux derniers alinéas des articles L. 1235-16 et L. 1233-58 CT, issus de la loi du 6 août 2015, l'annulation d'une décision d'homologation ou de validation d'un plan de sauvegarde de l'emploi prononcée à compter du 8 août 2015 et pour le seul motif d'une insuffisance de motivation n'entraîne pas, par elle-même, l'illégalité des autorisations de licenciement accordées dans le cadre de ce licenciement collectif, sous réserve que l'autorité administrative ait pris, dans le délai imparti par ces textes, une nouvelle décision suffisamment motivée.

CE 19 juillet 2017, n° 391849, Rec. Lebon p. 250.

L'autorité administrative peut seule apprécier le respect de la procédure conventionnelle préalable à sa saisine.

Il n'appartient qu'à l'autorité administrative saisie d'une demande d'autorisation de licenciement d'un salarié protégé d'apprécier, sous le contrôle du juge administratif, si les règles de procédure préalables à sa saisine ont été observées ; tel est le cas de la consultation pour avis d'une commission paritaire sur le licenciement envisagé.

A violé la loi des 16-24 août 1790 la cour d'appel qui, statuant en référé, a ordonné la réintégration de deux salariées protégées au motif que l'employeur n'avait pas respecté l'obligation découlant des articles 40-1, 40-2 et 15-4-6 de la convention collective nationale des journalistes de demander l'avis de la commission paritaire sur les licenciements envisagés, alors que l'autorisation administrative de licenciement avait été accordée.

Cass. soc. 13 juillet 2004, n° 01-42.943, BC V n° 211.

Par une décision du 24 janvier 2003, un inspecteur du travail a autorisé l'Assédic à licencier pour motif disciplinaire un salarié, cadre de cette association et salarié protégé en qualité de membre suppléant du comité d'entreprise ; le ministre de l'Emploi, de la Cohésion sociale et du Logement ayant rejeté, le 24 juillet 2003, son recours hiérarchique contre cette décision, le salarié a saisi le tribunal administratif qui, par un jugement du 9 février 2006, a rejeté sa demande en jugeant qu'il ne pouvait se prévaloir de la circonstance que la procédure prévue par la convention collective nationale du personnel du régime d'assurance chômage n'aurait pas été respectée et qu'il n'appartenait pas à l'administration de contrôler la régularité de la procédure conventionnelle de licenciement.

C'est sans commettre d'erreur de droit que la cour administrative d'appel, saisie par le salarié, a jugé qu'il incombait à l'autorité administrative, saisie d'une demande d'autorisation de licenciement d'un salarié protégé, d'apprécier, sous le contrôle du juge administratif, si les règles de procédure d'origine conventionnelle préalables à sa saisine étaient observées ; il s'ensuit que le ministre de l'Emploi, de la Cohésion sociale et du Logement n'est pas fondé à demander l'annulation de l'arrêt attaqué.

CE 21 mai 2008, n° 304394, Rec. Lebon p. 183. Voir aussi CE 29 juin 2016, n° 387412.

• Notification du licenciement

L'obtention d'une autorisation administrative de licenciement ne dispense pas l'employeur d'adresser au salarié une lettre de licenciement motivée ; à défaut, celui-ci est dépourvu de cause réelle et sérieuse.

La lettre de licenciement adressée à un salarié licencié pour motif économique ne faisant pas mention de l'autorisation administrative ou de la cause économique du licenciement, le licenciement de l'intéressé est dépourvu de cause réelle et sérieuse.

Cass. soc. 5 avril 2005, n° 02-47.518, BC V n° 120.

Le licenciement du salarié ne peut être prononcé que pour les faits qui ont motivé l'autorisation administrative de licenciement.

Un délégué du personnel avait été convoqué, pour le 8 octobre 1993, à un entretien préalable à son licenciement pour motif économique, puis s'était vu proposer une convention de conversion le 30 novembre 1993 et avait été licencié pour faute grave le 1er février 1994, motif pris du refus de rejoindre le nouveau lieu de travail, après délivrance par l'inspecteur du travail, le 27 janvier 1994, de l'autorisation de licenciement pour motif économique.

Doit être cassé l'arrêt ayant décidé que le licenciement était régulier et fondé sur une cause réelle et sérieuse, alors que le licenciement d'un salarié protégé ne peut être prononcé que pour les faits qui ont motivé l'autorisation administrative de licenciement et que l'autorisation administrative de licenciement du 27 janvier 1994 avait été demandée et accordée pour un motif économique tiré de la fermeture de l'établissement de Strasbourg tandis que le licenciement était prononcé pour faute grave, de sorte qu'il était nul faute d'autorisation administrative.

Cass. soc. 11 juin 2002, n° 00-41.073, BC V n° 198.

Il appartient au juge judiciaire de le vérifier.

Lorsque le licenciement pour motif économique d'un salarié protégé a été autorisé par une décision administrative, il suffit que la lettre de licenciement se réfère à cette autorisation, l'office du juge étant seulement de vérifier que le motif du licenciement est bien celui pour lequel l'autorisation a été donnée.

Cass. soc. 28 octobre 2003, n° 01-46.168, BC V n° 264.

Est suffisamment motivée la lettre de licenciement qui vise l'autorisation de l'inspecteur du travail.

C'est à tort que, pour condamner un employeur à verser à un représentant du personnel, licencié pour motif économique après autorisation donnée par l'inspecteur du travail, des dommages-intérêts pour licenciement sans cause réelle et sérieuse, une cour d'appel a énoncé que la lettre de licenciement ne répondait pas aux exigences de la loi et n'était pas suffisamment motivée, alors, d'une part, que lorsqu'une autorisation administrative de licenciement a été accordée à l'employeur, le juge judiciaire ne peut, sans violer le principe de la séparation des pouvoirs, apprécier le caractère réel et sérieux des motifs de licenciement et, d'autre part, qu'en visant l'autorisation de l'inspecteur du travail, l'employeur avait motivé la lettre de licenciement.

Cass. soc. 30 avril 1997, n° 94-42.155, BC V n° 150. Voir aussi cass. soc. 28 octobre 2003, n° 01-46.168, précité.

Mais le seul défaut de mention dans la lettre de l'autorisation administrative de licenciement ne peut avoir pour effet de priver celui-ci de cause réelle et sérieuse.

Les salariés protégés d'une association en liquidation judiciaire avaient été licenciés par lettres énonçant, en se référant au jugement prononçant la liquidation judiciaire, le motif économique, une cessation d'activité et la suppression de tous les postes mais ne mentionnant pas l'autorisation administrative de licenciement. Ils ont saisi la juridiction prud'homale de demandes d'indemnités pour licenciement sans cause réelle et sérieuse.

C'est à bon droit qu'une cour d'appel les a déboutés de leurs demandes après avoir relevé que leur licenciement avait fait l'objet d'une autorisation administrative contre laquelle aucun recours n'avait été formé et que la lettre de licenciement qui leur avait été adressée visait expressément la décision prononçant la liquidation judiciaire de l'association. En effet, le seul défaut de mention, dans la lettre, de l'autorisation administrative de licenciement ne pouvait avoir pour effet de le priver de cause réelle et sérieuse.

Cass. soc. 25 mai 2004, n° 03-42.063, BC V n° 137. Voir aussi cass. soc. 5 avril 2005, n° 03-44.994, BC V n° 121.

En cas de licenciement disciplinaire, le délai d'un mois pour notifier le licenciement court à compter du jour où l'employeur a reçu notification de la décision de l'inspecteur du travail...

Lorsque l'employeur est tenu de recueillir l'autorisation de l'inspecteur du travail pour licencier un salarié protégé, le délai d'un mois pour notifier le licenciement (pour faute) court à compter du jour où l'employeur a reçu notification de cette autorisation ; en cas de dépassement de ce délai, le licenciement est sans cause réelle et sérieuse.

Cass. soc. 28 octobre 2003, n° 01-42.404, BC V n° 262.

... même s'il se déclare incompétent au motif que le salarié n'est plus protégé.

Cass. soc. 20 septembre 2018, n° 17-14.068.

L'annulation ultérieure de cette décision ne remet pas en cause le point de départ du délai même lorsque l'annulation est prononcée au motif que le salarié n'était pas protégé au moment de la décision administrative.

Cass. soc. 16 décembre 2009, n° 09-40.132. Voir aussi cass. soc. 7 mai 2014, n° 13-12.090, 1er moyen.

Le licenciement prononcé en vertu d'une autorisation contre laquelle aucun recours n'a été introduit produit son plein effet.

Un salarié, titulaire de mandats de conseiller prud'homme, délégué du personnel et membre du comité d'entreprise, a été licencié pour motif économique, après autorisation de l'inspecteur du travail qui ne visait que ses mandats de délégué du personnel et de membre du comité d'entreprise ; l'employeur ayant sollicité une nouvelle autorisation de licenciement visant cette fois le seul mandat de conseiller prud'homme, et invoquant une faute grave, l'inspection du travail a rendu une décision de rejet au motif que le salarié n'avait pu commettre de faute grave après la rupture du contrat de travail.

Après avoir retenu que le salarié n'avait pas formé de recours contre la décision administrative autorisant le licenciement prononcé pour motif économique, et que le licenciement avait été effectivement prononcé en vertu de cette autorisation, une cour d'appel a pu décider que ce licenciement avait produit son plein effet.

Cass. soc. 1er mars 2005, n° 03-43.477, BC V n° 73.

La rupture du contrat de travail prend effet à compter de l'envoi du courrier recommandé avec accusé de réception notifiant cette rupture au salarié ; par suite, l'autorisation de licenciement d'un salarié protégé doit être regardée comme entièrement exécutée à compter de cet envoi.

CE 7 décembre 2009, n° 327259. Voir aussi CE 24 février 2010, n° 333248 ; CE 19 décembre 2012, n° 361271.

Représentants du personnel
(Protection/Bénéficiaires)

La procédure protectrice de licenciement bénéficie non seulement aux représentants élus, aux délégués et représentants syndicaux et aux membres du CHSCT, mais aussi à d'autres catégories, notamment aux candidats à ces fonctions, ainsi qu'aux salariés titulaires de fonctions à caractère professionnel, économique ou social (conseiller prud'homme, représentant des salariés dans le cadre d'une procédure de redressement judiciaire, conseiller du salarié, salarié mandaté...).

Les titulaires de mandats représentatifs sont des salariés protégés

• Délégués syndicaux

Début de la protection

La protection des délégués syndicaux court à compter de la réception de la lettre notifiant la désignation.

La lettre de convocation à l'entretien préalable au licenciement ayant été remise à une salariée avant que sa désignation en qualité de déléguée syndicale ait été portée à la connaissance de l'employeur, une cour d'appel a pu en déduire que ce dernier n'avait pas été informé, avant l'engagement de la procédure de licenciement, de la qualité de salariée protégée de l'intéressée et que, dès lors, la protection accordée aux délégués syndicaux ne pouvait lui profiter, dès l'instant qu'il n'a pas été soutenu par celle-ci que l'employeur avait connaissance de l'imminence de sa désignation.

Cass. soc. 18 novembre 1998, n° 96-42.810, BC V n° 508. Voir aussi cass. soc. 1er décembre 1993, n° 92-40.072, 2e moyen, BC V n° 298 ; cass. soc. 1er mars 2005, n° 03-40.048, BC V n° 75.

Pour l'application des articles L. 1232-2 et L. 2411-3, anciennement L. 122-14 et L. 412-18, CT, c'est au moment de l'envoi de la convocation à l'entretien préalable au licenciement que l'employeur doit avoir connaissance de la désignation du salarié en qualité de délégué syndical.

Une salariée a été convoquée à un entretien préalable au licenciement pour le 30 mai 2003 par lettre du 20 mai ; sa désignation en qualité de déléguée syndicale a été notifiée par lettre parvenue à l'employeur le 22 mai ; le courrier de convocation à l'entretien préalable au licenciement étant parvenu tardivement à la salariée en raison d'une grève postale, la société a adressé à la salariée une nouvelle convocation signifiée par huissier le 2 juin pour un entretien fixé au 4 juin ; la salariée a été licenciée le 6 juin.

Pour dire nul le licenciement de la salariée et ordonner sa réintégration, une cour d'appel a relevé que la nouvelle convocation du 2 juin avait, implicitement mais nécessairement, remplacé et annulé celle du 20 mai et qu'ayant reçu notification de la désignation de la salariée comme déléguée syndicale le 22 mai, la société ne pouvait plus, le 2 juin, mettre en œuvre la procédure de licenciement de droit commun.

En statuant ainsi, tout en constatant que la lettre de désignation de la salariée en qualité de déléguée syndicale était parvenue à l'employeur le 22 mai, soit après l'expédition de la première convocation de l'intéressée à l'entretien préalable au licenciement, peu important que celui-ci ait été ensuite reporté, et alors qu'il n'était pas soutenu que l'employeur eut été informé de l'imminence de la désignation, la cour d'appel a violé les articles susvisés.

Cass. soc. 2 décembre 2008, n° 07-45.540, BC V n° 240.

Dès lors que la désignation a été notifiée, le salarié doit bénéficier du statut protecteur, même si la notification a été faite au chef d'établissement et non à l'employeur.

Si l'article D. 412-1 CT précise que les nom et prénoms du ou des délégués syndicaux désignés par un syndicat sont portés à la connaissance du chef d'entreprise soit par lettre recommandée avec demande d'avis de réception, soit par lettre remise au chef d'entreprise contre récépissé, ces formalités ne sont prévues que pour faciliter la preuve de la désignation et non pour sa validité. Dès lors, une cour d'appel, ayant constaté que la notification avait été faite auprès du chef d'établissement (et non auprès de l'employeur), a pu en déduire que l'employeur en avait bien eu connaissance et que le salarié aurait dû bénéficier de la procédure protectrice.

Cass. soc. 25 juin 1987, n° 85-41.424.

Mais si la notification du licenciement d'un délégué syndical est intervenue après l'annulation de sa désignation par le juge, il ne peut prétendre à la protection instituée en faveur des représentants du personnel.

Après avoir constaté que, lors de l'envoi de la lettre de licenciement à une salariée le 10 juillet, la désignation de celle-ci en qualité de déléguée syndicale se trouvait rétroactivement anéantie par l'effet de l'annulation prononcée par le tribunal d'instance le 8 juillet, ce dont il résultait que l'intéressée ne pouvait bénéficier de la procédure spéciale de licenciement, une cour d'appel a rejeté, à bon droit, sa demande de réintégration dans l'entreprise.

Cass. soc. 3 décembre 2002, n° 99-44.583, BC V n° 363. Voir aussi cass. soc. 6 décembre 2011, n° 10-16.454, 1er moyen.

Toutefois, si le salarié, dont la désignation en qualité de délégué syndical a été annulée, cesse d'être protégé à ce titre, il doit continuer à bénéficier de la protection éventuellement acquise à un autre titre.

Une salariée a été désignée déléguée syndicale le 16 mars 2001 ; elle a ultérieurement demandé l'organisation des élections des représentants du personnel « en sa qualité de déléguée syndicale », demande qu'un syndicat a confirmée par lettre du 4 avril 2001. La désignation de la salariée ayant été annulée par un jugement du 5 juin 2001, l'intéressée a été licenciée. Elle a saisi la juridiction prud'homale de diverses demandes fondées notamment sur le caractère irrégulier de son licenciement.

C'est à bon droit qu'une cour d'appel a dit que le licenciement de la salariée était nul au regard des dispositions des articles L. 425-1, al. 8 et L. 436-1, al. 6 CT et a, en conséquence, condamné l'employeur à lui payer des sommes pour violation du statut protecteur et licenciement illicite.

En effet, le salarié qui a demandé à l'employeur l'organisation des élections des délégués du personnel bénéficie des dispositions protectrices de l'article L. 425-1 CT pendant une période de six mois qui court à compter de la demande aux mêmes fins d'une organisation syndicale. Tel était le cas de l'intéressée qui avait demandé l'organisation d'élections, peu important que sa désignation en qualité de déléguée syndicale eût été annulée.

Cass. soc. 24 mai 2006, n° 04-43.947, BC V n° 192.

Exercice du mandat

Un délégué syndical bénéficie de la protection, indépendamment de l'exercice de son mandat.

La protection prévue par l'article L. 412-18 CT est conférée par ce texte au délégué syndical. Il en résulte que cette protection bénéficie au titulaire d'un tel mandat, indépendamment de son exercice.

Après s'être bornée à énoncer qu'il n'existait aucune incompatibilité entre les fonctions de délégué syndical et celle de membre élu du comité d'entreprise et qu'en outre, lorsque le délégué syndical est de droit représentant syndical au comité d'entreprise, l'incompatibilité entre ces deux fonctions a pour seul effet de priver le syndicat d'un représentant syndical au comité d'entreprise, une cour d'appel, qui a constaté qu'un salarié avait été désigné en qualité de délégué syndical dès février 1988 et que le syndicat n'avait pas mis fin au mandat, a pu décider que, par la lettre du mois de décembre 1995 désignant le salarié comme délégué syndical, le syndicat avait entendu confirmer l'intéressé dans son mandat, dont l'employeur invoquait la caducité, et ordonner la réintégration de ce salarié licencié sans autorisation de l'inspecteur du travail.

Cass. soc. 18 juillet 2000, n° 98-42.625, BC V n° 304.

Le délégué syndical désigné en alternance avec un autre salarié bénéficie du statut protecteur en dehors des périodes d'exercice du mandat.

Un salarié, désigné en alternance avec un autre salarié pour occuper la fonction de délégué syndical, avait été licencié sans autorisation de l'inspecteur du travail au cours de la période durant laquelle il n'était investi d'aucune fonction syndicale. La protection prévue par l'article L. 412-18 CT bénéficiant au titulaire d'un mandat syndical indépendamment de son exercice, une cour d'appel a exactement décidé que le licenciement de l'intéressé, intervenu sans respect des formalités légales, constituait un trouble manifestement illicite que le juge des référés avait le pouvoir de sanctionner, peu important que l'intéressé ait partagé l'exercice du mandat dont il était titulaire avec un autre salarié.

Cass. soc. 27 mai 1997, n° 94-42.414, BC V n° 191.

Fin de la protection liée au mandat

L'ancien délégué syndical ayant exercé ses fonctions pendant au moins un an est protégé pendant une période de douze mois suivant la fin du mandat, par révocation, démission ou décision du directeur départemental du travail consécutive à une réduction importante et durable de l'effectif.

D'abord, lorsque le directeur départemental du travail décide, à défaut d'accord entre le chef d'entreprise et l'ensemble des organisations syndicales représentatives, en cas de réduction importante et durable de l'effectif en dessous de cinquante salariés, que le mandat de délégué syndical prend fin, la mise à pied immédiate et le licenciement du titulaire du mandat supprimé sont soumis aux dispositions de l'article L. 412-18 CT pendant douze mois si les fonctions ont été exercées pendant un an au moins.

Ensuite, même en présence d'une contestation sérieuse, le juge des référés, qui constate un trouble manifestement illicite, peut prescrire toute mesure destinée à y mettre fin.

Ayant constaté que la mise à pied à titre conservatoire d'une salariée, qui avait exercé un mandat de déléguée syndicale pendant cinq années avant la cessation de ses fonctions le 10 décembre 2001 en raison de la réduction de l'effectif de la société, était intervenue 11 mois plus tard sans respect de la procédure prévue à l'article L. 412-18 CT, une cour d'appel a décidé à bon droit d'annuler la mise à pied conservatoire.

Cass. soc. 25 janvier 2006, n° 04-41.240, BC V n° 36. Voir aussi cass. soc. 14 novembre 2012, n° 11-60.215, 2e moyen, s'agissant d'une démission.

En cas de réintégration du salarié dans son emploi, la protection ne joue plus, sauf si l'organisation syndicale procède à une nouvelle désignation.

La réintégration dans son emploi d'un délégué syndical, après annulation par le ministre de l'autorisation de licenciement donnée par l'inspection du travail, n'entraîne pas la réintégration de plein droit de ce salarié dans son mandat. Pour être rétabli dans ses fonctions, le salarié doit faire l'objet d'une nouvelle désignation par son organisation syndicale.

Doit être cassé le jugement refusant à l'employeur le droit de contester cette nouvelle désignation dans le délai de 15 jours fixé par l'article L. 412-15 CT.

Cass. soc. 24 janvier 1990, n° 89-60.004, BC V n° 31.

Dans les entreprises de moins de cinquante salariés, lorsqu'un délégué du personnel est désigné en qualité de délégué syndical, la fin du mandat électif entraîne la fin du mandat syndical…

Sous réserve de conventions ou d'accords d'entreprise comportant des clauses plus favorables, dans les entreprises de moins de cinquante salariés, seul un délégué du personnel élu peut être désigné délégué syndical pour la durée de son mandat.

Une salariée, employée par une entreprise de moins de cinquante salariés, a été élue déléguée du personnel en 1998 et désignée déléguée syndicale le 21 juin 2000 ; son mandat électif a pris fin le 2 novembre 2000 et elle a été licenciée le 23 novembre 2001.

C'est à tort que, pour ordonner la réintégration de la salariée, une cour d'appel, statuant en référé, a retenu que, postérieurement au terme de son mandat électif, la salariée avait été convoquée à plusieurs réunions en qualité de déléguée syndicale et que l'employeur, qui n'avait pas saisi le tribunal d'une contestation de sa désignation, ne pouvait, en licenciant la salariée sans autorisation administrative préalable, remettre en cause de manière unilatérale la protection attachée au mandat, alors que la protection attachée au mandat de déléguée du personnel dont bénéficiait la salariée avait cessé au terme des six mois qui suivaient l'expiration de ce mandat électif.

Cass. soc. 12 octobre 2004, n° 02-47.048, BC V n° 252.

… en revanche, lorsque le salarié y est désigné délégué syndical un mois avant son élection comme délégué du personnel, et que cette désignation n'est pas contestée dans le délai de quinze jours, celle-ci est purgée de tout vice à la date de l'élection et le mandat de délégué syndical est indépendant de celui de délégué du personnel.

Une salariée employée par une société comptant moins de cinquante salariés, après avoir été mandatée par un syndicat pour négocier et signer dans l'entreprise un accord sur la réduction du temps de travail en décembre 1998, a été désignée comme déléguée syndicale par le même syndicat le 1er avril 1999, puis élue déléguée du personnel le 3 mai 1999 ; elle a démissionné de ses fonctions de déléguée du personnel le 12 décembre 2000 ; elle a été licenciée pour faute grave le 12 juin 2004 ; invoquant notamment la violation du statut protecteur lié à son mandat de déléguée syndicale, l'intéressée a saisi le conseil de prud'hommes d'une demande d'annulation du licenciement et de diverses autres demandes.

Pour la débouter de ses prétentions, une cour d'appel a retenu que celle-ci ne bénéficiait plus d'aucune protection légale, la durée du mandat de délégué syndical étant, de par la loi, liée à la durée de son mandat de déléguée du personnel.

En statuant ainsi, alors qu'elle avait constaté que la salariée avait été désignée déléguée syndicale un mois avant son élection comme déléguée du personnel, sans que cette désignation ait été contestée dans le délai prévu par l'article L. 2143-8 CT, de sorte que la désignation en qualité de délégué syndical était purgée de tout vice à la date de l'élection et que ce mandat était indépendant de celui de délégué du personnel, la cour d'appel a violé les articles L. 2143-6 et 8 CT.

Cass. soc. 14 janvier 2009, n° 07-44.894. Voir aussi cass. soc. 4 mars 2009, n° 08-40.500.

L'annulation par le tribunal d'instance de la désignation d'un délégué syndical, quel qu'en soit le motif, n'a pas d'effet rétroactif sur le statut protecteur.

Ayant relevé qu'un délégué syndical avait été licencié sans autorisation administrative le 13 novembre 2008 et qu'à cette date, sa désignation n'avait pas été annulée par le tribunal d'instance, une cour d'appel a exactement décidé que le licenciement avait été prononcé en violation du statut protecteur.

Cass. soc. 16 décembre 2014, n° 13-15.081, 1er moyen, BC V n° 290.

Si l'intervention d'une décision juridictionnelle annulant la désignation ayant conféré aux salariés intéressés leur protection exceptionnelle a pour effet de priver, à compter de la date de cette décision, les salariés de leurs fonctions représentatives, elle n'a en revanche pas pour effet de remettre en cause rétroactivement le statut protecteur dont ont bénéficié les salariés jusqu'à cette date.

Elle est dès lors sans incidence sur la régularité de la procédure au terme de laquelle l'autorité administrative a statué avant cette date sur une demande d'autorisation de licenciement à l'encontre de l'un d'entre eux.

CE 7 octobre 2009, n° 322581, Rec. Lebon p. 358.

La connaissance par l'employeur de la démission d'un délégué syndical peut résulter de la réception d'une lettre émanant d'un autre syndicat l'informant de la désignation du salarié en qualité de délégué syndical.

Un salarié, désigné en qualité de délégué syndical par le syndicat CFDT le 3 avril 2006, a démissionné de ce mandat le 17 mars 2009, puis a exercé cette même fonction pour le syndicat CGT entre le 3 avril et le 6 novembre 2009. Licencié pour faute grave le 29 octobre 2010, il a saisi la juridiction prud'homale pour obtenir l'annulation de son licenciement et le versement de dommages-intérêts en réparation de cette nullité et pour violation du statut protecteur.

C'est à tort que, pour reprocher à une cour d'appel de l'avoir débouté de ces demandes, le salarié soutient que la date de cessation des fonctions de délégué syndical au sens et pour l'application de l'article L. 2411-3 CT est celle à laquelle l'employeur reçoit la lettre du syndicat lui notifiant la révocation ou la renonciation à ce mandat et que, faute d'avoir fait l'objet d'une notification à l'employeur, la démission de son mandat de délégué syndical CFDT en date du 17 mars 2009 n'avait pas produit d'effet juridique, de sorte qu'à la date de son licenciement, il bénéficiait toujours de la qualité de salarié protégé.

En effet, la démission du salarié de son mandat de délégué syndical prend effet, à l'égard de l'employeur, à la date à laquelle cette démission est portée à sa connaissance ; ayant constaté que l'employeur avait été informé, par une lettre du 3 avril 2009, de la désignation du salarié en qualité de délégué syndical par le syndicat CGT, ce dont il s'évinçait que le mandat qui lui avait été confié par le syndicat CFDT avait pris fin à la réception de cette lettre, et qu'il avait été mis fin à ce second mandat le 6 novembre 2009, la cour d'appel a exactement décidé que l'intéressé ne bénéficiait pas le 20 septembre 2010, date d'engagement de la procédure de licenciement, de la protection complémentaire instituée pour les anciens délégués syndicaux ayant exercé leurs fonctions pendant au moins un an.

Cass. soc. 9 juillet 2014, n° 12-29.438, BC V n° 190.

• Représentant syndical au CE

La protection du représentant syndical au comité d'entreprise court à compter de la réception de la lettre notifiant la désignation.

Après avoir relevé que la désignation d'un salarié en qualité de représentant syndical au comité d'entreprise avait été portée à la connaissance de l'employeur postérieurement à l'envoi de la convocation à l'entretien préalable au licenciement et que preuve n'était pas rapportée que ce dernier ait eu connaissance de l'imminence de la désignation, une cour d'appel en a exactement déduit que la protection accordée aux représentants syndicaux ne pouvait profiter à l'intéressé.

Cass. soc. 6 décembre 2011, n° 10-18.071.

L'annulation du mandat par un syndicat n'ayant pas d'effet rétroactif sur la qualité de salarié protégé, le salarié dont le contrat a été rompu avant cette annulation bénéficie du statut protecteur.

Un salarié a été employé à compter du 29 octobre 1998 en vertu de plusieurs contrats à durée déterminée successifs dont le dernier expirait le 31 octobre 2002 ; il a saisi la juridiction prud'homale, le 10 septembre 2002, aux fins d'obtenir la requalification de son contrat en contrat à durée indéterminée ; il a été désigné représentant syndical au comité d'entreprise le 30 octobre 2002.

Après avoir fait droit à sa demande de requalification du contrat et dit que la rupture intervenue le 31 octobre 2002 s'analysait en un licenciement sans cause réelle et sérieuse, une cour d'appel a néanmoins débouté le salarié de sa demande tendant à voir dire nul son licenciement pour violation du statut protecteur au motif que, le 13 novembre 2002, un syndicat avait fait savoir à l'employeur que sa nomination en tant que représentant syndical au comité d'entreprise était nulle et non avenue et que l'intéressé ne pouvait donc se prévaloir du statut de salarié protégé pour une fonction qu'il n'avait jamais exercée.

En statuant ainsi, alors que l'annulation par un syndicat du mandat de représentant syndical au comité d'entreprise n'a pas d'effet rétroactif sur la qualité de salarié protégé et que le salarié bénéficie du statut protecteur si la rupture du contrat de travail intervient antérieurement à l'annulation de son mandat, peu important qu'il n'en ait pas effectivement exercé les fonctions, la cour d'appel a violé l'article L. 2411-8 CT.

Cass. soc. 4 mars 2009, n° 08-41.408, 1er moyen, BC V n° 63.

• Représentant de section syndicale

L'annulation de la désignation d'un représentant de section syndicale n'a pas d'effet rétroactif sur le statut protecteur.

L'annulation par un tribunal d'instance de la désignation d'un représentant de section syndicale n'ayant pas d'effet rétroactif, la perte du statut protecteur n'intervient qu'à la date à laquelle le jugement d'annulation est prononcé, de sorte que l'autorisation administrative de licenciement est requise lorsque le salarié bénéficie de la protection à la date d'envoi de la convocation à l'entretien préalable au licenciement.

Un salarié, désigné le 20 mars 2014 par un syndicat en qualité de représentant de section syndicale au sein d'une unité économique et sociale (UES), a été convoqué par son employeur, par une lettre du 16 juin 2014, à un entretien préalable à un éventuel licenciement. Par un jugement du 3 juillet 2014, le tribunal d'instance a annulé la désignation précitée ; par une lettre du 7 juillet 2014, le syndicat a désigné à nouveau le salarié en qualité de représentant de section syndicale au sein de l'UES. Par une lettre du 15 juillet 2014, l'employeur a ensuite licencié ce salarié pour faute grave.

C'est à tort que, pour dire n'y avoir lieu à référé sur les demandes du salarié en réintégration dans ses fonctions, en paiement des salaires non perçus à compter de sa mise à pied irrégulière et sur la demande de provision du syndicat, une cour d'appel a retenu que lors de l'envoi de la lettre de licenciement du 15 juillet 2014, la désignation du 20 mars 2014 du salarié en qualité de délégué syndical se trouvait rétroactivement anéantie par l'effet de l'annulation prononcée par le tribunal d'instance ; que la désignation suivante du 7 juillet 2014 ne pouvait permettre à ce dernier de bénéficier de la procédure spéciale de licenciement, prévue par les articles L. 2411-3 et L. 2421-1 CT, dès lors qu'elle avait été notifiée à l'employeur après la convocation du salarié à l'entretien préalable au licenciement ; que dans ces conditions, les demandes du salarié qui ne pouvait se prévaloir d'aucun trouble manifestement illicite, faute de justifier du statut de salarié protégé, se heurtaient à une contestation sérieuse.

Cass. soc. 11 octobre 2017, n° 16-11.048, BC V n° 180.

• Membres du CHSCT

Le salarié désigné après sa convocation à l'entretien préalable ne peut bénéficier de la protection spéciale.

La désignation d'une salariée comme membre du CHSCT intervenue postérieurement à sa convocation à l'entretien préalable au licenciement ne peut avoir d'effet que jusqu'au terme du contrat et l'intéressée ne peut bénéficier de la protection spéciale applicable aux représentants du personnel.

Cass. soc. 3 avril 2001, n° 99-40.190, BC V n° 122.

Pour être protégé, le salarié doit avoir été régulièrement désigné.

Aux termes de l'alinéa 1er de l'article L. 236-5 CT, le CHSCT comprend le chef d'établissement ou son représentant et une délégation du personnel dont les membres sont désignés par un collège constitué par les membres élus du comité d'entreprise et les délégués du personnel.

C'est à tort que, pour dire que le licenciement d'une salariée était nul pour violation du statut protecteur, une cour d'appel a énoncé qu'il ressortait des procès-verbaux de réunion du CHSCT que la salariée était membre du CHSCT, que l'association ne pouvait contester cette qualité et ne rapportait pas la preuve d'une désignation non conforme aux dispositions légales, sans constater que la désignation de l'intéressée résultait d'un vote du collège désignatif constitué par les membres élus du comité d'établissement et des délégués du personnel.

Cass. soc. 28 novembre 2006, n° 04-45.548, BC V n° 356. Voir aussi cass. soc. 29 janvier 2013, n° 11-22.435.

Un salarié licencié pour faute grave le 24 octobre 2003, invoquant sa qualité de salarié protégé en raison de son élection au CHSCT intervenue le 28 mars précédent, a saisi la juridiction prud'homale d'une demande en nullité de son licenciement.

Après avoir constaté que sa désignation en qualité de représentant du personnel au sein du CHSCT résultait d'un vote du collège désignatif et que l'employeur n'avait pas contesté cette élection dans les délais prévus par l'article R. 236-5-1 CT, une cour d'appel a pu accueillir sa demande.

Cass. soc. 12 février 2008, n° 06-44.121, BC V n° 35.

Ainsi, un salarié, désigné comme secrétaire du CHSCT alors qu'il ne fait pas partie des membres de la délégation du personnel siégeant à ce comité, ne bénéficie pas de la procédure spéciale protectrice instituée par l'article L. 2411-13 ancien CT.

Ayant retenu qu'un salarié avait été désigné par l'employeur, avec l'aval de la délégation du personnel dont il ne faisait pas partie, en qualité de secrétaire du comité, une cour d'appel a pu déclarer valide son licenciement prononcé sans respect de la procédure spéciale protectrice.

Cass. soc. 18 mai 2005, n° 02-47.335, BC V n° 173. Voir aussi cass. soc. 25 janvier 1994, n° 92-40.139, BC V n° 23.

• Représentants élus

Pour bénéficier de la protection, les représentants doivent être élus.

Doit être cassé l'arrêt octroyant la qualité de salarié protégé à un salarié ayant été « désigné » délégué du personnel. Aucune élection n'ayant eu lieu, la cour d'appel ne pouvait décider que ce salarié devait bénéficier du statut protecteur.

Cass. soc. 13 juin 1990, n° 87-40.833, BC V n° 277.

À défaut de nouvelles élections, le représentant perd le bénéfice de la protection à l'issue de la période de six mois prévue aux articles L. 2411-5, al. 2 et L. 2411-8, al. 2 anciens CT…

Un salarié, élu en 1984 délégué du personnel, ne peut pas prétendre, en 1988, bénéficier de la procédure de protection, dès lors qu'aucune élection n'avait été organisée depuis 1984.

Le mandat des représentants du personnel ne peut être considéré comme tacitement reconduit si les élections ne sont pas organisées en temps utile. Une cour d'appel, ayant relevé que l'employeur n'avait pas pris l'initiative d'organiser d'autres élections et que les salariés ne l'avaient pas invité à le faire, a exactement décidé qu'à la date du licenciement, le salarié ne bénéficiait plus de la protection statutaire des représentants du personnel.

Cass. soc. 19 mai 1993, n° 91-40.235.

… sauf si un accord collectif unanime proroge le mandat.

Le 24 avril 2006, une société et les organisations représentatives au sein de l'entreprise ont conclu un accord fixant la durée des mandats de représentants du personnel à trois ans ; en application de cet accord, les élections des membres du comité d'entreprise et des délégués du personnel se sont déroulées au mois de juin 2009 ; le 22 décembre 2011, un « avenant n° 1 à l'accord d'entreprise relatif à la durée des mandats des représentants du personnel au sein [de la société] » a été signé entre l'employeur et les organisations syndicales représentatives aux termes duquel, la durée des mandats a été portée à quatre ans, l'accord précisant que cette modification prenait effet le jour de sa signature ; le même jour a été conclu entre les mêmes signataires un « accord pour la prorogation des mandats des membres du comité d'entreprise et des délégués du personnel [de la société] » précisant que les mandats en cours prendraient fin en juin 2013 ; un syndicat a saisi le tribunal d'instance de demandes notamment à l'annulation des accords du 22 décembre 2011, faute d'avoir été conclu à l'unanimité des organisations syndicales présentes dans l'entreprise.

Après avoir constaté que la prorogation des mandats en cours avait été décidée à l'unanimité des organisations syndicales représentatives dans l'entreprise, un tribunal a pu rejeter la demande du syndicat.

Cass. soc. 26 juin 2013, n° 12-60.246, BC V n° 172.

Ayant constaté l'existence d'un accord signé par l'ensemble des syndicats représentatifs dans l'entreprise pour proroger les mandats des membres du comité d'établissement et des délégués du personnel venant à expiration, un tribunal d'instance a pu déclarer irrecevable la demande d'un salarié tendant à l'organisation d'élections professionnelles en vue du renouvellement du comité d'entreprise et des délégués du personnel au sein d'une société.

Cass. soc. 27 mai 1999, n° 98-60.327, BC V n° 241.

Un tribunal d'instance a pu décider qu'il ne lui appartenait pas de proroger le mandat des membres du comité d'entreprise, dans l'attente de nouvelles élections. Seul un accord unanime de tous les partenaires sociaux permet de proroger un tel mandat.

Cass. soc. 13 juin 1989, n° 88-60.556, BC V n° 435.

L'accord de prorogation du mandat doit être conclu avant le terme de celui-ci.

Après avoir constaté qu'un mandat de délégué du personnel ayant expiré le 15 septembre 2002 avait été « prorogé », après son terme, par un accord conclu le 31 décembre 2002 entre l'employeur et deux syndicats, une cour d'appel a pu en déduire que cet accord était resté sans effet sur la compétence de l'inspecteur du travail et qu'à la date à laquelle celui-ci s'est prononcé, plus de six mois après l'expiration du mandat de délégué du personnel, le salarié ne relevait plus, au titre de ce mandat, de la protection exceptionnelle instituée par l'article L. 2411-5 CT.

CE 3 juillet 2013, n° 342291, Rec. Lebon p. 188.

L'employeur ne peut remettre en cause par voie d'exception un accord collectif prorogeant les mandats qu'il a signé et appliqué sans réserves.

Un salarié a été élu membre d'un comité d'entreprise en 2002 ; un accord a été conclu sur la prorogation des mandats des représentants du personnel le 24 juin 2004, puis le 16 septembre 2005 et enfin le 26 octobre 2006 ; le salarié a été licencié le 22 juin 2007 et a signé une transaction le 9 juillet 2007 ; il a saisi la juridiction prud'homale en avril 2008 pour qu'il soit constaté que son licenciement, et par conséquent la transaction signée postérieurement, étaient nuls faute pour l'employeur d'avoir respecté les règles du statut protecteur.

Ayant constaté que les mandats des membres du comité d'entreprise avaient été prorogés à trois reprises par un accord signé et mis en œuvre par l'employeur, une cour d'appel en a exactement déduit que le salarié bénéficiait, à ce titre, du statut protecteur et a pu annuler son licenciement.

Cass. soc. 4 février 2014, n° 11-27.134, 1er moyen, BC V n° 46.

En cas d'annulation des élections, le représentant élu conserve le bénéfice de la protection durant les six mois suivant le jugement d'annulation.

Un salarié avait été élu délégué du personnel le 11 janvier 2007. Les élections avaient cependant été annulées par jugement du 24 février 2007. Convoqué à un entretien préalable au licenciement le 13 août 2007, le salarié était licencié pour faute grave le 29 août 2007. Une cour d'appel a décidé que ce licenciement, notifié peu après l'expiration du statut protecteur pour des faits commis pendant la période de protection, lesquels auraient dû être soumis à l'inspecteur du travail, était nul.

Pour reprocher à la cour d'appel d'avoir ainsi statué, l'employeur soutient que le salarié, dont le mandat de représentant du personnel s'était interrompu à la suite d'un jugement d'annulation des élections professionnelles, avait perdu la qualité de salarié protégé à compter de ce jugement sans pouvoir bénéficier de la protection de six mois allouée aux anciens représentants du personnel, de sorte que son licenciement, prononcé pour des faits commis au cours de cette période de six mois, n'avait pas à être autorisé par l'inspecteur du travail.

Ce moyen doit être rejeté.

En effet, selon l'article L. 2411-5 CT, le licenciement d'un délégué du personnel ne peut intervenir qu'après autorisation de l'inspecteur du travail, et cette autorisation est également requise durant les six premiers mois suivant l'expiration du mandat de délégué du personnel ou de la disparition de l'institution.

C'est donc à bon droit que la cour d'appel, qui a relevé que l'élection des délégués du personnel avait été annulée par un jugement du 24 février 2007, et qui a constaté que la période de protection expirait le 24 août 2007, a décidé que le licenciement, qui reposait sur des faits survenus le 4 juillet 2007, aurait dû être soumis à l'autorisation de l'autorité administrative.

Cass. soc. 8 juin 2011, n° 10-11.933, 1re branche du moyen, BC V n° 143.

De même, le représentant conserve le bénéfice de la protection durant les six mois suivant la décision administrative reconnaissant la perte de la qualité d'établissement distinct d'un site.

La fermeture d'un établissement n'entraîne pas à elle seule disparition du comité d'établissement, laquelle ne peut résulter, en application des dispositions de l'article L. 2322-5 CT, que d'un accord entre l'employeur et les organisations syndicales intéressées ou, à défaut, d'une décision de l'autorité administrative.

Après avoir constaté que la perte de la qualité d'établissement distinct d'un site avait été reconnue par l'autorité administrative le 22 mai 2008, une cour d'appel en a exactement déduit qu'un salarié, qui bénéficiait jusqu'au 22 novembre 2008 de la protection d'une durée de six mois prévue par l'article L. 2411-8 CT en faveur des anciens membres du comité d'établissement, était protégé à la date de résiliation de son contrat de travail, fixée au jour du licenciement prononcé le 1er septembre 2008.

Cass. soc. 27 novembre 2013, n° 12-26.155, 3e moyen du pourvoi de l'employeur, BC V n° 289.

La mutation d'un salarié protégé, expressément acceptée par ce dernier, d'un établissement dans lequel il exerçait des mandats représentatifs, dans un autre établissement de la même entreprise, met fin à ses mandats et à la protection qui leur est attachée.

La mutation d'un salarié protégé, expressément acceptée par ce dernier, d'un établissement dans lequel il exerçait des mandats représentatifs, dans un autre établissement de la même entreprise, met fin à ses mandats.

Ayant constaté qu'un salarié avait accepté, par un avenant à son contrat de travail à effet du 1er janvier 2005, une mutation dans un établissement de l'entreprise situé dans le 19e arrondissement de Paris, une cour d'appel en a exactement déduit qu'il ne pouvait plus se prévaloir du statut protecteur de membre suppléant du comité de l'établissement regroupant les sites des 13e, 15e et 20e arrondissements de Paris à la date de son licenciement, le 5 mars 2007.

Cass. soc. 3 novembre 2016, n° 15-16.026, 1er moyen du pourvoi principal, BC V n° 204.

Le licenciement d'un salarié prononcé à l'expiration de la période légale de protection ne peut être motivé par des faits invoqués devant l'autorité administrative et qui ont donné lieu à une décision de refus d'autorisation du licenciement.

Cass. soc. 23 septembre 2015, n° 14-10.648, BC V n° 181. Voir aussi cass. soc. 3 juillet 2003, n° 00-44.625, BC V n° 213.

• Membres du comité d'entreprise européen

Le salarié membre du comité d'entreprise européen licencié par son employeur sans autorisation administrative et qui ne demande pas sa réintégration a le droit d'obtenir, d'une part, au titre de la méconnaissance du statut protecteur, le montant de la rémunération qu'il aurait dû percevoir entre son éviction et l'expiration de la période de protection, dans la limite de la durée de protection accordée aux membres du comité d'entreprise par l'article L. 436-1 CT et, d'autre part, outre ses indemnités de rupture, une indemnité réparant l'intégralité du préjudice résultant du caractère illicite du licenciement et au moins égale à celle prévue par l'article L. 122-14-4 CT.

Cass. soc. 16 mars 2005, n° 02-45.077, BC V n° 96.

• Titulaires de mandats extérieurs à l'entreprise

Si, pour bénéficier du statut protecteur, le salarié titulaire d'un mandat extérieur à l'entreprise doit avoir informé l'employeur de l'existence de son mandat au plus tard lors de l'entretien préalable au licenciement ou avant la notification de l'acte de rupture en cas de rupture ne nécessitant pas d'entretien préalable, ou bien rapporter la preuve que l'employeur avait connaissance de l'existence de son mandat…

Cass. soc. 14 septembre 2012, n° 11-21.307, BC V n° 230, cité dans « Conseillers prud'hommes (Protection) ». Voir aussi cass. soc. 26 mars 2013, n° 11-28.269, BC V n° 84, s'agissant d'un conseiller du salarié ; CE 23 décembre 2013, n° 354856 ; cass. soc. 16 janvier 2019, n° 17-27.685, à paraître, s'agissant d'un défenseur syndical.

… son obligation d'information ne s'étend pas aux conséquences pécuniaires attachées à la violation du statut protecteur.

Si, pour se prévaloir de la protection attachée à son mandat de conseiller du salarié mentionné par l'article L. 2411-1, 16° CT, le salarié doit, au plus tard lors de l'entretien préalable au licenciement, ou, s'il s'agit d'une rupture ne nécessitant pas un entretien préalable, au plus tard avant la notification de l'acte de rupture, avoir informé l'employeur de l'existence de ce mandat ou rapporter la preuve que l'employeur en avait alors connaissance, son obligation d'information ne s'étend pas aux conséquences pécuniaires attachées à la violation du statut protecteur.

Un salarié, engagé en 1995 par une association, a saisi la juridiction prud'homale de diverses demandes le 28 avril 2008. Il a été inscrit sur la liste des conseillers du salarié le 10 avril 2009, puis à compter du 12 septembre 2012 pour trois ans ; licencié pour inaptitude le 17 janvier 2013, sans que l'autorisation de l'inspecteur du travail ait été sollicitée, il a demandé la condamnation de l'employeur à lui payer la somme de 92 586 € pour violation de son statut protecteur.

C'est à tort que, pour reprocher à une cour d'appel de l'avoir condamné à payer au salarié, au titre de la violation du statut protecteur, une somme correspondant à trente mois de salaire à compter de son éviction, l'employeur soutient qu'en accordant une indemnisation au titre du mandat de conseiller du salarié obtenu le 12 septembre 2012, sans constater que le salarié avait informé l'employeur de son second mandat au plus tard lors de l'entretien préalable ou que l'employeur en avait connaissance à cette date, la cour d'appel aurait violé les articles L. 2411-1, 16° et L. 2411-2 CT.

En effet, après avoir constaté qu'à la date de l'entretien préalable, le salarié était protégé au titre d'un mandat dont l'employeur avait connaissance, ce dont il résultait que, faute pour celui-ci d'avoir sollicité l'autorisation de l'inspecteur du travail, ce licenciement était nul pour être intervenu en violation du statut protecteur de l'intéressé, la cour d'appel a exactement décidé que l'intéressé avait droit aux salaires qu'il aurait perçus jusqu'à la fin de la période de protection en cours à la date de son éviction dans la limite de trente mois.

Cass. soc. 30 juin 2016, n° 15-12.982, BC V n° 143.

Lorsque l'employeur est en liquidation judiciaire, il en est de même à l'égard du liquidateur.

Ayant constaté que la salariée d'une entreprise placée en liquidation judiciaire n'avait pas informé le liquidateur, lors de l'entretien préalable à son licenciement, de l'existence de son mandat de conseiller prud'homme, qu'elle n'établissait pas que ce dernier en avait connaissance et que le liquidateur justifiait au contraire que l'employeur avait omis de l'en informer, une cour d'appel en a exactement déduit que la salariée ne pouvait pas se prévaloir de la protection attachée à son mandat.

En effet, il appartient au salarié qui se prévaut d'une protection en raison d'un mandat extérieur à l'entreprise d'établir qu'il a informé le liquidateur de l'existence de ce mandat au plus tard lors de l'entretien préalable au licenciement, ou, s'il s'agit d'une rupture ne nécessitant pas un entretien préalable, au plus tard avant la notification de l'acte de rupture, ou que le liquidateur en avait connaissance.

Cass. soc. 1er juin 2017, n° 16-12.221, 1er moyen, BC V n° 102.

En cas de modification de la situation juridique de l'employeur, il en est de même à l'égard du nouvel employeur.

La seule poursuite du contrat de travail par application de l'article L. 1224-1 CT n'a pas pour effet de mettre le nouvel employeur en situation de connaître l'existence d'une protection dont bénéficie un salarié en raison d'un mandat extérieur à l'entreprise ; il appartient dès lors au salarié qui se prévaut d'une telle protection d'établir qu'il a informé le nouvel employeur de l'existence de ce mandat au plus tard lors de l'entretien préalable au licenciement, ou, s'il s'agit d'une rupture ne nécessitant pas un entretien préalable, au plus tard avant la notification de l'acte de rupture, ou que le nouvel employeur en avait connaissance.

Engagé par une association d'aide médico-sociale à domicile par contrat de travail en date du 17 décembre 2002, à effet au 1er juillet 2003, un salarié a été élu le 3 décembre 2008, en qualité de conseiller prud'homme ; le 28 avril 2009, l'association a été reprise par une fondation par voie de fusion-absorption ; par une lettre du 30 juin 2009, le salarié a été licencié pour faute grave, sans qu'ait été sollicitée l'autorisation préalable de l'inspecteur du travail.

Pour déclarer nul le licenciement et condamner l'employeur au versement de diverses sommes, une cour d'appel a énoncé qu'il résultait de l'attestation du président de l'association jusqu'en septembre 2008, puis vice-président jusqu'au 30 avril 2009 ainsi que de l'attestation de l'administratrice de l'association, que la direction était informée de la candidature puis de l'élection du salarié.

En statuant ainsi, la cour d'appel a violé les articles L. 2411-1, 17° et L. 2411-22 CT.

Cass. soc. 15 avril 2015, n° 13-25.283, BC V n° 88.
Voir aussi cass. soc. 30 janvier 2019, n° 17-24.821.

Le conseiller du salarié ayant exercé ses fonctions pendant au moins un an reste protégé pendant une période de douze mois suivant la cessation de ses fonctions.

Sauf dispositions expresses contraires, la recodification est intervenue à droit constant ; il en résulte que s'appliquent au conseiller du salarié les dispositions de l'article L. 2411-3 CT relatives à la durée de la protection d'un délégué syndical.

Un salarié inscrit sur la liste des conseillers du salarié par arrêté préfectoral du 26 février 2004 au 21 février 2007 a été convoqué à un entretien préalable au licenciement pour le 14 novembre 2007 et licencié le 19 novembre suivant ; estimant avoir été victime d'un licenciement illicite en raison de son statut protecteur, il a saisi la juridiction prud'homale statuant aux fins de réintégration et d'indemnisation.

Après avoir constaté que les fonctions de conseiller du salarié que l'intéressé avait exercées pendant plus de douze mois avaient pris fin le 21 février 2007, une cour d'appel a pu décider que le licenciement intervenu en novembre 2007 sans l'autorisation de l'inspecteur du travail constituait un trouble manifestement illicite.

Cass. soc. 27 janvier 2010, n° 08-44.376, BC V n° 22.

En cas d'annulation de l'autorisation administrative de licenciement, le conseiller du salarié a droit à réintégration dans son emploi ou dans un emploi équivalent.

L'article L. 1232-14 CT soumettant le licenciement d'un conseiller du salarié à la procédure prévue par le livre IV de la deuxième partie de ce code, il en résulte que les dispositions de l'article L. 2422-1 lui sont applicables ; en conséquence, à la suite de l'annulation de l'autorisation administrative de licenciement, le conseiller du salarié a droit à réintégration dans son emploi ou dans un emploi équivalent.

Cass. soc. 17 mai 2017, n° 16-14.979, 1re branche du 1er moyen du pourvoi de l'employeur, BC V n° 86.

Les salariés membres des commissions paritaires professionnelles créées par accord collectif bénéficient de la protection prévue pour les délégués syndicaux en cas de licenciement.

Selon l'article L. 2251-1 CT, les conventions et accords collectifs de travail ne peuvent déroger aux dispositions qui revêtent un caractère d'ordre public et, selon l'article L. 2234-3 CT, les accords instituant des commissions paritaires professionnelles au plan local, départemental ou régional déterminent les modalités de protection contre le licenciement des salariés membres de ces commissions et les conditions dans lesquelles ils bénéficient de la protection prévue par les dispositions du livre IV relatif aux salariés protégés ; il en résulte que le législateur a entendu accorder aux salariés membres des commissions paritaires professionnelles créées par accord collectif la protection prévue par l'article L. 2411-3 CT pour les délégués syndicaux en cas de licenciement ; ces dispositions, qui sont d'ordre public en raison de leur objet, s'imposent, en vertu des principes généraux du droit du travail, à toutes les commissions paritaires professionnelles créées par accord collectif, y compris celles créées par des accords antérieurs à l'entrée en vigueur de la loi du 4 mai 2004.

Cass. soc. 1er février 2017, n° 15-24.310, 1er moyen, BC V n° 20.

Il en va de même de l'administrateur de mutuelle…

Selon l'article L. 114-24 du code de la mutualité, le licenciement d'un salarié exerçant un mandat d'administrateur de mutuelle ou ayant cessé son mandat depuis moins de six mois est soumis à la procédure prévue par l'article L. 412-18 CT. L'administrateur de mutuelle, élu pour un mandat à durée déterminée, licencié sans autorisation administrative, peut donc prétendre à une indemnité pour violation du statut protecteur égale à la rémunération qu'il aurait perçue depuis son éviction jusqu'au terme de son mandat, dans la limite de deux ans, durée minimale légale du mandat des représentants élus du personnel, augmentée de six mois.

Cass. soc. 1er juin 2010, n° 09-41.507, 1er moyen du pourvoi principal, BC V n° 123.

… et de l'administrateur d'une Urssaf mais pas d'un représentant du personnel auprès du conseil d'administration.

C'est à bon droit qu'une cour d'appel a retenu qu'il résulte des articles L. 231-11 c. séc. soc., L. 2411-1 et L. 2411-18 CT que, seuls, les licenciements des vingt membres du conseil d'administration et des administrateurs des Urssaf sont soumis à l'autorisation de l'inspecteur du travail et qu'une salariée, élue en qualité de représentant du personnel auprès du conseil d'administration, ne bénéficie pas de ce statut de salarié protégé.

Cass. soc. 1er juin 2016, n° 14-26.928, BC V n° 125.

L'abstention, par un salarié, d'informer l'employeur de la protection dont il bénéficie, au regard du droit du licenciement, au titre d'un mandat extérieur, ne peut constituer l'usage d'une fausse qualité au sens de l'article 313-1 c. pén.

Cass. crim. 14 avril 2015, n° 14-81.188, B. crim. n° 82.

Mais le fait de ne pas révéler spontanément sa qualité de conseiller du salarié à l'employeur et de l'en aviser seulement au moment où il estime nécessaire de bénéficier de la protection qui y est attachée peut constituer une fraude du salarié susceptible de le priver de la protection attachée à son mandat.

Un salarié intérimaire, mis à disposition d'une société du 2 juillet au 31 décembre 2012 au titre de deux contrats de mission successifs et au motif d'un surcroît temporaire d'activité, a, par lettre du 15 décembre 2012, avisé l'employeur et l'entreprise utilisatrice de sa qualité de conseiller du salarié ; il a saisi le 20 décembre 2012 la juridiction prud'homale d'une demande de requalification de son contrat de mission en contrat de travail à durée indéterminée et de demandes en paiement d'une indemnité de requalification et de diverses sommes au titre de la rupture du contrat de travail. Doit être cassé l'arrêt qui, pour condamner l'entreprise de travail temporaire au paiement d'une somme au titre des rémunérations dues au salarié jusqu'à la fin de la période de protection, a retenu que le fait de ne pas révéler spontanément sa qualité de conseiller du salarié à l'employeur et de l'en aviser seulement au moment où le salarié estimait nécessaire de bénéficier de la protection qui y est attachée ne pouvait être considéré comme abusif et que l'abus de procédure ne pouvait résulter d'autres procès opposant le même salarié à d'autres employeurs.

En effet, en statuant ainsi, alors qu'une fraude du salarié peut le priver de la protection attachée à son mandat, la cour d'appel a violé les articles L. 2421-1, L. 2413-1, L. 2411-21 et L. 1232-14 CT, et l'article 1382 c. civ. dans sa rédaction applicable en la cause.

Cass. soc. 12 juillet 2017, n° 15-27.286, pourvoi de l'entreprise de travail temporaire, BC V n° 119.

• Représentant des salariés à la procédure collective

Le candidat à l'élection du représentant des salariés à la procédure collective ne bénéficie pas du statut protecteur.

C'est à tort que, pour juger nul le licenciement d'une salariée prononcé par le mandataire à la liquidation judiciaire de la société, et fixer au passif de cette dernière diverses sommes au profit de la salariée et au profit d'un syndicat, une cour d'appel a retenu que la salariée, candidate à l'élection du représentant des salariés à la procédure de redressement ou de liquidation judiciaire de l'employeur, ne pouvait être licenciée qu'avec l'autorisation de l'inspecteur du travail, en sorte que le licenciement de l'intéressée, qui avait manifesté l'intention d'être candidate à une telle élection, intervenu pendant la période de protection sans l'autorisation de l'inspecteur du travail, était nul, alors que l'article L. 627-5 du code du commerce limite la protection contre les licenciements du représentant des salariés à la durée de son mandat.

Cass. soc. 1er mars 2005, n° 02-44.293, BC V n° 74.

La protection du représentant des salariés en cas de redressement judiciaire cesse lorsque toutes les sommes versées au représentant des créanciers par l'AGS ont été reversées par ce dernier aux salariés.

Cass. soc. 5 décembre 2007, n° 06-44.073.

Un salarié a été engagé en qualité de vendeur automobile par une société ; cette dernière a été placée en redressement judiciaire le 8 juillet 2003, le salarié ayant été désigné en qualité de représentant des salariés le 7 juillet 2003 ; par jugement du 2 décembre 2003, un plan de cession a été arrêté au profit d'une autre société, laquelle a licencié l'intéressé pour faute grave, le 31 janvier 2004 ; invoquant la nullité de son licenciement, il a saisi la juridiction prud'homale.

Après avoir relevé que le salarié avait été désigné en qualité de représentant des salariés par une décision non contestée du 7 juillet 2003 et constaté que la rupture de son contrat de travail était intervenue avant que les sommes versées au représentant des créanciers par l'AGS aient été intégralement reversées aux salariés de l'entreprise, une cour d'appel a pu annuler son licenciement et fixer ses créances au passif de la société cessionnaire.

En effet, le licenciement d'un représentant des salariés désigné en vertu de l'article 15 du décret 85-1388 du 27 décembre 1985 et dont la désignation n'a pas été annulée préalablement par le juge d'instance auquel le second alinéa de l'article L. 621-9 c. com., dans sa rédaction alors applicable, attribue compétence pour connaître de cette contestation, doit être autorisé par l'inspecteur du travail si sa mission n'a pas pris fin.

Cass. soc. 23 septembre 2009, n° 08-40.603, BC V n° 197.

La protection du représentant des salariés, qui exerce les fonctions du comité d'entreprise ou à défaut, des délégués du personnel en cas d'absence de ceux-ci, cesse au terme de la dernière audition ou consultation précédant l'adoption d'un plan de redressement.

Alors qu'un tribunal de commerce avait arrêté le plan de continuation d'une entreprise pour une durée de huit ans, le salarié désigné en qualité de représentant des salariés au moment de l'ouverture de la procédure de redressement judiciaire a été licencié pour faute grave sans autorisation de l'inspecteur du travail.

Après avoir constaté que toutes les sommes versées au représentant des créanciers par l'AGS avaient été reversées aux salariés et qu'un plan de continuation avait été adopté, c'est à bon droit qu'une cour d'appel en a déduit que le licenciement du représentant des salariés n'était pas soumis à autorisation préalable de l'inspecteur du travail.

Cass. soc. 30 janvier 2013, n° 11-22.979, BC V n° 23.

Le représentant des salariés licencié avec l'autorisation de l'inspecteur du travail n'a plus le pouvoir d'agir en cette qualité après l'expiration du préavis qui met fin au mandat.

Cass. soc. 4 juillet 2007, n° 05-19.112, BC V n° 115.

Les salariés demandant l'organisation d'élections professionnelles et les candidats bénéficient également d'un statut protecteur

• Protection du premier salarié demandeur

Sauf si la demande est manifestement dépourvue de tout caractère sérieux, le salarié qui a demandé l'organisation des élections pour la mise en place des délégués du personnel bénéficie, lorsqu'une organisation syndicale intervient aux mêmes fins, de la protection de six mois prévue par l'article L. 2411-6 ancien CT.

Cass. soc. 13 octobre 2010, n° 09-41.916, BC V n° 228. Voir aussi cass. soc. 3 avril 2019, n° 18-10.414, 1er moyen.

La protection de six mois bénéficiant au salarié qui a demandé à l'employeur d'organiser les élections pour mettre en place l'institution des délégués du personnel lui est acquise à compter de l'envoi de la lettre recommandée par laquelle l'organisation syndicale intervient aux mêmes fins,...

Cass. soc. 20 mars 2013, n° 11-28.034. Voir aussi CE 31 mars 2014, n° 363967.

... à condition que cette organisation syndicale remplisse les conditions pour négocier le protocole électoral et présenter des candidats au premier tour des élections.

Cass. soc. 15 octobre 2015, n° 14-15.995, moyen soulevé d'office.

Peu importe que la demande du salarié intervienne avant la date à laquelle la mise en place de l'institution devient obligatoire dans l'entreprise, dès lors qu'il existe un délai raisonnable entre ces deux dates.

La protection de six mois bénéficiant au salarié qui a demandé à l'employeur d'organiser les élections pour mettre en place l'institution des délégués du personnel lui est acquise à compter de l'envoi de la lettre recommandée par laquelle l'organisation syndicale intervient aux mêmes fins ; la date à laquelle la mise en place de l'institution est obligatoire est sans incidence sur cette protection, dès lors que le délai entre la demande du syndicat tendant à l'organisation des élections et le jour où l'institution doit être mise en place est raisonnable.

Un salarié a sollicité, le 26 juillet 1995, la mise en place de l'institution des délégués du personnel au sein de sa société et cette demande a été reprise le 20 octobre 1995 par une organisation syndicale. Après un entretien préalable, fixé au 13 novembre 1995, le salarié a été licencié le 8 décembre 1995, en l'absence d'autorisation de l'inspecteur du travail.

Doit être cassé l'arrêt qui, pour dire que le salarié ne bénéficiait pas du statut protecteur, énonce que la société n'avait pas l'obligation légale d'organiser l'élection avant le 1er janvier 1996 et que le salarié, qui avait effectivement demandé l'organisation de cette élection avec le concours d'une organisation syndicale, ne bénéficiait pas du statut protecteur le 8 décembre 1995, date du licenciement.

Cass. soc. 25 janvier 2006, n° 03-42.908, BC V n° 29.

Le salarié qui demande l'organisation d'élections ne bénéficiera pas du statut protecteur si un syndicat a envoyé avant le salarié à l'employeur une demande aux mêmes fins.

C'est à tort que, pour décider qu'une salariée avait été licenciée en violation du statut protecteur et ordonner sa réintégration sous astreinte, une cour d'appel, statuant en référé, après avoir constaté que la candidature de la salariée aux élections professionnelles avait été annulée par le tribunal d'instance, a retenu qu'elle devait néanmoins bénéficier de la protection légale, en raison de la demande d'organisation d'élections qu'elle avait formulée auprès de l'employeur, et qu'aucune disposition légale ne permettait de retenir que l'annulation de la déclaration de candidature ait pour effet immédiat et nécessaire de priver le salarié demandeur à l'organisation d'élections de la protection légale, alors que la lettre demandant l'organisation des élections émanait du syndicat sous la signature de son président et que la demande aux mêmes fins formulée en son nom par la salariée ne lui conférait pas le statut de salariée protégée.

Cass. soc. 28 octobre 1996, n° 94-45.426, BC V n° 351. Voir aussi cass. soc. 11 octobre 2000, n° 98-43.930.

Le fait que l'inspecteur du travail ait refusé d'autoriser le licenciement d'un salarié demandant l'organisation d'élections vaut reconnaissance de la qualité de salarié protégé de l'intéressé.

Par courrier reçu par l'employeur le 6 novembre 1996, un salarié a demandé l'organisation des élections des délégués du personnel et des membres du comité d'entreprise au sein de la société. Cette demande a été reprise par lettre recommandée émanant de la CFE-CGC en date du 12 novembre 1996. Le salarié a été convoqué à un entretien préalable à son licenciement le 18 novembre 1996, puis par courrier du 4 décembre, lequel a eu lieu le 16 décembre 1996. Le 17 décembre, l'employeur a demandé à l'inspection du travail l'autorisation de licencier l'intéressé en tant que salarié protégé et l'a néanmoins licencié pour faute grave par lettre du 29 janvier, le refus de l'inspecteur d'autoriser le licenciement intervenant le 30 janvier. Le salarié a alors saisi la juridiction prud'homale en référé pour obtenir sa réintégration.

Doit être cassé l'arrêt qui, pour déclarer la juridiction des référés incompétente pour statuer sur la demande de réintégration du salarié, retient, après avoir constaté que le salarié avait demandé l'organisation des élections des représentants du personnel par lettre du 4 novembre 1996, qu'en raison d'une note datée du même jour produite par la société fixant la date de dépôt des candidatures et celle des élections, l'application des dispositions de l'article L. 425-1, al. 8 CT se heurte à une contestation sérieuse alors que, au jour de la demande de réintégration, l'inspecteur du travail avait refusé d'autoriser le licenciement, reconnaissant ainsi la qualité de salarié protégé de l'intéressé, ce dont il résultait que son licenciement caractérisait un trouble manifestement illicite.

Cass. soc. 26 juin 2001, n° 99-41.019, BC V n° 230.

• Protection des candidatures déclarées

Le délai légal de protection des candidats ne court qu'à compter de l'envoi à l'employeur de la liste des candidatures postérieurement à la signature du protocole préélectoral.

Un salarié ayant présenté sa candidature une première fois le 5 mars, puis une seconde fois le 19 avril, après la signature du protocole préélectoral, bénéficie de la protection instituée par l'article L. 425-1 CT jusqu'au 19 octobre et non jusqu'au 5 septembre. En effet, le protocole préélectoral n'ayant été conclu que le 13 avril, seul l'envoi à l'employeur, le 19 avril, de la liste de candidatures avait pu ouvrir la période de protection des anciens candidats à l'élection. Le licenciement prononcé à l'encontre de ce salarié le 18 septembre, donc au cours de la période de protection, sans autorisation de l'inspection du travail est nul.

Cass. soc. 24 mars 1988, n° 86-40.624, BC V n° 216. Voir aussi cass. soc. 22 mars 1995, n° 93-41.678 ; cass. soc. 5 février 2002, n° 99-46.184.

Doit être cassé l'arrêt déclarant nul le licenciement d'un salarié et condamnant l'employeur à verser des dommages-intérêts au motif que ce dernier a poursuivi la procédure de licenciement sans solliciter d'autorisation administrative alors qu'un syndicat avait notifié la candidature de l'intéressé aux élections de délégués du personnel, alors que la candidature du salarié aux élections des délégués du personnel était postérieure à l'entretien préalable et que la connaissance par l'employeur de l'imminence de sa candidature avant cet entretien n'était pas alléguée, si bien que l'autorisation administrative de licenciement n'était pas nécessaire.

Cass. soc. 26 octobre 2005, n° 04-40.737.

Toutefois, cette formalité n'est prévue que pour faciliter la preuve de la candidature et non pour sa validité.

Un salarié, dont le nom figurait sur les listes affichées par l'employeur le 11 février 1994 en qualité de candidat CGT pour le second tour des élections des délégués du personnel qui avait eu lieu le 18 février 1994, avait été licencié pour faute grave le 16 mai 1994. Il avait saisi la juridiction prud'homale de demandes d'annulation du licenciement et en paiement d'une provision.

Si l'article L. 425-1, al. 7 CT précise que le point de départ du délai de protection court à partir de l'envoi, par lettre recommandée à l'employeur, des listes de candidatures, cette formalité n'est prévue que pour faciliter la preuve de la candidature et non pour sa validité.

Après avoir relevé que la candidature litigieuse, dont l'existence n'était pas contestée, n'avait pas été faite par lettre recommandée, mais avait été affichée par l'employeur le lendemain de la date limite de dépôt des listes de candidatures fixée par le protocole d'accord préélectoral au 10 février 1994, une cour d'appel a pu en déduire que la protection était en cours à la date du licenciement et que ce dernier constituait un trouble manifestement illicite.

Cass. soc. 4 mars 1998, n° 95-42.040, BC V n° 119.
Voir aussi cass. soc. 4 décembre 2002, n° 00-45.753.

L'employeur, en sa qualité d'organisateur des élections, est destinataire des candidatures et lorsqu'il conteste le bénéfice de la protection à un salarié élu, c'est à lui d'établir que la convocation à l'entretien préalable avait précédé la formalisation de la candidature.

Un salarié élu représentant du personnel bénéficie nécessairement de la protection accordée au candidat depuis la date de sa candidature ; il appartient à l'employeur qui lui conteste le bénéfice de cette protection d'établir que la convocation à l'entretien préalable a précédé la formalisation de la candidature dont le chef d'entreprise est, en qualité d'organisateur des élections, destinataire et qu'il lui appartient d'enregistrer.

Cass. soc. 12 juillet 2006, n° 04-47.724, 1er moyen, BC V n° 250.

Dans l'hypothèse où la liste n'aurait pas été envoyée à l'employeur, le salarié acquiert la qualité de salarié protégé au titre de sa candidature à compter du jour de l'élection à laquelle il a participé.

CE 11 décembre 2006, n° 282699.

Lorsqu'un salarié sous contrat à durée déterminée a fait acte de candidature moins d'un mois avant l'expiration du contrat, l'arrivée du terme du contrat entraîne la cessation du lien contractuel, sans que l'employeur soit tenu de saisir l'inspecteur du travail.

Une salariée, engagée par contrats à durée déterminée par une société, avec pour dernier terme contractuel le 21 décembre 2001, a été présentée par un syndicat sur la liste de ses candidats aux élections à la délégation unique du personnel le 12 décembre 2001, soit quelques jours avant le terme de son contrat. Contestant l'éligibilité de la salariée, l'employeur a saisi, le 20 décembre 2001, le tribunal d'instance.

Il résulte des articles L. 425-2 et L. 436-2 CT que lorsque le salarié fait acte de candidature moins d'un mois avant l'expiration du contrat à durée déterminée, l'arrivée du terme de ce contrat entraîne la cessation du lien contractuel sans que l'employeur soit tenu de saisir l'inspecteur du travail, cette formalité ne lui étant imposée que lorsque le salarié est protégé avant le point de départ du délai d'un mois. Il appartient seulement au salarié qui s'estime victime d'une discrimination d'établir la disparité de situation qu'il allègue et à l'employeur de s'expliquer sur les raisons de celle-ci.

Cass. soc. 28 mai 2003, n° 02-60.006, BC V n° 176.

La circonstance qu'un salarié a bénéficié d'une protection au titre de l'imminence de sa candidature ne saurait le priver d'une nouvelle protection en tant que candidat au second tour des élections.

La circonstance qu'un candidat au second tour des élections des délégués du personnel a initialement bénéficié de la protection résultant des dispositions de l'article L. 2411-7 CT, due au salarié qui a fait la preuve que l'employeur avait eu connaissance de l'imminence de sa candidature avant de le convoquer à l'entretien préalable au licenciement, protection qui lui était due quand bien même sa candidature avait été présentée avant le premier tour de scrutin et ne figurait pas sur une liste établie par une organisation syndicale représentative, ne saurait le priver de la nouvelle protection due au titre de sa candidature aux élections ; dès lors, une cour administrative d'appel qui, en reconnaissant comme seule protection à un salarié celle dont il bénéficiait au titre de l'imminence de sa candidature, a implicitement mais nécessairement estimé qu'il ne bénéficiait pas d'une nouvelle protection en tant que candidat au second tour, a commis une erreur de droit.

CE 28 mars 2013, n° 338289.

Le retrait de la liste de candidats à l'occasion du report des élections ne prive pas le candidat de la protection attachée à sa candidature.

L'autorisation de licenciement est requise pendant six mois pour le candidat au premier ou au second tour des élections aux fonctions de délégué du personnel à compter de l'envoi à l'employeur de la lettre du syndicat lui notifiant cette candidature, sans que son retrait ultérieur de la liste à l'occasion du report des élections n'ait d'incidence sur cette protection.

Cass. soc. 26 septembre 2012, n° 11-14.339, BC V n° 235.

L'annulation des élections des délégués du personnel ne prive pas les candidats de la protection prévue par l'article L. 2411-7 ancien CT.

Ayant relevé que la candidature d'un salarié avait été présentée le 11 mars 1996, une cour d'appel a exactement décidé qu'en dépit de l'annulation des élections le 24 avril 1996, l'intéressé bénéficiait de la protection accordée aux candidats aux élections des délégués du personnel et que le licenciement, intervenu le 22 mai 1996, sans respect des formalités légales, constituait un trouble manifestement illicite qu'il convenait de faire cesser par une mesure de remise en état. Elle a donc pu ordonner la réintégration du salarié sous astreinte.

Cass. soc. 11 mai 1999, n° 97-40.765, BC V n° 211.

De même, l'annulation d'une candidature n'a pas d'effet sur le statut protecteur.

Une salariée, candidate aux élections des délégués du personnel, avait été licenciée sans autorisation administrative préalable. L'employeur avait demandé une autorisation a posteriori, qui a été refusée.

Doit être cassé l'arrêt qui, pour débouter la salariée de ses demandes au titre de la méconnaissance par l'employeur du statut protecteur, a relevé que la candidature de l'intéressée avait été rétroactivement anéantie par le jugement du tribunal d'instance qui l'avait déclarée frauduleuse, alors que l'annulation d'une candidature n'a pas d'effet sur le statut protecteur et que la perte de la qualité de salarié protégé intervient à la date à laquelle le jugement d'annulation est prononcé. Il en résultait que le licenciement intervenu en l'absence d'autorisation administrative, alors que la salariée avait la qualité de salariée protégée, avait été prononcé en violation du statut protecteur et que la salariée était fondée à demander, outre la réparation du préjudice résultant de celui-ci jusqu'à la date du jugement d'annulation de sa candidature, réparation du préjudice résultant du licenciement nul.

Cass. soc. 28 novembre 2000, n° 98-42.019, BC V n° 396. Voir aussi cass. soc. 5 mai 2009, n° 07-45.004.

La protection spéciale s'applique en cas de transfert d'un candidat aux élections faisant suite à une cession partielle d'entreprise ou d'établissement.

La protection exceptionnelle et exorbitante du droit commun dont bénéficient les salariés investis d'un mandat électif ou syndical s'étend aux candidats aux élections. Les dispositions de l'article L. 425-1, al. 6 CT qui subordonnent le transfert d'un délégué du personnel, en cas de cession partielle d'entreprise ou d'établissement, à l'autorisation préalable de l'inspecteur du travail, étant destinées à permettre à celui-ci de s'assurer que le salarié ne fait pas l'objet d'une mesure discriminatoire, ne se limitent pas aux seuls représentants élus et s'appliquent aux candidats aux élections qui sont exposés au même risque.

Cass. soc. 8 juin 1999, n° 96-45.045, BC V n° 272.

Le candidat aux fonctions de membre élu du CHSCT doit bénéficier de la protection prévue par la loi en faveur des candidats aux élections professionnelles.

Un salarié avait été convoqué à un entretien préalable au licenciement fixé au 9 avril 1996 et avait été licencié par lettre du 11 avril. Soutenant qu'il avait la qualité de salarié protégé en tant que candidat à l'élection aux fonctions de membre du CHSCT, il a saisi la juridiction prud'homale d'une demande tendant à faire constater à titre principal la nullité du licenciement.

Doit être cassé l'arrêt qui, pour rejeter sa demande, énonce que, pour bénéficier du statut protecteur réservé aux représentants du personnel et au syndicat, les institutions représentatives créées par voie conventionnelle doivent être de même nature que celles prévues par le code du travail, alors que le salarié, qui n'était que candidat aux fonctions de membre élu du CHSCT, devait, à ce titre, bénéficier de la protection prévue par les articles L. 436-1 à 3 CT en faveur des candidats aux élections professionnelles.

Cass. soc. 30 avril 2003, n° 00-46.787, BC V n° 154.

• Protection des candidatures imminentes

La notification de candidature à l'employeur, antérieurement à l'accord préélectoral, est de nature à établir la connaissance par celui-ci de l'imminence de cette candidature.

Un salarié avait demandé, par lettre du 7 novembre 1991 confirmée par un courrier du même jour d'un syndicat, l'organisation des élections de délégués du personnel. Il avait déclaré sa candidature à ces fonctions par lettre du 13 décembre 1991 et l'accord préélectoral était intervenu le 16 décembre 1991. Il n'avait été élu ni au premier tour le 20 décembre 1991 ni au second tour le 23 décembre. Par courrier du 15 juin 1992, le chef d'entreprise avait sollicité l'autorisation de le licencier auprès de l'inspecteur du travail qui, constatant que ce licenciement avait été notifié à l'intéressé par lettre recommandée du 27 mai 1992, avait dressé procès-verbal.

A justifié sa décision la cour d'appel qui a déclaré l'employeur coupable d'entrave à la libre désignation des délégués du personnel. En effet, d'une part, le fait que l'intéressé a pu initialement bénéficier de la protection résultant de l'alinéa 8 de l'article L. 425-1 CT due aux salariés qui ont pris l'initiative de demander l'organisation des élections ne saurait le priver de la protection prévue par l'alinéa 5 à compter de sa candidature aux élections. D'autre part, la notification de candidature à l'employeur, antérieurement à l'accord préélectoral, est de nature à établir la connaissance par celui-ci de l'imminence de cette candidature et constitue le point de départ de la protection due en application de l'alinéa 5 de l'article précité du code du travail.

Cass. crim. 18 novembre 1997, n° 96-80.942, B. crim. n° 391.

Si l'employeur a eu connaissance de la candidature au moment de l'envoi de la convocation à l'entretien préalable au licenciement, le salarié bénéficie de la procédure protectrice…

Un salarié avait, par lettre du 26 août 1992, demandé à son employeur d'organiser des élections de délégués du personnel en lui précisant qu'il se portait candidat. Le 28 août, date de réception de la lettre, l'employeur avait convoqué le salarié à un entretien préalable à son licenciement, notifié le 9 septembre.

A justifié sa décision la cour d'appel qui a déclaré l'employeur coupable d'entrave à la libre désignation des délégués du personnel. En effet, il résulte de l'article L. 425-1, al. 5 et 7 CT que doit être considérée comme imminente, et donc ouvrir droit au bénéfice du statut protecteur, la candidature individuelle d'un salarié aux fonctions de délégué du personnel, dont l'employeur a connaissance avant la convocation de ce dernier à l'entretien préalable au licenciement, alors même que cette candidature aurait été présentée avant l'organisation du premier tour des élections, pour lequel les syndicats représentatifs ont le monopole des candidatures.

Cass. crim. 3 décembre 1996, n° 94-82.953, B. crim. n° 444. Voir aussi cass. soc. 11 octobre 2017, n° 16-10.139, BC V n° 179, s'agissant d'une candidature au second tour de l'élection de la délégation unique du personnel.

La procédure protectrice s'applique lorsque le salarié a fait la preuve que l'employeur a eu connaissance de l'imminence de sa candidature avant qu'il n'ait été convoqué à l'entretien préalable au licenciement. Le caractère imminent de la candidature n'est pas subordonné à la conclusion préalable d'un protocole d'accord préélectoral.

Cass. soc. 20 novembre 1991, n° 88-42.554, 1er moyen, BC V n° 514. Voir aussi cass. soc. 25 octobre 2017, n° 16-13.844.

… et l'employeur ne peut, pour écarter cette protection, invoquer le caractère frauduleux de la candidature s'il n'en a pas contesté la régularité dans le délai de forclusion.

D'une part, après avoir constaté qu'au jour de l'envoi de la seconde convocation d'un salarié à un entretien préalable au licenciement, son employeur était informé de la qualité de salarié protégé de l'intéressé, une cour d'appel a décidé à bon droit qu'en l'absence d'autorisation de l'administration du travail, le licenciement était nul.

Ensuite, la cour d'appel a pu juger que, dès lors que l'employeur n'avait pas contesté la régularité de la candidature du salarié devant le tribunal d'instance dans le délai de forclusion prévu par l'article R. 2324-24 CT, il n'était pas recevable à alléguer le caractère frauduleux de la candidature du salarié pour écarter la procédure prévue par l'article L. 2411-7 CT.

Cass. soc. 13 mai 2014, n° 13-14.537, 1er moyen, BC V n° 115.

En cas de licenciement ne nécessitant pas d'entretien préalable, le salarié bénéficie de la procédure protectrice à condition que l'employeur soit informé de la candidature avant la date d'envoi de la lettre de licenciement.

Pour l'application des articles L. 2411-7 et L. 2411-10 CT, si la procédure de licenciement ne nécessite pas d'entretien préalable, l'employeur doit requérir l'autorisation administrative de licencier un salarié candidat aux élections professionnelles lorsqu'il a été informé de cette candidature avant la date d'envoi de la lettre de licenciement.

Une société a, par lettres du 19 août 2009, proposé à l'ensemble des salariés une modification pour motif économique de leurs contrats de travail ; un certain nombre d'entre eux ayant refusé cette modification, la société a engagé une procédure de licenciement pour motif économique de plus de dix salariés ; les 25 et 30 novembre 2009, un syndicat a communiqué à l'employeur la liste de ses candidats aux élections des délégués du personnel et membres du comité d'entreprise, comprenant six salariées concernées par la procédure de licenciement ; celles-ci ont été licenciées pour motif économique par lettres du 5 décembre 2009 ; contestant leurs licenciements, elles ont saisi la juridiction prud'homale.

Pour rejeter la demande des salariées en annulation de leurs licenciements pour violation du statut protecteur, réintégration et paiement du rappel de salaires y afférent, une cour d'appel a retenu que la procédure de licenciement de plus de dix salariés, donc sans entretien préalable, avait été mise en œuvre avant la prise de connaissance par l'employeur de leurs candidatures aux élections professionnelles, qu'en effet dès le 23 septembre 2009, celui-ci avait informé les salariées des conséquences de leur refus d'acceptation de la modification de leur contrat de travail et de l'engagement d'une procédure de licenciement économique à leur encontre, que le 23 octobre 2009, il avait remis au comité d'entreprise un document d'information sur le projet de licenciement économique collectif avec la convocation à la première réunion, que la procédure de consultation finale du comité d'entreprise sur le projet de licenciement économique et le plan de sauvegarde de l'emploi était intervenue le 9 novembre 2009 et que le 13 novembre, la liste des salariés concernés par le licenciement collectif avait été transmise à la Direction du travail, tandis que le syndicat ne lui avait transmis sa liste de candidats aux élections professionnelles que les 25 et 30 novembre 2009.

En statuant ainsi, alors que l'employeur avait été informé de la candidature des salariées aux élections professionnelles antérieurement à l'envoi des lettres de licenciement, la cour d'appel a violé les articles L. 2411-7 et L. 2411-10 CT.

Cass. soc. 6 avril 2016, n° 14-12.724, 1er moyen, BC V n° 66.

Si l'employeur n'avait pas connaissance de la candidature lors de l'envoi de la convocation à l'entretien préalable au licenciement, le salarié, même s'il est ultérieurement élu, ne bénéficie pas du statut protecteur au titre de la procédure en cours.

Pour l'application des articles L. 2326-1, L. 2411-5 et L. 2411-7 CT, c'est au moment de l'envoi de la convocation à l'entretien préalable au licenciement que l'employeur doit avoir connaissance de la candidature d'un salarié aux élections professionnelles ; lorsque l'employeur engage la procédure de licenciement avant d'avoir connaissance d'une candidature ou de son imminence, le salarié, même s'il est ultérieurement élu, ne bénéficie pas du statut protecteur au titre de la procédure en cours.

Un salarié a été convoqué à un entretien préalable au licenciement par lettre du 9 mars 2007 ; il a été élu sur la liste d'un syndicat au second tour des élections de la délégation unique du personnel le 23 mars, aucun syndicat représentatif n'ayant présenté de liste lors du premier tour, le 9 mars ; il a été licencié le 28 mars sans autorisation de l'inspecteur du travail ; estimant son licenciement illicite pour violation du statut protecteur, le salarié a saisi la formation de référé du conseil de prud'hommes pour obtenir sa réintégration.

Pour faire droit à sa demande, une cour d'appel a relevé qu'il n'était pas contesté que lors de son licenciement le salarié avait été élu depuis plusieurs jours et qu'en poursuivant la procédure de licenciement jusqu'à son terme, sans requérir l'autorisation de l'inspecteur du travail, après l'élection du salarié, l'employeur avait commis un trouble manifestement illicite.

En statuant ainsi, alors qu'il n'était pas démontré que la société ait eu connaissance de l'imminence de la candidature de l'intéressé aux élections de la délégation unique du personnel lors de sa convocation à l'entretien préalable au licenciement, de sorte que l'existence d'un trouble manifestement illicite n'était pas caractérisée, la cour d'appel a violé les articles L. 2326-1, L. 2411-5 et L. 2411-7 CT.

Cass. soc. 28 janvier 2009, n° 08-41.633, BC V n° 25.

Il appartient au salarié de rapporter la preuve de la connaissance par l'employeur de l'imminence de sa candidature.

Une cour d'appel a pu refuser d'appliquer à un salarié, futur délégué syndical, le bénéfice de la procédure protectrice, dès lors que ce dernier n'avait pas établi que l'employeur ait eu connaissance de l'imminence de cette désignation avant d'envoyer la convocation à l'entretien préalable.

Cass. soc. 1er décembre 1993, n° 92-40.072, précité.

La protection bénéficie aux candidats du premier comme du second tour.

Doit être cassé l'arrêt déboutant de sa demande en réintégration un salarié projetant de présenter sa candidature au second tour des élections, alors que l'employeur avait eu connaissance de cette candidature et que la procédure protectrice est applicable aux candidats du premier comme du second tour.

Cass. soc. 18 novembre 1992, n° 88-44.905, BC V n° 556.

• Absence de protection en cas de candidature, de désignation ou de demande d'organisation d'élections frauduleuses

Le salarié se portant candidat ou demandant l'organisation d'élections pour tenter d'échapper à une mesure de licenciement ne bénéficie pas de la procédure protectrice.

Une cour d'appel a pu refuser d'accorder à deux salariés s'étant portés candidats pour des élections professionnelles le bénéfice de la procédure protectrice, après avoir constaté que ces candidatures, dont l'employeur connaissait l'imminence, étaient frauduleuses. En l'espèce, les intéressés s'étaient portés candidats à l'issue d'une grève, quelques heures avant de recevoir leur convocation à un entretien préalable, et n'avaient pas officialisé leur candidature après la signature du protocole préélectoral. La cour d'appel en a déduit que ces salariés avaient agi ainsi pour tenter d'échapper à la procédure de licenciement pour faute lourde mise en œuvre par l'employeur.

Cass. soc. 12 juillet 1994, n° 92-41.411, BC V n° 234.

La demande d'organisation d'élections de délégués du personnel, formée par un salarié alors qu'il avait appris qu'il allait être licencié, n'étant pas, dans les circonstances particulières de l'affaire, constitutive d'une demande formulée en vue de faciliter la mise en place de l'institution des délégués, ne lui ouvrait pas droit au bénéfice de la protection.

CE 19 juillet 1991, n° 108754, Rec. Lebon p. 296.

Cependant, si un salarié ayant demandé l'organisation des élections, sans fraude, présente ensuite sa candidature de manière frauduleuse, il doit bénéficier de la protection attachée à la demande d'organisation des élections jusqu'à son terme.

Un salarié a demandé l'organisation d'élections professionnelles. Cette demande a été confirmée par un syndicat qui a présenté l'intéressé en qualité de candidat. Le salarié, convoqué à un entretien préalable au licenciement, a été élu délégué du personnel un mois plus tard, puis licencié le mois suivant.

C'est à tort que, pour débouter le salarié de ses demandes tendant à la constatation de la nullité du licenciement, à sa réintégration et au paiement d'indemnités, une cour d'appel a retenu que l'intéressé, dont l'éligibilité avait été reconnue postérieurement à l'élection par l'effet d'une dérogation abaissant le seuil d'ancienneté, n'avait pas l'ancienneté requise, n'était pas éligible à la date de formalisation de sa candidature qui n'avait pas été adressée à l'employeur et qui, présentée dans le seul dessein d'assurer sa protection personnelle, avait un caractère frauduleux.

En effet, le salarié qui a demandé à l'employeur d'organiser les élections des délégués du personnel bénéficie des dispositions protectrices de l'article L. 425-1 CT pendant une période de six mois, qui court à compter de la demande aux mêmes fins d'une organisation syndicale. Tel était le cas de l'intéressé qui avait demandé l'organisation d'élections et le motif relatif à la fraude de sa candidature était inopérant.

Cass. soc. 15 février 2006, n° 05-41.166, BC V n° 73.

Les salariés mandatés pour la conclusion d'un accord relatif à la réduction du temps de travail sont des salariés protégés

Dans les entreprises ou établissements dépourvus de délégué syndical ou de délégué du personnel désigné comme délégué syndical, un accord collectif peut être conclu par un ou plusieurs salariés expressément mandatés par une ou plusieurs organisations syndicales reconnues représentatives sur le plan national ; ces salariés mandatés bénéficient de la protection prévue par les dispositions de l'article L. 412-18 CT, dès que l'employeur a eu connaissance de l'imminence de leur désignation. La procédure d'autorisation est applicable au licenciement des anciens salariés mandatés pendant six mois après la signature de l'accord ou, à défaut, la fin du mandat ou la fin de la négociation.

Une salariée, mandatée par une organisation syndicale pour la négociation d'un accord sur la réduction du temps de travail, avait été licenciée pour faute quelques mois plus tard.

C'est à tort qu'une cour d'appel a débouté la salariée de sa demande de réintégration, après avoir constaté qu'elle avait été mandatée depuis moins de six mois et qu'elle avait été licenciée sans autorisation de l'inspecteur du travail, ce dont il résultait qu'à défaut d'annulation du mandatement par le juge du fond, le licenciement constituait un trouble manifestement illicite auquel le juge des référés devait mettre fin.

Cass. soc. 19 février 2002, n° 01-40.527, BC V n° 71.

Aucune disposition législative ou réglementaire n'impose que la désignation des salariés mandatés soit portée à la connaissance de l'employeur dans les formes prévues pour la désignation des délégués syndicaux.

La circonstance que la désignation du salarié comme salarié mandaté n'ait pas été portée à la connaissance de la société dans les formes prévues pour la désignation des délégués syndicaux, qui impliquent, notamment, que l'employeur soit informé de la désignation de ces délégués par l'envoi d'une lettre recommandée avec demande d'avis de réception, est sans incidence sur la régularité de cette désignation, dès lors qu'aucune disposition législative ou réglementaire n'impose que la désignation des salariés mandatés soit portée à la connaissance de l'employeur dans les formes prévues pour la désignation des délégués syndicaux.

CE 21 décembre 2007, n° 285515, Rec. Lebon p. 519.

De même, les dispositions relatives à la contestation de la désignation des délégués syndicaux ne sont pas applicables à la contestation de la désignation du salarié mandaté.

Si les salariés mandatés par une organisation syndicale reconnue représentative sur le plan national pour négocier un accord collectif relatif à la réduction du temps de travail bénéficient de la protection prévue par les dispositions de l'article L. 412-18 CT, aucune disposition législative ou réglementaire ne rend applicables à la contestation de la désignation du salarié ainsi mandaté les dispositions de l'article L. 412-15 CT relatives à la contestation de la désignation des délégués syndicaux.

CE 21 décembre 2007, n° 285515, précité.

L'omission, dans le mandat, de certaines des mentions légales, n'est pas à elle seule de nature à priver le salarié de la protection due aux salariés mandatés, dès lors que le mandat précise clairement son objet.

L'omission, dans le mandat désignant un salarié pour négocier et, le cas échéant, conclure un accord collectif de réduction du temps de travail dans le cadre fixé par les dispositions de l'article 19 de la loi du 19 janvier 2000, de certaines des mentions prévues par l'article 19, IV, de la loi n'est pas à elle seule de nature à priver ce salarié de la protection dont il bénéficie sur le fondement de l'article L. 412-[1]8 CT, dès lors que ce mandat précise clairement son objet.

CE 21 décembre 2007, n° 285515, précité.

En l'absence de révocation de son mandat par le syndicat ou de constatation de sa caducité par l'employeur, le salarié mandaté pour une négociation n'ayant pas eu lieu peut se prévaloir de la protection contre le licenciement.

Le salarié mandaté en application de l'article 3-III de la loi du 13 juin 1998 bénéficie de la protection prévue par l'article L. 412-18 CT et la procédure d'autorisation est étendue au licenciement des anciens salariés mandatés, pendant six mois après la signature de l'accord ou, à défaut, la fin du mandat ou la fin de la négociation.

C'est à tort que, pour débouter un salarié de sa demande d'indemnité pour non-respect de la procédure de licenciement applicable aux salariés mandatés par une organisation syndicale pour négocier un accord de réduction du temps de travail en vertu des articles précités, une cour d'appel a retenu que la protection, qui court à compter du moment où l'employeur a connaissance du mandatement, se termine six mois après la signature de l'accord ou, en l'absence d'accord, à la fin de la négociation, et que si la société connaissait la désignation du salarié, rien ne venait établir un début de négociation à laquelle la mise en liquidation judiciaire de l'employeur avait implicitement mais nécessairement mis fin.

En effet, en l'absence de révocation de son mandat par le syndicat ou de constatation de sa caducité à la demande de l'employeur, le salarié était encore dans la période de protection prévue par l'article L. 412-18 CT lorsqu'il avait été licencié.

Cass. soc. 11 mai 2004, n° 02-41.755, BC V n° 129.

L'employeur ne peut pas s'exonérer unilatéralement, par courrier adressé au syndicat, de la protection attachée à la mission du salarié mandaté.

Cass. soc. 21 février 2007, n° 04-47.682.

En l'absence de révocation du mandat ou de constatation de sa caducité, le point de départ de la protection attachée à la qualité d'ancien salarié mandaté doit être fixé au jour où l'entreprise a disparu.

Un salarié mandaté pour négocier la réduction du temps de travail dans une entreprise a été licencié par le mandataire liquidateur de la société sans qu'une autorisation administrative de licenciement ait été sollicitée. L'intéressé a saisi la juridiction prud'homale, notamment d'une demande d'indemnité pour licenciement sans respect de la procédure d'autorisation administrative prévue par l'article 3-III de la loi du 13 juin 1998.

A légalement justifié sa décision la cour d'appel qui a limité la durée de protection dont le salarié bénéficiait en application de l'article 3-III de la loi du 13 juin 1998 à six mois à compter du prononcé du jugement de liquidation judiciaire, et qui a, en conséquence, limité à une somme la créance inscrite au passif de la liquidation de la société, après avoir constaté que l'entreprise avait disparu à la date où la liquidation judiciaire avait été prononcée, en sorte que le mandat de négociation avait pris fin à cette même date et que la réintégration du salarié protégé était matériellement impossible.

Cass. soc. 20 juin 2006, n° 05-44.256, BC V n° 221.

Le salarié doit bénéficier de la protection durant les douze mois suivant la fin de son mandat.

D'une part, selon l'alinéa 4 de l'article 19-6 de la loi 2000-37 du 19 janvier 2000 sur la réduction du temps de travail, le mandat donné par une organisation syndicale pour la négociation d'un accord sur la réduction du temps de travail peut préciser les conditions dans lesquelles le salarié mandaté participe au suivi de l'accord dans la limite de douze mois, et, selon l'alinéa 6 du même texte, le licenciement des anciens salariés mandatés est soumis aux dispositions de l'article L. 412-18 CT pendant une période de douze mois à compter de la fin du mandat. D'autre part, l'article 28 de la même loi répute signés sur le fondement de ses dispositions, lorsqu'ils leur sont conformes, les conventions et accords collectifs conclus en application de la loi 98-461 du 13 juin 1998.

Il résulte de la combinaison de ces textes que, prononcé après la promulgation de la loi du 19 janvier 2000, le licenciement d'un salarié mandaté pour la négociation et le suivi d'un accord conclu en application de la loi du 13 juin 1998, qui exerce son mandat dans le cadre d'une commission de suivi, mise en place par cet accord et conforme aux dispositions de l'article 19-6 de la loi du 19 janvier 2000, est soumis à l'article L. 412-18 CT pendant douze mois à compter du terme du mandat de suivi.

Cass. soc. 28 mars 2006, n° 04-45.695, BC V n° 129.

En cas d'annulation judiciaire du mandat donné au salarié en vue de négocier un accord de réduction du temps de travail dans le cadre de la loi 98-461 du 13 janvier 1998, la perte de la qualité de salarié protégé n'intervient qu'à la date à laquelle le jugement d'annulation est prononcé.

L'annulation d'un mandat donné dans le cadre des dispositions de l'article 3, III de la loi 98-461 du 13 juin 1998 n'a pas d'effet rétroactif sur le statut protecteur prévu par ce texte, la perte de la qualité de salarié protégé intervenant à la date à laquelle le jugement d'annulation est prononcé.

Une salariée a été mandatée le 13 octobre 1999 par une union syndicale en vue de négocier un accord collectif sur la réduction du temps de travail en application de l'article 3, III de la loi 98-461 du 13 juin 1998 ; elle a été licenciée le 10 avril 2000, sans autorisation de l'inspecteur du travail ; par jugement du 6 août 2002, un tribunal de grande instance a déclaré nuls le mandat et la désignation de l'intéressée.

Ayant constaté que la salariée avait été licenciée sans autorisation administrative le 10 avril 2000, alors qu'elle était mandatée depuis le 26 octobre 1999, et qu'à la date du licenciement son mandatement n'avait pas été annulé par le juge du fond, une cour d'appel a exactement décidé que le licenciement avait été prononcé en violation du statut protecteur et a pu condamner l'employeur au paiement de diverses sommes pour violation du statut protecteur et rupture illicite du contrat de travail.

Cass. soc. 28 février 2007, n° 05-42.553, BC V n° 36.

La protection est étendue aux représentants conventionnels

Les institutions représentatives conventionnelles ne bénéficient de la procédure protectrice que si elles sont de même nature que celles prévues par la loi.

Les dispositions de l'article L. 2411-2 CT ne peuvent recevoir application que dans le cas des représentants du personnel institués par voie conventionnelle qui relèvent d'une catégorie de même nature que celles prévues par la loi.

CE 8 avril 2013, n° 348162.

Alors même que le règlement intérieur d'un fonds d'assurance formation prévoit que les représentants des organisations syndicales ayant créé ce fonds bénéficient des mesures de protection couvrant l'exercice du mandat de délégué syndical, une cour d'appel a pu refuser d'appliquer cette protection, après avoir relevé que l'existence de cet organisme n'était pas prévue par le code du travail, ce dont il résultait que cet organisme n'était pas de même nature que les institutions représentatives prévues par ce même code.

Cass. soc. 1er décembre 1993, n° 92-40.072, 1er moyen, BC V n° 298.

Les institutions représentatives du personnel créées par voie conventionnelle doivent, pour ouvrir à leurs membres le bénéfice de la procédure spéciale protectrice prévue en faveur des représentants du personnel et des syndicats, être de même nature que celles prévues par le code du travail. Tel n'est pas le cas d'un comité interétablissements chargé de la gestion des réalisations et œuvres sociales décidées par les comités d'établissement, dont les attributions ne sont pas de même nature que celle d'un comité central d'entreprise. En conséquence, le salarié désigné comme représentant syndical à un tel comité ne bénéficie pas de la procédure protectrice spéciale.

Cass. soc. 12 juillet 2006, n° 04-45.893, BC V n° 258.

Un salarié, désigné en qualité de délégué syndical suppléant de groupe en vertu d'un accord collectif, a été licencié par son employeur qui, estimant qu'il n'était pas salarié protégé, n'a pas sollicité d'autorisation administrative.

Ayant relevé que l'accord d'entreprise avait institué des délégués syndicaux titulaires et suppléants de groupe, chargés, au niveau du groupe, de fonctions similaires à celles des délégués syndicaux d'entreprise, et ayant constaté, par une appréciation souveraine des éléments de fait et de preuve, que l'employeur avait été informé de l'imminence de la désignation de l'intéressé en qualité de délégué syndical de groupe, une cour d'appel a pu décider que le licenciement du salarié, intervenu sans observation de la procédure spéciale de licenciement prévue par l'article L. 412-8 CT, constituait un trouble manifestement illicite et devait être annulé.

Cass. soc. 23 octobre 2007, n° 06-44.438, BC V n° 174.

La protection est ainsi exclue pour des représentants syndicaux au CHSCT…

Une cour d'appel a pu décider que le salarié désigné, en vertu d'un accord collectif, représentant syndical au comité d'hygiène, de sécurité et des conditions de travail n'a pas la qualité de salarié protégé dans la mesure où les institutions représentatives du personnel créées par voie conventionnelle doivent, pour ouvrir à leurs membres le bénéfice de la procédure spéciale prévue en faveur des représentants du personnel, être de même nature que celles prévues par le code du travail. Tel n'est pas le cas des représentants syndicaux au CHSCT, dont l'existence n'est pas prévue par ce code.

Cass. soc. 20 février 1991, n° 89-42.288, BC V n° 85. Voir aussi cass. soc. 29 janvier 2003, n° 00-45.961, BC V n° 34.

… pour un représentant élu, dont la désignation et les fonctions sont différentes de celles des institutions créées par le code du travail…

En vertu de l'annexe II de la convention collective du personnel des bourses de valeurs de province prévoyant la mise en place de représentants élus par l'ensemble du personnel de la place considérée ayant pour mission de présenter au syndic délégué toutes les réclamations individuelles ou collectives relatives notamment à l'application de la convention collective et de participer à certaines réunions, un (tel) représentant avait été mis en place dans la société et demandait l'application du statut protecteur édicté en faveur des représentants du personnel.

Le Conseil d'État a pu décider que l'inspecteur du travail n'était pas compétent pour donner ou non l'autorisation de licencier ce salarié dans la mesure où le mode de désignation et les fonctions qui lui étaient attribuées ne permettaient pas de le considérer comme un représentant de « même nature » que les délégués du personnel institués par la loi.

CE 29 décembre 1995, n° 122643, Rec. Lebon p. 482.

… ou pour les membres des conseils d'unité créés au sein du CEA, dont l'existence n'est pas prévue par le code du travail.

Les institutions représentatives, créées par voie conventionnelle, doivent, pour ouvrir à leurs membres le bénéfice de la procédure spéciale protectrice prévue en faveur des représentants du personnel et des syndicats, être de même nature que celles prévues par le code du travail.

Tel n'était pas le cas des membres des conseils d'unité créés au sein du CEA dont l'existence n'est pas prévue par le code du travail.

Cass. soc. 7 juillet 1999, n° 97-43.231.

☛ ***Conseillers prud'hommes (Protection) ; Délégué syndical (Désignation).***

Représentants du personnel (Protection/Cas d'application)

Le code du travail dispose que le licenciement des représentants du personnel ne peut intervenir qu'après autorisation de l'inspecteur du travail et avis du comité d'entreprise pour les représentants élus. La formulation très générale de ces dispositions a permis aux juges d'exiger le respect de cette procédure, quelle que soit la nature du licenciement.

Cette procédure est également applicable à d'autres modes de rupture du contrat de travail.

La procédure spéciale s'applique à tous les licenciements

• Licenciement inhérent à la personne du salarié

La procédure spéciale doit être respectée dès lors que le salarié est licencié à raison de faits commis durant la période de protection.

Le salarié protégé ne peut être licencié au terme de son mandat en raison de faits commis pendant la période de protection, qui auraient dû être soumis à l'inspecteur du travail.

Une salariée, représentant du personnel, a été convoquée à un entretien préalable à un licenciement et mise à pied à titre conservatoire, sans perte de salaire ; l'autorisation administrative de licenciement ayant été refusée, son employeur l'a invitée à reprendre son emploi ; elle s'est présentée et a, le même jour, quitté son bureau, reprochant à l'employeur de la mettre dans l'impossibilité d'exercer ses fonctions. Elle a été licenciée pour faute lourde, alors qu'elle avait perdu la qualité de salariée protégée, et elle a saisi la juridiction prud'homale de différentes demandes.

Doit être cassé l'arrêt qui, pour débouter la salariée de ses demandes et dire son licenciement fondé sur une cause réelle et sérieuse, énonce que son absence non justifiée depuis le jour où elle avait quitté le bureau dispensait l'employeur de son obligation de verser une rémunération et constituait une cause réelle et sérieuse de licenciement.

Cass. soc. 23 novembre 2004, n° 01-46.234, BC V n° 295. Voir aussi cass. soc. 27 juin 2007, n° 06-40.399 ; cass. soc. 5 mars 2015, n° 13-26.667.

Une salariée a été élue membre du comité d'entreprise d'une société ; son mandat s'achevant le 6 novembre 2003, sa protection expirait le 5 mai 2004 ; la salariée a été licenciée pour faute grave le 18 juin 2004 sans autorisation, son employeur lui reprochant d'avoir falsifié de manière réitérée, entre le 14 avril 2003 et le 1er juin 2004, les données de contrôle de son temps de travail.

Après avoir constaté que les faits de falsification reprochés à la salariée s'étaient renouvelés à plusieurs reprises depuis l'expiration de la période de protection, sans qu'il soit établi que l'employeur avait connaissance de ce comportement avant le 5 mai 2004, une cour d'appel a pu décider que le licenciement n'était pas nul et, dans l'exercice de son pouvoir d'appréciation qu'elle tient de l'article L. 1235-1 CT, retenir qu'il avait une cause réelle et sérieuse.

Cass. soc. 24 septembre 2008, n° 07-42.395. Voir aussi cass. soc. 10 octobre 2012, n° 11-20.550.

En constatant qu'une salariée avait été convoquée à un entretien préalable au licenciement le lendemain de l'expiration de la période de protection pour des faits d'absence prolongée datant de sa période de protection, une cour d'appel a caractérisé un détournement de la procédure de protection et a pu dire que le licenciement de l'intéressée était nul.

Cass. soc. 10 février 2010, n° 08-44.001.

La procédure doit être respectée, que le licenciement soit disciplinaire…

Doit être cassé l'arrêt attribuant au salarié licencié pour faute grave une indemnité pour non-respect de la procédure protectrice inférieure à celle prévue par la loi au motif que cette indemnisation suffisait au regard de la gravité de la faute commise par le salarié.

La sanction de la méconnaissance du statut protecteur des représentants du personnel est le paiement de la rémunération que le salarié aurait perçue jusqu'à la fin de la période de protection en cours. Cette indemnisation est due nonobstant la gravité de la faute commise par le salarié.

Cass. soc. 10 juillet 1990, n° 86-43.699, BC V n° 362.

… ou, par exemple, lié à la mise en détention du salarié.

Sauf manifestation de volonté non équivoque de donner sa démission, le contrat de travail d'un salarié protégé ne peut être rompu que par un licenciement. Dès lors, un employeur ne saurait se dispenser de mettre en œuvre la procédure de licenciement et de respecter les dispositions protectrices. Il ne saurait invoquer que la rupture du contrat de travail est imputable au salarié en raison de sa mise en détention pour une durée non encore déterminée et de l'impossibilité qui en découle d'exécuter son contrat de travail.

Cass. soc. 19 décembre 1990, n° 88-40.189, BC V n° 686.

La résiliation par l'employeur du contrat de travail du salarié indisponible durant une longue période pour maladie s'analyse en un licenciement.

Un salarié, désigné comme délégué syndical, avait été déclaré invalide deuxième catégorie après avoir été victime d'un accident du travail. L'employeur ayant pris acte de la rupture du contrat de travail pour force majeure en application des dispositions de la convention collective applicable, en raison de la prolongation de l'indisponibilité pour maladie au-delà de dix-huit mois, le salarié avait contesté la rupture de son contrat et avait demandé à l'employeur de le réintégrer.

Une cour d'appel a décidé à bon droit que la résiliation par l'employeur du contrat de travail du salarié indisponible durant une longue période pour maladie s'analysait en un licenciement, nonobstant les dispositions de la convention collective qui ne peuvent être moins favorables que celles de la loi.

Ensuite, la protection conférée par l'article L. 412-18 CT au délégué syndical bénéficie au titulaire d'un tel mandat indépendamment de son exercice.

Ayant constaté qu'avant la rupture, l'intéressé avait été désigné en qualité de délégué syndical, la cour d'appel a exactement décidé qu'en dépit de l'inaptitude physique qui ne faisait obstacle qu'à l'exercice du travail, le salarié était protégé et que son licenciement, intervenu sans respect des formalités légales, était nul, de sorte que le salarié était en droit de réclamer sa réintégration.

Cass. soc. 4 mars 1998, n° 95-41.642, BC V n° 118.

- **Licenciement économique**

Même en cas de cessation totale d'activité, l'employeur doit mettre en œuvre la procédure.

Le licenciement d'un salarié protégé doit, même en cas de cessation totale d'activité de l'entreprise, être soumis à autorisation administrative. En l'espèce, la salariée, déléguée du personnel suppléante, avait été licenciée pour motif économique en raison de la fermeture du magasin où elle était employée.

Cass. soc. 10 janvier 1995, n° 93-42.020, BC V n° 21.

La procédure spéciale s'applique à la rupture du contrat durant la période d'essai

Les dispositions légales qui assurent une protection exceptionnelle et exorbitante du droit commun à certains salariés, en raison du mandat ou des fonctions qu'ils exercent dans l'intérêt de l'ensemble des travailleurs, s'appliquent à la rupture du contrat de travail à l'initiative de l'employeur pendant la période d'essai.

Cass. soc. 26 octobre 2005, n° 03-44.751, BC V n° 306. Voir aussi cass. soc. 26 octobre 2005, n° 03-44.585, BC V n° 306.

En cas de transfert partiel d'entreprise ou d'établissement, la mesure du transfert d'un représentant du personnel doit être autorisée

Modification dans la situation juridique de l'employeur (Salariés protégés).

Les modifications affectant le contrat ou les conditions de travail du salarié nécessitent le respect de la procédure spéciale en cas de refus de sa part

- **Modification du contrat de travail**

Modification du contrat de travail d'un salarié protégé.

- **Dénonciation d'un usage**

La dénonciation d'un usage s'impose aux salariés protégés.

Un employeur peut mettre un terme, en le dénonçant régulièrement, à l'avantage résultant d'un usage qui n'a pas été intégré aux stipulations des contrats de travail des salariés concernés. Si, dans le cadre de l'exécution de son contrat de travail, le salarié investi d'un mandat représentatif ne peut se voir imposer aucune modification de ce contrat ni de ses conditions de travail, en revanche, la révocation d'un usage lui est opposable.

CE 9 mars 2005, n° 257768.

En cas de dénonciation d'un usage par l'employeur, le juge des référés ne peut lui imposer de verser aux représentants du personnel la différence de rémunération due à la suppression de l'usage.

Un employeur dénonçant un usage lié au mode de rémunération ne saurait être condamné à reverser aux représentants du personnel les sommes correspondant à la différence de rémunération due à la suppression de cet usage.

Si, dans le cadre de l'exécution du contrat individuel de travail, le salarié investi d'un mandat représentatif ne peut se voir imposer aucune modification de son contrat de travail ni de ses conditions de travail, il résulte de la décision que l'employeur contestait avoir procédé à une modification des contrats de travail, en soutenant que le mode de rémunération ne résultait que d'un usage qu'il avait régulièrement dénoncé. En l'état de ces constatations mettant en cause le fondement même des obligations invoquées par les salariés, le juge des référés ne pouvait se déclarer compétent.

Cass. soc. 1er juin 1994, n° 91-43.936.

En cas de refus par des représentants du personnel de la suppression d'une prime de treizième mois par suite de difficultés économiques, l'autorisation de licencier les intéressés pour motif économique peut être accordée par l'autorité compétente.

L'autorisation de licencier des représentants du personnel ayant refusé la suppression d'une prime de 13e mois, instituée par voie d'usage, en raison de difficultés économiques de l'entreprise a pu valablement être donnée par l'autorité administrative.

CE 23 juin 1995, n° 149161.

La procédure protectrice s'applique, alors même que le salarié a adhéré à une convention d'allocations spéciales du FNE

La protection exceptionnelle et exorbitante du droit commun instituée par le législateur au profit des salariés investis de fonctions représentatives interdit à l'employeur de poursuivre par d'autres moyens la rupture du contrat de travail. Il en est ainsi même lorsque, après un licenciement collectif pour motif économique, le salarié a adhéré à une convention signée entre l'État et l'entreprise lui assurant une allocation spéciale jusqu'au jour de sa retraite.

S'agissant d'un représentant du personnel ayant adhéré à une convention d'allocations spéciales du FNE après son licenciement pour motif économique, c'est à bon droit que, après avoir constaté que le licenciement de l'intéressé avait été prononcé en méconnaissance du statut protecteur (sans autorisation de l'inspecteur du travail), une cour d'appel a décidé que la sanction de cette méconnaissance était la rémunération que le salarié aurait perçue jusqu'à l'expiration de la période de protection en cours.

Cass. soc. 8 juin 1999, n° 97-41.498, BC V n° 267.

La procédure protectrice s'applique lorsque le salarié souhaite adhérer à un dispositif de préretraite

L'adhésion du salarié investi d'un mandat représentatif à un dispositif de préretraite mis en place par l'employeur dans le cadre d'un plan de réduction d'effectifs ne dispense pas ce dernier de son obligation d'obtenir l'autorisation de l'administration du travail avant la rupture du contrat de travail.

Cass. soc. 6 juillet 2011, n° 10-15.406, BC V n° 188.
Voir aussi cass. soc. 2 juin 2017, n° 15-25.171.

La procédure protectrice s'applique lorsque le salarié demande à bénéficier d'une mesure de cessation anticipée d'activité

La procédure protectrice des salariés investis d'un mandat représentatif doit être respectée en cas de rupture du contrat de travail, intervenue suite à la demande faite par un salarié de bénéficier d'une cessation d'activité dans le cadre de la loi du 22 février 1996 et de l'acceptation de l'employeur, conformément à ce que prévoit l'article 2-1 de ce texte.

Le salarié protégé qui ne demande pas la poursuite de son contrat de travail illégalement rompu a droit d'obtenir, d'une part, l'indemnité due au titre de la méconnaissance du statut protecteur et, d'autre part, les indemnités de rupture et une indemnité réparant l'intégralité du préjudice résultant du caractère illicite de la rupture au moins égale à celle prévue par l'article L. 122-14-4 CT.

Cass. soc. 9 novembre 2005, n° 03-46.565.

Si, au moment où l'employeur accepte la demande du salarié, la période de protection est expirée, la procédure spéciale n'a pas à être respectée.

Un salarié, titulaire d'un mandat de délégué du personnel qui a pris fin le 28 mai 1999 et candidat non élu aux élections professionnelles du même jour, a demandé une première fois, le 11 juin 1999, à pouvoir bénéficier d'une cessation anticipée d'activité en contrepartie d'embauche (ARPE) pour un départ de l'entreprise le 31 décembre 1999, ayant atteint l'âge de cinquante huit ans et bénéficiant de cent soixante trimestres d'assurance maladie au 1er octobre 1999. Cette procédure, considérée comme prématurée par l'Assédic, a été réitérée de la façon suivante : le 15 novembre 1999, le salarié a fait une demande à l'employeur, le 29 novembre 1999, ce dernier a accepté et le 20 décembre 1999, l'Assédic a donné son accord. Le salarié a cessé son activité le 31 décembre 1999.

Ayant constaté que tant l'acceptation par l'employeur de la demande du salarié que celle par l'Assédic étaient intervenues après l'expiration de la période de protection attachée au mandat et à la candidature du salarié, une cour d'appel a légalement justifié sa décision de débouter le salarié de sa demande d'indemnité pour violation du statut protecteur.

Cass. soc. 12 juillet 2006, n° 04-46.345, 1er moyen, BC V n° 249.

En cas de mise à la retraite, l'employeur doit également respecter la procédure protectrice

Retraite (Mise à la).

La signature d'une transaction ne permet pas à l'employeur d'écarter l'application de la procédure protectrice

Transaction.

La mise au chômage partiel répond aux mêmes exigences

Si le représentant du personnel refuse d'être mis au chômage partiel et que l'employeur ne procède pas à son licenciement, ce dernier doit lui verser la partie du salaire perdue du fait de la mesure de chômage partiel.

Il ne peut être imposé un changement de ses conditions de travail à un représentant du personnel sans son accord ; l'employeur, n'ayant pas rompu le contrat de travail suite au refus d'un salarié d'être mis au chômage partiel en raison de l'absence d'autorisation administrative de licenciement, devait verser à l'intéressé la partie du salaire perdue du fait de la mise en œuvre du chômage partiel.

Cass. soc. 18 juin 1996, n° 94-44.653, 1er moyen, BC V n° 248. Voir aussi cass. soc. 29 janvier 1992, n° 88-44.603, BC V n° 55 ; cass. soc. 19 janvier 2011, n° 09-43.194, 1er moyen.

Le salarié protégé peut prendre acte de la rupture de son contrat de travail

Le salarié protégé, qui a pris acte de la rupture de son contrat de travail, peut justifier des manquements de son employeur aux règles applicables au contrat de travail et aux exigences propres à l'exécution des mandats dont il est investi, peu important les motifs retenus par l'autorité administrative à l'appui de la décision par laquelle elle a rejeté la demande d'autorisation de licenciement antérieurement à la prise d'acte.

Cass. soc. 4 juillet 2012, n° 11-13.346, BC V n° 212.

Le contrat de travail d'un salarié protégé est rompu dès la prise d'acte, par ce dernier, de la rupture de ce contrat, sans que les agissements ultérieurs de l'employeur puissent avoir une incidence sur cette rupture ; l'administration est, dans ce cas, tenue de se déclarer incompétente pour statuer sur la demande d'autorisation de licenciement de ce salarié sollicitée par l'employeur postérieurement à la prise d'acte.

CE 17 décembre 2008, n° 310889, Rec. Lebon p. 461. Voir aussi CE 17 décembre 2008, n° 303904.

Le salarié qui a pris acte de la rupture de son contrat de travail ne peut pas solliciter sa réintégration.

La prise d'acte de la rupture par un salarié en raison de faits qu'il reproche à son employeur, entraîne la rupture immédiate du contrat de travail et ne peut être rétractée ; il en résulte qu'un salarié protégé qui a pris acte de la rupture de son contrat de travail ne peut ultérieurement solliciter sa réintégration dans son emploi.

Cass. soc. 29 mai 2013, n° 12-15.974, 1er moyen, BC V n° 138.

Lorsqu'un salarié titulaire d'un mandat électif ou de représentation prend acte de la rupture de son contrat de travail en raison de faits qu'il reproche à son employeur, cette rupture produit soit les effets d'un licenciement nul pour violation du statut protecteur lorsque les faits invoqués par le salarié la justifiaient, soit, dans le cas contraire, les effets d'une démission.

Un salarié titulaire d'un mandat de représentant du personnel avait pris acte de la rupture de son contrat de travail et avait saisi la juridiction prud'homale de diverses demandes de dommages et intérêts pour licenciement sans cause réelle et sérieuse et violation du statut protecteur.

C'est à tort que, pour rejeter la demande du salarié, une cour d'appel, après avoir retenu que les faits invoqués par le salarié étaient imputables à l'employeur et justifiaient la rupture du contrat de travail qui devait s'analyser en un licenciement sans cause réelle et sérieuse, a énoncé que le salarié, qui avait pris l'initiative d'une telle rupture, n'avait pas permis à son employeur de respecter les dispositions de l'article L. 425-1 CT et ne pouvait solliciter une indemnisation pour violation de son statut protecteur.

Cass. soc. 5 juillet 2006, n° 04-46.009, BC V n° 237. Voir aussi cass. soc. 16 février 2011, n° 09-67.193.

Après avoir constaté qu'un salarié avait fait l'objet de deux avertissements injustifiés depuis son élection en qualité de délégué du personnel, qu'il avait dû s'adresser à de multiples reprises à l'inspection du travail afin de pouvoir exercer ses fonctions tandis que ses collègues témoignaient de la surveillance constante ainsi que des remarques méprisantes qu'il subissait de la part de l'employeur, ce qui caractérisait des agissements répétés constitutifs à la fois d'entrave à ses fonctions de délégué du personnel et de harcèlement moral, une cour d'appel a pu décider que ces faits justifiaient la prise d'acte de la rupture de son contrat de travail.

Cass. soc. 12 avril 2012, n° 10-28.807, 1er moyen.

Le délégué du personnel dont la prise d'acte produit les effets d'un licenciement nul lorsque les faits invoqués la justifiaient a droit à une indemnité pour violation du statut protecteur égale à la rémunération qu'il aurait perçue depuis son éviction jusqu'à l'expiration de la période de protection, dans la limite de 2 ans, durée minimale légale de son mandat, augmentée de 6 mois,…

A violé les articles L. 2411-5 et L. 2314-27 CT la cour d'appel qui, après avoir dit que la prise d'acte d'une salariée était justifiée et produisait les effets d'un licenciement nul, a condamné l'employeur à payer à l'intéressée une somme à titre d'indemnité pour violation du statut protecteur correspondant à 52 mois de salaire.

Cass. soc. 15 avril 2015, n° 13-27.211, 5e branche du 1er moyen, BC V n° 87. Voir aussi cass. soc. 2 mars 2017, n° 15-29.105, 2e moyen.

La rémunération servant de base au calcul de l'indemnité pour violation du statut protecteur due à une salariée élue membre suppléante de la délégation unique du personnel ayant pris acte de la rupture de son contrat de travail par lettre du 12 juillet 2010 doit donc comprendre la prime de vacances versée fin juillet 2010.

Cass. soc. 21 septembre 2017, n° 15-28.932, 4e moyen, BC V n° 152.

… quand bien même l'administration du travail, saisie antérieurement à la prise d'acte du salarié, a autorisé le licenciement prononcé ultérieurement à cette prise d'acte.

Lorsqu'un salarié titulaire d'un mandat de représentant du personnel prend acte de la rupture du contrat de travail en raison de faits qu'il reproche à son employeur, cette rupture produit les effets d'un licenciement nul pour violation du statut protecteur quand les faits invoqués le justifiaient, de sorte que le salarié peut prétendre à une indemnité pour violation du statut protecteur égale aux salaires qu'il aurait dû percevoir jusqu'à la fin de la période de protection en cours, quand bien même l'administration du travail, saisie antérieurement à la prise d'acte du salarié, a autorisé le licenciement prononcé ultérieurement à cette prise d'acte.

Cass. soc. 12 novembre 2015, n° 14-16.369, 1er moyen, BC V n° 227.

Cette indemnité liée au mandat se cumule avec les indemnités de rupture…

C'est à tort que, pour débouter un salarié de sa demande d'indemnité au titre de la violation de son statut protecteur, une cour d'appel, après avoir jugé que la rupture du contrat de travail était imputable à l'employeur en raison, notamment, de faits de harcèlement moral et de menaces de mort réitérées qui avaient fait l'objet de condamnations pénales, et produisait les effets d'un licenciement nul, a retenu que cette nullité ouvrait droit aux indemnités légales ou conventionnelles de rupture et à l'indemnisation du préjudice subi, sans cumul des indemnités liées au mandat.

En effet, la prise d'acte étant justifiée et produisant les effets d'un licenciement nul, elle ouvrait droit, au titre de la violation du statut protecteur dont bénéficiait le salarié, à une indemnité forfaitaire égale aux salaires que l'intéressé aurait dû percevoir jusqu'à la fin de la période de protection en cours.

Cass. soc. 12 mars 2014, n° 12-20.108, BC V n° 72.

… et une indemnité réparant l'intégralité du préjudice résultant du caractère illicite du licenciement et au moins égale à celle prévue à l'article L. 1235-3 CT.

Le salarié protégé, dont la prise d'acte produit les effets d'un licenciement nul lorsque les faits invoqués la justifient, est en droit d'obtenir, outre l'indemnité pour méconnaissance du statut protecteur, les indemnités de rupture, ainsi qu'une indemnité réparant l'intégralité du préjudice résultant du caractère illicite du licenciement et au moins égale à celle prévue à l'article L. 1235-3 CT.

Cass. soc. 30 septembre 2015, n° 14-13.379, 3e moyen.

Le juge qui décide que les faits invoqués justifiaient la rupture doit accorder au salarié l'indemnité compensatrice de préavis et les congés payés afférents.

Cass. soc. 12 février 2016, n° 14-19.945, pourvoi incident.

En revanche, le salarié ne peut prétendre à une indemnité compensatrice de congés payés.

En effet, l'indemnité due au titre de la violation du statut protecteur est une indemnité forfaitaire de sorte que le salarié ne peut prétendre au paiement des congés payés afférents.

Cass. soc. 30 juin 2016, n° 15-12.984.

L'écrit par lequel le salarié titulaire d'un mandat représentatif prend acte de la rupture du contrat de travail en raison de faits qu'il reproche à son employeur ne fixe pas les limites du litige.

Dès lors, le juge est tenu d'examiner les manquements de l'employeur invoqués devant lui par le salarié, même si celui-ci ne les a pas mentionnés dans cet écrit.

Cass. soc. 5 juillet 2006, n° 04-40.134, BC V n° 236. Voir aussi cass. soc. 10 février 2010, n° 08-43.138, précité.

☞ *Imputabilité de la rupture.*

Le salarié protégé peut demander la résiliation judiciaire de son contrat de travail

☞ *Résiliation judiciaire du contrat de travail.*

La rupture du contrat à durée déterminée d'un représentant du personnel est soumise aux dispositions protectrices

Les salariés protégés sous contrat à durée déterminée bénéficient également d'une procédure protectrice…

L'arrivée du terme du contrat à durée déterminée n'entraîne la cessation du lien contractuel qu'après constatation par l'inspecteur du travail que le salarié ne fait pas l'objet d'une mesure discriminatoire conformément aux dispositions de l'article L. 425-2, al. 2 CT.

C'est donc à tort qu'un tribunal administratif a annulé la décision du directeur départemental du travail et de l'emploi ayant rejeté la demande d'une association tendant à faire admettre que la fin du contrat à durée déterminée n'avait pas de caractère discriminatoire, au motif que l'intéressé était en réalité lié par un contrat de travail à durée indéterminée. Une telle décision n'est pas entachée d'illégalité, un conseil de prud'hommes ayant préalablement requalifié le contrat de travail du salarié protégé en contrat à durée indéterminée.

CE 6 mai 1996, n° 146161. Voir aussi cass. soc. 21 septembre 1993, n° 90-45.730, BC V n° 218.

Il résulte de la combinaison des articles L. 425-2 et L. 482-1 CT que caractérise le délit d'entrave la méconnaissance des dispositions de l'article L. 425-2, al. 2 CT selon lequel l'arrivée du terme du contrat à durée déterminée d'un délégué du personnel n'entraîne la cessation du lien contractuel qu'après constatation, par l'inspecteur du travail, que le salarié ne fait pas l'objet d'une mesure discriminatoire.

Un mois avant l'arrivée à terme du contrat à durée déterminée d'un salarié, délégué du personnel, un employeur avait, conformément à l'article L. 425-2 CT, saisi l'inspecteur du travail et ce dernier avait constaté que l'intéressé faisait l'objet d'une mesure discriminatoire. Ayant rompu le lien contractuel en dépit de la décision de l'inspecteur du travail, l'employeur avait été cité, devant le tribunal correctionnel, du chef de délit d'entrave.

En relaxant le prévenu au motif que le législateur n'a pas expressément prévu que le contrat arrivé à son terme doive, en raison de « la discrimination alléguée » par l'inspecteur du travail, se transformer en un contrat à durée indéterminée, la cour d'appel a violé le texte susvisé.

Cass. crim. 19 juin 2001, n° 00-84.075, B. crim. n° 151.

Il résulte des dispositions de l'article L. 425-2 CT que le terme du contrat à durée déterminée conclu en vertu des dispositions de l'article L. 122-1-2, III CT est prolongé dans l'attente de la décision de l'inspecteur du travail ou, le cas échéant, en cas de recours hiérarchique, de la décision ministérielle et que, dans le cas où l'autorisation est refusée, le contrat à durée déterminée devient un contrat à durée indéterminée par application de l'article L. 122-3-10 CT.

Un salarié avait été engagé par une société comme employé de banque pour remplacer un salarié absent. Ce dernier ayant fait part de son intention de prendre sa retraite, l'employeur a informé le salarié de ce que son remplacement était devenu sans objet. L'inspection du travail, saisie, en vertu de l'article L. 425-2 CT, en raison de la qualité de délégué du personnel du salarié, ayant refusé l'autorisation de rupture, le ministre du Travail a annulé cette décision sur recours hiérarchique de l'employeur, qui a ainsi pu notifier la rupture de son contrat à durée déterminée au salarié.

Le contrat à durée déterminée du salarié ne comportant pas de terme précis, l'employeur n'avait à saisir l'autorité administrative qu'à compter du jour où le salarié remplacé faisait connaître sa décision de mettre fin au contrat de travail et la cour d'appel, qui a constaté que le contrat de travail ne s'était poursuivi qu'en raison de la nécessité pour l'employeur de respecter la procédure protectrice des salariés protégés, a exactement décidé que le contrat était resté à durée déterminée.

Cass. soc. 20 juin 2000, n° 97-41.363, 1er et 2e moyens, BC V n° 235.

… quelle que soit la durée du contrat…

Cass. soc. 5 avril 2011, n° 10-10.424.

… et y compris lorsque le contrat ne peut plus être renouvelé.

Les dispositions du deuxième alinéa de l'article L. 436-2 CT ont, peu important qu'elles aient été insérées dans une section intitulée « Procédure applicable au salarié titulaire d'un contrat à durée déterminée », été reprises à l'article L. 2421-8 de ce code et imposent que, lorsque le contrat à durée déterminée arrive à son terme, l'inspecteur du travail autorise préalablement la cessation du lien contractuel, y compris dans le cas où le contrat ne peut être renouvelé.

Cass. soc. 23 octobre 2012, n° 11-19.210, BC V n° 270.

Lorsqu'un salarié sous contrat à durée déterminée a fait acte de candidature moins d'un mois avant l'expiration du contrat, l'arrivée du terme du contrat entraîne la cessation du lien contractuel, sans que l'employeur soit tenu de saisir l'inspecteur du travail.

Il résulte des articles L. 425-2 et L. 436-2 CT que lorsque le salarié fait acte de candidature moins d'un mois avant l'expiration du contrat à durée déterminée, l'arrivée du terme de ce contrat entraîne la cessation du lien contractuel sans que l'employeur soit tenu de saisir l'inspecteur du travail, cette formalité ne lui étant imposée que lorsque le salarié est protégé avant le point de départ du délai d'un mois. Il appartient seulement au salarié qui s'estime victime d'une discrimination d'établir la disparité de situation qu'il allègue et à l'employeur de s'expliquer sur les raisons de celle-ci.

Cass. soc. 28 mai 2003, n° 02-60.006, BC V n° 176.

Constitue un trouble manifestement illicite le fait pour l'employeur d'avoir mis fin au contrat à l'arrivée du terme avant que l'inspecteur du travail ne se soit prononcé, malgré l'avertissement que ce dernier lui avait délivré.

Une salariée, engagée par contrat à durée déterminée dont le terme était le 2 mai 2000, a été élue déléguée du personnel au cours de ce contrat. L'inspecteur du travail, saisi le 21 avril 2000 par l'employeur, a avisé ce dernier, le 26 avril, de ce que l'arrivée du terme n'entraînerait la cessation du lien contractuel qu'après qu'il a constaté que la salariée ne faisait pas l'objet d'une mesure discriminatoire. L'employeur a néanmoins mis fin au contrat à son terme prévu. La salariée a demandé sa réintégration dans l'entreprise.

Une cour d'appel, statuant en référé, ayant constaté que l'inspecteur du Travail avait fait connaître par écrit à l'employeur qu'il ne pouvait être mis fin au contrat à durée déterminée tant qu'il ne s'était pas prononcé conformément à l'article L. 425-2, al. 2 CT, a pu décider que cette rupture constituait un trouble manifestement illicite qu'il y avait lieu de faire cesser en ordonnant la réintégration de la salariée.

Cass. soc. 10 décembre 2003, n° 01-44.703, BC V n° 311.

Le juge judiciaire ne peut, sans violer le principe de séparation des pouvoirs, en l'état d'une autorisation administrative de non-renouvellement d'un contrat à durée déterminée en application des articles L. 2412-13 et L. 2421-8 CT devenue définitive, statuer sur une demande de requalification du contrat de travail à durée déterminée en un contrat de travail à durée indéterminée.

Cass soc. 9 mai 2018, n° 16-20.423, à paraître.

☛ *Chômage partiel ; Clause de mobilité ; Modification dans la situation juridique de l'employeur (Salariés protégés) ; Représentants du personnel (Procédure de licenciement) ; Transaction ; Usage.*

Représentants du personnel (Réintégration)

La réintégration du salarié protégé licencié sans le respect des formalités légales est de droit, s'il la demande.

Le droit à réintégration est ouvert aux salariés protégés lorsque l'autorisation de licenciement a été annulée sur recours hiérarchique ou contentieux.

Le salarié doit faire valoir son droit à réintégration dans les deux mois suivant la notification de cette décision.

Droit à réintégration

La réintégration est de droit en cas d'annulation de l'autorisation de licenciement ou lorsque l'employeur licencie un salarié protégé sans en demander l'autorisation à l'inspection du travail ou en passant outre le refus d'autorisation.

Doit être cassé l'arrêt refusant le droit à réintégration à un salarié licencié sans respect des formalités légales, l'employeur n'ayant pas demandé l'autorisation de licencier, au motif que ce salarié avait été licencié cinq années auparavant. La réintégration du salarié protégé licencié sans respect des formalités légales est de droit.

Cass. soc. 20 mai 1992, n° 90-44.725, BC V n° 328.

La réintégration du salarié protégé à la suite de l'annulation sur recours contentieux de la décision autorisant le licenciement est de droit, dès lors qu'elle est demandée ; l'indemnité allouée au salarié en réparation du préjudice subi entre son licenciement et sa demande de réintégration ne dispense pas l'employeur de le réintégrer.

Cass. soc. 2 mai 2001, n° 98-46.342, 1er moyen du pourvoi du salarié, BC V n° 148.

L'annulation par le ministre d'une décision de l'inspecteur du travail autorisant le licenciement d'un salarié protégé emporte, pour le salarié concerné, le droit à réintégration dans son emploi.

Cass. soc. 19 décembre 2012, n° 11-16.971, 2e moyen du pourvoi principal. Voir aussi cass. soc. 15 mai 2019, n° 17-28.547, 2e moyen, à paraître, cité dans « Rupture conventionnelle du CDI », s'agissant du droit à réintégration dans le cadre d'une rupture conventionnelle.

Dans le cas où le ministre du Travail a confirmé la décision de l'inspecteur du travail autorisant le licenciement, l'annulation de la décision du ministre emporte aussi droit à réintégration.

Si la décision du ministre qui rejette un recours hiérarchique formé contre une décision d'autorisation de licenciement donnée par l'inspecteur du travail ne se substitue pas à cette dernière, l'annulation par la juridiction administrative d'une décision du ministre qui confirme celle de l'inspecteur du travail et autorise le licenciement produit les effets prévus par l'article L. 412-19 devenu l'article L. 2422-1 CT.

Dès lors, c'est à bon droit qu'une cour d'appel a décidé que l'annulation de la décision d'autorisation de licenciement donnée par le ministre du Travail emportait le droit à réintégration du salarié protégé.

Cass. soc. 13 novembre 2008, n° 07-41.331, 1er moyen, BC V n° 223.

La réintégration s'impose à l'employeur ; s'il la refuse, le salarié peut prendre acte de la rupture de son contrat de travail et demander l'indemnisation de son préjudice.

Lorsque le salarié a obtenu judiciairement sa réintégration et que l'employeur y fait obstacle, ce dernier est tenu au paiement d'une indemnité égale à la rémunération que le salarié aurait perçue jusqu'à ce que, renonçant à la réintégration, il prenne acte de la rupture de son contrat de travail ; dans ce cas, le salarié a droit, en outre, aux indemnités de rupture de son contrat de travail ainsi qu'à une indemnité pour licenciement illicite au moins égale à celle prévue par l'article L. 122-14-4 CT.

Cass. soc. 25 janvier 2006, n° 04-40.789, BC V n° 28. Voir aussi cass. soc. 18 décembre 2013, n° 12-23.745, pourvoi principal.

L'annulation d'une autorisation administrative de licenciement, qui s'impose au juge judiciaire, emporte, pour le salarié concerné, droit à réintégration, même si le licenciement autorisé a été notifié à l'issue de la période de protection.

Une autorisation administrative de licenciement, accordée le 17 mars 1995 par le ministre du Travail, avait été suivie, le 15 mai 1995, du licenciement des salariés protégés concernés. Simultanément à la saisine du tribunal administratif, ces salariés avaient demandé en référé une provision à valoir sur les indemnités de rupture. L'autorisation de licenciement a ensuite été annulée par jugement du tribunal administratif du 2 mars 1998, confirmé par la cour administrative de Paris le 20 février 2001.

C'est à tort qu'après avoir constaté que l'autorisation de licenciement avait été annulée par le tribunal administratif, une cour d'appel a débouté les salariés de leur demande de réintégration au motif que les licenciements, ayant été prononcés à l'issue de la période de protection et à une date à laquelle l'autorisation administrative n'était plus requise, les salariés ne bénéficiaient d'aucun droit à réintégration, ce qu'ils avaient d'ailleurs tacitement admis en engageant une procédure en paiement des indemnités de rupture, alors qu'il ne pouvait être déduit de la simple demande en référé d'une provision à valoir sur l'indemnité légale du licenciement prononcé en l'état d'une autorisation contestée devant la juridiction administrative par les salariés une manifestation sans équivoque de leur volonté de renoncer pour l'avenir à leur droit à réintégration.

Cass. soc. 1er octobre 2003, n° 01-42.299, BC V n° 250. Voir aussi cass. soc. 21 octobre 2008, n° 07-42.021.

Le retrait de l'autorisation administrative de licenciement emporte droit à réintégration.

Le retrait de l'autorisation administrative de licenciement a les effets d'une annulation. Il s'ensuit que lorsque le salarié demande sa réintégration dans le délai de deux mois qui suit la notification de la décision de l'administration, le contrat de travail se poursuivant, il est électeur et éligible et que, comme tel, il doit être inscrit sur les listes électorales.

Cass. soc. 30 avril 2002, n° 01-60.765, BC V n° 139. Voir aussi cass. soc. 8 octobre 2003, n° 01-41.297, 1er moyen, BC V n° 254.

En demandant à titre principal sa réintégration, le salarié protégé invoque implicitement la nullité de son licenciement.

Il résulte de l'article L. 436-1 CT que les candidats aux fonctions de membre du comité d'entreprise qui ont été présentés en vue du premier ou du deuxième tour des élections bénéficient d'une protection de trois mois à compter du jour d'envoi, par lettre recommandée avec avis de réception à l'employeur, des listes de candidatures. Le licenciement d'un salarié protégé sans autorisation de l'inspecteur du travail est nul et le salarié peut demander sa réintégration.

C'est à tort qu'une cour d'appel a débouté un salarié de sa demande en réintégration au motif qu'il n'invoquait pas la nullité de la rupture de son contrat de travail, alors qu'à la date de cette rupture, le salarié était protégé en sa qualité de candidat aux fonctions de membre du comité d'entreprise et qu'en demandant à titre principal sa réintégration, il invoquait la nullité de son licenciement.

Cass. soc. 18 décembre 2000, n° 98-42.320, BC V n° 428.

Une autorisation administrative de licenciement postérieure à l'annulation par le juge administratif d'une précédente autorisation ne peut tenir en échec le droit à réintégration issu de l'annulation de la précédente autorisation.

D'une part, l'annulation par le juge administratif d'un refus d'autorisation de licencier ne vaut pas autorisation de licencier.

D'autre part, une autorisation administrative de licenciement délivrée postérieurement à l'annulation par le juge administratif d'une précédente autorisation ne peut avoir pour effet de régulariser a posteriori le licenciement prononcé sur la base de l'autorisation annulée et tenir en échec le droit à réintégration que le salarié tient de l'annulation par le juge administratif de la précédente autorisation.

Cass. soc. 10 décembre 1997, n° 94-45.337, 1er et 3e moyens réunis, BC V n° 435.

L'annulation sur recours contentieux d'une décision de l'inspecteur du travail autorisant le licenciement d'un salarié protégé est assimilable à l'annulation sur recours contentieux d'une décision de l'inspecteur du travail se déclarant incompétent pour statuer sur une demande d'autorisation de licenciement.

Une cour d'appel a exactement décidé que l'annulation sur recours contentieux d'une décision de l'inspecteur du travail autorisant le licenciement d'un salarié protégé est assimilable à l'annulation sur recours contentieux d'une décision de l'inspecteur du travail se déclarant incompétent pour statuer sur une demande d'autorisation de licenciement au motif que le salarié n'est pas ou n'est plus protégé.

Ayant constaté que le salarié avait demandé sa réintégration dans le délai de deux mois à compter de la notification de la décision du juge administratif annulant celle de l'inspecteur du travail s'étant déclaré incompétent pour statuer sur la demande d'autorisation de licenciement au motif que le salarié n'était plus protégé, une cour d'appel a ordonné à bon droit sa réintégration en vertu des dispositions de l'article L. 436-3 CT dont l'application n'est pas subordonnée au caractère définitif de cette annulation, peu important que, postérieurement à sa décision, le Conseil d'État ait annulé le jugement du tribunal administratif.

Cass. soc. 10 mars 1998, n° 94-45.573, BC V n° 128. Voir aussi cass. soc. 21 octobre 2008, n° 07-42.021, BC V n° 194.

L'annulation par le juge administratif de l'autorisation de licenciement intervenue postérieurement à la décision prud'homale déboutant le salarié de ses demandes d'indemnités de rupture et pour licenciement sans cause réelle et sérieuse n'a aucun effet sur celle-ci.

Doit être rejeté le pourvoi formé par une salariée, membre du comité d'entreprise et licenciée avec l'autorisation de l'inspecteur du travail, soutenant que, du fait de l'annulation par le tribunal administratif de l'autorisation administrative de licenciement, son licenciement était nécessairement dépourvu de cause réelle et sérieuse, ce qui entraînait, par voie de conséquence, l'annulation de l'arrêt l'ayant déboutée de ses demandes d'indemnités de rupture et pour licenciement sans cause réelle et sérieuse, alors que l'annulation par le juge administratif de l'autorisation de licenciement intervenue postérieurement à la décision prud'homale n'a aucun effet sur celle-ci et permettait seulement à la salariée d'invoquer les dispositions de l'article L. 436-3 CT pour obtenir sa réintégration.

Cass. soc. 31 mars 1998, n° 95-41.062, BC V n° 187.

Le salarié protégé doit être réintégré même en cas de transfert d'entreprise.

Si le salarié protégé a présenté sa demande de réintégration à son employeur dans le délai qui lui est légalement imparti, la cession de l'entreprise ne peut faire obstacle à son droit à réintégration. Cette demande est opposable au nouvel employeur à qui les contrats de travail ont été transférés.

Cass. soc. 10 juillet 1995, n° 93-46.399, BC V n° 240. Voir aussi cass. soc. 13 mai 2009, n° 07-44.671, 1re branche du moyen unique du pourvoi principal.

Le cessionnaire qui refuse de réintégrer le salarié peut se voir imputer la rupture du contrat de travail…

En cas d'annulation de l'autorisation administrative de licenciement, le licenciement est sans effet lorsque le salarié demande sa réintégration dans le délai de deux mois qui suit la notification de la décision d'annulation. Il en résulte, dans ce cas, que le contrat de travail se poursuit avec le cessionnaire à qui la demande de réintégration est opposable par l'effet de l'article L. 122-12 CT et que ce dernier est tenu de réintégrer le salarié. S'il ne l'a pas fait, le salarié protégé peut lui imputer la rupture du contrat de travail.

Après avoir constaté qu'un salarié, délégué du personnel suppléant licencié sans autorisation administrative, avait demandé sa réintégration à la société qui l'employait moins de deux mois après la décision du ministre du Travail annulant l'autorisation administrative de son licenciement et qu'il avait renouvelé sa demande à l'égard du cessionnaire, qui connaissait sa situation et ne l'avait cependant pas réintégré, une cour d'appel a pu en déduire que la société cessionnaire, qui n'avait pas poursuivi l'exécution de son contrat de travail, à laquelle il était tenu en application de l'article L. 122-12 CT, devait supporter les conséquences du licenciement intervenu en violation de ce texte.

Cass. soc. 18 juillet 2000, n° 98-41.025, BC V n° 286.

… et cette rupture est sans cause réelle et sérieuse.

Après avoir retenu, sans méconnaître le principe de la séparation des pouvoirs, que le cessionnaire, auquel la décision de retrait de l'autorisation administrative était opposable, avait refusé, en violation de l'article L. 122-12, al. 2 CT, de reprendre le salarié dont le contrat de travail, en cours au moment de la cession, s'était poursuivi de plein droit avec lui, une cour d'appel a exactement décidé que la rupture du contrat de travail s'analysait en un licenciement sans cause réelle et sérieuse.

Cass. soc. 11 février 2003, n° 00-44.238.

En outre, le cessionnaire est tenu d'indemniser le préjudice résultant de l'absence de réintégration.

En cas d'annulation de l'autorisation administrative, le licenciement est sans effet lorsque le salarié protégé demande sa réintégration dans le délai de deux mois qui suit la notification de la décision d'annulation. Il en résulte que le contrat de travail se poursuit avec le cessionnaire à qui la demande de réintégration est opposable par l'effet de l'article L. 122-12, al. 2 CT et qu'il est tenu de réintégrer le salarié. S'il ne le fait pas, le salarié protégé peut lui imputer la rupture du contrat de travail.

Après avoir constaté que des salariés avaient vainement demandé leur réintégration moins de deux mois après la notification de la décision annulant leurs autorisations de licenciement, une cour d'appel a condamné, à bon droit, le repreneur de la société à leur payer des indemnités en réparation du préjudice subi du fait de leur licenciement. C'est également à bon droit que la cour, qui a constaté que le changement d'employeur était intervenu avant la notification des licenciements, a décidé que le cessionnaire était tenu au paiement des indemnités dues en réparation du préjudice subi entre les licenciements et l'expiration du délai dans lequel doit être formée la demande de réintégration.

Cass. soc. 26 février 2003, n° 01-41.482, BC V n° 68.

Conditions de la réintégration

• Point de départ de l'obligation

La réintégration du salarié est de droit dès lors que l'autorisation de licenciement a été annulée, peu important que l'employeur dispose encore de voies de recours contre cette décision.

Le droit à réintégration reconnu aux salariés investis d'un mandat représentatif, à la suite de l'annulation sur recours hiérarchique, par le ministre compétent, d'une décision de l'inspection du travail autorisant le licenciement, n'est pas subordonné au caractère définitif de cette annulation. Dès lors, le recours formé par l'employeur contre la décision ministérielle devant la juridiction administrative est sans incidence sur le droit du salarié à être réintégré dès l'annulation de l'autorisation de licenciement.

Cass. soc. 14 janvier 1988, n° 86-41.907, BC V n° 39. Voir aussi cass. soc. 17 septembre 2003, n° 01-41.656, pourvoi principal, BC V n° 238 ; cass. soc. 17 septembre 2003, n° 02-60.029, BC V n° 239.

La proposition de l'employeur d'annuler un licenciement et de réintégrer le salarié concerné est sans effet si le salarié ne l'accepte pas.

Cass. soc. 10 mai 1999, n° 96-45.652, BC V n° 208.

• Périmètre de la réintégration

L'obligation de réintégration s'étend à toutes les personnes juridiques constituant un groupe de sociétés.

Lorsqu'il existe un groupe de personnes morales ou physiques constitutif d'une seule entreprise, ce qui est le cas, en particulier lorsqu'une unité économique et sociale est reconnue, le périmètre de réintégration d'un salarié protégé s'étend à toutes les personnes juridiques constituant ce groupe.

Cass. soc. 16 octobre 2001, n° 99-44.037, 2e moyen, BC V n° 324. Voir aussi cass. soc. 19 novembre 2008, n° 07-43.215.

• Délai

La réintégration est de droit, dès lors que le salarié en a fait la demande dans les deux mois suivant la décision d'annulation.

L'annulation sur recours hiérarchique d'une décision de l'inspecteur du travail, autorisant le licenciement d'un salarié protégé, emporte pour le salarié, s'il le demande dans un délai de deux mois à compter de la décision, droit à réintégration dans son emploi ou dans un emploi équivalent.

Doit donc être cassé l'arrêt qui, bien que constatant que la demande du salarié a été faite dans le délai légal, refuse à ce salarié son droit à réintégration.

Cass. soc. 22 juin 1993, n° 92-40.841.

La demande de réintégration formée plus de deux mois après une décision d'annulation est irrecevable, quel que soit le motif de l'annulation.

Une salariée, représentante syndicale au comité d'établissement et au comité central d'entreprise, avait été licenciée après que la décision de refus d'autorisation du licenciement de l'inspection du travail avait été annulée par le ministre du Travail. Puis le tribunal administratif avait annulé la décision du ministre du Travail au motif que le signataire n'avait pas reçu délégation du ministre du Travail et le recours contre ce jugement avait été rejeté par le Conseil d'État le 21 décembre 1994. L'employeur ayant refusé la réintégration sollicitée par la salariée le 23 février 1995 au motif qu'elle ne l'avait pas sollicitée dans les deux mois de la notification du jugement d'annulation, l'intéressée avait saisi la juridiction prud'homale d'une demande en réintégration sous astreinte.

Après avoir relevé que la décision annulée émanait du ministre du Travail, une cour d'appel a décidé à bon droit que la demande de réintégration, formée par la salariée plus de deux mois après la notification de la décision d'annulation quel que soit son motif, était irrecevable comme tardive.

Cass. soc. 23 juin 1999, n° 97-41.825, 1er moyen, BC V n° 295.

Ce délai de deux mois n'est pas applicable si le licenciement a été prononcé en violation du statut protecteur.

Doit être cassé l'arrêt refusant de faire droit à la demande de réintégration d'un salarié protégé, licencié sans respect de la procédure protectrice, au motif que la réintégration a été demandée tardivement : aucun délai n'est en effet imparti au salarié protégé, licencié sans autorisation, pour demander sa réintégration et l'indemnisation de son préjudice.

Cass. soc. 26 février 1992, n° 89-44.516.

• Forme de la demande de réintégration

Le salarié peut former sa demande de réintégration au moyen de conclusions déposées au greffe du conseil de prud'hommes.

Le code du travail ne précisant pas la forme que doit revêtir la demande de réintégration formulée par le salarié après annulation par le ministre de la décision de l'inspecteur du travail autorisant son licenciement, c'est à bon droit qu'une cour d'appel a retenu que cette demande avait été valablement formée au moyen de conclusions déposées au greffe, et dont il n'était pas contesté qu'elles avaient été notifiées à l'adversaire dans le délai de deux mois suivant la décision ministérielle.

Cass. soc. 7 juillet 2010, n° 09-42.385, 1er moyen.

La demande de réintégration peut être formée par une lettre de l'avocat du salarié.

Cass. soc. 25 octobre 2017, n° 16-11.092, 1er moyen.

Modalités

• Réintégration dans le même emploi ou dans un emploi équivalent

Dès lors que le travail qu'il accomplissait précédemment existe toujours, le salarié doit être réintégré dans son emploi et non dans un emploi équivalent.

L'autorisation administrative de licenciement ayant été refusée, le salarié, qui devait retrouver son poste dès l'instant que le travail qu'il accomplissait existait toujours, avait droit d'être réintégré dans son emploi, peu important que l'employeur ait entendu supprimer le poste pour occuper lui-même les fonctions de sécurité.

Cass. soc. 18 novembre 1998, n° 96-43.072, BC V n° 498.

Ce n'est que si l'emploi initial n'existe plus ou qu'il n'est pas vacant que la réintégration peut se faire dans un emploi équivalent.

Un salarié, engagé en qualité d'employé libre-service, avait demandé, conjointement avec l'union locale de syndicats, l'organisation des élections des délégués du personnel, ce qui lui conférait la qualité de salarié protégé. Ayant été licencié sans autorisation de l'inspecteur du travail, il avait saisi la juridiction prud'homale d'une demande de réintégration. La cour d'appel avait prononcé la nullité du licenciement et ordonné la réintégration du salarié. L'employeur lui avait alors proposé de le réintégrer au poste d'employé de libre-service au sein de l'établissement de Clichy. Le syndicat a demandé sa réintégration dans son précédent emploi dans l'établissement de Paris. Informant le salarié de l'absence de poste disponible au sein de l'établissement parisien, l'employeur avait maintenu sa proposition de réintégration. Le salarié avait saisi à nouveau la juridiction prud'homale pour obtenir sa réintégration sous astreinte, ainsi que diverses sommes à titre de salaire et de liquidation des astreintes.

Doit être cassé l'arrêt qui a débouté le salarié de sa demande au motif que la réintégration du salarié avait été ordonnée dans son emploi ou un emploi similaire de même catégorie et qu'une distance supérieure de deux stations de métro sur la même ligne entre son domicile et le magasin n'était pas susceptible de remettre en cause la situation qu'il avait avant son licenciement, alors que le salarié, ayant été licencié en violation du statut protecteur, devait retrouver le poste qu'il occupait avant son licenciement, dès lors que l'employeur ne justifiait ni même n'alléguait que ce poste avait été supprimé.

Cass. soc. 11 décembre 2001, n° 99-42.586, BC V n° 378.

Si l'annulation de la décision de l'inspection du travail d'autoriser le licenciement emporte, pour le salarié concerné, le droit à réintégration dans son emploi lorsque cet emploi n'existe plus ou n'est pas vacant, l'employeur peut réintégrer le salarié dans un emploi équivalant à celui précédemment occupé par lui.

Une cour d'appel, ayant constaté que le poste occupé par le salarié avant son licenciement n'existait plus et que la seule solution pour l'employeur était de lui proposer un emploi équivalent dans un autre établissement de l'entreprise, a pu déclarer non établi le délit d'entrave à l'exercice du droit syndical.

Cass. crim. 17 décembre 1996, n° 95-84.938, 1er moyen, B. crim. n° 472. Voir aussi cass. soc. 4 décembre 2013, n° 11-20.241, 2e branche du moyen ; cass. soc. 1er février 2017, n° 15-20.739, pourvoi principal.

La mise en disponibilité du salarié pendant la période de protection restant à courir ne constitue pas une réintégration.

Le salarié protégé dont le licenciement est nul en raison de l'annulation de l'autorisation administrative doit être réintégré dans son emploi ou dans un emploi équivalent ; la mise en disponibilité de ce salarié pendant la période de protection restant à courir ne constitue pas une réintégration.

Il en résulte que, s'il n'a pas satisfait à cette obligation, l'employeur qui ne justifie pas d'une impossibilité de réintégration ne peut licencier le salarié en raison d'un refus de modification de son contrat de travail et que le licenciement prononcé en raison de ce seul refus est nul.

Cass. soc. 30 juin 2004, n° 02-41.686, BC V n° 185.

Est considéré comme équivalent au sens de l'article L. 2422-1 CT l'emploi situé dans le même secteur géographique que l'emploi initial, comportant le même niveau de rémunération, la même qualification et les mêmes perspectives de carrière, et permettant l'exercice du mandat représentatif.

Après avoir exactement énoncé que l'emploi équivalent au sens de l'article L. 436-3 CT s'entend d'un emploi situé dans le même secteur géographique que l'emploi initial, comportant le même niveau de rémunération, la même qualification et les mêmes perspectives de carrière que l'emploi initial et permettant l'exercice du mandat représentatif, une cour d'appel a pu décider que les emplois de réintégration offerts par un employeur à un salarié protégé dont l'autorisation de licenciement avait été annulée ne constituaient pas des emplois équivalents, dès lors qu'ils se situaient en dehors du secteur géographique de Toulouse où le salarié était initialement employé.

Cass. soc. 10 décembre 2003, n° 01-45.110. Voir aussi cass. soc. 4 décembre 2013, n° 11-20.241, précité ; cass. soc. 1er février 2017, n° 15-20.739, précité.

Pour la Cour de cassation, le refus d'un salarié d'occuper un emploi équivalent et de fournir un travail à la suite de la disparition de son emploi initial dispense l'employeur de l'obligation de rémunération.

L'annulation par le ministre compétent d'une décision de l'inspecteur du travail autorisant le licenciement d'un salarié mentionné aux articles L. 425-1 et L. 425-2 CT emporte, pour le salarié concerné, le droit à réintégration dans son emploi. Si cet emploi n'existe plus ou n'est pas vacant, la réintégration peut avoir lieu dans un emploi équivalent comportant le même niveau de rémunération, la même qualification et les mêmes perspectives de carrière que l'emploi initial et permettant l'exercice du mandat représentatif.

N'étant pas contesté que l'emploi initial du salarié n'existait plus, une cour d'appel, qui a fait ressortir que l'emploi proposé à l'intéressé à la suite de sa demande de réintégration répondait à ces conditions et était équivalent à l'emploi occupé par lui à l'origine, a pu décider que le refus par l'intéressé d'occuper cet emploi et de fournir un travail dispensait l'employeur de l'obligation de rémunération.

Cass. soc. 24 juin 1998, n° 95-44.388, BC V n° 339. Voir aussi cass. soc. 19 octobre 2010, n° 09-42.798, précité.

Pour le Conseil d'État, lorsque l'emploi précédemment occupé par le salarié n'existe plus ou n'est plus vacant, le refus par ce salarié d'occuper les postes équivalents proposés par l'employeur ne constitue pas, par lui-même, une faute disciplinaire.

Dans le cas où l'emploi précédemment occupé par le salarié dont l'autorisation de licenciement a été annulée et qui demande sa réintégration n'existe plus ou n'est pas vacant, le refus par ce salarié d'occuper les postes équivalents proposés par l'employeur en application de l'article L. 2422-1 CT ne constitue pas, par lui-même, une faute disciplinaire ; cependant, un tel refus, qui est susceptible de rendre impossible la poursuite du contrat de travail, peut constituer un motif de nature à justifier une autorisation de licenciement, s'il est invoqué par l'employeur.

CE 19 octobre 2012, n° 334588.

Il appartient à l'employeur qui estime que c'est le salarié qui a refusé d'être réintégré dans son emploi, bien qu'il l'ait demandé, de le démontrer.

À défaut, le salarié est fondé à se prévaloir des conséquences du licenciement prononcé en méconnaissance du statut protecteur et il appartient alors au juge du fond de statuer sur les demandes de l'intéressé en dommages-intérêts pour absence de cause réelle et sérieuse et relatives aux indemnités de rupture.

Cass. soc. 30 novembre 1999, n° 97-41.690, BC V n° 465.

Si le salarié refuse son nouvel emploi ou les modifications apportées à son emploi initial, l'employeur doit engager une nouvelle procédure de licenciement.

La salariée protégée réintégrée dans son emploi initial, mais affectée dans un autre service, avec des horaires différents, doit être reçue dans sa demande de réintégration dans son emploi initial. En effet, en raison de la protection exorbitante de droit commun, l'employeur doit demander à l'inspecteur du travail l'autorisation de licencier un salarié protégé refusant la modification de son contrat de travail.

À la suite du refus de la salariée de voir ses horaires modifiés, l'employeur n'ayant pas engagé la procédure de licenciement, le juge des référés a pu décider qu'existait un trouble manifestement illicite et ordonner la réintégration de la salariée dans son emploi antérieur et aux mêmes conditions.

Cass. soc. 22 février 1995, n° 93-44.203. Voir aussi CE 19 octobre 2012, n° 334588, précité.

Mais l'employeur qui ne justifie pas d'une impossibilité de réintégration ne peut pas licencier le salarié en raison d'un refus de modification de son contrat de travail ; le licenciement prononcé en raison de ce seul refus est nul.

Le salarié protégé dont le licenciement est nul en raison de l'annulation de l'autorisation administrative doit être réintégré dans son emploi ou dans un emploi équivalent ; il en résulte que s'il n'a pas satisfait à cette obligation, l'employeur qui ne justifie pas d'une impossibilité de réintégration ne peut licencier le salarié en raison d'un refus de modification de son contrat de travail et le licenciement prononcé en raison de ce seul refus est nul.

Un salarié, engagé par contrat à durée indéterminée le 1er décembre 2008 par une société en qualité de monteur câbleur niveau 1 position 1, a été désigné comme représentant syndical au comité d'entreprise le 10 février 2010. Après autorisation de l'inspection du travail, il a été licencié le 16 juin 2011 ; cette autorisation a été annulée par un tribunal administratif le 1er octobre 2013 puis par une cour administrative d'appel le 2 décembre 2014 ; en formation de référé, la juridiction prud'homale a ordonné la réintégration du salarié le 15 novembre 2013. Convoqué le 25 septembre 2014 à un entretien préalable, il a été licencié le 10 octobre 2014.

Pour débouter le salarié de sa demande de nullité du licenciement, une cour d'appel a retenu que, pour la période postérieure à l'expiration du régime de protection attaché au mandat qui avait pris fin, le licenciement n'était pas nul dès lors que le salarié n'avait plus la qualité de salarié protégé à la date à laquelle le licenciement avait été prononcé.

En statuant ainsi, par des motifs inopérants, alors qu'elle avait constaté que l'employeur n'avait pas satisfait à son obligation de réintégration ni justifié de l'impossibilité de réintégrer le salarié, la cour d'appel a violé les articles L. 2411-1 CT et 1134 c. civ., dans leur rédaction alors applicable.

Cass. soc. 5 décembre 2018, n° 16-19.912, à paraître. Voir aussi cass. soc. 30 juin 2004, n° 02-41.686, précité.

En effet, ce n'est qu'au cas où l'entreprise a disparu, ou s'il existe une impossibilité absolue de réintégration, que l'employeur est libéré de son obligation.

Pour décider que la réintégration d'un salarié protégé - dont l'employeur avait considéré le contrat de travail comme rompu d'un commun accord à la suite de son acceptation d'une proposition de convention de conversion - était matériellement impossible dans l'entreprise, une cour d'appel avait notamment retenu qu'au cours de l'année 1987, plus d'une centaine de salariés avait fait l'objet d'une mesure de licenciement pour motif économique, salariés parmi lesquels se trouvaient une vingtaine de personnes appartenant, comme l'intéressé, à l'appareil administratif de l'entreprise, que, pendant l'année 1989, des congédiements touchant quelque soixante-dix salariés avaient été économiquement nécessaires et qu'avait été concerné par cette décision un nombre élevé d'employés exécutant une activité identique à celle de l'intéressé auparavant, que les différents inspecteurs du travail territorialement compétents avaient autorisé les congédiements pour motif économique de salariés protégés, circonstance montrant que la crise affectant l'entreprise de la société était certaine et grave et qu'il convenait, en conséquence, de dire que la réintégration de l'intéressé en un autre lieu que celui où son poste avait été supprimé fin 1987 était matériellement impossible.

En statuant ainsi, par des motifs qui ne caractérisaient pas une impossibilité absolue pour l'employeur de réintégrer le salarié, la cour d'appel a violé l'article L. 436-3 CT.

Cass. soc. 24 juin 1998, n° 95-44.757, BC V n° 340.

L'employeur doit rapporter la preuve de difficultés économiques s'opposant à la réintégration.

Le fait qu'un salarié, irrégulièrement licencié, ait été réintégré ne fait pas obstacle à ce que l'employeur demande ultérieurement l'autorisation de le licencier pour motif économique. Cependant, le fait que l'emploi précédemment occupé par ce salarié ne soit pas vacant et que le salarié ait refusé d'occuper un emploi non équivalent à son emploi initial ne suffit pas à donner au licenciement un caractère économique. Le licenciement résulte d'un motif économique seulement si l'employeur prouve que cette réintégration serait de nature à entraîner pour la société des difficultés économiques de nature à justifier un licenciement.

CE 30 octobre 1995, n° 150243.

Le refus d'une partie du personnel de travailler à nouveau avec le salarié pour des motifs écartés par l'autorité administrative ne suffit pas à caractériser une impossibilité absolue de réintégrer celui-ci dans son poste.

En raison de la protection exceptionnelle et exorbitante du droit commun dont bénéficient les salariés investis de fonctions représentatives, dans l'intérêt de l'ensemble des travailleurs qu'ils représentent, seule une impossibilité absolue peut libérer l'employeur de l'obligation de réintégrer le salarié à son poste de travail, avec maintien de ses conditions de travail antérieures, à la suite du refus d'une autorisation administrative de licenciement et constituer ainsi à ce titre une cause étrangère propre à justifier la suppression de l'astreinte dont est assortie la décision ordonnant la réintégration.

Pour débouter un représentant du personnel de sa demande en liquidation de l'astreinte assortissant la décision ordonnant sa réintégration et en ordonner la suppression, une cour d'appel a retenu qu'il était établi que l'impossibilité de mettre en œuvre la décision de justice n'était pas un choix de l'employeur, débiteur de l'obligation, mais le comportement excessif du salarié qui ne comprenait pas qu'une réintégration dans l'équipe de travail ne pouvait se faire automatiquement en l'état d'accusations précises et concrètes formulées à son encontre par trois personnes qui ne le supportaient plus et dont le souvenir était trop vif pour être oublié.

En statuant comme elle l'a fait, alors que le refus d'une partie du personnel de travailler à nouveau avec le salarié investi d'un mandat représentatif pour des motifs écartés par l'autorité administrative ne peut suffire à caractériser une impossibilité absolue de réintégrer celui-ci dans son poste, la cour d'appel a violé les articles L. 131-4 c. proc. civ. d'exécution et L. 2411-1 CT.

Cass. soc. 24 juin 2014, n° 12-24.623, BC V n° 156.

Effets

En cas de réintégration du salarié dans son emploi, l'intéressé bénéficie du maintien de son ancienneté.

Un salarié, travaillant depuis 1979 au service d'une société où il avait le statut de salarié protégé, avait été licencié en 1992 après obtention d'une autorisation administrative, annulée par un jugement du tribunal administratif en date du 18 novembre 1997. Ayant demandé sa réintégration dans le délai de deux mois à compter de la notification de la décision d'annulation, le salarié avait été désigné en qualité de délégué syndical le 13 mars 1998.

C'est à tort que, pour faire droit à la demande de l'employeur en annulation de cette désignation, un tribunal d'instance, après avoir rappelé que, selon l'article L. 412-14 CT, le délégué syndical doit avoir travaillé dans l'entreprise un an au moins, a énoncé que le contrat de travail de l'intéressé avait été suspendu plusieurs fois depuis 18 ans, que la dernière suspension avait duré près de 6 ans, que l'emploi effectif du salarié, même par périodes successives au sein de la société, n'était pas établi, de sorte qu'il ne remplissait pas la condition légale d'ancienneté, alors que le salarié protégé qui est réintégré dans son emploi après annulation d'une autorisation administrative retrouve ses fonctions et son ancienneté.

Cass. soc. 23 juin 1999, n° 98-60.383, BC V n° 294.

Dès lors que le salarié a demandé sa réintégration, il peut, en tant que membre du personnel, prendre de nouvelles fonctions représentatives, même s'il n'a pas été effectivement réintégré.

Le salarié ayant, dans les deux mois de l'annulation de l'autorisation de licenciement, demandé sa réintégration peut être désigné comme délégué syndical. Peu importe que la réintégration ne soit pas encore effective ; le contrat de travail de ce salarié n'ayant pas été rompu, il fait partie du personnel de l'entreprise.

Cass. soc. 18 octobre 1994, n° 94-60.004.

Lorsque l'institution a été renouvelée et que son emploi n'existe plus ou n'est plus vacant, le salarié bénéficie d'une protection pendant une durée de six mois à compter du jour où l'employeur exécute son obligation de réintégration en proposant au salarié un emploi équivalent comportant le même niveau de rémunération, la même qualification et les mêmes perspectives de carrière.

Selon l'article L. 2422-1 CT, lorsque le ministre annule, sur recours hiérarchique, la décision de l'inspecteur du travail autorisant le licenciement d'un salarié investi d'un mandat de délégué du personnel, le salarié concerné a le droit, s'il le demande dans un délai de deux mois à compter de la décision, d'être réintégré dans son emploi ou dans un emploi équivalent ; aux termes de l'article L. 2422-2 CT, le délégué du personnel dont la décision d'autorisation de licenciement a été annulée est réintégré dans son mandat si l'institution n'a pas été renouvelée et, dans le cas contraire, il bénéficie pendant une durée de six mois à compter du jour où il retrouve sa place dans l'entreprise, de la protection prévue à l'article L. 2411-5 ; ce délai court, lorsque l'emploi n'existe plus ou n'est plus vacant, à compter du jour où l'employeur exécute son obligation de réintégration en proposant au salarié un emploi équivalent comportant le même niveau de rémunération, la même qualification et les mêmes perspectives de carrière.

C'est à tort que, pour débouter une salariée de sa demande en annulation de son licenciement, réintégration, paiement de dommages-intérêts et de rappel de salaires, une cour d'appel a retenu que le mandat de la salariée n'existait plus, et ce tant en raison de la disparition du site sur lequel elle exerçait qu'en raison des élections intervenues en octobre 2007, lorsqu'elle a demandé sa réintégration le 19 novembre 2007 et que sa rémunération avait été reprise, que le fait que l'affectation sur un poste de travail n'avait pu se faire ne constituait pas un obstacle à cette réintégration, ce point s'analysant en une dispense provisoire d'activité, et qu'il s'ensuivait que le licenciement intervenu le 5 juin 2008 l'avait été à une date à laquelle la salariée ne disposait plus de la protection des délégués du personnel, soit plus de six mois après la réintégration.

Cass. soc. 17 mai 2017, n° 14-29.610, 2e moyen, BC V n° 87.

Pour les délégués syndicaux, l'organisation syndicale devra procéder à une nouvelle désignation pour que le délégué soit rétabli dans ses fonctions représentatives.

La réintégration dans son emploi d'un délégué syndical, après annulation par le ministre de l'autorisation de licenciement donnée par l'inspection du travail, n'entraîne pas la réintégration de plein droit de ce salarié dans son mandat. Pour être rétabli dans ses fonctions, le salarié doit faire l'objet d'une nouvelle désignation par son organisation syndicale.

Doit être cassé le jugement refusant à l'employeur le droit de contester cette nouvelle désignation dans le délai de quinze jours fixé par l'article L. 412-15 CT.

Cass. soc. 24 janvier 1990, n° 89-60.004, BC V n° 31. Voir aussi cass. soc. 22 janvier 2002, n° 00-60.356, BC V n° 28.

Le délégué syndical, représentant de droit le syndicat au comité d'entreprise, réintégré dans l'entreprise après l'annulation de l'autorisation donnée en vue de son licenciement, sans avoir pu retrouver son mandat du fait de la disparition de ce comité d'entreprise, bénéficie de la protection complémentaire de six mois suivant sa réintégration.

Cass. soc. 16 décembre 2014, n° 13-21.203, BC V n° 289.

Annulation de la décision ayant ordonné la réintégration

En cas d'annulation de la décision ayant ordonné la réintégration, l'employeur n'est pas tenu de mettre en œuvre une procédure de licenciement.

Un litige l'ayant opposée à son employeur relativement au poste de travail à occuper à son retour de congé maternité, une salariée, membre suppléant du comité d'entreprise, a, à la suite du refus de l'inspecteur du travail d'autoriser son licenciement, pris acte de la rupture de son contrat de travail aux torts de l'employeur le 22 janvier 2007 ; elle a été réintégrée le 6 décembre 2011 en qualité d'employée commerciale en exécution de l'arrêt rendu le 16 novembre 2011 par la cour d'appel de Versailles.

Doit être rejeté le moyen du pourvoi formé par la salariée qui, pour reprocher à une cour d'appel de l'avoir déboutée de ses demandes au titre de la rupture de son contrat de travail intervenue le 2 juillet 2013, soutient que l'employeur qui prend l'initiative de rompre le contrat de travail ou qui le considère comme rompu pour quelque motif que ce soit doit mettre en œuvre la procédure de licenciement, que l'annulation de la décision ayant ordonné la réintégration du salarié n'a pas d'effet rétroactif sur la relation de travail exécutée suite à cette réintégration et que dès lors l'employeur qui entend rompre le contrat de travail du salarié réintégré en raison de l'annulation de la décision ayant ordonné cette réintégration doit mettre en œuvre une procédure de licenciement en respectant les garanties légales.

En effet, la cour d'appel a retenu à juste titre que la réintégration de la salariée en exécution d'une décision judiciaire n'avait pas eu pour effet de créer de nouvelles relations contractuelles entre les parties et en a déduit exactement que l'employeur, après annulation de cette décision par la Cour de cassation, était fondé à considérer qu'il avait été mis fin aux fonctions de la salariée sans qu'il soit besoin d'une procédure de licenciement.

Cass. soc. 11 juillet 2016, n° 14-29.094, 1er moyen du pourvoi principal, BC V n° 151. Voir aussi cass. soc. 3 avril 2019, n° 18-14.004.

Représentants du personnel (Licenciement/Indemnisation).

Représentativité syndicale

La loi 2008-789 du 20 août 2008 a profondément modifié les règles et les critères de la représentativité syndicale en supprimant notamment la présomption irréfragable de représentativité.

Les critères de la représentativité

Les critères relatifs à l'influence, aux effectifs et aux cotisations, à l'ancienneté et à l'audience électorale doivent faire l'objet d'une appréciation globale…

Si les critères posés par l'article L. 2121-1 CT doivent être tous réunis pour établir la représentativité d'un syndicat et si ceux tenant au respect des valeurs républicaines, à l'indépendance et à la transparence financière doivent être satisfaits de manière autonome, ceux relatifs à l'influence prioritairement caractérisée par l'activité et l'expérience, aux effectifs d'adhérents et aux cotisations, à l'ancienneté dès lors qu'elle est au moins égale à deux ans et à l'audience électorale dès lors qu'elle est au moins égale à 10 % des suffrages exprimés, doivent faire l'objet d'une appréciation globale.

Cass. soc. 29 février 2012, n° 11-13.748, BC V n° 83.

... pour toute la durée du cycle électoral.

Lors des élections pour le renouvellement des mandats des délégués du personnel et des membres du comité d'entreprise qui se sont déroulées au sein d'une société le 7 juillet 2011, des syndicats CFDT et CGT ont recueilli respectivement 80 % et 20 % des suffrages ; après la démission d'un certain nombre d'adhérents et d'élus du syndicat CFDT et la révocation par ce syndicat du mandat du délégué syndical qu'il avait désigné le 16 septembre 2011, ce syndicat a désigné en qualité de délégué syndical le 16 juillet 2012 un salarié qui avait obtenu plus de 10 % des suffrages sous l'affiliation CGT lors des élections ; plusieurs salariés ont alors saisi le tribunal d'instance d'une demande d'annulation de cette désignation.

C'est à bon droit que le tribunal a rejeté leur demande.

En effet, d'une part, si les critères posés par l'article L. 2121-1 CT doivent être tous réunis pour établir la représentativité d'un syndicat et si ceux tenant au respect des valeurs républicaines, à l'indépendance et à la transparence financière doivent être satisfaits de manière autonome et permanente, ceux relatifs à l'influence prioritairement caractérisée par l'activité et l'expérience, aux effectifs d'adhérents et aux cotisations, à l'ancienneté dès lors qu'elle est au moins égale à deux ans et à l'audience électorale dès lors qu'elle est au moins égale à 10 % des suffrages exprimés, font l'objet, dans un périmètre donné, d'une appréciation globale pour toute la durée du cycle électoral ; ayant constaté qu'avant les élections professionnelles du 7 juillet 2011, le syndicat CFDT dénombrait plus de 120 adhérents sur 175 salariés et que son activité et ses effectifs étaient de fait suffisants pour caractériser la représentativité de ce syndicat qui avait obtenu au moins 10 % des suffrages exprimés, le tribunal a retenu à bon droit que ce syndicat était représentatif au sein de l'entreprise lors de la désignation contestée.

Cass. soc. 14 novembre 2013, n° 12-29.984, 1er moyen, BC V n° 268. Voir aussi cass. soc. 8 mars 2017, n° 16-13.033, 3e et 4e branches du moyen.

Si les critères posés par l'article L. 2121-1 CT tenant au respect des valeurs républicaines, à l'indépendance et à la transparence financière doivent être satisfaits de manière autonome et permanente, l'absence d'indépendance judiciairement établie d'un syndicat lors de l'exercice d'une prérogative syndicale ne le prive pas de la possibilité d'exercer ultérieurement les prérogatives liées à la qualité d'organisation syndicale, dès lors qu'il réunit, au moment de l'exercice de ces prérogatives, tous les critères visés à l'article précité.

Cass. soc. 27 septembre 2017, n° 16-60.238, BC V n° 167 (arrêt n° 1). Voir aussi cass. soc. 27 septembre 2017, n° 16-60.264, BC V n° 167 (arrêt n° 2).

• Respect des valeurs républicaines

La référence à la lutte des classes et à la suppression de l'exploitation capitaliste dans les statuts d'un syndicat ne méconnaît aucune valeur républicaine.

Cass. soc. 25 janvier 2016, n° 14-29.308.

C'est à celui qui conteste le respect, par une organisation syndicale, des valeurs républicaines, d'apporter la preuve de sa contestation.

Par courrier du 12 octobre 2009, un syndicat a désigné un salarié en qualité de représentant de section syndicale au sein d'une société ; prétendant que le syndicat ne remplissait pas les conditions légales d'une telle désignation, notamment s'agissant du critère de respect des valeurs républicaines, l'employeur a saisi le tribunal d'instance en annulation de la désignation.

Après avoir constaté que la preuve n'était pas rapportée que le syndicat, en dépit des mentions figurant dans les statuts datant de 1946, poursuive dans son action un objectif illicite, contraire aux valeurs républicaines, un tribunal d'instance a pu valider la désignation.

Cass. soc. 13 octobre 2010, n° 10-60.130, BC V n° 235. Voir aussi cass. soc. 8 juillet 2009, n° 08-60.599, BC V n° 181.

• Transparence financière

Les documents comptables dont la loi impose la confection et la publication ne constituent que des éléments de preuve de la transpa-

rence financière, leur défaut pouvant dès lors être suppléé par d'autres documents produits par le syndicat et que le juge doit examiner.

Cass. soc. 29 février 2012, n° 11-13.748, précité. Voir aussi cass. soc. 17 octobre 2018, n° 18-60.030, à paraître ; cass. soc. 17 octobre 2018, n° 17-19.732, à paraître.

• Ancienneté minimale de deux ans dans le champ professionnel et géographique couvrant le niveau de négociation

Le syndicat qui modifie ses statuts pour s'affilier à une nouvelle fédération ou confédération conserve l'ancienneté déjà acquise et peut donc, si celle-ci est d'au moins 2 ans, présenter des candidats au premier tour des élections professionnelles.

Cass. soc. 3 mars 2010, n° 09-60.283, BC V n° 54, cité dans « Syndicats (Statuts) ».

Il en est de même pour le syndicat intercatégoriel qui modifie ses statuts pour devenir catégoriel.

Cass. soc. 14 mars 2018, n° 17-21.434, à paraître, cité dans « Syndicats (Statuts) ».

Le champ professionnel tel que déterminé par les statuts d'un syndicat et lui donnant vocation à représenter les salariés d'une UES, doit s'apprécier par référence à l'activité principale de cette UES.

Cass. soc. 26 septembre 2012, n° 11-60.147, 4e moyen, BC V n° 244.

• Audience électorale : obtention de 10 % des suffrages exprimés au premier tour des élections professionnelles

Les dispositions subordonnant la représentativité syndicale à l'obtention de 10 % des suffrages exprimés au premier tour des élections professionnelles sont d'ordre public absolu.

Ayant constaté qu'un syndicat n'avait pas obtenu au moins 10 % des suffrages exprimés lors des élections, le tribunal a pu annuler la désignation par ce dernier d'une salariée en qualité de déléguée syndicale.

En effet, en ce qu'elle soumet désormais la représentativité des organisations syndicales à la condition d'avoir obtenu au moins 10 % des suffrages exprimés lors du premier tour de l'élection des membres titulaires du comité d'entreprise, la loi 2008-789 du 20 août 2008 est d'ordre public absolu, ce qui interdit, par suite, à un accord collectif comme à un employeur de reconnaître la qualité d'organisation syndicale représentative à une organisation qui n'a pas satisfait à cette condition.

Cass. soc. 18 mai 2011, n° 10-60.406, BC V n° 116.

L'audience recueillie par les organisations syndicales aux élections des délégués du personnel ne peut être prise en compte, pour apprécier leur représentativité, que s'il ne s'est pas tenu dans l'entreprise d'élections au comité d'entreprise ou à la délégation unique du personnel permettant de mesurer cette audience.

Selon l'article L. 2121-CT, la représentativité des organisations syndicales est déterminée d'après (...) 5° : l'audience établie selon les niveaux de négociation conformément aux articles L. 2122-1, L. 2122-5, L. 2122-6 et L. 2122-9 CT ; selon l'article L. 2122-1 CT, dans l'entreprise ou l'établissement, sont représentatives les organisations syndicales qui satisfont aux critères de l'article L. 2121-1 et qui ont recueilli au moins 10 % des suffrages exprimés au premier tour des dernières élections des titulaires au comité d'entreprise ou de la délégation unique du personnel, ou, à défaut, des délégués du personnel ; il en résulte que l'audience recueillie par les organisations syndicales aux élections des délégués du personnel ne peut être prise en compte, pour apprécier leur représentativité, que s'il ne s'est pas tenu dans l'entreprise d'élections au comité d'entreprise ou à la délégation unique du personnel permettant de mesurer cette audience.

Un syndicat a désigné le 21 décembre 2009 une salariée en qualité de délégué syndicale au sein d'une Urssaf ; contestant la représentativité du syndicat au motif que celui-ci n'avait pas recueilli 10 % des suffrages aux élections des membres du comité d'entreprise mais seulement aux élections des délégués du personnel, l'employeur a saisi le tribunal d'instance en annulation de la désignation.

C'est à tort que, pour valider la désignation de la déléguée syndicale, le tribunal, après avoir relevé que le syndicat, qui n'avait pas présenté de candidat aux élections des membres du comité d'entreprise, avait obtenu 100 % des suffrages exprimés au premier tour des élections des délégués du personnel du 17 mars, a énoncé que faute pour la loi du 20 août 2008 de dire précisément que les élections des délégués du personnel entrent de manière subsidiaire dans la mesure de la représentativité des syndicats au niveau des entreprises, tout en étant prises en compte au même titre que les autres élections, pour ce qui est de la représentativité des délégués syndicaux, il convient d'écarter l'interprétation proposée par l'Urssaf et ainsi de retenir une absence de hiérarchie entre les trois instances citées, comité d'entreprise, délégation unique du personnel ou délégués du personnel.

Cass. soc. 13 juillet 2010, n° 10-60.148, BC V n° 176.

L'audience recueillie par les organisations syndicales aux élections des délégués du personnel ne peut être prise en compte, pour apprécier leur représentativité, que s'il ne s'est pas tenu dans l'entreprise d'élections au comité d'entreprise ou d'établissement.

Un employeur a saisi le tribunal d'instance d'une demande d'annulation des désignations par un syndicat de deux salariés en qualité respectivement de délégué syndical d'un établissement et de représentant de la section syndicale d'un autre établissement au motif que ce syndicat, qui avait obtenu 10 % des suffrages exprimés au premier tour des élections des délégués du personnel, n'avait pas obtenu ce résultat au premier tour des élections au comité d'entreprise.

Après avoir relevé que le syndicat n'avait pas obtenu un score d'au moins 10 % des suffrages exprimés aux élections au comité d'entreprise, une cour d'appel en a exactement déduit qu'il ne remplissait pas les conditions pour désigner un délégué syndical.

Cass. soc. 14 décembre 2010, n° 10-60.221, 1er moyen, BC V n° 292.

Selon l'article L. 2122-1 CT, sont représentatives dans l'entreprise ou l'établissement les organisations syndicales qui satisfont aux critères de l'article L. 2121-1 et qui ont recueilli au moins 10 % des suffrages exprimés au premier tour des dernières élections des titulaires au comité d'entreprise ou de la délégation unique du personnel ou, à défaut, des délégués du personnel, quel que soit le nombre de votants ; il en résulte que le score électoral participant à la détermination de la représentativité d'un syndicat est celui obtenu aux élections au comité d'entreprise ou au comité d'établissement quand bien même, en application d'un accord collectif, le périmètre au sein duquel le syndicat désigne un délégué serait plus restreint que celui du comité et correspondrait à un établissement au sein duquel sont élus les délégués du personnel.

Par lettre du 24 juin 2009, un syndicat a, par application d'un accord collectif du 11 janvier 1996 fixant le cadre de désignation des délégués syndicaux, désigné un salarié en qualité de délégué syndical pour un établissement A' compris dans le périmètre plus large d'un établissement A au sein duquel était instauré un comité d'établissement.

Après avoir constaté que le syndicat ayant procédé à la désignation litigieuse n'avait pas obtenu un score d'au moins 10 % lors des élections au comité de l'établissement A le 26 mars 2009, c'est à bon droit qu'un tribunal d'instance a annulé cette désignation, peu important que des élections de délégués du personnel aient été organisées dans le cadre de l'établissement A' et que le syndicat y ait obtenu un score d'au moins 10 %.

Cass. soc. 10 novembre 2010, n° 09-72.856, BC V n° 257. Voir aussi cass. soc. 8 février 2012, n° 11-16.155.

La représentativité des organisations syndicales, dans un périmètre donné, est établie pour toute la durée du cycle électoral, dès lors : - les résultats obtenus lors d'élections partielles ne peuvent avoir pour effet de modifier la mesure de la représentativité calculée lors des dernières élections générales ;...

La représentativité des organisations syndicales, dans un périmètre donné, est établie pour toute la durée du cycle électoral.

Les élections des membres des quatre établissements que comporte une société se sont déroulées entre 2009 et 2011 ; un syndicat CFDT a obtenu, au terme des quatre élections, un pourcentage de suffrages de 9,25 % ; le 17 novembre 2011, suite à la démission d'un représentant du collège cadre dans l'un des comités d'établissement de la société, une élection partielle a été organisée ; le 2 décembre 2011, le syndicat CFDT, estimant être devenu représentatif en tenant compte des résultats de l'élection partielle, a désigné un délégué syndical central ; un syndicat FO a contesté cette désignation devant le tribunal d'instance.

Pour valider la désignation par le syndicat CFDT de ce délégué syndical central, le tribunal d'instance a retenu que c'est au jour de la désignation du délégué syndical que doit s'apprécier la représentativité du syndicat dans l'entreprise, et qu'en l'occurrence, le syndicat CFDT était devenu représentatif suite aux élections partielles organisées le 17 novembre 2011.

En statuant ainsi, alors que les résultats obtenus lors d'élections partielles ne pouvaient avoir pour effet de modifier la mesure de la représentativité calculée lors des dernières élections générales, le tribunal d'instance a violé les articles L. 2121-1, L. 2122-1 et L. 2143-5 CT.

Cass. soc. 13 février 2013, n° 12-18.098, BC V n° 42. Voir aussi cass. soc. 7 décembre 2016, n° 15-26.855.

... - un syndicat reconnu représentatif au niveau d'une entreprise à l'issue des opérations électorales s'étant déroulées dans ses différents établissements, conserve sa représentativité après la cession de l'un des établissements ;...

La représentativité des organisations syndicales est établie pour toute la durée du cycle électoral.

Ayant retenu qu'une organisation syndicale était représentative au niveau d'une entreprise à l'issue des élections qui s'étaient déroulées dans ses différents établissements, un tribunal d'instance en a déduit à bon droit que sa représentativité ne pouvait pas être contestée au motif tiré du transfert des contrats de travail des salariés résultant de la cession de l'un de ses établissements.

Cass. soc. 19 février 2014, n° 13-20.069, BC V n° 61. Voir aussi cass. soc. 19 février 2014, n° 12-29.354, BC V n° 58.

... - un syndicat n'ayant pas obtenu au moins 10 % des suffrages exprimés lors des dernières élections dans l'entreprise ne peut, malgré la reprise en location-gérance d'autres établissements où il avait été reconnu représentatif, revendiquer un nouveau calcul de sa représentativité au sein de l'entreprise d'accueil avant l'expiration du cycle électoral ;...

Une société composée de 16 établissements a pris en location-gérance 25 autres établissements. Un syndicat, qui était représentatif dans ces 25 établissements pris en location-gérance mais n'avait pas obtenu au moins 10 % des suffrages exprimés lors des dernières élections professionnelles au sein de la société avant la prise en location-gérance, a désigné un délégué syndical central et un représentant syndical au comité central d'entreprise ; contestant que cette organisation syndicale soit devenue représentative au sein de l'entreprise, la société a demandé au tribunal d'instance l'annulation de ces désignations.

C'est à bon droit que le tribunal a fait droit à sa demande.

En effet, la représentativité des organisations syndicales est établie pour toute la durée du cycle électoral ; en l'espèce, lors des dernières élections professionnelles au sein de la société, le syndicat avait obtenu 7,17 % des suffrages et il n'était donc pas représentatif au sein de l'entreprise, peu important la prise en location-gérance d'autres établissements où ce syndicat avait été reconnu représentatif.

Cass. soc. 19 février 2014, n° 13-17.445, BC V n° 60. Voir aussi cass. soc. 19 février 2014, n° 13-16.750, BC V n° 59.

... - un syndicat qui n'a pas participé aux dernières élections professionnelles d'une UES n'est pas représentatif au sein de celle-ci et ne peut pas y désigner de délégués syndicaux.

La représentativité des organisations syndicales est établie pour toute la durée du cycle électoral.

Ayant constaté que le syndicat requérant n'avait pas participé aux dernières élections professionnelles, c'est à bon droit qu'un tribunal d'instance en a déduit que, n'étant pas représentatif au sein de l'UES, ce syndicat ne pouvait procéder à des désignations de délégués syndicaux.

Doit donc être rejeté le moyen du pourvoi formé par le syndicat qui, pour reprocher au tribunal d'avoir annulé ces désignations, soutient qu'un syndicat peut se prévaloir des votes obtenus lors du premier tour des élections professionnelles sous le sigle d'une confédération à laquelle il s'est affilié après les élections pour se prétendre représentatif dans l'entreprise et y désigner un délégué syndical, dès lors que cette confédération ne s'y est pas opposée et qu'il est le seul à disposer d'une section syndicale de celle-ci au sein de l'entreprise.

Cass. soc. 4 juillet 2018, n° 17-20.710, à paraître.

Le critère d'audience électorale nécessaire à l'établissement de la représentativité des syndicats intercatégoriels prend nécessairement en compte les suffrages exprimés par l'ensemble des salariés de l'entreprise, peu important que certains soient électeurs dans des collèges spécifiques.

Cass. soc. 12 avril 2012, n° 11-22.289, BC V n° 125. Voir aussi cass. soc. 4 mai 2017, n° 16-14.991.

Satisfait au critère de l'audience électorale le syndicat ayant obtenu 10 % des voix au premier tour des élections tous collèges confondus, peu important qu'il n'ait pas présenté de candidat dans chacun des collèges.

Selon l'article L. 2122-1 CT, dans l'entreprise ou l'établissement sont représentatives les organisations syndicales qui satisfont aux critères de l'article L. 2121-1 CT et qui ont recueilli au moins 10 % des suffrages exprimés au premier tour des dernières élections des titulaires du comité d'entreprise ou de la délégation unique du personnel ou, à défaut, des délégués du personnel quel que soit le nombre de votants ; il en résulte que satisfait à ce critère le syndicat qui a obtenu 10 % des voix au premier tour des élections tous collèges confondus, peu important qu'il n'ait pas présenté de candidat dans chacun des collèges.

Cass. soc. 22 septembre 2010, n° 10-10.678, BC V n° 195.

L'affiliation confédérale sous laquelle un syndicat a présenté des candidats au premier tour des élections des membres titulaires du comité d'entreprise constituant un élément essentiel du vote des électeurs, en cas de désaffiliation après ces élections, le syndicat ne peut continuer à se prévaloir des suffrages ainsi recueillis pour se prétendre représentatif,…

Cass. soc. 31 mai 2017, n° 16-60.236.

Après avoir constaté qu'un syndicat, affilié à la CFTC lors du premier tour de l'élection des membres titulaires du comité d'entreprise et qui avait recueilli au moins 10 % des suffrages, s'était ensuite désaffilié de cette confédération au profit de l'UNSA, c'est à bon droit qu'un tribunal d'instance a jugé que ce syndicat ne pouvait plus se prévaloir de sa représentativité et a, en conséquence, annulé la désignation d'un salarié en qualité de délégué syndical UNSA.

Cass. soc. 18 mai 2011, n° 10-60.069, BC V n° 125.

Une salariée a été désignée délégué syndical au sein d'une société le 17 septembre 2008 par un syndicat ; aux élections de représentants du personnel qui se sont déroulées en janvier 2009, le syndicat a obtenu plus de 10 % des suffrages ; le syndicat a confirmé le 20 janvier 2009 le maintien dans son mandat de la salariée ; le 7 mai 2009, le syndicat s'est désaffilié de la CFTC pour s'affilier à l'UNSA ; le 10 mars 2010, une fédération CFTC a désigné une autre salariée en qualité de délégué syndical, tandis que, par lettre du 7 avril 2010, le syndicat confirmait la désignation de la salariée comme déléguée syndicale ; la société a contesté cette désignation.

Pour débouter la société de sa contestation et valider la désignation de la salariée en qualité de délégué syndical du syndicat, un tribunal d'instance, après avoir relevé qu'aux dernières élections professionnelles la CFTC avait obtenu 11,54 % des suffrages, a énoncé que c'était en réalité le syndicat alors affilié à la CFTC qui avait présenté des candidats à cette élection et qu'en outre c'était la salariée, candidate du syndicat alors affilié à la CFTC, qui avait réuni sur son nom les trois voix sur les vingt-six valablement exprimées, et qu'ainsi le syndicat, dont la personnalité morale s'était poursuivie en dépit de son changement d'affiliation, avait bien obtenu au moins 10 % des suffrages exprimés lors des dernières élections.

En statuant ainsi, alors que le syndicat ne pouvait invoquer, pour établir sa représentativité, des suffrages obtenus alors qu'il était affilié à la CFTC et qu'il n'y était plus au jour de la désignation, le tribunal a violé les articles L. 2122-1 et L. 2143-1 CT.

Cass. soc. 18 mai 2011, n° 10-21.705, BC V n° 124.

… quand bien même la décision de désaffiliation émane de la confédération.

L'affiliation confédérale sous laquelle un syndicat a présenté des candidats au premier tour des élections des membres titulaires du comité d'entreprise constitue un élément essentiel du vote des électeurs ; il s'ensuit qu'en cas de désaffiliation intervenant après ces élections, le syndicat ne peut plus se prévaloir des suffrages ainsi obtenus pour se prétendre représentatif, quand bien même la décision de désaffiliation émane de la confédération.

Cass. soc. 28 novembre 2012, n° 12-14.528, BC V n° 311.

En revanche, la confédération - ou l'une de ses fédérations ou unions - reste titulaire des suffrages obtenus par le syndicat et peut, si elle justifie de l'existence dans l'entreprise, au jour de la désignation, d'une section syndicale constituée sous son sigle, procéder à la désignation d'un délégué syndical afin de maintenir dans l'entreprise la présence du mouvement syndical auquel les électeurs ont accordé au moins 10 % de leurs suffrages.

Lors du premier tour des élections au comité d'entreprise d'une société qui s'est déroulé le 26 février 2009, un syndicat, alors affilié à la CFTC, a obtenu 43 % des voix ; par une assemblée générale du 30 avril 2009, le syndicat a décidé de se désaffilier de la CFTC et d'adhérer à l'UNSA ; par lettre du 10 mars 2010, une fédération CFTC a désigné un salarié en qualité de délégué syndical au sein de la société.

Pour annuler cette désignation, un tribunal a retenu que la fédération CFTC n'ayant pas participé aux élections des membres du comité d'entreprise, elle ne pouvait, après désaffiliation du syndicat, se prévaloir du score obtenu par ce dernier.

En statuant ainsi, alors que le syndicat ayant participé à l'élection en étant affilié à la CFTC, la fédération CFTC pouvait, s'il existait dans l'entreprise une section syndicale constituée sous son sigle, désigner un délégué syndical, le tribunal auquel il appartenait seulement de vérifier l'existence d'une telle section au sein de la société, a violé les articles L. 2122-1 et L. 2143-3 CT.

Cass. soc. 18 mai 2011, n° 10-60.300, BC V n° 121.

Un syndicat ne peut revendiquer à son profit le score électoral obtenu par un syndicat qui lui est affilié qu'à la condition que cette affiliation ait été mentionnée sur les bulletins de vote au moyen desquels les électeurs ont exprimé leur choix ou ait été portée à leur connaissance certaine par le syndicat.

L'affiliation confédérale sous laquelle un syndicat a présenté des candidats au premier tour des élections des membres titulaires du comité d'entreprise constitue un élément essentiel du vote des électeurs ; il s'ensuit qu'une organisation syndicale ne peut revendiquer à son profit, au sein d'une entreprise, le score électoral obtenu par un syndicat qui lui est affilié qu'à la condition que cette affiliation ait été mentionnée sur les bulletins de vote au moyen desquels les électeurs ont exprimé leur choix ou ait été portée à leur connaissance certaine par le syndicat.

Cass. soc. 12 avril 2012, n° 11-22.290, BC V n° 127. Voir aussi cass. soc. 12 avril 2012, n° 11-22.291, BC V n° 126 ; cass. soc. 23 septembre 2015, n° 14-10.738.

Lorsque des syndicats, bien qu'affiliés à une même confédération, ont présenté chacun leur propre liste et que les élections n'ont pas été contestées, il n'y a pas lieu d'additionner leurs suffrages au bénéfice de l'un d'eux.

Après qu'un employeur, par jugement devenu définitif, a été débouté de sa demande tendant à leur en faire interdiction, deux syndicats A et B affiliés à la CGT, ont présenté, chacun, des listes de candidats dans les mêmes collèges au premier tour de l'élection des membres d'un comité d'établissement ; par lettres du 8 novembre 2010, le syndicat A a procédé à la désignation de quatre délégués syndicaux d'établissement et de six représentants syndicaux conventionnels au sein de divers CHSCT ; par lettres du 17 novembre 2010, le syndicat B a procédé à un nombre identique de désignations portant sur d'autres salariés.

Après avoir constaté que le syndicat A n'avait recueilli, tous collèges confondus, que 8,72 % des suffrages exprimés, et le syndicat B seulement 5,69 %, un tribunal a retenu néanmoins que les deux syndicats totalisaient, ensemble, 14,41 % des suffrages exprimés et a validé les désignations des délégués syndicaux opérées par le syndicat A comme étant les seules portant sur des candidats ayant obtenu au moins 10 % des suffrages ainsi que celles des représentants syndicaux aux CHSCT opérées par ce même syndicat comme étant chronologiquement les premières.

En statuant ainsi alors, d'une part, que les syndicats A et B ayant présenté chacun leur propre liste au premier tour de l'élection des membres titulaires du comité d'entreprise, il n'y avait pas lieu de procéder à la totalisation, au profit de l'un ou de l'autre, des suffrages recueillis en propre par chacun et alors, d'autre part, qu'ayant constaté que ni l'un ni l'autre de ces syndicats n'avait recueilli au moins 10 % des suffrages exprimés, de sorte que ni l'un ni l'autre n'était représentatif au sein de l'établissement et ne pouvait dès lors procéder aux désignations contestées, le tribunal a violé les articles L. 2324-4 et 22, L. 2121-1, L. 2122-1 et 3 et L. 2143-3 CT.

Cass. soc. 26 octobre 2011, n° 11-10.290, BC V n° 245.

Lorsque des syndicats affiliés à une même confédération présentent une liste de candidats, cette liste ne constitue pas une liste commune leur permettant de se répartir les suffrages recueillis et de bénéficier chacun d'une représentativité propre.

Lors des élections des membres du comité d'entreprise s'étant déroulées en janvier 2011 au sein d'une société, un syndicat d'ingénieurs cadres techniciens et agents de maîtrise affilié à la CGT et un syndicat du personnel d'exécution, également affilié à la CGT, ont présenté une liste « commune » qui a obtenu 33,32 % des suffrages au premier tour du scrutin. Invoquant une répartition des suffrages à hauteur respectivement de 60 % et 40 %, les deux syndicats ont désigné chacun, le nombre de délégués syndicaux prévu par l'accord collectif signé dans l'entreprise le 25 juin 2010 ainsi qu'un représentant syndical au comité d'entreprise pour chacun des deux syndicats. L'employeur et un autre syndicat ont contesté ces désignations en soutenant que les deux syndicats, affiliés à une même confédération, ne pouvaient désigner, ensemble, un nombre de délégués syndicaux supérieur à celui prévu par la loi.

Doit être rejeté le pourvoi qui, pour reprocher à un tribunal d'instance d'avoir annulé ces désignations soutient qu'une convention ou un accord collectif exprès peut prévoir, par des dispositions plus favorables que la loi, la désignation sur un même périmètre de délégués syndicaux par chacun des syndicats affiliés à la même confédération, que l'accord collectif du 25 juin 2010 prévoit que « dans l'hypothèse d'une liste commune présentée par plusieurs syndicats ou sections syndicales, la représentativité sera appréciée notamment au regard des résultats obtenus au premier tour de l'élection des titulaires au comité d'entreprise, en fonction de la répartition des suffrages telle qu'indiquée par les syndicats ou sections lors du dépôt de leur liste dûment portée à la connaissance de l'employeur et des électeurs avant le scrutin ».

En effet, d'abord, une liste de candidats présentée par deux syndicats affiliés à la même confédération ne constitue pas une liste commune au sens de l'article L. 2122-3 CT et ne peut, par suite, donner lieu à une répartition entre eux des suffrages qu'elle a recueillis en vue de les faire bénéficier, chacun, d'une représentativité propre ; ensuite, une confédération syndicale et les organisations qui lui sont affiliées ne peuvent désigner ensemble un nombre de délégués syndicaux supérieur à celui prévu par la loi ou par un accord collectif plus favorable.

Dès lors, le tribunal qui a relevé que les syndicats qui avaient présenté ensemble une liste de candidats étaient tous deux affiliés à la CGT et que l'accord collectif du 25 juin 2010 ne modifiait pas le nombre des délégués syndicaux susceptibles d'être désignés par les organisations représentatives et constaté le caractère excédentaire des désignations opérées par les deux syndicats, a, à bon droit, procédé à leur annulation.

Cass. soc. 10 mai 2012, n° 11-21.356, BC V n° 145.

Un syndicat n'ayant pas recueilli 10 % des suffrages exprimés au premier tour des élections professionnelles ne peut se prévaloir du score obtenu par la liste commune présentée avec d'autres syndicats.

Après avoir constaté qu'aucun des syndicats ayant présenté une liste commune au premier tour des élections professionnelles organisées au sein d'une entreprise n'avait recueilli au moins 10 % des suffrages exprimés, un tribunal d'instance a exactement décidé qu'ils ne pouvaient désigner un délégué syndical en se prévalant du score obtenu par la liste commune.

Cass. soc. 14 janvier 2014, n° 12-28.929, BC V n° 11.

Le nombre de voix recueillies par les organisations syndicales à prendre en considération pour le décompte des suffrages exprimés en leur faveur est le nombre de suffrages exprimés au profit de chaque liste, sans qu'il y ait lieu, s'agissant de la mesure de la représentativité de ces organisations, de tenir compte d'éventuelles ratures de noms de candidats.

Aux termes de l'article L. 2122-1 CT, dans l'entreprise ou l'établissement, sont représentatives les organisations syndicales qui satisfont aux critères de l'article L. 2121-1 et qui ont recueilli au moins 10 % des suffrages exprimés au premier tour des dernières élections des titulaires au comité d'entreprise ou de la délégation unique du personnel ou, à défaut, des délégués du personnel, quel que soit le nombre de votants ; le nombre de voix recueillies par les organisations syndicales à prendre en considération pour le décompte des suffrages exprimés en leur faveur est le nombre de suffrages exprimés au profit de chaque liste, sans qu'il y ait lieu, s'agissant de la mesure de la représentativité de ces organisations, de tenir compte d'éventuelles ratures de noms de candidats.

Une union départementale des syndicats CGT-FO a désigné une salariée en qualité de délégué syndical au sein d'un établissement d'une société.

Pour débouter l'employeur de sa demande d'annulation de cette désignation en qualité de délégué syndical, un tribunal a retenu que, lors du premier tour des élections des membres titulaires du comité d'entreprise de la société, si la liste présentée par un syndicat CGT-FO a obtenu vingt-huit voix, les trois candidats ont recueilli à eux tous quatre-vingt-quatre voix, soit un score supérieur à 10 % des trois cent vingt suffrages valablement exprimés en faveur des listes.

En statuant ainsi, alors qu'il lui appartenait de prendre en compte pour une unité chaque voix obtenue par les listes présentées aux dernières élections pour vérifier si le score obtenu par les organisations syndicales était ou non au moins égal à 10 % des suffrages exprimés en leur faveur, le tribunal a violé l'article L. 2122-1 CT.

Cass. soc. 6 janvier 2011, n° 10-60.168, BC V n° 11.

Le score électoral déterminant de la représentativité du syndicat qui désigne un délégué syndical d'établissement est celui obtenu au premier tour des élections des membres titulaires du comité de l'établissement concerné.

Cass. soc. 14 décembre 2010, n° 10-14.751, BC V n° 291. Voir aussi cass. soc. 9 novembre 2016, n° 16-13.818.

Ni un accord collectif ni un engagement unilatéral de l'employeur ne peuvent avoir pour effet de modifier ce périmètre légal d'appréciation de la représentativité syndicale.

Aux termes de l'article L. 2122-1 CT, dans l'entreprise ou l'établissement, sont représentatives les organisations syndicales qui satisfont aux critères de l'article L. 2121-1 et qui ont recueilli au moins 10 % des suffrages exprimés au premier tour des dernières élections des titulaires au comité d'entreprise ou de la délégation unique du personnel ou, à défaut, des délégués du personnel, quel que soit le nombre de votants ; selon l'article L. 2143-3 CT, chaque organisation syndicale représentative dans l'entreprise ou l'établissement de cinquante salariés ou plus, qui constitue une section syndicale, désigne un ou plusieurs délégués syndicaux pour la représenter auprès de l'employeur ; selon l'article L. 2143-5 CT, un délégué syndical central est désigné par un syndicat qui a recueilli au moins 10 % des suffrages exprimés au premier tour des dernières élections des titulaires au comité d'entreprise ou de la délégation unique du personnel ou, à défaut, des délégués du personnel, quel que soit le nombre de votants, en additionnant les suffrages de l'ensemble des établissements compris dans ces entreprises ; il en résulte que lorsque sont mis en place des comités d'établissement, seuls peuvent désigner un délégué syndical au sein du périmètre couvert par l'un des comités les syndicats qui ont obtenu au moins 10 % des suffrages exprimés au premier tour des dernières élections des titulaires de ce comité et que ni un accord collectif ni un engagement unilatéral de l'employeur ne peuvent avoir pour effet de modifier ce périmètre légal d'appréciation de la représentativité syndicale.

Cass. soc. 6 janvier 2011, n° 10-18.205, BC V n° 9.

Dans une unité économique et sociale, le seuil de 10 % se calcule en additionnant la totalité des suffrages obtenus lors des élections au sein des différentes entités composant l'UES.

D'abord, les syndicats affiliés à la même confédération nationale ne peuvent désigner ensemble dans la même entreprise un nombre de délégués et représentants syndicaux supérieur à celui fixé par la loi ; ensuite, lorsque la désignation s'effectue au niveau d'une UES, le seuil de 10 % fixé par l'article L. 2121-1 CT se calcule en additionnant la totalité des suffrages obtenus lors des élections au sein des différentes entités composant l'UES ; il en résulte que le calcul de l'audience pour la désignation d'un délégué syndical au sein de l'UES tient compte de tous les suffrages ainsi obtenus par les syndicats affiliés à la même confédération syndicale.

C'est à tort que, pour annuler la désignation d'un salarié en qualité de délégué syndical au sein d'une UES, un tribunal d'instance a relevé que le seuil de 10 % invoqué par le syndicat qui l'avait désigné tenait compte des suffrages obtenus par un autre syndicat affilié à la même confédération, et a énoncé qu'aucune disposition du code du travail ne permet en l'état du bouleversement opéré par la loi du 20 août 2008 de dire que du fait de la seule affiliation à une même confédération, leur représentation doit être appréciée globalement par le cumul de leurs résultats respectifs, alors même que ces organisations syndicales n'avaient manifesté aucune volonté en ce sens, en s'associant notamment par le biais de listes communes.

Cass. soc. 22 septembre 2010, n° 09-60.435, 2e moyen, BC V n° 188. Voir aussi cass. soc. 25 janvier 2012, n° 11-60.089.

Sauf dispositions légales particulières, la représentativité des organisations syndicales au sein des sociétés composant une unité économique et sociale où a été institué, pour l'élection des représentants du personnel, un collège électoral unique incluant des salariés de droit privé et des fonctionnaires, doit être appréciée au regard de la totalité des suffrages exprimés par l'ensemble des électeurs composant ce collège.

Après avoir constaté qu'il n'existait, pour l'appréciation de la représentativité syndicale au sein d'une société composant une unité économique et sociale, aucune disposition légale particulière et qu'un décret avait institué un collège électoral unique pour l'élection en son sein des délégués du personnel et des représentants du personnel au comité d'entreprise, un tribunal d'instance a exactement décidé que faute pour un syndicat d'avoir obtenu au moins 10 % des suffrages exprimés au sein de ce collège unique lors du premier tour des élections des membres d'un comité d'établissement, il ne pouvait être reconnu représentatif dans l'établissement.

Cass. soc. 26 juin 2013, n° 12-26.308, BC V n° 174.

Lorsque des élections professionnelles sont organisées après l'annulation par jugement de précédentes élections, la cassation de ce jugement n'entraîne pas par elle-même l'annulation des nouvelles élections, de sorte que la représentativité syndicale s'apprécie au regard des résultats de ces dernières.

Lors des élections des représentants du personnel au comité d'un établissement d'une société du 24 octobre 2013, un syndicat a obtenu 10 % des voix dans le premier collège ; par un jugement du 30 janvier 2014, ces élections ont été annulées ; de nouvelles élections ont été organisées le 14 mars 2014, à l'issue desquelles le syndicat a recueilli 4,4 % des voix ; par un arrêt du 2 juillet 2014, la Cour de cassation a annulé le jugement précité ; par lettre du 4 novembre 2014, le syndicat a désigné un salarié en qualité de délégué syndical au comité d'établissement.

Pour rejeter la demande d'annulation de cette désignation, un tribunal d'instance a retenu qu'il résulte de l'application combinée des articles 625 et 1034 c. proc. civ. que les parties devaient être placées dans l'état où elles se trouvaient avant l'annulation des élections du premier collège du 24 octobre 2013 par le jugement du 30 janvier 2014, qu'à l'occasion du scrutin du 24 octobre 2013, le syndicat avait réuni 10 % des voix, qu'au jour de la désignation critiquée, le syndicat était donc représentatif au sens de l'article L. 2143-3 CT.

En statuant ainsi, alors que la cassation du jugement ayant annulé les élections du 24 octobre 2013 n'entraînait pas, par elle-même, l'annulation des élections ayant suivi et à l'encontre desquelles aucune demande d'annulation n'avait été formée dans le délai de quinze jours prévu par les articles R. 2314-28 et R. 2324-24 CT, de sorte que le résultat de ces dernières élections devait être pris en compte pour établir la représentativité des syndicats, le tribunal a violé l'article 625 c. proc. civ.

Cass. soc. 12 avril 2016, n° 15-18.652, BC V n° 71.

Les dispositions subordonnant la représentativité syndicale à l'obtention de 10 % des suffrages exprimés au premier tour des élections professionnelles sont conformes au droit international.

D'abord, si le droit de mener des négociations collectives est, en principe, devenu l'un des éléments essentiels du droit de fonder des syndicats et de s'affilier à des syndicats, pour la défense de ses intérêts, énoncé à l'article 11 de la Convention européenne de sauvegarde des droits de l'homme et des libertés fondamentales, les États demeurent libres de réserver ce droit aux syndicats représentatifs, ce que ne prohibent ni les articles 5 et 6 de la Charte sociale européenne ni l'article 28 de la Charte des droits fondamentaux de l'Union européenne, ni les conventions 98 et 135 de l'OIT ; le fait pour les salariés, à l'occasion des élections professionnelles, de participer à la détermination des syndicats aptes à les représenter dans les négociations collectives n'a pas pour effet d'affaiblir les représentants syndicaux au profit des représentants élus, chacun conservant les attributions qui lui sont propres.

Ensuite, l'obligation faite aux syndicats représentatifs de choisir, en priorité, le délégué syndical parmi les candidats ayant obtenu au moins 10 % des voix ne heurte aucune prérogative inhérente à la liberté syndicale et, tendant à assurer la détermination par les salariés eux-mêmes des personnes les plus aptes à défendre leurs intérêts dans l'entreprise et à conduire les négociations pour leur compte, elle ne constitue pas une ingérence arbitraire dans le fonctionnement syndical.

Par lettre du 7 septembre 2009, un syndicat a notifié à une société la désignation d'un salarié en qualité notamment de délégué syndical.

C'est à tort que, pour débouter l'employeur et un autre syndicat de leurs demandes en annulation de cette désignation, un tribunal a retenu, d'une part, que l'article L. 2143-3 CT qui réserve le droit de désigner un délégué syndical aux syndicats inter-catégoriels ayant obtenu au moins 10 % des voix sur l'ensemble des collèges lors des dernières élections du comité d'entreprise est contraire aux normes européennes et internationales susvisées, d'abord, en ce qu'il interdit aux syndicats qui n'ont pas obtenu un tel score lors des dernières élections de participer aux négociations dans l'entreprise, les privant ainsi d'un élément essentiel du droit syndical, ensuite, en ce qu'il affaiblit les représentants syndicaux au profit des représentants élus, enfin, en ce qu'il constitue une inégalité de traitement par rapport aux syndicats catégoriels qui ne doivent obtenir un tel pourcentage de voix que dans le seul collège visé par leurs statuts, d'autre part, que l'article L. 2143-3 CT faisant obligation de choisir le délégué syndical parmi les candidats ayant obtenu au moins 10 % des voix est contraire au principe de la liberté syndicale et constitue une ingérence dans le fonctionnement syndical.

Cass. soc. 14 avril 2010, n° 09-60.426, 1er moyen du pourvoi de l'employeur et pourvoi du syndicat, BC V n° 100.

• Influence

Pour apprécier l'influence du syndicat, le juge doit aussi prendre en considération les actions menées par le syndicat alors qu'il était affilié à une confédération syndicale dont il s'est par la suite désaffilié.

Pour apprécier l'influence d'un syndicat, critère de sa représentativité caractérisé prioritairement par l'activité et l'expérience, le juge doit prendre en considération l'ensemble de ses actions, y compris celles que le syndicat a menées alors qu'il était affilié à une confédération syndicale dont il s'est par la suite désaffilié.

Cass. soc. 28 septembre 2011, n° 10-26.545, 1er moyen et 2e moyen pris en ses trois premières branches, BC V n° 213.

Date d'appréciation de la représentativité

La représentativité s'apprécie au jour où la prérogative syndicale doit être exercée.

En cas de désignation d'un délégué syndical et d'un représentant au comité d'entreprise, la représentativité doit s'apprécier à la date des désignations. L'absence de représentativité d'un syndicat à une époque antérieure à ces désignations ne permet pas de préjuger de sa représentativité ultérieure.

Cass. soc. 8 mars 1995, n° 94-60.203. Voir aussi cass. soc. 3 mars 1993, n° 92-60.028, 2e branche du moyen.

Contestation et preuve de la représentativité

L'absence de contestation, à l'occasion des élections professionnelles, de la capacité d'un syndicat à présenter des candidats au premier tour du scrutin n'empêche pas que soit contestée, postérieurement aux élections, la représentativité de ce syndicat dans le champ géographique et professionnel que couvre l'entreprise, peu important que le litige porte sur les critères également imposés pour la présentation de candidats.

Cass. soc. 26 juin 2013, n° 12-21.766, BC V n° 173.

L'action mettant en cause le calcul de l'audience d'un syndicat, en raison de son caractère catégoriel, sans contester les résultats du scrutin, n'est pas soumise au délai de forclusion de quinze jours prévu pour les contestations portant sur la régularité des élections.

Le délai prévu par l'article R. 2314-28 CT n'est pas applicable aux contestations qui ne portent que sur la prétention d'un syndicat à la qualité de syndicat représentatif, sans remise en cause des résultats du scrutin.

Une société a saisi un tribunal d'instance d'une demande d'annulation de la désignation d'un délégué syndical en faisant valoir que le syndicat désignataire n'était pas « reconnu représentatif », pour avoir obtenu moins de 10 % des suffrages exprimés aux dernières élections professionnelles.

Pour faire droit à cette demande, le tribunal a retenu que l'absence de contestation par le syndicat [dans les délais légaux] des résultats publiés valait acquiescement à ces résultats.

En statuant ainsi, alors que le syndicat ne contestait ni le nombre de voix qu'il avait recueilli, ni le nombre de suffrages exprimés dans chaque collège, mais soutenait qu'en raison de son caractère catégoriel et de son affiliation à une confédération interprofessionnelle nationale, son audience devait être calculée sur le seul collège dans lequel ses règles statutaires lui donnaient vocation à présenter des candidats, ce dont il résultait que sa prétention à la qualité de syndicat représentatif n'était pas soumise au délai de forclusion prévu par l'article R. 2314-28 CT, le tribunal a violé ce texte.

Cass. soc. 31 janvier 2012, n° 10-25.429, 4e branche du moyen, BC V n° 39.

C'est à celui qui conteste le respect, par une organisation syndicale, du critère d'indépendance, d'apporter la preuve du bien-fondé de sa contestation.

Cass. soc. 10 mai 2012, n° 11-17.574.

La représentativité d'une organisation syndicale ne peut être contestée indépendamment de l'exercice, par cette organisation, d'une prérogative subordonnée à la qualité de syndicat représentatif.

Cass. soc. 15 avril 2015, n° 14-19.496. Voir aussi cass. soc. 20 avril 2017, n° 15-22.944.

Représentativité des syndicats catégoriels

• La loi du 20 août 2008 prévoit que pour les syndicats catégoriels, l'audience de 10 % dont ils doivent justifier pour être représentatifs s'apprécie dans les seuls collèges où ils ont vocation à présenter des candidats

Lorsqu'un syndicat est affilié à une confédération syndicale catégorielle interprofessionnelle nationale et que ses statuts lui donnent vocation à présenter des candidats dans tous les collèges, son audience doit être mesurée tous collèges confondus.

Selon l'article L. 2122-2 CT, dans l'entreprise ou l'établissement, sont représentatives à l'égard des personnes relevant des collèges électoraux dans lesquels leurs règles statutaires leur donnent vocation à présenter des candidats les organisations syndicales catégorielles affiliées à une confédération syndicale catégorielle interprofessionnelle nationale qui satisfont aux critères de l'article L. 2121-1 et qui ont recueilli au moins 10 % des suffrages exprimés au premier tour des dernières élections des titulaires au comité d'entreprise ou de la délégation unique du personnel ou, à défaut, des délégués du personnel dans ces collèges, quel que soit le nombre de votants ; il en résulte que ne peut invoquer l'application de cette disposition l'organisation syndicale qui n'est pas, statutairement, catégorielle.

Le 7 mars 2012 a été organisé le premier tour des élections des délégués du personnel et des membres du comité d'entreprise d'un établissement d'une entreprise ; un syndicat CFDT a saisi le tribunal d'instance afin qu'un syndicat CGC soit déclaré non représentatif.

Pour débouter le syndicat CFDT de ses demandes, un tribunal a énoncé que le syndicat CGC, en dépit des statuts l'autorisant à présenter des candidats dans tous les collèges, n'en avait présenté que dans le deuxième collège, que son audience devait donc s'apprécier dans ce seul collège.

En statuant ainsi, alors que les statuts du syndicat CGC lui donnaient vocation à présenter des candidats dans tous les collèges, ce dont il résultait que son audience devait être mesurée tous collèges confondus, peu important qu'il n'ait présenté des candidats que dans certains d'entre eux, le tribunal a violé l'article L. 2122-1 CT.

Cass. soc. 27 mars 2013, n° 12-22.733, BC V n° 93. Voir aussi cass. soc. 25 janvier 2016, n° 15-12.998.

Ainsi, lorsqu'un syndicat affilié à une confédération catégorielle interprofessionnelle nationale présente, en conformité avec son champ statutaire, des candidats dans plusieurs collèges, sa représentativité est établie en fonction des suffrages recueillis dans l'ensemble de ces collèges.

D'abord, un syndicat peut présenter des candidats dans les collèges que ses statuts lui donnent vocation à représenter.

Ensuite, selon l'article L. 2122-2 CT, dans l'entreprise ou l'établissement sont représentatives à l'égard des personnels relevant des collèges électoraux dans lesquels leurs règles statutaires leur donnent vocation à présenter des candidats, les organisations syndicales catégorielles affiliées à une confédération syndicale catégorielle interprofessionnelle nationale qui satisfont aux critères de l'article L. 2121-1 CT et qui ont recueilli au moins 10 % des suffrages exprimés au premier tour des dernières élections des titulaires au comité d'entreprise ou de la délégation unique du personnel ou, à défaut, des délégués du personnel dans ces collèges, quel que soit le nombre de votants.

Il en résulte que, lorsqu'un syndicat affilié à une confédération catégorielle interprofessionnelle nationale présente, en conformité avec son champ statutaire, des candidats dans plusieurs collèges, sa représentativité est établie en fonction des suffrages recueillis dans l'ensemble de ces collèges.

Cass. soc. 28 septembre 2011, n° 10-26.693, BC V n° 215.

Le syndicat non affilié à une confédération syndicale catégorielle interprofessionnelle nationale n'est pas catégoriel et sa représentativité doit être appréciée au regard des suffrages recueillis dans l'ensemble des collèges électoraux.

Après avoir constaté qu'un syndicat, qui, rattaché d'une part à une union confédérale, qui n'est pas interprofessionnelle et, d'autre part à une union nationale, qui n'est pas catégorielle, n'était pas affilié à une confédération syndicale catégorielle interprofessionnelle nationale, ne pouvait pas se prévaloir des dispositions de l'article L. 2122-2 CT, un tribunal d'instance en a exactement déduit que sa représentativité devait s'apprécier au regard des suffrages recueillis dans l'ensemble des collèges électoraux.

Cass. soc. 24 septembre 2013, n° 12-27.647, BC V n° 199.

Un syndicat dont les statuts visent aussi bien les cadres que les employés et ayant présenté des candidats dans le collège employé au second tour des élections ne peut bénéficier des règles de calcul de la représentativité attachées aux syndicats catégoriels.

Un tribunal a retenu à tort qu'un syndicat n'ayant, au premier tour de l'élection des membres titulaires du comité d'entreprise, présenté de candidats que dans le collège cadres et dans le collège agents de maîtrise, il était un syndicat catégoriel dont la représentativité devait être appréciée en fonction des suffrages recueillis dans ces seuls collèges, ce qui lui conférait une audience au moins égale à 10 % des suffrages exprimés.

En effet, ayant constaté, d'une part, qu'aux termes de ses statuts, le syndicat regroupait les cadres, cadres supérieurs ou administratifs, les agents de maîtrise, les techniciens ou assimilés, les représentants, les commerciaux, les chômeurs ainsi que les retraités, mais aussi « sous certaines conditions, les employés » et, d'autre part, que lors du second tour, il avait effectivement présenté une liste de candidats dans le premier collège, le tribunal d'instance aurait dû en déduire que son audience électorale, élément déterminant de sa représentativité, devait être appréciée compte tenu des suffrages exprimés lors du premier tour de l'élection tous collèges confondus.

Cass. soc. 31 janvier 2012, n° 11-60.135, BC V n° 42.

Mais, un syndicat dont les statuts l'autorisent à représenter les techniciens, agents de maîtrise, cadres et cadres dirigeants et qui ne présente des candidats que dans les deuxième et troisième collèges bénéficie des règles de calcul de la représentativité attachées aux syndicats catégoriels, peu importe que l'accord préélectoral ait rattaché certaines catégories de techniciens au premier collège.

Ayant constaté que les statuts d'un syndicat ne l'autorisaient à représenter que les salariés techniciens, agents de maîtrise, cadres et cadres dirigeants des établissements de Pôle emploi et de l'UNEDIC et que la mention « quel que soit leur statut » se référait uniquement au statut public ou privé des agents, un tribunal d'instance en a déduit à bon droit que le champ statutaire du syndicat était catégoriel, peu important le contenu des tracts diffusés pendant la campagne électorale par le syndicat ; ayant ensuite constaté que ce syndicat n'avait présenté des candidats que dans les deuxième et troisième collèges, le tribunal a exactement décidé que le fait que l'accord préélectoral rattache certaines catégories de techniciens au premier collège n'avait pas d'incidence sur le droit, pour ce syndicat, à ce que le calcul des suffrages électoraux permettant de déterminer sa représentativité ne tienne compte que des résultats obtenus au sein des deuxième et troisième collèges.

Cass. soc. 14 novembre 2013, n° 13-12.659, BC V n° 269.

La représentativité d'un syndicat catégoriel s'apprécie sur l'ensemble des suffrages exprimés dans les collèges où il pouvait présenter des candidats, peu important qu'il n'ait pas fait usage de cette faculté dans les établissements comportant un collège unique.

Lorsque les élections des membres du comité d'entreprise ou d'établissement se déroulent au sein d'un collège unique réunissant toutes les catégories professionnelles, un syndicat affilié à la CFE-CGC peut valablement y présenter des candidats ; dans le cas où l'entreprise est divisée en établissements distincts, la représentativité de ce syndicat dans l'entreprise tout entière doit être appréciée sur l'ensemble des suffrages exprimés dans les collèges où il pouvait présenter des candidats, peu important qu'il n'ait pas fait usage de cette faculté dans les établissements comportant un collège unique et n'ait présenté de candidats que dans ceux en comportant plusieurs.

Le 23 octobre 2009, s'est déroulé le premier tour de l'élection des membres des quatre comités d'établissement d'une société situés respectivement à Saint-Rambert-d'Albon, Santes, Saint-Avold et Sandouville ; aux termes du protocole préélectoral, seul l'établissement de Saint-Rambert-d'Albon comportait deux collèges, ouvriers employés, d'une part, techniciens, agents de maîtrise, ingénieurs et cadres, d'autre part, les trois autres comportant un collège unique. Un syndicat CFE-CGC a présenté un candidat dans le second collège au sein de l'établissement de Saint-Rambert-d'Albon et a obtenu au moins 10 % des suffrages, mais aucun dans les établissements comportant un collège unique ; par lettre du 25 février 2011, le syndicat a désigné un salarié en qualité de « délégué syndical central d'entreprise ».

Après avoir constaté que le syndicat n'avait pas obtenu au moins 10 % du total des suffrages exprimés dans les collèges uniques des établissements de Santes, Saint-Avold et Sandouville et dans le second collège de l'établissement de Saint-Rambert-d'Albon, c'est à bon droit qu'un tribunal d'instance a annulé la désignation du salarié en qualité de « délégué syndical central d'entreprise ».

Cass. soc. 4 juillet 2012, n° 11-60.239, BC V n° 213.

Les dispositions réservant aux syndicats catégoriels affiliés à une confédération syndicale catégorielle interprofessionnelle nationale ces modalités d'appréciation de la représentativité sont conformes au droit international.

Selon qu'elles sont ou non affiliées à une confédération catégorielle nationale, les organisations syndicales catégorielles ne se trouvent pas dans la même situation ; dès lors, les dispositions des articles L. 2121-1, L. 2122-1 et L. 2143-3 CT, en ce qu'elles réservent aux organisations syndicales catégorielles affiliées à une confédération syndicale catégorielle interprofessionnelle nationale certaines modalités d'appréciation de la représentativité, ne méconnaissent aucune des normes européennes ou internationales issues des articles 5 de la convention 135 de l'OIT, 11 de la Convention européenne de sauvegarde des droits de l'homme et des libertés fondamentales et 5 et 6 de la Charte sociale européenne.

Cass. soc. 28 septembre 2011, n° 10-19.113, BC V n° 216.

Égalité entre les organisations syndicales représentatives

Un accord collectif peut établir des règles de répartition inégalitaire de la contribution patronale au financement du dialogue social entre les organisations syndicales représentatives, à condition que cette différence de traitement soit justifiée par des raisons objectives matériellement vérifiables liées à leur influence dans le champ de l'accord.

Ni l'article 6 de la Déclaration des droits de l'homme et du citoyen, ni l'article 6 du préambule de la Constitution de 1946, ni l'article L. 120-2 CT ne font obstacle à ce qu'un accord collectif établisse des règles de répartition inégalitaire d'une contribution au financement du dialogue social entre les organisations syndicales représentatives, dès lors, d'une part, que cette répartition n'a ni pour objet ni pour effet d'imposer à quiconque l'adhésion ou le maintien de l'adhésion à une organisation syndicale, aucune organisation syndicale représentative n'en étant exclue, et d'autre part, que la différence de traitement est justifiée par des raisons objectives matériellement vérifiables liées à l'influence de chaque syndicat dans le champ de l'accord.

La Confédération de l'artisanat et des petites entreprises du bâtiment a conclu avec l'ensemble des organisations syndicales représentatives un accord étendu pour organiser la négociation collective pour les entreprises du bâtiment occupant au plus dix salariés, fixant le montant de la participation des entreprises au financement du dialogue social dans la branche et répartissant cette répartition en parts égales entre les différentes organisations représentatives.

Un avenant ayant notamment abandonné cette répartition égalitaire, pour allouer 3/13 de la participation à la CFDT, la CGT et la CGT-FO et 2/13 à la CFTC et à la CFE-CGC, la fédération Bati-Mat-TP CFTC et le syndicat national CFE-CGC BTP ont refusé de signer cet avenant et ont demandé judiciairement son annulation en invoquant une violation du principe d'égalité à valeur constitutionnelle et de l'article L. 120-2 CT.

Les organisations demanderesses, n'ayant pas établi, comme elles en avaient la charge, que la clé de répartition contestée n'aurait pas reflété l'influence respective des syndicats concernés, la cour d'appel, qui l'a appréciée au regard de critères objectifs, a pu rejeter les demandes de la CFE-CGC BTP et de la fédération Bati-Mat-TP CFTC.

Cass. soc. 10 octobre 2007, n° 05-45.347, 2e moyen, BC V n° 154.

Comité central d'entreprise ; Protocole d'accord préélectoral ; Représentant syndical au comité d'entreprise.

Réservation d'un siège

Dans les entreprises comprenant au moins 501 salariés, la loi réserve un siège, pour les élections du comité d'entreprise, aux ingénieurs, chefs de service et cadres. Les partenaires sociaux peuvent également décider, dans l'accord préélectoral, de réserver des sièges à certaines catégories de salariés pour assurer leur représentation (art. L. 2324-11 ancien CT).

Détermination des sièges réservés

Les dispositions du protocole préélectoral, qui réservent des sièges à certaines catégories de salariés, s'imposent aux parties et au juge.

Après avoir relevé que le protocole préélectoral avait réservé un siège aux cadres dans le deuxième collège, disposition dérogeant valablement aux dispositions légales par application de l'article L. 433-2, al. 6 CT, un tribunal d'instance a pu dire que cette clause s'imposait au délégué syndical demandeur à l'instance, son syndicat ayant signé le protocole.

Cass. soc. 20 février 1991, n° 90-60.021, 1er moyen.

L'inspecteur du travail, saisi d'un litige sur la répartition des sièges entre les collèges, peut décider de réserver des sièges pour certaines catégories de salariés.

Les dispositions légales prévoyant que l'inspecteur du travail est saisi en cas de désaccord sur la répartition des sièges ne font pas obstacle, dans la mesure où les caractéristiques de l'entreprise le justifient, à ce qu'il attribue un siège à un groupe de salariés occupant des emplois définis en fonction de ces caractéristiques.

En l'espèce, l'inspecteur du travail a pu réserver un siège de représentant titulaire et de représentant suppléant aux cadres dans le second collège, après avoir relevé que les caractéristiques de la Caisse d'épargne et spécialement l'existence d'agences locales réparties dans la région, justifiaient une représentation particulière au sein du deuxième collège des cadres de la caisse, au nombre desquels figuraient les responsables de ces agences.

CE 27 mai 1983, n° 23464, Rec. Lebon p. 223.

Attribution des sièges réservés

L'attribution du siège réservé à un candidat doit être faite après la répartition des sièges entre les listes syndicales.

Doit être cassé le jugement ayant attribué au candidat « employé » présenté par le syndicat FO le siège réservé à cette catégorie au détriment du candidat de la liste CGT déclaré élu à la plus forte moyenne au motif que seul FO avait présenté un candidat dans la catégorie « employé ». Si l'attribution d'un siège réservé à la catégorie « employé » devait être faite, en toute hypothèse et quel que soit le nombre de voix recueillies, au salarié présenté sur la liste FO, seul candidat dans cette catégorie, cette attribution ne pouvait augmenter le nombre de sièges de la liste FO, la répartition de sièges entre les listes devant être faite avant de les attribuer aux candidats selon la catégorie de personnel à laquelle ils appartiennent.

Cass. soc. 20 juillet 1983, n° 82-60.446, BC V n° 456.

Le fait qu'un siège soit réservé à une catégorie n'interdit pas à celle-ci d'avoir plusieurs représentants.

L'alinéa 1er de l'article L. 433-2 CT prévoit que le premier collège est composé des ouvriers et des employés sans distinction dans leur représentation. Le protocole préélectoral, qui se borne à réserver dans le premier collège un siège de membre titulaire à un employé, n'interdit pas l'élection de plusieurs employés, dès lors que cette élection résulte de l'application des règles légales relatives à l'attribution des sièges aux différentes listes et à la désignation des élus au sein de chacune d'elles.

Cass. soc. 9 octobre 1985, n° 85-60.304, BC V n° 443.

Le siège légalement réservé aux cadres ne peut être attribué à un candidat qui n'appartient pas à cette catégorie.

En application des dispositions impératives de l'article L. 433-2, al. 3 CT, dans les entreprises ou établissements occupant plus de 500 salariés, les ingénieurs, chefs de service et cadres administratifs, commerciaux ou techniques assimilés ont au moins un délégué titulaire ; le candidat élu dans le second collège au premier tour de scrutin sur la liste FO étant un agent de maîtrise, il convenait d'organiser un second tour afin de pourvoir au siège réservé aux cadres et demeuré vacant.

Cass. soc. 9 octobre 1985, n° 85-60.175, BC V n° 444.

☛ *Protocole d'accord préélectoral.*

Résiliation judiciaire du contrat de travail

En cas d'inexécution de ses obligations par l'une des parties, l'autre partie peut demander au juge de prononcer la résiliation du contrat. Toutefois, les règles spécifiques qui régissent le contrat de travail limitent l'utilisation de ce mode de rupture.

La résiliation judiciaire du contrat à durée déterminée

• Contrat d'apprentissage

On notera que les décisions rapportées ci-dessous ont été rendues dans le cadre législatif antérieur à la loi 2018-771 du 5 septembre 2018 qui a assoupli le régime de rupture du contrat d'apprentissage à l'initiative de l'employeur après les 45 premiers jours du contrat, pour les contrats conclus à compter du 1er janvier 2019, en élargissant les cas de rupture et en « déjudiciarisant » la procédure.

Passé le délai prévu par l'article L. 6222-18 CT, la résiliation du contrat doit intervenir d'un commun accord entre les parties ou être prononcée par le juge.

La résiliation du contrat d'apprentissage exécuté depuis plus de deux mois ne peut intervenir que sur accord exprès et bilatéral des cosignataires ou, à défaut, être prononcée par le conseil de prud'hommes en cas de faute grave ou de manquements répétés de l'une des parties à ses obligations contractuelles, ou encore en raison de l'inaptitude de l'apprenti à exercer le métier auquel il voulait se préparer.

Doit être cassé l'arrêt ayant énoncé que, dans l'hypothèse d'une faute grave, le contrôle judiciaire ne pouvant intervenir qu'a posteriori, la rupture du contrat par l'employeur était légitime en raison des manquements répétés de l'apprentie à ses obligations, alors que l'employeur ne peut rompre lui-même le contrat d'apprentissage, et qu'il a la possibilité de demander la résiliation de ce contrat si la gravité des fautes commises par la salariée le justifie.

Cass. soc. 23 mars 1989, n° 86-41.191, BC V n° 245.

Dans l'attente de la décision judiciaire, l'employeur peut éventuellement prononcer une mise à pied à l'encontre du salarié.

L'employeur étant dans l'impossibilité de rompre le contrat d'apprentissage, quel que soit le bien-fondé des motifs invoqués, il peut prononcer la mise à pied de l'apprenti, dans l'attente de la décision judiciaire, si la faute commise par ce dernier le justifie. Est irrégulière en la forme et abusive la rupture du contrat décidée unilatéralement par l'employeur après l'expiration du délai de deux mois.

Cass. soc. 16 juillet 1996, n° 93-41.735. Voir aussi cass. soc. 30 mars 1994, n° 90-43.809, BC V n° 112.

Mais il ne peut anticiper la rupture du contrat.

Un apprenti avait été engagé du 1er avril 1995 au 30 juin 1997. Le 3 avril 1996, son employeur lui avait indiqué que son contrat était interrompu et qu'il ne faisait plus partie des effectifs à compter du 1er avril. Le 22 avril 1996, l'employeur avait saisi la juridiction prud'homale d'une demande en résiliation du contrat.

Doit être cassé l'arrêt qui, pour fixer la date de la rupture du contrat d'apprentissage au 4 avril 1996, date de la réception par l'apprenti de sa lettre de rupture, et dire que le contrat n'avait pas été rompu unilatéralement par l'employeur, a énoncé que si l'employeur avait anticipé la résiliation du contrat, cette anticipation avait eu les mêmes conséquences que la mise à pied autorisée par la loi dont il avait fait en sorte de respecter les termes puisqu'il avait tenté de mettre en place la résiliation amiable du contrat d'apprentissage, alors que la rupture par l'employeur d'un contrat d'apprentissage, hors cas prévus par l'article L. 117-17 CT, est sans effet.

Cass. soc. 6 février 2001, n° 98-44.133, BC V n° 38.

En cas de liquidation judiciaire de l'employeur, le liquidateur qui met fin au contrat d'apprentissage en exécution du jugement de liquidation n'a pas à demander au conseil de prud'hommes la résiliation du contrat.

En cas de liquidation judiciaire de l'employeur, le liquidateur, qui met fin au contrat d'apprentissage dans les 15 jours du jugement de liquidation ou pendant la période de maintien provisoire de l'activité de l'entreprise, agit en exécution du jugement de liquidation et n'a pas à demander au conseil de prud'hommes la résiliation du contrat ; dans ce cas, l'apprenti a droit à une indemnité égale aux rémunérations qu'il aurait perçues jusqu'au terme de son contrat.

Cass. soc. 19 février 2002, n° 00-40.230, BC V n° 69.

☞ *Contrat d'apprentissage.*

• Contrat à durée déterminée

L'employeur, qui peut rompre le contrat à durée déterminée en cas de faute grave du salarié ou de force majeure, n'est pas recevable à demander la résiliation judiciaire d'un tel contrat, en sorte que l'exercice de son action s'analyse en une rupture anticipée de ce contrat.

Cass. soc. 4 décembre 2001, n° 99-46.364, deux premiers moyens, BC V n° 369.

En revanche, le salarié peut demander la résiliation du contrat.

Estimant avoir été mis à l'écart par son club, un salarié, engagé en qualité de joueur de football professionnel par contrat à durée déterminée de juillet 1997 à juin 1999, a saisi la commission juridique de la ligue nationale qui, par décision du 5 août 1997 confirmée par la commission nationale paritaire, a estimé qu'il devait être réintégré dans le groupe professionnel. Soutenant que le club refusait toujours d'exécuter ses obligations, le salarié a saisi la juridiction prud'homale d'une demande de résiliation du contrat.

Doit être rejeté le pourvoi formé par l'employeur reprochant à une cour d'appel d'avoir fait droit à la demande du salarié. En effet, en relevant que l'employeur n'avait pas satisfait à son obligation de fournir du travail au salarié, la cour a caractérisé la faute grave justifiant la résiliation du contrat de travail.

Cass. soc. 14 janvier 2004, n° 01-40.489, BC V n° 8.

La résiliation judiciaire du contrat à durée indéterminée

• La voie de la résiliation judiciaire est fermée à l'employeur…

L'employeur, qui dispose d'un droit de résilier unilatéralement le contrat de travail à durée indéterminée par la voie du licenciement, en respectant les garanties légales, n'est pas recevable, hors les cas où la loi en dispose autrement, à demander la résiliation judiciaire du contrat.

C'est à tort qu'après avoir relevé qu'un VRP, en arrêt maladie depuis le 5 mai 1993, avait cessé toute prospection, une cour d'appel a prononcé la résiliation du contrat de travail aux torts du salarié, à la date du 1er juillet 1996 où il avait été placé en invalidité.

Cass. soc. 13 mars 2001, n° 98-46.411, 3e moyen, BC V n° 89.

Cette voie lui est fermée, y compris lorsqu'il agit par le biais d'une demande reconventionnelle.

Il appartient à l'employeur, s'il estime que le salarié ne respecte pas ses obligations, d'user de son pouvoir disciplinaire et de licencier l'intéressé ; l'employeur est, dès lors, irrecevable, fût-ce par voie reconventionnelle, à demander la résiliation du contrat de travail.

Cass. soc. 29 juin 2005, n° 03-41.966, BC V n° 224.

La simple saisine du juge par l'employeur d'une demande de résiliation judiciaire d'un contrat de travail constitue un licenciement sans cause réelle et sérieuse.

L'employeur, qui dispose du droit de résilier unilatéralement un contrat de travail à durée indéterminée par la voie du licenciement, en en respectant les garanties légales, n'est pas recevable, hors les cas où la loi en dispose autrement, à demander la résiliation judiciaire dudit contrat. L'exercice de cette action s'analyse en une manifestation de sa volonté de rompre le contrat de travail valant licenciement, en sorte que le licenciement qu'il prononce postérieurement est dépourvu d'effet sur la rupture précédemment acquise.

Ayant constaté qu'un employeur avait saisi le juge prud'homal d'une action en résiliation du contrat de travail puis avait mis en œuvre une procédure de licenciement, une cour d'appel en a exactement déduit que la rupture était intervenue à la date de la saisine de la juridiction prud'homale et équivalait à un licenciement sans cause réelle et sérieuse.

Cass. soc. 5 juillet 2005, n° 03-45.058, BC V n° 232. Voir aussi cass. soc. 17 mars 2010, n° 08-44.887.

En cas d'absences injustifiées d'un salarié, l'employeur doit donc utiliser son pouvoir disciplinaire, sans qu'il puisse avoir recours à la résiliation judiciaire du contrat.

Il appartient à l'employeur, s'il estime que le salarié ne respecte pas ses obligations, d'user de son pouvoir disciplinaire et de prononcer le licenciement de l'intéressé.

C'est à tort qu'une cour d'appel a prononcé, à la demande de l'employeur, la résiliation du contrat de travail aux torts d'un salarié et a débouté ce dernier de ses demandes tendant à faire constater la rupture par l'employeur du contrat de travail et à obtenir diverses indemnités, alors que le fait, pour un salarié en arrêt de travail pour maladie, de ne pas reprendre son travail ni d'aviser l'employeur de son état de santé n'entraîne pas, à lui seul, la rupture du contrat de travail qui se trouve suspendu en l'absence de licenciement.

Cass. soc. 9 mars 1999, n° 96-41.734, BC V n° 108.

De même, la résiliation judiciaire d'un contrat de travail ne peut être prononcée en raison du refus par un salarié d'un poste de reclassement compatible avec son état de santé.

C'est à tort que, pour prononcer la résolution judiciaire d'un contrat de travail aux torts du salarié et le débouter de ses demandes d'indemnités, une cour d'appel a énoncé que le salarié avait refusé un poste de reclassement approprié et compatible avec son état de santé et qui, de plus, n'entraînait pour lui aucun changement de coefficient.

En effet, il appartient à l'employeur, s'il estime que le salarié ne respecte pas ses obligations, d'user de son pouvoir disciplinaire et de prononcer le licenciement de l'intéressé.

Cass. soc. 15 janvier 2002, n° 99-41.460.

• ... ainsi qu'aux tiers au contrat

Pas plus que le juge du principal, le juge des référés n'a pas le pouvoir, à la demande d'un tiers, d'ordonner la résiliation d'un contrat de travail ni de prendre une mesure entraînant la rupture de celui-ci.

Deux sociétés, A et B, ont conclu un engagement de confidentialité aux termes duquel les parties s'engageaient à se fournir mutuellement des informations à caractère économique et commercial et à ne pas recruter l'un des salariés de l'autre avec lequel elle aurait été en contact dans le cadre des échanges d'information, et ce pendant deux ans à compter de la cessation du contrat ; une liste était annexée au contrat, mentionnant les salariés concernés, au nombre desquels figurait le directeur commercial de la société A qui, après avoir été licencié par cette dernière, a été engagé par la société B ; estimant que la société B avait violé l'accord de confidentialité et commis des actes de concurrence déloyale, la société A a saisi la juridiction commerciale pour qu'elle soit condamnée à mettre un terme à toute collaboration avec l'intéressé.

Pour accueillir cette demande, une cour d'appel, statuant en référé, a retenu que le recrutement du salarié, intervenu en violation de l'accord de confidentialité, constituait un trouble manifestement illicite.

En ordonnant à la société B de rompre le contrat de travail conclu avec l'intéressé, la cour d'appel a excédé ses pouvoirs.

Cass. soc. 18 novembre 2009, n° 08-19.419, BC V n° 258. Voir aussi cass. soc. 30 mai 2013, n° 12-14.289.

• Le salarié peut demander la résiliation judiciaire de son contrat de travail

Le salarié peut demander la résiliation de son contrat aux torts de l'employeur.

En cas de manquement de l'employeur à l'obligation de maintenir le niveau de la rémunération minimale prévu dans le contrat de travail, le salarié est fondé à réclamer la résiliation de son contrat de travail.

Cass. soc. 20 juin 2001, n° 99-42.304.

D'une part, la modification du contrat de travail ne prend effet qu'à compter de l'acceptation du salarié, laquelle acceptation ne peut régulariser la modification déjà mise en œuvre par l'employeur. D'autre part, la résiliation judiciaire du contrat de travail à l'initiative du salarié et aux torts de l'employeur produit les effets d'un licenciement sans cause réelle et sérieuse.

Un salarié, estimant que son employeur avait modifié unilatéralement ses fonctions, a saisi la juridiction prud'homale aux fins de résolution du contrat de travail.

Une cour d'appel, qui a relevé que l'employeur avait modifié unilatéralement le contrat de travail en supprimant les fonctions commerciales du salarié sans son accord, a pu, par ce seul motif, qui caractérisait un manquement de l'employeur à l'exécution de bonne foi du contrat de travail, prononcer la résiliation judiciaire du contrat de travail du salarié.

Cass. soc. 10 décembre 2003, n° 01-45.093.

Un salarié a travaillé pour le compte d'une société ne l'ayant pas déclaré aux organismes sociaux et ayant fait l'objet d'une procédure de redressement judiciaire, convertie en liquidation judiciaire. Le salarié n'ayant pas été licencié et l'AGS ayant refusé de garantir sa créance, il a saisi la juridiction prud'homale.

Doit être rejeté le pourvoi formé par l'AGS faisant grief à une cour d'appel de lui avoir déclaré opposable sa décision fixant au passif de l'employeur la créance indemnitaire du salarié. En effet, ayant relevé que l'employeur n'avait pas déclaré le salarié aux organismes sociaux pendant toute sa période d'activité, la cour d'appel a pu décider que ce manquement justifiait la résiliation judiciaire du contrat de travail antérieurement à l'ouverture de la procédure collective.

Cass. soc. 21 janvier 2004, n° 01-42.801.

Un employeur ne saurait reprocher à une cour d'appel d'avoir souverainement retenu que le manquement d'un employeur à son obligation de verser à une salariée la prime d'ancienneté prévue par la convention collective applicable était suffisamment grave pour justifier la résiliation judiciaire du contrat de travail.

Cass. soc. 8 avril 2010, n° 09-41.134, 2e moyen, BC V n° 93.

Après avoir constaté que, bien qu'ayant été déclaré apte à son poste de travail par le médecin du travail, un salarié travaillant dans une société de recyclage automobile avait été affecté à son retour d'arrêt maladie à l'exécution de tâches subalternes qu'il n'avait jamais exercées auparavant, et qu'il lui avait été interdit de prospecter pour acheter des véhicules accidentés, une cour d'appel, qui a retenu que le salarié avait subi une rétrogradation ayant un impact sur sa rémunération caractérisant une modification de son contrat de travail, a pu en déduire que la demande de résiliation judiciaire du contrat était fondée et prononcer celle-ci avec les effets d'un licenciement sans cause réelle et sérieuse.

Cass. soc. 26 mai 2010, n° 08-43.152, BC V n° 111.

L'atteinte à la dignité de son salarié constitue pour l'employeur un manquement grave à ses obligations.

Pour débouter une salariée de sa demande tendant à la résiliation judiciaire de son contrat de travail, une cour d'appel a énoncé que si l'employeur ne contestait pas avoir tenu à son égard, au cours d'un entretien, des propos indélicats aux termes desquels il lui reprochait de dégager des odeurs nauséabondes en évoquant « une gangrène, une incontinence », ces faits ne justifiaient pas, à eux seuls, la résiliation du contrat de travail aux torts de l'employeur.

En statuant ainsi, la cour d'appel n'a pas tiré les conséquences légales de ses constatations et a violé les articles L. 1222-1 CT, et les articles 1134 et 1184 c. civ.

Cass. soc. 7 février 2012, n° 10-18.686, BC V n° 58.

Une salariée a été engagée par une mutuelle le 16 novembre 1998 en qualité d'assistante commerciale puis promue conseiller mutualiste en mars 2001 ; elle a été placée en arrêt de travail du 17 juin 2003 au 6 mars 2004 puis du 21 mars au 1er septembre 2005 ; le médecin du travail l'a déclarée apte à son poste de conseiller mutualiste, à temps partiel ; la mutuelle a maintenu son affectation au siège ; la salariée ayant en vain réitéré sa demande afin de reprendre son poste initial, conformément à l'avis du médecin du travail, elle a saisi la juridiction prud'homale de demandes en réparation du préjudice occasionné du fait de la discrimination subie en raison de son état de santé et en rappel de salaire puis, en cours d'instance, d'une demande de résiliation judiciaire de son contrat de travail.

Pour rejeter la demande de résiliation judiciaire du contrat de travail et celles à titre de dommages-intérêts et d'indemnité de rupture, une cour d'appel a retenu, d'une part, que la discrimination invoquée par la salariée portait sur des faits produits à partir du mois de septembre 2005 lorsqu'à l'issue d'un arrêt de travail pour maladie, elle avait été affectée à des fonctions d'accueil et de standardiste, différentes des fonctions de conseillère mutualiste qu'elle exerçait précédemment et, d'autre part, qu'aucun élément ne permettant de constater que cette discrimination s'était poursuivie après l'arrêt du 2 septembre 2009 reconnaissant son existence, ce manquement ancien de l'employeur ne pouvait pas, à lui seul, justifier le prononcé de la résiliation judiciaire du contrat.

En statuant ainsi, alors que les faits de discrimination retenus dans le précédent arrêt constituaient un manquement grave de l'employeur à ses obligations, peu important qu'ils ne se soient pas poursuivis, la cour d'appel a violé les articles 1134 et 1184 c. civ., L. 1221-1 et L. 1132-1 CT.

Cass. soc. 23 mai 2013, n° 12-12.995, 4e moyen, BC V n° 127.

Pour débouter un salarié de sa demande en résiliation judiciaire de son contrat de travail, une cour d'appel a retenu que la suspension de ses fonctions par l'employeur ne constituait pas un manquement suffisamment grave au regard des griefs énoncés dans la lettre de licenciement notifiée moins d'un mois plus tard, justifiant que le salarié soit éloigné immédiatement de l'entreprise.

En statuant ainsi, alors qu'elle avait constaté que la mesure de suspension n'était fondée sur aucune disposition légale, ce dont il résultait que l'employeur avait commis un manquement rendant impossible la poursuite du contrat de travail, la cour d'appel n'a pas tiré les conséquences légales de ces constatations et a violé les articles 1184 c. civ. et L. 1231-1 CT.

Cass. soc. 26 mars 2014, n° 12-21.372, BC V n° 86.

Une association a engagé une salariée à compter du 4 mars 2013 en qualité d'accueillante permanente responsable d'un lieu de vie d'enfants en difficulté ou handicapés, moyennant une rémunération forfaitaire sur la base de deux cent cinquante-huit jours travaillés par année ; en arrêt de travail pour maladie depuis le 23 mai 2014, la salariée, contestant les conditions de son contrat et imputant la dégradation de son état de santé à une charge de travail excessive, a saisi la juridiction prud'homale le 23 décembre 2014 aux fins de résiliation judiciaire de son contrat de travail ; elle a été licenciée pour inaptitude et impossibilité de reclassement le 27 août 2015.

Ayant constaté que l'employeur s'était abstenu, en toute connaissance de cause, d'assurer un suivi de la charge de travail de la salariée, soumise à une durée du travail déraisonnable, c'est à bon droit qu'une cour d'appel, qui a fait ressortir que l'employeur avait ainsi manqué à son obligation de sécurité et que ce manquement avait empêché la poursuite du contrat de travail, a prononcé la résiliation judiciaire du contrat de travail aux torts de l'employeur.

Cass. soc. 10 octobre 2018, n° 17-10.248, moyen unique du pourvoi incident, à paraître.

Un manquement de l'employeur unique et ancien n'ayant pas empêché la poursuite du contrat de travail ne peut être invoqué par le salarié à l'appui d'une demande de résiliation.

Après avoir relevé qu'une absence de visite médicale de reprise procédait d'une erreur des services administratifs de l'employeur qui n'avait pas été commise lors des précédents arrêts de travail et qu'elle n'avait pas empêché la poursuite du contrat de travail pendant plusieurs mois, une cour d'appel a pu débouter le salarié de sa demande de résiliation judiciaire de son contrat de travail aux torts de l'employeur.

Cass. soc. 26 mars 2014, n° 12-35.040, BC V n° 87.

De même, lorsque la modification unilatérale de la rémunération contractuelle n'a pas eu ou n'a eu que peu d'incidence sur son montant et n'a pas empêché la poursuite du contrat de travail, la demande de résiliation judiciaire n'est pas justifiée.

Après avoir constaté que la créance de salaire résultant de la modification unilatérale d'un contrat de travail représentant une faible partie de la rémunération, une cour d'appel a pu décider que ce manquement de l'employeur n'empêchait pas la poursuite du contrat de travail et débouter le salarié notamment de sa demande de résiliation judiciaire du contrat de travail.

Cass. soc. 12 juin 2014, n° 12-29.063, BC V n° 140.

Après avoir constaté que la modification appliquée par un employeur n'avait pas exercé d'influence défavorable sur le montant de la rémunération perçue par un salarié pendant plusieurs années, une cour d'appel, qui a ainsi fait ressortir qu'elle n'était pas de nature à empêcher la poursuite du contrat de travail, a pu débouter le salarié de sa demande de résiliation judiciaire aux torts de l'employeur.

Cass. soc. 12 juin 2014, n° 13-11.448, BC V n° 139.

Est nul le licenciement d'un salarié en raison de sa demande en résiliation judiciaire de son contrat de travail.

Ayant retenu qu'un employeur reprochait à un salarié licencié pour faute grave d'avoir saisi la juridiction prud'homale d'une demande en résiliation de son contrat de travail, une cour d'appel, qui a ainsi implicitement mais nécessairement écarté la preuve d'un abus ou d'une mauvaise foi de ce dernier dans l'exercice de son droit d'ester en justice, en a exactement déduit que ce grief, constitutif d'une atteinte à une liberté fondamentale, entraînait à lui seul la nullité du licenciement.

Cass. soc. 3 février 2016, n° 14-18.600, BC V n° 18.

La date d'effet de la résiliation ne peut être fixée qu'au jour de la décision qui la prononce, dès lors que le contrat n'a pas été rompu avant cette date…

Cass. soc. 20 janvier 2016, n° 14-10.134.

C'est à tort que, pour limiter les sommes allouées à une salariée au titre des rappels de salaire et dommages et intérêts pour rupture du contrat de travail imputable à l'employeur, une cour d'appel a fixé la date de la résiliation judiciaire du contrat de travail au jour de la demande en justice tendant à cette résiliation, alors qu'en l'absence de rupture du contrat de travail à la date de demande de résiliation judiciaire, la relation contractuelle s'était poursuivie après cette date.

Cass. soc. 24 avril 2013, n° 11-28.629, BC V n° 113.

C'est à tort qu'après avoir confirmé le jugement du 18 janvier 2007, en ce qu'il avait notamment prononcé la résiliation judiciaire d'un contrat de travail, une cour d'appel a fixé la date de résiliation du contrat au 1er décembre 2006, date à laquelle l'employeur avait été convoqué devant la juridiction prud'homale.

Cass. soc. 14 octobre 2009, n° 07-45.257, 1re branche du moyen, BC V n° 222.

… et que le salarié est toujours au service de son employeur.

En cas de résiliation judiciaire du contrat de travail, la prise d'effet ne peut être fixée qu'à la date de la décision judiciaire la prononçant, dès lors qu'à cette date le contrat de travail n'a pas été rompu et que le salarié est toujours au service de son employeur.

Estimant que son employeur avait, de manière fautive, considérablement réduit à partir de 2002 le volume de travail fourni et revendiquant l'existence d'un contrat de travail en qualité de journaliste, une rédactrice ayant collaboré avec une société de presse de janvier 1993 à juin 2003 en étant rémunérée à la pige a saisi la juridiction prud'homale aux fins de résiliation judiciaire de ce contrat et de paiement d'indemnités.

Pour fixer la date de la résiliation judiciaire du contrat de travail aux torts de l'employeur au 12 novembre 2015, une cour d'appel a retenu que le contrat de travail n'ayant pas été rompu préalablement, la cour prononcerait la résiliation du contrat de pigiste au jour du prononcé de l'arrêt.

En statuant ainsi, alors qu'il résultait de ses constatations que la salariée n'était plus au service de son employeur après décembre 2003, la cour d'appel a violé l'article 1184 c. civ., dans sa rédaction antérieure à celle issue de l'ordonnance 2016-131 du 10 février 2016.

Cass. soc. 21 septembre 2017, n° 16-10.346, pourvoi incident, BC V n° 154.

Lorsque le salarié n'est plus au service de son employeur au moment de la décision judiciaire prononçant la résiliation, le juge peut prononcer la résiliation à la date à laquelle le salarié a bénéficié d'un nouveau contrat auprès d'un autre employeur.

Doit être rejeté le moyen du pourvoi formé par une salariée qui, pour reprocher à une cour d'appel d'avoir prononcé la résiliation judiciaire de son contrat de travail à la date du 30 mai 2011, soutient que la cour ne pouvait faire droit à sa demande en la fixant rétroactivement à cette date, soit avant même que le juge ne statue, au prétexte qu'elle justifiait avoir bénéficié d'un nouveau contrat à compter de cette date, quand il est constant et constaté que le contrat de travail de la salariée n'avait pas été transféré, qu'elle ne percevait plus son salaire depuis le 1er février 2011 et qu'elle n'avait pas non plus été licenciée, ce dont il résultait que, la rupture d'un contrat de travail ne se présumant pas, le contrat de travail n'avait pas été rompu avant que le juge ne prononce la résiliation judiciaire.

En effet, en matière de résiliation judiciaire du contrat de travail, la prise d'effet ne peut être fixée qu'à la date de la décision judiciaire la prononçant, dès lors qu'à cette date le contrat de travail n'a pas été rompu et que le salarié est toujours au service de son employeur.

Dès lors, ayant constaté que la salariée n'était plus à la disposition de l'employeur au-delà du 30 mai 2011, date à laquelle elle bénéficiait d'un nouveau contrat de travail auprès d'un autre employeur, la cour a pu prononcer la résiliation à cette date.

Cass. soc. 21 septembre 2016, n° 14-30.056, pourvoi incident, BC V n° 169.

En cas de confirmation en appel du jugement ayant prononcé la résiliation judiciaire du contrat de travail, la date de la rupture reste celle fixée par le jugement sauf si l'exécution du contrat s'est poursuivie après cette décision.

La date de la résiliation du contrat de travail ne peut être fixée qu'au jour de la décision qui la prononce dès lors que le contrat n'a pas été rompu avant cette date ; si, en cas de confirmation en appel du jugement prononçant la résiliation, la date de la rupture est celle fixée par le jugement, il en va autrement lorsque l'exécution du contrat de travail s'est poursuivie après cette décision.

Un salarié a saisi la juridiction prud'homale pour obtenir la résiliation judiciaire de son contrat de travail ; la résiliation ayant été prononcée, l'employeur a interjeté appel de cette décision.

Pour rejeter les demandes du salarié en paiement de salaires jusqu'à la date de l'arrêt, une cour d'appel a retenu que la résiliation du contrat de travail prend effet à la date du jugement confirmé.

En se déterminant ainsi, sans rechercher si, comme le soutenait le salarié, celui-ci n'était pas resté au service de son employeur postérieurement au jugement prononçant la résiliation du contrat de travail, la cour d'appel n'a pas donné de base légale à sa décision.

Cass. soc. 21 janvier 2014, n° 12-28.237, BC V n° 26. Voir aussi cass. soc. 1er février 2017, n° 15-24.013, 2e moyen.

Ainsi, lorsque le juge prononce la résiliation judiciaire du contrat de travail, celui-ci est rompu à la date du jugement et non à celle de sa notification.

Cass. soc. 6 mai 2009, n° 07-44.692, 2e moyen, BC V n° 122.

Si la résiliation demandée par le salarié est prononcée aux torts de l'employeur, elle produit les effets d'un licenciement sans cause réelle et sérieuse.

La résiliation judiciaire du contrat prononcée à l'initiative du salarié et aux torts de l'employeur produit les effets d'un licenciement dépourvu de cause réelle et sérieuse.

Cass. soc. 17 mars 1998, n° 96-41.884, BC V n° 149. Voir aussi cass. soc. 30 octobre 2007, n° 06-44.187.

Estimant que son employeur avait unilatéralement modifié sa rémunération, un salarié avait saisi la juridiction prud'homale, qui avait prononcé la résiliation judiciaire du contrat de travail aux torts de l'employeur et condamné ce dernier à payer au salarié une somme de 250 000 F en réparation du préjudice subi.

C'est à tort que, pour limiter à cette somme le montant du préjudice subi à la suite de la résiliation du contrat de travail et débouter le salarié de ses demandes relatives au paiement du préavis et de l'indemnité conventionnelle de licenciement, une cour d'appel a retenu qu'il s'agissait d'une résiliation judiciairement prononcée et non d'un licenciement reconnu sans cause réelle et sérieuse, alors que la résiliation judiciaire du contrat de travail prononcée à l'initiative du salarié et aux torts de l'employeur produit les effets d'un licenciement dépourvu de cause réelle et sérieuse.

Cass. soc. 20 janvier 1998, n° 95-43.350, BC V n° 21.

Lorsqu'au jour de la demande de résiliation judiciaire, la salariée n'a pas informé l'employeur de son état de grossesse, la résiliation judiciaire aux torts de l'employeur doit s'analyser en un licenciement sans cause réelle et sérieuse et non en un licenciement nul.

Cass. soc. 28 novembre 2018, n° 15-29.330, 2 dernières branches du moyen, à paraître.

Lorsque la résiliation judiciaire du contrat de travail est prononcée du fait du refus de l'employeur de procéder à la réintégration ordonnée par une précédente décision de justice en raison de la nullité du licenciement, la résiliation judiciaire produit les effets d'un licenciement illicite.

Cass. soc. 29 mai 2013, n° 11-28.734, 2e moyen du pourvoi incident, BC V n° 136.

Dès lors que la résiliation judiciaire du contrat de travail est prononcée aux torts de l'employeur, l'indemnité de préavis est toujours due.

Cass. soc. 28 avril 2011, n° 09-40.708, 3e moyen, BC V n° 102. Voir aussi cass. soc. 13 mai 2015, n° 13-28.792, pourvoi principal ; cass. soc. 10 octobre 2018, n° 17-23.650, 2e moyen.

Mais l'indemnité prévue en cas de non-respect de la procédure de licenciement n'est pas due au salarié.

Si la résiliation judiciaire du contrat de travail prononcée à l'initiative du salarié et aux torts de l'employeur produit les effets d'un licenciement sans cause réelle et sérieuse, de sorte que le salarié doit être indemnisé par le versement des indemnités de rupture et de l'indemnité pour licenciement sans cause réelle et sérieuse calculée en application soit de l'article L. 1235-3, soit de l'article L. 1235-5 CT, l'indemnité prévue en cas de non-respect de la procédure de licenciement n'est pas due.

Cass. soc. 20 octobre 2010, n° 08-70.433, 3e branche du 2e moyen, BC V n° 240. Voir aussi cass. soc. 19 février 2014, n° 12-28.823 ; cass. soc. 13 juin 2018, n° 16-27.651.

Lorsque le juge prononce la résiliation judiciaire du contrat de travail d'un salarié déclaré inapte à la suite d'un accident du travail aux torts de l'employeur, le salarié a droit à l'indemnité spéciale de licenciement prévue par l'article L. 1226-14 CT.

Cass. soc. 20 février 2019, n° 17-17.744, 2e moyen, à paraître, cité dans « Accidentés du travail (Reclassement) ».

Si les manquements de l'employeur ne sont pas établis, la rupture est imputable au salarié.

Une cour d'appel, qui a constaté que les faits invoqués par une salariée à l'appui de sa demande de résiliation judiciaire de son contrat de travail n'étaient pas établis et que l'intéressée avait rompu le contrat de travail à son initiative sans justifier d'aucun manquement de l'employeur à ses obligations, a pu décider que la rupture du contrat était imputable à la salariée.

Cass. soc. 19 octobre 2004, n° 02-43.545.

Si les manquements de l'employeur ne justifient pas la rupture du contrat de travail, le juge doit débouter le salarié de sa demande.

Un salarié a saisi la juridiction prud'homale aux fins notamment de voir prononcer la résiliation de son contrat de travail aux torts de l'employeur en raison de la modification unilatérale du contrat de travail.

C'est à tort que, pour prononcer la résiliation du contrat de travail aux torts du salarié et lui faire produire les effets d'une démission, une cour d'appel, après avoir rappelé les effets de la prise d'acte de la rupture, a retenu que les griefs invoqués à l'encontre de l'employeur n'étaient pas justifiés, alors que le juge saisi d'une demande de résiliation judiciaire du contrat de travail, qui estime que les manquements reprochés à l'employeur ne justifient pas la rupture du contrat, doit débouter le salarié de sa demande.

Cass. soc. 26 septembre 2007, n° 06-42.551, 2e moyen, BC V n° 138. Voir aussi cass. soc. 7 juillet 2010, n° 09-42.636, BC V n° 160.

Si le salarié décède en cours d'instance, la demande de résiliation judiciaire du contrat de travail peut être reprise par ses ayants droit et la résiliation prend alors effet au jour du décès.

Un salarié, qui avait saisi la juridiction prud'homale pour demander la résiliation judiciaire de son contrat de travail aux torts de l'employeur, est décédé au cours de l'instance reprise par ses ayants-droit.

C'est à bon droit qu'une cour d'appel a prononcé la résiliation du contrat de travail du salarié et a condamné l'employeur à verser à ses ayants droit des indemnités afférentes à la rupture injustifiée de son contrat.

En effet, le décès du salarié ne rend pas sans objet la demande, reprise en appel par les ayants droit de celui-ci, en résiliation du contrat de travail et la date d'effet de la résiliation de ce contrat doit être fixée au jour du décès.

Cass. soc. 12 février 2014, n° 12-28.571, pourvoi principal, BC V n° 50.

La demande de résiliation peut être formulée en appel.

Face au refus du salarié d'accepter la modification de son contrat de travail, il appartient à l'employeur soit de prendre l'initiative de la rupture, soit de rétablir le salarié dans ses droits. Un employeur n'ayant pas souhaité revenir sur sa décision, le salarié pouvait valablement former, en appel, une demande de résiliation judiciaire du contrat tout en continuant à travailler jusqu'au prononcé de la décision.

Cass. soc. 20 mars 1990, n° 87-43.563, 1er moyen, BC V n° 125.

L'appréciation de la gravité des manquements de l'employeur relève du pouvoir souverain des juges du fond.

Il relève du pouvoir souverain des juges du fond d'apprécier si l'inexécution de certaines des obligations résultant d'un contrat synallagmatique présente une gravité suffisante pour en justifier la résiliation.

Cass. soc. 15 mars 2005, n° 03-41.555, BC V n° 90. Voir aussi cass. soc. 11 décembre 1996, n° 93-45.901.

Les juges du fond doivent apprécier les manquements imputés à l'employeur au jour de leur décision.

En matière de résiliation judiciaire du contrat de travail, sa prise d'effet ne peut être fixée qu'à la date de la décision judiciaire la prononçant dès lors que le contrat n'a pas été rompu avant cette date ; il appartient aux juges du fond d'apprécier les manquements imputés à l'employeur au jour de leur décision.

Une cour d'appel a pu débouter une salariée de sa demande en résiliation de son contrat de travail après avoir estimé que les manquements imputés par l'intéressée à son employeur, dont elle a constaté l'entière régularisation au jour de sa décision, n'étaient pas d'une gravité suffisante pour justifier une telle résiliation.

Cass. soc. 29 janvier 2014, n° 12-24.951, BC V n° 37.

Dès lors que le salarié n'a pas renoncé expressément à sa demande de résiliation judiciaire, le juge doit statuer sur cette demande avant de se prononcer sur le licenciement.

Une salariée a saisi la juridiction prud'homale, le 14 février 2003, pour obtenir la résiliation judiciaire de son contrat de travail en raison de sa modification par l'employeur ; elle a été licenciée le 28 novembre suivant pour faute grave en raison de son abandon de poste.

Pour refuser de se prononcer sur la demande de résiliation judiciaire formée par la salariée, une cour d'appel a retenu que la demande était nouvelle car elle n'avait pas été soutenue devant le bureau de jugement du conseil de prud'hommes et que le contrat de travail avait été rompu à l'initiative de l'employeur à la date de la notification du licenciement.

En statuant ainsi, alors que le conseil de prud'hommes n'avait pas constaté que la salariée avait expressément renoncé à sa demande de résiliation judiciaire, laquelle ne pouvait donc être qualifiée de nouvelle en appel, la cour d'appel a violé l'article L. 122-4, devenu L. 1231-1 CT.

Cass. soc. 13 janvier 2009, n° 07-42.465, BC V n° 6.

Ainsi, lorsqu'un salarié, ayant formé une demande de résiliation judiciaire du contrat, mais étant demeuré dans l'entreprise, est ensuite licencié, le juge doit d'abord rechercher si la demande de résiliation était justifiée.

Lorsqu'un salarié demande la résiliation de son contrat de travail en raison de faits qu'il reproche à son employeur, tout en continuant à travailler à son service, et que ce dernier le licencie ultérieurement pour d'autres faits survenus au cours de la poursuite du contrat, le juge doit d'abord rechercher si la demande de résiliation du contrat de travail était justifiée. C'est seulement dans le cas contraire qu'il doit se prononcer sur le licenciement notifié par l'employeur.

Cass. soc. 16 février 2005, n° 02-46.649, BC V n° 54. Voir aussi cass. soc. 5 avril 2005, n° 02-46.634, BC V n° 122 ; cass. soc. 26 avril 2006, n° 05-43.591, BC V n° 147 ; cass. soc. 21 juin 2006, n° 05-44.020, BC V n° 225

C'est à tort qu'une cour d'appel, ayant constaté qu'un salarié avait saisi la juridiction prud'homale d'une demande de résiliation judiciaire de son contrat de travail le 11 mars, a refusé de statuer sur cette demande en raison du licenciement prononcé par l'employeur le 16 juin.

Cass. soc. 7 février 2007, n° 06-40.250, BC V n° 20.

Il en va de même lorsque le contrat prend fin par adhésion du salarié à une convention de reclassement personnalisé.

Lorsqu'un salarié demande la résiliation judiciaire de son contrat de travail en raison de faits qu'il reproche à son employeur, tout en continuant à travailler à son service, et que ce dernier le licencie ultérieurement pour motif économique ou que le contrat de travail prend fin par suite de l'adhésion du salarié à une convention de reclassement personnalisé, le juge doit d'abord rechercher si la demande de résiliation judiciaire du contrat de travail est justifiée.

Cass. soc. 12 juin 2012, n° 11-19.641, BC V n° 177.

Pour apprécier la gravité des manquements de l'employeur ayant conduit le salarié à demander la résiliation judiciaire du contrat, le juge peut tenir compte de leur persistance jusqu'au jour du licenciement.

Après avoir refusé les postes qui lui avaient été proposés dans le cadre d'une réorganisation, un salarié a saisi la juridiction prud'homale d'une demande de résiliation judiciaire de son contrat de travail puis d'une contestation de son licenciement pour motif économique prononcé ultérieurement.

Après avoir caractérisé des manquements de l'employeur antérieurs à l'introduction de l'instance, une cour d'appel a pu, pour en apprécier la gravité, tenir compte de leur persistance jusqu'au jour du licenciement.

Cass. soc. 14 décembre 2011, n° 10-13.542, BC V n° 297.

Si la demande de résiliation est justifiée, le juge fixe la date de la rupture à la date d'envoi de la lettre de licenciement,…

Un salarié a saisi la juridiction prud'homale le 18 juillet 2002 d'une demande en résiliation judiciaire de son contrat de travail aux torts de l'employeur, ainsi qu'en paiement de sommes au titre de l'exécution et de la cessation de ce contrat ; à la suite du placement de la société en liquidation judiciaire, le salarié a été licencié pour motif économique par lettre recommandée envoyée le 22 octobre 2002 par le mandataire-liquidateur.

Doit être cassé l'arrêt qui, après avoir accueilli la demande de résiliation judiciaire présentée par le salarié, a fixé la date d'effet de cette résiliation au jour de la demande, soit le 18 juillet 2002.

En effet, dès lors qu'il résultait de ses constatations que le salarié était resté au service de son employeur jusqu'à la date de son licenciement, la cour d'appel devait fixer la date de la rupture au 22 octobre 2002, date d'envoi de la lettre de licenciement.

Cass. soc. 15 mai 2007, n° 04-43.663, BC V n° 76.

… peu important qu'entre la demande de résiliation et le licenciement, le contrat de travail ait été transféré à un nouvel employeur.

Lorsqu'un salarié demande la résiliation de son contrat de travail en raison de faits qu'il reproche à son employeur, tout en continuant à travailler à son service ou au service d'un nouvel employeur dans le cas d'un transfert de son contrat de travail en application des dispositions de l'article L. 1224-1 CT, et qu'il est licencié ultérieurement, le juge doit rechercher si la demande était justifiée ; si tel est le cas, il fixe la date de la rupture à la date d'envoi de la lettre de licenciement.

Après avoir relevé qu'une salariée avait saisi le conseil de prud'hommes d'une demande en résiliation judiciaire de son contrat de travail le 17 avril 2003, et que le nouvel employeur, à qui son contrat avait été transféré, l'avait licenciée le 10 février 2005, une cour d'appel a, peu important le transfert du contrat de travail, exactement décidé qu'il y avait lieu de fixer à cette date la rupture des relations contractuelles.

Cass. soc. 7 décembre 2011, n° 07-45.689, 2e moyen, BC V n° 290.

Mais lorsque, au cours de l'instance, le salarié est mis à la retraite, la demande de résiliation devient sans objet.

Un salarié, qui avait saisi la juridiction prud'homale afin de voir prononcer la résiliation judiciaire de son contrat de travail aux torts de l'employeur, a été mis à la retraite pendant le cours de l'instance.

C'est à bon droit qu'une cour d'appel a rejeté sa demande tendant à ce que soit constatée la résiliation du contrat de travail aux torts de l'employeur et à la condamnation de ce dernier au paiement de dommages-intérêts. En effet, lorsque, au moment où le juge statue sur une action du salarié tendant à la résiliation judiciaire de son contrat de travail aux torts de l'employeur, le contrat de travail a pris fin par la mise à la retraite du salarié, sa demande de résiliation devient sans objet ; le salarié a seulement la faculté, si les griefs qu'il faisait valoir à l'encontre de l'employeur sont justifiés, de demander la réparation du préjudice en résultant.

Cass. soc. 12 avril 2005, n° 02-45.923, BC V n° 131. Voir aussi cass. soc. 1er mars 2011, n° 09-42.952.

De même, lorsque, au moment où le juge statue sur la demande de résiliation aux torts de l'employeur, le contrat a pris fin en raison d'une rupture conventionnelle non contestée, sa demande de résiliation devient sans objet.

Cass. soc. 10 avril 2013, n° 11-15.651, 1er moyen, BC V n° 98, cité dans « Rupture conventionnelle du CDI ».

Il en va de même en cas de démission ; mais le salarié conserve la possibilité de demander la réparation du préjudice résultant des griefs qu'il faisait valoir à l'appui de sa demande de résiliation judiciaire.

Lorsque, au moment où le juge statue sur une action du salarié tendant à la résiliation judiciaire de son contrat de travail aux torts de l'employeur, le contrat de travail a pris fin par la démission du salarié, sa demande de résiliation devient sans objet ; l'intéressé a la faculté, si les griefs qu'il faisait valoir au soutien de sa demande étaient justifiés, de demander la réparation du préjudice en résultant.

Cass. soc. 30 avril 2014, n° 13-10.772, 3e moyen, BC V n° 108.

Dès lors que le salarié prend acte de la rupture de son contrat de travail, il n'y a plus lieu de statuer sur la demande de résiliation judiciaire introduite auparavant.

La prise d'acte de la rupture par le salarié en raison de faits qu'il reproche à l'employeur entraîne la cessation immédiate du contrat de travail, en sorte qu'il n'y a plus lieu de statuer sur la demande de résiliation judiciaire introduite auparavant ; s'il appartient alors au juge de se prononcer sur la seule prise d'acte, il doit fonder sa décision sur les manquements de l'employeur invoqués par le salarié tant à l'appui de la demande de résiliation judiciaire devenue sans objet qu'à l'appui de la prise d'acte.

Un salarié avait été agressé sur son lieu de travail par un membre du conseil d'administration de la société. En arrêt pour accident du travail, il a saisi la juridiction prud'homale d'une demande de résiliation judiciaire du contrat de travail. Il a pris acte de la rupture du contrat de travail.

Pour rejeter la demande du salarié, une cour d'appel a énoncé que lorsqu'un salarié prend acte de la rupture de son contrat de travail en raison de faits qu'il reproche à son employeur, cette rupture produit les effets soit d'un licenciement sans cause réelle et sérieuse si les faits invoqués la justifiaient, soit, dans le cas contraire, d'une démission ; que faute d'établir que le comportement de l'employeur plaçait le salarié, à la date de la prise d'acte de la rupture du contrat, dans l'impossibilité de poursuivre sa collaboration, il convenait de dire que la résolution du contrat de travail imputable au salarié produisait les effets d'une.

En statuant ainsi, sans prendre en compte les manquements reprochés à l'employeur par le salarié à l'appui de sa demande de résiliation judiciaire, la cour d'appel a violé les articles L. 122-4, L. 122-13 et L. 122-14-3 CT.

Cass. soc. 31 octobre 2006, n° 04-48.234, BC V n° 321 (arrêt n° 3). Voir aussi cass. soc. 25 février 2009, n° 06-46.436, 2e moyen du pourvoi principal.

Mais un salarié ne peut pas prendre acte de la rupture de son contrat de travail au cours de l'instance engagée afin d'obtenir l'exécution de ce contrat et doit former une demande additionnelle en résiliation de ce contrat.

Dès lors qu'il a engagé une action contre son employeur tendant à l'exécution du contrat de travail, un salarié n'est pas en droit, pendant le cours de l'instance, de prendre acte de la rupture du contrat à raison des faits dont il a saisi la juridiction prud'homale. S'il estime que les manquements reprochés à l'employeur rendent impossible la poursuite de la relation contractuelle, il lui appartient alors, en application de l'article 65 NCPC, de modifier ses prétentions antérieures en formant une demande additionnelle en résiliation dudit contrat.

Cass. soc. 8 juillet 2003, n° 02-45.092, 3e moyen du pourvoi incident, BC V n° 225.

La demande de résiliation du contrat de travail est sans objet lorsqu'elle intervient après la notification du licenciement. Toutefois, le juge, saisi du bien-fondé du licenciement, pourra examiner les griefs invoqués par le salarié.

Le contrat de travail étant rompu par l'envoi de la lettre recommandée avec demande d'avis de réception notifiant le licenciement, la demande postérieure du salarié tendant au prononcé de la résiliation judiciaire de ce contrat est nécessairement sans objet. Le juge doit toutefois, pour l'appréciation du bien-fondé du licenciement, prendre en considération les griefs invoqués par le salarié au soutien de sa demande de résiliation dès lors qu'ils sont de nature à avoir une influence sur cette appréciation.

Cass. soc. 20 décembre 2006, n° 05-42.539, BC V n° 397. Voir aussi cass. soc. 23 mai 2017, n° 16-12.251.

Si la demande de résiliation judiciaire du contrat de travail engagée par le salarié postérieurement à l'envoi de la lettre de licenciement, date de la rupture du contrat de travail, est nécessairement sans objet, le juge doit toutefois, pour apprécier le bien-fondé du licenciement, prendre en considération les griefs qui étaient invoqués par le salarié dès lors qu'ils sont de nature à avoir une influence sur cette appréciation.

Soutenant qu'il ne percevait pas la rémunération minimale obligatoire, un salarié employé comme marin avait saisi, le 2 juillet 2007, l'administrateur des affaires maritimes en vue d'une tentative préalable de conciliation ; par lettre du 7 juillet 2007, il avait été licencié pour faute grave au motif de ses absences injustifiées ; le 12 décembre 2007, il a saisi le tribunal d'instance pour obtenir la résiliation judiciaire de son contrat de travail et un rappel de salaire.

Pour le débouter de ses demandes au titre de la rupture du contrat, après avoir fait droit à ses demandes de rappel de salaires, une cour d'appel a énoncé, d'une part, que la procédure de licenciement avait été engagée le 22 juin 2007, soit avant la demande de résiliation judiciaire, formée le 2 juillet 2007 devant l'administrateur maritime, de sorte qu'il n'y avait pas lieu d'examiner le bien-fondé de cette demande et, d'autre part, que le licenciement était justifié par la faute grave du marin dont les absences répétées étaient établies.

En statuant ainsi, alors, d'une part, que le contrat avait été rompu le 7 juillet 2007 par l'envoi de la lettre de licenciement et, d'autre part, que la demande de résiliation judiciaire avait été formée, non pas le 2 juillet 2007, date de la saisine de l'autorité administrative pour tentative de conciliation, mais le 12 décembre 2007 devant le tribunal d'instance, de sorte que, postérieure au licenciement, elle était sans objet, la cour d'appel qui, dans l'appréciation du bien-fondé du licenciement, n'a pas pris en considération les griefs du salarié qui soutenait à l'appui de sa demande de résiliation du contrat qu'il ne se présentait plus à bord parce qu'il n'était pas rémunéré, n'a pas légalement justifié sa décision.

Cass. soc. 7 mars 2012, n° 10-17.090, BC V n° 89. Voir aussi cass. soc. 31 janvier 2018, n° 16-19.902, 2e moyen du pourvoi principal.

Le licenciement pour motif économique d'un salarié ayant exprimé l'intention de quitter l'entreprise ne constitue pas une rupture amiable du contrat de travail ayant pour effet de rendre irrecevable le maintien de la demande de résiliation judiciaire formée auparavant.

Les contrats de travail de trois salariés d'une société employés en qualité d'agents de sécurité, affectés au site du métro de Toulouse, ont été transférés le 1er décembre 2009 à une autre société, en application de l'article L. 1224-1 CT ; cette dernière société a perdu le marché du métro de Toulouse en février 2010. Les salariés, reprochant à l'employeur de ne pas leur fournir de travail, ont saisi le 20 mai 2010 la juridiction prud'homale d'une demande de résiliation judiciaire de leur contrat de travail. La société a établi le 25 août 2010 un plan de sauvegarde de l'emploi, comportant un volet consacré aux départs volontaires ; les salariés se sont portés candidats au départ volontaire et ont été licenciés pour motif économique le 29 octobre 2010.

Pour dire infondées les demandes de résiliation judiciaire de leurs contrat de travail formées par les salariés, et les débouter de leurs demandes tendant à la fixation de créances à titre de dommages-intérêts pour licenciement sans cause réelle et sérieuse, une cour d'appel a retenu que le départ volontaire du salarié dans le cadre d'un plan de sauvegarde de l'emploi constituait un mode autonome de rupture et s'analysait en une résiliation amiable du contrat de travail, et que le maintien des demandes de résiliation judiciaire n'était pas recevable, dans la mesure où le salarié avait quitté la société dans le cadre d'un départ volontaire, même si celui-ci avait pris la forme d'un licenciement pour motif économique.

En statuant ainsi, alors que le licenciement pour motif économique des salariés qui ont exprimé l'intention de quitter l'entreprise ne constitue pas une rupture amiable du contrat de travail, la cour d'appel a violé les articles L. 1231-1, L. 1233-2, L. 1233-3, L. 1233-61 et L. 1233-62 CT.

Cass. soc. 14 septembre 2017, n° 16-20.552, BC V n° 139.

Résiliation judiciaire du contrat de travail d'un salarié protégé

Un employeur ne peut pas demander au juge de prononcer la résiliation du contrat de travail d'un salarié protégé.

La protection exceptionnelle et exorbitante du droit commun dont bénéficie le délégué syndical exclut que soit poursuivie par la voie judiciaire la résiliation de son contrat de travail. Un employeur, ayant engagé une telle action à la suite du refus de l'inspecteur du travail d'autoriser le licenciement d'un délégué syndical, pouvait valablement être poursuivi devant la juridiction répressive pour délit d'entrave à l'exercice du droit syndical.

Cass. ass. plén. 28 janvier 1983, n° 80-93.511, BC n° 1. Voir aussi cass. soc. 11 décembre 2001, n° 99-42.586, BC V n° 378.

En revanche, le salarié protégé peut demander la résiliation judiciaire de son contrat de travail…

Si la procédure de licenciement du salarié représentant du personnel est d'ordre public, ce salarié ne peut être privé de la possibilité de poursuivre la résiliation judiciaire de son contrat de travail aux torts de l'employeur en cas de manquement, par ce dernier, à ses obligations.

Cass. soc. 16 mars 2005, n° 03-40.251, BC V n° 94.

… notamment lorsque l'employeur lui impose un changement dans ses conditions de travail,…

Aucun changement de ses conditions de travail ne peut être imposé à un salarié protégé et, en cas de refus par celui-ci de ce changement, l'employeur doit poursuivre le contrat de travail aux conditions antérieures ou engager la procédure de licenciement en saisissant l'autorité administrative d'une demande d'autorisation de licenciement.

Une salariée avait reçu une lettre de son employeur lui indiquant, alors qu'elle bénéficiait de la protection des candidats aux élections des délégués du personnel, les tâches qui lui seraient attribuées à son retour de congé maladie. Refusant ces changements, l'intéressée a saisi la juridiction prud'homale d'une demande de résiliation judiciaire de son contrat aux torts de l'employeur.

Pour rejeter sa demande, une cour d'appel, après avoir constaté que les modifications dénoncées par la salariée ne concernaient que ses conditions de travail, a retenu que si l'employeur est tenu, en cas de refus par le salarié protégé d'un tel changement, d'engager la procédure de licenciement, encore faut-il que la possibilité lui en soit laissée dans le temps, qu'en l'espèce, l'intéressée n'avait fait connaître que le 15 mars son refus des modifications proposées et qu'il ne pouvait être reproché à l'employeur de ne pas avoir sollicité de l'inspecteur du travail l'autorisation de la licencier avant le 19 avril, date de saisine du conseil de prud'hommes et cela d'autant plus qu'elle avait écrit à plusieurs reprises pendant cette courte période pour demander des aménagements ou solliciter des instructions, ce que l'employeur pouvait interpréter comme la manifestation de son souhait de poursuivre les relations contractuelles.

En statuant ainsi, alors qu'il résultait de ses constatations que l'employeur avait mis en œuvre le changement des conditions de travail malgré le refus de la salariée, en sorte que la demande de cette dernière en résiliation de son contrat de travail était nécessairement justifiée, la cour d'appel a violé les articles L. 425-1 CT et 1184 c. civ.

Cass. soc. 15 février 2006, n° 03-42.510, BC V n° 74.

… en cas de non-paiement du salaire,…

En relevant qu'un salarié, représentant du personnel, avait été mis à pied à titre conservatoire pour des faits commis pendant une grève qui n'étaient pas établis, et que l'employeur restait débiteur de salaires indûment retenus au titre de la mise à pied annulée, une cour d'appel a caractérisé des manquements à ses obligations qu'elle a estimés suffisamment graves pour justifier la résiliation judiciaire du contrat de travail.

Cass. soc. 19 janvier 2011, n° 09-40.425.

… lorsque l'employeur a consulté la liste des appels téléphoniques passés par le salarié au moyen du téléphone mobile mis à sa disposition par l'entreprise,…

Pour l'accomplissement de leur mission légale et la préservation de la confidentialité qui s'y attache les salariés protégés, au nombre desquels se trouvent les membres du conseil et les administrateurs des caisses de sécurité sociale, doivent pouvoir disposer sur leur lieu de travail d'un matériel ou procédé excluant l'interception de leurs communications téléphoniques et l'identification de leurs correspondants.

Reprochant notamment à son employeur de ne pas avoir respecté son statut de salarié protégé, en qualité d'administrateur de l'URSSAF, en consultant la liste de ses appels téléphoniques passés au moyen du téléphone mobile mis à sa disposition par l'entreprise, un salarié a saisi la juridiction prud'homale d'une demande tendant à la résiliation judiciaire de son contrat de travail.

Pour débouter le salarié de sa demande, une cour d'appel a retenu que la société s'était contentée d'examiner les relevés de communications téléphoniques remis par l'opérateur du téléphone mobile fourni par l'entreprise au salarié, que ce simple examen ne constituait pas un procédé de surveillance des salariés nécessitant une déclaration auprès de la commission nationale de l'informatique et des libertés, une information des salariés et une consultation du comité d'entreprise, qu'il ne constituait donc nullement un procédé de surveillance illicite des salariés dont le salarié pourrait se prévaloir à l'appui de sa demande de résiliation et ne portait pas atteinte au droit de ce dernier en qualité de salarié protégé, du fait de son mandat d'administrateur de l'URSSAF.

En statuant ainsi, alors que l'examen par l'employeur des relevés téléphoniques du téléphone mis à disposition du salarié permettait l'identification des correspondants de celui-ci, la cour d'appel a violé les articles L. 2411-1, 13° CT, 6, 17 et 21 de la loi 78-17 du 6 janvier 1978 relative à l'informatique, aux fichiers et aux libertés et 7 de la délibération 2005-019 du 3 février 2005 de la commission nationale de l'informatique et des libertés.

Cass. soc. 4 avril 2012, n° 10-20.845, BC V n° 117.

… ou lorsque l'employeur ne le rétablit pas dans ses fonctions à la suite du refus de l'autorisation de son licenciement.

Cass. soc. 11 décembre 2015, n° 14-18.266.

Le juge saisi par un représentant du personnel d'une demande de résiliation judiciaire de son contrat de travail apprécie les manquements reprochés à l'employeur compte tenu de l'ensemble des règles applicables au contrat de travail de l'intéressé et des exigences propres à l'exécution du mandat dont il est investi.

Après avoir retenu qu'un membre du comité d'entreprise avait bénéficié d'un congé sans solde à compter du 1er juin 2005 et qu'à partir de cette date, alors que son mandat demeurait, l'employeur l'avait rayé de la liste des membres du comité et ne l'avait plus convoqué aux réunions de cet organisme, le mettant ainsi par des manquements répétés dans l'impossibilité d'exercer ses fonctions représentatives, c'est à bon droit qu'une cour d'appel a prononcé la résiliation du contrat de travail aux torts de l'employeur.

Cass. soc. 27 mai 2009, n° 08-42.555, pourvoi incident, BC V n° 136. Voir aussi cass. soc. 4 mai 2011, n° 09-70.702, 1er moyen.

Lorsque la résiliation judiciaire du contrat de travail d'un salarié protégé est prononcée aux torts de l'employeur, la rupture produit les effets d'un licenciement nul pour violation du statut protecteur.

Cass. soc. 1er décembre 2015, n° 14-16.630, pourvoi du salarié.

Mais le salarié ne peut pas demander sa réintégration dans l'entreprise.

Un salarié, engagé le 4 septembre 2001 par une société en qualité de responsable administratif montage décor et élu délégué du personnel le 8 mars 2007, a saisi la juridiction prud'homale le 7 février 2011, afin d'obtenir la résiliation judiciaire de son contrat de travail en raison de la violation de son statut protecteur et le paiement de diverses sommes. Il a été licencié pour faute grave le 24 novembre 2011.

Le salarié ayant maintenu à titre principal sa demande de résiliation judiciaire du contrat de travail en raison de la violation de son statut protecteur, c'est à bon droit qu'une cour d'appel, qui a accueilli cette demande de résiliation judiciaire du contrat de travail, a rejeté la demande de réintégration présentée par le salarié et fait droit à ses demandes subsidiaires d'indemnisation.

Cass. soc. 3 octobre 2018, n° 16-19.836, à paraître.

Le salarié protégé, dont la demande de résiliation judiciaire est accueillie, a droit, au titre de la violation de son statut protecteur, au paiement d'une indemnité égale à la rémunération qu'il aurait dû percevoir entre son éviction et l'expiration de la période de protection en cours au jour de la demande dans la limite de deux ans, durée minimale légale du mandat des représentants élus du personnel, augmentée de six mois.

Cass. soc. 23 mars 2016, n° 14-26.105. Voir aussi cass. soc. 12 septembre 2018, n° 17-15.411, 3e moyen.

Lorsque, au jour de la demande de résiliation judiciaire, le salarié ne bénéficiait pas d'un statut protecteur, la résiliation judiciaire aux torts de l'employeur doit s'analyser en un licenciement sans cause réelle et sérieuse.

Un salarié a, le 23 mars 2004, saisi la juridiction prud'homale d'une demande tendant au prononcé de la résiliation de son contrat de travail ; par arrêt du 5 novembre 2008, la cour d'appel a prononcé la résiliation et a condamné l'employeur à lui payer des dommages-intérêts en réparation du préjudice subi ; les débats ayant été rouverts, le salarié a sollicité le bénéfice des indemnités de rupture conventionnelle et, invoquant sa candidature, publiée le 15 octobre 2008, aux fonctions de conseiller prud'homme, a demandé à être indemnisé de la violation de son statut protecteur.

C'est à bon droit qu'une cour d'appel a rejeté ses demandes tendant à ce que la résiliation judiciaire produise les effets d'un licenciement nul ainsi que de condamnation de l'employeur au paiement d'une somme à titre de dommages-intérêts pour licenciement nul et d'indemnité pour violation du statut protecteur.

En effet, le salarié protégé dont la demande de résiliation judiciaire est accueillie n'a droit, au titre de la violation de son statut protecteur, qu'au paiement d'une indemnité égale à la rémunération qu'il aurait dû percevoir jusqu'à l'expiration de la période de protection en cours au jour de la demande ; il en résulte que, lorsqu'au jour de la demande de résiliation judiciaire, le salarié ne bénéficiait pas d'un statut protecteur, la résiliation judiciaire aux torts de l'employeur doit s'analyser en un licenciement sans cause réelle et sérieuse.

Cass. soc. 26 octobre 2016, n° 15-15.923, 1er moyen, BC V n° 196.

Indemnité de licenciement ; Représentants du personnel (Protection/Cas d'application).

Responsabilité civile de l'employeur

L'employeur peut voir sa responsabilité contractuelle ou délictuelle engagée s'il ne respecte pas ses obligations et cause un préjudice au salarié.

L'employeur peut engager sa responsabilité vis-à-vis du salarié s'il ne respecte pas les obligations liées à l'exécution du contrat de travail (art. 1147 devenu 1231-1 c. civ.)

• L'employeur répond de ses propres actes

Un manquement de l'employeur à son obligation d'exécuter de bonne foi le contrat de travail engage sa responsabilité.

C'est à tort que, pour débouter une salariée de sa demande en réparation du préjudice que lui avait causé sa mise à la retraite, une cour d'appel s'est bornée à énoncer que l'intéressée n'avait invoqué aucun élément prouvant que l'employeur avait agi dans le but de lui nuire, alors que l'engagement de la responsabilité contractuelle de l'employeur envers son salarié n'impose pas que l'employeur ait agi dans le but de nuire, mais qu'il suffit qu'il ait manqué à son obligation d'exécution de bonne foi du contrat de travail.

Cass. soc. 4 juin 2002, n° 00-42.280, BC V n° 188.

L'employeur doit respecter son obligation de paiement du salaire.

Doit être cassé l'arrêt qui, pour débouter des salariés de leurs demandes en paiement des retenues faites par l'employeur sur certains salaires pour heures de grève, énonce que, la grève suspendant le contrat de travail, chaque partie est dispensée de ses obligations, notamment celle de verser le salaire pour l'employeur.

En statuant ainsi, alors que, lorsqu'ils sont contraints à la grève pour obtenir le paiement régulier de rémunérations ayant un caractère alimentaire, les salariés peuvent prétendre à une indemnisation des heures de travail perdues, la cour d'appel, qui n'a pas précisé quel a été le motif de la grève, n'a pas donné de base légale à sa décision.

Cass. soc. 27 novembre 1990, n° 88-45.790, 6e moyen, BC V n° 590.

Il doit garantir au salarié des conditions de travail satisfaisantes.

Si, s'agissant d'une affection non prise en charge au titre des maladies professionnelles, le salarié qui estime que son état de santé est lié aux mauvaises conditions de travail imposées par l'employeur est en droit d'agir sur le terrain de la responsabilité contractuelle, il ne peut, par contre, se prévaloir des dispositions de l'article 1384 c. civ.

Cass. soc. 11 octobre 1994, n° 91-40.025, BC V n° 269.

Un ressortissant polonais en situation irrégulière était employé comme mécanicien et gardien, et était logé dans une caravane par une société de récupération de véhicules. Victime d'un accident ayant entraîné la perte de la vision d'un œil, survenu selon le salarié au cours de son travail, il était entré en conflit avec son employeur quant à la prise en charge des frais médicaux et avait déposé plainte, puis s'était constitué partie civile devant le juge d'instruction. Le dirigeant de fait de la société avait été définitivement déclaré coupable de travail clandestin par les premiers juges.

C'est à bon droit qu'une cour d'appel a décidé que les conditions anormales d'emploi de la victime, étranger se trouvant dans une situation précaire et à la merci d'un employeur particulièrement indélicat, justifiaient la condamnation du prévenu à 100 000 F de dommages-intérêts, dès lors qu'il résultait de ses constatations que la partie civile avait souffert d'un préjudice directement causé par les faits, objet de la poursuite.

En effet, si la législation sur le travail clandestin a été édictée en vue de l'intérêt général, elle n'en tend pas moins également à la protection des particuliers qui peuvent, lorsque sa méconnaissance leur a causé un préjudice personnel et direct, en obtenir la réparation devant la juridiction pénale.

Cass. crim. 6 février 2001, n° 00-81.526, B. crim. n° 32.

Il ne doit pas mettre les salariés dans l'impossibilité de travailler.

Le contrat de travail doit être exécuté de bonne foi.

La chef d'équipe d'une salariée dont les fonctions exigeaient de se rendre, de très bonne heure le matin, sans pouvoir utiliser les transports en commun, hors de la région parisienne, venait la chercher à son domicile avec la navette de l'entreprise. L'employeur ayant cessé cette « pratique », la salariée, soutenant qu'elle avait été mise dans l'impossibilité de travailler, a saisi la juridiction prud'homale d'une demande de résiliation du contrat de travail et a sollicité la condamnation de l'employeur à lui payer diverses sommes.

C'est à tort que, pour débouter la salariée de ses demandes, une cour d'appel a retenu que la société n'avait jamais pris l'engagement d'assurer le transport de l'intéressée de son domicile au lieu de travail, que l'existence d'un usage n'était pas établie et que la note de service prévoyant qu'« il n'y aurait plus de ramassage du personnel ni de dépôt à domicile » était dépourvue de portée, alors que l'employeur, prenant en compte la spécificité de son travail d'inventoriste en équipe et l'horaire exceptionnel de prise du travail, faisait prendre la salariée depuis plus de dix ans à son domicile par un véhicule de l'entreprise et qu'en cessant de la faire bénéficier de cet avantage lié à sa fonction, il l'avait mise dans l'impossibilité de travailler, ce qui caractérisait un manquement de l'employeur à l'exécution de bonne foi du contrat de travail.

Cass. soc. 10 mai 2006, n° 05-42.210, BC V n° 169.

Le fait, pour un employeur, de licencier un salarié âgé de 51 ans, alors qu'il s'était engagé dans le cadre d'une convention d'allocation spéciale à ne procéder à aucun licenciement pour les salariés âgés de 50 à 55 ans, constitue un manquement fautif ouvrant au salarié un droit à réparation.

Dans le cadre d'une procédure de licenciement collectif pour motif économique, une société avait conclu avec le préfet, représentant le ministère du Travail, une convention d'allocation spéciale par laquelle elle s'engageait à ne procéder à aucun licenciement ni à aucun départ négocié pour les salariés âgés de 50 à 55 ans et à procéder au reclassement interne ou externe des salariés remplissant cette condition d'âge et dont l'emploi était supprimé.

C'est à tort que, pour débouter un salarié licencié pour motif économique à l'âge de 51 ans de sa demande de dommages-intérêts pour non-respect par l'employeur de cet engagement de non-licenciement, une cour d'appel a énoncé que l'intéressé, qui n'était pas partie à la convention d'allocation spéciale conclue entre son employeur et le ministre du Travail, ne pouvait tirer argument de la violation des engagements alors souscrits par la société pour demander réparation d'un préjudice sur le fondement de l'article 1147 c. civ., alors que le salarié, qui remplissait les conditions d'âge pour bénéficier de l'engagement pris par l'employeur et qui avait été néanmoins licencié, était en droit de demander réparation du préjudice subi résultant de la violation dudit engagement.

Cass. soc. 13 avril 1999, n° 96-44.334, BC V n° 176.

Il en est de même lorsque l'employeur n'a pas respecté un engagement pris dans le cadre d'un plan de sauvegarde de l'emploi.

C'est à bon droit qu'une cour d'appel a décidé que le retard d'une société à respecter l'engagement pris dans un plan social caractérisait de sa part un manquement fautif entraînant pour le salarié un préjudice qu'il convenait de réparer.

Il s'agissait, en l'espèce, du non-respect de l'engagement pris par l'employeur de solliciter auprès des pouvoirs publics la conclusion de conventions d'allocation spéciale du Fonds national de l'emploi, privant ainsi un salarié de la faculté d'adhérer à une convention AS-FNE.

Cass. soc. 14 novembre 2001, n° 99-46.298.

L'employeur doit assurer la sécurité des salariés travaillant à l'étranger dans un lieu particulièrement exposé au risque.

Le salarié, dont l'affection n'est pas prise en charge au titre de la législation sur les accidents du travail ou les maladies professionnelles, peut engager une action contre son employeur sur le fondement du droit commun de la responsabilité civile contractuelle.

Une salariée a été engagée par une société en qualité de responsable Afrique occidentale et centrale et affectée en Côte d'Ivoire ; le 28 avril 2004 elle a été victime d'une agression à Abidjan, prise en charge par la Caisse des Français de l'Étranger en application de l'article L. 762-8 c. séc. soc. au titre des prestations légales ; sa demande en reconnaissance de la faute inexcusable de l'employeur en application de la législation des accidents du travail a été déclarée irrecevable par décision définitive du 18 avril 2007 au motif que la législation professionnelle ne lui était pas applicable dès lors qu'elle était expatriée ; après avoir été déclarée inapte par le médecin du travail puis licenciée le 18 février 2008, la salariée a saisi la juridiction prud'homale pour obtenir la réparation de son préjudice.

Après avoir relevé que la salariée, qui se trouvait du fait de son contrat de travail dans un lieu particulièrement exposé au risque, avait, à plusieurs reprises, alerté son employeur sur l'accroissement des dangers encourus par les Français à Abidjan, lui demandant expressément d'organiser son rapatriement et un retour sécurisé en France, une cour d'appel a constaté que l'employeur n'avait apporté aucune réponse aux craintes exprimées par la salariée, qu'il s'était contenté de faire état du lieu contractuel sans prendre en compte le danger encouru par elle et n'avait pris aucune mesure de protection pour prévenir un dommage prévisible.

En l'état de ces constatations, la cour a pu en déduire que l'employeur avait manqué à ses obligations contractuelles sans qu'une faute de nature à l'exonérer de sa responsabilité puisse être reprochée à la salariée.

Cass. soc. 7 décembre 2011, n° 10-22.875, BC V n° 287.

La prescription des actions en responsabilité résultant d'un manquement aux obligations nées du contrat ne court qu'à compter de la réalisation du dommage ou de la date où le salarié en a eu connaissance.

Un salarié avait été employé par un comité central d'entreprise pendant les mois d'été de 1954 à 1959. S'étant aperçu, au moment de faire valoir ses droits à la retraite, que l'employeur ne s'était pas acquitté des cotisations vieillesse pendant cette période, il avait saisi la juridiction prud'homale en vue de la condamnation de son employeur au paiement d'une indemnité correspondant au montant de la somme qui lui était demandée pour racheter les cotisations impayées.

Doit être cassé l'arrêt qui, pour déclarer prescrite l'action de l'intéressé, a énoncé que l'action n'avait pas été qualifiée comme une action en responsabilité contractuelle et que le salarié n'avait invoqué aucun acte interruptif de prescription, alors que la prescription d'une action en responsabilité résultant d'un manquement aux obligations nées du contrat ne court qu'à compter de la réalisation du dommage ou de la date où le salarié en a eu connaissance. En l'espèce, la cour d'appel, ayant été saisie d'une action en responsabilité contractuelle fondée sur l'omission fautive de l'employeur et cette faute, n'ayant été connue du salarié qu'au moment où il avait voulu faire valider ses droits, ne pouvait déclarer l'action prescrite.

Cass. soc. 1er avril 1997, n° 94-43.381, BC V n° 130.

Ayant atteint l'âge de la retraite, une salariée, employée du 1er mars 1964 au 30 avril 1970, a fait procéder à la reconstitution de sa carrière professionnelle et constaté que lui manquaient vingt trimestres de cotisations correspondant aux années 1964 à 1968 pour pouvoir prétendre à une pension de vieillesse au taux plein du régime général de la sécurité sociale et à une pension sans abattement du régime de retraite complémentaire. Le 7 mai 2001, elle a saisi le conseil de prud'hommes d'une demande de dommages-intérêts dirigée contre son employeur.

Pour dire l'action en responsabilité de la salariée prescrite, la cour d'appel a retenu que la salariée, qui avait eu connaissance au plus tard le

31 décembre 1968 du préjudice résultant de la perte de droits correspondant aux cotisations non versées, avait intenté son action plus de trente ans après cette date. Cependant, la prescription d'une action en responsabilité contractuelle ne court qu'à compter de la réalisation du dommage ou de la date à laquelle il est révélé à la victime, si celle-ci établit qu'elle n'en avait pas eu précédemment connaissance.

En statuant comme elle l'a fait, alors que le préjudice né de la perte des droits correspondant aux cotisations non versées n'était devenu certain qu'au moment où la salariée s'était trouvée en droit de prétendre à la liquidation de ses droits à pensions, la cour d'appel a violé l'article 2262 c. civ.

Cass. soc. 26 avril 2006, n° 03-47.525, BC V n° 146.

• L'employeur est également contractuellement responsable du fait d'autrui

L'employeur doit répondre des agissements des personnes qui exercent, de fait ou de droit, une autorité sur les salariés.

Cass. soc. 10 mai 2001, n° 99-40.059, BC V n° 158.

L'employeur peut également voir sa responsabilité engagée s'il commet une faute ou une négligence à l'occasion de l'exécution du contrat de travail

• La mise en œuvre de la responsabilité de l'employeur suppose une faute

Il peut s'agir d'une attitude fautive…

C'est à bon droit qu'après avoir relevé que plusieurs déclarations avaient été adressées en vain à l'employeur par les salariés et que ce dernier avait attendu la saisine du conseil de prud'hommes pour procéder à un règlement partiel de l'indemnité conventionnelle de congés payés réclamée, les juges du fond ont décidé que son attitude était fautive et ouvrait droit à réparation au profit des salariés.

Cass. soc. 24 janvier 2001, n° 99-40.574, 2e moyen.

Un joueur professionnel de football a été engagé par un club pour la saison sportive 1997-1998, en qualité de « remplaçant du gardien de but titulaire ». Les parties devaient se rencontrer au plus tard le 30 avril 1998 pour envisager une prolongation de leurs relations contractuelles, ce qui n'a pas été fait. Ayant appris qu'un autre joueur venait d'être recruté et n'ayant pas été préalablement avisé du non-renouvellement de son contrat, l'intéressé a saisi la juridiction prud'homale d'une demande d'indemnisation du préjudice subi.

Ayant constaté que le club avait fait croire au salarié que son contrat serait renouvelé sur la saison 1998-1999 aux mêmes conditions, une cour d'appel a fait ressortir que l'employeur, en entretenant le doute, avait agi avec une légèreté blâmable génératrice d'un préjudice dont elle a souverainement évalué le montant.

Cass. soc. 13 avril 2005, n° 02-46.666.

… d'une omission fautive…

Doit être cassé l'arrêt qui, pour débouter un salarié de ses demandes en réparation de son préjudice résultant de la négligence de l'employeur lors de la liquidation de la société pour la préservation de ses droits, énonce qu'il ne rapportait pas la preuve de la faute imputée à l'employeur, alors que les juges devaient rechercher si l'intéressé n'avait pas omis de manière fautive de fournir au liquidateur de la société les éléments nécessaires à la prise en compte des droits de son salarié.

Cass. com. 23 mars 1993, n° 91-14.222, BC IV n° 121.

… d'une négligence…

Doit être cassé l'arrêt qui, pour écarter la responsabilité d'une société mère ayant dénoncé un contrat de retraites complémentaires souscrit par sa filiale sans s'assurer du versement de l'indemnité contractuelle de résiliation nécessaire à la préservation des droits des salariés, énonce que la société mère avait agi sur mandat de la filiale, alors que la société mère avait commis une négligence fautive en incitant la société filiale à dénoncer le contrat sans s'assurer du versement de l'indemnité de résiliation.

Cass. com. 7 décembre 1993, n° 92-12.131.

… de l'absence de mesure de précaution…

Ayant relevé que c'était la troisième fois, en peu de temps, qu'un vol était commis et que, néanmoins, la société n'avait pris aucune mesure de précaution, un conseil de prud'hommes a ainsi caractérisé la faute commise par l'employeur et a pu le condamner à payer au salarié une somme à titre de dommages-intérêts à la suite du vol commis dans le vestiaire mis à sa disposition.

Cass. soc. 4 février 1998, n° 95-44.086.

… d'un manquement à une obligation d'information…

Le souscripteur d'un contrat d'assurance de groupe a le devoir de faire connaître de façon très précise à l'adhérent à ce contrat les droits et obligations qui sont les siens ; débiteur envers celui-ci d'un devoir d'information et de conseil, il est responsable des conséquences qui s'attachent à une information inexacte ayant induit l'assuré en erreur sur la nature, l'étendue ou le point de départ de ses droits.

Une secrétaire de direction, avait quitté son employeur en décembre 1996 dans le cadre du régime de l'ARPE. Avant son départ, l'employeur, qui avait souscrit auprès d'une société divers contrats d'assurance groupe, lui a fait savoir qu'« à compter du 30 décembre 1996, sa cotisation retraite serait prise en charge à hauteur du taux pratiqué pour les actifs et que pour la prévoyance et la mutuelle, la participation employeur resterait identique à celle en vigueur pendant son activité ». La salariée étant décédée accidentellement en 1998, son époux a réclamé à l'employeur le versement du capital décès, de la rente de conjoint et de la rente d'éducation pour l'enfant commun ; sur refus de l'employeur, le mari de la salariée a saisi la juridiction prud'homale.

Doit être rejeté le pourvoi formé par l'employeur reprochant à la cour d'appel de l'avoir condamné à payer diverses sommes au titre du capital décès et de la rente de conjoint. En effet, ayant relevé que l'employeur avait donné son accord pour maintenir en faveur d'une salariée la couverture prévoyance dont elle bénéficiait lorsqu'elle était en activité, mais qu'il n'avait pas indiqué que cette garantie était subordonnée à la souscription d'un contrat individuel ou que le remboursement n'était fait que sur présentation, la cour d'appel en a justement déduit que l'employeur avait fait preuve de légèreté blâmable en manquant à son devoir de conseil et d'information, notamment en ce qui concerne le maintien des garanties décès-prévoyance.

Cass. soc. 14 janvier 2004, n° 01-46.617.

… ou de la fourniture d'une information erronée.

Un employeur, qui avait affirmé, sans réserve, que la prime de départ offerte par la société en cas de démission du salarié n'était pas imposable, pouvait valablement être condamné à payer des dommages-intérêts aux intéressés, ces derniers ayant pris leur décision en tenant compte des informations données par l'employeur sur le régime fiscal de la prime.

Cass. soc. 19 décembre 1990, n° 88-41.363, 2e moyen, BC V n° 681.

Un abus de droit peut également constituer une faute.

Si l'employeur avait sollicité l'autorisation de licencier un salarié, ce dernier avait fait part de son souhait de ne pas être licencié avant son 55e anniversaire et offrait en contrepartie une réduction de l'indemnité légale de licenciement. En passant outre et en procédant au licenciement du salarié avant son 55e anniversaire, l'employeur avait agi avec une précipitation blâmable constitutive d'un abus de droit permettant au salarié de prétendre à une indemnité en vue de réparer son dommage.

Cass. soc. 17 octobre 1990, n° 88-41.173, BC V n° 478.

Le non-respect d'une disposition légale ou réglementaire engage la responsabilité de l'employeur.

L'employeur qui n'a pas respecté les obligations mises à sa charge par les articles R. 241-51 et R. 241-51-1 CT, malgré la demande formulée par une salariée, dont l'indemnisation complémentaire au titre du mi-temps thérapeutique avait pris fin et qui avait sollicité la reprise de son travail à temps plein, a causé un préjudice à la salariée.

Cass. soc. 10 mai 2001, n° 99-42.367.

En relevant qu'un chef d'entreprise s'opposait à la tenue des élections pour le renouvellement des institutions représentatives du personnel, en méconnaissance de ses obligations légales, un tribunal d'instance a caractérisé une faute et a condamné, à bon droit, l'employeur à payer des dommages-intérêts à un syndicat qui avait demandé l'organisation des élections.

Cass. soc. 7 mai 2002, n° 00-60.282, 4e moyen, BC V n° 149.

• Un lien de causalité doit exister entre la faute commise par l'employeur et le préjudice subi par le salarié

C'est à tort qu'une cour d'appel a rejeté la demande d'un salarié en paiement de dommages-intérêts pour non-respect par l'employeur de la législation relative à la médecine du travail au motif que le salarié pouvait fournir à son médecin la radiographie effectuée lors de la visite médicale d'embauche, qu'il pouvait solliciter de son employeur une visite médicale et qu'il ne justifiait pas de son préjudice, alors que la cour aurait dû rechercher si l'absence de visite médicale dans le délai de douze mois suivant son embauche n'avait pas entraîné un retard dans le dépistage de la tuberculose dont souffrait l'intéressé, lui causant un préjudice.

Cass. soc. 24 avril 2001, n° 99-42.346.

• Si l'employeur commet une faute en raison des conseils erronés donnés par un professionnel, il peut engager une action en responsabilité contre ce dernier

Une cour d'appel a pu condamner une chambre syndicale à payer des dommages-intérêts à un employeur, cette dernière lui ayant conseillé de rompre le contrat de travail d'un salarié atteint d'une maladie professionnelle pour force majeure.

La lettre dictée par le représentant de la chambre syndicale, dans laquelle était constatée la rupture pour force majeure du contrat, ne pouvait que laisser penser à un profane qu'une telle rupture était la seule solution possible.

Cass. soc. 3 décembre 1996, n° 95-12.120.

• Lorsque le salarié a exercé une action devant la juridiction civile compétente, il ne peut plus la porter ensuite devant la juridiction répressive

Selon l'article 5 c. proc. pén., la partie qui a exercé son action devant la juridiction civile compétente ne peut la porter devant la juridiction répressive.

Un salarié, délégué syndical, a fait citer devant le tribunal correctionnel le président de la société l'employant des chefs d'entraves, de discrimination syndicale et de harcèlement moral. Le prévenu, avant tout débat au fond, a fait valoir que l'action pénale engagée était irrecevable au regard des dispositions de l'article 5 c. proc. pén., la partie civile ayant, antérieurement à cette citation, saisi la juridiction prud'homale d'une demande indemnitaire pour les mêmes faits.

Pour rejeter cette exception, une cour d'appel a énoncé que les deux actions n'opposaient pas les mêmes parties, en relevant que le salarié avait dirigé son action prud'homale contre la société, et que, par ailleurs, c'est le dirigeant de celle-ci, personnellement, qu'il avait poursuivi devant la juridiction répressive.

En se déterminant ainsi, alors que les deux actions avaient le même objet et la même cause et visaient les mêmes parties, le dirigeant étant poursuivi devant la juridiction répressive en sa qualité de président de la société, la cour d'appel a méconnu le sens et la portée de l'article 5 susvisé.

Cass. crim. 3 avril 2007, n° 06-86.748, B. crim. n° 99.

Le commettant est responsable du dommage causé par ses préposés dans l'exercice de leurs fonctions (art. 1384, al. 5 devenu 1242, al. 5 c. civ.)

• Le préposé doit se trouver sous la subordination du commettant

Le rapport de subordination doit subsister au moment de la réalisation du dommage.

C'est à bon droit qu'une cour d'appel a décidé que la responsabilité civile du commettant devait être écartée, le salarié s'étant rendu coupable d'homicide volontaire avec préméditation sur un de ses collègues de chantier, alors qu'il avait quitté le lieu de travail, le travail lui-même ayant pris fin, et qu'il avait utilisé une arme personnelle pour le crime, cachée dans sa voiture, et non un objet ou instrument pris sur le chantier.

Cass. crim. 15 février 1977, n° 75-92.706, B. crim. n° 59.

Le préposé peut être un salarié occasionnel.

Une cour d'appel a pu valablement décider qu'une société était civilement responsable du dommage causé par son salarié, bien que celui-ci ne soit pas un salarié régulier de l'entreprise. Il avait été chargé à d'autres reprises de missions semblables, et recevait un peu d'argent en échange de ses services.

Il résultait de ces différents points que l'intéressé était sous la subordination de la société au moment de l'incident et que, se trouvant sur le trajet menant au lieu où il avait pour mission de livrer un véhicule, l'altercation qu'il avait eue avec un piéton au cours de ce trajet se rapportait à l'accomplissement de sa mission, ce qui permettait de retenir la responsabilité du commettant.

Cass. crim. 12 octobre 1982, n° 82-90.333, B. crim. n° 213.

La qualité de président d'un conseil d'administration est exclusive de celle de préposé.

Dans le cadre d'une réorganisation d'une partie de ses activités, la société G, devenue société V, avait conclu, en 1998, un « accord-cadre sur la réduction, l'aménagement et l'organisation du temps de travail et sur l'emploi ». En méconnaissance des dispositions des articles L. 431-5 et L. 432-1 CT, le comité central d'entreprise n'avait pas été consulté avant la signature de cet accord collectif.

Doit être rejeté le moyen du pourvoi du dirigeant d'entreprise reprochant à la cour d'appel d'avoir retenu sa responsabilité personnelle à l'égard du comité central d'entreprise, partie civile, dès lors, d'une part, que la qualité de président d'un conseil d'administration est exclusive de celle de préposé d'où découlerait la responsabilité mise à la charge des commettants en application de l'article 1384, al. 5 c. civ. et, d'autre part, que le dirigeant d'une personne morale, qui a intentionnellement commis une infraction ayant porté préjudice à un tiers, engage sa responsabilité civile à l'égard de celui-ci.

Cass. crim. 20 mai 2003, n° 02-84.307, 1er moyen, B. crim. n° 101.

• Il doit exister un lien de causalité entre le dommage et les fonctions exercées par le préposé

Les commettants sont responsables du dommage causé par leurs préposés dans les fonctions auxquelles ils les ont employés.

Une société de nettoyage est responsable du vol commis par son employé au sein d'une bijouterie dans laquelle ce dernier était chargé de l'entretien des locaux dans la mesure où il avait agi sur le lieu de travail, pendant le temps et à l'occasion du travail. En effet, le commettant n'est exonéré de sa responsabilité que si son préposé a agi hors des fonctions auxquelles il était employé, sans autorisation et à des fins étrangères.

Cass. civ., 2e ch., 22 mai 1995, n° 92-19.172, BC II n° 154.

N'est pas tenu à indemnisation à l'égard de la victime le préposé conducteur d'un véhicule de son commettant impliqué dans un accident de la circulation qui agit dans les limites de la mission qui lui a été impartie.

Un accident de la circulation a mis en cause le véhicule conduit par un salarié, appartenant à son employeur et celui conduit par un tiers ; ayant été blessé, ce dernier a assigné le salarié en responsabilité et indemnisation.

Pour condamner le salarié à indemniser l'autre conducteur sur le fondement des dispositions de la loi du 5 juillet 1985, une cour d'appel a énoncé que cette loi s'applique au préposé conducteur si le véhicule qu'il conduit est impliqué dans l'accident de la circulation à l'occasion duquel une victime est blessée, ce préposé ayant la possibilité d'appeler dans la cause son employeur, propriétaire du véhicule, en sa qualité de civilement responsable, que le salarié ne l'a pas fait et que la victime n'a pas à supporter les effets de cette situation sur son indemnisation.

En statuant ainsi, après avoir constaté que le salarié conduisait dans l'exercice de sa mission un véhicule de l'entreprise qui l'employait, la cour d'appel a violé les articles 1384, al. 5, c. civ., 1 et 2 de la loi 85-677 du 5 juillet 1985.

Cass. civ., 2e ch., 28 mai 2009, n° 08-13.310, BC II n° 128.

Après avoir relevé qu'un professeur de musique travaillant dans un institut de rééducation de jeunes sourds et aveugles, usant du cadre de l'exécution de son emploi pour abuser d'élèves placés sous son autorité, avait pratiqué des viols et agressions sexuelles dont il avait été reconnu coupable dans l'enceinte de l'établissement et pendant les cours qu'il devait y donner, une cour d'appel a pu en déduire que ce préposé, qui avait ainsi trouvé dans l'exercice de sa profession sur son lieu de travail et pendant son temps de travail les moyens de sa faute et l'occasion de la commettre, fût-ce sans autorisation et à des fins étrangères à ses attributions, n'avait pas agi en dehors de ses fonctions, et que l'association, son commettant, était responsable des dommages qu'il avait ainsi causés.

Cass. civ., 2e ch., 17 mars 2011, n° 10-14.468, 1er moyen du pourvoi principal et pourvoi incident, BC II n° 69.

La responsabilité du commettant est engagée, même si les agissements fautifs du préposé sont établis.

Une banque est responsable en qualité de commettant des agissements de son employé dans la mesure où celui-ci ne s'est pas placé hors de ses attributions. S'il était bien établi que les clients de la banque avaient versé des fonds qui avaient été détournés par l'employé à son profit, n'ayant pas agi hors de ses fonctions, c'est à bon droit qu'une cour d'appel a retenu la responsabilité de la banque sur le fondement de l'article 1384, al. 5 c. civ.

Cass. civ., 2e ch., 28 février 1996, n° 94-15.885, BC II n° 53. Voir aussi cass. soc. 23 octobre 1991, n° 88-40.257, où les juges ont retenu la responsabilité d'une société en relevant le manque de contrôle sur les activités du préposé.

• Seule la victime peut mettre en œuvre la responsabilité de l'employeur

Le préposé ne peut appeler son employeur en garantie.

L'article 1384, al. 5 c. civ. ayant pour finalité de protéger les tiers contre l'insolvabilité de l'auteur du préjudice en leur permettant de recourir contre son employeur, le préposé ne peut l'appeler en garantie ; seule la victime a la possibilité d'invoquer les dispositions de cet article.

Cass. civ., 2e ch., 6 février 1974, n° 72-14.444, 2e moyen, BC II n° 53.

• Le préposé condamné pénalement pour avoir intentionnellement commis, fût-ce sur l'ordre du commettant, une infraction ayant porté préjudice à un tiers, engage sa responsabilité civile à l'égard de celui-ci

S'agissant d'un salarié, engagé en qualité de comptable et condamné définitivement pour faux, usage de faux et escroqueries, pour avoir fait obtenir frauduleusement à son employeur des subventions destinées à financer de faux contrats de qualification, c'est à bon droit que, statuant à son égard sur les intérêts civils, une cour d'appel a condamné l'intéressé à payer des dommages-intérêts aux parties civiles.

Cass. ass. plén. 14 décembre 2001, n° 00-82.066, BC n° 17.

• Même si l'employeur a été déclaré civilement responsable des agissements de son préposé envers la victime, la caisse d'assurance maladie ne peut exercer une action en remboursement contre l'employeur

A légalement justifié sa décision la cour d'assises qui a déclaré un employeur civilement responsable des agissements d'un de ses préposés, coupable d'homicide volontaire, après avoir relevé que les faits, qui avaient exclusivement pour origine un conflit opposant deux hommes dans le cadre de leurs relations de travail, s'étaient déroulés dans l'atelier où le condamné se trouvait sous les ordres de la victime et immédiatement après l'annonce de son licenciement.

En revanche, c'est à tort que la cour d'assises a condamné l'employeur à payer, solidairement avec son préposé, à la caisse primaire d'assurance maladie le montant des prestations servies aux ayants droit de la victime. En effet, en application de l'article L. 452-5 c. séc. soc., lorsqu'un fait dommageable, pris en charge par les organismes sociaux au titre de la législation sur les accidents du travail, est dû à la faute intentionnelle d'un préposé, et non de l'employeur lui-même, la caisse de sécurité sociale, garante de ce dernier pour les risques de l'entreprise, n'est admise à exercer son action en remboursement que contre l'auteur de l'accident, même si l'employeur a été déclaré civilement responsable de ses agissements envers la victime.

Cass. crim. 25 mars 1998, n° 96-85.593, B. crim. n° 113.

• Selon l'article L. 451-1 c. séc. soc., aucune action en réparation du préjudice causé par un accident du travail ne peut, en dehors des cas prévus par la loi, être exercée conformément au droit commun, par la victime contre l'employeur ou ses préposés

Après avoir déclaré à bon droit une constitution de partie civile recevable par un salarié accidenté du travail, dit les faits établis à l'encontre du chef d'établissement et constaté que la réparation des préjudices de la partie civile relevait du régime des accidents du travail et de la connaissance exclusive de la juridiction de sécurité sociale, les juges ont néanmoins déclaré le chef d'établissement entièrement responsable des préjudices subis par la victime.

En statuant ainsi sur le principe même de la responsabilité civile de l'employeur, la cour d'appel a méconnu l'article L. 451-1 c. séc. soc.

Cass. crim. 13 septembre 2005, n° 04-85.736, 4e moyen, B. crim. n° 224.

☛ *Responsabilité pénale des personnes morales ; Responsabilité pénale des personnes physiques.*

Responsabilité pécuniaire du salarié

L'employeur ne peut engager la responsabilité pécuniaire du salarié que si ce dernier a commis une faute lourde.

Ni le contrat de travail, ni la convention collective, ni le règlement intérieur ne peuvent instituer une responsabilité de plein droit du salarié.

Nécessité d'une faute lourde

La responsabilité pécuniaire du salarié ne peut être engagée qu'en cas de faute lourde.

Cass. soc. 7 mai 2014, n° 13-16.421.

La responsabilité pécuniaire d'un salarié à l'égard de son employeur ne peut résulter que de sa faute lourde, même en ce qui concerne le droit à compensation prévu à l'article L. 144-1 CT.

Doit être cassé le jugement rejetant la demande d'un salarié tendant à obtenir le remboursement de la somme retenue sur son salaire et correspondant au coût du renouvellement de son badge d'accès à l'entreprise qu'il avait détérioré.

Cass. soc. 20 avril 2005, n° 03-40.069, BC V n° 148. Voir aussi cass. soc. 20 mai 2008, n° 05-42.009, 2e moyen ; cass. soc. 5 novembre 2014, n° 13-17.204, 2e moyen.

C'est à tort que, pour ordonner la compensation entre la dette salariale due par un employeur et la perte de recettes imputable à un salarié, une cour d'appel a retenu que l'interdiction prévue par l'article L. 144-1, devenu L. 3251-1 CT, ne s'applique pas lorsque la somme dont l'employeur est créancier est de nature indemnitaire et qu'en l'espèce le salarié qui n'avait pas restitué l'intégralité des recettes encaissées à la suite de sa négligence était redevable d'une indemnité, alors que le salarié avait été licencié pour faute grave et que la responsabilité pécuniaire d'un salarié à l'égard de son employeur ne peut résulter que de sa faute lourde.

Cass. soc. 21 octobre 2008, n° 07-40.809, 2e moyen, BC V n° 197.

Doit être cassé l'arrêt condamnant un salarié à verser à son employeur une somme en réparation du préjudice résultant du non-respect par celui-ci des consignes prévues en cas d'accident, alors que le salarié ne répond pas à l'égard de son employeur des conséquences pécuniaires des fautes commises dans l'exécution de son contrat de travail et que sa responsabilité ne se trouve engagée qu'en cas de faute lourde.

Cass. soc. 18 décembre 2001, n° 99-45.848.

L'abus de fonctions commis par deux chauffeurs routiers, à l'heure d'une pause pour le repas au cours d'un déplacement, a été commis à l'occasion du travail. Ce comportement n'étant pas étranger à l'exécution du contrat de travail, seule une faute lourde pouvait justifier la condamnation des salariés au paiement de dommages-intérêts en réparation du préjudice subi par l'employeur du fait de l'accident survenu à cette occasion.

Cass. soc. 6 mai 1997, n° 94-43.057, BC V n° 167.

La lettre de licenciement fixe les limites du litige. L'employeur n'ayant énoncé aucun fait dans la lettre de licenciement qui invoquait une faute lourde du salarié, c'est à bon droit qu'une cour d'appel a non seulement déclaré le licenciement sans cause réelle et sérieuse mais a débouté l'employeur, qui ne pouvait se prévaloir d'autres faits, de sa demande de dommages-intérêts fondée sur la faute lourde.

Cass. soc. 16 mars 1999, n° 96-45.247, BC V n° 115.

En conséquence, les juges du fond ne peuvent pas condamner un salarié à payer des dommages-intérêts à son employeur, dès lors que ce dernier ne reprochait à l'intéressé qu'une faute grave.

Cass. soc. 25 octobre 2005, n° 03-46.624, BC V n° 299.

Un salarié, employé par une société en qualité de conducteur poids lourd, a été licencié pour faute grave le 18 mars 2011.

Pour condamner l'intéressé à payer à la société une somme à titre de dommages-intérêts, une cour d'appel a retenu qu'en exposant délibérément l'employeur aux conséquences gravissimes de la conduite d'un véhicule poids lourd de l'entreprise par un conducteur dépourvu de permis valable, ce salarié avait exécuté de façon déloyale le contrat de travail.

En statuant ainsi, alors qu'elle décidait que le licenciement du salarié était fondé sur une faute grave, la cour d'appel, qui n'a pas retenu l'existence de faits, distincts de ceux visés par la lettre de licenciement, susceptibles de caractériser une faute lourde, a violé le principe selon lequel la responsabilité pécuniaire d'un salarié à l'égard de son employeur ne peut résulter que de sa faute lourde.

Cass. soc. 25 janvier 2017, n° 14-26.071, BC V n° 15.

Toutefois, à noter que, lorsque le salarié a commis une infraction pénale, l'employeur peut obtenir une réparation devant la juridiction pénale sans avoir à établir l'existence d'une faute lourde.

Cass. crim. 25 février 2015, n° 13-87.602, s'agissant d'une condamnation pour abus de confiance.

La signature d'une reconnaissance de dette ne fait pas obstacle au principe selon lequel la responsabilité pécuniaire du salarié n'est engagée qu'en cas de faute lourde.

Nonobstant la circonstance qu'un salarié ait signé une reconnaissance de dette à la suite de la constatation d'un découvert de 100 000 F dans la caisse du cinéma dans lequel il travaillait, une cour d'appel ne pouvait le condamner à payer cette somme à l'employeur sans avoir caractérisé la faute lourde.

Seule la faute lourde était susceptible d'engager la responsabilité du salarié vis-à-vis de l'employeur et de rendre valable la reconnaissance de dette souscrite par lui.

Cass. soc. 12 avril 1995, n° 91-40.593, BC V n° 131. Voir aussi cass. soc. 23 septembre 1992, n° 89-43.035, 3e moyen, BC V n° 466 ; cass. soc. 2 juin 2017, n° 15-28.496, 2e moyen.

Bien que n'étant pas autorisé à conduire les véhicules confiés au garage dans lequel il travaillait, faute d'être titulaire du permis de conduire, un apprenti avait pris l'initiative de déplacer une automobile et avait heurté la voiture d'un autre client, occasionnant des dégâts aux deux véhicules. À la suite de cet incident qui s'était produit pendant la période d'essai du contrat d'apprentissage, l'employeur avait rompu le contrat. Le salarié avait toutefois été réintégré peu de temps après, l'intéressé et son père ayant conclu un accord avec l'employeur aux termes duquel il était prévu que le montant des dégâts occasionnés serait réglé par des prélèvements mensuels sur le salaire de l'apprenti. À l'issue de son contrat d'apprentissage, ce dernier avait saisi la juridiction prud'homale afin d'obtenir le remboursement des retenues pratiquées sur son salaire.

Doit être cassé le jugement qui, pour débouter l'apprenti de sa demande, a énoncé que la proposition de remboursement des dégâts causés par celui-ci résultait d'une démarche de son père, que l'employeur l'avait acceptée en réintégrant l'apprenti et que ce prélèvement s'analysant en une reconnaissance de dette indépendante d'une réclamation quelconque de l'employeur, la réclamation de l'apprenti ne pouvait être prise en compte, alors que la convention relative à la responsabilité personnelle du salarié envers son employeur ne peut produire effet, quels qu'en soient les termes, qu'en cas de faute lourde du salarié.

Cass. soc. 11 mars 1998, n° 97-41.920, BC V n° 135.

Sort des clauses de responsabilité

Toutes les clauses de responsabilité incluses dans le contrat de travail ne peuvent être appliquées que si le salarié a commis une faute lourde.

Un salarié disposant d'un véhicule de fonction entretenu et assuré à la charge de son employeur a démissionné ; contestant le solde de tout compte en ce qu'il déduisait le coût de la remise en état du véhicule de fonction, le salarié a saisi la juridiction prud'homale.

Pour débouter le salarié de sa demande, un conseil de prud'hommes a retenu qu'un avenant du contrat de travail stipulait que les frais éventuels générés par la franchise en cas d'accident responsable, le malus à partir de deux accidents responsables, ainsi que les frais de remise en état facturés par le concessionnaire lors de la restitution du véhicule en cas de démission ou de licenciement, étaient à la charge du salarié, que c'est en connaissance de cause que ce dernier avait signé ledit avenant, que la société avait respecté son engagement envers lui, qui n'apportait pas la preuve que son véhicule n'avait pas été abîmé.

En statuant ainsi, alors que l'employeur n'avait pas invoqué de faute lourde à l'encontre du salarié pour mettre en œuvre la clause litigieuse du contrat de travail, le conseil de prud'hommes a violé le principe selon lequel la responsabilité du salarié n'est engagée envers l'employeur qu'en cas de faute lourde et l'article L. 3251-1 CT.

Cass. soc. 2 mars 2011, n° 09-71.000.

La responsabilité pécuniaire d'un salarié à l'égard de son employeur ne peut résulter que de sa faute lourde.

Un salarié a saisi la formation des référés de la juridiction prud'homale pour qu'il soit ordonné à l'employeur de rembourser la somme de 750 € retenue lors de l'établissement de son solde de tout compte, en application d'une clause de son contrat de travail prévoyant qu'en cas d'accident responsable ou sans tiers identifié survenu avec le véhicule fourni par la société au salarié et assuré pour tout type de déplacement, y compris les week-ends et jours fériés, ce dernier « payera une franchise » de 250 €.

Doit être rejeté le moyen du pourvoi formé par l'employeur qui, pour reprocher à une cour d'appel d'avoir accueilli la demande du salarié, soutient qu'il avait versé aux débats les trois constats d'accident sans tiers identifié établis et remis par le salarié, ainsi que les factures de réparation y afférentes, dont les montants respectifs excédaient la retenue pratiquée.

En effet, après avoir constaté que l'employeur n'avait pas invoqué la faute lourde du salarié pour mettre en œuvre la clause litigieuse, la formation des référés du conseil de prud'hommes a pu accueillir la demande du salarié.

Cass. soc. 6 mai 2009, n° 07-44.485, BC V n° 126.

La clause d'une convention collective ou d'un règlement intérieur instituant une responsabilité de plein droit du salarié est nulle.

La responsabilité pécuniaire d'un salarié à l'égard de l'employeur ne peut résulter que de sa faute lourde. Ni la convention collective ni le règlement intérieur de l'entreprise ne peuvent instituer un cas de responsabilité pécuniaire de plein droit du salarié. L'employeur ne se prévalant pas d'une faute lourde, la responsabilité pécuniaire du salarié ne pouvait pas être engagée.

Cass. soc. 9 juin 1993, n° 89-41.477.

Même prévue par le contrat de travail, la retenue sur salaire pour le remboursement des contraventions afférentes à un véhicule professionnel mis au service du salarié est illégale.

Cass. soc. 11 janvier 2006, n° 03-43.587, BC V n° 7.

Faute lourde.

Responsabilité pénale des personnes morales

Le code pénal institue une responsabilité pénale des personnes morales. Il s'agit essentiellement des sociétés civiles ou commerciales, des associations ou des groupements qui sont dotés de la personnalité civile. Cette responsabilité est notamment étendue aux comités d'entreprise et aux comités d'hygiène et de sécurité.

Avant la loi 2004-204 du 9 mars 2004, la responsabilité pénale d'une personne morale ne pouvait être engagée que si le texte d'incrimination le prévoyait expressément.

Depuis le 1er janvier 2006, une personne morale peut voir sa responsabilité pénale engagée pour toute infraction commise pour son compte par ses organes ou représentants, sans que le texte d'incrimination le prévoie expressément (art. 121-2 c. pén.).

Conditions d'application

Aux termes de l'article 121-1 c. pén., nul n'est responsable que de son propre fait. Dès lors, une société absorbante ne peut être déclarée coupable des faits pour lesquels la société absorbée était poursuivie.

Des salariés avaient été blessés alors qu'ils assuraient la réception d'une livraison. La société qui les employait avait été poursuivie du chef de blessures involontaires.

Méconnaît le principe pénal selon lequel nul n'est responsable que de son propre fait la cour d'appel qui, pour déclarer la société absorbante coupable du délit de blessures involontaires, retient que la société employant les salariés à l'époque des faits, quoique radiée du registre du commerce à la suite d'une fusion-absorption, n'a pas été liquidée et n'a pas disparu, la société absorbante s'étant substituée à elle, avec transmission universelle de ses droits, biens et obligations, alors que l'absorption avait fait perdre son existence juridique à la société absorbée.

Cass. crim. 20 juin 2000, n° 99-86.742, B. crim. n° 237. Voir aussi cass. crim. 14 octobre 2003, n° 02-86.376, B. crim. n° 189.

La responsabilité pénale d'une personne morale est engagée s'il est établi qu'une infraction a été commise pour son compte et par ses organes ou représentants.

Pour déclarer une société coupable de blessures involontaires et d'infraction à la sécurité des travailleurs, à la suite d'un accident du travail subi par un salarié sous contrat de professionnalisation qui avait œuvré sur un chantier de cette entreprise, une cour d'appel a retenu qu'à défaut d'avoir dispensé une formation pratique et appropriée, la personne morale avait créé la situation ayant permis la réalisation du dommage ou n'avait pas pris les mesures permettant de l'éviter.

En statuant ainsi, sans mieux rechercher si les manquements relevés résultaient de l'abstention d'un des organes ou représentants de la société, et s'ils avaient été commis pour le compte de cette société, au sens de l'article 121-2 c. pén., la cour d'appel n'a pas justifié sa décision.

Cass. crim. 11 avril 2012, n° 10-86.974, B. crim. n° 94. Voir aussi cass. crim. 2 octobre 2012, n° 11-84.415, B. crim. n° 205 ; cass. crim. 6 mai 2014, n° 13-82.677, B. crim. n° 126 ; cass. crim. 6 septembre 2016, n° 14-85.205, 3e branche du moyen, B. crim n° 232.

À la suite de la rotation inopinée de la balancelle d'un télésiège, un salarié d'une société C a été blessé à la jambe alors qu'il participait, sur la plateforme d'un pylône, à une opération de dépose d'un câble pratiquée à l'aide d'une barre à mine par un chef d'équipe travaillant à ses côtés ; la société C a été poursuivie devant le tribunal correctionnel sur le fondement de l'article 222-19, al. 1er c. pén. ; la prévention a été déclarée établie par le tribunal.

Pour confirmer cette décision sur les appels de la société C et du ministère public, une cour d'appel, après avoir relevé qu'il résultait du plan particulier de sécurité et de protection de la santé que M. X, désigné par ce document comme conducteur de travaux et responsable de la sécurité sur le site, avait la qualité de représentant de la personne morale en cause, a retenu que le décâblage, qu'il avait lui-même ordonné, aurait dû être effectué avec un outil de levage de type palan avec crochet fermé ou « tirfor », et non à l'aide d'une barre à mine, que la décision d'interdire l'usage de cet outil, dont l'utilisation sur les chantiers de la société était fréquente en dépit de la mise à disposition du personnel d'un matériel adapté, pouvait être prise à tout instant par les responsables de la société et qu'en l'espèce, M. X, pourtant présent sur les lieux au moment de l'accident, ne s'était pas opposé au mode opératoire employé ; la cour en a déduit que de ce fait, qui avait été à l'origine de l'accident, la responsabilité pénale de la société C se trouvait engagée.

En l'état de ces motifs, la cour d'appel a caractérisé à la charge de la société poursuivie une faute d'imprudence et de négligence commise pour son compte par un de ses représentants, et ainsi justifié sa décision au regard des dispositions des articles 121-2 et 222-19 c. pén.

Cass. crim. 11 décembre 2012, n° 11-87.421, B. crim. n° 274.

Selon l'article 121-2 c. pén., les personnes morales, à l'exclusion de l'État, sont responsables pénalement des infractions commises, pour leur compte, par leurs organes ou représentants.

Lors de la construction d'un ensemble commercial sur le site d'un parc d'attraction, dont le maître d'ouvrage avait confié la réalisation à un groupement d'entreprises comprenant des sociétés A, B et C, un salarié de la société A, chargé de monter des tours d'étaiement autour de poteaux en construction, est décédé, et un ouvrier d'une société D a été blessé ; il est apparu que, le groupement d'entreprises ayant choisi une technique consistant à implanter des poteaux verticaux en béton armé, coulés sur place après ferraillage, avant de les relier par des poutres préfabriquées destinées à recevoir des dalles alvéolées préfabriquées constituant le plancher du niveau supérieur, l'accident avait été provoqué par l'effondrement d'un plancher en béton armé dont les étais avaient été retirés prématurément afin de rattraper un retard dû notamment aux intempéries ; à l'issue d'une information, des personnes morales ayant pris part à l'opération de construction, et, en particulier, les sociétés constituant le groupement qui avaient délégué leurs pouvoirs en matière d'hygiène et de sécurité au préposé de l'une d'elles, de même que plusieurs personnes physiques ayant œuvré sur le chantier, ont été renvoyées devant la juridiction correctionnelle des chefs d'homicide et blessures involontaires par maladresse, imprudence, inattention, négligence ou manquement à des obligations de sécurité visant la stabilité des ouvrages et le balisage du chantier ; le tribunal correctionnel ayant déclaré la prévention établie en particulier à l'égard des sociétés A et B, cette dernière société a relevé appel de la décision, de même que le ministère public.

Pour dire également la société appelante coupable d'homicide et de blessures involontaires, après avoir rappelé que, selon les premiers juges, les fautes commises par le subdélégataire de pouvoirs du groupement en matière d'hygiène et de sécurité fondaient la responsabilité de la société B, une cour d'appel a retenu que le défaut de conception de l'acte de construire imputable à la personne morale poursuivie, distinct du manquement aux règles d'hygiène et de sécurité, avait été en la circonstance à l'origine du manque de stabilité de l'ouvrage ayant provoqué l'accident.

En statuant ainsi, sans mieux s'expliquer sur le défaut de conception dénoncé ni préciser en quoi les infractions qu'elle retenait avaient été commises pour le compte de la société B, par un de ses organes ou représentants, la cour d'appel a méconnu l'article 121-2 c. pén.

Cass. crim. 22 janvier 2013, n° 12-80.022, B. crim. n° 24.

Selon l'article 121-2 c. pén., les personnes morales, à l'exception de l'État, sont responsables pénalement des infractions commises, pour leur compte, par leurs organes ou représentants.

Il s'en déduit que, lorsqu'ils constatent la matérialité d'une infraction non intentionnelle susceptible d'être imputée à une personne morale, il appartient aux juges d'identifier, au besoin en ordonnant un supplément d'information, celui des organes ou représentants de cette personne dont la faute, commise dans les conditions prévues au deuxième ou au troisième alinéa de l'article 121-3 c. pén., est à l'origine du dommage.

Il en va ainsi du représentant légal qui omet de veiller lui-même à la stricte et constante mise en œuvre des dispositions édictées par le code du travail et les règlements pris pour son application en vue d'assurer la sécurité des travailleurs, à moins que ne soit apportée la preuve qu'il a délégué ses pouvoirs à un préposé investi par lui et pourvu de la compétence, de l'autorité et des moyens nécessaires au respect des dispositions en vigueur.

Un salarié, agent de maintenance, a été mortellement blessé par suite de l'explosion d'une pompe d'extraction de pétrole qu'il tentait de remettre en marche ; selon les conclusions d'une expertise ordonnée par le procureur de la République, le système de freinage destiné à ralentir la rotation inverse de la pompe, qui aurait dû limiter la vitesse de cette rotation, n'a pas fonctionné correctement du fait d'un défaut de lubrification, imputable à une information insuffisante des opérateurs sur les règles de maintenance de l'équipement en cause.

Pour infirmer le jugement déclarant la société coupable d'homicide involontaire, une cour d'appel, après avoir relevé que le dysfonctionnement du système de freinage destiné à ralentir la rotation inverse de la pompe résultant d'un défaut de maintenance ancien et habituel et qu'ainsi la faute à l'origine de l'accident était établie, a retenu que celle-ci n'était pas le fait d'un organe ou d'un représentant de la société, motif pris, notamment, de ce que le dirigeant de cette dernière, qui n'avait consenti aucune délégation de ses pouvoirs en matière d'hygiène et de sécurité, n'avait pour autant commis personnellement aucune faute en relation causale avec l'accident, puisqu'il travaillait au siège social et n'intervenait pas sur le site pétrolifère.

En se déterminant ainsi, alors qu'il lui appartenait de rechercher si les carences qu'elle avait relevées dans la conception et l'organisation des règles de maintenance de l'équipement de travail sur lequel s'était produit l'accident ne procédaient pas, en l'absence de délégation de pouvoirs en matière de sécurité, d'une faute d'un organe de la société, et notamment de la violation des prescriptions des articles R. 4322-1 et R. 4323-1 CT s'imposant à l'employeur, qu'avait mentionnée l'inspection du travail, la cour d'appel n'a pas justifié sa décision au regard des articles 121-2 et 121-3 c. pén. et 593 c. proc. pén.

Cass. crim. 31 octobre 2017, n° 16-83.683, B. crim. n° 241.

Ces derniers doivent avoir eu personnellement connaissance des faits qui leur sont reprochés, ce qui caractérise l'élément intentionnel.

Il résulte de l'article 121-2 c. pén. que les personnes morales ne peuvent être déclarées pénalement responsables que s'il est établi qu'une infraction a été commise, pour leur compte, par leurs organes ou représentants.

Doit être cassé l'arrêt qui, pour déclarer une société anonyme coupable d'usage de fausses attestations établies contre un salarié, a retenu que celles-ci avaient été produites en justice par le directeur général qui représentait la société dans l'instance prud'homale introduite par le salarié et que, lorsqu'elle avait produit les attestations, la société ne pouvait ignorer qu'elles comportaient certaines affirmations inexactes, alors qu'il appartenait à la cour d'appel de rechercher si le directeur général de la société, organe de la personne morale, avait eu personnellement connaissance de l'inexactitude des faits relatés dans les attestations et si l'élément intentionnel du délit était caractérisé.

Cass. crim. 2 décembre 1997, n° 96-85.484, B. crim. n° 408. Voir aussi cass. crim. 21 mars 2000, n° 98-84.714, B. crim. n° 128, rappel dans une lettre de licenciement d'une sanction disciplinaire amnistiée.

Lorsque des poursuites sont dirigées contre la personne morale et contre son représentant légal, la désignation d'un mandataire de justice pour représenter la personne morale au cours des poursuites est facultative et laissée à l'initiative de son représentant légal.

Il résulte de l'article 706-43, al. 1er c. proc. pén. que, lorsque des poursuites sont exercées contre une personne morale et que l'action publique est également mise en mouvement, pour les mêmes faits ou pour des faits connexes, contre le représentant légal de celle-ci, la désignation d'un mandataire de justice pour représenter la personne morale au cours des poursuites est facultative et laissée à l'initiative de son représentant légal.

Cass. crim. 15 février 2005, n° 04-87.191, B. crim. n° 57.

Le délégataire de pouvoirs représente la personne morale au sens de l'article 121-2 c. pén., en matière d'hygiène et de sécurité.

Une cour d'appel, qui a relevé que le prévenu, ayant reçu une délégation de pouvoirs régulière en matière de sécurité du président du conseil d'administration de la société, devait être considéré comme le représentant de cette personne morale au sens de l'article 121-2 c. pén., a pu en déduire que l'intéressé avait engagé la responsabilité pénale de cette personne morale en commettant l'infraction de blessures involontaires pour le compte de celle-ci.

Cass. crim. 14 décembre 1999, n° 99-80.104, B. crim. n° 306.

La relaxe devenue définitive du représentant légal d'une personne morale attrait devant la juridiction correctionnelle en son nom personnel ne peut mettre obstacle à ce que, conformément à l'article 706-43 c. proc. pén., il soit appelé à représenter ultérieurement celle-ci dans les poursuites engagées contre elle à raison des mêmes faits.

Par ailleurs, le salarié d'une société, titulaire d'une délégation de pouvoirs en matière d'hygiène et de sécurité, est un représentant de la personne morale au sens de l'article 121-2 c. pén. Il engage donc la responsabilité pénale de celle-ci en cas d'atteinte involontaire à la vie ou à l'intégrité physique trouvant sa cause dans un manquement aux règles qu'il était tenu de faire respecter en vertu de sa délégation.

Cass. crim. 30 mai 2000, n° 99-84.212, B. crim. n° 206. Voir aussi cass. crim. 25 mars 2014, n° 13-80.376, B. crim. n° 94.

En cas d'accident du travail, les infractions en matière d'hygiène et de sécurité des travailleurs commises par le délégataire de pouvoirs désigné par chacune des sociétés constituant un groupement d'entreprises à l'occasion de l'attribution d'un marché engagent la responsabilité pénale de la seule personne morale, membre du groupement, qui est l'employeur de la victime…

Cass. crim. 13 octobre 2009, n° 09-80.857, B. crim. n° 169.

… ou, en cas de recours à une main-d'œuvre intérimaire, de la personne morale ayant la qualité d'entreprise utilisatrice au sens des dispositions du code du travail relatives au travail temporaire.

Cass. crim. 23 novembre 2010, n° 09-85.115, B. crim. n° 186.

La responsabilité pénale d'une personne morale peut être retenue, même lorsque la responsabilité de la personne physique qui la représente n'a pas pu l'être.

Il résulte des articles 121-2, 121-3 et 222-19 c. pén., tant dans leur rédaction antérieure à la loi du 10 juillet 2000 que dans celle issue de cette loi, que les personnes morales sont responsables pénalement de toute faute non intentionnelle de leurs organes ou représentants ayant entraîné une atteinte à l'intégrité physique constitutive du délit de blessures involontaires, alors même qu'en l'absence de faute délibérée ou caractérisée au sens de l'article 121-3, al. 4, nouveau, la responsabilité pénale des personnes physiques ne pourrait être recherchée.

Un salarié avait été grièvement blessé après être tombé d'une échelle.

C'est à bon droit qu'une cour d'appel a retenu la culpabilité du contremaître, au motif qu'il avait seul décidé, sans en référer à sa hiérarchie, d'avoir recours à un procédé de fortune pour la réalisation de l'intervention qu'il avait pris l'initiative de confier à la victime, dès lors que, dans l'impossibilité d'utiliser un harnais de sécurité, il avait le devoir d'utiliser la nacelle élévatrice à sa disposition dans l'entreprise.

Est justifiée la relaxe du responsable du service entretien et du directeur d'usine qui n'ont commis aucune faute délibérée ou caractérisée au sens de l'article 121-3, al. 4 c. pén. dans sa rédaction issue de la loi du 10 juillet 2000, immédiatement applicable.

En revanche, c'est à tort qu'après avoir relevé des éléments de fait caractérisant un manquement aux prescriptions du décret 65-48 du 8 janvier 1965, la cour d'appel a prononcé la relaxe de la société, sans rechercher si, au-delà de la faute de négligence retenue à l'encontre du contremaître définitivement condamné, ce manquement n'était pas dû, pour partie, à un défaut de surveillance ou d'organisation du travail imputable au chef d'établissement ou, le cas échéant, à son délégataire en matière de sécurité et susceptible, nonobstant l'absence de faute délibérée ou caractérisée, d'engager la responsabilité pénale de la société.

Cass. crim. 24 octobre 2000, n° 00-80.378, B. crim. n° 308.

Un salarié a été victime d'un accident mortel du travail alors qu'il déplaçait des poutrelles métalliques à l'aide d'un pont roulant ; la personne morale et son gérant ont été cités directement devant le tribunal correctionnel, par le procureur de la République pour homicide involontaire, par manquement aux dispositions de l'article R. 2[3]3-13-19 CT relative à la formation à la sécurité ; ils ont également été cités par les parties civiles des chefs d'homicide involontaire, infraction aux règles relatives à la stabilité des équipements de travail, infraction aux règles de sécurité relatives à l'environnement de travail.

Pour déclarer la société et son gérant coupables d'omission de prendre des mesures nécessaires et d'aménager les lieux de travail de manière à assurer la sécurité des travailleurs, et la société coupable, en outre, d'homicide involontaire, après avoir confirmé le jugement ayant relaxé le gérant de ce chef, une cour d'appel a retenu notamment que l'accident avait eu lieu en raison du danger constitué par les traverses de stockage se trouvant sur le chemin de l'opérateur du pont roulant électrique et que les paquets de fer empilés les uns sur les autres lui masquaient la vue de la charge.

En statuant ainsi, la cour d'appel a justifié sa décision au regard des articles 121-2 et 121-3 c. pén. selon lesquelles les personnes morales sont responsables pénalement de toute faute non intentionnelle de leurs organes ou représentants ayant entraîné une atteinte à l'intégrité physique, même en l'absence de faute délibérée ou caractérisée de la personne physique.

Cass. crim. 28 avril 2009, n° 08-83.843, 1er moyen, B. crim. n° 80.

Cas d'application

Engage sa responsabilité pénale pour homicide involontaire la société dont le président ou son délégataire n'a pas accompli, en matière de sécurité, toutes les diligences normales pour faire respecter les prescriptions qui s'imposaient à elle en ce domaine.

Pour déclarer coupable d'homicide involontaire une société à qui avait été confié un chantier sur lequel un salarié intérimaire avait fait une chute mortelle, une cour d'appel retient qu'il lui appartenait, en sa qualité d'entrepreneur principal, d'organiser la sécurité du chantier en veillant, notamment, à ce que soit mis en place sur la terrasse un dispositif de protection collective adapté qui eût empêché la chute de la victime et ajoute que le treuil utilisé par le salarié présentait un défaut de conception qui avait obligé celui-ci à se pencher au-dessus du vide pour saisir la corde qui y était engagée.

En l'état de ces motifs, d'où il résulte que le président de la société ou son délégataire en matière de sécurité n'a pas accompli toutes les diligences normales pour faire respecter les prescriptions qui s'imposaient à la personne morale en ce domaine, la cour d'appel a caractérisé une faute d'imprudence ou de négligence engageant la responsabilité de celle-ci et ainsi justifié sa décision au regard des articles 121-2 et 121-3, al. 3 c. pén.

Cass. crim. 1er décembre 1998, n° 97-80.560, B. crim. 325. Voir aussi cass. crim. 13 mars 2001, n° 99-86.256 ; cass. crim. 14 mars 2006, n° 05-82.732.

C'est à bon droit que, pour déclarer une société de production coupable d'homicide involontaire à la suite d'un accident ayant entraîné la mort d'un cameraman lors d'une cascade sur le tournage d'un film, une cour d'appel a relevé, notamment, qu'en soumettant les personnes participant au tournage à une forte pression, qu'en refusant pour des raisons financières les essais proposés par le dirigeant de la société chargée d'organiser la cascade, qu'en manquant aux obligations relatives à la sécurité du travail du fait de l'absence de dispositions précises de coordination générale des mesures de prévention, de discussion préalable en matière de sécurité avec les entreprises intervenantes et de documents écrits sur la prévention des risques, les représentants de cette société, agissant pour le compte de celle-ci, ont commis des fautes ayant concouru au décès du cameraman.

Cass. crim. 11 mai 2010, n° 09-86.045, 3e moyen du pourvoi de la société.

Les dispositions de l'article 121-2, al. 2 c. pén. sont applicables à une commune, poursuivie comme entreprise utilisatrice, ayant commis une infraction dans l'exercice de son activité d'exploitante d'un théâtre municipal.

Par un marché conclu avec une société de travaux électriques, une commune a chargé celle-ci de procéder à la mise en conformité de l'installation électrique du théâtre municipal. Durant l'exécution des travaux, un salarié de la société a fait une chute mortelle de 10 mètres, l'accident s'étant produit alors qu'il intervenait sur un boîtier de dérivation électrique situé sous le plafond. À la suite de cet accident, la commune et la société ont été citées devant le tribunal correctionnel du chef d'homicide involontaire. Il leur était notamment reproché, au titre de la faute constitutive du délit, de ne pas avoir établi, en leurs qualités respectives d'entreprise utilisatrice et d'entreprise extérieure au sens de l'article R. 237-1 CT, le plan de prévention imposé par l'article R. 237-8 CT.

Pour écarter l'argumentation, de la commune et de la compagnie d'assurances - intervenue à l'instance - qui soutenaient que la responsabilité pénale de la première ne pouvait être engagée au motif que l'accident était survenu dans l'exercice d'une activité insusceptible de faire l'objet d'une convention de délégation de service public, la cour d'appel a notamment énoncé qu'aux termes de l'article 121-2 c. pén., les collectivités territoriales ne sont pénalement responsables que des infractions commises dans l'exercice d'activités susceptibles de faire l'objet de conventions de délégation de service public, que contrairement à ce que soutenait la défense, l'application de cette disposition devait être examinée in abstracto et non in concreto, qu'il n'y avait donc pas lieu de s'interroger sur le détail des clauses du marché passé entre la commune et l'entreprise, notamment sur les modalités du paiement, qu'il suffisait de constater que l'activité en cause, à savoir la maintenance électrique sur les bâtiments publics, était, par nature, susceptible de faire l'objet d'une délégation de service public, que les services techniques de la commune répondaient à la définition de « l'entreprise utilisatrice » au sens des articles R. 237-1 et s. CT et qu'il incombait aux responsables communaux de veiller à l'établissement du plan de sécurité.

En l'état de ces motifs et dès lors qu'il était reproché à la commune, poursuivie comme entreprise utilisatrice, d'avoir commis une infraction dans l'exercice de son activité d'exploitante du théâtre municipal, la cour d'appel a justifié sa décision au regard des dispositions de l'article 121-2, al. 2 c. pén. En effet, en vertu de ces dispositions, qui satisfont aux exigences de l'article 7 de la Convention européenne des droits de l'homme, est susceptible de faire l'objet d'une convention de délégation de service public toute activité ayant pour objet la gestion d'un tel service lorsque, au regard de la nature de celui-ci et en l'absence de dispositions légales ou réglementaires contraires, elle peut être confiée par la collectivité territoriale à un délégataire public ou privé rémunéré, pour une part substantielle, en fonction des résultats de l'exploitation ; tel est le cas de l'activité ayant pour objet l'exploitation d'un théâtre. Il s'ensuit que les moyens qui soutiennent que la convention par laquelle les travaux concernés avaient été confiés à une entreprise extérieure était un marché public doivent être écartés.

Cass. crim. 3 avril 2002, n° 01-83.160, B. crim. n° 77.

Une société peut voir sa responsabilité pénale engagée en cas de discrimination syndicale.

Pour confirmer les dispositions d'un jugement ayant déclaré une société coupable du délit de discrimination syndicale, prévu et réprimé par les articles 225-1 et 225-2 c. pén., une cour d'appel a retenu qu'une salariée, déléguée syndicale, avait fait l'objet d'une première mise à pied, qui avait été annulée par un conseil de prud'hommes, puis d'une autre mise à pied conservatoire, préalable à un licenciement, qui avait également été annulée peu de temps après sa mise en œuvre. Les juges ont ajouté que ces mesures, en lien avec le mandat électif de la salariée, constituaient des sanctions au sens de l'article 225-2 c. pén. et qu'elles avaient été prises par les dirigeants de la société et au nom de celle-ci.

En se prononçant ainsi, dès lors qu'avait été constatée l'existence de sanctions discriminatoires effectives prises à l'encontre de la salariée et que ces sanctions avaient été décidées par les représentants de la société et en son nom, la cour d'appel a légalement justifié sa décision.

Cass. crim. 23 novembre 2004, n° 03-84.389.

Une société engage sa responsabilité si elle a recours aux services d'une entreprise clandestine.

Une société a eu recours, pour l'exécution des travaux qui lui étaient confiés, aux services d'un carreleur employant plusieurs salariés, sans avoir accompli l'une quelconque des obligations prévues par l'article L. 324-10 CT. À la suite de ces faits, le ministère public a fait citer devant le tribunal correctionnel cette société et son directeur général pour infraction à l'article L. 324-9, al. 2 CT.

Pour les déclarer coupables de recours aux services d'un entrepreneur clandestin, les juges ont énoncé que le directeur général chargé, par délégation, de l'administration de la société ne pouvait ignorer le caractère clandestin de l'entreprise du carreleur, ont relevé notamment que le prévenu avait recruté lui-même l'un des salariés employés par cette entreprise, que la participation du carreleur à l'exécution des travaux avait été organisée, en connaissance de sa situation, par l'administrateur de la société, lequel se trouvait placé sous l'étroite surveillance de son père, directeur général, ont retenu encore que ce dernier savait, en raison de son expérience, que la société qu'il dirigeait était dans l'incapacité de terminer dans les délais contractuels les chantiers importants qu'elle avait en charge sans l'aide d'un sous-traitant irrégulier.

En l'état de ces motifs, d'où il résulte que le directeur général, organe de la société, a eu sciemment recours, pour le compte de cette société, aux services d'un entrepreneur clandestin, la cour d'appel a justifié sa décision.

Cass. crim. 7 juillet 1998, n° 97-81.273, B. crim. n° 216.

Une société est responsable pénalement des infractions qui sont à l'origine d'un accident du travail.

Un intérimaire, mis à la disposition d'une société A, et l'un des salariés de cette dernière ont été victimes d'un accident du travail alors qu'ils étaient employés dans les locaux de l'usine d'une société B, après avoir mis à nu un câble haute tension en perçant une dalle de béton.

Après avoir relevé plusieurs erreurs et dysfonctionnements ayant contribué à créer le dommage, une cour d'appel a retenu que le risque inhérent à la présence de la ligne électrique n'avait pas été pris en compte dans le plan de prévention et que l'obligation d'établir un plan de prévention des risques incombait conjointement aux deux chefs d'entreprise ou à leurs délégataires.

En l'état de ces motifs, d'où il résultait que le président de la société A, entreprise extérieure, ou son délégataire en matière de sécurité n'avait pas accompli toutes les diligences normales pour faire respecter les prescriptions qui s'imposaient à la personne morale en ce domaine, la cour d'appel a pu caractériser une faute d'imprudence ou de négligence engageant la responsabilité de celle-ci.

Cass. crim. 9 novembre 2004, n° 03-87.677.

Aucune disposition légale ou réglementaire ne prévoit expressément la responsabilité pénale des personnes morales en cas d'infraction aux prescriptions relatives à l'ordre des licenciements.

Pour déclarer irrecevable l'action de la partie civile qui avait fait citer une société devant le tribunal de police sur le fondement des articles L. 321-1-1 et R. 362-1-1 CT pour infraction aux prescriptions relatives à l'ordre des licenciements, une cour d'appel retient que ni les textes précités ni aucune autre disposition légale ou réglementaire ne prévoient expressément que la responsabilité pénale des personnes morales puisse être engagée à raison de cette contravention. En statuant ainsi, les juges du second degré ont fait l'exacte application des articles 111-4 et 121-2 c. pén.

Cass. crim. 18 avril 2000, n° 99-85.183, B. crim. n° 153.

Délégation de pouvoirs ; Délit d'entrave ; Hygiène et sécurité.

Responsabilité pénale des personnes physiques

L'employeur, en tant que détenteur du pouvoir de direction et d'autorité dans l'entreprise, est responsable des infractions commises en son sein, sauf en cas de délégation de pouvoirs.

Les principes applicables en droit pénal doivent être respectés

En vertu du principe de légalité des délits et des peines, l'infraction commise par la personne responsable doit être prévue par la loi.

L'article L. 153-2 CT ne réprimant que les manquements de l'employeur aux obligations prévues par les articles L. 132-27 et 28 CT relatifs à la procédure d'ouverture de la négociation annuelle obligatoire, c'est à tort qu'une cour d'appel a énoncé que si « des réunions avaient été tenues, l'attitude passive, voire systématiquement opposante de la direction, devait être sanctionnée, dans la mesure où elle n'avait permis aucune discussion de fond et démontrait la volonté de l'employeur de se soustraire à l'application loyale du texte », alors qu'un tel comportement au cours des réunions n'était pas sanctionné par l'article L. 153-2 CT.

Cass. crim. 4 octobre 1989, n° 88-86.163, B. crim. n° 341.

Le juge ne peut prononcer une peine différente de celle prévue par la loi.

Sachant qu'aucune peine autre que celle appliquée par la loi à la nature de l'infraction ne peut être prononcée, c'est à tort qu'une cour d'appel a prononcé, en l'absence de récidive, une peine d'emprisonnement à l'encontre d'un président de directoire, responsable de la sécurité dans l'entreprise, alors que la peine de prison était prévue dans le seul cas de récidive.

Cass. crim. 8 février 1994, n° 92-81.058, 1er moyen. Voir aussi cass. crim. 16 janvier 2001, n° 00-84.008, s'agissant de la publication dans des journaux d'une décision judiciaire relative à une infraction au repos dominical.

Seule une faute personnelle du prévenu permet d'engager sa responsabilité pénale.

Le prévenu, ayant acheté une machine en Belgique sans exiger la remise d'une notice d'utilisation et sans vérifier la conformité de cette machine à la réglementation française, a pu valablement être déclaré coupable du délit de blessures involontaires à la suite d'un accident survenu à un salarié utilisateur de cette machine et d'infractions à la réglementation du travail en matière de sécurité. La responsabilité de l'intéressé a pu être retenue, une faute personnelle en relation de causalité avec les blessures lui étant imputable.

Cass. crim. 25 février 1997, n° 96-80.569. Voir aussi cass. crim. 11 juin 1996, n° 95-85.884, 2e moyen.

La personne responsable est celle qui a commis l'infraction

C'est l'auteur matériel de l'infraction qui est poursuivi.

Doit être cassé l'arrêt déclarant le directeur d'une société « E » coupable du délit de blessures involontaires, alors qu'il ressort des énonciations de la cour d'appel que le chef de l'entreprise « F » était seul tenu aux obligations d'entretien, de réparation et de remplacement du gros matériel, en vertu tant du contrat liant les parties que des dispositions du décret du 10 juillet 1913 modifié relatif aux mesures de sécurité concernant les appareils élévateurs, et que ce dirigeant n'avait pas procédé au remplacement du monte-charge, malgré l'avis d'un organisme de sécurité préconisant cette mesure, dont il avait été le seul destinataire.

Cass. crim. 5 mars 1997, n° 95-82.532, B. crim. n° 89. Voir aussi cass. crim. 19 décembre 1995, n° 94-84.644, 1er et 2e moyens réunis.

Mais lorsqu'un salarié fait l'objet de poursuites pénales en raison d'un contentieux lié à l'exercice de ses fonctions, l'employeur doit prendre en charge les frais exposés par le salarié pour sa défense.

Selon l'article 1135 c. civ., les conventions obligent non seulement à ce qui y est exprimé, mais encore à toutes les suites que l'équité, l'usage ou la loi donnent à l'obligation d'après sa nature. Un agent producteur salarié pour une compagnie d'assurances a été mis en examen pour faux en écritures, après le dépôt de plainte d'un client auquel la compagnie avait refusé la prise en charge d'un sinistre, et a bénéficié d'une décision de non-lieu. Son employeur ayant refusé de l'assister et de prendre en charge les frais exposés pour sa défense dans cette procédure pénale, il a saisi le conseil de prud'hommes qui lui a alloué une certaine somme à titre de dommages-intérêts, comprenant le remboursement des frais qu'il avait engagés pour la procédure pénale.

Pour infirmer cette décision et débouter le salarié de ses demandes, une cour d'appel a énoncé que la responsabilité pénale était une responsabilité personnelle et que la société s'était tenue informée du déroulement de la procédure dont elle ne pouvait aucunement avoir la maîtrise et avait soutenu moralement le salarié, l'assurant par ailleurs de sa confiance en le maintenant dans ses fonctions. Elle a ajouté qu'il n'était justifié d'aucune obligation légale ou découlant du contrat de travail à la charge de l'employeur de fournir aide et assistance à son salarié en cas de poursuites pénales exercées à son encontre, même pour des faits commis dans le cadre de ses fonctions, et par conséquent d'un manquement de la société à ses devoirs de loyauté et de coopération associés à l'exigence de bonne foi et qu'au surplus, le salarié disposait d'un recours pour dénonciation calomnieuse contre l'auteur de la plainte.

En statuant ainsi, alors qu'investi par la loi du pouvoir de direction et de contrôle des salariés placés sous sa subordination juridique, l'employeur est tenu de garantir ceux-ci à raison des actes ou faits qu'ils passent ou accomplissent en exécution du contrat de travail et alors qu'il résultait de ses constatations que le salarié avait dû assurer sa défense à un contentieux pénal dont l'objet était lié à l'exercice de ses fonctions, la cour d'appel a violé les articles 1135 c. civ. et L. 121-1 CT.

Cass. soc. 18 octobre 2006, n° 04-48.612, BC V n° 307. Voir aussi cass. soc. 5 juillet 2017, n° 15-13.702, BC V n° 113.

Le chef d'entreprise qui a personnellement participé à la réalisation d'une infraction pénale ne peut s'exonérer de sa responsabilité pénale en invoquant une délégation de ses pouvoirs.

Dans le cadre d'une réorganisation d'une partie de ses activités, la société « G », devenue société « V », avait conclu, en 1998, un « accord-cadre sur la réduction, l'aménagement et l'organisation du temps de travail et sur l'emploi ». En méconnaissance des dispositions des articles L. 431-5 et L. 432-1 CT, le comité central d'entreprise n'avait pas été consulté avant la signature de cet accord collectif.

Doit être approuvé l'arrêt qui, pour dire que les éléments constitutifs du délit d'entrave au fonctionnement du comité central d'entreprise étaient établis à l'encontre du dirigeant d'entreprise, a relevé, d'une part, que celui-ci n'avait délégué, de façon permanente, ni son rôle de chef d'entreprise ni sa fonction de président du comité central d'entreprise et, d'autre part, qu'il avait volontairement pris la décision de ne pas consulter ledit comité préalablement à la signature de l'accord.

Cass. crim. 20 mai 2003, n° 02-84.307, 1er moyen, B. crim. n° 101.

Des infractions à la législation sur la durée du travail peuvent être imputées à un président de conseil d'administration avant même la date de sa désignation à ces fonctions, dans la mesure où il exerçait, avant cette nomination, des fonctions de direction le rendant responsable de la méconnaissance des dispositions relatives à la durée du travail.

Pour déclarer les infractions à la législation sur la durée du travail imputables au président de la banque, pendant la période de juin à septembre 1987, la cour d'appel a relevé que celui-ci, nommé directeur général à compter du 1er décembre 1982, était devenu vice-président du conseil d'administration en 1986 et président le 22 juillet 1987. Elle a ajouté qu'en juin 1987, il dirigeait l'établissement de Paris et que, lors d'une réunion du comité d'établissement, le 15 juin 1987, il était intervenu pour informer les agents du service incendie des solutions susceptibles d'être apportées par la direction à leurs revendications, à la suite de la plainte déposée par certains d'entre eux. En l'état de ces énonciations, dont elle a déduit que l'intéressé exerçait, avant même le 22 juillet 1987, des fonctions de direction le rendant responsable de la méconnaissance des dispositions relatives à la durée du travail, la cour d'appel a justifié sa décision.

Cass. crim. 5 mars 1997, n° 95-83.492, 2e et 3e moyens, B. crim. n° 84.

Plusieurs personnes peuvent être déclarées responsables.

À la suite de l'éboulement d'une tranchée non étayée ou blindée dans laquelle il posait des tuyaux, un ouvrier est décédé. Le gérant de la société et son père, ancien gérant, employé en qualité de directeur technique, ont été poursuivis pour homicide involontaire.

Pour retenir l'ancien gérant aux côtés de son fils dans les liens de la prévention, les juges ont énoncé que disposant de l'autorité et des moyens nécessaires pour embaucher et affecter les salariés et pour assurer la sécurité des chantiers, il exerçait, au sein de la société, les pouvoirs d'un cogérant, ont précisé que, s'étant lui-même préoccupé de la sécurité du chantier au cours duquel est survenu l'accident mortel, il avait décidé de laisser au dépôt le matériel de blindage dont l'installation était pourtant prescrite par décret du 8 janvier 1965.

En l'état de ces motifs d'où il résultait que le père était gérant de fait de la société et qu'il avait commis une faute délibérée au sens de l'article 121-3, al. 4 c. pén. dans sa rédaction issue de la loi 2000-647 du 10 juillet 2000, les juges ont justifié leur décision. En effet, contrairement à ce qui est soutenu au moyen, les gérants de droit ou de fait d'une même société peuvent être simultanément déclarés coupables d'homicide involontaire en cas de décès d'un salarié causé par un manquement à la réglementation relative à la sécurité des travailleurs, dès lors qu'en l'absence de délégation de pouvoirs, chacun des cogérants, de droit ou de fait, a le devoir d'assurer le respect de cette réglementation.

Cass. crim. 12 septembre 2000, n° 99-88.011, 1er moyen, B. crim. n° 268.

La relaxe de la personne morale poursuivie au titre d'une infraction n'a pas d'incidence sur la responsabilité pénale de la personne physique auteur ou complice des mêmes faits.

Pour déclarer un prévenu, responsable d'une société, coupable de travail dissimulé et de défaut d'inscription au registre des transporteurs, une cour d'appel a, d'une part, énoncé que le jugement de relaxe définitif de cette société, également poursuivie, ne faisait pas obstacle à ce que la responsabilité pénale de la personne physique, auteur ou complice des mêmes faits, soit engagée et, d'autre part, relevé que le prévenu avait exercé une activité réelle et permanente de transport routier de marchandises sans avoir requis l'immatriculation, au registre du commerce et des sociétés, de l'entreprise qu'il dirigeait et sans avoir fait inscrire celle-ci au registre des transporteurs tenu à la préfecture.

En l'état de ces énonciations, la cour d'appel, qui n'était pas liée par la relaxe définitive prononcée à l'égard de la personne morale, a caractérisé dans tous ses éléments constitutifs le délit de travail dissimulé et a pu condamner le prévenu à une amende.

Cass. crim. 26 octobre 2004, n° 03-86.970, B. crim. n° 254.

Il peut s'agir d'infractions au code du travail…

• Les entraves au fonctionnement régulier des organes de représentation du personnel au sein de l'entreprise sont pénalement sanctionnées

Engage sa responsabilité pénale pour entrave au fonctionnement régulier du comité d'entreprise le gérant d'une société qui, d'une part, a désigné des salariés qui n'avaient ni qualité ni pouvoir pour informer et consulter cet organisme, d'autre part, a omis de le consulter sur les orientations de la formation professionnelle et qui a engagé, à plusieurs reprises, des procédures de licenciement à l'encontre de ses membres en l'absence d'autorisation de l'inspecteur du travail.

Cass. crim. 20 février 1996, n° 94-85.863, 1er moyen, B. crim. n° 81. Voir aussi cass. crim. 15 février 1994, n° 92-84.088, B. crim. n° 68, entrave à l'exercice du droit syndical ; cass. crim. 27 novembre 2001, n° 00-86.527.

• Il en est de même des infractions commises lors de l'emploi de travailleurs étrangers…

Les dispositions de l'article L. 341-6 CT, interdisant de conserver à son service ou d'employer pour quelque durée que ce soit un étranger non muni du titre l'autorisant à exercer une activité salariée en France, obligent l'employeur à s'informer de la nationalité du salarié embauché et à vérifier, dans l'hypothèse où il s'agit d'un travailleur étranger, que celui-ci est muni d'une autorisation de travail. En l'espèce, le prévenu disposant seul du pouvoir de direction, il lui appartenait de procéder à ces vérifications et, en leur absence, il était coupable d'avoir employé des étrangers démunis des titres nécessaires.

Cass. crim. 29 mars 1994, n° 93-82.178, 2e moyen, B. crim. n° 121. Voir aussi cass. crim. 14 mai 1996, n° 94-85.616 ; cass. soc. 15 juillet 1998, n° 96-40.631, BC V n° 383.

• … ou des infractions relatives à la réglementation du travail

Le dirigeant d'une entreprise de transport peut valablement être déclaré coupable d'avoir laissé ses préposés utiliser un contrôlographe dont le stylet d'enregistrement était défectueux et de n'avoir pris aucune disposition pour en assurer le fonctionnement régulier.

Cass. crim. 13 février 1996, n° 94-84.765, 2e moyen, B. crim. n° 75. Voir aussi cass. crim. 13 février 2001, n° 00-84.204.

• **S'agissant d'infractions à la réglementation sur la sécurité du travail, voir ci-après.**

... et/ou d'infractions au code pénal...

• **Délit non intentionnel**

En cas d'imprudence, de négligence ou de manquement à une obligation de prudence ou de sécurité prévue par la loi ou le règlement, l'article 121-3 c. pén., issu de la loi du 10 juillet 2000, prévoit que la responsabilité pénale peut être engagée dans cette hypothèse s'il est établi que l'auteur des faits n'a pas accompli les diligences normales, compte tenu de la nature de ses missions ou de ses fonctions, de ses compétences, ainsi que du pouvoir et des moyens dont il disposait.

Lorsque le lien de causalité entre la faute d'imprudence ou de négligence et le dommage est indirect, la responsabilité des personnes physiques ayant créé ou contribué à créer la situation qui a permis la réalisation du dommage ou qui n'ont pas pris les mesures permettant de l'éviter ne peut être engagée que s'il est établi qu'elles ont :soit violé de façon manifestement délibérée une obligation particulière de prudence ou de sécurité prévue par la loi ou le règlement...

À la suite de l'éboulement d'une tranchée non étayée dans laquelle il posait des tuyaux, un ouvrier est décédé. Le gérant de la société et son père, ancien gérant, employé en qualité de directeur technique, ont été poursuivis pour homicide involontaire.

Pour retenir l'ancien gérant aux côtés de son fils dans les liens de la prévention, les juges ont énoncé que disposant de l'autorité et des moyens nécessaires pour embaucher et affecter les salariés et pour assurer la sécurité des chantiers, il exerçait au sein de la société les pouvoirs d'un cogérant, ont précisé que, s'étant lui-même préoccupé de la sécurité du chantier au cours duquel est survenu l'accident mortel, il avait décidé de laisser au dépôt le matériel de blindage dont l'installation était pourtant prescrite par décret du 8 janvier 1965.

En l'état de ces motifs, c'est à bon droit que la cour d'appel a décidé que le père était gérant de fait de la société et qu'il avait commis une faute délibérée au sens de l'article 121-3, al. 4 c. pén. dans sa rédaction issue de la loi 2000-647 du 10 juillet 2000.

Cass. crim. 12 septembre 2000, n° 99-88.011, 1er moyen, B. crim. n° 268.

Une cour d'appel a pu caractériser une faute délibérée au sens de l'article 121-3 c. pén. à l'encontre du responsable d'un établissement assurant la livraison de matériaux sur des chantiers au motif que ce dernier avait méconnu les prescriptions du décret du 8 janvier 1965, manquement qui avait concouru à la réalisation du dommage. En effet, pour déclarer le responsable de l'établissement coupable de blessures involontaires et d'infractions aux règles de sécurité du travail à la suite d'un accident du travail dont avait été victime un salarié qui déchargeait des tuiles sur un chantier, la cour d'appel a retenu que le décret était applicable en l'espèce et que le responsable d'une entreprise de négoce, responsable de la sécurité de ses salariés pendant les livraisons qu'ils effectuent, ne justifiait pas d'avoir informé le salarié ni des dispositions particulières à respecter pour cette livraison (présence de lignes électriques que le matériel de déchargement était susceptible d'atteindre) ni de son obligation de se soumettre, lors de la livraison, aux consignes de sécurité en vigueur sur place.

Cass. crim. 24 octobre 2000, n° 00-80.170.

... - soit commis une faute caractérisée et qui exposait autrui à un risque d'une particulière gravité, qu'elles ne pouvaient ignorer.

A justifié sa décision la cour d'appel qui a condamné le président d'une entreprise pour homicide involontaire par inobservation des règlements, pour n'avoir pas établi par écrit un plan de prévention avec le responsable d'une société extérieure avant l'exécution des travaux. En effet, il résulte des constatations de la cour d'appel que l'établissement d'un plan de sécurité aurait permis d'éviter l'accident et qu'en ne faisant pas établir ce plan, le prévenu a commis une faute caractérisée au sens des dispositions de l'article 121-3, al. 4 c. pén. dans leur rédaction issue de la loi du 10 juillet 2000.

Cass. crim. 10 octobre 2000, n° 99-87.280. Voir aussi cass. crim. 24 avril 2001, n° 00-85.911 ; cass. crim. 15 janvier 2002, n° 00-87.763.

Un salarié employé par un sous-traitant d'une société travaillait sur un navire appartenant à une troisième société lorsqu'il a fait une chute mortelle. Le délégataire de pouvoirs en matière de sécurité de la société donneuse d'ouvrage et le gérant de la société sous-traitante ont été poursuivis devant le tribunal correctionnel pour homicide involontaire.

D'une part, est justifiée la décision de la cour d'appel au regard de l'article 121-3 c. pén., dans sa rédaction issue de la loi du 10 juillet 2000, déclarant le gérant de la société sous-traitante coupable d'homicide involontaire et d'infractions à l'arrêté du 21 septembre 1982 fixant les mesures de sécurité relatives à l'exécution des travaux en hauteur sur les chantiers de construction et de réparation navales aux motifs que la victime n'était équipée d'aucun dispositif individuel de protection contre les chutes - alors que la configuration des lieux ne rendait pas impossible l'installation d'un tel dispositif -, que l'employeur ne pouvait ignorer que le plancher était instable et qu'il aurait dû prendre toutes mesures pour éviter tout basculement intempestif et que ces manquements étaient à l'origine de l'accident.

Il résultait, en effet, de ces constatations que le prévenu n'avait pas pris toutes les mesures permettant d'éviter le dommage et avait ainsi commis une faute caractérisée exposant autrui à un risque d'une particulière gravité qu'il ne pouvait ignorer.

D'autre part, c'est à bon droit que la cour d'appel a déclaré le délégataire de pouvoirs en matière de sécurité de la société donneuse d'ouvrage également coupable d'homicide involontaire, dès lors que du fait de l'inobservation des prescriptions du décret du 29 novembre 1977, la victime avait travaillé sur des installations montées par les salariés de cette société sans être informée des risques particuliers d'accident que ces installations comportaient et des mesures de prévention qui devaient être mises en œuvre.

En effet, lorsque des travaux sont effectués dans un établissement par une entreprise extérieure, l'obligation d'établir un procès-verbal détaillé définissant les mesures de sécurité prises ou à prendre par chaque entreprise s'impose nécessairement à l'entreprise intervenante dans ses rapports avec ses sous-traitants, dès lors qu'elle y était elle-même soumise dans ses rapports avec l'entreprise utilisatrice. En l'espèce, le prévenu, n'ayant pas pris les mesures qui auraient permis d'éviter le dommage, a commis une faute caractérisée exposant autrui à un risque d'une particulière gravité qu'il ne pouvait ignorer.

Cass. crim. 16 janvier 2001, n° 00-82.274, B. crim. n° 14.

Un ouvrier maçon salarié, qui participait avec son employeur et deux autres ouvriers de l'entreprise à un chantier de rénovation d'un immeuble, a fait une chute de cinq mètres alors qu'il se déplaçait au bord du vide sur l'un des murs pignon de l'immeuble et est décédé à l'hôpital. Contrairement à ce que soutient l'employeur, ce décès est en relation certaine avec l'accident du travail. Par ailleurs, aucun dispositif collectif de protection n'équipait le chantier et, à défaut, aucun système individuel de même nature n'a davantage été utilisé. L'employeur ne peut soutenir qu'il n'était pas tenu de prendre des mesures spéciales de protection de son personnel et ne saurait en effet faire admettre que ses ouvriers devaient se limiter à intervenir sur le plancher du grenier de l'immeuble où n'existait aucun risque de chute, affirmation contraire à la réalité des travaux qui leur avaient été confiés et qui impliquaient nécessairement et de façon prévisible, même à les supposer réduits, des déplacements en hauteur des personnels ainsi exposés à un risque d'une particulière gravité que le chef d'entreprise ne pouvait ignorer et exigeaient qu'il se conforme aux obligations impératives de sécurité édictées pour les travaux en toiture, obligations professionnelles essentielles dont la violation constitue une faute caractérisée ayant contribué à créer la situation qui a permis la réalisation du dommage.

La cour d'appel a ainsi établi en tous leurs éléments constitutifs, tant matériel qu'intentionnel, les délits reprochés au prévenu (homicide involontaire et infractions à la sécurité du travail).

Cass. crim. 30 avril 2002, n° 01-84.958, B. crim. n° 94.

Un employé municipal, se trouvant sur une échelle pour réaliser la pose d'un portique, avait été blessé à la suite d'une chute de six mètres de hauteur. L'ingénieur en chef responsable du service technique de la ville et l'agent de maîtrise principal avaient alors été poursuivis pour blessures involontaires.

Ayant constaté, d'une part, que le responsable technique réunissait les conditions de compétences, de pouvoir et de moyens lui permettant de mener à bien sa mission, qu'à ce titre, il avait la charge de veiller à l'application de la réglementation propre à l'accomplissement des travaux au cours desquels l'accident était survenu (décret du 10 juin 1985) et, d'autre part, que l'agent de maîtrise, qui avait refusé, en pleine connaissance de cause, de fournir à l'équipe travaillant sur le chantier les dispositifs de protection, disposait d'un pouvoir de direction autonome, notamment pour la fourniture de matériel, la cour d'appel a décidé à bon droit que les deux prévenus, agents de la fonction publique territoriale, qui ont contribué à créer la situation ayant permis la réalisation du dommage et n'ont pas pris les mesures permettant de l'éviter, ont, dans leur domaine de compétence, le premier violé d'une façon manifestement délibérée une obligation particulière de sécurité prévue par la loi ou le règlement et le second commis une faute caractérisée exposant autrui à un risque d'une particulière gravité.

Cass. crim. 3 décembre 2002, n° 01-85.109, B. crim. n° 219.

Un chauffeur-puisatier avait été gravement blessé par une chute de remblais alors qu'il travaillait à la réparation d'une soudure dans une tranchée non étayée.

Doit être approuvé l'arrêt qui a déclaré le chef d'entreprise coupable de blessures involontaires. Ayant retenu, notamment, que ce dernier n'avait procédé à aucune visite du chantier depuis son ouverture et n'avait pris aucune mesure particulière pour assurer la sécurité des salariés concernés, alors qu'une pluie persistante avait fragilisé le terrain, la cour d'appel en a exactement déduit qu'il avait commis une faute caractérisée exposant autrui à un risque d'une particulière gravité qu'il ne pouvait ignorer.

Cass. crim. 25 juin 2002, n° 01-84.718. Voir aussi cass. crim. 25 juin 2002, n° 01-86.448.

Ayant retenu, d'une part, que la faute de l'employeur apparaissait caractérisée et ne saurait constituer une simple négligence ni une faute légère et, d'autre part, que cette faute exposait les opérateurs à un risque particulièrement grave, c'est à tort qu'une cour d'appel l'a relaxé des chefs de blessures involontaires et d'infractions à la réglementation relative à la sécurité des travailleurs en application des articles L. 233-5 et L. 263-2 CT.

En effet, la cour d'appel ne pouvait, sans se contredire, constater que le prévenu avait commis une faute caractérisée et exposant autrui à un risque d'une particulière gravité en ne veillant pas personnellement au respect de la réglementation relative à la sécurité des machines dangereuses, et relaxer celui-ci au motif qu'il pouvait ignorer le risque découlant de ce manquement.

Cass. crim. 11 février 2003, n° 02-85.810, B. crim. n° 28.

Le responsable d'un chantier par délégation du chef d'entreprise a été poursuivi pour avoir enfreint, par sa faute personnelle, les dispositions légales relatives à l'hygiène et à la sécurité, ainsi que celles prévoyant des mesures particulières de protection et de salubrité du personnel exécutant des travaux du bâtiment, des travaux publics et tous autres travaux concernant les immeubles, en laissant travailler trois salariés près d'un mur-plaque en béton posé contrairement aux directives du plan particulier de sécurité et de protection de la santé et pour avoir involontairement causé une atteinte à l'intégrité d'un des salariés par manquement à une obligation de sécurité ou de prudence imposée par la loi ou les règlements (inobservation des règles de sécurité précitées).

C'est à bon droit qu'une cour d'appel a déclaré le prévenu coupable de blessures involontaires et son employeur civilement responsable.

En effet, la cour a énoncé que, bien que le prévenu ait établi le plan particulier de sécurité et de protection de la santé (PPSPS) adapté au chantier, que le matériel de protection et de sécurité se soit trouvé en place en quantité suffisante et que le personnel, pris individuellement, ait eu la compétence pour accomplir les tâches professionnelles qui lui incombaient, il lui appartenait de s'assurer que les équipes sous ses ordres appliquaient les consignes qu'il avait lui-même rappelées dans le PPSPS et qu'au-delà de la volonté de se conformer à la loi qui exige l'établissement d'un tel PPSPS, le prévenu, qui connaissait parfaitement les risques encourus, devait personnellement contrôler le chantier ou au moins s'assurer que les échelons intermédiaires compétents, qu'il prétendait avoir mis en place, étaient à même de le suppléer dans cette tâche de surveillance.

En l'état de ces énonciations, d'où il résulte que le prévenu, qui a contribué à créer la situation ayant permis la réalisation du dommage et n'a pas pris les mesures permettant de l'éviter, a commis une faute caractérisée et qui exposait autrui à un risque d'une particulière gravité qu'il n'ignorait pas, la cour d'appel a justifié sa décision.

Cass. crim. 28 octobre 2003, n° 02-88.366.

Un salarié intérimaire, mis à la disposition d'une société, est décédé par électrocution alors qu'il était occupé à laver un véhicule à l'aide d'un nettoyeur haute pression. Le président de la société a été poursuivi devant le tribunal correctionnel pour homicide involontaire. Il lui était reproché, au titre de la faute constitutive du délit, d'avoir mis à la disposition des salariés « un nettoyeur mal entretenu ».

Pour retenir la culpabilité du prévenu, une cour d'appel énonce, après analyse des rapports d'expertise versés au dossier, que le cordon d'alimentation et les prises de l'appareil présentaient de graves anomalies révélant un manquement « manifeste » aux obligations d'entretien et de surveillance imposées au chef d'entreprise par les articles 45 et 47 du décret du 14 novembre 1988, anomalies étant, de manière certaine, la cause de l'électrocution de la victime et donc de son décès. Les juges précisent que les défectuosités affectant l'appareil étaient visibles « même par une personne non avertie » et que la visite effectuée par l'organisme de contrôle 8 mois avant l'accident ne dispensait pas le prévenu de son obligation d'entretien.

En l'état de ces motifs, d'où il résulte que le prévenu a commis une faute caractérisée et qui exposait autrui à un risque d'une particulière gravité qu'il ne pouvait ignorer entrant dans les prévisions de l'article 121-3, al. 4 c. pén., la cour d'appel a justifié sa décision.

Cass. crim. 25 mars 2003, n° 02-84.377.

L'application de l'article 221-6 c. pén. relatif à l'homicide involontaire n'exige pas que celui qui a été la cause d'un homicide en soit la cause exclusive, directe ou immédiate.

Cass. crim. 25 janvier 2000, n° 99-80.010.

En revanche, lorsque l'employeur crée directement le dommage, il n'est pas nécessaire d'établir que ce dernier a commis une faute caractérisée pour engager sa responsabilité.

Un salarié d'une entreprise de bâtiment a été mortellement blessé lors du basculement d'une dalle qu'il tentait de mettre en place en utilisant une barre à mine.

Pour condamner l'employeur des chefs d'homicide involontaire et d'infraction aux règles relatives à la sécurité des travailleurs, les juges ont retenu qu'il avait ordonné au grutier, pour faciliter la manœuvre, de détacher l'une des élingues retenant la dalle et qu'il avait tenté de l'ajuster en utilisant des barres à mine ; les juges ont ajouté que l'employeur, au lieu d'avoir recours à un échafaudage, avait choisi une telle méthode par économie de temps et d'argent et n'avait pas interdit à son salarié, qui ne portait pas de harnais de sécurité, de venir le rejoindre sur la dalle ; la cour d'appel a conclu que « l'ensemble de ces éléments démontre l'imprudence caractérisée de l'employeur et le manquement à ses obligations en matière de sécurité qui sont directement à l'origine de l'accident mortel dont a été victime son salarié ».

En l'état de ces constatations, dont il résulte que l'employeur a directement créé le dommage au sens de l'article 121-3 c. pén., les juges, qui n'avaient pas à rechercher s'il avait, en outre, commis une faute caractérisée qui exposait autrui à un risque d'une particulière gravité qu'il ne pouvait ignorer, ont justifié leur décision.

Cass. crim. 16 septembre 2008, n° 08-80.204, 2e moyen, B. crim. n° 186.

• Délit de mise en danger d'autrui

Pour que la responsabilité pénale de l'employeur puisse être retenue en cas de délit de mise en danger d'autrui, l'article 223-1 c. pén. exige que la violation d'une règle de sécurité résulte d'une disposition légale ou réglementaire particulière.

Occupé à l'aménagement d'un chemin d'une largeur de 2,50 mètres, au moyen d'une pelle mécanique large de 2,15 mètres, d'un poids d'environ 10 tonnes, un salarié, estimant que sa sécurité n'était pas assurée en raison d'un risque d'effondrement, a usé de son droit de retrait d'une situation dangereuse. Ayant refusé de poursuivre son travail, malgré l'ordre du chef de chantier, il a été licencié par le chef de centre. Ce dernier a été poursuivi pour mise en danger de la personne d'autrui.

Pour infirmer la déclaration du chef de chantier de culpabilité pour mise en danger d'autrui, relaxer et débouter la partie civile de ses demandes, la cour d'appel, après avoir énoncé que l'article 223-1 c. pén. exige que la violation d'une règle de sécurité résulte d'une disposition légale ou réglementaire particulière, a retenu notamment que l'alinéa 2 de l'article 2 du décret du 8 janvier 1965 n'était pas applicable au cas d'espèce.

En statuant ainsi, alors que le prévenu était tenu, aux termes de l'article 1er de ce décret, d'appliquer les mesures de sécurité prévues par son article 2, les juges n'ont pas donné de base légale à leur décision.

Cass. crim. 8 octobre 2002, n° 01-85.550, B. crim. n° 181.

A méconnu le sens et la portée de l'article 223-1 c. pén. la cour d'appel qui a déclaré une société coupable de mise en danger d'autrui, dès lors qu'aucun règlement applicable dans la collectivité territoriale de Mayotte n'avait été pris en application des dispositions générales du code du travail local pour préciser les obligations particulières de protection de la sécurité des travailleurs dans les établissements qui mettent en œuvre des courants électriques.

Cass. crim. 17 septembre 2002, n° 01-84.381.

Un salarié, ayant pour activité la fabrication de peinture industrielle, avait été blessé alors qu'il était occupé à surveiller le mélange de divers produits dans une cuve, son avant-bras ayant été entraîné par l'arbre de l'appareil mélangeur sur lequel il effectuait une intervention. Le président de la société avait été poursuivi pour blessures involontaires et pour infractions à la réglementation relative à la sécurité des travailleurs. S'agissant de ce second chef d'accusation, il lui était reproché de n'avoir pas fait équiper la machine de dispositif de protection interdisant, pendant son fonctionnement, l'accès aux parties mobiles.

Ayant retenu, d'une part, que la faute de l'employeur apparaissait caractérisée et ne saurait constituer une simple négligence ni une faute légère et, d'autre part, que cette faute exposait les opérateurs à un risque particulièrement grave, c'est à tort qu'une cour d'appel l'a relaxé des chefs de blessures involontaires et d'infractions à la réglementation relative à la sécurité des travailleurs en application des articles L. 233-5 et L. 263-2 CT. En effet, elle ne pouvait, sans se contredire, constater que le prévenu avait commis une faute caractérisée et exposant autrui à un risque d'une particulière gravité en ne veillant pas personnellement au respect de la réglementation relative à la sécurité des machines dangereuses, et relaxer celui-ci au motif qu'il pouvait ignorer le risque découlant de ce manquement.

Cass. crim. 11 février 2003, n° 02-85.810, B. crim. n° 28.

La responsabilité pénale de l'employeur ne peut être engagée, dans le cadre du délit de mise en danger d'autrui, que si le manquement défini par l'article 223-1 c. pén. a été la cause directe et immédiate du risque auquel a été exposé autrui.

Le délit de mise en danger d'autrui n'est constitué que si le manquement défini par l'article 223-1 c. pén. a été la cause directe et immédiate du risque auquel a été exposé autrui. Deux salariés d'une entreprise extérieure avaient été victimes d'un accident en effectuant des travaux de maintenance sur un compresseur de l'entreprise utilisatrice, de l'eau brûlante s'étant brusquement écoulée d'une canalisation sur laquelle ils travaillaient.

Doit être cassé l'arrêt qui, pour déclarer le directeur de l'entreprise utilisatrice coupable de mise en danger d'autrui, a relevé qu'il n'avait pas tenu compte d'une lettre de mise en garde adressée par l'inspection du travail avant l'accident, qui lui faisait connaître que le plan annuel élaboré par la société utilisatrice ne satisfaisait pas aux prescriptions réglementaires relatives aux travaux effectués par une entreprise extérieure, a ajouté que l'inspection des lieux et l'élaboration consécutive d'un plan de prévention en application des articles R. 237-6 et R. 237-7 CT « auraient seules permis une étude exhaustive des risques potentiels », leur absence ayant « induit l'absence de vérification de l'état des vannes de sécurité, en cause dans l'accident litigieux », en a déduit que « l'absence de prise en compte du risque eau chaude est la conséquence directe » de la faute du prévenu, alors qu'il appartenait à la cour d'appel, si elle n'était pas tenue de constater que l'auteur du délit avait eu connaissance de la nature du risque particulier effectivement causé par son manquement, de caractériser un lien immédiat entre la violation des prescriptions réglementaires et le risque auquel avaient été exposés les salariés.

Cass. crim. 16 février 1999, n° 97-86.290, B. crim. n° 24.

• Délit de soumission de personnes vulnérables à des conditions de travail indignes

Pour déclarer un chef d'entreprise coupable du délit de soumission de personnes vulnérables à des conditions de travail indignes, les juges ont énoncé que la façon dont il dirigeait ses salariés (hurlements permanents, vexations, insultes, humiliations, cadences et conditions matérielles de travail), faisant d'eux « le prolongement d'une machine-outil », était incompatible avec la dignité humaine et ont ajouté que, pour imposer de telles conditions de travail aux salariés concernés, le prévenu a profité de leur situation de vulnérabilité sociale et économique résultant de leur absence de qualification et de la situation particulièrement difficile de l'emploi en milieu rural, et notamment dans le secteur de la confection.

Par ces motifs, les juges ont caractérisé en tous ses éléments, tant matériel qu'intentionnel, le délit susvisé et ont justifié leur décision au regard de l'article 225-14 c. pén. dont les termes ne sont incompatibles ni avec l'article 7 de la Convention européenne des droits de l'homme ni avec l'article 14 du Pacte international relatifs aux droits civils et politiques.

Cass. crim. 4 mars 2003, n° 02-82.194, B. crim. n° 58, cité dans « Dignité des salariés ».

• Délit de faux et usage de faux

Ayant constaté qu'un employeur avait établi un bulletin de salaire d'une de ses employées en mentionnant que celle-ci se trouvait en congés payés alors qu'elle était en arrêt de travail pour cause de maladie, que le directeur adjoint du travail lui avait demandé de rectifier le bulletin, ce qu'il n'avait pas fait et que cette altération de la vérité était de nature à causer un préjudice à la salariée dans la mesure où celle-ci perdait des droits à congé puisqu'elle était en maladie, une cour d'appel a déclaré l'employeur coupable de faux et usage de faux. Un bulletin de salaire étant un document pouvant établir la preuve de faits ayant des conséquences juridiques, la cour d'appel a légalement justifié sa décision.

Cass. crim. 7 septembre 2005, n° 04-87.080, B. crim. n° 220.

… ou d'infractions au code de la route

Lorsque le certificat d'immatriculation d'un véhicule verbalisé pour excès de vitesse est établi au nom d'une personne morale, seul le représentant légal de celle-ci peut être déclaré redevable pécuniairement de l'amende encourue.

Le 5 juin 2008, une automobile appartenant à une société a été contrôlée en excès de vitesse ; le conducteur, salarié de la société et titulaire d'une délégation de pouvoirs à la date des faits, a été poursuivi devant la juridiction de proximité en qualité de redevable pécuniairement de l'amende encourue.

C'est à tort que, pour écarter l'argumentation du prévenu, qui soutenait que, n'étant pas le représentant légal de la société, il ne pouvait pas être déclaré redevable pécuniairement de l'amende encourue, le jugement attaqué a retenu qu'il était titulaire d'une délégation de pouvoirs à la date de l'infraction.

Cass. crim. 13 octobre 2010, n° 10-81.575, B. crim. n° 159.

C'est à bon droit que, pour déclarer le représentant légal d'une société pécuniairement responsable d'une amende encourue pour un excès de vitesse commis avec un véhicule de la société, une cour d'appel a retenu qu'il ne fournissait pas de renseignements permettant d'identifier l'auteur véritable de l'excès de vitesse.

En effet, il résulte de la combinaison des articles L. 121-2 et L. 121-3 du code de la route que le représentant légal d'une personne morale est redevable pécuniairement de l'amende encourue pour les contraventions à la réglementation sur les vitesses maximales autorisées, commises avec un véhicule immatriculé au nom de cette personne morale, à moins qu'il n'établisse l'existence d'un événement de force majeure ou qu'il ne fournisse des renseignements permettant d'identifier l'auteur véritable de l'infraction.

Cass. crim. 26 novembre 2008, n° 08-83.003, B. crim. n° 240. Voir aussi cass. crim. 17 avril 2013, n° 12-87.490, B. crim. n° 90.

Il existe certaines causes d'irresponsabilité

• La faute de la victime est susceptible d'exonérer l'employeur de sa responsabilité

L'employeur n'engage pas sa responsabilité si la faute de la victime est la cause exclusive de l'accident.

D'une part, le salarié n'étant pas exposé à des risques de chute lors de l'exécution de son travail, la société n'avait pas à installer des dispositifs de protection collective, dont la mise en place incombait aux seules entreprises de gros œuvre ; d'autre part, le salarié pouvait accéder à son poste de travail par un escalier intérieur ou au moyen d'une échelle mise à disposition sans avoir à enjamber un mur pignon comme il l'avait fait de sa propre initiative ; c'est donc à bon droit qu'une cour d'appel a écarté la responsabilité du prévenu, ce dernier n'étant pas responsable de l'accident survenu à l'un de ses salariés.

Cass. crim. 15 octobre 1991, n° 90-80.932.

La faute de la victime ne saurait exonérer l'employeur de sa responsabilité s'il est lui-même l'auteur d'une faute.

La faute commise par la victime, même si elle est établie, ne saurait exonérer le prévenu de la responsabilité pénale qu'il encourt du fait de sa propre faute, dès lors que celle-ci a concouru à l'accident.

Cass. crim. 22 octobre 1991, n° 90-84.618. Voir aussi cass. crim. 15 mars 1994, n° 93-81.110, 2e moyen pris en sa 3e branche, B. crim. n° 97, les juges ont relevé, en l'espèce, que la faute de la victime n'avait pu être la cause exclusive de l'accident ; cass. crim. 30 juin 1998, n° 97-84.263, B. crim. n° 210 ; cass. crim. 6 juin 2001, n° 00-86.965.

De même, la compétence et l'expérience de la victime ne peuvent exonérer l'employeur de son obligation de veiller à la sécurité.

Le chef d'entreprise doit veiller personnellement et à tout moment à la stricte et constante application des dispositions réglementaires destinées à assurer la sécurité de son personnel.

Dès lors, c'est à bon droit qu'une cour d'appel a condamné un chef d'entreprise pour homicide involontaire et infraction à la réglementation relative à la sécurité des travailleurs pour le décès d'un salarié intervenu alors qu'il nettoyait un silo au motif, d'une part, qu'il appartenait au chef d'entreprise de prendre toutes les mesures nécessaires et de donner toutes les consignes utiles afin que le personnel procède au nettoyage du silo machine à l'arrêt et que le démarrage soit rendu impossible dès lors que des salariés étaient exposés aux risques du mécanisme, d'autre part, qu'il ne pouvait faire valoir que son lieu de travail habituel était éloigné, alors qu'il lui appartenait de déléguer ses pouvoirs, ce qu'il n'avait pas fait, qu'enfin, en l'espèce, il avait été noté l'absence de consignes écrites et le caractère insuffisant des consignes orales, eu égard à la dangerosité de l'opération.

Et la compétence, l'expérience et la qualité de membre du CHSCT de la victime ne pouvaient exonérer l'employeur de l'obligation qui lui incombe personnellement de veiller à la sécurité de son personnel et au respect par celui-ci des règlements en vigueur.

Cass. crim. 30 mai 2000, n° 99-87.578, 2e moyen.

Un salarié est décédé par intoxication alors qu'il se trouvait dans une cuve à carburant pour la nettoyer.

C'est à bon droit qu'une cour d'appel a retenu la culpabilité du chef du service hydrocarbures de la société, titulaire d'une délégation de pouvoirs en matière de sécurité, au motif que ses manquements avaient concouru à la survenance du dommage. D'une part, il n'avait pas organisé de formation en matière de sécurité au profit des salariés demeurés en surface et, en conséquence, ces derniers n'avaient pas assuré la surveillance nécessaire lors de l'opération de nettoyage, d'autre part, il aurait dû mettre à la disposition de la victime un masque à gaz et veiller à ce que la réalisation de l'opération ne soit pas précipitée, mais à ce que le délai prévu permette une réalisation dans « les règles de l'art », même si, enfin, la faute de la victime ne peut être considérée comme ayant été la cause exclusive de l'accident : le salarié bénéficiait d'une certaine ancienneté dans l'entreprise et d'une expérience de plusieurs années, avait conscience du fait qu'il ne devait pas descendre dans les cuves sans harnais de sécurité et avait 2,01 g d'alcool dans le sang.

Cass. crim. 27 juin 2000, n° 99-85.225.

La faute commise par un tiers n'exonère pas l'employeur de sa responsabilité.

C'est à bon droit qu'une cour d'appel a déclaré le dirigeant d'une société coupable de blessures involontaires, pour avoir omis d'installer les dispositifs de protection collective destinés à prévenir les chutes des personnes travaillant en hauteur. L'imprudence commise par le sous-traitant, à savoir le fait de laisser ses ouvriers travailler avant que ne soit installé un filet de protection, ne pouvait exonérer le prévenu de la responsabilité pénale résultant de sa faute personnelle, ce dernier ayant conservé la maîtrise et la direction des travaux exécutés par le sous-traitant.

Cass. crim. 5 octobre 1993, n° 92-86.293. Voir aussi cass. crim. 20 septembre 1994, n° 94-80.017 ; cass. crim. 22 septembre 1998, n° 97-82.318.

• L'erreur de droit est une cause exonératoire si elle a un caractère inévitable

Un maître d'ouvrage ne saurait invoquer comme cause de non-responsabilité une erreur de droit, en soutenant que les raccordements à des réseaux de distribution d'eau potable et d'électricité ainsi que l'évacuation des eaux usées reposaient sur la personne à qui il avait confié la réalisation des travaux de construction des bâtiments, alors que les textes en cause ne prêtaient à aucune équivoque.

Cass. crim. 8 août 1994, n° 94-80.080.

• Pour être exonératoire, la contrainte doit présenter les caractères de la force majeure

Doit être cassé l'arrêt de cour d'appel qui, pour exonérer un directeur général de sa responsabilité, énonce qu'il n'avait pu s'opposer à la volonté de son personnel qui ne souhaitait pas que le délégué syndical, également représentant syndical au comité d'entreprise dont le licenciement avait été irrégulièrement prononcé, soit réintégré dans l'entreprise, alors que le prévenu n'avait rien fait pour surmonter l'opposition du personnel. Le prévenu n'aurait pu s'exonérer de sa responsabilité qu'en présence d'un obstacle insurmontable, constitutif de force majeure.

Cass. crim. 9 décembre 1986, n° 86-90.552, 2e moyen, B. crim. n° 368.

☛ Délégation de pouvoirs ; Délit d'entrave ; Dignité des salariés ; Hygiène et sécurité ; Responsabilité civile de l'employeur ; Responsabilité pénale des personnes morales ; Travailleurs étrangers.

Retenues sur salaire

Le salaire constituant la contrepartie de l'exécution du travail, lorsque cette prestation n'est pas effectuée, l'employeur n'est, en principe, pas tenu de rémunérer le salarié, sauf accord ou convention collective plus favorable.

Validité des retenues

Les dispositions des articles L. 3251-1 et 2 CT n'interdisent pas à l'employeur d'effectuer des retenues sur salaires pour absences.

Doit être cassé le jugement qui, pour condamner un employeur au remboursement d'une retenue sur salaire pour absence, énonce que cette compensation salariale n'entre pas dans le cadre des exceptions prévues par l'article L. 144-1 CT, alors que cet article qui, sous réserve des exceptions qu'il énonce, interdit la compensation au profit des employeurs entre le montant des salaires et les sommes qui leur sont dues à eux-mêmes pour fournitures, ne s'oppose pas à une retenue sur salaire pour absence.

Cass. soc. 27 mai 1992, n° 89-44.166, BC V n° 343.

Les faits justifiant une retenue sur salaire doivent pouvoir être établis. À défaut, l'employeur est débiteur de cette retenue.

L'employeur, quand il procède à une retenue sur salaire, est tenu d'en démontrer le bien-fondé.

Cass. soc. 18 janvier 2012, n° 10-30.819, 2e moyen.

Pour que la retenue soit justifiée, l'employeur ne doit pas être à l'origine de l'absence de prestation de travail.

L'employeur doit informer les représentants du personnel de la modification apportée aux modalités de paiement du salaire. À défaut, il ne peut retenir sur la rémunération des salariés le temps qu'ils ont perdu à venir s'informer individuellement de la cause du retard dans le paiement de leur salaire. Dès lors, c'est à bon droit qu'une cour d'appel a condamné un employeur à payer aux intéressés les sommes correspondant aux deux heures perdues.

Cass. soc. 4 juin 1987, n° 84-43.355, BC V n° 348.

Dans le cas où les salariés se sont trouvés dans une situation contraignante telle qu'ils ont été obligés de cesser le travail pour faire respecter leurs droits essentiels, directement lésés par suite d'un manquement grave et délibéré de l'employeur à ses obligations, celui-ci peut être condamné à payer aux grévistes une indemnité compensant la perte de leur salaire.

Toutefois, s'il est fautif, ne constitue pas un manquement grave et délibéré de nature à contraindre les salariés à une cessation concertée du travail le fait pour l'employeur d'octroyer au personnel non gréviste une prime de reprise d'un montant supérieur à celle perçue par les grévistes.

Cass. soc. 2 mars 1994, n° 92-41.134, 2e moyen, BC V n° 75.

L'employeur ne peut pas procéder à des retenues sur salaire à la suite d'une modification du contrat de travail qui n'a pas été acceptée par les salariés.

La modification du contrat de travail par l'employeur, pour quelque cause que ce soit, nécessite l'accord du salarié.

Une société, connaissant des difficultés économiques, avait proposé à son personnel une mesure de prélèvement exceptionnel sur les salaires pour une période de neuf mois et s'était engagée à rembourser les retenues sur les bénéfices en fin d'exercice.

Après avoir constaté que l'employeur avait commencé à procéder aux retenues le jour même de l'information des salariés et sans que ceux-ci aient donné leur accord, un conseil de prud'hommes a pu ordonner le remboursement des prélèvements opérés sur les salaires et rejeter le pourvoi de l'employeur qui invoquait la possibilité de faire rétroagir l'accord qui avait été donné ultérieurement par les salariés à la modification de leur contrat de travail ou, au moins, la reconnaissance de la validité des prélèvements effectués antérieurement à l'acceptation des salariés.

Cass. soc. 31 octobre 2000, n° 98-44.988, BC V n° 354.

Pour être licite, la retenue ne doit pas constituer une sanction pécuniaire prohibée.

Après avoir fait ressortir que le fait pour des salariés d'être restés dans l'atelier où ils étaient affectés malgré l'ordre donné par leur employeur de se rendre à une réunion obligatoire durant les heures normales de travail constituait un acte d'insubordination caractérisé, un conseil de prud'hommes a exactement considéré qu'en opérant une retenue sur salaire correspondant à la durée de la réunion, l'employeur avait voulu sanctionner un comportement qu'il estimait fautif et en a déduit à juste titre qu'il s'agissait d'une sanction pécuniaire prohibée par l'article L. 122-42 CT.

Cass. soc. 19 novembre 1997, n° 95-44.309, BC V n° 381. Voir aussi cass. soc. 12 avril 1995, n° 91-40.593, 2e moyen, BC V n° 133, cité dans « Sanctions pécuniaires (Notion) ».

☛ *Sanctions pécuniaires (Notion).*

Le trop-perçu par un salarié s'analyse en une avance en espèces et ne doit pas donner lieu à une retenue excédant le dixième du salaire exigible.

Selon l'article L. 3251-3 CT, en dehors des cas prévus au 3° de l'article L. 3251-2 CT, l'employeur ne peut opérer une retenue de salaire pour les avances en espèces qu'il a faites que s'il s'agit de retenues successives ne dépassant pas le dixième du montant des salaires exigibles.

Une aide à domicile à temps partiel dont le contrat de travail prévoyait une durée annuelle de travail de 1 352 heures avec lissage de la rémunération à hauteur de 814,11 € par mois, a saisi la juridiction prud'homale d'une demande de résiliation judiciaire de ce contrat aux torts de l'employeur au motif notamment qu'elle n'avait pas perçu la rémunération mensuelle prévue.

Pour débouter la salariée de sa demande, une cour d'appel, après avoir relevé que cette dernière n'avait reçu aucun salaire pour le mois de décembre 2006 en raison d'un trop-perçu de 830,82 € révélé à l'occasion de la régularisation annuelle effectuée au mois de décembre de chaque année, a retenu que s'il est contestable que l'employeur n'ait pas réparti ce trop-perçu sur plusieurs mensualités, ce seul fait n'était pas d'une gravité suffisante pour justifier la résiliation judiciaire du contrat de travail.

En statuant ainsi, alors que le trop-perçu par le salarié constaté lors de la régularisation annuelle du salaire, qui s'analyse en une avance en espèces, ne pouvait donner lieu à une retenue excédant le dixième du salaire exigible, la cour d'appel a violé l'article L. 3251-3 CT.

Cass. soc. 3 novembre 2011, n° 10-16.660, BC V n° 252. Voir aussi cass. soc. 23 juin 2015, n° 14-11.315.

Le juge des référés peut faire cesser le trouble manifestement illicite en condamnant l'employeur au remboursement des sommes indûment retenues, même en présence d'une contestation sérieuse.

Cass. soc. 24 mai 2000, n° 99-40.826.

Selon les dispositions d'ordre public de l'article L. 5222-2 CT, il est interdit à tout employeur d'opérer, sur le salaire d'un étranger venu travailler en France, des retenues, sous quelque dénomination que ce soit, à l'occasion de son engagement.

Après avoir été employé par la société mère d'un groupe, un salarié, de nationalité algérienne, avait été engagé en qualité de directeur général adjoint d'une société du groupe par contrat soumis à la procédure d'autorisation de travail des étrangers. Licencié pour motif économique, le salarié avait signé une convention de préretraite FNE. Il avait ensuite saisi un conseil de prud'hommes de diverses demandes.

C'est à tort que, pour débouter le salarié de sa demande en paiement d'un arriéré de salaires, après avoir rappelé que le salarié s'était prévalu de la législation d'ordre public applicable au contrat de travail conclu avec un étranger, une cour d'appel a retenu que s'il avait été mentionné un salaire mensuel de 41 700 F dans le contrat écrit soumis à l'approbation de l'administration du travail, les parties avaient aussitôt, d'un commun accord, convenu qu'il ne serait versé au salarié qu'un salaire mensuel de 30 770 F afin de tenir compte du montant du loyer représenté par la mise à sa disposition par l'employeur d'un appartement, dont la valeur locative correspondait à la différence entre le salaire stipulé et celui réellement payé et que le salarié n'avait jamais contesté jusqu'à ce jour cette compensation, alors qu'en sa qualité de travailleur étranger, il ne pouvait faire l'objet d'aucune retenue sur salaire.

Cass. soc. 17 juillet 2001, n° 98-43.981, 2e moyen, BC V n° 275.

Calcul des retenues

• Retenues pour absences

Pour déterminer le salaire en cas d'absence, l'employeur doit utiliser la méthode des heures réelles et écarter la méthode dite « du 30e »…

Doit être cassé le jugement qui, pour accueillir une demande en rappel de salaire, énonce que le salarié ayant travaillé trois jours dans le mois, l'employeur devait lui payer 3/30 de ce mois, alors que le conseil de prud'hommes aurait dû déterminer le salaire en multipliant la rémunération horaire par le nombre d'heures de travail réellement effectuées.

Cass. soc. 24 juin 1992, n° 89-41.387, BC V n° 412. Voir aussi cass. soc. 20 janvier 1999, n° 96-45.042, 5e moyen.

… sauf usage d'entreprise contraire.

Un employeur ne peut prétendre utiliser la méthode des heures réelles pour le calcul des retenues pour absences, dès lors qu'il est d'usage dans l'entreprise d'utiliser la méthode des heures moyennes. En effet, faute de dispositions légales ou réglementaires, l'usage dans l'entreprise de la méthode des heures moyennes s'impose à l'employeur.

Cass. soc. 11 juillet 1989, n° 87-42.634, 1er moyen.

• Retenues pour fait de grève

La retenue sur le salaire pour fait de grève doit être exactement proportionnelle à l'interruption de travail. Dès lors, la retenue doit être calculée sur l'horaire mensuel des salariés.

Doit être cassée l'ordonnance de référé qui, pour dire qu'un jour de grève correspond à un jour calendaire de retenue et condamner une entreprise de presse à payer à des journalistes grévistes un rappel de salaire sur journées de grève, énonce que selon l'article 29, al. 3 de la convention collective nationale des journalistes n° 3136 de juin 1988, « les nécessités inhérentes à la profession ne permettent pas de déterminer les heures de travail », que plusieurs modes de calcul de la retenue de salaire pour le jour chômé sont possibles et que ces textes ne précisent pas celui qu'il faut retenir, que, pour d'autres absences (congés payés, maladie), les indemnités compensatrices sont calculées en jours et que, dans le doute, la solution la plus favorable doit s'appliquer au salarié, alors que, pour être proportionnel à l'interruption de travail, l'abattement du salaire pour fait de grève doit être calculé sur l'horaire mensuel des salariés.

Cass. soc. 19 mai 1998, n° 97-41.900, BC V n° 262. Voir aussi cass. soc. 27 janvier 2000, n° 98-46.211 ; cass. soc. 3 mars 2009, n° 07-44.794.

☛ *Compensation ; Grève (Effets).*

Rétractation du licenciement par l'employeur

L'employeur peut revenir sur sa décision de licenciement, à condition d'obtenir l'accord du salarié.

La rétractation du licenciement ne peut intervenir sans l'accord du salarié

Aucune obligation ne pèse sur le salarié.

Le salarié n'est pas tenu de reprendre son travail après que l'employeur a annulé la décision par laquelle il l'avait considéré comme démissionnaire. Son refus de reprendre le travail ne peut avoir pour effet de le rendre responsable de la rupture de son contrat de travail.

Cass. soc. 8 avril 1992, n° 89-42.994, BC V n° 255.

Le licenciement ne pouvant être rétracté qu'avec l'accord du salarié, ce dernier est en droit de refuser la reprise des relations contractuelles.

Cass. soc. 17 janvier 1990, n° 87-40.666, BC V n° 14.

L'accord du salarié doit être explicite.

C'est à tort que, pour décider qu'un salarié avait démissionné et le débouter de ses demandes en paiement d'une indemnité compensatrice de préavis et de dommages-intérêts pour licenciement sans cause réelle et sérieuse, une cour d'appel a retenu que l'employeur avait rapporté son licenciement et qu'en maintenant sa candidature aux fonctions de délégué du personnel, l'intéressé s'était comporté en salarié de l'entreprise, de sorte qu'en refusant de reprendre son travail, il devait être tenu pour démissionnaire, alors que l'employeur ne peut rétracter un licenciement sans l'accord du salarié et qu'un tel accord ne pouvait se déduire du fait que l'intéressé était demeuré candidat aux fonctions de délégué du personnel, les élections ayant eu lieu avant la fin du préavis pendant lequel il restait électeur et éligible.

Cass. soc. 20 juin 1984, n° 81-42.212, 2e moyen, BC V n° 255.

La seule présence du salarié à un nouvel entretien préalable auquel il a été convoqué le même jour que la notification du licenciement ne peut suffire à caractériser une volonté claire et non équivoque de sa part d'accepter la rétractation de ce licenciement.

Cass. soc. 20 mai 2015, n° 14-11.790.

Le juge doit rechercher si l'accord est intervenu.

Le fait pour un salarié de reprendre le travail à la suite de son licenciement, puis d'adresser différents arrêts de travail, justifie que l'intéressé avait accepté la rétractation par l'employeur de son licenciement pour faute grave.

Cass. soc. 25 avril 2001, n° 99-42.558.

Le défaut d'accord du salarié rend le licenciement effectif.

Des salariés d'une société mise en redressement judiciaire avaient été licenciés pour motif économique le 2 novembre mais, par une lettre du 4 novembre, la société leur avait indiqué que la rupture de leur contrat de travail était nulle, le licenciement devant leur être notifié par l'administrateur judiciaire. Ce dernier avait alors prononcé leur licenciement pour motif économique le 16 novembre.
Pour les débouter de leur demande d'indemnité pour non-respect de la procédure de licenciement, un conseil de prud'hommes a retenu que la procédure avait été respectée au sens de l'article 45 de la loi du 25 janvier 1985.

En statuant ainsi, alors que, dès l'instant où il est notifié, le licenciement ne peut être annulé unilatéralement par l'employeur, qui ne peut revenir sur sa décision qu'avec l'accord du salarié, le conseil de prud'hommes, qui a relevé que les salariés, licenciés le 2 novembre par l'employeur, entendaient se prévaloir de ce licenciement et de son irrégularité, n'a pas tiré les conséquences légales de ses propres constatations.

Cass. soc. 12 mai 1998, n° 95-44.353, 1er moyen, BC V n° 244.

Après avoir remis à un salarié un bulletin d'adhésion à une convention de conversion que l'intéressé a accepté, un employeur revient sur sa décision de procéder à son licenciement économique.

Le salarié refuse et saisit la juridiction prud'homale d'une demande en paiement des indemnités de préavis et de licenciement.

C'est à bon droit qu'une cour d'appel a accueilli ses demandes. En effet, la rupture du contrat de travail s'étant produite à la date d'acceptation de la convention et la rétractation ultérieure de l'employeur étant sans effet, les indemnités réclamées par le salarié lui étaient dues.

Cass. soc. 12 février 2003, n° 00-45.143.

Le défaut d'accord n'a pas pour effet de rendre le salarié responsable de la rupture de son contrat.

Le fait pour un employeur de rapporter sa première décision de licencier, même suite à une intervention de l'inspection du travail, ne peut avoir pour effet de transférer l'imputabilité de la rupture au salarié si ce dernier n'a pas donné son accord pour la rétractation.

Cass. soc. 11 décembre 1991, n° 90-42.270, 2e moyen, BC V n° 573.

Signature d'une rupture conventionnelle

Rupture conventionnelle du CDI.

La rétractation rend le licenciement sans effet

Le premier licenciement prononcé à l'encontre d'une salariée ayant été rétracté d'un commun accord entre les parties, l'intéressée ne pouvait, suite à la notification d'un second licenciement, invoquer l'inobservation des formalités légales ayant affecté le premier congédiement. Le second licenciement ayant été réalisé après accomplissement des formalités légales et le premier étant nul du fait de la rétractation, la salariée devait être déboutée de ses demandes d'indemnité pour non-respect de la procédure.

Cass. soc. 16 mai 1979, n° 77-41.705, 1er moyen, BC V n° 417.

C'est à tort que, pour condamner un employeur à indemniser un salarié, licencié puis réintégré dans son emploi, des conséquences de la rupture de son contrat de travail, une cour d'appel a énoncé que si un nouveau contrat de travail avait pu se former par la réintégration de l'intéressé dans ses anciennes fonctions avec le maintien de son ancienneté, il y avait cependant lieu de donner au licenciement sans cause réelle et sérieuse tous ses effets juridiques. En effet, la cour avait relevé que le conseil de prud'hommes avait donné acte à l'employeur de sa proposition de réintégrer le salarié et que celui-ci avait repris ses fonctions avec maintien de son ancienneté, ce dont il résultait qu'il avait accepté de tenir son licenciement pour nul et non avenu.

Cass. soc. 28 juin 2000, n° 98-42.167, 2e moyen, BC V n° 256.

Imputabilité de la rupture.

Retraite (Départ à la)

Le départ à la retraite se distingue de la mise à la retraite dans la mesure où c'est le salarié qui prend l'initiative de son départ de manière à bénéficier d'une pension de vieillesse.
Il doit respecter un préavis et bénéficie d'une indemnité de départ à la retraite.

Un tel départ ne constitue pas une démission ; il s'agit d'un mode spécifique de rupture du contrat de travail.

L'initiative du salarié de partir en retraite ne doit pas être équivoque

Lorsque le salarié remet en cause son départ à la retraite en raison de faits imputables à l'employeur, le juge doit l'analyser en une prise d'acte de la rupture qui produit les effets d'un licenciement sans cause réelle et sérieuse si les faits invoqués la justifiaient ou dans le cas contraire d'un départ volontaire à la retraite.

Le départ à la retraite du salarié est un acte unilatéral par lequel le salarié manifeste de façon claire et non équivoque sa volonté de mettre fin au contrat de travail ; lorsque le salarié, sans invoquer un vice du consentement de nature à entraîner l'annulation de son départ à la retraite, remet en cause celui-ci en raison de faits ou manquements imputables à son employeur, le juge doit, s'il résulte de circonstances antérieures ou contemporaines de son départ qu'à la date à laquelle il a été décidé, celui-ci était équivoque, l'analyser en une prise d'acte de la rupture qui produit les effets d'un licenciement sans cause réelle et sérieuse si les faits invoqués la justifiaient ou dans le cas contraire d'un départ volontaire à la retraite.

Dès lors, après avoir constaté qu'un employeur avait appliqué à un VRP des taux de commission inférieurs au taux convenu, sans justifier de l'accord du salarié sur cette modification, et qu'il avait réduit unilatéralement le montant des avances sur commissions jusqu'alors appliqué, dans des conditions qui étaient de nature à faire obstacle à l'exécution de la mission du salarié, une cour d'appel a pu en déduire que le départ à la retraite s'analysait en une prise d'acte produisant les effets d'un licenciement sans cause réelle et sérieuse.

Cass. soc. 15 mai 2013, n° 11-26.784, 1er moyen du pourvoi de l'employeur, BC V n° 120. Voir aussi cass. soc. 15 juin 2017, n° 15-29.085, pourvoi principal.

Pour rejeter la demande d'un salarié en requalification de son départ en retraite en une prise d'acte aux torts de l'employeur, une cour d'appel a retenu que le départ à la retraite de l'intéressé, le 1er juillet 2012, alors qu'il avait obtenu la résiliation judiciaire de son contrat de travail par jugement du 18 avril 2012, n'était motivé que par son souhait de bénéficier d'une pension de retraite ; que dans ses conclusions reçues à la cour le 16 juillet 2013, il faisait toujours référence à la résiliation judiciaire de son contrat produisant les effets d'un licenciement sans cause réelle et sérieuse et n'avait modifié son argumentation, faisant valoir que son départ en retraite constituait en réalité une prise d'acte en raison des manquements précédemment invoqués au soutien de sa demande de résiliation, qu'en novembre 2013.

En statuant ainsi, alors qu'elle avait constaté que le salarié avait, préalablement à son départ en retraite, saisi la juridiction prud'homale pour obtenir la résiliation judiciaire de son contrat de travail en invoquant divers manquements imputables à son employeur, ce dont il résultait l'existence d'un différend rendant le départ en retraite équivoque, la cour d'appel, qui devait l'analyser en une prise d'acte et rechercher si les manquements de l'employeur étaient suffisamment graves pour empêcher la poursuite du contrat de travail, a violé les articles L. 1231-1 et L. 1237-9 CT.

Cass. soc. 20 octobre 2015, n° 14-17.473, 1er moyen, BC V n° 198.

Le départ volontaire à la retraite dans le cadre d'un plan social constitue une rupture à l'initiative du salarié.

Si la rupture du contrat de travail pour un motif économique est soumise, pour sa mise en œuvre, aux dispositions sur le licenciement économique en vertu de l'article L. 321-1, al. 2 CT, il n'en résulte pas que toute rupture d'un contrat de travail procédant d'un motif économique entraîne les effets d'un licenciement. Le départ volontaire à la retraite dans le cadre d'un plan social constitue une rupture à l'initiative du salarié et n'ouvre pas droit à l'indemnité conventionnelle de licenciement.

Cass. soc. 25 juin 2002, n° 00-18.907, BC V n° 214. Voir aussi cass. soc. 9 juillet 2003, n° 01-43.298.

Le départ à la retraite d'un salarié, acte unilatéral par lequel celui-ci manifeste de façon claire et non équivoque sa volonté de mettre fin au contrat de travail, rend impossible sa réintégration.

Cass. soc. 17 octobre 2018, n° 16-27.597

Le salarié doit respecter un préavis

Lorsqu'un salarié a notifié à son employeur son intention de partir à la retraite en respectant un préavis dont il a fixé le terme, le préavis dont l'exécution a été suspendue pendant la durée de l'arrêt de travail consécutif à un accident du travail n'est susceptible d'aucun report.

Le départ à la retraite du salarié est un acte unilatéral par lequel le salarié manifeste de façon claire et non équivoque sa volonté de mettre fin au contrat de travail ; selon l'article L. 1237-10 CT, le salarié demandant son départ à la retraite respecte un préavis dont la durée est déterminée conformément à l'article L. 1234-1 CT ; selon l'article L. 161-22 c. séc. soc. dans sa rédaction applicable, le service d'une pension de vieillesse prenant effet postérieurement au 31 mars 1983, liquidée au titre du régime général de sécurité sociale, du régime des salariés agricoles ou d'un régime spécial de retraite et dont l'entrée en jouissance intervient à compter d'un âge fixé en Conseil d'État ou ultérieurement, est subordonné à la rupture de tout lien professionnel avec l'employeur ; il en résulte que lorsqu'un salarié a notifié à son employeur son intention de partir à la retraite en respectant un préavis dont il a fixé le terme, le préavis dont l'exécution a été suspendue pendant la durée de l'arrêt de travail consécutif à un accident du travail n'est susceptible d'aucun report.

Le 30 septembre 2010, un salarié a notifié à son employeur son intention de partir à la retraite le 31 décembre 2010 ; il a été victime le 1er octobre 2010 d'une rechute d'un accident du travail survenu le 8 octobre 2008, et placé en arrêt de travail ; soutenant que la rupture de son contrat de travail à la date du 31 décembre 2010 produisait les effets d'un licenciement sans cause réelle et sérieuse, il a saisi la juridiction prud'homale de diverses demandes.

Pour dire que « la mise à la retraite » du salarié à la date du 31 décembre 2010 était nulle et produisait les effets d'un licenciement ouvrant droit à indemnisation, une cour d'appel a retenu que ce salarié n'avait pas exécuté son préavis en raison de l'accident de travail dont il avait été victime le 1er octobre 2010 et que son contrat de travail s'était trouvé suspendu à compter de cette date, qu'en application des dispositions de l'article R. 4624-21 CT, lorsque le salarié qui a donné sa démission est victime d'un accident du travail en cours de préavis, le contrat de travail est suspendu durant l'arrêt de travail jusqu'à la visite de reprise, visite qui, en l'espèce, n'avait jamais eu lieu, qu'il s'ensuit qu'en faisant passer l'intéressé du statut de salarié à celui de retraité le 31 décembre 2010 et en rompant les relations de travail avec ce dernier pendant une période de suspension consécutive à un accident du travail, sans procéder à un report de la date de prise d'effet de la retraite, l'employeur devait être considéré comme ayant mis d'office le salarié à la retraite le 31 décembre 2010 et ainsi résilié unilatéralement le contrat de travail, peu important que le salarié ait émis le souhait, avant l'accident, d'être en retraite, que cette « mise à la retraite » devait être déclarée nulle en application des dispositions de l'article L. 1226-9 CT.

En statuant ainsi, alors que la rupture du contrat de travail résultait d'une volonté claire et non équivoque du salarié de partir à la retraite le 31 décembre 2010, la cour d'appel a violé les articles L. 1237-9 et L. 1237-10 CT, L. 161-22 c. séc. soc. dans sa rédaction applicable.

Cass. soc. 25 mai 2016, n° 15-10.637, BC V n° 115. Voir aussi cass. soc. 1er juin 2016, n° 14-24.812, BC V n° 124.

Le salarié perçoit une indemnité légale ou conventionnelle de départ à la retraite

Le droit à une indemnité de départ à la retraite n'est ouvert que si le salarié qui a décidé de quitter l'entreprise en vue de faire liquider ses droits à pension de vieillesse en a effectivement demandé la liquidation.

Cass. soc. 23 septembre 2009, n° 08-41.397, 1re branche du moyen unique du pourvoi des employeurs, BC V n° 194.

Bénéficient de l'indemnité de départ en retraite les maîtres travaillant dans un établissement d'enseignement privé sous contrat d'association avec l'État.

Les maîtres travaillant dans un établissement d'enseignement privé sous contrat d'association avec l'État ont droit à l'indemnité de départ en retraite prévue à l'article L. 122-14-13 CT, dès lors qu'ils sont placés sous l'autorité et la subordination de l'établissement qui organise et contrôle leur travail.

Cass. soc. 6 juin 1995, n° 93-45.720. Voir aussi cass. soc. 25 mars 1998, n° 95-44.914.

Une cessation des fonctions par anticipation est possible, dans certains cas, sans priver le salarié de son indemnité de départ à la retraite.

Le bénéfice de l'indemnité de départ à la retraite n'est pas soumis à la condition que le salarié quitte son emploi à 60 ans. Ainsi, une institutrice ayant cessé ses fonctions par anticipation en bénéficiant des avantages de retraite d'un régime temporaire de retraite, peut valablement demander à son employeur de lui verser l'indemnité de départ à la retraite.

Cass. soc. 27 avril 1994, n° 91-44.238.

L'octroi d'une indemnité conventionnelle de départ à la retraite peut n'être soumis à aucune condition particulière.

Les dispositions de la convention collective ne subordonnant pas le versement de l'indemnité conventionnelle de départ à la retraite à la condition que le salarié ne reprenne aucune autre activité professionnelle après son départ, l'employeur ne pouvait demander le remboursement de l'indemnité versée, même si le bénéficiaire avait repris une activité salariée.

Cass. soc. 17 mars 1993, n° 88-45.521, BC V n° 90. Voir aussi cass. soc. 21 mai 1996, n° 95-40.402.

Les dispositions conventionnelles relatives à l'indemnité de départ à la retraite doivent être respectées par l'employeur.

Un conseil de prud'hommes, tenu de respecter à la fois le principe d'égalité entre travailleurs à temps complet et travailleurs à temps partiel posé par l'article L. 212-4-2 CT et la règle posée par l'accord collectif relatif aux retraites selon laquelle l'indemnité de départ en retraite des salariés travaillant à temps partiel est calculée en tenant compte, proportionnellement, des périodes d'emploi effectuées à temps plein et à temps partiel, a exactement fixé la somme revenant à la salariée en la calculant par tranches d'ancienneté.

Cass. soc. 16 décembre 1998, n° 95-41.413, BC V n° 562.

Concernant l'assiette de calcul d'une indemnité conventionnelle de départ à la retraite, peuvent être pris en compte l'intéressement, la participation et l'abondement.

Il résulte de l'article 21 bis de la convention collective nationale des industries chimiques que l'indemnité de départ à la retraite est calculée sur la base de la rémunération totale servant de référence, à la seule exclusion des gratifications exceptionnelles.

Des salariés ont sollicité, en tant que travailleurs de l'amiante, une cessation anticipée d'activité sur le fondement de l'article 41 de la loi 98-1194 du 23 décembre 1998 ; leur employeur leur a versé l'indemnité prévue par la partie V de ce texte, indemnité devant être d'un montant au moins égal à l'indemnité versée pour un départ à la retraite décidé par l'employeur.

Estimant ne pas avoir été remplis de leurs droits, les salariés ont saisi la juridiction prud'homale pour obtenir que cette indemnité soit déterminée sans exclure de l'assiette de calcul l'intéressement, la participation et l'abondement.

C'est à bon droit qu'une cour d'appel, faisant l'exacte application de l'article 21 bis de la convention collective nationale des industries chimiques, a condamné l'employeur à payer à chacun des salariés un complément d'indemnité conventionnelle de départ à la retraite.

Cass. soc. 10 octobre 2007, n° 06-44.807, BC V n° 158. Voir aussi cass. soc. 28 avril 2011, n° 09-68.040 ; cass. soc. 11 mars 2015, n° 14-13.036, 1er moyen.

L'indemnité de départ en retraite versée au salarié qui quitte volontairement l'entreprise pour bénéficier du droit à pension de vieillesse n'a pas pour objet de compenser un préjudice et constitue dès lors une rémunération, ce dont il résulte qu'elle est soumise aux règles de saisie prévues par le code du travail.

Une personne a demandé à un juge de l'exécution d'annuler une saisie-attribution pratiquée sur un compte bancaire en faisant valoir que cette saisie portait sur l'indemnité de départ à la retraite qu'elle avait perçue.

Doit être cassé l'arrêt qui, pour rejeter cette demande, a retenu que cette indemnité n'était pas la contrepartie du travail fourni par l'intéressé et n'était donc pas un élément du salaire, sans préciser si la somme litigieuse avait été versée au salarié en raison de son départ volontaire à la retraite ou de sa mise à la retraite par l'employeur.

Cass. soc. 30 janvier 2008, n° 06-17.531, BC V n° 29.

Départ à la retraite d'un salarié protégé

Après avoir constaté que le contrat de travail d'un salarié protégé avait pris fin du fait de son départ volontaire à la retraite, une cour d'appel a pu en déduire que ce départ ne nécessitait pas l'autorisation de l'inspecteur du travail.

Cass. soc. 11 février 2009, n° 07-44.909.

☞ *AGS (Garantie des créances) ; Retraite (Mise à la).*

Retraite (Mise à la)

La mise à la retraite est un mode spécifique de rupture du contrat de travail à l'initiative de l'employeur. Elle ne constitue pas un licenciement si les conditions légales sont remplies.

Depuis le 1er janvier 2009, suite à la loi 2008-1330 du 17 décembre 2008, l'employeur peut mettre un salarié à la retraite à condition qu'il soit d'accord et qu'il ait atteint l'âge d'attribution d'une retraite à taux plein (65 ans, progressivement relevé à 67 ans par la loi 2010-1330 du 9 novembre 2010). Ainsi, l'employeur doit interroger par écrit le salarié au moins trois mois avant sa date anniversaire sur son intention de quitter volontairement l'entreprise pour bénéficier d'une pension de vieillesse. Si le salarié répond par la négative, l'employeur ne peut le mettre à la retraite pendant l'année qui suit, et il devra réitérer sa demande l'année suivante. Cependant, lorsque le salarié atteint l'âge de 70 ans, l'employeur peut le mettre à la retraite d'office.

Le salarié doit remplir les conditions légales pour être mis à la retraite

L'employeur ne peut pas mettre à la retraite un salarié n'ayant pas atteint l'âge légal d'attribution d'une retraite à taux plein.

Doit être rejeté le pourvoi d'un employeur qui, pour reprocher à une cour d'appel d'avoir dit que la mise à la retraite d'un salarié à l'âge de 58 ans constituait un licenciement et de l'avoir condamné au paiement de diverses sommes à ce titre, soutient que l'article L. 122-14-13 CT, dans sa rédaction issue de la loi du 21 août 2003 applicable au litige, prévoit la possibilité d'une mise à la retraite d'un salarié qui a atteint l'âge à partir duquel il peut obtenir la liquidation de sa pension de retraite à taux plein, notamment du salarié qui remplit les conditions des articles L. 351-1-1 et L. 351-1-3 lui permettant de demander la liquidation de sa pension de retraite à taux plein à un âge inférieur à 60 ans.

En effet, c'est à bon droit que la cour d'appel a retenu que l'âge prévu au premier alinéa de l'article L. 351-1 c. séc. soc., auquel se réfère l'article L. 122-14-13 CT dans sa rédaction alors applicable, est, en vertu de l'article R. 351-2 c. séc. soc., fixé à 60 ans.

Cass. soc. 10 juin 2008, n° 07-42.159, BC V n° 128. Voir aussi cass. soc. 23 novembre 2010, n° 09-67.347, 1er moyen.

La mise à la retraite d'un salarié, alors que les conditions légales ne sont pas remplies, constitue un licenciement nul.

Il résulte de l'article L. 122-45 CT, dans sa rédaction issue de la loi du 16 novembre 2001 relative à la lutte contre les discriminations, qu'aucun salarié ne peut être licencié en raison de son âge et que toute disposition ou tout acte contraire à l'égard d'un salarié est nul.

Ayant constaté que l'employeur n'invoquait comme cause de rupture que l'âge de l'officier, lequel, au moment de la rupture du contrat de travail, ne bénéficiait pas d'une retraite à taux plein, une cour d'appel a, à bon droit, décidé que sa mise à la retraite constituait un licenciement nul.

Cass. soc. 21 décembre 2006, n° 05-12.816, BC V n° 412. Voir aussi cass. soc. 18 janvier 1995, n° 91-42.344, BC V n° 31, jurisprudence antérieure analysant la rupture en un licenciement sans cause réelle et sérieuse.

Si c'est à la date de la cessation effective du contrat qu'il convient de se placer pour déterminer si les conditions d'une mise à la retraite sont remplies…

C'est à la date d'expiration du contrat de travail qu'il convient d'apprécier si les conditions prévues par l'article L. 1237-5 CT sont réunies.

Cass. soc. 22 juin 2011, n° 09-71.118. Voir aussi cass. soc. 31 janvier 1996, n° 91-44.143, BC V n° 35.

Par lettre du 4 septembre 1996, le chroniqueur d'une station de radio a été informé de sa mise à la retraite pour le 14 mars 1997, date de ses 65 ans. Par lettre du 5 septembre 1996, il a informé son employeur qu'il entendait bénéficier de la clause de cession prévue par l'article L. 761-7 CT en raison du rapprochement intervenu entre la maison mère de la radio et un autre groupe. L'employeur ayant refusé d'accéder à cette demande, le journaliste a quitté l'entreprise le 5 novembre 1996 et a saisi la juridiction prud'homale.

Doit être rejeté le pourvoi du salarié reprochant à une cour d'appel d'avoir dit qu'il avait été régulièrement mis à la retraite, et de l'avoir débouté de ses demandes d'indemnité de congédiement prévue par les articles L. 761-5 et L. 761-7-1 CT et de dommages-intérêts pour préjudice moral.

En effet, après avoir rappelé que c'est à la date de l'expiration du contrat qu'il convient d'apprécier si les conditions de mise à la retraite, prévues par l'article L. 122-14-13 CT, sont réunies, la cour d'appel, qui a constaté que le salarié remplissait les conditions d'ouverture du droit à pension de vieillesse, par application de l'article 51 de la convention collective des journalistes, à la date à laquelle il atteindrait ses 65 ans, soit le 14 mars 1997, le délai de prévenance étant de trois mois, a pu en déduire que l'employeur pouvait, dès le 4 septembre 1996, régulièrement notifier à l'intéressé sa mise à la retraite.

De plus, après avoir constaté que le salarié avait demandé à bénéficier de la clause de cession avant que la cession soit effectivement réalisée, la cour a justement retenu qu'aucun droit n'avait été retiré au salarié à la suite de la notification anticipée de sa mise à la retraite.

Cass. soc. 18 septembre 2002, n° 00-40.398.

S'agissant de la mise à la retraite d'une salariée fondée sur l'âge, la directive 76/207/CEE relative à la mise en œuvre du principe d'égalité de traitement entre hommes et femmes est applicable, à l'exclusion de la directive 79/7/CEE relative à l'égalité de traitement en matière de régimes légaux de sécurité sociale. En outre, si l'article 2, § 2 de la directive 76/207/CEE prévoit une dérogation au principe de l'égalité de traitement pour les activités professionnelles où le sexe constitue une condition déterminante, cette dérogation est prévue uniquement pour l'accès à l'emploi et non pour les conditions d'exercice de la profession.

Une salariée, engagée en qualité d'artiste chorégraphe par une société, avait reçu notification de sa mise à la retraite avec prolongation exceptionnelle d'activité au motif qu'elle avait atteint l'âge d'ouverture des droits à pension. Estimant que cette mesure s'analysait en un licenciement sans cause réelle et sérieuse, la salariée avait saisi la juridiction prud'homale de diverses demandes.

D'une part, une cour d'appel a constaté que l'employeur avait procédé à la mise à la retraite d'office de la salariée.

D'autre part, la cour d'appel a exactement énoncé que, s'agissant d'une rupture du contrat de travail fondée sur l'âge du personnel féminin de la danse, seule était applicable la directive 76/207/CEE du 9 février 1976 relative à la mise en œuvre du principe d'égalité de traitement entre hommes et femmes en ce qui concerne l'accès à l'emploi, à la formation et à la promotion professionnelles et les conditions de travail, à l'exclusion de l'application des dispositions de la directive 79/7/CEE relative à l'égalité de traitement en matière de régimes légaux de sécurité sociale.

Enfin, l'article 2, § 2 de la directive 76/207/CEE, qui prévoit une dérogation au principe de l'égalité de traitement à l'égard des activités professionnelles et, le cas échéant, des formations y conduisant, pour lesquelles, en raison de leur nature ou des conditions de leur exercice, le sexe constitue une condition déterminante, ne s'applique qu'à l'accès à l'emploi lorsqu'il est indistinctement accessible aux hommes et aux femmes, ce qui est le cas de l'emploi de danseur au corps de ballet de l'Opéra de Paris. La cour d'appel a donc pu condamner la société à payer à l'intéressée, notamment, des dommages-intérêts pour licenciement sans cause réelle et sérieuse.

Cass. soc. 15 juin 1999, n° 96-45.464, BC V n° 284.

… ce sont les dispositions légales en vigueur à la date de la notification de la mise à la retraite qui fixent ces conditions.

Un salarié, ayant atteint l'âge de 60 ans, a été mis à la retraite par lettre du 16 juin 2003 ; ayant quitté l'entreprise au terme du préavis le 30 septembre 2003 et soutenant qu'il ne remplissait pas à cette date les conditions fixées par la loi du 23 août 2003 portant à 65 ans l'âge de mise à la retraite, le salarié a saisi la juridiction prud'homale de demandes tendant au paiement de sommes à titre d'indemnités de préavis, de congés payés y afférents, d'indemnité de licenciement et de dommages et intérêts pour licenciement sans cause réelle et sérieuse.

Après avoir relevé que le salarié avait été mis à la retraite par lettre du 16 juin 2003, conformément aux dispositions légales en vigueur, c'est à bon droit qu'une cour d'appel a décidé que celle-ci n'avait pas à être requalifiée en licenciement.

Cass. soc. 14 mai 2008, n° 06-43.564, BC V n° 104. Voir aussi cass. soc. 10 mai 2012, n° 11-11.768 ; cass. soc. 18 mars 2015, n° 13-27.598.

Manque à son obligation d'exécuter loyalement le contrat de travail l'employeur qui met un salarié à la retraite sans respecter les dispositions conventionnelles dans le but de se soustraire aux nouvelles conditions légales de mise à la retraite.

Cass. soc. 15 janvier 2013, n° 11-15.646, BC V n° 8, cité dans « Égalité de traitement ».

Le simple fait, pour un pilote, d'atteindre la limite d'âge légalement fixée pour exercer ses fonctions n'entraîne pas en soi la rupture du contrat de travail.

Selon l'article L. 421-9 c. aviation civ., le personnel navigant de l'aéronautique civile ne peut exercer aucune activité de pilote ou de copilote dans le transport aérien public au-delà de l'âge de 60 ans ; toutefois, le contrat de travail du navigant n'est pas rompu du seul fait que cette limite d'âge est atteinte, sauf impossibilité pour l'entreprise de proposer un reclassement dans un emploi au sol ; selon l'article 6.2 du règlement intérieur du personnel navigant de la compagnie aérienne employeur, lorsque le salarié atteint cette limite d'âge, son reclassement au sol est effectué selon les possibilités d'emploi et est subordonné à l'existence de postes vacants ainsi qu'à ses aptitudes et à ses capacités.

Un pilote de ligne, qui devait atteindre l'âge légal de cessation de service le 5 novembre 1998, s'était vu proposer le 6 octobre 1998 un poste au sol à titre de reclassement, étant précisé qu'à défaut d'acceptation, il quitterait la compagnie le 4 novembre 1998 et que lui serait alors versée l'indemnité exclusive de départ prévue à l'article L. 432-1 c. aviation civ. Ayant refusé cette proposition de reclassement, il a été informé de sa mise à la retraite à compter du 4 novembre. Contestant le bien-fondé et les conséquences de cette rupture, il a saisi la juridiction prud'homale.

A violé les articles L. 421-9 c. aviation civ. et 6.2 du règlement intérieur du personnel navigant la cour d'appel qui, pour débouter le salarié de sa demande de dommages-intérêts pour licenciement sans cause réelle et sérieuse, a énoncé que les dispositions du règlement intérieur du personnel navigant limitaient la recherche du reclassement à l'entreprise et non au groupe, alors que les possibilités de reclassement doivent être recherchées dans le cadre du groupe auquel appartient l'entreprise, parmi les entreprises dont les activités, l'organisation ou le lieu d'exploitation leur permettent d'effectuer la permutation de tout ou partie du personnel.

Cass. soc. 29 septembre 2004, n° 02-40.705, BC V n° 238.

La directive 2000/78/CE du 27 novembre 2000 autorise les États membres à fixer une limite d'âge à condition qu'elle soit objectivement et raisonnablement justifiée, dans le cadre du droit national, par un objectif légitime, de politique de l'emploi, du marché du travail et de la formation professionnelle, et que les moyens de réaliser cet objectif soient appropriés et nécessaires.

Égalité de traitement.

Lorsque le salarié a atteint, au moment de son engagement, l'âge permettant à l'employeur de le mettre à la retraite en application de l'article L. 1237-5 CT, son âge ne peut constituer un motif permettant à l'employeur de mettre fin au contrat de travail.

Cass. soc. 29 juin 2011, n° 09-42.165, BC V n° 174. Voir aussi cass. soc. 17 avril 2019, n° 17-29.017, à paraître.

Ne constitue pas une mise à la retraite la rupture du contrat de travail d'un salarié qui, ayant adhéré à un dispositif conventionnel de cessation d'activité, part à la retraite à l'issue de la période de préretraite définie par l'accord collectif.

Il en résulte que le salarié ayant personnellement adhéré au dispositif de cessation d'activité ne peut remettre en discussion la régularité et la légitimité de la rupture de son contrat de travail, à moins d'établir une fraude de son employeur ou l'existence d'un vice du consentement.

Cass. soc. 1er juin 2017, n° 15-23.580, BC V n° 98. Voir aussi cass. soc. 15 octobre 2013, n° 12-21.765, BC V n° 234.

La mise à la retraite ne s'analyse pas en un licenciement

Lorsque les conditions légales de mise à la retraite sont réunies, cette mesure ne s'analyse pas en un licenciement sans cause réelle et sérieuse, peu important que les dispositions conventionnelles ne traitent que du seul départ à la retraite.

C'est à bon droit qu'une cour d'appel a rejeté la demande d'une salariée tendant à ce que sa mise à la retraite soit requalifiée en licenciement sans cause réelle et sérieuse.

D'abord, il ne résultait pas de la convention collective, qui stipulait que les intéressés pourraient faire valoir leurs droits à la retraite à compter de leur soixantième anniversaire et que, dans ce cas, ils devraient faire part de leur décision six mois avant la date prévue de cessation d'activité, que les rédacteurs de la convention aient entendu déroger aux dispositions de l'article L. 122-14-13, al. 3 CT en réservant aux seuls salariés la possibilité de mettre fin au contrat de travail par un départ à la retraite.

Ensuite, ayant relevé que l'employeur avait prononcé la mise à la retraite de la salariée, la cour d'appel, qui a constaté que les conditions légales de cette mesure étaient réunies et qu'elle ne procédait pas d'un détournement de ses pouvoirs par l'employeur, a légalement justifié sa décision.

Cass. soc. 7 juillet 2004, n° 01-46.643.

La procédure de licenciement n'a pas à être respectée…

Une salariée n'est pas fondée à demander des indemnités pour non-respect de la procédure de licenciement faute d'avoir été convoquée à un entretien préalable, la mise à la retraite d'un salarié qui remplit les conditions d'ouverture du droit à pension de vieillesse et qui peut bénéficier d'une pension à taux plein ne s'analysant pas en un licenciement. Elle n'a pas, par conséquent, à être précédée d'un entretien préalable.

CA Amiens 19 novembre 1992, 2e ch. soc., n° 620, 2e espèce.

… sauf si la convention collective en dispose autrement.

Pour débouter un salarié de sa demande de dommages-intérêts pour inobservation de la procédure conventionnelle de mise à la retraite, une cour d'appel a retenu qu'il ne résultait pas des documents produits par le salarié que celui-ci avait reçu tardivement sa convocation à l'entretien individuel et qu'il n'était pas établi que son absence à l'entretien lui avait causé un préjudice.

En statuant ainsi, alors qu'il appartenait à l'employeur, tenu en vertu de l'accord applicable de procéder à un entretien avant de notifier sa mise à la retraite au salarié, d'établir qu'il avait informé en temps utile le salarié de la date de son entretien, et alors que l'absence d'un tel entretien causait nécessairement au salarié un préjudice qu'il appartenait au juge de réparer selon son étendue, la cour d'appel a violé l'article 1315 c. civ. et l'accord relatif au départ et mise à la retraite applicable.

Cass. soc. 23 novembre 2010, n° 09-43.005, 2e moyen.

Si l'employeur, qui envisage de mettre des salariés à la retraite à l'occasion de difficultés économiques, doit observer les dispositions relatives aux licenciements économiques, il n'en résulte pas que la décision de mise à la retraite prise par l'employeur entraîne les effets d'un licenciement.

Lorsque les conditions de la mise en retraite sont remplies, la rupture ne constitue pas un licenciement ; si, en application de l'article L. 321-1, al. 2 CT, l'employeur qui envisage de mettre des salariés à la retraite à l'occasion de difficultés économiques doit observer les dispositions relatives aux licenciements économiques en ce qu'elles impliquent la consultation des représentants du personnel et la mise en place d'un plan de sauvegarde de l'emploi lorsque les conditions légales en sont remplies, il n'en résulte pas que la décision de mise à la retraite prise par l'employeur entraîne les effets d'un licenciement.

C'est à tort que, pour condamner un employeur à payer à un salarié un solde d'indemnité conventionnelle de licenciement, une cour d'appel a retenu que la mise à la retraite de ce dernier, s'inscrivant dans le cadre d'une réduction des effectifs motivée par des raisons économiques, devait être assimilée à un licenciement économique pour suppression d'emploi et que l'absence d'opposition formulée par le salarié ne transformait pas sa mise à la retraite en un départ volontaire privatif de l'indemnité conventionnelle de licenciement, alors qu'elle avait constaté que les conditions légales de cette mise à la retraite étaient remplies et que cette mesure n'était pas intervenue dans le cadre d'un plan social prévoyant le versement d'une telle indemnité aux salariés mis à la retraite.

Cass. soc. 18 mars 2008, n° 07-40.269, BC V n° 63.

L'employeur n'a pas à motiver sa décision de mise à la retraite.

La décision de l'employeur de mettre à la retraite un salarié n'a pas à être spécialement motivée si les conditions de mise à la retraite sont réunies.

Cass. soc. 12 janvier 1993, n° 89-43.647, BC V n° 4.

Il n'est notamment pas tenu de justifier d'un objectif légitime étranger à toute discrimination.

Aux termes de l'article 6, § 1, de la directive 2000/78/CE du 27 novembre 2000, portant création d'un cadre général en faveur de l'égalité de traitement en matière d'emploi et de travail, des différences de traitement fondées sur l'âge ne constituent pas une discrimination lorsqu'elles sont objectivement et raisonnablement justifiées, dans le cadre du droit national, par un objectif légitime, notamment de politique de l'emploi, du marché du travail et de la formation professionnelle, et que les moyens de réaliser cet objectif sont appropriés et nécessaires ; tel est le cas des dispositions du code du travail relatives à la mise à la retraite mettant en œuvre, dans un objectif de politique sociale, le droit pour chacun d'obtenir un emploi tout en permettant l'exercice de ce droit par le plus grand nombre et en subordonnant la mise à la retraite à la condition que le salarié bénéficie d'une pension à taux plein ; dès lors que ces dispositions, de portée générale, satisfont aux exigences de la directive, il ne peut être imposé à l'employeur de justifier que leur mise en œuvre à l'égard d'un salarié qui remplit les conditions légales d'une mise à la retraite répond aux objectifs poursuivis.

Pour requalifier la mise à la retraite d'un salarié en licenciement nul comme fondé sur un critère d'âge, une cour d'appel a retenu que la lettre de mise à la retraite se contentait de renvoyer à l'intérêt du salarié lui-même sans rattacher cette mesure à un objectif légitime et proportionné, extérieur à sa situation.

En statuant ainsi, alors que la mise à la retraite du salarié était intervenue dans les conditions prévues par le code du travail, la cour d'appel a violé les articles L. 122-14-13 et L. 122-45, alors applicables, devenus L. 1237-5, L. 1132-1 et L. 1132-4 CT, et 6, § 1, de la directive 2000/78/CE du 27 novembre 2000, portant création d'un cadre général en faveur de l'égalité de traitement en matière d'emploi et de travail.

Cass. soc. 26 novembre 2013, n° 12-21.758, pourvoi de l'employeur, BC V n° 283. Voir aussi cass. soc. 20 mai 2014, n° 12-29.565, BC V n° 125.

Un salarié qui prend acte de la rupture de son contrat de travail peut, dans certains cas, invoquer les droits attachés à une mise à la retraite injustifiée.

Le salarié qui prend acte de la rupture de son contrat de travail alors que l'employeur lui propose un aménagement de sa fin de carrière et le remplace à son poste de direction, malgré son opposition, peut invoquer les droits attachés à une mise à la retraite injustifiée.

Cass. soc. 30 septembre 1992, n° 89-45.590, BC V n° 487.

L'employeur ne peut revenir sur la mise à la retraite d'un salarié qu'avec l'accord de celui-ci.

Une mise à la retraite notifiée par l'employeur à son salarié ne peut être rétractée qu'avec l'accord de ce dernier et la rupture du contrat de travail s'analyse en un licenciement dépourvu de cause réelle et sérieuse lorsque les conditions prévues à l'article L. 122-14-13 CT ne sont pas remplies à la date de la mise à la retraite.

Un employeur avait notifié, le 31 octobre 2000, à un salarié sa mise à la retraite au 30 avril 2001. Suite à la contestation du salarié faisant valoir qu'il ne pouvait bénéficier d'une pension à taux plein à cette date, l'employeur lui a notifié, le 17 avril 2001, le report de sa mise à la retraite au 30 avril 2002, avec dispense d'exécution du préavis. Le salarié a ensuite demandé en justice des indemnités de rupture.

C'est à tort que, pour dire régulière la mise à la retraite de ce salarié et le débouter de sa demande, une cour d'appel a retenu que l'employeur était en droit, tant que le contrat de travail n'avait pas effectivement cessé, de reporter la date de la mise à la retraite du salarié, afin de respecter les conditions requises pour ce mode de rupture, sans avoir constaté que le salarié avait accepté que soit privée d'effet sa mise à la retraite au 30 avril 2001, date à laquelle il ne pouvait bénéficier d'une pension de vieillesse à taux plein.

Cass. soc. 28 février 2006, n° 04-40.303, BC V n° 90.

Les circonstances de la mise à la retraite ne doivent pas être abusives.

Après avoir relevé qu'un salarié, mis à la retraite par lettre du 29 mars, avait fait l'objet d'une mise à l'écart dès le mois de février, et qu'un mois seulement après avoir abordé avec lui l'hypothèse de sa mise à la retraite, l'employeur lui avait signifié celle-ci le jour même où il avait été informé que le salarié en remplissait les conditions légales et l'avait dispensé de préavis, une cour d'appel, ayant ainsi caractérisé les circonstances brutales et vexatoires de la rupture, a pu allouer à l'intéressé des dommages-intérêts.

Cass. soc. 3 mars 2010, n° 08-44.996.

L'octroi de dommages-intérêts en raison des conditions vexatoires de la rupture du contrat est indépendant du bien-fondé de la rupture.

C'est à tort qu'une cour d'appel a rejeté une demande de dommages-intérêts fondée sur les circonstances, selon le salarié, brutales et vexatoires de sa mise à la retraite, en retenant que le salarié sera débouté de ses demandes en requalification de la rupture en licenciement abusif et des demandes annexes, alors que le bien-fondé d'une demande de dommages-intérêts à raison des conditions vexatoires de la rupture du contrat de travail est indépendant du bien-fondé de la rupture.

Cass. soc. 10 juillet 2013, n° 12-19.740, 6e branche du 1er moyen, BC V n° 193.

Mise à la retraite d'un salarié protégé

La mise à la retraite d'un salarié protégé doit être précédée d'un entretien préalable.

CE 17 juin 2009, n° 304027.

L'employeur doit communiquer au comité d'entreprise toute pièce permettant de vérifier que le salarié bénéficie d'un nombre de trimestres validés suffisant pour recevoir une pension à taux plein.

CE 26 octobre 2011, n° 335755.

Si la mise à la retraite concerne un salarié protégé, l'employeur doit obtenir l'autorisation de l'autorité administrative.

La protection exceptionnelle et exorbitante du droit commun, instituée par le législateur au profit des salariés investis de fonctions représentatives, interdit à l'employeur de poursuivre par d'autres moyens la rupture du contrat de travail. Il en est ainsi lorsque le salarié est mis à la retraite, même si les conditions posées pour la mise à la retraite sont remplies. L'employeur doit ainsi mettre en œuvre cette procédure spéciale de licenciement, nécessitant notamment l'autorisation de l'autorité administrative, pour pouvoir mettre à la retraite un salarié protégé.

Cass. soc. 5 mars 1996, n° 92-42.490, BC V n° 84. Voir aussi cass. soc. 6 mai 1998, n° 96-40.205 ; cass. soc. 7 juin 2000, n° 98-43.559.

La protection exceptionnelle et exorbitante du droit commun instituée par le législateur au profit des salariés exerçant les fonctions de conseiller prud'homme interdit à l'employeur de poursuivre par d'autres moyens la rupture du contrat de travail. Il en est ainsi lorsque le salarié est mis à la retraite, même si les conditions posées par l'article L. 122-14-13 CT sont remplies.

Un conseiller prud'homme avait été mis à la retraite, alors qu'il avait atteint l'âge de 60 ans et totalisait plus de 150 trimestres d'assurance.

Doit être cassé l'arrêt qui, pour rejeter la demande de réintégration sous astreinte formée par le salarié, retient qu'il remplissait les conditions auxquelles se réfère l'article L. 122-14-13 CT d'âge et de durée d'assurance pour bénéficier d'une retraite à taux plein, que dans ce cas, la mise à la retraite décidée par l'employeur ne constitue pas un licenciement, car ce mode de rupture du contrat de travail obéit à un régime propre dont le contenu est défini par l'article L. 122-14-13 CT et qu'en conséquence, l'article L. 122-14-7 CT, qui se réfère aux régimes de protection concernant le licenciement de certaines catégories de salariés, et l'article L. 514-2 CT, qui vise le licenciement des conseillers prud'hommes, ne sont pas applicables à la mise à la retraite intervenant dans ces conditions.

Cass. soc. 2 décembre 1998, n° 96-44.668, BC V n° 534.

L'inspecteur du travail doit vérifier, d'une part, que la mesure envisagée n'est pas en rapport avec les fonctions représentatives exercées ou l'appartenance syndicale de l'intéressé, et d'autre part, que les conditions légales de mise à la retraite sont remplies.

Dans le cas où la demande de rupture du contrat de travail d'un salarié protégé par l'employeur est motivée par la survenance de l'âge, il appartient à l'inspecteur du travail, et le cas échéant au ministre, de vérifier sous le contrôle du juge de l'excès de pouvoir, d'une part, que la mesure envisagée n'est pas en rapport avec les fonctions représentatives exercées ou l'appartenance syndicale de l'intéressé, et d'autre part, que les conditions légales de mise à la retraite sont remplies.

CE 17 juin 2009, n° 304027, précité.

Il doit également apprécier la régularité de la procédure de mise à la retraite du salarié au regard, d'une part, des garanties de procédure prévues par le code du travail en cas de licenciement d'un salarié protégé, lesquelles s'appliquent aussi à la mise à la retraite d'un salarié protégé, et d'autre part, le cas échéant, des stipulations conventionnelles applicables à la mise à la retraite des salariés.

Dans le cas où la demande de rupture du contrat de travail d'un salarié protégé est présentée, par l'employeur, au titre des dispositions de l'article L. 1237-5 CT [relatif à la mise à la retraite], il appartient à l'inspecteur du travail et, le cas échéant, au ministre, de vérifier sous le contrôle du juge de l'excès de pouvoir, d'une part, que la mesure envisagée n'est pas en rapport avec les fonctions représentatives exercées ou l'appartenance syndicale de l'intéressé, d'autre part, que les conditions légales de mise à la retraite sont remplies et, enfin, qu'aucun motif d'intérêt général ne s'oppose à ce que l'autorisation soit accordée. Il incombe également à l'inspecteur du travail d'apprécier la régularité de la procédure de mise à la retraite de ce salarié au regard de l'ensemble des règles applicables, au nombre desquelles figurent, d'une part, les garanties de procédure prévues par le code du travail en cas de licenciement d'un salarié protégé, lesquelles s'appliquent aussi à la mise à la retraite d'un salarié protégé et, d'autre part, le cas échéant, les stipulations d'accords collectifs de travail applicables à la mise à la retraite des salariés.

Doit donc être cassé l'arrêt ayant jugé que l'inspectrice du travail, saisie d'une demande de mise à la retraite d'un salarié protégé, devait vérifier la régularité de la procédure suivie par l'employeur au regard, notamment, des stipulations d'un accord d'entreprise qui étaient applicables en cas de licenciement, sans rechercher si ces stipulations étaient également applicables à la mise à la retraite d'un salarié protégé.

CE 13 février 2019, n° 403890.

La mise à la retraite d'un salarié protégé sans autorisation de l'inspecteur du travail ouvre droit à une indemnité égale au montant des rémunérations que le salarié aurait perçues depuis la date de son éviction jusqu'à l'expiration de la période légale de protection.

Un salarié, membre du comité d'entreprise, avait été mis à la retraite au motif qu'il avait atteint l'âge de 60 ans et pouvait bénéficier d'une pension vieillesse à taux plein. Cette mesure ayant été prise sans autorisation de l'inspecteur du travail, le salarié avait saisi la juridiction prud'homale.

C'est à tort que, pour limiter la somme due au salarié par l'employeur en réparation du dommage résultant de la violation du statut protecteur des représentants du personnel, une cour d'appel a énoncé que la protection exorbitante du droit commun instituée par le législateur en faveur de salariés investis de fonctions représentatives, interdit à l'employeur de poursuivre par d'autres moyens la rupture du contrat de travail et qu'à défaut d'avoir suivi la procédure spécifique, l'employeur serait condamné à verser au salarié la somme de 40 000 F en réparation de la violation de ses droits de salarié protégé, alors que le contrat de travail du salarié ayant été résilié sans autorisation de l'inspecteur du travail, l'intéressé avait droit, à titre de sanction de la violation du statut protecteur, à une indemnité égale au montant des rémunérations qu'il aurait perçues depuis la date de son éviction jusqu'à l'expiration de la période légale de protection.

Cass. soc. 23 mai 2000, n° 97-45.204, 2e moyen, BC V n° 200.

Soutenant que sa mise à la retraite s'analysait en un licenciement dépourvu de cause réelle et sérieuse et prononcé en violation de son statut protecteur, un salarié, conseiller prud'homme, avait saisi la juridiction prud'homale. C'est à bon droit qu'une cour d'appel a condamné l'employeur à verser au salarié une indemnité forfaitaire pour perte de salaire équivalente à la rémunération brute de l'intéressé sur trente mois ainsi que des indemnités de rupture et pour licenciement sans cause réelle et sérieuse.

D'abord, la cour d'appel, qui a constaté que la durée du mandat de conseiller prud'homme qui restait à courir était supérieure à trente mois, a légalement justifié sa décision d'accorder au salarié une indemnité égale à la rémunération qu'il aurait perçue au cours des trente mois de la protection des représentants du personnel.

Ensuite, la mise à la retraite d'un salarié protégé doit être autorisée par l'inspecteur du travail ; à défaut, la rupture du contrat de travail s'analyse en un licenciement nul et outre la sanction de la méconnaissance du statut protecteur, le salarié protégé, qui ne demande pas la poursuite de son contrat de travail illégalement rompu, a le droit d'obtenir, non seulement les indemnités de rupture, mais aussi une indemnité réparant l'intégralité du préjudice résultant du caractère illicite du licenciement et au moins égale à celle prévue par l'article L. 122-14-4 CT.

Cass. soc. 10 décembre 2003, n° 01-43.876, BC V n° 314. Voir aussi cass. soc. 26 septembre 2012, n° 11-13.374, pourvoi principal.

La mise à la retraite d'un salarié protégé sans autorisation de l'inspecteur du travail ouvre également droit à une indemnité réparant l'intégralité du préjudice résultant du caractère illicite de la rupture.

Cass. soc. 10 décembre 2003, n° 01-43.876, précité. Voir aussi cass. soc. 26 septembre 2012, n° 11-13.374, précité.

Représentants du personnel (Autorisation administrative de licenciement) ; Représentants du personnel (Licenciement/Indemnisation) ; Représentants du personnel (Licenciement/Recours contre la décision administrative) ; Représentants du personnel (Procédure de licenciement) ; Représentants du personnel (Protection/Bénéficiaires) ; Représentants du personnel (Protection/Cas d'application) ; Représentants du personnel (Réintégration).

Les clauses « couperet » sont interdites depuis la loi du 30 juillet 1987

La disposition d'une convention collective, prévoyant une rupture de plein droit du contrat de travail du salarié à un âge déterminé, est entachée d'une nullité d'ordre public absolue.

Est entachée d'une nullité d'ordre public absolue la disposition de la convention collective de l'édition prévoyant une rupture de plein droit du contrat de travail du salarié en raison de son âge, même si la continuation du contrat de travail n'est pas exclue en vertu d'un accord exprès des parties.

Cass. soc. 1er février 1995, n° 90-42.635, BC V n° 48. Voir aussi cass. soc. 15 mars 1995, n° 90-44.949.

Un employeur ne peut se prévaloir de la nullité d'une clause « couperet ».

Les dispositions de l'article L. 122-14-12, al. 2 CT, selon lesquelles toute clause conventionnelle ou contractuelle prévoyant la rupture de plein droit du contrat de travail d'un salarié à l'âge de 65 ans est nulle et de nul effet, n'ont été édictées que dans un souci de protection du salarié ; dès lors, l'employeur est irrecevable à s'en prévaloir.

Un employeur ne peut donc se prévaloir de la nullité d'une clause « couperet » pour mettre à la retraite un salarié ayant atteint l'âge de 60 ans et pouvant bénéficier d'une pension de vieillesse à taux plein, une telle mesure constituant un licenciement dépourvu de cause réelle et sérieuse.

Cass. ass. plén. 6 novembre 1998, n° 97-41.931, BC n° 3. Voir aussi cass. soc. 17 octobre 2000, n° 98-45.040.

La loi du 30 juillet 1987 relative à l'interdiction des clauses « couperet » n'est pas applicable aux agents de la SNCF, de la RATP et d'EDF-GDF.

La rupture du contrat de travail des agents de la SNCF pour mise à la retraite étant régie par un statut particulier, un agent n'est pas fondé à remettre en cause la validité de sa mise à la retraite en soutenant que le régime institué par la loi de 1987 est plus favorable que celui de la SNCF.

Cass. soc. 22 octobre 1996, n° 94-43.319. Voir aussi cass. soc. 5 mai 1998, n° 95-45.459, pour les agents de la RATF ; cass. soc. 21 juin 1995, n° 91-42.460, BC V n° 204, pour les agents d'EDF-GDF.

Pour la CJUE, les clauses de cessation automatique des contrats de travail pour cause d'âge de départ à la retraite sont valables à condition, d'une part, d'être objectivement et raisonnablement justifiées par un objectif légitime relatif à la politique de l'emploi et du marché du travail et, d'autre part, que les moyens de le réaliser soient appropriés et nécessaires.

CJUE 12 octobre 2010, aff. C-45/09, Recueil I-9391.

En cas de mise à la retraite, l'employeur doit observer un préavis

Il résulte de la combinaison des articles L. 122-14-13 et L. 122-6 CT qu'en cas de mise à la retraite d'un salarié par l'employeur, le préavis applicable est celui prévu en cas de licenciement.

Cass. soc. 15 mai 2007, n° 05-45.234, BC V n° 77.

En cas de mise à la retraite, le salarié reçoit l'indemnité prévue à l'article L. 1237-7 CT

Le montant de l'indemnité de mise à la retraite due au salarié est déterminé par les dispositions en vigueur au jour de la rupture du contrat de travail résultant de la mise à la retraite, peu important que celle-ci ait été précédée d'un accord entre l'employeur et le salarié organisant la suspension du contrat de travail et ouvrant droit à des avantages particuliers.

Cass. soc. 14 février 2018, n° 16-16.617, 2e moyen, à paraître. Voir aussi cass. soc. 1er juillet 2015, n° 13-17.861 ; cass. soc. 30 septembre 2009, n° 08-40.353, BC V n° 214, s'agissant d'une indemnité conventionnelle de mise à la retraite.

Le paiement de l'indemnité conventionnelle de mise à la retraite peut être soumis à une condition d'ancienneté.

Un tribunal d'instance a pu débouter un salarié de sa demande d'indemnité conventionnelle de mise à la retraite, le protocole d'accord prévoyant une ancienneté de cinq ans pour pouvoir en bénéficier. En l'espèce, le salarié n'avait pas atteint cette ancienneté en raison des périodes de suspension de son contrat de travail pour maladie.

Cass. soc. 27 mai 1992, n° 89-40.089, BC V n° 344.

S'agissant des VRP, l'indemnité prévue en cas de mise à la retraite ne se cumule pas avec l'indemnité de clientèle.

La mise à la retraite du salarié par l'employeur prévue par l'article L. 1237-5 CT constitue un mode de rupture du contrat de travail par l'employeur permettant au salarié de prétendre, s'il en remplit les conditions, à l'indemnité de clientèle prévue par l'article L. 7313-13 CT, laquelle ne se cumule pas avec l'indemnité de départ à la retraite, seule la plus élevée étant due ; l'indemnité de clientèle a pour objet de compenser la perte pour le représentant de la clientèle qu'il a créée, apportée ou développée au profit de son ancien employeur.

Cass. soc. 11 mai 2011, n° 09-41.298, 2e moyen, BC V n° 107. Voir aussi cass. soc. 21 juin 1995, n° 91-43.639, BC V n° 210.

Lorsque la mise à la retraite s'analyse en un licenciement nul, l'indemnité versée au titre de la mise à la retraite ne peut se cumuler avec l'indemnité de licenciement, laquelle est alors due sous déduction de l'indemnité de mise à la retraite.

Cass. soc. 26 septembre 2012, n° 11-13.374, pourvoi incident.

L'employeur doit respecter les conditions prévues aux articles L. 1237-4 à 10 CT même en cas de substitution par la sécurité sociale d'une pension de vieillesse à une pension d'invalidité

Le fait que la CPAM ait substitué, lorsque le salarié a atteint l'âge de 60 ans, une pension de vieillesse à la pension d'invalidité qu'elle lui versait ne dispensait pas l'employeur de respecter les conditions prévues aux articles L. 122-14-12 et L. 122-14-13 CT pour mettre un salarié à la retraite.

Cass. soc. 9 décembre 1998, n° 96-42.355, BC V n° 544.

En cas de mise à la retraite d'un salarié déclaré inapte en conséquence d'un accident du travail, l'indemnité spéciale de licenciement prévue à l'article L. 1226-14 CT est due

L'indemnité spéciale de licenciement est due, que la mise à la retraite du salarié ait été motivée par l'impossibilité de reclassement…

Pour débouter un salarié de sa demande en paiement de l'indemnité spéciale de licenciement prévue à l'article L. 122-32-6 CT, après avoir exactement décidé que l'article L. 122-32-5 de ce code ne faisait pas interdiction à l'employeur de procéder à la rupture du contrat de travail autrement que par un licenciement et spécialement par une mise à la retraite, une cour d'appel a retenu que ce mode de rupture spécifique du contrat ouvrait droit à des indemnités équivalant à celles dont bénéficie le salarié en cas de licenciement.

Si l'employeur peut rompre le contrat de travail d'un salarié, dont l'inaptitude consécutive à un accident du travail a été déclarée par le médecin du travail, par une mise à la retraite prononcée en conformité avec les dispositions légales et conventionnelles, il résulte de l'article L. 122-32-6 CT que la rupture du contrat dans les cas prévus au 4e alinéa de l'article L. 122-32-5 de ce code ouvre droit, notamment pour le salarié, à une indemnité spéciale de licenciement qui, sauf dispositions conventionnelles plus favorables, est égale au double de l'indemnité prévue à l'article L. 122-9 CT.

La cour d'appel, qui a constaté que la mise à la retraite du salarié, dont elle a relevé le caractère régulier avait été motivée par l'impossibilité de reclassement de l'intéressé déclaré inapte en conséquence d'un accident du travail, n'a pas tiré les conséquences légales de ses constatations desquelles il résultait que l'intéressé pouvait prétendre au paiement de l'indemnité telle que calculée par l'article L. 122-32-6 CT.

Cass. soc. 4 juin 1998, n° 95-41.832, BC V n° 299.

… ou par la circonstance que le salarié remplit les conditions légales de la mise à la retraite.

Il résulte de l'article L. 122-32-6 CT que la rupture du contrat de travail d'un salarié, déclaré par le médecin du travail inapte à son emploi en conséquence d'un accident du travail ou d'une maladie professionnelle, ouvre droit pour le salarié non reclassé dans l'entreprise, que cette rupture prenne la forme d'un licenciement, prononcé en raison de l'impossibilité démontrée du reclassement du salarié ou en raison de son refus du poste de reclassement proposé, ou d'une mise à la retraite prononcée en conformité avec les dispositions légales et conventionnelles, à une indemnité spéciale de licenciement qui, sauf dispositions conventionnelles plus favorables, est égale au double de l'indemnité prévue à l'article L. 122-9 CT.

C'est donc à tort qu'une cour d'appel a rejeté la demande d'indemnité spéciale de licenciement d'un salarié, déclaré inapte à son emploi à la suite d'un accident du travail, qui n'avait pas fait l'objet d'un reclassement, alors que son contrat de travail avait été rompu par une mise à la retraite.

Cass. soc. 29 janvier 2002, n° 99-41.028, 1er moyen, BC V n° 37.

Complément de pension retraite

Les salariés admis à la retraite après l'entrée en vigueur d'un accord de révision modifiant le montant d'un complément de pension retraite ne peuvent bénéficier des modalités instituées par l'accord initial.

Une association hospitalière avait conclu avec ses salariés, en 1973, un accord d'entreprise instituant un régime de retraite supplémentaire. Le règlement du régime précisait que celui-ci avait pour objet de faire bénéficier les salariés d'un complément de retraite proportionnel à la pension du régime UNIRS, le montant total de la pension ne pouvant cependant être supérieur à 90 % du dernier salaire, sous réserve du droit de chaque salarié à la rente viagère correspondant à ses propres cotisations. Le financement du régime était assuré par des cotisations salariales et patronales, ces cotisations alimentant en outre un fonds social et un fonds spécial de retraite et de préretraite. Un nouvel accord, signé en septembre 1994 avec des syndicats, avec effet au 1er janvier 1995, a modifié notamment le montant du complément de pension. La pension de retraite de trois salariés ayant été liquidée dans le courant de l'année 1995 selon les dispositions modifiées, ceux-ci ont engagé une action pour faire juger qu'ils avaient un droit acquis à faire liquider leur pension complémentaire, pour la période courant jusqu'au 31 décembre 1994, sur la base du régime résultant de l'accord de 1973.

Doit être cassé l'arrêt qui a accueilli leur demande, alors que, hormis la rente viagère financée par leurs propres cotisations, les salariés dont l'admission à la retraite était postérieure à la date d'entrée en vigueur du nouveau régime, qui emportait révision de l'accord de 1973, n'avaient aucun droit acquis à bénéficier d'une liquidation de leur retraite supplémentaire selon les modalités du régime institué par l'accord de 1973, dont les prestations, quoique définies, n'étaient pas garanties.

Cass. soc. 28 mai 2002, n° 00-12.918, BC V n° 181.

Les salariés admis à la retraite avant l'entrée en vigueur d'un accord de substitution modifiant les modalités de revalorisation des pensions ne peuvent pas se prévaloir des modalités fixées par l'accord initial, ces dernières constituant un avantage collectif et non un avantage individuel.

Une société avait institué en 1950, par décision unilatérale, un régime de retraite supplémentaire, dénommé RPCN, prévoyant le versement d'une allocation différentielle de vieillesse révisable annuellement en fonction de l'évolution générale des appointements. Ce régime, qui a ensuite fait l'objet de plusieurs accords d'entreprise, dont un accord en date du 23 février 1987, a été dénoncé par la société en 1996 et remplacé par un nouveau régime, dit RSN, résultant d'un accord de substitution du 19 décembre 1997, dont l'article 4-1 relatif aux modalités d'application aux retraités bénéficiaires du RPCN prévoyait que, lorsque le montant de la pension issue de ce dernier était supérieur à celui du RSN, la pension perçue ne serait plus réévaluée jusqu'à la date où son montant serait égal à celui du RSN théorique et évoluerait ensuite semestriellement selon les nouvelles modalités de revalorisation.

Trois anciens salariés de la société, percevant l'allocation différentielle du RPCN à la date d'entrée en vigueur de la nouvelle garantie collective et estimant que celle-ci ne pouvait affecter leurs droits à pension, ont saisi la juridiction prud'homale afin d'obtenir la revalorisation de l'allocation de retraite supplémentaire qui leur était garantie au moment où leurs droits avaient été liquidés et la condamnation de l'employeur à leur payer les revalorisations dont ils avaient été privés à la suite de la négociation d'un accord d'entreprise modifiant le régime de retraite supplémentaire mis en place par cet employeur.

C'est à bon droit qu'une cour d'appel les a déboutés de leurs demandes. En effet, les salariés mis à la retraite avant la dénonciation de l'accord collectif du 23 février 1987, reprenant le régime de retraite à prestations définies institué unilatéralement par l'employeur en 1950, avaient droit au maintien du niveau de pension atteint au jour de la dénonciation avec les modalités de revalorisation initiales jusqu'à l'accord collectif de substitution du 19 décembre 1997, sans pouvoir se prévaloir, au-delà de cette date, des modalités de revalorisation instituées par l'accord collectif dénoncé, qui constituaient un avantage collectif et non un avantage individuel.

Cass. soc. 17 mai 2005, n° 02-46.581, BC V n° 170.

☛ *Retraite (Départ à la).*

Rétrogradation disciplinaire

Une rétrogradation consiste en un déclassement professionnel du salarié entraînant une diminution de ses responsabilités ou de ses fonctions et s'accompagnant, généralement, d'une réduction de rémunération.

La validité de la rétrogradation est soumise à certaines conditions

La lettre notifiant au salarié sa rétrogradation doit être motivée.

Aux termes de l'article L. 122-41 CT, aucune sanction ne peut être infligée au salarié sans que celui-ci soit informé dans le même temps et par écrit des griefs retenus contre lui.

Après le refus d'un inspecteur du travail d'autoriser le licenciement d'un salarié, délégué du personnel suppléant, pour s'être présenté à son poste de travail en état d'ébriété, une société avait notifié à l'intéressé une mesure de rétrogradation dans un coefficient inférieur. Le salarié avait saisi la juridiction prud'homale pour obtenir l'annulation de cette mesure, un rappel de salaires et de congés payés, et des dommages-intérêts en soutenant notamment que la sanction prise contre lui n'était pas motivée.

Doit être cassé l'arrêt qui, pour débouter le salarié de toutes ses demandes, a énoncé que la décision litigieuse était régulière en la forme parce qu'elle rappelait des faits parfaitement connus du salarié, alors que la lettre notifiant la rétrogradation ne comportait aucune motivation, peu important à cet égard que le salarié ait pu avoir, par d'autres moyens, et notamment par les propos tenus lors de l'entretien préalable, connaissance des faits qui lui étaient reprochés.

Cass. soc. 25 novembre 1998, n° 96-41.832. Voir aussi cass. soc. 27 octobre 1999, n° 97-43.605 ; cass. soc. 9 mai 2019, n° 17-20.706.

L'employeur doit informer le salarié de sa faculté d'accepter ou de refuser la rétrogradation.

Lorsque l'employeur notifie au salarié une sanction emportant modification du contrat de travail, il doit informer l'intéressé de sa faculté d'accepter ou de refuser cette modification.

Cass. soc. 28 avril 2011, n° 09-70.619, 1er moyen, BC V n° 97. Voir aussi cass. soc. 29 mai 2013, n° 12-13.437 ; cass. soc. 9 mai 2019, n° 17-20.706, précité.

La rétrogradation doit être expressément acceptée par le salarié.

Une modification du contrat de travail, prononcée à titre disciplinaire contre un salarié, ne peut lui être imposée. Son acceptation ne peut résulter de son silence et de la seule poursuite du contrat de travail aux conditions nouvelles, en l'absence d'autres éléments manifestant sa volonté non équivoque d'y consentir. Faute de refus ou d'acceptation de la sanction, il appartient à l'employeur d'inviter le salarié à prendre parti dans un délai raisonnable et il peut, à défaut d'accord du salarié, prononcer une autre sanction dans l'exercice de son pouvoir disciplinaire.

Ayant constaté que, suite à la notification à un salarié d'une sanction de rétrogradation qui emportait modification de son contrat de travail, l'intéressé s'était borné à poursuivre l'exécution du contrat aux conditions nouvelles, une cour d'appel en a exactement déduit qu'il n'avait pas consenti à la modification du contrat et que l'employeur, qui n'avait tiré aucune conséquence du défaut d'acceptation du salarié, devait lui verser la différence entre les salaires qu'il aurait perçus sans la modification imposée et ceux qui lui avaient été versés.

Cass. soc. 1er avril 2003, n° 01-40.389.

La rétrogradation doit s'accompagner d'une diminution effective des fonctions.

Constitue une sanction pécuniaire prohibée et non une rétrogradation la réduction de rémunération du salarié ne s'accompagnant pas d'une modification d'emploi ou de fonctions.

Cass. soc. 23 février 1994, n° 90-45.001.

Dès lors, la création d'un niveau intermédiaire entre un salarié et son supérieur hiérarchique n'entraîne pas en soi une rétrogradation.

Un salarié, employé par une société en qualité de directeur manutention, a été déclaré « inapte à tout poste de l'entreprise, apte à un poste de responsabilité type sédentaire ou avec peu de déplacements (notamment pas de déplacement lointain en voiture) dans une autre entreprise » ; après avoir refusé deux propositions de reclassement qu'il jugeait non conformes aux préconisations du médecin du travail et diminuant de façon injustifiée sa position hiérarchique dans la société, l'intéressé a pris acte de la rupture de son contrat de travail et a saisi la juridiction prud'homale de diverses demandes.

C'est à tort que pour reprocher à une cour d'appel d'avoir décidé que sa prise d'acte produisait les effets d'une démission et de l'avoir en conséquence débouté de ses demandes, le salarié soutient que son contrat de travail mentionnait expressément qu'il dépendrait directement du président de la société, de sorte qu'en ajoutant un échelon hiérarchique intermédiaire entre lui et le président, l'employeur avait modifié son contrat de travail sans son accord.

En effet, ayant retenu à bon droit que l'ajout d'un échelon hiérarchique intermédiaire entre un salarié et le président de la société n'implique pas en soi une rétrogradation ou un déclassement, dès lors que les fonctions et les responsabilités du salarié ne sont pas modifiées, la cour d'appel, qui a souverainement apprécié la portée du contrat de travail, a tiré les conséquences légales de ses constatations.

Cass. soc. 21 mars 2012, n° 10-12.068, 1er moyen, BC V n° 100. Voir aussi cass. soc. 12 mai 2017, n° 16-11.126, 3e branche du moyen.

Après avoir relevé que le contrat de travail d'un salarié n'avait pas été modifié dès lors que celui-ci avait conservé son statut de cadre et ses fonctions d'encadrement à la tête d'une équipe en charge de missions à haute valeur ajoutée et d'un portefeuille cohérent de clients de taille significative sur un ressort géographique plus étendu, une cour d'appel a pu décider que la prise d'acte par le salarié de la rupture de son contrat de travail produisait les effets d'une démission.

Cass. soc. 15 mai 2008, n° 07-41.686.

La rétrogradation prononcée pour une durée indéterminée est valable.

La durée indéterminée d'une rétrogradation ne rend pas illicite la sanction. Les juges du fond doivent apprécier si la rétrogradation ainsi prononcée est justifiée et proportionnée à la faute commise.

Cass. avis 4 novembre 1994, n° 09-40.018, BC n° 22.

Lorsque le salarié refuse une rétrogradation impliquant une modification de son contrat de travail, l'employeur peut prononcer une autre sanction…

Une modification du contrat de travail, prononcée à titre de sanction disciplinaire contre un salarié, ne peut lui être imposée. Cependant, en cas de refus du salarié, l'employeur peut, dans le cadre de son pouvoir disciplinaire, prononcer une autre sanction, au lieu et place de la sanction refusée.

C'est à tort que, pour condamner un employeur à payer une indemnité pour licenciement sans cause réelle et sérieuse à une directrice d'hôtel, licenciée après avoir refusé une rétrogradation dans l'emploi de chef de réception, une cour d'appel a énoncé que cette rétrogradation, prononcée après un entretien préalable et au motif de griefs constitutifs de fautes, constituait une sanction disciplinaire, de sorte que les griefs ainsi déjà sanctionnés, à l'égard desquels l'employeur avait épuisé son pouvoir disciplinaire, ne pouvaient plus être invoqués à l'appui du licenciement et qu'il était donc inutile d'en examiner la réalité et la gravité, alors qu'elle avait relevé que l'intéressée avait refusé la modification de son contrat de travail. Il lui appartenait, dès lors, d'examiner si les faits invoqués par l'employeur constituaient une cause réelle et sérieuse de licenciement.

Cass. soc. 16 juin 1998, n° 95-45.033, BC V n° 320. Voir aussi cass. soc. 7 juillet 2004, n° 02-44.476, BC V n° 193.

L'employeur peut prononcer un licenciement, y compris pour faute grave, au lieu et place de la sanction refusée.

Une modification du contrat de travail ne pouvant être imposée au salarié, l'employeur qui se heurte au refus d'une mesure de rétrogradation impliquant une modification du contrat de travail, peut, dans l'exercice de son pouvoir disciplinaire, prononcer une autre sanction, y compris un licenciement pour faute grave au lieu et place de la sanction refusée.

Ayant constaté qu'un licenciement était intervenu après le refus par le salarié d'une mesure de rétrogradation et en raison de faits qui étaient à l'origine de cette sanction, une cour d'appel a pu le déclarer fondé sur une faute grave.

Cass. soc. 11 février 2009, n° 06-45.897, BC V n° 41. Voir aussi cass. soc. 5 novembre 2014, n° 13-22.249.

L'employeur doit convoquer le salarié à un nouvel entretien préalable dans les deux mois suivant son refus.

Lorsque le salarié refuse une mesure de rétrogradation disciplinaire notifiée après un premier entretien préalable, l'employeur qui envisage de prononcer un licenciement au lieu de la sanction initiale doit convoquer l'intéressé à un nouvel entretien dans le délai de la prescription de deux mois prévu à l'article L. 1332-4 CT ; le refus du salarié interrompt ce délai.

Cass. soc. 28 avril 2011, n° 10-13.979, BC V n° 98. Voir aussi cass. soc. 15 janvier 2013, n° 11-28.109, BC V n° 7.

Le délai d'un mois pour notifier la nouvelle sanction court à compter de la date de l'entretien préalable ayant précédé cette dernière mesure.

Lorsque le salarié refuse une mesure de rétrogradation disciplinaire notifiée après un premier entretien préalable, l'employeur qui envisage de prononcer un licenciement au lieu de la sanction refusée doit convoquer l'intéressé à un nouvel entretien. Il en résulte que le délai d'un mois prévu par l'article L. 122-41 CT court à compter de la date fixée pour ce nouvel entretien.

Un salarié a été convoqué à un entretien préalable « à une sanction pouvant aller jusqu'au licenciement ». L'entretien s'est tenu le 28 décembre 2001, la rétrogradation disciplinaire a été notifiée par lettre du 21 janvier 2002 et le salarié a refusé cette sanction par lettre du 25 février 2002. L'intéressé a été convoqué à un nouvel entretien qui s'est tenu le 25 mars 2002 et il a été licencié pour faute grave par lettre du 28 mars 2002.

C'est à tort que, pour dire le licenciement du salarié dépourvu de cause réelle et sérieuse, une cour d'appel a retenu que la notification du licenciement était intervenue le 28 mars 2002, soit après l'expiration du délai d'un mois prévu par l'article L. 122-41 CT à compter du premier entretien préalable, et que le caractère tardif de la sanction au regard des exigences de l'article L. 122-41 CT privait le licenciement de cause réelle et sérieuse, alors qu'il résultait de ses constatations que le licenciement, prononcé après le refus de la mesure de rétrogradation, avait été notifié au salarié dans le mois suivant l'entretien préalable au licenciement.

Cass. soc. 27 mars 2007, n° 05-41.921.

… sauf si la rétrogradation a d'abord fait l'objet d'une application immédiate sans l'accord du salarié

Un salarié, chef des ventes, a fait l'objet le 14 février 2006 d'une mesure de rétrogradation au poste de vendeur-expert, applicable à réception de la notification de cette sanction ; il a contesté cette mesure par lettre du 20 février suivant avant de saisir, le 28 mars, le conseil de prud'hommes pour en obtenir l'annulation ; par lettre du 11 avril, il a été licencié pour faute grave.

Est légalement justifié l'arrêt qui a déclaré le licenciement dénué de cause réelle et sérieuse et a condamné l'employeur à payer au salarié diverses sommes.

En effet, une modification du contrat de travail, y compris à titre disciplinaire, ne peut être imposée au salarié et la cour d'appel a constaté que la rétrogradation avait été mise en œuvre sans l'accord du salarié.

En outre, aucun fait fautif ne pouvant donner lieu à double sanction, l'employeur qui avait épuisé son pouvoir disciplinaire en appliquant immédiatement la rétrogradation, ne pouvait prononcer ultérieurement un licenciement pour le même fait.

Cass. soc. 17 juin 2009, n° 07-44.570, BC V n° 152.

Une remise en l'état s'impose en cas d'annulation de la sanction

Lorsque la rétrogradation est annulée, le salarié doit être réintégré dans ses anciennes fonctions.

L'annulation par le juge d'une rétrogradation disciplinaire entraîne l'obligation pour l'employeur de réintégrer le salarié dans ses anciennes fonctions.

Cass. soc. 18 janvier 1995, n° 90-44.955.

La réintégration peut être ordonnée par le juge des référés, même en présence d'une difficulté sérieuse.

Un salarié, rétrogradé après consultation de la commission paritaire à la suite d'une faute professionnelle, avait demandé à être réintégré dans son emploi en invoquant le caractère illicite de la sanction, compte tenu de la prescription des faits fautifs.

C'est à tort que, pour réformer l'ordonnance de référé faisant droit à la demande de l'intéressé et dire n'y avoir lieu à référé, une cour d'appel a énoncé que la rétrogradation ne caractérise pas un trouble que le juge des référés doit faire cesser et que l'articulation entre la procédure légale et la procédure conventionnelle présentait une difficulté sérieuse, sans vérifier si la sanction concernait des faits prescrits et était constitutive d'un trouble manifestement illicite qu'il lui appartenait de faire cesser même en présence d'une difficulté sérieuse.

Cass. soc. 23 novembre 1999, n° 97-43.787, BC V n° 452.

Des dommages-intérêts peuvent être demandés en cas de rétrogradation abusive

Après avoir décidé que la rupture du contrat de travail intervenue par lettre du salarié à la suite du refus de celui-ci d'accepter la rétrogradation décidée par son employeur s'analysait en un licenciement sans cause réelle et sérieuse, une cour d'appel a pu allouer au salarié des dommages-intérêts pour rétrogradation abusive dont elle a souverainement évalué le montant.

Cass. soc. 27 octobre 1999, n° 97-43.605, précité.

Faute grave ; Modification du contrat et des conditions de travail ; Modification des fonctions ; Sanctions pécuniaires (Notion).

Réunions du comité d'entreprise

Les membres du comité d'entreprise se réunissent au moins une fois par mois dans les entreprises dont l'effectif est au moins égal à 300 salariés. Dans les entreprises de moins de 300 salariés, cette réunion doit avoir lieu au moins une fois tous les deux mois (art. L. 2325-14 ancien CT).

Des séances extraordinaires peuvent être prévues.

L'ordre du jour des réunions est arrêté par l'employeur et le secrétaire.

Toutefois, lorsque la consultation est rendue obligatoire par une disposition législative, réglementaire ou par un accord collectif de travail, elle y est inscrite de plein droit par l'un ou l'autre.

L'ordre du jour des réunions est communiqué aux membres du comité au moins trois jours avant la séance (art. L. 2325-15 et 16 anciens CT).

Réunions ordinaires

• Convocation

En l'absence de convocation, le défaut de réunion est imputable à l'employeur.

L'atteinte au fonctionnement régulier du comité d'entreprise est constituée dès lors que le chef d'entreprise, président du comité, a omis de convoquer les membres de ce comité aux réunions mensuelles prévues à l'article L. 434-3 CT. Le fait que l'employeur ait été absent un mois et que les représentants du personnel aient refusé de fixer des dates de réunions ou de siéger n'exempte pas l'employeur de convoquer chaque mois les membres du comité. En l'absence de convocation, le défaut de réunion est imputable à l'employeur.

Cass. crim. 11 février 1992, n° 90-87.500, 1re branche, B. crim. n° 68.

Si l'établissement ne ferme pas, la période des congés ne justifie pas l'omission de l'employeur de réunir le comité d'établissement.

Commet le délit d'entrave au fonctionnement du comité d'établissement l'employeur qui a omis de réunir cet organe en juillet 1995, invoquant la période des congés pour justifier cette carence, alors que si certains des employés du magasin étaient en congé au cours du mois considéré, il n'en demeurait pas moins que le magasin était ouvert et qu'en conséquence, l'employeur avait l'obligation de réunir le comité d'établissement au cours de cette période.

Cass. crim. 19 mai 1998, n° 97-80.291.

Les suppléants et les représentants syndicaux doivent obligatoirement être convoqués.

C'est à bon droit qu'un inspecteur du travail a refusé de licencier un salarié protégé en fondant son refus sur l'irrégularité de la composition du comité d'entreprise consulté selon la procédure préalable prévue par l'article L. 436-1 CT.

En effet, ni les membres suppléants du comité d'entreprise ni les représentants syndicaux n'avaient été convoqués à la réunion du comité d'entreprise au cours de laquelle ledit comité devait se prononcer sur le projet de licenciement du salarié ; ainsi, ont été méconnues les dispositions d'ordre public relatives à la composition de ce comité et contenues dans l'article L. 433-1 CT, selon lesquelles les membres suppléants et les représentants syndicaux au comité d'entreprise doivent obligatoirement être convoqués à toutes ses séances.

CE 23 décembre 2010, n° 323318. Voir aussi CE 24 mai 1991, n° 68272 ; cass. crim. 18 octobre 1983, n° 83-90.419, 1er moyen, B. crim. n° 255, absence de convocation des suppléants, délit d'entrave ; cass. crim. 4 juin 1985, n° 84-94.314, B. crim. n° 217, absence de convocation des représentants syndicaux, délit d'entrave.

• Ordre du jour

L'établissement de l'ordre du jour conjointement par le chef d'entreprise et le secrétaire du comité est requis pour chaque réunion…

Il en est ainsi, même lorsque l'objet de la réunion est de traiter les questions qui n'ont pas pu l'être lors de la réunion précédente.

Cass. soc. 25 juin 2003, n° 01-12.990, 2e et 3e moyens, BC V n° 210. Voir aussi cass. soc. 8 octobre 2014, n° 13-17.133, 1re branche du moyen du pourvoi principal.

Ayant retenu que l'ordre du jour d'une réunion du CE n'avait pas été fixé conjointement par le chef d'entreprise et le secrétaire du comité lors de la précédente réunion, dont l'ordre du jour avait été épuisé, une cour d'appel en a exactement déduit qu'en l'absence d'ordre du jour déterminé conjointement conformément à la loi, la réunion du comité était irrégulière.

Cass. soc. 11 février 2004, n° 02-11.830.

… même lorsque la consultation du comité est obligatoire.

C'est à tort que, pour débouter un salarié de sa demande de dommages-intérêts pour violation de la procédure de licenciement économique collectif, une cour d'appel a retenu que lorsque sont en cause des consultations du comité d'entreprise rendues obligatoires par une disposition législative, réglementaire ou par un accord collectif de travail, elles sont inscrites de plein droit à l'ordre du jour par l'employeur ou le secrétaire.

En effet, l'élaboration conjointe de l'ordre du jour demeurant la règle, les dispositions de l'article L. 2325-15, al. 2 CT ne dispensent pas l'employeur qui entend faire inscrire une question à l'ordre du jour de la réunion du comité d'entreprise de la soumettre préalablement au secrétaire du comité, alors même que la consultation de cette institution est obligatoire.

Cass. soc. 12 juillet 2010, n° 08-40.821, 2e moyen, BC V n° 169.

La mise à pied conservatoire dont fait l'objet le secrétaire du comité d'entreprise ne suspendant pas l'exécution du mandat, l'intéressé peut valablement établir l'ordre du jour avec l'employeur.

Un employeur, invoquant le refus d'un salarié, secrétaire du comité d'établissement, qui avait fait l'objet d'une mise à pied conservatoire dans le cadre d'une procédure de licenciement, d'approuver l'ordre du jour d'une réunion extraordinaire du comité, a saisi le juge des référés pour voir ordonner la fixation de l'ordre du jour de cette réunion.

La mise à pied d'un représentant du personnel, qu'elle soit de nature conservatoire ou disciplinaire, n'a pas pour effet de suspendre l'exécution de son mandat. L'assignation du chef d'entreprise relative à cet ordre du jour pouvait donc valablement être délivrée au salarié en sa qualité de secrétaire du comité, la mise à pied dont il avait fait l'objet n'ayant pas eu pour effet de suspendre son mandat.

Cass. soc. 2 mars 2004, n° 02-16.554, BC V n° 71.

Le représentant du chef d'entreprise, présidant le comité d'entreprise, a nécessairement le pouvoir d'arrêter l'ordre du jour.

Selon l'article L. 434-2, al. 1er CT, le comité d'entreprise est présidé par le chef d'entreprise ou son représentant ; selon l'article L. 434-3 du même code, l'ordre du jour est arrêté par le chef d'entreprise et le secrétaire du comité. Le représentant du chef d'entreprise, qui est délégué pour présider le comité d'entreprise, a nécessairement le pouvoir, en cette qualité, d'arrêter l'ordre du jour.

Cass. soc. 10 juillet 2002, n° 00-16.827, BC V n° 246. Voir aussi cass. soc. 31 mars 2009, n° 07-44.961, 2e moyen.

À défaut d'accord entre le chef d'entreprise et le secrétaire du comité d'entreprise sur l'ordre du jour d'une séance, le juge des référés doit être saisi de la difficulté.

Les dispositions de l'article L. 434-3, al. 2 CT, selon lesquelles l'ordre du jour de chaque séance du comité d'entreprise est arrêté par le chef d'entreprise et le secrétaire, impliquent une concertation et une élaboration en commun. À défaut d'accord, le juge des référés doit être saisi de la difficulté, l'une des parties ne pouvant unilatéralement arrêter l'ordre du jour, ni imposer à l'autre de le ratifier et de le signer.

N'a pas donné de base légale à sa décision la cour d'appel qui, pour retenir à la charge du secrétaire du comité d'entreprise d'une société une entrave au fonctionnement dudit comité, a, après avoir rappelé que, selon l'article L. 434-3, al. 2 CT, l'ordre du jour est arrêté par le chef d'entreprise et le secrétaire, énoncé que « la seule façon pour le secrétaire d'arrêter l'ordre du jour conjointement avec le chef d'entreprise est de contresigner l'ordre du jour proposé par ce dernier » et conclu que le refus par ledit secrétaire de signer un ordre du jour de réunion du comité d'entreprise, qui a contraint l'employeur à recourir à une procédure de référé, constituait l'élément matériel du délit d'entrave.

Cass. crim. 4 novembre 1997, n° 96-85.631, B. crim. n° 371. Voir aussi cass. soc. 13 février 2013, n° 11-26.783.

Une société a un intérêt légitime à agir en cas de refus du secrétaire du comité, non basé sur de justes motifs, d'arrêter l'ordre du jour de la réunion extraordinaire du comité d'entreprise, conjointement avec le chef d'entreprise.

Cass. soc. 4 juillet 2000, n° 98-10.916.

La cour d'appel saisie de la difficulté résultant du désaccord entre le chef d'entreprise et le secrétaire du comité sur les questions à porter à l'ordre du jour, en autorisant le chef d'entreprise à convoquer la réunion sur un ordre du jour déterminé, a nécessairement fixé celui-ci.

Cass. soc. 4 juillet 2000, n° 98-10.916, précité.

L'ordre du jour du comité central d'entreprise est arrêté par le chef d'entreprise et par le secrétaire du comité, quel que soit l'objet de la réunion.

Doit être cassé l'arrêt qui, pour débouter un comité central d'entreprise de sa demande d'annulation de la procédure de consultation en vue de l'établissement d'un plan social, a retenu que les réunions tenues en application de l'article L. 321-2 et, le cas échéant, de l'article L. 321-7 CT ont un objet légal déterminé étranger à la notion d'ordre du jour telle que le mentionne l'article L. 435-4 CT, en prévoyant pour sa fixation l'intervention du secrétaire, alors que, selon ce texte, l'ordre du jour du comité central d'entreprise est arrêté par le chef d'entreprise et par le secrétaire du comité, quel que soit l'objet de la réunion, et alors que, si un accord ne peut s'établir sur les questions à porter à l'ordre du jour, il appartient au plus diligent d'entre eux de saisir le juge des référés pour résoudre la difficulté.

Cass. soc. 23 juin 1999, n° 97-17.860, BC V n° 298.

L'élaboration unilatérale de l'ordre du jour par l'employeur, sauf lorsque la loi l'autorise, constitue un délit d'entrave.

Cass. soc. 15 mai 2007, n° 06-84.318, B. crim. n° 126, cité dans « Délit d'entrave ».

Le comité d'entreprise ne délibère pas valablement sur les questions non inscrites à l'ordre du jour.

Doit être cassé l'arrêt ayant refusé de suspendre la procédure relative à la cessation de l'adhésion au service médical interentreprises et de prescrire une nouvelle consultation du comité d'entreprise, sans vérifier si cette question était à l'ordre du jour. Lors de la précédente réunion, cette question n'avait pas été inscrite à l'ordre du jour, mais l'employeur avait informé le comité que cette question serait soumise à un vote lors de la prochaine réunion. La cour d'appel, qui a reconnu que le comité d'entreprise ne pouvait valablement délibérer sur cette question lors de la première réunion, la question n'étant pas à l'ordre du jour, aurait dû vérifier que, pour la seconde, l'ordre du jour avait été arrêté par l'employeur et le secrétaire ou que le comité était réuni à la majorité de ses membres sur la question de la cessation de l'adhésion au service médical.

Cass. soc. 9 juillet 1996, n° 94-17.628, 1er moyen, BC V n° 271.

L'imprécision des termes de l'ordre du jour peut entraîner la nullité des délibérations.

Une cour d'appel a pu valablement déclarer nul l'avis du comité d'entreprise quant à la suppression d'un poste et la mutation de la salariée titulaire de ce poste, dès lors que l'ordre du jour était rédigé en termes vagues et imprécis et ne mentionnait ni la suppression de poste ni la mutation.

Cass. soc. 24 juillet 1984, n° 83-12.030, BC V n° 320.

• Délai de convocation

Commet un délit d'entrave l'employeur qui n'a pas respecté le délai légal entre la remise de la convocation et la réunion.

Si l'employeur consulte le comité d'entreprise, alors même qu'il n'y est pas légalement contraint, il doit respecter le délai de trois jours pour la remise de la convocation et de l'ordre du jour.

Doit donc être cassé l'arrêt qui, pour rejeter l'infraction pour délit d'entrave au fonctionnement du comité, s'est appuyé sur l'absence d'obligation légale de consulter, alors que l'employeur est tenu de respecter les délais légaux dès lors qu'il décide de consulter le comité d'entreprise.

Cass. crim. 5 novembre 1991, n° 90-84.817.

Devant le refus du secrétaire du comité d'entreprise d'arrêter l'ordre du jour, un juge des référés a pu ordonner la fixation de l'ordre du jour et fixer la date de la réunion du comité le surlendemain de la date de l'ordonnance de référé.

Un employeur, invoquant le refus d'un salarié, secrétaire du comité d'établissement, qui avait fait l'objet d'une mise à pied conservatoire dans le cadre d'une procédure de licenciement, d'approuver l'ordre du jour d'une réunion extraordinaire du comité, a saisi le juge des référés pour voir ordonner la fixation de l'ordre du jour de cette réunion.

Doit être rejeté le moyen de l'employeur reprochant à la cour d'appel d'avoir fixé, par ordonnance du 16 juillet, la réunion du comité au 18 juillet suivant, en méconnaissance du délai légal de trois jours devant séparer la communication de l'ordre du jour aux membres du comité d'entreprise et la tenue de la réunion. En effet, ayant constaté l'urgence, le juge des référés pouvait ordonner la fixation de l'ordre du jour de la réunion et en fixer la date.

Cass. soc. 2 mars 2004, n° 02-16.554, précité.

Réunions extraordinaires

Les règles de convocation du comité d'entreprise s'appliquent aux réunions extraordinaires.

Encourt la prévention d'entrave l'employeur convoquant les membres du comité d'entreprise à une réunion extraordinaire le jour même et ce, en raison d'une amorce de conflit collectif et afin d'annoncer son intention de dénoncer certains usages de l'entreprise. En l'absence d'urgence, les juges d'appel ont pu retenir le délit d'entrave, l'ordre du jour n'ayant pas été établi et le délai de trois jours n'ayant pas été respecté.

Cass. crim. 25 octobre 1994, n° 93-85.802, 1er moyen.

La majorité des membres du comité d'entreprise requise pour demander la tenue d'une réunion extraordinaire s'entend de la majorité des membres élus ayant voix délibérative.

Il résulte des articles L. 2323-1, L. 2324-28 et L. 2325-14 CT, alors applicables, que la majorité des membres du comité d'entreprise visée à l'article L. 2325-14 CT s'entend de la majorité des membres élus ayant voix délibérative.

Les dernières élections du comité d'entreprise d'une unité économique et sociale constituée entre trois sociétés ont conduit à la désignation de six élus titulaires et trois suppléants ; un représentant syndical a été également désigné. Par lettre du 9 février 2017, trois élus titulaires, deux élus suppléants et le représentant syndical ont sollicité la tenue d'une réunion extraordinaire du comité d'entreprise, laquelle a été refusée par l'employeur le 1er mars 2017 ; le représentant syndical et deux élus titulaires ont alors contesté ce refus devant le juge des référés.

C'est à tort que, pour enjoindre à l'employeur d'organiser une seconde réunion du comité d'entreprise par application de l'article L. 2325-14 CT avec l'ordre du jour visé dans la demande du 9 février 2017, une cour d'appel a retenu que la majorité permettant de demander une seconde réunion prévue à l'article L. 2325-14 CT s'entendait de tous les membres composant le comité, intégrant les élus titulaires, les suppléants, le représentant syndical et le représentant du chef d'entreprise et que la demande du 9 février 2017 avait été présentée par six membres sur les onze membres composant le comité d'entreprise.

Cass. soc. 13 février 2019, n° 17-27.889, à paraître.

Sauf obstacle insurmontable, l'employeur ne peut refuser une réunion extraordinaire.

Commet une entrave au fonctionnement du comité l'employeur refusant d'accéder à une demande de réunion extraordinaire, alors qu'aucun obstacle insurmontable ne pouvait justifier ce refus. En l'espèce, les membres du comité demandaient cette réunion avant le 15 septembre, afin de pouvoir s'inscrire auprès de l'organisme devant leur dispenser une formation économique. L'employeur invoquait, pour refuser cette réunion, l'importance de l'activité après la fin de la période de congés d'été.

Cass. crim. 14 septembre 1988, n° 87-91.416. Voir aussi cass. crim. 11 mars 2008, n° 07-80.169.

Organisation des réunions

• Lieu des réunions

S'il appartient à l'employeur de fixer le lieu des réunions du comité d'entreprise, le choix de ce lieu ne doit pas être abusif.

La fixation du lieu des réunions du comité d'entreprise relève des prérogatives de l'employeur, sauf pour celui-ci à répondre d'un éventuel abus dans leur exercice.

À la suite du rachat d'une société disposant de deux cliniques situées en Haute-Savoie par un groupe, les réunions du comité d'entreprise de la société ont été organisées au siège administratif du groupe, à Puteaux (Hauts-de-Seine). Le comité d'entreprise a alors assigné la société devant un tribunal de grande instance aux fins de voir ordonner à l'employeur d'organiser à nouveau les réunions du comité d'entreprise sur le site du plateau d'Assy à Passy (Haute-Savoie).

Ayant constaté que, malgré l'opposition des élus, les réunions du comité d'entreprise étaient, depuis le rachat de la société par le groupe, organisées en région parisienne alors qu'aucun salarié de la société n'y travaillait, que le temps de transport pour s'y rendre était particulièrement élevé et de nature à décourager les vocations des candidats à l'élection, que ce choix était de nature à avoir des incidences sur la qualité des délibérations à prendre par le comité d'entreprise alors que les enjeux étaient particulièrement importants, notamment en termes de conditions de travail, dans le domaine médico-social, et que des solutions alternatives n'avaient pas été véritablement recherchées, une cour d'appel, qui a estimé que l'employeur avait commis un abus dans le choix du lieu des réunions, a pu fixer le lieu de ces réunions sur l'ancien site dans l'attente d'une meilleure décision.

Cass. soc. 3 avril 2019, n° 17-31.304, 2e moyen, à paraître.

• Déplacements pour assister aux réunions

L'employeur doit prendre en charge les frais de déplacement des membres du comité, sous peine de commettre le délit d'entrave.

Le président d'une société, spécialisée notamment dans l'assistance en matériel des sites de centrales nucléaires, a omis de convoquer le comité d'hygiène, de sécurité et des conditions de travail et refusé de prendre en charge les frais de déplacement, pour se rendre aux réunions légales, des représentants de la délégation unique du personnel, des membres du comité d'entreprise et du CHSCT ; sur ce dernier point, il a été constaté qu'en raison du coût des frais de déplacement demeurant à leur charge, les représentants du personnel travaillant sur des sites éloignés éprouvaient des difficultés pour assister aux réunions habituelles des institutions représentatives du personnel organisées au siège de la société.

Poursuivi en raison de ces faits des chefs d'entraves, le dirigeant a fait valoir qu'à la suite de la suppression des agences de l'entreprise implantées sur le territoire national, le siège social de la société avait été fixé dans le Calvados et que les frais de déplacement des salariés étaient pris en charge, en application d'un accord collectif, pour les seules missions en dehors du siège social, mais non pour se rendre audit siège qui était le « lieu d'attachement des salariés », au sens dudit accord. Un tribunal correctionnel n'a déclaré le prévenu coupable que du premier chef d'entrave (représentants de la délégation unique du personnel).

Pour retenir la culpabilité de l'intéressé pour l'ensemble des faits visés dans l'acte de poursuite, une cour d'appel a énoncé que, du fait de l'éloignement existant entre le siège social de la société et le lieu de travail des salariés concernés, le refus réitéré, malgré les mises en garde de l'inspection du travail, de régler les frais restant à la charge de l'employeur lorsque la réunion des institutions représentatives du personnel était organisée à son initiative avait eu pour effet de restreindre les déplacements de ces salariés et leur participation aux réunions des institutions susvisées ; la cour a pu en déduire que se trouvaient ainsi caractérisés en tous leurs éléments constitutifs, matériel et intentionnel, les délits d'entrave imputés au prévenu.

Cass. crim. 22 novembre 2005, n° 04-87.451, B. crim. n° 307.

• Organisation par visioconférence

Le comité d'entreprise peut être réuni par visioconférence si cette modalité n'a fait l'objet d'aucune observation de la part des participants et si les questions inscrites à l'ordre du jour n'impliquent pas de vote à bulletin secret.

Après avoir constaté qu'aucun des participants à une réunion d'un comité central d'entreprise n'avait formulé d'observation ni manifesté un quelconque refus quant à la tenue de la réunion par visioconférence, que les questions inscrites à l'ordre du jour n'impliquaient pas un vote à bulletin secret et qu'il n'avait pas été procédé à un tel vote, c'est à bon droit qu'une cour d'appel a retenu que l'utilisation de la visioconférence n'était pas de nature à entacher d'irrégularité les décisions prises par le comité central d'entreprise.

Cass. soc. 26 octobre 2011, n° 10-20.918, 2e moyen, BC V n° 243.

• Représentation de l'employeur

Le représentant de l'employeur présidant la réunion doit avoir qualité et pouvoirs pour informer et consulter le comité.

Encourt la prévention d'entrave l'employeur ayant désigné, à cinq reprises au cours de la même année, pour le représenter aux réunions du comité d'entreprise, des salariés qui n'avaient ni qualité ni pouvoir pour informer et consulter cet organisme.

Cass. crim. 20 février 1996, n° 94-85.863, 1er moyen, B. crim. n° 81.

• Participation de tiers aux réunions

La présence de personnes étrangères au comité d'entreprise nécessite tant l'accord de l'employeur que celui de la majorité de ses membres.

Doit être cassé l'arrêt rejetant la demande de l'employeur tendant à l'annulation de la disposition du règlement intérieur du comité d'entreprise disposant que : « La présence de personnes étrangères, hors expert et technicien, n'est pas illicite si elle est autorisée par la majorité des membres mais est illicite si elle est imposée par le président. » En effet, si le président du comité d'entreprise ne peut imposer à la majorité des membres la présence de tiers aux réunions de cet organisme, cette même majorité ne peut davantage inviter des personnes étrangères au comité sans l'accord de l'employeur.

Cass. soc. 22 novembre 1988, n° 86-13.368, BC V n° 613.

Est constitutif du délit d'entrave le fait, pour le président du comité d'établissement, d'imposer, lors d'une réunion du comité d'établissement, la présence du directeur des ressources humaines de l'entreprise en vue d'un débat sur une question non inscrite à l'ordre du jour, alors même que le directeur des ressources humaines était son supérieur hiérarchique.

Cass. crim. 5 février 2002, n° 01-83.275.

Une cour d'appel, qui a constaté que la présence de personnes étrangères à l'entreprise lors des réunions avait été acceptée par les membres du comité d'entreprise, qui les avaient d'ailleurs interrogées, et que cette présence n'avait pas porté atteinte à l'équilibre de la procédure d'information-consultation, a pu en déduire que cette procédure était régulière.

Cass. soc. 8 juillet 2014, n° 13-15.470, 1er moyen, BC V n° 179.

Mais le secrétaire du comité d'entreprise peut se faire assister d'une sténodactylographe, salariée du comité.

Commet un délit d'entrave le chef d'entreprise refusant la présence, lors des réunions du comité, d'une sténodactylographe, salariée du comité, alors qu'elle avait été admise aux réunions par un vote. Le secrétaire du comité peut se faire assister, pour la rédaction des procès-verbaux, par un salarié du comité avec l'accord majoritaire de cet organisme.

Cass. crim. 30 octobre 1990, n° 87-83.665, B. crim. n° 367.

• Enregistrement des débats

Le secrétaire enregistrant les débats du comité ne peut pas refuser de transmettre à l'employeur ces enregistrements.

L'employeur qui, suite au refus du secrétaire du comité de lui prêter les enregistrements magnétiques réalisés lors de la dernière séance du comité, procède à ses propres enregistrements n'encourt pas la prévention d'entrave au fonctionnement régulier du comité. Les juges d'appel ont pu valablement estimer qu'en s'opposant à ce que le président fasse usage d'un magnétophone alors que, de son côté, le secrétaire disposait d'un appareil analogue, les membres du comité avaient commis un abus de pouvoir.

Cass. crim. 4 février 1986, n° 84-92.809.

• Action en contestation de la régularité de la tenue de réunions

L'action des membres d'un comité d'établissement et de divers syndicats en contestation de la régularité de la tenue de réunions du comité d'établissement doit être dirigée contre l'employeur.

Le président du comité d'établissement de Rueil, directeur des études recherches d'une société de construction automobile, avait été remplacé, lors des réunions du comité des 7 et 11 avril 1995, par le directeur du personnel et de l'administration. La délégation salariale dudit comité et trois syndicats, ayant estimé que les réunions n'avaient pas été tenues régulièrement en l'absence de délégation écrite donnée au directeur du personnel, ont assigné le président du comité d'établissement, ès qualités, aux fins d'annulation des réunions.

Doit être rejeté le moyen du pourvoi reprochant à la cour d'appel d'avoir dit cette action irrecevable. S'il est exact que le comité d'établissement est présidé par le chef d'établissement, l'action des membres d'un comité d'établissement et de divers syndicats tendant à contester la régularité de la tenue de réunions du comité d'établissement doit être dirigée contre l'employeur, personne physique ou morale. C'est donc à bon droit que la cour d'appel a décidé que l'action introduite contre le président du comité d'établissement, ès qualités, était irrecevable.

Cass. soc. 7 octobre 1998, n° 96-22.248, BC V n° 413.

☛ *Procès-verbaux (Réunions du comité d'entreprise).*

Réunions des délégués du personnel

Conformément aux dispositions de *l'article L. 2315-8 ancien CT*, les délégués du personnel doivent être reçus collectivement au moins une fois par mois par l'employeur. Ils peuvent, à cette occasion, se faire assister par un représentant syndical.

Les questions devant être abordées durant la réunion mensuelle doivent faire l'objet d'une note remise à l'employeur au moins deux jours ouvrables avant cette réunion. Ces questions, et les réponses apportées par l'employeur, sont consignées dans un registre spécial (*art. L. 2315-12 ancien CT*).

Déroulement des réunions

L'employeur doit recevoir collectivement les délégués du personnel pour la réunion mensuelle.

Ont commis le délit d'entrave à l'exercice régulier des fonctions du délégué du personnel, le président et le directeur général d'une entreprise qui n'ont tenu que 7 des 22 réunions exigées par l'article L. 424-4 CT, malgré divers échanges de courriers électroniques démontrant que la tenue des réunions avait été réclamée par la salariée, unique déléguée du personnel, réunions qui, lorsqu'elles ont eu lieu, se sont déroulées en présence d'un tiers, qui a joué un rôle essentiel dans la préparation et le suivi de ces réunions, en méconnaissance des dispositions de l'article L. 424-4 CT prévoyant que le chef de d'établissement ou son représentant et les collaborateurs l'assistant ne peuvent être en nombre supérieur à celui des délégués et qui, bien qu'ils invoquent des travaux de rénovation effectués dans l'entreprise, ne justifient pas de l'impossibilité de satisfaire à l'obligation, imposée par l'article L. 424-2 CT, de mettre à la disposition des délégués un local conforme à ce texte et leur permettant de remplir leur mission.

Cass. crim. 25 septembre 2007, n° 06-84.599, B. crim. n° 222.

L'employeur et les collaborateurs qui l'assistent lors de la réunion ne peuvent être en nombre supérieur à celui des délégués du personnel.

Cass. crim. 25 septembre 2007, n° 06-84.599, précité.

Lorsque les réunions mensuelles ne sont pas mentionnées dans le registre spécial, cette absence laisse présumer que les réunions n'ont pas eu lieu.

Une cour d'appel a pu retenir à l'encontre d'un employeur la prévention d'entrave aux fonctions des délégués du personnel, après avoir relevé que le registre spécial ne faisait pas mention de la réunion mensuelle pour les mois de juin à septembre ; le fait que le registre, régulièrement tenu pour les autres mois, ne fasse pas mention de réunions pour ces quatre mois laisse présumer que ces réunions n'ont pas été tenues.

Cass. crim. 26 avril 1988, n° 86-93.166, 2e moyen.

L'absence de questions écrites ne permet pas de justifier le défaut de réunion mensuelle, mais l'employeur peut refuser de répondre aux questions n'ayant pas été posées par écrit.

Doit être cassé l'arrêt relaxant l'employeur de la prévention d'entrave au motif que ce dernier n'est tenu de recevoir les délégués du personnel que pour autant qu'ils lui ont remis une note exposant leurs demandes. Dans le cas où aucun délégué n'a remis en temps utile de questions écrites, la réception mensuelle doit néanmoins avoir lieu à la date fixée. Le chef d'entreprise a, uniquement dans cette hypothèse, la faculté de ne pas répondre aux réclamations verbales.

Cass. crim. 22 octobre 1975, n° 74-93.478, B. crim. n° 223.

Assistance des délégués

Les délégués du personnel peuvent se faire assister, sur leur demande, d'un représentant d'une organisation syndicale dans la limite d'un représentant par confédération.

C'est à tort que, pour débouter un syndicat de sa demande tendant à ce que soit ordonné à une société que les délégués du personnel puissent être assistés par les représentants syndicaux de leur choix lors des réunions, une cour d'appel a retenu que l'article L. 2315-10 CT désigne "les" délégués du personnel et non pas "chaque" délégué du personnel, qu'il ne consacre pas un droit individuel de chaque délégué du personnel qui impliquerait nécessairement le droit pour chacun d'eux de se faire assister d'un représentant d'une organisation syndicale mais qu'il se borne seulement à envisager la faculté pour les délégués du personnel dans leur ensemble de se faire assister par un tel représentant.

En effet, l'article L. 2315-10, al. 2 CT ne limite pas à un représentant le nombre de représentants syndicaux pouvant être appelés à assister les délégués du personnel lors de la réunion prévue à l'article L. 2315-8 du même code, mais à un représentant par confédération syndicale.

Cass. soc. 28 janvier 2015, n° 13-24.242, 2e moyen, BC V n° 16.

Le refus par un employeur de recevoir, lors d'une réception des délégués du personnel, un représentant syndical extérieur à l'entreprise les accompagnant au motif qu'il s'agissait d'un ancien salarié licencié pour faute grave constitue le délit d'entrave à l'exercice des fonctions de représentant du personnel.

Cass. crim. 7 février 1979, n° 77-93.899.

Portée des engagements pris par l'employeur au cours des réunions

L'employeur peut s'engager unilatéralement dans un compte rendu de réunion des délégués du personnel.

Un conseil de prud'hommes a pu condamner un employeur à payer à un salarié muté une indemnité compensatrice de salaire après avoir interprété souverainement le sens et la portée d'un compte rendu d'une réunion des délégués du personnel. En effet, dans ce compte rendu, l'employeur s'engageait unilatéralement à maintenir, sous forme d'une indemnité compensatrice de salaire, la rémunération des salariés faisant l'objet d'une mutation.

Cass. soc. 28 février 1996, n° 92-45.334, BC V n° 72.

Rémunération des représentants au cours des réunions

Le temps passé par les délégués du personnel aux réunions mensuelles est payé comme temps de travail…

C'est à tort que, statuant sur la demande d'un délégué du personnel titulaire en paiement de la rémunération du temps passé aux réunions, un conseil de prud'hommes s'est borné à prendre acte de ce que l'employeur s'engageait à lui régler une certaine somme à titre d'heures de délégation, alors que, selon l'article L. 424-4 CT, le temps passé par les délégués du personnel, titulaires ou suppléants, aux réunions prévues à cet article est payé comme temps de travail et n'est pas déduit du crédit d'heures dont disposent les délégués du personnel titulaires.

Cass. soc. 10 avril 1996, n° 93-40.943, 2e branche du moyen unique, BC V n° 150. Voir aussi cass. soc. 6 juin 2018, n° 16-28.381.

… peu important qu'ils soient en congés payés au jour de la réunion.

Les heures passées par un salarié titulaire d'un mandat de représentation du personnel aux réunions organisées à l'initiative de l'employeur doivent être payées comme du temps de travail effectif.

Dès lors, ayant constaté qu'un salarié, pendant ses congés payés, s'était rendu aux réunions organisées à l'initiative de l'employeur pour exercer son mandat représentatif dans l'intérêt de la collectivité des salariés et qu'il n'avait pu, du fait de son départ en retraite, bénéficier des congés payés auxquels il pouvait prétendre, un conseil de prud'hommes en a exactement déduit qu'il était fondé à percevoir le paiement des heures passées en réunions.

Cass. soc. 27 novembre 2013, n° 12-24.465, BC V n° 290.

☛ *Registre des délégués du personnel.*

Réunions syndicales

Les adhérents de chaque section syndicale peuvent se réunir une fois par mois, dans l'enceinte de l'entreprise, en dehors des lieux et du temps de travail des participants.

Les modalités des réunions sont fixées en accord avec le chef d'entreprise (art. L. 2142-10 et 11 CT).

Par ailleurs, les sections syndicales peuvent organiser des réunions avec des personnalités extérieures, syndicales ou non syndicales, l'accord de l'employeur étant, dans ce dernier cas, requis. Ces réunions doivent avoir lieu hors du temps de travail des salariés.

Les dispositions de l'article L. 2142-10 CT peuvent être aménagées conventionnellement.

L'article d'un accord relatif à l'exercice du droit syndical dans l'entreprise disposant que chaque salarié peut assister à quatre réunions d'information syndicale par an, celles-ci devant être organisées pendant les heures de travail et en fin de séance de travail, doit être interprété au regard de l'organisation de l'entreprise. Une cour d'appel, ayant constaté que, dans l'entreprise, la journée était composée, pour tous les salariés, de deux séances de travail séparées par une pause, a pu décider que les réunions d'information syndicale pouvaient être organisées à la fin de chacune de ces deux séances, et non pas seulement en fin de journée.

Cass. soc. 10 octobre 1989, n° 87-19.465, 1er moyen, BC V n° 577.

Si l'employeur ne peut refuser l'accès de l'entreprise à une personnalité syndicale extérieure invitée à une réunion dans le local syndical…

L'employeur qui refuse l'accès de l'entreprise à une personnalité syndicale extérieure invitée à participer à une réunion dans le local syndical encourt la prévention d'entrave, l'article L. 412-10 CT disposant que l'invitation d'une personnalité syndicale n'est pas soumise à l'autorisation de l'employeur. Par ailleurs, conformément à cet article, les représentants du personnel, au rang desquels il faut compter non seulement les délégués et les représentants syndicaux, mais également les délégués du personnel et les membres du comité d'entreprise, peuvent se réunir sur leur temps de délégation.

La réunion de la section syndicale en cause, qui devait avoir lieu en présence des seuls représentants du personnel, entrait donc dans les prévisions de l'article L. 412-10 CT, ce dont il résultait que l'employeur ne pouvait, à cette occasion, exercer un contrôle préalable sur l'exercice des mandats des représentants du personnel ou l'utilisation des heures de délégation.

Cass. crim. 11 mai 1989, n° 87-84.544, B. crim. n° 197.

… il peut s'opposer à une réunion dont l'objet est étranger à l'action syndicale en saisissant le juge des référés.

Une cour d'appel a pu dire la prévention d'entrave non établie à l'encontre d'un employeur ayant saisi le juge des référés pour s'opposer à la tenue d'une réunion portant sur le problème nucléaire. Le prévenu, en faisant interdire, dans les formes légales, une réunion dont l'objet était étranger à l'action syndicale, n'a pas porté atteinte aux prérogatives syndicales.

Cass. crim. 17 mars 1981, n° 80-90.942, B. crim. n° 98.

Les réunions ouvertes à tout le personnel doivent être, en principe, organisées hors du temps de travail et avec l'accord du chef d'entreprise…

Il résulte de l'article L. 412-10 CT que des réunions syndicales ouvertes à tous les membres du personnel peuvent être organisées en dehors du temps de travail dans les locaux de l'entreprise avec l'accord de l'employeur. Le salarié, resté sur les lieux de travail pour assister à une réunion syndicale organisée aussitôt après le temps de travail et ayant eu un accident après cette réunion, peut se prévaloir des dispositions légales relatives aux accidents de trajet.

Cass. soc. 21 mars 1996, n° 93-16.070, BC V n° 112.

… sauf en cas de grève.

Doit être cassé l'arrêt qui refuse d'annuler les sanctions disciplinaires prises à l'encontre de deux déléguées du personnel ayant organisé une réunion du personnel pendant les heures de travail sans l'accord du chef d'entreprise, en violation de l'article L. 412-10 CT. La cour d'appel, qui a relevé que cette réunion s'était tenue au cours d'une grève d'une partie du personnel et avait pour but d'expliquer et d'appuyer les revendications professionnelles exprimées par les grévistes, n'a pas tiré les conséquences légales de ses constatations.

Cass. soc. 8 novembre 1988, n° 85-45.100, BC V n° 575.

☛ *Heures de délégation (Contrôle et contestation) ; Heures de délégation (Rémunération) ; Heures de délégation (Utilisation).*

Révision des conventions collectives

☛ *Convention collective (Révision).*

Rixes

☛ *Violences et rixes.*

Rupture amiable/ Départ négocié/Rupture d'un commun accord/ Résiliation conventionnelle

Les parties peuvent convenir de mettre fin au contrat de travail d'un commun accord.

Depuis un arrêt du 15 octobre 2014, elles doivent avoir recours à la rupture conventionnelle homologuée prévue aux articles L. 1237-11 et s. CT. La rupture amiable reste cependant possible notamment en cas de départ négocié dans le cadre d'un plan de sauvegarde de l'emploi.

S'agissant de la jurisprudence rendue antérieurement à l'arrêt du 15 octobre 2014, on se reportera à l'édition 2014-15 du Dictionnaire de jurisprudence sociale.

☛ *Rupture conventionnelle du CDI.*

Rupture anticipée du contrat à durée déterminée

☛ *Contrat à durée déterminée (Rupture anticipée).*

Rupture conventionnelle du CDI

La rupture conventionnelle du contrat de travail à durée indéterminée a été créée par la loi 2008-596 du 25 juin 2008 qui a inséré dans le code du travail les articles L. 1237-11 à 16.

Ils prévoient que l'employeur et le salarié peuvent convenir en commun des conditions de la rupture du contrat de travail. Exclusive du licenciement ou de la démission, la rupture conventionnelle ne peut être imposée par l'une ou l'autre des parties. Elle résulte d'une convention signée par les parties et homologuée par l'autorité administrative ou autorisée par l'inspecteur du travail pour les salariés protégés. Le salarié a droit à une indemnité spécifique de rupture conventionnelle.

Champ d'application

La rupture du contrat de travail par accord des parties ne peut intervenir que par la voie de la rupture conventionnelle, sauf dispositions légales contraires.

Aux termes de l'article L. 1231-1 CT, le contrat de travail à durée indéterminée peut être rompu à l'initiative de l'employeur ou du salarié ou d'un commun accord dans les conditions prévues par le présent titre ; selon les dispositions de l'article L. 1237-11 du même code, la rupture d'un commun accord qualifiée rupture conventionnelle résulte d'une convention signée par les parties au contrat qui est soumise aux dispositions réglementant ce mode de rupture destinées à garantir la liberté du consentement des parties ; il résulte de la combinaison de ces textes que, sauf dispositions légales contraires, la rupture du contrat de travail par accord des parties ne peut intervenir que dans les conditions prévues par le second relatif à la rupture conventionnelle.

Un employeur et une salariée ont mis fin au contrat de travail qui les liait « en vertu d'un document signé des deux parties » ; la salariée a saisi le conseil de prud'hommes pour faire juger que la rupture s'analysait en un licenciement sans cause réelle et sérieuse.

Une cour d'appel, qui a constaté que le document signé par les parties ne satisfaisait pas aux exigences de l'article L. 1237-11 CT, a décidé à bon droit que la rupture s'analysait en un licenciement sans cause réelle et sérieuse.

Cass. soc. 15 octobre 2014, n° 11-22.251, BC V n° 241. Voir aussi cass. soc. 21 décembre 2017, n° 16-12.780.

Les dispositions de l'article L. 1237-11 CT relatives à la rupture conventionnelle entre un salarié et son employeur ne sont pas applicables à une convention tripartite conclue entre un salarié et deux employeurs successifs ayant pour objet d'organiser, non pas la rupture, mais la poursuite du contrat de travail.

Cass. soc. 8 juin 2016, n° 15-17.555, BC V n° 129.

Conclusion de la convention

• Contexte de la conclusion

En cas de harcèlement moral du salarié caractérisant une situation de violence excluant un consentement valable de sa part, la rupture produit les effets d'un licenciement sans cause réelle et sérieuse.

Ayant souverainement estimé qu'une salariée était au moment de la signature d'un acte de rupture conventionnelle dans une situation de violence morale du fait du harcèlement moral dont elle a constaté l'existence et des troubles psychologiques qui en sont résultés, une cour d'appel a pu annuler l'acte de rupture conventionnelle et décider que la rupture devait produire les effets d'un licenciement sans cause réelle et sérieuse.

Cass. soc. 30 janvier 2013, n° 11-22.332, BC V n° 24.

Il en va de même en cas d'altération des facultés mentales du salarié.

Ayant constaté, par une appréciation souveraine, l'existence d'une altération des facultés mentales d'une salariée, lors de la signature de la convention de rupture, de nature à vicier son consentement, une cour d'appel a décidé à bon droit que la rupture s'analysait en un licenciement sans cause réelle et sérieuse.

Cass. soc. 16 mai 2018, n° 16-25.852.

Mais, en l'absence de vice du consentement, l'existence de faits de harcèlement moral n'affecte pas en elle-même la validité de la convention de rupture.

Pour déclarer nulle une rupture conventionnelle, une cour d'appel a retenu qu'un salarié pouvait obtenir l'annulation de la rupture de son contrat de travail dès lors qu'il établissait qu'elle était intervenue dans un contexte de harcèlement moral, sans avoir à prouver un vice du consentement, que la salariée n'invoquait en l'espèce aucun vice du consentement mais que, le harcèlement moral étant constitué, il convenait de constater la nullité de la rupture conventionnelle.

En statuant ainsi, alors qu'en l'absence de vice du consentement, l'existence de faits de harcèlement moral n'affecte pas en elle-même la validité de la convention de rupture intervenue en application de l'article L. 1237-11 CT, la cour d'appel a violé les articles L. 1237-11, L. 1152-1 et L. 1152-3 CT.

Cass. soc. 23 janvier 2019, n° 17-21.550, à paraître.

De même, un manquement de l'employeur dans l'information du salarié sur la possibilité de contacter Pôle emploi n'entraîne pas la nullité de la convention de rupture en l'absence d'un vice du consentement.

Après avoir conclu avec son employeur une convention de rupture du contrat de travail, homologuée par l'autorité administrative, un salarié a saisi la juridiction prud'homale afin d'en obtenir l'annulation, faute pour l'employeur de lui avoir indiqué, durant les négociations, la possibilité qui lui était ouverte de prendre contact auprès de Pôle emploi.

Doit être approuvé l'arrêt ayant rejeté sa demande.

En effet, après avoir constaté que le salarié avait conçu un projet de création d'entreprise, la cour d'appel a souverainement retenu que l'absence d'information sur la possibilité de prendre contact avec le service public de l'emploi en vue d'envisager la suite de son parcours professionnel n'avait pas affecté la liberté de son consentement.

Cass. soc. 29 janvier 2014, n° 12-25.951, 1er moyen, BC V n° 38.

L'existence, au moment de sa conclusion, d'un différend entre les parties au contrat de travail n'affecte pas, par elle-même, la validité de la convention de rupture.

Un salarié ayant signé une convention de rupture du contrat de travail a saisi la juridiction prud'homale de demandes tendant notamment à la requalification de la rupture conventionnelle en licenciement sans cause réelle et sérieuse.

Pour accueillir cette demande, une cour d'appel a retenu qu'il existait un différend entre les parties sur l'exécution du contrat de travail, l'employeur ayant infligé au salarié deux avertissements en raison, selon lui, de la mauvaise qualité de son travail six mois et trois mois avant l'établissement de la convention de rupture et ayant formulé de nouveaux reproches à l'encontre du salarié sur l'exécution des tâches qui lui étaient confiées avant de le convoquer à deux entretiens aux fins d'évoquer l'éventualité d'une rupture conventionnelle du contrat de travail et de céfinir les termes de la convention de rupture.

En statuant ainsi, alors que l'existence, au moment de sa conclusion, d'un différend entre les parties au contrat de travail n'affecte pas, par elle-même, la validité de la convention de rupture, la cour d'appel a violé l'article L. 1237-11 CT.

Cass. soc. 15 janvier 2014, n° 12-23.942, BC V n° 19. Voir aussi cass. soc. 16 décembre 2015, n° 13-27.212, 2e et 3e branches du moyen, BC V n° 262.

Mais la rupture conventionnelle ne peut être imposée par l'une ou l'autre des parties.

Après avoir relevé qu'un employeur avait menacé une salariée de voir ternir la poursuite de son parcours professionnel en raison des erreurs et manquements de sa part justifiant un licenciement et l'avait incitée, par une pression, à choisir la voie de la rupture conventionnelle, une cour d'appel qui a fait ressortir que le consentement de la salariée avait été vicié a pu requalifier la rupture conventionnelle en licenciement sans cause réelle et sérieuse.

Cass. soc. 23 mai 2013, n° 12-13.865, pourvoi principal, BC V n° 128. Voir aussi cass. soc. 12 février 2014, n° 12-29.208.

La convention intervenue durant la suspension du contrat de travail pour maladie est valable à condition que le salarié y ait consenti de manière libre et éclairée.

Cass. soc. 30 septembre 2013, n° 12-19.711.

La rupture conventionnelle du contrat de travail d'un salarié déclaré apte avec réserves suite à un accident du travail est valable.

Une salariée, placée en arrêt de travail à la suite d'un accident du travail survenu le 25 mars 2008, a été déclarée apte avec réserves à la reprise du travail à l'issue du second examen médical du 16 juillet 2009 ; elle a conclu avec l'employeur une convention de rupture, qui a été homologuée par l'inspection du travail le 23 octobre 2009, après deux refus successifs d'homologation.

Doit être rejeté le pourvoi formé par la salariée qui, pour reprocher à une cour d'appel d'avoir décidé que la convention de rupture était valable, soutient qu'en la signant l'employeur aurait eu pour but d'échapper aux dispositions légales impératives relatives au reclassement du salarié déclaré apte avec réserves et qu'en s'abstenant de rechercher, si à compter de la date à laquelle elle avait été déclarée apte à la reprise avec réserves, l'employeur justifiait avoir recherché un emploi similaire assorti d'une rémunération au moins équivalente, la cour d'appel n'aurait pas légalement justifié sa décision.

En effet, après avoir relevé que la salariée n'invoquait pas un vice du consentement et constaté l'absence de fraude de l'employeur, la cour d'appel a, sans inverser la charge de la preuve, légalement justifié sa décision.

Cass. soc. 28 mai 2014, n° 12-28.082, 2e moyen, BC V n° 129.

La signature de la convention pendant une période de suspension du contrat consécutive à un accident du travail ou à une maladie professionnelle est également valable, sauf fraude ou vice du consentement.

Une cour d'appel a retenu à bon droit que, sauf en cas de fraude ou de vice du consentement, une rupture conventionnelle peut être valablement conclue en application de l'article L. 1237-11 CT au cours de la période de suspension consécutive à un accident du travail ou une maladie professionnelle.

Cass. soc. 30 septembre 2014, n° 13-16.297, BC V n° 219. Voir aussi cass. soc. 16 décembre 2015, n° 13-27.212, précité.

De même, sauf cas de fraude ou de vice du consentement, une convention de rupture peut être valablement conclue par un salarié déclaré inapte à son poste à la suite d'un accident du travail.

Cass. soc. 9 mai 2019, n° 17-28.767, à paraître.

Sauf en cas de fraude ou de vice du consentement, une rupture conventionnelle peut être valablement conclue en application de l'article L. 1237-11 CT au cours des périodes de suspension du contrat de travail auxquelles la salariée a droit au titre de son congé de maternité, ainsi que pendant les quatre semaines suivant l'expiration de ces périodes.

Cass. soc. 25 mars 2015, n° 14-10.149, 2e moyen, BC V n° 58.

Lorsque le contrat de travail a été rompu par l'exercice par l'une ou l'autre des parties de son droit de résiliation unilatérale, la signature postérieure d'une rupture conventionnelle vaut renonciation commune à la rupture précédemment intervenue.

Cass. soc. 3 mars 2015, n° 13-20.549, BC V n° 35.

En revanche, la signature par les parties au contrat de travail d'une rupture conventionnelle, après l'engagement d'une procédure disciplinaire de licenciement, n'emporte pas renonciation par l'employeur à l'exercice de son pouvoir disciplinaire.

Il s'ensuit que si le salarié exerce son droit de rétractation de la rupture conventionnelle, l'employeur est fondé à reprendre la procédure disciplinaire par la convocation du salarié à un nouvel entretien préalable dans le respect des dispositions de l'article L. 1332-4 CT et à prononcer une sanction, y compris un licenciement pour faute grave.

Cass. soc. 3 mars 2015, n° 13-15.551, BC V n° 36.

La signature par les parties d'une rupture conventionnelle ne constitue pas un acte interruptif de la prescription des fautes disciplinaires.

Cass. soc. 3 mars 2015, n° 13-23.348, BC V n° 34.

• Procédure

Formalisme

Un exemplaire de la convention doit être remis au salarié.

La remise d'un exemplaire de la convention de rupture au salarié est nécessaire à la fois pour que chacune des parties puisse demander l'homologation de la convention, dans les conditions prévues par l'article L. 1237-14 CT, et pour garantir le libre consentement du salarié, en lui permettant d'exercer ensuite son droit de rétractation en connaissance de cause.

Après avoir constaté qu'un employeur avait conclu une rupture conventionnelle avec un salarié sans lui remettre d'exemplaire de la convention de rupture, une cour d'appel a pu en déduire que cette convention était atteinte de nullité.

Cass. soc. 6 février 2013, n° 11-27.000, BC V n° 29. Voir aussi cass. soc. 7 mars 2018, n° 17-10.963, 1er moyen.

Entretiens préalables

Rien ne s'oppose à ce que la convention de rupture soit signée lors de l'entretien prévu par l'article L. 1237-12 CT.

L'article L. 1237-12 CT n'instaure pas de délai entre, d'une part, l'entretien au cours duquel les parties au contrat de travail conviennent de la rupture du contrat et, d'autre part, la signature de la convention de rupture prévue à l'article L. 1237-11 CT.

Doit donc être rejeté le moyen du pourvoi formé par l'employeur qui, pour contester la validité d'une rupture conventionnelle, soutient qu'un délai raisonnable est requis entre l'entretien et la signature de l'acte de rupture afin de permettre aux parties de prendre les dispositions nécessaires pour se faire assister, et que faute d'avoir vérifié si une salariée avait disposé d'un tel délai afin de pouvoir s'organiser pour se faire assister, la cour d'appel a violé l'article L. 1237-12 CT.

Cass. soc. 3 juillet 2013, n° 12-19.268, BC V n° 178.

Le défaut d'information du salarié sur la possibilité d'être assisté par un conseiller extérieur dans une entreprise dépourvue de représentant du personnel n'a pas pour effet d'entraîner la nullité de la convention de rupture en l'absence d'un vice du consentement.

Un salarié, qui avait signé une convention de rupture, homologuée par l'autorité administrative, a saisi la juridiction prud'homale de demandes tendant à la requalification de la rupture conventionnelle en licenciement sans cause réelle et sérieuse en faisant valoir, d'une part, que l'employeur ne l'avait pas informé de la possibilité d'être assisté par un conseiller extérieur au cours des entretiens organisant la rupture conventionnelle, l'entreprise étant sans représentation du personnel et, d'autre part, que le fait d'avoir été assisté par son supérieur hiérarchique, actionnaire de l'entreprise, constituait une irrégularité invalidant la convention de rupture.

C'est à bon droit qu'une cour d'appel a rejeté sa demande.

En effet, d'abord, le défaut d'information du salarié d'une entreprise ne disposant pas d'institution représentative du personnel sur la possibilité de se faire assister, lors de l'entretien au cours duquel les parties au contrat de travail conviennent de la rupture du contrat, par un conseiller du salarié choisi sur une liste dressée par l'autorité administrative n'a pas pour effet d'entraîner la nullité de la convention de rupture en dehors des conditions de droit commun ; ensuite, le choix du salarié de se faire assister lors de cet entretien par son supérieur hiérarchique, dont peu importe qu'il soit titulaire d'actions de l'entreprise, n'affecte pas la validité de la rupture conventionnelle ; enfin, après avoir relevé que le salarié avait été assisté à sa demande par son supérieur hiérarchique, la cour d'appel a, dans l'exercice de son pouvoir souverain d'appréciation, estimé qu'aucune pression ou manœuvre n'avait été exercée sur lui pour l'inciter à consentir à la convention de rupture.

Cass. soc. 29 janvier 2014, n° 12-27.594, BC V n° 39.

Si le défaut du ou des entretiens prévus par l'article L. 1237-12 CT, relatif à la conclusion d'une convention de rupture, entraîne la nullité de la convention, c'est à celui qui invoque cette cause de nullité d'en établir l'existence.

Pour faire droit à la demande de nullité de la convention de rupture formée par un salarié, celui-ci arguant de l'absence d'entretien, une cour d'appel, après avoir constaté que la convention de rupture mentionnait la tenue de deux entretiens, a retenu que l'employeur ne produisait aucun élément matériellement vérifiable permettant d'en attester la réalité.

En statuant ainsi, la cour d'appel, qui a inversé la charge de la preuve, a violé les articles L. 1237-12 CT et 1315, devenu 1353 c. civ.

Cass. soc. 1er décembre 2016, n° 15-21.609, 1er moyen, BC V n° 227.

• Contenu de la convention

Une clause de renonciation à tout recours contenue dans une convention de rupture conclue en application de l'article L. 1237-11 CT doit être réputée non écrite, comme contraire à l'article L. 1237-14 CT, sans qu'en soit affectée la validité de la convention elle-même.

Cass. soc. 26 juin 2013, n° 12-15.208, BC V n° 167.

La stipulation d'une indemnité inférieure à celle prévue par l'article L. 1237-13 CT et d'une date d'effet de la rupture antérieure au lendemain de l'homologation de la convention n'entraîne pas en elle-même la nullité de la convention de rupture.

Pour débouter un salarié de ses demandes relatives à la rupture du contrat de travail, une cour d'appel a retenu, d'une part que diverses primes ayant pu être omises dans le cadre de la convention de rupture du mois d'août 2010, il convenait de donner acte à l'employeur de ce qu'il serait redevable d'une somme à titre de complément d'indemnité de rupture conventionnelle, d'autre part que le formulaire homologué le 9 août 2010 maintenant la rupture au 6 août 2010, il y avait lieu de donner acte à cet employeur de ce qu'il allait régulariser la rupture au 10 août 2010, lendemain du jour de l'homologation.

En statuant ainsi, alors que si la stipulation par les deux parties d'une indemnité dont le montant est inférieur à celle prévue par l'article L. 1237-13 CT et si l'erreur commune de date fixée par les parties antérieurement au lendemain de l'homologation n'entraînent pas, en elles-mêmes, la nullité de la convention de rupture, la cour d'appel, saisie de demandes en annulation et en paiement de sommes, à qui il appartenait, non pas de procéder à un double donné acte dépourvu de portée, mais, par application de ce texte, de rectifier la date de la rupture et de procéder, en cas de montant insuffisant de l'indemnité de rupture conventionnelle, à une condamnation pécuniaire, a, méconnaissant son office, violé les articles 455 et 12 c. proc. civ..

Cass. soc. 8 juillet 2015, n° 14-10.139, BC V n° 144.

Droit de rétractation

Lorsque la date de signature de la convention de rupture, non mentionnée sur la convention, est incertaine et qu'il n'est pas possible de déterminer le point de départ du délai de rétractation, la convention est nulle.

Cass. soc. 27 mars 2019, n° 17-23.586.

Une erreur commise dans la convention de rupture sur la date d'expiration du délai de rétractation n'entraîne la nullité de la convention que si elle a eu pour effet de vicier le consentement de l'une des parties ou de la priver de la possibilité d'exercer son droit à rétractation.

Cass. soc. 29 janvier 2014, n° 12-24.539, BC V n° 40.

La lettre de rétractation adressée à l'administration et non à l'autre partie signataire de la rupture conventionnelle n'est pas valable.

Le 6 juin 2009, un employeur et un salarié ont signé une convention de rupture fixant au 16 juillet 2009 la date de rupture du contrat de travail, le délai de rétractation expirant le 22 juin 2009 ; par courrier du 21 juin 2009 adressé à l'autorité administrative, l'avocat du salarié indiquait que son client entendait rétracter la convention de rupture ; le salarié a, par courrier du 2 juillet 2009 adressé à son employeur, pris acte de la rupture de son contrat de travail aux torts de ce dernier ; la convention de rupture a été homologuée le 13 juillet 2009 ; estimant abusive la rupture de son contrat de travail, le salarié a saisi la juridiction prud'homale de demandes à ce titre.

Doit être approuvé l'arrêt l'ayant débouté de ses demandes.

En effet, selon l'article L. 1237-13 CT, le droit de rétractation dont dispose chacune des parties à la convention de rupture doit être exercé par l'envoi à l'autre partie d'une lettre adressée par tout moyen attestant de sa date de réception ; en l'espèce, la cour d'appel a relevé que la lettre de rétractation avait été adressée, non à l'autre partie signataire de la rupture conventionnelle, mais à l'administration ; en l'état de cette constatation, qui impliquait l'absence de validité de la rétractation, la cour d'appel a légalement justifié sa décision.

Cass. soc. 6 octobre 2015, n° 14-17.539, 1re branche du moyen, BC V n° 188.

Le respect du délai de rétraction s'apprécie à la date d'envoi de la lettre de rétractation, et non à la date de sa réception par l'autre partie.

En application de l'article L. 1237-13 CT, une partie à une convention de rupture peut valablement exercer son droit de rétractation dès lors qu'elle adresse à l'autre partie, dans le délai de quinze jours calendaires qu'il prévoit, une lettre de rétractation.

Pour débouter un salarié de ses demandes en nullité de la convention de rupture et en paiement de sommes à ce titre, une cour d'appel a retenu, après avoir constaté que le délai de rétractation expirait le vendredi 27 mars 2009 à minuit et que le salarié avait adressé le 27 mars 2009 à l'employeur sa lettre de rétractation, que celui-ci ne l'avait reçue que le 31 mars 2009, soit après l'expiration du délai.

En statuant ainsi, alors qu'il résultait de ses constatations que le salarié avait exercé son droit de rétractation dans le délai imparti par l'article L. 1237-13 CT, la cour d'appel a violé ce texte.

Cass. soc. 14 février 2018, n° 17-10.035, à paraître.

La signature d'une seconde convention de rupture, à la suite d'un refus d'homologation de la première convention par l'autorité administrative, ouvre droit à un nouveau délai de rétractation, sous peine de nullité.

Il résulte de l'application combinée des articles L. 1237-13 et L. 1237-14 CT qu'une partie à une convention de rupture ne peut valablement demander l'homologation de cette convention à l'autorité administrative avant l'expiration du délai de rétractation de quinze jours prévu par le premier de ces textes.

Après un entretien du 26 juillet 2013, une salariée et son employeur ont convenu d'une rupture conventionnelle datée du 27 juin 2013, que l'autorité administrative a refusé d'homologuer, par lettre du 30 août 2013, au motif que l'indemnité spécifique de rupture conventionnelle était inférieure au minimum conventionnel. À la suite de ce refus, les parties ont signé un second formulaire de rupture conventionnelle indiquant une date d'entretien au 26 juillet 2013 et une date de rupture du contrat de travail au 9 octobre 2013. Le 6 décembre 2013, la salariée a saisi la juridiction prud'homale d'une contestation de la validité de la rupture.

Ayant relevé que la première convention avait fait l'objet d'un refus d'homologation par l'autorité administrative, c'est à bon droit qu'une cour d'appel a décidé que la salariée devait bénéficier d'un nouveau délai de rétractation et que, n'en ayant pas disposé, la seconde convention de rupture était nulle.

Cass. soc. 13 juin 2018, n° 16-24.830, 1re branche du 1er moyen, à paraître.

Homologation de la convention

Une partie à une convention de rupture ne peut valablement demander l'homologation de cette convention à l'autorité administrative avant l'expiration du délai de rétractation.

Le 8 mars 2010, un salarié et l'association qui l'employait ont signé une convention de rupture ; une demande d'homologation de cette convention a été adressée le 23 mars 2010 à l'autorité administrative qui, le 25 mars 2010, a informé les parties de ce qu'elle refusait de l'homologuer ; le salarié a été licencié le 23 avril 2010.

C'est à tort que l'employeur soutient que l'envoi de la demande d'homologation à l'administration avant l'expiration du délai de quinze jours de l'article L. 1237-13 CT ne pourrait justifier un refus d'homologation que s'il a pour effet de vicier le consentement d'une partie ou de la priver de la possibilité d'exercer son droit de rétractation, de sorte que la cour d'appel ne pouvait décider que la remise à l'administration de la demande d'homologation avant la fin du délai de rétractation justifiait le refus d'homologation sans préciser en quoi le dépôt de la demande le jour de l'expiration du délai aurait eu pour effet de vicier le consentement de l'une des parties ou l'aurait empêchée d'exercer son droit de rétractation.

En effet, il résulte de l'application combinée des articles L. 1237-13 et L. 1237-14 CT qu'une partie à une convention de rupture ne peut valablement demander l'homologation de cette convention à l'autorité administrative avant l'expiration du délai de rétractation de quinze jours prévu par le premier de ces textes.

En l'espèce, la cour d'appel, qui a relevé que la demande d'homologation de la rupture conventionnelle avait été adressée à la DIRECCTE avant l'expiration du délai de rétractation, a, sans avoir à procéder à une recherche que ses constatations rendaient inopérante, légalement justifié sa décision.

Cass. soc. 14 janvier 2016, n° 14-26.220, 2e branche du moyen, BC V n° 10.

En cas de recours contre un refus d'homologation, le conseil de prud'hommes n'est pas compétent pour accorder, en lieu et place de l'autorité administrative, l'homologation d'une convention de rupture.

Le 8 mars 2010, un salarié et l'association qui l'employait ont signé une convention de rupture ; une demande d'homologation de cette convention a été adressée le 23 mars 2010 à l'autorité administrative qui, le 25 mars 2010, a informé les parties de ce qu'elle refusait de l'homologuer ; le salarié a été licencié le 23 avril 2010.

C'est à tort que, pour reprocher à une cour d'appel de l'avoir débouté de sa demande tendant à l'homologation de la convention de rupture, l'employeur soutient qu'en cas de recours contre un refus d'homologation, le conseil de prud'hommes serait compétent, en application de l'article L. 1237-14, non seulement pour dire que la convention de rupture réunissait toutes les conditions pour être homologuée, mais aussi pour accorder cette homologation, alors qu'il n'entre pas dans les pouvoirs du juge judiciaire de prononcer, en lieu et place de l'autorité administrative, l'homologation d'une convention de rupture conclue en application des articles L. 1237-11 et s. CT.

Cass. soc. 14 janvier 2016, n° 14-26.220, 1re branche du moyen, BC V n° 10.

La DIRECCTE peut homologuer une rupture conventionnelle qu'elle avait initialement refusé de valider.

Une décision de refus d'homologation d'une convention de rupture conclue en application des dispositions des articles L. 1237-11 et s. CT ne crée de droits acquis ni au profit des parties à la convention, ni au profit des tiers ; une telle décision peut, par suite, être légalement retirée par son auteur.

Est donc valable la convention de rupture qui, après avoir fait l'objet d'un refus d'homologation, a été homologuée par la DIRECCTE au vu d'informations complémentaires transmises par l'employeur.

Cass. soc. 12 mai 2017, n° 15-24.220, BC V n° 81.

Doit être regardée comme implicitement homologuée toute convention de rupture pour laquelle une décision administrative expresse n'a pas été notifiée aux parties dans les 15 jours ouvrables à compter de la réception de la demande d'homologation.

Selon l'article L. 1237-14 CT, l'autorité administrative dispose d'un délai d'instruction de 15 jours ouvrables, à compter de la réception de la demande d'homologation, et à défaut de notification dans ce délai, cette homologation est réputée acquise et l'autorité administrative est dessaisie ; il en résulte que doit être regardée comme implicitement homologuée toute convention de rupture pour laquelle une décision administrative expresse n'a pas été notifiée aux parties à la convention dans les 15 jours ouvrables à compter de la réception de la demande d'homologation.

Pour dire nulle une convention de rupture et condamner l'employeur au paiement de sommes à ce titre, une cour d'appel, après avoir constaté que l'administration avait reçu la demande d'homologation le 5 mars 2010, a retenu que la directrice du travail avait, par lettre du 22 mars 2010, pris une décision expresse de refus d'homologation et qu'il ne pouvait donc y avoir d'homologation tacite.

En statuant ainsi, sans préciser si la lettre en date du 22 mars 2010 par laquelle l'autorité administrative refusait d'homologuer la convention de rupture était parvenue aux parties au plus tard le 23 mars 2010 à minuit, date d'échéance du délai de 15 jours ouvrables dont disposait l'administration pour leur notifier sa décision expresse conformément aux règles régissant la notification des actes administratifs, une décision implicite d'homologation étant à défaut acquise, la cour d'appel n'a pas légalement justifié sa décision.

Cass. soc. 16 décembre 2015, n° 13-27.212, 1re branche du moyen, BC V n° 262.

Indemnités de rupture

• Indemnité spécifique

La stipulation par les deux parties d'une indemnité dont le montant est inférieur à l'indemnité prévue par l'article L. 1237-13 CT n'entraîne pas, en elle-même, la nullité de la convention de rupture.

Cass. soc. 25 novembre 2015, n° 14-12.079.

L'absence de demande en annulation de la rupture conventionnelle et partant d'invocation de moyens au soutien d'une telle demande n'interdit pas à un salarié d'exiger le respect par l'employeur des dispositions de l'article L. 1237-13 CT relatives au montant minimal de l'indemnité spécifique d'une telle rupture.

Cass. soc. 10 décembre 2014, n° 13-22.134, BC V n° 286.

Lorsque le contrat de travail d'un salarié expatrié prévoit la prise en charge par l'employeur des impôts dus par l'intéressé sur ses revenus salariaux perçus dans le pays d'accueil, le montant de cet avantage contractuel entre dans l'assiette de calcul de l'indemnité spécifique de rupture conventionnelle.

Un salarié a été engagé en 1974 en qualité d'ingénieur par une société appartenant à un groupe international, son contrat de travail étant soumis à la convention collective nationale des ingénieurs et cadres de la métallurgie du 13 mars 1972 ; par avenant du 20 décembre 2005, il a été expatrié et affecté en Chine à compter du 1er février 2006, puis a fait l'objet d'une mutation concertée au sein d'une autre société du groupe ; les parties ont signé, le 28 septembre 2010, une rupture conventionnelle du contrat de travail à effet au 31 octobre 2010 ; ayant saisi la juridiction prud'homale, le salarié a demandé la condamnation de l'employeur à lui payer une somme à titre de solde de l'indemnité conventionnelle de rupture.

Doit être rejeté le pourvoi de l'employeur reprochant à une cour d'appel d'avoir accueilli cette demande.

En effet, selon l'article 29 de la convention collective nationale des ingénieurs et cadres de la métallurgie, l'indemnité de licenciement est calculée sur la moyenne mensuelle des appointements ainsi que des avantages et gratifications contractuels, dont l'ingénieur ou cadre a bénéficié au cours de ses douze derniers mois précédant la notification du licenciement ; ayant constaté que l'avenant au contrat de travail signé par les parties le 20 décembre 2005 stipulait, d'une part, le remboursement de frais professionnels, d'autre part, sous un paragraphe intitulé « Rémunération », divers éléments de rémunération au nombre desquels figurait, outre un salaire fixe et un variable, des primes ainsi que l'obligation pour le salarié de s'acquitter à ses frais du montant de l'impôt sur le revenu exigible au regard de la législation française et pour l'employeur de payer dans le pays d'accueil l'intégralité de l'impôt relatif aux revenus salariaux, la cour d'appel en a exactement déduit que cette dernière obligation constituait, non pas un remboursement de frais, mais un avantage contractuel qui devait entrer dans l'assiette de calcul de l'indemnité spécifique de rupture conventionnelle devant être au moins égale à l'indemnité de licenciement prévue par cet article 29.

Cass. soc. 1er décembre 2016, n° 15-15.100, 1er moyen, BC V n° 226.

Pour les journalistes, le montant minimum de l'indemnité spécifique doit être calculé sur la base de l'indemnité de licenciement prévue par l'article L. 1234-9 CT et non sur la base de celle fixée par l'article L. 7112-3 CT.

Selon l'article L. 1237-13 CT, la convention de rupture définit les conditions de celle-ci, notamment le montant de l'indemnité spécifique de rupture conventionnelle qui ne peut pas être inférieur à celui de l'indemnité prévue à l'article L. 1234-9 CT.

Un salarié occupant les fonctions de rédacteur en chef au sein d'une société audiovisuelle a conclu avec celle-ci, le 23 mars 2010, une convention de rupture du contrat de travail, homologuée par l'autorité administrative ; le salarié a saisi la juridiction prud'homale de demandes tendant à ce que la rupture conventionnelle produise les effets d'un licenciement sans cause réelle et sérieuse.

Pour accueillir ces demandes, une cour d'appel a retenu, d'une part, que l'avenant 4 du 18 mai 2009 à l'accord national interprofessionnel sur la modernisation du marché du travail du 11 janvier 2008 n'est pas applicable au litige, que les articles L. 1234-9, R. 1234-1 et R. 1234-2 CT ne fixent pas un mode de calcul unique de l'indemnité de licenciement mais un mode de calcul minimum auquel il peut être dérogé, que l'indemnité de licenciement du journaliste prévue à l'article L. 7112-3 CT constitue une indemnité de licenciement au sens de l'article L. 1234-9 CT auquel la convention de rupture ne pouvait pas déroger, et, d'autre part, que l'indemnité spécifique de rupture conventionnelle est l'un des éléments substantiels de la rupture conventionnelle, de sorte que le salarié ne peut y renoncer, que l'intéressé ayant perçu une indemnité inférieure à l'indemnité de licenciement qui lui était due, la convention de rupture n'était pas valide et produisait les effets d'un licenciement dépourvu de cause réelle et sérieuse.

En statuant ainsi, alors que l'article L. 1237-13 CT se réfère aux seules dispositions de l'article L. 1234-9 du même code, de sorte que le calcul du minimum de l'indemnité est celui prévu par les articles R. 1234-1 et R. 1234-2 de ce code, la cour d'appel a violé les articles L. 1237-13, L. 1234-9, R. 1234-1 et R. 1234-2 CT.

Cass. soc. 3 juin 2015, n° 13-26.799, BC V n° 109.

- **Indemnité pour inobservation de la procédure de licenciement**

Le salarié ayant signé une rupture conventionnelle ne peut pas y prétendre.

Aux termes de l'article L. 1226-15 CT, lorsqu'un licenciement est prononcé en méconnaissance des dispositions du troisième alinéa de l'article L. 1226-12, il est fait application des dispositions prévues par l'article L. 1235-2 en cas d'inobservation de la procédure de licenciement.

A violé ce texte la cour d'appel qui a retenu qu'un salarié pouvait prétendre, outre des dommages-intérêts en application du troisième alinéa de l'article L. 1226-15 CT, à une indemnité de 100 € pour inobservation de la procédure de licenciement, alors qu'elle ne constatait pas l'existence d'un licenciement, le salarié ayant signé une rupture conventionnelle.

Cass. soc. 9 juillet 2014, n° 13-18.696, dernière branche du 2e moyen, BC V n° 185.

Rupture conventionnelle pour cause économique

Lorsqu'elles ont une cause économique et s'inscrivent dans un processus de réduction des effectifs dont elles constituent la ou l'une des modalités, les ruptures conventionnelles doivent être prises en compte pour déterminer la procédure d'information et de consultation des représentants du personnel applicable ainsi que les obligations de l'employeur en matière de plan de sauvegarde de l'emploi.

Cass. soc. 9 mars 2011, n° 10-11.581, 1er moyen du pourvoi principal, BC V n° 70.

Si les ruptures conventionnelles doivent être prises en compte pour l'application de l'article L. 1233-26 CT, lorsqu'elles constituent une modalité d'un processus de réduction des effectifs pour une cause économique, c'est à la condition que les contrats de travail aient été rompus après l'homologation des conventions par l'administration du travail ; ne peuvent être retenues les conventions qui, faute d'avoir été homologuées, n'ont pas entraîné la rupture du contrat de travail.

Cass. soc. 29 octobre 2013, n° 12-15.382, BC V n° 253, cité dans « Plan de sauvegarde de l'emploi ».

Recours juridictionnel

L'annulation de la convention doit être demandée dans les 12 mois de son homologation ; passé ce délai, la convention devient définitive et toute demande au titre de la rupture du contrat de travail est irrecevable. Ainsi, lorsque l'annulation de la rupture conventionnelle n'a pas été demandée dans le délai légal, les juges du fond n'ont plus à statuer sur une demande en résiliation judiciaire du contrat de travail devenue sans objet, peu important qu'elle soit antérieure à la rupture conventionnelle.

Un salarié a saisi la juridiction prud'homale en janvier 2009 d'une demande en résiliation judiciaire du contrat de travail ; les parties ont conclu le 27 avril 2009 une rupture conventionnelle du contrat de travail prévoyant le paiement d'une indemnité spécifique de rupture ; la convention de rupture a été homologuée par l'autorité administrative le 29 mai 2009 ; le salarié ayant maintenu sa demande en résiliation judiciaire, le conseil de prud'hommes l'en a débouté par jugement du 19 mai 2010 ; par des conclusions du 28 décembre 2010, le salarié a demandé l'annulation de la convention de rupture et la condamnation de l'employeur à lui payer diverses indemnités au titre de la résiliation judiciaire du contrat de travail.

Ayant constaté que l'annulation de la rupture conventionnelle n'avait pas été demandée dans le délai prévu par l'article L. 1237-14 CT, une cour d'appel, n'ayant plus à statuer sur une demande, fût-elle antérieure à cette rupture, en résiliation judiciaire du contrat de travail devenue sans objet, a pu la juger irrecevable.

Cass. soc. 10 avril 2013, n° 11-15.651, 1er moyen, BC V n° 98.

En cas de décision implicite d'homologation, la demande en nullité de la convention de rupture introduite par le salarié postérieurement au délai de 12 mois prévu à l'article L. 1237-14 CT est irrecevable dès lors que cette convention a été exécutée et que le salarié a disposé du temps nécessaire pour agir avant l'expiration de ce délai.

Un salarié et son employeur ont, le 8 octobre 2010, signé une convention de rupture qui a fait l'objet, le 16 novembre 2010, d'une décision implicite d'homologation par l'administration. Le salarié a, le 30 décembre 2010, signé son reçu pour solde de tout compte mentionnant le versement d'une indemnité conventionnelle de rupture, et reçu les documents de fin de contrat. Il a ensuite saisi la juridiction prud'homale, le 17 novembre 2011, d'une demande en nullité de la convention de rupture.

Une cour d'appel ayant relevé que le salarié et l'employeur avaient, le 8 octobre 2010, signé une convention de rupture, et devant laquelle il n'était pas contesté que la convention avait reçu exécution, a fait ressortir que ce salarié avait disposé du temps nécessaire pour agir avant l'expiration du délai de 12 mois prévu à l'article L. 1237-14 CT ; elle en a exactement déduit que sa demande en nullité de la convention de rupture, introduite postérieurement à ce délai, était irrecevable.

Cass. soc. 6 décembre 2017, n° 16-10.220, à paraître.

Si la fraude peut écarter la prescription de 12 mois, c'est à la condition qu'elle ait eu pour finalité d'empêcher la contestation dans le délai requis ; tel n'est pas le cas de la fraude de l'employeur ayant consisté à avoir eu recours à une rupture conventionnelle afin de se soustraire à la mise en place d'un plan de sauvegarde de l'emploi.

Cass. soc. 22 juin 2016, n° 15-16.994, 1re branche du moyen, BC V n° 133.

Dans l'hypothèse où une fraude permettant d'écarter le délai de prescription de 12 mois est reconnue, elle a pour effet d'en reporter le point de départ au jour où celui qui l'invoque en a eu connaissance.

Cass. soc. 22 juin 2016, n° 15-16.994, 2e et 3e branches du moyen, BC V n° 133.

Conséquences de l'annulation de la convention

Lorsque la convention de rupture est annulée, la rupture produit les effets d'un licenciement sans cause réelle et sérieuse et les sommes perçues par le salarié en exécution de cette convention doivent être restituées.

D'une part, lorsque le contrat de travail est rompu en exécution d'une convention de rupture ensuite annulée, la rupture produit les effets d'un licenciement sans cause réelle et sérieuse. D'autre part, la nullité de la convention de rupture emporte obligation à restitution des sommes perçues en exécution de cette convention.

Ayant retenu que la rupture conventionnelle était nulle, une cour d'appel, qui a condamné la société au paiement d'une indemnité pour licenciement sans cause réelle et sérieuse dont elle a évalué le montant, en a exactement déduit, sans méconnaître l'objet du litige ni être tenue de procéder à d'autre recherche, que la salariée devait restituer à l'employeur les sommes versées dans le cadre de cette convention.

Cass. soc. 30 mai 2018, n° 16-15.273, à paraître.

Rupture conventionnelle du contrat des salariés protégés

Le juge judiciaire est incompétent pour apprécier la validité d'une rupture conventionnelle autorisée par l'inspecteur du travail.

Le juge judiciaire ne peut, en l'état de l'autorisation administrative accordée à l'employeur et au salarié bénéficiant d'une protection mentionnée aux articles L. 2411-1 et L. 2411-2 CT pour procéder à la rupture conventionnelle du contrat de travail qui les lie et sans violer le principe de la séparation des pouvoirs, apprécier la validité de ladite rupture, y compris lorsque la contestation porte sur la validité du consentement du salarié.

Cass. soc. 26 mars 2014, n° 12-21.136, 2e moyen, BC V n° 91.

Il en est également ainsi lorsque le salarié soutient que son consentement aurait été obtenu par suite d'un harcèlement moral.

Cass. soc. 20 décembre 2017, n° 16-14.880, à paraître.

Le salarié protégé dont la rupture conventionnelle est nulle en raison de l'annulation de l'autorisation administrative doit être réintégré dans son emploi ou dans un emploi équivalent ; il en résulte que, lorsque l'employeur n'a pas satisfait à cette obligation, sans justifier d'une impossibilité de réintégration, la résiliation judiciaire prononcée aux torts de l'employeur pour ce motif produit les effets d'un licenciement nul pour violation du statut protecteur.

Un salarié sous contrat à durée indéterminée, engagé le 30 juin 2008 par une société en qualité de chef de projet senior et exerçant, en dernier lieu, les fonctions de directeur de projet, élu membre de la délégation unique du personnel et désigné membre du CHSCT, a signé avec son employeur, le 28 novembre 2012, une rupture conventionnelle de son contrat de travail. L'inspecteur du travail a autorisé cette rupture le 21 janvier 2013 puis, sur recours du salarié, le ministre du travail a annulé la décision d'autorisation le 18 juillet 2013 ; la société a alors proposé au salarié un poste de chef de projet par lettre du 24 juillet 2013. Estimant se heurter à un refus de réintégration sur son poste ou un poste équivalent, le salarié a saisi la juridiction prud'homale le 27 septembre 2013, sollicitant la résiliation judiciaire de son contrat de travail et la condamnation de l'employeur au paiement de diverses sommes.

C'est à bon droit qu'une cour d'appel, qui a prononcé la résiliation du contrat de travail du fait de l'inexécution par l'employeur de son obligation de procéder à la réintégration du salarié dans son poste ou un poste équivalent, en a déduit que le salarié pouvait prétendre à une indemnité au titre de la méconnaissance du statut protecteur égale à la rémunération qu'il aurait perçue depuis la date de son éviction jusqu'à la fin de la période de protection dans la limite de trente mois.

Cass. soc. 15 mai 2019, n° 17-28.547, 2e moyen, à paraître.

S

Saisie des rémunérations

La saisie des rémunérations, ancienne saisie-arrêt, permet à un créancier du salarié de faire payer sa dette directement sur le salaire.

Une fraction de la rémunération du salarié est insaisissable, même pour le règlement de créances alimentaires.

L'ensemble du dispositif est prévu par les articles L. 3252-1 et s. et R. 3252-1 et s. CT.

Champ d'application

Le régime d'insaisissabilité s'applique à l'ensemble des relations subordonnées.

C'est à tort qu'une cour d'appel a refusé d'appliquer le régime d'insaisissabilité aux sommes perçues par le gérant d'une SARL, sans rechercher si ce gérant se trouvait, dans l'exercice de son activité, dans un état de subordination à l'égard de la SARL. En effet, les juges ne doivent pas s'arrêter à la qualification juridique donnée par les parties dans la convention.

Cass. soc. 11 mars 1982, n° 81-10.241, BC V n° 169.

La saisie des rémunérations dues par un employeur est soumise aux dispositions du code du travail, que le contrat de travail soit ou non en cours d'exécution.

Une créancière, munie d'un titre exécutoire, a fait pratiquer une saisie-attribution à l'encontre de son débiteur entre les mains d'une société, ancien employeur de ce dernier, sur le montant d'une condamnation prononcée par le conseil de prud'hommes, notamment à titre de rappel de salaires et de congés payés.

Doit être cassé l'arrêt qui, pour rejeter la demande du débiteur tendant à l'annulation de la saisie-attribution, a retenu qu'à la date à laquelle la créancière avait mis en œuvre cette mesure d'exécution, le débiteur n'était plus salarié de la société, de sorte qu'elle ne pouvait plus procéder par voie de saisie des rémunérations en l'absence de tout lien de droit entre le débiteur saisi et le tiers saisi, peu important que ce dernier ait été son ancien employeur et que les sommes dont il était redevable aient été des salaires, alors que les sommes saisies étaient des rémunérations.

Cass. ass. plén. 9 juillet 2004, n° 02-21.040, BC n° 11.

L'indemnité de départ en retraite versée au salarié qui quitte volontairement l'entreprise pour bénéficier du droit à pension de vieillesse n'a pas pour objet de compenser un préjudice et constitue dès lors une rémunération, ce dont il résulte qu'elle est soumise aux règles de saisie prévues par le code du travail.

Une personne a demandé à un juge de l'exécution d'annuler une saisie-attribution pratiquée sur un compte bancaire en faisant valoir que cette saisie portait sur l'indemnité de départ à la retraite qu'elle avait perçue.

Doit être cassé l'arrêt qui, pour rejeter cette demande, a retenu que cette indemnité n'était pas la contrepartie du travail fourni par l'intéressé et n'était donc pas un élément du salaire, sans préciser si la somme litigieuse avait été versée au salarié en raison de son départ volontaire à la retraite ou de sa mise à la retraite par l'employeur.

Cass. soc. 30 janvier 2008, n° 06-17.531, BC V n° 29.

Ne bénéficient du régime d'insaisissabilité que les sommes ayant la nature de salaire. Si tel n'est pas le cas, elles relèvent de la procédure de saisie de droit commun, la saisie-attribution.

Doit être cassé l'arrêt ayant soumis les sommes versées à un ancien fonctionnaire au titre de sa retraite à la procédure de saisie applicable en matière de rémunération. En effet, ne sont soumises aux dispositions de l'article L. 145-1 CT que les sommes dues à titre de rémunération aux personnes salariées ou travaillant, à quelque titre ou en quelque lieu que ce soit, pour un ou plusieurs employeurs, et non les sommes versées au titre d'une retraite.

Cass. civ., 2e ch., 8 janvier 1992, n° 90-10.894, BC II n° 11.

Modalités de mise en œuvre

Aucun texte n'exige que le jugement autorisant la saisie des rémunérations constate que la tentative de conciliation préalable prévue par l'article R. 145-9 CT a eu lieu.

Aucun texte n'exige que l'identité de l'employeur soit indiquée dans le jugement qui autorise la saisie des rémunérations.

Les proportions dans lesquelles les rémunérations sont saisissables étant fixées par la loi, le juge, lorsqu'il ordonne la saisie des rémunérations, n'est pas tenu, en l'absence d'une contestation, de déterminer ces proportions.

Cass. civ., 2e ch., 16 décembre 2004, n° 03-11.803, BC II n° 535.

La saisie ne peut être opérée qu'après la mise en demeure du débiteur.

En application de l'article R. 145-1 CT, le juge d'instance ne peut autoriser la saisie des rémunérations qu'après avoir constaté le caractère exécutoire du titre invoqué.

Un juge d'instance a pu rejeter la demande de saisie des rémunérations d'un salarié (loyers impayés) d'une Trésorerie générale, au motif que le titre de perception n'était pas exécutoire, faute d'avoir été préalablement notifié dans les règles prévues par le nouveau code de procédure civile. Il ne résultait en effet ni des pièces du dossier ni du jugement attaqué que la Trésorerie avait invoqué l'existence de la mise en demeure préalable du débiteur, prévue à l'article L. 257 du livre des procédures fiscales.

Cass. civ., 2e ch., 9 octobre 1996, n° 94-20.990.

En cas d'erreur dans l'affectation des sommes saisies, l'employeur engage sa responsabilité envers les créanciers du salarié et peut se retourner contre ce dernier.

L'employeur, ayant remis à l'un des créanciers d'un salarié l'ensemble des sommes saisies alors qu'une partie de ces sommes revenait à un autre créancier, peut demander au salarié de lui rembourser les sommes qu'il a été contraint, par le tribunal d'instance, de payer au créancier lésé.

Doit être cassé le jugement déboutant un employeur de sa demande en remboursement formée à l'encontre du salarié alors que l'erreur commise par l'employeur, dont il n'a pas été constaté qu'il avait été déclaré débiteur pur et simple, n'est susceptible d'engager sa responsabilité qu'à l'égard des créanciers de son salarié et que cette erreur ne permettait pas de délier le salarié de son obligation.

Cass. soc. 7 juin 1995, n° 90-43.997.

☛ *Compensation.*

Salaire

☛ *Égalité de rémunération ; Modification de la rémunération ; Paiement du salaire ; Rémunération mensuelle minimale ; Retenues sur salaire ; SMIC.*

Salariés protégés

☛ *Accidentés du travail (Protection) ; Conseillers prud'hommes (Protection) ; Femmes enceintes (Licenciement) ; Représentants du personnel (Protection/Bénéficiaires).*

Sanctions disciplinaires (Non-cumul des)

Dès lors que l'employeur a sanctionné une faute, il ne peut plus l'invoquer à l'appui d'une nouvelle sanction.

Cependant, si le salarié commet une nouvelle faute de même nature que celle déjà sanctionnée, l'employeur peut se prévaloir de cette récidive pour sanctionner de nouveau le salarié.

Les mêmes faits ne peuvent faire l'objet de plusieurs sanctions…

Le prononcé d'une sanction épuise le pouvoir disciplinaire de l'employeur.

Ayant constaté qu'un licenciement reposait sur les mêmes faits fautifs que ceux qui avaient donné lieu à une mesure de mise à pied disciplinaire, sans que d'autres éléments se soient révélés depuis, une cour d'appel en a exactement déduit que l'employeur avait épuisé son pouvoir disciplinaire par la notification de la mise à pied et ne pouvait ensuite prononcer valablement un licenciement pour les mêmes faits.

Cass. soc. 12 février 2014, n° 12-28.821, 2e moyen. Voir aussi cass. soc. 3 février 2004, n° 01-45.989 ; cass. soc. 19 avril 2000, n° 98-41.708.

Une salariée engagée en qualité de « caissière-contrôleur », qui avait refusé d'assurer, en plus de cette fonction, une activité de vente, avait été sanctionnée par un avertissement. Consécutivement au refus de la salariée, son employeur avait décidé de la changer d'affectation. Ayant refusé cette nouvelle affectation, elle a été licenciée pour faute grave. Contestant cette mesure, elle a saisi la juridiction prud'homale de diverses demandes.

C'est à tort que, pour dire que le licenciement de la salariée était fondé sur une faute grave, une cour d'appel a retenu qu'en changeant d'affectation la salariée, l'employeur avait satisfait à sa demande d'exercer uniquement les fonctions de caissier-contrôleur et qu'il n'était pas établi qu'il s'agissait d'une mesure disciplinaire alors qu'elle avait constaté que le refus par la salariée d'assurer une activité de vente avait été sanctionné par un avertissement et qu'il résultait de la lettre lui notifiant sa nouvelle affectation que ce changement d'affectation avait été décidé en raison de ce refus considéré comme fautif par l'employeur, de sorte que cette mesure constituait une nouvelle sanction disciplinaire pour les mêmes faits.

Cass. soc. 16 octobre 2002, n° 00-44.338.

L'employeur qui, ayant connaissance de divers faits commis par le salarié considérés par lui comme fautifs, choisit de n'en sanctionner que certains, ne peut plus ultérieurement prononcer une nouvelle mesure disciplinaire pour sanctionner les autres faits antérieurs à la première sanction.

Après avoir fait l'objet d'un avertissement le 7 mai, un salarié a été licencié pour faute grave par lettre du 28 mai suivant.

Pour déclarer le licenciement fondé sur une cause réelle et sérieuse, une cour d'appel a retenu que le principe du non-cumul des sanctions ne s'appliquait pas dans la mesure où la mise à pied disciplinaire d'un jour du 7 mai, avec prise d'effet le 18 mai, avait été prononcée pour non mise en place de la marchandise, alors que le licenciement prononcé le 28 mai suivant était fondé sur des faits distincts, la présence en rayon de produits périmés le 27 avril ; que si les faits reprochés dans la lettre de licenciement s'étaient déroulés et avaient été connus de l'employeur avant le prononcé de la sanction disciplinaire, il y avait eu enclenchement de deux procédures distinctes ; que le pouvoir de licencier ne pouvait être épuisé à travers une procédure de simple sanction disciplinaire et que l'employeur pouvait valablement prononcer le licenciement du salarié pour des faits antérieurs.

En statuant ainsi, alors que, bien qu'informé d'un ensemble de faits reprochés au salarié, l'employeur avait, le 7 mai, choisi de lui notifier une mise à pied disciplinaire pour certains d'entre eux, en sorte qu'il avait épuisé son pouvoir disciplinaire et ne pouvait plus prononcer un licenciement pour sanctionner tout ou partie des autres faits antérieurs à cette date, dont il avait connaissance, la cour d'appel a violé l'article L. 1331-1 CT.

Cass. soc. 25 septembre 2013, n° 12-12.976, BC V n° 203. Voir aussi cass. soc. 13 février 2019, n° 17-21.793.

Après avoir relevé que, bien qu'informé de l'ensemble des faits reprochés à une salariée, un employeur avait choisi de lui notifier un avertissement seulement pour certains d'entre eux, une cour d'appel a pu décider que ce dernier avait épuisé son pouvoir disciplinaire et ne pouvait prononcer un licenciement pour des faits antérieurs à la date de notification de l'avertissement.

Cass. soc. 16 mars 2010, n° 08-43.057, BC V n° 65.

En revanche, lorsque l'employeur découvre successivement des griefs impliquant, en application des règles statutaires, la conduite de procédures disciplinaires distinctes, il conserve la possibilité de sanctionner une seconde faute après avoir sanctionné la première à une date où la seconde procédure n'était pas achevée.

C'est à tort que, pour reprocher à une cour d'appel de l'avoir déboutée de sa demande de dommages-intérêts pour licenciement sans cause réelle et sérieuse, une salariée soutient que l'employeur qui, bien qu'informé de l'ensemble des faits reprochés à un salarié, choisit de lui notifier une sanction seulement pour certains d'entre eux, épuise son pouvoir disciplinaire et ne peut prononcer par la suite un licenciement pour des faits antérieurs à cette première sanction et que les contraintes inhérentes à une procédure conventionnelle ne permettent pas de déroger à cette règle.

En effet, ayant constaté que l'employeur avait découvert successivement des griefs différents impliquant, en application des règles statutaires, la conduite de procédures disciplinaires distinctes, c'est à bon droit que la cour d'appel a décidé que l'employeur n'avait pas renoncé à sanctionner la seconde faute pour avoir sanctionné la première à une date où la seconde procédure n'était pas achevée.

Cass. soc. 10 juin 2015, n° 14-10.778, 2e moyen, BC V n° 122.

Le prononcé d'une sanction épuise le pouvoir disciplinaire de l'employeur, peu important que la sanction soit ou non suivie d'effet.

Une cour d'appel a pu condamner une entreprise pour licenciement sans cause réelle et sérieuse dès lors que ce licenciement avait été prononcé pour des faits déjà sanctionnés par une mise à pied, peu important que cette mesure ait été levée : en prononçant une mesure de mise à pied, qu'elle soit ou non suivie d'effet, l'employeur avait épuisé son pouvoir disciplinaire à l'égard des faits reprochés.

Cass. soc. 21 mars 1991, n° 89-42.663, BC V n° 150.

Deux sanctions notifiées ensemble ne constituent pas une mesure disciplinaire unique mais une double sanction interdite.

Après avoir relevé qu'une lettre adressée par un employeur à une salariée lui reprochait diverses insuffisances professionnelles en l'invitant à se concentrer et en annonçant une procédure de licenciement, une cour d'appel a pu en déduire que cette lettre sanctionnait un comportement fautif et constituait un avertissement, en sorte que les mêmes faits ne pouvaient plus justifier le licenciement.

Cass. soc. 7 mars 2012, n° 10-21.234, 1er moyen.

La cour d'appel qui relève qu'un employeur a adressé des reproches à une salariée, d'abord dans un courrier puis dans un courriel pour des faits qu'il estimait fautifs, peut en déduire que les mises en garde contenues dans ces deux documents constituaient des sanctions et dire que ces mêmes faits ne pouvaient pas être deux fois sanctionnés.

Cass. soc. 6 mars 2007, n° 05-43.698.

L'annulation d'une sanction disciplinaire n'a pas pour effet de valider rétroactivement une seconde sanction prononcée pour les mêmes faits.

Un salarié avait fait l'objet d'un avertissement et d'une mise à pied de trois jours le 9 mai en raison de son attitude lors d'une réunion de travail du 5 mai puis avait été licencié pour faute grave le 1er juin.

Doit être rejeté le pourvoi de l'employeur qui, pour reprocher à une cour d'appel d'avoir décidé que le licenciement était sans cause réelle et sérieuse et d'avoir annulé la sanction du 9 mai, soutenait qu'en annulant la sanction, les juges avaient redonné plein effet à la lettre de licenciement du 1er juin qui justifait le licenciement. En effet, la cour d'appel pouvait à la fois annuler l'avertissement prononcé le 9 mai en considérant qu'il n'était pas justifié et retenir que le licenciement du 1er juin constituait la réitération d'une sanction des mêmes faits.

Cass. soc. 27 juin 2001, n° 99-43.509, BC V n° 235.

… sauf en cas de récidive

Seule la récidive permet à l'employeur d'invoquer de nouveau des faits déjà sanctionnés.

Dans le cadre d'un licenciement pour motif disciplinaire, si l'employeur peut invoquer des faits antérieurs à une sanction, qu'ils aient été sanctionnés ou non à l'époque, il doit fonder sa décision de licencier sur un nouveau fait commis postérieurement à cette sanction. Si ce fait postérieur n'est pas établi, les griefs antérieurs ne peuvent pas être retenus à l'encontre du salarié et le licenciement est réputé sans cause réelle et sérieuse.

Cass. soc. 24 mai 2000, n° 98-42.308.

Il y a récidive dès lors que les faits nouveaux ont été commis après la notification de la première sanction.

Un salarié a fait l'objet d'une mesure de mise à pied disciplinaire de trois jours, notifiée par lettre du 5 novembre 2007, et a été licencié pour faute grave, le 5 décembre 2007.

Pour dire le licenciement dépourvu de cause réelle et sérieuse et condamner la société à payer diverses sommes au salarié, une cour d'appel a retenu qu'il était reproché à celui-ci d'avoir persisté dans la mauvaise gestion de la location des matériels, que l'intéressé avait déclaré, le 7 novembre 2007, ne pouvoir satisfaire la demande d'un client, alors qu'à l'initiative d'un autre employé le matériel s'était avéré immédiatement disponible, qu'il n'était pas démontré qu'à la date du 7 novembre, l'intéressé avait reçu notification de la mise à pied de sorte qu'il n'était pas établi qu'il avait réitéré un comportement fautif déjà sanctionné.

En statuant ainsi, après avoir relevé que la lettre notifiant la mise à pied avait été envoyée le 5 novembre, en sorte que l'employeur pouvait prononcer par la suite une nouvelle sanction pour des faits fautifs survenus après cette date, la cour d'appel a violé les articles L. 1232-1 et L. 1331-1 CT.

Cass. soc. 12 février 2013, n° 12-15.330, BC V n° 35.

☛ *Mise à pied conservatoire.*

Sanctions disciplinaires (Notification)

Toute sanction, mineure ou non, doit faire l'objet d'une notification écrite et motivée. Si la sanction affecte la présence du salarié dans l'entreprise, sa fonction, sa carrière ou sa rémunération, elle ne peut être notifiée qu'après un entretien préalable et en observant certains délais.

La lettre de notification de la sanction doit être motivée

Elle doit comporter les motifs précis justifiant la sanction.

Un chauffeur-routier a été mis à pied pour avoir effectué, à deux reprises, des coupures de 20 minutes au lieu des 45 minutes prévues par le code de la route et le manuel conducteur.

Doit être cassé l'arrêt ayant condamné l'employeur au paiement d'une somme à titre de rappel de salaire, au motif que la lettre de mise à pied ne détaillait ni le temps de conduite, ni le nombre des coupures qui avaient été effectivement effectuées par l'intéressé, ce dont il résultait que l'insuffisante précision de la lettre de mise à pied justifiait l'annulation de la sanction et le paiement du salaire correspondant, alors que la lettre de mise à pied énonçait bien un grief précis matériellement vérifiable, dont il appartenait à la cour d'appel d'apprécier le bien-fondé.

Cass. soc. 24 janvier 2006, n° 03-41.985.

À défaut, la sanction pourra être annulée.

La décision d'une association consistant à retirer à une salariée la direction d'une crèche étant intervenue à la suite des reproches concernant son comportement professionnel et cette mesure ayant eu pour effet immédiat d'affecter la fonction de l'intéressée dans l'entreprise, il s'agissait d'une sanction disciplinaire qui, en l'absence de notification par lettre motivée, devait être annulée.

Cass. soc. 9 juin 2004, n° 02-40.296.

Les termes de la lettre fixent les limites du litige.

Conformément aux dispositions de l'article L. 122-41 CT, une sanction disciplinaire doit être motivée et ces motifs fixent les limites du litige.

Dès lors, l'employeur qui n'invoque dans la lettre de notification du licenciement que la perte de confiance, qui ne peut constituer ni une faute grave ni une faute lourde, ne peut reprocher aux juges de l'avoir condamné au paiement des indemnités de licenciement et de préavis.

Cass. soc. 8 juin 1994, n° 89-44.192, 2e moyen.

La seule référence au contenu de l'entretien préalable ne satisfait pas à l'exigence de motivation.

Un salarié avait vu son contrat de travail à durée déterminée rompu par anticipation pour faute lourde, aux termes d'une lettre se référant à la liste des griefs énumérés dans un écrit sur lequel, le jour de l'entretien préalable, le salarié avait apposé sa signature.

Doit être approuvé l'arrêt ayant décidé que cette rupture était abusive : en application de l'article L. 122-41 CT, la sanction disciplinaire doit être motivée et la cour d'appel, ayant relevé que la lettre de rupture ne comportait aucun motif, a décidé à bon droit que la rupture prononcée pour faute lourde n'était pas justifiée, peu important que l'employeur ait, comme il le devait, indiqué au salarié au cours de l'entretien préalable les griefs formulés contre lui.

Cass. soc. 23 janvier 1997, n° 95-40.526, BC V n° 32. Voir aussi cass. soc. 17 janvier 1995, n° 91-43.815, BC V n° 25.

Lorsque l'employeur notifie au salarié une sanction emportant modification du contrat de travail, il doit informer l'intéressé de sa faculté d'accepter ou de refuser cette modification.

Cass. soc. 28 avril 2011, n° 09-70.619, 1er moyen, BC V n° 97.

Après un recours du salarié, l'employeur peut rapporter la sanction ou lui substituer une mesure moindre ; le défaut de motivation de la décision par laquelle il maintient la sanction malgré le recours exercé prive cette dernière de justification.

Selon l'article L. 122-41 CT, la sanction prononcée à l'encontre d'un salarié doit être motivée et le défaut de motivation prive la sanction de justification ; selon les articles 25 et 31 de la circulaire PERS. 846, l'employeur qui, après avoir prononcé une sanction à l'issue de la procédure disciplinaire prévue par cette circulaire, statue de nouveau après recours exercé par le salarié en application de l'article 3-III du paragraphe 2 du statut d'EDF-GDF prend une décision qui doit être motivée.

Un salarié employé par EDF-GDF a été, après avoir refusé une rétrogradation, mis à la retraite d'office au motif qu'il avait effectué des attachements non conformes aux principes de facturation ; après un recours interne exercé par l'intéressé en application de la circulaire PERS. 846, l'employeur a maintenu la sanction par lettre du 24 novembre 2003.

C'est à tort que pour débouter le salarié de sa demande de dommages et intérêts fondée sur le caractère injustifié de sa mise à la retraite d'office, une cour d'appel a retenu que la mise à la retraite ayant été motivée, le défaut de motivation de la décision de la maintenir, après un recours du salarié, constituait une simple irrégularité de forme.

Cass. soc. 7 novembre 2007, n° 06-42.988, BC V n° 184.

Le refus du salarié de recevoir les lettres lui notifiant des avertissements, qu'il n'a par ailleurs pas contestés, ne constitue pas une faute d'insubordination.

C'est à tort que, pour débouter un salarié de sa demande de dommages-intérêts pour licenciement sans cause réelle et sérieuse, une cour d'appel a retenu que l'intéressé s'est refusé à prendre connaissance des deux avertissements qui lui ont été notifiés et de la procédure de licenciement ; cette attitude d'opposition dénote une volonté de nuire à l'entreprise et empêche l'employeur d'exercer avec efficacité son pouvoir disciplinaire puisque le salarié se dérobe à tout dialogue.

En effet, le refus par le salarié de recevoir les lettres lui notifiant des avertissements qu'il n'a par ailleurs pas contestés ne constitue pas une faute d'insubordination, et le refus de prendre connaissance de la convocation à l'entretien et de la lettre notifiant le licenciement ne peut fonder celui-ci.

Cass. soc. 18 février 2004, n° 01-46.124.

S'il ne s'agit pas d'une sanction mineure, la notification doit être faite en observant certains délais

• La notification de la sanction ne peut intervenir moins d'un jour franc après le jour fixé pour l'entretien

Ayant exactement énoncé que le délai d'un jour franc prévu à l'article L. 122-41, al. 2 CT court entre la date de l'entretien préalable et celui de la notification de la sanction, une cour d'appel a pu annuler une mise à pied pour irrégularité de la procédure, ce délai n'ayant pas été respecté.

Cass. soc. 19 janvier 1989, n° 86-45.505, 2e moyen, BC V n° 49.

Pour débouter un salarié de sa demande d'indemnité pour irrégularité d'une procédure de mise à pied disciplinaire, une cour d'appel a retenu qu'en l'espèce l'irrégularité commise, qui n'avait causé aucun grief, ne justifiait pas à elle seule l'annulation de la sanction.

En statuant ainsi, alors que, si les juges du fond n'ont fait qu'user du pouvoir qu'ils tenaient de l'article L. 122-43 CT en décidant que l'inobservation par l'employeur du délai d'un jour franc entre l'entretien préalable et la notification de la sanction ne justifiait pas son annulation, le non-respect de ce délai constituait une irrégularité de procédure causant nécessairement au salarié un préjudice que le juge devait réparer en fonction de son étendue, la cour d'appel a violé l'article L. 122-41 CT.

Cass. soc. 20 juin 2007, n° 05-44.314.

Si les juges du fond tiennent de l'article L. 122-43 CT le pouvoir d'annuler une sanction disciplinaire en raison de l'inobservation du délai d'un jour franc entre la date fixée pour l'entretien et celle du prononcé de la sanction, ils ne disposent pas de cette faculté lorsqu'un licenciement est prononcé ou qu'un contrat à durée déterminée est rompu pour faute grave.

Un employeur avait rompu pour faute grave un contrat de travail à durée déterminée sans respecter le délai d'au moins un jour franc prévu par l'article L. 122-41, al. 2 CT pour la notification d'une sanction disciplinaire.

Doit être approuvé l'arrêt ayant rejeté la demande du salarié en annulation de la sanction disciplinaire, l'inobservation du délai précité constituant une irrégularité de procédure ouvrant droit à réparation du préjudice en résultant pour le salarié.

Cass. soc. 12 novembre 2003, n° 01-42.130, BC V n° 278.

• La notification de la sanction doit intervenir dans le mois suivant l'entretien préalable

À l'expiration de ce délai, l'employeur ne peut plus convoquer le salarié à un nouvel entretien préalable pour les mêmes faits ou sanctionner disciplinairement ces faits.

Doit être cassé l'arrêt ayant refusé d'annuler une mise à pied notifiée au salarié plus d'un mois après le jour de l'entretien préalable, alors que le délai d'un mois prévu à l'article L. 122-41 CT est une règle de fond et que son expiration interdit à l'employeur, aussi bien de convoquer le salarié à un nouvel entretien préalable pour les mêmes faits que, désormais, de sanctionner disciplinairement ces faits, sauf si, dans l'intervalle, une procédure imposée par une disposition conventionnelle a été mise en œuvre.

Cass. soc. 17 janvier 1990, n° 86-45.212, 1er moyen, BC V n° 13. Voir aussi cass. soc. 5 mai 2010, n° 08-45.520 ; cass. soc. 19 octobre 2017, n° 15-19.105.

Le délai n'est pas suspendu ou interrompu pendant la période de suspension du contrat de travail provoquée par un accident du travail, une maladie professionnelle ou une maladie non professionnelle du salarié.

Le licenciement disciplinaire doit intervenir dans le délai d'un mois à compter de la date de l'entretien préalable et ce délai n'est ni suspendu, ni interrompu pendant la période de suspension du contrat de travail provoquée par un accident de travail, une maladie professionnelle ou une maladie non professionnelle du salarié.

Viole l'article L. 1332-2 CT la cour d'appel qui, pour rejeter la demande d'une salariée pour licenciement sans cause réelle et sérieuse, retient que l'entretien préalable au licenciement s'est tenu avant l'arrêt maladie consécutif à un accident de trajet, que la salariée a fait une déclaration d'accident du travail le 11 avril 2008, donc postérieurement à l'entretien préalable, à la suite de laquelle la caisse primaire d'assurance maladie a diligenté une instruction sur la cause de l'arrêt de travail, que l'employeur, auquel les conclusions de cette enquête ont été communiquées le 13 mai 2008 et qui a aussitôt notifié le licenciement par lettre du 14 mai, s'est trouvé dans l'impossibilité de notifier le licenciement dans le délai imparti par ce texte.

Cass. soc. 27 février 2013, n° 11-27.130, 1re branche du 1er moyen, BC V n° 58. Voir aussi cass. soc. 19 janvier 2005, n° 02-40.085, 1er moyen, BC V n° 13.

L'engagement par un employeur d'une action en contestation de la désignation d'un salarié en qualité de délégué syndical ne suspend pas ce délai.

Cass. soc. 23 septembre 2008, n° 07-42.786, BC V n° 169.

Ce délai est applicable au licenciement pour faute…

L'article L. 122-41 CT, faisant référence au délai d'un mois après lequel la sanction disciplinaire ne peut plus intervenir, est applicable au licenciement prononcé pour des faits considérés par l'employeur comme fautifs.

Cass. soc. 16 mars 1995, n° 90-41.213, 1er moyen, BC V n° 90.

Selon l'article L. 122-41 CT, aucune sanction disciplinaire ne peut intervenir moins d'un jour franc ni plus d'un mois après le jour fixé pour l'entretien préalable. Cette disposition est applicable au licenciement prononcé pour des faits considérés comme fautifs par l'employeur et le caractère tardif de la sanction au regard de ces exigences prive le licenciement de cause réelle et sérieuse.

C'est à tort que, pour débouter un salarié licencié pour faute de sa demande de dommages-intérêts pour licenciement sans cause réelle et sérieuse, une cour d'appel a retenu qu'au cours de l'entretien préalable qui avait eu lieu le 8 août, le salarié avait annoncé la production d'une pièce de nature à justifier l'un des griefs allégués mais qu'ayant refusé de communiquer la pièce justificative le 19 août, il avait été successivement convoqué les 26 août et 12 septembre, alors que le délai d'un mois prévu à l'article L. 122-41 CT avait couru à compter du 8 août 1996 et que le licenciement, prononcé le 7 octobre, était tardif.

Cass. soc. 16 janvier 2001, n° 98-42.041, BC V n° 8.

… et même en cas de sanction mineure dès lors que l'employeur a choisi de convoquer le salarié à un entretien préalable selon les modalités de l'article L. 1332-2 CT.

Dès lors qu'il a choisi de convoquer le salarié selon les modalités de l'article L. 122-41 CT, l'employeur est tenu d'en respecter tous les termes, quelle que soit la sanction finalement infligée.

Une salariée a été licenciée pour inaptitude physique, après avoir fait l'objet de trois avertissements et d'une mise à pied.

Après avoir constaté que l'employeur avait notifié les avertissements plus d'un mois après les entretiens préalables, une cour d'appel a pu en prononcer l'annulation.

Cass. soc. 16 avril 2008, n° 06-41.999, 2e moyen, BC V n° 86.

L'absence du salarié à l'entretien préalable ne dispense pas l'employeur de respecter ce délai.

L'absence du salarié à l'entretien préalable ne dispense pas l'employeur de prononcer la sanction dans le délai d'un mois à compter du jour fixé pour cet entretien et le caractère tardif de la sanction prive le licenciement de cause réelle et sérieuse.

Cass. soc. 6 janvier 1999, n° 96-44.064.

Le délai d'un mois ne peut être suspendu que s'il est établi que l'employeur s'est trouvé dans l'impossibilité de procéder, dans le délai légal, à des investigations conformes à l'intérêt du salarié.

C'est à tort que, pour débouter un salarié de ses demandes d'indemnités pour non-respect de la procédure, un conseil de prud'hommes a constaté que la sanction avait été notifiée plus d'un mois après le jour de l'entretien préalable et que la société avait effectué une enquête complémentaire, alors que la sanction ne peut intervenir plus d'un mois après le jour fixé pour l'entretien préalable.

En s'abstenant de rechercher si l'employeur s'était trouvé dans l'impossibilité de procéder, dans le délai légal, à des investigations conformes à l'intérêt du salarié et rendues nécessaires par les déclarations de ce dernier lors de l'entretien préalable, le conseil de prud'hommes a violé l'article L. 122-41, al. 2 CT.

Cass. soc. 13 décembre 1995, n° 92-44.058, 1er moyen.

Lorsque le salarié refuse une mesure disciplinaire emportant modification de son contrat de travail, le délai d'un mois pour notifier la sanction prise au lieu et place de la sanction refusée court à compter de la date fixée pour le nouvel entretien.

Lorsque le salarié refuse une mesure de rétrogradation disciplinaire notifiée après un premier entretien préalable, l'employeur qui envisage de prononcer un licenciement au lieu de la sanction refusée doit convoquer l'intéressé à un nouvel entretien. Il en résulte que le délai d'un mois prévu par l'article L. 122-41 CT court à compter de la date fixée pour ce nouvel entretien.

Un salarié a été convoqué à un entretien préalable « à une sanction pouvant aller jusqu'au licenciement ». L'entretien s'est tenu le 28 décembre 2001, la rétrogradation disciplinaire a été notifiée par lettre du 21 janvier 2002 et le salarié a refusé cette sanction par lettre du 25 février 2002. L'intéressé a été convoqué à un nouvel entretien qui s'est tenu le 25 mars 2002 et il a été licencié pour faute grave par lettre du 28 mars 2002.

C'est à tort que pour dire le licenciement du salarié dépourvu de cause réelle et sérieuse, une cour d'appel a retenu que la notification du licenciement était intervenue le 28 mars 2002, soit après l'expiration du délai d'un mois prévu par l'article L. 122-41 CT à compter du premier entretien préalable et que le caractère tardif de la sanction au regard des exigences de l'article L. 122-41 CT privait le licenciement de cause réelle et sérieuse, alors qu'il résultait de ses constatations que le licenciement, prononcé après le refus de la mesure de rétrogradation, avait été notifié au salarié dans le mois suivant l'entretien préalable au licenciement.

Cass. soc. 27 mars 2007, n° 05-41.921, BC V n° 57.

Si, lorsque l'employeur abandonne une première procédure de licenciement pour sanctionner des faits qui ont été portés à sa connaissance postérieurement à l'entretien préalable, la convocation au nouvel entretien préalable n'a pas à intervenir dans un délai spécifique par rapport à la procédure abandonnée,…

Cass. soc. 12 mars 2014, n° 12-28.610, 1er moyen.

… le licenciement ne peut sanctionner que des faits distincts de ceux initialement envisagés.

Cass. soc. 19 octobre 2017, n° 15-19.105.

Lorsque l'avis d'une instance disciplinaire est prévu conventionnellement, le délai ne court qu'à compter de cet avis.

Les dispositions de l'article L. 122-41 CT sont applicables aux licenciements prononcés pour des faits considérés comme fautifs par l'employeur.

Lorsque ce dernier est tenu de recueillir l'avis d'une instance disciplinaire, le délai d'un mois pour notifier la sanction ne court qu'à compter de l'avis rendu par cette instance. La méconnaissance de ces règles a pour effet de priver le licenciement ainsi prononcé de toute cause réelle et sérieuse.

Cass. soc. 3 avril 1997, r° 94-44.575, BC V n° 138. Voir aussi cass. soc. 4 mai 1995, n° 93-41.440 ; cass. soc. 10 mai 2001, n° 99-42.668.

Si la saisine d'un conseil de discipline par l'employeur interrompt le délai, c'est à la condition que l'employeur ait informé le salarié de sa décision de saisir cette instance avant l'expiration de ce délai.

Un salarié, employé par une compagnie aérienne, avait été convoqué à un entretien préalable à une sanction disciplinaire pour le 13 décembre 1993 et avait fait l'objet, le 14 décembre suivant, d'une mesure de mise à pied conservatoire. Invité ensuite à comparaître devant le conseil de discipline par courrier du 17 janvier 1994, il avait été licencié pour faute grave le 1er mars 1994.

C'est à bon droit qu'une cour d'appel, statuant en référé, a déclaré que son licenciement reposait sur une cause manifestement illicite et a invité l'employeur à reprendre à titre provisoire l'exécution du contrat de travail.

En effet, la cour d'appel a tout d'abord décidé à bon droit que l'article L. 122-41 CT est applicable au licenciement prononcé pour des faits considérés par l'employeur comme fautifs.

En deuxième lieu, si la réunion du conseil de discipline interrompt le délai d'un mois imparti à l'employeur par l'article L. 122-41 CT pour prononcer une sanction disciplinaire, les dispositions du règlement du personnel au sol de la compagnie étant, sur ce point, analogues à celles du droit commun, c'est à la condition que l'employeur ait informé le salarié de sa décision de saisir le conseil de discipline avant l'expiration de ce délai. Le juge des référés n'a donc pas excédé ses pouvoirs en constatant que, dans le délai d'un mois suivant l'entretien préalable du 13 décembre 1993, l'employeur n'avait pas mis en œuvre la procédure devant le conseil de discipline et n'avait averti le salarié de la saisine du conseil de discipline que le 17 janvier 1994.

En dernier lieu, en invitant l'employeur à reprendre l'exécution du contrat de travail, sans décider aucune astreinte, la cour d'appel n'a pas prononcé une condamnation et s'est bornée à émettre une proposition ne faisant pas grief à l'employeur.

Cass. soc. 9 décembre 1997, n° 94-43.161, BC V n° 425. Voir aussi cass. soc. 13 février 2001, n° 98-45.912, BC V n° 52 ; cass. soc. 31 mars 2010, n° 09-41.016, pourvoi incident.

➡ Notification du licenciement ; Perte de confiance ; Pouvoir disciplinaire (Contrôle juridictionnel).

Sanctions disciplinaires (Notion)

L'article L. 1331-1 CT définit la sanction disciplinaire comme « toute mesure, autre que les observations verbales, prise par l'employeur à la suite d'un agissement du salarié considéré par lui comme fautif, que cette mesure soit de nature à affecter immédiatement ou non la situation du salarié dans l'entreprise, sa fonction, sa carrière ou sa rémunération ».

La sanction est une mesure prise par l'employeur en raison d'un comportement fautif du salarié

La mesure doit être prise par une personne habilitée à sanctionner.

Une note remise à un salarié par un agent de maîtrise, faisant état de faits considérés par ce dernier comme fautifs et, bien qu'intitulée « avertissement », ne constitue pas une sanction disciplinaire : analysant les remarques dont le salarié avait fait l'objet de la part d'un agent de maîtrise dépourvu de toute qualification pour exercer un quelconque pouvoir disciplinaire, une cour d'appel a pu décider que celles-ci ne constituaient qu'une simple constatation de faits destinée à la direction.

Cass. soc. 4 mai 1995, n° 93-46.125, 1er moyen.

La mesure doit sanctionner un comportement fautif…

Après avoir relevé que la lettre prononçant la sanction était motivée, une cour d'appel, qui a constaté que le salarié n'avait pas utilisé, en dépit d'une interdiction [obligation] formelle, l'accès obligatoire réservé par l'entreprise utilisatrice au personnel des entreprises sous-traitantes, a pu décider que le salarié avait commis une faute et que la sanction, qui n'était pas discriminatoire, était justifiée.

Cass. soc. 23 juin 1999, n° 97-41.121, BC V n° 301.

… du salarié.

Le contrat de qualification d'une salariée engagée le 1er octobre 1992 pour deux ans avait été rompu le 12 février 1993.

Doit être cassé l'arrêt qui, pour dire la rupture du contrat fondée sur une faute grave, a retenu que les injures et menaces proférées par sa sœur, en la présence passive de la salariée, étaient constitutives d'une faute grave, alors qu'un comportement fautif ne peut résulter que d'un fait imputable au salarié et que le comportement de sa sœur, seul visé dans la lettre de licenciement, ne pouvait être imputé à la salariée.

Cass. soc. 21 mars 2000, n° 98-40.130, BC V n° 113.

Un fait fautif isolé peut justifier un licenciement, sans qu'il soit nécessaire qu'il ait donné lieu à un avertissement préalable.

Des salariés ont été licenciés pour faute grave au motif qu'ils avaient été surpris en train de fumer un « joint » dans la salle de pause des fumeurs d'une entreprise.

C'est à tort que, pour juger les licenciements dénués de cause réelle et sérieuse et condamner la société au paiement de diverses sommes, une cour d'appel a retenu que la réalité d'une consommation de substance illicite par les salariés au sein de l'établissement était établie, qu'il appartenait à l'employeur de rappeler l'interdiction de fumer un « joint » par la notification d'une sanction, que s'agissant d'un fait isolé, la sanction immédiate de la perte de l'emploi, sans mise en garde, apparaissait néanmoins disproportionnée.

Cass. soc. 1er juillet 2008, n° 07-40.053, BC V n° 144. Voir aussi cass. soc. 10 décembre 2014, n° 12-35.041 ; cass. soc. 24 janvier 2018, n° 16-14.386.

La sanction peut revêtir différentes formes.

➡ Avertissement.

Après avoir relevé que dans un courriel, une banque reprochait à une salariée des manquements aux règles et procédures internes relatives à la sécurité des paiements par carte bleue, et l'invitait de manière impérative à se conformer à ces règles et ne pas poursuivre ce genre de pratique, une cour d'appel a justement décidé que ce courriel sanctionnait un comportement fautif et constituait un avertissement, en sorte que les mêmes faits ne pouvaient plus justifier le licenciement.

Cass. soc. 9 avril 2014, n° 13-10.939.

l'établissement où sont hébergés des adultes handicapés, être considéré comme une faute dont la gravité ne permet pas la continuation du contrat de travail pendant la durée du préavis, alors que, selon le règlement intérieur, un fait isolé, pour un éducateur spécialisé n'ayant pas fait l'objet de sanctions antérieures pour des faits similaires, n'est pas susceptible d'entraîner un licenciement pour faute grave.

Cass. soc. 17 décembre 1997, n° 94-43.237, BC V n° 453.

Un salarié, qui avait fait l'objet d'un avertissement écrit pour ne pas s'être présenté à son travail sans en avoir averti au préalable son employeur, avait été licencié en raison d'une nouvelle absence injustifiée.

C'est à tort qu'une cour d'appel l'a débouté de sa demande d'indemnité pour licenciement sans cause réelle et sérieuse, alors que le règlement intérieur de l'entreprise stipulait que la répétition des faits ayant entraîné un blâme écrit ou une mesure de mise à pied pourra entraîner le licenciement et que le salarié n'avait fait l'objet d'aucune de ces sanctions préalablement à la rupture de son contrat.

Cass. soc. 15 janvier 2002, n° 99-43.982, BC V n° 13.

Ainsi, dans les entreprises d'au moins vingt salariés, une sanction disciplinaire autre que le licenciement prononcée par l'employeur en l'absence de règlement intérieur constitue un trouble manifestement illicite.

Une sanction disciplinaire autre que le licenciement ne peut être prononcée contre un salarié par un employeur employant habituellement au moins vingt salariés que si elle est prévue par le règlement intérieur prescrit par l'article L. 1311-2 CT.

Dès lors qu'une association ne disposait pas d'un règlement intérieur au moment du prononcé d'un avertissement, une cour d'appel, statuant en référé, a pu lui ordonner d'annuler cette sanction et de remettre la situation en l'état antérieur à l'égard du salarié concerné.

Cass. soc. 23 mars 2017, n° 15-23.090, BC V n° 55.

Grève (Effets) ; Grève (Faute lourde) ; Mise à pied disciplinaire ; Mutation disciplinaire ; Pouvoir disciplinaire ; Pouvoir disciplinaire (Contrôle juridictionnel) ; Règlement intérieur ; Sanctions disciplinaires (Non-cumul des) ; Sanctions discriminatoires (Notion) ; Sanctions pécuniaires (Notion).

Sanctions discriminatoires (Notion)

L'article L. 1132-1 CT prévoit que l'employeur ne peut refuser d'embaucher, sanctionner, licencier une personne ou opérer de discrimination, directe ou indirecte, telle que définie à l'article 1er de la loi 2008-496 du 27 mai 2008 portant diverses dispositions d'adaptation au droit communautaire dans le domaine de la lutte contre les discriminations, notamment en matière de rémunération, de mesures d'intéressement ou de distribution d'actions, de formation, de reclassement, d'affectation, de qualification, de classification, de promotion professionnelle, de mutation ou de renouvellement de contrat en raison de son origine, de son sexe, de ses mœurs, de son orientation sexuelle, de son identité de genre, de son âge, de sa situation de famille ou de sa grossesse, de ses caractéristiques génétiques, de son appartenance ou de sa non-appartenance, vraie ou supposée, à une ethnie, une nation ou une prétendue race, de ses opinions politiques, de ses activités syndicales ou mutualistes, de ses convictions religieuses, de son apparence physique, de son nom de famille, de son lieu de résidence ou de sa domiciliation bancaire, ou en raison de son état de santé, de sa perte d'autonomie ou de son handicap, de sa capacité à s'exprimer dans une langue autre que le français.

Au niveau communautaire, l'interdiction des sanctions discriminatoires est posée par la directive 2006/54/CE du Parlement européen et du Conseil du 5 juillet 2006 relative à la mise en œuvre du principe de l'égalité des chances et de l'égalité de traitement entre hommes et femmes en matière d'emploi et de travail qui a refondu les précédentes directives relatives à la mise en œuvre du principe de l'égalité de traitement.

La discrimination peut trouver son origine dans différents comportements

Il résulte de l'article L. 1132-1 CT qu'aucun salarié ne peut être licencié en raison de son sexe…

Une vendeuse avait été licenciée pour motif économique et avait adhéré à la convention de conversion proposée par l'employeur.

Après avoir relevé que l'employeur avait supprimé sans aucun motif objectif un emploi spécifiquement féminin et que c'était donc uniquement à raison de son sexe que la salariée avait été licenciée - alors qu'aux termes de l'article L. 122-45 CT aucun salarié ne peut être licencié en raison de son sexe - une cour d'appel a pu allouer à l'intéressée une indemnité pour licenciement sans cause réelle et sérieuse.

Cass. soc. 9 juin 1998, n° 96-40.390, BC V n° 311.

Ayant relevé que les griefs énoncés dans la lettre de licenciement d'une salariée n'étaient pas établis et que le véritable motif de la rupture était la volonté de l'employeur de sanctionner le seul chef de groupe féminin, une cour d'appel a exactement décidé que le licenciement était nul, comme étant discriminatoire.

Cass. soc. 6 février 2002, n° 99-45.252.

… ou en raison de ses mœurs.

Après avoir constaté qu'une salariée avait été licenciée pour faute grave en partie en raison de son comportement relatif à des mœurs qui lui étaient prêtées, une cour d'appel en a exactement déduit que ce licenciement était nul.

Cass. soc. 2 mars 2011, n° 09-72.535.

Le licenciement d'un transsexuel fondé sur sa conversion sexuelle constitue une sanction discriminatoire.

Est victime d'une discrimination fondée sur le sexe la personne dont le licenciement est lié à son changement de sexe, la directive 76/207/CEE du 9 février 1976 s'opposant, en effet, au licenciement d'un transsexuel pour un motif lié à sa conversion sexuelle.

CJCE 30 avril 1996, aff. C-13/94, Recueil I-02143.

Le licenciement d'un salarié fondé sur son seul état de santé est discriminatoire.

Il résulte notamment des dispositions combinées des articles L. 122-24-4 et L. 122-45 CT qu'aucun salarié ne peut être licencié, sauf inaptitude constatée par le médecin du travail, en raison de son état de santé ou de son handicap. Dès lors, en l'absence de constatation par le médecin de travail de l'inaptitude du salarié à reprendre l'emploi précédemment occupé ou tout emploi dans l'entreprise, le licenciement prononcé au seul motif d'un classement en invalidité de la deuxième catégorie est nul.

Cass. soc. 13 mars 2001, n° 98-43.403, BC V n° 88.

Un licenciement ne peut être valablement fondé sur l'état de santé du salarié. Le motif énoncé dans la lettre de licenciement et tiré d'une attitude insolite liée à un état dépressif ne peut, dès lors, constituer légalement une cause de licenciement.

Cass. soc. 24 juin 1998, n° 96-41.717, BC V n° 337.

La radiation des effectifs prononcée à l'encontre d'une salariée malade en application de dispositions conventionnelles autorisant une telle mesure après un certain délai s'analyse en un licenciement. Ce licenciement, étant fondé sur l'état de santé, est donc nul.

D'une part, l'employeur qui prend l'initiative de rompre le contrat de travail ou qui le considère comme rompu du fait du salarié, doit mettre en œuvre la procédure de licenciement ; à défaut, la rupture s'analyse en un licenciement sans cause réelle et sérieuse. D'autre part, aucun salarié ne peut être licencié en raison de son état de santé ou de son handicap, sauf inaptitude constatée par le médecin du travail ; en l'absence de constatation par le médecin du travail de l'inaptitude du salarié à reprendre l'emploi précédemment occupé ou tout emploi dans l'entreprise, le licenciement est nul.

Une salariée a été engagée par une caisse régionale d'assurance maladie en 1967 ; la relation de travail était régie par la convention collective nationale des personnels des organismes de sécurité sociale du 8 février 1957 ; la salariée a été en arrêt de travail pour maladie à compter du 22 juillet 1985 et a continué à produire des prolongations ininterrompues jusqu'au 12 février 1994 ; elle a été radiée des effectifs de la caisse le 20 juillet 1993 et a saisi la juridiction prud'homale de diverses demandes.

Pour rejeter la demande de la salariée, une cour d'appel a retenu qu'elle n'avait pas été licenciée mais radiée des effectifs de la caisse en application des dispositions de la convention collective applicable qui sont plus favorables que les dispositions légales relatives au licenciement puisque le salarié, qui n'est pas en mesure de reprendre son poste après neuf mois consécutifs de maladie, peut être placé en congés sans solde pendant une période ne pouvant pas excéder cinq ans durant laquelle il peut être réintégré de plein droit après avis du médecin de la caisse sous réserve qu'il n'ait pas effectué de travail salarié pendant le même temps, que ces dispositions permettaient, pendant cinq ans, au salarié malade de ne pas être licencié pour inaptitude, que le 1er avril 1993, la caisse a avisé la salariée que son « congé article 44 de la convention collective nationale » venait à expiration le 19 juillet 1993 et qu'elle serait radiée des effectifs à cette date, que la radiation des cadres n'était pas intervenue à l'intérieur du délai de cinq ans à compter de sa mise en congé sans solde, période pendant laquelle le contrat de travail était suspendu, que la radiation des cadres de la salariée, qui ne pouvait donc être analysée ni comme une simple mesure d'ordre administratif, ni comme un licenciement, était intervenue régulièrement.

Sanctions discriminatoires (Notion)

En statuant ainsi, alors que la radiation des cadres instituée par l'article 44 de la convention s'analyse en un licenciement fondé exclusivement sur l'état de santé, et donc nul, la cour d'appel a violé les articles L. 122-45, dans sa version alors applicable, et L. 122-14-4, devenu L. 1235-2 et s. CT.

Cass. soc. 25 février 2009, n° 07-41.724, BC V n° 51.

Mais le licenciement d'un salarié fondé sur son seul état de santé n'est pas discriminatoire lorsqu'il est justifié par la situation objective de l'entreprise.

Si l'article L. 122-45 CT fait interdiction de licencier un salarié, notamment en raison de son état de santé ou de son handicap, sauf inaptitude constatée par le médecin du travail dans le cadre du titre IV du livre II de ce même code, ce texte ne s'oppose pas au licenciement motivé, non pas par l'état de santé du salarié, mais par la situation objective de l'entreprise dont le fonctionnement est perturbé par l'absence prolongée ou les absences répétées du salarié. Celui-ci ne peut toutefois être licencié que si ces perturbations entraînent la nécessité pour l'employeur de procéder à son remplacement définitif.

Une cour d'appel, qui a constaté que l'employeur ne s'était pas prévalu de la nécessité d'un tel remplacement dans sa lettre de licenciement, a, par ce seul motif, légalement justifié sa décision en condamnant l'employeur au paiement de dommages-intérêts pour licenciement sans cause réelle et sérieuse.

Cass. soc. 5 juin 2001, n° 99-41.603, BC V n° 209.

Aucun salarié ne peut être sanctionné en raison de sa situation de famille.

Selon l'article L. 122-45 CT, un salarié ne peut être sanctionné en raison de sa situation de famille.

Pour débouter une salariée de ses demandes de dommages-intérêts pour discrimination et résiliation du contrat de travail, une cour d'appel a énoncé que, s'agissant des mesures discriminatoires consistant en l'interdiction de certains laboratoires, il était établi que l'époux de l'intéressée, lui-même salarié de cette société en qualité d'ingénieur de recherche, avait quitté l'entreprise avec une clause de non-concurrence d'un an, qu'il avait créé, à l'expiration de ladite clause, une société de conseil dont l'activité était concurrente de celle de son ancien employeur, de sorte que, eu égard aux activités professionnelles de son mari, les raisons invoquées par la société pour interdire à la salariée l'accès à certaines unités sensibles de l'entreprise apparaissaient totalement justifiées, une société, de quelque nature qu'elle soit, ayant tout intérêt à se prémunir contre tout risque d'espionnage industriel.

En statuant ainsi, après avoir constaté que les interdictions imposées à la salariée constituaient une sanction décidée non pas en raison de son comportement mais en raison de sa situation de famille, la cour d'appel a violé l'article L. 122-45 CT.

Cass. soc. 10 février 1999, n° 96-42.998, BC V n° 61.

L'article L. 122-45 CT, qui dispose qu'aucun salarié ne peut être sanctionné ou licencié en raison de sa situation de famille, ne distingue pas selon le lien matrimonial ou le lien familial.

Ayant retenu que le véritable motif du licenciement d'une salariée, qui avait donné entière satisfaction depuis son entrée en fonctions, tenait à ce qu'elle était la fille d'une autre salariée de l'entreprise, une cour d'appel a exactement décidé que ce texte interdisait le licenciement d'un salarié reposant sur le lien de filiation l'unissant à un autre salarié de l'entreprise.

Cass. soc. 1er juin 1999, n° 96-43.617, 2e moyen, BC V n° 249.

Après avoir constaté que le licenciement pour faute grave d'un salarié était fondé sur le fait qu'il n'aurait pas empêché son épouse, salariée dans la même entreprise, de tenir des propos, regardés comme injurieux, à l'encontre de leur employeur, une cour d'appel a pu dire que ces éléments de fait laissaient présumer l'existence d'une discrimination fondée sur la situation familiale du salarié et, l'employeur ne démontrant pas que sa décision reposait sur des éléments étrangers à toute discrimination, prononcer la nullité du licenciement.

Cass. soc. 30 juin 2010, n° 08-41.936, pourvoi de l'employeur.

L'activité syndicale du salarié ne peut être à l'origine d'une sanction.

Une cour d'appel a pu annuler la mise à pied infligée à un délégué syndical et condamner la société au paiement de dommages-intérêts, ce salarié n'ayant fait que refuser de travailler à des conditions différentes de celles des autres salariés et, notamment, d'être systématiquement chargé des travaux pénibles et fatigants, tout en étant privé de l'usage des engins motorisés de manutention dont ses collègues bénéficiaient.

Relevant ainsi le caractère arbitraire et renouvelé des agissements hostiles de l'employeur, la cour d'appel a pu en déduire que les sanctions prises par l'employeur procédaient d'un détournement de son pouvoir disciplinaire et d'un parti pris constitutif d'une discrimination illicite.

Cass. soc. 13 février 1996, n° 92-45.042. Voir aussi cass. soc. 23 mai 1995, n° 93-45.159, où les juges ont pu considérer que le licenciement pour faute lourde de salariés grévistes, qui s'étaient personnellement rendus coupables d'entrave à la liberté du travail en s'opposant à l'entrée et à la sortie de véhicules, ne constituait pas une sanction discriminatoire, les salariés ayant commis des manquements graves caractérisant leur intention de nuire.

Est discriminatoire le licenciement d'une salariée en raison du mandat syndical dont son compagnon est investi dans la même entreprise.

En effet, les dispositions des articles L. 1132-1 et L. 1134-1 CT, qui consacrent le principe de l'égalité de traitement, peuvent être invoquées non seulement par les personnes qui se disent victimes, d'une manière directe ou indirecte, d'une discrimination en raison de l'un des motifs énumérés à l'article L. 1132-1 CT, mais encore par toute autre personne qui leur serait étroitement associée.

Cons. prud'h. Caen 25 novembre 2008, n° 06/00120.

Le fait de priver un salarié du bénéfice immédiat d'un avancement à l'ancienneté en raison de l'exercice du droit de grève constitue une sanction discriminatoire.

Selon l'article L. 521-1, al. 2 CT, l'exercice du droit de grève ne saurait donner lieu, de la part de l'employeur, à des mesures discriminatoires en matière de rémunération et d'avantages sociaux.

Constitue une discrimination envers un salarié gréviste la prise en considération de la suspension du contrat de travail résultant de l'exercice du droit de grève pour retarder l'ancienneté d'un salarié et le bénéfice de l'augmentation de salaire liée à cette ancienneté, alors que la convention collective applicable prévoit que toutes les périodes d'absence ne suspendent pas le droit à un avancement à l'ancienneté.

C'est donc à bon droit qu'un conseil de prud'hommes a condamné un employeur à réparer les conséquences dommageables de la discrimination pratiquée à l'encontre de son agent, ainsi qu'à payer des dommages-intérêts au syndicat intervenu à l'instance pour atteinte aux intérêts collectifs de la profession.

Cass. soc. 9 février 2000, n° 97-40.724, BC V n° 58.

Est nul le licenciement pour faute d'une salariée ayant refusé, pour des motifs religieux, de prêter serment sous la forme prescrite, dès lors que la loi ne fixe pas les termes du serment qui doit être prononcé.

Après avoir été engagée par la RATP le 25 septembre 2006 en qualité de stagiaire, au sens du statut du personnel, pour exercer une mission de quatre mois au sein de la cellule contrôle de la mesure, puis à compter du 5 février 2007 en tant qu'animateur agent mobile au sein d'une unité opérationnelle du département, une salariée a été admise dans le cadre permanent de la RATP ; le 5 septembre 2007, elle a été convoquée pour la prestation de serment devant le président du tribunal de grande instance de Paris ; le 28 septembre 2007, lors de la prestation de serment, elle a proposé une formule de serment différente, conformément à sa religion chrétienne ; le président du tribunal de grande instance a refusé cette formule et a fait acter que la salariée avait refusé de prêter serment ; l'intéressée a été licenciée pour faute grave le 12 novembre 2007 aux motifs qu'elle n'avait pas obtenu son assermentation devant le tribunal.

Pour dire le licenciement pour faute grave justifié, une cour d'appel a retenu que l'employeur n'avait pas à entrer dans le débat de savoir si la formule que proposait la salariée en remplacement de celle qu'entendait lui imposer le juge pour recevoir son assermentation aurait dû, au regard d'une certaine jurisprudence européenne ou des principes généraux du droit, être acceptée par celui-ci, ou si elle contenait ou non toute la substance du serment prévu par la loi, qu'il n'avait pas l'obligation de reprogrammer la salariée à une autre cérémonie d'assermentation pour que celle-ci, qui n'avait manifesté aucune volonté de revenir sur sa position selon procès-verbal de l'entretien préalable, soit en mesure de convaincre l'autorité judiciaire que le juge avait commis une erreur de droit en n'acceptant pas la formule qu'elle lui proposait aux lieu et place des termes du serment demandé.

En statuant ainsi, alors qu'il résulte de l'article 23 de la loi du 15 juillet 1845 sur la police des chemins de fer que le serment des agents de surveillance exerçant au sein des entreprises visées par cette disposition peut être reçu selon les formes en usage dans leur religion, de sorte que la salariée n'avait commis aucune faute en proposant une telle formule et que le licenciement prononcé en raison des convictions religieuses de la salariée était nul, la cour d'appel a violé les articles 9 de la convention de sauvegarde des droits de l'homme et L. 1132-1 CT.

Cass. soc. 1er février 2017, n° 16-10.459, BC V n° 18.

L'employeur peut sanctionner différemment des salariés ayant commis des fautes identiques

S'il est interdit à l'employeur, à peine de nullité de la mesure, de pratiquer une discrimination au sens de l'article L. 122-45 CT, il lui est permis, dans l'intérêt de l'entreprise et dans l'exercice de son pouvoir d'individualisation des mesures disciplinaires, de sanctionner différemment des salariés qui ont participé à une même faute.

Doit être cassé l'arrêt ayant déclaré nul le licenciement d'un salarié gréviste ayant bloqué l'accès de l'entreprise empêchant tout mouvement de véhicules au motif que d'autres grévistes s'étaient rendus coupables des mêmes faits sans être sanctionnés, alors que le fait de sanctionner différemment des salariés ne constitue pas en soi une discrimination au sens de la loi et que le salarié n'invoquait par ailleurs aucun détournement de pouvoir.

Cass. soc. 1er février 1995, n° 91-44.908, BC V n° 45. Voir aussi cass. soc. 6 juin 2012, n° 10-28.199, BC V n° 173, cité dans « Pouvoir disciplinaire ».

Une sanction peut être prononcée si les agissements du salarié créent un trouble caractérisé dans l'entreprise

S'il est interdit à l'employeur de congédier un salarié pour le seul motif tiré de ses mœurs ou de ses convictions religieuses, il peut être procédé à un licenciement dont la cause objective est fondée sur le comportement du salarié qui, compte tenu de la nature de ses fonctions et de la finalité propre de l'entreprise, a créé un trouble caractérisé au sein de cette dernière.

C'est à tort qu'une cour d'appel, pour débouter un salarié, aide-sacristain dans une paroisse, de ses demandes de dommages-intérêts pour rupture abusive du contrat de travail, a énoncé que l'homosexualité a toujours été condamnée par l'Église catholique, que l'attitude du salarié était susceptible de provoquer un scandale, peu important qu'un petit nombre de fidèles ait connu cette situation, alors qu'elle aurait dû rechercher si les agissements du salarié avaient créé un trouble caractérisé au sein de l'association.

Cass. soc. 17 avril 1991, n° 90-42.636, BC V n° 201.

En cas de discrimination, le salarié a droit à réparation

Le licenciement d'un salarié fondé sur un motif discriminatoire est nul et ouvre droit à réparation.

Après avoir exactement décidé que le licenciement d'un salarié, motivé par sa longue maladie, sans que son inaptitude ait été constatée par le médecin du travail, était nul en application de l'article L. 122-45 CT, une cour d'appel a décidé à bon droit que le salarié ne demandant pas sa réintégration peut prétendre à une indemnité en réparation du préjudice subi du seul fait de son licenciement qui doit être au moins égale à celle prévue par l'article L. 122-14-4 CT.

Cass. soc. 5 juin 2001, n° 99-41.186, 1er et 2e moyens, BC V n° 211.

L'article 6 de la directive 76/207/CEE du 9 février 1976 obligeant les États membres à prévoir des mesures pour permettre aux personnes lésées de faire valoir leurs droits par voie juridictionnelle s'oppose à ce que la réparation du préjudice subi par une personne victime d'un licenciement discriminatoire soit limitée à un plafond maximal fixé a priori, ainsi que par l'absence d'intérêts destinés à compenser la perte subie par le bénéficiaire de la réparation du fait de l'écoulement du temps jusqu'au paiement effectif du capital accordé.

La personne lésée doit pouvoir se prévaloir de ces dispositions à l'encontre d'une autorité de l'État agissant en qualité d'employeur pour écarter une disposition nationale qui imposerait de telles limites au dédommagement du préjudice.

CJCE 2 août 1993, aff. C-271/91, Recueil I-4367.

Le licenciement d'un salarié en raison de ses activités syndicales étant nul, le juge doit ordonner la poursuite du contrat de travail si le salarié en fait la demande.

Il résulte de l'article L. 122-45 CT qu'aucune personne ne peut être licenciée en raison de ses activités syndicales. Tout acte contraire à l'égard d'un salarié est nul de plein droit.

Doit être cassé l'arrêt qui, pour refuser d'ordonner la réintégration sous astreinte d'une salariée, a retenu qu'en raison du caractère personnel des relations nées du contrat de travail, une partie ne peut être contrainte à en continuer l'exécution contre sa volonté, que la réintégration consensuelle est sur le fondement de ce principe la règle, que la loi du 25 juillet 1985 n'apporte pas de dérogation à ce principe, que les exceptions ne peuvent être, en conséquence, que celles prévues par la loi, que tel est le cas, expressément consacré, des salariés protégés, que tel est aussi le cas, implicitement affirmé, des grévistes abusivement licenciés qui bénéficient des dispositions de l'article L. 521-1 CT selon lesquelles la grève ne rompt pas le contrat de travail, sauf faute lourde imputable au salarié, alors que le licenciement d'un salarié en raison de ses activités syndicales étant nul de plein droit, le juge doit ordonner, si l'intéressé le demande, la poursuite de l'exécution du contrat de travail qui n'a pas été valablement rompu.

Cass. soc. 17 mars 1999, n° 97-45.555, BC V n° 126.

Lorsque le licenciement est nul, le salarié a droit à l'indemnité compensatrice de préavis, sans qu'il y ait lieu de statuer sur les motifs de la rupture.

Doit être cassé l'arrêt qui, pour débouter un salarié de sa demande d'indemnité compensatrice de préavis après avoir déclaré nul son licenciement, a retenu que le salarié, qui se trouvait en arrêt de travail pour maladie au moment du licenciement et n'était donc pas en mesure d'exécuter un préavis, ne pouvait prétendre à cette indemnité.

Cass. soc. 5 juin 2001, n° 99-41.186, 3e moyen, BC V n° 211.

Droit syndical (Exercice du) ; Égalité de traitement ; Égalité de traitement entre hommes et femmes ; Sanctions pécuniaires (Notion).

Sanctions pécuniaires (Notion)

Aux termes de l'article L. 1331-2 CT, les amendes ou autres sanctions pécuniaires, telles que des réductions de rémunération intervenant à titre disciplinaire, sont interdites. Si l'exécution défectueuse du travail autorise l'employeur à sanctionner le salarié, il n'est pas autorisé à recourir à cette catégorie de sanctions.

Exemples de sanctions pécuniaires

Le fait de suspendre des salariés du bénéfice de billets à tarif réduit constitue une sanction pécuniaire interdite.

Après avoir relevé que l'avantage constitué par l'attribution de billets d'avion à prix réduit accordé à un agent d'escale était lié à sa qualité de salarié et que cet avantage statutaire, qui permettait à celui-ci de réaliser une économie sur des vols, lui avait été retiré en raison d'un manquement commis dans les conditions de son utilisation, une cour d'appel en a exactement déduit que la mesure prise par l'employeur constituait une sanction pécuniaire illicite, ouvrant droit à indemnisation.

Cass. soc. 7 juillet 2010, n° 09-41.281.

Il en est de même de la retenue d'une somme au seul motif du dépassement du forfait téléphonique attaché au téléphone professionnel du salarié.

Cass. soc. 15 mai 2014, n° 12-30.148, 3e moyen.

La suppression d'un véhicule de société constitue une sanction pécuniaire prohibée.

L'avenant au contrat de travail d'un VRP prévoyait que l'intéressé ne percevrait pas d'indemnité de frais professionnels mais se verrait confier un véhicule de société, lequel pourrait être retiré par l'employeur en cas de non-réalisation d'un chiffre d'affaires minimum convenu entre les parties.

S'étant vu retirer son véhicule de fonction pour non-atteinte de ces objectifs, le salarié a saisi le conseil de prud'hommes en paiement d'indemnités de rupture et pour licenciement sans cause réelle et sérieuse et de dommages-intérêts pour préjudice moral.

Doit être cassé l'arrêt qui, pour le débouter de ses demandes, énonce que le retrait du véhicule de société était conforme au contrat liant les parties, alors que la fourniture d'un véhicule de société constitue un avantage en nature et sa suppression une sanction pécuniaire prohibée qui ne peut faire l'objet d'une disposition contractuelle.

Cass. soc. 12 décembre 2000, n° 98-44.760, BC V n° 416. Voir aussi cass. soc. 23 juin 2010, n° 09-40.825, 2e moyen, prohibant la suppression d'une carte permettant au salarié d'obtenir 200 litres d'essence par mois.

Il en est de même du prélèvement mensuel d'une somme fixe sur la rémunération d'un salarié au titre de l'avantage en nature lié au véhicule de l'entreprise mis à disposition.

Selon l'article L. 1331-2 CT, « les amendes ou autres sanctions pécuniaires sont interdites. Toute disposition ou stipulation contraire est réputée non écrite » ; la prohibition des sanctions pécuniaires a ainsi un caractère d'ordre public auquel ne peut faire échec une disposition du contrat de travail.

Dès lors, c'est à bon droit qu'une cour d'appel a déclaré nulle, comme constituant une sanction pécuniaire, une clause contractuelle en exécution de laquelle un employeur avait, chaque mois, prélevé une somme fixe sur la rémunération d'un VRP au titre de l'avantage en nature lié au véhicule de l'entreprise mis à sa disposition, au motif que son chiffre d'affaires était insuffisant.

Cass. soc. 20 octobre 2010, n° 09-42.896, BC V n° 238.

Les retenues sur salaire intervenant en raison d'une faute commise par le salarié constituent des sanctions pécuniaires illicites.

Ayant relevé qu'il était reproché aux contrôleurs de route de ne pas avoir vérifié les titres de transport des voyageurs et qu'une retenue sur leur salaire avait été décidée en raison de cette carence considérée comme fautive par la SNCF, une cour d'appel a décidé à bon droit que cette retenue constituait une sanction pécuniaire illicite.

Cass. soc. 16 mars 1994, n° 91-43.349, BC V n° 92. Voir aussi cass. soc. 19 novembre 1997, n° 95-44.309, BC V n° 381, cité dans « Retenues sur salaire ».

Il en est de même en cas de non-versement de sa rémunération à un salarié qui n'a pas remis ses fiches de travail…

Aux termes de l'article L. 122-40 CT, constitue une sanction toute mesure prise par l'employeur à la suite d'un agissement du salarié considéré par lui comme fautif. Selon l'article L. 122-42 CT, les sanctions pécuniaires sont interdites. Selon l'article L. 143-2 CT, le salaire des employés doit être versé au moins une fois par mois.

Une salariée constatant que son employeur ne lui avait pas versé sa rémunération durant deux mois, au motif qu'elle ne lui aurait pas fourni les fiches de travail et de facturation en usage dans l'entreprise, a pris acte de la rupture aux torts de l'employeur, puis a saisi la juridiction prud'homale afin de faire juge que cette rupture s'analysait en un licenciement sans cause réelle et sérieuse.

Doit être cassé l'arrêt qui, pour justifier la rétention par l'employeur des salaires et indemnités pour les deux mois litigieux, énonce que la salariée n'ignorait pas que l'autonomie dont elle bénéficiait dans l'exécution de ses tâches impliquait qu'elle justifie chaque mois de la réalité de son travail, que ce n'était qu'après avoir produit ces documents que son salaire lui était réglé, et qu'à la date où la salariée a donné sa démission, il n'était pas établi qu'elle s'était acquittée de cette formalité, alors qu'il n'était pas contesté que la salariée avait travaillé durant ces deux mois, ce dont il résultait que le défaut de remise des fiches de travail n'autorisait pas l'employeur à la priver de son salaire.

Cass. soc. 3 novembre 2005, n° 02-47.371.

… ou de suppression d'une partie importante de la rémunération suite à un comportement du salarié considéré comme fautif par l'employeur…

En relevant que la mesure prise à l'encontre d'un salarié, aux termes d'un avenant au contrat de travail faisant état de défaillances ayant eu des conséquences importantes au niveau commercial et financier, consistait en la suppression d'une partie importante de son salaire, alors qu'il était maintenu dans son emploi avec les mêmes fonctions et que cette mesure faisait suite à un courrier imputant au salarié la responsabilité d'un grave incident et lui reprochant un manque de rigueur dans le suivi des dossiers et dans la direction du personnel, une cour d'appel a fait ressortir que l'employeur avait pris cette mesure à la suite d'agissements du salarié qu'il considérait comme fautifs et a pu décider qu'il s'agissait d'une sanction pécuniaire.

Cass. soc. 11 février 1998, n° 95-43.344, 1er moyen.

… ou de réduction du salaire pour baisse de la production, lorsque le salarié n'est pas rémunéré en fonction du rendement…

Des salariées ayant participé, à compter du 15 janvier, à une grève dite « perlée » consistant en une baisse volontaire de la production, leur employeur leur avait appliqué une réduction de salaires pour le mois de janvier.

Elles avaient alors saisi le conseil de prud'hommes pour faire constater qu'il s'agissait d'une sanction pécuniaire illicite et obtenir un rappel de salaire.

Doit être cassé le jugement qui, pour débouter les salariées de leurs demandes, a énoncé que dès lors que la réduction de salaire qui leur avait été imposée correspondait à une baisse de la production, elle ne trouvait plus son fondement « dans l'idée de sanction mais dans le caractère synallagmatique du contrat de travail qui veut que le salaire soit la contrepartie d'un travail effectif », alors que lorsqu'un salarié n'est pas rémunéré en fonction du rendement, la réduction de son salaire pour baisse de la production s'analyse en une sanction pécuniaire.

En statuant comme il l'a fait, sans rechercher si, comme le soutenaient les salariées, leur salaire mensuel était fixe et indépendant du rendement, le conseil de prud'hommes n'a pas légalement justifié sa décision.

Cass. soc. 12 avril 1995, n° 91-40.593, 2e moyen, BC V n° 133.

… ou de refus de l'employeur de verser une gratification liée aux résultats de l'entreprise pour mauvaise exécution du travail…

Ayant exactement énoncé que, dès lors que la lettre d'engagement d'un salarié prévoyait l'allocation, en sus du salaire, de gratifications, selon les résultats de l'étude notariale, le salarié avait droit à ces gratifications dont le montant dépendait exclusivement des résultats de l'étude et que l'employeur ne pouvait en refuser le versement en raison de la mauvaise qualité du travail du salarié, ce qui aurait, en toute hypothèse, constitué une sanction pécuniaire, une cour d'appel a pu décider que la gratification due pour les années 1990 et 1991 devait être calculée en prenant pour base les résultats de l'étude pour les années correspondantes et le mode de calcul retenu par l'employeur au cours de l'année précédente.

Cass. soc. 17 juillet 1996, n° 93-43.963, BC V n° 286.

… ou de refus d'accorder à certains salariés le bénéfice de l'augmentation générale…

Si une augmentation de salaire peut être accordée individuellement à certains salariés pour récompenser ou stimuler leurs qualités professionnelles, sans que les autres puissent se plaindre d'avoir subi une sanction, constitue en revanche une sanction pécuniaire prohibée le fait d'exclure certains salariés, en raison d'un comportement professionnel jugé critiquable, du bénéfice d'une augmentation de salaire constituant une mesure générale applicable à l'ensemble du personnel.

Cass. soc. 19 juillet 1995, n° 91-45.401.

… ou de refus de payer l'intéressement aux résultats de l'entreprise contractuellement prévue…

C'est à tort qu'une cour d'appel a retenu qu'en raison de la faute commise par un salarié, l'employeur était fondé à ne pas payer l'intéressement, alors que l'intéressement étant prévu par le contrat de travail, son attribution ne pouvait être discrétionnaire.

Cass. soc. 5 février 2002, n° 99-44.275. Voir aussi cass. soc. 8 novembre 2011, n° 10-15.722, 3e moyen.

… ou de réduction ou de suppression d'une prime.

Doit être cassé l'arrêt qui a débouté un salarié de ses demandes en rappel de salaires, alors qu'il était établi que l'abaissement du coefficient permettant de calculer la prime de travail due à ce salarié résultait des observations faites au salarié pour avoir abandonné son poste de travail, la cour d'appel ayant ainsi caractérisé une sanction motivée par des manquements à la discipline.

Cass. soc. 22 novembre 1995, n° 91-43.809, BC V n° 309.

Doit être cassé l'arrêt qui, pour débouter un salarié de sa demande d'annulation de la retenue sur sa prime d'objectif, énonce que le salarié a été informé de ce qu'une retenue avait été opérée sur sa prime, l'entretien individuel étant intervenu postérieurement, et qu'elle avait été décidée par le chef de département en raison des dysfonctionnements du comportement de l'intéressé vis-à-vis de sa hiérarchie et de la clientèle, alors que la suppression d'une prime en raison de faits considérés comme fautifs par l'employeur constitue une sanction pécuniaire illicite.

Cass. soc. 4 juin 1998, n° 95-45.167, BC V n° 296. Voir aussi cass. soc. 11 octobre 2000, n° 98-45.491.

Ayant constaté qu'un employeur avait précisé à un salarié qu'il avait été conduit à lui « supprimer, en guise de première sanction, sa prime d'habillement », une cour d'appel a décidé à bon droit que la suppression de cette prime était constitutive d'une sanction pécuniaire illicite et a pu condamner l'employeur à payer au salarié une somme à titre de rappels de prime d'habillement.

Cass. soc. 14 mai 2003, n° 00-42.164.

La suppression d'une prime en raison du licenciement constitue une sanction pécuniaire illicite.

C'est donc à bon droit qu'une cour d'appel a décidé que la stipulation d'un document intitulé « politique d'attribution des primes d'objectifs » selon laquelle, en cas de départ en cours d'année, « la prime n'était pas due en cas de faute grave ou lourde et laissée à l'appréciation de la hiérarchie en cas de licenciement pour motif réel et sérieux », s'analysait en une sanction pécuniaire prohibée et a, en conséquence, alloué au salarié licencié le 12 août 2002, la prime d'objectifs qui lui était due en exécution du contrat de travail et qui était relative à l'exercice allant du 1er septembre 2001 au 31 août 2002.

Cass. soc. 20 décembre 2006, n° 05-45.365, 1er moyen, BC V n° 392.

Il en est de même en cas d'interdiction de lever les options prévue par un plan de stock-options.

Pour débouter une salariée licenciée pour faute grave de sa demande en paiement au titre des stock-options, une cour d'appel a retenu que le plan d'options d'achat de la société prévoyait la caducité des options en cas de licenciement du bénéficiaire pour faute grave et que cette clause faisait obstacle à l'exercice de ce droit par la salariée.

En statuant ainsi, alors que la privation de la faculté de lever les options en cas de licenciement pour faute grave constitue une sanction pécuniaire prohibée qui ne pouvait être prévue par le plan de « stock-options », la cour d'appel a violé l'article L. 1331-2 CT.

Cass. soc. 21 octobre 2009, n° 08-42.026, BC V n° 227.

La privation d'une rémunération variable en cas de licenciement pour faute grave constitue une sanction pécuniaire prohibée qui ne peut être prévue par le contrat de travail.

Cass. soc. 13 octobre 2015, n° 14-14.440, 3e moyen.

La sanction pécuniaire prohibée consistant à supprimer une prime de fin d'année en cas de faute grave ne peut faire l'objet d'une disposition conventionnelle.

Pour débouter un salarié licencié pour faute grave d'une demande de prime de fin d'année, une cour d'appel a retenu qu'il résultait des accords sur les négociations sociales que cette prime n'était pas due en cas de faute grave.

En statuant ainsi, alors que la privation d'une prime de fin d'année, en cas de faute grave, constitue une sanction pécuniaire prohibée qui ne pouvait faire l'objet d'une disposition conventionnelle, la cour d'appel a violé l'article L. 122-42, devenu L. 1331-2 CT.

Cass. soc. 11 février 2009, n° 07-42.584, BC V n° 42.

Un salarié ne peut être sanctionné par la réduction de son horaire de travail…

Une réduction des horaires de travail ne correspondant ni à un déclassement ni à un changement d'affectation, utilisée comme mesure disciplinaire et sanctionnant le comportement du salarié, constitue une sanction pécuniaire prohibée.

Cass. soc. 24 octobre 1991, n° 90-41.537.

… ni par son affectation à un horaire de jour, alors qu'il travaillait habituellement de nuit, ce qui avait pour effet d'entraîner une diminution de sa rémunération.

Ayant fait ressortir que la décision de l'employeur d'affecter pendant trois mois, à titre probatoire, un salarié travaillant normalement de nuit à un poste de jour, était fondée sur des agissements considérés par lui comme fautifs, une cour d'appel a pu décider que cette décision s'analysait en une sanction disciplinaire.

Ayant ensuite constaté que cette sanction avait eu pour effet d'entraîner une diminution de rémunération, la cour d'appel a pu décider que cette sanction constituait une sanction pécuniaire prohibée.

Cass. soc. 11 mars 1997, n° 94-40.881.

Le fait de subordonner le versement de la rémunération minimale forfaitaire d'un VRP aux résultats de son activité constitue une sanction pécuniaire illicite.

Une salariée, employée en qualité de VRP exclusif à temps plein, et dont le contrat précisait qu'elle avait pour obligation de réaliser un quota minimum mensuel de 900 unités, de prospecter au moins quinze clients par jour et de remettre chaque jour à son employeur un rapport détaillé sur son activité, a été licenciée en raison d'un quota minimum et d'un travail en clientèle insuffisants.

L'intéressée a saisi la juridiction prud'homale notamment d'une demande en rappel de salaires au titre de la ressource minimale forfaitaire et d'une demande en remboursement d'une somme que la société avait retenue sur sa rémunération.

Un conseil de prud'hommes a décidé que le licenciement de la salariée avait une cause réelle et sérieuse mais a condamné l'employeur à lui verser un rappel de salaire et à lui restituer une retenue indue.

A violé les articles L. 122-42 et L. 751-1 CT et l'article 5-1 de l'accord national interprofessionnel des VRP du 3 octobre 1975 la cour d'appel qui a infirmé la décision du conseil de prud'hommes du chef des rappels de salaire et de la retenue aux motifs que la salariée n'avait pas respecté son obligation contractuelle d'adresser chaque jour un rapport d'activité et qu'elle n'avait pas fourni la totalité du temps de travail qui lui était demandé.

En effet, il résulte de la combinaison de ces textes, d'une part, qu'un VRP engagé à titre exclusif a droit à la ressource minimale forfaitaire instituée par l'article 5-1 de l'accord national interprofessionnel des VRP du 3 octobre 1975 et, d'autre part, que toute retenue pratiquée par l'employeur sur cette ressource minimale constitue une sanction pécuniaire illicite.

Cass. soc. 27 octobre 2004, n° 02-41.028, BC V n° 278.

Une salariée, engagée en qualité de VRP exclusif à temps plein, a pris acte de la rupture de son contrat de travail, faute d'avoir obtenu la rémunération qu'elle réclamait.

Doit être cassé l'arrêt qui, pour rejeter les demandes de l'intéressée en paiement de sommes afférentes à la rupture du contrat de travail imputable à l'employeur, a retenu qu'elle n'avait jamais réalisé le quota de 25 argumentations hebdomadaires, qu'elle avait travaillé moins de cinq jours par semaine et n'avait exercé son activité qu'à temps partiel au regard de la clause définissant l'assiduité requise, permettant de conclure au non-respect par la salariée de ses obligations contractuelles.

Cass. soc. 13 décembre 2006, n° 05-40.969, BC V n° 379.

Réduction ou retenue non constitutive de sanction pécuniaire

L'absence du salarié résultant d'une mise à pied peut donner lieu à une réduction de la prime d'assiduité à condition que toutes les absences entraînent cette même réduction.

La mise à pied d'un salarié entraînant son absence peut donner lieu à une réduction de la prime d'assiduité destinée à favoriser la régularité et la continuité de présence du personnel ; l'abattement pratiqué sur la prime, conséquence directe de l'absence du salarié, quelle qu'en soit la cause, ne constitue pas une sanction pécuniaire.

Cass. soc. 19 juillet 1994, n° 90-43.785, BC V n° 241.

La suppression du complément de salaire versé en cas de maladie en raison de l'absence du salarié lors de la contre-visite médicale patronale ne constitue pas une sanction pécuniaire.

Lorsque le salarié ne justifie pas son absence lors de la contre-visite patronale prévue conventionnellement en contrepartie de l'obligation de garantie de ressources, la retenue sur salaire opérée par l'employeur en remboursement du complément de salaire déjà versé au salarié ne constitue pas une sanction disciplinaire.

Cass. soc. 9 décembre 1992, n° 89-42.547, 2e moyen.

☛ *Grève (Effets) ; Grève (Faute lourde) ; Grève (Responsabilité) ; Mise à pied disciplinaire ; Retenues sur salaire ; Rétrogradation disciplinaire.*

Scrutin

Les articles L. 2314-24 et L. 2324-22 anciens CT disposent, pour l'élection des délégués du personnel et pour celle des membres du comité d'entreprise, que le scrutin est un scrutin de liste à deux tours avec représentation proportionnelle à la plus forte moyenne.

L'employeur doit prendre l'initiative de l'organisation des élections

Commet une faute causant nécessairement un préjudice au salarié l'employeur qui n'accomplit pas les diligences nécessaires à la mise en place d'institutions représentatives du personnel sans établir de procès-verbal de carence.

Il résulte de l'application combinée de l'alinéa 8 du Préambule de la Constitution du 27 octobre 1946, des articles 27 de la Charte des droits fondamentaux de l'Union européenne, L. 2323-1 et L. 2324-5 CT, 1382 c. civ., 8 § 1 de la directive 2002/14/CE du 11 mars 2002 établissant un cadre général relatif à l'information et la consultation des travailleurs dans la Communauté européenne, que l'employeur qui, bien qu'il soit légalement tenu, n'accomplit pas les diligences nécessaires à la mise en place d'institutions représentatives du personnel, sans qu'un procès-verbal de carence ait été établi, commet une faute qui cause nécessairement un préjudice aux salariés, privés ainsi d'une possibilité de représentation et de défense de leurs intérêts.

Cass. soc. 17 mai 2011, n° 10-12.852, 2e branche du moyen du pourvoi principal, BC V n° 108. Voir aussi cass. soc. 20 janvier 2015, n° 13-23.431, 4e moyen ; cass. soc. 15 mai 2019, n° 17-22.224, 2e moyen.

La carence fautive de l'employeur qui n'accomplit pas les diligences nécessaires à la mise en place d'institutions représentatives du personnel ne constitue pas un manquement de nature à fonder la résiliation judiciaire d'un contrat de travail à ses torts.

Cass. soc. 30 novembre 2011, n° 09-67.798, BC V n° 281.

Le retard mis à l'organisation des élections n'est pas sanctionné par leur nullité.

Cass. soc. 22 octobre 2014, n° 14-60.016, 1er moyen.

Le scrutin est un scrutin de liste à deux tours

Le scrutin pour les élections des représentants du personnel est un scrutin de liste.

Le scrutin pour les élections des délégués du personnel est un scrutin de liste, toute candidature individuelle constitue une liste et, le panachage des listes n'étant pas admis, les suffrages exprimés par plusieurs bulletins contenus dans une même enveloppe ne sont pas valables.

Cass. soc. 7 mai 2003, n° 01-60.917.

Un second tour de scrutin est organisé si le quorum n'est pas atteint au premier tour, les bulletins blancs ou nuls n'étant pas pris en compte.

Selon l'article L. 423-14 CT, si au premier tour de scrutin des élections des délégués du personnel, le nombre de votants est inférieur à la moitié des électeurs inscrits, il est procédé, dans un délai de quinze jours, à un second tour de scrutin. Un nouveau tour de scrutin doit donc avoir lieu si le nombre des électeurs qui se sont prononcés en faveur des candidats valablement présentés au premier tour est inférieur à la moitié des électeurs inscrits.

Un tribunal d'instance a pu annuler les résultats du premier tour de scrutin, après avoir constaté que, lorsque les votes blancs n'étaient pas décomptés, le nombre des votants était inférieur à la moitié des électeurs inscrits, et que, cependant, des candidats avaient été déclarés élus.

Cass. soc. 13 juin 1995, n° 94-60.427, 1er moyen.

Un second tour doit être également organisé lorsque tous les sièges n'ont pas été pourvus.

Un tribunal d'instance a pu décider qu'un second tour de scrutin devait être organisé après avoir constaté que le siège réservé par la loi aux ingénieurs, chefs de services et cadres n'avait pas été pourvu, le candidat élu dans le second collège au premier tour étant agent de maîtrise.

Cass. soc. 9 octobre 1985, n° 85-60.175, BC V n° 444.

C'est à tort que, pour débouter un syndicat et une salariée de leurs demandes en annulation de l'élection des délégués du personnel, un tribunal d'instance a énoncé qu'il y avait lieu de considérer comme tardif le dépôt des candidatures au regard du protocole préélectoral signé entre l'employeur et le syndicat, alors que les candidats présentés au premier tour des élections professionnelles par les organisations syndicales représentatives doivent être considérés comme maintenus pour le second tour et que les dispositions d'un accord préélectoral ne peuvent écarter cette règle.

Cass. soc. 18 juillet 2000, n° 99-60.356, BC V n° 298 (arrêt n° 2). Voir aussi cass. soc. 18 juillet 2000, n° 99-60.111, BC V n° 298 (arrêt n° 1) ; cass. soc. 25 septembre 2001, n° 00-60.272.

Dans ce cas, la demande tendant à ce qu'il soit enjoint à l'employeur d'organiser le second tour peut être formée plus de quinze jours à compter de la proclamation des résultats du premier tour.

Il appartient à l'employeur d'organiser un second tour en cas de vacance partielle des sièges à l'issue d'un premier tour et la demande tendant à ce qu'il lui soit enjoint d'organiser ce second tour peut être formée plus de quinze jours à compter de la proclamation des résultats du premier tour.

Cass. soc. 8 novembre 2006, n° 06-60.036, BC V n° 33.

La carence de l'employeur à organiser le second tour n'a pas d'incidence sur la régularité du premier tour.

Trois salariés d'une société ont saisi un tribunal d'instance d'une demande d'annulation des élections ayant eu lieu dans l'entreprise, en faisant état de la carence de l'employeur, malgré les termes du protocole préélectoral, à organiser un second tour alors que tous les sièges n'avaient pas été pourvus au premier.

Le tribunal d'instance a déclaré le premier tour de scrutin régulier et a enjoint à l'employeur d'organiser un second tour pour pourvoir le siège demeuré vacant.

C'est à tort que, pour reprocher au tribunal d'instance d'avoir ainsi statué, les salariés soutiennent que le non-respect par l'employeur des stipulations d'un protocole préélectoral relatives au mode de scrutin doit entraîner l'annulation de l'ensemble de l'élection, même s'il ne concerne que le second tour.

En effet, s'il appartient à l'employeur d'organiser un second tour pour pourvoir les sièges demeurés vacants à l'issue du premier, sa carence à poursuivre le processus électoral pour le second tour n'a pas d'incidence sur la régularité du premier tour du scrutin.

En l'espèce, le tribunal, qui a constaté que la validité du premier tour n'était pas contestée, a pu enjoindre l'employeur d'organiser un second tour pour les sièges restant à pourvoir.

Cass. soc. 10 mai 2012, n° 11-21.339, BC V n° 139.

Lorsque tous les sièges ont été pourvus au premier tour, l'employeur ne peut organiser un second tour sans demander l'annulation du premier.

Doit être cassé le jugement énonçant que l'employeur était fondé à organiser un second tour pour pourvoir le siège de suppléant réservé au collège cadre-ETAM, dès lors qu'aucun candidat suppléant ne remplissait la condition d'éligibilité, alors qu'un salarié ayant été proclamé au premier tour élu à ce siège, l'employeur ne pouvait pas organiser de second tour de scrutin sans demander l'annulation du premier.

Cass. soc. 20 février 1991, n° 90-60.012, BC V n° 88. Voir aussi cass. soc. 18 novembre 2009, n° 09-60.113.

L'élection a lieu au scrutin de liste à deux tours avec représentation proportionnelle à la plus forte moyenne.

C'est à tort que, pour rejeter la demande d'annulation de l'élection de la délégation unique du personnel d'une société formée par un syndicat, un tribunal d'instance, après avoir rappelé qu'une organisation syndicale avait présenté une liste comportant un titulaire, et une autre une liste comportant deux titulaires et deux suppléants, a retenu que si l'employeur a organisé l'élection comme si chaque candidat se présentait individuellement, cette irrégularité n'a pas eu pour effet de fausser le résultat du scrutin pour l'élection des candidats titulaires, alors qu'il résultait de ses propres constatations que l'élection avait eu lieu au scrutin uninominal.

Cass. soc. 23 février 2005, n° 04-60.195.

Il est impossible de regrouper sur une même liste un nombre de candidats supérieur à celui des sièges à pourvoir.

Les élections des délégués du personnel devant se faire au scrutin de liste avec représentation proportionnelle à la plus forte moyenne, le regroupement sur une même liste d'un nombre de candidats supérieur à celui des sièges à pourvoir, contrevient aux dispositions d'ordre public de la loi.

Ayant relevé qu'un syndicat avait présenté une liste de trois candidats, alors qu'il n'y avait que deux sièges à pourvoir dans le collège, un tribunal d'instance a pu décider que la liste devait être annulée.

Cass. soc. 27 octobre 1999, n° 98-60.419, BC V n° 423. Voir aussi cass. soc. 20 juin 2000, n° 99-60.153, BC V n° 239 ; cass. soc. 4 décembre 2002, n° 01-60.774.

Une liste incomplète ne pouvant avoir plus de sièges que de candidats, s'il reste un siège à pourvoir et qu'une seule liste dispose encore d'un candidat, ce siège doit être attribué au candidat de cette liste, sans qu'il y ait lieu d'organiser un scrutin supplémentaire…

Lors d'élections des représentants du personnel qui se sont déroulées au sein d'une entreprise, deux sièges étaient à pourvoir et deux listes ayant chacune un candidat unique ont été présentées. À l'issue du premier tour, le candidat d'une des listes a été proclamé élu délégué du personnel et membre du comité d'entreprise titulaire. Les autres sièges ayant été proclamés vacants, un second tour de scrutin a été organisé pour les pourvoir.

C'est à tort que, pour rejeter la demande de rectification des résultats du premier tour, un tribunal d'instance a retenu qu'il convient de respecter l'esprit de la loi, l'attribution du siège restant à une liste concurrente ayant encore des candidats disponibles se justifiant dans le cadre de la proclamation des élus au second tour, un troisième tour n'étant pas prévu et le report des voix permettant alors de pourvoir tous les sièges dont le nombre est fixé par la loi, alors qu'une liste comportait un candidat non élu auquel le deuxième siège de titulaire devait être attribué.

Cass. soc. 12 janvier 2000, n° 99-60.044, BC V n° 18.

… et peu important que le candidat n'ait pas obtenu la majorité si le quorum a été atteint.

Cass. soc. 12 mars 2008, n° 07-60.335.

Il est procédé à des votes séparés pour les membres titulaires et les membres suppléants, avec des bulletins différents.

C'est à bon droit qu'après avoir constaté que l'élection au second tour d'une délégation unique avait été organisée à partir d'une seule liste alors que devaient être pourvus trois sièges de titulaires et autant de suppléants, l'employeur ayant précisé que les trois candidats ayant recueilli le plus de voix seraient titulaires et les trois suivants suppléants, un tribunal d'instance a décidé que ce vote unique entraînait l'irrégularité du scrutin et a annulé les élections.

Cass. soc. 20 mars 2002, n° 01-60.546.

Le dépouillement du scrutin obéit à des règles particulières

Les bulletins blancs ne sont pas pris en compte pour déterminer le nombre de votants.

Les dispositions de l'article L. 433-10, al. 3 CT, relatives à l'ordre dans lequel sont proclamés élus les candidats d'une liste lorsque le nom de certains d'entre eux a été rayé, sont sans application lorsque la liste ne comporte qu'un seul nom et que celui-ci a été rayé.

Dès lors que sont considérés comme blancs les bulletins valables n'exprimant pas de vote en faveur des candidats, le bulletin litigieux ne devait pas être pris en compte pour le décompte du nombre des votants.

Cass. soc. 7 mai 1987, n° 86-60.357, BC V n° 282.

Pour le mode de calcul de la moyenne des voix obtenues par chaque liste, les ratures sont prises en compte.

La portée des dispositions de l'article L. 433-10, al. 3 CT est limitée à la conséquence qui en est tirée dans ce texte, en ce qui concerne l'ordre dans lequel les candidats d'une même liste doivent être proclamés élus, le mode de calcul de la moyenne des voix obtenues par chacune des listes n'ayant pas été modifié.

Dès lors, l'attribution d'un siège, suivant la règle de la plus forte moyenne, se fait en tenant compte, pour établir la moyenne de la liste en présence, des ratures qui y ont été portées.

Cass. soc. 3 mars 1993, n° 91-60.270, 1er moyen.

Les bulletins portant des signes permettant d'identifier l'électeur sont nuls.

Un tribunal d'instance a pu décider que le fait de rayer des bulletins d'un grand « Z » ne constituait pas un signe distinctif mais des ratures prévues par l'article L. 423-14 CT.

Le tribunal a dès lors pu annuler les élections après avoir constaté que le fait de considérer à tort, dans une proportion importante, ces bulletins comme nuls avait eu une incidence sur les résultats du scrutin.

Cass. soc. 8 janvier 1987, n° 86-60.213.

Le tribunal d'instance apprécie souverainement la nature du signe.

Un tribunal d'instance, appréciant la valeur probante et la portée des éléments de la cause, a pu souverainement estimer que le fait de souligner d'un trait le nom du premier candidat d'une liste syndicale ne constituait pas, en l'espèce, un signe de reconnaissance.

Cass. soc. 28 février 1989, n° 88-60.198, BC V n° 148.

Le protocole préélectoral n'a pas à prévoir expressément la présence des candidats aux opérations de dépouillement et l'employeur n'a pas à les inviter à y assister.

Si tout candidat a le droit de contrôler les opérations de vote, de dépouillement des bulletins et de décompte des voix ainsi que d'exiger l'inscription sur le procès-verbal de toutes observations, protestations ou contestations, il n'est pas nécessaire que le protocole préélectoral prévoie expressément la présence des candidats aux opérations de dépouillement, ni que l'employeur invite ces derniers à y assister.

Cass. soc. 6 janvier 2011, n° 09-60.398, BC V n° 7.

Le scrutin peut faire l'objet d'un contrôle

Si le climat de l'entreprise le justifie, le juge d'instance peut mettre en place un dispositif de contrôle des élections.

Le juge d'instance, saisi préalablement aux élections, en vertu de l'article L. 423-3 CT, a le pouvoir de mettre en place un dispositif de contrôle de la régularité, de la liberté et de la sincérité du scrutin, même s'il existe un accord préélectoral comportant des mesures en ce sens.

Le juge qui constate la nécessité d'un tel dispositif en raison d'un climat particulièrement tendu entre l'employeur et le syndicat qui l'a saisi peut donc désigner un huissier de justice afin de surveiller et de vérifier la régularité des opérations électorales.

Cass. soc. 1er avril 1992, n° 90-60.543, BC V n° 232.

La mise en place d'un dispositif de contrôle de la régularité, de la liberté et de la sincérité du scrutin n'est qu'une faculté pour le juge à qui il appartient d'apprécier le caractère indispensable ou non d'un tel dispositif.

Cass. soc. 8 juin 1999, n° 97-60.831, BC V n° 270.

Les parties peuvent également décider de la mise en place d'un dispositif de contrôle ; si le juge estime nécessaire ce dispositif, les frais de déplacement des délégués de liste chargés du contrôle sont à la charge de l'employeur.

Dès lors que le juge d'instance avait estimé nécessaire la mise en place du dispositif de contrôle convenu entre les parties, c'est à bon droit qu'il avait décidé que les frais de déplacement exposés par les délégués de liste désignés par les organisations syndicales pour effectuer le contrôle dans les bureaux de vote seraient à la charge de l'employeur.

Cass. soc. 29 juin 2005, n° 04-60.488, BC V n° 225.

Les irrégularités de scrutin peuvent entraîner la nullité des élections sous certaines conditions

À moins qu'elles soient directement contraires aux principes généraux du droit électoral, les irrégularités commises dans l'organisation et le déroulement du scrutin ne peuvent constituer une cause d'annulation que si elles ont exercé une influence sur le résultat des élections…

Ayant retenu que le plus âgé des membres d'un bureau de vote en était nécessairement le président, conformément aux dispositions du protocole préélectoral, et constaté que, ni l'irrégularité de la composition d'un bureau de vote ayant seulement un président et un assesseur, non plus que l'éventuelle irrégularité ayant consisté à laisser voter des salariés occasionnels, n'avaient eu d'incidence sur le résultat du scrutin, un tribunal d'instance a pu rejeter la demande d'annulation du scrutin.

Cass. soc. 17 décembre 2014, n° 14-12.401, BC V n° 298.

… ou, depuis l'entrée en vigueur de la loi du 20 août 2008, si, s'agissant du premier tour, elles ont été déterminantes de la qualité représentative des organisations syndicales de l'entreprise ou du droit pour un candidat d'être désigné délégué syndical.

À moins qu'elles soient directement contraires aux principes généraux du droit électoral, les irrégularités commises dans l'organisation et le déroulement du scrutin ne peuvent constituer une cause d'annulation que si elles ont exercé une influence sur le résultat des élections ou, depuis l'entrée en vigueur de la loi 2008-789 du 20 août 2008, si, s'agissant du premier tour, elles ont été déterminantes de la qualité représentative des organisations syndicales dans l'entreprise, ou du droit pour un candidat d'être désigné délégué syndical.

Lors des élections des délégués du personnel et des membres du comité d'un établissement d'une société qui se sont tenues le 13 mars 2009, tous les sièges ont été pourvus au premier tour ; le 9 mars, un syndicat A avait retiré la candidature d'une salariée cadre dans le collège non cadre aux élections des délégués du personnel titulaires alors que les opérations de vote par correspondance étaient engagées ; critiquant diverses irrégularités dans le déroulement du scrutin et notamment les conditions de présidence des quatre bureaux de vote pour l'élection des délégués du personnel et des membres du comité d'établissement, titulaires et suppléants, ainsi que les conditions de dépouillement des résultats, un syndicat B a saisi le tribunal d'une demande en annulation de ces scrutins.

Pour le débouter de ses demandes, un tribunal d'instance a retenu que ni le retrait du nom d'un candidat, présenté par erreur par le syndicat A, de la liste de ses candidats aux élections de délégués du personnel dans le collège non cadre, postérieurement au début des opérations de vote par correspondance, alors qu'il n'avait eu aucun élu, ni l'absence de désignation d'un président dans l'un des bureaux de vote n'affectaient la validité du scrutin dès lors que la preuve n'était pas rapportée que ces irrégularités avaient exercé une influence sur le résultat des élections.

En statuant ainsi, alors que les irrégularités constatées étaient directement contraires aux principes généraux du droit électoral et affectaient le déroulement du scrutin, de sorte qu'il n'avait pas à s'interroger plus avant, le tribunal a violé ces principes ainsi que les articles L. 2122-1, L. 2143-3, L. 2314-5 et L. 2314-24 CT.

Cass. soc. 13 janvier 2010, n° 09-60.203, BC V n° 7. Voir aussi cass. soc. 2 mars 2011, n° 10-60.101, BC V n° 61.

Peu importe, à cet égard, l'absence de défaillance de l'employeur dans l'organisation du scrutin.

À moins qu'elles soient directement contraires aux principes généraux du droit électoral, les irrégularités commises dans l'organisation et le déroulement du scrutin ne peuvent constituer une cause d'annulation que si elles ont exercé une influence sur le résultat des élections ou, depuis l'entrée en vigueur de la loi 2008-789 du 20 août 2008, si, s'agissant du premier tour, elles ont été déterminantes de la qualité représentative des organisations syndicales dans l'entreprise, ou du droit pour un candidat d'être désigné délégué syndical.

Lors des élections des représentants du personnel à un comité d'établissement le 26 mars 2009, un syndicat a recueilli 475 voix sur 4 935, soit 9,63 % des suffrages exprimés. 34 bulletins de vote par correspondance sont parvenus à l'entreprise plusieurs jours après la clôture du scrutin. Le syndicat a saisi le tribunal d'instance d'une demande d'annulation des élections.

Après avoir relevé, d'une part, que le matériel de vote par correspondance avait été envoyé dans le délai prévu par le protocole préélectoral et dans un délai suffisant pour permettre aux salariés d'exprimer leur vote de manière régulière et, d'autre part, que l'employeur s'était assuré, auprès de La Poste, que l'ensemble des enveloppes lui avait bien été remis avant la clôture du scrutin, un tribunal a retenu qu'aucune défaillance de l'employeur dans l'organisation des élections n'était à déplorer et a débouté le syndicat de sa demande.

En statuant ainsi, alors que l'irrégularité qu'il constatait dans le déroulement des opérations de vote, peu important que l'employeur ait été ou non défaillant dans l'organisation du scrutin, avait été déterminante de la représentativité du syndicat, le tribunal a violé les articles L. 2122-1 et L. 2314-21 à L. 2314-24 CT.

Cass. soc. 10 mars 2010, n° 09-60.236, BC V n° 55.

Il en est de même des irrégularités intervenues dans le déroulement des opérations électorales.

Ayant relevé que le nombre des votants aux élections au comité d'entreprise correspondait à la liste d'émargement, un tribunal d'instance a pu décider, en l'absence d'allégation de fraude, que la circonstance que le vote des électeurs avait été constaté en apposant une croix sur la liste d'émargement, et non une signature ou un paraphe, n'était pas de nature par elle-même à entraîner la nullité des votes ainsi constatés ; après avoir retenu ensuite que les résultats du vote n'avaient pas été affectés par cette irrégularité, le tribunal d'instance a pu refuser d'annuler ces élections.

Cass. soc. 13 juillet 2004, n° 03-60.160, BC V n° 215.

Ayant constaté que, dans un certain nombre de cas, la liste d'émargement avait été complétée aux lieu et place des votants par les membres du bureau de vote, ce qui ne permettait pas de garantir la sincérité du scrutin, un tribunal d'instance a légalement justifié sa décision d'annuler les élections des membres du comité d'établissement.

Cass. soc. 6 juillet 2005, n° 04-60.422.

Un retard minime dans le dépôt de la liste de candidatures n'est pas de nature à troubler le déroulement du scrutin.

Un syndicat a saisi un tribunal d'instance aux fins de voir annulées les élections des délégués du personnel et du comité d'entreprise organisées au sein d'une société, en raison du refus de cette dernière de tenir compte de la liste des candidats présentée par ledit syndicat.

C'est à bon droit que le tribunal a annulé les élections. En effet, si, aux termes du protocole préélectoral applicable en l'espèce, les listes syndicales de candidats devaient être envoyées par lettre recommandée ou remises en mains propres à l'employeur le 17 octobre 2002 à 18 heures au plus tard, le tribunal d'instance a relevé qu'en l'espèce le retard dans la communication de sa liste par le syndicat demandeur n'était que de 32 minutes et qu'il n'était pas de nature en conséquence à troubler le déroulement du scrutin et a pu décider que l'employeur ne pouvait écarter les candidats présentés par ce syndicat.

Cass. soc. 23 juin 2004, n° 02-60.848.

En revanche, justifie l'annulation des élections le fait pour l'employeur d'avoir imparti aux organisations syndicales un délai trop court pour déposer une liste de candidats.

Cass. soc. 10 mai 2012, n° 11-20.459, 2e moyen.

L'absence de président désigné dans les bureaux de vote, en violation des principes généraux du droit électoral, constitue, en raison de l'importance de ses attributions, une irrégularité qui porte atteinte au déroulement normal des opérations électorales et compromet dans son ensemble la loyauté du scrutin.

Cass. soc. 13 février 2008, n° 07-60.097, BC V n° 37.

La circonstance que les électeurs n'ont pas eu accès librement au lieu du dépouillement est de nature à affecter la sincérité des opérations électorales et constitue une irrégularité justifiant à elle seule l'annulation des élections.

Cass. soc. 28 mars 2012, n° 11-16.141, 12e branche du moyen, BC V n° 113.

Le fait que la liste d'émargement n'ait pas été signée par tous les membres du bureau de vote, en violation des dispositions de l'article R. 62 du code électoral, est de nature à affecter la sincérité des opérations électorales et, s'agissant des principes généraux du droit électoral, constitue une irrégularité justifiant à elle seule l'annulation des élections.

Cass. soc. 28 mars 2012, n° 11-16.141, 16e branche du moyen, BC V n° 113. Voir aussi cass. soc. 30 septembre 2015, n° 14-25.925, BC V n° 183.

Il en est de même lorsque le président du bureau n'a ni constaté publiquement ni mentionné au procès-verbal les heures d'ouverture et de clôture du scrutin, contrairement aux prescriptions de l'article R. 57 du code électoral.

Cass. soc. 28 mars 2012, n° 11-16.141, précité. Voir aussi cass. soc. 16 octobre 2013, n° 12-21.680, BC V n° 238.

La mention des heures d'ouverture et de clôture du scrutin peut être effectuée sur un document annexé au procès-verbal et établi concomitamment…

C'est à bon droit qu'un tribunal d'instance a décidé que les membres d'un bureau de vote ont pu, après avoir constaté que le modèle type de procès-verbal élaboré par le ministère du travail ne prévoyait aucune rubrique à ce sujet, rédiger un document annexe précisant les jour, date et heures d'ouverture et de fermeture du scrutin.

Cass. soc. 17 décembre 2014, n° 14-12.401, précité. Voir aussi cass. soc. 25 janvier 2016, n° 15-14.082.

… ou sur un constat d'huissier.

Dès lors qu'elle a pour finalité d'assurer la sincérité du scrutin, il peut être suppléé par un constat d'huissier à la mention, par le président du bureau de vote, des heures d'ouverture et de clôture du scrutin sur le procès-verbal établi immédiatement après la fin du dépouillement.

Cass. soc. 28 janvier 2015, n° 14-60.413, BC V n° 15.

Les dispositions de l'article R. 57 du code électoral quant à l'obligation de mentionner les heures d'ouverture et de fermeture du bureau de vote ne sont pas applicables au bureau centralisateur.

Cass. soc. 10 décembre 2014, n° 14-13.652.

☛ ***Contentieux électoral ; Procès-verbal de carence ; Remplacement des représentants du personnel.***

Secrétaire du comité d'entreprise

Un secrétaire doit être désigné parmi les membres titulaires du comité d'entreprise (art. R. 2325-1 ancien CT).

Ses fonctions essentielles sont d'élaborer l'ordre du jour des réunions conjointement avec l'employeur, de rédiger les procès-verbaux des réunions et de les communiquer aux membres du comité et au chef d'entreprise.

Désignation

L'employeur participe à l'élection du secrétaire.

Doit être rejetée la demande d'annulation de l'élection du secrétaire du comité d'établissement en raison de la participation de l'employeur à ce vote. Le chef d'établissement doit, en sa qualité de membre du comité, participer à la désignation du secrétaire, les membres élus n'étant pas consultés en tant que délégation du personnel.

Cass. soc. 10 juillet 1991, n° 88-20.411, BC V n° 355. Voir aussi cass. soc. 23 juin 2004, n° 02-16.875 ; cass. soc. 25 septembre 2013, n° 12-14.489, pourvoi principal.

Une clause du règlement intérieur du comité ne peut pas priver l'employeur de ce droit.

Cass. soc. 25 septembre 2013, n° 12-14.489, précité.

En cas de partage des voix et dans le silence du règlement intérieur, la désignation des membres du bureau du comité d'entreprise (secrétaire et trésorier) se fait, conformément aux règles habituelles du droit électoral et sans que soit porté atteinte au principe de non-discrimination en raison de l'âge, au profit du candidat le plus âgé.

Cass. soc. 30 novembre 2011, n° 10-23.986, BC V n° 279. Voir aussi cass. crim. 1er décembre 1987, n° 85-96.612, B. crim n° 442.

Les contestations relatives à la désignation du secrétaire relèvent de la compétence du tribunal de grande instance.

Les articles L. 433-11 et L. 435-6 CT ne prévoient la compétence du tribunal d'instance que pour les élections des représentants du personnel aux comités d'entreprise, d'établissement et au comité central d'entreprise. La contestation relative à l'élection du secrétaire, non visée par ces textes, ne relève pas de la compétence du tribunal d'instance, mais de celle du tribunal de grande instance.

Cass. soc. 7 novembre 1990, n° 89-61.307, BC V n° 529.

Le secrétaire du comité peut valablement se faire remplacer par un membre suppléant.

Lorsque le secrétaire ne peut assister à une réunion, un membre suppléant peut valablement le remplacer. En effet, si l'article L. 434-2 CT dispose que le comité doit désigner son secrétaire parmi les membres titulaires, l'alinéa 4 de l'article L. 433-12 CT prévoit que le membre suppléant appelé à compléter le comité, en remplacement d'un titulaire momentanément absent, devient lui-même de plein droit titulaire jusqu'au retour de celui qu'il remplace.

Cass. crim. 4 janvier 1983, n° 82-90.710, 2e moyen.

Fonctions

Le secrétaire établit l'ordre du jour en accord avec le chef d'entreprise.

Cass. soc. 25 juin 2003, n° 01-12.990, 2e et 3e moyens, BC V n° 210 ; cass. soc. 11 juin 2008, n° 07-40.403, pourvoi incident.

À défaut d'accord sur les questions à porter à l'ordre du jour, le plus diligent d'entre eux saisit le juge des référés pour résoudre la difficulté.

Cass. soc. 23 juin 1999, n° 97-17.860, BC V n° 298, cité dans « Réunions du comité d'entreprise ».

Abstraction faite d'une injonction donnée à tort au secrétaire du comité d'entreprise, une cour d'appel, saisie de la difficulté résultant du désaccord existant entre le chef d'entreprise et le secrétaire du comité d'entreprise sur les questions à porter à l'ordre du jour, a nécessairement fixé celui-ci en autorisant le chef d'entreprise à convoquer la réunion sur un ordre du jour déterminé.

Cass. soc. 4 juillet 2000, n° 98-10.916, 3e moyen.

Sauf cas de force majeure, l'établissement et le contrôle du procès-verbal relèvent de la compétence exclusive du secrétaire du comité d'entreprise.

L'employeur faisant établir sous son contrôle, par une secrétaire de direction, le procès-verbal de la réunion du comité d'entreprise commet un délit d'entrave. En effet, si la rédaction matérielle du procès-verbal peut être confiée à une personne étrangère au comité, l'établissement de ce procès-verbal et le contrôle de sa rédaction sont réservés au secrétaire de ce comité, conformément aux dispositions impératives de l'article R. 434-1 CT. Ces dispositions ne peuvent être transgressées qu'en cas de force majeure. Le fait que lors de la réunion le secrétaire n'ait pas pu être élu ne constitue pas un cas de force majeure.

Cass. crim. 1er décembre 1987, n° 85-96.612, précité.

Le secrétaire du comité d'entreprise peut toutefois être assisté pour la rédaction des procès-verbaux sous certaines conditions.

Le secrétaire du comité peut se faire assister, pour la rédaction des procès-verbaux, par un salarié du comité à condition de recevoir l'accord majoritaire de cet organisme. Commet un délit d'entrave le chef d'entreprise refusant la présence, lors des réunions du comité, d'une sténodactylographe, salariée du comité, alors que cette personne avait été admise aux réunions par un vote.

Cass. crim. 30 octobre 1990, n° 87-83.665, B. crim. n° 367.

Si le secrétaire du comité d'entreprise, qui a la responsabilité de l'établissement des procès-verbaux, peut se faire assister dans cette tâche avec l'accord du comité, cette assistance ne peut être que matérielle sans voix délibérative ou consultative.

Cass. soc. 8 octobre 2014, n° 13-17.133, 5e branche du moyen du pourvoi principal.

Le secrétaire ne peut prendre seul des décisions engageant le comité d'entreprise.

Sur proposition de leur secrétaire, les membres d'un comité d'entreprise s'étaient prononcés sur la distribution de bons d'achat au personnel à raison de sept voix pour et sept contre, dont celle du chef d'entreprise, et le secrétaire avait procédé, malgré ce vote, à la distribution des bons en considérant que la voix de l'employeur n'avait pas à être prise en compte. Les autres membres ayant entamé à son encontre une procédure pour délit d'entrave, la cour d'appel a pu retenir la prévention d'entrave contre le secrétaire, le prévenu ayant outrepassé ses droits en engageant des dépenses non votées majoritairement et non budgétisées.

Cass. crim. 4 novembre 1988, n° 87-91.705, B. crim. n° 374.

Pour agir en justice au nom du comité, le secrétaire doit avoir été expressément et spécialement mandaté par le comité.

Il résulte des articles L. 431-6, al. 1er et R. 432-1 CT que le secrétaire du comité d'entreprise n'en est pas le représentant légal et doit être expressément mandaté à l'effet de le représenter ; en vertu de l'article 416 NCPC, quiconque entend représenter une partie en justice, s'il n'est avocat ou avoué, doit justifier qu'il en a reçu mandat.

C'est à tort que, pour déclarer un comité d'entreprise, défendeur à l'instance engagée par une salariée, valablement représenté par son secrétaire, un conseil de prud'hommes a énoncé que celui-ci était le représentant légal du comité, alors que le secrétaire du comité d'entreprise était dépourvu de mandat de représentation en justice, peu important qu'il ait été assisté d'un avocat et que la cause de l'irrégularité de fond résultant de ce défaut de pouvoir n'avait pas disparu au moment où il a rendu sa décision.

Cass. soc. 4 avril 2001, n° 99-40.677.

Le comité d'entreprise peut mandater son secrétaire pour représenter ses intérêts en justice. Ce mandat doit être donné par une délibération spéciale du comité. L'action menée contre l'employeur pour avoir refusé de tenir deux réunions du comité n'est recevable dans son intégralité que si la délibération spéciale du comité mentionne expressément que le secrétaire est mandaté pour poursuivre l'employeur à raison des deux refus.

En l'espèce, la délibération ne mentionnant que le premier refus, la cour d'appel a pu refuser de se prononcer sur le second refus, le délit d'entrave n'étant pas une infraction continue.

Cass. crim. 26 avril 1988, n° 86-93.566, B. crim. n° 179.

Action en justice du comité d'entreprise ; Délibérations/Votes (Comité d'entreprise) ; Procès-verbaux (Réunions du comité d'entreprise) ; Réunions du comité d'entreprise.

Section syndicale

La section syndicale assure la représentation des intérêts matériels et moraux de ses membres au sein de l'entreprise.

Depuis la loi 2008-789 du 20 août 2008, peuvent constituer une section syndicale les syndicats représentatifs, les syndicats affiliés à une organisation syndicale représentative aux niveaux national et interprofessionnel, ou les syndicats satisfaisant aux critères de respect des valeurs républicaines et d'indépendance, étant léga-

lement constitués depuis au moins deux ans et dont le champ professionnel et géographique couvre l'entreprise concernée. De plus, tous ces syndicats doivent avoir plusieurs adhérents dans l'entreprise ou l'établissement.

Absence de personnalité morale

La section syndicale n'ayant pas la personnalité morale, l'employeur ne peut engager d'action en responsabilité contre elle.

Est irrecevable l'action en responsabilité ouverte par l'employeur à l'encontre d'une section syndicale. La section syndicale créée par un syndicat n'ayant ni organe de représentation propre ni volonté collective distincte du syndicat n'a pas la personnalité civile.

Cass. soc. 19 décembre 1990, n° 89-14.576, 1er moyen, BC V n° 698.

Une section syndicale n'est pas juridiquement apte à présenter une liste aux élections professionnelles.

Des élections professionnelles devant se dérouler au sein de l'usine Saint-Gobain emballages de Cognac, à l'effet de procéder au renouvellement des membres du comité d'établissement et des délégués du personnel, la direction a reçu, après signature d'un protocole préélectoral, deux listes de candidats se réclamant de la CFDT. Le secrétaire du syndicat Chimie énergie CFDT Poitou-Charentes ayant informé la direction de l'entreprise que seule la liste présentée par ce syndicat était officiellement reconnue et ayant demandé le retrait immédiat de la liste se « proclamant injustement de la CFDT », la direction a maintenu le calendrier des opérations électorales tel qu'il était fixé par le protocole électoral. Le syndicat Chimie énergie CFDT Poitou-Charentes a alors saisi le tribunal d'instance d'une contestation pour voir annuler les élections.

Doit être cassé le jugement qui a dit que l'irrégularité alléguée n'avait pas déterminé et faussé le résultat des élections professionnelles et qui a débouté, en conséquence, le syndicat Chimie énergie CFDT Poitou-Charentes de sa demande en annulation de ces élections, alors que la section syndicale, dépourvue de personnalité morale et ne pouvant prétendre de ce fait à la qualité d'organisation syndicale, n'étant pas juridiquement apte à présenter une liste aux élections professionnelles, le tribunal d'instance n'avait pas à rechercher si les résultats du scrutin étaient ou non faussés par la présentation de cette liste.

Cass. soc. 30 mai 2001, n° 00-60.159, BC V n° 188.

Constitution

L'article L. 2142-1 CT exige, pour la constitution d'une section syndicale, la présence d'au moins deux adhérents dans l'entreprise,…

Cass. soc. 8 juillet 2009, n° 08-60.599, BC V n° 181. Voir aussi cass. soc. 5 avril 2011, n° 10-20.538, 2e branche du moyen.

… peu important les effectifs de celle-ci.

L'article L. 2142-1 CT, qui autorise la constitution d'une section syndicale par des syndicats, qu'ils soient représentatifs ou non, n'exige, pour cette constitution, que la présence d'au moins deux adhérents dans l'entreprise, peu important les effectifs de celle-ci.

Le syndicat justifiant de l'existence de neuf adhérents dans une entreprise remplit les conditions de création d'une section syndicale.

Cass. soc. 4 novembre 2009, n° 09-60.075, BC V n° 244.

L'affiliation d'un syndicat à une union permet à cette dernière de se prévaloir des adhérents du syndicat pour constituer une section syndicale.

D'une part, sauf stipulation contraire de ses statuts, une union de syndicats à laquelle la loi a reconnu la même capacité civile qu'aux syndicats eux-mêmes peut exercer les droits conférés à ceux-ci, d'autre part, l'affiliation d'un syndicat à une union permet à cette dernière de se prévaloir des adhérents du syndicat pour l'exercice des prérogatives découlant des articles L. 2133-3, L. 2142-1 et L. 2142-1-1 CT.

Par lettre du 12 janvier 2009, une confédération syndicale A a informé une unité économique et sociale de la constitution d'une section syndicale au sein d'un établissement et de la désignation d'un représentant de cette section ; des syndicats ont saisi le tribunal d'instance aux fins que soit constatée l'irrégularité de ces actes émanant de la confédération syndicale A et non du syndicat national A.

C'est à tort que, pour accueillir leur demande, un tribunal d'instance a énoncé que la constitution de la section syndicale émanait non d'un syndicat mais d'une confédération qui n'était pas habilitée à le faire au sens de l'article L. 2142-1 CT, la confédération syndicale A n'ayant pas d'adhérents dans l'établissement considéré, les adhérents allégués relevant directement du syndicat national A.

Cass. soc. 13 janvier 2010, n° 09-60.155, BC V n° 13. Voir aussi cass. soc. 25 juin 2014, n° 13-25.502.

Après avoir relevé que si une union syndicale et un syndicat étaient tous deux affiliés à une même confédération, il n'existait pas entre l'union et le syndicat de lien direct d'affiliation, un tribunal d'instance a pu en déduire que l'union syndicale ne pouvait se prévaloir des adhérents du syndicat pour la constitution d'une section syndicale.

Cass. soc. 23 mars 2011, n° 10-60.222.

En cas de contestation sur l'existence d'une section syndicale, le syndicat doit apporter les éléments de preuve utiles à établir la présence d'au moins deux adhérents, à l'exclusion des éléments susceptibles de permettre l'identification des adhérents du syndicat.

L'article L. 2143-3 CT, dans sa rédaction applicable antérieurement à la loi du 20 août 2008, autorisait la désignation d'un délégué syndical par un syndicat représentatif qui constitue une section syndicale ; l'article L. 2142-1, dans sa rédaction issue de la loi du 20 août 2008 et applicable immédiatement, conditionne désormais la création d'une section syndicale à la présence de plusieurs adhérents dans l'entreprise ou l'établissement.

C'est à bon droit qu'un tribunal a décidé qu'un syndicat devait, pour établir la preuve de l'existence ou de la constitution d'une section syndicale, démontrer la présence de plusieurs adhérents dans l'entreprise.

En outre, d'une part, l'adhésion du salarié à un syndicat relève de sa vie personnelle et ne peut être divulguée sans son accord ; à défaut d'un tel accord, le syndicat qui entend créer ou démontrer l'existence d'une section syndicale dans une entreprise, alors que sa présence y est contestée, ne peut produire ou être contraint de produire une liste nominative de ses adhérents ; d'autre part, l'article L. 2142-1 CT exige, pour la constitution d'une section syndicale, la présence d'au moins deux adhérents dans l'entreprise.

Il en résulte qu'en cas de contestation sur l'existence d'une section syndicale, le syndicat doit apporter les éléments de preuve utiles à établir la présence d'au moins deux adhérents dans l'entreprise, dans le respect du contradictoire, à l'exclusion des éléments susceptibles de permettre l'identification des adhérents du syndicat, dont seul le juge peut prendre connaissance.

Cass. soc. 8 juillet 2009, n° 09-60.011, BC V n° 180. Voir aussi cass. soc. 14 novembre 2012, n° 11-20.391, 2e et 3e branches du moyen, BC V n° 293 ; cass. soc. 28 mars 2018, n° 17-19.277, 1er moyen.

Lorsqu'un syndicat fait valoir que des salariés s'opposent à la révélation de leur adhésion, il appartient au juge d'aménager la règle du contradictoire, en autorisant le syndicat à lui fournir non contradictoirement les éléments nominatifs de preuve dont il dispose.

D'une part, l'existence d'une section syndicale suppose la présence de deux adhérents dans l'entreprise, d'autre part, lorsqu'un syndicat fait valoir que des salariés s'opposent à la révélation de leur adhésion, il appartient au juge d'aménager la règle du contradictoire, en autorisant le syndicat à lui fournir non contradictoirement les éléments nominatifs de preuve dont il dispose.

Pour annuler la désignation d'un salarié en qualité de délégué syndical, un tribunal d'instance a retenu que le terme « plusieurs » employé dans l'article L. 2142-1 CT implique la présence d'au moins trois personnes, que le tribunal statue au vu des pièces qui lui sont soumises et qu'aucun élément ne permettait d'affirmer que les adhérents revendiqués par le syndicat appartenaient réellement à l'entreprise.

En statuant ainsi, alors que le syndicat avait déclaré tenir à la disposition du tribunal les éléments nominatifs établissant qu'il avait au moins deux adhérents parmi les salariés de l'entreprise, ce dernier a violé l'alinéa 6 du préambule de la Constitution du 27 octobre 1946, les articles 11 de la Convention de sauvegarde des droits de l'homme et des libertés fondamentales, 9 c. civ., L. 2141-4, L. 2141-5 et L. 2142-1 CT.

Cass. soc. 14 décembre 2010, n° 10-60.137, BC V n° 290. Voir aussi cass. soc. 20 juin 2018, n° 17-17.791, 1er moyen.

Crédit d'heures

Le crédit de 10 ou 15 heures par an confié à la section syndicale dans les entreprises de plus de 500 salariés, à charge pour ses membres d'en effectuer la répartition et d'en informer l'employeur, destiné à permettre la préparation de la négociation collective annuelle obligatoire, est alloué globalement et annuellement quel que soit le nombre d'accords conclus dans l'entreprise au cours de la même année.

Cass. soc. 2 juin 2004, n° 01-44.474, BC V n° 160.

Contestation

Aucun délai ne s'impose à l'employeur pour contester en défense la représentativité d'un syndicat.

Un syndicat avait créé une section syndicale (avril 1987) et demandé à plusieurs reprises les moyens d'exercer son action syndicale qui lui avaient été refusés (février 1988). Il avait alors saisi le juge des référés et l'employeur, défendeur à l'instance, avait contesté sa représentativité.

Doit être cassé l'arrêt ayant déclaré irrecevable la contestation de l'employeur parce que tardive, alors que la défense opposée par l'employeur n'était soumise à aucun délai.

Cass. soc. 23 septembre 1992, n° 89-21.050, BC V n° 476.

Le tribunal d'instance statue en premier ressort sur les contestations relatives à l'existence d'une section syndicale.

L'article L. 412-15, al. 1er CT ne prévoit la compétence du tribunal d'instance, qui statue en dernier ressort, qu'en ce qui concerne les contestations relatives aux conditions de désignation des délégués et non en ce qui concerne l'existence de la section syndicale et la désignation de son secrétaire.
Est irrecevable le pourvoi formé contre le jugement d'un tribunal d'instance rendu en premier ressort qui a déclaré irrecevable les demandes d'une société tendant à voir annuler la création par un syndicat d'une section syndicale, ainsi que la désignation de son secrétaire.

Cass. soc. 26 octobre 2005, n° 05-60.056.

Délégué syndical (Désignation) ; Représentant de la section syndicale ; Représentativité syndicale.

Sécurité (Obligation de)

Hygiène et sécurité ; Non-respect des règles d'hygiène et de sécurité ; Visite médicale de reprise.

Services de santé au travail

Le service de santé au travail est organisé sous la forme soit d'un service de santé au travail interentreprises, soit d'un service autonome. Dans ce second cas, le service peut être d'établissement, interétablissements, d'entreprise, de groupe ou commun aux entreprises constituant une unité économique et sociale.

La loi 2011-867 du 20 juillet 2011 et le décret 2012-137 du 30 janvier 2012 ont réformé l'organisation et le fonctionnement des services de santé au travail (art. L. 4621-1 et s. et R. 4621-1 et s. CT). Toutefois, les arrêts rendus dans le cadre des dispositions antérieures conservent un intérêt au regard de ces dispositions.

Adhésion d'une entreprise à un service de santé au travail

Le rapport unissant une association de service de santé au travail et une entreprise adhérente est un rapport de droit privé.

Le litige opposant une association de service médical et social interentreprises et une entreprise en raison de la radiation de cette dernière par l'association doit être soumis aux juridictions de l'ordre judiciaire puisqu'il s'agit d'un litige entre deux personnes privées et que l'association n'est pas chargée d'une mission de service public.

Trib. confl. 24 février 1992, n° 2686, Rec. Lebon p. 481.

Le service de santé au travail doit être doté d'un centre médical fixe (art. D. 4622-27 CT).

Les locaux qui sont mis à disposition d'une association, en vue d'y installer un service médical interentreprises, pour une demi-journée par semaine et sans engagement de durée, ne peuvent être regardés comme constituant un centre médical fixe au sens des dispositions de l'article R. 241-13 CT. Le ministre du Travail était, dès lors, tenu de refuser d'approuver la création du service médical interentreprises.

CE 18 février 1991, n° 79696, Rec. Lebon p. 52.

Les associations gérant un service de santé au travail exercent une activité à caractère lucratif.

Les associations gérant un service interentreprises de médecine du travail doivent être regardées comme exerçant, dans le seul intérêt des entreprises adhérentes, une activité de caractère lucratif et sont donc passibles de l'impôt sur les sociétés, de l'imposition forfaitaire annuelle, de la taxe d'apprentissage et de la taxe professionnelle. Ces associations sont assujetties à la TVA.

CE 6 avril 1998, n° 173776.

La cessation de l'adhésion au service de santé au travail doit être inscrite à l'ordre du jour de la réunion du comité d'entreprise, afin que celui-ci puisse en délibérer.

La cessation de l'adhésion au service médical interentreprises existant n'ayant pas été inscrite à l'ordre du jour de la réunion du comité d'entreprise, le comité ne pouvait valablement délibérer sur ce sujet. Doit être cassé l'arrêt ayant rejeté la demande du comité tendant à la suspension de la procédure relative à la cessation de l'adhésion au service médical interentreprises et à la reprise d'une nouvelle consultation sans constater que, lors de la deuxième réunion, l'ordre du jour avait été arrêté par l'employeur et le secrétaire du comité, ou que le comité était réuni à la majorité de ses membres sur cette question.

Cass. soc. 9 juillet 1996, n° 94-17.628, BC V n° 271.

☛ *Médecin du travail.*

Cotisation due par l'entreprise

La cotisation due par un employeur adhérant à un service de santé au travail interentreprises doit être fixée à une somme, par salarié équivalent temps plein de l'entreprise, correspondant au montant total des dépenses engagées par le service de santé interentreprises rapporté au nombre total de salariés pris en charge par l'organisme et seul peut être appliqué, le cas échéant, à ce calcul, un coefficient déterminé correspondant au nombre de salariés nécessitant une surveillance médicale renforcée.

Aux termes de l'article L. 4622-6 CT, les cotisations dues par les employeurs lorsqu'ils adhèrent à un service de santé au travail interentreprises correspondent aux dépenses afférentes à ces services réparties proportionnellement au nombre de salariés. Il en résulte que la cotisation doit être fixée à une somme, par salarié équivalent temps plein de l'entreprise, correspondant au montant total des dépenses engagées par le service de santé interentreprises auquel adhère l'employeur rapporté au nombre total de salariés pris en charge par l'organisme ; seul peut être appliqué le cas échéant à ce calcul un coefficient déterminé correspondant au nombre de salariés nécessitant une surveillance médicale renforcée.

C'est donc à bon droit qu'une cour d'appel a dit que la cotisation due par une société devait être calculée en rapportant les dépenses globales du service de santé au travail au nombre total de salariés de l'ensemble des entreprises adhérentes puis en multipliant la somme obtenue par le nombre de salariés de la société.

Cass. soc. 19 septembre 2018, n° 17-16.219, à paraître.

Sièges des représentants du personnel

La répartition des sièges entre les différents collèges électoraux doit être prévue par le protocole préélectoral. À défaut d'accord, l'inspecteur du travail procède à cette répartition. Le nombre de sièges à répartir résulte soit des dispositions légales, soit d'un accord entre les partenaires sociaux (art. L. 2314-11 et L. 2324-13 anciens CT).

La répartition des sièges entre les établissements distincts pour l'élection des membres du comité central d'entreprise fait également l'objet d'un accord entre le chef d'entreprise et les organisations syndicales intéressées (art. L. 2327-7 ancien CT). À défaut d'accord, c'est à l'administration du travail de procéder à cette répartition.

Détermination du nombre de sièges à pourvoir

Le nombre de sièges à pourvoir est déterminé en fonction de l'effectif de l'entreprise à la date du scrutin.

Un tribunal d'instance a pu fixer le nombre de sièges de délégués du personnel sans prendre en compte la demande d'un syndicat tendant à ce que ce nombre soit établi en fonction de l'effectif de l'entreprise atteint à la fin de l'année précédente. Le syndicat n'établissant pas l'existence d'un usage clair, précis et non équivoque de nature à faire échec aux dispositions légales, le nombre de salariés à prendre en considération pour le calcul des sièges s'apprécie à la date du scrutin.

Cass. soc. 25 février 1992, n° 91-60.195.

L'accord collectif augmentant le nombre de sièges des représentants s'impose aux partenaires sociaux et à l'administration.

Doit être cassé le jugement refusant d'appliquer les dispositions de la convention collective prévoyant un nombre de sièges supérieur à celui prévu légalement, dans la mesure où ni un protocole d'accord préélectoral, ni une décision de l'inspecteur du travail ne peuvent faire échec à l'application d'une convention collective plus favorable que la loi.

Cass. soc. 23 octobre 1991, n° 90-60.480, 1er moyen.

L'augmentation du nombre de sièges par voie d'accord préélectoral doit se faire à l'unanimité des organisations syndicales intéressées.

Doit être cassé le jugement rejetant la demande en annulation des élections alors que le nombre de sièges avait été augmenté unilatéralement par l'employeur pour assurer la représentation spécifique d'un établissement. Le nombre des délégués du personnel qui constituent la délégation unique, étant fixé par décret en Conseil d'État, ne peut être augmenté que par le protocole d'accord pré-électoral signé par toutes les organisations syndicales intéressées. En l'espèce, aucun protocole préélectoral n'ayant pu être signé en raison de la carence des organisations syndicales, l'employeur seul ne pouvait décider d'augmenter le nombre de sièges.

Cass. soc. 26 juin 1996, n° 95-60.895, dernier moyen, BC V n° 257.

Ainsi, l'accord collectif prévoyant des élections complémentaires en cas d'augmentation de l'effectif de l'entreprise doit être signé par tous les syndicats qui y sont présents.

Si la loi ne prévoit pas d'élections complémentaires de représentants du personnel dans le cas d'augmentation d'effectifs de l'entreprise, de telles élections tendant à désigner des délégués en plus de ceux dont le mandat est en cours, et pour la durée des mandats restant à courir, peuvent néanmoins être organisées, à la condition qu'elles soient prévues par un accord collectif signé par tous les syndicats présents dans l'entreprise.

Cass. soc. 13 octobre 2010, n° 09-60.206, BC V n° 225.

Si le nombre de délégués, tel qu'il est fixé par la loi, peut être augmenté par un accord collectif - et spécialement par un accord préélectoral -, ni un usage de l'entreprise, ni un engagement unilatéral de l'employeur ne peuvent modifier les dispositions légales sur les délégués du personnel.

Les règles qui régissent les élections des délégués du personnel au sein de l'entreprise sont, en principe, fixées par la loi. L'article L. 426-1 CT admet cependant l'existence de clauses plus favorables résultant de conventions ou d'accords collectifs et relatives à la désignation et aux attributions des délégués du personnel.

Il s'ensuit que si le nombre des délégués, tel qu'il est fixé par la loi, peut être augmenté à la suite d'une négociation avec les syndicats représentatifs par un accord collectif, et spécialement par un accord préélectoral valable pour l'élection qu'il organise, ni un usage de l'entreprise, ni un engagement unilatéral de l'employeur ne peuvent modifier les dispositions légales sur les délégués du personnel.

Par ces motifs de pur droit substitués à ceux du jugement, le tribunal d'instance, ayant constaté que ni un accord collectif, ni un accord préélectoral n'avaient fixé un nombre plus élevé de délégués du personnel en vue de l'élection, a donc justement décidé que celle-ci ne pouvait être organisée qu'aux conditions prévues par la loi.

Par ailleurs, les élections du personnel devant se faire au scrutin de liste avec représentation proportionnelle à la plus forte moyenne, le regroupement sur une même liste d'un nombre de candidats supérieur à celui des sièges à pourvoir contrevient aux dispositions d'ordre public de la loi.

Ayant relevé qu'un syndicat avait présenté une liste de candidats en surnombre par rapport au nombre de sièges à pourvoir au total, le tribunal d'instance a justement décidé d'annuler les élections.

Cass. soc. 20 juin 2000, n° 99-60.153, BC V n° 239.

Attribution des sièges

Le nombre de sièges attribué au quotient électoral lors de la première répartition est nécessairement un nombre entier, et il sert ensuite de base, conformément à l'article R. 2314-23 ancien CT, au calcul des sièges restants attribués sur la base de la plus forte moyenne.

Cass. soc. 26 mai 2010, n° 09-60.350, BC V n° 112. Voir aussi cass. soc. 21 mars 2018, n° 17-60.287.

Répartition des sièges

La répartition des sièges entre les collèges prévue par le protocole préélectoral doit respecter les dispositions légales et réglementaires.

Le protocole préélectoral peut valablement prévoir, pour l'élection des délégués du personnel, un collège cadre avec un titulaire et un collège employé avec un titulaire et deux suppléants. Cette répartition des sièges n'est pas contraire aux dispositions légales et réglementaires et notamment aux dispositions de l'article L. 423-1 CT.

Cass. soc. 9 octobre 1991, n° 91-60.048.

La répartition des sièges établie par l'accord préélectoral ne peut être modifiée que par un nouvel accord.

Pour débouter un syndicat de sa demande d'annulation des élections des membres d'un comité régional d'établissement d'une association, un tribunal d'instance a retenu notamment que le principal grief du syndicat concernait le non-respect par l'employeur des dispositions de l'accord électoral intervenu, au sein du comité régional, le 18 février 1992, relatives à la répartition des sièges entre les collèges, que, postérieurement à cet accord, la direction régionale avait modifié cette répartition sans justifier d'une consultation préalable des organisations syndicales, mais que cette répartition des sièges par l'employeur était proportionnelle à l'importance numérique de l'effectif de chaque collège et donc conforme à l'accord national relatif aux comités régionaux d'établissement de l'association, qu'en conséquence les organisations syndicales n'auraient pu que confirmer la répartition retenue par la direction.

Cependant, la répartition des sièges entre les collèges, fixée par le protocole du 18 février 1992, s'imposait aux parties, toute modification devant faire l'objet d'un nouvel accord entre le chef d'entreprise et les organisations syndicales intéressées.

En statuant comme il l'a fait, alors que l'inobservation des conditions légales entraînait par là même l'annulation du scrutin, le tribunal d'instance a violé les articles L. 433-2, al. 6 et 7 et L. 433-9 CT.

Cass. soc. 23 mars 1994, n° 92-60.309. Voir aussi cass. soc. 23 juin 2004, n° 03-60.176.

À défaut d'accord, le litige relève de la compétence de l'inspection du travail, sa décision s'imposant au juge judiciaire.

Un tribunal d'instance a pu rectifier les résultats des élections professionnelles en se fondant sur la décision prise postérieurement aux élections par l'inspection du travail quant à la répartition des sièges entre les collèges. En effet, la décision rendue par l'inspecteur du travail, d'application immédiate, s'impose au juge judiciaire, peu important que cette décision soit par ailleurs contestée.

Cass. soc. 13 mai 1996, n° 95-60.580. Voir aussi cass. soc. 16 décembre 1997, n° 97-60.109.

Lorsqu'elle est saisie en l'absence d'accord pour procéder à la répartition des sièges entre les collèges, l'autorité administrative ne peut modifier leur nombre défini par la loi et doit attribuer à chacun de ceux-ci un nombre égal de titulaires et de suppléants, ces derniers ayant vocation, en principe, à remplacer un membre titulaire appartenant au même collège en cas de cessation de fonction.

CE 17 novembre 2010, n° 335930, Rec. Lebon p. 443.

Il appartient à la Direccte, pour fixer la répartition des sièges au sein des collèges électoraux, d'appliquer un critère de proportionnalité entre l'effectif de chaque collège et le nombre de sièges à pourvoir, tout en prenant en compte les circonstances particulières notamment liées à la composition du corps électoral de l'entreprise et au nombre de collèges.

À la suite de l'échec des négociations préélectorales pour le renouvellement de la délégation du personnel et des membres du comité d'entreprise, une société de transport aérien a saisi la Direccte pour faire fixer le nombre et la répartition des sièges dans les collèges. Après avoir constaté que l'effectif de l'entreprise conduisait à prévoir l'élection de huit délégués du personnel suppléants et autant de titulaires, et de six membres au comité d'entreprise, ainsi qu'à la création de collèges spécifiques pour le personnel navigant technique, la Direccte a procédé à la répartition des sièges au sein des collèges par décision du 7 mars 2016. Un syndicat a contesté cette décision devant le tribunal d'instance.

Ayant constaté que, pour fixer la répartition des sièges au sein des trois collèges de la délégation du personnel et des quatre collèges de la délégation au comité d'entreprise, la Direccte avait appliqué le critère de proportionnalité tout en intégrant la nécessité d'affecter au moins un siège à chacun des collèges et de prévoir des sièges réservés pour les catégories cadre, d'une part, et personnel au sol, d'autre part, c'est à bon droit que le tribunal d'instance a débouté le syndicat de sa contestation.

Cass. soc. 6 juin 2018, n° 17-27.175, 3e et 4e branches du moyen, à paraître.

Pour la répartition des sièges entre les collèges et les établissements, s'agissant de l'élection au comité central d'entreprise, l'administration ne peut accorder plus de deux sièges au principal établissement de l'entreprise.

Aucune disposition législative ou réglementaire n'impose à l'autorité administrative, lorsqu'elle procède, en application des dispositions du quatrième alinéa de l'article L. 435-4 CT, à la répartition des sièges entre les collèges et les établissements en vue de la désignation des membres du comité central d'entreprise, de tenir compte d'accords passés au sein des établissements conclus en application de dispositions qui ont un objet différent. Ainsi, le moyen tiré de ce que le ministre n'aurait pas respecté les stipulations d'accords passés au sein du principal établissement de l'entreprise fixant à six le nombre de collèges doit être écarté.

Il ressort des pièces du dossier que, pour fixer, par la décision contestée, le nombre des membres du comité central d'entreprise à vingt titulaires et à vingt suppléants et pour procéder à la répartition des sièges entre les différents établissements et entre les collèges, le ministre a tenu compte de l'importance de l'entreprise, des effectifs des différents établissements et des différents collèges au sein de chaque établissement et de leur structure. Aux termes des dispositions de l'article D. 435-2 CT, il ne pouvait accorder au principal établissement de l'entreprise plus de deux sièges de titulaires et deux sièges de suppléants. Ainsi, les syndicats requérants ne sont pas fondés à soutenir que le ministre aurait fait une appréciation erronée des faits de l'espèce.

Enfin, la circonstance que la composition du comité central d'entreprise ne reflète qu'imparfaitement les résultats obtenus par chaque organisation syndicale au sein des différents comités d'établissement est sans influence sur la légalité de la décision attaquée.

Il résulte de tout ce qui précède que les syndicats requérants ne sont pas fondés à demander l'annulation de la décision du ministre du Travail, de l'Emploi et de la Formation professionnelle et de la décision implicite de rejet de leur recours gracieux.

CE 8 juillet 1998, n° 188751.

Comité central d'entreprise ; Effectifs (Représentation du personnel) ; Protocole d'accord préélectoral ; Réservation d'un siège ; Scrutin.

SMIC

Le SMIC constitue la rémunération minimale à verser au salarié (art. L. 3231-1 et s. CT).

Caractère obligatoire

Les stipulations du contrat de travail ne peuvent pas faire échec au droit des salariés de percevoir un salaire au moins égal au salaire minimum de croissance.

Doit être cassé le jugement qui, pour débouter un salarié, agent technico-commercial, de sa demande en rappel de salaire, retient que le contrat de travail de celui-ci ne prévoit qu'un intéressement sur les ventes et non une rémunération basée sur le SMIC alors que, quelles que soient les stipulations du contrat de travail, un salarié a droit à une rémunération au moins égale au SMIC.

Cass. soc. 11 avril 1996, n° 92-42.847, BC V n° 152.

Toutefois, une prime conventionnelle peut être calculée sur un montant inférieur au SMIC.

A violé la convention collective prévoyant le calcul de la prime d'ancienneté sur le salaire minimum de base conventionnel la cour d'appel qui a retenu qu'elle aurait dû l'être sur le SMIC qui était supérieur, alors qu'aucune disposition légale n'interdit de calculer une telle prime par référence à un salaire minimum autre que le SMIC.

Cass. soc. 12 avril 1995, n° 91-42.280.

Le manquement de l'employeur à son obligation de payer une rémunération au moins égale au salaire minimum de croissance cause nécessairement un préjudice au salarié dont il appartient au juge d'apprécier le montant.

Cass. soc. 29 juin 2011, n° 10-12.884, 1er moyen, BC V n° 170. Voir aussi cass. soc. 17 mars 2016, n° 14-22.121.

Interdiction des clauses d'indexation

Les clauses comportant des indexations ou références au SMIC pour la fixation ou la révision des salaires sont interdites.

C'est à tort qu'un conseil de prud'hommes a condamné un employeur à appliquer la clause d'un contrat prévoyant un salaire égal au SMIC augmenté de 7 %, alors que l'employeur ne pouvait consentir par avance une révision automatique du salaire basée sur le SMIC.

Cass. soc. 18 mars 1992, n° 88-43.434, BC V n° 188.

Indexation des salaires/Échelle mobile des salaires.

Bénéficiaires

Dès lors qu'il est soumis à un horaire de travail, un salarié peut prétendre au SMIC.

Ayant relevé qu'une salariée embauchée en qualité de représentant était soumise à un horaire déterminé, un conseil de prud'hommes en a justement déduit qu'elle pouvait prétendre au SMIC et a pu, dès lors, décider que l'existence de l'obligation de l'employeur n'était pas sérieusement contestable.

Cass. soc. 22 mai 1996, n° 95-40.200, BC V n° 195. Voir aussi cass. soc. 10 novembre 1993, n° 89-42.513, BC V n° 266.

Même non soumis à un horaire de travail précis et contrôlable, le salarié, sauf s'il est représentant de commerce, doit bénéficier du SMIC.

Doit être cassé l'arrêt qui, pour rejeter une demande de rappel de salaire, a retenu que le SMIC constituait un salaire horaire qui impliquait que l'activité du salarié s'inscrivît dans un horaire de travail contrôlable, ce qui n'était pas le cas de l'intéressé auquel aucune durée de travail n'était imposée et qui n'était pas soumis dans l'organisation du travail à un horaire déterminé, alors que, sauf les cas où la loi en dispose autrement, un salarié a droit à une rémunération au moins égale au SMIC.

Cass. soc. 10 novembre 2004, n° 02-41.881, BC V n° 282.

Un salarié a été engagé en qualité de distributeur de documents publicitaires suivant contrat de travail à durée indéterminée prévoyant une rémunération au rendement en fonction du nombre de documents distribués. Ses bulletins de paie mentionnaient un nombre d'heures de travail correspondant au montant de la rémunération ainsi calculée, divisé par le taux horaire du SMIC. Le salarié a démissionné et a saisi la juridiction prud'homale de demandes tendant notamment à la requalification de son contrat de travail en contrat à temps complet et au paiement de rappels de salaires ainsi que d'une indemnité sur le fondement de l'article L. 324-11-1 CT.

C'est à tort que, pour débouter l'intéressé de ses demandes en paiement de rappels de salaires correspondant au produit des heures réellement effectuées par le taux horaire du SMIC et d'une indemnité sur le fondement de l'article L. 324-11-1 CT, une cour d'appel, après avoir relevé que le salarié choisissait librement ses périodes de distribution et n'était pas obligé de se tenir à la disposition de l'employeur entre deux distributions, ce dont il résultait que son contrat de travail ne devait pas être requalifié en un contrat à temps complet, a retenu que l'intéressé n'était pas tenu d'exécuter sa prestation de travail dans une plage de temps déterminée par l'employeur, de sorte que son activité ne s'inscrivant pas dans un horaire de travail contrôlable, il ne pouvait prétendre à une rémunération au moins égale au SMIC.

En effet, sauf dans les cas où la loi en dispose autrement et quel que soit le mode de rémunération pratiqué, un salarié a droit à une rémunération au moins égale au salaire minimum de croissance pour le nombre d'heures qu'il a effectuées.

Cass. soc. 25 mai 2005, n° 03-44.301, BC V n° 179.

Le salarié, dont le contrat prévoit une rémunération sous forme de commissions, qui exerce son activité de manière exclusive au service d'une société, sous le contrôle d'un de ses membres et dans ses locaux, doit bénéficier du SMIC.

Il résulte des articles L. 141-1 et L. 141-10 CT que tout salarié entrant dans le champ d'application de ces textes a droit à être rémunéré à un niveau au moins égal au SMIC.

Un salarié, engagé « en qualité de démarcheur salarié ou conseiller financier stagiaire », dont le contrat prévoyait une rémunération exclusivement par des commissions incluant les frais professionnels, s'est vu signifier par son employeur la fin de sa période d'essai. N'ayant perçu aucun salaire pendant la durée de son contrat, l'intéressé a saisi la formation des référés du conseil de prud'hommes en paiement de diverses sommes.

Ayant relevé que le salarié avait un superviseur attitré, qu'il effectuait une partie de son travail dans les locaux de l'entreprise et que son contrat prévoyait une activité exclusive au service de l'employeur, une cour d'appel a pu en déduire qu'il n'y avait pas de contestation sérieuse sur l'obligation de l'employeur de lui payer le SMIC et a pu le condamner à payer à l'intéressé des rappels de salaire sur la base du SMIC.

Cass. soc. 13 octobre 2004, n° 01-45.325, BC V n° 255.

Les salariés à temps partiel bénéficient du SMIC pour chaque heure, la règle des heures d'équivalence ne s'appliquant pas.

Les dispositions réglementaires et conventionnelles relatives aux horaires d'équivalence ne sauraient être étendues hors de leur domaine d'application à l'effet de réduire la rémunération horaire de salariés ayant travaillé seulement pendant une partie de la semaine, pour un nombre d'heures inférieur à la durée légale du travail.

C'est donc à bon droit qu'une cour d'appel a considéré que le temps passé au service de l'entreprise par les salariés intéressés devait être regardé comme temps de travail effectif et donner lieu au paiement du salaire minimum légal pour chaque heure.

Cass. crim. 19 janvier 1978, n° 76-91.963, B. crim. n° 23.

Les salariés rémunérés à la tâche bénéficient du SMIC.

En l'absence de fixation par le contrat du temps relatif à chaque tâche, le salarié payé à la tâche a le droit d'être rémunéré au taux du SMIC pour le nombre d'heures qu'il a effectuées.

Cass. soc. 25 septembre 1990, n° 87-40.493, BC V n° 383.

Le SMIC est applicable aux gérants non salariés d'une succursale de maison d'alimentation.

Si les accords collectifs peuvent déterminer la rémunération minimum garantie des gérants non salariés compte tenu de l'importance de la succursale et des modalités d'exploitation de celle-ci, il demeure qu'en application de l'article L. 782-3 CT, la rémunération convenue ne peut jamais être inférieure au SMIC.

Cass. soc. 2 mars 1994, n° 88-43.739.

Modalités de calcul

• Éléments à prendre en compte

Pour vérifier si la rémunération d'un salarié est au moins égale au SMIC, il convient de prendre en compte les compléments ou majorations de salaire constituant la contrepartie du travail.

➠ Prime de polyvalence.

Ayant relevé que la prime de polyvalence compensait la formation du salarié à plusieurs postes de travail et que la part individualisée résultait de sa performance dans le travail, un conseil de prud'hommes en a justement déduit que cette prime était versée en contrepartie du travail et devait être prise en considération pour le calcul du SMIC.

Cass. soc. 29 mars 1995, n° 93-41.906.

➠ Gueltes.

C'est à tort qu'un conseil de prud'hommes a énoncé que les gueltes, primes à caractère aléatoire et imprévisible, ne pouvaient intervenir dans le calcul du SMIC, alors que les gueltes, peu important qu'elles consistent en un pourcentage imprévisible et aléatoire sur le montant des ventes, constituent un élément de rémunération devant être ajouté au salaire de base pour vérifier le respect du SMIC.

Cass. soc. 30 mars 1994, n° 92-40.531.

➠ Prime d'hôtesse-enquêtrice.

Une prime d'hôtesse-enquêtrice versée pour chacun des rendez-vous pris par une salariée est perçue en contrepartie ou à l'occasion du travail et constitue un élément entrant dans le calcul du SMIC.

Cass. soc. 13 mars 1990, n° 87-41.726, BC V n° 116.

➠ Part des paniers soumis à cotisations.

N'a pas donné de base légale à sa décision la cour d'appel qui a exclu de la vérification du SMIC la part de l'indemnité de panier soumise à cotisations, dès lors que cette prime, qui dépassait le forfait prévu pour le remboursement des frais des salariés, constituait un complément de salaire.

Cass. crim. 7 novembre 1989, n° 88-82.133, B. crim. n° 404.

➠ Avantages en nature.

Lorsque l'employeur fournit au salarié le logement et des avantages en nature autres que la nourriture, ces prestations sont évaluées par la convention, l'accord collectif ou à défaut la loi, et les sommes correspondant à ces avantages doivent être ensuite déduites du SMIC pour calculer le salaire minimum en espèces.

Doit être cassé l'arrêt qui, pour débouter un salarié de ses demandes en rappel de salaire, a énoncé que son salaire était intégralement constitué d'avantages en nature, sans rechercher si l'ensemble de ces avantages assurait au salarié une rémunération au moins équivalente au SMIC.

Cass. soc. 19 mai 1993, n° 91-45.157, 1er moyen.

➠ Primes conventionnelles résultant d'un avancement d'échelon.

A violé les articles D. 141-2 et D. 141-3 CT, les articles 29, 30 et 31 de la convention collective nationale du personnel des organismes de sécurité sociale et l'article 1er de l'avenant du 29 mars 1978 la cour d'appel qui, pour décider que des majorations d'avancement à l'ancienneté ainsi que des majorations d'employé principal devaient être écartées pour déterminer si les salariés avaient perçu une rémunération au moins égale au SMIC, a retenu, d'une part, que la prime d'ancienneté, définie par l'article 29 de la convention collective, avait pour objet de récompenser la stabilité des salariés dans l'entreprise et qu'elle n'était pas la contrepartie du travail fourni et, d'autre part, que la majoration d'employé principal instituée par l'article 1er de l'avenant du 29 mars 1978 à la convention, qui consacrait des qualités personnelles qui ne servaient pas à la prestation de travail du salarié mais récompensait son expérience et sa capacité de conseiller les autres, constituait une récompense distincte des sommes qui rémunèrent son travail en soi.

En effet, si, en principe, une prime d'ancienneté liée à la présence du salarié dans l'entreprise n'a pas à être prise en considération en l'absence de dispositions particulières pour le calcul du SMIC ou du salaire minimum prévu par la convention collective, les sommes versées en application de l'article 29 de la convention collective résultaient d'un avancement d'échelon et constituaient un élément de salaire à retenir pour déterminer si le SMIC était atteint. Par ailleurs, la majoration d'employé principal en application de l'article 1er de l'avenant du 29 mars 1978 donnait des points supplémentaires à l'occasion du travail et constituait un élément de salaire à retenir pour déterminer si le SMIC était atteint.

Cass. soc. 28 janvier 2004, n° 02-43.701.

➠ « Complément métier » versé en contrepartie du travail.

Doit être rejeté le moyen du pourvoi formé par une salariée qui, pour reprocher à un conseil de prud'hommes d'avoir rejeté ses demandes visant à obtenir un rappel de salaires et congés payés afférents, soutient que le complément métier de quinze points prévu par la convention collective applicable, lié au caractère contraignant du travail imposé, constitue, non une contrepartie du travail, mais la compensation de sujétions particulières et ne peut être pris en compte pour la détermination du SMIC.

En effet, après avoir constaté que la salariée percevait en plus de son salaire de base un complément métier, le conseil de prud'hommes qui a fait ressortir que ces sommes étaient versées en contrepartie du travail en a exactement déduit qu'elles devaient être prises en compte pour le calcul du SMIC dont il a constaté que la salariée avait perçu une rémunération au moins égale à ce minimum.

Cass. soc. 14 novembre 2012, n° 11-14.862, BC V n° 291.

➡ Prime de bonus (déterminée en fonction du tonnage produit auquel participait le salarié).

Soutenant que sa rémunération était inférieure au SMIC dès lors qu'elle incluait une prime de bonus, un salarié a saisi la juridiction prud'homale pour obtenir le paiement d'un rappel de salaire et de dommages-intérêts ; le salarié a démissionné en cours de procédure.

Pour dire que la prime de bonus ne devait pas être prise en compte au titre du SMIC et condamner en conséquence l'employeur au paiement de rappels de salaire, une cour d'appel a retenu que la prime de bonus litigieuse n'avait aucun caractère prévisible, son montant étant fort variable, que le barème selon lequel elle était calculée n'était pas défini par un accord collectif, et que son montant ne dépendait pas uniquement de la production du salarié dès lors que le tonnage produit était aussi fonction de contraintes imposées par d'autres services.

En statuant ainsi, alors que la prime était déterminée en fonction du tonnage produit auquel participait le salarié, de sorte qu'elle constituait la contrepartie d'un travail, la cour d'appel a violé les articles L. 3231-1, L. 3231-2, D. 3231-5 et D. 3231-6 CT.

Cass. soc. 4 février 2015, n° 13-18.523, BC V n° 24.

Les primes annuelles sont prises en compte le mois où elles sont versées.

C'est à tort qu'un conseil de prud'hommes a retenu que les primes de vacances et de fin d'année n'étaient pas prises en compte pour le calcul du SMIC, alors que ces primes, perçues en contrepartie du travail, constituent pour le mois où elles sont versées un élément de salaire entrant dans le calcul du SMIC.

Cass. soc. 2 mars 1994, n° 89-45.881, BC V n° 76.

Si une prime de fin d'année est prise en compte dans le calcul du SMIC pour le mois où elle est versée, elle ne peut être fractionnée afin de remédier à l'insuffisance de salaire. S'est donc rendu coupable d'infraction à la législation sur le SMIC l'employeur qui a complété la rémunération d'une partie de son personnel pour la porter au montant du SMIC au moyen d'acomptes prélevés mensuellement sur la prime de fin d'année.

Cass. crim. 29 novembre 1988, n° 86-92.449, B. crim. n° 405.

Elles peuvent faire l'objet d'un acompte mensuel, qui est alors pris en compte pour le calcul mensuel.

Doit être cassé le jugement qui, pour faire droit à la demande de salariés tendant au paiement de rappels de salaire, a énoncé que le treizième mois peut être pris en compte dans les éléments du salaire uniquement le mois où il est versé, que l'intégration du treizième mois n'est admise qu'une fois ou éventuellement deux fois par an et que l'employeur ne saurait se soustraire à ses obligations mensuelles en versant le treizième mois par acomptes de 1/12 versés chaque mois, alors, d'une part, qu'aucune règle n'interdit de payer un treizième mois par acompte mensuel et, d'autre part, qu'il était établi que l'usage dans l'entreprise était de verser un acompte mensuel pour le treizième mois, qui constituait un élément du salaire entrant dans le calcul du salaire minimum conventionnel et du salaire minimum de croissance.

Cass. soc. 11 mars 1998, n° 96-40.195.

• Éléments à exclure

Sont exclus les éléments non liés à la rémunération d'un travail effectif.

➡ Primes de résultats de l'entreprise.

Une prime dite de résultats qui n'est pas fonction de la prestation de travail personnel de chaque salarié, mais qui est fondée sur les résultats financiers de l'entreprise, dépend de facteurs sur lesquels les salariés n'ont pas d'influence directe et est susceptible d'être remise en cause, voire suspendue, en cas de mauvais résultats de la société. Une telle prime n'a pas le caractère d'un complément de salaire, seul susceptible, en vertu de l'article D. 141-3 CT, d'être pris en considération pour déterminer le salaire horaire servant de base au calcul du SMIC.

A justifié sa décision la cour d'appel qui a condamné à des amendes pour paiement de rémunérations inférieures au SMIC l'employeur de salariés dont le montant de la rémunération mensuelle n'atteignait celui du SMIC que par la prise en compte de ladite prime de résultats.

Cass. crim. 5 novembre 1996, n° 95-82.994, B. crim. n° 393. Voir aussi cass. soc. 7 avril 2004, n° 02-46.656.

Primes d'ancienneté et d'assiduité.

Un conseil de prud'hommes a pu valablement exclure les primes d'ancienneté et d'assiduité de la masse de calcul du SMIC, ces primes, prévues par le règlement intérieur, n'étant pas versées en contrepartie ou à l'occasion du travail mais étant liées à la présence du salarié dans l'entreprise. En effet, ces primes sont destinées à assurer la stabilité du salarié dans l'entreprise et sa persévérance au travail.

Cass. soc. 12 novembre 1992, n° 89-45.090. Voir aussi cass. crim. 27 janvier 1987, n° 84-95.098, B. crim. n° 46.

Prime de « non-accident ».

Le bénéfice d'une prime de « non-accident » présente un caractère aléatoire dès lors qu'un simple accident entraîne la suppression de son paiement même si l'intéressé n'a commis aucun manquement à ses obligations professionnelles ou s'il n'encourt aucune responsabilité dans l'accident.

C'est donc à bon droit qu'une cour d'appel a décidé que cette prime ne constituait pas un complément de salaire au sens de l'article D. 141-3 CT et n'entrait pas en compte pour la détermination du SMIC.

Cass. soc. 3 juillet 2001, n° 99-42.758, 1er moyen, BC V n° 243.

Prime rémunérant des pauses ne constituant pas du temps de travail effectif.

Lorsque pendant les pauses, les salariés ne sont pas à la disposition de leur employeur, ces pauses ne constituent pas du temps de travail effectif et les primes qui les rémunèrent, qui ne sont pas la contrepartie du travail, sont exclues du salaire devant être comparé au SMIC.

Cass. soc. 21 mars 2012, n° 10-27.425, BC V n° 166 (arrêt n° 2). Voir aussi cass. soc. 21 mars 2012, n° 10-21.737, BC V n° 166 (arrêt n° 1) ; cass. soc. 17 octobre 2012, n° 11-15.699, 5e et 6e branches du moyen, BC V n° 269 ; cass. soc. 13 juillet 2010, n° 09-42.890, BC V n° 178.

Il résulte des articles L. 212-4 devenu L. 3121-1 et L. 3121-2, D. 141-2, devenu D. 3231-5 et D. 141-3 devenu D. 3231-6 CT que la durée du travail effectif est le temps pendant lequel le salarié est à la disposition de l'employeur et se conforme à ses directives sans pouvoir vaquer à des occupations personnelles ; l'employeur ne peut inclure dans le calcul des salaires, afin de les porter au niveau du salaire minimum de croissance, la rémunération spécifique, prévue par une convention ou un accord collectif ou par un contrat de travail, dont peuvent faire l'objet les temps consacrés aux pauses, s'ils ne répondent pas à cette définition.

À la suite d'un contrôle effectué au sein d'un établissement de grande distribution, une société a été poursuivie devant le tribunal de police pour paiement, au cours de l'année 2006, de salaires inférieurs au SMIC ; il lui était reproché d'avoir intégré dans le calcul du salaire de base de 172 salariés la rémunération des temps de pause prévue, à raison de 5 % du temps de travail effectif, par la convention collective étendue du commerce de détail et de gros à prédominance alimentaire, alors que, selon cette convention collective et l'accord conclu dans l'entreprise, les temps de pause permettaient aux salariés de vaquer librement à des occupations personnelles et que les primes les rémunérant ne pouvaient être incluses dans le salaire à comparer au SMIC ; le tribunal de police ayant déclaré la prévention établie et s'étant prononcé sur l'action civile, la prévenue et le ministère public ont relevé appel de la décision.

Pour infirmer le jugement, relaxer la prévenue et débouter les parties civiles de leurs demandes, une cour d'appel a énoncé que la rémunération des temps de pause, consistant en une majoration de 5 % du salaire de base, était directement liée à l'exécution du contrat de travail et qu'étant versée de manière fixe et permanente, elle constituait une rétribution qui était la contrepartie directe du travail, et non un avantage supplémentaire.

En statuant ainsi, alors que les salariés n'étaient pas à la disposition de l'employeur pendant les pauses de sorte que la prime rémunérant celles-ci, non reconnues comme du temps de travail effectif, était exclue du salaire devant être comparé au SMIC, la cour d'appel, qui, de surcroît, n'a pas répondu aux conclusions des parties civiles invoquant le fait que, pour certains membres du personnel, même en incluant le forfait pause au salaire de base, le salaire horaire restait inférieur au minimum légal, a méconnu les textes susmentionnés et les principes ci-dessus rappelés.

Cass. crim. 15 février 2011, n° 10-87.019, B. crim. n° 28. Voir aussi cass. crim. 15 février 2011, n° 10-83.988, B. crim. n° 27 ; cass. crim. 22 novembre 2011, n° 11-80.013, B. crim. n° 237.

Sont également exclus les éléments destinés à compenser des sujétions particulières.

➠ Prime de rythme, majoration des dimanches et jours fériés.

La prime de rythme liée au caractère contraignant du rythme de travail imposé et la majoration pour travail du dimanche et des jours fériés, déterminée en fonction du rythme de travail, ne constituent pas la contrepartie du travail mais la compensation de sujétions particulières et ne peuvent être prises en compte pour l'application du SMIC.

Cass. soc. 29 mars 1995, n° 93-41.906, précité.

➠ Prime compensant la cherté de la vie dans les départements d'outre-mer.

Aux termes de l'avenant du 9 juillet 1986 à l'accord collectif des employés et agents de maîtrise de la RAM de La Réunion, une indemnité spéciale dite « indemnité DOM » était versée douze fois par an et était calculée selon un pourcentage défini par note de service, appliqué au salaire à la grille du coefficient de chaque salarié.

Une salariée, embauchée à La Réunion moyennant un salaire mensuel payable sur treize mois et demi dans l'année, majoré d'une prime mensuelle dite « prime-DOM », faisant valoir que son salaire avait été inférieur au SMIC, avait saisi la juridiction prud'homale d'une demande de rappel de salaire.

Ayant relevé que l'« indemnité DOM » avait pour objet de compenser la cherté de la vie dans les départements d'outre-mer, le conseil de prud'hommes a décidé à bon droit que, n'ayant pas été perçue en contrepartie du travail de la salariée, cette prime ne constituait pas un complément de salaire au sens de l'article D. 141-3 CT.

Cass. soc 4 mars 2003, n° 01-41.031, BC V n° 78.

☛ *Heures d'équivalence ; Minimum conventionnel ; Rémunération mensuelle minimale.*

Subvention de fonctionnement

L'employeur doit verser au comité d'entreprise une subvention de fonctionnement correspondant à 0,2 % de la masse salariale brute (art. L. 2325-43 ancien CT). Elle s'ajoute à celle versée par l'employeur dans le cadre des activités sociales et culturelles du comité. L'employeur en est dispensé s'il fait déjà bénéficier le comité d'une somme ou de moyens en personnel équivalant à son montant.

Étendue de l'obligation légale

L'employeur n'est pas légalement tenu de verser une subvention de fonctionnement au comité central d'entreprise.

Un employeur, ayant versé au comité central d'entreprise une subvention de fonctionnement calculée sur la masse salariale des seuls établissements dotés d'un comité, ne saurait être condamné pour délit d'entrave pour avoir amputé le budget de fonctionnement du comité central d'entreprise de la masse salariale des établissements non dotés d'un comité d'établissement. En effet, aucun texte ne fait obligation à l'employeur de verser une subvention de fonctionnement au comité central ou ne précise dans quelles conditions une partie des subventions allouées aux comités d'établissements pourrait lui être reversée.

Cass. crim. 31 mars 1992, n° 90-83.938, 3e moyen, B. crim. n° 134.

Mais l'employeur doit verser le montant de la subvention à chaque comité d'établissement, ces derniers devant rétrocéder une partie de leur subvention au comité central d'entreprise.

La société Rhône-Poulenc, aux droits de laquelle se trouve la société Rhodia, versait une subvention de fonctionnement au comité central d'entreprise, qui, après avoir opéré un prélèvement pour assurer ses besoins, la répartissait ensuite entre les différents comités d'établissement. Le comité d'établissement de Pont-de-Claix, soutenant qu'il n'avait pas été rempli de ses droits, a réclamé le versement direct de la subvention lui revenant depuis 1982.

Doivent être rejetés les moyens du pourvoi reprochant à une cour d'appel d'avoir confirmé le jugement entrepris ayant condamné la société à payer la somme de 1 303 502 F au comité d'établissement de Pont-de-Claix et donné acte au comité d'établissement de Saint-Fons de ce qu'il se réservait la possibilité de lui demander le versement d'un complément de subvention.

D'abord, le comité d'établissement est doté de la personnalité juridique comme le comité d'entreprise et, en application de l'article L. 435-2 CT, sa composition et son fonctionnement sont calqués sur ceux du comité d'entreprise. Il en résulte qu'il doit bénéficier d'une subvention de fonctionnement.

Ensuite, il ne résulte d'aucun texte que le comité central d'entreprise a qualité pour répartir la subvention de fonctionnement entre les comités d'établissement et, dès lors, la société Rhône-Poulenc, qui doit verser le montant de la subvention à chaque comité d'établissement, ne peut se prévaloir d'un mandat du comité central. Par ailleurs, le comité central d'entreprise, ayant lui-même des frais de fonctionnement, et la loi ne lui accordant pas un droit propre, il est légitime que les comités d'établissement lui rétrocèdent une partie de leur subvention de fonctionnement.

Enfin, les comités d'établissement n'ayant pu trouver un accord avec le comité central d'entreprise sur le montant de cette rétrocession, il appartient au juge judiciaire d'arbitrer le différend en fixant lui-même le montant de la rétrocession.

La cour d'appel a, d'autre part, exactement décidé que les frais de déplacement des membres du comité d'établissement ne s'imputaient pas sur la subvention de fonctionnement.

Cass. soc. 15 mai 2001, n° 99-10.127, BC V n° 172.

L'abstention volontaire de verser à un comité d'établissement la subvention de fonctionnement et le refus de communiquer à ce comité la masse salariale servant au calcul de cette subvention constituent des délits d'entrave au fonctionnement régulier du comité d'établissement.

Le président d'une société comportant onze établissements, le directeur des relations sociales de cette société et un directeur d'usine avaient été renvoyés devant le tribunal correctionnel des chefs d'entraves au fonctionnement régulier du comité d'établissement de l'usine, d'une part pour n'avoir pas versé à ce comité la subvention de fonctionnement de 0,2 % prévue par l'article L. 434-8 CT, d'autre part, pour avoir refusé de lui communiquer le montant de la masse salariale servant de base de calcul des subventions.

Tant l'abstention volontaire de verser cette subvention de 0,2 % que le refus de communiquer au comité d'établissement le montant de la masse salariale annuelle brute sur laquelle sont assises les subventions versées aux comités d'établissement sont constitutifs du délit d'entrave.

Cass. crim. 11 février 2003, n° 01-88.650, B. crim. n° 31. Voir aussi cass. crim. 28 mai 2013, n° 12-81.468, 4e moyen, B. crim. n° 118 ; cass. crim. 15 mars 2016, n° 14-87.989, 2e moyen, B. crim. n° 82.

En cas d'absence de comité d'entreprise par suite d'une carence constatée dans les conditions prévues à l'article L. 2324-8 ancien CT, l'obligation légale et annuelle de versement de la subvention de fonctionnement à la charge de l'employeur n'est pas suspendue.

Il résulte des articles L. 431-3, L. 422-3 et L. 422-5 CT qu'en l'absence de comité d'entreprise par suite d'une carence constatée dans les conditions prévues à l'article L. 433-13 CT, l'employeur et les délégués du personnel sont tenus de gérer conjointement le budget de fonctionnement du comité d'entreprise et d'assurer le fonctionnement de toutes les institutions sociales pour son compte.

Il en résulte que l'obligation légale et annuelle de versement de la subvention de fonctionnement et de contribution au financement des institutions sociales à la charge de l'employeur n'est pas suspendue par la carence du comité d'entreprise, et que même si l'obligation conjointe du délégué du personnel et du chef d'entreprise n'est pas assurée, le comité d'entreprise reste créancier, en principe, de ces sommes.

C'est donc à bon droit qu'une cour d'appel a condamné un employeur à payer à un comité d'établissement, mis en place en 1997 après qu'un procès-verbal de carence avait été établi en 1995, faute de candidats pour le renouvellement de l'institution, une somme au titre du budget de fonctionnement et de la subvention aux activités sociales et culturelles pour la période de mai 1995 à juin 1997.

Cass. soc. 13 septembre 2005, n° 04-10.961, BC V n° 256. Voir aussi cass. soc. 22 novembre 2017, n° 16-12.952, énonçant que le comité d'établissement empêché de fonctionner par suite de l'annulation des élections, demeure créancier de la subvention de fonctionnement due annuellement par l'employeur, même si en l'absence de délégués du personnel, ses attributions économiques et professionnelles n'ont pu être exercées.

Lorsque le non-versement de la subvention de fonctionnement ne résulte pas d'une résistance abusive de l'employeur, son seul versement augmenté des intérêts légaux de retard suffit à réparer le préjudice subi par le comité.

Ayant constaté que le non-versement de la subvention de fonctionnement ne résultait pas d'une résistance abusive de l'employeur, de sorte que le dommage subi par le comité était réparé par le versement de cette subvention augmentée des intérêts légaux de retard, c'est à bon droit qu'une cour d'appel a débouté le comité d'établissement de sa demande de dommages-intérêts.

Cass. soc. 26 septembre 2007, n° 06-44.246, pourvoi incident, BC V n° 139.

Le comité d'entreprise ne peut être créancier des sommes correspondant à la subvention destinée à son fonctionnement pour une période antérieure à sa création.

Selon l'article L. 2325-1 CT, le comité d'entreprise est doté de la personnalité civile et gère son patrimoine ; selon l'article L. 2325-43 CT, l'employeur verse au comité d'entreprise une subvention de fonctionnement d'un montant annuel équivalent à 0,2 % de la masse salariale ; il s'ensuit que le comité d'entreprise ne peut être créancier des sommes correspondant à la subvention destinée à son fonctionnement pour une période antérieure à sa création.

C'est à tort que, pour faire droit à la demande d'un comité d'entreprise de voir l'employeur être condamné à lui verser un rappel de sommes dues au titre de la subvention de fonctionnement pour la période de 1982 à 2000, une cour d'appel, après avoir constaté que l'absence de mise en place d'un comité d'entreprise avant 2001 ne résultait pas de l'établissement d'un procès-verbal de carence, a retenu qu'en l'absence totale d'organisation d'élection, la société ne saurait se prévaloir de sa propre défaillance pour s'affranchir d'établir un budget pour les délégués du personnel remplissant les fonctions du comité d'entreprise en application de l'article L. 2313-13 CT.

Cass. soc. 27 mars 2012, n° 11-11.176, BC V n° 110

Le cessionnaire d'un fonds de commerce n'est pas tenu au paiement de la subvention de fonctionnement au titre des années antérieures à son acquisition.

Selon l'article L. 141-5 c. com., la vente d'un fonds de commerce ne transmet pas au cessionnaire les dettes du cédant, et si, selon l'article L. 435-5 CT, le comité mis en place dans le cadre d'un établissement cédé demeure en fonction, il n'en résulte pas que le nouvel employeur est tenu des dettes de l'ancien.

Au cours de l'année 2002, une société A a acquis un fonds de commerce d'une société B, venant aux droits d'une société C ; en novembre 2003, le comité d'entreprise de la société A contestant que la société C se soit, avant l'année 1999, régulièrement acquittée de son obligation de verser une subvention de fonctionnement au comité d'établissement du fonds, a assigné la société A devant le tribunal de grande instance aux fins, notamment, de voir ordonner la remise sous astreinte de documents établis depuis 1982 et relatifs à la masse salariale de cet établissement, aux moyens matériels et en personnels mis à la disposition de ce comité d'établissement, ainsi que le versement d'une provision au titre de la subvention de fonctionnement due pour les années 1982 à 1999.

C'est à tort que, pour dire recevable l'action du comité d'entreprise dirigée contre la société A, une cour d'appel a retenu que le comité d'établissement du fonds de commerce étant demeuré en fonction par application de l'article L. 435-5 CT, il était fondé à demander au nouvel employeur le paiement de la subvention de fonctionnement à laquelle il prétendait avoir droit au titre d'années antérieures à l'acquisition du fonds de commerce.

Cass. soc. 28 mai 2008, n° 07-40.904, BC V n° 119.

Détermination de la masse salariale

Sauf engagement plus favorable, la masse salariale servant au calcul de la subvention de fonctionnement du comité d'entreprise comme de la contribution aux activités sociales et culturelles s'entend de la masse salariale brute constituée par l'ensemble des gains et rémunérations soumis à cotisations de sécurité sociale en application de l'article L. 242-1 c. séc. soc.

Il résulte des articles L. 1251-24 et L. 8241-1 CT que les salariés mis à disposition ont accès, dans l'entreprise utilisatrice, dans les mêmes conditions que les salariés de cette entreprise, aux moyens de transport collectif et aux installations collectives, notamment de restauration, dont peuvent bénéficier ces salariés et que, lorsque des dépenses supplémentaires incombent au comité d'entreprise de l'entreprise utilisatrice, celles-ci doivent lui être remboursées suivant des modalités définies au contrat de mise à disposition. Il en découle que la rémunération versée aux salariés mis à disposition par leur employeur n'a pas à être incluse dans la masse salariale brute de l'entreprise utilisatrice servant de base au calcul de la subvention de fonctionnement et de la contribution aux activités sociales et culturelles.

C'est donc à bon droit qu'une cour d'appel a refusé d'intégrer dans la masse salariale brute les provisions sur congés payés, les indemnités légales et conventionnelles de licenciement et les indemnités de retraite, ainsi que les rémunérations versées aux salariés mis à disposition par une entreprise extérieure, ces sommes ne figurant pas dans la déclaration annuelle des données sociales de l'entreprise.

Cass. soc. 7 février 2018, n° 16-24.231, à paraître. Voir aussi cass. soc. 6 juin 2018, n° 17-11.497, moyen relevé d'office, à paraître.

Les sommes attribuées en application d'un accord d'intéressement, qui n'ont pas, aux termes de l'article L. 3312-4 CT, le caractère de rémunération au sens de l'article L. 242-1 c. séc. soc., sont exclues de la masse salariale servant au calcul de la subvention de fonctionnement du comité d'entreprise comme de la contribution aux activités sociales et culturelles.

Cass. soc. 7 février 2018, n° 16-16.086, à paraître. Voir aussi cass. soc. 6 juin 2018, n° 17-11.497, 2e moyen, à paraître.

Ayant retenu que certaines indemnités versées à l'occasion de la rupture du contrat de travail étaient pour partie assujetties au paiement de cotisations sociales, notamment les indemnités de licenciement ou de départ volontaire qui sont soumises à ces prélèvements pour leur part dépassant deux fois le plafond annuel de cotisations sociales et pour leur totalité lorsqu'elles dépassent dix fois ce plafond, une cour d'appel en a exactement déduit que ces indemnités de rupture étaient comprises dans l'assiette de calcul de la subvention au fonctionnement et de la contribution aux activités sociales et culturelles du comité d'entreprise au titre des années 2011 et 2012 pour leur part assujettie aux cotisations de sécurité sociale.

En effet, il résulte des dispositions du premier alinéa de l'article L. 242-1 c. séc. soc. que les sommes versées au salarié lors de la rupture du contrat de travail autres que les indemnités mentionnées au dixième alinéa, dans sa rédaction applicable à la date d'exigibilité des cotisations litigieuses, sont comprises dans l'assiette des cotisations de sécurité sociale et d'allocations familiales, à moins que l'employeur rapporte la preuve qu'elles concourent, pour tout ou partie de leur montant, à l'indemnisation d'un préjudice.

Cass. soc. 19 décembre 2018, n° 17-22.583, à paraître.

Montant de la subvention

Ne peuvent être déduites du montant de la subvention les sommes versées par l'employeur afférentes aux activités sociales et culturelles.

Seuls les sommes ou moyens en personnel attribués par l'employeur pour les besoins du fonctionnement du comité d'entreprise, à l'exclusion de ceux occasionnés par ses activités sociales et culturelles, pouvant être déduits de la subvention de fonctionnement, une cour d'appel, qui a constaté qu'un accord avait pour objet de déduire de la subvention de fonctionnement les salaires et charges du personnel mis à la disposition d'un comité, sans distinguer selon que ces sommes ou moyens en personnel étaient affectés aux activités sociales et culturelles ou au fonctionnement proprement dit du comité, a exactement décidé qu'il contrevenait aux dispositions d'ordre public de l'article L. 434-8 CT et qu'il était illicite.

Cass. soc. 10 juillet 2001, n° 99-19.588, 3e moyen, BC V n° 259. Voir aussi cass. crim. 11 février 2003, n° 01-88.650, 1er, 2e, et 3e moyens, B. crim. n° 31.

L'employeur ne peut imputer sur la subvention le remboursement des frais engagés par les membres du comité pour se rendre à une réunion organisée à son initiative.

Doit être cassé l'arrêt déboutant un comité d'entreprise de ses demandes en paiement des frais engagés par les membres du comité d'entreprise pour se rendre aux réunions du comité. L'employeur payant auparavant ces frais avait fait savoir qu'il considérait désormais que ces frais devaient être payés sur la subvention de fonctionnement du comité. Les frais de déplacement des membres du comité d'entreprise concernant des réunions organisées à l'initiative de l'employeur, qui n'entrent pas dans les frais de fonctionnement de cet organisme, devaient rester à la charge de l'entreprise.

Cass. soc. 28 mai 1996, n° 94-18.797, BC V n° 211.

Les membres du comité d'entreprise ne peuvent faire prendre en charge par le budget de fonctionnement du comité des frais de voyage et de restaurant ne correspondant pas aux missions de cet organisme.

Cass. crim. 16 octobre 1997, n° 96-86.231, B. crim. n° 341, cité dans « Frais de déplacement/Temps de trajet/Frais divers (Représentants du personnel) ».

Si la subvention de fonctionnement peut être affectée à la prise en charge d'actions de formation ou d'achat de presse au profit des membres du comité d'entreprise, cette prise en charge doit se rattacher aux attributions économiques du comité.

D'abord, le juge du tribunal de grande instance, statuant en référé, a le pouvoir d'ordonner la suspension des décisions du comité d'entreprise dont l'illégalité caractérise un trouble manifestement illicite ; ensuite, si le comité d'entreprise décide librement de l'utilisation des fonds reçus au titre de son budget de fonctionnement, ses dépenses doivent s'inscrire dans le cadre du fonctionnement du comité d'entreprise et de ses missions économiques.

Après avoir constaté que les délibérations d'un comité d'entreprise prévoyaient le financement, sur le budget de son fonctionnement, de formations et d'abonnements lecture sans lien avec ses attributions économiques mais se rattachant à l'exercice de fonctions de nature syndicale et dont le bénéfice était en partie étendu à des représentants syndicaux extérieurs au comité, une cour d'appel a pu en déduire que la mise en œuvre de ces délibérations constituait un trouble manifestement illicite qu'il lui appartenait de faire cesser.

En effet, si la subvention de fonctionnement peut être affectée à la prise en charge d'actions de formation ou d'achat de presse au profit des membres du comité d'entreprise, cette prise en charge doit se rattacher aux attributions économiques du comité.

Cass. soc. 27 mars 2012, n° 11-10.825, BC V n° 109.

Le montant des sommes octroyées ou des salaires du personnel mis à disposition pour le fonctionnement du comité d'entreprise à l'exclusion des activités sociales et culturelles, sont déductibles de la subvention de fonctionnement sans que l'accord exprès du comité d'entreprise soit nécessaire.

Cass. soc. 25 octobre 2017, n° 16-10.573.

Les salaires d'un salarié du comité ne peuvent être déduits que pour la part correspondant au temps qu'il consacre à des tâches se rattachant au fonctionnement de celui-ci.

Les salaires versés à un salarié d'un comité d'entreprise ayant pour fonction l'accomplissement de tâches administratives et comptables liées au fonctionnement du comité et la gestion des activités sociales et culturelles peuvent être pour partie déduits du montant de la subvention de fonctionnement.

Le comité d'établissement demandant le remboursement de la partie des salaires déduite de sa subvention doit être débouté, une partie de la somme mise à la disposition du comité d'établissement ayant été versée pour rémunérer le salarié affecté pour partie à des tâches se rattachant au fonctionnement administratif du comité.

Cass. soc. 5 octobre 1994, n° 92-18.840.

C'est à l'employeur de prouver que les déductions effectuées sur la subvention de fonctionnement sont conformes aux prescriptions de l'article L. 2325-43 ancien CT.

Un comité d'entreprise ne saurait valablement renoncer par accord à sa subvention de fonctionnement, les dispositions de l'article L. 434-8 CT étant impératives.

Dès lors, un employeur ne peut être dispensé de verser cette subvention qu'à la condition qu'il établisse que les sommes et les moyens en personnel mis à disposition du comité sont équivalents au montant de la subvention.

Une société ne peut donc refuser de fournir aux juges les justifications nécessaires.

Cass. crim. 26 novembre 1991, n° 90-84.546, 1er moyen.

Action en paiement de la subvention

L'employeur doit communiquer les éléments nécessaires à la détermination du montant de la subvention ; à défaut, la prescription ne court pas.

Le comité d'entreprise d'une société a saisi, par acte du 15 mai 2006, le juge des référés d'une demande de désignation d'un expert aux fins d'évaluer le montant de la subvention de fonctionnement due par l'employeur pour les années 1982 à 1995, pendant lesquelles ce dernier s'était acquitté de cette subvention en mettant du personnel à disposition du comité d'entreprise ; l'expert désigné ayant déposé un rapport le 4 août 2008 évaluant la somme restant due au comité, ce dernier a saisi le 10 novembre 2008 le tribunal de grande instance d'une demande en paiement de cette somme à laquelle la société s'est opposée en alléguant que l'action était prescrite, tant au regard des dispositions de l'article 2277 ancien c. civ. que de celles de la loi 2008-561 du 17 juin 2008 portant réforme de la prescription en matière civile.

Tout d'abord, une cour d'appel a exactement décidé que la loi du 17 juin 2008 ayant réduit le délai de prescription de droit commun à cinq ans était applicable au litige. En effet, si cette loi prévoit que lorsqu'une instance a été introduite avant son entrée en vigueur, l'action est poursuivie et jugée conformément à la loi ancienne, l'instance introduite en l'espèce par le comité d'entreprise devant le juge des référés antérieurement à la nouvelle loi, aux fins de désignation d'un expert pour évaluer sa créance, était distincte de l'instance en paiement de la créance, laquelle avait été introduite par le comité par une assignation postérieure à la publication de la loi du 17 juin 2008.

Ensuite, la prescription quinquennale ne court pas lorsque la créance, même périodique, dépend d'éléments qui ne sont pas connus du créancier et doivent résulter de déclarations que le débiteur est tenu de faire ; c'est donc à tort que la cour d'appel a déclaré prescrite l'action du comité d'entreprise, alors qu'il résultait de ses constatations que celui-ci n'avait pas eu communication par l'employeur des éléments nécessaires à l'appréciation de ses droits.

Cass. soc. 1er février 2011, n° 10-30.160, BC V n° 44.

Dans le cas d'une opération de fusion-absorption, la dévolution du patrimoine du comité d'entreprise de la société absorbée au comité d'entreprise de la société absorbante, au sein de laquelle les salariés ont été transférés, emporte transmission à ce dernier de l'action tendant au paiement d'un rappel de subvention de fonctionnement du comité de l'entreprise absorbée et de contribution patronale au financement des activités sociales et culturelles au titre des années antérieures à la fusion.

Le comité d'entreprise de l'entreprise absorbée peut décider la dévolution de son patrimoine au comité d'entreprise de l'entreprise absorbante.

Selon acte du 1er juillet 2012 avec effet au 1er janvier 2012, une société a absorbé deux autres sociétés ; les contrats de travail des salariés ont été transférés à la société absorbante. Le comité d'entreprise de la société absorbante a saisi le tribunal de grande instance d'une demande de rappel de la subvention de fonctionnement des comités d'entreprise des sociétés absorbées ainsi que de la contribution de l'employeur aux activités sociales et culturelles au titre des années antérieures à l'opération de fusion.

D'abord, c'est à bon droit que la cour d'appel a écarté l'application de l'article R. 2323-39 ancien CT à la situation du comité d'entreprise de la société ayant fait l'objet d'une opération de fusion-absorption et dont les salariés ont été transférés au sein de la société absorbante.

Ensuite, la cour d'appel qui a constaté que les comités d'entreprise des sociétés absorbées avaient, par suite de leur dissolution, dévolu leur patrimoine au comité d'entreprise de la société absorbante au sein de laquelle les salariés avaient été transférés, ce dont il résultait que l'ensemble de leurs biens et droits avaient été transmis, en a exactement déduit que l'action tendant au paiement d'un rappel de subvention et de contribution de l'employeur au titre des années antérieures à l'opération de fusion-absorption avait été transmise à cette institution représentative par l'effet de cette dissolution.

Cass. soc. 16 janvier 2019, n° 17-26.993, 1er moyen, à paraître.

☛ Comité central d'entreprise ; Contribution patronale aux activités sociales et culturelles.

Suppléants
(Élus du comité d'entreprise et des délégués du personnel)

☛ Remplacement des représentants du personnel.

Surveillance des salariés

La collecte d'informations concernant les salariés doit répondre à un souci de transparence de la part de l'employeur, ce dernier ne pouvant pas, sauf devant la juridiction pénale, se prévaloir d'informations collectées à leur insu.

Devant les juridictions civiles, l'employeur peut se prévaloir des informations collectées par lui au moyen d'un système de surveillance, à condition d'utiliser des moyens de preuve licites

Le contrôle de l'activité d'un salarié, au temps et au lieu de travail, par un service interne à l'entreprise chargé de cette mission ne constitue pas, en soi, même en l'absence d'information préalable du salarié, un mode de preuve illicite.

Ayant relevé que le contrôle organisé par un employeur, confié à des cadres, pour observer les équipes de contrôle dans un service public de transport dans leur travail au quotidien sur les amplitudes et horaires de travail, était limité au temps de travail et n'avait impliqué aucune atteinte à la vie privée des salariés observés, une cour d'appel a pu en déduire que les rapports " suivi contrôleurs " produits par l'employeur à l'appui d'un licenciement disciplinaire étaient des moyens de preuve licites.

Cass. soc. 5 novembre 2014, n° 13-18.427, BC V n° 255.

Si l'employeur a le droit de contrôler et de surveiller l'activité de son personnel durant le temps de travail, il ne peut mettre en œuvre un dispositif de contrôle qui n'a pas été porté préalablement à la connaissance des salariés.

Plusieurs salariés avaient été licenciés pour faute grave pour avoir dégradé à plusieurs reprises des distributeurs automatiques de boissons et sandwiches et dérobé des marchandises se trouvant à l'intérieur.

L'employeur ayant fait appel, à l'insu de son personnel, à une société de surveillance extérieure pour procéder au contrôle de l'utilisation par ses salariés des distributeurs de boissons et de sandwiches, une cour d'appel a décidé à bon droit que le rapport de cette société constituait un moyen de preuve illicite.

Par ailleurs, ayant constaté que le licenciement pour faute grave des salariés reposait exclusivement sur le rapport de la société de surveillance, la cour d'appel en a justement déduit que ces licenciements étaient dépourvus de cause réelle et sérieuse.

Cass. soc. 15 mai 2001, n° 99-42.219, BC V n° 167.

Si l'employeur a le pouvoir de contrôler et de surveiller l'activité de son personnel pendant le temps de travail, il ne peut mettre en œuvre un dispositif de contrôle clandestin et à ce titre déloyal.

Pour débouter une factrice, licenciée pour faute grave après avoir ouvert une lettre, de sa demande de paiement d'une indemnité pour licenciement sans cause réelle et sérieuse, une cour d'appel a énoncé que la Poste, chargée d'une mission de service public, étant tenue de garantir aux usagers le secret et l'intégrité des correspondances confiées, le nombre accru de signalisations relatives à des lettres ouvertes dans le centre dont dépendait la salariée justifiait l'introduction de lettres dites « festives » dans sa tournée, lettres ayant la particularité de diffuser une encre bleue si elles sont ouvertes, afin de mettre fin à des agissements frauduleux, que ces lettres banalisées ne constituaient pas un procédé de surveillance destiné à collecter des informations sur les salariés mais avaient vocation à être traitées de la même façon que les autres correspondances et qu'il n'y avait donc ni stratagème ni provocation à commettre une infraction, ni utilisation d'un procédé déloyal par l'employeur.

En statuant ainsi, alors que l'utilisation de lettres piégées à l'insu du personnel constitue un stratagème rendant illicite le moyen de preuve obtenu, la cour d'appel a violé l'article 9 c. civ.

Cass. soc. 4 juillet 2012, n° 11-30.266, BC V n° 208. Voir aussi cass. soc. 19 novembre 2014, n° 13-18.749.

Après avoir relevé que l'ensemble du personnel de la brasserie et du bar d'un casino avait été avisé de la présence de caméras de vidéosurveillance fonctionnant en permanence conformément aux prescriptions réglementaires en la matière, une cour d'appel a pu décider que les enregistrements vidéo du barman omettant d'encaisser de nombreuses consommations constituaient un moyen de preuve licite de la faute grave de ce dernier.

Cass. soc. 2 février 2011, n° 10-14.263, 1er moyen.

Il en va de même s'agissant d'un dispositif de vidéosurveillance installé sur le site d'une société cliente.

Si l'employeur a le droit de contrôler et de surveiller l'activité de ses salariés pendant le temps de travail, il ne peut être autorisé à utiliser comme mode de preuve les enregistrements d'un système de vidéosurveillance installé sur le site d'une société cliente permettant le contrôle de leur activité dont les intéressés n'ont pas été préalablement informés de l'existence.

Pour débouter les salariés d'une entreprise de leur demande de rétractation d'une ordonnance sur requête désignant un huissier aux fins de visionner les enregistrements des caméras de vidéosurveillance placées à l'entrée d'une société cliente pour la période d'avril à août 2008 et d'établir un relevé des heures d'arrivée et de départ de ses salariés, une cour d'appel a retenu que ces enregistrements constituaient un moyen de preuve licite dès lors, d'une part, que le renforcement de la vidéosurveillance par la société cliente n'avait pas pour but de contrôler le travail des salariés prestataires mais uniquement de surveiller les portes d'accès de ses locaux pour renforcer la sécurité et, d'autre part, que l'employeur avait dès le 20 mai 2008 avisé ses salariés de ce dispositif, remplissant en cela son obligation de loyauté par une information à laquelle il n'était pas tenu au regard de l'article L. 1222-4 CT, le procédé ayant été installé par le client de l'entreprise.

En statuant ainsi, alors que la lettre du 20 mai 2008, qu'elle a dénaturée, n'informait pas les salariés de l'existence d'un dispositif de vidéosurveillance qui permettait de contrôler leurs heures d'arrivée et de départ sur le lieu du travail, la cour d'appel a violé les articles L. 1222-4 CT et 1134 c. civ.

Cass. soc. 10 janvier 2012, n° 10-23.482, BC V n° 2.

Mais l'employeur peut se servir des moyens de preuve obtenus à l'aide de procédés de surveillance qui n'ont pas été portés à la connaissance des salariés si ces procédés ont été mis en place dans des locaux de l'entreprise dans lesquels les salariés ne travaillent pas.

Si, aux termes de l'article L. 432-2-1 CT, le comité d'entreprise est informé et consulté préalablement à la décision de mise en œuvre dans l'entreprise sur les moyens ou les techniques permettant un contrôle de l'activité des salariés, ce qui interdit à l'employeur de se servir des moyens de preuve obtenus à l'aide de procédés de surveillance qui n'auraient pas été portés préalablement à la connaissance des salariés, l'employeur est libre de mettre en place des procédés de surveillance des entrepôts ou autres locaux de rangement dans lesquels les salariés ne travaillent pas.

Un salarié employé en qualité de chauffeur-routier avait été licencié pour avoir participé personnellement à des détournements de marchandises.

Après avoir constaté que le système de vidéosurveillance avait été installé par l'employeur dans un entrepôt de marchandises et qu'il n'enregistrait pas l'activité de salariés affectés à un poste de travail déterminé, une cour d'appel a pu retenir ce moyen de preuve à l'appui de sa décision.

Ensuite, ayant relevé que le système de vidéosurveillance avait établi avec certitude la participation répétée du salarié à des faits de vol et que celui-ci avait cherché à revendre le matériel soustrait, la cour a pu décider que son comportement était de nature à rendre impossible son maintien dans l'entreprise pendant la durée du préavis et constituait une faute grave.

Cass. soc. 31 janvier 2001, n° 98-44.290, BC V n° 28. Voir aussi cass. soc. 19 janvier 2010, n° 08-45.092, 1er moyen.

Si un employeur ne peut mettre en œuvre un dispositif de contrôle de l'activité professionnelle qui n'a pas été porté préalablement à la connaissance des salariés, il peut leur opposer les preuves recueillies par les systèmes de surveillance des locaux auxquels ils n'ont pas accès, et n'est pas tenu de divulguer l'existence des procédés installés par les clients de l'entreprise.

Des salariés, licenciés pour faute grave, ont formé un pourvoi en cassation à l'encontre de l'arrêt d'une cour d'appel qui avait retenu la licéité des bandes vidéos comme moyen de preuve établissant l'existence de leur faute.

Ayant constaté que la mise en place d'une caméra dans l'entreprise avait été décidée par un client et n'avait pas pour but de contrôler le travail des intéressés mais uniquement de surveiller la porte d'accès d'un local dans lequel ils ne devaient avoir aucune activité, la cour d'appel a pu décider que les enregistrements vidéo litigieux constituaient un moyen de preuve licite.

Cass. soc. 19 avril 2005, n° 02-46.295, BC V n° 141.

La vérification par une entreprise d'un relevé de ses communications téléphoniques fournies par France Télécom ne constitue pas un procédé de surveillance illicite des salariés même s'il n'a pas été porté à leur connaissance.

Cass. soc. 15 mai 2001, n° 99-42.937, BC V n° 168.

Des écoutes téléphoniques constituent un mode de preuve valable, dès lors que les salariés en ont été avertis.

L'employeur a le droit de contrôler et de surveiller l'activité de ses salariés pendant le temps du travail ; seul l'emploi d'un procédé clandestin de surveillance est illicite.

C'est à bon droit qu'une cour d'appel, qui a relevé que les salariés avaient été dûment avertis de ce que leurs conversations téléphoniques seraient écoutées, a décidé que les écoutes réalisées constituaient un mode de preuve valable et a retenu que le salarié avait commis une faute grave en prenant régulièrement des paris pendant le temps de travail avec le matériel de l'entreprise.

Cass. soc. 14 mars 2000, n° 98-42.090, BC V n° 101.

Si l'employeur a le pouvoir de contrôler et de surveiller l'activité de son personnel pendant le temps de travail, il ne peut mettre en œuvre un dispositif de surveillance clandestin et à ce titre déloyal ; l'écoute d'une communication téléphonique réalisée par une partie à l'insu de l'auteur des propos tenus constitue un procédé déloyal rendant irrecevable sa production à titre de preuve.

Pour rejeter la demande d'un salarié d'une banque de voir écarter un rapport de contrôle interne sur lequel était fondé son licenciement pour faute grave, une cour d'appel a énoncé que cet audit comportait la relation d'un appel téléphonique passé par une cliente à l'intéressé à l'aide du haut-parleur du téléphone, que l'écoute sans enregistrement de cette conversation s'était faite, non à partir du téléphone du salarié, mais d'un poste utilisé par la cliente pour cet appel, qu'aucun dispositif de surveillance n'ayant été mis en place pour permettre cette écoute rendue possible par les propriétés ordinaires que possède de notoriété publique tout téléphone, la relation de cette conversation téléphonique ne constituait pas un mode de preuve illicite.

En statuant ainsi, alors qu'il résultait de ses constatations que les inspecteurs de la banque avaient écouté la conversation téléphonique entre le salarié et la cliente pour en retranscrire la teneur dans leur rapport, sans vérifier si ce mode de contrôle de l'activité des salariés, avait été préalablement porté à leur connaissance, la cour d'appel a privé sa décision de base légale.

Cass. soc. 16 décembre 2008, n° 07-43.993, 2e branche du 2e moyen.

Pour débouter des salariées exerçant les fonctions de « télé-commerciale » de leurs demandes tendant à voir « prononcer la nullité » de leur licenciement pour faute grave, une cour d'appel a retenu qu'elles ne rapportaient pas la preuve que le système électronique de vérification et d'écoute des salariés, permettant à l'employeur de contrôler leur taux de connexion, était illicite pour n'avoir pas été communiqué préalablement aux représentants du personnel, qu'au contraire ce procédé avait été discuté lors d'une réunion de la délégation unique du personnel.

En statuant ainsi, alors que les parties soutenaient que deux dispositifs existaient au sein de l'entreprise, d'une part, un système d'assistance à l'argumentation au moyen d'une écoute des entretiens téléphoniques des salariés du service commercial, lequel avait été discuté lors d'une réunion des représentants du personnel, d'autre part, un dispositif de vérification et d'écoute au moyen d'un couplage informatique et de téléphonie permettant de contrôler le taux de connexion des salariés correspondant au rapport entre leur temps de présence et la durée des communications passées ou reçues par eux, qui n'avait pas fait l'objet d'une consultation des représentants du personnel, la cour d'appel a violé l'article 4 CPC.

Cass. soc. 27 février 2013, n° 11-26.029.

L'absence de déclaration à la CNIL d'un chronotachygraphe ne prive pas l'employeur de la possibilité de se prévaloir des informations fournies par ce matériel de contrôle dont la mise en place est obligatoire et ne peut donc être ignorée des salariés.

Un salarié employé en qualité de chauffeur longue distance a été licencié pour faute grave après mise à pied conservatoire, l'employeur lui reprochant notamment une manipulation frauduleuse de son chronotachygraphe afin de majorer son temps de service et sa rémunération.

C'est à tort que, pour dire le licenciement sans cause réelle et sérieuse, une cour d'appel a retenu que les enregistrements effectués par suivi satellitaire et chronotachygraphe des déplacements du salarié ne peuvent être opposés à celui-ci, faute de déclaration de ces dispositifs à la commission nationale de l'informatique et des libertés.

En effet, en vertu du règlement (CEE) 3821/85 du 20 décembre 1985, d'application directe, l'employeur est tenu, sous peine de sanctions pénales, d'assurer la mise en place et l'utilisation d'un chronotachygraphe, de sorte qu'une absence de déclaration à la Commission nationale de l'informatique et des libertés de l'emploi de cet appareil ne saurait le priver de la possibilité de se prévaloir, à l'égard du salarié, des informations fournies par ce matériel de contrôle, dont le salarié ne pouvait ignorer l'existence.

Cass. soc. 14 janvier 2014, n° 12-16.218, 1er moyen du pourvoi principal, BC V n° 4.

Un enregistrement effectué par l'employeur au moyen d'une caméra dissimulée ne peut être retenu comme moyen de preuve de la faute d'un salarié.

C'est à tort que, pour retenir l'existence d'une faute grave à l'encontre d'une salariée, une cour d'appel s'est fondée sur des enregistrements vidéo effectués à l'insu de l'intéressée au moyen d'une caméra dissimulée dans une caisse, de manière à surveiller le comportement des salariés sans qu'ils s'en doutent.

Cass. soc. 20 novembre 1991, n° 88-43.120, BC V n° 519.

Le système de vidéosurveillance de la clientèle mis en place par l'employeur et également utilisé par celui-ci pour contrôler ses salariés sans information et consultation préalables du comité d'entreprise constitue un moyen de preuve illicite.

Si l'employeur a le droit de contrôler et de surveiller l'activité de son personnel durant le temps de travail, il ne peut mettre en œuvre un dispositif de contrôle qui n'a pas fait l'objet, préalablement à son introduction, d'une information et d'une consultation du comité d'entreprise.

C'est à tort que, pour dire le licenciement d'un salarié fondé sur une faute grave, une cour d'appel a déclaré recevable la production d'un enregistrement de l'intéressé effectué par l'employeur à l'aide d'une caméra de vidéosurveillance, estimant qu'il ne pouvait être sérieusement prétendu que le salarié ignorait l'existence de caméras vidéo destinées à détecter les vols perpétrés dans l'entreprise et utilisées depuis 1996 ainsi qu'il ressortait de la consultation du CHSCT produite par l'employeur et annoncée par des affichettes dans le magasin, alors qu'elle avait constaté que le système de vidéosurveillance de la clientèle mis en place par l'employeur était également utilisé par celui-ci pour contrôler ses salariés sans information et consultation préalables du comité d'entreprise, en sorte que les enregistrements du salarié constituaient un moyen de preuve illicite.

Cass. soc. 7 juin 2006, n° 04-43.866, BC V n° 206.

La mise en place d'un système de badges géré par des moyens automatisés et permettant d'identifier les salariés à leur entrée et à leur sortie des locaux de l'entreprise doit être déclarée à la CNIL.

Une société avait mis en œuvre un système de badges géré par des moyens automatisés et permettant d'identifier les salariés à leur entrée et à leur sortie des locaux de l'entreprise. Une disposition du règlement intérieur, portée à la connaissance de tous les salariés, leur a fait obligation d'utiliser le badge, mais le traitement automatisé aboutissant à la mise en place de ce système n'a fait l'objet d'une déclaration à la Commission nationale de l'informatique et des libertés que le 17 juillet 2000.

Doit être approuvé l'arrêt ayant déclaré sans cause réelle et sérieuse le licenciement d'un salarié, prononcé le 30 avril 1998 en raison de son refus à 19 reprises entre février et avril 1998 d'utiliser le badge.

En effet, il résulte de la combinaison des articles 16, 27 et 34 de la loi 78-17 du 6 janvier 1978 relative à l'informatique, aux fichiers et aux libertés, 226-16 c. pén., L. 121-8 et L. 432-2-1 CT, qu'à défaut de déclaration à la Commission nationale de l'informatique et des libertés d'un traitement automatisé d'informations nominatives concernant un salarié, son refus de déférer à une exigence de son employeur impliquant la mise en œuvre d'un tel traitement ne peut lui être reproché.

Cass. soc. 6 avril 2004, n° 01-45.227, BC V n° 103.

Les informations collectées par un système de traitement automatisé de données personnelles avant sa déclaration à la CNIL constituent un moyen de preuve illicite.

Après avoir été convoquée par lettre du 2 décembre 2009 à un entretien préalable, une salariée a été licenciée par lettre du 23 décembre 2009, l'employeur lui reprochant une utilisation excessive de la messagerie électronique à des fins personnelles.

Pour dire le licenciement justifié par une cause réelle et sérieuse et rejeter les demandes de dommages intérêts pour licenciement sans cause réelle et sérieuse et pour licenciement vexatoire formées par la salariée, une cour d'appel a retenu que la déclaration tardive à la CNIL le 10 décembre 2009 de la mise en place d'un dispositif de contrôle individuel de l'importance et des flux des messageries électroniques n'avait pas pour conséquence de rendre le système illicite ni davantage illicite l'utilisation des éléments obtenus et que le nombre extrêmement élevé de messages électroniques à caractère personnel envoyés et/ou reçus par l'intéressée durant les mois d'octobre et novembre 2009, respectivement 607 et 621, qui ne pouvait être considéré comme un usage raisonnable dans le cadre des nécessités de la vie courante et quotidienne de l'outil informatique mis à sa disposition par l'employeur pour l'accomplissement de son travail, devait être tenu comme excessif et avait eu un impact indéniablement négatif sur l'activité professionnelle déployée par la salariée durant la même période pour le compte de son employeur, celle-ci occupant une part très importante de son temps de travail à des occupations privées.

En statuant ainsi, en se fondant uniquement sur des éléments de preuve obtenus à l'aide d'un système de traitement automatisé d'informations personnelles avant qu'il ne soit déclaré à la CNIL, alors que l'illicéité d'un moyen de preuve devait entraîner son rejet des débats, la cour d'appel a violé les articles 2 et 22 de la loi dite « informatique et libertés » du 6 janvier 1978 et 9 c. civ..

Cass. soc. 8 octobre 2014, n° 13-14.991, BC V n° 230.

La mise en place par une banque d'un mode de traçage informatique des consultants des comptes ne peut être assimilée au recours à une preuve illicite.

Le fait pour une banque de mettre en place un système d'exploitation intégrant un mode de traçage permettant d'identifier les consultants des comptes ne peut être assimilé ni à la collecte d'une information personnelle au sens de l'article L. 121-8 CT, ni au recours à une preuve illicite, le travail effectué par utilisation de l'informatique ne pouvant avoir pour effet de conférer l'anonymat aux tâches effectuées par les salariés.

Une cour d'appel, qui a relevé que le salarié, titulaire de fonctions d'encadrement, ne contestait pas l'exactitude des faits qui lui étaient reprochés et qui ont consisté à consulter de nombreux comptes individuels par pure curiosité personnelle, sans qu'aucun lien ne puisse être établi avec ses tâches professionnelles, a pu décider que de tels agissements, par la méconnaissance qu'ils constituaient du devoir de discrétion et du secret bancaire, rendaient impossible le maintien du salarié dans l'entreprise pendant la durée du préavis et constituaient une faute grave.

Cass. soc. 18 juillet 2000, n° 98-43.485.

Le système d'alerte professionnelle mis en place par un employeur doit être conforme à l'autorisation unique délivrée par la CNIL dans sa délibération 2005-305 du 8 décembre 2005 et doit comporter des mesures d'information et de protection des personnes concernées.

Une société a élaboré un code de conduite des affaires organisant notamment un système d'alerte professionnelle ; la version 2007 de ce code a fait l'objet le 30 mai 2007 d'un engagement de conformité à l'autorisation unique de traitement automatisé de données à caractère personnel mis en œuvre dans le cadre de dispositifs d'alerte professionnelle, délivrée par la CNIL, dans sa délibération 2005-305 du 8 décembre 2005, en application de l'article 25 II de la loi Informatique et liberté du 6 janvier 1978 ; estimant que le dispositif d'alerte n'était pas conforme à cette autorisation unique et aurait dû faire l'objet d'une autorisation en application de l'article 25 I de la loi précitée, un syndicat a saisi le tribunal de grande instance d'une demande d'annulation de ce code.

C'est à tort que, pour déclarer licites les dispositions du code de conduite des affaires version 2007 relatives à l'alerte professionnelle, une cour d'appel a retenu que ce dispositif était conforme au régime simplifié d'autorisation unique défini par la CNIL dans sa délibération du 8 décembre 2005, dispensant les responsables de traitement automatisé de données à caractère personnel du régime normal de l'autorisation lorsque le traitement mis en œuvre répond à une obligation législative ou réglementaire visant à l'établissement de procédures de contrôle interne dans les domaines financier, comptable, bancaire et de la lutte contre la corruption (article 1er), que l'article 3 de cette autorisation prévoit que des faits qui ne se rapportent pas à ces domaines peuvent toutefois être communiqués aux personnes compétentes de l'organisme lorsque l'intérêt vital de celui-ci ou l'intégrité physique ou morale de ses employés est en jeu, qu'il ne saurait être reproché à la société d'avoir étendu le dispositif d'alerte à des situations non prévues par la délibération de la CNIL et à des cas de mise en jeu de l'intérêt vital des personnes expressément prévue par cet article 3, de sorte qu'il ne pouvait être reproché à la société de ne pas avoir sollicité l'autorisation de la CNIL.

En effet, l'autorisation unique susmentionnée, en son article 1er relatif à la finalité des traitements, dispose que : « Seuls peuvent faire l'objet d'un engagement de conformité par référence à la présente décision unique les traitements mis en œuvre par les organismes publics ou privés dans le cadre d'une alerte professionnelle répondant à une obligation législative et réglementaire de droit français visant à l'établissement de procédures de contrôle interne dans les domaines financier, comptable, bancaire et de lutte contre la corruption. Conformément à l'article 7-5° de la loi du 6 janvier 1978 modifiée, les traitements mis en œuvre dans les domaines comptable et d'audit par les entreprises concernées par la section 301(4) de la loi américaine dite « Sarbanes-Oxley » de juillet 2002 entrent également dans le champ de la présente décision » ; son article 3 relatif aux catégories de données à caractère personnel enregistrées prévoit limitativement ces catégories en précisant que « Les faits recueillis sont strictement limités aux domaines concernés par le dispositif d'alerte. Des faits qui ne se rapportent pas à ces domaines peuvent toutefois être communiqués aux personnes compétentes de l'organisme concerné lorsque l'intérêt vital de cet organisme et l'intégrité physique ou morale de ses employés est en jeu » ; il en résulte qu'un dispositif d'alerte professionnelle faisant l'objet d'un engagement de conformité à l'autorisation unique ne peut avoir une autre finalité que celle définie à son article 1er que les dispositions de l'article 3 n'ont pas pour objet de modifier.

En outre, les mesures d'information prévues par la loi du 6 janvier 1978 reprises par la décision d'autorisation unique de cette commission pour assurer la protection des droits des personnes concernées doivent être énoncées dans l'acte instituant la procédure d'alerte.

Dès lors, c'est à tort que, pour débouter le syndicat de sa demande d'annulation du code de conduite version 2007, la cour d'appel a retenu encore que, dès lors que la déclaration du système d'alerte avait été faite auprès de la CNIL, la société n'était pas tenue de rappeler dans le paragraphe concerné du code de conduite des affaires les dix articles de la délibération du 8 décembre 2005, et notamment ses articles 9 et 10 concernant l'information de la personne faisant l'objet de l'alerte professionnelle et le respect des droits d'accès et de rectification, et qu'il suffisait de rappeler, comme l'avait fait la société, les points principaux de cette délibération, alors que le dispositif d'alerte professionnelle ne prévoyait aucune mesure d'information et de protection des personnes répondant aux exigences de la loi du 6 janvier 1978 et de la délibération du 8 décembre 2005 portant autorisation unique.

Cass. soc. 8 décembre 2009, n° 08-17.191, 3e moyen, BC V n° 276

Juridiction pénale : le juge pénal doit apprécier la valeur probante des moyens de preuve produits par les parties, quelle qu'en soit leur licéité

Pour condamner un salarié pour abus de confiance commis au préjudice de son employeur, une cour d'appel a pu retenir comme moyen de preuve les enregistrements d'une caméra équipant le lieu de travail, ces enregistrements montrant le salarié s'appropriant diverses sommes d'argent.

En effet, aucune disposition légale ne permettant au juge répressif d'écarter les moyens de preuve produits par les parties au seul motif qu'ils auraient été obtenus de façon illicite ou déloyale, il appartient seulement au juge d'en apprécier la validité.

Cass. crim. 6 avril 1994, n° 93-82.717, B. crim. n° 136.

☞ *Preuve de la faute ; Règlement intérieur ; Vie privée.*

Suspension du contrat de travail

Le contrat de travail peut être suspendu du fait du salarié ou de l'employeur.

☞ *Accidentés du travail (Suspension du contrat de travail) ; Chômage partiel ; Chômage partiel total ; Congé de formation ; Congé parental d'éducation ; Congé sabbatique ; Loyauté (Obligation de) ; Maladie (Indemnisation complémentaire) ; Mise à pied conservatoire ; Mise à pied disciplinaire ; Représentants du personnel (Mise à pied conservatoire).*

Syndicats (Objet)

Les syndicats ont exclusivement pour objet l'étude et la défense des droits ainsi que des intérêts matériels et moraux, tant collectifs qu'individuels, des personnes visées par leurs statuts (art. L. 2131-1 CT).

Qualité de syndicat

Une organisation dont l'activité consiste exclusivement à proposer des services rémunérés d'assistance et de conseil juridique n'a pas la qualité de syndicat.

Aux termes de l'article L. 2131-1 CT, les syndicats professionnels ont exclusivement pour objet l'étude et la défense des droits ainsi que des intérêts matériels et moraux, tant collectifs qu'individuels, des personnes mentionnées dans leurs statuts.

Le 17 octobre 2012, une confédération syndicale a saisi le tribunal d'instance d'une requête visant à l'annulation de la candidature déposée par une organisation dans le cadre du scrutin organisé pour mesurer l'audience des organisations syndicales dans les entreprises de moins de onze salariés devant se dérouler à compter du 28 novembre 2012 ; considérant que l'objet et l'activité poursuivis par cette organisation ne lui permettaient pas de revendiquer la qualité de syndicat, le tribunal d'instance a fait droit à cette demande.

Le tribunal a relevé, d'abord, que dans ses statuts l'organisation indiquait faire de l'action juridique l'un de ses moyens d'action essentiels et proposait d'étudier les questions juridiques touchant au droit social et au droit du travail, de renseigner et assister les adhérents et sympathisants, en se donnant pour but de se constituer un service juridique capable de rivaliser avec les meilleurs services juridiques patronaux ou cabinets d'avocats, pour développer l'information et l'assistance ou la défense devant les tribunaux de première instance, les cours d'appel ou la Cour de cassation, ensuite, que l'organisation entendait tirer des ressources de « participations financières » demandées aux adhérents et non-adhérents pour l'étude et le suivi de leur dossier juridique, et enfin que le tract édité par l'organisation pour présenter sa candidature au scrutin faisait exclusivement état de ses actions juridiques au profit de ses adhérents.

Ayant ainsi constaté que l'activité de l'organisation consistait exclusivement à proposer des services rémunérés d'assistance et de conseil juridique, ce dont il résultait que son objet n'était pas conforme aux dispositions de l'article L. 2131-1 CT, le tribunal a décidé à bon droit d'annuler la candidature de l'organisation au scrutin organisé pour mesurer l'audience des organisations syndicales dans les entreprises de moins de onze salariés.

Cass. soc. 15 novembre 2012, n° 12-27.315, BC V n° 296.

Dès lors que l'objet d'une confédération syndicale est conforme aux prescriptions de l'article L. 2131-1 CT, l'organisation peut revendiquer l'application des règles spécifiques aux organisations syndicales, même si certains de ses adhérents n'ont pas eux-mêmes la qualité de syndicat.

Cass. soc. 15 novembre 2012, n° 12-27.315, précité.

Qualité des syndicats professionnels pour représenter les retraités

À la suite d'un accord collectif conclu en 1994 entre les partenaires sociaux, un avenant avait modifié certains articles de la convention collective nationale de retraite et de prévoyance des cadres. L'accord et l'avenant ayant fait l'objet d'arrêtés d'extension, le Conseil d'État, appelé à se prononcer sur la validité des arrêtés d'extension, avait renvoyé à l'autorité judiciaire le soin de statuer sur la légalité des dispositions modificatives. La cour d'appel, saisie par plusieurs retraités, associations et syndicats, les avait déboutés de leurs prétentions.

Doit être rejeté le pourvoi formé par une association de cadres retraités qui, pour reprocher à la cour d'appel d'avoir jugé que les syndicats de salariés ont qualité pour représenter les retraités, soutenait notamment que les syndicats professionnels de salariés n'ont pas qualité pour souscrire, au nom d'anciens salariés retraités, des conventions ou accords collectifs ayant pour effet soit de mettre à leur charge des obligations, soit de revenir rétroactivement sur les droits qu'ils avaient acquis, fût-ce en leur qualité antérieure de salariés.

En effet, ayant exactement rappelé que, selon l'article L. 411-7 CT, les personnes qui ont cessé l'exercice de leurs fonctions peuvent adhérer à un syndicat professionnel, et retenu à bon droit, d'une part, qu'en vertu des dispositions combinées des articles L. 131-2 et L. 132-1 du même code, la convention collective a vocation à traiter de l'ensemble des conditions d'emploi et de travail des salariés et de leurs garanties sociales, ce qui inclut leurs retraites, d'autre part, qu'en application de l'article L. 731-1 c. séc. soc. alors applicable, les régimes complémentaires de retraite ou de prévoyance sont créés et modifiés par voie d'accord collectif interprofessionnel, professionnel ou d'entreprise, la cour d'appel en a justement déduit que les syndicats professionnels, qui ont qualité pour représenter les retraités, ont, dans la limite des pouvoirs qu'ils tiennent des textes précités, valablement conclu les accords litigieux.

Ayant constaté qu'une association rassemblait des retraités sans considération particulière de leur catégorie professionnelle, en sorte qu'elle n'avait pas vocation à défendre les intérêts des cadres salariés ou anciens salariés à la retraite, la cour d'appel en a exactement déduit qu'elle n'avait pas d'intérêt à agir par voie d'intervention dans un litige relatif à un régime de retraite de salariés cadres.

Cass. soc. 23 novembre 1999, n° 97-18.980, BC V n° 453.

Effets de l'illicéité de l'objet

Un groupement poursuivant des objectifs essentiellement politiques et contraires aux dispositions des articles L. 1132-1 et s. CT et aux principes de non-discrimination a un objet non conforme aux exigences des articles L. 2131-1 et 2 CT.

Un groupement se prévalant de la qualité de syndicat professionnel avait été déclaré sous la dénomination de Front national de la police (FNP). Estimant qu'il n'était qu'une émanation d'un parti politique dont il reprenait le nom et qu'il s'appropriait une dénomination identique à celle des policiers membres du Comité national de la Résistance, divers syndicats de police l'avaient assigné aux fins de lui voir interdire de se prévaloir de la qualité de syndicat et d'utiliser cette dénomination.

Tout d'abord, c'est à bon droit qu'après avoir constaté que les syndicats avaient un intérêt légitime à agir, une cour d'appel a décidé que leur action était recevable.

En effet, si, en vertu du principe de la liberté syndicale consacré par l'alinéa 6 du préambule de la Constitution du 27 octobre 1946, l'article 11 de la Convention européenne de sauvegarde des droits de l'homme et des libertés fondamentales et l'article 2 de la Convention internationale du travail n° 87, les syndicats peuvent se constituer librement, ce principe ne fait pas obstacle à ce qu'indépendamment du droit pour le procureur de la République de demander la dissolution d'un syndicat dans les conditions prévues par l'article L. 481-1 CT en cas d'infractions commises par ses dirigeants ou administrateurs, toute personne justifiant d'un intérêt à agir soit recevable à contester la qualité de syndicat professionnel d'un groupement dont l'objet ne satisfait pas aux exigences des articles L. 411-1 et 2 CT.

Ensuite, par application combinée des articles 1131 c. civ. et L. 411-1 et 2 CT, un syndicat professionnel ne peut pas être fondé sur une cause ou en vue d'un objet illicite. Il en résulte qu'il ne peut poursuivre des objectifs essentiellement politiques ni agir contrairement aux dispositions de l'article L. 122-45 CT et aux principes de non-discrimination contenus dans la Constitution, les textes à valeur constitutionnelle et les engagements internationaux auxquels la France est partie.

C'est donc à bon droit qu'après avoir souverainement retenu que le syndicat FNP n'était que l'instrument d'un parti politique qui était à l'origine de sa création et dont il servait exclusivement les intérêts et les objectifs en prônant des distinctions fondées sur la race, la couleur, l'ascendance, l'origine nationale ou ethnique, la cour d'appel a décidé que le FNP n'avait pas un objet conforme aux dispositions de l'article L. 411-1 CT et lui a, en conséquence, interdit de se prévaloir de la qualité de syndicat et d'utiliser la dénomination de Front national de la police.

Cass. ch. mixte 10 avril 1998, n° 97-17.870, BC n° 2.

Toute personne justifiant d'un intérêt à agir est recevable à contester la qualité de syndicat professionnel d'un groupement dont l'objet ne satisfait pas aux exigences légales.

Il résulte des articles L. 411-1, L. 411-2 et L. 481-1 CT et de l'article 31 NCPC qu'indépendamment du droit pour le procureur de la République de demander la dissolution d'un syndicat dans les conditions prévues par l'article L. 481-1 CT en cas d'infractions commises par ses dirigeants ou administrateurs, toute personne qui justifie d'un intérêt à agir est recevable à contester la qualité de syndicat professionnel d'une organisation dont l'objet ne satisfait pas aux exigences des articles L. 411-1 et L. 411-2 CT.

Un groupement, le « FNP », se prévalant de la qualité de syndicat professionnel, avait été déclaré et avait pour objet de regrouper les fonctionnaires en civil ou en tenue ainsi que les contractuels sous statut de droit public dépendant du ministère de la Justice et de procéder à l'étude et à la défense des droits ainsi que des intérêts matériels et moraux, tant collectifs qu'individuels, des personnes visées par les statuts.

L'État et deux syndicats l'avaient assigné aux fins de faire juger qu'il n'avait pas un objet conforme à l'article L. 411-1 CT et de lui interdire le droit de se prévaloir de la qualité de syndicat professionnel.

Doit être cassé l'arrêt qui, pour déclarer irrecevables les demandes des syndicats et de l'employeur, a énoncé que l'interdiction de se prévaloir de la qualité de syndicat professionnel ne saurait être prononcée dans d'autres conditions que celles expressément autorisées par l'article L. 481-1 CT et que les dirigeants du FNP n'ayant pas été condamnés pour la commission de l'infraction prévue à l'article L. 411-1 CT et le ministère public n'ayant pas requis la dissolution, la demande était irrecevable en application de l'article 31 NCPC, que le juge civil ne pouvait contrôler ab initio le bien-fondé de la mise en œuvre d'une liberté publique, que le principe de la légalité des délits et des peines avait pour effet de délimiter strictement l'intervention du juge et que la demande, qui ne s'analysait pas seulement en une opération de qualification mais en une atteinte à l'existence même du syndicat professionnel, était irrecevable, le ministère public étant le seul titulaire de l'action dans le cadre d'une procédure pénale, alors que l'article L. 481-1 CT était étranger au litige et que l'intérêt à agir des syndicats et de l'employeur n'était pas contesté.

Cass. ch. mixte 10 avril 1998, n° 97-16.970, BC n° 1.

La dissolution du groupement est encourue en cas d'objet illicite.

Toute personne justifiant d'un intérêt à agir est recevable à contester la qualité de syndicat professionnel d'un groupement dont l'objet ne satisfait pas aux exigences des articles L. 411-1 et L. 411-2 CT et à en demander la nullité, indépendamment du droit pour le procureur de la République d'en requérir la dissolution dans les conditions prévues par l'article L. 481-1 du même code en cas d'infractions commises par ses dirigeants ou administrateurs.

C'est dès lors à bon droit qu'une cour d'appel a déclaré un syndicat de médecins ostéopathes recevable en son action tendant à la dissolution du syndicat d'organisation de la profession d'ostéopathes diplômés d'État en kinésithérapie (SOK) et a prononcé la dissolution de ce syndicat après avoir retenu que son objet était illicite en ce qu'il regroupait des masseurs-kinésithérapeutes qui entendaient pratiquer l'ostéopathie de manière indépendante, sans diagnostic médical préalable.

Cass. ch. mixte 10 avril 1998, n° 97-13.137, BC n° 1.

Syndicats (Statuts)

Conformément aux dispositions de l'article L. 2131-2 CT, les syndicats ou associations professionnelles peuvent se constituer librement. L'article L. 2131-3 CT fait obligation aux fondateurs de tout syndicat professionnel de déposer les statuts et les noms de ceux qui, à un titre quelconque, sont chargés de l'administration ou de la direction. Ce dépôt est effectué auprès de la mairie de la localité où le syndicat est établi (art. R. 2131-1 CT) et doit être renouvelé en cas de changement de direction ou des statuts.

Objet des statuts

Les statuts déterminent s'il s'agit ou non d'un syndicat.

Selon l'article L. 411-2 CT, peuvent se constituer librement les syndicats de personnes exerçant la même profession, des métiers similaires ou des métiers connexes.

Dès lors qu'il résultait des statuts d'une association que « tout salarié, quel que soit le type de son travail ou sa branche d'activité », pouvait en faire partie, une cour d'appel a pu dire que cette association ne répondait pas aux conditions exigées par l'article L. 411-2 CT et en déduire qu'un membre de cette association ne pouvait être considéré comme un délégué d'une organisation syndicale habilitée, au sens de l'article R. 516-5 CT, à assister ou représenter une partie devant la juridiction prud'homale.

Cass. soc. 8 octobre 1996, n° 95-40.521, BC V n° 316.

Dépôt des statuts

La reconnaissance de l'existence légale d'un syndicat est subordonnée au dépôt de ses statuts.

La demande en reconnaissance de l'existence d'une unité économique et sociale formée par l'union départementale Force ouvrière est irrecevable dès lors que l'union n'a pas déposé ses statuts.

Un syndicat n'ayant d'existence légale qu'au jour du dépôt de ses statuts en mairie, son action en justice est irrecevable dès lors qu'il ne justifie pas de cette mesure de publicité.

Cass. soc. 17 avril 1996, n° 95-60.660. Voir aussi cass. soc. 26 mars 2014, n° 13-22.057 ; cass. soc. 9 novembre 2016, n° 15-60.263.

Dès lors, il en est de même de sa capacité d'ester en justice.

Les syndicats ou associations professionnels qui regroupent des personnes exerçant la même profession, des métiers similaires ou connexes, qui ont pour objet exclusif l'étude et la défense des droits ainsi que des intérêts matériels et moraux tant collectifs qu'individuels des personnes mentionnées dans leurs statuts, ont la capacité d'ester en justice, dès lors qu'ils ont satisfait à l'obligation de dépôt de leurs statuts en mairie.

Cass. soc. 13 octobre 2010, n° 09-14.418, 1er moyen, BC V n° 223.

Mais l'absence de renouvellement du dépôt des statuts en cas de changement de direction ou de statut n'affecte pas, à elle seule, l'existence légale du syndicat.

Si, en application de l'article L. 411-3 CT, un syndicat n'a d'existence légale que du jour du dépôt en mairie de ses statuts et du nom des personnes chargées de sa direction et de son administration, le renouvellement de ce dépôt en cas de changement de la direction ou des statuts ne constitue qu'une formalité dont l'absence ne prive pas, à elle seule, le syndicat d'une des conditions essentielles de son existence.

Cass. soc. 7 mai 2002, n° 00-60.487, 2e moyen, BC V n° 144. Voir aussi cass. soc. 11 mai 2004, n° 03-60.158, BC V n° 131 ; cass. soc. 5 février 2014, n° 12-26.167.

L'irrégularité commise par les fondateurs d'un syndicat lors du dépôt de ses statuts peut être régularisée pour l'avenir par un dépôt régulier effectué à l'occasion d'une modification des statuts.

Pour annuler les assignations devant un tribunal de grande instance délivrées par un syndicat en juin 2006 et le jugement frappé d'appel, une cour d'appel a retenu que si le syndicat justifiait avoir déposé en mairie ses statuts modifiés en janvier 2006, ses statuts originaires avaient été déposés à la préfecture des Yvelines, ce dont il résultait qu'il ne pouvait prétendre avoir disposé de la personnalité morale à cette date, le dépôt régulier de statuts modifiés ne pouvant couvrir l'irrégularité du dépôt des statuts par ses fondateurs.

En statuant ainsi, alors qu'elle avait constaté qu'à la date de délivrance des assignations, le syndicat avait observé les formalités lui incombant, peu important qu'elles aient été accomplies à l'occasion d'une modification de ses statuts, une cour d'appel a violé l'article L. 2131-3 CT.

Cass. soc. 7 juillet 2010, n° 08-21.805, BC V n° 162.

Les membres d'un syndicat n'ayant pas déposé ses statuts ne bénéficient pas de la protection prévue par le code du travail.

Un syndicat qui n'a pas effectué le dépôt de ses statuts conformément aux dispositions des articles L. 411-3 et R. 411-1 CT ne jouit pas des droits reconnus aux syndicats. Dès lors, les obstacles opposés à son action ne sont pas de nature à constituer le délit d'entrave à l'exercice du droit syndical défini par la loi.

En l'espèce, l'employeur avait licencié sans autorisation administrative un délégué syndical désigné par un syndicat n'ayant pas déposé ses statuts. Ce fait enlevait aux agissements poursuivis leur caractère punissable.

Cass. crim. 28 juin 1988, n° 86-92.752, 3e moyen, B. crim. n° 295.

Il incombe au syndicat dont la capacité est contestée de justifier du dépôt en mairie de ses statuts et des noms de ceux qui, à un titre quelconque, sont chargés de l'administration et de la direction.

Ayant constaté qu'une union ne justifiait pas de l'accomplissement de ces formalités à la date de la désignation critiquée, un tribunal d'instance a légalement justifié sa décision d'annuler la désignation d'une salariée en qualité de déléguée syndicale à laquelle l'union avait procédé.

Cass. soc. 28 septembre 2005, n° 04-60.426. Voir aussi cass. soc. 12 juillet 2016, n° 15-25.498.

Un syndicat ne peut pas se prévaloir de l'absence de dépôt de ses statuts pour se soustraire à ses obligations.

Un syndicat peut être condamné pour exercice abusif du droit de grève même s'il ne jouit pas de la personnalité morale, faute d'avoir déposé ses statuts.

Une cour d'appel, après avoir relevé qu'un syndicat, notamment lors de la discussion d'accords d'entreprise, avait clairement manifesté son existence de fait, a exactement décidé que celui-ci ne pouvait se prévaloir de l'inobservation des formalités qui lui incombaient pour se soustraire à ses obligations.

Cass. soc. 21 juillet 1986, n° 85-10.877, BC V n° 456.

La violation des règles de constitution peut être sanctionnée par la dissolution du groupement.

Doit être cassé l'arrêt prononçant la nullité d'un groupement pour illicéité de son objet alors que ce groupement était un syndicat professionnel au sens des articles L. 411-1 et L. 411-2 CT et que la cour d'appel n'avait été saisie d'aucune demande du ministère public.

En effet, il résulte de l'article L. 481-1 CT que la seule sanction de la violation des règles de constitution des syndicats professionnels est la dissolution, qui ne peut être prononcée qu'à la diligence du procureur de la République.

Cass. soc. 6 avril 1994, n° 91-20.764, BC V n° 137.

Modification des statuts

Selon l'article L. 411-1 CT, les syndicats professionnels ont exclusivement pour objet l'étude et la défense des droits ainsi que des intérêts matériels et moraux des personnes visées aux statuts ; il en résulte que seule une instance syndicale habilitée à modifier les statuts a le pouvoir d'étendre l'activité du syndicat à des personnes ne relevant pas de l'activité professionnelle qu'ils déterminent.

Cass. soc. 28 février 2007, n° 05-44.927, BC V n° 38.

La modification des statuts par un syndicat n'entraîne pas la perte de sa personnalité juridique.

Selon la convention 87 de l'OIT relative à la liberté syndicale et à la protection du droit syndical, ratifiée par la France, l'acquisition de la personnalité juridique par les syndicats ne peut pas être subordonnée à des conditions de nature à mettre en cause l'exercice de leur liberté d'élaborer leurs statuts, d'élire leurs représentants, de formuler leur programme d'action et de s'affilier à des fédérations ou confédérations. Il en résulte que l'exercice de ces libertés par un syndicat ne peut pas entraîner la perte de sa personnalité juridique.

Lors de son assemblée générale du 7 mai 2009, un syndicat, jusqu'alors affilié à une confédération syndicale, a décidé de modifier ses statuts déposés le 11 mai 2001, notamment en abandonnant la référence à la doctrine chrétienne et en se désaffiliant de cette confédération syndicale au profit d'une union syndicale. Le 14 mai suivant, le syndicat a déposé une liste de candidats en vue des élections des membres du comité d'établissement et des délégués du personnel devant se tenir le 23 juin.

Pour dire que le syndicat n'avait pas l'ancienneté requise par la loi pour participer à ces élections professionnelles et annuler en conséquence le dépôt de sa liste de candidats, un tribunal a retenu que le syndicat s'abstenait d'établir que la composition de son bureau et la liste de ses adhérents seraient les mêmes qu'avant et que le changement radical d'orientation de ce syndicat, se réclamant des valeurs chrétiennes, en un syndicat laïque s'obligeant à prendre en compte les orientations de l'union syndicale à laquelle il venait de s'affilier pour la cohérence du mouvement constituait une modification substantielle ayant entraîné la création d'un nouveau syndicat, légalement constitué depuis le 18 mai 2009, soit moins de deux ans avant le dépôt de sa liste de candidats aux élections du 23 juin 2009.

En statuant ainsi, alors que le syndicat avait fait usage de sa liberté d'élaborer ses statuts, d'élire ses représentants et de s'affilier à une confédération, le tribunal, devant lequel il n'était pas contesté que ce syndicat avait toujours pour objet l'étude et la défense des droits ainsi que des intérêts matériels et moraux, tant collectifs qu'individuels, de ses membres, a violé les articles L. 2314-3 et L. 2324-4 CT et la convention 87 de l'OIT.

Cass. soc. 3 mars 2010, n° 09-60.283, BC V n° 54. Voir aussi cass. soc. 17 avril 2013, n° 12-18.430.

La modification par un syndicat de ses statuts n'a pas pour effet de remettre en cause l'ancienneté acquise par le syndicat à compter du dépôt initial de ses statuts, y compris lorsque la modification s'accompagne d'un changement de dénomination,…

Cass. soc. 10 décembre 2014, n° 14-15.271. Voir aussi cass. soc. 12 juillet 2016, n° 15-25.819.

… d'un changement de champ géographique,…

Cass. soc. 15 avril 2015, n° 14-20.555.

… d'un changement de lieu d'établissement…

Cass. soc. 21 juin 2016, n° 15-60.208.

… ou d'un changement de son caractère intercatégoriel ou catégoriel.

L'acquisition de la personnalité juridique par les syndicats ne pouvant pas être subordonnée à des conditions de nature à mettre en cause l'exercice de leur liberté d'élaborer leurs statuts, d'élire leurs représentants, de formuler leur programme d'action et de s'affilier à des fédérations ou confédérations, l'exercice de ces libertés par un syndicat ne peut pas entraîner la perte de sa personnalité juridique ; il en résulte que la modification de l'objet statutaire ou du caractère intercatégoriel ou catégoriel d'une organisation syndicale décidée conformément à ses statuts ne fait pas perdre à cette organisation sa personnalité juridique.

C'est donc à bon droit qu'un tribunal d'instance, qui a constaté que lors d'un congrès extraordinaire un syndicat avait décidé de se concentrer sur la représentation de la catégorie des personnels navigants techniques et de changer de dénomination, a décidé que, quelle que soit la finalité de cette modification, le syndicat nouvellement dénommé conservait l'ancienneté acquise antérieurement à la modification de ses statuts.

Cass. soc. 14 mars 2018, n° 17-21.434, à paraître.

☛ *Action en justice des syndicats.*

T

Temps de pause/ Temps de repos

Aucun temps de travail quotidien ne peut atteindre six heures sans que le salarié bénéficie d'un temps de pause d'une durée minimale de vingt minutes, sauf dispositions conventionnelles plus favorables fixant un temps de pause supérieur.

Après six heures de travail effectif, le salarié doit bénéficier d'une pause d'au moins vingt minutes…

Il résulte de l'article L. 220-2 CT qu'après six heures de travail effectif, le salarié doit bénéficier d'une pause d'au moins vingt minutes.

Un salarié, employé en qualité de docker au déchargement des bateaux, avait saisi la formation des référés du conseil de prud'hommes pour obtenir le paiement d'une provision à valoir sur la rémunération des pauses prises au cours du mois de mars 1999. Il soutenait que le temps de pause légal devait être rémunéré chaque fois que son temps de travail quotidien, pause comprise, atteignait 6 heures.

Pour faire droit à sa demande et dire que les dispositions légales n'exigeaient pas, comme condition d'octroi, que les 6 heures de travail soient accomplies en continu, le juge des référés avait notamment retenu qu'une solution inverse aurait privé de sens la jurisprudence selon laquelle pendant le temps de pause-repas, compris dans la durée effective de travail, les salariés ne peuvent s'éloigner de leur poste et restent à la disposition de l'employeur et que, par ailleurs, une circulaire ministérielle du 25 juin 1998 énonçait explicitement que cette pause peut être située avant que la durée de 6 heures ne soit entièrement écoulée.

En statuant ainsi, sans constater que le salarié avait accompli un travail effectif d'une durée de 6 heures, le conseil de prud'hommes a violé les articles L. 212-4 et L. 220-2 CT.

Cass. soc. 13 mars 2001, n° 99-45.254, BC V n° 96. Voir aussi cass. soc. 23 mars 2011, n° 09-72.956.

… consécutives,…

Il résulte de l'article L. 3121-33 CT que, dès que le temps de travail quotidien atteint six heures, le salarié bénéficie d'un temps de pause d'une durée minimale de vingt minutes consécutives.

Après avoir constaté que le temps de travail effectif quotidien de salariés était supérieur à six heures, une cour d'appel a exactement décidé que l'accord d'entreprise qui prévoyait l'octroi de deux pauses d'une durée inférieure à vingt minutes contrevenait aux dispositions légales, peu important que le temps de travail effectif soit fractionné par une interruption de quinze minutes.

Cass. soc. 20 février 2013, n° 11-28.612, BC V n° 49.

… peu important que la période de six heures ait été interrompue en application de dispositions conventionnelles plus favorables.

Il résulte de l'article L. 3121-33 CT que dès que le travail quotidien atteint six heures, le salarié bénéficie d'un temps de pause d'une durée minimale de vingt minutes ; des dispositions conventionnelles plus favorables peuvent fixer un temps de pause supérieur.

Pour débouter une salariée de sa demande de dommages-intérêts pour violation de l'article L. 3121-33 CT relatif au temps de pause obligatoire, une cour d'appel a retenu qu'en application de trois accords collectifs, les salariés de la société bénéficiaient d'une pause de sept minutes payées par demi-journée d'une durée inférieure ou égale à six heures, et qu'il ressortait des bulletins de salaire de la salariée que celle-ci avait été mensuellement rémunérée au titre de cette pause.

En statuant ainsi, alors qu'une interruption du travail d'une durée de sept minutes au cours d'une période de six heures ne dispensait pas l'employeur d'accorder à la salariée les vingt minutes de pause obligatoires à partir de six heures de travail quotidien, la cour d'appel a violé l'article L. 3121-33 CT.

Cass. soc. 20 février 2013, n° 11-26.793, 2e moyen, BC V n° 50. Voir aussi cass. soc. 7 octobre 2015, n° 14-12.835, 2e moyen.

Les dispositions de l'article L. 3171-4 CT relatives à la répartition de la charge de la preuve des heures de travail effectuées entre l'employeur et le salarié ne sont pas applicables à la preuve du respect des temps de pause, qui incombe à l'employeur.

D'abord, selon l'article L. 3121-33 CT, pris pour l'application de l'article 4 de la directive 93/104/CE du Conseil du 23 novembre 1993 concernant certains aspects de l'aménagement du temps de travail, recodifiée par la directive 2003/88/CE du

Parlement européen et du Conseil du 4 novembre 2003, dès que le temps de travail quotidien atteint 6 heures, le salarié bénéficie d'un temps de pause d'une durée minimale de 20 minutes ; ensuite, les dispositions de l'article L. 3171-4 CT relatives à la répartition de la charge de la preuve des heures de travail effectuées entre l'employeur et le salarié ne sont pas applicables à la preuve du respect des seuils et plafonds, prévus tant par le droit de l'Union européenne que par le droit interne, qui incombe à l'employeur.

Après avoir relevé qu'un employeur qui détenait les plannings d'une salariée et disposait de l'ensemble des éléments de preuve concernant l'organisation du temps de travail dans ses établissements ne démontrait, ni ne prétendait avoir respecté les temps de pause prévus par l'article L. 3121-33 CT, une cour d'appel a pu, par ces seuls motifs, le condamner à payer à la salariée une somme à titre de dommages-intérêts en réparation du préjudice résultant du non-respect du temps de pause.

Cass. soc. 20 février 2013, n° 11-21.599, BC V n° 51. Voir aussi cass. soc. 8 avril 2015, n° 13-24.873 ; cass. soc. 15 mai 2019, n° 17-28.018, 11e moyen.

Les représentants du personnel doivent bénéficier du temps de pause sur leurs heures de délégation.

Le temps nécessaire à l'exercice des fonctions de représentant du personnel est de plein droit considéré comme temps de travail et payé à l'échéance normale ; ce représentant ne doit subir aucune perte de rémunération du fait de l'exercice de sa mission.

N'a pas légalement justifié sa décision la cour d'appel qui, pour rejeter les demandes d'un délégué du personnel en paiement des temps de pause, a retenu que celui-ci n'était fondé ni à ajouter son temps de pause à ses heures de délégation pour en réclamer la rémunération correspondante ni à augmenter son crédit d'heures de délégation des temps de pause, sans rechercher si le salarié n'avait pas accompli huit heures consécutives de délégation ou de travail, auquel cas il aurait eu droit à une demi-heure de pause rémunérée conformément à la convention collective.

Cass. soc. 26 juin 2001, n° 98-46.387, BC V n° 232.

Le temps de pause s'analyse en un arrêt de travail de courte durée sur le lieu de travail ou à proximité. Ni la brièveté des temps de pause ni la circonstance que les salariés ne puissent quitter l'établissement à cette occasion ne permettent de considérer que ces temps de pause constituent un temps de travail effectif.

C'est à tort que, pour décider que les temps de pause prévus par des accords d'entreprise devaient être considérés comme du temps de travail effectif, une cour d'appel a énoncé que « compte tenu de la modicité du temps de repos fixé à 3 minutes par heures de présence payée, il n'était pas loisible au salarié de quitter l'établissement et de vaquer à ses occupations ».

Cass. soc. 5 avril 2006, n° 05-43.061, 1er moyen pris en sa première branche, BC V n° 142. Voir aussi cass. soc. 19 mai 2009, n° 08-40.208 ; cass. soc. 15 mai 2014, n° 12-24.771.

Il en est de même de la seule circonstance que le salarié soit astreint au port d'une tenue de travail durant la pause.

Cass. soc. 30 mai 2007, n° 05-44.396. Voir aussi cass. soc. 15 octobre 2014, n° 13-16.645.

Le temps de déjeuner s'intercalant entre deux périodes de travail effectif constitue un temps de pause.

Selon l'article 6 de l'avenant du 20 juin 2002 relatif aux salariés des centres d'appel non intégrés, « Les séquences de travail ne peuvent être supérieures à 3 heures de travail effectif. Au choix de l'employeur et en fonction des séquences de travail, une pause obligatoire doit être respectée, celle-ci pouvant être soit d'une durée de 10 minutes toutes les 2 heures de travail effectif, soit de 15 minutes toutes les 3 heures de travail effectif. Ces pauses rémunérées sont exclues de l'appréciation du temps de travail effectif ».

Des salariés d'une société dont l'activité relève de la convention collective nationale du personnel des prestataires de service dans le domaine du tertiaire du 13 août 1999 ont saisi la juridiction prud'homale d'une demande de rappel de salaire au titre du temps de pause tel que défini à l'article 6 de l'avenant du 20 juin 2002 relatif aux salariés des centres d'appel non intégrés.

Pour faire droit à leur demande, un conseil de prud'hommes, après avoir énoncé qu'il résulte de la convention collective applicable que « pour toute journée de travail supérieure à 6 heures, la pause quotidienne doit être de trente minutes » et que si « la répartition de cette pause est au choix de l'employeur [...] en aucun cas cette pause doit se cumuler avec la pause du déjeuner soit après la deuxième séquence de travail selon le schéma transmis lors de l'audience », a retenu que, pour une amplitude de travail de 7 heures, les salariés bénéficiaient d'une pause quotidienne d'une durée de 20 minutes.

En statuant ainsi, alors que le temps du déjeuner, qui s'intercale entre deux périodes de travail effectif, est un temps de pause, le conseil de prud'hommes a violé l'article L. 3121-1 CT.

Cass. soc. 20 juin 2013, n° 12-10.127, BC V n° 159.

Le temps de pause n'est pas incompatible avec des interventions éventuelles et exceptionnelles demandées durant cette période au salarié en cas de nécessité.

La période de pause, qui s'analyse comme un arrêt de travail de courte durée sur le lieu de travail ou à proximité, n'est pas incompatible avec des interventions éventuelles et exceptionnelles demandées durant cette période au salarié en cas de nécessité, notamment pour des motifs de sécurité.

Doit être rejeté le pourvoi formé par un syndicat et le comité d'établissement d'une usine de leur demande tendant à voir organiser les conditions de travail des salariés postés de façon à leur permettre de bénéficier de la pause conventionnelle d'une demi-heure sans se trouver en situation de rester à la disposition de l'employeur.

En effet, après avoir constaté que les salariés, durant la période de pause d'une demi-heure qui leur est accordée après 6 heures de travail, ne devaient intervenir qu'en cas de nécessité et que cette période était rémunérée et décomptée comme du temps de travail effectif, une cour d'appel a décidé, à bon droit, que ce temps de pause était conforme aux dispositions légales et conventionnelles applicables.

Cass. soc. 1er avril 2003, n° 01-01.395, BC V n° 129.
Voir aussi cass. soc. 13 mars 2013, n° 12-12.413.

Cependant, lorsque les salariés doivent surveiller leurs machines durant la période de pause, celle-ci doit être décomptée et rémunérée comme du temps de travail effectif.

Si la période de pause, qui s'analyse comme un arrêt de travail de courte durée sur le lieu de travail ou à proximité, n'est pas incompatible avec des interventions éventuelles et exceptionnelles demandées durant cette période au salarié en cas de nécessité, en particulier pour des motifs de sécurité, une cour d'appel, ayant relevé que des salariés étaient tenus pendant leur pause de rester dans un local vitré d'où ils devaient surveiller leurs machines pour répondre et intervenir en cas d'alerte des signaux de leur poste de travail, aucun roulement n'étant mis en place pour leur remplacement, a pu en déduire que ces périodes de pause, rémunérées mais non prises en compte dans le décompte du temps de travail effectif, n'étaient pas conformes aux dispositions légales et conventionnelles et a pu indemniser ces salariés du préjudice subi du fait de l'inobservation par l'employeur des dispositions relatives à la pause conventionnelle.

Cass. soc. 12 octobre 2004, n° 03-44.084, BC V n° 253.

La convention collective peut prévoir la rémunération des temps de pause. Ses dispositions doivent alors être appliquées et la pause payée, quels que soient l'organisation et le moment de sa prise.

Des salariés se sont vu refuser par leur nouvel employeur, entre le 1er janvier et le 11 juin 2003, au motif que la pause n'était pas prise à l'issue de 6 heures continues de travail effectif, la rémunération prévue par l'article 4 de l'avenant « collaborateurs » du 15 mai 1991, annexé à la convention collective nationale de la plasturgie. Ils ont saisi la juridiction prud'homale.

L'article 4 de l'avenant « collaborateurs » du 15 mai 1991, annexé à la convention collective nationale de la plasturgie applicable dans l'établissement, prévoit le paiement d'une demi-heure de pause aux salariés effectuant dans un poste un horaire de travail d'au moins six heures, quels que soient l'organisation et le moment de la prise de pause. Un conseil de prud'hommes en a exactement déduit que les salariés de cet établissement avaient droit à la rémunération des temps de pause pour la période en litige.

Cass. soc. 16 novembre 2005, n° 04-40.410, BC V n° 328.

Astreintes ; Durée du travail ; Temps de trajet ; Temps de travail effectif.

Temps de trajet

Le temps de trajet, ou temps de déplacement professionnel, entre le domicile et le lieu d'exécution du contrat de travail n'est pas un temps de travail effectif. Toutefois, s'il dépasse le temps normal de ce type de trajet, il doit faire l'objet d'une contrepartie soit sous forme de repos, soit financière (art. L. 3121-4 CT).

Le temps habituel du trajet entre le domicile et le lieu du travail ne constitue pas en soi un temps de travail effectif…

Pour décider que le temps de transport et de voyage d'un salarié en exécution des ordres de mission qu'il recevait pour accomplir ses fonctions de formateur itinérant devait être considéré comme un temps de travail effectif et allouer à ce dernier diverses sommes à ce titre, une cour d'appel a relevé qu'en l'absence d'un régime d'équivalence négocié entre les parties, le temps de voyage des formateurs itinérants devait être considéré comme un temps de travail effectif.

En statuant ainsi, sans rechercher si le trajet entre le domicile du salarié et les différents lieux où il dispensait ses formations dérogeait au temps normal du trajet d'un travailleur se rendant de son domicile à son lieu de travail habituel et sans établir de distinction entre le trajet accompli entre le domicile et le lieu de travail, d'une part, et celui effectué, le cas échéant, entre deux lieux de travail différents, d'autre part, la cour d'appel n'a pas mis la Cour de cassation en mesure d'exercer son contrôle.

Cass. soc. 5 novembre 2003, n° 01-43.109, BC V n° 275.

Une cour d'appel, qui a constaté que les déplacements d'une salariée, qui devait se rendre régulièrement à Lyon, Marseille, Lille, Paris, auprès d'entreprises clientes de l'employeur et à la demande de ce dernier, étaient effectués hors période de travail et dépassaient en durée le temps normal du déplacement entre le domicile et le lieu de travail habituel, a exactement décidé qu'ils devaient être assimilés à un temps de travail effectif et a pu condamner l'employeur à lui verser diverses sommes à ce titre.

Cass. soc. 5 mai 2004, n° 01-43.918, BC V n° 121.

... et cela même lorsque le salarié utilise pour se rendre sur son lieu de travail un moyen de transport mis à sa disposition par l'employeur.

Ayant constaté qu'un employeur laissait aux conducteurs-receveurs la possibilité de rejoindre le Centre des bus - lieu de prise du service - par tout moyen à leur convenance et que pour ceux qui désiraient se rendre au préalable au dépôt, une navette était mise à leur disposition pour prendre leur service ou le quitter, une cour d'appel a pu décider que le temps ainsi passé dans la navette ne constituait pas un temps de travail effectif devant être rémunéré comme tel.

Cass. soc. 20 avril 2005, n° 03-42.017.

Il ne peut donc pas être pris en compte pour le calcul des durées quotidienne et hebdomadaire maximales de travail.

Aux termes de l'article L. 3121-4 CT dans sa rédaction applicable au litige, le temps de déplacement professionnel pour se rendre sur le lieu d'exécution du contrat de travail n'est pas du temps de travail effectif.

C'est donc à bon droit que, pour débouter un salarié, engagé en qualité de technicien SAV itinérant et rémunéré selon un horaire fixe de 42 heures hebdomadaires auquel s'ajoutait un forfait de 16 heures hebdomadaires au titre des déplacements professionnels, de sa demande au titre du non-respect des repos compensateurs et de la durée maximale hebdomadaire de travail, une cour d'appel a retenu que le temps de déplacement ne pouvait être additionné au forfait horaire hebdomadaire et, par voie de conséquence, pris en compte pour le calcul des durées quotidiennes et hebdomadaires maximales.

Cass. soc. 30 mai 2018, n° 16-20.634, 4e moyen, à paraître.

Le mode de rémunération des travailleurs qui n'ont pas de lieu de travail fixe ou habituel et effectuent des déplacements quotidiens entre leur domicile et les sites du premier et du dernier clients désignés par leur employeur ne relève pas de la directive 2003/88/CE, mais des dispositions du droit national.

Cass. soc. 30 mai 2018, n° 16-20.634, 1er moyen, à paraître.

En l'absence d'accord collectif ou d'engagement unilatéral pris conformément à l'article L. 3121-4 ancien CT, s'il appartient au juge de fixer le montant de la contrepartie due, il ne peut pour ce faire assimiler le temps de trajet entre le domicile et le lieu de travail à un temps de travail effectif.

Il résulte de l'article L. 3121-4 CT tel qu'issu de la loi 2005-32 du 18 janvier 2005 que le temps de trajet pour se rendre du domicile au lieu de travail n'est pas un temps de travail effectif ; lorsqu'il excède le temps nécessaire à un travailleur pour se rendre de son domicile à son lieu de travail habituel, il doit faire l'objet d'une contrepartie soit sous forme de repos, soit sous forme financière ; en l'absence d'accord collectif ou d'engagement unilatéral pris conformément à l'article L. 3121-4 CT, il appartient au juge de déterminer cette contrepartie et il ne peut pour ce faire assimiler le temps de trajet entre le domicile et le lieu de travail à un temps de travail effectif.

Cass. soc. 14 novembre 2012, n° 11-18.571, 6e branche du moyen, BC V n° 295.

La charge de la preuve du temps inhabituel de trajet entre le domicile et le lieu de travail n'incombe spécialement au salarié que pour la demande de contrepartie.

Le temps de trajet pour se rendre du domicile au lieu de travail, lorsqu'il excède le temps nécessaire à un travailleur pour se rendre de son domicile à son lieu de travail habituel, doit être considéré comme du temps de travail effectif et, à compter de l'entrée en vigueur de la loi du 18 janvier 2005, faire l'objet d'une contrepartie soit sous forme de repos, soit sous forme financière ; la charge de la preuve de ce temps de trajet inhabituel n'incombe spécialement au salarié que pour la demande de contrepartie.

Pour débouter un salarié de sa demande d'indemnisation du temps passé dans les déplacements réalisés pour rejoindre les sites clients sur lesquels il travaillait entre octobre 2003 et mai 2008, une cour d'appel a retenu que les décomptes produits par le salarié tablant sur des déplacements réguliers sur les sites clients ne permettaient de vérifier ni la réalité de ses affectations, ni le nombre d'heures passées dans les déplacements, ni leur prise en compte dans son amplitude horaire de travail.

En statuant ainsi, alors qu'elle avait relevé, d'une part, pour la période d'octobre 2003 à janvier 2005, que le salarié produisait un décompte de ses déplacements auquel la société pouvait répondre et, d'autre part, pour la période postérieure, que l'intéressé, ayant un lieu de travail habituel en région lyonnaise, travaillait « selon les fiches de frais de déplacement » depuis août 2007 sur le site de Lacq, ce dont il résultait que le temps de trajet excédait le temps normal de déplacement entre le domicile, situé dans la Drôme, et le lieu de travail habituel en région lyonnaise, la cour d'appel a violé les articles L. 212-4 dans sa rédaction antérieure à la loi 2005-32 du 18 janvier 2005, L. 3121-4 tel qu'issu de cette loi et L. 3171-4 CT.

Cass. soc. 15 mai 2013, n° 11-28.749, 2e moyen du pourvoi principal, BC V n° 124.

Lorsque le temps de trajet entre le domicile du salarié et son lieu de travail dépasse le temps normal du trajet d'un travailleur se rendant de son domicile à son lieu habituel de travail, ce temps de déplacement excédentaire constitue du temps de travail effectif et s'apprécie mission par mission lorsque celle-ci dépasse une journée et que le salarié ne regagne pas son domicile chaque jour.

Un salarié employé en qualité de formateur itinérant a saisi la juridiction prud'homale d'une demande de paiement d'heures supplémentaires et de repos compensateur correspondant aux temps de trajet effectués pour se rendre sur ses différents lieux de missions.

Pour limiter à une certaine somme la condamnation de l'employeur sur la demande du salarié en paiement du temps de déplacement de son domicile à ses lieux de missions successifs comme constituant pour partie du temps de travail effectif, une cour d'appel a retenu que le temps mis par le salarié pour se rendre de son domicile à chacun des lieux, répartis dans la France entière, où il devait dispenser ses enseignements, de même que le trajet retour correspondant, excédait très souvent 30 minutes, que, arrivé sur son lieu de mission le plus souvent en début de semaine et y restant le plus souvent jusqu'à la fin de la même semaine, il n'avait plus de trajet quotidien à effectuer puisqu'il avait tout loisir une fois sur place de s'installer à proximité immédiate du centre où il était amené à intervenir, sauf à démontrer au cas par cas que cela n'était pas possible, que, pour fixer le temps de trajet hebdomadaire surpassant celui supporté par un travailleur type, cette part excédentaire ayant seule vocation à représenter un travail effectif, il convenait de défalquer non pas simplement 30 minutes au titre du déplacement depuis le domicile au lieu de mission et 30 minutes au titre du déplacement inverse, comme le soutenait le salarié, mais 5 heures par semaine à l'instar du modèle de référence.

En statuant ainsi, en retenant le temps de déplacement théorique correspondant à cinq allers retours d'un travailleur type, alors que le salarié n'effectuait le déplacement entre le domicile et le lieu de travail et retour qu'une fois par semaine, la cour d'appel a ainsi violé l'article L. 212-4, devenu L. 3121-1 CT dans sa rédaction antérieure à la loi 2005-32 du 18 janvier 2005.

Cass. soc. 24 septembre 2014, n° 12-28.664, BC V n° 207.

Les trajets effectués par un conducteur poids lourds entre son domicile et les lieux de ses diverses prises de poste distincts du lieu de rattachement de l'entreprise, au moyen d'un véhicule de service, constituent des temps de travail effectif, quelle que soit la distance séparant ces lieux du domicile du salarié.

Après avoir relevé qu'aux termes de l'article 9 du règlement CE 561/2006 du 15 mars 2006, relatif à l'harmonisation de certaines dispositions de législation sociale dans le domaine des transports de la route, tout temps passé par un conducteur pour se rendre sur le lieu de prise en charge d'un véhicule entrant dans le champ d'application du présent règlement ou en revenir, lorsque celui-ci ne se trouve ni au lieu de résidence du conducteur ni à l'établissement de l'employeur auquel le conducteur est normalement rattaché, n'est pas considéré comme repos ou pause, à moins que le conducteur se trouve dans un ferry ou un train et ait accès à une couchette, une cour d'appel en a exactement déduit que les trajets effectués par un conducteur poids lourds entre son domicile et les lieux de ses diverses prises de poste distincts du lieu de rattachement de l'entreprise, au moyen d'un véhicule de service, étaient du temps de travail effectif quelle que soit la distance séparant ces lieux du domicile du salarié.

Cass. soc. 12 janvier 2016, n° 13-26.318, 1er moyen du pourvoi incident, BC V n° 6.

Le temps de trajet pour se rendre d'un lieu de travail à un autre lieu de travail constitue un temps de travail effectif.

Une cour d'appel, qui a constaté que des salariés devaient se rendre dans l'entreprise pour l'embauche et la débauche et qu'ils étaient dès lors à la disposition de l'employeur et ne pouvaient vaquer à des occupations personnelles, a exactement décidé que le temps de transport entre l'entreprise et le chantier constituait un temps de travail effectif.

C'est à bon droit que la cour d'appel a décidé que ce temps de travail effectif ne pouvait être rémunéré sous forme de primes et a refusé de déduire de la créance des salariés au titre des heures supplémentaires les sommes payées au titre d'indemnités de transport.

Cass. soc. 16 juin 2004, n° 02-43.685, BC V n° 171. Voir aussi cass. crim. 2 septembre 2014, n° 13-80.665, B. crim. n° 179 ; cass. soc. 13 janvier 2016, n° 14-17.797.

Le temps de déplacement accompli lors de périodes d'astreintes fait partie intégrante de l'intervention et constitue un temps de travail effectif.

Cass. soc. 31 octobre 2007, n° 06-43.834, BC V n° 183.

Le versement d'une indemnité conventionnelle de trajet ou d'une prime ne peut pas avoir pour effet de dispenser l'employeur de payer au salarié la rémunération afférente au temps de trajet pour se rendre d'un lieu de travail à un autre.

Un plombier-chauffagiste se présentait au siège de l'entreprise le matin et était acheminé sur le chantier avec un véhicule de l'employeur. Il effectuait le trajet de retour dans les mêmes conditions à l'occasion de la pause de midi, puis le soir. Après avoir démissionné de son emploi, il a saisi la juridiction prud'homale de diverses demandes tendant notamment au paiement d'un rappel de salaire.

Pour rejeter partiellement cette demande, un conseil de prud'hommes a déduit l'indemnité de trajet quotidien accordée au salarié du montant de sa créance d'heures supplémentaires, au motif que le trajet considéré correspondait à 30 minutes de travail effectif comptabilisées en heures supplémentaires.

En statuant ainsi, alors, d'une part, que le temps de trajet pour se rendre d'un lieu de travail à un autre lieu de travail constitue un temps de travail effectif, et alors, d'autre part, que l'indemnité de trajet prévue par l'article 8-17 de la convention collective nationale des ouvriers et employés du bâtiment du 8 octobre 1990, ayant un caractère forfaitaire et ayant pour objet d'indemniser une sujétion pour le salarié obligé chaque jour à se rendre sur le chantier et à en revenir, était due indépendamment de la rémunération par l'employeur du temps de trajet inclus dans l'horaire de travail et du moyen de transport utilisé, le conseil de prud'hommes a violé l'article L. 212-4 CT et l'article 8-17 de la convention collective susvisée.

Cass. soc. 8 mars 2005, n° 02-43.414.

Les temps de trajet aller-retour entre l'entreprise et les chantiers, qui constituent du temps de travail effectif, ne peuvent être rémunérés sous forme de primes et celles-ci ne peuvent être déduites de la créance des salariés au titre des heures supplémentaires.

Cass. soc. 13 février 2007, n° 05-42.932.

Temps de travail effectif

Aux termes de l'article L. 3121-1 CT, la durée du travail effectif est le temps pendant lequel le salarié est à la disposition de l'employeur et doit se conformer à ses directives sans pouvoir vaquer librement à des occupations personnelles.

La directive 2003/88/CE du 4 novembre 2003 définit le temps de travail comme « toute période durant laquelle le travailleur est au travail, à la disposition de l'employeur et dans l'exercice de son activité ou ses fonctions conformément aux législations et/ou aux pratiques nationales ».

Distinction entre temps de travail effectif et temps d'astreinte

Lorsque le salarié est à la disposition de l'employeur et doit se conformer à ses directives sans pouvoir vaquer librement à des occupations personnelles, cette période est du temps de travail effectif.

A violé l'article L. 212-4 CT la cour d'appel qui a débouté une salariée de sa demande en paiement de rappel de salaire à titre d'heures supplémentaires, après avoir relevé que, pendant la période comprise entre 23 heures et 4 heures, la salariée devait se tenir à la disposition de l'employeur et se conformer à ses directives sans pouvoir vaquer librement à des occupations personnelles, ce dont il résultait que ce temps n'était pas un temps de repos ni une astreinte, mais un temps de travail effectif qui devait être pris en compte en totalité, à défaut pour l'employeur d'invoquer un décret ou un accord collectif prévoyant un horaire d'équivalence.

Cass. soc. 9 mars 1999, n° 96-45.590, BC V n° 104.

C'est à tort qu'une cour d'appel a débouté une salariée, employée en qualité de chauffeur ambulancier, de sa demande de rappel de salaires concernant des heures effectuées sur un circuit particulier, alors qu'il résultait de ses constatations que pendant les heures passées sur ce circuit, l'intéressée devait se tenir en permanence à la disposition de l'employeur et se conformer à ses directives sans pouvoir vaquer librement à ses occupations personnelles, de sorte que ce temps n'était ni un temps de repos ni une astreinte, mais un temps de travail effectif qui devait être décompté en totalité, à défaut par l'employeur d'avoir invoqué les dispositions d'un décret ou d'un accord collectif instituant un régime d'équivalence.

Cass. soc. 6 avril 1999, n° 97-40.058, BC V n° 156.

À la suite de la mise en place d'astreintes, des salariés, qui avaient fait valoir que n'étant pas domiciliés dans la zone d'habitat d'astreinte définie par l'employeur, ils étaient tenus d'assurer ce service dans des locaux mis à leur disposition par l'employeur à proximité immédiate de leur lieu de travail, avaient saisi la juridiction prud'homale aux fins de voir constater que ces heures d'astreinte constituaient un temps de travail effectif et condamner l'employeur au paiement d'heures supplémentaires.

Ayant constaté que les salariés étaient tenus de rester dans des locaux imposés par l'employeur et situés à proximité immédiate de leur lieu de travail afin de répondre sans délai à toute demande d'intervention sans pouvoir vaquer à leurs occupations personnelles, une cour d'appel en a déduit, à bon droit, que cette période constituait un temps de travail effectif qui devait être rémunéré comme tel.

Cass. soc. 2 avril 2003, n° 01-40.032, BC V n° 131.

Les périodes d'astreinte sont les périodes pendant lesquelles le salarié, tenu de rester à son domicile ou à proximité, doit se tenir prêt à répondre à un éventuel appel de son employeur pour effectuer un travail au service de l'entreprise ; le salarié, tenu de rester dans l'entreprise et d'intervenir quand les circonstances l'exigent, et qui ne peut, de ce fait, vaquer librement à ses occupations personnelles, n'est pas d'astreinte, mais en période de travail effectif.

Ayant constaté que les salariés accomplissaient leur garde de fin de semaine au sein de l'établissement dans un local spécialement affecté à cet usage afin de pouvoir répondre à tout moment aux sollicitations de l'employeur ou d'un résident, une cour d'appel en a exactement déduit que ce service de garde, durant lequel ils ne pouvaient librement vaquer à leurs occupations personnelles, s'analysait en un temps de travail effectif devant être rémunéré comme tel.

Cass. soc. 20 septembre 2005, n° 03-46.853.

Il résulte de l'article 2 de la directive 2003/88/CE du 4 novembre 2003 concernant certains aspects de l'aménagement du temps de travail, que le temps de garde qu'un travailleur passe à domicile avec l'obligation de répondre aux appels de son employeur dans un délai de 8 minutes, restreignant très significativement les possibilités d'avoir d'autres activités, doit être considéré comme « temps de travail » (y compris dans le cas de sapeurs-pompiers recrutés par les services publics d'incendie).

Mais cet article n'impose pas aux États membres de déterminer la rémunération de périodes de garde à domicile en fonction de la qualification préalable de ces périodes en tant que « temps de travail » ou « période de repos ».

CJUE 21 février 2018, aff. C-518/15.

Il en est de même lorsque le salarié exerce à son domicile le soir et la nuit des fonctions attribuées dans la journée à un autre membre du personnel qui y est spécialement affecté.

Un salarié a été engagé par une société de distribution de gaz en qualité de concierge-gardien d'immeuble ; il bénéficiait de la mise à disposition gratuite d'un logement constituant également sa loge de concierge ; après avoir été titularisé en qualité d'agent statutaire, il a assuré, outre le gardiennage général d'immeubles de son employeur, une permanence téléphonique dans son logement, une semaine sur deux du vendredi 18 heures au lundi matin 8 heures, et les nuits du lundi au jeudi, 18 heures à 8 heures, destinée à la continuité de la transmission des messages reçus en dehors de l'horaire de service des standardistes ; à cette fin, il disposait d'une centrale téléphonique de cinq lignes dont une réservée aux appels des pompiers, d'un minitel destiné à réceptionner les différents types d'alarme, et d'un téléphone sans fil ; estimant que ses tâches de concierge-gardien d'immeuble ne lui permettaient pas de vaquer librement à des occupations personnelles durant cette permanence, et que le temps ainsi passé constituait un temps de travail effectif, le salarié a saisi la juridiction prud'homale en vue d'obtenir le paiement de rappels de salaires, heures supplémentaires, repos compensateurs, service continu et repos hebdomadaire.

Après avoir constaté que compte tenu de l'obligation pour la société employeur d'assurer une permanence téléphonique continue de sécurité 7 jours sur 7 et 24 heures sur 24, le salarié exerçait le soir et la nuit les fonctions attribuées pendant la journée à un autre membre du personnel spécialement affecté à la réception des appels d'urgence, une cour d'appel a caractérisé l'exercice d'un travail effectif et a pu accueillir la demande du salarié.

Cass. soc. 9 novembre 2010, n° 08-40.535, pourvoi principal, BC V n° 255.

Les conditions d'occupation des locaux dans lesquels le salarié doit rester à la disposition de l'employeur sont sans incidence sur la qualification de ces permanences en temps de travail effectif.

Constitue un travail effectif le temps pendant lequel le salarié est tenu de rester sur le lieu de travail dans des locaux déterminés imposés par l'employeur, peu important les conditions d'occupation de tels locaux, afin de répondre à toute nécessité d'intervention sans pouvoir vaquer librement à des occupations personnelles.

Plusieurs agents de sécurité d'un établissement public industriel et commercial étaient affectés dans « les formations locales de sécurité » et travaillaient selon un rythme « 24 x 48 », alternant une amplitude de travail de vingt-quatre heures trente minutes, comprenant quatre heures trente minutes de « pause », et une période de quarante-huit heures de repos ; ils ont saisi la juridiction prud'homale d'une demande tendant, notamment, à obtenir la prise en compte comme temps de travail des quatre heures trente de « pause ».

Après avoir constaté que, pendant leur temps de « pause », les salariés étaient tenus de demeurer dans les locaux de l'établissement qualifiés de base-vie, qu'ils pouvaient être appelés à tout moment pour effectuer des interventions immédiates de sécurité, lesquelles étaient fréquentes, tant pendant le sommeil que pendant les repas, devaient se conformer aux directives de leur employeur et rester à sa disposition, de sorte qu'ils ne pouvaient vaquer librement à des occupations personnelles, une cour d'appel a pu décider que cette période constituait un temps de travail effectif qui devait être rémunéré comme tel.

Cass. soc. 20 février 2013, n° 11-26.401, BC V n° 53.

Un salarié travaillant au sein d'une association en qualité de médecin-chef dans un centre médical et exécutant des permanences de nuit, du dimanche et des jours fériés, payées en application de la convention collective des médecins des établissements gérés par les organismes de sécurité sociale sur la base d'un forfait, a saisi la juridiction prud'homale d'une demande en paiement d'heures supplémentaires en soutenant que ces permanences constituaient du temps de travail effectif.

Après avoir constaté qu'une permanence des soins devait être assurée en continuité au sein du centre par les médecins de l'établissement contraints de demeurer sur place ou de se tenir dans un local de garde prévu à cet effet afin de rester pendant toute la durée de leur garde à la disposition immédiate de l'employeur sur leur lieu de travail, une cour d'appel en a exactement déduit que ces gardes constituaient du temps de travail effectif.

Cass. soc. 8 juin 2011, n° 09-70.324, BC V n° 153.

Pour décider que les permanences effectuées par le directeur-adjoint d'un institut médico-éducatif, lorsqu'il restait au sein de l'établissement une semaine sur quatre, du lundi 7 heures au vendredi 20 heures, constituaient des astreintes, et non pas des temps de travail effectif, et le débouter de ses demandes en rappel de salaires, une cour d'appel, après avoir relevé que son domicile familial était situé à 55 kilomètres de l'institut, a retenu que lorsqu'il assurait sa permanence, ayant alors la responsabilité générale de l'internat, le directeur-adjoint avait la disposition non pas d'un local de permanence, mais d'un studio où il avait placé des meubles et qu'il occupait avec son épouse, et en a déduit que ce studio était « l'un de ses domiciles » où il pouvait assumer ses obligations professionnelles tout en vaquant à ses occupations personnelles.

En statuant ainsi, alors qu'il résultait de ses constatations que le salarié était tenu de rester sur le lieu du travail afin de répondre à toute nécessité d'intervention sans pouvoir vaquer librement à ses occupations personnelles, dans des locaux déterminés par l'employeur, peu important les conditions d'occupation de tels locaux, la cour d'appel a violé l'article L. 212-4 CT, dans sa rédaction alors en vigueur.

Cass. soc. 2 juin 2004, n° 02-42.618, BC V n° 147.

• Activités de surveillance ou de gardiennage

Le fait de demeurer à son domicile pour un gardien constitue en principe une astreinte.

Constitue un travail effectif, au sens de l'article L. 212-4 CT, le fait pour un salarié de rester en permanence à la disposition de l'employeur pour participer à l'activité de l'entreprise. Constitue, notamment, une astreinte et non un travail effectif l'obligation pour un salarié de demeurer à son domicile ou à proximité en vue de répondre à un appel de son employeur pour effectuer un travail au service de l'entreprise.

En l'espèce, une cour d'appel avait d'abord constaté que si le contrat de travail obligeait un couple de gardiens d'usine à rester en permanence à leur domicile pour répondre à un éventuel appel, ils restaient totalement libres, en dehors de l'horaire de travail, de vaquer à leurs occupations personnelles et que cette obligation, en contrepartie de laquelle ils jouissaient gratuitement d'un logement et de toutes les prestations annexes, ne constituait qu'une astreinte.

De plus, la cour avait relevé que les époux étaient amenés, pendant leur temps d'astreinte, à effectuer des interventions ponctuelles, constitutives d'un temps de travail effectif qui pouvait être évalué à trois heures de travail par jour dont une heure de nuit et ceci sept jours sur sept.

Ayant ainsi exactement fait la distinction entre le temps de travail effectif et le temps d'astreinte, la cour d'appel a pu condamner la société à payer aux époux, à la suite de leur licenciement économique, en sus des heures qui leur avaient été rémunérées, des heures supplémentaires ou complémentaires dont une heure de nuit, chaque jour et sept jours sur sept et les avantages qui en étaient la conséquence.

Cass. soc. 3 juin 1998, n° 96-42.455, BC V n° 292.

Une cour d'appel a décidé, à bon droit, que les tâches consistant pour un salarié, employé dans une maison de retraite et chargé d'effectuer des rondes de surveillance, d'ouvrir et de fermer les portes de la résidence et de distribuer le courrier constituaient un travail effectif, alors que son obligation de rester en permanence à son domicile pour répondre à un éventuel appel tout en pouvant librement vaquer à ses occupations personnelles ne constituait qu'une astreinte.

Cass. soc. 15 juin 1999, n° 97-41.035, BC V n° 280.

Lorsque le gardien est tenu de rester dans les locaux de l'entreprise et de se conformer aux directives de l'employeur sans pouvoir vaquer librement à ses occupations personnelles, le temps de garde est considéré comme un temps de travail effectif.

Après avoir constaté que l'accès aux locaux d'une entreprise en dehors des horaires normaux était conditionné par l'appel à l'interphone d'un salarié, seul habilité à ouvrir les portes, que les tâches confiées à ce salarié, en sa qualité de responsable du gardiennage du site consistaient notamment au contrôle et au respect des horaires d'ouverture et de fermeture des portails, des ateliers et des bureaux, à la surveillance et au relevé des personnes accédant sur le site en dehors des horaires normaux, à la réception des appels téléphoniques de la société de surveillance, au contrôle des ateliers, bureaux et parc après chaque appel de cette société, à la tenue des cahiers de consignation des entrées et sorties, à l'entretien des terrains et plus généralement à vérifier la stricte application des procédures d'accès au site, une cour d'appel a pu en déduire que le salarié était tenu de rester en permanence à la disposition de l'employeur pour les besoins de l'entreprise sans pouvoir vaquer librement à ses occupations personnelles et que quelle que soit la licéité de la situation à laquelle était soumis le salarié, il avait droit à son salaire pendant ce travail effectif.

Cass. soc. 6 février 2001, n° 98-44.875, BC V n° 42.

Un salarié engagé par le comité d'établissement d'une société pour assurer, à temps partiel, l'entretien d'un parc des sports s'était vu confier après, en outre, le gardiennage des locaux du siège du comité durant certains week-ends. Licencié pour motif économique, il avait saisi le conseil de prud'hommes de diverses demandes en rappel de salaires, en faisant valoir que les heures d'astreinte sur les lieux du travail devaient être rémunérées comme des heures normales.

Doit être cassé l'arrêt qui, pour fixer à 2 heures le temps de travail consacré par l'intéressé aux tâches de gardiennage, a énoncé que le salarié, qui ne démontrait pas avoir été chargé d'une mission autre que celle de rester dans les locaux de l'entreprise pour avertir un responsable en cas d'incident ni avoir réellement accompli un travail effectif de gardien, ne pouvait valablement prétendre être rémunéré pour le temps passé dans l'entreprise pendant les week-ends sur la base d'un salaire de gardien, alors qu'il résultait de ses constatations que le salarié était tenu à une présence sur place dans les locaux du comité d'établissement, devait assurer la fermeture des portes du bâtiment, effectuer des rondes et alerter un responsable en cas d'incident, et restait donc en permanence à la disposition de l'employeur.

Cass. soc. 28 octobre 1997, n° 94-42.054, BC V n° 340.

C'est à tort qu'une cour d'appel a retenu la qualification d'astreintes pour des veilleurs de nuit devant se tenir à la disposition de l'établissement sur leur lieu de travail afin d'intervenir en cas de nécessité, alors qu'il en découlait qu'ils devaient rester en permanence à la disposition de l'employeur.

Cass. soc. 15 février 1995, n° 91-41.025, BC V n° 57.

Dès lors qu'une salariée, veilleuse de nuit, devait se tenir, durant ses heures de présence, à la disposition de son employeur et se conformer à ses directives sans pouvoir vaquer à des occupations personnelles, ce temps était un temps de travail effectif qui devait être pris en compte en totalité, à défaut pour l'employeur d'invoquer un décret ou un accord collectif prévoyant un horaire d'équivalence.

Cass. soc. 31 janvier 2006, n° 03-46.301.

• Personnel de garde dans le secteur médico-social

Le temps passé par le personnel de garde dans les locaux de l'établissement doit être considéré comme un temps de travail effectif.

Le temps de garde qu'effectuent les médecins des équipes de premiers soins, selon le régime de la présence physique dans l'établissement de santé, doit être considéré dans sa totalité comme du temps de travail et, le cas échéant, comme des heures supplémentaires au sens de la directive 93/104/CE (devenue directive 2003/88/CE).

S'agissant des gardes selon le système qui veut que lesdits médecins soient accessibles en permanence, seul le temps lié à la prestation effective de services de premiers soins doit être considéré comme temps de travail.

CJCE 3 octobre 2000, aff. C-303/98, Recueil I-7963.

La directive 93/104/CE du Conseil du 23 novembre 1993, concernant certains aspects de l'aménagement du temps de travail (abrogée et remplacée par la directive 2003/88/CE du 4 novembre 2003), doit être interprétée en ce sens qu'il convient de considérer un service de garde (« Bereitschaftsdienst ») qu'un médecin effectue selon le régime de la présence physique dans l'hôpital comme constituant dans son intégralité du temps de travail au sens de cette directive, alors même que l'intéressé est autorisé à se reposer sur son lieu de travail pendant les périodes où ses services ne sont pas sollicités, en sorte que celle-ci s'oppose à la réglementation d'un État membre qui qualifie de temps de repos les périodes d'inactivité du travailleur dans le cadre d'un tel service de garde.

CJCE 9 septembre 2003, aff. C-151/02, Recueil I-8389.

C'est à tort que, pour débouter une salariée, monitrice-éducatrice dans un institut pour déficients sensoriels, de sa demande en paiement de diverses sommes à titre de rappel de salaire pour heures d'astreinte de nuit, repos compensateur, congés payés et primes d'assiduité afférents, une cour d'appel a énoncé que les heures d'astreinte de nuit ne constituaient pas des heures de travail effectif, la salariée pouvant dormir en chambre de veille et n'étant appelée à intervenir que très ponctuellement, alors qu'elle avait constaté que l'intéressée était en permanence présente dans l'entreprise et disponible à intervenir à tout moment, sans pouvoir vaquer librement à ses occupations personnelles, ce qui constituait un travail effectif et non une simple astreinte.

Cass. soc. 16 mai 2000, n° 98-42.928.

Pendant les heures de nuit passées dans les locaux du SAMU à attendre une intervention, un conducteur d'ambulance doit se tenir en permanence à la disposition de l'employeur sans pouvoir vaquer librement à des occupations personnelles, ce dont il résulte qu'à défaut de régime d'équivalence invoqué par l'employeur, ce temps n'était ni un temps de repos ni une astreinte, mais un temps de travail effectif qui devait être décompté en totalité.

Cass. soc. 24 janvier 2001, n° 98-46.324.

Ayant constaté qu'il résultait des plannings de l'établissement que chaque nuit, une personne y était de garde, par roulement, afin de répondre aux appels des pensionnaires et à tous autres besoins éventuels, même s'ils ne se manifestaient qu'épisodiquement et ayant, en outre, relevé qu'aucun médecin ni infirmière ne restaient sur place pendant la nuit, une cour d'appel en a déduit que le salarié de garde avait l'obligation de ne pas s'absenter, afin d'être en mesure d'intervenir en cas de nécessité et notamment d'appeler un médecin. Elle a ainsi légalement justifié sa décision, estimant que les astreintes de nuit constituaient un travail effectif.

Cass. soc. 7 avril 1998, n° 95-44.343, 1er moyen, BC V n° 201.

Une cour d'appel, qui a constaté qu'un salarié devait effectuer ses heures de garde de nuit dans l'établissement où il travaillait, qu'il devait en permanence se tenir à la disposition de l'employeur, que ses interventions dépassaient la simple surveillance, recouvraient un aspect éducatif et répondaient aux besoins et à l'activité d'un établissement accueillant jour et nuit des mineurs de trois à seize ans, a exactement décidé que ces heures de garde de nuit constituaient un temps de travail effectif qui devait être rémunéré comme tel.

Cass. soc. 24 avril 2001, n° 00-44.148, BC V n° 130. Voir aussi cass. soc. 26 septembre 2002, n° 99-46.377.

Ayant constaté que des médecins psychiatres effectuaient des permanences de nuit pour répondre aux impératifs de la législation sociale exigeant la présence permanente d'un médecin ou d'un interne dans les maisons de santé agréées pour des soins de psychiatrie afin d'assurer la continuité des soins, qu'ils étaient tenus, pendant la durée de ces permanences, de rester dans un local imposé par l'employeur sur le lieu de travail, afin de répondre sans délai à toute demande d'intervention, et que cette contrainte les empêchait de vaquer librement à des occupations personnelles, une cour d'appel a pu condamner l'employeur au paiement de rappels de salaires.

Cass. soc. 27 juin 2012, n° 10-27.726.

En revanche, le temps passé dans un logement de fonction personnel situé à proximité ou au sein de l'établissement constitue une astreinte.

Constitue un travail effectif au sens de l'article L. 3121-1 CT le temps pendant lequel le salarié est à la disposition de l'employeur et doit se conformer à ses directives sans pouvoir vaquer librement à des occupations personnelles ; selon l'article L. 3121-5 du même code, constitue au contraire une astreinte la période pendant laquelle le salarié, sans être à la disposition permanente et immédiate de l'employeur, a l'obligation de demeurer à son domicile ou à proximité afin d'être en mesure d'intervenir pour effectuer un travail au service de l'entreprise, la durée de cette intervention étant considérée comme un temps de travail effectif.

Ayant constaté que la sujétion imposée à un médecin de se tenir, durant les permanences, dans un logement de fonction mis à sa disposition à proximité de l'établissement où il travaillait afin d'être en mesure d'intervenir en cas d'urgence, ne l'empêchait pas de vaquer à des occupations personnelles, une cour d'appel en a exactement déduit que ces temps de permanence ne constituaient pas du temps de travail effectif, mais des astreintes.

Cass. soc. 8 septembre 2016, n° 14-23.714, BC V n° 157.

Ayant constaté que la sujétion imposée à une salariée de se tenir durant la nuit dans son logement de fonction personnel situé au sein de l'établissement, afin d'être en mesure d'intervenir en cas d'urgence, ne l'empêchait pas de vaquer à ses occupations personnelles, une cour d'appel en a exactement déduit que la période litigieuse constituait une astreinte.

Cass. soc. 31 mai 2006, n° 04-41.595, BC V n° 197. Voir aussi cass. soc. 24 septembre 2008, n° 06-41.448, 1er moyen du pourvoi principal.

☛ *Heures d'équivalence.*

• Chauffeurs

Durant les temps où il ne conduit pas, il convient d'examiner si le chauffeur doit ou non rester à la disposition de l'employeur.

Après avoir relevé que le temps de travail consacré à la conduite par une salariée était entrecoupé de périodes d'attentes pendant lesquelles elle devait rester à proximité du véhicule sans pouvoir l'utiliser pour ses besoins personnels ou retourner au dépôt, une cour d'appel, qui a exactement fait la distinction entre temps d'attente et de coupure, en a déduit à bon droit que ces périodes d'attentes, pendant lesquelles la salariée ne disposait pas librement de son temps et restait à la disposition de l'employeur, constituaient, conformément aux dispositions de l'article 5 du décret du 26 janvier 1983, un « temps à disposition » devant être rémunéré comme temps de travail effectif pour une fraction égale à 92 %.

Cass. soc. 12 juillet 2000, n° 98-40.247. Voir aussi cass. soc. 8 février 2017, n° 15-11.372.

Pour débouter un salarié (chauffeur vendeur livreur) de sa demande de rappel de salaire, une cour d'appel a énoncé qu'à la suite de la résiliation d'une police d'assurance en raison de vols, son employeur a indiqué qu'il était impératif de coucher dans les véhicules et que cette obligation n'était accompagnée d'aucune autre contrainte, de sorte que le salarié, qui ne se trouvait pas dans l'entreprise et ne pouvait même pas être joint par l'employeur, n'était plus sous la subordination de l'employeur, mais jouissait de la possibilité de vaquer à ses occupations, comme il en disposait lorsqu'il passait ses nuits dans une chambre d'hôtel, sans être tenu à un travail quelconque.

Cependant, le camionneur auquel son employeur avait intimé l'ordre, pendant ses périodes de déplacement, de coucher dans son véhicule, était ainsi à la disposition permanente de l'entreprise pendant la nuit en qualité de gardien du véhicule.

En statuant comme elle l'a fait, la cour d'appel, qui a refusé au salarié le paiement de ses heures de travail effectif, a violé l'article L. 212-4 CT.

Cass. soc. 22 mai 2001, n° 99-42.055.

Ayant constaté qu'en bout de ligne et jusqu'à la reprise du service, un conducteur pouvait fermer le car et s'en éloigner pour se rendre où bon lui semblait sans avoir à surveiller son véhicule ni à se tenir à disposition de son employeur pour répondre à un appel de sa part, l'éloignement des lieux de stationnement, l'impossibilité d'utiliser son outil de travail pour ses besoins personnels ou pour retourner au dépôt pendant la coupure et l'obligation de surveiller sa caisse ne l'empêchant nullement de vaquer librement à ses occupations personnelles, une cour d'appel a pu décider que ces périodes de coupure en fin de ligne entre deux services ne constituaient pas un temps de travail effectif devant être rémunéré comme tel.

Cass. soc. 20 avril 2005, n° 03-16.736.

Pour décider que les heures d'attente d'un chauffeur routier sur un aéroport constituaient un temps de travail effectif, une cour d'appel a retenu que, compte tenu de ses cinq heures d'attente, de la circonstance qu'il n'était pas autorisé pendant ce temps à utiliser à titre personnel le camion et donc à s'éloigner de la zone de fret dans laquelle aucune activité personnelle n'était envisageable, le salarié n'était pas en mesure de disposer librement de son temps et était contraint de demeurer à la disposition de son employeur dans le camion dont la cabine était équipée d'une couchette, alors que, par ailleurs, il n'était pas tenu de prendre un temps de repos que ses temps de conduite rendraient obligatoire, de sorte qu'au regard de ces éléments spécifiques, le temps d'attente litigieux était la conséquence directe des directives de l'employeur et devait être décompté comme temps de travail effectif.

En statuant ainsi, alors qu'elle n'avait pas constaté que, pendant son temps d'attente, le salarié, qui n'était pas appelé à participer aux opérations de déchargement et de chargement du courrier, se trouvait à la disposition de l'employeur et tenu de se conformer à ses directives, la cour d'appel a violé les articles L. 3121-1 CT et 3-1 de l'accord du 23 novembre 1994 sur le temps de service, les repos récupérateurs et la rémunération des personnels de conduite marchandises « grands routiers » ou longue distance.

Cass. soc. 7 avril 2010, n° 09-40.020, 1er moyen, BC V n° 88.

Sous réserve d'un accord avec l'employeur, le temps de conduite entre le bout de ligne et le domicile du conducteur de transport roulant voyageurs constitue un temps de travail effectif.

Selon l'article 2 du décret 2003-1242 du 22 décembre 2003, la durée du travail effectif est égale à l'amplitude de la journée de travail diminuée de la durée totale des coupures et du temps consacré aux repas, à l'habillage et au casse-croûte ; selon l'article 4 de l'accord collectif du 18 avril 2002 attaché à la convention collective des transports routiers et activités auxiliaires du 21 décembre 1950, le temps de travail effectif comprend les temps de conduite ; selon l'article 17 de l'annexe I à cette convention collective, lorsqu'il est parvenu en bout de ligne, le conducteur, sous réserve d'un accord avec l'employeur, peut rejoindre son domicile avec l'autocar pendant une interruption de son service, le temps consacré au trajet pour rejoindre son domicile est décompté en temps de travail effectif ; il en résulte que sous réserve d'un accord avec l'employeur, le temps de conduite entre le bout de ligne et le domicile du conducteur de transport roulant voyageurs constitue un temps de travail effectif.

Après avoir constaté qu'un employeur avait autorisé un conducteur de bus à effectuer les trajets entre son domicile et le lieu de démarrage et de fin de tournée avec son bus et de le conserver à proximité en stationnement, une cour d'appel en a exactement déduit que ce temps de conduite constituait un temps de travail effectif.

Cass. soc. 24 septembre 2014, n° 12-28.459, 2e moyen, BC V n° 203.

• Éducateurs

Les heures de surveillance de nuit assurées par des éducateurs, au cours desquelles ils doivent être, de façon permanente, en mesure de répondre à toute sollicitation des pensionnaires afin d'assurer leur mission éducative, constituent des heures de travail effectif.

CE 28 juillet 2000, n° 204740.

• Pisciculteurs

Une cour d'appel, qui a constaté que, lorsqu'un responsable au sein d'une entreprise piscicole effectuait ses permanences de garde, le salarié demeurait à son domicile ou à proximité, dans la mesure où il disposait d'un téléphone mobile lui permettant de répondre aux appels de l'employeur, qu'il devait uniquement intervenir ponctuellement, en cas de problème et qu'il conservait la possibilité de vaquer à ses occupations personnelles entre ses interventions, en a exactement déduit que cette période d'activité s'analysait, non pas en l'accomplissement d'une mission de surveillance au sens de l'article 5 du décret 84-464 du 14 juin 1984, applicable aux établissements de pisciculture, mais en une astreinte et que seules les interventions ponctuelles étaient constitutives d'un travail effectif qui devait être rémunéré comme tel, selon une durée qu'elle a souverainement évaluée.

Cass. soc. 13 mars 2002, n° 00-41.206.

- **Cadres**

Un cadre de permanence dans les locaux de l'entreprise effectue un travail effectif.

Un directeur-adjoint accomplissant sa permanence de responsabilité, non pas à son domicile, mais au sein de l'établissement dans un local spécialement affecté à cet usage, ne peut pas vaquer librement à ses occupations personnelles. Ce temps doit donc être considéré comme du temps de travail effectif.

Cass. soc. 7 février 2001, n° 99-40.855.

- **Responsables de magasin**

Une cour d'appel, qui a constaté qu'une salariée, engagée pour tenir un dépôt de pain, n'avait pas l'obligation de se tenir en permanence dans le magasin à la disposition de la clientèle et qu'elle pouvait vaquer à des occupations personnelles dans les pièces de la maison attenantes au magasin, a pu en déduire que les horaires d'ouverture du magasin ne correspondaient pas en totalité à un temps de travail effectif et débouter la salariée de ses demandes en paiement de rappel de salaire au titre d'heures supplémentaires accomplies, d'heures effectuées le dimanche, des congés payés afférents et de dommages-intérêts pour repos compensateur.

Cass. soc. 16 juin 2004, n° 02-43.755, BC V n° 167.

Temps de restauration et de pause

L'article L. 3121-2 CT précise que le temps nécessaire à la restauration et les temps consacrés aux pauses sont considérés comme du travail effectif lorsque le salarié reste à la disposition de l'employeur et doit se conformer à ses directives sans pouvoir vaquer librement à des occupations personnelles.

Ayant constaté qu'un salarié était obligé de prendre ses repas sur place et qu'il ne disposait, à raison de son emploi, d'aucune liberté pendant ce temps, une cour d'appel a pu décider que cette période constituait un temps de travail effectif.

Cass. soc. 4 janvier 2000, n° 97-43.026, BC V n° 9.
Voir aussi cass. soc. 14 juin 2000, n° 98-41.969.

Un salarié, faisant valoir que sa rémunération était inférieure au salaire minimum de croissance, avait saisi un conseil de prud'hommes d'une demande en paiement d'un complément de rémunération.

C'est à tort que, pour faire droit à sa demande, le conseil de prud'hommes a retenu que le salaire de base reconnu sur les bulletins de salaire correspondait à 169 heures 65, incluant le temps des pauses qui ne pouvait être déduit, alors qu'il appartenait à la cour de préciser la nature des pauses et de rechercher si, pendant celles-ci, le salarié retrouvait sa liberté de vaquer à ses occupations personnelles ou si, au contraire, il restait à la disposition de son employeur.

Cass. soc. 13 mars 2001, n° 98-46.465, BC V n° 95.

Six salariés, employés comme infirmiers au bloc opératoire d'un hôpital, ont saisi la juridiction prud'homale de demandes en paiement de rappels de salaires en soutenant que les vingt minutes de pause prévues, conformément aux dispositions légales et conventionnelles lorsque le temps de travail quotidien atteignait six heures, devaient s'analyser en un temps de travail effectif et être rémunérées comme tel.

Pour accueillir leurs demandes, une cour d'appel a retenu qu'il arrivait aux infirmiers du bloc opératoire de ne pas prendre leur temps de pause, que cela n'était pas fréquent sans être toutefois exceptionnel, que la spécificité du travail en bloc opératoire, qui comporte nécessairement aléas et urgences et exige un suivi continu des patients, justifiait cette situation, que la constatation que les pauses n'étaient pas toujours prises induisait par elle-même que les intéressés ne disposaient pas du temps de pause pour vaquer à leurs occupations personnelles et qu'ils se trouvaient durant ce temps à disposition de leur employeur et soumis aux directives de celui-ci.

En statuant ainsi, par des motifs inopérants tenant aux pauses non prises dont il n'était pas contesté qu'elles constituaient un temps de travail effectif, et sans caractériser que les salariés, lorsqu'ils prenaient leurs pauses, étaient durant ce temps à la disposition de leur employeur et devaient se conformer à ses directives sans pouvoir vaquer librement à des occupations personnelles, la cour d'appel a privé sa décision de base légale au regard de l'article L. 212-4, al. 1 et 2 CT.

Cass. soc. 7 février 2008, n° 06-44.869.

Ayant constaté qu'en raison de la spécificité de leurs fonctions, des salariés qui travaillaient en cycle continu ne pouvaient s'éloigner de leur poste de travail et qu'ils restaient à la disposition de l'employeur même pendant le temps des repas, une cour d'appel a exactement décidé de comprendre le temps des repas dans la durée effective du travail.

Cass. soc 10 mars 1998, n° 95-43.003, BC V n° 132.

La seule circonstance que le salarié n'ait pas voulu profiter de la pause dont il disposait et pendant laquelle il ne restait pas à la disposition permanente de son employeur ne lui permet pas de se prévaloir d'heures supplémentaires.

Seul un travail commandé par l'employeur est susceptible d'être qualifié de travail effectif. La seule circonstance que le salarié n'ait pas voulu profiter de la pause dont il disposait et pendant laquelle il n'est pas allégué qu'il restait à la disposition permanente de son employeur ne lui permet pas de se prévaloir d'heures supplémentaires.

Cass. soc. 9 mars 1999, n° 96-44.080, BC V n° 105.

Temps de déplacement au sein de l'entreprise

La circonstance que le salarié soit astreint au port d'une tenue de travail ne permet pas de considérer qu'un temps de déplacement au sein de l'entreprise constitue un temps de travail effectif, sauf s'il est établi que le salarié se trouve à la disposition de l'employeur et doit se conformer à ses directives sans pouvoir vaquer à des occupations personnelles.

Selon l'article L. 212-4, al. 1er CT, la durée du travail effectif est le temps pendant lequel le salarié se tient à la disposition de son employeur et doit se conformer à ses directives sans pouvoir vaquer librement à des occupations personnelles ; la circonstance que le salarié soit astreint au port d'une tenue de travail ne permet pas de considérer qu'un temps de déplacement au sein de l'entreprise constitue un temps de travail effectif.

Pour juger qu'une société devait comptabiliser au titre du temps de travail effectif le temps de déplacement en tenue du personnel entre le vestiaire après habillage et la pointeuse avant prise de poste, ainsi que le trajet inverse après débrayage, une cour d'appel a retenu que le personnel d'atelier avait l'obligation de se mettre en tenue dans un vestiaire de l'entreprise avant d'occuper son poste de production et que, dès lors que les pointeuses n'étaient pas situées à proximité immédiate des vestiaires, le temps incompressible consacré à ces déplacements en tenue, peu important leur caractère insignifiant, était imposé par l'employeur aux salariés qui étaient de ce fait à sa disposition et sous sa direction sans pouvoir s'y soustraire.

En statuant ainsi, par des motifs impropres à caractériser que le salarié se trouvait à la disposition de son employeur et devait se conformer à ses directives sans pouvoir vaquer librement à des occupations personnelles, la cour d'appel a violé l'article L. 212-4, al. 1er CT.

Cass. soc. 31 octobre 2007, n° 06-13.232, BC V n° 182. Voir aussi cass. soc. 13 janvier 2009, n° 07-40.638.

De par leur éloignement des vestiaires et des salles de pause, l'implantation des pointeuses dans les magasins d'une société imposait aux salariés des temps de déplacement qui n'étaient pas décomptés comme temps de travail effectif. Plusieurs syndicats avaient donc saisi le tribunal de grande instance aux fins de voir enjoindre à la société de modifier l'implantation de ses appareils de pointage.

C'est à tort que, pour accueillir la demande des syndicats, une cour d'appel a énoncé que l'éloignement entre les pointeuses et les vestiaires ou les salles de repos obligeait certains salariés à se déplacer en tenue de travail à l'intérieur du magasin pendant un temps qui soit n'était pas comptabilisé comme temps de travail (trajet entre vestiaire et pointeuse), soit s'imputait sur le temps de pause (trajet entre pointeuse et salle de repos) ; qu'ayant revêtu la tenue de travail, les salariés devaient se conformer aux directives de l'employeur et aller pointer sur la machine déterminée par l'entreprise, de telle sorte que le temps de déplacement à l'intérieur du magasin était la conséquence de l'organisation imposée par ce dernier ; que le tribunal avait pu en déduire que les dispositions de l'article L. 212-4 CT imposaient d'implanter les appareils de pointage à proximité immédiate des vestiaires du personnel, sans pour autant se substituer à l'employeur auquel incombait le choix des mesures appropriées pour que ces dispositions soient satisfaites.

En effet, si après avoir relevé que lors des déplacements litigieux, les salariés étaient à la disposition de l'employeur, tenus de se conformer à ses directives, la cour d'appel en a déduit à bon droit que ces périodes constituaient un temps de travail effectif, elle ne pouvait pour autant imposer à l'employeur la modification de l'implantation des appareils de pointage sans porter atteinte à son pouvoir de direction.

Cass. soc. 13 juillet 2004, n° 02-15.142, BC V n° 205.

La circonstance que le salarié soit astreint à se déplacer vers son lieu de travail, à l'intérieur de l'enceinte sécurisée de l'infrastructure aéroportuaire où il est situé, au moyen d'une navette, ne permet pas de considérer que ce temps de déplacement constitue un temps de travail effectif.

Selon l'article L. 3121-1 CT, la durée du travail effectif est le temps pendant lequel le salarié est à la disposition de l'employeur et se conforme à ses directives sans pouvoir vaquer librement à des occupations personnelles ; la circonstance que le salarié soit astreint de se déplacer vers son lieu de travail, à l'intérieur de l'enceinte sécurisée de l'infrastructure aéroportuaire, au moyen d'une navette, ne permet pas de considérer que ce temps de déplacement constitue un temps de travail effectif.

Pour condamner l'employeur d'un salarié engagé en qualité d'avitailleur d'aéronefs au paiement de sommes à titre de rappel de salaire pour la période du 12 octobre 2007 au 28 février 2017, de congés payés et de treizième mois afférents, en invitant les parties à imputer sur les sommes dues le ou les deux jours de congés annuels supplémentaires versés depuis 2012 et pour dire que l'employeur devra régler à compter du mois de mars 2017 le salaire dû pour le temps de transport, à hauteur de vingt minutes par quart effectué, une cour d'appel a retenu qu'en vertu de l'article L. 3121-1 CT, la durée du travail effectif était le temps pendant lequel le salarié est à la disposition de l'employeur et se conforme à ses directives sans pouvoir vaquer à des occupations personnelles, que si le temps de trajet pour se rendre à son lieu de travail n'était pas considéré comme un temps de travail, il en était autrement quand, comme en l'espèce, le salarié, lorsqu'il arrivait à son lieu de travail, était contraint de se soumettre d'une part, au contrôle de sécurité, d'autre part, à l'utilisation d'un véhicule spécifique, ces contraintes résultant de la spécificité de son emploi et de ses conditions de travail, qu'en effet, le salarié n'avait d'autre choix que de se soumettre aux règles de sécurité applicables dans l'enceinte où était situé son lieu de travail et ne disposait pas de la liberté de vaquer à ses occupations personnelles, que la demande du salarié était donc fondée dans son principe mais que le temps d'attente moyen serait évalué à dix minutes, soit vingt minutes par jour.

En statuant ainsi, par des motifs impropres à caractériser que le salarié se trouvait à la disposition de son employeur et devait se conformer à ses directives sans pouvoir vaquer librement à des occupations personnelles, la cour d'appel a violé l'article L. 3121-1 CT.

Cass. soc. 9 mai 2019, n° 17-20.740, pourvoi principal, à paraître.

Temps d'habillage et de déshabillage

Les opérations d'habillage et de déshabillage ne sont pas assimilées à un temps de travail effectif.

Il résulte de l'article L. 3121-3 CT que, sous réserve de dispositions plus favorables, le temps nécessaire aux opérations d'habillage et de déshabillage ne peut être pris en compte dans la durée du travail.

Après avoir rappelé à deux agents de sécurité tenus, au titre de leur fonction, de porter une tenue de service qu'il ne leur était pas possible d'abandonner leur poste de travail pour revêtir et déposer celle-ci, un employeur les a sanctionnés d'une mise à pied d'une journée pour avoir procédé aux opérations d'habillage et de déshabillage dans leur temps de travail effectif ; les salariés ont saisi la juridiction prud'homale pour contester le bien-fondé de cette mesure disciplinaire.

Pour annuler cette sanction, une cour d'appel a retenu que, si les salariés choisissaient de se changer sur leur lieu de travail, leur situation pendant cette opération devait être analysée au regard de la définition du travail effectif énoncée par l'alinéa 1er de l'article L. 212-4 CT, que lorsqu'il revêtait sa tenue de service dans l'entreprise, l'agent de sécurité exécutait la directive de l'employeur lui imposant de la porter et était à sa disposition puisque présent sur son lieu de travail sans pouvoir vaquer librement à ses occupations personnelles, que le temps d'habillage et de déshabillage était en conséquence compris dans la durée du travail effectif.

En statuant ainsi, sans constater l'existence de dispositions plus favorables assimilant les temps d'habillage et de déshabillage à du temps de travail effectif, la cour d'appel a violé l'article L. 3121-3 CT.

Cass. soc. 28 octobre 2009, n° 08-41.953, BC V n° 238.

Le bénéfice des contreparties au temps d'habillage et de déshabillage est subordonné à la réalisation des deux conditions cumulatives prévues par l'article L. 3121-3 CT.

Aux termes de l'article L. 212-4, al. 3 CT « Lorsque le port d'une tenue de travail est imposé par des dispositions législatives ou réglementaires, des clauses conventionnelles, le règlement intérieur ou le contrat de travail, et que l'habillage et le déshabillage doivent être réalisés dans l'entreprise ou sur le lieu de travail, le temps nécessaire aux opérations d'habillage et de déshabillage fait l'objet de contreparties soit sous forme de repos, soit financières, devant être déterminées par convention ou accord collectif ou, à défaut, par le contrat de travail (...) » ; il en résulte que le bénéfice de ces contreparties est subordonné à la réalisation des deux conditions cumulatives prévues par ce texte.

Pour enjoindre une société d'engager des négociations permettant de conclure un accord sur la compensation du temps nécessaire pour revêtir ou quitter l'uniforme au sein de l'entreprise, une cour d'appel a relevé que les salariés étaient, en vertu du règlement intérieur, soumis au port d'une tenue de travail qu'ils revêtaient et enlevaient non pas au dépôt mais à leur domicile, que même si la société n'imposait pas que les opérations d'habillage et de déshabillage s'effectuent au vestiaire, malgré un règlement intérieur qui interdisait aux salariés de déposer des vêtements et objets personnels en dehors des vestiaires et d'emporter des objets quelconques appartenant à l'entreprise, elle ne pouvait en revanche imposer à ses salariés la persistance d'une telle pratique qui, extérieure de surcroît au temps de travail, portait atteinte aux droits qu'ils tenaient des articles L. 120-2 et L. 12[2]-35 CT interdisant à l'employeur de porter aux droits de ses salariés des restrictions qui ne seraient pas justifiées par la nature de la tâche à accomplir ni proportionnées au but recherché, qu'en l'espèce, il ne pouvait être imposé à un salarié, sur la base d'une pratique imposée par l'absence de compensation du temps d'habillage et de déshabillage, d'afficher, en dehors de son temps de travail, son appartenance à une entreprise, une telle identification présentant, de surcroît, des risques pour sa sécurité personnelle en raison de la nature des tâches qui lui étaient confiées, même si ce risque ne s'était pas encore réalisé.

En statuant ainsi, après avoir constaté que les salariés, astreints en vertu du règlement intérieur au port d'une tenue de travail, n'avaient pas l'obligation de la revêtir et l'enlever sur leur lieu de travail, la cour d'appel a violé l'article L. 212-4, al. 3 CT.

Cass. soc. 26 mars 2008, n° 05-41.476, 2e moyen, BC V n° 73. Voir aussi cass. soc. 1er mars 2017, n° 15-10.305, pourvoi de l'employeur.

Après avoir relevé que des salariés, astreints par leur contrat de travail au port d'une tenue de service, n'avaient pas l'obligation de la revêtir et de l'enlever sur leur lieu de travail, une cour d'appel a pu les débouter de leur demande en paiement du temps de travail non pris en compte pour l'habillage et le déshabillage.

Cass. ass. plén. 18 novembre 2011, n° 10-16.491, BC n° 8.

Après avoir relevé qu'un salarié était astreint au port d'un vêtement de travail et que les conditions d'insalubrité dans lesquelles il exerçait son activité lui imposaient pour des raisons d'hygiène de le revêtir et de l'enlever sur le lieu de travail, un conseil de prud'hommes en a déduit à bon droit que l'employeur devait à ce titre une contrepartie.

Cass. soc. 21 novembre 2012, n° 11-15.696, BC V n° 305.

En l'absence d'accord collectif ou de clauses dans le contrat de travail déterminant la contrepartie au temps d'habillage et de déshabillage, il appartient au juge de fixer celle dont doivent bénéficier les salariés qui le saisissent.

Aux termes de l'article L. 212-4, al. 3 CT, à compter du 1er janvier 2001, lorsque les opérations d'habillage et de déshabillage doivent être réalisées sur le lieu de travail et qu'elles ne sont pas assimilées à un temps de travail effectif, le temps nécessaire à ces opérations doit faire l'objet de contreparties soit sous forme de repos, soit financières, déterminées par accord collectif ou par le contrat de travail ; il en résulte qu'en l'absence d'accord collectif ou de clauses dans le contrat de travail, il appartient au juge de fixer la contrepartie dont doivent bénéficier les salariés qui le saisissent.

C'est à tort que, pour rejeter la demande de salariés en paiement d'une prime d'habillage et de déshabillage, une cour d'appel a retenu qu'à défaut de détermination par une convention, un accord collectif ou le contrat de travail, il n'appartenait pas au juge de fixer la contrepartie du temps nécessaire aux opérations d'habillage et de déshabillage et qu'il revenait aux salariés ou à leurs représentants de saisir la juridiction compétente pour solliciter la conclusion d'un accord ou l'octroi d'indemnités.

Cass. soc. 16 janvier 2008, n° 06-42.983, 3e moyen, BC V n° 11.

La rémunération du temps passé à la douche en fin de service ne peut valoir contrepartie au temps d'habillage nécessaire lors de la prise de poste pour revêtir la tenue dont le port est obligatoire.

Au sein d'une société exerçant une activité de maintenance et de nettoyage industriel, un accord d'entreprise sur la réduction du temps de travail a été signé le 10 novembre 1999 suivi d'un avenant du 24 novembre suivant, prévoyant que le temps passé à la douche sera rémunéré à raison d'un quart d'heure par jour travaillé ; les négociations ultérieures en vue de déterminer les modalités de rémunération des temps d'habillage et de déshabillage n'ayant pas abouti, l'employeur, par note de service du 23 avril 2008, a informé les salariés que « le temps passé aux douches, d'habillage et de déshabillage est rémunéré à hauteur de 20 minutes par jour à compter du 1er avril 2008 » ; un salarié de la société depuis le 11 octobre 1999 a saisi la juridiction prud'homale d'une demande en paiement d'une contrepartie financière au titre du temps d'habillage et de déshabillage, en faisant valoir que cette contrepartie ne pouvait se confondre avec celle perçue au titre des temps de douche.

Après avoir estimé que le temps nécessaire à la douche prise en fin de service, habillage et déshabillage compris, était de 15 minutes et que celui consacré aux opérations de déshabillage et d'habillage afin de revêtir, en début de service, la tenue de travail obligatoire, s'élevait à 10 minutes, une cour d'appel, fixant la contrepartie financière du seul temps d'habillage et de déshabillage à l'arrivée sur le lieu de travail, a pu accueillir la demande du salarié.

En effet, il résulte de l'article 3, § 3.1 de l'accord d'entreprise du 10 novembre 1999 que la rémunération du temps passé à la douche en fin de service, en application des dispositions de l'article R. 232-2-4, devenu R. 3121-2 CT, ne peut valoir contrepartie au temps d'habillage nécessaire lors de la prise de poste pour revêtir la tenue dont le port est obligatoire.

Cass. soc. 12 décembre 2012, n° 11-22.884, BC V n° 337.

Temps de formation pour assurer l'adaptation au poste de travail

Les actions de formation prévues par un accord collectif sur l'organisation du travail dans la métallurgie, qui tendaient à favoriser ou permettre l'adaptation des salariés à l'évolution de leurs emplois, entraient dans le champ d'application des dispositions légales relatives au plan de formation ; en conséquence, le temps consacré à ces actions par les salariés constituait un temps de travail effectif.

Cass. soc. 11 juillet 2007, n° 06-11.164, BC V n° 123. Voir aussi cass. soc. 7 juin 2011, n° 10-14.188, 2e moyen.

Conséquences pratiques de la qualification de temps de travail effectif

La qualification de travail effectif et non d'astreinte peut entraîner la condamnation de l'employeur pour infraction à la réglementation sur la durée du travail.

Les contrats de travail de deux salariés leur faisant obligation d'habiter sur place, de ne pas s'absenter pendant les heures de fermeture du dépôt et d'en assurer la surveillance de façon continue, ces salariés étaient en permanence sous l'autorité de l'employeur, ce dont découlait le caractère de travail effectif et non d'astreinte de leur mission ; dès lors, l'employeur qui a fait effectuer ce travail en plus de l'horaire quotidien des salariés n'a pas respecté les dispositions légales et réglementaires relatives à la durée du travail.

Cass. crim. 11 février 1986, n° 85-92.469, B. crim. n° 56.

☛ *Astreintes ; Durée du travail ; Temps de pause/ Temps de repos ; Temps de trajet.*

Tenue vestimentaire

Si le choix de la tenue vestimentaire relève de la liberté individuelle du salarié, ce dernier peut cependant être tenu de se conformer à certaines exigences.

Les fonctions du salarié peuvent justifier une restriction de la liberté de se vêtir

La liberté de se vêtir n'entre pas dans la catégorie des libertés fondamentales.

Un agent technique avait été licencié après être venu travailler en bermuda et avoir continué les jours suivants à porter la même tenue, ce en opposition ouverte avec ses supérieurs hiérarchiques qui lui demandaient oralement puis par écrit de porter un pantalon sous la blouse prescrite par le règlement intérieur de l'entreprise. Le salarié a saisi la formation de référé du conseil de prud'hommes demandant, sur le fondement des articles L. 122-45 et L. 120-2 CT, l'annulation de son licenciement et sa réintégration sous astreinte.

Doit être rejeté le pourvoi du salarié faisant grief à une cour d'appel de l'avoir débouté de sa demande.

En effet, si, en vertu de l'article L. 120-2 CT, un employeur ne peut imposer à un salarié des contraintes vestimentaires qui ne seraient pas justifiées par la nature des tâches à accomplir et proportionnées au but recherché, la liberté de se vêtir à sa guise au temps et au lieu de travail n'entre pas dans la catégorie des libertés fondamentales.

Les énonciations de l'arrêt attaqué faisant apparaître que la tenue vestimentaire de l'intéressé était incompatible avec ses fonctions et ses conditions de travail, la cour d'appel a pu en déduire qu'il n'y avait pas de trouble manifestement illicite qu'il y avait lieu de faire cesser.

Cass. soc. 28 mai 2003, n° 02-40.273, BC V n° 178.

La restriction de la liberté individuelle de se vêtir doit être justifiée par la tâche à accomplir et proportionnée au but recherché.

C'est à bon droit qu'après avoir constaté qu'une salariée était en contact avec la clientèle de l'agence immobilière, une cour d'appel a décidé que la décision de l'employeur de lui interdire de se présenter au travail en survêtement était justifiée.

Cass. soc. 6 novembre 2001, n° 99-43.988, BC V n° 337. Voir aussi cass. soc. 12 novembre 2008, n° 07-42.220.

Une salariée, engagée en qualité d'agent de propreté, a été licenciée pour avoir refusé de porter la tenue de travail de l'ensemble du personnel de l'entreprise travaillant sur le site d'un centre commercial où elle était affectée.

Ayant fait ressortir que la contrainte vestimentaire imposée à la salariée n'était pas justifiée par la tâche à accomplir ni proportionnée au but recherché, une cour d'appel a pu dire que le licenciement de l'intéressée était dépourvu de cause réelle et sérieuse.

Cass. soc. 20 juin 2006, n° 04-43.067.

Deux salariés étaient, en leur qualité d'agent de maîtrise, chargés des fonctions d'agents vidéo au sein d'un magasin ; le nouveau chef de sécurité du magasin a exigé le port de la tenue réglementaire par les agents de la société ; les salariés ont reçu en mains propres une lettre leur rappelant le caractère obligatoire de la tenue sur tous les postes et que toute personne se présentant dépourvue de cette tenue serait renvoyée chez elle et ne serait pas rémunérée ; les deux salariés, refusant de porter l'uniforme, ne se sont plus présentés sur leur poste de travail ; après les avoir mis en demeure de justifier de leurs absences, l'employeur les a licenciés pour faute grave ; contestant cette mesure, les salariés ont saisi la juridiction prud'homale.

Une cour d'appel a exactement énoncé que l'article 5 de l'annexe V de la convention collective nationale des entreprises de prévention et de sécurité, qui prévoit la possibilité d'une obligation formelle du port de l'uniforme pour les agents de maîtrise affectés à certains postes fixes ou itinérants, ne concernait que les salariés en contact avec la clientèle.

Après avoir constaté que l'uniforme était représentatif de la société employeur et que les salariés, en leur qualité d'agents vidéo n'avaient pas pour mission de procéder à des interpellations et que leurs fonctions ne les appelaient pas, même occasionnellement, à être en contact avec la clientèle, la cour d'appel a pu, exerçant les pouvoirs qu'elle tient de l'article L. 122-14-3, al. 1er, phrase 1 et al. 2, devenu L. 1235-1 CT, décider que les licenciements ne procédaient pas d'une cause réelle et sérieuse.

Cass. soc. 3 juin 2009, n° 08-40.346, BC V n° 144.

Ainsi, s'agissant des employeurs de droit privé ne gérant pas de service public, les restrictions à la liberté de manifester une appartenance religieuse par le port d'un vêtement doivent être justifiées par la nature de la tâche à accomplir, répondre à une exigence professionnelle essentielle et déterminante, et être proportionnées au but recherché.

Il résulte de la combinaison des articles L. 1121-1 et L. 1321-3 CT que les restrictions à la liberté du salarié de manifester ses convictions religieuses doivent être justifiées par la nature de la tâche à accomplir et proportionnées au but recherché.

Une salariée employée en qualité d'éducatrice de jeunes enfants exerçant les fonctions de directrice adjointe de la crèche et halte-garderie gérée par une association a bénéficié, en mai 2003, d'un congé de maternité suivi d'un congé parental jusqu'au 8 décembre 2008 ; elle a été convoquée par lettre du 9 décembre 2008 à un entretien préalable en vue de son éventuel licenciement, avec mise à pied à titre conservatoire, et licenciée le 19 décembre 2008 pour faute grave, pour avoir contrevenu aux dispositions du règlement intérieur de l'association en portant un voile islamique et en raison de son comportement après cette mise à pied ; s'estimant victime d'une discrimination au regard de ses convictions religieuses, l'intéressée a saisi la juridiction prud'homale en nullité de son licenciement et en paiement de diverses sommes.

Doit être approuvé l'arrêt ayant rejeté ses demandes.

En effet, d'abord, ayant relevé que le règlement intérieur de l'association disposait que « le principe de la liberté de conscience et de religion de chacun des membres du personnel ne peut faire obstacle au respect des principes de laïcité et de neutralité qui s'appliquent dans l'exercice de l'ensemble des activités développées, tant dans les locaux de la crèche ou ses annexes qu'en accompagnement extérieur des enfants confiés à la crèche », la cour d'appel a pu en déduire, appréciant de manière concrète les conditions de fonctionnement d'une association de dimension réduite, employant seulement dix-huit salariés, qui étaient ou pouvaient être en relation directe avec les enfants et leurs parents, que la restriction à la liberté de manifester sa religion édictée par le règlement intérieur ne présentait pas un caractère général, mais était suffisamment précise, justifiée par la nature des tâches accomplies par les salariés de l'association et proportionnée au but recherché.

Ensuite, sont erronés, mais surabondants, les motifs de l'arrêt qualifiant l'association d'entreprise de conviction, dès lors que cette association avait pour objet, non de promouvoir et de défendre des convictions religieuses, politiques ou philosophiques, mais, aux termes de ses statuts, « de développer une action orientée vers la petite enfance en milieu défavorisé et d'œuvrer pour l'insertion sociale et professionnelle des femmes (...) sans distinction d'opinion politique et confessionnelle ».

Enfin, la cour d'appel a pu retenir que le licenciement pour faute grave de la salariée était justifié par son refus d'accéder aux demandes licites de son employeur de s'abstenir de porter son voile et par les insubordinations répétées et caractérisées décrites dans la lettre de licenciement et rendant impossible la poursuite du contrat de travail.

Cass. ass. plén. 25 juin 2014, n° 13-28.369, BC n° 1.

En revanche, s'agissant des employeurs de droit privé gérant un service public, les salariés ne peuvent pas manifester leurs croyances religieuses par des signes extérieurs, en particulier vestimentaires.

Une salariée a été engagée par contrat de travail à durée indéterminée le 4 septembre 2001 par une caisse primaire d'assurance maladie en qualité de technicienne prestations maladie ; le règlement intérieur de la caisse a été complété le 10 février 2004 par une note de service interdisant « le port de vêtements ou d'accessoires positionnant clairement un agent comme représentant un groupe, une ethnie, une religion, une obédience politique ou quelque croyance que ce soit » et notamment « le port d'un voile islamique, même sous forme de bonnet » ; licenciée le 29 juin 2004 aux motifs qu'elle portait un foulard islamique en forme de bonnet, elle a saisi la juridiction prud'homale le 24 mai 2005 en nullité de son licenciement en soutenant que celui-ci était discriminatoire au regard de ses convictions religieuses.

Ayant retenu que la salariée exerçait ses fonctions dans un service public en raison de la nature de l'activité exercée par la caisse, qui consistait notamment à délivrer des prestations maladie aux assurés sociaux, qu'elle travaillait en particulier comme « technicienne de prestations maladie » dans un centre accueillant en moyenne six cent cinquante usagers par jour, peu important que la salariée soit ou non directement en contact avec le public, une cour d'appel a pu en déduire que la restriction instaurée par le règlement intérieur de la caisse était nécessaire à la mise en œuvre du principe de laïcité de nature à assurer aux yeux des usagers la neutralité du service public.

En effet, les principes de neutralité et de laïcité du service public sont applicables à l'ensemble des services publics, y compris lorsque ceux-ci sont assurés par des organismes de droit privé et, si les dispositions du code du travail ont vocation à s'appliquer aux agents des caisses primaires d'assurance maladie, ces derniers sont toutefois soumis à des contraintes spécifiques résultant du fait qu'ils participent à une mission de service public, lesquelles leur interdisent notamment de manifester leurs croyances religieuses par des signes extérieurs, en particulier vestimentaires.

Cass. soc. 19 mars 2013, n° 12-11.690, BC V n° 76.

S'agissant des clauses de neutralité pouvant être insérées dans le règlement intérieur d'une entreprise privée, la CJUE a précisé qu'une règle qui prohibe le port visible de tout signe politique, philosophique ou religieux sur le lieu de travail ne constitue pas une discrimination directe mais qu'une telle règle peut constituer une discrimination indirecte si l'obligation en apparence neutre qu'elle prévoit entraîne, en fait, un désavantage particulier pour les personnes adhérant à une religion ou à des convictions données, à moins qu'elle ne soit objectivement justifiée par un objectif légitime, tel que la poursuite par l'employeur, dans ses relations avec ses clients, d'une politique de neutralité politique, philosophique et religieuse, et que les moyens de réaliser cet objectif ne soient appropriés et nécessaires.

L'article 2, § 2, sous a), de la directive 2000/78/CE du Conseil, du 27 novembre 2000, portant création d'un cadre général en faveur de l'égalité de traitement en matière d'emploi et de travail, doit être interprété en ce sens que l'interdiction de porter un foulard islamique, qui découle d'une règle interne d'une entreprise privée interdisant le port visible de tout signe politique, philosophique ou religieux sur le lieu de travail, ne constitue pas une discrimination directe fondée sur la religion ou sur les convictions au sens de cette directive.

En revanche, une telle règle interne d'une entreprise privée est susceptible de constituer une discrimination indirecte au sens de l'article 2, § 2, sous b), de la directive 2000/78 s'il est établi que l'obligation en apparence neutre qu'elle prévoit entraîne, en fait, un désavantage particulier pour les personnes adhérant à une religion ou à des convictions données, à moins qu'elle ne soit objectivement justifiée par un objectif légitime, tel que la poursuite par l'employeur, dans ses relations avec ses clients, d'une politique de neutralité politique, philosophique ainsi que religieuse, et que les moyens de réaliser cet objectif ne soient appropriés et nécessaires, ce qu'il appartient à la juridiction de renvoi de vérifier.

CJUE 14 mars 2017, aff. C-157/15.

En l'absence de règle interne de portée générale, la décision d'un employeur d'interdire le port de signes religieux visibles au travail doit correspondre à une exigence professionnelle essentielle et déterminante.

L'article 4, § 1, de la directive 2000/78/CE du Conseil, du 27 novembre 2000, portant création d'un cadre général en faveur de l'égalité de traitement en matière d'emploi et de travail, doit être interprété en ce sens que la volonté d'un employeur de tenir compte des souhaits d'un client de ne plus voir les services dudit employeur assurés par une travailleuse portant un foulard islamique ne saurait être considérée comme une exigence professionnelle essentielle et déterminante au sens de cette disposition.

CJUE 14 mars 2017, aff. C-188/15.

Ainsi, une clause de neutralité interdisant le port visible de tout signe politique, philosophique ou religieux sur le lieu de travail insérée par l'employeur dans le règlement intérieur de l'entreprise ou dans une note de service, qui doit être générale et indifférenciée, ne peut être appliquée qu'aux salariés se trouvant en contact avec les clients ; il appartient toutefois à l'employeur, en cas de refus d'un salarié de se conformer à une telle clause dans l'exercice de ses activités professionnelles auprès des clients de l'entreprise, de rechercher si, tout en tenant compte des contraintes inhérentes à l'entreprise et sans que celle-ci ait à subir une charge supplémentaire, il lui est possible de proposer à ce salarié un poste de travail n'impliquant pas de contact visuel avec ces clients, plutôt que de procéder à son licenciement.

Il résulte des articles L. 1121-1, L. 1132-1 et L. 1133-1 CT, mettant en œuvre en droit interne les dispositions des articles 2, § 2, et 4, § 1, de la directive 2000/78/CE du 27 novembre 2000, de l'article L. 1321-3, 2° CT ainsi que de la jurisprudence de la CJUE (CJUE, 14 mars 2017, aff. C-188/15 et C-157/15 précités), que l'employeur, investi de la mission de faire respecter au sein de la communauté de travail l'ensemble des libertés et droits fondamentaux de chaque salarié, peut prévoir dans le règlement intérieur de l'entreprise ou dans une note de service soumise aux mêmes dispositions que le règlement intérieur, en application de l'article L. 1321-5 CT, une clause de neutralité interdisant le port visible de tout signe politique, philosophique ou religieux sur le lieu de travail, dès lors que cette clause générale et indifférenciée n'est appliquée qu'aux salariés se trouvant en contact avec les clients, et qu'en présence du refus d'un salarié de se conformer à une telle clause dans l'exercice de ses activités professionnelles auprès des clients de l'entreprise, il appartient à l'employeur de rechercher si, tout en tenant compte des contraintes inhérentes à l'entreprise et sans que celle-ci ait à subir une charge supplémentaire, il lui est possible de proposer à ce salarié un poste de travail n'impliquant pas de contact visuel avec ces clients, plutôt que de procéder à son licenciement.

Une salariée engagée par une société de conseil, d'ingénierie et de formation en qualité d'ingénieur d'études a été licenciée pour faute pour avoir refusé d'ôter son foulard islamique lorsqu'elle intervenait dans des entreprises clientes de la société.

Pour dire le licenciement fondé sur une cause réelle et sérieuse, une cour d'appel a retenu qu'une entreprise doit tenir compte de la diversité des clients et de leurs convictions et qu'elle est donc naturellement amenée à imposer aux employés qu'elle envoie au contact de sa clientèle une obligation de discrétion qui respecte les convictions de chacun, à la condition toutefois que la restriction qui en résulte soit justifiée par la nature de la tâche à effectuer et proportionnée au but recherché, qu'en l'espèce, il était établi qu'une société cliente avait souhaité que les interventions de la salariée se fassent sans port de voile afin de ne pas gêner certains de ses collaborateurs, que la restriction que l'employeur avait alors imposée à la liberté de la salariée de manifester ses convictions religieuses par sa tenue vestimentaire avait été proportionnée au but recherché puisque seulement limitée aux contacts avec la clientèle, les travaux effectués dans ses locaux par un ingénieur d'études portant un voile ne lui créant aucune difficulté selon ses propres déclarations, et qu'ainsi, il apparaissait que le licenciement ne procédait pas d'une discrimination tenant à ses convictions religieuses puisque la salariée avait été autorisée à continuer à les exprimer au sein de l'entreprise mais qu'il était justifié par une restriction légitime procédant des intérêts de l'entreprise alors que la liberté donnée à la salariée de manifester ses convictions religieuses débordait le périmètre de l'entreprise et empiétait sur les sensibilités de ses clients et donc sur les droits d'autrui.

En statuant ainsi, alors qu'il résultait de ses constatations qu'aucune clause de neutralité interdisant le port visible de tout signe politique, philosophique ou religieux sur le lieu de travail n'était prévue dans le règlement intérieur de l'entreprise ou dans une note de service soumise aux mêmes dispositions que le règlement intérieur en application de l'article L. 1321-5 CT et que l'interdiction faite à la salariée de porter le foulard islamique dans ses contacts avec les clients résultait seulement d'un ordre oral donné à une salariée et visant un signe religieux déterminé, ce dont il résultait l'existence d'une discrimination directement fondée sur les convictions religieuses, et alors qu'il résulte de l'arrêt de la CJUE en réponse à la question préjudicielle posée (CJUE, 14 mars 2017, aff. C-188/15 précité) que la volonté d'un employeur de tenir compte des souhaits d'un client de ne plus voir les services dudit employeur assurés par une salariée portant un foulard islamique ne saurait être considérée comme une exigence professionnelle essentielle et déterminante au sens de l'article 4, § 1, de la directive du 27 novembre 2000, la cour d'appel a méconnu la portée des articles L. 1121-1, L. 1132-1, L. 1133-1 et L. 1321-3, 2° CT, 9 de la Convention de sauvegarde des droits de l'homme et des libertés fondamentales et 2, § 2, et 4, § 1, de la directive 2000/78/CE du 27 novembre 2000.

Cass. soc. 22 novembre 2017, n° 13-19.855, à paraître.

L'obligation de revêtir une tenue réglementaire peut découler du règlement intérieur.

C'est à bon droit qu'une cour d'appel a décidé que la disposition du règlement intérieur d'une entreprise imposant pour le personnel ambulancier le port d'une cravate et précisant « pas de jeans ni de baskets » constituait une atteinte aux dispositions de l'article L. 122-35 CT. Ayant constaté que la disposition du règlement intérieur était plus exigeante que celles de la convention collective prévoyant pour le personnel ambulancier une tenue soignée et le port obligatoire d'une blouse blanche, et ayant relevé que le règlement intérieur comportait des restrictions aux libertés individuelles qui n'étaient pas justifiées par la nature de la tâche à accomplir, la cour d'appel a fait une exacte application des dispositions de l'article précité.

Cass. soc. 19 mai 1998, n° 96-41.123.

Lorsque la convention collective contient des dispositions sur la tenue vestimentaire, le contrat de travail ne peut comporter de restrictions plus importantes.

Deux salariés, engagés par un syndicat de copropriétaires en qualité de surveillants, avaient été licenciés pour avoir refusé de porter l'uniforme.

C'est à tort que, pour décider que leur licenciement reposait sur une cause réelle et sérieuse, une cour d'appel a notamment énoncé qu'en l'absence de disposition expresse de la convention collective nationale des gardiens, concierges et employés d'immeubles sur l'obligation faite aux surveillants de la catégorie à laquelle appartenaient les salariés de porter un uniforme, les dispositions du contrat de travail qui le prescrivaient étaient applicables, alors que le contrat individuel de travail ne peut comporter de restrictions plus importantes aux libertés individuelles que celles prévues par la convention collective.

Cass. soc. 16 janvier 2001, n° 98-44.252, BC V n° 7.

Lorsque le port du vêtement de travail est obligatoire et inhérent à l'emploi, l'employeur doit assurer la charge de son entretien.

Indépendamment des dispositions de l'article L. 231-11 CT selon lesquelles les mesures concernant la sécurité, l'hygiène et la santé au travail ne doivent en aucun cas entraîner de charges financières pour les travailleurs, il résulte des dispositions combinées des articles 1135 c. civ. et L. 121-1 CT que les frais qu'un salarié expose pour les besoins de son activité professionnelle et dans l'intérêt de l'employeur doivent être supportés par ce dernier.

Alors que pour des raisons d'hygiène, de sécurité, de contact avec la clientèle ou de stratégie commerciale, les salariés d'une entreprise devaient porter une tenue de travail, des syndicats ont saisi la juridiction prud'homale aux fins de voir enjoindre à l'employeur d'en assurer le coût de l'entretien.

Ayant constaté que, pour chacune des catégories d'emplois concernés, le port du vêtement de travail était obligatoire et qu'il était inhérent à l'emploi, une cour d'appel a exactement décidé que l'employeur devait assurer la charge de leur entretien.

Cass. soc. 21 mai 2008, n° 06-44.044, BC V n° 108. Voir aussi cass. soc. 5 octobre 2010, n° 09-40.913, 2e moyen, énonçant qu'il incombe à l'employeur de mettre à la disposition du salarié les vêtements de travail dont le port lui est imposé ou d'en assumer par avance le coût ; cass. soc. 27 janvier 2016, n° 14-12.593, 2e moyen.

Il appartient à l'employeur de définir dans l'exercice de son pouvoir de direction les modalités de prise en charge de l'entretien.

S'il résulte des articles 1135 c. civ. et L. 1221-1 CT que l'employeur doit assurer l'entretien des tenues de travail dont il impose le port au salarié, il lui appartient de définir dans l'exercice de son pouvoir de direction, les modalités de prise en charge de cet entretien.

C'est à tort que, après avoir relevé qu'une société devait prendre en charge l'entretien des tenues de travail des salariés, une cour d'appel lui a prescrit de mettre en place un système de ramassage, de lavage et de repassage chaque semaine, des tenues sales, et de remise à disposition, la semaine suivante, des tenues propres dans des casiers prévus à cet effet.

Cass. soc. 12 décembre 2012, n° 11-26.585, 2e moyen, BC V n° 331.

Les modalités de prise en charge du coût d'entretien des tenues de travail ne présentant le caractère ni d'une mesure d'application de la réglementation en matière d'hygiène et de sécurité, ni d'une règle générale et permanente relative à la discipline, un inspecteur du travail ne peut pas légalement imposer à une société de préciser, dans son règlement intérieur, que le coût d'entretien de l'ensemble des tenues de travail dont le port est rendu obligatoire pour les salariés est à la charge de l'employeur.

CE 23 octobre 2013, n° 356037.

Lorsque le salarié n'est pas soumis au port d'une tenue de travail spécifique, il doit prendre en charge les frais de son entretien.

C'est à bon droit qu'une cour d'appel a débouté un facteur, non soumis au port d'une tenue de travail spécifique, de sa demande au titre des frais d'entretien de la tenue de travail.

En effet, seuls les frais qu'un salarié expose pour les besoins de son activité professionnelle et dans l'intérêt de son employeur doivent, dès lors qu'ils résultent d'une sujétion particulière, être supportés par ce dernier.

Cass. soc. 3 mai 2016, n° 15-12.549, 2e moyen, BC V n° 87.

La tenue vestimentaire doit être conforme à la décence

S'agissant d'une salariée s'étant présentée au travail vêtue d'un chemisier transparent et sans porter de soutien-gorge et qui avait persisté dans son comportement malgré la mise en garde de l'employeur sur ce qu'avait d'anormal son habillement, une cour d'appel a pu décider, dans l'exercice de son pouvoir souverain d'appréciation, que le licenciement de l'intéressée procédait d'une cause réelle et sérieuse.

Cass. soc. 22 juillet 1986, n° 82-43.824.

Des négligences du salarié quant à sa tenue vestimentaire sont insuffisantes pour justifier un licenciement

Une cour d'appel a pu souverainement décider que le licenciement d'un copilote fondé sur ses négligences, notamment quant à sa tenue vestimentaire, était injustifié.

Cass. soc. 24 janvier 1991, n° 89-40.761.

Titres-restaurants

Mis en place de façon facultative, les titres-restaurants permettent la prise en charge partielle par l'employeur des frais de repas des salariés. Un seul titre peut être attribué par repas, celui-ci devant par ailleurs être compris dans l'horaire journalier de travail.

L'ordonnance 67-830 du 27 septembre 1967 et le décret 67-1165 du 22 décembre 1967 modifié relatifs aux titres-restaurants ont été codifiés aux articles L. 3262-1 et s. et R. 3262-1 et s. CT.

Lorsqu'une convention collective rend obligatoire l'attribution de tickets restaurants, l'employeur qui dispose d'une cantine n'est pas soumis à cette obligation.

Il résulte de la combinaison de l'article R. 232-10-1 CT et de l'ordonnance du 27 mai 1967 que l'attribution de titres-restaurants n'est pas obligatoire pour les entreprises disposant d'un local de restauration.

Une cour d'appel, qui a constaté qu'une convention collective se bornait à faire bénéficier le personnel des organismes de sécurité sociale des dispositions de ladite ordonnance, a décidé à bon droit que l'employeur, qui avait créé un restaurant au sein de l'établissement par accord avec le comité d'entreprise, n'était pas tenu d'attribuer des titres-restaurants aux salariés.

Cass. soc. 18 juillet 2000, n° 98-40.402, BC V n° 287.

L'employeur peut opérer une distinction entre les salariés selon leur lieu de résidence.

Aucune disposition de la réglementation régissant les titres-restaurants n'interdit à l'employeur de prévoir une tarification différente en fonction de l'éloignement du lieu de travail par rapport au domicile des salariés. L'employeur peut donc valablement limiter l'augmentation de la valeur des titres au personnel habitant à plus de cinq kilomètres du lieu de travail.

Le caractère discriminatoire de cette mesure n'étant pas établi, un conseil de prud'hommes a pu valablement débouter les salariés n'ayant pas bénéficié de cette augmentation de leur demande en paiement d'un rappel sur la valeur de ces titres.

Cass. soc. 22 janvier 1992, n° 88-40.938, BC V n° 26. Voir aussi TGI Paris 28 octobre 2008, n° 08-8842, s'agissant de la possibilité pour l'employeur de n'attribuer des titres-restaurants qu'aux salariés franciliens.

Les salariés disposant de plages horaires mobiles ont droit aux titres-restaurants.

Une salariée, employée à temps partiel par une CPAM exerce les fonctions de déléguée syndicale et de conseiller prud'homme ; son contrat de travail prévoit que son temps de travail d'une durée de 19 h 30 par semaine est réparti selon un horaire journalier de 5 heures, les lundi, mardi, jeudi, et 4 h 30 le vendredi, avec plage fixe le matin de 9 heures à 11 h 30 ; en application du contrat et du règlement de la CPAM, la salariée est autorisée, hors plage fixe, à aménager librement son temps de travail avec un choix d'horaires libres pendant des plages dites « mobiles », sous contrôle de gestion automatisée de pointage ; elle a, dans ce cadre, intercalé la pause du déjeuner au sein de ces plages mobiles, reprenant le travail ensuite, et a effectivement décompté son temps de travail avec une pause repas pour laquelle elle a sollicité l'attribution de titres-restaurants.

Doit être approuvé l'arrêt ayant condamné la CPAM à payer à la salariée un rappel de salaire et congés payés afférents correspondant aux retenues effectuées au titre des chèques déjeuner de plusieurs années.

En effet, d'abord, l'article R. 3262-7 CT pose comme seule condition à l'obtention du titre-restaurant que le repas du salarié soit « compris dans son horaire de travail journalier », sans distinguer selon que cette inclusion concerne des plages d'horaire fixes ou résulte de la libre détermination par le salarié des plages mobiles qu'autorise son contrat de travail et qui lui permettent d'intercaler son temps de repas entre deux séquences de travail ; ensuite, par renvoi exprès de l'article L. 1442-2 CT aux dispositions de l'article L. 3142-12 du même code, le temps de formation des conseillers prud'hommes étant assimilé à une durée de travail effectif pour la détermination de la durée des congés payés, du droit aux prestations d'assurances sociales et aux prestations familiales ainsi que pour l'ensemble des autres droits résultant pour l'intéressé de son contrat de travail, le conseiller peut légitimement prétendre au bénéfice des titres-restaurants dès lors qu'il est justifié que son temps de formation englobait un temps de repas et que n'est pas rapportée la preuve de la non-conformité des heures litigieuses avec l'objet de cette formation.

Cass. soc. 20 février 2013, n° 10-30.028, 1er moyen, BC V n° 54.

Il en est de même des salariés qui suivent une formation de conseiller prud'homme, dès lors qu'elle englobe un temps de repas.

Cass. soc. 20 février 2013, n° 10-30.028, précité.

Les salariés intérimaires ne peuvent être exclus du bénéfice des titres-restaurants.

Il résulte des articles L. 124-3, 6° et L. 124-4-2, al. 1er CT que la rémunération que doit percevoir le salarié intérimaire est celle prévue par l'article L. 140-2 CT. Au sens de ce dernier texte, il faut entendre par rémunération le salaire ou traitement ordinaire de base ou minimum et tous les autres avantages et accessoires payés, directement ou indirectement, en espèces ou en nature, par l'employeur au travailleur en raison de l'emploi de ce dernier. Le ticket-restaurant, qui constitue un avantage en nature payé par l'employeur, entre dans la rémunération du salarié.

Cass. soc. 29 novembre 2006, n° 05-42.853, BC V n° 366.

La participation du salarié aux titres-restaurants peut être prélevée sur son salaire.

Le ticket-restaurant, qui constitue un avantage en nature payé par l'employeur dans la rémunération du salarié, ne constituant pas une fourniture diverse au sens de l'article L. 3251-1 CT, c'est à bon droit qu'une cour d'appel a débouté de leur demande des salariés contestant le mode de paiement des tickets-restaurants par prélèvement sur leur salaire.

Cass. soc. 1er mars 2017, n° 15-18.333, BC V n° 36.

Les sommes versées par l'employeur bénéficient, sous certaines conditions, d'une exonération de charges sociales.

➜ Si l'employeur ne respecte pas le pourcentage de la part patronale par rapport au montant global des titres, le bénéfice de l'exonération disparaît.

La participation patronale aux titres-restaurants n'échappe à l'assiette de cotisations que dans la mesure où elle est comprise entre 50 et 60 % de la valeur de ces titres. Ces limites étant impératives, une cour d'appel a pu valablement décider que leur dépassement, quelle qu'en soit l'importance, faisait perdre à l'employeur le bénéfice de l'exonération sur la totalité de la contribution.

Cass. soc. 5 mai 1995, n° 92-17.414, 2e moyen.

➜ Le bénéfice de l'exonération disparaît également en cas de dépassement de la valeur libératoire du titre.

L'exonération de cotisations prévue par l'article L. 131-4 c. séc. soc. et par l'article 25 de l'ordonnance du 27 septembre 1967 est subordonnée au respect par l'employeur des prescriptions édictées par ces textes.

Après avoir constaté que la valeur libératoire des titres-restaurants émis par une société excédait le montant maximal fixé par les textes, dans leur rédaction alors applicable, une cour d'appel en a exactement déduit que la société ne pouvait bénéficier, même partiellement, de ces exonérations.

Cass. soc. 22 février 1996, n° 94-10.105, BC V n° 66.

➡ Doivent être prises en compte, pour le contrôle du respect des plafonds, les primes distribuées par l'employeur et qui sont en corrélation avec les titres-restaurants.

Ayant relevé qu'une société versait au salarié, en sus de sa participation aux titres-restaurants, une prime dite « complément Chèque-Déjeuner », une cour d'appel a pu décider de prendre en compte le montant de cette prime pour le calcul du montant effectif de la participation de l'employeur aux titres-restaurants. En effet, une note d'information diffusée par la société elle-même précisait que cette prime devait s'imputer sur un éventuel relèvement de la participation de l'employeur au financement des titres de repas. La prime litigieuse était donc en corrélation étroite avec ces titres.

Cass. soc. 9 juillet 1992, n° 90-15.203.

Tracts

L'article L. 2142-4 CT dispose que les publications et tracts de nature syndicale peuvent être distribués aux salariés dans l'enceinte de l'entreprise aux heures d'entrée et de sortie du travail.

L'article L. 2142-6 CT dans sa rédaction issue de la loi 2016-1088 du 8 août 2016 prévoit notamment qu'un accord d'entreprise peut définir les conditions et les modalités de diffusion des informations syndicales au moyen des outils numériques disponibles dans l'entreprise. À défaut d'accord, les syndicats présents dans l'entreprise et satisfaisant aux critères de respect des valeurs républicaines et d'indépendance, légalement constitués depuis au moins deux ans peuvent mettre à disposition des publications et tracts sur un site syndical accessible à partir de l'intranet de l'entreprise, lorsqu'il existe.

La jurisprudence rapportée ci-dessous, rendue dans le cadre législatif antérieur, conserve cependant son intérêt, notamment au regard des litiges en cours.

Pour être licite, le tract doit avoir un caractère professionnel et respecter les dispositions de la loi sur la presse

Si le document distribué est destiné à recueillir des avis, il ne peut être qualifié de tract.

Le document destiné à recueillir les avis, suggestions et revendications des salariés, quand bien même des slogans syndicaux tels que « Effort de chacun, progrès de tous, adhérez à la CGT », seraient inscrits sur ce « cahier-questionnaire », ne peut être qualifié de tract. Commet une entrave au droit syndical l'employeur sanctionnant disciplinairement un délégué syndical et des délégués du personnel pour avoir procédé à la distribution de ce document dans l'entreprise auprès de chaque salarié, alors que, ce document n'étant pas un tract, l'employeur ne pouvait en limiter la distribution à l'entrée ou à la sortie des ateliers. La distribution de ces questionnaires constituant un mode de consultation du personnel entre, en effet, dans les prévisions des articles L. 412-17 et L. 424-3 CT et non dans celles de l'article L. 412-8 CT.

Cass. crim. 27 septembre 1988, n° 87-81.800.

De même, l'envoi d'un message syndical à des représentants de l'employeur ne constitue pas une diffusion de tracts.

Un délégué syndical a fait l'objet d'un avertissement pour avoir envoyé, avec son ordinateur et sa messagerie personnels, un tract signé de l'intersyndicale à l'adresse électronique des trente-cinq points de vente des agences de l'entreprise. Il a saisi la juridiction prud'homale pour demander l'annulation de cet avertissement.

Pour débouter le salarié de sa demande, une cour d'appel a retenu qu'il n'existait pas dans l'entreprise d'accord autorisant l'utilisation de la messagerie électronique par les organisations syndicales et que la liberté d'expression et de communication syndicale par voie électronique est limitée par les dispositions de l'article L. 2142-6 CT.

En statuant ainsi, alors qu'elle avait constaté que le message syndical était arrivé dans les seules boîtes électroniques des responsables d'agence, ce qui ne caractérisait pas une diffusion au sens de l'article L. 2142-6 CT, la cour d'appel a violé cet article.

Cass. soc. 10 janvier 2012, n° 10-18.558, BC V n° 6.

Les tracts distribués doivent avoir un caractère professionnel.

Un syndicat CGT avait affiché un texte de deux pages ayant pour titre : « Maastricht le social en miette ! Même les enfants ne sont pas épargnés » dont l'objet principal était l'analyse d'un projet de directive européenne, l'examen de trois articles portant sur le travail des enfants et le traité. Le texte se terminant par la formule suivante : « Pour cela, l'ignoble projet doit être porté à la connaissance de tous les salariés afin de contribuer à une mission sans précédent pour refuser le traité de Maastricht », la société reprochait à la CGT d'avoir empiété sur le domaine de l'action politique et demandait le retrait de cet affichage.

Les juges ont pu décider qu'il ne pouvait être reproché à la CGT d'avoir informé les salariés du contenu de la directive européenne portant sur les droits des salariés, le texte affiché portant principalement sur cette directive. L'affichage n'avait pas, par conséquent, à être retiré. De plus, la prise de position finale n'avait pas de caractère purement politique au sens de politique politicienne et ne s'analysait pas comme un appel à voter pour ou contre tel parti ou tel homme politique, mais d'une mise en garde contre les insuffisances sociales que pouvait revêtir le traité de Maastricht. Les organisations syndicales, dont l'objet est d'informer les salariés sur les intérêts ou les inconvénients sociaux que peut présenter ce texte, n'avaient pas outrepassé leur droit en donnant leur avis sur ce texte.

TGI Montpellier, référé, 23 juillet 1992, Mutualité sociale agricole de l'Hérault c/ Synd. CGT Mutualité sociale agricole de l'Hérault.

Les publications syndicales étant soumises aux dispositions de la loi sur la presse, elles ne doivent contenir ni injure, ni diffamation, ni aucune fausse nouvelle ou provocation.

Relève de l'injure non publique le fait pour un syndicat de publier un document où un chef de centre est accusé d'avoir « viré » une secrétaire en raison de son activité syndicale, document accompagné d'une caricature. Si l'article L. 412-8 CT tend à assurer la libre détermination par les organisations syndicales du contenu de leurs publications, c'est sous la réserve expresse de ne pas enfreindre les dispositions de la loi du 29 juillet 1881 sur la liberté de la presse. En l'espèce, le document diffusé, contenant des attaques personnelles, excédait les limites admissibles d'une polémique née d'un conflit social.

Cass. crim. 23 novembre 1993, n° 90-86.396, B. crim. n° 351.

Il ne peut être reproché à un délégué syndical de ne pas avoir retiré un tract à caractère injurieux du panneau d'un autre syndicat que le sien.

À l'occasion d'un conflit du travail dans une entreprise, un texte a été affiché, comportant des appréciations outrancières et injurieuses à l'encontre de deux délégués CFDT. Ceux-ci ont demandé réparation de leurs préjudices sur le fondement de la responsabilité civile à la déléguée syndicale CFTC.

Pour accueillir la demande, le jugement a énoncé que la déléguée CFTC avait commis une faute engageant sa responsabilité personnelle pour ne pas avoir ôté l'affiche qui avait été rédigée au nom des syndicats FO et CFTC, alors qu'en sa qualité de déléguée CFTC elle en avait la possibilité et le devoir. En statuant ainsi, alors que l'intéressée avait soutenu que le tract avait été affiché sur le panneau du syndicat FO et qu'il ne pouvait lui être reproché de ne pas avoir retiré ce tract du panneau d'un autre syndicat que le sien, le tribunal a violé l'article 1382 c. civ.

Cass. civ., 2e ch., 11 juin 1998, n° 96-19.687, BC II n° 190.

Le tract ne doit pas contenir d'informations confidentielles portant atteinte aux droits des tiers

Il est possible de limiter la liberté de communication des syndicats sur Internet dans la mesure de ce qui est nécessaire pour éviter que la divulgation d'informations confidentielles ne porte atteinte aux droits des tiers.

Selon l'article 10, § 2 de la Convention européenne de sauvegarde des droits de l'homme et des libertés fondamentales, des restrictions peuvent être prévues par la loi lorsqu'elles sont nécessaires à la protection des droits d'autrui notamment pour empêcher la divulgation d'informations confidentielles, de telles restrictions devant être proportionnées au but légitime poursuivi ; selon l'article 1 de la loi 2004-575 du 21 juin 2004, l'exercice de la liberté de communication électronique peut être limité dans la mesure requise notamment par la protection de la liberté et de la propriété d'autrui ; il en résulte que si un syndicat a le droit de communiquer librement des informations au public sur un site Internet, cette liberté peut être limitée dans la mesure de ce qui est nécessaire pour éviter que la divulgation d'informations confidentielles porte atteinte aux droits des tiers.

Un syndicat a ouvert un site Internet sur lequel ont été publiées des informations relatives à une société ; faisant valoir que cette diffusion portait atteinte à ses intérêts et constituait une violation des règles légales de confidentialité dès lors que, contrairement à un site intranet réservé au personnel de l'entreprise, les informations publiées étaient accessibles à tous, notamment aux concurrents et clients, la société a saisi le tribunal de grande instance pour que soit ordonnée la suppression de certaines rubriques.

Pour rejeter cette demande, une cour d'appel a retenu qu'un syndicat comme tout citoyen avait toute latitude pour créer un site Internet pour l'exercice de son droit d'expression directe et collective, qu'aucune restriction n'était apportée à l'exercice de ce droit et qu'aucune obligation légale ou de confidentialité ne pesait sur ses membres à l'instar de celle pesant, en vertu de l'article L. 432-7, al. 2 CT, sur les membres du comité d'entreprise et représentants syndicaux, quand bien même il pourrait y avoir une identité de personnes entre eux, et que si une obligation de confidentialité s'étend également aux experts et techniciens mandatés par le comité d'entreprise, aucune disposition ne permet de l'étendre à un syndicat, de surcroît à un syndicat de branche, n'ayant aucun lien direct avec l'entreprise, et ce, alors même que la diffusion contestée s'effectuait en dehors de la société.

En statuant ainsi, sans rechercher si les informations litigieuses avaient un caractère confidentiel et si ce caractère était de nature à justifier l'interdiction de leur divulgation au regard des intérêts légitimes de l'entreprise, la cour d'appel n'a pas donné de base légale à sa décision.

Cass. soc. 5 mars 2008, n° 06-18.907, BC V n° 55.

La distribution de tracts doit avoir lieu aux heures d'entrée et de sortie du personnel

Lorsque les repas sont pris dans l'entreprise, la diffusion de tracts n'est pas possible pendant l'heure du déjeuner.

Les publications et tracts de nature syndicale doivent être diffusés aux salariés de l'entreprise dans l'enceinte de l'établissement aux heures d'entrée et de sortie de travail. Une cour d'appel a donc pu décider que les salariés ayant procédé à cette distribution pendant les heures de repas dans la cafétéria de l'entreprise avaient commis une faute disciplinaire.

Cass. soc. 20 octobre 1988, n° 85-46.050.

Dès lors que la diffusion a lieu aux heures d'entrée et de sortie du personnel, le lieu de cette distribution importe peu.

Commet une atteinte à l'exercice du droit syndical l'employeur ayant infligé un avertissement à des militants syndicaux qui ont distribué des tracts dans les couloirs conduisant aux ateliers avant la reprise du travail. Les représentants n'ont fait qu'user du droit qu'ils tiennent des dispositions légales qui autorisent la diffusion de tracts et de publications de nature syndicale dans l'enceinte de l'entreprise, aux heures d'entrée et de sortie du personnel.

Cass. crim. 21 février 1979, n° 77-92.618, B. crim. n° 81.

L'employeur peut sanctionner disciplinairement une distribution illicite de tracts syndicaux.

Des représentants du personnel avaient distribué aux démonstrateurs et démonstratrices d'un grand magasin, sur les lieux et pendant le temps de travail, des enveloppes contenant une lettre concernant les conditions de travail et les invitant à une réunion du syndicat. Considérant qu'il s'agissait d'une faute au regard de l'article L. 412-8, al. 4 CT selon lequel « les publications et tracts de nature syndicale peuvent être librement diffusés aux travailleurs de l'entreprise dans l'enceinte de celle-ci aux heures d'entrée et de sortie du personnel », l'employeur avait notifié aux représentants du personnel une mise à pied de deux jours.

Doit être cassé l'arrêt ayant condamné l'employeur à verser aux intéressés des sommes correspondant aux retenues effectuées sur leur salaire à raison des mises à pied prononcées à leur encontre pour distribution illicite de tracts syndicaux sur le lieu et pendant les horaires de travail, alors que le document distribué aux salariés constituait un tract, peu important qu'il leur ait été remis sous enveloppe, ce dont il résultait qu'il ne pouvait leur être diffusé qu'aux heures d'entrée et de sortie du travail.

Cass. soc. 31 mars 1998, n° 96-41.876, BC V n° 192.

Les juges peuvent ordonner la cessation de la distribution de tracts si les dispositions légales ne sont pas respectées.

Ayant relevé qu'une partie des tracts, dont la diffusion était reprochée à un syndicat par l'employeur, avait été déposée sur le bureau de salariés absents en dehors des horaires de travail, tandis qu'une autre partie avait été distribuée au personnel d'un service ayant commencé le travail depuis une demi-heure, une cour d'appel a retenu à bon droit que ces modalités n'étaient pas conformes aux dispositions légales.

Ayant en outre fait ressortir que la preuve d'un usage de l'entreprise autorisant la distribution des tracts selon les modalités en cause n'était pas rapportée, la cour d'appel a pu ordonner la cessation de telles distributions.

Cass. soc. 27 mai 1997, n° 95-14.850, BC V n° 193.

Une distribution de tracts relatifs à l'entreprise, mais qui se déroule en dehors de son enceinte, n'est pas soumise aux dispositions des articles L. 2142-3 à 7 CT.

Des délégués et représentants syndicaux ont distribué à l'extérieur de plusieurs agences d'une entreprise des tracts portant l'en-tête d'un syndicat. L'employeur a saisi le tribunal de grande instance de demandes tendant à voir reconnaître le caractère illicite de la distribution de ces tracts et condamner le syndicat en cause et les salariés au paiement de dommages-intérêts.

Doit être approuvé l'arrêt ayant débouté l'employeur de ses demandes. En effet, d'une part, l'article L. 412-8 CT qui se borne à organiser la diffusion des tracts par les syndicats professionnels aux travailleurs à l'intérieur de l'entreprise n'est pas applicable à une diffusion de tracts à l'extérieur de l'entreprise ; d'autre part, les propos qualifiés par l'employeur d'injurieux et de diffamatoires contenus dans les tracts diffusés au public ne pouvaient être incriminés qu'au regard de la loi du 29 juillet 1881.

Cass. soc. 28 février 2007, n° 05-15.228, BC V n° 37. Voir aussi cass. soc. 18 janvier 2011, n° 09-12.240, 2e moyen.

Dès lors qu'un texte réglementaire a fixé les modalités de distribution dans les entreprises d'un secteur déterminé, un accord collectif ne peut y apporter de restriction.

Cass. soc. 27 mai 2008, n° 06-46.403, BC V n° 113, cité dans « Convention collective (Application) ».

Les représentants du personnel peuvent, en tant que membres d'un syndicat, distribuer des tracts

Les délégués du personnel, en tant que membres d'un syndicat, peuvent distribuer des tracts, mais ne peuvent utiliser leur crédit d'heures de délégués du personnel pour l'exercice d'une activité sans relation avec leur mandat.

Si les délégués du personnel peuvent, en tant que membres d'un syndicat, procéder à la distribution de tracts et au recueil de signatures de pétitions dans les conditions légales, ils ne peuvent utiliser leurs heures de délégation de délégués du personnel pour exercer une activité sans relation avec leur mandat.

Doit donc être cassé l'arrêt condamnant l'employeur à payer aux délégués du personnel les heures passées à la distribution d'une pétition dans les locaux de la cantine et aux heures de repas, en vue de s'opposer au licenciement d'un salarié de l'entreprise.

Cass. soc. 13 mars 1985, n° 82-43.175, 2e moyen, BC V n° 163.

Utilisation de l'intranet et de la messagerie électronique de l'entreprise

La diffusion de publications et de tracts syndicaux sur la messagerie électronique que l'entreprise met à la disposition des salariés n'est possible qu'à la condition soit d'être autorisée par l'employeur, soit d'être organisée par voie d'accord d'entreprise.

Un syndicat a adressé, depuis un ordinateur dont il disposait, un message syndical à l'ensemble des salariés d'une entreprise qui disposaient d'une messagerie électronique à leur poste de travail.

C'est à bon droit qu'une cour d'appel a confirmé l'ordonnance par laquelle le président d'un TGI, statuant en référé, a constaté l'existence d'un trouble manifestement illicite et a ordonné la mesure d'interdiction corrélative, au motif qu'il convenait de prévenir le dommage imminent que représentait le risque de réitération du procédé de communication litigieux consistant à envoyer des tracts litigieux dans des conditions contraires aux dispositions légales.

Cass. soc. 25 janvier 2005, n° 02-30.946, BC V n° 19.

Un accord collectif visant à faciliter la communication des syndicats doit bénéficier à tous ceux qui ont constitué une section syndicale.

En vertu des articles L. 2142-3 à L. 2142-7 CT, l'affichage et la diffusion des communications syndicales à l'intérieur de l'entreprise sont liés à la constitution par les organisations syndicales d'une section syndicale, laquelle n'est pas subordonnée à une condition de représentativité ; dès lors, les dispositions d'une convention ou d'un accord collectif visant à faciliter la communication des organisations syndicales ne peuvent, sans porter atteinte au principe d'égalité, être limitées aux seuls syndicats représentatifs et doivent bénéficier à tous ceux qui ont constitué une section syndicale.

Après avoir constaté qu'un accord fixait les moyens techniques de diffusion de l'information syndicale, notamment par l'intermédiaire d'un réseau intranet, aux salariés de l'entreprise, une cour d'appel a pu décider que ces dispositions, réservées par l'accord aux seuls syndicats représentatifs, devaient bénéficier à ceux ayant constitué dans l'entreprise une section syndicale.

Cass. soc. 21 septembre 2011, n° 10-19.017, BC V n° 193.

Après avoir constaté qu'un premier accord d'entreprise accordait des droits plus importants en matière d'affichage au sein de l'entreprise et qu'un second accord d'entreprise fixait les moyens techniques de diffusion de l'information syndicale, notamment par l'intermédiaire d'un réseau intranet, aux salariés de l'entreprise, un tribunal a, à bon droit, décidé que ces dispositions, réservées par les deux accords aux seuls syndicats représentatifs, devaient bénéficier à un syndicat qui avait constitué dans l'entreprise une section syndicale.

Cass. soc. 11 janvier 2012, n° 11-14.292, 2e moyen, BC V n° 16.

Lorsque le syndicat fait apparaître sur son site intranet, en méconnaissance des accords collectifs applicables, une dénomination distincte de celle fixée par ses statuts et de nature à faire naître chez les salariés une croyance erronée dans son champ d'application et dans sa représentativité, l'employeur peut refuser de rendre accessible ce site aux salariés.

Après avoir relevé qu'un syndicat, constitué en syndicat d'établissement, avait fait apparaître sur le site intranet qui lui était affecté, en méconnaissance des accords collectifs applicables, une dénomination distincte de celle fixée par ses statuts et de nature à faire naître chez les salariés une croyance erronée dans son champ d'application et dans sa représentativité, une cour d'appel a pu débouter le syndicat de sa demande visant à ordonner à l'employeur de rendre son site intranet accessible aux salariés.

Cass. soc. 23 mai 2012, n° 11-14.930, BC V n° 159.

Lorsque l'utilisation de la messagerie électronique interne pour la publication d'informations syndicales est subordonnée à l'existence d'un lien entre le contenu de la publication et la situation sociale existant dans l'entreprise, le salarié, qui diffuse un courriel sans aucun lien avec la situation sociale de l'entreprise et sans rapport avec son activité syndicale, commet une faute disciplinaire.

Un salarié, représentant du personnel élu et délégué syndical, qui avait diffusé sur le réseau intranet d'une entreprise, un courriel de protestation contre l'arrestation d'un militant syndicaliste paysan, a fait l'objet d'un avertissement.

C'est à bon droit qu'une cour d'appel a dit n'y avoir lieu à son annulation.

En effet, après avoir relevé qu'un accord d'entreprise relatif à l'exercice du droit syndical dans l'entreprise mettait à la disposition des organisations syndicales représentatives la messagerie électronique interne pour la publication d'informations syndicales, la cour d'appel, qui a retenu que selon l'article 6-2-1 de l'accord cette faculté était subordonnée à l'existence d'un lien entre le contenu et la situation sociale existant dans l'entreprise, mais qu'en l'espèce il n'y avait aucun lien entre la situation sociale de l'entreprise et le contenu du courriel litigieux et que celui-ci était sans rapport avec l'activité syndicale du salarié, a ainsi caractérisé une faute disciplinaire.

Cass. soc. 22 janvier 2008, n° 06-40.514, BC V n° 14. Voir aussi cass. soc. 12 juillet 2017, n° 15-27.742, BC V n° 122, s'agissant d'un accord d'entreprise prévoyant la fermeture temporaire de la messagerie électronique en cas de non-respect de ses conditions d'utilisation.

☛ *Propagande électorale.*

Transaction

La transaction est un contrat écrit par lequel les parties règlent une contestation née ou à naître (art. 2044 c. civ.).

Elle peut concerner l'exécution même du contrat de travail.

Le plus souvent, elle a pour objet de mettre fin à un différend résultant de la rupture du contrat. Pour être valable, elle doit alors intervenir après la rupture et comporter des concessions réciproques.

Si, le plus souvent, la transaction a pour objet de mettre fin à un différend résultant de la rupture du contrat de travail, l'employeur et le salarié peuvent valablement conclure une transaction pour mettre fin à un différend concernant l'exécution même du contrat de travail.

Un salarié avait signé une transaction aux termes de laquelle il s'engageait, en contrepartie du versement d'une indemnité forfaitaire, à renoncer à faire valoir tous les droits qu'il tirait, de quelque nature que ce soit, d'un arrêt rendu par une cour d'appel et, plus généralement, à en poursuivre l'exécution sous toutes ses formes.

Cet arrêt, contre lequel l'employeur avait formé un pourvoi, avait annulé un accord d'entreprise qui, modifiant un précédent accord, prévoyait le remplacement du salaire au pourboire par un salaire fixe. Invoquant la nullité de la transaction, le salarié avait saisi la juridiction prud'homale pour obtenir le paiement d'un rappel de salaires sur le fondement de l'accord initial.

C'est à bon droit qu'une cour d'appel a déclaré le salarié irrecevable en sa demande, l'employeur et le salarié pouvant valablement conclure une transaction destinée à mettre fin à un différend concernant l'exécution même du contrat de travail. Ayant constaté, d'une part, que le salarié avait renoncé au bénéfice éventuel d'une décision de justice frappée d'un pourvoi et, d'autre part, qu'il n'était pas établi que le consentement du salarié ait été vicié, la cour d'appel a exactement décidé que la transaction n'emportait pas renonciation aux dispositions d'un accord collectif et qu'elle avait dès lors été valablement conclue.

Cass. soc. 10 mars 1998, n° 95-43.094, BC V n° 131.

Forme de la transaction

L'écrit n'est pas une condition de validité de la transaction, il s'agit simplement d'un moyen de preuve.

Si l'article 2044 c. civ. précise que le contrat de transaction doit être écrit, l'écrit n'est pas exigé pour sa validité. L'existence d'un tel contrat peut être établie selon les modes de preuve prévus en matière de contrats par les articles 1341 à 1348 c. civ.

Cass. civ., 1re ch., 18 mars 1986, n° 84-16.817, BC I n° 74.

Conditions de validité de la transaction consécutive à la rupture du contrat de travail

• Pour être valable, la transaction doit être librement consentie

La transaction est nulle en l'absence de libre consentement d'un des signataires.

Ayant constaté que lors de la signature de la transaction, à l'hôpital, le surlendemain de l'intervention chirurgicale qu'elle avait subie, une salariée n'était pas apte à prendre une décision, une cour d'appel a ainsi caractérisé l'absence de libre consentement aux dispositions de l'acte qu'elle a signé, peu important que cet acte ait été soumis à sa signature par un délégué du personnel, et a pu annuler la transaction.

Cass. soc. 18 juin 1996, n° 94-43.749, 1er moyen.

La transaction peut être annulée à la demande de l'une ou l'autre des parties, notamment en cas d'erreur sur la personne ou sur l'objet de la contestation ainsi que dans tous les cas où il y a dol ou violence.

Cass. soc. 23 janvier 2008, n° 06-45.856, 1er moyen.

La transaction ne peut être valablement conclue qu'une fois la rupture du contrat de travail intervenue et définitive.

Une transaction ne peut avoir pour objet de mettre fin à un contrat de travail.

Cass. soc. 5 décembre 2012, n° 11-15.471, BC V n° 329.

Une salariée licenciée par lettre du 6 mars 1990 avait, après avoir signé une transaction réglant les conséquences de cette rupture le 7 mars, engagé une action prud'homale en nullité de la transaction ainsi qu'en paiement d'indemnités de rupture et de dommages-intérêts pour licenciement sans cause réelle et sérieuse. A violé la loi la cour d'appel qui a déclaré valable cette transaction, alors que l'accord signé par les parties, qui n'était pas destiné à mettre fin au contrat de travail, mais à régler les conséquences d'un licenciement, avait été conclu avant la réception par la salariée de la lettre de licenciement.

Cass. soc. 19 novembre 1996, n° 93-41.745, BC V n° 394. Voir aussi cass. soc. 15 janvier 1997, n° 93-44.010, BC V n° 22.

La transaction qui a pour double objet de rompre le contrat de travail et de transiger ne peut être valablement conclue.

Cass. ch. mixte 12 février 1999, n° 96-17.468, BC n° 1.

La transaction, ayant pour objet de prévenir ou terminer une contestation, ne peut être valablement conclue par le salarié licencié que lorsqu'il a eu connaissance effective des motifs du licenciement par la réception de la lettre de licenciement prévue à l'article L. 1232-6 CT…

Suite à un licenciement pour faute grave le 15 septembre, une transaction portant la date du 24 septembre a été conclue entre les parties. Faisant valoir qu'il avait été licencié verbalement le 14 septembre et que le protocole transactionnel avait été établi le même jour, le salarié a saisi la juridiction prud'homale pour demander qu'il soit jugé que la transaction était nulle, le licenciement dépourvu de cause réelle et sérieuse, et pour obtenir la condamnation de la société à lui payer des sommes à titre d'indemnités de rupture et pour licenciement sans cause réelle et sérieuse.

Pour dire que la transaction était régulière et que les demandes du salarié se heurtaient à l'autorité de la chose jugée en résultant, une cour d'appel a retenu que le protocole portait clairement mention de la date du 24 septembre et que le fait que cette date ne correspondait pas à la date à laquelle il avait été signé ne pouvait à lui seul l'affecter dans sa validité et en entraîner la nullité, qu'une transaction ayant pour objet de mettre fin au litige résultant d'un licenciement ne peut être valablement conclue qu'une fois la rupture intervenue et définitive, que cette rupture était intervenue en l'espèce par la réception par le salarié le 17 septembre de sa lettre de licenciement expédiée en recommandé avec accusé de réception le 15 septembre, qu'il n'était pas discuté que ce protocole transactionnel daté du 24 septembre avait été remis à l'Assédic le 21 septembre, qu'il avait donc nécessairement été établi et signé avant cette date, que cependant ces seuls éléments étaient insuffisants pour établir incontestablement que le protocole, qui par ailleurs rappelait les circonstances de sa signature, l'entretien préalable, le refus du salarié, la notification du licenciement le 15 septembre, les contacts par la suite, les discussions et le temps de réflexion et que le salarié avait signé ainsi rédigé après avoir porté sous la date du 24 septembre la mention « lu et approuvé », aurait été signé antérieurement au 15 septembre.

En se déterminant ainsi, alors qu'elle avait constaté que la date portée sur le protocole transactionnel n'était pas celle à laquelle il avait été signé et qu'au vu des éléments qui lui étaient produits il avait nécessairement été signé avant le 21 septembre, la cour d'appel, à qui il appartenait de rechercher à quelle date la transaction avait été conclue précisément et, à défaut de pouvoir la déterminer, d'en déduire que l'employeur ne rapportait pas la preuve qui lui incombait que la transaction avait été conclue postérieurement au licenciement, n'a pas donné de base légale à sa décision.

Cass. soc. 1er juillet 2009, n° 08-43.179, 1re branche du moyen, BC V n° 171. Voir aussi cass. soc. 16 février 2012, n° 10-20.248 ; cass. soc. 21 janvier 2015, n° 13-22.079.

… même lorsque l'effet de la rupture est différé du fait de la signature d'une convention de reclassement personnalisé.

Après un entretien préalable s'étant tenu le 13 septembre 2005, au cours duquel l'employeur lui avait proposé une convention de reclassement personnalisé, une salariée a accepté cette convention le 22 septembre 2005, soit le lendemain de la notification de son licenciement ; elle a signé une transaction le 26 septembre suivant ; elle a saisi la juridiction prud'homale d'une demande d'annulation de la transaction et de paiement de diverses indemnités au titre de la rupture.

Pour accueillir la demande de la salariée, une cour d'appel a énoncé qu'en cas d'acceptation d'une convention de reclassement personnalisé, le contrat de travail est réputé rompu du commun accord des parties à l'expiration du délai de réflexion de quatorze jours à compter de la proposition de la convention et que c'était donc à la date du 27 septembre 2005 que le contrat avait été rompu définitivement, de sorte que la transaction, qui ne pouvait être conclue qu'une fois la rupture intervenue et définitive, était irrégulière pour avoir été signée le 26 septembre.

En statuant ainsi, alors que la transaction, ayant pour objet de mettre fin à toute contestation résultant de la rupture du contrat de travail à l'initiative de l'employeur, est valablement conclue par le salarié licencié lorsqu'il a eu connaissance effective des motifs de cette rupture par la réception de la lettre recommandée lui notifiant son licenciement, même lorsque l'effet de la rupture est différé du fait de la signature d'une convention de reclassement personnalisé, la cour d'appel a violé les articles L. 1233-16 et 67 CT, 2044 c. civ. et 5 de la convention du 27 avril 2005 relative à la convention de reclassement personnalisé.

Cass. soc. 31 mai 2011, n° 10-14.313, BC V n° 137.

Est nulle la transaction conclue en l'absence d'une notification préalable du licenciement dans les conditions prévues à l'article L. 1232-6 CT.

Cass. soc. 18 février 2003, n° 00-42.948, BC V n° 61. Voir aussi cass. soc. 10 octobre 2018, n° 17-10.066, à paraître.

De même est nulle la transaction conclue à la suite d'un licenciement prononcé pour motif personnel alors que sa cause était économique.

Le caractère frauduleux de licenciements notifiés pour motifs personnels alors que la cause réelle en est économique affecte la validité des transactions ensuite conclues ; toutefois, faute de procéder d'une cause immorale, il ne fait pas obstacle à la restitution par les salariés des sommes perçues en exécution des transactions annulées.

Une société a connu une chute brutale de son activité au cours de l'année 2001 et a, au cours de l'année suivante et au début de l'année 2003, licencié de nombreux salariés pour des motifs personnels, semblables pour tous, et suivis de transactions.

Après avoir retenu le caractère frauduleux des licenciements et la mauvaise foi de l'employeur dans les négociations qui les ont suivis, c'est à bon droit qu'une cour d'appel a, après avoir prononcé la nullité des transactions, ordonné en conséquence la restitution par les salariés des sommes reçues de l'employeur en exécution de ces dernières.

Cass. soc. 10 novembre 2009, n° 08-43.805, BC V n° 251.

L'envoi d'une feuille blanche par lettre recommandée avec accusé de réception ne constitue pas la notification d'un licenciement et il ne peut être suppléé à cette irrégularité par la remise postérieure au salarié d'une lettre en main propre.

Aux termes de l'article L. 122-14-1 CT, l'employeur qui décide de licencier un salarié doit notifier le licenciement par lettre recommandée avec demande d'avis de réception. Ne constitue pas la notification d'un licenciement l'envoi d'une feuille blanche, et il ne peut y être suppléé par la remise au salarié en main propre d'une lettre.

Un salarié a été convoqué à un entretien préalable fixé au 11 mars 2000. Le 20 mars 2000, un huissier de justice a constaté qu'une correspondance émanant de l'employeur et retirée par le salarié à la poste renfermait seulement une feuille blanche. Le 27 mars 2000, l'employeur a remis au salarié une lettre de licenciement datée du 14 mars 2000 et, le même jour, une transaction a été signée entre les parties. Le salarié a saisi la juridiction prud'homale aux fins d'obtenir l'annulation de la transaction et la condamnation de l'employeur à diverses sommes.

C'est à tort que, pour le débouter de sa demande en paiement d'une indemnité pour licenciement sans cause réelle et sérieuse, une cour d'appel a retenu que le caractère anormal de l'envoi sous un pli recommandé d'une feuille blanche au salarié dont le licenciement était simultanément décidé, mais encore non notifié, ne privait pas l'employeur de rapporter la preuve des griefs qu'il articulait envers le salarié, qui reconnaissait la remise ultérieure de la lettre exposant les reproches exprimés à son encontre et contenant notification de la rupture de la relation de travail, l'envoi d'une feuille blanche ne pouvant être assimilé à un licenciement effectué verbalement.

Cass. soc. 24 janvier 2007, n° 05-42.135, BC V n° 10.

Est nulle la transaction signée par un salarié le jour même de l'entretien préalable en vue de son licenciement pour faute…

Un salarié, qui avait signé le jour même de l'entretien préalable un « protocole d'accord » concernant la rupture de son contrat de travail, avait saisi la juridiction prud'homale pour obtenir diverses sommes liées à l'exécution et à la cessation de son contrat de travail, en invoquant la nullité de ce protocole d'accord.

Doit être rejeté le pourvoi de l'employeur reprochant à la cour d'appel d'avoir déclaré nul ce protocole d'accord après l'avoir qualifié de transaction :

– d'une part, en constatant que le salarié, auquel une faute grave était reprochée, avait été convoqué à un entretien préalable, la cour d'appel a fait ressortir qu'il existait entre les parties, lors de la conclusion de la convention, un litige sur la rupture du contrat de travail qui excluait toute rupture d'un commun accord et a décidé à bon droit que la convention constituait une transaction ;

– d'autre part, une transaction ne peut être valablement conclue qu'une fois la rupture devenue définitive à compter de la réception, par le salarié, de la lettre de licenciement. La cour d'appel ayant relevé que l'employeur s'était abstenu de procéder au licenciement du salarié, il en résultait que la transaction était nulle.

Cass. soc. 6 mai 1998, n° 96-40.610, BC V n° 236.
Voir aussi cass. soc. 29 octobre 2003, n° 01-45.482.

… ou celle signée à la même date que la lettre de licenciement.

Cass. soc. 24 janvier 2001, n° 98-43.011.

• Des concessions réciproques sont exigées

La validité de la transaction est soumise à l'existence de concessions réciproques.

Doit être cassé l'arrêt qui, pour débouter une société de sa demande tendant à voir constater la violation par son ancien salarié de la clause de non-concurrence, a énoncé que le seul avantage qu'avait pu retirer le salarié de cette « transaction » était le versement d'une somme correspondant à environ deux mois de salaire, que l'octroi de cette somme ne pouvait être considéré comme une contrepartie de la clause de non-concurrence insérée à l'acte, l'acceptation par le salarié d'un tel obstacle à son reclassement professionnel ne s'expliquant ni n'étant compensée par aucune concession véritable de la part de l'employeur, alors que l'accord conclu entre les parties avait pour objet de prévenir une contestation à naître entre elles et comportait des concessions réciproques, l'employeur versant, outre les indemnités de rupture conventionnelles, une somme correspondant à environ deux mois de salaire et le salarié acceptant une clause de non-concurrence, ce dont il découlait qu'il s'agissait d'une transaction.

Cass. soc. 5 janvier 1994, n° 89-40.961, 1er moyen, BC V n° 1. Voir aussi cass. soc. 8 juillet 1992, n° 90-41.711.

Après avoir relevé qu'une salariée n'avait pas été licenciée pour faute grave et qu'elle avait donc droit à l'indemnité conventionnelle de licenciement et constaté que celle-ci s'élevait à la somme de 12 496,66 francs, alors que la somme allouée en vertu de la transaction s'élevait à 15 000 francs, une cour d'appel a pu décider que la transaction était nulle, faute d'une concession appréciable.

Cass. soc. 19 février 1997, n° 95-41.207, 2e moyen, BC V n° 74.

La somme versée à un salarié, en application de l'accord transactionnel signé en cours de préavis, étant inférieure au montant de l'indemnité conventionnelle de licenciement à laquelle il pouvait prétendre, une cour d'appel a pu décider que l'employeur n'avait consenti aucune concession et qu'à défaut de toute concession de sa part, la transaction était nulle.

Cass. soc. 18 février 1998, n° 95-42.500, pourvoi incident, BC V n° 95.

Un salarié avait été licencié par lettre portant la mention manuscrite « reçu en main propre » suivie de sa signature. Ayant signé une transaction concernant la rupture de son contrat de travail, l'intéressé avait saisi la juridiction prud'homale de diverses demandes liées à la rupture du contrat.

Doit être cassé l'arrêt qui, après avoir constaté qu'aucun motif n'était énoncé dans la lettre de licenciement et que l'indemnité transactionnelle correspondait à trois mois de salaire, a débouté le salarié de ses demandes en énonçant notamment que l'abandon par un salarié de son droit éventuel à des dommages-intérêts pour rupture abusive en contrepartie de la renonciation de l'employeur à invoquer la faute grave du salarié pouvait constituer la base d'une transaction valable, alors que, d'une part, à défaut de motivation de la lettre de rupture, le licenciement était sans cause réelle et sérieuse et que, d'autre part, l'indemnité transactionnelle était inférieure à l'indemnité minimale de six mois de salaire prévue par l'article L. 122-14-4 CT, ce dont il résultait que la transaction était nulle, faute de concession de l'employeur.

Cass. soc. 13 octobre 1999, n° 97-42.027, BC V n° 381. Voir aussi cass. soc. 3 avril 2013, n° 11-28.812, pourvoi principal.

Un salarié, engagé au titre d'un contrat de qualification d'une durée de 14 mois, a résilié son contrat avant le terme prévu, motif pris de ce qu'il avait été engagé au titre d'un contrat à durée indéterminée. Le bureau de conciliation d'un conseil de prud'hommes a constaté par procès-verbal l'accord des parties allouant une certaine somme à l'employeur en réparation du préjudice subi.

Ayant constaté que le salarié remplissait les conditions légales pour rompre avant terme son contrat de travail, une cour d'appel en a exactement déduit que la transaction ne comportait pas de concessions réciproques. Elle a ainsi fait ressortir que le bureau de conciliation n'avait pas vérifié si les parties étaient informées de leurs droits respectifs, en sorte qu'il avait commis un excès de pouvoir qui rendait l'appel recevable contre le procès-verbal de conciliation et que l'accord constaté par ce procès-verbal était nul.

Cass. soc. 24 mai 2006, n° 04-45.877, BC V n° 189.

L'importance des concessions est relative…

Constitue une transaction l'accord qui a pour objet de mettre fin à un différend qui s'est élevé entre les parties et qui comporte des concessions réciproques, quelle que soit leur importance relative.

Cass. soc. 13 mai 1992, n° 89-40.844, BC V n° 307.

… dès lors qu'elles ne sont pas dérisoires.

Un salarié avait donné sa démission. La société avait renoncé à l'application de la clause de non-concurrence assortie d'une contrepartie pécuniaire, incluse dans le contrat de travail. Ultérieurement, les parties avaient conclu une transaction, cette dernière prévoyant le paiement par l'employeur d'une somme pour solde de tout compte concernant l'exécution du contrat de travail, ainsi que sa rupture, et comportant l'engagement du salarié de ne pas concurrencer la société sur un secteur déterminé pendant une durée de deux ans à compter de la date de signature de cette transaction, et de s'interdire d'entrer au service d'une entreprise vendant des articles pouvant concurrencer ceux de la société et de s'intéresser directement ou indirectement, et sous quelque forme que ce soit, à une entreprise de cet ordre. L'intéressé étant entré au service d'une société concurrente, la société avait engagé une action prud'homale en paiement de dommages-intérêts pour violation de la clause de non-concurrence. Le salarié avait alors formé une demande reconventionnelle en nullité de la transaction ainsi qu'en paiement de la contrepartie pécuniaire de la clause de non-concurrence et de dommages-intérêts pour préjudice moral.

Doit être cassé l'arrêt qui, pour décider que la transaction était valable, a énoncé que l'accord transactionnel avait emporté l'obligation pour la société de régler au salarié une somme à titre de solde des comptes résultant du contrat de travail et de sa rupture, qu'en contrepartie, le salarié s'était engagé à ne pas concurrencer la société sur son secteur pendant une durée de deux ans, qu'il était donc certain que contre paiement d'une somme, la clause de non-concurrence initialement prévue au contrat avait été rétablie dans ses effets, que le salarié faisait inutilement valoir la nullité de la transaction, dès lors qu'elle avait entraîné des concessions réciproques, alors que, eu égard à son montant, l'indemnité transactionnelle revêtait un caractère dérisoire et, partant, ne constituait pas une véritable concession de la part de l'employeur, ce dont il résultait que la transaction était nulle.

Cass. soc. 18 mai 1999, n° 96-44.628, BC V n° 223.

Un salarié, victime d'un accident du travail en octobre 1988 à la suite duquel il n'avait repris son activité à temps complet qu'en avril 1990, avait été licencié par son employeur en mai 1994, motifs pris de son inaptitude physique, du risque de rechute de l'accident du travail et de l'impossibilité de lui proposer un autre poste. Après avoir signé un reçu pour solde de tout compte, le salarié avait conclu une transaction avec son ancien employeur lui accordant une somme de 5 000 F à titre forfaitaire et définitif en réparation du préjudice subi. Il avait ensuite saisi la juridiction prud'homale en vue de faire juger la nullité de son licenciement, ainsi que celle du reçu pour solde de tout compte et de l'accord transactionnel, et d'obtenir le paiement de diverses indemnités.

A violé l'article 2044 c. civ. la cour d'appel qui a débouté le salarié de ses demandes, alors qu'eu égard à son montant de 5 000 F, l'indemnité forfaitaire transactionnelle revêtait un caractère dérisoire et ne constituait pas une véritable concession de la part de l'employeur, en sorte que la transaction était nulle.

Cass. soc. 28 novembre 2000, n° 98-43.635, BC V n° 399.

Après avoir examiné les indemnités dues en cas de licenciement sans cause réelle et sérieuse et celles dues en cas de licenciement pour cause réelle et sérieuse, une cour d'appel a pu estimer, sans trancher le litige auquel une transaction devait mettre fin, que le montant qui y était stipulé, inférieur à deux mois de salaire, était dérisoire et ne constituait pas une véritable concession de la part de l'employeur, et en déduire que la transaction était nulle.

Cass. soc. 15 mai 2008, n° 07-40.576.

À la date de la signature, les concessions réciproques doivent avoir un caractère certain.

L'existence de concessions réciproques, qui conditionne la validité d'une transaction, doit s'apprécier au moment de la signature de cette dernière, ce qui implique qu'à cette date, elles aient un caractère certain.

Un employeur s'était engagé, dans une transaction signée le 11 octobre 1991, à verser à un salarié licencié une somme forfaitaire à la condition qu'au 1er juillet 1992, l'intéressé ne soit pas employé dans une entreprise concurrente de fabrication ou de distribution d'appareils électroménagers. Il en résultait qu'à la date de la transaction, cet engagement, dont la réalisation était subordonnée à un événement incertain, revêtait un caractère aléatoire. C'est donc à tort qu'une cour d'appel a rejeté la demande du salarié tendant à voir prononcer la nullité de la transaction et à obtenir des dommages-intérêts pour licenciement sans cause réelle et sérieuse.

Cass. soc. 28 janvier 1998, n° 95-45.029.

• La transaction doit avoir un objet certain

En l'absence d'objet certain, la transaction est nulle.

Une salariée, licenciée pour motif économique, avait signé une transaction prévoyant la renonciation à son droit au paiement de l'indemnité de licenciement à condition que son reclassement soit obtenu par l'intermédiaire de son ex-employeur dans les douze mois suivant son départ de l'entreprise, le reclassement s'entendant de tout emploi retrouvé, « de quelque nature qu'il soit dans la mesure où il s'agit d'un contrat à durée indéterminée et d'une durée hebdomadaire équivalente à celle du contrat antérieur ». La salariée s'engageait à accepter tout emploi de même nature que celui qui était le sien avant son licenciement économique, sans quoi elle ne pourrait prétendre au versement de l'indemnité de licenciement. Invoquant la nullité de la transaction, l'intéressée avait saisi la juridiction prud'homale d'une demande en paiement de l'indemnité de licenciement.

Doit être cassé l'arrêt qui, pour débouter l'intéressée de sa demande, a énoncé que les parties avaient défini le reclassement et que la salariée s'était engagée à accepter tout emploi de même nature et avait renoncé à toute ambition de rémunération identique, que l'intéressée entendait se dégager d'un contrat qu'elle jugeait moins favorable, la société lui ayant proposé une embauche qu'elle avait déclinée en raison de la baisse de rémunération, qu'elle devait, par conséquent, être déchue de tout droit à une indemnité de licenciement, alors que la cour d'appel avait constaté que l'obligation de reclassement contractée par l'employeur était, selon l'article 2 de la transaction, de fournir à l'intéressée un emploi de quelque nature que ce soit et, selon l'article 3, un emploi de même nature, ce dont elle a déduit, elle-même, l'existence d'une contradiction entre ces deux dispositions. Dès lors, en statuant comme elle l'a fait, alors que de ces dispositions résultait une absence d'objet certain de la transaction et, en conséquence, la nullité de cette dernière, la cour d'appel a violé les articles 1108 et 1126 c. civ.

Cass. soc. 18 mai 1999, n° 97-40.439, BC V n° 222.

• Contrôle du juge

Si la juridiction appelée à statuer sur la validité d'une transaction réglant les conséquences d'un licenciement n'a pas à se prononcer sur la réalité et le sérieux du ou des motifs énoncés dans la lettre de licenciement, elle doit, pour apprécier si des concessions réciproques ont été faites et si celle de l'employeur n'est pas dérisoire, vérifier que la lettre de licenciement est motivée conformément aux exigences légales.

Cass. soc. 7 mars 2012, n° 10-14.502.

C'est à tort qu'une cour d'appel s'est fondée sur l'exception d'irrecevabilité tirée d'une transaction pour déclarer irrecevables les demandes d'un salarié en paiement de sommes à titre d'indemnité pour licenciement sans cause réelle et sérieuse et d'heures supplémentaires, alors que le motif invoqué dans la lettre de licenciement : « problème de collaboration avec supérieur hiérarchique » était trop vague pour être matériellement vérifiable, de sorte que le licenciement était sans cause réelle et sérieuse.

Cass. soc. 23 janvier 2001, n° 98-41.992, BC V n° 21. Voir aussi cass. soc. 27 mai 2003, n° 99-45.311.

D'abord, si la juridiction appelée à statuer sur la validité d'une transaction réglant les conséquences d'un licenciement n'a pas à se prononcer sur la réalité et le sérieux du ou des motifs énoncés dans la lettre de licenciement, elle doit, pour apprécier si des concessions réciproques ont été faites et si celle de l'employeur n'est pas dérisoire, vérifier que la lettre de licenciement est motivée conformément aux exigences légales ; ensuite, faute pour l'employeur d'avoir fait passer au salarié arrêté pendant au moins huit jours en raison d'un accident du travail ou d'une maladie professionnelle une visite de reprise, le contrat demeure suspendu, de sorte qu'il ne peut procéder à son licenciement que pour faute grave ou s'il se trouve dans l'impossibilité de maintenir le contrat pour un motif non lié à l'accident ou à la maladie professionnelle.

Une salariée victime d'un accident du travail avait été licenciée pour « disputes avec son supérieur hiérarchique » alors qu'elle n'avait pas encore passé la visite de reprise obligatoire après son arrêt de travail ; après avoir signé une transaction pour régler les conséquences financières de son licenciement, elle a saisi la juridiction prud'homale pour contester ce licenciement ainsi que la validité de la transaction.

C'est à tort que, pour rejeter sa contestation, une cour d'appel a retenu que le juge ne pouvait trancher le différend que la transaction avait pour objet de clore et ne pouvait donc examiner le bien-fondé du motif du licenciement sur lequel les parties avaient transigé, alors que le motif invoqué dans la lettre de licenciement, trop vague pour être matériellement vérifiable, était exclusif d'une faute grave, de sorte que le licenciement et la transaction étaient nuls.

Cass. soc. 13 juillet 2010, n° 09-40.984, BC V n° 175.

Le juge peut se fonder sur les faits invoqués lors de la signature de l'acte, indépendamment de la qualification juridique qui leur a été donnée.

Ayant constaté que, pour justifier la qualification de faute grave qu'elle donnait aux faits invoqués à l'appui du licenciement, une société ne faisait état, dans la lettre de licenciement, que d'un manque de compétence du salarié dans l'exercice de ses fonctions de directeur technique, fait qui ne pouvait être constitutif d'une faute grave privative de l'indemnité de préavis, une cour d'appel a justifié sa décision énonçant que le licenciement reposait sur une cause réelle et sérieuse et non sur une faute grave, déclarant en conséquence nulle la transaction intervenue entre les parties et condamnant la société au paiement d'une indemnité conventionnelle de licenciement.

Cass. soc. 27 mars 1996, n° 92-40.448, BC V n° 124. Voir aussi cass. soc. 18 janvier 2012, n° 09-72.916.

Un salarié, victime d'un accident du travail, a été licencié pour motif économique. Il a signé une transaction prévoyant le versement d'une indemnité équivalente à quatre mois de salaire.

Ayant constaté qu'à la date du prononcé du licenciement le contrat de travail du salarié était suspendu suite à un accident de travail alors que, dans la lettre de licenciement, l'employeur se bornait à invoquer un motif économique sans mentionner le ou les motifs non liés à l'accident pour lesquels il se trouvait dans l'impossibilité de maintenir le contrat, de sorte que la nullité du licenciement était encourue en application de l'article L. 122-32-2 CT, c'est à bon droit qu'une cour d'appel a déclaré la transaction nulle et a condamné l'employeur à verser au salarié une somme à titre de licenciement nul.

Cass. soc. 26 avril 2007, n° 06-40.718, BC V n° 64.

Il peut restituer aux faits énoncés par l'employeur dans la lettre de licenciement leur véritable qualification.

Pour déterminer le caractère réel ou non des concessions contenues dans la transaction, le juge peut, sans heurter l'autorité de la chose jugée attachée à la transaction, restituer aux faits énoncés dans la lettre de licenciement leur véritable qualification.

C'est donc à tort qu'une cour d'appel a rejeté la demande d'un salarié tendant à voir prononcer la nullité d'une transaction, alors que l'insuffisance professionnelle invoquée par l'employeur dans la lettre de licenciement ne présentait pas un caractère fautif et que les faits qui y étaient mentionnés n'étaient que l'illustration de cette insuffisance et ne caractérisaient pas, en eux-mêmes, une faute du salarié, ce dont il résultait que l'employeur n'avait pas consenti une véritable concession.

Cass. soc. 6 avril 1999, n° 96-43.467, BC V n° 162. Voir aussi cass. soc. 24 mars 2010, n° 08-70.463.

En revanche, le juge ne peut trancher le litige que la transaction a pour objet de clore en se livrant à un examen des éléments de fait et de preuve pour déterminer le bien-fondé du motif du licenciement du salarié.

L'existence de concessions réciproques, qui conditionne la validité d'une transaction, doit s'apprécier en fonction des prétentions des parties au moment de la signature de l'acte. Si, pour déterminer si ces concessions sont réelles, le juge peut restituer aux faits, tels qu'ils ont été énoncés par l'employeur dans la lettre de licenciement, leur véritable qualification, il ne peut, sans heurter l'autorité de chose jugée attachée à la transaction, trancher le litige que cette transaction avait pour objet de clore en se livrant à l'examen des éléments de fait et de preuve.

Licencié pour faute grave pour avoir, alors qu'il était en service, dérobé un accessoire sur une voiture en stationnement, un conducteur d'autobus avait signé le jour même un accord transactionnel aux termes duquel il acceptait de renoncer à toute action contre son employeur à raison de l'exécution du contrat de travail ou de sa rupture, en contrepartie d'une somme à titre forfaitaire et définitif. Il avait ensuite saisi le conseil de prud'hommes pour obtenir l'annulation de la transaction et le paiement de diverses indemnités de rupture et des dommages-intérêts pour licenciement sans cause réelle et sérieuse. C'est à tort que, pour accueillir ses demandes, une cour d'appel a énoncé que, pour déterminer l'existence des concessions réciproques, il convenait de rechercher si le licenciement pour faute grave était justifié et qu'en l'espèce, le vol commis était minime, le salarié avait immédiatement manifesté son regret, et il n'était pas établi que l'employeur avait précédemment adressé au salarié d'autres reproches, celui-ci étant au contraire connu pour sa serviabilité, alors qu'en se livrant à un examen des faits pour apprécier le caractère de gravité de la faute invoquée par l'employeur, la cour d'appel a violé les articles 1134, 2044 et 2052 c. civ.

Cass. soc. 21 mai 1997, n° 95-45.038, BC V n° 185. Voir aussi cass. soc. 6 juillet 2011, n° 08-45.365 ; cass. soc. 5 octobre 2016, n° 15-16.324.

Si, en application de l'article 2053 c. civ., la transaction peut être annulée pour dol ou erreur sur l'objet de la contestation, le juge ne peut, sans heurter l'autorité de la chose jugée attachée à la transaction, trancher le litige que cette dernière avait pour objet de clore en se livrant à un examen des éléments de fait et de preuve pour déterminer le bien-fondé du motif du licenciement économique du salarié. Un salarié, licencié pour motif économique par lettre invoquant comme motif de rupture la suppression de son emploi consécutive à une restructuration, avait signé une transaction réglant les conséquences pécuniaires de son licenciement, puis avait saisi le conseil de prud'hommes de demandes en nullité de la transaction et en paiement de dommages-intérêts pour licenciement sans cause réelle et sérieuse.

Doit être cassé l'arrêt qui, pour accueillir les demandes du salarié, a retenu notamment que son licenciement économique avait déterminé son consentement à la transaction et que son consentement avait été vicié, dès lors que l'employeur n'avait pas hésité à invoquer la suppression du poste du salarié, alors que ce poste, loin d'être absorbé par un salarié de l'entreprise, avait été occupé par un salarié nouvellement engagé à cette fin, alors que la cour d'appel ne pouvait déduire un vice du consentement du salarié de l'existence de la suppression d'emploi invoquée comme motif du licenciement.

Cass. soc. 14 juin 2000, n° 97-45.065, BC V n° 230.

Le juge des référés ne peut pas prononcer la nullité d'une transaction.

Il n'entre pas dans les pouvoirs du juge des référés de prononcer, sauf dispositions expresses l'y autorisant, la nullité du contrat.

C'est à tort qu'une cour d'appel qui, statuant en référé, a, dans son dispositif, décidé que des contrats de transaction étaient nuls.

Cass. soc. 14 mars 2006, n° 04-48.322, BC V n° 100.

• Transaction consécutive à une rupture conventionnelle

Une transaction peut être conclue dès lors qu'elle intervient après l'homologation de la convention de rupture - ou l'autorisation administrative s'il s'agit d'un salarié protégé - et qu'elle n'a pas pour objet de régler un différend relatif à la rupture du contrat de travail mais à son exécution sur des éléments non compris dans la convention de rupture.

Il résulte de l'application combinée des articles L. 1237-11, L. 1237-13, L. 1237-14, L. 1237-15 CT et 2044 c. civ. qu'un salarié et un employeur ayant signé une convention de rupture ne peuvent valablement conclure une transaction, d'une part, que si celle-ci intervient postérieurement à l'homologation de la rupture conventionnelle par l'autorité administrative ou, s'agissant d'un salarié bénéficiant d'une protection mentionnée aux articles L. 2411-1 et L. 2411-2 CT, postérieurement à la notification aux parties de l'autorisation, par l'inspecteur du travail, de la rupture conventionnelle, d'autre part, que si elle a pour objet de régler un différend relatif non pas à la rupture du contrat de travail mais à son exécution sur des éléments non compris dans la convention de rupture.

Cass. soc. 26 mars 2014, n° 12-21.136, 1er moyen, BC V n° 91. Voir aussi cass. soc. 25 mars 2015, n° 13-23.368, 4e branche du moyen, BC V n° 59.

Effets de la transaction

• La transaction a l'autorité de la chose jugée entre les parties

Elle ne peut être remise en cause que dans l'hypothèse d'un vice du consentement, violence, dol…

L'engagement contractuel des salariés de renoncer, à titre transactionnel, à toute action contre leur employeur ne peut avoir pour effet de les priver de la possibilité d'invoquer des manœuvres dolosives. Un employeur avait affirmé que la majoration de l'indemnité conventionnelle de licenciement n'était pas imposable, et c'était compte tenu de cette information erronée que les salariés avaient signé la transaction. L'employeur a été, à bon droit, condamné à payer des dommages-intérêts aux salariés en raison de son attitude dolosive.

Cass. soc. 7 juin 1995, n° 91-44.294, 4e moyen, BC V n° 183.

Selon l'article 1116 c. civ., le dol est une cause de nullité de la convention lorsque les manœuvres pratiquées par l'une des parties sont telles qu'il est évident que, sans ces manœuvres, l'autre partie n'aurait pas contracté, qu'il ne se présume pas et doit être prouvé. En outre, il résulte de l'article 2052 du même code que les transactions ne peuvent être attaquées pour cause de lésion. C'est donc à tort que, pour annuler une transaction, une cour d'appel a retenu que les affirmations mensongères du salarié sur son nouvel emploi et ses conséquences préjudiciables avaient manifestement déterminé l'employeur à octroyer des indemnités supplémentaires et constituaient une pratique dolosive, alors, d'une part, que la seule circonstance que les mensonges reprochés au salarié aient amené l'employeur à lui consentir des concessions plus avantageuses n'était pas de nature à affecter la validité de la transaction et alors, d'autre part, que la cour d'appel aurait dû rechercher si, sans les mensonges invoqués, il était évident que l'employeur n'aurait pas signé la transaction.

Cass. soc. 12 février 1997, n° 93-44.042, BC V n° 61.

… ou erreur portant sur l'objet même de la contestation.

Deux jours après son licenciement, un salarié a signé une transaction prévoyant notamment le versement d'une indemnité de rupture incluant l'indemnité légale de licenciement et des dommages-intérêts. Invoquant la nullité de cette transaction, le salarié a saisi le conseil de prud'hommes pour obtenir le paiement d'une indemnité de préavis et de congés payés y afférents, d'une indemnité conventionnelle de licenciement et des dommages-intérêts pour licenciement sans cause réelle et sérieuse.

Pour déclarer irrecevables les demandes du salarié, une cour d'appel a énoncé qu'aux termes de l'article 2052 c. civ., les transactions ont, entre les parties, l'autorité de la chose jugée en dernier ressort et ne peuvent être attaquées pour cause d'erreur de droit ni pour cause de lésion et qu'en l'espèce, même si, contrairement aux dires de l'employeur, il était établi, selon la jurisprudence en vigueur, qu'en cas de rupture pour maladie ou inaptitude médicale, le salarié avait droit à l'indemnité conventionnelle, il ne pouvait s'agir, en l'espèce, que d'une erreur de droit insusceptible de rendre nulle la transaction.

En statuant ainsi, alors qu'il résultait de ces constatations que la transaction avait été conclue par les parties sur la croyance commune que seule l'indemnité légale de licenciement pouvait être réclamée par le salarié et alors que l'erreur commise portait sur l'objet même de la contestation, en sorte qu'elle affectait la validité de la transaction, la cour d'appel a violé les articles 2044 et 2053 c. civ.

Cass. soc. 24 novembre 1998, n° 95-43.523, BC V n° 515.

L'erreur sur des droits incertains n'est pas de nature à invalider une transaction.

Cass. soc. 4 février 2015, n° 13-28.855.

Le principe d'égalité de traitement ne peut être invoqué par un salarié pour remettre en cause les droits et avantages d'une transaction revêtue de l'autorité de la chose jugée et dont il ne conteste pas la validité.

Cass. soc. 30 novembre 2011, n° 10-21.119, BC V n° 283.

Le juge doit rechercher si le représentant des salariés qui a signé une transaction pour mettre fin à un litige opposant ces derniers à leur employeur placé en liquidation judiciaire avait reçu de chacun d'eux un mandat spécial pour conclure une transaction en leur nom.

Une transaction, fût-elle homologuée, n'a d'autorité de la chose jugée qu'à l'égard des parties ou de ceux qu'elle représentait lors de sa conclusion.

Des salariés ont obtenu du conseil de prud'hommes, le 27 juin 2003, un jugement déclarant leur licenciement dépourvu de cause réelle et sérieuse et fixant leur créance au passif de la société qui les employait et dont la liquidation judiciaire avait été prononcée par jugement du tribunal de commerce du 4 mars 2003 ; le 18 juillet 2003, une transaction mettant fin au litige a été signée entre le représentant des salariés désigné dans le cadre de la procédure collective, le mandataire liquidateur et l'Unédic-AGS, aux termes de laquelle les deux derniers cités renonçaient à exercer toute voie de recours à l'encontre du jugement et les salariés acceptaient le versement d'une somme pour mettre fin au litige ; cette transaction a été homologuée par un jugement du tribunal de commerce du 24 juillet 2003 dont il n'a pas été interjeté appel ; entre novembre 2004 et mai 2005, plusieurs des salariés concernés ont de nouveau saisi le conseil de prud'hommes pour voir déclarer nulle la transaction intervenue.

Pour déclarer irrecevable la demande d'annulation présentée par les salariés, une cour d'appel a énoncé que la transaction avait été homologuée par le tribunal de commerce et que l'homologation, qui n'avait fait l'objet d'aucun recours, avait acquis en conséquence l'autorité de la chose jugée.

En statuant ainsi, sans rechercher, ainsi qu'elle y était invitée, si le représentant des salariés, auquel ses fonctions ne confèrent pas un pouvoir général de représentation de chaque membre du personnel, avait reçu de chaque salarié un mandat spécial pour conclure une transaction en son nom, la cour d'appel a privé sa décision de base légale au regard des articles 1151, 2052 c. civ. et L. 621-8 ancien c. com.

Cass. soc. 31 mars 2009, n° 06-46.378, BC V n° 98.

Si l'effet relatif des contrats interdit aux tiers de se prévaloir de l'autorité d'une transaction à laquelle ils ne sont pas intervenus, ces mêmes tiers peuvent néanmoins invoquer la renonciation à un droit que renferme cette transaction.

En 2001, une société A a cédé à une société B une branche d'activité comprenant une usine dont le personnel est passé à son service ; en 2003, une procédure de redressement judiciaire a été ouverte à l'égard de la société cessionnaire, ensuite placée en liquidation judiciaire.

Après avoir été licenciés pour motif économique, des salariés de l'usine ont saisi le juge prud'homal d'une action dirigée contre la société cédante, tendant à faire juger que la cession intervenue en 2001 ne relevait pas de l'article L. 122-12, al. 2 CT, que la société A était restée leur employeur et qu'ils devaient être réintégrés dans ses services. Parallèlement, ils ont saisi la même juridiction d'une demande distincte, dirigée contre la société B et l'AGS, pour être reconnus créanciers de dommages et intérêts au titre d'un licenciement sans cause réelle et sérieuse. La première procédure s'est achevée par la conclusion d'un accord transactionnel entre la société cédante et les salariés, dont la société cessionnaire s'est ensuite prévalue dans l'instance entreprise contre elle.

Doit être rejeté le pourvoi des salariés reprochant à la cour d'appel d'avoir déclaré leur action irrecevable.

En effet, les salariés ayant entendu renoncer expressément, dans la transaction conclue avec la société cédante, à toute demande indemnitaire relative à leur licenciement, leur action, si elle avait été déclarée à tort irrecevable comme se heurtant à l'autorité de la chose jugée, ne pouvait cependant aboutir en présence de la renonciation à leurs droits, dont le liquidateur judiciaire de la société cessionnaire était fondé à se prévaloir.

Cass. soc. 14 mai 2008, n° 07-40.946, BC V n° 106. Voir aussi cass. soc. 25 septembre 2013, n° 12-17.863 ; cass. soc. 9 novembre 2017, n° 16-18.666.

• La nullité de la transaction ne peut être invoquée que par le salarié

La nullité d'une transaction résultant de ce qu'elle a été conclue avant la notification du licenciement ne peut être invoquée que par le salarié.

La nullité d'une transaction résultant de ce qu'elle a été conclue avant la notification du licenciement est une nullité relative instituée dans l'intérêt du salarié, qui ne peut, dès lors, être invoquée par l'employeur.

Cass. soc. 28 mai 2002, n° 99-43.852, BC V n° 182.

• Étendue des effets de la transaction

Le salarié qui renonce par une formule très générale à toute réclamation à l'encontre de son employeur ne peut plus introduire de nouvelle demande relative à son contrat de travail.

Ayant relevé qu'aux termes d'une transaction « forfaitaire et définitive », un salarié avait renoncé à toutes réclamations de quelque nature qu'elles soient à l'encontre de l'employeur relatives tant à l'exécution qu'à la rupture de son contrat de travail, un conseil de prud'hommes a fait une exacte application des articles 2044, 2048 et 2049 c. civ. en déboutant le salarié d'une nouvelle demande relative à ce contrat de travail [en l'espèce, une prime d'intéressement].

Cass. ass. plén. 4 juillet 1997, n° 93-43.375, BC n° 10.

Un salarié, engagé en qualité de directeur administratif le 15 janvier 1985 par une société, a été licencié pour cause économique, le 29 juin 2005. Après la rupture du contrat de travail, les parties ont conclu une transaction. Le salarié a pris sa retraite en 2012 et a sollicité la société aux fins d'obtenir le versement d'une retraite supplémentaire, ce qui lui a été refusé ; il a alors saisi la juridiction prud'homale.

Pour déclarer recevable l'action du salarié et faire droit à ses demandes, une cour d'appel a retenu que la transaction avait pour objet de régler les conséquences du licenciement, qu'il n'était pas fait mention dans cet acte du cas particulier de la retraite supplémentaire du salarié licencié, et qu'il n'existait aucun litige entre les parties concernant la retraite supplémentaire dont la mise en œuvre ne devait intervenir que plusieurs années plus tard.

En statuant ainsi, alors qu'aux termes de la transaction, le salarié déclarait avoir reçu toutes les sommes auxquelles il pouvait ou pourrait éventuellement prétendre au titre de ses relations de droit ou de fait existant ou ayant existé avec la société et renonçait à toute réclamation de quelque nature que ce soit, née ou à naître ainsi qu'à toute somme ou forme de rémunération ou d'indemnisation auxquelles il pourrait éventuellement prétendre à quelque titre et pour quelque cause que ce soit du fait notamment du droit commun, des dispositions de la convention collective, de son contrat de travail et/ou de ses avenants et/ou tout autre accord, ou promesse et/ou découlant de tout autre rapport de fait et de droit, la cour d'appel a violé les articles 2044 et 2052 c. civ., dans leur rédaction antérieure à celle de la loi 2016-1547 du 18 novembre 2016, 2048 et 2049 du même code.

Cass. soc. 30 mai 2018, n° 16-25.426, à paraître.

Un salarié licencié le 30 novembre 2009 pour motif économique et ayant signé une transaction avec son ancien employeur le 11 octobre 2011 a saisi la juridiction prud'homale de demandes au titre du non-respect par l'employeur de ses obligations de reclassement et de réembauche ainsi que de ses obligations découlant du plan de sauvegarde de l'emploi. L'employeur a alors formé une demande reconventionnelle visant à obtenir le remboursement, par le salarié, d'un trop-perçu d'aide à la création d'entreprise.

Ayant relevé qu'aux termes de l'article 8 du protocole transactionnel, la transaction réglait irrévocablement tout litige lié à l'exécution et à la rupture du contrat de travail en dehors de l'application des autres mesures du dispositif d'accompagnement social et qu'aux termes de l'article 9 du protocole, les parties déclaraient renoncer à intenter ou poursuivre toute instance ou action de quelque nature que ce soit dont la cause ou l'origine aurait trait au contrat de travail, à son exécution ou à sa rupture, une cour d'appel a exactement retenu que la transaction avait acquis, à cette date, l'autorité de la chose jugée et faisait obstacle aux demandes du salarié.

En revanche, en déclarant irrecevable la demande de l'employeur au titre du remboursement d'une partie de l'aide à la création d'entreprise alors qu'elle avait constaté que l'article 8 du protocole transactionnel stipulait que la transaction réglait irrévocablement tout litige lié à l'exécution et à la rupture du contrat de travail, en dehors de l'application des autres mesures du dispositif d'accompagnement social, la cour d'appel a violé l'article 1134 c. civ. dans sa rédaction antérieure à l'ordonnance 2016-131 du 10 février 2016, l'article 2052 c. civ. dans sa rédaction antérieure à la loi 2016-1547 du 18 novembre 2016 et les articles 2048 et 2049 du même code.

Cass. soc. 20 février 2019, n° 17-19.676, à paraître.

Mais une transaction ayant pour seul objet le règlement des salaires et de ses accessoires dus au titre de l'exécution du contrat ne s'oppose pas à une action en réparation d'un préjudice trouvant sa source dans une infraction à la loi pénale.

La transaction qui a pour seul objet « le règlement des salaires et accessoires dus au titre de l'exécution du contrat de travail » ne peut s'opposer à la demande de réparation d'un préjudice « ayant sa source dans une infraction à la loi pénale » (marchandage).

Cass. crim. 12 mai 1998, n° 96-86.479, B. crim. n° 160.

Lorsque l'employeur s'engage à verser des dommages-intérêts nets de tout prélèvement, la CSG et la CRDS ne peuvent être prélevées sur l'indemnité transactionnelle.

À la suite d'une transaction, une salariée a saisi un conseil de prud'hommes pour obtenir le remboursement de la somme qu'elle estimait lui avoir été indûment prélevée par son employeur sur l'indemnité transactionnelle au titre de la contribution sociale généralisée (CSG) et de la contribution pour le remboursement de la dette sociale (CRDS).

C'est à tort que, pour débouter la salariée de cette demande, le jugement a énoncé que par application des dispositions de l'article L. 136-2-II-5° c. séc. soc., par lesquelles le législateur a entendu inclure expressément dans l'assiette de la CSG et de la CRDS des sommes qui étaient exclues de celles des cotisations sociales « classiques », l'indemnité transactionnelle était soumise au précompte de ces contributions, alors que l'employeur s'était engagé à verser des dommages-intérêts nets de tout prélèvement.

Cass. soc. 28 mai 2002, n° 00-40.267. Voir aussi cass. soc. 28 mai 2002, n° 00-40.266.

Une prime d'objectifs et une indemnité de rupture, même prévues par une transaction, gardent leur nature de créances dues en exécution du contrat de travail et l'AGS doit en garantir le paiement.

En vertu de l'article L. 143-11-1, al. 2, 1° CT, l'assurance des salariés contre le risque de non-paiement, en cas de procédure de redressement ou de liquidation judiciaires, garantit les sommes qui leur sont dues en exécution du contrat de travail à la date du jugement d'ouverture de toute procédure collective.

Un salarié, engagé en qualité de directeur général par une société, avait été licencié par son employeur le 28 février. Une transaction avait été signée entre les parties le 4 mars prévoyant le paiement d'une prime d'objectifs et d'une indemnité de rupture. Le salarié n'ayant pu obtenir le paiement de ces sommes avait saisi la juridiction prud'homale. Deux ans après le licenciement, la société a été mise en liquidation judiciaire.

C'est à tort que, pour décider que l'AGS ne devait pas garantir le paiement des sommes dues au salarié, une cour d'appel a retenu que la transaction est un nouveau contrat, distinct du contrat de travail et ne peut produire d'effets à l'égard de personnes qui y sont étrangères, alors que les sommes prévues par la transaction ne constituaient pas un nouvel engagement de l'employeur se substituant à ses obligations anciennes mais résultaient, tant dans leur principe que dans leur montant, des stipulations du contrat de travail, en sorte que les créances en cause avaient gardé leur nature de créances dues en exécution du contrat de travail.

Cass. soc. 3 avril 2001, n° 99-42.183, BC V n° 116.

• Transaction et action du Pôle Emploi en remboursement des indemnités de chômage

Si une transaction est conclue entre l'employeur et le salarié au cours de la procédure d'appel, celle-ci est inopposable à l'Assédic. Cette dernière peut toujours invoquer les dispositions du jugement ordonnant le remboursement par l'employeur des allocations de chômage versées au salarié.

Cass. soc. 7 juin 1995, n° 91-43.234, BC V n° 188. Voir aussi cass. soc. 19 février 1997, n° 95-15.992.

Si le juge de première instance condamne l'employeur à payer au salarié une indemnité pour licenciement sans cause réelle et sérieuse, mais omet d'ordonner le remboursement des indemnités de chômage au profit de l'Assédic, le désistement d'instance lié à la signature d'une transaction ne prive pas l'Assédic de la possibilité de faire réparer par le conseil de prud'hommes l'omission de statuer dont était affecté le jugement.

Cass. soc. 7 juin 1995, n° 91-43.042, BC V n° 189.

Inexécution de la transaction

En cas de non-respect de la transaction, la partie lésée peut opter soit pour une exécution forcée de la transaction…

Le conseil de prud'hommes est compétent pour statuer sur la demande formée par un employeur tendant à la condamnation d'un salarié au paiement d'une dette résultant d'une transaction conclue à l'occasion du licenciement et dont le salarié contestait la validité.

Cass. soc. 10 juin 1992, n° 88-42.988.

… soit pour sa résolution si les conditions d'une telle résolution sont réunies.

Une transaction ne peut être opposée par l'un des contractants que s'il en a respecté les conditions. Dans le cas contraire, l'autre partie peut demander au juge d'en prononcer la résolution. En l'espèce, la résolution de la transaction pouvait être prononcée dans la mesure où l'employeur n'avait pas respecté la clause portant sur la durée de l'activité du salarié dans l'entreprise, ni les échéances de paiement prévues par celle-ci. La résolution ayant pour effet de restituer au créancier ses droits primitifs, le salarié pouvait, par conséquent, prétendre à des dommages-intérêts pour licenciement sans cause réelle et sérieuse, l'employeur ayant contraint le salarié à cesser ses fonctions.

Cass. soc. 7 juin 1989, n° 86-43.012, BC V n° 428. Voir aussi cass. soc. 23 novembre 1994, n° 90-40.380, 1er moyen ; cass. soc. 12 septembre 2018, n° 16-22.503, 1er moyen du pourvoi incident.

La clause d'une transaction prévoyant sa résolution de plein droit après une mise en demeure restée infructueuse n'interdit pas au salarié de solliciter du juge la résolution de la convention pour manquement de l'employeur à ses obligations.

Un employeur connaissant des difficultés financières a cessé de verser ses salaires à un salarié. Les parties ont signé une transaction aux termes de laquelle le salarié a accepté de compenser la perte de ses salaires par une somme forfaitaire et indemnitaire, réglée selon un échéancier. Cet accord n'ayant pas été respecté, l'intéressé a saisi la juridiction prud'homale en nullité de la transaction et en résolution de celle-ci pour inexécution.

Pour débouter le salarié de sa demande en résolution judiciaire de la transaction, une cour d'appel a retenu que la mise en demeure, expressément prévue au contrat, n'avait pas été délivrée.

En statuant ainsi, alors que l'existence dans la transaction d'une clause prévoyant sa résolution de plein droit après une mise en demeure restée infructueuse, n'interdisait pas au créancier de solliciter du juge la résolution de la convention pour manquement de l'employeur à ses obligations en application de l'article 1184 CC, la cour d'appel a violé ledit article.

Cass. soc. 21 janvier 2004, n° 01-47.279.

Conclusion d'une transaction par les représentants du personnel

Est atteinte d'une nullité absolue d'ordre public toute transaction conclue entre l'employeur et le salarié protégé avant la notification de son licenciement prononcé après autorisation de l'autorité administrative.

La protection exceptionnelle et exorbitante du droit commun des salariés investis de fonctions représentatives a été instituée, non dans le seul intérêt de ces derniers, mais dans celui de l'ensemble des salariés ; il en résulte qu'est atteinte d'une nullité absolue d'ordre public toute transaction conclue entre l'employeur et le salarié protégé avant la notification de son licenciement prononcé après autorisation de l'autorité administrative.

Une cour d'appel ayant constaté qu'il résultait des dispositions d'une transaction qu'en contrepartie du versement d'indemnités, un salarié avait donné son accord pour la rupture de son contrat de travail et s'était engagé à démissionner de ses fonctions représentatives, il en résultait que cette transaction était entachée d'une nullité absolue d'ordre public, qui entraînait l'obligation pour le salarié de restituer à l'employeur la somme qu'il avait perçue en exécution d'un acte nul. Par ces motifs, substitués dans les conditions de l'article 1015 NCPC, la décision de la cour d'appel ayant prononcé la résolution de la transaction et ayant condamné le salarié à rembourser la somme qu'il avait reçue en exécution de cette dernière se trouve légalement justifiée.

Cass. soc. 10 juillet 2002, n° 00-40.301, BC V n° 249. Voir aussi cass. soc. 15 mars 2012, n° 10-27.065 ; cass. soc. 30 juin 2015, n° 13-28.437.

Un salarié a demandé l'organisation des élections des délégués du personnel le 22 mars et un syndicat a présenté sa candidature par lettre datée du 29 mars, reçue le 30 par l'employeur. Par courrier du 29 mars, le salarié a été convoqué à un entretien préalable au licenciement pour le 7 avril. Il a quitté l'entreprise le 15 avril, jour convenu pour son départ en exécution d'une transaction.

Ayant constaté que l'employeur avait connaissance de l'imminence de la candidature du salarié à la date du 29 mars, une cour d'appel a exactement décidé que la transaction était nulle et a pu, en conséquence, condamner l'employeur à lui payer diverses sommes au titre de dommages-intérêts, d'indemnité de préavis, de congés payés et de commissions.

Cass. soc. 16 mars 2005, n° 02-45.293, BC V n° 98.

Les représentants du personnel peuvent conclure une transaction, une fois leur licenciement notifié, sur les conséquences pécuniaires de la rupture.

Si les salariés investis de fonctions représentatives ne peuvent renoncer par avance aux dispositions protectrices exorbitantes du droit commun instituées en leur faveur, rien ne les empêche, lorsqu'un licenciement leur a été notifié, de conclure avec l'employeur un accord librement consenti, en vue de régler les conséquences pécuniaires de la rupture du contrat de travail.

Cass. soc. 10 janvier 1995, n° 90-42.943. Voir aussi cass. soc. 5 février 2002, n° 99-45.861, BC V n° 54.

Le temps de délégation est de plein droit considéré comme temps de travail afférent à l'exécution du contrat de travail du représentant du personnel, dont la rémunération est assimilable à une créance de salaire, et qui peut donc faire l'objet d'une transaction après la rupture des relations contractuelles.

Un VRP, titulaire de plusieurs mandats de représentation du personnel, a signé une transaction après son licenciement pour motif économique. Il a saisi la juridiction prud'homale d'une demande en paiement des heures de délégation afférentes à l'exercice de ses trois mandats.

C'est à tort qu'une cour d'appel a fait droit aux demandes du salarié et condamné la société au paiement d'une somme au titre des heures de délégation, alors que la transaction visait toute créance relative à l'exécution du contrat de travail.

Cass. soc. 28 septembre 2005, n° 03-43.052.

Le droit à réintégration est définitivement éteint par la transaction.

En signant une transaction après la notification de son licenciement, le salarié protégé révèle de manière non équivoque son intention de ne plus faire partie des effectifs de l'entreprise. Il ne peut plus faire valoir son droit à réintégration, ce dernier ayant été définitivement éteint par la transaction conclue entre l'employeur et l'intéressé qui avait été irrégulièrement licencié.

Cass. crim. 3 mai 1994, n° 91-86.047. Voir aussi cass. crim. 4 février 1992, n° 90-82.330, B. crim. n° 50.

Les représentants du personnel ne peuvent renoncer par avance à la protection légale résultant de leur statut.

Les salariés investis de fonctions représentatives ne peuvent renoncer par avance aux dispositions protectrices d'ordre public instituées en leur faveur. Une société ne peut, dès lors, soutenir que la signature d'une transaction par un salarié protégé faisait obstacle à ce que l'intéressé pût former un recours pour excès de pouvoir contre la décision du ministre du Travail autorisant son licenciement.

CE 2 février 1996, n° 152406, Rec. Lebon p. 26.

D'une part, les salariés protégés ne peuvent renoncer par avance aux dispositions d'ordre public instituées pour protéger leur mandat. D'autre part, il ressort des pièces du dossier que le salarié et l'employeur avaient conclu le 31 janvier 1994 un accord verbal de résiliation du contrat et concomitamment, que le salarié avait démissionné de son mandat de représentant du personnel. Dès lors, c'est à tort qu'une cour d'appel a débouté le salarié (qui, entre-temps, avait obtenu sa réintégration puis fait l'objet d'un licenciement) de ses demandes fondées sur la nullité de sa démission de membre du comité d'établissement et sur la nullité du licenciement prononcé ultérieurement, alors que la démission de l'intéressé de son mandat électif et l'accord concomitant de résiliation du contrat de travail, antérieurs au licenciement, avaient pour but et pour effet d'organiser la rupture du contrat de travail en dehors du cadre légal.

Cass. soc. 16 mars 1999, n° 96-44.551, BC V n° 125.

La transaction conclue avec le salarié protégé, fût-ce en accord avec l'inspecteur du travail, n'est pas une cause justificative de la méconnaissance de la procédure protectrice d'ordre public instituée en faveur des représentants du personnel.

Les dispositions législatives soumettant à la décision conforme de l'inspecteur du travail le licenciement des salariés légalement investis de fonctions représentatives ont institué, au profit de tels salariés et dans l'intérêt de l'ensemble des travailleurs qu'ils représentent, une protection exceptionnelle et exorbitante du droit commun, à laquelle ils ne peuvent renoncer par avance, et qui interdit, par suite, à l'employeur de poursuivre, par d'autres moyens, la résiliation du contrat de travail ; l'employeur ne saurait se soustraire à ces dispositions d'ordre public par le moyen d'une transaction.

La transaction conclue avec le salarié protégé, fût-ce en accord avec l'inspecteur du travail, n'est pas une cause justificative de la méconnaissance des dispositions d'ordre public réglementant la procédure de licenciement ; en outre, l'élément intentionnel de l'infraction est constitué par le caractère volontaire de l'absence de demande d'autorisation administrative préalable au licenciement.

Cass. crim. 19 octobre 1993, n° 91-85.795.

Transfert d'entreprise

Modification dans la situation juridique de l'employeur (Cas d'application) ; Modification dans la situation juridique de l'employeur (Conditions d'application) ; Modification dans la situation juridique de l'employeur (Effets) ; Modification dans la situation juridique de l'employeur (Salariés protégés) ; Modification dans la situation juridique de l'employeur (Sort du statut collectif) ; Représentants du personnel (Protection/Cas d'application).

Travail dissimulé

Le travail dissimulé par dissimulation d'activité consiste en l'exercice à but lucratif, par une personne physique ou morale, d'une activité de production, de réparation ou de prestation de services, ou en l'accomplissement d'actes de commerce, sans requérir son immatriculation au registre du commerce et des sociétés (ou au répertoire des métiers) ou sans procéder aux déclarations qui doivent être faites aux organismes de protection sociale ou à l'administration fiscale (art. L. 8221-3 CT).

Le travail dissimulé par dissimulation d'emploi salarié est caractérisé lorsque l'employeur se soustrait à l'accomplissement de formalités telles que la déclaration préalable à l'embauche, la remise des bulletins de paie avec mention du nombre d'heures de travail réellement accomplies ou des déclarations relatives aux salaires ou aux cotisations sociales auprès des organismes de recouvrement des contributions et cotisations sociales ou de l'administration fiscale (art. L. 8221-5 CT).

Champ d'application

Les dispositions relatives au travail dissimulé sont applicables aux employés de maison.

Les dispositions de l'article L. 7221-2 CT ne font pas obstacle à l'application aux employés de maison des dispositions légales relatives au travail dissimulé.

Cass. soc. 20 novembre 2013, n° 12-20.463, BC V n° 276.

Définition

Il doit s'agir de l'exercice d'une activité de production, de transformation, de réparation, de prestation de services ou l'accomplissement d'actes de commerce nécessitant l'immatriculation de son auteur au registre du commerce et des sociétés.

Constitue une omission de nature à caractériser le délit de travail clandestin le fait pour une personne d'exercer l'activité de photographe dans deux établissements secondaires sans avoir procédé à son immatriculation au répertoire des métiers.

Cass. crim. 23 mai 1995, n° 93-85.460, B. crim. n° 192.

Pour que soit constitué le délit de travail clandestin, il n'est pas exigé que l'activité soit exercée à titre habituel.

A justifié sa décision la cour d'appel qui a déclaré le président-directeur général d'une société coupable d'exécution d'un travail dissimulé, après avoir énoncé qu'il était établi, par constatations matérielles de l'inspection du travail, qu'une personne avait effectué avec une certaine fréquence et dans un but lucratif un travail le dimanche au bénéfice de cette société qui en avait tiré avantage, en l'absence de déclaration préalable d'embauche et de mention de l'emploi au registre unique du personnel, ce dont il résultait que l'infraction était constituée dans tous ses éléments.

Cass. crim. 28 octobre 2003, n° 03-83.511.

Les activités exclues sont les activités bénévoles et d'entraide, ainsi que les travaux domestiques exercés par des personnes pour le compte de particuliers.

Un particulier employant un gardien pour sa propriété privée n'est pas coupable du délit de travail clandestin s'il n'inscrit pas l'intéressé sur le registre du personnel, cette formalité n'étant pas requise dans ce cas. Par ailleurs, le refus de délivrance d'un bulletin de paie ne constitue que la contravention prévue à l'article L. 143-3 CT.

Cass. crim. 29 mars 1994, n° 92-86.082, B. crim. n° 120.

Il est également interdit d'avoir recours sciemment, directement ou par personne interposée, aux services de celui qui exerce un travail dissimulé.

Commet sciemment le délit de travail dissimulé celui qui ne vérifie pas, alors qu'il y est tenu par les articles L. 324-9 et L. 324-14 CT, la régularité, au regard de l'article L. 324-10 CT, de la situation de l'entrepreneur dont il utilise les services.

C'est à bon droit qu'une cour d'appel a condamné un syndic de copropriété du chef de recours, par personne interposée, aux services d'une personne exerçant un travail dissimulé, après avoir constaté que cette personne morale était signataire d'un marché de travaux consenti à une entreprise qui ne respectait pas les prescriptions légales. La cour d'appel a pu ajouter qu'il importait peu que le contrat ait été conclu au nom d'un syndicat de copropriétaires ; il appartenait en effet au syndic, par l'intermédiaire de son représentant, de vérifier que l'entreprise choisie pour effectuer des travaux dans la copropriété remplissait ses obligations légales.

Cass. crim. 24 mai 2005, n° 04-86.813, B. crim. n° 154. Voir aussi cass. crim. 1er décembre 2015, n° 14-85.828, 1er moyen, B. crim. n° 274.

Pour déclarer le gérant d'une société coupable de travail clandestin, une cour d'appel a retenu que cette société a eu recours, par l'intermédiaire d'une autre société, aux services d'un entrepreneur de spectacles employant plusieurs artistes étrangers sans avoir vérifié si ce dernier, condamné pour s'être soustrait aux obligations légales, avait procédé « aux déclarations et à l'immatriculation lui incombant ». En l'état de ces énonciations, qui caractérisent en tous ses éléments constitutifs tant matériel qu'intentionnel l'infraction dont le prévenu a été déclaré coupable, la cour d'appel a justifié sa décision sans encourir les griefs allégués.

Cass. crim. 4 novembre 1997, n° 96-86.211, B. crim. n° 372.

Ne peut pas être poursuivie pour travail dissimulé une société ne se trouvant pas dans la situation de donneur d'ordre ayant recours aux services d'une personne exerçant un travail dissimulé mais dans celle d'une partie à des contrats de vente.

Une société et cinq de ses salariés ont été poursuivis pour recours aux services de personnes exerçant un travail dissimulé à la suite de l'achat, à plusieurs reprises, de métaux à des personnes exerçant l'activité de ferrailleurs sans être inscrites au registre du commerce ou au registre des métiers ; le tribunal correctionnel les a relaxés.

Pour confirmer le jugement et renvoyer les prévenus des fins de la poursuite, une cour d'appel a retenu que le délit prévu par l'article L. 324-9, devenu L. 8221-1, 3° CT, suppose pour être applicable, l'existence d'un contrat de prestations de services avec un donneur d'ordre ; la cour a ajouté que si une obligation positive de vérification de la situation de son cocontractant est mise également à la charge du donneur d'ordre dans le cadre d'une prestation de services, tel n'était pas le cas, en l'espèce, les relations contractuelles entre les ferrailleurs et la société étant celles inhérentes au contrat de vente.

En l'état de ces énonciations, d'où il résulte que la société poursuivie ne se trouvait pas dans la situation de donneur d'ordre ayant recours aux services d'une personne exerçant un travail dissimulé mais dans celle d'une partie à des contrats de vente, la cour d'appel a justifié sa décision.

Cass. crim. 4 septembre 2012, n° 11-87.225, B. crim. n° 180.

Si le particulier qui contracte pour son usage personnel est présumé avoir procédé aux vérifications nécessaires lorsqu'il s'est fait remettre l'un des documents énumérés par l'article D. 8222-5 CT, cette présomption est écartée en cas de défaut de concordance entre la dénomination de la société désignée sur le document qui lui a été remis et l'identité de son cocontractant.

Un particulier a été poursuivi pour avoir eu recours aux services d'un employeur dissimulant l'emploi de ses salariés pour effectuer des travaux sur sa propriété ; il a été relaxé de ce chef par le tribunal correctionnel.

Pour le déclarer coupable de ce délit, une cour d'appel a retenu que le particulier avait bien eu recours à un entrepreneur pour faire travailler sur sa propriété à la réfection d'un mur de clôture, ainsi qu'à divers travaux de peinture et de doublage de cloisons intérieures, des ouvriers recrutés par celui-ci, qu'il savait être tous de nationalité bulgare, sur la base d'un devis d'un montant de 101 069 € TTC, établi au nom d'une société, domiciliée à Bobigny (93), sur l'existence de laquelle il n'avait procédé à aucune vérification et sans avoir été en mesure de produire la facture correspondante, tout en le rémunérant personnellement par des chèques établis à son nom à hauteur de 60 000 €, que, par ailleurs, le particulier était chef d'entreprise depuis 1979, de sorte que ce dernier ne pouvait prétendre avoir méconnu de bonne foi les irrégularités reprochées, et y a donc sciemment participé dans les termes de la prévention, ses considérations sur les qualités propres aux maçons bulgares pour travailler la pierre étant ici dénuées de toute pertinence, qu'en conséquence le particulier et l'entrepreneur devaient être chacun déclarés coupables et il devait être prononcé pour le particulier une peine d'emprisonnement de six mois, assortie du sursis dans sa totalité et d'une peine d'amende délictuelle de 30 000 €.

En l'état de ces énonciations, la cour d'appel a justifié sa décision dès lors que l'absence de concordance entre la dénomination de la société désignée sur le devis et l'identité du cocontractant permettait d'écarter la présomption instituée par les articles L. 8222-1, D. 8222-4 et D. 8222-5 CT au bénéfice du particulier qui contracte pour son usage personnel.

Cass. crim. 9 novembre 2010, n° 10-80.252, B. crim. n° 177.

Éléments constitutifs du délit

• Élément intentionnel

Seule l'inobservation intentionnelle des formalités limitativement énumérées aux articles L. 8221-3 et L. 8221-5 CT caractérise le délit de travail dissimulé.

Le président d'une société avait été poursuivi du chef de travail clandestin, pour avoir exercé l'activité d'agent de voyages en s'abstenant volontairement de requérir son immatriculation au répertoire des métiers ou au registre du commerce et des sociétés et de procéder aux déclarations exigées par les organisations de protection sociale et par l'administration fiscale.

C'est à tort que, pour le déclarer coupable, une cour d'appel a retenu que le prévenu avait exercé l'activité d'agent de voyages sans la licence requise, alors que seule l'inobservation intentionnelle des formalités limitativement énumérées par la loi caractérise le délit de travail clandestin, de sorte que la cour d'appel ne pouvait se borner à déduire l'existence du délit de travail clandestin du seul exercice, fût-il illicite, de l'activité d'agent de voyages, sans préciser si le prévenu avait omis de procéder à l'une ou l'autre des formalités visées à la prévention.

Cass. crim. 14 mai 1996, n° 94-83.117, 2e moyen, B. crim. n° 201. Voir aussi cass. crim. 21 janvier 1997, n° 95-84.204, B. crim. n° 21.

La dissimulation d'emploi salarié prévue par l'article L. 8221-5 CT n'est caractérisée que s'il est établi que l'employeur a, de manière intentionnelle, mentionné sur le bulletin de paie un nombre d'heures de travail inférieur à celui réellement effectué.

Cass. soc. 20 février 2008, n° 06-44.964, 1er moyen, BC V n° 42. Voir aussi cass. soc. 24 mars 2004, n° 01-43.875, BC V n° 96 ; cass. soc. 4 mars 2003, n° 00-46.906, BC V n° 80 ; cass. soc. 21 mai 2002, n° 99-45.890, BC V n° 170.

À la suite d'un accident de la circulation, un gérant, à qui il était reproché d'avoir engagé des salariés sans déclaration préalable à l'embauche et de leur avoir délivré des bulletins de paie ne faisant pas apparaître la totalité des heures travaillées et des primes versées, avait été cité à comparaître devant le tribunal correctionnel, notamment du chef de travail dissimulé.

Pour déclarer l'intéressé coupable de ce délit, une cour d'appel a retenu que si le chef d'exploitation de la société procédait matériellement aux opérations d'embauche et coordonnait l'ensemble des équipes, il en référait aussitôt au prévenu qui fixait le taux des rémunérations horaires et qu'en ce qui concernait le défaut de report des heures supplémentaires sur les bulletins de paie, le prévenu, invité par l'inspection du travail à régulariser le paiement de ces heures, avait tenté d'échapper à sa responsabilité en invoquant un accord, dit « de régulation », assurant aux salariés un salaire mensuel constant de 152 heures, alors que ce nombre d'heures travaillées était largement dépassé, même hors saison.

En se déterminant ainsi, par des motifs dont il résultait que le prévenu n'avait pas délégué les pouvoirs attachés à ses fonctions de direction et qu'il avait été suffisamment informé des faits poursuivis, la cour d'appel a caractérisé en tous ses éléments constitutifs, tant matériels qu'intentionnel, l'infraction retenue à la charge du demandeur.

Cass. crim. 20 mars 2007, n° 05-85.253, B. crim. n° 86.

Après avoir constaté qu'un employeur avait appliqué à un cadre un système de forfait en jours sans qu'ait été conclue une convention de forfait en jours et relevé que ce dernier travaillait régulièrement plus de dix heures par jour, une cour d'appel a fait ressortir le caractère intentionnel de l'absence de la mention, sur les bulletins de salaire, de toutes les heures accomplies au-delà de la durée légale et a pu condamner l'employeur à payer une somme représentant six mois de salaire à titre d'indemnité pour travail dissimulé.

Cass. soc. 28 février 2012, n° 10-27.839. Voir aussi cass. soc. 2 mars 2016, n° 14-16.154, 3e moyen.

Ayant relevé qu'un employeur avait fait sciemment travailler un salarié au-delà de la durée légale de travail sans le rémunérer de l'intégralité de ses heures, une cour d'appel a par là-même caractérisé l'élément intentionnel du travail dissimulé et a pu condamner l'employeur à payer au salarié une somme à titre d'indemnité pour travail dissimulé.

Cass. soc. 24 avril 2013, n° 11-28.691, 2e moyen, BC V n° 115.

La mention sur le bulletin de paie d'un nombre d'heures de travail inférieur à celui réellement accompli n'est pas punissable quand cette mention résulte d'une convention ou d'un accord collectif d'aménagement du temps de travail conclu en application du titre II du livre Ier de la troisième partie du code du travail.

Cass. crim. 16 avril 2013, n° 12-81.767, B. crim. n° 89.

Le caractère intentionnel du délit de travail dissimulé ne peut se déduire de la seule absence de mention des heures supplémentaires sur les bulletins de paie.

Cass. soc. 29 juin 2005, n° 04-40.758, BC V n° 222. Voir aussi cass. soc. 12 janvier 2011, n° 09-41.139.

Un salarié a saisi la juridiction prud'homale d'une demande tendant notamment au paiement d'un rappel d'heures supplémentaires sur cinq ans sur la base de six heures supplémentaires par semaine.

Une cour d'appel, ayant relevé que la mention sur les bulletins de paie du salarié d'un nombre d'heures de travail inférieur à celui réellement effectué procédait d'une erreur de rédaction, a pu débouter l'intéressé de ses demandes.

Cass. soc. 29 octobre 2003, n° 01-44.940, BC V n° 268. Voir aussi cass. soc. 30 juin 2004, n° 02-41.823, BC V n° 189.

L'application erronée du taux de majoration des heures supplémentaires ne peut caractériser l'intention de dissimulation.

Cass. soc. 1er février 2017, n° 15-23.039, 2e moyen.

Le caractère intentionnel du travail dissimulé ne peut se déduire de la seule absence de mention d'une avance sur commission sur un bulletin de paie.

Cass. soc. 18 décembre 2013, n° 11-27.764.

Le caractère intentionnel du travail dissimulé ne peut se déduire de la seule absence de conclusion d'une convention de forfait dont la possibilité est prévue par la convention collective…

Cass. soc. 27 juin 2012, n° 11-12.527, 3e moyen.

… ou de la seule application d'une convention de forfait illicite.

Cass. soc. 16 juin 2015, n° 14-16.953, BC V n° 124. Voir aussi cass. soc. 28 février 2018, n° 16-19.054, 4e moyen.

En revanche, il peut se déduire du fait, pour l'employeur, d'imposer au salarié de travailler au-delà des jours prévus dans une convention de forfait en jours sans mentionner les jours de travail sur les bulletins de paie.

Cass. soc. 1er décembre 2016, n° 15-15.805, 2e moyen.

Le caractère intentionnel ne peut pas se déduire de la seule réclamation du salarié.

Pour condamner un employeur à payer une indemnité pour travail dissimulé, une cour d'appel a énoncé que, dès lors que la salariée avait réclamé à plusieurs reprises le paiement des heures supplémentaires, la dissimulation intentionnelle était établie.

En statuant ainsi, alors que le caractère intentionnel ne peut se déduire de la seule réclamation de la salariée, la cour d'appel a violé les articles L. 3171-4 et L. 8221-3 CT.

Cass. soc. 31 mai 2011, n° 10-14.306, 2e moyen.

Il ne peut pas non plus se déduire du seul recours à un contrat inapproprié.

Pour condamner une société à payer à chacun des participants à une émission de télévision une indemnité pour travail dissimulé, une cour d'appel a énoncé que la proposition de signature d'un « règlement participants » au lieu d'un contrat de travail, et l'absence de déclaration d'embauche et paiement de cotisations sociales, d'établissement de bulletins de salaire, notamment, caractérisaient l'intention de la société de production de dissimuler au sens de l'article L. 324-10, devenu L. 8221-5 CT, l'engagement d'un salarié dont le travail est de surcroît accompli à l'étranger.

En statuant ainsi, alors que le caractère intentionnel ne peut se déduire du seul recours à un contrat inapproprié, la cour d'appel a statué par un motif inopérant équivalent à un défaut de motif.

Cass. soc. 3 juin 2009, n° 08-40.981, 4e moyen du pourvoi de la société, BC V n° 141. Voir aussi cass. soc. 5 février 2014, n° 13-11.653 ; cass. soc. 9 janvier 2019, n° 17-21.939, pourvoi incident.

Les juges du fond apprécient souverainement l'existence d'une telle intention.

La dissimulation d'emploi salarié n'est caractérisée que s'il est établi que l'employeur a, de manière intentionnelle, mentionné sur le bulletin de paie un nombre d'heures de travail inférieur à celui réellement effectué ; les juges du fond apprécient souverainement l'existence d'une telle intention.

Dès lors, doit être rejeté le pourvoi d'un employeur faisant grief à une cour d'appel de l'avoir condamné à payer à un salarié des dommages-intérêts pour travail dissimulé, alors que le simple fait pour lui d'avoir fait effectuer par un salarié des heures supplémentaires non rémunérées ne pouvait caractériser l'élément intentionnel du délit de travail dissimulé par dissimulation d'emploi et, qu'en décidant le contraire, la cour d'appel avait violé les articles L. 324-10 et L. 324-11-1 CT.

Cass. soc. 19 janvier 2005, n° 02-46.967, BC V n° 14. Voir aussi cass. soc. 20 janvier 2010, n° 08-43.476, 1er moyen, BC V n° 17 (arrêt n° 2).

La seule constatation de la violation en connaissance de cause d'une prescription légale ou réglementaire implique, de la part de son auteur, l'intention coupable exigée par l'article 121-3 c. pén.

Cass. crim. 9 novembre 2010, n° 10-81.074, 1er moyen.

Doit être cassé l'arrêt qui, pour relaxer un gérant de société poursuivi pour travail dissimulé par dissimulation d'emploi, a relevé qu'un chauffeur, qui n'appartenait pas aux effectifs de l'entreprise, mais possédait un quart des parts sociales de celle-ci, assurait des transports sur de courts trajets de manière occasionnelle et bénévole, de telle sorte que la volonté de commettre le délit n'était pas établie à l'encontre du gérant. En effet, en statuant ainsi, sans rechercher si les prestations de travail n'avaient pas été fournies à l'entreprise dans un rapport de subordination et moyennant une rétribution indirecte, et alors que la seule constatation de la violation en connaissance de cause d'une prestation légale ou réglementaire implique de la part de son auteur l'intention coupable exigée par l'article 121-3 c. pén., la cour d'appel n'a pas donné de base légale à sa décision.

Cass. crim. 19 mars 2002, n° 01-83.509.

Pour relaxer un couple d'employeurs poursuivis pour travail dissimulé résultant d'un défaut de remise de bulletins de paie à la salariée qu'ils avaient embauchée pour effectuer une garde d'enfants et des travaux de ménage en contrepartie de la mise à sa disposition d'un logement meublé, une cour d'appel a énoncé que, si la matérialité des faits était établie, il ressortait d'un échange de courriers entre l'Urssaf et les prévenus et du paiement par eux des cotisations sociales, telles que fixées par cet organisme, qu'ils pouvaient être considérés comme de bonne foi en ignorant qu'ils devaient rédiger des bulletins de salaire alors que la rémunération était pour eux la fourniture d'un logement.

En se déterminant ainsi, sans répondre aux conclusions de la partie civile faisant valoir que la seule constatation de la violation en connaissance de cause d'une prescription légale ou réglementaire (en l'espèce, défaut de remise de bulletins de paie) impliquait de la part de son auteur l'intention coupable exigée par l'article 121-3, al. 1er c. pén., la cour d'appel n'a pas justifié sa décision.

Cass. crim. 17 juin 2008, n° 07-87.518, B. crim. n° 155.

Il n'est pas exigé, pour que le délit de recours aux services d'une personne exerçant un travail dissimulé soit caractérisé, que les agissements aient procuré un avantage à leur auteur ou qu'ils aient été commis par lui dans un but lucratif.

Des gérants et des présidents de sociétés ont été convoqués devant le tribunal correctionnel pour avoir eu sciemment recours aux services d'une société qui exerçait un travail dissimulé.

C'est à bon droit qu'une cour d'appel a déclaré des chefs d'entreprise coupables du délit de recours aux services d'une personne exerçant un travail dissimulé, après avoir retenu qu'ils avaient confié à une société d'importants travaux de confection, sans s'être assurés qu'elle avait procédé aux déclarations préalables à l'embauche et aux déclarations devant être faites aux organismes de protection sociale ou à l'administration fiscale, que, professionnels de la confection, ils ne pouvaient d'autant moins se satisfaire des documents fournis que plusieurs indices, tels le caractère fictif des fonctions d'un plaignant, gérante de droit de l'une des sociétés, les réticences à communiquer les documents justificatifs ou l'existence d'enquêtes antérieures portées à leur connaissance, auraient dû les inciter à une vigilance particulière.

Cass. crim. 30 septembre 2003, n° 02-83.183.

Si le délit est caractérisé, le fait pour l'employeur de régulariser la situation postérieurement est sans effet sur les poursuites.

Un employeur poursuivi du chef de travail dissimulé pour avoir employé, entre novembre 2005 et le 6 mars 2006, deux salariés, sans avoir procédé à la déclaration préalable d'embauche ni leur avoir remis de bulletin de paie, a été relaxé par le tribunal correctionnel.

Pour confirmer ce jugement, une cour d'appel s'est bornée à relever que l'employeur était affilié à l'Urssaf depuis le 27 novembre 2005, que ce dernier justifiait avoir acquitté les cotisations Urssaf et Assédic pour la période considérée et qu'ainsi il n'apparaissait aucune volonté de dissimuler les salariés.

En statuant ainsi, alors que la régularisation ultérieure d'une situation irrégulière ne saurait avoir pour effet de faire disparaître l'infraction et sans s'être prononcée sur l'absence de remise de bulletin de paie dont elle était également saisie, la cour d'appel n'a pas légalement justifié sa décision.

Cass. crim. 20 janvier 2009, n° 08-82.615.

Le caractère non intentionnel de la mention sur le bulletin de paie d'un nombre d'heures de travail inférieur à celui réellement accompli ne peut se déduire du seul fait que l'employeur n'a pas cherché à dissimuler au salarié cette minoration.

Cass. soc. 31 octobre 2013, n° 12-18.483.

Le caractère non intentionnel de la dissimulation d'emploi salarié ne peut se déduire de l'absence de contestation par le salarié du non-paiement des heures supplémentaires accomplies.

Cass. soc. 11 mai 2017, n° 16-13.675, pourvoi incident.

Le caractère non intentionnel de l'absence d'accomplissement auprès des organismes de recouvrement des contributions et cotisations sociales des déclarations relatives aux salaires ou aux cotisations sociales ne peut se déduire des seules difficultés financières de l'employeur pour s'acquitter de ces cotisations.

Cass. soc. 18 décembre 2012, n° 11-20.451. Voir aussi cass. soc. 21 mai 2014, n° 13-14.088.

• Éléments matériels

Se rend coupable de travail dissimulé par dissimulation d'activité toute personne qui exerce une activité à but lucratif sans avoir procédé à son inscription au registre du commerce et des sociétés ou au répertoire des métiers.

Le fait pour les prévenus d'avoir poursuivi la même activité, sous le couvert de l'immatriculation au répertoire des métiers de leur père décédé et sans requérir leur propre immatriculation, caractérise le délit de travail dissimulé.

Cass. crim. 19 février 2002, n° 01-83.037.

Une société commerciale immatriculée dans un pays étranger est tenue de s'immatriculer au registre du commerce et des sociétés français, sur le fondement des dispositions des articles L. 123-1, I, 3°, L. 123-11 et R. 123-35 c. com., lorsqu'elle ouvre un premier établissement dans un département français.

Se rend ainsi coupable du délit de travail dissimulé par dissimulation d'activité le gérant d'une société immatriculée aux Comores qui exerce une activité commerciale en France sans s'être immatriculé au registre du commerce et des sociétés français, alors que la société dispose, à son domicile, d'une représentation permanente en France pour les besoins de son activité commerciale, laquelle vaut ouverture d'un premier établissement sur le territoire national.

C'est à bon droit que, pour dire que le délit était caractérisé, une cour d'appel, ayant relevé que l'intéressé, après la liquidation du commerce de vente de meubles qu'il tenait à Marseille, avait diffusé auprès de sa clientèle d'origine comorienne, et sous la même enseigne, une offre commerciale en vue de la construction de maisons individuelles aux Comores, a retenu que, ce faisant, il avait exercé en France une activité commerciale, en ce que les contrats conclus par la société immatriculée aux Comores, à l'issue de cette campagne promotionnelle, avaient été signés à Marseille, où résidait la clientèle, où avaient été effectués les règlements et où le prévenu était domicilié et disposait d'une boîte aux lettres pour les besoins de son activité, et que la circonstance que ladite société était immatriculée aux Comores, où elle relayait l'activité commerciale de son gérant, ne dispensait pas celui-ci de se soumettre à la législation française en matière d'immatriculation et de procéder aux déclarations devant être faites, en France, aux organismes de protection sociale ou à l'administration fiscale, et qu'en sa qualité de commerçant, l'intéressé ne pouvait ignorer ses obligations en la matière.

Cass. crim. 20 juin 2017, n° 14-85.879, 1er moyen, B. crim. n° 173.

L'obligation de procéder aux déclarations qui doivent être faites aux organismes de protection sociale ou à l'administration fiscale en vertu des dispositions en vigueur, dont la méconnaissance constitue l'une des formes du délit de travail dissimulé par dissimulation d'activité, concerne tant la déclaration initiale de l'activité économique que les déclarations périodiques.

Cass. crim. 30 mars 2016, n° 15-80.761, 1re branche du moyen, B. crim. n° 116.

L'article L. 8221-5, 3° CT, qui répute travail dissimulé par dissimulation d'emploi salarié le fait pour tout employeur de se soustraire intentionnellement aux déclarations, légalement requises, relatives aux salaires ou aux cotisations sociales assises sur ceux-ci, auprès des organismes de recouvrement des contributions et cotisations sociales ou de l'administration fiscale, s'applique aussi bien au défaut de souscription de toute déclaration qu'au fait, lorsqu'une déclaration a été souscrite, d'y porter des informations tendant à minorer les obligations de l'employeur.

Cass. crim. 27 mars 2018, n° 16-87.585, 2e moyen, B. crim. n° 55.

Se rend coupable de travail dissimulé par dissimulation d'emploi salarié l'employeur qui omet de procéder à la déclaration préalable à l'embauche ou de délivrer un bulletin de paie.

Au cours des mois d'octobre et de novembre 2004, deux sociétés dirigées par la même personne ont eu recours aux services de travailleurs polonais recrutés par l'intermédiaire d'une société de droit britannique déclarant agir en tant que prestataire de services des entreprises précitées qui fournissaient à la fois le matériel et le logement des ouvriers. La société britannique mettait cette main-d'œuvre à la disposition des deux sociétés françaises pour deux semaines ou pour la durée de la saison moyennant une rémunération horaire de 9,51 €, toutes charges comprises, sur le montant de laquelle elle percevait 3 %.

À la suite de ces faits, les deux sociétés françaises ont été poursuivies devant le tribunal correctionnel, notamment pour travail dissimulé, et déclarées coupables de cette infraction.

C'est à bon droit que, pour dire établi le délit de travail dissimulé prévu par l'article L. 324-10 CT, dans sa rédaction applicable aux faits poursuivis, à l'encontre des deux sociétés prévenues, une cour d'appel, qui avait relevé que le contrat conclu entre la société britannique et le dirigeant des sociétés ne pouvait être qualifié de contrat de prestation de services au sens de l'article L. 341-5 CT alors en vigueur, a retenu que les sociétés prévenues avaient omis intentionnellement de procéder à des déclarations nominatives d'embauche et de remettre des bulletins de paie aux salariés concernés.

Cass. crim. 3 mars 2009, n° 07-81.043, 2e moyen, B. crim. n° 50. Voir aussi cass. crim. 8 juin 2010, n° 07-87.289, 3e moyen, B. crim. n° 105 ; cass. crim. 14 janvier 2009, n° 08-82.539, 3e moyen.

Deux étudiantes étrangères qui avaient, par l'intermédiaire d'une société A, passé des conventions de stage avec une société B, ont été employées par cette société, respectivement en qualité d'aide de cuisine et de commis de salle ; le gérant de la société B, poursuivi pour travail dissimulé, ayant été relaxé, le procureur de la République et les parties civiles ont interjeté appel.

C'est à bon droit que, pour déclarer le gérant coupable de travail dissimulé, une cour d'appel a énoncé qu'il existait une véritable relation de travail caractérisée par un lien de subordination, que le prévenu n'avait pas fait de déclaration préalable d'embauche, qu'alors que le statut dérogatoire de stage suppose que l'objectif de celui-ci soit en relation avec la formation de l'étudiant et qu'il y ait une convention avec l'établissement qui assure cette formation, les tâches confiées aux deux étudiantes n'étaient pas en rapport avec leurs études et l'organisme signataire de la convention de stage n'assurait aucune formation.

Cass. crim. 26 mai 2010, n° 09-86.095, pourvoi du gérant. Voir aussi cass. crim. 28 septembre 2010, n° 09-87.689.

Se rend également coupable de cette infraction l'employeur qui procède avec retard à la déclaration préalable à l'embauche.

Cass. crim. 30 novembre 2010, n° 10-81.023, 4e moyen.

L'infraction de travail dissimulé, par dissimulation d'emploi salarié résultant de la mention sur le bulletin de paie d'un nombre d'heures de travail inférieur à celui réellement accompli, n'est pas constituée lorsque les heures non mentionnées sur la fiche de salaire ne constituent pas du temps de travail effectif.

Cass. crim. 5 juin 2012, n° 11-83.319, B. crim. n° 143.

Se rend coupable de travail dissimulé un gérant de société employant de fait d'anciens salariés sous le statut d'auto-entrepreneur dans des conditions les plaçant dans un lien de subordination juridique permanente à son égard.

Cass. crim. 15 décembre 2015, n° 14-85.638, 1er moyen, B. crim. n° 302.

Il appartient aux juges de restituer la véritable nature des relations contractuelles entre les parties sans s'arrêter à l'appellation qui leur est donnée.

Par contrat de mandat, une société « E », ayant pour objet le commerce de vêtements, a confié à une SARL, créée à son initiative, la tâche de vendre des marchandises dans l'un des magasins de la société mandante. Le fonctionnement de ce magasin a été assuré par les neuf cogérants de la SARL, déclarés comme travailleurs indépendants. À la suite d'un contrôle de l'inspection du travail et de l'Urssaf, le président de la société « E » a été poursuivi pour travail clandestin pour avoir, de 1993 à 1997, employé des salariés sans avoir effectué aucune des formalités prévues par la loi.

Pour confirmer le jugement le déclarant coupable, les juges d'appel ont retenu que, sous le couvert du contrat du mandat conclu entre les deux sociétés, les cogérants de la SARL avaient été placés à l'égard du prévenu dans une situation de subordination caractérisant l'existence d'un contrat de travail, le montage juridique réalisé n'ayant eu d'autre objet que d'éluder la législation sociale applicable aux travailleurs salariés. Les juges ont énoncé que les prétendus gérants n'exerçaient pas les fonctions attachées à cette qualité, mais qu'ils étaient en réalité employés comme chefs de rayon ou vendeurs, le contrat de mandat ne leur laissant « aucune marge de manœuvre » à l'égard de la société « E », et précisé que celle-ci choisissait les marchandises qui demeuraient sa propriété, en fixait le prix, contrôlait les embauches et les licenciements et déterminait les jours et heures d'ouverture du magasin. Ils ont ajouté que les cogérants ne détenaient que fictivement une part du capital, qu'ils ne profitaient pas des bénéfices et ne contribuaient pas aux pertes, leur rémunération étant fixée par l'assemblée générale de la société, qui se réunissait uniquement à cette fin.

En statuant ainsi, les juges, auxquels il appartenait de restituer, comme ils l'ont fait, leur véritable nature aux relations contractuelles entre les parties, ont justifié leur décision.

Cass. crim. 21 septembre 1999, n° 98-88.103, moyen unique.

Auteur de l'infraction

L'auteur de l'infraction sera, le plus souvent, le chef d'entreprise, en l'absence d'une délégation de pouvoirs.

Peut être retenue la responsabilité pénale d'un chef d'entreprise qui a engagé un salarié non muni d'une autorisation de travail et qui a sciemment eu recours aux services d'un travailleur clandestin, dans la mesure où la preuve d'une délégation de pouvoirs formelle n'est pas rapportée. En l'espèce, si le chef d'entreprise invoquait, pour sa défense, le fait qu'il était éloigné de son lieu de travail lors de la commission de l'infraction, il lui appartenait, en l'absence de délégation de pouvoir, de s'assurer personnellement de la régularité de l'embauche de son personnel.

Cass. crim. 18 janvier 1996, n° 95-80.228, 1er moyen.

Il peut également s'agir du gérant de fait de la société…

Peut être déclaré coupable du délit de travail clandestin le prévenu chargé de diriger et de surveiller le travail d'ouvriers clandestins, dès lors que l'intéressé participait à la gestion de la société, même s'il n'en était pas le gérant de droit.

Cass. crim. 14 juin 1994, n° 93-85.188. Voir aussi cass. crim. 22 juin 1999, n° 98-82.369.

… ou du gérant de droit.

Une cour d'appel a pu déclarer imputable, notamment au gérant d'une société, le délit de recours aux services de travailleurs clandestins. La cour d'appel, après avoir écarté la délégation de pouvoirs invoquée par le gérant, a retenu qu'en optant, avec son directeur d'exploitation, pour le système du contrat d'entreprise, dans les conditions qu'elle décrit, le prévenu avait conscience que les travailleurs indépendants n'auraient pas les moyens financiers de respecter leurs obligations sociales et fiscales.

Cass. crim. 11 mars 1997, n° 95-82.009, B. crim. n° 97.

Le délit peut également être commis par une personne morale.

En vertu de l'article 121-2 c. pén., les personnes morales sont responsables pénalement des infractions commises pour leur compte par leurs organes ou représentants. En l'espèce, une société anonyme ayant eu recours à une entreprise clandestine, sa responsabilité pénale a pu valablement être engagée.

TGI Strasbourg 9 février 1996, 7e ch. corr., n° 960713.

La relaxe de la personne morale n'a pas d'incidence sur la mise en jeu de la responsabilité pénale de la personne physique auteur ou complice des mêmes faits.

Pour déclarer un prévenu, responsable d'une société, coupable de travail dissimulé et de défaut d'inscription au registre des transporteurs, une cour d'appel a, d'une part, énoncé que le jugement de relaxe définitif de cette société, également poursuivie, ne faisait pas obstacle à ce que la responsabilité pénale de la personne physique, auteur ou complice des mêmes faits, soit engagée et, d'autre part, relevé que le prévenu avait exercé une activité réelle et permanente de transport routier de marchandises sans avoir requis l'immatriculation, au registre du commerce et des sociétés, de l'entreprise qu'il dirigeait et sans avoir fait inscrire celle-ci au registre des transporteurs tenu à la préfecture.

En l'état de ces énonciations, la cour d'appel, qui n'était pas liée par la relaxe définitive prononcée à l'égard de la personne morale, a caractérisé dans tous ses éléments constitutifs le délit de travail dissimulé et a pu condamner le prévenu à une amende.

Cass. crim. 26 octobre 2004, n° 03-86.970, B. crim. n° 254.

Sanctions

Un particulier peut obtenir réparation du préjudice qu'il a subi du fait d'une infraction à la législation sur le travail clandestin.

Si la législation sur le travail clandestin a été édictée en vue de l'intérêt général, elle n'en tend pas moins également à la protection des particuliers qui peuvent, lorsque sa méconnaissance leur a causé un préjudice personnel et direct, en obtenir la réparation devant la juridiction pénale.

Un ressortissant polonais en situation irrégulière était employé comme mécanicien et gardien, et logé dans une caravane par une société de récupération de véhicules. Victime d'un accident ayant entraîné la perte de la vision d'un œil, survenu selon le salarié au cours de son travail, il était entré en conflit avec son employeur quant à la prise en charge des frais médicaux, avait déposé plainte, puis s'était constitué partie civile devant le juge d'instruction. Le dirigeant de fait de la société avait été définitivement déclaré coupable de travail clandestin par les premiers juges.

C'est à bon droit qu'une cour d'appel a décidé que les conditions anormales d'emploi de la victime, étranger se trouvant dans une situation précaire et à la merci d'un employeur particulièrement indélicat, justifiaient la condamnation du prévenu à 100 000 F de dommages-intérêts dès lors qu'il résultait de ses constatations que la partie civile avait souffert d'un préjudice directement causé par les faits, objet de la poursuite.

Cass. crim. 6 février 2001, n° 00-81.526, B. crim. n° 32.

Les sanctions du délit sont variées.

La mesure d'affichage de la décision de condamnation constitue une peine complémentaire affectant la seule personne physique, auteur ou complice du délit de travail clandestin, quel que soit le lieu d'affichage indiqué par la juridiction de jugement.

Cass. crim. 3 avril 1996, n° 95-81.857, B. crim. n° 152.

Doit être cassé l'arrêt qui, après avoir condamné le prévenu pour travail clandestin, a ordonné l'affichage de la décision, ainsi que sa publication par voie de presse en application de l'article L. 362-4, 4° CT, alors que ce dernier texte ne prévoit que l'affichage « ou » la diffusion de la décision dans les conditions prévues par l'article 131-35 c. pén.

Cass. crim. 13 mai 1997, n° 97-80.772, B. crim. n° 180. Voir aussi cass. crim. 17 février 1998, n° 96-85.934.

L'interdiction professionnelle prononcée en application de l'article L. 8224-3 CT n'est pas incompatible avec les dispositions du pacte international relatif aux droits économiques, sociaux et culturels dès lors qu'elle ne fait pas obstacle à ce que le condamné puisse exercer toute autre activité que celle à l'occasion de laquelle l'infraction a été commise.

Cass. crim. 30 janvier 2001, n° 00-82.341.

La demande en paiement des heures supplémentaires n'a pas pour effet de rendre irrecevable la demande en paiement de l'indemnité forfaitaire due en cas de dissimulation intentionnelle des heures de travail.

C'est à tort que, pour rejeter la demande d'un salarié en paiement de l'indemnité forfaitaire prévue par l'article L. 324-11-1 CT, une cour d'appel retient que cette demande est irrecevable dès lors qu'il est demandé par ailleurs le paiement des heures supplémentaires litigieuses, alors que la demande en paiement des heures supplémentaires n'a pas pour effet de rendre irrecevable la demande en paiement de l'indemnité forfaitaire résultant de la dissimulation intentionnelle des heures de travail.

Cass. soc. 9 février 2005, n° 03-40.636.

Le versement de l'indemnité forfaitaire en cas de non-paiement volontaire des heures supplémentaires prévue à l'article L. 8223-1 CT n'est pas subordonné à l'existence d'une décision pénale déclarant l'employeur coupable du délit de travail dissimulé.

Le paiement de l'indemnité forfaitaire prévue à l'article L. 324-11-1 CT n'est pas subordonné à l'existence d'une décision pénale préalable déclarant l'employeur coupable du délit de travail dissimulé. Dès lors qu'il ne résulte ni des énonciations de l'arrêt ni des pièces de la procédure qu'une demande de sursis à statuer ait été formée à raison de poursuites pénales engagées contre l'employeur du chef du délit de travail dissimulé, une cour d'appel, qui a constaté que la société avait volontairement dissimulé une partie du temps de travail d'une salariée, a décidé à bon droit d'allouer l'indemnité forfaitaire à cette dernière.

Cass. soc. 15 octobre 2002, n° 00-45.082, BC V n° 312.

Le montant de l'indemnité forfaitaire doit être calculé en tenant compte des heures supplémentaires accomplies par le salarié au cours des six mois précédant la rupture du contrat de travail.

Un salarié, engagé en qualité d'ouvrier boulanger en octobre 1996 par contrat à durée déterminée, auquel avait fait suite en janvier 1997 un contrat à durée indéterminée, avait été licencié pour motif économique en mars 1998. Il a saisi la juridiction prud'homale, notamment de demandes en paiement d'indemnités pour travail dissimulé et pour licenciement sans cause réelle et sérieuse.

Doit être cassé l'arrêt qui, pour débouter le salarié de sa demande d'indemnité forfaitaire pour travail dissimulé, a retenu que cette dernière ne pouvait se cumuler avec l'indemnité de six mois de salaire qu'il avait obtenue au titre de son licenciement sans cause réelle et sérieuse.

En statuant ainsi, sans rechercher si le salarié pouvait prétendre à l'octroi de l'indemnité forfaitaire et, dans l'affirmative, si le montant de cette indemnité n'était pas, en raison de l'accomplissement par le salarié de nombreuses heures supplémentaires, supérieur au montant de l'indemnité pour licenciement sans cause réelle et sérieuse calculée conformément à l'article L. 122-14-5 CT, la cour d'appel n'a pas légalement justifié sa décision.

En effet, d'une part, l'indemnité forfaitaire instituée par l'article L. 324-11-1, al. 1er CT ne se cumule pas avec les autres indemnités auxquelles le salarié pourrait prétendre au titre de la rupture de son contrat de travail, seule l'indemnité la plus favorable devant lui être accordée et, d'autre part, le montant de l'indemnité forfaitaire doit être calculé en tenant compte des heures supplémentaires accomplies par le salarié au cours des six mois précédant la rupture du contrat de travail.

Cass. soc. 10 juin 2003, n° 01-40.779, 2e moyen du pourvoi incident, BC V n° 190. Voir aussi cass. soc. 5 mai 2011, n° 10-11.967 ; cass. soc. 26 avril 2017, n° 16-11.660, 2e moyen.

L'indemnité forfaitaire se cumule avec les indemnités de toute nature auxquelles le salarié a droit en cas de rupture de la relation de travail.

Selon l'article L. 8223-1 CT, en cas de rupture de la relation de travail, le salarié auquel un employeur a eu recours dans les conditions de l'article L. 8221-3 ou en commettant les faits prévus par l'article L. 8221-5 a droit à une indemnité forfaitaire égale à six mois de salaire ; au regard de la nature de sanction civile de cette indemnité, ces dispositions ne font pas obstacle au cumul de l'indemnité forfaitaire qu'elles prévoient avec les indemnités de toute nature auxquelles le salarié a droit en cas de rupture de la relation de travail.

Cass. soc. 6 février 2013, n° 11-23.738, 2e moyen, BC V n° 31, s'agissant du cumul avec une indemnité conventionnelle de licenciement. Voir aussi cass. soc. 15 mai 2013, n° 11-22.396, BC V n° 123, s'agissant d'un cumul avec une indemnité de mise à la retraite ; cass. soc. 18 février 2015, n° 11-10.892, pourvoi incident ; cass. soc. 21 avril 2017, n° 15-22.822.

L'indemnité forfaitaire est due, quelle que soit la qualification de la rupture du contrat de travail.

Des salariés ont donné leur démission et il a été mis fin au préavis d'un commun accord. Les intéressés ont saisi la juridiction prud'homale de demandes en paiement, notamment de l'indemnité forfaitaire pour travail dissimulé prévue à l'article L. 324-11-1 CT.

A violé ce texte la cour d'appel qui, pour débouter les salariés de leur demande, a retenu que la relation de travail avait cessé d'un commun accord, alors que l'indemnité forfaitaire est due, quelle que soit la qualification de la rupture.

Cass. soc. 12 octobre 2004, n° 02-44.666, BC V n° 250.

Elle est due lorsque le contrat litigieux est un contrat à durée déterminée arrivé à son terme après s'être exécuté en totalité.

C'est à tort que, pour débouter un apprenti, dont le contrat avait pris fin, de sa demande en paiement de l'indemnité forfaitaire de l'article L. 324-11-1 CT, un conseil de prud'hommes a énoncé que cette indemnité n'était due qu'en cas de rupture de la relation de travail, son versement n'étant pas prévu dans l'hypothèse d'un contrat à durée déterminée comme le contrat d'apprentissage arrivé à son terme après s'être exécuté en totalité, alors que l'indemnité forfaitaire est due quel que soit le mode de rupture de la relation de travail.

Cass. soc. 7 novembre 2006, n° 05-40.197, BC V n° 328.

La régularisation de la situation ne dispense pas l'employeur de verser l'indemnité forfaitaire.

Doit être cassée la décision d'une cour d'appel qui, pour débouter une salariée de sa demande de paiement de l'indemnité pour travail dissimulé, a énoncé que le fait que la relation de travail ait été dans un premier temps dissimulée ne suffisait pas à justifier le paiement de l'indemnité, qui n'était pas due si le contrat de travail s'était poursuivi dans des conditions régulières, alors même qu'elle avait constaté que l'employeur s'était délibérément soustrait à l'obligation de déclarer l'embauche de la salariée pour le mois de juillet.

Cass. soc. 11 octobre 2005, n° 03-43.556.

Les sommes versées aux salariés au titre de l'indemnité forfaitaire ne sont pas soumises à cotisations sociales.

Cass. soc. 20 février 2008, n° 06-44.964, 2e moyen.

La demande tendant à l'allocation de l'indemnité forfaitaire se prescrit par trente ans, à compter de la rupture du contrat de travail.

Cass. soc. 10 mai 2006, n° 04-42.608, BC V n° 170.

En cas de transfert du contrat de travail dans le cadre de l'article L. 1224-1 CT, lorsque l'ancien employeur est à l'origine du travail dissimulé, le salarié peut demander le paiement de l'indemnité forfaitaire au nouvel employeur.

Si l'indemnité pour travail dissimulé prévue par l'article L. 8223-1 CT est due en raison de l'inexécution par l'employeur de ses obligations, elle n'est exigible qu'en cas de rupture de la relation de travail.

A violé les articles L. 1224-2 et L. 8223-1 CT la cour d'appel qui, pour débouter une salariée de sa demande dirigée contre la société qui avait repris son contrat de travail à la suite de la cession du fonds de commerce de la société qui l'avait engagée, a retenu que le nouvel employeur ne pouvait être tenu de la créance de dommages et intérêts pour travail dissimulé qui sanctionne la faute de la première société, alors que le contrat de travail ayant été transféré de plein droit à la société repreneuse en application de l'article L. 1224-1 CT, la salariée était fondée à demander au nouvel employeur, qui avait prononcé son licenciement, le paiement d'une indemnité pour travail dissimulé.

Cass. soc. 11 mai 2016, n° 14-17.496, 2e moyen, BC V n° 100.

L'AGS doit garantir le paiement de l'indemnité forfaitaire lorsque la rupture est antérieure au jugement d'ouverture de la procédure collective.

Il résulte de l'article L. 143-11-1, al. 2 (1°) CT que l'assurance des salariés contre le risque de non-paiement, en cas de procédure de redressement ou de liquidation judiciaire, des sommes qui leur sont dues en exécution du contrat de travail couvre les créances résultant de l'exécution du contrat de travail et de sa rupture antérieures au jugement d'ouverture et de procédure collective. Selon l'article L. 324-11-1, al. 1er CT, le salarié auquel un employeur a eu recours en violation des dispositions de l'article L. 324-10 CT a droit, en cas de rupture de la relation de travail, à une indemnité forfaitaire égale à six mois de salaire, à moins que l'application d'autres règles légales ou de stipulations contractuelles ne conduise à une solution plus favorable. Il s'ensuit que l'indemnité forfaitaire prévue par la loi résulte de la rupture du contrat de travail du salarié.

Un salarié, dont la période d'essai a été rompue, a attrait son employeur devant la juridiction prud'homale pour obtenir notamment une indemnité pour travail dissimulé. La société ayant été déclarée postérieurement en liquidation judiciaire, l'AGS est intervenue à l'instance et a relevé appel afin que soient notamment exclues de la garantie les sommes allouées au titre du travail dissimulé.

C'est à tort qu'une cour d'appel, pour exclure la garantie de l'AGS, a énoncé que l'indemnité pour travail dissimulé n'était pas couverte par l'assurance des salariés, alors que l'indemnité allouée au salarié, en application de l'article L. 324-11-1, al. 1er CT, résultait de la rupture du contrat de travail antérieure au jugement de liquidation et relevait donc de la garantie de l'AGS.

Cass. soc. 21 septembre 2005, n° 03-45.088.

Indépendamment de l'indemnité forfaitaire, tout salarié a droit à l'indemnisation du préjudice lié à la faute de l'employeur dans l'exécution de ses obligations.

Un salarié a, sans être déclaré, été employé en qualité d'auxiliaire de vie du 2 août au 26 novembre 2002, date à laquelle il a été congédié verbalement à la suite de l'hospitalisation de son employeur, qui est décédé le 8 février 2003 ; il a saisi la juridiction prud'homale d'une demande formée contre les héritiers du défunt en paiement de diverses indemnités au titre tant de l'exécution que de la rupture de son contrat de travail.

C'est à tort que, pour débouter le salarié de sa demande de dommages-intérêts pour privation du droit à l'allocation chômage d'aide au retour à l'emploi et pour privation du droit au bénéfice d'indemnités journalières pour la période du 14 au 28 mars 2004, une cour d'appel, après avoir alloué à l'intéressé l'indemnité forfaitaire égale à six mois de salaire prévue par l'article L. 324-11-1, devenu L. 8223-1 CT, a retenu que cette indemnité était destinée, notamment, à compenser les conséquences dommageables du défaut de déclaration du salarié aux organismes sociaux, en particulier pour les droits à allocation de chômage et les indemnités journalières.

En effet, indépendamment de la sanction civile prévue par l'article L. 8223-1 CT, tout salarié a droit à l'indemnisation du préjudice lié à la faute de l'employeur dans l'exécution de ses obligations.

Cass. soc. 14 avril 2010, n° 08-43.124, BC V n° 101.

L'Urssaf peut se constituer partie civile afin d'obtenir réparation du préjudice résultant du défaut de paiement des cotisations.

Cass. crim. 13 mai 2014, n° 13-81.240, B. crim. n° 132.

Lorsque le personnel dissimulé est constitué d'étrangers dépourvus d'autorisation de travail, le prévenu doit s'acquitter d'une contribution spéciale au bénéfice de l'Office des migrations internationales.

CE 28 juillet 1999, n° 188973, Rec. Lebon p. 257, cité dans « Travailleurs étrangers ».

Procédure de contrôle

Au cours d'une enquête préliminaire portant sur les conditions d'embauche et de rémunération de salariés employés par les prévenus, les policiers, assistés d'un contrôleur du travail, d'un inspecteur de l'Urssaf et d'un inspecteur des impôts, ont effectué une perquisition au domicile des employeurs et y ont découvert des documents comptables révélant qu'une partie de la rémunération versée aux salariés avait été occultée. À l'issue de cette enquête, les employeurs ont été cités devant le tribunal correctionnel pour travail dissimulé.

Pour écarter l'argumentation des prévenus invoquant la nullité de la perquisition, une cour d'appel a notamment énoncé que les prévenus ont expressément consenti par écrit à cette perquisition conformément à l'article 76 c. proc. pén., et que, conformément à l'article 77-1 de ce code, les agents de l'inspection du travail, de l'Urssaf et des impôts sont intervenus dans l'urgence, afin d'assister les policiers dans l'analyse complexe de documents comptables, après autorisation du procureur de la République et après avoir prêté serment par écrit, cette analyse ne pouvant être différée en raison des risques de destruction ou de dissimulation de pièces.

En statuant ainsi et dès lors que les dispositions de l'article 78-2 c. proc. pén. n'excluent pas l'application de celles des articles 76 et 77-1 de ce code pour la constatation des infractions en matière de travail dissimulé, la cour d'appel, qui a souverainement apprécié au regard des circonstances de l'espèce si l'examen technique effectué en vertu de ce dernier texte, dans sa rédaction alors en vigueur, pouvait ou non être différé, a justifié sa décision.

Cass. crim. 21 novembre 2000, n° 00-81.443, B. crim. n° 346.

Les pouvoirs d'investigation, conférés aux officiers et agents de police judiciaire ou à certains fonctionnaires par des lois spéciales, ne peuvent être exercés que dans la limite fixée par les textes qui les prévoient. En l'espèce, une cour d'appel, ayant constaté que des agents des impôts avaient requis l'assistance des gendarmes pour procéder à un contrôle de facturation et que les gendarmes, au cours de cette opération, avaient diligenté différentes perquisitions au titre du délit de travail clandestin après avoir intercepté un homme de nationalité marocaine sans titre de séjour, a pu retenir la nullité de la procédure intervenue dans des conditions non autorisées ni par l'ordonnance du 1er décembre 1986 ni par le code du travail et étrangères à l'article 56, al. 2 c. proc. pén.

Cass. crim. 17 octobre 1994, n° 94-82.780, B. crim. n° 333.

En application des articles 60 et 77-1 c. proc. pén., le procureur de la République peut autoriser la participation de fonctionnaires des impôts à des visites domiciliaires dans des lieux de travail, y compris ceux n'abritant pas de salariés, même s'il s'agit de locaux habités pouvant abriter une activité dissimulée.

Cass. crim. 5 février 2002, n° 01-83.210, B. crim. n° 19.

Ayant constaté, sur un chantier de construction non clôturé, la présence de plusieurs personnes occupées à travailler au moyen d'une grue vétuste et sans être munies de casques de protection, des fonctionnaires de police ont effectué un contrôle d'identité révélant qu'il s'agissait de ressortissants polonais dépourvus de tout document de nature à établir la régularité de leur activité en France. Ils ont alors poursuivi leur enquête selon la procédure de flagrant délit. Il est apparu notamment qu'une personne commercialisait clandestinement en France des chalets fabriqués en Pologne et montés par une main-d'œuvre venue de ce pays. Mise en examen, cette personne a présenté une requête en annulation d'actes de la procédure en soutenant que les policiers étaient intervenus sur le fondement de l'article 78-2-1, al. 1 c. proc. pén. sans avoir reçu de réquisition écrite du procureur de la République.

Une cour d'appel a pu rejeter cette requête dès lors qu'au vu des manquements caractérisés à la réglementation sur la sécurité des travailleurs qu'ils avaient constatés, les policiers étaient en droit de procéder à un contrôle d'identité en application de l'article 78-2 al. 1 c. proc. pén. et, ledit contrôle ayant révélé des délits flagrants de travail illégal, d'agir sur le fondement des articles 53 et s. du même code.

Cass. crim. 2 mai 2007, n° 07-81.517, B. crim. n° 112.

☛ *Prêt de main-d'œuvre ; Responsabilité pénale des personnes morales ; Responsabilité pénale des personnes physiques.*

Travail intermittent

Dans les entreprises pour lesquelles une convention ou un accord d'entreprise ou d'établissement ou, à défaut, une convention ou un accord de branche étendu le prévoit, des contrats de travail intermittent peuvent être conclus afin de pourvoir les emplois permanents, définis par cette convention ou cet accord, qui par nature comportent une alternance de périodes travaillées et de périodes non travaillées (art. L. 3123-33 et s. CT dans leur rédaction issue de la loi 2016-1088 du 8 août 2016).

Le contrat de travail intermittent conclu malgré l'absence d'une convention ou d'un accord collectif est illicite et doit être requalifié en contrat de travail à temps complet.

Aux termes de l'article L. 3123-31 CT, dans les entreprises pour lesquelles une convention ou un accord collectif de travail étendu ou une convention ou accord d'entreprise ou d'établissement le prévoit, des contrats de travail intermittents peuvent être conclus afin de pourvoir les emplois permanents, définis par cette convention ou cet accord, qui par nature comportent une alternance de périodes travailées et non travaillées ; il en résulte que le contrat de travail intermittent conclu malgré l'absence d'une telle convention ou d'un tel accord collectif est illicite et doit être requalifié en contrat de travail à temps complet.

Un salarié a été engagé en qualité de démonstrateur par une société, selon contrat de travail à durée indéterminée intermittent du 28 mars 2002. Les relations contractuelles ayant pris fin le 19 mai 2007, le salarié a saisi la juridiction prud'homale de diverses demandes.

Pour débouter le salarié de sa demande en requalification de son contrat de travail intermittent en contrat de travail à temps complet et de ses demandes subséquentes, une cour d'appel, après avoir relevé que le contrat ne reposait sur aucune convention collective ou accord collectif, a retenu qu'il devait être présumé à temps complet, sauf à l'employeur à rapporter la preuve, comme il l'avait fait en l'espèce, que le salarié n'était pas tenu de rester à sa disposition constante.

En statuant ainsi, alors qu'elle ne pouvait que requalifier le contrat de travail intermittent en contrat de travail à temps complet, la cour d'appel a violé l'article L. 3123-31 CT.

Cass. soc. 8 juin 2011, n° 10-15.087, 1er moyen, BC V n° 150. Voir aussi cass. soc. 19 mars 2014, n° 13-10.759, BC V n° 81.

Il en est de même du contrat de travail intermittent conclu, dans le cadre législatif antérieur à la loi 2016-1088 du 8 août 2016, en application d'un accord de groupe, lequel ne pouvait pas valablement prévoir le recours à ce type de contrat.

Aux termes de l'article L. 3123-31 CT dans sa version applicable au litige, dans les entreprises pour lesquelles une convention ou un accord collectif de travail étendu ou une convention ou un accord d'entreprise ou d'établissement le prévoit, des contrats de travail intermittent peuvent être conclus afin de pourvoir les emplois permanents, définis par cette convention ou cet accord, qui par nature comportent une alternance de périodes travaillées et de périodes non travaillées ; il en résulte qu'eu égard aux dispositions de l'article L. 2232-33 CT, dans sa rédaction antérieure à la loi 2016-1088 du 8 août 2016, un accord de groupe ne pouvait valablement permettre le recours au contrat de travail intermittent, en sorte que la conclusion d'un tel contrat en application d'un accord de groupe est illicite et que le contrat doit être requalifié en contrat de travail à temps complet.

Un salarié a été engagé le 13 août 2011 par contrat de travail à durée indéterminée intermittent par une entreprise relevant de la convention collective nationale des entreprises de prévention et de sécurité du 15 février 1985, sur le fondement d'un accord de groupe conclu le 11 septembre 2009 ; licencié le 4 février 2015, il a saisi la juridiction prud'homale de diverses demandes, visant notamment à obtenir la requalification de son contrat de travail intermittent en contrat de travail à temps complet et un rappel de salaire, outre congés payés afférents.

C'est à bon droit qu'une cour d'appel, qui a relevé que le recours au contrat de travail intermittent n'était prévu ni par la convention collective applicable, ni par accord de branche étendu, ni par un accord d'entreprise, mais uniquement par un accord de groupe, a décidé que le contrat de travail intermittent conclu de manière illicite devait être requalifié en contrat de travail à temps complet.

Cass. soc. 3 avril 2019, n° 17-19.524, à paraître.

L'obligation, pour l'employeur, de supporter les conséquences financières résultant, d'une part, de l'illicéité de la conclusion d'un contrat de travail intermittent malgré l'absence de tout accord collectif permettant le recours à un tel contrat et, d'autre part, de la durée pendant laquelle cette situation illicite a été maintenue, ne peut, en l'absence de base suffisante en droit interne, constituer l'atteinte à un « bien » au sens de l'article 1er du protocole n° 1 à la Convention européenne de sauvegarde des droits de l'homme et des libertés fondamentales.

Cass. soc. 19 mars 2014, n° 13-10.759, précité.

En présence de contrats illicites, les salariés peuvent prétendre à des dommages-intérêts et la résiliation judiciaire des contrats doit être prononcée aux torts de l'employeur.

Ayant relevé que les contrats signés par les parties, qui faisaient alterner des périodes travaillées et non travaillées ne correspondaient pas aux conditions légales du contrat de travail intermittent faute d'accord collectif le prévoyant et faute de prévoir une durée minimale annuelle de travail, une cour d'appel a exactement décidé que les contrats conclus avec les salariés étaient illicites, ce dont elle a déduit qu'ils pouvaient prétendre à des dommages et intérêts à ce titre et que la résiliation judiciaire des contrats devait être prononcée aux torts de l'employeur.

Cass. soc. 8 mars 2012, n° 10-19.987.

La convention ou l'accord collectif prévoyant le recours au travail intermittent doit désigner de façon précise les emplois permanents qui peuvent être pourvus par la conclusion de contrats de travail intermittent ; à défaut, les contrats conclus sont irréguliers et peuvent être requalifiés en contrats de travail à durée indéterminée à temps complet.

Cass. soc. 27 juin 2007, n° 06-41.818, BC V n° 113.

Aux termes de l'article L. 3123-31 CT, dans les entreprises pour lesquelles une convention ou un accord collectif de travail étendu ou une convention ou accord d'entreprise ou d'établissement le prévoit, des contrats de travail intermittent peuvent être conclus afin de pourvoir les emplois permanents, définis par cette convention ou cet accord, qui par nature comportent une alternance de périodes travaillées et non travaillées ; il en résulte que la convention ou l'accord collectif prévoyant le recours au travail intermittent doit désigner de façon précise les emplois permanents qui peuvent être pourvus par la conclusion de contrats de travail intermittent et que le contrat de travail intermittent conclu malgré l'absence d'une telle convention ou d'un tel accord collectif est illicite et doit être requalifié en contrat de travail à temps complet.

Un salarié a été engagé le 12 juin 2006 par une société en qualité d'ouvrier agricole, par contrat à durée déterminée qui s'est poursuivi, à compter du 1er avril 2007, dans le cadre d'un contrat de travail intermittent ; à la suite de son licenciement le 22 février 2012, le salarié a saisi la juridiction prud'homale de demandes en requalification du contrat de travail intermittent en contrat de travail à temps plein, en contestation du licenciement et en paiement de diverses sommes.

Pour débouter le salarié de sa demande en requalification du contrat de travail intermittent en contrat à temps complet, une cour d'appel a retenu que la convention collective permet une mise en place de contrats intermittents pour tous les emplois liés soit à des variations saisonnières ou de production soit à des contraintes saisonnières ou extérieures de commercialisation, comportant par nature une alternance de périodes travaillées et de périodes non travaillées.

En statuant ainsi, alors que l'article 24 de la convention collective de la conchyliculture se borne à prévoir le recours au travail intermittent pour pourvoir des emplois permanents soumis soit à des variations saisonnières ou de production, soit à des contraintes saisonnières ou extérieures de commercialisation, comportant par nature une alternance de périodes travaillées et de périodes non travaillées, sans désigner de façon précise les emplois concernés, la cour d'appel a violé l'article L. 3123-31 CT.

Cass. soc. 11 mai 2016, n° 15-11.382, BC V n° 95.

Le dépassement de la durée maximale conventionnelle ne suffit pas à entraîner la requalification d'un contrat de travail intermittent en contrat de travail à temps complet.

Selon l'article L. 3123-31 CT, le travail intermittent se distingue du travail à temps partiel en ce qu'il est destiné à pourvoir des emplois permanents comportant une alternance entre périodes travaillées et périodes non travaillées ; selon les clauses 4 et 5 de la directive 97/81/CE du Conseil du 15 décembre 1997 concernant l'accord-cadre sur le travail à temps partiel, les États membres et les partenaires sociaux ont l'obligation d'identifier, d'examiner et le cas échéant d'éliminer, les obstacles de nature juridique ou administrative qui peuvent limiter les possibilités de travail à temps partiel, dont le travail intermittent, sous la qualification de travail à temps partiel cyclique vertical, est, au sens de cette directive, l'une des composantes.

Le 1er septembre 2001, un salarié a été engagé par une association sportive en qualité d'entraîneur de badminton pour une durée de onze mois avec un horaire de 45 heures par mois ; le 1er avril 2003, un contrat à durée indéterminée a été conclu ; le 18 octobre 2007, les parties ont signé un contrat de travail intermittent, pour une durée minimale annuelle de 630 heures ; le 31 août 2010, le salarié a pris acte de la rupture du contrat de travail, avant de saisir la juridiction prud'homale de diverses demandes.

Pour requalifier le contrat de travail intermittent en « contrat de travail » et condamner l'employeur au paiement d'un rappel de salaire, une cour d'appel a retenu que la durée maximale de travail prévue par la convention collective nationale du sport pour un contrat de travail intermittent avait été dépassée, que le calcul soumis par le salarié étant fondé sur un travail à temps plein dont le bénéfice lui avait été refusé, il ne pouvait être retenu, et que du fait du contrat de travail intermittent le salarié avait été privé du paiement de seize semaines par an.

En statuant ainsi, alors, d'une part que la durée maximale annuelle prévue par l'article 4.5.1 de la convention collective nationale du sport ne porte pas sur la définition des emplois permanents qui, par nature, comportent une alternance de périodes travaillées et de périodes non travaillées, d'autre part que si le dépassement de cette durée ouvre droit au paiement d'heures correspondant à ce dépassement et, le cas échéant, quand le salarié a effectué des heures de travail au-delà de la limite prévue à l'article L. 3123-34 CT, à des dommages-intérêts en reparation du préjudice subi, il n'affecte pas, à lui seul, la qualification de contrat de travail intermittent, la cour d'appel a violé les articles L. 3123-31 CT et 4.5.1 de la convention collective nationale du sport du 7 juillet 2005, interprétés à la lumière des clauses 4 et 5 de la directive 97/81/CE du Conseil du 15 décembre 1997 concernant l'accord-cadre sur le travail à temps partiel.

Cass. soc. 2 mars 2016, n° 14-23.009, 2e moyen du pourvoi de l'employeur, BC V n° 43.

En l'absence de définition des périodes travaillées et non travaillées dans le contrat de travail, ce dernier doit être requalifié en contrat à durée indéterminée de droit commun à temps plein.

Selon l'article L. 3123-31 CT, le travail intermittent a pour objet de pourvoir des emplois permanents qui par nature comportent une alternance de périodes travaillées et non travaillées ; il en résulte qu'en l'absence de définition de ces périodes dans le contrat de travail, ce dernier doit être requalifié en contrat à durée indéterminée de droit commun à temps plein.

Un salarié a été engagé par un club nautique en qualité de moniteur de voile à compter de l'année 2000 dans le cadre de contrats à durée déterminée, le salarié exerçant les fonctions de moniteur de ski durant la saison hivernale ; les parties ont signé un contrat de travail intermittent le 3 mai 2003 ; le salarié a pris acte de la rupture par lettre du 29 juin 2009 avant de saisir la juridiction prud'homale de diverses demandes au titre de l'exécution et de la rupture du contrat de travail.

Pour débouter le salarié de sa demande de requalification du contrat de travail intermittent en contrat à temps complet, une cour d'appel a retenu que ce qui importait au salarié était de disposer d'un travail et d'un salaire minimal pour la période de l'année où il n'enseignait pas le ski, sans que les dates et jours de recours à services aient beaucoup d'importance, et que le salarié avait exécuté une relation de travail saisonnière puis intermittente durant six années en qualité de moniteur de voile, concurremment avec une autre activité de moniteur de ski, ce qui démontre qu'il ne s'était pas tenu durant la morte saison à la disposition du club nautique, que son employeur lui avait vainement proposé de poursuivre la relation de travail pour la saison 2009, de sorte que sa prise d'acte basée sur des manquements de cet employeur à ses obligations ne pouvait être admise et qu'elle produirait les effets d'une démission privative de toute indemnité.

En statuant ainsi, alors que le contrat se bornait à mentionner les heures de travail, la cour d'appel, qui n'a pas constaté que celui-ci comportait la mention des périodes travaillées et non-travaillées, a violé l'article L. 3123-31 CT.

Cass. soc. 25 mai 2016, n° 15-12.332, BC V n° 116. Voir aussi cass. soc. 5 avril 2018, n° 17-11.842.

En l'absence de la mention de la durée annuelle minimale de travail du salarié ou de la répartition des heures de travail à l'intérieur des périodes travaillées dans le contrat, ce dernier est présumé à temps plein ; il appartient alors à l'employeur qui soutient que le contrat n'est pas à temps plein d'établir la durée annuelle minimale convenue et que le salarié connaissait les jours auxquels il devait travailler et selon quels horaires, et qu'il n'était pas obligé de se tenir constamment à la disposition de l'employeur.

Cass. soc. 20 février 2013, n° 11-24.531. Voir aussi cass. soc. 15 mai 2014, n° 12-27.516.

En cas de requalification d'un contrat intermittent en contrat à temps complet, le salaire brut mensuel du salarié est réputé correspondre à celui qui lui aurait été dû pour un temps complet et non pour la durée de travail mensuelle prévue par le contrat intermittent.

Cass. soc. 29 mars 2017, n° 15-26.331, 2e moyen.

Il résulte des dispositions des articles L. 3123-31, L. 3123-33 et L. 3121-22 anciens CT, que le contrat de travail intermittent ne constitue pas, en soi, une annualisation du temps de travail autorisant l'employeur à ne décompter les heures supplémentaires qu'au-delà de la durée annuelle légale ou conventionnelle ; ainsi les heures supplémentaires doivent être décomptées, sauf exception légale ou conventionnelle, par semaine travaillée.

Cass. soc. 16 juin 2010, n° 08-43.244, BC V n° 142. Voir aussi cass. soc. 28 mai 2014, n° 13-12.087, BC V n° 128.

Le recours au chèque emploi associatif ne dispense pas les parties d'établir un contrat écrit.

Un salarié a été engagé en qualité d'animateur sportif par une association sans contrat de travail écrit ; à compter du 1er janvier 2005, il a été rémunéré par chèque emploi associatif ; après avoir pris acte de la rupture du contrat de travail, le 29 novembre 2008, le salarié a saisi la juridiction prud'homale.

Pour dire que la prise d'acte de la rupture du contrat de travail par le salarié produisait les effets d'une démission, une cour d'appel a retenu que les parties avaient, d'un commun accord et jusqu'à l'automne 2008, eu recours au chèque emploi associatif lequel n'exclut pas de son champ d'application, eu égard au terme « notamment » figurant à l'article L. 1272-4 CT, le contrat de travail à durée indéterminée intermittent pour la dispense d'écrit.

En statuant ainsi, alors que l'article L. 1272-4 CT ne déroge pas aux dispositions spéciales de l'article L. 3123-33 du même code relatives au contrat de travail intermittent, la cour d'appel a violé les articles L. 1272-4 et L. 3123-33 CT.

Cass. soc. 20 mai 2015, n° 14-13.127, BC V n° 102.

Travail de nuit

Tout travail effectué au cours d'une période d'au moins neuf heures consécutives comprenant l'intervalle entre minuit et 5 heures est considéré comme du travail de nuit. La période de travail de nuit commence au plus tôt à 21 heures et s'achève au plus tard à 7 heures (art. L. 3122-1 et s. CT dans leur rédaction issue de la loi 2016-1088 du 8 août 2016).

Le régime légal régissant le travail de nuit avait été instauré par la loi 2001-397 du 9 mai 2001, qui avait mis la législation française en conformité avec le droit communautaire en supprimant, notamment, l'interdiction du travail de nuit des femmes.

Régime légal du travail de nuit

Le recours au travail de nuit ne peut pas être le mode d'organisation normal du travail au sein d'une entreprise et ne doit être mis en œuvre que lorsqu'il est indispensable à son fonctionnement.

D'abord, selon l'article L. 3122-32 CT interprété à la lumière de la directive 93/104 du 23 novembre 1993 concernant certains aspects de l'aménagement du temps de travail, le recours au travail de nuit est exceptionnel. Il prend en compte les impératifs de protection de la santé et de la sécurité des travailleurs et est justifié par la nécessité d'assurer la continuité de l'activité économique ou des services d'utilité sociale ; il en résulte que le travail de nuit ne peut pas être le mode d'organisation normal du travail au sein d'une entreprise et ne doit être mis en œuvre que lorsqu'il est indispensable à son fonctionnement ; ensuite, le fait pour un employeur de recourir au travail de nuit en violation des dispositions légales susvisées constitue un trouble manifestement illicite.

Des syndicats ont saisi un tribunal de grande instance, statuant en référé, pour qu'il soit interdit, sous astreinte, à une société de vente de parfums d'employer des salariés de 21 heures à 6 heures du matin dans son magasin des Champs-Elysées à Paris.

Ayant relevé que la société, qui exerce dans un secteur le commerce de parfumerie, où le travail de nuit n'est pas inhérent à l'activité, ne démontrait pas qu'il était impossible d'envisager d'autre possibilité d'aménagement du temps de travail, non plus que son activité économique supposait le recours au travail de nuit, dès lors que les difficultés de livraison alléguées ne nécessitaient pas pour autant que le magasin fût ouvert à la clientèle la nuit et que l'attractivité commerciale liée à l'ouverture de nuit du magasin des Champs-Elysées ne permettait pas de caractériser la nécessité d'assurer la continuité de l'activité, une cour d'appel en a exactement déduit l'existence d'un trouble manifestement illicite.

Cass. soc. 24 septembre 2014, n° 13-24.851, 3e moyen, BC V n° 205. Voir aussi cass. crim. 2 septembre 2014, n° 13-83.304 ; cass. soc. 30 janvier 2019, n° 17-22.018.

Il résulte du préambule de l'accord de la branche sanitaire, sociale et médico-sociale à but non lucratif visant à mettre en place le travail de nuit du 17 avril 2002 étendu, applicable à une association, que le recours au travail de nuit est justifié par la prise en charge continue des usagers.

Ayant relevé que l'association était autorisée au travail de nuit en vertu des normes applicables et constaté, sans qu'il lui soit nécessaire de préciser les pièces qu'elle décidait d'écarter ou de retenir, que la structure fonctionnait avec une permanence d'accueil d'urgence humanitaire 24 heures sur 24, 7 jours sur 7, une cour d'appel a légalement justifié sa décision de débouter un salarié de sa demande indemnitaire pour recours au travail de nuit.

Cass. soc. 8 novembre 2017, n° 16-15.584, 2 premières branches du 2e moyen, à paraître.

Si le fait, pour un employeur, de recourir au travail de nuit en violation des dispositions de l'article L. 3122-32, devenu L. 3122-1 CT, constitue un trouble manifestement illicite, il appartient à celui qui se prévaut d'un tel trouble d'en rapporter la preuve.

Cass. soc. 30 mai 2018, n° 16-26.394, à paraître.

L'absence d'information et de consultation des représentants du personnel préalablement à la mise en œuvre du travail de nuit ne constitue pas en soi un manquement de nature à faire obstacle à celui-ci.

Cass. soc. 8 novembre 2017, n° 16-15.584, 3e branche du 2e moyen, à paraître.

La définition du travail de nuit introduite par la loi du 9 mai 2001 est sans incidence sur la validité des dispositions conventionnelles régissant l'attribution des contreparties salariales, quand bien même la période indemnisée ne prendrait pas en compte la totalité des heures entre 21 h et 6 h.

Aux termes des articles L. 213-1-1, L. 213-2 et L. 213-4 CT, la contrepartie dont doivent obligatoirement bénéficier les travailleurs de nuit, au titre des périodes de nuit pendant lesquelles ils sont occupés, doit être prévue sous forme de repos compensateur, à laquelle peut s'ajouter, le cas échéant, une compensation salariale ; il en résulte que la définition du travail de nuit prévue par l'article L. 213-1-1 CT n'a pas pour effet de modifier les conditions d'attribution de la compensation salariale du travail de nuit fixées par une convention collective, alors même qu'elles ne prendraient pas en compte la totalité des heures entre 21 h et 6 h. Enfin, ces articles n'instituent pas une obligation de négocier des contreparties salariales au travail de nuit dans un délai d'un an.

Aux termes de l'article 24 de la convention collective nationale du commerce à prédominance alimentaire du 27 mai 1969, « est réputé travail de nuit le travail accompli entre 22 h et 5 h du matin. Tout salarié travaillant habituellement de nuit aura droit à une majoration de 20 % du salaire de base. Tout salarié travaillant occasionnellement de nuit aura droit à une majoration de 30 % de son salaire de base. Dans le cas où des dispositions législatives, réglementaires ou préfectorales interviendraient, soit pour donner une autre définition du travail de nuit, soit pour imposer ce travail, les stipulations du présent article deviendraient caduques et devraient faire l'objet d'un nouvel examen ». La loi du 9 mai 2001 a défini le travail de nuit comme celui exécuté de 21 h à 6 h du matin et l'article 5.12 de la nouvelle convention collective nationale du commerce de détail et de gros à prédominance alimentaire du 12 juillet 2002, applicable le 1er septembre 2002 après son extension, stipule « est réputé travail de nuit le travail accompli entre 21 h et 6 h du matin. Les majorations ci-dessous sont dues pour les heures travaillées entre 22 h et 5 h du matin dans l'attente d'une modification conventionnelle du régime, du travail de nuit et de ses contreparties, qui interviendra avant le 1er Mai 2002 en application de la loi 2001-397 du 9 mai 2001. Tout salarié travaillant habituellement de nuit aura droit à une majoration de 20 % de son salaire de base. Tout salarié travaillant occasionnellement de nuit aura droit à une majoration de 30 % de son salaire de base ». Les négociations relatives à ce nouveau régime conventionnel n'ont abouti que par la signature de l'avenant n° 5 du 26 novembre 2003 étendu le 7 mai 2004.

Des salariés ont saisi la juridiction prud'homale d'une demande de paiement d'un rappel de majorations de salaire pour travail de nuit portant sur les tranches horaires 21 h/22 h et 5 h/6 h à compter de la date d'entrée en vigueur de la loi, soit le 10 mai 2001.

C'est à tort que, pour ordonner l'application de la majoration de 20 % pour les heures de nuit effectuées entre 21 h et 22 h et entre 5 h et 6 h à compter de l'entrée en vigueur de la loi du 9 mai 2001 jusqu'à la date d'application de l'avenant n° 5 de la convention collective et condamner la société à payer aux salariés une certaine somme au titre de ces majorations, une cour d'appel a relevé que l'article L. 213-1-1 CT, issu de la loi du 9 mai 2001, qui définit le travail de nuit comme celui exécuté entre 21 h et 6 h du matin est d'ordre public et donc d'application immédiate, et que la majoration conventionnelle existante devait être appliquée sur la totalité des heures définies comme celles relevant du travail de nuit par l'article L. 213-1-1 CT, à défaut d'accord intervenu dans un délai d'un an, alors que les articles 24 puis 5.12 des conventions collectives, qui ne prévoyaient de majorations salariales qu'entre 22 h et 5 h, restaient applicables pendant la période litigieuse.

Cass. soc. 21 juin 2006, n° 05-42.073, BC V n° 227 (arrêt n° 1). Voir aussi cass. soc. 21 juin 2006, n° 05-42.307, BC V n° 227 (arrêt n° 2) ; cass. soc. 28 septembre 2011, n° 10-16.528 ; cass. soc. 16 décembre 2005, n° 04-46.741, BC V n° 372, en sens contraire, sur la contrepartie dont doivent bénéficier les travailleurs de nuit.

Le salarié qui effectue un service continu durant la période définie conventionnellement comme travail de nuit a droit à la majoration de salaire prévue par la convention collective.

Aux termes de l'article 24 bis de l'annexe 1 de la convention collective des transports routiers et activités auxiliaires du transport, dans sa rédaction applicable à l'époque des faits, relatif au travail de nuit applicable au personnel roulant « marchandises » : « Pour le personnel roulant effectuant un service continu entre 22 heures et 5 heures, les sommes fixées en francs par les tableaux joints à la présente convention sont, pour la détermination de la rémunération globale garantie définie à l'article 13 de la présente convention, majorées dans la mesure où les intéressés ne bénéficient pas déjà d'une indemnité en application du protocole relatif aux frais de déplacement des ouvriers. Cette majoration est égale à la différence entre le montant de l'indemnité de chambre et de casse-croûte et le montant de l'indemnité versée effectivement aux intéressés en application dudit protocole. »

Pour débouter un salarié, employé en qualité de chauffeur-livreur, de sa demande de rappel de salaire pour travail de nuit au titre des dispositions susvisées, une cour d'appel a énoncé que le texte conventionnel, en employant les termes « services continus » et en précisant des heures, impliquait que pour bénéficier d'une majoration, la totalité du temps de travail devait s'effectuer entre 22 heures et 5 heures, que ce texte ne mentionnait nullement qu'il s'agissait d'une amplitude et que le salarié, qui avait travaillé jusqu'en juillet 1996 de 1 heure 30 à 6 heures du matin, puis de 2 heures à 6 heures et à partir de 1999 de 1 heure 30 à 7 heures du matin, ne remplissait pas cette condition de travail continu.

En statuant ainsi, alors que le salarié effectuait un service continu durant la période définie conventionnellement, la cour d'appel a violé le texte susvisé.

Cass. soc. 16 novembre 2007, n° 06-40.391, 3e moyen, BC V n° 193.

Mais, lorsque l'accord collectif ne fixe pas la plage horaire ouvrant droit à la majoration salariale, il convient d'appliquer la définition légale en vigueur.

1/ Si la définition du travail de nuit prévue par l'article L. 213-1-1 CT tel qu'il résulte de la loi du 9 mai 2001 n'a, en principe, pas pour effet de modifier les conditions d'attribution de la compensation salariale fixée par une convention collective pour le travail de nuit, c'est à la condition que ladite convention fixe la plage horaire couverte par le travail de nuit.

Une cour d'appel, qui a relevé que l'accord du 19 décembre 1996, applicable dans l'entreprise, ne définissait pas la plage horaire à laquelle s'appliquait la majoration salariale pour travail de nuit, en a exactement déduit qu'il convenait de retenir la définition légale en vigueur.

2/ Une convention ou un accord collectif, même dérogatoire, ne peut priver un salarié des droits qu'il tient de la loi pour la période antérieure à la signature de l'accord.

C'est à tort que, pour dire que des salariés n'avaient pas droit à majorations pour travail de nuit pour les heures effectuées de 21 heures à 22 heures et de 5 heures à 6 heures pour la période postérieure au 1er juin 2001, une cour d'appel a retenu que l'accord du 11 septembre 2001, qui s'était substitué à l'accord d'entreprise du 19 décembre 1996 et qui avait précisé que les majorations de nuit étaient dues pour les heures travaillées entre 22 heures et 5 heures, avait stipulé qu'il prendrait effet au 1er juin 2001, alors que l'accord d'entreprise du 19 décembre 1996 ne contenant pas de définition du travail de nuit, c'est la définition légale, plus favorable que celle retenue par l'accord d'entreprise du 11 septembre 2001, qui devait s'appliquer jusqu'au lendemain de la date de dépôt dudit accord.

Cass. soc. 24 janvier 2007, n° 04-45.585, BC V n° 14. Voir aussi cass. soc. 30 novembre 2011, n° 10-10.570, 1er moyen.

La majoration de 50 % de la rémunération due aux salariés travaillant en équipe de suppléance, prévue par l'article L. 3132-19 CT, peut se cumuler avec une majoration de salaire conventionnelle prévue en cas de travail de nuit qui n'a pas le même objet.

Cass. soc. 16 mai 2012, n° 11-13.976.

En l'absence d'accord collectif, la seule contrepartie obligatoire au travail de nuit doit être attribuée sous forme de repos compensateur.

Cass. soc. 26 octobre 2010, n° 08-70.468. Voir aussi cass. soc. 28 septembre 2011, n° 10-30.536.

Le repos supplémentaire attribué au salarié ayant travaillé au-delà de la durée quotidienne maximale du travail de nuit ne doit pas venir en déduction des heures travaillées et ainsi donner lieu à rémunération.

Il résulte de l'article 17 de la directive 2003/88/CE du Parlement et du Conseil du 4 novembre 2003 concernant certains aspects de l'aménagement du temps de travail que la possibilité de déroger à la durée de huit heures de travail de nuit au cours d'une période de vingt-quatre heures n'est ouverte « qu'à condition que des périodes équivalentes de repos compensateur soient accordées aux travailleurs concernés ou que, dans des cas exceptionnels dans lesquels l'octroi de telles périodes de repos compensateur n'est pas possible pour des raisons objectives, une protection appropriée soit accordée aux travailleurs concernés » ; aux termes de l'article L. 3122-39 CT, les travailleurs de nuit bénéficient de contreparties au titre des périodes de nuit pendant lesquelles ils sont employés sous forme de repos compensateur et, le cas échéant, sous forme de compensation salariale ; selon l'article R. 3122-12 CT, la dérogation à la durée maximale quotidienne de huit heures sur autorisation de l'inspecteur du travail ne peut être accordée par celui-ci que si des périodes de repos d'une durée au moins équivalente au nombre d'heures accomplies au delà de la durée maximale quotidienne sont attribuées aux salariés intéressés, ce repos étant pris dans les plus brefs délais à l'issue de la période travaillée ; il ne résulte pas desdits textes que ce repos supplémentaire attribué au salarié en vue de la protection de sa santé doive venir en déduction des heures travaillées et ainsi donner lieu à rémunération.

Cass. soc. 16 février 2012, n° 09-72.335, 1er moyen.

Statut du travailleur de nuit

Selon les articles L. 3122-31 et R. 3122-8 CT, est considéré comme travailleur de nuit tout travailleur qui accomplit, au cours d'une période de référence, un nombre minimal d'heures de travail de nuit fixé, en l'absence de disposition conventionnelle, à 270 heures de travail pendant une période de douze mois consécutifs ; il en résulte que sont réputées accomplies, au sens de ces textes, toutes les heures comprises dans l'horaire de travail habituel du salarié.

Un accord collectif « sur l'encadrement du travail de nuit des travailleurs de nuit » a été conclu le 18 décembre 2002 au sein d'une société ; aux termes de cet accord, qui prévoit, conformément aux prescriptions légales, des contreparties en repos et des mesures protectrices, « est travailleur de nuit tout travailleur qui, soit accomplit au moins deux fois par semaine, selon son horaire habituel, au moins 3 heures de son temps de travail effectif quotidien durant la période comprise entre 21 h 00 et 6 h 00 [...], soit accomplit sur une année civile au moins 270 heures de travail effectif durant cette même période de nuit » ; estimant que la société ne respectait pas l'accord en refusant de valider au titre du travail de nuit un certain nombre d'heures ne correspondant pas à du travail effectif accompli la nuit, un syndicat a saisi le tribunal de grande instance aux fins de voir juger que le statut de travailleur de nuit devait s'appliquer aux salariés en poste totalisant au moins 270 heures de nuit sur leur bulletin de paie par année civile.

Pour débouter le syndicat de sa demande, une cour d'appel a retenu que toutes les heures de nuit portées sur les bulletins de paie de janvier à décembre 2003 n'étaient pas des heures effectivement travaillées en raison des congés, des jours de formation, des jours fériés, de la participation aux réunions du comité d'entreprise, des crédits d'heures, que certaines heures de nuit portées sur les bulletins de paie ne correspondaient pas à des heures effectivement travaillées, notamment lorsque les salariés étaient en congé ou en formation, que les bulletins de paie, qui mentionnaient « heures de nuit habituelles » n'attestaient pas des heures de nuit effectivement réalisées et qu'il n'était pas nécessaire, pour statuer sur la demande du syndicat, de s'attarder sur la question des heures de délégation du représentant du personnel.

En statuant ainsi, alors qu'il lui appartenait de prendre en compte, non pas le total des heures effectivement réalisées la nuit, mais l'horaire habituel du salarié, la cour d'appel a violé les articles L. 3122-31, R. 3122-8 CT et 1er de l'accord collectif du 18 décembre 2002.

Cass. soc. 7 mars 2012, n° 10-21.744, BC V n° 93.

Contrôle du travail de nuit

Des listings de pointage des salariés remis par l'employeur à l'inspecteur du travail permettent d'établir la réalité du travail des salariés même s'ils ne sont pas joints à la procédure.

À la suite de contrôles réalisés, les 7 et 11 janvier 2014, au sein d'un magasin situé à Lyon, et de relevés des pointages horaires effectués par le directeur du magasin, la société exploitante, citée devant le tribunal de police du chef de mise en place illégale du travail de nuit, a été déclarée coupable des faits reprochés.

C'est à tort que la cour d'appel a infirmé le jugement. En effet, d'une part, des procès-verbaux de l'inspection du travail ont constaté, dans le magasin contrôlé, la présence de salariés en situation de travail après 21 heures sans avoir relevé l'existence d'une preuve contraire rapportée par écrit ou par témoin, d'autre part, la valeur probante des constatations de l'inspecteur du travail s'étend à celles qui résulteraient des documents fournis par l'employeur, de sorte que la cour ne pouvait sans contradiction constater, d'abord, que les listings de pointage des salariés avaient été remis par l'employeur à l'inspecteur du travail et en déduire, ensuite, que, parce que ces listes n'étaient pas jointes à la procédure, cela ne permettait pas d'établir la réalité du travail de salariés.

Cass. crim. 30 octobre 2018, n° 17-87.520, B. crim. n° 181.

Interdiction du travail de nuit des femmes

• Le principe d'égalité de traitement entre hommes et femmes s'oppose à l'interdiction du travail de nuit des femmes

En France, la loi 2001-397 du 9 mai 2001 a levé l'interdiction du travail de nuit des femmes dans l'industrie et a mis la législation française en conformité avec le droit communautaire.

L'article 5 de la directive du 9 février 1976 « est suffisamment précis pour créer à la charge des États membres l'obligation de ne pas poser en principe législatif l'interdiction du travail de nuit des femmes, même si cette obligation comporte des dérogations, alors qu'il n'existe aucune interdiction du travail de nuit pour les hommes ». L'article L. 213-1 CT relatif à l'interdiction du travail de nuit des femmes est par conséquent contraire au principe d'égalité de traitement.

CJCE 25 juillet 1991, aff. C-345/89, Recueil I-04047, arrêt rendu avant la dénonciation par la France de la convention OIT 89 interdisant le travail de nuit des femmes, dénonciation enregistrée le 26 février 1992 et prenant effet le 26 février 1993.

En maintenant dans l'article L. 213-1 CT une interdiction du travail de nuit des femmes dans l'industrie alors qu'une telle interdiction ne s'applique pas aux hommes, la République française a manqué aux obligations qui lui incombent en vertu de l'article 5, § 1 de la directive 76/207/CEE relative à la mise en œuvre du principe de l'égalité de traitement entre hommes et femmes en ce qui concerne l'accès à l'emploi, à la formation et à la promotion professionnelles, et les conditions de travail.

CJCE 13 mars 1997, aff. C-197/96, Recueil I-1489.

La directive du 9 février 1976 s'oppose à ce qu'une législation nationale, posant l'interdiction générale du travail de nuit tant pour les hommes que les femmes, maintienne des régimes de dérogations différenciées à ce principe, dès lors qu'une telle différence n'est pas justifiée par la nécessité d'assurer la protection de la femme, notamment en ce qui concerne la grossesse et la maternité. Toutefois, ces mesures ayant été conclues en vue de se mettre en conformité avec les dispositions d'une convention internationale conclue avant l'entrée en vigueur du traité CEE, l'article 5 de la directive n'a pas à s'appliquer.

CJCE 3 février 1994, aff. C-13/93, Recueil I-376.

Si, en application de la législation interdisant le travail de nuit des femmes enceintes, un employeur allemand invoque la nullité du contrat de travail passé avec une salariée dans la mesure où celle-ci, exclusivement affectée à un service de nuit, est enceinte, il viole la directive de 1976. En effet, cette dernière s'oppose, d'une part, à ce qu'un employeur invoque la nullité de ce contrat, les parties ignorant l'une et l'autre lors de la conclusion du contrat l'état de grossesse, et, d'autre part, à ce que l'employeur dénonce ce contrat en raison d'une erreur sur les qualités essentielles de la travailleuse lors de la conclusion du contrat.

CJCE 5 mai 1994, aff. C-421/92, Recueil I-1668.

Travail temporaire

☛ *Contrat de mise à disposition ; Contrat de mission/ Contrat de travail temporaire ; Travail temporaire (Entreprise de).*

Travail temporaire (Entreprise de)

L'entreprise de travail temporaire met à la disposition d'une entreprise utilisatrice des travailleurs embauchés et rémunérés par elle en vue d'effectuer des travaux précis au sein de cette entreprise.

Activité de travail temporaire

L'activité de mise à disposition est exclusive de toute autre.

Ayant constaté qu'une même personne était à la fois président-directeur général d'une société spécialisée dans la location de matériel de travaux publics, président-directeur général d'une autre société de travaux publics, gérant d'une société de découpe technique de béton et président-directeur général d'une entreprise de travail temporaire spécialisée dans les travaux publics, une cour d'appel a pu condamner le prévenu, animateur de l'ensemble du groupe, pour avoir contrevenu aux dispositions de l'article L. 124-1 CT, les sociétés ayant des activités confondues et des liens étroits sur les plans financier, administratif et commercial.

Cass. crim. 7 mai 1996, n° 94-84.855, 2e moyen, B. crim. n° 194.

Une telle exclusivité n'interdit pas à l'entrepreneur de travail temporaire de fournir à ses salariés les outils nécessaires à l'accomplissement de leurs travaux.

Si l'entrepreneur de travail temporaire ne peut avoir d'autre activité que celle qui consiste à mettre du personnel à disposition d'entreprises utilisatrices, il ne lui est pas interdit de fournir à ses salariés des outils de travail dès lors qu'il n'en tire pas une source de profit distincte de son activité professionnelle.

Cass. crim. 15 décembre 1981, n° 79-93.008, B. crim. n° 333.

L'exclusivité interdit à l'entreprise de travail temporaire d'avoir recours à des travailleurs indépendants.

La règle de l'exclusivité interdisant à l'entreprise de travail temporaire d'avoir recours à des travailleurs indépendants, une cour d'appel a pu décider qu'une entreprise devait assujettir les interprètes-traducteurs auxquels elle avait eu recours au régime général des travailleurs salariés.

Cass. soc. 17 décembre 1992, n° 87-11.302.

Une entreprise de travail temporaire ne peut poursuivre son activité en cas de cessation de la garantie dont elle doit bénéficier, en application de l'article L. 1251-49 CT, en cas de défaillance de sa part.

Dès lors, c'est à bon droit qu'après avoir constaté que les contrats de mise à disposition étaient nuls et que l'entreprise utilisatrice s'était acquittée des salaires et des charges afférentes, une cour d'appel a décidé que l'entreprise de travail temporaire n'était pas fondée à prétendre à une rémunération supplémentaire consistant dans le bénéfice qu'elle aurait dû retirer de l'opération.

Cass. soc. 28 février 2001, n° 97-15.620.

Les associations intermédiaires, qui ont pour objet d'embaucher des personnes sans emploi rencontrant des difficultés sociales et professionnelles afin de faciliter leur insertion professionnelle, ne sont pas soumises aux règles relatives au travail temporaire.

Un salarié, engagé par une association intermédiaire pour effectuer des missions chez divers utilisateurs, a saisi la juridiction prud'homale aux fins d'obtenir la requalification des contrats conclus par l'association en un contrat à durée indéterminée, ainsi que la condamnation de l'association au paiement d'un rappel de salaires et de diverses indemnités de rupture.

Ayant retenu que l'employeur était une association intermédiaire, une cour d'appel a exactement décidé que la violation des articles L. 124-1, L. 124-3 et L. 124-4 CT n'était pas susceptible d'entraîner la requalification des contrats de travail temporaires en contrat de travail à durée indéterminée.

Cass. soc. 23 février 2005, n° 02-40.913, BC V n° 71.

Responsabilité civile de l'entreprise de travail temporaire

La responsabilité de l'entreprise de travail temporaire peut être engagée si elle ne respecte pas son obligation de prudence dans le recrutement du personnel mis à disposition.

Toute entreprise de travail temporaire est tenue d'une obligation de prudence dans le recrutement du personnel qu'elle fournit à l'entreprise utilisatrice. Cette obligation est plus rigoureuse si la personne mise à disposition est appelée à exercer des fonctions de confiance ou de responsabilités particulières ; toutefois, elle existe dans toutes les hypothèses, quelle que soit la fonction envisagée.

En l'espèce, le salarié mis à disposition, ayant établi des documents fictifs lui permettant d'obtenir diverses sommes au cours de son contrat, avait précédemment été plusieurs fois condamné pour abus de confiance, falsification de chèques et usage de faux en écriture privée, ce dont il résultait que la responsabilité de la société de travail temporaire pouvait être engagée par l'entreprise utilisatrice, le salarié étant coupable d'escroqueries lors de sa mission et ayant un lourd passé à sa charge.

Cass. civ., 1re ch., 26 février 1991, n° 88-15.333, 1er moyen, BC I n° 77.

Responsabilité de l'entreprise utilisatrice

L'entreprise de travail temporaire, sur laquelle pèse l'obligation de verser aux salariés mis à la disposition d'une entreprise, mais dont elle demeure l'employeur, des salaires conformes aux dispositions conventionnelles qui leur sont applicables, peut, en cas de manquement à cette obligation, se retourner contre l'entreprise utilisatrice, dès lors qu'une faute a été commise par cette dernière.

Une entreprise de travail temporaire a été condamnée par jugement du conseil de prud'hommes à verser un rappel de salaires à des salariés intérimaires qui en avaient fait la demande puis conduite à régulariser la situation de l'ensemble des salariés intérimaires concernés. L'entreprise de travail temporaire a saisi le tribunal de grande instance aux fins d'obtenir la condamnation de l'entreprise utilisatrice au remboursement du montant total des compléments de rémunération versés.

Ayant constaté que la société utilisatrice avait fourni des renseignements tronqués éludant la prime de treizième mois dans les trois grilles de rémunération transmises successivement à l'entreprise de travail temporaire, une cour d'appel a légalement justifié sa décision d'accueillir la demande de l'entreprise de travail temporaire.

Cass. soc. 30 mars 2005, n° 02-20.406, BC V n° 117.

Après avoir constaté qu'une société utilisatrice avait délibérément fourni à l'entreprise de travail temporaire des grilles de rémunérations inférieures au minimum pratiqué pour des salariés de qualification équivalente occupant le même poste que les travailleurs intérimaires mis à sa disposition, omettant en outre d'indiquer à cette société l'existence de primes de vacances et de treizième mois versées en vertu d'un usage puis d'un accord collectif, une cour d'appel a pu condamner la société utilisatrice à garantir intégralement l'entreprise de travail temporaire des sommes que cette dernière avait été condamnée à verser aux salariés mis à sa disposition.

Cass. soc. 13 janvier 2009, n° 07-42.108.

L'obligation de verser au travailleur temporaire, mis à la disposition d'une entreprise des salaires conformes aux dispositions légales ou conventionnelles ou aux stipulations contractuelles qui lui sont applicables, pèse sur l'entreprise de travail temporaire laquelle demeure l'employeur, à charge pour elle, en cas de manquement à cette obligation, de se retourner contre l'entreprise utilisatrice dès lors qu'une faute a été commise par cette dernière.

C'est à tort que, pour débouter un travailleur temporaire d'une demande de rappel de salaire et d'heures supplémentaires dirigée contre l'entreprise de travail temporaire, une cour d'appel a énoncé que, selon l'article L. 1251-21 CT, pendant la durée de la mission, l'entreprise utilisatrice est responsable des conditions d'exécution du travail, telles qu'elles sont déterminées par les dispositions légales et conventionnelles applicables au lieu de travail, que pour l'application de ces dispositions, les conditions de travail comprennent limitativement ce qui a trait à la durée du travail, au travail de nuit, aux repos hebdomadaires et aux jours fériés, à la santé et à la sécurité au travail, au travail des femmes, des enfants et des jeunes travailleurs, ce dont il résulte en l'espèce que la responsabilité des conditions d'exécution du travail temporaire n'incombait pas à l'entreprise de travail temporaire mais à l'entreprise utilisatrice, que dès lors que l'entreprise de travail temporaire avait rémunéré le salarié, en fonction des relevés transmis par l'entreprise utilisatrice, des heures de travail qu'il avait effectuées de jour ou de nuit ainsi que des indemnités pour repos compensateurs auxquels il avait eu droit, elle n'avait manqué envers ce dernier à aucune de ses obligations légales ou conventionnelles d'employeur.

Cass. soc. 31 octobre 2012, n° 11-21.293, BC V n° 286.

☛ *Contrat de mise à disposition ; Contrat de mission/Contrat de travail temporaire ; Formation à la sécurité ; Prêt de main-d'œuvre.*

Travail à temps partiel

Constitue un travail à temps partiel le travail dont la durée est inférieure à la durée légale du travail ou à la durée du travail pratiquée dans la branche, l'entreprise ou l'établissement, lorsqu'elle est inférieure à la durée légale. Il en est de même du travail dont la durée mensuelle ou annuelle est inférieure à la durée résultant de l'application à ces périodes de la durée légale du travail ou de la durée du travail pratiquée dans la branche, l'entreprise ou l'établissement, lorsqu'elle est inférieure à la durée légale (art. L. 3123-1 et s. CT dans leur rédaction issue de la loi 2016-1088 du 8 août 2016).

Champ d'application

Les dispositions relatives au temps partiel peuvent s'appliquer aux salariés travaillant en équipe de suppléance.

Les dispositions relatives au temps partiel s'appliquent aux salariés travaillant en équipe de suppléance, dès lors que le travail effectué est à temps partiel au sens de l'article L. 212-4-2 CT.

Un salarié à temps partiel affecté à une équipe de suppléance a saisi la juridiction prud'homale de demandes de rappel de salaires liées, d'une part, à l'augmentation du taux horaire intervenue en application d'un accord d'entreprise de réduction du temps de travail et, d'autre part, au maintien du taux horaire dont il bénéficiait avant l'application d'un accord d'entreprise sur les équipes de suppléance.

Pour condamner l'employeur au paiement de rappel de salaires, une cour d'appel a pu dire que, travaillant 113 heures par mois, le salarié devait bénéficier du principe de proportionnalité de la rémunération à celle d'un travailleur de même qualification et occupant un emploi équivalent à temps complet dans l'entreprise ou l'établissement, posé par l'article L. 212-4-5, al. 3 CT.

Cass. soc. 16 mai 2007, n° 05-44.299, BC V n° 81.

En application des dispositions de l'article L. 3123-1 CT, les salariés ayant conclu une convention de forfait en jours sur l'année dont le nombre est inférieur à 218 jours ne peuvent pas être considérés comme des salariés à temps partiel.

Cass. soc. 27 mars 2019, n° 16-23.800, à paraître.

Forme du contrat

Le contrat de travail des salariés à temps partiel est un contrat écrit.

Le contrat de travail des salariés à temps partiel étant, selon l'article L. 212-4-3 CT, un contrat écrit, l'employeur est en droit d'exiger la régularisation du contrat jusque-là verbal.

Cass. soc. 12 mai 1993, n° 89-45.748.

L'exigence d'un écrit s'applique non seulement au contrat initial mais aussi à ses avenants,...

Selon l'article L. 3123-14 CT, le contrat écrit du salarié à temps partiel doit mentionner la durée hebdomadaire ou, le cas échéant, mensuelle prévue et la répartition de la durée du travail entre les jours de la semaine ou les semaines du mois ; il en résulte que l'absence d'écrit mentionnant la durée du travail et sa répartition fait présumer que l'emploi est à temps complet et qu'il incombe à l'employeur qui conteste cette présomption de rapporter la preuve, d'une part, de la durée exacte hebdomadaire ou mensuelle convenue, d'autre part, que le salarié n'était pas placé dans l'impossibilité de prévoir à quel rythme il devait travailler et qu'il n'avait pas à se tenir constamment à la disposition de l'employeur ; cette exigence légale d'un écrit s'applique non seulement au contrat initial mais aussi à ses avenants modificatifs de la durée du travail ou de sa répartition.

Cass. soc. 20 juin 2013, n° 10-20.507, 1er moyen, BC V n° 161.

... même si ces avenants sont temporaires et prévus par une convention collective, et l'absence d'écrit entraîne la requalification de la relation de travail en travail à temps plein à compter du premier avenant irrégulier.

Selon l'article L. 3123-14 CT, le contrat de travail du salarié à temps partiel est un contrat écrit qui doit mentionner la durée hebdomadaire, ou mensuelle prévue et la répartition de la durée du travail entre les jours de la semaine ou les semaines du mois ; il en résulte que l'absence d'écrit mentionnant la durée du travail et sa répartition fait présumer que l'emploi est à temps plein ; cette exigence légale d'un écrit s'applique non seulement au contrat initial, mais aussi à ses avenants modificatifs de la durée du travail ou de sa répartition, fussent-ils temporaires et prévus par une convention collective ; à défaut, le contrat de travail à temps partiel doit, à compter de la première irrégularité, être requalifié en contrat de travail à temps plein.

Cass. soc. 23 novembre 2016, n° 15-18.093, 2 premières branches du moyen, BC V n° 225. Voir aussi cass. soc. 23 novembre 2016, n° 15-18.092, 2e moyen, BC V n° 222 (arrêt n° 2).

À défaut d'écrit prévoyant un emploi à temps partiel, le contrat de travail est présumé à temps complet, sauf preuve contraire à la charge de l'employeur…

L'absence d'un écrit constatant l'existence d'un contrat de travail à temps partiel a pour seul effet de faire présumer que le contrat a été conclu pour un horaire normal, à charge pour l'employeur de rapporter la preuve contraire par tous moyens.

Cass. soc. 2 février 2000, n° 97-44.418. Voir aussi cass. soc. 12 mars 2002, n° 99-44.316, 1er moyen, BC V n° 90.

Ayant relevé qu'il résultait de ses bulletins de salaire qu'une salariée avait travaillé en moyenne 64 heures par mois pendant 4 ans et que les plannings hebdomadaires prévoyant la répartition des horaires entre les salariés correspondaient à cet horaire, une cour d'appel a pu décider que l'employeur établissait l'existence d'un contrat à temps partiel.

Cass. soc. 5 décembre 2001, n° 00-40.342.

Ayant relevé qu'une salariée travaillait en moyenne 80 heures par mois et qu'elle n'était pas placée dans l'impossibilité de prévoir à quel rythme elle devait travailler ni qu'elle devait se tenir constamment à la disposition de l'employeur, c'est à bon droit qu'une cour d'appel l'a déboutée de sa demande de requalification de son contrat en un contrat de travail à temps plein.

Cass. soc. 9 juillet 2003, n° 01-42.451, 2e moyen, BC V n° 229.

… à qui il appartient de rapporter la preuve non seulement de la durée exacte du travail, mais également de sa répartition sur la semaine ou le mois.

L'absence d'écrit mentionnant la durée hebdomadaire, ou le cas échéant mensuelle prévue, et la répartition de la durée du travail entre les jours de la semaine ou les semaines du mois, fait présumer que l'emploi est à temps complet ; l'employeur qui conteste cette présomption doit rapporter la preuve, d'une part, de la durée exacte hebdomadaire ou mensuelle convenue, d'autre part, de ce que le salarié n'était pas placé dans l'impossibilité de prévoir à quel rythme il devait travailler et qu'il n'avait pas à se tenir constamment à la disposition de l'employeur.

Cass. soc. 21 novembre 2012, n° 11-10.258, 2e moyen, BC V n° 304. Voir aussi cass. soc. 9 janvier 2013, n° 11-16.433, BC V n° 5 ; cass. soc. 9 janvier 2013, n° 11-11.808, 1re branche du 1er moyen, BC V n° 2 ; cass. soc. 17 décembre 2014, n° 13-20.627, BC V n° 308 ; cass. soc. 11 mai 2016, n° 14-17.496, 1er moyen, BC V n° 100.

C'est à tort que, bien qu'ayant constaté qu'aucun contrat de travail écrit n'avait été passé entre un employeur et une salariée, une cour d'appel a débouté celle-ci de sa demande de requalification en contrat de travail à temps complet, au motif qu'elle ne démontrait pas s'être tenue en permanence à la disposition de son employeur et qu'elle ne démentait pas les affirmations de ce dernier suivant lesquelles elle était libre d'organiser son travail comme elle l'entendait.

Cass. soc. 25 février 2004, n° 01-46.394, BC V n° 63. Voir aussi cass. soc. 9 mars 2005, n° 03-40.386, 2e moyen, BC V n° 80.

Une salariée engagée verbalement par une société en qualité d'agent de service avait saisi le conseil de prud'hommes prétendant que l'horaire à temps partiel qui avait été convenu entre les parties était de 120 à 130 heures par mois et que son employeur avait refusé d'établir un contrat écrit confirmant cette durée de travail.

C'est à tort que, pour dire que les parties, qui s'accordaient à reconnaître que l'intéressée avait été engagée pour un travail à temps partiel, étaient liées par un contrat de travail dont la durée mensuelle était de 80 heures et pour apprécier sur la base ainsi déterminée le montant des sommes dues, une cour d'appel a énoncé que cette salariée, à laquelle il appartenait, en sa qualité de demanderesse, de rapporter la preuve d'un accord sur la durée mensuelle du travail, ne communiquait pas d'offre d'emploi, ni d'autre écrit établissant qu'elle avait subordonné son embauche à une condition relative à la durée mensuelle de travail, et que la société justifiait que la durée du travail de la personne qui l'avait remplacée pendant ses absences pour maladie ou maternité était de 53 heures par mois, alors qu'à défaut d'écrit, c'est à l'employeur qu'il appartenait d'établir quelle était la durée du travail qui avait été convenue.

Cass. soc. 28 janvier 1998, n° 95-43.448, BC V n° 41. Voir aussi cass. soc. 15 octobre 2002, n° 01-46.240, pourvoi incident, BC V n° 311.

Doit être cassé l'arrêt ayant débouté une salariée engagée sans contrat de travail écrit de ses demandes tendant à obtenir le paiement d'un rappel de salaire et de congés payés et l'établissement d'un contrat de travail à temps plein à durée indéterminée, après avoir notamment énoncé que la salariée avait reconnu que son emploi ne l'occupait qu'une partie de la journée, à la demande, selon les besoins de l'entreprise, l'horaire hebdomadaire étant fixé à 19 heures et qu'ayant travaillé à temps partiel et perçu la rémunération correspondant à l'horaire de travail effectué, elle ne pouvait prétendre à un rappel de salaire et de congés payés calculés sur la base d'un horaire mensuel de 169 heures. La cour aurait dû rechercher, ainsi qu'elle y était invitée par la salariée, si le contrat de travail comportait une répartition de la durée du travail entre les jours de la semaine ou les semaines du mois.

Cass. soc. 29 janvier 1997, n° 94-41.171, BC V n° 39. Voir aussi cass. soc. 12 novembre 1997, n° 95-41.746, 2e moyen, BC V n° 362.

Dans l'hypothèse où le salarié demande exclusivement la reconnaissance d'un horaire égal à celui effectué durant ses premiers mois d'activité, le juge ne peut d'office requalifier son contrat en contrat de travail à temps complet.

Doit être rejeté le moyen du pourvoi formé par un employeur soutenant que si l'absence de contrat de travail écrit à temps partiel fait présumer que l'emploi est à temps complet en application de l'article L. 3123-14 CT, cette présomption ne permet que la requalification d'un emploi à temps partiel en emploi à temps plein.

En effet, une salariée ayant revendiqué la reconnaissance, non pas d'un travail à temps complet, mais d'un horaire égal à celui des deux premiers mois d'activité, c'est à bon droit qu'une cour d'appel a fixé la durée du travail dans la limite de cette demande.

Cass. soc. 30 avril 2014, n° 12-21.041, 1er moyen, BC V n° 110.

Lorsqu'il requalifie un contrat à temps partiel en contrat à temps complet, le juge ne peut retenir une durée de travail à temps complet supérieure à la durée légale ou à la durée conventionnelle si elle est inférieure.

Selon l'article L. 3123-1 CT, est considéré comme salarié à temps partiel le salarié dont la durée de travail est inférieure à la durée légale de travail, ou à son application sur une durée mensuelle ou annuelle, ou, lorsque cette durée est inférieure à la durée légale, à la durée du travail fixée conventionnellement pour la branche ou l'entreprise ou à la durée du travail applicable dans l'établissement ; il s'en déduit qu'en cas de requalification en contrat à temps complet, la durée de travail en résultant correspond à cette durée légale ou, si elle est inférieure, à la durée fixée conventionnellement.

Après avoir retenu qu'un contrat de travail à temps partiel ne satisfaisait pas aux exigences de l'article L. 3123-14 CT, une cour d'appel l'a requalifié en contrat à temps plein de 169 heures.

En statuant ainsi, la cour d'appel, qui a fixé une durée de travail à temps complet supérieure à la durée légale, a violé les articles L. 3123-1, L. 3123-10 et L. 3123-14 CT.

Cass. soc. 3 juin 2015, n° 13-21.671, BC V n° 113.

En cas de requalification du contrat à temps partiel en contrat à temps complet, le salarié peut prétendre au paiement de rappels de salaire correspondant à ce temps complet.

Une salariée a été engagée par une clinique en qualité d'employée des services généraux, à compter du 15 décembre 2005, par contrat verbal ; jusqu'en décembre 2007, il lui a été délivré des bulletins de salaire faisant état de durées du travail variables selon les mois, allant de 53,50 à 151 heures ; le 6 décembre 2007, un contrat à durée déterminée a été signé entre les parties sur la base de 120 heures mensuelles pour le remplacement du 1er décembre 2007 au 31 mai 2008 d'un salarié absent ; par avenant du 30 juin 2008, son contrat de travail a été prolongé jusqu'au 30 septembre 2008 ; victime d'un accident survenu le 5 juin 2008, elle a été en arrêt de travail jusqu'en mars 2009 ; l'employeur lui a adressé le 30 septembre 2008 un solde de tout compte, un certificat de travail ainsi qu'une attestation Assédic mentionnant comme motif de la rupture du contrat de travail : « fin de CDD ».

Pour limiter le montant des sommes dues par l'employeur au titre d'un rappel de salaire, une cour d'appel a retenu que la salariée ayant exercé en 2006 un autre emploi représentant 35 % de ses revenus et ayant pris un congé sans solde du 3 janvier au 31 mars 2008, elle ne pouvait soutenir être restée, durant ces périodes, à la disposition de l'employeur à temps plein, de sorte qu'aucun rappel de salaire sur la base d'un temps plein n'était dû en 2006 et qu'en 2008, un rappel n'était dû qu'à compter du mois d'avril, déduction faite de la maladie.

En statuant ainsi, tout en procédant à la requalification du contrat de travail en un contrat à temps complet, de sorte que l'employeur était tenu au paiement du salaire correspondant à un temps plein, la cour d'appel, qui n'a pas tiré les conséquences légales de ses constatations, a violé l'article L. 3123-14 CT.

Cass. soc. 14 septembre 2016, n° 15-15.944, 1er moyen, BC V n° 164.

Contenu

La clause interdisant à un salarié à temps partiel l'exercice de toute autre activité professionnelle pour son compte ou pour le compte d'un tiers n'est valable que sous certaines conditions.

La clause par laquelle un salarié à temps partiel se voit interdire toute autre activité professionnelle soit pour son compte, soit pour le compte d'un tiers, porte atteinte au principe fondamental de libre exercice d'une activité professionnelle et n'est dès lors valable que si elle est indispensable à la protection des intérêts légitimes de l'entreprise et est justifiée par la nature de la tâche à accomplir et proportionnée au but recherché.

Si la nullité d'une telle clause n'a pas pour effet d'entraîner la requalification du contrat de travail à temps partiel en contrat de travail à temps complet, elle permet toutefois au salarié d'obtenir réparation du préjudice ayant résulté pour lui de cette clause illicite.

Cass. soc. 25 février 2004, n° 01-43.392, BC V n° 64.

Il en est de même de la clause soumettant à une autorisation préalable de l'employeur l'exercice par un salarié à temps partiel d'une autre activité professionnelle.

La clause par laquelle l'employeur soumet l'exercice, par le salarié engagé à temps partiel, d'une autre activité professionnelle, à une autorisation préalable porte atteinte au principe fondamental du libre exercice d'une activité professionnelle et n'est valable que si elle est indispensable à la protection des intérêts légitimes de l'entreprise et si elle est justifiée par la nature de la tâche à accomplir et proportionnée au but recherché.

Cass. soc. 16 septembre 2009, n° 07-45.346, BC V n° 184. Voir aussi cass. soc. 22 septembre 2016, n° 15-16.724, 2e moyen du pourvoi principal.

La répartition de la durée du travail doit être mentionnée dans le contrat de travail…

Selon l'alinéa 3 de l'article L. 212-4-3 CT, alors en vigueur, le contrat de travail écrit des salariés à temps partiel mentionne la durée hebdomadaire ou, le cas échéant, mensuelle prévue et, sauf pour les salariés des associations d'aide à domicile, la répartition de la durée du travail entre les jours de la semaine ou les semaines du mois ; il précise, le cas échéant, la durée annuelle de travail du salarié et, sauf pour les associations d'aide à domicile mentionnées à l'article L. 241-10 c. séc. soc., la définition, sur l'année, des périodes travaillées et non travaillées, ainsi que la répartition des heures de travail à l'intérieur de ces périodes.

Pour rejeter la demande d'un salarié, employé à temps partiel, en paiement d'un rappel de salaire sur la base d'une durée hebdomadaire de travail de 30 heures, un conseil de prud'hommes a notamment retenu que cette demande n'était pas conforme au contrat de travail du salarié, qui ne fixait une durée de travail de 30 heures par semaine que pour les périodes scolaires et qui se bornait à prévoir pendant les périodes de vacances scolaires qu'il pourrait être proposé au salarié, en fonction des besoins de l'entreprise, l'accomplissement d'heures de travail dans la limite de la durée du travail normalement prévue et, qu'en l'espèce pour ces périodes, la durée de travail avait été de 16 h 30 par semaine.

En statuant ainsi, alors que le contrat de travail à temps partiel doit mentionner, selon les cas, la durée hebdomadaire ou mensuelle, ou comme en l'espèce annuelle, du travail, et, le cas échéant, la répartition des heures de travail à l'intérieur des périodes travaillées sur l'année, le conseil de prud'hommes a violé le texte précité.

Cass. soc. 12 novembre 2002, n° 00-40.232, 3e et 4e branches du moyen unique du pourvoi du salarié, BC V n° 341.

Doit être cassé l'arrêt qui rejette les demandes d'une salariée en requalification de son contrat à temps partiel en contrat à temps complet, alors qu'il résulte de ses constatations que, malgré l'existence d'un contrat écrit, l'horaire de travail de l'intéressée variait d'un mois à l'autre en dehors des prévisions de son contrat de travail qui ne comportait pas de répartition de la durée du travail entre les jours de la semaine ou les semaines du mois, et qu'ayant été mise dans l'impossibilité de prévoir à quel rythme elle devait travailler chaque mois, la salariée s'était trouvée dans l'obligation de se tenir en permanence à la disposition de l'employeur.

Cass. soc. 12 juillet 1999, n° 97-41.329, BC V n° 351.

Pour débouter une salariée de sa demande de rappel de salaires, une cour d'appel a énoncé que les contrats prévoyaient « 19 h 30 maximum » hebdomadaires de travail, que cette indication était accompagnée de la mention suivante : « cet horaire a un caractère indicatif et varie en fonction de l'ouverture des stages et des nécessités de la formation » et qu'il n'en résultait aucune garantie de salaire équivalente à 19 h 30 hebdomadaires. En statuant ainsi, alors qu'elle avait elle-même constaté que les contrats litigieux ne précisaient pas la durée hebdomadaire de travail, la cour d'appel a violé le texte précité.

Cass. soc. 4 décembre 2002, n° 00-40.255, BC V n° 369.

Un contrat de travail à temps partiel comportant la répartition des heures à effectuer chaque jour sans préciser la tranche horaire dans laquelle elles doivent être effectuées est conforme aux prescriptions légales qui n'exigent pas la mention de la tranche horaire de travail.

C'est au salarié qui demande la requalification de son contrat en contrat de travail à temps complet qu'il appartient de démontrer qu'il devait travailler chaque jour selon des horaires dont il n'avait pas eu préalablement connaissance, ce qui lui imposait de rester en permanence à la disposition de son employeur.

Cass. soc. 18 mars 2003, n° 01-41.726. Voir aussi cass. soc. 25 novembre 2015, n° 13-26.417.

… sauf pour les salariés d'association d'aide à domicile, pour lesquels la répartition de la durée du travail entre les jours de la semaine ou les semaines du mois est expressément exclue.

Aux termes de l'article L. 212-4-3 CT, le contrat de travail écrit des salariés à temps partiel mentionne la durée hebdomadaire ou, le cas échéant, mensuelle prévue et, sauf pour les salariés des associations d'aide à domicile, la répartition de la durée du travail entre les jours de la semaine ou les semaines du mois. Il précise, le cas échéant, la durée annuelle de travail du salarié et, sauf pour les associations d'aide à domicile mentionnées à l'article L. 214-10 c. séc. soc., la définition, sur l'année, des périodes travaillées et non travaillées, ainsi que la répartition des heures de travail à l'intérieur de ces périodes.

A violé l'article susvisé la cour d'appel qui a dit qu'une salariée d'une association d'aide à domicile n'était pas fondée, faute de garantie d'un horaire hebdomadaire minimal, à réclamer un rappel de salaire, alors qu'il résulte de ce texte que, dans tous les cas, le contrat de travail à temps partiel doit mentionner la durée du travail et que l'exception aux règles régissant le contrat de travail des salariés à temps partiel concernant les salariés des associations d'aide à domicile ne réside que dans la dispense de la mention de la répartition de la durée du travail entre les jours de la semaine ou les semaines du mois, ou celle, le cas échéant, de la répartition des heures de travail à l'intérieur des périodes travaillées sur l'année.

Cass. soc. 16 novembre 1999, n° 98-42.612, BC V n° 443. Voir aussi cass. soc. 24 juin 2009, n° 07-44.606 ; cass. soc. 16 septembre 2015, n° 14-10.291, 2e moyen, BC V n° 160, énonçant que si le contrat de travail à temps partiel des salariés des associations et entreprises d'aide à domicile peut ne pas mentionner la répartition de la durée du travail entre les jours de la semaine ou les semaines du mois, il doit néanmoins mentionner la durée hebdomadaire ou, le cas échéant, mensuelle de travail.

La mention de la répartition de la durée du travail entre les jours de la semaine ou, le cas échéant, les semaines du mois n'est pas obligatoire pour les contrats de travail des VRP.

Si les conditions particulières d'exercice de l'activité des VRP et principalement l'indépendance dont ils jouissent dans l'organisation de leur travail ne rendent pas nécessaire la mention dans le contrat de la répartition de la durée du travail entre les jours de la semaine ou, le cas échéant, les semaines du mois, les conditions de la modification éventuelle de cette répartition et les limites dans lesquelles peuvent être effectuées les heures complémentaires, la durée hebdomadaire ou, le cas échéant, mensuelle du travail qui seule permet de qualifier le contrat à temps partiel doit y figurer.

Ayant constaté que cette précision ne figurait pas dans le contrat de travail d'une salariée, embauchée par une société en qualité de VRP non exclusif à temps partiel, une cour d'appel a décidé à bon droit qu'il appartenait à l'employeur de rapporter la preuve de la durée exacte du travail convenue et que, faute de l'avoir rapportée, l'intéressée devait être considérée comme ayant travaillé à temps complet pour cette seule société.

Cass. soc. 5 juin 2001, n° 98-46.371, 1re branche, BC V n° 213. Voir aussi cass. soc. 18 janvier 2011, n° 09-41.073, 1er moyen.

La clause donnant au salarié la possibilité de refuser les missions qui lui sont confiées ne dispense pas l'employeur de mentionner dans le contrat la durée du travail et sa répartition.

La clause contractuelle par laquelle le salarié à temps partiel a la faculté de refuser les missions qui lui sont confiées est sans effet sur les exigences légales relatives à la mention dans le contrat de travail de la durée de travail et de sa répartition, et, en l'absence de celle-ci, sur l'obligation pour l'employeur de rapporter la preuve, d'une part, de la durée exacte convenue et, d'autre part, que le salarié n'était pas placé dans l'impossibilité de prévoir à quel rythme il devait travailler et qu'il n'avait pas à se tenir constamment à la disposition de l'employeur.

Cass. soc. 26 janvier 2011, n° 09-71.349, BC V n° 40.

La mention par le contrat de travail ou l'avenant des horaires de travail n'est pas exigée.

Il résulte de l'article L. 3123-14 CT que le contrat écrit du salarié à temps partiel doit mentionner la durée hebdomadaire ou mensuelle prévue et la répartition de cette durée du travail entre les jours de la semaine ou les semaines du mois ; ce texte n'exige pas la mention par le contrat de travail ou l'avenant des horaires de travail.

Cass. soc. 14 décembre 2016, n° 15-16.131, 1er moyen du pourvoi incident, BC V n° 257.

Le défaut de mention, dans le contrat de travail, de la répartition de la durée du travail entre les jours de la semaine donne lieu au paiement d'un rappel de salaire au titre d'un temps complet.

Une salariée a été engagée en contrat à durée déterminée à temps partiel le 13 septembre 2002, la relation de travail s'étant poursuivie sans interruption dans le cadre de CDD à temps partiel puis à temps plein à compter du 1er octobre 2003, un contrat de travail à durée indéterminée ayant été signé le 15 mars 2005. Contestant le bien-fondé de son licenciement pour faute grave intervenu le 31 décembre 2008, elle a, le 29 octobre 2009, saisi la juridiction prud'homale afin d'obtenir le paiement de diverses sommes.

Pour faire droit à sa demande, une cour d'appel a retenu que celle-ci réclamait l'indemnisation du préjudice subi du fait de l'absence, dans le contrat de travail à durée déterminée, de la répartition de la durée du travail entre les jours de la semaine, que l'employeur affirmait que cette demande était manifestement prescrite, sans s'expliquer sur cette fin de non-recevoir, alors que s'agissant non pas d'une demande à caractère salarial mais d'une demande indemnitaire, la prescription quinquennale n'était pas opposable à la salariée, que l'employeur ne s'expliquait pas sur le fond quant à l'absence de répartition des horaires relevée à juste titre par la salariée et que la production de deux plannings non-signés de cette dernière était impropre à renverser la présomption de contrat à temps plein, que, tenue de rester en permanence à la disposition de son employeur, la salariée avait nécessairement subi un préjudice faute de ne pouvoir chercher un emploi complémentaire et que c'était donc à juste titre que les premiers juges avaient fait droit à la demande de dommages-intérêts présentée de ce chef.

En statuant ainsi, alors que sous le couvert d'une demande de dommages-intérêts pour absence de répartition des horaires sur le contrat de travail, la salariée demandait le paiement d'une créance de rappel de salaire qui était prescrite, la cour d'appel a violé les articles L. 3245-1 CT et 2277 c. civ., dans leur rédaction applicable en la cause.

Cass. soc. 28 mars 2018, n° 12-28.606, à paraître.

Le dépassement d'au moins 2 heures par semaine de l'horaire convenu sur une période de 12 semaines consécutives ou sur 12 semaines au cours d'une période de 15 semaines doit être calculé en fonction de l'horaire moyen réalisé par le salarié sur toute la période de référence.

En effet, selon l'article L. 3123-15 CT, lorsque, pendant une période de 12 semaines consécutives ou pendant 12 semaines au cours d'une période de 15 semaines ou sur la période prévue par un accord collectif conclu sur le fondement de l'article L. 3122-2 si elle est supérieure, l'horaire moyen réellement accompli par un salarié a dépassé de 2 heures au moins par semaine, ou de l'équivalent mensuel de cette durée, l'horaire prévu dans son contrat, celui-ci est modifié, sous réserve d'un préavis de 7 jours et sauf opposition du salarié intéressé ; l'horaire modifié est égal à l'horaire antérieurement fixé auquel est ajoutée la différence entre cet horaire et l'horaire moyen réellement accompli.

Cass. soc. 4 novembre 2015, n° 14-16.338, BC V n° 224.

Dans les associations d'aide à domicile, l'absence de communication au salarié de ses horaires de travail avant le début du mois, lorsque le contrat ne précise pas le jour où cette communication doit être effectuée, fait présumer que l'emploi est à temps complet.

D'abord, selon l'article L. 3123-14, 3° CT, le contrat écrit doit mentionner les modalités selon lesquelles les horaires de travail pour chaque journée travaillée sont communiqués par écrit au salarié ; dans les associations et entreprises d'aide à domicile, les horaires de travail sont communiqués par écrit chaque mois au salarié ; il en résulte qu'en l'absence de stipulations relatives au jour du mois auquel sont communiqués par écrit les horaires de travail des salariés des entreprises et association d'aide à domicile, ceux-ci doivent l'être avant le début de chaque mois ; l'absence d'une telle communication fait présumer que l'emploi est à temps complet et il incombe alors à l'employeur de rapporter la preuve, d'une part, de la durée exacte hebdomadaire ou mensuelle convenue, d'autre part, que le salarié n'était pas placé dans l'impossibilité de prévoir à quel rythme il devait travailler et qu'il n'avait pas à se tenir constamment à la disposition de l'employeur.

Après avoir constaté qu'une association d'aide à domicile n'avisait pas une salariée de ses plannings de travail avant le premier jour du mois, lesquels étaient régulièrement modifiés en cours de mois, et que le nombre d'heures travaillées variait d'un mois à l'autre, une cour d'appel, qui a retenu que la salariée se trouvait dans l'impossibilité de connaître son rythme de travail et se trouvait à la disposition constante de l'employeur, a pu décider qu'elle était employée à temps complet.

Cass. soc. 20 février 2013, n° 11-24.012, BC V n° 46.

Le seul défaut de la mention dans le contrat de travail, prévue à l'article L. 3123-14, 4° ancien CT, des limites dans lesquelles peuvent être effectuées les heures complémentaires au-delà du temps de travail fixé par le contrat à temps partiel n'entraîne pas sa requalification en contrat à temps complet.

Cass. soc. 30 novembre 2010, n° 09-68.609, 1re branche du moyen unique commun des pourvois de l'employeur, BC V n° 269. Voir aussi cass. soc. 25 janvier 2017, n° 15-16.708.

Si la durée cumulée des heures travaillées au titre de l'ensemble des contrats conclus avec le salarié excède la durée de travail prévue à l'article L. 3123-1 CT pour un travail à temps partiel, le salarié peut demander la requalification de son contrat en contrat à temps plein.

Un salarié a été engagé par les PTT, devenus « La Poste », en qualité d'agent contractuel pour la distribution d'imprimés par contrat à durée indéterminée à temps partiel à compter du 1er juillet 1989. Parallèlement, il a été engagé par La Poste par plusieurs contrats à durée déterminée successifs pour le remplacement d'agents absents dans des activités de tri postal ou de nettoyage. S'étant vu reprocher une faute grave dans le cadre de son travail effectué au titre de son contrat à durée indéterminée, le salarié a été licencié le 24 juin 1994. Estimant cette mesure abusive, il a sollicité, devant la juridiction prud'homale, notamment la requalification de son contrat de travail en contrat à durée indéterminée à temps complet et les indemnités de rupture correspondantes.

Pour rejeter ses demandes sur la base d'un contrat de travail à temps complet, une cour d'appel a énoncé qu'aucune disposition légale ne fait interdiction à un employeur de recruter un salarié sur la base d'un contrat à durée indéterminée, mais à temps partiel, pour un type de travail qui ne justifie pas un emploi à temps complet et, parallèlement, convenir d'employer ce même salarié, sur le temps pendant lequel il n'est pas lié par le contrat à durée indéterminée, pour vaquer au remplacement d'employés titulaires indisponibles, même par le moyen de contrats à durée déterminée successifs pour pallier des absences successives, pendant une période qui peut être d'une certaine durée, dès lors que la succession de contrats à durée déterminée n'a pas pour objectif de pourvoir durablement un emploi vacant lié à l'activité normale et permanente de l'entreprise.

En statuant ainsi, alors que le travail accompli dans le cadre des contrats à durée déterminée de remplacement avait pour effet de faire effectuer au salarié des heures complémentaires en dehors des conditions fixées par l'article L. 212-4-3 CT, la cour d'appel, qui n'a pas recherché si la durée cumulée des heures travaillées au titre de l'ensemble des contrats conclus avec le salarié n'excédait pas la durée de travail prévue à l'article L. 212-4-2 CT pour un travail à temps partiel, n'a pas donné de base légale à sa décision.

Cass. soc. 24 novembre 1998, n° 96-42.270, BC V n° 519.

Mais une quantification préalable conventionnelle de la durée du travail ne peut pas, à elle seule, satisfaire aux exigences légales relatives à la preuve des heures de travail accomplies.

La quantification préalable de l'ensemble des missions confiées et accomplies par le distributeur, dans le cadre de l'exécution de son métier, en fonction des critères associés à un référencement horaire du temps de travail prévu par l'article 2.2.1.2 du chapitre IV de la convention collective nationale de la distribution directe ne saurait, à elle seule, faire obstacle à l'application des dispositions de l'article L. 3171-4 CT.

Cass. soc. 12 septembre 2018, n° 16-18.030, 4e moyen, à paraître.

Heures complémentaires

Le nombre d'heures complémentaires effectuées par un salarié à temps partiel au cours d'une même semaine ou d'un même mois ne peut être supérieur à 1/10 de la durée hebdomadaire ou mensuelle de travail prévue dans son contrat…

Selon l'article L. 212-4-3 CT, le contrat de travail à temps partiel détermine les limites dans lesquelles peuvent être effectuées des heures complémentaires au-delà du temps de travail fixé par le contrat. Le nombre d'heures complémentaires effectuées par un salarié à temps partiel au cours d'une même semaine ou d'un même mois ne peut être supérieur à 1/10 de la durée hebdomadaire ou mensuelle de travail prévue dans son contrat.

Un salarié avait été engagé par une société suivant un contrat de travail à temps partiel d'une durée de 32 heures par mois, avec possibilité d'effectuer des heures complémentaires dans la limite de 130 heures. Après avoir ainsi effectué durant plusieurs mois 113 heures de travail, le salarié avait été avisé par son employeur qu'il n'effectuerait plus que 32 heures par mois. Le salarié avait alors informé son employeur qu'il ne pouvait accepter cette réduction d'horaire et avait saisi la juridiction prud'homale pour obtenir des indemnités de rupture. Doit être cassé l'arrêt ayant débouté le salarié de ses demandes, alors que la cour d'appel avait constaté que le nombre d'heures complémentaires imposées au salarié était supérieur au 10e de la durée mensuelle de travail prévue au contrat.

Cass. soc. 30 juin 1999, n° 97-41.074, BC V n° 318.

... et il ne peut avoir pour effet de porter la durée du travail au niveau de la durée légale ou de la durée fixée conventionnellement.

Selon l'article L. 212-4-3 CT, le contrat de travail à temps partiel détermine les limites dans lesquelles peuvent être effectuées des heures complémentaires au-delà du temps fixé par le contrat ; les heures complémentaires ne peuvent avoir pour effet de porter la durée du travail au niveau de la durée légale du travail ou de la durée fixée conventionnellement.

Une salariée avait été engagée selon contrat à durée indéterminée à temps partiel stipulant que l'employeur pouvait lui demander d'accomplir des heures complémentaires dans la limite de 7 heures par semaine. Par avenants successifs, l'employeur avait porté la durée du travail hebdomadaire de 22 heures à 35 heures, à trois reprises, pour une durée limitée de une ou deux semaines. La salariée avait alors demandé à son employeur d'aménager la répartition de ses horaires de travail afin d'être libérée un jour par semaine, ce que l'employeur avait refusé, en mettant en demeure l'intéressée de respecter les termes de son contrat. Licenciée pour faute grave, la salariée a saisi la juridiction prud'homale pour obtenir le paiement de rappels de salaire et de congés payés sur le fondement d'une requalification du contrat de travail à temps partiel en un contrat à temps complet.

C'est à tort que, pour rejeter ces demandes, une cour d'appel a retenu que le contrat de travail n'était entaché d'aucune irrégularité et que les avenants, qui avaient pour objet, le premier, de pourvoir au remplacement d'un salarié malade, le second, de faire face à un surcroît de travail pour les fêtes de fin d'année et le troisième de remplacer des salariés nommément désignés, avaient été conclus pour une période limitée dans le cadre d'une modification temporaire d'un contrat à durée indéterminée à temps partiel et « que les 35 heures ainsi convenues n'avaient pas constitué des heures complémentaires accomplies en dehors des conditions fixées par l'article L. 212-14-3 CT », alors qu'il résultait de ses propres constatations que les heures effectuées par la salariée en exécution des avenants avaient eu pour effet de porter la durée hebdomadaire du travail de celle-ci, employée à temps partiel, au niveau de la durée fixée conventionnellement.

Cass. soc. 5 avril 2006, n° 04-43.180, BC V n° 143.
Voir aussi cass. soc. 24 mars 2010, n° 08-44.883 ; cass. soc. 6 mai 2015, n° 13-22.211.

Lorsqu'un employeur a recours à des heures complémentaires ayant pour effet de dépasser la durée légale du travail, le contrat est requalifié en contrat à temps complet...

Ayant constaté que le recours par un employeur à des heures complémentaires avait eu pour effet de porter, fût-ce pour une période limitée à un mois, la durée de travail d'une salariée au-delà de la durée légale, une cour d'appel a décidé à bon droit que le contrat de travail était réputé conclu à temps complet.

Cass. soc. 12 mars 2014, n° 12-15.014, BC V n° 78.

... à compter de la première irrégularité.

En application de l'article L. 3123-17 CT, lorsque le recours à des heures complémentaires a pour effet de porter la durée du travail d'un salarié à temps partiel au niveau de la durée légale ou conventionnelle, le contrat de travail à temps partiel doit, à compter de la première irrégularité, être requalifié en contrat de travail à temps plein ; selon l'article L. 3123-14 CT, l'absence d'écrit mentionnant la durée du travail et sa répartition fait présumer que l'emploi est à temps complet et il incombe à l'employeur qui conteste cette présomption de rapporter la preuve, d'une part, de la durée exacte hebdomadaire ou mensuelle convenue, d'autre part, que le salarié n'était pas placé dans l'impossibilité de prévoir à quel rythme il devait travailler et qu'il n'avait pas à se tenir constamment à la disposition de l'employeur.

Une salariée a été engagée le 25 mai 2005 en qualité de chauffeur de car à temps partiel, sans contrat de travail écrit, par une société qui a fait l'objet d'une liquidation judiciaire ; la salariée a été licenciée pour motif économique le 9 décembre 2008, son préavis s'achevant le 9 janvier 2009 ; elle a saisi la juridiction prud'homale de demandes en requalification de son contrat de travail à temps partiel en un contrat de travail à temps plein et en paiement d'un rappel de salaire à ce titre pour la période allant du 25 mai 2005 au 9 janvier 2009.

Pour limiter au contraire à 550 heures la durée minimale de travail depuis l'embauche, une cour d'appel, après avoir constaté qu'il n'y avait pas de contrat de travail écrit et que l'intéressée avait travaillé à temps plein au mois de juin 2007, a relevé qu'elle était essentiellement chargée de transports scolaires et de transports périscolaires, qu'elle était, sauf cas exceptionnels, avertie, conformément aux dispositions de la convention collective, au moins trois jours à l'avance de ses horaires de travail, que l'employeur produit mois par mois des relevés précis des transports effectués, et que l'intéressée s'était entièrement mise à la disposition d'un autre employeur du 1er septembre 2007 au 30 avril 2008.

En statuant ainsi, alors, d'une part, que la salariée ayant effectué un temps plein au mois de juin 2007, elle aurait dû à tout le moins en déduire qu'à compter de cette date son contrat de travail à temps partiel devait être requalifié en contrat de travail à temps plein, d'autre part, que l'employeur n'établissait pas, pour la période antérieure au mois de juin 2007, la durée du travail convenue, la cour d'appel a, peu important par ailleurs le respect des dispositions conventionnelles relatives au travail à temps partiel, violé les articles L. 3123-17 et L. 3123-14 CT.

Cass. soc. 17 décembre 2014, n° 13-20.627, précité. Voir aussi cass. soc. 6 juillet 2016, n° 14-25.881.

Les heures complémentaires effectuées au-delà du dixième de la durée du travail prévue au contrat donne lieu à la majoration de salaire de 25 %.

Les articles L. 3123-14, 4°, L. 3123-17 et L. 3123-18 CT, qui constituent des dispositions d'ordre public auxquelles il ne peut être dérogé, ont pour objet de limiter le nombre d'heures que peut effectuer un salarié à temps partiel au-delà de la durée prévue à son contrat ; il en résulte que toutes les heures effectuées au-delà de cette durée, qu'elles soient imposées par l'employeur ou qu'elles soient prévues par avenant au contrat de travail à temps partiel en application d'un accord collectif, sont des heures complémentaires.

Ayant conclu plusieurs avenants temporaires à son contrat de travail à temps partiel augmentant son temps de travail, une salariée a saisi la juridiction prud'homale d'une demande de paiement d'un rappel de salaire au titre de la majoration de 25 % des heures complémentaires effectuées au-delà du dixième de la durée du travail prévue à son contrat, conformément à l'article L. 3123-19 CT.

Après avoir exactement qualifié d'heures complémentaires toutes les heures effectuées au-delà de la durée du travail inscrite au contrat de la salariée, c'est à bon droit qu'une cour d'appel en a déduit que toutes celles qui avaient été effectuées au-delà de la limite d'un dixième de la durée prévue au contrat, devaient supporter la majoration de 25 % prévue par l'article L. 3123-19 CT.

Cass. soc. 7 décembre 2010, n° 09-42.315, BC V n° 282. Voir aussi cass. soc. 21 septembre 2016, n° 15-15.413.

Une salariée a été engagée à compter du 2 juin 2003 par une association en qualité d'aide à domicile, sur la base d'un contrat de travail à temps partiel de 5 heures hebdomadaires, soit 21,65 heures par mois ; selon avenant du 26 mars 2008, la durée de travail a été portée à 17,50 heures hebdomadaires correspondant à un horaire mensualisé de 75,78 heures, d'où un salaire s'élevant en dernier lieu à 685,12 € ; la salariée a été licenciée pour faute grave par lettre du 2 octobre 2009 ; reprochant à son employeur une absence de rémunération et contestant la légitimité de son licenciement, la salariée a saisi la juridiction prud'homale de demandes de rappels de salaire, d'indemnités de rupture, et de dommages-intérêts pour licenciement sans cause réelle et sérieuse ainsi que pour remise tardive de documents sociaux.

C'est à bon droit qu'une cour d'appel a jugé que toutes les heures de travail qui avaient été effectuées par la salariée au-delà de la limite d'un dixième de la durée prévue au contrat, y compris celles accomplies au-delà de la limite portée au tiers de la durée prévue au contrat de travail par l'accord de branche du 7 septembre 2005 agréé par arrêté du 11 octobre 2005, devaient supporter la majoration de 25 % prévue par l'article L. 3123-19 CT.

Cass. soc. 2 juillet 2014, n° 13-15.954, BC V n° 175.

N'ont pas à être payées les heures complémentaires réalisées par un salarié sans l'accord de son employeur et n'étant pas nécessaires à la réalisation des tâches qui lui étaient confiées.

Cass. soc. 14 septembre 2016, n° 14-21.654, 3e moyen.

Le salarié à temps partiel qui effectue des heures de travail au-delà de la limite légale applicable aux heures complémentaires a droit à des dommages-intérêts en réparation du préjudice subi.

Le salarié engagé à temps partiel qui effectue des heures de travail au-delà de la limite légale applicable aux heures complémentaires, s'il ne peut prétendre au paiement de ces heures suivant le régime des heures supplémentaires, est fondé à réclamer, en sus du paiement de ces heures au taux prévu par son contrat de travail, des dommages-intérêts en réparation du préjudice subi par lui du fait de ce dépassement.

Cass. soc. 27 février 2001, n° 98-45.610, BC V n° 63. Voir aussi cass. soc. 3 novembre 2011, n° 09-68.526.

L'accomplissement d'heures complémentaires au-delà de l'horaire contractuel ne crée pas de droits pour le salarié au maintien du même nombre d'heures complémentaires.

À son retour de congé de maternité, une salariée s'était vue indiquer qu'elle travaillerait selon un nombre d'heures mensuelles inférieur à celui des années 1996 et 1997, durant lesquelles elle avait accompli des heures complémentaires. Son employeur l'a licenciée à la suite de son refus. La salariée a alors saisi la juridiction prud'homale en vue d'obtenir le paiement de dommages-intérêts pour licenciement sans cause réelle et sérieuse.

C'est à bon droit qu'une cour d'appel l'a déboutée de sa demande. En effet, le seul accomplissement d'heures complémentaires au-delà de l'horaire contractuel n'avait pas créé de droits pour la salariée au maintien, après son congé de maternité, du même nombre d'heures complémentaires.

Cass. soc. 4 mars 2003, n° 00-46.362, 2e branche du moyen, BC V n° 84.

Aucune disposition légale ne prévoit la possibilité de remplacer le paiement des heures complémentaires effectuées par un travailleur à temps partiel par l'octroi d'un repos.

Cass. soc. 17 février 2010, n° 08-42.828, BC V n° 48. Voir aussi cass. soc. 15 mai 2019, n° 17-18.169, 2e moyen

En cas de litige relatif au nombre d'heures de travail accomplies, la preuve des heures complémentaires n'incombe spécialement à aucune des parties.

En cas de litige relatif à l'existence ou au nombre d'heures de travail accomplies, il appartient au salarié d'étayer sa demande par la production d'éléments suffisamment précis quant aux horaires effectivement réalisés pour permettre à l'employeur de répondre en fournissant ses propres éléments.

Pour rejeter la demande d'une salariée en paiement d'heures complémentaires, une cour d'appel a retenu qu'en versant aux débats un décompte établi au crayon, calculé mois par mois, sans autre explication ni indication complémentaire, l'intéressée n'avait pas produit d'éléments de nature à étayer sa demande.

En statuant ainsi, alors que la salariée avait produit un décompte des heures qu'elle prétendait avoir réalisées auquel l'employeur pouvait répondre, la cour d'appel a violé l'article L. 3171-4 CT.

Cass. soc. 24 novembre 2010, n° 09-40.928, 2e moyen, BC V n° 266.

S'il résulte de l'article L. 212-1-1 CT que la preuve des heures de travail effectuées n'incombe spécialement à aucune des parties et que l'employeur doit fournir au juge les éléments de nature à justifier les horaires effectivement réalisés par le salarié, il appartient cependant à ce dernier de fournir préalablement au juge des éléments de nature à étayer sa demande ; toutefois celui-ci ne peut rejeter une demande en paiement d'heures complémentaires aux motifs que les éléments produits par le salarié ne prouvent pas le bien fondé de sa demande.

Pour débouter une salariée de sa demande en paiement d'heures complémentaires, une cour d'appel a énoncé que la salariée avait produit à l'appui de sa demande des tableaux récapitulatifs établis par ses soins ne comportant pas le visa de l'employeur qui ne suffisaient pas, en dehors de tous autres éléments, à prouver la réalité des heures complémentaires et qu'il s'agissait de documents complétés par les soins de la salariée qui n'avaient pas été approuvés par sa hiérarchie

Cass. soc. 10 mai 2007, n° 05-45.932, BC V n° 71.

Les heures complémentaires doivent être prises en compte dans le calcul de la gratification de fin d'année dont doit bénéficier le salarié.

Un conseil de prud'hommes a décidé, à bon droit, que la gratification de fin d'année dont doit bénéficier un salarié à temps partiel doit être calculée en prenant en compte les heures complémentaires éventuellement effectuées.

Cass. soc. 21 mai 2002, n° 00-42.286, BC V n° 168.

Modification du contrat

À défaut de clause contractuelle expresse fixant un horaire de travail quotidien, le changement de l'horaire de la journée de travail d'un salarié à temps partiel relève en principe du pouvoir de direction de l'employeur.

Cass. soc. 18 juillet 2001, n° 99-45.076, BC V n° 276.

Le contrat de travail peut également imposer à l'employeur le respect d'un délai de prévenance en cas de modification des horaires de travail quotidien.

Le contrat de travail d'une salariée à temps partiel prévoyait notamment que l'employeur pouvait, en respectant un délai de prévenance de sept jours, modifier l'horaire de travail du matin et de l'après-midi. Après avoir notifié à la salariée sa mutation sur un autre site à titre de sanction disciplinaire, l'employeur lui a proposé le 24 février 1999 un changement de son lieu d'affectation comportant une modification de ses horaires et de ses jours de travail à compter du 26 février 1999. La salariée ayant refusé, l'employeur l'a convoquée à un entretien préalable le 3 mars 1999 et l'a licenciée pour faute grave tirée d'un abandon de poste le 12 mars 1999.

C'est à tort que, pour juger le licenciement de l'intéressée fondé sur une cause réelle et sérieuse, une cour d'appel a relevé que l'obligation faite à la salariée de travailler le samedi entrait dans le pouvoir de direction de l'employeur ; qu'en l'absence de clause contractuelle excluant le travail du samedi, l'employeur pouvait l'imposer ; que si la méconnaissance par celui-ci du délai de prévenance exigé en cas de modification des horaires de travail lui interdisait de se prévaloir d'une faute grave, le refus de la salariée d'accepter cette modification constituait néanmoins une cause réelle et sérieuse de licenciement, alors que la rupture du contrat de travail, résultant du refus de la salariée d'accepter l'obligation qui lui était faite de venir travailler le samedi, s'analysait en un licenciement sans cause réelle et sérieuse, dès lors que le délai de prévenance prévu au contrat n'avait pas respecté.

Cass. soc. 4 avril 2006, n° 04-42.672, BC V n° 133.

Le contrat écrit du salarié à temps partiel doit mentionner la durée hebdomadaire ou, le cas échéant, mensuelle prévue et, sauf pour les salariés des associations d'aide à domicile, la répartition de la durée du travail entre les jours de la semaine ou les semaines du mois, les cas dans lesquels une modification de la répartition de la durée du travail entre les jours de la semaine peut intervenir, la nature de cette modification et les modalités selon lesquelles les horaires de travail pour chaque journée travaillée sont communiqués ; à défaut, l'emploi est présumé à temps complet et il appartient à l'employeur de rapporter la preuve, d'une part, de la durée exacte hebdomadaire mensuelle convenue, d'autre part, que le salarié n'était pas placé dans l'impossibilité de prévoir à quel rythme il devait travailler et qu'il n'avait pas à se tenir constamment à la disposition de l'employeur.

Une salariée a été engagée selon un contrat à durée déterminée à temps partiel afin de faire face au remplacement d'un salarié absent pour congés annuels, pour la période du 13 au 20 décembre 2001 ; par la suite, onze contrats de travail similaires ont été conclus pour assurer le remplacement de divers salariés absents pour congés annuels ou congé maladie jusqu'au 22 octobre 2002, date à laquelle l'employeur a proposé un contrat de travail à durée indéterminée à temps partiel de 77,94 heures de travail par mois ; ayant refusé le transfert de son contrat de travail à compter du 1er janvier 2004, la salariée, licenciée le 29 janvier suivant, a saisi la juridiction prud'homale.

C'est à tort que, pour la débouter de sa demande d'indemnité pour non-respect de la législation sur le travail à temps partiel, une cour d'appel s'est bornée à retenir que les contrats de travail fixaient les horaires de travail de la salariée et leur répartition dans la journée, que ces horaires avaient peu varié et, à l'exception de la période du 20 février au 17 mars 2002, avaient tous fait commencer le service de la salariée à six heures le matin, la fin du service ayant été fixée le plus souvent à 9 h 00 ou 9 h 30, quelquefois à 11 h 00, exceptionnellement à 12 h 00 et 12 h 45, que la modification de l'amplitude horaire n'était pas telle qu'elle maintenait la salariée en permanence à la disposition de l'employeur, que la salariée ne démontrait pas que les révisions de ses horaires en fonction des besoins du service avaient été telles qu'elle s'était trouvée dans l'impossibilité de prévoir son rythme de travail, alors que la cour était tenue de préciser si l'employeur avait respecté le délai de prévenance de sept jours prévu par l'article L. 3123-21 CT avant de mettre en œuvre les modifications.

Cass. soc. 15 septembre 2010, n° 09-40.473, 3 premières branches du 2e moyen, BC V n° 179.

L'inobservation du délai de prévenance constitue un trouble manifestement illicite nécessitant le rétablissement du salarié dans ses horaires antérieurs.

Cass. soc. 5 octobre 2011, n° 10-30.599.

Elle entraîne également la requalification du contrat de travail à temps partiel en contrat de travail à temps complet lorsque le salarié est empêché de prévoir son rythme de travail et se trouve obligé de se tenir à la disposition constante de l'employeur.

L'absence de respect du délai de prévenance prévu par l'article L. 3123-21 CT, dans sa rédaction applicable au litige, entraîne la requalification du contrat de travail à temps partiel en contrat de travail à temps complet lorsque le salarié est empêché de prévoir le rythme auquel il devait travailler et se trouve dans l'obligation de se tenir à la disposition constante de l'employeur.

Une salariée engagée par une société en qualité d'agent de service à temps partiel à hauteur de deux heures par jour, du lundi au vendredi de 12 heures à 14 heures, a saisi la juridiction prud'homale d'une demande de requalification de son contrat de travail à temps partiel en contrat à temps complet et de rappel de salaires y afférents.

Ayant constaté, par une appréciation souveraine des éléments produits, que la salariée, qui avait été exposée à un unique changement d'horaire, n'avait pas été empêchée de prévoir le rythme auquel elle devait travailler et n'avait pas à se tenir à la disposition constante de l'employeur, une cour d'appel en a exactement déduit que sa demande de requalification devait être rejetée.

Cass. soc. 27 mars 2019, n° 17-21.543, à paraître. Voir aussi cass. soc. 27 mars 2019, n° 16-28.774, 2e moyen, à paraître.

La répartition du travail à temps partiel entre les jours de la semaine constitue un élément du contrat qui ne peut être modifié qu'avec l'accord du salarié et sous certaines conditions.

Tout d'abord, la répartition du travail, telle qu'elle doit être prévue, en application de l'article L. 212-4-3 CT, constitue un élément du contrat de travail à temps partiel qui ne peut être modifié sans l'accord du salarié. Ensuite, une clause du contrat ne peut valablement permettre à l'employeur de modifier l'horaire convenu en prévenant le salarié au moins sept jours à l'avance qu'à la double condition, d'une part, de la détermination par le contrat de la variation possible, d'autre part, de l'énonciation des cas dans lesquels cette modification pourra intervenir. Il s'ensuit que la répartition du travail à temps partiel sur six jours au lieu de cinq constitue une modification du contrat de travail et que la clause contractuelle qui accorde à l'employeur le pouvoir de modifier la répartition des horaires en fonction des nécessités du service ne correspond pas aux exigences légales.

Sont donc légalement justifiés les jugements ayant accordé à des salariés, licenciés sans indemnité pour avoir refusé une nouvelle répartition des horaires sur six jours au lieu de cinq, des indemnités de rupture et des dommages-intérêts pour licenciement sans cause réelle et sérieuse, ainsi qu'un rappel de salaires.

Cass. soc. 6 avril 1999, n° 96-45.790, BC V n° 166. Voir aussi cass. soc. 7 juillet 1998, n° 95-43.443, 2e et 3e branches du 1er moyen, BC V n° 373.

Une salariée était employée à temps partiel, son horaire, prévu par un avenant contractuel, n'incluant pas le mercredi. Licenciée pour avoir refusé de venir travailler le mercredi, elle avait saisi la juridiction prud'homale pour obtenir le paiement d'une indemnité pour licenciement sans cause réelle et sérieuse.

Doit être cassé l'arrêt qui, pour débouter l'intéressée de sa demande, a énoncé que le changement de l'horaire de travail à temps partiel ne constituait pas une modification du contrat de travail, alors que la répartition du travail à temps partiel entre les jours de la semaine constitue un élément du contrat de travail à temps partiel qui ne peut être modifié sans l'accord du salarié et alors qu'en l'espèce, la cour d'appel avait constaté que la mesure prise unilatéralement par l'employeur consistait à répartir le travail sur quatre jours incluant le mercredi, contrairement à l'avenant contractuel, ce qui constituait une modification du contrat de travail.

Cass. soc. 12 octobre 1999, n° 97-42.432, BC V n° 380. Voir aussi cass. soc. 25 novembre 2009, n° 08-42.175, 3e branche du moyen.

En cas de modification de la répartition de la durée du travail, le délai de prévenance n'est applicable qu'en cas de décision unilatérale de l'employeur et non lorsque la modification intervient avec l'accord exprès du salarié.

Aux termes de l'article L. 3123-21 CT, dans sa rédaction alors applicable, toute modification de la répartition du travail entre les jours de la semaine ou les semaines du mois est notifiée au salarié sept jours au moins avant la date à laquelle elle doit avoir lieu ; il en résulte que ce délai de prévenance n'est applicable qu'en cas de décision unilatérale de l'employeur et non lorsque la modification intervient avec l'accord exprès du salarié.

Cass. soc. 9 novembre 2016, n° 15-19.401, BC V n° 215.

Le non-respect par l'employeur du délai légal de prévenance applicable en cas de modification de la répartition de la durée du travail du salarié entre les jours de la semaine ou les semaines du mois porte atteinte à l'intérêt collectif de la profession.

Cass. soc. 21 septembre 2017, n° 16-14.282, BC V n° 158, cité dans « Action en justice des syndicats ».

Une clause de variabilité des horaires n'est valable qu'à condition de déterminer dans quelle mesure et dans quels cas la modification peut intervenir.

La répartition du travail à temps partiel constitue un élément du contrat qui ne peut être modifié sans l'accord du salarié.

Une clause du contrat ne peut valablement permettre à l'employeur de modifier l'horaire convenu en prévenant le salarié moins de 7 jours à l'avance qu'à la double condition, d'une part, de la détermination par le contrat de la variation possible et, d'autre part, de l'énonciation des cas dans lesquels cette modification pourra intervenir.

Cass. soc. 19 avril 2000, n° 98-40.242.

Constitue une modification du contrat de travail la nouvelle répartition des horaires du salarié à temps partiel dès lors qu'aucune clause du contrat ne prévoit une variation possible, ni les cas dans lesquels la modification peut intervenir.

Cass. soc. 25 avril 2001, n° 99-43.023.

Le seul refus de la modification par le salarié ne peut constituer une cause réelle et sérieuse de licenciement.

Tant la durée du travail que sa répartition sur la semaine ou sur le mois constituent, dans un contrat de travail à temps partiel, des éléments qui ne peuvent être modifiés qu'avec l'accord du salarié. Après avoir constaté qu'une salariée avait refusé la modification de son contrat de travail et avait été licenciée pour ce motif, une cour d'appel a pu condamner l'employeur à payer notamment à l'intéressée une indemnité pour licenciement sans cause réelle et sérieuse.

Cass. soc. 23 novembre 1999, n° 97-41.315, BC V n° 449.

Le licenciement consécutif au refus d'un salarié de signer un avenant au contrat de travail se bornant à indiquer que les heures de début et de fin de travail étaient susceptibles de variation est sans cause réelle et sérieuse.

La répartition du travail à temps partiel, telle qu'elle doit être prévue en application de l'article L. 212-4-3 CT, constitue un élément du contrat qui ne peut être modifié sans l'accord du salarié. Une clause du contrat ne peut valablement permettre à l'employeur de modifier l'horaire convenu qu'à la double condition, d'une part, de la détermination par le contrat de la variation possible et, d'autre part, de l'énonciation des cas dans lesquels cette modification pourra intervenir.

C'est à bon droit qu'une cour d'appel, ayant constaté que le contrat d'une salariée prévoyait un horaire de six jours par semaine durant cinq heures par jour, a pu décider que le changement d'horaires proposé par l'employeur constituait une modification du contrat, que la clause contractuelle qui se bornait à indiquer que les heures de début et de fin de travail étaient susceptibles de variation ne correspondait pas aux prévisions de la loi et que, dès lors, le licenciement consécutif au refus de la salariée de signer un avenant au contrat de travail était sans cause réelle et sérieuse.

Cass. soc. 7 décembre 1999, n° 97-42.333, BC V n° 479.

L'employeur ayant imposé la modification de la répartition de l'horaire de travail par malignité et non dans l'intérêt de l'entreprise, le licenciement faisant suite au refus du salarié de cette modification est sans cause réelle et sérieuse.

Une cour d'appel a exactement décidé que la modification de la répartition de l'horaire de travail constitue une modification d'un contrat de travail à temps partiel. Ayant constaté qu'un employeur avait imposé cette modification par malignité et non dans l'intérêt de l'entreprise, la cour d'appel a pu décider que le licenciement du salarié consécutif à son refus de l'accepter était dépourvu de cause réelle et sérieuse.

Cass. soc. 14 octobre 1998, n° 96-43.539, BC V n° 419.

Le refus d'un salarié à temps partiel d'accepter un changement de ses horaires ordonné par l'employeur dans le cadre de son pouvoir de direction peut être légitime, même si le changement est prévu au contrat, lorsque ce changement est incompatible avec des obligations familiales impérieuses…

Après la perte par son employeur du chantier sur lequel elle était occupée, une salariée employée à temps partiel s'était vu reclassée sur un autre chantier selon un nouvel horaire, ce qu'elle avait refusé. En retenant une faute grave à l'encontre de la salariée et en refusant d'examiner l'excuse tirée de ses obligations familiales, une cour d'appel n'a pas légalement justifié sa décision.

Cass. soc. 9 mai 2001, n° 99-40.111, BC V n° 157. Voir aussi cass. soc. 9 juillet 2003, n° 01-42.723.

… ou avec une période d'activité fixée chez un autre employeur.

Cass. soc. 28 septembre 2011, n° 09-70.329, BC V n° 217. Voir aussi cass. soc. 30 avril 2014, n° 13-13.375.

Si le refus par un salarié à temps partiel d'accepter un temps plein ne constitue pas une faute ou une cause de licenciement, le licenciement peut être prononcé si l'employeur justifie d'une cause économique.

Une manipulatrice de radiologie, employée à temps plein puis à temps partiel, a informé son employeur, à l'issue de son congé parental d'éducation, de son désir de reprendre son emploi aux conditions antérieures. L'employeur lui a demandé de reprendre ses fonctions à plein temps. En conséquence de son refus de la modification proposée par l'employeur, elle a été licenciée pour motif économique et a saisi la juridiction prud'homale d'une demande en indemnité pour licenciement sans cause réelle et sérieuse.

Doit être rejeté le pourvoi de la salariée reprochant à une cour d'appel de l'avoir déboutée de sa demande.

S'il est exact que le refus par un salarié à temps partiel d'accepter un temps plein ne constitue pas une faute ou une cause de licenciement, le licenciement peut être prononcé si l'employeur justifie d'une cause économique non discutée en l'espèce par le pourvoi.

Cass. soc. 24 novembre 1998, n° 96-41.740, BC V n° 512.

Le passage d'un horaire de travail à temps partiel à un horaire à temps complet constitue une modification du contrat de travail. En l'absence de motif économique justifiant cette modification, le licenciement faisant suite au refus de la salariée d'accepter la modification de son contrat était dépourvu de cause réelle et sérieuse.

Cass. soc. 23 février 2000, n° 97-44.267.

Si un employeur modifie les horaires de travail d'une salariée à temps partiel sans respecter le délai de prévenance prévu contractuellement, la rupture du contrat de travail résultant du non-respect par l'employeur de ses obligations contractuelles s'analyse en un licenciement sans cause réelle et sérieuse.

Ayant constaté qu'un employeur avait modifié les horaires de travail d'une salariée, engagée en vertu d'un contrat de travail à temps partiel, sans respecter le délai de prévenance prévu au contrat de travail, un conseil de prud'hommes a exactement décidé que la rupture du contrat de travail, résultant du non-respect par l'employeur de ses engagements contractuels, s'analysait en un licenciement sans cause réelle et sérieuse.

Cass. soc. 16 février 1999, n° 96-45.407, BC V n° 75.

Temps partiel modulé

Depuis la loi 2008-789 du 20 août 2008, il n'est plus possible de conclure d'accord de modulation.

Les accords collectifs conclus avant le 21 août 2008 restant en vigueur, les arrêts rapportés ci-dessous, rendus sous l'empire de la législation antérieure, conservent leur intérêt.

Le temps partiel modulé doit avoir été prévu par une convention ou un accord collectif étendu ou par un accord d'entreprise ou d'établissement.

Un éducateur spécialisé employé par une association où la réduction du temps de travail à 35 heures s'est appliquée à compter du 1er janvier 2000 - l'employeur mettant en œuvre un décompte annuel des heures de travail pour tous les salariés - est passé à temps partiel selon avenant à son contrat de travail du 16 novembre 2000 prenant effet le 1er novembre 2000, ledit avenant fixant une durée hebdomadaire moyenne de travail effectif de 17,50 heures. Le salarié, soutenant que l'annualisation du temps de travail ne pouvait s'appliquer à son contrat de travail à temps partiel, a saisi la juridiction prud'homale.

Doit être rejeté le pourvoi de l'association faisant grief à une cour d'appel de l'avoir condamnée au paiement de rappels de salaires au titre d'heures complémentaires et congés payés afférents.

En effet, une cour d'appel, après avoir relevé que la modulation du travail à temps partiel instituée par l'article L. 212-4-6 CT ne pouvait résulter que d'un accord collectif, a exactement décidé que l'accord du 1er avril 1999 visant à mettre en œuvre la création d'emplois par l'aménagement et la réduction du temps de travail dans la branche sanitaire, sociale et médico-sociale à but non lucratif ne contenait pas de dispositions applicables aux salariés à temps partiel en ce qui concerne la modulation du temps de travail, l'article 15-3 dudit accord étant relatif au contrat de travail à temps partiel annualisé. Ayant ensuite constaté que l'avenant au contrat de travail du salarié et prévoyant son emploi à temps partiel avait été conclu le 16 novembre 2000, elle a fait ressortir que cet avenant n'avait pu mettre en place un contrat de travail à temps partiel annualisé en application des dispositions anciennes des articles L. 212-4-2 et L. 212-4-3 CT, la loi 2000-37 du 19 janvier 2000 ayant supprimé la possibilité de conclure un tel contrat. Il s'ensuit que la cour d'appel a, à bon droit, décidé que l'employeur ne pouvait décompter les heures de travail effectuées par le salarié sur l'année.

Cass. soc 3 mai 2006, n° 04-44.093, BC V n° 165.

Selon la législation antérieure, la mise en œuvre du travail à temps partiel modulé, qui se traduisait par une modification de la répartition du travail par semaine ou sur le mois, constituait, pour le salarié déjà titulaire d'un contrat de travail à temps partiel, une modification de son contrat de travail qui nécessitait son accord exprès.

Un salarié à temps partiel, dont la durée du contrat avait été réduite à la suite d'un accord de réduction du temps de travail, a saisi la juridiction prud'homale d'une demande de rappel de salaire au titre d'heures de travail de nuit, d'heures complémentaires et d'heures supplémentaires.

Après avoir constaté l'absence d'accord entre les parties quant à la modulation pratiquée, une cour d'appel a pu en déduire que le salarié n'était pas tenu d'effectuer les heures complémentaires demandées par l'employeur.

Cass. soc. 20 février 2008, n° 06-43.349, BC V n° 43.

Égalité de traitement entre salariés à temps plein et salariés à temps partiel…

Le principe d'égalité de situation entre salariés à temps partiel et salariés à temps plein doit être respecté. Il se traduit, notamment en matière de rémunération, par l'application d'une stricte règle de proportionnalité.

Compte tenu de la durée de leur travail et de leur ancienneté dans l'entreprise, la rémunération des salariés à temps partiel est proportionnelle à celle du salarié qui, à qualification égale, occupe à temps complet un emploi équivalent dans l'établissement ou l'entreprise.

Une cour d'appel a dès lors jugé à bon droit qu'un usage d'entreprise ne pouvait subordonner le paiement d'une prime à l'occupation d'un emploi à temps complet.

Cass. soc. 13 avril 1999, n° 97-41.171, 2e moyen, BC V n° 177. Voir aussi cass. soc. 20 janvier 2010, n° 08-43.452, pourvoi incident.

Dès l'instant qu'une somme versée présente le caractère d'une rémunération, elle est versée au salarié à temps partiel en proportion de la durée du travail.

Cass. soc 1er juin 1999, n° 97-41.430, BC V n° 256. Voir aussi cass. soc. 7 septembre 2017, n° 15-19.528, BC V n° 129, à propos d'un complément de salaire calculé selon le diplôme ; cass. soc. 15 juin 2018, n° 17-12.486, 1er moyen, précisant que dès lors qu'une somme versée aux salariés présente le caractère d'une rémunération elle est versée au salarié à temps partiel en proportion de la durée de son travail, sauf dispositions contraires plus favorables de l'accord collectif instituant l'avantage considéré.

• Bénéfice de la convention collective

Aux termes de l'article L. 3123-11 ancien CT, les salariés employés à temps partiel bénéficient des droits reconnus aux salariés à temps complet par la loi, les conventions et les accords collectifs d'entreprise ou d'établissement sous réserve, en ce qui concerne les droits conventionnels, de modalites spécifiques prévues par une convention ou un accord collectif.

Pour rejeter la demande d'un médecin vacataire en paiement de sommes au titre de l'exécution et de la rupture de son contrat de travail fondée sur les dispositions de la convention collective nationale des praticiens de la Mutualité sociale agricole, une cour d'appel avait retenu que cette convention ne s'appliquait qu'aux médecins du travail exerçant à temps complet ou à mi-temps et que le salarié, exerçant à temps partiel, ne rentrait pas dans ces catégories. Cependant, l'article L. 212-4-5 CT ne permet de prévoir que des modalités spécifiques d'application des droits conventionnels pour les salariés à temps partiel. En excluant entièrement ce salarié du bénéfice de la convention collective du seul fait qu'il exerçait à temps partiel, la cour d'appel a violé le texte précité.

Cass. soc. 7 mai 2002, n° 99-45.036, 3e moyen, BC V n° 157. Voir aussi cass. soc. 15 janvier 2002, n° 99-42.546, BC V n° 17 ; cass. soc. 24 juin 2003, n° 00-42.766, BC V n° 203.

Pour débouter des salariés à temps partiel de leurs demandes de revalorisation de leur coefficient, une cour d'appel, après avoir rappelé que l'article 52 de la convention collective d'entreprise, modifié par avenant en 1996, prévoyait un avancement en fonction de la compétence et de l'assiduité, a retenu qu'en raison du nombre réduit d'heures de travail, les salariés ne démontraient pas qu'ils auraient dû bénéficier d'un tel avancement et que, pour la période postérieure à 1996, ils ne remplissaient pas les conditions de l'avancement automatique prévu par l'avenant à la convention collective.

En statuant ainsi, alors que, d'une part, elle ne pouvait, en l'absence de dispositions particulières excluant les salariés à temps partiel du champ d'application de l'article 52 précité, se fonder sur le nombre réduit d'heures de travail effectuées par ceux-ci pour les priver du bénéfice de ce texte et que, d'autre part, il lui incombait d'expliquer en quoi ils ne remplissaient pas les conditions d'avancement automatique prévues par l'avenant, la cour d'appel n'a pas donné de base légale à sa décision.

Cass. soc. 8 juillet 2003, n° 02-45.092, 2e moyen du pourvoi incident, BC V n° 225.

L'annexe 3 de la convention collective nationale des établissements et services pour personnes inadaptées et handicapées prévoit que peut prétendre à la classification d'éducateur technique toute personne justifiant d'un certificat d'aptitude professionnelle ou d'un diplôme admis en équivalence et de cinq années de pratique professionnelle dans son métier de base après l'obtention du diplôme professionnel en cause.

Un salarié avait été engagé par une association dans le cadre d'un contrat à durée déterminée en remplacement d'un éducateur technique spécialisé. Après avoir obtenu ce diplôme, le salarié a signé un contrat à durée indéterminée pour un poste d'éducateur technique spécialisé avec un coefficient 434. À la suite du refus de l'employeur de prendre en compte son ancienneté et sa qualification avec effet depuis son embauche, le salarié a saisi la juridiction prud'homale, notamment, d'une demande de rappel de salaires.

Pour le débouter de sa demande, une cour d'appel a retenu que si la convention collective ne faisait pas référence à la notion de plein temps, elle privilégiait la pratique professionnelle et que le salarié ne justifiait que d'une activité à temps partiel dans l'entreprise de son père de 1983 à 1987, puis en 1994 et 1995, y compris pendant les mois de décembre de chaque année, période particulièrement chargée dans l'activité de pâtisserie, de sorte que son implication dans l'entreprise était insuffisante pour qu'il puisse se prévaloir d'une pratique professionnelle de cinq années.

En statuant ainsi, alors qu'il résultait de ses propres constatations que la durée des cinq années de pratique professionnelle était atteinte par le salarié, peu important qu'il ait exercé son activité à temps partiel, la cour d'appel a violé le texte précité en ajoutant aux dispositions conventionnelles une condition qu'elles ne prévoient pas.

Cass. soc. 7 mai 2008, n° 07-40.289, BC V n° 100.

Selon l'article L. 212-4-5, al. 1, devenu L. 3123-11 CT, le salarié à temps partiel bénéficie des droits reconnus au salarié à temps complet par la loi, les conventions et les accords collectifs d'entreprise ou d'établissement sous réserve, en ce qui concerne les droits conventionnels, de modalités spécifiques prévues par une convention ou un accord collectif de travail ; selon l'article L. 135-2, devenu L. 2254-1 CT, lorsqu'un employeur est lié par les clauses d'une convention collective ou d'un accord, ces clauses s'appliquent aux contrats de travail conclus avec lui, sauf dispositions plus favorables ; selon les articles 15 et 16 de l'accord collectif national du 19 décembre 1985 sur la classification des emplois et des établissements, sont attribuées dans le réseau des caisses d'épargne une prime de durée d'expérience aux salariés ayant au moins trois ans d'expérience et une prime familiale aux salariés chefs de famille.

C'est à tort que, pour rejeter la demande de salariées à temps partiel tendant à obtenir le paiement intégral des primes litigieuses, une cour d'appel a retenu notamment que l'absence de dispositions spécifiques dans l'accord applicables aux salariés travaillant à temps partiel ne permettait pas d'exclure la règle de la proportionnalité prévue par l'article L. 212-4-5 CT et que, dans ces conditions, l'accord d'entreprise relatif à la mise en place du temps partiel signé le 19 mai 1992 mentionnait valablement que tous les éléments de rémunération sont proportionnels au temps de travail inscrit au contrat, alors qu'il résultait des dispositions des articles 15 et 16 de l'accord collectif national susvisé que la prime d'expérience et la prime familiale avaient un caractère forfaitaire pour tous les salariés.

Cass. soc. 17 juin 2009, n° 08-41.077, 1er moyen, BC V n° 155.

D'une part, selon l'article L. 3123-10 CT, compte tenu de la durée de son travail et de son ancienneté dans l'entreprise, la rémunération du salarié à temps partiel est proportionnelle à celle du salarié qui, à qualification égale, occupe à temps complet un emploi équivalent dans l'établissement ou l'entreprise ; selon l'article L. 2251-1 CT, une convention ou un accord peut comporter des stipulations plus favorables aux salariés que les dispositions légales en vigueur.

D'autre part, aux termes de l'accord collectif national applicable dans le réseau des caisses d'épargne et de prévoyance, sont attribuées une prime de vacances à tous les salariés, une prime de durée d'expérience aux salariés ayant au moins trois ans d'expérience et une prime familiale aux salariés chefs de famille ; il en résulte que ces primes ont un caractère forfaitaire pour tous les salariés.

Dès lors, c'est à bon droit qu'un conseil de prud'hommes a décidé qu'une salariée employée à temps partiel par une caisse d'épargne était fondée à prétendre à un rappel de ces primes.

Cass. soc. 15 septembre 2010, n° 08-45.050, BC V n° 181.

Après avoir retenu qu'un supplément familial conventionnel constituait un élément de salaire soumis au principe de proportionnalité en vertu de l'article L. 3123-10 CT, rappelé par l'accord sur le travail à temps partiel applicable dans l'entreprise, et que l'article 31 de la convention collective dont relevait l'entreprise ne comportait pas de mention contraire à ce principe, une cour d'appel en a déduit à bon droit qu'il y avait lieu à proratisation de cet avantage pour les salariés travaillant à temps partiel.

Cass. soc. 2 juillet 2014, n° 13-14.972, pourvoi principal, BC V n° 168.

Si une convention collective peut prévoir des modalités d'adaptation spécifiques des droits conventionnels pour les salariés à temps partiel, elle ne peut les exclure entièrement du bénéfice de cette convention.

Quatorze salariés exerçant la profession de médecin généraliste ou spécialiste à temps partiel ont saisi la juridiction prud'homale d'une demande d'application à leur situation des stipulations de l'avenant du 30 septembre 1977 à la convention collective nationale du 8 février 1957 des personnels des organismes de sécurité sociale, alors qu'elles sont réservées par l'article 1er dudit avenant aux seuls médecins qui exercent à temps plein.

C'est à tort que pour rejeter leur demande, une cour d'appel a retenu que l'article L. 212-4-5 CT, qui érige le principe d'égalité entre les salariés employés à temps partiel et les salariés à temps complet, ne pouvait être invoqué dès lors qu'il permettait d'y déroger par un accord prévoyant des modalités spécifiques et que la situation des médecins à temps plein visée par l'avenant du 30 septembre 1977 était différente de celle des médecins à temps partiel dans la mesure où ils n'étaient pas libres d'exercer une autre activité.

En statuant ainsi, alors que cet avenant exclut les médecins à temps partiel du bénéfice des stipulations de la convention collective du 8 février 1957, la cour d'appel a violé l'article L. 212-4-5 CT et la clause 4 de l'accord cadre sur le travail à temps partiel mis en œuvre par la directive 97/81/CE du Conseil du 15 décembre 1997.

Cass. soc. 16 janvier 2008, n° 06-41.471, BC V n° 12. Voir aussi cass. soc. 16 mars 2011, n° 09-70.893.

• Droit à congé

Le salarié à temps partiel a droit à un congé dont la durée, qui ne doit pas être réduite à proportion de l'horaire de travail, est égale à celle du congé d'un salarié à plein temps et dont la rémunération est égale au dixième de la rémunération totale qu'il a perçue au cours de la période de référence ou, si elle est plus favorable, au montant de la rémunération qu'il aurait perçue s'il avait continué à travailler.

Cass. soc. 22 février 2000, n° 97-43.515, BC V n° 74.

Un conseil de prud'hommes ne peut, pour calculer la durée des congés d'un salarié travaillant 80 % d'un temps plein, affecter le droit à congé applicable aux salariés à temps plein du pourcentage de 80 %.

Cass. soc. 10 mai 2001, n° 99-42.566.

La règle de proportionnalité, résultant du principe de l'égalité de traitement entre salariés à temps plein et salariés à temps partiel, ne s'applique pas aux congés supplémentaires pour ancienneté acquis par les salariés à temps partiel lorsqu'ils travaillaient à temps complet.

Après avoir constaté que, lorsqu'il travaillait à temps plein, le salarié n'avait pas bénéficié, du fait de l'employeur, de la totalité de ses droits aux congés supplémentaires pour ancienneté, c'est à bon droit qu'un conseil de prud'hommes a accordé à l'intéressé une indemnité compensatrice.

Cass. soc. 8 juillet 2003, n° 01-41.705, 2e moyen, BC V n° 224.

Un salarié travaillant à temps partiel doit bénéficier du même nombre de jours ouvrables de congés payés qu'un salarié à temps complet.

En cas de décompte des congés payés en jours ouvrés, qu'il s'agisse de jours ouvrés dans l'entreprise, ou de jours ouvrés par le salarié, il appartient à l'employeur de démontrer, au titre de la durée des congés payés, que le salarié a bénéficié du nombre de jours ouvrables de congés payés auxquels il a droit en application de dispositions légales ou conventionnelles le régissant.

Cass. soc. 13 novembre 2008, n° 07-43.126.

En application du principe de l'égalité de traitement entre les salariés à temps partiel et les salariés à temps complet édicté par l'article L. 3123-11 CT, les jours ouvrables de congés supplémentaires pour ancienneté doivent être décomptés de la même manière que les jours de congés des salariés à temps complet, sur les six jours ouvrables de la semaine. Si le point de départ des congés est un jour ouvré pour le salarié concerné, le congé conventionnel s'applique sur une période de six jours, peu important qu'ils soient ouvrables ou ouvrés. Il n'en va autrement que pour les congés revêtant un caractère compensatoire et pour ceux qui sont accordés dans une entreprise où le décompte des jours de congés de toute nature est effectué en jours ouvrés.

Cass. soc. 31 janvier 2012, n° 10-30.935, BC V n° 46. Voir aussi cass. soc. 9 juin 2004, n° 02-46.348, 1er moyen du pourvoi de l'employeur, BC V n° 162.

Sauf accord collectif prévoyant sans discrimination un autre mode d'acquisition et de décompte des droits à congés payés annuels en jours ouvrés, le décompte des droits à absence en jours ouvrés au titre des congés payés annuels ne peut se faire au profit des salariés à temps partiel que sur les jours habituellement ouvrés dans l'établissement, et non sur les seuls jours ouvrés qui auraient été travaillés par le salarié concerné, s'il avait été présent.

Cass. soc. 12 mai 2015, n° 14-10.509, BC V n° 93.

Le salarié qui passe d'un emploi à temps plein à un emploi à temps partiel doit pouvoir bénéficier de la totalité des congés acquis au titre de sa période de travail à temps plein.

CJUE 22 avril 2010, aff. C-486/08, Recueil I-3527, cité dans « Congés payés ». Voir aussi CJUE 13 juin 2013, aff. C-415/12.

• **Augmentation du salaire horaire**

L'attribution d'une prime dite de compensation, équivalant à une augmentation du salaire horaire des salariés à temps plein, doit bénéficier, au prorata du temps de travail, aux employés à temps partiel présents dans l'entreprise au moment de l'attribution de cette prime.

Cass. soc. 15 avril 1992, n° 88-42.199, BC V n° 281.

• **Rémunération complémentaire au salaire de base**

La mise en place par une société d'une rémunération complémentaire au salaire de base liée aux objectifs de vente porte atteinte au principe d'égalité et à la règle de proportionnalité dans la mesure où les conditions d'attribution de cette rémunération ne distinguent pas les objectifs à atteindre selon la durée du travail et exigent la réalisation du même chiffre d'affaires pour les salariés à temps plein et les salariés à temps partiel.

Cass. soc. 4 décembre 1990, n° 87-42.341, BC V n° 605.

• **Prime d'ancienneté**

Pour la détermination des droits liés à l'ancienneté, la durée de celle-ci est décomptée, pour les salariés à temps partiel, comme s'ils avaient été occupés à temps complet, les périodes non travaillées étant prises en compte en totalité. Il s'ensuit qu'un usage consistant à revaloriser le salaire après cinq ou dix ans s'applique aux salariés travaillant à temps partiel.

Cass. soc. 29 janvier 2002, n° 99-44.376, 5e moyen, BC V n° 40.

Si, conformément à la loi, la durée de l'ancienneté pour l'application de l'article 52 de la convention collective des experts comptables et comptables agréés doit être décomptée pour les employés à temps partiel comme s'ils avaient été occupés à temps complet, le montant de la prime doit, s'agissant d'un élément de leur rémunération, être déterminé par application de la règle de proportionnalité des salaires des employés à temps partiel par rapport à ceux des employés à temps complet.

Cass. soc. 18 février 1988, n° 86-41.980, BC V n° 120.

Lors du transfert de son siège social, une société avait engagé une procédure de licenciement collectif pour motif économique donnant lieu à l'établissement d'un plan social. Une employée à temps partiel, qui avait demandé le bénéfice des dispositions du plan social, avait saisi en référé la juridiction prud'homale d'une demande en paiement à titre provisionnel d'une somme complémentaire au titre de l'indemnité de départ prévue par le plan social.

Doit être rejeté le pourvoi de la société reprochant à une ordonnance de référé de l'avoir condamnée à payer à l'intéressée le plein de l'indemnité prévue au plan social. En effet, après avoir relevé que le plan social prévoyait le paiement, aux salariés faisant l'objet d'une mesure de licenciement et aux salariés volontaires dont le départ permettrait un reclassement, d'une indemnité complémentaire d'un montant variable selon l'ancienneté dans l'entreprise sans distinguer entre les salariés selon qu'ils étaient occupés à temps plein ou à temps partiel, un conseil de prud'hommes a pu décider que cette indemnité avait un caractère forfaitaire et ne dépendait que de la durée d'ancienneté dans l'entreprise.

Cass. soc. 12 février 2003, n° 02-40.526, BC V n° 51.

• **Indemnité de résidence**

C'est à tort que, pour condamner une société à payer à un salarié l'intégralité de l'indemnité de résidence, un conseil de prud'hommes a énoncé qu'il résultait d'une note d'instruction que l'ensemble du personnel ouvrier et ETDAM bénéficiait de l'indemnité de résidence, que le montant de cette indemnité ne variait pas en fonction de la situation de famille, que, par contre, ce montant variait selon qu'il s'agissait d'un membre du personnel logé, ou non, par la société, qu'il était uniquement fait état, afin d'en fixer le montant, d'une règle de base faisant référence à une valeur de point, alors que les salariés à temps partiel doivent bénéficier proportionnellement des avantages de rémunération consentis par l'employeur aux salariés à temps complet et alors que la note d'instruction ne comportait aucune disposition plus favorable accordant l'intégralité de l'indemnité aux salariés à temps partiel.

Cass. soc. 1er juin 1999, n° 97-41.430, précité.

• **Prime de vacances**

Selon l'article 22 bis de la convention collective nationale des personnels des organismes de sécurité sociale, l'allocation attribuée aux agents des organismes de sécurité sociale à l'occasion des vacances fait l'objet de deux versements, l'un le 15 juin, l'autre le 15 octobre, calculés chacun sur la base du salaire fixe brut perçu pendant le mois précédent. Dès lors, un conseil de prud'hommes, constatant qu'une salariée avait travaillé à temps complet jusqu'au 10 mai 1995, puis à mi-temps à compter du 11 mai suivant, a exactement décidé que le premier versement effectué au titre de l'allocation de vacances devait être déterminé sur la base de la moitié du salaire brut du mois précédent et non sur la base du mi-temps. Il a donc condamné à bon droit l'employeur au paiement d'un rappel d'allocations de vacances.

Cass. soc. 5 juin 2001, n° 99-41.066, BC V n° 212.

Aux termes d'un accord collectif, après un an de présence dans l'entreprise, tout membre du personnel horaire bénéficie d'allocations de vacances et de fin d'année payées en juillet et en décembre ; ces allocations ne sont dues que si l'intéressé a travaillé 24 jours dans l'année, les salariés ayant moins d'un an, mais plus d'un mois de présence, bénéficient d'une allocation au minimum proportionnelle au nombre de mois de présence. Il en résulte que les salariés à temps partiel qui remplissent les conditions prévues par ce texte doivent bénéficier de l'intégralité de ces allocations.

Doit être cassé le jugement qui, pour débouter des salariés bénéficiant d'un régime de préretraite progressive (PRP) de leurs demandes de rappels de salaires au titre des primes de vacances et de fin d'année, a énoncé qu'il résultait de l'article L. 212-4-5 CT que la rémunération des salariés était proportionnelle à la durée du travail effectué, que, par voie de conséquence, le montant des allocations acquises chaque année devait être calculé en tenant compte du fait que le salarié travaillait à mi-temps, que la convention de préretraite progressive, conclue entre l'employeur et le FNE, permettait au salarié de bénéficier d'une allocation d'État, compensation de la diminution de son revenu, consécutivement à un emploi à temps partiel, que les conventions et accords collectifs d'entreprise, en vertu de l'article L. 212-4-2 CT et en l'absence de dispositions spécifiques ou de réserve d'ordre conventionnel, doivent bénéficier proportionnellement aux travailleurs à temps partiel ; que l'accord d'entreprise retenait bien ce principe de proportionnalité, même s'il ne s'appliquait qu'à une certaine catégorie de travailleurs quittant l'entreprise en cours d'année, que ce principe, n'ayant fait l'objet d'aucune disposition contraire par voie d'avenant, devait donc s'appliquer aux salariés en PRP, alors que les parties ne pouvaient déroger à l'accord collectif par accord particulier, sauf dispositions plus favorables pour les salariés.

Cass. soc. 9 juin 2004, n° 02-46.348, moyen unique commun aux pourvois des salariés, BC V n° 162.

• Plan de sauvegarde de l'emploi établi à l'occasion d'un licenciement collectif

Un plan social établi à l'occasion d'un licenciement collectif en application de l'accord national interprofessionnel du 10 février 1969 ne peut écarter des salariés d'un avantage de départ, au seul motif qu'ils sont employés à temps partiel.

Cass. soc. 10 novembre 1992, n° 89-42.884, BC V n° 539.

• Ordre des licenciements prononcés pour motif économique

D'une part, la catégorie professionnelle, qui sert de base à l'établissement de l'ordre des licenciements, concerne l'ensemble des salariés qui exercent dans l'entreprise des fonctions de même nature supposant une formation professionnelle commune sans qu'il puisse être opéré une distinction, au sein de chaque catégorie, entre les salariés exerçant à temps plein et ceux occupés à temps partiel. D'autre part, les salariés travaillant à temps partiel bénéficient des mêmes droits que ceux reconnus aux salariés à temps plein.

C'est à tort que, pour débouter une salariée de sa demande d'indemnité pour violation de règles relatives à l'ordre des licenciements prononcés pour motif économique, une cour d'appel a retenu que l'intéressée, qui travaillait à mi-temps depuis son embauche, était mal fondée à reprocher à l'employeur de n'avoir pas fait porter son choix sur une salariée dont l'ancienneté était moindre, mais qui occupait un emploi à plein temps. En se fondant ainsi sur la qualité de salariée à temps partiel de l'intéressée pour décider qu'elle devait être licenciée de préférence à un salarié à temps complet, la cour d'appel a violé les articles L. 212-4-2 et L. 321-1-1 CT.

Cass. soc. 3 mars 1998, n° 95-41.610, BC V n° 113. Voir aussi cass. soc. 4 juillet 2012, n° 11-12.045, BC V n° 211.

… sous réserve des modalités spécifiques prévues pour la mise en œuvre des droits conventionnels

Une cour d'appel a décidé à bon droit que la disposition de l'article 5 du protocole du 20 juillet 1976, relatif au travail à temps réduit dans les organismes de sécurité sociale, selon laquelle les durées de pratique professionnelle prévues pour différents emplois de la classification doivent être majorées à due concurrence de la réduction du temps de travail, constitue une modalité de nature conventionnelle d'exercice du droit à promotion, au sens de l'alinéa 8 de l'article L. 212-4-2 CT, ne portant pas atteinte au principe d'égalité des droits entre les salariés employés à temps partiel et les salariés à temps complet posé par le même texte. La cour d'appel, qui a ensuite recherché dans quelle mesure cette disposition serait constitutive d'une discrimination, même indirecte, entre hommes et femmes, a exactement retenu que tel n'était pas le cas.

Cass. soc. 9 avril 1996, n° 92-41.103, BC V n° 146.

Après avoir relevé que les jours flottants et le jour de RTT supplémentaire les années bissextiles, prévus par un accord collectif, ne concernaient que les salariés à temps complet puisqu'ils étaient destinés à compenser, dans le cadre de la réduction du temps de travail, les heures effectuées au-delà de la durée légale hebdomadaire du travail, tandis que les salariés travaillant à temps partiel bénéficiaient conventionnellement de cette réduction selon des modalités adaptées à leur situation, une cour d'appel en a exactement déduit que la demande des salariées à temps partiel en paiement de sommes à titre des jours flottants et du jour de RTT supplémentaire les années bissextiles n'était pas fondée.

Cass. soc. 17 juin 2009, n° 08-41.077, 2e moyen, BC V n° 155.

Après avoir rappelé que, selon les dispositions de l'article 32 VI de la loi du 19 janvier 2000, le complément de rémunération, accordé aux salariés dont la durée du travail a été réduite en application d'une convention ou d'un accord collectif étendu, n'est pas pris en compte pour déterminer la rémunération des salariés à temps partiel telle que définie à l'article L. 212-4-5, al. 3 CT, une cour d'appel, qui a constaté que la réduction du temps de travail des salariés à temps complet de l'entreprise accompagnée d'une aide dégressive à cette réduction avait été mise en place par un accord collectif étendu en date du 10 novembre 1998, a exactement décidé, sans méconnaître le principe « à travail égal, salaire égal », que la salariée dont l'horaire de travail avait été maintenu ne pouvait prétendre au versement de ce complément différentiel de salaire.

Cass. soc. 17 juin 2009, n° 07-41.833, 2e moyen, BC V n° 156.

Priorité d'emploi

Les salariés à temps partiel qui souhaitent occuper ou reprendre un emploi à temps complet, dans le même établissement ou, à défaut, dans la même entreprise ont priorité pour l'attribution d'un emploi ressortissant à leur catégorie professionnelle ou d'un emploi équivalent.

A violé l'article L. 212-4-5 CT la cour d'appel qui, pour rejeter la demande d'une salariée en paiement de dommages-intérêts pour non-respect de la priorité d'emploi prévue par ce texte, a énoncé que celui-ci n'imposait pas à l'employeur de faire droit à la demande de tout salarié ayant fait acte de candidature, alors que l'employeur avait l'obligation d'accéder à la demande de la salariée dès l'instant qu'elle remplissait les conditions prévues à cet article pour occuper le poste.

Cass. soc. 29 mars 1995, n° 91-45.378, BC V n° 116.

La priorité d'emploi peut s'exercer sur un contrat à durée déterminée.

Il résulte de la combinaison de l'article L. 212-4-9, al. 1er, devenu L. 3123-8 CT, et de la clause 5 de l'accord-cadre sur le travail à temps partiel conclu le 6 juin 1997 mis en œuvre par la directive 1997/81/CE du 15 décembre 1997 que le salarié à temps partiel qui souhaite occuper ou reprendre un emploi à temps complet, ou accroître son temps de travail dans le même établissement ou, à défaut, dans la même entreprise, a priorité pour l'attribution d'un emploi ressortissant à sa catégorie professionnelle ou d'un emploi équivalent. Selon l'article L. 122-3-3, al. 1er, devenu L. 1242-14 CT, les dispositions légales et conventionnelles ainsi que celles résultant des usages applicables aux salariés titulaires d'un contrat de travail à durée indéterminée s'appliquent également aux salariés titulaires d'un contrat à durée déterminée, à l'exception des dispositions concernant la rupture du contrat de travail.

Pour débouter une salariée de sa demande en paiement de dommages et intérêts pour non-respect de la priorité d'emploi prévue par l'article L. 212-4-9 CT, une cour d'appel a énoncé que l'emploi pour lequel elle postulait, proposé dans le cadre d'un contrat à durée déterminée à trois quart temps, n'était pas compatible avec l'emploi à mi-temps qu'elle occupait et qu'aucun préjudice ne pouvait résulter de l'impossibilité pour la salariée de changer son poste en contrat à durée indéterminée pour un poste en contrat à durée déterminée.

En statuant ainsi, alors d'une part, que l'article L. 212-4-9, al. 1er, devenu L. 3123-8 CT, n'exclut pas, d'une part que la priorité d'emploi qu'il prévoit puisse s'exercer sur un emploi à durée déterminée et, d'autre part, que la salariée n'entendait pas cumuler les deux emplois à temps partiel, de sorte que, dès l'instant qu'elle remplissait les conditions prescrites, l'employeur avait l'obligation d'accéder à sa demande, la cour d'appel a violé les textes précités.

Cass. soc. 24 septembre 2008, n° 06-46.292, BC V n° 189.

L'employeur doit procéder à une diffusion spécifique, auprès des salariés à temps partiel, de la liste des emplois disponibles dans l'entreprise correspondant à leur catégorie professionnelle ou de celle des emplois équivalents.

Si l'employeur peut porter à la connaissance de ses salariés les emplois disponibles par voie de communication électronique, notamment sur le réseau intranet de l'entreprise, il est tenu, en application de l'article L. 212-4-9 CT, de procéder à une diffusion spécifique concernant les emplois pouvant correspondre à la catégorie professionnelle, ou à un emploi équivalent, des salariés à temps partiel souhaitant occuper un emploi à temps complet, ou des salariés à temps complet souhaitant un emploi à temps partiel.

Cass. soc. 20 avril 2005, n° 03-41.802, BC V n° 152.

En cas de non-respect par l'employeur de cette priorité, le salarié peut prétendre au paiement de dommages-intérêts.

Il résulte des dispositions légales que tout salarié à temps partiel qui le souhaite bénéficie d'une priorité pour l'attribution d'un emploi ressortissant à sa catégorie professionnelle ou un emploi équivalent créé ou devenu vacant dans l'établissement, ou, à défaut, dans la même entreprise, dès lors que cet emploi est compatible, en ce qui concerne l'horaire, la durée et la répartition du travail, avec l'emploi à temps partiel occupé par ce salarié. Pour rejeter la demande de dommages-intérêts formée par une salariée, employée en qualité de pharmacienne-assistante à temps partiel, pour refus injustifié de son employeur de lui attribuer un emploi à temps complet, une cour d'appel a énoncé qu'outre le fait qu'il n'était pas établi que l'employeur se trouvait dans l'obligation légale de se faire assister d'un pharmacien à temps complet, une telle obligation relevait de la mise en application de l'article 579 du code de la santé publique et ne pouvait donc concerner que les relations du pharmacien titulaire de l'officine avec le service de l'inspection des pharmacies, sans que cela puisse influer sur les dispositions du code du travail et, partant, lui imposer nécessairement la création d'un poste de pharmacien-assistant à temps complet. En statuant ainsi, sans rechercher si la salariée aurait pu occuper l'emploi à temps partiel créé par l'employeur, la cour d'appel n'a pas légalement justifié sa décision.

Cass. soc. 26 octobre 1999, n° 97-41.551, BC V n° 414.

Malgré ses demandes fondées sur l'article L. 212-4-9 CT, un salarié qui avait été engagé par contrat de travail à temps partiel n'a pas obtenu d'engagement à temps complet ; il a saisi la juridiction prud'homale après son départ en retraite pour obtenir le paiement de dommages et intérêts, estimant qu'il aurait dû bénéficier de la priorité à l'embauche prévue par ce texte.

En relevant que le premier poste qu'aurait pu convoiter l'intéressé au titre de la priorité d'embauche était celui d'un salarié, recruté à temps plein en qualité d'agent technique d'élevage et de laboratoire pour accomplir des fonctions similaires aux siennes, une cour d'appel a vérifié la réunion des conditions prévues par l'article L. 212-4-9 CT à la date de la vacance et au regard des fonctions réellement exercées par les intéressés et a pu décider que l'employeur avait commis un manquement à l'obligation mise à sa charge par l'article susvisé et évaluer souverainement le montant du préjudice.

Cass. soc. 14 novembre 2007, n° 06-44.271.

En cas de pluralité de candidatures pour le même emploi et en cas de contestation, l'employeur doit communiquer au juge les éléments objectifs sur lesquels il a fondé son choix.

Si les salariés à temps partiel bénéficient d'une priorité d'embauche pour occuper un emploi à temps complet relevant de leur catégorie professionnelle, l'employeur doit, en cas de pluralité de candidatures pour le même emploi, choisir entre les intéressés et, en cas de contestation, communiquer au juge les éléments objectifs sur lesquels il s'est appuyé pour arrêter son choix. Une salariée à temps partiel avait postulé pour un poste à temps plein mais ne l'avait pas obtenu, l'employeur ayant choisi pour l'occuper une autre employée à temps partiel. Ayant constaté que ce choix avait été motivé par des impératifs d'organisation de l'entreprise, une cour d'appel a pu débouter l'intéressée de sa demande de dommages-intérêts.

Cass. soc. 7 juillet 1998, n° 95-43.443, 1re branche du 1er moyen, BC V n° 373.

Calcul de l'indemnité de licenciement

• Cas des salariés occupés successivement à temps partiel puis à temps plein

Dans le cas où un salarié a été occupé successivement à temps partiel et à temps plein dans l'entreprise, l'indemnité qui lui est due se calcule proportionnellement aux périodes d'emploi à temps partiel et à temps plein.

Cass. soc. 1er avril 2003, n° 00-41.428. Voir aussi cass. soc. 16 avril 2015, n° 13-27.905, 3e moyen.

Pour fixer le montant de l'indemnité de licenciement due à une salariée à la moitié de la somme prévue par le plan social pour les salariés à temps plein, une cour d'appel a énoncé que le plan social stipulait que, pour les salariés à temps partiel, l'indemnité devait être évaluée en fonction de la proportionnalité de leur horaire contractuel réel et que l'intéressée travaillait à mi-temps lors de la rupture du contrat de travail.

En statuant ainsi, alors qu'il résulte du plan social que le montant de l'indemnité de licenciement est fonction de la durée de service des salariés tant à temps complet qu'à temps partiel, les périodes de travail à temps partiel étant prises en compte au prorata du rapport entre l'horaire à temps partiel et l'horaire à temps complet, la cour d'appel a violé les dispositions du plan social relatives à l'indemnité de licenciement.

Cass. soc. 4 janvier 2000, n° 97-44.923, BC V n° 10.

Mais si le principe d'égalité entre travailleurs à temps complet et travailleurs à temps partiel, posé par l'article L. 3123-13 CT, dans sa rédaction applicable, impose de calculer l'indemnité conventionnelle de licenciement en tenant compte, à défaut de dispositions conventionnelles contraires, proportionnellement des périodes d'emploi effectuées à temps plein et à temps partiel, la règle de proportionnalité ne trouve pas à s'appliquer, sauf disposition contraire de la convention collective, au plafond qui a un caractère forfaitaire.

Ayant constaté que l'article 29 de la convention collective nationale des ingénieurs et cadres de la métallurgie du 13 mars 1972 instituait, pour la détermination du montant de l'indemnité conventionnelle de licenciement, un plafond égal à dix-huit mois de traitement, c'est à bon droit qu'une cour d'appel, qui a préalablement appliqué la règle de proportionnalité pour le calcul de l'indemnité théorique de licenciement, en a limité le montant par application du plafond conventionnel, non proratisé.

Cass. soc. 26 septembre 2018, n° 17-11.102, à paraître.

• Cas des salariés à temps partiel rémunérés à l'heure

Il résulte des articles L. 122-9, L. 212-4-2 et R. 122-2 CT que l'indemnité de licenciement des salariés à temps partiel rémunérés à l'heure devant être proportionnelle à celle d'un salarié occupé à temps complet est calculée, par année de service dans l'entreprise, sur la base de 1/10 de mois de salaire par année d'ancienneté.

A violé ces textes la cour d'appel qui, pour condamner un employeur à payer à un salarié une indemnité de licenciement calculée sur la base de vingt heures de salaire par année de service, a énoncé que l'article R. 122-2 CT dispose que l'indemnité de licenciement d'un salarié rémunéré à l'heure se calcule forfaitairement, le texte ne faisant aucune distinction entre les travailleurs à temps partiel et les travailleurs à temps complet, et que l'intéressé pouvait prétendre au bénéfice de ces dispositions, quand bien même il n'aurait pas effectué les vingt heures de référence au cours de ses deux dernières années d'emploi, dès lors qu'au titre de cette période, il ne pouvait être assimilé à un salarié mensualisé pour lequel l'indemnité de licenciement est égale à 1/10 de mois par année d'ancienneté.

Cass. soc. 10 janvier 1995, n° 92-43.222, 2e moyen, BC V n° 20.

Représentant du personnel à temps partiel

Le salarié travaillant à temps partiel doit, pour l'exercice de ses fonctions représentatives, bénéficier des mêmes rémunérations et indemnisations que les travailleurs à temps complet.

Cass. soc. 26 juin 2013, n° 12-13.368, 3e moyen.

Le temps de travail mensuel d'un salarié à temps partiel ne peut être réduit de plus d'un tiers par l'utilisation d'un crédit d'heures.

Selon l'article L. 212-4-6 CT, le temps de travail mensuel d'un salarié à temps partiel ne peut être réduit de plus d'un tiers par l'utilisation du crédit d'heures auquel il peut prétendre pour l'exercice de mandats détenus par lui au sein d'une entreprise, le solde éventuel de ce crédit d'heures pouvant être utilisé en dehors des heures de travail de l'intéressé. L'objet de cet article est de limiter, pour le salarié à temps partiel, le nombre d'heures de délégation prises sur le temps de travail et non d'autoriser l'employeur à imputer sur celui-ci les heures de délégation utilisées en dehors de ce temps en raison des nécessités du mandat.

Cass. soc. 5 janvier 1995, n° 90-45.187.

Travailleurs à domicile

Le travailleur à domicile est celui qui, moyennant une rémunération forfaitaire, exécute dans un local indépendant des travaux pour le compte d'une ou de plusieurs entreprises.

Il peut travailler seul, avec le concours de son conjoint ou de ses enfants à charge, ou encore d'un seul auxiliaire.

Il bénéficie des dispositions législatives et réglementaires applicables aux salariés, ainsi, en principe, que des dispositions conventionnelles liant le donneur d'ouvrage.

Nature de l'activité

Il peut s'agir d'un travail manuel ou intellectuel.

L'article 33 du livre Ier CT définissant le travailleur à domicile ne distingue pas entre le travail intellectuel et le travail manuel et, dès lors que les conditions d'application de ce texte se trouvent réunies, il n'y a pas lieu d'examiner si ont été respectées les prescriptions établies par les articles suivants qui sont étrangères à la détermination de la qualité de travailleur à domicile, pas plus qu'il n'y a lieu de constater l'existence d'un lien de subordination économique ou juridique. A donc la qualité de travailleur à domicile la personne qui effectue seule à son domicile, pour le compte d'une société, un travail consistant à traduire des revues techniques étrangères moyennant une rémunération fixée à la page.

Cass. soc. 24 mai 1972, n° 71-10.700, BC V n° 380.

Peu importe que le donneur d'ouvrage exerce une profession libérale.

Dès lors qu'il est constant qu'une personne exécute chez elle, moyennant rémunération, un travail confié par un donneur d'ouvrage et que cette rémunération revêt un caractère forfaitaire, la qualité de travailleur à domicile doit lui être reconnue. Ni le caractère libéral de la profession du donneur d'ouvrage ni l'absence de lien de subordination, pas plus que le fait que le travailleur à domicile ait à titre principal une activité de fonctionnaire, ne sauraient faire obstacle à l'application de l'article L. 721-1 CT.

Cass. soc. 6 mai 1981, n° 80-10.855, BC V n° 378.

Conditions d'exercice de l'activité

Peu importe l'absence de lien de subordination entre le donneur d'ouvrage et le travailleur à domicile.

Le lecteur-correcteur, qui exécute chez lui, moyennant une rémunération forfaitaire, le travail qui lui est confié par une société d'édition, exerce son activité dans les conditions prévues par l'article L. 721-1 CT, ce texte n'exigeant pas l'existence d'un lien de subordination entre le travailleur à domicile et le donneur d'ouvrage, et la seule volonté des parties étant impuissante à soustraire ce travailleur au statut social découlant nécessairement des conditions d'accomplissement de son travail.

Cass. soc. 19 juillet 1988, n° 85-42.847, BC V n° 478.

Le travailleur à domicile peut travailler pour plusieurs entreprises, même concurrentes.

L'article L. 721-1 CT n'interdit pas au travailleur à domicile de travailler pour des entreprises concurrentes, et la violation par une salariée de la clause de non-concurrence prévue par la convention collective n'a pas pour effet de priver l'intéressée de la qualité de travailleuse à domicile. Ayant constaté, d'une part, qu'une salariée recevait une rémunération forfaitaire calculée sur la base d'un tarif fixé annuellement par voie d'accord conclu à l'avance entre les parties et, d'autre part, fait ressortir que la salariée n'avait que de façon occasionnelle eu recours aux services de sa mère ou de personnes extérieures et qu'il n'était pas établi qu'elle avait une clientèle privée, une cour d'appel a pu décider que l'intéressée avait la qualité de travailleuse à domicile.

Cass. soc. 5 janvier 1995, n° 91-41.174, BC V n° 16.

Mais il ne doit pas avoir de clientèle privée.

Ne remplit pas les conditions légales et ne peut revendiquer la qualité de travailleuse à domicile une confectionneuse de chapeaux qui, ayant une clientèle privée, ne travaille pas exclusivement pour des établissements industriels.

Cass. soc. 14 octobre 1970, n° 69-40.358, BC V n° 530.

Le lieu de travail peut être un local dont le travailleur à domicile est propriétaire, locataire ou occupant. Il peut aussi s'agir de locaux où plusieurs travailleurs à domicile se regroupent pour effectuer leurs tâches respectives.

Un travailleur à domicile est en droit de refuser de travailler dans un local appartenant à l'employeur. Dès lors, la rupture du contrat de travail résultant d'un tel refus ne peut être considérée comme un licenciement justifié par la faute grave du salarié.

Cass. soc. 28 février 2001, n° 99-40.600.

L'emploi de travailleur à domicile n'est pas incompatible avec la stipulation d'une durée hebdomadaire minimale de travail.

Cass. soc. 31 janvier 1996, n° 92-41.390.

Si un employeur n'a pas l'obligation, sauf disposition conventionnelle ou contractuelle contraire, de fournir un volume de travail constant au travailleur à domicile, il ne peut cependant modifier unilatéralement et sans justification de façon durable la quantité de travail fourni et la rémunération.

Après avoir relevé que la diminution importante de la rémunération d'une travailleuse à domicile puis sa suppression ne pouvaient être justifiées par la perte d'un marché, la société ayant procédé parallèlement au licenciement économique de l'intéressée et à l'embauche d'autres travailleurs à domicile, une cour d'appel a pu décider que le comportement de l'employeur était fautif. Par ailleurs, après avoir relevé que l'employeur s'était abstenu de produire les éléments permettant d'apprécier la situation économique de l'entreprise et avait procédé, à l'époque du licenciement, à l'embauche d'autres travailleurs à domicile, une cour d'appel a pu en déduire que l'employeur avait l'obligation de confier d'autres tâches à la salariée et décider que le licenciement était dépourvu de cause économique, et donc de cause réelle et sérieuse.

Cass. soc. 10 octobre 2001, n° 99-45.420, BC V n° 315. Voir aussi cass. soc. 28 septembre 2011, n° 09-41.496, 4e moyen ; cass. soc. 9 juin 2015, n° 13-27.558, 1er moyen.

La lettre d'engagement d'une travailleuse à domicile, dont le salaire brut était constitué par la somme des rémunérations brutes dues pour chaque copie corrigée, comportait la clause suivante : « la charge de travail variant en fonction du nombre de bénéficiaires s'inscrivant dans le dispositif de formation, ce qui ne peut être déterminé à l'avance, l'association ne peut s'engager à fournir un minimum de travail. Vous reconnaissez avoir été avertie de cet aléa et acceptez les conséquences de cette variabilité ». À la suite d'une diminution importante de son volume de travail et de sa rémunération, la salariée a saisi la juridiction prud'homale afin d'obtenir des dommages et intérêts pour manquement de l'employeur à ses obligations contractuelles.

Une cour d'appel a pu déclarer nulle la clause de variabilité et juger que l'employeur avait violé ses obligations légales et contractuelles à l'égard de la salariée en lui faisant signer un contrat comportant une clause nulle et en diminuant sans raison le volume de travail qui lui était attribué. Après avoir relevé que la diminution considérable de la rémunération mensuelle moyenne de la salariée n'était justifiée par aucun élément objectif mais résultait d'une volonté arbitraire de l'employeur, la cour a pu décider que cette faute avait causé un grave préjudice à la salariée et lui allouer en conséquence une somme à titre de dommages et intérêts.

Cass. soc. 5 avril 2006, n° 03-45.888, BC V n° 137.

En matière de congés payés, en principe, le donneur d'ouvrage se libère de toute obligation par le paiement, effectué en même temps que la rémunération, d'une allocation forfaitaire égale à 10 % de la rémunération brute de l'intéressé, déduction faite des frais d'atelier.

Une convention incluant l'indemnité de congés payés dans la rémunération convenue à la pièce ne se présumant pas, une cour d'appel n'a pas inversé la charge de la preuve qui incombait à l'employeur invoquant une telle convention.

Cass. soc. 2 février 1994, n° 90-42.509.

Lorsqu'un travailleur à domicile est tenu de transporter de l'entreprise à son domicile la marchandise nécessaire à son activité, l'accident de la circulation survenu au cours de ce transport constitue un accident du travail.

S'agissant d'une ouvrière à domicile, victime d'un accident de la circulation, alors qu'elle regagnait son domicile après avoir pris livraison chez son employeur de la marchandise nécessaire à son activité, c'est à bon droit qu'après avoir constaté que le contrat de travail imposait à la salariée d'effectuer le transport de la marchandise depuis l'entreprise jusqu'à son domicile, une cour d'appel a décidé que l'accident survenu au cours de ce transport était un accident du travail.

Cass. soc. 18 janvier 1995, n° 91-42.161, BC V n° 33.

Rémunération

La rémunération doit avoir un caractère forfaitaire…

Lorsqu'une personne doit fournir à une maison d'édition, en se conformant aux normes fixées, un compte rendu précis sur le contenu des ouvrages d'auteurs étrangers, leur qualité littéraire et leur valeur commerciale dans la perspective d'une publication en France et que, pour cette tâche effectuée à domicile, elle est rémunérée selon un tarif fixé à l'avance par ouvrage - ce qui suffit à caractériser la nature forfaitaire de cette rémunération au sens de l'article L. 721-1 CT - les juges du fond estiment à bon droit qu'il y a fourniture par un donneur d'ouvrage d'un travail exécuté à domicile moyennant une rémunération forfaitaire.

Cass. soc. 22 janvier 1981, n° 80-10.493, BC V n° 60.

… dont les bases sont fixées et connues à l'avance.

Constitue une rémunération forfaitaire au sens de l'article L. 7412-1 CT la rémunération calculée selon des tarifs de base connus à l'avance et liés à des éléments quantitatifs, peu important qu'elle dépende de critères quantitatifs distincts et soit calculée sur la base de taux différents dès lors que ceux-ci sont déterminés par avance.

Dès lors, exerce son activité en qualité de travailleur à domicile la personne dont la rémunération des prestations effectuées à son domicile, calculée selon des taux fixes connus à l'avance et dépendant d'éléments strictement quantitatifs, a un caractère forfaitaire.

Cass. soc. 10 avril 2013, n° 12-11.676.

La seule référence à une rémunération à la ligne ne saurait suffire pour établir son caractère forfaitaire, dès lors qu'il n'est pas prouvé qu'elle soit calculée d'après un tarif de base fixe et connu d'avance.

Cass. soc. 22 janvier 1981, n° 77-12.854, BC V n° 62.

Est illicite la clause d'un contrat de travail subordonnant la rémunération du travailleur à domicile au règlement par le client de la commande qu'il a enregistrée.

Cass. soc. 10 mai 2007, n° 05-44.313, BC V n° 73.

En l'absence de fixation du salaire horaire et du temps d'exécution des travaux dans les conditions précisées par les articles L. 7422-1 à 12 CT, le travailleur à domicile a droit à une rémunération au moins égale au salaire minimum de croissance pour le nombre d'heures de travail qu'il a effectué.

Cass. soc. 10 mai 2007, n° 05-44.313, BC V n° 73.

Le travailleur à domicile bénéficie du salaire fixé par la convention collective dont relève son employeur…

En vertu de l'article L. 721-11, dernier al. CT, les conventions collectives du travail ayant fait l'objet d'arrêtés ministériels d'extension sont applicables aux travailleurs à domicile compris dans leur champ d'application, sauf indication contraire figurant dans lesdites conventions ou les arrêtés d'extension. Ces travailleurs doivent, dès lors, bénéficier des primes d'ancienneté et de maladie applicables à l'ensemble des salariés des entreprises concernées.

Cass. crim. 18 novembre 1980, n° 79-91.855, B. crim. n° 306.

Une salariée, employée comme travailleuse à domicile, a saisi la juridiction prud'homale pour obtenir un rappel de la prime d'ancienneté prévue à l'article 19 de la convention collective de la Métallurgie de la Loire et de l'arrondissement d'Yssingeaux, applicable dans l'entreprise. C'est à bon droit qu'un conseil de prud'hommes a fait droit à sa demande.

En effet, après avoir relevé que la convention collective disposait que le terme « salarié » recouvrait l'ensemble des salariés de la Métallurgie, à l'exception des ingénieurs, cadres et VRP, le conseil de prud'hommes en a exactement déduit que l'article 19 était applicable aux travailleurs à domicile qui n'en étaient pas expressément exclus.

Cass. soc. 2 mai 2006, n° 04-46.418, BC V n° 157.

… sauf si la convention exclut expressément cette catégorie de salariés.

Doit être cassé l'arrêt qui, pour débouter un salarié, ouvrier polisseur à domicile, de sa demande en paiement d'une prime d'ancienneté instituée par l'article 219 de l'avenant « mensuels » de la convention collective du travail des industries métallurgiques, mécaniques et connexes de la Haute-Marne et de la Meuse, a énoncé que les travailleurs à domicile n'étaient pas cités dans l'énumération de l'article 201 de l'avenant et qu'étant soumis à un statut original, ils étaient exclus de la mensualisation par l'accord interprofessionnel du 10 décembre 1977.

En effet, aux termes de l'article L. 721-6, al. 2 CT, les travailleurs à domicile bénéficient des dispositions conventionnelles liant le donneur d'ouvrage et l'article 201 de l'avenant susvisé, qui règle les rapports entre, d'une part, les employeurs et, d'autre part, les ouvriers, employés techniciens, dessinateurs et agents de maîtrise travaillant dans des entreprises relevant du champ d'application de la convention collective, ne comporte aucune disposition excluant les travailleurs à domicile de son champ d'application.

Cass. soc. 7 juin 1994, n° 91-41.440.

Le travailleur à domicile bénéficie de la rémunération mensuelle minimale fixée par les articles L. 3232-1 et s. CT si son contrat prévoit un horaire au moins égal à la durée légale hebdomadaire.

C'est à tort que, pour condamner un employeur à payer à une travailleuse à domicile un rappel de salaire égal à la rémunération mensuelle minimale prévue par les articles L. 141-10 et s. CT, une cour d'appel s'est bornée à énoncer que ces dispositions étaient applicables aux travailleurs à domicile, sans préciser si le contrat de travail de l'intéressée comportait un horaire au moins égal à la durée légale hebdomadaire du travail.

Cass. soc. 30 juin 1993, n° 90-41.540, 2e moyen.

Les travailleurs à domicile ont droit au paiement de frais d'atelier.

Selon l'article L. 721-9 CT, les travailleurs à domicile ont droit, notamment, au paiement de frais d'atelier ; à défaut de convention ou d'accord collectif ou d'arrêté préfectoral déterminant les frais d'atelier, il appartient au juge, en l'absence d'accord des parties, d'en apprécier le montant ; une cour d'appel a donc pu décider qu'une salariée pouvait prétendre au remboursement des frais réels qu'elle avait exposés.

Cass. soc. 18 janvier 1995, n° 91-40.605, BC V n° 34.

Le juge peut aussi fixer le montant du remboursement de ces frais sur une base forfaitaire.

Cass. soc. 17 mai 2000, n° 98-41.461.

Le travailleur à domicile qui subit une perte de salaire du fait de la suspension temporaire d'activité de l'entreprise bénéficie de l'allocation spécifique de chômage partiel.

Un salarié, qui subit une perte de salaire occasionnée par la suspension temporaire d'activité de son entreprise sans pouvoir bénéficier de l'allocation prévue à l'article L. 351-25 CT, faute de proposition en ce sens du directeur du travail et de l'emploi, ne saurait, cependant, être privé des garanties de ressources prévues par la loi. C'est donc à bon droit qu'un conseil de prud'hommes a décidé que l'employeur devait régler leur salaire à des travailleurs à domicile qui n'avaient pas bénéficié d'une demande d'indemnisation au titre du chômage partiel.

Cass. soc. 30 juin 1998, n° 96-42.566.

Durée du travail

En l'absence d'écrit, le contrat de travail est présumé avoir été conclu à temps complet.

D'une part, selon l'article L. 7413-2 CT, les travailleurs à domicile bénéficient des dispositions législatives et réglementaires applicables aux salariés ; d'autre part, il résulte des articles L. 7421-1 et 2 et R. 7421-1 à 3 CT, que lors de la remise à un travailleur de travaux à exécuter à domicile, l'employeur est tenu d'établir, en deux exemplaires au moins, un bulletin ou un carnet sur lequel doivent figurer notamment la nature et la quantité du travail, la date à laquelle il est donné, les temps d'exécution, les prix de façon ou les salaires applicables, et que, lors de la livraison du travail achevé, mention est faite sur ce carnet ou ce bulletin de la somme des prix de façon, frais et retenues et enfin de la somme nette à payer au travailleur compte tenu de ces éléments ; en cas de non-respect par l'employeur de ces dispositions, le contrat de travail est présumé à temps complet.

Cass. soc. 3 novembre 2010, n° 09-40.255, BC V n° 253.

Ayant relevé que l'employeur s'était abstenu d'établir les documents devant impérativement être remis aux salariés employés à domicile, tant au moment de la remise des travaux à domicile qu'au moment de la livraison du travail, et qu'aucun élément ne permettait de déterminer le nombre d'heures de travail accomplies, dès lors que le temps d'exécution de chaque pièce n'était pas connu, une cour d'appel a décidé à juste titre qu'en l'absence d'écrit, la règle de la présomption de travail à temps complet devait être appliquée.

Cass. soc. 19 octobre 2005, n° 03-47.343, 1er et 2e moyens.

Travailleurs étrangers

Une personne de nationalité étrangère peut venir travailler sur le territoire français si elle dispose d'une autorisation de travail, cette dernière étant délivrée par l'administration après examen.

L'employeur est tenu de procéder à certaines formalités ; à défaut, la nullité du contrat de travail est encourue.

Dispositions générales

L'article 39 du Traité CE garantit la libre circulation des travailleurs des États membres à l'intérieur de la Communauté européenne.

L'article 39 du Traité instituant la Communauté européenne garantissant la libre circulation des travailleurs à l'intérieur de la Communauté européenne, l'exercice d'une activité salariée par une ressortissante communautaire ne peut être subordonné à la justification d'un titre de séjour en cours de validité. Dès lors, la non-présentation de ce document ne constitue pas une faute.

Cass. soc. 12 juin 2007, n° 05-45.320, BC V n° 95.

Concernant l'accès au travail, les travailleurs étrangers n'appartenant ni à l'Union européenne ni à l'Espace économique européen ne sont pas placés dans la même situation que les travailleurs français.

Les dispositions législatives relatives à l'accès au travail des étrangers les placent dans une situation différente de celle des travailleurs français.

CE 29 décembre 1993, n° 131789.

Nul ne peut être employé en France dans des conditions attentatoires à la dignité et à la liberté individuelle, peu important, à cet égard, que la relation de travail concernée ait été conclue dans un pays tiers et que la convention ne prévoit pas la compétence de la loi française.

L'ordre public international s'oppose à ce qu'un employeur puisse se prévaloir des règles de conflit de juridictions et de lois pour décliner la compétence des juridictions nationales et évincer l'application de la loi française dans un différend qui présente un rattachement avec la France et qui a été élevé par un salarié placé à son service sans manifestation personnelle de sa volonté et employé dans des conditions ayant méconnu sa liberté individuelle.

Une ressortissante nigériane a été engagée en qualité d'employée de maison par un ressortissant britannique, en vertu d'une convention rédigée en langue anglaise et passée le 13 octobre 1994 à Lagos (Nigéria). L'intéressée a abandonné son emploi alors qu'elle se trouvait à Nice et elle a fait convoquer son employeur devant le conseil de prud'hommes pour avoir paiement d'un rappel de salaires et de l'indemnité forfaitaire de travail dissimulé.

C'est à bon droit qu'une cour d'appel a rejeté l'exception d'incompétence des juridictions françaises et fait application de la loi française aux relations établies avec la salariée, et a condamné l'employeur à lui payer des salaires et indemnités, dès lors qu'il résultait de ses constatations que l'intéressée, qui avait pu s'enfuir de son travail alors qu'elle se trouvait en France où son employeur résidait, avait été placée par des membres de sa famille au service de celui-ci, avec l'obligation de le suivre à l'étranger, une rémunération dérisoire et l'interdiction de revenir dans son pays avant un certain temps, son passeport étant retenu par l'épouse de son employeur.

Cass. soc. 10 mai 2006, n° 03-46.593, 1er et 2e moyens réunis, BC V n° 168.

Peu important les formalités accomplies dans d'autres États, tout employeur en France est dans l'obligation de déclarer aux administrations concernées qu'il emploie un salarié.

Ayant constaté qu'une salariée avait travaillé en France sans avoir été déclarée aux organismes de protection sociale ou à l'administration fiscale en vertu des dispositions législatives et réglementaires en vigueur, une cour d'appel a exactement fait application des dispositions d'ordre public de l'article L. 324-11-1 CT, peu important que l'employeur ait accompli ou non des formalités équivalentes dans un autre État.

Cass. soc. 10 mai 2006, n° 03-46.593, 4e moyen, BC V n° 168.

Inscription au Pôle Emploi

Une autorisation provisoire de séjour ne suffit pas pour que le ressortissant étranger puisse s'inscrire au chômage.

N'a pas la qualité de travailleur à la recherche d'un emploi, au sens des dispositions de l'article L. 311-2 CT, et ne peut ainsi être inscrite sur la liste des demandeurs d'emploi la personne titulaire de simples autorisations provisoires de séjour dont il n'est pas démontré qu'elle ait été autorisée à travailler. C'est donc à bon droit que l'ANPE a refusé de faire droit à sa demande d'inscription.

CE 9 septembre 1996, n° 134139.

Recrutement et emploi

• Nécessité d'une autorisation de travail

Un titre de travail est nécessaire…

Est coupable du délit de prêt de main-d'œuvre à but lucratif et d'emploi de travailleurs étrangers en situation irrégulière le prévenu qui, sous couvert d'un contrat de sous-traitance, utilise les services de ressortissants étrangers sans que ces derniers soient munis d'un titre les autorisant à exercer une activité salariée.

Cass. crim. 27 septembre 1994, n° 93-85.285.

… quelle que soit l'activité exercée…

Une personne de nationalité étrangère souhaitant exercer une activité d'animateur et de surveillant d'école doit demander une autorisation de travail au directeur départemental du travail et de l'emploi, bien que cette activité corresponde au statut d'agent contractuel de droit public.

CE 6 octobre 1995, n° 115639, Rec. Lebon p. 352.

… ou le contrat conclu.

Le contrat d'apprentissage doit être regardé comme devant donner lieu à l'exercice d'une activité professionnelle salariée, même s'il a pour objet d'assurer à l'apprenti une formation professionnelle. Dès lors, un ressortissant camerounais ne pouvait demander le renouvellement de son titre de séjour en tant qu'étudiant, sachant qu'il venait de signer un contrat d'apprentissage de deux ans.

CE 11 juillet 1990, n° 83386.

La délivrance d'une carte de séjour portant la mention salarié ou travailleur temporaire ne dispense pas d'obtenir une autorisation de travail.

Ni l'article L. 313-14 CESEDA, ni aucune autre disposition de ce code ne prévoient que la délivrance de la carte de séjour temporaire portant la mention salarié ou travailleur temporaire dans le cadre de ce régime d'admission exceptionnelle au séjour autorise, en elle-même, l'exercice d'une activité professionnelle sans qu'ait été obtenue au préalable l'autorisation de travail mentionnée au 2° de l'article L. 5221-2 CT. Le dispositif de régularisation ainsi institué à l'article L. 313-14 ne peut donc être regardé comme dispensant d'obtenir cette autorisation avant que ne soit exercée l'activité professionnelle considérée.

CE 8 juin 2010, n° 334793, Rec. Lebon p. 194.

Un travailleur étranger continue d'appartenir au marché régulier de l'emploi lorsqu'il a été placé en détention préventive et condamné à une peine d'emprisonnement avec sursis, dès lors qu'il retrouve un travail dans un délai raisonnable après sa libération.

Un ressortissant turc n'a pas cessé d'appartenir au marché régulier de l'emploi, en raison de son placement en détention préventive et de sa condamnation à une peine d'emprisonnement avec sursis, lorsqu'il retrouve un travail dans un délai raisonnable après sa libération. Il peut prétendre à la prorogation de son permis de séjour aux fins d'exercer son droit de libre accès à toute activité de son choix au titre de l'article 6, § 1, troisième tiret, de la décision 1/80 du 19 septembre 1980.

L'exception tirée du trouble à l'ordre public, prévue à l'article 14, § 1 de la décision précitée, ne peut résulter que d'un comportement personnel de l'étranger qui donne concrètement à penser qu'il commettra d'autres infractions graves de nature à troubler l'ordre public dans l'État membre d'accueil et ne peut être invoquée à l'appui d'une mesure d'expulsion ordonnée à la suite d'une condamnation pénale dans un but de dissuasion à l'égard d'autres étrangers.

CJCE 10 février 2000, aff. C-340/97, Recueil I-0957.

• Conditions de délivrance de l'autorisation temporaire de travail

L'autorisation temporaire de travail est délivrée en fonction de la situation de l'emploi, présente et à venir, dans la profession et la zone géographique où le travailleur souhaite exercer son activité.

Le directeur départemental du travail et de l'emploi peut fonder sa décision de refus de délivrance d'une autorisation de travail en invoquant l'écart trop important existant entre les offres d'emploi, à savoir, en l'espèce, 114 offres d'emploi d'infirmier dans la région, et les demandes d'emploi, soit 591. Une telle différence est en effet de nature à justifier une décision de refus.

CE 22 mars 1993, n° 108105.

Le refus d'autorisation du préfet peut être entaché d'une erreur de droit s'il ne prend pas en compte les spécificités de l'emploi.

Pour délivrer l'autorisation de travail, le préfet du département où réside l'étranger prend notamment en compte la situation de l'emploi, présente et à venir, dans la profession demandée par le travailleur étranger et dans la zone géographique où ce dernier compte exercer sa profession. Commet une erreur de droit l'agent qui refuse l'autorisation sollicitée en se fondant sur la situation de l'emploi dans la profession de secrétaire de direction, alors que l'emploi proposé à l'intéressée est celui d'une secrétaire trilingue comprenant, notamment, des traductions de textes techniques.

CE 23 février 1994, n° 127874.

Le refus opposé par un préfet à une demande d'autorisation de travail, en vue d'exercer l'activité de responsable qualité dans le domaine du traitement de surface des métaux, est entaché d'une erreur manifeste d'appréciation, la décision ayant été prise au regard des statistiques de l'emploi dans la profession de responsable qualité en métallurgie, sans que la spécificité de l'activité soit étudiée, celle-ci exigeant des connaissances techniques particulières.

CE 19 novembre 1993, n° 116939.

Le préfet ou l'autorité compétente prend en compte l'attitude de l'employeur, notamment en ce qui concerne l'application de la réglementation relative au travail.

Un procès-verbal dressé à l'encontre d'un employeur faisant mention de l'emploi d'un travailleur étranger sans autorisation de travail permettait au préfet de refuser au chef d'entreprise l'autorisation d'employer des ouvriers agricoles espagnols sur son exploitation. Le fait que ce procès-verbal ait fait l'objet d'un classement sans suite est sans incidence sur la réalité des faits et ne permet pas d'invoquer la nullité de cette décision.

CE 19 décembre 1994, n° 116462.

Si l'employeur du ressortissant étranger est une entreprise de travail temporaire, l'administration ne délivre pas l'autorisation provisoire de travail sollicitée.

Pour délivrer l'autorisation provisoire de travail, l'administration doit être en mesure de contrôler et d'apprécier la situation de l'emploi dans la profession sollicitée et dans la zone géographique concernée. Le fait pour un étudiant de nationalité sénégalaise de demander une autorisation de travail provisoire, en présentant un contrat de travail signé par une entreprise de travail temporaire et non par un employeur déterminé, comme l'exige l'article R. 341-7 CT, ne permet pas à l'autorité administrative d'exercer son contrôle.

CE 3 juillet 1992, n° 107223.

• Obligations de l'employeur

Il appartient à l'employeur de vérifier la nationalité du salarié et, s'il est de nationalité étrangère, de rechercher s'il est muni des documents nécessaires.

Les dispositions légales interdisant de conserver à son service ou d'employer pour quelque durée que ce soit un étranger non muni du titre l'autorisant à exercer une activité salariée en France obligent l'employeur à s'informer de la nationalité du salarié embauché et à vérifier, dans l'hypothèse où il s'agit d'un travailleur étranger, que celui-ci est muni d'une autorisation de travail. En l'espèce, le prévenu disposant seul du pouvoir de direction, il lui appartenait de procéder à ces vérifications et, en leur absence, il était coupable d'avoir employé des étrangers démunis des titres nécessaires.

Cass. crim. 29 mars 1994, n° 93-82.178, 2e moyen, B. crim. n° 121. Voir aussi cass. crim. 14 mai 1996, n° 94-85.616 ; cass. soc. 15 juillet 1998, n° 96-40.631, BC V n° 383.

Le gérant d'une société exploitant une entreprise de construction a été convoqué devant le tribunal correctionnel notamment du chef d'emploi d'un étranger non muni d'une autorisation de travail pour avoir embauché un ressortissant turc qui prétendait répondre à une autre identité, alors que celui-ci n'était pas muni d'un titre l'autorisant à exercer une activité salariée en France et que le gérant a été trouvé en possession d'une photocopie du titre de séjour de la personne sous l'identité de laquelle le ressortissant turc a prétendu répondre, qu'il a reconnu avoir falsifiée en y apposant la photographie de ce dernier ; ayant été déclaré coupable des faits, le gérant a relevé appel de la décision.

C'est à bon droit que, pour confirmer cette décision, une cour d'appel a énoncé que le gérant, après avoir pu se rendre compte de ce que le ressortissant turc n'était pas la personne dont il lui présentait une copie de la pièce d'identité, s'est abstenu, non seulement de solliciter la production de l'original de ce document, comme il en prenait habituellement la précaution, mais aussi, et, en tout état de cause, de vérifier la situation de ce salarié étranger qu'il s'apprêtait à embaucher.

Cass. crim. 8 août 2018, n° 17-84.920, 2e moyen, B. crim. n° 135.

Pour annuler un contrat de travail pour dol du salarié et débouter ce dernier de ses demandes en paiement d'indemnités de rupture, une cour d'appel a retenu que le salarié de nationalité mauricienne qui bénéficiait d'un titre de séjour mentionnant l'autorisation d'exercer toute profession en France métropolitaine, avait produit sa carte vitale avec la recommandation de l'assistante de direction de la société et n'avait produit son titre de séjour que suite aux demandes répétées de la comptable et que c'est donc en cachant sa nationalité mauricienne et l'absence d'autorisation de travail dans le département de la Réunion que le salarié a obtenu de la société le contrat de travail originel.

En statuant ainsi, alors que, bien qu'il soit légalement tenu de s'assurer avant son engagement de la nationalité du salarié et de la détention par celui-ci d'un titre l'autorisant à exercer une activité professionnelle, l'employeur avait conclu un contrat de travail sur la seule production d'une carte de sécurité sociale, sans vérifier au préalable sa nationalité, en sorte qu'il ne pouvait se prévaloir d'un vice du consentement, la cour d'appel a violé les articles 1116 c. civ. et L. 8251-1 CT.

Cass. soc. 25 septembre 2012, n° 11-19.712, 1er et 2e moyens.

L'employeur reste responsable du recrutement irrégulier d'étrangers, même s'il a confié cette tâche à des préposés.

Un employeur avait, pour la troisième année consécutive, confié à deux de ses préposés la mission, pour laquelle ils étaient rémunérés, de recruter pour son compte plusieurs dizaines de travailleurs.

L'importance du nombre de salariés recrutés ainsi pour réaliser les vendanges, soit cinquante-neuf en 1991, n'était pas de nature à exonérer l'employeur des obligations mises à sa charge de s'informer de la nationalité de la personne qu'il embauche, et de vérifier, dans le cas où il s'agit d'un étranger, s'il est titulaire du titre l'autorisant à exercer une activité salariée en France.

La circonstance que ces préposés aient commis une escroquerie à son égard en dissimulant l'identité réelle des salariés embauchés n'est pas davantage de nature à réduire la gravité de la faute commise par l'employeur, eu égard à l'ampleur de la fraude réalisée et au caractère des procédés utilisés.

L'employeur ne peut donc soutenir que c'est à tort que le tribunal administratif a rejeté son opposition à l'état exécutoire émis à son encontre par l'Office des migrations internationales au titre de la contribution spéciale instituée par l'article L. 341-7 CT pour l'emploi irrégulier de cinquante-neuf travailleurs étrangers.

CE 28 juillet 1999, n° 188973, Rec. Lebon p. 257.

L'employeur doit tenir à la disposition de l'inspecteur du travail les titres de travail des travailleurs étrangers.

Pour justifier de l'absence des titres de travail des travailleurs étrangers, un employeur ne pouvait, lors du contrôle effectué par un inspecteur du travail sur son chantier, invoquer le fait que ces titres étaient gardés au siège de la société pour des raisons de sécurité, alors qu'il pouvait en avoir une copie sur le chantier pour la présenter à l'inspecteur du travail en cas de contrôle.

Cass. crim. 9 novembre 1993, n° 92-86.101, 4e moyen.

En cas d'emploi d'étrangers en situation irrégulière, l'employeur peut être poursuivi pour emploi de travailleurs étrangers non munis d'un titre de travail.

Lors d'un contrôle effectué dans les locaux d'une entreprise avicole A, les services de l'inspection du travail ont constaté la présence de travailleurs chinois, dépourvus d'autorisation de travail en France, qu'une société B avait mis à sa disposition, après qu'une société C de droit allemand les avait elle-même mis à la disposition de la société B en vertu d'un « contrat de collaboration » ; à la suite de ces faits, le gérant de la société B, pris en son nom personnel, a été poursuivi devant le tribunal correctionnel notamment pour emploi de travailleurs étrangers non munis d'un titre de travail.

Pour déclarer coupable le dirigeant de la société B, une cour d'appel a retenu que ces ressortissants chinois, qui n'exerçaient pas une activité indépendante de prestataires de services mais se trouvaient dans un lien de subordination à l'égard du prévenu, lequel organisait leur travail, les intégrait à ses propres équipes de salariés, leur fournissait le matériel nécessaire et assurait leur hébergement, avaient le statut de salariés, et qu'à ce titre, ils étaient dans l'obligation d'être munis d'une autorisation de travail en France et qu'il appartenait au dirigeant de vérifier qu'ils étaient en possession de cette autorisation.

Dès lors que les ressortissants chinois employés par la société B en exécution d'un prêt illicite de main-d'œuvre ne sauraient être considérés comme des travailleurs temporaires détachés d'une entreprise établie dans un État de l'Union européenne pour effectuer sur le territoire national des prestations de services, la cour d'appel a justifié sa décision.

Cass. crim. 8 juin 2010, n° 07-87.289, 2e et 4e moyens, B. crim. n° 105. Voir aussi cass. crim. 16 septembre 2009, n° 09-80.416.

La régularisation ultérieure de la situation de ces salariés n'a pas pour effet de faire disparaître l'infraction.

Lors d'un contrôle effectué sur quatre sites, des gendarmes ont constaté la présence de ressortissants étrangers démunis de titre de séjour et d'autorisation de travail. Les employeurs ont été poursuivis pour avoir, d'une part, engagé et conservé à leur service des salariés étrangers non munis d'une autorisation de travail et, d'autre part, employé des salariés sans procéder aux formalités de déclaration préalable à l'embauche et de remise de bulletins de paie. Un tribunal correctionnel les a déclarés coupables de ces deux délits.

C'est à tort que, pour infirmer ce jugement et renvoyer les employeurs des fins de la poursuite, une cour d'appel a énoncé que la situation des salariés avait été régularisée par l'obtention de l'autorisation provisoire de travail, renouvelée postérieurement au contrôle et que ces autorisations ont un caractère rétroactif, alors que la régularisation ultérieure d'une situation irrégulière ne saurait avoir pour effet de faire disparaître l'infraction.

Cass. crim. 19 novembre 2002, n° 02-81.749.

• Rémunération

L'employeur ne peut opérer de retenues sur le salaire d'un étranger sous quelque dénomination que ce soit.

Selon les dispositions d'ordre public de l'article L. 341-7-1 CT, il est interdit à tout employeur d'opérer, sur le salaire d'un étranger venu travailler en France, des retenues, sous quelque dénomination que ce soit, à l'occasion de son engagement.

Après avoir été employé par la société mère d'un groupe, un salarié, de nationalité algérienne, avait été engagé en qualité de directeur général adjoint d'une société du groupe par contrat soumis à la procédure d'autorisation de travail des étrangers. Ayant été licencié pour motif économique, le salarié avait signé une convention de préretraite FNE. Il avait ensuite saisi un conseil de prud'hommes de diverses demandes.

C'est à tort que, pour débouter le salarié de sa demande en paiement d'un arriéré de salaires, une cour d'appel, après avoir rappelé que le salarié s'était prévalu de la législation d'ordre public applicable au contrat de travail conclu avec un étranger, a retenu que s'il avait été mentionné un salaire mensuel de 41 700 F dans le contrat écrit soumis à l'approbation de l'administration du travail, les parties avaient aussitôt, d'un commun accord, convenu qu'il ne serait versé au salarié qu'un salaire mensuel de 30 770 F afin de tenir compte du montant du loyer représenté par la mise à sa disposition par l'employeur d'un appartement, dont la valeur locative correspondait à la différence entre le salaire stipulé et celui réellement payé et que le salarié n'avait jamais contesté jusqu'à ce jour cette compensation, alors qu'en sa qualité de travailleur étranger, le salarié ne pouvait faire l'objet d'aucune retenue sur son salaire.

Cass. soc. 17 juillet 2001, n° 98-43.981, 2e moyen, BC V n° 275.

• Transfert du contrat de travail

Le nouveau titulaire d'un marché ne peut être tenu, en vertu de dispositions conventionnelles applicables en cas de changement de prestataire de services, de poursuivre le contrat de travail d'un salarié étranger non muni du titre l'autorisant à exercer une activité salariée en France.

Cass. soc. 17 avril 2019, n° 18-15.321, à paraître, cité dans « Modification dans la situation juridique de l'employeur (Cas d'application) ».

Rupture de la relation de travail

• Absence d'autorisation de travail

Les dispositions du code du travail régissant le licenciement ne s'appliquent pas à la rupture du contrat de travail d'un salarié étranger motivée par son emploi irrégulier.

Une salariée de nationalité algérienne a été engagée en qualité de lingère par contrat à durée déterminée du 13 avril au 19 octobre 2001 puis par contrat à durée indéterminée à compter du 20 octobre 2001. La salariée, qui avait présenté à son employeur une demande d'asile territorial en date du 26 janvier 2001 et la carte de sécurité sociale de son époux sur laquelle elle figurait comme ayant droit avec ses deux filles, n'ayant pu fournir ultérieurement d'autorisation de travail, a été licenciée par lettre du 29 mai 2002. Contestant son licenciement, la salariée a saisi la juridiction prud'homale.

Doit être rejeté le moyen du pourvoi formé par la salariée qui, pour reprocher à la cour d'appel de l'avoir déboutée de sa demande de dommages-intérêts pour licenciement abusif, soutient qu'il résultait des termes mêmes de la lettre de licenciement, qui fixe les limites du litige, d'une part, que lors de son embauche, en avril 2001, son employeur était parfaitement informé qu'elle n'était pas munie du titre l'autorisant à exercer une activité salariée en France, puisqu'elle ne lui avait présenté qu'une demande d'asile territorial et, d'autre part, que son licenciement était motivé « du fait que vous nous avez dissimulé ne pas avoir obtenu les autorisations nécessaires pour travailler ».

En effet, il résulte de l'article L. 341-6-1, al. 2 à 6, devenu l'article L. 8252-2 CT, que les dispositions des articles L. 122-14 et s. CT régissant le licenciement ne s'appliquent pas à la rupture du contrat de travail d'un salarié étranger motivée par son emploi irrégulier.

Cass. soc. 13 novembre 2008, n° 07-40.689, BC V n° 221.

Il en est notamment ainsi des dispositions de l'article L. 1332-4 CT relatives aux licenciements disciplinaires.

Cass. soc. 8 décembre 2009, n° 08-42.100, 1er moyen.

Le licenciement d'un salarié suite au refus du ministère du Travail de lui établir une autorisation de travail a une cause réelle et sérieuse.

Le licenciement d'un salarié étranger par son employeur, suite au refus du ministère du Travail de lui établir une carte de travailleur étranger, repose sur une cause réelle et sérieuse. Le salarié ne peut, par conséquent, demander une indemnité pour licenciement abusif.

Cass. soc. 17 juin 1981, n° 79-41.220, BC V n° 562.

Lorsque, lors de son embauche et pour se maintenir dans l'emploi, un travailleur étranger fournit un titre de séjour apparemment régulier et dont la fausseté n'est apparue que lors de la demande de confirmation du caractère régulier de son titre de séjour après renouvellement, cette fraude constitue une faute grave privative des indemnités de rupture et de l'indemnité forfaitaire prévue par l'article L. 8252-2 CT.

Un salarié de nationalité malienne, engagé par un hôtel le 6 février 2001 selon contrat à durée déterminée puis selon contrat à durée indéterminée le 27 juillet suivant, a été licencié pour faute grave par lettre du 13 décembre 2007 pour avoir fourni un faux titre de séjour lors de son embauche et pour se maintenir dans l'emploi.

Après avoir retenu l'absence de toute faute de l'employeur dans la vérification du titre apparemment régulier et dont la fausseté n'était apparue que lors de la demande de confirmation du caractère régulier de son titre de séjour après renouvellement, une cour d'appel a pu en déduire que la fraude du salarié constituait une faute grave privative des indemnités de rupture et qu'elle le privait également du bénéfice de l'indemnité forfaitaire prévue par l'article L. 8252-2 CT dans sa rédaction alors en vigueur.

Cass. soc. 18 février 2014, n° 12-19.214, BC V n° 56.

Si l'employeur licencie le salarié en invoquant une faute grave distincte de la seule irrégularité de son emploi, il doit en faire état dans la lettre de licenciement.

Si l'irrégularité de la situation d'un travailleur étranger constitue nécessairement une cause objective justifiant la rupture de son contrat de travail exclusive de l'application des dispositions relatives aux licenciements et de l'allocation de dommages-intérêts pour licenciement sans cause réelle et sérieuse, elle n'est pas constitutive en soi d'une faute privative des indemnités de rupture. L'employeur qui entend invoquer une faute grave distincte de la seule irrégularité de l'emploi doit donc en faire état dans la lettre de licenciement.

Pour débouter un salarié licencié pour faute grave au motif d'absence d'autorisation de travail valable sur le territoire français de toutes ses demandes relatives au licenciement, une cour d'appel a retenu que l'employeur avait introduit le grief fautif en relatant dans la lettre de licenciement que les vérifications menées par la préfecture lui avaient fait découvrir que le salarié n'avait pas les « papiers nécessaires », ce qui revenait exactement à dire que celui-ci avait présenté des documents sans valeur, et que la préfecture estimant que le titre de séjour était un faux, l'irrégularité administrative résultait donc de la commission d'une fraude constitutive d'une faute grave exclusive de toute indemnité.

En statuant ainsi, alors que la lettre de rupture mentionnait comme seul motif le fait que le salarié ne possédait pas d'autorisation de travail valable sur le territoire français, sans invoquer la production d'un faux titre de séjour, la cour d'appel a violé l'article L. 1232-6 CT.

Cass. soc. 4 juillet 2012, n° 11-18.840, BC V n° 209.
Voir aussi cass. soc. 1er octobre 2014, n° 13-17.745.

Le salarié irrégulièrement employé et dont le contrat est rompu a droit soit à une indemnité forfaitaire…

Selon l'article L. 341-6-1 CT, l'étranger non muni du titre l'autorisant à exercer une activité salariée en France a droit, au titre de la période d'emploi illicite, au paiement du salaire et des accessoires ; en cas de rupture de la relation de travail, il a droit à une indemnité forfaitaire égale à un mois de salaire [trois mois depuis la loi du 16 juin 2011], sauf dispositions légales ou contractuelles plus favorables, et à une indemnisation supplémentaire s'il est en mesure d'établir l'existence d'un préjudice non réparé au titre desdites dispositions.

C'est donc à tort qu'un conseil de prud'hommes, après avoir constaté que la lettre de licenciement invoquait comme motif de rupture la situation irrégulière du salarié, a retenu, pour débouter l'intéressé de ses demandes, que le contrat de travail était nul et de nul effet.

Cass. soc. 3 juin 1998, n° 96-45.035, BC V n° 293.

… soit aux indemnités de rupture, selon la solution la plus favorable pour lui, sans que ces indemnités puissent se cumuler entre elles.

Il résulte de l'article L. 8252-2, 2° CT que la rupture du contrat de travail de l'étranger embauché irrégulièrement lui ouvre droit soit à une indemnité forfaitaire égale à un mois de salaire [trois mois depuis la loi du 16 juin 2011], soit aux indemnités de rupture selon la solution la plus favorable pour lui, sans que ces indemnités puissent se cumuler entre elles.

En allouant au salarié l'indemnité forfaitaire spécifique ainsi qu'une indemnité compensatrice de préavis, une indemnité compensatrice des congés payés afférents et une indemnité de licenciement avec lesquelles elle ne pouvait se cumuler, la cour d'appel a violé l'article L. 8252-2, 2° CT.

Cass. soc. 8 décembre 2009, n° 08-42.100, 2e moyen.

De même, le salarié étranger employé sans titre et dans le cadre d'un travail dissimulé ne peut prétendre, en cas de rupture de la relation de travail, qu'à l'une ou l'autre des indemnités forfaitaires applicables.

Il résulte de l'article L. 8252-2 CT que le salarié étranger a droit au titre de la période d'emploi illicite, en cas de rupture de la relation de travail, à une indemnité forfaitaire égale à trois mois de salaire ; lorsque l'étranger employé sans titre l'a été dans le cadre d'un travail dissimulé, il bénéficie soit des dispositions de l'article L. 8223-1 [indemnité forfaitaire pour travail dissimulé], soit des dispositions du présent chapitre si celles-ci lui sont plus favorables.

C'est donc à tort qu'une cour d'appel a condamné un employeur au versement de sommes au titre de l'indemnité de travail dissimulé et de l'indemnité forfaitaire de trois mois, après avoir retenu, d'une part, que, l'employeur ne justifiant pas que le salarié était muni d'un titre l'autorisant à exercer une activité salariée, il y avait lieu d'appliquer l'indemnité forfaitaire prévue par l'article L. 8252-2 CT de trois mois de salaire et, d'autre part, que, la pratique consistant à rémunérer les heures supplémentaires sous forme de prime pendant les premiers mois de la relation contractuelle caractérisant la volonté délibérée de faire échapper aux obligations déclaratives une partie de la rémunération du salarié, il convenait également de faire droit à la demande formée au titre de l'indemnité pour travail dissimulé.

Cass. soc. 14 février 2018, n° 16-22.335, à paraître.

Le salarié ne justifiant pas d'un préjudice supérieur à celui réparé par l'indemnité forfaitaire n'a pas droit au paiement de dommages-intérêts du fait des conditions de la rupture.

N'ayant pas la possibilité d'exercer une activité salariée en France, un salarié de nationalité macédonienne, qui avait été engagé en qualité de chauffeur routier le 8 avril 1998, s'est vu notifier la rupture de son contrat de travail le 2 juillet suivant.

L'intéressé a saisi la juridiction prud'homale d'une demande en paiement de sommes au titre tant de l'exécution que de la rupture de son contrat.

Après avoir relevé que l'article L. 341-6-1 CT exclut l'application des dispositions de l'article L. 122-14 CT et que le salarié ne justifiait pas d'un préjudice supérieur à celui réparé par l'indemnité forfaitaire, c'est à bon droit qu'une cour d'appel l'a débouté de sa demande de dommages-intérêts du fait des conditions de la rupture.

En effet, l'article 7 de la convention 158 de l'OIT, qui prévoit une indemnisation supplémentaire au titre du préjudice résultant des conditions de la rupture ne vise que les licenciements pour des motifs liés à la conduite ou au travail du salarié et ne s'applique pas à la rupture du contrat de travail d'un étranger motivée par son emploi en violation des dispositions de l'article L. 341-6 CT.

Cass. soc. 29 janvier 2008, n° 06-44.983, 1er moyen, BC V n° 27.

Si la rupture du contrat de travail d'un étranger embauché irrégulièrement ouvre droit, pour le salarié, à une indemnité de préavis, même si celui-ci ne peut être exécuté…

L'étranger non muni du titre l'autorisant à exercer une activité salariée en France a droit, au titre de la période d'emploi illicite, en cas de rupture de la relation de travail, à une indemnité forfaitaire égale à un mois de salaire, à moins que l'application des règles figurant aux articles L. 122-3-4, L. 122-3-8, al. 2, L. 122-8 et L. 122-9 CT ne conduise à une solution plus favorable ; il en résulte que la rupture du contrat de l'étranger embauché irrégulièrement ouvre au salarié le droit à une indemnité de préavis, même si celui-ci ne peut être exécuté. Dès lors, une cour d'appel a pu allouer à l'intéressé une indemnité de préavis égale à un mois de salaire.

Cass. soc. 12 mars 2002, n° 99-44.316, 1re branche du 2e moyen, BC V n° 90. Voir aussi cass. soc. 13 février 2013, n° 11-23.920, 1er moyen, BC V n° 37.

… cette indemnité ne peut être que la plus élevée de l'indemnité forfaitaire ou de l'indemnité de préavis.

En allouant à un salarié l'indemnité forfaitaire d'un montant plus élevé que celui de l'indemnité conventionnelle de préavis avec laquelle elle ne pouvait se cumuler, une cour d'appel a légalement justifié sa décision.

Cass. soc. 29 janvier 2008, n° 06-44.983, 2e moyen, BC V n° 27. Voir aussi cass. soc. 13 février 2013, n° 11-23.920, précité.

Pour le calcul des indemnités de rupture, le salarié peut se prévaloir de l'ancienneté acquise alors même qu'il travaillait sans autorisation.

C'est à tort que, pour débouter une salariée, licenciée pour motif économique, de ses demandes liées à l'ancienneté, une cour d'appel a retenu que si celle-ci avait effectivement travaillé pour la société au cours des années 1973 à 1982, elle avait accepté, en raison de sa situation d'étrangère dépourvue d'autorisation de travail salarié, que l'employeur verse son salaire à son conjoint et déclare celui-ci aux organismes de sécurité sociale, de sorte qu'elle ne pouvait se prévaloir d'une ancienneté antérieure à 1982, alors, d'une part, qu'il résultait de ses constatations que l'intéressée avait été salariée de la société avant 1982 et, d'autre part, qu'il était indifférent que l'intéressée ait accepté les mesures adoptées par l'employeur pour contourner les dispositions légales relatives aux travailleurs étrangers et qu'elle en ait tiré avantage.

Cass. soc. 5 avril 2005, n° 02-45.346.

La rupture du contrat de travail d'un étranger employé irrégulièrement ne donne pas lieu à la délivrance par l'employeur de l'attestation Pôle Emploi.

Cass. soc. 8 décembre 2009, n° 08-42.100, 3e moyen.

Même lorsque le salarié licencié a délibérément trompé l'employeur sur son identité et sa situation sur le territoire français, l'employeur ne peut pas demander sa condamnation au paiement d'une somme en réparation du préjudice subi.

La responsabilité pécuniaire d'un salarié à l'égard de son employeur ne peut résulter que de sa faute lourde.

Un salarié, ressortissant étranger, a été engagé en qualité d'agent de sécurité par une société suivant contrat à durée déterminée du 2 juillet 2007, renouvelé pour une durée de trois mois, puis suivant contrat à durée indéterminée du 1er janvier 2008 ; par lettre du 13 février 2009, l'employeur a notifié au salarié son licenciement depuis le 10 février précédent au motif de sa situation irrégulière sur le territoire français ; contestant son licenciement, le salarié a saisi la juridiction prud'homale de diverses demandes.

Pour condamner le salarié au paiement d'une somme en réparation du préjudice subi par l'employeur, une cour d'appel a retenu que le salarié ne contestait pas avoir délibérément trompé l'employeur sur son identité et sa situation sur le territoire français et que son attitude avait causé un préjudice certain à l'employeur qui, d'une part, avait été soupçonné de travail dissimulé et, d'autre part, avait subi les répercussions de l'interpellation d'un de ses agents de sécurité chez un client.

En statuant ainsi, sans caractériser une faute lourde du salarié, la cour d'appel a violé le principe susvisé.

Cass. soc. 13 février 2013, n° 11-23.920, 2e moyen, BC V n° 37.

• Non-renouvellement de l'autorisation de travail

En cas de non-renouvellement de l'autorisation de travail, l'employeur doit rompre le contrat de travail en versant l'indemnité de licenciement.

Un salarié, de nationalité laotienne, s'était vu notifier la fin de son contrat de travail par son employeur en raison du non-renouvellement de sa carte de séjour et de travail.

Doit être cassé le jugement qui, pour débouter le salarié de ses demandes en paiement d'indemnités de rupture, a énoncé que conformément à l'article R. 341-3-1 CT, le salarié peut demander le renouvellement de son autorisation de travail au cours du troisième et au plus tard deuxième mois précédant la date d'expiration de son titre de travail, que le salarié ne s'étant pas soumis à cette procédure malgré les avertissements de son employeur, la rupture du contrat lui était imputable, alors que la rupture du contrat de travail à l'initiative de l'employeur, qui n'est pas due à un cas de force majeure, constitue un licenciement.

Par ailleurs, le conseil de prud'hommes, ayant constaté que le salarié se trouvait dans l'impossibilité d'exécuter son préavis faute de titre l'autorisant à continuer à travailler en France, a pu débouter l'intéressé de sa demande d'indemnité de préavis.

Cass. soc. 14 octobre 1997, n° 94-42.604, BC V n° 311.

En revanche, les dispositions de l'article L. 1234-5 CT relatives à l'indemnité compensatrice de préavis ne s'appliquent pas au salarié dont l'autorisation de travail n'est pas renouvelée.

Il résulte des articles L. 8251-1 et L. 8252-2, 2° CT que le délégué du personnel ou le délégué syndical qui ne dispose plus de titre l'autorisant à exercer une activité salariée en France se trouve en dehors du champ d'application des dispositions des articles L. 2411-3 et L. 2411-5 CT et que les dispositions de l'article L. 1234-5 du même code ne s'appliquent pas.

Cass. soc. 5 novembre 2009, n° 08-40.923. Voir aussi cass. soc. 14 octobre 1997, n° 94-42.604, précité ; cass. soc. 3 avril 2019, n° 17-17.106, à paraître.

Le refus de renouvellement, par l'autorité administrative, d'un titre autorisant un salarié étranger à exercer une activité en France ne constitue pas un cas de force majeure et la rupture du contrat de travail, consécutive à ce refus, ne peut qu'être un licenciement.

Après avoir constaté qu'au moment de la rupture du contrat de travail, l'employeur savait que le non-renouvellement du titre de séjour du salarié était dû à une erreur de l'état civil algérien et qu'une régularisation était en cours, une cour d'appel a ainsi fait ressortir la légèreté blâmable de l'employeur et a pu requalifier la rupture du contrat de travail en licenciement sans cause réelle et sérieuse.

Cass. soc. 6 novembre 2001, n° 99-42.054.

Le licenciement est sans cause réelle et sérieuse si le non-renouvellement de l'autorisation de séjour résulte de l'absence de fourniture par l'employeur des documents nécessaires à prouver l'existence d'un contrat de travail à durée indéterminée.

Si l'article L. 341-6 CT interdit de conserver à son service un salarié non muni du titre l'autorisant à exercer une activité salariée en France, il appartient à l'employeur de payer la redevance de l'Office des migrations internationales et de délivrer au salarié étranger auquel il est lié par un contrat de travail à durée indéterminée les documents de nature à permettre à celui-ci de justifier auprès de l'administration de l'existence d'un contrat de travail continuant à produire ses effets.

C'est à tort qu'une cour d'appel a débouté un salarié, licencié pour ne pas avoir justifié du renouvellement de son autorisation de séjour, de ses demandes en paiement de diverses indemnités pour licenciement sans cause réelle et sérieuse en retenant qu'il lui appartenait de prouver que l'employeur était responsable de l'absence de régularisation de sa situation administrative, alors qu'elle avait constaté que la société était liée au salarié par un contrat à durée indéterminée depuis 1987, ce dont il résultait qu'elle pouvait fournir un contrat de travail et non une simple lettre d'intention et était informée de ce que la situation du salarié à l'égard de la législation sur le séjour des étrangers était provisoire.

Cass. soc. 10 février 1998, n° 94-44.308, BC V n° 72.

Les relations de travail prennent fin au terme de l'autorisation si cette dernière n'est pas renouvelée.

Un travailleur étranger, délégué du personnel suppléant, avait demandé des indemnités pour licenciement abusif, son employeur lui ayant notifié la rupture de son contrat de travail, sans suivre la procédure spéciale applicable aux représentants du personnel, en raison du non-renouvellement de l'autorisation de travail : n'étant plus titulaire d'une autorisation de travail, l'intéressé se trouvait en dehors du champ d'application des dispositions protectrices instaurées en faveur des délégués du personnel et l'employeur n'avait pas à respecter la procédure spéciale de licenciement.

Cass. soc. 10 octobre 1990, n° 88-43.683, BC V n° 453.

Le délégué du personnel ou le délégué syndical qui ne dispose plus de titre l'autorisant à exercer une activité salariée en France ne peut bénéficier de la procédure spéciale de licenciement.

Cass. soc. 5 novembre 2009, n° 08-40.923, précité. Voir aussi cass. soc. 10 octobre 1990, n° 88-43.683, précité.

Procédure de contrôle

L'article 5 du décret du 6 août 1996, prescrivant aux services de l'inspection du travail d'adresser à l'Office central pour la répression de l'immigration irrégulière et de l'emploi d'étrangers sans titre toutes informations relatives aux faits et infractions relatifs à l'aide, à l'entrée, à la circulation et au séjour irréguliers d'étrangers en France, n'est entaché d'aucune illégalité.

Aucune disposition législative ni aucun principe général de droit ne font obstacle à ce que le Gouvernement demande aux fonctionnaires et agents de l'État de signaler aux services compétents les infractions dont ils auraient connaissance dans ou à l'occasion de l'exercice de leurs fonctions. Ainsi, l'article 5 du décret du 6 août 1996 n'est entaché d'aucune illégalité, en tant qu'il prescrit aux services de l'inspection du travail d'adresser à l'Office central pour la répression de l'immigration irrégulière et de l'emploi d'étrangers sans titre toutes informations relatives aux faits et infractions relatifs à l'aide, à l'entrée, à la circulation et au séjour irréguliers d'étrangers en France, alors même que ces faits et infractions ne seraient pas compris dans le champ d'application des articles L. 611-1 et s. et L. 324-12 CT. Le décret attaqué du 6 août 1996 n'a pas pour objet, et n'aurait pas pu avoir légalement pour effet, de confier à des personnes non habilitées, à cet effet, par la loi le soin de constater les infractions à la législation du travail.

Il en résulte que l'Union nationale CGT des affaires sociales, l'Union générale des fédérations de fonctionnaires CGT et la fédération CFDT Protection sociale travail emploi ne sont pas fondées à demander l'annulation du décret 96-691 du 6 août 1996.

CE 15 février 1999, n° 182853, Rec. Lebon p. 24.

Travailleurs handicapés

Handicapés.

U

Unité économique et sociale

La notion d'unité économique et sociale permet de regrouper des entreprises juridiquement distinctes, mais présentant des liens étroits entre elles, en une entité unique pour la mise en place des institutions représentatives du personnel. Consacrée légalement pour le comité d'entreprise (art. L. 2322-4 ancien CT), l'unité économique et sociale constitue, lorsqu'elle est reconnue, le cadre de l'élection ou de la désignation de toutes les institutions représentatives du personnel.

Pour qu'une unité économique et sociale soit reconnue, certaines conditions doivent être remplies

Les entreprises destinées à être regroupées doivent être juridiquement distinctes. Il doit s'agir d'entreprises et non de simples établissements.

L'unité économique et sociale, dont la reconnaissance implique, lorsque les conditions d'effectif sont remplies, la mise en place d'un comité d'entreprise commun, ne peut exister qu'entre des entreprises juridiquement distinctes.

Doit donc être cassé le jugement qui reconnaît l'existence d'une unité économique et sociale entre une société et un grand magasin, établissement d'une autre société, alors qu'un établissement ne constitue pas une entreprise juridiquement distincte au sens de l'article L. 431-1 CT.

Cass. soc. 2 avril 1996, n° 95-60.665.

Une unité économique et sociale ne peut pas être reconnue entre une société et un établissement dépendant d'une autre société relevant du même secteur de production.

La société Compagnie générale des eaux (CGE), quarante-six filiales de la CGE, la société Vivendi pour le compte de dix-huit établissements régionaux et partie de son établissement « Siège », ainsi que les organisations syndicales UNSA, CFDT, CFTC et CFE-CGC avaient signé un accord reconnaissant une unité économique et sociale « Générale des eaux » répondant à la réorganisation des activités « eaux » du groupe Vivendi. Les organisations syndicales CGT et CGT-FO, n'ayant pas été signataires de l'accord, ont été attraites devant un tribunal d'instance en reconnaissance de l'existence de cette unité économique et sociale.

C'est à tort que, pour reconnaître l'existence de l'unité économique et sociale « Générale des eaux », le tribunal d'instance a énoncé que, si c'est en principe au niveau des entreprises que doit s'apprécier l'existence d'une unité économique et sociale, il n'en est pas nécessairement ainsi lorsque l'unité alléguée est limitée à un secteur de production de ces entreprises, qu'une société et un établissement dépendant d'une autre société peuvent alors former une unité économique et sociale et qu'en l'espèce, toutes les sociétés demanderesses et les établissements visés, en demande de la société Vivendi, exerçaient des activités complémentaires ou identiques, alors qu'il ne peut y avoir d'unité économique et sociale reconnue par convention ou par décision de justice qu'entre des personnes juridiquement distinctes prises dans l'ensemble de leurs établissements et de leurs personnels.

Cass. soc. 7 mai 2002, n° 00-60.424, BC V n° 150. Voir aussi cass. soc. 13 janvier 1999, n° 97-60.782, BC V n° 20.

Toutefois, à l'intérieur d'un groupe, une unité économique et sociale peut être constituée entre des structures n'ayant pas toutes la personnalité morale.

Au sein d'un groupe, une unité économique et sociale (UES) peut être reconnue par convention ou par décision de justice entre des entités juridiquement distinctes qu'elles soient ou non dotées de la personnalité morale, dès lors qu'est caractérisée entre ces structures, d'une part, une concentration des pouvoirs de direction à l'intérieur du périmètre considéré ainsi qu'une similarité ou une complémentarité des activités déployées par ces différentes entités, d'autre part, une communauté de travailleurs résultant de leur statut social et de conditions de travail similaires pouvant se traduire en pratique par une certaine mutabilité des salariés.

À la suite de la constitution d'une succursale en France, immatriculée au registre du commerce et des sociétés, par une société italienne appartenant à un groupe de sociétés au sein duquel une UES a été reconnue, par accord collectif, entre plusieurs sociétés membres et dont l'une d'elles a mis à la disposition de cette succursale cent-soixante-cinq de ses salariés pour une durée de trois ans, chacun des salariés concernés ayant signé un avenant à son contrat de travail en ce sens, deux syndicats ont saisi le tribunal d'instance en vue d'obtenir l'extension de l'UES existante à la succursale française.

Pour rejeter la demande des syndicats, une cour d'appel a retenu qu'il ne pouvait y avoir d'UES reconnue par convention ou par décision de justice qu'entre des personnes juridiquement distinctes prises dans l'ensemble de leurs établissements et de leurs personnels et qu'il s'ensuivait que chacune des personnes juridiquement distinctes composant une UES devait nécessairement être dotée de la personnalité morale, dont l'UES est quant à elle dépourvue, et être ainsi susceptible d'avoir la qualité d'employeur.

En se déterminant ainsi, sans rechercher, comme il le lui était demandé, si les salariés employés par la succursale n'étaient pas intégrés à la communauté de travail formée par les salariés de l'UES, et s'il n'existait pas une UES entre la succursale française de la société italienne en charge des infrastructures du groupe et l'UES reconnue entre plusieurs sociétés du groupe, la cour d'appel n'a pas donné de base légale à sa décision au regard de l'article L. 2322-4 CT, alors en vigueur.

Cass. soc. 21 novembre 2018, n° 16-27.690, à paraître.

Une unité économique et sociale ne peut pas être reconnue entre plusieurs sociétés à un niveau où il existe déjà un comité de groupe.

La notion d'unité économique et sociale et celle de comité de groupe sont incompatibles.

Pour reconnaître l'existence d'une unité économique et sociale constituée par plusieurs sociétés et valider les désignations d'un délégué syndical central dans le cadre de l'unité économique et sociale, de délégués syndicaux nationaux et d'un représentant syndical au comité d'entreprise d'une des sociétés, un tribunal d'instance a relevé que l'ensemble de ces sociétés constituait un groupe doté d'un comité de groupe et qu'il existait une unité économique et sociale entre ces sociétés caractérisée par la centralisation des pouvoirs de direction autour du directoire, l'imbrication capitalistique des filiales autour de la société mère, ainsi que la complémentarité des activités de distribution de la chaussure et du vêtement, et par l'existence d'une communauté de travailleurs présentant des intérêts professionnels communs. En reconnaissant ainsi l'existence d'une unité économique et sociale à un niveau où existait déjà un comité de groupe, le tribunal d'instance a violé les articles L. 431-1 et L. 439-1 CT.

Cass. soc. 20 octobre 1999, n° 98-60.398, 2e moyen, BC V n° 391. Voir aussi cass. soc. 17 octobre 2018, n° 17-22.602.

Mais la simple annonce de la constitution d'un groupe pouvant inclure diverses sociétés ne peut pas, à elle seule, faire obstacle à la reconnaissance d'une unité économique et sociale entre ces sociétés, antérieurement à la mise en place d'un comité de groupe.

Cass. soc. 17 décembre 2003, n° 02-60.445, BC V n° 319.

C'est en effet à la date de la requête tendant à la reconnaissance de l'unité économique et sociale que les périmètres respectifs du groupe et de l'unité économique et sociale doivent être comparés, compte tenu de leur évolution depuis leur mise en place.

Il résulte de l'incompatibilité entre les notions d'unité économique et sociale et de groupe doté d'un comité que leurs périmètres respectifs servant à la mise en place d'institutions représentatives du personnel différentes doivent être comparés à la date de la requête tendant à la reconnaissance de l'unité économique et sociale, compte tenu de leur évolution depuis leur mise en place.

Pour dire qu'il existait une unité économique et sociale entre quatre sociétés et valider en conséquence la désignation d'une salariée en qualité de déléguée syndicale centrale au sein de cette unité économique et sociale, un tribunal d'instance a retenu qu'il s'avérait que le comité de groupe mis en place antérieurement réunissait ces sociétés plus trois autres, alors qu'il était allégué l'existence d'une unité économique et sociale entre ces seules quatre sociétés et que le périmètre de chacune de ces deux entités ne regroupait pas exactement les mêmes sociétés, et qu'aucune incompatibilité ne pouvait s'opposer à la reconnaissance d'une unité économique et sociale.

En statuant ainsi, sans rechercher si, lors de sa saisine, les évolutions de la composition du groupe n'avaient pas eu pour effet de faire coïncider les périmètres de ce groupe et de l'unité économique et sociale revendiquée, le tribunal d'instance n'a pas légalement justifié sa décision.

Cass. soc. 25 janvier 2006, n° 04-60.234, BC V n° 34.

Une unité économique et sociale ne saurait être reconnue au sein d'un groupe comportant un comité de groupe si le périmètre revendiqué pour ladite unité a uniquement pour but de faire échec à l'incompatibilité entre comité de groupe et unité économique et sociale.

Cass. soc. 16 avril 2008, n° 07-60.348.

La reconnaissance ou la modification conventionnelle d'une unité économique et sociale ne relève pas du protocole d'accord préélectoral mais de l'accord collectif signé, aux conditions de droit commun, par les syndicats représentatifs au sein des entités faisant partie de cette UES.

Dès lors que l'accord de modification du périmètre d'une UES avait été signé à la double majorité des organisations syndicales au sens de l'article L. 2324-4-1 CT, donc a fortiori par les organisations syndicales représentatives ayant recueilli au moins 30 % des suffrages exprimés lors du premier tour des dernières élections, la décision d'un tribunal d'instance de valider cet accord se trouve légalement justifiée.

Cass. soc. 14 novembre 2013, n° 13-12.712, BC V n° 266. Voir aussi cass. soc. 30 juin 2015, n° 14-12.522.

En cas de reconnaissance par accord, tous les syndicats représentatifs présents dans les entités juridiques concernées doivent être invités à sa négociation.

Une unité économique et sociale ne pouvant être reconnue qu'entre des entités juridiques distinctes prises dans l'ensemble de leurs établissements et de leur personnel, toutes les organisations syndicales représentatives présentes dans ces entités doivent être invitées à la négociation portant sur la reconnaissance entre elles d'une unité économique et sociale.

Cass. soc. 10 novembre 2010, n° 09-60.451, 1er moyen, BC V n° 256.

Un accord dont l'objet est limité à la mise en place d'un service médical commun ne vaut pas à lui seul reconnaissance conventionnelle d'une unité économique et sociale.

Cass. soc. 24 mai 2000, n° 99-60.165.

Il en est de même d'un accord d'intéressement conclu au sein d'un groupe constitué par des entreprises juridiquement indépendantes, mais ayant établi entre elles des liens financiers et économiques.

Selon l'article L. 3344-1 CT, l'intéressement, la participation ou un plan d'épargne d'entreprise pouvant être mis en place au sein d'un groupe constitué par des entreprises juridiquement indépendantes, mais ayant établi entre elles des liens financiers et économiques, la conclusion d'un tel accord ne postule pas l'existence d'une unité économique et sociale.

Cass. soc. 13 octobre 2010, n° 09-60.473, BC V n° 226.

L'absence de contestation de la désignation d'un délégué syndical dans le périmètre d'une unité économique et sociale n'établit pas à elle seule l'existence de cette dernière.

Si l'absence de contestation dans les délais prévus par l'article L. 2143-8 CT de la désignation d'un délégué syndical dans le périmètre d'une unité économique et sociale interdit la remise en cause du mandat du délégué syndical et constitue un élément que le juge doit prendre en considération dans l'action en reconnaissance de cette unité, elle n'établit pas à elle seule son existence.

Cass. soc. 4 mars 2009, n° 08-60.497, 1er moyen, BC V n° 61.

L'action tendant à la reconnaissance d'une unité économique et sociale ou à la modification de son périmètre relève de la compétence d'attribution du tribunal d'instance.

La reconnaissance judiciaire d'une unité économique et sociale impose la mise en place des institutions représentatives du personnel qui lui sont appropriées. L'action tendant à cette reconnaissance relève en conséquence de la compétence d'attribution du tribunal d'instance. Il en est de même de l'action aux fins de modification, par voie d'élargissement ou de réduction du périmètre d'une unité économique et sociale.

Cass. avis 19 mars 2007, n° 06-00.020, BC n° 3. Voir aussi cass. soc. 29 octobre 2003, n° 02-60.820, BC V n° 267.

Il n'appartient pas au juge administratif de se prononcer sur l'existence d'une unité économique et sociale, même à l'occasion d'un litige relatif au contenu du plan de sauvegarde de l'emploi.

CE 13 février 2019, n° 404556, cité dans « Plan de sauvegarde de l'emploi ».

Les demandes ayant pour objet ou pour conséquence la reconnaissance d'une unité économique et sociale sont toujours susceptibles d'appel.

Il ne résulte ni de l'article L. 2322-4 CT ni d'aucun autre texte que la décision judiciaire qui tend à la reconnaissance d'une unité économique et sociale est rendue en dernier ressort. Si, dans ses arrêts antérieurs, la Cour de cassation jugeait que les décisions rendues sur une demande de reconnaissance d'une unité économique et sociale formées à l'occasion d'un litige électoral étaient en dernier ressort, l'entrée en vigueur de la loi du 20 août 2008 conduit à revenir sur cette jurisprudence dès lors que la demande de reconnaissance ne peut plus désormais être formulée à l'occasion d'un contentieux en matière d'élection professionnelle ou de désignation de représentants syndicaux pour lesquels le tribunal d'instance a compétence en dernier ressort. Il s'en déduit que la demande de reconnaissance d'une unité économique et sociale, qu'elle ait pour objet ou pour conséquence la mise en place d'institutions représentatives correspondantes, est indéterminée et que le jugement est susceptible d'appel, conformément à l'article 40 CPC.

Cass. soc. 31 janvier 2012, n° 11-20.232, BC V n° 37.

Il ne résulte ni de l'article L. 2322-4 CT ni d'aucun autre texte que l'appel contre la décision statuant sur la demande de reconnaissance d'une unité économique et sociale doit être formé selon les règles de la procédure sans représentation obligatoire.

Cass. soc. 5 avril 2015, n° 14-16.196, BC V n° 77.

À défaut d'accord ou de décision de justice, le juge ordonne l'organisation des élections au sein de chaque entreprise.

Le 28 avril 2000 a été signé, entre les directions des sociétés du groupe Vivendi et certaines organisations syndicales, un accord sur le périmètre et le champ d'application de l'UES « Générale des eaux », lequel accord comprenait la Société avignonnaise des eaux (SAE) et disposait qu'il entrerait en vigueur dès la reconnaissance de ladite UES par le tribunal d'instance de Paris, 8ᵉ arrondissement. Le syndicat FO de la SAE, non signataire de l'accord, a saisi le tribunal d'instance d'Avignon, par requête en date du 26 juin 2000, d'une demande aux fins d'enjoindre à la SAE d'organiser les élections professionnelles en son sein. C'est à tort que la SAE reproche au tribunal d'avoir accueilli cette demande. En effet, le tribunal, qui a constaté que l'UES revendiquée n'était pas encore reconnue, n'a fait qu'exercer son pouvoir en ordonnant l'organisation de ces élections sans être tenu de se référer aux articles R. 423-3 et R. 433-4 CT, le litige ne concernant ni l'électorat ni la régularité des opérations électorales.

Cass. soc. 7 mai 2002, n° 00-60.282, BC V n° 149.

Le juge peut en restreindre ou en élargir le périmètre s'il constate des modifications.

Lorsqu'une unité économique et sociale est reconnue conventionnellement ou judiciairement, les institutions représentatives sont mises en place en son sein. La délimitation conventionnelle ou judiciaire de cette unité n'interdit pas au juge, s'il constate que des modifications sont intervenues, d'en élargir ou d'en restreindre le périmètre.

Cass. soc. 4 avril 2001, n° 00-60.039.

Les dispositions d'une convention collective relatives aux institutions représentatives du personnel, même si elles en améliorent le fonctionnement au sein de chaque entreprise régie par cette convention, ne font pas obstacle à la reconnaissance postérieure d'une UES.

Un syndicat avait saisi par requête le tribunal d'instance pour voir reconnaître une unité économique et sociale entre une fédération départementale d'aide à domicile en milieu rural et les 44 associations de l'ADMR de ce département.

Doit être cassé le jugement qui, pour déclarer la requête irrecevable, énonce, notamment, qu'il convient de constater que le syndicat, qui a adhéré aux dispositions de la convention collective ADMR, est lié aux termes de l'accord qui institue un système de représentation particulier des organisations syndicales représentatives ou signataires plus favorable que celui imposé par la loi, accord exclusif de toute reconnaissance d'unité économique et sociale et que, par conséquent, l'action en reconnaissance d'une unité économique et sociale, englobant la fédération départementale et les 44 associations, diligentée par ce syndicat tend à rompre de manière unilatérale un accord d'ensemble auquel il a souscrit et qui constitue une reconnaissance par ses signataires et adhérents de l'absence de toute unité économique et sociale.

En effet, les dispositions d'une convention collective relatives aux institutions représentatives du personnel, même si elles améliorent le fonctionnement desdites institutions au sein de chaque entreprise régie par la convention collective, ne font pas obstacle à la reconnaissance postérieure d'une UES, qui a pour objet la détermination du périmètre des institutions représentatives dont bénéficient les salariés de personnes morales distinctes lorsqu'ils forment une communauté ayant des intérêts propres. En l'espèce, l'adhésion du syndicat à la convention collective étant donc sans effet sur l'objet de la requête présentée par cette organisation syndicale, il appartenait au tribunal de statuer sur celle-ci.

Cass. soc. 18 juin 2003, n° 02-60.033, BC V n° 201.

L'unité économique et sociale est appréciée au regard de certains critères

Une unité économique et sociale entre plusieurs entités économiques juridiquement distinctes se caractérise, en premier lieu, par la concentration des pouvoirs de direction à l'intérieur du périmètre considéré ainsi que par la similarité ou la complémentarité des activités déployées par ces différentes entités, en second lieu, par une communauté de travailleurs résultant de leur statut social et de conditions de travail similaires pouvant se traduire, en pratique, par une certaine permutabilité des salariés.

Cass. soc. 18 juillet 2000, n° 99-60.353, BC V n° 299.

• Unité économique

Les sociétés la composant doivent être soumises à une direction commune.

Un tribunal d'instance a pu valablement reconnaître l'existence d'une unité économique et sociale pour la mise en place d'un comité d'entreprise commun après avoir retenu que les sociétés présentaient une unité de direction, en ce sens que les mêmes personnes se retrouvaient aux postes de direction.

Cass. soc. 27 juin 1990, n° 89-60.033, 2e moyen, BC V n° 322. Voir aussi cass. soc. 15 janvier 2002, n° 00-60.256 ; cass. soc. 22 septembre 2010, n° 09-60.394.

Doit être cassé le jugement reconnaissant l'existence d'une unité économique et sociale entre l'Opéra comique et l'Opéra de Paris, en vue de l'élection des délégués du personnel et des membres du comité d'entreprise, au motif que le manque d'autonomie administrative et budgétaire de ces deux organismes par rapport à l'État, leur autorité de tutelle commune, enlève au critère de concentration des pouvoirs de direction son caractère déterminant et qu'en outre, les mêmes personnes nommées par l'État se retrouvent à des postes importants, voire stratégiques, dans les deux structures. La dépendance administrative et financière à l'égard d'une autorité de tutelle et la participation des mêmes personnes ès qualité aux conseils d'administration ne caractérisent pas en soi l'existence d'une unité économique. Le tribunal d'instance n'a pas constaté, en l'espèce, de concentration des pouvoirs de direction.

Cass. soc. 24 novembre 1992, n° 91-60.368, 2e moyen, BC V n° 569.

L'unité économique nécessite la présence en son sein de l'entité juridique qui exerce le pouvoir de direction sur l'ensemble des salariés inclus dans l'unité sociale.

Doit être cassé le jugement qui a reconnu l'existence d'une unité économique et sociale entre 45 syndicats de copropriétaires et débouté une société syndic de copropriété de sa demande d'annulation de la désignation d'une salariée en qualité de déléguée syndicale de cette unité économique et sociale.

En effet, l'unité économique nécessite la présence en son sein de l'entité juridique qui exerce le pouvoir de direction sur l'ensemble des salariés inclus dans l'unité sociale. Les sociétés syndics de copropriétés correspondant à un ensemble de résidences-services ne sont que les mandataires des différents syndicats de copropriétaires, lesquels restent libres de désigner un nouveau syndic, ce qui s'oppose à la reconnaissance de l'unité économique.

Cass. soc. 23 mai 2000, n° 98-60.212, BC V n° 201. Voir aussi cass. soc. 23 mai 2000, n° 99-60.006, BC V n° 201 (arrêt n° 2).

Les sociétés doivent avoir des activités identiques ou complémentaires.

Doit être cassé le jugement qui, pour caractériser l'existence d'une unité économique pour la désignation d'un délégué syndical entre deux sociétés, relève que ces sociétés avaient une politique commerciale commune, sans constater une identité ou une complémentarité d'activité entre les sociétés concernées.

Cass. soc. 7 février 1990, n° 89-60.497, 1er moyen, BC V n° 55. Voir aussi cass. soc. 15 janvier 2002, n° 00-60.256, précité ; cass. soc. 22 septembre 2010, n° 09-60.394, précité.

Ainsi, le fait que des sociétés aient des activités différentes, si elles sont complémentaires, ne constitue pas un élément empêchant la reconnaissance d'une unité économique et sociale.

Doit être cassé le jugement qui, pour rejeter la demande tendant à faire reconnaître l'existence d'une unité économique et sociale en vue de mettre en place un comité central d'entreprise commun à deux sociétés, a retenu que l'unité économique était insuffisamment caractérisée, notamment en raison du fait que les activités des deux sociétés étaient différentes, alors que des activités différentes peuvent être complémentaires et qu'une des sociétés filiales à 100 % de l'autre était dirigée par la même personne physique, qu'il n'existait qu'un seul directeur des ressources humaines pour les deux sociétés, circonstances de nature à caractériser l'existence d'un pouvoir de direction unique.

Cass. soc. 29 mai 2002, n° 01-60.627.

Pour refuser de reconnaître l'existence d'une unité économique et sociale entre quatre sociétés et annuler, en conséquence, la désignation d'un salarié en qualité de délégué syndical au sein de ces sociétés, un tribunal d'instance, tout en constatant que le pouvoir était détenu au sein des différentes sociétés par les mêmes personnes, que ces sociétés étaient installées dans un périmètre géographique très étroit, que les contrats présentaient des similarités et que des permutations avaient concerné au moins onze salariés, a retenu qu'une unité économique n'était pas caractérisée, compte tenu de la spécificité des interventions des diverses sociétés, et que l'unité sociale ne l'était pas davantage.

En statuant ainsi, alors, d'une part, que la spécificité du domaine d'intervention des différentes sociétés susceptibles de former une unité économique ne fait pas à elle seule obstacle au constat d'une complémentarité d'activités résultant de ce que les sociétés en cause travaillaient pour les mêmes clients et avaient elles-mêmes fait état de cette complémentarité et, d'autre part, que l'application d'une même convention collective, l'existence de permutations et la présence de services et d'avantages communs aux salariés des différentes sociétés étaient de nature à caractériser l'existence d'une unité sociale, le tribunal d'instance a violé les articles L. 412-11 CT et 455 NCPC.

Cass. soc. 13 juillet 2004, n° 03-60.425, BC V n° 219.

La société holding dont l'activité est limitée à la gestion et au contrôle des autres sociétés doit être intégrée dans l'unité économique et sociale.

Dès lors qu'il constate que les éléments constitutifs d'une unité économique et sociale sont réunis entre des sociétés d'opérations, un tribunal d'instance qui intègre au sein de cette unité économique et sociale la société holding qui détient le pouvoir justifie légalement sa décision.

Cass. soc. 26 janvier 2005, n° 04-60.192, BC V n° 29.

Des sociétés peuvent constituer entre elles une UES, peu important que la société holding, associée unique de chacune des sociétés, ne soit pas intégrée dans son périmètre.

Ayant constaté, d'une part, la concentration des pouvoirs par une société, associée unique de 4 sociétés, leur complémentarité en ce qu'elles concourent toutes à des activités similaires, et relevé, d'autre part, que les salariés, tous issus de la même société et titulaires de contrats de travail similaires, sont mobiles entre les sociétés en cause, relèvent de la même convention collective et bénéficient d'avantages spécifiques identiques, une cour d'appel a pu retenir, peu important que la société holding ne soit pas intégrée dans son périmètre, l'existence d'une unité économique et social entre les 4 sociétés.

Cass. soc. 15 avril 2015, n° 13-24.253, BC V n° 83.

Le fait que le capital social soit détenu en quasi-totalité par l'une des sociétés peut constituer un indice supplémentaire.

Un tribunal d'instance a pu valablement reconnaître l'existence d'une unité économique, pour les élections des délégués du personnel, entre trois sociétés après avoir constaté que ces sociétés avaient des activités complémentaires, étaient placées sous l'autorité d'un dirigeant unique et que leur capital social était détenu en quasi-totalité par l'une d'entre elles.

Cass. soc. 16 décembre 1992, n° 91-60.137, 2e moyen.

Dès lors que les juges ont conclu à l'absence d'unité économique, ils n'ont pas à rechercher l'existence d'une unité sociale.

Un tribunal d'instance a pu valablement annuler la désignation d'un délégué syndical, faute d'unité économique et sociale, sans s'expliquer sur l'absence d'une unité sociale.

En effet, en l'absence d'unité économique entre les entreprises en cause, le tribunal n'avait pas à rechercher s'il existait entre elles une unité sociale.

Cass. soc. 5 décembre 1985, n° 84-60.994, 2e moyen, BC V n° 574.

• Unité sociale

Les salariés des sociétés doivent constituer une communauté de travailleurs ayant des intérêts communs.

Ayant notamment constaté que la gestion des salariés de plusieurs sociétés était unique et centralisée, que ces salariés étaient soumis hiérarchiquement au directeur général, ce dont il résultait nécessairement l'existence d'une communauté de salariés ayant des intérêts communs, un tribunal d'instance a pu décider que l'ensemble de ces sociétés constituait une unité économique et sociale.

Cass. soc. 15 janvier 2002, n° 00-60.256, précité.

Une unité économique et sociale peut exister entre deux sociétés, même si l'activité de l'une, dans son ensemble, n'est complémentaire que de l'activité d'un secteur de production de l'autre, si tous les salariés des deux sociétés constituent une seule communauté de travailleurs.

Cass. soc. 12 janvier 2005, n° 03-60.477, BC V n° 5.

Cependant, la circonstance qu'une société n'ait pas de personnel ne fait pas obstacle à la reconnaissance d'une unité économique et sociale la comprenant.

Après avoir relevé que des salariés d'une société travaillaient de fait pour une seconde société, dont les moyens administratifs et commerciaux étaient partagés avec leur employeur, un tribunal d'instance a fait ressortir qu'il existait une communauté de travailleurs intéressés par les activités complémentaires des deux sociétés dont la direction était commune. L'unité économique et sociale ayant pour finalité la défense des intérêts de la communauté de travailleurs dans un périmètre donné, le tribunal d'instance a pu décider que la circonstance que la seconde société n'avait pas de salariés ne faisait pas obstacle à la reconnaissance d'une unité économique et sociale entre les deux sociétés pour la désignation d'un délégué syndical.

Cass. soc. 24 novembre 2004, n° 03-60.329, BC V n° 297.

L'unité sociale est notamment caractérisée en cas de similitude des conditions d'emploi…

Un tribunal d'instance a pu reconnaître l'existence d'une unité sociale pour la désignation d'un délégué syndical central, après avoir relevé la similitude des conditions de travail, de rémunération et de statut social des salariés des entreprises en cause.

Cass. soc. 11 janvier 1995, n° 94-60.023.

… ou de permutabilité du personnel.

C'est à bon droit qu'après avoir fait ressortir que des salariés précédemment employés dans des établissements secondaires avaient été affectés en particulier au lieu du siège social d'une société, précisément exclu du cadre de l'élection des délégués du personnel, ce qui établissait la permutabilité du personnel, laquelle, rapprochée de l'identité constatée entre les mentions des bulletins de paie des salariés des différents établissements, caractérisait l'existence d'une unité sociale, un tribunal d'instance a pu annuler l'élection des délégués du personnel.

Cass. soc. 18 juillet 2000, n° 99-60.353, précité. Voir aussi cass. soc. 22 septembre 2010, n° 09-60.394, précité.

Les sociétés peuvent avoir un statut social identique.

Un tribunal d'instance a pu valablement reconnaître l'existence d'une unité économique et sociale pour l'élection du comité d'entreprise entre deux associations après avoir constaté, notamment, qu'elles relevaient toutes deux de la même association nationale dont les responsables étaient membres de droit de leurs conseils d'administration, qu'elles avaient des statuts identiques qui les soumettaient aux mêmes contrôles et obligations à l'égard de l'association nationale et qu'elles avaient le même objet consistant en la prise en charge de personnes handicapées, ainsi que des activités complémentaires.

Cass. soc. 8 avril 1992, n° 91-60.165, 2e moyen, BC V n° 265. Voir aussi cass. soc. 15 décembre 1999, n° 98-60.497.

La proximité géographique peut également constituer un facteur positif pour la reconnaissance d'une unité sociale.

Un tribunal d'instance a pu reconnaître l'existence d'une unité sociale pour l'élection des délégués du personnel, après avoir constaté que les entreprises en cause étaient soumises à la même convention collective nationale et qu'elles disposaient de services sociaux communs (restaurant et infirmerie). Par ailleurs, le tribunal d'instance avait relevé le « voisinage géographique des sociétés ».

Cass. soc. 16 décembre 1992, n° 91-60.137, précité.

En revanche, ne suffisent pas à caractériser l'existence d'une unité sociale l'existence d'intérêts généraux communs,…

Doit être cassé le jugement qui, pour justifier l'existence d'une unité sociale, pour la désignation des délégués syndicaux, a retenu que les salariés des entreprises en cause avaient les mêmes intérêts généraux, alors que les juges n'ont pas caractérisé l'existence d'une communauté formée par le personnel qui se serait manifestée par l'identité des conditions de travail, la similitude de gestion des situations individuelles et des œuvres sociales ou la permutabilité des salariés.

Cass. soc. 7 février 1990, n° 89-60.497, précité.

… l'application de la même convention collective à deux sociétés…

Doit être cassé le jugement qui, pour admettre l'existence d'une unité économique et sociale, a retenu, notamment, que les salariés de deux sociétés étaient soumis à la même convention collective. En statuant ainsi, alors que l'existence d'une unité économique ne suffit pas à présumer de l'existence d'une unité de gestion ni à établir l'existence d'une communauté de travail, le tribunal qui n'a pas caractérisé l'existence d'une unité sociale, laquelle ne résulte pas de la seule application de la même convention collective à plusieurs entreprises, n'a pas donné de base légale à sa décision.

Cass. soc. 25 septembre 2002, n° 01-60.677.

… ni non plus l'existence d'un accord de méthode ayant harmonisé le régime social des personnels des sociétés.

C'est à bon droit qu'un tribunal d'instance a débouté un syndicat de sa demande tendant à la reconnaissance de l'existence d'une unité économique et sociale entre différentes sociétés. En effet, après avoir relevé que, malgré l'existence d'un accord de méthode permettant d'harmoniser le régime social de l'ensemble de leurs personnels, les diverses sociétés avaient conclu distinctement des accords ne concernant que chaque métier exercé en leur sein et après avoir constaté que seuls certains cadres ou personnels ayant des postes fonctionnels avaient été mutés, le tribunal d'instance a pu en déduire, compte tenu du nombre des salariés et des sociétés concernés, qu'il n'existait pas entre elles d'unité sociale.

Cass. soc. 5 mai 2004, n° 03-60.057, BC V n° 126.

La notion d'unité économique et sociale est indépendante de la finalité de l'institution représentative

La notion d'unité économique et sociale n'est pas relative et sa reconnaissance par le juge selon des critères propres indépendants de la finalité des institutions représentatives comprises dans son périmètre, même si elle modifie nécessairement la configuration des institutions existantes, n'implique pas du juge une appréciation de l'opportunité de la demande présentée par un syndicat représentatif.

Cass. soc. 13 juillet 2004, n° 03-60.412, BC V n° 218.

Date d'appréciation de l'unité économique et sociale

L'existence d'une unité économique et sociale est appréciée par le tribunal d'instance au jour de la requête introductive…

Un tribunal d'instance a exactement décidé que le jugement reconnaissant l'existence d'une unité économique et sociale entre deux sociétés avait un caractère déclaratif à la date de la requête introductive d'instance.

Cass. soc. 7 octobre 1998, n° 97-60.517, BC V n° 409. Voir aussi cass. soc. 21 janvier 1997, n° 95-60.992, BC V n° 29.

… quelle que soit l'évolution prévisible du statut du personnel.

Cass. soc. 7 mars 2001, n° 99-60.584.

La décision judiciaire reconnaissant l'existence d'une unité économique et sociale a un caractère déclaratif à la date de la requête introductive d'instance.

C'est à tort que, pour dire que des sociétés constituaient une unité économique et sociale et condamner l'une d'entre elles à payer, à un salarié licencié pour une inaptitude définitive, une somme au titre de l'indemnité prévue par l'article L. 122-32-7 CT due en cas de non-consultation des délégués du personnel préalablement au déclenchement d'une procédure de licenciement, une cour d'appel a énoncé que la preuve d'une unité économique et sociale étant établie eu égard au nombre des salariés, des élections des délégués du personnel auraient dû intervenir avant la procédure de licenciement et que la non-consultation de ceux qui auraient dû être élus était sanctionnée par l'indemnité prévue par l'article L. 122-32-7 CT qui ne pouvait être inférieure à douze mois de salaire, alors que sa décision de reconnaître une unité économique et sociale ne pouvait produire effet à l'époque du licenciement.

Cass. soc. 20 février 2008, n° 06-40.949, 2e moyen, BC V n° 41.

Qualité pour agir en reconnaissance d'une unité économique et sociale

La reconnaissance judiciaire d'une UES ne peut être demandée que par un membre de la collectivité de travail dont il s'agit d'assurer la représentation.

La reconnaissance judiciaire d'une UES ne peut être demandée par une personne étrangère à la collectivité de travail dont il s'agit d'assurer la représentation.

Dès lors, une salariée licenciée pour motif économique par une société faisant partie, selon elle, d'une UES, ne peut demander la reconnaissance judiciaire de cette dernière.

Cass. soc. 16 novembre 2010, n° 09-40.555, 1re branche du 1er moyen, BC V n° 261.

Le comité d'entreprise d'une société a qualité pour demander en justice la reconnaissance d'une unité économique et sociale permettant la mise en place d'un comité d'entreprise commun à cette société et à d'autres.

Après qu'un projet de fusion-absorption de la société « M » par la société « G » a été repoussé, le comité d'entreprise de la société « M » a saisi un tribunal d'instance aux fins de voir reconnaître l'existence d'une unité économique et sociale entre les deux sociétés.

Doit être rejeté le pourvoi de la société « G » faisant grief au juge d'avoir déclaré recevable cette action, alors que le comité d'entreprise, qui a, en particulier, pour objet d'assurer une expression collective des salariés permettant la prise en compte permanente de leurs intérêts dans les décisions relatives à la gestion et à l'évolution économique et financière de l'entreprise, a qualité pour demander en justice la reconnaissance d'une unité économique et sociale permettant la mise en place d'un comité d'entreprise commun à cette société et à d'autres.

Cass. soc. 29 janvier 2003, n° 01-60.848, BC V n° 33.

En sa seule qualité d'organisation syndicale représentative sur le plan national, un syndicat a intérêt à agir en reconnaissance d'une unité économique et sociale, peu important qu'il n'ait pas d'adhérent dans les entreprises de l'unité économique et sociale.

Après avoir exactement énoncé qu'en sa seule qualité d'organisation syndicale représentative sur le plan national, un syndicat avait intérêt à agir en reconnaissance d'une unité économique et sociale, un tribunal d'instance a justement déclaré recevable sa demande qui avait pour objet la mise en place d'un comité d'entreprise commun, peu important que ce syndicat n'ait pas eu d'adhérent dans les entreprises de l'unité économique et sociale.

Cass. soc. 26 novembre 2003, n° 02-60.732.

Effets de la reconnaissance d'une unité économique et sociale

L'unité économique et sociale n'a pas la personnalité morale.

La reconnaissance conventionnelle ou judiciaire d'une unité économique et sociale entre des entités juridiques distinctes, ayant des activités complémentaires ou similaires et caractérisée par une concentration du pouvoir de direction économique et une unité sociale a pour objet d'assurer la protection des droits des salariés appartenant à une même collectivité de travail en permettant à cette fin une représentation de leurs intérêts communs. Il en résulte que si la reconnaissance d'une UES permet l'expression collective de l'intérêt des travailleurs appartenant à cette collectivité, elle ne se substitue pas aux entités juridiques qui la composent, de sorte qu'elle n'a pas la personnalité morale.

Cass. soc. 16 décembre 2008, n° 07-43.875, BC V n° 255. Voir aussi cass. soc. 23 juin 2010, n° 09-60.341, BC V n° 148, sur l'impossibilité pour une UES d'agir en justice.

L'accord collectif reconnaissant une unité économique et sociale ne peut pas en faire l'employeur des salariés.

La reconnaissance de l'existence d'un contrat de travail est un droit exclusivement attaché à la personne et sauf disposition législative expresse, un changement d'employeur ne peut être imposé à un salarié sans son accord. Il en résulte que si un accord collectif reconnaissant une unité économique et sociale peut étendre ses effets au-delà des institutions représentatives du personnel et créer des obligations pour les différentes entités juridiques composant l'UES, il ne peut faire d'une unité économique et sociale l'employeur des salariés.

Cass. soc. 16 décembre 2008, n° 07-43.875, BC V n° 255.

La reconnaissance d'une unité économique et sociale impose la mise en place des institutions représentatives du personnel qui lui sont appropriées et il appartient aux syndicats représentatifs de désigner des délégués syndicaux dans le cadre de cette unité économique et sociale et de mettre fin aux mandats antérieurs.

C'est donc à bon droit qu'une cour d'appel a décidé que les mandats des délégués syndicaux désignés antérieurement à la reconnaissance d'une UES étaient devenus caducs par suite de cette reconnaissance.

Cass. soc. 29 avril 2009, n° 07-19.880, BC V n° 117.

Il ne peut être procédé à la désignation d'un délégué syndical au sein d'une unité économique et sociale que lorsque des élections permettant de déterminer la représentativité des syndicats et l'audience des candidats ont été organisées dans ce périmètre.

Pour débouter les sociétés composant une unité économique et sociale de leur requête en annulation de la désignation d'un salarié en qualité de délégué syndical, un tribunal d'instance a retenu qu'un précédent jugement avait reconnu l'existence d'une telle unité économique et sociale entre ces sociétés.

En statuant ainsi, alors que ce jugement, non assorti de l'exécution provisoire, faisait l'objet d'un appel pendant au jour de la désignation litigieuse et qu'aucune élection n'avait été organisée au sein du périmètre considéré, le tribunal a violé les articles L. 2143-3 CT et 539 c. proc. civ.

Cass. soc. 29 mai 2013, n° 12-60.262, BC V n° 141.

La reconnaissance judiciaire d'une unité économique et sociale impose la mise en place des institutions représentatives du personnel qui lui sont appropriées et les mandats en cours cessent au jour des élections organisées au sein de l'unité économique et sociale, quelle que soit l'échéance de leur terme.

C'est à tort que, après avoir constaté l'existence de l'unité économique et sociale « Générale des eaux », un tribunal d'instance a dit que les élections dans le cadre de cette unité économique et sociale auraient lieu, pour le renouvellement des mandats en cours, à l'échéance de leur terme.

Cass. soc. 26 mai 2004, n° 02-60.935, BC V n° 142.

Élections des membres du comité d'entreprise et des délégués du personnel dans une unité économique et sociale

La composition et le périmètre de l'unité économique et sociale doivent être définis lors de chaque élection.

Selon l'article L. 2322-4 CT, lorsqu'une unité économique et sociale regroupant cinquante salariés ou plus est reconnue, par convention ou par décision de justice entre plusieurs entreprises juridiquement distinctes, la mise en place d'un comité d'entreprise est obligatoire. Il s'en déduit qu'il appartient aux parties de définir lors de chaque scrutin la composition et le périmètre de l'unité économique et sociale.

Pour répondre à l'argumentation d'un syndicat qui soutenait que, depuis les dernières élections, le périmètre de l'unité économique et sociale avait changé et le débouter de sa demande d'annulation fondée sur ce moyen, un tribunal a retenu que, concernant le périmètre de l'élection qui, du fait de l'existence d'un seul établissement, correspondait à celui de l'UES, il n'était nullement démontré que les modifications structurelles qui étaient intervenues avaient affecté les salariés des entités concernées et influencé les élections en cause.

En statuant ainsi, alors que le périmètre de l'unité économique et sociale dans lequel devaient être organisées les élections au comité d'entreprise n'avait fait l'objet ni d'un protocole d'accord préélectoral unanime ni d'une décision de justice préalablement aux élections, le tribunal a violé l'article L. 2322-4 CT.

Cass. soc. 31 mars 2009, n° 08-60.494, 1er moyen, BC V n° 96.

Les élections des membres du comité d'entreprise et des délégués du personnel doivent être organisées le même jour dans l'ensemble des entreprises constituant l'unité économique et sociale.

Doit être cassé le jugement décidant que l'article L. 423-19 CT, disposant que les élections des délégués du personnel et des membres du comité d'entreprise doivent avoir lieu le même jour, n'est pas applicable dans le cas de la mise en place d'un comité d'entreprise commun au sein d'une unité économique et sociale. La reconnaissance d'une unité économique et sociale entre des entreprises juridiquement distinctes rend obligatoire, au sein de cette dernière, l'organisation à la même date des élections des délégués du personnel et du comité d'entreprise.

Cass. soc. 5 avril 1995, n° 94-60.324, BC V n° 124.

L'annulation d'un jugement reconnaissant l'existence d'une unité économique et sociale ne fait perdre aux salariés élus leur qualité de membre de l'institution représentative mise en place dans ce cadre qu'à compter du jour où elle est prononcée. Ces salariés bénéficient, à partir de cette date, du délai de protection de six mois prévu à l'article L. 2411-5, al. 2 ancien CT.

Une unité économique et sociale a été reconnue entre trois sociétés par jugement du 7 mars 2002 ; des institutions représentatives du personnel ayant été mises en place dans ce cadre, un salarié a été élu membre de la délégation unique du personnel le 14 mai 2002. Par arrêt du 17 septembre 2003 (pourvoi n° 02-60.320), la chambre sociale de la Cour de cassation a cassé la décision au motif que toutes les sociétés concernées n'avaient pas été régulièrement convoquées. Le salarié a été licencié pour faute grave le 20 octobre 2003, sans que l'employeur ait saisi l'inspecteur du travail d'une demande d'autorisation, revendiquant la qualité de salarié protégé, il a saisi la juridiction prud'homale d'une demande d'annulation de son licenciement.

C'est à tort que, pour le débouter de sa demande, une cour d'appel a énoncé qu'à la suite de l'arrêt de cassation l'institution représentative du personnel devait être considérée, en vertu de l'article 625 CPC, comme n'ayant jamais existé, de sorte que le salarié n'était pas protégé au moment de son licenciement.

Cass. soc. 2 décembre 2008, n° 07-41.832, BC V n° 238.

Disparition d'une unité économique et sociale

Il incombe à celui qui allègue la disparition d'une unité économique et sociale précédemment reconnue par une décision de justice de prouver les modifications intervenues d'où découle cette disparition sans que le juge soit tenu de remettre en discussion, au-delà de ces faits, tous les éléments constitutifs d'une telle unité.

Cass. soc. 3 octobre 2007, n° 06-60.284.

Urnes/Isoloirs

Les articles L. 2314-21 et L. 2324-19 CT prévoient que l'élection a lieu au scrutin secret. Pour ce faire, les électeurs doivent pouvoir s'isoler. Le scrutin doit être distinct, au sein de chaque collège, pour les suppléants et les titulaires. L'employeur doit donc prévoir des urnes distinctes pour chacun de ces scrutins.

Isoloirs

Les électeurs doivent bénéficier d'un dispositif permettant l'isolement.

Selon les articles L. 423-13 [L. 2314-21] et L. 433-9 [L. 2324-19] CT, les élections doivent avoir lieu au scrutin secret. Il en résulte que les électeurs doivent bénéficier d'un dispositif permettant l'isolement. A violé les textes susvisés le tribunal d'instance qui, pour débouter une déléguée syndicale de sa demande d'annulation des élections des délégués du personnel et des membres du comité d'entreprise, a énoncé, d'une part, que l'intéressée ne justifiait pas que l'absence d'isoloir ait pu porter atteinte au secret du vote et, d'autre part, que les irrégularités alléguées dans le déroulement des opérations électorales avaient été sans influence sur le résultat du scrutin.

Cass. soc. 26 mai 1998, n° 97-60.092, 2e moyen, BC V n° 279. Voir aussi cass. soc. 3 mars 2004, n° 02-60.656.

Mais l'installation d'isoloirs identiques à ceux utilisés pour les élections politiques n'est pas obligatoire.

L'obligation de respecter et d'assurer le secret du vote n'impose pas l'installation d'isoloirs identiques à ceux utilisés pour les élections politiques, dès lors que les électeurs bénéficient d'un dispositif leur permettant l'isolement.

Cass. soc. 12 octobre 2000, n° 99-60.368.

L'absence d'isoloirs n'entraîne pas l'annulation des élections si le secret du vote a pu être respecté.

Les juges du fond ont pu valablement rejeter la demande en annulation d'un scrutin, après avoir constaté que l'absence d'isoloirs ne présentait aucun inconvénient, dans la mesure où la salle de vote était un hangar de 1 500 m² permettant aux salariés, par ses allées constituées de rangées de casiers, de s'isoler pour voter.

Cass. soc. 11 juin 1986, n° 85-60.485. Voir aussi cass. soc. 21 juillet 1986, n° 85-60.490, où des toilettes servaient d'isoloirs ; cass. soc. 28 mars 2018, n° 17-60.278, 3e moyen.

Urnes

En matière d'élections professionnelles, l'utilisation d'une urne non transparente ne constitue pas une violation d'un principe général du droit électoral.

Cass. soc. 24 mai 2016, n° 15-20.541, BC V n° 112.

Les urnes doivent être placées sous surveillance entre la clôture du scrutin et le dépouillement des votes.

Doit être cassé le jugement déboutant un syndicat de sa demande en annulation des élections, sans rechercher si les urnes avaient été placées sous surveillance suffisante entre la clôture du scrutin, le 28 mai, et le dépouillement, les 14 et 15 juin. En effet, en matière électorale, l'urne doit être placée sous une surveillance suffisante pendant le laps de temps qui s'écoule entre ces deux opérations. L'absence de surveillance constitue une irrégularité de nature, éventuellement, à fausser le scrutin.

Cass. soc. 16 janvier 1985, n° 84-60.699, BC V n° 26.

Constituent des irrégularités susceptibles d'entacher la validité des opérations électorales organisées pour le renouvellement des membres du comité d'entreprise le fait de déplacer les urnes et de les laisser pendant deux heures dans le véhicule d'un membre de la direction de l'entreprise qui en a seul conservé les clefs.

Cass. soc. 18 juillet 2001, n° 00-60.195.

Les irrégularités commises dans l'organisation du scrutin ne constituent une cause de nullité des élections que si elles ont influé sur le résultat du scrutin.

Doit être cassé le jugement qui, pour annuler le second tour d'élections, énonce qu'il n'y a eu qu'« un seul vote, avec une seule enveloppe et dans une seule urne », en violation des dispositions de l'article L. 423-13 [L. 2314-21] CT qui prévoit des votes séparés pour les titulaires et les suppléants, alors que les irrégularités commises dans l'organisation et le déroulement du scrutin ne constituant une cause d'annulation que si elles ont exercé une influence sur le résultat du scrutin, le tribunal d'instance devait procéder à cette recherche.

Cass. soc. 13 mars 1985, n° 84-60.608, BC V n° 164.

Contentieux électoral.

Usage

Pratique constante, fixe et générale propre à une entreprise, une profession, une région ou une localité, l'usage peut être dénoncé par l'employeur, à condition d'observer un délai de prévenance, d'ouvrir des négociations et de prévenir individuellement les salariés.

Conditions d'existence de l'usage

L'usage doit présenter des qualités de généralité, de constance et de fixité.

En relevant qu'une indemnité d'un montant uniformément fixé à un salaire correspondant à huit heures de travail avait régulièrement été versée pendant trois ans à tous les salariés affectés à une équipe de jour appelés à effectuer un remplacement de nuit en fin de semaine, les juges du fond ont, sans renverser la charge de la preuve, caractérisé l'existence d'un usage dans l'entreprise.

Cass. soc. 30 mai 2000, n° 98-40.697.

Après avoir constaté qu'une prime de fin d'année d'un même montant avait été versée à tous les salariés en décembre 1996 et 1997, un conseil de prud'hommes a pu en déduire que cette prime résultait d'un usage présentant un caractère de généralité, de constance et de fixité.

Cass. soc. 11 décembre 2002, n° 01-41.094.

Les juges doivent vérifier l'existence des caractères de généralité, de constance et de fixité.

C'est à tort qu'après avoir constaté qu'une salariée avait perçu, au cours de chacune des quatre dernières années, une prime de fin d'année fixe dans son montant, un conseil de prud'hommes a débouté l'intéressée de sa demande en paiement d'une somme au titre de cette prime, alors qu'il lui appartenait de vérifier si cette gratification ne répondait pas aussi au caractère de généralité.

Cass. soc. 28 février 1996, n° 93-40.883, BC V n° 74.

Une salariée, engagée en 1992 en qualité de secrétaire, ayant démissionné en avril 2000, avait saisi la juridiction prud'homale pour obtenir la condamnation de son employeur au paiement de la prime de bilan qu'elle estimait lui être due au titre de l'année 2000.

C'est à tort qu'après avoir retenu que la prime de bilan avait été versée à la salariée chaque année depuis 1994, que son montant ayant progressé chaque année, celle-ci était devenue générale et constante au cours des années, un conseil de prud'hommes a fait droit à la demande de la salariée, alors qu'il lui appartenait de rechercher si le montant de la prime de bilan était fixé chaque année selon un mode de calcul déterminé ou de façon discrétionnaire par l'employeur.

Cass. soc. 21 janvier 2003, n° 01-40.734.

Pour qu'il revête un caractère de généralité, l'usage doit concerner au moins une catégorie de salariés.

Ayant relevé qu'une prime d'assiduité versée à un groupe de salariés avait été régulièrement payée pendant plusieurs années selon un montant mensuel fixe, diminué, le cas échéant, d'une somme déterminée par jour d'absence, et présentait des qualités de généralité, de constance et de fixité, un conseil de prud'hommes a pu décider que cette prime avait le caractère de complément de salaire devant notamment être pris en compte pour le calcul de la rémunération des heures supplémentaires.

Cass. soc. 26 octobre 1979, n° 78-41.113, BC V n° 796.

L'usage constant ne peut pas être reconnu s'il n'a été appliqué que pendant un court laps de temps.

Justifie légalement sa décision le conseil de prud'hommes qui, pour débouter un salarié de sa demande tendant à inclure une prime mensuelle dans son salaire, relève que cette prime n'a été versée que pendant une période de trois mois et que l'usage de son versement n'est donc pas établi.

Cass. soc. 20 octobre 1994, n° 93-42.800.

Le caractère de fixité peut être reconnu à une prime qui évolue chaque année sans jamais diminuer.

Après avoir relevé que la prime de fin d'année (dont les caractères de généralité et de constance n'étaient pas contestés par l'employeur) avait évolué chaque année sans toutefois avoir jamais diminué d'une année sur l'autre, les juges ont pu en déduire que cette prime présentait également un caractère de fixité et estimer, en conséquence, que l'obligation de l'employeur de la payer n'était pas sérieusement contestable.

Cass. soc. 12 décembre 1990, n° 89-41.184.

En revanche, le versement volontaire par un employeur d'une prime postérieurement à la mise à la retraite du salarié doit, à compter de cette date, s'analyser en un avantage de retraite et non plus en un usage.

Le versement volontaire par un employeur d'une prime postérieurement à la mise en retraite du salarié entraîne la transformation de la prime versée pendant la période d'activité en un avantage de retraite et, dès lors, la dénonciation de l'usage instituant la prime ne remet pas en cause cet avantage après la liquidation de la retraite.

Cass. soc. 30 novembre 2004, n° 02-45.367, BC V n° 307.

Preuve de l'usage

C'est au salarié d'apporter la preuve de l'usage qu'il revendique.

Le droit au paiement prorata temporis d'une somme dite « prime de fin d'année » à un membre du personnel ayant quitté l'entreprise, quel qu'en soit le motif, avant la date de son versement, ne peut résulter que d'une convention ou d'un usage dont il appartient au salarié de rapporter la preuve.

Cass. soc. 7 mars 2001, n° 99-41.248, 2e moyen. Voir aussi cass. soc. 20 février 2007, n° 06-42.330 ; cass. soc. 12 février 2015, n° 13-21.146, 4e moyen.

Autonomie de l'usage par rapport au contrat de travail

La remise au salarié, lors de son embauche, d'un document résumant les usages et les engagements unilatéraux de l'employeur n'a pas pour effet de contractualiser les avantages qui y sont décrits.

Cass. soc. 11 janvier 2000, n° 97-44.148, BC V n° 17.

Application de l'usage

Un usage ne constitue pas une disposition légale impérative au sens de l'article 6 de la Convention de Rome.

Doit être rejetée la demande en dommages-intérêts d'une salariée pour violation de l'usage constant dans l'enseignement de procéder au licenciement avant la fin du mois de mai. En effet, un usage ne constitue pas une disposition légale impérative au sens de l'article 6 de la Convention de Rome du 18 juin 1980.

Cass. soc. 12 novembre 2002, n° 99-45.821, 2e moyen, BC V n° 339.

L'application d'un usage est soumise au principe de faveur. On applique notamment la norme la plus favorable en cas de conflit entre une disposition légale et un usage…

C'est à tort que, pour décider qu'un représentant syndical non salarié ne pouvait faire partie de la délégation syndicale à la négociation annuelle obligatoire, une cour d'appel a dit qu'un usage ne pouvait primer la loi, alors que si l'article L. 132-20 CT ne prévoit pas la participation à la délégation syndicale chargée de négocier d'un représentant syndical non salarié de l'entreprise, ce texte n'interdit pas la présence, dans la délégation, d'un tel représentant en vertu d'un accord ou d'un usage plus favorable. Dès lors, en s'abstenant de rechercher si un usage permettait la participation à la négociation d'un représentant syndical étranger à l'entreprise, la cour d'appel a violé l'article L. 132-20 CT.

Cass. soc. 19 octobre 1994, n° 91-20.292, BC V n° 281.

… ou entre un contrat de travail et un usage professionnel…

Pour rejeter la demande d'une salariée, gardienne d'immeuble, en remboursement de la taxe d'habitation afférente à son logement de fonction, une cour d'appel a énoncé qu'il existait dans le Rhône un usage selon lequel la taxe d'habitation était payée intégralement par l'employeur, qu'il s'agissait d'un usage local, professionnel et non d'entreprise, que cet usage, qui avait un caractère simplement supplétif et non impératif, ne s'appliquait qu'à défaut d'une manifestation contraire de volonté et qu'en l'espèce, le contrat de travail de l'intéressée excluait expressément le paiement par l'employeur de la taxe. En statuant ainsi, alors que le contrat de travail ne pouvait faire obstacle à l'application d'un usage plus favorable, la cour d'appel a violé le principe de l'application de la norme la plus favorable en cas de conflit de normes.

Cass. soc. 27 mars 2001, n° 98-44.292, BC V n° 106. Voir aussi cass. soc. 10 avril 2002, n° 00-41 001.

Ayant souverainement constaté l'existence d'un usage local applicable aux entreprises de l'hôtellerie et de la restauration de la côte basque et prévoyant l'attribution d'un supplément saisonnier pour les salariés annualisés, un conseil de prud'hommes a pu condamner un employeur à payer à un salarié des sommes au titre de ce supplément saisonnier et des congés payés y afférents.

Cass. soc. 27 janvier 1999, n° 96-44.036, BC V n° 42.

… ou encore entre une convention collective et un usage d'entreprise…

Les dispositions d'une convention collective et d'un usage d'entreprise qui ont le même objet ou la même cause ne peuvent, sauf disposition contraire, se cumuler. La plus favorable d'entre elles, appréciée globalement pour l'ensemble des salariés de l'entreprise, pouvant seule être accordée.

Cass. soc. 3 avril 2007, n° 06-41.017.

… ou enfin entre un usage d'entreprise et un accord collectif d'établissement.

Cass. soc. 27 mars 2001, n° 97-45.791.

L'application volontaire d'une convention collective a la valeur d'un usage que l'employeur peut dénoncer.

N'a pas légalement justifié sa décision la cour d'appel qui, pour faire droit à la demande d'un salarié en paiement d'une indemnité complémentaire de licenciement sur le fondement de la convention nationale des industries chimiques du 30 décembre 1952, s'est bornée à énoncer que l'employeur avait fait application volontaire de cette convention, dont devait bénéficier le salarié, sans rechercher si l'employeur n'avait pas mis fin à l'application volontaire de la convention collective.

Cass. soc. 4 décembre 1991, n° 88-40.454, BC V n° 533.

Lorsqu'un accord collectif ayant le même objet qu'un usage, est conclu entre l'employeur et une ou plusieurs organisations syndicales représentatives, il a pour effet de mettre en cause l'usage sans qu'il y ait lieu à dénonciation,…

C'est à tort que, pour dire qu'une prime résultant d'un usage était due par le nouvel employeur de salariés dont le contrat de travail avait été transféré en application de l'article L. 122-12 CT, un conseil de prud'hommes a énoncé que la procédure de dénonciation de l'usage d'entreprise accordant cette prime aux salariés ayant vingt-cinq ans d'ancienneté n'avait pas été respectée, alors qu'un accord d'entreprise, prévoyant que les programmes liés à l'ancienneté ne seraient pas reconduits, s'était substitué à l'usage à l'égard des salariés ne remplissant pas les conditions pour en bénéficier.

Cass. soc. 14 mars 2000, n° 98-40.545, BC V n° 106. Voir aussi cass. soc. 26 janvier 2005, n° 02-47.507, BC V n° 31 ; cass. soc. 6 décembre 2005, n° 03-48.242.

C'est à tort que, pour décider que l'usage résultant de la référence à l'évolution de l'indice de la fonction publique pour fixer l'augmentation des salaires des employés d'une société demeurait applicable, malgré la conclusion d'un accord signé entre l'employeur et une partie des organisations syndicales représentatives dans l'entreprise ayant remis en cause la référence automatique à l'évolution du point d'indice de la fonction publique et ayant subordonné les augmentations de salaire à un examen préalable de la situation économique de l'entreprise, une cour d'appel a relevé que cet usage n'avait pas fait l'objet d'une dénonciation régulière accompagnée d'une information du personnel.

Cass. soc. 9 juillet 1996, n° 94-42.773, 2e moyen du pourvoi de l'employeur, BC V n° 276. Voir aussi cass. soc. 19 décembre 1990, n° 87-43.568, BC V n° 688 ; cass. soc. 8 janvier 2002, n° 00-12.252, BC V n° 4.

… et sans qu'il y ait lieu de rechercher si l'accord est ou non plus favorable aux salariés.

Lorsque l'application dans l'entreprise d'une convention collective à laquelle l'employeur n'est pas soumis résulte d'un usage ou d'un engagement unilatéral de ce dernier, la conclusion d'un accord d'entreprise ayant le même objet met fin à cet usage ou à cet engagement, en sorte qu'il n'y a pas lieu de rechercher en ce cas si les clauses de l'accord sont ou non plus favorables que celles de la convention jusqu'alors appliquée volontairement.

Cass. soc. 26 septembre 2012, n° 10-24.529, BC V n° 247.

Peu importe que l'usage auquel l'accord s'est substitué ait été réservé à d'anciens salariés.

Lorsqu'un accord collectif ayant le même objet qu'un usage d'entreprise bénéficiant à d'anciens salariés est conclu entre l'employeur et une ou plusieurs organisations représentatives de l'entreprise qui ont vocation à négocier pour l'ensemble des salariés et anciens salariés, cet accord a pour effet de mettre fin à cet usage.

Cass. soc. 20 mai 2014, n° 12-26.322, BC V n° 124.

L'usage antérieur subsiste si la convention collective nouvellement applicable n'a pas le même objet.

L'usage dans le département du Rhône étant que la taxe d'habitation est payée intégralement par l'employeur, des gardiens d'immeuble avaient saisi la juridiction prud'homale d'une demande en remboursement par l'employeur de la taxe d'habitation pour les années 1986 à 1990. Pour s'opposer à leur demande, l'employeur avait soutenu que cet usage, antérieur à la convention collective nationale des gardiens, concierges et employés d'immeubles, avait été dénoncé par la conclusion de cette convention.

C'est à bon droit que, pour accueillir la demande des salariés, une cour d'appel a retenu que, la convention collective nationale des gardiens, concierges et employés d'immeubles du 11 décembre 1979 étendue par arrêté du 15 avril 1981, ainsi que son avenant départemental du 18 novembre 1981 ne contenant aucune disposition relative au remboursement par le propriétaire de la taxe d'habitation, il en résultait que cet accord collectif n'avait pas mis en cause l'existence de l'usage antérieur.

Cass. soc. 9 juillet 1996, n° 93-40.865, BC V n° 276.

L'usage faisant référence à une convention collective continue de s'appliquer tant qu'il n'a pas été dénoncé ni remplacé par un accord collectif ayant le même objet, même si la convention collective à laquelle il se réfère a été dénoncée puis remplacée.

Une salariée a été engagée par une association en qualité de formateur au coefficient 284 de la convention collective de l'Association pour la formation des adultes (AFPA) avec référence au point AFPA dont la valeur était fixée par la convention collective des Arsenaux et de la Métallurgie de Paris, son contrat étant, pour le reste, soumis à la convention collective des Établissements privés d'hospitalisation, de cure et de garde à but non lucratif (convention FEHAP).

Alors qu'à la suite de la dénonciation de la convention collective AFPA et de son remplacement par une nouvelle convention prévoyant un système de rémunération différent le point AFPA avait disparu, l'employeur a maintenu à l'intéressée, à compter du 1er janvier 1997, le montant de sa rémunération atteinte par application du point AFPA en faisant dépendre désormais son évolution de la valeur du point FEHAP.

Le 31 mai 1999, un accord d'entreprise a été signé au sein de l'association organisant le « repositionnement » des formateurs dans la grille FEHAP, ces nouvelles dispositions ayant été appliquées à la rémunération de la salariée à compter du 1er mars 2000.

Doit être approuvé l'arrêt ayant condamné l'association à payer à l'intéressée un rappel de salaires pour la période du 1er janvier 1997 au 31 décembre 1999 correspondant à la différence entre la rémunération calculée en fonction du point AFPA indexé sur celui des Arsenaux et de la Métallurgie parisienne et celle que la salariée a effectivement perçue entre ces deux dates.

En effet, le « point AFPA » ayant disparu, il appartenait aux juges du fond de rechercher quelle aurait été la valeur atteinte par ce point tant que l'usage qui s'y référait pour déterminer l'évolution de la rémunération de la salariée n'avait pas été dénoncé ni remplacé par un accord collectif ayant le même objet, et c'est donc à bon droit qu'après avoir constaté que la valeur du « point AFPA » était déterminée par référence à celle du « point des Arsenaux et de la Métallurgie de Paris », ils ont fait application de ce dernier.

Cass. soc. 14 novembre 2007, n° 06-43.345, 3e branche du moyen, BC V n° 190.

Modification de la situation juridique de l'employeur

Sauf dénonciation ultérieure, l'usage instauré par l'ancien employeur s'impose de plein droit au repreneur.

Le nouvel employeur peut dénoncer un usage instauré par le précédent employeur, à la condition d'en informer au préalable les salariés intéressés et les représentants du personnel dans un délai permettant d'éventuelles négociations.

C'est donc à bon droit qu'après avoir constaté que le repreneur d'une entreprise ne soutenait pas avoir accompli ces formalités, un conseil de prud'hommes l'a condamné à payer à un salarié la prime de treizième mois que ce dernier recevait de son ancien employeur.

Cass. soc. 31 janvier 1995, n° 91-43.822. Voir aussi cass. soc. 11 décembre 2001, n° 99-41.565.

Mais seuls les salariés engagés avant le transfert peuvent en bénéficier.

Des salariés ont été transférés dans le cadre d'une opération de restructuration. Le repreneur a engagé par la suite un salarié, lequel, mis à la retraite au titre d'un dispositif de replacement pour l'emploi (ARPE), a réclamé le bénéfice d'une prime résultant d'un engagement unilatéral pris par la direction de la société cédante en faveur de ses salariés partant en retraite.

C'est à tort que, pour condamner le repreneur à verser à l'intéressé des sommes à titre de rappel de cette prime, un conseil de prud'hommes a retenu que l'engagement unilatéral était maintenu non seulement au bénéfice de ceux de ses salariés dont le contrat de travail avait ensuite été transféré, mais également des salariés engagés par le repreneur postérieurement au transfert, alors qu'en cas de transfert d'une entité économique autonome, le nouvel employeur n'est tenu d'appliquer les usages et engagements unilatéraux pris par l'ancien employeur qu'à l'égard des salariés dont le contrat était en cours au jour du transfert.

Cass. soc. 7 décembre 2005, n° 04-44.594, BC V n° 356. Voir aussi cass. soc. 16 septembre 2015, n° 14-16.158.

L'obligation à laquelle est légalement tenu le nouvel employeur, en cas de transfert d'une entité économique, de maintenir au bénéfice des salariés qui y sont rattachés les droits qu'ils tiennent d'un usage en vigueur au jour du transfert, justifie la différence de traitement qui en résulte par rapport aux autres salariés.

Cass. soc. 11 janvier 2012, n° 10-14.614, BC V n° 15.

Modification dans la situation juridique de l'employeur (Sort du statut collectif).

Conditions de dénonciation de l'usage

La dénonciation par l'employeur d'un usage ou d'un engagement unilatéral doit, pour être régulière, être précédée d'un préavis suffisant pour permettre les négociations et être notifiée, outre aux représentants du personnel, à tous les salariés individuellement s'il s'agit d'une disposition qui leur profite…

Ayant relevé que les salariés n'avaient pas été avertis individuellement de la suppression d'une prime de 13e mois, peu important qu'ils en aient eu connaissance, et que la dénonciation n'avait pas été notifiée aux représentants du personnel après un délai de prévenance suffisant, un conseil de prud'hommes a pu décider que, faute d'une dénonciation régulière, l'usage était demeuré en vigueur et condamner l'employeur au paiement de la prime.

Cass. soc. 13 février 1996, n° 93-42.309, 3e moyen, BC V n° 53. Voir aussi cass. soc. 27 mars 2008, n° 07-40.437 ; cass. soc. 29 janvier 2014, n° 12-28.236.

… ou qui est susceptible de leur profiter si le bénéfice de l'usage est subordonné à une condition d'ancienneté dans l'entreprise.

Cass. soc. 13 octobre 2010, n° 09-13.110, BC V n° 234.

La dénonciation de l'usage n'est pas soumise au délai minimum de trois mois de préavis prévu pour la dénonciation d'une convention collective.

Une société avait notifié au comité d'entreprise, le 23 septembre 1992, et à chacun des salariés, le 13 octobre 1992, qu'elle dénonçait, pour le 1er janvier 1993, l'usage en vertu duquel elle accordait des congés payés trimestriels supplémentaires.

C'est à tort que, pour décider que cette dénonciation était irrégulière et condamner la société à maintenir l'octroi des congés payés supplémentaires après le 1er janvier 1993, une cour d'appel a retenu que le délai entre la notification individuelle (le 13 octobre 1992) et la date de mise en œuvre (le 1er janvier 1993) était inférieur au « minimum » de trois mois nécessaire pour permettre aux salariés d'apprécier la situation entraînée par la suppression de l'avantage et susciter éventuellement l'ouverture des négociations, alors que la dénonciation d'un usage n'est pas soumise au délai minimum de préavis prévu pour la dénonciation d'une convention collective et alors qu'il appartenait à la cour d'appel de déterminer elle-même quel était le délai suffisant, dans le cas d'espèce, pour permettre l'ouverture d'une négociation.

Cass. soc. 12 février 1997, n° 96-40.972, BC V n° 62. Voir aussi cass. soc. 1er juillet 1998, n° 96-40.971.

C'est à l'employeur de rapporter la preuve de l'existence d'un délai suffisant…

C'est à tort que, pour débouter un salarié de sa demande en paiement d'un supplément d'indemnité de licenciement calculée sur la base d'une convention collective, une cour d'appel a énoncé que, si cette convention avait été appliquée, à titre d'usage, par l'employeur, celui-ci avait dénoncé l'usage auprès de l'ensemble du personnel et que le salarié ne rapportait pas la preuve qu'un délai de prévenance n'avait pas été respecté par l'employeur, alors que la cour d'appel devait rechercher si la dénonciation avait été également adressée aux institutions représentatives du personnel et alors qu'il appartenait à l'employeur, qui soutenait que l'usage n'était plus en vigueur, de rapporter la preuve de ce qu'il avait respecté un délai de prévenance suffisant.

Cass. soc. 22 octobre 1996, n° 93-43.845, BC V n° 343. Voir aussi cass. soc. 30 mai 2000, n° 98-40.697.

… et aux juges d'apprécier si le délai de prévenance est suffisant.

En relevant que la dénonciation d'un usage par un employeur avait été précédée de réunions, de négociations, de présentation et de commentaires avec les organisations syndicales, une cour d'appel a fait ressortir qu'un délai de prévenance suffisant avait été observé.

Cass. soc. 6 juillet 1994, n° 93-42.360, 1er moyen, BC V n° 229. Voir aussi cass. soc. 20 janvier 2010, n° 08-41.078 ; cass. soc. 3 mai 2012, n° 10-20.738, 1er et 2e moyens réunis.

L'information du comité d'entreprise est une condition substantielle…

Justifie légalement sa décision le conseil de prud'hommes qui condamne un employeur à verser à des salariés un prorata de treizième mois et une prime de vacances après avoir constaté que, si l'employeur avait manifesté l'intention de remettre en cause un grand nombre de pratiques antérieures, il n'avait pas informé le comité d'entreprise de sa décision de modifier les modalités de versement du treizième mois et de la prime de vacances.

Cass. soc. 6 avril 1994, n° 91-42.639.

… et doit être donnée en réunion du comité après inscription à l'ordre du jour.

L'information des institutions représentatives du personnel ayant pour objet la dénonciation d'un usage dans l'entreprise implique que, s'agissant du comité d'entreprise, cette information soit donnée en réunion du comité après inscription à l'ordre du jour.

C'est à bon droit qu'une cour d'appel, qui a constaté que cette information n'avait été diffusée que par lettres individuelles adressées aux représentants du personnel, a décidé que la dénonciation de l'usage était irrégulière.

Cass. soc. 5 janvier 2005, n° 02-42.819, BC V n° 1.

Dans une unité économique et sociale, la dénonciation d'un usage procédant d'une décision de la direction générale et ne nécessitant pas pour sa mise en œuvre de décisions particulières de la part des chefs d'établissement, relève de la compétence consultative du comité central d'entreprise.

Plusieurs sociétés issues de restructurations d'un groupe ont constitué une unité économique et sociale (UES) ; des usages en matière sociale ont été maintenus au sein de l'UES et notamment une gratification d'ancienneté ; pour en bénéficier, les anciens salariés du groupe devaient remplir deux conditions cumulatives, avoir vingt-cinq ou trente-huit ans de service ininterrompu dans le groupe et être présents dans l'entreprise au 31 décembre de l'année d'attribution, le paiement de la prime intervenant au cours de l'année suivant celle y ouvrant droit ; par lettre du 31 août 2004, l'UES a informé les membres du comité central d'entreprise et les représentants syndicaux de sa décision de dénoncer l'usage que constituait l'attribution des gratifications d'ancienneté et de ne plus l'appliquer à compter du 1er janvier 2006 ; contestant la validité de la dénonciation de l'usage, un syndicat a saisi le tribunal de grande instance.

Après avoir relevé que l'usage en cause était d'application générale, soumis aux mêmes conditions et modalités de calcul pour l'ensemble des salariés employés au sein de l'UES et qu'il n'impliquait pour l'attribution de la prime aux salariés aucune intervention de la part des chefs d'établissement, une cour d'appel, qui a fait ressortir que sa dénonciation procédait d'une décision de la direction générale et ne nécessitait pas, pour sa mise en œuvre, de décisions particulières de la part des chefs d'établissement, a pu décider que la mesure relevait de la compétence consultative du comité central d'entreprise et qu'il n'y avait pas lieu à consultation des comités d'établissement.

Cass. soc. 13 octobre 2010, n° 09-13.110, précité.

L'absence d'information adressée aux représentants du personnel, faute pour l'employeur d'avoir organisé des élections, entache la dénonciation d'irrégularité.

Une société a informé ses salariés qu'elle supprimait la prime de treizième mois applicable dans l'entreprise. Des salariés ont saisi le conseil de prud'hommes en paiement de cette prime.

C'est à bon droit qu'une cour d'appel a accueilli la demande des salariés : si l'avantage litigieux qui résultait d'un usage et n'était pas incorporé au contrat de travail n'avait pu changer de nature par l'effet de la recherche de l'employeur d'un accord avec ses salariés sur sa modification, la cour d'appel a relevé l'absence de dénonciation aux délégués du personnel faute d'organisation par l'employeur d'élections, en sorte que la dénonciation de l'usage était irrégulière.

Cass. soc. 16 novembre 2005, n° 04-40.339, BC V n° 329. Voir aussi cass. soc. 20 novembre 2012, n° 11-22.298, 2e moyen.

Chaque salarié concerné par l'usage doit être prévenu individuellement.

La dénonciation par l'employeur d'un usage n'est opposable à l'ensemble des salariés qu'à la condition qu'elle soit précédée d'une information donnée, en plus des institutions représentatives du personnel, aux intéressés.

Ayant relevé que la direction d'une entreprise avait remis en cause les usages en vigueur dans l'entreprise par un courrier confidentiel destiné au seul secrétaire du comité d'entreprise, sans prévenir individuellement les salariés de la modification ainsi apportée à leurs conditions de rémunération, un conseil de prud'hommes a pu décider que cette décision unilatérale de l'employeur, qui modifiait les droits attachés au contrat de travail, n'était pas opposable aux salariés.

Cass. soc. 7 janvier 1992, n° 88-45.076, BC V n° 2. Voir aussi cass. soc. 20 janvier 2010, n° 08-41.078, précité ; cass. soc. 4 juillet 2012, n° 10-24.082, pourvoi incident.

L'information par voie d'affichage n'est pas suffisante.

La cour d'appel, qui a relevé qu'une société avait averti le personnel de la suppression des primes en procédant à un affichage dans l'entreprise, a pu décider que l'employeur n'avait pas ainsi satisfait à son obligation d'informer individuellement chaque salarié.

Cass. soc. 2 juillet 1991, n° 88-43.747. Voir aussi cass. soc. 12 juillet 1999, n° 97-41.637.

La dénonciation effectuée lors d'une réunion du personnel est également insuffisante.

La dénonciation par l'employeur d'un usage à l'occasion d'une réunion du personnel est insuffisante et cette dénonciation est inopposable au salarié.

Cass. soc 4 juillet 1995, n° 92-40.076.

La dénonciation doit reposer sur un motif légitime.

Si la dénonciation d'un usage n'a pas à être motivée, elle est néanmoins nulle s'il est établi que le motif qui a entraîné la décision de l'employeur est illicite.

Ayant relevé que la dénonciation d'un usage n'avait été prononcée que pour tenter de faire échec à l'exercice normal par des salariés du droit de grève constitutionnellement reconnu, un conseil de prud'hommes a pu décider que cette dénonciation, qui n'était pas fondée sur un motif légitime, était nulle et condamner l'employeur à payer les sommes correspondant à l'application de l'usage dénoncé.

Cass. soc. 13 février 1996, n° 92-42.066, BC V n° 54. Voir aussi cass. soc. 26 novembre 1996, n° 95-60.987.

C'est à tort qu'une cour d'appel a déclaré que la dénonciation d'un usage, bien qu'intervenue dans le respect des règles, avait un motif illicite en raison de sa concomitance avec un mouvement revendicatif des salariés destiné à contraindre l'employeur à appliquer une convention collective. En effet, la cour aurait dû rechercher si la dénonciation de l'usage ne constituait pas, de la part de l'employeur, une mesure de rétorsion à l'égard des salariés qui l'avaient contraint à mettre en application la convention collective.

Cass. soc. 5 novembre 2003, n° 01-45.209.

Une dénonciation irrégulière est inopposable au salarié…

Un salarié avait refusé la modification d'une prime d'ancienneté résultant d'un usage d'entreprise qui n'avait pas été dénoncé.

C'est à tort que, pour dire que le refus de cette modification constituait une démission, une cour d'appel a relevé que le salarié avait exprimé de manière claire et explicite sa volonté de quitter l'entreprise, alors que l'usage instituant la prime d'ancienneté n'ayant pas été régulièrement dénoncée, la remise en cause de cette prime ne lui était pas opposable, de sorte qu'en refusant les nouvelles conditions de rémunération, l'intéressé n'avait pas manifesté son intention de démissionner.

Cass. soc. 27 mai 1997, n° 95-40.651, BC V n° 190.

… qui peut continuer à se prévaloir de l'usage sans commettre de faute…

Ayant précisé que les courriers et notes adressés aux institutions représentatives du personnel et aux salariés par l'employeur ne valaient pas dénonciation régulière de l'usage relatif au crédit d'heures de délégation des représentants syndicaux au comité d'entreprise, une cour administrative d'appel a pu en déduire, sans commettre d'erreur de droit, que le salarié pouvait continuer à se prévaloir de l'usage et n'avait, dès lors, pas commis une faute de nature à justifier son licenciement.

CE 2 avril 2003, n° 233799.

… jusqu'à la dénonciation de l'usage ou la conclusion d'un accord d'entreprise ayant le même objet.

L'usage non régulièrement dénoncé demeure en vigueur et les salariés peuvent réclamer l'avantage résultant de cet usage jusqu'à la dénonciation de celui-ci ou la conclusion d'un accord d'entreprise ayant le même objet que l'usage antérieur.

Doit donc être rejeté le pourvoi qui, pour reprocher à une cour d'appel d'avoir dit qu'un usage, dénoncé irrégulièrement en raison du non-respect d'un délai de prévenance suffisant pour permettre l'engagement de négociations, devait s'appliquer à l'ensemble du personnel jusqu'à la conclusion d'un accord intervenu trois ans plus tard, soutient que la dénonciation d'un usage, précédée d'une information donnée aux salariés concernés et aux institutions représentatives du personnel dans un délai ne permettant pas d'éventuelles négociations, devient opposable aux intéressés à l'expiration d'un délai suffisant de prévenance et non uniquement à la conclusion d'un accord s'y substituant.

Cass. soc. 16 décembre 1998, n° 95-40.385, 2e moyen, BC V n° 570. Voir aussi cass. soc. 27 mars 2008, n° 07-40.437, précité ; cass. soc. 5 avril 2012, n° 10-12.182.

L'employeur peut dénoncer l'usage autorisant des syndicats à fixer leur siège statutaire au sein de l'entreprise, sous réserve de ne pas porter une atteinte injustifiée et disproportionnée à l'exercice du droit syndical.

Aucune des prérogatives inhérentes à la liberté syndicale n'autorise les organisations syndicales à fixer leur siège statutaire au sein de l'entreprise sans accord de l'employeur ; il en résulte que celui-ci peut dénoncer l'usage les y autorisant sous réserve de ne pas porter une atteinte injustifiée et disproportionnée à l'exercice du droit syndical.

Par lettres du 29 octobre 2012, une société a demandé à deux syndicats de modifier leur siège statutaire et de le fixer en dehors des locaux de la société dans un délai de deux mois, suite à la dénonciation de l'usage qui leur permettait de s'y domicilier. Ayant constaté qu'un délai raisonnable avait été laissé au syndicat pour transférer son siège hors de l'entreprise et qu'aucun des éléments produits au débat ne laissait apparaître que la décision n'aurait pas concerné la totalité des organisations syndicales qui avaient fixé leur siège dans l'entreprise, ni que l'employeur aurait commis un quelconque abus de son droit de propriété, c'est à bon droit qu'une cour d'appel a ordonné au syndicat de transférer et de fixer son siège social en dehors des locaux de la société.

Cass. soc. 6 juin 2018, n° 16-25.527, à paraître.

Effets de la dénonciation

L'avantage résultant d'un usage n'est pas incorporé au contrat de travail et l'employeur peut y mettre fin en le dénonçant régulièrement.

Souhaitant supprimer un usage selon lequel le temps consacré à la douche était inclus dans le temps de travail effectif, une société avait proposé individuellement et par écrit à chacun des salariés concernés de signer un avenant au contrat de travail prévoyant, en contrepartie de la suppression de cet avantage, une augmentation de salaire mensuel de deux cents francs. Après avoir informé les institutions représentatives du personnel et les délégués syndicaux, l'employeur avait adressé à chacun des salariés non signataires une lettre de dénonciation de l'usage précisant que tous les salariés devraient effectivement travailler jusqu'à l'heure fixée pour la fin du travail. Après avoir reçu notification d'un avertissement, puis d'une mise à pied d'un jour pour avoir refusé de se soumettre au nouveau temps de travail non indemnisé, certains salariés avaient saisi la juridiction prud'homale en demandant l'annulation de ces sanctions et le maintien de leurs conditions de travail initiales.

Doit être cassé l'arrêt qui, pour ordonner le remboursement des retenues effectuées sur leurs salaires à raison des mises à pied prononcées et dire que les salariés étaient fondés à refuser la modification unilatérale de leur contrat de travail, a énoncé qu'en prévoyant par avenant au contrat individuel de travail que l'exclusion de cet avantage serait compensée par une contrepartie financière acceptée par les parties contractantes, l'employeur avait nécessairement admis que cet usage s'était incorporé audit contrat, que les salariés étaient titulaires de droits acquis intégrés à leur statut contractuel et qu'ils étaient, dès lors, fondés à refuser la modification unilatérale par l'employeur d'un élément essentiel de leur contrat de travail, alors que, d'une part, l'avantage litigieux, qui résultait d'un simple usage, n'était pas incorporé au contrat de travail, et d'autre part, que l'employeur, auquel il ne pouvait être reproché d'avoir, au préalable, recherché un accord avec les intéressés, avait le droit de mettre fin à l'usage en le dénonçant régulièrement.

Cass. soc. 10 février 1998, n° 95-42.543, BC V n° 83.

Les avantages résultant pour les salariés d'un usage d'entreprise ne sont pas incorporés aux contrats de travail.

Une cour d'appel, qui constate que le paiement du temps de pause à titre de temps de travail effectif résultait d'un usage, en déduit exactement qu'en dénonçant, à l'issue d'une procédure régulière, l'assimilation de ce temps de pause à un temps de travail effectif pour le calcul de la durée du travail, notamment en matière d'heures supplémentaires, tout en maintenant la rémunération des salariés, l'employeur n'a pas modifié le contrat de travail des intéressés.

Cass. soc. 6 juillet 2005, n° 04-44.995, BC V n° 239.

La dénonciation de l'usage n'emporte aucune modification des contrats de travail.

Lorsqu'une prime est due en vertu d'un usage ou d'un engagement unilatéral de l'employeur, elle n'est pas incorporée aux contrats de travail et la dénonciation de l'usage ou de l'engagement unilatéral de l'employeur n'emporte aucune modification à ces contrats.

Cass. soc. 13 février 1996, n° 93-42.309, 2e moyen, BC V n° 53. Voir aussi cass. soc. 3 décembre 1996, n° 94-19.466, BC V n° 412.

Le nouvel exploitant d'un casino avait dénoncé les usages en vigueur dans l'entreprise en matière de durée du travail. À la suite de cette dénonciation, dont la régularité n'était pas discutée, il avait proposé au personnel de nouveaux contrats de travail, qui comportaient notamment une augmentation de la durée du travail, et fait savoir aux salariés concernés qu'en cas de refus, seraient maintenues les conditions du contrat de travail « initial », lequel prévoyait un temps de travail plus important que celui appliqué depuis la fin de l'année précédente, en vertu d'un usage. Ayant refusé cette proposition, ainsi que le retour à la durée du travail prévue dans son contrat, un salarié, prétendant que son nouvel employeur avait modifié son contrat de travail, avait saisi la juridiction prud'homale d'une demande tendant à faire constater la résiliation du contrat aux torts de l'employeur et à obtenir des dommages-intérêts.

Ayant constaté que la réduction du temps de travail dont se prévalait le salarié ne résultait pas du contrat de travail, mais seulement d'un usage introduit dans l'entreprise en 1996 et dénoncé en 1997, une cour d'appel en a exactement déduit qu'en appliquant la durée du travail convenue lors de l'engagement de ce salarié, la société n'avait pas modifié le contrat de travail.

Cass. soc. 12 février 2003, n° 00-45.734.

La modification par l'employeur d'un usage instauré dans l'entreprise est opposable au salarié, à moins qu'il ne soit intégré aux dispositions du contrat de travail, dès lors que cette décision est précédée d'une information donnée, en plus des intéressés, aux représentants du personnel dans un délai suffisant pour permettre d'éventuelles négociations.

À la suite d'une procédure collective, le directeur d'une société avait annoncé au comité d'entreprise la suppression de la prime de résultat et de la prime d'été habituellement versées aux salariés. Certains salariés avaient saisi la juridiction prud'homale d'une demande en paiement de ces primes.

N'a pas donné de base légale à sa décision le conseil de prud'hommes qui, pour faire droit aux demandes des salariés, a énoncé que les primes n'étaient pas des primes exceptionnelles, mais des primes dites contractuelles présentant un caractère d'usage fixe, constant et général que l'employeur ne pouvait supprimer sans avoir obtenu l'accord des personnes concernées, sans préciser si les primes résultaient d'une disposition contractuelle, auquel cas elles ne pouvaient être supprimées sans l'accord de chacun des salariés, ou si, au contraire, elles résultaient d'un usage de l'entreprise que l'employeur pouvait dénoncer en avertissant, outre chacun des intéressés, les institutions représentatives du personnel dans un délai suffisant pour permettre des négociations.

Cass. soc. 7 avril 1998, n° 95-42.992, BC V n° 206.

Dans le cas où la rémunération d'un salarié résulterait exclusivement d'un usage ou d'un engagement unilatéral de l'employeur, la dénonciation régulière de cet usage ou engagement unilatéral ne permet pas à l'employeur de fixer unilatéralement le salaire.

Antérieurement à la création d'une caisse régionale d'assurance issue de la fusion de plusieurs caisses départementales, ces caisses appliquaient un mode de rémunération variable différent résultant d'un usage propre à chacune d'elles. À la suite de l'échec de la négociation collective entreprise en vue de définir un mode de rémunération commun, la caisse régionale a dénoncé l'usage relatif à ce mode de rémunération variable et en a fixé un nouveau. Plusieurs salariés, invoquant une modification de leur contrat de travail et imputant la responsabilité de la rupture à leur employeur (l'un d'entre eux soutenant que sa démission avait pour cause une modification de son contrat de travail), ont saisi le conseil de prud'hommes pour obtenir, notamment, le paiement d'un rappel de salaire, d'une indemnité de licenciement et de dommages-intérêts.

Doit être cassé l'arrêt qui, pour décider que la résiliation du contrat de travail des salariés devait être prononcée à leurs torts exclusifs et que la démission donnée par l'un d'eux lui était opposable, a énoncé que la dénonciation régulière par l'employeur d'un usage était opposable aux salariés qui ne pouvaient prétendre à la poursuite du contrat aux conditions antérieures ni soutenir que l'ancien mode de rémunération s'incorporait au contrat de travail et, partant, que l'employeur avait modifié celui-ci.

En effet, la rémunération, contrepartie du travail du salarié, résulte en principe du contrat de travail, sous réserve, d'une part, du SMIC et, d'autre part, des avantages résultant des accords collectifs, des usages de l'entreprise ou des engagements unilatéraux de l'employeur. Dans l'hypothèse où la rémunération du salarié résulterait en totalité d'un accord collectif, la dénonciation de cet accord, qui ne serait pas suivi d'un accord de substitution dans le délai de l'article L. 132-8 CT, entraînerait le maintien du salaire antérieur par intégration dans le contrat de l'avantage individuel acquis. Dans le cas où la rémunération du salarié résulterait exclusivement de l'usage ou de l'engagement unilatéral de l'employeur, la dénonciation régulière de cet usage ou de l'engagement unilatéral ne permet pas à l'employeur de fixer unilatéralement le salaire. Celui-ci doit alors résulter d'un accord contractuel, à défaut duquel il incombe au juge de se prononcer.

Cass. soc. 20 octobre 1998, n° 95-44.290, BC V n° 435.

La dénonciation ne peut avoir d'effet rétroactif.

C'est à bon droit qu'un conseil de prud'hommes a établi l'existence de l'obligation pour un employeur de verser une prime de 13e mois aux salariés, même après avoir procédé à la dénonciation de cet usage, cette dénonciation ne pouvant avoir d'effet rétroactif sur le 13e mois payé de l'année écoulée.

Cass. soc. 27 mai 1992, n° 89-43.149. Voir aussi cass. soc. 10 mai 2001, n° 99-40.983.

Sauf discrimination fautive, la dénonciation peut être limitée aux seuls salariés nouvellement embauchés.

Sauf discrimination fautive, un avantage résultant d'un accord ou d'un usage peut ne bénéficier qu'à certaines catégories de salariés.

Ainsi, c'est à bon droit qu'une cour d'appel a admis qu'un employeur, qui avait pris l'engagement d'attribuer aux salariés des « points-salaire » en compensation de frais de restaurant, a pu régulièrement dénoncer l'engagement pris en limitant les effets de cette dénonciation aux salariés nouvellement embauchés qui n'en avaient jamais bénéficié.

Cass. soc. 17 juin 1992, n° 89-40.326, BC V n° 408.

Engagement unilatéral de l'employeur.

V

Vie privée

L'article 9 c. civ. ainsi que l'article 8 de la Convention européenne de sauvegarde des droits de l'homme garantissent à chacun le droit au respect de sa vie privée. Sont ainsi protégés l'ensemble des droits fondamentaux (liberté de mœurs, de conviction...), mais également les comportements relevant de la vie quotidienne.

Un employeur ne saurait, en vertu de ce principe, fonder un licenciement sur un fait étranger à la relation de travail, relevant de la vie privée du salarié, sans rapporter la preuve que ce fait cause un préjudice à son entreprise.

Un fait relevant de la vie privée ne peut pas fonder en principe un licenciement...

Chacun ayant droit au respect de sa vie privée (art. 9 c. civ.), il ne peut être procédé à un licenciement pour une cause tirée de la vie privée du salarié que si le comportement de celui-ci, compte tenu de la nature de ses fonctions et de la finalité propre de l'entreprise, a créé un trouble caractérisé au sein de cette dernière.

Doit être cassé l'arrêt qui, pour décider que le licenciement d'une salariée reposait sur une cause réelle et sérieuse, énonce que le fait pour l'intéressée d'acquérir une voiture en concurrence directe avec celles vendues par son employeur s'analyse nécessairement en une marque de défiance dans la qualité des produits vendus par lui, et que la liberté de la salariée d'acheter une voiture d'une autre marque a pour corollaire la liberté pour l'employeur de se séparer de cette salariée, alors que la salariée dispose, dans sa vie privée, de la liberté d'acheter les biens, produits ou marchandises de son choix, et que les juges n'avaient pas, en l'espèce, relevé le moindre trouble objectif apporté à l'entreprise en raison du comportement de la salariée.

Cass. soc. 22 janvier 1992, n° 90-42.517, BC V n° 30.

C'est à bon droit qu'une cour d'appel, qui a retenu que le fait pour des salariés hébergés dans un local appartenant à l'entreprise d'avoir consommé de l'alcool et d'avoir laissé les lieux en désordre après y avoir déposé des graffitis obscènes avait causé une perturbation aux autres utilisateurs du local, et qui a constaté que ces agissements avaient été commis dans un local de l'entreprise mis à la disposition de la collectivité des salariés, a décidé qu'ils ne relevaient pas de la vie personnelle des intéressés mais de leur vie professionnelle et constituaient une cause réelle et sérieuse de licenciement.

Cass. soc. 27 juin 2001, n° 99-45.121.

Les articles L. 1132-1 et L. 1321-3 CT interdisent à l'employeur de congédier un salarié pour le seul motif tiré de ses mœurs ou de ses convictions religieuses. Par ailleurs, il ne peut être procédé à un licenciement dont la cause objective est fondée sur le comportement du salarié que si ce comportement, compte tenu de la nature des fonctions exercées et de la finalité propre de l'entreprise, a créé un trouble caractérisé au sein de cette dernière.

S'agissant d'un sacristain, travaillant dans une paroisse au service d'une association catholique, qui avait été licencié en raison de son homosexualité, c'est à tort que pour rejeter la demande de l'intéressé en paiement de dommages-intérêts pour rupture abusive de son contrat de travail, une cour d'appel s'est bornée à mettre en cause les mœurs du salarié, sans constater d'agissements de ce dernier ayant créé un trouble caractérisé au sein de l'association.

Cass. soc. 17 avril 1991, n° 90-42.636, BC V n° 201.

Des faits sans incidence sur le travail ne peuvent pas justifier un licenciement.

Viole l'article 9 CC la cour d'appel qui déboute de sa demande d'indemnité pour licenciement sans cause réelle et sérieuse un cadre bancaire ayant émis des chèques sans provision, sans relever aucun trouble objectif caractérisé apporté à l'entreprise par le comportement incriminé du salarié.

Cass. soc. 30 juin 1992, n° 89-43.840, BC V n° 429.

Un employeur avait licencié un clerc de notaire à la suite de la publication, dans la presse locale, de sa condamnation par le tribunal correctionnel pour aide à séjour irrégulier d'un étranger. La cour d'appel l'avait ultérieurement relaxé.

A violé l'article L. 122-40 CT la cour d'appel qui, pour retenir que le licenciement était justifié par une faute grave, a énoncé que l'article de presse avait connu une diffusion régionale importante et qu'il était rédigé en des termes de nature à nuire à la bonne réputation de l'office notarial, alors que le fait imputé au salarié relevant de sa vie personnelle ne pouvait constituer une faute.

Cass. soc. 16 décembre 1997, n° 95-41.326, BC V n° 441.

C'est à bon droit qu'après avoir relevé que le nouveau directeur d'une société avait, en dehors du cadre professionnel, tenu des propos injurieux sur une carte de vœux adressée à l'ancien directeur, lequel était placé en disponibilité, une cour d'appel a décidé que ce fait, relatif à la vie personnelle du salarié, n'était pas constitutif d'une faute grave et ne pouvait justifier son licenciement.

Cass. soc. 11 juillet 2000, n° 98-42.305.

Un salarié a été licencié pour faute grave après avoir d'une part établi une attestation, fausse selon la lettre de licenciement, produite en justice par un collègue de travail qu'un litige opposait à l'employeur, et d'autre part adressé au même collègue, qui l'a également produit, un courrier électronique qualifié d'insultant et de méprisant à l'égard de ses supérieurs hiérarchiques.

Après avoir retenu le caractère privé du courrier électronique et fait ressortir qu'il n'avait pas causé de trouble objectif caractérisé dans l'entreprise, une cour d'appel a pu en déduire que cet élément de la vie personnelle de l'intéressé ne pouvait constituer un motif de licenciement.

Cass. soc. 6 juin 2007, n° 05-43.996.

Un fait de la vie personnelle ne peut justifier un licenciement disciplinaire.

Une salariée a été licenciée pour faute grave, en raison de faits commis au préjudice d'une association ayant son siège dans les locaux de la société qui l'employait et dont la salariée exerçait les fonctions de trésorière.

A violé les articles L. 1234-1 et L. 1331-1 CT la cour d'appel qui, pour déclarer le licenciement justifié par une faute grave, a retenu que si le détournement de fonds a été fait au préjudice de l'association, la salariée impliquait directement son employeur en invoquant la compensation du chèque de garantie par une avance qui lui aurait été consentie et que dès lors, compte tenu des liens étroits existant entre l'activité de l'association et celle de la société employeur, la salariée exerçant ses fonctions de trésorière sur les lieux et dans le temps de son travail, la faute commise à l'égard de l'association était en relation avec son activité salariée et avait incontestablement causé un trouble grave au sein de l'entreprise, alors qu'il résultait de ses constatations que les faits reprochés à la salariée ne constituaient pas des manquements à ses obligations professionnelles.

Cass. soc. 23 juin 2009, n° 07-45.256, BC V n° 160.

Un motif tiré de la vie personnelle du salarié ne peut, en principe, justifier un licenciement disciplinaire, sauf s'il constitue un manquement de l'intéressé à une obligation découlant de son contrat de travail ; le fait pour un salarié utilisant un véhicule dans l'exercice de ses fonctions de commettre, dans le cadre de sa vie personnelle, une infraction entraînant la suspension ou le retrait de son permis de conduire ne saurait être regardé comme une méconnaissance par l'intéressé de ses obligations découlant de son contrat de travail.

Un salarié ayant informé son employeur du retrait de son permis de conduire en raison de la perte de la totalité de ses points, ce dernier l'a licencié pour faute grave au motif qu'il n'était plus en mesure de conduire le véhicule mis à sa disposition dans le cadre de son activité professionnelle.

Après avoir relevé que le salarié s'était vu retirer son permis de conduire à la suite d'infractions au code de la route commises en dehors de l'exécution de son contrat de travail, une cour d'appel a pu en déduire que son licenciement, prononcé pour motif disciplinaire, était dépourvu de cause réelle et sérieuse.

Cass. soc. 3 mai 2011, n° 09-67.464, BC V n° 105.
Voir aussi cass. soc. 5 février 2014, n° 12-28.897.

La participation d'un salarié à une manifestation en dehors de son temps de travail ne peut pas justifier son licenciement.

Un salarié avait fait l'objet d'un licenciement disciplinaire pour avoir participé à une manifestation piétonne sur une autoroute.

Pour dire justifié le licenciement, une cour d'appel a énoncé que le salarié avait participé, alors qu'il était en repos ce jour-là, à une manifestation pour protester contre la loi de décentralisation et la réforme des retraites qui devait consister en un blocage d'une gare de péage, et a ajouté que l'intéressé ne pouvait ignorer que les conditions d'envahissement de la voie constituaient une violation des règles les plus élémentaires de sécurité et avait ainsi conscience des risques majeurs encourus tant par les usagers de l'autoroute que par les manifestants ; que sa participation à un tel envahissement des voies, générateur d'un trouble caractérisé au sein de l'entreprise, constituait dès lors un fait fautif qui légitimait la mesure de licenciement intervenue.

En statuant ainsi, la cour d'appel a violé les articles L. 120-2 et L. 122-40 CT. En effet, elle s'est bornée à constater le trouble créé dans l'entreprise par la participation du salarié à une manifestation publique, sans caractériser en quoi, compte tenu de la fonction du salarié et de la nature de l'entreprise, la seule relation du travail pouvait justifier l'interdiction par l'employeur d'exercer une liberté collective en dehors du temps de travail.

Cass. soc. 23 mai 2007, n° 05-41.374, BC V n° 82.

… sauf si le fait cause un trouble important à l'entreprise,…

La séparation d'un couple de gardiens engagé par contrat de travail unique peut entraîner le licenciement d'un conjoint, dès lors que le maintien dans l'emploi se révèle impossible. Après avoir relevé que le contrat de travail prévoyait que les occupants de l'immeuble devaient pouvoir faire appel aux services des gardiens, même en dehors des heures d'ouverture de la loge, de telle sorte qu'ils étaient tenus à une obligation de résidence, une cour d'appel a décidé, à bon droit, que le licenciement d'un des gardiens à la suite d'une ordonnance de non-conciliation lui enjoignant de quitter le logement de fonctions qu'il occupait avec son épouse procédait d'une cause réelle et sérieuse.

Cass. soc. 21 mars 2001, n° 99-40.188.

C'est à tort que, pour dire que le licenciement d'une salariée était dépourvu de cause réelle et sérieuse, une cour d'appel a énoncé que les faits ayant provoqué la mise en examen du salarié se sont déroulés en dehors de son activité professionnelle, que la délinquance d'un salarié, hors de son lieu de travail, entre dans la sphère de sa vie privée, alors que le salarié avait pour mission de diriger un établissement d'accueil et d'hébergement de personnes protégées, et que la cour n'avait pas recherché si, même survenus en dehors du lieu de travail, les faits d'attentat à la pudeur sur mineure à l'origine d'une mise en examen n'avaient pas, à eux seuls, jeté le discrédit sur l'établissement que le salarié dirigeait et sur l'association qui l'employait.

Cass. soc. 21 mai 2002, n° 00-41.128.

Après avoir constaté que le comportement d'un salarié à l'égard de sa concubine, également salariée de l'entreprise, avait entraîné son arrestation sur le lieu du travail et que l'employeur pouvait craindre la survenance de nouveaux incidents, une cour d'appel a fait ressortir que ce comportement avait entraîné, pour l'entreprise, un trouble objectif caractérisé et a pu décider que le licenciement du salarié procédait d'une cause réelle et sérieuse.

Cass. soc. 9 juillet 2002, n° 00-45.068.

Après avoir relevé que le comportement personnel d'un salarié qui, occupant les fonctions de directeur de deux foyers de travailleurs migrants, chargé de l'encaissement des redevances locatives pour l'association, avait cessé depuis près de 14 mois de régler ses propres loyers malgré des rappels et des procédures contentieuses, constituait un trouble objectif à l'entreprise, une cour d'appel a pu débouter l'intéressé de sa demande tendant à dire le licenciement sans cause réelle et sérieuse.

Cass. soc. 11 avril 2012, n° 10-25.764.

Un trouble objectif dans le fonctionnement de l'entreprise ne permet pas en lui-même de prononcer une sanction disciplinaire à l'encontre de celui par lequel il est survenu.

Un trouble objectif dans le fonctionnement de l'entreprise ne permet pas en lui-même de prononcer une sanction disciplinaire à l'encontre de celui par lequel il est survenu. La réception par un salarié d'une revue qu'il s'est fait adresser sur le lieu de son travail ne constitue pas un manquement aux obligations résultant de son contrat. L'employeur ne peut, sans méconnaître le respect dû à la vie privée du salarié, se fonder sur le contenu d'une correspondance privée pour sanctionner son destinataire.

Un salarié s'était fait adresser sur son lieu de travail, sous enveloppe comportant pour seules indications son nom, sa fonction et l'adresse de l'entreprise, une revue destinée à des couples échangistes à laquelle il était abonné. Conformément à la pratique habituelle et connue de l'intéressé, l'enveloppe a été ouverte par le service du courrier, puis déposée avec son contenu au standard à l'intention de l'intéressé. Des salariés s'étant offusqués de la présence de ce magazine dans ce lieu de passage, l'employeur a engagé contre le salarié une procédure disciplinaire qui a abouti à sa rétrogradation avec réduction corrélative de son salaire. L'intéressé a en conséquence signé un avenant à son contrat de travail.

Pour rejeter son action en contestation de cette sanction, une cour d'appel a retenu qu'il était patent que le document litigieux, particulièrement obscène, avait provoqué un trouble dans l'entreprise, porté atteinte à son image de marque et eu immanquablement un retentissement certain sur la personne même de son directeur, dont l'intéressé était le chauffeur et donc un proche collaborateur.

En statuant ainsi, la cour d'appel a violé les articles 9 c. civ. et L. 122-40 CT.

Cass. ch. mixte 18 mai 2007, n° 05-40.803, BC n° 3. Voir aussi cass. soc. 9 mars 2011, n° 09-42.150, BC V n° 69.

Si la charge de la preuve de la cause réelle et sérieuse du licenciement n'incombe pas particulièrement à l'une ou à l'autre partie, il appartient cependant à l'employeur, lorsqu'il allègue un trouble objectif causé à l'entreprise par un fait de la vie privée du salarié, d'établir la réalité de ce trouble.

Cass. soc. 28 avril 2011, n° 09-67.037.

… sauf si le fait constitue un manquement de l'intéressé à une obligation découlant de son contrat de travail…

Un motif tiré de la vie personnelle du salarié peut justifier un licenciement disciplinaire s'il constitue un manquement de l'intéressé à une obligation découlant de son contrat de travail.

Après avoir relevé qu'un salarié engagé par une compagnie aérienne en qualité de personnel navigant commercial, qui appartenait au « personnel critique pour la sécurité », avait consommé des drogues dures pendant des escales entre deux vols et retenu que se trouvant sous l'influence de produits stupéfiants pendant l'exercice de ses fonctions, il n'avait pas respecté les obligations prévues par son contrat de travail et avait ainsi fait courir un risque aux passagers, une cour d'appel a pu en déduire qu'il avait commis une faute grave justifiant la rupture immédiate du contrat de travail.

Cass. soc. 27 mars 2012, n° 10-19.915, BC V n° 106. Voir aussi cass. soc. 24 octobre 2018, n° 17-16.099.

Après avoir relevé qu'un salarié travaillant dans un centre de jeunesse, dont les fonctions le mettaient en contact permanent avec des mineurs, avait imprimé avec le matériel mis à sa disposition par l'employeur 929 photographies à caractère pédo-pornographique qui avaient été découvertes dans le logement de fonction qu'il occupait dans l'enceinte du centre, une cour d'appel a ainsi caractérisé une faute professionnelle dont la gravité justifiait la rupture immédiate du contrat de travail.

Cass. soc. 8 novembre 2011, n° 10-23.593.

… ou lorsque le fait se rattache à la vie professionnelle et est donc susceptible de fonder un licenciement pour faute

Un salarié, chauffeur poids lourd, a fait l'objet d'un alcootest qui s'est révélé positif, alors qu'il conduisait un véhicule en dehors de l'exercice de ses fonctions. Son permis de conduire lui a été retiré aussitôt, avant d'être annulé par la juridiction pénale. Il a été licencié pour faute grave, l'employeur lui reprochant la rétention immédiate du permis de conduire, le dépistage positif d'un éthylisme en récidive et le danger réel qu'il présentait pour lui-même et pour les autres usagers de la route. Le salarié a saisi la juridiction prud'homale.

C'est à tort que, pour dire le licenciement sans cause réelle et sérieuse, une cour d'appel a retenu que la conduite en état alcoolique commise à titre privé, et non dans l'exécution du contrat de travail, ne peut caractériser une faute disciplinaire et fonder un licenciement, alors que le fait pour un salarié, affecté en exécution de son contrat de travail à la conduite de véhicules automobiles, de se voir retirer son permis de conduire pour des faits de conduite sous l'empire d'un état alcoolique, même commis en dehors de son temps de travail, se rattache à sa vie professionnelle.

Cass. soc. 2 décembre 2003, n° 01-43.227, BC V n° 304. Voir aussi cass. soc. 19 mars 2008, n° 06-45.212.

Un salarié, engagé en qualité de moniteur d'atelier par une association par contrat à durée indéterminée, a été licencié pour faute grave ; contestant ce licenciement, il a saisi la juridiction prud'homale de demandes en paiement de diverses sommes.

Doit être rejeté le moyen du pourvoi formé par le salarié qui, pour reprocher à la cour d'appel d'avoir jugé son licenciement fondé sur une cause réelle et sérieuse, soutient que les agissements d'un salarié dans sa vie personnelle ne sont pas constitutifs d'une cause de licenciement et que le jour où il avait tenu le propos incriminé, il se trouvait à un stand sur une foire, en dehors de son temps et de son lieu de travail et en arrêt maladie.

En effet, après avoir relevé que les propos injurieux tenus par le salarié concernaient sa supérieure hiérarchique et avaient été prononcés devant trois adultes qu'il était chargé d'encadrer, la cour a pu en déduire que le fait litigieux se rattachait à la vie de l'entreprise et dire son licenciement fondé sur une cause réelle et sérieuse.

Cass. soc. 10 décembre 2008, n° 07-41.820, BC V n° 245.

Un salarié a été licencié pour faute grave pour avoir, dans un courriel adressé à sa compagne, insulté sa hiérarchie et annoncé son absence à son poste de travail l'après-midi, malgré une précédente sanction disciplinaire pour absence injustifiée. Il a saisi la juridiction prud'homale d'une demande de dommages-intérêts au titre de la rupture.

D'abord, la cour d'appel, qui a relevé que le courriel litigieux avait été malencontreusement transmis par le salarié en copie à une salariée de l'entreprise, a constaté que l'employeur en avait eu connaissance par le fait même de l'intéressé.

Ensuite, le message, envoyé par le salarié aux temps et lieu du travail, qui était en rapport avec son activité professionnelle, ne revêtait pas un caractère privé et pouvait être retenu au soutien d'une procédure disciplinaire à son encontre.

Enfin, après avoir relevé que le salarié avait ainsi insulté son employeur et annoncé son absence non autorisée alors même qu'il venait de faire l'objet d'une mise à pied disciplinaire pour des absences injustifiées, la cour a pu, sans avoir à effectuer une autre recherche, retenir que le comportement du salarié justifiait la rupture immédiate de son contrat.

Cass. soc. 2 février 2011, n° 09-72.313.

Après avoir relevé qu'une salariée avait, sur son lieu de travail après la fin de son service, d'une part, ostensiblement violé l'interdiction de fumer imposée dans la zone non fumeur de l'établissement affectant ainsi l'obligation de l'employeur d'assurer le respect de la législation en matière de santé publique, et, d'autre part, tenu des propos à connotation raciste à l'égard d'un membre du personnel, une cour d'appel a pu décider que ces faits, qui se rattachaient à la vie de l'entreprise, étaient de nature à y rendre impossible le maintien de l'intéressée et constituaient une faute grave.

Cass. soc. 16 octobre 2013, n° 12-19.670.

Un salarié a été convié à un voyage organisé par une société afin de récompenser les salariés lauréats d'un concours interne à l'entreprise ; à la suite d'incidents survenus à l'occasion de ce séjour, il a été rapatrié et licencié pour faute grave.

Pour dire le licenciement dépourvu de cause réelle et sérieuse, une cour d'appel a retenu que les faits reprochés au salarié, commis à l'occasion d'un séjour d'agrément en dehors du temps et du lieu de travail, relevaient de la vie privée quand bien même des supérieurs hiérarchiques et d'autres salariés étaient conviés à participer à ce séjour et que le salarié avait tenté de bénéficier de la législation professionnelle pour un accident dont il était prétendu qu'il était survenu à l'occasion de ce séjour et qu'aucun manquement de l'intéressé à une obligation contractuelle n'était établi.

En statuant ainsi, alors que les faits de menaces, insultes et comportements agressifs commis à l'occasion d'un séjour organisé par l'employeur dans le but de récompenser les salariés lauréats d'un « challenge » national interne à l'entreprise et à l'égard des collègues ou supérieurs hiérarchiques du salarié, se rattachaient à la vie de l'entreprise, la cour d'appel a violé les articles L. 1331-1, L. 1235-3, L. 1234-1, L. 1234-5 et L. 1234-9 CT.

Cass. soc. 8 octobre 2014, n° 13-16.793, BC V n° 227.

Documents personnels/ Documents professionnels

Les documents détenus par le salarié dans le bureau de l'entreprise mis à sa disposition sont, sauf lorsqu'il les identifie comme étant personnels, présumés avoir un caractère professionnel, en sorte que l'employeur peut y avoir accès hors sa présence.

Une cour d'appel a pu retenir une faute grave à l'encontre d'un salarié qui avait détenu dans son bureau des documents provenant de son précédent employeur, estimés confidentiels, dont la présence indue était susceptible d'engager la responsabilité de l'entreprise et qu'il n'avait pas identifiés comme lui étant personnels.

Cass. soc. 18 octobre 2006, n° 04-47.400, BC V n° 308 (arrêt n° 2).

Il en va de même pour les correspondances adressées ou reçues par le salarié sur le lieu de travail,…

Les correspondances adressées ou reçues par le salarié sur le lieu de son travail sont présumées avoir un caractère professionnel, en sorte que l'employeur est en droit de les ouvrir en dehors de la présence de l'intéressé, sauf si elles sont identifiées comme étant personnelles.

Cass. soc. 11 juillet 2012, n° 11-22.972, 1er moyen.

… pour les dossiers et fichiers créés par le salarié grâce à l'outil informatique mis à sa disposition par l'employeur pour l'exécution de son travail,…

Un salarié avait été licencié pour faute grave ayant notamment consisté à empêcher l'accès à ses dossiers commerciaux sur son poste informatique de travail. Contestant son licenciement, il a saisi la juridiction prud'homale.

Une cour d'appel, qui a constaté que le salarié avait procédé volontairement au cryptage de son poste informatique, sans autorisation de la société faisant ainsi obstacle à la consultation, a pu décider que le comportement du salarié, qui avait déjà fait l'objet d'une mise en garde au sujet des manipulations sur son ordinateur, rendait impossible le maintien des relations contractuelles pendant la durée du préavis et constituait une faute grave.

Cass. soc. 18 octobre 2006, n° 04-48.025, 1er moyen, BC V n° 308 (arrêt n° 1).

Un salarié, employé par une société en qualité de chef d'établissement, a été licencié pour faute lourde pour avoir préparé le démantèlement de son entreprise en participant à la mise en place d'une structure directement concurrente ; il a saisi la juridiction prud'homale d'une demande de paiement de diverses indemnités au titre de la rupture du contrat de travail.

Pour décider que le licenciement était sans cause réelle et sérieuse, une cour d'appel a retenu que, selon le constat, l'huissier qui avait ouvert l'ordinateur en l'absence du salarié avait accédé, après ouverture de l'explorateur, à un répertoire nommé « JM », lequel comportait un sous-répertoire nommé « personnel » et un sous-répertoire nommé « Marteau », et reproduit ensuite les documents trouvés dans ce sous-répertoire, qu'il était évident que « JM » signifiait Jean-Michel, prénom de l'intéressé, qu'il était invraisemblable que le disque dur n'eût pas contenu de répertoires professionnels identifiés comme tels et que dès lors, le répertoire « JM » devant être considéré comme personnel, l'huissier n'aurait pas dû l'ouvrir.

En statuant ainsi, alors que le répertoire n'était pas identifié comme personnel, la cour d'appel a violé les articles 9 c. civ. et 9 c. proc. civ.

Cass. soc. 21 octobre 2009, n° 07-43.877, BC V n° 226.

Un salarié a été licencié pour faute grave par une étude de notaire après la découverte, en son absence, sur son ordinateur professionnel, de fichiers contenant des courriers dénigrant son employeur auprès de tiers ; le salarié a alors saisi la juridiction prud'homale pour obtenir l'annulation de son licenciement et la condamnation de l'employeur au paiement d'indemnités de rupture et pour licenciement sans cause réelle et sérieuse.

Après avoir constaté que les fichiers ouverts par l'employeur étaient intitulés « essais divers, essais divers B, essais divers restaurés », une cour d'appel a pu en déduire que ceux-ci n'ayant pas un caractère personnel, l'employeur était en droit de les ouvrir hors de la présence de l'intéressé.

Cass. soc. 15 décembre 2009, n° 07-44.264, 1er moyen, BC V n° 284.

… pour les fichiers contenus dans une clé USB connectée à cet outil informatique,…

Une clé USB, dès lors qu'elle est connectée à un outil informatique mis à la disposition du salarié par l'employeur pour l'exécution du contrat de travail, étant présumée utilisée à des fins professionnelles, l'employeur peut avoir accès aux fichiers non identifiés comme personnels qu'elle contient, hors la présence du salarié.

Cass. soc. 12 février 2013, n° 11-28.649, BC V n° 34.

… pour les courriers adressés par le salarié à l'aide de cet outil informatique,…

Les courriers adressés par le salarié à l'aide de l'outil informatique mis à sa disposition par l'employeur pour les besoins de son travail sont présumés avoir un caractère professionnel en sorte que l'employeur est en droit de les ouvrir hors la présence de l'intéressé, sauf si le salarié les identifie comme étant personnels.

Après avoir constaté que les courriers figurant sur la boîte électronique professionnelle d'un salarié ne portaient aucune mention comme étant personnels, une cour d'appel a pu en déduire qu'ils pouvaient être régulièrement ouverts par l'employeur en l'absence du salarié.

Cass. soc. 15 décembre 2010, n° 08-42.486. Voir aussi cass. soc. 16 mai 2013, n° 12-11.866.

… pour les connexions établies par un salarié sur des sites Internet pendant son temps de travail grâce à ce même outil informatique,…

Les connexions établies par un salarié sur des sites internet pendant son temps de travail grâce à l'outil informatique mis à sa disposition par son employeur pour l'exécution de son travail sont présumées avoir un caractère professionnel de sorte que l'employeur peut les rechercher aux fins de les identifier, hors de sa présence.

Cass. soc. 9 juillet 2008, n° 06-45.800, 1er moyen, BC V n° 150. Voir aussi cass. soc. 9 février 2010, n° 08-45.253.

… ainsi que pour les messages écrits envoyés ou reçus par le salarié au moyen du téléphone mis à sa disposition par l'employeur pour les besoins de son travail.

Les messages écrits («short message service» ou SMS) envoyés ou reçus par le salarié au moyen du téléphone mis à sa disposition par l'employeur pour les besoins de son travail sont présumés avoir un caractère professionnel, en sorte que l'employeur est en droit de les consulter en dehors de la présence de l'intéressé, sauf s'ils sont identifiés comme étant personnels.

Cass. com. 10 février 2015, n° 13-14.779, BC IV n° 20.

La dénomination « D :/données personnelles » donnée au disque dur ne confère pas un caractère personnel à l'intégralité des données qu'il contient.

Si les fichiers créés par le salarié à l'aide de l'outil informatique mis à sa disposition par l'employeur pour les besoins de son travail sont présumés avoir un caractère professionnel, de sorte que l'employeur est en droit de les ouvrir en dehors de sa présence, sauf s'ils sont identifiés comme étant personnels, la dénomination donnée au disque dur lui-même ne peut conférer un caractère personnel à l'intégralité des données qu'il contient.

Après avoir retenu que la dénomination « D :/ données personnelles » du disque dur de l'ordinateur d'un salarié ne pouvait lui permettre d'utiliser celui-ci à des fins purement privées et en interdire ainsi l'accès à l'employeur, une cour d'appel en a légitimement déduit que les fichiers litigieux, qui n'étaient pas identifiés comme étant « privés » selon les préconisations de la charte informatique, pouvaient être régulièrement ouverts par l'employeur.

Cass. soc. 4 juillet 2012, n° 11-12.502.

La seule dénomination « Mes documents » donnée à un fichier ne lui confère pas un caractère personnel.

Les fichiers créés par le salarié à l'aide de l'outil informatique mis à sa disposition par l'employeur pour les besoins de son travail sont présumés avoir un caractère professionnel, en sorte que l'employeur est en droit de les ouvrir hors la présence de l'intéressé, sauf si le salarié les identifie comme étant personnels.

Un salarié a été licencié pour faute grave pour avoir fait une utilisation détournée de son ordinateur professionnel en enregistrant des photos à caractère pornographique et des vidéos de salariés prises contre leur volonté.

Pour décider que son licenciement était sans cause réelle et sérieuse, une cour d'appel a énoncé que, selon le constat d'huissier, les fichiers incriminés se trouvaient sur le disque dur de l'ordinateur du salarié dans un dossier intitulé « Mes documents » et que, dès lors que leur ouverture faite hors la présence de l'intéressé n'était justifiée par aucun risque ou événement particulier justifiant l'atteinte portée à sa vie privée, leur découverte ne pouvait justifier le licenciement.

En statuant ainsi, alors que la seule dénomination « Mes documents » donnée à un fichier ne lui confère pas un caractère personnel, la cour d'appel a violé les articles 9 c. civ. et 9 c. proc. civ.

Cass. soc. 10 mai 2012, n° 11-13.884, BC V n° 135.

Des courriels et fichiers intégrés dans le disque dur de l'ordinateur mis à disposition du salarié par l'employeur ne sont pas identifiés comme personnels du seul fait qu'ils émanent initialement de la messagerie électronique personnelle du salarié.

Cass. soc. 19 juin 2013, n° 12-12.138, BC V n° 158.

Mais les messages électroniques provenant de la messagerie personnelle du salarié, distincte de la messagerie professionnelle dont il dispose pour les besoins de son activité, sont couverts par le secret des correspondances.

Ayant constaté que les messages électroniques produits par un employeur dans le cadre d'un litige prud'homal l'opposant à une salariée provenaient de la messagerie personnelle de cette salariée, distincte de la messagerie professionnelle dont elle disposait pour les besoins de son activité, une cour d'appel en a exactement déduit que ces messages électroniques devaient être écartés des débats en ce que leur production en justice portait atteinte au secret des correspondances.

Cass. soc. 26 janvier 2016, n° 14-15.360, BC V n° 12.

Le règlement intérieur peut imposer à l'employeur la présence du salarié, y compris pour la consultation des courriels à caractère professionnel.

Les courriels adressés ou reçus par le salarié à l'aide de l'outil informatique mis à sa disposition par l'employeur pour les besoins de son travail sont présumés avoir un caractère professionnel en sorte que l'employeur est en droit de les ouvrir hors la présence de l'intéressé, sauf s'ils sont identifiés comme personnels ; le règlement intérieur peut toutefois contenir des dispositions restreignant le pouvoir de consultation de l'employeur en le soumettant à d'autres conditions.

Dès lors, un règlement intérieur peut prévoir que les messageries électroniques des salariés ne peuvent être consultées par la direction qu'en présence du salarié.

Cass. soc. 26 juin 2012, n° 11-15.310, BC V n° 196.

Sauf risque ou événement particulier, l'employeur ne peut ouvrir les fichiers identifiés par le salarié comme personnels contenus sur le disque dur de l'ordinateur mis à sa disposition qu'en présence de ce dernier ou celui-ci dûment appelé.

Un salarié a été licencié pour faute grave au motif qu'à la suite de la découverte de photos érotiques dans un tiroir de son bureau, il avait été procédé à une recherche sur le disque dur de son ordinateur qui avait permis de trouver un ensemble de dossiers totalement étrangers à ses fonctions figurant notamment dans un fichier intitulé « perso ».

Pour dire que le licenciement reposait sur une faute grave, une cour d'appel a énoncé que l'employeur, lorsqu'il avait ouvert les fichiers de l'ordinateur du salarié, ne l'avait pas fait dans le cadre d'un contrôle systématique qui aurait été effectué en son absence et alors qu'un tel contrôle n'était permis ni par le contrat de travail ni par le règlement intérieur, mais bien à l'occasion de la découverte des photos érotiques n'ayant aucun lien avec l'activité de l'intéressé, ce qui constituait des circonstances exceptionnelles l'autorisant à contrôler le contenu du disque dur de l'ordinateur, étant rappelé que l'accès à ce disque dur était libre, aucun code personnel n'ayant été attribué au salarié pour empêcher toute autre personne que son utilisateur d'ouvrir les fichiers.

En statuant ainsi, alors que l'ouverture des fichiers personnels, effectuée hors la présence de l'intéressé, n'était justifiée par aucun risque ou événement particulier, la cour d'appel a violé les articles 8 CEDH, 9 c. civ., 9 NCPC et L. 120-2 CT.

Cass. soc. 17 mai 2005, n° 03-40.017, BC V n° 165.

D'une part, aux termes de l'article L. 2313-2 CT, si un délégué du personnel constate qu'il existe une atteinte aux droits des personnes, à leur santé physique ou mentale ou aux libertés individuelles dans l'entreprise qui ne serait pas justifiée par la nature de la tâche à accomplir ni proportionnée au but recherché, il en saisit immédiatement l'employeur et, en cas de carence de celui-ci ou de divergence sur la réalité de cette atteinte, et à défaut de solution trouvée avec lui, il saisit le bureau de jugement du conseil de prud'hommes qui peut ordonner toutes mesures propres à faire cesser cette atteinte ; d'autre part, sauf risque ou événement particulier, l'employeur ne peut ouvrir les messages identifiés par le salarié comme personnels contenus sur le disque dur de l'ordinateur mis à sa disposition qu'en présence de ce dernier ou celui-ci dûment appelé.

Des lettres anonymes ont été adressées à des responsables d'une société comportant des renseignements démontrant que leur auteur avait eu accès à des courriers confidentiels et verrouillés de l'entreprise classée Seveso ; la direction a demandé en conséquence à l'administrateur chargé du contrôle du service informatique de contrôler les postes informatiques de 17 salariés susceptibles d'avoir eu accès à ces informations afin de rechercher l'auteur des courriers anonymes ; deux délégués du personnel, estimant qu'il y avait là atteinte aux libertés individuelles, ont saisi le bureau de jugement de la juridiction prud'homale sur le fondement de l'article L. 422-1-1, devenu L. 2313-2 CT, afin qu'il soit ordonné à l'employeur de procéder avec eux à une enquête relative aux conditions de consultation des messageries électroniques des salariés concernés.

La cour d'appel a retenu que si, à la suite d'un « incident de sécurité », l'employeur avait pu confier, conformément à sa charte informatique, une enquête spécifique à l'administrateur des systèmes soumis à une obligation de confidentialité sur les ordinateurs mis à la disposition des salariés, il était toutefois possible qu'au travers d'une telle enquête de grande amplitude et en l'absence de référence aux courriels personnels, l'employeur ait eu accès à des messages personnels.

Dès lors, est légalement justifié l'arrêt ordonnant à l'employeur d'organiser une enquête avec les délégués du personnel sur les conditions dans lesquelles avaient été consultées et exploitées les messageries des salariés et notamment de rechercher si des messages qualifiés de personnels ou pouvant, de par leur classement, être considérés comme tels avaient été ouverts dans le seul cadre de la mission confiée à l'administrateur réseaux ou s'ils l'avaient été par l'employeur ; en effet, la cour d'appel s'est bornée à permettre, tant à l'employeur qu'aux représentants du personnel, d'être éclairés sur la réalité de l'atteinte portée aux droits des personnes et aux libertés individuelles dans l'entreprise, et d'envisager éventuellement les solutions à mettre en œuvre pour y mettre fin.

Cass. soc. 17 juin 2009, n° 08-40.274, 2e moyen, BC V n° 153.

Si l'employeur peut toujours consulter les fichiers qui n'ont pas été identifiés comme personnels par le salarié, il ne peut toutefois les produire dans une procédure judiciaire, si leur contenu relève de la vie privée sans l'accord de ce dernier.

Cass. soc. 10 mai 2012, n° 11-11.252, 2e moyen.

L'employeur ayant des motifs légitimes de suspecter un salarié de manœuvres de concurrence déloyale peut, sans violer son droit au respect de sa vie personnelle, faire procéder par huissier à l'enregistrement de messages électroniques contenus dans l'ordinateur mis à sa disposition pour son travail, en présence du salarié ou celui-ci dûment appelé.

Le respect de la vie personnelle du salarié ne constitue pas en lui-même un obstacle à l'application des dispositions de l'article 145 NCPC, autorisant le juge à ordonner des mesures d'instruction afin de conserver ou d'établir la preuve de faits dont pourrait dépendre la solution d'un litige, dès lors que le juge constate que les mesures qu'il ordonne procèdent d'un motif légitime et sont nécessaires à la protection des droits de la partie qui les a sollicitées.

Une société avait obtenu du président d'un tribunal de grande instance une ordonnance autorisant un huissier de justice à accéder aux données contenues dans l'ordinateur mis à la disposition du salarié et à prendre connaissance, pour en enregistrer la teneur, des messages électroniques échangés par l'intéressé avec deux personnes identifiées, étrangères à l'entreprise et avec lesquelles elle lui prêtait des relations constitutives, à son égard, de manœuvres déloyales tendant à la constitution d'une société concurrente.

Pour rétracter l'ordonnance et annuler le procès-verbal dressé par l'huissier, une cour d'appel a retenu que cette mesure d'instruction, qui avait pour effet de donner à l'employeur connaissance de messages personnels émis et reçus par le salarié portait atteinte à une liberté fondamentale et n'était pas légalement admissible.

En statuant ainsi, la cour d'appel a violé les articles 145 NCPC, 9 c. civ. et L. 120-2 CT. En effet, l'employeur avait des motifs légitimes de suspecter des actes de concurrence déloyale et il résultait de ses constatations que l'huissier avait rempli sa mission en présence du salarié.

Cass. soc. 23 mai 2007, n° 05-17.818, BC V n° 84.

Après avoir estimé qu'un employeur avait des raisons légitimes et sérieuses de craindre que l'ordinateur mis à la disposition d'une salariée avait été utilisé pour favoriser des actes de concurrence déloyale, une cour d'appel a pu confier à un huissier de justice la mission de prendre copie, en présence de la salariée ou celle-ci dûment appelée et aux conditions définies par le jugement confirmé, des messages échangés avec des personnes identifiées comme étant susceptibles d'être concernées par les faits de concurrence soupçonnés.

Cass. soc. 10 juin 2008, n° 06-19.229, BC V n° 129.

L'employeur ne peut, sans porter une atteinte disproportionnée et déloyale à la vie privée d'un salarié, accéder à des informations extraites de son compte facebook obtenues à partir du téléphone portable d'un autre salarié, informations réservées aux personnes autorisées.

Cass. soc. 20 décembre 2017, n° 16-19.609.

Sauf clause contraire, l'employeur peut exiger du salarié l'exécution de la tâche pour laquelle il a été embauché sans que ce dernier puisse lui opposer ses convictions religieuses

Employé depuis huit ans par l'exploitant d'un magasin d'alimentation à Mayotte, un salarié avait été affecté, en qualité de boucher, au rayon boucherie du magasin. Après deux ans passés dans ce rayon, le salarié s'était avisé qu'il était en contact avec de la viande de porc et, estimant que cette situation n'était pas compatible avec sa confession musulmane, il avait demandé à son employeur de le muter dans un autre service. Devant son refus, il avait cessé le travail et saisi le tribunal en réclamant des indemnités de rupture et pour licenciement sans cause réelle et sérieuse.

Pour infirmer la décision du tribunal ayant rejeté les demandes du salarié et décider que la rupture du contrat s'analysait en un licenciement sans cause réelle et sérieuse, le tribunal supérieur d'appel a énoncé que l'employeur devait respecter les croyances religieuses du salarié dans un territoire essentiellement voué à l'islam qui proscrit la viande de porc, qu'en l'affectant au rayon boucherie, l'employeur aurait dû l'informer qu'il aurait à travailler cette viande et que cette omission ainsi que le refus de l'employeur de réintégrer le salarié dans son service antérieur constituaient une faute.

Cependant, s'il est exact que l'employeur est tenu de respecter les convictions religieuses de son salarié, celles-ci, sauf clause expresse, n'entrent pas dans le cadre du contrat de travail et l'employeur ne commet aucune faute en demandant au salarié d'exécuter la tâche pour laquelle il a été embauché dès l'instant que celle-ci n'est pas contraire à une disposition d'ordre public. En statuant comme il l'a fait, alors que le travail demandé à l'intéressé correspondait à celui d'un boucher, poste qu'il avait accepté d'occuper, et alors que le salarié n'a jamais soutenu qu'une clause de son contrat de travail ou une disposition du statut local prévoyait qu'en raison de ses convictions religieuses il serait dispensé de traiter la viande de porc, le tribunal supérieur d'appel n'a pas caractérisé la faute de l'employeur.

Cass. soc. 24 mars 1998, n° 95-44.738, BC V n° 171.

Contrat de travail et clause de résidence

Toute personne dispose de la liberté de choisir son domicile et nul ne peut apporter aux droits des personnes et aux libertés individuelles et collec-

tives des restrictions qui ne seraient pas justifiées par la nature de la tâche à accomplir et proportionnées au but recherché.

Une salariée a été engagée par une association en qualité d'employée gouvernante, ses fonctions consistant à veiller au confort physique et moral des majeurs sous tutelle ou curatelle, logés par l'association dans un appartement ; la durée de travail était fixée à 35 heures dans les plages horaires obligatoires de 8h00 à 12h30 et 18 h à 19h30, sur 5 jours à raison de 6 heures par jour et d'une demi-journée de 3h30, outre un temps de 6h30 destiné tous les mois à participer aux activités, réunions, visites aux psychiatres, accompagnement, sans astreintes ; elle a été licenciée par lettre du 30 janvier 2007 pour avoir méconnu l'obligation contractuelle de résider à proximité de son lieu de travail.

Pour dire le licenciement fondé sur une cause réelle et sérieuse, une cour d'appel a retenu qu'en s'éloignant de son lieu de travail de 20 km, soit un parcours de 25 minutes en véhicule personnel, la salariée n'était plus en mesure de respecter l'obligation de résidence insérée dans le contrat de travail lui imposant d'avoir son domicile à moins de 200 mètres de son lieu de travail, qui était une condition substantielle de son contrat de travail, et que cette obligation était indispensable à la protection des intérêts légitimes de l'association et des personnes auprès desquelles la salariée avait pour objet d'intervenir et proportionnée, compte tenu de la nature de l'emploi occupé, au but recherché.

En statuant ainsi, par des motifs impropres à établir que l'atteinte au libre choix par la salariée de son domicile était justifiée par la nature du travail à accomplir et proportionnée au but recherché, la cour d'appel a violé les articles 8 de la Convention européenne de sauvegarde des droits de l'homme et des libertés fondamentales, 9 c. civ. et L. 1121-1 CT.

Cass. soc. 28 février 2012, n° 10-18.308, BC V n° 78.

Un salarié, qui détenait à son domicile pour l'exercice de ses fonctions une importante collection de bijoux appartenant à son employeur, a été licencié pour faute grave en raison de son refus d'accepter le déménagement que lui imposait ce dernier.

Pour dire le licenciement fondé sur une cause réelle et sérieuse, une cour d'appel a retenu que le refus du salarié compromettait la poursuite de la relation de travail dès lors que, suite aux agressions dont il avait été victime à son domicile, son déménagement était une condition imposée à l'employeur par son assureur, lequel refusait de garantir tout sinistre survenant dans certains départements, sauf si le salarié n'était plus domicilié dans l'un de ceux-ci.

En statuant ainsi, par des motifs impropres à établir que l'atteinte au libre choix par le salarié de son domicile était justifiée par la nature du travail à accomplir et proportionnée au but recherché, la cour d'appel a violé les articles 9 c. civ. et L. 1121-1 CT.

Cass. soc. 23 septembre 2009, n° 08-40.434, BC V n° 190.

C'est à tort qu'une cour d'appel a validé la clause d'un contrat de travail imposant à un avocat salarié de fixer son domicile au lieu d'implantation du cabinet, alors que cette clause était fondée sur la seule nécessité d'une « bonne intégration de l'avocat dans l'environnement local » et qu'un tel objectif ne peut justifier l'atteinte portée à la liberté individuelle de l'avocat salarié.

Cass. soc. 12 juillet 2005, n° 04-13.342, BC V n° 241.

Des employés d'immeubles, chargés d'assurer l'entretien des espaces verts, des espaces libres et des parties communes, du service des ordures ménagères, de l'exécution de petites réparations, de la surveillance des ensembles immobiliers et des installations de chauffage et de tâches administratives à raison de 42 heures par semaine, et dont les contrats de travail prévoyaient que, pour l'exécution de leurs fonctions, ils devaient obligatoirement résider sur place dans l'ensemble immobilier, ont saisi la juridiction prud'homale pour voir annuler cette clause.

Ayant constaté que les salariés pouvaient exécuter les tâches qui leur étaient confiées, tout en résidant à l'extérieur des lieux de travail, une cour d'appel a exactement décidé que la clause d'obligation de résidence était nulle.

Cass. soc. 13 avril 2005, n° 03-42.965, BC V n° 134.

☛ *Concurrence déloyale ; Délinquance ; Ivresse ; Preuve de la faute ; Surveillance des salariés.*

Violences et rixes

Les agressions physiques commises par un salarié à l'encontre de ses collègues ou de son employeur, au sein de l'entreprise et pendant son temps de travail, justifient, sauf circonstances atténuantes, le licenciement de l'intéressé.

Faute grave

Le fait pour un supérieur hiérarchique, sur les lieux et dans le temps du travail, de porter des coups sur la personne de son subordonné en rai-

son de la mauvaise exécution de ses prestations ou d'une attitude insolente constitue une faute grave rendant impossible le maintien du salarié dans l'entreprise, même pendant le préavis.

C'est donc à tort que, pour déclarer réel mais non sérieux le grief retenu contre un cuisinier, licencié pour faute grave pour avoir frappé un commis de cuisine récalcitrant, une cour d'appel a énoncé que ces faits étaient regrettables mais s'expliquaient par les agissements du subordonné et que le salarié n'avait jusqu'alors fait l'objet d'aucune appréciation défavorable, alors qu'après avoir constaté la matérialité des faits reprochés au salarié, la cour d'appel ne pouvait les déclarer excusables en raison de l'attitude de la victime sans violer les articles L. 122-6, 8 et 9 CT.

Cass. soc. 22 mars 2007, n° 05-41.179.

Le fait de menacer un collègue constitue une faute grave.

Le fait pour un salarié, au cours d'une violente altercation, de sortir un couteau de sa poche et, après l'avoir ouvert, de menacer un collègue de travail, d'en faire usage contre lui, constitue une faute grave alors même que le salarié a été l'objet de provocations verbales.

Cass. soc. 12 octobre 2000, n° 98-44.158. Voir aussi cass. soc. 3 mai 2001, n° 99-40.009, où la faute grave avait été retenue à l'encontre d'un salarié qui avait proféré des menaces de mort contre un collègue de travail.

Après avoir retenu qu'un salarié avait provoqué un collègue de travail, ce qui avait entraîné un échange d'insultes suivi de violences, que ce n'était pas la première fois qu'il le provoquait et qu'il l'avait antérieurement insulté et menacé à plusieurs reprises, une cour d'appel a pu décider que le comportement du salarié rendait impossible son maintien dans l'entreprise et constituait une faute grave.

Cass. soc. 22 octobre 2008, n° 07-43.551.

Il en est de même des violences dirigées contre un client de l'employeur.

Constitue une faute grave le fait pour un salarié qui conduisait un véhicule à l'enseigne de son employeur d'avoir eu une altercation violente avec un automobiliste client de la société.

Cass. soc. 29 mars 2000, n° 98-40.068. Voir aussi cass. soc. 28 septembre 2010, n° 09-41.295.

Après avoir retenu qu'un agent de sécurité était à l'initiative d'une rixe l'opposant à un salarié d'une société cliente, une cour d'appel a pu en déduire, eu égard aux fonctions exercées, que le comportement agressif et l'absence de maîtrise de soi du salarié rendaient impossible son maintien dans l'entreprise et constituaient une faute grave.

Cass. soc. 26 juin 2012, n° 11-12.407.

Si le fait d'être à l'origine d'une rixe constitue une faute grave…

Est constitutif d'une faute grave le fait pour un salarié d'être à l'origine d'une rixe consécutive à son refus d'obtempérer à un ordre de l'employeur.

Cass. soc. 6 avril 1994, n° 92-43.939.

… la faute grave peut être également retenue du fait de la simple participation du salarié à une bagarre.

Une cour d'appel a pu décider que le comportement agressif d'un salarié sur les lieux du travail, et notamment sa participation, un jour donné, à une bagarre, était de nature à rendre impossible son maintien dans l'entreprise pendant la durée du préavis et constituait une faute grave.

Cass. soc. 6 mars 1996, n° 94-43.949.

Les violences commises en dehors du temps de travail, mais au sein de l'entreprise où le salarié se trouvait en violation du règlement intérieur, constituent une faute grave.

Une cour d'appel a pu décider que les violences inexcusables auxquelles s'était livré un salarié en état d'ébriété et qui avaient été sanctionnées dans un délai rapproché étaient de nature à rendre impossible le maintien de l'intéressé dans l'entreprise et constituaient une faute grave : si ces faits s'étaient déroulés en dehors du temps de travail, ils avaient eu lieu au sein de l'entreprise où le salarié se trouvait indûment, en violation des dispositions du règlement intérieur.

Cass. soc. 28 mars 2000, n° 97-43.823, BC V n° 127.

Circonstances de nature à atténuer la faute

Si le maintien du salarié dans l'entreprise est possible, la qualification de faute grave doit être écartée.

Après avoir relevé qu'une salariée, qui avait frappé et injurié une de ses collègues, n'avait fait l'objet d'aucun reproche pendant ses dix-neuf années de service, et que la taille importante de l'entreprise comme la polyvalence de la salariée permettaient de maintenir le contrat de travail pendant la durée du préavis, une cour d'appel a pu décider que la faute grave n'était pas caractérisée.

Cass. soc. 22 septembre 1993, n° 92-40.695. Voir aussi cass. soc. 17 février 2004, n° 01-46.398.

Il en est de même lorsque le salarié a fait l'objet de provocations...

Un conseil de prud'hommes a pu décider que ne constituait pas une faute grave, mais seulement une cause réelle et sérieuse de licenciement, le fait pour une salariée d'avoir frappé son supérieur hiérarchique, celui-ci ayant eu à son égard une attitude grossière et provocatrice.

Cass. soc. 6 juillet 1994, n° 93-40.900. Voir aussi cass. soc. 22 septembre 2010, n° 08-43.717, 1er moyen, s'agissant d'une caissière ayant giflé une cliente par auto-défense.

... ou lorsqu'il se trouve dans un état de fragilité psychologique.

Après avoir retenu que le comportement violent d'un salarié devait être mis au compte de l'état d'exaspération et de fragilité psychologique dans lequel il se trouvait, lié aux vicissitudes des relations professionnelles qu'il entretenait avec son employeur et relevé qu'en douze ans de carrière il n'avait jamais fait l'objet d'observations, une cour d'appel a pu décider que la faute commise, demeurée exceptionnelle, ne rendait pas impossible son maintien dans l'entreprise et ne constituait pas une faute grave.

Cass. soc. 17 juin 2009, n° 08-41.663.

Le caractère « occasionnel » de l'altercation peut également constituer une circonstance atténuante.

Après avoir relevé que les menaces physiques formulées par un salarié à l'encontre de son supérieur hiérarchique en dehors des heures de service et qui constituaient un fait isolé lié aux circonstances de la dispute, une cour d'appel a décidé que le comportement du salarié n'était pas constitutif d'une faute grave et que son licenciement ne procédait pas d'une cause réelle et sérieuse.

Cass. soc. 19 avril 2000, n° 98-42.915.

Ayant retenu que le geste d'un salarié sans autre antécédent, bien que totalisant vingt-cinq années d'ancienneté, n'avait pas procédé d'une violence délibérée génératrice de désordre, mais avait consisté en une réaction spontanée d'agacement envers un collègue auteur d'une maladresse ayant porté atteinte à un travail de peinture à peine achevé, en sorte que le grief de « frappe forte et répétée » énoncé dans la lettre de licenciement n'était pas établi, et après avoir estimé, ainsi que l'y autorisaient ses constatations, que le comportement de l'intéressé ne rendait pas impossible son maintien dans l'entreprise pendant la durée du préavis et ne pouvait donc constituer une faute grave, une cour d'appel a décidé que le licenciement était sans cause réelle et sérieuse.

Cass. soc. 21 septembre 2005, n° 03-45.477.

Après avoir relevé que la gifle donnée par une aide médico-psychologique avait été provoquée par l'attitude d'un jeune résident qui l'avait agrippée au bras, avait refusé de la lâcher et lui avait enfoncé les ongles dans la peau, et que le comportement de la salariée, qui justifiait d'une ancienneté de treize années, avait été jusqu'alors irréprochable, une cour d'appel a pu décider que les faits reprochés à l'intéressée n'étaient pas de nature à rendre impossible son maintien dans l'entreprise et ne constituaient donc pas une faute grave.

Cass. soc. 18 mars 2009, n° 08-40.384.

Le comportement violent ou agressif d'un proche ne constitue pas un motif de licenciement dans la mesure où il n'est pas personnellement imputable au salarié.

Une salariée a été licenciée au motif qu'il était impossible de la conserver dans l'effectif après le scandale fait sur place par son époux et l'agression perpétrée par celui-ci envers une collègue de sa femme.

C'est à tort que, pour décider que ce licenciement avait une cause réelle et sérieuse, une cour d'appel a relevé que l'époux de la salariée était intervenu en raison du mauvais climat régnant entre celle-ci et sa collègue et que la salariée connaissait le caractère violent de son époux, alors que la lettre de licenciement n'énonçait aucun fait imputable à la salariée.

Cass. soc. 23 juin 2004, n° 01-43.606.

À condition de ne pas commettre de discrimination, l'employeur peut sanctionner différemment les salariés ayant participé à une bagarre

D'une part, même s'il est avéré qu'il n'était pas l'auteur du premier coup, une cour d'appel a pu décider que le comportement violent d'un salarié, qui s'était acharné sur un adversaire à terre et âgé, constituait une faute. D'autre part, il est permis à l'employeur, dans l'intérêt de l'entreprise et dans l'exercice de son pouvoir d'individualisation des mesures disciplinaires, de sanctionner différemment des salariés qui ont participé à une même faute. La cour d'appel, ayant fait ressortir qu'aucune discrimination au sens de l'article L. 122-45 CT ni aucun détournement du pouvoir de l'employeur n'étaient établis, a souverainement décidé que le licenciement du salarié procédait d'une cause réelle et sérieuse.

Cass. soc. 1er mai 1998, n° 96-41.755, BC V n° 250.

Responsabilité de l'employeur

L'employeur, tenu d'une obligation de sécurité de résultat en matière de protection de la santé et de la sécurité des travailleurs, manque à cette obligation lorsqu'un salarié est victime, sur le lieu de travail, de violences physiques ou morales exercées par l'un ou l'autre des salariés, quand bien même il aurait pris des mesures en vue de faire cesser ces agissements.

Cass. soc. 3 février 2010, n° 08-40.144, BC V n° 30 (arrêt n° 2). Voir aussi cass. soc. 23 janvier 2013, n° 11-18.855, BC V n° 15, cité dans « Imputabilité de la rupture » ; cass. soc. 26 mai 2016, n° 14-15.566.

Il en est de même lorsqu'un salarié est agressé, sur son lieu de travail, par une personne étrangère à l'entreprise.

Agressée sur son lieu de travail par l'épouse de son employeur, une salariée a saisi la juridiction prud'homale aux fins de résiliation judiciaire du contrat de travail aux torts de son employeur et de condamnation à des dommages-intérêts.

Pour débouter la salariée de sa demande, une cour d'appel a retenu qu'aucun manquement de l'employeur à son obligation de sécurité n'était caractérisé en raison de la cause étrangère exonératoire que constituait le fait d'agression, imprévisible et irrésistible, commis par son conjoint, tiers à la relation de travail, et que l'employeur non présent lors de l'agression n'avait jamais été prévenu d'un risque quelconque encouru par la salariée.

En statuant ainsi, par des motifs impropres à établir le caractère irrésistible et imprévisible de l'événement ayant pour effet de rendre impossible la poursuite du contrat de travail, la cour d'appel a violé les articles L. 4121-1 CT et 1148 c. civ.

Cass. soc. 4 avril 2012, n° 11-10.570, BC V n° 116.

En revanche, l'employeur ne manque pas à son obligation lorsque les faits invoqués par le salarié ont pour seule cause son propre comportement caractérisé par une violence commise à l'encontre d'un collègue.

Il résulte des articles L. 4121-1 et 2 CT que les actions que l'employeur doit mettre en œuvre pour protéger la santé physique et mentale des salariés concernent la prévention des risques professionnels et l'évaluation de ceux qui ne peuvent être évités.

Ayant constaté que les faits invoqués par un salarié avaient pour seule cause son propre comportement caractérisé par une violence commise à l'encontre d'un collègue, et retenu que l'employeur ne pouvait anticiper un tel risque et qu'il était personnellement intervenu pour faire cesser l'altercation, une cour d'appel en a exactement déduit l'absence de manquement à son obligation de sécurité.

Cass. soc. 1er février 2017, n° 15-24.166, 1er moyen.

Faute grave.

Visite médicale de reprise

Si le salarié a été absent en raison d'un congé maternité, d'une maladie professionnelle, d'un accident du travail ou d'un congé maladie (30 jours), le médecin du travail doit l'examiner pour se prononcer sur son aptitude à reprendre le travail.

Initiative de la visite de reprise

L'initiative de la visite médicale de reprise appartient normalement à l'employeur.

Selon les dispositions de l'article R. 4624-2[2] CT, le salarié bénéficie d'un examen de reprise du travail par le médecin du travail après certaines absences pour raisons médicales ; le classement d'un salarié en invalidité 2e catégorie par la sécurité sociale ne dispense pas de cette obligation ; il en résulte que si, en cas de carence de l'employeur, le salarié peut solliciter lui-même la visite de reprise à condition d'en aviser au préalable l'employeur, l'initiative de la saisine du médecin du travail appartient normalement à l'employeur dès que le salarié qui remplit les conditions pour en bénéficier en fait la demande et se tient à sa disposition pour qu'il y soit procédé ; le refus de l'employeur s'analyse en un licenciement.

Une salariée a été en arrêt de travail pour maladie du 26 août 2002 au 11 juin 2005 ; ayant demandé à l'employeur, le 16 septembre 2005, d'organiser une visite de reprise, celui-ci lui a répondu qu'il l'organiserait dès qu'elle aurait repris le travail ; l'intéressée a alors saisi la juridiction prud'homale pour demander que la rupture du contrat de travail soit prononcée aux torts de l'employeur et la condamnation de ce dernier au paiement de rappel de salaire, d'indemnités de rupture et de dommages-intérêts.

Pour rejeter ces demandes, une cour d'appel a énoncé que seul l'examen pratiqué par le médecin du travail dont doit bénéficier le salarié à l'issue des périodes de suspension lors de la reprise du travail en application des alinéas 1 à 3 de l'article R. 241-51 CT, met fin à la période de suspension du contrat de travail, que tant que la reprise effective du travail n'a pas eu lieu et que la visite de reprise n'a pas été effectuée au plus tard dans le délai de huit jours après la reprise du travail, le contrat de travail demeure suspendu, que la salariée ayant informé l'employeur de son intention de reprendre un poste de travail et ce dernier l'ayant assurée de l'organisation de la visite de reprise, conformément à sa demande légitime, dès la reprise effective du travail, seule l'absence de reprise du travail imputable à la salariée, et conditionnant l'organisation de la visite obligatoire, n'avait pas permis de mettre fin à la suspension du contrat de travail.

En statuant ainsi, après avoir constaté que la salariée, qui n'était plus couverte par des arrêts de travail depuis le 11 juin 2005, avait écrit à l'employeur, le 16 septembre 2005, pour lui demander d'organiser une visite de reprise et de lui attribuer un poste compatible avec son invalidité, la cour d'appel a violé les articles L. 1231-1, L. 1232-2, R. 4624-2[2] et R. 4624-2[3] CT.

Cass. soc. 28 octobre 2009, n° 08-43.251, BC V n° 233.

Un salarié, en arrêt de travail à la suite d'un accident, puis classé en invalidité 2e catégorie, a demandé à son employeur de lui faire passer la visite médicale de reprise. À la suite du refus de ce dernier, il a saisi la juridiction prud'homale afin d'obtenir des indemnités pour rupture abusive.

Ayant relevé que le salarié avait demandé à son employeur de le faire convoquer par la médecine du travail, une cour d'appel a décidé à bon droit que le refus de l'employeur, au motif que le salarié n'avait pas demandé à reprendre le travail, s'analysait en un licenciement sans cause réelle et sérieuse.

Cass. soc. 15 octobre 2003, n° 01-43.571. Voir aussi cass. soc. 12 octobre 1999, n° 97-40.835, 3e moyen, BC V n° 376.

Une salariée, qui avait été à plusieurs reprises en arrêt de travail pour maladie non professionnelle, s'était vue notifier par la CPAM qu'elle pouvait envisager de reprendre son travail à compter du 3 décembre 1990, d'abord dans le cadre d'un mi-temps thérapeutique pendant un mois, puis à temps complet, le 4 janvier 1991. Le 3 décembre, la salariée s'est présentée à son travail, mais l'employeur a prétendu qu'il lui était impossible de l'affecter à un poste à mi-temps ; ayant confirmé par écrit à l'employeur qu'elle reprendrait son travail à temps complet le 4 janvier, l'employeur lui a répondu que cette reprise n'était possible qu'avec l'accord de la CPAM et du médecin du travail et qu'il était donc inutile qu'elle se présente dans l'entreprise. Le 4 janvier 1991, la salariée s'est à nouveau présentée au travail sans obtenir d'affectation, et le 10 janvier, alors qu'elle avait déjà saisi le conseil de prud'hommes, l'employeur l'a informée de sa convocation pour une visite médicale de reprise du travail devant avoir lieu le 14 janvier suivant.

C'est à tort qu'une cour d'appel a débouté la salariée de ses demandes d'indemnités de rupture et de dommages-intérêts pour licenciement sans cause réelle et sérieuse. En effet, il résulte de l'article R. 241-51 CT que l'employeur doit inviter le salarié, qui se présente à son travail après une absence d'au moins vingt-et-un jours pour cause de maladie ou d'accident d'origine non professionnelle, à passer la visite de reprise du travail par le médecin du travail. Or, en l'espèce, la cour d'appel avait constaté que l'employeur n'avait pas pris l'initiative de provoquer cet examen ni lorsque la salariée s'était présentée pour reprendre son travail à mi-temps ni lorsqu'elle avait demandé à reprendre son travail à temps plein, et que ce manquement de l'employeur à ses obligations avait rendu impossible la poursuite du contrat de travail. Il en résultait que la rupture de celui-ci était imputable à l'employeur et s'analysait en un licenciement sans cause réelle et sérieuse.

Cass. soc. 18 janvier 2000, n° 96-45.545, BC V n° 29.

Dès lors que le salarié informe son employeur de son classement en invalidité 2e catégorie sans manifester la volonté de ne pas reprendre le travail, il appartient à l'employeur de prendre l'initiative de faire procéder à une visite de reprise, laquelle met fin à la suspension du contrat de travail.

Après avoir relevé qu'une salariée avait demandé à son employeur, le 24 juin 2005, de l'informer des perspectives qu'il envisageait au mieux de ses intérêts à la suite de sa mise en invalidité 2e catégorie et constaté que celui-ci l'avait alors invitée le 29 juin suivant à prendre rendez-vous auprès de la médecine du travail et que ce n'est qu'à la suite de sa mise en demeure par l'intéressée le 16 mai 2006 qu'il avait organisé les visites de reprise, une cour d'appel a exactement décidé que le retard dans l'organisation de ces visites était imputable à l'employeur qui aurait dû saisir lui-même le médecin du travail.

Cass. soc. 25 janvier 2011, n° 09-42.766, 3e moyen du pourvoi incident, BC V n° 30. Voir aussi cass. soc. 15 février 2011, n° 09-43.172, BC V n° 47 ; cass. soc. 30 avril 2014, n° 12-28.827.

Lorsque la visite de reprise n'a pas été organisée par l'employeur, le salarié qui ne s'y présente pas ne commet pas de faute.

Seul l'examen pratiqué par le médecin du travail en application des articles R. 4624-2[2] et 2[3] CT met fin à la suspension du contrat de travail. Il incombe à l'employeur de prendre l'initiative de cette visite médicale et de convoquer le salarié par tous moyens.

Après avoir constaté qu'un employeur n'avait pas organisé lui-même la visite de reprise, une cour d'appel a pu en déduire que le salarié ne s'y étant pas présenté n'avait pas commis de manquement.

Cass. soc. 28 avril 2011, n° 09-40.487, BC V n° 99.

La visite médicale de reprise peut aussi être sollicitée par le salarié soit auprès de son employeur, soit auprès du médecin du travail en avertissant l'employeur de cette demande.

La visite de reprise, dont l'initiative appartient normalement à l'employeur, peut aussi être sollicitée par le salarié, soit auprès de son employeur, soit auprès du médecin du travail en avertissant l'employeur de cette demande.

Cass. soc. 12 novembre 1997, n° 94-43.839, BC V n° 365. Voir aussi cass. soc. 26 janvier 2011, n° 09-68.544, trois premières branches du moyen, BC V n° 31 ; cass. soc. 7 janvier 2015, n° 13-20.126.

Après avoir été victime d'un accident d'origine non professionnelle, un salarié avait été déclaré consolidé par la CPAM avec reprise du travail à compter du 27 juillet 1992. À cette date, le médecin du travail l'avait déclaré inapte à l'emploi précédemment occupé, mais apte à « des travaux ne sollicitant pas l'épaule droite, manutentions impossibles ». En l'absence de propositions de reclassement de l'employeur, le salarié avait pris l'initiative de rompre son contrat de travail par l'envoi de sa démission. Estimant que la rupture résultait en réalité d'un licenciement, l'intéressé avait saisi la juridiction prud'homale de diverses demandes d'indemnités de rupture.

Ayant constaté que le médecin du travail avait conclu le 27 juillet 1992, dans le cadre d'une visite médicale sollicitée par le salarié mais dont l'employeur avait été averti, à l'inaptitude du salarié au poste antérieur, et à son aptitude à des travaux ne sollicitant pas l'épaule droite, manutentions impossibles, une cour d'appel, qui a fait ressortir qu'à partir de cet examen médical le salarié avait demandé à être reclassé dans l'entreprise, a exactement décidé que la visite du 27 juillet 1992 constituait la visite médicale de reprise prévue aux alinéas 1 à 3 de l'article R. 241-51 CT. Elle a ainsi pu dire que l'employeur était responsable de la rupture du contrat de travail du salarié et le condamner au paiement d'indemnités de préavis et pour licenciement sans cause réelle et sérieuse.

Cass. soc. 10 mars 1998, n° 95-43.871, BC V n° 133.

Si le salarié prend l'initiative de se rendre chez le médecin du travail à l'issue d'un arrêt de travail pour maladie sans en avertir l'employeur, cette visite ne peut pas être qualifiée de visite de reprise.

Après avoir constaté qu'à l'issue d'un arrêt de travail pour maladie, un salarié, sans se présenter à son travail afin que l'employeur organise la visite de reprise, avait pris l'initiative de se rendre chez un médecin du travail sans en avertir son employeur, une cour d'appel a exactement décidé que cette visite ne remplissait pas les conditions de l'article R. 241-51, al. 1 et 3, devenus R. 4624-2[2] et R. 4624-2[3] CT pour être qualifiée de visite de reprise.

Cass. soc. 4 février 2009, n° 07-44.498, BC V n° 38. Voir aussi cass. soc. 26 janvier 2011, n° 09-65.715 ; cass. soc. 15 décembre 2015, n° 14-13.528, 1er moyen.

Ayant constaté qu'une salariée n'avait informé l'employeur de son rendez-vous avec le médecin du travail que par une lettre recommandée adressée le jour même de l'examen, de sorte qu'il n'était pas établi que l'intéressée avait satisfait à son obligation d'information préalable, une cour d'appel en a exactement déduit que cet examen ne pouvait être qualifié de visite de reprise opposable à l'employeur.

Cass. soc. 8 février 2017, n° 15-27.492.

Lorsque le salarié a manifesté le désir de reprendre le travail, l'employeur doit mettre en œuvre la procédure en vue de solliciter l'avis du médecin du travail sur son aptitude à la reprise.

Un salarié, placé en arrêt de travail par son médecin traitant, un jour après la reprise de son travail suite à un arrêt pour maladie, a ensuite été déclaré inapte à la reprise par le médecin du travail saisi par l'employeur. Il a, peu de temps après, demandé à son employeur un aménagement de poste, un reclassement ou toute autre proposition. Le salarié ayant ensuite saisi la juridiction prud'homale en imputant la rupture de son contrat à son employeur, celui-ci l'a licencié pour faute grave deux ans après cette saisine.

Pour le débouter de ses demandes tendant à voir déclarer la rupture imputable à l'employeur et décider que le licenciement était fondé sur une cause réelle et sérieuse, une cour d'appel a retenu que la visite médicale aux termes de laquelle le salarié avait été déclaré « inapte à la reprise » n'étant pas une visite de reprise, puisqu'il était à cette date à nouveau arrêté par son médecin traitant pour maladie, l'intéressé ne pouvait reprocher à son employeur de n'avoir pas respecté les obligations de l'article L. 122-24-4 CT, texte relatif aux conséquences de l'avis d'inaptitude rendu lors de la visite de reprise.

En statuant ainsi, alors qu'elle constatait que le salarié avait manifesté le désir de reprendre le travail, de sorte qu'il appartenait à l'employeur de mettre en œuvre la procédure en vue de solliciter l'avis du médecin du travail sur son aptitude à la reprise, la cour d'appel, qui n'a pas tiré de ses constatations les conséquences légales qui en découlaient, a violé les articles L. 122-24-4 et R. 241-51 CT.

Cass. soc. 28 juin 2006, n° 04-47.746, BC V n° 229.

L'employeur qui omet de faire passer la visite médicale de reprise dans les délais méconnaît son obligation de sécurité.

L'employeur, tenu d'une obligation de sécurité de résultat en matière de protection de la santé et de la sécurité des travailleurs dans l'entreprise, doit en assurer l'effectivité ; il ne peut, dès lors, laisser un salarié reprendre son travail après une période d'absence d'au moins huit jours pour cause d'accident du travail sans le faire bénéficier lors de la reprise du travail, ou au plus tard dans les huit jours de celle-ci, d'un examen par le médecin du travail destiné à apprécier son aptitude à reprendre son ancien emploi, la nécessité d'une adaptation des conditions de travail ou d'une réadaptation ou, éventuellement, de l'une et de l'autre de ces mesures ; à défaut, l'employeur ne peut résilier le contrat de travail à durée indéterminée du salarié, dont le droit à la sécurité dans le travail a ainsi été méconnu, que s'il justifie soit d'une faute grave de ce dernier, soit de l'impossibilité où il se trouve, pour un motif non lié à l'accident, de maintenir ledit contrat.

Un salarié avait été victime d'un accident du travail le 8 septembre 1999 provoquant un arrêt de travail jusqu'au 6 décembre, puis, suite à une rechute, du 25 janvier au 10 mai 2000. À cette date, il a repris son activité sans avoir été soumis à l'examen médical de reprise ; ayant été, avant et après ces arrêts pour accident du travail, en arrêt maladie, son employeur l'a licencié le 27 novembre 2000 pour absences répétées désorganisant l'entreprise et nécessitant son remplacement définitif.

L'intéressé a alors saisi la juridiction prud'homale pour obtenir des dommages et intérêts en réparation des préjudices résultant du caractère illicite de son licenciement et de l'absence de visite médicale de reprise.

Pour rejeter cette demande, une cour d'appel a retenu que si, en l'absence de visite de reprise, la période de suspension du contrat de travail de l'article L. 122-32-1 CT consécutive à un accident du travail continue, en reprenant le travail sans visite de reprise, le salarié avait mis fin à la suspension du contrat de travail ; que ses arrêts de travail postérieurs étaient des arrêts pour maladie, et que n'étant plus en période de suspension du contrat de travail au moment du licenciement, il n'était pas fondé à invoquer l'application des dispositions de l'article L. 122-32-2 CT ni à réclamer des dommages et intérêts pour absence de visite médicale de reprise, alors qu'il pouvait en prendre l'initiative.

En statuant ainsi, la cour d'appel a violé l'article L. 230-2 CT interprété à la lumière de la directive 89/391/CEE du 12 juin 1989, concernant la mise en œuvre de mesures visant à promouvoir l'amélioration de la sécurité et de la santé des travailleurs au travail et les articles L. 122-32-2 et R. 241-51 CT.

Cass. soc. 28 février 2006, n° 05-41.555, BC V n° 87.

Il résulte des articles L. 4121-1 et R. 4624-2[2] CT que l'employeur, tenu d'une obligation de sécurité de résultat en matière de protection de la santé et de la sécurité des travailleurs dans l'entreprise, doit en assurer l'effectivité ; il ne peut, dès lors, laisser un salarié reprendre son travail après une succession d'arrêts de travail pour maladie ni lui proposer une mutation géographique sans lui avoir fait passer une visite de reprise auprès du médecin du travail afin de s'assurer de son aptitude à l'emploi envisagé.

Un salarié, contrôleur de gestion, a bénéficié d'un congé individuel de formation du 1er octobre 1999 au 30 juin 2000 ; par décision du 14 octobre 1999, la Cotorep l'a reconnu travailleur handicapé catégorie C pour une période courant jusqu'au 14 octobre 2002 ; s'étant présenté le 2 juillet 2000 pour reprendre son poste de travail à Marseille, il a constaté qu'aucune tâche ne lui était confiée et qu'il ne disposait pas des moyens matériels d'accomplir sa mission ; par lettre du 22 août 2000, l'employeur lui a indiqué qu'il était envisagé un poste d'auditeur interne à Lyon ; il a saisi la juridiction prud'homale d'une demande de résiliation judiciaire de son contrat de travail aux torts de l'employeur, puis a pris acte de la rupture de son contrat de travail par lettre du 28 août 2001, en reprochant à l'employeur de ne pas l'avoir réintégré dans son emploi.

C'est à tort qu'une cour d'appel a décidé que la prise d'acte du salarié produisait les effets d'une démission. En effet, l'employeur avait connaissance de l'état de santé du salarié compte tenu des nombreux arrêts de travail pour maladie qu'il avait subis avant son départ en congé individuel de formation et à son retour, il avait dès lors l'obligation de faire passer au salarié un examen médical de reprise afin de s'assurer de sa capacité à reprendre son poste antérieur ou à donner une suite favorable à la mutation géographique qui lui était proposée, et il ne pouvait, dans ces conditions, se prévaloir ni d'une réintégration effective du salarié dans son poste ni de son refus de la proposition de mutation, ce dont il se déduisait que la prise d'acte produisait les effets d'un licenciement sans cause réelle et sérieuse.

Cass. soc. 16 juin 2009, n° 08-41.519, BC V n° 147.

En cas de non-respect par l'employeur de ses obligations relatives à la visite médicale de reprise, le salarié doit, pour être indemnisé, démontrer l'existence d'un préjudice.

Après avoir constaté qu'un employeur, informé par le salarié, qui n'avait pas manifesté la volonté de ne pas reprendre le travail, de son placement en invalidité 2e catégorie en janvier 2006, ne l'avait convoqué que le 4 novembre 2010 à une visite médicale de reprise et exactement retenu qu'il appartenait à l'employeur d'organiser la visite de reprise, une cour d'appel a pu décider qu'en tardant plus de quatre années pour organiser cette visite, l'employeur avait commis une faute engageant sa responsabilité et a souverainement apprécié le préjudice subi par le salarié.

Cass. soc. 17 mai 2016, n° 14-23.138, 1er moyen.

Le salarié qui fait obstacle de façon réitérée à la visite médicale de reprise commet une faute grave.

Le comportement d'un salarié placé en arrêt de travail pour maladie et ayant cessé de produire des justificatifs d'arrêt de travail, faisant obstacle de façon réitérée à l'examen de reprise du médecin du travail, constitue une faute grave rendant impossible le maintien de l'intéressé dans l'entreprise pendant la durée du préavis.

Cass. soc. 29 novembre 2006, n° 04-47.302, BC V n° 361. Voir aussi cass. soc. 14 décembre 2011, n° 10-19.997 ; cass. soc. 13 mai 2015, n° 13-23.606.

Dans l'hypothèse où le salarié conteste la compatibilité du poste auquel il est affecté avec les recommandations du médecin du travail, il appartient à l'employeur de solliciter à nouveau l'avis de ce dernier.

Au cours de la visite de reprise d'un salarié placé en arrêt de travail, le médecin du travail a conclu à une reprise à mi-temps thérapeutique dans un poste limitant le port de charges lourdes à 30 kg et ne nécessitant pas l'utilisation d'outils vibrants.

Le salarié a été licencié pour insubordination, l'employeur lui reprochant d'avoir, de manière réitérée et injustifiée, refusé son affectation momentanée et toujours à mi-temps à deux postes entrant parfaitement dans ses qualifications et aptitudes physiques réduites.

C'est à tort que, pour dire le licenciement bien fondé, une cour d'appel a énoncé que l'employeur, qui n'était pas tenu de consulter à nouveau le médecin du travail sur la nouvelle affectation, justifiait avoir prévu un aménagement des deux postes proposés rendant ceux-ci compatibles avec les restrictions émises par le médecin du travail.

Cass. soc. 6 février 2008, n° 06-44.413, BC V n° 33.

Ne commet pas un manquement à ses obligations le salarié, dont le médecin du travail a constaté l'inaptitude physique, qui, pour refuser un poste de reclassement proposé par l'employeur, invoque l'absence de conformité du poste proposé à l'avis d'inaptitude ; dans ce cas, il appartient à l'employeur, tenu d'une obligation de sécurité de résultat, de solliciter l'avis du médecin du travail.

Une salariée ayant contesté la compatibilité du poste de reclassement proposé par un employeur avec ses aptitudes physiques, il appartenait à celui-ci de solliciter à nouveau l'avis du médecin du travail sur cette compatibilité avant de tirer toute conséquence d'un refus de ce poste soit en formulant de nouvelles propositions de reclassement, soit en procédant au licenciement du salarié pour inaptitude et impossibilité de reclassement.

En outre, le licenciement étant intervenu, non pas pour inaptitude et impossibilité de reclassement, mais au motif d'un abandon du poste ainsi proposé sans nouvelle saisine du médecin du travail, une cour d'appel a pu condamner l'employeur à payer à la salariée des dommages-intérêts pour licenciement sans cause réelle et sérieuse.

Cass. soc. 23 septembre 2009, n° 08-42.525, BC V n° 206. Voir aussi cass. soc. 26 janvier 2011, n° 10-10.096 ; cass. soc. 18 septembre 2013, n° 12-19.204.

L'employeur peut, sans manifester de désaccord, solliciter de nouveau l'avis du médecin du travail sur l'état de santé d'un salarié déclaré apte, sous certaines réserves, à reprendre une activité au sein de l'entreprise, notamment au vu des conditions dans lesquelles ce salarié exerce son activité à l'issue d'une absence pour cause de maladie.

CE 20 novembre 2009, n° 315965.

Objet de la visite de reprise

Seul l'examen pratiqué par le médecin du travail lors de la reprise met fin à la période de suspension du contrat de travail…

Un salarié, convoqué le 22 février 1991 à l'entretien préalable à son licenciement, a été victime, le 26 février suivant, d'un accident du travail porté à la connaissance de l'employeur le 28 février. Il a adressé des certificats d'arrêts de travail jusqu'au 13 janvier 1992. Le 2 avril 1992, l'employeur a pris acte de sa démission depuis la date du dernier arrêt de travail au motif du défaut de justification de la prolongation d'absence.

Doit être cassé l'arrêt qui, pour débouter le salarié de sa demande de dommages-intérêts au titre de la rupture de son contrat de travail prononcée en violation de l'article L. 122-32-2 CT, a retenu, après avoir exactement analysé la rupture en un licenciement, que le salarié avait été déclaré consolidé par la CPAM le 3 mai 1991, qu'au-delà de cette date, ainsi qu'à la date de la rupture, le régime de protection particulière des accidentés du travail était inapplicable, ce qui était confirmé par le versement à l'intéressé des indemnités journalières normales au titre de la maladie jusqu'au 1er septembre 1991, et que l'absence depuis plus de deux mois par le salarié justifiait son licenciement, alors qu'en l'absence de la visite de reprise prévue aux alinéas 1 à 3 de l'article R. 241-51 CT, le contrat de travail se trouvait toujours suspendu en conséquence de l'accident du travail dont avait été victime le salarié, peu important qu'à la date de la rupture le salarié ait été déclaré consolidé de son accident par la caisse primaire d'assurance maladie et qu'il soit pris en charge par les organismes sociaux au titre de la maladie.

Cass. soc. 16 mai 2000, n° 98-42.942, BC V n° 180.

… peu important à cet égard que le salarié ait continué à bénéficier d'un arrêt de travail de son médecin traitant.

Seul l'examen pratiqué par le médecin du travail lors de la reprise en application des alinéas 1 à 3 de l'article R. 241-51 CT met fin à la période de suspension du contrat de travail.

C'est à tort que, pour dire que le licenciement d'un salarié était sans cause réelle et sérieuse pour être intervenu de façon prématurée et hâtive et condamner l'employeur au paiement de dommages-intérêts, une cour d'appel a retenu qu'à la date de son licenciement le salarié était toujours en arrêt de maladie régulièrement justifié et que l'interruption du versement des indemnités journalières par la CPAM était sans incidence sur la portée du certificat médical du médecin traitant, alors qu'elle avait constaté que les avis du médecin du travail des 18 avril et 2 mai 1994 avaient été délivrés en vue de la reprise par le salarié et l'avaient déclaré inapte, ce dont il résultait que la période de suspension du contrat de travail avait pris fin, peu important, à cet égard, que le salarié ait continué à bénéficier d'un arrêt de travail de son médecin traitant.

Cass. soc. 6 avril 1999, n° 96-45.056, BC V n° 157.

Un médecin du travail, saisi à la demande d'un salarié, a déclaré celui-ci le 6 mars 2000 inapte à son poste de travail et le 20 mars 2000 inapte à tout poste dans l'entreprise ; le salarié a saisi la juridiction prud'homale pour voir constater la rupture du contrat de travail à la charge de l'employeur.

Pour débouter le salarié de sa demande tendant au paiement de diverses sommes, une cour d'appel a retenu que l'avis du médecin du travail invoqué par le salarié avait été délivré en cours de suspension du contrat de travail, conformément à l'article R. 241-51, al. 4 CT, le salarié ne rapportant pas la preuve d'une reprise effective, alors qu'il avait continué à adresser à son employeur des avis de prolongation d'arrêts de travail de son médecin traitant, maintenant ainsi la suspension du contrat de travail.

En statuant ainsi, alors qu'elle avait constaté, d'une part, que les avis du médecin du travail avaient été délivrés en vue de la reprise du travail par le salarié qui en avait informé l'employeur et, d'autre part, que ces avis avaient conclu à l'inaptitude du salarié à tout poste dans l'entreprise, ce dont il résultait que la période de suspension du contrat de travail, au sens de l'article R. 241-51 CT, avait pris fin, peu important à cet égard que le salarié ait continué à bénéficier d'un arrêt de travail de son médecin traitant, la cour d'appel a violé, par défaut d'application, les articles L. 122-24-4 et R. 241-51 CT.

Cass. soc. 19 janvier 2005, n° 03-41.904, BC V n° 9. Voir aussi cass. soc. 19 janvier 2005, n° 03-41.479, BC V n° 8.

Après avoir constaté qu'un salarié avait fait l'objet d'une seconde visite médicale qui avait abouti à une déclaration d'inaptitude totale, une cour d'appel en a exactement déduit que la période de suspension du contrat de travail avait pris fin, peu important que le salarié ait continué à bénéficier d'un arrêt de travail de son médecin traitant, et que son licenciement reposait sur une cause réelle et sérieuse.

Cass. soc. 5 janvier 2011, n° 08-70.060, 1er moyen, BC V n° 4.

Lorsque le médecin du travail, à l'issue d'une seule visite, déclare un salarié en arrêt maladie inapte à son poste, cet examen constitue une visite de reprise mettant fin à la période de suspension du contrat, peu important que le médecin traitant ait délivré une prolongation de l'arrêt de travail, et l'employeur doit demander l'organisation d'une seconde visite.

Ayant relevé qu'un médecin du travail avait, à l'issue d'une visite organisée le 13 juin 2007, déclaré une salariée, en arrêt maladie depuis le 4 janvier 2007, inapte à son poste, une cour d'appel, peu important le renvoi par ce praticien au médecin traitant et la délivrance par celui-ci, le même jour, d'une prolongation de l'arrêt de travail, a pu retenir que cette salariée avait bénéficié de la visite de reprise visée par l'article R. 4624-2[2] CT, laquelle avait mis fin à la période de suspension du contrat de travail.

Cass. soc. 5 décembre 2012, n° 11-17.913, BC V n° 320.

Cependant, lorsque la visite de reprise est subie à l'issue d'un congé de maternité, elle ne marque pas le terme de la période de protection.

Selon l'article L. 122-25-2, al. 1er CT, aucun employeur ne peut résilier le contrat de travail d'une salariée en état de grossesse médicalement constatée et pendant l'intégralité des périodes de suspension du contrat de travail auxquelles elle a droit en application de l'article L. 122-26, qu'elle use ou non de ce droit, ainsi que pendant les quatre semaines qui suivent l'expiration de ces périodes.

Une salariée, ayant bénéficié d'un congé maternité venu à expiration le 10 janvier 2001, a été licenciée le 15 février suivant.

C'est à tort que, pour décider que le licenciement était nul en application de l'article L. 122-25-2 CT, une cour d'appel a relevé que la salariée n'avait pas subi la visite de reprise prévue à l'article R. 241-51, al. 1 à 3 CT et que le contrat de travail était donc toujours suspendu lors du licenciement, alors que la visite médicale prévue à l'article R. 241-51 CT après un congé de maternité a pour seul objet d'apprécier l'aptitude de l'intéressée à reprendre son ancien emploi, la nécessité d'une adaptation des conditions de travail ou d'une réadaptation de la salariée ou éventuellement de l'une et de l'autre de ces mesures, et n'a pas pour effet de différer jusqu'à cette date la période de protection instituée par l'article L. 122-25-2 du même code.

Cass. soc. 29 septembre 2004, n° 02-42.461, BC V n° 239. Voir aussi cass. soc. 15 décembre 2015, n° 14-15.283.

La consultation du médecin du travail préalablement à la reprise du travail, dans le but de rechercher des mesures nécessaires lorsqu'une modification de l'aptitude est prévisible, ne constitue pas la visite de reprise mettant seule fin à la période de suspension du contrat de travail.

Une salariée, au cours de la suspension de son contrat de travail pour maladie, avait pris l'initiative de consulter le médecin du travail sur son aptitude à reprendre son poste de travail. Ce dernier l'ayant, par avis du 24 novembre 1992, déclarée inapte à son poste de femme de ménage, mais apte à d'autres emplois sous certaines conditions, la salariée avait, sans cesser d'adresser des prolongations d'arrêts de travail à son employeur, saisi la juridiction prud'homale afin d'obtenir un rappel de salaires à compter de l'avis du médecin du travail jusqu'au 30 avril 1994, date de son licenciement.

C'est à bon droit qu'une cour d'appel a débouté la salariée de ses demandes : seul l'examen médical pratiqué par le médecin du travail dont le salarié doit bénéficier à l'issue des périodes de suspension du contrat de travail lors de la reprise du travail met fin à la période de suspension du contrat de travail. Si l'article R. 241-51, al. 4 CT prévoit la consultation du médecin du travail préalablement à la reprise du travail dans le but de rechercher des mesures nécessaires lorsqu'une modification de l'aptitude est prévisible, cette visite ne constitue pas la visite de reprise qui, seule, met fin à la période de suspension du contrat de travail et ne dispense pas de l'examen médical prévu lors de la reprise effective de l'activité professionnelle. Si l'initiative de cette visite repose normalement sur l'employeur, le salarié peut la solliciter soit auprès de son employeur, soit auprès du médecin du travail en avertissant l'employeur de cette demande.

Après avoir constaté que les avis du médecin du travail invoqués par la salariée avaient été délivrés en cours de suspension du contrat de travail et qu'elle avait, sans discontinuer, adressé à l'employeur des avis de prolongation d'arrêt de travail de son médecin traitant, sans jamais demander à reprendre le travail, la cour d'appel a pu décider que, tant que la reprise effective du travail n'avait pas eu lieu et que la visite de reprise n'avait pas été effectuée, le contrat de travail demeurait suspendu et l'employeur n'était tenu à aucune obligation.

Cass. soc. 12 novembre 1997, n° 95-40.632, BC V n° 366. Voir aussi cass. soc. 4 juin 1998, n° 95-45.311, 1er moyen, BC V n° 297 ; cass. soc. 6 mai 1998, n° 96-40.506, BC V n° 226.

Le fait qu'un salarié se trouve en arrêt de travail pour maladie non professionnelle à l'issue de son arrêt de travail consécutif à son accident du travail n'est pas de nature à faire obstacle à l'examen médical pratiqué par le médecin du travail en vue d'apprécier l'aptitude du salarié à reprendre son ancien emploi.

Le contrat de travail d'un salarié victime d'un accident du travail ou d'une maladie professionnelle est suspendu pendant la durée de l'arrêt de travail provoqué par l'accident ou la maladie jusqu'à la visite de reprise effectuée par le médecin du travail. La circonstance que le salarié se trouve, à l'issue de l'arrêt de travail provoqué par l'accident du travail ou la maladie professionnelle en arrêt de travail pour cause de maladie non professionnelle, ne s'oppose pas à ce que le médecin du travail se prononce dans le cadre de la visite prévue aux trois premiers alinéas de l'article R. 241-51 CT sur l'aptitude du salarié à reprendre l'emploi qu'il occupait antérieurement à l'accident du travail. Il s'ensuit qu'une cour d'appel a exactement décidé qu'il appartenait à l'employeur, à l'issue du délai d'un mois à compter du second examen médical ayant constaté l'inaptitude d'un salarié à reprendre l'emploi précédemment occupé, de reprendre le paiement des salaires du salarié ni reclassé dans l'entreprise ni licencié.

Cass. soc. 4 mai 1999, n° 97-40.547, BC V n° 185.

Avis du médecin du travail

L'employeur doit tenir compte de l'avis émis par le médecin du travail sur l'aptitude du salarié.

L'employeur, tenu d'une obligation de sécurité de résultat en matière de protection de la santé et de la sécurité des travailleurs dans l'entreprise, doit en assurer l'effectivité en prenant en considération les propositions de mesures individuelles telles que mutations ou transformations de postes, justifiées par des considérations relatives notamment à l'âge, à la résistance physique ou à l'état de santé physique et mentale des travailleurs que le médecin du travail est habilité à faire en application de l'article L. 241-10-1 CT ; le chef d'entreprise est, en cas de refus, tenu de faire connaître les motifs qui s'opposent à ce qu'il y soit donné suite.

Alors qu'aux termes d'un avis du médecin du travail du 3 octobre 2002, un salarié occupant le poste de préparateur de commandes avait été déclaré apte avec la mention : « quand possibilités, un changement de poste avec moins de manutention serait préférable », il s'était vu notifier, à deux reprises les 16 juillet et 31 octobre 2002, des reproches en raison de sa faible productivité suivis d'un avertissement le 17 décembre 2002, avant d'être déclaré inapte à tous postes avec manutention par le médecin du travail.

Après avoir été licencié, il a saisi la juridiction prud'homale de demandes tendant notamment à l'annulation de cet avertissement et au paiement de dommages-intérêts.

Ayant relevé que les réserves du médecin du travail étaient de nature à expliquer l'insuffisance de résultats reprochée au salarié et que l'employeur, qui ne pouvait ignorer les difficultés qu'il rencontrait, n'avait pas cherché à lui fournir un poste compatible avec les recommandations de ce médecin, ce dont il résultait que l'employeur n'avait pas respecté les prescriptions de l'article L. 241-10-1, al. 2 CT, une cour d'appel a pu en déduire que la sanction injustifiée prise à son encontre devait être annulée et que l'employeur avait commis une faute entraînant pour le salarié un préjudice dont elle a souverainement apprécié l'étendue.

Cass. soc. 19 décembre 2007, n° 06-43.918, BC V n° 216. Voir aussi cass. soc. 17 octobre 2012, n° 11-18.648.

Le médecin du travail est habilité à proposer des mesures individuelles, telles que des mutations ou des transformations de postes, et l'employeur est tenu de les prendre en considération. En cas de désaccord entre le médecin du travail et le chef d'entreprise, l'inspecteur du travail prendra la décision après avis du médecin-inspecteur du travail.

Ayant constaté que le directeur d'un laboratoire avait procédé au licenciement pour inaptitude d'une salariée souffrant d'allergie aux cobayes, alors qu'elle avait été déclarée apte à reprendre son poste à condition que des modifications soient effectuées au niveau de l'aération des locaux du laboratoire, et cela sans prendre en considération les propositions du médecin du travail relatives à l'aménagement du poste de travail ni préciser pourquoi il lui était impossible de modifier les locaux et sans saisir de la difficulté l'inspecteur du travail, une cour d'appel a pu décider que l'employeur n'avait pas satisfait aux obligations mises à sa charge par l'article L. 241-10-1 CT et le condamner au paiement de dommages-intérêts pour licenciement sans cause réelle et sérieuse.

Cass. soc. 19 juillet 1995, n° 91-44.544, 1er moyen, BC V n° 254.

En l'absence de recours, exercé devant l'inspecteur du travail, contre les avis du médecin du travail, ceux-ci s'imposent au juge…

Cass. soc. 17 décembre 2014, n° 13-12.277, BC V n° 310. Voir aussi cass. soc. 21 septembre 2017, n° 6-16.549, BC V n° 162.

… qui ne peut substituer son appréciation à celle du médecin du travail.

L'avis du médecin du travail sur l'aptitude du salarié à occuper un poste de travail s'impose aux parties et il n'appartient pas aux juges du fond de substituer leur appréciation à celle du médecin du travail ; en cas de difficulté ou de désaccord sur la portée de l'avis d'aptitude délivré par le médecin du travail, le salarié ou l'employeur peuvent exercer le recours prévu par l'article L. 4624-1 CT.

À la suite de deux avis de reprise du médecin du travail, un salarié, licencié pour inaptitude physique d'origine professionnelle, a demandé la condamnation de l'employeur au paiement d'une somme à titre de dommages et intérêts.

C'est à tort que, pour rejeter sa demande, une cour d'appel, après avoir relevé que le médecin du travail avait déclaré celui-ci « apte avec restrictions, pas de manutention difficile, pas de travaux bras en l'air, ni épaules décollées, pas de ponçage, il faut s'orienter vers des travaux légers et divers de lustrage, de retouche, de dégraissage sur table, de chargement-déchargement de chaîne pour des pièces légères faciles à manipuler, aide à l'atelier proposé », a retenu que le salarié, engagé en qualité d'agent de production, avait été affecté à un poste d'agent de finition comportant une multiplicité de tâches distinctes dont il ne pouvait plus, selon ce médecin, exécuter que quelques-unes (dégraissage et retouche) et sous des conditions très restrictives (travaux légers de retouche, dégraissage sur table) et que ces restrictions étaient telles que tout poste pouvant lui être proposé emportait au moins pour partie modification de son contrat de travail, puis a déduit de ces éléments que sous couvert d'aptitude avec restrictions, ce salarié avait été déclaré par celui-ci inapte à son emploi.

Cass. soc. 10 novembre 2009, n° 08-42.674, BC V n° 253. Voir aussi cass. soc. 15 février 2011, n° 09-72.467.

L'employeur doit procéder au reclassement du salarié en cas d'inaptitude ou, à défaut, prouver l'impossibilité d'un tel reclassement.

Le médecin du travail avait conclu à l'inaptitude définitive d'un salarié dans le secteur du bâtiment, sans toutefois le déclarer inapte à tout emploi dans l'entreprise. Après avoir énoncé à bon droit que l'employeur devait prendre en compte les propositions de reclassement du médecin du travail, au besoin en les sollicitant, et après avoir constaté que la société avait d'autres secteurs d'activités en dehors de celui du bâtiment, qu'elle avait introduit la procédure de licenciement le jour de la délivrance de l'avis du médecin et qu'elle n'avait pas justifié d'une impossibilité de reclassement, une cour d'appel a pu accorder au salarié une indemnité de licenciement et des dommages-intérêts.

Cass. soc. 27 octobre 1993, n° 90-42.560, 1er moyen, BC V n° 250.

Un cariste en arrêt de travail pour maladie professionnelle à compter du 3 octobre 1990 avait été, le 22 mai 1991, lors de l'examen médical de reprise du travail, déclaré inapte par le médecin du travail à cet emploi et au contact des huiles, aciers spéciaux et tous objets métalliques, et le 10 juin suivant, lors d'un second examen pour surveillance médicale particulière, le médecin du travail avait conclu à la nécessité d'une adaptation de ses conditions de travail et proposé deux postes compatibles avec l'affection dont il était atteint. Le salarié, qui n'avait jamais manifesté son intention de reprendre le travail, avait sollicité devant la juridiction prud'homale des indemnités de rupture et des dommages-intérêts pour le préjudice subi dans l'attente de son licenciement.

Doit être cassé l'arrêt qui, pour rejeter les demandes du salarié, a notamment énoncé que l'arrêt de travail avait pris fin le 31 mai 1992, sans que le salarié ne se manifestât d'aucune façon auprès de son employeur pour signifier ses intentions quant à la reprise du travail et à ses conditions et qu'il ne pouvait donc pas être reproché à l'employeur son absence de proposition de reclassement à la suite de l'expiration de l'arrêt de travail du salarié.

En effet, il résulte des dispositions de l'article L. 122-32-1 CT que le contrat de travail d'un salarié victime d'un accident du travail ou d'une maladie professionnelle est suspendu pendant la durée de l'arrêt de travail provoqué par l'accident ou la maladie, et des dispositions de l'article L. 122-32-5 CT, alors en vigueur, que si le salarié est déclaré inapte à reprendre, à l'issue des périodes de suspension, l'emploi qu'il occupait précédemment, l'employeur est tenu de lui proposer, compte tenu des conclusions et indications du médecin du travail et après avis des délégués du personnel, un autre emploi approprié à ses capacités et aussi comparable que possible à l'emploi précédemment occupé, au besoin par la mise en œuvre de mesures telles que mutations, transformations de poste ou aménagement du temps de travail.

En statuant comme elle l'a fait, alors que l'employeur était tenu, après l'avis d'inaptitude émis par le médecin du travail lors de la visite de reprise, de prendre en considération les propositions du médecin du travail et, en cas de refus, de faire connaître les motifs qui s'opposaient à ce qu'il y soit donné suite, la cour d'appel a violé les textes susvisés.

Cass. soc. 4 juin 1998, n° 95-41.263, BC V n° 303.

Seules les recherches de reclassement compatibles avec les conclusions du médecin du travail émises au cours de la visite de reprise peuvent être prises en compte pour apprécier le respect par l'employeur de ses obligations.

Si l'article R. 241-51, al. 4 CT permet au médecin du travail d'émettre un avis préalablement à la reprise du travail, en vue de faciliter la recherche de mesures nécessaires, lorsqu'une modification de l'aptitude au travail est prévisible, son avis doit être à nouveau sollicité au moment de la reprise. Il résulte de l'article L. 122-32-5 du même code que l'aptitude d'un salarié à reprendre l'emploi précédemment occupé ou la possibilité d'exercer l'une des tâches existant dans l'entreprise est appréciée par le médecin du travail, à l'issue des périodes de suspension, lors de la visite de reprise, et que c'est au vu des conclusions écrites du médecin du travail que l'employeur est tenu de proposer au salarié un autre emploi approprié à ses capacités. Une cour d'appel a exactement décidé que seules les recherches de reclassement compatibles avec les conclusions du médecin du travail émises au cours de la visite de reprise pouvaient être prises en considération pour apprécier le respect par l'employeur des obligations mises à sa charge par la loi.

Cass. soc. 10 février 1998, n° 95-40.744. Voir aussi cass. soc. 22 février 2000, n° 97-41.827, BC V n° 68, cité dans « Accidentés du travail (Reclassement) ».

A violé l'article L. 122-24-4, al. 1er, devenu L. 1226-2 CT, la cour d'appel qui a décidé que le licenciement d'une salariée reposait sur une cause réelle et sérieuse, alors qu'il ressortait de ses constatations que l'employeur, qui l'avait informée de l'impossibilité de la reclasser dès le lendemain du second avis constatant l'inaptitude, n'avait pas recherché de possibilités de reclassement postérieurement à cet avis.

Cass. soc. 26 novembre 2008, n° 07-44.061, 2e moyen, BC V n° 231.

Contestation de l'avis émis par le médecin du travail

Le recours devant l'inspecteur du travail est ouvert au salarié comme à l'employeur et s'applique que l'accident ou la maladie soit d'origine professionnelle ou non.

Le recours éventuel devant l'inspecteur du travail, sur le fondement des dispositions de l'article L. 241-10-1 CT, est ouvert à l'employeur ou au salarié en cas de désaccord avec ce médecin lorsqu'il apprécie, au terme de la visite médicale de reprise, l'aptitude du salarié à reprendre un emploi approprié à ses capacités.

Ces dispositions s'appliquent, que l'accident ou la maladie soit d'origine professionnelle ou non.

CE 12 février 2003, n° 235869.

Le recours peut être introduit après que le licenciement du salarié ait pris effet…

Il ne résulte ni des dispositions de l'article L. 4624-1 CT ni d'aucune autre disposition législative ou réglementaire que la contestation, présentée par un salarié devant un inspecteur du travail, de l'avis émis par un médecin du travail sur son aptitude à occuper son emploi doive être introduite avant que le licenciement du salarié déclaré inapte ait pris effet.

CE 27 juin 2011, n° 334834.

… peu important que le salarié ait eu la possibilité d'exercer un recours à l'encontre de l'avis du médecin du travail avant son licenciement et que la saisine tardive de l'inspecteur du travail soit de son fait.

CE 2 mai 2012, n° 351129.

En l'absence de désaccord, il ne peut pas être reproché à l'employeur de ne pas avoir saisi l'inspecteur du travail.

Le recours administratif devant l'inspecteur du travail prévu par le dernier alinéa de l'article L. 241-10-1 CT n'est ouvert qu'en cas de difficulté ou désaccord sur l'avis du médecin du travail portant sur l'inaptitude physique du salarié à son poste de travail antérieur, son aptitude physique au poste de reclassement proposé, la nécessité d'une adaptation des conditions de travail ou d'une réadaptation du salarié.

Suite à un accident de travail, un salarié a été déclaré par le médecin du travail inapte à son poste et apte à une formation pour un autre poste. Il a été licencié et, contestant le bien-fondé de cette mesure, il a saisi la juridiction prud'homale.

Doit être rejeté le pourvoi du salarié reprochant à une cour d'appel de l'avoir débouté de ses demandes d'indemnités pour licenciement sans cause réelle et sérieuse sans avoir constaté que l'employeur, qui était en désaccord avec la proposition du médecin du travail, avait satisfait à l'obligation mise à sa charge de procéder à la saisine de l'inspecteur du travail. En effet, il résulte des énonciations de l'arrêt que l'employeur n'était pas en désaccord avec l'avis du médecin du travail, de sorte qu'il n'avait pas à saisir l'inspecteur du travail.

Cass. soc. 28 juin 2006, n° 04-45.600, BC V n° 234.

La décision de l'inspecteur du travail doit comporter des considérations de fait propres à éclairer l'employeur et le salarié sur les tâches pouvant être confiées à ce dernier dans l'entreprise.

Il résulte de l'article L. 122-32-5 CT que le médecin du travail doit indiquer, dans les conclusions écrites qu'il rédige à l'issue de visites médicales de reprise, les considérations de fait de nature à éclairer l'employeur sur son obligation de proposer au salarié un emploi approprié à ses capacités, et notamment les éléments objectifs portant sur ces capacités qui le conduisent à recommander certaines tâches en vue d'un éventuel reclassement dans l'entreprise ou, au contraire, à exprimer des contre-indications. Une telle obligation, qui ne contraint pas le médecin à faire état des considérations médicales qui justifient sa position, peut être mise en œuvre dans le respect du secret médical. Elle s'impose également à l'inspecteur du travail lorsque celui-ci, en cas de difficulté ou de désaccord, est amené à décider de l'aptitude professionnelle du salarié, par application des dispositions de l'article L. 241-10-1 CT.

La décision rendue par un inspecteur du travail sur l'aptitude d'un salarié, qui se borne à faire référence à un avis du médecin-inspecteur du travail ne comportant aucune considération de fait propre à éclairer l'employeur et le salarié sur les tâches que ce dernier serait susceptible d'exercer dans l'entreprise, ne respecte pas les prescriptions de l'article L. 122-32-5 CT.

CE 3 décembre 2003, n° 254000. Voir aussi CE 1er août 2013, n° 341604.

La compétence de l'inspecteur du travail exclut celle du juge judiciaire pour statuer sur la contestation de l'avis du médecin du travail.

L'avis du médecin du travail ne peut faire l'objet d'une contestation que devant l'inspecteur du travail par la voie administrative, le juge judiciaire étant incompétent pour se prononcer sur le bien-fondé de l'avis rendu par le médecin du travail.

Cass. soc. 8 novembre 1994, n° 91-40.377. Voir aussi cass. soc. 2 février 1994, n° 88-42.711, 1er moyen, BC V n° 43 ; cass. soc. 12 mars 1987, n° 85-16.121, BC V n° 165, précisant que le juge judiciaire ne peut ordonner une expertise pour contrôler le bien-fondé de l'avis rendu par le médecin du travail.

L'inspecteur peut être saisi directement par le salarié.

L'inspecteur du travail peut être saisi, en dehors du cas où il existe un désaccord entre l'employeur et le médecin du travail sur l'aptitude du salarié à occuper un emploi, par le salarié lui-même si ce dernier conteste l'avis du médecin du travail. Un inspecteur du travail, en déclarant un salarié apte à son poste de travail, contrairement à l'avis du médecin du travail, n'a pas méconnu l'étendue de sa compétence.

CE 4 octobre 1991, n° 112032.

La procédure de contestation de l'avis d'aptitude rendu par le médecin du travail n'implique pas la suspension du contrat de travail.

En constatant qu'un employeur avait empêché la salariée, qui en manifestait l'intention, de reprendre son poste conformément à l'avis favorable du médecin du travail et en décidant exactement que la procédure légale de contestation de cet avis prévue à l'article L. 241-10-1 CT n'implique aucunement la suspension de l'exécution du contrat, une cour d'appel a répondu, en les écartant, aux conclusions de l'employeur prétendument délaissées.

Cass. soc. 14 janvier 1998, n° 95-42.155, 1er moyen.

L'appréciation de l'inspecteur du travail, qu'elle soit confirmative ou infirmative de l'avis du médecin du travail, doit être regardée comme portée dès la date à laquelle cet avis a été émis.

En cas de difficulté ou de désaccord sur les propositions formulées par le médecin du travail concernant l'aptitude d'un salarié à occuper son poste de travail, il appartient à l'inspecteur du travail, saisi par l'une des parties, de se prononcer définitivement sur cette aptitude et que son appréciation, qu'elle soit confirmative ou infirmative de l'avis du médecin du travail, doit être regardée comme portée dès la date à laquelle cet avis a été émis.

CE 16 avril 2010, n° 326553, Rec. Lebon p. 125.

En revanche, lorsque l'inspecteur du travail annule l'avis sur l'aptitude du salarié, le contrat de travail est de nouveau suspendu.

Lorsque l'inspecteur du travail, saisi en application de l'article L. 241-10-1 CT, décide d'annuler les avis sur l'aptitude du salarié délivrés par le médecin du travail dans le cadre de la visite médicale de reprise du travail prévue à l'article R. 241-51 CT, le contrat de travail est de nouveau suspendu, de sorte que le salarié ne peut prétendre au paiement des salaires.

Cass. soc. 10 novembre 2004, n° 02-44.926, BC V n° 281.

L'annulation de l'avis d'inaptitude du médecin du travail ne fait pas disparaître rétroactivement l'obligation pour l'employeur de reprendre le paiement des salaires à l'issue du délai d'un mois.

L'annulation de l'avis du médecin du travail ne fait pas disparaître rétroactivement l'obligation pour l'employeur de reprendre le paiement des salaires à l'issue du délai d'un mois après l'avis d'inaptitude mais provoque, à la date du prononcé de l'annulation, une nouvelle suspension du contrat de travail. Par conséquent, tant que le recours administratif n'a pas abouti, les salaires restent dus jusqu'à la nouvelle suspension du contrat de travail résultant de cette annulation.

Cass. soc. 28 avril 2011, n° 10-13.775.

Lorsque la décision administrative conclut à l'aptitude du salarié à son poste de travail, l'employeur, qui l'avait affecté à un autre emploi du fait de la déclaration d'inaptitude, doit le réintégrer dans ses précédentes fonctions et, en cas de difficultés, l'employeur est tenu de solliciter à nouveau l'avis du médecin du travail.

Cass. soc. 28 janvier 2010, n° 08-42.702, moyen relevé d'office.

Lorsque l'inspecteur ne reconnaît pas l'inaptitude ou que, sur recours contentieux, sa décision la reconnaissant est annulée, le licenciement n'est pas nul mais devient privé de cause…

Une salariée a été engagée par une société en qualité d'employée commerciale chargée de la mise en place et de la présentation des marchandises dans les rayons, en particulier au rayon fruits et légumes ; après avoir été en arrêt de travail pour maladie prise en charge au titre de la législation professionnelle, la salariée a été déclarée au terme de deux examens médicaux « inapte au poste employée commerciale au rayon fruits et légumes. Pas de manutention manuelle dans les conditions existant au rayon fruits et légumes (manutention avec élévation de charges lourdes. Deux bras tendus à distance du corps). Est apte à réaliser des tâches d'hôtesse de caisse (pas plus de la moitié du temps de travail) … à réaliser des tâches de mise en rayon … à faire une formation de charcutier traiteur » ; sur recours de la salariée, l'inspecteur du travail a annulé cet avis d'inaptitude et a déclaré la salariée apte à un poste d'employée commerciale pour tout rayon dès lors qu'il n'y avait pas nécessité d'élever les bras et qu'il y avait possibilité d'utiliser un escabeau ; après avoir été convoquée à un entretien préalable, la salariée a été licenciée pour inaptitude physique et impossibilité de reclassement.

C'est à tort que, pour déclarer nul le licenciement de la salariée et condamner l'employeur au paiement de dommages-intérêts, une cour d'appel a retenu que l'avis de l'inspecteur du travail, qui s'impose au juge et aux parties, avait annulé l'avis d'inaptitude établi par le médecin du travail, que compte tenu de cet avis l'employeur ne pouvait licencier la salariée pour inaptitude, que ce licenciement devait être considéré comme ayant été prononcé en raison de l'état de santé de la salariée, ce qui le rendait nul de plein droit.

En effet, lorsque l'inspecteur du travail, saisi en application de l'article L. 241-10-1, devenu L. 4624-1 CT, décide de ne pas reconnaître l'inaptitude ou que, sur recours contentieux, sa décision la reconnaissant est annulée, le licenciement n'est pas nul mais devient privé de cause.

Cass. soc. 26 novembre 2008, n° 07-43.598, 1er moyen, BC V n° 233. Voir aussi cass. soc. 9 février 2005, n° 03-44.486, BC V n° 50 ; cass. soc. 8 avril 2004, n° 01-45.693, BC V n° 118.

… et le salarié a droit non à sa réintégration dans l'entreprise mais à une indemnité qui ne peut être inférieure au salaire des six derniers mois.

Cass. soc. 8 avril 2004, n° 01-45.693, précité.

Accidentés du travail (Suspension du contrat de travail) ; Contre-visite médicale patronale ; Inaptitude physique d'origine non professionnelle ; Visites médicales d'embauche et périodique.

Visites médicales d'embauche et périodique

Depuis le 1er janvier 2017, tout travailleur bénéficie d'une visite d'information et de prévention, réalisée par l'un des professionnels de santé mentionnés au premier alinéa de l'article L. 4624-1 dans un délai qui n'excède pas trois mois à compter de la prise effective du poste de travail. Il bénéficie d'un renouvellement de la visite d'information et de prévention initiale selon une périodicité qui ne peut excéder cinq ans. Ce délai, qui prend en compte les condi-

tions de travail, l'âge et l'état de santé du salarié, ainsi que les risques auxquels il est exposé, est fixé par le médecin du travail dans le cadre du protocole mentionné à l'article L. 4624-1 (art. R. 4624-10 et 16 CT dans leur rédaction issue de la loi 2016-1088 du 8 août 2016).

La jurisprudence rapportée ci-dessous, rendue dans le cadre législatif antérieur, conserve cependant son intérêt, notamment au regard des litiges en cours.

La visite médicale d'embauche

• La visite médicale d'embauche est obligatoire

Il appartient à l'employeur de prendre les dispositions nécessaires pour soumettre le salarié à la visite médicale d'embauche prévue par l'article R. 4624-10 ancien CT dans le délai légal.

La carence de la médecine du travail ne libère pas l'employeur de son obligation.

Cass. soc. 28 mars 2001, n° 99-41.626.

L'envoi à l'URSSAF de la déclaration unique d'embauche, comprenant une demande d'examen médical d'embauche, ne dispense pas l'employeur d'assurer l'effectivité de cet examen.

Cass. crim. 12 janvier 2016, n° 14-87.695, B. crim. n° 6.

En cas de non-respect par l'employeur de ses obligations relatives à la visite médicale d'embauche, le salarié doit, pour être indemnisé, démontrer l'existence d'un préjudice.

Cass. soc. 27 juin 2018, n° 17-15.438, 3e moyen.

Lorsque l'employeur procède tardivement à la visite d'embauche, il ne peut pas se prévaloir d'un prétendu dol du salarié quant à son état de santé ou à son handicap.

Les renseignements relatifs à l'état de santé du candidat à un emploi ne peuvent être confiés qu'au médecin chargé, en application de l'article R. 241-48 CT, de l'examen médical d'embauche. Lorsque l'employeur décide que le salarié recruté avec une période d'essai prendra ses fonctions avant l'accomplissement de cet acte médical, il ne peut se prévaloir d'un prétendu dol du salarié quant à son état de santé ou à son handicap, que ce dernier n'a pas à lui révéler.

Une salariée a été engagée selon contrat à durée indéterminée du 21 août 2000 prévoyant une période d'essai de deux mois. À l'issue de la visite médicale d'embauche s'étant déroulée le 28 septembre 2000, le médecin du travail a émis un avis ainsi libellé : « apte 15 jours. À revoir dans 15 jours. Un poste de travail plus adapté au handicap de [la salariée] est nécessaire, avec une charge horaire réelle moindre ». L'employeur a mis fin au contrat par lettre du 3 octobre 2000 au motif que l'état de santé de la salariée ne lui permettait pas d'assurer le travail qui lui avait été confié.

C'est à bon droit qu'une cour d'appel a décidé que la rupture, intervenue postérieurement au terme de la période d'essai prévue par la convention collective applicable, s'analysait en un licenciement nul et a condamné en conséquence l'employeur au paiement de diverses sommes.

Cass. soc. 21 septembre 2005, n° 03-44.855, 1er moyen du pourvoi principal, BC V n° 262.

L'absence de visite médicale d'embauche résultant d'une simple négligence de l'employeur ne justifie pas la rupture du contrat de travail.

Cass. soc. 18 février 2015, n° 13-21.804.

• L'inaptitude du salarié ne peut être constatée par le médecin du travail qu'à l'issue de deux examens médicaux

Il résulte des dispositions de l'article R. 241-51-1 CT que celles-ci sont applicables, hormis le seul cas où le maintien du salarié à son poste de travail entraîne un danger immédiat pour la santé ou la sécurité de l'intéressé ou celle des tiers, à tous les cas, y compris celui de la visite médicale d'embauche opérée après le recrutement du salarié, dans lesquels le médecin du travail constate l'inaptitude du salarié.

CE 17 juin 2009, n° 314729.

• Le salarié peut toujours saisir l'inspecteur du travail en cas de difficulté ou de désaccord sur l'avis du médecin du travail

Le recours administratif devant l'inspecteur du travail prévu par le dernier alinéa de l'article L. 241-10-1 CT est ouvert, en cas de difficulté ou de désaccord sur l'avis du médecin du travail, notamment, à tous les salariés recrutés faisant l'objet d'une appréciation de leur aptitude par le médecin du travail et non pas seulement à ceux qui ont été définitivement recrutés au terme de leur période d'essai.

Un inspecteur du travail a pu s'estimer compétemment saisi au titre des dispositions du dernier alinéa de l'article L. 241-10-1 CT par une salariée qui avait fait l'objet d'un avis d'inaptitude par le médecin du travail lors de sa visite médicale d'embauche.

CE 17 juin 2009, n° 314729, précité.

• **Des aménagements aux conditions d'organisation de la visite médicale d'embauche sont prévus dans certains cas**

Aucun principe général du droit, et notamment le principe de protection de la santé constitutionnellement garanti, ne faisait obstacle à ce que l'article 12 du décret 88-1198 du 28 décembre 1988 modifiât, même dans un sens défavorable aux salariés, les dispositions de l'article R. 241-48 CT en apportant des aménagements limités aux conditions d'organisation d'un examen médical avant l'embauchage prévu par ces dispositions.

CE 8 juillet 1994, n° 105471, Rec. Lebon p. 356.

Les visites médicales périodiques

Le refus du salarié de se soumettre à une visite médicale peut constituer une cause réelle et sérieuse de licenciement en raison du caractère impératif des dispositions légales et réglementaires régissant la médecine préventive du travail.

Cass. soc. 29 mai 1986, n° 83-45.409, BC V n° 262.

Lorsque le salarié fait l'objet d'une surveillance médicale renforcée, l'employeur doit veiller à ce que la visite médicale ait lieu chaque année.

Aux termes de l'article R. 4624-1[8] CT, les travailleurs handicapés bénéficient d'une surveillance médicale renforcée. En vertu de l'article R. 4624-17 [ancien] CT, les examens périodiques pratiqués dans le cadre de la surveillance médicale renforcée définie à l'article R. 4624-19 [ancien] sont renouvelés au moins une fois par an. Selon l'article R. 4624-20 [ancien] CT, le médecin du travail est juge de la fréquence et de la nature des examens que comporte la surveillance médicale renforcée, mais ces dispositions ne font pas obstacle aux examens périodiques pratiqués en application des dispositions de l'article R. 4624-17 [ancien].

Invoquant un manquement de l'employeur à l'exécution de bonne foi du contrat de travail, un travailleur handicapé a saisi la juridiction prud'homale pour demander la résiliation du contrat de travail aux torts de l'employeur et le paiement de diverses sommes : il a été licencié pour faute grave quelques jours plus tard.

Pour constater l'exécution de bonne foi du contrat de travail par l'employeur, et en conséquence débouter le salarié de sa demande de dommages et intérêts pour exécution du contrat de travail de mauvaise foi ainsi que de ses demandes de résiliation du contrat de travail aux torts de l'employeur et de condamnation à des dommages et intérêts y afférente, une cour d'appel a retenu que le salarié rappelait que, travailleur handicapé, il disait faire l'objet d'un suivi renforcé de la part de la médecine du travail, dont l'employeur ne s'était pas inquiété, que le salarié avait bénéficié d'une visite d'embauche le 27 octobre 2003, qu'il avait été déclaré apte au poste d'agent d'entretien sans réserve ni restriction, qu'il avait été revu le 27 septembre 2005, qu'il avait été convoqué à plusieurs reprises en 2006 et avait fait l'objet d'une dernière visite en décembre 2006, après plusieurs reports, que le salarié doit faire l'objet d'un examen médical dans les 24 mois qui suivent l'examen d'embauche, examen renouvelé une fois tous les 2 ans, que cette périodicité peut être écourtée par le médecin du travail pour les salariés handicapés, à l'initiative de ce praticien, que dans le cas d'espèce le délai maximum de 2 ans avait été respecté et qu'il n'y avait pas d'indication que le suivi médical avait été éludé.

En statuant ainsi, alors que la circonstance que le médecin du travail est juge de la fréquence des examens que comporte la surveillance médicale renforcée ne permet pas d'éluder le renouvellement annuel des examens périodiques pratiqués dans le cadre de la surveillance médicale renforcée : la cour d'appel, qui a constaté que le premier examen périodique du salarié avait été effectué près de deux ans après la visite médicale d'embauche, a violé les articles R. 4624-17, 19 et 20 [anciens] CT.

Cass. soc. 26 octobre 2010, n° 09-42.634, BC V n° 249.

Contre-visite médicale patronale ; Visite médicale de reprise.

Vol/Détournement

Le vol ou le détournement de leur destination de fonds ou d'objets en relation avec l'activité professionnelle peut justifier, outre une condamnation pénale, un licenciement.

Le vol ou le détournement peut justifier un licenciement pour faute grave, voire lourde

Le délit de vol n'implique pas nécessairement l'intention de nuire à l'employeur.

Si le délit de vol comporte un élément intentionnel, celui-ci n'implique pas, par lui-même, l'intention de nuire à l'employeur. C'est donc à tort qu'un conseil de prud'hommes, pour décider qu'une salariée, licenciée pour avoir commis un vol de numéraire, avait commis une faute lourde, a énoncé que « tout vol nécessite, pour être caractérisé, un élément intentionnel, que dès lors, la décision du tribunal correctionnel a nécessairement constaté l'intention dolosive de la salariée, laquelle s'impose à la présente juridiction », sans caractériser l'intention de nuire de la salariée.

Cass. soc. 6 juillet 1999, n° 97-42.815, BC V n° 326. Voir aussi cass. soc. 26 octobre 2004, n° 02-42.843.

La faute lourde est retenue si le vol traduit l'intention du salarié de nuire à l'entreprise ou à l'employeur.

S'agissant d'un salarié licencié pour faute lourde et contestant le bien-fondé de son licenciement, une cour d'appel qui avait constaté les vols de numéraire commis à plusieurs reprises dans la caisse de l'entreprise a pu déduire que l'intention de causer un préjudice à l'employeur se déduisait nécessairement des faits établis.

Cass. soc. 27 octobre 1998, n° 96-43.302, 1er moyen.

Le détournement de matériel ou de fonds sociaux par un salarié est constitutif d'une faute grave.

Après avoir retenu qu'un salarié avait, dans la déclaration de vol dont il avait été chargé par son employeur, volontairement « gonflé » la liste du matériel volé, et qu'il avait retiré le matériel de l'atelier pour l'apporter à son domicile, une cour d'appel a pu en déduire que ces faits rendaient impossible le maintien du salarié dans l'entreprise et qu'ils constituaient une faute grave.

Cass. soc. 11 février 2009, n° 07-43.056, 2e moyen.

Après avoir constaté qu'un salarié avait employé les fonds sociaux qui lui avaient été confiés à l'occasion de travaux effectués pour son propre compte, une cour d'appel a pu en déduire que le comportement de l'intéressé, empêchant son maintien dans l'entreprise pendant la durée du préavis, constituait une faute grave.

Cass. soc. 18 septembre 2007, n° 05-43.389, 5e moyen.

Le détournement du fichier clientèle constitue une faute grave.

Ayant retenu comme fautif le fait pour une salariée d'avoir utilisé à des fins personnelles et commerciales, le fichier de clientèle et le nom de son employeur à l'insu de ce dernier et après avoir fait ressortir que cette utilisation, génératrice de responsabilité pour l'employeur, avait duré plusieurs mois, une cour d'appel a pu décider qu'en dépit de l'ancienneté de la salariée, son comportement empêchait son maintien dans le cabinet dentaire durant le préavis et constituait une faute grave.

Cass. soc. 8 février 2005, n° 02-44.275.

Le fait pour une salariée d'avoir tenté de détourner de la nourriture destinée à des enfants et d'avoir déjà été sanctionnée pour des faits similaires est constitutif d'une faute grave.

Ayant retenu qu'une salariée avait tenté de détourner de la nourriture destinée aux enfants de l'institut et qu'elle avait déjà été sanctionnée pour des faits similaires, une cour d'appel a pu décider que le comportement de l'intéressée était de nature à rendre impossible son maintien dans l'entreprise pendant le préavis et constituait une faute grave.

Cass. soc. 3 mars 1999, n° 96-44.477.

Le salarié empruntant un véhicule de l'entreprise sans autorisation et l'endommageant encourt un licenciement pour faute grave.

Le fait pour un salarié d'utiliser, à des fins personnelles, en dehors de l'entreprise et sans autorisation expresse, un camion de l'entreprise dans des conditions telles que ce véhicule a été gravement endommagé, rend impossible le maintien du salarié dans l'entreprise pendant la durée du préavis et constitue donc une faute grave.

Cass. soc 23 février 1994, n° 92-40.545.

Le fait pour un salarié d'avoir établi de fausses pièces comptables à l'instigation du dirigeant de la société ne retire pas aux agissements de l'intéressé leur caractère fautif.

Cass. soc. 13 juin 2001, n° 99-41.102.

Certaines circonstances peuvent atténuer la faute du salarié

Une cour d'appel, qui a constaté que les vols imputés à un salarié justifiant d'une grande ancienneté étaient de faible importance, a pu en déduire qu'ils ne constituaient pas une faute grave et estimer, dans l'exercice des pouvoirs qu'elle tient de l'article L. 122-14-3 CT, qu'ils ne caractérisaient pas une cause réelle et sérieuse de licenciement.

Cass. soc. 21 février 2006, n° 03-40.293. Voir aussi cass. soc. 31 octobre 2013, n° 12-18.993, 2e branche du moyen ; cass. soc. 6 octobre 2016, n° 15-14.597.

Une cour d'appel, qui a retenu que les produits pris par un salarié étaient sans valeur marchande, a pu, sans méconnaître l'autorité de la chose jugée par le juge pénal, décider que le comportement du salarié n'était pas de nature à rendre impossible le maintien de ce dernier pendant la durée du préavis et ne constituait pas une faute grave.

Cass. soc. 27 janvier 2000, n° 97-45.966.

Un salarié, engagé en qualité d'aide-chimiste par contrat à durée déterminée, a été licencié pour faute lourde, motif pris de vols de marchandises destinées au recyclage.

Le détournement isolé d'objets sans valeur commerciale ne constituant ni une faute lourde ni une faute grave, une cour d'appel a pu estimer que le licenciement de l'intéressé était sans cause réelle et sérieuse.

Cass. soc. 19 janvier 2005, n° 03-44.440. Voir aussi cass. soc. 25 octobre 2011, n° 10-18.542, s'agissant du vol de marchandises destinées à la destruction.

N'a pas commis de faute grave le salarié qui a volé de l'essence sur un chantier, dès l'instant où l'intéressé, qui avait plus de vingt ans d'ancienneté, n'avait fait l'objet d'aucune observation durant toutes ces années et n'avait, par ailleurs, détourné qu'une quantité minime de carburant.

Cass. soc. 5 juin 2001, n° 99-43.422.

Après avoir constaté, outre la modicité du vol commis par une salariée, que celle-ci n'avait fait l'objet d'aucune remarque durant les sept années passées dans l'entreprise, une cour d'appel a pu décider que ce manquement isolé n'était pas de nature à rendre impossible le maintien de la salariée dans l'entreprise et ne constituait pas une faute grave.

Cass. soc. 29 janvier 2008, n° 06-43.501. Voir aussi cass. soc. 26 mai 2010, n° 09-40.963.

S'agissant des salariés protégés, le Conseil d'État a précisé les éléments à prendre en considération pour apprécier la gravité des faits reprochés.

Pour apprécier si les faits de vol reprochés à un salarié protégé sont d'une gravité suffisante pour justifier son licenciement, il convient de prendre en compte, notamment, le montant des articles dérobés, l'ancienneté de l'intéressé, l'existence éventuelle de reproches antérieurs de la part de l'employeur, mais aussi les circonstances dans lesquelles la soustraction des objets dérobés a eu lieu.

Une salariée, adjointe de vente, a dérobé un soutien-gorge d'une valeur de 139 F et trois paires de chaussettes d'une valeur de 353 F, faits pour lesquels elle a fait l'objet d'une condamnation par le juge pénal. Dans les circonstances de l'espèce, eu égard à la valeur des articles dérobés et au fait que la salariée n'avait fait antérieurement l'objet d'aucun reproche de la part de son employeur durant ses trente-trois années d'activité, une cour administrative d'appel a exactement qualifié les faits qui lui étaient soumis, en jugeant qu'ils ne constituaient pas une faute d'une gravité suffisante pour justifier le licenciement.

CE 30 décembre 2003, n° 230307.

Le contentieux pénal occasionné par le vol peut avoir une incidence sur le contrat de travail

Les juges civils ne sont liés que par les décisions définitives rendues par des juridictions statuant sur le fond de l'action publique.

L'autorité de la chose jugée au pénal ne s'attache qu'aux décisions des juridictions de jugement qui sont définitives et qui statuent sur le fond de l'action publique.

Doit être cassé le jugement qui, pour condamner un employeur au paiement d'une indemnité pour licenciement sans cause réelle et sérieuse, se borne à relever que la plainte de l'employeur pour vol avait fait l'objet d'une ordonnance de non-lieu, sans vérifier le comportement fautif reproché au salarié et apprécier le caractère réel et sérieux des motifs de licenciement invoqués par l'employeur.

Cass. soc. 30 mai 1996, n° 92-44.783, 1er moyen du pourvoi principal.

Si la matérialité des faits est établie, les juges civils retrouvent leur pouvoir d'appréciation, qu'il y ait eu ou non condamnation pénale.

Le respect du principe de l'autorité de la chose jugée n'interdit pas au juge prud'homal d'apprécier la gravité de la faute au regard de l'exécution du contrat de travail.

Une cour d'appel, qui a relevé l'ancienneté d'une salariée, la modicité du produit du vol, la satisfaction de ses supérieurs quant à la qualité de son travail, a pu décider que son comportement n'était pas de nature à rendre impossible son maintien dans l'entreprise au cours de la période de préavis et ne constituait pas une faute grave.

Cass. soc. 3 mars 2004, n° 02-41.583.

Si la matérialité des faits servant de base à l'infraction pénale n'a pas pu être établie par les juges répressifs, les juges civils ne peuvent pas retenir ces mêmes faits pour décider que le licenciement est justifié.

S'agissant d'un chauffeur-livreur qui, relaxé du chef d'abus de confiance, avait été licencié, c'est à bon droit qu'une cour d'appel a décidé que le licenciement de l'intéressé ne reposait ni sur une faute grave ni sur une cause réelle et sérieuse.

En effet, après avoir relevé que les faits allégués par l'employeur à l'appui du licenciement, sous l'unique qualification de détournement, étaient identiques à ceux portés à la connaissance du juge pénal, la cour d'appel a exactement décidé que la relaxe du chef d'abus de confiance, dont elle avait constaté qu'elle était intervenue au motif que les faits poursuivis n'étaient pas établis, s'imposait à elle.

Cass. soc. 19 mars 1997, n° 95-42.546, BC V n° 117. Voir aussi cass. soc. 27 avril 2000, n° 98-41.276.

Le seul classement sans suite par le procureur de la République ne lie pas le juge prud'homal.

C'est à bon droit qu'une cour d'appel, qui n'était pas liée par la décision du procureur de la République de classement sans suite de la procédure suivie contre des salariés, a décidé que le vol de marchandises au préjudice de l'employeur constituait une faute grave.

Cass. soc. 5 juillet 2000, n° 98-43.106.

Lorsque la lettre de licenciement invoque une infraction pénale, la décision de relaxe pour les mêmes faits rend le motif de licenciement inexact.

Cass. soc. 6 octobre 1998, n° 96-42.603, BC V n° 403. Voir aussi cass. soc. 8 février 2000, n° 97-45.426.

Un licenciement fondé sur les conséquences de l'instance pénale sur l'entreprise peut être justifié.

En relevant qu'une large publicité avait été donnée dans la presse à la condamnation pénale d'un salarié prononcée pour des infractions à la législation sur les sociétés, alors que ce salarié occupait des fonctions importantes de représentation vis-à-vis des administrations, des collectivités publiques et d'autres sociétés et que cette situation était de nature à entraver la marche de l'entreprise, une cour d'appel a fait ressortir l'existence d'éléments objectifs et, en l'état de ces constatations, a décidé, dans l'exercice du pouvoir qu'elle tient de l'article L. 122-14-3 CT, par une décision motivée, que le licenciement du salarié procédait d'une cause réelle et sérieuse.

Cass. soc. 12 mars 1991, n° 88-43.051, BC V n° 120.

Soustraction de documents à l'occasion d'un contentieux prud'homal

- *Preuve de la faute.*
- *Indélicatesses/Malhonnêteté/Malversations.*

Vote par correspondance

Le vote par correspondance des salariés pour les élections des représentants du personnel n'est prévu par aucune disposition légale, mais les juges autorisent le recours à ce procédé tout en encadrant son utilisation.

En vertu des principes généraux du droit électoral, le vote par correspondance ne peut être utilisé que dans des circonstances exceptionnelles.

Organisation

Le vote par correspondance peut être prévu par les dispositions du protocole préélectoral.

Un tribunal d'instance a pu annuler les élections après avoir constaté que le personnel, ne travaillant pas le jour des élections, n'avait pas reçu le matériel nécessaire pour voter par correspondance, le protocole préélectoral ne prévoyant le vote par correspondance que pour les salariés absents « pour maladie, absence autorisée ou congés ». Le tribunal a pu décider, sans dénaturer le protocole préélectoral, que le matériel de vote par correspondance aurait dû être adressé, non seulement aux salariés absents en raison d'une maladie ou de congés payés, mais également aux salariés ne devant pas travailler le jour du scrutin.

Cass. soc. 22 février 1994, n° 93-60.096.

Il peut également être prévu par la convention collective…

La convention collective nationale des matières plastiques prévoyant le vote par correspondance, l'employeur devait l'organiser et en aviser les intéressés absents.

Cass. soc. 1er février 1978, n° 77-60.599, 1er, 2e et 3e moyens, BC V n° 76.

… ou être imposé par le juge d'instance.

Les modalités d'organisation et de déroulement des opérations électorales font l'objet d'un accord entre le chef d'entreprise et les organisations syndicales intéressées et, à défaut, d'une décision du juge d'instance, les principes généraux du droit électoral devant être respectés dans l'un et l'autre cas. Dès lors, en l'absence d'accord entre les partenaires sociaux, un tribunal d'instance peut décider, compte tenu des spécificités de l'entreprise, que le personnel ne travaillant pas au siège aura la possibilité de voter par correspondance.

Cass. soc. 10 octobre 1990, n° 88-60.712, BC V n° 447.

Mais l'employeur ne peut pas décider seul de procéder à un vote par correspondance.

Il appartient au collège constitué par les membres du comité d'entreprise et les délégués du personnel de fixer lui-même le mode de scrutin à adopter pour la désignation des membres de la délégation du personnel au CHSCT.

C'est à tort qu'un tribunal d'instance a débouté une salariée de sa demande d'annulation de la désignation des représentants du personnel au CHSCT, alors que le choix d'un vote par correspondance résultait d'une décision unilatérale de l'employeur.

Cass. soc. 12 mars 2003, n° 01-60.793, BC V n° 97.

L'utilisation du vote par correspondance doit être justifiée.

Après avoir relevé que l'élection des administrateurs salariés d'une société intéressait près de 6 000 électeurs dispersés sur tout le territoire national en 40 établissements et 248 implantations géographiques, un tribunal d'instance a pu décider que l'utilisation du vote par correspondance, qui avait été prévu par un protocole adopté à l'unanimité, se justifiait par la nécessité de centraliser de la façon la plus sûre les résultats du scrutin.

Cass. soc. 6 février 2002, n° 00-60.488, BC V n° 58.

Le personnel navigant peut, en raison des spécificités de ses conditions de travail liées notamment à l'éloignement du domicile par rapport au siège social de l'entreprise, valablement voter par correspondance.

Ayant fait ressortir qu'en raison de la spécificité de leurs conditions de travail, les membres du personnel navigant avaient leurs domiciles éloignés du siège social de l'entreprise et que le cycle de leur travail avait pour conséquence que 60 % d'entre eux restaient en permanence à terre, un tribunal d'instance a validé à bon droit le vote par correspondance de ce personnel navigant.

Cass. soc. 27 mai 1999, n° 98-60.387.

Le vote par correspondance ne peut pas être prévu pour l'ensemble du personnel s'il existe des salariés sédentaires dans l'entreprise.

En vertu des principes généraux du droit électoral, le vote par correspondance ne peut être utilisé que dans des circonstances exceptionnelles. Doit être cassé le jugement décidant que, dans une entreprise de transports, le vote par correspondance avait pu être prévu pour l'ensemble du personnel dans la mesure où cette modalité était de nature à favoriser la participation du plus grand nombre de salariés, alors qu'existaient dans l'entreprise des salariés sédentaires.

Cass. soc. 7 avril 1993, n° 92-60.120.

Un protocole préélectoral ne peut pas valablement déroger à cette règle.

Un tribunal d'instance a pu valablement annuler les élections des délégués du personnel et ordonner la modification du protocole préélectoral prévoyant le recours au vote par correspondance pour l'ensemble du personnel. En effet, en vertu des principes généraux du droit électoral, le vote par correspondance ne peut être utilisé que dans des circonstances exceptionnelles et, en l'espèce, il était établi que la société avait la possibilité de mettre en place des bureaux de vote.

Cass. soc. 5 avril 1994, n° 93-60.340.

Le recours au vote par correspondance n'étant contraire à aucune règle d'ordre public, il ne peut être contesté lorsque le protocole préélectoral le prévoyant est signé à la double majorité.

Sauf disposition légale différente, les clauses du protocole préélectoral sont soumises aux conditions de validité définies par les articles L. 2314-3-1 et L. 2324-4-1 CT ; il s'ensuit que lorsque le protocole d'accord préélectoral répond à ces conditions, il ne peut être contesté devant le juge judiciaire qu'en ce qu'il contiendrait des stipulations contraires à l'ordre public, notamment en ce qu'elles méconnaîtraient les principes généraux du droit électoral ; si le vote physique est la règle en l'absence de dispositions conventionnelles dérogatoires, le recours au vote par correspondance pour les élections professionnelles n'est contraire à aucune règle d'ordre public.

Après avoir constaté qu'un protocole prévoyant le vote par correspondance avait été signé à la double majorité prévue par les articles L. 2314-3-1 et L. 2324-4-1 CT et que sa contestation par un syndicat portait uniquement sur les cas de recours au vote par correspondance, c'est à bon droit qu'un tribunal d'instance a débouté le syndicat de sa demande d'annulation du protocole.

Cass. soc. 13 février 2013, n° 11-25.696, BC V n° 38.

Modalités

Ne sont pas applicables au vote par correspondance les dispositions de l'article R. 57 du code électoral relatives à l'obligation pour le président du bureau de vote de constater publiquement et mentionner au procès-verbal l'heure d'ouverture et l'heure de clôture du scrutin.

Cass. soc. 15 avril 2015, n° 14-60.688.

Le bureau de vote ayant seul le pouvoir d'apprécier la régularité des votes, l'intégralité des enveloppes de vote par correspondance doit lui être remise.

Pour débouter un syndicat de sa demande d'annulation d'élections fondée sur la présence d'irrégularités dans le déroulement du scrutin, tenant notamment au vote par correspondance, un tribunal d'instance a retenu que les stipulations du protocole préélectoral relatif à sa mise en œuvre avaient bien été respectées par l'huissier de justice désigné par celui-ci pour remettre à l'ouverture du scrutin le 24 janvier 2008 les votes parvenus à son étude jusqu'au 23 janvier et qu'aucune irrégularité ne pouvait être dénoncée en ce qui concerne les votes ultérieurs qui n'avaient pu être pris en compte aux termes des dispositions du protocole préélectoral.

En statuant ainsi, alors qu'il résultait du constat dressé par l'huissier lors de la remise des enveloppes de vote par correspondance que, hors tout contrôle du bureau de vote, il détruirait les enveloppes parvenues à son étude postérieurement au 23 janvier et les enveloppes sans vote et sans signature, le tribunal a violé l'article L. 66 du code électoral.

Cass. soc. 31 mars 2009, n° 08-60.494, 3e moyen, BC V n° 96.

La signature de l'électeur sur l'enveloppe extérieure, renfermant celle contenant le bulletin de vote, est une formalité substantielle.

La signature de l'électeur sur l'enveloppe extérieure, renfermant celle contenant le bulletin de vote, est une formalité substantielle qui a pour objet d'assurer la sincérité des opérations électorales, principe auquel un protocole d'accord préélectoral, même unanime, ne peut déroger.

Après avoir relevé que 27 enveloppes extérieures de vote par correspondance ne comportaient pas la signature de l'électeur et que d'autres votes comportant cette anomalie avaient été acceptés par des bureaux de vote centralisant les votes par correspondance sans que le nombre ait été connu, ce dont il résultait que les irrégularités ne pouvaient être dénombrées, un tribunal d'instance en a déduit, à bon droit, que les élections devaient être annulées.

Cass. soc. 9 février 2000, n° 98-60.581, 2e moyen, BC V n° 61. Voir aussi cass. soc. 19 décembre 2007, n° 07-60.021 ; cass. soc. 28 septembre 2017, n° 16-17.173, 2e moyen.

Le dépouillement électronique par lecture optique des codes-barres figurant sur les bulletins de vote ou les enveloppes est admis dans la mesure où le protocole préélectoral l'a prévu et s'il permet d'assurer l'identification des électeurs ainsi que la sincérité et le secret du vote.

Un dispositif d'identification des électeurs dans le cadre du vote par correspondance ne peut figurer sur les bulletins de vote que si le protocole préélectoral l'a prévu et a fixé les garanties appropriées au respect du secret du vote par la mise en œuvre de procédés rendant impossible l'établissement d'un lien entre l'identité de l'électeur et l'expression de son vote.

C'est à bon droit qu'un tribunal d'instance a annulé le premier tour des élections du comité d'établissement et des délégués du personnel s'étant déroulé au sein d'une entreprise en partie par correspondance après avoir constaté, d'une part, que, pour des besoins d'identification des électeurs dans le cadre de l'expédition à ces derniers du matériel électoral, les bulletins de vote contenaient un numéro d'identification propre à chaque salarié ainsi qu'un code-barre, support d'informations dont la teneur n'a pas été précisée et, d'autre part, que le protocole préélectoral ne prévoyait pas que de tels éléments d'identification puissent figurer sur les bulletins de vote eux-mêmes, non plus que les garanties appropriées à la préservation du secret du vote qu'en violation des principes généraux du droit électoral, ils étaient de nature à compromettre.

Cass. soc. 10 mai 2012, n° 11-25.029, BC V n° 140.

Après avoir relevé que les conditions du dépouillement électronique de vote par correspondance, qui avaient été portées par un employeur à la connaissance des électeurs, mettant en œuvre, sous la responsabilité d'un intervenant extérieur, un système de dépouillement par lecture optique de codes-barres figurant sur les enveloppes de vote par un prestataire extérieur, étaient de nature à assurer l'identification des électeurs ainsi que la sincérité et le secret de ce vote, un tribunal d'instance a exactement décidé qu'elles apportaient, malgré l'absence d'enveloppe électorale opaque et de signature de cette enveloppe par l'électeur, des garanties équivalentes aux modalités prévues pour le vote par correspondance et conformes aux principes généraux du droit électoral.

Cass. soc. 26 septembre 2012, n° 11-22.598, BC V n° 239.

Un protocole préélectoral a été signé au sein de la RATP pour l'élection des représentants des salariés au sein de son conseil d'administration. Estimant que le matériel de vote par correspondance, prévu par ce protocole, n'était pas conforme aux prescriptions du décret 83-1160 du 26 décembre 1983, un syndicat a saisi le tribunal d'instance d'une demande de mise en conformité, puis, après le déroulement des élections, d'une demande en annulation de ces dernières.

C'est à bon droit qu'un tribunal d'instance a rejeté cette demande.

D'une part, le protocole préélectoral faisait expressément référence, pour fixer les conditions du dépouillement électronique du vote par correspondance, aux modalités prévues par la loi 2004-575 du 21 juin 2004 et par le décret 2007-602 du 25 avril 2007 relatif au vote par voie électronique.

D'autre part, le tribunal d'instance, qui a relevé que ces conditions, mettant en œuvre, sous la responsabilité d'un intervenant extérieur, un système de dépouillement par lecture optique de codes-barres figurant sur les enveloppes de vote après attribution aléatoire par un prestataire extérieur, étaient de nature à assurer l'identification des électeurs ainsi que la sincérité et le secret de ce vote, a exactement décidé qu'elles apportaient, malgré l'absence d'enveloppe électorale opaque et de signature de cette enveloppe par l'électeur, des garanties équivalentes aux modalités prévues par le décret 83-1160 du 26 décembre 1983, et conformes aux principes généraux du droit électoral.

Cass. soc. 23 juin 2010, n° 09-60.335, BC V n° 147.

Mais la mise en œuvre du vote par correspondance avec dépouillement optique des bulletins de vote n'est pas subordonnée à la conclusion d'un accord d'entreprise.

Pour annuler un protocole préélectoral et les élections professionnelles qui ont suivi au sein d'une unité économique et sociale, un tribunal d'instance a retenu que le dépouillement optique des votes, associé à une opération de vote par correspondance, est régi par la loi 2004-575 du 21 décembre 2004 et qu'il ne pouvait y être recouru alors qu'aucun accord de groupe n'avait été conclu pour ouvrir la mise en œuvre de cette modalité de scrutin conformément aux articles L. 2314-21 et L. 2324-19 CT.

En statuant ainsi, alors que les dispositions des articles L. 2314-21 et L. 2324-19 CT sont applicables au vote électronique, et non au vote par correspondance avec dépouillement optique des bulletins de vote, le tribunal a violé ces dispositions par fausse application.

Cass. soc. 14 janvier 2014, n° 13-60.165, deux dernières branches du 2e moyen, BC V n° 7.

Le retrait anticipé de la boîte postale entraîne l'annulation des élections.

Après avoir constaté que la boîte postale avait été relevée plus tôt que prévu par le protocole préélectoral, le tribunal a pu retenir qu'en l'absence de recensement des votes par correspondance, cette pratique mettait en cause la régularité des opérations électorales et annuler le second tour des élections du comité d'établissement.

Cass. soc. 21 février 1996, n° 95-60.466, 2e moyen.

L'annulation peut être encourue en l'absence de prise en compte de certains votes par correspondance.

Un tribunal d'instance a pu annuler le premier tour des élections des délégués du personnel en raison de l'absence de prise en compte de deux votes par correspondance. En effet, l'absence de prise en compte de ces deux votes avait eu une incidence sur le résultat du scrutin.

Cass. soc. 23 juin 1993, n° 91-60.391. Voir aussi cass. soc. 27 mai 1998, n° 97-60.034.

Lorsqu'un retard dans l'acheminement des bulletins de vote par correspondance a été déterminant de la représentativité d'un syndicat, le scrutin est entaché d'irrégularité, peu important que l'employeur ait été ou non défaillant dans son organisation.

À moins qu'elles soient directement contraires aux principes généraux du droit électoral, les irrégularités commises dans l'organisation et le déroulement du scrutin ne peuvent constituer une cause d'annulation que si elles ont exercé une influence sur le résultat des élections ou, depuis l'entrée en vigueur de la loi 2008-789 du 20 août 2008, si, s'agissant du premier tour, elles ont été déterminantes de la qualité représentative des organisations syndicales dans l'entreprise, ou du droit pour un candidat d'être désigné délégué syndical.

Lors des élections des représentants du personnel à un comité d'établissement le 26 mars 2009, un syndicat a recueilli 475 voix sur 4935, soit 9,63 %

des suffrages exprimés. 34 bulletins de vote par correspondance sont parvenus à l'entreprise plusieurs jours après la clôture du scrutin. Le syndicat a saisi le tribunal d'instance d'une demande d'annulation des élections.

Après avoir relevé, d'une part, que le matériel de vote par correspondance avait été envoyé dans le délai prévu par le protocole préélectoral et dans un délai suffisant pour permettre aux salariés d'exprimer leur vote de manière régulière et, d'autre part, que l'employeur s'était assuré, auprès de La Poste, que l'ensemble des enveloppes lui avait bien été remis avant la clôture du scrutin, un tribunal a retenu qu'aucune défaillance de l'employeur dans l'organisation des élections n'était à déplorer et a débouté le syndicat de sa demande.

En statuant ains, alors que l'irrégularité qu'il constatait dans le déroulement des opérations de vote, peu important que l'employeur ait été ou non défaillant dans l'organisation du scrutin, avait été déterminante de la représentativité du syndicat, le tribunal a violé les articles L. 2122-1 et L. 2314-21 à L. 2314-24 CT.

Cass. soc. 10 mars 2010, n° 09-60.236, BC V n° 55. Voir aussi cass. soc. 20 juin 2012, n° 11-19.847.

De même, la méconnaissance des dispositions du protocole préélectoral concernant l'acheminement des votes, ayant eu une influence sur le résultat du scrutin, entache celui-ci d'irrégularité.

Doit être cassé le jugement qui, pour débouter une fédération syndicale de sa demande en annulation des élections de délégués du personnel au sein d'une association, enonce qu'en l'espèce, le protocole préélectoral fixe les conditions de déroulement du scrutin et, notamment, celles du vote par correspondance, en précisant que l'enveloppe envoyée préalablement aux salariés « doit être retournée par La Poste pour le jour du scrutin » ajoutant que « les enveloppes de transmission doivent être remises non décachetées au président du bureau de vote », que, faute de mentions plus précises portées au protocole préélectoral sur l'acheminement des votes par correspondance par La Poste, notamment, sur le destinataire des enveloppes, dès lors que le secret du vote est assuré par l'utilisation d'une double enveloppe dûment complétée par les mentions prévues à ce même protocole, l'acheminement par la voie postale ne peut être considéré comme une condition substantielle de la régularité du vote et les élections ne peuvent pas être annulées pour ce motif.

En statuant ainsi, alors que le protocole préélectoral prévoyait que es enveloppes de transmission des votes par correspondance devaient être retournées par La Poste pour le jour du scrutin et alors que la méconnaissance de cette disposition a eu une influence sur le résultat du scrutin, le tribunal d'instance a violé l'article L. 423-13 CT.

Cass. soc. 21 mai 2003, n° 02-60.396, 1er moyen, BC V n° 167.

Un accord préélectoral prévoyant un système de « télévote » ne respecte pas les principes généraux du droit électoral.

Un accord préélectoral prévoyait, pour les élections des délégués du personnel et des membres du comité d'entreprise, que l'électeur pouvait voter par « télévote », dont l'organisation et le déroulement étaient confiés à deux sociétés prestataires de services, soit par téléphone depuis un isoloir, soit, dans certains cas, à partir d'un poste téléphonique de son choix, les opérations de dépouillement étant entièrement automatiques, la clôture du scrutin étant faite par un des prestataires. Doit être cassé le jugement qui retient que cet accord préélectoral prenait des précautions suffisantes pour assurer la confidentialité et la sincérité des opérations électorales, alors que le scrutin n'avait pas lieu sous enveloppe, que la clôture du scrutin n'était pas publiquement constatée par le président du bureau de vote et que les opérations électorales, notamment celles de dépouillement, échappaient au contrôle des électeurs et des délégués des listes de candidats, ce dont il résultait que l'accord ne respectait pas les principes généraux du droit électoral.

Cass. soc. 20 octobre 1999, n° 98-60.359, BC V n° 390.

Il en est de même du protocole prévoyant la possibilité de voter par anticipation.

En vertu des principes généraux du droit électoral, et sauf circonstance exceptionnelle justifiant le vote par correspondance, le scrutin doit se dérouler dans des conditions identiques pour l'ensemble du corps électoral, et sans interruption, à la date fixée pour les élections, entre l'heure d'ouverture et l'heure de clôture du scrutin.

C'est donc à tort qu'un tribunal d'instance a décidé que ces principes avaient été respectés, alors qu'il ressortait du protocole électoral que les salariés qui ne pouvaient être présents le jour du scrutin et qui désiraient participer aux élections avaient la possibilité de voter par anticipation et que l'urne affectée à ce vote serait ouverte avant la clôture du scrutin.

Cass. soc. 23 mai 2000, n° 98-60.526.

Contentieux électoral ; Protocole d'accord préélectoral ; Vote par procuration.

Vote par procuration

Le vote par procuration s'exerce uniquement dans les cas prévus par le code électoral et ne peut pas être étendu aux élections professionnelles.

Le vote par procuration n'est pas admis pour les élections professionnelles.

Le vote par procuration s'exerce uniquement dans les cas et limites prévus par le code électoral et ne saurait recevoir application pour l'élection des délégués du personnel. Doit être cassé le jugement qui a refusé d'annuler le premier tour des élections, alors que le quorum n'avait été atteint qu'en tenant compte des votes par procuration, ce dont il résultait qu'ils avaient eu une incidence sur le résultat de l'élection.

Cass. soc. 3 juillet 1984, n° 83-61.173, BC V n° 287.

Vote par correspondance.

VRP (Bénéfice du statut)

Pour bénéficier du statut de VRP, le représentant doit :
– exercer son activité (visite d'une clientèle en vue de prendre des commandes) de façon exclusive et constante ;
– ne pas effectuer d'opérations commerciales pour son compte personnel.

En outre, son contrat doit préciser :
– la nature des marchandises ou des prestations de services offertes à la vente ou à l'achat ;
– la région dans laquelle il doit exercer son activité ou les catégories de clients qu'il est chargé de visiter ;
– le taux des commissions.
À noter que le salarié qui ne remplit pas les conditions pour relever du statut de VRP peut néanmoins s'en prévaloir si son employeur lui en a reconnu le bénéfice.

Conditions d'exercice de la profession

Ce sont les conditions de fait de l'exercice de l'activité qui déterminent si le représentant a ou non la qualité de VRP statutaire.

Les termes du contrat sont, à eux seuls, insuffisants pour qualifier l'activité du représentant, cette dernière devant être déterminée d'après les modalités réelles d'exécution du travail.

Cass. soc. 11 décembre 1991, n° 90-42.270, 1er moyen, BC V n° 573. Voir aussi cass. soc. 9 mars 2011, n° 09-66.535, 1er moyen.

Une cour d'appel qui a relevé qu'un salarié était engagé en qualité de collaborateur commercial, que les primes d'objectifs qu'il percevait n'avaient pas le caractère de commissions, et que l'intéressé ne justifiait ni de prises d'ordre, ni de la création ou du développement d'une clientèle spécifique, en a exactement déduit qu'il ne pouvait bénéficier du statut de VRP.

Cass. soc. 4 avril 2007, n° 05-45.409, 1er moyen.

La délivrance d'une carte professionnelle et l'affiliation des représentants à des organismes de VRP sont indifférentes à la reconnaissance du statut de VRP.

Cass. soc. 11 janvier 2012, n° 10-17.599.

Lorsque les conditions visées à l'article L. 7311-3 CT ne sont pas réunies, le salarié ne peut pas se voir opposer le statut de VRP, nonobstant la référence à ce statut figurant dans son contrat de travail.

Un salarié avait saisi la juridiction prud'homale pour voir juger, notamment, que le statut de VRP ne pouvait lui être appliqué, de sorte qu'il avait droit à un rappel de salaire au titre d'heures supplémentaires. La seule volonté des parties étant impuissante à soustraire le salarié au statut social qui découle nécessairement des conditions effectives d'exercice de son activité, c'est à bon droit, qu'après avoir relevé que les conditions visées à l'article L. 751-1 CT n'étaient pas réunies, une cour d'appel a décidé que le salarié ne pouvait se voir opposer le statut de VRP, nonobstant la référence à ce statut figurant dans son contrat de travail.

Cass. soc. 17 décembre 2002, n° 00-44.375, 1er moyen, BC V n° 398.

Ayant relevé qu'un salarié ne travaillait pas sur un secteur géographique déterminé, ne prenait pas d'ordres, exerçait en partie des tâches administratives et n'avait pas développé une clientèle personnelle, une cour d'appel a pu décider qu'il ne remplissait pas l'ensemble des conditions lui permettant de bénéficier du statut de VRP.

Cass. soc. 18 octobre 2006, n° 04-48.025, 2e moyen, BC V n° 308 (arrêt n° 1).

En l'absence de contrat écrit, les personnes qui exercent en fait la représentation sont présumées avoir la qualité de VRP.

Ayant retenu qu'un salarié avait exercé la représentation au profit d'une société et que les parties n'avaient pas établi de contrat écrit, une cour d'appel en a exactement déduit que l'intéressé était présumé avoir la qualité de VRP.

Cass. soc. 20 janvier 1999, n° 95-43.877. Voir aussi cass. soc. 27 octobre 1999, n° 97-42.286.

Le VRP doit exercer une activité de représentation. Celle-ci consiste à prospecter une clientèle,…

Le salarié dont l'activité se limite à la vente « au laissé sur place » de marchandises contenues avec inventaire dans le camion qui lui est affecté ou commandées lors d'une tournée précédente n'effectue aucune prospection ni recherche de clientèle et ne peut avoir la qualité de représentant.

Cass. soc. 25 avril 1984, n° 81-42.634, BC V n° 147.

… peu important le caractère partiel de l'activité de prospection,…

Cass. soc. 11 janvier 2012, n° 10-17.599, précité.

… en vue de prendre et de transmettre des commandes.

La prise d'ordres constitue l'une des conditions nécessaires d'application du statut de représentant. Le salarié dont il ne rentre pas dans les attributions de prendre les commandes de la clientèle qu'il visite ne peut donc prétendre à la qualité de représentant de commerce statutaire.

Cass. soc. 26 février 1986, n° 83-41.590, BC V n° 42. Voir aussi cass. soc. 25 juin 2003, n° 01-43.912 ; cass. soc. 12 janvier 2011, n° 09-70.191.

Après avoir relevé qu'un salarié était chargé de prospecter la clientèle et de prendre des ordres pour le compte de son employeur, moyennant une rémunération constituée en totalité par des commissions liées aux prises de commandes sur un secteur géographique, une cour d'appel a pu décider qu'il devait bénéficier du statut de VRP.

Cass. soc. 22 mai 2001, n° 99-41.838, BC V n° 180.

Ne peut prétendre au statut de VRP le salarié, engagé comme vendeur, dont les fonctions consistent à se déplacer sur un secteur délimité par le contrat de travail en proposant à des particuliers à leur domicile des produits qu'il transporte dans un camion-magasin mis à sa disposition et qu'il remet au client contre encaissement immédiat du prix des marchandises vendues.

Cass. soc. 30 octobre 2000, n° 99-40.490, 1er moyen. Voir aussi cass. soc. 21 octobre 2014, n° 13-11.150.

Le représentant a l'obligation d'exercer sa profession de façon exclusive et constante.

Ainsi, n'a pas la qualité de représentant statutaire le salarié exerçant à titre principal les fonctions de directeur commercial.

Cass. soc. 23 juin 1994, n° 92-42.733, 2e moyen. Voir aussi cass. soc. 10 mai 2005, n° 03-42.391, 1er moyen.

Toutefois, une autre activité est permise si elle demeure accessoire et est effectuée pour le compte d'un ou de plusieurs employeurs du représentant.

Aux termes de l'article L. 751-2 CT, les dispositions des articles L. 751-1 et s. de ce code sont applicables aux employés qui, conjointement à l'exercice effectif et habituel de la représentation, ont accepté de se livrer à d'autres activités, quelle qu'en soit la nature, pourvu qu'ils les exercent pour le compte d'un ou plusieurs de leurs employeurs.

Cass. soc. 11 décembre 1991, n° 90-42.270, précité. Voir aussi cass. soc. 28 mars 2018, n° 16-20.622, 1er moyen.

Le représentant ne doit pas effectuer d'opérations commerciales pour son propre compte.

L'exploitation effective d'un commerce pour son propre compte par un représentant est exclusive en elle-même de l'application du statut et un accord non équivoque de l'employeur pour renoncer à s'en prévaloir ne peut résulter du fait que l'employeur a eu connaissance de cette situation et l'a admise.

Cass. soc. 10 mai 1979, n° 77-40.069, BC V n° 412. Voir aussi cass. soc. 18 février 1998, n° 94-44.388.

L'existence d'un secteur d'activité déterminé est une condition essentielle du contrat de VRP statutaire.

En constatant qu'un salarié, engagé en qualité d'agent technico-commercial sans attribution personnelle de clients, de catégories de clients et de territoires, n'établissait pas qu'il était libre d'exercer une activité de prospection de clients non mentionnés sur l'état détaillé remis annuellement, une cour d'appel a fait ressortir que l'intéressé n'avait ni secteur fixe ni catégories de clients déterminés et a, par ce seul motif, légalement justifié sa décision de lui refuser le statut de VRP.

Cass. soc. 30 mai 2000, n° 98-40.167.

Ayant relevé, d'une part, qu'un contrat de négociateur immobilier ne mentionnait pas une zone fixe de prospection avec un contour défini et que le salarié était affecté dans les points de vente de la société suivant les instructions de la direction, d'autre part, que, alors que le négociateur immobilier VRP ne relève pas de la réglementation de la durée du travail, l'intéressé avait été embauché pour une durée de travail hebdomadaire de 35 heures, une cour d'appel a pu en déduire que l'intéressé ne pouvait prétendre au statut de VRP.

Cass. soc. 12 avril 2012, n° 10-27.075, 2e moyen du pourvoi incident.

La détermination du secteur d'activité dans le contrat constitue un élément nécessaire que l'employeur ne peut pas valablement se réserver de modifier unilatéralement.

Le secteur d'activité étant une condition d'application du statut de VRP, sa détermination dans le contrat constitue un élément nécessaire que l'employeur ne peut valablement se réserver de modifier unilatéralement.

Des représentants avaient refusé la réduction unilatérale de leur secteur d'activité et avaient imputé à l'employeur la rupture de leur contrat de travail. Doit être cassé l'arrêt ayant retenu que la réduction du secteur d'activité expressément prévue par le contrat de travail ne pouvait s'analyser en une modification de celui-ci et ayant qualifié la rupture de démission.

Cass. soc. 23 janvier 2001, n° 98-46.377, BC V n° 23. Voir aussi cass. soc. 11 janvier 2012, n° 10-17.828.

Le secteur de prospection constitue un élément du contrat de travail d'un VRP qui ne peut être modifié sans son accord. Dès lors, la clause par laquelle l'employeur se réserve le droit de modifier unilatéralement en tout ou partie le contrat de travail est nulle.

Cass. soc. 16 octobre 2002, n° 00-44.307.

La seule volonté des parties est impuissante à faire bénéficier le salarié du statut social qui ne découle pas des conditions effectives de son activité.

Un employeur et un salarié, auquel il avait été attribué la qualité de VRP, avaient convenu d'une instabilité du secteur de ce dernier par une clause de mobilité dont l'application avait donné lieu à plusieurs modifications intervenues pour les besoins de l'entreprise et sans protestation du salarié.

N'a pas donné de base légale à sa décision la cour d'appel qui a dit que le salarié bénéficiait du statut de VRP, sans avoir recherché si ce dernier avait effectivement disposé d'un secteur fixe ou stable de prospection.

Cass. soc. 17 janvier 2006, n° 04-40.809. Voir aussi cass. soc. 10 novembre 1999, n° 97-43.117.

Le seul fait pour un représentant d'avoir des clients en dehors des deux départements constituant son secteur ne peut permettre de conclure que l'intéressé n'a pas de secteur fixe.

C'est à tort que, pour dénier à une salariée, engagée en qualité de vendeuse itinérante, la qualité de représentant, une cour d'appel s'est fondée sur le fait que la salariée avait des clients en dehors de l'Indre-et-Loire et de la Vienne, sans constater qu'elle n'avait pas exercé son activité dans un secteur fixe, ce qui ne pouvait résulter de la seule présence de clients situés en dehors des deux départements précités.

Cass. soc. 20 mars 1991, n° 87-40.095.

Le fait qu'un salarié soit soumis à un contrôle de son activité n'est pas exclusif du statut de VRP.

Doit être rejeté le pourvoi d'une société reprochant à une cour d'appel d'avoir dit qu'un salarié bénéficiait du statut de VRP au motif, selon le pourvoi, que son contrat de travail prévoyant des visites imposées par l'employeur dans un cadre strict et suivant des formalités préétablies, le salarié ne pouvait être considéré comme se livrant à la prospection de clientèle. En effet, la cour d'appel, qui a relevé que le salarié exerçait la fonction de représentant pour le compte de son employeur, qu'il prenait et transmettait les commandes, qu'il n'effectuait aucune opération pour son propre compte et qu'il disposait d'un secteur, a pu décider que le salarié bénéficiait du statut de VRP nonobstant le fait qu'il était soumis à un contrôle de son activité.

Cass. soc. 15 janvier 2002, n° 99-45.694, 1er moyen. Voir aussi cass. soc. 11 janvier 2012, n° 10-17.599, précité ; cass. soc. 3 décembre 2014, n° 13-18.068.

L'absence de lien de subordination n'est pas non plus, à elle seule, exclusive du statut de VRP.

Une personne avait signé avec une société un contrat de mandat d'intérêt commun qualifié de contrat d'agent commercial. La société ayant considéré que ce contrat était rompu du fait de l'intéressé, celui-ci a saisi la juridiction prud'homale en vue de voir prononcer la résiliation judiciaire du contrat aux torts de la société et obtenir le paiement de salaires.

C'est à tort que pour se déclarer incompétente, la juridiction prud'homale a déclaré que le contrat passé entre les parties n'était pas un contrat d'agent commercial, que les clauses de ce contrat excluaient l'existence d'un contrat de travail et que l'intéressé ne produisait aucun élément de nature à caractériser l'existence d'un lien de subordination, alors que le demandeur avait soutenu que le contrat litigieux devait être requalifié en un contrat de négociateur immobilier VRP et que l'absence de lien de subordination entre les parties n'étant pas à elle seule exclusive du statut légal de VRP, les juges auraient dû rechercher si la personne concernée remplissait les conditions du statut de VRP.

Cass. soc. 26 novembre 2002, n° 01-40.121.

Une personne a signé, avec une société, un contrat intitulé mandat, indiqué non soumis aux dispositions des articles L. 751-1 et s. CT mais à la loi relative aux agents commerciaux ; l'intéressé ayant saisi la juridiction prud'homale en revendiquant la qualité de VRP exclusif, une cour d'appel, statuant sur contredit de compétence, a renvoyé l'affaire devant un tribunal de grande instance.

Pour opérer ce renvoi, la cour, après avoir relevé que le demandeur ne renversait pas, par la production d'attestations, la présomption légale prévue par l'article L. 120-3 CT, a retenu que celui-ci, qui, selon certains témoins, indiquait « qu'il était son propre patron », avait installé à son domicile son nouveau matériel informatique et exerçait en pleine indépendance, n'a pas fait la démonstration d'un lien de subordination, lequel n'était pas matérialisé par les dispositions du contrat de mandat.

En statuant ainsi, alors que l'absence de lien de subordination entre les parties n'est pas à elle seule exclusive du statut légal de VRP et qu'il lui appartenait de rechercher, comme il lui était demandé, si dans l'exercice effectif de son activité, le salarié remplissait les conditions pour bénéficier de ce statut, la cour d'appel n'a pas donné de base légale à sa décision.

Cass. soc. 13 janvier 2009, n° 08-40.157, BC V n° 10.

Octroi conventionnel du statut

L'employeur peut accorder à un salarié le bénéfice du statut et les avantages qui en découlent.

Quelles que soient ses attributions, un salarié peut se prévaloir de la qualification de représentant de commerce, dès l'instant qu'elle lui a été contractuellement reconnue.

Cass. soc. 28 février 1996, n° 94-42.689. Voir aussi cass. soc. 13 juin 2012, n° 10-27.689 ; cass. soc. 11 octobre 2017, n° 16-13.478, 2 premières branches du 1er moyen du pourvoi incident.

L'accord de l'employeur doit être sans équivoque.

Une cour d'appel, ayant relevé que le contrat de travail liant les parties faisait expressément référence aux articles L. 751-1 et s. CT, en a déduit à juste titre que le salarié intéressé pouvait, conformément aux dispositions de l'annexe du 8 décembre 1971 à la convention collective nationale du personnel des agents immobiliers et des mandataires en vente de fonds de commerce, se prévaloir du statut des VRP qui lui avait été reconnu.

Cass. soc. 18 juillet 1995, n° 92-40.124.

Dès lors qu'il a reconnu à un représentant la qualité de VRP, l'employeur ne peut pas ultérieurement, pour se soustraire à ses obligations, prétendre que les conditions requises pour l'application du statut ne sont pas remplies.

Ayant relevé qu'un salarié avait été engagé en qualité de représentant par un contrat précisant qu'il exercerait ses fonctions conformément aux dispositions légales relatives au statut des VRP et qu'aux termes d'un second contrat, signé le même jour, les parties s'étaient engagées à assumer les obligations découlant de ce statut, une cour d'appel a pu décider que l'employeur ne pouvait prétendre, pour se soustraire à ces obligations, que le salarié ne remplissait pas les conditions de l'article L. 751-1 CT.

Cass. soc. 20 juillet 1982, n° 80-40.326.

De même, l'insuffisance professionnelle alléguée par l'employeur ne peut pas priver le représentant du statut qui lui a été reconnu.

Ayant relevé qu'un salarié avait été engagé en qualité de VRP avec une période d'essai, une cour d'appel a exactement décidé qu'il pouvait se prévaloir de la qualification de VRP, sans que l'insuffisance professionnelle alléguée par l'employeur puisse l'en priver.

Cass. soc. 7 novembre 1995, n° 92-41.229.

Caractère d'ordre public des dispositions du statut

Est illicite la clause imposant au représentant de commerce de payer la valeur de la clientèle qu'il est chargé de visiter pour le compte de son employeur.

Un représentant de commerce ne peut être valablement tenu par une clause de son contrat de travail lui imposant de payer la valeur de la clientèle qu'il est chargé de visiter pour le compte de son employeur.

Un représentant multicarte était chargé de visiter la clientèle moyennant rémunération par des commissions ; son contrat contenait une clause intitulée « rachat de carte clientèle » en exécution de laquelle le représentant avait versé à son employeur une somme totale de 60 000 F réglée par des retenues sur ses commissions.

L'employeur ayant refusé de lui restituer la somme versée au titre du rachat de la clientèle lors de sa démission, il a saisi la juridiction prud'homale.

Pour rejeter la demande du représentant, une cour d'appel a énoncé que la clause de cession n'était pas en soi illicite puisqu'elle permettait au VRP, qui n'était pas propriétaire de sa clientèle, de trouver un successeur acceptant de lui verser une somme représentant la valeur librement négociée de la carte et de le présenter à l'agrément de son employeur, que cette clause n'était pas dépourvue de cause puisqu'en contrepartie, l'intéressé avait prospecté, démarché et tiré profit, par le biais de commissions versées, de cette clientèle existante pendant plus de cinq années et qu'il lui appartenait, avant de démissionner, de présenter un successeur à son employeur et en cas de refus d'agrément, de poursuivre la relation salariale.

En statuant ainsi, alors que l'employeur ne pouvait refuser de restituer au salarié, qui était en droit de démissionner, sans être tenu de présenter un successeur, les sommes qu'il avait indûment perçues en contrepartie d'une clientèle dont la valeur lui était restée acquise, la cour d'appel a violé les articles L. 751-1 et L. 751-11 CT, et les articles 1131 et 1780, al. 2 c. civ.

Cass. soc. 3 octobre 2007, n° 06-42.320, BC V n° 152.

VRP (Clause de non-concurrence)

Le contrat de travail du VRP peut contenir une clause de non-concurrence lui interdisant, à l'expiration de son contrat, de représenter des entreprises ou des produits déterminés. La mise en œuvre de cette clause :

– est soumise aux limites fixées par la convention collective ;

– donne obligatoirement lieu au paiement d'une indemnité par l'employeur ;

– peut faire l'objet d'une renonciation par l'employeur.

Respect de l'Accord national interprofessionnel des VRP

• L'article 17 de l'Accord national interprofessionnel des VRP limite les clauses de non-concurrence dans le temps (deux ans maximum) et dans l'espace (secteur visité par le VRP lors de la notification de la rupture du contrat, sauf changement de secteur ou de clientèle datant de moins de six mois)

Le contrat de travail ne peut pas valablement contenir des dispositions plus contraignantes pour le salarié que celles prévues par l'article 17 de la convention collective des VRP.

Doit être déclarée nulle, comme dépassant les limites du secteur attribué à un représentant, la clause de non-concurrence interdisant à un VRP de vendre à toute personne ayant passé commande par son intermédiaire, cette clause visant son activité au cours des foires, laquelle n'était pas incluse dans son secteur.

Cass. soc. 12 février 2002, n° 99-43.858, 2e moyen, BC V n° 63.

La convention collective des VRP ayant réglementé la clause de non-concurrence, un contrat de travail ne peut valablement contenir des dispositions plus contraignantes pour le salarié.

Après avoir, d'une part, rappelé que l'article 17 de l'accord national interprofessionnel des VRP du 3 octobre 1975 dispose que l'interdiction de concurrence est limitée aux secteurs et aux catégories de clients que le VRP était chargé de visiter au moment de la rupture et, d'autre part, constaté que l'interdiction faite à un salarié de s'occuper de matériels similaires ou concurrents à ceux commercialisés par la société qui l'employait dans le nord de la France, au sud d'une ligne Nantes-Lyon, excédait le secteur géographique qui lui avait été confié, de sorte que cette interdiction était plus contraignante que celle définie par l'accord collectif, une cour d'appel, qui ne pouvait réduire le champ d'application de la clause de non-concurrence dès lors que seule sa nullité était invoquée par le salarié, a pu dire que la clause était nulle.

Cass. soc. 12 octobre 2011, n° 09-43.155, BC V n° 233. Voir aussi cass. soc. 14 novembre 2007, n° 06-44.284, BC V n° 189.

En cas de violation de la clause de non-concurrence immédiatement après la rupture du contrat de travail, l'employeur est délié de l'obli-

gation de verser la contrepartie pécuniaire et peut réclamer des dommages-intérêts en se prévalant de cette clause, même s'il n'a jamais proposé de contrepartie pécuniaire.

Aux termes de l'article 17, alinéa 5, de l'Accord national interprofessionnel des VRP du 3 octobre 1975, la contrepartie pécuniaire cesse d'être due en cas de violation par le représentant de la clause de non-concurrence, sans préjudice des dommages-intérêts pouvant lui être réclamés.
Viole ce texte la cour d'appel qui déboute de ses demandes en réparation l'ancien employeur d'un représentant exclusif, entré au service d'un concurrent, et dont le contrat de travail comportait une clause de non-concurrence, au motif qu'il était mal venu à arguer de cette clause qui entraînerait de facto, la suppression de l'indemnité, puisqu'il n'avait jamais proposé la moindre contrepartie financière, après avoir relevé que le représentant avait contrevenu à la clause immédiatement après la rupture de son contrat de travail, ce qui entraînait l'extinction de l'obligation de l'employeur de verser la contrepartie pécuniaire.

Cass. soc. 5 février 1992, n° 88-45.542, BC V n° 73.

Indemnisation

• L'article 17 de l'Accord national interprofessionnel prévoit une contrepartie financière obligatoire

À noter que cette disposition, en ce qu'elle prévoit une diminution du montant de la contrepartie financière en cas de démission du VRP, doit être réputée non écrite. Voir, sur ce point, cass. soc. 14 avril 2016, n° 14-29.679, à paraître, cité dans « Clause de non-concurrence ».

Cette contrepartie s'applique de plein droit, dès lors que le contrat de travail se réfère à l'accord.

La contrepartie financière à la clause de non-concurrence prévue par l'article 17 de l'Accord national interprofessionnel des VRP du 3 octobre 1975 s'applique de plein droit, dès lors que le contrat de travail, qui comporte une clause de non-concurrence, se réfère à cet accord.

Bien que la clause de non-concurrence figurant dans le contrat de travail d'un VRP n'ait pas prévu d'indemnité compensatrice, une cour d'appel a pu la déclarer valable et condamner le salarié, qui ne l'avait pas respectée, à verser des dommages-intérêts à son ancien employeur.

Cass. soc. 10 mars 2004, n° 02-40.108, BC V n° 83. Voir aussi cass. soc. 6 janvier 2010, n° 08-42.263.

Elle est due quel que soit le mode de rupture du contrat de travail.

La mise à la retraite du salarié par l'employeur, prévue par l'article L. 122-14-13 CT, constitue un mode de résiliation du contrat de travail par le fait de l'employeur et la contrepartie pécuniaire de la clause de non-concurrence prévue par l'article 17 de l'Accord national interprofessionnel des VRP est due, quel que soit le mode de rupture du contrat de travail, son montant étant seulement diminué de moitié en cas de démission du VRP.

Cass. soc. 21 juin 1995, n° 94-40.059, BC V n° 207. Voir aussi cass. soc. 15 janvier 2002, n° 99-45.335.

L'obligation au paiement de la contrepartie financière demeure même si le salarié cesse toute activité professionnelle.

L'obligation au paiement de l'indemnité compensatrice de non-concurrence, liée à la cessation d'activité du salarié, au respect de la clause de non-concurrence et à l'absence de renonciation de l'employeur ne peut être affectée par les circonstances de la rupture du contrat de travail et la possibilité pour le salarié de reprendre, ou non, une activité concurrentielle.

Cass. soc. 30 avril 2003, n° 01-41.874. Voir aussi cass. soc. 24 septembre 2008, n° 07-40.098, 2e moyen, BC V n° 176.

Le représentant n'est pas tenu de justifier de l'existence d'un préjudice.

Dès lors qu'il a respecté l'interdiction de concurrence prévue à son contrat, un représentant n'a pas à justifier de l'existence d'un préjudice pour prétendre à la contrepartie pécuniaire de cette obligation.

Cass. soc. 5 mars 1986, n° 83-41.618, BC V n° 55.

L'indemnité de non-concurrence a un caractère forfaitaire excluant toute réduction pour limitation de l'interdiction de concurrence.

C'est à tort que, pour diminuer le montant de la contrepartie pécuniaire de la clause de non-concurrence fixée par l'article 17 de l'Accord national interprofessionnel des VRP du 3 octobre 1975, une cour d'appel a retenu que l'employeur et le salarié avaient entendu limiter le champ de l'interdiction de concurrence en excluant une partie de la clientèle, qu'un tel accord, non contraire aux termes de l'article 17 de la convention collective, avait eu pour effet de restreindre le champ de l'interdiction découlant de la clause de non-concurrence, de sorte que la contrepartie financière, corollaire de l'étendue de l'interdiction, devait être calculée sur les commissions acquises sur les affaires traitées avec les seuls clients qu'il lui était interdit de prospecter, alors que l'indemnisation prévue par l'accord national interprofessionnel a un caractère forfaitaire lié à la rémunération globale du représentant.

Cass. soc. 17 janvier 1996, n° 91-41.869, BC V n° 17.

Le montant de la contrepartie se calcule à partir de la rémunération moyenne des douze derniers mois, ce qui doit s'entendre des mois normalement travaillés, à l'exclusion des périodes au cours desquelles le VRP s'est trouvé en arrêt de travail pour maladie.

Une salariée, VRP exclusif, victime d'un accident du travail le 15 juillet 1998, s'est trouvée en arrêt de travail ininterrompu jusqu'au 24 septembre 1999. Licenciée par courrier du 8 octobre 1999, elle a saisi la juridiction prud'homale d'une demande en paiement d'une somme au titre de la contrepartie pécuniaire de la clause de non-concurrence contenue à l'article 20 de son contrat de travail.

Doit être rejeté le pourvoi de l'employeur reprochant à l'arrêt attaqué d'avoir fait droit à la demande de la salariée.

En effet, l'article 17 de l'Accord national interprofessionnel des VRP se réfère, pour le calcul de la contrepartie pécuniaire mensuelle spéciale de la clause de non-concurrence, à la rémunération moyenne des douze derniers mois, ce qui doit s'entendre des mois normalement travaillés, à l'exclusion des périodes au cours desquelles le VRP s'est trouvé en arrêt de travail pour maladie.

La cour d'appel a constaté que l'intéressée s'était trouvée de manière ininterrompue en arrêt de travail depuis le 16 juillet 1998 et n'avait donc perçu, pendant cette période, que des indemnités journalières. En retenant pour base de calcul la période des douze mois effectivement travaillés précédant cette date, soit celle du 16 juillet 1997 au 16 juillet 1998, elle a légalement justifié sa décision.

Cass. soc. 11 mai 2005, n° 03-43.181, BC V n° 160.

Le montant de l'indemnité de non-concurrence ne peut être modéré par le juge.

C'est en violation de l'article 1152 c. civ. qu'une cour d'appel a réduit le montant de l'indemnité due à son salarié par un employeur en contrepartie de l'obligation de non-concurrence stipulée à l'article 17 de l'Accord national interprofessionnel des VRP au motif qu'il appartient au juge de modérer la réparation convenue au cas où elle serait manifestement excessive, alors que la contrepartie pécuniaire de l'obligation de non-concurrence n'est pas une peine au sens du texte susvisé et ne peut être modérée par le juge.

Cass. soc. 4 juillet 1983, n° 80-41.906, BC V n° 380.

Pour fixer le montant de la contrepartie pécuniaire à la clause de non-concurrence due à un salarié, une cour d'appel, après avoir reconnu à celui-ci le bénéfice du statut de VRP, a retenu que le contrat prévoyait une clause de non-concurrence, d'une durée de deux ans, qui justifiait une telle contrepartie dont le montant devait toutefois être ramené à 2 000 € en fonction des éléments de la cause.

En refusant ainsi d'appliquer le mode de calcul de la contrepartie pécuniaire prévu par l'article 17 de l'Accord national interprofessionnel du 3 octobre 1975, la cour d'appel a violé ce texte.

Cass. soc. 7 mars 2007 n° 05-45.574, BC V n° 43.

La contrepartie pécuniaire de la clause de non-concurrence s'acquiert mois par mois.

C'est à tort qu'une cour d'appel a décidé que la condamnation d'une société au paiement d'une somme à titre d'indemnité compensatrice de non-concurrence produisait intérêts à compter de la convocation de l'employeur devant les premiers juges, alors qu'il résulte de l'article 17 de l'Accord national interprofessionnel du 3 octobre 1975 que la contrepartie pécuniaire de la clause d'interdiction de concurrence s'acquiert mois par mois, de sorte que la somme allouée par le juge à ce titre ne pouvait produire intérêts à compter de la convocation de l'employeur devant les premiers juges qu'à hauteur des mensualités échues à cette date depuis la rupture du contrat.

Cass. soc. 12 novembre 1996, n° 92-43.708.

Renonciation de l'employeur

• L'employeur peut dispenser le représentant de l'exécution de la clause de non-concurrence ou en réduire la durée, en prévenant l'intéressé par lettre recommandée avec accusé de réception dans les quinze jours de la notification de la rupture du contrat de travail

La renonciation n'est valable que si l'employeur respecte les conditions prévues par la convention collective.

Lorsque le contrat est rompu du fait de l'employeur, la notification de la rupture prévue par l'article 17 de l'Accord national interprofessionnel des VRP du 3 octobre 1975 est la lettre de licenciement.

Une renonciation par l'employeur à la clause de non-concurrence antérieure à la rupture du contrat de travail (durant l'entretien préalable) ne peut avoir d'effet en l'absence de confirmation dans les conditions prévues par ledit accord.

Cass. soc. 20 juin 1990, n° 87-40.103, BC V n° 309.

Aux termes de l'article 17 de l'Accord national interprofessionnel des VRP, l'employeur qui entend renoncer au bénéfice de la clause de non-concurrence doit prévenir l'intéressé dans les quinze jours de la rupture du contrat de travail. Un employeur soutenant seulement avoir renoncé à la clause de non-concurrence au cours de l'entretien préalable, c'est-à-dire avant la rupture, cette renonciation ne pouvait produire aucun effet. Une cour d'appel a donc pu retenir qu'une telle renonciation n'était pas valable et condamner l'employeur à payer à son ancien salarié une somme à titre de contrepartie pécuniaire de la clause de non-concurrence.

Cass. soc. 10 février 1998, n° 94-45.279, BC V n° 80. Voir aussi cass. soc. 16 septembre 2009, n° 06-45.105.

Le délai conventionnel de quinze jours court à compter de la date de réception de la lettre de licenciement ou de démission…

Le point de départ du délai de quinze jours prévu par l'article 17 de l'Accord national interprofessionnel des VRP pendant lequel l'employeur peut dispenser le salarié de l'exécution de la clause de non-concurrence est la date de réception de la lettre de licenciement ou de démission.

Cass. soc. 14 octobre 1998, n° 96-40.638, BC V n° 424. Voir aussi cass. soc. 13 octobre 1999, n° 97-41.976.

… qui ne compte pas dans la computation du délai.

Le point de départ du délai de 15 jours prévu par l'article 17 de l'Accord national interprofessionnel du 3 octobre 1975 pendant lequel l'employeur peut dispenser le représentant de l'exécution de la clause de non-concurrence est la date de réception de la lettre de licenciement, qui ne compte pas dans la computation du délai.

Cass. soc. 9 mars 2005, n° 02-46.149, BC V n° 84.

Lorsque le salarié a pris acte de la rupture de son contrat, le délai commence à courir à compter de la notification de cette prise d'acte.

Selon l'article 17 de l'Accord national interprofessionnel des VRP du 3 octobre 1975, sous condition de prévenir, par lettre recommandée avec accusé de réception, dans les quinze jours suivant la notification par l'une ou l'autre des parties de la rupture, l'employeur pourra dispenser le VRP de l'exécution de la clause de non-concurrence.

Un VRP, ayant pris acte de la rupture de son contrat de travail aux torts de son employeur, a ensuite été licencié pour faute grave. Pour débouter l'intéressé de sa demande en paiement de la contrepartie pécuniaire de la clause de non-concurrence contractuelle, une cour d'appel a énoncé que le salarié, qui avait été libéré de cette clause dans les quinze jours suivant la lettre de licenciement, conformément aux modalités conventionnelles applicables entre les parties, soit par lettre recommandée avec accusé de réception présentée et notifiée le 16 mars 1998, était mal fondé à réclamer une quelconque contrepartie financière.

En statuant ainsi, alors que le point de départ du délai de quinze jours prévu par l'article susvisé était la date de réception par l'employeur de la lettre de prise d'acte de la rupture par le salarié, la cour d'appel a violé l'article 17 de l'Accord national interprofessionnel des VRP du 3 octobre 1975.

Cass. soc. 8 juin 2005, n° 03-43.321, 3e moyen, BC V n° 194.

Lorsque l'employeur a enjoint au salarié de quitter l'entreprise, le délai de quinze jours court à compter de la notification de cette injonction, et non de celle du jugement ayant prononcé la rupture du contrat de travail.

Pour débouter un salarié de sa demande en paiement d'une indemnité de non-concurrence, une cour d'appel a retenu que l'employeur l'avait libéré de la clause de non-concurrence dans les quinze jours suivant la notification du jugement, assorti de l'exécution provisoire, qui avait prononcé la rupture du contrat de travail.

En statuant ainsi, la cour d'appel a violé l'article 17 de l'Accord national interprofessionnel des voyageurs, représentants, placiers du 3 octobre 1975. En effet, la cour avait retenu que le contrat de travail avait été rompu par l'employeur près d'une année plus tôt, au moment où il avait notifié au salarié une lettre lui enjoignant de quitter l'entreprise.

Cass. soc. 31 janvier 2007, n° 04-47.842, BC V n° 18.

À défaut de renonciation dans le délai conventionnel, l'indemnité compensatrice est due en totalité.

S'agissant d'un salarié, licencié le 6 mai 1986 et qui n'avait été libéré de son obligation de non-concurrence que le 12 août 1986, soit après l'expiration du délai prévu par la convention collective, c'est à tort que, pour limiter à trois mois et huit jours la période donnant lieu à versement de l'indemnité compensatrice, une cour d'appel a retenu que le salarié n'ayant pas opposé une fin de non-recevoir à la dispense formellement accordée le 12 août 1986, sur la validité intrinsèque de laquelle il n'avait fait aucune réserve dans sa lettre de réponse du 14 août 1986, la contrepartie financière ne pouvait s'appliquer que pour la période où la dispense n'avait pas joué, alors qu'il était établi que le salarié n'avait pas été libéré de la clause dans le délai conventionnel, ce dont il résultait que l'indemnité compensatrice devait être versée en totalité.

Cass. soc. 8 juillet 1992, n° 89-41.409.

Peu importe que le salarié ait perçu des allocations de chômage.

Lorsque l'employeur a accordé la dispense de l'exécution de la clause de non-concurrence plus de quinze jours après la notification de la rupture, le salarié doit percevoir l'intégralité de l'indemnité compensatrice, alors même qu'il aurait perçu des allocations de chômage qui n'ont ni le même fondement ni le même objet que l'indemnité de non-concurrence.

Cass. soc. 27 février 1991, n° 89-40.499, 2e moyen du pourvoi incident, BC V n° 107.

Clause de non-concurrence.

VRP (Indemnité de clientèle)

Lorsque son contrat est rompu dans certaines conditions, le VRP statutaire a droit à une indemnité destinée à réparer le préjudice résultant de la perte de la clientèle qu'il a créée, développée ou apportée à l'entreprise.

Bénéficiaires

L'indemnité de clientèle est réservée au représentant statutaire, c'est-à-dire à celui qui répond à la définition légale ou dont le contrat établit l'intention de l'employeur de lui accorder le bénéfice du statut et des avantages correspondants.

En énonçant qu'un salarié ne bénéficiait pas du statut de VRP, une cour d'appel a rejeté à bon droit sa demande en paiement d'une indemnité de clientèle, dès lors qu'il n'était pas allégué qu'une telle indemnité avait été contractuellement prévue en cas de rupture du contrat de travail.

Cass. soc. 5 novembre 1992, n° 91-44.404, BC V n° 531.

Le VRP rémunéré uniquement au fixe ne peut pas prétendre à l'indemnité de clientèle.

Ayant relevé qu'un VRP ne percevait qu'une rémunération fixe et que, dès lors, il n'avait subi aucun préjudice résultant de la perte de la clientèle qu'il visitait, une cour d'appel a pu débouter l'intéressé de sa demande en paiement d'une indemnité de clientèle.

Cass. soc. 5 mars 1992, n° 89-40.256.

Rupture imputable à l'employeur

En démissionnant, le VRP perd le bénéfice de l'indemnité de clientèle.

Une cour d'appel a retenu à bon droit que l'indemnité de clientèle n'était pas due en cas de démission du représentant.

Cass. soc. 5 février 1992, n° 88-41.932.

Mais si la démission est requalifiée par les juges en licenciement, l'indemnité de clientèle est due.

L'indemnité de clientèle prévue par l'article L. 751-9 CT est due au salarié lorsque la rupture du contrat de travail du VRP est imputable à l'employeur. Une cour d'appel ayant décidé que la démission du salarié devait être requalifiée en licenciement, le droit à l'indemnité de clientèle était acquis peu important que le salarié ait immédiatement travaillé pour une société concurrente, dès lors qu'il n'était pas démontré, ni même allégué, que celui-ci prospectait la même clientèle en qualité de VRP.

Cass. soc. 17 mai 2000, n° 98-41.488.

La mise à la retraite ouvre droit au versement de l'indemnité de clientèle.

La mise à la retraite du salarié par l'employeur prévue par l'article L. 1237-5 CT constitue un mode de rupture du contrat de travail par l'employeur permettant au salarié de prétendre, s'il en remplit les conditions, à l'indemnité de clientèle prévue par l'article L. 7313-13 CT, laquelle ne se cumule pas avec l'indemnité de départ à la retraite, seule la plus élevée étant due.

Cass. soc. 11 mai 2011, n° 09-41.298, 2e moyen, BC V n° 107. Voir aussi cass. soc. 21 juin 1995, n° 91-43.639, BC V n° 210.

Le départ à la retraite fait perdre au VRP le droit à l'indemnité de clientèle.

Cass. soc. 15 janvier 2002, n° 99-45.335.

Le fait pour un VRP d'adhérer à une convention préretraite FNE après son licenciement pour motif économique n'a pas pour effet d'annuler son licenciement et ne le prive pas du droit à l'indemnité de clientèle.

L'adhésion du salarié licencié pour motif économique à une convention préretraite FNE, qui est postérieure au licenciement, n'a pas pour effet d'annuler celui-ci, en sorte que le contrat de travail a bien été résilié par l'employeur. C'est donc à bon droit, qu'après avoir constaté qu'un salarié, VRP, licencié pour motif économique et ayant adhéré à une convention de préretraite du FNE, avait créé et développé sa propre clientèle, une cour d'appel a fait droit à sa demande en paiement de l'indemnité de clientèle en cas de résiliation du contrat de travail du fait de l'employeur.

Cass. soc. 18 juillet 2000, n° 98-41.455, BC V n° 292.

Le droit à l'indemnité de clientèle s'apprécie à la date de notification du licenciement.

Le droit à l'indemnité de clientèle prenant naissance à la date de notification du licenciement, c'est à bon droit qu'une cour d'appel s'est placée à cette date pour rechercher si elle était due au représentant.

Cass. soc. 2 mars 1994, n° 90-40.375.

Le droit au bénéfice de l'indemnité de clientèle prévue par l'article L. 7313-13 CT n'est pas subordonné au fait que l'inaptitude invoquée comme motif de licenciement corresponde à une incapacité permanente totale de travail.

Cass. soc. 19 novembre 2014, n° 13-15.775, BC V n° 273.

Il résulte de l'article L. 751-9, al. 1er CT, qu'en cas de résiliation du contrat à durée indéterminée par le fait de l'employeur et lorsque cette résiliation n'est pas provoquée par une faute grave de l'employé, ainsi que dans le cas de cessation du contrat par suite d'accident ou de maladie entraînant une incapacité permanente totale de l'employé, celui-ci a droit à une indemnité pour la part qui lui revient personnellement dans l'importance en nombre et en valeur de la clientèle apportée, créée ou développée par lui.

Une VRP a été déclarée par le médecin du travail « inapte au poste mais apte à tout poste ne comprenant pas de manutention manuelle ; proposition d'aménagement ou de reclassement à étudier avec l'employeur avec possibilité de formation, mutation et étude ergonomique ». Elle a été licenciée pour inaptitude au poste qu'elle occupait dans l'entreprise et impossibilité de reclassement et a saisi le conseil de prud'hommes d'une demande en paiement d'une indemnité de clientèle.

Ayant constaté, d'une part, que l'employeur avait pris l'initiative de rompre le contrat de travail de la salariée et qu'aucune faute grave n'était reprochée à celle-ci et, ayant retenu, d'autre part, qu'il importait alors peu que l'inaptitude au travail invoquée comme cause de licenciement ait été totale ou partielle, une cour d'appel a pu décider que l'intéressée pouvait prétendre à l'indemnité de clientèle instituée par le texte précité.

Cass. soc. 8 juin 2005, n° 03-43.398, BC V n° 198.

Conditions d'attribution

• Le VRP ne doit pas avoir commis de faute grave

La faute grave du salarié lui fait perdre le bénéfice de l'indemnité de clientèle…

La faute grave du salarié, justifiant la rupture immédiate avec privation de l'indemnité compensatrice de préavis, est privative de l'indemnité de clientèle, en application de l'article L. 751-9 CT.

Cass. soc. 5 juin 1991, n° 88-43.464, BC V n° 285.

… sauf si elle est commise durant le préavis.

Le représentant qui commet une faute grave pendant son préavis ne perd pas son droit à l'indemnité de clientèle, lequel prend naissance à la date de la notification du licenciement.

Cass. soc. 1er avril 1992, n° 88-43.524, BC V n° 226.

• Le VRP doit avoir créé, apporté ou développé une clientèle

L'accroissement de la clientèle doit exister à la fois en nombre et en valeur.

Aux termes de l'article L. 751-9 CT, le VRP a droit, en principe, à une indemnité pour la part qui lui revient personnellement dans l'importance en nombre et en valeur de la clientèle apportée, créée ou développée par lui.

Doit être cassé l'arrêt qui, pour condamner une société à verser à un VRP licencié une somme à titre d'indemnité de clientèle, a énoncé qu'il convenait d'examiner l'ensemble de l'activité du représentant et que, même s'il n'avait pas développé en nombre sa clientèle, il y avait lieu de retenir qu'il avait principalement des clients grossistes, mais qu'il visitait en outre les clients de ces grossistes, alors qu'il était établi que le salarié n'avait pas développé sa clientèle en nombre.

Cass. soc. 28 octobre 1992, n° 89-44.016, BC V n° 526. Voir aussi cass. soc. 28 mars 2018, n° 16-26.724, 1er moyen.

C'est à tort que, pour décider qu'un VRP avait droit à une indemnité de clientèle, une cour d'appel a énoncé que le tableau produit par le salarié permettait de constater que son chiffre d'affaires avait régulièrement augmenté, alors qu'elle n'avait pas constaté le développement en nombre de sa clientèle.

Cass. soc. 11 mars 2009, n° 07-43.344, 2e moyen.

L'apport ou le développement de la clientèle doit être le fait du représentant.

Ayant constaté que le chiffre d'affaires réalisé par un salarié avait régulièrement augmenté durant ses six années de présence au sein d'une société à hauteur de 129 % et que la constance et la régularité de cette progression établissaient le développement par lui de la clientèle, une cour d'appel a ainsi justifié l'octroi au VRP d'une indemnité de clientèle dont elle a souverainement évalué le montant.

Cass. soc. 9 mars 2011, n° 09-66.469.

Après avoir constaté que l'augmentation constante des commissions versées à une salariée démontrait sa participation active au développement de la clientèle, une cour d'appel a pu décider que l'octroi d'une indemnité à ce titre était justifié.

Cass. soc. 27 janvier 2009, n° 07-43.437, 1re et 2e branches du 2e moyen.

Cet apport peut également résulter de la reprise par le représentant de la clientèle d'un tiers dès lors que ce dernier n'avait pas été indemnisé.

Ayant relevé qu'un salarié, VRP exclusif, avait repris la clientèle de son père avec l'accord de la société et fait ressortir que ce dernier n'en avait pas été indemnisé, de sorte qu'en succédant à son père, le salarié avait apporté à l'entreprise la clientèle développée par celui-ci, une cour d'appel a pu condamner l'employeur à verser au salarié une somme à titre d'indemnité de clientèle.

Cass. soc. 16 juin 2004, n° 02-42.674, BC V n° 170.

Lorsque le développement de la clientèle résulte d'une action conjointe de l'employeur et du représentant, ce dernier peut prétendre à l'indemnité pour la part lui revenant dans l'accroissement de la clientèle.

Selon l'article L. 751-9 CT, le VRP a droit à une indemnité pour la part qui lui revient personnellement dans l'importance en nombre et en valeur de la clientèle apportée, créée ou développée par lui. Il en résulte que le développement de la clientèle peut résulter d'une action conjointe de la société et du représentant.

Ayant fait ressortir que, nonobstant le mode de gestion pratiqué par la société qui comporte une négociation préalable avec les centrales d'achat des grandes surfaces pour ouvrir l'accès à la clientèle, un représentant avait contribué au développement en nombre et en valeur de la clientèle de la société, une cour d'appel a pu décider que le salarié avait droit à l'indemnité de clientèle.

Cass. soc. 14 octobre 1998, n° 96-40.638, BC V n° 424.

Lorsque ses fonctions ne lui permettent pas d'apporter personnellement une clientèle ou de la développer, le représentant ne peut pas prétendre au paiement d'une indemnité de clientèle.

En relevant que les fonctions effectivement exercées par un salarié étaient de seconder les chefs de ventes, d'assurer l'intérim d'un représentant malade ou d'un secteur provisoirement sans titulaire et ne permettaient pas à l'intéressé d'apporter personnellement une clientèle ou de la développer, une cour d'appel a légalement justifié sa décision de débouter le salarié de sa demande d'indemnité de clientèle.

Cass. soc. 22 mai 2001, n° 99-42.056.

La preuve de l'accroissement de la clientèle incombe au représentant.

Il incombe au représentant qui réclame le paiement de l'indemnité de clientèle d'établir qu'une part lui revient personnellement dans l'importance en nombre et en valeur de la clientèle qu'il prétend avoir apportée, créée ou développée.

Cass. soc. 21 octobre 1987, n° 85-43.048. Voir aussi cass. soc. 22 janvier 1998, n° 94-45.259 ; cass. soc. 12 janvier 2000, n° 97-43.839.

Les produits commercialisés doivent être sujets à renouvellement.

Ayant constaté, d'une part, que les produits commercialisés par le représentant étaient sujets à renouvellement, ce qui caractérisait l'existence d'une clientèle fidélisée et, d'autre part, que l'apport de celle-ci était dû à la seule activité du salarié, une cour d'appel a pu condamner l'employeur au paiement d'une indemnité de clientèle.

Cass. soc. 17 janvier 1995, n° 91-40.002.

• Le VRP doit avoir subi un préjudice résultant de la perte de sa clientèle

Le préjudice n'existe pas si le représentant a vendu sa clientèle.

Ayant constaté qu'un représentant avait, de son propre chef et sans opposition de son employeur, vendu sa clientèle à son successeur, une cour d'appel a pu décider qu'il ne pouvait réclamer à son employeur la réparation du préjudice résultant de la perte d'une clientèle dont il avait négocié la valeur avec un tiers qui lui en avait versé la contrepartie.

Cass. soc. 28 octobre 1992, n° 89-43.805, BC V n° 527.

En effet, un VRP peut céder la valeur de la clientèle, sous réserve qu'il renonce au bénéfice de l'indemnité de clientèle et que l'employeur ait donné son accord à ladite cession.

Par acte sous-seing privé du 15 juillet 1987, un VRP, devant prendre sa retraite, avait cédé son secteur à un autre VRP de la même société, moyennant le paiement de la somme de 180 000 F. Ce dernier, a fait l'objet d'un licenciement économique le 12 janvier 1996 et a perçu une somme de 30 000 F à titre d'indemnité de clientèle. Il a alors saisi le tribunal de grande instance afin d'obtenir l'annulation de la convention du 15 juillet 1987 et la restitution du prix de cession versé ainsi que des dommages-intérêts.

C'est à tort que, pour prononcer la nullité absolue de la convention passée entre les parties, une cour d'appel a dit que le cédant n'avait aucun droit sur la clientèle dont la société était propriétaire, alors qu'un VRP peut être autorisé à céder la valeur de la clientèle qu'il a apportée, créée ou développée pour son entreprise, sous réserve qu'il renonce au bénéfice de l'indemnité de clientèle à laquelle il peut prétendre et que l'employeur ait donné son accord à ladite cession.

Cass. soc. 17 décembre 2002, n° 01-01.188, BC V n° 397.

Le préjudice n'existe pas non plus si le VRP a continué à la démarcher pour le compte d'une autre société…

Après avoir exactement énoncé que l'indemnité de clientèle est destinée à réparer le préjudice que cause au représentant la perte de la clientèle qu'il a apportée, créée ou développée au profit de son employeur, une cour d'appel a constaté que le salarié, depuis son licenciement, continuait à démarcher la même clientèle et représentait, pour le compte d'une autre société, une gamme de produits concurrents de ceux de son ancien employeur. Elle en a déduit, à bon droit, qu'il ne pouvait prétendre à une indemnité de clientèle.

Cass. soc. 23 novembre 1999, n° 97-42.979, BC V n° 454.

… sauf s'il est constaté qu'il place des articles différents.

Le fait pour un représentant licencié de continuer à visiter la même clientèle que celle de son ancien employeur ne suffit pas à lui seul à le priver du droit à l'indemnité de clientèle s'il est établi qu'il place des articles différents.

Cass. soc. 23 mars 2011, n° 09-42.921, 1er moyen.

Le représentant subit un préjudice du fait de la perte de la clientèle, même si ses commissions étaient forfaitisées,…

Pour rejeter la demande d'une salariée tendant au paiement d'une indemnité de clientèle, une cour d'appel a retenu que la salariée ne répondait pas au moyen soulevé par l'employeur tenant à la novation de la partie commissionnée de son salaire en rémunération fixe.

En statuant ainsi, alors qu'il résultait de ses constatations que la salariée avait créé et développé la clientèle qu'elle avait continué à visiter pour le compte de l'entreprise, qu'elle restait rémunérée pour partie à la commission, celle-ci ayant seulement été forfaitisée, en sorte que la perte de cette clientèle lui causait un préjudice, la cour d'appel n'a pas tiré les conséquences légales de ses constatations.

Cass. soc. 10 mars 2004, n° 03-42.744, 1er moyen, BC V n° 84.

… peu important également que les revenus perçus après la rupture du contrat de travail soient plus élevés que les commissions perçues durant son activité.

L'indemnité de clientèle a pour objet de compenser la perte, pour le représentant, de la clientèle qu'il a créée, apportée ou développée au profit de son ancien employeur.

Pour débouter un salarié mis à la retraite de sa demande d'indemnité de clientèle, une cour d'appel a retenu que l'existence d'un accroissement en nombre et en valeur de la clientèle était établi, qu'en revanche, il n'était pas démontré l'existence d'un préjudice, qu'en effet, le salarié avait été mis à la retraite à taux plein à l'âge de 65 ans révolus et qu'à cet âge, il devait normalement cesser l'exercice de sa profession, qu'il percevait depuis sa mise à la retraite une pension de la CRAM d'un montant mensuel de 1 040 €, auquel s'ajoutaient des pensions de retraite complémentaire pour un montant global mensuel de 3 000 €, alors que les commissions perçues par lui au sein de la société au cours des deux dernières années s'élevaient, en moyenne, à 1 800 € par mois, que manifestement, depuis sa mise à la retraite, le salarié avait des revenus supérieurs à ceux qu'il aurait pu escompter dans le cadre du démarchage de sa clientèle.

En statuant ainsi, par des motifs inopérants tirés de la comparaison des niveaux de revenus du salarié avant et après la rupture, la cour d'appel a violé les articles L. 1237-5 et L. 7313-13 CT.

Cass. soc. 11 mai 2011, n° 09-41.298, précité.

Charge de la preuve

Il appartient à l'employeur qui soutient que l'indemnité de clientèle n'est pas due à son ancien représentant d'alléguer et de prouver que le salarié a continué à visiter la clientèle apportée, créée ou développée par lui.

Pour débouter un VRP de sa demande d'indemnité de clientèle, une cour d'appel a énoncé que l'intéressé ne justifiait pas que la perte de la clientèle subie du fait de la rupture des relations contractuelles n'avait pas été immédiatement compensée par de nouveaux contrats de représentation.

En statuant ainsi, alors qu'il appartenait à l'employeur de prouver que le salarié avait continué à visiter la clientèle apportée, créée ou développée par lui, la cour d'appel a violé les articles 1315 c. civ. et L. 751-9 CT.

Cass. soc. 11 février 2004, n° 02-40.601, 1er moyen, BC V n° 52. Voir aussi cass. soc. 13 octobre 1993, n° 89-45.458, BC V n° 233 ; cass. soc. 22 mai 2001, n° 99-40.293.

Renonciation

• Si le montant de l'indemnité de clientèle est inférieur à celui de l'indemnité conventionnelle de licenciement, le VRP peut renoncer à l'indemnité de clientèle, ces indemnités ne pouvant se cumuler (art. L. 7313-17 CT)

La renonciation à l'indemnité de clientèle ne peut pas être antérieure à la rupture du contrat.

Un salarié ne peut, avant l'expiration du contrat de travail, valablement renoncer au bénéfice de l'indemnité de clientèle en contrepartie du bénéfice de l'indemnité spéciale de rupture qui présente un caractère forfaitaire.

Est donc réputée non écrite la clause d'un contrat de travail prévoyant renonciation à l'indemnité de clientèle au profit de l'indemnité spéciale conventionnelle de rupture.

Cass. soc. 3 décembre 1987, n° 85-40.747, BC V n° 701. Voir aussi cass. soc. 17 décembre 1997, n° 95-42.807.

La renonciation doit intervenir dans un certain délai…

Aux termes de l'article 14 de l'Accord national interprofessionnel des VRP, la renonciation à l'indemnité de clientèle doit intervenir dans les 30 jours de la lettre de rupture du contrat.

C'est donc à tort qu'une cour d'appel a débouté un VRP de sa demande en paiement de l'indemnité spéciale conventionnelle de rupture au motif que l'intéressé ne justifiait pas avoir renoncé à l'indemnité de clientèle dans les 30 jours de sa lettre de rupture, alors que, dans sa requête introductive d'instance formée dans ce même délai, le salarié avait sollicité le paiement de l'indemnité spéciale conventionnelle de rupture et n'avait pas formulé de demande au titre de l'indemnité de clientèle, renonçant ainsi au paiement de cette dernière indemnité dans le délai imparti par le texte précité.

Cass. soc. 20 mars 1991, n° 87-45.719, BC V n° 148.

… et elle doit être expresse.

C'est à tort que, pour condamner un employeur à verser à son ancien salarié l'indemnité spéciale conventionnelle de rupture, une cour d'appel a énoncé que, s'il n'avait pas formellement renoncé à l'indemnité de clientèle dans le délai prévu, il n'en avait pas davantage revendiqué le bénéfice, alors que le représentant n'avait pas renoncé de manière expresse à l'indemnité de clientèle dans les trente jours suivant l'expiration du contrat de travail.

Cass. soc. 18 mars 1992, n° 88-40.923, BC V n° 191.

La requête introductive d'instance qui porte sur la seule indemnité conventionnelle de rupture ne constitue pas une renonciation à l'indemnité de clientèle.

Deux VRP, licenciés pour motif économique, saisissent le juge prud'homal d'une demande en paiement de l'indemnité conventionnelle de rupture.

L'employeur, qui a indiqué dans ses conclusions que les salariés « non seulement n'ont pas renoncé expressément à l'indemnité de clientèle mais ont clairement manifesté leur volonté de bénéficier de cette indemnité » est irrecevable à soutenir que la demande initiale des salariés, qui porte sur la seule indemnité conventionnelle de rupture, constitue une renonciation à l'indemnité de clientèle. Par suite, la cour d'appel, qui n'a pas alloué aux salariés d'indemnité conventionnelle de rupture, a pu apprécier l'indemnité de clientèle à laquelle ils pouvaient prétendre.

Cass. soc. 25 juin 2003, n° 01-43.717, 4e moyen, BC V n° 207.

La seule acceptation par le salarié du versement spontané par l'employeur de l'indemnité spéciale de rupture ne suffit pas à caractériser la renonciation du salarié.

La seule acceptation par le salarié du versement spontané par l'employeur de l'indemnité spéciale de rupture ne suffit pas à caractériser la renonciation du salarié à l'indemnité de clientèle, dans les conditions fixées par l'article 14 de l'Accord national interprofessionnel des VRP du 3 octobre 1975.

Cass. soc. 17 décembre 1997, n° 95-42.807, précité.

Mode de calcul

La loi ne fixant pas le montant de l'indemnité de clientèle, c'est aux juges du fond de décider quelle somme réparera équitablement le préjudice subi par le VRP du fait de la perte de clientèle.

N'étant tenue par la loi de se conformer à aucun mode de calcul imposé pour déterminer l'importance de l'indemnité de clientèle, une cour d'appel a pu en apprécier souverainement l'évaluation en fonction du préjudice subi.

Cass. soc. 12 janvier 1994, n° 92-42.749, 2e moyen. Voir aussi cass. soc. 3 mai 2001, n° 99-40.912, 5e moyen.

Seules les commissions sont à prendre en compte dans la base de calcul de l'indemnité, sauf lorsque le salaire fixe est déterminé en fonction de la clientèle.

S'agissant d'un VRP rémunéré à la fois au fixe et à la commission, c'est à bon droit qu'une cour d'appel a intégré le salaire fixe dans la base de calcul de l'indemnité de clientèle, dès lors que celui-ci était en corrélation avec l'importance de la clientèle ; en effet, il rémunérait la prospection du représentant jusqu'à un montant du chiffre d'affaires au-delà duquel celle-ci l'était par des commissions.

Cass. soc. 19 mars 1986, n° 83-41.668.

Déduction des frais professionnels.

Les frais professionnels inclus dans les commissions doivent en être déduits pour le calcul de l'indemnité de clientèle.

Cass. soc. 19 octobre 1983, n° 81-41.437, BC V n° 517.

Transfert de l'entreprise.

En cas de modification dans la situation juridique de l'employeur, c'est à la date d'embauche par le premier employeur qu'il faut se placer pour apprécier dans quelle mesure le représentant a développé la clientèle jusqu'au moment de son départ de la maison.

Cass. soc. 20 octobre 1993, n° 91-45.853.

Cession de carte entre VRP : lorsque le représentant a repris la clientèle de son prédécesseur, l'indemnité de clientèle est calculée en prenant en compte la clientèle apportée par le premier représentant.

Ayant constaté qu'un représentant avait repris la clientèle de son père avec l'accord de l'employeur, qui ne soutenait pas avoir désintéressé à ce titre son précédent représentant, une cour d'appel a pu condamner l'employeur à payer au second représentant une indemnité de clientèle prenant en compte la clientèle apportée et développée par le premier.

Cass. soc. 6 décembre 1994, n° 90-45.105.

Intérêts moratoires.

L'indemnité de clientèle ne produit d'intérêts moratoires qu'à compter du jour où elle est judiciairement fixée.

Cass. soc. 8 mars 1995, n° 93-41.669.

Date d'évaluation

L'indemnité de clientèle doit en principe se calculer au moment de la rupture du contrat.

Cass. soc. 22 janvier 1976, n° 74-40.576, BC V n° 46. Voir aussi cass. soc. 31 octobre 2012, n° 11-18.612.

Mais lorsque la diminution des résultats d'un VRP est consécutive à une modification unilatérale de son secteur par l'employeur, les juges peuvent se placer au moment où cette modification est intervenue pour évaluer l'indemnité de clientèle.

Doit être rejeté le pourvoi d'une société reprochant à une cour d'appel de ne pas avoir évalué l'indemnité de clientèle d'un VRP, licencié pour insuffisance de résultats, au moment de son licenciement. En effet, si, en principe, cette indemnité doit se calculer au moment de la rupture, les juges du fond peuvent, après avoir constaté, d'une part, que le principe de l'indemnité n'était pas contesté par l'employeur et, d'autre part, que le représentant avait créé, développé ou apporté une clientèle et que la diminution des résultats de celui-ci était la conséquence de la modification unilatérale de son secteur par l'employeur, se placer au moment où cette modification est intervenue pour évaluer l'indemnité de clientèle du salarié.

Cass. soc. 18 mars 2003, n° 01-42.255, BC V n° 101.

Nature juridique de l'indemnité de clientèle

L'indemnité de clientèle a un caractère indemnitaire.

L'indemnité de clientèle a pour objet de réparer le préjudice causé au représentant par la perte de la clientèle qu'il avait apportée, créée ou développée au profit de son ancien employeur.

Doit être cassé l'arrêt qui, pour condamner un employeur au paiement d'une indemnité de clientèle, énonce que le chiffre d'affaires de l'entreprise a progressé depuis la date d'embauche du salarié et détermine le montant de l'indemnité en tenant compte de l'activité personnelle du salarié et de l'absence de clause de concurrence, sans rechercher si le salarié avait, d'une part, créé, apporté ou développé une clientèle au profit de son ancien employeur et, d'autre part, subi une perte de clientèle à la suite de son licenciement.

Cass. soc. 1er avril 1992, n° 89-40.136, 2e moyen, BC V n° 238.

Toutefois, lorsque, au cours du contrat, l'employeur a versé au représentant une rémunération spéciale destinée à l'indemniser de la clientèle apportée, créée ou développée par lui, cette rémunération constitue un élément de salaire qui reste acquis au représentant…

C'est à tort que, pour condamner un salarié à restituer à l'employeur le montant des sommes versées au titre de la rémunération spéciale, une cour d'appel a énoncé que cette rémunération constituait un acompte sur l'indemnité de clientèle, que celle-ci n'était pas due parce que le représentant avait commis une faute grave et qu'en conséquence, il devait rembourser cette avance, alors que la rémunération spéciale versée par l'employeur pour indemniser le salarié de la clientèle apportée, créée ou développée par lui constituait un élément de salaire qui restait acquis au représentant et ne pouvait donner lieu à restitution même en cas de faute grave.

Cass. soc. 23 novembre 1999, n° 97-43.250, BC V n° 455.

… et qui doit être pris en compte pour le montant net perçu par le représentant dans le calcul de l'indemnité de clientèle versée lors de la résiliation du contrat.

Il résulte de l'article L. 751-9, al. 1er CT que si la rémunération spéciale versée par l'employeur, pour indemniser le salarié ayant la qualité de représentant de l'importance en nombre et en valeur de la clientèle apportée, créée ou développée par lui, a la nature d'un salaire qui lui reste acquis, même en cas de faute grave, cette rémunération doit être prise en compte pour le montant net qu'il a perçu, dans le calcul de l'indemnité de clientèle à laquelle il a droit lors de la résiliation du contrat.

Cass. soc. 18 novembre 2003, n° 01-44.202, BC V n° 290. Voir aussi cass. soc. 26 octobre 2017, n° 13-24.118, 8e moyen du pourvoi principal et 3e moyen du pourvoi incident.

Cumul avec d'autres indemnités

L'indemnité de clientèle ne se cumule pas avec l'indemnité de licenciement…

L'indemnité de clientèle, calculée d'après le dommage résultant pour le représentant de l'impossibilité de continuer à bénéficier des ordres de la clientèle, apportée par lui-même à son employeur, est destinée, comme l'indemnité légale de licenciement, à réparer le préjudice subi par le salarié du fait de son départ de l'entreprise. Il en résulte que ces deux indemnités, destinées aux mêmes fins, ne sont pas cumulables, seule la plus élevée étant due.

Cass. soc. 20 mars 1980, n° 78-40.363, BC V n° 287. Voir aussi cass. soc. 14 novembre 2018, n° 17-21.026.

… ni avec l'indemnité de mise à la retraite.

Cass. soc. 11 mai 2011, n° 09-41.298, précité. Voir aussi cass. soc. 21 juin 1995, n° 91-43.639, précité.

Les juges qui déboutent un VRP de sa demande d'indemnité de clientèle doivent statuer sur son droit à l'indemnité légale de licenciement, qui constitue le minimum auquel le salarié a droit et dont le montant est nécessairement inclus dans la demande d'indemnité de clientèle dont ils ont été saisis.

Après avoir débouté un représentant de sa demande en paiement d'une indemnité de clientèle, une cour d'appel devait statuer sur son droit à une indemnité de licenciement.

En s'abstenant d'allouer à l'intéressé, pour la durée totale de son ancienneté, l'indemnité légale de licenciement qui constituait le minimum auquel il avait droit et dont le montant était nécessairement inclus dans la demande d'indemnité de clientèle plus élevée et dont elle avait été saisie pour cette période, la cour d'appel a violé les articles L. 122-9 et L. 751-9 CT et l'article 12 NCPC.

Cass. soc. 9 mars 2005, n° 02-46.149, BC V n° 84. Voir aussi cass. soc. 18 janvier 2011, n° 09-40.267, 2e branche du moyen unique du pourvoi incident.

Il appartient au juge qui accorde une indemnité de clientèle de vérifier si son montant est au moins égal à celui de l'indemnité légale de licenciement.

Le représentant licencié a droit au paiement d'une indemnité au moins égale à l'indemnité légale de licenciement ; il revient en conséquence au juge qui accorde une indemnité de clientèle, en réponse à une demande incluant nécessairement l'indemnité légale de licenciement, de vérifier que la somme allouée n'est pas inférieure au montant de cette dernière et, si tel est le cas, de retenir le montant de l'indemnité légale de licenciement. Un salarié, engagé par une société comme directeur commercial le 4 janvier 1993 puis en qualité de VRP le 1er mai 1999, a été licencié le 9 novembre 2010.

Ayant fixé l'indemnité de clientèle à un certain montant, une cour d'appel a retenu que le salarié ne formulait aucune demande subsidiaire, ayant opté pour la seule demande afférente à cette indemnité.

En statuant ainsi, sans s'assurer que le montant de l'indemnité de clientèle retenu respectait ce minimum légal, la cour d'appel a privé sa décision de base légale au regard des articles L. 1234-9 et L. 7313-13 CT, 13 de l'accord interprofessionnel des voyageurs représentants placiers du 3 octobre 1975 et 12 c. proc. civ.

Cass. soc. 2 juillet 2014, n° 12-29.902, pourvoi principal, BC V n° 169. Voir aussi cass. soc. 26 octobre 2017, n° 13-24.118, précité.

En revanche, l'indemnité de clientèle se cumule avec l'indemnité de non-concurrence.

L'indemnité de clientèle, qui a pour objet de réparer le préjudice causé au représentant par la perte de la clientèle qu'il a créée, apportée ou développée au profit de son ancien employeur, peut se cumuler avec la contrepartie de la clause de non-concurrence destinée à compenser le dommage résultant, après l'expiration des relations de travail, de la restriction apportée à l'activité du salarié, et qui répare un préjudice différent.

Cass. soc. 6 juin 1990, n° 87-44.104, BC V n° 271.

Si l'article 13 de l'Accord national interprofessionnel du 3 octobre 1975 dispose que l'indemnité conventionnelle de rupture qu'il prévoit ne peut se cumuler avec l'indemnité de clientèle, il n'en résulte pas qu'elle ne peut se cumuler avec des rémunérations accordées en cours de contrat pour le même objet que l'indemnité de clientèle.

C'est à bon droit qu'une cour d'appel a retenu que le fait pour le salarié d'avoir perçu, au cours de l'exécution du contrat de travail, une rémunération spéciale ayant pour objet de rémunérer le développement et la création de clientèle ne pouvait le priver du bénéfice de l'indemnité prévue par l'article 13 de l'Accord national interprofessionnel du 3 octobre 1975, dès lors qu'il remplissait les conditions pour y prétendre, peu important qu'il ait été rémunéré à la commission.

Cass. soc. 25 juin 2003, n° 01-43.717, 3e moyen, BC V n° 207.

☛ *Préavis ; VRP (Bénéfice du statut).*

VRP (Rémunération)

Bien qu'ils puissent être rémunérés au fixe, les VRP statutaires sont généralement rémunérés à la commission.

En outre, les représentants exclusifs à temps plein bénéficient d'une rémunération minimale garantie.

Le SMIC n'est pas applicable aux représentants de commerce, sauf s'ils sont assujettis à un horaire contrôlable.

Enfin, lors de la cessation du contrat de travail, les VRP ont droit à des commissions de retour sur échantillonnage correspondant aux commandes non encore transmises à la date de leur départ mais qui sont la suite directe de leur activité.

Commissions

• Affaires donnant lieu à commission

Les commissions sont, en principe, calculées sur les ordres directs (affaires traitées directement par le représentant). Si le contrat ou l'usage le prévoit, elles peuvent également être dues sur les ordres indirects (commandes de la clientèle du secteur du VRP, même en l'absence de toute intervention de sa part).

Doit être cassé le jugement condamnant un employeur à payer à un représentant une somme à titre de commission sur location dans son secteur de matériel, après avoir relevé que le contrat de travail ne stipulait pas de conditions spéciales de rémunération en cas d'affaires indirectes, alors que les commissions sur les ordres indirects ne sont dues au représentant que dans le cas d'un accord ou d'un usage dont le juge du fond n'a pas, en l'espèce, constaté l'existence.

Cass. soc. 15 novembre 1988, n° 85-42.543, BC V n° 599.

C'est au représentant de prouver l'existence d'une clause expresse du contrat ou d'un usage dans la profession et la région prévoyant le paiement de commissions sur les ordres indirects.

C'est à bon droit qu'une cour d'appel a débouté un VRP de sa demande en paiement d'une commission sur une affaire avec un client de son secteur conclue par son employeur, après avoir constaté que la commande en cause ne devait rien aux diligences du représentant qui n'avait pas apporté la preuve qui lui incombait d'une disposition contractuelle ou d'un usage lui donnant droit à des commissions indirectes.

Cass. soc. 24 novembre 1993, n° 90-40.901.

L'exclusivité du secteur ne suffit pas à faire bénéficier le représentant de commissions sur les ordres indirects.

Les commissions sur les ordres indirects ne sont dues que dans le cas d'un accord contractuel ou d'un éventuel usage ; l'exclusivité du secteur a pour seul effet d'en réserver la prospection à un seul représentant, sans pour autant le faire bénéficier de commissions sur les commandes adressées directement à l'employeur.

Cass. soc. 19 janvier 1994, n° 90-40.357, 3e moyen.

La passation d'un marché sur appel d'offres n'ouvre pas droit à commissions.

A violé les articles L. 751-1 CT et 1315 CC la cour d'appel qui a condamné un employeur à payer à un VRP des rappels de commissions sur un client à la suite de la passation d'un marché sur appel d'offres, alors que la réalisation de ces marchés ne résulte que de la comparaison des offres effectuées par les différentes entreprises intéressées, le représentant n'y ayant aucune part, ni sa personnalité ni celle de l'entreprise n'étant prises en considération. La passation d'un marché sur appel d'offres n'ouvre pas droit à commissions pour le représentant. En effet, la réalisation d'un tel marché ne résulte que de la comparaison des offres effectuées par les différentes entreprises intéressées, le représentant n'y ayant aucune part, ni sa personnalité ni celle de l'entreprise n'étant prises en considération

Cass. soc. 29 janvier 2002, n° 99-44.323, 1re branche du 2e moyen, BC V n° 41.

• Acquisition du droit à commission

Le droit à commission naît de la prise d'ordre : la simple prise de contact avec la clientèle, en l'absence de prise d'ordre, n'ouvre pas droit à une commission sur la commande.

C'est à tort qu'une salariée, engagée en qualité d'attachée commerciale avec le statut de VRP, reproche à une cour d'appel de l'avoir déboutée de sa demande tendant à voir reconnaître son droit à commission sur une commande : après avoir relevé que la salariée n'avait pris aucun ordre, se bornant à une prise de contact, la cour d'appel a exactement décidé que l'intéressée ne pouvait prétendre à une commission.

Cass. soc. 9 octobre 2001, n° 99-44.353, 1er moyen du pourvoi principal, BC V n° 314.

En principe, la commission est due au VRP dès la passation de la commande.

À défaut de convention ou d'usage contraire, la commission est due au VRP dès que la commande est prise et acceptée, sans qu'il y ait lieu de prendre en considération la livraison de la marchandise ou le paiement par le client.

Cass. soc. 25 mars 2009, n° 07-43.587, 2e moyen.

A légalement justifié sa décision la cour d'appel qui, pour condamner une société à payer à son représentant une commission sur une commande qui avait été annulée, a relevé, d'une part, que, sauf convention contraire inexistante en l'espèce, la commission est due au représentant dès que la commande est acceptée par l'employeur et que son paiement ne saurait dépendre de l'exécution de la commande ou de l'encaissement du prix, a constaté, d'autre part, que le contrat passé avec l'acquéreur ne lui avait pas conféré la faculté de l'annuler par une décision arbitraire, mais seulement si le matériel livré ne répondait pas aux conditions requises, ce qui avait été le cas, et en a déduit enfin qu'il s'agissait d'une vente ferme dont l'annulation ne pouvait faire perdre au représentant son droit à commission.

Cass. soc. 13 février 1984, n° 81-42.241, BC V n° 61.

Un usage ou un accord peut toutefois subordonner le droit à commission à l'exécution de la commande.

C'est à bon droit qu'une cour d'appel a condamné le locataire-gérant du fonds de commerce d'une société à payer à un représentant des commissions correspondant à des commandes prises par l'intéressé à l'époque où le locataire-gérant n'était pas l'employeur du représentant, après avoir constaté l'existence d'un usage d'entreprise selon lequel les commissions n'étaient versées au salarié qu'après recouvrement du montant des factures par l'employeur, de sorte que, faute d'un tel recouvrement au moment de la modification dans la situation juridique de l'entreprise, les commissions devaient être réglées par le locataire-gérant, employeur de l'intéressé lors de leur exigibilité.

Cass. soc. 24 janvier 1989, n° 85-43.572, BC V n° 55.

L'employeur ne peut alors refuser de payer les commissions qu'en justifiant du motif de non-encaissement des factures.

C'est à tort que, pour débouter un VRP de sa demande de rappel de commissions, une cour d'appel a énoncé qu'il ne rapportait pas la preuve qu'il lui restait dû par son employeur un rappel de commissions au titre des « clients ordinaires », une clause de son contrat de travail ouvrant le droit aux commissions au fur et à mesure des encaissements, alors qu'il appartient à l'employeur de justifier du motif de non-encaissement éventuel de certaines factures.

Cass. soc. 8 juin 1994, n° 90-43.709.

S'il peut être contractuellement prévu que les commandes non menées à bonne fin n'ouvrent pas droit à commission, c'est à la condition que ce soit sans faute de l'employeur et sans que le salarié soit privé des commissions qui lui étaient dues sur des contrats effectivement réalisés.

Cass. soc. 25 mars 2009, n° 07-43.587, 1er moyen.

• Calcul

En l'absence de clause contraire, les commissions se calculent sur le prix facturé aux clients, sans qu'il y ait lieu d'en déduire les taxes, et notamment la TVA.

Cass. soc. 20 mai 1998, n° 95-41.169, BC V n° 274.

• Périodicité du paiement

Selon l'article L. 7313-7 CT, les commissions doivent être payées au moins tous les trois mois.

Doit être approuvé l'arrêt ayant condamné un employeur qui avait réglé ses commissions à un VRP une fois par an au paiement de dommages-intérêts en réparation du préjudice causé par l'accumulation des retards de paiement, la cour d'appel ayant constaté l'existence, pour le créancier, d'un préjudice indépendant du simple retard apporté au paiement par le débiteur et causé par sa mauvaise foi.

Cass. soc. 8 octobre 1992, n° 91-43.638.

• Action en paiement de commissions

Lorsque le salarié réclame le paiement de commissions calculées sur le chiffre d'affaires de l'entreprise, l'employeur est tenu de produire en justice les documents justifiant du chiffre d'affaires réalisé.

Lorsque le calcul de la rémunération dépend d'éléments détenus par l'employeur, celui-ci est tenu de les produire en vue d'une discussion contradictoire. A violé l'article 1315 c. civ. la cour d'appel qui, pour débouter un VRP dont la rémunération était composée d'un fixe et de commissions calculées sur le chiffre d'affaires réalisé par l'employeur, de sa demande en paiement de commissions, a énoncé que nul document probant ne permettait de présumer du montant du chiffre d'affaires sur lequel le salarié prétendait percevoir une commission, alors qu'il appartenait à l'employeur de justifier du chiffre d'affaires réalisé pendant la période sur laquelle portait la réclamation.

Cass. soc. 18 décembre 2001, n° 99-43.538, 1er moyen, BC V n° 389.

• Commissions de retour sur échantillonnage

Les commissions de retour sur échantillonnage portent sur les commandes passées par la clientèle du représentant après l'expiration du contrat et qui sont la suite directe de l'activité déployée par lui avant cette date.

Doit être cassé l'arrêt ayant alloué à un salarié des commissions de retour sur échantillonnage pour quatre contrats, sans rechercher si ces marchés étaient la suite des diligences du salarié antérieures à la rupture du contrat de travail, ce qui était contesté par l'employeur.

Cass. soc. 19 janvier 1994, n° 90-40.357, 5e moyen.

Il appartient à l'employeur de fournir les justificatifs des ordres passés par le représentant et le chiffre d'affaires en résultant.

Pour débouter un salarié de ses demandes en paiement des commissions de retours sur échantillonnages, une cour d'appel a retenu que si l'activité accomplie par le représentant jusqu'à son terme et notamment pendant le préavis, avait nécessairement généré des commandes qui ne s'étaient concrétisées qu'après son départ, les éléments produits par les parties ne permettaient pas de liquider le montant de l'indemnité à laquelle il avait droit à ce titre.

En statuant ainsi, alors que le VRP a droit au paiement des commissions sur les ordres non encore transmis à la date de départ de l'entreprise qui sont la suite directe des échantillonnages et des prix faits, antérieurs à l'expiration du contrat, et qu'il appartient à l'employeur de fournir les justificatifs des ordres ainsi passés et le chiffre d'affaires en résultant, la cour d'appel, qui a inversé la charge de la preuve, a violé les articles 1315 c. civ. et L. 7313-11 CT.

Cass. soc. 7 mars 2012, n° 09-71.612, 7e moyen.

Les commissions de retour sur échantillonnage sont dues dans tous les cas de cessation du contrat.

Il résulte de l'article L. 751-8 CT que, quelle que soit la cause de la cessation des services de l'employé, celui-ci a toujours droit, à titre de salaire, aux commissions et remises sur les ordres non encore transmis à la date de son départ de l'établissement, mais qui sont la suite directe des échantillonnages et des prix faits antérieurs à l'expiration du contrat.

C'est donc à tort que, pour débouter un VRP de sa demande en paiement de commissions de retour sur échantillonnage, une cour d'appel a retenu que la violation des dispositions du contrat et la concurrence déloyale établies à l'encontre du salarié constituaient, eu égard aux circonstances et par leur nature, une faute lourde privative de toutes indemnités, alors que la cause de la cessation des services d'un représentant ne saurait le priver de telles commissions.

Cass. soc. 25 mai 1981, n° 79-41.618, 2e moyen, BC V n° 464. Voir aussi cass. soc. 10 avril 2013, n° 12-11.658, 2e moyen.

Peu importe que le représentant continue à prospecter la même clientèle.

Le VRP a toujours droit à titre de salaire aux commissions sur les ordres non encore transmis à la date de son départ, mais qui sont la suite directe des échantillonnages et des prix faits antérieurs à l'expiration du contrat.

C'est donc à tort que, pour rejeter la demande de commissions de retour sur échantillonnages, une cour d'appel a énoncé qu'étant entré chez un concurrent et ayant continué à prospecter la même clientèle, un VRP n'avait subi aucun préjudice.

Cass. soc. 22 mai 1995, n° 91-41.982.

Rémunération minimale garantie

• Conditions d'octroi

L'Accord national interprofessionnel des VRP accorde au représentant engagé à titre exclusif par un seul employeur une ressource minimale forfaitaire pour chaque trimestre d'emploi à temps plein.

Selon l'article 5 de l'accord national interprofessionnel du 3 octobre 1975, seul le représentant engagé à titre exclusif a droit à une ressource minimale forfaitaire.

Après avoir constaté que le contrat de travail d'une salariée engagée en qualité de VRP à temps partiel ne comportait pas de clause d'exclusivité et l'autorisait à travailler pour un autre employeur, dès lors qu'il ne s'agissait pas d'une entreprise concurrente, une cour d'appel a pu en déduire que la salariée ne pouvait pas prétendre au bénéfice de la rémunération minimale conventionnelle.

Cass. soc. 25 mars 2010, n° 08-43.156, 1er moyen, BC V n° 76. Voir aussi cass. soc. 31 mars 2016, n° 14-27.228.

N'est pas une clause d'exclusivité la clause stipulant que le VRP est tenu à une obligation de fidélité lui interdisant de s'intéresser, directement ou indirectement, à une entreprise concurrente ou de collaborer, sous quelque forme que ce soit, avec une telle entreprise.

Pour dire que la salariée pouvait prétendre au bénéfice de la rémunération minimale forfaitaire prévue par l'article 5 de l'accord national interprofessionnel des VRP, une cour d'appel a retenu que les contrats de travail signés le même jour par la salariée, d'une part, avec la société B, d'autre part avec la société M, étaient strictement identiques tant en ce qui concerne leur forme que le contenu de leurs clauses, seul variant le nom de l'employeur. Ils portaient sur le même produit, les vins du Val de Loire, sur le même territoire, l'Yonne, et sur la même clientèle. Ils étaient tous deux signés de M. B, gérant, pour l'employeur. La clause contenue dans ces contrats, rédigée en termes identiques, stipulant que la salariée était tenue à une obligation de fidélité lui interdisant de s'intéresser, directement ou indirectement, à une entreprise concurrente ou de collaborer, sous quelque forme que ce soit, avec une telle entreprise, s'analysait en une clause d'exclusivité et de non-concurrence.

En statuant ainsi, alors que la clause contractuelle liant la salariée à la société B et à la société M, n'interdisait pas à la salariée d'effectuer, pour le compte d'un tiers, des opérations autres que celles portant sur des produits susceptibles de concurrencer ses co-employeurs, ce dont il résultait qu'elle ne s'analysait pas en une clause d'exclusivité, la cour d'appel a violé les articles 1134 c. civ. et 5 de l'accord national interprofessionnel des VRP du 3 octobre 1975.

Cass. soc. 8 juin 2011, n° 09-41.019, BC V n° 148.

Dès lors qu'il est engagé à titre exclusif, un VRP ne peut pas se voir imposer de travailler à temps partiel et a droit à la rémunération minimale forfaitaire prévue par l'Accord national interprofessionnel des VRP.

La clause par laquelle un salarié s'engage à consacrer l'exclusivité de son activité à un employeur porte atteinte à la liberté du travail. Elle n'est valable que si elle est indispensable à la protection des intérêts légitimes de l'entreprise et que si elle est justifiée par la nature de la tâche à accomplir et proportionnée au but recherché. Il en résulte que la clause du contrat de travail par laquelle un salarié s'engage à travailler pour un employeur à titre exclusif et à temps partiel ne peut lui être opposée et lui interdire de se consacrer à temps complet à son activité professionnelle. Un VRP, s'il est engagé à titre exclusif, ne peut se voir imposer de travailler à temps partiel et a droit à la rémunération minimale forfaitaire prévue par l'article 5 de l'Accord national interprofessionnel des VRP.

Doit être cassé l'arrêt qui, pour limiter le montant des demandes d'un VRP, a énoncé, notamment, que la salariée ne rapportait pas la preuve qu'elle travaillait à temps plein, alors que la cour d'appel avait constaté que la salariée avait été engagée à titre exclusif.

Cass. soc. 11 juillet 2000, n° 98-40.143, BC V n° 276. Voir aussi cass. soc. 11 juillet 2000, n° 98-43.240, BC V n° 277 ; cass. soc. 2 avril 2003, n° 01-41.494, 1re branche du moyen.

Engagée le 1er septembre 1987 en qualité de VRP exclusif à temps partiel, pour exercer une activité de conseillère en beauté sur un secteur, une salariée a saisi la juridiction prud'homale afin d'obtenir son affiliation par l'employeur à la caisse de retraite complémentaire des cadres et sa condamnation au paiement de dommages-intérêts. Devant la cour d'appel, elle a formé une demande nouvelle tendant à obtenir la requalification de son contrat à temps partiel en un contrat à temps complet, et la condamnation de l'employeur au paiement d'un rappel de salaire au titre de la ressource minimale forfaitaire.

Doit être cassé l'arrêt qui a débouté la salariée de cette demande, alors que la salariée avait droit à la rémunération minimale forfaitaire prévue par l'Accord national interprofessionnel des VRP.

Cass. soc. 11 mai 2005, n° 03-40.837, BC V n° 161.

Le représentant exclusif non tenu de rendre compte de son activité bénéficie néanmoins de la rémunération minimale forfaitaire.

Les dispositions de l'Accord national interprofessionnel du 3 octobre 1975 s'appliquent aux représentants de commerce travaillant dans les conditions définies par les articles L. 751-1 à L. 751-3 CT et qui rendent effectivement compte de leur activité à leur employeur, dès lors que celui-ci leur en a fait la demande.

Ayant relevé qu'un représentant de commerce exerçait sa profession de façon exclusive et constante et constaté que son contrat ne l'obligeait pas à établir un rapport journalier ou hebdomadaire et que la société ne lui avait jamais réclamé de tels rapports, un conseil de prud'hommes a pu décider que l'intéressé devait bénéficier de la rémunération minimale forfaitaire.

Cass. soc. 22 janvier 1998, n° 94-44.192.

Le bénéfice de cette ressource minimale est assuré durant la période d'essai.

La possibilité de convenir d'une période d'essai, prévue par l'article L. 751-6 CT, n'a d'autre effet que d'autoriser les parties à mettre un terme, pendant un certain délai, aux relations contractuelles sans indemnités de rupture et ne saurait priver le salarié de la rémunération minimale prévue à son profit par la convention collective pendant la durée de son activité ni en différer le point de départ.

C'est donc à bon droit qu'un conseil de prud'hommes a déclaré nulles et non avenues les clauses du contrat de travail d'un VRP exclusif prévoyant que le mois suivant l'embauche serait considéré comme période de stage uniquement rémunéré à la commission.

Cass. soc. 25 octobre 1995, n° 93-46.041. Voir aussi cass. soc. 5 mai 1999, n° 97-40.443.

• Modalités de calcul

La rémunération minimale conventionnelle est égale, pour chaque trimestre d'emploi à temps plein, à 520 fois le taux horaire du SMIC, déduction faite des frais professionnels.

S'agissant d'un VRP dont le contrat de travail prévoyait une rémunération à la commission incluant 30 % de frais professionnels et qui avait saisi la juridiction prud'homale d'une demande de rappel de ressource minimale, un conseil de prud'hommes a décidé à bon droit que les frais professionnels contractuellement prévus devaient être déduits des commissions effectivement perçues par le salarié et que c'est après cette déduction qu'il y avait lieu d'apprécier si l'intéressé avait perçu la rémunération minimale conventionnelle.

Cass. soc. 28 février 1996, n° 92-43.709.

Les frais professionnels doivent être déduits pour leur montant réel.

C'est à tort qu'une cour d'appel a retenu, pour le calcul des frais professionnels inclus dans les commissions, un pourcentage forfaitaire non prévu par la convention collective, sans rechercher le montant réel des frais professionnels déductibles des commissions effectivement versées, pour comparer celles-ci au minimum conventionnel.

Cass. soc. 12 janvier 1993, n° 88-44.414.

• Versement

Il résulte de la combinaison des articles L. 122-42 et L. 751-1 CT et de l'article 5-1 de l'Accord national interprofessionnel des VRP du 3 octobre 1975, d'une part, qu'un VRP engagé à titre exclusif a droit à la ressource minimale forfaitaire instituée par ce dernier texte et, d'autre part, que toute retenue pratiquée par l'employeur sur cette ressource minimale constitue une sanction pécuniaire illicite.

Lorsque l'employeur n'a pas effectivement versé au VRP chaque trimestre le montant de cette ressource, il ne peut se prévaloir de la possibilité, prévue par le 6° de l'article 5-1 précité, de déduire le complément de salaire des rémunérations contractuelles échues au cours des trois trimestres suivants.

Cass. soc. 30 novembre 2004, n° 03-44.635, BC V n° 315. Voir aussi cass. soc. 28 février 2006, n° 03-47.880, 3e moyen, BC V n° 89.

☛ *Sanctions pécuniaires (Notion).*

Non-application du SMIC

Le SMIC n'est en principe pas applicable aux représentants de commerce…

Le VRP exclusif, libre d'organiser son activité sans être soumis à un horaire déterminé, n'est pas fondé à prétendre au SMIC.

Cass. soc. 10 novembre 1993, n° 89-42.513, BC V n° 266. Voir aussi cass. soc. 11 mars 1998, n° 95-41.417.

… sauf dans le cas exceptionnel où les VRP sont soumis à un horaire imposé et contrôlable.

Une salariée, employée en qualité de représentant monocarte, soumise à un horaire déterminé, peut prétendre au SMIC.

Cass. soc. 22 mai 1996, n° 95-40.200, BC V n° 195.

Frais professionnels

Les frais professionnels engagés par le salarié doivent être supportés par l'employeur.

Les frais qu'un salarié justifie avoir exposés pour les besoins de son activité professionnelle et dans l'intérêt de l'employeur, doivent être remboursés sans qu'ils puissent être imputés sur la rémunération qui lui est due, à moins qu'il n'ait été contractuellement prévu qu'il en conserverait la charge moyennant le versement d'une somme fixée à l'avance de manière forfaitaire et à la condition, d'une part, que cette somme forfaitaire ne soit pas manifestement disproportionnée au regard du montant réel des frais engagés, et, d'autre part, que la rémunération proprement dite du travail reste chaque mois au moins égale au SMIC.

Cass. soc. 14 janvier 2015, n° 13-16.229.

Une cour d'appel, qui a fait ressortir que les frais de prospection s'entendaient des frais exposés dans le secteur d'activité et qui a constaté que la salariée avait été envoyée par l'employeur travailler hors secteur, a pu décider que les frais professionnels de déplacement et de repas ainsi exposés devaient être supportés par l'employeur.

Cass. soc. 5 juin 2001, n° 98-46.371, 2e et 3e branches, BC V n° 213.

La clause du contrat de travail mettant à la charge de la salariée les frais engagés par celle-ci pour les besoins de son activité professionnelle doit être réputée non écrite.

En effet, les frais professionnels engagés par le salarié doivent être supportés par l'employeur, de sorte que les frais qu'un salarié justifie avoir exposés pour les besoins de son activité professionnelle et dans l'intérêt de l'employeur doivent lui être remboursés sans qu'ils puissent être imputés sur la rémunération qui lui est due, à moins qu'il n'ait été contractuellement prévu qu'il en conserverait la charge moyennant le versement d'une somme fixée à l'avance de manière forfaitaire.

Cass. soc. 25 mars 2010, n° 08-43.156, 2e moyen.

Lorsque le VRP bénéficie de la ressource minimale forfaitaire conventionnelle, le remboursement forfaitaire des frais professionnels est calculé sur la base de cette ressource minimale.

La ressource minimale forfaitaire garantie au représentant par l'article 5-1 de la convention collective nationale des VRP ayant le caractère d'un salaire, c'est à bon droit qu'une cour d'appel a décidé qu'un VRP devait recevoir une somme représentant 520 fois le taux horaire du SMIC et bénéficier, en outre, du remboursement de ses frais professionnels soit réels, soit calculés forfaitairement par rapport à la ressource minimale.

Cass. ass. plén. 2 mai 1997, n° 94-42.521, BC n° 6.

Indemnité de congés payés

• Mode de calcul

La rémunération mensuelle minimale est prise en compte.

Le représentant ayant droit, en application de l'article R. 751-1 CT, à une indemnité de congés payés calculée en fonction de sa rémunération moyenne antérieure, une cour d'appel a décidé à bon droit que la rémunération minimale conventionnelle garantie devait être prise en compte pour le calcul de l'indemnité de congés payés.

Cass. soc. 20 novembre 1996, n° 93-44.060.

Les commissions de retour sur échantillonnages, qui sont fonction des résultats produits par le travail personnel du salarié, entrent dans l'assiette de calcul de l'indemnité de congés payés.

Cass. soc. 27 mars 2019, n° 17-21.014, 3e moyen du pourvoi du salarié, à paraître.

• Modalités de paiement

Elle doit faire l'objet d'un paiement séparé, sauf accord exprès prévoyant une majoration du taux des commissions.

S'il n'est pas interdit aux parties de prévoir expressément dans le contrat de travail une rémunération mensuelle forfaitaire incluant l'indemnité de congés payés, sous réserve de ne pas aboutir, pour le salarié, à un résultat moins favorable que la stricte application des dispositions légales ou conventionnelles, c'est à la condition, pour un VRP payé à la commission, que soit prévue une majoration du taux desdites commissions.

C'est donc à bon droit qu'une cour d'appel a condamné une société à payer à une salariée, VRP, des sommes à titre d'indemnité de congés payés en l'absence de majoration du taux de ses commissions permettant de vérifier que la salariée avait été remplie dans ses droits.

Cass. soc. 30 mai 2000, n° 97-45.946, BC V n° 212.
Voir aussi cass. soc. 5 décembre 2012, n° 11-23.058.

Cette preuve doit résulter d'un écrit…

C'est à juste titre qu'une cour d'appel a décidé que la preuve de l'inclusion des congés payés dans les commissions devait résulter d'un écrit.

Cass. soc. 13 décembre 1995, n° 92-42.914.

… et ne peut pas résulter du seul montant des commissions ou de l'absence de réclamation du salarié.

Le niveau des commissions ne permet pas d'établir, à lui seul, qu'elles incluent l'indemnité de congés payés. Par ailleurs, l'absence de réclamation de l'intéressé ne suffit pas à laisser présumer la réalité de cette inclusion.

Cass. soc. 23 novembre 1994, n° 91-41.467, 2e moyen, BC V n° 307.

Intéressement

Lorsqu'un accord d'intéressement a été conclu au sein d'une entreprise, tous les salariés, y compris les VRP, doivent en bénéficier.

Selon l'article 2, al. 3 de l'ordonnance 86-1134 du 21 octobre 1986, modifiée par la loi 90-1002 du 7 novembre 1990, sous réserve d'une durée minimum d'ancienneté dans l'entreprise, qui peut être exigée et ne peut excéder six mois au cours de l'exercice, tous les salariés de l'entreprise où a été conclu un accord d'intéressement doivent bénéficier des produits de l'intéressement. Il en résulte qu'un tel accord ne peut valablement écarter du bénéfice de l'intéressement une catégorie de salariés.

Doit être cassé l'arrêt qui, pour rejeter la demande d'un salarié en paiement d'une somme au titre de sa participation à l'intéressement, a énoncé que l'accord d'intéressement ayant exclu les VRP multicartes, le salarié, eu égard à son statut de représentant multicarte, ne pouvait prétendre à un intéressement, alors que la clause litigieuse excluant le salarié en raison de son appartenance à une catégorie professionnelle était illicite et ne pouvait lui être opposée.

Cass. soc. 23 novembre 1999, n° 97-42.979, 3e moyen, BC V n° 454.

L'accord ne peut pas prévoir, à l'égard des VRP, un critère de répartition différent de celui prévu pour les autres salariés.

Si l'article L. 3314-1 CT autorise la mise en œuvre de modalités de calcul de la prime d'intéressement différentes selon les établissements et les unités de travail, les critères de répartition de cette prime sont ceux prévus par l'article L. 3314-5, soit la répartition uniforme, proportionnelle à la durée de présence dans l'entreprise pendant l'exercice ou proportionnelle aux salaires ou leur combinaison.

Après avoir constaté que les accords d'intéressement conclus dans une entreprise comportaient un critère de répartition de la prime d'intéressement fondé sur le paiement aux VRP d'une part variable de rémunération, non prévu par l'article L. 3314-5 CT, c'est à bon droit qu'une cour d'appel en a déduit que l'employeur avait appliqué des accords illicites.

Cass. soc. 16 mars 2011, n° 09-72.384.

☛ *Prescription ; SMIC.*

Table chronologique des décisions

Juridiction	Date	BC / Rec.	Numéro	Classement
			Novembre 1955	
Soc.	18		BC IV 838	Premier Mai
			Février 1962	
Soc.	28	V, 230	58-40.735	Logement des salariés
			Juin 1966	
Soc.	21	V, 634	65-40.126	Concierges
			Novembre 1967	
CE	3	406	67822	Médecin du travail
			Octobre 1968	
Soc.	3	V, 409	67-40.226	Grève (Effets)
Soc.	9	V, 427	67-40.370	Promesse d'embauche
			Février 1969	
Soc.	26	V, 132	67-40.672	Concierges
			Mai 1969	
Soc.	13	V, 314	68-12.206	Questionnaire d'embauche
			Juin 1969	
Crim.	11	197	68-91.848	Repos hebdomadaire (Arrêté préfectoral de fermeture)
			Juillet 1969	
Soc.	10	V, 487	68-12.045	Essai professionnel
			Mars 1970	
Soc.	4	V, 157	69-40.078	Essai professionnel
			Octobre 1970	
Soc.	14	V, 530	69-40.358	Travailleurs à domicile
			Février 1971	
Soc.	24	V, 146	70-40.113	Règlement intérieur
			Mars 1971	
Soc.	17	V, 216	70-40.149	Questionnaire d'embauche
			Avril 1971	
Soc.	21	V, 288	70-40.277	Grève (Effets)
			Mai 1971	
Soc.	5	V, 327	70-40.021	Loyauté (Obligation de)

Juridiction	Date	BC / Rec.	Numéro	Classement
				Novembre 1971
Soc.	5	V, 630	70-12.746	Essai professionnel
				Mai 1972
Soc.	24	V, 380	71-10.700	Travailleurs à domicile
				Mars 1973
CE avis	22			Convention collective (Application)
				Juin 1973
CE	8	406	80232	Maternité
				Octobre 1973
Soc.	17	V, 484	72-40.360	Questionnaire d'embauche
				Février 1974
Civ.	6	II, 53	72-14.444	Responsabilité civile de l'employeur
				Mars 1975
Crim.	6	74	74-90.322	Remplacement des représentants du personnel
				Juin 1975
CE	18	363	90263	Grève (Responsabilité)
				Octobre 1975
Crim.	22	223	74-93.478	Réunions des délégués du personnel
				Novembre 1975
Soc.	13	V, 535	74-40.522	Préavis
Soc.	13	V, 533	73-14.848	Activités sociales et culturelles - Contribution patronale aux activités sociales et culturelles
				Janvier 1976
Soc.	22	V, 46	74-40.576	VRP (Indemnité de clientèle)
				Mai 1976
Soc.	25	V, 311	74-40.620	Concierges
Crim.	26	187	75-92.879	Repos hebdomadaire (Arrêté préfectoral de fermeture)
				Juin 1976
Crim.	2	196	75-90.559	Registre des délégués du personnel
				Juillet 1976
Soc.	6	V, 414	74-13.188	Contribution patronale aux activités sociales et culturelles
Soc.	21	V, 460	76-60.072	Délibérations/Votes (Comité d'entreprise) - Comité central d'entreprise
Soc.	21	V, 461	76-60.030	Comité central d'entreprise
Crim.	21	266	75-92.528	Repos hebdomadaire (Arrêté préfectoral de fermeture)
				Novembre 1976
Soc.	3	V, 547	75-40.111	Concierges

Juridiction	Date	BC / Rec.	Numéro	Classement
				Février 1977
Crim.	15	59	75-92.706	Responsabilité civile de l'employeur
				Mars 1977
Soc.	2	V, 159	75-40.669	Indexation des salaires/Échelle mobile des salaires
Soc.	23	V, 216	75-40.622	Logement des salariés
Crim.	29	117	76-91.340	Registre des délégués du personnel
				Mai 1977
Soc.	26	V, 351	77-60.001	Procès-verbal des élections
				Juin 1977
Soc.	3	V, 374	77-60.024	Comité central d'entreprise
				Octobre 1977
Crim.	4	287	76-91.922	Délibérations/Votes (Comité d'entreprise) - Procès-verbaux (Réunions du comité d'entreprise)
				Novembre 1977
Soc.	30	V, 662	76-40.741	Démission
				Décembre 1977
Soc.	7	V, 675	76-41.015	Comité interentreprises
				Janvier 1978
Crim.	19	23	76-91.963	SMIC
				Février 1978
Soc.	1er	V, 76	77-60.599	Vote par correspondance
Crim.	14	58	76-93.406	Heures de délégation (Utilisation)
Soc.	15	V, 107	76-41.142	Contrat de travail (Nullité)
				Octobre 1978
Soc.	25	V, 710	77-12.148	Grève (Responsabilité)
				Novembre 1978
Soc.	8	V, 746	77-40.249	Notification du licenciement
Soc.	9	V, 754	77-41.316	Grève (Abus du droit)
				Janvier 1979
Soc.	11	V, 26	77-41.763	Grève (Définition)
Soc.	18	V, 52	77-40.982	Grève (Effets)
Crim.	23	33	78-92.407	Local (Représentants du personnel)
				Février 1979
Crim.	7		77-93.899	Réunions des délégués du personnel
Crim.	19	73	78-91.400	Affichage
Crim.	21	81	77-92.618	Tracts
				Mars 1979
Soc.	15	V, 242	76-15.417	Journalistes (Indemnité de licenciement)

Juridiction	Date	BC / Rec.	Numéro	Classement
				Mai 1979
Soc.	10	V, 412	77-40.069	VRP (Bénéfice du statut)
Soc.	16	V, 417	77-41.705	Rétractation du licenciement par l'employeur
Soc.	17	V, 424	78-40.497	Promesse d'embauche
Soc.	29	V, 464	78-40.553	Grève (Définition)
				Octobre 1979
Soc.	10	V, 703	78-12.275	Médecin du travail
Soc.	17	V, 734	78-41.519	Cure thermale
Soc.	17	V, 745	78-40.389	Employés de maison
Soc.	26	V, 796	78-41.113	Usage
				Novembre 1979
Soc.	15	V, 855	78-40.331	Licenciement irrégulier (Sanctions)
Soc.	22	V, 890	78-11.708	Gérants non salariés (Succursales de commerce de détail alimentaire)
				Décembre 1979
CE	14	465	10275	Repos hebdomadaire (Arrêté préfectoral de fermeture) - Repos hebdomadaire (Dérogations)
				Janvier 1980
Soc.	10	V, 38	78-41.092	Premier Mai
Soc.	10	V, 48	78-40.289	Premier Mai
CE	18	30	07636	Contrat de mise à disposition
				Février 1980
Soc.	20	V, 161	78-41.116	Grève (Effets)
				Mars 1980
Soc.	13	V, 251	78-41.613	Grève (Abus du droit)
Soc.	20	V, 287	78-40.363	VRP (Indemnité de clientèle)
Soc.	26	V, 298	78-41.369	Licenciement sans cause réelle et sérieuse (Sanctions)
				Mai 1980
Soc.	13	V, 420	78-15.859	Artistes
				Novembre 1980
Soc.	13	V, 811	79-40.414	Grève (Effets)
Crim.	18	306	79-91.855	Travailleurs à domicile
				Décembre 1980
Crim.	2	330	80-90.149	Contrat à durée déterminée (Cas de recours)
Soc.	3	V, 871	79-41.051	Pont (Journée de)
				Janvier 1981
Crim.	7	4	79-94.315	Commissions (Comité d'entreprise)
Crim.	7	5	79-94.255	Local (Représentants du personnel)
Soc.	22	V, 60	80-10.493	Travailleurs à domicile
Soc.	22	V, 62	77-12.854	Travailleurs à domicile
				Février 1981
Soc.	26	V, 164	80-41.067	Grève (Effets)

Juridiction	Date	BC / Rec.	Numéro	Classement
				Mars 1981
Crim.	17	98	80-90.942	Réunions syndicales
Soc.	19	V, 238	79-41.223	Certificat médical
Soc.	31	V, 287	79-41.106	Recommandation patronale
				Mai 1981
Soc.	6	V, 378	80-10.855	Travailleurs à domicile
Soc.	25	V, 464	79-41.618	VRP (Rémunération)
				Juin 1981
Soc.	11	V, 525	79-41.554	Recommandation patronale
Soc.	17	V, 562	79-41.220	Travailleurs étrangers
Soc.	18	V, 587	78-40.939	Clause de dédit-formation - Clause pénale
				Novembre 1981
Soc.	10	V, 887	80-12.905	Logement des salariés
Soc.	18	V, 895	80-12.526	Gérants salariés de succursales
				Décembre 1981
Crim.	15	333	79-93.008	Travail temporaire (Entreprise de)
				Janvier 1982
Soc.	7	V, 7	81-60.879	Comité interentreprises
Soc.	20	V, 40	80-40.004	Cure thermale
				Février 1982
Crim.	2	38	81-91.352	Médecin du travail
CJCE	9	p. 359	12/81	Égalité de traitement entre hommes et femmes
CE	19	78	21096	Convention collective (Extension)
Soc.	25	V, 128	81-60.680	Remplacement des représentants du personnel
				Mars 1982
Soc.	11	V, 169	81-10.241	Saisie des rémunérations
Soc.	31	V, 238	81-40.448	Cumul d'un mandat social et d'un contrat de travail
Soc.	31	V, 242	80-40.019	Employés de maison
				Avril 1982
Soc.	21	V, 250	79-41.955	Rémunération mensuelle minimale
				Mai 1982
Soc.	18	V, 326	81-60.746	Procès-verbal de carence
Crim.	25	135	81-93.443	Représentant syndical au comité d'entreprise
				Juin 1982
Crim.	3		81-94.348	Paiement du salaire
Soc.	3		80-40.543	Certificat de travail
Soc.	10	V, 392	80-40.929	Règlement intérieur
Soc.	17		81-10.823	Procès-verbaux (Réunions du comité d'entreprise)
Soc.	17	V, 405	80-40.973	Grève (Effets)
Soc.	17	V, 401	80-40.686	Contrat de travail international
Soc.	23	V, 411	80-40.936	Concierges

Juridiction	Date	BC / Rec.	Numéro	Classement
				Juillet 1982
Soc.	6	V, 451	80-41.092	Détachement de salariés
Crim.	9	186	80-93.643	Procès-verbaux (Réunions du comité d'entreprise)
Soc.	20		80-40.326	VRP (Bénéfice du statut)
				Octobre 1982
Crim.	12	213	82-90.333	Responsabilité civile de l'employeur
Soc.	21	V, 575	81-14.868	Contrat de mise à disposition
				Novembre 1982
Soc.	9	V, 615	80-16.929	Grève (Responsabilité)
				Janvier 1983
Crim.	4	6	82-91.800	Congé de formation
Crim.	4		82-90.710	Secrétaire du comité d'entreprise
Ass. plén.	28	n° 1	80-93.511	Résiliation judiciaire du contrat de travail
				Février 1983
Soc.	24	V, 113	81-14.118	Activités sociales et culturelles
				Mars 1983
Soc.	3	V, 129	81-15.453	Conseils de prud'hommes (Compétence d'attribution) - Grève (Responsabilité)
Soc.	14	V, 146	80-41.460	Heures d'équivalence
CE	25	143	36037	Licenciement pour fin de chantier
				Avril 1983
Crim.	12		82-93.485	Commissions (Comité d'entreprise)
				Mai 1983
Soc.	5	V, 237	82-60.418	Remplacement des représentants du personnel
Soc.	5	V, 235	81-16.787	Délibérations/Votes (Comité d'entreprise)
Soc.	5	V, 241	81-16.467	Concierges
Crim.	25	154	82-91.982	Discrimination à l'embauche - Offres d'emploi (Annonces d')
CE	27	223	23464	Réservation d'un siège
				Juin 1983
Soc.	8	V, 311	82-13.109	Artistes
Soc.	15	V, 328	80-41.621	Pourboires
Soc.	16	V, 339	81-40.092	Contrat de travail international
				Juillet 1983
Soc.	4	V, 380	80-41.906	VRP (Clause de non-concurrence)
Soc.	20	V, 456	82-60.446	Réservation d'un siège
				Octobre 1983
Crim.	18	255	83-90.419	Réunions du comité d'entreprise
Soc.	19	V, 517	81-41.437	VRP (Indemnité de clientèle)
				Novembre 1983
Crim.	4	285	82-94.265	Procès-verbaux (Réunions du comité d'entreprise) - Comité d'entreprise (Information et consultation)
Soc.	23	V, 576	81-41.607	Clause pénale

Juridiction	Date	BC / Rec.	Numéro	Classement
				Décembre 1983
Soc.	19	V, 630	80-42.067	Grève (Effets)
				Janvier 1984
Soc.	25	V, 33	81-41.609	Avantages acquis - Convention collective (Application)
				Février 1984
Soc.	13	V, 61	81-42.241	VRP (Rémunération)
				Avril 1984
CJCE	10	p. 1891	14/83	Égalité de traitement entre hommes et femmes
CE	20	149	33691	Médecin du travail
Soc.	25	V, 147	81-42.634	VRP (Bénéfice du statut)
				Mai 1984
Soc.	10	V, 184	83-63.193	Remplacement des représentants du personnel
				Juin 1984
Soc.	20	V, 255	81-42.212	Rétractation du licenciement par l'employeur
Soc.	20	V, 256	81-40.286	Congé pour événements familiaux
				Juillet 1984
Soc.	3	V, 287	83-61.173	Vote par procuration
Soc.	5	V, 297	81-41.323	Grève (Services publics)
Soc.	5	V, 298	81-41.302	Grève (Services publics)
Soc.	24	V, 320	83-12.030	Réunions du comité d'entreprise
Soc.	26	V, 331	82-14.355	Grève (Responsabilité)
				Novembre 1984
Soc.	14	V, 430	84-60.380	Bulletin de vote
Soc.	21	V, 458	83-61.181	Délégué syndical supplémentaire
Soc.	21		82-43.380	Prêts
				Décembre 1984
Soc.	17	V, 503	84-60.491	Effectifs (Représentation du personnel)
				Janvier 1985
Soc.	7	V, 5	84-60.530	Électorat/Qualité d'électeur
Soc.	9	V, 17	83-16.227	Participation
Soc.	16	V, 26	84-60.699	Urnes/Isoloirs
Soc.	23	V, 58	82-42.992	Clause de dédit-formation - Clause pénale
Soc.	30	V, 73	84-60.437	Délégué syndical supplémentaire
				Février 1985
Soc.	6	V, 82	82-16.446	Grève (Services publics)
Soc.	12	V, 94	82-42.983	Certificat médical
Soc.	12	V, 108	82-41.647	Liberté de déplacement
Soc.	27	V, 124	82-40.173	Grève (Effets)
				Mars 1985
Soc.	13	V, 172	84-60.731	Effectifs (Représentation du personnel)
Soc.	13	V, 164	84-60.608	Urnes/Isoloirs
Soc.	13	V, 163	82-43.175	Tracts
Soc.	14		83-43.443	Congé pour événements familiaux
Crim.	19	113	84-90.353	Inspecteur du travail

Juridiction	Date	BC / Rec.	Numéro	Classement
				Avril 1985
Soc.	22	V, 249	84-11.024	Convention collective (Conclusion)
Soc.	22	V, 242	82-41.861	Grève (Effets)
Soc.	30	V, 267	84-40.450	Indexation des salaires/Échelle mobile des salaires
				Juin 1985
Crim.	4	217	84-94.314	Réunions du comité d'entreprise
Soc.	5	V, 325	84-43.023	Entretien préalable au licenciement
				Juillet 1985
Soc.	1er	V, 386	83-40.755	Congé parental d'éducation
Soc.	1er	V, 375	82-41.688	Heures de délégation (Utilisation) - Commissions (Comité d'entreprise)
				Octobre 1985
Crim.	2	295	84-93.785	Médecin du travail
Soc.	9	V, 443	85-60.304	Réservation d'un siège
Soc.	9	V, 444	85-60.175	Scrutin - Réservation d'un siège
Soc.	9	V, 441	82-42.377	Grève (Services publics)
Soc.	16	V, 461	82-42.984	Affichage
Soc.	22	V, 484	83-40.162	Heures de récupération
				Novembre 1985
Soc.	13	V, 525	82-41.701	Heures de délégation (Utilisation)
Crim.	26	378	84-93.304	Procès-verbaux de l'inspecteur (ou du contrôleur) du travail
Soc.	28		84-43.439	Congé pour événements familiaux
				Décembre 1985
Crim.	3		84-95.455	Affichage
Soc.	4	V, 569	83-41.913	Détachement de salariés
Soc.	5	V, 574	84-60.994	Unité économique et sociale
Soc.	11	V, 606	81-41.635	Gérants salariés de succursales
CE	20		54954	Effectifs (Représentation du personnel)
CE	20		43198	Congé de formation - Inspecteur du travail
				Janvier 1986
Crim.	14	24	85-91.285	Comité central d'entreprise
CE	17	9	55693	Convention collective (Élargissement)
CE	17	11	55509	Convention collective (Élargissement)
				Février 1986
Crim.	4	46	84-95.402	Liberté de déplacement
Crim.	4		84-92.809	Réunions du comité d'entreprise
Crim.	11	56	85-92.469	Temps de travail effectif
Soc.	20	V, 30	83-41.671	Médecin du travail
Soc.	26	V, 42	83-41.590	VRP (Bénéfice du statut)
CJCE	26	p. 723	152/84	Égalité de traitement entre hommes et femmes
Mixte	28	n° 3	83-15.567	Contrat de travail international
				Mars 1986
Soc.	5	V, 55	83-41.618	VRP (Clause de non-concurrence)
Soc.	18		85-41.431	Conseils de prud'hommes (Compétence territoriale)
Civ.	18	I, 74	84-16.817	Transaction
Soc.	19		83-41.668	VRP (Indemnité de clientèle)

Juridiction	Date	BC / Rec.	Numéro	Classement
				Avril 1986
Soc.	10	V, 131	84-40.324	Congé de formation
Soc.	16	V, 134	85-60.537	Comité de groupe
Soc.	17	V, 158	83-45.788	Pont (Journée de)
Crim.	22	133	85-93.671	Conseillers prud'hommes (Protection)
				Mai 1986
CJCE	13	p. 1607	170/84	Égalité de traitement entre hommes et femmes
Soc.	29	V, 262	83-45.409	Visites médicales d'embauche et périodique
				Juin 1986
Soc.	11		85-60.485	Urnes/Isoloirs
				Juillet 1986
Soc.	7	V, 357	85-40.780	Horaire de travail
Crim.	8	232	85-90.088	Heures de délégation (Contrôle et contestation)
Soc.	21		85-60.490	Urnes/Isoloirs
Soc.	21	V, 386	85-13.424	Comité interentreprises
Soc.	21	V, 456	85-10.877	Syndicats (Statuts)
Soc.	21	V, 388	82-43.650	Heures de délégation (Utilisation)
Soc.	22	V, 463	84-41.588	Contre-visite médicale patronale
Soc.	22	V, 470	83-44.817	Convention collective (Applicabilité)
Soc.	22		82-43.824	Tenue vestimentaire
				Octobre 1986
Crim.	14	287	85-96.369	Discrimination à l'embauche
				Novembre 1986
Soc.	5	V, 504	86-60.053	Remplacement des représentants du personnel
Soc.	19	V, 548	85-60.684	Comité d'hygiène, de sécurité et des conditions de travail (Mise en place)
Soc.	19	V, 526	85-11.418	Règlement intérieur du comité d'entreprise - Commissions (Comité d'entreprise)
				Décembre 1986
Crim.	9	368	86-90.552	Responsabilité pénale des personnes physiques - Délit d'entrave
Soc.	11	V, 595	84-42.348	Accidentés du travail (Reclassement)
Com.	18	IV, 241	85-14.621	Inventions des salariés
				Janvier 1987
Soc.	8		86-60.213	Scrutin
Soc.	21	V, 27	85-13.295	Grève (Responsabilité)
Crim.	27	46	84-95.098	SMIC
				Février 1987
Soc.	16	V, 83	84-43.047	Clause de mobilité
Soc.	16	V, 86	84-42.882	Augmentation de salaire
				Mars 1987
Soc.	12	V, 165	85-16.121	Visite médicale de reprise
Soc.	12		84-43.600	Mensualisation
Soc.	19	V, 175	84-41.658	Employés de maison

Juridiction	Date	BC / Rec.	Numéro	Classement
				Avril 1987
Soc.	9		84-42.676	Certificat de travail
Crim.	28		86-93.236	Inspecteur du travail
				Mai 1987
Soc.	7	V, 282	86-60.357	Scrutin
Soc.	7	V, 274	84-41.005	Médecin du travail
Soc.	14		84-43.421	Indexation des salaires/Échelle mobile des salaires
Soc.	27		84-45.063	Accidentés du travail (Suspension du contrat de travail)
				Juin 1987
Soc.	4		84-43.639	Clause de dédit-formation
Soc.	4	V, 348	84-43.355	Retenues sur salaire
Soc.	4	V, 363	83-41.138	Journalistes (Bénéfice du statut)
CE	12	208	72388	Droit d'alerte et de retrait en cas de danger
Soc.	19	V, 402	84-44.688	Avantages acquis
Soc.	25	V, 431	86-60.317	Bulletin de vote
Soc.	25		85-41.424	Représentants du personnel (Protection/Bénéficiaires)
Soc.	25		84-44.462	Gérants non salariés (Succursales de commerce de détail alimentaire)
Soc.	25	V, 433	84-42.829	Grève (Services publics)
				Juillet 1987
Soc.	2	V, 438	85-18.434	Experts du comité d'entreprise
Soc.	16	V, 511	86-60.441	Contentieux électoral - Procès-verbal des élections
Soc.	16	V, 477	84-40.941	Grève (Faute lourde)
				Octobre 1987
Crim.	2	332	86-95.640	Procès-verbaux de l'inspecteur (ou du contrôleur) du travail
Soc.	15		86-60.552	Comité d'hygiène, de sécurité et des conditions de travail (Mise en place)
Soc.	21		85-43.048	VRP (Indemnité de clientèle)
				Novembre 1987
Soc.	5		85-40.045	Procès-verbaux (Réunions du comité d'entreprise)
Soc.	26	V, 679	86-14.530	Expert comptable du comité d'entreprise
Soc.	26	V, 686	85-40.367	Mise à pied conservatoire - Représentants du personnel (Mise à pied conservatoire)
				Décembre 1987
Crim.	1er	442	85-96.612	Secrétaire du comité d'entreprise - Comité d'hygiène, de sécurité et des conditions de travail (Mise en place) - Procès-verbaux (Réunions du comité d'entreprise)
Soc.	3	V, 701	85-40.747	VRP (Indemnité de clientèle)
Soc.	10	V, 727	86-60.488	Comité d'hygiène, de sécurité et des conditions de travail (Mise en place)
Soc.	17	V, 741	86-42.040	Prescription des fautes disciplinaires
Soc.	17	V, 771	86-41.530	Mensualisation
Soc.	17	V, 770	85-41.979	Fractionnement des congés payés
				Janvier 1988
Soc.	14	V, 39	86-41.907	Représentants du personnel (Réintégration)
Soc.	14		86-10.282	Activités sociales et culturelles
Soc.	21	V, 67	86-43.569	Bulletin de salaire

Juridiction	Date	BC / Rec.	Numéro	Classement
				Février 1988
Soc.	18	V, 123	87-60.027	Propagande électorale
Soc.	18	V, 120	86-41.980	Travail à temps partiel - Prime d'ancienneté
Soc.	25	V, 147	85-41.217	Handicapés
				Mars 1988
Soc.	3	V, 164	86-60.507	Contrat de travail international
Soc.	3	V, 152	86-12.762	Experts du comité d'entreprise
CE	11	113	76280	Règlement intérieur
Ass. plén.	18	n° 3	84-40.083	Avantages acquis - Convention collective (Application)
Soc.	24	V, 216	86-40.624	Représentants du personnel (Protection/Bénéficiaires)
Soc.	24	V, 218	85-45.087	Compensation
				Avril 1988
Crim.	12		87-80.985	Expert comptable du comité d'entreprise
Soc.	14	V, 235	86-18.555	Concierges
Soc.	14	V, 228	85-46.027	Prescription (Action en paiement du salaire)
Soc.	21	V, 245	85-14.659	AGS (Employeurs assujettis/Bénéficiaires)
Crim.	26	179	86-93.566	Secrétaire du comité d'entreprise
Crim.	26		86-93.166	Réunions des délégués du personnel
				Mai 1988
Soc.	5	V, 277	86-40.164	Congé parental d'éducation
Soc.	11	V, 287	86-17.284	Activités sociales et culturelles
				Juin 1988
Crim.	7		86-94.055	Affichage
Soc.	16	V, 369	85-41.743	Conseillers prud'hommes (Protection)
CE	22	255	80313	Éligibilité
Soc.	23	V, 388	87-10.667	Participation
Soc.	23		86-12.327	Grève (Responsabilité)
Soc.	23	V, 383	85-44.158	Compensation
Crim.	28	295	86-92.752	Syndicats (Statuts)
Soc.	30	V, 409	86-41.898	Contre-visite médicale patronale
CJCE	30	p. 3559	318/86	Égalité de traitement entre hommes et femmes
				Juillet 1988
Soc.	6		86-11.816	Licenciement sans cause réelle et sérieuse (Sanctions)
Soc.	13	V, 454	86-16.302	Négociation annuelle obligatoire
Soc.	19	V, 478	85-42.847	Travailleurs à domicile
C. constit.	20	JO 21	88-244 DC	Offres d'emploi (Annonces d')
				Septembre 1988
Crim.	14		87-91.416	Réunions du comité d'entreprise
Crim.	27		87-81.800	Liberté de déplacement - Tracts
				Octobre 1988
Crim.	4	328	87-80.084	Inspecteur du travail
Soc.	20	V, 551	88-60.014	Délégué syndical central - Comité central d'entreprise
Soc.	20		85-46.050	Tracts
Soc.	20	V, 548	85-45.164	Conseils de prud'hommes (Compétence d'attribution)
Crim.	25		86-94.961	Comité d'entreprise (Information et consultation)
CE	26		64675	Convention collective (Extension)

Juridiction	Date	BC / Rec.	Numéro	Classement
				Novembre 1988
Crim.	4	374	87-91.705	Secrétaire du comité d'entreprise - Délibérations/Votes (Comité d'entreprise)
Soc.	8	V, 575	85-45.100	Réunions syndicales
Soc.	15	V, 599	85-42.543	VRP (Rémunération)
Soc.	17	V, 608	85-45.946	Cumul d'un mandat social et d'un contrat de travail
Soc.	22	V, 613	86-13.368	Réunions du comité d'entreprise
Soc.	22	V, 617	85-42.007	Délibérations/Votes (Comité d'entreprise) - Représentants du personnel (Procédure de licenciement)
Crim.	29	405	86-92.449	SMIC
				Décembre 1988
Soc.	20		88-60.431	Listes électorales
				Janvier 1989
Soc.	10	V, 8	88-60.331	Comité d'hygiène, de sécurité et des conditions de travail (Mise en place)
Crim.	10	10	87-80.048	Heures de délégation (Utilisation) - Liberté de déplacement - Procès-verbaux (Réunions du comité d'entreprise)
Soc.	10	V, 6	87-60.309	Bulletin de vote
Soc.	10	V, 1	86-40.284	Représentants du personnel (Licenciement/Recours contre la décision administrative)
Soc.	12	V, 18	86-43.910	Promesse d'embauche
Soc.	12	V, 16	86-43.795	Qualification professionnelle du salarié
Soc.	12	V, 17	86-43.101	Accidentés du travail (Réintégration en cas d'aptitude)
Soc.	19	V, 49	86-45.505	Sanctions disciplinaires (Notification)
Soc.	24	V, 55	85-43.572	VRP (Rémunération)
Soc.	25	V, 65	86-11.940	Logement des salariés
Soc.	26	V, 81	86-43.081	Participation
				Février 1989
Soc.	7	V, 96	88-60.131	Candidatures aux élections professionnelles
Soc.	7	V, 101	87-60.156	Comité d'hygiène, de sécurité et des conditions de travail (Mise en place)
Soc.	8	V, 103	86-10.761	Modification dans la situation juridique de l'employeur (Effets)
Soc.	28	V, 148	88-60.198	Scrutin
Soc.	28	V, 152	88-60.098	Comité d'hygiène, de sécurité et des conditions de travail (Mise en place)
				Mars 1989
Soc.	7		88-60.141	Délibérations/Votes (Comité d'entreprise)
Soc.	7	V, 183	84-44.378	Heures de délégation (Utilisation)
Soc.	9		86-43.980	Participation
Soc.	9	V, 206	85-46.005	Chômage partiel
Soc.	16	V, 225	87-44.419	Avantages acquis - Convention collective (Application)
Soc.	21	V, 233	87-19.377	AGS (Modalités d'intervention)
Soc.	23	V, 245	86-41.191	Résiliation judiciaire du contrat de travail
				Avril 1989
Soc.	19		87-42.137	Prêts
Soc.	19	V, 297	86-41.744	Congé sabbatique
				Mai 1989
Soc.	2	V, 321	88-60.629	Candidatures aux élections professionnelles
Soc.	3		86-45.423	Qualification professionnelle du salarié
Soc.	3	V, 325	86-41.634	Clause pénale - Clause de non-concurrence
Soc.	9	V, 346	88-60.632	Comité de groupe

Juridiction	Date	BC / Rec.	Numéro	Classement
Soc.	9	V, 340	87-15.160	Activités sociales et culturelles
Crim.	11	197	87-84.544	Réunions syndicales
Soc.	16	V, 364	85-45.244	Grève (Effets)
Crim.	30	227	87-83.411	Propagande électorale
Soc.	31	V, 407	87-40.208	Accidentés du travail (Réintégration en cas d'aptitude)
				Juin 1989
Soc.	7	V, 428	86-43.012	Transaction
Soc.	13	V, 435	88-60.556	Représentants du personnel (Protection/Bénéficiaires)
Soc.	14	V, 448	88-15.302	Repos hebdomadaire (Principe du repos dominical)
Soc.	14	V, 451	86-14.381	Contrat de travail (Critères)
Soc.	21		86-41.493	Prime de fin d'année/Treizième mois - Préavis (Dispense de)
Soc.	28	V, 473	86-42.931	Préavis
CE	28		61572	Procès-verbal de carence
				Juillet 1989
Soc.	4	V, 502	88-60.542	Comité d'hygiène, de sécurité et des conditions de travail (Mise en place)
Soc.	4	V, 496	87-40.807	Grève (Effets)
Soc.	5	V, 504	86-42.545	Licenciement sans cause réelle et sérieuse (Sanctions)
Soc.	11		87-42.634	Retenues sur salaire
Soc.	11	V, 516	86-43.497	Droit d'alerte et de retrait en cas de danger
Soc.	12	V, 518	87-45.462	Chômage partiel
Soc.	12		85-40.237	Non-respect des horaires
Crim.	26	302	88-86.040	Pourboires
				Septembre 1989
Soc.	26	V, 537	88-11.796	Contribution patronale aux activités sociales et culturelles
Crim.	27	333	88-85.727	Comité d'hygiène, de sécurité et des conditions de travail (Fonctions)
Soc.	27		86-41.450	Femmes enceintes (Licenciement)
				Octobre 1989
Crim.	4	341	88-86.163	Responsabilité pénale des personnes physiques - Négociation annuelle obligatoire
Soc.	10		88-60.710	Comité d'hygiène, de sécurité et des conditions de travail (Mise en place)
Soc.	10	V, 577	87-19.465	Droit d'expression - Réunions syndicales
Soc.	25	V, 617	88-41.472	Journalistes (Bénéfice du statut)
Soc.	31		86-44.655	Force majeure/Fait du prince
Soc.	31	V, 640	86-44.198	Contrat de mise à disposition
				Novembre 1989
Crim.	7	404	88-82.133	SMIC
Soc.	7	V, 649	87-41.219	Congé de formation
Soc.	15	V, 660	86-43.866	Détachement de salariés
Soc.	15	V, 666	86-42.742	Journalistes (Clause de conscience)
Soc.	21	V, 671	88-60.757	Comité de groupe
Soc.	21		87-40.360	Démission
				Décembre 1989
Crim.	5		89-81.995	Repos hebdomadaire (Principe du repos dominical)
Soc.	5	V, 692	89-21.052	Contribution patronale aux activités sociales et culturelles
Soc.	5	V, 695	86-43.165	Employés de maison
Crim.	5	462	85-95.503	Certificat de travail
Soc.	13	V, 708	86-44.444	Convention collective (Applicabilité)
Soc.	20		86-45.181	Force majeure/Fait du prince

Juridiction	Date	BC / Rec.	Numéro	Classement
				Janvier 1990
Crim.	4	11	88-83.311	Comité d'hygiène, de sécurité et des conditions de travail (Fonctions)
Soc.	4	V, 5	87-41.401	Contrat de travail international
CE	10		74019	Formation professionnelle continue (Participation financière de l'employeur)
Soc.	17		88-15.852	Caisses de congés payés
Soc.	17	V, 14	87-40.666	Rétractation du licenciement par l'employeur
Soc.	17	V, 13	86-45.212	Sanctions disciplinaires (Notification)
CE	17		81790	Chômage partiel
Soc.	23	V, 21	86-43.817	Heures de délégation (Utilisation)
Soc.	23	V, 20	86-14.947	Comité de groupe
Soc.	24	V, 27	89-60.019	Électorat/Qualité d'électeur
Soc.	24	V, 31	89-60.004	Représentants du personnel (Protection/Bénéficiaires) - Représentants du personnel (Réintégration)
Soc.	24	V, 23	86-41.497	Modification dans la situation juridique de l'employeur (Effets)
Soc.	25		89-43.651	Certificat médical
Soc.	25	V, 36	86-10.188	Artistes
CE	26	17	60197	Participation
				Février 1990
Crim.	6	65	87-82.316	Comité d'entreprise (Information et consultation)
Soc.	6		86-42.905	Indiscrétions
Soc.	7	V, 55	89-60.497	Unité économique et sociale
Soc.	7	V, 42	87-43.566	Grève (Effets)
Soc.	21	V, 72	88-42.125	Accidentés du travail (Reclassement)
Soc.	21	V, 85	86-44.111	Délégué du personnel (Mission)
Soc.	22	V, 87	87-45.437	Convocation à l'entretien préalable (au licenciement)
Crim.	27		88-83.594	Affichage
				Mars 1990
Soc.	6		87-45.725	Qualification professionnelle du salarié
Soc.	7	V, 105	89-60.283	Listes électorales
Soc.	7	V, 106	89-60.156	Effectifs (Représentation du personnel)
Soc.	7	V, 96	87-43.651	Contrat à durée déterminée (Renouvellement)
Soc.	7	V, 112	87-40.629	Fractionnement des congés payés
Soc.	7	V, 99	86-45.685	Faute grave
Soc.	13		87-44.588	Pouvoir disciplinaire (Contrôle juridictionnel)
Soc.	13	V, 116	87-41.726	SMIC
Ass. plén.	16	n° 4	89-45.730	Modification dans la situation juridique de l'employeur (Cas d'application)
Ass. plén.	16	n° 3	85-44.518	Modification dans la situation juridique de l'employeur (Cas d'application)
Soc.	20		89-61.448	Éligibilité - Listes électorales
Soc.	20	V, 125	87-43.563	Résiliation judiciaire du contrat de travail
Soc.	21	V, 139	88-14.794	Négociation annuelle obligatoire
Soc.	21	V, 138	86-45.490	Convention collective (Applicabilité)
Soc.	21	V, 131	86-44.190	Grève (Effets)
				Avril 1990
Soc.	4	V, 167	87-60.131	Comité de groupe
Soc.	4	V, 157	86-44.229	Prêt de main-d'œuvre
Soc.	4	V, 161	86-42.626	Engagement unilatéral de l'employeur
Ass. plén.	6	n° 6	89-41.674	Convention collective (Extension)
Soc.	25	V, 186	86-44.148	Questionnaire d'embauche
				Mai 1990
Soc.	2		87-44.856	Congé sabbatique

Juridiction	Date	BC / Rec.	Numéro	Classement
Soc.	16	V, 232	89-61.368	Comité d'hygiène, de sécurité et des conditions de travail (Mise en place)
Soc.	16	V, 222	87-17.555	Expert comptable du comité d'entreprise
Soc.	16	V, 227	86-42.681	Cumul d'un mandat social et d'un contrat de travail
CJCE	17	I, 1889	C-262/88	Égalité de rémunération
Crim.	29	218	89-84.747	Comité d'entreprise (Information et consultation)
Soc.	29	V, 251	88-15.649	Caisses de congés payés
Soc.	29	V, 243	87-40.512	Augmentation de salaire
Soc.	29	V, 242	87-40.151	Modification dans la situation juridique de l'employeur (Effets)
Soc.	31		88-42.851	Force majeure/Fait du prince
				Juin 1990
Soc.	5		86-45.066	Période d'essai
Soc.	6	V, 271	87-44.104	VRP (Indemnité de clientèle)
Soc.	13		89-60.974	Comité d'hygiène, de sécurité et des conditions de travail (Mise en place)
Soc.	13	V, 277	87-40.833	Représentants du personnel (Protection/Bénéficiaires)
Soc.	13	V, 276	86-44.114	Modification dans la situation juridique de l'employeur (Conditions d'application)
Soc.	19	V, 292	87-41.769	Pourboires
Soc.	20		89-12.187	Gérants non salariés (Succursales de commerce de détail alimentaire)
Soc.	20	V, 307	87-42.159	Indiscrétions
Soc.	20	V, 302	87-41.118	Procédure disciplinaire (Entretien préalable)
Soc.	20	V, 309	87-40.103	VRP (Clause de non-concurrence)
Crim.	26	261	88-84.251	Notes de service
Soc.	27	V, 322	89-60.033	Unité économique et sociale
Soc.	27	V, 324	89-60.003	Action en justice du comité d'entreprise
Soc.	27		89-45.735	Compensation
CE	29		87944	Représentants du personnel (Procédure de licenciement)
				Juillet 1990
Soc.	3	V, 339	87-40.838	Heures de délégation (Utilisation)
Soc.	3	V, 329	87-40.349	Contrat de travail (Nullité)
Soc.	3	V, 333	87-40.219	Indemnité de licenciement
Soc.	4	V, 353	89-60.158	Comité d'hygiène, de sécurité et des conditions de travail (Mise en place)
Soc.	4		87-43.787	Clause de dédit-formation
CE	6	205	100489	Représentants du personnel (Licenciement/Recours contre la décision administrative)
Soc.	10	V, 360	89-61.121	Comité d'hygiène, de sécurité et des conditions de travail (Mise en place)
Soc.	10	V, 358	88-42.238	Qualification professionnelle du salarié
Soc.	10	V, 362	86-43.699	Conseillers prud'hommes (Protection) - Représentants du personnel (Protection/Cas d'application)
Soc.	10	V, 361	86-42.819	Heures de délégation (Utilisation)
CE	11		85416	Droit d'alerte et de retrait en cas de danger
CE	11		83386	Travailleurs étrangers
Soc.	17	V, 374	89-60.729	Représentant syndical au comité d'entreprise
Soc.	17		89-60.389	Représentant syndical au comité d'entreprise
Crim.	18		89-86.088	Procès-verbaux de l'inspecteur (ou du contrôleur) du travail
Crim.	25	295	89-84.963	Repos hebdomadaire (Dérogations)
				Septembre 1990
Soc.	25	V, 383	87-40.493	SMIC
Soc.	26	V, 387	88-41.375	Droit d'alerte et de retrait en cas de danger
Soc.	26	V, 402	87-45.688	Délégué du personnel (Mission)

Juridiction	Date	BC / Rec.	Numéro	Classement
				Octobre 1990
Soc.	3		88-43.659	Mésentente
Soc.	3		87-40.644	Indemnité de licenciement
Soc.	4		88-43.957	Certificat médical
Soc.	9	V, 424	89-43.316	Préavis
Soc.	9	V, 429	87-45.778	Qualification professionnelle du salarié
Soc.	10	V, 445	89-61.356	Éligibilité
Soc.	10	V, 447	88-60.712	Vote par correspondance
Soc.	10	V, 453	88-43.683	Travailleurs étrangers
Soc.	10	V, 434	88-41.426	Grève (Faute lourde)
Soc.	10	V, 442	87-45.366	Concierges
Soc.	10	V, 435	87-41.027	Accidentés du travail (Suspension du contrat de travail)
Soc.	11	V, 458	88-40.247	Heures supplémentaires
CE	12		87204	Modification dans la situation juridique de l'employeur (Salariés protégés)
Crim.	16	343	88-84.200	Heures de délégation (Contrôle et contestation)
Soc.	17	V, 480	89-61.354	Collèges électoraux
Soc.	17		88-45.367	Compensation
Soc.	17	V, 478	88-41.173	Responsabilité civile de l'employeur
Soc.	17	V, 484	87-16.587	Contribution patronale aux activités sociales et culturelles
Soc.	18	V, 488	88-43.652	Certificat de travail
Crim.	23	353	88-82.005	Discrimination à l'embauche - Action en justice des syndicats
Soc.	25	V, 507	87-40.852	Paiement du salaire
Soc.	25	V, 499	87-40.584	Prescription (Action en paiement du salaire)
Crim.	30	367	87-83.665	Secrétaire du comité d'entreprise - Procès-verbaux (Réunions du comité d'entreprise) - Réunions du comité d'entreprise
CE	31		82488	Délibérations/Votes (Comité d'entreprise) - Représentants du personnel (Procédure de licenciement)
				Novembre 1990
Soc.	7		89-61.544	Listes électorales
Soc.	7	V, 529	89-61.307	Secrétaire du comité d'entreprise
Soc.	7	V, 521	89-14.474	AGS (Employeurs assujettis/Bénéficiaires)
Soc.	7	V, 520	87-45.696	Représentants du personnel (Mise à pied conservatoire)
CJCE	8	I, 3941	C-177/88	Discrimination à l'embauche
CE	12		96721	Notes de service
CE	12		95823	Contrat de mission/Contrat de travail temporaire - Règlement intérieur
Soc.	13		87-42.193	Indemnité de congés payés
Soc.	13	V, 549	87-40.534	Heures d'équivalence
Soc.	13		86-41.195	Cumul d'un mandat social et d'un contrat de travail
Soc.	14	V, 552	88-42.542	Essai professionnel - Période d'essai
Soc.	14	V, 551	87-42.795	Période d'essai
Soc.	15	V, 559	88-42.261	Entretien préalable au licenciement
Crim.	19		89-84.690	Contrat de travail (Nullité)
Crim.	20	392	90-81.160	Repos hebdomadaire (Principe du repos dominical)
Soc.	21	V, 581	89-61.351	Comité d'hygiène, de sécurité et des conditions de travail (Mise en place)
Soc.	21	V, 580	89-13.056	Activités sociales et culturelles - Contrat de mission/ Contrat de travail temporaire
Soc.	21	V, 585	87-40.699	Heures de délégation (Contrôle et contestation)
Soc.	22		88-45.574	Certificat médical
Crim.	27		89-86.124	Prêt de main-d'œuvre
Soc.	27	V, 590	88-45.790	Responsabilité civile de l'employeur - Paiement du salaire - Grève (Effets)
				Décembre 1990
Crim.	4	416	89-83.283	Négociation annuelle obligatoire
Soc.	4	V, 603	87-45.697	Accidentés du travail (Réintégration en cas d'aptitude)
Soc.	4	V, 605	87-42.341	Travail à temps partiel

Juridiction	Date	BC / Rec.	Numéro	Classement
Soc.	4	V, 616	85-41.289	Bulletin de salaire
Soc.	5		87-43.928	Augmentation de salaire
Soc.	6		88-45.733	Droit d'alerte et de retrait en cas de danger
Soc.	11	V, 647	89-12.402	Contrat de mise à disposition
Soc.	11	V, 644	89-10.981	Chômage-intempéries
Soc.	11	V, 632	87-45.544	Qualification professionnelle du salarié
Soc.	11	V, 631	87-43.355	Rémunération mensuelle minimale
Soc.	12		89-41.184	Usage
Soc.	12	V, 662	88-60.782	Effectifs (Représentation du personnel)
Soc.	12	V, 670	87-45.799	Règlement intérieur
Soc.	12	V, 654	87-45.251	Modification dans la situation juridique de l'employeur (Conditions d'application)
Soc.	19	V, 687	89-42.242	Licenciement économique (Notion)
Soc.	19	V, 698	89-14.576	Section syndicale
Soc.	19	V, 681	88-41.363	Responsabilité civile de l'employeur
Soc.	19	V, 684	88-41.075	Prime de fin d'année/Treizième mois
Soc.	19		88-40.494	Congé parental d'éducation
Soc.	19	V, 686	88-40.189	Représentants du personnel (Protection/Cas d'application)
Soc.	19	V, 691	87-43.705	Maladie (Indemnisation complémentaire)
Soc.	19	V, 688	87-43.568	Usage

Janvier 1991

Soc.	9		88-41.091	Questionnaire d'embauche
Soc.	10	V, 5	88-41.404	Entretien préalable au licenciement
Soc.	10	V, 7	87-43.201	Jours fériés
Soc.	23		90-60.054	Propagande électorale
Soc.	23		89-45.083	Pouvoir disciplinaire (Contrôle juridictionnel)
Soc.	23		88-44.027	Non-respect des horaires
Soc.	24		89-40.761	Tenue vestimentaire
Soc.	24		89-40.272	Licenciement sans cause réelle et sérieuse (Sanctions)
Soc.	30	V, 40	89-17.332	Grève (Responsabilité)
Soc.	30	V, 42	87-43.596	Contrat à durée déterminée (Contrats successifs)
Soc.	30	V, 41	87-42.086	Contrat de travail international

Février 1991

Com.	5	IV, 51	88-18.400	Clause de non-concurrence
Soc.	12	V, 63	90-60.378	Bulletin de vote
Soc.	12	V, 62	89-45.314	Avantages acquis
Soc.	12	V, 67	88-42.353	Heures de délégation (Rémunération)
Soc.	12		88-41.287	Représentants du personnel (Licenciement/Indemnisation)
Soc.	12	V, 61	87-45.259	Entretien préalable au licenciement - Procédure disciplinaire (Entretien préalable)
Soc.	13		88-43.837	Congé pour la création d'entreprise
CE	18	51	84631	Repos hebdomadaire (Arrêté préfectoral de fermeture)
CE	18	52	79696	Services de santé au travail
Soc.	19		87-44.418	Maladie (Indemnisation complémentaire)
Soc.	20		90-60.021	Réservation d'un siège
Soc.	20	V, 88	90-60.012	Scrutin
Soc.	20	V, 87	89-61.212	Électorat/Qualité d'électeur - Éligibilité
Soc.	20	V, 85	89-42.288	Représentants du personnel (Protection/Bénéficiaires)
Soc.	20	V, 80	89-41.148	Grève (Effets)
Soc.	20	V, 81	89-40.280	Grève (Effets)
CE	22	64	65847	Handicapés
CE	22	64	111671	Handicapés
Civ.	26	I, 77	88-15.333	Travail temporaire (Entreprise de)
Soc.	27	V, 101	90-42.239	Égalité de rémunération
Soc.	27	V, 107	89-40.499	VRP (Clause de non-concurrence)
Soc.	27	V, 102	88-42.705	Chômage partiel
Soc.	27	V, 103	87-44.729	Avantages acquis
Soc.	27		87-40.675	Conseils de prud'hommes (Compétence d'attribution)
CJCE	28	I, 00997	C-312/89	Repos hebdomadaire (Principe du repos dominical)

Juridiction	Date	BC / Rec.	Numéro	Classement
				Mars 1991
Crim.	5		90-81.886	Représentants du personnel (Licenciement/Recours contre la décision administrative)
Soc.	7		89-40.722	Cause réelle et sérieuse
Soc.	12		90-60.493	Comité d'hygiène, de sécurité et des conditions de travail (Mise en place)
Soc.	12	V, 129	89-41.941	Droit d'alerte (Comité d'entreprise) - Expert comptable du comité d'entreprise
Soc.	12	V, 120	88-43.051	Vol/Détournement
Soc.	13		87-45.608	Maladie (Indemnisation complémentaire)
Soc.	14	V, 138	88-42.793	Contrat de travail (Critères)
Soc.	20	V, 148	87-45.719	VRP (Indemnité de clientèle)
Soc.	20		87-40.095	VRP (Bénéfice du statut)
Soc.	21		89-42.874	Licenciement sans cause réelle et sérieuse (Sanctions)
Soc.	21	V, 150	89-42.663	Sanctions disciplinaires (Non-cumul des)
Crim.	26	145	89-85.909	Expert comptable du comité d'entreprise
				Avril 1991
Crim.	4	164	89-85.536	Convention collective (Extension)
Crim.	4	164	88-84.270	Délit d'entrave
Soc.	10	V, 177	89-15.335	Cumul d'un mandat social et d'un contrat de travail
Soc.	10	V, 182	87-45.701	Conseils de prud'hommes (Compétence territoriale)
Soc.	10	V, 178	87-45.079	Qualification professionnelle du salarié
Soc.	10	V, 174	87-42.633	Sanctions disciplinaires (Notion)
Soc.	11	V, 185	87-41.975	Prime de fin d'année/Treizième mois
Soc.	17	V, 202	90-60.537	Collèges électoraux
Soc.	17	V, 205	90-60.387	Comité d'hygiène, de sécurité et des conditions de travail (Mise en place)
Soc.	17	V, 201	90-42.636	Vie privée - Cause réelle et sérieuse - Sanctions discriminatoires (Notion)
Soc.	17	V, 206	89-17.993	Comité d'hygiène, de sécurité et des conditions de travail (Mise en place)
				Mai 1991
CE	6	171	62404	Grève (Responsabilité)
Soc.	7	V, 227	88-44.691	Convention collective (Élargissement)
Soc.	7		87-43.470	Clause de non-concurrence
Soc.	7		87-43.242	Minimum conventionnel
Soc.	15	V, 244	90-60.310	Délégué syndical (Désignation)
Soc.	15		89-45.528	Mésentente
CE	24		68272	Réunions du comité d'entreprise
Crim.	28		90-84.545	Procès-verbaux de l'inspecteur (ou du contrôleur) du travail
Crim.	28	226	90-83.957	Action en justice du comité d'entreprise
Crim.	28	227	90-82.359	Procès-verbaux de l'inspecteur (ou du contrôleur) du travail - Contrat à durée déterminée (Contrats successifs)
Soc.	29		89-12.992	Expert comptable du comité d'entreprise
Soc.	29	V, 279	87-45.677	Journalistes (Clause de conscience)
				Juin 1991
Crim.	4	237	90-81.159	Inspecteur du travail
Soc.	5	V, 285	88-43.464	VRP (Indemnité de clientèle)
Soc.	5	V, 281	87-45.090	Bulletin de salaire
CE	5		60699	Formation professionnelle continue (Participation financière de l'employeur)
CE	5	219	104743	Représentants du personnel (Autorisation administrative de licenciement)
Soc.	19	V, 317	89-43.206	Handicapés
Soc.	19		87-42.262	Clause pénale

Juridiction	Date	BC / Rec.	Numéro	Classement
				Juillet 1991
Soc.	2		88-43.747	Usage
Soc.	3		88-40.952	Jours fériés
Soc.	3	V, 338	87-44.773	Contrat à durée déterminée (Contrats successifs)
Soc.	10		90-60.466	Candidatures aux élections professionnelles
Soc.	10	V, 349	89-43.147	Grève (Abus du droit) - Grève (Effets)
Soc.	10	V, 355	88-20.411	Secrétaire du comité d'entreprise - Délibérations/Votes (Comité d'entreprise)
Soc.	11		89-45.081	Mésentente
CE	11		65017	Formation professionnelle continue (Participation financière de l'employeur)
CE	19	296	108754	Représentants du personnel (Protection/Bénéficiaires)
CJCE	25	I, 04047	C-345/89	Travail de nuit
				Septembre 1991
Soc.	25	V, 381	87-42.396	Règlement intérieur
				Octobre 1991
Soc.	2		90-60.426	Collèges électoraux
Soc.	2		89-43.818	Certificat de travail
Soc.	2		87-42.037	Cumul d'un mandat social et d'un contrat de travail
CE	2		105749	Représentants du personnel (Procédure de licenciement)
Soc.	3	V, 391	88-43.026	Jours fériés
Soc.	3		87-43.037	Clause de garantie d'emploi
CE	4		112032	Visite médicale de reprise
CE	7	324	102454	Chômage total
Soc.	9		91-60.048	Sièges des représentants du personnel
Soc.	9	V, 401	88-44.004	Dénigrement/Diffamation
Soc.	10		89-44.243	Dénigrement/Diffamation
Crim.	15		90-80.932	Responsabilité pénale des personnes physiques
Crim.	15	348	90-80.599	Repos hebdomadaire (Arrêté préfectoral de fermeture)
Soc.	16		88-45.271	Qualification professionnelle du salarié
CE	18		83934	Représentants du personnel (Procédure de licenciement)
Crim.	22		90-84.618	Responsabilité pénale des personnes physiques
Soc.	22		90-41.680	Licenciement économique (Notion)
Crim.	22		89-86.770	Délégation de pouvoirs
Soc.	23		90-60.480	Sièges des représentants du personnel
Soc.	23		89-45.524	Grève (Effets)
Soc.	23	V, 427	88-44.099	Pouvoir disciplinaire (Contrôle juridictionnel) - Preuve de la faute - Cause réelle et sérieuse
Soc.	23	V, 430	88-43.008	Faute lourde
Soc.	23	V, 433	88-41.661	Accord atypique
Soc.	23		88-41.635	Journalistes (Indemnité de licenciement)
Soc.	23	V, 436	88-41.551	Minimum conventionnel
Soc.	23		88-40.257	Responsabilité civile de l'employeur
Soc.	24		90-41.537	Sanctions pécuniaires (Notion)
CE	28	356	93743	Priorité d'embauche/Priorité d'emploi - Handicapés
Crim.	29		90-84.302	Comité d'entreprise (Information et consultation)
Soc.	30	V, 452	87-42.455	Minimum conventionnel
Soc.	31	V, 470	89-11.763	Artistes
				Novembre 1991
Crim.	5		90-84.817	Réunions du comité d'entreprise
Civ.	5	I, 293	90-40.163	Convention collective (Applicabilité) - Contrat de travail international
Soc.	6	V, 480	90-60.458	Effectifs (Représentation du personnel)
Soc.	6	V, 476	88-17.869	AGS (Employeurs assujettis/Bénéficiaires)
Soc.	6	V, 479	87-44.507	Convention collective (Dénonciation) - Avantages acquis

Juridiction	Date	BC / Rec.	Numéro	Classement
CE	6		66151	Formation professionnelle continue (Participation financière de l'employeur)
Soc.	13		88-45.586	Accidentés du travail (Reclassement)
Soc.	14		90-44.195	Entretien préalable au licenciement
Soc.	14		90-43.163	Mise à pied conservatoire
Soc.	14		88-40.747	Certificat médical
Soc.	14	V, 502	87-45.135	Mensualisation
Soc.	20	V, 521	90-60.397	Électorat/Qualité d'électeur
Soc.	20	V, 512	89-44.605	Délinquance
Soc.	20	V, 516	88-43.281	Convention collective (Applicabilité)
Soc.	20	V, 519	88-43.120	Surveillance des salariés
Soc.	20	V, 514	88-42.554	Représentants du personnel (Protection/Bénéficiaires)
Crim.	26		90-84.546	Subvention de fonctionnement
Crim.	27	439	89-86.983	Action en justice des syndicats
Soc.	27	V, 537	88-43.161	Congé sabbatique
			Décembre 1991	
Soc.	4	V, 556	88-44.977	Heures de délégation (Contrôle et contestation)
Soc.	4	V, 533	88-40.454	Usage - Convention collective (Applicabilité)
Soc.	11	V, 573	90-42.270	VRP (Bénéfice du statut) - Rétractation du licenciement par l'employeur
Soc.	11	V, 565	88-41.171	Journalistes (Indemnité de licenciement)
Soc.	11		87-43.843	Modification de la durée du travail
CE	13	445	80709	Grève (Services publics)
CE	16		60480	Formation professionnelle continue (Participation financière de l'employeur)
			Janvier 1992	
Crim.	7		91-82.861	Inspecteur du travail
Soc.	7	V, 7	89-40.470	Contrat de travail international
Soc.	7	V, 2	88-45.076	Usage
Soc.	7	V, 3	87-44.014	Prescription des fautes disciplinaires
Civ.	8	II, 11	90-10.894	Saisie des rémunérations
Soc.	9		88-41.775	Rémunération mensuelle minimale
Soc.	16	V, 13	88-43.631	Chômage partiel
Soc.	16	V, 14	87-42.292	Conseils de prud'hommes (Compétence d'attribution)
Soc.	22	V, 19	90-44.249	Cause réelle et sérieuse
Soc.	22	V, 30	90-42.517	Vie privée - Cause réelle et sérieuse
Soc.	22		88-41.294	Congé de formation
Soc.	22	V, 26	88-40.938	Titres-restaurants
Soc.	22	V, 23	87-44.284	Contrat de travail (Détermination de l'employeur)
Soc.	23		90-42.809	Preuve de la faute - Faute lourde
Soc.	23	V, 47	88-43.391	Contrat de travail (Nullité)
Soc.	29	V, 51	91-42.128	Licenciement économique (Notion)
Soc.	29	V, 55	88-44.603	Chômage partiel - Représentants du personnel (Protection/Cas d'application)
Soc.	29	V, 56	88-44.227	Heures de délégation (Utilisation)
			Février 1992	
Crim.	4	50	90-82.330	Transaction
Soc.	5	V, 73	88-45.542	VRP (Clause de non-concurrence)
Soc.	5	V, 63	88-44.370	Contrat d'apprentissage
Soc.	5	V, 67	88-43.248	Procédure disciplinaire (Entretien préalable)
Soc.	5		88-41.932	VRP (Indemnité de clientèle)
Soc.	5	V, 66	88-40.965	Contrat à durée déterminée (Indemnité de précarité/Indemnité de fin de contrat)
Soc.	5	V, 64	88-40.597	Contrat d'apprentissage
Soc.	6		89-43.655	Augmentation de salaire
CE	7		118731	Représentants du personnel (Procédure de licenciement)

Juridiction	Date	BC / Rec.	Numéro	Classement
Crim.	11	68	90-87.500	Comité central d'entreprise - Réunions du comité d'entreprise
Soc.	12		89-42.263	Compensation
Soc.	19	V, 106	90-10.896	Convention collective (Conclusion) - Délégué syndical (Mission)
Soc.	19	V, 93	89-45.112	Indemnité de congés payés
Soc.	19	V, 98	88-45.217	Concierges - Égalité de rémunération
Soc.	19	V, 108	88-41.397	Heures d'équivalence
Trib. confl.	24	481	2686	Services de santé au travail
Soc.	25		91-60.213	Bulletin de vote
Soc.	25		91-60.195	Sièges des représentants du personnel
Soc.	25		91-60.140	Propagande électorale
Soc.	25	V, 121	90-40.712	Licenciement économique (Notion)
Soc.	25	V, 123	89-61.135	Bureau de vote
Soc.	26	V, 134	90-60.018	Contentieux électoral
Soc.	26	V, 124	90-40.760	Grève (Effets)
Soc.	26		89-44.516	Représentants du personnel (Réintégration)
Soc.	26	V, 137	88-45.284	Comité d'hygiène, de sécurité et des conditions de travail (Fonctions)
Soc.	26	V, 132	88-44.441	Convocation à l'entretien préalable (au licenciement)
Soc.	26	V, 128	88-43.891	Priorité de réembauche (Licenciement économique)
Soc.	26	V, 131	88-40.552	Handicapés
Soc.	27		91-41.057	Harcèlement moral/Harcèlement sexuel
				Mars 1992
CE	2	102	98654	Repos hebdomadaire (Arrêté préfectoral de fermeture)
Crim.	3		91-80.826	Chômage-intempéries
Soc.	4	V, 152	88-41.014	Certificat de travail
Soc.	5		89-40.256	VRP (Indemnité de clientèle)
Soc.	11	V, 168	90-42.817	Grève (Effets)
Soc.	11	V, 176	89-20.670	Expert comptable du comité d'entreprise
Soc.	11	V, 169	88-43.447	Prime de fin d'année/Treizième mois
Crim.	17	117	91-81.360	Modification dans la situation juridique de l'employeur (Salariés protégés)
Crim.	17	116	90-86.492	Registre unique du personnel
Soc.	18	V, 195	89-43.026	Minimum conventionnel
Soc.	18	V, 188	88-43.434	SMIC - Indexation des salaires/Échelle mobile des salaires
Soc.	18	V, 191	88-40.923	VRP (Indemnité de clientèle)
Soc.	19	V, 212	88-41.421	Congés payés
Crim.	31	134	90-83.938	Comité central d'entreprise - Subvention de fonctionnement
				Avril 1992
Soc.	1er	V, 232	90-60.543	Contentieux électoral - Scrutin
Soc.	1er	V, 236	90-42.529	Congé parental d'éducation
Soc.	1er	V, 238	89-40.136	VRP (Indemnité de clientèle)
Soc.	1er	V, 268	88-45.752	Délégué syndical (Mission)
Soc.	1er		88-45.484	Contrat de travail international
Soc.	1er		88-45.063	AGS (Employeurs assujettis/Bénéficiaires)
Soc.	1er		88-44.530	Comité d'hygiène, de sécurité et des conditions de travail (Fonctions)
Soc.	1er		88-44.281	Mésentente
Soc.	1er	V, 226	88-43.524	VRP (Indemnité de clientèle)
Soc.	1er	V, 221	88-42.951	Journalistes (Bénéfice du statut)
Soc.	1er		88-42.056	Démission
Soc.	2	V, 240	90-42.030	Éthylisme/Ivresse/Intempérance
Soc.	2	V, 241	88-44.105	Contrat de travail (Critères)
Soc.	2	V, 242	88-42.817	Rémunération mensuelle minimale
Soc.	8	V, 262	91-60.250	Contentieux électoral
Soc.	8	V, 265	91-60.165	Unité économique et sociale
Soc.	8	V, 264	90-60.531	Congé parental d'éducation - Électorat/Qualité d'électeur
Soc.	8	V, 260	89-43.288	Procédure de licenciement dans les entreprises en redressement ou liquidation judiciaires

Juridiction	Date	BC / Rec.	Numéro	Classement
Soc.	8	V, 255	89-42.994	Rétractation du licenciement par l'employeur
Soc.	8		89-42.510	Cumul d'un mandat social et d'un contrat de travail
Soc.	8	V, 254	89-42.171	Journalistes (Contrat de travail)
Soc.	8	V, 253	89-40.967	Grève (Effets)
Soc.	8	V, 266	89-13.956	Gérants salariés de succursales
Crim.	14	164	91-82.911	Artistes
Soc.	15	V, 281	88-42.199	Travail à temps partiel
Soc.	16		89-42.615	Certificat médical
Soc.	22	V, 293	90-44.545	Cumul d'un mandat social et d'un contrat de travail
Soc.	22	V, 296	88-40.921	Avantages acquis
Crim.	23	180	90-84.031	Expert comptable du comité d'entreprise - Délit d'entrave
				Mai 1992
Soc.	13	V, 303	89-44.433	Contre-visite médicale patronale
Soc.	13	V, 307	89-40.844	Transaction
Soc.	13	V, 300	88-44.963	Contre-visite médicale patronale
Crim.	18	193	91-83.508	Chômage-intempéries
Soc.	20	V, 319	90-45.271	Grève (Définition)
Soc.	20	V, 328	90-44.725	Représentants du personnel (Réintégration)
Soc.	20	V, 323	90-44.061	AGS (Modalités d'intervention)
Soc.	20	V, 321	90-43.286	AGS (Garantie des créances)
Soc.	20		89-43.955	Augmentation de salaire
Soc.	20		89-42.902	Accord atypique - Licenciement pour fin de chantier
Soc.	21	V, 334	91-40.989	Entretien préalable au licenciement
Soc.	27	V, 351	89-44.508	Clause de mobilité
Soc.	27	V, 343	89-44.166	Retenues sur salaire - Compensation
Soc.	27		89-43.149	Prime de fin d'année/Treizième mois - Usage
Soc.	27	V, 346	89-42.593	Licenciement sans cause réelle et sérieuse (Sanctions)
Soc.	27	V, 353	89-40.581	Prescription (Action en paiement du salaire)
Soc.	27	V, 344	89-40.089	Retraite (Mise à la)
Soc.	27	V, 345	89-16.931	Chômage total
Soc.	27	V, 341	88-44.605	Contrat à durée déterminée (Indemnité de précarité/ Indemnité de fin de contrat)
Soc.	27		88-42.382	Injures/Insultes
				Juin 1992
Soc.	2		88-42.816	Congé parental d'éducation
Soc.	9		89-13.410	Activités sociales et culturelles
Soc.	10	V, 376	88-44.717	Primes et gratifications
Soc.	10		88-43.688	Contrat à durée déterminée (Renouvellement)
Soc.	10		88-42.988	Transaction
Soc.	10	V, 379	88-41.562	Convention collective (Extension)
Soc.	17		91-60.380	Contentieux électoral
Soc.	17	V, 405	90-60.550	Électorat/Qualité d'électeur
Soc.	17	V, 408	89-40.326	Usage
CE	19		89584	Convention collective (Extension)
Soc.	24		90-42.432	Avantages acquis - Convention collective (Application)
Soc.	24	V, 412	89-41.387	Retenues sur salaire
Soc.	30	V, 429	89-43.840	Vie privée
				Juillet 1992
Soc.	1er	V, 432	91-44.262	Indemnité de congés payés
CE	3		107223	Travailleurs étrangers
Soc.	8		91-40.915	Employés de maison
Soc.	8		90-41.711	Transaction
Soc.	8	V, 445	89-42.563	Grève (Effets)
Soc.	8		89-41.409	VRP (Clause de non-concurrence)
Soc.	8	V, 456	89-41.343	Journalistes (Indemnité de licenciement)
Soc.	8	V, 448	88-45.096	Mise à pied disciplinaire

Juridiction	Date	BC / Rec.	Numéro	Classement
Soc.	8	V, 443	87-41.543	Convention collective (Application)
Soc.	9		91-41.880	Entretien préalable au licenciement
Soc.	9		90-15.203	Titres-restaurants
Ass. plén.	10	n° 8	88-40.679	Contrat de travail international
Ass. plén.	10	n° 8	88-40.675	Contrat de travail international
CJCE	16	I, 4737	C-63/91	Égalité de traitement entre hommes et femmes
TGI Montpellier	23			Tracts
CE	31		102352	Modification du contrat de travail d'un salarié protégé
Septembre 1992				
Soc.	23	V, 477	90-45.106	Modification du contrat de travail d'un salarié protégé - Clause de mobilité
Soc.	23		90-11.752	Activités sociales et culturelles
Soc.	23	V, 466	89-43.035	Responsabilité pécuniaire du salarié
Soc.	23		89-41.211	AGS (Modalités d'intervention)
Soc.	23	V, 478	89-40.664	Délégué syndical (Mission)
Soc.	23	V, 476	89-21.050	Section syndicale
Crim.	29	292	91-86.851	Registre unique du personnel
Soc.	30	V, 487	89-45.590	Retraite (Mise à la)
Soc.	30	V, 483	88-44.629	Femmes enceintes (Licenciement)
Soc.	30		87-45.546	Indemnité de licenciement
Octobre 1992				
Soc.	1er	V, 496	90-14.825	Artistes
Soc.	7		91-60.354	Contentieux électoral
Soc.	7		91-60.353	Modification dans la situation juridique de l'employeur (Salariés protégés)
Soc.	7		90-43.605	Grève (Effets)
Soc.	7	V, 506	89-45.283	Notes de service
Soc.	7		89-40.821	Comité d'hygiène, de sécurité et des conditions de travail (Fonctions)
Soc.	7	V, 502	88-45.522	Licenciement économique (Notion)
Soc.	8		91-43.638	VRP (Rémunération)
Soc.	8		91-43.526	Injures/Insultes
Soc.	8		91-43.461	Convocation à l'entretien préalable (au licenciement)
CE	9		96359	Chômage total
CE	9		86977	Chômage partiel
Soc.	13	V, 510	89-43.714	Qualification professionnelle du salarié
Soc.	15	V, 513	91-43.632	Licenciement économique (Notion)
CE	19		92630	Établissement distinct
Soc.	21		89-45.763	Certificat de travail
Soc.	28		90-40.119	Non-respect des règles d'hygiène et de sécurité
Soc.	28	V, 526	89-44.016	VRP (Indemnité de clientèle)
Soc.	28	V, 527	89-43.805	VRP (Indemnité de clientèle)
Soc.	28	V, 525	89-12.642	Chômage-intempéries
Novembre 1992				
Soc.	4	V, 530	91-41.189	Convocation à l'entretien préalable (au licenciement)
Soc.	5	V, 531	91-44.404	VRP (Indemnité de clientèle)
Soc.	5		89-45.552	Préavis
Soc.	5		89-44.218	Mésentente
Soc.	10	V, 541	89-43.108	Prescription des fautes disciplinaires
Soc.	10	V, 539	89-42.884	Travail à temps partiel
CJCE	12	I, 5755	C-209/91	Modification dans la situation juridique de l'employeur (Effets)
Soc.	12		89-45.090	SMIC
CE	13		83177	Grève (Services publics)
Soc.	18	V, 557	91-60.289	Candidatures aux élections professionnelles
Soc.	18	V, 558	91-43.960	AGS (Garantie des créances)
Soc.	18	V, 556	88-44.905	Représentants du personnel (Protection/Bénéficiaires)

Juridiction	Date	BC / Rec.	Numéro	Classement
Soc.	19	V, 564	90-45.970	Licenciement économique (Reclassement)
CA Amiens	19		620	Retraite (Mise à la)
Crim.	23	383	92-81.499	Action en justice du comité d'entreprise
Soc.	24	V, 569	91-60.368	Unité économique et sociale
Soc.	24	V, 572	90-42.764	Congés payés
CE	30		85480	Convention collective (Élargissement)
			Décembre 1992	
Crim.	1er	398	89-82.689	Offres d'emploi (Annonces d')
Soc.	2		91-60.275	Contentieux électoral
Soc.	2	V, 582	91-40.655	Prime de fin d'année/Treizième mois
Soc.	2		90-40.264	Grève (Effets)
Soc.	3		92-40.961	Contrat de travail (Exécution défectueuse/Erreurs/Négligences/ Imprudences/Omissions)
Soc.	3		91-45.692	Éthylisme/Ivresse/Intempérance
Soc.	3		89-41.280	Cumul d'un mandat social et d'un contrat de travail
CE	7		121441	Repos hebdomadaire (Arrêté préfectoral de fermeture)
Soc.	9		89-42.547	Sanctions pécuniaires (Notion)
Soc.	9	V, 588	88-42.595	Conseils de prud'hommes (Compétence territoriale)
Soc.	16		91-60.137	Unité économique et sociale
Soc.	16	V, 602	90-14.337	Règlement intérieur
Soc.	16	V, 601	89-40.827	Paiement du salaire
Soc.	17		87-11.302	Travail temporaire (Entreprise de)
			Janvier 1993	
Crim.	5	6	92-81.918	Délégation de pouvoirs
Com.	12	IV, 10	91-12.548	Experts du comité d'entreprise
Soc.	12	V, 4	89-43.647	Retraite (Mise à la)
Soc.	12		88-44.488	Conseils de prud'hommes (Compétence territoriale)
Soc.	12		88-44.414	VRP (Rémunération)
Soc.	13		91-45.769	Licenciement économique (Notion)
Soc.	20		91-43.652	Droit d'expression
Soc.	20	V, 22	91-42.028	Droit d'alerte et de retrait en cas de danger
Soc.	20		89-45.262	Gérants salariés de succursales
Soc.	20		89-43.873	Détachement de salariés
Crim.	26	43	89-85.389	Accidentés du travail (Reclassement) - Délégué du personnel (Mission) - Négociation annuelle obligatoire
Soc.	27	V, 26	91-45.777	Pouvoir disciplinaire - Harcèlement moral/Harcèlement sexuel
Soc.	27		90-45.493	Indélicatesses/Malhonnêteté/Malversations
			Février 1993	
CE	1er	24	98959	Collèges électoraux
Soc.	3		91-41.432	Absences non autorisées
Soc.	3	V, 40	90-41.665	Grève (Effets)
Soc.	3		89-42.436	Préavis
Soc.	3		88-44.756	Ordre des licenciements
Soc.	4	V, 42	88-42.599	Pouvoir disciplinaire (Contrôle juridictionnel)
Crim.	9		92-80.602	Comité d'entreprise (Information et consultation)
Soc.	10		91-40.746	Abandon de poste
Soc.	10		90-45.771	Préavis
Soc.	10		90-44.893	Cumul d'un mandat social et d'un contrat de travail
CJCE	17	I, 693	C-173/91	Égalité de rémunération
Soc.	17	V, 62	90-14.963	Caisses de congés payés
Soc.	17		89-44.825	Indemnité compensatrice de congés payés
Soc.	17	V, 55	88-45.539	Prescription des fautes disciplinaires - Période d'essai
Soc.	24		91-60.313	Bulletin de vote
Soc.	24		89-44.826	Droit syndical (Exercice du)
Soc.	24	V, 65	89-42.863	AGS (Garantie des créances)
Soc.	24	V, 68	89-19.948	Journalistes (Bénéfice du statut)
Soc.	24	V, 68	88-40.253	Journalistes (Bénéfice du statut)

Juridiction	Date	BC / Rec.	Numéro	Classement
				Mars 1993
Soc.	2		90-41.283	Harcèlement moral/Harcèlement sexuel
Soc.	2	V, 74	90-12.868	Expert comptable du comité d'entreprise
Soc.	2		89-43.209	Congé sabbatique
Soc.	2	V, 72	89-41.612	Mise à pied disciplinaire
Soc.	3		92-60.247	Électorat/Qualité d'électeur
Soc.	3		92-60.031	Effectifs (Représentation du personnel)
Soc.	3		92-60.028	Représentativité syndicale
Soc.	3		91-60.270	Scrutin
Soc.	3		89-45.785	Prime d'ancienneté
Soc.	3	V, 78	89-43.497	Délégué syndical central
Ass. plén.	5	n° 7	88-45.233	Préavis
Crim.	16	118	91-84.767	Local (Représentants du personnel)
Soc.	17	V, 87	91-43.165	Grève (Services publics)
Soc.	17	V, 89	91-42.882	Licenciement irrégulier (Sanctions)
Soc.	17		90-42.467	Journalistes (Indemnité de licenciement)
Soc.	17	V, 93	90-41.556	Modification du contrat de travail d'un salarié protégé
Soc.	17		90-40.376	Journalistes (Bénéfice du statut)
Soc.	17		89-45.508	Contrat à durée déterminée (Transformation du contrat en contrat à durée indéterminée)
Soc.	17		89-40.519	Maladie (Indemnisation complémentaire)
Soc.	17		89-40.317	Employés de maison - Minimum conventionnel
Soc.	17	V, 90	88-45.521	Retraite (Départ à la)
CE	22		108105	Travailleurs étrangers
Crim.	23		92-83.381	Prêt de main-d'œuvre
Com.	23	IV, 121	91-14.222	Responsabilité civile de l'employeur
Soc.	24		92-60.288	Effectifs (Représentation du personnel)
Soc.	24		91-60.254	Électorat/Qualité d'électeur
Soc.	24	V, 96	90-44.491	Compensation
Soc.	24	V, 98	88-42.887	Heures de délégation (Utilisation) - Délégué du personnel (Mission)
Soc.	30		90-40.194	Contrat de travail (Exécution défectueuse/Erreurs/Négligences/ Imprudences/Omissions)
Soc.	30		89-41.621	Contrat d'apprentissage
Soc.	31		89-43.367	Délinquance
Soc.	31	V, 107	88-43.820	Clause de non-concurrence
				Avril 1993
Soc.	1er	V, 109	91-11.649	Artistes
Ass. plén.	1er	n° 8	89-41.756	Maladie (Indemnisation complémentaire) - Cure thermale
Crim.	6	148	92-80.864	Experts du comité d'entreprise - Comité d'entreprise (Information et consultation)
Soc.	7		92-60.365	Bureau de vote
Soc.	7		92-60.120	Vote par correspondance
Soc.	7	V, 115	91-60.247	Contentieux électoral
Soc.	7	V, 111	91-16.834	Grève (Abus du droit)
				Mai 1993
CE	5		96676	Règlement intérieur
Soc.	5	V, 127	92-40.835	Procédure de licenciement dans les entreprises en redressement ou liquidation judiciaires
Soc.	5		91-60.358	Établissement distinct
Soc.	5		91-45.222	Insubordination
Soc.	5		90-41.058	Force majeure/Fait du prince
Soc.	5	V, 125	90-40.801	Compensation - Prêts
Ass. plén.	7	n° 10	91-12.611	Repos hebdomadaire (Principe du repos dominical)
Soc.	12		89-45.748	Travail à temps partiel
Soc.	12		89-40.924	Abandon de poste
Soc.	13	V, 141	91-14.362	Activités sociales et culturelles

Juridiction	Date	BC / Rec.	Numéro	Classement
Soc.	19		91-45.157	SMIC - Minimum conventionnel
Soc.	19		91-43.017	Dénigrement/Diffamation
Soc.	19		91-40.235	Représentants du personnel (Protection/Bénéficiaires)
Soc.	19		90-44.609	Bulletin de salaire
Soc.	19		89-43.698	Injures/Insultes
Soc.	25	V, 147	89-45.542	Heures de délégation (Contrôle et contestation)
Soc.	25	V, 145	89-45.167	Rémunération mensuelle minimale
Soc.	25		89-44.419	AGS (Garantie des créances)
				Juin 1993
Soc.	2	V, 153	91-13.901	Local (Représentants du personnel)
Soc.	2		90-45.287	Insubordination
Soc.	2	V, 155	90-44.956	Licenciement économique (Notion)
Soc.	2		90-44.683	Propagande électorale
Soc.	2	V, 157	90-44.508	Délégué syndical (Mission)
Soc.	2		90-42.515	Grève (Effets)
Soc.	9	V, 164	91-40.222	Prêt de main-d'œuvre
Soc.	9		90-42.701	Contre-visite médicale patronale
Soc.	9	V, 162	89-42.871	Maladie (Indemnisation complémentaire)
Soc.	9		89-41.477	Responsabilité pécuniaire du salarié
Soc.	15		89-43.666	Conseils de prud'hommes (Compétence territoriale)
Soc.	16	V, 169	91-45.462	Preuve de la faute
Soc.	22		92-40.841	Représentants du personnel (Réintégration)
Soc.	22	V, 178	91-17.686	Activités sociales et culturelles
Soc.	22	V, 174	90-46.005	Paiement du salaire - AGS (Garantie des créances)
Soc.	22	V, 171	90-44.705	Modification dans la situation juridique de l'employeur (Conditions d'application)
Soc.	22		89-43.273	Insubordination
Soc.	23		92-60.275	Comité central d'entreprise
Soc.	23		91-60.391	Vote par correspondance
Soc.	23		91-45.773	Modification dans la situation juridique de l'employeur (Conditions d'application)
Soc.	23		91-40.730	Procédure de licenciement dans les entreprises en redressement ou liquidation judiciaires
Soc.	30		91-45.496	Injures/Insultes
Soc.	30		91-42.606	Grève (Effets)
Soc.	30	V, 187	90-42.920	Règlement intérieur
Soc.	30		90-42.325	Journalistes (Bénéfice du statut)
Soc.	30		90-41.540	Travailleurs à domicile
Soc.	30	V, 191	90-14.895	Comité central d'entreprise
Soc.	30	V, 183	89-43.923	Contrat de travail international
				Juillet 1993
Soc.	7	V, 198	90-40.906	Maladie (Indemnisation complémentaire)
Soc.	7	V, 197	89-45.148	Sanctions disciplinaires (Notion)
Soc.	7		89-44.117	Insuffisance de résultats
Soc.	13	V, 208	92-60.344	Comité d'hygiène, de sécurité et des conditions de travail (Mise en place)
Soc.	13		92-41.088	Cause réelle et sérieuse
Soc.	13	V, 202	91-42.964	Prescription des fautes disciplinaires
Soc.	13		89-45.595	Imputabilité de la rupture
Soc.	21		91-42.384	Comité d'hygiène, de sécurité et des conditions de travail (Fonctions)
Soc.	21		90-42.389	Priorité de réembauche (Licenciement économique)
Soc.	22	V, 216	91-10.733	Logement des salariés
CE	23		99391	Règlement intérieur
CE	28		110705	Établissement distinct
CE	28	251	107453	Convention collective (Extension)

Juridiction	Date	BC / Rec.	Numéro	Classement
				Août 1993
CJCE	2	I, 4367	C-271/91	Égalité de traitement entre hommes et femmes - Sanctions discriminatoires (Notion)
				Septembre 1993
CE	6		116221	Handicapés
Soc.	21	V, 218	90-45.730	Contrat à durée déterminée (Durée) - Représentants du personnel (Protection/Cas d'application)
Soc.	22		92-40.695	Violences et rixes
Soc.	22		92-40.505	Non-respect des horaires
Crim.	28	269	92-86.528	Inspecteur du travail
				Octobre 1993
Crim.	5		92-86.293	Responsabilité pénale des personnes physiques
Soc.	5		89-42.986	Absences répétées
Soc.	5	V, 224	89-41.644	Convention collective (Applicabilité)
CJCE	6	I, 4939	C-109/91	Égalité de rémunération
Soc.	6	V, 226	92-40.077	Cumul d'un mandat social et d'un contrat de travail
Crim.	12	290	92-85.203	Durée du travail
Soc.	13	V, 231	92-40.474	Sanctions disciplinaires (Notion) - Règlement intérieur
Soc.	13		91-45.025	Ordre des licenciements
Soc.	13	V, 233	89-45.458	VRP (Indemnité de clientèle)
Soc.	13		89-42.056	Heures de récupération
Soc.	14	V, 234	91-45.409	Concierges
Crim.	19		91-85.795	Transaction - Représentants du personnel (Procédure de licenciement)
Soc.	20	V, 241	92-60.304	Candidatures aux élections professionnelles
Soc.	20		91-45.853	VRP (Indemnité de clientèle)
Soc.	20	V, 243	89-18.949	Convention collective (Dénonciation) - Contribution patronale aux activités sociales et culturelles
Crim.	26		93-80.743	Repos hebdomadaire (Principe du repos dominical)
CJCE	27	I, 5535	C-127/92	Égalité de rémunération
Soc.	27	V, 250	90-42.560	Visite médicale de reprise
Soc.	27		90-41.281	Indemnité de licenciement
Soc.	27	V, 253	90-40.226	Congé parental d'éducation
				Novembre 1993
Soc.	2		92-60.400	Bureau de vote
Soc.	2		90-42.661	AGS (Garantie des créances)
Soc.	2		89-41.172	Maladie (Indemnisation complémentaire)
Soc.	3		92-40.365	Insuffisance de résultats
Soc.	4		92-41.506	Insubordination
Crim.	9		92-86.101	Délégation de pouvoirs - Travailleurs étrangers
Soc.	10	V, 265	89-45.303	Période d'essai
Soc.	10	V, 264	89-45.049	Jours fériés
Soc.	10	V, 266	89-42.513	SMIC - VRP (Rémunération)
Soc.	10		89-42.087	Indemnité de congés payés
Soc.	16	V, 278	91-45.904	Liberté d'expression
Soc.	16		91-45.688	Grève (Effets)
Soc.	16	V, 271	91-43.314	Modification dans la situation juridique de l'employeur (Cas d'application)
Soc.	16		91-42.551	Procédure disciplinaire (Entretien préalable)
Soc.	16	V, 276	90-60.553	Collèges électoraux
Soc.	16	V, 274	90-44.807	Convention collective (Applicabilité)
Soc.	16	V, 270	90-44.199	Contrat à durée déterminée (Rupture anticipée)
Soc.	16	V, 273	90-43.233	Qualification professionnelle du salarié
Soc.	16	V, 269	90-16.030	Contrat de travail international
CE	19		116939	Travailleurs étrangers

Juridiction	Date	BC / Rec.	Numéro	Classement
Crim.	23	352	93-80.845	Bulletin de salaire
Soc.	23		92-42.072	Harcèlement moral/Harcèlement sexuel
Crim.	23	351	90-86.396	Tracts - Affichage
Soc.	24		90-40.901	VRP (Rémunération)
Soc.	24		89-43.437	Caisses de congés payés
Soc.	24	V, 286	89-42.648	Certificat de travail
Soc.	24		89-41.331	Bulletin de salaire
Soc.	24	V, 285	88-42.722	Astreintes
CJCE	30	I, 6215	C-189/91	Égalité de traitement entre hommes et femmes
			Décembre 1993	
Soc.	1er	V, 300	92-60.278	Éligibilité
Soc.	1er		92-40.821	Procédure de licenciement dans les entreprises en redressement ou liquidation judiciaires
Soc.	1er	V, 298	92-40.072	Représentants du personnel (Protection/Bénéficiaires)
Soc.	1er		91-40.862	AGS (Garantie des créances)
Soc.	1er	V, 296	90-42.962	Convention collective (Mise en cause)
CE	1er		111730	Action en justice du comité d'entreprise
Com.	7		92-12.131	Responsabilité civile de l'employeur
Crim.	7		91-86.733	Repos hebdomadaire (Arrêté préfectoral de fermeture)
Soc.	7		89-45.434	Congé pour la création d'entreprise
Crim.	8	410	91-85.461	Compensation
Mixte	10	n° 1	87-45.188	Fractionnement des congés payés
CJCE	14	I, 6609	C-110/91	Égalité de rémunération
Crim.	14	387	93-81.404	Convention de forfait - Durée du travail
Soc.	15		92-42.539	Heures de délégation (Rémunération)
Soc.	15		91-18.573	Gérants non salariés (Succursales de commerce de détail alimentaire)
Soc.	15	V, 314	90-43.514	Mise à pied conservatoire
CE	17		116531	Heures de délégation (Utilisation)
CJCE	22	I, 6953	C-152/91	Égalité de rémunération
C. constit.	29	JO 31	93-330 DC	Handicapés
CE	29		131789	Travailleurs étrangers
			Janvier 1994	
Crim.	4	4	91-86.246	Repos hebdomadaire (Arrêté préfectoral de fermeture)
Soc.	5		90-43.757	Prime d'ancienneté
Soc.	5	V, 1	89-40.961	Transaction
Soc.	11		90-40.411	Accidentés du travail (Protection)
Soc.	11		89-44.642	Contrat à durée déterminée (Conclusion)
Soc.	11		88-41.581	Préavis (Indemnité compensatrice de)
Soc.	11		87-44.012	Procédure disciplinaire (Entretien préalable)
Soc.	12	V, 4	92-60.323	Éligibilité
Soc.	12		92-43.185	Prescription des fautes disciplinaires
Soc.	12		92-43.025	Modification dans la situation juridique de l'employeur (Effets)
Soc.	12		92-42.749	VRP (Indemnité de clientèle)
Soc.	12	V, 2	92-42.745	Notification du licenciement - Licenciement irrégulier (Sanctions)
Soc.	12		92-41.912	Indélicatesses/Malhonnêteté/Malversations
Soc.	12		92-41.687	Licenciement économique (Notion)
Soc.	12		92-41.206	Contrat de travail (Exécution défectueuse/Erreurs/Négligences/ Imprudences/Omissions)
Soc.	12	V, 6	92-41.137	Journalistes (Clause de conscience)
Soc.	12		91-20.443	Indemnité de congés payés
Soc.	12	V, 5	90-42.783	Journalistes (Clause de conscience)
Soc.	13	V, 13	91-44.109	Employés de maison
Soc.	19		90-45.323	Convention collective (Élargissement)
Soc.	19		90-40.357	VRP (Rémunération)
Soc.	19		89-40.756	Clause de non-concurrence
Soc.	25	V, 23	92-40.139	Représentants du personnel (Protection/Bénéficiaires)
Soc.	25		90-45.232	Cumul d'un mandat social et d'un contrat de travail

Juridiction	Date	BC / Rec.	Numéro	Classement
Soc.	26	V, 31	92-43.839	Priorité de réembauche (Licenciement économique)
Soc.	26	V, 25	92-42.049	Grève (Faute lourde)
Soc.	26		92-42.043	Concurrence déloyale
Soc.	26	V, 27	92-41.978	Grève (Faute lourde)
Soc.	26	V, 30	92-41.512	Convocation à l'entretien préalable (au licenciement)
Soc.	26		92-40.328	Insubordination
Soc.	26		92-40.325	Insuffisance de résultats
Soc.	26		92-40.252	Licenciement économique (Notion)
				Février 1994
Soc.	2	V, 42	91-45.514	Repos compensateur - Convention de forfait
Soc.	2		90-42.509	Travailleurs à domicile
Soc.	2	V, 37	90-42.104	Contrat à durée déterminée (Rupture anticipée)
Soc.	2	V, 40	90-14.771	Repos hebdomadaire (Principe du repos dominical) - Action en justice des syndicats
Soc.	2	V, 38	89-42.778	Maternité
Soc.	2		89-40.857	Cumul d'un mandat social et d'un contrat de travail
Soc.	2	V, 43	88-42.711	Visite médicale de reprise
CJCE	3	I, 376	C-13/93	Travail de nuit
Soc.	3		90-46.012	Paiement du salaire
Soc.	3		90-43.456	Contrat de travail (Exécution défectueuse/Erreurs/Négligences/Imprudences/Omissions) - Repos compensateur
Soc.	3		89-43.616	Préavis (Indemnité compensatrice de)
Soc.	8		93-60.068	Candidatures aux élections professionnelles
Crim.	8		92-81.058	Responsabilité pénale des personnes physiques
Soc.	8		92-60.386	Établissement distinct
Soc.	9	V, 50	91-16.000	Convention collective (Mise en cause)
Soc.	9	V, 52	91-11.429	Comité de groupe
Soc.	9		90-45.483	Convention collective (Mise en cause)
Crim.	15		92-85.568	Action en justice des syndicats
Crim.	15	68	92-84.088	Responsabilité pénale des personnes physiques
Soc.	16		92-41.372	Mensualisation
Soc.	17		90-11.037	Action en justice des syndicats
Soc.	22		93-60.096	Vote par correspondance
Soc.	23	V, 69	92-43.927	Conseils de prud'hommes (Compétence d'attribution) - Plan de sauvegarde de l'emploi
Soc.	23	V, 67	92-42.896	Plan de sauvegarde de l'emploi
Soc.	23		92-40.545	Vol/Détournement
Soc.	23		91-42.947	Accord atypique - Convention collective (Mise en cause)
Soc.	23		90-45.001	Rétrogradation disciplinaire
CE	23		127874	Travailleurs étrangers
CE	25		113903	Grève (Faute lourde)
				Mars 1994
Crim.	2		93-83.458	Délégation de pouvoirs
Soc.	2	V, 75	92-41.134	Retenues sur salaire - Grève (Effets)
Soc.	2		90-40.375	VRP (Indemnité de clientèle)
Soc.	2		90-40.116	Délinquance
Soc.	2	V, 76	89-45.881	SMIC
Soc.	2		88-43.739	SMIC - Gérants non salariés (Succursales de commerce de détail alimentaire)
Soc.	3		91-44.073	Minimum conventionnel
Soc.	3		90-43.023	Maladie (Indemnisation complémentaire)
Soc.	3		90-40.074	Bulletin de salaire
Crim.	8		93-81.115	Droit syndical (Exercice du)
Crim.	9		93-81.779	Repos hebdomadaire (Arrêté préfectoral de fermeture)
Soc.	9		92-43.399	Insuffisance de résultats
Soc.	9	V, 82	91-45.690	Compensation
Soc.	9	V, 86	91-21.926	Licenciement sans cause réelle et sérieuse (Sanctions)

Juridiction	Date	BC / Rec.	Numéro	Classement
CE	11		125905	Représentants du personnel (Licenciement/Recours contre la décision administrative)
Crim.	15	100	93-82.109	Comité d'hygiène, de sécurité et des conditions de travail (Fonctions) - Médecin du travail
Crim.	15	97	93-81.110	Responsabilité pénale des personnes physiques
Soc.	15		92-43.612	Licenciement économique (Notion)
Soc.	16		92-44.917	Licenciement économique (Reclassement)
Soc.	16		92-43.151	Mise à pied conservatoire
Soc.	16	V, 95	92-43.094	Licenciement économique (Notion)
Soc.	16	V, 92	91-43.349	Grève (Services publics) - Sanctions pécuniaires (Notion) - Grève (Définition)
Soc.	16		89-41.403	Dénigrement/Diffamation
Soc.	16	V, 94	88-40.915	Indemnité de licenciement
Civ.	16	I, 101	92-17.050	Activités sociales et culturelles
Soc.	17		90-44.846	Convention collective (Applicabilité)
Soc.	23		92-60.309	Sièges des représentants du personnel
Soc.	23		92-43.728	Plan de sauvegarde de l'emploi
Soc.	23		91-45.705	Convention collective (Conclusion)
Crim.	29	121	93-82.178	Responsabilité pénale des personnes physiques - Travailleurs étrangers
Crim.	29		93-80.962	Comité d'entreprise (Information et consultation)
Soc.	29		93-60.360	Candidatures aux élections professionnelles
Soc.	29		93-60.334	Représentant syndical au comité d'entreprise
Soc.	29		93-60.323	Bulletin de vote
Crim.	29	120	92-86.082	Travail dissimulé
Soc.	29	V, 109	90-42.151	Indemnité de licenciement
Soc.	30		92-40.531	SMIC
Soc.	30	V, 112	90-43.809	Résiliation judiciaire du contrat de travail - Contrat d'apprentissage
Soc.	30		90-42.152	Maladie (Indemnisation complémentaire)
Soc.	30	V, 113	89-43.716	Entretien préalable au licenciement
Soc.	31		90-42.976	Employés de maison - Force majeure/Fait du prince
Soc.	31		90-40.204	Période d'essai
				Avril 1994
Soc.	5		93-60.355	Effectifs (Représentation du personnel)
Soc.	5		93-60.340	Vote par correspondance
Soc.	5		93-60.338	Contentieux électoral
Crim.	6	136	93-82.717	Surveillance des salariés
Soc.	6		93-60.295	Éligibilité
Soc.	6		92-44.986	Licenciement économique (Notion)
Soc.	6		92-43.939	Violences et rixes
Soc.	6		92-42.108	Priorité de réembauche (Licenciement économique)
Soc.	6	V, 134	92-41.782	Priorité de réembauche (Licenciement économique)
Soc.	6		91-42.639	Usage
Soc.	6	V, 137	91-20.764	Syndicats (Statuts)
Crim.	7	145	93-81.361	Chômage total
Soc.	7		89-42.872	Maladie (Indemnisation complémentaire)
Soc.	7		89-42.679	Préavis (Indemnité compensatrice de)
CJCE	14	I, 1311	C-392/92	Modification dans la situation juridique de l'employeur (Conditions d'application)
Soc.	27		91-44.238	Retraite (Départ à la)
Soc.	28	V, 159	92-43.917	Liberté d'expression - Droit d'expression
Soc.	28	V, 149	92-43.394	Maladie (Indemnisation complémentaire)
Soc.	28	V, 150	91-42.180	Clause de non-concurrence
Soc.	28	V, 155	90-46.044	Compensation
Soc.	28	V, 151	90-45.755	Clause de garantie d'emploi
Soc.	28	V, 148	90-45.472	Contrat d'apprentissage
Soc.	28		89-45.516	Qualification professionnelle du salarié

Juridiction	Date	BC / Rec.	Numéro	Classement
				Mai 1994
Crim.	3	164	93-80.911	Comité d'entreprise (Information et consultation)
Soc.	3		92-43.472	Préavis
Soc.	3		92-43.245	Insubordination
Soc.	3		92-42.665	Faute grave
Soc.	3		92-42.660	Concurrence déloyale
Crim.	3		91-86.047	Transaction
Soc.	4	V, 161	93-60.333	Éligibilité
Soc.	4		92-60.038	Délégué syndical (Mission)
Soc.	4		92-40.135	Grève (Faute lourde)
Soc.	4	V, 162	91-60.008	Effectifs (Représentation du personnel)
Soc.	4	V, 164	91-15.064	Comité de groupe
CJCE	5	I, 1668	C-421/92	Travail de nuit
Civ.	9	I, 171	92-15.063	Prêts
Crim.	10		93-82.603	Grève (Services publics)
Soc.	10		93-60.346	Comité d'hygiène, de sécurité et des conditions de travail (Mise en place)
Soc.	10		92-44.776	Préavis (Indemnité compensatrice de)
Soc.	10		92-44.191	Preuve de la faute - Faute lourde
Soc.	10		92-44.159	Entretien préalable au licenciement
Soc.	10		92-44.087	Absences non autorisées
Soc.	10		92-40.781	Convocation à l'entretien préalable (au licenciement)
Soc.	10	V, 173	92-14.097	Convention collective (Application)
Soc.	10		91-42.293	Convention collective (Dénonciation)
Soc.	11		91-40.848	Congé sabbatique
Soc.	11		90-40.312	Clause de non-concurrence
Soc.	17		93-60.329	Effectifs (Représentation du personnel) - Électorat/Qualité d'électeur
Soc.	17		93-60.165	Listes électorales
CE	20		106197	Représentants du personnel (Autorisation administrative de licenciement)
Soc.	25		92-44.256	Indélicatesses/Malhonnêteté/Malversations
Soc.	25		92-43.936	Non-respect des horaires
Soc.	25		91-40.927	Heures de récupération
Soc.	25		90-44.852	Convention de forfait
Soc.	25		90-43.961	Convention de forfait
Crim.	26	208	93-83.180	Délégation de pouvoirs
Soc.	26		90-43.845	Qualification professionnelle du salarié
Soc.	31		93-60.338	Comité d'hygiène, de sécurité et des conditions de travail (Mise en place)
				Juin 1994
Soc.	1er		92-45.175	Conseillers prud'hommes (Protection)
Soc.	1er	V, 186	92-18.896	Action en justice du comité d'entreprise - Convention collective (Révision) - Négociation annuelle obligatoire
Soc.	1er	V, 185	92-12.179	Gérants non salariés (Succursales de commerce de détail alimentaire)
Soc.	1er		91-43.936	Représentants du personnel (Protection/Cas d'application)
Soc.	1er	V, 183	91-43.477	AGS (Modalités d'intervention)
Soc.	1er		91-40.695	Notes de service
Crim.	7		93-82.026	Inspecteur du travail - Bulletin de salaire
Soc.	7		91-41.440	Travailleurs à domicile
Soc.	8	V, 193	90-45.703	Handicapés
Soc.	8		90-43.709	VRP (Rémunération)
Soc.	8	V, 188	90-43.689	Maladies professionnelles (Notion)
Soc.	8		90-43.214	Bulletin de salaire
Soc.	8		90-43.014	Indemnité de congés payés
Soc.	8	V, 191	90-42.254	Logement des salariés
Soc.	8		89-44.192	Sanctions disciplinaires (Notification)

Juridiction	Date	BC / Rec.	Numéro	Classement
Soc.	9		92-44.288	Indélicatesses/Malhonnêteté/Malversations
Crim.	14		93-85.188	Travail dissimulé
Soc.	14		92-45.072	Entretien préalable au licenciement
Soc.	15		93-41.269	Ordre des licenciements
Soc.	15		91-42.560	Cumul d'un mandat social et d'un contrat de travail
Crim.	21		92-83.835	Repos hebdomadaire (Arrêté préfectoral de fermeture)
Soc.	22		90-45.861	Préavis
Soc.	22	V, 204	90-42.143	Démission
Soc.	22	V, 211	89-42.461	Chômage partiel
Soc.	23		92-42.733	VRP (Bénéfice du statut)
Soc.	23		91-41.464	Bulletin de salaire
Soc.	29		92-43.667	Handicapés
Soc.	29		91-41.299	Augmentation de salaire
Soc.	29	V, 219	91-18.640	Convention collective (Conclusion) - Négociation annuelle obligatoire
Soc.	29	V, 218	90-45.768	Convention collective (Extension)
Soc.	30	V, 224	89-41.654	Concierges
				Juillet 1994
Soc.	6	V, 229	93-42.360	Usage - Fractionnement des congés payés
Soc.	6	V, 228	93-41.705	Heures de délégation (Utilisation)
Soc.	6		93-40.900	Violences et rixes
Soc.	6	V, 226	90-45.206	Minimum conventionnel
Soc.	6		90-43.431	Minimum conventionnel
CE	8		153629	Repos hebdomadaire (Dérogations)
CE	8	356	105471	Convention collective (Application) - Visites médicales d'embauche et périodique
Soc.	11		93-42.386	Licenciement économique (Notion)
CE	11		102637	Représentants du personnel (Autorisation administrative de licenciement)
Soc.	12	V, 234	92-41.411	Représentants du personnel (Protection/Bénéficiaires)
Soc.	12	V, 233	91-43.855	Ordre des licenciements
Soc.	12	V, 231	90-44.044	Contrat d'apprentissage
CJCE	14	I, 3578	C-32/93	Égalité de traitement entre hommes et femmes
Soc.	19		91-42.667	Congé de formation
Soc.	19	V, 246	90-46.074	Conseils de prud'hommes (Compétence territoriale)
Soc.	19		90-44.013	Pouvoir disciplinaire (Contrôle juridictionnel)
Soc.	19	V, 241	90-43.785	Mise à pied disciplinaire - Sanctions pécuniaires (Notion)
Soc.	19	V, 244	90-43.013	Maladie (Indemnisation complémentaire)
Soc.	19	V, 242	90-41.362	Accidentés du travail (Reclassement)
Soc.	20		91-41.420	Accidentés du travail (Reclassement)
Soc.	20		91-40.004	Convention de forfait
Soc.	21	V, 250	93-40.554	Concurrence déloyale
Soc.	21		92-44.870	Licenciement économique (Notion)
CE	22		126787	Représentants du personnel (Licenciement/Recours contre la décision administrative)
CE	29		112119	Représentants du personnel (Autorisation administrative de licenciement)
CE	29		106012	Chômage total
				Août 1994
Crim.	8		94-80.080	Responsabilité pénale des personnes physiques
Crim.	8	289	93-85.207	Repos hebdomadaire (Dérogations)
				Septembre 1994
CE	12		128729	Représentants du personnel (Autorisation administrative de licenciement)
CE	12		124495	Représentants du personnel (Mise à pied conservatoire)
Crim.	20		94-80.017	Responsabilité pénale des personnes physiques

Juridiction	Date	BC / Rec.	Numéro	Classement
Crim.	20		93-84.421	Jours fériés
Crim.	27		93-85.285	Travailleurs étrangers
Crim.	27	306	93-84.665	Bulletin de salaire
CJCE	28	I, 4502	C-7/93	Égalité de traitement entre hommes et femmes - Égalité de rémunération
CJCE	28	I, 4397	C-200/91	Égalité de rémunération
				Octobre 1994
Soc.	4		93-60.404	Établissement distinct
Crim.	4		92-85.078	Repos hebdomadaire (Principe du repos dominical)
Soc.	5		93-42.164	Remplacement des représentants du personnel
Soc.	5	V, 258	93-41.248	Notification du licenciement
Soc.	5		93-40.493	Caisses de congés payés
Soc.	5		92-18.840	Subvention de fonctionnement
Soc.	5	V, 260	92-16.632	Action en justice des syndicats
Soc.	5	V, 261	92-14.430	Chômage total
Soc.	11	V, 274	93-60.380	Représentant syndical au comité d'entreprise
Soc.	11		93-42.421	Indemnité de congés payés
Soc.	11		93-42.310	Congé pour événements familiaux
Crim.	11	324	92-81.526	Chômage-intempéries - Caisses de congés payés
Soc.	11	V, 269	91-40.025	Responsabilité civile de l'employeur - Maladies professionnelles (Notion)
Soc.	11	V, 268	89-21.395	Repos hebdomadaire (Arrêté préfectoral de fermeture)
Soc.	13		91-40.949	Contrat à durée déterminée (Renouvellement)
Crim.	17	333	94-82.780	Travail dissimulé
Soc.	18		94-60.004	Représentants du personnel (Réintégration)
Soc.	18		93-40.050	Injures/Insultes
Soc.	19	V, 283	93-60.339	Comité d'hygiène, de sécurité et des conditions de travail (Mise en place)
Soc.	19	V, 282	93-60.049	Contentieux électoral - Bureau de vote
Soc.	19	V, 279	92-41.583	Adaptation (Obligation d')
Soc.	19		92-11.795	Grève (Responsabilité)
Soc.	19		91-41.097	Indemnité de congés payés - Heures de délégation (Rémunération)
Soc.	19	V, 281	91-20.292	Usage - Convention collective (Conclusion) - Négociation annuelle obligatoire - Grève (Définition)
Soc.	20		93-42.800	Usage - Primes et gratifications
Soc.	20		93-41.856	Heures de délégation (Utilisation)
Soc.	20	V, 289	92-11.096	Inventions des salariés
CE	21		137639	Règlement intérieur
Crim.	25		93-85.802	Réunions du comité d'entreprise
Soc.	25		90-40.123	Inventions des salariés
Soc.	25	V, 291	90-12.753	Repos hebdomadaire (Arrêté préfectoral de fermeture) - Repos hebdomadaire (Principe du repos dominical) - Repos hebdomadaire (Dérogations)
Soc.	26		93-40.749	Abandon de poste
Soc.	26		93-40.043	Absences non autorisées
				Novembre 1994
Soc.	2		94-60.009	Délégué syndical (Désignation)
Soc.	2		94-60.008	Délégué du personnel (Mission) - Délégué syndical (Désignation)
Soc.	2		93-60.499	Éligibilité
Soc.	2		93-60.472	Électorat/Qualité d'électeur
Soc.	2		93-42.787	AGS (Garantie des créances)
Soc.	3		93-41.866	Convention collective (Mise en cause)
Soc.	3		91-42.778	Heures de délégation (Utilisation)
Avis	4	n° 22	09-40.018	Rétrogradation disciplinaire
Soc.	8		93-42.501	Pourboires - Heures de délégation (Rémunération)
Soc.	8	V, 298	92-11.443	Expert comptable du comité d'entreprise
Soc.	8		91-40.377	Visite médicale de reprise

Juridiction	Date	BC / Rec.	Numéro	Classement
Soc.	8		91-40.248	Insubordination
Soc.	8		90-44.817	Prime de fin d'année/Treizième mois - Minimum conventionnel
Soc.	15		94-60.085	Délégué syndical (Désignation)
Soc.	15		91-43.976	Représentants du personnel (Licenciement/Indemnisation)
Civ.	16		92-20.223	Logement des salariés
Ass. plén.	18	n° 6	90-44.754	Préavis
Soc.	23		93-42.326	Indemnité de congés payés
Soc.	23	V, 307	91-41.467	VRP (Rémunération)
Soc.	23	V, 306	90-43.492	Accidentés du travail (Suspension du contrat de travail)
Soc.	23		90-40.380	Transaction
Soc.	30		93-43.844	Notification du licenciement
Soc.	30		93-42.580	Cause réelle et sérieuse
Soc.	30		93-42.374	Injures/Insultes
Soc.	30	V, 318	93-42.184	Notification du licenciement
Soc.	30		93-41.229	Absences non autorisées
Soc.	30	V, 319	91-43.509	Convention collective (Dénonciation) - Avantages acquis
Soc.	30		91-41.418	Mutation disciplinaire

Décembre 1994

Soc.	6	V, 327	92-21.437	Comité de groupe
Soc.	6		90-45.105	VRP (Indemnité de clientèle)
Soc.	7		91-43.037	Compensation
Soc.	7		91-41.852	Fractionnement des congés payés
Soc.	7	V, 329	90-41.887	Mannequins - Contrat à durée déterminée (Cas de recours)
Soc.	7	V, 330	90-40.840	Accidentés du travail (Reclassement)
CE	9	547	119233	Règlement intérieur
CE	9		118107	Règlement intérieur
CJCE	13	I, 5535	C-297/93	Égalité de traitement entre hommes et femmes
Crim.	13	405	93-85.092	Comité d'entreprise (Information et consultation)
Soc.	13		92-12.671	Comité de groupe
CE	19		116462	Travailleurs étrangers
CE	21		146600	Représentants du personnel (Autorisation administrative de licenciement)

Janvier 1995

Soc.	5		93-44.574	Contrat de travail (Exécution défectueuse/Erreurs/Négligences/Imprudences/Omissions) - Cause réelle et sérieuse
Soc.	5	V, 5	93-42.190	Notification du licenciement
Soc.	5	V, 16	91-41.174	Travailleurs à domicile
Soc.	5		90-45.806	Contrat à durée déterminée (Cas de recours)
Soc.	5	V, 4	90-45.732	Contrat à durée déterminée (Transformation du contrat en contrat à durée indéterminée)
Soc.	5		90-45.187	Travail à temps partiel
Soc.	5		90-43.698	Contrat de travail (Détermination de l'employeur)
Crim.	10	9	94-82.490	Repos hebdomadaire (Principe du repos dominical)
Soc.	10	V, 21	93-42.020	Représentants du personnel (Protection/Cas d'application)
Soc.	10	V, 20	92-43.222	Travail à temps partiel - Indemnité de licenciement
Soc.	10		91-44.958	Convention collective (Extension)
Soc.	10		90-42.943	Transaction
Soc.	11		94-60.023	Unité économique et sociale
Soc.	11		93-41.525	Convention de forfait
TGI Dunkerque	13		100/95	Offres d'emploi (Annonces d')
Crim.	17	22	94-80.081	Inspecteur du travail - Horaire de travail
Crim.	17	23	93-85.078	Registre unique du personnel
Soc.	17	V, 26	91-43.908	Certificat de travail - Bulletin de salaire
Soc.	17	V, 25	91-43.815	Sanctions disciplinaires (Notification) - Procédure disciplinaire (Entretien préalable)
Soc.	17		91-40.002	VRP (Indemnité de clientèle)
Soc.	18		92-44.775	Qualification professionnelle du salarié

Juridiction	Date	BC / Rec.	Numéro	Classement
Soc.	18		92-18.823	Formation professionnelle continue (Participation financière de l'employeur)
Soc.	18		91-43.334	Contrat à durée déterminée (Conclusion)
Soc.	18	V, 29	91-42.613	Démission
Soc.	18	V, 31	91-42.344	Retraite (Mise à la)
Soc.	18	V, 33	91-42.161	Travailleurs à domicile
Soc.	18	V, 30	91-41.090	Licenciement sans cause réelle et sérieuse (Sanctions)
Soc.	18	V, 34	91-40.605	Travailleurs à domicile
Soc.	18	V, 27	91-10.476	Grève (Abus du droit) - Grève (Responsabilité) - Grève (Définition)
Soc.	18		90-44.955	Rétrogradation disciplinaire
Soc.	18	V, 28	90-42.087	Prescription des fautes disciplinaires
Soc.	25		94-60.049	Délégué syndical (Désignation)
Soc.	25		94-60.048	Contrat à durée déterminée (Statut du salarié)
Soc.	25		93-45.036	Notification du licenciement
Soc.	25		93-42.120	Absences non autorisées
Soc.	25		93-42.077	Faute grave - Préavis
Soc.	25	V, 38	92-16.778	Comité interentreprises - Délibérations/Votes (Comité d'entreprise)
Soc.	25	V, 37	92-13.546	Expert comptable du comité d'entreprise
Soc.	25	V, 39	92-12.718	Expert comptable du comité d'entreprise
Soc.	25		91-43.358	Accord atypique
Soc.	31		91-43.822	Usage - Modification dans la situation juridique de l'employeur (Sort du statut collectif)
Soc.	31		91-42.972	Contre-visite médicale patronale
Soc.	31	V, 44	91-42.862	Période d'essai
Soc.	31		91-41.965	Convention collective (Mise en cause)
				Février 1995
Soc.	1er	V, 45	91-44.908	Sanctions disciplinaires (Notion) - Grève (Faute lourde) - Sanctions discriminatoires (Notion)
Soc.	1er	V, 47	91-42.789	Journalistes (Contrat de travail)
Soc.	1er		91-42.432	Premier Mai
Soc.	1er		91-42.191	Période d'essai
Soc.	1er	V, 46	91-40.794	Imputabilité de la rupture
Soc.	1er	V, 50	90-44.514	Indemnité de congés payés - Concierges
Soc.	1er		90-43.686	Absences non autorisées
Soc.	1er	V, 48	90-42.635	Retraite (Mise à la)
CE	1er		140329	Modification du contrat de travail d'un salarié protégé
Crim.	7		94-81.832	Délégation de pouvoirs
Crim.	7	49	94-80.045	Action en justice des syndicats
Soc.	7		93-42.549	Pouvoir disciplinaire (Contrôle juridictionnel)
Soc.	7		93-42.324	Convocation à l'entretien préalable (au licenciement)
Soc.	7		93-42.158	Concurrence déloyale
Soc.	15		91-44.366	Contrat à durée déterminée (Rupture anticipée)
Soc.	15		91-43.966	Heures supplémentaires
Soc.	15	V, 57	91-41.025	Temps de travail effectif
Soc.	21		94-60.202	Contentieux électoral
Soc.	21		93-44.340	Licenciement sans cause réelle et sérieuse (Sanctions)
Com.	21		93-10.754	Concurrence déloyale
Soc.	21		91-44.239	Contrat de travail (Exécution défectueuse/Erreurs/Négligences/Imprudences/Omissions)
Soc.	22	V, 65	93-44.268	Indemnité de licenciement
Soc.	22		93-44.203	Représentants du personnel (Réintégration)
Soc.	22	V, 67	93-44.074	Licenciement économique (Notion)
Soc.	22	V, 66	93-43.404	Plan de sauvegarde de l'emploi - Licenciement économique (Reclassement)
Soc.	22		93-43.331	Éthylisme/Ivresse/Intempérance
Soc.	22		93-42.009	Préavis (Dispense de)

Juridiction	Date	BC / Rec.	Numéro	Classement
Soc.	22	V, 64	93-14.105	Modification dans la situation juridique de l'employeur (Salariés protégés)
Soc.	28		91-42.997	Maternité
Soc.	28		91-42.379	Préavis
				Mars 1995
Soc.	1er		91-43.718	Abandon de poste
Soc.	1er		91-43.263	Non-respect des horaires
CE	3		159222	Médecin du travail
Soc.	8	V, 80	94-60.228	Remplacement des représentants du personnel
Soc.	8		94-60.203	Représentativité syndicale
Soc.	8		94-60.106	Journalistes (Contrat de travail)
Soc.	8		93-41.669	VRP (Indemnité de clientèle)
Soc.	8	V, 81	91-16.002	Droit d'alerte (Comité d'entreprise)
Soc.	14		91-43.977	Contre-visite médicale patronale
Soc.	15		91-43.432	Clause de non-concurrence
Soc.	15		90-44.949	Retraite (Mise à la)
Soc.	16	V, 92	93-13.371	Convention collective (Dénonciation)
Soc.	16		92-18.706	Intéressement des salariés
Soc.	16		92-18.321	Intéressement des salariés
Soc.	16		91-40.547	Paiement du salaire - Imputabilité de la rupture
Soc.	16	V, 91	91-40.210	Convention collective (Mise en cause)
Soc.	16	V, 90	90-41.213	Notification du licenciement - Sanctions disciplinaires (Notification)
Soc.	21		93-45.157	Paiement du salaire
Soc.	21		91-45.799	Convocation à l'entretien préalable (au licenciement)
Soc.	22		93-45.121	Notification du licenciement
Soc.	22		93-41.678	Représentants du personnel (Protection/Bénéficiaires)
Soc.	22	V, 105	93-40.793	Avantages acquis
Crim.	28	130	92-80.694	Négociation annuelle obligatoire - Délit d'entrave
Soc.	28		91-45.088	Clause de dédit-formation
Soc.	29	V, 111	93-41.963	Mise à pied disciplinaire - Grève (Définition)
Soc.	29		93-41.906	SMIC
Soc.	29	V, 115	91-45.876	Journalistes (Indemnité de licenciement)
Soc.	29	V, 116	91-45.378	Travail à temps partiel - Priorité d'embauche/Priorité d'emploi
Soc.	29		91-43.163	Gérants non salariés (Succursales de commerce de détail alimentaire)
Soc.	29		91-42.619	Journalistes (Bénéfice du statut)
Soc.	29		91-41.993	Contre-visite médicale patronale
Soc.	30	V, 117	91-44.079	Période d'essai
Soc.	30		91-43.640	Indemnité de congés payés - Prime d'ancienneté
CE	31		101461	Action en justice du comité d'entreprise
				Avril 1995
Crim.	4	146	93-80.312	Grève (Faute lourde) - Comité d'entreprise (Information et consultation) - Délit d'entrave
Soc.	4		93-45.634	Convocation à l'entretien préalable (au licenciement)
Soc.	5	V, 124	94-60.324	Unité économique et sociale
Soc.	5		94-60.310	Électorat/Qualité d'électeur
Soc.	5		94-60.240	Délégué syndical supplémentaire
Soc.	5		93-45.577	AGS (Garantie des créances)
Soc.	5	V, 123	93-42.690	Licenciement économique (Notion) - Licenciement économique (Reclassement)
Soc.	11		91-44.902	Force majeure/Fait du prince - Contrat à durée déterminée (Rupture anticipée)
Soc.	12	V, 129	93-10.968	Grève (Définition)
Soc.	12		91-45.421	Contrat de mission/Contrat de travail temporaire
Soc.	12		91-42.280	SMIC - Prime d'ancienneté
Soc.	12	V, 133	91-40.593	Retenues sur salaire - Responsabilité pécuniaire du salarié - Sanctions pécuniaires (Notion)

Juridiction	Date	BC / Rec.	Numéro	Classement
CE	12		119731	Grève (Services publics)
Soc.	13		92-41.309	Inaptitude physique d'origine non professionnelle
				Mai 1995
Soc.	3		93-46.288	Priorité de réembauche (Licenciement économique)
Soc.	4		93-46.125	Sanctions disciplinaires (Notion) - Pouvoir disciplinaire - Non-respect des règles d'hygiène et de sécurité - Repos compensateur
Soc.	4		93-44.890	Licenciement économique (Reclassement)
Soc.	4		93-41.440	Notification du licenciement - Sanctions disciplinaires (Notification)
Soc.	5		92-17.414	Titres-restaurants
Soc.	10		92-42.569	Attestation d'assurance chômage - Certificat de travail
Soc.	10	V, 152	92-40.038	Femmes enceintes (Licenciement)
Soc.	11		92-13.270	Intéressement des salariés
CE	15		91667	Repos hebdomadaire (Arrêté préfectoral de fermeture)
Soc.	17		94-60.395	Congé de formation - Éligibilité
Soc.	18		93-46.532	Absences répétées
Soc.	18		93-16.425	Intéressement des salariés
Soc.	22		93-44.721	Inaptitude physique d'origine non professionnelle
Soc.	22	V, 164	93-44.078	Preuve de la faute
Soc.	22	V, 162	93-41.719	Clause de non-concurrence
Soc.	22		91-45.675	Loyauté (Obligation de) - Concurrence déloyale
Soc.	22	V, 163	91-43.448	Journalistes (Indemnité de licenciement)
Soc.	22		91-41.982	VRP (Rémunération)
Civ.	22	II, 154	92-19.172	Responsabilité civile de l'employeur
Soc.	23		94-60.327	Éligibilité
Crim.	23	192	93-85.460	Travail dissimulé
Soc.	23		93-46.618	Indélicatesses/Malhonnêteté/Malversations
Soc.	23		93-46.488	Préavis (Indemnité compensatrice de)
Soc.	23		93-45.159	Sanctions discriminatoires (Notion)
Soc.	23		92-40.968	Conseils de prud'hommes (Compétence d'attribution)
CE	26		154222	Chômage total
Crim.	30	198	94-80.355	Modification dans la situation juridique de l'employeur (Salariés protégés) - Procédure de licenciement dans les entreprises en redressement ou liquidation judiciaires
Soc.	30		93-45.671	Dénigrement/Diffamation
CJCE	31	I, 1295	C-400/93	Égalité de rémunération
Soc.	31		93-46.688	Notification du licenciement
Soc.	31	V, 171	93-44.719	Notification du licenciement
Soc.	31		92-40.977	Droit d'expression
				Juin 1995
Soc.	1er	V, 177	92-18.371	Caisses de congés payés
CE	2		102491	Chômage total
Soc.	6		93-45.720	Retraite (Départ à la)
Soc.	6		91-44.727	Contrat à durée déterminée (Rupture anticipée)
Soc.	6		91-44.002	Maladie (Indemnisation complémentaire)
Soc.	7	V, 180	93-46.448	Grève (Faute lourde) - Grève (Définition)
Soc.	7	V, 179	93-43.895	Grève (Définition)
Soc.	7	V, 181	93-42.789	Grève (Faute lourde)
Soc.	7		92-41.810	Accidentés du travail (Suspension du contrat de travail)
Soc.	7	V, 185	91-45.005	Représentants du personnel (Procédure de licenciement)
Soc.	7	V, 184	91-44.919	Bulletin de salaire
Soc.	7		91-44.830	Primes et gratifications
Soc.	7	V, 183	91-44.294	Transaction
Soc.	7		91-43.857	Préavis (Dispense de)
Soc.	7	V, 188	91-43.234	Transaction
Soc.	7	V, 189	91-43.042	Transaction
Soc.	7		91-40.827	Repos compensateur
Soc.	7		90-43.997	Saisie des rémunérations

Juridiction	Date	BC / Rec.	Numéro	Classement
Crim.	8	210	93-83.785	Règlement intérieur du comité d'entreprise
CE	9	239	90504	Représentants du personnel (Licenciement/Recours contre la décision administrative)
CE	12		158466	Chômage total
CE	12	240	150584	Comité d'hygiène, de sécurité et des conditions de travail (Fonctions)
Soc.	13		94-60.427	Scrutin
Soc.	13		94-60.394	Bulletin de vote - Candidatures aux élections professionnelles
Soc.	13		94-41.292	Insubordination
Soc.	15	V, 196	94-60.461	Électorat/Qualité d'électeur
Soc.	15		94-40.094	AGS (Garantie des créances)
Soc.	15		91-40.837	Maladie (Indemnisation complémentaire)
CE	16		145728	Représentants du personnel (Procédure de licenciement) - Entretien préalable au licenciement
Soc.	20	V, 202	91-44.952	Femmes enceintes (Licenciement)
Soc.	21	V, 207	94-40.059	VRP (Clause de non-concurrence)
Soc.	21	V, 203	92-43.347	Force majeure/Fait du prince - Indemnité de licenciement
Soc.	21	V, 210	91-43.639	VRP (Indemnité de clientèle) - Retraite (Mise à la)
Soc.	21	V, 204	91-42.460	Retraite (Mise à la)
CE	23		149161	Modification du contrat de travail d'un salarié protégé - Représentants du personnel (Protection/Cas d'application)
Crim.	27		94-84.182	Égalité de traitement entre hommes et femmes - Repos hebdomadaire (Principe du repos dominical)
Crim.	27		94-84.025	Repos hebdomadaire (Principe du repos dominical)
Soc.	27		94-60.412	Délégué syndical (Désignation)
Soc.	27	V, 217	94-40.359	Modification dans la situation juridique de l'employeur (Effets)
Soc.	28	V, 219	94-40.362	Modification dans la situation juridique de l'employeur (Salariés protégés)
Soc.	28		94-40.139	Augmentation de salaire
Soc.	28		92-40.136	Femmes enceintes (Licenciement)
Soc.	29		93-45.927	Minimum conventionnel

Juillet 1995

Juridiction	Date	BC / Rec.	Numéro	Classement
Soc.	4		92-40.076	Usage
Soc.	5	V, 234	93-46.720	Prime de fin d'année/Treizième mois - Préavis
Soc.	5		93-46.108	Grève (Faute lourde)
Soc.	5	V, 232	93-20.402	Grève (Abus du droit)
Soc.	5	V, 235	92-40.235	Contre-visite médicale patronale
Soc.	5		92-40.161	Heures de récupération
Soc.	5	V, 237	92-40.050	Preuve de la faute
Soc.	6		91-44.721	Absences non autorisées
Soc.	10	V, 240	93-46.399	Modification dans la situation juridique de l'employeur (Salariés protégés) - Représentants du personnel (Réintégration)
Soc.	11		94-40.877	Modification du contrat de travail d'un salarié protégé
Soc.	12		92-19.122	Heures de délégation (Utilisation) - Délégué syndical (Mission)
CE	12		143077	Grève (Faute lourde)
CJCE	13	I, 2145	C-116/94	Égalité de traitement entre hommes et femmes
Soc.	18		92-40.124	VRP (Bénéfice du statut)
Soc.	18		91-45.417	Mise à pied conservatoire
Soc.	18	V, 247	91-44.910	Indemnité de licenciement
Soc.	19		91-45.797	Procédure disciplinaire (Entretien préalable)
Soc.	19	V, 253	91-45.676	Chômage partiel
Soc.	19		91-45.401	Sanctions pécuniaires (Notion)
Soc.	19	V, 249	91-44.832	Convocation à l'entretien préalable (au licenciement) - Licenciement irrégulier (Sanctions)
Soc.	19	V, 254	91-44.544	Inaptitude physique d'origine non professionnelle - Visite médicale de reprise

Août 1995

Juridiction	Date	BC / Rec.	Numéro	Classement
Crim.	21		94-85.501	Contrat à durée déterminée (Statut du salarié)

Juridiction	Date	BC / Rec.	Numéro	Classement
				Septembre 1995
CE	8	338	160301	Délégation unique
CJCE	19	I, 2745	C-48/94	Modification dans la situation juridique de l'employeur (Conditions d'application)
				Octobre 1995
Soc.	3		94-60.480	Effectifs (Représentation du personnel)
Soc.	3		94-60.443	Listes électorales
Soc.	3		94-40.995	Procédure disciplinaire (Entretien préalable)
Soc.	4		94-42.139	Délégué du personnel (Mission)
Soc.	4		94-42.124	Cause réelle et sérieuse
Soc.	4		94-40.492	Faute grave
Soc.	4		94-40.387	Conseillers prud'hommes (Protection) - Modification du contrat de travail d'un salarié protégé - Clause de mobilité
Soc.	4	V, 261	93-46.181	Modification dans la situation juridique de l'employeur (Effets) - Modification dans la situation juridique de l'employeur (Cas d'application)
Soc.	4		93-18.336	Gérants non salariés (Succursales de commerce de détail alimentaire)
Soc.	4		92-41.534	Pouvoir disciplinaire
CE	6		132439	Handicapés
CE	6	352	115639	Travailleurs étrangers
Crim.	9	298	94-81.715	Contrat de mise à disposition
Soc.	10		93-21.228	Chômage total
Soc.	10	V, 268	91-45.433	Chômage partiel
Soc.	10	V, 264	91-45.242	Contre-visite médicale patronale
Soc.	10	V, 267	91-43.982	Jours fériés
Soc.	10		90-42.128	Maladie (Indemnisation complémentaire)
Soc.	11		94-12.265	Repos hebdomadaire (Principe du repos dominical)
Soc.	11		92-41.359	Indemnité compensatrice de congés payés
CJCE	17	I, 3069	C-450/93	Égalité de traitement entre hommes et femmes
Soc.	17		94-41.239	Contrat de travail (Nullité) - Questionnaire d'embauche
Soc.	17		94-40.200	Modification dans la situation juridique de l'employeur (Cas d'application)
Soc.	24		94-40.613	Accidentés du travail (Suspension du contrat de travail)
Soc.	24		94-40.203	Licenciement économique (Reclassement)
Soc.	24	V, 283	94-40.188	Accidentés du travail (Reclassement)
Soc.	24		92-41.112	Conseillers prud'hommes (Protection)
Soc.	25		95-60.027	Délégué syndical (Désignation) - Établissement distinct
Soc.	25		94-60.562	Représentant syndical au comité d'entreprise
Soc.	25		94-41.742	Licenciement économique (Reclassement)
Soc.	25		93-46.041	VRP (Rémunération)
Soc.	25	V, 285	93-40.866	Force majeure/Fait du prince
Soc.	25		92-44.922	Prime de fin d'année/Treizième mois
Soc.	25		91-45.502	Prime de fin d'année/Treizième mois
Soc.	25		91-45.016	Contrat à durée déterminée (Cas de recours)
Soc.	26		94-40.991	Notification du licenciement
Soc.	26		92-41.471	Licenciement économique (Reclassement)
CE	30		150243	Représentants du personnel (Réintégration)
				Novembre 1995
Soc.	7		94-41.002	Absences non autorisées
Soc.	7	V, 292	93-18.620	Contrat de mise à disposition - Contrat de travail (Nullité)
Soc.	7		92-41.910	Imputabilité de la rupture
Soc.	7		92-41.229	VRP (Bénéfice du statut)
Soc.	7		92-40.872	Primes et gratifications
Soc.	8	V, 293	92-40.399	Force majeure/Fait du prince - Contrat à durée déterminée (Durée)
Soc.	8		92-40.186	Notification du licenciement - Préavis

Juridiction	Date	BC / Rec.	Numéro	Classement
CE	13	410	156339	Chômage partiel
Soc.	14		94-41.255	Modification dans la situation juridique de l'employeur (Cas d'application)
Soc.	14	V, 297	92-40.972	Pouvoir disciplinaire (Contrôle juridictionnel)
Soc.	15	V, 298	95-60.805	Comité d'hygiène, de sécurité et des conditions de travail (Mise en place)
Soc.	15		94-41.702	Accord atypique
Soc.	15		92-44.844	Convention collective (Application)
Soc.	16		92-44.193	Contrat de mission/Contrat de travail temporaire
Soc.	16		92-43.724	Période d'essai
Soc.	16		92-42.086	Contrat de travail (Détermination de l'employeur)
Crim.	21	355	94-81.791	Congés payés
Soc.	21		92-42.414	Congé pour la création d'entreprise
Soc.	21		92-41.944	Accidentés du travail (Protection)
Soc.	21		92-41.748	Clause de garantie d'emploi
Soc.	22	V, 307	93-44.017	Grève (Définition)
Soc.	22		92-43.714	Contrat de mission/Contrat de travail temporaire
Soc.	22		92-43.036	Période d'essai
Soc.	22		92-16.192	Gérants non salariés (Succursales de commerce de détail alimentaire)
Soc.	22	V, 308	91-44.480	Contrat à durée déterminée (Cas de recours)
Soc.	22		91-44.032	Absences non autorisées
Soc.	22	V, 309	91-43.809	Primes et gratifications - Sanctions pécuniaires (Notion)
Soc.	28		94-60.568	Comité central d'entreprise
Crim.	28	361	93-85.808	Procédure de licenciement dans les entreprises en redressement ou liquidation judiciaires - Licenciement économique (Information et consultation du CE) - Délit d'entrave
Soc.	28		92-41.881	Indemnité de licenciement

Décembre 1995

Juridiction	Date	BC / Rec.	Numéro	Classement
Soc.	5		92-44.739	Paiement du salaire
Soc.	6		93-20.567	Action en justice des syndicats
Soc.	6		92-42.985	AGS (Employeurs assujettis/Bénéficiaires)
Soc.	6		92-42.427	Contrat d'apprentissage
Soc.	6		92-42.425	Clause de non-concurrence
Soc.	6	V, 330	92-41.398	Période d'essai
Soc.	7		94-14.736	Comité interentreprises
Soc.	7		92-44.278	Mise à pied disciplinaire
Soc.	12	V, 342	94-41.765	Licenciement économique (Reclassement)
Soc.	12	V, 343	94-40.827	Priorité de réembauche (Licenciement économique)
Soc.	12		92-41.587	Primes et gratifications
Soc.	13	V, 345	94-13.867	Accord collectif sur l'emploi
Soc.	13		92-44.490	Accidentés du travail (Reclassement)
Soc.	13		92-44.389	Repos compensateur - Heures de délégation (Rémunération)
Soc.	13		92-44.058	Sanctions disciplinaires (Notification)
Soc.	13		92-42.914	VRP (Rémunération)
Soc.	13		92-42.687	Congé pour la création d'entreprise
Soc.	13		92-41.743	Contrat à durée déterminée (Cas de recours)
Soc.	13		92-41.490	Certificat de travail - Clause de non-concurrence
Soc.	13		92-41.370	Indemnité de licenciement
Soc.	13		92-41.023	Insuffisance de résultats
Soc.	14	V, 349	94-60.578	Délégation unique - Établissement distinct
Soc.	14		94-41.782	Congé sabbatique
Crim.	19		94-84.644	Responsabilité pénale des personnes physiques
CE	29		159167	Notes de service
CE	29		133448	Représentants du personnel (Autorisation administrative de licenciement)
CE	29		129747	Notes de service
CE	29		124054	Représentants du personnel (Licenciement/Recours contre la décision administrative)
CE	29	482	122643	Représentants du personnel (Protection/Bénéficiaires)

Juridiction	Date	BC / Rec.	Numéro	Classement
				Janvier 1996
Soc.	4	V, 3	92-41.885	Modification dans la situation juridique de l'employeur (Sort du statut collectif)
Soc.	4	V, 1	92-41.239	Pouvoir disciplinaire (Contrôle juridictionnel)
Soc.	9		94-41.545	Mise à pied conservatoire - Faute grave
Soc.	9		92-45.136	Indemnité de licenciement
Soc.	17	V, 15	93-20.066	Mensualisation - Avantages acquis - Convention collective (Application)
Soc.	17	V, 13	92-43.172	Contrat à durée déterminée (Cas de recours)
Soc.	17		92-42.089	Participation
Soc.	17	V, 14	92-42.031	Prescription des fautes disciplinaires
Soc.	17		91-43.218	Grève (Effets)
Soc.	17	V, 17	91-41.869	VRP (Clause de non-concurrence)
Crim.	18		95-80.228	Travail dissimulé
CE	22		154380	Représentants du personnel (Licenciement/Recours contre la décision administrative)
CE	22		151886	Représentants du personnel (Autorisation administrative de licenciement)
Soc.	23	V, 24	92-43.093	Conseils de prud'hommes (Compétence d'attribution)
Soc.	24		92-45.287	Entretien préalable au licenciement
Crim.	30	54	94-83.509	Modification dans la situation juridique de l'employeur (Salariés protégés)
Crim.	30	53	94-83.505	Délégation de pouvoirs
Soc.	30		93-40.429	Contrat à durée déterminée (Rupture anticipée)
Soc.	30		92-45.168	Congés payés
Soc.	31		92-44.921	Convention collective (Applicabilité)
Soc.	31		92-41.390	Travailleurs à domicile - Imputabilité de la rupture
Soc.	31	V, 35	91-44.143	Retraite (Mise à la)
				Février 1996
CE	2	26	152406	Transaction
CE	2		121880	Représentants du personnel (Procédure de licenciement)
Soc.	6		95-60.114	Délégué syndical central
Soc.	6		92-45.164	Logement des salariés
Soc.	6		92-45.013	Congés payés - Indemnité de congés payés
Soc.	7	V, 47	93-18.756	Comité d'entreprise (Information et consultation)
TGI Strasbourg	9		960713	Travail dissimulé
CJCE	13	I, 492	C-342/93	Égalité de rémunération
Crim.	13	75	94-84.765	Responsabilité pénale des personnes physiques
Soc.	13	V, 53	93-42.309	Usage - Conseils de prud'hommes (Compétence d'attribution) - Primes et gratifications - Engagement unilatéral de l'employeur
Soc.	13		92-45.042	Pouvoir disciplinaire - Droit syndical (Exercice du) - Sanctions discriminatoires (Notion)
Soc.	13		92-42.717	Accidentés du travail (Suspension du contrat de travail)
Soc.	13	V, 54	92-42.066	Usage
Soc.	13		92-42.024	Clause de garantie d'emploi
Soc.	13	V, 51	92-40.713	Contre-visite médicale patronale
Soc.	14	V, 55	93-42.035	Contrat à durée déterminée (Transformation du contrat en contrat à durée indéterminée)
Soc.	14	V, 56	93-40.052	Accidentés du travail (Réintégration en cas d'aptitude)
Soc.	14		92-43.110	Bulletin de salaire
Crim.	20	81	94-85.863	Responsabilité pénale des personnes physiques - Droit syndical (Exercice du) - Comité d'entreprise (Information et consultation) - Réunions du comité d'entreprise
Soc.	20		94-43.817	Contrat de travail (Exécution défectueuse/Erreurs/Négligences/Imprudences/Omissions)
Soc.	20	V, 59	93-42.663	Contrat à durée déterminée (Rupture anticipée)
Soc.	20		92-45.181	Licenciement économique (Notion)
Soc.	20	V, 60	92-45.024	Indemnité de licenciement
Soc.	21		95-60.466	Vote par correspondance

Juridiction	Date	BC / Rec.	Numéro	Classement
Soc.	22	V, 64	95-60.566	Protocole d'accord préélectoral
Soc.	22	V, 66	94-10.105	Titres-restaurants
Soc.	22	V, 65	93-40.523	Contrat de travail (Critères)
CE	26		146005	Comité central d'entreprise - Représentants du personnel (Procédure de licenciement)
Crim.	27	95	93-85.619	Chômage total
Soc.	27		92-43.565	Contrat à durée déterminée (Cas de recours)
Soc.	28		94-42.689	VRP (Bénéfice du statut)
Soc.	28	V, 75	93-42.058	Convention collective (Application) - Préavis
Soc.	28	V, 71	93-42.007	Contrat à durée déterminée (Contrats successifs)
Soc.	28	V, 74	93-40.883	Prime de fin d'année/Treizième mois - Usage - Primes et gratifications
Soc.	28	V, 72	92-45.334	Engagement unilatéral de l'employeur - Réunions des délégués du personnel
Soc.	28		92-44.746	Préavis (Indemnité compensatrice de)
Soc.	28		92-43.709	VRP (Rémunération)
Soc.	28	V, 73	92-42.021	Contre-visite médicale patronale
Civ.	28	II, 53	94-15.885	Responsabilité civile de l'employeur
				Mars 1996
Soc.	5		93-40.080	Période d'essai
Soc.	5	V, 84	92-42.490	Retraite (Mise à la)
Soc.	6		94-43.949	Violences et rixes
CJCE	7	I, 1182	C-278/93	Égalité de traitement entre hommes et femmes
CJCE	7	I, 01253	C-171/94	Modification dans la situation juridique de l'employeur (Cas d'application)
Soc.	7		93-41.461	Contrat de travail (Exécution défectueuse/Erreurs/Négligences/ Imprudences/Omissions)
Soc.	7		93-40.034	Contrat de travail (Exécution défectueuse/Erreurs/Négligences/ Imprudences/Omissions)
Soc.	12	V, 88	93-41.670	Grève (Définition)
Soc.	12	V, 89	92-41.966	Contrat à durée déterminée (Contrats successifs)
Soc.	13		93-42.430	Préavis (Indemnité compensatrice de)
Soc.	13		93-40.377	Primes et gratifications
Soc.	20	V, 102	93-40.553	Mise à pied conservatoire
Soc.	20	V, 107	93-40.111	Droit d'alerte et de retrait en cas de danger
Soc.	21	V, 109	94-11.611	Intéressement des salariés
Soc.	21	V, 112	93-16.070	Réunions syndicales
Soc.	21	V, 108	92-41.019	Maladies professionnelles (Notion)
Soc.	26		93-42.703	Certificat de travail
Soc.	26		93-40.278	Femmes enceintes (Licenciement)
Soc.	27		94-43.040	Contrat à durée déterminée (Conclusion)
Soc.	27		94-11.343	Caisses de congés payés
Soc.	27		93-46.169	Convention collective (Conclusion)
Soc.	27	V, 117	93-40.741	Contrat de mission/Contrat de travail temporaire
Soc.	27		93-40.200	Force majeure/Fait du prince
Soc.	27		92-44.590	Maternité
Soc.	27	V, 119	92-41.992	Clause de non-concurrence
Soc.	27	V, 121	92-41.584	Accord atypique - Augmentation de salaire
Soc.	27		92-40.705	Jours fériés
Soc.	27	V, 124	92-40.448	Transaction
CE	27	103	155791	Établissement distinct
Soc.	28		93-41.139	Contrat d'apprentissage
Soc.	28	V, 125	93-40.716	Modification dans la situation juridique de l'employeur (Effets) - Modification dans la situation juridique de l'employeur (Cas d'application) - Contrat d'apprentissage
				Avril 1996
Soc.	2		95-60.665	Unité économique et sociale
Soc.	2		95-60.624	Délégué syndical (Désignation)

Juridiction	Date	BC / Rec.	Numéro	Classement
Soc.	2		94-40.673	Modification dans la situation juridique de l'employeur (Cas d'application)
Crim.	3	152	95-81.857	Travail dissimulé
Soc.	9	V, 144	94-43.279	Égalité de rémunération
Soc.	9		94-42.609	Artistes
Soc.	9		93-41.376	Augmentation de salaire
Soc.	9	V, 143	92-43.458	Contrat à durée déterminée (Statut du salarié)
Soc.	9	V, 146	92-41.103	Travail à temps partiel
Soc.	10		93-43.647	Minimum conventionnel - Convention collective (Application)
Soc.	10	V, 150	93-40.943	Réunions des délégués du personnel
Soc.	11		95-42.171	Priorité de réembauche (Licenciement économique)
Soc.	11	V, 151	93-42.632	Sanctions disciplinaires (Notion) - Contrat à durée déterminée (Rupture anticipée)
Soc.	11	V, 153	93-40.789	Préavis
Soc.	11	V, 152	92-42.847	SMIC
Soc.	15	V, 162	94-44.222	Notification du licenciement
Soc.	15		93-40.113	Prescription des fautes disciplinaires
Soc.	15		92-44.981	Indemnité de licenciement
Soc.	16	V, 165	93-20.228	Licenciement économique (Information et consultation du CE) - Comité d'entreprise (Information et consultation)
Soc.	16	V, 163	93-15.417	Comité d'entreprise (Information et consultation)
Soc.	17		95-60.660	Syndicats (Statuts)
Soc.	17		94-17.315	Activités sociales et culturelles
Soc.	17	V, 167	93-42.409	Journalistes (Clause de conscience)
Soc.	17	V, 173	93-41.168	Congé pour la création d'entreprise
CJCE	30	I, 2159	C-13/94	Égalité de traitement entre hommes et femmes - Sanctions discriminatoires (Notion)
Crim.	30	184	95-82.687	Droit syndical (Exercice du)
				Mai 1996
Soc.	6		94-16.188	Repos hebdomadaire (Arrêté préfectoral de fermeture)
Soc.	6		94-12.705	Contrat de mise à disposition
Soc.	6	V, 175	92-41.207	Minimum conventionnel
CE	6		151585	Représentants du personnel (Mise à pied conservatoire) - Représentants du personnel (Procédure de licenciement)
CE	6	160	146824	Inspecteur du travail
CE	6		146161	Contrat à durée déterminée (Durée) - Représentants du personnel (Protection/Cas d'application)
Crim.	7	194	94-84.855	Travail temporaire (Entreprise de)
Soc.	7		94-43.283	Préavis (Indemnité compensatrice de)
Soc.	7		93-44.289	Primes et gratifications
Soc.	7	V, 176	93-40.926	Contrat d'apprentissage
Soc.	7	V, 177	92-45.148	Jours fériés
Soc.	7	V, 180	92-43.545	Congé sabbatique
Soc.	7	V, 178	92-42.572	Accidentés du travail (Reclassement)
Soc.	7		92-41.529	Préavis
Soc.	7	V, 179	92-40.931	Pouvoir disciplinaire (Contrôle juridictionnel)
Soc.	9	V, 181	94-17.175	Intéressement des salariés
Soc.	9	V, 182	93-21.888	Intéressement des salariés
Soc.	9	V, 184	93-21.874	Intéressement des salariés
Soc.	13		95-60.738	Électorat/Qualité d'électeur
Soc.	13		95-60.580	Sièges des représentants du personnel
Crim.	14		94-85.616	Responsabilité pénale des personnes physiques - Travailleurs étrangers
Crim.	14	201	94-83.117	Travail dissimulé
Soc.	14	V, 189	94-45.499	Notification du licenciement
Soc.	14		93-41.754	Priorité de réembauche (Licenciement économique)
Soc.	14		93-41.051	Force majeure/Fait du prince
Soc.	14	V, 188	93-40.447	Priorité de réembauche (Licenciement économique)
Soc.	21		95-40.402	Retraite (Départ à la)
Soc.	21		95-40.032	Accidentés du travail (Suspension du contrat de travail)

Juridiction	Date	BC / Rec.	Numéro	Classement
Soc.	21	V, 191	94-45.024	Jours fériés
Soc.	21		93-41.257	Pouvoir disciplinaire (Contrôle juridictionnel)
Soc.	21	V, 193	92-44.347	Prescription (Action en paiement du salaire)
Soc.	21	V, 192	92-43.824	Accidentés du travail (Reclassement)
Soc.	22	V, 195	95-40.200	SMIC - VRP (Rémunération)
Soc.	23	V, 201	94-13.462	Intéressement des salariés
Soc.	28	V, 211	94-18.797	Frais de déplacement/Temps de trajet/Frais divers (Représentants du personnel) - Subvention de fonctionnement
Soc.	29	V, 214	94-41.948	Grève (Effets)
Soc.	30		95-60.799	Candidatures aux élections professionnelles
Soc.	30		95-60.791	Bureau de vote
Soc.	30		95-60.784	Modification dans la situation juridique de l'employeur (Salariés protégés)
Soc.	30		95-60.599	Délégation unique - Électorat/Qualité d'électeur
Soc.	30		92-44.783	Vol/Détournement
				Juin 1996
Soc.	4		94-43.248	Compensation
Soc.	4		93-41.475	Clause de non-concurrence
Soc.	5		94-43.493	Contrat à durée déterminée (Rupture anticipée)
Soc.	5	V, 231	93-42.588	Congé sabbatique - Loyauté (Obligation de)
Soc.	5		93-42.089	Indemnité compensatrice de congés payés
Soc.	5	V, 225	92-43.480	Primes et gratifications - Engagement unilatéral de l'employeur
Soc.	5	V, 230	92-42.461	Contrat de mise à disposition
Soc.	5	V, 226	92-42.298	Clause pénale
Soc.	5	V, 227	92-42.034	Licenciement économique (Reclassement)
Soc.	5		92-40.942	Contrat à durée déterminée (Rupture anticipée)
Crim.	11		95-85.884	Responsabilité pénale des personnes physiques
Soc.	11	V, 235	95-60.808	Comité d'hygiène, de sécurité et des conditions de travail (Mise en place)
Soc.	12		94-18.570	Droit d'alerte (Comité d'entreprise) - Expert comptable du comité d'entreprise
Soc.	13	V, 238	95-41.460	Heures de délégation (Contrôle et contestation) - Délégué syndical (Mission)
Soc.	18	V, 252	94-44.654	Modification de la durée du travail - Chômage partiel
Soc.	18	V, 248	94-44.653	Chômage partiel - Représentants du personnel (Protection/ Cas d'application)
Soc.	18		94-43.749	Indiscrétions - Transaction
Soc.	18	V, 243	92-44.497	Grève (Définition)
Soc.	18	V, 245	92-44.296	Contrat de travail (Critères)
Soc.	19		94-45.187	Inaptitude physique d'origine non professionnelle
Soc.	19		93-46.549	Congés payés
Soc.	19		93-44.728	Préavis
Soc.	25	V, 256	95-60.862	Collèges électoraux
Soc.	25		95-60.855	Contentieux électoral
Soc.	25		95-60.812	Délégation unique
Soc.	25	V, 255	94-19.992	Cumul d'un mandat social et d'un contrat de travail
Soc.	25		94-17.177	Experts du comité d'entreprise
Soc.	25		94-15.471	Modification dans la situation juridique de l'employeur (Cas d'application)
Soc.	26	V, 257	95-60.895	Délégation unique - Sièges des représentants du personnel
Soc.	26		95-60.856	Comité central d'entreprise
Soc.	26		93-41.740	Qualification professionnelle du salarié
Soc.	27		94-45.400	Abandon de poste
Soc.	27		94-15.292	Activités sociales et culturelles
CE	28		156427	Représentants du personnel (Mise à pied conservatoire)
CE	28		155590	Représentants du personnel (Procédure de licenciement)
				Juillet 1996
Soc.	2		93-44.648	Logement des salariés
Soc.	3		94-43.403	Indélicatesses/Malhonnêteté/Malversations

Juridiction	Date	BC / Rec.	Numéro	Classement
Soc.	3	V, 261	93-41.645	Heures supplémentaires
Soc.	3	V, 262	92-41.427	Heures supplémentaires
Soc.	4		93-41.708	Convention de forfait
Soc.	9	V, 274	95-60.777	Délégué syndical (Désignation)
Soc.	9	V, 269	95-13.010	Action en justice des syndicats - Convention collective (Conclusion)
Soc.	9		94-42.774	Convention collective (Mise en cause)
Soc.	9	V, 276	94-42.773	Usage - Heures de délégation (Rémunération)
Soc.	9		94-17.688	Contribution patronale aux activités sociales et culturelles
Soc.	9	V, 271	94-17.628	Services de santé au travail - Réunions du comité d'entreprise
Soc.	9	V, 268	93-41.877	Procédure de licenciement dans les entreprises en redressement ou liquidation judiciaires
Soc.	9	V, 266	93-41.549	Contrat de travail international
Soc.	9	V, 276	93-40.865	Usage
Soc.	10		93-41.716	Modification dans la situation juridique de l'employeur (Effets)
Soc.	10	V, 278	93-41.137	Modification du contrat et des conditions de travail
Soc.	10	V, 277	93-40.435	Mutation disciplinaire
Soc.	16		94-42.698	Artistes
Soc.	16		93-43.646	Pourboires
Soc.	16		93-41.735	Résiliation judiciaire du contrat de travail - Contrat d'apprentissage
Soc.	17	V, 295	95-60.896	Délégué syndical (Désignation)
Soc.	17		95-11.576	Action en justice du comité d'entreprise
Soc.	17		94-42.964	Grève (Définition)
Soc.	17		94-42.902	Contrat à durée déterminée (Durée)
Soc.	17	V, 289	93-46.494	Période d'essai
Soc.	17	V, 287	93-46.014	Qualification professionnelle du salarié
Soc.	17		93-44.961	Insubordination
Soc.	17	V, 286	93-43.963	Sanctions pécuniaires (Notion)
Soc.	17	V, 291	93-43.492	Indemnité de licenciement
Soc.	17		93-42.122	Imputabilité de la rupture
Soc.	18		94-41.223	Injures/Insultes
Soc.	18	V, 299	93-43.581	Préavis
CE	26		152444	Établissement distinct
				Août 1996
Crim.	21	310	95-81.101	Repos hebdomadaire (Arrêté préfectoral de fermeture)
CE	21		149249	Représentants du personnel (Procédure de licenciement)
				Septembre 1996
CE	9		134139	Travailleurs étrangers
CJCE	26	I, 04551	C-241/94	Plan de sauvegarde de l'emploi
				Octobre 1996
Soc.	1er		93-44.762	Imputabilité de la rupture
Soc.	1er		93-44.302	Notification du licenciement
Soc.	1er		93-42.355	Cumul d'un mandat social et d'un contrat de travail
Soc.	8	V, 316	95-40.521	Syndicats (Statuts)
Soc.	8	V, 312	95-40.405	Clause de non-concurrence
Soc.	8		93-42.350	Compensation
Soc.	8	V, 314	92-44.037	Premier Mai
Soc.	8	V, 311	92-42.291	Égalité de rémunération
Civ.	9		94-20.990	Saisie des rémunérations
Soc.	9	V, 318	93-45.668	Période d'essai
Soc.	9		93-44.956	Primes et gratifications
Soc.	9		93-44.580	Journalistes (Contrat de travail)
Soc.	9		93-43.377	Congés payés
Soc.	9		93-40.597	Contrat à durée déterminée (Statut du salarié)
TA Besançon	10		960071	Droit d'alerte et de retrait en cas de danger

Juridiction	Date	BC / Rec.	Numéro	Classement
Soc.	10		94-14.710	Intéressement des salariés
Soc.	15	V, 327	94-42.911	Liberté d'expression
Soc.	15	V, 326	93-43.668	Délinquance
Soc.	15		93-41.983	Injures/Insultes
Soc.	15		93-41.937	Faute grave
Soc.	16		94-45.593	Préavis
Soc.	16		93-40.401	Modification du contrat et des conditions de travail
Soc.	22	V, 336	94-43.691	Accidentés du travail (Reclassement)
Soc.	22		94-43.319	Retraite (Mise à la)
Soc.	22		94-20.387	Contrat de travail (Critères)
Soc.	22	V, 341	94-17.199	Journalistes (Indemnité de licenciement)
Soc.	22	V, 340	93-44.148	Prescription (Action en paiement du salaire)
Soc.	22	V, 343	93-43.845	Usage - Convention collective (Applicabilité) - Convention collective (Dénonciation)
Soc.	22	V, 337	93-43.787	Inaptitude physique d'origine non professionnelle
Soc.	22	V, 339	93-43.616	Convention collective (Application)
Soc.	22		93-43.491	Licenciement économique (Notion)
Soc.	23		93-45.915	Clause pénale - Clause de non-concurrence
Soc.	23		93-43.285	Modification du contrat et des conditions de travail
Soc.	24	V, 346	94-16.484	Intéressement des salariés
Soc.	24		93-46.708	Préavis (Indemnité compensatrice de)
CE	25	411	162572	Handicapés
Soc.	28	V, 353	95-10.274	Droit d'alerte (Comité d'entreprise) - Expert comptable du comité d'entreprise
Soc.	28	V, 351	94-45.426	Représentants du personnel (Protection/Bénéficiaires)
Soc.	28		94-45.147	Insubordination
Soc.	28	V, 352	94-15.914	Experts du comité d'entreprise
Soc.	28	V, 355	90-44.957	Conseils de prud'hommes (Compétence d'attribution)
Crim.	29	375	95-82.355	Repos hebdomadaire (Principe du repos dominical)
Crim.	29	379	94-85.028	Action en justice des syndicats - Droit syndical (Exercice du)
Soc.	29	V, 360	93-46.724	Convention collective (Extension)
Soc.	29	V, 357	93-44.829	Licenciement pour fin de chantier
Soc.	29	V, 356	92-44.837	Contrat à durée déterminée (Durée)
Soc.	29	V, 359	92-43.680	Égalité de rémunération
Soc.	30		95-40.882	Contentieux électoral
Crim.	30	389	94-83.650	Hygiène et sécurité - Délégation de pouvoirs
Soc.	30		93-44.649	Accidentés du travail (Reclassement)
Soc.	31		93-46.578	Convention collective (Application)
Soc.	31	V, 368	93-46.365	Contrat à durée déterminée (Rupture anticipée)
Soc.	31	V, 369	93-43.779	Accidentés du travail (Réintégration en cas d'aptitude)
Ass. plén.	31	n° 7	91-44.880	Délégué du personnel (Mission)
Ass. plén.	31	n° 7	91-44.770	Heures de délégation (Utilisation)
			Novembre 1996	
Crim.	5	393	95-82.994	SMIC
Soc.	6		95-60.875	Délégation unique
Soc.	6		95-41.107	Modification dans la situation juridique de l'employeur (Effets)
Soc.	6		93-44.015	Licenciement sans cause réelle et sérieuse (Sanctions)
CJCE	12	I, 05755	C-84/94	Repos hebdomadaire (Principe du repos dominical)
Soc.	12	V, 373	94-43.859	Convention collective (Applicabilité)
Soc.	12	V, 372	94-21.994	Plan de sauvegarde de l'emploi
Soc.	12	V, 371	93-44.863	Accidentés du travail (Réintégration en cas d'aptitude)
Soc.	12	V, 375	92-44.905	Plan de sauvegarde de l'emploi - Licenciement économique (Information et consultation du CE)
Soc.	12		92-43.708	VRP (Clause de non-concurrence)
Crim.	13		95-83.406	Prêt de main-d'œuvre
Soc.	13		94-41.289	Licenciement pour fin de chantier
Soc.	13	V, 386	94-13.187	Contrat de travail (Critères)
Soc.	13	V, 380	93-44.873	Femmes enceintes (Licenciement)
Soc.	13	V, 379	93-42.247	Grève (Définition)

Juridiction	Date	BC / Rec.	Numéro	Classement
CE	13	452	153833	Représentants du personnel (Licenciement/Recours contre la décision administrative)
CJCE	14	I, 05927	C-305/94	Modification dans la situation juridique de l'employeur (Effets)
Crim.	19	413	95-85.945	Hygiène et sécurité
Soc.	19		94-44.695	Contrat de travail (Exécution défectueuse/Erreurs/Négligences/ Imprudences/Omissions)
Soc.	19	V, 391	94-42.631	Grève (Définition)
Soc.	19		94-40.859	Contrat de mission/Contrat de travail temporaire
Soc.	19	V, 392	94-19.404	Clause de non-concurrence
Soc.	19		93-43.274	Contrat de travail (Exécution défectueuse/Erreurs/Négligences/ Imprudences/Omissions)
Soc.	19	V, 394	93-41.745	Transaction
Soc.	19		93-19.426	Repos hebdomadaire (Arrêté préfectoral de fermeture)
Soc.	20		93-44.060	VRP (Rémunération)
Soc.	26		95-60.987	Usage - Comité d'hygiène, de sécurité et des conditions de travail (Fonctions)
Soc.	26		95-60.965	Délégation unique
Soc.	26	V, 404	95-42.457	Convocation à l'entretien préalable (au licenciement)
Crim.	26	428	94-86.016	Modification du contrat de travail d'un salarié protégé - Délit d'entrave - Représentants du personnel (Autorisation administrative de licenciement)
Soc.	26	V, 403	94-40.266	Prime de fin d'année/Treizième mois - Chômage partiel
Soc.	26		94-18.575	Expert comptable du comité d'entreprise
Soc.	26	V, 406	93-44.811	Représentants du personnel (Licenciement/Recours contre la décision administrative) - Licenciement économique (Notion) - Convention collective (Dénonciation) - Convention collective (Mise en cause)
Soc.	27		95-42.342	Accidentés du travail (Réintégration en cas d'aptitude)
				Décembre 1996
Crim.	3	441	95-84.647	Action en justice du comité d'entreprise - Action en justice des syndicats - Procédure de licenciement dans les entreprises en redressement ou liquidation judiciaires - Comité d'entreprise (Information et consultation)
Soc.	3		95-40.649	Modification du contrat et des conditions de travail
Soc.	3		95-12.120	Responsabilité civile de l'employeur
Crim.	3	444	94-82.953	Représentants du personnel (Protection/Bénéficiaires)
Soc.	3	V, 410	94-22.163	Ordre des licenciements - Comité d'entreprise (Information et consultation)
Soc.	3	V, 412	94-19.466	Usage
Soc.	4	V, 415	94-42.987	Contrat à durée déterminée (Conclusion)
Soc.	4	V, 421	94-40.693	Jours fériés
Soc.	4	V, 422	94-18.701	Contrat de mission/Contrat de travail temporaire
Soc.	4	V, 416	93-46.408	Indemnité de congés payés - Prescription (Action en paiement du salaire)
Soc.	5		94-44.034	Adaptation (Obligation d')
Soc.	10		95-60.958	Électorat/Qualité d'électeur
Soc.	10		95-60.956	Contentieux électoral
Soc.	10	V, 437	95-45.453	Heures de délégation (Utilisation)
Soc.	10		94-45.529	Licenciement économique (Reclassement)
Soc.	10	V, 431	94-43.163	Modification dans la situation juridique de l'employeur (Salariés protégés)
Soc.	10	V, 430	94-40.300	Modification du contrat et des conditions de travail
Soc.	10	V, 433	94-18.340	Concierges
Soc.	10	V, 429	93-44.926	Contrat de travail international
Soc.	11		95-42.975	Prescription des fautes disciplinaires
Soc.	11		93-45.901	Résiliation judiciaire du contrat de travail
Soc.	11		93-44.056	Pouvoir disciplinaire (Contrôle juridictionnel)
Crim.	17	472	95-84.938	Représentants du personnel (Réintégration)
Soc.	17	V, 445	95-41.858	Grève (Définition)
Crim.	17	471	94-85.783	Établissement distinct

Juridiction	Date	BC / Rec.	Numéro	Classement
Soc.	17	V, 444	94-41.460	Contrat à durée déterminée (Statut du salarié)
Soc.	17	V, 443	93-46.695	Contrat à durée déterminée (Indemnité de précarité/ Indemnité de fin de contrat)
Soc.	18		94-41.491	Indemnité de congés payés
Soc.	18		94-41.184	Indemnité de congés payés
CE	30		134345	Procédure de licenciement dans les entreprises en redressement ou liquidation judiciaires
				Janvier 1997
Soc.	7		94-41.119	Contrat de travail (Critères)
Soc.	8		95-61.003	Délégation unique
Soc.	8	V, 12	95-60.864	Comité d'hygiène, de sécurité et des conditions de travail (Mise en place)
Soc.	8	V, 4	95-41.085	Entretien préalable au licenciement
Soc.	8	V, 5	94-42.639	Procédure disciplinaire (Entretien préalable)
Soc.	8	V, 3	94-42.050	Modification du contrat et des conditions de travail
Soc.	8		94-21.475	Expert comptable du comité d'entreprise
Soc.	8	V, 8	93-44.009	Convention collective (Application)
CE	8		171807	Représentants du personnel (Licenciement/Recours contre la décision administrative) - Représentants du personnel (Autorisation administrative de licenciement)
CE	8		160903	Représentants du personnel (Licenciement/Recours contre la décision administrative)
CE	8		158388	Représentants du personnel (Licenciement/Recours contre la décision administrative)
Soc.	14	V, 16	95-44.366	Ordre des licenciements - Licenciement sans cause réelle et sérieuse (Sanctions)
Soc.	14	V, 15	95-13.044	Chômage total
Soc.	14		94-40.114	Paiement du salaire
Soc.	15	V, 20	94-44.914	Conseils de prud'hommes (Compétence d'attribution)
Soc.	15	V, 17	94-43.755	Maternité
Soc.	15	V, 19	93-44.293	Indemnité de licenciement
Soc.	15	V, 22	93-44.010	Transaction
Soc.	16		95-12.994	Mannequins
Soc.	16		94-40.791	Contrat à durée déterminée (Cas de recours)
CE	17		168027	Repos hebdomadaire (Dérogations)
CE	17		163523	Repos hebdomadaire (Dérogations)
Crim.	21	21	95-84.204	Travail dissimulé
Soc.	21	V, 29	95-60.992	Unité économique et sociale
Soc.	21	V, 30	94-19.019	Action en justice des syndicats
Soc.	21	V, 27	93-43.617	Inaptitude physique d'origine non professionnelle
Soc.	23	V, 32	95-40.526	Sanctions disciplinaires (Notification)
Soc.	23		95-40.419	Prime de fin d'année/Treizième mois
Soc.	23	V, 33	94-44.357	Période d'essai
Soc.	28		94-41.784	Heures de récupération
Soc.	28		92-44.976	Heures de récupération
Soc.	29		94-41.666	Certificat de travail
Soc.	29	V, 39	94-41.171	Travail à temps partiel
Soc.	29	V, 38	94-40.025	Modification du contrat et des conditions de travail
Soc.	29		93-46.443	Inaptitude physique d'origine non professionnelle
Soc.	29		93-42.794	Maladie (Indemnisation complémentaire) - Cure thermale
				Février 1997
Soc.	4		96-40.678	Dénigrement/Diffamation
Soc.	4	V, 51	95-60.982	Délégué syndical (Désignation)
Soc.	4	V, 47	95-41.468	Engagement unilatéral de l'employeur - Modification dans la situation juridique de l'employeur (Sort du statut collectif)
Soc.	5		96-60.009	Protocole d'accord préélectoral
Soc.	5		95-61.013	Électorat/Qualité d'électeur
Soc.	5	V, 52	94-44.538	Prescription des fautes disciplinaires

Juridiction	Date	BC / Rec.	Numéro	Classement
Soc.	6		94-43.275	Licenciement économique (Reclassement)
Soc.	12	V, 62	96-40.972	Usage
Soc.	12	V, 58	95-41.694	Égalité de rémunération - Licenciement économique (Notion)
Soc.	12		94-44.694	Accidentés du travail (Reclassement)
Soc.	12	V, 60	94-40.605	Indemnité de congés payés
Soc.	12	V, 61	93-44.042	Transaction
Soc.	12	V, 59	93-42.510	Congé parental d'éducation
Soc.	13	V, 64	96-41.874	Plan de sauvegarde de l'emploi
Soc.	13	V, 63	95-16.648	Plan de sauvegarde de l'emploi - Licenciement économique (Information et consultation du CE)
Soc.	13		94-42.031	Loyauté (Obligation de)
Soc.	18		94-44.202	Clause de non-concurrence
Soc.	18		93-44.121	Contrat à durée déterminée (Conclusion)
Soc.	19		95-45.040	Congé pour la création d'entreprise
Soc.	19	V, 68	95-42.009	Modification dans la situation juridique de l'employeur (Cas d'application)
Soc.	19	V, 74	95-41.207	Transaction - Modification économique du contrat de travail
Soc.	19		95-15.992	Transaction
Soc.	19	V, 70	94-45.286	Convention collective (Application)
Soc.	19	V, 71	94-44.191	Convention collective (Extension)
Soc.	19		93-46.712	Gérants non salariés (Succursales de commerce de détail alimentaire)
Soc.	19		93-46.588	Paiement du salaire
Crim.	25		96-80.569	Responsabilité pénale des personnes physiques
Soc.	25	V, 82	94-44.788	Compensation
Soc.	25	V, 83	93-44.923	Période d'essai
Soc.	25		93-43.601	Heures de délégation (Rémunération)
Soc.	25	V, 80	93-40.185	Accidentés du travail (Protection)
Soc.	26		94-40.474	Égalité de rémunération
Soc.	26	V, 85	93-46.579	Indemnité de congés payés
Soc.	27		94-40.095	Licenciement économique (Notion)
CE	28		164235	Modification dans la situation juridique de l'employeur (Salariés protégés)
				Mars 1997
Soc.	4	V, 91	93-44.805	Cumul d'un mandat social et d'un contrat de travail
Soc.	5	V, 97	96-60.034	Candidatures aux élections professionnelles
Crim.	5	84	95-83.492	Responsabilité pénale des personnes physiques - Durée du travail
Crim.	5	89	95-82.532	Responsabilité pénale des personnes physiques
Soc.	5		95-43.195	Indiscrétions
Soc.	5	V, 92	95-42.396	Convention collective (Application)
Soc.	5	V, 95	95-42.365	Modification du contrat et des conditions de travail
Soc.	5	V, 93	94-44.902	Contre-visite médicale patronale
Soc.	5		94-43.252	Modification dans la situation juridique de l'employeur (Conditions d'application)
Soc.	5		94-42.311	Contrat à durée déterminée (Rupture anticipée)
Soc.	5	V, 96	94-42.188	Modification économique du contrat de travail - Imputabilité de la rupture
Soc.	5	V, 100	94-40.848	Licenciement sans cause réelle et sérieuse (Sanctions)
Soc.	5	V, 94	94-40.042	Période d'essai
CE	10	76	170114	Modification du contrat de travail d'un salarié protégé
CE	10	77	169829	Modification dans la situation juridique de l'employeur (Salariés protégés)
CE	10		164645	Représentants du personnel (Licenciement/Recours contre la décision administrative)
CJCE	11	I, 01259	C-13/95	Modification dans la situation juridique de l'employeur (Conditions d'application)
Crim.	11	97	95-82.009	Travail dissimulé
Soc.	11		94-40.881	Sanctions pécuniaires (Notion)
Soc.	11		93-44.619	Heures supplémentaires

Juridiction	Date	BC / Rec.	Numéro	Classement
Soc.	12		95-45.596	Abandon de poste
Soc.	12	V, 102	95-40.514	Accidentés du travail (Suspension du contrat de travail)
Soc.	12		94-43.326	Clause de non-concurrence
Soc.	12	V, 103	93-41.780	Convention collective (Applicabilité)
CJCE	13	I, 1489	C-197/96	Travail de nuit
CE	17	93	149547	Comité d'hygiène, de sécurité et des conditions de travail (Fonctions)
CE	17	92	125349	Comité d'hygiène, de sécurité et des conditions de travail (Fonctions)
CE	17	89	123912	Grève (Services publics)
Soc.	18	V, 115	95-11.627	Chômage total
Soc.	18	V, 114	95-11.127	Chômage total
Soc.	18	V, 112	94-41.716	Conseils de prud'hommes (Compétence d'attribution)
Soc.	18	V, 110	93-43.989	Engagement unilatéral de l'employeur
Soc.	19	V, 117	95-42.546	Vol/Détournement
CE	19		146619	Convention collective (Extension)
Soc.	20	V, 121	95-42.755	Conseils de prud'hommes (Compétence territoriale)
Soc.	20		95-40.084	Licenciement sans cause réelle et sérieuse (Sanctions)
Soc.	20	V, 122	95-16.930	Intéressement des salariés
Ass. plén.	21	n° 4	92-44.778	Congés payés
Soc.	25		95-42.788	Contrat de mission/Contrat de travail temporaire
Soc.	25		94-40.515	Contrat à durée déterminée (Cas de recours)
CE	28		146850	Représentants du personnel (Licenciement/Recours contre la décision administrative)
				Avril 1997
Soc.	1er	V, 131	95-42.246	Grève (Faute lourde)
Soc.	1er	V, 132	95-14.230	Comité central d'entreprise
Soc.	1er	V, 134	95-10.478	Contribution patronale aux activités sociales et culturelles
Soc.	1er	V, 130	94-43.381	Responsabilité civile de l'employeur
Soc.	2	V, 137	95-42.723	Chômage partiel
Soc.	2	V, 135	95-42.320	Indemnité de congés payés - Convention de forfait
Soc.	2		94-43.165	Licenciement économique (Notion)
Soc.	3		95-42.392	Modification du contrat et des conditions de travail
Soc.	3	V, 138	94-44.575	Notification du licenciement - Sanctions disciplinaires (Notification)
Soc.	23		95-41.882	Promesse d'embauche
Soc.	23	V, 144	94-42.629	Ordre des licenciements - Convention collective (Application)
Soc.	23	V, 143	94-42.525	Période d'essai
Soc.	23	V, 142	94-40.909	Contrat de travail (Critères)
Soc.	23	V, 141	90-45.757	Période d'essai
CE	28		163971	Représentants du personnel (Procédure de licenciement)
Soc.	30	V, 153	95-43.227	Conseils de prud'hommes (Compétence d'attribution) - Convention collective (Application)
Soc.	30	V, 154	95-40.573	Modification du contrat de travail d'un salarié protégé
Soc.	30	V, 155	95-20.563	Expert comptable du comité d'entreprise
Soc.	30	V, 151	94-42.395	Entretien préalable au licenciement
Soc.	30	V, 150	94-42.155	Représentants du personnel (Procédure de licenciement)
Soc.	30	V, 150	94-42.154	Notification du licenciement
				Mai 1997
Ass. plén.	2	n° 6	94-42.521	VRP (Rémunération)
Soc.	6	V, 167	94-43.057	Responsabilité pécuniaire du salarié
Soc.	6	V, 162	94-42.699	AGS (Garantie des créances)
Soc.	6	V, 160	94-41.940	Contrat à durée déterminée (Conclusion)
Civ.	6	I, 151	95-12.001	Caisses de congés payés
Soc.	7		95-42.498	Caisses de congés payés
Crim.	13	180	97-80.772	Travail dissimulé
Soc.	14	V, 176	95-45.238	Convocation à l'entretien préalable (au licenciement)
Soc.	14		95-42.245	Force majeure/Fait du prince

Juridiction	Date	BC / Rec.	Numéro	Classement
Soc.	14	V, 175	94-45.473	Concierges
Soc.	14	V, 171	94-45.109	Congés payés - Indemnité de congés payés
Soc.	14	V, 177	94-43.712	Licenciement économique (Notion)
Soc.	20		94-43.653	Insubordination
Soc.	21	V, 185	95-45.038	Transaction
Soc.	21	V, 182	93-46.617	Convention collective (Mise en cause)
Soc.	22	V, 186	94-40.297	Maternité
Soc.	27	V, 189	95-42.674	Modification du contrat et des conditions de travail - Modification de la rémunération - Minimum conventionnel
Soc.	27	V, 190	95-40.651	Usage
Soc.	27	V, 192	95-20.156	Expert comptable du comité d'entreprise
Soc.	27	V, 193	95-14.850	Tracts
Soc.	27	V, 191	94-42.414	Représentants du personnel (Protection/Bénéficiaires)
Soc.	28	V, 195	94-44.644	Modification dans la situation juridique de l'employeur (Conditions d'application)
				Juin 1997
Soc.	3	V, 203	94-40.347	Engagement unilatéral de l'employeur
Ass. plén.	6	n° 7	94-42.527	Indemnité de licenciement
Soc.	10	V, 215	96-60.200	Protocole d'accord préélectoral
Soc.	10	V, 216	95-19.818	Plan de sauvegarde de l'emploi - Licenciement économique (Information et consultation du CE) - Comité d'entreprise (Information et consultation)
Soc.	10	V, 210	94-43.889	Clause de mobilité
Soc.	10	V, 217	94-42.546	Heures de délégation (Utilisation) - Comité d'hygiène, de sécurité et des conditions de travail (Fonctions)
Soc.	10		94-42.388	Indemnité de congés payés - Indemnité compensatrice de congés payés
Crim.	17	237	95-83.010	Hygiène et sécurité - Délégation de pouvoirs
Soc.	17	V, 223	95-18.904	Licenciement économique (Information et consultation du CE)
Soc.	18	V, 225	95-43.723	Représentants du personnel (Mise à pied conservatoire)
Soc.	19		94-44.997	Congés payés
CE	30		169269	Représentants du personnel (Licenciement/Recours contre la décision administrative)
				Juillet 1997
Crim.	1er	261	96-83.433	Repos hebdomadaire (Arrêté préfectoral de fermeture)
Soc.	1er		95-13.124	Repos hebdomadaire (Arrêté préfectoral de fermeture)
Soc.	1er	V, 241	95-12.000	Modification de l'horaire de travail - Comité d'entreprise (Information et consultation)
Ass. plén.	4	n° 10	93-43.375	Transaction
Soc.	8	V, 252	95-41.109	Insubordination
Soc.	8	V, 256	95-13.177	Comité d'entreprise (Information et consultation)
Soc.	8	V, 258	95-12.870	Chômage-intempéries
Soc.	9	V, 260	95-43.407	Modification du contrat et des conditions de travail
Soc.	9	V, 265	95-21.462	Contribution patronale aux activités sociales et culturelles
Soc.	9	V, 262	94-43.709	Licenciement économique (Notion)
Soc.	16	V, 279	96-40.294	Heures d'équivalence
Soc.	16	V, 276	95-45.265	Clause de non-concurrence
Soc.	16	V, 277	95-42.095	Femmes enceintes (Licenciement)
Soc.	16	V, 269	95-22.276	Grève (Services publics)
Soc.	16	V, 270	94-42.398	Contrat à durée déterminée (Contrats successifs) - Contrat à durée déterminée (Cas de recours)
Soc.	17	V, 280	95-40.869	Clause de non-concurrence
				Septembre 1997
Crim.	16	299	96-82.618	Formation à la sécurité
Soc.	30	V, 299	95-40.125	Frais de déplacement/Temps de trajet/Frais divers (Représentants du personnel)

Juridiction	Date	BC / Rec.	Numéro	Classement
				Octobre 1997
CJCE	2	I, 05289	C-100/95	Égalité de traitement entre hommes et femmes
CE	3		144006	Règlement intérieur
CE	6		165337	Contrat à durée déterminée (Durée)
Soc.	7	V, 303	93-41.747	Liberté d'expression - Droit d'expression
Soc.	14	V, 310	97-40.033	Cause réelle et sérieuse
Crim.	14		96-83.196	Délégation de pouvoirs
Soc.	14	V, 314	96-60.037	Listes électorales
Soc.	14	V, 311	94-42.604	Travailleurs étrangers
Soc.	15	V, 319	95-43.389	Notification du licenciement
Soc.	15	V, 318	95-42.454	Clause de non-concurrence
Crim.	16	341	96-86.231	Frais de déplacement/Temps de trajet/Frais divers (Représentants du personnel) - Subvention de fonctionnement
Soc.	16	V, 320	95-41.318	Licenciement économique (Notion)
Soc.	22	V, 324	94-44.706	Accidentés du travail (Réintégration en cas d'aptitude)
Soc.	24	V, 334	95-40.930	Représentants du personnel (Mise à pied conservatoire)
CE	24	373	170320	Journalistes (Bénéfice du statut)
Soc.	28	V, 351	94-45.257	Gérants non salariés (Succursales de commerce de détail alimentaire)
Soc.	28	V, 342	94-43.792	Clause de non-concurrence
Soc.	28	V, 337	94-42.340	Contrat de travail international
Soc.	28	V, 340	94-42.054	Temps de travail effectif
Soc.	29		95-42.159	Indemnité compensatrice de congés payés
CE	29		154967	Représentants du personnel (Procédure de licenciement)
Soc.	30		95-43.048	Convention collective (Applicabilité)
				Novembre 1997
CE	3		143525	Chômage total
Crim.	4	372	96-86.211	Travail dissimulé
Crim.	4	371	96-85.631	Réunions du comité d'entreprise
Crim.	4	370	96-84.594	Comité d'entreprise (Information et consultation)
CE	10		183428	Handicapés
CJCE	11	I, 6363	C-409/95	Égalité de traitement entre hommes et femmes
Soc.	12	V, 375	96-12.314	Comité d'entreprise (Information et consultation)
Soc.	12	V, 362	95-41.746	Travail à temps partiel
Soc.	12	V, 366	95-40.632	Visite médicale de reprise - Accidentés du travail (Suspension du contrat de travail)
Soc.	12	V, 365	94-43.839	Visite médicale de reprise
CE	14		171568	Chômage total
Crim.	18	391	96-80.942	Représentants du personnel (Protection/Bénéficiaires)
Crim.	18	390	96-80.002	Négociation annuelle obligatoire - Droit syndical (Exercice du) - Comité d'entreprise (Information et consultation) - Délit d'entrave
Soc.	19	V, 381	95-44.309	Retenues sur salaire - Sanctions pécuniaires (Notion)
Soc.	19	V, 389	95-44.093	Indemnité de congés payés - Chômage partiel
Soc.	19	V, 390	95-43.794	Repos hebdomadaire (Dérogations)
Soc.	19	V, 385	95-42.016	Ordre des licenciements
Soc.	19	V, 383	95-41.260	Clause de mobilité
Soc.	19		95-41.110	Convention de forfait
Soc.	19	V, 386	95-40.280	Convention collective (Conclusion) - Convention collective (Application)
Soc.	19		94-43.195	Clause de dédit-formation
Soc.	19	V, 382	94-42.540	Femmes enceintes (Licenciement)
Crim.	25	401	96-86.297	Repos hebdomadaire (Principe du repos dominical)
Soc.	25	V, 396	95-44.053	Préavis
Soc.	25	V, 404	95-43.412	Comité d'hygiène, de sécurité et des conditions de travail (Fonctions)
Soc.	25	V, 403	95-42.139	Comité d'hygiène, de sécurité et des conditions de travail (Fonctions)

Juridiction	Date	BC / Rec.	Numéro	Classement
Soc.	25	V, 397	94-45.333	Cumul d'un mandat social et d'un contrat de travail
Soc.	25	V, 399	94-45.185	Représentants du personnel (Licenciement/Recours contre la décision administrative)
Soc.	25	V, 408	94-42.727	Modification du contrat de travail d'un salarié protégé
Soc.	26		96-60.282	Délégation unique
Soc.	26		95-40.993	Chômage partiel
				Décembre 1997
CE	1er		165073	Comité central d'entreprise
Crim.	2	408	96-85.484	Responsabilité pénale des personnes morales
Soc.	2	V, 413	95-41.374	Contrat à durée déterminée (Transformation du contrat en contrat à durée indéterminée)
Soc.	3		95-45.093	Contrat à durée déterminée (Indemnité de précarité/ Indemnité de fin de contrat)
Soc.	9	V, 427	97-60.078	Délégué syndical (Désignation)
Soc.	9	V, 424	95-42.619	Insubordination
Soc.	9	V, 425	94-43.161	Sanctions disciplinaires (Notification)
Crim.	10	422	97-80.061	Formation professionnelle continue (Obligations de l'employeur et des organismes de formation)
Soc.	10	V, 434	95-42.661	Délégué du personnel (Mission)
Soc.	10		95-42.438	Notification du licenciement
Soc.	10		95-40.008	Convention de forfait
Soc.	10	V, 435	94-45.337	Représentants du personnel (Réintégration)
Soc.	10	V, 431	94-45.254	Conseillers prud'hommes (Protection)
Soc.	10		94-44.887	Congé pour événements familiaux
Soc.	11	V, 436	96-42.045	Preuve de la faute - Cause réelle et sérieuse
Soc.	11	V, 437	96-11.454	Contrat de mission/Contrat de travail temporaire
Soc.	16		97-60.109	Sièges des représentants du personnel
Soc.	16	V, 442	96-44.294	Priorité de réembauche (Licenciement économique)
Soc.	16	V, 443	95-42.090	Préavis
Soc.	16		95-41.816	Licenciement économique (Notion)
Soc.	16	V, 441	95-41.326	Vie privée
Soc.	16	V, 444	94-43.112	Cause réelle et sérieuse
Soc.	16	V, 442	94-42.089	Priorité de réembauche (Licenciement économique)
Soc.	17		95-44.406	Accidentés du travail (Protection)
Soc.	17	V, 447	95-42.913	Contrat à durée déterminée (Durée)
Soc.	17		95-42.807	VRP (Indemnité de clientèle)
Soc.	17	V, 450	94-45.524	Contrat de travail international
Soc.	17	V, 456	94-45.445	Contrat de travail international
Soc.	17	V, 457	94-43.718	Indemnité de congés payés
Soc.	17	V, 453	94-43.237	Sanctions disciplinaires (Notion) - Règlement intérieur
Soc.	18	V, 460	95-42.201	Clause de non-concurrence
Soc.	18	V, 458	94-45.548	Clause de non-concurrence
				Janvier 1998
Soc.	7		97-60.301	Procès-verbal de carence
Soc.	7	V, 2	95-44.450	Contrat d'apprentissage
Soc.	8		95-43.606	Licenciement économique (Notion)
Crim.	13	17	96-81.478	Comité d'entreprise (Information et consultation)
Crim.	13	17	96-81.477	Comité d'entreprise (Information et consultation) - Formation professionnelle continue (Obligations de l'employeur et des organismes de formation)
Soc.	13	V, 9	95-45.439	Inaptitude physique d'origine non professionnelle
Soc.	13		95-45.014	Licenciement économique (Notion)
Soc.	13	V, 6	95-41.480	Clause de non-concurrence
Soc.	13	V, 6	95-41.467	Clause de non-concurrence
Soc.	13	V, 5	95-40.958	Conseils de prud'hommes (Compétence d'attribution)
Soc.	13		95-40.733	Préavis (Dispense de)
Soc.	13	V, 7	95-40.732	Clause de non-concurrence
Soc.	13	V, 4	93-44.339	Contrat de travail international

Juridiction	Date	BC / Rec.	Numéro	Classement
Soc.	14		96-40.071	Contrat de travail (Exécution défectueuse/Erreurs/Négligences/Imprudences/Omissions)
Soc.	14	V, 13	95-44.897	Contre-visite médicale patronale
Soc.	14		95-42.155	Visite médicale de reprise
Soc.	14		95-41.262	Certificat de travail
Soc.	20	V, 24	96-60.446	Contentieux électoral - Éligibilité
Soc.	20	V, 20	96-40.930	Ordre des licenciements
Soc.	20	V, 21	95-43.350	Résiliation judiciaire du contrat de travail
Soc.	20	V, 22	95-41.942	Convention collective (Mise en cause)
Soc.	20	V, 23	95-41.575	Modification du contrat et des conditions de travail - Convention collective (Mise en cause)
Soc.	20	V, 19	94-45.094	Licenciement économique (Notion)
Soc.	21		95-40.239	Indélicatesses/Malhonnêteté/Malversations
Soc.	22	V, 29	95-45.400	Accord collectif sur l'emploi
Soc.	22		95-41.742	Concurrence déloyale
Soc.	22	V, 28	95-41.496	Notification du licenciement
Soc.	22		94-45.259	VRP (Indemnité de clientèle)
Soc.	22		94-44.192	VRP (Rémunération)
Soc.	27		95-43.711	Clause pénale
Soc.	27		95-40.616	Heures de délégation (Utilisation)
Soc.	28		96-44.456	Handicapés
Soc.	28	V, 38	95-45.465	Contre-visite médicale patronale
Soc.	28		95-45.371	Contre-visite médicale patronale
Soc.	28		95-45.029	Transaction
Soc.	28	V, 45	95-44.822	Préavis (Dispense de)
Soc.	28	V, 39	95-44.301	Inaptitude physique d'origine non professionnelle
Soc.	28	V, 44	95-43.914	Licenciement irrégulier (Sanctions) - Licenciement sans cause réelle et sérieuse (Sanctions)
Soc.	28		95-43.819	Qualification professionnelle du salarié
Soc.	28	V, 47	95-43.669	Cause réelle et sérieuse
Soc.	28	V, 35	95-43.604	Sanctions disciplinaires (Notion) - Mutation disciplinaire
Soc.	28	V, 41	95-43.448	Travail à temps partiel
Soc.	28		95-42.965	Force majeure/Fait du prince
Soc.	28	V, 42	95-42.250	Préavis (Dispense de)
Soc.	28		95-42.188	Contrat d'apprentissage
Soc.	28		95-42.141	Concierges
Soc.	28	V, 40	95-40.275	Modification de la rémunération
Soc.	28	V, 36	94-45.537	Accidentés du travail (Reclassement) - Préavis (Indemnité compensatrice de)
Soc.	28		94-42.176	AGS (Employeurs assujettis/Bénéficiaires) - Cumul d'un mandat social et d'un contrat de travail
Soc.	29		95-45.330	Cumul d'un mandat social et d'un contrat de travail
Soc.	29		95-43.994	Insuffisance de résultats
				Février 1998
Soc.	3	V, 60	96-60.207	Effectifs (Représentation du personnel)
Soc.	3	V, 63	96-42.062	Délégué du personnel (Mission)
Soc.	3	V, 58	95-44.921	Procédure de licenciement dans les entreprises en redressement ou liquidation judiciaires
Soc.	3		95-44.144	Action en justice des syndicats
Soc.	3	V, 57	95-42.914	Priorité de réembauche (Licenciement économique)
Soc.	3	V, 62	95-41.423	Modification dans la situation juridique de l'employeur (Salariés protégés)
Soc.	3	V, 55	95-21.735	Grève (Services publics)
Soc.	3	V, 59	94-44.503	Préavis
Soc.	4		95-44.861	Cause réelle et sérieuse
Soc.	4		95-44.086	Responsabilité civile de l'employeur
Soc.	4	V, 64	95-43.421	Preuve de la faute
Soc.	4		95-42.993	Harcèlement moral/Harcèlement sexuel
Soc.	5	V, 69	96-10.396	Contrat de mission/Contrat de travail temporaire

Juridiction	Date	BC / Rec.	Numéro	Classement
CE	6		176922	Chômage total
Crim.	10		97-82.543	Délégation de pouvoirs
Crim.	10		97-80.626	Délit d'entrave
Soc.	10		96-11.619	Grève (Responsabilité)
Soc.	10	V, 73	95-45.210	Inaptitude physique d'origine non professionnelle
Soc.	10	V, 76	95-44.747	Clause de non-concurrence
Soc.	10	V, 81	95-43.984	Convention collective (Application)
Soc.	10	V, 82	95-43.510	Artistes - Mannequins
Soc.	10	V, 83	95-42.543	Usage
Soc.	10	V, 75	95-42.334	Heures supplémentaires
Soc.	10	V, 74	95-41.600	Contre-visite médicale patronale
Soc.	10	V, 77	95-41.564	Contrat à durée déterminée (Indemnité de précarité/ Indemnité de fin de contrat)
Soc.	10		95-40.905	Congés payés
Soc.	10		95-40.744	Visite médicale de reprise
Soc.	10	V, 80	94-45.279	VRP (Clause de non-concurrence)
Soc.	10	V, 72	94-44.308	Travailleurs étrangers
Soc.	11		95-43.344	Sanctions pécuniaires (Notion)
Soc.	11		94-42.842	Abandon de poste
CE	11		169789	Représentants du personnel (Autorisation administrative de licenciement)
Soc.	17	V, 87	97-41.409	Notification du licenciement
Crim.	17		96-85.934	Travail dissimulé
Crim.	17	63	96-82.118	Comité d'hygiène, de sécurité et des conditions de travail (Fonctions)
Soc.	17	V, 86	95-45.261	Adaptation (Obligation d')
Soc.	18		96-60.416	Bureau de vote
Soc.	18		96-60.406	Contentieux électoral
Soc.	18	V, 88	95-45.502	Licenciement économique (Reclassement)
Soc.	18		95-45.281	Primes et gratifications
Soc.	18	V, 94	95-44.721	Employés de maison
Soc.	18	V, 90	95-43.491	Règlement intérieur
Soc.	18	V, 95	95-42.500	Transaction
Soc.	18	V, 93	95-42.172	Notification du licenciement
Soc.	18		95-42.136	Insubordination
Soc.	18		95-41.744	Absences non autorisées
Soc.	18		94-44.388	VRP (Bénéfice du statut)
CE	23		172735	Artistes - Mannequins
CE	23		163579	Chômage total
CE	23		161143	Chômage total
Crim.	24		97-80.902	Hygiène et sécurité
Soc.	24	V, 98	95-41.420	Contrat à durée déterminée (Cas de recours)
Soc.	25		95-45.659	Indemnité de congés payés
Soc.	25	V, 104	95-45.171	Accord atypique
Soc.	25	V, 100	95-45.005	Indemnité compensatrice de congés payés
Soc.	25	V, 106	95-44.096	Gérants salariés de succursales
Soc.	25	V, 99	95-44.048	Contrat à durée déterminée (Cas de recours)
Soc.	25	V, 102	95-44.019	Accidentés du travail (Suspension du contrat de travail)
Soc.	25		95-43.321	Cumul d'un mandat social et d'un contrat de travail

Mars 1998

Crim.	3	81	96-85.098	Comité d'hygiène, de sécurité et des conditions de travail (Mise en place) - Horaire de travail - Comité d'entreprise (Information et consultation) - Délit d'entrave
Soc.	3	V, 115	96-11.115	Convention collective (Mise en cause)
Crim.	3	82	95-85.808	Hygiène et sécurité
Soc.	3	V, 112	95-45.201	Procédure de licenciement dans les entreprises en redressement ou liquidation judiciaires
Soc.	3		95-44.357	Convention collective (Mise en cause)
Soc.	3	V, 109	95-43.274	Modification de la rémunération

Juridiction	Date	BC / Rec.	Numéro	Classement
Soc.	3	V, 113	95-41.610	Travail à temps partiel - Ordre des licenciements
Soc.	4		98-60.370	Éligibilité
Soc.	4	V, 117	95-42.858	Préavis (Dispense de)
Soc.	4	V, 119	95-42.040	Représentants du personnel (Protection/Bénéficiaires)
Soc.	4	V, 118	95-41.642	Représentants du personnel (Protection/Cas d'application)
Soc.	5		96-11.315	Contrat à durée déterminée (Rupture anticipée)
Soc.	5	V, 120	95-45.289	Journalistes (Contrat de travail)
Crim.	10	94	96-83.049	Hygiène et sécurité
Soc.	10	V, 125	96-16.473	Participation
Soc.	10	V, 124	95-44.842	Modification de la durée du travail
Soc.	10	V, 133	95-43.871	Visite médicale de reprise
Soc.	10	V, 130	95-43.795	Journalistes (Clause de conscience)
Soc.	10	V, 131	95-43.094	Transaction
Soc.	10	V, 132	95-43.003	Temps de travail effectif
Soc.	10	V, 123	95-42.715	Prescription des fautes disciplinaires
Soc.	10	V, 128	94-45.573	Représentants du personnel (Réintégration)
Soc.	11	V, 135	97-41.920	Responsabilité pécuniaire du salarié
Soc.	11		96-40.258	Procédure disciplinaire (Entretien préalable)
Soc.	11		96-40.195	SMIC
Soc.	11		96-40.147	Preuve de la faute
Soc.	11		96-16.553	Congés payés
Soc.	11		95-45.430	Licenciement économique (Notion)
Soc.	11		95-41.417	VRP (Rémunération)
Soc.	17	V, 155	96-60.363	Comité d'hygiène, de sécurité et des conditions de travail (Mise en place)
Soc.	17	V, 154	96-60.362	Comité d'hygiène, de sécurité et des conditions de travail (Mise en place)
Soc.	17	V, 150	96-60.292	Contentieux électoral
Soc.	17	V, 149	96-41.884	Résiliation judiciaire du contrat de travail
Soc.	17	V, 145	96-40.644	Licenciement économique (Notion)
Soc.	17	V, 147	96-12.051	Activités sociales et culturelles
Soc.	17		95-45.617	Plan de sauvegarde de l'emploi
Soc.	17		95-45.489	AGS (Garantie des créances)
Soc.	17		95-45.470	Adaptation (Obligation d')
Soc.	17	V, 142	95-43.411	Clause pénale - Indemnité de licenciement
Soc.	17	V, 156	95-42.885	Représentants du personnel (Licenciement/Indemnisation)
Soc.	17	V, 143	95-42.100	Modification dans la situation juridique de l'employeur (Effets) - Engagement unilatéral de l'employeur - Modification dans la situation juridique de l'employeur (Sort du statut collectif) - Licenciement sans cause réelle et sérieuse (Sanctions)
Soc.	17		95-41.910	Qualification professionnelle du salarié
CE	18	99	162055	Règlement intérieur
Soc.	19	V, 161	96-40.391	Notification du licenciement
Soc.	19	V, 159	96-40.079	Prescription des fautes disciplinaires
Soc.	19		96-40.014	Licenciement économique (Reclassement)
Soc.	19	V, 162	95-45.364	Ordre des licenciements
Soc.	19	V, 160	95-43.618	Convocation à l'entretien préalable (au licenciement)
Soc.	24	V, 171	95-44.738	Vie privée - Cause réelle et sérieuse
Soc.	25		97-43.241	Mise à pied conservatoire
Soc.	25		97-40.729	Minimum conventionnel
Crim.	25	113	96-85.593	Responsabilité civile de l'employeur
Soc.	25		96-41.578	Indemnité compensatrice de congés payés
Soc.	25		96-40.754	Indemnité de congés payés
Soc.	25		96-40.724	Délinquance
Soc.	25		96-40.667	Cause réelle et sérieuse
Soc.	25	V, 173	96-40.496	Convention collective (Application) - Période d'essai
Soc.	25		96-10.367	Contrat à durée déterminée (Rupture anticipée)
Soc.	25		95-44.914	Retraite (Départ à la)
Soc.	25	V, 174	95-41.543	Clause de non-concurrence
Soc.	25	V, 176	94-20.780	Clause de non-concurrence - Formation professionnelle continue (Obligations de l'employeur et des organismes de formation)

Juridiction	Date	BC / Rec.	Numéro	Classement
Soc.	31	V, 189	96-43.016	Clause de non-concurrence
Soc.	31	V, 184	96-41.878	Convention de forfait
Soc.	31	V, 192	96-41.876	Tracts
Soc.	31	V, 188	96-40.748	Licenciement économique (Reclassement)
Soc.	31		96-40.203	Modification dans la situation juridique de l'employeur (Effets)
Soc.	31	V, 186	95-45.639	Mise à pied conservatoire
Soc.	31	V, 185	95-44.889	Période d'essai
Soc.	31	V, 183	95-44.333	AGS (Garantie des créances)
Soc.	31		95-44.274	Éthylisme/Ivresse/Intempérance
Soc.	31	V, 190	95-43.670	Avantages acquis
Soc.	31	V, 180	95-42.086	Grève (Faute lourde)
Soc.	31	V, 187	95-41.062	Représentants du personnel (Réintégration)
Soc.	31	V, 182	94-44.798	Modification dans la situation juridique de l'employeur (Conditions d'application)
				Avril 1998
Soc.	1er	V, 195	96-60.433	Protocole d'accord préélectoral
Soc.	1er		95-45.387	Comité d'hygiène, de sécurité et des conditions de travail (Fonctions)
Soc.	1er		95-45.044	Imputabilité de la rupture
Soc.	2		96-40.766	Licenciement économique (Notion)
Soc.	2		96-40.383	Modification dans la situation juridique de l'employeur (Cas d'application)
Soc.	2	V, 196	95-43.541	Clause de mobilité
CE	3	127	177962	Convention collective (Extension)
CE	6		173776	Services de santé au travail
Soc.	7	V, 204	96-40.145	Compensation
Soc.	7	V, 198	95-45.223	Contrat à durée déterminée (Contrats successifs)
Soc.	7		95-44.830	Adaptation (Obligation d') - Contrat à durée déterminée (Rupture anticipée)
Soc.	7	V, 201	95-44.343	Temps de travail effectif
Soc.	7		95-43.852	Accidentés du travail (Reclassement)
Soc.	7	V, 199	95-43.091	Contrat à durée déterminée (Cas de recours)
Soc.	7	V, 206	95-42.992	Usage
Soc.	7	V, 202	95-42.495	Clause de non-concurrence
Soc.	8		96-41.283	Insubordination
Soc.	8		96-40.926	Primes et gratifications
Soc.	8		96-40.803	Insuffisance de résultats
Soc.	8		95-44.750	Convention collective (Applicabilité)
CE	8		171755	Chômage total
CE	8	174	169012	Convention collective (Extension)
Soc.	9		96-44.350	Licenciement sans cause réelle et sérieuse (Sanctions)
Soc.	9		96-40.259	Congé de formation
Mixte	10	n° 2	97-17.870	Action en justice des syndicats - Syndicats (Objet)
Mixte	10	n° 1	97-16.970	Action en justice des syndicats - Syndicats (Objet)
Mixte	10	n° 1	97-13.137	Action en justice des syndicats - Syndicats (Objet)
Crim.	29		97-82.420	Délégation de pouvoirs
Soc.	29		96-41.374	Cause réelle et sérieuse
Soc.	29	V, 213	96-40.582	Licenciement économique (Notion)
Soc.	29	V, 214	95-44.236	Licenciement économique (Information et consultation du CE)
CJCE	30	I, 2011	C-136/95	Égalité de traitement entre hommes et femmes
				Mai 1998
Soc.	5		96-43.229	Chômage total
Soc.	5		96-41.348	Injures/Insultes
Soc.	5		96-41.338	Contrat à durée déterminée (Indemnité de précarité/ Indemnité de fin de contrat)
Soc.	5		96-41.151	Contrat de travail (Exécution défectueuse/Erreurs/Négligences/ Imprudences/Omissions)
Soc.	5		96-41.094	Heures supplémentaires

Juridiction	Date	BC / Rec.	Numéro	Classement
Soc.	5		96-40.257	Cumul d'un mandat social et d'un contrat de travail
Soc.	5	V, 219	96-13.498	Comité d'entreprise (Information et consultation)
Soc.	5		95-45.459	Retraite (Mise à la)
Soc.	5	V, 222	95-45.326	Modification dans la situation juridique de l'employeur (Salariés protégés)
Soc.	5	V, 220	95-45.190	Modification du contrat de travail d'un salarié protégé
Soc.	5	V, 218	95-42.545	Convention collective (Application) - Clause de mobilité
Soc.	5	V, 217	95-40.171	Notification du licenciement - Procédure de licenciement dans les entreprises en redressement ou liquidation judiciaires
Soc.	6	V, 234	96-41.712	Conseils de prud'hommes (Compétence d'attribution)
Soc.	6		96-41.269	Abandon de poste
Soc.	6	V, 229	96-40.951	Cause réelle et sérieuse - Certificat médical
Soc.	6	V, 235	96-40.867	Contrat à durée déterminée (Rupture anticipée)
Soc.	6	V, 236	96-40.610	Transaction
Soc.	6	V, 226	96-40.506	Visite médicale de reprise - Accidentés du travail (Suspension du contrat de travail)
Soc.	6		96-40.205	Retraite (Mise à la)
Soc.	6	V, 227	96-40.077	Pourboires
Soc.	6		95-45.607	Congé parental d'éducation
Soc.	6	V, 231	95-45.464	Plan de sauvegarde de l'emploi
Soc.	6	V, 225	95-45.027	Contrat à durée déterminée (Contrats successifs)
Soc.	6		95-41.570	Accidentés du travail (Protection)
Soc.	6	V, 233	95-40.968	Indemnité de licenciement
Soc.	6	V, 223	95-40.913	Contrat d'apprentissage
Soc.	6		95-40.579	Accidentés du travail (Reclassement)
Soc.	7		97-42.503	Congés payés
Soc.	7		96-41.559	Mésentente
Soc.	7	V, 237	96-41.020	Engagement unilatéral de l'employeur
Soc.	7		95-44.365	Licenciement économique (Notion)
Soc.	7		95-41.585	Faute lourde
Soc.	7		94-44.112	Primes et gratifications
Crim.	12	159	97-82.188	Hygiène et sécurité
Crim.	12	160	96-86.479	Transaction - Prêt de main-d'œuvre
Soc.	12	V, 243	96-40.606	Procédure de licenciement dans les entreprises en redressement ou liquidation judiciaires
Soc.	12	V, 244	95-44.353	Rétractation du licenciement par l'employeur
Soc.	12		95-44.350	Journalistes (Contrat de travail)
Soc.	12	V, 247	95-44.214	Conseillers prud'hommes (Protection)
Soc.	14	V, 251	96-43.797	Modification du contrat et des conditions de travail
Soc.	14	V, 253	96-42.104	Licenciement sans cause réelle et sérieuse (Sanctions)
Soc.	14	V, 250	96-41.755	Violences et rixes - Sanctions disciplinaires (Notion)
Soc.	14	V, 252	96-40.693	Cumul d'un mandat social et d'un contrat de travail
Soc.	14		96-40.493	Contrat à durée déterminée (Rupture anticipée)
CE	18		164128	Chômage total
Crim.	19		97-80.291	Réunions du comité d'entreprise
Soc.	19	V, 262	97-41.900	Retenues sur salaire - Grève (Effets)
Soc.	19	V, 266	97-41.814	Bulletin de salaire
Soc.	19	V, 265	96-41.573	Modification de la rémunération
Soc.	19	V, 264	96-41.265	Inaptitude physique d'origine non professionnelle
Soc.	19	V, 270	96-41.138	Artistes
Soc.	19		96-41.123	Tenue vestimentaire
Soc.	19	V, 267	95-45.575	Contrat à durée déterminée (Conclusion)
Soc.	19	V, 272	94-20.263	Chômage total
Civ.	19	I, 182	97-13.916	Grève (Services publics) - Contrat à durée déterminée (Cas de recours)
Soc.	20		96-41.230	Contrat à durée déterminée (Rupture anticipée)
Soc.	20		96-41.126	Absences répétées
Soc.	20		96-41.045	Clause de garantie d'emploi
Soc.	20	V, 273	96-40.599	Cause réelle et sérieuse
Soc.	20		96-40.396	Insuffisance de résultats
Soc.	20	V, 274	95-41.169	VRP (Rémunération)

Juridiction	Date	BC / Rec.	Numéro	Classement
Crim.	26		97-80.079	Action en justice du comité d'entreprise
Soc.	26	V, 279	97-60.092	Urnes/Isoloirs
Soc.	26		96-42.592	Préavis
Soc.	26	V, 276	96-41.062	Cause réelle et sérieuse
Soc.	26	V, 278	96-41.053	Convention collective (Application)
Soc.	26	V, 275	96-40.536	Période d'essai
Soc.	26		95-44.422	Concierges
Soc.	26		95-15.883	Délibérations/Votes (Comité d'entreprise)
Soc.	27		97-60.036	Délégué syndical (Désignation)
Soc.	27		97-60.034	Contentieux électoral - Vote par correspondance
Soc.	27		97-60.020	Délégation unique
Soc.	27		97-41.483	Éthylisme/Ivresse/Intempérance
Soc.	27		96-44.825	Indemnité de licenciement
Soc.	27	V, 280	96-42.303	Contrat de mission/Contrat de travail temporaire - Grève (Effets)
Soc.	27	V, 285	96-41.311	Conseils de prud'hommes (Compétence territoriale)
Soc.	27	V, 283	96-41.276	Cause réelle et sérieuse
Soc.	27	V, 281	96-41.152	Primes et gratifications
Soc.	27	V, 282	96-40.929	Modification du lieu de travail
Soc.	27		96-40.928	Indélicatesses/Malhonnêteté/Malversations
Soc.	27		96-40.871	Insuffisance professionnelle
Soc.	27	V, 284	96-40.741	Entretien préalable au licenciement
Soc.	27		95-41.395	Plan de sauvegarde de l'emploi
				Juin 1998
Soc.	3	V, 293	96-45.035	Travailleurs étrangers
Soc.	3	V, 292	96-42.455	Temps de travail effectif
Soc.	3	V, 294	96-41.700	Absences non autorisées
Soc.	3		96-40.637	Période d'essai
Soc.	3		96-40.344	Période d'essai
Soc.	3		96-40.309	Horaire de travail
Soc.	3	V, 295	96-40.016	Licenciement économique (Notion)
Soc.	3		95-45.134	Contrat à durée déterminée (Conclusion)
Soc.	3		95-43.315	Contrat à durée déterminée (Conclusion)
Soc.	3		94-45.579	Préavis
Crim.	4		97-82.788	Égalité de traitement entre hommes et femmes - Repos hebdomadaire (Principe du repos dominical)
Soc.	4		97-44.159	Attestation d'assurance chômage
Soc.	4		96-42.256	Inaptitude physique d'origine non professionnelle
Soc.	4	V, 300	96-41.414	Modification du contrat et des conditions de travail
Soc.	4	V, 297	95-45.311	Accidentés du travail (Reclassement) - Visite médicale de reprise - Accidentés du travail (Suspension du contrat de travail)
Soc.	4	V, 296	95-45.167	Primes et gratifications - Sanctions pécuniaires (Notion)
Soc.	4	V, 302	95-44.693	Employés de maison - Entretien préalable au licenciement - Durée du travail
Soc.	4	V, 298	95-43.816	Mensualisation - Contre-visite médicale patronale
Soc.	4	V, 305	95-43.133	Clause de non-concurrence
Soc.	4	V, 299	95-41.832	Accidentés du travail (Reclassement) - Retraite (Mise à la) - Clause de non-concurrence
Soc.	4	V, 303	95-41.263	Visite médicale de reprise
Soc.	9	V, 312	97-60.304	Comité central d'entreprise - Règlement intérieur du comité d'entreprise
Soc.	9	V, 312	96-60.455	Comité central d'entreprise
Soc.	9	V, 311	96-40.390	Cause réelle et sérieuse - Sanctions discriminatoires (Notion)
Soc.	9	V, 315	95-45.019	Règlement intérieur
Soc.	9		95-44.220	Injures/Insultes
Soc.	9	V, 313	94-43.827	Gérants non salariés (Succursales de commerce de détail alimentaire)
Soc.	10		97-60.128	Délégation unique
Soc.	10		96-42.973	Handicapés

Juridiction	Date	BC / Rec.	Numéro	Classement
Soc.	10		96-41.981	Journalistes (Contrat de travail)
Soc.	10		96-41.754	Contrat de travail (Exécution défectueuse/Erreurs/Négligences/ Imprudences/Omissions)
Soc.	10		96-40.708	Préavis
CE	10		165463	Représentants du personnel (Autorisation administrative de licenciement)
Soc.	11		96-43.101	Absences répétées
Soc.	11		96-42.244	Faute grave - Non-respect des règles d'hygiène et de sécurité
Soc.	11		96-41.854	Primes et gratifications
Civ.	11	II, 190	96-19.687	Tracts
CE	12		187845	Caisses de congés payés
CE	15		171476	Représentants du personnel (Autorisation administrative de licenciement)
Crim.	16	195	97-80.138	Prêt de main-d'œuvre
Soc.	16		96-43.187	Prime d'ancienneté
Soc.	16	V, 326	96-42.054	Faute grave
Soc.	16	V, 322	96-41.877	Inaptitude physique d'origine non professionnelle
Soc.	16	V, 324	96-41.768	Bulletin de salaire
Soc.	16		96-41.223	Contrat de travail (Nullité)
Soc.	16	V, 320	95-45.033	Rétrogradation disciplinaire
Soc.	16	V, 328	95-42.263	Femmes enceintes (Licenciement)
CJCE	17	I, 03739	C-243/95	Égalité de rémunération
Soc.	17		96-42.976	Modification du lieu de travail
Soc.	17		96-42.328	Contrat de travail (Exécution défectueuse/Erreurs/Négligences/ Imprudences/Omissions)
Soc.	23		96-42.797	Contrat de travail (Exécution défectueuse/Erreurs/Négligences/ Imprudences/Omissions)
Soc.	23		96-42.573	Licenciement économique (Reclassement)
Soc.	23	V, 333	96-42.548	Délégué syndical (Désignation)
Soc.	24	V, 343	97-60.631	Comité d'hygiène, de sécurité et des conditions de travail (Mise en place)
Soc.	24		97-60.334	Comité d'hygiène, de sécurité et des conditions de travail (Mise en place)
Soc.	24		97-60.305	Comité d'hygiène, de sécurité et des conditions de travail (Mise en place)
Soc.	24	V, 341	97-60.077	Électorat/Qualité d'électeur - Éligibilité
Soc.	24	V, 334	97-44.175	Grève (Effets)
Soc.	24	V, 335	97-43.876	Grève (Effets)
Soc.	24	V, 336	97-40.810	Durée du travail
Soc.	24	V, 335	96-44.234	Grève (Effets)
Soc.	24	V, 337	96-41.717	Sanctions discriminatoires (Notion)
Soc.	24	V, 340	95-44.757	Représentants du personnel (Réintégration)
Soc.	24	V, 339	95-44.388	Représentants du personnel (Réintégration)
CJCE	30	I, 4185	C-394/96	Égalité de traitement entre hommes et femmes
Crim.	30		97-85.280	Repos hebdomadaire (Principe du repos dominical)
Crim.	30	210	97-84.263	Hygiène et sécurité - Responsabilité pénale des personnes physiques
Crim.	30		97-80.398	Action en justice du comité d'entreprise
Soc.	30		96-42.566	Travailleurs à domicile

Juillet 1998

Soc.	1er		96-43.657	Absences non autorisées
Soc.	1er		96-42.824	Absences non autorisées - Pont (Journée de)
Soc.	1er		96-41.403	Délinquance
Soc.	1er		96-41.396	Conseils de prud'hommes (Compétence d'attribution)
Soc.	1er	V, 354	96-41.385	Grève (Faute lourde)
Soc.	1er		96-41.285	Convention collective (Application)
Soc.	1er	V, 353	96-41.014	Contrat d'apprentissage
Soc.	1er		96-40.971	Usage
Soc.	1er		96-40.813	Mise à pied disciplinaire

Juridiction	Date	BC / Rec.	Numéro	Classement
Soc.	1er	V, 355	96-40.398	Contrat à durée déterminée (Rupture anticipée)
Soc.	1er	V, 356	96-17.076	Participation
Soc.	1er	V, 357	96-16.471	Participation
Avis	6	n° 9	98-00.005	Modification économique du contrat de travail
Crim.	7		97-85.163	Repos hebdomadaire (Principe du repos dominical)
Crim.	7	216	97-81.273	Responsabilité pénale des personnes morales
Crim.	7	215	96-85.947	Délégué syndical (Désignation)
Soc.	7	V, 364	96-42.521	Engagement unilatéral de l'employeur
Soc.	7	V, 370	96-41.565	Plan de sauvegarde de l'emploi - Licenciement économique (Reclassement)
Soc.	7	V, 368	96-40.487	Notification du licenciement
Soc.	7	V, 367	96-40.256	Modification du contrat et des conditions de travail - Cause réelle et sérieuse
Soc.	7	V, 366	96-40.249	AGS (Garantie des créances)
Soc.	7	V, 363	96-21.451	Modification dans la situation juridique de l'employeur (Conditions d'application)
Soc.	7	V, 371	96-21.205	Procédure de licenciement dans les entreprises en redressement ou liquidation judiciaires - Expert comptable du comité d'entreprise - Licenciement économique (Information et consultation du CE)
Soc.	7	V, 373	95-43.443	Travail à temps partiel - Modification de l'horaire de travail
Soc.	8		97-60.376	Bulletin de vote
Soc.	8	V, 376	97-60.333	Remplacement des représentants du personnel
Soc.	8	V, 375	96-42.118	Clause de garantie d'emploi
Soc.	8		96-42.060	Heures de délégation (Utilisation) - Délégué du personnel (Mission)
Soc.	8	V, 374	96-42.015	Modification de l'horaire de travail
CE	8		188751	Sièges des représentants du personnel
Soc.	15	V, 381	97-43.985	Modification du contrat et des conditions de travail - Cause réelle et sérieuse
Soc.	15	V, 384	96-41.766	Inaptitude physique d'origine non professionnelle
Soc.	15		96-41.474	Convention collective (Dénonciation)
Soc.	15	V, 378	96-41.118	Accord atypique
Soc.	15	V, 382	96-40.866	Clause de non-concurrence
Soc.	15	V, 390	96-40.768	Inaptitude physique d'origine non professionnelle
Soc.	15	V, 383	96-40.631	Responsabilité pénale des personnes physiques - Travailleurs étrangers
Soc.	15	V, 380	95-45.362	Accidentés du travail (Reclassement)
Soc.	16		96-42.628	Convention de forfait
Soc.	16	V, 393	95-45.363	Inaptitude physique d'origine non professionnelle
Soc.	16	V, 392	90-41.231	Égalité de traitement entre hommes et femmes
Soc.	17	V, 398	96-20.988	Droit d'alerte et de retrait en cas de danger
				Août 1998
Crim.	4	224	97-83.427	Inspecteur du travail
				Septembre 1998
CJCE	22	I, 5199	C-185/97	Égalité de traitement entre hommes et femmes
Crim.	22		97-82.318	Responsabilité pénale des personnes physiques
CA Paris	22		351	Comité d'entreprise (Information et consultation)
				Octobre 1998
CE	5		194817	Égalité de rémunération
CE	5		169558	Chômage total
Soc.	6	V, 403	96-42.603	Vol/Détournement - Délinquance
Soc.	6		96-42.290	Éthylisme/Ivresse/Intempérance
Soc.	7	V, 409	97-60.517	Unité économique et sociale
Soc.	7	V, 414	97-60.303	Délégué syndical (Désignation)
Soc.	7	V, 410	97-43.336	Contrat de mission/Contrat de travail temporaire

Juridiction	Date	BC / Rec.	Numéro	Classement
Soc.	7		96-43.276	Convocation à l'entretien préalable (au licenciement)
Soc.	7	V, 407	96-42.812	Licenciement économique (Reclassement)
Soc.	7	V, 404	96-40.424	Plan de sauvegarde de l'emploi - Ordre des licenciements
Soc.	7	V, 413	96-22.248	Action en justice du comité d'entreprise - Réunions du comité d'entreprise
Soc.	8		97-60.788	Candidatures aux élections professionnelles
Soc.	8		97-60.394	Contentieux électoral
Soc.	13		96-42.373	Compensation
Soc.	14	V, 419	96-43.539	Travail à temps partiel - Modification de l'horaire de travail
Soc.	14		96-42.924	Paiement du salaire
Soc.	14	V, 423	96-42.738	Contrat de mission/Contrat de travail temporaire
Soc.	14		96-41.103	Modification dans la situation juridique de l'employeur (Effets)
Soc.	14	V, 420	96-40.682	Maladie (Indemnisation complémentaire)
Soc.	14	V, 424	96-40.638	VRP (Clause de non-concurrence) - VRP (Indemnité de clientèle)
Soc.	15		96-42.550	Convention collective (Applicabilité)
Soc.	15	V, 425	96-42.427	Convention collective (Application)
Soc.	15		96-42.012	Contrat de travail (Critères)
Soc.	20		97-41.087	Période d'essai
Soc.	20		96-42.846	Modification du lieu de travail
Soc.	20		96-42.296	Modification du contrat et des conditions de travail
Soc.	20	V, 434	96-41.698	Paiement du salaire
Soc.	20	V, 436	96-40.908	Modification de la rémunération
Soc.	20	V, 431	96-40.757	Modification du lieu de travail
Soc.	20	V, 432	96-40.692	Démission - Modification du lieu de travail
Soc.	20	V, 433	96-40.614	Modification de la durée du travail
Soc.	20	V, 438	96-17.652	Fractionnement des congés payés
Soc.	20	V, 435	95-44.290	Usage
Soc.	21	V, 446	97-60.457	Délégué syndical supplémentaire
Soc.	21	V, 445	97-44.337	Convention collective (Applicabilité)
Soc.	21		97-10.058	Expert comptable du comité d'entreprise
Soc.	21		96-44.109	Insuffisance professionnelle
Soc.	21	V, 443	96-43.277	Preuve de la faute - Cause réelle et sérieuse
Soc.	21	V, 444	96-43.056	Priorité de réembauche (Licenciement économique)
CE	21		179771	Médecin du travail
CJCE	27	I, 6401	C-411/96	Égalité de rémunération - Maternité
Soc.	27		96-43.302	Vol/Détournement
Soc.	27	V, 456	96-42.493	Ordre des licenciements
Soc.	27	V, 459	96-40.626	Licenciement économique (Reclassement)
Soc.	27	V, 461	96-40.545	Heures de délégation (Rémunération)
Soc.	29	V, 468	97-44.269	Représentants du personnel (Mise à pied conservatoire)
Soc.	29	V, 469	97-11.256	Intéressement des salariés
Soc.	29		96-42.598	Pouvoir disciplinaire
			Novembre 1998	
Soc.	3		96-42.906	Période d'essai
Soc.	5	V, 475	97-10.923	Maladies professionnelles (Notion)
Ass. plén.	6	n° 3	97-41.931	Retraite (Mise à la)
Soc.	10	V, 482	96-44.067	Inaptitude physique d'origine non professionnelle
Soc.	10	V, 481	96-43.811	Engagement unilatéral de l'employeur
Soc.	10	V, 486	96-42.969	Contre-visite médicale patronale
Soc.	10	V, 483	96-41.579	Période d'essai
Soc.	10	V, 484	96-41.308	Clause de non-concurrence
Soc.	10	V, 488	96-22.103	Chômage total
Soc.	17	V, 492	96-44.364	Délinquance
Soc.	17		96-44.198	Horaire de travail - Insubordination
Soc.	18	V, 494	97-43.072	Modification dans la situation juridique de l'employeur (Effets) - Modification économique du contrat de travail
Soc.	18	V, 496	97-42.854	Concierges
Soc.	18	V, 498	96-43.072	Représentants du personnel (Mise à pied conservatoire) - Représentants du personnel (Réintégration)

Juridiction	Date	BC / Rec.	Numéro	Classement
Soc.	18	V, 499	96-42.991	Adaptation (Obligation d') - Convention collective (Applicabilité) - Licenciement économique (Reclassement)
Soc.	18	V, 495	96-42.932	Primes et gratifications - Engagement unilatéral de l'employeur - Imputabilité de la rupture
Soc.	18	V, 508	96-42.810	Représentants du personnel (Protection/Bénéficiaires)
Soc.	18	V, 500	96-42.378	Notification du licenciement
Soc.	18	V, 501	96-22.343	Plan de sauvegarde de l'emploi - Licenciement économique (Information et consultation du CE)
Soc.	18	V, 502	96-15.974	Plan de sauvegarde de l'emploi
Soc.	18	V, 497	95-43.132	Modification du contrat et des conditions de travail
Soc.	24	V, 519	96-42.270	Travail à temps partiel
Soc.	24	V, 511	96-41.742	Contrat à durée déterminée (Conclusion)
Soc.	24	V, 512	96-41.740	Travail à temps partiel
Soc.	24	V, 515	95-43.523	Transaction
Soc.	25		96-45.648	Insubordination
Soc.	25		96-43.460	Mutation disciplinaire
Soc.	25		96-41.832	Pouvoir disciplinaire (Contrôle juridictionnel) - Rétrogradation disciplinaire
Ass. plén.	27	n° 7	96-44.358	Notification du licenciement
CE	30		183359	Grève (Services publics)
CE	30		173491	Représentants du personnel (Procédure de licenciement)
			Décembre 1998	
Soc.	1er	V, 527	98-40.104	Convention collective (Application)
Crim.	1er	325	97-80.560	Responsabilité pénale des personnes morales
Soc.	2	V, 537	97-60.369	Délégué syndical central - Délégué syndical (Désignation)
Soc.	2	V, 534	96-44.668	Conseillers prud'hommes (Protection) - Retraite (Mise à la)
Soc.	2	V, 531	96-44.416	Priorité de réembauche (Licenciement économique)
Soc.	2	V, 535	96-44.258	Preuve de la faute
Soc.	2		96-43.970	Non-respect des règles d'hygiène et de sécurité
Soc.	2		96-43.858	Modification dans la situation juridique de l'employeur (Conditions d'application)
Soc.	2		96-41.826	Procédure de licenciement dans les entreprises en redressement ou liquidation judiciaires
Soc.	9	V, 541	96-44.789	Modification de la rémunération - Astreintes
Soc.	9	V, 544	96-42.355	Retraite (Mise à la)
CE	9		157169	Représentants du personnel (Autorisation administrative de licenciement)
CJCE	10	I, 8237	C-173/96	Modification dans la situation juridique de l'employeur (Conditions d'application) - Modification dans la situation juridique de l'employeur (Cas d'application)
CJCE	10	I, 8179	C-127/96	Modification dans la situation juridique de l'employeur (Conditions d'application)
Soc.	15	V, 551	95-43.630	Égalité de rémunération
Soc.	16	V, 566	97-60.371	Comité central d'entreprise
Soc.	16	V, 569	96-43.323	Congé pour événements familiaux
Soc.	16	V, 565	96-42.609	Insuffisance professionnelle
Soc.	16	V, 556	96-42.102	Modification de la durée du travail
Soc.	16	V, 560	96-41.989	Licenciement économique (Reclassement)
Soc.	16	V, 558	96-40.227	Modification du lieu de travail
Soc.	16	V, 552	95-45.341	Contrat à durée déterminée (Rupture anticipée)
Soc.	16	V, 562	95-41.413	Retraite (Départ à la)
Soc.	16	V, 570	95-40.385	Usage
			Janvier 1999	
Soc.	5	V, 1	97-40.261	Contrat à durée déterminée (Rupture anticipée)
Soc.	5	V, 2	96-44.194	Modification de la rémunération
Soc.	5		96-42.931	Clause de dédit-formation
Soc.	6		96-44.064	Sanctions disciplinaires (Notification)
Soc.	6		96-44.058	Contrat de travail (Exécution défectueuse/Erreurs/Négligences/Imprudences/Omissions)

Juridiction	Date	BC / Rec.	Numéro	Classement
Soc.	12	V, 8	98-40.020	Prescription des fautes disciplinaires
Soc.	12	V, 12	97-60.322	Procès-verbal des élections
Soc.	12	V, 16	97-45.209	Modification dans la situation juridique de l'employeur (Salariés protégés)
Soc.	12	V, 17	97-12.962	Plan de sauvegarde de l'emploi
Soc.	12	V, 19	97-12.794	Comité d'hygiène, de sécurité et des conditions de travail (Fonctions)
Soc.	12	V, 6	96-45.659	Grève (Services publics)
Soc.	12		96-43.514	AGS (Garantie des créances)
Soc.	12	V, 9	96-42.585	AGS (Garantie des créances)
Soc.	12	V, 11	96-41.756	Procédure de licenciement dans les entreprises en redressement ou liquidation judiciaires
Soc.	12	V, 7	96-40.755	Clause de mobilité
Soc.	12	V, 18	96-22.279	Action en justice du comité d'entreprise
Soc.	13	V, 20	97-60.782	Délégué syndical (Désignation) - Unité économique et sociale
Soc.	13		97-60.609	Candidatures aux élections professionnelles
Soc.	13	V, 22	97-60.483	Comité d'hygiène, de sécurité et des conditions de travail (Mise en place) - Délégué syndical (Désignation)
Soc.	13		96-43.678	Heures de délégation (Contrôle et contestation) - Délégué syndical (Mission)
Soc.	19	V, 35	97-45.404	Conseils de prud'hommes (Compétence d'attribution) - Contrat de travail (Détermination de l'employeur)
Soc.	19	V, 29	96-45.628	Heures supplémentaires
Soc.	19	V, 36	96-45.583	Contrat de mission/Contrat de travail temporaire
Soc.	19	V, 28	96-44.976	Maternité
Soc.	19	V, 27	96-44.954	Contrat à durée déterminée (Requalification/Indemnisation)
Soc.	19	V, 34	96-44.688	Conseils de prud'hommes (Compétence d'attribution) - Engagement unilatéral de l'employeur - Modification dans la situation juridique de l'employeur (Sort du statut collectif)
Soc.	19	V, 31	96-43.768	Contre-visite médicale patronale
Soc.	19	V, 30	96-42.884	Contrat à durée déterminée (Contrats successifs)
Soc.	20		97-40.173	Concurrence déloyale
Soc.	20		96-45.042	Retenues sur salaire
Soc.	20		96-44.914	Droit syndical (Exercice du)
Soc.	20		95-43.877	VRP (Bénéfice du statut)
Soc.	26	V, 40	98-60.256	Collèges électoraux
Soc.	26	V, 39	97-40.463	Ordre des licenciements
Soc.	26	V, 41	97-10.522	Activités sociales et culturelles
Com.	26		97-10.018	Cumul d'un mandat social et d'un contrat de travail
Soc.	27	V, 45	97-60.441	Délégué syndical (Désignation)
Soc.	27		96-44.837	Journalistes (Indemnité de licenciement)
Soc.	27	V, 42	96-44.036	Usage
Soc.	27	V, 43	96-43.342	Modification de la rémunération - Prime d'ancienneté
Soc.	28	V, 46	97-16.791	Handicapés
Soc.	28		96-13.044	Caisses de congés payés
			Février 1999	
Soc.	2		97-40.822	Absences non autorisées
Soc.	2		97-40.410	Contrat de travail (Exécution défectueuse/Erreurs/Négligences/ Imprudences/Omissions)
Soc.	2	V, 50	96-44.532	Prescription des fautes disciplinaires - Licenciement irrégulier (Sanctions) - Horaire de travail
Soc.	2	V, 51	96-44.340	Contrat de travail (Exécution défectueuse/Erreurs/Négligences/ Imprudences/Omissions)
Soc.	2		96-43.966	Repos compensateur
Soc.	2	V, 47	96-42.831	Chômage partiel
Soc.	2	V, 54	96-41.812	Congé sabbatique
Soc.	2	V, 49	96-40.773	Clause de garantie d'emploi
Soc.	2	V, 53	96-20.696	Chômage total
Soc.	2	V, 52	95-45.331	Promesse d'embauche - Imputabilité de la rupture

Juridiction	Date	BC / Rec.	Numéro	Classement
Soc.	3		98-60.290	Délégué syndical supplémentaire
Soc.	3	V, 56	97-40.606	Insuffisance de résultats
Soc.	3		97-40.495	Indélicatesses/Malhonnêteté/Malversations
Soc.	3		97-40.239	Notification du licenciement
Soc.	3		96-45.307	Clause pénale
Soc.	3		96-44.960	Certificat de travail
CJCE	9	I, 0623	C-167/97	Égalité de traitement entre hommes et femmes - Égalité de rémunération
Soc.	10	V, 63	97-13.015	Convention collective (Dénonciation)
Soc.	10	V, 61	96-42.998	Sanctions discriminatoires (Notion)
Soc.	10	V, 65	96-40.851	Convention collective (Applicabilité)
Soc.	10	V, 62	96-22.157	Participation
Soc.	10	V, 64	95-43.561	Représentants du personnel (Licenciement/Recours contre la décision administrative) - Préavis
Mixte	12	n° 1	96-17.468	Transaction
CE	15	24	182853	Travailleurs étrangers
Crim.	16	24	97-86.290	Responsabilité pénale des personnes physiques
Soc.	16	V, 71	97-42.903	Accidentés du travail (Protection)
Soc.	16	V, 72	96-45.594	Modification du contrat et des conditions de travail - Modification de la durée du travail - Préavis (Indemnité compensatrice de)
Soc.	16	V, 74	96-45.565	Contrat de travail (Nullité)
Soc.	16	V, 75	96-45.407	Travail à temps partiel
Soc.	16	V, 76	96-45.394	Accidentés du travail (Suspension du contrat de travail)
Soc.	16		96-43.032	Congés payés
Soc.	16	V, 78	96-40.643	Contrat de travail international
Soc.	17		96-44.627	Contrat d'apprentissage
CE	24		165111	Chômage total
				Mars 1999
Soc.	2	V, 93	98-60.312	Contentieux électoral
Crim.	2	27	97-85.165	Repos hebdomadaire (Principe du repos dominical)
Soc.	2	V, 93	97-60.736	Contentieux électoral
Soc.	2	V, 87	97-40.044	AGS (Garantie des créances)
Soc.	2	V, 91	97-16.489	Licenciement économique (Information et consultation du CE)
Soc.	2	V, 90	97-13.115	Licenciement économique (Information et consultation du CE)
Soc.	2	V, 88	96-45.027	Licenciement économique (Notion)
Soc.	2		96-42.541	Indemnité de congés payés
Soc.	3		98-60.145	Délégué syndical (Désignation)
Soc.	3	V, 94	97-60.807	Contentieux électoral
Soc.	3		97-40.864	Heures de délégation (Utilisation)
Soc.	3		96-45.306	Modification du contrat de travail d'un salarié protégé
Soc.	3		96-44.477	Vol/Détournement
Soc.	3		96-43.619	Dénigrement/Diffamation
Soc.	3		96-41.964	Conseils de prud'hommes (Compétence d'attribution)
Soc.	9	V, 104	96-45.590	Temps de travail effectif
Soc.	9	V, 110	96-44.439	Chômage partiel
Soc.	9	V, 105	96-44.080	Temps de travail effectif
Soc.	9	V, 112	96-43.965	Heures supplémentaires
Soc.	9	V, 103	96-43.718	Heures supplémentaires - Chômage partiel
Soc.	9	V, 107	96-43.602	Priorité de réembauche (Licenciement économique)
Soc.	9	V, 108	96-41.734	Résiliation judiciaire du contrat de travail
Soc.	9	V, 102	96-41.586	Contrat à durée déterminée (Requalification/Indemnisation)
Soc.	9		96-17.653	Formation professionnelle continue (Participation financière de l'employeur)
Soc.	10		97-40.416	Promesse d'embauche
Soc.	10		97-40.079	Injures/Insultes
Soc.	10		97-17.280	Chômage total
Crim.	16		98-80.878	Délégation de pouvoirs
Crim.	16		97-84.912	Repos hebdomadaire (Principe du repos dominical)

Juridiction	Date	BC / Rec.	Numéro	Classement
Soc.	16	V, 123	97-60.458	Délégué syndical (Désignation)
Soc.	16	V, 117	96-45.353	Convention collective (Mise en cause)
Soc.	16	V, 115	96-45.247	Notification du licenciement - Responsabilité pécuniaire du salarié
Soc.	16	V, 116	96-44.843	Procédure de licenciement dans les entreprises en redressement ou liquidation judiciaires
Soc.	16	V, 124	96-44.570	Modification dans la situation juridique de l'employeur (Salariés protégés)
Soc.	16	V, 125	96-44.551	Transaction
Soc.	17	V, 126	97-45.555	Droit syndical (Exercice du) - Sanctions discriminatoires (Notion)
Soc.	17	V, 127	97-40.515	Licenciement économique (Notion)
Soc.	17		96-45.657	Inaptitude physique d'origine non professionnelle
Soc.	23		97-40.792	Contrat à durée déterminée (Contrats successifs)
Soc.	23	V, 134	97-40.412	Procédure conventionnelle de licenciement - Cause réelle et sérieuse
Soc.	23	V, 135	96-41.409	Contrat de mission/Contrat de travail temporaire
Soc.	23	V, 136	96-40.181	Contrat à durée déterminée (Rupture anticipée)
CE	24		189123	Représentants du personnel (Autorisation administrative de licenciement)
CE	26	113	190254	Handicapés
Crim.	30		98-80.598	Inspecteur du travail
Soc.	30	V, 146	97-41.265	Licenciement économique (Reclassement)
Soc.	30		97-41.257	Indemnité compensatrice de congés payés
Soc.	30	V, 140	97-41.104	Grève (Définition)
Soc.	30	V, 143	97-41.028	Insuffisance de résultats
Soc.	30	V, 144	97-41.013	Plan de sauvegarde de l'emploi
Soc.	30	V, 145	97-40.695	Ordre des licenciements
Soc.	30	V, 141	97-40.544	Détachement de salariés
Soc.	30	V, 147	97-13.884	Licenciement économique (Information et consultation du CE)
Soc.	30	V, 142	96-42.912	Contrat de travail (Nullité)
Soc.	30		96-42.766	Indemnité de congés payés
Soc.	31		97-41.819	Modification de la durée du travail
Soc.	31		97-41.220	Non-respect des règles d'hygiène et de sécurité
				Avril 1999
Soc.	1er	V, 150	97-17.515	Intéressement des salariés
Soc.	6	V, 158	97-41.266	Période d'essai
Soc.	6	V, 159	97-40.499	Modification du contrat de travail d'un salarié protégé
Soc.	6	V, 156	97-40.058	Temps de travail effectif
Soc.	6	V, 166	96-45.790	Travail à temps partiel
Soc.	6	V, 157	96-45.056	Inaptitude physique d'origine non professionnelle - Visite médicale de reprise
Soc.	6	V, 162	96-43.467	Transaction
Soc.	7		96-45.135	Concurrence déloyale
Soc.	13	V, 172	97-60.830	Procès-verbal de carence
Soc.	13	V, 170	97-41.934	Licenciement économique (Reclassement) - Modification économique du contrat de travail
Soc.	13	V, 168	97-41.450	Modification dans la situation juridique de l'employeur (Conditions d'application)
Soc.	13	V, 177	97-41.171	Travail à temps partiel
Soc.	13	V, 173	97-40.090	Journalistes (Indemnité de licenciement)
Soc.	13	V, 171	96-45.028	Priorité de réembauche (Licenciement économique)
Soc.	13	V, 176	96-44.334	Responsabilité civile de l'employeur
Soc.	13	V, 169	96-44.254	Modification dans la situation juridique de l'employeur (Conditions d'application)
Soc.	14	V, 179	97-42.064	Grève (Effets)
				Mai 1999
Soc.	4	V, 184	98-40.959	Accidentés du travail (Reclassement)
Soc.	4	V, 191	97-41.860	Contrat de travail international
Soc.	4	V, 186	97-40.576	Modification du lieu de travail

Juridiction	Date	BC / Rec.	Numéro	Classement
Soc.	4	V, 185	97-40.547	Visite médicale de reprise
Soc.	4	V, 183	97-40.049	Contrat d'apprentissage
Soc.	4	V, 189	96-45.453	Astreintes
Soc.	4	V, 192	96-44.924	Contre-visite médicale patronale
Soc.	4	V, 188	96-44.612	Convention de forfait
Soc.	4	V, 187	96-43.037	Astreintes
Soc.	5		97-41.970	Contrat d'apprentissage
Soc.	5		97-40.755	Certificat médical
Soc.	5		97-40.712	Abandon de poste
Soc.	5		97-40.443	VRP (Rémunération)
Soc.	10	V, 200	97-41.497	Modification du contrat de travail d'un salarié protégé
Soc.	10	V, 207	97-40.510	Convocation à l'entretien préalable (au licenciement) - Représentants du personnel (Procédure de licenciement)
Soc.	10	V, 203	97-40.060	Licenciement économique (Reclassement)
Soc.	10	V, 199	96-45.673	Modification des fonctions
Soc.	10	V, 208	96-45.652	Modification de l'horaire de travail - Représentants du personnel (Procédure de licenciement) - Représentants du personnel (Réintégration)
Soc.	10	V, 201	96-45.250	Modification dans la situation juridique de l'employeur (Effets)
Soc.	10	V, 204	96-44.647	Licenciement économique (Reclassement)
Soc.	10	V, 202	96-19.828	Plan de sauvegarde de l'emploi - Ordre des licenciements - Priorité de réembauche (Licenciement économique)
Crim.	11	89	97-82.169	Action en justice des syndicats
Soc.	11	V, 210	97-42.026	Modification dans la situation juridique de l'employeur (Cas d'application)
Soc.	11		97-41.505	Absences non autorisées
Soc.	11	V, 211	97-40.765	Représentants du personnel (Protection/Bénéficiaires)
Soc.	11		96-45.288	Indélicatesses/Malhonnêteté/Malversations
Soc.	18	V, 213	98-40.201	Égalité de rémunération
Soc.	18	V, 217	97-40.699	Accidentés du travail (Reclassement)
Soc.	18	V, 215	97-40.531	Contrat de travail international
Soc.	18	V, 222	97-40.439	Transaction
Soc.	18	V, 224	97-13.131	Heures de récupération
Soc.	18	V, 216	96-45.439	Détachement de salariés
Soc.	18	V, 223	96-44.628	Transaction
Soc.	18	V, 219	96-44.315	Clause de mobilité
Soc.	18		96-44.097	Clause de mobilité
Soc.	19		98-44.376	Contre-visite médicale patronale
Soc.	19		97-41.246	Attestation d'assurance chômage
Soc.	19		97-40.733	Non-respect des règles d'hygiène et de sécurité
Soc.	19		96-40.051	Contrat d'apprentissage
Soc.	26		97-43.681	Indemnité de congés payés
Soc.	26	V, 238	97-40.966	Heures de délégation (Utilisation) - Délégué du personnel (Mission) - Droit syndical (Exercice du)
Soc.	26	V, 235	97-40.803	Notification du licenciement
Soc.	26	V, 236	96-43.614	Indemnité de licenciement
Crim.	27		98-83.535	Procès-verbaux de l'inspecteur (ou du contrôleur) du travail
Crim.	27	109	98-82.978	Action en justice des syndicats
Soc.	27		98-60.387	Vote par correspondance
Soc.	27		98-60.385	Éligibilité
Soc.	27	V, 241	98-60.327	Représentants du personnel (Protection/Bénéficiaires)
Soc.	27		98-60.310	Délégation unique
Soc.	27	V, 240	97-41.283	Participation
				Juin 1999
Soc.	1er	V, 255	98-41.852	Bulletin de salaire
Soc.	1er		97-41.657	Contrat de travail (Exécution défectueuse/Erreurs/Négligences/Imprudences/Omissions)
Soc.	1er	V, 256	97-41.430	Travail à temps partiel
Soc.	1er	V, 247	97-40.914	Contrat d'apprentissage

Juridiction	Date	BC / Rec.	Numéro	Classement
Soc.	1er		97-40.231	Femmes enceintes (Licenciement)
Soc.	1er	V, 253	97-40.218	Indemnité de licenciement
Soc.	1er	V, 251	96-44.500	Engagement unilatéral de l'employeur
Soc.	1er	V, 249	96-43.617	Contrat à durée déterminée (Conclusion) - Sanctions discriminatoires (Notion)
Soc.	1er		96-40.070	Clause de dédit-formation
Soc.	8	V, 270	97-60.831	Contentieux électoral - Scrutin
Soc.	8	V, 267	97-41.498	Représentants du personnel (Protection/Cas d'application)
Soc.	8		97-41.101	Absences non autorisées
Soc.	8	V, 266	97-40.659	AGS (Garantie des créances)
Soc.	8	V, 265	97-40.648	Repos hebdomadaire (Principe du repos dominical) - AGS (Garantie des créances)
Soc.	8	V, 263	97-12.731	Procédure de licenciement dans les entreprises en redressement ou liquidation judiciaires
Soc.	8	V, 271	96-45.833	Comité d'hygiène, de sécurité et des conditions de travail (Fonctions)
Soc.	8	V, 272	96-45.045	Représentants du personnel (Protection/Bénéficiaires) - Modification dans la situation juridique de l'employeur (Salariés protégés)
Soc.	8	V, 268	96-44.811	Procédure de licenciement dans les entreprises en redressement ou liquidation judiciaires
Soc.	9	V, 274	98-60.365	Délégué syndical (Désignation)
Soc.	9		97-41.762	Priorité de réembauche (Licenciement économique)
Soc.	9	V, 273	97-41.349	Convocation à l'entretien préalable (au licenciement)
CE	11	198	195706	Notes de service
CE	11	179	189144	Représentants du personnel (Autorisation administrative de licenciement)
CE	14		196601	Comité central d'entreprise
Soc.	15	V, 282	97-41.375	Contrat de travail (Nullité) - Contrat à durée déterminée (Rupture anticipée)
Soc.	15	V, 280	97-41.035	Temps de travail effectif
Soc.	15	V, 285	97-40.671	Jours fériés
Soc.	15		97-18.070	Caisses de congés payés
Soc.	15		97-16.713	Caisses de congés payés
Soc.	15	V, 283	97-15.328	Accidentés du travail (Reclassement)
Soc.	15	V, 284	96-45.464	Retraite (Mise à la)
Soc.	15	V, 279	96-44.772	Loyauté (Obligation de)
Soc.	15	V, 276	96-42.791	Conseils de prud'hommes (Compétence d'attribution)
Soc.	16		97-42.489	Congé parental d'éducation
Soc.	16		97-41.510	Inaptitude physique d'origine non professionnelle
Crim.	22		98-85.191	Délit d'entrave
Crim.	22		98-83.114	Délit d'entrave
Crim.	22		98-82.369	Travail dissimulé
Soc.	22		97-41.754	Faute grave
Soc.	23	V, 294	98-60.383	Représentants du personnel (Réintégration)
Soc.	23	V, 296	98-40.158	Plan de sauvegarde de l'emploi
Soc.	23	V, 297	97-43.162	Avantages acquis - Convention collective (Mise en cause)
Soc.	23	V, 300	97-42.202	Représentants du personnel (Mise à pied conservatoire)
Soc.	23		97-42.067	Faute lourde
Soc.	23	V, 295	97-41.825	Représentants du personnel (Réintégration)
Soc.	23	V, 301	97-41.121	Sanctions disciplinaires (Notion) - Mise à pied disciplinaire
Soc.	23	V, 298	97-17.860	Secrétaire du comité d'entreprise - Réunions du comité d'entreprise
Soc.	23	V, 302	96-44.717	Heures de délégation (Utilisation) - Protocole d'accord préélectoral
Soc.	29	V, 308	98-44.348	Recommandation patronale
Soc.	29	V, 316	97-44.333	Handicapés
Soc.	29	V, 306	97-42.248	Modification de la durée du travail
Soc.	29	V, 310	97-42.208	Notification du licenciement - Licenciement irrégulier (Sanctions)
Soc.	29	V, 307	97-41.567	Égalité de rémunération
Soc.	29	V, 305	97-40.828	Licenciement économique (Reclassement)

Juridiction	Date	BC / Rec.	Numéro	Classement
Soc.	29	V, 309	97-40.082	Clause de non-concurrence
Soc.	29	V, 312	97-14.581	Chômage total
Soc.	29	V, 313	96-45.703	Conseils de prud'hommes (Compétence d'attribution)
Soc.	30	V, 317	97-42.942	Période d'essai
Soc.	30	V, 318	97-41.074	Travail à temps partiel
				Juillet 1999
Soc.	6	V, 336	98-60.329	Délégué syndical (Désignation)
Soc.	6	V, 326	97-42.815	Vol/Détournement - Faute lourde
Soc.	6		97-42.254	Indiscrétions
Soc.	6		97-41.824	Modification du contrat de travail d'un salarié protégé
Soc.	6	V, 328	97-41.547	Notification du licenciement
Soc.	6	V, 324	97-41.290	Convention de forfait
Soc.	6	V, 327	97-41.036	Licenciement économique (Notion)
Soc.	6	V, 334	97-40.546	Priorité de réembauche (Licenciement économique)
Soc.	6	V, 329	97-40.055	Ordre des licenciements
Soc.	6	V, 330	97-22.488	Plan de sauvegarde de l'emploi
Soc.	6	V, 335	97-21.742	Comité central d'entreprise - Comité d'entreprise (Information et consultation)
Soc.	6	V, 323	96-45.787	Convention de forfait
Soc.	6	V, 333	96-45.665	Licenciement économique (Reclassement)
Soc.	6		96-45.512	Convention de forfait
Soc.	7		98-60.418	Contentieux électoral
Soc.	7		98-60.393	Délégué syndical (Désignation)
Soc.	7		98-40.671	Non-respect des règles d'hygiène et de sécurité
Soc.	7		97-43.231	Représentants du personnel (Protection/Bénéficiaires)
Soc.	7		97-43.190	Adaptation (Obligation d')
Soc.	7		97-42.194	Adaptation (Obligation d')
Soc.	8	V, 339	97-14.487	Artistes
Soc.	12	V, 347	97-43.641	Accidentés du travail (Reclassement)
Soc.	12		97-43.457	Jours fériés
Soc.	12	V, 342	97-43.400	Contrat d'apprentissage
Soc.	12	V, 345	97-43.045	Modification de l'horaire de travail
Soc.	12	V, 348	97-42.338	Clause de garantie d'emploi - Modification dans la situation juridique de l'employeur (Cas d'application)
Soc.	12	V, 346	97-41.738	Modification économique du contrat de travail
Soc.	12		97-41.637	Usage
Soc.	12	V, 351	97-41.329	Travail à temps partiel
Soc.	12	V, 344	97-41.131	Contrat à durée déterminée (Rupture anticipée)
Soc.	12	V, 343	96-45.473	Contrat à durée déterminée (Cas de recours)
Soc.	13		97-42.460	Contrat de travail (Exécution défectueuse/Erreurs/Négligences/Imprudences/Omissions)
Soc.	13		97-41.381	Bulletin de salaire
Soc.	15		97-21.398	Intéressement des salariés
CE	28	257	188973	Travailleurs étrangers - Travail dissimulé
				Septembre 1999
Crim.	7	183	98-85.468	Horaire de travail
CJCE	14	I, 5295	C-249/97	Égalité de rémunération
CJCE	16	I, 5723	C-218/98	Égalité de rémunération
Crim.	21		98-88.103	Travail dissimulé
				Octobre 1999
Soc.	5		98-42.714	Inaptitude physique d'origine non professionnelle
Crim.	5		97-80.394	Inspecteur du travail
Soc.	5	V, 361	97-45.733	Modification dans la situation juridique de l'employeur (Sort du statut collectif)
Soc.	5		97-42.999	Clause de non-concurrence
Soc.	5	V, 364	97-42.302	Préavis

Juridiction	Date	BC / Rec.	Numéro	Classement
Soc.	5	V, 368	97-41.838	Licenciement économique (Reclassement)
Soc.	5	V, 363	97-41.590	Comité d'hygiène, de sécurité et des conditions de travail (Fonctions) - Frais de déplacement/Temps de trajet/Frais divers (Représentants du personnel)
Soc.	5		97-41.308	Primes et gratifications
Soc.	5	V, 369	97-16.995	Convention collective (Applicabilité)
CE	6		206916	Convention collective (Extension)
Soc.	12		97-43.184	Démission
Soc.	12	V, 374	97-42.850	Prescription des fautes disciplinaires - Modification dans la situation juridique de l'employeur (Conditions d'application)
Soc.	12	V, 380	97-42.432	Travail à temps partiel
Soc.	12	V, 378	97-42.143	Astreintes
Soc.	12	V, 373	97-40.915	Contrat à durée déterminée (Cas de recours)
Soc.	12	V, 376	97-40.835	Visite médicale de reprise
Soc.	13		97-42.211	Qualification professionnelle du salarié
Soc.	13		97-42.072	Cause réelle et sérieuse
Soc.	13	V, 381	97-42.027	Transaction
Soc.	13		97-41.976	VRP (Clause de non-concurrence)
Crim.	19		98-87.598	Hygiène et sécurité
Soc.	19	V, 386	97-45.907	Convention collective (Mise en cause)
Soc.	19		97-43.088	Action en justice des syndicats - Droit syndical (Exercice du)
Soc.	19		97-41.589	Compensation
Soc.	20		98-60.513	Contentieux électoral
Soc.	20		98-60.425	Propagande électorale
Soc.	20	V, 391	98-60.398	Délégué syndical (Désignation) - Unité économique et sociale - Comité de groupe
Soc.	20	V, 389	98-60.380	Électorat/Qualité d'électeur - Éligibilité
Soc.	20	V, 390	98-60.359	Vote par correspondance
Soc.	20	V, 387	98-41.337	Plan de sauvegarde de l'emploi
Soc.	20		97-43.786	Licenciement économique (Notion)
Soc.	20		97-43.386	Indiscrétions
Soc.	20	V, 388	97-43.008	Modification dans la situation juridique de l'employeur (Effets)
CJCE	21	I, 3289	C-333/97	Égalité de rémunération
Soc.	21	V, 395	98-10.030	Handicapés
CJCE	26	I, 7403	C-273/97	Égalité de traitement entre hommes et femmes - Discrimination à l'embauche
Soc.	26	V, 405	98-41.521	Licenciement économique (Notion)
Soc.	26		97-44.530	Prime de fin d'année/Treizième mois
Soc.	26		97-43.926	Contrat de travail (Exécution défectueuse/Erreurs/Négligences/ Imprudences/Omissions)
Soc.	26	V, 412	97-43.625	Cause réelle et sérieuse - Licenciement économique (Reclassement)
Soc.	26	V, 408	97-43.613	Insuffisance de résultats
Soc.	26		97-43.266	Période d'essai
Soc.	26	V, 407	97-43.142	Détachement de salariés
Soc.	26	V, 400	97-42.776	Contrat à durée déterminée (Indemnité de précarité/ Indemnité de fin de contrat)
Soc.	26	V, 399	97-42.255	Contrat à durée déterminée (Conclusion)
Soc.	26	V, 401	97-41.992	Contrat à durée déterminée (Conclusion)
Soc.	26	V, 409	97-41.679	Notification du licenciement
Soc.	26	V, 414	97-41.551	Travail à temps partiel
Soc.	26	V, 410	97-41.314	Accidentés du travail (Reclassement) - Accidentés du travail (Suspension du contrat de travail)
Soc.	26	V, 402	97-40.894	Contrat à durée déterminée (Conclusion)
Soc.	27	V, 423	98-60.419	Scrutin
Soc.	27	V, 422	98-40.769	Égalité de rémunération
Soc.	27		97-43.951	Licenciement économique (Reclassement)
Soc.	27		97-43.605	Rétrogradation disciplinaire
Soc.	27	V, 415	97-43.194	Modification dans la situation juridique de l'employeur (Effets)
Soc.	27	V, 417	97-43.180	Notification du licenciement
Soc.	27		97-42.286	VRP (Bénéfice du statut)
Soc.	27	V, 416	96-43.941	AGS (Garantie des créances)

Juridiction	Date	BC / Rec.	Numéro	Classement
				Novembre 1999
Crim.	3	242	98-85.665	Prêt de main-d'œuvre
Soc.	5	V, 432	97-22.485	Intéressement des salariés
Soc.	10		97-43.117	VRP (Bénéfice du statut)
CE	10		196837	Handicapés
Soc.	16	V, 441	98-60.356	Convention collective (Applicabilité)
Soc.	16	V, 442	98-60.347	Délégué syndical (Désignation)
Soc.	16	V, 443	98-42.612	Travail à temps partiel
Soc.	16	V, 439	98-41.782	Modification dans la situation juridique de l'employeur (Conditions d'application)
Soc.	16	V, 440	97-42.069	Représentants du personnel (Licenciement/Indemnisation) - AGS (Garantie des créances)
CJCE	23	I, 8453	C-369/96	Détachement de salariés
Soc.	23	V, 450	98-41.376	Inaptitude physique d'origine non professionnelle
Soc.	23	V, 452	97-43.787	Pouvoir disciplinaire (Contrôle juridictionnel) - Rétrogradation disciplinaire
Soc.	23	V, 451	97-43.448	Employés de maison
Soc.	23	V, 455	97-43.250	VRP (Indemnité de clientèle)
Soc.	23	V, 448	97-43.022	Période d'essai
Soc.	23	V, 454	97-42.979	VRP (Indemnité de clientèle) - VRP (Rémunération) - Intéressement des salariés
Soc.	23	V, 447	97-42.940	Égalité de traitement entre hommes et femmes
Soc.	23	V, 449	97-41.315	Travail à temps partiel
Soc.	23	V, 453	97-18.980	Syndicats (Objet)
Soc.	24	V, 456	97-45.202	Clause de mobilité
Crim.	30	283	98-82.729	Comité d'entreprise (Information et consultation)
Soc.	30		97-42.729	AGS (Garantie des créances)
Soc.	30	V, 465	97-41.690	Représentants du personnel (Réintégration) - Représentants du personnel (Licenciement/Indemnisation)
Soc.	30	V, 464	97-41.431	Détachement de salariés - Priorité de réembauche (Licenciement économique)
				Décembre 1999
Soc.	1er	V, 466	98-42.746	Licenciement économique (Notion)
Soc.	1er		97-43.721	Certificat médical
Soc.	1er		97-43.389	Contrat de travail (Exécution défectueuse/Erreurs/Négligences/Imprudences/Omissions)
Soc.	1er		97-43.385	Injures/Insultes
CJCE	2	I, 8643	C-234/98	Modification dans la situation juridique de l'employeur (Cas d'application)
Soc.	7	V, 477	97-45.792	Heures supplémentaires
Soc.	7	V, 474	97-44.472	Accidentés du travail (Suspension du contrat de travail)
Soc.	7		97-44.423	Licenciement économique (Reclassement)
Soc.	7	V, 470	97-43.106	Accidentés du travail (Reclassement)
Soc.	7	V, 76	97-43.059	Procédure disciplinaire (Entretien préalable)
Soc.	7	V, 473	97-42.878	Imputabilité de la rupture
Soc.	7	V, 479	97-42.333	Travail à temps partiel
Soc.	7	V, 478	96-43.987	Heures supplémentaires
Soc.	8		97-44.539	Journalistes (Contrat de travail)
Crim.	14	306	99-80.104	Délégation de pouvoirs - Responsabilité pénale des personnes morales
Soc.	14	V, 486	98-60.629	Comité d'hygiène, de sécurité et des conditions de travail (Mise en place) - Éligibilité
Soc.	14	V, 487	98-16.810	Expert comptable du comité d'entreprise
Soc.	14	V, 485	97-43.346	AGS (Garantie des créances)
Soc.	14	V, 484	97-43.011	Modification dans la situation juridique de l'employeur (Effets)
Soc.	14	V, 488	97-41.995	Liberté d'expression - Droit d'expression
Soc.	15		98-60.497	Unité économique et sociale
Soc.	15		97-45.495	Licenciement sans cause réelle et sérieuse (Sanctions)

Juridiction	Date	BC / Rec.	Numéro	Classement
Soc.	15		97-45.371	Contrat de travail (Exécution défectueuse/Erreurs/Négligences/ Imprudences/Omissions)
Soc.	15		97-44.431	Notification du licenciement
Soc.	15		97-43.113	Licenciement économique (Notion)
CJCE	16	I, 8903	C-198/98	AGS (Employeurs assujettis/Bénéficiaires)
				Janvier 2000
Soc.	4	V, 5	98-41.100	Engagement unilatéral de l'employeur
Soc.	4		97-45.647	Modification du lieu de travail
Soc.	4	V, 10	97-44.923	Travail à temps partiel
Soc.	4		97-44.470	Procédure disciplinaire (Entretien préalable)
Soc.	4	V, 1	97-44.054	Maladie (Indemnisation complémentaire)
Soc.	4		97-43.574	Conseils de prud'hommes (Compétence d'attribution)
Soc.	4	V, 7	97-43.029	Maladie (Indemnisation complémentaire)
Soc.	4	V, 9	97-43.026	Temps de travail effectif - Imputabilité de la rupture
Soc.	4		97-42.991	Indemnité compensatrice de congés payés
Soc.	4	V, 2	97-41.374	Contrat à durée déterminée (Conclusion)
Soc.	4	V, 4	97-41.154	Abandon de poste - Essai professionnel - Modification du lieu de travail
Soc.	4		97-40.777	Heures d'équivalence
Soc.	5		97-44.606	Convention de forfait
Soc.	5		97-44.589	Contrat de travail (Critères)
Soc.	5		97-44.568	Accidentés du travail (Protection)
CJCE	11	I, 0069	C-285/98	Égalité de traitement entre hommes et femmes - Discrimination à l'embauche
Crim.	11	13	99-80.229	Comité d'entreprise (Information et consultation)
Crim.	11	14	98-87.599	Repos hebdomadaire (Arrêté préfectoral de fermeture) - Repos hebdomadaire (Principe du repos dominical)
Crim.	11		98-84.408	Repos hebdomadaire (Principe du repos dominical)
Soc.	11	V, 17	97-44.148	Usage
Soc.	11	V, 16	97-18.215	Grève (Responsabilité)
Soc.	12	V, 18	99-60.044	Scrutin
Soc.	12	V, 19	98-60.516	Délégué syndical (Désignation)
Soc.	12		98-41.524	Indélicatesses/Malhonnêteté/Malversations
Soc.	12		97-45.253	Concurrence déloyale
Soc.	12		97-45.026	Pouvoir disciplinaire
Soc.	12		97-44.970	Pourboires
Soc.	12		97-43.839	VRP (Indemnité de clientèle)
Soc.	12		97-43.806	Licenciement irrégulier (Sanctions)
Soc.	12		97-43.486	Non-respect des horaires
Soc.	18		97-45.736	Convention de forfait
Soc.	18	V, 26	97-44.939	Accidentés du travail (Reclassement)
Soc.	18	V, 29	96-45.545	Visite médicale de reprise
Soc.	18	V, 27	96-44.578	Convention collective (Application)
Soc.	19		97-44.478	Modification de la rémunération
Soc.	19		97-43.421	Indemnité de licenciement
Crim.	25	38	99-82.476	Droit syndical (Exercice du)
Crim.	25		99-80.010	Responsabilité pénale des personnes physiques
Soc.	25		97-43.577	Dénigrement/Diffamation
Soc.	26		98-60.534	Contentieux électoral
Soc.	26	V, 37	98-44.177	Grève (Effets) - AGS (Garantie des créances)
Soc.	26		98-40.120	Journalistes (Bénéfice du statut)
Soc.	26		97-45.244	Congé parental d'éducation
Soc.	26		97-40.550	Convention collective (Applicabilité)
Soc.	26	V, 38	97-15.291	Grève (Responsabilité) - Grève (Définition)
Soc.	26	V, 39	96-42.376	AGS (Garantie des créances)
Soc.	27		98-46.211	Retenues sur salaire - Grève (Effets)
Soc.	27		97-45.966	Vol/Détournement

Juridiction	Date	BC / Rec.	Numéro	Classement
				Février 2000
Soc.	1er	V, 53	98-46.201	Action en justice des syndicats
Soc.	1er	V, 52	98-41.624	Action en justice des syndicats - Contrat à durée déterminée (Transformation du contrat en contrat à durée indéterminée) - Contrat à durée déterminée (Cas de recours)
Soc.	1er		98-40.738	Clause de non-concurrence
Soc.	1er	V, 49	98-40.195	Journalistes (Contrat de travail)
Soc.	1er	V, 46	97-44.952	Contrat à durée déterminée (Cas de recours)
Soc.	1er	V, 47	97-44.100	Contrat à durée déterminée (Renouvellement)
Soc.	1er	V, 51	97-41.304	Contrat à durée déterminée (Renouvellement)
Soc.	2		97-45.053	Modification de la rémunération
Soc.	2		97-44.418	Travail à temps partiel
CJCE	3	I, 0549	C-207/98	Égalité de traitement entre hommes et femmes - Discrimination à l'embauche
Soc.	8		97-45.553	Préavis
Soc.	8		97-45.426	Vol/Détournement
Soc.	9	V, 61	98-60.581	Vote par correspondance
Soc.	9	V, 62	98-12.143	Licenciement économique (Information et consultation du CE) - Comité d'entreprise (Information et consultation)
Soc.	9		97-45.460	Heures de délégation (Utilisation) - Délégué syndical (Mission)
Soc.	9	V, 58	97-40.724	Grève (Effets) - Sanctions discriminatoires (Notion)
Soc.	9	V, 59	97-22.619	Convention collective (Dénonciation)
CJCE	10	I, 0957	C-340/97	Travailleurs étrangers
Soc.	10		98-15.623	Comité de groupe
Soc.	10		97-45.757	Qualification professionnelle du salarié
Soc.	22		98-43.005	Clause de non-concurrence
Soc.	22		98-40.650	Démission
Soc.	22	V, 73	98-16.492	Conseils de prud'hommes (Compétence d'attribution)
Soc.	22		97-45.724	Insuffisance de résultats
Soc.	22		97-44.949	Indemnité de congés payés
Soc.	22	V, 67	97-44.339	Modification de l'horaire de travail
Soc.	22	V, 74	97-43.515	Congés payés - Travail à temps partiel
Soc.	22	V, 70	97-43.465	Primes et gratifications
Soc.	22		97-42.070	Clause de non-concurrence
Soc.	22	V, 68	97-41.827	Accidentés du travail (Reclassement) - Visite médicale de reprise
Soc.	22	V, 69	97-41.333	Inaptitude physique d'origine non professionnelle
Com.	22		97-18.728	Clause de non-concurrence
Soc.	22		96-16.544	Contrat de mise à disposition
Soc.	23		98-41.007	Absences non autorisées
Soc.	23		98-40.963	Contrat à durée déterminée (Conclusion)
Soc.	23		97-44.267	Travail à temps partiel
Crim.	29	89	99-83.241	Procès-verbaux de l'inspecteur (ou du contrôleur) du travail - Délégation de pouvoirs
Soc.	29	V, 79	98-42.026	Faute grave
Soc.	29	V, 78	98-13.264	AGS (Employeurs assujettis/Bénéficiaires)
				Mars 2000
Soc.	1er	V, 82	98-46.233	Priorité de réembauche (Licenciement économique)
Soc.	1er		98-41.690	Abandon de poste
Soc.	1er		97-45.858	Dénigrement/Diffamation - Concurrence déloyale
Soc.	1er		97-44.249	Détachement de salariés
Crim.	7		99-83.398	Comité d'entreprise (Information et consultation)
Soc.	7		98-41.140	Abandon de poste
Soc.	7		98-41.126	Contrat de travail (Exécution défectueuse/Erreurs/Négligences/Imprudences/Omissions)
Soc.	7		98-41.072	Preuve de la faute
Soc.	7	V, 88	98-40.659	Clause de non-concurrence - Modification économique du contrat de travail
Soc.	7		98-40.232	Injures/Insultes

Juridiction	Date	BC / Rec.	Numéro	Classement
Soc.	7		98-40.214	Modification du contrat et des conditions de travail
Soc.	7	V, 87	98-40.198	Période d'essai
Soc.	7		97-44.101	Compensation
Soc.	7		97-41.870	Contrat à durée déterminée (Rupture anticipée)
Soc.	7	V, 90	97-41.463	Contrat de mission/Contrat de travail temporaire
Soc.	8	V, 92	99-43.091	Préavis (Dispense de)
Soc.	8		98-43.489	Prime d'ancienneté - Bulletin de salaire
Soc.	8		98-40.149	Inaptitude physique d'origine non professionnelle
Soc.	8		97-45.241	Force majeure/Fait du prince - Contrat à durée déterminée (Rupture anticipée)
Soc.	8	V, 93	97-43.797	Femmes enceintes (Licenciement)
Soc.	14	V, 107	99-60.180	Délégué syndical (Désignation)
Soc.	14	V, 105	98-42.446	Ordre des licenciements - Procédure de licenciement dans les entreprises en redressement ou liquidation judiciaires
Soc.	14	V, 101	98-42.090	Surveillance des salariés
Soc.	14	V, 103	98-41.556	Accidentés du travail (Reclassement)
Soc.	14	V, 106	98-40.545	Usage
Soc.	14	V, 104	97-43.268	Liberté d'expression
Soc.	15		98-41.028	Préavis (Dispense de)
Soc.	15		98-41.022	Preuve de la faute - Faute lourde
Soc.	15		98-40.726	Contrat de travail (Exécution défectueuse/Erreurs/Négligences/Imprudences/Omissions)
Soc.	15		98-40.359	Préavis (Indemnité compensatrice de)
Soc.	15		97-45.366	Qualification professionnelle du salarié
Soc.	21	V, 118	99-40.003	Compensation
Crim.	21	128	98-84.714	Pouvoir disciplinaire (Contrôle juridictionnel) - Responsabilité pénale des personnes morales
Soc.	21	V, 110	98-45.485	Égalité de rémunération
Soc.	21	V, 114	98-44.005	Modification du lieu de travail
Soc.	21	V, 113	98-40.130	Sanctions disciplinaires (Notion)
Soc.	21		97-45.215	Contre-visite médicale patronale
Soc.	21	V, 111	97-45.155	Convention de forfait
Soc.	21		97-44.912	Non-respect des règles d'hygiène et de sécurité
Soc.	21	V, 109	97-44.851	Modification du lieu de travail
Soc.	21		97-44.122	Modification du contrat et des conditions de travail
Soc.	21	V, 116	97-40.131	Modification dans la situation juridique de l'employeur (Cas d'application)
Soc.	22		98-41.565	Accidentés du travail (Protection)
Soc.	22	V, 119	98-41.166	Accidentés du travail (Reclassement)
Soc.	22		98-41.086	Absences non autorisées
Soc.	22	V, 120	98-40.608	Prescription (Action en paiement du salaire)
Soc.	22		97-45.872	Clause de non-concurrence
CJCE	28	I, 1875	C-158/97	Égalité de traitement entre hommes et femmes
Soc.	28	V, 133	98-60.440	Effectifs (Représentation du personnel)
Soc.	28		98-42.494	AGS (Garantie des créances)
Soc.	28	V, 129	98-40.921	Représentants du personnel (Licenciement/Recours contre la décision administrative)
Soc.	28	V, 132	98-40.228	Plan de sauvegarde de l'emploi
Soc.	28	V, 131	98-21.870	Plan de sauvegarde de l'emploi
Soc.	28	V, 126	97-45.258	Droit syndical (Exercice du)
Soc.	28		97-44.432	Éthylisme/Ivresse/Intempérance
Soc.	28	V, 127	97-43.823	Violences et rixes
Soc.	28	V, 136	97-43.411	Règlement intérieur
Soc.	28		97-42.943	Liberté d'expression
Soc.	29		99-60.158	Comité d'hygiène, de sécurité et des conditions de travail (Mise en place)
Soc.	29		98-40.068	Violences et rixes
CJCE	30	I, 2189	C-236/98	Égalité de rémunération

Juridiction	Date	BC / Rec.	Numéro	Classement
				Avril 2000
Crim.	18		99-86.105	Durée du travail
Crim.	18	153	99-85.183	Responsabilité pénale des personnes morales
Soc.	18	V, 144	98-42.803	Préavis
Soc.	18		98-42.370	Abandon de poste
Soc.	18	V, 140	98-40.314	Inaptitude physique d'origine non professionnelle - Imputabilité de la rupture
Soc.	18	V, 142	97-45.434	Indemnité de licenciement
Soc.	18	V, 145	97-44.925	Licenciement sans cause réelle et sérieuse (Sanctions)
Soc.	18		97-44.630	Accidentés du travail (Reclassement)
Soc.	18	V, 141	97-44.235	Prime de fin d'année/Treizième mois
Soc.	18		97-43.717	Primes et gratifications
Soc.	18	V, 139	97-43.706	Modification de la rémunération
Soc.	19		98-45.696	Contrat à durée déterminée (Conclusion)
Soc.	19		98-42.915	Violences et rixes - Injures/Insultes
Soc.	19		98-42.186	Absences non autorisées
Soc.	19		98-41.832	Indélicatesses/Malhonnêteté/Malversations
Soc.	19		98-41.708	Sanctions disciplinaires (Non-cumul des)
Soc.	19		98-41.037	Congés payés
Soc.	19		98-40.741	Paiement du salaire
Soc.	19		98-40.662	Contrat de travail (Exécution défectueuse/Erreurs/Négligences/ Imprudences/Omissions)
Soc.	19		98-40.264	Repos compensateur
Soc.	19		98-40.242	Travail à temps partiel - Modification de l'horaire de travail
Soc.	19		98-40.067	Démission
Soc.	19	V, 146	97-45.508	Contrat de mission/Contrat de travail temporaire
Soc.	26	V, 155	99-60.030	Délégué syndical (Désignation)
Soc.	26	V, 153	99-60.019	Remplacement des représentants du personnel
Soc.	26	V, 154	98-60.493	Représentant syndical au comité d'entreprise
Soc.	26	V, 150	98-41.024	Modification dans la situation juridique de l'employeur (Cas d'application)
Soc.	26	V, 152	97-44.241	Cumul d'un mandat social et d'un contrat de travail
Soc.	27		98-41.276	Vol/Détournement
Soc.	27		97-45.055	Notification du licenciement
Soc.	28		97-45.905	Indiscrétions
				Mai 2000
Soc.	2		98-41.557	Liberté d'expression
Soc.	2		98-40.755	Priorité de réembauche (Licenciement économique)
Soc.	2		97-45.890	Contrat à durée déterminée (Rupture anticipée)
Soc.	2		97-45.488	Contrat d'apprentissage
Soc.	2		97-45.454	Démission
Soc.	2	V, 159	97-44.091	Faute grave - Règlement intérieur
Soc.	2		97-43.895	Mise à pied conservatoire
Soc.	2	V, 160	97-43.663	Concierges
Soc.	9	V, 172	98-20.588	Plan de sauvegarde de l'emploi
Soc.	9	V, 171	97-45.294	Préavis (Dispense de) - Entretien préalable au licenciement
Soc.	9	V, 175	97-44.234	Droit d'alerte et de retrait en cas de danger
Crim.	10		99-80.711	Inspecteur du travail
Soc.	10		98-42.532	Plan de sauvegarde de l'emploi
Soc.	10		98-42.493	AGS (Garantie des créances)
Soc.	10		98-40.721	Convention collective (Applicabilité)
Soc.	10		98-40.491	Contrat de travail (Exécution défectueuse/Erreurs/Négligences/ Imprudences/Omissions)
Soc.	10		98-40.088	Conseils de prud'hommes (Compétence territoriale)
Soc.	10		97-45.717	Contrat d'apprentissage
Crim.	16		99-85.485	Prêt de main-d'œuvre
Soc.	16	V, 180	98-42.942	Visite médicale de reprise - Accidentés du travail (Suspension du contrat de travail)

Juridiction	Date	BC / Rec.	Numéro	Classement
Soc.	16		98-42.928	Temps de travail effectif
Soc.	16	V, 186	98-42.266	Conseils de prud'hommes (Compétence d'attribution)
Soc.	16	V, 187	98-40.499	Congés payés
Soc.	16	V, 179	98-40.238	Contrat à durée déterminée (Rupture anticipée)
Soc.	16	V, 185	98-12.571	Chômage total
Soc.	16		97-45.758	Contrat à durée déterminée (Conclusion)
Soc.	16	V, 181	97-45.256	Modification de l'horaire de travail
Soc.	16		97-43.826	Certificat de travail
Soc.	16	V, 188	97-40.660	Handicapés
Soc.	17		98-42.620	Éthylisme/Ivresse/Intempérance
Soc.	17		98-42.384	Insuffisance de résultats
Soc.	17		98-41.835	Contrat à durée déterminée (Transformation du contrat en contrat à durée indéterminée)
Soc.	17		98-41.605	Action en justice du comité d'entreprise
Soc.	17		98-41.488	VRP (Indemnité de clientèle)
Soc.	17		98-41.461	Travailleurs à domicile
Soc.	17		98-41.388	Contrat à durée déterminée (Rupture anticipée)
Soc.	17	V, 189	98-40.595	Licenciement économique (Reclassement)
Soc.	17		98-40.092	Force majeure/Fait du prince
Soc.	23	V, 201	99-60.006	Unité économique et sociale
Soc.	23		98-60.526	Vote par correspondance - Protocole d'accord préélectoral
Soc.	23	V, 201	98-60.212	Unité économique et sociale
Soc.	23	V, 193	98-40.635	Notification du licenciement - Licenciement sans cause réelle et sérieuse (Sanctions)
Soc.	23	V, 195	98-40.634	Cause réelle et sérieuse
Soc.	23	V, 193	98-40.633	Notification du licenciement
Soc.	23	V, 200	97-45.204	Retraite (Mise à la)
Soc.	23	V, 192	97-45.187	Contrat d'apprentissage
Soc.	23	V, 196	97-42.221	Licenciement économique (Notion)
Soc.	23	V, 202	97-42.145	Représentants du personnel (Autorisation administrative de licenciement)
Soc.	23		97-42.063	Gérants salariés de succursales
Soc.	23	V, 192	97-40.631	Contrat d'apprentissage
Soc.	24		99-60.165	Unité économique et sociale
Soc.	24		99-40.826	Modification du contrat et des conditions de travail - Retenues sur salaire
Soc.	24		98-45.216	Notification du licenciement - Harcèlement moral/ Harcèlement sexuel
Soc.	24		98-43.633	Indélicatesses/Malhonnêteté/Malversations
Soc.	24		98-42.308	Sanctions disciplinaires (Non-cumul des)
Soc.	24		98-42.211	Contrat initiative-emploi
Crim.	30		99-87.578	Hygiène et sécurité - Délégation de pouvoirs - Responsabilité pénale des personnes physiques
Crim.	30		99-86.695	Délégation de pouvoirs
Crim.	30	206	99-84.212	Délégation de pouvoirs - Responsabilité pénale des personnes morales
Crim.	30		99-82.639	Prêt de main-d'œuvre
Soc.	30	V, 206	98-44.016	Modification de la rémunération
Soc.	30	V, 205	98-41.134	Contrat à durée déterminée (Contrats successifs) - Contrat à durée déterminée (Renouvellement)
Soc.	30		98-40.697	Usage
Soc.	30	V, 207	98-40.265	Imputabilité de la rupture
Soc.	30		98-40.185	Notification du licenciement
Soc.	30		98-40.167	VRP (Bénéfice du statut)
Soc.	30	V, 210	98-40.085	Imputabilité de la rupture
Soc.	30	V, 209	98-15.153	Chômage total
Soc.	30	V, 212	97-45.946	VRP (Rémunération)
Soc.	30	V, 206	97-45.068	Modification de la rémunération
Soc.	30	V, 211	95-13.943	Chômage total
Soc.	31		98-43.772	Clause de non-concurrence
Soc.	31		98-42.448	Préavis (Dispense de)
Soc.	31		98-42.102	Modification de la durée du travail

Juridiction	Date	BC / Rec.	Numéro	Classement
				Juin 2000
Soc.	6	V, 222	98-60.529	Délégué syndical (Désignation)
Soc.	6	V, 217	98-42.867	Représentants du personnel (Procédure de licenciement)
Soc.	6	V, 219	98-42.860	Licenciement économique (Reclassement)
Soc.	6	V, 215	98-42.083	AGS (Modalités d'intervention)
Soc.	6	V, 214	98-41.457	Licenciement économique (Reclassement)
Soc.	6	V, 218	98-40.387	Représentants du personnel (Licenciement/Indemnisation)
Soc.	6	V, 221	98-22.159	Contribution patronale aux activités sociales et culturelles
Soc.	6	V, 216	98-20.304	Participation
Soc.	7		98-43.559	Retraite (Mise à la)
Soc.	7		98-41.420	Licenciement économique (Reclassement)
CE	7		191828	Preuve de la faute
Soc.	14	V, 226	99-43.279	Contrat à durée déterminée (Transformation du contrat en contrat à durée indéterminée)
Soc.	14		98-43.736	Notification du licenciement
Soc.	14		98-43.714	Clause de mobilité
Soc.	14		98-43.197	Accidentés du travail (Suspension du contrat de travail)
Soc.	14	V, 228	98-42.882	Inaptitude physique d'origine non professionnelle
Soc.	14		98-42.780	Démission
Soc.	14		98-42.118	Clause de mobilité
Soc.	14		98-41.969	Temps de travail effectif
Soc.	14		98-41.617	Contrat de travail (Exécution défectueuse/Erreurs/Négligences/Imprudences/Omissions)
Soc.	14		98-41.510	Certificat de travail
Soc.	14	V, 229	97-45.852	Modification des fonctions
Soc.	14	V, 230	97-45.065	Transaction
Soc.	15		98-40.695	Clause de non-concurrence
Crim.	20	237	99-86.742	Responsabilité pénale des personnes morales
Soc.	20	V, 239	99-60.153	Sièges des représentants du personnel - Scrutin - Candidatures aux élections professionnelles
Soc.	20	V, 237	98-43.395	Engagement unilatéral de l'employeur
Soc.	20	V, 236	98-42.126	Détachement de salariés
Soc.	20		98-40.539	Modification dans la situation juridique de l'employeur (Effets)
Soc.	20	V, 235	97-41.363	Contrat à durée déterminée (Durée) - Représentants du personnel (Protection/Cas d'application)
CE	21		211656	Handicapés
Crim.	27		99-85.225	Hygiène et sécurité - Formation à la sécurité - Responsabilité pénale des personnes physiques
Soc.	27	V, 246	99-41.926	Engagement unilatéral de l'employeur
Soc.	27	V, 247	99-41.135	Modification de la rémunération
Soc.	27	V, 250	98-43.439	Inaptitude physique d'origine non professionnelle - Accidentés du travail (Suspension du contrat de travail)
Soc.	27	V, 248	98-41.184	Heures supplémentaires
Soc.	27	V, 253	98-19.090	Chômage total
Soc.	27	V, 252	98-11.909	Intéressement des salariés
Soc.	27		97-44.974	Primes et gratifications
Soc.	27	V, 251	97-43.536	Détachement de salariés
Soc.	28	V, 257	99-44.287	Plan de sauvegarde de l'emploi
Soc.	28	V, 255	98-45.349	Période d'essai
Soc.	28		98-45.182	Période d'essai
Soc.	28		98-44.334	Notification du licenciement
Soc.	28		98-43.873	Contrat d'apprentissage
Soc.	28		98-43.692	Modification dans la situation juridique de l'employeur (Conditions d'application)
Soc.	28		98-43.473	Licenciement économique (Information et consultation du CE)
Soc.	28		98-43.249	Démission
Soc.	28		98-43.070	Notification du licenciement
Soc.	28		98-42.210	Concurrence déloyale
Soc.	28	V, 256	98-42.167	Rétractation du licenciement par l'employeur
Soc.	28	V, 258	98-42.147	Avantages acquis

Juridiction	Date	BC / Rec.	Numéro	Classement
Soc.	28		97-44.620	Clause de non-concurrence
CE	30		197908	Handicapés
CE	30		196673	Handicapés
			Juillet 2000	
Soc.	4	V, 264	98-43.285	Droit syndical (Exercice du)
Soc.	4		98-41.757	Recommandation patronale
Soc.	4	V, 262	98-20.537	Grève (Services publics) - Grève (Effets)
Soc.	4	V, 265	98-18.885	Licenciement économique (Information et consultation du CE)
Soc.	4		98-10.916	Secrétaire du comité d'entreprise - Réunions du comité d'entreprise
Soc.	4	V, 263	97-44.846	Droit syndical (Exercice du)
Soc.	5		98-43.481	Droit d'alerte et de retrait en cas de danger
Soc.	5		98-43.106	Vol/Détournement
Soc.	5		98-42.889	Notification du licenciement
CJCE	6	I, 5539	C-407/98	Égalité de traitement entre hommes et femmes
Soc.	11	V, 271	98-45.471	Inaptitude physique d'origine non professionnelle
Soc.	11		98-45.046	Contrat à durée déterminée (Rupture anticipée)
Soc.	11	V, 277	98-43.240	VRP (Rémunération)
Soc.	11		98-42.680	Contrat de travail (Exécution défectueuse/Erreurs/Négligences/Imprudences/Omissions)
Soc.	11		98-42.455	Contrat de travail (Critères)
Soc.	11		98-42.305	Vie privée
Soc.	11	V, 270	98-41.798	Contrat à durée déterminée (Requalification/Indemnisation)
Soc.	11		98-40.901	Accidentés du travail (Suspension du contrat de travail)
Soc.	11	V, 276	98-40.143	VRP (Rémunération)
Soc.	11		97-45.895	Convention de forfait
Soc.	11	V, 272	97-45.781	Procédure conventionnelle de licenciement
Soc.	11		97-45.063	Clause de non-concurrence
Soc.	11	V, 275	97-43.645	Action en justice des syndicats
Soc.	12		98-45.228	Égalité de rémunération
Soc.	12		98-42.224	Convention collective (Application)
Soc.	12		98-41.702	Bulletin de salaire - Qualification professionnelle du salarié
Soc.	12		98-40.247	Temps de travail effectif
Soc.	18	V, 296	99-60.440	Convention collective (Applicabilité)
Soc.	18	V, 303	99-60.431	Délégué syndical (Désignation)
Soc.	18	V, 298	99-60.356	Scrutin
Soc.	18	V, 299	99-60.353	Unité économique et sociale
Soc.	18		99-60.250	Électorat/Qualité d'électeur
Soc.	18	V, 298	99-60.111	Scrutin
Soc.	18	V, 290	99-41.413	Représentants du personnel (Mise à pied conservatoire)
Soc.	18		99-13.976	Modification dans la situation juridique de l'employeur (Conditions d'application)
Soc.	18	V, 283	98-44.427	Grève (Services publics)
Soc.	18		98-43.485	Surveillance des salariés
Soc.	18	V, 297	98-42.949	Convention collective (Applicabilité)
Soc.	18		98-42.866	Représentants du personnel (Licenciement/Indemnisation)
Soc.	18	V, 304	98-42.625	Représentants du personnel (Protection/Bénéficiaires) - Représentant syndical au comité d'entreprise
Soc.	18	V, 301	98-42.542	Conseillers prud'hommes (Protection)
Soc.	18	V, 292	98-41.455	VRP (Indemnité de clientèle)
Soc.	18		98-41.361	Accidentés du travail (Reclassement)
Soc.	18	V, 288	98-41.222	Modification de la rémunération
Soc.	18	V, 286	98-41.025	Modification dans la situation juridique de l'employeur (Salariés protégés) - Représentants du personnel (Réintégration)
Soc.	18	V, 291	98-40.639	Cause réelle et sérieuse
Soc.	18	V, 287	98-40.402	Titres-restaurants
Soc.	18	V, 285	98-18.037	Modification dans la situation juridique de l'employeur (Conditions d'application)
Soc.	18	V, 289	97-45.010	Contrat de travail (Critères) - Astreintes

Juridiction	Date	BC / Rec.	Numéro	Classement
Soc.	18	V, 295	97-44.897	Convention collective (Applicabilité)
Soc.	19		98-45.539	Licenciement économique (Notion)
Soc.	19		98-44.030	Cumul d'un mandat social et d'un contrat de travail
Soc.	19	V, 306	98-44.025	Faute grave
Soc.	19		98-42.506	Modification dans la situation juridique de l'employeur (Cas d'application)
CE	28		204740	Temps de travail effectif

Septembre 2000

Crim.	12	268	99-88.011	Délégation de pouvoirs - Responsabilité pénale des personnes physiques
Crim.	12		99-84.989	Durée du travail
CJCE	26	I, 7505	C-322/98	Égalité de traitement entre hommes et femmes
CJCE	26	I, 7755	C-175/99	Modification dans la situation juridique de l'employeur (Cas d'application)
CE	29		192484	Handicapés

Octobre 2000

CJCE	3	I, 7963	C-303/98	Temps de travail effectif
Soc.	3		98-45.625	Insubordination
Soc.	3		98-45.426	Faute lourde
Soc.	3		98-44.431	Contrat à durée déterminée (Cas de recours)
Soc.	3		98-43.744	Indélicatesses/Malhonnêteté/Malversations
Soc.	4		98-44.079	Astreintes
Soc.	4	V, 313	98-43.475	Grève (Effets)
Soc.	4		97-43.820	Congé sabbatique - Démission
Crim.	10		99-87.611	Comité d'hygiène, de sécurité et des conditions de travail (Fonctions)
Crim.	10		99-87.280	Responsabilité pénale des personnes physiques
Soc.	10	V, 318	99-40.040	Cause réelle et sérieuse
Soc.	10	V, 319	98-60.484	Délégué syndical central
Soc.	10	V, 315	98-42.189	Modification dans la situation juridique de l'employeur (Effets)
Soc.	10	V, 316	98-41.358	Modification du contrat et des conditions de travail - Modification des fonctions - Qualification professionnelle du salarié
Soc.	10		98-40.496	Notification du licenciement
Soc.	11		98-46.433	Égalité de rémunération
Soc.	11		98-45.611	Congé de formation
Soc.	11		98-45.491	Primes et gratifications - Sanctions pécuniaires (Notion)
Soc.	11		98-45.276	Insubordination
Soc.	11		98-45.056	Entretien préalable au licenciement
Soc.	11		98-44.692	Contrat à durée déterminée (Contrats successifs)
Soc.	11		98-43.941	Contrat de travail (Critères)
Soc.	11		98-43.930	Représentants du personnel (Protection/Bénéficiaires)
Soc.	11		98-43.459	Heures supplémentaires
Soc.	11		98-42.540	Abandon de poste
Soc.	12		99-60.368	Urnes/Isoloirs
Soc.	12		98-45.174	Modification du contrat de travail d'un salarié protégé
Soc.	12		98-44.158	Violences et rixes
Soc.	12		98-43.456	Notification du licenciement
Soc.	12		98-41.575	Notification du licenciement
Soc.	17		98-45.387	Cumul d'un mandat social et d'un contrat de travail
Soc.	17		98-45.139	AGS (Garantie des créances)
Soc.	17		98-45.040	Retraite (Mise à la)
Soc.	17	V, 335	98-43.443	Employés de maison
Soc.	17	V, 327	98-42.264	Modification du contrat et des conditions de travail
Soc.	17	V, 328	98-42.177	Modification du contrat et des conditions de travail
Soc.	17	V, 325	98-42.062	Contrat initiative-emploi
Soc.	17	V, 334	98-42.018	Clause de non-concurrence
Soc.	17		98-41.815	Contrat à durée déterminée (Rupture anticipée)

Juridiction	Date	BC / Rec.	Numéro	Classement
Soc.	17		98-41.732	Concurrence déloyale
Soc.	17	V, 326	97-45.439	Contrat initiative-emploi
Soc.	18		98-45.234	Employés de maison
Soc.	18		98-43.982	Notification du licenciement - Licenciement irrégulier (Sanctions)
Soc.	24		98-42.847	Absences non autorisées
Soc.	24	V, 343	98-41.937	Femmes enceintes (Licenciement)
Soc.	24		98-40.951	Licenciement économique (Notion)
Soc.	24		98-40.950	Plan de sauvegarde de l'emploi - Licenciement économique (Reclassement)
Soc.	24	V, 345	98-18.240	Comité d'hygiène, de sécurité et des conditions de travail (Fonctions)
Soc.	24	V, 346	97-45.403	Médecin du travail
Crim.	24	308	00-80.378	Responsabilité pénale des personnes morales
Crim.	24		00-80.170	Responsabilité pénale des personnes physiques
Soc.	25		98-45.335	Contrat à durée déterminée (Rupture anticipée)
Soc.	25		98-42.260	Entretien préalable au licenciement
Soc.	26	V, 347	99-11.401	Plan d'épargne d'entreprise
Soc.	30		99-40.490	VRP (Bénéfice du statut)
Soc.	30		98-45.004	Concurrence déloyale
Soc.	30		98-44.098	Démission
Soc.	30		98-43.939	Contrat de travail (Exécution défectueuse/Erreurs/Négligences/Imprudences/Omissions) - Non-respect des règles d'hygiène et de sécurité
Soc.	30		98-43.756	Clause de non-concurrence
Soc.	31	V, 354	98-44.988	Modification du contrat et des conditions de travail - Retenues sur salaire
Soc.	31		98-43.821	Modification dans la situation juridique de l'employeur (Conditions d'application)
Soc.	31		98-43.697	Clause de non-concurrence
Soc.	31		98-43.092	Contrat de travail (Critères)
Soc.	31		98-23.131	Congés payés
Soc.	31		97-45.324	Contrat à durée déterminée (Rupture anticipée)
Soc.	31		97-44.364	Indemnité de congés payés
			Novembre 2000	
Soc.	14	V, 373	99-43.270	Modification du contrat de travail d'un salarié protégé
Soc.	14	V, 368	98-45.371	Licenciement économique (Notion)
Soc.	14	V, 375	98-45.309	Pouvoir disciplinaire (Contrôle juridictionnel)
Soc.	14	V, 365	98-43.218	Modification de l'horaire de travail
Soc.	14	V, 366	98-42.849	Imputabilité de la rupture
Soc.	14	V, 367	98-42.371	Insuffisance de résultats - Cause réelle et sérieuse
Soc.	14	V, 371	98-41.959	Contrat de travail international
Soc.	14	V, 364	97-45.001	Heures supplémentaires
Soc.	15		98-45.507	Congés payés
Soc.	15		98-44.247	Prime de fin d'année/Treizième mois
Soc.	15		98-44.154	Clause de non-concurrence
Soc.	15		98-43.964	Pourboires
CE	17	523	206976	Représentants du personnel (Autorisation administrative de licenciement)
Soc.	21	V, 380	98-45.837	Modification dans la situation juridique de l'employeur (Cas d'application)
Soc.	21	V, 385	98-45.609	Faute grave
Soc.	21	V, 384	98-45.420	Délégation de pouvoirs
Soc.	21	V, 382	98-44.026	Convention de forfait
Soc.	21	V, 381	98-42.509	Accidentés du travail (Suspension du contrat de travail)
Soc.	21	V, 383	98-41.788	Délinquance
Soc.	21		98-40.730	Heures de délégation (Rémunération)
Soc.	21	V, 379	98-18.605	Plan d'épargne d'entreprise
Com.	21	IV, 179	98-11.900	Inventions des salariés
Crim.	21		00-81.488	Comité d'hygiène, de sécurité et des conditions de travail (Fonctions)

Juridiction	Date	BC / Rec.	Numéro	Classement
Crim.	21	346	00-81.443	Travail dissimulé
Soc.	22		98-45.061	Non-respect des horaires
Soc.	22		98-44.279	Concurrence déloyale
Soc.	22		98-43.283	Absences non autorisées
Soc.	22		98-43.123	Insuffisance professionnelle
Soc.	22		98-42.229	Contrat de travail (Détermination de l'employeur)
Soc.	22		97-43.272	Absences non autorisées
Soc.	28	V, 399	98-43.635	Transaction
Soc.	28	V, 390	98-42.999	Contrat à durée déterminée (Requalification/Indemnisation)
Soc.	28	V, 393	98-42.852	Modification économique du contrat de travail
Soc.	28	V, 396	98-42.019	Représentants du personnel (Protection/Bénéficiaires)
Soc.	28	V, 398	98-19.594	Négociation annuelle obligatoire - Comité d'entreprise (Information et consultation)
Soc.	28	V, 395	97-43.715	Égalité de traitement entre hommes et femmes - Égalité de rémunération
Soc.	29		98-46.446	Force majeure/Fait du prince
Soc.	29		98-45.256	Compensation
				Décembre 2000
Soc.	5		99-60.318	Effectifs (Représentation du personnel)
Crim.	5		00-83.260	Délégation de pouvoirs
Soc.	5		98-45.785	Notification du licenciement
Soc.	6	V, 411	98-45.772	Prescription des fautes disciplinaires
Soc.	6		98-43.980	Modification dans la situation juridique de l'employeur (Cas d'application)
CJCE	7	I, 10997	C-79/99	Égalité de traitement entre hommes et femmes
Ass. plén.	8	n° 11	97-44.219	Licenciement économique (Notion)
Soc.	12	V, 414	99-40.265	Grève (Définition)
Soc.	12	V, 415	98-46.036	Accidentés du travail (Suspension du contrat de travail)
Soc.	12	V, 416	98-44.760	Sanctions pécuniaires (Notion)
Soc.	12	V, 417	98-44.580	Modification de l'horaire de travail
Soc.	13		98-46.322	Contrat à durée déterminée (Contrats successifs)
Soc.	13		98-45.043	Clause de non-concurrence
Soc.	13		98-42.664	Modification de l'horaire de travail
Soc.	13		98-42.598	Modification de l'horaire de travail
Soc.	18		99-60.507	Électorat/Qualité d'électeur
Soc.	18		99-60.504	Délégué syndical (Désignation) - Établissement distinct
Soc.	18	V, 431	99-60.456	Délégué syndical central
Soc.	18	V, 433	99-60.381	Modification dans la situation juridique de l'employeur (Salariés protégés)
Soc.	18	V, 423	98-42.885	Modification de l'horaire de travail - Modification dans la situation juridique de l'employeur (Conditions d'application)
Soc.	18	V, 428	98-42.320	Représentants du personnel (Réintégration)
Soc.	18	V, 425	98-41.178	Contrat de travail (Critères)
Soc.	18	V, 434	98-17.739	Action en justice des syndicats
Soc.	19		98-46.152	Démission
Soc.	19		98-44.924	Modification dans la situation juridique de l'employeur (Effets)
Soc.	19		98-44.466	Contrat de travail (Exécution défectueuse/Erreurs/Négligences/Imprudences/Omissions)
Soc.	19		98-44.362	Insuffisance professionnelle
Soc.	19	V, 436	98-43.331	Égalité de rémunération
Soc.	19		98-43.327	Faute grave
Soc.	19	V, 435	98-42.919	Détachement de salariés - Licenciement économique (Reclassement)
Soc.	19	V, 437	98-40.572	Conseils de prud'hommes (Compétence d'attribution) - Contrat de travail (Critères)
Crim.	19	382	00-80.479	Formation à la sécurité
CE	29		207613	Modification du contrat de travail d'un salarié protégé

Juridiction	Date	BC / Rec.	Numéro	Classement
				Janvier 2001
Soc.	9	V, 2	98-42.667	Pouvoir disciplinaire
Soc.	10		99-10.731	Journalistes (Contrat de travail)
Soc.	10	V, 3	98-46.226	Clause de mobilité
Soc.	10		98-45.781	Journalistes (Bénéfice du statut)
Soc.	10		98-44.031	Conseils de prud'hommes (Compétence d'attribution)
Soc.	10		98-43.847	Notification du licenciement
Soc.	10	V, 4	97-45.164	Période d'essai
Soc.	16	V, 6	98-45.143	Modification dans la situation juridique de l'employeur (Effets)
Soc.	16	V, 10	98-44.647	Notification du licenciement - Licenciement économique (Notion)
Soc.	16	V, 11	98-44.461	Licenciement économique (Notion)
Soc.	16	V, 7	98-44.252	Tenue vestimentaire
Soc.	16	V, 9	98-43.189	Procédure conventionnelle de licenciement
Soc.	16		98-43.144	Indemnité de congés payés
Soc.	16	V, 8	98-42.041	Sanctions disciplinaires (Notification)
Soc.	16	V, 5	98-41.717	Modification de l'horaire de travail
Crim.	16		00-84.008	Responsabilité pénale des personnes physiques
Crim.	16	14	00-82.274	Responsabilité pénale des personnes physiques
Soc.	17		99-60.446	Protocole d'accord préélectoral
Soc.	17		98-46.109	Plan de sauvegarde de l'emploi - Licenciement économique (Reclassement)
Soc.	17	V, 13	98-44.354	Notification du licenciement
Soc.	17		97-40.288	Faute grave
Soc.	18		99-15.129	Intéressement des salariés
Soc.	23	V, 18	99-40.129	Modification des fonctions - Qualification professionnelle du salarié
Soc.	23	V, 23	98-46.377	VRP (Bénéfice du statut)
Soc.	23		98-45.578	Clause de non-concurrence
Soc.	23		98-45.271	Insubordination
Soc.	23		98-44.922	Démission
Soc.	23	V, 19	98-44.843	Modification du contrat et des conditions de travail
Soc.	23		98-44.471	Pourboires
Soc.	23	V, 21	98-41.992	Transaction
Soc.	23	V, 22	98-40.651	Indemnité de licenciement
Soc.	24		99-40.596	Modification des fonctions
Soc.	24		99-40.574	Responsabilité civile de l'employeur
Soc.	24		99-40.430	Primes et gratifications
Soc.	24		98-46.324	Temps de travail effectif
Soc.	24		98-45.910	Conseils de prud'hommes (Compétence territoriale)
Soc.	24		98-45.410	Bulletin de salaire - Qualification professionnelle du salarié
Soc.	24		98-43.011	Transaction
CJCE	25	I, 0745	C-172/99	Modification dans la situation juridique de l'employeur (Cas d'application)
Crim.	30		00-82.341	Travail dissimulé
Soc.	31	V, 32	99-60.526	Comité d'hygiène, de sécurité et des conditions de travail (Mise en place)
Soc.	31	V, 33	99-60.432	Délégué du personnel (Mission)
Soc.	31		98-46.315	Licenciement économique (Notion)
Soc.	31	V, 29	98-44.877	Clause de non-concurrence
Soc.	31	V, 28	98-44.290	Surveillance des salariés - Comité d'entreprise (Information et consultation)
Soc.	31		98-43.897	Licenciement économique (Reclassement)
Soc.	31	V, 27	98-42.070	Employés de maison - Modification dans la situation juridique de l'employeur (Cas d'application)
Soc.	31	V, 30	98-41.360	Représentants du personnel (Licenciement/Indemnisation)
CE	31		198352	Représentants du personnel (Autorisation administrative de licenciement)
Soc.	31		00-40.349	Prime de fin d'année/Treizième mois

Juridiction	Date	BC / Rec.	Numéro	Classement
				Février 2001
Soc.	1er		99-40.465	Notification du licenciement
Soc.	1er		98-45.784	Entretien préalable au licenciement
Soc.	6		99-40.881	Licenciement économique (Reclassement)
Soc.	6	V, 43	98-46.345	Loyauté (Obligation de)
Soc.	6	V, 45	98-45.850	Insuffisance de résultats - Heures supplémentaires
Soc.	6	V, 42	98-44.875	Temps de travail effectif
Soc.	6	V, 46	98-44.306	Journalistes (Clause de conscience)
Soc.	6	V, 41	98-44.190	Clause de mobilité
Soc.	6	V, 38	98-44.133	Résiliation judiciaire du contrat de travail - Contrat d'apprentissage
Soc.	6	V, 44	98-43.597	Convocation à l'entretien préalable (au licenciement)
Soc.	6	V, 40	98-43.272	Inaptitude physique d'origine non professionnelle
Soc.	6		98-42.679	Force majeure/Fait du prince
Crim.	6	32	00-81.526	Responsabilité civile de l'employeur - Travail dissimulé
Soc.	7		99-42.041	Période d'essai
Soc.	7		99-40.869	Modification de la durée du travail
Soc.	7		99-40.855	Temps de travail effectif
CJCE	8	I, 1061	C-350/99	Heures supplémentaires - Insubordination
Soc.	13		98-45.931	Liberté d'expression
Soc.	13	V, 52	98-45.912	Sanctions disciplinaires (Notification)
Crim.	13		00-84.204	Responsabilité pénale des personnes physiques
Crim.	13		00-83.038	Délégation de pouvoirs
Soc.	14	V, 55	99-60.355	Établissement distinct
Soc.	14	V, 56	98-46.149	Action en justice des syndicats
Soc.	14		98-44.419	Indélicatesses/Malhonnêteté/Malversations
Soc.	14	V, 54	98-21.438	Comité d'hygiène, de sécurité et des conditions de travail (Fonctions)
CE	26		206461	Comité de groupe
Soc.	27	V, 60	99-40.219	Modification de la rémunération
Soc.	27	V, 63	98-45.610	Travail à temps partiel - Démission
Soc.	27	V, 58	98-45.428	Contrat à durée déterminée (Conclusion)
Soc.	27	V, 59	98-45.140	Contrat à durée déterminée (Rupture anticipée)
Soc.	28		99-40.600	Travailleurs à domicile
Soc.	28		98-45.235	Démission
Soc.	28		98-43.634	Minimum conventionnel
Soc.	28	V, 64	97-45.545	Clause de mobilité
Soc.	28		97-15.620	Travail temporaire (Entreprise de)
				Mars 2001
Soc.	6	V, 73	99-60.553	Électorat/Qualité d'électeur - Éligibilité
Soc.	6	V, 71	98-46.479	Plan de sauvegarde de l'emploi
Soc.	6	V, 72	98-46.078	Cumul d'un mandat social et d'un contrat de travail
Soc.	7		99-60.584	Unité économique et sociale
Soc.	7	V, 75	99-60.442	Délégué syndical (Désignation)
Soc.	7		99-41.248	Prime de fin d'année/Treizième mois - Usage
Soc.	7	V, 74	00-60.005	Électorat/Qualité d'électeur - Listes électorales
Crim.	13		99-86.256	Responsabilité pénale des personnes morales
Soc.	13	V, 87	99-45.735	Contrat à durée déterminée (Transformation du contrat en contrat à durée indéterminée)
Soc.	13	V, 90	99-45.651	Avantages acquis
Soc.	13	V, 96	99-45.254	Temps de pause/Temps de repos
Soc.	13	V, 93	99-42.911	Accidentés du travail (Suspension du contrat de travail)
Soc.	13	V, 86	99-41.812	Insuffisance de résultats
Soc.	13	V, 94	99-40.678	Engagement unilatéral de l'employeur
Soc.	13	V, 81	99-40.193	Gérants salariés de succursales
Soc.	13	V, 91	99-40.154	Détachement de salariés
Soc.	13	V, 91	99-40.139	Congés payés - Détachement de salariés
Soc.	13	V, 95	98-46.465	Temps de travail effectif

Juridiction	Date	BC / Rec.	Numéro	Classement
Soc.	13	V, 89	98-46.411	Absences répétées - Résiliation judiciaire du contrat de travail
Soc.	13	V, 85	98-46.244	Licenciement sans cause réelle et sérieuse (Sanctions)
Soc.	13	V, 83	98-46.088	Accidentés du travail (Réintégration en cas d'aptitude)
Soc.	13	V, 88	98-43.403	Sanctions discriminatoires (Notion)
Soc.	13	V, 82	98-43.022	Handicapés - Préavis
Soc.	13	V, 92	00-40.944	Avantages acquis
CJCE	15	I, 02189	C-165/98	Détachement de salariés
Soc.	20	V, 101	99-60.496	Délégué syndical (Désignation)
Soc.	20	V, 98	99-41.392	Modification dans la situation juridique de l'employeur (Cas d'application)
Soc.	20	V, 99	99-41.041	Conseils de prud'hommes (Compétence d'attribution) - Plan de sauvegarde de l'emploi
Soc.	21		99-40.188	Vie privée
Soc.	21		98-46.210	Indélicatesses/Malhonnêteté/Malversations
Soc.	21		98-46.178	Licenciement économique (Notion)
Soc.	27		99-42.472	Licenciement économique (Notion)
Soc.	27		99-42.031	Indélicatesses/Malhonnêteté/Malversations
Soc.	27	V, 109	99-40.068	Modification de la rémunération
Soc.	27		98-45.370	Qualification professionnelle du salarié
Soc.	27	V, 106	98-44.292	Usage - Concierges
Soc.	27		98-44.081	Clause de non-concurrence
Soc.	27		97-45.791	Usage
Soc.	28		99-42.945	Grève (Effets)
Soc.	28		99-41.626	Visites médicales d'embauche et périodique
Soc.	28		99-41.545	Préavis (Indemnité compensatrice de)
Soc.	28		99-41.351	Prime d'ancienneté
				Avril 2001
Soc.	3	V, 123	99-60.384	Délégué syndical (Désignation)
Soc.	3	V, 114	99-42.188	Adaptation (Obligation d')
Soc.	3	V, 116	99-42.183	Transaction - AGS (Garantie des créances)
Soc.	3		99-40.944	Force majeure/Fait du prince
Soc.	3	V, 122	99-40.190	Représentants du personnel (Protection/Bénéficiaires)
Soc.	3		99-40.010	Démission
Soc.	3	V, 121	99-14.002	Comité d'hygiène, de sécurité et des conditions de travail (Fonctions)
Soc.	3	V, 115	98-45.818	Pouvoir disciplinaire - Mise à pied disciplinaire
Soc.	4		99-60.572	Électorat/Qualité d'électeur
Soc.	4		99-41.126	Démission
Soc.	4		99-40.677	Secrétaire du comité d'entreprise
Soc.	4		00-60.039	Unité économique et sociale
CE	6		203275	Formation professionnelle continue (Participation financière de l'employeur)
TGI Paris	9		01-54.016	Comité d'entreprise européen - Comité d'entreprise (Information et consultation)
Soc.	24		99-45.843	Conseils de prud'hommes (Compétence d'attribution)
Soc.	24		99-42.346	Responsabilité civile de l'employeur
Soc.	24	V, 131	98-46.267	Contrat de travail (Exécution défectueuse/Erreurs/Négligences/ Imprudences/Omissions)
Soc.	24	V, 133	98-45.895	Imputabilité de la rupture
Soc.	24	V, 129	98-45.366	Heures d'équivalence
Soc.	24	V, 128	98-44.873	Modification des fonctions - Qualification professionnelle du salarié
Soc.	24		98-44.364	Procès-verbaux de l'inspecteur (ou du contrôleur) du travail
Soc.	24	V, 127	97-44.104	Inaptitude physique d'origine non professionnelle
Crim.	24		00-85.911	Responsabilité pénale des personnes physiques
Soc.	24	V, 130	00-44.148	Temps de travail effectif
Soc.	25		99-43.023	Travail à temps partiel
Soc.	25		99-42.558	Rétractation du licenciement par l'employeur
Soc.	25	V, 134	98-45.195	Accord collectif sur l'emploi
Soc.	25		98-43.856	Période d'essai

Juridiction	Date	BC / Rec.	Numéro	Classement
				Mai 2001
Soc.	2	V, 145	99-41.960	Modification dans la situation juridique de l'employeur (Effets) - Plan de sauvegarde de l'emploi
Soc.	2	V, 143	99-41.264	Engagement unilatéral de l'employeur
Soc.	2	V, 148	98-46.342	Représentants du personnel (Réintégration) - Représentants du personnel (Licenciement/Indemnisation)
Soc.	2	V, 142	98-45.532	Liberté d'expression
Soc.	2	V, 146	98-44.945	Licenciement économique (Reclassement)
Soc.	2	V, 141	98-44.716	Qualification professionnelle du salarié
Soc.	2	V, 149	98-44.624	Modification du contrat de travail d'un salarié protégé
Soc.	3		99-43.815	Représentants du personnel (Licenciement/Indemnisation)
Soc.	3	V, 151	99-41.813	Procédure de licenciement dans les entreprises en redressement ou liquidation judiciaires
Soc.	3		99-41.387	AGS (Garantie des créances)
Soc.	3		99-40.912	VRP (Indemnité de clientèle)
Soc.	3		99-40.009	Violences et rixes
Soc.	9	V, 154	99-40.840	Modification du contrat et des conditions de travail
Soc.	9	V, 157	99-40.111	Travail à temps partiel - Modification de l'horaire de travail
Soc.	9	V, 153	98-46.205	Contrat à durée déterminée (Indemnité de précarité/ Indemnité de fin de contrat)
Soc.	9	V, 155	98-46.158	Contrat de travail (Critères)
Soc.	9	V, 153	98-44.090	Contrat à durée déterminée (Indemnité de précarité/ Indemnité de fin de contrat)
Soc.	10		99-42.668	Notification du licenciement - Sanctions disciplinaires (Notification)
Soc.	10		99-42.566	Congés payés - Travail à temps partiel
Soc.	10		99-42.555	Concierges
Soc.	10		99-42.367	Responsabilité civile de l'employeur
Soc.	10	V, 160	99-42.200	Heures supplémentaires
Soc.	10		99-41.635	Priorité de réembauche (Licenciement économique)
Soc.	10		99-41.575	Procédure de licenciement dans les entreprises en redressement ou liquidation judiciaires
Soc.	10		99-41.438	Grève (Faute lourde)
Soc.	10		99-41.400	Faute grave
Soc.	10	V, 162	99-41.391	Modification dans la situation juridique de l'employeur (Salariés protégés)
Soc.	10		99-40.983	Usage
Soc.	10		99-40.966	Logement des salariés
Soc.	10	V, 159	99-40.584	Loyauté (Obligation de)
Soc.	10	V, 161	99-40.128	Notification du licenciement
Soc.	10	V, 158	99-40.059	Responsabilité civile de l'employeur
Soc.	10		00-43.437	Droit d'alerte et de retrait en cas de danger
Soc.	15	V, 168	99-42.937	Surveillance des salariés
Soc.	15	V, 167	99-42.219	Surveillance des salariés
Soc.	15	V, 170	99-41.669	Avantages acquis
Soc.	15	V, 172	99-10.127	Comité central d'entreprise - Subvention de fonctionnement
Soc.	15		98-45.556	Heures de délégation (Utilisation)
Soc.	15		98-44.330	Licenciement économique (Reclassement)
Soc.	16		99-42.583	Licenciement économique (Notion)
Soc.	16		99-41.604	Grève (Faute lourde)
Soc.	22		99-43.375	Modification du contrat et des conditions de travail
Soc.	22		99-42.569	Cause réelle et sérieuse
Soc.	22		99-42.465	Notification du licenciement
Soc.	22		99-42.056	VRP (Indemnité de clientèle)
Soc.	22		99-42.055	Temps de travail effectif
Soc.	22		99-42.052	Démission
Soc.	22	V, 180	99-41.838	VRP (Bénéfice du statut) - Insuffisance de résultats
Soc.	22		99-41.193	Éthylisme/Ivresse/Intempérance
Soc.	22		99-40.293	VRP (Indemnité de clientèle)
Soc.	22	V, 179	99-12.902	Participation

Juridiction	Date	BC / Rec.	Numéro	Classement
Soc.	22	V, 181	98-45.645	Minimum conventionnel
Soc.	23		99-43.057	Absences non autorisées
Soc.	23		99-43.022	Non-respect des horaires
Soc.	23		98-18.104	Chômage total
Soc.	29		99-41.930	Licenciement économique (Notion)
Soc.	29	V, 183	98-46.341	Perte de confiance
Soc.	29	V, 187	98-45.758	Heures de délégation (Rémunération)
Soc.	29	V, 185	98-23.078	Convention collective (Application) - Droit syndical (Exercice du)
Soc.	29	V, 186	00-60.024	Protocole d'accord préélectoral
Soc.	30	V, 189	99-60.564	Collèges électoraux
Soc.	30	V, 196	99-60.535	Délégué syndical (Désignation)
Soc.	30	V, 192	99-60.474	Comité d'hygiène, de sécurité et des conditions de travail (Mise en place)
Soc.	30	V, 194	99-60.466	Délégué syndical (Désignation)
Soc.	30		99-60.462	Comité de groupe
Soc.	30		99-42.034	Faute grave
Soc.	30	V, 195	00-60.196	Délégué syndical (Désignation)
Soc.	30	V, 190	00-60.192	Comité central d'entreprise
Soc.	30	V, 188	00-60.159	Section syndicale
Soc.	30	V, 199	00-60.150	Délégué syndical (Désignation)
Soc.	30	V, 191	00-60.111	Comité central d'entreprise - Comité de groupe
Soc.	30	V, 193	00-60.006	Établissement distinct
				Juin 2001
Soc.	5		99-46.296	Femmes enceintes (Licenciement)
Soc.	5		99-43.422	Vol/Détournement
Soc.	5		99-42.772	Primes et gratifications
Soc.	5	V, 210	99-42.302	Notification du licenciement
Soc.	5	V, 209	99-41.603	Sanctions discriminatoires (Notion)
Soc.	5	V, 211	99-41.186	Inaptitude physique d'origine non professionnelle - Préavis (Indemnité compensatrice de) - Sanctions discriminatoires (Notion)
Soc.	5	V, 212	99-41.066	Travail à temps partiel
Soc.	5		99-40.708	Injures/Insultes
Soc.	5	V, 207	99-14.037	Participation
Soc.	5	V, 208	98-46.422	Chômage total - Engagement unilatéral de l'employeur
Soc.	5	V, 213	98-46.371	VRP (Rémunération) - Travail à temps partiel
Soc.	5	V, 206	98-44.782	Modification de l'horaire de travail
Soc.	5	V, 206	98-44.781	Modification de l'horaire de travail
Soc.	6		99-43.929	Période d'essai
Soc.	6		99-42.644	Préavis
Crim.	6		00-86.965	Responsabilité pénale des personnes physiques
Soc.	12	V, 218	99-43.329	Plan de sauvegarde de l'emploi - Conseils de prud'hommes (Compétence territoriale)
Soc.	12	V, 215	99-41.839	Licenciement économique (Notion)
Soc.	12	V, 219	99-41.695	Conseillers prud'hommes (Protection)
Soc.	12	V, 214	99-41.571	Licenciement économique (Notion)
Soc.	12	V, 217	98-42.567	Convention collective (Dénonciation)
Soc.	12		00-41.944	AGS (Garantie des créances)
Soc.	12	V, 220	00-40.480	Représentants du personnel (Mise à pied conservatoire)
Soc.	12	V, 221	00-14.435	Convention collective (Extension) - Action en justice des syndicats
Soc.	13		99-42.977	AGS (Garantie des créances)
Soc.	13		99-42.733	Notification du licenciement
Soc.	13	V, 222	99-42.674	Faute grave
Soc.	13		99-42.614	AGS (Modalités d'intervention) - Clause de non-concurrence
Soc.	13		99-42.209	Démission
Soc.	13		99-41.102	Faute grave - Vol/Détournement
Soc.	19		99-43.215	Insubordination
Soc.	19		99-40.868	Abandon de poste
Soc.	19	V, 226	98-44.926	Maladie (Indemnisation complémentaire)
Crim.	19	151	00-84.075	Représentants du personnel (Procédure de licenciement) - Représentants du personnel (Protection/Cas d'application)

Juridiction	Date	BC / Rec.	Numéro	Classement
Crim.	19	150	00-80.489	Comité d'entreprise (Information et consultation)
Soc.	20		99-42.304	Résiliation judiciaire du contrat de travail
CE	22		206090	Journalistes (Bénéfice du statut)
CJCE	26	I, 04961	C-381/99	Égalité de rémunération
Soc.	26	V, 229	99-42.489	Modification du contrat et des conditions de travail - Modification économique du contrat de travail
Soc.	26	V, 230	99-41.019	Représentants du personnel (Protection/Bénéficiaires)
Soc.	26	V, 231	99-18.249	Comité d'hygiène, de sécurité et des conditions de travail (Fonctions)
Soc.	26		99-16.096	Comité d'hygiène, de sécurité et des conditions de travail (Fonctions)
Soc.	26	V, 231	99-11.563	Comité d'hygiène, de sécurité et des conditions de travail (Fonctions)
Soc.	26	V, 232	98-46.387	Temps de pause/Temps de repos - Heures de délégation (Rémunération)
Soc.	27		99-60.555	Délégation unique
Soc.	27		99-45.121	Vie privée
Soc.	27	V, 235	99-43.509	Pouvoir disciplinaire (Contrôle juridictionnel) - Sanctions disciplinaires (Non-cumul des)
Soc.	27	V, 234	99-42.462	Modification de l'horaire de travail
Soc.	27	V, 236	99-42.216	Sanctions disciplinaires (Notion) - Contrat à durée déterminée (Rupture anticipée) - Procédure disciplinaire (Entretien préalable)
Soc.	27		98-45.711	Préavis (Indemnité compensatrice de)
CE	27		215970	Comité central d'entreprise
				Juillet 2001
Soc.	3	V, 241	99-42.953	Convention collective (Application)
Soc.	3		99-42.903	Insuffisance professionnelle
Soc.	3	V, 242	99-42.761	Modification de la rémunération
Soc.	3	V, 243	99-42.758	SMIC
Soc.	3	V, 244	99-41.738	Abandon de poste
Soc.	3	V, 246	99-40.641	Modification de la rémunération
Soc.	4		99-44.469	Période d'essai
Soc.	4		99-43.520	Clause de dédit-formation - Certificat de travail
Soc.	4		99-14.981	Caisses de congés payés
Soc.	10	V, 250	99-45.062	Modification dans la situation juridique de l'employeur (Cas d'application)
Soc.	10		99-44.925	Contrat à durée déterminée (Conclusion)
Soc.	10		99-44.762	Clause de garantie d'emploi
Soc.	10	V, 253	99-43.024	Plan de sauvegarde de l'emploi
Soc.	10	V, 255	99-40.987	Plan de sauvegarde de l'emploi
Soc.	10	V, 261	99-21.884	Action en justice des syndicats - Droit syndical (Exercice du)
Soc.	10	V, 259	99-19.588	Subvention de fonctionnement
Soc.	10	V, 260	98-42.808	Représentants du personnel (Licenciement/Recours contre la décision administrative)
Soc.	10		98-40.617	AGS (Garantie des créances)
Soc.	11	V, 266	99-43.342	Licenciement économique (Notion) - Ordre des licenciements
Soc.	11	V, 263	99-42.902	Accidentés du travail (Suspension du contrat de travail)
Soc.	11	V, 264	99-42.710	Modification de l'horaire de travail
Soc.	11		99-42.528	Notification du licenciement
Soc.	11		99-41.958	Force majeure/Fait du prince
Soc.	11	V, 265	99-41.574	Sanctions disciplinaires (Notion) - Mutation disciplinaire - Clause de mobilité
Soc.	11		99-15.987	Caisses de congés payés
Soc.	17		99-44.282	Indélicatesses/Malhonnêteté/Malversations
Soc.	17	V, 275	98-43.981	Retenues sur salaire - Compensation - Travailleurs étrangers
Soc.	17	V, 273	98-42.310	Clause de garantie d'emploi - Convention collective (Application)
Soc.	17	V, 272	98-41.800	Contrat initiative-emploi

Juridiction	Date	BC / Rec.	Numéro	Classement
Soc.	18	V, 276	99-45.076	Travail à temps partiel - Modification de l'horaire de travail - Modification des fonctions - Qualification professionnelle du salarié
Soc.	18		99-44.550	Heures de délégation (Utilisation)
Soc.	18		99-43.442	Démission
Soc.	18		99-43.352	Certificat médical
Soc.	18		99-43.310	Contrat de travail (Exécution défectueuse/Erreurs/Négligences/Imprudences/Omissions)
Soc.	18		99-42.992	Paiement du salaire - Heures supplémentaires
Soc.	18	V, 277	99-41.214	Pourboires
Soc.	18		00-60.195	Urnes/Isoloirs
				Septembre 2001
Soc.	25		99-43.903	Licenciement économique (Notion)
Soc.	25		00-60.272	Scrutin
Soc.	25		00-60.255	Délégué syndical (Désignation)
				Octobre 2001
Soc.	2		99-45.422	Procédure de licenciement dans les entreprises en redressement ou liquidation judiciaires
Soc.	2	V, 295	99-45.346	Accidentés du travail (Reclassement) - AGS (Garantie des créances)
Soc.	2	V, 294	99-44.808	Contrat de travail international - AGS (Employeurs assujettis/Bénéficiaires)
Soc.	2	V, 293	99-43.999	Modification économique du contrat de travail
Soc.	2	V, 291	99-42.942	Clause de non-concurrence
Soc.	2	V, 292	99-42.727	Modification du lieu de travail
Soc.	2		99-17.577	Augmentation de salaire
Soc.	2	V, 297	99-14.369	Chômage total
Soc.	2	V, 290	97-21.827	AGS (Garantie des créances)
Soc.	3		99-42.281	Entretien préalable au licenciement
CJCE	9	I, 07275	C-379/99	Égalité de rémunération
Soc.	9	V, 314	99-44.353	VRP (Rémunération) - Femmes enceintes (Licenciement)
Soc.	9	V, 311	99-43.661	Convention collective (Mise en cause)
Soc.	9	V, 308	99-43.518	Préavis (Indemnité compensatrice de)
Soc.	9	V, 312	99-43.288	Contrat de travail international
Soc.	9	V, 302	99-43.217	Modification dans la situation juridique de l'employeur (Effets)
Soc.	9		99-42.310	Licenciement économique (Notion)
Soc.	9	V, 306	99-42.204	Preuve de la faute
Soc.	9	V, 304	99-41.217	Prescription des fautes disciplinaires
Soc.	9	V, 313	98-46.144	Insubordination
Soc.	9	V, 307	98-46.099	Inaptitude physique d'origine non professionnelle
Soc.	9	V, 305	98-43.905	Intéressement des salariés
Soc.	9	V, 303	00-41.452	Contrat de travail international
Soc.	10		99-45.852	Journalistes (Bénéfice du statut)
Soc.	10	V, 315	99-45.420	Travailleurs à domicile
Soc.	10		99-44.274	Droit syndical (Exercice du)
Soc.	10		99-42.404	Clause de non-concurrence
CE	15	469	226713	Chômage total
Soc.	16	V, 324	99-44.037	Représentants du personnel (Réintégration)
Soc.	16		99-40.388	Faute lourde
Soc.	16		99-21.586	Licenciement économique (Information et consultation du CE)
Soc.	16	V, 319	99-18.128	Grève (Abus du droit)
Soc.	16	V, 320	98-44.269	Représentants du personnel (Procédure de licenciement) - Heures supplémentaires
Soc.	17		00-60.261	Bureau de vote
Soc.	23	V, 329	99-44.574	Contrat initiative-emploi
Soc.	23	V, 332	99-40.879	Repos compensateur
Soc.	23	V, 328	00-40.190	Contrat à durée déterminée (Conclusion)
Soc.	24		99-45.068	Mensualisation
Soc.	24		99-45.011	Droit syndical (Exercice du)

Juridiction	Date	BC / Rec.	Numéro	Classement
Soc.	30		99-45.556	Action en justice des syndicats
Soc.	30		99-45.300	Cumul d'un mandat social et d'un contrat de travail
Soc.	30		99-45.100	Cumul d'un mandat social et d'un contrat de travail
Soc.	30		99-45.043	AGS (Modalités d'intervention)
Soc.	30		99-44.425	Cumul d'un mandat social et d'un contrat de travail
Soc.	30		99-43.164	AGS (Garantie des créances)
Soc.	30		99-43.094	Droit d'alerte et de retrait en cas de danger
Soc.	30	V, 336	00-60.313	Délégué du personnel (Mission) - Délégué syndical (Désignation)
				Novembre 2001
Soc.	6	V, 337	99-43.988	Tenue vestimentaire
Soc.	6		99-42.054	Travailleurs étrangers
Soc.	7		99-45.537	Prime de fin d'année/Treizième mois
Soc.	7		99-45.099	Convention de forfait
Soc.	7		99-43.656	Démission
Soc.	7		99-43.607	Congés payés
Soc.	7		00-12.216	Participation
Soc.	13	V, 345	99-60.556	Comité de groupe
Soc.	13	V, 341	99-43.016	Modification dans la situation juridique de l'employeur (Effets)
Soc.	13	V, 344	99-42.709	Convention collective (Applicabilité)
Soc.	13		99-42.467	Modification dans la situation juridique de l'employeur (Effets)
Soc.	13	V, 343	99-10.891	Convention collective (Conclusion) - Comité d'entreprise (Information et consultation)
Soc.	14		99-46.298	Responsabilité civile de l'employeur
Soc.	14		99-44.538	AGS (Employeurs assujettis/Bénéficiaires)
Soc.	14		99-41.457	Attestation d'assurance chômage
CE	16		216738	Formation professionnelle continue (Participation financière de l'employeur)
Soc.	20		99-46.310	Règlement intérieur
Soc.	20		99-43.674	Modification du contrat et des conditions de travail
Soc.	20	V, 351	99-41.507	Femmes enceintes (Licenciement)
Soc.	20	V, 353	99-17.713	Caisses de congés payés
Soc.	21	V, 354	99-45.424	Préavis
Soc.	27	V, 360	99-45.163	Mésentente
Soc.	27	V, 362	99-44.240	Priorité de réembauche (Licenciement économique)
Soc.	27	V, 358	99-43.380	Ordre des licenciements - AGS (Garantie des créances)
Soc.	27	V, 359	99-41.723	Licenciement économique (Reclassement) - Modification économique du contrat de travail
Soc.	27	V, 367	99-21.903	Expert comptable du comité d'entreprise - Comité de groupe
Crim.	27		01-83.767	Action en justice des syndicats
Crim.	27		00-86.527	Responsabilité pénale des personnes physiques
Soc.	27	V, 363	00-60.415	Contentieux électoral - Collèges électoraux
Soc.	28		99-45.986	Démission
Soc.	28		99-45.593	Modification dans la situation juridique de l'employeur (Cas d'application)
CJCE	29	I, 09383	C-366/99	Égalité de rémunération
				Décembre 2001
Soc.	4	V, 369	99-46.364	Résiliation judiciaire du contrat de travail
Soc.	4	V, 374	99-45.911	Congés payés - Accidentés du travail (Suspension du contrat de travail)
Soc.	4	V, 370	99-44.677	Accidentés du travail (Reclassement)
Soc.	4	V, 373	99-44.452	Gérants salariés de succursales
Soc.	4	V, 372	99-43.676	Convention collective (Applicabilité)
Soc.	4	V, 373	99-43.440	Gérants salariés de succursales
Soc.	4	V, 371	99-43.324	Promesse d'embauche
Soc.	4		99-43.231	Droit syndical (Exercice du)
Soc.	4	V, 373	99-41.265	Gérants salariés de succursales
Soc.	5		99-46.151	Grève (Effets)
Soc.	5		99-45.758	Période d'essai

Juridiction	Date	BC / Rec.	Numéro	Classement
Soc.	5		99-45.666	Premier Mai
Soc.	5		99-44.407	Clause de non-concurrence
Soc.	5		00-41.167	Convention collective (Application)
Soc.	5		00-40.342	Travail à temps partiel
Soc.	11	V, 380	99-44.994	Représentants du personnel (Licenciement/Recours contre la décision administrative)
Soc.	11	V, 379	99-44.291	Licenciement économique (Reclassement)
Soc.	11	V, 375	99-43.799	Contrat à durée déterminée (Durée)
Soc.	11		99-43.650	Heures de délégation (Utilisation)
Soc.	11	V, 376	99-42.906	Licenciement économique (Notion)
Soc.	11	V, 378	99-42.586	Résiliation judiciaire du contrat de travail - Représentants du personnel (Réintégration)
Soc.	11	V, 381	99-42.476	Représentants du personnel (Licenciement/Indemnisation)
Soc.	11		99-41.565	Usage - Modification dans la situation juridique de l'employeur (Sort du statut collectif)
Soc.	11		99-41.537	Procédure de licenciement dans les entreprises en redressement ou liquidation judiciaires
Crim.	11	266	00-86.182	Représentants du personnel (Mise à pied conservatoire)
Soc.	12		99-46.304	Représentants du personnel (Licenciement/Indemnisation)
Soc.	12	V, 382	99-45.960	Licenciement économique (Notion)
Soc.	12		00-60.310	Délégué syndical (Désignation)
Soc.	12		00-41.057	Ordre des licenciements
CJCE	13	I, 10201	C-206/00	Égalité de rémunération
Ass. plén.	14	n° 17	00-82.066	Responsabilité civile de l'employeur
Soc.	18		99-45.848	Responsabilité pécuniaire du salarié
Soc.	18		99-45.391	Modification du contrat et des conditions de travail
Soc.	18	V, 389	99-43.538	VRP (Rémunération) - Contrat à durée déterminée (Indemnité de précarité/Indemnité de fin de contrat)
Soc.	18	V, 392	99-43.351	Modification de l'horaire de travail - Durée du travail
Soc.	18	V, 388	98-46.160	Modification de l'horaire de travail
Soc.	18	V, 393	98-18.305	Repos hebdomadaire (Dérogations)
Soc.	18	V, 387	01-41.036	Grève (Définition)
Soc.	19		99-45.915	Recommandation patronale
Soc.	19		00-42.644	Pourboires
CE	21	669	224605	Médecin du travail - Représentants du personnel (Autorisation administrative de licenciement)
				Janvier 2002
Soc.	8		99-46.070	Procédure conventionnelle de licenciement
Soc.	8	V, 7	99-45.953	Conseillers prud'hommes (Protection)
Soc.	8		99-44.761	Cause réelle et sérieuse
Soc.	8	V, 3	99-44.467	Modification du contrat et des conditions de travail - Abandon de poste - Modification de la rémunération
Soc.	8	V, 1	99-44.220	AGS (Garantie des créances)
Soc.	8	V, 6	00-60.270	Contentieux électoral - Protocole d'accord préélectoral
Soc.	8		00-60.266	Contentieux électoral
Soc.	8	V, 8	00-15.815	Expert comptable du comité d'entreprise
Soc.	8	V, 4	00-12.252	Usage - Convention collective (Application)
Soc.	8	V, 5	00-10.886	Convention collective (Conclusion)
Soc.	8		00-10.818	Activités sociales et culturelles
Soc.	9		99-45.395	Notification du licenciement - Insuffisance professionnelle
Soc.	9		00-40.437	Licenciement économique (Reclassement)
Soc.	9		00-40.325	Insubordination
Soc.	15	V, 12	99-45.979	Pouvoir disciplinaire (Contrôle juridictionnel) - Mutation disciplinaire
Soc.	15		99-45.694	VRP (Bénéfice du statut)
Soc.	15		99-45.335	VRP (Clause de non-concurrence) - VRP (Indemnité de clientèle)
Soc.	15	V, 13	99-43.982	Sanctions disciplinaires (Notion) - Règlement intérieur
Soc.	15	V, 17	99-42.546	Travail à temps partiel

Juridiction	Date	BC / Rec.	Numéro	Classement
Soc.	15	V, 11	99-41.608	Contrat d'apprentissage
Soc.	15		99-41.460	Résiliation judiciaire du contrat de travail
Crim.	15		01-83.551	Chômage total
Crim.	15		00-87.763	Responsabilité pénale des personnes physiques
Soc.	15	V, 15	00-60.326	Établissement distinct
Soc.	15		00-60.256	Unité économique et sociale
Soc.	15	V, 14	00-41.117	Convention collective (Application)
Soc.	15		00-40.590	Mensualisation
Soc.	22	V, 27	99-20.704	Contribution patronale aux activités sociales et culturelles
Soc.	22	V, 23	00-60.426	Établissement distinct
Soc.	22	V, 28	00-60.356	Représentants du personnel (Réintégration)
Soc.	22	V, 24	00-40.787	Modification dans la situation juridique de l'employeur (Conditions d'application) - Modification dans la situation juridique de l'employeur (Cas d'application) - Licenciement économique (Information et consultation du CE)
Soc.	22	V, 25	00-40.756	Modification dans la situation juridique de l'employeur (Cas d'application)
Soc.	23		99-46.143	Absences non autorisées - Cure thermale
Crim.	23	12	01-83.559	Action en justice des syndicats
Soc.	23		00-60.387	Candidatures aux élections professionnelles
Soc.	23	V, 30	00-60.362	Établissement distinct
CJCE	24	I, 00969	C-51/00	Modification dans la situation juridique de l'employeur (Conditions d'application)
Soc.	29		99-45.390	AGS (Garantie des créances)
Soc.	29	V, 36	99-44.842	Paiement du salaire
Soc.	29	V, 39	99-44.604	Clause de mobilité
Soc.	29	V, 40	99-44.376	Travail à temps partiel
Soc.	29	V, 41	99-44.323	VRP (Rémunération)
Soc.	29	V, 38	99-42.697	Contrat de travail (Critères)
Soc.	29	V, 37	99-41.028	Accidentés du travail (Reclassement) - Retraite (Mise à la)
Soc.	29		99-40.254	Employés de maison - Entretien préalable au licenciement
Soc.	29		00-41.885	Licenciement économique (Reclassement)
Soc.	30		99-46.359	Prime de fin d'année/Treizième mois
Soc.	30		99-46.025	Accidentés du travail (Protection)
Soc.	30		99-44.976	Non-respect des horaires - Horaire de travail
Soc.	30		00-40.805	Chômage partiel
Soc.	30		00-40.567	Période d'essai

Février 2002

Juridiction	Date	BC / Rec.	Numéro	Classement
Soc.	5	V, 52	99-46.345	Priorité de réembauche (Licenciement économique)
Soc.	5		99-46.184	Représentants du personnel (Protection/Bénéficiaires)
Soc.	5	V, 54	99-45.861	Transaction
Soc.	5	V, 50	99-44.383	Mésentente - Notification du licenciement
Soc.	5		99-44.275	Sanctions pécuniaires (Notion)
Soc.	5	V, 49	99-43.898	Premier Mai - Grève (Effets)
Soc.	5	V, 53	99-43.896	Représentants du personnel (Licenciement/Indemnisation)
Crim.	5		01-83.275	Réunions du comité d'entreprise
Crim.	5	19	01-83.210	Travail dissimulé
Soc.	6		99-46.161	Démission
Soc.	6		99-46.030	Mise à pied conservatoire
Soc.	6		99-45.252	Pouvoir disciplinaire (Contrôle juridictionnel) - Sanctions discriminatoires (Notion)
Soc.	6	V, 59	00-60.490	Comité d'hygiène, de sécurité et des conditions de travail (Mise en place)
Soc.	6	V, 58	00-60.488	Vote par correspondance - Bureau de vote - Éligibilité
Soc.	6	V, 55	00-60.481	Éligibilité
Soc.	6	V, 56	00-60.440	Délégué syndical (Désignation)
Soc.	6	V, 57	00-60.420	Contentieux électoral
Soc.	6		00-60.309	Électorat/Qualité d'électeur
Soc.	12		99-45.634	Entretien préalable au licenciement

Juridiction	Date	BC / Rec.	Numéro	Classement
Soc.	12	V, 63	99-43.858	VRP (Clause de non-concurrence) - Clause de non-concurrence
Soc.	12	V, 65	99-42.878	Insuffisance de résultats
Soc.	12	V, 64	99-41.239	Licenciement pour fin de chantier
Soc.	12	V, 62	00-41.765	Clause de non-concurrence
Soc.	12	V, 61	00-41.222	Contrat à durée déterminée (Renouvellement)
Soc.	13		99-46.268	Négociation annuelle obligatoire
Soc.	13		99-45.664	Modification de la rémunération
Soc.	13		99-43.486	Paiement du salaire
Soc.	13		00-40.387	Astreintes
Crim.	19		01-83.037	Travail dissimulé
Soc.	19	V, 71	01-40.527	Représentants du personnel (Protection/Bénéficiaires)
Soc.	19	V, 68	00-40.657	Entretien préalable au licenciement
Soc.	19	V, 69	00-40.230	Résiliation judiciaire du contrat de travail - Contrat d'apprentissage
Soc.	19	V, 70	00-14.776	Droit d'alerte (Comité d'entreprise)
Soc.	20	V, 72	99-40.527	Notification du licenciement
Soc.	20	V, 74	00-60.363	Délégué syndical (Désignation)
Soc.	26	V, 77	00-45.501	Égalité de rémunération
Soc.	26	V, 80	00-40.763	Journalistes (Clause de conscience)
Soc.	26		00-40.758	Contrat initiative-emploi
Soc.	26		00-40.440	Recommandation patronale
Soc.	26		00-40.365	Perte de confiance
Soc.	27		00-41.787	Promesse d'embauche
Soc.	28	V, 82	00-41.220	Non-respect des règles d'hygiène et de sécurité
Soc.	28	V, 81	00-11.793	Maladies professionnelles (Notion) - Hygiène et sécurité
				Mars 2002
Crim.	5	56	01-81.049	Représentants du personnel (Procédure de licenciement) - Délit d'entrave
Soc.	5	V, 84	00-41.453	Notification du licenciement - Licenciement irrégulier (Sanctions)
Soc.	5	V, 85	00-41.429	Priorité de réembauche (Licenciement économique)
Soc.	5	V, 83	00-40.717	Harcèlement moral/Harcèlement sexuel
Soc.	6		99-45.244	Modification du contrat de travail d'un salarié protégé
CE	6		231530	Jours fériés
CE	6		230225	Établissement distinct
Soc.	6		00-40.667	Horaire de travail - Durée du travail
Soc.	12	V, 90	99-44.316	Travail à temps partiel - Travailleurs étrangers
Soc.	12	V, 86	99-44.222	Contrat à durée déterminée (Rupture anticipée)
Soc.	12	V, 91	99-43.501	Congé parental d'éducation
Soc.	12	V, 92	99-43.138	Modification des fonctions
Soc.	12		99-42.993	Indemnité de congés payés
Soc.	12	V, 88	99-42.934	Accidentés du travail (Suspension du contrat de travail)
Soc.	12	V, 89	99-42.646	Harcèlement moral/Harcèlement sexuel
Soc.	13		00-41.206	Temps de travail effectif
Soc.	13		00-40.871	Cause réelle et sérieuse
Soc.	13		00-40.631	Cause réelle et sérieuse
CJCE	19	I, 02891	C-476/99	Égalité de traitement entre hommes et femmes
Crim.	19		01-83.509	Travail dissimulé
Soc.	20	V, 98	99-45.516	Heures de délégation (Rémunération)
Soc.	20		01-60.546	Scrutin
Soc.	20	V, 96	01-60.482	Candidatures aux élections professionnelles - Listes électorales
Soc.	20		01-60.023	Délégué syndical central
Soc.	20	V, 95	00-60.315	Listes électorales
Soc.	20	V, 94	00-41.651	Modification dans la situation juridique de l'employeur (Effets)
Soc.	21		00-40.899	Ordre des licenciements
Soc.	21		00-40.776	Indélicatesses/Malhonnêteté/Malversations
Soc.	26	V, 105	99-43.155	Entretien préalable au licenciement
Soc.	26	V, 104	99-42.396	Congé parental d'éducation
Soc.	26	V, 109	98-45.176	Modification des fonctions
Crim.	26		01-84.215	Entretien préalable au licenciement

Juridiction	Date	BC / Rec.	Numéro	Classement
Soc.	26	V, 101	01-42.397	Conseillers prud'hommes (Protection)
Soc.	26	V, 100	00-41.218	Contrat d'apprentissage
Soc.	26	V, 106	00-40.898	Licenciement économique (Notion) - Licenciement économique (Reclassement)
Soc.	26	V, 103	00-40.652	Force majeure/Fait du prince - Contrat à durée déterminée (Rupture anticipée)
Soc.	26		00-40.321	Préavis
Soc.	26	V, 107	00-17.231	Convention collective (Conclusion) - Convention collective (Révision)
				Avril 2002
Soc.	3	V, 117	99-44.288	AGS (Garantie des créances)
Soc.	3	V, 116	99-43.492	AGS (Garantie des créances)
Soc.	3	V, 115	99-43.163	AGS (Garantie des créances)
Crim.	3	77	01-83.160	Responsabilité pénale des personnes morales
Soc.	3	V, 120	01-60.576	Représentant syndical au comité d'entreprise
Soc.	3	V, 118	00-60.431	Comité central d'entreprise
Soc.	3	V, 114	00-40.299	Modification dans la situation juridique de l'employeur (Conditions d'application)
CE	5		219829	Journalistes (Bénéfice du statut)
Soc.	9	V, 124	99-45.963	Action en justice des syndicats
Soc.	9	V, 123	99-45.155	Modification du contrat et des conditions de travail
Soc.	9	V, 121	99-44.678	Inaptitude physique d'origine non professionnelle
Soc.	9		99-44.534	Égalité de rémunération
Soc.	9		00-42.780	Modification de l'horaire de travail
Soc.	9		00-41.958	Modification dans la situation juridique de l'employeur (Effets)
Soc.	10		00-42.910	Préavis (Indemnité compensatrice de)
Soc.	10		00-41.001	Usage
Soc.	10		00-40.658	Modification de la rémunération
Soc.	30	V, 138	99-44.995	Représentants du personnel (Licenciement/Indemnisation)
Crim.	30	94	01-84.958	Responsabilité pénale des personnes physiques
Soc.	30	V, 139	01-60.765	Représentants du personnel (Réintégration)
Soc.	30	V, 140	00-42.110	Convention collective (Applicabilité)
Soc.	30		00-41.545	Licenciement économique (Reclassement)
				Mai 2002
Soc.	3	V, 141	01-60.072	Collèges électoraux
Soc.	6		00-40.844	Prime de fin d'année/Treizième mois
Soc.	7	V, 157	99-45.036	Travail à temps partiel
Soc.	7	V, 154	99-44.161	Convention collective (Applicabilité)
Soc.	7		99-42.657	Clause de garantie d'emploi
Soc.	7	V, 151	01-60.671	Délégation unique
Soc.	7	V, 153	01-60.629	Comité central d'entreprise
Soc.	7	V, 147	01-60.505	Comité d'hygiène, de sécurité et des conditions de travail (Mise en place)
Soc.	7	V, 144	00-60.487	Protocole d'accord préélectoral - Syndicats (Statuts)
Soc.	7	V, 156	00-60.432	Convention collective (Conclusion)
Soc.	7	V, 150	00-60.424	Unité économique et sociale
Soc.	7	V, 155	00-60.407	Délégué syndical (Désignation)
Soc.	7	V, 146	00-60.342	Comité d'hygiène, de sécurité et des conditions de travail (Mise en place)
Soc.	7	V, 149	00-60.282	Responsabilité civile de l'employeur - Unité économique et sociale
Soc.	7	V, 145	00-60.229	Contentieux électoral
Soc.	7		00-42.377	Accidentés du travail (Suspension du contrat de travail)
Soc.	7	V, 143	00-42.370	Force majeure/Fait du prince
Soc.	7		00-41.334	Modification de la rémunération
Soc.	7		00-40.724	Absences non autorisées
Soc.	15	V, 158	99-45.971	Modification dans la situation juridique de l'employeur (Cas d'application)

Juridiction	Date	BC / Rec.	Numéro	Classement
Soc.	15		00-41.730	Contrat de travail (Exécution défectueuse/Erreurs/Négligences/ Imprudences/Omissions)
Soc.	15		00-41.441	Priorité de réembauche (Licenciement économique)
Soc.	21	V, 170	99-45.890	Indemnité de congés payés - Travail dissimulé
Soc.	21	V, 171	99-13.317	Repos hebdomadaire (Dérogations)
Soc.	21	V, 172	01-00.952	Repos hebdomadaire (Dérogations)
Soc.	21	V, 169	00-42.909	Clause de dédit-formation
Soc.	21	V, 168	00-42.286	Prime de fin d'année/Treizième mois - Travail à temps partiel
Soc.	21		00-41.128	Vie privée
Soc.	21		00-22.389	Repos hebdomadaire (Dérogations)
Soc.	22	V, 176	99-45.878	Règlement intérieur
Soc.	22	V, 174	99-43.990	Frais de déplacement/Temps de trajet/Frais divers (Représentants du personnel)
CE	22		221600	Représentants du personnel (Autorisation administrative de licenciement)
Soc.	22		00-41.708	Démission
Soc.	22	V, 173	00-40.446	Préavis (Dispense de) - Faute lourde
Soc.	28	V, 182	99-43.852	Transaction
Soc.	28		00-40.267	Transaction
Soc.	28		00-40.266	Transaction
Soc.	28	V, 181	00-12.918	Retraite (Mise à la)
Soc.	29		01-60.627	Unité économique et sociale
Soc.	29		01-60.625	Contentieux électoral
Soc.	29		00-43.506	Insuffisance professionnelle
Soc.	29		00-42.048	Heures supplémentaires
Soc.	29		00-41.965	Procédure de licenciement dans les entreprises en redressement ou liquidation judiciaires
Soc.	29		00-41.939	Notification du licenciement
Soc.	29		00-40.996	Insuffisance de résultats - Mutation disciplinaire
				Juin 2002
Crim.	4		01-81.693	Formation à la sécurité
Soc.	4	V, 193	01-01.318	Durée du travail
Soc.	4	V, 192	00-42.873	Inaptitude physique d'origine non professionnelle
Soc.	4	V, 188	00-42.280	Responsabilité civile de l'employeur
Soc.	4	V, 189	00-42.262	Horaire de travail - Congé parental d'éducation
Soc.	4	V, 190	00-41.140	Minimum conventionnel
Soc.	4	V, 191	00-40.894	Loyauté (Obligation de)
Soc.	5	V, 196	00-44.327	Clause de dédit-formation
Crim.	11		01-85.158	Délit d'entrave
Crim.	11	133	01-81.365	Comité de groupe - Délit d'entrave
Soc.	11	V, 197	01-43.051	Modification dans la situation juridique de l'employeur (Cas d'application)
Soc.	11	V, 199	00-42.233	Licenciement économique (Notion)
Soc.	11	V, 198	00-41.073	Représentants du personnel (Procédure de licenciement)
Soc.	11	V, 201	00-40.625	Notification du licenciement
Soc.	11	V, 200	00-40.214	Notification du licenciement
Soc.	12	V, 205	01-60.624	Délégué syndical (Désignation)
Soc.	12	V, 203	01-60.617	Contentieux électoral
Soc.	12	V, 204	01-60.058	Contentieux électoral - Électorat/Qualité d'électeur - Listes électorales
Soc.	12		00-41.959	Paiement du salaire
Soc.	12		00-41.476	Licenciement économique (Notion)
Soc.	18		00-44.483	Harcèlement moral/Harcèlement sexuel
Soc.	18		00-41.361	Congé parental d'éducation
Soc.	18		00-41.138	Inaptitude physique d'origine non professionnelle
Soc.	19	V, 207	99-45.837	Fractionnement des congés payés
Crim.	19		01-88.306	Action en justice du comité d'entreprise
Soc.	19		00-43.684	Procédure disciplinaire (Entretien préalable)
Soc.	19	V, 208	00-41.354	Contrat de mission/Contrat de travail temporaire

Juridiction	Date	BC / Rec.	Numéro	Classement
Soc.	19		00-41.156	Prêt de main-d'œuvre
Soc.	20		00-44.530	Démission
Soc.	20		00-42.506	Priorité de réembauche (Licenciement économique)
Soc.	25	V, 218	99-42.909	Droit syndical (Exercice du)
Crim.	25		01-86.448	Responsabilité pénale des personnes physiques
Crim.	25		01-85.441	Délit d'entrave
Crim.	25		01-84.718	Responsabilité pénale des personnes physiques
Soc.	25	V, 209	01-43.467	Modification dans la situation juridique de l'employeur (Cas d'application)
Soc.	25	V, 216	01-41.848	Modification dans la situation juridique de l'employeur (Conditions d'application)
Soc.	25	V, 213	00-44.955	Convocation à l'entretien préalable (au licenciement)
Soc.	25	V, 210	00-44.704	AGS (Garantie des créances)
Soc.	25	V, 211	00-44.001	Faute grave - Loyauté (Obligation de)
Soc.	25	V, 217	00-20.939	Comité central d'entreprise
Soc.	25	V, 214	00-18.907	Action en justice des syndicats - Retraite (Départ à la) - Indemnité de licenciement
Soc.	25	V, 215	00-13.375	Comité d'hygiène, de sécurité et des conditions de travail (Mise en place)
Soc.	26	V, 219	00-41.729	Contrat à durée déterminée (Cas de recours)
Soc.	27	V, 221	00-44.006	Modification dans la situation juridique de l'employeur (Salariés protégés)
Soc.	27	V, 222	00-42.646	Clause de mobilité
Soc.	27	V, 223	00-41.893	Convocation à l'entretien préalable (au licenciement)
			Juillet 2002	
Soc.	2	V, 228	99-46.140	AGS (Employeurs assujettis/Bénéficiaires)
Soc.	2	V, 232	00-46.011	Indemnité de congés payés
Soc.	2	V, 229	00-13.111	Modification de la rémunération
CE	8		226471	Représentants du personnel (Autorisation administrative de licenciement)
Soc.	9		00-45.068	Vie privée
Soc.	10	V, 239	99-43.334	Clause de non-concurrence
Soc.	10	V, 248	01-60.681	Modification dans la situation juridique de l'employeur (Salariés protégés)
Soc.	10	V, 244	01-60.654	Contentieux électoral
Soc.	10		01-60.641	Délégué syndical (Désignation)
Soc.	10	V, 240	00-45.566	Abandon de poste - Démission
Soc.	10	V, 239	00-45.387	Clause de non-concurrence
Soc.	10	V, 239	00-45.135	Clause de non-concurrence
Soc.	10		00-44.796	Accidentés du travail (Protection)
Soc.	10	V, 235	00-44.534	Contrat à durée déterminée (Conclusion)
Soc.	10		00-42.368	Évaluation des salariés
Soc.	10		00-42.343	Licenciement économique (Notion)
Soc.	10	V, 236	00-41.496	Cause réelle et sérieuse
Soc.	10	V, 241	00-41.238	Handicapés
Soc.	10		00-40.917	Mise à pied disciplinaire
Soc.	10	V, 237	00-40.436	Accidentés du travail (Protection)
Soc.	10	V, 249	00-40.301	Transaction
Soc.	10	V, 251	00-40.209	Médecin du travail
Soc.	10	V, 246	00-16.827	Réunions du comité d'entreprise
Soc.	11	V, 254	00-44.197	Conseils de prud'hommes (Compétence territoriale)
			Septembre 2002	
CE	6		234998	Handicapés
CJCE	12	I, 7007	C-351/00	Égalité de rémunération
CJCE	17	I, 07325	C-320/00	Égalité de rémunération
Crim.	17		01-84.381	Responsabilité pénale des personnes physiques
Soc.	17	V, 270	01-41.428	Modification de la rémunération
Soc.	18	V, 273	99-46.136	Clause de non-concurrence - Clause de mobilité

Juridiction	Date	BC / Rec.	Numéro	Classement
Soc.	18	V, 271	99-15.454	Participation
Soc.	18	V, 272	00-42.904	Clause de non-concurrence
Soc.	18		00-40.398	Retraite (Mise à la)
Soc.	24	V, 274	00-44.939	Modification dans la situation juridique de l'employeur (Effets)
Soc.	24		00-44.923	Modification dans la situation juridique de l'employeur (Conditions d'application)
Soc.	24	V, 275	00-44.007	Notification du licenciement
Soc.	24	V, 277	00-18.290	Intéressement des salariés
Soc.	25	V, 279	01-60.705	Comité d'hygiène, de sécurité et des conditions de travail (Mise en place)
Soc.	25		01-60.677	Unité économique et sociale
Soc.	25	V, 278	00-42.879	Licenciement économique (Reclassement)
Soc.	26		99-46.377	Temps de travail effectif
Soc.	26	V, 286	01-60.708	Éligibilité
Soc.	26	V, 289	01-60.676	Comité d'hygiène, de sécurité et des conditions de travail (Mise en place)
Soc.	26	V, 285	01-60.670	Effectifs (Représentation du personnel)
Soc.	26	V, 287	01-60.325	Délégation unique
Soc.	26		00-45.879	Promesse d'embauche
Soc.	26		00-45.730	Paiement du salaire
Soc.	26		00-45.456	Période d'essai
Soc.	26		00-43.978	Modification de la rémunération
Soc.	26	V, 281	00-42.581	Pouvoir disciplinaire - Contrat à durée déterminée (Rupture anticipée)

Octobre 2002

Soc.	1er		00-43.543	Liberté d'expression
Crim.	8	181	01-85.550	Responsabilité pénale des personnes physiques
CE	9		233596	Chômage partiel
Soc.	9		00-45.540	Clause de non-concurrence
Soc.	9		00-44.297	Contrat de travail (Exécution défectueuse/Erreurs/Négligences/Imprudences/Omissions)
Soc.	9		00-44.069	Licenciement économique (Notion)
Soc.	10	V, 302	01-60.722	Contentieux électoral
Soc.	10		01-03.336	Frais de déplacement/Temps de trajet/Frais divers (Représentants du personnel)
Soc.	10	V, 304	00-42.906	Accord collectif sur l'emploi
Soc.	15	V, 310	99-44.623	Accidentés du travail (Reclassement)
Soc.	15	V, 311	01-46.240	Travail à temps partiel - Licenciement économique (Notion)
Soc.	15		01-00.235	Chômage total
Soc.	15	V, 312	00-45.082	Travail dissimulé
Soc.	15		00-45.057	Notification du licenciement
Soc.	15		00-44.954	Notification du licenciement
Soc.	15	V, 308	00-42.364	Paiement du salaire
Soc.	15	V, 309	00-41.975	Paiement du salaire
Soc.	15	V, 306	00-41.759	Contrat à durée déterminée (Contrats successifs)
Soc.	15	V, 315	00-40.728	Prime d'ancienneté - Heures supplémentaires
Soc.	15	V, 307	00-40.671	Contrat de travail international
Soc.	15	V, 305	00-40.623	Contrat à durée déterminée (Cas de recours)
Soc.	15	V, 313	00-20.910	Action en justice du comité d'entreprise
Soc.	16		00-46.378	Période d'essai
Soc.	16		00-45.638	Sanctions disciplinaires (Notion) - Mise à pied conservatoire
Soc.	16		00-45.556	Période d'essai
Soc.	16		00-44.338	Sanctions disciplinaires (Non-cumul des)
Soc.	16		00-44.307	VRP (Bénéfice du statut) - Modification du lieu de travail
Soc.	23		00-44.463	Faute lourde
Soc.	28		00-44.548	Licenciement sans cause réelle et sérieuse (Sanctions)
Soc.	29	V, 320	01-40.197	Modification dans la situation juridique de l'employeur (Cas d'application)
Soc.	29		00-45.627	Contrat de travail (Critères)

Juridiction	Date	BC / Rec.	Numéro	Classement
Soc.	29	V, 325	00-45.612	Contrat de travail (Nullité)
Soc.	29	V, 321	00-45.166	Modification dans la situation juridique de l'employeur (Cas d'application)
Soc.	29	V, 326	00-42.918	Preuve de la faute
Soc.	29	V, 329	00-42.211	Contrat à durée déterminée (Renouvellement)
Soc.	29	V, 324	00-14.787	Détachement de salariés - Participation
Soc.	29	V, 330	00-13.413	Journalistes (Indemnité de licenciement)
Soc.	30		00-46.779	AGS (Garantie des créances)
Soc.	30		00-46.314	Entretien préalable au licenciement
Soc.	30	V, 331	00-45.608	Contrat à durée déterminée (Transformation du contrat en contrat à durée indéterminée)
Soc.	30	V, 332	00-45.572	Contrat à durée déterminée (Conclusion) - Contrat à durée déterminée (Cas de recours)
Soc.	30		00-43.624	Notification du licenciement
Soc.	30		00-41.920	Priorité de réembauche (Licenciement économique)
Soc.	30		00-40.868	Liberté d'expression
			Novembre 2002	
Soc.	6		00-43.531	Modification dans la situation juridique de l'employeur (Salariés protégés)
Soc.	6		00-43.487	Modification dans la situation juridique de l'employeur (Cas d'application)
Soc.	12	V, 339	99-45.821	Usage
Soc.	12		00-45.676	Notification du licenciement
Soc.	12		00-45.295	Mésentente
Soc.	12	V, 341	00-40.232	Travail à temps partiel
Soc.	12	V, 342	00-14.641	Repos hebdomadaire (Dérogations)
Soc.	13		00-46.503	Congé parental d'éducation
Soc.	13		00-46.448	Primes et gratifications
Soc.	13		00-45.712	Modification de la durée du travail
Crim.	19		02-81.749	Travailleurs étrangers
Soc.	19	V, 345	01-60.563	Collèges électoraux - Comité de groupe
Soc.	20		01-60.903	Propagande électorale
Soc.	20	V, 348	01-60.605	Protocole d'accord préélectoral
Soc.	20		00-45.373	AGS (Modalités d'intervention)
Soc.	20		00-45.343	Licenciement économique (Notion)
Soc.	20	V, 349	00-44.498	Modification dans la situation juridique de l'employeur (Salariés protégés)
Soc.	20		00-44.365	Modification des fonctions
Soc.	20		00-44.084	Notification du licenciement
Soc.	20		00-42.962	Licenciement économique (Reclassement)
Soc.	20		00-41.460	Notification du licenciement - Priorité de réembauche (Licenciement économique)
Soc.	26		01-40.121	VRP (Bénéfice du statut)
Soc.	26		00-46.740	Chômage total
Soc.	26		00-45.845	Convention collective (Applicabilité)
Soc.	26	V, 353	00-44.517	Modification du contrat et des conditions de travail
Soc.	26	V, 352	00-42.401	Preuve de la faute
Soc.	26	V, 354	00-41.633	Inaptitude physique d'origine non professionnelle - Égalité de rémunération - Préavis (Indemnité compensatrice de)
Soc.	27		00-46.408	Clause de non-concurrence
Soc.	27		00-45.602	Modification des fonctions
			Décembre 2002	
Soc.	3	V, 363	99-44.583	Représentants du personnel (Protection/Bénéficiaires)
Crim.	3		02-81.474	Horaire de travail - Durée du travail
Crim.	3	219	01-85.109	Responsabilité pénale des personnes physiques
Soc.	3		00-44.080	Mise à pied conservatoire
CE	4		234418	Égalité de rémunération
Soc.	4		01-60.774	Scrutin

Juridiction	Date	BC / Rec.	Numéro	Classement
Soc.	4		00-45.753	Représentants du personnel (Protection/Bénéficiaires)
Soc.	4		00-44.510	Licenciement économique (Reclassement)
Soc.	4	V, 368	00-44.303	AGS (Garantie des créances)
Soc.	4	V, 367	00-43.750	AGS (Modalités d'intervention) - Contrat à durée déterminée (Cas de recours)
Soc.	4	V, 369	00-40.255	Travail à temps partiel
Soc.	10	V, 370	99-43.041	Contrat de travail (Détermination de l'employeur)
Soc.	10		00-46.851	Heures supplémentaires
Soc.	10	V, 371	00-44.733	Grève (Effets)
Soc.	10	V, 374	00-44.646	Contrat de travail (Critères)
Soc.	10	V, 373	00-42.158	Égalité de rémunération
Soc.	11		01-41.094	Prime de fin d'année/Treizième mois - Usage
Soc.	11		01-40.126	Contrat à durée déterminée (Cas de recours)
Soc.	11		00-46.649	Modification de la rémunération
Soc.	11		00-45.296	Pourboires
Ass. plén.	13	n° 3	00-17.143	Clause de garantie d'emploi - Chômage total
Soc.	17	V, 394	01-20.472	Intéressement des salariés
Soc.	17	V, 397	01-01.188	VRP (Indemnité de clientèle)
Soc.	17	V, 392	00-45.621	Licenciement économique (Notion)
Soc.	17	V, 390	00-44.660	Femmes enceintes (Licenciement)
Soc.	17	V, 398	00-44.375	VRP (Bénéfice du statut)
Soc.	17	V, 391	00-43.609	Licenciement économique (Notion)
Soc.	17	V, 387	00-42.670	Grève (Faute lourde)
Soc.	17	V, 389	00-40.633	Représentants du personnel (Mise à pied conservatoire)
Soc.	18		00-46.395	Licenciement économique (Reclassement)
Soc.	18		00-45.334	Ordre des licenciements
Soc.	18		00-44.259	Grève (Faute lourde)
Soc.	19	V, 402	00-13.097	Maladies professionnelles (Notion)
CE	30		241540	Repos hebdomadaire (Dérogations)
			Janvier 2003	
Soc.	7		01-40.815	Paiement du salaire
Soc.	7		01-46.476	Clause de non-concurrence
Soc.	8		01-40.582	Primes et gratifications
Soc.	8	V, 1	01-40.388	Accidentés du travail (Suspension du contrat de travail)
Crim.	14	8	01-87.300	Contrat de travail (Critères)
Soc.	14	V, 3	01-43.676	Modification dans la situation juridique de l'employeur (Cas d'application)
Soc.	14	V, 5	01-10.239	Licenciement économique (Information et consultation du CE)
Soc.	14	V, 7	00-43.879	Congé de formation
Soc.	15		01-60.835	Établissement distinct
Soc.	15		01-40.939	Absences non autorisées
Soc.	15		00-46.416	Modification dans la situation juridique de l'employeur (Cas d'application)
Soc.	15		00-45.783	Priorité de réembauche (Licenciement économique)
Soc.	15	V, 8	00-45.644	Licenciement économique (Information et consultation du CE)
Soc.	15		00-44.930	Licenciement économique (Reclassement)
Soc.	15		00-44.693	Grève (Définition)
Soc.	15		00-44.461	AGS (Garantie des créances)
Soc.	15		00-44.180	Liberté d'expression
Soc.	21		01-40.734	Usage
Soc.	21	V, 10	01-40.529	Préavis
Soc.	21		01-40.453	Heures supplémentaires
Soc.	21	V, 13	00-44.502	Représentants du personnel (Procédure de licenciement) - Représentants du personnel (Autorisation administrative de licenciement)
Soc.	21	V, 12	00-43.674	Conseils de prud'hommes (Compétence d'attribution)
Soc.	22		01-40.141	Clause de mobilité
Soc.	22		01-40.031	Clause de non-concurrence
Soc.	22		00-46.299	Indemnité de congés payés

Juridiction	Date	BC / Rec.	Numéro	Classement
Soc.	22	V, 15	00-43.826	Modification du lieu de travail
Ass. plén.	24	n° 3	01-41.757	Heures d'équivalence
Ass. plén.	24	n° 1	00-41.741	Procédure de licenciement dans les entreprises en redressement ou liquidation judiciaires
Soc.	29	V, 33	01-60.848	Action en justice du comité d'entreprise - Unité économique et sociale
Soc.	29	V, 35	01-60.802	Comité d'hygiène, de sécurité et des conditions de travail (Mise en place)
Soc.	29	V, 30	01-60.628	Établissement distinct
Soc.	29		01-40.412	Prescription des fautes disciplinaires
Soc.	29		01-40.288	Licenciement économique (Reclassement)
Soc.	29		01-40.036	Prescription des fautes disciplinaires - Abandon de poste
Soc.	29	V, 25	00-46.048	Femmes enceintes (Licenciement) - AGS (Garantie des créances)
Soc.	29	V, 34	00-45.961	Représentants du personnel (Protection/Bénéficiaires)
Soc.	29		00-45.731	Modification dans la situation juridique de l'employeur (Cas d'application)
Soc.	29		00-45.476	Démission
Soc.	29		00-45.198	Modification dans la situation juridique de l'employeur (Conditions d'application)
Soc.	29	V, 27	00-44.882	Clause de non-concurrence - Préavis (Indemnité compensatrice de)
Soc.	29	V, 32	00-42.732	Grève (Services publics)
Soc.	29	V, 26	00-42.630	AGS (Garantie des créances)
Soc.	29		00-22.290	Grève (Responsabilité)
				Février 2003
Soc.	4		01-44.294	Pourboires
Soc.	4	V, 37	01-40.476	Clause de mobilité
Soc.	4	V, 40	01-40.384	Clause de mobilité
Soc.	4	V, 38	01-40.066	Prime de fin d'année/Treizième mois - Convention collective (Application)
Soc.	4	V, 36	00-43.558	Contrat à durée déterminée (Requalification/Indemnisation)
Soc.	5		01-43.728	Augmentation de salaire
Soc.	5	V, 41	01-01.672	Licenciement irrégulier (Sanctions) - Entretien préalable au licenciement
Crim.	11	28	02-85.810	Responsabilité pénale des personnes physiques
Crim.	11	31	01-88.650	Comité central d'entreprise - Délit d'entrave - Subvention de fonctionnement
Crim.	11	32	01-88.014	Délégué du personnel (Mission)
Soc.	11		00-44.238	Modification dans la situation juridique de l'employeur (Salariés protégés) - Représentants du personnel (Réintégration)
Soc.	12	V, 50	99-42.985	Force majeure/Fait du prince
CE	12		252277	Établissement distinct
CE	12		235869	Visite médicale de reprise
Soc.	12	V, 51	02-40.526	Travail à temps partiel
Soc.	12	V, 52	01-60.904	Protocole d'accord préélectoral - Délégué syndical (Mission)
Soc.	12	V, 50	01-40.916	Force majeure/Fait du prince - Imputabilité de la rupture
Soc.	12	V, 50	00-46.660	Force majeure/Fait du prince
Soc.	12		00-45.734	Usage - Modification de la durée du travail
Soc.	12		00-45.143	Rétractation du licenciement par l'employeur
Soc.	12	V, 53	00-19.341	Activités sociales et culturelles
Soc.	13	V, 55	01-60.751	Comité d'hygiène, de sécurité et des conditions de travail (Mise en place)
Soc.	13	V, 54	01-60.745	Listes électorales
Soc.	18	V, 59	01-40.978	Représentants du personnel (Licenciement/Indemnisation)
Soc.	18	V, 61	00-42.948	Transaction
Crim.	25	52	02-83.040	Comité central d'entreprise
Crim.	25	53	02-82.293	Comité d'hygiène, de sécurité et des conditions de travail (Fonctions)
Soc.	25	V, 62	01-10.812	Grève (Effets)
Soc.	25	V, 65	00-46.263	Clause de non-concurrence

Juridiction	Date	BC / Rec.	Numéro	Classement
Soc.	25	V, 63	00-44.339	Grève (Services publics)
Soc.	25	V, 66	00-42.031	Indélicatesses/Malhonnêteté/Malversations - Loyauté (Obligation de) - Licenciement sans cause réelle et sérieuse (Sanctions)
CE	26		241949	Convention collective (Extension)
CE	26		237297	Chômage total
Soc.	26	V, 71	01-43.906	Jours fériés
Soc.	26	V, 73	01-43.027	Modification du contrat de travail d'un salarié protégé
Soc.	26	V, 68	01-41.482	Représentants du personnel (Réintégration)
Soc.	26	V, 70	01-41.030	Plan de sauvegarde de l'emploi - Licenciement économique (Reclassement)
Soc.	26	V, 72	00-46.726	Jours fériés
CJCE	27	I, 2041	C-320/01	Égalité de traitement entre hommes et femmes

Mars 2003

Juridiction	Date	BC / Rec.	Numéro	Classement
Crim.	4	58	02-82.194	Dignité des salariés - Responsabilité pénale des personnes physiques
Soc.	4		01-41.682	Accidentés du travail (Suspension du contrat de travail)
Soc.	4	V, 78	01-41.031	SMIC
Soc.	4	V, 80	00-46.906	Travail dissimulé
Soc.	4		00-46.562	Cause réelle et sérieuse
Soc.	4	V, 84	00-46.362	Travail à temps partiel - Maternité
Soc.	5		01-42.851	Qualification professionnelle du salarié
Soc.	5		01-41.975	Licenciement pour fin de chantier
Soc.	5		01-41.735	Contrat de travail (Critères)
Soc.	5		01-15.707	Artistes
Crim.	11	65	02-82.352	Procès-verbaux de l'inspecteur (ou du contrôleur) du travail
Soc.	11	V, 86	01-41.842	Modification dans la situation juridique de l'employeur (Effets)
Soc.	11	V, 88	01-40.813	Cumul d'un mandat social et d'un contrat de travail
Soc.	11	V, 92	01-13.434	Droit d'alerte (Comité d'entreprise) - Expert comptable du comité d'entreprise
Soc.	11	V, 90	00-21.249	Chômage total
Soc.	12	V, 97	01-60.793	Vote par correspondance - Comité d'hygiène, de sécurité et des conditions de travail (Mise en place)
Soc.	12	V, 96	01-60.771	Contentieux électoral
Soc.	12		01-15.640	Avantages acquis
Soc.	18	V, 101	01-42.255	VRP (Indemnité de clientèle)
Soc.	18		01-41.726	Travail à temps partiel
Soc.	18		01-41.343	Loyauté (Obligation de)
Soc.	18	V, 100	01-40.911	Heures d'équivalence
Soc.	18	V, 99	01-40.793	Préavis (Indemnité compensatrice de)
Soc.	18	V, 98	00-46.358	Clause de non-concurrence
Soc.	19	V, 104	01-44.376	Procédure de licenciement dans les entreprises en redressement ou liquidation judiciaires
Soc.	19		01-42.118	Modification du contrat et des conditions de travail
Soc.	19		01-40.912	Faute grave
Soc.	19		01-40.128	Bulletin de salaire
Soc.	19	V, 105	01-12.094	Convention collective (Conclusion)
Soc.	19	V, 103	00-46.686	Employés de maison
Trib. confl.	24		3337	Conseils de prud'hommes (Compétence d'attribution)
Crim.	25		02-84.377	Responsabilité pénale des personnes physiques
Soc.	26	V, 118	01-41.747	AGS (Garantie des créances)

Avril 2003

Juridiction	Date	BC / Rec.	Numéro	Classement
Soc.	1er	V, 128	02-14.680	Prêt de main-d'œuvre
Soc.	1er		01-40.646	Indemnité de licenciement
Soc.	1er		01-40.389	Rétrogradation disciplinaire
Soc.	1er	V, 129	01-01.395	Temps de pause/Temps de repos
Soc.	1er		00-44.902	Congé sabbatique - Loyauté (Obligation de)
Soc.	1er	V, 127	00-44.231	Détachement de salariés
Soc.	1er	V, 125	00-41.873	Horaire de travail

Juridiction	Date	BC / Rec.	Numéro	Classement
Soc.	1er		00-41.428	Notification du licenciement - Travail à temps partiel
CE	2		233799	Usage
Soc.	2		01-41.494	VRP (Rémunération)
Soc.	2	V, 130	01-40.665	Contrat à durée déterminée (Conclusion)
Soc.	2	V, 131	01-40.032	Temps de travail effectif
Soc.	2	V, 135	00-43.601	Convention collective (Applicabilité)
Crim.	23	84	02-84.375	Grève (Responsabilité)
Crim.	23		02-82.985	Dignité des salariés
Crim.	23	85	02-82.971	Dignité des salariés
Soc.	23	V, 136	01-44.806	Droit d'alerte et de retrait en cas de danger
Soc.	23	V, 140	01-41.196	Convention collective (Mise en cause)
Soc.	23	V, 138	01-40.817	Entretien préalable au licenciement
Soc.	24		01-46.968	Modification du contrat de travail d'un salarié protégé
Soc.	24		01-42.131	Licenciement économique (Reclassement)
Soc.	29		01-42.360	Procédure disciplinaire (Entretien préalable)
Soc.	29	V, 143	01-42.026	Clause de non-concurrence
Soc.	29	V, 145	01-41.364	Convocation à l'entretien préalable (au licenciement)
Soc.	29	V, 144	00-46.477	Accidentés du travail (Reclassement)
Soc.	29	V, 147	00-44.840	Prêt de main-d'œuvre
Soc.	30	V, 153	01-60.841	Représentant syndical au comité d'entreprise
Soc.	30		01-41.874	VRP (Clause de non-concurrence)
Soc.	30	V, 149	01-40.937	Contrat à durée déterminée (Cas de recours)
Soc.	30		01-40.853	Congés payés
Soc.	30		01-40.244	Modification dans la situation juridique de l'employeur (Conditions d'application)
Soc.	30	V, 155	01-10.027	Convention collective (Conclusion)
Soc.	30	V, 150	00-46.820	AGS (Garantie des créances)
Soc.	30	V, 154	00-46.787	Représentants du personnel (Protection/Bénéficiaires)
Soc.	30	V, 152	00-44.811	Femmes enceintes (Licenciement)
Soc.	30		00-22.328	Grève (Services publics)
				Mai 2003
Soc.	6		01-42.155	Priorité de réembauche (Licenciement économique)
Soc.	6		01-41.370	Handicapés
Soc.	7		02-60.607	Comité d'hygiène, de sécurité et des conditions de travail (Mise en place)
Soc.	7	V, 157	02-60.052	Comité d'hygiène, de sécurité et des conditions de travail (Mise en place)
Soc.	7		01-60.917	Bulletin de vote - Scrutin
Soc.	7	V, 156	00-44.396	Contrat à durée déterminée (Contrats successifs)
Soc.	13	V, 160	01-42.728	Heures de délégation (Contrôle et contestation)
Soc.	13	V, 162	01-42.068	Promesse d'embauche
Soc.	13	V, 158	01-40.809	Contrat à durée déterminée (Durée)
Soc.	13	V, 161	01-17.452	Clause de non-concurrence
Soc.	13	V, 159	01-14.565	Modification dans la situation juridique de l'employeur (Sort du statut collectif)
Soc.	13		00-46.766	Licenciement économique (Notion)
Soc.	13	V, 165	00-19.035	Comité de groupe
Soc.	14		00-42.164	Primes et gratifications - Droit syndical (Exercice du) - Sanctions pécuniaires (Notion)
Crim.	20	101	02-84.307	Responsabilité civile de l'employeur - Responsabilité pénale des personnes physiques - Délit d'entrave
Soc.	21	V, 167	02-60.396	Contentieux électoral - Vote par correspondance - Éligibilité
Soc.	21	V, 169	02-60.100	Délégué syndical (Désignation)
Soc.	21	V, 171	01-60.882	Délégué syndical (Désignation)
Soc.	21	V, 170	01-60.742	Contentieux électoral - Protocole d'accord préélectoral
Soc.	27		99-45.311	Transaction
Soc.	27		01-42.291	Conseils de prud'hommes (Compétence d'attribution)
Soc.	27	V, 175	01-41.998	Heures d'équivalence
Soc.	27		01-41.918	Démission
Soc.	27		01-41.896	Contrat de travail (Critères)

Juridiction	Date	BC / Rec.	Numéro	Classement
Soc.	27		01-41.807	Clause de mobilité
Soc.	27		01-40.532	Absences non autorisées
Soc.	27		01-40.143	Fractionnement des congés payés
CE	28		247120	Repos hebdomadaire (Arrêté préfectoral de fermeture)
Soc.	28	V, 176	02-60.006	Représentants du personnel (Protection/Bénéficiaires) - Contrat à durée déterminée (Durée) - Représentants du personnel (Protection/Cas d'application)
Soc.	28		02-40.783	Pourboires
Soc.	28	V, 178	02-40.273	Tenue vestimentaire
Soc.	28	V, 177	01-41.263	Modification dans la situation juridique de l'employeur (Cas d'application)
Soc.	28	V, 181	01-40.512	Modification dans la situation juridique de l'employeur (Salariés protégés)
				Juin 2003
Crim.	3	110	02-84.474	Délit d'entrave
Soc.	3	V, 185	01-43.573	Modification du lieu de travail
Soc.	3	V, 183	01-41.697	AGS (Employeurs assujettis/Bénéficiaires)
Soc.	3	V, 185	01-40.376	Modification du lieu de travail
Soc.	3	V, 184	00-45.948	AGS (Employeurs assujettis/Bénéficiaires)
Soc.	4	V, 187	02-60.487	Listes électorales
Soc.	4	V, 186	02-60.034	Listes électorales
Soc.	4		01-60.909	Comité central d'entreprise - Règlement intérieur du comité d'entreprise
Soc.	4	V, 188	01-42.338	AGS (Modalités d'intervention)
Soc.	4	V, 189	01-41.791	AGS (Modalités d'intervention)
Soc.	4		00-46.443	Conseils de prud'hommes (Compétence d'attribution)
Soc.	10		01-41.441	Indélicatesses/Malhonnêteté/Malversations
Soc.	10	V, 193	01-41.328	Convention collective (Applicabilité)
Soc.	10	V, 192	01-40.985	Modification de la rémunération
Soc.	10	V, 191	01-40.808	Licenciement irrégulier (Sanctions) - Contrat à durée déterminée (Requalification/Indemnisation) - Entretien préalable au licenciement
Soc.	10	V, 190	01-40.779	Contrat à durée déterminée (Requalification/Indemnisation) - Repos compensateur - Travail dissimulé
CE	11		238562	Chômage total - Handicapés
Soc.	11		02-44.894	Accidentés du travail (Reclassement)
Soc.	11		02-42.818	Loyauté (Obligation de)
Soc.	11		01-43.980	Convention collective (Applicabilité)
Soc.	11		01-42.907	Paiement du salaire
Soc.	11		01-42.138	Engagement unilatéral de l'employeur
Soc.	11		01-15.358	Bulletin de salaire
Soc.	11		00-21.751	Repos hebdomadaire (Arrêté préfectoral de fermeture)
Soc.	17	V, 196	01-42.171	Modification dans la situation juridique de l'employeur (Effets)
Soc.	17	V, 198	01-15.710	Accord collectif sur l'emploi
CE	18		254727	Participation
Soc.	18		02-60.071	Comité d'entreprise européen
Soc.	18	V, 199	02-60.044	Établissement distinct
Soc.	18	V, 201	02-60.033	Unité économique et sociale
Soc.	18	V, 202	01-60.911	Délégué syndical supplémentaire
Soc.	18		01-42.298	Clause de garantie d'emploi
Soc.	18		00-46.438	Démission
Soc.	24		01-45.574	Mise à pied conservatoire
Soc.	24		01-42.932	Ordre des licenciements
Soc.	24		01-42.869	Insuffisance de résultats
Soc.	24	V, 203	00-42.766	Contrat à durée déterminée (Indemnité de précarité/Indemnité de fin de contrat) - Travail à temps partiel - Contrat à durée déterminée (Contrats successifs)
CE	25		252280	Établissement distinct
Soc.	25	V, 206	01-46.479	Licenciement économique (Réintégration)
Soc.	25		01-43.912	VRP (Bénéfice du statut)

Juridiction	Date	BC / Rec.	Numéro	Classement
Soc.	25		01-43.760	Démission
Soc.	25	V, 207	01-43.717	Représentants du personnel (Licenciement/Recours contre la décision administrative) - VRP (Indemnité de clientèle) - Licenciement économique (Réintégration)
Soc.	25	V, 209	01-43.578	Imputabilité de la rupture
Soc.	25	V, 209	01-42.679	Imputabilité de la rupture
Soc.	25	V, 209	01-42.335	Imputabilité de la rupture
Soc.	25		01-41.783	Comité d'hygiène, de sécurité et des conditions de travail (Fonctions)
Soc.	25	V, 208	01-41.150	Imputabilité de la rupture
Soc.	25	V, 208	01-40.235	Imputabilité de la rupture
Soc.	25	V, 211	01-13.826	Comité d'hygiène, de sécurité et des conditions de travail (Fonctions)
Soc.	25	V, 210	01-12.990	Action en justice du comité d'entreprise - Secrétaire du comité d'entreprise - Comité d'entreprise (Information et consultation) - Réunions du comité d'entreprise
CE	30		248347	Convention collective (Extension)
				Juillet 2003
Soc.	2		02-60.108	Délégué syndical (Désignation)
Soc.	2		01-43.786	Injures/Insultes
Soc.	2		01-43.711	Convention collective (Mise en cause)
Soc.	2		01-43.113	Préavis (Indemnité compensatrice de)
Soc.	2		01-43.018	Contrat de travail (Critères)
Soc.	2	V, 212	01-40.639	Représentants du personnel (Licenciement/Indemnisation)
Soc.	2		01-40.521	Notification du licenciement
Soc.	2		00-22.101	Intéressement des salariés
Soc.	3	V, 214	01-44.522	Licenciement économique (Réintégration)
Soc.	3	V, 213	00-44.625	Représentants du personnel (Protection/Bénéficiaires) - Cause réelle et sérieuse
Soc.	8	V, 225	02-45.092	Travail à temps partiel - Résiliation judiciaire du contrat de travail - Contrat à durée déterminée (Requalification/ Indemnisation)
Soc.	8	V, 219	01-43.394	Accidentés du travail (Reclassement)
Soc.	8	V, 216	01-41.843	Heures supplémentaires
Soc.	8	V, 224	01-41.705	Travail à temps partiel - Convention collective (Application)
Soc.	8	V, 217	01-40.464	Contrat de travail (Critères)
Soc.	8	V, 222	01-10.672	Chômage total
Soc.	8		00-46.489	Contrat de travail (Critères)
Soc.	8	V, 218	00-21.862	Accidentés du travail (Reclassement)
Soc.	9		01-44.502	Indemnité de congés payés
Soc.	9		01-44.269	Indemnité de congés payés
Soc.	9		01-43.298	Retraite (Départ à la)
Soc.	9		01-43.103	Compensation - Logement des salariés
Soc.	9		01-42.723	Travail à temps partiel - Modification de l'horaire de travail
Soc.	9	V, 229	01-42.451	Travail à temps partiel
Soc.	9	V, 227	01-41.514	Maladies professionnelles (Notion)
Soc.	9	V, 230	01-41.326	Contrat de mise à disposition
CE	23		247577	Établissement distinct
CE	23		241874	Chômage partiel
				Août 2003
TGI Nanterre	1er			Comité d'entreprise européen - Comité d'entreprise (Information et consultation)
				Septembre 2003
Crim.	2	148	02-86.048	Discrimination à l'embauche
CJCE	9	I, 8389	C-151/02	Temps de travail effectif
Crim.	16	164	02-86.661	Inspecteur du travail - Horaire de travail - Comité d'entreprise (Information et consultation)

Juridiction	Date	BC / Rec.	Numéro	Classement
Soc.	16		01-42.712	Prescription des fautes disciplinaires
Soc.	16		01-41.520	Modification dans la situation juridique de l'employeur (Cas d'application)
Soc.	17	V, 239	02-60.029	Représentants du personnel (Réintégration) - Représentants du personnel (Licenciement/Indemnisation)
Soc.	17		01-60.895	Délégué syndical (Désignation)
Soc.	17	V, 237	01-60.874	Délégué syndical (Désignation)
Soc.	17	V, 232	01-43.687	Modification dans la situation juridique de l'employeur (Effets)
Soc.	17	V, 235	01-43.029	Minimum conventionnel
Soc.	17	V, 238	01-41.656	Représentants du personnel (Réintégration) - Représentants du personnel (Licenciement/Indemnisation)
Soc.	17	V, 236	01-11.532	Contribution patronale aux activités sociales et culturelles
Soc.	17	V, 240	01-10.706	Convention collective (Conclusion) - Convention collective (Révision)
Soc.	23		01-43.808	Caisses de congés payés
Soc.	23		01-43.583	Cause réelle et sérieuse
Soc.	23	V, 241	01-41.495	Contrat à durée déterminée (Rupture anticipée)
Soc.	23	V, 242	01-41.478	Cause réelle et sérieuse
Soc.	24	V, 244	02-60.569	Éligibilité
Soc.	24		01-44.380	Absences non autorisées
Soc.	24		01-44.203	Astreintes
Soc.	24		01-43.090	Modification de la rémunération
Crim.	30	175	02-85.022	Prêt de main-d'œuvre
Crim.	30		02-83.183	Travail dissimulé
Soc.	30	V, 248	02-42.730	Heures supplémentaires
Soc.	30	V, 246	01-45.236	Convention collective (Extension)
Soc.	30		01-44.998	Indiscrétions
Soc.	30		01-44.949	Démission
Soc.	30		01-44.454	Préavis
Soc.	30		01-43.850	Contrat de travail (Critères)
Soc.	30	V, 247	01-42.819	Modification de la rémunération
			Octobre 2003	
Soc.	1er		01-43.724	Modification des fonctions
Soc.	1er	V, 250	01-42.299	Représentants du personnel (Réintégration)
Soc.	1er		01-41.418	Représentants du personnel (Licenciement/Indemnisation)
Soc.	1er	V, 249	01-40.125	Contrat d'apprentissage
Soc.	2		01-60.887	Délégué syndical (Désignation)
Soc.	7		01-44.635	Repos hebdomadaire (Principe du repos dominical)
Crim.	8		02-86.428	Action en justice des syndicats
Soc.	8	V, 255	01-43.951	AGS (Garantie des créances)
Soc.	8	V, 253	01-43.556	Cumul d'un mandat social et d'un contrat de travail
Soc.	8		01-43.263	AGS (Garantie des créances)
Soc.	8	V, 254	01-41.297	Conseils de prud'hommes (Compétence d'attribution) - Représentants du personnel (Réintégration)
Crim.	14	189	02-86.376	Responsabilité pénale des personnes morales
Soc.	15		01-43.571	Visite médicale de reprise
Soc.	21		01-44.209	Faute lourde
Soc.	21	V, 256	01-44.169	Mise à pied disciplinaire
Soc.	21	V, 258	01-43.943	Loyauté (Obligation de)
Soc.	21	V, 257	01-21.353	Intéressement des salariés
Soc.	22		01-41.451	Modification du contrat et des conditions de travail
Crim.	28		03-83.511	Travail dissimulé
Crim.	28		02-88.366	Hygiène et sécurité - Responsabilité pénale des personnes physiques
Soc.	28	V, 265	02-42.067	Heures de délégation (Utilisation)
Soc.	28	V, 264	01-46.168	Représentants du personnel (Procédure de licenciement)
Soc.	28	V, 262	01-42.404	Représentants du personnel (Procédure de licenciement)
Soc.	28	V, 263	01-40.762	Représentants du personnel (Licenciement/Indemnisation)
Soc.	29	V, 267	02-60.820	Contentieux électoral - Unité économique et sociale

Juridiction	Date	BC / Rec.	Numéro	Classement
Soc.	29	V, 273	02-60.702	Délégué syndical (Désignation)
Soc.	29	V, 269	02-60.638	Représentant syndical au comité d'entreprise
Soc.	29		01-45.482	Transaction
Soc.	29	V, 268	01-44.940	Travail dissimulé
Soc.	29		01-44.755	Clause de non-concurrence
Soc.	29		01-43.970	Clause de garantie d'emploi
Soc.	29		01-43.286	Prime d'ancienneté - Bulletin de salaire
Soc.	29		01-43.119	Préavis
Soc.	29		01-42.625	Ordre des licenciements
Soc.	29		01-21.446	Intéressement des salariés
			Novembre 2003	
Soc.	4		01-45.003	Médecin du travail
Soc.	5		01-45.209	Usage
Soc.	5		01-45.161	Procédure de licenciement dans les entreprises en redressement ou liquidation judiciaires
Soc.	5		01-44.133	Période d'essai
Soc.	5	V, 275	01-43.109	Frais de déplacement/Temps de trajet/Frais divers (Représentants du personnel) - Temps de trajet
Soc.	5		01-42.798	Insubordination
Soc.	5	V, 276	01-42.174	Heures supplémentaires
CJCE	6	I, 12859	C-4/01	Modification dans la situation juridique de l'employeur (Effets)
Soc.	12	V, 278	01-42.130	Pouvoir disciplinaire (Contrôle juridictionnel) - Sanctions disciplinaires (Notification) - Contrat à durée déterminée (Rupture anticipée)
Soc.	13	V, 283	01-46.177	Prime d'ancienneté
Soc.	18	V, 288	01-44.235	Accidentés du travail (Reclassement) - Délégation unique
Soc.	18	V, 290	01-44.202	VRP (Indemnité de clientèle)
Soc.	18	V, 286	01-43.710	Accidentés du travail (Reclassement)
Soc.	18		01-43.682	Liberté d'expression
Soc.	18	V, 287	01-43.608	Entretien préalable au licenciement
Soc.	18	V, 289	01-43.549	Contrat à durée déterminée (Renouvellement)
Soc.	19		01-43.806	Période d'essai
Soc.	19	V, 291	01-43.456	Employés de maison
Soc.	25	V, 292	01-42.111	Entretien préalable au licenciement
Soc.	25	V, 294	01-17.501	Engagement unilatéral de l'employeur
Soc.	25	V, 296	01-14.176	Procès-verbaux (Réunions du comité d'entreprise)
Soc.	26	V, 299	03-60.036	Éligibilité
Soc.	26		02-60.842	Comité d'hygiène, de sécurité et des conditions de travail (Mise en place)
Soc.	26		02-60.732	Action en justice des syndicats - Unité économique et sociale
Soc.	26	V, 300	02-60.712	Comité d'hygiène, de sécurité et des conditions de travail (Mise en place)
Soc.	26	V, 301	02-60.689	Délégué syndical (Désignation)
Soc.	26	V, 303	02-60.624	Délégué syndical (Désignation)
Soc.	26	V, 302	02-60.388	Représentant syndical au comité d'entreprise
Soc.	26	V, 298	01-47.035	Contrat à durée déterminée (Cas de recours)
Soc.	26		01-45.019	Cumul d'un mandat social et d'un contrat de travail
Soc.	26	V, 298	01-44.381	Contrat à durée déterminée (Cas de recours)
Soc.	26	V, 298	01-44.263	Contrat à durée déterminée (Cas de recours)
Soc.	26		01-43.575	Contrat à durée déterminée (Contrats successifs)
Soc.	26	V, 298	01-42.977	Contrat à durée déterminée (Cas de recours)
Soc.	26		01-10.847	Grève (Effets)
			Décembre 2003	
Soc.	2	V, 310	01-47.010	Convention collective (Applicabilité)
Soc.	2		01-44.192	Insuffisance de résultats
Soc.	2	V, 304	01-43.227	Vie privée - Éthylisme/Ivresse/Intempérance
CE	3		254000	Visite médicale de reprise
CE	3		248840	Repos hebdomadaire (Arrêté préfectoral de fermeture)

Juridiction	Date	BC / Rec.	Numéro	Classement
CE	9		262186	Grève (Effets)
Crim.	9	238	03-80.781	Inspecteur du travail
Soc.	9		01-44.168	Indélicatesses/Malhonnêteté/Malversations
Soc.	9		01-43.979	Faute grave
Soc.	10		02-40.039	Horaire de travail - Engagement unilatéral de l'employeur
Soc.	10		01-47.332	Notification du licenciement
Soc.	10		01-47.147	Représentants du personnel (Licenciement/Recours contre la décision administrative)
Soc.	10		01-45.281	Harcèlement moral/Harcèlement sexuel
Soc.	10		01-45.110	Représentants du personnel (Réintégration)
Soc.	10		01-45.093	Résiliation judiciaire du contrat de travail
Soc.	10	V, 313	01-44.745	Modification économique du contrat de travail
Soc.	10	V, 311	01-44.703	Représentants du personnel (Procédure de licenciement) - Contrat à durée déterminée (Durée) - Représentants du personnel (Protection/Cas d'application)
Soc.	10	V, 314	01-43.876	Conseillers prud'hommes (Protection) - Retraite (Mise à la)
Soc.	10	V, 315	01-41.658	Frais de déplacement/Temps de trajet/Frais divers (Représentants du personnel)
Soc.	10	V, 312	01-40.225	Modification économique du contrat de travail
Soc.	16		02-43.786	Modification de la rémunération
Soc.	16		02-40.109	Procédure de licenciement dans les entreprises en redressement ou liquidation judiciaires - AGS (Garantie des créances)
Soc.	16		01-46.553	Pouvoir disciplinaire (Contrôle juridictionnel)
Soc.	16		01-43.557	Convention collective (Applicabilité)
Soc.	17	V, 319	02-60.445	Unité économique et sociale
Soc.	17		02-60.394	Listes électorales
Soc.	17	V, 318	02-44.358	Modification dans la situation juridique de l'employeur (Conditions d'application)
Soc.	17		01-46.309	Congé parental d'éducation
Soc.	17	V, 317	01-46.251	Grève (Définition)
Soc.	17		01-45.172	Minimum conventionnel
Soc.	17		01-45.108	Attestation d'assurance chômage - Certificat de travail
Soc.	17		01-45.096	Clause de non-concurrence
Soc.	17		01-44.851	Insuffisance de résultats
Soc.	17		01-43.652	Liberté d'expression
Soc.	17		01-16.729	Chômage total
CE	30		252545	Heures de délégation (Utilisation)
CE	30		230307	Vol/Détournement
			Janvier 2004	
Crim.	6	4	02-88.240	Délit d'entrave
Crim.	6		02-87.518	Repos hebdomadaire (Arrêté préfectoral de fermeture)
Crim.	6		02-86.756	Formation à la sécurité
Soc.	13	V, 4	01-47.178	Perte de confiance
Soc.	13	V, 6	01-46.592	Absences non autorisées
Soc.	13	V, 1	01-46.407	Égalité de rémunération
Soc.	13	V, 3	01-45.931	Insuffisance de résultats
Soc.	13	V, 5	01-44.853	Absences non autorisées
Soc.	14	V, 14	02-60.927	Comité d'hygiène, de sécurité et des conditions de travail (Mise en place)
Soc.	14	V, 18	02-60.622	Effectifs (Représentation du personnel)
Soc.	14	V, 19	02-60.316	Délégué syndical (Désignation)
Soc.	14	V, 17	02-60.119	Établissement distinct
Soc.	14	V, 11	02-46.678	Licenciement économique (Reclassement)
Soc.	14	V, 12	01-60.788	Propagande électorale
Soc.	14	V, 15	01-60.783	Comité d'hygiène, de sécurité et des conditions de travail (Mise en place)
Soc.	14		01-47.229	Procédure de licenciement dans les entreprises en redressement ou liquidation judiciaires
Soc.	14		01-47.103	Contrat de travail (Critères)
Soc.	14		01-46.617	Responsabilité civile de l'employeur

Juridiction	Date	BC / Rec.	Numéro	Classement
Soc.	14		01-46.555	Journalistes (Contrat de travail)
Soc.	14	V, 10	01-45.894	Promesse d'embauche
Soc.	14	V, 9	01-45.126	Modification dans la situation juridique de l'employeur (Effets)
Soc.	14		01-45.092	Contrat de travail (Exécution défectueuse/Erreurs/Négligences/ Imprudences/Omissions)
Soc.	14		01-45.020	Licenciement économique (Notion)
Soc.	14	V, 8	01-40.489	Résiliation judiciaire du contrat de travail - Contrat à durée déterminée (Rupture anticipée)
CE	16		248316	Comité de groupe
Trib. confl.	19		3393	Modification dans la situation juridique de l'employeur (Cas d'application)
Soc.	21	V, 27	03-42.754	Contrat de mission/Contrat de travail temporaire
Soc.	21	V, 26	02-12.712	Action en justice des syndicats - Modification du lieu de travail
Soc.	21		01-47.279	Transaction
Soc.	21		01-45.974	Employés de maison
Soc.	21	V, 21	01-45.182	Contrat de travail international
Soc.	21	V, 23	01-44.410	Conseils de prud'hommes (Compétence d'attribution)
Soc.	21	V, 24	01-44.215	Contrat de travail international
Soc.	21	V, 25	01-43.229	Heures de délégation (Rémunération)
Soc.	21		01-42.801	Résiliation judiciaire du contrat de travail
Soc.	21	V, 22	01-41.232	Contrat de travail international
Soc.	28		02-43.701	SMIC
Soc.	28		02-40.389	Modification du contrat et des conditions de travail
Soc.	28	V, 28	01-47.356	Modification dans la situation juridique de l'employeur (Effets)
Soc.	28		01-47.037	Heures d'équivalence
Soc.	28	V, 31	01-46.913	Accidentés du travail (Reclassement)
Soc.	28	V, 30	01-46.794	Cumul d'un mandat social et d'un contrat de travail
Soc.	28		01-46.447	Indemnité de licenciement
Soc.	28	V, 29	01-46.442	Accidentés du travail (Reclassement)
				Février 2004
Crim.	3	30	03-80.784	Comité d'entreprise (Information et consultation)
Soc.	3		01-46.359	Insubordination
Soc.	3		01-46.206	Modification du contrat et des conditions de travail
Soc.	3		01-45.989	Sanctions disciplinaires (Non-cumul des)
CE	4		255956	Représentants du personnel (Autorisation administrative de licenciement)
Soc.	4	V, 41	03-60.163	Éligibilité
Soc.	4	V, 38	03-60.138	Représentant syndical au comité d'entreprise
Soc.	4	V, 39	02-60.066	Délégué syndical (Désignation)
Soc.	4	V, 37	02-60.028	Délégué syndical (Désignation)
Soc.	4	V, 36	01-46.478	Comité d'hygiène, de sécurité et des conditions de travail (Fonctions) - Heures de délégation (Contrôle et contestation)
Soc.	4	V, 34	01-44.962	Représentants du personnel (Mise à pied conservatoire)
Soc.	4	V, 40	01-43.651	Clause de dédit-formation
Soc.	4	V, 33	01-15.709	Grève (Services publics)
Soc.	10		01-03.271	Chômage total
Soc.	11	V, 50	02-41.076	Handicapés
Soc.	11	V, 46	02-40.744	Contrat initiative-emploi - Contrat à durée déterminée (Conclusion)
Soc.	11	V, 52	02-40.601	VRP (Indemnité de clientèle)
Soc.	11		02-11.830	Réunions du comité d'entreprise
Soc.	11	V, 53	01-46.405	Durée du travail
Soc.	11	V, 48	01-45.561	Prescription (Action en paiement du salaire)
Soc.	11	V, 49	01-45.220	Absences non autorisées
Soc.	11	V, 47	01-43.574	Femmes enceintes (Licenciement) - Congé parental d'éducation
Crim.	17	45	03-80.136	Représentants du personnel (Licenciement/Recours contre la décision administrative)
Soc.	17		02-30.480	Intéressement des salariés
Soc.	17		02-11.404	Expert comptable du comité d'entreprise

Juridiction	Date	BC / Rec.	Numéro	Classement
Soc.	17		01-46.398	Violences et rixes
Soc.	17		01-45.659	Notification du licenciement
Soc.	17		01-45.643	Pouvoir disciplinaire - Insuffisance professionnelle
Soc.	18	V, 57	03-60.110	Comité d'hygiène, de sécurité et des conditions de travail (Mise en place)
Soc.	18	V, 59	02-60.606	Représentant syndical au comité d'entreprise - Comité de groupe
Soc.	18	V, 54	02-41.622	Pouvoir disciplinaire
Soc.	18	V, 55	01-46.565	Bulletin de salaire - Heures de délégation (Rémunération)
Soc.	18		01-46.124	Sanctions disciplinaires (Notification)
Soc.	18		01-45.890	Modification de l'horaire de travail
Soc.	24		01-11.446	Modification dans la situation juridique de l'employeur (Effets)
Soc.	25		02-40.020	Horaire de travail - Modification de l'horaire de travail
Soc.	25	V, 63	01-46.394	Travail à temps partiel
Soc.	25	V, 62	01-45.441	Heures supplémentaires
Soc.	25	V, 64	01-43.392	Travail à temps partiel
Soc.	25	V, 61	01-43.072	Contrat à durée déterminée (Durée)
				Mars 2004
Soc.	2	V, 72	02-60.828	Délégué syndical (Désignation)
Soc.	2	V, 67	02-41.932	Notification du licenciement
Soc.	2	V, 66	02-41.931	Notification du licenciement
Soc.	2	V, 71	02-16.554	Représentants du personnel (Mise à pied conservatoire) - Mise à pied disciplinaire - Réunions du comité d'entreprise
Soc.	2		01-47.065	Contrat de travail (Détermination de l'employeur)
Soc.	2	V, 69	01-44.644	Preuve de la faute
Soc.	2	V, 68	01-44.084	Ordre des licenciements
Soc.	3		02-60.656	Urnes/Isoloirs
Soc.	3		02-41.750	Clause de mobilité
Soc.	3		02-41.583	Vol/Détournement
Soc.	3		02-40.542	Accidentés du travail (Protection)
Soc.	3		02-40.372	Journalistes (Contrat de travail)
Soc.	3		02-40.122	Journalistes (Contrat de travail)
Soc.	3		01-47.355	AGS (Garantie des créances)
Soc.	3		01-46.878	Gérants non salariés (Succursales de commerce de détail alimentaire)
Soc.	3		01-43.579	Entretien préalable au licenciement
Soc.	9	V, 74	02-41.851	Contrat de travail (Détermination de l'employeur)
Soc.	10	V, 84	03-42.744	Inaptitude physique d'origine non professionnelle - VRP (Indemnité de clientèle)
Soc.	10	V, 76	03-40.505	Engagement unilatéral de l'employeur
Soc.	10	V, 82	02-40.668	Convention collective (Applicabilité)
Soc.	10	V, 83	02-40.108	VRP (Clause de non-concurrence)
Soc.	10	V, 78	02-40.010	Primes et gratifications
Soc.	10		01-47.350	Clause de non-concurrence
Soc.	10	V, 77	01-46.369	Astreintes - Convention de forfait
Soc.	10		01-45.518	Promesse d'embauche
Soc.	10	V, 85	01-44.941	Fractionnement des congés payés
Soc.	10	V, 80	01-44.750	Période d'essai - Procédure disciplinaire (Entretien préalable)
Soc.	16	V, 88	02-40.388	Conseils de prud'hommes (Compétence territoriale)
Soc.	16		01-46.781	Augmentation de salaire
Soc.	16		01-46.230	Contrat de travail (Exécution défectueuse/Erreurs/Négligences/Imprudences/Omissions)
Soc.	16		01-44.477	Licenciement économique (Notion)
Soc.	16	V, 86	01-44.456	Contrat d'apprentissage
Soc.	17	V, 94	03-60.122	Comité d'hygiène, de sécurité et des conditions de travail (Mise en place)
Soc.	17	V, 91	03-60.116	Délégué syndical (Désignation)
Soc.	17	V, 93	02-60.699	Procès-verbal de carence
Soc.	17	V, 92	02-60.579	Délégation unique

Juridiction	Date	BC / Rec.	Numéro	Classement
CJCE	18	I, 2605	C-342/01	Congés payés
Soc.	23	V, 95	01-46.007	Accidentés du travail (Suspension du contrat de travail)
Soc.	23		01-45.225	Congés payés
Soc.	24	V, 98	02-45.130	Modification de la rémunération - Modification de la durée du travail - Durée du travail
Soc.	24	V, 97	02-20.789	Repos hebdomadaire (Arrêté préfectoral de fermeture)
Soc.	24	V, 96	01-43.875	Travail dissimulé
Soc.	24		01-41.127	Accidentés du travail (Suspension du contrat de travail)
CJCE	30	I, 3101	C-147/02	Égalité de rémunération
Soc.	31	V, 102	03-60.048	Modification dans la situation juridique de l'employeur (Salariés protégés)
Soc.	31		02-40.699	Paiement du salaire
Soc.	31	V, 101	01-46.960	Licenciement irrégulier (Sanctions)
				Avril 2004
Soc.	6		02-40.912	Contrat d'apprentissage
Soc.	6		02-40.727	Contrat d'apprentissage
Soc.	6	V, 104	02-40.498	Délégué du personnel (Mission)
Soc.	6	V, 103	01-45.227	Insubordination - Surveillance des salariés
Soc.	7		02-46.656	SMIC
Soc.	7	V, 107	02-41.486	Modification de l'horaire de travail
Soc.	7	V, 117	02-40.761	Convention collective (Applicabilité)
Soc.	7	V, 113	02-40.725	Plan de sauvegarde de l'emploi
Soc.	7		02-40.493	Adaptation (Obligation d')
Soc.	7	V, 110	02-40.359	Entretien préalable au licenciement
Soc.	7	V, 111	02-40.333	Femmes enceintes (Licenciement)
Soc.	7	V, 106	02-40.231	Contrat à durée déterminée (Conclusion)
Soc.	7	V, 109	02-30.797	Intéressement des salariés
Soc.	7	V, 108	02-17.128	Licenciement économique (Information et consultation du CE)
Soc.	7		01-46.628	Congés payés
Soc.	7	V, 114	01-44.191	Licenciement économique (Reclassement)
Soc.	7	V, 116	01-43.563	Minimum conventionnel
Soc.	7	V, 112	01-42.882	Licenciement économique (Notion)
Soc.	7	V, 115	00-42.805	Conseils de prud'hommes (Compétence d'attribution)
Soc.	8	V, 118	01-45.693	Visite médicale de reprise
CE	9		233630	Représentants du personnel (Autorisation administrative de licenciement)
				Mai 2004
CE	3		252926	Convention collective (Extension)
Soc.	5	V, 119	03-60.175	Délégué syndical (Désignation)
Soc.	5		03-60.141	Propagande électorale - Candidatures aux élections professionnelles
Soc.	5	V, 126	03-60.057	Unité économique et sociale
Soc.	5	V, 120	02-42.580	Modification du contrat et des conditions de travail
Soc.	5	V, 123	02-41.224	Période d'essai
Soc.	5	V, 127	01-47.071	Essai professionnel
Soc.	5	V, 124	01-46.261	Clause de non-concurrence
Soc.	5	V, 121	01-43.918	Convention de forfait - Temps de trajet
Crim.	11	117	03-85.521	Preuve de la faute
Crim.	11		03-83.682	Délit d'entrave
Soc.	11	V, 131	03-60.158	Syndicats (Statuts)
Soc.	11	V, 129	02-41.755	Représentants du personnel (Protection/Bénéficiaires) - Bulletin de salaire
Soc.	11	V, 130	02-14.844	Convention collective (Révision)
Soc.	12	V, 132	02-44.325	Accidentés du travail (Protection)
Soc.	12	V, 133	02-40.490	Clause de non-concurrence
Soc.	18		02-41.179	Ordre des licenciements
Soc.	18		01-46.164	Modification économique du contrat de travail
Soc.	19	V, 134	02-44.671	Accidentés du travail (Reclassement)

Juridiction	Date	BC / Rec.	Numéro	Classement
Soc.	19		02-43.252	Clause de mobilité
Soc.	19		02-42.795	Promesse d'embauche
Soc.	19	V, 135	02-19.866	Indemnité de congés payés
Soc.	25	V, 137	03-42.063	Représentants du personnel (Procédure de licenciement)
Crim.	25	137	02-86.937	Conseillers prud'hommes (Protection)
Soc.	25	V, 136	02-41.900	Insubordination
Soc.	25		01-47.029	Faute grave
Soc.	26	V, 140	03-60.125	Effectifs (Représentation du personnel)
Soc.	26	V, 142	02-60.935	Unité économique et sociale
Soc.	26		02-41.649	Accord atypique
Soc.	26	V, 139	02-41.325	Inaptitude physique d'origine non professionnelle
Soc.	26		02-40.681	Entretien préalable au licenciement
Soc.	26	V, 143	02-18.756	Action en justice des syndicats - Durée du travail
Soc.	26		02-17.642	Modification dans la situation juridique de l'employeur (Conditions d'application)
				Juin 2004
Soc.	1er		02-46.501	Accidentés du travail (Reclassement)
Soc.	1er	V, 145	02-43.151	Congé parental d'éducation
Soc.	1er		02-40.762	Liberté d'expression
Soc.	1er		01-47.239	Droit syndical (Exercice du)
Soc.	1er		01-47.165	Contrat de travail (Détermination de l'employeur)
Soc.	2	V, 152	03-45.269	Faute grave - Injures/Insultes
Soc.	2	V, 150	02-44.904	Injures/Insultes
Soc.	2	V, 151	02-44.015	Handicapés
Soc.	2	V, 147	02-42.618	Temps de travail effectif
Soc.	2	V, 158	02-42.586	Augmentation de salaire
Soc.	2	V, 161	02-42.405	Congés payés
Soc.	2	V, 153	02-41.045	Accidentés du travail (Suspension du contrat de travail) - Préavis (Indemnité compensatrice de)
Soc.	2	V, 155	02-17.516	Conseils de prud'hommes (Compétence d'attribution)
Soc.	2	V, 149	01-46.891	Licenciement pour fin de chantier
Soc.	2	V, 160	01-44.474	Heures de délégation (Utilisation) - Section syndicale - Droit syndical (Exercice du)
Crim.	8		03-83.864	Délit d'entrave
Soc.	9	V, 162	02-46.348	Travail à temps partiel
Soc.	9		02-40.296	Sanctions disciplinaires (Notification)
Soc.	9		01-45.958	Harcèlement moral/Harcèlement sexuel
Soc.	9		01-44.818	Congé pour la création d'entreprise
Civ.	10	II, 292	02-12.926	Comité d'entreprise (Information et consultation)
Soc.	15	V, 163	02-41.623	Contrat de travail (Nullité)
Soc.	15		01-44.707	Modification du lieu de travail
Crim.	16	161	03-83.255	Chômage total
Soc.	16	V, 164	03-43.928	Contrat à durée déterminée (Indemnité de précarité/Indemnité de fin de contrat)
Soc.	16	V, 169	03-41.338	Durée du travail
Soc.	16	V, 167	02-43.755	Temps de travail effectif
Soc.	16	V, 171	02-43.685	Temps de trajet
Soc.	16	V, 170	02-42.674	VRP (Indemnité de clientèle)
Soc.	16	V, 165	02-42.315	Femmes enceintes (Licenciement)
Soc.	16		02-40.620	Préavis
Soc.	16	V, 168	01-43.804	Conseils de prud'hommes (Compétence d'attribution)
Soc.	16	V, 166	01-43.124	Modification de la rémunération
Soc.	21	V, 173	02-15.296	Artistes
Soc.	22	V, 175	02-42.446	Liberté d'expression
Soc.	22	V, 176	02-42.392	Abandon de poste
Soc.	22	V, 174	02-15.500	Grève (Responsabilité)
Soc.	22	V, 177	01-44.558	Plan de sauvegarde de l'emploi
Soc.	22	V, 179	01-41.780	Représentants du personnel (Licenciement/Indemnisation)
Soc.	23		03-60.176	Sièges des représentants du personnel

Juridiction	Date	BC / Rec.	Numéro	Classement
Soc.	23		02-60.848	Scrutin - Propagande électorale
Soc.	23	V, 182	02-41.877	Procédure conventionnelle de licenciement
Soc.	23	V, 181	02-41.011	Droit syndical (Exercice du)
Soc.	23	V, 180	02-31.071	Grève (Responsabilité)
Soc.	23		02-16.875	Secrétaire du comité d'entreprise - Délibérations/Votes (Comité d'entreprise)
Soc.	23		01-43.606	Violences et rixes
Soc.	30	V, 186	02-42.672	Plan de sauvegarde de l'emploi
Soc.	30	V, 191	02-42.056	Maladie (Indemnisation complémentaire)
Soc.	30		02-42.016	Cause réelle et sérieuse
Soc.	30	V, 184	02-41.993	Cause réelle et sérieuse
Soc.	30	V, 189	02-41.823	Travail dissimulé
Soc.	30	V, 187	02-41.720	Preuve de la faute
Soc.	30	V, 185	02-41.686	Représentants du personnel (Réintégration)
Soc.	30		02-16.722	Clause de non-concurrence
Soc.	30	V, 188	01-43.821	Représentants du personnel (Licenciement/Indemnisation)
			Juillet 2004	
Soc.	6		02-44.331	Modification de l'horaire de travail
Soc.	7		99-45.771	Clause de non-concurrence
Soc.	7	V, 194	02-47.686	Accidentés du travail (Reclassement)
Soc.	7	V, 196	02-47.458	Inaptitude physique d'origine non professionnelle
Soc.	7		02-44.734	Modification des fonctions
Soc.	7	V, 193	02-44.476	Rétrogradation disciplinaire
Soc.	7	V, 195	02-42.891	Accidentés du travail (Reclassement)
Soc.	7		02-40.610	Convention de forfait
Soc.	7		01-46.643	Retraite (Mise à la)
Soc.	7		01-43.384	Conseillers prud'hommes (Protection)
Ass. plén.	9	n° 11	02-21.040	Saisie des rémunérations
Soc.	12		02-40.763	Congés payés
Soc.	13	V, 220	03-60.432	Délégué syndical (Désignation)
Soc.	13	V, 219	03-60.425	Unité économique et sociale
Soc.	13	V, 218	03-60.412	Unité économique et sociale
Soc.	13	V, 214	03-60.173	Établissement distinct
Soc.	13	V, 215	03-60.160	Scrutin
Soc.	13		03-13.143	Gérants non salariés (Succursales de commerce de détail alimentaire)
Soc.	13	V, 204	02-45.438	Certificat médical
Soc.	13		02-44.958	Clause de mobilité
Soc.	13		02-44.160	Recommandation patronale
Soc.	13	V, 203	02-43.739	Contrat à durée déterminée (Rupture anticipée)
Soc.	13	V, 210	02-43.538	Représentants du personnel (Licenciement/Recours contre la décision administrative)
Soc.	13	V, 217	02-43.444	Contrat de travail (Critères)
Soc.	13	V, 221	02-43.026	Employés de maison
Soc.	13	V, 206	02-43.015	Modification du contrat et des conditions de travail
Soc.	13		02-42.541	Absences non autorisées
Soc.	13	V, 209	02-41.046	Accidentés du travail (Reclassement)
Soc.	13	V, 205	02-15.142	Temps de travail effectif
Soc.	13	V, 211	01-42.943	Représentants du personnel (Procédure de licenciement)
CE	15		256216	Représentants du personnel (Autorisation administrative de licenciement)
CE	28		254388	Repos hebdomadaire (Dérogations)
CE	28		253858	Chômage total
			Septembre 2004	
Soc.	7	V, 223	02-42.657	Contrat à durée déterminée (Rupture anticipée)
Soc.	7	V, 225	02-41.417	Contrat de travail international
Soc.	14	V, 226	03-43.796	Notification du licenciement
Crim.	28		04-80.375	Local (Représentants du personnel)

Juridiction	Date	BC / Rec.	Numéro	Classement
Soc.	28	V, 227	03-42.624	Droit syndical (Exercice du)
Soc.	28	V, 229	02-43.968	Modification de la rémunération
Soc.	29	V, 236	02-43.771	Entretien préalable au licenciement
Soc.	29	V, 233	02-43.746	Inaptitude physique d'origine non professionnelle
Soc.	29	V, 235	02-43.500	Pourboires
Soc.	29	V, 232	02-43.249	Contrat à durée déterminée (Cas de recours)
Soc.	29	V, 239	02-42.461	Visite médicale de reprise
Soc.	29	V, 238	02-40.705	Retraite (Mise à la)
Soc.	29	V, 234	02-40.027	Licenciement sans cause réelle et sérieuse (Sanctions)
Soc.	30	V, 241	02-44.065	Mise à pied conservatoire
Soc.	30	V, 243	02-44.030	Faute grave
Soc.	30	V, 240	02-43.638	Mise à pied conservatoire
Soc.	30	V, 242	02-16.439	AGS (Garantie des créances)
			Octobre 2004	
Soc.	5		02-44.487	Attestation d'assurance chômage
Soc.	5	V, 244	02-42.111	Procédure de licenciement dans les entreprises en redressement ou liquidation judiciaires
Soc.	6		02-44.446	Insubordination
Soc.	6		02-44.323	Contrat à durée déterminée (Rupture anticipée)
Soc.	6		02-43.918	Contrat à durée déterminée (Rupture anticipée)
Soc.	6		02-42.638	Contrat d'apprentissage
Soc.	6		02-42.300	AGS (Garantie des créances)
Crim.	12	239	03-86.262	Notification du licenciement
Soc.	12	V, 253	03-44.084	Temps de pause/Temps de repos
Soc.	12	V, 246	03-43.465	Loyauté (Obligation de)
Soc.	12	V, 252	02-47.048	Représentants du personnel (Protection/Bénéficiaires) - Délégué syndical (Désignation)
Soc.	12	V, 249	02-44.883	Imputabilité de la rupture
Soc.	12	V, 250	02-44.666	Travail dissimulé
Soc.	12	V, 248	02-40.685	Notification du licenciement
Soc.	13	V, 261	03-60.406	Délégué syndical (Désignation)
Soc.	13		03-60.403	Contentieux électoral
Soc.	13		03-60.344	Électorat/Qualité d'électeur
Soc.	13	V, 258	03-60.275	Collèges électoraux
Soc.	13	V, 259	02-47.725	Conseillers prud'hommes (Protection)
Soc.	13	V, 256	02-45.285	Cause réelle et sérieuse
Soc.	13	V, 254	02-43.656	Minimum conventionnel
Soc.	13	V, 260	02-42.271	Clause de mobilité
Soc.	13	V, 255	01-45.325	SMIC
Soc.	19	V, 263	02-45.742	Imputabilité de la rupture
Soc.	19		02-43.545	Résiliation judiciaire du contrat de travail
Soc.	20	V, 266	03-42.628	Durée du travail
Soc.	20	V, 264	03-41.740	Durée du travail
Soc.	20		02-42.966	Loyauté (Obligation de)
Soc.	20		02-42.645	Engagement unilatéral de l'employeur
Crim.	26		04-82.155	Hygiène et sécurité - Formation à la sécurité
Crim.	26	254	03-86.970	Responsabilité pénale des personnes physiques - Travail dissimulé
Soc.	26		02-43.164	Modification du contrat et des conditions de travail
Soc.	26		02-43.017	Action en justice des syndicats
Soc.	26		02-42.843	Vol/Détournement
Soc.	26		01-43.978	Faute lourde
Soc.	27		03-60.443	Électorat/Qualité d'électeur
Soc.	27	V, 274	03-60.359	Délégué syndical (Désignation)
Soc.	27	V, 273	03-60.319	Délégué syndical (Désignation)
Soc.	27	V, 277	03-14.264	Convention collective (Révision)
Soc.	27		02-60.631	Candidatures aux élections professionnelles
Soc.	27		02-60.321	Comité central d'entreprise
Soc.	27	V, 270	02-46.935	Représentants du personnel (Licenciement/Recours contre la décision administrative) - Ordre des licenciements

Juridiction	Date	BC / Rec.	Numéro	Classement
Soc.	27	V, 279	02-44.149	Congés payés
Soc.	27	V, 268	02-41.187	Inaptitude physique d'origine non professionnelle
Soc.	27	V, 278	02-41.028	Sanctions pécuniaires (Notion)
Soc.	27	V, 269	02-40.648	Détachement de salariés
Soc.	27	V, 275	01-45.902	Représentants du personnel (Licenciement/Indemnisation)

Novembre 2004

Soc.	3		02-44.455	Prime de fin d'année/Treizième mois
Crim.	9	279	04-81.397	Droit syndical (Exercice du)
Crim.	9		03-87.677	Responsabilité pénale des personnes morales
Crim.	9		03-83.683	Délit d'entrave
Soc.	9	V, 280	02-45.048	AGS (Garantie des créances)
Soc.	9		02-44.202	Licenciement économique (Reclassement)
Soc.	9		02-42.938	Mésentente
Soc.	9		02-41.801	Gérants salariés de succursales
Soc.	10	V, 283	02-45.156	Absences répétées
Soc.	10	V, 281	02-44.926	Accidentés du travail (Reclassement) - Visite médicale de reprise
Soc.	10	V, 282	02-41.881	SMIC
Soc.	16		02-47.459	Contrat à durée déterminée (Cas de recours)
Soc.	16	V, 289	02-47.149	Prime d'ancienneté
Soc.	16		02-46.815	Action en justice des syndicats
Soc.	16	V, 285	02-46.777	Contrat à durée déterminée (Contrats successifs)
Soc.	16		02-46.135	Démission - Préavis
Soc.	16	V, 287	02-46.048	Imputabilité de la rupture
Soc.	16	V, 288	02-42.551	Heures d'équivalence
Soc.	17	V, 292	02-46.100	Modification de l'horaire de travail
Soc.	17		02-44.337	Contrat de travail (Détermination de l'employeur)
Soc.	17		01-40.576	Heures de délégation (Rémunération)
Crim.	23	295	04-81.601	Délégation de pouvoirs
Crim.	23		03-84.389	Responsabilité pénale des personnes morales - Droit syndical (Exercice du)
Soc.	23	V, 294	03-46.627	Représentants du personnel (Licenciement/Indemnisation)
Soc.	23	V, 296	02-44.262	Représentants du personnel (Licenciement/Indemnisation)
Soc.	23	V, 293	02-41.836	AGS (Garantie des créances)
Soc.	23	V, 295	01-46.234	Représentants du personnel (Protection/Cas d'application)
Soc.	24	V, 298	04-60.005	Établissement distinct
Soc.	24	V, 297	03-60.329	Unité économique et sociale
Soc.	24	V, 302	03-60.112	Délégué syndical (Désignation)
Soc.	24	V, 299	02-45.662	Handicapés
Soc.	24		02-44.488	Minimum conventionnel
Soc.	24		02-42.660	Contrat de travail international
Soc.	30	V, 315	03-44.635	VRP (Rémunération)
Soc.	30	V, 310	03-40.604	Représentants du personnel (Licenciement/Indemnisation)
Soc.	30	V, 313	03-40.434	Heures de délégation (Contrôle et contestation)
Soc.	30	V, 316	02-45.785	Premier Mai
Soc.	30	V, 307	02-45.367	Usage
Soc.	30	V, 308	02-43.515	Contrat de travail (Critères)
Soc.	30	V, 314	02-42.437	Journalistes (Clause de conscience)
Soc.	30	V, 311	02-13.837	Contribution patronale aux activités sociales et culturelles
Soc.	30	V, 309	01-44.739	Conseillers prud'hommes (Protection)

Décembre 2004

Soc.	1er		03-40.306	Clause de mobilité
Soc.	1er		02-45.758	Convention de forfait
Soc.	1er		02-41.859	Concurrence déloyale
Soc.	7		02-43.323	Ordre des licenciements
Soc.	7		01-46.254	Abandon de poste
Soc.	8	V, 325	03-60.508	Établissement distinct
Soc.	8	V, 326	03-60.484	Comité de groupe
Soc.	8	V, 327	03-60.445	Délégué syndical (Désignation)

Juridiction	Date	BC / Rec.	Numéro	Classement
Soc.	8	V, 329	03-16.160	Caisses de congés payés
Soc.	8	V, 328	03-15.535	Comité d'hygiène, de sécurité et des conditions de travail (Fonctions)
Soc.	8		02-45.682	Cumul d'un mandat social et d'un contrat de travail
Soc.	8	V, 319	02-44.203	Inaptitude physique d'origine non professionnelle
Soc.	8	V, 320	02-44.045	Procédure de licenciement dans les entreprises en redressement ou liquidation judiciaires
Soc.	8	V, 323	02-40.513	Contrat de mission/Contrat de travail temporaire
Soc.	8	V, 330	01-46.877	Contrat de mission/Contrat de travail temporaire
Soc.	14	V, 331	03-41.713	Modification dans la situation juridique de l'employeur (Effets)
Soc.	14	V, 333	03-40.401	Conseils de prud'hommes (Compétence territoriale)
Soc.	15	V, 337	04-60.058	Protocole d'accord préélectoral
Soc.	15	V, 340	03-13.074	Maladie (Indemnisation complémentaire)
Soc.	15		02-45.347	Faute lourde
Soc.	15	V, 335	02-44.924	Modification du contrat et des conditions de travail
Soc.	15	V, 336	02-44.714	Clause de mobilité
Soc.	15	V, 334	02-43.233	Modification de la durée du travail - Astreintes
Civ.	16	II, 535	03-11.803	Saisie des rémunérations
Soc.	17	V, 346	03-40.008	Clause de non-concurrence
Soc.	17	V, 344	03-17.031	Licenciement économique (Information et consultation du CE)
				Janvier 2005
Crim.	4		04-80.812	Délit d'entrave
Soc.	5		03-60.376	Candidatures aux élections professionnelles
Soc.	5		02-47.290	Notification du licenciement - Licenciement irrégulier (Sanctions)
Soc.	5		02-46.046	Modification du contrat et des conditions de travail
Soc.	5		02-43.726	AGS (Modalités d'intervention)
Soc.	5	V, 1	02-42.819	Usage
Soc.	5		02-19.080	Délibérations/Votes (Comité d'entreprise)
Crim.	11		04-84.196	Hygiène et sécurité
Soc.	11	V, 4	03-46.840	Modification dans la situation juridique de l'employeur (Salariés protégés)
Soc.	11	V, 2	02-45.608	Convention collective (Mise en cause)
Soc.	11	V, 3	02-42.961	Modification dans la situation juridique de l'employeur (Salariés protégés)
Soc.	12		04-60.186	Comité d'hygiène, de sécurité et des conditions de travail (Mise en place)
Soc.	12	V, 5	03-60.477	Unité économique et sociale
Soc.	12		03-46.203	Prime d'ancienneté
Soc.	12		02-47.707	Primes et gratifications
Soc.	12		02-42.722	Clause pénale - Indemnité de licenciement
Soc.	12		02-42.721	Faute grave
Crim.	18	22	04-81.404	Contrat d'apprentissage
Soc.	18		02-46.737	Licenciement économique (Reclassement)
Soc.	18		02-46.443	Grève (Faute lourde)
Soc.	19		03-44.440	Vol/Détournement
Soc.	19	V, 9	03-41.904	Visite médicale de reprise
Soc.	19	V, 8	03-41.479	Visite médicale de reprise
Soc.	19	V, 7	03-40.765	Inaptitude physique d'origine non professionnelle
Soc.	19	V, 14	02-46.967	Travail dissimulé
Soc.	19		02-46.427	Injures/Insultes
Soc.	19	V, 10	02-45.675	Entretien préalable au licenciement
Soc.	19		02-44.082	Preuve de la faute
Soc.	19	V, 11	02-41.113	Imputabilité de la rupture
Soc.	19	V, 13	02-40.085	Sanctions disciplinaires (Notification) - Accidentés du travail (Suspension du contrat de travail)
Soc.	25	V, 18	03-40.195	AGS (Garantie des créances)
Soc.	25		02-47.529	Préavis
Soc.	25	V, 18	02-41.819	Modification économique du contrat de travail
Soc.	25	V, 19	02-30.946	Tracts

Juridiction	Date	BC / Rec.	Numéro	Classement
Soc.	26	V, 29	04-60.192	Unité économique et sociale
Soc.	26	V, 24	03-40.893	Imputabilité de la rupture
Soc.	26	V, 25	03-40.332	Inaptitude physique d'origine non professionnelle
Soc.	26		03-40.020	Priorité de réembauche (Licenciement économique)
Soc.	26	V, 31	02-47.507	Usage
Soc.	26	V, 23	02-47.296	Imputabilité de la rupture
Soc.	26	V, 22	02-46.639	Contrat initiative-emploi
Soc.	26		02-45.940	Entretien préalable au licenciement
Soc.	26	V, 26	02-45.655	Prescription (Action en paiement du salaire)
Soc.	26	V, 21	02-45.342	Contrat à durée déterminée (Contrats successifs)
Soc.	26	V, 32	02-44.712	Avantages acquis
Soc.	26		02-44.341	AGS (Garantie des créances)
Soc.	26	V, 20	02-42.656	Contrat de travail (Critères)
Soc.	28	V, 37	03-47.403	Préavis (Indemnité compensatrice de)
Soc.	28	V, 35	03-40.639	Modification du contrat et des conditions de travail - Modification des fonctions
Soc.	28	V, 36	02-47.527	Concurrence déloyale
Soc.	28	V, 38	02-45.971	Entretien préalable au licenciement
Soc.	28		02-44.900	Contrat de mission/Contrat de travail temporaire
Ass. plén.	28	n° 1	01-45.924	Accidentés du travail (Protection)
Février 2005				
Soc.	1er	V, 40	03-40.605	Contrat d'apprentissage
Soc.	1er		02-18.357	Force majeure/Fait du prince
Soc.	1er		02-14.452	Participation
Soc.	2		03-60.505	Délégué syndical (Désignation)
Soc.	2	V, 42	02-45.748	Faute grave
Soc.	2	V, 41	02-45.259	Contrat d'apprentissage
Soc.	2	V, 43	02-45.085	Grève (Faute lourde)
Soc.	2	V, 45	02-43.364	Conseils de prud'hommes (Compétence d'attribution)
Soc.	8	V, 46	03-43.304	Contrat à durée déterminée (Rupture anticipée)
Soc.	8		03-40.731	Gérants salariés de succursales
Soc.	8	V, 47	03-40.385	Imputabilité de la rupture
Soc.	8		02-47.537	AGS (Employeurs assujettis/Bénéficiaires)
Soc.	8	V, 48	02-46.720	Contrat à durée déterminée (Conclusion)
Soc.	8		02-46.673	Modification dans la situation juridique de l'employeur (Cas d'application)
Soc.	8		02-44.454	Contrat à durée déterminée (Cas de recours)
Soc.	8		02-44.275	Vol/Détournement
Soc.	9	V, 50	03-44.486	Visite médicale de reprise
Soc.	9		03-40.636	Travail dissimulé
CE	11	57	247673	Représentants du personnel (Licenciement/Recours contre la décision administrative)
Crim.	15	57	04-87.191	Responsabilité pénale des personnes morales
Crim.	15	61	04-84.301	Comité d'entreprise (Information et consultation)
Soc.	16	V, 55	04-60.073	Représentant syndical au comité d'entreprise
Soc.	16	V, 56	03-40.721	Accidentés du travail (Reclassement)
Soc.	16	V, 54	02-46.649	Résiliation judiciaire du contrat de travail
Soc.	16		02-45.042	Démission
Soc.	16	V, 51	02-43.792	Inaptitude physique d'origine non professionnelle
Soc.	16	V, 52	02-43.402	Période d'essai
Soc.	16	V, 53	02-43.182	Accidentés du travail (Suspension du contrat de travail)
Soc.	22	V, 58	03-41.474	Pouvoir disciplinaire (Contrôle juridictionnel)
Soc.	22	V, 61	03-13.942	Chômage total
Soc.	22	V, 60	03-11.467	Chômage total
Soc.	22	V, 57	02-45.879	Grève (Effets)
Soc.	23	V, 67	04-60.242	Bureau de vote
Soc.	23		04-60.195	Délégation unique - Scrutin
Soc.	23	V, 64	04-45.463	Clause de mobilité
Soc.	23	V, 64	03-42.018	Modification du contrat et des conditions de travail

Juridiction	Date	BC / Rec.	Numéro	Classement
Soc.	23		03-40.724	Modification dans la situation juridique de l'employeur (Cas d'application)
Soc.	23		02-47.272	Prescription des fautes disciplinaires
Soc.	23		02-47.147	Abandon de poste
Soc.	23		02-45.988	Mésentente
Soc.	23	V, 72	02-44.098	Contrat de mission/Contrat de travail temporaire
Soc.	23	V, 69	02-42.552	Heures supplémentaires
Soc.	23	V, 71	02-40.913	Travail temporaire (Entreprise de)
Soc.	23	V, 70	02-40.336	Contrat de mission/Contrat de travail temporaire
Soc.	23		02-17.433	Convention collective (Application)
				Mars 2005
Crim.	1er		04-83.863	Délégation de pouvoirs
Soc.	1er	V, 73	03-43.477	Représentants du personnel (Procédure de licenciement)
Soc.	1er	V, 75	03-40.048	Représentants du personnel (Protection/Bénéficiaires)
Soc.	1er	V, 77	03-20.429	Droit d'alerte (Comité d'entreprise)
Soc.	1er	V, 74	02-44.293	Représentants du personnel (Protection/Bénéficiaires)
Soc.	2		03-42.800	Absences répétées
Soc.	2		02-46.675	Licenciement sans cause réelle et sérieuse (Sanctions)
Soc.	2		02-46.534	Insuffisance de résultats
Soc.	2		02-45.210	Promesse d'embauche
Soc.	8		03-42.884	AGS (Garantie des créances)
Soc.	8		03-41.397	Maladie (Indemnisation complémentaire)
Soc.	8		02-45.114	Modification dans la situation juridique de l'employeur (Cas d'application)
Soc.	8		02-43.414	Temps de trajet
Soc.	8		01-44.752	Indemnité de licenciement
CE	9		257768	Représentants du personnel (Protection/Cas d'application)
Soc.	9		03-41.715	Modification de l'horaire de travail
Soc.	9	V, 80	03-40.386	Travail à temps partiel - Contrat à durée déterminée (Cas de recours)
Soc.	9	V, 84	02-46.149	VRP (Clause de non-concurrence) - VRP (Indemnité de clientèle)
Soc.	9	V, 81	02-44.927	Contrat à durée déterminée (Durée)
Soc.	9	V, 85	02-44.706	Contrat à durée déterminée (Cas de recours)
Mixte	11	n° 2	02-41.372	Contrat de travail international
Mixte	11	n° 2	02-41.371	Contrat de travail international
Soc.	15	V, 87	03-43.038	Accidentés du travail (Suspension du contrat de travail)
Soc.	15	V, 90	03-41.555	Résiliation judiciaire du contrat de travail
Soc.	15	V, 88	03-41.371	Modification du contrat et des conditions de travail
Soc.	16		03-41.649	Contrat à durée déterminée (Rupture anticipée)
Soc.	16	V, 94	03-40.251	Résiliation judiciaire du contrat de travail
Soc.	16	V, 97	03-16.616	Convention collective (Extension)
Soc.	16		02-47.007	Clause de dédit-formation
Soc.	16	V, 93	02-45.753	Ordre des licenciements
Soc.	16	V, 98	02-45.293	Transaction
Soc.	16	V, 96	02-45.077	Représentants du personnel (Protection/Bénéficiaires)
Soc.	23		03-42.687	Accidentés du travail (Suspension du contrat de travail)
Soc.	23		03-42.412	Droit d'alerte et de retrait en cas de danger
Soc.	23	V, 99	03-42.404	Non-respect des règles d'hygiène et de sécurité
Soc.	23		03-40.586	Indemnité de congés payés
Soc.	23		02-46.715	Primes et gratifications
Soc.	23	V, 100	02-46.105	Convocation à l'entretien préalable (au licenciement) - Modification des fonctions
Soc.	29	V, 103	04-60.166	Délégué syndical (Désignation)
Soc.	29	V, 101	04-60.159	Action en justice des syndicats
Soc.	29	V, 102	04-60.139	Délégué syndical (Désignation)
Soc.	29	V, 104	03-43.573	Représentants du personnel (Licenciement/Indemnisation)
Soc.	29	V, 105	03-40.768	Représentants du personnel (Licenciement/Indemnisation)
CE	30		268603	Repos hebdomadaire (Arrêté préfectoral de fermeture)

Juridiction	Date	BC / Rec.	Numéro	Classement
Soc.	30	V, 115	04-45.556	Maladie (Indemnisation complémentaire)
Soc.	30	V, 106	03-42.667	Contrat à durée déterminée (Indemnité de précarité/ Indemnité de fin de contrat) - Contrat à durée déterminée (Transformation du contrat en contrat à durée indéterminée) - Indemnité de licenciement
Soc.	30	V, 109	03-41.797	Période d'essai
Soc.	30	V, 112	03-41.518	Accidentés du travail (Suspension du contrat de travail) - Préavis (Indemnité compensatrice de)
Soc.	30		03-41.380	Perte de confiance
Soc.	30	V, 111	03-40.901	Promesse d'embauche
Soc.	30	V, 110	03-16.167	Loyauté (Obligation de)
Soc.	30		02-47.380	Modification dans la situation juridique de l'employeur (Effets)
Soc.	30	V, 108	02-46.338	Période d'essai
Soc.	30	V, 107	02-46.103	Période d'essai
Soc.	30	V, 116	02-45.410	Contrat de mission/Contrat de travail temporaire
Soc.	30	V, 117	02-20.406	Travail temporaire (Entreprise de)
				Avril 2005
Soc.	5	V, 124	04-44.626	Convention collective (Application)
Soc.	5	V, 121	03-44.994	Représentants du personnel (Procédure de licenciement)
Soc.	5	V, 120	02-47.518	Représentants du personnel (Procédure de licenciement)
Soc.	5	V, 119	02-47.473	Procédure conventionnelle de licenciement
Soc.	5	V, 122	02-46.634	Résiliation judiciaire du contrat de travail
Soc.	5		02-46.628	Dénigrement/Diffamation
Soc.	5	V, 123	02-45.636	Promesse d'embauche
Soc.	5	V, 118	02-45.540	Clause de non-concurrence
Soc.	5		02-45.346	Travailleurs étrangers
Soc.	6	V, 127	04-60.323	Comité central d'entreprise
Soc.	6		03-42.103	Heures de délégation (Rémunération)
Soc.	6		02-45.139	Minimum conventionnel
Soc.	6	V, 126	02-31.130	Droit d'alerte (Comité d'entreprise) - Comité central d'entreprise
Crim.	12	129	04-83.101	Comité d'entreprise (Information et consultation)
Soc.	12	V, 131	02-45.923	Résiliation judiciaire du contrat de travail
CE	13		258755	Représentants du personnel (Autorisation administrative de licenciement)
Soc.	13	V, 140	03-44.996	Contrat de mission/Contrat de travail temporaire
Soc.	13	V, 134	03-42.965	Vie privée
Soc.	13	V, 136	03-42.467	Démission
Soc.	13	V, 139	03-41.967	Contrat de mission/Contrat de travail temporaire
Soc.	13	V, 135	03-41.502	Maladie (Indemnisation complémentaire) - Cure thermale
Soc.	13	V, 137	02-47.621	Modification du lieu de travail
Soc.	13		02-46.666	Responsabilité civile de l'employeur
Soc.	19	V, 143	03-43.240	Modification dans la situation juridique de l'employeur (Cas d'application)
Soc.	19	V, 141	02-46.295	Surveillance des salariés
CE	20		254909	Représentants du personnel (Procédure de licenciement)
CE	20		254066	Représentants du personnel (Procédure de licenciement)
Soc.	20		04-60.250	Protocole d'accord préélectoral
Soc.	20	V, 151	04-45.683	Préavis (Indemnité compensatrice de)
Soc.	20	V, 150	03-42.721	Minimum conventionnel
Soc.	20		03-42.096	Modification dans la situation juridique de l'employeur (Effets)
Soc.	20		03-42.017	Temps de trajet
Soc.	20	V, 149	03-41.916	Harcèlement moral/Harcèlement sexuel
Soc.	20	V, 152	03-41.802	Travail à temps partiel
Soc.	20	V, 146	03-41.490	Contrat à durée déterminée (Durée)
Soc.	20	V, 148	03-40.069	Responsabilité pécuniaire du salarié
Soc.	20		03-16.736	Temps de travail effectif
Soc.	20	V, 147	02-47.063	AGS (Garantie des créances)

Juridiction	Date	BC / Rec.	Numéro	Classement
				Mai 2005
Soc.	10	V, 153	03-44.313	Accidentés du travail (Reclassement)
Soc.	10		03-42.391	VRP (Bénéfice du statut)
Soc.	11		04-40.539	Modification du contrat et des conditions de travail - Modification de la rémunération
Soc.	11	V, 158	03-45.228	Imputabilité de la rupture
Soc.	11	V, 155	03-45.174	Inaptitude physique d'origine non professionnelle
Soc.	11	V, 160	03-43.181	VRP (Clause de non-concurrence)
Soc.	11		03-43.007	Mésentente
Soc.	11	V, 162	03-41.927	Repos compensateur
Soc.	11	V, 156	03-41.753	Modification du contrat et des conditions de travail
Soc.	11	V, 161	03-40.837	VRP (Rémunération)
Soc.	11	V, 159	03-40.650	Notification du licenciement - Période d'essai
Soc.	17	V, 165	03-40.017	Vie privée
Soc.	17	V, 166	02-47.541	Artistes
Soc.	17	V, 170	02-46.581	Retraite (Mise à la)
Soc.	18		03-42.585	Clause de mobilité
Soc.	18		03-40.579	Insuffisance de résultats
Soc.	18	V, 173	02-47.335	Représentants du personnel (Protection/Bénéficiaires)
Soc.	18		02-46.439	Faute lourde
Soc.	18		02-44.075	Journalistes (Bénéfice du statut)
Crim.	24	154	04-86.813	Travail dissimulé
Soc.	24		04-41.208	Préavis
Soc.	24		03-43.506	Journalistes (Contrat de travail)
Soc.	24	V, 174	03-43.037	Préavis
Soc.	25	V, 180	04-45.794	Clause de non-concurrence
Soc.	25	V, 177	03-44.942	Contrat à durée déterminée (Requalification/Indemnisation)
Soc.	25	V, 179	03-44.301	SMIC
Soc.	25	V, 183	03-43.373	Conseillers prud'hommes (Protection)
Soc.	25	V, 176	03-43.214	Contrat à durée déterminée (Requalification/Indemnisation)
Soc.	25	V, 175	03-43.146	Contrat à durée déterminée (Contrats successifs)
Soc.	31		03-43.767	AGS (Modalités d'intervention)
				Juin 2005
Soc.	1er	V, 185	04-42.143	Égalité de rémunération
Soc.	1er	V, 187	04-16.994	Avantages acquis
Soc.	1er	V, 186	03-30.295	Intéressement des salariés
Soc.	1er	V, 188	03-18.897	Repos hebdomadaire (Principe du repos dominical)
Soc.	7	V, 192	04-43.652	Avantages acquis
Soc.	7	V, 191	03-44.969	Conseillers prud'hommes (Protection)
Soc.	7	V, 189	03-42.080	Modification du contrat et des conditions de travail
Soc.	7	V, 190	02-47.374	Représentants du personnel (Licenciement/Recours contre la décision administrative)
Soc.	8	V, 195	03-44.983	Prescription (Action en paiement du salaire)
Soc.	8	V, 198	03-43.398	VRP (Indemnité de clientèle)
Soc.	8	V, 194	03-43.321	VRP (Clause de non-concurrence)
Soc.	8	V, 197	02-47.689	Employés de maison
Soc.	14		04-60.431	Collèges électoraux
Soc.	14		03-43.668	Dénigrement/Diffamation
Soc.	14		03-43.401	Faute lourde
Soc.	14		03-16.083	Intéressement des salariés
Soc.	14	V, 201	02-47.320	Cumul d'un mandat social et d'un contrat de travail
CE	15		254728	Licenciement économique (Notion) - Représentants du personnel (Autorisation administrative de licenciement)
CE	15		250747	Modification dans la situation juridique de l'employeur (Salariés protégés)
Soc.	15	V, 202	03-48.094	Licenciement économique (Réintégration)
Soc.	17	V, 204	03-44.900	Contrat à durée déterminée (Requalification/Indemnisation)
Soc.	17	V, 203	03-42.596	Contrat à durée déterminée (Conclusion)

Juridiction	Date	BC / Rec.	Numéro	Classement
Soc.	17	V, 205	03-13.707	Prêt de main-d'œuvre
Crim.	21		05-80.036	Comité d'entreprise (Information et consultation)
Soc.	21		03-42.437	Primes et gratifications
Soc.	21	V, 211	02-45.918	Modification dans la situation juridique de l'employeur (Effets)
Soc.	21	V, 207	02-45.479	Conseils de prud'hommes (Compétence d'attribution)
Soc.	21	V, 206	02-42.658	Égalité de rémunération
Soc.	21	V, 209	02-42.499	AGS (Modalités d'intervention)
Soc.	22	V, 214	04-60.391	Délégué syndical (Désignation)
Ass. plén.	24	n° 7	03-30.038	Hygiène et sécurité
CE	27		277048	Modification dans la situation juridique de l'employeur (Salariés protégés)
Soc.	28		04-40.752	Modification de l'horaire de travail
Soc.	28	V, 216	03-45.042	Contrat de travail international
Soc.	28	V, 217	03-44.819	Indemnité de licenciement
Soc.	28		03-43.192	Contrat à durée déterminée (Rupture anticipée)
Soc.	28	V, 215	02-47.128	Convocation à l'entretien préalable (au licenciement)
Soc.	29	V, 225	04-60.488	Scrutin
Soc.	29	V, 228	04-60.093	Délégué syndical (Désignation)
Soc.	29		04-43.165	Droit syndical (Exercice du)
Soc.	29	V, 222	04-40.758	Travail dissimulé
Soc.	29	V, 219	03-44.412	Hygiène et sécurité
Soc.	29	V, 221	03-44.376	Cause réelle et sérieuse
Soc.	29		03-43.674	Cumul d'un mandat social et d'un contrat de travail
Soc.	29	V, 223	03-42.804	Imputabilité de la rupture
Soc.	29	V, 224	03-41.966	Résiliation judiciaire du contrat de travail
Soc.	29	V, 220	02-45.701	Période d'essai

Juillet 2005

Juridiction	Date	BC / Rec.	Numéro	Classement
CE	4		269173	Représentants du personnel (Autorisation administrative de licenciement)
CE	4		263434	Représentants du personnel (Autorisation administrative de licenciement)
Soc.	5		03-47.038	Période d'essai
Soc.	5	V, 232	03-45.058	Résiliation judiciaire du contrat de travail
Soc.	5	V, 234	02-47.576	Durée du travail
Soc.	6		04-60.531	Candidatures aux élections professionnelles
Soc.	6		04-60.422	Scrutin
Soc.	6	V, 239	04-44.995	Usage
Soc.	6	V, 236	03-47.249	Durée du travail
Soc.	6		03-45.411	Modification du contrat et des conditions de travail
Soc.	6	V, 235	03-43.074	Égalité de rémunération
CE	8		270288	Journalistes (Bénéfice du statut)
Soc.	12	V, 242	04-47.265	Modification de la rémunération
Soc.	12	V, 241	04-13.342	Vie privée
Soc.	12	V, 244	03-45.394	Contrat de travail (Critères) - Cause réelle et sérieuse
Soc.	12	V, 243	03-43.354	Contrat de travail (Critères)
Soc.	12		03-43.069	Modification dans la situation juridique de l'employeur (Cas d'application)
Soc.	12		03-42.414	Modification de l'horaire de travail
Soc.	12	V, 245	03-41.536	Faute grave
Soc.	12		03-10.633	Comité d'hygiène, de sécurité et des conditions de travail (Fonctions)
Soc.	13	V, 248	03-44.980	Abandon de poste
CE	27		268917	Représentants du personnel (Autorisation administrative de licenciement)
CE	27		259910	Formation professionnelle continue (Participation financière de l'employeur)
CE	27	377	254600	Règlement intérieur - Notes de service

Juridiction	Date	BC / Rec.	Numéro	Classement
				Septembre 2005
Crim.	7	220	04-87.080	Responsabilité pénale des personnes physiques - Bulletin de salaire
Crim.	13	224	04-85.736	Responsabilité civile de l'employeur - Hygiène et sécurité
Soc.	13	V, 257	04-60.449	Candidatures aux élections professionnelles
Soc.	13	V, 256	04-10.961	Contribution patronale aux activités sociales et culturelles - Subvention de fonctionnement
Soc.	13		03-43.788	Ordre des licenciements
Soc.	13	V, 250	03-10.502	Participation
Soc.	13	V, 251	02-46.795	Clause de non-concurrence
Soc.	14		03-40.132	Caisses de congés payés
Soc.	20		03-46.853	Temps de travail effectif
Soc.	20	V, 259	03-43.513	Égalité de rémunération
Soc.	20		03-41.549	Indemnité de congés payés
Soc.	21		05-40.224	Modification dans la situation juridique de l'employeur (Cas d'application)
Soc.	21	V, 267	04-40.529	Procédure de licenciement dans les entreprises en redressement ou liquidation judiciaires
Soc.	21		03-46.661	Modification de la rémunération
Soc.	21		03-46.431	Contrat de travail (Critères)
Soc.	21		03-45.477	Violences et rixes
Soc.	21		03-45.196	Maternité
Soc.	21		03-45.088	Travail dissimulé
Soc.	21	V, 266	03-45.024	Chômage total
Soc.	21	V, 262	03-44.855	Visites médicales d'embauche et périodique
Soc.	21		03-44.272	Convention collective (Applicabilité)
Soc.	21	V, 260	03-43.532	Engagement unilatéral de l'employeur - Modification dans la situation juridique de l'employeur (Sort du statut collectif)
Soc.	21	V, 261	03-41.598	Contrat à durée déterminée (Cas de recours)
CE	28		269784	Représentants du personnel (Autorisation administrative de licenciement)
CE	28	397	266023	Convocation à l'entretien préalable (au licenciement) - Représentants du personnel (Procédure de licenciement)
Soc.	28		04-60.426	Syndicats (Statuts)
Soc.	28	V, 271	04-44.823	Contrat à durée déterminée (Conclusion)
Soc.	28		04-42.230	Préavis (Indemnité compensatrice de)
Soc.	28	V, 276	04-11.286	Heures de délégation (Utilisation)
Soc.	28		03-47.996	Notification du licenciement
Soc.	28	V, 273	03-47.214	Période d'essai
Soc.	28	V, 272	03-46.070	Modification du contrat et des conditions de travail
Soc.	28		03-44.757	Contrat à durée déterminée (Durée)
Soc.	28		03-43.052	Transaction
Soc.	28		03-42.509	Logement des salariés
Soc.	28		03-19.779	Heures de délégation (Contrôle et contestation)
Soc.	28	V, 274	02-45.926	Procédure conventionnelle de licenciement
Soc.	30	V, 278	04-40.625	Non-respect des règles d'hygiène et de sécurité
Soc.	30	V, 277	04-40.193	Grève (Effets)
Soc.	30	V, 282	04-19.975	Horaire de travail
Soc.	30	V, 281	04-10.490	Délégué syndical (Désignation)
Soc.	30		03-47.040	Dénigrement/Diffamation
				Octobre 2005
Soc.	4		03-45.983	Procédure conventionnelle de licenciement
Crim.	11	254	05-82.414	Comité d'hygiène, de sécurité et des conditions de travail (Fonctions) - Action en justice des syndicats
Crim.	11		05-81.009	Formation à la sécurité
Soc.	11		03-46.834	Entretien préalable au licenciement
Soc.	11		03-45.585	Contrat de travail (Exécution défectueuse/Erreurs/Négligences/Imprudences/Omissions)

Juridiction	Date	BC / Rec.	Numéro	Classement
Soc.	11		03-43.588	Insubordination
Soc.	11		03-43.556	Travail dissimulé
Soc.	11		03-41.617	Chômage partiel
Soc.	11		03-41.586	Procédure conventionnelle de licenciement
Soc.	12	V, 289	04-43.355	Convention collective (Dénonciation)
Soc.	12	V, 287	04-15.794	Droit d'alerte (Comité d'entreprise)
Soc.	12	V, 286	03-47.749	Conseillers prud'hommes (Protection)
Soc.	12	V, 288	03-45.533	Représentants du personnel (Licenciement/Indemnisation)
Soc.	12	V, 284	03-43.935	Mise à pied conservatoire - Insubordination
Soc.	12	V, 290	03-40.294	Convention collective (Dénonciation)
Soc.	19	V, 292	03-48.383	Inaptitude physique d'origine non professionnelle
Soc.	19		03-47.343	Travailleurs à domicile
Soc.	19		03-47.226	Employés de maison - Modification de la durée du travail
Soc.	19	V, 292	03-46.942	Inaptitude physique d'origine non professionnelle
Soc.	19	V, 294	03-46.847	Absences répétées
Soc.	19	V, 295	03-46.592	Clause de non-concurrence
Soc.	19	V, 297	03-46.197	Minimum conventionnel
Soc.	19		03-45.882	Modification de la rémunération
Soc.	19	V, 298	03-43.218	Minimum conventionnel
Soc.	19	V, 293	02-46.173	Représentants du personnel (Licenciement/Indemnisation) - Représentants du personnel (Autorisation administrative de licenciement)
Avis	21	n° 8	05-00.024	Comité d'entreprise européen
Soc.	25	V, 299	03-46.624	Responsabilité pécuniaire du salarié
Soc.	25	V, 301	02-45.158	Cause réelle et sérieuse
Soc.	25	V, 300	01-45.147	Contrat de travail (Critères)
Soc.	26		05-60.056	Section syndicale
Soc.	26		04-40.737	Représentants du personnel (Protection/Bénéficiaires)
Soc.	26	V, 305	03-46.766	Conseillers prud'hommes (Protection)
Soc.	26		03-46.728	Modification du contrat de travail d'un salarié protégé
Soc.	26	V, 306	03-44.751	Période d'essai - Représentants du personnel (Protection/ Cas d'application)
Soc.	26	V, 306	03-44.585	Médecin du travail - Période d'essai - Représentants du personnel (Protection/Cas d'application)
Soc.	26		03-41.796	Liberté d'expression

Novembre 2005

CE	2	474	259649	Conseillers prud'hommes (Protection)
Soc.	2		04-43.801	Modification de la durée du travail
Soc.	2		03-47.215	Modification dans la situation juridique de l'employeur (Conditions d'application)
Soc.	3		03-47.968	Gérants salariés de succursales
Soc.	3		02-47.371	Sanctions pécuniaires (Notion)
Crim.	8	286	05-83.084	Durée du travail
Crim.	8	285	05-81.269	Inspecteur du travail
Crim.	8		04-86.653	Comité d'entreprise (Information et consultation)
Soc.	8		03-46.354	Abandon de poste
Soc.	8		03-43.202	Indélicatesses/Malhonnêteté/Malversations
CE	9		270501	Repos hebdomadaire (Arrêté préfectoral de fermeture)
CE	9		261874	Représentants du personnel (Autorisation administrative de licenciement)
Soc.	9	V, 317	05-60.063	Contentieux électoral
Soc.	9	V, 314	03-47.963	AGS (Garantie des créances)
Soc.	9	V, 312	03-47.720	Égalité de rémunération
Soc.	9	V, 313	03-47.188	Modification dans la situation juridique de l'employeur (Cas d'application)
Soc.	9		03-46.565	Représentants du personnel (Protection/Cas d'application)
Soc.	9	V, 320	03-45.774	Convention collective (Dénonciation) - Avantages acquis
Soc.	9	V, 315	03-45.483	Modification dans la situation juridique de l'employeur (Cas d'application)

Juridiction	Date	BC / Rec.	Numéro	Classement
Soc.	9		03-43.526	Intéressement des salariés
Soc.	9	V, 320	03-43.290	Convention collective (Dénonciation) - Avantages acquis
CE	16		270646	Représentants du personnel (Autorisation administrative de licenciement)
Soc.	16	V, 327	04-45.641	Convention collective (Extension)
Soc.	16		04-44.743	Licenciement pour fin de chantier
Soc.	16		04-43.134	Prime de fin d'année/Treizième mois
Soc.	16	V, 328	04-40.410	Temps de pause/Temps de repos
Soc.	16	V, 329	04-40.339	Usage
Soc.	16	V, 326	03-47.395	Inaptitude physique d'origine non professionnelle
Soc.	16		03-46.655	Notification du licenciement
Soc.	16	V, 324	03-45.392	Imputabilité de la rupture
Soc.	16	V, 323	03-45.000	Pouvoir disciplinaire
Soc.	16	V, 322	03-44.957	Contrat à durée déterminée (Durée)
Soc.	16	V, 325	03-43.316	Cause réelle et sérieuse
Civ.	22	II, 302	04-11.447	Maladies professionnelles (Notion)
Crim.	22	307	04-87.451	Comité d'hygiène, de sécurité et des conditions de travail (Fonctions) - Frais de déplacement/Temps de trajet/ Frais divers (Représentants du personnel) - Réunions du comité d'entreprise - Délit d'entrave
Crim.	22	306	04-87.021	Délit d'entrave
Soc.	23	V, 338	04-60.446	Établissement distinct
Soc.	23	V, 335	04-47.653	Préavis (Indemnité compensatrice de)
Soc.	23	V, 336	04-47.542	Inaptitude physique d'origine non professionnelle - Préavis (Indemnité compensatrice de)
Soc.	23	V, 331	04-45.328	Contrat de travail (Détermination de l'employeur)
Soc.	23		04-40.635	Ordre des licenciements
Soc.	23		03-47.782	Notification du licenciement
Soc.	23		03-46.490	Contrat de travail (Détermination de l'employeur)
Soc.	23	V, 339	03-45.439	Modification dans la situation juridique de l'employeur (Cas d'application)
Soc.	23	V, 333	03-41.401	Preuve de la faute
Soc.	23	V, 332	03-40.826	Droit syndical (Exercice du)
Soc.	30		04-41.709	Clause de garantie d'emploi
Soc.	30		03-47.591	Astreintes
Soc.	30		03-46.530	Clause de mobilité

Décembre 2005

Juridiction	Date	BC / Rec.	Numéro	Classement
CJCE	1er	I, 10253	C-14/04	Heures d'équivalence
Soc.	1er	V, 349	05-43.031	Contrat de travail (Critères)
Soc.	1er	V, 345	04-48.607	Inaptitude physique d'origine non professionnelle
Soc.	1er	V, 347	04-48.388	Heures supplémentaires
Soc.	1er	V, 351	04-41.394	Congé pour la création d'entreprise
Soc.	1er	V, 348	04-41.277	Licenciement sans cause réelle et sérieuse (Sanctions)
Soc.	1er	V, 355	04-41.005	Contrat de mission/Contrat de travail temporaire
Soc.	1er		04-40.911	Congé sabbatique
Soc.	1er	V, 354	04-40.811	Fractionnement des congés payés
Soc.	1er	V, 353	04-11.378	Caisses de congés payés
Soc.	1er	V, 346	03-47.197	Égalité de rémunération
Crim.	6		05-82.815	Formation à la sécurité
Crim.	6	314	04-87.661	Hygiène et sécurité
Soc.	6		03-48.242	Usage
Soc.	7	V, 359	04-46.625	Conseils de prud'hommes (Compétence d'attribution)
Soc.	7	V, 356	04-44.594	Usage - Engagement unilatéral de l'employeur - Modification dans la situation juridique de l'employeur (Sort du statut collectif)
Soc.	7		04-42.907	Force majeure/Fait du prince
Soc.	7	V, 361	04-15.662	Convention collective (Mise en cause)
CE	9		265553	Repos hebdomadaire (Dérogations)
Civ.	13	II, 318	04-30.457	Mannequins
CE	13		277748	Représentants du personnel (Procédure de licenciement)

Juridiction	Date	BC / Rec.	Numéro	Classement
Soc.	14	V, 363	04-40.561	Clause de non-concurrence - Concurrence déloyale
Soc.	14		04-40.447	Accidentés du travail (Reclassement)
Soc.	14	V, 364	03-47.721	Modification de l'horaire de travail
Soc.	14		03-46.547	Mutation disciplinaire
Soc.	14	V, 365	03-44.380	Licenciement économique (Notion)
Soc.	14		03-41.701	Modification dans la situation juridique de l'employeur (Cas d'application)
Soc.	16	V, 372	04-46.741	Travail de nuit
Soc.	16	V, 371	04-40.905	Heures de récupération
Soc.	16	V, 367	03-46.294	Durée du travail
Soc.	16		03-44.843	Clause de mobilité
Soc.	16	V, 369	03-40.888	Convention collective (Applicabilité)
				Janvier 2006
Crim.	3		05-80.443	Délit d'entrave
Soc.	10		04-45.750	Conseillers prud'hommes (Protection)
Soc.	10		04-40.189	Contrat de travail (Exécution défectueuse/Erreurs/Négligences/Imprudences/Omissions)
Soc.	10		04-30.048	Plan d'épargne d'entreprise
Soc.	10		03-47.541	Indélicatesses/Malhonnêteté/Malversations
Soc.	11	V, 10	05-40.977	Licenciement économique (Notion)
Soc.	11		05-40.976	Modification économique du contrat de travail
Soc.	11	V, 10	04-46.201	Licenciement économique (Notion)
Soc.	11	V, 11	04-42.870	Contrat à durée déterminée (Conclusion)
Soc.	11	V, 6	04-41.231	Paiement du salaire - Absences non autorisées - Bulletin de salaire
Soc.	11	V, 4	04-16.114	Grève (Responsabilité)
Soc.	11	V, 5	03-46.698	Modification du contrat et des conditions de travail
Soc.	11	V, 9	03-44.461	Indemnité de licenciement
Soc.	11	V, 7	03-43.587	Responsabilité pécuniaire du salarié
Soc.	17		04-41.814	Loyauté (Obligation de)
Soc.	17	V, 14	04-41.754	Maladies professionnelles (Notion) - Accidentés du travail (Protection)
Soc.	17		04-41.413	Femmes enceintes (Licenciement)
Soc.	17	V, 15	04-41.038	Clause de non-concurrence
Soc.	17		04-40.965	Modification des fonctions
Soc.	17		04-40.809	VRP (Bénéfice du statut)
Soc.	17	V, 16	04-40.740	Notification du licenciement
Soc.	17		03-46.436	Maladie (Indemnisation complémentaire)
Soc.	18	V, 19	04-41.746	Congés payés
Soc.	18		03-47.544	Congé parental d'éducation
Soc.	18	V, 17	03-45.422	Égalité de rémunération
Soc.	24	V, 20	03-43.073	Participation
Soc.	24		03-41.985	Sanctions disciplinaires (Notification) - Mise à pied disciplinaire
Soc.	25	V, 39	05-60.158	Délégué syndical (Désignation)
Soc.	25	V, 38	04-60.515	Délégué syndical (Désignation)
Soc.	25	V, 34	04-60.234	Unité économique et sociale - Comité de groupe
Soc.	25	V, 40	04-46.695	Heures supplémentaires
Soc.	25	V, 24	04-45.429	Période d'essai
Soc.	25	V, 26	04-44.918	Délinquance
Soc.	25	V, 25	04-43.646	Clause de non-concurrence
Soc.	25		04-42.793	Engagement unilatéral de l'employeur
Soc.	25	V, 36	04-41.240	Représentants du personnel (Protection/Bénéficiaires)
Soc.	25	V, 28	04-40.789	Représentants du personnel (Réintégration)
Soc.	25		04-40.344	Modification dans la situation juridique de l'employeur (Conditions d'application)
Soc.	25	V, 27	03-47.517	Accidentés du travail (Suspension du contrat de travail)
Soc.	25		03-46.794	Modification économique du contrat de travail - Clause de mobilité
Soc.	25	V, 22	03-45.444	AGS (Modalités d'intervention)

Juridiction	Date	BC / Rec.	Numéro	Classement
Soc.	25	V, 29	03-42.908	Représentants du personnel (Protection/Bénéficiaires)
Crim.	31		05-83.089	Délit d'entrave
Soc.	31	V, 42	05-41.188	Inaptitude physique d'origine non professionnelle
Soc.	31		04-44.026	Prime d'ancienneté
Soc.	31		04-43.141	Préavis (Dispense de)
Soc.	31	V, 44	04-40.985	Repos hebdomadaire (Principe du repos dominical)
Soc.	31	V, 49	03-47.599	Accidentés du travail (Suspension du contrat de travail)
Soc.	31	V, 41	03-47.060	Période d'essai
Soc.	31		03-46.301	Temps de travail effectif
Soc.	31		03-45.030	Contrat à durée déterminée (Cas de recours)
Soc.	31	V, 45	03-43.300	Procédure conventionnelle de licenciement
				Février 2006
Soc.	1er	V, 51	05-60.191	Délégué syndical supplémentaire
Soc.	1er	V, 50	05-60.163	Délégué syndical (Désignation)
Soc.	1er		04-41.791	Pouvoir disciplinaire (Contrôle juridictionnel)
Soc.	2	V, 61	05-41.811	Représentants du personnel (Licenciement/Indemnisation)
Soc.	2	V, 58	05-40.037	Plan de sauvegarde de l'emploi
Soc.	2		04-47.786	Liberté d'expression
Soc.	2		04-41.275	Clause de garantie d'emploi - Accord collectif sur l'emploi
Soc.	2		04-41.089	Modification dans la situation juridique de l'employeur (Conditions d'application)
Soc.	2		04-40.974	Contrat de travail (Exécution défectueuse/Erreurs/Négligences/Imprudences/Omissions)
Soc.	2		04-40.915	Éthylisme/Ivresse/Intempérance
Soc.	2		04-40.902	Certificat de travail
Soc.	2	V, 58	04-40.773	Plan de sauvegarde de l'emploi
Soc.	2	V, 54	04-40.474	Modification dans la situation juridique de l'employeur (Effets)
Soc.	2	V, 52	04-12.336	Grève (Définition)
Soc.	2	V, 53	03-47.481	Grève (Faute lourde)
Soc.	2	V, 55	03-47.180	Licenciement sans cause réelle et sérieuse (Sanctions)
Soc.	2	V, 57	03-45.443	Ordre des licenciements
Soc.	7		04-41.100	Heures d'équivalence
Soc.	8	V, 63	04-41.279	Contrat à durée déterminée (Durée)
Soc.	15	V, 71	05-60.178	Délégué syndical central - Représentant syndical au comité d'entreprise
Soc.	15	V, 75	05-60.138	Délégué syndical (Désignation)
Soc.	15	V, 72	05-60.088	Effectifs (Représentation du personnel)
Soc.	15	V, 76	05-60.055	Collèges électoraux - Comité d'entreprise européen - Comité de groupe
Soc.	15	V, 73	05-41.166	Représentants du personnel (Protection/Bénéficiaires)
Soc.	15	V, 70	04-60.525	Protocole d'accord préélectoral
Soc.	15		04-48.785	Faute grave
Soc.	15		04-44.736	Modification du contrat et des conditions de travail
Soc.	15	V, 67	04-43.923	Modification dans la situation juridique de l'employeur (Effets) - Modification dans la situation juridique de l'employeur (Cas d'application)
Soc.	15	V, 69	04-43.282	Licenciement économique (Réintégration)
Soc.	15	V, 68	04-42.822	Accidentés du travail (Protection)
Soc.	15	V, 66	04-41.015	Contrat à durée déterminée (Cas de recours)
Soc.	15	V, 74	03-42.510	Résiliation judiciaire du contrat de travail
Soc.	21		04-47.481	Faute grave
Soc.	21		04-40.646	Cumul d'un mandat social et d'un contrat de travail
Soc.	21		03-45.383	Licenciement économique (Reclassement)
Soc.	21		03-40.293	Vol/Détournement
Soc.	22		04-43.822	Modification des fonctions
Soc.	22		04-43.636	Entretien préalable au licenciement
Soc.	22		04-41.207	Licenciement économique (Notion)
Soc.	22		03-47.918	Minimum conventionnel
Soc.	22	V, 80	03-47.649	Indemnité de licenciement

Juridiction	Date	BC / Rec.	Numéro	Classement
Soc.	22		03-47.457	Mutation disciplinaire
Soc.	22		03-47.190	Paiement du salaire
Soc.	22		03-45.856	Indélicatesses/Malhonnêteté/Malversations
Soc.	22	V, 83	03-45.385	Repos compensateur
Soc.	22	V, 85	03-18.771	Caisses de congés payés
Soc.	23	V, 87	05-41.555	Visite médicale de reprise
Soc.	28	V, 88	04-48.280	Indemnité de licenciement
Soc.	28	V, 86	04-41.380	Clause de garantie d'emploi
Soc.	28	V, 90	04-40.303	Retraite (Mise à la)
Soc.	28	V, 93	04-14.202	Convention collective (Mise en cause)
Soc.	28	V, 89	03-47.880	VRP (Rémunération) - Licenciement économique (Notion)
				Mars 2006
Soc.	1er		04-43.687	Pouvoir disciplinaire
Soc.	7	V, 94	04-47.076	Faute grave - Preuve de la faute
Soc.	7		04-13.962	Bulletin de salaire
CE	8	113	278999	Grève (Services publics)
CE	8	116	270857	Représentants du personnel (Autorisation administrative de licenciement)
Soc.	8	V, 95	04-43.668	Absences répétées
Soc.	8		04-40.259	Imputabilité de la rupture
Soc.	8	V, 96	04-17.059	Gérants salariés de succursales
Crim.	14	74	05-83.436	Premier Mai
Crim.	14		05-82.732	Responsabilité pénale des personnes morales
Soc.	14	V, 97	05-41.610	Modification dans la situation juridique de l'employeur (Cas d'application)
Soc.	14	V, 100	04-48.322	Transaction
Soc.	15	V, 107	05-42.946	Modification de la durée du travail - Durée du travail
Soc.	15	V, 108	05-41.376	Imputabilité de la rupture
Soc.	15	V, 113	04-48.548	Contrat de mission/Contrat de travail temporaire
Soc.	15	V, 104	04-46.406	Période d'essai
Soc.	15	V, 111	04-45.247	Heures de délégation (Utilisation)
Soc.	15	V, 103	04-44.544	Période d'essai
Soc.	15	V, 107	04-41.935	Modification de la durée du travail - Durée du travail
Soc.	15	V, 107	04-40.504	Notification du licenciement - Durée du travail
Soc.	15	V, 107	03-48.027	Durée du travail
Soc.	15	V, 112	03-45.875	Journalistes (Clause de conscience)
Soc.	15	V, 105	03-43.102	Démission
Soc.	15	V, 102	02-46.496	Modification du lieu de travail
Soc.	21	V, 116	05-42.474	Prime de fin d'année/Treizième mois
Soc.	22	V, 119	05-42.346	Contrat de travail (Critères)
Soc.	22	V, 122	05-42.233	Gérants salariés de succursales
Soc.	22	V, 118	04-48.264	Contrat à durée déterminée (Transformation du contrat en contrat à durée indéterminée)
Soc.	22	V, 118	04-45.411	Contrat à durée déterminée (Transformation du contrat en contrat à durée indéterminée)
Soc.	28	V, 129	04-45.695	Représentants du personnel (Protection/Bénéficiaires)
Soc.	28	V, 126	04-41.016	Modification du lieu de travail
Soc.	28	V, 130	04-30.520	Durée du travail
Soc.	28	V, 125	03-43.995	Modification dans la situation juridique de l'employeur (Conditions d'application)
Soc.	29	V, 131	04-46.499	Préavis
				Avril 2006
Soc.	4	V, 134	04-47.677	Entretien préalable au licenciement
Soc.	4		04-47.559	Compensation
Soc.	4	V, 132	04-43.506	Modification du contrat et des conditions de travail
Soc.	4	V, 133	04-42.672	Travail à temps partiel
Soc.	4	V, 136	04-15.284	Caisses de congés payés
Soc.	5	V, 142	05-43.061	Temps de pause/Temps de repos

Juridiction	Date	BC / Rec.	Numéro	Classement
Soc.	5	V, 138	04-45.537	Modification de la rémunération
Soc.	5	V, 143	04-43.180	Travail à temps partiel
Soc.	5	V, 137	03-45.888	Travailleurs à domicile
Soc.	26	V, 147	05-43.591	Résiliation judiciaire du contrat de travail
Soc.	26	V, 145	04-43.582	Preuve de la faute
Soc.	26	V, 146	03-47.525	Responsabilité civile de l'employeur
Soc.	26	V, 144	03-47.334	AGS (Employeurs assujettis/Bénéficiaires)
CE	28	206	242727	Heures d'équivalence
Soc.	28	V, 154	05-41.865	Conseils de prud'hommes (Compétence d'attribution)
Soc.	28	V, 155	04-41.863	Avantages acquis
Soc.	28	V, 156	04-12.484	Conseils de prud'hommes (Compétence d'attribution)
Soc.	28	V, 152	03-47.171	Égalité de rémunération
				Mai 2006
Soc.	2	V, 157	04-46.418	Travailleurs à domicile
CE	3		277079	Représentants du personnel (Autorisat on administrative de licenciement)
Soc.	3	V, 161	04-47.613	Accidentés du travail (Reclassement)
Soc.	3	V, 162	04-46.141	Clause de mobilité
Soc.	3	V, 165	04-44.093	Travail à temps partiel
Soc.	3	V, 158	04-41.880	Modification du lieu de travail
Soc.	3	V, 159	04-40.721	Inaptitude physique d'origine non professionnelle
Soc.	3	V, 160	03-42.920	Égalité de rémunération
Soc.	10	V, 171	05-43.843	Procédure conventionnelle de licenciement
Soc.	10	V, 172	05-43.110	Représentants du personnel (Autorisation administrative de licenciement)
Soc.	10	V, 169	05-42.210	Responsabilité civile de l'employeur
Soc.	10	V, 174	05-40.802	Heures de délégation (Contrôle et contestation)
Soc.	10	V, 170	04-42.608	Travail dissimulé
Soc.	10	V, 168	03-46.593	Travailleurs étrangers
Soc.	17	V, 177	04-47.597	Clause de non-concurrence
Soc.	17		04-43.022	Licenciement économique (Reclassement)
CE	19		273308	Convention collective (Extension)
Soc.	23	V, 182	05-60.119	Électorat/Qualité d'électeur - Éligibilité
Soc.	23	V, 180	05-40.597	Indélicatesses/Malhonnêteté/Malversations
Soc.	24	V, 191	05-60.244	Modification dans la situation juridique de l'employeur (Salariés protégés)
Soc.	24	V, 190	05-60.231	Représentant syndical au comité d'entreprise
Soc.	24	V, 189	04-45.877	Transaction
Soc.	24	V, 192	04-43.947	Représentants du personnel (Protection/Bénéficiaires)
Soc.	31	V, 199	05-43.197	Preuve de la faute
Soc.	31	V, 195	04-47.656	Contrat à durée déterminée (Conclusion)
Soc.	31	V, 200	04-47.376	Licenciement économique (Notion)
Soc.	31	V, 198	04-44.598	Clause de non-concurrence
Soc.	31	V, 196	04-43.592	Modification du lieu de travail
Soc.	31	V, 197	04-41.595	Temps de travail effectif
				Juin 2006
Soc.	7	V, 207	04-46.675	AGS (Montant de la garantie)
Soc.	7	V, 205	04-46.587	Grève (Effets)
Soc.	7	V, 209	04-45.846	Clause de mobilité
Soc.	7	V, 206	04-43.866	Surveillance des salariés
Soc.	7	V, 210	04-43.819	Notification du licenciement
Soc.	7	V, 204	04-17.116	Grève (Services publics)
Soc.	20	V, 221	05-44.256	Représentants du personnel (Protection/Bénéficiaires)
Soc.	20	V, 217	05-40.662	Imputabilité de la rupture
Soc.	20	V, 218	04-48.493	AGS (Garantie des créances)
Soc.	20		04-43.067	Tenue vestimentaire
Soc.	21	V, 225	05-44.020	Résiliation judiciaire du contrat de travail
Soc.	21	V, 223	05-43.914	Harcèlement moral/Harcèlement sexuel

Juridiction	Date	BC / Rec.	Numéro	Classement
Soc.	21	V, 224	05-42.418	Modification dans la situation juridique de l'employeur (Conditions d'application)
Soc.	21	V, 227	05-42.307	Travail de nuit
Soc.	21	V, 227	05-42.073	Travail de nuit
Ass. plén.	23	n° 7	04-40.289	Grève (Services publics)
Soc.	28	V, 231	05-40.990	Clause de non-concurrence - Injures/Insultes
Soc.	28	V, 229	04-47.746	Visite médicale de reprise
Soc.	28	V, 230	04-47.672	Inaptitude physique d'origine non professionnelle
Soc.	28	V, 234	04-45.600	Visite médicale de reprise
Soc.	28	V, 232	04-43.431	Imputabilité de la rupture
Soc.	28	V, 228	04-43.053	Contrat à durée déterminée (Cas de recours)
Soc.	28	V, 228	04-40.455	Contrat à durée déterminée (Cas de recours)

Juillet 2006

Juridiction	Date	BC / Rec.	Numéro	Classement
CJCE	4	I, 06057	C-212/04	Contrat à durée déterminée (Cas de recours)
Soc.	5	V, 237	04-46.009	Représentants du personnel (Protection/Cas d'application)
Soc.	5	V, 238	04-43.213	Action en justice du comité d'entreprise
Soc.	5	V, 236	04-40.134	Représentants du personnel (Protection/Cas d'application)
Soc.	5	V, 239	04-18.814	Comité central d'entreprise
Soc.	5	V, 235	03-46.361	Représentants du personnel (Mise à pied conservatoire)
Soc.	12	V, 253	05-60.404	Contentieux électoral
Soc.	12	V, 257	05-60.384	Effectifs (Représentation du personnel)
Soc.	12	V, 252	05-60.353	Contentieux électoral
Soc.	12	V, 251	05-60.332	Protocole d'accord préélectoral
Soc.	12	V, 260	05-60.300	Délégué syndical (Désignation)
Soc.	12	V, 246	04-48.182	Imputabilité de la rupture
Soc.	12	V, 244	04-47.938	Promesse d'embauche
Soc.	12	V, 255	04-47.737	Règlement intérieur du comité d'entreprise
Soc.	12	V, 250	04-47.724	Représentants du personnel (Protection/Bénéficiaires) - Licenciement économique (Notion)
Soc.	12	V, 261	04-47.622	Astreintes
Soc.	12	V, 256	04-47.558	Discrétion (Obligation, Comité d'entreprise)
Soc.	12	V, 263	04-47.550	Conseils de prud'hommes (Compétence d'attribution)
Soc.	12	V, 249	04-46.345	Représentants du personnel (Protection/Cas d'application)
Soc.	12		04-46.104	Égalité de rémunération
Soc.	12	V, 258	04-45.893	Représentants du personnel (Protection/Bénéficiaires)
Soc.	12	V, 247	04-45.578	Licenciement économique (Reclassement) - Représentants du personnel (Autorisation administrative de licenciement)
Soc.	12	V, 241	04-45.396	Clause de mobilité
Soc.	12	V, 262	04-45.395	Modification dans la situation juridique de l'employeur (Cas d'application)
Soc.	12	V, 245	04-41.075	Faute grave
Soc.	12	V, 254	04-40.331	Contrat de travail (Détermination de l'employeur)
Soc.	12	V, 266	04-20.770	Repos hebdomadaire (Arrêté préfectoral de fermeture)

Septembre 2006

Juridiction	Date	BC / Rec.	Numéro	Classement
Crim.	5	206	05-85.895	Action en justice du comité d'entreprise
Soc.	13	V, 267	04-45.698	Convocation à l'entretien préalable (au licenciement)
Crim.	19	229	05-86.668	Comité d'entreprise (Information et consultation)
Soc.	20		05-43.097	Concierges
Soc.	20	V, 271	05-42.930	Inaptitude physique d'origine non professionnelle
Soc.	20	V, 269	05-41.883	Contrat à durée déterminée (Cas de recours)
Soc.	20	V, 274	05-41.385	Préavis (Indemnité compensatrice de)
Soc.	20	V, 284	05-41.265	Contrat de mission/Contrat de travail temporaire
Soc.	20	V, 283	05-40.526	Inaptitude physique d'origine non professionnelle
Soc.	20	V, 277	05-40.491	Contrat de travail international
Soc.	20	V, 277	05-40.490	Contrat de travail international
Soc.	20	V, 275	05-40.241	Accidentés du travail (Reclassement)
Soc.	20	V, 272	05-40.225	Artistes
Soc.	20	V, 279	04-47.343	Journalistes (Contrat de travail)

Juridiction	Date	BC / Rec.	Numéro	Classement
Soc.	20	V, 268	04-45.717	Contrat de travail international
Soc.	20	V, 276	04-45.703	Licenciement économique (Reclassement)
Soc.	20	V, 270	04-43.068	Contrat à durée déterminée (Indemnité de précarité/ Indemnité de fin de contrat) - Contrat à durée déterminée (Transformation du contrat en contrat à durée indéterminée)
Soc.	20	V, 278	04-10.765	Action en justice du comité d'entreprise
Soc.	21	V, 285	05-41.155	Cause réelle et sérieuse
Soc.	26	V, 287	05-44.670	Période d'essai
Soc.	26	V, 288	05-43.841	Licenciement économique (Reclassement) - Licenciement sans cause réelle et sérieuse (Sanctions)
Soc.	27	V, 290	05-40.414	Attestation d'assurance chômage
Soc.	27	V, 289	04-47.663	Contrat à durée déterminée (Cas de recours)
Soc.	27	V, 293	04-43.446	Heures d'équivalence
			Octobre 2006	
CE	2		251742	Représentants du personnel (Autorisation administrative de licenciement)
Soc.	10	V, 297	04-47.623	Représentants du personnel (Licenciement/Indemnisation)
Soc.	10	V, 294	04-46.134	Modification dans la situation juridique de l'employeur (Cas d'application)
Soc.	10	V, 296	04-43.453	Licenciement économique (Notion) - Modification dans la situation juridique de l'employeur (Conditions d'application)
Soc.	10	V, 295	04-40.325	Modification dans la situation juridique de l'employeur (Effets)
Soc.	11	V, 300	05-43.595	Contrat à durée déterminée (Cas de recours)
Soc.	11	V, 299	05-42.632	Contrat à durée déterminée (Contrats successifs)
Soc.	11	V, 301	04-48.314	Absences répétées
Soc.	11	V, 304	04-47.950	Procédure de licenciement dans les entreprises en redressement ou liquidation judiciaires
Soc.	11	V, 302	04-47.168	Ordre des licenciements
CE	12		287489	Représentants du personnel (Autorisation administrative de licenciement)
CE	12		286728	Représentants du personnel (Procédure de licenciement)
Soc.	12	V, 305	05-15.069	Convention collective (Conclusion)
Soc.	17	V, 306	05-40.393	Évaluation des salariés - Droit syndical (Exercice du)
Soc.	18	V, 311	05-41.408	Cure thermale
Soc.	18	V, 307	04-48.612	Responsabilité pénale des personnes physiques
Soc.	18	V, 308	04-48.025	Vie privée - VRP (Bénéfice du statut)
Soc.	18	V, 308	04-47.400	Vie privée
Soc.	18	V, 314	04-44.602	Engagement unilatéral de l'employeur - Convention collective (Application)
Soc.	18	V, 310	03-48.370	Procédure conventionnelle de licenciement
Soc.	24	V, 317	04-46.622	AGS (Garantie des créances)
Soc.	25	V, 318	06-60.012	Comité d'hygiène, de sécurité et des conditions de travail (Mise en place)
Crim.	30	260	05-86.380	Représentants du personnel (Mise à pied conservatoire)
Crim.	30	259	05-82.447	Comité d'entreprise (Information et consultation)
Soc.	31	V, 321	05-42.158	Imputabilité de la rupture
Soc.	31	V, 319	05-40.302	Paiement du salaire
Soc.	31	V, 321	04-48.234	Résiliation judiciaire du contrat de travail
Soc.	31	V, 321	04-46.280	Imputabilité de la rupture
Soc.	31	V, 320	03-42.641	Égalité de rémunération
			Novembre 2006	
Civ.	7	I, 461	05-19.011	Notification du licenciement
Soc.	7	V, 327	05-42.323	Notification du licenciement - Convention collective (Applicabilité) - Préavis
Soc.	7	V, 326	05-41.380	Handicapés
Soc.	7	V, 328	05-40.197	Travail dissimulé
Soc.	7	V, 330	04-41.390	Règlement intérieur
Soc.	8	V, 33	06-60.036	Scrutin

Juridiction	Date	BC / Rec.	Numéro	Classement
Soc.	8	V, 331	05-41.504	Cause réelle et sérieuse
Soc.	15	V, 338	05-41.489	Harcèlement moral/Harcèlement sexuel
Soc.	15	V, 344	05-40.935	Licenciement économique (Reclassement)
Soc.	15	V, 339	05-40.408	Inaptitude physique d'origine non professionnelle
Soc.	15	V, 347	05-19.124	Caisses de congés payés
Soc.	15	V, 342	04-48.672	Licenciement pour fin de chantier
Soc.	15	V, 343	04-48.192	Absences répétées
Soc.	15	V, 340	04-47.156	Égalité de rémunération
Soc.	15	V, 341	04-46.721	Clause de non-concurrence
Soc.	21	V, 348	05-45.416	Cumul d'un mandat social et d'un contrat de travail
Soc.	21	V, 349	05-40.656	Évaluation des salariés - Licenciement économique (Notion) - Ordre des licenciements
Soc.	21	V, 350	04-47.068	Modification du contrat de travail d'un salarié protégé
CE	24	481	284208	Représentants du personnel (Procédure de licenciement)
Crim.	28	295	06-81.113	Inspecteur du travail
Soc.	28	V, 353	05-41.414	Égalité de rémunération
Soc.	28	V, 352	05-40.775	Contrat à durée déterminée (Conclusion)
Soc.	28	V, 356	04-45.548	Représentants du personnel (Protection/Bénéficiaires)
Soc.	29	V, 364	05-43.470	Accidentés du travail (Reclassement)
Soc.	29	V, 366	05-42.853	Contrat de mission/Contrat de travail temporaire - Titres-restaurants
Soc.	29	V, 365	05-40.755	Contrat de mission/Contrat de travail temporaire
Soc.	29	V, 360	04-48.655	Contrat à durée déterminée (Rupture anticipée)
Soc.	29	V, 361	04-47.302	Visite médicale de reprise
			Décembre 2006	
Soc.	5	V, 371	05-21.641	Délibérations/Votes (Comité d'entreprise) - Comité d'entreprise (Information et consultation)
CE	11		282699	Représentants du personnel (Protection/Bénéficiaires)
Soc.	13		05-45.325	Femmes enceintes (Licenciement)
Soc.	13	V, 385	05-44.956	Contrat de mission/Contrat de travail temporaire
Soc.	13	V, 373	05-44.580	Contrat de mission/Contrat de travail temporaire
Soc.	13		05-44.073	Indexation des salaires/Échelle mobile des salaires
Soc.	13	V, 380	05-43.617	Durée du travail
Soc.	13	V, 384	05-42.528	Jours fériés
Soc.	13	V, 372	05-41.232	Contrat à durée déterminée (Indemnité de précarité/ Indemnité de fin de contrat) - Contrat à durée déterminée (Rupture anticipée)
Soc.	13	V, 379	05-40.969	Sanctions pécuniaires (Notion)
Soc.	13	V, 380	05-40.671	Durée du travail
Soc.	13	V, 382	05-14.685	Durée du travail
Soc.	13	V, 383	04-46.935	Indemnité de congés payés
Soc.	15	V, 386	05-42.532	Accidentés du travail (Reclassement)
Soc.	20	V, 398	06-60.119	Comité central d'entreprise
Soc.	20	V, 400	06-60.017	Contentieux électoral - Action en justice des syndicats
Soc.	20	V, 404	06-40.864	Journalistes (Bénéfice du statut)
Soc.	20	V, 404	06-40.662	Discrimination à l'embauche
Soc.	20	V, 399	05-60.345	Convention collective (Conclusion)
Soc.	20	V, 405	05-60.340	Établissement distinct
Soc.	20	V, 392	05-45.365	Sanctions pécuniaires (Notion)
Soc.	20	V, 397	05-42.539	Résiliation judiciaire du contrat de travail
Soc.	20	V, 406	05-42.507	Comité d'hygiène, de sécurité et des conditions de travail (Fonctions)
Soc.	20	V, 393	05-42.224	Clause de mobilité
Soc.	20	V, 396	04-47.853	Convocation à l'entretien préalable (au licenciement)
Soc.	20	V, 403	04-46.673	Conseils de prud'hommes (Compétence d'attribution)
Soc.	20		04-42.475	Modification dans la situation juridique de l'employeur (Cas d'application)
Soc.	20	V, 389	04-19.829	Modification dans la situation juridique de l'employeur (Cas d'application)

Juridiction	Date	BC / Rec.	Numéro	Classement
Soc.	20		04-16.661	Participation
Avis	21	n° 12	06-00.014	Harcèlement moral/Harcèlement sexuel - Droit syndical (Exercice du)
Soc.	21	V, 415	05-44.806	Femmes enceintes (Licenciement) - Période d'essai - Maternité
Soc.	21	V, 412	05-12.816	Retraite (Mise à la)
Soc.	21	V, 410	04-45.720	AGS (Modalités d'intervention)
Soc.	21	V, 413	04-43.886	Imputabilité de la rupture
				Janvier 2007
CEDH	9		31501/03	Heures d'équivalence
CEDH	9		20127/03	Heures d'équivalence
Soc.	9	V, 1	05-43.962	Maladie (Indemnisation complémentaire)
Soc.	11	V, 2	05-40.663	Grève (Services publics)
Soc.	11	V, 5	05-10.350	Licenciement économique (Information et consultation du CE)
Soc.	11		04-45.250	Indemnité de licenciement
Soc.	23		05-43.428	Attestation d'assurance chômage
Soc.	24		05-42.499	Action en justice des syndicats
Soc.	24	V, 10	05-42.135	Notification du licenciement - Transaction
Soc.	24		05-41.797	Minimum conventionnel
Soc.	24		05-40.639	Abandon de poste
Soc.	24	V, 14	04-45.585	Travail de nuit
CE	26	24	284605	Représentants du personnel (Licenciement/Recours contre la décision administrative)
Soc.	31		05-40.540	Procédure disciplinaire (Entretien préalable)
Soc.	31	V, 18	04-47.842	VRP (Clause de non-concurrence)
				Février 2007
Crim.	6	29	06-82.601	Harcèlement moral/Harcèlement sexuel - Droit syndical (Exercice du)
Soc.	7	V, 20	06-40.250	Résiliation judiciaire du contrat de travail
Soc.	7		05-45.988	Clause de mobilité
Soc.	13		05-42.932	Temps de trajet
Soc.	14		05-45.887	Plan de sauvegarde de l'emploi
Soc.	14	V, 22	04-47.110	Modification dans la situation juridique de l'employeur (Effets) - Modification dans la situation juridique de l'employeur (Conditions d'application) - Modification dans la situation juridique de l'employeur (Cas d'application)
CJCE	15	I, 1499	C-270/05	Licenciement économique (Information et consultation du CE)
Soc.	20		06-42.330	Prime de fin d'année/Treizième mois - Usage
Soc.	20		05-41.973	Démission
Soc.	21	V, 27	05-43.136	Égalité de rémunération
Soc.	21		05-42.384	Préavis (Dispense de)
Soc.	21		05-41.777	Contrat de travail (Exécution défectueuse/Erreurs/Négligences/Imprudences/Omissions)
Soc.	21	V, 29	05-40.991	Jours fériés
Soc.	21		04-47.682	Représentants du personnel (Protection/Bénéficiaires)
Soc.	21		04-46.875	AGS (Garantie des créances)
Soc.	21	V, 30	04-43.071	Horaire de travail
Soc.	27		06-40.943	Contrat à durée déterminée (Renouvellement)
Soc.	27	V, 32	05-44.984	Clause de non-concurrence
Soc.	28	V, 35	06-42.005	Conseils de prud'hommes (Compétence d'attribution)
Soc.	28	V, 33	06-40.944	Grève (Définition)
Soc.	28	V, 38	05-44.927	Syndicats (Statuts)
Soc.	28	V, 36	05-42.553	Représentants du personnel (Protection/Bénéficiaires)
Soc.	28	V, 37	05-15.228	Tracts
				Mars 2007
Soc.	6		05-43.698	Sanctions disciplinaires (Non-cumul des)
Soc.	6		05-41.378	Entretien préalable au licenciement

Juridiction	Date	BC / Rec.	Numéro	Classement
Soc.	7	V, 43	05-45.574	VRP (Clause de non-concurrence)
Soc.	7	V, 44	05-45.511	Clause de non-concurrence
Soc.	7	V, 45	05-43.872	Accidentés du travail (Reclassement)
Soc.	7		05-43.165	Congé de formation
Soc.	7		05-42.826	Indemnité de congés payés
Soc.	7	V, 42	05-42.279	Accidentés du travail (Suspension du contrat de travail)
Soc.	8		05-44.330	Premier Mai
Soc.	8		05-44.261	Indexation des salaires/Échelle mobile des salaires
Soc.	14	V, 51	06-41.647	Action en justice du comité d'entreprise
Soc.	14	V, 47	05-43.184	Accidentés du travail (Protection)
Soc.	14		05-12.528	Contribution patronale aux activités sociales et culturelles
Avis	19	n° 3	06-00.020	Unité économique et sociale
Crim.	20	87	06-86.269	Chômage total
Crim.	20	86	05-85.253	Travail dissimulé
Soc.	20		05-44.011	Heures de délégation (Contrôle et contestation)
CE	21		284655	Chômage total
Soc.	21	V, 55	06-40.370	Contrat de mission/Contrat de travail temporaire
Soc.	21	V, 53	05-45.060	Notification du licenciement - Cause réelle et sérieuse
Soc.	21		05-43.433	Logement des salariés - Préavis
Soc.	21	V, 54	05-13.341	Convention collective (Applicabilité)
Soc.	22		05-44.975	Modification dans la situation juridique de l'employeur (Conditions d'application)
Soc.	22		05-41.179	Violences et rixes
Crim.	27	95	06-87.415	Chômage total
Soc.	27	V, 57	05-41.921	Notification du licenciement - Rétrogradation disciplinaire - Sanctions disciplinaires (Notification)
Soc.	28	V, 60	06-41.375	Accidentés du travail (Protection)
Soc.	28		05-45.423	Préavis (Dispense de)
Soc.	28		05-44.119	Attestation d'assurance chômage
				Avril 2007
Crim.	3	99	06-86.748	Responsabilité civile de l'employeur
Soc.	3		06-41.017	Usage
Soc.	3		05-45.110	Paiement du salaire
Soc.	4		06-60.183	Comité d'hygiène, de sécurité et des conditions de travail (Mise en place)
Soc.	4	V, 63	06-60.124	Délégué syndical (Désignation) - Représentant syndical au comité d'entreprise
Soc.	4	V, 62	06-60.112	Contentieux électoral
Soc.	4		05-45.409	Modification de la rémunération - VRP (Bénéfice du statut)
Soc.	4		05-45.117	Congé pour la création d'entreprise
Soc.	4	V, 61	05-43.406	Imputabilité de la rupture
Soc.	26	V, 64	06-40.718	Transaction
				Mai 2007
Crim.	2	112	07-81.517	Travail dissimulé
Soc.	3	V, 65	05-44.776	Grève (Effets)
Soc.	3		05-43.977	Grève (Faute lourde)
Soc.	3	V, 67	05-43.863	Convention collective (Applicabilité)
Soc.	3	V, 68	05-12.340	Action en justice des syndicats
Soc.	9	V, 69	05-46.029	Repos compensateur
Soc.	9	V, 70	05-42.301	Démission
Soc.	9	V, 70	05-41.324	Démission
Soc.	9	V, 70	05-40.518	Démission
Soc.	9	V, 70	05-40.315	Démission
Soc.	10	V, 71	05-45.932	Travail à temps partiel
Soc.	10	V, 73	05-44.313	Travailleurs à domicile
Soc.	15	126	06-84.318	Réunions du comité d'entreprise - Délit d'entrave
Soc.	15	V, 74	06-41.277	Clause de mobilité

Juridiction	Date	BC / Rec.	Numéro	Classement
Soc.	15	V, 78	06-40.872	Gérants non salariés (Succursales de commerce de détail alimentaire)
Soc.	15	V, 77	05-45.234	Retraite (Mise à la)
Soc.	15	V, 75	05-42.894	Égalité de rémunération
Soc.	15	V, 76	04-43.663	Résiliation judiciaire du contrat de travail
Soc.	16		06-42.717	Conseils de prud'hommes (Compétence territoriale)
Soc.	16		06-42.188	Contrat à durée déterminée (Conclusion)
Soc.	16		06-40.868	Modification des fonctions
Soc.	16	V,79	06-40.496	Procédure de licenciement dans les entreprises en redressement ou liquidation judiciaires
Soc.	16	V, 81	05-44.299	Travail à temps partiel
Soc.	16		05-16.647	Clause de dédit-formation
Mixte	18	n° 3	05-40.803	Vie privée
Crim.	22	132	06-84.748	Action en justice des syndicats
Soc.	23	V, 85	06-43.209	Harcèlement moral/Harcèlement sexuel
Soc.	23	V, 82	05-41.374	Vie privée
Soc.	23	V, 84	05-17.818	Vie privée
Soc.	23	V, 83	04-20.157	Participation
Soc.	30	V, 89	06-41.240	Contrat à durée déterminée (Rupture anticipée)
Soc.	30		05-44.396	Temps de pause/Temps de repos
				Juin 2007
Soc.	6	V, 94	06-42.444	Procès-verbal de carence
Soc.	6		05-45.984	Non-respect des règles d'hygiène et de sécurité
Soc.	6		05-43.996	Vie privée
Soc.	6		05-43.039	Non-respect des règles d'hygiène et de sécurité
Soc.	6	V, 92	05-40.892	AGS (Garantie des créances)
Soc.	12	V, 95	05-45.320	Travailleurs étrangers
Soc.	12		05-43.957	Notification du licenciement
Soc.	13	V, 99	06-40.823	Heures d'équivalence
Soc.	13	V, 103	06-18.336	Repos hebdomadaire (Principe du repos dominical)
Soc.	13	V, 99	05-45.694	Heures d'équivalence
Soc.	13	V, 97	05-45.377	Contrat à durée déterminée (Contrats successifs)
Soc.	13	V, 101	05-45.203	Durée du travail
Soc.	19	V, 104	06-44.047	Convention collective (Mise en cause)
Soc.	19	V, 106	05-46.017	Représentants du personnel (Licenciement/Indemnisation)
Soc.	19	V, 109	05-42.551	Contrat de travail international
Soc.	20	V, 110	07-60.027	Établissement distinct
Soc.	20		06-41.823	Entretien préalable au licenciement
Soc.	20		05-44.314	Sanctions disciplinaires (Notification)
Soc.	20		05-43.453	AGS (Garantie des créances)
Soc.	25		06-40.667	Imputabilité de la rupture
Soc.	27		06-42.084	Grève (Services publics)
Soc.	27		06-41.904	Convention collective (Application)
Soc.	27	V, 113	06-41.818	Travail intermittent
Soc.	27	V, 114	06-41.345	Contrat de mission/Contrat de travail temporaire
Soc.	27		06-40.992	Contrat d'apprentissage
Soc.	27		06-40.399	Représentants du personnel (Protection/Cas d'application)
Soc.	27	V, 112	05-45.038	Contrat à durée déterminée (Contrats successifs)
				Juillet 2007
CE	2		281404	Comité d'hygiène, de sécurité et des conditions de travail (Mise en place)
Soc.	4		05-45.221	Préavis
Soc.	4	V, 115	05-19.112	Représentants du personnel (Protection/Bénéficiaires)
CE	9		288295	Représentants du personnel (Procédure de licenciement)
Soc.	10		05-44.300	Cumul d'un mandat social et d'un contrat de travail
Soc.	11	V, 118	06-41.765	Contrat à durée déterminée (Indemnité de précarité/ Indemnité de fin de contrat)
Soc.	11		06-41.732	Contrat de mission/Contrat de travail temporaire

Juridiction	Date	BC / Rec.	Numéro	Classement
Soc.	11	V, 121	06-41.706	Absences non autorisées - Horaire de travail
Soc.	11	V, 124	06-41.575	Jours fériés
Soc.	11	V, 123	06-11.164	Temps de travail effectif
Soc.	12		06-43.414	Contrat à durée déterminée (Conclusion)
CE	26		296389	Journalistes (Bénéfice du statut)
			Septembre 2007	
Crim.	11		06-88.467	Prêt de main-d'œuvre
Crim.	11	199	06-82.410	Représentants du personnel (Mise à pied conservatoire)
Soc.	12	V, 126	06-43.041	Conseillers prud'hommes (Protection)
Soc.	12	V, 127	06-42.496	Convention collective (Application)
Soc.	12	V, 128	06-41.841	Convention collective (Révision)
Soc.	12	V, 125	06-13.667	Procédure de licenciement dans les entreprises en redressement ou liquidation judiciaires
CJCE	13	I, 07109	C-307/05	Contrat à durée déterminée (Statut du salarié)
Soc.	18		06-41.761	Grève (Faute lourde)
Soc.	18		05-43.389	Vol/Détournement
Soc.	19	V, 132	06-60.222	Contentieux électoral - Protocole d'accord préélectoral
Soc.	19	V, 134	06-60.153	Délégué syndical (Désignation)
Soc.	19	V, 131	06-60.134	Collèges électoraux
Soc.	19	V, 130	06-41.227	Accidentés du travail (Protection) - Représentants du personnel (Licenciement/Indemnisation)
CJCE	20	I, 07643	C-116/06	Femmes enceintes (Licenciement) - Congé parental d'éducation
Crim.	25	222	06-84.599	Local (Représentants du personnel) - Réunions des délégués du personnel - Délit d'entrave
Soc.	25		06-42.071	Concurrence déloyale
Soc.	25		06-41.892	Modification dans la situation juridique de l'employeur (Cas d'application)
Soc.	25		05-45.592	Convocation à l'entretien préalable (au licenciement)
Soc.	26	V, 141	06-44.584	Indemnité de licenciement
Soc.	26	V, 139	06-44.246	Subvention de fonctionnement
Soc.	26		06-43.467	Insuffisance de résultats
Soc.	26	V, 135	06-43.033	Indemnité de licenciement
Soc.	26	V, 138	06-42.551	Résiliation judiciaire du contrat de travail
Soc.	26	V, 136	06-40.039	Cause réelle et sérieuse
Soc.	26	V, 143	06-13.810	Local (Représentants du personnel)
Soc.	26		06-11.425	Liberté de déplacement
Soc.	26	V, 137	05-45.665	Notification du licenciement - Représentants du personnel (Licenciement/Indemnisation)
Soc.	26	V, 140	05-42.599	Représentants du personnel (Licenciement/Recours contre la décision administrative) - Représentants du personnel (Licenciement/Indemnisation)
Soc.	27	V, 146	06-43.867	Faute grave
Soc.	27	V, 145	06-41.744	Indemnité compensatrice de congés payés
Soc.	27	V, 144	06-41.086	Contrat à durée déterminée (Requalification/Indemnisation)
Soc.	27	V, 147	05-42.293	Congés payés
			Octobre 2007	
Soc.	3		06-60.284	Unité économique et sociale
Soc.	3	V, 149	06-60.063	Éligibilité
Soc.	3		06-42.646	Insuffisance professionnelle
Soc.	3	V, 152	06-42.320	VRP (Bénéfice du statut)
Soc.	3		06-42.121	Insuffisance de résultats
Soc.	3	V, 151	06-40.449	Artistes
Soc.	3	V, 148	05-44.958	Contrat à durée déterminée (Indemnité de précarité/ Indemnité de fin de contrat)
Soc.	3		05-44.652	Action en justice des syndicats
Soc.	10	V, 158	06-44.807	Retraite (Départ à la)
Soc.	10	V, 157	06-43.373	Prime d'ancienneté
Soc.	10	V, 156	06-42.721	Convention collective (Conclusion)

Juridiction	Date	BC / Rec.	Numéro	Classement
Soc.	10		06-42.371	AGS (Garantie des créances)
Soc.	10		05-45.898	Preuve de la faute
Soc.	10	V, 154	05-45.347	Représentativité syndicale
CJCE	11	I, 08511	C-460/06	Femmes enceintes (Licenciement)
Soc.	17	V, 159	06-44.710	Indemnité de licenciement
Soc.	17	V, 161	06-44.388	Période d'essai
Soc.	17	V, 160	06-43.243	Période d'essai
Soc.	17		05-41.531	Ordre des licenciements
Soc.	18	V, 165	06-45.331	Conseils de prud'hommes (Compétence d'attribution)
Soc.	18	V, 163	06-44.251	Concierges - Absences répétées
Soc.	18	V, 162	06-43.848	Contrat à durée déterminée (Cas de recours)
Soc.	18	V, 164	06-43.771	Licenciement sans cause réelle et sérieuse (Sanctions)
Soc.	19		05-45.980	Insuffisance de résultats
Soc.	23		06-45.289	Modification dans la situation juridique de l'employeur (Conditions d'application)
Soc.	23	V, 174	06-44.438	Représentants du personnel (Protection/Bénéficiaires)
Soc.	23	V, 172	06-42.994	Clause de garantie d'emploi
Soc.	23	V, 171	06-40.950	Adaptation (Obligation d')
Soc.	23	V, 169	06-17.802	Grève (Définition)
Soc.	25		05-44.003	Dénigrement/Diffamation
Soc.	30	V, 178	06-44.757	Cause réelle et sérieuse
Soc.	30		06-44.187	Résiliation judiciaire du contrat de travail
Soc.	30	V, 177	06-43.327	Imputabilité de la rupture
Soc.	31		06-44.165	Insuffisance de résultats
Soc.	31	V, 180	06-43.876	Durée du travail
Soc.	31	V, 183	06-43.834	Temps de trajet
Soc.	31		06-43.756	Insuffisance professionnelle
Soc.	31		06-41.508	Modification du contrat et des conditions de travail
Soc.	31		06-15.696	Clause de dédit-formation
Soc.	31	V, 182	06-13.232	Temps de travail effectif
Soc.	31	V, 179	04-17.096	Chômage total
			Novembre 2007	
Crim.	6	265	07-80.031	Hygiène et sécurité - Formation à la sécurité
Crim.	6	266	06-86.027	Délit d'entrave
Soc.	7	V, 187	07-60.041	Convention collective (Application)
Soc.	7	V, 184	06-42.988	Sanctions disciplinaires (Notification)
Soc.	7		06-42.439	Promesse d'embauche
Soc.	7	V, 186	06-13.702	Délégué syndical (Désignation)
CE	9	444	293987	Journée de solidarité
CE	9	441	279206	Handicapés
Soc.	14	V, 189	06-44.284	VRP (Clause de non-concurrence)
Soc.	14		06-44.271	Travail à temps partiel
Soc.	14	V, 190	06-43.345	Usage
Soc.	15	V, 191	06-44.008	Convention collective (Applicabilité)
Soc.	15		06-43.383	Convention collective (Applicabilité)
Soc.	16	V, 192	06-43.499	Durée du travail
Soc.	16	V, 193	06-40.391	Travail de nuit
Soc.	20	V, 195	06-41.410	Plan de sauvegarde de l'emploi
Soc.	20	V, 194	06-41.212	Période d'essai
Soc.	21	V, 196	06-44.993	Accidentés du travail (Suspension du contrat de travail)
Soc.	28	V, 202	06-44.843	Contrat de mission/Contrat de travail temporaire
Soc.	28	V, 200	06-42.379	Modification dans la situation juridique de l'employeur (Salariés protégés)
Soc.	28	V, 197	06-40.489	Licenciement économique (Notion)
Soc.	28	V, 201	06-21.964	Évaluation des salariés - Comité d'hygiène, de sécurité et des conditions de travail (Fonctions)
Soc.	28	V, 199	06-12.977	Expert comptable du comité d'entreprise
Soc.	28	V, 198	05-45.354	AGS (Garantie des créances)
Soc.	29		05-42.004	Insuffisance professionnelle
Ass. plén.	30	n° 9	06-45.365	Indemnité de licenciement

Juridiction	Date	BC / Rec.	Numéro	Classement
				Décembre 2007
Soc.	4	V, 203	06-44.041	Égalité de rémunération
Soc.	4	V, 204	05-46.073	Licenciement économique (Reclassement)
Soc.	5		06-44.073	Représentants du personnel (Protection/Bénéficiaires)
Soc.	5	V, 206	06-41.313	Faute grave - Contrat à durée déterminée (Transformation du contrat en contrat à durée indéterminée) - Contrat à durée déterminée (Cas de recours)
Soc.	5		06-40.787	Détachement de salariés
Soc.	13	V, 207	06-44.004	Contrat à durée déterminée (Transformation du contrat en contrat à durée indéterminée)
CJCE	18	I, 11767	C-341/05	Détachement de salariés
Soc.	18	V, 215	06-45.132	Égalité de traitement entre hommes et femmes
Soc.	18	V, 212	06-43.801	Hygiène et sécurité
Com.	18		05-15.768	Inventions des salariés
Soc.	19		07-60.087	Candidatures aux élections professionnelles
Soc.	19		07-60.021	Vote par correspondance
Soc.	19	V, 220	07-60.016	Contentieux électoral
Soc.	19	V, 219	06-44.754	Imputabilité de la rupture
Soc.	19		06-44.286	Grève (Effets)
Soc.	19		06-43.983	Insubordination
Soc.	19	V, 216	06-43.918	Visite médicale de reprise
Soc.	19		06-43.788	Ordre des licenciements
Soc.	19		06-43.739	Grève (Faute lourde)
Soc.	19	V, 221	06-42.773	Artistes
Soc.	19	V, 218	06-42.550	Démission
CE	21	519	285515	Représentants du personnel (Protection/Bénéficiaires)
				Janvier 2008
Crim.	15	6	07-80.800	Hygiène et sécurité - Formation à la sécurité
Soc.	16	V, 9	07-60.163	Convention collective (Conclusion)
Soc.	16	V, 6	07-10.597	Comité d'entreprise européen - Comité d'entreprise (Information et consultation)
Soc.	16	V, 10	07-10.095	Action en justice des syndicats
Soc.	16	V, 4	06-60.289	Contentieux électoral
Soc.	16	V, 5	06-60.286	Comité d'hygiène, de sécurité et des conditions de travail (Mise en place) - Bureau de vote
Soc.	16	V, 8	06-46.313	Plan de sauvegarde de l'emploi - Licenciement économique (Information et consultation du CE)
Soc.	16	V, 13	06-43.124	Journée de solidarité
Soc.	16	V, 11	06-42.983	Temps de travail effectif
Soc.	16	V, 13	06-42.327	Journée de solidarité
Soc.	16		06-41.540	Abandon de poste
Soc.	16	V, 12	06-41.471	Travail à temps partiel
Soc.	16	V, 7	06-15.679	Comité d'hygiène, de sécurité et des conditions de travail (Mise en place)
Soc.	22		06-43.534	Engagement unilatéral de l'employeur
Soc.	22		06-43.050	Préavis (Indemnité compensatrice de)
Soc.	22	V, 14	06-40.514	Tracts
Soc.	22	V, 15	06-18.979	Comité d'hygiène, de sécurité et des conditions de travail (Fonctions)
Soc.	23	V, 19	07-40.522	Clause de mobilité
Soc.	23		06-45.856	Transaction
Soc.	23	V, 16	06-44.197	Contrat à durée déterminée (Cas de recours)
Soc.	23	V, 21	06-44.190	Contrat à durée déterminée (Indemnité de précarité/ Indemnité de fin de contrat)
Soc.	23	V, 16	06-43.040	Contrat à durée déterminée (Cas de recours)
Soc.	23	V, 20	06-42.919	Licenciement irrégulier (Sanctions)
Soc.	23	V, 17	06-41.536	Contrat à durée déterminée (Conclusion)
Soc.	23	V, 18	05-41.070	Contrat à durée déterminée (Rupture anticipée)

Juridiction	Date	BC / Rec.	Numéro	Classement
Soc.	23	V, 22	05-16.492	Action en justice des syndicats
Soc.	24	V, 23	06-45.088	Clause de mobilité
Soc.	29	V, 27	06-44.983	Travailleurs étrangers
Soc.	29	V, 25	06-43.906	Contrat d'apprentissage
Soc.	29		06-43.501	Vol/Détournement
Soc.	29	V, 26	06-42.712	Paiement du salaire
Soc.	30		07-60.121	Éligibilité
Soc.	30		06-42.000	Modification économique du contrat de travail
Soc.	30	V, 29	06-17.531	Saisie des rémunérations - Retraite (Départ à la)
Soc.	30	V, 28	06-14.218	Imputabilité de la rupture
				Février 2008
Soc.	6	V, 31	06-45.551	Inaptitude physique d'origine non professionnelle
Soc.	6		06-45.532	Indiscrétions
Soc.	6		06-45.219	Indemnité de licenciement
Soc.	6	V, 33	06-44.413	Visite médicale de reprise
Soc.	6	V, 32	06-44.389	Absences répétées
Soc.	7		06-44.869	Temps de travail effectif
Soc.	12	V, 34	07-40.413	Licenciement économique (Réintégration)
Soc.	12	V, 36	06-45.397	Action en justice des syndicats - Engagement unilatéral de l'employeur - Égalité de rémunération
Soc.	12	V, 35	06-44.121	Représentants du personnel (Protection/Bénéficiaires)
Soc.	13		07-60.379	Comité d'entreprise européen
Soc.	13		07-60.321	Comité d'entreprise européen
Soc.	13	V, 37	07-60.097	Scrutin - Bureau de vote
Soc.	13		06-44.984	Licenciement économique (Reclassement)
Soc.	13		06-44.036	Licenciement économique (Reclassement)
Soc.	13		06-43.785	Adaptation (Obligation d')
Soc.	13		06-41.500	Liberté d'expression
Soc.	20	V, 42	06-44.964	Travail dissimulé
Soc.	20	V, 40	06-44.867	Accidentés du travail (Reclassement)
Soc.	20	V, 43	06-43.349	Travail à temps partiel
Soc.	20	V, 41	06-40.949	Convocation à l'entretien préalable (au licenciement) - Unité économique et sociale
Soc.	20	V, 38	06-40.085	Égalité de rémunération
Soc.	20	V, 39	05-45.601	Égalité de traitement
CJCE	26	I, 01017	C-506/06	Femmes enceintes (Licenciement)
				Mars 2008
Soc.	4	V, 44	06-45.221	Clause de garantie d'emploi
Soc.	5	V, 52	07-60.305	Délégué syndical (Désignation)
Soc.	5	V, 47	07-41.964	Contrat de sécurisation professionnelle
Soc.	5	V, 49	07-40.273	Convention collective (Dénonciation)
Soc.	5	V, 50	07-12.754	Expert comptable du comité d'entreprise
Soc.	5	V, 53	07-11.123	Modification du contrat de travail d'un salarié protégé
Soc.	5	V, 48	06-60.274	Comité central d'entreprise
Soc.	5	V, 46	06-45.888	Hygiène et sécurité
Soc.	5	V, 45	06-45.205	Plan d'épargne d'entreprise
Soc.	5		06-42.387	Délinquance
Soc.	5	V, 55	06-18.907	Tracts
Crim.	11		07-80.169	Réunions du comité d'entreprise
Soc.	12		07-60.387	Comité d'hygiène, de sécurité et des conditions de travail (Mise en place)
Soc.	12		07-60.335	Scrutin
Soc.	12	V, 60	07-60.282	Candidatures aux élections professionnelles
Soc.	12		07-60.262	Comité d'hygiène, de sécurité et des conditions de travail (Mise en place)
Soc.	12	V, 62	07-40.039	Inaptitude physique d'origine non professionnelle
Soc.	12		06-46.090	Modification dans la situation juridique de l'employeur (Cas d'application)

Juridiction	Date	BC / Rec.	Numéro	Classement
Soc.	12	V, 59	06-45.147	Engagement unilatéral de l'employeur
Soc.	12	V, 61	06-43.866	Congé sabbatique
Soc.	18	V, 66	07-41.813	Convention collective (Application)
Soc.	18	V, 67	07-40.835	Conseils de prud'hommes (Compétence d'attribution)
Soc.	18	V, 63	07-40.269	Retraite (Mise à la)
Soc.	18	V, 64	06-45.093	Preuve de la faute
Soc.	18	V, 65	06-40.852	Preuve de la faute
CE	19		289433	Représentants du personnel (Procédure de licenciement)
Soc.	19	V, 69	07-40.599	Femmes enceintes (Licenciement)
Soc.	19		06-45.434	Indiscrétions
Soc.	19		06-45.212	Vie privée - Éthylisme/Ivresse/Intempérance
Soc.	19	V, 68	06-44.734	Accidentés du travail (Reclassement)
Soc.	19		06-44.509	Engagement unilatéral de l'employeur
Soc.	19		06-44.201	Prêt de main-d'œuvre
Crim.	26		07-84.308	Grève (Services publics)
Soc.	26	V, 71	06-45.990	Convention de forfait
Soc.	26	V, 70	06-45.578	Heures supplémentaires
Soc.	26	V, 72	06-45.469	Heures d'équivalence
Soc.	26	V, 73	05-41.476	Temps de travail effectif
Soc.	27		07-40.437	Usage
				Avril 2008
Soc.	1er		07-40.706	Contrat de travail international
Avis	7	n° 2	08-00.003	Contrat de sécurisation professionnelle - Ordre des licenciements
Crim.	8	96	07-80.535	Hygiène et sécurité
Soc.	9	V, 82	07-41.418	AGS (Montant de la garantie) - Convention de forfait
Soc.	9	V, 81	07-41.141	Accidentés du travail (Reclassement)
Soc.	9	V, 83	07-40.356	Accidentés du travail (Reclassement)
Soc.	9		06-46.523	Clause de non-concurrence
Soc.	9		06-45.898	Congé sabbatique
Soc.	9	V, 84	06-41.596	Employés de maison
Soc.	10		06-45.741	Comité d'entreprise (Information et consultation)
Soc.	15	V, 85	06-45.902	Preuve de la faute
Soc.	16	V, 94	07-60.414	Délégué syndical (Désignation)
Soc.	16	V, 88	07-60.408	Comité d'hygiène, de sécurité et des conditions de travail (Mise en place)
Soc.	16	V, 92	07-60.382	Délégué syndical (Désignation)
Soc.	16		07-60.348	Unité économique et sociale - Comité de groupe
Soc.	16	V, 89	07-60.157	Action en justice des syndicats
Soc.	16	V, 93	06-44.839	Activités sociales et culturelles
Soc.	16	V, 86	06-41.999	Sanctions disciplinaires (Notification)
Soc.	17	V, 96	07-41.465	Convention collective (Dénonciation)
Soc.	17	V, 95	06-45.270	Égalité de rémunération
Soc.	18		07-40.842	Cumul d'un mandat social et d'un contrat de travail
Soc.	18	V, 98	06-46.119	Femmes enceintes (Licenciement)
				Mai 2008
Crim.	6	106	07-80.530	Conseillers prud'hommes (Protection)
Crim.	6	105	06-82.366	Contrat à durée déterminée (Cas de recours)
Soc.	7	V, 100	07-40.289	Travail à temps partiel
Soc.	7		06-46.086	Journalistes (Bénéfice du statut)
Soc.	7	V, 102	06-43.058	Heures supplémentaires
Soc.	14	V, 103	07-42.341	Modification dans la situation juridique de l'employeur (Effets)
Soc.	14	V, 106	07-40.946	Transaction
Soc.	14	V, 104	06-43.564	Retraite (Mise à la)
Soc.	14		06-20.173	Engagement unilatéral de l'employeur
Soc.	15		07-41.686	Rétrogradation disciplinaire
Soc.	15		07-40.576	Transaction
Soc.	15		06-44.354	Congés payés

Juridiction	Date	BC / Rec.	Numéro	Classement
Soc.	15		06-43.343	Contrat à durée déterminée (Rupture anticipée)
Crim.	20		07-86.202	Prêt de main-d'œuvre
Soc.	20		05-42.009	Responsabilité pécuniaire du salarié
CE	21	183	304394	Représentants du personnel (Procédure de licenciement)
Soc.	21		07-41.640	Modification du lieu de travail
Soc.	21	V, 109	07-41.380	Accidentés du travail (Reclassement)
Soc.	21	V, 110	07-41.179	Femmes enceintes (Licenciement)
Soc.	21	V, 112	07-15.462	Conseils de prud'hommes (Compétence d'attribution)
Soc.	21	V, 107	06-44.948	Cause réelle et sérieuse
Soc.	21	V, 108	06-44.044	Tenue vestimentaire
Soc.	21	V, 111	06-41.498	Maladie (Indemnisation complémentaire)
Soc.	27	V, 113	06-46.403	Tracts - Convention collective (Application)
Soc.	28		07-41.735	Notification du licenciement
Soc.	28	V, 119	07-40.904	Subvention de fonctionnement
Soc.	28	V, 120	07-15.744	Droit d'alerte et de retrait en cas de danger
Soc.	28	V, 116	06-46.009	Licenciement économique (Reclassement)
Soc.	28	V, 115	06-45.572	Licenciement économique (Reclassement) - Contrat à durée déterminée (Transformation du contrat en contrat à durée indéterminée)
Soc.	28	V, 118	06-44.327	Contrat d'apprentissage
				Juin 2008
Crim.	3	135	07-80.079	Grève (Responsabilité)
Soc.	4	V, 121	07-40.126	Contrat à durée déterminée (Rupture anticipée)
Soc.	4	V, 122	06-45.757	Certificat de travail - Imputabilité de la rupture
Soc.	4	V, 123	04-40.609	Clause de non-concurrence
Soc.	5	V, 125	06-46.366	Indemnité de congés payés
Soc.	5		06-45.779	Démission
Soc.	10	V, 127	07-42.165	Cumul d'un mandat social et d'un contrat de travail
Soc.	10	V, 128	07-42.159	Retraite (Mise à la)
Soc.	10	V, 129	06-19.229	Vie privée
Soc.	11		07-41.394	Modification dans la situation juridique de l'employeur (Cas d'application)
Soc.	11	V, 133	07-40.823	Heures de délégation (Utilisation)
Soc.	11	V, 132	07-40.414	Plan de sauvegarde de l'emploi
Soc.	11	V, 131	07-40.352	Procédure de licenciement dans les entreprises en redressement ou liquidation judiciaires
CJCE	12	I, 90	C-364/07	Contrat à durée déterminée (Cas de recours)
Soc.	12		07-40.426	Éthylisme/Ivresse/Intempérance
Crim.	17	155	07-87.518	Travail dissimulé
Soc.	18	V, 135	07-42.161	Préavis
Soc.	18	V, 134	07-41.910	Imputabilité de la rupture
Soc.	18		06-45.267	Indemnité de congés payés
Soc.	19		07-41.352	Absences non autorisées
Soc.	19	V, 136	07-41.282	Modification de l'horaire de travail
Soc.	19	V, 137	07-40.939	Cause réelle et sérieuse
Soc.	24	V, 140	07-11.411	Comité central d'entreprise - Action en justice des syndicats
Soc.	24	V, 138	06-45.870	Licenciement économique (Reclassement)
Soc.	25		07-41.065	Plan de sauvegarde de l'emploi
Soc.	25		06-46.223	Heures de délégation (Utilisation)
Soc.	26		07-41.786	Licenciement économique (Information et consultation du CE)
Soc.	26	V, 142	07-15.478	Préavis (Dispense de) - Chômage total
Soc.	26		06-18.056	Cumul d'un mandat social et d'un contrat de travail
				Juillet 2008
Soc.	1er	V, 147	07-40.799	Avantages acquis
Soc.	1er	V, 143	07-40.109	Préavis
Soc.	1er	V, 144	07-40.053	Sanctions disciplinaires (Notion)
Soc.	1er	V, 145	06-46.421	Non-respect des règles d'hygiène et de sécurité
Soc.	1er	V, 147	06-44.437	Avantages acquis

Juridiction	Date	BC / Rec.	Numéro	Classement
Soc.	2		07-42.299	Imputabilité de la rupture
Soc.	2		07-40.942	Démission
Soc.	2	V, 148	07-40.132	Période d'essai
Soc.	2		06-45.987	Minimum conventionnel
Soc.	8		07-41.403	Contrat d'apprentissage
Soc.	9	V, 152	07-41.927	Femmes enceintes (Licenciement)
Soc.	9		07-41.483	Absences non autorisées
Soc.	9	V, 151	07-41.318	Inaptitude physique d'origine non professionnelle
Soc.	9	V, 150	06-45.800	Vie privée
Soc.	9		06-45.530	Préavis (Indemnité compensatrice de)
Soc.	9	V, 154	06-44.240	Préavis (Indemnité compensatrice de)
Soc.	9	V, 156	06-40.945	Priorité de réembauche (Licenciement économique)
CJCE	10	I, 5187	C-54/07	Discrimination à l'embauche
				Septembre 2008
Crim.	2		08-80.408	Délégation de pouvoirs
Crim.	2	174	07-81.661	Droit syndical (Exercice du)
CE	5	319	303992	Représentants du personnel (Licenciement/Recours contre la décision administrative)
CE	5		303707	Représentants du personnel (Licenciement/Recours contre la décision administrative)
CE	5		301506	Représentants du personnel (Procédure de licenciement)
Crim.	16	186	08-80.204	Responsabilité pénale des personnes physiques
Soc.	16	V, 159	07-41.532	Procédure conventionnelle de licenciement
Soc.	16	V, 161	07-20.444	Conseils de prud'hommes (Compétence d'attribution)
Soc.	17	V, 163	07-42.463	Contrat à durée déterminée (Cas de recours)
Soc.	17	V, 165	07-40.704	Contrat de mission/Contrat de travail temporaire
Soc.	23	V, 171	07-42.862	Plan de sauvegarde de l'emploi
Soc.	23	V, 169	07-42.786	Sanctions disciplinaires (Notification)
Soc.	23		07-41.615	Modification dans la situation juridique de l'employeur (Effets)
Soc.	23	V, 168	07-15.283	Contrat de travail international
Soc.	24	V, 179	08-60.004	Bulletin de vote
Soc.	24	V, 183	07-60.463	Remplacement des représentants du personnel
Soc.	24	V, 182	07-60.350	Comité d'entreprise européen
Soc.	24	V, 180	07-60.310	Électorat/Qualité d'électeur
Soc.	24		07-42.652	Faute lourde
Soc.	24		07-42.551	Entretien préalable au licenciement
Soc.	24		07-42.395	Représentants du personnel (Protection/Cas d'application)
Soc.	24	V, 178	07-42.200	Ordre des licenciements - Licenciement économique (Reclassement)
Soc.	24	V, 173	07-41.383	Paiement du salaire
Soc.	24		07-40.694	Licenciement économique (Notion)
Soc.	24	V, 176	07-40.098	VRP (Clause de non-concurrence)
Soc.	24		07-40.061	Convocation à l'entretien préalable (au licenciement)
Soc.	24	V, 189	06-46.292	Travail à temps partiel
Soc.	24	V, 187	06-46.179	Droit syndical (Exercice du)
Soc.	24	V, 175	06-45.579	Égalité de rémunération
Soc.	24	V, 188	06-44.939	Congé pour la création d'entreprise
Soc.	24	V, 174	06-43.529	Contrat à durée déterminée (Contrats successifs) - Égalité de rémunération
Soc.	24	V, 175	06-43.504	Harcèlement moral/Harcèlement sexuel
Soc.	24	V, 184	06-42.269	Délégué du personnel (Mission) - Délégué syndical (Désignation)
Soc.	24		06-41.448	Temps de travail effectif
				Octobre 2008
CE	13		299420	Représentants du personnel (Autorisation administrative de licenciement)
Crim.	14	209	07-84.365	Inspecteur du travail
Soc.	14		07-43.071	Clause de mobilité
Soc.	14		07-41.454	Clause de mobilité

Juridiction	Date	BC / Rec.	Numéro	Classement
Soc.	14	V, 192	07-40.523	Clause de mobilité
Soc.	14	V, 190	07-40.092	Clause de mobilité
Soc.	14	V, 191	06-46.400	Clause de mobilité
CJCE	16	I, 07871	C-310/07	AGS (Employeurs assujettis/Bénéficiaires)
Soc.	21	V, 195	08-60.008	Convention collective (Mise en cause)
Soc.	21	V, 196	07-42.170	Procédure conventionnelle de licenciement
Soc.	21		07-42.021	Représentants du personnel (Réintégration)
Soc.	21	V, 193	07-41.513	Preuve de la faute
Soc.	21	V, 197	07-40.809	Responsabilité pécuniaire du salarié - Faute grave
Soc.	22		07-43.551	Violences et rixes
Soc.	22		07-43.435	Astreintes
Soc.	22	V, 199	07-42.140	Préavis (Dispense de)
Soc.	22	V, 201	07-42.035	Clause de non-concurrence
Soc.	22	V, 200	07-41.792	Pouvoir disciplinaire (Contrôle juridictionnel) - Indemnité de licenciement
Soc.	22		07-41.479	Indélicatesses/Malhonnêteté/Malversations
Soc.	22	V, 198	06-46.215	Procédure conventionnelle de licenciement
Ass. plén.	24	n° 4	07-42.799	Convention collective (Application)
TGI Paris	28		08-8842	Titres-restaurants
Crim.	28		07-82.799	Convention collective (Conclusion) - Convention collective (Révision) - Délit d'entrave
Soc.	28		07-42.817	Liberté d'expression
Soc.	28		07-42.718	Modification économique du contrat de travail
Soc.	28	V, 203	07-42.487	Astreintes
Soc.	28	V, 202	07-40.865	Chômage partiel
Soc.	28		07-40.524	Heures de délégation (Rémunération)
Crim.	28		04-87.365	Comité d'entreprise (Information et consultation)
CE	29		303999	Collèges électoraux
CE	29	373	289617	Repos hebdomadaire (Dérogations)
Soc.	29	V, 208	08-60.016	Délégué syndical (Désignation)
Soc.	29	V, 206	07-44.766	Contrat de travail (Critères)
Soc.	29		07-43.545	Notification du licenciement
Soc.	29	V, 207	07-43.093	Clause de non-concurrence
Soc.	29	V, 204	07-41.842	Contrat à durée déterminée (Conclusion)
Soc.	29	V, 205	07-40.066	Contrat à durée déterminée (Rupture anticipée)
Soc.	29		06-45.419	Contrat à durée déterminée (Durée)
			Novembre 2008	
Soc.	6		07-43.363	Insuffisance de résultats
Soc.	12		07-43.256	Modification dans la situation juridique de l'employeur (Conditions d'application)
Soc.	12		07-43.242	Licenciement économique (Information et consultation du CE)
Soc.	12		07-42.220	Tenue vestimentaire
Soc.	12		07-41.736	Primes et gratifications
Soc.	13	V, 219	07-60.434	Listes électorales
Soc.	13		07-43.126	Travail à temps partiel
Soc.	13	V, 215	07-42.640	Clause de garantie d'emploi
Soc.	13	V, 224	07-42.481	Convention collective (Révision)
Soc.	13		07-41.779	Contrat à durée déterminée (Conclusion)
Soc.	13	V, 214	07-41.700	Détachement de salariés
Soc.	13	V, 222	07-41.512	Accidentés du travail (Reclassement)
Soc.	13	V, 216	07-41.411	Licenciement économique (Notion)
Soc.	13	V, 223	07-41.331	Représentants du personnel (Réintégration) - Représentants du personnel (Licenciement/Indemnisation)
Soc.	13	V, 213	07-40.784	Contrat à durée déterminée (Rupture anticipée)
Soc.	13	V, 221	07-40.689	Travailleurs étrangers
Soc.	13	V, 217	06-46.227	Licenciement économique (Reclassement)
Soc.	13	V, 211	06-44.608	Grève (Effets)
Soc.	13	V, 214	06-42.583	Détachement de salariés
Soc.	13	V, 212	06-40.060	Contrat à durée déterminée (Cas de recours)

Juridiction	Date	BC / Rec.	Numéro	Classement
CE	14		307544	Modification du contrat de travail d'un salarié protégé
Soc.	18	V, 227	08-60.397	Délégué syndical supplémentaire
Soc.	19		07-44.416	Procédure de licenciement dans les entreprises en redressement ou liquidation judiciaires - Licenciement économique (Information et consultation du CE)
Soc.	19		07-43.215	Représentants du personnel (Réintégration)
Soc.	19		07-43.191	Convocation à l'entretien préalable (au licenciement)
CE	21	437	300135	Convention collective (Extension)
Crim.	25	239	07-87.650	Droit d'alerte et de retrait en cas de danger
Cons. prud'h. Caen	25		06/00120	Sanctions discriminatoires (Notion)
Crim.	26	240	08-83.003	Responsabilité pénale des personnes physiques
Soc.	26	V, 231	07-44.061	Visite médicale de reprise
Soc.	26		07-43.780	Mutation disciplinaire
Soc.	26	V, 232	07-43.650	Démission
Soc.	26		07-43.633	Insuffisance de résultats
Soc.	26	V, 233	07-43.598	Visite médicale de reprise
Soc.	25	V, 234	07-42.403	Accidentés du travail (Suspension du contrat de travail)
Soc.	25	V, 229	07-41.751	Contrat à durée déterminée (Cas de recours)
Soc.	25	V, 230	07-40.802	Inaptitude physique d'origine non professionnelle
			Décembre 2008	
Soc.	2	V, 240	07-45.540	Représentants du personnel (Protection/Bénéficiaires)
Soc.	2	V, 243	07-44.132	Action en justice des syndicats
Soc.	2	V, 238	07-41.832	Unité économique et sociale
Soc.	2	V, 239	07-16.818	Activités sociales et culturelles
Soc.	2	V, 241	07-16.615	Participation
Soc.	3		07-43.582	Pouvoir disciplinaire (Contrôle juridictionnel)
Soc.	3		07-43.274	Indélicatesses/Malhonnêteté/Malversations
Soc.	3		07-42.473	Plan de sauvegarde de l'emploi
Soc.	3		07-42.331	Dénigrement/Diffamation
Soc.	3		07-42.196	Adaptation (Obligation d')
Soc.	3		06-45.117	Contrat de travail international
CE	5		299166	Licenciement économique (Reclassement)
Soc.	10		07-44.113	Maternité
Soc.	10	V, 246	07-42.445	Période d'essai
Soc.	10		07-42.310	Insuffisance professionnelle
Soc.	10	V, 245	07-41.820	Vie privée
Soc.	10		07-40.190	Conseils de prud'hommes (Compétence d'attribution)
Soc.	10	V, 244	06-46.349	Contrat à durée déterminée (Cas de recours)
Soc.	16		07-45.001	Plan de sauvegarde de l'emploi - Licenciement économique (Réintégration)
Soc.	16		07-43.993	Surveillance des salariés
Soc.	16	V, 255	07-43.875	Unité économique et sociale
Soc.	16		07-43.862	Modification dans la situation juridique de l'employeur (Effets)
Soc.	16		07-43.419	Modification dans la situation juridique de l'employeur (Effets)
Soc.	16	V, 253	07-43.285	Procédure de licenciement dans les entreprises en redressement ou liquidation judiciaires
Soc.	16	V, 250	07-42.107	Égalité de rémunération - Convention de forfait
Soc.	16	V, 252	07-41.953	Licenciement économique (Notion)
Soc.	16	V, 256	07-14.610	Plan d'épargne d'entreprise
Soc.	16	V, 249	06-45.262	Égalité de traitement entre hommes et femmes
Soc.	16	V, 251	05-40.876	Faute grave - Clause de non-concurrence
CE	17	461	310889	Représentants du personnel (Autorisation administrative de licenciement) - Représentants du personnel (Protection/ Cas d'application)
CE	17		303904	Représentants du personnel (Autorisation administrative de licenciement) - Représentants du personnel (Protection/ Cas d'application)
Soc.	17		07-42.839	Modification dans la situation juridique de l'employeur (Salariés protégés)

Juridiction	Date	BC / Rec.	Numéro	Classement
Soc.	17		07-41.499	Licenciement économique (Notion)
CJCE	18	I, 10279	C-306/07	Convention collective (Application)
CE	31		311501	Convention collective (Conclusion)
				Janvier 2009
Crim.	6		08-82.736	Établissement distinct
Crim.	13	9	08-80.787	Dignité des salariés
Soc.	13	V, 10	08-40.157	VRP (Bénéfice du statut)
Soc.	13	V, 5	07-44.398	Ordre des licenciements
Soc.	13	V, 2	07-43.388	Contrat à durée déterminée (Cas de recours)
Soc.	13	V, 3	07-43.282	Règlement intérieur
Soc.	13	V, 6	07-42.465	Résiliation judiciaire du contrat de travail
Soc.	13		07-42.108	Travail temporaire (Entreprise de)
Soc.	13		07-40.638	Temps de travail effectif
Soc.	13	V, 7	07-16.969	Établissement distinct
Soc.	13	V, 8	06-46.364	Modification dans la situation juridique de l'employeur (Salariés protégés)
Soc.	13	V, 12	06-46.208	Durée du travail
Soc.	13	V, 4	06-45.562	Clause de mobilité
Crim.	14		08-82.539	Travail dissimulé
Soc.	14	V, 13	08-60.449	Délégué syndical supplémentaire
Soc.	14		07-44.894	Représentants du personnel (Protection/Bénéficiaires) - Délégué syndical (Désignation)
Soc.	14		07-42.056	Licenciement économique (Reclassement)
CJCE	20	I, 179	C-350/06	Congés payés - Indemnité compensatrice de congés payés
Crim.	20	19	08-83.710	Offres d'emploi (Annonces d')
Crim.	20		08-82.615	Travail dissimulé
Soc.	21	V, 19	08-60.452	Délégué syndical (Désignation)
Soc.	21	V, 21	08-60.426	Comité d'entreprise européen
Soc.	21	V, 15	07-43.452	Égalité de rémunération
Soc.	21	V, 16	07-42.985	Convocation à l'entretien préalable (au licenciement)
Soc.	21		07-41.935	Droit d'alerte et de retrait en cas de danger
Soc.	21	V, 22	07-41.841	Femmes enceintes (Licenciement)
Soc.	21	V, 18	07-41.822	Accidentés du travail (Protection)
Soc.	21		07-41.690	Modification du contrat et des conditions de travail
Soc.	21		07-41.347	Accidentés du travail (Suspension du contrat de travail)
Soc.	21		07-40.609	Égalité de rémunération
Soc.	21	V, 14	07-12.411	Caisses de congés payés
TI Boissy-Saint-Léger	26		11-08-001151	Représentant de la section syndicale
Soc.	27		07-45.290	Accidentés du travail (Suspension du contrat de travail)
Soc.	27		07-43.437	VRP (Indemnité de clientèle)
Soc.	28	V, 25	08-41.633	Représentants du personnel (Protection/Bénéficiaires)
Soc.	28	V, 26	07-45.481	Plan de sauvegarde de l'emploi
Soc.	28	V, 24	07-44.556	Droit d'alerte et de retrait en cas de danger
Soc.	28	V, 28	07-18.284	Expert comptable du comité d'entreprise
				Février 2009
Soc.	4		08-40.611	Imputabilité de la rupture
Soc.	4	V, 31	08-40.184	Contrat à durée déterminée (Contrats successifs)
Soc.	4	V, 38	07-44.498	Visite médicale de reprise
Soc.	4		07-43.680	Journalistes (Contrat de travail)
Soc.	4	V, 32	07-43.430	Contre-visite médicale patronale
Soc.	4	V, 30	07-42.954	Contrat à durée déterminée (Durée)
Soc.	4	V, 33	07-42.697	Droit syndical (Exercice du)
Soc.	4	V, 37	07-42.024	Égalité de rémunération
Soc.	4	V, 35	07-41.406	Égalité de rémunération
Soc.	4	V, 36	07-11.884	Égalité de rémunération
Soc.	10		07-43.939	Grève (Faute lourde)
Soc.	11	V, 44	08-60.490	Délégué syndical (Désignation)

Juridiction	Date	BC / Rec.	Numéro	Classement
Soc.	11		07-44.909	Retraite (Départ à la)
Soc.	11	V, 45	07-44.240	Conseils de prud'hommes (Compétence d'attribution)
Soc.	11		07-43.056	Vol/Détournement - Entretien préalable au licenciement
Soc.	11	V, 42	07-42.584	Sanctions pécuniaires (Notion)
Soc.	11	V, 40	07-42.068	Preuve de la faute
Soc.	11		07-17.863	Convention collective (Applicabilité) - Engagement unilatéral de l'employeur - Convention collective (Dénonciation)
Soc.	11	V, 41	06-45.897	Rétrogradation disciplinaire
Soc.	11		04-47.783	Injures/Insultes
CJCE	12	I, 803	C-466/07	Modification dans la situation juridique de l'employeur (Conditions d'application)
Soc.	18		07-42.842	Modification de la durée du travail
CA Limoges	23		08/01112	Indélicatesses/Malhonnêteté/Malversations - Loyauté (Obligation de)
Soc.	24	V, 48	07-44.749	Indemnité de congés payés
Soc.	24	V, 49	07-44.488	Congés payés
Soc.	24		07-43.308	Primes et gratifications
Soc.	25	V, 53	07-43.513	Contrat de mission/Contrat de travail temporaire
Soc.	25	V, 51	07-41.724	Sanctions discriminatoires (Notion)
Soc.	25		07-40.371	Gérants salariés de succursales
Soc.	25	V, 50	07-40.155	Période d'essai
Soc.	25		06-46.436	Résiliation judiciaire du contrat de travail - Imputabilité de la rupture
Ass. plén.	27	n° 2	08-40.059	Égalité de rémunération
				Mars 2009
Soc.	3		08-40.091	Procédure de licenciement dans les entreprises en redressement ou liquidation judiciaires
Crim.	3	50	07-81.043	Prêt de main-d'œuvre - Travail dissimulé
Soc.	3		07-45.641	Modification dans la situation juridique de l'employeur (Conditions d'application)
Soc.	3		07-44.794	Retenues sur salaire - Grève (Effets)
Soc.	3		07-44.676	Action en justice des syndicats
Soc.	3		07-44.082	Harcèlement moral/Harcèlement sexuel
Soc.	3	V, 55	07-43.173	Conseillers prud'hommes (Protection)
Soc.	3		07-42.850	Modification économique du contrat de travail
CE	4		309130	Convention collective (Application)
Soc.	4	V, 61	08-60.497	Unité économique et sociale
Soc.	4	V, 60	08-60.468	Comité d'hygiène, de sécurité et des conditions de travail (Mise en place)
Soc.	4	V, 62	08-60.436	Délégué syndical (Désignation)
Soc.	4	V, 62	08-60.411	Délégué syndical (Désignation)
Soc.	4	V, 63	08-41.408	Représentants du personnel (Protection/Bénéficiaires)
Soc.	4		08-40.967	Non-respect des règles d'hygiène et de sécurité
Soc.	4		08-40.500	Représentants du personnel (Protection/Bénéficiaires) - Délégué syndical (Désignation)
Soc.	4	V, 57	07-42.381	Licenciement économique (Reclassement)
Soc.	10	V, 64	08-42.249	Handicapés
Soc.	10	V, 65	07-45.326	AGS (Garantie des créances)
Soc.	10	V, 66	07-44.092	Harcèlement moral/Harcèlement sexuel
Soc.	10		07-43.985	Modification du contrat et des conditions de travail - Durée du travail
CE	11	101	308874	Repos hebdomadaire (Dérogations)
Soc.	11	V, 80	08-41.140	Participation
Soc.	11	V, 74	08-40.453	Procédure conventionnelle de licenciement
Soc.	11	V, 77	07-44.090	Période d'essai
Soc.	11	V, 73	07-43.977	Employés de maison
Soc.	11		07-43.344	VRP (Indemnité de clientèle)
Soc.	11	V, 75	07-43.336	Licenciement (Nullité)
Soc.	11		07-43.335	Licenciement économique (Réintégration)

Juridiction	Date	BC / Rec.	Numéro	Classement
Soc.	11	V, 72	07-41.821	Congé parental d'éducation
Soc.	11	V, 79	07-40.813	Gérants non salariés (Succursales de commerce de détail alimentaire)
Soc.	11		07-40.146	Indemnité de licenciement
Civ.	12		08-10.770	Intéressement des salariés
Soc.	18		08-40.384	Violences et rixes
Soc.	18		07-44.891	Modification dans la situation juridique de l'employeur (Conditions d'application)
Soc.	18		07-44.810	Pourboires
Soc.	18		07-44.247	Indélicatesses/Malhonnêteté/Malversations
Soc.	18	V, 81	07-44.185	Mise à pied conservatoire
Soc.	18		07-43.864	Modification dans la situation juridique de l'employeur (Cas d'application)
CE	20		312258	Représentants du personnel (Procédure de licenciement)
CE	25		318053	Représentants du personnel (Autorisation administrative de licenciement)
Soc.	25		08-41.627	Contrat de travail (Critères)
Soc.	25	V, 86	07-45.686	Cause réelle et sérieuse
Soc.	25		07-45.281	Clause de mobilité
Soc.	25		07-45.266	Modification des fonctions - Qualification professionnelle du salarié
Soc.	25	V, 84	07-44.748	Inaptitude physique d'origine non professionnelle
Soc.	25	V, 82	07-44.408	Accidentés du travail (Suspension du contrat de travail)
Soc.	25	V, 90	07-43.767	Congés payés - Indemnité compensatrice de congés payés
Soc.	25		07-43.587	VRP (Rémunération)
Soc.	25	V, 91	07-42.318	Avantages acquis
Soc.	25	V, 85	07-41.894	Clause de non-concurrence
Soc.	25	V, 83	07-41.708	Accidentés du travail (Reclassement)
Soc.	25		07-41.451	Inaptitude physique d'origine non professionnelle
Soc.	25	V, 89	07-41.242	Gérants salariés de succursales
CJCE	26	I, 47	C-559/07	Égalité de traitement entre hommes et femmes
Soc.	31	V, 96	08-60.494	Vote par correspondance - Unité économique et sociale - Bureau de vote
Soc.	31	V, 97	08-60.482	Comité de groupe
Soc.	31	V, 101	08-40.408	Heures de délégation (Rémunération)
Soc.	31	V, 93	08-40.367	Contrat de travail international
Soc.	31	V, 92	07-45.618	Conseils de prud'hommes (Compétence d'attribution)
Soc.	31		07-45.065	Licenciement économique (Reclassement)
Soc.	31		07-44.961	Réunions du comité d'entreprise
Soc.	31		07-44.918	Liberté d'expression
Soc.	31	V, 94	07-44.564	Faute grave
Soc.	31	V, 95	07-44.480	Licenciement économique (Reclassement)
Soc.	31	V, 98	06-46.378	Transaction
				Avril 2009
Soc.	8	V, 104	08-41.046	Modification dans la situation juridique de l'employeur (Cas d'application)
Soc.	8	V, 111	08-40.547	Convention collective (Applicabilité)
Soc.	8	V, 102	08-40.256	Convention collective (Révision)
Soc.	8	V, 107	08-40.125	Priorité de réembauche (Licenciement économique)
Soc.	8		08-40.011	Employés de maison
Soc.	8	V, 106	07-45.234	Accidentés du travail (Reclassement)
Soc.	8	V, 109	07-44.307	Accidentés du travail (Reclassement)
Soc.	8	V, 114	07-44.068	Préavis (Dispense de)
Soc.	8	V, 105	07-43.909	Absences répétées
Soc.	8		07-43.343	Contrat à durée déterminée (Requalification/Indemnisation)
Soc.	8	V, 103	07-42.942	Accidentés du travail (Suspension du contrat de travail)
Soc.	8		07-41.850	Contrat de mission/Contrat de travail temporaire
CJCE	23	I, 06057	C-212/04	Contrat à durée déterminée (Cas de recours)
CJCE	23	I, 3071	C-378/07	Contrat à durée déterminée (Cas de recours)
CJCE	24	I, 65	C-519/08	Contrat à durée déterminée (Cas de recours)

Juridiction	Date	BC / Rec.	Numéro	Classement
Crim.	28	80	08-83.843	Hygiène et sécurité - Responsabilité pénale des personnes morales
Crim.	28	74	07-82.901	Droit syndical (Exercice du)
Soc.	29		08-60.485	Contentieux électoral
Soc.	29	V, 115	08-60.484	Délégué syndical (Désignation)
Soc.	29		08-40.175	Modification de l'horaire de travail
Soc.	29		07-45.653	Modification dans la situation juridique de l'employeur (Salariés protégés)
Soc.	29		07-45.603	Règlement intérieur
Soc.	29	V, 117	07-19.880	Délégué syndical (Désignation) - Unité économique et sociale
Soc.	30	V, 120	07-43.219	Inaptitude physique d'origine non professionnelle - Harcèlement moral/Harcèlement sexuel
Soc.	30	V, 121	07-40.527	Égalité de rémunération
Soc.	30	V, 119	06-45.939	Droit syndical (Exercice du)
				Mai 2009
Soc.	5		07-45.358	Accord atypique
Soc.	5		07-45.331	Concurrence déloyale
Soc.	5		07-45.004	Représentants du personnel (Protection/Bénéficiaires)
Soc.	6	V, 123	08-40.395	Notification du licenciement
Soc.	6		08-40.129	Contrat de travail (Critères)
Soc.	6		08-40.048	Injures/Insultes
Soc.	6	V, 122	07-44.692	Résiliation judiciaire du contrat de travail
Soc.	6	V, 126	07-44.485	Responsabilité pécuniaire du salarié
Soc.	6	V, 124	07-44.449	Détachement de salariés
Soc.	6		07-44.207	Minimum conventionnel
CA Toulouse	7		08/01780	Contrat à durée déterminée (Cas de recours)
Soc.	13	V, 130	08-60.530	Protocole d'accord préélectoral
Soc.	13		08-60.506	Candidatures aux élections professionnelles
Soc.	13		08-42.005	Modification dans la situation juridique de l'employeur (Conditions d'application)
Soc.	13		08-41.434	Modification dans la situation juridique de l'employeur (Effets) - Modification dans la situation juridique de l'employeur (Cas d'application)
Soc.	13	V, 127	08-40.447	Modification dans la situation juridique de l'employeur (Effets)
Soc.	13		08-40.368	Modification dans la situation juridique de l'employeur (Cas d'application)
Soc.	13	V, 132	08-12.514	Contribution patronale aux activités sociales et culturelles
Soc.	13		07-45.516	Modification dans la situation juridique de l'employeur (Conditions d'application)
Soc.	13		07-44.671	Représentants du personnel (Réintégration)
Soc.	13	V, 129	07-44.245	Convocation à l'entretien préalable (au licenciement)
Soc.	13		07-43.893	Licenciement économique (Reclassement)
Soc.	13		07-40.094	Modification dans la situation juridique de l'employeur (Effets)
Civ.	14	I, 90	08-12.966	Contrat de travail (Critères)
Soc.	19		08-40.208	Temps de pause/Temps de repos
Soc.	20		08-41.606	Clause de garantie d'emploi
Soc.	20	V, 134	07-44.755	Contrat de mission/Contrat de travail temporaire
Soc.	20		07-44.272	Inaptitude physique d'origine non professionnelle
Soc.	20		07-43.965	Femmes enceintes (Licenciement)
Soc.	20		07-43.517	Préavis (Indemnité compensatrice de)
Crim.	26		08-82.979	Local (Représentants du personnel)
Soc.	27	V, 140	08-60.569	Délégué syndical (Désignation)
Soc.	27	V, 139	08-43.137	Contrat de sécurisation professionnelle
Soc.	27		08-42.750	Contrat de sécurisation professionnelle - Ordre des licenciements
Soc.	27	V, 136	08-42.555	Modification dans la situation juridique de l'employeur (Effets) - Résiliation judiciaire du contrat de travail
Soc.	27		08-40.834	Licenciement irrégulier (Sanctions) - Licenciement sans cause réelle et sérieuse (Sanctions)

Juridiction	Date	BC / Rec.	Numéro	Classement
Soc.	27	V, 138	08-40.393	Modification dans la situation juridique de l'employeur (Conditions d'application)
Soc.	27	V, 137	06-46.293	Modification dans la situation juridique de l'employeur (Effets) - Prescription des fautes disciplinaires - Modification économique du contrat de travail
Civ.	28	II, 128	08-13.310	Responsabilité civile de l'employeur
				Juin 2009
Soc.	3	V, 141	08-40.981	Contrat de travail (Critères) - Travail dissimulé - Préavis
Soc.	3	V, 144	08-40.346	Tenue vestimentaire
Soc.	3		07-44.255	Repos hebdomadaire (Dérogations)
Soc.	3	V, 142	07-42.432	Procédure conventionnelle de licenciement
Soc.	4	V, 146	08-41.359	Période d'essai
Soc.	4	V, 145	07-43.198	Primes et gratifications
Crim.	9	118	08-86.843	Preuve de la faute
CJCE	11	I, 4959	C-561/07	Modification dans la situation juridique de l'employeur (Effets)
Soc.	16		08-41.721	Abandon de poste
Soc.	16	V, 147	08-41.519	Visite médicale de reprise
Soc.	16	V, 149	08-40.722	Notification du licenciement
Soc.	16		08-40.020	Clause de mobilité
CE	17		314729	Visites médicales d'embauche et périodique
CE	17		304027	Retraite (Mise à la)
Soc.	17		08-60.594	Effectifs (Représentation du personnel)
Soc.	17		08-60.582	Comité central d'entreprise
Soc.	17	V, 157	08-60.438	Comité d'hygiène, de sécurité et des conditions de travail (Mise en place)
Soc.	17	V, 151	08-42.615	Modification dans la situation juridique de l'employeur (Conditions d'application)
Soc.	17	V, 154	08-42.614	Modification dans la situation juridique de l'employeur (Salariés protégés)
Soc.	17		08-41.866	AGS (Garantie des créances)
Soc.	17		08-41.663	Violences et rixes
Soc.	17	V, 155	08-41.077	Travail à temps partiel
Soc.	17	V, 153	08-40.274	Délégué du personnel (Mission) - Vie privée
Soc.	17	V, 150	07-45.560	Plan d'épargne d'entreprise
Soc.	17	V, 152	07-44.570	Rétrogradation disciplinaire
Soc.	17		07-44.429	Licenciement économique (Reclassement)
Soc.	17		07-44.029	Indélicatesses/Malhonnêteté/Malversations
Soc.	17	V, 156	07-41.833	Travail à temps partiel
Soc.	23	V, 159	08-42.154	Grève (Effets)
Crim.	23	126	07-85.109	Offres d'emploi (Annonces d')
Soc.	23	V, 161	07-45.668	Licenciement économique (Notion)
Soc.	23	V, 160	07-45.256	Vie privée
Soc.	23	V, 158	07-44.844	Absences non autorisées
Soc.	23	V, 162	07-44.640	Représentants du personnel (Licenciement/Recours contre la décision administrative) - Priorité de réembauche (Licenciement économique)
Soc.	23	V, 159	07-42.677	Grève (Effets)
Soc.	24		08-42.762	Licenciement (Nullité)
Soc.	24		08-42.618	Inaptitude physique d'origine non professionnelle - Préavis (Indemnité compensatrice de)
Soc.	24		08-40.574	Préavis
Soc.	24	V, 163	07-45.656	Inaptitude physique d'origine non professionnelle
Soc.	24		07-45.305	Conseils de prud'hommes (Compétence d'attribution)
Soc.	24		07-45.006	Inaptitude physique d'origine non professionnelle
Soc.	24		07-44.606	Travail à temps partiel
CA Paris	25		07/05612	Inaptitude physique d'origine non professionnelle - Accidentés du travail (Reclassement)
CE	29		307963	Représentants du personnel (Autorisation administrative de licenciement)
Soc.	30		08-42.770	Journalistes (Contrat de travail)

Juridiction	Date	BC / Rec.	Numéro	Classement
				Juillet 2009
CE	1er	247	309796	Convention collective (Conclusion)
Soc.	1er	V, 171	08-43.179	Transaction
Soc.	1er	V, 166	08-40.988	Droit syndical (Exercice du)
Soc.	1er	V, 165	08-40.023	Contrat à durée déterminée (Rupture anticipée)
Soc.	1er	V, 170	07-45.681	Artistes
Soc.	1er		07-45.506	Heures supplémentaires
Soc.	1er	V, 167	07-44.482	Harcèlement moral/Harcèlement sexuel
Soc.	1er	V, 168	07-42.675	Grève (Effets) - Égalité de traitement - Convention collective (Mise en cause)
Soc.	7		08-40.546	AGS (Employeurs assujettis/Bénéficiaires)
Soc.	7		07-45.584	Licenciement économique (Reclassement)
Soc.	8	V, 178	09-60.048	Représentant de la section syndicale
Soc.	8	V, 179	09-60.015	Représentant syndical au comité d'entreprise
Soc.	8	V, 182	09-60.012	Représentant de la section syndicale
Soc.	8	V, 180	09-60.011	Section syndicale
Soc.	8	V, 181	08-60.599	Section syndicale - Représentativité syndicale - Représentant de la section syndicale
Soc.	8	V, 176	08-60.595	Délégué syndical (Désignation)
Soc.	8	V, 177	08-41.507	Convention collective (Conclusion) - Convention collective (Révision)
Soc.	8	V, 172	08-40.139	Grève (Faute lourde)
Soc.	8	V, 173	08-40.046	Licenciement économique (Notion)
Soc.	8	V, 183	08-16.676	Comité d'hygiène, de sécurité et des conditions de travail (Fonctions)
Soc.	8	V, 174	07-44.591	Ordre des licenciements
CJCE	16	I, 6653	C-12/08	Licenciement économique (Information et consultation du CE)
CE	21		314968	Contrat de travail international - Représentants du personnel (Procédure de licenciement)
CA Paris	31		09/14577	Comité d'entreprise (Information et consultation)
				Août 2009
CE	5		299539	Comité d'hygiène, de sécurité et des conditions de travail (Fonctions)
				Septembre 2009
CE	3		303393	Représentants du personnel (Procédure de licenciement)
CJCE	10	I, 8163	C-44/08	Licenciement économique (Information et consultation du CE)
CJCE	10	I, 8405	C-277/08	Congés payés
CA Paris	10		08/14508	Délibérations/Votes (Comité d'entreprise) - Comité d'entreprise (Information et consultation)
CA Nancy	11		08-1730	Congé sabbatique
Crim.	15		09-80.414	Prêt de main-d'œuvre
Soc.	15		07-43.478	Insuffisance professionnelle
Crim.	16		09-80.416	Travailleurs étrangers
Soc.	16		08-42.554	Insuffisance professionnelle
Soc.	16		08-42.274	Insubordination
Soc.	16	V, 185	08-42.212	Inaptitude physique d'origine non professionnelle
Soc.	16		08-41.999	Indemnité de licenciement
Soc.	16	V, 186	08-41.879	Absences répétées
Soc.	16		08-41.735	Concurrence déloyale
Soc.	16	V, 187	08-41.191	Paiement du salaire
Soc.	16		07-45.655	Prime de fin d'année/Treizième mois
Soc.	16		07-45.485	Essai professionnel
Soc.	16	V, 184	07-45.346	Travail à temps partiel
Soc.	16		06-45.105	VRP (Clause de non-concurrence)
CA Dijon	17		08-1017	Période d'essai
Soc.	22		08-41.679	Priorité de réembauche (Licenciement économique)

Juridiction	Date	BC / Rec.	Numéro	Classement
Soc.	23	V, 195	08-60.535	Contentieux électoral - Action en justice des syndicats - Protocole d'accord préélectoral
Soc.	23	V, 199	08-60.520	Délégué syndical central
Soc.	23		08-42.913	Faute lourde
Soc.	23	V, 189	08-42.629	Inaptitude physique d'origine non professionnelle - Accidentés du travail (Reclassement)
Soc.	23	V, 206	08-42.525	Visite médicale de reprise
Soc.	23	V, 198	08-42.109	Action en justice des syndicats
Soc.	23	V, 196	08-41.929	Attestation d'assurance chômage
Soc.	23	V, 192	08-41.685	Accidentés du travail (Reclassement)
Soc.	23	V, 194	08-41.397	Retraite (Départ à la)
Soc.	23	V, 200	08-41.377	Convention de forfait
Soc.	23	V, 205	08-40.636	Heures supplémentaires
Soc.	23	V, 197	08-40.603	Représentants du personnel (Protection/Bénéficiaires)
Soc.	23	V, 190	08-40.434	Vie privée
Soc.	23	V, 201	07-44.712	Modification de la durée du travail
Soc.	23	V, 202	07-44.226	Heures d'équivalence
Soc.	23	V, 191	07-44.200	Entretien préalable au licenciement - Clause de mobilité
Soc.	23	V, 188	07-40.844	Modification dans la situation juridique de l'employeur (Cas d'application)
Soc.	29		08-44.475	Cumul d'un mandat social et d'un contrat de travail
Soc.	29	V, 207	08-43.487	Notification du licenciement - Journalistes (Contrat de travail)
Soc.	29		08-41.723	AGS (Garantie des créances)
Soc.	29	V, 211	08-17.023	Comité d'hygiène, de sécurité et des conditions de travail (Fonctions)
Soc.	29	V, 209	08-15.035	Expert comptable du comité d'entreprise
Soc.	29		07-45.722	Insuffisance de résultats
Soc.	29	V, 208	07-43.431	Cause réelle et sérieuse
Soc.	30	V, 213	08-42.076	AGS (Garantie des créances)
Soc.	30	V, 212	08-40.846	Modification dans la situation juridique de l'employeur (Effets) - Licenciement économique (Notion)
Soc.	30	V, 216	08-40.362	Contrat d'apprentissage
Soc.	30	V, 214	08-40.353	Retraite (Mise à la)
Soc.	30	V, 217	07-20.525	Délibérations/Votes (Comité d'entreprise) - Licenciement économique (Information et consultation du CE)
			Octobre 2009	
CE	7	358	322581	Représentants du personnel (Licenciement/ Recours contre la décision administrative) - Représentants du personnel (Protection/Bénéficiaires)
CE	7		319107	Représentants du personnel (Autorisation administrative de licenciement)
Crim.	13	169	09-80.857	Délégation de pouvoirs - Responsabilité pénale des personnes morales
CE	14		309344	Représentants du personnel (Procédure de licenciement)
Soc.	14	V, 220	08-44.052	Période d'essai
Soc.	14	V, 223	08-42.908	Artistes
Soc.	14	V, 221	08-42.878	Inaptitude physique d'origine non professionnelle - Accidentés du travail (Reclassement) - Imputabilité de la rupture
Soc.	14	V, 218	08-40.723	AGS (Employeurs assujettis/Bénéficiaires)
Soc.	14		08-40.531	Paiement du salaire
Soc.	14	V, 224	07-45.587	Indemnité de licenciement
Soc.	14	V, 222	07-45.257	Résiliation judiciaire du contrat de travail - AGS (Garantie des créances)
Soc.	14	V, 219	07-44.834	Maladie (Indemnisation complémentaire)
Soc.	21	V, 229	09-60.090	Candidatures aux élections professionnelles
Soc.	21		08-42.544	Cumul d'un mandat social et d'un contrat de travail
Soc.	21	V, 227	08-42.026	Sanctions pécuniaires (Notion)
Soc.	21	V, 228	08-40.828	Clause de non-concurrence
Soc.	21	V, 225	08-14.490	Grève (Définition)

Juridiction	Date	BC / Rec.	Numéro	Classement
Soc.	21	V, 226	07-43.877	Vie privée
Soc.	27	V, 232	08-41.501	Clause de non-concurrence
Soc.	28	V, 234	08-44.241	Absences répétées - Entretien préalable au licenciement
Soc.	28	V, 233	08-43.251	Visite médicale de reprise
Soc.	28	V, 235	08-42.804	Accidentés du travail (Reclassement)
Soc.	28	V, 238	08-41.953	Temps de travail effectif
Soc.	28	V, 239	08-40.457	Égalité de rémunération
Soc.	28	V, 237	07-42.026	Heures d'équivalence
			Novembre 2009	
Soc.	4	V, 244	09-60.075	Section syndicale
Soc.	4	V, 240	09-60.066	Action en justice des syndicats - Représentant syndical au comité d'entreprise
Soc.	4	V, 243	09-60.039	Représentant de la section syndicale
Soc.	4	V, 241	08-17.469	Comité d'entreprise européen
Soc.	5		08-40.923	Travailleurs étrangers
Soc.	10	V, 251	08-43.805	Transaction
Soc.	10		08-42.695	Indemnité de congés payés - Convention de forfait
Soc.	10	V, 253	08-42.674	Visite médicale de reprise
Soc.	10	V, 249	08-42.660	Représentants du personnel (Licenciement/Recours contre la décision administrative)
Soc.	10	V, 245	08-42.286	Égalité de traitement
Soc.	10	V, 248	08-41.497	Harcèlement moral/Harcèlement sexuel
Soc.	10	V, 250	08-41.076	Notification du licenciement
Soc.	10	V, 254	08-40.088	Contrat de mission/Contrat de travail temporaire
Soc.	10	V, 252	07-45.528	Égalité de rémunération
Soc.	10	V, 247	07-45.321	Harcèlement moral/Harcèlement sexuel
Soc.	10	V, 246	07-42.849	Égalité de traitement
Soc.	18	V, 263	09-65.639	Représentant de la section syndicale
Soc.	18		09-60.113	Scrutin
Soc.	18	V, 262	09-60.047	Délégué syndical (Désignation) - Représentant de la section syndicale
Soc.	18	V, 261	08-44.175	Action en justice des syndicats
Soc.	18		08-42.830	Clause pénale - Indemnité de licenciement
Soc.	18	V, 257	08-41.243	Prescription des fautes disciplinaires
Soc.	18	V, 258	08-19.419	Résiliation judiciaire du contrat de travail
Soc.	18	V, 259	08-16.260	Expert comptable du comité d'entreprise
CE	20		315965	Visite médicale de reprise
Soc.	24	V, 264	08-44.148	Modification dans la situation juridique de l'employeur (Conditions d'application)
Soc.	25	V, 265	08-43.008	Période d'essai
Soc.	25	V, 267	08-42.755	Licenciement économique (Reclassement)
Soc.	25		08-42.175	Travail à temps partiel
Soc.	25	V, 266	08-41.219	Préavis
			Décembre 2009	
Soc.	1er		07-44.010	Convention de forfait
Soc.	1er		07-42.796	Démission
Soc.	2		08-44.656	Contrat de sécurisation professionnelle
Soc.	2	V, 273	08-43.722	Modification dans la situation juridique de l'employeur (Cas d'application)
Soc.	2	V, 272	08-43.466	Représentants du personnel (Procédure de licenciement)
Soc.	2	V, 271	08-42.037	Représentants du personnel (Procédure de licenciement)
Soc.	2		08-40.901	Contrat à durée déterminée (Contrats successifs)
Soc.	2		08-40.156	Abandon de poste
Soc.	2	V, 275	08-18.409	Comité d'hygiène, de sécurité et des conditions de travail (Fonctions)
Soc.	2	V, 270	07-45.304	Modification dans la situation juridique de l'employeur (Effets) - Licenciement économique (Notion)
CE	7		327259	Représentants du personnel (Procédure de licenciement)

Juridiction	Date	BC / Rec.	Numéro	Classement
CE	7		315588	Représentants du personnel (Procédure de licenciement) - Représentants du personnel (Autorisation administrative de licenciement)
CE	7		314079	Représentants du personnel (Autorisation administrative de licenciement)
CE	7		301563	Modification du contrat de travail d'un salarié protégé
Crim.	8		09-83.273	Contrat à durée déterminée (Cas de recours)
Crim.	8	210	09-82.183	Délégation de pouvoirs
Soc.	8		08-42.923	Grève (Faute lourde)
Soc.	8		08-42.100	Travailleurs étrangers
Soc.	8	V, 278	08-42.090	Gérants non salariés (Succursales de commerce de détail alimentaire)
Soc.	8	V, 277	08-42.089	Gérants non salariés (Succursales de commerce de détail alimentaire)
Soc.	8	V, 276	08-17.191	Liberté d'expression - Droit d'expression - Surveillance des salariés
Soc.	8		08-17.041	Action en justice du comité d'entreprise
Soc.	9	V , 282	08-41.737	Contrat de mission/Contrat de travail temporaire
Soc.	9		08-41.711	Convention collective (Applicabilité)
Soc.	9	V, 281	08-41.213	Loyauté (Obligation de)
Soc.	9	V, 280	07-45.521	Harcèlement moral/Harcèlement sexuel - Imputabilité de la rupture
Soc.	15	V, 283	08-43.603	Grève (Effets)
Soc.	15	V, 286	08-18.228	Expert comptable du comité d'entreprise
Soc.	15	V, 285	08-17.722	Expert comptable du comité d'entreprise
Soc.	15	V, 284	07-44.264	Liberté d'expression - Vie privée
Soc.	16	V, 289	09-60.156	Comité d'hygiène, de sécurité et des conditions de travail (Mise en place)
Soc.	16	V, 287	09-60.149	Contentieux électoral
Soc.	16	V, 288	09-60.118	Délégué syndical (Désignation)
Soc.	16		09-40.132	Représentants du personnel (Procédure de licenciement)
Soc.	16		08-42.922	Notification du licenciement

Janvier 2010

Juridiction	Date	BC / Rec.	Numéro	Classement
Soc.	6		08-44.626	Femmes enceintes (Licenciement)
Soc.	6	V, 1	08-44.177	Inaptitude physique d'origine non professionnelle
Soc.	6		08-44.059	Licenciement pour fin de chantier
Soc.	6		08-43.256	Modification des fonctions
Soc.	6		08-42.826	Période d'essai
Soc.	6		08-42.263	VRP (Clause de non-concurrence)
Soc.	12	V, 2	08-42.835	Qualification professionnelle du salarié
Soc.	12		07-45.210	Contrat de travail (Critères)
Soc.	13	V, 6	09-60.208	Candidatures aux élections professionnelles
Soc.	13	V, 7	09-60.203	Scrutin
Soc.	13	V, 13	09-60.155	Section syndicale
Soc.	13	V, 12	09-60.108	Délégué syndical (Désignation)
Soc.	13	V, 8	09-60.107	Gérants non salariés (Succursales de commerce de détail alimentaire)
Soc.	13		08-43.505	Convention collective (Applicabilité) - Heures supplémentaires
Soc.	13		08-41.882	Prescription des fautes disciplinaires
Soc.	13	V, 11	08-19.917	Local (Représentants du personnel)
Soc.	13	V, 5	08-15.776	Plan de sauvegarde de l'emploi - Licenciement économique (Reclassement)
CA Chambéry	19		09/01180	Évaluation des salariés
Soc.	19		08-45.092	Comité d'hygiène, de sécurité et des conditions de travail (Fonctions) - Surveillance des salariés
Soc.	19		08-44.316	Plan de sauvegarde de l'emploi
Soc.	19		08-44.307	Plan de sauvegarde de l'emploi
Soc.	19		08-43.449	Licenciement économique (Réintégration)
Soc.	19		08-42.260	Injures/Insultes
Soc.	19		08-41.522	AGS (Garantie des créances)

Juridiction	Date	BC / Rec.	Numéro	Classement
Soc.	20	V, 19	08-45.270	Inaptitude physique d'origine non professionnelle
Soc.	20	V, 18	08-45.018	Concierges
Soc.	20	V, 17	08-43.476	Travail dissimulé - Imputabilité de la rupture
Soc.	20	V, 17	08-43.471	Imputabilité de la rupture
Soc.	20		08-43.452	Travail à temps partiel
Soc.	20		08-43.236	Modification de l'horaire de travail
Soc.	20		08-42.299	Heures supplémentaires
Soc.	20	V, 15	08-42.207	Contrat de travail (Critères)
Soc.	20		08-41.078	Usage
Soc.	20		08-41.004	Injures/Insultes
Soc.	26		08-41.052	Délinquance
Soc.	26		08-40.333	Entretien préalable au licenciement
Soc.	27	V, 25	09-60.240	Convention collective (Conclusion)
Soc.	27	V, 21	09-60.103	Candidatures aux élections professionnelles
Soc.	27		09-40.050	Modification de la rémunération
Soc.	27	V, 22	08-44.376	Représentants du personnel (Protection/Bénéficiaires)
Soc.	28	V, 26	08-44.486	Égalité de traitement
Soc.	28		08-42.702	Visite médicale de reprise
Soc.	28	V, 27	08-42.616	Harcèlement moral/Harcèlement sexuel - Accidentés du travail (Réintégration en cas d'aptitude)
Soc.	28	V, 28	08-41.959	Droit syndical (Exercice du)
				Février 2010
Crim.	2		09-84.250	Formation à la sécurité
Soc.	3		08-44.142	Prime d'ancienneté
Soc.	3		08-43.051	Contrat de travail (Exécution défectueuse/Erreurs/Négligences/ Imprudences/Omissions)
Soc.	3		08-41.441	Convention collective (Application)
Soc.	3	V, 31	08-41.412	Modification du lieu de travail
Soc.	3	V, 33	08-40.338	Imputabilité de la rupture
Soc.	3	V, 30	08-40.144	Violences et rixes - Imputabilité de la rupture
Soc.	3	V, 32	07-44.491	Mise à pied conservatoire
Soc.	3	V, 34	07-42.144	Imputabilité de la rupture
Soc.	9		08-45.253	Vie privée
Soc.	9		08-11.338	Participation
Soc.	10	V, 36	08-44.454	Convention collective (Mise en cause)
Soc.	10		08-44.001	Représentants du personnel (Protection/Cas d'application)
Soc.	10		08-43.138	Représentants du personnel (Protection/Cas d'application)
Soc.	10		08-41.109	Ordre des licenciements
Soc.	10	V, 40	08-15.086	Comité d'hygiène, de sécurité et des conditions de travail (Fonctions)
Soc.	17	V, 42	08-45.640	Femmes enceintes (Licenciement)
Soc.	17	V, 46	08-45.205	Employés de maison
Soc.	17		08-44.298	Hygiène et sécurité
Soc.	17	V, 48	08-42.828	Travail à temps partiel
Soc.	17	V, 41	08-40.671	Portage salarial
Soc.	17	V, 49	06-41.392	Femmes enceintes (Licenciement)
TGI Chartres	19		10/00059	Comité d'hygiène, de sécurité et des conditions de travail (Fonctions)
CE	24		333248	Représentants du personnel (Procédure de licenciement)
				Mars 2010
Soc.	2		08-44.902	Mutation disciplinaire
Soc.	2		08-12.238	Intéressement des salariés
Soc.	3	V, 54	09-60.283	Représentativité syndicale - Syndicats (Statuts)
Soc.	3		08-44.996	Retraite (Mise à la)
Soc.	3	V, 52	08-44.859	Heures de délégation (Rémunération)
Soc.	3	V, 50	08-42.526	Représentants du personnel (Licenciement/Recours contre la décision administrative) - Procédure de licenciement dans les entreprises en redressement ou liquidation judiciaires

Juridiction	Date	BC / Rec.	Numéro	Classement
Soc.	3	V, 51	08-41.600	Modification dans la situation juridique de l'employeur (Salariés protégés)
Soc.	3	V, 53	08-40.895	Modification dans la situation juridique de l'employeur (Salariés protégés)
Ass. plén.	5	n° 1	08-42.843	Procédure conventionnelle de licenciement
Soc.	10	V, 58	09-60.347	Représentant syndical au comité d'entreprise
Soc.	10	V, 63	09-60.282	Représentant syndical au comité d'entreprise
Soc.	10		09-60.255	Comité central d'entreprise
Soc.	10	V, 55	09-60.236	Vote par correspondance - Scrutin
Soc.	10	V, 56	09-60.096	Bulletin de vote
Soc.	10		08-44.950	Engagement unilatéral de l'employeur
Soc.	10	V, 64	08-17.044	Repos hebdomadaire (Principe du repos dominical)
CJUE	16	I, 2177	C-325/08	Clause de dédit-formation
Crim.	16	52	09-82.198	Repos hebdomadaire (Principe du repos dominical)
Crim.	16	51	08-88.418	Repos hebdomadaire (Arrêté préfectoral de fermeture)
Soc.	16	V, 66	08-44.094	Conseillers prud'hommes (Protection) - Imputabilité de la rupture
Soc.	16	V, 65	08-43.057	Sanctions disciplinaires (Non-cumul des)
Soc.	16		08-41.393	Preuve de la faute
Soc.	17	V, 68	09-40.465	Démission
Soc.	17		08-45.519	Indiscrétions
Soc.	17		08-44.887	Résiliation judiciaire du contrat de travail
Soc.	17		08-44.512	Préavis (Indemnité compensatrice de)
Soc.	17		08-43.414	Absences non autorisées
Soc.	17	V, 70	08-43.088	Égalité de rémunération
Soc.	17		08-42.305	Contrat à durée déterminée (Conclusion)
Soc.	24		09-40.748	Clause de non-concurrence
Soc.	24	V, 72	09-40.339	Accidentés du travail (Réintégration en cas d'aptitude)
Soc.	24		08-70.463	Transaction
Soc.	24	V, 74	08-45.552	Contrat de mission/Contrat de travail temporaire
Soc.	24		08-44.994	Indemnité de licenciement
Soc.	24		08-44.883	Travail à temps partiel
Soc.	24		08-44.453	Astreintes
Soc.	24	V, 71	08-43.996	Imputabilité de la rupture
Soc.	24		08-43.176	Contrat de travail (Exécution défectueuse/Erreurs/Négligences/Imprudences/Omissions)
Soc.	24		08-43.174	Modification du contrat et des conditions de travail
Soc.	25	V, 76	08-43.156	VRP (Rémunération)
Soc.	25		08-43.044	Chômage partiel
Soc.	25	V, 75	08-42.676	Indemnité de licenciement
Cons. prud'h. Nanterre	26		08/02290	Contrat à durée déterminée (Contrats successifs)
Soc.	30	V, 83	09-40.068	Licenciement économique (Notion) - Représentants du personnel (Autorisation administrative de licenciement)
Soc.	30	V, 77	09-13.065	Grève (Services publics)
Soc.	30	V, 81	09-12.074	Contribution patronale aux activités sociales et culturelles
Soc.	30	V, 80	08-44.236	Imputabilité de la rupture
Soc.	30	V, 79	08-44.227	Modification dans la situation juridique de l'employeur (Effets)
Soc.	30	V, 78	08-42.065	Modification dans la situation juridique de l'employeur (Effets)
Soc.	30	V, 82	08-21.199	Comité de groupe
Soc.	31		09-60.390	Délégué syndical (Désignation)
Soc.	31		09-41.016	Procédure conventionnelle de licenciement - Sanctions disciplinaires (Notification) - Insubordination
Soc.	31		08-70.277	Pouvoir disciplinaire - Insuffisance professionnelle
				Avril 2010
Soc.	7	V, 88	09-40.020	Temps de travail effectif - Imputabilité de la rupture
Soc.	7	V, 85	09-40.015	Compte épargne-temps
Soc.	7	V, 86	08-44.865	Égalité de traitement
Soc.	7		08-41.534	Contrat à durée déterminée (Requalification/Indemnisation)

Juridiction	Date	BC / Rec.	Numéro	Classement
Soc.	7		08-40.658	Journée de solidarité
Soc.	7	V, 87	08-16.262	Caisses de congés payés
Soc.	7	V, 87	08-14.843	Caisses de congés payés
Soc.	7	V, 89	07-45.322	Minimum conventionnel
Soc.	8	V, 93	09-41.134	Résiliation judiciaire du contrat de travail
Soc.	8	V, 95	09-40.975	Inaptitude physique d'origine non professionnelle - Accidentés du travail (Reclassement)
Soc.	8	V, 94	08-43.599	Prescription (Action en paiement du salaire)
Soc.	8	V, 92	08-43.056	Clause de non-concurrence
Soc.	8	V, 91	08-42.307	Prescription (Action en paiement du salaire)
Soc.	14	V, 100	09-60.426	Représentativité syndicale - Délégué syndical (Désignation) - Représentant syndical au comité d'entreprise
Soc.	14	V, 99	09-60.367	Effectifs (Représentation du personnel)
Soc.	14	V, 97	09-40.486	Licenciement (Nullité)
Soc.	14	V, 96	08-45.247	Licenciement sans cause réelle et sérieuse (Sanctions)
Soc.	14		08-44.197	Modification dans la situation juridique de l'employeur (Effets)
Soc.	14	V, 101	08-43.124	Travail dissimulé
CE	16	125	326553	Visite médicale de reprise
Soc.	21		09-40.848	Dénigrement/Diffamation
Soc.	21		08-70.411	Éthylisme/Ivresse/Intempérance
CJUE	22	I, 3527	C-486/08	Congés payés - Travail à temps partiel - Congé parental d'éducation
				Mai 2010
Soc.	5	V, 103	09-40.737	Entretien préalable au licenciement
Soc.	5		08-45.520	Sanctions disciplinaires (Notification)
Soc.	5		08-44.593	Clause de mobilité
Soc.	5	V, 104	08-43.652	Convention de forfait
Soc.	5		08-41.682	Concurrence déloyale
Soc.	5	V, 102	07-45.409	Modification de la rémunération - Imputabilité de la rupture
Crim.	11		09-86.045	Responsabilité pénale des personnes morales
Soc.	11	V, 105	08-45.307	Égalité de traitement
Soc.	11	V, 105	08-43.681	Égalité de traitement
Soc.	12		09-40.933	Délinquance
Soc.	19		09-42.079	Harcèlement moral/Harcèlement sexuel
Soc.	19		09-41.052	Avantages acquis
Soc.	19		09-40.103	Ordre des licenciements
Soc.	19		08-42.506	Heures de délégation (Utilisation) - Délégué syndical (Mission)
Crim.	26		09-86.095	Travail dissimulé
Soc.	26	V, 113	09-60.453	Contentieux électoral
Soc.	26	V, 118	09-60.413	Comité d'hygiène, de sécurité et des conditions de travail (Mise en place)
Soc.	26	V, 114	09-60.400	Contentieux électoral - Électorat/Qualité d'électeur
Soc.	26	V, 112	09-60.350	Sièges des représentants du personnel
Soc.	26	V, 117	09-60.278	Représentant de la section syndicale
Soc.	26	V, 115	09-60.243	Représentant de la section syndicale
Soc.	26		09-40.963	Vol/Détournement
Soc.	26		08-44.588	Heures de délégation (Contrôle et contestation)
Soc.	26	V, 111	08-43.152	Résiliation judiciaire du contrat de travail - Harcèlement moral/ Harcèlement sexuel
Soc.	26	V, 110	08-43.050	Contrat à durée déterminée (Cas de recours)
				Juin 2010
CA Amiens	1er		09/04831	Période d'essai
Soc.	1er	V, 123	09-41.507	Représentants du personnel (Protection/Bénéficiaires)
Soc.	1er	V, 120	09-40.679	Modification dans la situation juridique de l'employeur (Effets) - Modification dans la situation juridique de l'employeur (Cas d'application)
Soc.	1er	V, 121	09-40.421	Licenciement économique (Reclassement)
Soc.	1er	V, 119	09-40.144	Grève (Effets)
Soc.	2	V, 126	09-41.416	Licenciement pour fin de chantier

Juridiction	Date	BC / Rec.	Numéro	Classement
Soc.	2	V, 128	09-40.215	Imputabilité de la rupture
Soc.	2	V, 125	08-70.138	Inventions des salariés
Soc.	2		08-44.634	Mésentente
Soc.	2	V, 124	08-40.628	Heures supplémentaires
CE	8	194	334793	Travailleurs étrangers
Crim.	8	105	07-87.289	Prêt de main-d'œuvre - Travailleurs étrangers - Travail dissimulé
Soc.	9	V, 131	09-41.040	Accidentés du travail (Protection)
Soc.	9	V, 130	09-40.253	Accidentés du travail (Protection)
CE	11		333262	Grève (Services publics)
Soc.	15	V, 139	09-69.453	Détachement de salariés
Soc.	15	V, 134	09-65.062	Licenciement économique (Notion)
Soc.	15	V, 135	08-70.391	AGS (Employeurs assujettis/Bénéficiaires) - Licenciement économique (Reclassement)
Soc.	15	V, 132	08-45.243	Prescription des fautes disciplinaires
Soc.	15	V, 133	08-44.238	Détachement de salariés
Soc.	16	V, 141	09-40.183	Indemnité de congés payés
Soc.	16	V, 143	09-11.214	Repos hebdomadaire (Principe du repos dominical) - Repos hebdomadaire (Dérogations)
Soc.	16	V, 142	08-43.244	Travail intermittent - Heures supplémentaires
Soc.	16	V, 144	08-42.758	Heures supplémentaires
Soc.	16	V, 140	08-19.351	AGS (Garantie des créances)
Soc.	23	V, 150	09-60.438	Délégué syndical (Désignation)
Soc.	23	V, 148	09-60.341	Unité économique et sociale
Soc.	23	V, 147	09-60.335	Vote par correspondance
Soc.	23	V, 151	09-41.607	Non-respect des règles d'hygiène et de sécurité
Soc.	23		09-40.825	Sanctions pécuniaires (Notion)
Soc.	23	V, 145	08-70.233	Clause de non-concurrence
CJUE	24	I, 5837	C-98/09	Contrat à durée déterminée (Conclusion)
Soc.	30	V, 152	09-66.792	Pouvoir disciplinaire
Soc.	30	V, 155	09-41.456	Imputabilité de la rupture
Soc.	30	V, 153	09-41.349	Préavis (Indemnité compensatrice de)
Soc.	30	V, 154	09-40.347	Représentants du personnel (Licenciement/Indemnisation)
Soc.	30	V, 156	09-13.640	Comité d'hygiène, de sécurité et des conditions de travail (Fonctions)
Soc.	30		08-44.514	Employés de maison
Soc.	30		08-41.937	Clause de garantie d'emploi
Soc.	30		08-41.936	Sanctions discriminatoires (Notion)
				Juillet 2010
CJUE	1er	I, 6533	C-471/08	Maternité
CJUE	1er	I, 6281	C-194/08	Maternité
Soc.	6	V, 157	09-41.354	Heures de délégation (Rémunération) - Droit syndical (Exercice du)
Soc.	6	V, 158	09-40.021	Égalité de rémunération
Soc.	7	V, 160	09-42.636	Résiliation judiciaire du contrat de travail
Soc.	7		09-42.385	Représentants du personnel (Réintégration)
Soc.	7		09-41.281	Sanctions pécuniaires (Notion)
Soc.	7	V, 162	08-21.805	Syndicats (Statuts)
Soc.	12	V, 168	09-66.339	Évaluation des salariés - Comité d'entreprise (Information et consultation)
Soc.	12		09-41.875	Période d'essai
Soc.	12	V, 164	09-41.403	Modification dans la situation juridique de l'employeur (Conditions d'application)
Soc.	12	V, 166	09-15.182	Plan de sauvegarde de l'emploi
Soc.	12	V, 165	09-14.192	Plan de sauvegarde de l'emploi - Licenciement économique (Information et consultation du CE)
Soc.	12	V, 170	08-44.642	Représentants du personnel (Licenciement/Recours contre la décision administrative)
Soc.	12	V, 169	08-40.821	Réunions du comité d'entreprise
Soc.	13	V, 176	10-60.148	Représentativité syndicale
Soc.	13		09-43.028	Plan de sauvegarde de l'emploi

Juridiction	Date	BC / Rec.	Numéro	Classement
Soc.	13	V, 178	09-42.890	SMIC
Soc.	13	V, 174	09-41.626	Clause de non-concurrence
Soc.	13	V, 175	09-40.984	Transaction - Accidentés du travail (Suspension du contrat de travail)
Soc.	13	V, 171	09-40.600	Contrat à durée déterminée (Cas de recours)
Soc.	13		08-45.387	Préavis (Indemnité compensatrice de)
Soc.	13	V, 173	08-44.092	Modification de la durée du travail - Astreintes
CE	23	345	313776	Convention collective (Extension)
CJUE	29	I, 7591	C-151/09	Modification dans la situation juridique de l'employeur (Conditions d'application)
				Septembre 2010
Soc.	14		09-42.648	Grève (Services publics)
Soc.	14		08-44.180	Égalité de rémunération
Soc.	15	V, 179	09-40.473	Travail à temps partiel - Contrat à durée déterminée (Cas de recours)
Soc.	15	V, 181	08-45.050	Travail à temps partiel
Soc.	15	V, 182	08-43.299	Femmes enceintes (Licenciement)
CJUE	16	I, 8489	C-149/10	Congé parental d'éducation
Soc.	21		09-42.102	Licenciement économique (Reclassement)
Soc.	21		09-41.125	Insubordination
Soc.	22	V, 184	10-60.135	Candidatures aux élections professionnelles
Soc.	22	V, 189	10-60.046	Comité d'hygiène, de sécurité et des conditions de travail (Mise en place)
Soc.	22	V, 195	10-10.678	Représentativité syndicale
Soc.	22	V, 185	09-60.480	Candidatures aux élections professionnelles
Soc.	22	V, 196	09-60.454	Comité d'hygiène, de sécurité et des conditions de travail (Mise en place)
Soc.	22	V, 188	09-60.435	Représentativité syndicale - Délégué syndical (Désignation)
Soc.	22	V, 194	09-60.410	Droit syndical (Exercice du)
Soc.	22		09-60.394	Unité économique et sociale
Soc.	22	V, 191	09-40.968	Conseillers prud'hommes (Protection)
Soc.	22		08-45.472	Indemnité de licenciement
Soc.	22	V, 190	08-45.227	Représentants du personnel (Procédure de licenciement)
Soc.	22		08-44.582	Priorité de réembauche (Licenciement économique)
Soc.	22		08-43.717	Violences et rixes
Soc.	22	V, 186	08-21.936	Chômage total
Crim.	28		09-87.689	Travail dissimulé
Soc.	28		09-65.438	AGS (Garantie des créances)
Soc.	28		09-65.118	Ordre des licenciements
Soc.	28		09-41.295	Violences et rixes
Soc.	29	V, 200	09-68.851	Convention collective (Applicabilité) - Contrat de travail international - Licenciement sans cause réelle et sérieuse (Sanctions)
Soc.	29	V, 206	09-42.296	Entretien préalable au licenciement
Soc.	29		09-41.465	Faute lourde
Soc.	29	V, 201	09-41.127	Représentants du personnel (Licenciement/Recours contre la décision administrative)
Soc.	29		09-41.030	Conseils de prud'hommes (Compétence d'attribution)
Soc.	29	V, 204	09-40.688	Contrat de travail international
CJUE	30	I, 8661	C-104/09	Égalité de traitement entre hommes et femmes
Soc.	30	V, 209	09-41.451	Conseils de prud'hommes (Compétence d'attribution)
Soc.	30	V, 208	09-40.114	Notification du licenciement
Soc.	30		08-44.340	Femmes enceintes (Licenciement)
Soc.	30	V, 210	08-43.862	Modification du contrat de travail d'un salarié protégé
				Octobre 2010
Soc.	5		09-40.913	Tenue vestimentaire
Soc.	5		08-45.467	Bulletin de salaire
Soc.	6	V, 222	09-66.140	Imputabilité de la rupture

Juridiction	Date	BC / Rec.	Numéro	Classement
Soc.	6	V, 213	09-65.346	Contrat à durée déterminée (Durée)
Soc.	6	V, 215	09-65.103	Hygiène et sécurité
Soc.	6	V, 220	09-42.769	Convention collective (Application)
Soc.	6	V, 216	09-42.283	Accidentés du travail (Suspension du contrat de travail)
Soc.	6	V, 214	09-41.294	Faute grave
Soc.	6		09-40.823	Femmes enceintes (Licenciement)
Soc.	6		08-45.141	Convocation à l'entretien préalable (au licenciement)
Soc.	6		08-43.171	Femmes enceintes (Licenciement)
CJUE	12	I, 9391	C-45/09	Retraite (Mise à la)
CA Amiens	13		10/00613	Période d'essai
Crim.	13	159	10-81.575	Responsabilité pénale des personnes physiques
Soc.	13	V, 235	10-60.130	Représentativité syndicale
Soc.	13	V, 232	09-68.151	Convention collective (Conclusion)
Soc.	13	V, 233	09-67.458	Modification dans la situation juridique de l'employeur (Cas d'application)
Soc.	13	V, 229	09-67.198	Heures de délégation (Rémunération)
Soc.	13	V, 226	09-60.473	Unité économique et sociale
Soc.	13	V, 227	09-60.456	Représentant syndical au comité d'entreprise
Soc.	13	V, 224	09-60.233	Candidatures aux élections professionnelles - Procès-verbal des élections
Soc.	13	V, 225	09-60.206	Sièges des représentants du personnel
Soc.	13	V, 228	09-41.916	Représentants du personnel (Protection/Bénéficiaires)
Soc.	13	V, 223	09-14.418	Repos hebdomadaire (Arrêté préfectoral de fermeture) - Action en justice des syndicats - Syndicats (Statuts)
Soc.	13	V, 234	09-13.110	Usage
Soc.	13	V, 230	09-13.109	Convention collective (Conclusion) - Modification dans la situation juridique de l'employeur (Salariés protégés) - Convention collective (Mise en cause)
Soc.	19		09-65.560	AGS (Garantie des créances)
Soc.	19		09-42.798	Représentants du personnel (Réintégration)
Soc.	19		09-42.225	Préavis (Indemnité compensatrice de)
Soc.	19		09-42.132	Licenciement économique (Reclassement)
Soc.	20	V, 238	09-42.896	Sanctions pécuniaires (Notion)
Soc.	20	V, 240	08-70.433	Résiliation judiciaire du contrat de travail
Soc.	20	V, 236	08-44.933	Contrat à durée déterminée (Indemnité de précarité/ Indemnité de fin de contrat)
Soc.	20	V, 237	08-44.594	Modification de l'horaire de travail
Soc.	20	V, 240	08-42.805	Période d'essai
Soc.	20	V, 239	08-40.822	Période d'essai
Soc.	20	V, 242	08-19.748	Égalité de rémunération - Harcèlement moral/Harcèlement sexuel
CA Bordeaux	21		09/06360	Période d'essai
Crim.	26		09-87.671	Délit d'entrave
Soc.	26	V, 247	09-67.760	Comité d'entreprise (Information et consultation)
Soc.	26	V, 248	09-65.565	Expert comptable du comité d'entreprise
Soc.	26	V, 243	09-42.740	Sanctions disciplinaires (Notion) - Mise à pied disciplinaire
Soc.	26	V, 249	09-42.634	Visites médicales d'embauche et périodique
Soc.	26	V, 244	09-42.409	Représentants du personnel (Licenciement/Recours contre la décision administrative) - Ordre des licenciements
Soc.	26	V, 246	09-15.601	Expert comptable du comité d'entreprise
Soc.	26	V, 245	09-15.187	Plan de sauvegarde de l'emploi
Soc.	26		08-70.468	Travail de nuit
CE	27	422	343966	Grève (Effets)
Soc.	29		10-12.205	Comité d'hygiène, de sécurité et des conditions de travail (Mise en place)
Soc.	29		10-10.988	Comité central d'entreprise
Soc.	29	V, 250	09-67.969	Délégué syndical (Désignation)
Soc.	29	V, 251	09-60.484	Représentant de la section syndicale
Soc.	29		09-60.457	Délégué syndical (Désignation)
Soc.	29		08-70.412	Médecin du travail

Juridiction	Date	BC / Rec.	Numéro	Classement
			Novembre 2010	
Soc.	3	V, 252	09-65.254	Imputabilité de la rupture
Soc.	3	V, 253	09-40.255	Travailleurs à domicile
Crim.	9		10-81.074	Travail dissimulé
Crim.	9	177	10-80.252	Travail dissimulé
Soc.	9		09-65.637	Employés de maison
Soc.	9	V, 255	08-40.535	Temps de travail effectif
Soc.	10	V, 257	09-72.856	Représentativité syndicale
Soc.	10	V, 256	09-60.451	Délégué syndical (Désignation) - Unité économique et sociale - Établissement distinct
Soc.	16	V, 258	09-69.485	Plan de sauvegarde de l'emploi
Soc.	16		09-42.576	Représentants du personnel (Licenciement/Recours contre la décision administrative)
Soc.	16		09-42.519	Conseils de prud'hommes (Compétence d'attribution)
Soc.	16	V, 261	09-40.555	Unité économique et sociale
CE	17	443	335930	Sièges des représentants du personnel
Soc.	17		09-42.695	Détachement de salariés
Soc.	17	V, 263	09-42.389	Clause de non-concurrence
Soc.	17		09-40.694	Contrat de mission/Contrat de travail temporaire
CJUE	18	I, 11939	C-356/09	Égalité de traitement entre hommes et femmes
Civ.	18	II, 191	09-17.275	Hygiène et sécurité
Mixte	19	n° 2	10-30.215	Entretien préalable au licenciement
Mixte	19	n° 1	10-10.095	Entretien préalable au licenciement
Cons. prud'h. Boulogne-Billancourt	19		09/00316	Preuve de la faute
Crim.	23	186	09-85.115	Délégation de pouvoirs - Responsabilité pénale des personnes morales
Soc.	23		09-67.347	Préavis (Dispense de) - Retraite (Mise à la)
Soc.	23		09-67.249	Loyauté (Obligation de)
Soc.	23		09-66.913	Licenciement économique (Notion)
Soc.	23		09-43.005	Retraite (Mise à la)
Soc.	23		09-42.285	Faute grave
Soc.	23		09-40.638	Indemnité de licenciement
Soc.	23		09-40.493	Convention collective (Application)
Soc.	23		08-44.380	Engagement unilatéral de l'employeur
Soc.	24	V, 267	09-66.616	Convocation à l'entretien préalable (au licenciement)
Soc.	24		09-42.267	Sanctions disciplinaires (Notion)
Soc.	24	V, 266	09-40.928	Faute grave - Travail à temps partiel
Crim.	30		10-81.023	Travail dissimulé
Soc.	30	V, 275	09-69.329	Jours fériés
Soc.	30	V, 269	09-68.609	Travail à temps partiel - Contrat à durée déterminée (Cas de recours)
Soc.	30	V, 271	09-66.687	Accidentés du travail (Reclassement)
Soc.	30	V, 272	09-66.210	Accidentés du travail (Suspension du contrat de travail)
Soc.	30	V, 276	09-42.990	Action en justice des syndicats - Jours fériés
Soc.	30		09-42.726	Engagement unilatéral de l'employeur
Soc.	30	V, 277	09-41.065	Bulletin de salaire
Soc.	30		09-40.695	Convocation à l'entretien préalable (au licenciement)
Soc.	30	V, 274	09-40.386	Modification dans la situation juridique de l'employeur (Cas d'application)
Soc.	30		09-40.160	Contrat à durée déterminée (Requalification/Indemnisation)
Soc.	30	V, 370	08-70.390	Hygiène et sécurité - Contrat à durée déterminée (Cas de recours)
Soc.	30		08-45.279	Notification du licenciement
Soc.	30	V, 273	08-43.499	Modification du lieu de travail - Injures/Insultes

Juridiction	Date	BC / Rec.	Numéro	Classement
				Décembre 2010
Soc.	1er	V, 278	10-60.163	Candidatures aux élections professionnelles - Électorat/Qualité d'électeur - Éligibilité
Soc.	1er		09-68.380	Licenciement économique (Reclassement)
Soc.	1er		09-41.950	Contrat de sécurisation professionnelle
Soc.	7		09-67.652	Modification de l'horaire de travail
Soc.	7	V, 279	09-42.712	Heures d'équivalence
Soc.	7	V, 281	09-42.626	Convention de forfait
Soc.	7	V, 282	09-42.315	Travail à temps partiel
Soc.	8	V, 285	10-60.211	Bureau de vote
Soc.	8	V, 283	10-60.176	Comité central d'entreprise
Soc.	8	V, 284	10-60.126	Électorat/Qualité d'électeur
Soc.	8	V, 286	10-60.087	Comité d'hygiène, de sécurité et des conditions de travail (Mise en place)
Soc.	8	V, 288	09-65.810	Participation
Soc.	8	V, 287	09-65.380	Participation
Soc.	9		09-42.886	Démission
Soc.	14	V, 293	10-60.263	Représentant de la section syndicale
Soc.	14	V, 292	10-60.221	Représentativité syndicale - Représentant de la section syndicale
Soc.	14	V, 290	10-60.137	Section syndicale
Soc.	14	V, 294	10-16.089	Comité d'hygiène, de sécurité et des conditions de travail (Mise en place)
Soc.	14	V, 291	10-14.751	Représentativité syndicale
Soc.	14	V, 289	09-60.412	Représentant syndical au comité d'entreprise
CE	15		329674	Représentants du personnel (Autorisation administrative de licenciement)
CE	15		318698	Représentants du personnel (Procédure de licenciement)
CE	15	508	316856	Représentants du personnel (Autorisation administrative de licenciement)
CA Paris	15		09/02814	Dignité des salariés
Soc.	15		09-42.795	Licenciement économique (Reclassement)
Soc.	15		09-42.783	Contrat d'apprentissage
Soc.	15		09-42.273	Période d'essai
Soc.	15		09-41.575	Contrat d'apprentissage
Soc.	15		09-40.478	Contrat de travail (Critères)
Soc.	15	V, 297	08-45.242	Heures supplémentaires
Soc.	15	V, 296	08-42.951	Promesse d'embauche
Soc.	15		08-42.486	Vie privée
Soc.	16	V, 299	09-67.446	Accidentés du travail (Reclassement)
Soc.	16	V, 300	09-66.954	Inaptitude physique d'origine non professionnelle
Soc.	16		09-42.610	Maternité
CJUE	22	I, 14031	C-444/09	Contrat à durée déterminée (Statut du salarié)
CE	23	523	332493	Électorat/Qualité d'électeur
CE	23		323318	Réunions du comité d'entreprise
				Janvier 2011
Soc.	5	V, 1	10-10.685	Grève (Définition)
Soc.	5	V, 6	09-69.732	Convention collective (Conclusion) - Négociation annuelle obligatoire
Soc.	5	V, 4	08-70.060	Visite médicale de reprise
Soc.	6	V, 11	10-60.168	Représentativité syndicale
Soc.	6	V, 9	10-18.205	Représentativité syndicale
Soc.	6	V, 10	10-17.653	Protocole d'accord préélectoral
Soc.	6		09-69.560	Recommandation patronale
Soc.	6	V, 7	09-60.398	Contentieux électoral - Scrutin
Soc.	11		09-67.676	Notification du licenciement
Soc.	11		09-66.785	Primes et gratifications
CE	12		327178	Représentants du personnel (Autorisation administrative de licenciement)

Juridiction	Date	BC / Rec.	Numéro	Classement
Soc.	12	V, 14	09-70.838	Hygiène et sécurité
Soc.	12	V, 13	09-70.634	Handicapés
Soc.	12		09-70.191	VRP (Bénéfice du statut)
Soc.	12		09-66.164	Période d'essai
Soc.	12	V, 16	09-41.904	Notification du licenciement - Cause réelle et sérieuse
Soc.	12		09-41.139	Travail dissimulé
Soc.	12		09-40.066	Heures de délégation (Utilisation) - Contrat à durée déterminée (Indemnité de précarité/Indemnité de fin de contrat)
Soc.	18	V, 26	10-30.126	Droit d'alerte (Comité d'entreprise)
Soc.	18	V, 23	09-69.199	Licenciement économique (Notion)
Soc.	18	V, 22	09-43.190	Contrat de travail international
Soc.	18	V, 24	09-43.079	Prescription des fautes disciplinaires
Soc.	18		09-41.073	Travail à temps partiel
Soc.	18		09-40.267	VRP (Indemnité de clientèle)
Soc.	18		09-40.134	Grève (Services publics)
Soc.	18		09-12.240	Tracts
Soc.	18		08-19.398	Action en justice du comité d'entreprise - Participation
Soc.	19	V, 27	10-60.296	Effectifs (Représentation du personnel)
Soc.	19		09-72.317	Modification dans la situation juridique de l'employeur (Effets)
Soc.	19		09-67.876	Licenciement économique (Reclassement)
Soc.	19		09-43.523	Plan de sauvegarde de l'emploi
Soc.	19		09-43.194	Chômage partiel - Représentants du personnel (Protection/ Cas d'application)
Soc.	19		09-42.736	Licenciement économique (Reclassement)
Soc.	19		09-40.425	Résiliation judiciaire du contrat de travail
CJUE	20	I, 95	C-463/09	Modification dans la situation juridique de l'employeur (Cas d'application)
Soc.	25	V, 29	09-72.834	Contrat à durée déterminée (Renouvellement)
Soc.	25	V, 28	09-69.030	Grève (Définition)
Soc.	25	V, 30	09-42.766	Visite médicale de reprise
Soc.	25		09-42.307	Clause de mobilité
Soc.	25		09-41.643	Modification de la rémunération
CE	26		326123	Représentants du personnel (Procédure de licenciement)
Soc.	26		10-10.096	Visite médicale de reprise
Soc.	26		09-72.284	Accidentés du travail (Reclassement)
Soc.	26	V, 40	09-71.349	Travail à temps partiel
Soc.	26	V, 35	09-71.271	Imputabilité de la rupture
Soc.	26	V, 31	09-68.544	Accidentés du travail (Reclassement) - Visite médicale de reprise
Soc.	26	V, 33	09-67.073	Absences répétées
Soc.	26		09-65.715	Visite médicale de reprise
Soc.	26	V, 32	09-43.193	Inaptitude physique d'origine non professionnelle - Logement des salariés
Soc.	26		09-43.139	Inaptitude physique d'origine non professionnelle
Soc.	26		09-42.117	Accidentés du travail (Suspension du contrat de travail)
Soc.	26	V, 41	08-45.204	Maladie (Indemnisation complémentaire)
Soc.	26		08-44.583	Inaptitude physique d'origine non professionnelle
Soc.	26	V, 34	08-43.475	Entretien préalable au licenciement
				Février 2011
Soc.	1er	V, 44	10-30.160	Prescription (Action en paiement du salaire) - Subvention de fonctionnement
Soc.	1er	V, 42	10-30.045	Licenciement économique (Notion)
Soc.	1er		09-70.121	Plan de sauvegarde de l'emploi
Soc.	1er		09-69.022	Licenciement économique (Reclassement)
Soc.	1er		09-68.162	Modification dans la situation juridique de l'employeur (Effets)
Soc.	1er		09-66.942	Paiement du salaire
Soc.	1er		08-45.223	Gérants salariés de succursales
Soc.	2		10-14.263	Surveillance des salariés
Soc.	2		09-72.449	Preuve de la faute
Soc.	2		09-72.313	Vie privée - Preuve de la faute

Juridiction	Date	BC / Rec.	Numéro	Classement
TGI Toulouse	3		11/00114	Comité d'hygiène, de sécurité et des conditions de travail (Fonctions)
Soc.	8	V, 45	09-40.027	Convocation à l'entretien préalable (au licenciement)
CE	9		329471	Représentants du personnel (Procédure de licenciement)
CJUE	10	I, 513	C-30/10	AGS (Employeurs assujettis/Bénéficiaires)
Crim.	15	28	10-87.019	SMIC
Crim.	15	27	10-83.988	SMIC
Soc.	15		09-73.005	Clause de non-concurrence
Soc.	15		09-72.467	Visite médicale de reprise
Soc.	15		09-67.354	Accidentés du travail (Reclassement)
Soc.	15	V, 47	09-43.172	Visite médicale de reprise
Soc.	15		09-42.580	Absences répétées
Soc.	16		10-60.270	Délégué syndical (Désignation)
Soc.	16		10-60.195	Candidatures aux élections professionnelles - Représentant de la section syndicale
Soc.	16		10-60.159	Représentant syndical au comité d'entreprise
Soc.	16		10-21.039	Comité central d'entreprise
Soc.	16	V, 48	10-16.423	Conseils de prud'hommes (Compétence territoriale)
Soc.	16	V, 50	10-10.465	Égalité de traitement
Soc.	16	V, 49	10-10.110	Notification du licenciement
Soc.	16	V, 49	09-72.172	Notification du licenciement
Soc.	16	V, 52	09-72.061	Égalité de traitement
Soc.	16		09-68.540	Gérants salariés de succursales
Soc.	16		09-67.607	Contrat à durée déterminée (Conclusion)
Soc.	16		09-67.193	Représentants du personnel (Protection/Cas d'application)
Soc.	16		09-43.532	Grève (Effets)
Soc.	16		09-43.364	Gérants non salariés (Succursales de commerce de détail alimentaire)
Soc.	16		09-41.401	Engagement unilatéral de l'employeur
CE	21		323637	Modification du contrat de travail d'un salarié protégé
				Mars 2011
Soc.	1er	V, 53	09-69.616	Harcèlement moral/Harcèlement sexuel
Soc.	1er		09-67.366	Loyauté (Obligation de)
Soc.	1er		09-42.952	Résiliation judiciaire du contrat de travail
Soc.	2	V, 62	10-60.201	Protocole d'accord préélectoral
Soc.	2	V, 66	10-60.157	Collèges électoraux
Soc.	2	V, 61	10-60.101	Scrutin
Soc.	2	V, 59	10-17.603	Candidatures aux élections professionnelles
Soc.	2	V, 54	10-13.634	Contrat à durée déterminée (Cas de recours)
Soc.	2		10-13.547	Action en justice du comité d'entreprise
Soc.	2		10-10.123	Contrat de mission/Contrat de travail temporaire
Soc.	2		09-72.535	Sanctions discriminatoires (Notion)
Soc.	2		09-71.000	Responsabilité pécuniaire du salarié
Soc.	2		09-69.283	Notification du licenciement
Soc.	2		09-68.890	Indiscrétions
Soc.	2		09-68.546	Règlement intérieur
Soc.	2		09-67.990	Cause réelle et sérieuse
Soc.	2	V, 57	09-67.237	Notification du licenciement
Soc.	2		09-67.025	Préavis (Indemnité compensatrice de)
Soc.	2	V, 67	09-60.483	Établissement distinct
Soc.	2	V, 60	09-60.419	Collèges électoraux
Soc.	2		09-43.509	Abandon de poste
Soc.	2	V, 56	09-43.223	Modification de l'horaire de travail
Soc.	2	V, 55	08-44.977	Modification de la rémunération - Insuffisance de résultats
Soc.	9	V, 68	10-11.588	Grève (Définition)
Soc.	9	V, 70	10-11.581	Plan de sauvegarde de l'emploi - Licenciement économique (Information et consultation du CE) - Rupture conventionnelle du CDI
Soc.	9	V, 73	09-69.647	Convention collective (Application)

Juridiction	Date	BC / Rec.	Numéro	Classement
Soc.	9		09-66.535	VRP (Bénéfice du statut)
Soc.	9		09-66.469	VRP (Indemnité de clientèle)
Soc.	9		09-43.520	Abandon de poste
Soc.	9		09-43.136	Clause de non-concurrence
Soc.	9	V, 74	09-42.901	Gérants salariés de succursales
Soc.	9	V, 69	09-42.150	Vie privée
CJUE	10	I, 1421	C-477/09	AGS (Employeurs assujettis/Bénéficiaires)
CJUE	15	I, 1595	C-29/10	Contrat de travail international
Soc.	15		10-11.635	Convention collective (Mise en cause)
Soc.	15		09-70.801	Procédure de licenciement dans les entreprises en redressement ou liquidation judiciaires
Soc.	16		09-72.384	VRP (Rémunération) - Intéressement des salariés
Soc.	16		09-70.893	Travail à temps partiel
Soc.	16		09-70.567	Prescription des fautes disciplinaires
Soc.	16	V, 75	09-69.945	Accidentés du travail (Reclassement) - Contrat à durée déterminée (Requalification/Indemnisation)
Soc.	16		09-67.836	Imputabilité de la rupture
Soc.	16	V, 76	08-42.671	Primes et gratifications
Soc.	16		08-42.218	Imputabilité de la rupture
Civ.	17	II, 69	10-14.468	Responsabilité civile de l'employeur
Soc.	22		09-71.051	Contrat à durée déterminée (Conclusion)
Soc.	23		10-60.222	Section syndicale
Soc.	23		10-60.175	Effectifs (Représentation du personnel)
Soc.	23		10-30.127	Licenciement économique (Reclassement)
Soc.	23		10-10.039	Licenciement économique (Reclassement)
Soc.	23		09-72.956	Temps de pause/Temps de repos
Soc.	23		09-72.733	Évaluation des salariés - Droit syndical (Exercice du)
Soc.	23		09-72.712	Action en justice du comité d'entreprise - Plan de sauvegarde de l'emploi
Soc.	23		09-72.319	Injures/Insultes
Soc.	23		09-70.416	Contrat de travail (Critères)
Soc.	23		09-69.467	Conseillers prud'hommes (Protection)
Soc.	23		09-69.349	Période d'essai
Soc.	23		09-68.858	Représentants du personnel (Licenciement/Indemnisation)
Soc.	23		09-68.139	Accidentés du travail (Reclassement)
Soc.	23		09-68.078	Convention collective (Applicabilité)
Soc.	23		09-67.512	Expert comptable du comité d'entreprise - Établissement distinct
Soc.	23		09-67.487	Période d'essai
Soc.	23		09-43.507	Faute grave
Soc.	23		09-43.145	Représentants du personnel (Licenciement/Indemnisation)
Soc.	23		09-42.921	VRP (Indemnité de clientèle)
Soc.	23	V, 79	09-42.666	Égalité de traitement
Soc.	23		09-42.122	Absences non autorisées
Soc.	23		09-42.092	Imputabilité de la rupture
Soc.	23		09-41.582	Plan de sauvegarde de l'emploi
Soc.	30		10-11.509	Gérants salariés de succursales
Soc.	30	V, 80	10-10.560	Contrat à durée déterminée (Cas de recours)
Soc.	30		09-72.990	Participation
Soc.	30		09-72.817	Dénigrement/Diffamation
Soc.	30	V, 81	09-71.542	Égalité de traitement
Soc.	30	V, 83	09-71.412	Convocation à l'entretien préalable (au licenciement) - Entretien préalable au licenciement
Soc.	30		09-70.853	Modification de la durée du travail
Soc.	30	V, 82	09-70.306	Détachement de salariés
Soc.	30		09-69.018	Licenciement économique (Reclassement)
Soc.	30		09-68.986	Clause de non-concurrence
Soc.	30		09-68.723	Engagement unilatéral de l'employeur
Soc.	30		09-43.544	Préavis (Dispense de)
Soc.	30	V, 84	09-42.105	Licenciement sans cause réelle et sérieuse (Sanctions)
Soc.	30	V, 85	09-41.583	Clause de non-concurrence
CA Versailles	31		09/00742	Indélicatesses/Malhonnêteté/Malversations

Juridiction	Date	BC / Rec.	Numéro	Classement
				Avril 2011
Soc.	5		10-60.290	Représentant de la section syndicale
Soc.	5		10-60.225	Délégué syndical central
Soc.	5		10-20.538	Section syndicale
Soc.	5	V, 87	10-19.951	Bulletin de vote
Soc.	5		10-18.813	Protocole d'accord préélectoral
Soc.	5	V, 88	10-18.733	Protocole d'accord préélectoral
Soc.	5		10-10.424	Représentants du personnel (Protection/Cas d'application)
Soc.	6	V, 91	10-16.203	Modification dans la situation juridique de l'employeur (Effets)
Soc.	6		10-10.479	Absences non autorisées
Soc.	6		09-71.508	Notification du licenciement
Soc.	6		09-69.567	Contrat de travail (Détermination de l'employeur)
Soc.	6	V, 93	09-68.413	Repos hebdomadaire (Principe du repos dominical)
Soc.	6	V, 94	09-66.818	Modification du contrat et des conditions de travail
Soc.	6	V, 90	07-42.935	Durée du travail
CE	7	159	334211	Représentants du personnel (Autorisation administrative de licenciement)
Ass. plén.	22	n° 3	09-43.334	Concierges - Absences répétées
Soc.	28	V, 96	10-30.107	Liberté d'expression
Soc.	28	V, 100	10-15.573	Contrat de travail (Critères)
Soc.	28	V, 98	10-13.979	Rétrogradation disciplinaire
Soc.	28		10-13.775	Accidentés du travail (Reclassement) - Visite médicale de reprise
Soc.	28		09-72.721	Contrat de travail (Critères)
Soc.	28	V, 101	09-72.165	Période d'essai
Soc.	28		09-71.658	Licenciement sans cause réelle et sérieuse (Sanctions)
Soc.	28	V, 97	09-70.619	Rétrogradation disciplinaire - Sanctions disciplinaires (Notification) - Mutation disciplinaire
Soc.	28		09-68.040	Retraite (Départ à la)
Soc.	28		09-67.037	Vie privée
Soc.	28		09-43.367	Représentants du personnel (Licenciement/Recours contre la décision administrative)
Soc.	28	V, 95	09-43.226	Contrat à durée déterminée (Requalification/Indemnisation)
Soc.	28		09-42.790	Contrat à durée déterminée (Contrats successifs) - Contrat à durée déterminée (Requalification/Indemnisation)
Soc.	28		09-42.749	Action en justice des syndicats
Soc.	28		09-42.321	Clause de mobilité
Soc.	28	V, 102	09-40.708	Résiliation judiciaire du contrat de travail - Préavis (Indemnité compensatrice de)
Soc.	28	V, 99	09-40.487	Abandon de poste - Visite médicale de reprise
Soc.	28	V, 101	09-40.464	Période d'essai
				Mai 2011
Soc.	3	V, 104	10-14.104	Liberté d'expression - Procédure disciplinaire (Entretien préalable)
Soc.	3	V, 106	09-71.950	Représentants du personnel (Licenciement/Recours contre la décision administrative)
Soc.	3	V, 103	09-70.813	Modification dans la situation juridique de l'employeur (Cas d'application) - Convention de forfait
Soc.	3		09-68.297	Grève (Effets)
Soc.	3	V, 105	09-67.464	Vie privée
Soc.	4		10-30.646	Modification dans la situation juridique de l'employeur (Effets)
Soc.	4		10-15.393	Modification dans la situation juridique de l'employeur (Effets)
Soc.	4		09-70.702	Évaluation des salariés - Résiliation judiciaire du contrat de travail
Soc.	4		09-67.776	Représentants du personnel (Mise à pied conservatoire)
Soc.	5		10-11.967	Travail dissimulé
Soc.	5		10-10.818	Contrat de travail (Critères)
Soc.	11	V, 107	09-41.298	VRP (Indemnité de clientèle) - Retraite (Mise à la)
Soc.	17	V, 112	10-15.577	Modification du contrat de travail d'un salarié protégé

Juridiction	Date	BC / Rec.	Numéro	Classement
Soc.	17	V, 108	10-12.852	Scrutin
Soc.	17	V, 114	10-10.957	Participation
Soc.	17	V, 109	09-72.843	Procédure conventionnelle de licenciement
Soc.	17	V, 110	09-43.003	Modification dans la situation juridique de l'employeur (Effets)
Soc.	18	V, 116	10-60.406	Représentativité syndicale
Soc.	18	V, 120	10-60.383	Délégué syndical (Désignation) - Établissement distinct
Soc.	18	V, 121	10-60.300	Représentativité syndicale
Soc.	18	V, 123	10-60.273	Représentant syndical au comité d'entreprise
Soc.	18	V, 125	10-60.069	Représentativité syndicale
Soc.	18		10-25.421	Délégué syndical (Désignation)
Soc.	18	V, 124	10-21.705	Représentativité syndicale
Soc.	18	V, 118	10-14.121	Heures de délégation (Rémunération)
Soc.	18		10-10.605	Engagement unilatéral de l'employeur
Soc.	18		09-72.959	Clause de non-concurrence
Soc.	18	V, 115	09-72.787	Procédure conventionnelle de licenciement
Soc.	18	V, 117	09-69.175	Modification de la rémunération - Prêt de main-d'œuvre - Imputabilité de la rupture
Soc.	18		09-68.236	Contrat à durée déterminée (Requalification/Indemnisation)
CA Aix-en-Provence	23		09-19766	Notification du licenciement
Soc.	25		10-10.852	Licenciement pour fin de chantier
Soc.	25	V, 127	10-10.515	Accidentés du travail (Reclassement)
Soc.	25		09-72.556	Maternité
Soc.	25		09-71.543	Accidentés du travail (Reclassement)
Soc.	25		09-69.641	Accidentés du travail (Suspension du contrat de travail) - Préavis (Indemnité compensatrice de)
Soc.	25		09-68.224	Démission
Soc.	31		10-60.226	Comité d'hygiène, de sécurité et des conditions de travail (Mise en place)
Soc.	31	V, 135	10-25.688	Représentant de la section syndicale
Soc.	31	V, 132	10-17.460	Modification dans la situation juridique de l'employeur (Salariés protégés)
Soc.	31	V, 134	10-14.391	Convention collective (Conclusion)
Soc.	31	V, 137	10-14.313	Transaction
Soc.	31		10-14.306	Travail dissimulé
Soc.	31		09-67.045	Licenciement économique (Notion)
Soc.	31		09-42.378	Congé sabbatique
Soc.	31	V, 133	08-44.856	Convention collective (Applicabilité)
				Juin 2011
Soc.	7		10-14.188	Temps de travail effectif
Soc.	8	V, 154	10-30.162	Égalité de rémunération - Éthylisme/Ivresse/Intempérance
Soc.	8	V, 139	10-17.022	Femmes enceintes (Licenciement)
Soc.	8	V, 138	10-15.493	Imputabilité de la rupture
Soc.	8	V, 150	10-15.087	Travail intermittent
Soc.	8	V, 140	10-14.650	Convocation à l'entretien préalable (au licenciement)
Soc.	8	V, 143	10-11.933	Représentants du personnel (Protection/Bénéficiaires) - Représentants du personnel (Licenciement/Indemnisation)
Soc.	8	V, 152	09-71.056	Indemnité de congés payés
Soc.	8	V, 153	09-70.324	Temps de travail effectif
Soc.	8	V, 141	09-43.208	Heures supplémentaires - Imputabilité de la rupture - Préavis
Soc.	8	V, 146	09-42.807	Avantages acquis
Soc.	8	V, 148	09-41.019	VRP (Rémunération)
Soc.	15	V, 156	10-60.392	Action en justice des syndicats
Soc.	15	V, 157	10-25.282	Candidatures aux élections professionnelles
Soc.	15	V, 158	10-20.761	Délégué syndical (Désignation)
Crim.	16	134	10-85.079	Preuve de la faute
Soc.	16		08-44.616	Intéressement des salariés
Soc.	21		10-11.690	Entretien préalable au licenciement
Soc.	22	V, 165	10-18.897	Imputabilité de la rupture

Juridiction	Date	BC / Rec.	Numéro	Classement
Soc.	22		10-14.486	Accidentés du travail (Reclassement)
Soc.	22		10-10.945	Cause réelle et sérieuse - Durée du travail
Soc.	22		10-10.856	Liberté d'expression
Soc.	22		09-73.032	Modification dans la situation juridique de l'employeur (Salariés protégés)
Soc.	22	V, 159	09-71.567	Clause de non-concurrence
Soc.	22		09-71.118	Retraite (Mise à la)
Soc.	22		09-70.999	Préavis (Indemnité compensatrice de)
Soc.	22	V, 160	09-68.762	Clause de non-concurrence
Soc.	22	V, 162	09-67.264	Minimum conventionnel
CE	27		334834	Visite médicale de reprise
CE	29		332562	Convention collective (Extension)
Soc.	29	V, 180	10-60.394	Délégué syndical (Désignation)
Soc.	29	V, 179	10-19.921	Délégué syndical (Désignation)
Soc.	29	V, 175	10-18.647	Procès-verbal des élections
Soc.	29	V, 166	10-15.792	Égalité de traitement - Droit syndical (Exercice du)
Soc.	29	V, 184	10-14.743	Heures d'équivalence
Soc.	29	V, 166	10-14.067	Droit syndical (Exercice du)
Soc.	29	V, 170	10-12.884	SMIC - Contrat à durée déterminée (Conclusion)
Soc.	29	V, 169	10-11.699	Accidentés du travail (Protection)
Soc.	29	V, 178	10-11.525	Employés de maison
Soc.	29	V, 177	10-11.365	Employés de maison
Soc.	29	V, 171	10-11.052	Clause de garantie d'emploi
Soc.	29	V, 183	10-10.955	Jours fériés
Soc.	29	V, 181	09-71.107	Convention de forfait
Soc.	29	V, 172	09-70.902	Harcèlement moral/Harcèlement sexuel
Soc.	29	V, 182	09-70.688	Fractionnement des congés payés
Soc.	29	V, 168	09-69.444	Harcèlement moral/Harcèlement sexuel
Soc.	29	V, 167	09-67.492	Modification de la rémunération
Soc.	29	V, 173	09-65.710	Imputabilité de la rupture
Soc.	29	V, 174	09-42.165	Retraite (Mise à la)
Soc.	30		09-71.538	Droit syndical (Exercice du)
				Juillet 2011
Soc.	5		10-17.284	Preuve de la faute
Soc.	5		10-14.626	Représentants du personnel (Licenciement/Indemnisation)
Soc.	5		10-11.659	Contrat d'apprentissage
Soc.	6	V, 188	10-15.406	Représentants du personnel (Protection/Cas d'application)
Soc.	6	V, 186	10-15.348	Intéressement des salariés
Soc.	6	V, 189	10-13.805	Médecin du travail
Soc.	6		10-10.820	Cause réelle et sérieuse
Soc.	6	V, 185	09-69.689	Journalistes (Bénéfice du statut)
Soc.	6	V, 187	09-43.130	Imputabilité de la rupture
Soc.	6		08-45.365	Transaction
				Septembre 2011
CA Toulouse	21		11/00604	Évaluation des salariés
Soc.	21	V, 193	10-19.017	Tracts - Affichage
Soc.	21	V, 191	09-72.054	Liberté d'expression - Indemnité de licenciement
Soc.	21	V, 192	09-69.927	Inventions des salariés
Soc.	21	V, 194	08-41.512	AGS (Employeurs assujettis/Bénéficiaires)
Soc.	22		10-30.293	Inaptitude physique d'origine non professionnelle
Soc.	22		09-72.637	Cumul d'un mandat social et d'un contrat de travail
Soc.	22		09-72.461	Indemnité de congés payés
Soc.	28	V, 203	11-60.028	Bulletin de vote
Soc.	28	V, 211	11-10.601	Délégué syndical (Désignation)
Soc.	28	V, 205	10-60.357	Représentant syndical au comité d'entreprise
Soc.	28		10-60.245	Contentieux électoral - Protocole d'accord préélectoral
Soc.	28	V, 207	10-60.219	Comité d'hygiène, de sécurité et des conditions de travail (Mise en place)

Juridiction	Date	BC / Rec.	Numéro	Classement
Soc.	28		10-30.536	Travail de nuit
Soc.	28		10-30.020	Modification dans la situation juridique de l'employeur (Effets)
Soc.	28	V, 206	10-28.406	Représentant syndical au comité d'entreprise
Soc.	28	V, 201	10-27.374	Électorat/Qualité d'électeur
Soc.	28	V, 202	10-27.370	Bulletin de vote - Protocole d'accord préélectoral
Soc.	28	V, 212	10-26.762	Délégué syndical (Désignation)
Soc.	28	V, 215	10-26.693	Représentativité syndicale - Candidatures aux élections professionnelles
Soc.	28	V, 213	10-26.545	Délégué syndical central - Représentativité syndicale
Soc.	28	V, 198	10-23.703	Contrat de sécurisation professionnelle
Soc.	28	V, 204	10-21.931	Contrat à durée déterminée (Indemnité de précarité/ Indemnité de fin de contrat)
Soc.	28	V, 200	10-21.752	Délégation unique
Soc.	28		10-21.350	AGS (Garantie des créances)
Soc.	28	V, 210	10-21.294	Gérants non salariés (Succursales de commerce de détail alimentaire)
Soc.	28	V, 216	10-19.113	Représentativité syndicale
Soc.	28		10-18.375	Astreintes
Soc.	28	V, 197	10-17.845	Accidentés du travail (Reclassement)
Soc.	28		10-16.528	Travail de nuit
Soc.	28		10-14.691	Licenciement économique (Reclassement)
Soc.	28	V, 209	10-14.284	Employés de maison
Soc.	28		09-71.139	Contrat à durée déterminée (Conclusion)
Soc.	28		09-70.689	Modification dans la situation juridique de l'employeur (Effets)
Soc.	28	V, 217	09-70.329	Travail à temps partiel - Modification de l'horaire de travail
Soc.	28	V, 196	09-68.537	Clause de non-concurrence
Soc.	28	V, 199	09-67.510	Imputabilité de la rupture
Soc.	28	V, 195	09-43.385	Contrat à durée déterminée (Indemnité de précarité/ Indemnité de fin de contrat)
Soc.	28		09-41.496	Travailleurs à domicile
				Octobre 2011
Soc.	4	V, 220	10-18.862	Mise à pied conservatoire - Non-respect des règles d'hygiène et de sécurité
Soc.	4	V, 225	10-18.023	Représentants du personnel (Autorisation administrative de licenciement)
Soc.	5		10-30.599	Travail à temps partiel
Soc.	6	V, 228	11-60.035	Protocole d'accord préélectoral
Crim.	11	204	10-86.944	Gérants non salariés (Succursales de commerce de détail alimentaire)
Soc.	12		10-26.699	Journalistes (Indemnité de licenciement)
Soc.	12	V, 231	10-16.649	Loyauté (Obligation de)
Soc.	12	V, 233	09-43.155	VRP (Clause de non-concurrence)
Soc.	13		09-72.823	Contrat de mission/Contrat de travail temporaire
Soc.	19	V, 234	10-16.444	Harcèlement moral/Harcèlement sexuel
Soc.	19	V, 236	09-72.672	Harcèlement moral/Harcèlement sexuel
Soc.	19	V, 235	09-68.272	Harcèlement moral/Harcèlement sexuel
Soc.	20		10-16.749	Absences non autorisées
Soc.	25		10-18.542	Vol/Détournement
Soc.	25		10-18.327	Cumul d'un mandat social et d'un contrat de travail
CE	26		335755	Retraite (Mise à la)
Soc.	26	V, 245	11-10.290	Représentativité syndicale
Soc.	26	V, 242	10-27.134	Protocole d'accord préélectoral
Soc.	26	V, 243	10-20.918	Réunions du comité d'entreprise
Soc.	26	V, 241	10-19.001	Modification des fonctions
Soc.	26		10-17.396	Imputabilité de la rupture
Soc.	26	V, 244	10-14.175	Gérants salariés de succursales
Soc.	26		10-14.139	Démission
Soc.	26		10-11.297	Imputabilité de la rupture
Soc.	26		09-72.219	Modification du contrat et des conditions de travail

Juridiction	Date	BC / Rec.	Numéro	Classement
Soc.	26		09-71.322	Modification du lieu de travail
Soc.	26		09-66.424	Modification du contrat de travail d'un salarié protégé
Soc.	26	V, 239	09-43.205	Contrat à durée déterminée (Contrats successifs)
Soc.	26		09-42.708	Imputabilité de la rupture
Novembre 2011				
Soc.	3	V, 248	10-30.033	Modification de l'horaire de travail
Soc.	3	V, 251	10-18.762	Heures de récupération
Soc.	3	V, 247	10-18.036	Horaire de travail
Soc.	3	V, 252	10-16.660	Retenues sur salaire
Soc.	3	V, 246	10-14.702	Modification de l'horaire de travail
Soc.	3	V, 249	10-11.820	Modification dans la situation juridique de l'employeur (Cas d'application)
Soc.	3		10-11.262	Contrat à durée déterminée (Requalification/Indemnisation)
Soc.	3		09-68.526	Travail à temps partiel
Soc.	8		10-23.593	Vie privée
Soc.	8		10-22.828	Contrat d'apprentissage
Soc.	8		10-19.339	Modification de l'horaire de travail
Soc.	8		10-15.722	Sanctions pécuniaires (Notion)
Soc.	9	V, 255	11-60.029	Collèges électoraux
Soc.	9	V, 256	10-28.838	Candidatures aux élections professionnelles
Soc.	9		10-28.253	Collèges électoraux
Soc.	9		10-21.722	Période d'essai
Soc.	9		09-73.040	Modification du contrat et des conditions de travail
Soc.	9	V, 253	09-43.528	Indemnité de licenciement
CA Besançon	15		10/02642	Preuve de la faute
Soc.	15	V, 261	10-30.463	Représentants du personnel (Licenciement/Recours contre la décision administrative)
Soc.	15	V, 264	10-23.609	Modification dans la situation juridique de l'employeur (Salariés protégés)
Soc.	15	V, 260	10-18.417	Représentants du personnel (Licenciement/Recours contre la décision administrative)
Soc.	15	V, 263	10-17.015	Procédure de licenciement dans les entreprises en redressement ou liquidation judiciaires
Soc.	15	V, 265	10-15.294	Modification dans la situation juridique de l'employeur (Salariés protégés)
Soc.	15	V, 259	10-10.687	Représentants du personnel (Licenciement/Recours contre la décision administrative)
Soc.	16	V, 266	11-13.256	Éligibilité
Soc.	16	V, 267	11-11.486	Comité d'hygiène, de sécurité et des conditions de travail (Mise en place)
Soc.	16	V, 270	10-28.201	Délégué syndical central
Soc.	16	V, 269	09-68.427	Convention collective (Conclusion)
CJUE	17	I, 11705	C-435/10	AGS (Employeurs assujettis/Bénéficiaires)
Soc.	17		10-23.640	Pouvoir disciplinaire (Contrôle juridictionnel) - Action en justice des syndicats
Soc.	17		10-23.265	Contribution patronale aux activités sociales et culturelles
Ass. plén.	18	n° 8	10-16.491	Temps de travail effectif
CJUE	22	I, 11757	C-214/10	Congés payés
Crim.	22	237	11-80.013	SMIC
Soc.	23		10-30.768	Ordre des licenciements
Soc.	23		10-26.918	Contrat d'apprentissage
Soc.	23		10-26.167	Licenciement économique (Notion)
Soc.	23		10-21.973	Fractionnement des congés payés
Soc.	23		10-14.507	Heures supplémentaires
Soc.	29	V, 274	10-30.728	Accidentés du travail (Protection)
Soc.	29	V, 275	10-19.435	Représentants du personnel (Licenciement/Recours contre la décision administrative) - Modification du contrat de travail d'un salarié protégé
Soc.	30		11-11.791	Délégué syndical (Désignation)

Juridiction	Date	BC / Rec.	Numéro	Classement
Soc.	30	V, 280	11-11.560	Comité d'hygiène, de sécurité et des conditions de travail (Mise en place)
Soc.	30		11-10.688	Contrat de travail (Critères)
Soc.	30	V, 279	10-23.986	Secrétaire du comité d'entreprise
Soc.	30	V, 284	10-22.964	Contrat de travail (Détermination de l'employeur)
Soc.	30	V, 276	10-21.678	Contrat de sécurisation professionnelle
Soc.	30	V, 283	10-21.119	Transaction
Soc.	30		10-10.570	Travail de nuit
Soc.	30	V, 281	09-67.798	Scrutin - Durée du travail
Soc.	30	V, 282	09-43.183	Contrat de sécurisation professionnelle
				Décembre 2011
Soc.	1er		09-71.204	Loyauté (Obligation de)
CE	5		328380	Prescription des fautes disciplinaires
Crim.	6	244	10-86.829	Action en justice des syndicats
Crim.	6	249	10-82.266	Harcèlement moral/Harcèlement sexuel
Soc.	6		10-20.925	Notification du licenciement
Soc.	6		10-18.071	Représentants du personnel (Protection/Bénéficiaires)
Soc.	6		10-16.454	Représentants du personnel (Protection/Bénéficiaires)
Soc.	7	V, 289	10-30.222	Entretien préalable au licenciement
Soc.	7		10-23.686	Indemnité de congés payés
Soc.	7	V, 287	10-22.875	Responsabilité civile de l'employeur - Hygiène et sécurité
Soc.	7	V, 291	10-19.434	Modification dans la situation juridique de l'employeur (Cas d'application)
Soc.	7	V, 294	10-15.222	Inaptitude physique d'origine non professionnelle
Soc.	7	V, 288	10-14.156	Licenciement sans cause réelle et sérieuse (Sanctions)
Soc.	7		10-11.301	Force majeure/Fait du prince
Soc.	7	V, 293	10-10.192	Journalistes (Bénéfice du statut)
Soc.	7	V, 286	09-67.367	Détachement de salariés
Soc.	7	V, 290	07-45.689	Résiliation judiciaire du contrat de travail
Soc.	13		10-21.745	Licenciement économique (Reclassement)
Soc.	14	V, 302	11-14.642	Représentant syndical au comité d'entreprise
Soc.	14	V, 303	10-20.378	Comité d'hygiène, de sécurité et des conditions de travail (Fonctions)
Soc.	14		10-19.997	Visite médicale de reprise
Soc.	14		10-14.251	Inaptitude physique d'origine non professionnelle
Soc.	14	V, 296	10-13.922	Licenciement économique (Notion)
Soc.	14	V, 297	10-13.542	Résiliation judiciaire du contrat de travail
Soc.	14	V, 295	10-11.042	Licenciement économique (Notion)
CJUE	15	I, 13275	C-384/10	Contrat de travail international
Soc.	15		10-21.926	Entretien préalable au licenciement
Soc.	15		10-20.093	Modification du contrat de travail d'un salarié protégé
				Janvier 2012
Ass. plén.	6	n° 1	10-14.688	Mutation disciplinaire
Soc.	10	V, 2	10-23.482	Surveillance des salariés
Soc.	10	V, 7	10-23.206	Comité d'hygiène, de sécurité et des conditions de travail (Fonctions)
Soc.	10	V, 4	10-21.270	Expert comptable du comité d'entreprise
Soc.	10		10-19.489	Modification dans la situation juridique de l'employeur (Effets)
Soc.	10	V, 6	10-18.558	Tracts
Soc.	10		10-15.831	Procédure conventionnelle de licenciement
Soc.	10	V, 5	09-16.691	Action en justice des syndicats
Soc.	11	V, 16	11-14.292	Tracts - Affichage
Soc.	11		10-30.308	Clause de non-concurrence
Soc.	11	V, 12	10-28.213	Égalité de traitement
Soc.	11	V, 10	10-23.139	Égalité de traitement
Soc.	11		10-19.438	Égalité de rémunération
Soc.	11		10-18.452	Jours fériés
Soc.	11	V, 11	10-17.945	Période d'essai

Juridiction	Date	BC / Rec.	Numéro	Classement
Soc.	11		10-17.828	VRP (Bénéfice du statut)
Soc.	11		10-17.599	VRP (Bénéfice du statut)
Soc.	11	V, 8	10-16.655	Évaluation des salariés - Droit syndical (Exercice du)
Soc.	11	V, 14	10-15.481	Clause de dédit-formation
Soc.	11		10-14.868	Période d'essai
Soc.	11	V, 15	10-14.614	Usage - Égalité de rémunération - Modification dans la situation juridique de l'employeur (Sort du statut collectif)
Soc.	11	V, 9	10-12.930	Harcèlement moral/Harcèlement sexuel
Soc.	12		10-21.101	Licenciement économique (Notion)
Soc.	12		10-19.611	Délinquance
Soc.	18		10-30.819	Retenues sur salaire
Soc.	18		10-23.921	Gérants salariés de succursales
Soc.	18		10-19.883	Démission
Soc.	18		10-18.574	Clause de non-concurrence
Soc.	18	V, 17	10-16.926	Discrimination à l'embauche - Contrat à durée déterminée (Cas de recours)
Soc.	18		10-11.978	Clause de mobilité
Soc.	18		09-72.916	Transaction
Soc.	19		10-23.653	Contrat de travail (Critères)
Soc.	19		10-18.708	Faute lourde
CJUE	24		C-282/10	Congés payés
Soc.	25	V, 25	11-60.093	Protocole d'accord préélectoral
Soc.	25	V, 35	11-60.092	Effectifs (Représentation du personnel)
Soc.	25		11-60.089	Représentativité syndicale
Soc.	25	V, 30	11-14.151	Délégué syndical (Désignation)
Soc.	25	V, 34	11-10.978	Représentant syndical au comité d'entreprise
Soc.	25		10-30.637	Handicapés
Soc.	25	V, 24	10-28.155	Contrat de travail international
Soc.	25	V, 21	10-26.502	Absences répétées
Soc.	25	V, 18	10-26.237	Grève (Services publics)
Soc.	25	V, 22	10-23.516	Plan de sauvegarde de l'emploi
Soc.	25	V, 36	10-19.135	Chômage total
Soc.	25		10-16.369	Congé parental d'éducation
Soc.	25	V, 20	10-11.590	Clause de non-concurrence
CJUE	26		C-586/10	Contrat à durée déterminée (Cas de recours)
Crim.	31	32	11-85.226	Inspecteur du travail - Registre unique du personnel
Crim.	31	31	11-84.113	Droit syndical (Exercice du)
Soc.	31	V, 38	11-60.139	Contentieux électoral
Soc.	31	V, 42	11-60.135	Représentativité syndicale
Soc.	31	V, 37	11-20.232	Unité économique et sociale
Soc.	31	V, 40	11-16.049	Protocole d'accord préélectoral
Soc.	31	V, 41	11-11.856	Représentant syndical au comité d'entreprise
Soc.	31	V, 46	10-30.935	Travail à temps partiel
Soc.	31	V, 39	10-25.429	Représentativité syndicale - Délégué syndical (Désignation)
Soc.	31	V, 45	10-24.412	Durée du travail
Soc.	31	V, 47	10-24.388	Bulletin de salaire - Logement des salariés
Soc.	31	V, 43	10-19.807	Convention de forfait
Soc.	31	V, 44	10-17.593	Convention de forfait
			Février 2012	
Soc.	1er		11-10.837	Inaptitude physique d'origine non professionnelle
Soc.	1er	V, 48	10-26.647	Contrat à durée déterminée (Cas de recours)
Soc.	1er		10-23.434	Accidentés du travail (Reclassement)
Soc.	1er	V, 49	10-17.394	Modification de la rémunération - AGS (Garantie des créances)
Soc.	1er	V, 51	10-10.012	Procédure conventionnelle de licenciement
Soc.	7	V, 57	10-27.525	Période d'essai
Soc.	7	V, 54	10-19.505	Égalité de traitement
Soc.	7	V, 58	10-18.686	Dignité des salariés - Résiliation judiciaire du contrat de travail
Soc.	7	V, 55	10-18.035	Harcèlement moral/Harcèlement sexuel
Soc.	7	V, 56	10-17.393	Harcèlement moral/Harcèlement sexuel

Juridiction	Date	BC / Rec.	Numéro	Classement
Soc.	8		11-16.155	Représentativité syndicale
Soc.	8	V, 60	11-14.802	Contentieux électoral
Soc.	8	V, 67	11-13.259	Délégué syndical (Désignation)
Soc.	8		11-12.228	Délégué syndical (Désignation)
Soc.	8	V, 70	11-10.382	Comité d'hygiène, de sécurité et des conditions de travail (Fonctions)
Soc.	8	V, 63	10-28.537	Contrat de travail international
Soc.	8	V, 69	10-28.526	Participation
Soc.	8		10-18.957	Représentants du personnel (Licenciement/Recours contre la décision administrative)
Soc.	8	V, 61	10-14.083	Grève (Faute lourde)
Soc.	8	V, 62	10-12.906	AGS (Garantie des créances)
Soc.	9		10-19.496	Éthylisme/Ivresse/Intempérance
Soc.	15		10-30.700	Journalistes (Contrat de travail)
Soc.	15		10-20.194	Licenciement (Nullité)
Soc.	16	V, 73	10-24.421	Concierges
Soc.	16	V, 76	10-21.864	Égalité de rémunération
Soc.	16	V, 75	10-21.300	Congés payés
Soc.	16		10-20.248	Transaction
Soc.	16		10-18.525	Journalistes (Clause de conscience)
Soc.	16		09-72.335	Travail de nuit
Soc.	16	V, 74	09-70.617	Jours fériés
CE	22		346307	Représentants du personnel (Procédure de licenciement)
Soc.	28	V, 77	11-18.952	Conseils de prud'hommes (Compétence d'attribution)
Soc.	28		10-27.839	Travail dissimulé
Soc.	28	V, 78	10-18.308	Vie privée
Soc.	29	V, 82	11-60.203	Protocole d'accord préélectoral - Candidatures aux élections professionnelles
Soc.	29	V, 83	11-13.748	Représentativité syndicale
Soc.	29	V, 81	11-11.410	Comité d'hygiène, de sécurité et des conditions de travail (Mise en place)
Soc.	29	V, 84	11-10.904	Représentant de la section syndicale
Soc.	29		10-26.657	Licenciement économique (Reclassement)
Soc.	29		10-26.185	Licenciement économique (Notion)
				Mars 2012
Soc.	6		10-30.815	Comité d'entreprise (Information et consultation)
Soc.	6		10-24.367	Discrétion (Obligation, Comité d'entreprise)
Soc.	7	V, 87	11-11.311	Accidentés du travail (Reclassement)
Soc.	7		10-28.222	Employés de maison
Soc.	7	V, 93	10-21.744	Travail de nuit
Soc.	7		10-21.717	Promesse d'embauche
Soc.	7		10-21.524	Entretien préalable au licenciement
Soc.	7		10-21.234	Sanctions disciplinaires (Non-cumul des) - Contrat à durée déterminée (Rupture anticipée)
Soc.	7		10-20.174	Attestation d'assurance chômage
Soc.	7	V, 86	10-19.073	Contrat à durée déterminée (Conclusion)
Soc.	7	V, 94	10-18.118	Inaptitude physique d'origine non professionnelle - Préavis (Indemnité compensatrice de)
Soc.	7		10-17.712	Clause de non-concurrence
Soc.	7	V, 89	10-17.090	Résiliation judiciaire du contrat de travail
Soc.	7	V, 91	10-16.611	Qualification professionnelle du salarié
Soc.	7		10-16.362	Modification dans la situation juridique de l'employeur (Effets)
Soc.	7	V, 92	10-16.156	Jours fériés
Soc.	7		10-15.591	Contrat à durée déterminée (Requalification/Indemnisation)
Soc.	7		10-14.502	Transaction
Soc.	7	V, 85	10-12.091	Contrat à durée déterminée (Conclusion)
Soc.	7	V, 88	09-73.050	Démission
Soc.	7		09-71.744	Heures d'équivalence
Soc.	7		09-71.612	VRP (Rémunération)

Juridiction	Date	BC / Rec.	Numéro	Classement
CJUE	8		C-251/11	Contrat à durée déterminée (Transformation du contrat en contrat à durée indéterminée)
Soc.	8		10-21.590	Prescription (Action en paiement du salaire)
Soc.	8		10-19.987	Travail intermittent
Soc.	13	V, 99	10-21.785	Conseillers prud'hommes (Protection)
Soc.	14		11-12.883	Modification dans la situation juridique de l'employeur (Cas d'application)
Soc.	14		11-11.308	Droit syndical (Exercice du)
Soc.	14		11-10.898	Licenciement économique (Notion)
Soc.	14		10-27.809	Modification dans la situation juridique de l'employeur (Conditions d'application)
Soc.	14		10-26.613	Licenciement économique (Reclassement)
Soc.	14		10-26.223	Modification dans la situation juridique de l'employeur (Effets)
Soc.	15		10-27.065	Transaction
Soc.	15		10-25.996	Notification du licenciement - Licenciement économique (Notion)
Soc.	15		10-25.627	Concurrence déloyale
Soc.	21		10-28.623	Accidentés du travail (Suspension du contrat de travail)
Soc.	21	V, 166	10-27.425	SMIC
Soc.	21		10-26.297	Accidentés du travail (Protection)
Soc.	21	V, 166	10-21.737	SMIC
Soc.	21		10-17.847	Égalité de rémunération
Soc.	21		10-16.461	Repos hebdomadaire (Arrêté préfectoral de fermeture)
Soc.	21	V, 103	10-15.553	Prime de fin d'année/Treizième mois
Soc.	21	V, 100	10-12.068	Inaptitude physique d'origine non professionnelle - Rétrogradation disciplinaire
Soc.	21	V, 101	04-47.532	Heures d'équivalence
Soc.	22		11-11.529	Compte épargne-temps
Soc.	22		10-20.298	Contrat à durée déterminée (Rupture anticipée)
Crim.	27	83	11-80.565	Comité d'entreprise (Information et consultation)
Soc.	27	V, 108	11-14.223	Notification du licenciement - Ordre des licenciements
Soc.	27	V, 107	11-11.221	Représentants du personnel (Licenciement/Indemnisation)
Soc.	27	V, 110	11-11.176	Subvention de fonctionnement
Soc.	27	V, 109	11-10.825	Subvention de fonctionnement
Soc.	27	V, 106	10-19.915	Vie privée
Soc.	28	V, 112	11-61.180	Candidatures aux élections professionnelles
Soc.	28	V, 111	11-30.034	Plan de sauvegarde de l'emploi
Soc.	28	V, 113	11-16.141	Scrutin - Candidatures aux élections professionnelles
Soc.	28		11-13.344	Insubordination
Soc.	28	V, 114	11-12.043	Convention collective (Application)
Soc.	28		11-10.109	Modification dans la situation juridique de l'employeur (Effets) - Cause réelle et sérieuse
Soc.	28		10-24.441	Inaptitude physique d'origine non professionnelle - Harcèlement moral/Harcèlement sexuel
Soc.	28		10-22.847	Clause de non-concurrence
Soc.	29		10-19.466	Non-respect des règles d'hygiène et de sécurité
				Avril 2012
Soc.	4		11-12.454	Démission
Soc.	4		11-10.986	Contrat à durée déterminée (Conclusion)
Soc.	4	V, 118	11-10.706	Égalité de traitement
Soc.	4	V, 116	11-10.570	Violences et rixes
Soc.	4		10-28.818	Contrat de travail (Critères)
Soc.	4		10-28.266	Notification du licenciement - Licenciement irrégulier (Sanctions)
Soc.	4		10-23.536	Préavis (Indemnité compensatrice de)
Soc.	4	V, 117	10-20.845	Résiliation judiciaire du contrat de travail
Soc.	4		10-20.007	Contrat à durée déterminée (Cas de recours)
Soc.	4		10-17.181	Clause pénale
Soc.	4	V, 115	10-10.701	Inaptitude physique d'origine non professionnelle - Heures supplémentaires
Soc.	5		10-18.227	Modification de la rémunération

Juridiction	Date	BC / Rec.	Numéro	Classement
Soc.	5		10-12.182	Usage
Soc.	11	V, 119	11-17.096	Contrat de travail international
Soc.	11	V, 121	11-14.476	Règlement intérieur du comité d'entreprise
Soc.	11	V, 120	11-11.037	Priorité de réembauche (Licenciement économique)
Crim.	11	94	10-86.974	Responsabilité pénale des personnes morales
Soc.	11		10-25.764	Vie privée
Soc.	11	V, 123	09-68.553	AGS (Employeurs assujettis/Bénéficiaires)
Soc.	12	V, 124	11-60.218	Délégué syndical (Désignation)
Soc.	12	V, 126	11-22.291	Représentativité syndicale
Soc.	12	V, 127	11-22.290	Représentativité syndicale
Soc.	12	V, 125	11-22.289	Représentativité syndicale
Soc.	12		11-15.971	Modification du lieu de travail
Soc.	12		11-14.973	Accidentés du travail (Reclassement)
Soc.	12		11-13.768	Mise à pied disciplinaire
Soc.	12	V, 128	11-12.916	Comité d'hygiène, de sécurité et des conditions de travail (Mise en place)
Soc.	12		10-28.807	Représentants du personnel (Protection/Cas d'application)
Soc.	12		10-28.697	Représentants du personnel (Mise à pied conservatoire)
Soc.	12		10-27.075	VRP (Bénéfice du statut)
CJUE	19		C-415/10	Discrimination à l'embauche
				Mai 2012
CE	2		351129	Visite médicale de reprise
Soc.	3	V, 129	11-20.741	Plan de sauvegarde de l'emploi
Soc.	3		11-10.143	Modification du lieu de travail
Soc.	3		10-27.427	Modification économique du contrat de travail
Soc.	3		10-27.152	Modification du contrat et des conditions de travail
Soc.	3		10-26.520	Qualification professionnelle du salarié
Soc.	3		10-25.937	Clause de mobilité
Soc.	3		10-20.738	Usage
Soc.	9		11-23.299	Cumul d'un mandat social et d'un contrat de travail
Soc.	9	V, 134	11-13.687	Règlement intérieur
Soc.	9	V, 132	10-26.497	Grève (Faute lourde)
Soc.	9	V, 131	10-24.307	Grève (Faute lourde)
Soc.	10	V, 141	11-60.171	Comité d'hygiène, de sécurité et des conditions de travail (Mise en place)
Soc.	10	V, 140	11-25.029	Vote par correspondance
Soc.	10	V, 144	11-21.388	Délégué syndical (Désignation)
Soc.	10		11-21.386	Comité d'hygiène, de sécurité et des conditions de travail (Mise en place)
Soc.	10	V, 145	11-21.356	Représentativité syndicale
Soc.	10	V, 139	11-21.339	Scrutin
Soc.	10		11-20.459	Scrutin
Soc.	10		11-20.072	Délégué syndical supplémentaire
Soc.	10	V, 138	11-18.912	Candidatures aux élections professionnelles
Soc.	10	V, 136	11-18.681	Contrat de travail (Critères)
Soc.	10		11-17.574	Représentativité syndicale
Soc.	10		11-14.463	Licenciement économique (Notion)
Soc.	10	V, 135	11-13.884	Vie privée
Soc.	10		11-13.197	Protocole d'accord préélectoral
Soc.	10		11-11.916	Conseils de prud'hommes (Compétence d'attribution)
Soc.	10		11-11.768	Retraite (Mise à la)
Soc.	10		11-11.526	Accidentés du travail (Reclassement)
Soc.	10		11-11.252	Vie privée
Soc.	10		11-11.193	Femmes enceintes (Licenciement)
Soc.	10		11-11.070	Accidentés du travail (Reclassement)
Soc.	10		11-10.915	Accidentés du travail (Reclassement)
Soc.	10		11-10.067	Inaptitude physique d'origine non professionnelle
Soc.	10	V, 137	10-28.512	Période d'essai
Soc.	10		10-28.510	Femmes enceintes (Licenciement)

Juridiction	Date	BC / Rec.	Numéro	Classement
Soc.	10		10-24.105	Représentants du personnel (Licenciement/Recours contre la décision administrative)
Soc.	10	V, 147	10-23.514	Contrat de mission/Contrat de travail temporaire
Soc.	10		10-14.039	Contrat à durée déterminée (Conclusion)
Soc.	16		11-13.976	Travail de nuit
Soc.	16		11-13.682	Contrat à durée déterminée (Conclusion)
Soc.	16		11-11.851	Contrat à durée déterminée (Cas de recours)
Soc.	16	V, 150	11-11.100	Période d'essai
Soc.	16	V, 153	11-10.760	Clause de non-concurrence
Soc.	16	V, 152	11-10.712	Clause de non-concurrence
Soc.	16	V, 148	10-24.308	Modification des fonctions
Soc.	16	V, 151	10-17.726	Force majeure/Fait du prince
Soc.	16	V, 154	10-15.238	Imputabilité de la rupture
Soc.	16	V, 149	10-10.623	Modification des fonctions
Soc.	23		11-30.106	Licenciement (Nullité)
Soc.	23	V, 159	11-14.930	Tracts
Soc.	23		11-14.500	Mise à pied disciplinaire
Soc.	23	V, 160	11-12.117	Grève (Services publics)
Soc.	23		10-27.690	Loyauté (Obligation de)
Soc.	23		10-27.265	Modification dans la situation juridique de l'employeur (Conditions d'application)
Soc.	23	V, 156	10-23.521	Preuve de la faute
Soc.	30		11-12.274	Chômage total
Soc.	30		11-11.387	Égalité de rémunération
Soc.	30		11-10.087	Modification de l'horaire de travail
Soc.	30	V, 162	10-25.349	Repos hebdomadaire (Principe du repos dominical)
CE	31	240	354186	Établissement distinct
Soc.	31		11-10.958	Inaptitude physique d'origine non professionnelle
Soc.	31	V, 163	11-10.282	Congé de paternité
Soc.	31	V, 164	10-22.759	Modification des fonctions
Soc.	31	V, 165	10-16.810	Maladie (Indemnisation complémentaire)
				Juin 2012
Crim.	5	143	11-83.319	Travail dissimulé
Soc.	6	V, 171	11-17.489	Harcèlement moral/Harcèlement sexuel
Soc.	6	V, 172	10-28.345	Harcèlement moral/Harcèlement sexuel
Soc.	6	V, 173	10-28.199	Sanctions disciplinaires (Notion) - Pouvoir disciplinaire - Harcèlement moral/Harcèlement sexuel - Sanctions discriminatoires (Notion)
Soc.	6	V, 170	10-27.766	Harcèlement moral/Harcèlement sexuel
Soc.	6	V, 169	10-27.694	Représentants du personnel (Licenciement/Recours contre la décision administrative) - Harcèlement moral/Harcèlement sexuel
Soc.	6	V, 168	10-21.489	Égalité de traitement entre hommes et femmes
Soc.	12	V, 177	11-19.641	Résiliation judiciaire du contrat de travail
Soc.	12	V, 178	11-18.578	Contrat de travail international
Soc.	12	V, 176	10-14.632	Contrat de sécurisation professionnelle
Soc.	13	V, 186	11-17.110	Durée du travail
Soc.	13		11-15.283	Période d'essai
Soc.	13		11-12.252	Égalité de traitement
Soc.	13	V, 186	11-12.192	Durée du travail
Soc.	13	V, 187	11-10.929	Congés payés
Soc.	13	V, 180	11-10.198	Contrat à durée déterminée (Conclusion)
Soc.	13	V, 188	11-10.146	Jours fériés
Soc.	13		10-30.589	Indemnité de congés payés
Soc.	13		10-28.286	Contrat à durée déterminée (Conclusion)
Soc.	13		10-27.689	VRP (Bénéfice du statut)
Soc.	13	V, 184	10-27.395	Prime de fin d'année/Treizième mois - Convention collective (Application)
Soc.	13	V, 189	10-26.387	Contrat de mission/Contrat de travail temporaire
Crim.	19	154	11-84.884	Délit d'entrave

Juridiction	Date	BC / Rec.	Numéro	Classement
Soc.	20	V, 193	11-61.176	Délégué syndical (Désignation)
Soc.	20	V, 195	11-60.202	Représentant de la section syndicale
Soc.	20	V, 191	11-20.145	Électorat/Qualité d'électeur - Éligibilité
Soc.	20		11-19.847	Vote par correspondance
Soc.	20	V, 190	11-19.643	Listes électorales
Soc.	20		11-19.416	Licenciement sans cause réelle et sérieuse (Sanctions)
Soc.	20		11-18.018	Représentant de la section syndicale
Soc.	20	V, 192	11-15.558	Représentant syndical au comité d'entreprise
Soc.	20	V, 194	10-28.516	Représentants du personnel (Licenciement/Recours contre la décision administrative) - Modification du contrat de travail d'un salarié protégé
CJUE	21		C-78/11	Congés payés
Soc.	26	V, 196	11-15.310	Vie privée
Soc.	26	V, 197	11-13.736	Licenciement économique (Notion)
Soc.	26		11-13.249	Insubordination
Soc.	26		11-12.407	Violences et rixes
CE	27	255	335481	Modification dans la situation juridique de l'employeur (Effets)
Crim.	27	160	11-86.920	Action en justice des syndicats
Soc.	27	V, 198	11-14.036	Procédure conventionnelle de licenciement
Soc.	27		11-12.527	Travail dissimulé
Soc.	27		11-10.242	Pouvoir disciplinaire
Soc.	27	V, 200	10-28.649	Jours fériés - Durée du travail
Soc.	27		10-28.328	Modification des fonctions
Soc.	27		10-27.726	Temps de travail effectif
Soc.	27	V, 201	10-21.306	Jours fériés - Durée du travail
			Juillet 2012	
Soc.	3	V, 203	11-16.269	Contrat à durée déterminée (Indemnité de précarité/Indemnité de fin de contrat)
Soc.	3	V, 205	11-13.795	Égalité de traitement
Soc.	3		11-11.059	Discrimination à l'embauche
Soc.	3	V, 202	11-10.793	Affichage - Droit syndical (Exercice du)
Soc.	3	V, 204	08-44.834	Congés payés
CE	4	271	337698	Convention collective (Extension)
Soc.	4	V, 213	11-60.239	Représentativité syndicale
Soc.	4	V, 214	11-60.229	Collèges électoraux - Protocole d'accord préélectoral
Soc.	4	V, 208	11-30.266	Surveillance des salariés
Soc.	4	V, 215	11-19.678	Comité d'entreprise (Information et consultation)
Soc.	4		11-19.205	Modification économique du contrat de travail
Soc.	4	V, 209	11-18.840	Travailleurs étrangers
Soc.	4	V, 207	11-18.404	Grève (Services publics)
Soc.	4		11-17.469	Notification du licenciement
Soc.	4		11-14.241	Preuve de la faute
Soc.	4	V, 212	11-13.346	Représentants du personnel (Protection/Cas d'application)
Soc.	4		11-12.502	Vie privée
Soc.	4	V, 211	11-12.045	Travail à temps partiel - Ordre des licenciements
Soc.	4	V, 210	10-28.799	Représentants du personnel (Licenciement/Recours contre la décision administrative)
Soc.	4		10-28.229	Modification dans la situation juridique de l'employeur (Conditions d'application)
Soc.	4		10-26.504	Modification dans la situation juridique de l'employeur (Effets)
Soc.	4		10-24.082	Usage
CE	11		343866	Représentants du personnel (Licenciement/Recours contre la décision administrative)
CE	11		334502	Représentants du personnel (Autorisation administrative de licenciement)
Soc.	11		11-22.972	Vie privée
Soc.	11		11-17.240	Accidentés du travail (Suspension du contrat de travail)
Soc.	11	V, 219	11-15.649	Préavis (Dispense de)
Soc.	11		11-13.809	Contrat de travail (Critères)

Juridiction	Date	BC / Rec.	Numéro	Classement
Soc.	11	V, 216	11-12.243	Contrat à durée déterminée (Cas de recours)
Soc.	11	V, 217	10-30.219	Clause de mobilité
Soc.	11	V, 221	10-27.888	Non-respect des règles d'hygiène et de sécurité
Soc.	11	V, 218	10-15.905	Licenciement (Nullité)
CE	27		329294	Représentants du personnel (Autorisation administrative de licenciement)
			Septembre 2012	
Crim.	4	180	11-87.225	Travail dissimulé
Soc.	11	V, 225	11-26.045	Conseils de prud'hommes (Compétence d'attribution)
Soc.	11	V, 226	11-22.014	Action en justice des syndicats
Soc.	12		11-21.494	Modification de l'horaire de travail
Soc.	12		11-17.579	Imputabilité de la rupture
Soc.	14	V, 230	11-21.307	Conseillers prud'hommes (Protection) - Représentants du personnel (Protection/Bénéficiaires)
Soc.	25		11-19.712	Travailleurs étrangers
Soc.	25		11-17.987	Harcèlement moral/Harcèlement sexuel
Soc.	25		11-14.003	Injures/Insultes
Soc.	25	V, 231	11-10.684	Entretien préalable au licenciement
Soc.	25	V, 234	10-26.224	Contribution patronale aux activités sociales et culturelles
Soc.	26	V, 241	11-60.231	Protocole d'accord préélectoral
Soc.	26	V, 244	11-60.147	Représentativité syndicale - Délégué syndical (Désignation)
Soc.	26	V, 243	11-26.659	Établissement distinct
Soc.	26	V, 240	11-26.399	Candidatures aux élections professionnelles
Soc.	26	V, 237	11-25.544	Candidatures aux élections professionnelles
Soc.	26	V, 238	11-25.420	Électorat/Qualité d'électeur - Éligibilité
Soc.	26	V, 239	11-22.598	Vote par correspondance - Protocole d'accord préélectoral
Soc.	26	V, 245	11-22.167	Comité d'hygiène, de sécurité et des conditions de travail (Mise en place)
Soc.	26		11-20.194	Clause de garantie d'emploi
Soc.	26	V, 246	11-18.783	Contrat à durée déterminée (Rupture anticipée)
Soc.	26		11-17.420	Femmes enceintes (Licenciement)
Soc.	26		11-14.989	Inaptitude physique d'origine non professionnelle
Soc.	26	V, 236	11-14.742	Détachement de salariés
Soc.	26	V, 250	11-14.540	Convention de forfait
Soc.	26	V, 235	11-14.339	Représentants du personnel (Protection/Bénéficiaires)
Soc.	26		11-13.876	Insubordination
Soc.	26		11-13.703	Convention collective (Applicabilité)
Soc.	26		11-13.374	Retraite (Mise à la)
Soc.	26		11-12.548	Droit d'alerte (Comité d'entreprise) - Comité central d'entreprise
Soc.	26		11-11.641	Contrat de mission/Contrat de travail temporaire
Soc.	26		11-10.539	Imputabilité de la rupture
Soc.	26		10-27.851	Accidentés du travail (Suspension du contrat de travail)
Soc.	26	V, 248	10-27.508	Heures supplémentaires
Soc.	26	V, 247	10-24.529	Usage - Engagement unilatéral de l'employeur - Convention collective (Application)
			Octobre 2012	
CE	1er		345252	Représentants du personnel (Procédure de licenciement)
CA Versailles	2		12/00276	Évaluation des salariés
Crim.	2	206	11-85.032	Hygiène et sécurité
Crim.	2	205	11-84.415	Responsabilité pénale des personnes morales
Soc.	9	V, 256	11-23.167	Heures de délégation (Rémunération)
Soc.	9	V, 254	11-23.142	Plan de sauvegarde de l'emploi
Soc.	9	V, 252	11-21.508	Grève (Services publics)
Soc.	9		10-28.785	Plan de sauvegarde de l'emploi
Soc.	10		11-60.196	Contentieux électoral - Éligibilité
Soc.	10		11-20.550	Représentants du personnel (Protection/Cas d'application)
Soc.	10	V, 259	11-15.296	Égalité de rémunération
Soc.	10	V, 258	11-10.455	Heures supplémentaires

Juridiction	Date	BC / Rec.	Numéro	Classement
Soc.	10	V, 258	11-10.454	Astreintes
Soc.	10	V, 257	10-18.672	Contrat à durée déterminée (Statut du salarié)
Soc.	17	V, 266	11-24.315	Repos hebdomadaire (Arrêté préfectoral de fermeture)
Soc.	17		11-22.287	Pouvoir disciplinaire
Soc.	17	V, 265	11-19.956	Jours fériés
Soc.	17		11-18.648	Visite médicale de reprise
Soc.	17	V, 269	11-15.699	SMIC
Soc.	17	V, 263	11-14.302	Journalistes (Contrat de travail)
Soc.	17		10-20.327	Congés payés
Soc.	17	V, 267	10-17.370	Durée du travail
Soc.	17	V, 268	10-14.248	Employés de maison
CE	19		334588	Représentants du personnel (Réintégration) - Représentants du personnel (Autorisation administrative de licenciement)
Soc.	23	V, 270	11-19.210	Représentants du personnel (Protection/Cas d'application)
Soc.	23	V, 272	11-15.530	AGS (Modalités d'intervention)
CE	24		352260	Représentants du personnel (Autorisation administrative de licenciement)
Soc.	24	V, 275	11-61.166	Candidatures aux élections professionnelles
Soc.	24	V, 274	11-60.223	Action en justice des syndicats
Soc.	24	V, 276	11-60.199	Protocole d'accord préélectoral
Soc.	24	V, 280	11-25.530	Représentant syndical au comité d'entreprise
Soc.	24		11-22.735	Concurrence déloyale
Soc.	24	V, 278	11-22.087	Représentant syndical au comité d'entreprise
Soc.	24	V, 281	11-20.346	Représentant syndical au comité d'entreprise
Soc.	24		11-18.919	Clause de garantie d'emploi
Soc.	24	V, 279	11-18.885	Représentant syndical au comité d'entreprise
Soc.	24	V, 277	11-16.071	Représentant syndical au comité d'entreprise
CE	29		332666	Représentants du personnel (Procédure de licenciement) - Représentants du personnel (Autorisation administrative de licenciement)
Soc.	31	V, 283	11-21.734	Force majeure/Fait du prince
Soc.	31	V, 286	11-21.293	Travail temporaire (Entreprise de)
Soc.	31		11-20.136	Repos hebdomadaire (Principe du repos dominical)
Soc.	31		11-20.081	Période d'essai - Procédure disciplinaire (Entretien préalable)
Soc.	31		11-18.612	VRP (Indemnité de clientèle)
Soc.	31		11-17.460	Préavis (Indemnité compensatrice de)
Soc.	31		11-16.945	Clause de non-concurrence - Concurrence déloyale
Soc.	31	V, 282	11-12.810	Préavis (Dispense de)

Novembre 2012

Juridiction	Date	BC / Rec.	Numéro	Classement
Soc.	7		11-61.189	Représentant de la section syndicale
Soc.	7		11-60.184	Propagande électorale
CJUE	8		C-229/11	Congés payés
CE	12		349365	Règlement intérieur
Soc.	13		11-12.050	Modification dans la situation juridique de l'employeur (Cas d'application)
Crim.	13	245	10-80.862	Prêt de main-d'œuvre
Soc.	14	V, 294	12-14.780	Représentant de la section syndicale
Soc.	14		11-60.215	Représentants du personnel (Protection/Bénéficiaires)
Soc.	14	V, 292	11-27.490	Délégué syndical (Désignation) - Établissement distinct
Soc.	14	V, 290	11-25.433	Délégué syndical (Désignation) - Établissement distinct
Soc.	14	V, 289	11-20.776	Heures supplémentaires
Soc.	14	V, 293	11-20.391	Section syndicale - Représentant de la section syndicale
Soc.	14	V, 295	11-18.571	Temps de trajet
Soc.	14	V, 291	11-14.862	SMIC
Soc.	15	V, 296	12-27.315	Syndicats (Objet)
Soc.	20		11-22.298	Usage
Soc.	20		11-20.341	Égalité de rémunération
CE	21		334658	Modification du contrat de travail d'un salarié protégé
Soc.	21		11-26.255	Dénigrement/Diffamation

Juridiction	Date	BC / Rec.	Numéro	Classement
Soc.	21		11-20.558	Modification dans la situation juridique de l'employeur (Salariés protégés)
Soc.	21		11-19.260	Faute grave
Soc.	21	V, 300	11-18.923	AGS (Garantie des créances)
Soc.	21	V, 305	11-15.696	Temps de travail effectif
Soc.	21	V, 297	11-15.057	Conseils de prud'hommes (Compétence d'attribution) - Convention collective (Application)
Soc.	21	V, 302	11-10.625	Comité d'entreprise (Information et consultation)
Soc.	21	V, 304	11-10.258	Travail à temps partiel
Soc.	21		10-27.452	Comité d'hygiène, de sécurité et des conditions de travail (Fonctions)
Soc.	21	V, 298	10-27.429	Contrat à durée déterminée (Transformation du contrat en contrat à durée indéterminée)
Soc.	21	V, 299	10-17.978	Détachement de salariés
Soc.	27		11-21.566	Droit d'alerte (Comité d'entreprise)
Soc.	27	V, 306	11-19.266	Représentants du personnel (Licenciement/Recours contre la décision administrative)
Soc.	28	V, 311	12-14.528	Représentativité syndicale
Soc.	28	V, 309	12-13.628	Délégué syndical (Désignation)
Soc.	28	V, 307	11-28.001	Procès-verbal des élections
			Décembre 2012	
Soc.	4	V, 313	11-27.508	Mise à pied conservatoire
Soc.	4	V, 317	11-22.166	Contrat de travail international - AGS (Employeurs assujettis/Bénéficiaires)
Soc.	4	V, 314	11-11.299	Contrat de sécurisation professionnelle
Soc.	5	V, 323	12-13.828	Délégation unique - Éligibilité
Soc.	5		11-23.058	VRP (Rémunération)
Soc.	5	V, 328	11-22.168	Gérants salariés de succursales
Soc.	5	V, 318	11-21.849	Inaptitude physique d'origine non professionnelle
Soc.	5		11-21.587	Imputabilité de la rupture
Soc.	5		11-21.365	Clause de mobilité
Soc.	5	V, 327	11-20.460	Gérants salariés de succursales
Soc.	5	V, 326	11-20.004	Conseils de prud'hommes (Compétence d'attribution)
Soc.	5	V, 320	11-17.913	Inaptitude physique d'origine non professionnelle - Visite médicale de reprise
Soc.	5		11-16.421	Représentants du personnel (Licenciement/Indemnisation)
Soc.	5	V, 329	11-15.471	Transaction
Soc.	5	V, 321	10-24.204	Plan de sauvegarde de l'emploi - Licenciement économique (Reclassement)
CJUE	6		C-152/11	Plan de sauvegarde de l'emploi
Crim.	11	274	11-87.421	Responsabilité pénale des personnes morales
Soc.	12		12-12.173	Accidentés du travail (Reclassement)
Soc.	12	V, 331	11-26.585	Tenue vestimentaire
Soc.	12	V, 338	11-25.089	Frais de transport (Prise en charge des)
Soc.	12	V, 332	11-23.998	Accidentés du travail (Reclassement)
Soc.	12	V, 337	11-22.884	Temps de travail effectif
Soc.	12	V, 336	11-20.653	Concierges
Soc.	12		11-15.275	Démission
Soc.	12	V, 335	11-14.823	Contrat à durée déterminée (Conclusion)
Soc.	12	V, 334	10-26.324	Accidentés du travail (Suspension du contrat de travail)
Soc.	18		11-20.451	Travail dissimulé
Soc.	18		11-17.634	Comité d'hygiène, de sécurité et des conditions de travail (Fonctions)
Soc.	18	V, 340	11-13.813	Modification du contrat de travail d'un salarié protégé - Intéressement des salariés
CE	19		361271	Représentants du personnel (Procédure de licenciement)
Soc.	19		11-16.971	Représentants du personnel (Réintégration)
Soc.	19	V, 341	10-20.526	Égalité de traitement

Juridiction	Date	BC / Rec.	Numéro	Classement
				Janvier 2013
Soc.	9	V, 4	11-26.418	Gérants non salariés (Succursales de commerce de détail alimentaire)
Soc.	9	V, 1	11-25.646	Procédure conventionnelle de licenciement
Soc.	9		11-21.758	Indemnité compensatrice de congés payés
Soc.	9		11-20.013	Détachement de salariés
Soc.	9	V, 5	11-16.433	Travail à temps partiel
Soc.	9	V, 2	11-11.808	Travail à temps partiel
Soc.	15		12-11.751	Délégué syndical central
Soc.	15	V, 9	11-28.324	Règlement intérieur du comité d'entreprise
Soc.	15	V, 7	11-28.109	Prescription des fautes disciplinaires - Rétrogradation disciplinaire
Soc.	15	V, 10	11-27.679	Comité d'hygiène, de sécurité et des conditions de travail (Fonctions)
Soc.	15	V, 12	11-27.651	Comité d'hygiène, de sécurité et des conditions de travail (Fonctions)
Soc.	15	V, 11	11-19.640	Comité d'hygiène, de sécurité et des conditions de travail (Fonctions)
Soc.	15	V, 8	11-15.646	Retraite (Mise à la) - Égalité de traitement
Soc.	16		11-22.589	Grève (Faute lourde)
Soc.	17	V, 13	11-17.745	Heures de délégation (Rémunération)
Crim.	22	24	12-80.022	Responsabilité pénale des personnes morales
Soc.	23		11-28.267	Accidentés du travail (Reclassement)
Soc.	23	V, 14	11-23.428	Période d'essai
Soc.	23		11-22.724	Notification du licenciement
Soc.	23		11-22.364	Modification de l'horaire de travail
Soc.	23		11-21.585	Imputabilité de la rupture
Soc.	23	V, 16	11-20.356	Imputabilité de la rupture
Soc.	23	V, 15	11-18.855	Violences et rixes - Imputabilité de la rupture
Soc.	23		11-13.904	Cause réelle et sérieuse
Soc.	29		11-24.406	Licenciement sans cause réelle et sérieuse (Sanctions)
Soc.	29		11-22.435	Représentants du personnel (Protection/Bénéficiaires)
Soc.	30	V, 26	12-11.875	Participation
Soc.	30	V, 22	11-23.891	Sanctions disciplinaires (Notion)
Soc.	30	V, 21	11-23.791	Grève (Services publics)
Soc.	30	V, 23	11-22.979	Représentants du personnel (Protection/Bénéficiaires)
Soc.	30	V, 24	11-22.332	Rupture conventionnelle du CDI
				Février 2013
CE	6		351598	Représentants du personnel (Autorisation administrative de licenciement)
Soc.	6	V, 28	11-28.038	Accidentés du travail (Réintégration en cas d'aptitude)
Soc.	6	V, 29	11-27.000	Rupture conventionnelle du CDI
Soc.	6	V, 32	11-26.604	Égalité de rémunération - Convention collective (Application)
Soc.	6	V, 31	11-23.738	Notification du licenciement - Travail dissimulé
Soc.	6		11-14.424	Handicapés
Soc.	6	V, 27	11-11.740	Contrat à durée déterminée (Rupture anticipée)
Soc.	12	V, 35	12-15.330	Sanctions disciplinaires (Non-cumul des)
Soc.	12	V, 34	11-28.649	Vie privée
Soc.	12	V, 36	11-27.689	Action en justice des syndicats - Égalité de traitement
Soc.	12		11-27.525	Contrat d'apprentissage
Soc.	13	V, 44	12-19.663	Représentant de la section syndicale
Soc.	13	V, 43	12-19.662	Représentant de la section syndicale
Soc.	13	V, 42	12-18.098	Représentativité syndicale
Soc.	13		11-28.565	Modification de la rémunération
Soc.	13		11-27.261	Congé pour la création d'entreprise
Soc.	13		11-26.783	Réunions du comité d'entreprise
Soc.	13		11-26.380	Harcèlement moral/Harcèlement sexuel
Soc.	13	V, 40	11-26.053	Comité d'hygiène, de sécurité et des conditions de travail (Mise en place)

Juridiction	Date	BC / Rec.	Numéro	Classement
Soc.	13		11-26.028	Faute grave
Soc.	13		11-25.828	Harcèlement moral/Harcèlement sexuel
Soc.	13	V, 38	11-25.696	Vote par correspondance - Protocole d'accord préélectoral
Soc.	13	V, 39	11-25.468	Collèges électoraux
Soc.	13	V, 37	11-23.920	Travailleurs étrangers
Soc.	13		10-26.250	Avantages acquis
Soc.	13		09-66.821	Comité d'hygiène, de sécurité et des conditions de travail (Mise en place)
CE	20		352981	Représentant syndical au comité d'entreprise
Soc.	20	V, 52	11-28.811	Durée du travail
Soc.	20	V, 49	11-28.612	Temps de pause/Temps de repos
Soc.	20		11-28.493	Contrat à durée déterminée (Durée)
Soc.	20	V, 50	11-26.793	Temps de pause/Temps de repos
Soc.	20	V, 47	11-26.560	Harcèlement moral/Harcèlement sexuel
Soc.	20	V, 53	11-26.401	Temps de travail effectif
Soc.	20		11-24.531	Travail intermittent
Soc.	20	V, 46	11-24.012	Travail à temps partiel
Soc.	20		11-23.605	Période d'essai
Soc.	20	V, 51	11-21.599	Temps de pause/Temps de repos
Soc.	20		11-18.891	Démission
Soc.	20		11-17.941	Clause de non-concurrence
Soc.	20	V, 45	11-12.262	Contrat à durée déterminée (Conclusion)
Soc.	20	V, 54	10-30.028	Titres-restaurants
Soc.	26		11-27.372	Indélicatesses/Malhonnêteté/Malversations
Soc.	26		11-26.934	Congés payés - Licenciement irrégulier (Sanctions) - Licenciement sans cause réelle et sérieuse (Sanctions)
Soc.	26		11-25.273	Hygiène et sécurité
Soc.	26		11-22.265	Licenciement économique (Notion)
Soc.	26		11-20.099	Licenciement irrégulier (Sanctions)
Soc.	27	V, 67	12-18.828	Délégué syndical (Désignation)
Soc.	27	V, 66	12-17.221	Délégué syndical (Désignation)
Soc.	27	V, 65	12-15.807	Délégué syndical (Désignation)
Soc.	27	V, 60	12-14.415	Bulletin de vote
Soc.	27	V, 59	11-60.195	Contentieux électoral
Soc.	27		11-28.481	Faute lourde
Soc.	27	V, 64	11-28.084	Représentant de la section syndicale
Soc.	27		11-27.474	Injures/Insultes
Soc.	27		11-27.319	Conseils de prud'hommes (Compétence d'attribution)
Soc.	27	V, 58	11-27.130	Sanctions disciplinaires (Notification)
Soc.	27		11-26.432	Procédure disciplinaire (Entretien préalable)
Soc.	27		11-26.412	Évaluation des salariés - Droit syndical (Exercice du)
Soc.	27		11-26.029	Surveillance des salariés
Soc.	27		11-21.354	Cumul d'un mandat social et d'un contrat de travail
Soc.	27		10-28.527	Participation
				Mars 2013
CE	1er		357686	Formation professionnelle continue (Participation financière de l'employeur)
Crim.	5	59	11-83.984	Liberté de déplacement - Délit d'entrave
Soc.	13		12-12.824	Préavis
Soc.	13		12-12.413	Temps de pause/Temps de repos
Soc.	13		11-27.715	Imputabilité de la rupture
Soc.	13		11-26.658	Contrat à durée déterminée (Contrats successifs)
Soc.	13		11-26.283	Contrat à durée déterminée (Cas de recours)
Soc.	13		11-25.604	Période d'essai
Soc.	13		11-23.761	Notification du licenciement
Soc.	13		11-23.385	Accidentés du travail (Reclassement)
Soc.	13	V, 73	11-22.285	Congés payés
Soc.	13	V, 71	11-22.082	Absences répétées
Soc.	13	V, 72	11-21.150	Clause de non-concurrence

Juridiction	Date	BC / Rec.	Numéro	Classement
Soc.	13	V, 70	11-20.490	Égalité de traitement
Soc.	19	V, 76	12-11.690	Tenue vestimentaire
CE	20		347633	Participation
Soc.	20		12-20.787	Comité d'hygiène, de sécurité et des conditions de travail (Mise en place)
Soc.	20	V, 80	12-20.307	Comité d'hygiène, de sécurité et des conditions de travail (Mise en place)
Soc.	20		12-15.633	Accidentés du travail (Reclassement)
Soc.	20		12-13.669	Licenciement économique (Notion)
Soc.	20		12-12.899	Accidentés du travail (Reclassement)
Soc.	20	V, 79	12-11.702	Représentant syndical au comité d'entreprise - Éligibilité
Soc.	20		11-28.034	Représentants du personnel (Protection/Bénéficiaires)
Soc.	20	V, 81	11-26.836	Représentant de la section syndicale
CE	25		353988	Représentants du personnel (Autorisation administrative de licenciement)
Soc.	26	V, 84	11-28.269	Représentants du personnel (Protection/Bénéficiaires)
Soc.	26	V, 83	11-27.964	Clause de non-concurrence - Représentants du personnel (Licenciement/Indemnisation) - Représentants du personnel (Autorisation administrative de licenciement)
Soc.	26	V, 82	11-25.580	Période d'essai
Soc.	26		11-22.148	Entretien préalable au licenciement
Soc.	27		12-23.072	Délégué syndical (Désignation)
Soc.	27	V, 93	12-22.733	Représentativité syndicale
Soc.	27		12-21.028	Candidatures aux élections professionnelles
Soc.	27	V, 94	12-20.369	Représentant de la section syndicale
Soc.	27		12-12.991	Insuffisance de résultats
Soc.	27	V, 91	12-12.892	Gérants non salariés (Succursales de commerce de détail alimentaire)
Soc.	27		11-28.923	Contrat à durée déterminée (Rupture anticipée)
Soc.	27		11-28.502	Absences non autorisées
Soc.	27		11-28.000	Repos compensateur
Soc.	27	V, 85	11-26.539	Évaluation des salariés
Soc.	27	V, 90	11-23.967	Contrat d'apprentissage
Soc.	27		11-22.977	Contrat à durée déterminée (Requalification/Indemnisation)
Soc.	27		11-22.875	Paiement du salaire
Soc.	27	V, 86	11-20.737	Procédure conventionnelle de licenciement
Soc.	27	V, 95	11-19.734	Liberté d'expression - Durée du travail
CE	28		350436	Modification dans la situation juridique de l'employeur (Salariés protégés)
CE	28		338289	Représentants du personnel (Protection/Bénéficiaires)
				Avril 2013
Soc.	3		12-11.654	Plan de sauvegarde de l'emploi
Soc.	3		12-10.092	Heures supplémentaires
Soc.	3		11-28.812	Transaction
Soc.	3		11-27.054	Harcèlement moral/Harcèlement sexuel
CE	8	59	348559	Représentants du personnel (Procédure de licenciement) - Représentants du personnel (Autorisation administrative de licenciement)
CE	8		348162	Représentants du personnel (Protection/Bénéficiaires)
Soc.	10		12-15.259	Paiement du salaire - Bulletin de salaire
Soc.	10		12-13.282	Contrat à durée déterminée (Durée)
Soc.	10		12-12.994	Contrat de travail (Critères)
Soc.	10		12-11.676	Travailleurs à domicile
Soc.	10		12-11.658	VRP (Rémunération)
Soc.	10		12-11.530	Préavis (Dispense de)
Soc.	10		11-28.032	Insuffisance professionnelle
Soc.	10	V, 97	11-25.841	Imputabilité de la rupture
Soc.	10		11-25.619	Clause de non-concurrence
Soc.	10		11-24.794	Période d'essai

Juridiction	Date	BC / Rec.	Numéro	Classement
Soc.	10	V, 98	11-15.651	Résiliation judiciaire du contrat de travail - Rupture conventionnelle du CDI
CE	12	94	329570	Grève (Services publics)
Crim.	16	89	12-81.767	Travail dissimulé
Crim.	17	90	12-87.490	Responsabilité pénale des personnes physiques
Soc.	17		12-25.249	Comité d'hygiène, de sécurité et des conditions de travail (Mise en place)
Soc.	17	V, 104	12-22.699	Délégué syndical (Désignation)
Soc.	17		12-22.212	Comité d'hygiène, de sécurité et des conditions de travail (Mise en place)
Soc.	17	V, 102	12-21.876	Comité d'hygiène, de sécurité et des conditions de travail (Mise en place)
Soc.	17	V, 101	12-21.581	Électorat/Qualité d'électeur - Éligibilité
Soc.	17	V, 103	12-19.825	Comité d'hygiène, de sécurité et des conditions de travail (Mise en place)
Soc.	17		12-18.430	Syndicats (Statuts)
Soc.	17		12-13.847	Égalité de rémunération
Soc.	17		12-11.527	Faute grave
Soc.	17		12-10.211	Plan de sauvegarde de l'emploi
Soc.	17		11-29.010	Préavis (Dispense de)
Soc.	17		11-27.550	Mise à pied conservatoire
Soc.	23	V, 108	12-15.221	Plan de sauvegarde de l'emploi - Licenciement économique (Reclassement)
Soc.	23	V, 107	11-28.197	Licenciement économique (Notion)
Soc.	24		12-13.907	Inaptitude physique d'origine non professionnelle
Soc.	24		12-13.058	Inaptitude physique d'origine non professionnelle
Soc.	24	V, 110	12-11.825	Période d'essai
Soc.	24	V, 119	12-11.793	Contrat de mission/Contrat de travail temporaire
Soc.	24	V, 114	12-10.196	Égalité de rémunération - Minimum conventionnel
Soc.	24	V, 115	11-28.691	Travail dissimulé
Soc.	24	V, 113	11-28.629	Résiliation judiciaire du contrat de travail
Soc.	24	V, 117	11-28.398	Convention de forfait
Soc.	24	V, 112	11-26.391	Démission
Soc.	24		11-26.388	Modification dans la situation juridique de l'employeur (Conditions d'application)
Soc.	24	V, 111	11-26.007	Clause de non-concurrence
Soc.	24		11-23.759	Modification de l'horaire de travail
Soc.	24		11-19.737	Contrat de travail (Critères)
Soc.	24	V, 116	11-15.204	Égalité de traitement
CJUE	25		C-81/12	Discrimination à l'embauche - Égalité de traitement
				Mai 2013
Soc.	15		12-26.298	Délégué syndical (Désignation) - Établissement distinct
Soc.	15		12-23.073	Protocole d'accord préélectoral
Soc.	15		12-18.860	Représentant syndical au comité d'entreprise
Soc.	15		12-18.275	Représentant de la section syndicale
Soc.	15	V, 124	11-28.749	Temps de trajet
Soc.	15	V, 121	11-27.458	Ordre des licenciements
Soc.	15	V, 120	11-26.784	Retraite (Départ à la)
Soc.	15	V, 122	11-26.414	Plan de sauvegarde de l'emploi
Soc.	15	V, 125	11-24.218	Comité d'hygiène, de sécurité et des conditions de travail (Fonctions)
Soc.	15	V, 123	11-22.396	Travail dissimulé
Soc.	16		12-13.372	Loyauté (Obligation de)
Soc.	16		12-11.866	Vie privée
Soc.	16		11-28.996	Licenciement économique (Notion)
CE	22		340111	Modification dans la situation juridique de l'employeur (Salariés protégés)
Soc.	23		12-15.461	Modification du lieu de travail
Soc.	23	V, 128	12-13.865	Rupture conventionnelle du CDI

Juridiction	Date	BC / Rec.	Numéro	Classement
Soc.	23		12-13.015	Action en justice des syndicats - Durée du travail
Soc.	23	V, 127	12-12.995	Résiliation judiciaire du contrat de travail
Crim.	28	118	12-81.468	Délit d'entrave - Subvention de fonctionnement
Soc.	28		12-14.083	Indemnité de licenciement
Soc.	28		12-12.105	Accidentés du travail (Réintégration en cas d'aptitude)
Crim.	28	119	11-88.009	Harcèlement moral/Harcèlement sexuel
Soc.	29	V, 141	12-60.262	Délégué syndical (Désignation) - Unité économique et sociale
Soc.	29		12-60.122	Représentant syndical au comité d'entreprise
Soc.	29	V, 142	12-26.955	Droit syndical (Exercice du)
Soc.	29	V, 143	12-26.457	Délégué syndical (Désignation)
Soc.	29	V, 138	12-15.974	Imputabilité de la rupture - Représentants du personnel (Protection/Cas d'application)
Soc.	29	V, 134	12-15.313	Licenciement économique (Reclassement)
Soc.	29		12-13.437	Rétrogradation disciplinaire
Soc.	29	V, 137	12-12.952	Licenciement économique (Information et consultation du CE)
Soc.	29	V, 136	11-28.734	Résiliation judiciaire du contrat de travail
Soc.	29	V, 139	11-20.074	Conseils de prud'hommes (Compétence d'attribution)
Soc.	30		12-16.895	Préavis
Soc.	30		12-16.096	Paiement du salaire
Soc.	30		12-14.289	Résiliation judiciaire du contrat de travail
				Juin 2013
Soc.	5	V, 146	11-21.255	Adaptation (Obligation d') - Égalité de traitement
Soc.	11	V, 151	12-12.818	Action en justice des syndicats
Soc.	11	V, 150	12-12.738	Représentants du personnel (Licenciement/Indemnisation)
Soc.	12	V, 153	12-17.273	Conseillers prud'hommes (Protection) - Égalité de rémunération
Soc.	12	V, 154	12-15.064	Frais de déplacement/Temps de trajet/Frais divers (Représentants du personnel)
Soc.	12	V, 152	12-14.153	Droit syndical (Exercice du)
Soc.	12	V, 155	12-12.806	Frais de déplacement/Temps de trajet/Frais divers (Représentants du personnel)
Soc.	12	V, 156	11-14.458	Égalité de rémunération
Soc.	12		10-26.175	Journée de solidarité
CJUE	13		C-415/12	Congés payés - Travail à temps partiel
CE	19		348763	Convention collective (Extension)
Soc.	19	V, 157	12-12.758	Congé parental d'éducation
Soc.	19	V, 158	12-12.138	Vie privée
Soc.	19		12-12.018	Inaptitude physique d'origine non professionnelle
Soc.	20	V, 160	12-15.504	Minimum conventionnel
Soc.	20	V, 159	12-10.127	Temps de pause/Temps de repos
Soc.	20	V, 161	10-20.507	Travail à temps partiel
CE	24		340128	Modification dans la situation juridique de l'employeur (Salariés protégés)
Soc.	25	V, 165	12-13.968	Contrat de travail (Critères)
Soc.	25	V, 163	11-27.390	Contrat à durée déterminée (Durée)
Soc.	25	V, 164	11-22.646	Contrat à durée déterminée (Requalification/Indemnisation)
Soc.	26	V, 172	12-60.246	Représentants du personnel (Protection/Bénéficiaires)
Soc.	26	V, 168	12-27.480	Collèges électoraux
Soc.	26	V, 174	12-26.308	Représentativité syndicale
Soc.	26	V, 173	12-21.766	Représentativité syndicale
Soc.	26		12-17.476	Heures de délégation (Rémunération)
Soc.	26	V, 167	12-15.208	Rupture conventionnelle du CDI
Soc.	26		12-14.910	Licenciement économique (Reclassement)
Soc.	26	V, 171	12-14.788	Comité d'hygiène, de sécurité et des conditions de travail (Fonctions)
Soc.	26	V, 175	12-13.599	Comité d'hygiène, de sécurité et des conditions de travail (Fonctions)
Soc.	26		12-13.368	Travail à temps partiel
Soc.	26		12-10.010	Priorité de réembauche (Licenciement économique)

Juridiction	Date	BC / Rec.	Numéro	Classement
Soc.	26		11-28.946	Comité d'hygiène, de sécurité et des conditions de travail (Fonctions)
Soc.	26	V, 169	11-27.413	Grève (Faute lourde)
Soc.	26	V, 170	11-25.456	Représentant syndical au comité d'entreprise
			Juillet 2013	
CE	3		349496	Représentants du personnel (Autorisation administrative de licenciement)
CE	3		342477	Représentants du personnel (Autorisation administrative de licenciement)
CE	3	188	342291	Représentants du personnel (Protection/Bénéficiaires)
Soc.	3	V, 178	12-19.268	Rupture conventionnelle du CDI
Soc.	3	V, 177	11-23.687	Inaptitude physique d'origine non professionnelle
Soc.	10		12-28.765	Représentant de la section syndicale
Soc.	10		12-26.838	Représentant syndical au comité d'entreprise
Soc.	10		12-22.809	Indemnité de congés payés
Soc.	10	V, 191	12-21.380	Employés de maison
Soc.	10	V, 193	12-19.740	Retraite (Mise à la) - Licenciement sans cause réelle et sérieuse (Sanctions)
Soc.	10		12-19.406	Loyauté (Obligation de)
Soc.	10	V, 192	12-18.273	Indemnité de licenciement
Soc.	10		12-17.921	Clause de non-concurrence
Soc.	10	V, 187	12-17.196	Comité d'entreprise (Information et consultation)
Soc.	10	V, 188	12-16.210	Convention collective (Conclusion)
Soc.	10	V, 183	12-14.080	Clause de non-concurrence
Soc.	10		12-13.985	Entretien préalable au licenciement
Soc.	10		12-12.181	Repos hebdomadaire (Principe du repos dominical)
Soc.	10		11-27.636	Adaptation (Obligation d')
CE	17		356099	Représentants du personnel (Procédure de licenciement)
			Août 2013	
CE	1er		358257	Modification dans la situation juridique de l'employeur (Salariés protégés)
CE	1er		350517	Représentants du personnel (Licenciement/Recours contre la décision administrative)
CE	1er		341604	Visite médicale de reprise
			Septembre 2013	
Soc.	18		12-19.204	Visite médicale de reprise
Soc.	18		12-17.181	Heures d'équivalence
Soc.	18		12-17.171	Compensation
Soc.	18		12-17.159	Handicapés
Soc.	18		11-27.721	Accidentés du travail (Protection)
Soc.	24		12-60.557	Délégué syndical (Désignation)
Soc.	24	V, 199	12-27.647	Représentativité syndicale
Soc.	24		12-17.625	Pouvoir disciplinaire (Contrôle juridictionnel)
Soc.	25	V, 219	12-26.612	Représentant de la section syndicale
Soc.	25	V, 211	12-21.747	Comité d'hygiène, de sécurité et des conditions de travail (Fonctions)
Soc.	25	V, 204	12-20.986	Licenciement économique (Information et consultation du CE)
Soc.	25	V, 202	12-20.912	Hygiène et sécurité - AGS (Garantie des créances)
Soc.	25	V, 200	12-20.256	Modification dans la situation juridique de l'employeur (Effets) - Période d'essai
Soc.	25	V, 209	12-20.157	Conseils de prud'hommes (Compétence d'attribution) - Hygiène et sécurité
Soc.	25		12-17.863	Transaction
Soc.	25	V, 217	12-17.776	Durée du travail
Soc.	25	V, 216	12-17.516	Journalistes (Bénéfice du statut)

Juridiction	Date	BC / Rec.	Numéro	Classement
Soc.	25		12-14.489	Secrétaire du comité d'entreprise - Délibérations/Votes (Comité d'entreprise)
Soc.	25		12-13.593	Modification dans la situation juridique de l'employeur (Effets)
Soc.	25	V, 220	12-13.267	Durée du travail
Soc.	25	V, 203	12-12.976	Sanctions disciplinaires (Non-cumul des)
Soc.	25	V, 208	12-12.883	Conseils de prud'hommes (Compétence d'attribution) - Hygiène et sécurité - AGS (Garantie des créances)
Soc.	25	V, 201	12-12.110	Hygiène et sécurité
Soc.	25	V, 205	12-11.832	Pouvoir disciplinaire
Soc.	25	V, 206	11-27.693	Prescription (Action en paiement du salaire)
Soc.	25		11-25.942	Faute grave
Soc.	25	V, 207	11-25.884	Notification du licenciement
Soc.	25	V, 212	11-20.948	Hygiène et sécurité - Préavis (Indemnité compensatrice de) - AGS (Garantie des créances)
Soc.	30		12-19.711	Rupture conventionnelle du CDI
Soc.	30	V, 223	12-15.940	Licenciement économique (Reclassement)
Soc.	30	V, 222	12-14.752	Égalité de traitement entre hommes et femmes
Soc.	30	V, 221	12-13.439	Licenciement économique (Reclassement)

Octobre 2013

Juridiction	Date	BC / Rec.	Numéro	Classement
Soc.	9	V, 225	12-23.718	Contrat de travail (Critères)
Soc.	9	V, 227	12-22.288	Droit d'alerte et de retrait en cas de danger
Soc.	9		12-21.807	Modification de l'horaire de travail
Soc.	9		12-20.690	Accidentés du travail (Reclassement)
Soc.	9	V, 226	12-17.882	Pouvoir disciplinaire
Soc.	9	V, 228	12-12.113	Contrat à durée déterminée (Transformation du contrat en contrat à durée indéterminée) - Période d'essai
Soc.	9	V, 229	11-24.457	Imputabilité de la rupture
Soc.	10		12-21.631	Primes et gratifications
Soc.	10		12-21.167	Égalité de rémunération
Soc.	15	V, 236	12-22.911	Convention collective (Application)
Soc.	15	V, 234	12-21.765	Retraite (Mise à la)
Soc.	15	V, 233	12-21.746	Représentants du personnel (Licenciement/Indemnisation)
Soc.	15	V, 232	11-18.977	Notification du licenciement
Soc.	16	V, 237	13-11.324	Collèges électoraux
Soc.	16	V, 240	13-11.217	Comité d'hygiène, de sécurité et des conditions de travail (Mise en place)
Soc.	16	V, 241	12-60.281	Délégué syndical (Désignation)
Soc.	16	V, 238	12-21.680	Scrutin
Soc.	16	V, 239	12-21.448	Bureau de vote
Soc.	16		12-19.670	Vie privée
Soc.	16		12-15.638	Loyauté (Obligation de)
Avis	21	n° 11	13-70.006	Contrat à durée déterminée (Rupture anticipée)
CE	23		356037	Tenue vestimentaire - Règlement intérieur
Soc.	23	V, 243	12-23.457	Plan de sauvegarde de l'emploi
Soc.	23	V, 245	12-22.342	Preuve de la faute
Soc.	23		12-16.050	Clause de non-concurrence
Soc.	23	V, 248	12-14.237	Paiement du salaire
Soc.	23	V, 250	12-12.894	Égalité de rémunération
Soc.	23	V, 242	12-12.700	Notification du licenciement
Soc.	23	V, 247	11-16.032	Clause de dédit-formation
Soc.	23		11-13.721	Mise à pied conservatoire - Faute grave
Soc.	29	V, 254	12-23.866	Détachement de salariés - Participation
Soc.	29	V, 252	12-22.447	Liberté d'expression
Soc.	29	V, 255	12-22.303	Chômage total
Soc.	29	V, 253	12-15.382	Plan de sauvegarde de l'emploi - Rupture conventionnelle du CDI
Soc.	30		13-13.801	Comité d'hygiène, de sécurité et des conditions de travail (Mise en place)
Soc.	30	V, 257	13-12.234	Comité central d'entreprise
Soc.	30	V, 258	12-29.952	Candidatures aux élections professionnelles

Juridiction	Date	BC / Rec.	Numéro	Classement
Soc.	30	V, 256	12-22.962	Mise à pied disciplinaire
Soc.	30		12-21.205	Contrat de mission/Contrat de travail temporaire
Soc.	31		12-18.993	Vol/Détournement
Soc.	31		12-18.483	Travail dissimulé
			Novembre 2013	
Soc.	6		12-24.595	Injures/Insultes
Soc.	6		12-22.065	Imputabilité de la rupture
Soc.	6	V, 259	12-15.953	Contrat à durée déterminée (Contrats successifs)
Soc.	6		11-12.869	Clause de dédit-formation
Soc.	13		12-18.280	Indélicatesses/Malhonnêteté/Malversations
Soc.	13		12-15.207	Priorité de réembauche (Licenciement économique)
Soc.	14	V, 266	13-12.712	Unité économique et sociale
Soc.	14	V, 269	13-12.659	Représentativité syndicale
Soc.	14	V, 267	13-11.316	Représentant de la section syndicale
Soc.	14	V, 263	13-11.301	Délégué syndical (Désignation)
Soc.	14	V, 262	13-10.519	Bulletin de vote
Soc.	14	V, 268	12-29.984	Représentativité syndicale - Délégué syndical (Désignation)
Soc.	14	V, 271	12-17.409	Indemnité de congés payés - Prescription (Action en paiement du salaire)
Soc.	14	V, 261	12-16.805	Pourboires
Soc.	14	V, 272	12-14.070	Indemnité de congés payés
CE	18		358805	Repos hebdomadaire (Arrêté préfectoral de fermeture)
CE	18		355283	Repos hebdomadaire (Arrêté préfectoral de fermeture)
CE	20	298	340591	Représentants du personnel (Licenciement/Recours contre la décision administrative)
Soc.	20		12-25.459	Contrat à durée déterminée (Requalification/Indemnisation)
Soc.	20	V, 278	12-21.684	Jours fériés
Soc.	20	V, 276	12-20.463	Employés de maison - Travail dissimulé
Soc.	20	V, 275	12-20.074	Clause de non-concurrence
Soc.	20	V, 273	12-16.370	Contrat à durée déterminée (Rupture anticipée)
Soc.	26	V, 285	12-24.690	Égalité de traitement
Soc.	26	V, 283	12-21.758	Retraite (Mise à la) - Durée du travail
Soc.	26	V, 279	12-19.247	Plan de sauvegarde de l'emploi
Soc.	27	V, 289	12-26.155	Congés payés - Représentants du personnel (Protection/Bénéficiaires)
Soc.	27	V, 294	12-24.880	Contrat de travail international
Soc.	27	V, 290	12-24.465	Réunions des délégués du personnel
Soc.	27		12-23.589	Heures de délégation (Rémunération)
Soc.	27	V, 293	12-20.426	Contrat de travail international
Soc.	27	V, 286	12-20.301	Représentants du personnel (Licenciement/Recours contre la décision administrative)
Soc.	27		12-18.470	Modification dans la situation juridique de l'employeur (Effets)
			Décembre 2013	
CE	4		361667	Grève (Services publics)
Soc.	4	V, 301	12-26.553	Artistes
Soc.	4		12-25.149	Préavis
Soc.	4	V, 295	12-23.930	Pouvoir disciplinaire
Soc.	4	V, 300	12-22.344	Heures supplémentaires
Soc.	4	V, 300	12-19.667	Égalité de traitement
Soc.	4	V, 297	12-17.525	Heures supplémentaires
Soc.	4	V, 296	12-11.886	Heures supplémentaires
Soc.	4	V, 298	11-28.314	Contrat de mission/Contrat de travail temporaire - Heures supplémentaires
Soc.	4		11-20.241	Représentants du personnel (Réintégration) - Représentants du personnel (Licenciement/Indemnisation)
Soc.	11		12-23.687	Femmes enceintes (Licenciement)
Soc.	12		12-22.642	Sanctions disciplinaires (Notion) - Mise à pied disciplinaire
Soc.	12		12-22.311	Licenciement économique (Reclassement)

Juridiction	Date	BC / Rec.	Numéro	Classement
Soc.	17	V, 305	12-23.726	Contrat de sécurisation professionnelle
Soc.	17	V, 303	12-23.006	Grève (Définition)
Soc.	17		12-14.484	Comité d'hygiène, de sécurité et des conditions de travail (Fonctions)
Soc.	17	V, 307	12-13.503	Modification dans la situation juridique de l'employeur (Effets)
Soc.	18	V, 311	12-27.383	Contrat à durée déterminée (Contrats successifs)
Soc.	18	V, 312	12-25.686	Contrat de travail international
Soc.	18	V, 310	12-24.985	Reçu pour solde de tout compte
Soc.	18		12-24.586	Représentants du personnel (Licenciement/Indemnisation)
Soc.	18		12-23.745	Représentants du personnel (Réintégration)
Soc.	18		12-20.613	Droit syndical (Exercice du)
Soc.	18		12-19.577	Promesse d'embauche
Soc.	18		12-16.460	Accidentés du travail (Reclassement)
Soc.	18	V, 309	12-15.454	Contrat à durée déterminée (Indemnité de précarité/ Indemnité de fin de contrat)
Soc.	18		11-27.764	Travail dissimulé
CE	23		354856	Représentants du personnel (Protection/Bénéficiaires)
				Janvier 2014
Soc.	14	V, 7	13-60.165	Vote par correspondance
Soc.	14	V, 8	13-13.607	Comité d'hygiène, de sécurité et des conditions de travail (Mise en place)
Soc.	14	V, 12	13-12.281	Représentant syndical au comité d'entreprise
Soc.	14	V, 11	12-28.929	Représentativité syndicale
Soc.	14	V, 6	12-27.284	Liberté d'expression
Soc.	14	V, 4	12-16.218	Surveillance des salariés
Soc.	14	V, 5	12-12.744	Notification du licenciement
Crim.	14	5	11-81.362	Harcèlement moral/Harcèlement sexuel
CJUE	15		C-176/12	Effectifs (Représentation du personnel)
Soc.	15		12-27.457	Contrat à durée déterminée (Transformation du contrat en contrat à durée indéterminée)
Soc.	15	V, 14	12-27.261	Droit syndical (Exercice du)
Soc.	15		12-27.250	Inaptitude physique d'origine non professionnelle
Soc.	15		12-24.883	Accidentés du travail (Reclassement)
Soc.	15		12-24.594	Règlement intérieur du comité d'entreprise
Soc.	15	V, 19	12-23.942	Action en justice des syndicats - Rupture conventionnelle du CDI
Soc.	15		12-23.227	Prescription des fautes disciplinaires
Soc.	15		12-21.654	Convocation à l'entretien préalable (au licenciement)
Soc.	15	V, 17	12-21.179	Absences répétées
Soc.	15	V, 16	12-20.688	Absences répétées - Harcèlement moral/Harcèlement sexuel
Soc.	15	V, 15	12-19.472	Clause de non-concurrence
Soc.	15	V, 18	11-21.907	Imputabilité de la rupture
Soc.	15	V, 22	11-11.223	Gérants salariés de succursales
Soc.	21	V, 30	12-28.833	Chômage total
Soc.	21	V, 26	12-28.237	Résiliation judiciaire du contrat de travail
Soc.	21	V, 25	12-18.421	AGS (Garantie des créances)
Soc.	22	V, 31	12-27.478	Repos hebdomadaire (Principe du repos dominical) - Action en justice des syndicats
Soc.	22		12-26.206	Injures/Insultes
Soc.	22		12-23.045	Ordre des licenciements
Soc.	22	V, 32	12-22.546	Représentants du personnel (Licenciement/Recours contre la décision administrative)
Soc.	22	V, 33	12-20.585	Durée du travail
CE	24	10	374163	Plan de sauvegarde de l'emploi
Soc.	29		12-28.236	Usage
Soc.	29	V, 39	12-27.594	Rupture conventionnelle du CDI
Soc.	29		12-27.132	Contrat à durée déterminée (Conclusion)
Soc.	29	V, 38	12-25.951	Rupture conventionnelle du CDI
Soc.	29	V, 37	12-24.951	Résiliation judiciaire du contrat de travail
Soc.	29	V, 40	12-24.539	Rupture conventionnelle du CDI

Juridiction	Date	BC / Rec.	Numéro	Classement
Soc.	29		12-23.597	Modification dans la situation juridique de l'employeur (Cas d'application)
Soc.	29	V, 35	12-22.116	Clause de non-concurrence
Soc.	29	V, 36	12-19.872	Entretien préalable au licenciement
Soc.	29	V, 34	12-19.479	Imputabilité de la rupture
Soc.	29		12-15.925	Licenciement économique (Notion)
				Février 2014
Soc.	4	V, 47	12-35.333	Convention collective (Conclusion)
Soc.	4		12-27.900	Modification dans la situation juridique de l'employeur (Effets)
Soc.	4		12-14.782	Clause pénale - Indemnité de licenciement
Soc.	4	V, 46	11-27.134	Représentants du personnel (Protection/Bénéficiaires)
Soc.	5		13-11.653	Travail dissimulé
Soc.	5		12-29.703	Ordre des licenciements
Soc.	5		12-29.189	AGS (Garantie des créances)
Soc.	5		12-28.897	Vie privée
Soc.	5		12-28.831	Insuffisance professionnelle
Soc.	5		12-26.167	Syndicats (Statuts)
Soc.	12		12-29.497	Imputabilité de la rupture
Soc.	12		12-29.208	Rupture conventionnelle du CDI
Soc.	12		12-29.168	AGS (Garantie des créances)
Soc.	12		12-28.821	Sanctions disciplinaires (Non-cumul des)
Soc.	12	V, 50	12-28.571	Résiliation judiciaire du contrat de travail - Harcèlement moral/Harcèlement sexuel
Soc.	12		12-28.064	Procédure conventionnelle de licenciement
Soc.	12		12-27.897	Notification du licenciement
Soc.	12		12-25.794	Notification du licenciement
Soc.	12		12-24.133	Concurrence déloyale
Soc.	12	V, 48	12-23.051	Modification du lieu de travail
Soc.	12	V, 49	12-11.554	Cause réelle et sérieuse
CJUE	13		C-512/11	Maternité
Soc.	18	V, 55	13-10.294	Égalité de traitement
Soc.	18	V, 56	12-19.214	Travailleurs étrangers
Soc.	18	V, 54	12-18.029	Licenciement économique (Reclassement)
Soc.	18	V, 52	12-17.557	Procédure conventionnelle de licenciement - Procédure disciplinaire (Entretien préalable)
Soc.	19	V, 61	13-20.069	Représentativité syndicale
Soc.	19	V, 60	13-17.445	Représentativité syndicale
Soc.	19	V, 59	13-16.750	Représentativité syndicale
Soc.	19	V, 57	13-14.608	Délégué syndical (Désignation) - Modification dans la situation juridique de l'employeur (Salariés protégés)
Soc.	19	V, 63	13-12.207	Comité d'hygiène, de sécurité et des conditions de travail (Mise en place)
Soc.	19		12-35.305	Procédure disciplinaire (Entretien préalable)
Soc.	19	V, 58	12-29.354	Représentativité syndicale
Soc.	19		12-28.994	Licenciement économique (Reclassement)
Soc.	19		12-28.823	Résiliation judiciaire du contrat de travail
Soc.	19		12-28.153	Imputabilité de la rupture
Soc.	19		12-27.721	Insubordination
Soc.	19	V, 64	12-24.929	Contrat de mission/Contrat de travail temporaire
Soc.	19		12-23.577	Accidentés du travail (Reclassement)
Soc.	19		12-20.288	Heures supplémentaires
Soc.	19		11-22.005	Clause de non-concurrence
CE	21		374409	Plan de sauvegarde de l'emploi
				Mars 2014
Soc.	5		12-29.242	Modification des fonctions
Soc.	5	V, 67	12-27.701	Congé parental d'éducation
Soc.	5		12-27.050	Gérants salariés de succursales
Soc.	5		12-24.456	Inaptitude physique d'origine non professionnelle

Juridiction	Date	BC / Rec.	Numéro	Classement
Soc.	5	V, 68	12-23.106	Indemnité de licenciement
Soc.	5		12-16.833	Représentants du personnel (Licenciement/Recours contre la décision administrative)
Soc.	5	V, 69	11-14.426	Congé parental d'éducation
Soc.	5		10-11.081	Modification dans la situation juridique de l'employeur (Cas d'application)
CE	12		368282	Représentants du personnel (Autorisation administrative de licenciement)
Soc.	12	V, 76	12-29.141	Convention de forfait
Soc.	12		12-28.610	Notification du licenciement - Sanctions disciplinaires (Notification)
Soc.	12		12-28.508	Licenciement économique (Reclassement)
Soc.	12	V, 77	12-28.483	Durée du travail
Soc.	12	V, 73	12-22.901	Contrat de sécurisation professionnelle
Soc.	12	V, 72	12-20.108	Représentants du personnel (Protection/Cas d'application)
Soc.	12	V, 78	12-15.014	Travail à temps partiel
CJUE	18		C-167/12	Maternité
Soc.	19	V, 81	13-10.759	Travail intermittent
Soc.	19		13-10.496	Bulletin de salaire
Soc.	19	V, 82	13-10.021	Qualification professionnelle du salarié
Soc.	19	V, 80	12-28.411	Repos hebdomadaire (Principe du repos dominical)
Soc.	19		12-27.073	Inaptitude physique d'origine non professionnelle
Soc.	19		12-24.149	Pouvoir disciplinaire (Contrôle juridictionnel)
Crim.	25	94	13-80.376	Délégation de pouvoirs - Responsabilité pénale des personnes morales
Crim.	25		12-86.490	Notification du licenciement
Soc.	26		13-22.057	Syndicats (Statuts)
Soc.	26		13-21.679	Délégué syndical supplémentaire
Soc.	26		13-20.674	Contentieux électoral
Soc.	26		13-20.513	Action en justice des syndicats
Soc.	26		13-10.586	Indemnité de congés payés
Soc.	26	V, 87	12-35.040	Résiliation judiciaire du contrat de travail
Soc.	26		12-27.051	Grève (Faute lourde)
Soc.	26		12-27.028	Attestation d'assurance chômage - Certificat de travail - Clause de non-concurrence
Soc.	26	V, 89	12-26.964	Expert comptable du comité d'entreprise
Soc.	26	V, 85	12-23.634	Imputabilité de la rupture
Soc.	26	V, 86	12-21.372	Résiliation judiciaire du contrat de travail
Soc.	26	V, 91	12-21.136	Transaction - Rupture conventionnelle du CDI
Soc.	26	V, 92	12-18.125	Grève (Effets)
Soc.	26	V, 88	12-10.202	Prescription (Action en paiement du salaire)
CE	31		363967	Représentants du personnel (Protection/Bénéficiaires)
				Avril 2014
Soc.	2	V, 93	13-11.060	Modification de l'horaire de travail
Soc.	2	V, 95	12-29.825	Hygiène et sécurité
Soc.	2	V, 95	12-28.616	Hygiène et sécurité
Soc.	2		12-28.103	Licenciement sans cause réelle et sérieuse (Sanctions)
Soc.	2	V, 94	12-19.573	Modification du lieu de travail
Soc.	2	V, 96	11-25.442	Contrat à durée déterminée (Conclusion) - Contrat à durée déterminée (Cas de recours)
Soc.	8	V, 101	13-10.969	Représentants du personnel (Licenciement/Recours contre la décision administrative)
Soc.	8	V, 100	13-10.541	Expert comptable du comité d'entreprise
Crim.	8	107	12-85.800	Représentants du personnel (Mise à pied conservatoire)
Soc.	8	V, 99	12-35.425	Modification dans la situation juridique de l'employeur (Effets)
Crim.	8	102	11-84.722	Repos hebdomadaire (Arrêté préfectoral de fermeture)
Soc.	9	V, 105	13-16.774	Délégué syndical (Désignation) - Établissement distinct
Soc.	9		13-10.939	Sanctions disciplinaires (Notion)
Soc.	9		12-35.152	AGS (Garantie des créances)

Juridiction	Date	BC / Rec.	Numéro	Classement
Soc.	9		12-24.019	Détachement de salariés
CE	11		362155	Représentants du personnel (Autorisation administrative de licenciement)
Soc.	30		13-13.375	Travail à temps partiel - Modification de l'horaire de travail
Soc.	30	V, 111	13-12.321	Femmes enceintes (Licenciement)
Soc.	30	V, 108	13-10.772	Résiliation judiciaire du contrat de travail - Imputabilité de la rupture
Soc.	30	V, 107	12-35.219	Cumul d'un mandat social et d'un contrat de travail
Soc.	30		12-28.906	Accidentés du travail (Reclassement)
Soc.	30		12-28.832	Convention collective (Applicabilité)
Soc.	30		12-28.827	Visite médicale de reprise
Soc.	30	V, 110	12-21.041	Travail à temps partiel
				Mai 2014
Crim.	6	126	13-82.677	Responsabilité pénale des personnes morales
Soc.	6		12-22.881	Modification dans la situation juridique de l'employeur (Effets) - Contrat d'apprentissage
CE	7		368530	Représentants du personnel (Autorisation administrative de licenciement)
Soc.	7		13-16.421	Responsabilité pécuniaire du salarié
Soc.	7		13-12.090	Représentants du personnel (Procédure de licenciement)
Soc.	7		13-10.552	Licenciement (Nullité)
Crim.	13	132	13-81.240	Travail dissimulé
Soc.	13	V, 115	13-14.537	Représentants du personnel (Protection/Bénéficiaires)
Soc.	13	V, 113	12-25.544	Expert comptable du comité d'entreprise
CE	14		359877	Convention collective (Extension)
Soc.	14		13-14.176	Heures supplémentaires
Soc.	14		13-13.975	Période d'essai - Procédure disciplinaire (Entretien préalable)
Soc.	14	V, 119	13-13.742	Artistes
Soc.	14	V, 118	13-12.071	Contrat à durée déterminée (Rupture anticipée)
Soc.	14		13-11.741	Artistes
Soc.	14	V, 121	12-35.033	Convention de forfait
Soc.	15		13-10.531	Convention de forfait
Soc.	15		12-30.148	Sanctions pécuniaires (Notion)
Soc.	15		12-27.666	Préavis (Dispense de)
Soc.	15		12-27.516	Travail intermittent
Soc.	15		12-24.771	Temps de pause/Temps de repos
Soc.	15		11-22.800	Congés payés
Soc.	20	V, 125	12-29.565	Retraite (Mise à la)
Soc.	20		12-28.463	Notification du licenciement
Soc.	20		12-28.046	Notification du licenciement
Soc.	20	V, 124	12-26.322	Usage
Soc.	21		13-14.088	Travail dissimulé
Soc.	21		13-13.808	Licenciement sans cause réelle et sérieuse (Sanctions)
Soc.	21		13-10.840	Procédure de licenciement dans les entreprises en redressement ou liquidation judiciaires
Soc.	21		12-29.508	Priorité de réembauche (Licenciement économique)
CJUE	22		C-539/12	Indemnité de congés payés
Soc.	28	V, 128	13-12.087	Travail intermittent - Heures supplémentaires
Soc.	28		13-11.868	Accidentés du travail (Reclassement)
Soc.	28		13-10.619	Modification de l'horaire de travail
Soc.	28		13-10.512	Accidentés du travail (Reclassement)
Soc.	28	V, 129	12-28.082	Congés payés - Indemnité compensatrice de congés payés - Rupture conventionnelle du CDI
Soc.	28	V, 127	12-12.949	Conseils de prud'hommes (Compétence d'attribution) - Hygiène et sécurité
				Juin 2014
Soc.	4	V, 133	13-60.238	Candidatures aux élections professionnelles
Soc.	4	V, 136	13-60.205	Représentant de la section syndicale

Juridiction	Date	BC / Rec.	Numéro	Classement
Soc.	4	V, 134	13-18.914	Bulletin de vote
Soc.	4	V, 132	12-28.740	Droit syndical (Exercice du)
CE	11		365135	Représentants du personnel (Procédure de licenciement)
Soc.	11	V, 137	11-20.985	Convention de forfait
CJUE	12		C-118/13	Indemnité compensatrice de congés payés
Soc.	12	V, 145	13-16.362	Contrat de mission/Contrat de travail temporaire
Soc.	12	V, 138	13-14.258	Période d'essai
Soc.	12	V, 139	13-11.448	Résiliation judiciaire du contrat de travail
Soc.	12	V, 140	12-29.063	Résiliation judiciaire du contrat de travail
Soc.	18		13-15.571	Prescription des fautes disciplinaires
Soc.	18	V, 148	13-14.916	Adaptation (Obligation d')
Soc.	18		13-14.764	Procédure disciplinaire (Entretien préalable)
Soc.	18	V, 150	13-10.204	Modification dans la situation juridique de l'employeur (Salariés protégés)
Soc.	18	V, 151	12-29.691	Hygiène et sécurité
Soc.	24	V, 157	13-11.142	Conseils de prud'hommes (Compétence d'attribution)
Soc.	24	V, 155	13-10.301	Heures supplémentaires
Soc.	24	V, 156	12-24.623	Représentants du personnel (Réintégration)
Ass. plén.	25	n° 1	13-28.369	Tenue vestimentaire
Soc.	25		13-25.502	Section syndicale
Soc.	25		13-22.200	Contentieux électoral
Soc.	25		13-20.541	Candidatures aux élections professionnelles
				Juillet 2014
CE	2		368590	Représentants du personnel (Autorisation administrative de licenciement)
CE	2		356329	Représentants du personnel (Autorisation administrative de licenciement)
Soc.	2	V, 166	13-60.218	Procès-verbal des élections
Soc.	2	V, 167	13-17.357	Expert comptable du comité d'entreprise
Soc.	2	V, 175	13-15.954	Travail à temps partiel
Soc.	2		13-15.884	Bulletin de salaire - Logement des salariés
Soc.	2	V, 162	13-15.771	AGS (Employeurs assujettis/Bénéficiaires)
Soc.	2	V, 161	13-15.605	AGS (Employeurs assujettis/Bénéficiaires)
Soc.	2	V, 159	13-15.208	Contrat de travail (Détermination de l'employeur)
Soc.	2	V, 168	13-14.972	Travail à temps partiel
Soc.	2	V, 170	13-14.622	Convention collective (Conclusion)
Soc.	2	V, 173	13-14.216	Durée du travail
Soc.	2	V, 165	13-13.876	Adaptation (Obligation d') - Licenciement économique (Reclassement)
Soc.	2		13-13.527	Contrat d'apprentissage
Soc.	2	V, 158	13-12.562	Grève (Faute lourde) - Grève (Définition)
Soc.	2		13-12.496	Femmes enceintes (Licenciement)
Soc.	2	V, 164	13-12.048	Licenciement économique (Reclassement)
Soc.	2	V, 172	13-11.940	Convention de forfait
Soc.	2	V, 171	13-11.904	Convention de forfait
Soc.	2	V, 169	12-29.902	VRP (Indemnité de clientèle)
Soc.	2		12-29.677	Accidentés du travail (Reclassement)
Soc.	2	V, 174	12-19.759	Durée du travail
Soc.	8	V, 182	13-18.390	Convention collective (Conclusion)
Soc.	8	V, 179	13-15.470	Hygiène et sécurité - Réunions du comité d'entreprise
Soc.	9		13-60.239	Propagande électorale
Soc.	9	V, 187	13-20.614	Comité de groupe
Soc.	9	V, 185	13-18.696	Conseils de prud'hommes (Compétence d'attribution) - Accidentés du travail (Reclassement) - Accidentés du travail (Réintégration en cas d'aptitude) - Rupture conventionnelle du CDI
Soc.	9	V, 188	13-18.577	Activités sociales et culturelles
Soc.	9	V, 191	13-17.669	Convention collective (Application)
Soc.	9	V, 186	13-16.434	Représentants du personnel (Licenciement/Indemnisation)

Juridiction	Date	BC / Rec.	Numéro	Classement
Soc.	9		13-16.151	Liberté de déplacement
Soc.	9		13-15.892	Imputabilité de la rupture
Soc.	9		13-13.719	Notification du licenciement
Soc.	9		13-13.426	Journalistes (Contrat de travail)
Soc.	9	V, 184	13-12.121	Égalité de traitement
Soc.	9	V, 183	13-11.906	Clause de mobilité
Soc.	9	V, 190	12-29.438	Représentants du personnel (Protection/Bénéficiaires)
Soc.	9	V, 193	11-21.609	Effectifs (Représentation du personnel)
CE	11		360227	Convention collective (Extension)
				Septembre 2014
Crim.	2		13-83.304	Travail de nuit
Crim.	2	179	13-80.665	Temps de trajet
Soc.	17		13-16.756	Entretien préalable au licenciement
CE	19		362660	Représentants du personnel (Procédure de licenciement)
CE	19		362568	Représentants du personnel (Licenciement/Recours contre la décision administrative)
Soc.	23		13-16.839	Clause de non-concurrence
Soc.	23		13-16.257	Modification de l'horaire de travail
Soc.	23		13-15.655	Plan de sauvegarde de l'emploi
Soc.	23		13-13.593	Imputabilité de la rupture
Soc.	24	V, 205	13-24.851	Travail de nuit
Soc.	24		13-17.379	Modification de l'horaire de travail
Soc.	24		13-16.676	Contrat de mission/Contrat de travail temporaire
Soc.	24	V, 208	13-11.782	Égalité de traitement
Soc.	24		13-10.892	Congés payés
Soc.	24		13-10.842	Jours fériés
Soc.	24	V, 206	13-10.367	Heures supplémentaires
Soc.	24	V, 200	13-10.233	Égalité de rémunération - Droit syndical (Exercice du)
Soc.	24	V, 207	12-28.664	Temps de trajet
Soc.	24	V, 203	12-28.459	Temps de travail effectif
Soc.	24	V, 201	12-16.991	Ordre des licenciements
Soc.	29	V, 216	13-15.802	Contrat de travail international
Soc.	29	V, 214	13-15.733	Représentants du personnel (Licenciement/Indemnisation)
Soc.	29	V, 209	13-13.661	Loyauté (Obligation de)
Soc.	29	V, 211	13-11.191	Détachement de salariés
Soc.	29	V, 213	12-26.932	Notification du licenciement
Soc.	29	V, 212	11-26.453	Contrat d'apprentissage
Soc.	30		13-21.385	Période d'essai
Soc.	30	V, 217	13-18.162	Contrat à durée déterminée (Contrats successifs)
Soc.	30	V, 219	13-16.297	Rupture conventionnelle du CDI
Soc.	30	V, 218	13-13.522	Contrat à durée déterminée (Durée)
Soc.	30		13-13.390	Attestation d'assurance chômage
				Octobre 2014
Soc.	1er		13-17.745	Travailleurs étrangers
Soc.	1er		13-12.587	Licenciement sans cause réelle et sérieuse (Sanctions)
CE	8		361920	Représentants du personnel (Autorisation administrative de licenciement)
Soc.	8	V, 235	13-60.262	Comité d'hygiène, de sécurité et des conditions de travail (Mise en place)
Soc.	8		13-17.133	Secrétaire du comité d'entreprise - Procès-verbaux (Réunions du comité d'entreprise) - Réunions du comité d'entreprise - Commissions (Comité d'entreprise)
Soc.	8	V, 227	13-16.793	Vie privée
Soc.	8	V, 225	13-16.720	Droit syndical (Exercice du)
Soc.	8	V, 230	13-14.991	Surveillance des salariés
Soc.	8	V, 228	13-14.973	Ordre des licenciements
Soc.	8	V, 229	13-13.995	Contrat de sécurisation professionnelle
Soc.	8	V, 224	13-13.792	Grève (Services publics)

Juridiction	Date	BC / Rec.	Numéro	Classement
Soc.	8	V, 226	13-13.673	Mutation disciplinaire
Soc.	8	V, 232	13-11.789	Égalité de traitement
CE	15		370620	Représentants du personnel (Procédure de licenciement) - Représentants du personnel (Autorisation administrative de licenciement)
CE	15		362235	Représentants du personnel (Autorisation administrative de licenciement)
Soc.	15	V, 239	13-19.993	Contrat à durée déterminée (Cas de recours)
Soc.	15	V, 238	13-18.582	Contrat à durée déterminée (Durée)
Soc.	15		13-16.958	Accidentés du travail (Reclassement)
Soc.	15		13-16.773	Accidentés du travail (Reclassement)
Soc.	15		13-16.645	Temps de pause/Temps de repos
Soc.	15	V, 241	11-22.251	Rupture conventionnelle du CDI
Soc.	21		13-11.150	VRP (Bénéfice du statut)
Soc.	22		14-60.016	Scrutin
Soc.	22		13-27.079	Comité d'hygiène, de sécurité et des conditions de travail (Mise en place)
Soc.	22	V, 249	13-20.403	Licenciement économique (Reclassement)
Soc.	22	V, 246	13-19.858	Grève (Définition)
Soc.	22		13-19.427	Comité d'hygiène, de sécurité et des conditions de travail (Fonctions)
Soc.	22	V, 247	13-18.862	Harcèlement moral/Harcèlement sexuel
Soc.	22	V, 252	13-18.362	Égalité de rémunération
Soc.	22	V, 251	13-16.614	Local (Représentants du personnel)
Soc.	22	V, 245	12-19.587	Jours fériés
Soc.	23		13-19.727	Modification dans la situation juridique de l'employeur (Conditions d'application)
Crim.	28	220	14-81.853	Comité d'hygiène, de sécurité et des conditions de travail (Fonctions)
			Novembre 2014	
CE	3		366630	Représentants du personnel (Procédure de licenciement)
Soc.	5	V, 259	14-11.634	Candidatures aux élections professionnelles
Soc.	5		13-22.249	Rétrogradation disciplinaire
Soc.	5		13-19.818	Indemnité de congés payés
Soc.	5	V, 255	13-18.427	Surveillance des salariés
Soc.	5		13-18.209	Modification des fonctions
Soc.	5	V, 254	13-18.114	Période d'essai
Soc.	5	V, 256	13-17.270	Discrétion (Obligation, Comité d'entreprise)
Soc.	5		13-17.204	Responsabilité pécuniaire du salarié
Soc.	5	V, 258	13-14.077	Avantages acquis
Soc.	13	V, 265	13-19.095	Minimum conventionnel
Soc.	13		13-18.443	Procédure conventionnelle de licenciement
Soc.	13	V, 262	13-14.206	Convention de forfait
Soc.	13	V, 264	12-20.069	Égalité de rémunération
Soc.	19	V, 271	13-23.899	Action en justice du comité d'entreprise - Action en justice des syndicats
Soc.	19	V, 268	13-23.643	Représentants du personnel (Licenciement/Indemnisation)
Soc.	19		13-19.483	Promesse d'embauche
Soc.	19		13-18.749	Surveillance des salariés
Soc.	19	V, 267	13-17.729	Harcèlement moral/Harcèlement sexuel
Soc.	19	V, 273	13-15.775	VRP (Indemnité de clientèle)
Soc.	19		13-10.415	Expert comptable du comité d'entreprise
Crim.	25		13-84.414	Preuve de la faute
Soc.	27		13-18.716	Imputabilité de la rupture
Soc.	27		13-13.788	Bulletin de salaire
			Décembre 2014	
Soc.	3		13-23.170	Ordre des licenciements
Soc.	3		13-19.697	Licenciement économique (Reclassement)

Juridiction	Date	BC / Rec.	Numéro	Classement
Soc.	3		13-18.966	Égalité de rémunération
Soc.	3		13-18.378	Durée du travail
Soc.	3		13-18.068	VRP (Bénéfice du statut)
Soc.	9	V, 281	13-22.212	Heures de délégation (Utilisation)
Soc.	9	V, 282	13-18.005	Heures de délégation (Utilisation)
Soc.	9	V, 279	13-16.045	Harcèlement moral/Harcèlement sexuel
Soc.	9	V, 280	13-12.535	Inaptitude physique d'origine non professionnelle
CE	10		362663	Représentants du personnel (Autorisation administrative de licenciement)
Soc.	10	V, 287	14-60.447	Candidatures aux élections professionnelles
Soc.	10		14-15.271	Syndicats (Statuts)
Soc.	10		14-14.055	Comité de groupe
Soc.	10		14-13.652	Scrutin
Soc.	10		14-13.041	Délégation unique
Soc.	10		13-26.468	Démission
Soc.	10		13-23.790	Clause de mobilité
Soc.	10	V, 285	13-22.135	Congé parental d'éducation
Soc.	10	V, 286	13-22.134	Rupture conventionnelle du CDI
Soc.	10		13-21.012	Force majeure/Fait du prince
Soc.	10		13-20.725	Accidentés du travail (Reclassement)
Soc.	10		13-19.638	Licenciement économique (Reclassement)
Soc.	10		13-18.679	Inaptitude physique d'origine non professionnelle
Soc.	10		13-12.529	Délégation unique
Soc.	10		12-35.041	Sanctions disciplinaires (Notion)
Soc.	10		12-23.719	Faute grave
Soc.	11		13-17.225	Durée du travail
Avis	15	n° 9	14-70.009	Médecin du travail
Soc.	16	V, 293	13-22.308	Action en justice des syndicats
Soc.	16	V, 289	13-21.203	Représentants du personnel (Réintégration)
Soc.	16	V, 290	13-15.081	Représentants du personnel (Protection/Bénéficiaires)
Soc.	16	V, 294	13-14.558	Durée du travail
Soc.	17	V, 309	14-60.165	Comité d'hygiène, de sécurité et des conditions de travail (Mise en place)
Soc.	17	V, 300	14-14.917	Modification dans la situation juridique de l'employeur (Salariés protégés)
Soc.	17	V, 296	14-13.712	Action en justice des syndicats
Soc.	17	V, 298	14-12.401	Scrutin
Soc.	17	V, 307	13-23.230	Convention de forfait
Soc.	17	V, 295	13-23.176	Contrat à durée déterminée (Cas de recours)
Soc.	17	V, 301	13-22.890	Convention de forfait - Insuffisance professionnelle
Soc.	17		13-20.703	Modification du contrat de travail d'un salarié protégé
Soc.	17	V, 308	13-20.627	Travail à temps partiel
Soc.	17	V, 304	13-19.834	Durée du travail
Soc.	17	V, 303	13-14.855	Indemnité de congés payés
Soc.	17	V, 306	13-13.640	Heures supplémentaires
Soc.	17	V, 310	13-12.277	Visite médicale de reprise
Soc.	17	V, 297	13-10.444	Procédure conventionnelle de licenciement
CE	23	410	364616	Modification du contrat de travail d'un salarié protégé
			Janvier 2015	
CE	7		369924	Repos hebdomadaire (Arrêté préfectoral de fermeture)
Soc.	7		13-21.344	Préavis (Indemnité compensatrice de)
Soc.	7		13-20.126	Visite médicale de reprise
Soc.	7		13-15.630	Mise à pied disciplinaire
Ass. plén.	9	n° 1	13-80.967	Gérants non salariés (Succursales de commerce de détail alimentaire)
Soc.	14		13-25.767	Modification de l'horaire de travail
Soc.	14		13-16.229	VRP (Rémunération)
Soc.	20		13-23.431	Scrutin
Soc.	20		13-21.565	Convocation à l'entretien préalable (au licenciement)

Juridiction	Date	BC / Rec.	Numéro	Classement
Soc.	21	V, 2	13-26.374	Clause de non-concurrence
Soc.	21	V, 3	13-24.471	Clause de non-concurrence
Soc.	21		13-24.404	Notification du licenciement
Soc.	21		13-22.079	Transaction
Soc.	21	V, 5	13-17.850	Employés de maison
Soc.	21	V, 4	13-16.896	Préavis (Indemnité compensatrice de)
Soc.	27	V, 10	13-25.437	Égalité de traitement
Soc.	27	V, 9	13-22.179	Égalité de traitement
Soc.	27	V, 6	13-17.622	Égalité de rémunération - Égalité de traitement
Soc.	27	V, 8	13-14.773	Égalité de traitement
Soc.	28	V, 13	14-60.423	Contentieux électoral
Soc.	28	V, 15	14-60.413	Scrutin
Soc.	28	V, 12	14-15.817	Comité central d'entreprise
Soc.	28		14-13.989	Comité d'hygiène, de sécurité et des conditions de travail (Mise en place)
Soc.	28	V, 16	13-24.242	Réunions des délégués du personnel
Soc.	28		13-23.421	Indemnité de licenciement
Soc.	28		13-22.378	Harcèlement moral/Harcèlement sexuel
Soc.	28		13-18.354	Loyauté (Obligation de)
Soc.	28	V, 11	13-16.719	Modification dans la situation juridique de l'employeur (Effets)
			Février 2015	
Soc.	4	V, 22	14-13.646	Convention collective (Application)
Soc.	4		13-28.855	Transaction
Soc.	4	V, 21	13-28.034	Engagement unilatéral de l'employeur
Soc.	4		13-26.172	Contrat à durée déterminée (Rupture anticipée)
Soc.	4		13-21.634	Détachement de salariés
Soc.	4	V, 23	13-20.891	Heures supplémentaires - Convention de forfait - Durée du travail
Soc.	4	V, 20	13-20.879	Minimum conventionnel
Soc.	4	V, 24	13-18.523	SMIC
Com.	10	IV, 20	13-14.779	Vie privée
Soc.	11		13-26.198	Harcèlement moral/Harcèlement sexuel
Soc.	11	V, 26	13-23.573	Licenciement économique (Reclassement)
Soc.	11		13-22.973	Heures de délégation (Contrôle et contestation)
Soc.	11	V, 30	13-16.457	Règlement intérieur
Soc.	11	V, 25	13-14.607	Grève (Services publics)
Soc.	12		13-21.146	Prime de fin d'année/Treizième mois - Usage
Soc.	12		13-19.866	Indemnité de congés payés
Soc.	12		13-17.516	Convention de forfait
Soc.	18		13-24.201	Handicapés
Soc.	18		13-22.112	Paiement du salaire
Soc.	18		13-21.804	Visites médicales d'embauche et périodique
Soc.	18		13-20.920	Indemnité de congés payés
Soc.	18		11-10.892	Travail dissimulé
Crim.	25		13-87.602	Responsabilité pécuniaire du salarié
			Mars 2015	
Soc.	3	V, 39	13-26.258	Comité d'hygiène, de sécurité et des conditions de travail (Fonctions)
Soc.	3	V, 33	13-24.194	Contrat de travail international
Soc.	3	V, 32	13-23.521	Harcèlement moral/Harcèlement sexuel
Soc.	3	V, 34	13-23.348	Prescription des fautes disciplinaires - Rupture conventionnelle du CDI
Soc.	3	V, 40	13-21.832	Hygiène et sécurité
Soc.	3	V, 35	13-20.549	Clause de non-concurrence - Rupture conventionnelle du CDI
Soc.	3	V, 31	13-20.486	Hygiène et sécurité
Soc.	3	V, 42	13-20.474	Hygiène et sécurité
Soc.	3	V, 36	13-15.551	Pouvoir disciplinaire - Rupture conventionnelle du CDI
Soc.	4		13-28.141	Contrat à durée déterminée (Cas de recours)

Juridiction	Date	BC / Rec.	Numéro	Classement
Soc.	4		13-26.293	Licenciement économique (Notion)
Soc.	4		13-23.228	Mise à pied conservatoire
Soc.	5		13-26.667	Représentants du personnel (Protection/Cas d'application)
CE	11		368748	Bulletin de vote
Soc.	11		14-13.036	Retraite (Départ à la)
Soc.	11		13-27.947	Convention collective (Applicabilité)
Soc.	11		13-26.782	Convention collective (Application)
Soc.	11		13-24.368	Priorité de réembauche (Licenciement économique)
Soc.	11		13-23.866	Clause de non-concurrence
Soc.	11	V, 44	13-22.257	Clause de non-concurrence
Soc.	11		13-21.090	Licenciement irrégulier (Sanctions) - Entretien préalable au licenciement
Soc.	11	V, 43	13-18.603	Harcèlement moral/Harcèlement sexuel - Imputabilité de la rupture
Soc.	11	V, 48	12-27.855	Contrat de mission/Contrat de travail temporaire
Soc.	17	V, 53	13-27.142	Égalité de traitement
Soc.	17	V, 51	13-26.941	Contrat de sécurisation professionnelle
Soc.	17	V, 52	13-24.303	Licenciement économique (Reclassement)
Soc.	17	V, 49	13-24.252	Procédure conventionnelle de licenciement
Soc.	17	V, 49	13-23.983	Procédure conventionnelle de licenciement
Soc.	17	V, 50	13-20.452	Entretien préalable au licenciement
Soc.	18		14-60.460	Candidatures aux élections professionnelles
Soc.	18		14-16.908	Délégué syndical (Désignation)
Soc.	18		13-27.598	Retraite (Mise à la)
Soc.	18	V, 54	13-19.206	Compte épargne-temps
Soc.	18	V, 55	13-16.369	Durée du travail
Soc.	25		14-10.956	Accidentés du travail (Suspension du contrat de travail)
Soc.	25	V, 58	14-10.149	Rupture conventionnelle du CDI
Soc.	25	V, 61	13-28.229	Accidentés du travail (Reclassement)
Soc.	25	V, 57	13-27.695	Contrat à durée déterminée (Cas de recours)
Soc.	25		13-24.107	Accidentés du travail (Suspension du contrat de travail)
Soc.	25	V, 59	13-23.368	Transaction
Soc.	25		13-18.929	Accidentés du travail (Reclassement)
Soc.	25		13-18.769	Licenciement (Nullité)
Soc.	25		13-12.307	Licenciement économique (Notion)
CE	27		371852	Représentants du personnel (Procédure de licenciement)
CE	27		371174	Représentants du personnel (Autorisation administrative de licenciement)
CE	27		368855	Représentants du personnel (Autorisation administrative de licenciement)
CE	27		366166	Représentants du personnel (Licenciement/Recours contre la décision administrative) - Représentants du personnel (Autorisation administrative de licenciement)
Soc.	31	V, 65	13-27.196	Faute grave
Soc.	31	V, 69	13-25.436	Règlement intérieur
Soc.	31	V, 68	13-24.410	Preuve de la faute
Soc.	31	V, 64	13-21.184	AGS (Montant de la garantie)
Soc.	31	V, 66	13-18.667	Égalité de traitement
				Avril 2015
Soc.	1er		14-17.506	Contentieux électoral
Soc.	1er		13-26.706	Notification du licenciement
CE	3		369333	Représentants du personnel (Licenciement/Recours contre la décision administrative)
Soc.	8		13-24.873	Temps de pause/Temps de repos
Soc.	8		13-22.461	Accidentés du travail (Reclassement)
CE	9		382366	Chômage total
Soc.	9	V, 70	13-27.624	Modification de l'horaire de travail
Soc.	9	V, 71	13-25.847	Clause de non-concurrence
Soc.	9	V, 72	13-23.588	Journalistes (Indemnité de licenciement)
Soc.	9		13-23.314	Harcèlement moral/Harcèlement sexuel

Juridiction	Date	BC / Rec.	Numéro	Classement
Soc.	9		13-14.619	Convention de forfait
Crim.	14	89	14-83.267	Inspecteur du travail
Crim.	14	82	14-81.188	Représentants du personnel (Protection/Bénéficiaires)
Soc.	15		14-60.688	Vote par correspondance
Soc.	15		14-20.555	Syndicats (Statuts)
Soc.	15		14-20.200	Effectifs (Représentation du personnel)
Soc.	15		14-19.496	Représentativité syndicale
Soc.	15	V, 84	14-19.197	Représentant syndical au comité d'entreprise
Soc.	15	V, 80	14-19.139	Comité d'hygiène, de sécurité et des conditions de travail (Mise en place)
Soc.	15	V, 90	14-18.653	Délégué syndical (Désignation) - Modification dans la situation juridique de l'employeur (Salariés protégés)
Soc.	15	V, 77	14-16.196	Unité économique et sociale
Soc.	15	V, 76	13-27.759	Journalistes (Indemnité de licenciement)
Soc.	15	V, 85	13-27.520	Comité d'entreprise (Information et consultation)
Soc.	15	V, 87	13-27.211	Représentants du personnel (Protection/Cas d'application)
Soc.	15		13-25.815	Imputabilité de la rupture - Préavis
Soc.	15	V, 88	13-25.283	Conseillers prud'hommes (Protection) - Représentants du personnel (Protection/Bénéficiaires)
Soc.	15	V, 83	13-24.253	Unité économique et sociale
Soc.	15	V, 86	13-24.182	Représentants du personnel (Licenciement/Indemnisation)
Soc.	15		13-23.785	Indemnité de licenciement
Soc.	15	V, 78	13-21.306	Clause de garantie d'emploi
Soc.	16		13-28.452	Pouvoir disciplinaire (Contrôle juridictionnel) - Harcèlement moral/Harcèlement sexuel
Soc.	16		13-27.905	Travail à temps partiel
Soc.	16		13-27.387	Imputabilité de la rupture
				Mai 2015
Soc.	5		14-11.001	Préavis (Dispense de)
Soc.	5		13-25.727	Accidentés du travail (Reclassement)
Soc.	6		13-24.496	Accidentés du travail (Reclassement)
Soc.	6		13-24.261	Contrat à durée déterminée (Rupture anticipée)
Soc.	6		13-24.035	Accidentés du travail (Protection)
Soc.	6		13-23.035	Clause de non-concurrence
Soc.	6		13-22.211	Travail à temps partiel
Soc.	12		14-11.530	Plan de sauvegarde de l'emploi
Soc.	12	V, 93	14-10.509	Travail à temps partiel
Soc.	12		14-10.408	Modification du contrat et des conditions de travail
Soc.	12		13-28.193	Mise à pied disciplinaire
Soc.	12		13-27.941	Convocation à l'entretien préalable (au licenciement)
Soc.	13		13-28.792	Résiliation judiciaire du contrat de travail - Préavis (Indemnité compensatrice de)
Soc.	13		13-23.606	Visite médicale de reprise
Soc.	13		13-21.026	Absences répétées
Soc.	19	V, 96	13-26.916	Sanctions disciplinaires (Notion)
Soc.	19	V, 98	13-26.669	Plan de sauvegarde de l'emploi
Soc.	19	V, 99	13-24.887	Comité d'hygiène, de sécurité et des conditions de travail (Fonctions)
Soc.	20	V, 102	14-13.127	Travail intermittent
Soc.	20		14-11.996	Licenciement économique (Notion)
Soc.	20		14-11.790	Rétractation du licenciement par l'employeur
Soc.	20	V, 100	13-13.967	Modification des fonctions
CE	22		382585	Comité d'hygiène, de sécurité et des conditions de travail (Mise en place)
CE	22		375897	Licenciement économique (Information et consultation du CE) - Représentants du personnel (Autorisation administrative de licenciement)
CE	22		371061	Représentants du personnel (Autorisation administrative de licenciement)

Juridiction	Date	BC / Rec.	Numéro	Classement
Soc.	26		14-10.579	AGS (Modalités d'intervention)
Soc.	26		13-26.762	Comité d'hygiène, de sécurité et des conditions de travail (Fonctions)
Soc.	26		13-22.866	Frais de déplacement/Temps de trajet/Frais divers (Représentants du personnel)
Soc.	27	V, 103	14-11.688	Ordre des licenciements
Soc.	27	V, 107	14-11.155	Modification dans la situation juridique de l'employeur (Effets)
Soc.	27	V, 104	14-10.766	Licenciement économique (Reclassement)
Soc.	27	V, 105	13-26.985	Représentants du personnel (Licenciement/Recours contre la décision administrative)
				Juin 2015
Soc.	3	V, 114	14-17.705	Contrat de mission/Contrat de travail temporaire
Soc.	3	V, 112	14-12.245	Convocation à l'entretien préalable (au licenciement) - Congé sabbatique
Soc.	3	V, 109	13-26.799	Journalistes (Indemnité de licenciement) - Rupture conventionnelle du CDI
Soc.	3	V, 113	13-21.671	Travail à temps partiel
CE	8		383827	Représentants du personnel (Procédure de licenciement)
CE	8		374303	Représentants du personnel (Procédure de licenciement)
Soc.	9		13-27.899	Imputabilité de la rupture
Soc.	9		13-27.558	Travailleurs à domicile
Soc.	9		13-26.834	Imputabilité de la rupture
Soc.	10	V, 116	14-13.318	Harcèlement moral/Harcèlement sexuel - Contrat d'apprentissage
Soc.	10	V, 122	14-10.778	Sanctions disciplinaires (Non-cumul des)
Soc.	10	V, 118	14-10.031	Plan de sauvegarde de l'emploi
Soc.	10	V, 123	13-27.799	Contrat de travail international
Soc.	10	V, 115	13-25.554	Harcèlement moral/Harcèlement sexuel
Soc.	16	V, 124	14-16.953	Travail dissimulé
Soc.	18		13-27.049	Paiement du salaire
Soc.	23		14-13.714	Imputabilité de la rupture
Soc.	23		14-11.315	Retenues sur salaire
Soc.	24	V, 125	14-12.610	Contrat à durée déterminée (Durée)
Soc.	24		13-28.460	Accidentés du travail (Protection) - Adaptation (Obligation d')
Soc.	24		13-25.812	Accidentés du travail (Reclassement)
Soc.	24	V, 127	13-25.522	Modification du contrat et des conditions de travail
Soc.	25		13-25.986	Égalité de traitement
Soc.	30		14-12.522	Unité économique et sociale
Soc.	30	V, 131	14-11.077	Grève (Définition)
Soc.	30	V, 132	14-10.764	Grève (Services publics)
Soc.	30		13-28.437	Transaction
Soc.	30	V, 134	13-28.201	Inaptitude physique d'origine non professionnelle - Harcèlement moral/Harcèlement sexuel
Soc.	30	V, 133	13-28.146	Notification du licenciement
				Juillet 2015
CE	1er		383770	Représentants du personnel (Autorisation administrative de licenciement)
Soc.	1er		14-15.852	Licenciement économique (Reclassement)
Soc.	1er		14-12.190	Faute grave
Soc.	1er		13-17.861	Retraite (Mise à la)
Soc.	2		14-16.213	Ordre des licenciements
Soc.	2		14-15.829	Pouvoir disciplinaire
Soc.	2		14-13.419	Faute grave
Soc.	2		14-11.896	Notification du licenciement
Soc.	7		14-10.115	Période d'essai
Soc.	7	V, 140	13-26.444	Convention de forfait
Soc.	7	V, 141	13-17.195	Contrat à durée déterminée (Indemnité de précarité/Indemnité de fin de contrat)
Soc.	8		14-60.737	Délégué syndical (Désignation) - Établissement distinct

Juridiction	Date	BC / Rec.	Numéro	Classement
Soc.	8	V, 147	14-60.726	Représentant syndical au comité d'entreprise
Soc.	8	V, 149	14-60.691	Représentant de la section syndicale
Soc.	8	V, 142	14-16.330	Contrat à durée déterminée (Renouvellement)
Soc.	8	V, 150	14-15.979	Femmes enceintes (Licenciement)
Soc.	8		14-12.305	Modification de la durée du travail
Soc.	8		14-11.762	Période d'essai
Soc.	8	V, 144	14-10.139	Rupture conventionnelle du CDI
Soc.	8	V, 146	13-25.681	Artistes - Compensation
Soc.	9	V, 154	14-16.009	Plan de sauvegarde de l'emploi
Soc.	9	V, 153	14-14.654	Plan de sauvegarde de l'emploi
Soc.	9	V, 151	14-12.779	Grève (Effets)
Soc.	9		14-11.752	Action en justice des syndicats
CE	22	261	385816	Plan de sauvegarde de l'emploi
CE	22	268	385668	Plan de sauvegarde de l'emploi
CE	22	265	383481	Plan de sauvegarde de l'emploi
Septembre 2015				
Avis	14	n° 6	15-70.003	Participation
Soc.	15		14-10.422	Clause de non-concurrence
Soc.	15		13-26.945	Mise à pied conservatoire
Soc.	16		14-17.558	Prime d'ancienneté
Soc.	16	V, 166	14-17.371	Gérants salariés de succursales
Soc.	16	V, 159	14-16.713	Période d'essai
Soc.	16	V, 156	14-16.277	Contrat à durée déterminée (Requalification/Indemnisation)
Soc.	16		14-16.158	Usage - Engagement unilatéral de l'employeur - Modification dans la situation juridique de l'employeur (Sort du statut collectif)
Soc.	16	V, 165	14-11.990	Employés de maison
Soc.	16	V, 161	14-10.325	Entretien préalable au licenciement
Soc.	16	V, 160	14-10.291	Travail à temps partiel - Démission
Soc.	16	V, 158	13-28.415	Égalité de rémunération
Soc.	22	V, 169	14-17.837	AGS (Garantie des créances)
Soc.	22	V, 171	14-16.218	Contrat de sécurisation professionnelle
Soc.	22		14-12.357	Représentants du personnel (Licenciement/Indemnisation)
Soc.	22		14-11.549	Droit syndical (Exercice du)
Crim.	22	206	13-82.284	Repos hebdomadaire (Dérogations)
Soc.	22	V, 174	13-26.032	Modification dans la situation juridique de l'employeur (Cas d'application)
Soc.	23	V, 178	14-26.262	Effectifs (Représentation du personnel)
Soc.	23		14-24.946	Licenciement sans cause réelle et sérieuse (Sanctions)
Soc.	23		14-20.776	Comité d'hygiène, de sécurité et des conditions de travail (Mise en place)
Soc.	23	V, 180	14-13.264	Licenciement sans cause réelle et sérieuse (Sanctions)
Soc.	23		14-10.738	Représentativité syndicale
Soc.	23	V, 181	14-10.648	Représentants du personnel (Protection/Bénéficiaires) - Cause réelle et sérieuse
Soc.	23		13-28.192	Clause de garantie d'emploi
Soc.	29		14-12.440	Modification dans la situation juridique de l'employeur (Conditions d'application)
Soc.	30	V, 183	14-25.925	Scrutin
Soc.	30	V, 186	14-25.704	Comité d'hygiène, de sécurité et des conditions de travail (Mise en place)
Soc.	30		14-18.011	Contrat d'apprentissage
Soc.	30	V, 185	14-17.748	Conseillers prud'hommes (Protection) - Heures supplémentaires
Soc.	30		14-13.379	Représentants du personnel (Protection/Cas d'application)
Octobre 2015				
Soc.	6	V, 188	14-17.539	Imputabilité de la rupture - Rupture conventionnelle du CDI
Soc.	6	V, 187	13-26.052	Congés payés - Accidentés du travail (Reclassement) - Accidentés du travail (Suspension du contrat de travail)
Soc.	7		14-12.835	Temps de pause/Temps de repos

Juridiction	Date	BC / Rec.	Numéro	Classement
Soc.	7		14-12.122	Indemnité de congés payés
Soc.	13		14-23.172	Plan de sauvegarde de l'emploi
Soc.	13		14-14.440	Sanctions pécuniaires (Notion)
Soc.	14	V, 191	14-14.339	Ordre des licenciements
Soc.	14	V, 193	14-12.193	Représentants du personnel (Licenciement/Indemnisation)
Soc.	14	V, 190	14-10.960	Cumul d'un mandat social et d'un contrat de travail
Soc.	15		14-60.710	Candidatures aux élections professionnelles
Soc.	15		14-25.680	Représentant de la section syndicale
Soc.	15		14-25.375	Contentieux électoral
Soc.	15		14-19.679	Délégué syndical (Désignation)
Soc.	15		14-15.995	Représentants du personnel (Protection/Bénéficiaires)
CE	16		377177	Journalistes (Bénéfice du statut)
Soc.	20	V, 197	14-23.712	Contrat à durée déterminée (Contrats successifs)
Soc.	20	V, 199	14-17.624	Cause réelle et sérieuse
Soc.	20	V, 198	14-17.473	Retraite (Départ à la)
Soc.	20		14-11.724	Contrat de mission/Contrat de travail temporaire
CE	21		386123	Plan de sauvegarde de l'emploi
CE	21		385683	Plan de sauvegarde de l'emploi
CE	21	353	382633	Plan de sauvegarde de l'emploi
Soc.	22		14-20.406	Indemnité de congés payés
Soc.	22	V, 202	14-20.173	Hygiène et sécurité
Soc.	22	V, 201	14-11.801	Faute lourde
Soc.	22	V, 201	14-11.291	Faute lourde
Soc.	28	V, 207	14-17.712	Licenciement économique (Reclassement)
Soc.	28	V, 208	14-16.519	Licenciement économique (Information et consultation du CE)
Soc.	28	V, 203	14-16.269	Contrat de travail international
Soc.	28	V, 206	14-16.115	Plan de sauvegarde de l'emploi
Soc.	28	V, 204	14-12.598	Modification dans la situation juridique de l'employeur (Salariés protégés)
Soc.	28		14-11.244	Action en justice des syndicats
			Novembre 2015	
Soc.	4	V, 216	14-22.851	Contrat à durée déterminée (Rupture anticipée)
Soc.	4	V, 224	14-16.338	Travail à temps partiel
Soc.	4	V, 217	14-11.879	Inaptitude physique d'origine non professionnelle
Soc.	4	V, 218	14-10.657	Reçu pour solde de tout compte
Soc.	4	V, 223	14-10.419	Convention de forfait
CE	9	379	342468	Hygiène et sécurité
Soc.	12	V, 225	14-17.615	Sanctions disciplinaires (Notion)
Soc.	12	V, 227	14-16.369	Représentants du personnel (Protection/Cas d'application)
Soc.	12	V, 231	14-12.830	Contribution patronale aux activités sociales et culturelles
Soc.	12	V, 232	14-10.640	Représentants du personnel (Licenciement/Indemnisation)
Soc.	17		14-21.567	Contrat de travail (Critères)
Soc.	17		14-13.072	Action en justice du comité d'entreprise
Soc.	18		15-60.099	Éligibilité
Crim.	18	259	14-85.591	Harcèlement moral/Harcèlement sexuel
Soc.	18		14-21.405	Mutation disciplinaire
Soc.	18		14-17.512	Comité d'hygiène, de sécurité et des conditions de travail (Fonctions)
Soc.	18		14-16.437	Licenciement sans cause réelle et sérieuse (Sanctions)
Soc.	25	V, 237	15-14.061	Délégué syndical (Désignation)
Soc.	25	V, 238	14-29.850	Comité d'hygiène, de sécurité et des conditions de travail (Mise en place)
Soc.	25	V, 234	14-24.444	Hygiène et sécurité
Soc.	25	V, 241	14-21.272	Droit d'alerte et de retrait en cas de danger
Soc.	25	V, 236	14-20.527	Grève (Faute lourde)
Soc.	25	V, 235	14-17.551	Harcèlement moral/Harcèlement sexuel
Soc.	25		14-17.433	Clause pénale
Soc.	25	V, 240	14-16.067	Comité d'hygiène, de sécurité et des conditions de travail (Fonctions)
Soc.	25		14-12.079	Rupture conventionnelle du CDI

Juridiction	Date	BC / Rec.	Numéro	Classement
Soc.	25	V, 239	14-11.865	Comité d'hygiène, de sécurité et des conditions de travail (Fonctions)
Soc.	25		13-26.417	Travail à temps partiel
Soc.	26		14-19.501	Licenciement sans cause réelle et sérieuse (Sanctions)
CE	30		377405	Représentants du personnel (Autorisation administrative de licenciement)
Décembre 2015				
Crim.	1er	274	14-85.828	Travail dissimulé
Soc.	1er		14-16.630	Résiliation judiciaire du contrat de travail
Soc.	1er		14-15.445	Représentants du personnel (Licenciement/Indemnisation)
Soc.	2	V, 242	14-19.029	Clause de non-concurrence
Soc.	2	V, 243	14-18.534	Procédure conventionnelle de licenciement
CE	7	428	383856	Plan de sauvegarde de l'emploi
CE	7		381307	Plan de sauvegarde de l'emploi
Civ.	9	I, 311	14-28.237	Contrat de travail (Critères)
Soc.	10	V, 256	14-21.485	Modification dans la situation juridique de l'employeur (Cas d'application)
Soc.	10	V, 252	14-19.316	Contrat de travail (Détermination de l'employeur)
Soc.	10	V, 253	14-16.214	Procédure conventionnelle de licenciement
Soc.	11		14-20.350	Modification économique du contrat de travail
Soc.	11		14-19.954	Sanctions disciplinaires (Notion) - Mise à pied disciplinaire
Soc.	11		14-18.266	Résiliation judiciaire du contrat de travail
Soc.	11		14-15.670	Imputabilité de la rupture
Soc.	14		15-16.491	Bulletin de vote
Soc.	14		15-10.902	Délégué syndical central
Soc.	14	V, 257	14-26.992	Comité d'hygiène, de sécurité et des conditions de travail (Mise en place)
Soc.	14	V, 258	14-26.517	Délégué syndical (Désignation) - Représentant de la section syndicale
Soc.	14		14-17.152	Action en justice des syndicats
Crim.	15	302	14-85.638	Travail dissimulé
Soc.	15		14-15.283	Visite médicale de reprise
Soc.	15		14-13.528	Visite médicale de reprise
Soc.	15	V, 259	14-11.858	Accidentés du travail (Reclassement)
Soc.	15	V, 261	14-10.522	Femmes enceintes (Licenciement)
Soc.	16	V, 264	14-23.731	Heures de récupération
Soc.	16		14-22.772	Congé pour la création d'entreprise
Soc.	16		14-21.360	Contrat à durée déterminée (Rupture anticipée)
Soc.	16	V, 272	14-19.073	Pourboires
Soc.	16	V, 270	14-11.294	Congés payés
Soc.	16	V, 262	13-27.212	Rupture conventionnelle du CDI
Soc.	16	V, 263	11-22.376	Congés payés - Handicapés
CE	30		384290	Représentants du personnel (Procédure de licenciement)
Janvier 2016				
Soc.	6	V, 3	15-60.138	Représentant de la section syndicale
Soc.	6		15-12.967	Délégué syndical (Désignation) - Établissement distinct
Soc.	6	V, 2	15-10.975	Protocole d'accord préélectoral
Crim.	12	6	14-87.695	Visites médicales d'embauche et périodique
Soc.	12		14-29.254	Imputabilité de la rupture
Soc.	12		14-27.071	Contrat de travail (Critères)
Soc.	12	V, 5	14-23.290	Clause de mobilité
Soc.	12	V, 4	14-22.216	Modification dans la situation juridique de l'employeur (Conditions d'application)
Soc.	12		14-18.923	Contrat de mission/Contrat de travail temporaire
Soc.	12		14-18.061	Contrat de mission/Contrat de travail temporaire
Soc.	12	V, 7	14-13.414	Procédure de licenciement dans les entreprises en redressement ou liquidation judiciaires

Juridiction	Date	BC / Rec.	Numéro	Classement
Soc.	12	V, 6	13-26.318	Modification du contrat de travail d'un salarié protégé - Convention de forfait - Temps de trajet
CE	13		389319	Plan de sauvegarde de l'emploi
CE	13		386628	Représentants du personnel (Autorisation administrative de licenciement)
Soc.	13		14-26.050	Égalité de rémunération
Soc.	13		14-21.714	Heures supplémentaires
Soc.	13		14-20.688	Licenciement économique (Notion)
Soc.	13		14-19.654	Ordre des licenciements
Soc.	13		14-17.797	Temps de trajet
Soc.	13		14-16.000	Contrat à durée déterminée (Requalification/Indemnisation)
Soc.	13		14-13.015	Fractionnement des congés payés
Soc.	14	V, 10	14-26.220	Rupture conventionnelle du CDI
Soc.	20		14-22.835	Convention collective (Applicabilité)
Soc.	20		14-21.346	Entretien préalable au licenciement
Soc.	20		14-20.322	Harcèlement moral/Harcèlement sexuel
Soc.	20		14-11.360	Droit syndical (Exercice du)
Soc.	20		14-10.134	Résiliation judiciaire du contrat de travail
Soc.	21		14-26.698	Droit syndical (Exercice du)
Soc.	21		14-21.244	Licenciement économique (Notion)
Soc.	21		14-19.084	Licenciement irrégulier (Sanctions)
Soc.	25		15-14.082	Scrutin
Soc.	25		15-12.998	Représentativité syndicale
Soc.	25		14-29.308	Représentativité syndicale
Soc.	25		14-25.625	Protocole d'accord préélectoral
Crim.	26	15	14-80.455	Harcèlement moral/Harcèlement sexuel
Soc.	26	V, 13	14-19.002	Preuve de la faute
Soc.	26	V, 14	14-17.996	Procédure conventionnelle de licenciement
Soc.	26	V, 12	14-15.360	Vie privée
CE	27		388210	Représentants du personnel (Autorisation administrative de licenciement)
CE	27		386656	Représentants du personnel (Autorisation administrative de licenciement)
Soc.	27	V, 17	15-10.640	Hygiène et sécurité
Soc.	27		14-19.210	Bulletin de salaire
Soc.	27		14-16.838	Inaptitude physique d'origine non professionnelle
Soc.	27		14-12.593	Tenue vestimentaire
Soc.	27		14-11.200	Représentants du personnel (Licenciement/Recours contre la décision administrative)
Soc.	27		14-11.069	Heures supplémentaires
Soc.	27		14-10.639	Hygiène et sécurité
Soc.	27	V, 16	14-10.084	Absences répétées
Soc.	27		13-26.761	Entretien préalable au licenciement
				Février 2016
Soc.	3		14-25.843	Harcèlement moral/Harcèlement sexuel
Soc.	3	V, 22	14-18.777	Heures de délégation (Rémunération)
Soc.	3	V, 18	14-18.600	Résiliation judiciaire du contrat de travail - Cause réelle et sérieuse
Soc.	3	V, 21	14-17.886	Représentants du personnel (Procédure de licenciement)
Soc.	3	V, 20	14-17.000	Conseillers prud'hommes (Protection)
Soc.	4		14-25.336	Harcèlement moral/Harcèlement sexuel
Soc.	9		15-60.152	Délégué syndical (Désignation)
Soc.	9		15-13.847	Comité d'hygiène, de sécurité et des conditions de travail (Mise en place)
Crim.	9	29	14-87.753	Action en justice des syndicats
Soc.	10	V, 31	14-26.909	Hygiène et sécurité
Soc.	10	V, 29	14-26.304	Action en justice des syndicats
Soc.	10	V, 25	14-26.147	Modification du contrat et des conditions de travail

Juridiction	Date	BC / Rec.	Numéro	Classement
Soc.	10	V, 30	14-24.350	Non-respect des règles d'hygiène et de sécurité - Hygiène et sécurité
Soc.	10		14-19.482	Licenciement sans cause réelle et sérieuse (Sanctions)
Soc.	10		14-16.156	Accidentés du travail (Reclassement)
Soc.	10		14-14.519	Inaptitude physique d'origine non professionnelle
Soc.	10		14-14.477	Imputabilité de la rupture
Soc.	10		14-14.325	Inaptitude physique d'origine non professionnelle - Clause de mobilité
Soc.	10		14-14.259	Paiement du salaire
Soc.	12		14-19.945	Représentants du personnel (Protection/Cas d'application)
Soc.	12		14-16.909	Contrat à durée déterminée (Cas de recours)
Soc.	12		14-16.151	Prescription (Action en paiement du salaire)
Soc.	12		14-15.016	Absences non autorisées
Soc.	17	V, 37	14-25.711	Délégué syndical (Désignation) - Représentant de la section syndicale
Soc.	17		14-23.962	Ordre des licenciements
Soc.	17	V, 38	14-23.854	Délégué syndical (Désignation) - Représentant de la section syndicale
Soc.	17		13-28.791	Durée du travail
Soc.	18	V, 40	14-26.706	Représentants du personnel (Licenciement/Recours contre la décision administrative)
Soc.	18		14-23.468	Délinquance
Soc.	18		14-22.708	Mise à pied conservatoire
Soc.	18	V, 41	14-12.614	Participation
				Mars 2016
Soc.	2	V, 43	14-23.009	Travail intermittent
Soc.	2		14-18.334	Imputabilité de la rupture
Soc.	2		14-18.057	Indemnité de congés payés
Soc.	2	V, 42	14-16.414	Avantages acquis
Soc.	2		14-16.154	Travail dissimulé
Soc.	2		14-15.603	Contrat à durée déterminée (Requalification/Indemnisation)
Soc.	2		14-13.734	Paiement du salaire
CE	9	66	384175	Représentants du personnel (Autorisation administrative de licenciement)
CE	9		378129	Représentants du personnel (Autorisation administrative de licenciement)
Soc.	9		15-10.990	Indemnité de licenciement
Soc.	9	V, 45	14-25.840	Égalité de traitement
Soc.	9	V, 46	14-11.837	Action en justice des syndicats
Soc.	10		15-16.807	Candidatures aux élections professionnelles
Soc.	11		15-11.443	Préavis (Indemnité compensatrice de)
Crim.	15	82	14-87.989	Inspecteur du travail - Subvention de fonctionnement
Crim.	15	77	14-85.328	Contrat de travail (Critères)
Soc.	15	V, 47	14-16.242	Comité d'hygiène, de sécurité et des conditions de travail (Fonctions)
Soc.	16	V, 48	15-11.396	Contrat à durée déterminée (Requalification/Indemnisation)
Soc.	16		14-27.971	Astreintes
Soc.	16	V, 49	14-23.861	Indemnité de licenciement
Soc.	16	V, 50	14-23.589	Cause réelle et sérieuse
Soc.	16		14-21.304	Inaptitude physique d'origine non professionnelle
Soc.	16		14-13.986	Accidentés du travail (Reclassement)
Soc.	16		13-25.927	Inaptitude physique d'origine non professionnelle
Soc.	17		14-22.121	SMIC
Soc.	18		14-28.987	Contrat de travail (Critères)
Soc.	18		14-21.491	Maternité
Soc.	22		15-10.530	Contrat d'apprentissage
CE	23		389158	Plan de sauvegarde de l'emploi
CE	23		386108	Représentants du personnel (Autorisation administrative de licenciement)

Juridiction	Date	BC / Rec.	Numéro	Classement
Soc.	23		14-28.382	Ordre des licenciements
Soc.	23		14-26.105	Résiliation judiciaire du contrat de travail
Soc.	23	V, 57	14-24.486	Égalité de traitement entre hommes et femmes
Soc.	23	V, 55	14-23.276	Action en justice des syndicats
Soc.	23	V, 52	14-22.950	Représentants du personnel (Licenciement/Recours contre la décision administrative)
Soc.	23	V, 54	14-22.250	Action en justice des syndicats - Contrat à durée déterminée (Requalification/Indemnisation)
Soc.	23	V, 56	14-14.811	Contrat de travail (Détermination de l'employeur)
CE	30		384903	Convention collective (Extension) - Convention collective (Conclusion)
Crim.	30	116	15-80.761	Travail dissimulé
Soc.	31	V, 61	14-29.184	Période d'essai
Soc.	31	V, 60	14-28.314	Inaptitude physique d'origine non professionnelle
Soc.	31		14-27.228	VRP (Rémunération)
Soc.	31		14-27.145	Contrat de mission/Contrat de travail temporaire
Soc.	31		14-24.558	Hygiène et sécurité
Soc.	31		14-21.682	Absences répétées
Soc.	31	V, 62	14-19.711	Préavis
Soc.	31		14-15.378	Paiement du salaire - Bulletin de salaire
				Avril 2016
Soc.	6	V, 68	14-26.019	Conseils de prud'hommes (Compétence d'attribution)
Soc.	6	V, 69	14-23.198	Convocation à l'entretien préalable (au licenciement) - Délégué syndical (Désignation)
Soc.	6	V, 67	14-13.484	Représentants du personnel (Licenciement/Indemnisation)
Soc.	6	V, 66	14-12.724	Convention collective (Extension) - Représentants du personnel (Protection/Bénéficiaires)
Soc.	7		14-28.250	Harcèlement moral/Harcèlement sexuel
Soc.	7		14-24.388	Pouvoir disciplinaire - Imputabilité de la rupture
Soc.	12		15-20.767	Comité d'hygiène, de sécurité et des conditions de travail (Mise en place)
Soc.	12	V, 71	15-18.652	Représentativité syndicale
Soc.	13		15-13.447	Imputabilité de la rupture
Soc.	13	V, 75	15-10.400	Accidentés du travail (Réintégration en cas d'aptitude)
Soc.	13	V, 72	14-28.293	Certificat de travail
Soc.	13		14-23.306	Astreintes
Soc.	13	V, 74	11-28.713	Journalistes (Contrat de travail)
Soc.	14	V, 76	14-29.679	Clause de non-concurrence
Soc.	15		15-12.588	Période d'essai
				Mai 2016
Soc.	3	V, 87	15-12.549	Tenue vestimentaire
Soc.	3	V, 81	15-12.256	Contrat à durée déterminée (Contrats successifs)
Soc.	3	V, 83	15-11.046	Notification du licenciement
Soc.	3	V, 79	14-30.085	Contrat à durée déterminée (Renouvellement)
Soc.	3	V, 88	14-29.739	Contrat de mission/Contrat de travail temporaire
Soc.	3	V, 80	14-29.317	Contrat à durée déterminée (Conclusion)
Soc.	3	V, 82	14-29.190	Congé parental d'éducation
Soc.	3	V, 84	14-28.353	Grève (Faute lourde)
Soc.	10	V, 89	14-27.953	Contrat de sécurisation professionnelle
Soc.	11	V, 91	15-60.171	Délégué syndical (Désignation) - Représentant syndical au comité d'entreprise
Soc.	11	V, 94	15-17.200	Représentant de la section syndicale
Soc.	11	V, 95	15-11.382	Travail intermittent
Soc.	11		15-10.925	Convention collective (Applicabilité)
Soc.	11	V, 97	15-10.025	Durée du travail
Soc.	11	V, 96	14-29.512	Heures supplémentaires
Soc.	11	V, 100	14-17.496	Travail à temps partiel - Travail dissimulé
Soc.	11	V, 92	14-12.169	Accidentés du travail (Reclassement)

Juridiction	Date	BC / Rec.	Numéro	Classement
Soc.	17		14-25.738	Accidentés du travail (Reclassement)
Soc.	17		14-23.138	Visite médicale de reprise
Soc.	17		14-21.872	Bulletin de salaire
Soc.	17		14-19.861	Accidentés du travail (Reclassement)
Soc.	19		15-20.091	Modification dans la situation juridique de l'employeur (Effets)
Soc.	19	V, 104	15-12.137	Plan de sauvegarde de l'emploi
Soc.	19	V, 104	15-11.047	Plan de sauvegarde de l'emploi
Soc.	19	V, 109	14-29.786	Plan d'épargne d'entreprise
Soc.	19	V, 106	14-26.967	Heures de délégation (Contrôle et contestation)
Soc.	19	V, 107	14-26.662	Représentants du personnel (Autorisation administrative de licenciement)
Soc.	19	V, 108	14-26.556	Modification dans la situation juridique de l'employeur (Cas d'application) - Clause de mobilité
Soc.	19	V, 103	14-10.251	Licenciement économique (Information et consultation du CE)
Soc.	24	V, 112	15-20.541	Urnes/Isoloirs
Soc.	24	V, 113	15-20.168	Représentant de la section syndicale
Soc.	24		15-19.859	Collèges électoraux
Soc.	25	V, 116	15-12.332	Travail intermittent
Soc.	25	V, 115	15-10.637	Retraite (Départ à la)
Soc.	25	V, 114	14-20.578	Clause de non-concurrence
Soc.	26		15-12.448	Détachement de salariés
Soc.	26		14-15.566	Violences et rixes
Soc.	26		13-24.468	Inaptitude physique d'origine non professionnelle
CE	30	185	387798	Plan de sauvegarde de l'emploi
CE	30	189	387338	Représentants du personnel (Autorisation administrative de licenciement)
CE	30		385730	Plan de sauvegarde de l'emploi
CE	30		384114	Plan de sauvegarde de l'emploi
Soc.	31	V, 119	15-60.157	Candidatures aux élections professionnelles
Soc.	31	V, 121	15-21.175	Délégué syndical (Désignation) - Établissement distinct
				Juin 2016
Soc.	1er	V, 127	15-15.202	Heures de délégation (Rémunération)
Soc.	1er	V, 125	14-26.928	Représentants du personnel (Protection/Bénéficiaires)
Soc.	1er	V, 124	14-24.812	Retraite (Départ à la)
Soc.	1er		14-22.265	Priorité de réembauche (Licenciement économique)
Soc.	1er	V, 122	14-21.143	Modification dans la situation juridique de l'employeur (Effets)
Soc.	1er	V, 123	14-19.702	Hygiène et sécurité - Harcèlement moral/Harcèlement sexuel
Soc.	8		15-19.182	Engagement unilatéral de l'employeur
Soc.	8	V, 129	15-17.555	Rupture conventionnelle du CDI
Soc.	8		15-16.423	Heures supplémentaires
Soc.	8		15-14.001	Contrat à durée déterminée (Conclusion)
Soc.	8	V, 130	15-11.324	Égalité de traitement
Soc.	8	V, 128	14-13.418	Harcèlement moral/Harcèlement sexuel
Soc.	14		15-12.522	Absences répétées
Soc.	15		14-27.120	Modification de l'horaire de travail
Soc.	15		14-19.257	Convention collective (Application)
Soc.	16		15-15.982	Attestation d'assurance chômage
Soc.	21		15-60.208	Syndicats (Statuts)
Soc.	21		15-12.525	Contribution patronale aux activités sociales et culturelles
Soc.	22	V, 133	15-16.994	Rupture conventionnelle du CDI
Soc.	22	V, 134	15-15.986	Frais de transport (Prise en charge des)
Soc.	22		15-14.740	Licenciement pour fin de chantier
Soc.	22		15-14.258	Accidentés du travail (Reclassement)
Soc.	22		15-10.149	Insuffisance professionnelle
Crim.	22	195	14-80.041	Dignité des salariés
Soc.	22	V, 137	14-29.246	Durée du travail
Soc.	22	V, 136	14-15.171	Convention de forfait
Soc.	23	V, 138	14-29.794	Contrat à durée déterminée (Indemnité de précarité/Indemnité de fin de contrat)

Juridiction	Date	BC / Rec.	Numéro	Classement
CE	27		385087	Convention collective (Extension)
CE	29	260	389278	Plan de sauvegarde de l'emploi
CE	29		387412	Représentants du personnel (Procédure de licenciement)
CE	29	265	386581	Plan de sauvegarde de l'emploi
CE	29	263	381766	Représentants du personnel (Mise à pied conservatoire)
Soc.	30		15-16.066	Licenciement irrégulier (Sanctions)
Soc.	30		15-12.984	Représentants du personnel (Protection/Cas d'application)
Soc.	30	V, 143	15-12.982	Représentants du personnel (Protection/Bénéficiaires)
Soc.	30	V, 142	15-11.424	Représentants du personnel (Licenciement/Recours contre la décision administrative)
Soc.	30	V, 140	15-10.557	Liberté d'expression
Soc.	30	V, 139	14-26.172	Modification dans la situation juridique de l'employeur (Effets)
				Juillet 2016
Soc.	6	V, 147	15-15.481	Contrat de travail (Détermination de l'employeur)
Soc.	6	V, 144	15-11.138	Contrat à durée déterminée (Conclusion)
Soc.	6	V, 146	14-27.266	Contrat de travail (Détermination de l'employeur) - Licenciement économique (Notion)
Soc.	6	V, 145	14-26.541	Contrat de travail (Détermination de l'employeur)
Soc.	6		14-25.881	Travail à temps partiel
Soc.	11	V, 152	15-12.752	Licenciement économique (Reclassement)
Soc.	11	V, 151	14-29.094	Représentants du personnel (Réintégration)
Soc.	11	V, 153	14-22.651	Procédure conventionnelle de licenciement
Soc.	11	V, 150	14-14.226	Grève (Définition)
Soc.	12		15-25.819	Syndicats (Statuts)
Soc.	12		15-25.498	Syndicats (Statuts)
Soc.	12		14-25.794	Négociation annuelle obligatoire
CE	13		387448	Plan de sauvegarde de l'emploi
Soc.	13		15-14.801	Action en justice du comité d'entreprise
				Septembre 2016
Crim.	6		14-85.205	Responsabilité pénale des personnes morales
Soc.	8	V, 158	14-26.825	Astreintes
Soc.	8	V, 159	14-26.256	Convention de forfait
Soc.	8	V, 157	14-23.714	Temps de travail effectif
Soc.	14	V, 167	15-21.794	Modification du contrat et des conditions de travail
Soc.	14		15-18.189	Imputabilité de la rupture
Soc.	14		15-16.663	Imputabilité de la rupture
Soc.	14	V, 164	15-15.944	Licenciement (Nullité) - Travail à temps partiel
Soc.	14	V, 163	15-15.943	Femmes enceintes (Licenciement)
Soc.	14	V, 168	15-11.386	Égalité de rémunération
Soc.	14		14-21.654	Travail à temps partiel
CE avis	21	393	396887	Représentants du personnel (Autorisation administrative de licenciement)
Soc.	21	V, 171	15-60.216	Bulletin de vote
Soc.	21	V, 176	15-19.003	Comité d'entreprise (Information et consultation)
Soc.	21	V, 175	15-17.658	Droit d'alerte (Comité d'entreprise) - Expert comptable du comité d'entreprise
Soc.	21		15-15.413	Travail à temps partiel
Soc.	21	V, 178	15-13.364	Comité central d'entreprise
Soc.	21	V, 177	15-13.363	Comité d'entreprise (Information et consultation)
Soc.	21	V, 169	14-30.056	Résiliation judiciaire du contrat de travail
Soc.	21	V, 174	14-25.847	Contribution patronale aux activités sociales et culturelles
Soc.	22		15-17.654	Contrat à durée déterminée (Cas de recours)
Soc.	22		15-16.724	Travail à temps partiel
Soc.	22		14-28.869	Accidentés du travail (Protection)
Civ.	28	I, 182	15-21.823	Harcèlement moral/Harcèlement sexuel
Soc.	28		15-60.232	Comité d'hygiène, de sécurité et des conditions de travail (Mise en place)
Soc.	28	V, 180	15-60.201	Comité d'hygiène, de sécurité et des conditions de travail (Mise en place)

Juridiction	Date	BC / Rec.	Numéro	Classement
Soc.	28	V, 182	15-17.288	Contrat de travail international
Soc.	28		15-16.775	Modification économique du contrat de travail
				Octobre 2016
Soc.	5	V, 186	15-28.672	Contrat de mission/Contrat de travail temporaire
Soc.	5	V, 185	15-22.730	Gérants non salariés (Succursales de commerce de détail alimentaire)
Soc.	5	V, 184	15-17.458	Contrat à durée déterminée (Renouvellement)
Soc.	5		15-16.324	Transaction
Soc.	6		15-15.672	Modification de la rémunération - Insuffisance de résultats
Soc.	6		15-15.465	Mise à pied conservatoire
Soc.	6		15-14.597	Vol/Détournement
Soc.	12		16-10.739	Délégué syndical (Désignation)
Soc.	12		15-28.332	Bulletin de vote
Soc.	12		14-29.468	Faute grave
Soc.	13	V, 188	15-16.872	Contrat de travail international
Soc.	13	V, 190	15-14.006	Prescription des fautes disciplinaires
Soc.	13	V, 189	14-25.411	Modification dans la situation juridique de l'employeur (Sort du statut collectif)
Soc.	13	V, 191	14-18.905	Convention collective (Mise en cause)
CE	17		386306	Plan de sauvegarde de l'emploi
Soc.	19		15-23.854	Force majeure/Fait du prince
Soc.	19	V, 193	14-25.067	Imputabilité de la rupture
Soc.	26	V, 196	15-15.923	Résiliation judiciaire du contrat de travail
Soc.	26		14-26.918	Prescription des fautes disciplinaires
				Novembre 2016
Soc.	2		15-23.560	Employés de maison
Soc.	2		15-20.916	Harcèlement moral/Harcèlement sexuel
Soc.	2		15-20.540	Comité d'entreprise (Information et consultation)
Soc.	2		15-15.164	Abandon de poste
Soc.	3	V, 207	15-60.203	Délégué syndical (Désignation)
Soc.	3	V, 201	15-21.574	Bulletin de vote
Soc.	3		15-20.100	Preuve de la faute - Cause réelle et sérieuse
Soc.	3	V, 206	15-18.444	Égalité de traitement
Soc.	3	V, 203	15-16.082	Comité d'entreprise (Information et consultation)
Soc.	3	V, 204	15-16.026	Représentants du personnel (Protection/Bénéficiaires)
Soc.	3	V, 208	15-15.333	Femmes enceintes (Licenciement)
Soc.	9		16-13.818	Représentativité syndicale
Soc.	9		16-11.622	Candidatures aux élections professionnelles
Soc.	9		15-60.263	Syndicats (Statuts)
Soc.	9		15-21.878	Notification du licenciement
Soc.	9		15-19.963	Indélicatesses/Malhonnêteté/Malversations
Soc.	9	V, 215	15-19.401	Travail à temps partiel
Soc.	9		15-17.551	Comité d'hygiène, de sécurité et des conditions de travail (Fonctions)
Soc.	9	V, 214	15-15.064	Convention de forfait
Soc.	9	V, 209	15-10.203	Durée du travail
Soc.	10		15-21.690	Ordre des licenciements
Soc.	10		15-18.697	Contrat de travail (Exécution défectueuse/Erreurs/Négligences/Imprudences/Omissions)
Soc.	16	V, 217	15-19.927	Licenciement économique (Notion)
Soc.	16	V, 218	15-15.190	Plan de sauvegarde de l'emploi
Soc.	16	V, 219	15-12.293	Contrat de sécurisation professionnelle
Soc.	16	V, 216	14-30.063	Licenciement économique (Notion) - Licenciement économique (Reclassement)
CE	23	517	392059	Représentants du personnel (Autorisation administrative de licenciement)
CE	23		388855	Plan de sauvegarde de l'emploi
Soc.	23	V, 224	15-21.942	Gérants salariés de succursales

Juridiction	Date	BC / Rec.	Numéro	Classement
Soc.	23	V, 223	15-21.192	Gérants salariés de succursales
Soc.	23	V, 225	15-18.093	Travail à temps partiel
Soc.	23	V, 222	15-18.092	Accidentés du travail (Reclassement) - Travail à temps partiel
Soc.	23		14-29.817	Employés de maison
Soc.	23	V, 221	14-29.592	Handicapés
Soc.	23	V, 222	14-26.398	Accidentés du travail (Reclassement)
Soc.	23	V, 220	14-10.652	Contrat à durée déterminée (Durée)
				Décembre 2016
Soc.	1er	V, 227	15-21.609	Rupture conventionnelle du CDI
Soc.	1er	V, 229	15-19.177	Journalistes (Bénéfice du statut)
Soc.	1er		15-15.805	Travail dissimulé
Soc.	1er	V, 226	15-15.100	Rupture conventionnelle du CDI
CE	5	538	394178	Règlement intérieur
Soc.	7		15-26.855	Représentativité syndicale
Soc.	7		15-26.096	Procès-verbal des élections
Soc.	7	V, 232	15-25.317	Délégation unique
Soc.	7	V, 235	15-16.769	Comité d'hygiène, de sécurité et des conditions de travail (Fonctions)
Soc.	7	V, 234	14-27.232	Accidentés du travail (Reclassement)
Soc.	8	V, 239	15-17.176	Modification dans la situation juridique de l'employeur (Effets)
Soc.	8	V, 237	15-16.078	Grève (Services publics)
Soc.	8	V, 245	15-10.165	Heures de délégation (Rémunération)
Soc.	8	V, 246	14-29.015	Conseils de prud'hommes (Compétence d'attribution)
Soc.	8	V, 238	14-28.401	AGS (Modalités d'intervention)
Soc.	8	V, 244	13-28.002	Heures de délégation (Rémunération)
Soc.	8	V, 243	13-27.913	Heures de délégation (Rémunération)
Crim.	13	334	16-81.253	Harcèlement moral/Harcèlement sexuel
Crim.	13	335	15-81.853	Harcèlement moral/Harcèlement sexuel
Soc.	14	V, 249	15-25.981	Accidentés du travail (Suspension du contrat de travail)
Soc.	14		15-23.884	Médecin du travail
Soc.	14	V, 253	15-22.003	Convention de forfait
Soc.	14	V, 252	15-21.898	Femmes enceintes (Licenciement)
Soc.	14	V, 255	15-20.812	Action en justice des syndicats
Soc.	14	V, 257	15-16.131	Travail à temps partiel
Soc.	14	V, 248	14-21.325	Licenciement (Nullité)
Soc.	15		15-21.596	Période d'essai
Soc.	15		15-13.367	Heures de délégation (Rémunération)
				Janvier 2017
Soc.	10	V, 3	15-20.335	Convention collective (Conclusion)
Soc.	10	V, 2	15-14.775	Modification dans la situation juridique de l'employeur (Effets)
Soc.	10		15-13.007	Notification du licenciement
Soc.	10	V, 4	14-23.888	Participation
Soc.	11	V, 8	15-23.341	Indemnité de congés payés
Soc.	11		15-20.492	Accidentés du travail (Protection)
Soc.	11	V, 7	15-20.040	Hygiène et sécurité
Soc.	11		15-19.959	Accidentés du travail (Reclassement)
Soc.	18	V, 12	15-27.730	Comité d'hygiène, de sécurité et des conditions de travail (Mise en place)
Soc.	18		15-24.599	Représentants du personnel (Mise à pied conservatoire)
Soc.	19		15-24.603	Injures/Insultes
Soc.	19		15-24.404	Prescription des fautes disciplinaires
Soc.	25	V, 16	15-23.169	Journalistes (Bénéfice du statut)
Soc.	25		15-21.352	Modification de la rémunération
Soc.	25		15-16.708	Travail à temps partiel
Soc.	25	V, 15	14-26.071	Responsabilité pécuniaire du salarié
Soc.	26		15-22.577	Licenciement irrégulier (Sanctions) - Licenciement sans cause réelle et sérieuse (Sanctions)
Soc.	26		15-15.900	Clause de non-concurrence

Juridiction	Date	BC / Rec.	Numéro	Classement
				Février 2017
CE	1er	30	391744	Plan de sauvegarde de l'emploi
CE	1er	28	387886	Plan de sauvegarde de l'emploi
Soc.	1er		16-11.737	Représentant syndical au comité d'entreprise
Soc.	1er	V, 18	16-10.459	Sanctions discriminatoires (Notion)
Soc.	1er		15-28.244	Conseillers prud'hommes (Protection)
Soc.	1er	V, 21	15-26.853	Concierges - Licenciement économique (Notion)
Soc.	1er		15-26.250	Femmes enceintes (Licenciement)
Soc.	1er		15-26.207	Inaptitude physique d'origine non professionnelle
Soc.	1er		15-25.405	Licenciement économique (Reclassement)
Soc.	1er	V, 20	15-24.310	Représentants du personnel (Protection/Bénéficiaires)
Soc.	1er		15-24.166	Violences et rixes
Soc.	1er		15-24.013	Résiliation judiciaire du contrat de travail
Soc.	1er		15-23.271	Procédure conventionnelle de licenciement
Soc.	1er		15-23.039	Travail dissimulé
Soc.	1er		15-20.799	Évaluation des salariés - Droit syndical (Exercice du)
Soc.	1er		15-20.739	Représentants du personnel (Réintégration)
Soc.	1er	V, 17	15-18.480	Modification dans la situation juridique de l'employeur (Effets)
Soc.	2		15-26.892	Harcèlement moral/Harcèlement sexuel
Soc.	2		15-21.846	Représentants du personnel (Licenciement/Recours contre la décision administrative)
Soc.	2		15-21.838	Priorité de réembauche (Licenciement économique)
Soc.	3		15-21.674	Modification dans la situation juridique de l'employeur (Effets)
Soc.	8		15-27.492	Visite médicale de reprise
Soc.	8	V, 22	15-21.064	Faute lourde
Soc.	8		15-11.372	Temps de travail effectif
Soc.	22	V, 29	16-60.123	Représentant de la section syndicale
Soc.	22	V, 30	16-10.770	Comité d'hygiène, de sécurité et des conditions de travail (Mise en place)
Soc.	22	V, 28	15-28.775	Délégué syndical supplémentaire
Soc.	22	V, 27	15-25.591	Comité d'hygiène, de sécurité et des conditions de travail (Mise en place)
Soc.	22	V, 26	15-23.571	Comité d'hygiène, de sécurité et des conditions de travail (Mise en place)
Soc.	22	V, 25	15-22.392	Comité d'hygiène, de sécurité et des conditions de travail (Fonctions)
Soc.	22	V, 24	15-10.548	Comité d'hygiène, de sécurité et des conditions de travail (Fonctions)
				Mars 2017
Soc.	1er	V, 33	16-10.047	Heures supplémentaires
Soc.	1er		15-28.563	Inaptitude physique d'origine non professionnelle
Soc.	1er		15-23.574	Notification du licenciement
Soc.	1er		15-22.156	Notification du licenciement
Soc.	1er	V, 36	15-18.333	Titres-restaurants
Soc.	1er	V, 37	15-16.988	Indemnité de congés payés
Soc.	1er		15-14.267	Paiement du salaire
Soc.	1er		15-10.305	Temps de travail effectif
Soc.	1er	V, 31	14-22.269	Astreintes
Soc.	2		15-29.105	Représentants du personnel (Protection/Cas d'application)
Soc.	2		15-28.136	Contrat à durée déterminée (Transformation du contrat en contrat à durée indéterminée)
Soc.	2		15-27.735	Licenciement sans cause réelle et sérieuse (Sanctions)
Soc.	2		15-15.405	Clause de non-concurrence
Soc.	7	V, 41	15-23.038	Contrat de sécurisation professionnelle - Licenciement économique (Reclassement)
Soc.	7	V, 39	15-16.865	Contrat de travail (Détermination de l'employeur)
Soc.	8		16-13.033	Représentativité syndicale
Soc.	8	V, 45	15-26.975	Accord collectif sur l'emploi
Soc.	8		15-25.463	Engagement unilatéral de l'employeur
Soc.	8		15-22.882	Expert comptable du comité d'entreprise

Juridiction	Date	BC / Rec.	Numéro	Classement
Soc.	8	V, 46	15-18.080	Convention collective (Conclusion)
CJUE	14		C-188/15	Tenue vestimentaire
CJUE	14		C-157/15	Tenue vestimentaire
CE	15		389559	Égalité de traitement
CE	15	92	387728	Plan de sauvegarde de l'emploi
Soc.	15	V, 51	15-27.928	Femmes enceintes (Licenciement)
Soc.	15		15-26.077	Contrat à durée déterminée (Conclusion)
Soc.	15	V, 49	15-24.028	Contrat à durée déterminée (Rupture anticipée)
Soc.	15	V, 50	15-21.232	Attestation d'assurance chômage
Soc.	15	V, 52	15-19.958	Convention collective (Applicabilité)
Soc.	15		15-18.772	Procédure conventionnelle de licenciement
CE	17		396835	Égalité de traitement
CE	20		391226	Règlement intérieur
Soc.	22	V, 53	15-19.973	Contribution patronale aux activités sociales et culturelles
Soc.	23	V, 59	16-13.159	Convention collective (Conclusion)
Soc.	23	V, 58	15-24.005	Modification dans la situation juridique de l'employeur (Salariés protégés)
Soc.	23	V, 55	15-23.090	Sanctions disciplinaires (Notion)
Soc.	23	V, 57	15-22.890	Conseils de prud'hommes (Compétence d'attribution)
Soc.	23	V, 56	15-21.183	Licenciement économique (Notion)
Soc.	29		15-27.907	Licenciement irrégulier (Sanctions) - Licenciement sans cause réelle et sérieuse (Sanctions)
Soc.	29		15-26.331	Travail intermittent
Soc.	29		15-22.057	Indemnité de congés payés - Prescription (Action en paiement du salaire)
CE	31		400747	Portage salarial
				Avril 2017
Crim.	19	107	16-80.695	Hygiène et sécurité
Soc.	20	V, 60	15-28.304	Égalité de traitement
Soc.	20		15-22.944	Représentativité syndicale
Soc.	21		16-11.566	Licenciement économique (Reclassement)
Soc.	21		15-28.640	Adaptation (Obligation d')
Soc.	21		15-22.822	Travail dissimulé
Soc.	26		16-11.660	Travail dissimulé
Soc.	26	V, 66	15-26.817	Contrat à durée déterminée (Requalification/Indemnisation)
Soc.	26	V, 68	15-25.204	Notification du licenciement - Contrat à durée déterminée (Contrats successifs)
Soc.	26	V, 70	15-23.968	Égalité de traitement
Soc.	26	V, 69	15-21.196	Contrat à durée déterminée (Rupture anticipée)
Soc.	26	V, 71	15-19.037	Hygiène et sécurité
Soc.	26	V, 67	14-29.089	Égalité de traitement
Soc.	27		16-16.587	Hygiène et sécurité
Soc.	27		16-13.654	Indemnité de licenciement
Soc.	27		15-23.311	Contrat à durée déterminée (Requalification/Indemnisation)
				Mai 2017
Soc.	4		16-14.991	Représentativité syndicale
Soc.	4		16-14.779	Licenciement économique (Reclassement)
Soc.	4		15-24.400	Action en justice des syndicats
Soc.	4		15-18.229	Modification de l'horaire de travail
CE	5	158	389620	Plan de sauvegarde de l'emploi
Soc.	11		16-13.675	Travail dissimulé
Soc.	11	V, 72	16-12.191	Accidentés du travail (Reclassement)
Soc.	11	V, 78	15-25.195	Repos hebdomadaire (Arrêté préfectoral de fermeture)
Soc.	12		16-11.126	Rétrogradation disciplinaire
Soc.	12	V, 81	15-24.220	Rupture conventionnelle du CDI
Soc.	17	V, 86	16-14.979	Représentants du personnel (Protection/Bénéficiaires)
Soc.	17	V, 84	15-19.300	Harcèlement moral/Harcèlement sexuel
Soc.	17	V, 87	14-29.610	Représentants du personnel (Réintégration)

Juridiction	Date	BC / Rec.	Numéro	Classement
Soc.	18		15-27.555	Licenciement irrégulier (Sanctions)
Soc.	18		15-18.719	Représentants du personnel (Licenciement/Indemnisation)
Soc.	23		16-12.251	Résiliation judiciaire du contrat de travail
Soc.	23	V, 89	16-10.580	Accidentés du travail (Reclassement)
Soc.	23		15-29.526	Licenciement économique (Reclassement)
Soc.	23	V, 94	15-26.941	Inaptitude physique d'origine non professionnelle
Soc.	23	V, 92	15-25.250	Repos compensateur
Soc.	23	V, 88	15-24.713	Accidentés du travail (Reclassement)
Soc.	23	V, 93	15-24.507	Astreintes
Soc.	23	V, 90	15-22.223	Indemnité de licenciement
Soc.	31		16-60.236	Représentativité syndicale
Soc.	31	V, 96	16-16.949	Comité d'hygiène, de sécurité et des conditions de travail (Fonctions)
Soc.	31		16-11.096	Contrat de sécurisation professionnelle
Soc.	31		15-19.425	Cause réelle et sérieuse
				Juin 2017
Soc.	1er	V, 103	16-16.779	Participation
Soc.	1er	V, 97	16-15.456	Ordre des licenciements
Soc.	1er	V, 102	16-12.221	Conseillers prud'hommes (Protection) - Représentants du personnel (Protection/Bénéficiaires)
Soc.	1er	V, 98	15-23.580	Retraite (Mise à la) - Égalité de traitement
Soc.	1er	V, 99	15-23.522	Preuve de la faute
Soc.	2		15-28.496	Responsabilité pécuniaire du salarié
Soc.	2		15-25.171	Représentants du personnel (Protection/Cas d'application)
Soc.	8		15-29.419	Accidentés du travail (Reclassement)
Soc.	9		15-28.599	Contrat à durée déterminée (Cas de recours)
Soc.	14		16-16.001	Licenciement économique (Information et consultation du CE)
Soc.	15		15-29.085	Retraite (Départ à la)
Crim.	20	173	14-85.879	Travail dissimulé
Soc.	21		16-60.266	Modification dans la situation juridique de l'employeur (Salariés protégés)
Soc.	21		16-18.833	Comité d'hygiène, de sécurité et des conditions de travail (Mise en place)
Soc.	22	V, 106	16-11.762	Convention de forfait
Soc.	22	V, 105	14-15.135	Indemnité de congés payés
Soc.	28		16-10.053	Inaptitude physique d'origine non professionnelle
Soc.	29	V, 110	16-12.007	Plan de sauvegarde de l'emploi
Soc.	29	V, 109	15-21.008	Plan de sauvegarde de l'emploi
Soc.	29	V, 108	15-15.775	Représentants du personnel (Licenciement/Recours contre la décision administrative)
				Juillet 2017
Soc.	5	V, 112	16-17.690	Contrat à durée déterminée (Rupture anticipée)
Soc.	5	V, 114	16-15.623	Loyauté (Obligation de)
Soc.	5		16-11.520	Imputabilité de la rupture
Soc.	5	V, 115	16-10.841	Employés de maison
Soc.	5	V, 113	15-13.702	Responsabilité pénale des personnes physiques
CE	10		398256	Plan de sauvegarde de l'emploi
Soc.	12	V, 117	16-12.659	Modification dans la situation juridique de l'employeur (Effets)
Soc.	12	V, 121	16-10.460	Action en justice des syndicats
Soc.	12	V, 122	15-27.742	Tracts
Soc.	12	V, 119	15-27.286	Représentants du personnel (Protection/Bénéficiaires)
Soc.	12	V, 123	15-26.262	Égalité de traitement entre hommes et femmes
Soc.	13		16-13.734	Harcèlement moral/Harcèlement sexuel
CE	19	250	391849	Représentants du personnel (Procédure de licenciement)
CE	19		391402	Représentants du personnel (Licenciement/Recours contre la décision administrative)
CE	19		389635	Représentants du personnel (Procédure de licenciement)
CE	28		398816	Repos hebdomadaire (Arrêté préfectoral de fermeture)

Juridiction	Date	BC / Rec.	Numéro	Classement
				Septembre 2017
CJUE	7		C-174/16	Congé parental d'éducation
Soc.	7	V, 129	16-19.528	Travail à temps partiel
Soc.	7	V, 126	16-16.643	Indemnité de congés payés - Prime d'ancienneté
Soc.	7	V, 133	16-12.473	Indemnité de licenciement
Soc.	7	V, 130	15-26.722	Minimum conventionnel
Soc.	7	V, 132	15-24.725	Durée du travail
Soc.	13	V, 136	16-13.578	Licenciement irrégulier (Sanctions) - Licenciement sans cause réelle et sérieuse (Sanctions)
Soc.	13	V, 135	15-28.569	Modification économique du contrat de travail
Soc.	13	V, 137	15-24.397	Modification du contrat de travail d'un salarié protégé
Soc.	13	V, 134	15-23.045	Harcèlement moral/Harcèlement sexuel
CJUE	14		C-168/16	Contrat de travail international
Soc.	14	V, 139	16-20.552	Résiliation judiciaire du contrat de travail
Soc.	14	V, 138	16-11.563	Plan de sauvegarde de l'emploi - Contrat de sécurisation professionnelle
CJUE	21		C-429/16	Licenciement économique (Notion)
CJUE	21		C-149/16	Licenciement économique (Notion)
Soc.	21	V, 144	16-24.022	Congés payés
Soc.	21	V, 149	16-23.223	Plan de sauvegarde de l'emploi
Soc.	21	V, 146	16-20.460	Contrat à durée déterminée (Transformation du contrat en contrat à durée indéterminée)
Soc.	21	V, 163	16-20.270	Contrat de mission/Contrat de travail temporaire
Soc.	21	V, 148	16-20.104	Promesse d'embauche
Soc.	21	V, 148	16-20.103	Promesse d'embauche
Soc.	21	V, 159	16-18.898	Congés payés
Soc.	21		16-18.109	Indemnité de congés payés
Soc.	21	V, 145	16-17.241	Contrat à durée déterminée (Indemnité de précarité/Indemnité de fin de contrat) - Contrat à durée déterminée (Conclusion)
Soc.	21	V, 162	16-16.549	Inaptitude physique d'origine non professionnelle - Accidentés du travail (Reclassement) - Visite médicale de reprise
Soc.	21	V, 155	16-16.531	Journalistes (Indemnité de licenciement)
Soc.	21	V, 161	16-15.130	Hygiène et sécurité
Soc.	21	V, 158	16-14.282	Travail à temps partiel - Action en justice des syndicats
Soc.	21	V, 154	16-10.346	Résiliation judiciaire du contrat de travail - Journalistes (Indemnité de licenciement)
Soc.	21	V, 160	15-28.933	Imputabilité de la rupture
Soc.	21	V, 152	15-28.932	Représentants du personnel (Protection/Cas d'application)
Soc.	21	V, 157	15-25.531	Convention collective (Révision)
Soc.	27	V, 167	16-60.264	Représentativité syndicale
Soc.	27	V, 167	16-60.238	Représentativité syndicale
Soc.	27		16-17.516	Clause de non-concurrence
Soc.	28		16-17.173	Vote par correspondance
				Octobre 2017
Soc.	4	V, 170	16-17.517	Égalité de traitement
Soc.	4	V, 168	16-16.441	Licenciement économique (Reclassement)
Soc.	5	V, 173	16-23.106	Convention de forfait
Soc.	5	V, 172	16-13.581	Contrat à durée déterminée (Requalification/Indemnisation)
Soc.	5	V, 174	15-23.221	Repos hebdomadaire (Arrêté préfectoral de fermeture)
Soc.	5	V, 175	15-20.390	Indexation des salaires/Échelle mobile des salaires
Soc.	6		16-14.385	Concurrence déloyale
Soc.	6	V, 176	16-12.743	Astreintes
Soc.	11		16-60.300	Comité d'hygiène, de sécurité et des conditions de travail (Mise en place)
Soc.	11	V, 178	16-60.295	Représentant syndical au comité d'entreprise
Soc.	11	V, 177	16-14.529	Représentants du personnel (Licenciement/Recours contre la décision administrative)
Soc.	11		16-13.478	VRP (Bénéfice du statut)

Juridiction	Date	BC / Rec.	Numéro	Classement
Soc.	11	V, 180	16-11.048	Représentants du personnel (Protection/Bénéficiaires)
Soc.	11		16-10.814	Expert comptable du comité d'entreprise
Soc.	11	V, 179	16-10.139	Représentants du personnel (Protection/Bénéficiaires)
Soc.	12		16-10.603	Représentants du personnel (Licenciement/Indemnisation)
Soc.	12		15-27.239	Convention collective (Application)
CJUE	18		C-409/16	Égalité de traitement entre hommes et femmes
Soc.	19		16-18.854	Détachement de salariés
Soc.	19	V, 187	16-11.617	Compensation
Soc.	19		15-19.105	Notification du licenciement - Sanctions disciplinaires (Notification)
Soc.	19		14-29.252	Contrat à durée déterminée (Requalification/Indemnisation)
Soc.	25		16-21.780	Bureau de vote
Soc.	25	V, 189	16-19.608	Contrat d'apprentissage
Soc.	25		16-17.740	Électorat/Qualité d'électeur
Soc.	25		16-16.454	Représentants du personnel (Licenciement/Indemnisation)
Soc.	25		16-13.844	Représentants du personnel (Protection/Bénéficiaires)
Soc.	25		16-13.229	Représentants du personnel (Autorisation administrative de licenciement)
Soc.	25	V, 188	16-11.173	Indélicatesses/Malhonnêteté/Malversations - Cause réelle et sérieuse
Soc.	25		16-11.092	Représentants du personnel (Réintégration)
Soc.	25		16-10.573	Subvention de fonctionnement
Soc.	26		15-26.884	Licenciement économique (Reclassement)
Soc.	26		13-24.118	VRP (Indemnité de clientèle)
Crim.	31	241	16-83.683	Responsabilité pénale des personnes morales

Novembre 2017

Juridiction	Date	BC / Rec.	Numéro	Classement
Soc.	8		16-16.648	Contrat à durée déterminée (Requalification/Indemnisation)
Soc.	8	à paraître	16-15.584	Durée du travail - Travail de nuit
Soc.	8	à paraître	15-22.758	Convention de forfait
Soc.	9		16-18.666	Transaction
Soc.	15	à paraître	16-60.268	Protocole d'accord préélectoral
Soc.	15		16-25.668	Délégué syndical (Désignation)
Soc.	15	à paraître	16-24.798	Propagande électorale
Soc.	15	à paraître	16-21.903	Protocole d'accord préélectoral
Soc.	15	à paraître	16-14.281	Licenciement (Nullité)
Soc.	15	à paraître	15-26.338	Comité d'entreprise (Information et consultation)
Soc.	16		16-15.205	Priorité de réembauche (Licenciement économique)
Soc.	16	à paraître	16-14.572	Licenciement économique (Reclassement)
Soc.	22		16-25.821	Représentant de la section syndicale
Soc.	22	à paraître	16-24.801	Collèges électoraux
Soc.	22	à paraître	16-16.561	Contrat à durée déterminée (Requalification/Indemnisation)
Soc.	22		16-12.952	Subvention de fonctionnement
Soc.	22	à paraître	16-12.524	Imputabilité de la rupture - Préavis
Soc.	22		16-12.109	Pouvoir disciplinaire
Soc.	22	à paraître	13-19.855	Tenue vestimentaire
CE	24		389443	Plan de sauvegarde de l'emploi
CJUE	29		C-214/16	Congés payés - Indemnité compensatrice de congés payés
Soc.	29		16-60.301	Action en justice des syndicats
Soc.	30	à paraître	16-20.532	Égalité de rémunération

Décembre 2017

Juridiction	Date	BC / Rec.	Numéro	Classement
Soc.	6	à paraître	16-10.220	Rupture conventionnelle du CDI
Soc.	7	à paraître	16-22.276	Préavis (Indemnité compensatrice de)
Soc.	7	à paraître	16-18.669	Gérants salariés de succursales
Soc.	7	à paraître	16-15.109	Égalité de rémunération
Soc.	7	à paraître	16-14.235	Égalité de rémunération
Soc.	7	à paraître	16-12.809	Employés de maison
Soc.	13	à paraître	16-26.553	Convention collective (Mise en cause)
Soc.	13	à paraître	16-21.773	AGS (Garantie des créances)

Juridiction	Date	BC / Rec.	Numéro	Classement
Soc.	13		16-19.042	Heures de délégation (Contrôle et contestation) - Grève (Effets)
Soc.	13	à paraître	16-12.397	Égalité de traitement
Soc.	13		15-25.108	Modification dans la situation juridique de l'employeur (Salariés protégés)
Soc.	14		16-24.027	Congé sabbatique
CE	15	374	403776	Horaire de travail
Soc.	20	à paraître	16-25.251	Contrat à durée déterminée (Conclusion)
Soc.	20		16-19.609	Vie privée
Soc.	20	à paraître	16-19.517	AGS (Garantie des créances)
Soc.	20	à paraître	16-17.998	Période d'essai
Soc.	20	à paraître	16-17.199	Notification du licenciement
Soc.	20	à paraître	16-14.983	Inaptitude physique d'origine non professionnelle
Soc.	20	à paraître	16-14.880	Rupture conventionnelle du CDI
Soc.	20	à paraître	15-28.367	Accidentés du travail (Reclassement)
Soc.	21		16-12.780	Rupture conventionnelle du CDI
CE	22		399804	Représentants du personnel (Licenciement/Recours contre la décision administrative)
				Janvier 2018
Crim.	9	5	17-80.200	Inspecteur du travail
Crim.	9	6	15-85.274	Repos hebdomadaire (Arrêté préfectoral de fermeture)
Soc.	17		16-25.502	Contrat à durée déterminée (Requalification/Indemnisation)
Soc.	17		16-23.442	Détachement de salariés
Soc.	17	à paraître	16-15.124	Convention de forfait
Soc.	18	à paraître	16-25.820	Intéressement des salariés
Soc.	18	à paraître	16-21.215	Journalistes (Contrat de travail)
Soc.	18	à paraître	16-11.504	Contrat à durée déterminée (Cas de recours)
Soc.	18	à paraître	15-24.002	Clause de non-concurrence
Soc.	24	à paraître	16-22.940	Modification économique du contrat de travail
Soc.	24		16-22.594	Pouvoir disciplinaire (Contrôle juridictionnel)
Soc.	24	à paraître	16-22.168	Candidatures aux élections professionnelles
Soc.	24		16-14.386	Sanctions disciplinaires (Notion)
Soc.	24	à paraître	16-13.589	Modification dans la situation juridique de l'employeur (Salariés protégés)
Soc.	31		17-13.131	Contrat à durée déterminée (Conclusion)
Soc.	31		16-19.902	Résiliation judiciaire du contrat de travail
Soc.	31	à paraître	16-17.886	Femmes enceintes (Licenciement)
				Février 2018
CE	7		409978	Plan de sauvegarde de l'emploi
CE	7	28	407718	Plan de sauvegarde de l'emploi
CE	7	31	403989	Plan de sauvegarde de l'emploi
CE	7	24	403001	Plan de sauvegarde de l'emploi
CE	7		399838	Plan de sauvegarde de l'emploi
CE	7	21	397900	Plan de sauvegarde de l'emploi
Soc.	7		17-18.956	Délégué syndical central - Délégué syndical (Désignation)
Soc.	7		16-27.850	Contrat de sécurisation professionnelle
Soc.	7	à paraître	16-24.231	Contribution patronale aux activités sociales et culturelles - Subvention de fonctionnement
Soc.	7	à paraître	16-16.086	Contribution patronale aux activités sociales et culturelles - Subvention de fonctionnement
Soc.	14	à paraître	17-10.035	Rupture conventionnelle du CDI
Soc.	14	à paraître	16-25.649	Journalistes (Indemnité de licenciement)
Soc.	14	à paraître	16-25.323	Maternité
Soc.	14		16-22.360	Licenciement (Nullité)
Soc.	14	à paraître	16-22.335	Travailleurs étrangers
Soc.	14	à paraître	16-21.940	Contrat de mission/Contrat de travail temporaire
Soc.	14	à paraître	16-19.656	Contrat à durée déterminée (Renouvellement)
Soc.	14		16-19.537	Journalistes (Contrat de travail)
Soc.	14		16-19.360	Égalité de rémunération

Juridiction	Date	BC / Rec.	Numéro	Classement
Soc.	14	à paraître	16-17.966	Contrat à durée déterminée (Contrats successifs)
Soc.	14	à paraître	16-16.617	Reçu pour solde de tout compte - Retraite (Mise à la)
CJUE	21		C-518/15	Temps de travail effectif
CJUE	22		C-103/16	Femmes enceintes (Licenciement)
Soc.	28	à paraître	17-60.112	Protocole d'accord préélectoral
Soc.	28		17-11.848	Protocole d'accord préélectoral
Soc.	28	à paraître	16-50.015	Participation
Soc.	28		16-27.807	Licenciement économique (Reclassement)
Soc.	28		16-19.934	Preuve de la faute
Soc.	28		16-19.054	Travail dissimulé
Soc.	28	à paraître	16-17.994	Participation
Soc.	28	à paraître	16-17.505	Contrat de travail international
Soc.	28	à paraître	16-13.682	Conseils de prud'hommes (Compétence d'attribution) - Participation
Soc.	28	à paraître	16-12.754	Contrat de travail international
				Mars 2018
Soc.	7		17-10.963	Rupture conventionnelle du CDI
Soc.	7		16-25.498	Accidentés du travail (Reclassement)
Soc.	7		16-25.240	Gérants salariés de succursales
Soc.	7		16-23.706	Contrat à durée déterminée (Durée)
Soc.	7		16-20.650	AGS (Montant de la garantie)
Soc.	7	à paraître	16-13.194	Reçu pour solde de tout compte
Soc.	14	à paraître	17-21.434	Représentativité syndicale - Syndicats (Statuts)
Soc.	14		17-16.265	Action en justice des syndicats
Soc.	14		17-16.110	Représentant syndical au comité d'entreprise
Soc.	14		17-14.028	Électorat/Qualité d'électeur - Éligibilité
Soc.	14		16-27.683	Comité d'hygiène, de sécurité et des conditions de travail (Fonctions)
Soc.	21		17-60.287	Sièges des représentants du personnel
Soc.	21		17-60.050	Comité d'hygiène, de sécurité et des conditions de travail (Mise en place)
Soc.	21		17-10.220	Contrat de travail international
Soc.	21	à paraître	16-21.021	Clause de non-concurrence
CE	26	104	401376	Hygiène et sécurité
Crim.	27	55	16-87.585	Travail dissimulé
Soc.	28		17-60.278	Urnes/Isoloirs
Soc.	28	à paraître	17-60.068	Délégation unique
Soc.	28		17-19.277	Section syndicale
Soc.	28	à paraître	17-13.081	Comité d'entreprise (Information et consultation)
Soc.	28	à paraître	16-28.561	Comité d'hygiène, de sécurité et des conditions de travail (Fonctions)
Soc.	28	à paraître	16-27.641	Durée du travail
Soc.	28		16-26.724	VRP (Indemnité de clientèle)
Soc.	28	à paraître	16-26.013	Faute lourde
Soc.	28		16-25.429	Caisses de congés payés
Soc.	28		16-20.622	VRP (Bénéfice du statut)
Soc.	28	à paraître	16-19.086	AGS (Employeurs assujettis/Bénéficiaires)
Soc.	28	à paraître	16-12.707	Expert comptable du comité d'entreprise
Soc.	28	à paraître	15-21.372	Plan de sauvegarde de l'emploi - Expert comptable du comité d'entreprise
Soc.	28	à paraître	12-28.606	Travail à temps partiel
				Avril 2018
Soc.	4	à paraître	16-27.703	Égalité de traitement
Soc.	5		17-11.842	Travail intermittent
Soc.	5	à paraître	16-25.428	Indemnité de congés payés
Soc.	11	à paraître	17-10.899	Licenciement pour fin de chantier
Soc.	12		16-29.072	Harcèlement moral/Harcèlement sexuel

Juridiction	Date	BC / Rec.	Numéro	Classement
Soc.	12		16-29.069	Modification dans la situation juridique de l'employeur (Salariés protégés)
CE	13		404090	Plan de sauvegarde de l'emploi
CE	13		401767	Représentants du personnel (Licenciement/Recours contre la décision administrative)
CE	26		408049	Chômage total
				Mai 2018
Soc.	3	à paraître	17-10.306	Conseils de prud'hommes (Compétence d'attribution) - Accidentés du travail (Reclassement) - Cause réelle et sérieuse
Soc.	3	à paraître	16-26.850	Conseils de prud'hommes (Compétence d'attribution) - Accidentés du travail (Reclassement) - Cause réelle et sérieuse
Soc.	3	à paraître	16-26.437	Contrat à durée déterminée (Conclusion)
Soc.	3	à paraître	16-25.067	Clause de non-concurrence
Soc.	3		16-22.455	Contrat à durée déterminée (Rupture anticipée)
Soc.	3	à paraître	16-20.636	Contrat à durée déterminée (Conclusion)
Soc.	3		16-18.116	Conseils de prud'hommes (Compétence d'attribution)
Soc.	3	à paraître	16-11.588	Égalité de rémunération
Soc.	16		17-11.202	Mise à pied conservatoire
Soc.	16	à paraître	16-25.898	AGS (Garantie des créances)
Soc.	16		16-25.852	Rupture conventionnelle du CDI
Soc.	16		16-19.085	Licenciement économique (Notion)
Soc.	17		17-10.085	Convention collective (Application)
Soc.	24	à paraître	17-12.560	Licenciement économique (Notion)
Soc.	24		16-24.616	Clause de non-concurrence
Soc.	24	à paraître	16-22.881	Licenciement économique (Notion)
Soc.	24		16-22.824	Faute lourde
Soc.	25		17-17.651	Délégué syndical (Désignation)
Soc.	25		16-27.536	Comité d'hygiène, de sécurité et des conditions de travail (Fonctions)
Soc.	30	à paraître	17-12.782	Égalité de rémunération - Égalité de traitement
Soc.	30	à paraître	16-26.415	Journalistes (Bénéfice du statut)
Soc.	30	à paraître	16-26.394	Travail de nuit
Soc.	30	à paraître	16-25.426	Transaction
Soc.	30	à paraître	16-20.634	Temps de trajet
Soc.	30		16-18.453	Avantages acquis
Soc.	30	à paraître	16-16.484	Convention collective (Conclusion)
Soc.	30	à paraître	16-15.273	Rupture conventionnelle du CDI
				Juin 2018
CJUE	5		C-677/16	Contrat à durée déterminée (Statut du salarié)
CJUE	5		C-574/16	Contrat à durée déterminée (Statut du salarié)
CE	6	257	391860	Modification dans la situation juridique de l'employeur (Effets)
Soc.	6	à paraître	17-60.263	Candidatures aux élections professionnelles
Soc.	6	à paraître	17-27.175	Sièges des représentants du personnel
Soc.	6	à paraître	17-21.068	Comité d'hygiène, de sécurité et des conditions de travail (Mise en place)
Soc.	6	à paraître	17-17.594	Comité d'hygiène, de sécurité et des conditions de travail (Fonctions)
Soc.	6	à paraître	17-14.372	Détachement de salariés - Intéressement des salariés - Participation
Soc.	6	à paraître	17-11.497	Contribution patronale aux activités sociales et culturelles - Subvention de fonctionnement
Soc.	6		16-28.381	Réunions des délégués du personnel
Soc.	6	à paraître	16-28.026	Comité d'hygiène, de sécurité et des conditions de travail (Fonctions)
Soc.	6	à paraître	16-27.291	Comité de groupe
Soc.	6		16-26.490	Harcèlement moral/Harcèlement sexuel
Soc.	6	à paraître	16-25.527	Usage
Soc.	6	à paraître	16-22.361	Convention collective (Dénonciation)

Juridiction	Date	BC / Rec.	Numéro	Classement
Soc.	13		17-14.216	Notification du licenciement
Soc.	13		16-27.651	Résiliation judiciaire du contrat de travail
Soc.	13	à paraître	16-25.873	Conseils de prud'hommes (Compétence d'attribution)
Soc.	13	à paraître	16-24.830	Rupture conventionnelle du CDI
Soc.	13	à paraître	16-23.701	Notification du licenciement
Soc.	13	à paraître	16-17.865	Contrat de sécurisation professionnelle
Soc.	15		17-12.486	Travail à temps partiel
Soc.	20		17-60.304	Représentant de la section syndicale
Soc.	20		17-17.791	Section syndicale
Soc.	27		17-15.438	Visites médicales d'embauche et périodique
Soc.	28	à paraître	17-16.499	Égalité de rémunération
Soc.	28		17-13.965	Clause de non-concurrence
Soc.	28	à paraître	17-11.714	Indemnité de congés payés
Soc.	28	à paraître	16-27.544	Journalistes (Contrat de travail)
Soc.	28		14-26.616	Représentants du personnel (Licenciement/Recours contre la décision administrative)
Soc.	28		14-26.542	Représentants du personnel (Procédure de licenciement)
				Juillet 2018
CE	4		410904	Représentants du personnel (Procédure de licenciement)
CE	4		397059	Représentants du personnel (Procédure de licenciement)
Soc.	4	à paraître	17-21.100	Contentieux électoral
Soc.	4	à paraître	17-20.710	Représentativité syndicale
Soc.	4	à paraître	17-14.587	Preuve de la faute - Procédure de licenciement dans les entreprises en redressement ou liquidation judiciaires
Soc.	4	à paraître	16-27.922	Procédure de licenciement dans les entreprises en redressement ou liquidation judiciaires
Soc.	4	à paraître	16-26.860	Représentants du personnel (Licenciement/Recours contre la décision administrative)
Soc.	4	à paraître	16-26.138	Représentants du personnel (Licenciement/Recours contre la décision administrative)
Soc.	5		17-11.829	Comité d'hygiène, de sécurité et des conditions de travail (Fonctions)
Soc.	5		16-19.895	Représentants du personnel (Licenciement/Recours contre la décision administrative)
Soc.	11		17-17.664	Contrat à durée déterminée (Conclusion)
Soc.	11	à paraître	17-12.747	Modification économique du contrat de travail
				Août 2018
Crim.	8	135	17-84.920	Travailleurs étrangers
				Septembre 2018
Soc.	12		17-15.411	Résiliation judiciaire du contrat de travail
Soc.	12	à paraître	17-15.060	Fractionnement des congés payés
Soc.	12		17-14.257	Adaptation (Obligation d')
Soc.	12		17-12.746	Licenciement économique (Reclassement) - Modification économique du contrat de travail
Soc.	12	à paraître	17-10.853	Clause de non-concurrence
Soc.	12		16-27.549	Modification du contrat de travail d'un salarié protégé
Soc.	12	à paraître	16-26.853	Procédure conventionnelle de licenciement
Soc.	12	à paraître	16-26.333	Période d'essai
Soc.	12		16-22.503	Transaction
Soc.	12	à paraître	16-18.030	Travail à temps partiel
Soc.	12	à paraître	16-11.690	Dénigrement/Diffamation
Soc.	19	à paraître	17-16.219	Services de santé au travail
Soc.	19	à paraître	17-11.715	Heures de délégation (Utilisation)
Soc.	19	à paraître	17-11.638	Heures de délégation (Rémunération)
Soc.	19	à paraître	17-11.618	Égalité de rémunération - Maternité
Soc.	19	à paraître	17-11.514	Heures de délégation (Rémunération)
Soc.	19	à paraître	16-27.201	Licenciement sans cause réelle et sérieuse (Sanctions)

Juridiction	Date	BC / Rec.	Numéro	Classement
Soc.	19	à paraître	16-24.041	Heures de délégation (Rémunération)
Soc.	19		16-20.794	Prescription (Action en paiement du salaire)
Soc.	20		17-60.317	Comité d'hygiène, de sécurité et des conditions de travail (Mise en place)
Soc.	20	à paraître	17-60.306	Droit syndical (Exercice du)
Soc.	20	à paraître	17-26.226	Contentieux électoral - Action en justice des syndicats
Soc.	20		17-14.068	Représentants du personnel (Procédure de licenciement)
Soc.	20	à paraître	17-11.602	Représentants du personnel (Licenciement/Recours contre la décision administrative)
Soc.	20	à paraître	17-11.546	Plan de sauvegarde de l'emploi
CE	26		401509	Représentants du personnel (Procédure de licenciement)
Soc.	26	à paraître	17-15.101	Égalité de traitement
Soc.	26	à paraître	17-11.102	Travail à temps partiel

Octobre 2018

Soc.	3	à paraître	17-29.022	Bulletin de vote
Soc.	3	à paraître	17-21.836	Protocole d'accord préélectoral
Soc.	3	à paraître	17-20.301	Comité d'hygiène, de sécurité et des conditions de travail (Fonctions)
Soc.	3		17-16.474	Accidentés du travail (Suspension du contrat de travail)
Soc.	3	à paraître	17-14.570	Comité d'hygiène, de sécurité et des conditions de travail (Mise en place)
Soc.	3		16-27.565	Sanctions disciplinaires (Notion)
Soc.	3	à paraître	16-19.836	Résiliation judiciaire du contrat de travail
CE	10		395280	Plan de sauvegarde de l'emploi - Ordre des licenciements
Soc.	10		17-23.650	Résiliation judiciaire du contrat de travail
Soc.	10	à paraître	17-18.294	Contrat à durée déterminée (Contrats successifs)
Soc.	10	à paraître	17-17.890	Fractionnement des congés payés
Soc.	10	à paraître	17-13.418	Gérants non salariés (Succursales de commerce de détail alimentaire)
Soc.	10	à paraître	17-11.019	Conseils de prud'hommes (Compétence d'attribution)
Soc.	10	à paraître	17-10.248	Résiliation judiciaire du contrat de travail
Soc.	10	à paraître	17-10.066	Transaction
Soc.	10		16-26.535	Contrat de mission/Contrat de travail temporaire
Soc.	10	à paraître	16-26.497	Gérants non salariés (Succursales de commerce de détail alimentaire)
Soc.	17	à paraître	18-60.030	Représentativité syndicale
Soc.	17		17-22.602	Unité économique et sociale - Comité de groupe
Soc.	17		17-21.689	Harcèlement moral/Harcèlement sexuel
Soc.	17	à paraître	17-19.732	Représentativité syndicale
Soc.	17	à paraître	17-17.985	Représentants du personnel (Licenciement/Recours contre la décision administrative) - Hygiène et sécurité
Soc.	17	à paraître	17-16.869	Plan de sauvegarde de l'emploi
Soc.	17	à paraître	17-16.465	Modification dans la situation juridique de l'employeur (Effets) - Règlement intérieur
Soc.	17	à paraître	17-14.392	Licenciement économique (Information et consultation du CE)
Soc.	17	à paraître	17-13.256	Frais de déplacement/Temps de trajet/Frais divers (Représentants du personnel)
Soc.	17		16-27.597	Retraite (Départ à la)
Soc.	17	à paraître	16-26.729	Égalité de rémunération
CE	24		397900	Plan de sauvegarde de l'emploi
Soc.	24		17-22.600	Clause de mobilité
Soc.	24		17-18.951	Accidentés du travail (Reclassement)
Soc.	24		17-18.149	Accidentés du travail (Reclassement)
Soc.	24		17-16.099	Vie privée
Crim.	30	181	17-87.520	Travail de nuit

Novembre 2018

CJUE	6		C-684/16	Congés payés
CJUE	6		C-619/16	Congés payés

Juridiction	Date	BC / Rec.	Numéro	Classement
CJUE	6		C-569/16	Indemnité compensatrice de congés payés
Soc.	7		17-60.283	Protocole d'accord préélectoral
Soc.	7	à paraître	17-23.157	Règlement intérieur du comité d'entreprise
Soc.	7	à paraître	17-18.936	Participation
Soc.	7	à paraître	17-15.833	Grève (Effets)
Soc.	7	à paraître	17-14.716	Représentants du personnel (Licenciement/Indemnisation)
Soc.	7	à paraître	16-27.692	Contrat de travail international
Soc.	7		16-23.916	Représentants du personnel (Licenciement/Recours contre la décision administrative)
Crim.	13	à paraître	17-81.398	Harcèlement moral/Harcèlement sexuel
Soc.	14	à paraître	17-24.464	Contrat d'apprentissage
Soc.	14	à paraître	17-22.539	Minimum conventionnel
Soc.	14		17-21.026	VRP (Indemnité de clientèle)
Soc.	14	à paraître	17-20.659	Heures supplémentaires
Soc.	14	à paraître	17-18.891	Accidentés du travail (Suspension du contrat de travail)
Soc.	14	à paraître	17-18.259	Repos hebdomadaire (Dérogations)
Soc.	14	à paraître	17-16.959	Heures supplémentaires
Soc.	14	à paraître	17-14.937	Égalité de rémunération
Soc.	14	à paraître	17-11.757	Modification de l'horaire de travail
Soc.	14	à paraître	16-19.038	Contrat à durée déterminée (Conclusion)
CJUE	21		C-619/17	Contrat à durée déterminée (Indemnité de précarité/ Indemnité de fin de contrat) - Contrat à durée déterminée (Statut du salarié)
Soc.	21	à paraître	17-26.810	Contrat de travail (Nullité)
Soc.	21		17-25.761	Sanctions disciplinaires (Notion) - Pouvoir disciplinaire
Soc.	21	à paraître	17-16.766	Plan de sauvegarde de l'emploi - Licenciement économique (Reclassement)
Soc.	21	à paraître	17-12.599	Licenciement économique (Notion)
Soc.	21	à paraître	17-11.122	Licenciement (Nullité) - Cause réelle et sérieuse
Soc.	21	à paraître	16-27.690	Unité économique et sociale
Soc.	21		16-26.741	Prescription (Action en paiement du salaire)
CE	28		420951	Formation professionnelle continue (Participation financière de l'employeur)
Soc.	28	à paraître	17-20.079	Contrat de travail (Critères)
Soc.	28		17-19.719	Imputabilité de la rupture
Soc.	28		17-19.004	Licenciement (Nullité)
Soc.	28	à paraître	17-15.379	Paiement du salaire
Soc.	28	à paraître	17-13.199	Cause réelle et sérieuse - Préavis (Indemnité compensatrice de)
Soc.	28	à paraître	15-29.330	Femmes enceintes (Licenciement) - Résiliation judiciaire du contrat de travail
			Décembre 2018	
Soc.	5	à paraître	17-19.935	Contrat de travail international
Soc.	5		17-18.170	Inaptitude physique d'origine non professionnelle
Soc.	5		17-15.398	Notification du licenciement
Soc.	5		17-14.594	Injures/Insultes
Soc.	5		17-13.261	Procédure disciplinaire (Entretien préalable)
Soc.	5	à paraître	16-19.912	Représentants du personnel (Réintégration)
Soc.	12	à paraître	17-20.801	Notification du licenciement
Soc.	12	à paraître	17-17.680	Durée du travail
CJUE	13		C-385/17	Indemnité de congés payés
Soc.	19	à paraître	18-60.067	Contentieux électoral
Soc.	19	à paraître	18-23.655	Comité social et économique
Soc.	19	à paraître	18-14.520	Comité d'entreprise (Information et consultation)
Soc.	19	à paraître	17-27.442	Contentieux électoral
Soc.	19	à paraître	17-27.016	Comité d'hygiène, de sécurité et des conditions de travail (Fonctions)
Soc.	19		17-26.757	Contrat de mission/Contrat de travail temporaire
Soc.	19	à paraître	17-26.376	Conseils de prud'hommes (Compétence territoriale)
Soc.	19	à paraître	17-26.132	Plan de sauvegarde de l'emploi

Juridiction	Date	BC / Rec.	Numéro	Classement
Soc.	19	à paraître	17-23.150	Comité d'hygiène, de sécurité et des conditions de travail (Fonctions)
Soc.	19	à paraître	17-22.583	Contribution patronale aux activités sociales et culturelles - Subvention de fonctionnement
Soc.	19	à paraître	17-18.725	Convention de forfait
Soc.	19	à paraître	17-15.503	Représentants du personnel (Licenciement/Recours contre la décision administrative)
Soc.	19	à paraître	17-14.631	Horaire de travail
			Janvier 2019	
Soc.	9		17-21.939	Travail dissimulé
Soc.	16		17-60.347	Délégué syndical (Désignation)
Soc.	16		17-60.096	Comité d'hygiène, de sécurité et des conditions de travail (Mise en place)
Soc.	16	à paraître	17-27.685	Représentants du personnel (Protection/Bénéficiaires)
Soc.	16		17-27.446	Contrat de sécurisation professionnelle
Soc.	16	à paraître	17-27.124	Grève (Services publics)
Soc.	16	à paraître	17-26.993	Contribution patronale aux activités sociales et culturelles - Subvention de fonctionnement
Soc.	16	à paraître	17-26.660	Expert comptable du comité d'entreprise
Soc.	16	à paraître	17-20.969	Plan de sauvegarde de l'emploi
Soc.	16		17-20.482	Représentant de la section syndicale
Soc.	16		17-17.475	Plan de sauvegarde de l'emploi
Soc.	16		17-15.012	Mise à pied disciplinaire
Soc.	16	à paraître	17-12.479	Contrat de travail (Critères)
Soc.	16	à paraître	17-11.975	Chômage total
Soc.	23	à paraître	17-28.330	Congé pour événements familiaux
Soc.	23		17-26.794	Démission
Soc.	23		17-26.748	Employés de maison
Soc.	23		17-23.310	Indemnité de congés payés - Convention de forfait
Soc.	23		17-22.394	Imputabilité de la rupture - Préavis
Soc.	23	à paraître	17-21.867	Convention collective (Applicabilité)
Soc.	23	à paraître	17-21.550	Rupture conventionnelle du CDI
Soc.	23		17-17.244	Détachement de salariés
Soc.	23		17-14.327	Action en justice des syndicats
CE	30		410603	Représentants du personnel (Licenciement/Recours contre la décision administrative)
Soc.	30	à paraître	17-31.473	Absences répétées
Soc.	30	à paraître	17-28.905	Hygiène et sécurité
Soc.	30		17-27.796	Priorité de réembauche (Licenciement économique)
Soc.	30		17-24.821	Conseillers prud'hommes (Protection) - Représentants du personnel (Protection/Bénéficiaires)
Soc.	30		17-22.018	Travail de nuit
Soc.	30		17-21.153	Comité d'hygiène, de sécurité et des conditions de travail (Fonctions)
			Février 2019	
CE	13		404556	Plan de sauvegarde de l'emploi - Procédure de licenciement dans les entreprises en redressement ou liquidation judiciaires - Unité économique et sociale
CE	13		403890	Retraite (Mise à la)
Soc.	13	à paraître	18-60.149	Comité social et économique
Soc.	13	à paraître	18-17.042	Candidatures aux élections professionnelles
Soc.	13	à paraître	17-27.889	Réunions du comité d'entreprise
Soc.	13		17-27.188	Clause de non-concurrence
Soc.	13		17-23.720	Cause réelle et sérieuse
Soc.	13		17-21.793	Sanctions disciplinaires (Non-cumul des)
Soc.	13	à paraître	17-11.487	Licenciement sans cause réelle et sérieuse (Sanctions)
Soc.	13	à paraître	16-25.764	Représentants du personnel (Licenciement/Indemnisation)
Soc.	20	à paraître	17-27.600	Reçu pour solde de tout compte

Juridiction	Date	BC / Rec.	Numéro	Classement
Soc.	20		17-27.089	Période d'essai
Soc.	20	à paraître	17-26.532	Pouvoir disciplinaire (Contrôle juridictionnel)
Soc.	20		17-24.094	Modification du lieu de travail
Soc.	20		17-21.704	Handicapés
Soc.	20	à paraître	17-19.676	Transaction
Soc.	20	à paraître	17-18.912	Accidentés du travail (Suspension du contrat de travail)
Soc.	20	à paraître	17-17.744	Accidentés du travail (Reclassement) - Résiliation judiciaire du contrat de travail
Soc.	20	à paraître	17-16.450	Contrat à durée déterminée (Cas de recours)
CE	27		417249	Représentants du personnel (Autorisation administrative de licenciement)
CE	27		413556	Représentants du personnel (Mise à pied conservatoire)
				Mars 2019
Soc.	6		18-18.211	Délégué syndical (Désignation)
Soc.	6	à paraître	18-15.238	Représentant syndical au comité d'entreprise
Soc.	6	à paraître	18-10.615	Intéressement des salariés
Soc.	6		17-31.161	Harcèlement moral/Harcèlement sexuel
Soc.	6	à paraître	17-28.478	Modification dans la situation juridique de l'employeur (Effets) - Accidentés du travail (Reclassement)
Soc.	6		17-25.924	Représentants du personnel (Licenciement/Indemnisation)
Soc.	13		17-31.805	Accidentés du travail (Suspension du contrat de travail)
Soc.	13		17-31.514	Reçu pour solde de tout compte
Soc.	13		17-22.783	Période d'essai
Soc.	13	à paraître	17-21.151	Minimum conventionnel
CE	20		408658	Représentants du personnel (Autorisation administrative de licenciement)
Soc.	20	à paraître	17-23.027	Comité d'hygiène, de sécurité et des conditions de travail (Fonctions)
Soc.	20	à paraître	17-19.595	Licenciement économique (Reclassement)
Soc.	27		18-12.792	Reçu pour solde de tout compte
Soc.	27	à paraître	18-10.903	Employés de maison - Contrat à durée déterminée (Cas de recours)
Soc.	27	à paraître	17-31.715	Horaire de travail - Durée du travail
Soc.	27	à paraître	17-27.047	Insuffisance professionnelle
Soc.	27	à paraître	17-23.988	Maternité
Soc.	27		17-23.586	Rupture conventionnelle du CDI
Soc.	27	à paraître	17-23.314	Convention de forfait
Soc.	27	à paraître	17-21.543	Travail à temps partiel
Soc.	27	à paraître	17-21.014	VRP (Rémunération)
Soc.	27		17-20.172	Contrat d'apprentissage
Soc.	27	à paraître	16-28.774	Travail à temps partiel
Soc.	27	à paraître	16-23.800	Travail à temps partiel - Convention de forfait
				Avril 2019
Avis	3	à paraître	19-70.001	Imputabilité de la rupture
Soc.	3		18-14.004	Représentants du personnel (Réintégration)
Soc.	3		18-10.414	Représentants du personnel (Protection/Bénéficiaires)
Soc.	3	à paraître	17-31.304	Réunions du comité d'entreprise
Soc.	3	à paraître	17-19.524	Travail intermittent
Soc.	3		17-19.381	Indemnité de licenciement
Soc.	3	à paraître	17-17.106	Travailleurs étrangers
Soc.	3	à paraître	17-11.970	Égalité de traitement
Ass. plén.	5	à paraître	18-17.442	Hygiène et sécurité
Soc.	10		17-24.093	Prescription des fautes disciplinaires
Soc.	10		17-20.831	Modification dans la situation juridique de l'employeur (Sort du statut collectif)
Soc.	17	à paraître	18-60.173	Comité social et économique
Soc.	17	à paraître	18-22.948	Comité social et économique

Juridiction	Date	BC / Rec.	Numéro	Classement
Soc.	17	à paraître	18-15.321	Modification dans la situation juridique de l'employeur (Cas d'application) - Travailleurs étrangers
Soc.	17	à paraître	17-29.017	Retraite (Mise à la)
Soc.	17	à paraître	17-26.724	Candidatures aux élections professionnelles
Soc.	17	à paraître	17-17.986	Comité d'entreprise européen
Soc.	17	à paraître	17-17.880	Modification dans la situation juridique de l'employeur (Effets)
				Mai 2019
CJUE	8		C-486/18	Congé parental d'éducation
Soc.	9	à paraître	18-10.618	Contrat d'apprentissage
Soc.	9	à paraître	17-28.767	Rupture conventionnelle du CDI
Soc.	9	à paraître	17-27.493	Licenciement pour fin de chantier
Soc.	9	à paraître	17-21.162	Repos hebdomadaire (Dérogations)
Soc.	9		17-20.767	Insuffisance de résultats
Soc.	9	à paraître	17-20.740	Temps de travail effectif
Soc.	9		17-20.706	Rétrogradation disciplinaire
CJUE	14		C-55/18	Durée du travail
Soc.	15	à paraître	18-11.036	Représentants du personnel (Licenciement/Indemnisation)
Soc.	15	à paraître	17-28.547	Représentants du personnel (Réintégration) - Rupture conventionnelle du CDI
Soc.	15		17-28.018	Temps de pause/Temps de repos
Soc.	15		17-22.224	Scrutin
Soc.	15		17-18.169	Travail à temps partiel
Crim.	21	à paraître	18-82.574	Procès-verbaux de l'inspecteur (ou du contrôleur) du travail
CE	22		420780	Plan de sauvegarde de l'emploi
CE	22		418090	Plan de sauvegarde de l'emploi
CE	22		413342	Plan de sauvegarde de l'emploi
Soc.	22	à paraître	17-31.517	Indemnité de congés payés
Soc.	28	à paraître	17-17.929	Licenciement économique (Notion)
Soc.	29	à paraître	18-60.129	Délégué syndical supplémentaire
Soc.	29	à paraître	18-19.890	Représentant de la section syndicale
Soc.	29	à paraître	18-19.675	Délégué syndical (Désignation)
Soc.	29	à paraître	17-23.028	Représentants du personnel (Licenciement/Recours contre la décision administrative)

DOMAINE SOCIAL

Contrôle URSSAF
Dictionnaire de Jurisprudence sociale
Dictionnaire Social
Durée et aménagement du temps de travail
Épargne salariale et actionnariat salarié
Inaptitude physique et maladie du salarié
La retraite du salarié
Le Code du Travail
Le Code du travail annoté
Le comité social et économique
Loi Travail, analyse et code consolidé
Mobilité internationale des salariés
Prélèvement à la source
Procès aux prud'hommes
Réforme du code du travail
Ruptures conventionnelles

DOMAINE DU DROIT DES AFFAIRES

Créer, organiser, gérer un groupe de PME
Dirigeants de sociétés
Guide des associations
Le bail commercial
Le mémento de la SA
Le mémento de la SARL/EURL
Le mémento de la SAS/SASU
Le mémento de la SCI
Mémento de l'EIRL
Maîtriser le RGPD dans l'entreprise
Professions libérales
Transmission d'entreprise

DOMAINE DU PATRIMOINE

Gestion fiscale du patrimoine
Impôt sur la fortune immobilière
Le Guide fiscal du patrimoine
Le mémento de la SCI
Les fiches pratiques du patrimoine
L'essentiel du patrimoine privé
L'essentiel du patrimoine professionnel
Location meublée mode d'emploi
Titres des dirigeants : quelle fiscalité ?
Transmission d'entreprise

Notes

Notes

Notes

Notes

Notes

Notes

Notes

Notes

Notes

Notes

Notes

Notes

Notes

Notes

Notes

Notes

Notes

Notes

Notes

Notes

Notes

Notes

Notes

Notes

Notes

Notes

Notes

Notes

Notes

Notes

Notes

Notes

Notes

Notes

Notes

Notes

Notes

Notes

Notes